张严德先生所获荣誉：
全国优秀青年乡镇企业家
全国乡镇企业家
全国劳动模范
全国乡镇企业科技进步先进工作者
西北十佳优秀企业家
全国农业科技先进工作者
甘肃省劳动模范
甘肃省优秀农民企业家
甘肃省九届人大代表
中国淀粉协会理事

甘肃荣华企业集团总裁
甘肃荣华实业股份有限公司董事长：张严德

甘肃荣华实业（集团）股份有限公司

公司地址：甘肃省武威市东关街荣华路1号　　邮编：733000

创业之手　纵横雄健　创业之星　光耀四方

甘肃荣华实业（集团）股份有限公司（以下简称"荣华实业"）成立于1998年11月12日，是由甘肃省武威淀粉厂作为主发起人，联合甘肃省武威荣华工贸总公司、甘肃省武威塑料农膜厂、甘肃宜发投资发展有限公司和甘肃省武威饴糖厂共同发起设立的，注册资本20000万元。

荣华实业主营淀粉及其副产品、农用地膜的生产和销售，主要产品为玉米淀粉及其副产品、农膜。荣华实业是西部地区最大的玉米淀粉生产企业，年生产能力已达20万吨。2000年荣华实业被农业部、国家发展计划委员会、国家经济贸易委员会、财政部、中国证券监督管理委员会等八部委列入151家农业产业化国家重点龙头企业名单（农经发［2000］10号文）。

公司于2001年5月30日成功发行8000万人民币普通股，并已于2001年6月26日上市流通，截止2001年6月30日，荣华实业共有总资产1193891138.47元，净资产940389273.50元。2001年1至6月份荣华实业实现主营业务收入24800.94万元，税后利润27980996.81元。

公司董事长：凌克

金地集团成立于1991年，历经十年探索和实践，现已发展成为一个以房地产开发为主营业务的上市公司。截至目前，集团已拥有8家控股子公司，总资产20亿元，净资产12亿元，并形成了以房地产为主营业务，物业服务、地产中介、广告代理与商业贸易同步发展的产业结构。

金地集团一贯坚持“超越自我，步步领先”，“铸精品、创名牌”等体现企业价值观的经营理念，初步形成了地产业务的核心竞争优势。2000年名列深圳市房地产综合开发企业第8名，地产品牌知名度跃居深圳同行的前3位。公司的控股子公司——金地物业管理公司是深圳市首批甲级物业管理公司之一。2001获得国家建设部公布的首批一级物业管理资质企业称号。在全国近20个大中城市接管物业，管理面积近1000余万平方米，基本实现了全国市场发展战略和跨地域发展战略格局。

自1996年以来，相继完成了金地海景花园、金地翠园和金海湾花园的开发建设，其中金地海景花园被评为深圳市“1998年八大明星楼盘”，并荣获“广东省样板工程”称号；金地翠园被评为深圳市“1999年十大畅销楼盘”；以“海文化”为主题设计的金海湾花园成为热销深港两地的楼盘之一，在2000年6月荣获“创新风暴”全国住宅设计特别金奖第一名。2001年12月，翠堤湾又隆重开盘入市。“生态新海景，城市新空间”的理念将使善于打造现代城市滨海住宅的金地地产更上层楼。

2001年4月，金地（集团）股份有限公司在上海证券交易所挂牌上市，成为1994年以来首批上市的房地产企业。上市后，金地集团成功进入北京市场，正式成立北京金地鸿业公司，开始运作位于朝阳区CBD区域内的“金地国际花园”项目，同时，启动位于北京经济技术开发区中部18号街区的BDA“金地格林小镇”项目。跨区域扩张使金地集团向全国性的房地产市场拓展目标，迈出了坚实的一步。

金地集团“用心做事，诚信为人”的企业精神，公司开发的每一个项目，工程优良率均达到100%，其中金地海景花园被评为“全国城市物业管理优秀示范小区”和“深圳市安全文明标兵小区”。

法人代表：凌克
董事会秘书：阎冰
地址：深圳市福田区福强路金地大厦　电话：0755-3303333　传真：0755-3844555
电邮：YB@Goldenfield.com　网址：www.goldenfield.com
股票简称：金地集团　股票代码：600383

金地（集团）股份有限公司

GOLDEN FIELD (GROUP) CO.,LTD

金地花园
凭窗远眺，或满目苍翠，或碧海连天，令人心旷神怡。

金地海景花园
以海洋文化为环境主题，延续海景意境的再创造。

金地翠园
简洁明快、轻盈通透的现代“翠”。

金海湾花园
不可复制的稀缺自然资源是金海湾得以成为深圳市区一个以全海景、生态型、海文化为主题的豪宅的基础。

金地地产　惟精惟一

上海国际集团有限公司

发挥特殊功能、加强资产运作，为上海经济发展作出贡献

贺上海国际集团有限公司成立
陈良宇题于庚辰年四月初二

经上海市人民政府批准，上海国际集团有限公司于2000年5月8日正式挂牌成立。中共中央政治局委员、中共上海市委书记黄菊，中共上海市委副书记、市长徐匡迪发来贺信，中共上海市委副书记、上海市常务副市长陈良宇出席成立仪式并讲话。

上海国际集团有限公司是按照上海经济发展战略、完善所有制结构的原则和整顿、规范信托投资公司发展的要求，在规范国有资产运作的基础上组建的法人实体。公司注册资本为50亿元人民币，根据市政府授权，经营国有资产和国有股权，进行投资、资本运作、资产管理和咨询服务、招标。其投资范围为信托、证券、支柱产业、浦东开发等，并控股上海国际信托投资公司、上海证券有限责任公司、海外公司、实业公司、房产公司、资产管理公司、进出口公司等。

集团公司具有投资控股、资本经营和国有资产管理三大功能。其经营目标是，按照本市改革和经济发展目标，以资本为纽带，通过市场导向，实现资金、资产、资源等要素的优化配置，逐步将公司发展成为以金融产业为核心的地方性财团，在实施上海经济发展战略和国民经济关键领域中发挥大型集团的主导作用。在经营方式上，走集约化、综合化、国际化之路，通过国有资本与社会资本、金融资本与产业资本、国内资本与海外资本的有效结合，进行跨地区、跨行业、跨所有制乃至跨国界运作，推进国际化进程，逐步融入世界经济大潮。

党委书记　董事长　周有道（居中）　监事会主席　叶公琦（右三）
总经理　谈逸（左三）　纪委书记　副总经理　陈掌妹（左二）
副总经理　刘作亮（左一）　副总经理　李惠珍（右二）
副总经理　蒋元真（右一）

公司总经理：尤石梁

上海汽车股份有限公司是1997年8月经上海市人民政府批准，由上海汽车工业(集团)总公司独家发起，在上海汽车有限公司资产重组的基础上，采用社会募集方式设立的股份有限公司。公司发行总股本为100000万股，其中上海汽车工业(集团)总公司作为发起人持有国家股70000万股，向社会公开发行30000万股。于1997年11月25日在上海证券交易所上市交易，公司简称“上海汽车”，股票代码：600104。

公司经三年来的资产重组股本不断的扩大，截止2000年底公司总股本为18.2亿元，总资产为68.08亿元，净利润为7.42亿元，净资产48亿元，每股净资产为3.43元，各项经济技术指标在全国同行业中名列前茅。1999年度公司被评为“中国最具发展潜力上市公司”50强之一，工商免检企业，高新技术企业，全国质量管理先进集体。通过AAA级资信等级评估和ISO14001环境管理体系认证，QS9000复审，VDA6.1认证，使公司内部管理上了一个新的台阶。

目前公司拥有汽车齿轮总厂、中国弹簧厂二个母体企业。先后投资中外合资上海通用汽车有限公司、上海易初通用机器有限公司、上海纳铁福传动轴有限公司、上海小糸车灯有限公司、上海采埃孚转向机有限公司、上海汽车制动系统有限公司、上海汽车信息产业投资有限公司、上海巨龙三禾科技股份有限公司、上海汽车集团财务有限责任公司、南方证券股份有限公司、上海汇众汽车有限公司等二十余家企业。

公司致力于汽车、零部件及相关延伸产品的开发和科技含量的提高，不断提高产品市场份额，加大整车投资力度，做好做大主营业务。开展多元经营，做好公司资产重组和资本运作。强化公司内部管理，全面推进用户满意工程，使基础管理与科学管理并举，并以规范的运作，良好的业绩来回报社会。

上海汽车股份有限公司

公司董事长、总经理：陆益平
地址：上海市金山区金一路48号 邮编：200540
电话：(8621)57941941 传真：(8621)57940050
网址：www.spc.com.cn
E-mail:spc@spc.com.cn

www.spc.com.cn

中国石化上海石油化工股份有限公司

司化工事业部6.5万吨丙烯睛装置

公司塑料事业部10万吨聚丙烯装置和8万吨聚乙烯装置

公司厂景

公司炼油化工事业部乙烯装置球罐区

公司三个5万吨级泊位的原油码头

中国石化上海石油化工股份有限公司(简称“上海石化”)位于上海南翼的杭州湾畔，是目前中国最大的现代化石油化工企业之一，也是中国第一家股票在纽约、香港、上海同时上市的国际性上市公司。它的前身为创建于1972年的上海石油化工总厂，1993年6月改制为股份有限公司。

上海石化现有主要生产装置67套。截至2000年底，公司总资产达到217亿元，在册员工总数3.5万人，已形成年原油综合加工700万吨，生产乙烯55万吨、成品油350万吨、合纤原料48万吨、合纤聚合物40万吨、合成纤维35万吨、合成树脂46万吨的生产能力，并拥有独立的公用工程、环境保护系统，及海运、内河航运码头和铁路、公路运输系统。

上海石化主要生产石油制品、中间化工原料、合成树脂及塑料制品、合纤原料及合成纤维等四大类60多种产品，有40多种产品获得过国家优质产品奖和省部级优秀产品奖。

上海石化为振兴中国石化事业不懈努力，并获得多项荣誉。1995年在“中国上市公司综合经济实力百强企业”评选中荣登榜首，被中国公共关系协会、全国企业形象评选活动组委会评为全国最佳企业形象单位；1996年获得“全国五一劳动奖状”先进集体称号，获得由香港联交所颁发的该年度最佳资料披露奖亚军；1997年以规模、效益和盈利水平跻身中国十大企业之列，被《亚洲货币》财经杂志评为“中国最佳管理公司”；1995、1997、1999年连续三度被评为“上海市最佳工业企业形象单位”；1998、1999、2000年连续三年被评为“上海市建设工业新高地争先创优活动优秀企业”；1999年荣获“全国精神文明建设工作先进单位”称号，并名列境内“《上市公司》50强”榜首。

公司董事长：叶效良

云南新概念保税科技股份有限公司原名“云南大理造纸股份有限公司”，经2000年4月17日公司1999年度股东大会通过决议并经云南省工商局2000年7月17日核定批准，公司更名为“云南新概念保税科技股份有限公司”，公司主要股东包括张家港保税区保税实业有限公司、云南大理造纸厂、张家港保税区开发总公司。

公司经营范围：江苏省张家港保税区基础设施开发建设，房地产开发经营，转口贸易，江苏省张家港保税区企业间贸易，国内外贸易，储运集散，参与项目投资，高新技术开发。机制纸及纸板系列产品制造、销售；纸制品制造、销售；纸浆生产、销售；塔尔油销售；机制纸新产品开发及销售；造纸技术开发、应用及咨询服务；生物化工产品的生产、销售及生物医药产品的研发。

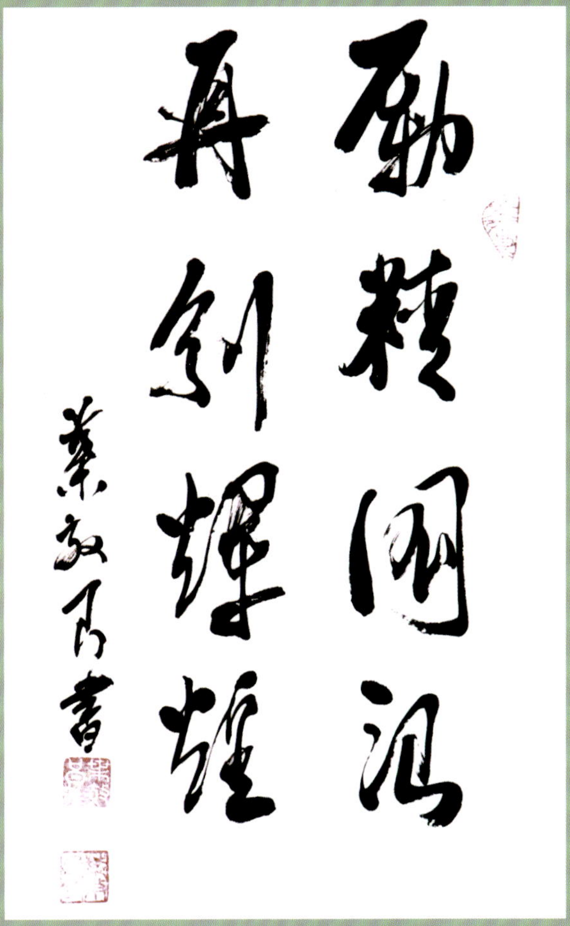

股票简称：保税科技　股票代码：600794

云南新概念保税科技股份有限公司

公司法定代表人：叶效良
公司董事会秘书：肖功伟
地址：云南省昆明市春城路62号证券大厦15楼A1506
电话：(0871)3186316　(0872)2224214
传真：(0871)3186312　(0872)2223645
邮编：650011

公司铭牌

ONE TECHNOLOGY JOINT STOCK CO.,LTD

董事长：赵文芝

北京巴士股份有限公司
BEIJING BASHI CO.,LTD.

北京巴士股份有限公司是由北京公共交通总公司作为主发起人，并联合北京城建集团有限责任公司、北京城市开发集团有限责任公司、北京北辰实业集团公司、北京华讯集团等四家发起人，于1999年6月18日发起设立的股份有限公司。

2001年1月4日，公司在上海证券交易所发行8000万股人民币普通股(A股)。发行价9.92元/股，发行后公司总股本为25200万股，扣除发行费用后公司共募集资金7.73亿元。经上海证券交易所同意，公司8000万股普通股于2001年2月16日起在上海证券交易所上市挂牌交易。

北京巴士属于公用事业类上市公司。目前正处于成长期，受经济周期影响较弱，享有一定的政策和税收优惠，公司基本面较好，同时具有首都概念、奥运概念、环保概念，公共汽车客运、公交广告双主业并举。目前我公司是北京市第一家和全国第二家城市公共汽车行业上市公司。

募资上市使公司经营规模在上半年得到较大发展，其中公交客运2001年上半年实现收入27484.35万元，比去年同期上升64.86%，实现税后利润1686.91万元；控股子公司北京公交广告有限责任公司上半年实现营业收入6017.61万元，并创造了1279.07万元的税后利润。

北京巴士交响乐团

北京巴士奥运风情

公司与其它上市公司相比，具有一定的自身优势：

1、具有北京市旅游专线车以及新增专线车优先经营优势，由于专线车一般是针对中高档消费群体的一种服务，是附值高、盈利能力强的线路。

2、公司已占领首都空调车市场90%以上的市场份额，该服务是附加值的市场。

3、控股子公司－公交广告公司具有行业优势，市场空间较大。

4、在新线路的收购、停车场租金、车辆修理费用等方面容易得到北京市公交总公司的支持。

5、由于公用事业特殊的政企关系，易于获得政策优惠。

6、奥运会申办成功，将使公司获得较大的主营业务发展机遇。

特别是申奥成功，将对公司发展起到积极的推动作用。公司正在积极研究发展思路，力争把握这一难得的机遇。申奥的成功，将给北京巴士带来以下几个方面的发展机遇。

1、城市基础设施的完善，将使我们的运营线路得到提高

随着政府在道路交通等方面的投资逐步落实，交通管理水平的不断提高，在未来的几年中，交通拥堵的状况将得到有效的缓解，这样为公司提高运营效率，实现资产收益最大化提供了有效的保障。

2、绿色奥运，环保先行，北京巴士将从中收益

治理大气污染的重点问题之一就是汽车的尾气排放，奥委会的委员在提问中也提到了这个问题。到2008年底，北京市公交车辆将有90%以上实现清洁燃料运营，北京巴士作为以公交为主营业务的公司，将直接或间接得到政府在环保方面的投资，为了企业的发展，政府也将给予一定的优惠政策。这对于优化首都环境，提升企业形象和经营业绩都是非常有利的。

3、全世界的目光在北京，流动人口的增加为我们提供了宝贵的客源

随着北京的发展，奥运的举办，北京的城市规模将不断扩大，流动人员将在一段时期内逐年增加，北京巴士将在扩大规模的基础上，参与流动人员的运输，为企业的业绩增长加大砝码。

4、旅游业务前景不可估量

北京是历史古都，有大量的名胜古迹，奥运会的举行将带来大量的游客，北京巴士将利用自身的业务优势进一步去开拓旅游市场。

5、奥运会是商家的必争之地，广告前景看好

全球大公司将利用奥运会的机会进入中国市场，做为市场促销手段的广告应该说将被广泛运用。做为公交广告来讲，具有价格低廉，覆盖面大，流动性强等特点，得到客户充分的认可，在广告行业的竞争中也将处于优势地位。因此，做为拥有京城公交媒体的广告业务将为北京巴士带来良好的回报。

奥运会的举行，将给北京带来新的发展机会，北京巴士将充分利用这一机会，结合公交客运和广告两个主业，有效地开展与之相关的其他业务，为公司培育新的经济增长点。

北京巴士广告业蓬勃发展

最大限度地满足乘客需求

北京巴士旅游快捷方便

公司车队

世纪之交，中国证监会主席周小川题赠中国证券报寄语证券市场：“迎接新挑战 开创新局面”。

关于会计准则国际化问题

中国证券监督管理委员会主席　周小川

去年中国民生银行首次公开发行股票并上市，我想以此为例，谈谈资本市场对会计制度改革和会计准则国际化的需求。

有一段时间，由于银行改革进展不快，基本不让银行到资本市场公开发行股票并上市。后来在1999年，浦东发展银行在上交所公开发行上市。去年5月份，我们专门开了一个会，决定对各个行业都取消歧视，都可以上市。同时，我们认为，上市公司行列中应有各种各样的企业，包括金融企业（银行、保险公司、证券公司），对上市公司整体结构是有好处的。但是，我们强调上市必须把保护投资者的利益放在第一位，这也是其他国家证监会的首要宗旨。保护投资者利益，首先就要提高会计准则和披露准则，使广大投资者能够正确判断企业财务状况和经营成果。如果做不到这点，投资者就会被蒙蔽。这样的话，资本市场很难发展。而且，以后投资者会有越来越多的疑问。中国资本市场建立总共只有十年左右的时间，从居民到领导都要求资本市场要规范化。规范化必须强调投资者根据企业的经营效益和未来前景进行投资决策，而不要有过多的投机色彩。这就必然要建立在一个合理的、能够真实反映企业财务状况和经营成果的会计准则基础之上。否则投资者说，根据你这个会计准则编制的财务报告，让我看不清楚企业的真实盈利水平和能力，怎么要求我进行理性投资呢？据我们观察，这些年，中国在企业会计制度方面进行了一系列改革，改革的胆略很大，进度也非常快，但是终究比较集中在典型的工商业企业，覆盖面还不全，特别是涉及到金融类企业，当前的会计准则尚不能真实反映它们的财务状况和经营成果。

金融企业改革上市是中国改革的一个大局，因为金融企业在经济体制改革过程中出现了比较多的不良资产，他们的资本充足率不够，亟需利用资本市场。这件事若做好，不仅是一两家银行、证券公司、保险公司的事，而且对整个中国经济也是件重大的事情，也是促进改革开放的重大举措。中国银行业在一定程度上成了改革中的成本之"筐"，改革过程中的很多成本和代价最后都扔到银行业这个"筐"里了。所以消化银行的不良资产，实际上是消化改革过程中的一系列代价。中国证监会本着这种看法，觉得推进银行和其他金融类企业改制、上市具有重大的意义。当我们将新的政策精神通知到金融界，并就此开会研讨以后，就有一些银行申请上市。去年11月份，中国民生银行，一家中小型、完全民营化的银行成功地首次公开发行股票并上市，融资40多亿元人民币。在这个过程中，遇到了相当多的会计准则和披露准则方面的问题。我们采用的办法是提高披露准则。披露准则显得要比会计准则高。同时我们也感到，会计准则如果能尽快地进行下一步改革，能跟上来的话，对这项工作是有利的。

其中所反映出的首先是银行不良资产累积和准备金提取的会计制度方面的问题。我国的银行在转轨过程中积累了比较多的不良资产，按规定，只能按年末贷款总额的1%计提准备金。对于多数银行来说，按这个标准提取的准备金严重不足，也很难消化不良资产，还会高估盈利数字。

第二个方面的问题是，应收未收利息如何计入财务报表，这一方面，当时的规定还是180天以内的应收未收利息要进帐，同时还要照章纳税。最近这一规定做了新的改变，从180天降到90天。再向前一两年，这个数字是360天。所以这些会计准则不利于反映真实的利润水平，也容易造成虚假纳税的现象。

第三个方面，金融企业比一般工商企业复杂，应该对常规贷款以外的风险及风险准备予以反映，目前的会计准则偏低，不能正确反映。比如信用证方面的风险、表外担保业务的风险、抵押品价格方面的风险、银行金融机构相互拆借的风险，以及承兑汇票之类支付工具的风险。这些风险按中国目前的会计制度难以充分反映，对这一方面的风险所计提的准备也很不充分。这种风险可以大到什么程度呢？以进出口信用证为例，据我了解，一家比较大的银行，仅进口信用证垫款已经造成的损失实际上就达十亿美元之多。这类事情，如果按照当前的会计准则，有可能得不到真实的反映。

再下面的一个问题和会计制度有联系，也有区分，那就是贷款的分类问题，或者，更广泛地说，就是对银行资产的分类问题。当前我们的分类采用的是期限法。因为贷款时间都比较长，国际普遍采用的办法是按照风险概率进行分类，即不管贷款是否到期，都要进行评估，都要按其概率分为不同的类别，同时要按照这个损失概率提取准备金。我们现在的制度则不是这样。这既涉及到中央银行对贷款分类的要求，又涉及会计制度对各类贷款计提准备金的要求。

上述方面，总的来说都容易导致高估银行的利润，同时也容易多交税，减少了银行消化不良资产的能力。投资者如果不弄清楚这些事实的话，很容易在投资中造成失误。因此，我们觉得在这方面是需要改进的。

与此同时，中国现行的制度中也有一些低估银行实际盈利的因素，这些因素最主要的表现是营业税。中国对商业银行征收营业税，营业税的税基是商业银行的一切利息毛收入和手续费收入。银行收到的利息，不管它付出多少利息，首先已经交了8%的营业税，今年税率会改为7%。不管怎么改，都是非常之高，而且作为税基来讲是不尽合理的。从资本市场的角度来看，这也会影响投资者对银行实际财务状况和经营效果的判断。因此，尽管我国在工商业企业会计制度方面的改革已经取得了很多进展，也还存在一定的差距，但是在特殊类型的企业，特别是金融类企业方面，应该说，我们通过去年民生银行的上市，感觉差距还是比较大的，还是需要进一步加大改革的动力和压力。

在现行会计准则的情况下，我们是如何提高披露标准的呢？国际通行的会计准则对于金融企业都有特别规定，于是，我们就要求金融类企业按照国际通行的会计准则进行披露。另外在会计服务上，因为中国的会计师不熟悉金融类企业，也不熟悉国际会计通行的准则，因此我们认为，在一段时间内，应该允许有经验的国际会计师事务所对金融类企业进行审计。所谓有经验，实际上指的是国际上知名的会计师事务所或者它们在国内的合资所。这样的话，才能把这项工作搞好。尽管这样做对国内的会计师事务所会有一定的冲击，但我们想，不能因小失大，这么大的投资者队伍及国家，都需要把这些金融机构的经营状况看得清清楚楚。我们用模糊性来换得少部分人的就业，恐怕是很不妥当的。

在披露标准上这样做了以后，所取得的整体效果是比较好的，加快了商业银行改革的进程，同时也使投资者获得比较真实的信息。

下面我再讲一下这样做也存在的一系列问题，主要是两方面的问题。第一个是关于我们要求按照国际通行的会计准则以及聘请有经验的国际会计师事务所做的备考审计报告的问题。该报告在披露时是作为附录出现的。附录中披露的财务评价和按照国内会计准则做出的会计评价之间是有差异的。这种差异会带来诸多问题，投资者也会提出很多问题。但这类问题也有其好处，就是大家可以弄明白，这中间为什么会有差异。有时候这种差异也会造成一些混乱，大家说这个问题应该怎么解决，特别是在涉及利益的情况下。

第二个问题是关于银行如果有比较高的、历史上累积的不良资产，同时又不能通过正常提取准备金来消化的问题。没有提取准备金的部分，在历史上形成的超额盈利可能已经通过分红分掉了，所造成的历史问题会一次性地出现在现年的盈利和净资产数字上。当期两个会计准则得出的盈利等财务数据不一样，往往反映了以前积累下来的问题。多年积累下来的问题在处理上是比较棘手的。在民生银行上市的过程中，所采用的办法，是将以前积累的、按照当时的会计制度没有提取准备或者核销的不良资产，相对隔离起来，如果出现了问题，由老股东承担。这样，新股东就没有把他们投入的钱用于消化历史上已经形成的不良资产或者核销这些不良资产。这种办法能够把新老股东之间的利益划分得比较清楚，但并不能解决所有的问题。

总之，会计制度问题的真正解决还有待于我们进一步加快企业会计制度的改革，使得它们能够真实地反映财务状况和经营成果。这样的话，我们今后遇到的这类问题会越来越少，直到全部消失，这才是最好的解决办法。当前所采取的只是一种临时办法，即所谓披露准则高于会计准则。

最后我想讲一点个人的结论性意见。第一，我想强调的是，会计准则的提高是中国资本市场规范化的前提。前一段时间，对中国资本市场讨论得比较多，其中，议论比较多的是规范与发展的关系问题。有人说要以规范为前提进行发展，有人说只有发展才能提供更规范的空间。但我想说的是基础建设与规范的关系。基础建设在一定意义上也属于发展，是从无到有，它应该包括法治、规治、会计制度、会计准则以及对法人治理结构等方面的最基本的要求，这些都是基础性建设。只有基础性建设搞好，才能够有规范。大家可以想象，中国在几年以前，《证券法》还没有出台，再往前数几年，连《公司法》也没有，说实在的，当时的许多条例也不尽合理。这种情况下，能讲什么规范呢？当然是很困难的。会计准则作为对证券市场如此重要的一个基础性东西，如果说质量不够高，规范化很难取得进展。

第二，在典型工商业企业会计方面我们确实取得了很多成绩，我个人也非常赞赏财政部以及我们会计业界在这一方面所做的卓越努力。有业界人士反映，中国会计制度已经有很大进步了，距离国际会计准则已经很近了。但是我想提醒一点，就是会计准则在典型工商业企业以外，还有很多特殊领域需要覆盖，还有许多特殊问题需要做出规定。中国在市场化的过程中经历的年头还很少，经验也很少。因此在许多旁门别类方面的差距应该说还相当之大，所以参考国际经验是必要的。

最后一个观点是，中国将来的会计准则应该既参照成熟市场经济中的会计准则，同时也考虑中国国情和特色。但是我想区分一下，我们在会计准则中所看到的有些特色，并不是按照中国经济发展和改革开放需要所设计出的，而是过去传统计划经济的特色。这些特色恰恰是需要我们改掉的。不能说我们强调会计准则要适应中国特色，就把一些需要改革的、实际上已经不适应当前经济环境的东西继续保留下去。因此，我认为应更多地参考国际经验，在这方面更多地向国际标准靠拢，这至少是我们资本市场监管者搞好资本市场的迫切需要。

（根据周小川同志 2001 年 4 月 11 日在“政府预算管理与会计改革”国际研讨会上的讲话整理）

中文版·总第九期

上

中國證券業年鑒

上海证券交易所
深圳证券交易所
协办

2001

CHINA SECURITIES YEAR BOOK

北京中证鉴文化传播有限公司
中国证券业年鉴编辑委员会
中国经济出版社

图书在版编目(CIP)数据

中国证券业年鉴. 2001/中国证券业年鉴编委会编.
北京:中国经济出版社, 2001.12
ISBN 7—5017—5378—4

Ⅰ.中… Ⅱ.中… Ⅲ.证券市场—中国—2001—年鉴 Ⅳ.F832.51—54

中国版本图书馆 CIP 数据核字(2001)第075281号

责任编辑:张玲玲

中國證券業年鑒

2001

(中文版·总第九期)

中国证券业年鉴编辑委员会编

※

中国经济出版社出版发行
新华书店经销
北京中证鉴文化传播有限公司数据处理植字
北京中证鉴文化传播有限公司设计制作
天时印刷(深圳)有限公司承印

※

开本:850×1168mm 1/16 印张:108 插页:480 字数:4800千字
2001年12月第一版 2001年12月第一次印刷
ISBN 7—5017—5378—4/F·4061
广告经营许可证:京工商广临字200101145
总代理:北京中证鉴文化传播有限公司
总定价:人民币550元 港币550元 美元100元

编辑说明

中国证券市场创办十年来，一大批国有企业发行上市，在国有企业建立现代企业制度的改革实践中起到示范作用，也为经济结构战略调整开辟了直接融资渠道。与中国证券市场同步成长，反映证券市场发展历史的《中国证券业年鉴》是一部综合的史料性年刊，创刊于1993年，每年出版一次，从1995年起，同时出版中文版和英文版，国内外公开发行。并从2000年版起推出《中国上市公司专辑》，重点反映上市公司的企业制度建设、经营业绩、成就展示等情况。《年鉴》主要反映上一年中国证券、期货、基金、产权市场及企业制度建设和发展方面的情况和最新动态，供海内外有关机关、社团、学校、研究部门、企事业单位及社会各界人士进一步了解和研究参考使用，为推动中国证券业的规范化和国际化、建设有中国特色的社会主义市场经济服务。

《中国证券业年鉴》(2001·中文版·总第九期)共分22编，内容设置图片新闻、专论、金融市场、证券市场、期货市场、基金市场、产权市场、证券管理与交易机构、中介机构、上市股份公司、香港上市股份公司、非上市股份公司、证券经营机构、证券业理论研究、新闻出版、科技教育、社会团体、证券业人物、大事记、市场统计资料、政策与法规、企事业单位选介等部分。另有彩色和黑白插页图片920幅。

《中国证券业年鉴》按部类分编，采用编、章、节、目、段五个层次的结构形式，不同层次的标题在字体、字号和版式设计方面都有明显的区别。其中全书出现最多的"目"一级标题统一用黑体字加【 】表示，内容较多的"目"的文内则用楷体表示"段"一级的标题。在编辑过程中尽可能将内容条目化。

《中国证券业年鉴》(2001·中文版)基本上保持了上一期的内容和体例的连续性，充实了金融市场部分内容，并充实了各省、自治区、直辖市、计划单列市的证券期货市场的内容和香港创业板上市公司。在香港上市股份公司整编内容、香港联合交易所整节内容中除标明货币单位外均以港币为单位。香港上市公司的中文名称并非注册名称。由于会计制度及统计方法差异，可能使在香港上市的刁陆企业的数据有所不同。《年鉴》的资料直接来源于公司的公告或报告、国务院有关部门及各省、市提供的材料，保证了《年鉴》的权威性和准确性，但由于中国证券业仍处于发展阶段，加上各地区的发展不平衡以及我们的水平有限，难免出现一些疏漏，敬请读者谅解和指正。

《中国证券业年鉴》由中国证券业年鉴编辑部组织编辑，由中国经济出版社出版，在编辑出版过程中得到了国务院有关部门、省、自治区、直辖市证券管理机构、上海证券交易所、深圳证券交易所、香港联合交易所、证券界有关领导、专家的指导和支持，在此我们表示最诚挚的感谢。

中国证券业年鉴编辑部

中国证券业年鉴编辑委员会

中国证券业年鉴编辑委员会

宿　庸　中国证券监督管理委员会沈阳证券监管办公室　主任
黄湘平　中国证券监督管理委员会武汉证券监管办公室　主任
窦汝广　中国证券监督管理委员会天津证券监管办公室　主任
蔡浩仪　中国人民银行研究局　副局长
颜建军　审计署办公厅　副主任
潘履孚　中国保险学会常务　副会长
薛文石　中国证券监督管理委员会西安证券监督管理办公室　主任
魏书松　中国证券监督管理委员会福州证券监管特派员办事处　主任

特约编辑：（按姓氏笔画为序）

马季华　国家发展计划委员会经济政策协调司证券处　处长
马建华　中国证券监督管理委员会成都证券监管办公室　处长
万里虹　中国人寿保险公司发展研究部　高级经济师
万景初　中国证券监管管理委员会青岛证券监管特派员办事处　综合处负责人
于海联　中国证券监督管理委员会沈阳证券监管办公室　主任科员
王欣欣　中国人民银行上海分行统计研究处　副处长、副教授
王宏斌　中国证券监督管理委员会西安证券监管办公室　办公室主任
方向瑜　中国证券监督管理委员会兰州证券监管特派员办事处　办公室主任
尹献生　中国证券监督管理委员会南宁证券监管特派员办事处　处长
孙春生　中国证券监督管理委员会太原证券监管特派员办事处　处长
孙利平　中国人民银行成都分行统计研究处　科长、经济师
孙利伟　中国证券监督管理委员会大连证券监管特派员办事处　处长
孙裕亭　中国证券监督管理委员会石家庄证券监管特派员办事处　主任科员、经济师
厉淑华　中国农业发展银行宣传处　副处长
李　杰　中国注册会计师协会综合部　主任
李　飒　郑州商品交易所综合部秘书处　处长、研究生
李　惠　中国证券监督管理委员会广州证券监管办公室　信息调研处
李　德　中国人民银行研究局　处长、高级经济师
李大春　中国国债协会　副秘书长、副译审、高级经济师
李木祥　中国人民银行重庆营业管理部统计研究处　副处长、硕士
李士松　北京注册会计师协会　副会长兼秘书长
阮　路　中国证券监督管理委员会重庆证券监管办事处　处长
邢力红　中国证券监督管理委员会海口证券监管特派员办事处　副处长、硕士研究生
江晓明　中国人民银行西安分行　主任科员、经济师
买文广　中国证券监督管理委员会银川证券监管特派员办事处　副主任
初乃祯　中国证券监督管理委员会天津证券监管办公室　处长
里　红　中华全国律师协会业务委员会工作部　主任
何　洁　中国证券监督管理委员会乌鲁木齐证券监管特派员办事处　主任科员
金　伟　中信实业银行办公室　副主任
周晓阳　中国人民银行武汉分行　经济师
周　军　中国证券监督管理委员会武汉证券监管办公室综合处　处长
郎立研　全国社会保障基金理事会　助理研究员、硕士
张　锐　财政部国库支付局国债处　副处长
张仁良　中国证券监督管理委员会长沙证券监管特派员办事处　处长
张建东　中国证券监管管理委员会郑州证券监管特派员办事处综合处　处长
胡　静　中国证券监督管理委员会昆明证券监管特派员办事处　主任科员
胡　杰　中国证券监督管理委员会贵州证券监管特派员办事处　处长
郭　浩　国家开发银行政研室　硕士
姜诗明　中央电视台《中国财经报道》　制片人

中国证券业年鉴编辑部

中国证券业年鉴编辑部
北京中证鉴文化传播有限公司
联系地址
北京：北京市东城区胜古中路1号院3号楼安贞苑1102室
联系人：柳华　邮编：100029　传真：(010)64447537
电话：(010)64447535　64447536　64447537
上海：上海市平凉路1359弄万汇公寓7号楼701室
联系人：曹文乔　邮编：200090
电话：(021)65393616　传真：(021)65194336
深圳：深圳市罗湖区田贝一路2号华丽园南楼14A座
联系人：张　涛　邮编：518020
电话：(0755)5532871　5500056　传真：(0755)5500056
广东：广州市黄埔大道西191号牡丹阁501室
联系人：王才贵　邮编：510620
电话：(020)87561159　传真：(020)87561159
山东：济南市岔路街小区601号楼1单元301室
联系人：胡荒生　邮编：250021　电话：(0531)7037682

中國證券業年鑒

特别祝贺

北京城建投资发展股份有限公司

福建新大陆电脑股份有限公司

北京中证鉴文化传播有限公司

目　录

第一编　专　论

第二编　中国金融市场

第四编　中国期货市场

第五编　中国基金市场

第六编　中国产权市场

第七编　证券管理与交易机构

第八编　上交所上市股份公司

第九编　深交所上市股份公司

第十编　香港上市股份公司

• 0412 大雄科技集团有限公司 ………………… 1985
• 0413 南华工业有限公司 ………………………… 1985
• 0417 谢瑞麟珠宝(国际)有限公司 …………… 1985
• 0418 方正(香港)有限公司 ……………………… 1985
• 0419 友利电讯工业有限公司 ………………… 1985
• 0420 福田实业(集团)有限公司 ……………… 1985
• 0428 亨亚有限公司 ……………………………… 1986
• 0430 东方网库控股有限公司 ………………… 1986
• 0431 咏辉国际集团有限公司 ………………… 1986
• 0432 友联建筑材料(集团)有限公司 ………… 1986
• 0433 新万泰控股有限公司 …………………… 1986
• 0438 太平协和集团有限公司 ………………… 1986
• 0439 英发国际有限公司 ………………………… 1986
• 0440 大新金融集团有限公司 ………………… 1986
• 0448 雅佳控股有限公司 ………………………… 1986
• 0450 鸿兴印刷集团有限公司 ………………… 1986
• 0451 森泰集团有限公司 ………………………… 1987
• 0455 云南实业控股有限公司 ………………… 1987
• 0456 新协城市建设有限公司 ………………… 1987
• 0458 联亚集团有限公司 ………………………… 1987
• 0464 锦宏集团有限公司 ………………………… 1987
• 0467 东润拓展集团有限公司 ………………… 1987
• 0472 盈联网络有限公司 ………………………… 1987
• 0476 瑞源国际集团有限公司 ………………… 1987
• 0478 名力集团有限公司 ………………………… 1987
• 0479 华建控股有限公司 ………………………… 1987
• 0485 升冈集团有限公司 ………………………… 1987
• 0480 香港兴业国际集团有限公司 …………… 1987
• 0487 中国发展集团有限公司 ………………… 1988
• 0488 丽新发展有限公司 ………………………… 1988
• 0491 伟柏集团有限公司 ………………………… 1988
• 0493 京华自动化集团有限公司 ……………… 1988
• 0494 利丰有限公司 ……………………………… 1988
• 0495 百利大有限公司 …………………………… 1988
• 0497 创见太平洋控股有限公司 ……………… 1988
• 0498 保华德祥建筑集团有限公司 …………… 1988
• 0499 华脉无线通信有限公司 ………………… 1988
• 0500 天地数码(控股)有限公司 ……………… 1989
• 0501 庆丰金集团有限公司 …………………… 1989
• 0505 侨弼控股有限公司 ………………………… 1989
• 0506 中国食品发展集团有限公司 …………… 1989
• 0508 其士科技控股有限公司 ………………… 1989
• 0510 运通泰集团(百慕达)有限公司 ………… 1989
• 0511 电视广播有限公司 ………………………… 1989
• 0512 中国太阳神集团有限公司 ……………… 1989
• 0513 恒和珠宝集团有限公司 ………………… 1989
• 0516 和信致元股份有限公司 ………………… 1989
• 0517 中远国际控股有限公司 ………………… 1989
• 0518 同得仕(集团)有限公司 ………………… 1990
• 0519 实力国际集团有限公司 ………………… 1990
• 0521 首长科技集团有限公司 ………………… 1990
• 0522 ASM Pacific Technology Ltd. ………… 1990
• 0524 E—Kong Group Ltd. ……………………… 1990
• 0525 广深铁路股份有限公司 ………………… 1990
• 0526 通达工业(集团)有限公司 ……………… 1990
• 0529 新龙国际集团有限公司 ………………… 1990
• 0530 广益国际集团有限公司 ………………… 1990
• 0532 王氏港建(集团)有限公司 ……………… 1991
• 0533 金利来集团有限公司 …………………… 1991
• 0539 冠华国际控股有限公司 ………………… 1991
• 0535 兴港集团有限公司 ………………………… 1991
• 0542 马联香港有限公司 ………………………… 1991
• 0544 大同混凝土(香港)有限公司 …………… 1991
• 0547 民信集团有限公司 ………………………… 1991
• 0548 深圳高速公路股份有限公司 …………… 1991
• 0551 裕元工业(集团)有限公司 ……………… 1991
• 0553 南京熊猫电子股份有限公司 …………… 1991
• 0554 理文集团有限公司 ………………………… 1992
• 0555 万信集团有限公司 ………………………… 1992
• 0557 城市 e—Solutions 有限公司 …………… 1992
• 0559 精艺集团国际有限公司 ………………… 1992
• 0560 珠江船务发展有限公司 ………………… 1992
• 0562 保昌控股有限公司 ………………………… 1992
• 0563 科建拓展有限公司 ………………………… 1992
• 0566 红发集团有限公司 ………………………… 1992
• 0567 秀华国际集团有限公司 ………………… 1992
• 0570 荣山国际有限公司 ………………………… 1992
• 0571 丰德丽控股有限公司 …………………… 1992
• 0575 励晶太平洋集团有限公司 ……………… 1993
• 0576 浙江沪杭甬高速公路股份有限公司 …… 1993
• 0577 天网(国际集团)有限公司 ……………… 1993
• 0578 恒发世纪控股有限公司 ………………… 1993
• 0579 其士建筑集团有限公司 ………………… 1993
• 0583 南华早报(集团)有限公司 ……………… 1993
• 0585 宝途集团国际有限公司 ………………… 1993
• 0586 科维控股有限公司 ………………………… 1993
• 0588 北京北辰实业股份有限公司 …………… 1993
• 0590 六福集团(国际)有限公司 ……………… 1993
• 0592 堡狮龙国际集团有限公司 ……………… 1994
• 0593 卓健亚洲有限公司 ………………………… 1994
• 0595 先思行有限公司 …………………………… 1994
• 0599 怡邦行控股有限公司 …………………… 1994
• 0600 大华国际(集团)有限公司 ……………… 1994
• 0601 权智(国际)有限公司 …………………… 1994
• 0603 光通信国际有限公司 …………………… 1994
• 0604 深业控股有限公司 ………………………… 1994
• 0605 港佳控股有限公司 ………………………… 1994
• 0606 东宁高科技(控股)有限公司 …………… 1994
• 0608 达利国际有限公司 ………………………… 1995
• 0610 惠记集团有限公司 ………………………… 1995
• 0611 德兴集团有限公司 ………………………… 1995
• 0613 渝港国际有限公司 ………………………… 1995
• 0615 东强电子集团有限公司 ………………… 1995
• 0616 I100 Limited. …………………………… 1995
• 0617 百利保控股有限公司 …………………… 1995
• 0618 方正数码(控股)有限公司 ……………… 1995
• 0619 南华在线有限公司 ………………………… 1995
• 0620 太元集团有限公司 ………………………… 1995
• 0621 中保永兴集团有限公司 ………………… 1995
• 0622 银网集团有限公司 ………………………… 1996

• 0623 利丰雅高印刷集团有限公司 …………… 1996
• 0626 日本信用保证集团有限公司 …………… 1996
• 0627 佑威国际控股有限公司 …………………… 1996
• 0630 辉影国际集团有限公司 …………………… 1996
• 0631 爱美高中国集团有限公司 ………………… 1996
• 0632 启祥集团有限公司 ………………………… 1996
• 0635 彩星互动科娱有限公司 …………………… 1996
• 0636 港基国际银行有限公司 …………………… 1996
• 0638 建溢集团有限公司 ………………………… 1996
• 0639 福辉控股有限公司 ………………………… 1996
• 0641 立信工业有限公司 ………………………… 1997
• 0643 恒富控股有限公司 ………………………… 1997
• 0645 港台集团有限公司 ………………………… 1997
• 0647 Joyce Boutique Holdings Ltd. ………… 1997
• 0648 软库发展有限公司 ………………………… 1997
• 0649 东建科讯控股有限公司 …………………… 1997
• 0650 顺昌集团有限公司 ………………………… 1997
• 0651 和成国际集团有限公司 …………………… 1997
• 0655 香港华人银行集团有限公司 ……………… 1997
• 0657 环科国际集团有限公司 …………………… 1997
• 0659 太平洋港口有限公司 ……………………… 1997
• 0660 耐力国际集团有限公司 …………………… 1998
• 0661 添发庆丰(集团)有限公司 ………………… 1998
• 0662 亚洲金融集团有限公司 …………………… 1998
• 0663 恒光行实业有限公司 ……………………… 1998
• 0665 大福证券集团有限公司 …………………… 1998
• 0666 禹铭投资有限公司 ………………………… 1998
• 0668 香港饮食管理有限公司 …………………… 1998
• 0669 创科实业有限公司 ………………………… 1998
• 0670 中国东方航空股份有限公司 ……………… 1998
• 0673 恒利国际集团有限公司 …………………… 1998
• 0674 友力投资(控股)有限公司 ………………… 1998
• 0675 坚宝国际(控股)有限公司 ………………… 1999
• 0676 创信集团有限公司 ………………………… 1999
• 0677 金源米业国际有限公司 …………………… 1999
• 0678 丽星邮轮有限公司 ………………………… 1999
• 0679 亚洲联网科技有限公司 …………………… 1999
• 0680 Savoy Concepts Ltd. …………………… 1999
• 0681 基电控股有限公司 ………………………… 1999
• 0682 超大现代农业(控股)有限公司 …………… 1999
• 0683 嘉里建设有限公司 ………………………… 1999
• 0684 亚伦国际集团有限公司 …………………… 1999
• 0685 明报企业有限公司 ………………………… 2000
• 0686 Gay Giano International Group Ltd. …… 2000
• 0687 泰升集团有限公司 ………………………… 2000
• 0688 中国海外发展有限公司 …………………… 2000
• 0689 长城数码广播有限公司 …………………… 2000
• 0692 正兴(集团)有限公司 ……………………… 2000
• 0693 陈唱国际有限公司 ………………………… 2000
• 0694 北京首都国际机场股份有限公司 ………… 2000
• 0697 首长国际企业有限公司 …………………… 2000
• 0698 通达集团控股有限公司 …………………… 2000
• 0700 八佰伴国际集团有限公司 ………………… 2001
• 0701 北海集团有限公司 ………………………… 2001
• 0702 百姓食品控股有限公司 …………………… 2001
• 0704 嘉利美商国际有限公司 …………………… 2001
• 0706 实达科技控股有限公司 …………………… 2001
• 0709 佐丹奴国际有限公司 ……………………… 2001
• 0710 精电国际有限公司 ………………………… 2001
• 0711 俊和集团有限公司 ………………………… 2001
• 0713 世界(集团)有限公司 ……………………… 2001
• 0715 ICG Asia Works Ltd. …………………… 2001
• 0716 胜狮货柜企业有限公司 …………………… 2001
• 0717 第一太银控股有限公司 …………………… 2002
• 0718 Bestway International Holdings Ltd. … 2002
• 0719 山东新华制药股份有限公司 ……………… 2002
• 0720 和记行(集团)有限公司 …………………… 2002
• 0723 安历士国际控股有限公司 ………………… 2002
• 0724 千禧智慧控股有限公司 …………………… 2002
• 0725 恒都集团有限公司 ………………………… 2002
• 0726 东南国际集团有限公司 …………………… 2002
• 0727 金英控股(香港)有限公司 ………………… 2002
• 0728 南顺食品工业有限公司 …………………… 2002
• 0729 巨川国际(集团)有限公司 ………………… 2002
• 0730 首长四方(集团)有限公司 ………………… 2003
• 0731 森信纸业集团有限公司 …………………… 2003
• 0732 信利国际有限公司 ………………………… 2003
• 0735 齐翔食品国际有限公司 …………………… 2003
• 0736 北方兴业控股有限公司 …………………… 2003
• 0738 利信达集团有限公司 ……………………… 2003
• 0745 菱电发展有限公司 ………………………… 2003
• 0747 沈阳公用发展股份有限公司 ……………… 2003
• 0751 创维数码控股有限公司 …………………… 2003
• 0752 笔克远东集团有限公司 …………………… 2003
• 0754 合生创展集团有限公司 …………………… 2004
• 0755 四海互联网有限公司 ……………………… 2004
• 0757 中联系统控股有限公司 …………………… 2004
• 0758 德信控股(亚太)有限公司 ………………… 2004
• 0759 CEC 国际控股有限公司 ………………… 2004
• 0760 明日国际集团有限公司 …………………… 2004
• 0761 北京时装(集团)有限公司 ………………… 2004
• 0762 中国联通股份有限公司 …………………… 2004
• 0764 海洋集团有限公司 ………………………… 2004
• 0765 威发国际集团有限公司 …………………… 2004
• 0767 太平洋实业控股有限公司 ………………… 2004
• 0768 开明投资有限公司 ………………………… 2005
• 0769 中国稀土控股有限公司 …………………… 2005
• 0770 沪光国际上海发展投资有限公司 ………… 2005
• 0771 自动系统集团有限公司 …………………… 2005
• 0818 粤海建业有限公司 ………………………… 2005
• 0835 Ehealthcareasia Limited ……………… 2005
• 0851 建美集团有限公司 ………………………… 2005
• 0855 易达兴业电子(集团)有限公司 …………… 2005
• 0857 中国石油天然气股份有限公司 …………… 2005
• 0858 精优药业控股有限公司 …………………… 2005
• 0859 华基电脑科技有限公司 …………………… 2006
• 0862 亚洲物流科技有限公司 …………………… 2006
• 0866 Sunday Communications Ltd. ………… 2006
• 0870 恒丰金业科技有限公司 …………………… 2006
• 0873 威乐控股有限公司 ………………………… 2006

• 0874 广州药业股份有限公司 …………………… 2006
• 0875 港冠集团有限公司 ……………………… 2006
• 0876 永利控股有限公司 ……………………… 2006
• 0878 金朝阳集团有限公司 …………………… 2006
• 0882 天津发展控股有限公司 ………………… 2007
• 0894 万裕国际集团有限公司 ………………… 2007
• 0897 得利集团有限公司 ……………………… 2007
• 0898 万事昌国际控股有限公司 ……………… 2007
• 0899 永利实业控股有限公司 ………………… 2007
• 0900 AEON 信贷财务(亚洲)有限公司 ………… 2007
• 0902 华能国际电力股份有限公司 …………… 2007
• 0903 冠捷科技有限公司 ……………………… 2007
• 0905 希域投资有限公司 ……………………… 2007
• 0907 高雅国际集团有限公司 ………………… 2007
• 0908 珠光发展有限公司 ……………………… 2007
• 0910 金威集团控股有限公司 ………………… 2008
• 0913 Unity Investments Holdings Ltd. ……… 2008
• 0914 安徽海螺水泥股份有限公司 …………… 2008
• 0917 新世界中国地产有限公司 ……………… 2008
• 0918 第一德胜控股有限公司 ………………… 2008
• 0921 广东科龙电器股份有限公司 …………… 2008
• 0922 金科数码国际控股有限公司 …………… 2008
• 0925 元升国际集团有限公司 ………………… 2008
• 0926 联洲珠宝有限公司 ……………………… 2008
• 0927 富士高实业控股有限公司 ……………… 2008
• 0930 环球应用科技集团有限公司 …………… 2009
• 0933 先来国际控股有限公司 ………………… 2009
• 0934 中石化冠德控股有限公司 ……………… 2009
• 0938 民生国际有限公司 ……………………… 2009
• 0941 中国移动(香港)有限公司 ……………… 2009
• 0943 意科控股有限公司 ……………………… 2009
• 0945 宏利金融有限公司 ……………………… 2009
• 0952 华富国际控股有限公司 ………………… 2009
• 0959 佳信科技集团有限公司 ………………… 2009
• 0965 裕丰国际集团控股有限公司 …………… 2009
• 0966 中保国际控股有限公司 ………………… 2010
• 0969 华联国际(控股)有限公司 ……………… 2010
• 0970 环球饮食文化集团有限公司 …………… 2010
• 0978 东力实业控股有限公司 ………………… 2010
• 0979 盈盛数码世纪有限公司 ………………… 2010
• 0983 瑞安建业有限公司 ……………………… 2010
• 0984 吉之岛(香港)百货有限公司 …………… 2010
• 0985 中国科技集团有限公司 ………………… 2010
• 0986 南兴集团有限公司 ……………………… 2010
• 0987 新科(远东)有限公司 …………………… 2010
• 0988 明珠兴业网络科技有限公司 …………… 2010
• 0989 润讯通信国际有限公司 ………………… 2011
• 0990 三商行国际集团有限公司 ……………… 2011
• 0991 北京大唐发电股份有限公司 …………… 2011
• 0992 联想集团有限公司 ……………………… 2011
• 0993 天行国际(控股)有限公司 ……………… 2011
• 0995 安徽皖通高速公路股份有限公司 ……… 2011
• 0996 实惠集团有限公司 ……………………… 2011
• 0997 达艺控股有限公司 ……………………… 2011
• 1001 万顺昌集团有限公司 …………………… 2011
• 1003 乐家集团有限公司 ……………………… 2012
• 1004 丽盛集团控股有限公司 ………………… 2012
• 1005 美力时集团有限公司 …………………… 2012
• 1010 弘茂企业集团有限公司 ………………… 2012
• 1013 普纳集团有限公司 ……………………… 2012
• 1031 迈特科技集团有限公司 ………………… 2012
• 1033 仪征化纤股份有限公司 ………………… 2012
• 1036 南联地产控股有限公司 ………………… 2012
• 1037 台和商事控股有限公司 ………………… 2012
• 1038 长江基建集团有限公司 ………………… 2012
• 1041 大福国际集团有限公司 ………………… 2012
• 1043 光宇国际集团科技有限公司 …………… 2013
• 1044 恒安国际集团有限公司 ………………… 2013
• 1045 亚太卫星控股有限公司 ………………… 2013
• 1046 寰宇国际控股有限公司 ………………… 2013
• 1047 毅兴行有限公司 ………………………… 2013
• 1049 时富投资集团有限公司 ………………… 2013
• 1050 嘉利国际控股有限公司 ………………… 2013
• 1051 星光生物科技(控股)有限公司 ………… 2013
• 1052 越秀交通有限公司 ……………………… 2013
• 1053 重庆钢铁股份有限公司 ………………… 2013
• 1055 中国南方航空股份有限公司 …………… 2014
• 1058 粤海制革有限公司 ……………………… 2014
• 1059 看通集团有限公司 ……………………… 2014
• 1060 圆方陶瓷科技有限公司 ………………… 2014
• 1062 ING 北京投资有限公司 ………………… 2014
• 1063 新确科技有限公司 ……………………… 2014
• 1064 中华置业地产控股有限公司 …………… 2014
• 1065 天津渤海化工(集团)股份有限公司 …… 2014
• 1070 TCL 国际控股有限公司 ………………… 2014
• 1071 山东国际电源开发股份有限公司 ……… 2014
• 1072 东方电机股份有限公司 ………………… 2015
• 1093 中国制药企业投资有限公司 …………… 2015
• 1095 德胜集团有限公司 ……………………… 2015
• 1097 有线宽频通讯有限公司 ………………… 2015
• 1098 路劲基建有限公司 ……………………… 2015
• 1100 飞达帽业控股有限公司 ………………… 2015
• 1104 盈荣集团有限公司 ……………………… 2015
• 1105 泛华科技集团有限公司 ………………… 2015
• 1108 洛阳玻璃股份有限公司 ………………… 2015
• 1109 华润北京置地有限公司 ………………… 2015
• 1110 中航兴业有限公司 ……………………… 2016
• 1111 廖创兴银行有限公司 …………………… 2016
• 1114 华晨中国汽车控股有限公司 …………… 2016
• 1118 高力集团有限公司 ……………………… 2016
• 1120 雅视光学集团有限公司 ………………… 2016
• 1121 协和建设有限公司 ……………………… 2016
• 1122 庆铃汽车股份有限公司 ………………… 2016
• 1123 中港照相器材集团有限公司 …………… 2016
• 1124 沿海物业集团有限公司 ………………… 2016
• 1125 丽丰控股有限公司 ……………………… 2016
• 1128 中国石化镇海炼油化工股份有限公司 … 2017
• 1130 奋发国际控股有限公司 ………………… 2017
• 1131 广兴国际控股有限公司 ………………… 2017
• 1132 嘉禾娱乐事业(集团)有限公司 ………… 2017

第十一编 非上市股份公司

第十二编　中介机构

第十三编　证券经营机构

第十四编　证券业科技教育

第十五编　证券业新闻传媒

第十六编　证券业社会团体

第十七编　证券业人物

第十八编　证券业理论研究

第十九编　证券业大事记

第二十编　市场统计资料

第二十一编　政策与法规

第二十二编　中国企事业单位选介

插页目录

工商股份制企业

■ 工商企业

金融证券机构

金融机构

保险机构

证券公司

投资基金单位

期货经营机构

期货经营机构

中介机构

中介机构

综合机构

综合机构

中国证券业年鉴编委介绍

中国证券业年鉴编委介绍

NEWS PICTURE

新闻图片

随着中国加入世界贸易组织，中国汽车工业面临着机遇和挑战，同时在国民经济中将起着重要作用。图为中共中央总书记、国家主席、中央军委主席江泽民视察江西昌河汽车股份有限公司

中共中央总书记、国家主席、中央军委主席江泽民视察河南安彩高科股份有限公司

中共中央政治局常委、国务院总理朱镕基视察徐州维维食品饮料股份有限公司

中共中央政治局委员、国务院副总理吴邦国考察广西贵糖（集团）股份有限公司的生产发展情况

NEWS PICTURE

新闻图片

中共中央政治局委员、国务院副总理温家宝考察河南莲花味精股份有限公司的改革和发展情况

中共中央政治局委员、北京市委书记贾庆林考察北京三元食品股份有限公司的生产情况

中共中央政治局候补委员、国务委员吴仪在江铃汽车股份有限公司就国有企业的制度创新及经济发展等展开调研。

中国证券监督管理委员会主席周小川在第三届中国国际高新技术成果交易会论坛上就我国证券市场的创新与发展等问题作重要讲话

深圳证券交易所成立十年来，在中国证券市场创新发展、规范管理等方面起着重要作用。图为深圳证券交易所成立十周年庆祝大会场景

NEWS PICTURE
新闻图片

中國证券報

>> 社长、总编辑：陈乃进

>> 报社管理层

>> 报社办公大楼

《中国证券报》是新华通讯社主办的全国性证券专业报纸，是中国证券监督管理委员会指定披露上市公司信息的报纸，每星期一至六出版，平均每期32版以上，海内外公开发行。

《中国证券报》创刊于1993年1月3日，最初为对开四版周二刊，1997年元旦扩版为对开12版日报。1996年1月1日报社创办《中国证券报·电子版》，现发展为《中国证券报互动版》。1997年报社实现采编、拼版、广告设计、资料查询等办公电脑化。1997年3月1日中国证券报电子声讯台开播。1997年10月推出《中国证券报》周末版。1997年初，国家有关邮政部门把《中国证券报》列入全国9种重要报刊发行范围，在全国设有28个代印点通过卫星传版同时印刷，并在各地印点实现了早报早投，进一步提高了报纸时效，使大多数读者在开市之前就可以看到当天的报纸。新华通讯社遍布世界各地的分社、支社以及现代化的通讯网络，为《中国证券报》提供了广泛的信息来源和快速的传递手段。1999年12月，《中国证券报》再度改版。2000年3月，央视调查咨询中心在15个城市的调查显示，在全国金融证券类报刊中，《中国证券报》阅读率名列第一。2001年7月，推出网上路演。中国证券报社组织机构为社委会，下设编委会、经营会、办公会；编委会下设总编室、市场部、公司部、采访部、专版部、网络部、信息数据中心、技术部、电脑中心、校对室、各地记者站；经营会下设咨询策划部、发行部、财务部、新证广告公司、参股公司。各地记者站包括上海、深圳、湖北、四川、海南、辽宁、福建、山东、江苏、广州、重庆、浙江、西安等。2001年10月中国证券报上海总部、深圳总部成立。《中国证券报》从诞生之日起，一直得到中国证监会、中国人民银行、国家计委、国家经贸委、国家财政部、国家统计局等部委的大力支持，并与沪、深证券交易所以及全国各地证券、期货监管机构和中介机构建立了密切的联系，还同美国、日本、韩国、新加坡、澳大利亚以及台湾、香港等地的证券界人士建立了友好合作关系。

NEWS PICTURE

新闻图片

上海證券交易所

2000年，上海证券交易所在"法制、监管、自律、规范"八字方针指导下，在中国证监会的正确领导和市场各方面积极参与下，规范运作，稳健向上，在市场建设、发展和监管等各方面都取得了很大成效。

一、市场规模持续扩大。2000年上市公司新增加88家，截至2000年底，上市公司总数达572家；上市公司总股本达2032.42亿元，比上年底增长28.62%；市价总值为26930.86亿元，比上年底增长84.71%，是继1998年上海证券交易所首次突破1万亿元后，出现的又一次较大增长。至2000年底，上证所会员数为305家，会员下属营业部达2623个，席位数5129个。投资者开户数达2957.84万户，比上年底增加676.72万户。

二、筹资功能进一步增强。2000年，上市公司通过上海证券交易所筹集资金总额为919.95亿元。一批在国民经济中具有重要地位的大型国企如宝钢股份、首创股份、上港集箱等一次性筹资均达25亿元以上，赣粤高速、酒钢宏兴和华泰股份等一次性筹资也均在10亿元以上，尤其宝钢股份，一次发行流通股18.77亿股，筹资78.46亿元。上海证券交易所还上市了5家证券投资基金。

三、市场活跃，成交量持续增长。2000年沪市的股票、债券、基金全年成交总金额达49901.47亿元，比1999年增加13909.34亿元。高科技股和绩优国企大盘股是全年的市场热点，方正科技、清华同方、浦发银行、四川长虹、真空电子、综艺股份和上海汽车年成交金额均在220亿元以上，其中高科技股方正科技和清华同方均在270亿元以上，浦发银行和四川长虹年成交金额在260亿元以上。

2000年，上海证券交易所全年证券成交金额占中国大陆证券市场全年证券成交总金额的60.09%，表明了上海证券交易市场继续保持全国主要证券市场的地位。

>> 上海证券交易所办公大楼全景

>> 上海证券交易所交易大厅

NEWS PICTURE

新闻图片

深圳证券交易所
SHENZHEN STOCK EXCHANGE

>> 深圳证券交易所总经理：张育军

>> 深圳证券交易所外景

2000年是中国证券市场发展的第十个年头，同时也是深交所发展史上非常特殊的一年。随着证券市场一系列宏观政策的调整和管理方式的创新，本所工作内容乃至工作重心和工作方向也发生了重大变化。面对这种情况，全所上下顽强拼搏、奋发图强，积极主动地适应和把握了证券市场的新情况和新变化，卓有成效地推进了包括筹备创业板市场在内的各项工作，经受住了市场环境发生重大变化的严峻考验，取得了显著的成绩。

从市场情况看，全年新增上市公司51家，较上年增长11.02%；新增总股本252.27亿元，增长18.99%；新增投资者开户640.64万户，增长29.11%；股票、基金累计成交金额30920.45亿元，比上年增加15446.98亿元，增长99.83%；A股累计筹资628.93亿元，比上年增加258.72亿元，增长近70%；代征印花税235.21亿元，比上年增加120.38亿元，增长122.94%。深圳证券市场总市值达到21160亿元，较上年增长77.95%；流通市值7606亿元，较上年增长91.87%。总市值相当于全年GDP的25.44%。特别值得肯定的是，在9月中旬以后暂停新股发行、大量新股申购资金流出的情况下，深圳市场仍然保持着交投畅旺的局面，这是投资者对深市未来发展充满信心的体现。

全所工作以"十件大事"为主导，在市场监管、市场改革创新、市场理论研究以及市场基础设施建设等各方面均取得了长足进展，为深交所的长远发展打下了坚实的基础。特别是9、10月份，为了做好创业板市场的筹备工作，在市场规则、技术系统、业务流程、理论研究、宣传培训、人员配备、部门设置以及办公场地等方面进行了全面的、卓有成效的筹备工作。

九年成功　岂一时打造

《中国证券业年鉴》创刊于1993年，主要反映上一年中国证券、期货、基金、产权市场及企业体制改革与发展的情况，同时出版中文版和英文版。主要内容包括：中国金融市场、中国证券市场、中国期货市场、中国基金市场、中国产权市场、大陆及香港上市公司、金融证券机构、中介机构、政策法规和统计资料。

《中国证券业年鉴》除了中国大陆、港、澳、台外，美洲、欧洲也有《年鉴》的忠实读者。

中國證券業年鑒
中文版 總第六期
上
1999 上 中文版 總第七期
1999 下 中文版 總第七期
中國證劵業年鑒
下 2000 中文版 总第八期
中国经济出版社
上 2000 中文版 总第八期
中国经济出版社

大家的评论 才是公正的

2001年11月，在中国出版工作者协会年鉴研究会主办的"第二届中央级年鉴评比"活动中，《中国证券业年鉴》获得"中央级年鉴评比一等奖"，这是我国证券业唯一获此殊荣的证券类刊物。几年来，《中国证券业年鉴》始终追求内容的权威性、全面性，设计的创意化、国际化，印刷的高档、精致。

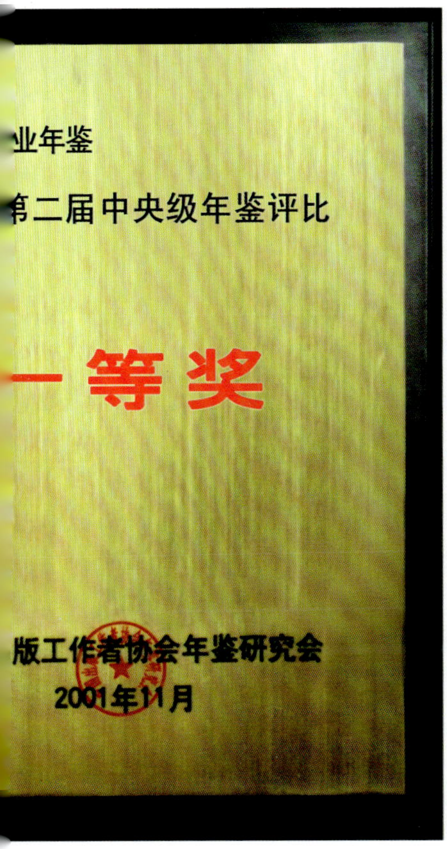

业年鉴

第二届中央级年鉴评比

一等奖

版工作者协会年鉴研究会

2001年11月

获奖证书

中国证券业年鉴：

在第二届中央级年鉴评比中，
荣获条目编写优秀奖，
特颁此证，以资鼓励。

中国出版工作者协会年鉴研究会
二〇〇一年十一月

获奖证书

中国证券业年鉴：

在第二届中央级年鉴评比中，
荣获版式装帧优秀奖，
特颁此证，以资鼓励。

中国出版工作者协会年鉴研究会
二〇〇一年十一月

中國證券業年鑒
CHINA SECURITIES YEAR BOOK

一切　当然是设计

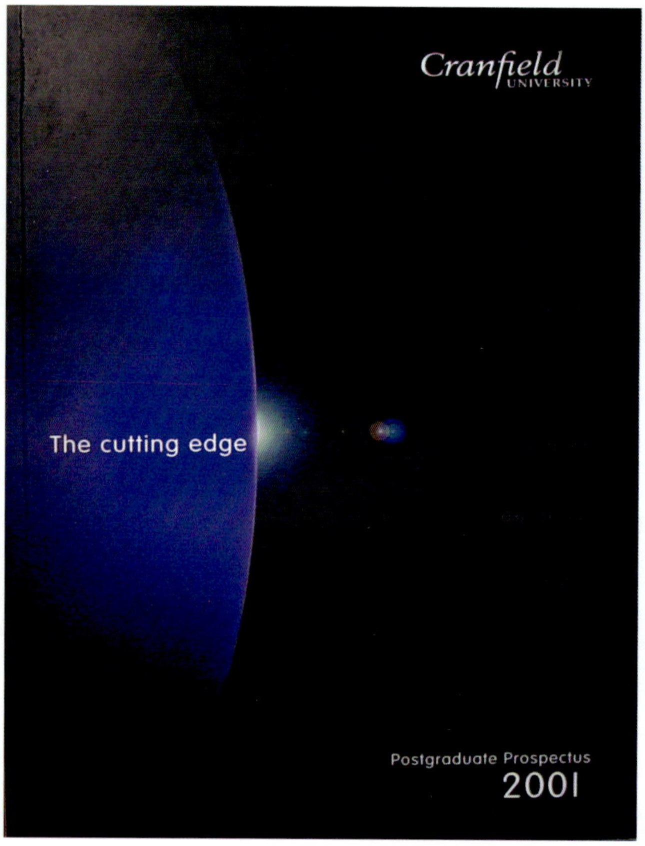

北京中证鉴文化传播有限公司是专业从事广告设计制作、企业形象策划、企业宣传片策划，承办组织各类研讨会、展览会及考察活动,为企业提供文案撰写、文字数据处理、设计制作、排版输出、印刷及装运等全程服务。

主要业务：广告设计制作、企业形象推广、公司品牌画册制作、公司年报设计、出版发行服务。

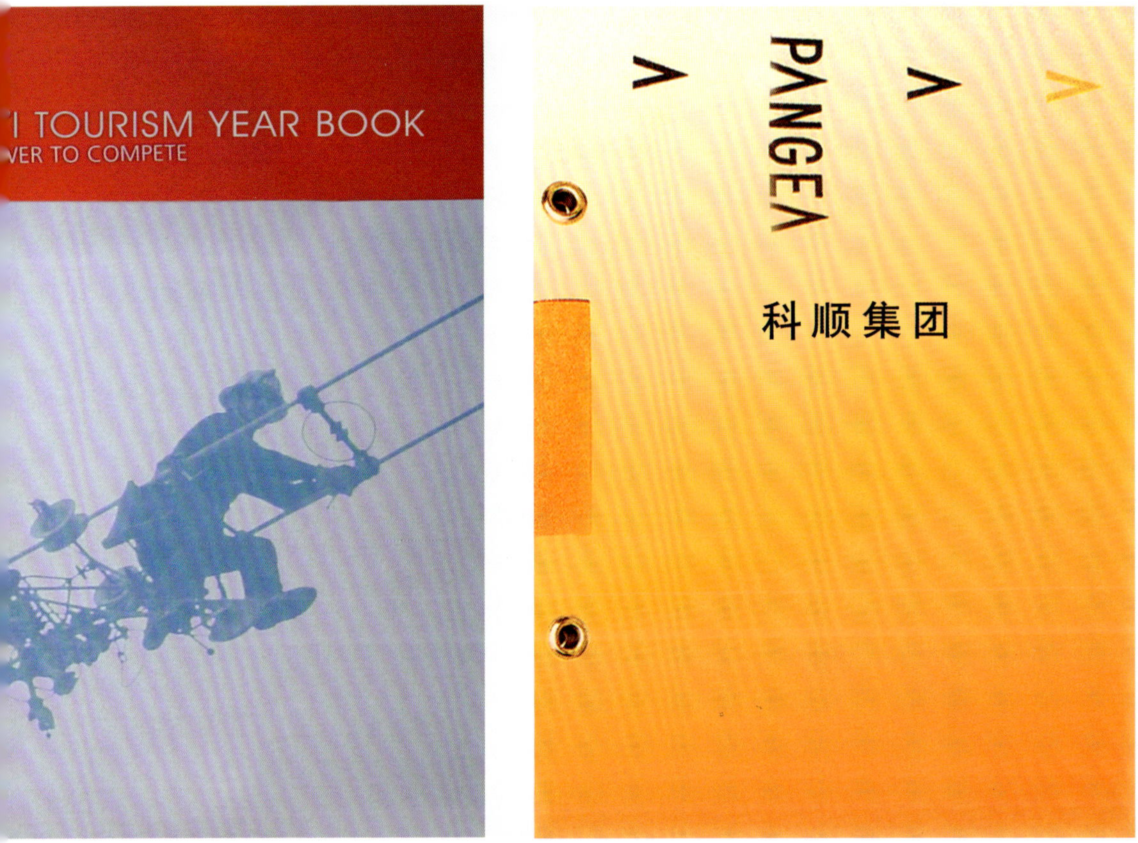
I TOURISM YEAR BOOK
VER TO COMPETE
PANGEA
科顺集团

中国证券市场走势图

上证指数

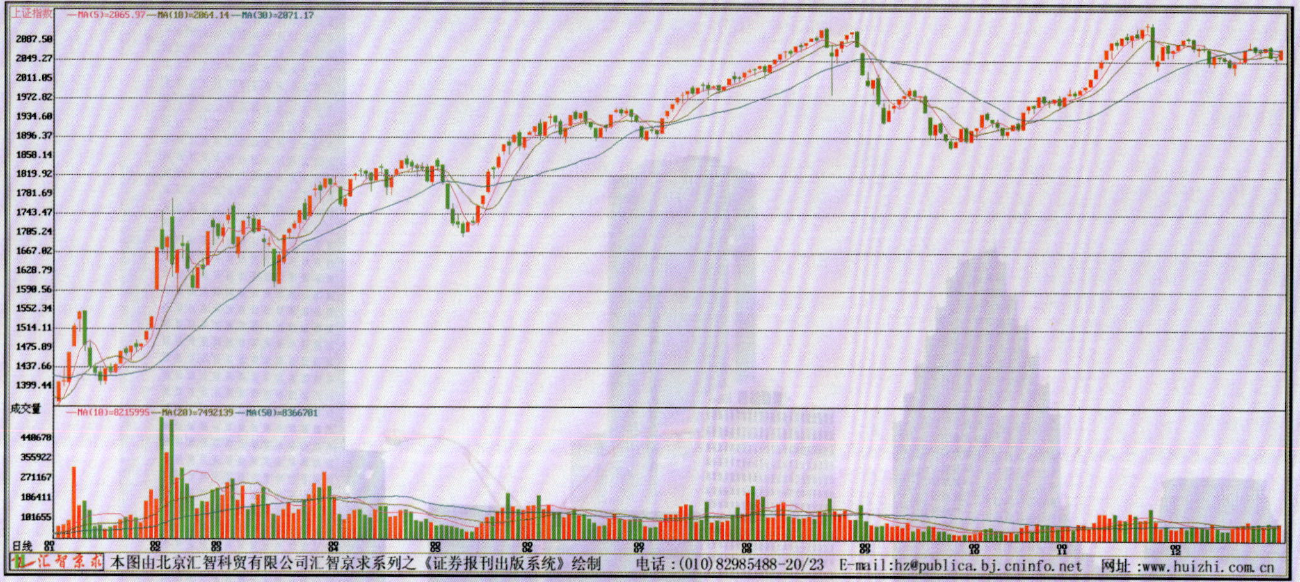

深证指数

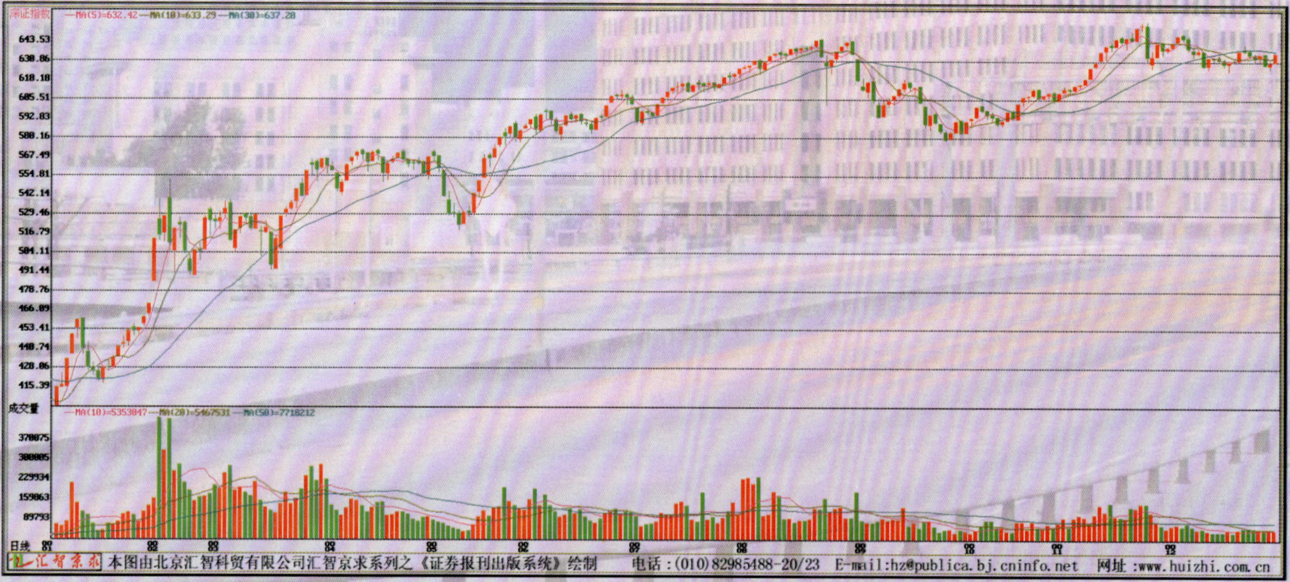

China Securities Year Book 2000

公司董事长：佟永贵

公司总经理：赵广义

北京城建投资发展股份有限公司(以下简称公司)是1998年9月4日经北京市政府批准，由北京城建集团有限责任公司作为独家发起人，以其直接从事建筑业的生产经营性资产投入，并向社会公开发行A股股票，以募集方式设立的股份有限公司。经中国证监会批准，公司于1998年12月9日向社会公众发行了普通股8750万股，并向五家证券投资基金配售1250万股，共计10000万股，每股发行价8.43元。发行后公司总股本为40000万股，其中30000万股由北京城建集团有限责任公司持有。股票简称：北京城建；股票代码：600266。

公司所处的行业是建筑业，主营业务是工业与民用、能源、交通、市政、地铁、公共建筑建设项目工程总承包。2000年公司主营业务收入7208431645.37元，比上年增长22.69%；主营利润891061367.91元，比上年增长30.44%。

2000年公司承担着包括国家大剧院在内的一批重点工程建设项目，进展顺利；中华世纪坛、远洋大厦工程如期完工；大运会运动员公寓、国际俱乐部等工程达到计划形象进度。公司还承担了北京四环路、公路一环、两广路、京开路、西外大街改造等一批市政道路工程，其中北四环路合同段已经完工，实现通车，其他合同段正加紧施工，为加快首都城市建设和申奥创造条件。此外，公司继续扩大高速公路施工规模，施工总里程达到288公里，施工进度和质量获得社会好评。2000年公司竣工工程优良品率和获奖工程数量均比1999年有所增加。竣工工程质量合格率100%，优良品率68.1%。有51项工程获得北京市市级以上优质工程奖，占北京市市级以上优质工程总数的16%，居北京地区建筑企业之首。其中市“长城杯”工程14项，市优工程19项，市结构“长城杯”9项，市优质结构工程2项，市优秀装饰工程3项。首都机场新航站楼工程获得国家“鲁班奖”，安华发展大厦、月坛大厦南座、北京水泥厂3项工程获国家优质工程银质奖。

公司立足北京，积极开拓国内外市场，根据国家西部大开发战略，积极开辟西部市场，在继承接西安南郊水厂施工后，公司又在陕西、青海、宁夏等省承接了工程。目前，公司业务已拓展到北京、上海、山东、辽宁、黑龙江、河北、河南、广东、陕西、青海、宁夏、重庆等十余个省市。

公司将本着“同心图治、唯实创新、追求卓越”的信念，抓住机遇，寻求新的竞争优势，以博大的胸襟在更广阔的领域不懈地向更高、更强攀登。

北京城建投资发展股份有限公司

北苑家园一角

北苑家园一角

地址：北京朝阳区北土城西路11号新城市科技大厦

电话：62035969转各部门

邮编：100029

小区一景

华能国际电力股份有限公司在中国境内开发、建设和经营管理大型火力发电厂，目前拥有总发电装机容量10813.5兆瓦，在建及规划电厂的装机容量为5790兆瓦，是中国最大的独立发电公司。2000年公司实现主营业务收入125.58亿元，实现主营业务利润44.07亿元，实现净利润26.44亿元(国内会计准则)。

公司成立于1994年，同年10月在全球首次公开发行股票，并以ADR的形式在纽约证券交易所挂牌上市。1997年5月，在全球发行2.3亿美元7年期可换股债券；1998年1月，公司以介绍上市方式在香港联交所上市，并于同年3月成功完成了2.5亿股外资股的全球配售和4亿股内资股(国有法人股)同母公司华能国际电力开发公司(“华能国电”)的定向配售。公司通过境外资本市场融资共约10亿美元，为公司发展提供了充足的资金支持。

2001年11月15日至16日，公司在国内成功发行了3.5亿股A股。其中，采取网下对战略投资者和证券投资基金、网上对社会公众投资者累计投标询价的方式发行不超过2.5亿股社会公众股，发行价格为7.95元/股；同时以相同价格向华能国电定向配售1亿股国有法人股。至此，公司总股本达到60亿股。

自1994年成立以来到2000年，公司通过电厂开发和资产收购不断扩大经营规模，提高盈利水平。公司已连续7年实现盈利的稳定增长，净利润从4.75亿元增长到26.44亿元(国内会计准则)，拥有的总发电装机容量从2900兆瓦增加到目前的10813.5兆瓦。2000年公司成功地完成了与在纽约上市的山东华能发电股份有限公司(山东华能)的吸收合并。山东华能的全部资产已于2001年1月1日并入本公司，并已为公司的盈利增长作出了重要贡献。

公司目前全资拥有10座电厂，控股2座、参股1座电厂，其发电厂设备先进、高效稳定，且广泛分布于中国经济发展迅速的辽宁、河北、山东、上海、江苏、福建和广东等沿海七省市。公司将继续加强成本管理，提高经营效率，以在电力市场竞争中保持优势。对于未来发展，公司将本着“收购与开发并重，新建和扩建并重，煤电和其它可行能源并重”的原则，进一步扩大经营规模；同时根据国家的电力发展规划和政策，适时开发建设新电厂尤其是利用清洁能源发电项目，以保证盈利能力和股东权益的稳定增长。

www.hpi.com.cn

江苏红豆实业股份有限公司

公司服装生产大楼

公司董事长周海江与无锡市委书记蒋定之参加中国经济论坛活动

公司董事长周海江参加商会活动

公司董事长周海江参加2000年APEC CEO 高峰会

江苏红豆实业股份有限公司隶属于红豆集团。红豆集团是江苏省重点企业集团，全国120家深化改革试点企业之一，1997年，“红豆”商标被国家工商局认定为“中国驰名商标”，同年，红豆西服、衬衫、T恤等五大主导产品通过ISO9002质量体系认证。

江苏红豆实业股份有限公司的前身是无锡县（现锡山市）红豆实业有限公司，成立于1995年6月16日。1997年1月，有限公司股东会决议增加注册资本，增资后的注册资本为10000万元。1998年8月，有限公司经股东会决议并经江苏省人民政府苏政复［1998］99号文批准，依法变更为股份有限公司，并于1998年9月11日在江苏省工商行政管理局依法登记注册，注册号为3200001104191。

2000年12月15日，经中国证券监督管理委员会证监发字［2000］176号“关于核准江苏红豆实业股份有限公司公开发行股票的通知”，公司采用上网定价方式在上海证券交易所公开发行人民币普通股5000万股，每股面值1元，股票名称“红豆股份”，股票代码“600400”。

江苏红豆实业股份有限公司成立以来，本着以“名牌工程为龙头，科技兴厂增后劲，以资本经营扩规模，现代营销抢市场，企业文化育素质”的指导思想，坚持以高科技含量、高档次、高质量不断增加名牌的竞争力，大力引进、消化、吸收法、意、德等国先进的服装行业流水线，积极聘请海内外高级管理人才参与企业管理，并与法国著名服装设计学院ESMOD联合办学，培养设计师群体。2000年初，被公安部列为“99”式警服定点生产企业。

科学的管理手段和品牌的良好形象，使江苏红豆实业股份有限公司的西服、衬衫、羊毛衫、T恤、毛线等产品的市场占有率不断提高，现已覆盖28个省、市、自治区，并出口日本、加拿大、美国、澳大利亚、俄罗斯等多个国家和地区，产品质量均达到出口免检水平，内外销一等品合格率稳定在98%以上，2000年实现销售收入37882.5万元，净利润4861.2万元。

江西联创光电科技股份有限公司(以下简称“联创光电”)是经江西省股份制改革和股票发行联审小组办公室赣股办(1999)06号文批准，由江西省电子集团公司、江西电线电缆总厂、江西华声通信(集团)有限公司、江西清华科技集团有限公司、江西红声器材厂五家企业共同发起设立的股份制企业。公司成立于1999年6月，2001年3月29日在上海证券交易所挂牌上市。目前总资产11.73亿元，2000年度公司主营业务收入4.74亿元。

联创光电下设2家分公司，即联创光电江线分公司、联创光电华声分公司；三家子公司，即厦门华联电子有限公司、厦门宏发电声有限公司、南昌华声通信有限公司。产品涉及光电子元器件、继电器、通信线缆和通信终端等高科技领域。

公司技术力量雄厚、生产工艺装备先进，均通过多种严格的国际质量标准认证。公司下设控股子公司厦门华联电子有限公司是全国最大的家电系列、红外控制器和微电脑控制器的生产厂家，同时也是国家科委评定的实施火炬项目先进国家重点高新技术企业；厦门宏发电声有限公司是全国最大的继电器生产基地，连续八年市场占有率与经济效益全国第一，连续六年作为唯一继电器企业，成为国家信息产业部元件百强企业，是国家火炬计划重点高新技术企业。

联创光电将凭借独特的技术优势，围绕国际化战略，进一步提高产品在国际市场的占有率。联创光电以人为本、科技为先导、市场为基石、效益为中心，实现多元化、集团化、国际化发展，回报投资人，提升民族光电产业。

浙江东方集团股份有限公司是一家外贸行业的上市公司，主要从事针棉织品进出口贸易，在海内外拥有良好的信誉和稳固的市场渠道，主要经营各类面料的针织、梭织服装及家纺用品等商品，品种已达3000多种，其中“布利杰”、“福星”、“天使”等品牌的产品深受国际市场的欢迎。集团公司一直位居中国进出口贸易500强之列，98年进出口总额排名全国第96位，近三年企业更得到了快速、稳健的发展，2000年进出口贸易总额达36936万美元，年增长28.59%。

集团公司目前拥有全资、控股的海内外企业22家，产销联营企业150余家，企业在大力发展外贸主业的同时，以投资、参股等形式成立“巨能东方药品联锁交易

浙江東方集團股份有限公司

ZHEJIANG ORIENT HOLDINGS CO.,LTD.

中心”、“新东合成化工有限公司”、“北京东方航天生物技术有限责任公司”等医药高科技项目，同时进军房地产行业，投资的“东方苑”别墅、“嘉和北京城”商住项目均收到了良好的效益。公司初步形成了贸易为龙头，实业为基础，贸、工、金融、房产、运输、信息技术等有机结合的综合性企业集团，并进一步向实业化、多元化、国际化、大集团模式发展。

董事长：刘宁生　　总经理：吴建华

地址：杭州市庆春路199号浙江东方集团大厦

电话：(0571)7215678

传真：(0571)7215000　邮编：310006

电子邮箱：Orient@mail. hz.zj.cn

董事长：周孟尝　总经理：郑暑平

Kweichow M

贵州茅台酒是中华人民共和国国酒和外交酒，是集高粱之精，小麦之魂，天地之灵气，水土之菁华加之巧夺天工浑然天成的精湛工艺精酿而成。茅台酒由酱香、窖底、醇甜三种香型体组成，具有酱香突出，幽雅细腻，酒体醇厚，回味悠长，酒质完美，空杯留香的特点。敦厚中透出华丽，自然中蕴含灵秀，是中华千年酒文化的结晶，是香溢万邦的酒林至尊。

贵州茅台酒股份有限公司是由中国贵州茅台酒厂有限责任公司、贵州茅台酒厂技术开发公司、贵州省轻纺集体工业联社、深圳清华大学研究院、中国食品发酵工业研究所、北京市糖业烟酒公司、江苏省糖烟酒总公司、上海捷强烟草糖酒(集团)有限公司等八家公司共同发起并经贵州省人民政府黔府函字(1999)291号文件批准于1999年11月20日设立的股份有限公司。经中国证监会证监发行字[2001]41号文核准，本公司于2001年7月31日在上海证券交易所以上网定价方式成功地发行了人民币普通股7150万股，并于2001年8月27日成功上市。公司注册资本为25000万元，股票简称“贵州茅台”，股票代码600519。

公司主营贵州茅台酒为龙头的系列产品的生产和销售，同时进行饮料、食品、饲料、包装材料的生产与销售，防伪技术开发，生物工程，信息产业相关产品的研制与开发，资本运营及相关投资业务。

茅台酒系列产品

公司董事长：李留恩

公司总经理：蔡健德

河南安彩高科股份有限公司

河南安彩高科股份有限公司于1998年9月成立，其A种股票于1999年7月在上海证券交易所挂牌交易，是国家重点高新技术企业，主要从事生产和销售彩色显像管玻壳、彩色显示器玻壳、研究、开发电子特种玻璃新产品及新型显示技术等业务，属于电子行业基础元器件制造企业。目前可年产玻壳1500万套，拥有全国唯一的显示器件玻璃及模具技术研究中心，是中国最大的彩色玻壳生产企业，产品供应全国各大彩管制造厂，并远销韩国、马来西亚、印度、越南、巴西、西班牙、英国等国际市场。

安彩高科的主体原是安玻公司的一期工程，是国家"七五"重点工程项目，项目建成后先后承担了众多国家级及省级科技攻关项目，共取得科技成果1260项，其中46项填补了国内空白，是同行业中首家通过ISO9002国际质量体系认证的企业，盈利水平连续八年在国内玻壳行业中排名第一，其他各项主要经济技术指标均名列同行业前茅。

公司董事长李留恩先生是中共十五大代表，曾荣获全国"五一劳动奖章"、国家企协优秀企业家"金球奖"等荣誉，1999年又荣获"全国十大杰出专业技术人才"称号，受到朱总理等党和国家领导人的接见和勉励。2001年，又作为全国先进基层党组织的代表参加了纪念中国共产党成立八十周年庆祝大会，受到了表彰。

安彩高科从股票发行上市以来，经营业绩较为突出，特别是2000年，当年实现主营业务收入210659万元，实现利润64913万元，上缴企业所得税22709万元，每股净收益1.2002元，名列沪深两市第三名，为地方经济发展做出了贡献，给投资股民带来丰厚的回报。

由于安彩高科取得的辉煌业绩，以及在民族工业中的重要地位，其发展得到了党和国家领导人的高度重视，江泽民总书记、胡锦涛副主席、前国务院总理李鹏、副总理邹家华和吴邦国副总理等党和国家领导人都曾到过安彩高科视察，其中江泽民总书记两次亲自视察安彩高科，并为公司题词"加速彩玻基地建设，为民族工业争光"。

加快彩玻基地建設
爲民族工業爭光

江澤民
一九九六年六月一日于安玻公司

努力把安阳建成
彩电玻壳生产
基地

李鹏
一九九〇年
六月十一日

公司董事长李留恩先生在西班牙领取第十二届欧洲"金星火炬奖"

公司生产区

公司全景

公司自行研究开发的系列产品

公司产品玻锥

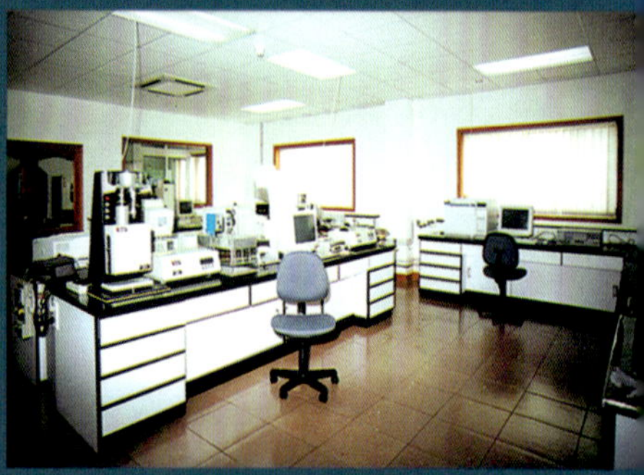

董事长：周云鹤

总经理：黄炯炯

上海三爱富新材料股份有限公司一直处于国内氟产品市场的主导地位，品种齐全，技术力量雄厚，具有品牌优势，公司生产的聚四氟乙烯、聚全氟乙丙烯、氟橡胶在市场上占有较大份额。公司在注重国内市场规模扩大的同时，积极开拓国际市场，2000年全年完成销售收入4.885 亿元，出口交货值1360 万美元，较1999年增长22.9 %，实现主营业务利润11904 万元，实现利润总额5871 万元，净利润4177 万元,每股收益(摊薄)0.3599元。公司主导产品销售收入比上年同期增长20.9%。

公司聚全氟乙丙烯树脂、氟橡胶、氟利昂代用品、氟致冷剂系列产品产量稳居国内同行业前列。公司连续多年被评为上海市高新技术企业，科研开发和产品品级提升能力均居国内同行领先地位，多项氟材料技术和产品获国家科技进步奖。2000 年2 月公司通过了上海质量体系审核中心的ISO9002 质量体系认证。

公司主营业务的范围：主要从事含氟材料的研究、生产、销售及化工设备的制造与贸易，主营产品为聚四氟乙烯、聚全氟乙丙烯、氟橡胶、氟精细化学品、氟致冷剂、CFC 替代品和其他化工产品。

公司法定代表人：周云鹤

地址：上海市衡山路20号6A　电话：021－64310558　传真：021－64310700

网址：sh-3f.com　电子信箱：webmaster@sh-3f.com 邮编：200031

东风信天游皮卡

东风汽车股份有限公司是由东风汽车公司独家发起，采用公开募集方式设立的股份有限公司。现拥有汽车分公司、柴油发动机分公司、铸造分公司、技术中心，同时拥有东风康明斯发动机有限公司50%的股权。公司股本总额为100000万股。本公司为高新技术企业，主要从事东风系列轻型车(东风小霸王、东风多利卡系列)、东风康明斯系列柴油发动机及铸造件的开发、设计、制造和销售业务。本公司是国内规模最大、技术水平最高的轻型车及柴油发动机生产企业之一。

东风多利卡　东风小霸王　东风小霸王翻斗车

公司董事长：

股票名称：宝钢股份　　股票代码：600019

公司是国内最大的综合性钢铁生产企业之一，拥有先进的生产技术和设备，是国内最现代化的综合性钢铁公司。是全球生产同类产品的低成本钢铁生产企业之一。

公司生产和销售多种规格的高档钢材和钢坯，主要产品包括冷轧板卷、热轧板卷、无缝钢管、高速线材及钢坯。公司致力于生产高档钢材，实行替代进口战略，以更好地满足国内市场对高档钢材的需求。在国内冷轧板卷、热轧板卷、无缝钢管等产品的制造和销售方面处于领先地位。

2000年，公司产铁1029万吨、钢711万吨、商品坯材销售量735万吨，整体经营状况良好，主营业务收入为309.41亿元，公司主要产品销售收入占主营业务收入的比例为67.12%，其中：冷轧板卷82.29亿元、热轧板卷62.47亿元、无缝钢管24.09 亿元、线材12.79亿元、钢坯26.05亿元；其他收入主要来自于下列产品的销售：铁水、电力、钢铁生产过程中的副产品和工业气体。

公司经营范围为:钢铁冶炼、加工、电力、煤炭、工业气体生产、码头、仓储、运输等与钢铁相关的业务，技术开发、技术转让、技术服务和技术管理咨询服务、汽车修理；经营本企业自产产品及技术的出口业务；经营本企业生产、科研所需的原辅材料、仪器仪表、机械设备、零配件及技术的进口业务(国家限定公司经营和国家禁止进出口的商品及技术除外)，经营进料加工和"三来一补"业务。

公司总经理：

宝山钢铁股份有限公司
BAOSHAN IRON & STEEL CO., LTD.

法定代表人：谢企华　　董事会秘书：周竹平

联系电话：26647000　　传真：26646999

电子信箱：ir@ baosteel.com

注册地址：上海市宝山区富锦路果园

办公地址：上海市宝山区富锦路果园

邮政编码：201900

国际互联网址：http://www.baosteel.com

信息披露报纸：《中国证券报》、《上海证券报》、《证券时报》

刊载年报的指定国际互联网址：http://www.sse.com.cn

中国民生银行

CHINA MINSHENG BANKING CORP., LTD

2000年对中国民生银行而言是极为重要的一年，我们加快了推行“新银行、新体制”的建设步伐，在银行成立五周年前夕，中国民生银行A股股票成功地在上海证券交易所发行上市。以进入资本市场为标志，中国民生银行进入了一个新的发展历程。此举不仅壮大了民生银行的经济实力，而且有利于我们按照现代企业制度的要求，更加规范地运营。在中国证监会加强资本市场监管、保护投资者利益的前提下，推动股份制商业银行上市的积极探索。明晰的产权关系、规范的法人治理结构和高素质的人力群体正逐步形成民生银行的三个显著特点。

在这一年里，中国民生银行在经董事长“团结奋进、开拓创新、培育人才；严格管理、规范行为、敬业守法；讲究质量、提高效益、健康发展”三十六字发展战略方针的指引下，逐步完善法人治理结构，董事会、监事会和经理层各司其职、实施了科学的经营战略和积极稳健的发展措施，全行员工努力工作、团结拼搏，各项业务获得了可喜的成绩，实现了超常规发展的战略目标。截止2000年底，民生银行各项存款余额527.15亿元，比上年末增加236.53亿元，增幅为81%；资产规模达到680.58亿元，比上年末增加317.50亿元，增幅87%；核心资本59.96亿元，资本充足率21.45%，各项贷款余额349.09亿元，比上年末增加181.24亿元，增幅108%；不良贷款率由年初的8.72%下降到4.39%；主营业务收入27.10亿元，比上年增加10.86亿元，增幅67%。实现税前利润5.59亿元，比上年增加3.14亿元，增幅128%；加权净资产收益率25.36%。民生银行2000年增设了南京、杭州两家分行，并在各地增设了21家营业网点，营业网点总数达到73家，初步形成了覆盖主要中心城市的经营网络。全系统员工人数2124人。

2000年民生银行重点在机构职能、人才培养、业务决策及科学规划等方面推进管理工作。首先，确立了总行以市场为中心的新的经营理念，顺利完成了总行部门职能的重组工作，全行上下形成了以面向市场，服务客户为主的组织新构架。第二，强化了中层管理人员及业务人员培训力度，在业务拓展、市场营销、职业道德及个人品德修养等方面进行了系统培训，全面提高市场营销一线队伍的素质。第三，提高了内部管理的科学水平，全行上下完成了贷审会由行政型转变为专家型的工作，贷款管理的科学化程度明显提高。与此同时，民生银行把党建工作作为内部管理的重要核心，提出了“增强市场、服务、发展三个意识，解决敬业、协作、效率三个问题，坚持政治思想工作与业务、教育、企业文化、为员工办实事四个结合”的工作思路和措施，努力创造具有民生特色的企业文化。

中国人民政治协商会议全国委员会副主席、
中国民生银行董事长：经叔平

行长：董文标

经过五年的艰苦努力，中国民生银行已完成了创业的第一阶段，也就是打基础的阶段。进入新的世纪，与国民经济和社会发展的第十个五年计划同步，中国民生银行也进入了新的五年发展阶段。我们的目标是在控制风险的前提下加快发展，为此，民生银行将在保证传统业务长足进展的同时，实现五大突破：一是加紧网络银行、新一代业务系统的开发，真正实现科技兴行，瞄准同业领先地位。二是有效控制、防范各类金融风险，建立风险防范、化解机制；三是实施人才战略，加强员工培训，使员工具备知识经济时代个人素质和竞争能力；四是重塑商业银行的市场营销理念和营销体系，提高全行的市场营销水平；五是进一步发挥体制优势，完善激励机制，形成更强的战斗力。

地址：中国北京市东城区正义路4号
电话：（8610）65226699
传真：（8610）65269593
邮编：100006
http://www.cmbc.com.cn
E-mail:cmbc@public.bta.net.cn

公司董事长：王伟　　公司总经理：季诚建

浙江新安化工集团股份有限公司

www.xinanchem

以精品奉献客户，以效益回报股东

浙江新安化工集团股份有限公司是1993年5月经浙江省人民政府批准的定向募集股份有限公司。原注册资本为9411.0363万元，2001年8月6日，经中国证监会证监发行字(2001)54号文核准，公司向社会公开发行普通股4400万股(包括国有股减持400万股)，总股本为13411.0368万股，其中流通股为4400万股。经上海证券交易所上证上(2001)134号文批准，4400万股流通股于2001年9月6日在上海证券交易所上市流通，股票简称：新安股份；股票代码：600596。

公司以生产经营化工和农药产品为主，同时兼营热电、机械制造、水晶电子器材等。公司主要产品采用国际标准组织生产，技术水平居国内领先地位，有十多个产品分别获得国家和省级优质产品称号，其中“甘泉牌”磷酸为国内同行唯一的国家金质奖产品。公司主导产品草甘膦除草剂为浙江省名牌产品。公司一贯奉行“绿色化工”的发展理念，把环境保护作为企业生存的基础，多年来在综合治理上投入巨资，并取得了显著的成效。公司被认定为国家高新技术企业、浙江省区外高新技术企业，并荣获浙江省优秀企业、全国资源综合利用先进企业、全国化工行业对外开放和出口创汇先进集体等荣誉称号。

“以精品奉献客户，以效益回报股东”是新安股份的宗旨，公司全体员工将不断地在实现这一宗旨的道路上努力、努力、再努力。

2001年9月6日新安股份上市仪式上，浙江省政府副省长叶荣宝女士与公司董事长王伟鸣锣开市

2001年9月6日，新安股份上市仪式上，新安股份董事长王伟与上海证券交易所副总经理吴雅伦互换纪念品

新安股份公司生产区

公司地址：浙江省建德市新安江大桥路93号
电话：(0571)64723891
传真：(0571)64721344
互联网址：Http://www.xinanchem.com
电子信箱：xinan che@jd.hz.zj.cn

公司董事长：左延安

公司总经理：安进

JAC 商用车基地

公司即将投放市场的新产品
—HFC6500 多功能商务车

莱芜钢铁股份有限

LAIWU IRON AND STEEL COMPANY

股票简称：莱钢股份 股票代码：600102

中共中央政治局委员、山东省委书记吴官正(左)来公司视察工作，集团公司董事长姜开文(右)、股份公司董事长李名岷(中)陪同吴官正书记在生产一线

公司董事长李名岷先生

公司总经理赵雁彬先生

莱芜钢铁股份有限公司是由莱芜钢铁集团有限公司(原莱芜钢铁总厂)作为独家发起人，采用募集方式设立的股份有限公司。公司于1997年8月22日设立，公司股票于1997年8月28日在上海证券交易所挂牌上市。公司上市时总股本为52980万股，其中社会公众股为8000万股；总资产为24.19亿元，其中股东权益为12.30亿元。截止2000年末，公司总股本为87118.2万股，其中社会公众股为15600万股；总资产为51.37亿元，其中股东权益为28.31亿元。公司拥有电炉钢和转炉钢两套生产系统，主体工艺技术装备为国内领先水平，部分达到当今国际水平。公司主要产品有H型钢、螺纹钢、热轧带钢、冷轧带钢、特殊钢热轧圆钢、普圆钢等100多个品种、400多种规格。公司产品销往全国25个省、市、自治区的1400多家企业，并出口美、日、韩、东南亚和港台等国家和地区。

公司上市以来，坚持创优良业绩与抓规范运作并举，并在扎扎实实搞好生产经营的基础上，适时拓展资本运营领域。三年多来，公司资产规模不断扩大，在总股本比上市之初增长60%多的情况下，始终保持了优良的经营业绩，并给股东以较为丰厚的投资回报，在证券市场上树立了钢铁板块绩优股的形象，充分体现了公司具有雄厚的发展实力和良好的成长性。

地址：中国山东莱芜　　邮编：271104
电话：(0634)6820601　6820222
传真：(0634)6821094　6821407

公司
LIMITED

公司上市以来主要财务数据和业务数据一览表

项　目	2000 年度	1999 年度	1998 年度	1997 年度
主营业务收入(万元)	452540.76	399079.69	408762.49	355366.97
净利润(万元)	52714.82	37648.17	36775.34	30333.97
总资产(万元)	513685.99	436056.06	350700.60	301443.43
股东权益(万元)	283096.54	253032.45	168561.56	151674.11
总股本(万股)	87118.20	87118.20	79470.00	52980.00
流通股(万股)	15600.00	15600.00	12000.00	8000.00
每股收益(元)	0.605	0.432	0.463	0.573
每股净资产(元)	3.25	2.90	2.12	2.86
净资产收益率(%)	18.62	14.88	21.82	20.00
利润分配方案	10 派 2.60 元	—	10 派 2.50 元	10 送 3 转增 2

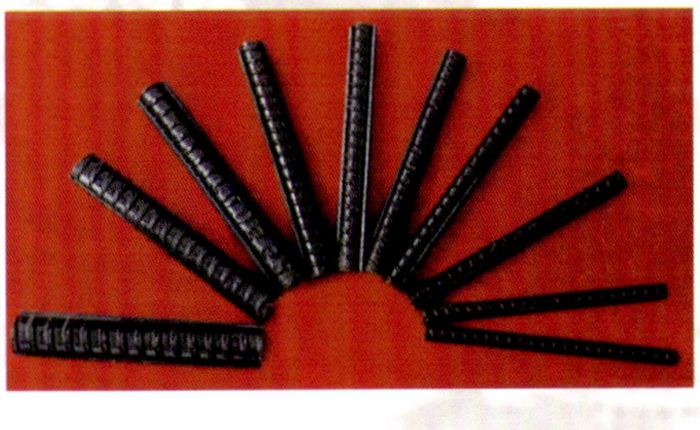

公司董事长：王祖康

公司总经理：陈成尧

东方

东方国际创业股份有限公司是以出口为主业的综合性大型股份制企业，注册资金3.2亿元。公司自营和代理商品和技术进出口业务，生物医药化工产品的开发、生产、销售，国际货代和贸易服务。2000年公司列上海市进出口额最大企业第10位，出口额最大企业第4位(按上海市外经贸委发布的排名)。2000年公司面对国内外的激烈竞争和配额招标力度加大的严峻形势，正确处理规模与效益的矛盾，推进体制、机制改革，抓住机遇，对外努力开拓市场，对内深化改革，取得了较好的经营业绩。2000年公司全年出口35563万美元，比1999年增长16.3%。其中公司本部完成出口29723万美元，完成年度出口考核指标的123.85%(增加5723万美元)。2000年度公司实现主营业务收入27.80亿元，比上年同期增长32.57%；主营业务利润4.28亿元，同比增长15%；实现净利润0.98亿元，同比增长28.95%。

2000年公司在改革创新方面发生了重大而且深刻的改革，开创出了崭新的工作局面。一、资本结构的创新。公司的成功上市，实现了公司资本的低成本扩张，迅速地筹集到公司加速发展所迫切需要的巨量资金。二、管理模式的创新。ISO9002国际质量体系的顺利通过，给整个公司的规范运行提供了最可靠的制度保障，以严格的流程管理保证公司的高质量产品与服务。三、经营模式的创新。三家工贸公司的建设和初步运作，以工贸结合的整体优势争取外贸资源，加强实业支撑，推进产、供、销一体化。四、经营机制的创新。经营者群体和业务骨干激励机制的引入，将使公司的经营业绩的好坏与经营者和主要业务骨干的个人收益多寡直接挂钩，从很大程度上调动公司领导力量与中坚力量的工作积极性，从而更好更快地提高公司的整体核心竞争能力，更加稳健而高效地实现公司的发展战略。

公司确立了以“四大板块”为基础框架的基本发展格局，并且在“四大板块”的结构性建设上稳步推进、稳妥实施，取得了初步进展。即以服装出口为主业板块，结合生物医药板块、物流板块、资本经营和资产运作板块。

同时，为使各项投资取得预期的经济和社会效益，公司年内制定出具体的投资决策办法对投资工作进行规范，并成立了相应的投资管理机构：投资决策委员会，作为董事会的常设参谋决策机构，除公司主要领导外，还聘请了来自外界的有关投资、法律专家参加，进一步加强了外部监督的力度。

面对廿一世纪的挑战，创业公司将充分利用股份制改组带来的巨大活力以及融资功能和综合效应，通过资产运作，不断拓展新的经济增长点，加速产品、市场和客户调整，大幅提高经济效益，将其发展成真正以贸易为龙头，实业为根基，融商业与服务，贸易与生产、传统产业与高新技术为一体的经营格局的一流跨国企业集团!

国际创业股份有限公司

公司高层管理人员(左起)

前排：副董事长江阳、董事长王祖康、副董事长王龙坤；

后排：副总经理朱陶伟、副总经理陶洪、总经理陈成尧、副总经理方国良、副总经理朱建民

江苏宁沪高速公路股

江苏宁沪高速公路股份有限公司于1992年8月1日在中华人民共和国江苏省注册成立为股份有限公司。本公司主要从事投资、建设、经营和管理沪宁高速公路江苏段及有关江苏省境内的收费公路，并发展该等公路沿线的客运及其他辅助服务业（包括加油、餐饮、购物、汽车维修、广告及住宿等）。本公司为江苏交通基建唯一的上市公司。1997年6月27日本公司发行的H股在香港联合交易所有限公司上市 。2001年1月16日本公司发行的A股在上海证券交易所上市。

本公司所经营的公路地处中国经济最发达、经济增长速度排在全国前列的长江三角洲地区，主营资产沪宁高速公路是江苏长江以南的交通大动脉 ，新建成投入营运的江阴长江公路大桥、广靖高速公路、锡澄高速公路是同江至三亚、北京至上海国道主干线的共用段，是连接江苏北部和江苏南部的“咽喉”要道，该等公路的交通流量有着广阔的增长空间，必将为本公司保持盈利的稳定增长提供强有力的支撑。

截至2000年12月31日，本公司总收入为1619637000元，净利润为691487000元。

公司董事长：沈长全　公司总经理：陈祥辉

份有限公司

沪宁高速公路南京起点

沪宁高速公路花桥收费站

沪宁高速公路阳澄湖服务区

沪宁高速公路监控中心

公司法定代表人：沈长全
董事会秘书：姚永嘉
地址：江苏省南京市石鼓路69号江苏交通大厦
邮编：210004
E-mail:bgs@jsexpressway.com
公司网址：www.jsexpressway.com

大连 大杨创世 股份有限公司

股票简称：大连创世　　股票代码：600233

公司董事长兼总经理：石祥麟

经中国证监会批准，本公司2000年4月24日在上海证券交易所公开发行3500万股社会公众股。2000年6月8日社会公众股上市交易。发行后的总股本为11000万股，其中法人股（大杨集团）6000万股；内部职工股1500万股；社会公众股3500万股。

本公司经营范围为服装制造、服装洗水、包装制品、服饰辅料制造、商业贸易（不含专项审批），进出口业务（许可范围内）。公司属于服装行业，主要从事中高档男西服、女时装和运动装、职业装、学生装等服装的生产、销售及其它业务。本公司是国内率先将自己品牌打入国际市场的生产厂家。公司年生产能力350万件（套）服装，是国内最大的服装生产企业之一。公司主要品牌为创世牌男装系列。

2000年，公司在面临国内外市场竞争加剧的情况下，通过开拓市场、强化管理、降低成本，基本实现了生产经营的总体目标。全年生产服装 322万件，实现主营业务收入28880.04万元，实现主营业务利润4962.01万元。

地址：辽宁省大连经济技术开发区哈尔滨路23号

电话：0411-7610778　传真：0411--7622686　邮政编码：116600

电子信箱：dayang@mail.dlptt.ln.cn　公司网址：http://www.dayang.net

公司董事长：陈学祥

鲲之徙于南冥也，水击三千里，抟扶摇而上者九百里

安徽巢东水泥股份有限公司

安徽巢东水泥股份有限公司的组建，是以国家“总量控制，结构调整”的宏观产业政策为指导，在市场经济的背景下，企业强强联合，共同发展的结果。为了迎接建材工业的“二次革命”，公司制定并实施了企业“鲲鹏”式的产品发展战略，即以高标号优质水泥的生产、销售为主体躯干，以新型建材和化学建材生产、销售为鲲鹏两翼，以水泥深加工为羽尾延伸，在建材技术研究、开发的鹰首统领下，大力发展绿色的环保建材。在迎接新世纪的挑战中，公司全体员工承前启后，风雨兼程，交出了一份份合格的答卷。

目前，公司水泥年生产能力已达到300万吨，居同行企业全国第五；公司1999年通过了ISO9002质量体系认证，两大著名品牌“巢湖牌”“东关牌”水泥为国家免检产品，享誉市场为许多国家重点工程、形象工程的建设发挥了重要作用。公司富煌分厂拥有占地12万平方米的轻钢结构制作基地和国内一流的钢结构和巨型板自动化生产线，轻钢结构产销量居全国前列；2000年巢东股份成功上市，为公司的快速发展，打下了坚实的基础。成绩与辉煌已属于历史，未来的光荣与梦想仍要我们用双手去创造。走进新世纪，巢东人将抓住新的机遇，直面现实，坚定信念，开拓发展，注重企业未来发展战略的研究和调整，科学地把握企业发展的全局和方向，不断注入新的发展理念，保持强劲的发展态势，实现做大、做强、做优的发展目标。

“鲲之徒于南冥也，水击三千里，抟扶摇而上者九百里”，“巢东股份”之徒于巢湖也，巢东人会以更大的工作干劲，更快的发展速度，更新的精神风貌和更加宏伟的气魄，在新世纪的万里长空中扶摇而上，谱写更加辉煌灿烂的篇章！

栏 目 协 办

江西联创光电科技股份有限公司

第一编

专 论

106/128

专 论

国民经济和社会发展统计公报

国家统计局

2000 年，在党中央、国务院的正确领导下，各地区、各部门认真贯彻落实扩大内需、实施职极的财政政策和稳健的货币政策等一系列方针政策，努力加强社会主义精神文明建设，在全国各族人民的共同努力下，取得了国民经济和社会发展的新成就，实现了发展和改革的各项预期目标，全面完成了“九五”计划的主要任务。

一、综合

经济增长加快，综合实力增强。初步统计，全年国内生产总值为 89404 亿元，按可比价格计算，比上年增长 8.0％，增速加快 0.9 个百分点。其中第一产业增长 2.4％，第二产业增长 9.6％，第三产业增长 7.8％。按现行汇率计算，国内生产总值突破 1 万亿美元。

市场物价止降转稳。全年居民消费价格总水平比上年上涨 0.4％，改变了 1998 年以来连续两年下降的局面。分项目看，服务项目上涨 14.1％，居住上涨 4.8％，食品中除水产品、蔬菜价格上涨外，其他继续下降。另外，受国际石油价格上涨的影响，工业品出厂价格上涨 2.8％，能源、原材料、动力购进价格上涨 5.1％。

劳动就业工作进一步加强。年末全国从业人员 71150 万人，比上年末增加 564 万人。其中城镇从业人员 21274 万人，增加 260 万人。再就业工程取得新进展。2000 年末国有企业下岗职工为 657 万人，比上年末增加 4.7 万人。全年通过多种途径使 361 万人实现了再就业。年末城镇登记失业率为 3.1％。

国际收支形势良好，外汇储备继续增加。利用外资规模较为稳定，全年实际利用外商直接投资 407 亿美元，比上年增加 4 亿美元。外贸顺差有所缩小，全年进出口顺差 241 亿美元，比上年减少 51 亿美元。国家外汇储备继续增加，年末国家外汇储备 1656 亿美元，比年初增加 109 亿美元。人民币汇率保持稳定，年末 1 美元兑 8.278l 元人民币，人民币比上年末升值 12 个基本点。

经济效益明显改善，运行质量进一步提高。税收在连续几年较高增长的基础上继续保持较快增长，全年完成税收总额 12660 亿元，比上年增收 2348 亿元，增长 22.8％。工业企业利润大幅度增长，全年规模以上工业企业实现利润 4262 亿元，达到 90 年代以来的最高水平，比上年增长 86.2％，特别是国有及国有控股企业利润增长更快，实现利润 2392 亿元，增加 1.4 倍。国有及国有控股亏损企业亏损额比上年下降 26.7％。全年工业企业经济效益综合指数为 117.8，比上年提高 16.1 点，是 1992 年以来的最高值。

国民经济和社会发展中存在的主要问题是，经济回升的基础尚不稳固，社会需求持续增长机制还没有完全形成，结构性矛盾比较突出；农民收入增长缓慢；就业压力增大，部分群众生活仍比较困难；企业技术创新能力及适应市场能力还不高，部分企业经营困难，国有企业转换经营机制任务仍相当艰巨；重大安全事故频繁发生，制售假冒伪劣商品等问题尚未得到根本解决，社会经济秩序有待进一步整治。

二、农业

农业生产结构调整力度加大。针对”丸五”前四年粮食生产速年丰收、总量供求基本平衡、丰年有余的现状，各地区根据市场需求对农作物种植结构进行了较大力度的调整。经济作物种植面积扩大，占农作物总播种面积的比重首次上升到 30％以上。

粮食产量较大幅度减产，品种结构进一步优化。受严重旱灾和种植面职调减的影响，全年粮食产量 46251 万吨，比上年减产 9％。其中夏粮产 10750 万吨，减产 9.3％；早稻产量 3747 万吨，减产 8.5％；秋粮产量 31754 万吨，减产 9％。

主要经济作物中，棉花、油斜增产，糖料减产。由于国内纺织业生产明显好转，棉花需求增加，市场棉花价格回升，农民种棉积极性提高，棉花种植面积比上年增加 30 万公顷，增长 8.1％；全年产量 435 万吨，比上年增长 13.6％。油料产量 2950 万吨，比上年增长 13.4％。糖料种植面积减少，全年产量 7450 万吨，比上年下降 10.6％。

蔬菜生产在结构调整中增长较快。全年种植面积达 1470 万公顷，比上年增长 10.1％。蔬菜生产的品种结构进一步优化，名优、新特、精细品种增加。

畜牧业生产稳步发展。由于饲料价格较大幅度下降，而生猪价格自 1999 年下半年回升后，相对保持平稳，波动较小，农民养猪效益提高，生猪生产稳定发展。牛、羊和家禽生产继续保持快速发展。全年肉类总产量达 6270 万吨，比上年增长 5.4％。

渔业生产平稳发展，全年水产品产量达到 4290 万吨，比上年增长 4.1％。

林业在国家启动天然林资源保护工程和加大中西部地区退耕还林（草）力度的情况下呈现较快的发展势头。全年完成造林面积 516 万公顷、其中退耕还林 71 万公顷，分别比上年增长 5.3％ 和 9.2％。

农田水利建设进一步加强，全年新增有效灌溉面积 80 多万公顷。

三、工业和建筑业

工业生产呈现快速增长。全年全部工业增加值39570亿元，比上年增长9.9%。其中，国有及国有控股工业企业及年产品销售收入500万元以上的非国有工业企业(以下简称规模以上工业企业)增加值23685亿元，增长11.4%。在规模以上工业企业中，国有及国有控股企业增加值14032亿元，增长10.1%，是1994年以来增长最快的一年；集体企业3301亿元，增长7.4%；股份制企业4954亿元，增长14.5%；外商及港澳台投资企业5333亿元，增长14.6%。分轻重工业看，全年轻工业增加值9506亿元，增长9.5%；重工业增加值14179亿元，增长13%。产销衔接状况继续改善，全年规模以上工业企业产品销售率97.71%，比上年提高0.46个百分点。

工业结构调整取得积极进展。技术含量高、附加值大的高新技术产品快速发展，工业新产品生产比上年增长26.3%，电子及通信设备制造业已成为工业经济的第一支柱。装备工业生产能力有所提高，新建城市轨道交通项目约70%的装备在国内采购，环保设施陆续采用国产装备。金属切削机床比上年增长34.3%，电动工具增长37.1%，冶炼设备增长9.2%，化工设备增长4.4%，大气污染防治设备增长6.2%。煤炭行业关井压产成果进一步显现，价格出现稳中有升的趋势，煤炭行业全年大幅度减亏。冶金行业总量控制取得积极进展，全年钢产量低速增长，价格回升，行业利润显著提高。连续四年亏损的制糖行业通过优化种植区域结构，调整和压缩落后制糖生产能力，共关闭糖厂150家。淘汰生产能力273万吨，实现了扭亏为盈。纺织行业经过前三年的调整，在上年整体扭亏的基础上，2000年实现盈利大幅度增加。

国有企业改革与脱困三年目标基本实现。大多数国有大中型企业初步建立了现代企业制度，特别是一批大型企业和企业集团按照国际惯例进行了兼并重组，在国际资本市场上成功上市。通过改组、联合、兼并等多种形式，促进了国有小企业经营机制的转换和经营状况的改善。全国31个省(自治区、直辖市)国有工业都实现了整体扭亏或盈利增加，国家重点监测的14个主要行业，到2000年底已有12个行业实现了整体扭亏或继续增盈。1997年底亏损的6599户国有大中型工业企业到2000年底已减少了70%以上。

建筑业生产稳定增长，企业经济效益进一步好转。全社会建筑业完成增加值5918亿元，比上年增长6.2%。全国四级及四级以上建筑业企业实现利润166亿元，增长70%；税金总额358亿元，增长5.4%。施工工程个数为680716个，其中投标承包工程311924个，占全部施工工程个数的45.8%；施工面积155175万平方米，比上年增加7913万平方米；房屋竣工面积73835万平方米，减少89.8万平方米。亏损企业个数9553个，比上年减少134个，亏损面为19.2%，比上年减少了1.3个百分点。

国土资源调查及地质勘查新发现大中型矿产地249处，有38种矿产新增探明(预测)储量。其中，石油7.62亿吨；天然气4931亿立方米，原煤14.59亿吨。全国地质环境监测站31个，成功预报地质灾害83起。

四、固定资产投资

固定资产投资保持了较快增长。在国家继续实行积极的财政政策和其他扩大内需政策的推动下，固定资产投资扭转了上年增速回落较多的局面，呈现较快增长的态势。全年全社会完成固定资产投资32619亿元，比上年增长9.3%。按经济类型划分，国有及其他经济类型投资23284亿元，增长9.2%；集体经济投资4739亿元，增长9.2%；城乡居民个人投资4596亿元，增长9.5%。按投资管理渠道划分，基本建设投资13215亿元，比上年增长6.1%；更新改造投资5077亿元，增长13.2%；房地产开发投资4902亿元，增长19.5%；其他投资9425亿元，增长7%。

投资结构有所调整。基础产业、基础设施投资中的农林牧渔水利业投资893亿元.比上年增长8.0%；交通运输邮电通信业投资5392亿元，增长7.2%；工业投资增速加快，全年完成投资7699亿元，增长9.3%；信息技术、生物技术和新材料等领域安排了6项高技术产业化重大专项工程，总投资达到131亿元。

在国家实施西部大天发战略政策的积极推动下，西部地区投资增速加快。全年东部和中部地区投资分别为14015亿元和5432亿元，比上年增长8.3%和13.8%；西部地区投资3943亿元，增长14.4%，分别高于东部和中部6.1和0.6个百分点。

财政贴息等优惠政策促进了企业更新改造投资增长加快和结构优化。全年更新改造投资占全社会投资的比重由上年的15.0%提高到15.6%。更新改造投资中，用丁节约能源、原材料等的投资比重由4.4%上升到4.9%，用于提高产品质量的投资比重由5.8%上升到7.0%。

全国基本建设投资新增主要生产能力；原煤开采1595万吨天然原油开来1961万吨，天然气开采33亿立方米；大中型发电机组容量1884万千瓦，11万伏及以上变电设备能力6931万千伏安；新建铁路主线正线交付运营里程153公里；增建铁路复线交付运营里程662公里，新建公路32115公里、其中高速公录4562公里，新扩建万吨级港口码头年吞吐量2946万吨；新增局用交换机容量2566万门，新增光缆线路长度30万公里，新增数字蜂窝移动电话交换机容量5099万户。

五、教育和科学技术

2000年教育事业在改革调整中加快发展。高等教育快速发展，管理体制改革取得突破性进展。全国普通高等学校1041所，本专科招生221万人，在校生556万人；成人高等学校772所，本专科招生156万人，在校生354万人。全国研究生培养单位738个，招生12.9万人，在校生30.1万人。高中阶段教育规模进一步扩大。全国普通高中1.46万所，招生473万人，在校生1201万人。各类中等职业技术教育学校招生425万人，在校生1295万人。基本普及九年义务教育和基本扫除青壮年文盲的目标初步实现。普及九年义务教育人口覆盖率达到85%，青壮年文盲率下降到5%以下。全国初中学校招生2296万人，在校生6256万人，初中毛入学率达88.6%。普通小学招生1946万人；在校生13013万人，小学学龄儿童入学率达99.1%。普通初中和小学辍学率分别为3.21%和0.55%。特殊教育学校招生5.3万人，在校生37.8万人。幼儿园在园幼儿2244力人。全国成人技术培训学校培训学员9642万人次。全国共扫除文盲258万人。

科技队伍稳步发展。2000年末国有企事业单位共有各类专业技术人员2926万人，比上年末增长0.75%。从事科技活动人员281万人，其中科学家和工程师156万人。

技术创新工作取得新进展。2000年国家组织了280项重点技术创新项目和1329项重点新产品试产。完成了101项重大技术装备的研制及鉴定验收。企业、高校、研究机构之间的合作进一步加强，全年参加产学研合作的单位40万个(次)，参加人数460万人，达成合作项目14万项。

科学研究和技术开发取得新的成果。全年共取得省部级以上重大科技成果30260项。其中：基础理论成果2420项，应用技术成果26020项，软科学成果820项.获国家奖励的成果近300项。全年受理国内外专利申请170690件，授权专利105344件，分别比上年增长27.2%和5.2%。技术市场更加活跃。全国共签订技术合同26.5万项，技术合同成交金额630亿元，比上年增长20%。下降0.4个百分点，企业主营业务利润仅增长14.2%。

六、交通、邮电和旅游

交通客货运输需求平稳增长，邮电通信业持续快速发展。全年交通运输和邮电通信业完成增加值4919亿元，比上年增长9.4%。

全年各种运输方式完成货物运输周转量43359亿吨公里，比上年增长7.1%。其中：铁路13624亿吨公里，增长6.1%；公路5973亿吨公里，增长4.4%；水运23061亿吨公里，增长8.5%；民航48.5亿吨公里，增长14.6%。

完成旅客运输周转量12188亿人公里，比上年增长7.9%。其中：铁路4488亿人公里，增长8.5%；公路6600亿人公里，增长6.5%；水运104亿人公里，下降3.1%；民航996亿人公里，增长16.2%。

沿海主要港口完成货物吞吐量12.8亿吨，比上年增长21.7%。其中外贸货物吞吐量达5.2亿吨，比上年增长33.9%。

邮电通信业完成邮电业务总量4725亿元，比上年增长41.9%。年末局用交换机总容量已达到1.79亿门。移动电话户数达到8526万户，比上年增加4197万户。全国电话普及率达到20.1部/百人，其中城市电话普及率达到39部/百人。互联网用户达到900万户(不含科技和教育网)。

国内旅游保持较快增长，春节、"五一"和"十一"三个长假期的拉动作用突出。全年全国出游74445万人次，比上年增长3.5%；国内旅游收入3176亿元，增长12.1%。

国际旅游稳步发展。全年海外入境游客人数8344万人次，比上年增长14.6%。其中：外国游客1016万人次，增长20.5%；港、澳、台胞7321万人次，增长13.9%。国际旅游外汇收入162亿美元，增长15.1%。全年出境人数1047万人次，比上年增长13.4 %。其中因私出境人数563万人次，增长32%。

七、国内贸易

随着国民经济增长的加快和国家扩大内需政策的拉动，消费者信心进一步增强，国内市场商品销售稳定增长。全年社会消费品零售总额34153亿元，比上年增长9.7 %，考虑价格因素，实际增长11.4%。其中：城市消费品零售额21110亿元，县及县以下消费品零售额13043亿元，分别增长10.6 %和8.3 %。分行业看，批发零售贸易业增长12.1%，餐饮业增长17.3%，其他行业下降0.3%。

生产资料市场交易继续趋向活跃，全国限额以上批发零售贸易企业生产资料销售总额15808亿元，比上年增长23.7%。

限额以上批发零售贸易企业经济效益状况有所改观。1—11月份实现商品销售收入净额23982亿元，比上年同期增长17.3%，其中批发业增长18.5%，零售业增长11.6%；实现利润总额248亿元，比上年同期增加1.2倍，其中批发业增长加1.3倍，零售业增长25.6%。但由于企业销售成本上升，毛利率仅7.93%，比上年下降0.4个百分点，企业主营业务利润仅增长14.2%。

八、对外经济

由于国内外经济快速增长以及鼓励出口等一系列政策的推动。对外贸易持续高速增长。全年进出口总额达4743亿美元，比上年增长31.5%。其中：出口总额2492亿美元，增长27.8%；进口总额2251亿美元，增长35.8%。进出口相抵，顺差241亿美元。在出口中，国有企业出口1165亿美元，增长18.2%，外商投资企业出口1194亿美元，增长34.8%；一般贸易出口1052亿美元。增长32.9%，进料加工贸易出口965亿美元，增长28.5%；机电产品出口1053亿美元，增长36.9%，高新技术产品出口370亿美元，增长50%。在进口中，资源型产品快速增长，机电产品和高新技术产品进口增长也明显加快，分别增长32.6%和39.7%。

利用外资形势好转。全年新批外商投资项目22347个，比上年增长32.1%；合同投资额624亿美元，增长51.3%；实际利用外商直接投资额407亿美元，增长1.0%。

对外承包工程、劳务合作和设计咨询业务继续保持增长势头。全年对外签约149亿美元，比上年增长15%；完成营业额113亿美元，增长1.o%；带动出口9亿美元，增长35%。

九、金融、证券和保险业

货币供应量适度增长，货币流动性有所增强。中央银行继续实行稳健的货币政策，综合运用多种货币政策工具，适当增加货币供应量。年末广义货币供应量(M2)余额为13.5万亿元。比上年末增长12.3%；狭义货币供应量(M1)余额为5.3万亿元。增长16%；流通中现金(M0)余额为1.47万亿元，增长8.9%。存贷款稳定增加。全部金融机构各项存款余额12.38万亿元。增长13.8%，增幅比上年末略有提高。其中，企业存款余额4.4万亿元，增长18.6%；城乡居民储蓄存款余额6.43万亿元，增长7.9%。全部金融机构各项贷款余额9.94万亿元，按可比口径计算，增长13.4%。其中.中长期贷款增加3793亿元。比上年多增加303亿元。金融监管工作进一步加强，中小金融机构风险化解取得初步成效。

证券市场在规范中发展。全年在上海、深圳证券交易所发行A股(包括增发)154只，配股162只，共筹资1499亿元，比上年增加625亿元；发行B股、H股和红筹股共18只，筹资208亿美元；发行A股可转换债券28.5亿元。全年通过发行、配售股票共筹集资金3249亿元。年末境内上市公司(A、B股)数量由上年末的949家增加到1088家，市价总值达到48091亿元，比上年末增长82%。全年共发行内债4657亿元，比上年增加642亿元。

保险事业不断发展壮大。全年保费收入1596亿元(含外资机构)、比上年增长14.5%。其中，财产险保费收入598亿元，寿险保费收入851亿元，健康险和意外伤害险保费收入146亿元。支付各类赔款及给付527亿元，其中财产险和短期人身险赔款351亿元，寿险给付176亿元。

十、文化、卫生和体育

文化事业较快发展。年末全国共有艺术表演团体2622个，文化馆2911个，公共图书馆2769个，博物馆1379个。中、短波广播发射台和转播台732座，广播综合人口覆盖率92.1%，一千瓦以上电视发射台和转播台1313座，电视综合人口覆盖率93.4%。全国有线电视用户7920万户。全年出版全国性和省级报纸203亿份。各类杂志28.5亿册、图书63.5亿册(张)。年末全国共有档案馆3816个,已开放各类档案4430万卷(件)。

卫生事业不断进步。年末全国共有卫生机构(含诊所)32.5万个,床位318万张,其中医院、卫生院221万张。卫生技术人员449万人,其中医生208万人,护师、护士127万人。全国共有卫生防疫、防治机构5441个,卫生技术人员21.1万人。妇幼保健机构(不包括妇幼保健院)2598个,卫生技术人员7.5万人。农村乡(镇)共有卫生院4.9万个,床位73.5万张,卫生技术人员103万人。农村有医疗点的村数占总村数的89.8%,乡村医生和卫生员132万人。

体育事业蓬勃发展,全民健身活动进一步开展。在第27届奥运会上,我国运动员取得了重大突破,夺得28枚金牌、16枚银牌和15枚铜牌,列居第三位。全年在国内外的各项比赛中,我国运动健儿共获得了110个世界冠军;14人2队30次创22项世界纪录;19人37次创22项亚洲纪录;49人11队73次创60项全国纪录。

十一、环境保护

环境保护意识增强,环保事业加快发展。年末全国环境保护系统共有12.8万人,各级环境监测站2204个,环境监测人员4万人。自然保护工作取得了新的成就,生态示范区建设试点单位总数已达213个;全国自然保护区达到1227个,其中国家级自然保护区达到155个;自然保护区总面积9821万公顷,占国土总面积的9.9%。环境法制建设取得新进展。执法力度进一步加大。到年末,已制定各类环境保护标准438项。年内设立的建设项目环境影响评价制度执行率达91.5%,当年投产的建设项目同时建设防治污染设施的占98%。全年完成环境污染限期治理项目38101个,总投资208亿元。全国537个城市建成了2718个烟尘控制区,面积达1.8万平方公里;476个城市中建成了2288个环境噪声达标区,面积达1.3万平方公里。

环境污染加剧的趋势得到初步控制。全国主要污染物排放总量继续减少,12项主要污染物2000年排放总量比1995年下降了10—15%。截至2000年10月底,全国23.8万家有污染的工业企业中,90%以上实现了达标排放。46个环境保护重点城市中,33个城市地面水环境质量和22个城市空气环境质量实现了按功能区达标,其中有18个城市的空气和地面水环境质量均实现按功能区达标,其他城市已接近达标。

重点环境保护项目取得积极进展。"三河三湖"(淮河、辽河、海河、大湖、滇池、桌湖)流域5188家重点污染企业中,95%实现了污染物达标排放;流域内建成了55座城市污水处理厂,111座正在建设,已建和在建的城市污水处理厂占计划建设总数的67%。"两控区"(酸雨控制区和二氧化硫控制区)大气污染防治取得初步成效。"两控区"内175个城市中,空气二氧化硫浓度达到二级标准的已达102个。截止2000年11月底,"两控区"内排放二氧化硫的4678家重点污染企业,已有3944家实现达标排放,达标率为84.3%。

十二、人民生活

城乡居民生活水平继续提高,总体上达到小康水平。随着经济增长加快,国家提高国有企业下岗职工基本生活保障、失业保险和城镇居民最低生活保障"三条保障线"水平和适当增加行政、事业单位人员的工资等政策措施的逐步落实,城镇居民收入水平明显提高。全年全国城镇居民人均可支配收6280元,比上年实际增长6.4%。由于粮食减产,多数农产品价格仍在低位运行,农民收入增长持续减缓。全年农民人均纯收入2253元,比上年实际增长2.1%。其中,农民人均现金纯收入1640元,实际增长4%。居民住房条件继续改善。全年城镇竣工住宅面积5.1亿平方米,农村竣工住宅面积8.5亿平方来。国家"八七"扶贫攻坚计划基本完成。

社会保障事业进一步巩固提高。年末全国参加失业保险职工人数为10408万人,月平均领取失业保险金人数为137万人;有10367万职工和3173万离退休人员参加了基本养老保险;有4332万职工参加了基本医疗保险。

社会福利事业继续发展。年末会国各类社会福利院床位达112万张,收养84.3万人。城镇建立起各种社区服务设施20.1万处,其中社区服务中心8101个。全国城镇已全部建立了最低生活保障制度。共有701万城乡居民得到最低生话保障救济。全年销售社会福利彩票68.9亿元,筹集社会福利资金14.3亿元,接收社会捐赠32.7亿元。

注:1.本公报为初步统计数。

2.香港和澳门特别行政区统计数据未包括在本公报中,分别由香港和澳门特别行政区政府发布。

3.各项统计数据均未包括台湾省。

4.国内生产总值、各产业增加值绝对数按现价计算,增长速度按可比价计算。

5.基本建设新增生产能力中天然原油开采、天然气开采、局用交换机容量、新增光缆线路长度及数字蜂窝移动电话交换机容量含更新改造增加的能力。

6.人口数据待第五次全国人口普查公报正式公布。

(国家统计局2001年2月28日发布)

走向更加开放和繁荣的中国经济

朱镕基

在跨入新世纪之际,第六届世界华商大会在中国召开,具有特殊的重要意义。我代表中国政府和人民,对来自世界各地的华商朋友表示诚挚欢迎!新中国成立五十多年特别是改革开放以来,中国经济蒸蒸日上,取得了举世瞩目的巨大发展。在新的历史起点上,中国经济正以雄健的步伐,走向更加开放和繁荣。

近几年,国际经济环境复杂多变,中国经济历经严峻考验。我们成功地抵御了亚洲金融危机的冲击,实现经济持续快速发展。今年以来,在世界经济增长明显减缓的情况下,我国经济保持良好的发展势头。上半年,国内生产总值同比增长

7.9%。1—8月与去年同期相比，工业增加值增长10.4%，财政收入增长24.7%，固定资产投资增长18.9%，社会消费品零售总额增长10.1%，居民消费价格上涨1.2%；进出口总额(3305.32亿美元)增长9.6%，其中出口(1709.94亿美元)增长7.3%；实际使用外商直接投资274.4亿美元，增长20.4%；国家外汇储备9月15日达到1935亿美元。金融平稳运行。中国经济继续在快增长、高效益、低通胀的良性循环轨道上前进。

这些成绩来之不易，是以江泽民同志为核心的党中央驾驭全局，审时度势，及时采取一系列有力政策措施的结果。我们立足于扩大国内需求，实施积极的财政政策和稳健的货币政策，并始终保持政策的连续性和必要的力度，重点加强基础设施建设，增加科技、教育、环保等投入，提高城乡居民特别是中低收入者的收入。同时，加快产业结构调整和国有企业改革改组，采取多种措施鼓励出口。实践证明，我们实行的方针政策是完全正确的，对国民经济健康发展已经并将继续发挥重要的作用。

随着新世纪的到来，中国改革开放和社会主义现代化建设进入了新的发展阶段。面对经济全球化进程加快和科技革命迅猛发展的新形势，顺应世界发展潮流，我们将大力实施经济结构调整战略、西部大开发战略、科教兴国战略、可持续发展战略，显著提高经济的创新力、竞争力和抗风险能力，使中国经济以更大的规模和更高的水平持续向前发展。

——推动经济结构战略性调整，是一项重大而紧迫的任务。我们将继续推进工业化，不失时机地加快经济和社会信息化，以信息化带动工业化和整个经济现代化。加快农业结构调整，推动传统农业向现代农业转变。大力发展高新技术产业，加快发展现代服务业，广泛运用先进技术改造和提升传统产业。积极稳妥地推进城镇化。通过全面调整和优化经济结构，促进农业工业与服务业、传统产业与高新技术产业、乡村经济与城市经济良性互动，共同繁荣。

——加快西部大开发，是实现地区协调发展和为全国经济发展开拓广阔空间的重大战略举措。今后一个时期，重点是加强基础设施和生态环境建设，力争5—10年取得突破性进展。目前，西气东输、西电东送、青藏铁路、天然林保护、退耕还林等一批对中西部地区发展有全局意义的骨干工程已相继启动，进展顺利。国家已决定对西部实行重点倾斜政策，在建设资金投入、项目安排和财政转移支付等方面加大支持力度，制定了鼓励国内外投资者参与西部开发的政策措施。广袤的西部地区正迎来大开发、大发展的新局面。

——高度重视发展科技教育，把科技创新和人才培养放在突出的战略位置。继续推进国家创新体系建设，促进企业成为技术进步和创新主体，提高自主创新能力。集中力量在高科技领域取得重大突破，大力促进科技成果产业化。振兴教育事业，全面提高国民素质。实施人才战略，广纳天下贤才，培养和造就大批适应时代发展需要的新型人才。

——坚持走可持续发展之路。我们将继续执行计划生育和保护环境的基本国策，全面加强国土综合整治和生态环境建设。着力形成有利于节约资源、保护环境的消费方式和生产结构。建设经济繁荣、山川秀丽的美好家园。

实行社会主义市场经济改革，发展开放型经济，是我国经济二十多年来持续快速发展的基本经验。我们将坚定不移地深化改革，扩大开放，为经济更大发展提供持久的强大动力。

——我们将继续推进经济体制的深层次改革。进一步调整和完善所有制结构，巩固和发展公有制为主体、多种所有制经济共同发展的格局。继续积极探索实现公有制的多种形式。以建立规范的现代企业制度为方向，进一步全面深化国有企业改革。我们正在研究采取措施，推进电力、铁路、民航、通信等垄断性行业体制改革。通过完善市场体系、整顿和规范市场行为，健全社会主义市场经济新秩序。加快推进社会保障体系建设，构筑社会“安全网”，为改革和发展营造稳定的社会环境。

——我们将以更积极的姿态推进全方位、多层次、宽领域的对外开放。中国即将加入世贸组织，我们会信守承诺，进一步开放国内市场，扩大开放领域和地域，有步骤地推进金融、保险、电信、贸易、旅游等服务领域的对外开放，积极开辟利用外资的新方式、新途径。我们要把吸收外资同调整产业结构、西部大开发、深化国有企业改革紧密结合起来，着重引进先进技术、现代化管理和专门人才。继续改善投资和经营环境，依法保护投资者权益。同时，鼓励有条件的国内企业到境外投资和经营，增进与世界各国的经济往来和合作。

尽管中国经济目前仍有不少困难，今后还会遇到这样那样的挑战，但是有利条件很多。最重要的是国内市场巨大，人力资源丰富，社会政治稳定，发展道路符合中国国情。我们的朋友遍天下，特别是有海外广大华侨华人的关心和支持。我们将继续坚定不移地走自己的道路，完全有信心、有能力战胜前进道路上的一切艰难险阻，使国民经济得到更好地发展，不断攀登新的高峰。

中国经济的更加开放和繁荣，不仅会大大增进中国十几亿人民的福祉，而且还会给包括广大华商在内的世界各国企业家提供广阔的市场和无限的商机，也必将对世界经济的繁荣和发展作出更大贡献。

中国改革和开放的总设计师邓小平指出：几千万华侨华人是一支了不起的力量，是中国大发展的独特机遇。长期以来，广大海外华侨华人以不同方式热心支持和参与中国的经济建设。迄今为止，在华投资的外资企业，大多数的项目和资金来自华商。中国经济取得的辉煌成就，海外华侨华人功不可没。你们始终不忘乡里之情、桑梓之谊，闯过道道难关，作出多多贡献，你们的创业精神已经载入中国经济发展的辉煌史册。遍布世界的华商朋友，有各领域的专业人才，既精通国际市场经济运作，又熟悉中国传统文化，具有在中国发展的独特优势。不论是已经在中国投资的，还是正在寻找项目的华商朋友，都可以在中国这片热土上找到众多的发展机会，大展宏图。我们热诚欢迎广大华商朋友以各种方式继续踊跃参与中国的现代化建设。

充满蓬勃生机和广阔前景的中国经济，正以强劲的姿态向新的高度跨越。让我们大家携起手来，为新世纪实现中国现代化和中华民族的伟大复兴而奋发努力！

中国金融业在改革中发展

戴相龙

非常高兴出席这次第六届世界华商大会。多年来，世界各地的华商对中国经济的发展做出了重大贡献。首先，我代表中国人民银行和中国金融界对你们表示热烈的欢迎。下面，我就中国金融业改革开放及未来发展介绍一些情况，交流一些看法。

中国金融体制改革取得明显成效

1984年国务院决定中国人民银行专门行使中央银行职能。1993年国务院对金融体制改革作出决定。1997年党中央、国务院召开全国金融工作会议，就深化金融改革、整顿金融秩序、防范金融风险作出部署。经过十多年的努力，我国已初步建立了与社会主义市场经济相适应的金融体制。

一是建立了以商业金融为主体、各类金融机构分工合作的金融组织体系。目前，我国共有7家国有独资银行，110多家股份制商业银行，100多家证券公司，30多家保险公司，4万多家城乡信用社，190多家外资营业性金融机构。到今年6月底，境内金融机构总资产已达21.4万亿元。其中各类银行占76%，城乡信用社占9%，各类非银行金融机构占15%。

二是建立由货币、证券、保险、外汇组成的金融市场体系。以银行间债券市场、同业拆借市场、票据市场为主体的货币市场初具规模，并实现了货币市场利率的市场化。建立了全国统一的外汇交易市场，2000年结售汇总量为3058亿美元。资本市场快速发展。到今年6月底，中国境内上市公司已达到1137家，市价总值5.4万亿元，流通市值1.9万亿元。保险市场的广度和深度不断扩大，近10年保费用收入年均增长23%以上。设在上海的黄金交易所即将在年内开业。

三是宏观金融调控已从用信贷规模直接控制，转向了利用利率等货币政策工具间接调控。1991年至2000年，我国广义货币供应量年均增长21.7%，金融机构贷款年均增长16.5%。1993年开始实行的适度从紧的货币政策和1998年开始实行的稳健的货币政策，先后在治理通货膨胀和防止通货紧缩中发挥了重要作用。

四是金融监管明显加强。健全完善了金融业基本法律体系。从1998年开始，建立了银行业、证券业、保险业分别由中国人民银行、中国证监会和中国保监会分业监管的体制。几年来，通过发行特别国债补充国有商业银行资本金，成立金融资产管理公司收购和处置国有银行不良贷款，整顿各类中小金融机构等措施，逐步化解了长期积累的金融风险，保持了金融体系的平稳运行。

五是外汇管理体制改革取得显著成效，人民币汇率稳定。1994年实现了人民币汇率并轨，建立了以市场供求为基础的、单一的、有管理的浮动汇率制度，保持了人民币的长期稳定。1996年12月实现了人民币在经常项目下的可兑换。国际收支平衡能力不断增强，外汇储备持续增加。到今年8月，国家外汇储备已经达1900亿美元，比1993年增加了8倍，年均增长31.5%。

金融体制改革的深化有力地促进了国民经济的健康发展。与此同时，我们也清醒地认识到，对我国金融业的改革成果不能估计过高，我国金融业仍存在各种风险，主要是金融机构不良贷款比例偏高，国有银行改革滞后，金融法规仍不健全。但是，也不要将这些风险过份地扩大。目前，国有独资商业银行的不良贷款率正在逐步下降，全部金融机构不良贷款占当年国内生产总值的比例正在逐步降低；人民币币值及汇率长期稳定；股票市场在规范中发展；外债管理的各项安全指标均远远低于国际公认的警戒线；预测今年底国家外汇储备将超过2000亿美元，相当于今年10个月的进口付汇的水平。我国政治社会稳定，经济持续发展，预测今后10年国内生产总值将增加一倍。综合分析我国的国力和金融业的发展，我认为我国现在存在金融风险，不存在金融危机。已经存在的金融风险是可以控制的，也是可以逐步化解的。我们必须切实加强监管，不断防范和化解多年累积的金融风险，保障国家金融安全，促进我国金融业在改革中稳步发展。

中国金融业的发展面临参加世界贸易组织的良好机遇和严峻挑战

我们已跨入二十一世纪。政治上的多极化和经济上的全球化是当今世界发展的两大趋势。经济全球化是一把“双刃剑’，一方面，它促进各种生产要素跨国流动，促进了世界总财富的增加，使各国有不同程度的发展；另一方面，由于各国经济实力悬殊很大，经济全球化的运行规则不利于弱小的国家，也导致全球范围内贫富差距加大，发展中国家在获得资金和技术的同时，也增加了经济失衡和金融的不稳定。金融全球化是经济全球化的重要内容。金融全球化的重要特点是资本的跨国流动和货币的自由兑换。与生产、贸易、技术全球化相比较，金融全球化具有更大的风险。

中国作为一个最重要的发展中国家，坚持实行对外开放的方针，使中国的经济和金融逐步参加到经济金融全球化之中。在金融业开放领域和速度上，我国采取循序渐进的原则。这样做，不仅是为了保持我国宏观经济的稳定发展，也是为了维护国外投资人的投资安全和利益。同时，我们认为，实行循序渐进不等于满足现状，也不等于只停留于业务改革，相反应当积累改革成果，不失时机地促进金融体制和金融制度的更新。

中国金融业的对外开放不断扩大。目前，我们已取消了外资银行来华设立机构的地域限制，并先后在上海、深圳进行了外资银行办理人民币业务的试点。到今年6月底，银行类外资金融机构在华总资产411亿美元，其中，外汇贷款余额143亿美元，约占境内金融机构全部外汇贷款的17.2%。被批准开办人民币业务的31家外国银行分行，经过短短3年多的时间，人民币贷款达到340亿元，存款78亿元。外资金融机构已成为我国金融体系的重要组成部分。

我国即将加入WTO，这是促进我国金融体制和金融制度更新的有利时机。按照中国与有关国家签署的协议，在业务范围准入方面，参加WTO当年，允许外国银行向中资企业和居民个人办理外币业务。参加后两年内，允许外资银行经营中资企业的人民币业务;参加后5年内,允许外资银行办理城乡居民人民币业务。在地域准入方面,参加WTO后,每年增加一定数量城市向外资银行开放人民币业务,5年后对外资银行办理人民币业务不再有地域限制。在分支机构的设立上,将由中央银行按审慎原则审批。总之,参加WTO五年后,外资银行和中资银行将实行同等的国民待遇,根据中国的金融法规依法经营、合理竞争。与此同时,我国对保险业、证券业的对外开放也分别作出了明确的承诺。9月17日,世贸组织中国工作组会议已审定通过了我国加入WTO的各种文件,预计今年11月份,我国可以正式参加WTO。这标志着我国对外开放将进入一个新的历史阶段。

中国加入WTO后,外资金融机构将更多地参与中国的经济建设和金融发展,有利于增加国际金融资本的流入,有利于带来现代银行经营管理制度和新的业务品种、进一步提高对外开放的金融服务水平,有利于进一步促进我国金融业的改革和发展。但是,加入WTO,更多外资金融机构进入中国市场,也将在优质客户、优秀人才、新业务、新技术等方面与中资金融机构展开激烈竞争,会给中资金融机构经营、中央银行货币政策和监管当局监管带来新的压力和挑战。为此,我国将进一步加快国内金融企业商业化改革步伐,发展和完善金融市场,健全金融法律法规,建立高效的金融监管体系,抓紧培训金融业经营管理人才,大力提高金融管理的技术手段。

目前,我国的国有独资商业银行和一批股份制商业银行,作为一个独立的法人,其经营机制和综合实力与发达国家的大型商业银行相比还处于弱势。但是,经过十多年的改革,我国的商业银行也培养出一批优秀管理人才和一批优质基本客户,设立了较多的营业网点,吸收了较多的资金。我们完全有理由预测,参加WTO后,中国银行业将在改革中焕发出活力,在与外国银行以及本国银行之间竞争中发展壮大,形成一个功能齐全、技术先进、效率较高的银行体系,更好地推进我国经济结构实行战略性调整,推进我国改革和开放。

今后几年中国金融业改革的重点

今后几年是我国金融业改革发展的关键时期。在此期间,我国金融业要促进国民经济结构实行战略性调整,要基本化解多年形成的金融风险,要应对参加WTO的挑战,任务十分艰巨。为此,中国人民银行要集中精力做好几项重大改革。

(一)提高制定和执行货币政策的水平,为国民经济发展创造良好的宏观环境

中国人民银行实施货币政策的目标是,保持人民币币值的稳定,并以此促进经济增长。中国经济高速增长,物价回升,货币供应量增幅较高,可以说通货紧缩趋势基本得到克服。但是,由于全球经济增长下降,特别是美国受到严重的恐怖袭击,经济回升延迟,这对中国经济发展也有一定的负面影响。因此,对中国宏观经济发展不能过于乐观。我国将继续执行扩大内需的方针,立足于广泛开辟国内市场,促进国民经济持续快速增长。加入WTO后,预计国际资本流入增加,加上我国货币供应量已经增长较多,仍应防止可能出现的通货膨胀。

今后五年,我国年均经济增长的预期目标是7%左右,物价涨幅控制在3%左右,考虑到货币流通速度减慢的因素,货币供应量增幅将保持在14%以内。资本市场的快速发展,贷款增速会有所下降。预计全部中资金融机构人民币贷款将增加8万多亿元,可用于贷款的外汇资金有1500多亿美元。要继续运用好信贷政策,引导商业银行调整信贷结构,按照市场原则,逐步增加对高新技术、中西部开发和农村的贷款,促进经济结构实现战略性调整。

利率市场化是提高我国货币政策调控水平的核心。目前,我国产业资本流动性较差,国有企业对利率调整反映不敏感,中央银行对市场利率调控能力较弱,因此,还要由中央银行确定商业银行存贷款基准利率。我们将按照"先放开外币,后放开本币;先放开贷款,后放开存款"的原则,通过加大利率的浮动幅度、规定贷款利率下限和存款利率上限等过渡方式,最终建立以中央银行利率为基础、以货币市场利率为中介,金融机构根据市场资金供求决定存贷款利率水平的利率形成机制和市场利率体系,提高中央银行利用利率调控宏观经济运行的能力。

提高制定和执行货币政策的水平,要协调好货币政策和资本市场的关系。间接融资比例过高,直接融资比例过低,是我国社会资金利用率不高,银行不良贷款增加较多的一个重要原因。预计到今年底,城乡居民储蓄折合人民币将达到8万亿元,相当于今年国内生产总值的83%,我国资本市场发展的潜力很大,前景广阔。一般认为,中央银行不把股票、房地产等资产价格纳入货币政策调控目标,但将密切关注资产价格的变化,充分重视资产价格在制定货币政策中的信息作用。为此,中国人民银行将进一步规范货币市场与资本市场的联系,合理确定利率水平,完善股票质押贷款管理办法,让符合条件的证券公司和基金管理公司进入同业拆借市场,研究商业银行为证券公司代办证券业务的操作办法,从制度上继续支持资本市场的健康发展。同时,禁止信贷资金违规流入股市,防范和消除新的金融风险。

(二)推动国有独资商业银行的股份制改革,提高我国银行业竞争能力

目前,我国有中国工商银行、中国农业银行、中国银行和中国建设银行四家国有独资商业银行,到今年6月底,四家银行总资产已达11.4万亿元,占全国存款类金融机构总资产的63%。这些银行过去在支持国民经济改革和发展中发挥了很大作用。近几年,国有独资商业银行改革步伐逐步加快,现已精简分支机构和营业网点3.4万个,工作人员净下降12.7万人,不良贷款比例逐步下降,经营水平不断提高。但由于多种原因,虽经多年改革,其经营机制尚未发生真正转变。

我国加入WTO后,经过五年过渡,将对外资银行实行国民待遇,这对于我国商业银行是一个严峻的挑战。为此,我们将加快国有独资商业银行改革的步伐,争取用5年左右或更长一些时间,把我国4家国有独资商业银行改革为在国际金融市场上具有一定竞争能力的现代化大型商业银行。

为实现这一目标,从今年开始,要按照建立现代企业制度的要求,分步对国有独资商业银行进行综合改革。第一步,按照国有独资公司的形式更新经营管理制度,为进行股份制改革创造条件。第二步,将有条件的国有独资商业银行改组为国家控股、国内企业、居民和外国资本参股的股份制商业银行,完善商业银行法人治理结构,从根本上解决商业银行经营机制问题。第三步,经过较长时间的努力,将符合条件的国家控股的股份制商业银行公开上市。

当前,我们要集中力量做好国有独资商业银行进行股份制改革的基础性工作。一是精简机构和人员。二是降低不良贷款,促使国有独资商业银行近几年每年降低不良贷款比率2—3个百分点。三是实行谨慎会计制度,严格监管各家金融机构按照财政部的规定,消化历史财务包袱,提高实际盈利能力。四是大力培养高级管理人才。有计划地招聘我国在海外学习和工作的人员,以及少数外国金融企业高级管理人才,到我国金融机构工作。五是通过多种渠道增加资本金,使资本充足率达到8%。六是按照国际标准披露金融机构有关信息,增加信息透明度。

与此同时,要继续规范和发展股份制商业银行,支持其按市场原则进行联合重组,鼓励外国资本向我国现有股份制商业银行入股。加快农村金融体制改革步伐,支持信托、财务和金融租赁公司的发展。继续依据"法制、监管、自律、规范"的方针,在规范的基础上加快证券业的发展。大力发展保险业,增强对经济发展的保障能力。

(三)进一步完善汇率形成机制,稳步推进人民币可兑换进程

中国的对外开放,有利于中国经济的繁荣,也有利于世界经济的发展。过去10年,中国进出口总额超过2.8万亿美元,其中,进口1.3万亿美元。到今年6月,中国通过外商直接投资、企业到境外上市筹资和政府、企业对外借债,已累计引进外资5500多亿美元。同时,我国政府、金融机构持有境外金融资产和企业对外投资超过3000亿美元。

1993年11月,我国提出"要逐步使人民币成为可兑换的货币"。实现这个目标,要创造条件分步进行。1996年12月,我国实现了经常项目下可兑换,同时对资本项目收支实行登记或审批,暂不允许外币购买人民币证券资产。这样做,不仅是为了促进我国经济稳步发展,也是为了保护外国投资者的利益。实践证明,在资本项目开放方面实行循序渐进的方针是正确的。加入WTO后,中国经济进一步融入全球市场,国际贸易和国际资本流动加大。我们将加快完善宏观调控体系,进一步增强国力,规范金融市场,借鉴一些发达国家开放资本市场的有效途径,稳步推进资本项目可兑换工作的进程。

在资本项目收支尚未放开,经济发展以国内市场为主的国家,不宜也不必实行自由浮动汇率。1994年以来,我国实行由市场供求决定的、有管理的浮动汇率制度,人民币汇率保持了长期稳定,对促进我国改革开放和亚洲金融稳定发挥了重要作用。目前,人民币对美元的汇率水平是基本适当的。加入WTO以后,随着贸易和投资的变化,国际收支的变化可能加大。我们将继续实行有管理的浮动汇率制度,在保持人民币币值基本稳定的前提条件下,进一步完善人民币汇率的形成机制。加强本外币利率政策的协调,发挥汇率在平衡国际收支、抵御国际资本流动冲击方面的作用。

中国是国际社会中的重要一员。我们将在平等竞争、互惠互利的原则下,加强各国之间、亚洲国家中央银行之间的合作。继续支持世界银行、国际货币基金组织等国际金融组织在国际金融事务中更好地发挥作用。积极探讨和建立亚洲地区货币金融稳定机制,履行"10+3"会议机制签署的"清迈协议",推进货币互换,促进亚洲地区金融市场的稳定。

加强祖国内地与港澳台地区的金融合作,改进对各国、各地华商到祖国投资的服务是我们的一贯方针。到今年8月底,大陆已累计利用港澳台地区的外商直接投资2114亿美元,占大陆吸收外商直接投资总量的56%。今后10年,我国仍将是世界上发展最快的国家之一,预计到2010年国内生产总值将比2000年增长一倍,达到2万亿美元。这为世界各国和各地区的华商提供了良好的商机。

我们将维护香港的国际金融中心地位,加强内地与港澳地区的金融合作,促进港澳地区的经济繁荣和社会安定。我们希望继续加强内地和台湾金融界的交流和交往,支持两岸银行建立代理行关系,欢迎台湾的银行到祖国大陆设立代表处、分行、附属银行、参股或控股内地的商业银行。

中国人民银行支持内地金融机构进一步改进对世界各国、各地区华商到祖国大陆投资的服务,增加对外商投资企业的人民币贷款和外汇贷款,欢迎投资于祖国内地、符合条件的华商企业在国内上市。

进入新世纪,中国开启了全面建设小康社会、加快推进社会主义现代化的新的发展阶段。中国人民银行和中国金融界将坚定不移地推进我国的改革开放,扩大与世界各国、地区的交流和合作。我们欢迎各国、各地区的华人、华商继续关心和支持中国的建设和发展,为中华民族的伟大复兴和世界的和平与发展,作出新的更大的贡献。

(作者:中国人民银行行长)

上市公司治理结构的改进

周小川

如何推进公司治理结构的改革?我个人认为,首先要在社会上开展对代理人问题及内部人控制问题的讨论,让更多人意识到问题的严重性;另外是要吸取国际经验,因为确实有很多共性的东西,包括有一些概念和最基本的原则是跨国界的、是市场经济所共性的微观经济问题;在此基础上,进一步研究并探讨如何结合好中国的具体国情,而不要什么都从头自己干起

首先祝贺"中国上市公司治理研讨会"的召开,这是我国企业改革和改进上市公司质量基础的一个重要会议。

在我国,公司治理结构是一个比较新的概念,在企业改革的早期阶段,中国主要强调的是向企业放权和减少行政干预,关于股东利益、董事会的作用等问题那时候的考虑不成熟。20世纪90年代上半期,有些专家、政府官员和企业家开始观察和研究这个问题,并提出了公司治理结构的概念框架。事实上,公司治理结构的概念是在党的十五届四中全会才正式写进党和国家的重要文件之中,很多人都是在近几年才开始了解、学习和运用这一概念。从这个角度讲,中国在推进公司治理结构方面还是刚刚起步,比较薄弱,还有很长的路要走。

1994年曾经召开过会议,会议的参加人员有的也在今天的会场上,那次会议提出要在我国建立公司治理结构的概念,其主要出发点是提醒大家注意观察并设法解决代理人问题,从另一个角度讲就是我国国有公司存在着内部人控制问题。现代经济中在经营权和所有权分离的情况下,不能简单地假设公司管理层会自动地、自觉地维护股东的利益,已经有相当多的事例表明,如果没有一个合理有效的机制,就很可能出现侵犯或损害股东利益的行为。在我国,国有企业占的比重很大,过去主要依靠对国有企业干部管理制度来保证管理层和国家所有者之间利益的一致性,理论和实际经验均表明,在市

场经济环境下，仅依靠此手段是不够的，还需要建立更明确的经济性的机制和制衡的机制。

公司治理结构不仅在我国有很强的现实性，同时也是全球的一个共性问题。在经济发展的微观机制方面，世界上不同的区域有着不同的特点、优缺点以及他们自己的问题，但在相当程度上都可以归结为公司治理结构的问题。1997 年开始爆发蔓延的亚洲金融风波，在很大程度上，被归结为一些亚洲国家在公司治理结构方面的薄弱。经合组织经过若干年的研究，为推动这方面的进步，提出了公司治理结构的原则。尽管各个不同区域和国家在法律特点、文化背景及公司传统上存在着较大差异，但该原则所涉及的若干基本概念，是跨国境的、全球性的，是微观运行机制方面的基本问题。特别是对于上市公司来讲，这种共性就更为明显，公司治理结构的强或弱，会在股票价格上得到反映。

已经有很多人对各国企业之间的区别做了详细的探讨和分析，我们发现他们有共同的基础，同时又有不同的特点，也存在着不同的问题，相互间可以取长补短，因此这种研究也是很重要的。美英、欧洲大陆、日本在公司治理结构上存在较多的差异，有很多值得研究的问题。在亚洲，如果抛开日本和中国，我们观察到有较高比例的家族控制现象。在中国，由于我们处在经济转轨进程之中，国有股所占的比例比较大，国有制的代表人还处于缺位状态，有相当一部分特征属于快速变革之中的过渡性问题。

目前，中国内地资本市场上已经有 1100 多家上市公司，其中大部分在上市之前是国有企业，是通过国企改制实现上市的，我们可以从不同角度看到其中存在的一些问题。

角度之一是所有者代表缺位，内部人控制现象比较突出。由于改革的早期主要是考虑向企业下放经营权，因此存在一种股东消极主义，即削弱股东权利和作用的倾向。在改制过程中往往还存在着内部人控制之下的一股独大的现象，根据表决权的规定，可以使相当一部分侵犯其它中小股东利益的作法得以合法通过，从这个角度来看，所谓代理人问题或者说内部人控制问题是相当突出的。角度之二是监督、制约功能形不成合力。随着上市公司、一些大型国有企业出现了问题，甚至是相当恶性的问题，各个方面都感觉需要加强监督和制约机制。在企业财务上，国务院向大型企业派驻特派员，然后逐步演变为外派监事会；在企业高管人员的任免上，加强了上级党组织对其监督和评价的功能；战略决策则仍旧主要由经理层来决定。从公司治理结构的国际经验上来看，对财务和经营负责人方面的制衡、制约机制与对公司的战略决策的监督制衡作用还没有结合在一起。我们注意到当前的制衡作用有了进步，但还是分离的和不够完整有效的。角度之三是我国公司治理结构还有很多不到位的方面。例如：对利益相关者参与权的规定还不到位；管理层的激励机制问题引起了广泛注意但尚不到位；会计准则和审计服务有了不少改进，但从维护股东利益、信息披露的角度看仍不到位。

公司治理结构方面存在的这些问题还会产生很多连带现象。一些最早在国企改制上市公司中所发现的问题，后来在民营企业中有着诸多的效仿。市场上出现了控制权的争夺，一旦有了控制权则可效仿前例去侵犯和掠夺中、小股民。总体上讲，中、小股民的权益得不到充分的保障，因此也很难要求市场上的中、小投资者以企业效益和投资回报为尺度进行理性投资。尽管目前有了很多进步，但仍需要有更多的基础建设和监管方面的实际行动，才能真正使广大投资者信服，在这之前，市场上短期获利的投机动机仍旧会占较高的比例。

最近资本市场上有一些实例，如当前大家相当关注的“郑百文”例和“猴王”例，它们的问题有多方面的起因。如果我们头脑中有明确的公司治理结构的概念，那么从这个角度可以发现，相当一部分起因和不良行为都可以归因为公司治理结构方面的严重缺陷。

最近我看到权威法律界对证券市场各种违法行为进行的描述，有以下三段话：

“证券违法行为的特点是：违法主体范围广泛，包括上市公司及其董事、监事、经理、高级管理人员、证券经营机构、中介机构等；违法行为多种多样，既有法律明确禁止的内幕交易、操纵市场、虚假陈述、欺诈客户等行为，又有场外交易、改变募股资金用途、转配股提前上市流通、回购本公司股票、超量持股等行为，而且各种违法行为之间的关联性及传导性非常强，一个案件往往包括数个违法行为”。

“上市公司法人治理结构不完善。对国有企业进行股份制改造的目的之一，就是建立现代企业制度，完善法人治理结构，但一些国有企业在股份制改造过程中操作不规范，上市公司长期和大股东人员、财务、资产三不分，法人治理结构形同虚设，对企业发展极为重要的董事会流于形式，股东大会的作用不能充分发挥。据有关部门抽查，上市公司法人治理结构存在问题的比例高达 35.5%”。

“一些上市公司自身缺乏有效的约束机制，在日常经营中弄虚作假、不规范运作，损害中小股东利益的现象较为普遍。例如，ST 猴王与其大股东猴王集团长期“三不分”，猴王集团从 ST 猴王先后掏走数亿元，ST 猴王还为猴王集团提供了不少于 3 亿元的担保，已濒临破产，广大中小股东无端遭受巨大损失”。

这些描述表明，如果我国再不加速改进公司治理结构，那么进一步规范和发展资本市场将面临很大的困难。

“猴王”事例还使我们想起了捷克现象，在《经济社会体制比较》杂志 2001 年第二期上有一段描述，把它归结为所谓“掏空”现象：捷克 1997 年的 1716 家上市公司到 1999 年初只剩 301 家。大量采用“掏空”的做法，侵害中小投资者的利益，这需要引起我们相当大的警惕。香港中文大学的郎咸平先生有一篇非常引人注目的文章，主要是讲亚洲家族企业如何运用一系列手段对中小股民进行掠夺。大家不要认为这些与中国关系不大，我们中国资本市场上已经有一批实际上被掏空了的上市公司，在近期还会有一些掏空了的上市公司暴露出来，会使我们逐渐体会到这个问题相当严重，而这种掏空现象很大程度上可以归结为公司治理结构不健全导致的恶意决策。

如何推进公司治理结构的改革？我个人认为，首先要在社会上开展对代理人问题及内部人控制问题的讨论，让更多人意识到问题的严重性；另外是要吸取国际经验，因为确实有很多共性的东西，包括有一些概念和最基本的原则是跨国界的、是市场经济所共性的微观经济问题；在此基础上，进一步研究并探讨如何结合好中国的具体国情，而不要什么都从头自己干起。大家在谈到上市公司治理结构时，苦于没有一个基本尺度，这是目前比较迫切的一个任务，所以这次会议上将有一份草稿提请大家讨论，就是今天下午要介绍并讨论的《中国上市公司治理的基本原则和水准》，这个文件如果日后能达成共识，能成为准则的话，那么对上市公司就有了更加明确的制度性的要求。准则中的一项内容，也是近期的一项重要措施，就是逐步培养和建立独立董事制度。

中国大中型企业的一个特点就是国有制和国有控股企业占的比例相当高，一部分国有企业改制上市后仍处于一股独大的状况，也引起社会上关于上市公司及所谓存续公司之间相互关系的热烈讨论。我个人认为，也许可以从国有所有权由谁来代表、是否可以有多个适当分散的代表国有所有权的主体来探讨下一步改革的可能性。首先应问一个问题：上市公司中的国有股权全部由“集团公司”一家来行使，这是不是最好的选择？这关系到集团公司与国家或全民的利益是否一致，以及上市公司是否实质上呈现为内部人控制的问题。如果一股独大，从表决权来讲，按照现行的法律确实有可能发生不公正行为。目前关联交易相当严重，想要把利润作大的时候，可以通过关联交易把利润作大；想要转移利润的时候，又可以通过关联交易抽空企业的利润，甚至抽空净资产。恶性事件时有发生，导致市场信心普遍不足，说明研究这个问题有它的客观背景及其紧迫性。

前几年就有专家学者探讨过这个问题，可以有两个角度：一是谁适合担当国有所有者的代表？当前是国务院。但由于公司数量巨大，是不是还需要有分层次的授权，有人提到行业控股公司、综合控股公司，在党组织方面有企业大工委，国有商业银行从维护企业债权利益的角度讲与国有所有者的利益近似，四家新成立的资产管理公司有动机最大限度地回收不良债权和保护债转股形成的股权，这个问题值得研究。

也可以从另一个角度看，国有所有者利益何在？是否需要投资有所回报？首先国有股权是代表全体人民在经济中拥有的资本，起到国民经济的支柱、命脉作用。理论上，国有所有者要通过投资获取回报，但国家收入最重要的渠道是财政收入，国民经济中诸多用途都要通过财政收支来安排。国家作为所有者，除巩固和发展经济中的支柱、命脉企业之外，获取投资回报还有另外两方面的动机，一是随着人口老龄化的加剧，国家在养老金和其它社会保障方面存在着一定的隐性债务；二是转制过程中，国有商业银行体系存在着较大比例的不良资产需要消化，且超出了商业银行自身消化的能力，要求公众用某种方式加以承担。既然有这种利益，则体现所有者利益的办法是，能否让企业集团、社会保障基金和资产管理公司从不同角度代表国有所有者，并在上市公司董事会中起作用？这样有可能产生更好的制衡作用及更大程度上维护所有者的利益。

公司治理结构的问题已日渐突出，这次会议除了讨论具体问题以外，首先要解决的问题是紧迫感问题。没有紧迫感，事情就无法向前推进。中国的上市公司、投资者都相当年轻，就像小学生一样，小学生的模仿性强而理性的主见不够，因此小学校的风气很重要，要看是好孩子起示范作用还是坏孩子起示范作用。现在我们看到的是坏孩子起示范作用，一批恶性案件已经出现或将陆续出现，有更多的人在试图效仿。从中国证监会加强监管及增强市场信心的角度讲，这是一项非常重要的基础性工作，是加强监管、增强信心的必要前提。监管只能是依现行法规和标准来进行，因此我们必须有这样的标准才能理直气壮地去管。只有这些现象得到改观，市场信心才能增强。

另外，还可以从国际的角度看紧迫性。在亚洲金融风波之后，无论是OECD还是亚洲国家，都大幅度地提高了对公司治理结构的认识和改进，这关系到一国微观机制的健康与否和公司竞争力问题。最近的一次会议上，我听到了新加坡的介绍，他们提出：所有的公司都要设提名委员会；要求以独立董事为主设立审计委员会，并由审计委员会对外部审计师的独立性进行年度评审；要求招股说明书要由公众评审；上市公司违反信息披露规定属于刑事犯罪；半年披露制度改为季度披露等等。这些进展表明我国的上市公司必须加快有关的改革。

希望会议能达到以下的效果：第一，对公司治理结构问题要引起重视；第二，要吸取公司治理结构方面的国际、国内经验教训；第三，经过努力，制定出一个基本的准则；第四，希望更深刻地研究具有中国国情的有关问题，比如一些上市公司中内部人控制的问题及内部人控制下的一股独大的问题，更好地解决我国具体且紧迫的实际问题。

（作者：中国证券监督管理委员会主席）

学习党的第三代中央领导集体对外开放思想

石广生

党的第三代中央领导集体始终不渝地高举邓小平理论伟大旗帜，坚持“以我国改革开放和现代化建设的实际问题，以我们正在做的事情为中心，着眼于马克思主义理论的运用，着眼于对实际问题的理论思考，着眼于新的实践与新的发展”，采取一系列积极有效的措施，不断提高对外开放水平，进一步丰富和发展了邓小平对外开放理论。

进一步扩大对外开放，发展开放型经济　面对经济全球化趋势日益加强、国际竞争空前激烈的新形势，如何进一步做好对外开放工作，是摆在全党面前的一个重大课题。1993年底，党的第十四届三中全会提出要积极参与国际经济合作与竞争，充分利用国内外两种资源、两个市场，进一步发展开放型经济，运用我国经济的比较优势，提高竞争能力，更好地与国际经济互接互补。1995年，江泽民总书记指出，提高对外开放水平是一篇大文章，必须把它做好。实行对外开放是我国实现社会主义现代化的必由之路。提高对外开放水平是加快现代化进程的重要保证。我们一定要努力把这方面的工作做得更有成效。1996年，江泽民总书记在中央经济工作会议上指出，改革开放以来，我国的对外贸易和利用外资都取得了巨大的成就。现在面临着新的形势和新的情况，需要认真总结实践经验，把对外开放工作提高到新水平。在党中央、国务院的领导下，我国对外开放迅速发展，内容逐步丰富，形式日趋多样，开放型经济日新月异。我国对外开放的地域已从经济特区和沿海开放城市，逐步扩大到上海浦东新区、沿江沿边城市和广大内陆地区，对外开放的范围从一般加工工业逐步扩大到基础工业、基础设施、高新技术产业和服务贸易领域。

贯彻两个根本性转变，促进对外经济贸易不断发展　党的十四届五中全会提出实行两个具有全局意义的根本性转变，对我国外经贸体制改革与发展提出了更高的要求。1995年，江泽民同志曾指出，要适应社会主义市场经济发展的需要，完善统一、科学、公开的外贸管理制度和手段，形成出口增长主要依靠质量和效益的机制。1996年，江泽民同志进一步指出，对外贸易出现一些新情况，进一步说明了对外贸易工作加快两个根本性转变的必要性和紧迫性。目前，我国外经贸领域两个根本性转变已取得了重要进展。外经贸经营权进一步放开，对国有大中型生产企业、商业企业和科研院所进出口经营权已实行登记备案制，对符合条件的私营生产企业赋予了进出口经营权。进口管理体制改革逐步深化，先后七次大幅度降低进口关税，平均关税水平已降至2000年的17%。非关税措施进一步放宽和规范，进出口许可证管理商品大幅度减少，在出口配额管理中引入了市场化分配机制。与此同时，外经贸增长方式逐步向效益型转变，增长的质量逐步提高。随着"以质取胜"、"科技兴贸"战略的提出和实施，我国出口商品结构进一步优化，初级产品占出口总额的比重下降到目前的10%，工业制成品比重迅速提升到90%，机电产品连续5年成为我国第一大类出口商品，占外贸出口总额的比重已超过40%，其中高新技术产品占32%。

积极合理有效利用外资，提高利用外资质量　江泽民同志指出，着眼于提高国民经济的素质和效益，增强综合国力和国际竞争力，积极、合理、有效地利用外资，是必须长期实行的指导方针，这一点决不能动摇。在我国利用外资达到相当规模时，党的第三代中央领导集体适时提出了提高利用外资质量问题。1997年底，江泽民同志在全国外资工作会议上进一步强调要把利用外资提高到新水平，要在优化结构、注重质量和效益的基础上，保持外资的稳定增长。10多年来，我国利用外资规模不断扩大，领域逐步拓展，结构更趋合理，方式日益多样。目前，在生产领域吸收外资工作取得重要成就的同时，银行、保险、电信、外贸、内贸、旅游等服务贸易领域也正在有条件、有步骤地对外开放，中西部地区吸收外商投资发展迅速，高新技术产业利用外资取得积极进展。外商投资企业出口占全国出口总额的比重上升到2000年的47.9%，外商投资企业占全国工业产值的比重已上升到2000年的23%，涉外税收总额占全国工商税收的比重已上升到2000年的17.5%。利用外资对我国经济增长、产业结构调整、国际收支平衡、扩大就业等发挥了积极重要的作用。

经济特区要增创新优势，更上一层楼　发展经济特区，是邓小平对外开放理论的重要实践。江泽民等党和国家领导人多次视察经济特区，对经济特区提出了具体要求，寄予殷切希望。在视察深圳特区时提出，经济特区是对外开放的排头兵，更要走在全国前面，要继续为全国改革开放的深入发展提供新经验，并要求特区"增创新优势，更上一层楼"。1995年前后，在对经济特区存在这样或那样的议论时，党的第三代中央领导集体及时肯定了经济特区取得的成绩，重申了"三不变"政策，即中央对发展经济特区的决心不变、对经济特区的基本政策不变、经济特区在全国改革开放和现代化建设中的历史地位和作用不变，为经济特区的稳定和发展发挥了关键作用。2000年2月，江泽民同志指出，面向21世纪，经济特区必须大力依靠科技创新和体制创新，增创经济发展的新优势，向率先基本实现社会主义现代化的目标奋进。在党中央、国务院的领导下，我国经济特区的改革与发展取得了巨大成就。20年来，经济特区作为改革开放的"窗口"和"排头兵"，在对外开放、体制创新、产业升级和经济发展等方面发挥了重要的示范、辐射和带头作用。如上海浦东新区，在短短10年时间里，就有5000多家外商投资企业在此安家落户，总投资达270多亿美元，先后建成了6大新兴产业。

处理好扩大对外开放与坚持自力更生的关系　在坚持自力更生的基础上实行对外开放是邓小平一贯倡导的重要思想。党的第三代中央领导集体坚定地继承这一思想，并把它作为必须长期坚持的方针。在党的十四届五中全会上，江泽民同志专门阐述了扩大对外开放与坚持自力更生的关系。他指出，我们这样大的社会主义国家搞现代化建设，必须处理好扩大对外开放和坚持自力更生的关系，把立足点放在依靠自己力量的基础上。要引进先进技术，但必须把引进与开发、创新结合起来，形成自己的优势；要利用国外资金，但同时更要重视自己的积累。这样才能争取时间，加快缩小与发达国家的差距。在纪念党的十一届三中全会召开二十周年大会上，江泽民总书记进一步强调，必须始终把独立自主、自力更生作为自己发展的根本基点，必须把立足国内、扩大国内需求作为经济发展的长期战略方针，同时又必须打开大门搞建设，把坚持发扬我们民族的优秀传统文化同积极学习人类社会创造的一切文明成果结合起来，把利用国内资源、开拓国内市场同利用国外资源、开拓国际市场结合起来，把对内搞活和对外开放结合起来，从而不断地为我国社会主义现代化建设提供强大的动力。在具体实践中，我们党很好地把握了自力更生与对外开放的关系。例如，为增强我国经济发展的后劲、提高我国经济竞争力，党中央及时作出了《关于加强技术创新发展高科技实现产业化的决定》，强调要把自主研究开发与引进、消化吸收国外先进技术相结合，实现在较高水平上的技术跨越，形成更多的自主知识产权，从而增强了我国的自力更生能力，实现了对外开放和自力更生的相互促进。

积极参与经济全球化，切实维护国家经济安全　经济全球化是当今世界经济发展的客观趋势。党的十五届二中全会指出，现在国与国之间的经济联系日益紧密，相互影响越来越大，谁也不可能关起门来搞现代化建设，不可能回避经济全球化趋势和激烈复杂的国际竞争。问题的关键在于既要敢于又要善于参与这种经济全球化条件下的国际合作与竞争，既要充分利用其中可以利用的各种有利条件和机遇来发展自己，又要清醒认识和及时防范其中可能带来的各种不利影响和风险，稳步推进对外开放。针对部分东南亚国家在亚洲金融危机中暴露出来的问题，党中央、国务院高度重视在扩大对外开放的过程中防范和化解金融风险，坚持人民币经常项目的可兑换，及时开展了打击走私犯罪、逃套汇等专项斗争，规范出口收汇管理，实现了外贸顺差顺收，为防范金融风险奠定了良好基础。中国还加强了与东亚有关国家的金融协调与合作，为阻止亚洲金融危机蔓延，维护国际金融安全作出了自己的贡献。

当前，世界和平与发展的潮流不可阻挡，科技进步日新月异，世界经济结构调整加速，综合国力的竞争日趋激烈，我国改革开放和现代化建设面临跨世纪的重大机遇和挑战。以江泽民同志为核心的第三代中央领导集体敏锐洞察国际政治、经济和科技发展的新动向，系统地阐述了"三个代表"的重要思想，对我国面向新世纪的对外开放事业提出了更高的要求。如何通过对外开放更好地促进我国先进生产力和先进文化的发展，更好地为广大人民群众谋利益，为对外开放赋予了新的历史使命。

第一，加入世贸组织，进一步融入世界经济主流　为进一步推进我国改革开放事业，为我国经济和社会发展创造更为有利的外部环境，党中央正确估量国际国内形势，站在面向21世纪的战略高度，提出了"中国需要世贸组织，世贸组织也需要中国"的总体判断，作出了加快我国加入世贸组织谈判进程的重大决策，并及时提出了加入世贸组织的"三项原则"[XII]即世贸组织没有中国的参与是不完整的；中国要以发展中国家身份加入世贸组织；中国加入世贸组织，权利与义务一定要平衡。加入世贸组织是我国进一步扩大对外开放和融入世界经济主流的重大步骤，是我国对外开放进入新阶段的显著标志。这一行动本身充分显示了第三代中央领导集体进一步推进对外开放的坚定决心。围绕加入世贸组织所进行的理论和实践探索是对邓小平对外开放理论的新发展。加入世贸组织后，我国将由有限范围和领域内的开放，转变为全方位的开放；由以试点为特征的政策性开放，转变为在法律框架下可预见的开放；由单方面为主的自我开放，转变为我国与世贸组织成员之间的相互开放。加入世贸组织，我国将建立健全符合国际通行规则的涉外经济法律体系和管理体制，在更大范围内和更高程度上参与国际经济合作，进一步融入世界经济主流，对新世纪我国经济和社会发展各个方面将产生广泛而深远的影响。

第二，实施“走出去”的开放战略，充分利用国内外两种资源、两个市场　过去20年，我国主要以“引进来”为主。现在我国经济发展水平和综合国力大为提高，具备了“走出去”的条件。党中央深刻分析了当前我国经济发展的实际情况和客观需要，及时作出了实施“走出去”开放战略的重大决策。2000年1月，江泽民同志指出，“走出去”和“引进来”，是我们对外开放政策相辅相成的两个方面，二者缺一不可。实施“走出去”的开放战略是适应经济全球化大趋势、进一步扩大对外开放的重大举措，对推动国民经济结构的战略性调整、拓展21世纪我国经济发展的回旋空间、实现国民经济可持续发展具有十分重大的意义。实施“走出去”的开放战略也是我国对外开放进入新阶段的客观需要，对于提高我国企业跨国经营水平、培植我国产业竞争优势、增强我国综合国际竞争力以及深化我国与世界各国各地区的经贸合作都具有十分重大的意义。

第三，实施西部大开发战略，进一步完善全方位对外开放新格局　不失时机地实施西部大开发战略，是党的第三代中央领导集体在邓小平关于“两个大局”思想的基础上，总揽全局、面向新世纪作出的又一重大决策。党中央、国务院非常重视中西部地区的发展。1997年，江泽民总书记就提出要“再造一个山川秀美的西北地区”，随后进一步提出了以开放促开发的具体思路，并进一步提出把加快中西部地区发展作为党和国家一项重大的战略任务，摆到更加突出的位置。实施西部大开发战略是我国对外开放进入新阶段的必然要求。实施西部大开发战略，扩大中西部地区对外开放，有利于发挥中西部地区的比较优势，发展对外经济贸易，扩大出口和吸收外资，促进经济体制改革和提高管理水平，改变中西部地区对外开放相对滞后的局面，促进我国形成地区间更加平衡的、全方位的对外开放新格局。

第四，加强与发展中国家经贸关系，推动建立公正合理的国际经济新秩序　广大发展中国家是世界政治经济舞台上的一支重要力量。加强与发展中国家的经贸关系是我们进一步扩大对外开放的重要内容，在未来新的国际政治经济格局下具有战略意义。这不仅有利于我们巩固与发展中国家的传统友谊，促进建立国际政治经济新秩序，而且有利于为我国开展国际经贸合作创造良好的外部环境，推动双边贸易和投资的发展，促进中国和世界经济的繁荣。江泽民同志多次强调加强同第三世界的团结与合作是我国对外政策的基本立足点。事实越来越充分地证明，发展中国家要实现繁荣与安全，仅仅依靠与发达国家的合作是不行的，还要靠加强同广大发展中国家的合作，加强南南合作。十分注意加强同第三世界的团结合作，这是我们处理对外关系的一个大战略。近年来，在党中央、国务院的高度重视和亲自推动下，我国与周边国家和广大发展中国家的经贸关系得到进一步加强，特别是“中非合作论坛”在北京成功召开，谱写了中非友谊的新篇章，必将对新世纪加强与发展中国家经贸关系产生积极推动作用。

（作者：对外贸易经济合作部部长）

全力以赴整顿和规范市场秩序

王众孚

近年来，党中央、国务院对整顿和规范市场秩序工作非常重视，针对一些领域市场经济秩序混乱的突出问题，采取了一系列重大措施，取得了明显成效。但由于多方面的原因，市场秩序混乱的状况还没有得到根本好转，某些方面和领域的问题还相当严重。党中央、国务院把整顿和规范市场秩序作为今年经济工作的重大任务，我们工商行政管理部门要坚决按照党中央、国务院的统一部署，充分发挥职能作用，全力以赴投入到整顿和规范市场秩序的工作中去，确保党中央、国务院的重大决策落到实处。

一、市场秩序中存在的主要问题

目前，市场秩序混乱主要有以下表现。

一是在市场主体准入方面存在的问题比较突出　其一是虚假出资、抽逃出资的行为比较严重。有的企业在领取营业执照后，股东将其出资抽回；有的企业在设立时以实物出资，但不按规定办理财产转移手续，致使出资不到位也办理了变更登记手续，形成虚假出资。其二是资产评估机构、验资机构、登记代理等中介机构弄虚作假，欺骗登记机关，使不具备条件的单位也取得市场主体的合法地位。其三是未经登记注册非法从事经营活动的无照经营现象比较普遍。其四是存在地方政府干预。有的地方政府提出企业发展要“先上车，后买票”，甚至认为登记机关加强监管束缚了企业的手脚，提出简化登记机关的法定登记程序和手续，要求登记机关对法律法规规定应办理前置审批而未办理的企业或申请手续不完备的企业准予登记注册。

二是市场竞争行为无序　随着我国开放范围的扩大和开放程度的加深，市场竞争更加激烈和复杂，不正当竞争行为也日益突出。其一是仿冒、假冒行为十分严重。假冒他人注册商标，仿冒知名商品特有的名称、包装和装潢，以“联营”、“特约经营”、“总代理”等名义假冒他人企业名称的行为屡禁不止。其二是商业欺诈行为比较普遍。有的以“最低价”、“季节降价”、“清仓大甩卖”等名义误导消费者；有的在商品上伪造或者冒用认证标志、名优标志、政府批号，对商品的质量、成分性能、用途、有效期限、产地作引人误解的诱导；有的以内定中奖号码、不按承诺兑奖等方式进行欺诈性的有奖销售。其三是在药品、旅游、建筑等热点行业，普遍存在给付现金、赠送物品、办理外出旅游、报销单据等商业贿赂现象。其四是限制竞争。一些地方政府以行政手段阻碍外地产品进入本地销售或者以歧视性的质检、准销手续抬高外地产品进入本地的"门槛";某些保险公司利用行政机关、公用企业、学校、医院强制推销保险;有些大型企业利用合同、协议、决议、会议纪要操纵市场价格或瓜分市场份额。

三是市场交易行为不规范　其一是假冒伪劣商品泛滥,制假售假活动肆虐,一些地方甚至出现了假冒伪劣商品产、供、销"一条龙",给国家利益和人民生命财产造成重大损失。其二是走私贩私等违法犯罪活动已由沿海向内地蔓延,个别地方还出现了内外勾结、上下串通等现象,一些私货市场变相经营继续存在,使国内市场秩序受到巨大冲击。其三是市场主体经营不规范。一些企业骗取出口退税以及逃汇、骗汇,严重扰乱了市场秩序;一些企业法人代表形同虚设;"三假"、"三无"等虚假企业问题突出,注册资金难以发挥确定企业产权制度和财产责任的作用。其四是传销、变相传销等欺诈违法经营活动屡禁不止,已出现多起急敛传销款并携款潜逃事件。其五是未经批准擅自违法违规经营粮食、棉花、成品油等重要商品和国家管制商品的现象突出。其六是中介服务市场秩序比较混乱,利用合同从事商业欺诈活动以及"地下"经纪、违法违规经纪现象时有发生。

二、造成市场秩序混乱的原因

在经济体制转轨过程中,市场秩序出现某些混乱,有着多方面的复杂原因。

一是经济主体行为短期化　在从计划经济向市场经济转轨过程中,拜金主义、享乐主义、极端个人主义的思潮在一部分人中蔓延。有人错误地认为,讲效益就是唯利是图,讲竞争就可以不要规则,讲发展就可以不择手段;加之造假成本低,相当一部分经济主体为了追逐利润而走入违法经营的误区,干起了损人利己的蠢事。经济主体行为的普遍短期化直接导致了道德水准的下滑和市场秩序的混乱。

二是地方和部门保护主义严重　经济主体行为普遍短期化,影响到经济管理部门,直接产生了地方分割和部门垄断。有的地方把依法守法经营、整顿和规范市场秩序工作与发展地方经济对立起来,甚至把走私、骗税、制假售假当做致富一方的手段;一些地区地方保护主义严重,搞地区封锁,甚至姑息养奸,以地方政府发文形式封锁当地市场。一些行业从局部利益出发,肢解政策、法规,搞部门、行业垄断。

三是市场规则、管理体制、运行制度不完善　党的十四大后,法制建设步伐加快,目前,社会主义市场经济体制条件下的法律框架已初步建立。但是,市场监管法律体系还不完善,对一些扰乱市场秩序的行为还缺乏相应的法律法规予以约束和制裁;有的法律法规过于原则,需要制定实施细则加强可操作性;有的不适应变化了的市场,急需修订和完善。当前市场秩序的混乱,也从深层次上反映了目前的经济管理体制、干部管理体制、分配制度还不能完全适应改革开放和发展社会主义市场经济的需要。

四是生产者、经营者、消费者法律意识淡漠　由于市场经济在我国发展的历史较短,公平竞争、诚信守约、依法经营等法律意识尚未深入人心。如《反不正当竞争法》已颁布8年了,但一些企业根本不知道有这一法律,或者对法律内容了解甚少;还有一些企业则依靠庞大的律师团,将《反不正当竞争法》研究透彻后,有意规避法律,逃避制裁。据辽宁省工商局的一项调查结果显示,全省走访的934户企业中,52家企业不知道什么是商业秘密;1164户企业不知道国家有保护商业秘密的法律;221家企业虽然知道有法律保护,但不知道国家有具体保护商业秘密的法律;363家企业对自己的商业秘密是否被侵犯不清楚;298家企业没有商业秘密保护制度;298家企业的商业秘密保护制度不健全、不到位。

五是市场管理与执法诸环节工作滞后,执法力度不够　目前市场监管中大量存在有法不依、执法不严、违法不究的现象。一些执法人员的水平低、素质差、纪律松弛,甚至与违法分子相互勾结。政府部门、执法部门、社会中介组织也不同程度地存在行为不规范的问题。有的监管执法部门还存在编制不足、经费紧缺,监管手段和依据不足,削弱了市场监管执法力度。

三、整顿和规范市场秩序的对策与措施

前不久,党中央、国务院就整顿和规范市场经济秩序召开了专门会议,对今年的工作重点和今后的主要任务作了全面的部署,充分体现了党和政府对这一问题的高度重视和解决问题的决心。整顿和规范市场秩序是一项复杂的系统工程,是一项长期而艰巨的任务,必须把加强领导与发动群众结合起来,把转变政府职能与科学管理结合起来,把法治与德治结合起来,多管齐下,标本兼治,综合治理。工商行政管理部门要以高度的政治责任感,以对人民高度负责的精神,按照中央的统一部署,精心组织实施,切实抓出成效,让市场有序,让人民满意放心。当前工商行政管理机关做好整顿和规范市场秩序的工作,着重要抓好以下几点。

(一)以查处违法违章经营为重点,大力整顿和规范市场主体准入行为　要全面完成企业前置审批的复查工作,坚持法定条件,规范市场主体资格,严把市场准入关,特别是对涉及人民群众生命财产安全的烟花爆竹等易燃易爆物品的生产经营企业,以及从事歌舞娱乐、电子游艺、桑拿按摩、录像放映等经营的企业,要重点进行治理和规范。凡未按规定办理前置审批的,要督促其限期补办;逾期未办的,责令其办理变更登记或注销登记。要在基层工商所全面建立企业"经济户口",掌握企业动态情况,实行县以上登记机关与基层所上下联动的监管模式,及时发现和查处违法违章经营行为。要加大企业年检力度,增加实地检验比例,严厉查处虚假出资、抽逃出资等行为,坚决取缔无照经营,严肃查处"三无"企业。四是强化对中介机构及中介活动的监管,严厉查处资产评估机构、咨询代理机构出具虚假资信证明、虚假评估等不法行为。五是加强对合同和经纪人的监管,严厉打击利用买卖、承揽合同进行欺诈的行为。

(二)以打击制售假冒伪劣商品、欺诈等违法行为为重点,大力整顿和规范市场交易行为　一是要按照国务院的统一部署,坚持"三重一大"(重点地区、重点市场、重点商品和大要案件)的工作方针,继续深入开展打假行动。坚持重拳出击,依法严惩。对违法犯罪分子特别是惯犯和首恶人员,要依法从重从快惩处,触犯刑律的,及时移送司法机关追究刑事责任,绝不允许以罚代刑。要严格实行领导责任制,加强领导,责任到人。对工作不力、失职渎职的,要严肃处理。国家工商局将组织专门力量对重点地区、重点市场、重点商品和重点案件加大查处力度和责任追究。二是以东南沿海为重点,严厉打击走私贩私行为。对已经取缔和转变经营的原私货市场,要继续加强管制,防止死灰复燃;对可能形成的私货交易市场或集散地,要坚决取缔,消灭在萌芽状态。要加大打击私货交易的力度,切断私货流通渠道,取缔私货储藏窝点,依法严惩从事私货交易的违法犯罪分子。三是严厉打击传销、变相传销及其他欺诈违法经营活动。要强化日常监管,把传销等欺诈经营活动消灭在

萌芽状态；要加强宣传教育，增强广大群众对传销等欺诈经营活动的识别能力和自我保护能力；要严格执法，依法严惩传销等欺诈经营活动。四是继续加大对虚假违法广告和商标侵权假冒行为的惩治力度，维护广告经营秩序，切实保护商标专用权。五是加强对粮食、棉花、成品油、汽车等重要产品交易活动的监督管理，切实维护重要商品流通秩序。六是进一步强化消费者权益保护工作。今年内实现地级以上城市全部建立“12315”申诉举报指挥中心和三级行政执法网络，加大分割消费者权益案件的查处力度。七是继续密切配合有关部门，严厉打击偷税、骗税、骗汇行为，深入开展“扫黄”、“打非”斗争。

（三）以打破地区封锁和部门、行业垄断为重点，大力整顿和规范市场竞争行为　要破除地方、部门保护主义，坚决打破地区封锁和部门、行业垄断行为。认真贯彻国务院即将发布的《关于禁止在市场经济活动中实行地区封锁的规定》，促进全国统一、公平竞争、规范有序市场体系的建立和完善。今年要重点加强对烟草、酒类、汽车、化肥的监督检查，打破行政壁垒，促进货畅其流。要严厉查处各种不正当竞争行为。重点是严厉查处仿冒知名商品特有的名称、包装、企业名称以及仿冒、伪造产地和产品质量标志的行为；严厉查处利用节日促销、巨奖销售等方式，对商品进行虚假宣传的误导行为；严厉查处建筑工程、旅游、房地产等市场的商业贿赂行为。要加大《反不正当竞争法》执法力度，认真开展垄断性行业限制竞争行为的专项整顿。重点是依法对电力、保险、铁路、邮政、商业银行等具有市场支配地位，且限制竞争行为比较突出的垄断性行业，开展反限制竞争的专项执法行动；加强对供水、供电、供热、供气、电讯等公用事业的经营者滥用垄断特权、强制交易等限制竞争行为的监管。

（四）加强社会主义法制建设，完善市场监管法律体系　要在认真研究我国市场秩序状况的基础上，积极学习和借鉴国外相关规则和经验，有计划、有重点、有针对性地加快法制建设的步伐。今年，国家工商行政管理总局要针对市场监管的迫切需要，修订、完善有关法律法规，使市场行为和市场监管有法可依、有法可究。

（五）正人正己，以惩治执法腐败、查处失职渎职为重点，大力整顿工商队伍作风　整顿和规范市场监管主体自身行为，建设一支高素质的执法队伍，是工商行政管理机关提高执法权威，抓好整顿和规范市场经济秩序各项工作的重要组织保证。近年来，工商行政管理队伍的素质虽然有了一定提高，但执法不严、监管不力、作风不正等问题仍不同程度地存在。各级工商行政管理机关要以这次整顿和规范市场经济秩序为契机，正人先正己，切实抓好队伍整顿。要严厉惩治执法腐败行为。重点是查处利用“案、费、证、照”以权谋私，吃拿卡要，乱收费、乱罚款、乱摊派，甚至滥用职权，内外勾结，贪污受贿等腐败、违法犯罪行为。对执法犯法、徇私枉法的腐败分子，要依法严厉打击，依纪严肃处理，决不姑息。同时，要在全面完成工商行政管理机关与所办市场实行机构、职责、财务、人员“四分离”的基础上，继续做好产权移交工作，继续完善财务“收支两条线”管理，继续推行政务公开制度，继续健全职务权力制约机制，做到从制度上防范腐败，从源头上治理腐败。还要严厉查处失职渎职行为。重点是查处有法不依、执法不严、以罚代管、以罚代刑等玩忽职守的行为，以及监管不力、工作失职、无所作为的行为。要按照从严治政的要求，严格管理，严格监督，严肃处理。在严厉惩治执法腐败、失职渎职行为的同时，要切实加强队伍的教育、培训、管理和建设，进一步纯洁队伍，转变作风，优化结构，提高素质，改变面貌，建设一支与新时期历史任务相适应的高素质市场监管队伍。

法制建设与道德建设相结合，这是以江泽民同志为核心的党中央在深刻总结国内外治国经验的基础上作出的科学论断。我们要在全社会范围内大力展开法治和德治宣传教育，进一步提高生产经营者和消费者的法律意识和道德水平。在整顿和规范市场秩序的工作中，工商行政管理机关还要利用和结合监管执法活动，加强对生产经营者和消费者的思想教育、职业道德教育，不断提高生产经营者和消费者的道德水准。

（作者：国家工商行政管理总局局长）

对中国资本市场几个问题的思考

史美伦

我国的国内生产总值在过去的10年增长了382%，今年预测增长7%。尽管我们的资本市场在同时间内取得了瞩目的成就，但是资本市场在经济发展中仍可以扮演重要的角色。我们只需要想一想，在经济增长的同时，我国人口的年储蓄率全球最高，约是国内生产总值的40%。而且，现有的6000万投资者仅占总人口不到5%（在香港和美国分别是18%和49%）。如何将人民手中丰厚的储蓄引导到资本市场中来，自然成为我国政府急需解决的问题。

靠什么吸引投资者

去年，中国公司从境外投资者那里筹集到共200亿美元的资金，而亚洲其他国家总共只筹集到50亿美元。虽然我国国内经济潜在的增长力和进一步的行业调整将继续吸引国际机构投资者，但我们必须认识到对于国际投资者来说，注重的是公司的质量和市场的质量。投资者需要在准备投资前对市场树立信心。而投资者的信心是建立在明晰和透明的监管制度和高素质的市场之上的。

有责任感的公司能够吸引更多的资金到资本市场，从而带来更大的经济增长。依照麦卡锡咨询公司最近对200个代表32500亿美元资产的国际投资人所做的调查表明，80%的被调查者认为，在其他因素相同的情况下，他们愿意为"良好治理"的公司付出投资，75%的被调查者认为公司治理至少与财务指数同等重要。

如何走好国企转制的路

由于历史的原因。我国现有上市公司中的大部分是由原有企业或其他政府控制的实体重组改制而成的。在这一过程中，有些公司能够遵守证券市场的规则。然而，在很多情况下，这样的转制只停留在表面而非实质。

在许多上市公司中，国家拥有高度集中的股权，依然是最大的控股股东。2000年末，中国证券市场的54%的股权由国家持有。国家虽然是我国上市公司最大的持股人，但国家的利益却并没有完全得到体现。这通常使得上市公司被管理层所控制，而管理层不一定代表了股东的利益。

此外，上市公司和母公司之间在资产、管理人员和经营等方面的分离往往不清晰。上市公司与母公司或控股股东之间的关联交易经常发生，往往严重地侵犯了上市公司中小投资者的利益。这种情况实际上与亚洲其他国家无异，那就是说，上市公司的控股股东是公开的创始人或家族；在这种状况下，上市公司董事会和管理层往往对其股东，尤其是对公众投资者所负责任理解不深。另外，有时候，上市公司缺乏内部控制，经理层履行义务不完备，问责性不强。最近曝光的一些关于上市公司控股股东的恶劣行为说明了这一问题的严重性。

有些人认为应该给予置于董事会之上的监事会更大的权力。但经验表明，这种监事制度并非有效，因为监事会到底是代表谁的利益呢？在很多情况下，监事会只是重复董事会的权威而没有担负相应的责任。因此，监事会的存在会给予人们一个错觉，以为监事会对上市公司有所制衡，而实际上并未能起到这样的作用。

提高公司质量的途径在哪

在我国，公司治理的概念尚未得到很好的发展和理解。部分原因是我们处于计划经济向市场经济的过渡期，部分原因是所有权和管理责任之间的纠缠。中国证监会认为，公司治理的基本原则是保护股东权利。为此，我们必须确保上市公司中国家和控股股东的权利和利益与公司及其他股东利益的分离；管理层应对他们的行为负有责任和义务；股东能够获得充分而及时的信息披露。

证监会主席周小川已将公司治理作为我们今年的工作重点之一。我们将努力争取投资者和股东的权利，并维持我们市场的标准。通过强制性的透明度及对上市公司董事会和管理层行为和可信度的关注，促使公司完善企业行为。

在过去的几个月中，证监会已开始修改现行的一些规则和规定，以处理一些我们市场特有的问题，并使我们对公司良好运作的要求更接近于国际标准。其中，我们正修订有关公司章程及上市公司股东大会的指导意见，明确规定在不同公司章程和股东大会中股东的权利，包括不同的表决方式以方便股东表决权的实施。

公司治理的标准是什么

最重要的是，我们将发布一组有关境内上市公司治理的基本原则和标准。我们还将发布一套与这些基本原则和标准相适应的指导意见，内容涉及：董事会的合规行为、上市公司与其控股股东的关系、上市公司认股权和其他激励措施的推出、审计委员会和薪酬制度的建立、以及要求上市公司任命独立董事等。虽然在香港和美国上市的内地公司已经任命了独立的董事，但这个要求对境内上市的公司还是第一次。

至于市场的透明度，我们将要求上市公司公布未审计的季度报告以使投资者更为及时地获得财务信息。为使上市公司不只是口头上遵守我们的要求，我们将考虑要求上市公司在其年报中说明他们在前一财务年度中为完善公司治理而采取的特定措施，还要说明其公司治理与基本原则和标准的差距，以及造成这些差距的原因。解决这些差距的进一步措施也要列在年报中。此外，我们将要求上市公司披露控股股东和关联人员持股情况的详细信息，以突出有关主体的特殊关系。

中介机构如何有效管理

中介机构的健康是任何证券市场系统稳定的关键。然而在我们的许多证券公司和基金管理公司中还有许多加强管理和完善公司治理的空间。

目前许多中介机构在管制方面与上市公司有一样的问题：控股股东与持股人及投资人之间的利益纠缠，以及欠缺效力的内部控制。为解决这些问题并提高监管，我们将颁布中介机构优良作业和行为准则。我们将逐步制订监管方案以保障中介机构适宜的内部控制和风险管理，保障业务的增长将会相应地提高风险管理和系统控制。证券公司和基金管理公司将要严格地分离前、后台职能，分离客户帐户和公司自己的帐户。此外，我们也要求基金管理公司任命独立的董事。

资本市场的质量不仅仅是上市公司和中介机构的质量。市场的质量常常反映在从业人员，如会计师、律师、金融顾问以及机构投资人的素质上。随着我国市场逐步地对外开放、个人投资者数量的不断增长，类似于发达市场中的机构投资者的出现只是时间上的问题，他们在市场中的集体投资量将对上市公司和中介机构施加压力，以改进公司治理。

（作者：中国证券监督管理委员会副主席）

新形势下证券业的发展策略

赵叶龙

我国证券市场从90年代初发展至今，总体思路渐渐清晰，即由支持国有企业改革向优化资源配置转轨，这实际上也是我国市场经济发展战略在证券市场上的具体体现。我国市场经济发展最初的动力来自国有企业改革，但现在市场经济的运行已经开始形成其自身的规律，并成为推动我国经济增长的内在动力。证券市场的转轨正是适应这一形势，以更多地为经济中最具活力的成分服务。

目前的证券市场无论是在规模还是在影响上，都是10年前的证券市场所无法比拟的。最重要的，现在的证券市场正面临着一个全新的发展环境。

证券市场发展的新环境

证券市场环境的显著变化开始在前两年，以规范化、市场化和国际化为特征，具体表现在以下几个方面：

1、证券监管日益加强。从证券监管的最终目标来看，主要是提高市场透明度和保护投资者利益。自1999年以来，证券监管层颁布了大量的规章制度，如上市公司季报披露制度、证券公司内部控制指引等，对信息披露、市场主体行为等方面作出了更为全面的规定，从而有效地健全了信息披露制度，强化了市场中介机构和上市公司的责任，对投资者利益提供了更大程度的保护。

2、市场供给丰富。我国证券市场发展初期出现的许多不完善方面，与制度政策有关，但还有一个重要原因就是市场需求远远大于市场供给。与绝大多数市场一样，垄断相比竞争存在效率上的损失。近两年，通过市场化的深入，市场供给大大丰富。证券发行制度由审批制向核准制的转变、机构投资者的超常规发展、多层次市场的建立以及投资品种的增加，将从根本上改变市场的供求情况。

3、证券行业准入限制的放松。在市场供给增加的同时，证券行业的竞争也由于证券业准入限制的放松而更加激烈。在国际金融混业经营的大趋势下，尽管国内仍然实行金融分业经营、分业监管的体制，但混业经营已经初露端倪。在允许四大国有资产管理公司经营证券业务后，商业银行也被批准代理部分证券业务。与此同时，国内银证合作的潮流势不可挡，不少证券公司与商业银行签定了战略合作协议。证券行业准入限制的放松还表现在证券业向网络公司的开放。

4、证券市场逐步开放。我国已经正式成为WTO的成员国，在从现在起的3年时间里将是一个宽限期，证券市场的开放也将逐渐扩大。目前，外资公司已被允许发行A股，这被看成是证券市场国际化的一个开端。此外，设立中外合作基金和中外合资证券公司也已被提上议事日程，国内不少基金公司和证券公司纷纷寻找国外合作伙伴，外资对证券市场的影响将逐步增加。

证券市场竞争格局演变

从以上分析可以看出，我国证券市场发展的环境正经历一次大的转变，由此所带来的影响逐渐显现，证券市场的竞争格局将会发生根本性的调整。证券公司处于市场竞争的中心位置，作为中介机构的主体，必须对未来格局的演变有一个清醒的认识。1、证券公司的责任愈发加强。随着市场化的进行和监管环境的变化，原先由监管当局承担的责任将部分地转移到证券公司身上，这突出地表现在发行市场上。自从发行制度由审批制改为核准制后，主承销商的责任明显增加，特别是信誉主承销商制度的实行，更加强化了主承销商的责任。在创业板市场设立后，保荐人制度也将成为证券公司行为的准绳。

2、证券公司的兼并重组将兴起。目前国内有100家左右经营证券业务的证券公司，不仅数量众多，而且业务结构基本雷同。在证券公司责任增加、证券市场风险加大、外资证券公司进入国内证券市场的情况下，一部分证券公司将会被重组。《证券公司管理办法(征求意见稿)》正是顺应这一形势，为证券公司之间的兼并重组提供了政策依据。该办法允许证券公司将业务独立成为一家子公司，由其控股经营，这一方面将降低证券公司的业务风险，同时加大了证券公司重组的可操作性。估计今后的几年将是证券公司分化组合的时期，一批实力强大的证券公司将占据证券市场的绝大多数份额。

3、证券公司发展模式转变。伴随着我国证券市场前10年的高速发展，证券公司普遍经历了大规模扩张的发展时期，证券公司的资本、资产、客户保证金、人员、机构数量成倍增长。在接下来的一段时间内，我国证券市场仍然会成为全球增长最快的市场之一，这是由我国经济的增长决定的。与此同时，证券公司的规模扩张仍将继续，但除了外延型的扩张外，以加强管理、提高效率为主的内涵型扩张也将占据重要地位。未来在证券业这一高增长的行业中，利润将向少数具有管理优势的公司集中，而多数公司将被淘汰。总的来说，证券公司的发展模式将由现在的粗放型向集约型转变。

4、证券公司业务不断创新。尽管现在的证券市场相比原先的市场多了不少工具，如基金、可转换债券等，但基本上我国证券市场的工具还停留在传统品种上。市场的发展要求投资工具的创新，尤其是金融衍生工具的发展显得迫切。从国际上来看，如果不适时发展金融衍生工具，国内证券市场与国际证券市场的差距将越来越大，国内证券公司的技术水平和创新能力也很难与国外证券公司相竞争。国内政策已经开始向这方面倾斜，金融创新业务将成为证券公司竞争的新领域。

上海证券的发展策略

新的环境、新的格局要求证券公司根据自身的特点，相应地制订新的发展战略。在中国全面融入国际经济的过程中，国内证券公司面临的不仅是挑战，更多的将是机遇与发展空间。上海证券是国内证券业的一名新成员，在国内证券业中属于中等规模，相比一些大公司，差距和不足非常明显。但我们有独特的优势，那就是地处上海这一国际金融中心和上海国际集团公司的支持。我们将抓住入世后关键的3—5年宽限期，获得自身发展质的飞跃，形成自身特色，迎接全新的竞争格局的到来。具体来说，我们将主要从以下四个方面练好内功，做强自身：

首先，发展多种投资银行功能，实现业务高层次的国际接轨。上海证券将在继续发展传统投行、经纪、自营业务的基础上，大力拓展基金、财务顾问、资产管理、金融工程等新型业务，以规范、创新、控股型的业务构架应对国际化的冲击。多种投资银行功能的发挥离不开公司内部研究力量的提升，在今后几年内，公司将构建以研究发展支持为核心的业务创新部门，向全能型投资银行转变。

其次，以现代企业制度提高公司的核心竞争力。我们将以建立规范化的企业运作机制为目标，在增资扩股过程中改善公司的资本结构，健全法人治理机制。在条件成熟的情况下，通过上市进一步建立规范化的法人治理结构。同时，着重提高公司的内控管理水平，更新经营思路，依靠专业化、管理型的人力资源战略全面构筑公司发展的制度平台。通过管理来改善公司的经营效率，提高公司的核心竞争力。

第三、以客户为中心制定公司的发展战略。证券业的服务性质决定了客户基础和客户关系管理在公司发展中的重要地位，上海证券将把服务客户、全面满足客户的需求作为业务发展的重点，通过细分客户的需求，确立上海证券的客户市场，在组织结构、业务拓展、信息技术、人员培训等方面适应这一发展需要。公司将引入现代营销理念，建立现代营销体系，将客户的需求贯穿于公司的业务发展战略中。

最后，与外资金融机构建立合作关系，在合作中求发展。外资金融机构在政策限制的条件下，只能部分地进入国内资本市场。在多数业务中，国内证券公司仍然有很多优势，特别在政策、网点、人员上，决定了外资金融机构进入国内资本市场的途径之一就是与国内证券公司发展合作关系。通过合作，国内证券公司将获得国际证券行业在管理、技术、人才方面的先进经验，也将有利于国内资本市场全面开放后国内证券公司参与国际竞争。当然，与外资金融机构的合作基础是自身竞争实力的增强。

我国经济依然是世界上最具活力的经济，经济发展需要证券市场的健康、规范发展。不论是从投资者的角度，还是从筹资者的角度,对证券市场的需求巨大,证券行业前途光明。置身证券行业这个快速发展的朝阳产业中,问题和不足是暂时的,发展创新才是永恒的主题。

(作者:上海证券有限责任公司总经理)

电子商务与传统银行的变革

马蔚华

我想就电子商务与传统银行的变革这一专题谈三个方面的内容:一是数字化、网络化给传统银行带来的前所未有的挑战;二是传统商业银行数字化、网络化的变革方向;三是如何抓住数字化、网络化机遇,加快传统商业银行的历史变革。二十世纪人类最具有震撼力的事件是信息技术革命。以 Internet 为代表的信息技术革命使得电子商务这一全新的经济运行模式生成并实现了超常规的跳跃式发展。作为一种全新的经济模式,电子商务对人类社会的经济发展和社会进步产生了积极而又深远地影响,它不仅改变着宏观经济运行的模式、规则和传统经济理论,而且影响着微观经济主体的思维理念、行为模式、行为准则和相互联系方式。银行业作为一个历史悠久的传统产业、社会经济运行的中枢和社会支付体系的中间环节,所受到的冲击和影响是至为显著和程度最深的。网络技术和电子商务发展在改写"金融"、"银行"的传统内涵与外延的同时,正在使银行制度发生深刻嬗变。在这场划时代的历史变革中,传统银行业既面临着机遇,更面临着前所未有的挑战。

数字化、网络化给传统银行的挑战

第一,对传统商业银行功能的挑战。历史和现实表明,商业银行的基本功能主要有两项:一是资金媒介功能;二是支付服务功能。就资金媒介功能而言,二十世纪 30 年代以来,随着非银行金融机构的迅猛发展、金融创新浪潮的加剧和资本市场的扩展,该项功能的萎缩之势有增无减,商业银行已从融通社会资金的媒介体系中的主体蜕变为各类现代金融媒介中的居于次要地位中的一种。相反,向社会提供替代现金的各种支付手段却成长为现代商业银行业务中最突出的一个领域。90 年代以来,随着经济金融的全球化和网络技术的发展,银行提供支付服务的手段和技术更为先进多样,速度也更加快捷,从而,银行作为社会支付体系的功能不断得到加强,商业银行的功能需由传统的资金媒介转变为以提供支付服务为主的社会支付体系,支付职能将成为银行最基本的职能。对于传统银行来讲,功能转变带来的挑战无疑是最为深刻和深远的。

第二,对传统商业银行支付体系地位的挑战:挑战商业银行在社会支付体系的垄断地位。二十世纪 70 年代后期,受金融自由化浪潮的影响,传统商业银行面临前所未有的竞争格局,保险公司、基金公司、信用卡公司等非银行金融机构的迅速崛起和发展带来的"脱媒"开始吞噬商业银行的市场份额。随着网络经济时代的来临,商业银行不仅面临传统的资本性"脱媒",而且更面临着由于新技术的发展和运用而带来的技术性"脱媒",市场竞争更加激烈。一些 IT 企业、甚至一些 IT 创新企业凭借风险资本的支持,也开始介入金融服务业,它们崭新的运作模式给传统商业银行带来了很大冲击。例如,美国通用、日本索尼等老牌制造商早已将触角伸向了银行支付领域。微软也曾试图通过收购财务软件公司的方式而实现其进军个人理财支付体系的雄心。同时,由于网络金融服务的便利、高效,客户改变所选择的银行无需多少额外成本,客户"忠诚度"大大降低。在这种情况下,传统银行业社会支付体系地位的维持,客户群和市场份额的巩固与提升,都面临着严峻的挑战。

第三,对传统商业银行支付方式的挑战。数字化与网络化发展使得电子商务成为网络经济时代的一种主导型的商务模式,它是商情沟通、资金支付和商品配送三个环节的有机统一,其中,能否提供安全、高效的资金支付方式是制约电子商务的"瓶颈"。要解决这一"瓶颈",传统银行的支付方式显然是无法实现的,这就对传统银行的支付方式提出了新的挑战和要求。比如,电子商务采用 BTOB、BTOC、CTOC、BTOG 等方式进行,与这些交易方式相适应,支付体系必须跳出"银行对银行"的传统框架,借助四通八达的互联网将银行支付系统的接口铺设到企业、个人、政府部门的电脑终端上,充分满足客户的个性化服务需求,并为客户提供一站式的金融服务;再如,电子商务具有实时交易功能,这就要求银行提供高效率的支付服务,甚至实现零时差的实时资金清算;另外,网络经济超越了空间的限制,国际互联网的触角几乎伸向了世界每一个角落,电子商务王国的版图将不再有国界和距离的概念,如何安全、高效地实现跨国界的资金划拨和清算,为客户提供全球化服务需求将是电子商务时代传统银行业面临的一大挑战。

与此同时,传统商业银行经营理念的核心是"以量胜出"和"产品中心主义",其标志是通过机构和网点扩张,实现规模经济,批量生产,为客户提供标准化的金融服务,以此来降低成本。然而,在网络经济条件下,随着数字化和网络化的发展,客户、尤其是网上银行客户受教育程度和对新技术接受程度的逐渐提高,他们对银行产品和服务的个性化需求和期望越来越高。这样,传统商业银行就必须适应电子商务的发展,以"客户中心主义"代替"产品中心主义"打破传统的批量化和标准化经营理念,从客户需求出发,充分体现"以质胜出"和"客户中心主义",为客户提供"量身度造"的个性化金融产品和金融服务。

第四,对传统商业银行组织体系、运作模式的挑战。银行业是一个具有规模经济特质的行业,在传统经济条件下,商业银行规模经济的实现的基本途径是组织体系的分支行制。而在网络经济条件下,数字化、网络化的发展不仅使传统的银行经营理念、经营方式发生变化,而且正在使传统的银行外部组织结构由物理形态向虚拟形态变化,实现银行规模经济的基本途径已不再是分支行制,而是技术、创新和品牌。这是就外部组织制度而言。从内部组织制度看,随着商业银行外部组织制度的变化,商业银行的内部组织结构由垂直式形态向扁平式形态发展，从而层级制的内部组织制度将被平行式的制度所替代。从经营运作模式方面看，传统的分散式经营模式将被集中化和网络化的模式所替代，银行内部的管理成本和协调成本会大大降低。可见，在电子商务时代，数字化、网络化的发展客观上要求传统银行业必须进行组织体系和运作模式的全方位再造。

传统商业银行数字化、网络化的变革方向

三月十三日，一个媒体在网上发给我一个采访提纲，讲到这一天纳斯达克指数跌破2000点，成为30年来最大跌幅，高达62%。而一年前的三月十日为5048点，是历史最高点。他问我看到这消息时是什么样的一种心理感受，它对网上银行有何影响？在我看来，纳指如此幅度的跌宕起伏，正反映了全社会对网络、对新经济的极大关注与敏感。这是一场历史性的技术革命来临之前的正常反映。指数下降不代表新经济的衰退，网站倒闭不等于网络经济的萧条，纳斯达克指数的跌宕也不会影响商业银行数字化、网络化的前途。目前的现状正是人们昨天对互联网非理性热情及谬误的一种冷静与回归。

去年初，在网络带动资本市场最火爆时，我们曾经要把网上银行分拆上市。董事会决定以后，我对分拆后的网上银行有三个方面的疑虑：一是法人地位问题；二是收入与盈利来源问题；三是关联交易问题。对于这三个方面的问题我们一直没有明确的概念，也未从投资银行家那里得到明确的答复。为此，我们对美国的网上银行发展情况进行了实地考察。在考察过程中，我们发现，凡是传统银行与网络技术结合好的银行，其发展的情况就好；脱离传统银行的纯网上银行的发展空间很小，前景也很不乐观。由此我们得出这样一个结论：网上银行是传统银行的一种表现形式，是传统银行的延伸和升华，传统银行要发展网上银行，就必须将网络技术与传统业务相结合，“水泥加鼠标”是商业银行数字化和网络化发展的正确方向。经过反复考察论证后，我们毅然地放弃了分拆上市计划，坚定不移地走把网络技术与传统银行紧密结合，用网络技术和电子商务去改造传统银行的路子。截止5月末，国内95%以上的电子商务网站采用招行“一网通”为支付工具；45%的对私业务、15%的对公业务实现非柜台处理；在B2B方面，客户2.2万户，交易量近1万亿元；在B2C方面，客户达26.5万户。45%的对私业务和15%的对公结算业务已经实现了非柜台处理。事实胜于雄辩，招商银行的实践证明，传统商业银行的数字化、网络化是加快发展的正确选择！“水泥加鼠标”是传统银行数字化发展的基本模式。

抓住机遇实现传统商业银行的历史变革

第一，利用数字化、网络化为银行业提供的巨大的市场、全新的竞争规则和历史性机遇，努力实现与大银行、老银行的平等竞争。网络经济和信息化革命带来新的经济模式和全新规则，在网络面前，所有银行无论大小与新老，都一律平等，都是零起点。中小银行如果能把握住信息技术带来的机遇，就完全可以与大银行并驾齐驱，在全球化的市场上公平竞争。这意味着，在电子商务时代，决定银行竞争优势和实力的关键因素，是科技水平，而不是规模的大小，更不是历史的长短。从招商银行的情况看，招商银行是一家年轻的股份制银行，只有14年历史。论规模，比国有银行小；论资历，比外资银行稚嫩。但网络经济给我们带来了同所有银行在同一个起点上起步发展的机遇。近些年来，我们紧紧抓住机遇，不断加快发展步伐，目前已走在网上银行的前列。网络经济带来的机遇对中小商业银行的发展是极其宝贵的。网络经济时代，竞争规则以不再是“大鱼吃小鱼”，而是“快鱼吃慢鱼”。谁能够抓住机会，适应需求，谁就能走在前面。我们在1997年就推出了网上银行，当时国内还没有。到1999——2000年网上银行比较热的时候，我们已实现了升级，并形成了包括网上个人银行、网上企业银行、网上证券、网上商城等在内的的较为完善的网上银行体系。

第二，利用数字化、网络化创造的条件，积极扩大商业银行发展的空间。银行作为金融中介，具有信息产业的属性。从古到今，银行是通过马车、邮局电话、电报和互联网来传递信息并实现社会资金的划拨与转移。银行业的一个基本特点是通过信息流来引导资金流，数字化特征非常突出。所以，银行业最适合于采用网络经营。互联网的发展，使得经济金融信息传输的范围和速度不断扩大、加快，这为银行业业务空间的拓展带来了新的机遇，使银行可以提供超越时空的3A式服务。

第三，利用数字化、网络化为传统银行个性化创新奠定的基础，加快银行从“产品主义”向“客户主义”的转变。随着网络经济的纵深发展，传统银行在网络技术的支持下，金融产品和金融服务的供给能力将趋于过剩。面对极大的金融商品选择空间和余地，客户将表现出日益强烈的“个性化”需求特征。在这种时代背景下，银行的金融创新将以客户为导向，借助于网络技术，根据客户的个性化需求为之“量身度造”，扩大以高效、个性化为主体的新金融产品和金融服务的供给，满足市场和客户对多样化、个性化金融产品和金融服务的需求，迅速实现银行从“产品主义”向“客户主义”的转变。

第四，利用数字化、网络化为金融业务“一体化”发展提供的技术平台，广泛开展与各金融机构的业务合作，加快金融业务“一体化”发展步伐。网络技术的发展打破了传统金融业的专业分工，模糊了银行业、证券业和保险业之间的界限，借助于网络这一技术平台，银行不仅提供储蓄、存款、贷款和结算等传统银行业务，而且提供投资、保险、咨询、金融衍生业务等综合性、全方位的金融业务。这样，电子商务既克服了传统银行在时间和空间的限制，又可以实现银行业务、证券业务、保险业务的“交叉销售”。在我国现有的“分业经营，分业管理”的体制下，网络为传统银行与各金融机构进行业务合作提供了技术平台，也为银行的全能化经营和金融业务的“一体化”发展提供了一个技术“平台”。

第五，利用数字化、网络化技术的发展，加速传统银行组织体系、管理体制和运作模式的整合、再造与变革的步伐，提高银行的经营效率与效益。由于电子商务时代银行业务的扩展不再主要依赖物理分支机构，而是主要借助于互联网，所以，传统银行的组织体系将适应电子商务的要求由垂直式向扁平式、由物理化的砖瓦实体向虚拟化电子空间重构。物理网点与网上银行、电话银行、移动银行集成与综合，不再单纯靠网点扩张、人员增加。此为其一；其二，借助于电子商务技术可以强化信息搜集与处理，增加决策科学性。其三，传统银行可以利用网络技术加强对资产和负债的风险控制与管理，实现风险管理由分散到集中、由定性到定量、由主观判断到客观分析的转变。其四，传统银行借助电子商务技术可以实现传统财务向网络财务的转变，实现会计核算、数据处理和财务管理的自动化、系统化，使财务核算核算到每个人、每项产品、单个客户，实现最优化。第五，通过网络技术，还可以使传统银行的营销模式、人力资源配置和创新能力得到彻底革新。

借助于数字化、网络化技术的发展，对传统银行的组织体系、管理体制和运作模式进行全防卫的整合、再造与变革，将

大大降低银行的交易成本,不断提高银行的经营效率与效益。但是,目前大多数网上银行的成本优势直接感受不明显。之所以如此,原因大致有三:一是在网上银行发展初期,通常是以高投入为前提的,初始成本和投入的消化和补偿需要一个过程。从国外网络产业的发展轨迹中可以看出,网上商业模式从创设到赢利往往需要二到四年的时间,投资者主要从资本市场获得回报,商业银行在这一过程中必须保持耐心;二是网上银行基础设施的建设、社会接口的完善以及社会公信力的提高都需要一个过程;三是网上银行收益包括直接收益和间接收益两部分,其中绝大部分收益是间接的,分别体现在银行客户群扩大、存款增长、中间业务发展以及管理效率、服务效率提高等方面。以招商银行的网上银行为例,2000 年,由于直接融资市场的迅速发展,储蓄实名制的出台、利息税的开征及利率政策的调整等因素的影响,社会资金流向和资金结构发生了重大变化,对商业银行的发展产生了较大的负面影响。在这种不利的环境中,招商银行通过大力发展网上银行取得了人民币储蓄存款和外币储蓄存款创历史新高,实现利润 16.11 亿元,资产总额超过 2400 亿元的良好业绩。其中,人民币储蓄和外币储蓄增幅居国内同业前列,分别比年初增长了 42%和 77%。这说明,对网上银行成本与效益的考察,不能仅看直接效益和短期效益,重要的是要注重其间接效益和长远价值的实现。在当前的背景下,对增值服务的追求过急,既没有必要和可能,也不利于网上银行的长远发展,对网上银行的短期成本效益分析也仅具有参考意义。

总之,以 Internet 为特征的信息技术革命正在改变着传统银行业的命运,谁能抓住数字化和网络化带来的机遇,谁就能加快发展,就能赢得未来发展的先机,对于“水泥加鼠标”这一传统银行的变革方式和数字化、网络化变革方向,我们充满信心。

(作者:招商银行行长)

证券通信技术变革与深圳证券市场的发展

孙辰健

1990 年 12 月 1 日,刚刚成立的深圳证券交易所敲响了共和国历史上第一次股票交易开市的钟声,深圳证券市场从此步入发展的快车道。在迄今为止的十年多的发展历程中,深交所逐步将自己建设成为辐射全国的两大证券交易所之一,为改革开放和经济发展做出了重要的贡献。

深圳证券市场的发展是与证券通信技术的变革紧密联系在一起的。证券市场的发展要求证券通信技术不断变革和提高,而证券通信技术的变革同时也有力地促进了证券市场的发展。可以说,一部深圳证券市场的发展史,同时也是一部证券通信技术的变革史。深圳证券市场成立以来,证券通信技术的发展经历了三个历史性的阶段:

起步阶段

1990 年,新建伊始的深圳证券市场采用了白板竞价的交易方式,通过电话进行委托报盘,撮合方式和通信手段全部都是由人工操作。在今天看来,证券市场建成初期的证券交易和通信方式显得十分简单稚嫩,但正如很多新生事物一样,它却是一段崭新历史的开端,为深圳证券市场的建立和发展做出了不可磨灭的贡献。当然,随着证券市场的发展,这种效率低下的交易方式显然不能满足证券市场迅猛发展的需要。为了打破证券市场发展的技术桎梏,深圳证券市场的建设者们投入了很多的人力物力改进技术系统。为了提高集中交易效率,深圳证券交易所 1991 年自行开发了电脑辅助交易系统,同年还建立了证券通信局域网,实现同城买卖委托、实时传送、自动撮合成交、实时行情传递和无纸化过户。1992 年,深圳证券交易所先后启用电脑自动撮合竞价系统和深圳同城证券电脑联网系统,实现了由手工竞价作业向电脑自动撮合运作的过渡。1993 年又引进了 TANDEM 大型撮合主机并在广州、北京、上海、成都四城市建立了异地通信中心,解决了部分异地券商与深圳证券市场的通信问题。

卫星通信阶段

尽管深圳证券通信局域网的建立初步解决了深圳证券市场通信的一些难题,但仍无法满足证券市场飞速发展的通信需求。特别是到了 1993 年,中国的证券市场经过三年的发展,投资者的投资热情空前高涨起来,而落后的证券通信系统却成为证券市场发展的严重桎梏,证券市场的发展迫切呼唤全国性的证券通信系统的推出。

为了解决这个问题,深圳证券市场的建设者开始对各种可能的证券通信手段进行了仔细的考察。按照国际上通用的证券通信手段,地面通信手段几乎是唯一的选择,但是当时中国地面线路的状况却不能令人满意:网络覆盖面小,使用范围窄;可靠性不高;未形成全国性的网络服务体系,地区差异性大。以上诸多因素均无法满足证券市场对通信实时性、可靠性的要求,在其基础上无法建立一个技术先进、服务全面、覆盖全国的证券通信系统。

面对这种情况,深圳证券交易所联合中国空间技术研究院和中国通信广播卫星公司,决定发挥各自在证券信息、卫星通信和航天科技方面的优势,共同建设深圳证券卫星通信网,在世界上首次将卫星技术应用于证券市场通信。1993 年 4 月,深圳证券交易所在全国率先建成使用单向卫星广播系统,实现了深圳证券市场交易信息向全国券商的实时广播传送,为异地股民提供了一个与深圳股民平等的竞争环境,有力地促进了“公开、公平、公正”原则的实现,为深圳证券市场的发展提供了极大的推动力。

1993 年 8 月,深圳证券交易所、中国空间技术研究院和中国通信广播卫星公司共同筹建了深圳证券卫星通信有限公司,专门负责深圳证券通信网络的建设和运营。

为了解决单向卫星广播网只能单方面向券商广播证券交易信息,而不能接收来自券商的委托报盘的问题,深圳证券卫星通信有限公司于 1994 年 8 月率先在全国建成使用证券卫星双向通信网。通过证券卫星双向通信网,广大券商不但可以接收到深交所发出的股市行情、成交结果、买卖盘等信息,还可以向深交所发送买、卖委托,大大方便了异地券商的业务操作,使深圳证券市场证券交易的自动化进程走出了关键的一步,为深圳证券市场在全国率先实现“无形席位”交易奠定了技术基础。深圳证券市场在建立初期便及时跟上了世界证券市场的发展潮流,为以后的进一步发展奠定了一个较高的起点。

单、双向证券卫星通信网的建成标志着深圳证券卫星通信网的形成，同时也标志着我国证券通信技术水平发生了历史性的飞跃，有力地促进了深圳证券市场从区域性的证券市场过渡到全国性的证券市场。

地面通信和卫星通信互备阶段

卫星通信技术在证券通信上的应用使深圳证券市场乃至全国证券市场的通信系统发生了历史性的飞跃，是中国证券通信史上的一大创举，为促进证券市场的发展做出了不可磨灭的贡献。但是，随着中国证券市场的飞速发展，要求证券通信技术能满足高安全性、高效率、大容量、多业务等方面的要求，呼唤更为先进的新一代通信系统的推出。

首先，飞速发展的证券市场对证券通信的安全性要求越来越高，而仅仅依靠卫星通信等某种单一的通信手段将难以保证证券通信的安全性需要。自从证券卫星通信网运行以来，尽管有关方面曾采取多种手段来减少通信故障，但由于一些客观原因，卫星通信仍然不可避免地存在一定的故障率。一方面卫星通信要受到设备故障的困扰，另一方面诸如太阳风暴、“日凌”现象或其它空间天气变化，都可能对卫星通信系统造成威胁。

其次，我国已经步入世贸组织的大门，证券业开放已经迫在眉睫，这必将会对中国的证券市场竞争格局和券商的管理模式带来全面的影响，进一步呼唤更为安全、高效、多功能、大容量的证券通信模式的推出。第一，入世意味着我国证券市场与国际接轨的步伐大大加快，证券市场将朝着国际化、规范化和多功能化的趋势迅速迈进，对证券通信的容量、功能、效率、安全等方面都提出了更高的要求，这样如果还完全依靠传统的卫星通信模式来解决证券市场在通信方面所遇到的问题，可能会再一次使得证券通信手段成为证券市场发展的制约因素。第二，入世后券商将会同时面临国内同行和国外证券业巨擘的强大挑战，券商的规模和决策效率在竞争中的作用将举足轻重，证券业的扩张和整合在所难免，扁平化管理趋势将越来越突出，对券商的管理水平提出了更高的要求。而随着券商规模的不断扩大，业务的不断拓展，券商融资渠道的拓宽和融资品种的增加，券商也必须提高防范和控制各种风险能力。所以，券商必须依靠更为先进的通信手段来提高管理效率和加强风险控制能力，而仅仅凭借卫星通信技术显然难以满足这一要求。从另一个角度来看，入世意味着更为公平的竞争环境，市场也将逐渐趋于规范，依靠地方政府行政呵护下的诸侯割据模式来获取竞争优势将成为历史，而依靠操纵二级市场来获取超额利润也将逐渐为市场和法律所不许，券商之间的竞争将是管理体制、管理水平、技术手段、业务方式、服务品种创新等方面的综合竞争，券商只有提高自己的综合竞争能力才能赢得更多的客户。而高效的证券通信模式正是券商提高管理水平、技术手段和创新能力的必备要素之一。第三，入世将推动金融衍生产品市场的迅速发展，而金融衍生产品市场的发展又将会使得各种新型的交易、清算业务不断涌现，要求通过新的通信技术手段来解决交易中遇到的难题，而且证券业务的拓展也要求交易所、券商、银行等经济实体之间必须通过现代化的通信手段加强联系。

另外，近几年来，中国电信的地面光缆系统的通信容量和覆盖范围得到了极大的发展和扩张，同时由于地面通信技术的发展，地面网的功能也得到了很大的完善，而光缆自愈环功能的健全，使地面通信网络的安全性能得到加强。并且，光通信技术的发展和光缆等设备造价的降低，使地面通信成本也大幅下降。所以，由于通信技术的变革使得证券地面通信网的建设变得迫切起来。

根据多方面的考察论证和精心设计，深圳证券通信有限公司从1998年开始在全国建设证券地面通信网。该网络为三层分级构架，包括核心层、边缘层和接入层。核心层包括深圳、上海、北京、广州、成都和西安六个大型城市节点，边缘层包括杭州、南京等24个中型城市节点，而接入层为遍布全国各地的券商营业部。到2001年底，已经有500多个券商的营业网点引入地面通信系统作为主要的证券通信方式之一，证券地面通信网已经开始为证券市场信息传输发挥重要作用。

证券地面通信网除了能以高速、稳定的链路保证行情发送、交易、结算等常规主体业务的开展外，同时还能提供实时开户、券商内部网络互联、多点视频会议、IP话音等多种服务，并为创业板市场等各种新业务的开展创造了充分的技术条件。此外，地面网还可根据券商业务需求制定完整的网络解决方案，提供多样的个性化服务。

但是我们同时也应该看到，尽管地面通信在抗干扰、通信容量和成本等方面具有一定的优势，但由于我国国土辽阔，一些地方地理条件极为恶劣，地面网暂时难以覆盖，并且，由于人为破坏、地震、设备故障等方面因素的影响，地面网的使用不可避免地也会存在一定的故障率。正是基于以上原因，走“天地互补”、“天地互备”的道路将是证券通信网络的主要发展方向。

为了更好地发挥证券地面网和卫星网天地一体化通信的优势，2001年11月12日，深交所和深圳证券通信有限公司在第四版数据接口规范推出之际，正式推出了新版证券通信系统。如果券商同时装有连接到深圳证券通信网的地面通信系统和双向卫星通信系统，通过新版通信程序，可以实现通信线路之间的自动切换。当在用的地面通信线路或卫星通信线路发生故障中断时，程序会报警并自动切换到另外一条通信线路，不会漏报委托或漏收成交。整个切换过程为自动切换，不需要进行人工干预，避免了手工切换所需经过的繁琐程序。自动切换可以在不到1分钟的时间内完成新链路的重新建立，基本不影响正常的交易。这样，在新的通信系统里，证券地面网和卫星网通过天地实时互备、自动切换的通信方式为深圳证券市场提供了更为安全、优质、高效的通信服务。天地自动实时互备通信方式的推出，标志着深圳证券市场通信系统实现了第二次历史性的飞跃，必将为促进证券市场的繁荣和发展做出新的贡献。

（作者：深圳证券通信有限公司总经理）

集团化经营将是证券公司发展的大趋势

张永衡

伴随着证券公司资产规模和业务范围的大幅扩张、证券市场品种和市场环境的明显优化、以及中国加入 WTO 步伐的加快，证券公司业内兼并重组、与境外机构合作、核心业务分拆等重大战略性发展问题迫使其经营管理模式面临转变。2000 年券商上市成为业界的焦点话题，在金融开放和国际金融混业经营趋势的背景下，无论业务分拆还是发行上市其本质上都涉及到经营管理模式的变革，而母公司控股下的集团化管理模式无疑是券商提升规模效益，增强核心竞争力的重要选择。国内券商为更好地迎接未来的挑战，能否借鉴国内外集团公司运作的经验，在国内金融分业经营和证券分类管理模式下，通过控股公司模式实现管理创新和资本规模扩张；如何通过资本运营建立一个适宜的金融控股公司运作框架；创立一种适合国内券商运作的控股公司集团化运作模式，已成为一个有待研究的重要课题。

世界金融服务发展趋势
及国外证券公司的集团化运作

1、金融混业经营成为不可逆转的趋势

70 年代以来，国际金融环境急剧变化，严格的金融管制的弊端凸然显现。各国，尤其是美国的金融机构为了逃避严格的金融管制进行了大量的金融创新活动，以期提高国际竞争力，逐渐萌生了新的金融混业经营趋势。随着世界经济金融全球化进程加快，相对于实行混业经营的国家来说，实行分业经营的国家在国际金融市场竞争中面临明显的比较劣势。1986 年 10 月，英国实行了金融“大爆炸”改革，全面摧跨了其本土及英联邦国家金融分业经营的体制，促进了商人银行业务与股票经纪业务相融合以及商业银行与投资银行的相互结合。日本也随即取消了分业经营的限制。美国则通过特批等方式放松了金融管制。1999 年 11 月 4 日，美国国会在分业经营制度已经被事实上突破的情况下，通过新的金融服务现代化改革法案，废止了已实施 66 年的《格拉斯—斯蒂格尔法案》，结束了分业经营模式。这一切意味着混业经营成为全球金融业发展不可逆转的共同趋势。

2、美国投资银行集团化经营的组织架构与运作

《1999 年金融服务法》的通过，彻底结束了美国银行、证券、保险分业经营与分业监管的局面。废除分业制度的首要目的是通过促进金融机构的有效竞争，达到提高金融机构的创新能力和高效经营。对于银行、证券、保险相互渗透的规定，《1999 年金融服务法》允许银行、证券公司和保险公司以控股公司的方式相互渗透，但不允许以子公司的方式进行业务渗透。

在组织架构上，《1999 年金融服务法》允许金融控股公司通过其控股证券子公司和保险子公司，从事证券承销、自营与经纪、保险包销、收购兼并中以自有资金参与企业购并等以直接当事人方式进行的业务；但是对于银行、证券公司和保险公司的子公司（即金融控股公司的孙公司）的业务，只限定于从事金融服务代理业务；关于银行自身从事保险业务，允许保留现有业务范围的既得经营权。

研究美国的投资银行，可以发现其基本的经营模式包括：1. 超一流的投资银行自身已发展成金融服务集团（如美林公司、摩根添惠、高盛等），但仍不排除和大的银行或保险集团进一步合并的可能。2. 有些著名的投资银行已被纳入大的金融集团的一部分（如 DLJ 公司主要持股公司是法国的 AXA 集团，以及 2000 年 7 月 12 日瑞士大银行 UBS AG 宣布以 108 亿美元收购美国的 PaineWebber 集团）。

我国证券公司发展现状
及与国外投资银行竞争力比较

中国金融业从 20 世纪 90 年代开始走向分业管理，在这之前，曾在短期内实行混业经营与混业管理。1995 年《银行法》的颁布实施标志着银行、证券、保险三大行业正式分离，之后展开了全国范围内的分业管理与经营整顿工作。为实行分业管理，我国相继成立中国证券监督管理委员会（证监会）和中国保险业监督管理委员会（保监会）。人民银行、证监会和保监会三家监管机构分别对我国的银行、证券、保险业务进行分业监管。标志着分业金融监管的构架基本完成。

我国证券公司发展历史非常短，从 1987 年第一家证券公司——深圳特区证券公司成立至今不过 14 年。截止到 2000 年底为止，我国共有专业证券公司 90 多家，210 多家兼营证券业务的信托投资公司。但与国外大型证券公司相比，明显缺乏竞争力，表现在公司规模、产品或服务差别化程度及市场集中度等方面。

1、证券公司资本来源单一、资本规模偏小。

资本来源单一、资本规模小是长期困扰证券公司发展的主要问题。从资本来源看，最初证券公司出资者大多是银行，随着银证分离，财政与企业资金开始进入证券公司。尽管自 1999 年湘财证券增资扩股获得批准以来，已有近 20 名券商进行了增资扩股，券商资本来源趋于多元化，但来源渠道仍然较少，出资者相对集中。从资本规模看，即便在大规模的增资扩股后，券商的资本金仍显不足。目前注册资本最大的是银河证券，也不过为 45 亿人民币，而前 10 名大券商的资本金总计为 272 亿元，约合 33 亿美元，仅为美林证券 2000 年第 3 季度末股东权益 172 亿美元的 19.2%。普遍资本规模小、资金来源结构不尽合理、加之融资渠道单一，使得证券公司面临较大的市场和经营风险。

2、证券业的集中化程度开始显现，但是仍然较低。

目前我国 5%的券商拥有近 1/4 的市场份额，30%的券商占有超过 50%的市场份额。根据 2000 年 1—7 月统计数据分析，营业部数量排名前 5 家的公司共拥有 593 家营业部，占总数的 23%，相应的股票与基金交易金额比例为 25%。排名前 30 位的综合类券商共有 1325 家营业部，占总数的 52%，相应的交易金额比例为 57%。这些数据都表明我国证券业集中度有所显现。同时，在总资产、净资产、营业收入和利润总额这四项指标中，排名前 10 位的券商占总体比例分别达到 50.

28%、51.48%、50.88%和58.76%，而且在这四项指标的排名中，有7家均榜上有名，表明有一定综合实力的证券公司群体初步形成。

我国证券公司的集中度正趋于提高，但与美国等发达国家证券市场相比，产业集中度还不高。以美国为例，美林、摩根与高盛三大投资银行的股东权益、营业收入与净利润分别占美国总额的56.59%、51.35%和83.59%，显现出极高的产业集中度和竞争力。

3、国内证券公司业务结构雷同、收入结构比较单一。

从我国券商的利润构成看，目前主要集中于三大块：佣金收入(65%)、自营及资产管理收入(20%)和承销收入(10%)，占利润总额比例超过90%，而在这三大收入中，佣金收入又占绝对比例。从业务类型看，券商间高度趋同，没有自身的经营特色和拳头产品，传统性业务，如证券承销、自营和经纪业务占绝对比例，而创新与延伸业务涉及较少，如企业并购、重组、资产管理、金融衍生产品创新等。反观国外证券市场，经过近100年的发展，尤其是在近20年来全球经济、金融一体化的大趋势下，现代投资银行已经突破了狭窄的承销、自营、经纪等传统业务，核心业务扩展到企业并购、项目融资、公司理财、投资咨询、资产及基金管理、金融工具创新等等领域，并且各有所长、各具特色。例如：摩根斯坦利和高盛擅长证券承销；美林证券擅长组织项目融资、产权交易和经纪业务；所罗门在固定收益证券业方面占有优势等。

4、业内大规模的自主性重组整合尚未出现。

纵观国外证券业的发展历史，上世纪初、20年代、40年代和80年代曾经出现4次兼并风潮，90年代以来则发生了以投资银行业兼并为主的新一轮的混业兼并。以美国为例，在从20世纪70年代初至90年代初的20年间，排名前10位的券商的资本额通过重组和兼并整合，由占全行业资本额的1/3上升到2/3。国外证券业兼并重组的原因是多方面的，从最新一轮的混业兼并看，其原因可以归结为电子信息技术，尤其是Internet的发展导致交易费用的下降；商业银行通过收购和建立投资银行部进入投资银行领域，导致竞争加剧、行业利润下降；基金管理公司等新的业务竞争对手崛起；金融产品证券化等等。美林证券和其他成功的大券商的发展无不伴随着大规模的重组与兼并。通过重组与兼并可以在短时间内突破地域、业务范围的限制，对投资银行业务多元化和券商竞争实力的增强起到决定性的推动作用。

我国一般意义上的券商包括证券经营机构和证券兼营机构(主要是各类信托公司)，由于地方、部门利益的分割，基本每个地区、部门都设立了自己的证券公司，因此，尽管存在规模普遍较小的问题，但由于涉及到地方、部门利益，业界一直未能产生真正的兼并重组。绝大部分案例是按照券商按照《证券法》信证分离、分类管理和最低注册资本的要求，进行的结构调整与合并，因而显现以下5个特点：(1)自发性的合并少，为符合《证券法》要求而进行的合并多；(2)专业类证券机构与信托类证券兼营机构间的合并多，专业性券商之间的合并少；(3)专业性券商间合并被动居多，主动偏少；(4)多为区域内的券商重组，跨地域的重组少；(5)政府主导的行政性重组多，缺乏市场主导的证券公司、尤其是特大型证券公司之间的战略性重组。这也在一定程度上造成了我国证券公司资本规模小、竞争力弱和产业集中度低等问题。

集团化经营将是我国证券公司发展的大趋势

1、实行集团化经营是证券公司自身发展的最优选择

随着世界经济、金融一体化与全球资产证券化进程与我国加入WTO步伐的不断加快，与国际接轨、参与国际竞争已成为我国证券公司不容回避的趋势。我国在1999年11月与美国签订WTO双边协议，规定我国证券业开放的条件是3年内允许外资券商持有证券公司33%的股份。这意味着，加入WTO后，我国的证券公司要面对的不仅是一流投资银行，还有全能型的金融控股公司。可以预见，随着加入WTO步伐的加快，在世界性的金融混业经营的大趋势下，我国券商目前的“小舢板”式的各自为战显然难以面对将来的竞争格局。在这种大环境下，我国证券公司除了增资扩股、完善治理结构、防范经营风险、实施业内并购外，重新构建证券公司的组织管理架构是当务之急。借鉴国外投资银行的发展历史和经验，结合中国证券业发展的实际情况，可以认为，集团化经营将是我国证券公司发展的大趋势。(1)集团化经营有利于证券公司控制管理风险。近年来，经过增资扩股和兼并重组，部分证券公司资产和业务规模得到了迅速发展，但暴露出来的企业制度和管理模式滞后等问题日益突出。目前大型证券公司在组织结构上普遍采用总部+地区管理总部+营业部的管理模式。地区管理总部和营业部缺乏明确的法律地位。这不仅导致证券公司的地区管理总部职能定位不确定，也容易将所有业务部门、地区管理总部和营业部的风险全部集中到总部，不利于证券公司形成完备的风险控制体制。证券公司将业务部门改造成子公司，将地区管理总部改造成分公司，各子公司作为独立法人，责任自负，风险自担。将证券公司的组织管理模式改造成控股集团公司，走集团化经营道路，有利于降低集团公司的管理风险。(2)按业务设立子公司，有利于真正隔离业务风险。我国证券业务环境与内容日趋复杂，竞争逐渐白热化，经营风险不但影响证券公司股东的利益，而且直接影响它的客户——投资者和融资者的利益。虽然我国一直强调证券公司内部不同业务间的“防火墙”制度的建立和完善，但由于主观和客观原因，一直没能彻底解决。证券公司走集团化道路，成为控股公司，根据业务设立具有独立法人地位的子公司后，由于各子公司人员、财务、机构是分开的，独立运作，独立承担责任，在子公司之间自然会产生“防火墙”，风险在不同业务间传递的可能性比在同一公司中要小得多，有利于真正防范不同业务间的风险传递。(3)有利于证券公司内部资源整合。证券公司，尤其是综合类的证券公司目前基本上所有允许经营的业务都在开展，而没有根据市场环境和本身经营状况对业务部门进行调整。某一方面的亏损可能有其他业务的盈利冲抵。构建集团化经营的组织架构，证券公司可以按业务成立子公司为契机，整合资源，向有优势和盈利能力的业务公司倾斜，进而形成自己的拳头业务、服务品种和公司品牌。(4)有利于提高专业化水平和公司运作效率。根据业务设立子公司将进一步细化证券业内行业分工，提高业务专业化水平，进而提升证券业的管理和服务水平，为筹资者和投资者提供更优质的服务。因此，集团化经营除了可以有效降低风险之外，还有利于提高证券公司的运作效率。我国证券市场发展历史不长，相关法律法规也是在发展中不断完善。目前对证券公司的规范主要是《公司法》和《证券法》。其中《公司法》规定，有限责任公司与股份有限公司均可设立子公司，给予子公司合法地位。《证券法》规定了证券公司必须在其名称中标明证券有限责任公司或证券股份有限公司字样，但是未对证券公司设立子公司做出规定。并且，《证券法》对证券公司的分类只有经纪和综合两类。6月20日，中国证监会发布了《证券公司管理办法(征求意见稿)》(以下简称《管理办法》)，明确了证券公司的子公司是证券公司的分支机构的一种形式，允许证券公司申请设立子公司。《管理办法》规定证券公司可以设立的子公司有：经营证券经纪业务的子公司、网上证券经纪业务子公司、投资银行业务子公司、资产管理子公司、证券投资咨询子公司。《管理办法》还对设立子公司应具备的条件作了具体的规定。据此可以认为，《管理办法》的正式出台将为我国证券公司集团化发展扫清法律障碍，也预示着我国证券公司集团化经营的必然趋势。

2、我国证券公司集团化运作的可行模式

从国际投资银行集团化运作的模式看，在一段相对较长的时期内，我国证券公司集团化运作的经营领域仍将集中证券领域，即以发行、经纪、资产管理（基金管理）、收购兼并（财务顾问）、和创业投资五大业务为核心。证券研究咨询、企业评估、海外业务等也是将重要的组成部分。证券公司的集团化运作将也将集中围绕着以上业务进行。

3、证券公司集团化经营对中国证券业、金融业发展的深远影响

集团化经营是国际投资银行等金融机构在世界经济、金融一体化，金融混业经营而采取的应对措施。国外投资银行采取的集团化经营的组织构架值得借鉴，因其有利于事前、事后风险的防范；有利于证券公司资源整合；有利于提高专业化水平和行业效率。这是对证券公司本身而言的，应该看到，证券公司的集团化经营对中国证券业、金融业的发展都将产生深远的影响，主要体现在：(1)证券公司集团化经营，按业务设立子公司将有利于券商业内重组鉴于我国证券业与国外同行间竞争力的较大差距，业内重组势在必行。事实上，近年来，随着《证券法》的出台和券商增资扩股，也出现了一些业内重组。但由于涉及到部门、地方和法规滞后等因素的影响，证券公司合并容易碰到产权和体制障碍；地方保护主义和地区利益分割，给证券公司的跨地区重组带来了很大的障碍；而且合并过程中业务剥离也存在诸多障碍，因而总体看，整体购并案例不多，效果不甚理想。根据《管理办法》设立业务子公司，有助于突破上述障碍，进一步推动证券公司之间通过相互参股方式的兼并重组；同时，也有助于一些经营实力较强的券商按自己的发展目标，有选择的兼并收购某一专项业务公司，形成经营特色，降低收购成本。可以预计，将来的证券公司的分布将由现在的地域划分逐渐向业务划分过渡。(2)金融控股公司将得到迅速发展。由于缺乏混业经营的金融监管经验，中国金融实务界近几年不得不选择推行严格的分业经营、分业管理制度，这是和世界性金融改革趋势相悖逆的一项措施。而且自1998年以来的金融状况显示，分业经营、分业管理实际上把国内金融机构的业务范围限制在一个更狭窄的范围内，实际上更加集中和扩大其业务风险。分析借鉴国外金融业发展经验，可以认为，混业经营及由此产生的金融集团是中国加入WT0后金融业参与国际竞争的必然选择。

我国尽管目前金融业实行分业经营和分业管理，我国的法律也未明确金融控股公司的法律地位，但在现实生活中已经存在像中信、光大、平保公司等金融企业直接控股金融企业的公司，也存在不被人关注的以通过各种形式控股证券、保险、城市信用社等金融企业的工商企业。我们认为，随着中国加入WTO和中国证券业、金融业的对外开放步伐的加快，证券公司集团化经营将推动金融控股公司迅速发展。首先，以证券公司为主体的金融控股公司将出现，并得到较大发展。《管理办法》不仅进一步明确了综合类和经营类证券公司的业务范围，也扩大了证券公司的投资领域，在坚持银证信保分业经营前提下，允许证券公司投资证券业中的其他领域，包括参股其他证券公司，证券投资基金管理公司、期货公司，境外中资类证券机构，风险投资公司。这些新的投资领域，这将为部分证券公司改造成证券业内的混业化集团公司创造了条件。其次，以大型企业为主体的金融控股公司将得到较大的发展。目前，大型企业为主体的金融控股公司已经出现，如山东鲁能、中信、光大等。证券类业务子公司的设立，为更多的大型企业提供了经营多元化，和组建金融控股公司的机会。

随着全球经济金融一体化进程的不断加快，金融混业经营已经成为大势所趋，国外投资银行等金融机构也纷纷走上了集团化经营的道路。我国证券公司发展历史较短，尽管取得较大的成绩，但与国外同行相比，在竞争力上相去甚远。面对国际经济、金融形势的变化，和中国加入WTO，对外开放证券市场后的国际竞争压力，我国证券公司重新构建组织架构，采取集团化经营模式将是大势所趋。这有利于降低证券公司的管理、经营风险；提高专业化水平和运作效率，是证券公司、证券业发展的自身要求。同时，这也将推动券商业内重组和金融控股公司的发展，提高中国证券业、金融业的竞争实力，从而对中国金融、经济的发展产生深远的影响。

（作者：大鹏证券有限责任公司总裁）

第二编

中国金融市场

130/175

中国金融市场

中国金融市场

【概况】 2000年,中国实施了三年之久的扩大内需政策初见成效,经济运行开始出现重大转机。国民经济加快发展,国内生产总值89404亿元,比上年增长8%;固定资产投资总额32619亿元,比上年增长9.3%;社会消费品零售总额34153亿元,比上年增长9.7%;进出口总额4743亿美元,比上年增长31.5%,出口总额2492亿美元,比上年增长27.8%,进口总额2251亿美元,比上年增长35.8%。居民消费价格指数止跌回稳,基本结束了近23个月负增长局面,比上年增长0.4%。2000年,国民经济增长对政策扶持的依赖性仍然较强,经济增长的内在动力仍显不足,长期存在的结构性矛盾尚未得到根本解决,新的问题和复杂的情况不断出现,宏观调控难度加大。金融部门根据经济发展的趋势和国家宏观调控的需要,继续实行稳健的货币政策,灵活运用多种货币政策工具,调控货币供应量,支持经济增长。

货币供应量　1997年亚洲金融危机以来,中国经济增长的外部环境发生重大变化,加上国内市场供求关系发生转折性变化,中国货币政策遇到了前所未有的复杂局面。三年来,中国人民银行为贯彻中央扩大内需的方针,出台了一系列货币政策措施,对货币政策运行机制及货币政策工具进行一系列改革,对信贷政策及制度进行了一系列调整等。以取消贷款规模限额控制和扩大公开市场操作为主要标志,货币政策传导机制发生了重大变化,货币政策调控基本实现了由直接调控向间接调控的转变。2000年金融运行平稳,货币政策效果得到进一步显现,货币信贷供应与经济发展需要基本适应,达到了预期目标。2000年,基础货币平稳增长,金融机构支付能力充足。年末基础货币余额3.6万亿元,同比增长6.4%。年末金融机构在中央银行准备金存款1.5万亿元,扣除6%的法定准备金,专门用于日常支付准备的超额准备金率平均为8.3%,金融机构支付能力充足。年末广义货币M2余额134610亿元,同比增长12.3%;狭义货币M1余额53147亿元,同比增长16%;流通中现金M0余额14652亿元,同比增长8.9%。全年现金净投放1197亿元。2000年中国国际收支中经常项目顺差规模有所下降,资本金融项目小幅顺差,外汇储备平稳增长。年末,中国外汇储备达到1656亿美元,同比增加109亿美元;美元兑人民币汇率为1:8.2774,人民币汇率保持稳定。

信贷规模　2000年,中国人民银行积极运用信贷政策引导贷款投向和促进经济结构调整,金融机构贷款稳步增加,贷款结构进一步优化。2000年底,全部金融机构贷款余额99371亿元,当年新增13347亿元,增长13.4%,比1999年12.4%的增幅高1.2个百分点。金融机构全年新增贷款主要构成:个人住房贷款新增1952亿元;个人其他消费贷款新增640亿元;固定资产贷款新增3793亿元,其中投向国债配套项目2000亿元左右;农业贷款新增538亿元,其中农村信用社新增农业贷款561亿。以上四项合计新增贷款6923亿元。从贷款发放机构来看,国有独资商业银行新增贷款7910亿元;中小商业银行新增贷款3038亿元;信托投资公司、城市信用社等由于处于清理整顿过程中,贷款有所下降。2000年底,全部金融机构存款余额123804亿元,当年新增15026亿元,增长13.8%。年末全部金融机构储蓄存款余额64332亿元,当年新增4977亿元,增幅有所下降。主要原因:一是股市活跃,转移了相当大一部分居民储蓄存款。年末证券公司在银行转存款余额为4162亿元,沪深两市个人投资者开户数比年初增长29%。二是居民国债投资和外币存款增加。当年全国凭证式国债累计发行1900亿元,同比多增371亿元;居民外币储蓄存款全年增加176亿美元,约合人民币近1500亿元,同比多增35亿美元。三是2000年4月1日实行储蓄存款实名制后,个体经营户资金从储蓄存款账户回流到企业存款账户上,居民储蓄存款相应少增。企业存款多增,年末余额44093亿元,当年新增6999亿元。财政存款增加较多,主要是税收多增,国债发行增加。

外商直接投资和国家外债　2000年,由于中国即将"入世"的效应和国内经济出现重大转折的带动,合同利用外资金额迅速恢复并上升,但实际利用外资金额则由于上年合同金额下降带来的滞后效应而继续下降,直到11月底仍比上年同期下降2.29个百分点,经过最后一个月的努力,全年实现了正增长。2000年外商对华实际投资达到407.72亿美元,比上年增长了0.93%。全国共新批外商投资企业22532家,比去年同期增长31.76%;合同外资金额626.57亿美元,同比增长50.84%。吸收外商投资的质量明显提高,高新技术产业项目显著增加。截止2000年12月末,中国登记外债余额折合美元1457.3亿(不包括香港、澳门特区和台湾地区对外负债,下同),比上年末减少61亿美元,同比下降4.0%。其中,中长期外债余额为1326.5亿美元,比上年末减少40亿美元;短期外债余额为130.8亿美元,比上年末减少21亿美元。2000年1至12月新借入外债为249.2亿美元,偿还外债本金291.1亿美元,汇率差及调整数为-20.8亿美元。在1457.3亿美元外债中,国务院部委借入的主权债务余额为489.6亿美元,比上年末增长3.5%;国内金融机构债务余额为355.6亿美元,比上年末减少13.1%;外商投资企业债务余额为465.3亿美元,比上年末减少1.6%;国内企业债务余额为135.2亿美元,比上年末减少8.1%;其它债务余额为11.6亿美元,比上年末减少28.4%。

外资金融机构　截止2000年12月31日,在华外资银行191家,资产总额344.34亿美元。其中外国银行分行158家,下设支行6家,资产总额320.39亿美元;当地注册外(合)资银行类机构20家,下设分行7家,资产总额23.95亿美元。

【金融政策】 2000年,中国人民银行继续实行稳健的货币政策,灵活运用多种货币政策工具和完善货币政策传导机制,运用信贷政策对经济结构进行调整,发展货币市场,促进市场取向的利率管理体制改革,有效保证了货币政策目标的实现,巩固和发展国民经济景气回升的良好势头。中央银行及时运用再贷款、再贴现、扩大公开市场操作等形式,调节商业银行流动性和货币市场利率水平。中央银行再贷款结构出现了重大变化，再贷款新增幅度较大，主要用于支持资产管理公司剥离国有独资商业银行不良资产和实施债转股，及支持农村信用社增加农户贷款和支持城市商业银行补充正常的流动性。由于再贷款的大量增加和1999年11月下调2个百分点存款准备金率释放出约2000多亿元可贷资金，上半年金融机构流动性总体相对过剩。针对以上情况，中国人民银行及时调整公开市场操作思路，即从前两年的以投放基础货币为主，转向收回商业银行的流动性。到7月底通过公开市场操作净收回基础货币近1800亿元。从8月1日起开始进一步加大操作力度，在原先逆回购的基础上，启动正回购操作，到12月5日，最高净回收基础货币3299亿元。全年通过公开市场操作累计投放基础货币4470亿元，回笼基础货币5292亿元，投放回笼相抵，净回笼基础货币822亿元。公开市场操作不仅有效降低了商业银行过高的流动性，而且对引导和稳定货币市场利率发挥了重要作用。金融机构超额准备金率，上半年约为8%，7月份达到8.04%，8月份加大公开市场操作力度后，降为6.79%，下半年基本维持在7%左右。全国银行间同业拆借市场加权平均利率1月份为2.57%，7月份降至2.36%；8月份加大公开市场操作力度后，基本稳定在2.36的水平；12月份稳中有升，为2.51%。

中央银行为调节金融机构的流动性，积极运用再贴现手段。继1998年3月改革再贴现利率生成机制以后，连续四次下调再贴现利率，特别是1999年6月10日利用下调金融机构存贷款利率机会，将再贴现利率一次性从3.96%下调为2.16%，下调1.8个百分点。通过较大幅度下调再贴现利率，给商业银行较大利差，以提高商业银行开展票据贴现业务的积极性，推动票据市场发展。全年商业银行承兑票据量和贴现量分别超过6700亿元和6300亿元。年末再贴现余额达到1258亿元，比上年增加758亿元，增长了1倍多。再贴现工具运用的效果显著。一是有力支持了中小商业银行扩展业务。在全年中央银行758亿元的再贴现增加额中，对国有独资银行增加157亿元，占20.7%，对中小商业银行增加601亿元，占79.3%。再贴现对支持中小商业银行增加贷款和盈利发挥了重要作用。二是有力地支持了中小企业发展。再贴现扩大了中小商业银行资金来源，增强了其贷款能力，为中小企业发展创造了条件。三是有效缓解了企业之间的相互拖欠。据对全国29个中心城市统计，在当年银行贴现票据中，票据背书3－5次的占40%，背书5次以上的占11%。

在保持经济金融平稳运行的同时，中国人民银行充分发挥利率政策的作用和稳步推进市场取向的利率管理体制改革。1998年以来的三年中，利率管理体制改革不断取得新进展。到1999年底，已经放开了银行间同业拆借利率；放开了票据贴现、转贴现利率；放开了银行间债券市场回购及现券买卖利率；政策性金融债和国债实现了利率招标市场化发行；提高了企业债券利率的市场弹性；扩大了贷款利率浮动幅度和范围，将县以下金融机构贷款利率上浮幅度由20%扩大到30%；随后又进一步扩大了中小企业贷款利率浮动幅度，即在1998年最高上浮幅度20%的基础上扩大到30%；对保险公司5000万元以上、三年以上定期存款实行协议利率等。2000年8月24日，中国人民银行发布《关于改革外币存贷款利率管理体制的通知》，确定从9月21日开始对外币利率体制进行三项改革。一是放开外币贷款利率，即外币贷款利率由金融机构自行确定。二是大额外币存款利率由金融机构与客户协商确定。300万美元以上的大额外币存款利率由商业银行与客户双方协商确定，并报当地人民银行备案。三是小额外币存款利率由银行业协会统一商定，经人民银行批准后实行。300万美元或等值的其他外币以下存款，其利率水平由银行同业公会协商提出意见报人民银行批准后各金融机构统一执行。

中央银行在进行总量调整的同时，也加强了运用信贷政策等手段进行结构调整。一是扩大银行贷款与财政支出相配合的力度。三年来，金融机构积极支持交通、能源、环保和技术改造等大型重点项目特别是国债资金项目的建设和改造，其中2000年直接增加对国债项目贷款近2000亿元。引导商业银行进一步发展住房、助学等消费贷款。1997年末，商业银行住房贷款余额只有190亿元，到2000年末已经达到3377亿元，三年累计增长16.7倍；其中2000年增加1952亿元，比上年增长1.4倍。二是积极调整信贷政策，促进商业银行信贷创新。在已经开办公路收费权质押贷款的基础上，中国人民银行与国家发展计划委员会联合下发了《农村电网建设与改造工程电费收益权质押贷款管理办法》，支持农村基础设施建设；中国人民银行发布《农村信用社农户联保贷款管理指导意见》，要求农村信用社积极改进贷款管理方式，努力解决农民贷款难问题；发布《中外合资、合作经营企业中方投资人新增资本贷款管理办法》，明确境内中资商业银行可以对中外合资、合作企业的中方投资人发放股本贷款；与中国证券监督管理委员会联合发布《证券公司股票质押贷款管理办法》，允许商业银行对符合条件的证券公司发放股票质押贷款。运用再贷款手段，发挥货币政策稳定金融的作用。中国人民银行及时运用并从严控制再贷款手段，专项用于解决地方各类金融机构如农村合作基金会、信托投资公司、城市信用社以及供销社股金服务部的支付风险，从而有效支持了这些机构从市场平稳退出，保证了金融秩序的稳定，防止了可能出现的系统性或区域性支付风险，维护了公众对中小金融机构的信心。三是积极推进货币市场建设，完善货币政策传导机制。2000年，中国人民银行进一步完善市场规章制度，规范交易行为。先后制定并出台了《全国银行间债券市场债券交易管理办法》和《全国银行间债券市场债券回购主协议》，对债券交易的品种、方式以及结算等方面进行了明确规定，建立了银行间货币市场交易管理的基本法律框架。下发了《关于开办债券结算代理业务有关问题的通知》，推出结算代理人制度，将银行间债券市场交易成员由金融机构延伸到企业法人，丰富了交易主体，扩大了债券市场的覆盖面。扩大货币市场交易成员数量，增加上市债券品种。继续批准保险公司、财务公司、证券投资基金等非银行金融机构加入银行间同业拆借市场和债券市场。全年新批准市场成员97家。到年底，银行间同业拆借市场交易成员共465家，银行间债券市场成员共650家，已包括了大多数金融机构。制定了商业银行柜台债券交易方案，组织有关商业银行进行记帐式债券柜台交易试点。经过多年的努力，银行间债券市场的总体框架已经基本形成。

【金融市场监管】 2000年，围绕“加强监管，支持发展、防范风险”这一监管思路，中国人民银行认真研究中国银行业的发展状况，明确了银行监管的主要任务由“准入”为主的监管转移到“防范和化解金融风险”为主的监管。具体可概括为“一个降低、二个提高、三个确保”，即降低不良资产比例，提高资本充足率，提高盈利水平，确保金融体系安全，确保存款人的利益，确保银行竞争力的逐步提高。2000年中国人民银行加强了对4家国有独资商业银行的现场检查，主要内容包括：对贷款质量、盈亏状况、内控制度建立与执行情况以及高级管理人员任职资格等方面情况的真实性大检查。通过现场检查，基本掌握了4家银行的资产负债、所有者权益及风险状况。明确推行贷款五级分类有关政策和时间安排，制定《商业银行考核评价暂行办法》，并对国有独资商业银行的经营业绩进行首次考评。2000年3月15日，颁布了《国有重点金融机构监事会暂行条例》，决定向国有银行、证券公司、保险公司等国有重点金融机构派出监事会。11月20日，颁布了《金融资产管理公司条例》，建立了对资产管理公司的监管制度。2000年国有独资商业银行的经营状况好转，不良贷款率比上年底下降5.6个百分点，账面扭亏为盈，实现利润147.2亿元，比上年增加盈利217.4亿元，资本充足率达到5.7%，比上年增长0.6个百分点。针对股份制商业银行、城市商业银行等中小商业银行的实际情况，中国人民银行确定了"巩固、改革、整顿、扶持"的监管八字方针。发挥中央银行监管的"窗口指导"作用，要求中小商业银行如实反映信贷资产质量和收益情况，敦促中小商业银行采取措施降低风险。初步制定了《关于股份制商业银行法人治理结构的若干意见》，督促中小商业银行完善法人治理结构。要求中小商业银行尽快增资扩股，支持条件成熟的商业银行上市募集社会资金，支持商业银行发行长期债券，增加附属资本；要求商业银行采取强化信贷管理、严格执行对不良贷款责任人的责任追究制度、及时核销资产损失、依法清收和保全银行资产等方式处置不良资产，并防止新的不良资产的形成。继续清理整顿城乡信用社，对暂时出现流动性困难的中小金融机构采取了救助措施。制定和实施对信托投资公司撤销、合并和保留等处置方案。对财务公司和金融租赁公司的体制、功能、业务范围予以明确和重新定位。清理整顿违法设立和越权批设的金融机构。中国人民银行还积极与各地方政府协商，要求地方政府维护金融机构的合法权益，支持金融机构健康发展。2000年，中国人民银行加强对外资银行的监管，主要措施包括：加强现场检查，按计划对东南亚和其他高风险国家的外资银行在华分行以及部分当地注册外(合)资银行类机构实施现场检查，发现了贷款质量分类、内部管理和控制等方面的问题，并提出纠正措施。开始使用新的外资银行非现场监管系统。制定《外资银行并表监管指导意见》，明确主报告行及其合规性检查人员的主要职责，规定合并财务报表的上报内容和具体要求，促进了对外资银行在华经营情况的整体监测。

【金融体制改革】 金融宏观调控方式和监管体制改革　为提高货币政策的决策水平，广泛听取学术界对货币政策的意见，根据《中华人民共和国中国人民银行法》和《中国人民银行货币政策委员会条例》，中国人民银行货币政策委员会于1997年7月成立。三年以来，货币政策委员会较好地发挥了中国人民银行制定货币政策的咨询议事机构的作用。1997年7月至1999年底，货币政策委员会共召开例会8次；自1999年起，货币政策委员会还定期召开经济金融专家会议，重点讨论当前重大的国际国内经济金融政策问题。中国人民银行货币政策委员会及其议事制度的建立，不仅是中国货币政策咨询决策的需要，也符合国际上中央银行制度发展的潮流，对于推进中国人民银行货币政策决策的科学化、民主化和公开化具有重要的意义。2000年，中国人民银行在实行稳健的货币政策，灵活运用多种货币政策工具进行宏观调控的同时，进一步推进货币政策工具改革和完善货币政策传导机制，有效地保证了货币政策目标的实现。一是改善货币政策运行机制及货币政策工具，采取增加金融机构再贷款、再贴现，扩大公开市场操作等形式，适当增加货币供应量；调整外汇存款利率，积极运用信贷政策引导贷款投向等措施，支持国民经济持续、快速、健康发展。二是及时发挥公开市场操作的作用。公开市场操作在对冲金融机构过剩流动性上发挥了重要作用。如果不是启动公开市场操作对冲商业银行过剩流动性，2000年上半年面对特别需求的再贷款大量增加，势必要在1999年11月份刚刚下调准备金率之后又要再上调存款准备金率，或采取诸如开办特种存款等其他措施以进行对冲操作。这将对金融运行产生较大冲击。为此，中国人民银行及时运用公开市场进行了对冲操作，降低了金融机构过高的流动性，保证了货币政策目标的实现。三是稳步推进市场取向的利率体制改革。2000年8月1日，中国人民银行启动公开市场国债正回购操作，有效地扼制了货币市场利率持续下降的趋势，体现了稳健货币政策目标的要求。2000年9月21日开始对外币利率体制进行三项改革，并加强了境内本外币利率政策的协调工作，取得了既保持货币政策的独立性，又防止资本外流，维持国际收支平衡的显著成绩。为充分发挥金融监管部门的职能作用，及时解决分业监管中的政策协调问题，中国人民银行、中国证券监督管理委员会、中国保险监督管理委员会三大金融监管机构间建立了联席会议制度，于2000年8月29日举行了第一次监管联席会议。中国三家监管机构建立联席会议制度，通过交流监管信息，界定交叉业务的监管责任，及时协调有关政策，进一步提高监管效率，促进金融业健康发展。

银行业改革与发展　2000年底，四家国有独资商业银行资产总额为98400亿元，存款余额76900亿元，贷款余额58200亿元。股份制商业银行有10家，城市商业银行99家。股份制商业银行资产总额为18600亿元，存款余额11900亿元，贷款余额8300亿元；城市商业银行资产总额为6990亿元，存款余额5270亿元，贷款余额3460亿元。商业银行改革进一步深入。一是银行管理法制建设取得显著成绩。2000年，修改和出台了《不良贷款认定办法》、《会计师事务所从事金融相关审计业务暂行办法》、《金融机构高级管理人员任职资格管理办法》、《国有独资商业银行合并会计报表暂行办法》、《商业银行表外业务风险管理指引》、《政策性银行、国有独资商业银行转贷款指引》等监管法规；同时还研究起草了《中国人民银行金融监管指南》、《商业银行新开办业务审批办法》、《商业银行考核评价体系》等重要规章制度，为商业银行管理工作提供了良好的制度框架。二是商业银行大力推进机构改革和完善法人治理结构。国有独资商业银行省级行、地级行、县级机构的撤并工作基本完成。中小商业银行完善法人治理结构，明确股东大会、董事会、监事会、经营班子的职责、权利和义务，规范董事、董事长、监事、监事长和高级管理人员的产生与罢免程序，并明确各自的职责、权利和义务，建立管理规范、决策高效、相互制衡、稳健发展的管理机制。三是商业银行增强资本实力和开展金融创新业务。中小商业银行积极增资扩股，通过上市募集社会资金和发行长期债券，壮大资本实力，增强抗风险的能力。国有独资商业银行积极增加信用卡业务品种、扩大中间业务、开拓个人消费信贷以及开办网上银行业务，提高服务质量和增加盈利。

合作金融改革与发展　2000年，中央银行制定《中国人民银行对农村信用社现场检查操作程序》，规范现场检查工作。中国人民银行县(市)支行的主要精力放在信用社监管上，全国县(市)支行已配备信用社监管人员6212人，人均监管7.6个信用社。在有条件的地方开展了组建市(地)联社工作，到年底已批准开业52家。信用社开展清产核资工作，按照经营和风险状况将信用社划分为五类，分别采取不同的整治措施；对资不抵债的高风险信用社进行撤并和合并，初步控制了风险的扩大；对个别暂时出现支付危机的信用社，及时给于再融资支持,帮助其化解金融风险;对符合条件的信用社开展增资扩股工作,建立健全管理制度。为稳步推进农村信用社的体制改革,从2000年8月底开始,在江苏省开展了信用社改革试点,主要包括经营管理体制改革、国家加大政策扶持力度等项内容,并取得了重大进展。治理整顿使信用社的经营状况得到一定改善。2000年底,全国城市信用社1695家,资产总额1820亿元,贷款余额1050亿元,存款余额1520亿元;全国农村信用社40141家,资产总额16200亿元,贷款余额10400亿元,存款余额15100亿元。2000年比上年减亏52亿元,亏损面下降10个百分点。

非银行金融机构改革与发展　2000年底,全国共有信托投资公司145家,财务公司71家,金融租赁公司13家。信托投资公司总资产为5700亿元,存款余额2290亿元,贷款余额1920亿元;财务公司总资产为2580亿元,存款余额1940亿元,贷款余额1410亿元;租赁公司总资产为178亿元,存款余额68亿元,贷款余额88亿元。2000年中国人民银行进一步明确了信托投资公司的分类处置方案。已下文批复96家信托投资公司市场退出。其中撤消87家,破产1家,转制8家。58家信托投资公司的市场退出方案已正式实施,另外38家公司的撤销准备工作正在进行之中。

【金融法制建设】　2000年,中国金融法制建设取得重大进展。国务院和中国人民银行颁布了一系列金融法规和金融规章,清理现有法规,为完善金融宏观调控、规范金融监管和金融业务管理提供了良好的法律保障。《人民币管理条例》于2000年2月3日发布并于5月1日起施行。本条例有利于维护人民币法定货币地位和人民币的信誉,标志着中国人民币管理进入全面法制化管理阶段。《个人存款帐户实名制规定》于2000年3月20日发布,并于4月1日起施行,共十二条,规范了实行个人存款帐户实名制后存款和取款行为。《国有重点金融机构监事会暂行条例》于2000年3月15日发布并施行,共二十七条,规定了监事会的职责和开展监督检查的方式、监事会成员的职责、任职条件等。《金融资产管理公司条例》于2000年11月10日发布并施行,共三十四条,明确了金融资产管理公司的法律地位、经营目标和业务范围等。2000年发布的重要金融规章主要有:《全国银行间债券市场债券交易管理办法》、《财务公司进入全国银行间同业拆借市场和债券市场管理规定》、《关于改革外币存贷款利率管理体制的通知》、《企业集团财务公司管理办法》、《金融租赁公司管理办法》、《金融机构高级管理人员任职资格管理办法》等。全年对1990年至1998年的近400件规章和重要规范性文件进行了清理,其中,失效和宣布废止的137件,需要修改的47件,为中国金融法律与世界接轨奠定基础,为金融业对外开放创造良好法律环境。

(特约编委:蔡浩仪,特约编辑、特约撰稿:李德)

中国票据市场

【概况】　2000年中国票据市场快速发展,市场功能进一步增强。票据市场运行呈现以下几个方面的特征:1、票据市场交易活跃,成交量创新高。2000年全年,商业汇票累计发生额达7445亿元,比上年增加2895亿元,增长62%;商业银行办理贴现6447亿元,比上年增加3647亿元,增长130%;中央银行办理再贴现累计发生额为2667亿元,比上年增加1467亿元,增长122%。2000年末,商业汇票未到期余额3676亿元,贴现余额1536亿元,再贴现余额达到1258亿元。据对全国29个中心城市统计,在当年银行承兑贴现票据中,票据背书3—5次的占40%,背书5次以上的占11%。1999年6月中央银行大幅下调贴现利率,对提高商业银行开展票据贴现业务的积极性,活跃票据市场交易,起到了重要的推动作用。2、票据市场功能进一步增强。(1)再贴现成为中央银行调控基础货币的重要渠道。2000年,中央银行再贴现累计发生额2667亿元,比上年增加1467亿元;再贴现余额1258亿元,比上年增加758亿元,增长一倍多,再贴现增加额占中央银行再贷款增加额的23%。(2)票据市场的融资功能进一步加强。2000年全年,商业银行办理的贴现增加额相当于同年贷款增加额的30%,中小商业银行办理的贴现占60%,人民银行再贴现79%投向中小商业银行,在目前中小金融机构和中小企业对外融资困难的情况下,票据业务正逐步成为它们的重要融资渠道。票据业务的较快发展,为拓宽企业融资渠道,缓解企业间债务拖欠问题,改善商业银行信贷资产质量,加强中央银行间接调控功能都发挥了积极作用。

【存在的问题及措施】　中国票据市场在快速发展的同时,也暴露出一些问题。一是中央银行再贴现利率的生成机制有待进一步完善,中央银行再贴现利率、再贷款利率、存款准备金利率与商业银行存贷款利率的关系需进一步理顺;二是一些商业银行管理不严,一定范围内存在利用虚假票据和虚假交易套取银行信贷资金问题;三是票据流通秩序有待规范,部分承兑银行信用意识淡薄,一定程度上造成票据使用、流通、转让等的混乱,跨地区的票据业务办理遇到障碍。针对票据市场存在的问题,中国人民银行将采取积极措施,继续推动票据市场发展。首先,中央银行要进一步完善再贴现利率的生成机制,理顺各种利率关系,防止商业银行过分依赖中央银行再贴现的套利行为;第二,督促商业银行进一步完善承兑授信制度和承兑授信业务管理,在规范票据行为、整顿票据流通秩序、防范票据风险的同时,发展具有贸易背景的交易性票据;第三,鼓励商业银行有选择地建立票据专营机构,发挥市场中介作用,促进票据业务从分散经营向集中、规模经营转变。支持金融机构通过发展票据承兑、担保、授信、见证等传统中间业务,改善金融服务,并使票据业务逐步成为商业银行的重要资产经营手段和流动性管理的工具;第三,继续运用再贴现政策推动票据市场的发展,适当集中再贴现业务,逐步提高对商业银行法人及其票据专营窗口的再贴现比重,通过票据承兑、贴现、再贴现业务完善货币政策传导机制,促进货币政策目标的实现。

(特约编委:蔡浩仪,特约编辑:李德,特约撰稿:熊莲花)

中国银行间货币市场

【概况】　中国的货币市场是短期融资市场,为金融机构的流动性管理和头寸管理提供场所。货币市场也是重要的投资场所,各类金融机构和非金融机构在该市场调整投资组合,以获取最佳收益。2000年,中国的货币市场持续快速发展,无论是交易主体,还是交易量都创下了历史新高。全年银行间同业拆借、债券回购、现券买卖交易量分别为6728亿元、15781亿元和682亿元,其中全年银行间同业拆借和债券回购交易量比上年增长1.9倍。2000年中国人民银行在推动货币市场业务方面发展做了大量的工作。一是努力完善市场法规体系。陆续出台了《全国银行间债券市场债券交易管理办法》和《全国银行间债券市场债券回购主协议》,对债券交易的品种、方式以及结算等方面进行了明确的规定。研究制定了商业银行柜台债券交易方案，组织有关商业银行进行记帐式债券柜台交易试点。二是推出了结算代理人制度。下发了《关于开办债券结算代理业务有关问题的通知》，将银行间债券市场交易成员由金融机构延伸到企业法人，丰富了交易主体，扩大了债券市场的覆盖面。三是扩大货币市场交易成员的数量，增加上市品种。继续批准保险公司、财务公司、证券投资基金等非银行金融机构加入银行间同业拆借市场和债券市场。全年新批准市场成员97家。全国银行间同业折借市场交易成员总数已经由1998年的171家、1999年的319家增加到2000年的465家。到年底，银行间债券市场成员共650家。全年共批准了25期国债和政策性金融债上市交易。从市场运行来看，2000年的交易主要呈现出以下几个特点：一是股份制银行商业银行、地方商业银行的交易总量开始跃居市场首位，国有商业银行退居第二；二是证券公司及基金开始积极参与市场，已经成为激活整个银行间同业市场的重要因素之一；三是保险公司、外资金融机构开始频繁参与市场交易；四是市场融资明显向7天、14天和20天等较短期限品种集中，表明货币市场的流动性管理功能进一步加强；五是市场利率稳中趋降，2000年同业拆借和债券回购的加权平均利率分别为2.4174%和2.3725%，比1998年分别下降62%和58%，比1999年分别下降21%和22%，平均每年的降幅分别为38%和35%。

中国货币市场的迅速发展，对提高金融的运行效率和货币政策的有效性发挥了重要作用。首先，目前全国银行间同业市场成员金融机构的存款总额和资产总额已占金融体系的90%以上。从其资产、信誉、种类和影响力看，已经基本代表了全国金融体系中的骨干力量，发挥了在货币市场中的核心作用。非成员金融机构与银行间同业市场成员的金融机构有稳定的融资关系。中国的货币市场法规体系已经基本建立，技术支持和业务管理体系基本确立。其次，为中央银行努力发挥货币政策作用创造了条件。货币市场的快速发展为中央银行的的公开市场业务提供了广阔的平台。1998年和1999年，中央银行通过债券回购和现券交易累计净投放基础货币2621元，占这两年基础货币增加额的85%；2000年公开市场操作，净收回基础货币最高时达到3299亿元，不但把前两年投放的基础货币全部回笼，而且还多收回了678亿元，全年净收回基础货币822亿元。第三，保证了政府积极财政政策的顺利实施。1998年以来，国家实施了积极的财政政策，国债和政策性金融债发行数量大大增加。货币市场的发展，有力地支持了国债和政策性金融债的大规模发行，降低了发行成本，并为金融机构的流动性调节提供了保证，使金融机构有充足的资金购买国债，保证了政府积极财政政策的实施。第四，促进了国有商业银行的改革。国有商业银行原有的资产负债以存贷款为主，限制了银行的商业化运作的手段。货币市场的发展，为国有商业银行和其他银行大量持有债券、及时调节流动性、降低超额储备水平提供了广阔的空间。货币市场交易也成为商业银行重要的利润增长点，提高了商业银行的效益。第五，为利率市场化奠定了基础。中国利率市场化是从货币市场起步的。1996年6月1日，中国人民银行决定放开同业拆借利率的上限控制，同业拆借实现完全的市场化。1997年组建银行间债券市场，债券回购利率完全由交易双方自行决定。1998年和1999年中国人民银行组织政策性金融债市场化发行。目前金融机构间的转贴现由交易双方按照市场原则自由商定利率水平，办理贴现主要根据企业资信情况和票据风险度，参照再贴现率商定利率水平，初步形成了通过再贴现率间接引导票据市场价格的机制。中国货币市场和债券市场的市场化利率体系基本形成，为利率市场化进一步深化奠定了基础。

【存在的问题及措施】 目前中国的货币市场仍然存在一些需要解决的问题，主要有：全国银行间同业拆借市场还有待于进一步完善；债券市场的结构需要逐步调整；货币市场工具比较单一，缺乏货币市场做市商，无法满足各类投资者的不同需要；票据市场规模小、工具单一、参与主体少、组织体系和运行机制不健全等。随着中国加入WTO进程的加快，货币市场将以更快的速度发展。一是进一步完善同业拆借市场，使之在调节商业银行短期头寸方面发挥更大作用。利用新的电子技术，进一步推动全国电子交易网络的发展，使各家市场参与机构更方便的寻找交易对象。在推动拆借市场发展的同时，继续坚持严格管理，防止个别金融机构过度拆借，形成新的金融风险。二是将银行间债券市场改造成为覆盖全社会的统一的债券市场。扩大银行间债券交易主体，批准证券公司、基金公司、财务公司以及非金融企业等进入市场。进一步完善交易系统，发展零售市场。在完善现有市场业务和系统的基础上，建立债券二级托管体系，通过银行柜台扩大债券分销，建立商业银行柜台买卖国债的市场，逐步沟通债券批发市场与零售市场。增加交易工具品种和数量。逐步开发金融债券、住房抵押债券等新的货币市场交易工具，逐步提高短期国债发行数量和比例，促使国债和政策金融债的发行期限结构进一步合理化，鼓励企业通过发行债券的方式筹集资金，改进企业财务结构。三是大力发展票据市场。将从完善票据市场组织体系和运行机制入手，在规范票据行为、整顿票据流通秩序、防范票据风险的同时，首先以发展具有贸易背景的交易性票据为重点，发展银行承兑汇票和商业承兑汇票；支持商业银行建立票据专营机构，使票据业务逐步成为商业银行的重要资产经营和流动性管理手段；在确保票据真实性的前提下，中央银行会简化再贴现业务手续，改进再贴现业务操作，继续运用再贴现推动票据市场的发展，促进实现货币政策目标。

（特约编委：蔡浩仪，特约编辑、特约撰稿：李德）

中国金银币市场

【概况】 2000年，中国人民银行向海内外发行了2000年版熊猫金银币、中国古典文学《红楼梦》彩色金银币、中国珍禽彩色金银币、观音幻彩金币、千年金银币、敦煌藏经洞发现100周年银币、中国京剧艺术（第二组）彩色金银币、生肖蛇年金银币等8个项目、36个品种。据统计，全年销售金币同比增长18%，销售银币同比下降33%，实现销售收入同比增长11.9%。受国际黄金价格和国内外钱币市场等因素的影响，2000年我国金银币市场仍处于调整期。中国金币总公司适时提出“控制总量、调整结构、确保精品、推陈出新“的发售政策，采取”减少项目、提高质量、降低价格、扩大销售、保证重点、兼顾一般“的措施，通过改革设计、生产、营销体制来调控市场，并根据市场的变化情况及时调整项目计划和销售价格，取得了积极的成效。2000年底金银币市场出现回升，彩色金银币交易活跃。2000年5月1日，《中华人民共和国人民币管理条例》颁布实施，中国金币总公司按照《条理》规定，全面规范金银币的立项、设计、生产和营销管理。

设计、生产、销售引入竞争机制　为强化精品意识，提高金银币质量，2000年金银币的设计和生产工作开始引入竞争机制，同时邀请造币界、艺术界的指明专家组成“中国金币纪念币设计图稿及样币评审委员会”，对金银币的设计图稿及样币进行公开评审，提高了权威性和艺术性。竞争提高了产品质量，也促进了造币新技术、新工艺的开发运用。上海造币厂采用无边新工艺和多层次喷砂新技术铸造的2000年熊猫金币，在新加坡国际钱币展销会上获得“最受欢迎钱币”大奖；沈阳造币厂成功铸造出世界上最大最重的金币——“千年纪念”10公斤金币；深圳国宝金币制造厂浅浮雕彩色金银币生产工艺技术试制成功并正式投产。为适应市场发展需求，深化营销体制改革，中国金币总公司对金银币销售采取平等竞争的办法，发售的产品面向金银币零售企业进行公开预购，保证发售工作的公平、公开和公正，同时加强市场调研监管和海内外市场协调工作，促进金银币市场平稳发展。

金币面额小幅调整　为进一步规范金银币面额的确定标准，使其相对体现实际价值，便于社会公众理解和收藏，根据国内外黄金及钱币市场的变化情况，综合考虑人民币汇率、金银价格和国际惯例等因素，中国人民银行决定从2001年开始对中国金币面额进行适当调整。调整后的金币面额约为原来的4－5倍，即1/20盎司、1/10盎司、1/4盎司、1/2盎司、1盎司、5盎司、10盎司、1公斤、5公斤、10公斤金币面额分别为20元、50元、100元、200元、500元、2000元、5000元、10000元、50000元、100000元。另外，根据中国人民银行颁发的金融行业标准，对金银币的名称、重量、规格以及技术标准等要素进行了统一规范。

创办《中国金币》杂志、开通“中国金币网”　《中国金币》杂志和“中国金币网”分别于2000年5月、10月由中国金币总公司创建，成为宣传货币发行政策、普及钱币知识、展示产品形象的行业性权威载体，加强了中国金银币、世界钱币及黄金知识的宣传和信息发布力度。

成功举办广州博览会　2000广州国际邮票钱币博览会由中国金币总公司、中国集邮总公司、中国印钞造币总公司和中国钱币博物馆联合举办，是在我国举办的第三次集钱币、邮票为一体的大型国际专业博览会，来自24个国家和地区的125家内外商参展。博览会以宣传、支持北京申办2008年奥运会为主题，以弘扬货币文化、宣传货币政策为目标，展期四天分别定为“集币日”、“集邮日”、“北京申奥日”、“迎接21世纪日”，活动丰富，文化气息浓厚。博览会4天展期到场观众近6万人，成交额约1500万元人民币。中国人民银行特为博览会发行熊猫加字银币一枚。

【存在问题及措施】　如何尽快使平淡多年的金银币市场走出调整期，是当前金银币发售管理机构的主要工作。一要严格按照《人民币管理条例》规定，继续规范金银币的发售管理工作。二要继续实行总量控制的精品政策，努力提高金银币产品质量和收藏价值。三要在金银币项目选题、造币材料、设计风格、铸造工艺及配套产品和衍生产品等方面进行创新，与国际接轨。四要积极参与国家黄金体制改革，努力发展投资币市场，并按不同的方式运作纪念性金币和投资性金币，以形成互动，促进市场良性循环。五要加强对金银币市场的监管及引导，保证市场健康有序发展。　（特约编委：蔡浩仪，特约编辑：李德，特约撰稿：张向军、邵军志）

中国金融租赁市场

【概况】　中国金融租赁业在金融体系中所占比例很小，对经济增长促进作用还有限，但由于其融资方式的独特性，仍然有其不可替代的作用。从实践中看，它为企业开辟了一条新的、操作灵活的融资渠道；通过融资租赁方式实现销售，拓宽了产品销售渠道；增加了设备投资的资金来源，促进了技术进步和产业结构的调整。2000年末，13家租赁公司帐面资产总计178亿元，平均每家13.7亿元。租赁资产（含转租赁资产）47亿元，占比26%；应收帐款20亿元，占比11%；委托存款、租赁及投资27亿元，占比18%，长短期投资18亿元，占比10%。所有者权益17亿元，平均每家1.3亿元。全行业当年亏损13万元。

【存在的问题及措施】　从总体看，中国金融租赁行业多年遗留的问题尚未得到有效解决。一是租赁业务比重偏低，没有办出金融租赁公司的特色来。原因很多，如金融租赁市场较小，尚未得到社会的广泛认同；金融租赁业务相对复杂，对人员素质要求较高；一些相关政策不够合理，影响了其开展租赁业务的积极性。因此，一些金融租赁公司舍弃租赁业务去做相对简单的贷款、投资业务。二是尽管有关公司已投入大量人力、物力进行清收，不良资产仍无明显下降，加之债务负担沉重，个别公司经营困难。2000年中国人民银行撤销了2家金融租赁公司，公司总数从1999年的15家降到13家。从盈利情况看，2000年全行业仍然亏损，但比1999年亏损有所减少。剔除撤销2家公司的因素，行业资产规模有所增加，但发展很不均衡。个别问题严重的公司虽经努力但无起色。少数公司发展较快，四川金融租赁公司成功实现股权和债务重组。中国人民银行于2000年7月份颁布了《金融租赁公司管理办法》，结束了金融租赁公司经营长期无法可依的状态，并明确了金融租赁公司的业务范围，突出了风险防范措施，指明了金融租赁公司的发展方向。该办法的出台在社会上产生了良好反应，一些大型企业表现出对金融租赁行业的热情，多家金融租赁公司的增资扩股工作有了明显进展。全国金融租赁业除个别公司外，大部分公司的风险有所缓解，逐步走上健康发展的道路。

（特约编委：蔡浩仪，特约编辑：李德，特约撰稿：孙璐）

资产管理公司运作情况

【概况】　世界各国的实践经验证明，银行业的大量不良资产，不能由银行本身来化解，必须依靠政府支持，对银行进行重组。根据有关机构对上世纪80年代和90年代对24个发达国家的120家银行的调查发现，临近破产的三分之二的银行都直接或间接地由政府援助摆脱了困境。许多国家的政府为了加快银行重组的步伐和稳定金融体系，成立了专门机构，对不良资产进行专业化的处置。从这些专门机构实际运行的结果来看，美国、德国、瑞典、匈牙利、波兰、捷克已经取得了成功，AMC均已完成使命而解散，法国的CDR正在按计划运行；泰国的AMC在1998年12月对关闭的56家金融机构的102亿美元不良资产进行拍卖，也有约41%的不良债务找到了买主。由此可见，成立专门机构对巨额不良资产进行处置是进行银行重组的重要手段之一。亚洲金融危机以后，中国政府逐步认识到化解国有商业银行金融风险的紧迫性，并于1999年相继组建了四家资产管理公司，注重化解国有商业银行的金融风险、帮助国有企业摆脱困境和最大限度保全国有资产与减少损失。2000年是中国四家资产管理公司（AMC）正式运作的第一年。一年多来，资产管理公司的成立与运作是中国金融业最受关注的焦点之一。2000年11月20日，国务院正式颁布了《金融资产管理公司条例》（以下简称《条例》），为中国金融资产管理公司的成立与运作提供了法规依据。四家资产管理公司均设有总裁办公室；公司总部设置若干业务部门，主要有债权部、股权部、资金财会部、信息科技部、人力资源部、审计部、评估部、国际业务部、实业管理部、投资银行部和研究发展部等。长城资产管理公司还下设金桥金融咨询公司和信托投资公司。为保证业务的规范运作，防范道德风险，各家公司一般均设资产处置评审委员会，有的还设立了资金财务审查委员会和评估审查委员会。各家公司均在全辖下设25—30个办事处，负责各辖区的资产处理。办事处一般设办公室、资产经营部、资金财会部等部门。

【运作情况】 2000年8月底，四家资产管理公司已经先后全部完成了国有商业银行的不良贷款的剥离与收购工作。四家公司总共从对应的商业银行中收购和承接了13932亿元不良资产，其中华融资产管理公司从中国工商银行收购了4077亿元、长城资产管理公司从农业银行收购了3458亿元、东方资产管理公司从中国银行收购了2641亿元、信达资产管理公司从中国建设银行和国家开发银行收购了3756亿元不良资产。这一巨额不良资产剥离给资产管理公司之后，蕴藏在四家国有商业银行内部的金融风险得到了化解，四家国有商业银行的资产负债结构、资产质量和财务状况有了明显的改善，不良贷款率比上年底下降5.6个百分点，账面扭亏为盈，实现利润147.2亿元，比上年增加盈利217.4亿元，资本充足率达到5.7%，比上年增长0.6个百分点。资产管理公司已采取各种措施确认和保护债权，避免了资产的流失。一是由原债权人（银行）、现债权人（公司）和债务人（及担保人）三方（四方）共同签订债权债务转移确认书；二是向债务人发出债权转让通知，以债务人签署的回执作为确权证明；三是对于债务人已不存在，或其他原因确实无法取得回执的，通过公告方式确权。四家公司在完成收购工作之后，为了及时地把工作重点转移到资产的管理与处置上来，根据财政部《关于做好接收不良资产分类统计分析工作的通知》要求，全力以赴地对接收的不良资产进行了全面调查和分析，并根据企业的具体情况逐户有针对性地制定了管理和处置策略。分类统计分析工作结束后，各家资产管理公司又根据财政部《金融资产管理公司不良资产折扣和现值计算办法》的统一部署，集中人力物力按时完成了接收不良资产的初评估工作。

2001年，四家资产管理公司将围绕最大限度地保全资产和减少损失的主要目标，发挥自已的重要作用。在《条例》颁布后，财政部、中国人民银行和中国证监会作为资产管理公司的主要监管部门，将会陆续出台一些有利于AMC运作的具体政策。财政部已经先后出台了不良贷款分类办法、金融资产管理公司资产处置管理办法，为资产管理公司的业务运作提供了初步的框架。据统计，金融资产管理公司接收、管理和处置不良资产总共涉及税费达3大类46项之多，包括中央和地方的税收、中央和地方的行政性收费、中介机构的服务性收费等。根据《条例》的规定，前两类税费属于免交的范围，但是必须要有主管部门的具体规定才能得到实行。2001年，财政部将会同国家计委、国家税务局等有关部门研究出台对AMC免税政策的具体办法。国家计委还将就中介服务机构的服务性收费问题提出指导性意见，以规范市场运作。

【债转股】 资产管理公司处置不良资产的重要方式之一，是债权转股权，即把银行与企业的债权债务关系，转变为资产管理公司与企业间的投资控股关系，原来的还本付息转变为按股分红。资产管理公司将成为企业的股东，对企业持股或控股。1999年8月，国家经贸委提出了债转股的具体方案，并提出选择债转股企业必须符合以下5个条件：(1)产品适销对路（国内有需求，可替代进口，可批量出口），质量符合要求，有市场竞争力。(2)工艺装备为国内、国际先进水平，生产符合环保要求。(3)企业管理水平较高，债权债务清楚，财务行为规范，符合会计制度要求。(4)企业领导班子强，董事长、总经理善于经营管理。(5)转换经营机制的方案符合现代企业制度要求，各项改革措施有力，减员增效，下岗分流的任务落实并得到地方政府认可。债转股的实施程序：在经过征求有关部门意见基础上，通过双向选择，由国家经贸委提出初步名单，组织有关部门和商业银行到企业调查了解生产经营、资产负债、市场销售、企业管理等情况，向AMC提出符合条件的债转股企业的建议名单；AMC对建议名单内的企业经过独立评审，确认实施债转股名单；国家经贸委、财政部、人民银行等对AMC确认的企业债转股的条件、方案进行联合审核，并报国务院批准实施。企业与AMC签订债转股协议后，商业银行将不良资产剥离给AMC，随后由其将部分债权转化对企业的股权，并按照现代企业制度和《公司法》的要求对原来企业进行改组，重新注册成立新的有限责任公司或股份有限公司。2000年债转股工作主要是完成了前两个阶段的工作，即国家经贸委的推荐和资产管理公司独立评审和报批。国家经贸委总共向资产管理公司推荐了601户国有大中型企业实施债转股。AMC经过一年多的努力工作，并经过国家经贸委、财政部和人民银行按照标准严格把关后，已经完成了580家债转股企业的评审和协议签订工作，债转股金额达4050亿元。到2000年11月28日，经国务院批准的实施债转股的企业先后三批共330家。

从债转股企业来看，资质普遍较好。产品品种适销对路、质量有保证、工艺装备水平比较先进，市场竞争力较强。实施债转股的504家企业中，已通过ISO9000质量体系认证的企业有309家，占61.3%；企业工艺装备达到国内、国际先进水平的有434家，占86.1%，其中，达到国际先进水平的有52家，国内先进水平的382家。目前，债转股企业剥离非生产性经营资产和分离企业办社会职能的工作进展顺利。在债转股的504家企业中，有非生产经营性资产的企业共485家，其中，非生产性资产全部剥离的94家，占19.1%；大部分剥离的120家，占24.7%；少部分剥离的104家，占21.4%；没剥离的167家，占34.4%。根据国务院的有关规定，所有经资产管理公司同意实行“债转股”的企业从2000年4月1日起已经全部停止计收贷款利息，AMC从同日起享有股东相应的权益。因此，对于这504家企业来说，“债转股”带来的好处已经显现，资本金严重不足、资产负债率过高、利息支出多和财务成本大而导致的长期亏损问题已经得到了很好地解决。据国家统计局企业调查组对504户已经签订“债转股”框架企业的调查，“债转股”以后，这些企业平均每月可以减轻利息负担37.23亿元，企业资产负债率可以降到45.6%以下，439户企业能够实现盈利，其他65户企业能够大幅度减亏。

（特约编委：蔡浩仪，特约编辑、特约撰稿：李德）

中国外汇市场

【概况】 2000年是我国圆满完成“九五”计划的最后一年。“九五”期间，外汇管理体制改革继续向前推进，提前实现了人民币经常项目完全可兑换，顺利完成了“九五”外汇管理体制改革的主要任务；建立健全了符合国际惯例的国际收支统计监测体系，改善了国家宏观调控；严厉打击逃、套、骗汇活动，坚持资本项目外汇审慎管理，抵御了亚洲金融危机冲击；及时清理、修改外汇管理法规，促进了涉外经济健康发展。截止“九五”期末，外汇储备规模较“八五”期末翻了一番还多，人民币汇率基本稳定且略有升值。特别是在亚洲金融危机期间，我国能够保持国家外汇储备规模和人民币汇率稳定，这在一定程度上提高了我国的国际影响和国际地位，增强了社会各界对中国经济和货币的信心。

【外汇市场】 主要特征 1、外汇交易趋于活跃。2000年全年银行间外汇市场共进行了251场交易，累计成交折合421.75亿美元，日均成交1.68亿美元，与1999年相比，增长34.1%；2、外汇市场总体呈现供大于求的局面。2000年银行间外汇市场总体仍保持供大于求的局面，且全年供大于求差额比1999年有所扩大，国家外汇储备持续增加，截至2000年末国家外汇储备额达1655.74亿美元，比上年同期增加108.99亿美元；3、人民币汇率继续保持稳定。全年人民币对美元汇率基本保持稳定。2000年12月29日最后一个交易日人民币对美元加权平均汇率为1美元兑换8.2781元人民币，与上年末相比，人民币汇率微升12个基本点。

外汇市场平稳运行和人民币汇率稳定的原因分析 2000年银行间外汇市场平稳运行和人民币汇率稳定有着坚实的基础，主要表现在：1、国民经济持续快速健康发展。2000年我国国民经济继续保持稳健运行态势，全年国内生产总值增长率达到8%，国内价格水平止跌企稳，企业扭亏增盈成效显著，社会需求出现全面回升，这是维护外汇市场和人民币汇率稳定的重要基础，也是外汇市场交易趋于活跃的主要原因；2、外贸进出口增长并保持顺差，国际收支状况良好。2000年我国外经贸保持快速发展的良好形势，进出口贸易质量和效益进一步提高，全年全国进出口总额4743.1亿美元，贸易顺差241.1亿美元。利用外商直接投资形势好转，2000年全年合同利用外资金额626.6亿美元，同比增长50.8%；实际利用外资407.7亿美元，同比上升0.9%。对外贸易保持顺差和国际收支状况良好是人民币汇率保持稳定的决定性因素；3、中央银行适当有效的宏观调控和外汇市场运行机制进一步完善。2000年中央银行根据外汇市场供求状况对外汇市场进行了适当有效的宏观调控，进一步完善和规范银行结售汇制度，尤其是加强对银行结售付汇业务的监管和加大外汇执法力度等一系列措施，为外汇市场平稳运行和人民币汇率稳定提供了重要的制度保障。 （特约编辑：贾青，特约撰稿：项丹婼）

中国国际收支状况分析报告

【概况】 2000年，我国国际收支经常帐户顺差205.2亿美元。按照国际收支统计口径计算，2000年货物出口2491.3亿美元，同比增长28%；货物进口2146.6亿美元，较上年增长35%，顺差344.7亿美元；服务项目收入304.3亿美元，同比增长28%；支出360亿美元，较上年增长15%，逆差56亿美元；收益项目收入125.5亿美元，同比增长19%；支出272.2亿美元，较同期下降4.7%，逆差146.7亿美元；经常转移顺差63.1亿美元。

2000年资本和金融帐户顺差19.2亿美元，比上年减少57.2亿美元，其中资本帐户逆差0.4亿美元，金融帐户顺差19.6亿美元。在金融帐户中，直接投资项目顺差374.8亿美元；证券投资项目逆差39.9亿美元；其他投资项目逆差315.3亿美元，直接投资仍是我国外资流入的主要形式。

2000年我国国际储备较1999年末增加105.5亿美元，其中外汇储备较上年上升109亿美元，2000年末外汇储备规模达到1655.7亿美元，我国对外清偿能力进一步增强。人民币兑美元汇率从年初8.2795元人民币兑1美元升值为年末8.2781元人民币兑1美元。

【国际收支状况分析】 2000年我国国际收支状况继续保持良好态势，外汇储备稳步增长，人民币汇率继续保持稳定。

中国国际收支状况的特点 国际收支依然保持较大顺差，外汇储备稳步增长。2000年我国经常帐户顺差205亿美元，资本和金融帐户顺差19亿美元，2000年末外汇储备达到1655.7亿美元，我国对外清偿能力进一步增强。人民币汇率继续保持稳定。2000年末人民币汇率比上年末上涨12个基本点，人民币小幅升值。国内经济成功抵御了亚洲金融危机冲击，进入了新一轮迅速发展，周边国家以及主要贸易伙伴国经济繁荣，在这种情况下，我国的资本和金融帐户逐步恢复了1998年以前的顺差局面。

中国国际收支状况分析 首先，国民经济持续快速健康发展，对外开放水平不断提高，是保证国际收支平衡和人民币汇率稳定的最基本因素。2000年GDP增长8%，外贸进出口保持快速发展，进一步奠定了人民币汇率稳定的基础。根据世界贸易组织统计，2000年我国进出口贸易总额的世界排名继续上升，出口上升至第7位，进口上升至第8位。其次，吸引外资规模增大和吸引外资质量提高是保持我国对外经济活力的重要因素。根据联合国贸发会议的统计，我国吸引的外商直接投资自1993年以来始终名列发展中国家之冠。20多年改革开放形成的良好的经济基础以及加入世界贸易组织后所创造出的诸多商机，都将使我国在今后相当长的一段时间内，依然会大量吸引外国直接投资。我国外债依然以长期性外债为主，规模控制在国际收支保持平衡的范围内。第三，国家宏观调控能力和水平的不断提高是保证国际收支平衡维持人民币汇率稳定的重要力量。合理有效的外汇管理和本外币政策的协调发展是维持汇率稳定的重要力量。近年来，本外币政策之间的逐步协调、外汇监管水平的不断提高和外汇法制建设的不断完善是促进国际收支平衡和人民币汇率稳定的制度因素。2000年我国外汇管理部门进一步强化了部门之间的协调，完善了外汇管理法规，加强了金融机构和涉外企业的外汇业务监管，堵塞了管理中的漏洞。这些措施对于我国国际收支的稳健发展提供了重要的保障。此外，自1996年我国实行国际收支统计申报制度以来，我国的国际收支统计质量不断提高，净误差与遗漏所占比例稳步下降，日益成为我国制订宏观经济政策和完善外汇管理的重要依据。

国际收支状况值得关注的几个方面 （一）2000年我国货物进出口总额虽然大幅增长，但贸易顺差进一步缩小。与上年可比口径相比，虽然2000年我国货物出口同比增长28%，进口同比增长35%，但是全年进出口贸易顺差同比下降4.8%。预计2001年我国的进出口贸易规模将进一步扩大，但是鉴于出口增速将小幅回调，进口仍将保持一定增长，并且增速将高于出口，进出口贸易顺差可能略有下降，但近期内不会出现贸易逆差。

（二）2000年我国服务贸易逆差依然存在。2000年服务项目收入与支出均平稳增长，但是服务项目依然为逆差。2000年服务贸易中运输、旅游、咨询等项目发展平稳；通讯、计算机和信息服务、广告宣传和其它商业服务各项顺差规模明显扩大；但是建筑、金融、保险、专有权利使用和特许费以及电影音像项目继续保持逆差。预计由于我国服务行业的整体水平与世界发达国家的差距较大，因此短期内服务项目逆差的局面不会改变。

（三）2000年我国收益项目的逆差依然维持在较大规模。2000年收益项目逆差比1999年下降18%，但规模依然较大。外商来华直接投资存量增加是导致较大规模投资收益逆差的原因。

(四)2000年外债流入有所减缓,金融机构境外金融资产大幅上升,导致资本和金融帐户顺差下降。2000年资本和金融帐户顺差为19亿美元,比1999年下降75%。2000年直接投资继续保持平稳发展。我国企业在国际资本市场融资增加,对外发行债券和股票规模扩大,当年偿还发债本金规模下降,证券投资逆差回落。值得注意的是,我国资本和金融帐户中其他投资的逆差规模有所上升。新借外债趋缓和金融机构拆放和存放境外同业的金融资产大量增加是导致资本和金融帐户顺差下降的主要原因。

基于上述认识,尽管今年世界经济出现的新变化对我国外贸出口带来新的压力,但我们对保持今年的国际收支平衡和汇率稳定仍然持乐观态度。预计2001年我国国际收支经常帐户仍将保持顺差,但规模会有所下降;资本和金融帐户将大体保持平衡,外汇储备仍将平稳增长,人民币汇率仍将保持稳定。

(国家外汇管理局)

附表:2000年度中国国际收支平衡表简表 单位:千美元

项目	差额	贷方	借方
一.经常帐户	20519248	298972814	278453565
A.货物和服务	28873485	279561125	250687640
a.货物	34473606	249130638	214657032
b.服务	-5600122	30430487	36030608
1.运输	-6725148	3670967	10396115
2.旅游	3117313	16231000	13113687
3.通讯服务	1103482	1345452	241970
4.建筑服务	-392131	602313	994444
5.保险服务	-2363620	107802	2471422
6.金融服务	-19637	77804	97441
7.计算机和信息服务	90934	355947	265013
8.专有权利使用费和特许费	-1200624	80348	1280972
9.咨询	-284016	355716	639732
10.广告、宣传	21018	223436	202418
11.电影、音像	-26122	11302	37424
12.其它商业服务	966651	7083865	6117214
13.别处未提及的政府服务	111778	284535	172757
B.收益	-14665541	12550854	27216395
1.职工报酬	-477490	201871	679361
2.投资收益	-14188051	12348983	26537034
C.经常转移	6311305	6860835	549530
1.各级政府	53573	147418	93845
2.其它部门	6257732	6713417	455685
二.资本和金融帐户	1922224	91986392	90064168
A.资本帐户	-35283	0	35283
B.金融帐户	1957507	91986392	90028885
1.直接投资	37482887	42095575	4612688
1.1 我国在外直接投资	-915777	1323575	2239352
1.2 外国在华直接投资	38398664	40772000	2373336
2.证券投资	-3990732	7814483	11805215
2.1 资产	-11307470	54915	11362385
2.2 负债	7316738	7759568	442830
3. 其它投资	-31534648	42076334	73610982
3.1 资产	-43863491	4643518	48507009
3.1.1 贸易信贷	-12959875	0	12959875
3.1.2 贷款	-18429647	91075	18520722
3.1.3 货币和存款	-6048944	1428243	7477187
3.1.4 其它资产	-6425024	3124200	9549224
3.2 负债	12328843	37432816	25103973
3.2.1 贸易信贷	18232379	18232379	0
3.2.2 贷款	-2391224	12200369	14591593
3.2.3 货币和存款	-53564	8782	62347
3.2.4 其它负债	-3458748	6991286	10450033
三.储备资产	-10548400	407000	10955400
3.1 货币黄金	0	0	0
3.2 特别提款权	-57000	0	57000
3.3 在基金组织的储备头寸	407000	407000	0
3.4 外汇	-10898400	0	10898400
3.5 其它债权	0	0	0
四.总计	11893073	391366206	379473133
五.净误差与遗漏	-11893073		11893073

天津金融市场

【概况】 2000年天津分行在认真贯彻执行国家各项政策的基础上,进一步加大货币政策工具操作力度,调控辖区信贷总量和结构,积极引导资金流向,进一步加强金融监管,确保了辖区金融业的稳健运行。

存款 截至2000底,辖区金融机构人民币各项存款余额为11723.57亿元,比年初增加1178.13亿元,同比少增加69.68亿元;其中,天津市金融机构各项存款余额2281.55亿元,比年初增加221.55亿元,与去年基本持平;河北省金融机构各项存款余额为5543.49亿元,比年初增加507.71亿元,同比少增92.21亿元;山西省金融机构各项存款余额为2628.39亿元,比年初增加267.9亿元,同比少增11.37亿元;内蒙古自治区金融机构各项存款余额为1270.14亿元,比年初增加180.95亿元,同比多增加34.05亿元。从辖区新增存款的特点看,新增储蓄存款期限结构短期化趋势明显,全年新增活期储蓄存款315.50亿元,占储蓄存款增加额的59.50%,比去年同期上升24.57个百分点;企业存款增长较快,全年辖区企业存款余额为3116.67亿元,比年初增加449.88亿元,同比多增加182.61亿元;新增存款集中于国有大银行的趋势十分明显,国有商业银行的存款增量占全部新增存款的54%,而中小金融机构特别是城乡信用社新增存款仅占全部存款增量的16.62%。

贷款 各项贷款投放增加,贷款投向重点突出。截至2000年末,辖区金融机构各项贷款余额为9470.85亿元,较年初增加1071.76亿元,同比多增加85.39亿元;其中,天津市金融机构各项贷款余额1863.62亿元,比年初增加222.11亿元,比去年同期多增加36.66亿元;河北省金融机构各项贷款余额4133.62亿元,比年初增加471.22亿元,同比少增19.76亿元;山西省金融机构各项贷款余额为2132.90亿元,比年初增加231.28亿元,同比多增41.15亿元;内蒙古自治区金融机构各项贷款余额为1340.74亿元,比年初增加147.26亿元,同比多增加27.41亿元。新增贷款重点支持了基础设施建设、国债配套项目、国有大中型企业,为国有企业实现改革和脱困的三年目标做出了积极贡献。同时增加了对农业的信贷投入,加大了住房等消费贷款的投入力度。1—12月份,辖区现金收支相抵,货币净投放481.14亿元,同比多投放63.64亿元。分省市看,天津市货币回笼9.15亿元,同比多回笼25.38亿元;河北、山西、内蒙古累计现金投放分别为146.75、153.23、191.31亿元。

外汇市场 2000年,外汇存款增加,贷款继续锦少。截至年末,辖区金融机构各项外汇存款余额为54.29亿美元。其中,储蓄存款余额为32.83亿美元,较年初增加8.83亿美元,同比多增加2.74亿美元;各项外汇贷款余额为31.15亿美元,较年初下降2.58亿美元,同比多下降3.26亿美元。

GDP 2000年,全辖经济增长止跌趋稳,全年津、冀、晋、蒙四省市GDP分别为1639.41亿元、5076.31亿元、1640.10亿元和1401.31亿元。分省市看,天津市季度GDP增长率分别为10.61%、10.80%、10.80%和10.80%;河北省分别为9.40%、9.60%、9.60%和9.50%;山西省分别为7.10%、7.3%、7.30%和7.70%;内蒙古自治区分别为8.70%、9.50%、

10.20%、和9.70%。

【金融市场监管】 2000年,天津分行认真贯彻落实总行的各项监管工作部署,紧紧围绕"依法履行金融监管职能,促进提高信贷资产质量,化解中小金融机构支付风险"的监管工作思路,坚持风险性监管与合规性监管并重,健全完善全行的金融监管工作体系;强化金融监管责任制工作的落实;充分运用金融监管信息系统,增强风险预警功能;进一步加大了对国有独资商业银行、股份制商业银行、城市商业银行、外资银行的监管力度;按照合作制原则深入进行农村信用社的改革、整顿、规范工作;认真开展信托投资公司的清理整顿;严厉打击金融"三乱",有力的维护了辖区金融秩序的稳定和金融业的安全稳健运行。

(特约编辑、特约撰稿:周恩威)

沈阳金融市场

【概况】 *存贷款* 2000年末,沈阳市金融机构各项贷款余额1392亿元,比年初增长17%,各项存款1700亿元,比年初增长14%,货币回笼288.5亿元。沈阳金融业贯彻实施稳健货币政策,新增贷款向消费信贷、国有企业、交通、通讯和基础设施建设倾斜。2000年,沈阳市消费信贷增加49亿元,占全部贷款增加额的23.4%,消费信贷中75%是住房贷款;银企签约、银科合作分别实现68亿元和20亿元,完成计划的215%和184%,重点支持了国有控股企业集团;新增中长期贷款35亿元,增长17%,多数采用总、分行联合贷款的模式,主要支持通讯、交通、基本建设等项目,如沈山线高速公路、中国联通、实德铝业、电网改造等,为沈阳地方经济发展引入了新的资金。

票据市场 2000年,商业银行累计开出承兑汇票216亿元,累计办理贴现271亿元,人民银行累计办理再贴现140亿元,分别是上年同期的2.2倍、3.1倍和17.5倍;商业银行通过开出银行承兑汇票、办理贴现支持国有大中型企业的生产经营;人民银行通过不断扩大办理再贴现,充分发挥货币政策的窗口指导作用。再贴现票据80%来自国有大中型企业,票据融资的发展既缓解了国有大中型企业的资金紧张状况,又规避了过去盲目上项目、资金被挤占挪用的风险,同时,为货币政策工具市场操作提供了空间,有利于中央银行传导货币政策,变直接调控为间接调控。2000年,沈阳市通过预留再贴现额度,鼓励城市商业银行办理转贴现,对其扩大服务领域、改善收益状况起到了很好的收效。

股票市场 2000年,沈阳市证券交易总额2429亿元,其中股票交易额2230亿元,国债交易额186亿元。沈阳市商业城股份公司在上海交易所上市,一汽金杯股份公司进行了配股,七只基金清理工作已经完成,原来的沈阳证券交易中心将转为一家证券营业部。目前沈阳市共有上市公司和基金21家。价位上遥遥领先的是科技型上市公司如东大软件、合金投资和北商技术等,大型国有企业如东北药、沈阳化工、沈阳机床等,基本在10元左右横盘,两只ST股票分别是黎明和东北电,特种环保股价在大牛市中下降了50%,沈阳市民参与股票投资的热情较高,股民中含有不少的退休职工、下岗职工。

拆借市场 2000年沈阳银行业资金拆借市场以各商业银行系统内资金调剂为主,原来的人民银行融资中心不再拆出,只是收回资金。地方性商业银行、农村信用合作社由于资金实力弱,资产质量差,因而对人民银行的再贷款支持非常倚重。沈阳华夏银行作为东北地区融资代理行全年拆借资金和债券回购总量达100.61亿元,代理其它金融机构分销债券1.9亿元,其中,对中小金融机构拆借业务累计发生111笔,拆借金额58.31亿元,解决了人民银行融资中心撤销后中小金融机构融资难的问题,其拆借业务已覆盖东北主要城市,拆借成交量列全国银行间同业拆借市场第39位,全年拆借业务没有发生违约现象。

债券市场 2000年末,沈阳市企业债券余额9.1亿元,比上年增加3500万元,其中,发债企业26家,短期融资债券7亿元,占77%。多年来,企业债券发新还旧比较普遍,个别企业还债意识淡薄,由于种种原因,经常兑付延期,造成企业债券声誉下降,而且,部分发债企业生产经营陷入困境,所发债券有一定的兑付风险。2000年沈阳市累计发行国债33亿元,比上年多发行13亿元。国债以其安全、稳定的投资收益吸引了广大的中老年投资者,发行工作进展顺利。

外汇市场 2000年末,沈阳市金融机构各项外汇存款余额22.3亿美元,其中,储蓄存款16.6亿美元,比年初增加4.7亿美元,继续保持快速发展势头;各项贷款6.6亿美元,其中,逾期类贷款2.4亿美元。

【金融体制改革】 2000年,中国保险监督管理委员会沈阳监管办筹备组正式成立,负责对辽宁省保险业的监管。沈阳市农村信用合作社联合社正式挂牌开业,负责对沈阳地区农村信用合作社的监管。各国有独资商业银行改革步伐加快,在机构设置上,原来以地域命名的沈阳市各商业银行都变更为省分行营业部,内设处室重新划分了职权范围,普遍采用了新名称;更重要的是,信贷授权更严格,贷款责任更清楚,每笔贷款都必须经过层层推荐、把关、审查、集体决定等程序,人情贷款基本消失。2000年,沈阳市各商业银行中间业务发展非常迅速,电话缴费、转款等服务项目繁多,特别是金卡工程有重大突破。到年末,全市十一家发卡银行ATM/POS实现了全国试点城市计算机联网,拥有ATM473台,POS机3829台,自动银行40处,发卡量564万张,存款余额186亿元,跨行交易金额15.1亿元,比上年分别增长44%、35%和72%。

【规范化管理】 人民银行沈阳分行在监管工作中,对广州金福田经济发展有限公司在沈阳非法集资活动进行了认定,对沈阳市信托投资公司清产核资、资产评估工作进行了检查,对邮政储蓄机构进行了清理整顿,集中力量进行了建国以来最大的真实性检查。结果表明:近几年,各金融机构内控制度得到加强,审贷分离制度普遍实行,新增贷款质量有所提高。2000年,人民银行沈阳分行还在推进城市商业银行风险化解、确定农村信用合作社风险类别、制定综合治理方案、处置城市信用社等方面做了大量工作。

(特约编辑、特约撰稿:满国丰)

上海金融市场

【概况】 2000年中国人民银行上海分行本着"发展是根本、监管为重心、创新是途径"的宗旨,各项工作都着眼于促进辖区经济、金融平稳运行;各项任务都紧紧围绕着履行央行职责、突出金融监管、加强风险防范这一主题,有力地支持了沪浙闽经济发展。全年上海、浙江、福建三省国内生产总值分别为4551亿元、6030亿元和3920亿元,同比分别增长10.8%、11%和9.5%。

存贷款 2000年末辖区金融机构人民币存款余额为18185亿元,比年初增加1986亿元,同比少增162亿元;全辖全资中资金融机构人民币贷款余额为13821亿元,剔除国有

商业银行的不良资产剥离(719亿元)因素,比年初实际增加2160亿元,同比实际多增470亿元;全辖全年现金净投放211.35亿元,同比少投放91.86亿元。辖区沪浙闽三省消费物价指数分别上涨2.50%、1.00%和2.1%。表明:分行为适应和配合扩大内需,运用货币政策合理引导信贷投放的作用明显。体现在:一是重点支持了支柱产业和高科技产业的发展。二是引导商业银行开展个人住房消费信贷和开办助学贷款业务,取消了对个人储蓄存单质押贷款限额(10万元)的限制,提高了对个人储蓄存单质押的比率,并初步形成了中央、省(市)、地市三级财政贴息助学贷款和商业银行商业性助学贷款的运行机制。截止12月末,全辖个人住房贷款余额达1051亿元,新增502亿元,其他个人消费贷款余额286亿元,新增233亿元,有力地促进了沪浙闽消费市场的回升。三是增加农信社再贷款,加大对"三农"的支持力度。2000年12月末,农村信用社再贷款余额为24.38亿元,较年初增加21.33亿元,累计发放金额为61.33亿元,同比增加48.53亿元。四是灵活运用中小金融机构再贷款,积极支持城市商业银行、城市信用社改善资产负债结构,督促中小金融机构努力增加对中小企业的信贷有效投入,年末城市商业银行和城市信用社的再贷款余额达22.2亿元,比年初增加20.90亿元,累计发放金额达102.45亿元。五是规范政府专项再贷款操作,达到防范专项借款风险的目的,年末政府专项借款余额为39.40亿元,比1999年年末增加31.3亿元;六是大力清理历史遗留外汇抵押人民币贷款问题,全年收回人民币贷款3255万元,减少因汇率波动因素而造成的再贷款损失达390余万元。2000年信贷需求旺盛,贷款整体投放的增长较好地满足了辖区经济发展的资金需求,但随着国家各项宏观经济政策效应的逐步显现,辖区中资金融机构存款增幅明显下降,信贷资金运行出现了结构性趋紧的态势。

货币市场　2000年上海分行积极推动辖区票据市场和隔夜拆借市场等货币市场的稳步发展,进一步扩大辖区票据承兑、贴现、转贴现和回购业务,使辖区票据业务呈现出集约化发展的特点。2000年1—12月份全辖再贴现额达140.82亿元,比年初增加100.05亿元,创历史新高,其中上海市再贴现余额达到86.59亿元,累计金额为155.96亿元,分别比上年同期增加63.29亿元和106.04亿元;全辖隔夜头寸拆借成交额高达107.65亿元,票据回购余额为53.39亿元,占全辖再贴现余额比例是38%,确保了央行资金的安全。银行间同业拆借市场交投活跃,市场交易成员达到459家,比上年增加140家,全年累计成交人民币2.3万亿元,同比增长216.24%。越来越多参与市场的金融机构对资金的需求正从融资为主逐渐转向融资基础上的资产运行,因而促进了银行间债券市场的快速发展,全年银行间债券回购交易量达到1.58万亿元,同比增加近3倍。

外汇市场　2000年,辖区外汇管理部门以促进外汇收支平衡为主线,继续推进大外汇管理和差别管理监管模式,在方便进出口服务的同时,坚决制止逃、套、骗汇行为,加强资本项目外汇流动的日常监管。全年上海银行间外汇市场交易平稳增长,辖区外汇交易累计成交421.74亿美元,同比增长34.1%;年末全辖外汇存款余额314.24亿美元,外汇贷款余额200.69亿美元;两省一市银行全年累计结汇434.51亿美元,售汇295.04亿美元,顺差139.47亿美元。2000年上海分行外汇市场总体供求的格局未变,人民币汇率继续保持稳定。

证券保险市场　2000年资本市场发展迅速,在证券市场上市的公司数量、市场融资规模都急剧扩大。全年上证指数大幅上扬,收盘于2073.48点,比上年增长706.9点,涨幅达到51.73%,股票成交金额31373.86亿元,比上年增长84.92%。年末,在上海交易所上市的股票数已达614只,比上年增加89只,增幅为16.95%;股票市价总值26930.86亿元,比上年增长84.71%;全年市场筹资金额达到914.32亿元,同比增加87.97%;年末投资者总数达到2955.09万户,比1999年多增673.98万户,增幅为29.54%。2000年上海保险业市场主体快速增加,截止年末,上海市共有经营财产保险业务的公司11家,经营人身保险业务的公司11家,再保险公司1家,保险经纪人公司1家。保费收入初具规模,全年保费收入127.23亿元,同比增加10.4%,其中,财产险保费收入35.09亿元,增长4%;人身险保费收入92.14亿元,增长13%。2000年4月上海保监会的成立,标志着上海保险业的发展将进入一个崭新的历史时期。

【金融市场监管】　2000年人行上海分行和证监会、保监会在上海的分支机构通力合作,成立了三方联席会议,开展以防范风险、规范经营为重点的监管工作,有力地确保了上海金融市场的"一方平安"。(1)加强真实性大检查,顺利实施了外资银行并表监管和主报告行制度,截止2000年底,辖区内已有外资银行73家,总资产达200.64亿元;(2)完成了农村合作基金会清理整顿工作;(3)妥善处置了多起异地债券到期未能兑付的善后事宜;(4)严厉打击非法集资等非法金融活动;(5)协调做好国有商业银行不良资产剥离和呆、坏帐核销工作,年末辖区内共计剥离不良资产1195.42亿元,完成呆、坏帐核销41.1亿元,改善了辖区内商业银行资产质量状况,增强了抗风险的能力;(6)制定2002年底前中小金融机构风险化解具体工作规划;(7)正式实施上海金融安全区建设,从而在上海市构筑起了由地方政府、金融机构、人民银行三方组成的防范化解金融风险的"三道防线"。

(特约编辑:王欣欣,特约撰稿:钱薇)

南京金融市场

【概况】　2000年,人民银行南京分行认真贯彻执行稳健的货币政策,围绕经济结构调整,引导金融机构增加信贷投放,积极支持苏皖两省国民经济快速发展,经济金融运行状况良好,金融市场交易活跃,运作更加规范。

存贷款　2000年末,江苏省M2增长13.02%,M1增长17.02%;安徽省M2增长8.52%,M1增长2.33%,货币供应量基本适应了两省经济发展的需要。辖区金融机构存款余额10886.25亿元,比年初增加1203亿元,同比多增49.06亿元。债券发行、股市活跃、假日消费市场升温、储蓄实名制实行等原因导致储蓄存款分流效果明显,储蓄存款同比少增134.38亿元,且结构发生一定变化,定期存款减少,活期存款增加。各项贷款余额8352.6亿元,比年初增加1041.12亿元,同比多增158亿元。贷款投放呈现出投入早、投量大、投放时间均衡、投向结构进一步优化的特点,其中消费信贷业务迅速发展,年末辖区消费贷款余额为249.61亿元,比年初增长135%。

银行间货币市场　2000年,南京分行辖区货币市场架构更加完善,市场意识增强,运作日趋规范。金融机构尤其是中小金融机构能够根据自身实际情况选择较合适的运作方式参与市场,通过货币市场操作改善资产负债结构、提高资金营运水平的经营意识明显增强。2000年辖区新增入网金融机构10家,使辖区内全国银行间同业拆借市场交易主体达到53家,包括国有商业银行、区域性商业银行分支机构、城市商业银行、农村信用社联社、证券公司。全辖金融机构全年通过全国银行间同业拆借市场累计融资3358亿元，相当于上年同期交易额的2.8倍，其中信用拆借405.7亿元，债券回购2817.87亿元，现券买卖134.74亿元；代理融资业务得到进一步发展，辖区约有50余家中小金融机构以委托代理方式参与市场操作，代理回购累计交易额达160亿元；部分金融机构利用自身实力与代理优势，积极探索双边报价等新的业务发展思路，对带动辖区货币市场业务向纵深发展起到了积极作用；辖区金融机构通过人民银行备案融资约600亿元，相当于上年同期的2.3倍。

票据市场　在人民银行的积极引导下，票据市场规范稳步发展。全年分行辖区累计签发商业汇票总额为1040.96亿元，比上年同期增长54.4%；金融机构累计办理贴现785.83亿元，比上年同期增长75.1%；人民银行系统累计办理再贴现284.96亿元，比上年同期增长104.4%。年末全辖未到期商业汇票、贴现、再贴现余额分别为496.75亿元、178.1亿元和124.41亿元。

外汇市场　2000年，江苏省银行结汇收入160.88亿美元，售汇收入100.85亿美元，结售汇顺差60.03亿美元，同比增长69.48%；安徽省银行结汇收入19.47亿美元，售汇收入8.42亿美元，结售汇顺差11.05亿美元，同比增长53.6%。辖区金融机构各项外汇存款余额83.75亿美元，比年初增加18.44亿美元，同比多增9.68亿美元；外汇贷款需求不足，江苏、安徽省金融机构外汇贷款分别较年初减少2.39亿美元、1.69亿美元，同比分别多减0.84亿美元、1.72亿美元。银行间外汇市场持续呈供大于求的格局，2000年全辖外汇市场交易累计成交量为4.13亿美元。

【金融市场监管】　2000年，苏皖两省创建金融安全区工作全面展开，动员社会各界力量，通过有组织、系统性的工作，维护金融安全高效稳健运行，以此促进经济发展和社会稳定。作为创建金融安全区工作的重要内容之一，人民银行南京分行切实加强金融市场监管，在规范中促进市场发展。在货币市场的监管方面，人民银行南京分行坚持货币市场规范与发展并重的原则，各职能部门协调、配合，多次深入金融机构进行指导，开展调查研究。在银行间市场的管理上，结合辖区实际提出了分层次管理的工作方法，将工作重点放在推进辖区中小金融机构货币市场业务发展上来，召开了全辖部分农联社货币市场业务发展研讨会，并会同有关金融机构召开融资代理业务座谈会，同时大力培育高效率的交易主体，进一步完善融资备案制度与信息报送制度，针对市场反馈信息，对全辖货币市场运行状况进行适时、有效的监控。在票据市场的管理上，先后批准了11家城市商业银行开办银行承兑汇票业务，选择对优质企业试办商业承兑汇票贴现、再贴现，增加对部分农村信用社联社开办再贴现，进一步拓展了辖区票据市场的广度与深度，推动票据市场发展。在外汇管理上，正确处理好监管和服务的关系，加大执法检查力度，强化核销监管与结售汇管理，防范和打击违法犯罪行为，维护外汇市场秩序，支持对外经济贸易的发展。

（特约编辑、特约撰稿：崔健）

济南金融市场

【概况】　2000年鲁豫两省经济出现了良好转机，这是近年来国家实施积极财政政策和稳健货币政策的结果。全辖金融机构以扩大内需、促进经济快速发展为目标，抓住国内外经济形势好转的有利契机，积极增加贷款投放，努力调整信贷结构，不断改进金融服务，实现了辖区金融的平稳运行和货币供应量的较大增长，推动了辖区经济的全面回升。

存贷款　辖区货币供应总量充足，与经济增长的需求更为协调。年末广义货币M2增长12.4%，狭义货币M1增长19.2%，同比提高2.3个百分点。金融机构各项存款余额已达12225亿元，增加1476亿元，多增237.6亿元。各项贷款余额10566亿元，增加1340亿元，多增242亿元，其中山东、河南分别增加919亿元、421亿元，位居全国贷款增长前十名之列。现金回笼185亿元，基础货币投放413亿元，同比增加198亿元。金融机构整体效益状况好转，全行业同比减亏58亿元。主要呈以下特点：1、中央银行货币政策的实施力度加大。全年辖内累计投放短期再贷款470亿元，对农信社累计投放252亿元，城市商业银行再贷款37.8亿元，再贴现累计投放355亿元。下调准备金率和降息政策仍在持续发挥作用。1998年以来准备金率下调七个百分点，使两省金融机构相应增加可用资金217亿元，存贷款利率下调使两省企业减少利息支出约290多亿元。人民银行贷款用于国有资产管理公司购买辖区国有银行呆帐226亿元，间接增加了国有银行的资产流动性和信贷扩张能力。再贷款的增加增强了金融机构放款能力。2、商业银行贷款投向适应了国家产业结构调整的要求。一是扩大了对农业的支持力度。在中央银行政策引导下，从农业基础地位出发，鲁豫两省农村信用社积极转变经营观念，以服务“三农”为宗旨，以发放农户贷款为重点，全年增加农业贷款176亿元，在旱涝灾害交替之年，使农业效益出现回升、农民不减收。全年农业产值山东、河南均增长4%以上，农民收入增长4%左右。二是消费信贷进入快速发展通道。全年新增消费贷款153亿元，其中，个人住房贷款已成为房地产贷款市场的主力军，年末贷款余额已达152亿元，比年初增长2.1倍，同比上升62个百分点。新增个人住房贷款已占全部房地产贷款的70%。辖区率先实行的“家长助学贷款”，为教育助学贷款的发展开拓了新的渠道。全年助学贷款发放4亿元，余额已达3.4亿元。三是增加了对非生产流通领域的信贷支持。据统计，到2000年11月末，辖区金融机构对科、教、文、卫等非生产性企业累计发放贷款290亿元，同比增长200多亿元。在支持教育、科技新兴产业发展的同时，也为银行自身发展开辟了新的服务领域和效益增长点。四是支持企业技术进步和国家重点项目建设。为增强企业的竞争能力和产品科技含量，全年共发放技改贷款62.6亿元，同比多增60亿元。同时，大力支持国家重点项目建设，全年新增基本建设贷款235亿元，同比多增115亿元。据对全辖680户重点企业调查，银行投入的贷款中，有49%用于技术改造和国家重点建设项目，通过减负、减债、降息增强了国有企业的发展后劲。年末，鲁豫两省国有大中型亏损企业脱困面分别达72.2%、56%，基本达到预期目标。2000年信贷投放配合积极财政政策，加大了配套资金的投入。三年来两省金融机构重点支持了541个国债项目，其中123个是国债贴息项目，总投资320亿元，其中银行贷款约154亿元。五是信贷支持中小企业的力度增强。全年向中小、个体私营企业增加贷款约430余亿元，仅城市商业银行增加此类投入约占其新增贷款的74.5%。同时，进同机构还协助有关部门成立了33家信用担保机构，共为1100户中小企业担保银行贷款7.6亿元，中小企业担保难的问题开始得到缓解。据抽样调查显示，民营企业贷款满足率较同期提高13个百分点。3、银行存款结构变化明显。一是企业存款增长快过居民储蓄。全年企业存款增加564亿元，同比多增 263 亿元，在各项存款增加额中的比重上升 13.4 个百分点；储蓄存款增加 593 亿元，同比少增 59 亿元，在各项存款增加额中的比重下降 13.3 个百分点。山东企业存款全年增加额接近居民储蓄增加额，前 11 个月还超过了居民储蓄，这在改革开放以来还是首次。二是活期存款增加额高于定期存款。全年活期存款增加 713 亿元，同比多增 187 亿元，在各项存款增加额中的比重上升了 5.2 个百分点；定期存款增加 444 亿元，同比多增 16 亿元，在各项存款增加额中的比重下降了 5 个百分点。负债期限趋于短期化。三是外币存款增速超过本币。全辖各项外币存款比年初增加 14.9 亿美元，比去年同期多增 5.3 亿美元，增长 30.8%，当年外币存款增加额超过了前三年的总和。外币存款大幅增长的主要原因是国家因私用汇范围和额度政策的放宽增加了居民外汇储源；由于本币利率连续下调，而外币利率连续上调，本外币利差由正转负，受比较利益和心理预期驱动，居民保有外币不愿兑换本币。9 月 21 日，国家放开外币存款利率管制后，市场利率水平上调，也成为外币储蓄增长的动力。

票据市场　为引导企业短期资金需求逐步转向票据融资，减少企业大量的利息支出，全年辖内国有银行累计为国有企业开具银行承兑汇票 666 亿元，金融机构全年为中小企业开出银行承兑汇票 190 亿元，商业承兑汇票 6.2 亿元，为中小、个体私营企业逐步开辟出一条票据融资扶持的渠道。此外还积极推进“债转股”和呆坏帐核销工作。两省共对 62 户企业实施债转股，转股金额 288.57 亿元，为亏损企业发放“封闭贷款”25 亿元。近三年来支持了 615 户国有企业兼并破产，核销银行呆坏帐 165 亿元。

货币市场　全年全辖金融机构的货币市场交易额达 2848 亿元，同比增长 12 倍，其中融入资金 1960 亿元，为金融机构增加收益近 3 亿元。货币市场业务发展，增强了中小金融机构资产流动性，拓展了新的资金融入渠道。

外汇市场　全辖商业银行全年累计结汇 118 亿美元，售汇 65 亿美元，结售汇顺差 53 亿美元。年末济南全辖外汇贷款余额 46.89 亿美元，比年初下降 2.31 亿美元；外汇存款余额 63.47 亿美元，比年初增加 14.93 亿美元。

（特约撰稿：彭江波）

湖北金融市场

【概况】 2000 年，人民银行武汉分行各级机构一方面组织金融机构认真贯彻实施稳健的货币政策，改进金融服务，增加有效投入，另一方面强化金融监管，防范化解金融风险，为全省经济发展做出了积极贡献。

存贷款　2000 年末，全省全部金融机构各项存款余额 3572.91 亿元，增加 433.91 亿元，增长 13.8%。随着货币效应的释放，存款结构呈以下特点：一是企业存款稳定增长。2000 年全省新增企业存款 176.08 亿元，同比多增加 12.28 亿元。二是储蓄存款增长较多。12 月末，全省金融机构储蓄存款余额 1908.80 亿元，增加 202.51 亿元，同比多增 75.12 亿元。其原因是：①外地务工人员寄回劳务收入增加。②年底股票市场有所降温，使部分资金回流银行。三是新增存款的机构分布发生变化。2000 年，国有独资商业银行市场份额下降，而中小银行机构的市场份额有所回升。国有独资商业银行各项存款增加额占全部新增存款的比例下降 8.34 个百分点，而中小银行机构的各项存款增加额占全部新增存款的比例上升 14.1 个百分点。四是由于全省完成了对农村合作基金会的清理整顿，促进了农村信用社存款大幅度增长。全省农村信用社各项存款增长额与同期相比增长 16.3 倍。2000 年末，全省金融机构各项贷款余额 3493.91 亿元，增加 343.76 亿元，同比多增加 71.33 亿元。与 1999 年比较，信贷运行呈以下特点：一是短期贷款和中长期贷款同步增加。全省金融机构新增短期贷款 161.40 亿元，同比多增 51.15 亿元；新增中长期贷款 166.06 亿元，同比多增 12.72 亿元。同时，金融机构增加中期流动资金贷款 36.52 亿元，同比多增 26.3 亿元，优化了流动资金贷款期限结构，减轻了企业负担。二是新增贷款投向重点突出，重点保证了国家重点项目、重点企业的资金需要。据信贷登记咨询系统数据显示：新增的基本建设贷款 110.87 亿元，技术改造贷款 5.48 亿元，其他中长期贷款 49.71 亿元，主要投向与大型国债配套的项目、国债贴息技改项目、农村电网改造和房地产投资。新增短期工业贷款 19.97 亿元和中期流动资金贷款增加的 36.52 亿元，则主要投向了有效益的重点企业，增大了对农村信贷的投入。全省农业贷款增加了 4.71 亿元，同比多增加 3.11 亿元。乡镇企业贷款增加 8.76 亿元，同比多增 11.11 亿元，有力地支持了农村经济的发展。现金全年呈回笼态势。至 12 月末，全省金融机构累计现金收入 8206.69 亿元，累计现金支出 8146.92 亿元，收支轧差净回笼 59.77 亿元，同比多回笼 45.77 亿元。

票据市场　2000 年人民银行和各金融机构进一步扩大商业汇票的承兑、贴现和再贴现业务，对促进地方经济发展起到了积极作用。全年人民银行武汉分行累计办理再贴现 124 亿元，商业银行办理贴现 242 亿元，签发银行承兑汇票 365 亿元，分别比上年增长 106%、126%和 48%；同时选择一批产品关联度高、信誉好的大中型企业进行了商业承兑汇票的承兑、贴现、再贴现，至年末，累计开出商业承兑汇票金额 18 亿元，办理贴现 7.3 亿元，办理再贴现 4.7 亿元。票据业务的高增长拓宽了企业融资渠道，增加了融资的便利。

证券市场　2000 年湖北省共有 8 家企业向社会公开发行 4.37 亿股，筹集资金总额达 34.63 亿元，另有 8 家上市公司完成配股，共募集资金 17.05 亿元。截止 2000 年底，全省上市公司达 55 家，居全国第五位，全省在深沪证券交易所股民开户数累计已达 196 万户。

国债市场　2000 年，人民银行武汉分行以清理国库券收款单为突破口，理顺国债工作秩序，确保国债发行、兑付工作的顺利进行。2000 年国家继续实行积极的财政政策，增大了国债发行量，全省国库部门克服国债发行、兑付和国库收款单的清理移交工作中的各种困难，通过延伸服务内容、延长兑付时间、完善兑付手段，圆满完成了组织三期国债发行 29.1 亿元的任务，兑付国库券本息 1.2 亿元。

外汇交易市场　武汉外汇交易中心各项业务在全国名列前茅。2000 年武汉外汇交易中心共完成外汇交易 1.8295 亿美元，其中代理买入量居全国第四名；人民币信用拆借 32.2 亿人民币，位于全国第九名；现券交易 94.4 亿元，位于全国第五名；债券回购 363.3 亿元，逆回购位于全国第十一名。

保险市场　2000 年湖北省保险事业稳步发展，经营效益逐步提高并实现盈利，全民保险意识进一步增强。全年保费收入 60.67 亿元（含外资机构），增长 6.9%。其中财产险保费收入 18.79 亿元，寿险保费收入 41.88 亿元，健康险和意外伤害保费收入 6.58 亿元。支付各类赔款 20.84 亿元，其中，财产险支付赔款 9.34 亿元，寿险给付 11.49 亿元。

【金融市场监管】 人民银行湖北辖内各级机构积极防范和化解金融风险，使全省处置金融风险工作取得了阶段性成效。一是努力维护金融债权，营造良好的信用环境。至年末，全省已对498家企业发出了限期整改通知书，联合制裁了60户逃废债企业，已整改企业305户，落实金融债权15.32亿元。二是继续推行和完善机构内控、行业自律、央行监管、社会监督的"四位一体"监管体系。三是突出监管重点，中小金融机构风险处置取得了明显进展。四是在认真做好城市信用社清理整顿和严格规范清产核资的基础上，人民银行采取以收购、合并、改制、组建商业银行、依法撤销等方式，从根本上化解了城市信用社的风险。其中：停业整顿4家城市信用社，2家城市信用社已依法予以撤销。在清产核资、锁定损失，落实损失弥补措施的基础上，29家城市信用社更名改制为农村信用社，归口农村信用联社管理。五是积极依靠地方政府开展了信托投资公司整顿工作。目前已撤销武汉市信托投资公司和武汉科技信托投资公司，撤销金融租赁公司1家。完成了15家典当行的移交，关闭了2家典当行。六是积极配合地方政府，全面完成农村合作基金会清理整顿，稳定了农村金融秩序。积极协助湖北省政府全面完成对全省1858家农村合作基金会的清理整顿。经武汉分行批准，湖北省共有76家农村合作基金会并入农村信用社，占全省合作基金会机构总数的4.1%；基金会70%的个人储蓄存款兑付已经完成。七是突出重点，扎扎实实开展了对商业银行不良资产真实性检查，检查家数为477家，占总数16.1%。此外还全面完成了对全省农业发展银行的首次全面稽核；八是指导全省国有商业银行调整撤并县级支行工作，加大了对违规违纪高管人员的处罚力度。九是加强对企业债券和金融"三乱"的监管，维护社会金融秩序稳定。全年共兑付到期债券8500万元，有效地化解了企业债券风险。十是人民银行紧紧围绕防范和化解城乡信用社金融风险这一中心，不断加大日常监管和现场检查，加大了风险处置力度，确保了全省金融合作机构的健康稳步发展。

（特约编辑、特约撰稿：周晓阳）

四川金融市场

【概况】 2000年四川省各级金融机构认真贯彻执行稳健的货币政策，切实加强金融监管，努力增加有效信贷投入，大力调整信贷结构，不断改进金融服务，保持了对经济发展的支持力度。全年成都分中心有外汇交易市场会员8家，其中国有商业银行5家、股份制商业银行2家、外资银行1家；银行间同业拆借交易成员30家，比年初增加22家，其中国有商业银行1家、城市商业银行3家、农村信用联社26家。

存贷款　2000年末，四川省金融机构各项存款余额4513.2亿元，比年初增加589.02亿元，增长15.01%；各项贷款余额4053.46亿元，按可比口径比年初增加431.64亿元，增长11.92%。

银行间同业拆借、债券回购运行情况　2000年四川省银行间同业市场运行平稳，交易量大幅上升，利率下降幅度有所减小。拆借平均价格从年初开盘的2.61%下降到6月末收盘价2.38%，但到年终收盘价又反弹到2.78%。债券回购平均价格从年初的开盘价2.73%下降到6月末的2.37%，年终收盘价又反弹到2.66%。2000年成都分中心开市251场，同业拆借交易额7.3亿元人民币，比上年增长52%，债券回购315.12亿元人民币，比去年同期增长1627%。2000年度银行间同业拆借市场、债券回购市场运行的基本特点：一是交易量大幅上升。由于市场拆借风险大于债券回购，多数交易成员选择债券回购进行融资，因此债券回购交易增幅远远高于同业拆借。二是债券回购以7天短期融入资金为主，占整个债券回购总量的97%。主要是由于短期债券回购融入资金利率低，周转灵活，有利于资金的运作，降低资金成本。三是入市交易机构增加，且日趋活跃。人民银行成都分行高度重视货币市场的发展，拟定了《关于加快西南四省区同业拆借与债券市场发展的意见》，同时新批了22家农村信用联社进入全国银行间同业拆借市场，加快了成都分行辖内货币市场发展的步伐，交易量逐月上升。四是农村信用联社交易开始显现活跃。2000年度农村信用联社同业拆借交易额为1.1亿元，债券回购1.65亿元，而上一年交易额均为零。

银行间外汇市场　2000年成都分中心银行间外汇市场开市251场，外汇市场运行平稳，市场总体仍呈现供大于求的格局，但供求差距日趋缩小，人民币对美元汇率稳中有升。1美元兑换人民币基本在8.2770元左右小幅波动，最高价为8.2885元，最低价为8.2701元。全年交易额为297万美元，比上年下降76%，市场继续萎缩。其主要原因：一是商业银行外汇自营权上收总行。二是资本项目、偿还外债等新的外汇交易增长点还未形成。

票据市场　2000年，全省各商业银行签发银行承兑汇票余额123.21亿元，累计发生额为239.91亿元，拓宽了企业融资渠道，有利于商业信用票据化。金融机构办理贴现余额38.56亿元，累计发生额为205.75亿元。人民银行系统办理再贴现余额56.85亿元，累计发额为104.92亿元。

（特约编辑、特约撰稿：孙利平）

重庆金融市场

【概况】 存贷款　截止到2000年12月31日，重庆市金融机构各项存款余额为1904.71亿元，比年初增加323.91亿元，增长20%，其中企业存款余额为645亿元，比年初增加101亿元，增长19%；储蓄存款余额为1085亿元，比年初增加176亿元，增长19%。各项贷款余额为1881亿元，比年初增加269亿元，增长17%，其中短期贷款比年初增加154亿元，中期流动性贷款比年初增加40亿元，中长期贷款比年初增加59亿元。重庆市各商业银行在全国率先进行鉴证贷款业务试点已取得初步成效。截止2000年12月发放鉴证贷款3.16亿元，涉及企业37户，其中中小企业和民营企业的金额占比为30%，为促进商业信用和银行信用的融合进行了有意义的探索。另一方面人行重庆营管部积极引导金融机构支持区县经济发展。制定印发了《关于金融机构支持优势区县经济发展的指导性意见》，引导商业银行改善对中小企业及农村经济的金融服务。截至2000年11月末，全市银行对优势区县的贷款增幅高于全市平均水平。

票据市场　2000年末，重庆市各金融机构承兑汇票余额为139亿元，累计发生额为243亿元，分别比年初增加87亿元和113亿元；贴现余额为47亿元，累计发生额为220亿元，分别比年初增加30亿元和129亿元；再贴现余额为75亿元，累计发生额为152亿元，分别比年初增加47亿元和100亿元。

证券期货市场　2000年重庆市证券期货市场发展态势良好。到年底，重庆市共有28家企业29只股票在海内外上市，其中：A股26只，B股1只，H股2只。2000年内发行上市的有4家，募集资金19.7亿；配股4家，募集资金9.35亿元，全年共募集资金29.1亿元。12月底，全市证券公司2家，分公司1家，证券营业部63家，证券服务部23个。重庆市2000

年全年的交易量达2672亿元，比1999年增加1227亿元，增长88%。重庆期货经营机构数量达到10家，其中获得经营许可证的有8家，获证监会批准筹建的有2家，预计全年完成代理交易额305亿元，比去年增长72.1%。

【规范化管理】 积极推进金融机构管理体制改革　重庆市农村信用联社和农村信用合作协会于2000年5月挂牌成立，农村信用社撤并法人机构53个，撤销非法人机构53个，22家县域城市信用社已改制更名并入农村信用社。国有商业银行按照精简高效的原则，撤并基层网点194个，股份制商业银行新设支行13家。经总行批准，深圳发展银行重庆分行和福建兴业银行重庆分行已经开业，民生银行重庆分行开始筹建，金融组织体系进一步完善。

加强金融监管三方合作　重庆市建立了人民银行重庆营业管理部、重庆证管办、重庆保监办监管联席会议制度。作为西部地区银行业的第一家行业自律组织，重庆银行业协会也于2001年6月正式成立，协会的成立将进一步加强会员之间的自律和协调，提高会员的经营水平和经营质量，有效促进银行同业之间的相互监督约束。

开展对金融机构的检查　人民银行重庆营业管理部于2000年对金融机构开展了真实性大检查，全辖派出检查组120个，参检人员470人，抽查金融机构520个，抽查贷款量796.2亿元，是历次检查范围最广、规模最大的一次。同年对辖区内违规经营的34家金融机构实施了行政处罚，建议处理或直接处理责任人21人，其中取消高级管理人员任职资格19人，全年实施经济处罚86.54万元，有效打击了违规经营活动。

开展对非银行金融机构的整顿　人行重庆营管部全年批准动用存款准备金11.3亿元，发放保支付再贷款22.32亿元，化解了部分中小金融机构的支付风险。非银行金融机构的整顿工作取得初步成效，1家信托投资公司支付风险基本化解。依法取缔了2家从事非法金融活动的典当行。经总行批准，累计安排财政专项借款49亿元，保证了清理农村“三金”和城市金融“三乱”的资金兑付工作顺利进行。截至2000年底，全辖未并入农村信用社的农村“三金”已兑付股金48.83亿元，城市“三乱”已兑付资金33.5亿元。同时严厉打击新的非法集资活动，涉及金额1.8亿元，维护了重庆金融市场的稳定。　（特约编辑：李木祥，特约撰稿：李木祥、周谦毅）

陕西金融市场

【概况】 存贷款　截止到2000年末，陕西省金融机构各项存款余额2663亿元，比上年增长16.49%，各项贷款余额2193.12亿元，按可比口径计算，比上年增长11.47%。

票据市场　2000年，陕西省商业汇票承兑、贴现、再贴现在进一步规范操作、防范风险的基础上，得到迅速扩大发展，主要呈以下特征：一是商业汇票业务规模不断扩大。全年各金融机构累计签发商业汇票90.19亿元；累计办理贴现120.14亿元，同比增长63.77%；累计办理再贴现99.16亿元，同比增长120.21%，年末余额比上年增长175.91%。二是商业承兑汇票再贴现实现零的突破。累计签发商业承兑汇票1.10亿元，累计办理贴现0.43亿元，累计办理再贴现0.4亿元。三是票据市场发展有了突破性进展。从市场主体看，一方面是部分中小金融机构已获得了签发汇票和开办票据贴现业务的资格，并据此向人民银行申办再贴现，打破了票据市场中商业银行一统天下的局面；另一方面各商业银行普遍成立了多种形式的票据业务专营窗口，发挥了规模经济的优势，逐步形成了票据业务的利益驱动机制；票据流通转让增多，背书三次以上的票据比重上升；商业汇票得到企业广泛接受，结算和融资功能充分显现。四是中小企业金融机构票据业务发展迅速。中小金融机构在防范风险的前提下，运用其灵活的经营机制，积极开展票据业务，并以此改善服务、开拓市场、提高竞争力和盈利水平，票据业务量快速增长。2000年陕西省中小金融机构累计办理再贴现68.98亿元，占总额的69.56%；再贴现余额占总量的76.04%。五是票据业务呈现向中心城市集中趋势，区域性票据市场初具雏形。据统计，2000年西安市累计签发商业汇票22.10亿元，办理贴现74.52亿元，办理再贴现67.46亿元；分别占到陕西省的24.5%、62.03%、68.03%，分别比上年同期提高了18.1、29.27和37.49个百分点，表明以西安为中心的票据市场已初具雏形。

证券市场　2000年陕西省证券市场取得长足发展，已初步形成较为完整的市场体系。全省22家上市公司总股本达45.6亿元，比上年同期增加13.87%；其中流通股19.13亿股，比上年同期增加24.68%；年末总市值达704亿元，相当于全省国内生产总值的42.3%。流通股市值282亿元，比上年增长77.34%。上市公司股票在二级市场有较好表现，流通股全年平均市值为15。25元，比上年上涨了48.63%；年底收盘平均为16.73元，比年初开盘价上涨了39%。证券市场募集建设资金取得了跨越式增长，全年共募集货币资金27.3亿元，为上年的2.48倍，是陕西省通过证券市场募集资金最多的一年。其中，秦丰农业、标准股份发行新股募集资金7.5亿元；精密股份、彩虹股份、西安旅游、金花股份、宝商集团、百隆科技6家公司通过配股募集资金12.34亿元，实现了西北五省上市公司增发新股零的突破，创下了陕西上市公司一次募集资金量的新纪录。仅这些配股和增发新股所募集的资金，投入项目实施后预计就将新增年销售收入42亿元，年实现利润增加6.5亿元。企业发行上市工作也有了可喜了突破。全年有2家公司上市，2001—2002年拟再增加5家上市公司，预计可再募集20亿元左右的资金。全省证券经营机构交易额度大幅度增长，全年股票和基金交易量1937.42亿元，比上年增长了71.38%，实现税后净利润3.09亿元，比上年增长134.09%。期货公司发展到4家，全年代理交易额71亿元。

债券市场　2000年陕西共有到期企业债券3家，总金额为11451.5万元，截止2000年底，已顺利兑付2家：西飞集团公司5280.48万元，投向为扩大生产线；榆林天然气公司2483万元，投向六万吨甲醇项目。陕西省投资公司3990万元投向马兰河引水工程项目，因故展期。2000年陕西省共兑付历年国债本息2.23亿元，其中单位国债本息0.6亿元，个人国债本息2.17亿元。

外汇市场　截止2000年12月底，全省银行结售汇总额20.64亿美元，其中结汇12.47亿美元，同比增长23.63%，售汇8.17亿美元，同比下降3.41%，结售汇顺差4.3亿美元。贸易出口结汇11.56亿美元，占结汇总额的92.7%，同比增长25%，贸易进口售汇5.92亿美元，占售汇总额的71.89%，同比下降14.42%，贸易结售汇顺差5.64亿美元。全省直接外债余额8.25亿美元，同比下降10.52%，还本付息1.48亿美元，同比增加12.42%。

【规范化管理】 认真贯彻执行稳健的货币政策，支持和促进西部大开发战略的实施　通过制定和下发货币信贷工作要点，规范运用贷币政策工具，强化利率监管，加强贷币政策的监督和检查等一系列措施，使货币政策传导机制得到了进一步的加强,确保了中央银行贷币政策措施的有效执行。

不断加大金融监管力度,防范和化解金融风险取得了成效　一是进一步健全和完善了监管制度,细化了监管责任;规范了金融机构市场准入、退出和高级人员任职资格和审查及管理;成立了陕西省银行协会,加强了行业自律。二是对全省金融机构的贷款质量、财务盈亏等真实性进行了现场大检查,进一步掌握了金融机构的风险底数,为提高监管水平奠定了基础。三是加大了清理整顿农村合作基金的力度,清盘关闭了绝大多部分农村合作基金会,依法取缔了99家乱办金融业务了非法机构,改善了金融环境,维护了金融秩序和社会稳定。四是全面启动了创建金融安全区活动,使各金融机构抗风险能力有所增强,经营状况明显好转。

狠抓管理,强化内控,确保金融市场稳健运行　一是狠抓规章制度的落实。通过制定并实施《中国人民银行西安分行对农村信用合作社再贷款管理实施细则》、《紧急贷款管理细则》、《再贴现操作规程》、《中国人民银行西安分行国家债券发行、兑付管理办法》等规章制度,规范了市场行为,起到预防和化解风险的作用;二是加强利率监管,维护利率政策的严肃性,确保利率杠杆作用的充分发挥。三是规范信贷经营行为,全面加强信贷管理,各金融机构普遍制订了目标管理综合考核办法,进一步加大了绩效挂钩的考核力度,从效益、成本控制、风险管理、合规经营、改善贷款结构和廉政建设等多方面入手,为全面提高信贷资产质量进行了不懈的努力,以确保金融稳健运行。

加强外汇管理,加大了检查力度　首先,加大了检查力度,一是做好各项大检查工作,开展了旅游外汇大检查、非国有商业银行结售汇真实性大检查、对全省保险公司外汇业务的全面检查和非贸易外汇检查工作,摸清了情况,掌握了各项外汇业务收支的基本情况和存在问题,提出了完善管理的建议,促进了外汇秩序的进一步好转。其次,把检查寓于日常管理之中。通过对部分单位进行不定期的检查,总结出了在外汇管理方面一些好的经验,及时通过《外汇动态》的形式向全省推广,对一些不规范且有普遍性的做法及时纠正并通报全省,收到较好的效果。第三,严格"双检",强化对外商投资企业和中资企业外汇监管。以对外商投资企业年检和对中资企业经常项目外汇帐户的年检为契机,加强了对这两类企业的监管力度。第四,积极支持企业出口创汇,注重将外汇管理与西部大开发和对外开放促进经济发展结合起来。一是采取种种措施,改善服务,积极采用省政府组织的一厅式办公,为外汇投资创造良好条件;二是做好出口核销考评工作,促进企业扩大出口创汇,根据《出口收汇考核试行办法》和总局要求,通过对出口企业出口收汇情况进行考核,并在媒体上公布"出口收汇荣誉企业"和"出口收汇高风险企业名单",起到了鼓励先进,鞭策后进的作用;三是积极参与引进外资银行工作。

(特约编辑:江晓明,特约撰稿:江晓明、刘军)

北京金融市场

【概况】 2000年,北京市金融机构根据国家宏观调控政策和首都经济结构发展战略,适度增加信贷投入,努力提高资金运用率,优化调整信贷结构,促进主业结构调整和产业升级,为首都经济持续、快速、健康的发展作出了积极的努力。

信贷规模　截至12月末,北京市金融机构各项存款(本外币合计)余额11472.49亿元,比年初增加1801.12亿元,增长18.62%。;各项贷款(本外币合计)余额为6329.69亿元,比年初增加1037.47亿元,增长19.6%。存、贷款增量双破千亿元大关,增量均创历史最高水平。

票据市场　2000年,北京市各金融机构累计开出银行承兑汇票208.2亿元,同比增加106.2亿元;贴现累计发生额232.9亿元,同比增加184.41亿元,再贴现累计发生额69.52亿元,同比增加60.82亿元。

金融机构基本情况　截至2000年末,北京市持证金融机构总数3234家,其中,国有商业银行分行4家,支行及支行以下机构1672家;政策性银行分行1家,支行12家;股份制商业银行法人机构1家(北京市商业银行),分行及营业部9家,支行及支行以下机构284家;外资银行分行18家,外资金融机构代表处116家;信托投资公司4家;财务公司1家;邮政储蓄机构452家;农村信用社区县联社(包括市联社及其营业部)16家,营业网点644家。

【金融体制改革】 2000年,北京市金融机构继续深化金融体制改革,积极调整信贷投向,突出支持重点,促进首都经济的发展。一是努力建立以中关村科技园区发展为主要经济增长点的信贷支持体系,突出加大对高新技术产业发展的支持力度,并处理好传统产业与新兴产业的关系,促进国民经济的整体升级;二是大力发展消费信贷业务,积极支持扩大内需。2000年,北京市银行已形成以个人住房贷款为主体,包括汽车、助学、装修、旅游、大额耐用消费品在内的消费信贷品种体系;三是继续支持北京市基础设施建设的需要,特别是对"两广"路及中关村西区改造等一批"北京市50项重大工程"建设项目及时给予信贷支持;四是引导金融机构加大信贷支农力度,制定了《关于进一步加大信贷支农力度的指导意见》;五是加强信贷监督,规范企业改制行为,切实维护金融债权;六是促进国有商业银行顺利完成资产剥离工作,减轻了企业的债务负担,推动国有企业脱困目标的实现。

【规范化管理】 2000年,北京市继续加强对金融机构各项业务的规范化管理。一是实施风险监管,促进金融机构审慎经营。针对北京地区各金融机构的风险特点,分别制定了到2002年底前防范和化解金融风险工作规划,实施风险监管。二是完善非现场监管工作体系,探索现场检查与非现场检查相结合的监管模式。制定了新业务数据定期上报制度,建立了包括月度流动性监测工作实录、月度监管快报制度、季度监管报告格式等内容的监管报告体系,完善了有关指标考核评估体系。三是进一步加强对经常项目和资本项目外汇的监管,维护良好的外汇金融秩序。围绕提高进出口核销率和落实各项非贸易用汇政策,选择有代表性的企业进行跟踪调查及核销单清理,抓住资本流出和购汇两个关键环节,通过制订和完善内部管理制度规定,严把外汇债务登记关和还本付息核准关。四是加快北京金融城域网工程建设进度,推动北京金融电子化建设。五是清理整顿POS机的重复摆放,使银行卡业务联营健康发展。

(特约编辑:姜再勇,特约撰稿:曾智)

香港金融市场

【概况】 2000年是香港金融市场稳定发展的一年。其主要表现为:外汇市场较为平稳、港元汇率小幅波动;利率市场基本稳定,利率水平根据市场需求涨跌各异;股票市场虽然出现小幅下跌,但是交易量却有大幅度增加;债券市场规模继续扩大,债券发行结构趋向长期化;黄金市场的价格基本保持稳定。

外汇市场　2000年,香港外汇市场呈现较为平稳的发展态势。由于香港实行的是港元与美元相挂钩的联系汇率制度，加之全球外汇市场没有出现大的动荡，因此港元汇率在2000年基本保持稳定；其中对美元汇率由年初的7.7805:1微跌至年底的7.7995:1。2000年8月，香港官方的外汇储备首次突破1000亿美元；截至2000年底，官方外汇储备为1075亿美元，仅次于日本和中国大陆，位居世界第三位。

利率市场 2000年，香港的市场利率水平呈现升降不一的特点，其主要原因是银行业在住宅按揭领域竞争加剧以及贷款需求欠佳所致。以2000年底与1999年底相比，几种主要的利率走势为：①银行存款利率中，7天、一个月、三个月三个档次的利率有所上升，六个月、一年两个档次的利率有所下降；②银行同业拆借利率中，隔夜、7天、一个月、三个月四个档次的利率有所上升，六个月、九个月、一年三个档次的利率有所下降；③优惠贷款利率曾有三次上调（分别为2000年的2月14日、3月27日、5月22日），其中5月22日的上调达到全年最高水平9.50%，较1999年的最后一次调整（8月30日）上升了一个百分点。

股票市场 2000年，伴随全球股市的大幅波动、特别是美国股市的大幅调整，香港股票市场也呈现出大幅调整的走势。截至2000年底，香港恒生指数由1999年底的16962.10点下跌到15095.53点，下跌幅度为11%。2000年全年，香港主板股票市场的总成交金额为30475.65亿港元，较上一年度增加了59.06%，日平均成交金额123.38亿港元。另外，香港的创业板市场也取得了一定的发展。香港的创业板市场于1999年末正式启动，截至2000年12月初，共吸引上市企业53家、筹集资金160亿港元，市场总市值达到700亿港元。

债券市场 2000年，香港债券市场的发债规模较前几年有了较大的提高；1997年港元债券集资突破了1000亿港元的大关，1999年达到1550亿港元，2000年仅前三个季度的发债量就已经达到1999年全年的水平。近两年债券市场之所以取得了较快的发展，其主要原因在于：由于1997年亚洲金融危机的爆发不仅给香港经济金融造成巨大冲击，同时也给从事风险投资的投资者带来不同程度的损失；正是由于投资风险的加剧，从而使债券这种投资工具所具有的安全性与灵活性的优势特点得以显现，进而导致投资者加大了对其的投资力度。在债券发行量大幅增长的同时，债券结构也发生了一些变化，即趋于发行长期债券。其主要原因是长短期债券的息差在缩小，从而使发行长期债券的成本相对较低，由此导致香港不少银行以及一些蓝筹公司纷纷发行长期债券进行筹资。2000年长宝公司首次发行了十年期的定息港元债券，筹资2亿港元，成为首家非政府所有企业发行长期债券的公司。

黄金市场 2000年，香港黄金市场的走势基本与国际市场上黄金价格的走势同步，呈现出小幅波动的特点。截至2000年底，黄金价格由1999年底的每盎司2692港元下跌至2537港元，下跌幅度为5.76%。其中，全年最高点为2月份2908港元，最低点为10月份的2457港元。

【金融体制改革】 2000年，香港金融监管部门出台的一项重要的金融改革措施就是建立“香港美元结算系统”。多年以来，香港一直实行的是港元与美元挂钩的汇率制度，这是香港外汇体制的重要基础。由于实行联系汇率制度，由此导致香港的各种商业、贸易、金融交易或多或少地要与美元相联系；同时，香港作为全球重要的金融中心、商业中心以及自由贸易港，以美元计价的交易和结算日益成为越来越普遍的经济活动。这一切都要求香港的金融体系中必须要建立一个美元结算系统，以适应香港经济发展的需要。2000年3月9日，香港金融管理局正式委任汇丰银行担任“香港美元结算系统”的中心银行，期限五年。根据设计，“香港美元结算系统”具有四大功能：1、结算支付功能，2结算中心功能，3、结算代理功能，4、流动性管理功能。该系统的建立，必将对香港的金融业，特别是金融市场的发展产生深刻和深远的影响，主要表现为：1、它可以提高资金的结算效率，降低交易风险；2、它有助于香港金融的稳定、特别是货币汇率的稳定；3、它有助于香港金融市场的发展，从而进一步提升香港作为国际金融中心的地位。

（王中海）

中国保险市场

中国保险市场

【概况】 2000年，我国政府全面贯彻扩大内需的方针，继续实行积极的财政政策和稳健的货币政策，使国民经济保持了较快的增长；国有大中型企业改革和三年脱困目标的基本实现，使国民经济朝着良性循环的方向发展；通过进一步推进城镇职工基本养老保险、失业保险、基本医疗保险制度改革，完善社会保障体系；实施西部大开发战略等等，所有这些都为保险市场的持续、健康发展奠定了雄厚的物质基础，提供了广阔的发展空间。2000年全国保费总收入为1595.9亿元(人民币，下同)，比1999年净增202.68亿元，同比增长14.5%。保险深度1.8%，保险密度127.7元，分别比1999年增长0.1个百分点和17.1元。其中，财产险保费收入598.4亿元，同比增长14.8%，占保费总收入的37.5%；全年支付赔款305.9亿元，赔付率51.1%；费用率11.7%，同比下降0.7个百分点；上缴营业税50亿元，同比增长5.7%；预计税前利润19.5亿元；全国人身险保费收入为997.5亿元，同比增长14.4%，占保费总收入的62.5%。累计提取各项准备金2802.8亿元；支付赔款和给付金221.5亿元；费用率5.9%，同比下降0.3个百分点；上缴营业税5.9亿元，同比增长23.5%。

【中资保险公司】 中资保险公司的业务发展 截止到2000年底，中资保险公司总资产达到3373.9亿元，比年初增加649.5亿元。各中资保险公司(华泰财产保险公司除外)在1999年业务大发展的基础上，继续取得良好的发展业绩，同比增长率居于6.48%——72%之间。中国人寿、中国人保虽发展基数庞大，仍分别保持了6.48%和13.32%的年增长率。各家中资保险公司业务发展的一般情况(如保费收入、同比增长率、市场占有率)详见表1。

表1:中资保险公司业务发展一览表(2000年)

公司名称	保费收入(亿元)	比1999年的增长率(%)	市场占有率(%)
1、中国人寿保险公司	643.57	6.48	40.33
2、中国人民保险公司	465	13.32	29.14
3、中国平安保险股份有限公司	272.45	24.11	17.07
4、中国太平洋保险公司	152.48	22.06	9.55
5、新疆建设兵团保险公司	3.83	12.1	0.24
6、新华人寿保险股份有限公司	15.06	42.6	0.94
7、泰康人寿保险股份有限公司	7.2	15	0.45
8、华泰财产保险股份有限公司	4.7	−6.37	0.29
9、大众保险股份有限公司	3.4	29.81	0.21
10、天安保险股份有限公司	2.65	27.4	0.17
11、华安财产保险股份有限公司	2.69	72	0.17
12、永安财产保险股份有限公司	0.84	56.4	0.05

注：表1不含中国再保险公司、香港在内地开设的分公司和外资保险公司；

保留到小数点第二位后四舍五入。

中资保险公司的经营管理 1、一般特征。一是各家公司加快电子化建设步伐，完善企业内部网络，提高了管理水平和工作效率。多数公司启动了网上保险和电话直销业务，开辟了新的销售和服务渠道；二是不少公司引入了ISO国际标准化质量认证体系，规范了管理和服务；三是多数公司设立了客户服务中心，启用了全国统一的客户服务热线，出现了由传统竞争向服务竞争转化的良好趋势。2、寿险公司险种结构逐步优化，业务质量不断提高。①各公司纷纷加大险种的创新力度，推出了投资连结保险、分红保险和万能寿险等，促进了传统产品向非传统产品的转轨，如新华人寿保险公司推出"创世之约"投资连结型个人终身寿险保单；太平洋保险公司则将国内第一款万能寿险产品"太平盛世·长发两全保险"推向市场等。据统计，各家公司新险种的保费收入占试点地区个人寿险新单保费收入的29.6%。②为解决不同程度存在的利差损问题，各公司采取如下措施，并取得初步成效：一是通过加强成本核算和全额预算管理，严格控制费用支出，用费差益弥补利差损，缓解了利差损的压力；二是引导客户自愿转换高预定利率保单，降低了高利率保单的比例；三是通过证券投资基金和大额协议存款等新的渠道，在确保资金安全的前提下，提高了投资回报率，证券投资基金平均收益率达到了12%；5—6年期大额协议存款最低利率为3.7%，最高利率为5.5%，用于证券投资基金的资金134亿元，比1999年增加113.8亿元。用于大额协议存款的资金为416.7亿元，比1999年增加405.7亿元。3、各产险公司在业务增长的同时，效益不断提高。公司运用赔付率、费用率等综合指标分险种核算业务盈亏，增加了承保利润；保费收入增长率同比增加11.9个百分点，而费用率同比下降0.7个百分点，赔付率同比下降2.7个百分点。

中资保险公司的各项改革 1、2000年，国务院分别向三家国有独资保险公司——中国人寿保险公司、中国再保险公司和中国人民保险公司派驻监事会，监事会代表国有资产的所有者即国家，对国有保险公司的资产质量及保值增值状况进行监督。2、中国人民保险公司和中国人寿保险公司分别合并了在同一城市的省、市分公司和地、县支公司，精简了管理层次，充实了展业力量；3、中国太平洋保险公司和新疆建设兵团保险公司产、寿险分业经营基本完成。太平洋保险公司改建为中国太平洋保险(集团)股份有限公司，注册资本金50亿元，下设中国太平洋财产保险股份有限公司和中国太平洋人寿保险股份有限公司；新疆兵保改建为新疆兵团财产保险公司，在把原有的寿险业务消化完毕后成为专营财产险业务的公司，同时将业务经营范围由兵团扩大到全疆；4、新华人寿和泰康人寿保险股份有限公司引进外资参股，实现了股权多元化、国际化。8月30日，新华人寿完成向苏黎世保险公司、国际金融公司(IFC)、日本明治生命保险公司等外资机构招募24.9%的股份，使公司资本金达到16亿元；11月21日，泰康人寿完成海外募股，投资者包括瑞士丰泰保险公司、新加坡政府直接投资有限公司等，泰康人寿的资本金由此达到20亿元；5、中国人民保险公司精简了8000名员工，占总人数的10%。中国平安保险公司率先引进国外高级管理人才，吸收了国外先进经验，取得了较好效果。中国再保险公司实行"干部竞聘上岗"和"承保人"制度，为人事制度改革创造了成功的经验。

【保险市场监管】 对外开放逐步扩大,入世准备比较充分 为加快我国保险市场的开放,中国保监会做了大量富有成效的工作:(1)举办了三期"保险高级管理人员 WTO 研讨班",认真学习研究 WTO 的基本规则,分析入世对我国保险业的影响,并提出了应对措施;(2)拟订了《外资保险公司管理条例》(草案),清理了与 WTO 规则不符的相关法律法规;(3)批准 2 家中外合资保险公司和 2 家外国保险公司分公司进入我国保险市场;批准中国保险股份有限公司在境内恢复业务;(4)10 月,批准民生人寿、东方人寿、生命人寿和恒安人寿 4 家寿险股份有限公司与外国保险公司在中国境内建立合资寿险公司;(5)增批股份制保险公司分支机构 36 个,增设中国再保险公司分公司 2 家;(6)培育和发展保险中介市场,批设保险经纪公司 8 家、保险专业代理公司 33 家、保险公估公司 3 家,保险中介市场主体框架初步形成;(7)加入国际保险监督官协会,进一步加强了我国保险业与国际保险组织的联系和合作。

监管体系逐步形成,监管力度进一步加大 (1)中国保监会陆续建立派出机构。4 月 25 日、26 日、28 日,中国保监会上海、广州和北京办公室分别挂牌成立。到 2000 年末,保监会在全国 13 个中心城市设立了办公室、办公处或特派员办事处;(2)进一步完善了保险法律法规,出台了《保险公司管理规定》等一系列行政规章和规范性文件 44 个;(3)研究制定了保险监管指标体系;(4)扩大了保险公司分支机构的经营区域,允许跨区域开办大型商业保险和统括保单业务;(5)加大了对违法、违规问题的查处力度,依法对违规经营的 38 家保险分支机构和 2 家保险专业代理公司进行了处罚;取消了部分违规代理保险业务的兼业代理机构资格;撤销了 3 家违规的外资保险机构代表处;(6)行业自律工作得到进一步加强。11 月 16 日,中国保险行业协会在北京成立,协会会员包括所有在中国内地经营保险业务的具有法人资格的商业性保险公司及现有的地方性保险行业协会。

【存在的问题】 2000 年我国保险市场面临的主要问题是:国有保险公司长期存在的资本金不足、资金运行渠道狭窄等问题还没有得到根本解决,体制不顺、机制不活仍是制约公司发展的重要因素;一些公司对分支机构监控不力,违规违纪现象时有发生;个别保险中介机构违规经营,扰乱了市场秩序;保险业服务水平不高,人员素质偏低的现象仍不同程度地存在着,保险监管工作有待进一步增强等。

(特约编委:潘履孚,特约编辑、特约撰稿:万里虹)

北京保险市场

【概况】 总体业务发展情况 2000 年,北京市保险市场实现保费收入 93.82 亿元(不含储金),约占全国保费总收入 1595.9 亿元的 5.88%,同比增加 2.16 亿元,增幅 2.27%。其中,财产险保费收入 32.32 亿元,同比增长 13.21%,占总保费的 34.45%;寿险保费收入 61.5 亿元,同比下降 2.55%,占总保费的 65.55%。保险深度 3.81%,保险密度 847.13 元。2000 年,全市共支付保险赔款及给付 33.91 亿元,其中,产险赔款支出 14.82 亿元,同比增长 1%,综合赔付率 46%,比 1999 年下降 6 个百分点;寿险赔款和满期给付 19.09 亿元,同比下降 15%。2000 年各产险公司实现保费收入 32.32 亿元,完成各产险公司累计年度计划的 112%,业务增幅 13.21%,高出 GDP 增长率 2.21 个百分点。赔款支出 14.8 亿元,同比增长 1%,综合赔付率为 46%,比 1999 年下降 6 个百分点(1999 年为 52%)。

产险业务发展情况 1、传统产险业务均有不同程度的增长。其中,企财险保费收入 3.9 亿元,占产险总保费收入的 12.07%,同比增长 5%;货运险保费收入 2.04 亿元,占比 2.35%,同比增长 14%;车险保费收入 22.7 亿元,占比 70.17%,同比增长 15%。2000 年,北京产险市场共承保机动车 713895 辆,承保比例占全市机动车拥有量的 44%,辆均保费 3176 元,比 1999 年提高 5.3%。其他财产险种(含责任、信用、保证等险种)保费收入 2.9 亿元,占产险总保费收入的 9.08%,同比增长 15.5%。家财险保费收入 0.8 亿元,同比下降 1.5%(主要是因为调整了家财险房贷业务的核算方法)。2、从各主要险种赔付率看,除货运险有所提高外,其他主要险种赔付率普遍比 1999 年有不同程度的下降。其中,企财险赔付率为 16%,同比下降 11 个百分点;家财险赔付率为 10%,同比下降 2 个百分点;其它财产保险赔付率为 9%,同比下降 9 个百分点。特别是占产险总赔款 83%的机车险,赔付率为 55%,同比下降 6 个百分点,这是带动产险综合赔付率下降的主要原因。

寿险业务发展情况 1、2000 年全市人身险业务实现保费收入 61.5 亿元,同比下降 2.55%;赔款和满期给付 19.09 亿元,同比下降 15%。其中,个人营销业务继续保持上升趋势,全年保费收入 40.03 亿元,同比增长 37%;团险业务保费收入 21.5 亿元,同比下降 37%。营销与团险业务比重为 65% 和 35%。2、从营销业务看,普通寿险、健康及意外类保险发展较快,其中,普通寿险保费收入 22.95 亿元,占营销保费总收入的 57%,同比增长 12%;健康险保费收入 6.9 亿元,占营销保费总收入的 17%,同比增长 56%;意外类保险保费收入 0.4 亿元,占营销保费总收入的 1%,同比增长 95%。2000 年新推出的投资、分红类保险保费收入 6.1 亿元,占营销总保费收入的 15%;年金类保险保费收入 3.6 亿元,占营销保费总收入的 36%,同比下降 11%。3、从团险各险种的业务情况看,因年金类和普通寿险保费下降幅度较大,导致团险业务下滑。年金保险保费收入 12.7 亿元,占团体保费总收入的 59%,降幅 35%;普通寿险保费收入 5.2 亿元,占团体保费总收入的 24%,降幅 56%。健康和意外险虽各有 40%以上的增幅,但份额很小,缓解不了团险整体下滑趋势。4、投资连结保险和分红保险等非传统险种成为寿险业务新的增长点。2000 年,投资连结保险和分红类保险一投入市场,便受到社会各界的关注和消费者的欢迎,已累计保费收入 61 亿元,占寿险总保费收入的 10%。5、随着北京市医疗体制改革制度的出台,健康保险需求加大,各类健康类险种纷纷出台,以满足医疗保险消费的需求。2000 年,北京市场健康保险保费收入 8.33 亿元,占寿险总保费的 13%,同比增长 55%。6、个人营销业务显著增长。2000 年,个人营销业务实现保费收入 40 亿元,比 1999 年提高 6 个百分点。个人营销业务与团体业务比重分别由 1999 年的 43%和 53%转为 65%和 35%。

【保险经营机构】 2000 年,中国保监会北京监管办加大对保险市场整顿的力度,使市场环境得到明显改善。各家保险公司面对保险产业结构调整、保险技术、制度创新的压力和挑战,以改革为契机,向管理要效益,在创新中求发展,进一步拓宽服务领域,加强内部管理,规范经营行为,防范经营风险,保证了业务规模和经济效益"双赢"。

机构和人员 2000 年,北京市共有各类保险分支机构 109 个(含办事处 36 个),保险员工 4377 人,其中,产险 2318

人,寿险 2059 人;寿险营销员 23695 人。保险兼业代理机构 3611 个。人保北京分公司与人保营业部顺利合并,太保北京分公司实现产、寿险分业经营;多家保险公司迁入金融街和长安街,标志着保险公司实力进一步增强。

产险公司情况　1、市场份额发生变化。中国人民保险北京市分公司以 57.2%的市场份额居首位,中国平安保险北京分公司以 13%的份额跃居第二,中国太平洋保险北京分公司和华泰财产保险公司营业总部占有率分别为 11.9%和 9.4%,人保营业部为 8.5%。2、风险意识加强,经济效益提高。2000 年全市产险公司企财、家财、机动车等主要险种综合赔付率均有下降,其中,人保北京分公司机动车保费收入 13.6 亿元,同比增长 14%,占全市机动车保费总收入的 60%,赔款支出下降 7%,赔付率为 55%,下降了 12 个百分点,经营效益非常显著。平安北京分公司取得了机车险业务量上升 40%、赔付率下降 7.9%的良好业绩。3、推出新险种,填补市场空白。由华泰、太保推出的住房保险持续快速发展,并因其较低的赔付率(10%)和广阔的发展前景,被更多的产险公司看好;人保公司开发的医疗执业责任险、电话盗打损失责任险等,都取得不俗的业绩。保费收入增长和综合赔付率下降,表明各产险公司的经营管理水平有了新的提高,经营状况和经济效益得到进一步改善,逐步实现从规模型向规模效益型的转变,为入世后的持续、健康发展奠定良好基础。

寿险公司情况　1、市场份额发生变化。2000 年,中国平安保险北京分公司市场份额继续扩大,以 40%的比例稳居榜首;新华人寿保险公司营业部攀升第二,市场份额为 18.4%,中国人寿保险北京市分公司占有率为 15.7%;中国太平洋保险北京分公司寿险市场份额 13%,比 1999 年提高 5.3 个百分点,泰康人寿保险公司和中国人寿保险总公司营业部占有率分别为 7.4%和 5.5%。在寿险个人营销业务中,平安公司以 19.17 亿元保费收入的业绩,占据个人营销市场 48%的份额;在团体业务持续低迷的情况下,新华人寿营业总部以 7.05 亿元保费收入,占据团体业务市场的 33%。2、加大非传统寿险险种的推广。除了平安公司已推出的平安投资连结保险外,2000 年,泰康人寿保险公司推出分红保险,中国太平洋保险公司推出万能寿险,投资类保险如雨后春笋般发展起来。北京团险市场发展不太景气,但新华人寿营业总部推出的瑞康养老金保险因与其他传统养老险种相比,具有一定的灵活性,市场发展前景良好。

(特约编委:潘履孚,特约编辑、特约撰稿:万里虹)

沈阳保险市场

【概况】　2000 年,沈阳市保险市场保费收入 19.33 亿元,约占全国保费总收入 1595.9 亿元的 1.2%。其中,财产保险业务保费收入约 7.34 亿元,同比下降 19.4%,占沈阳市总保费的 37.97%;人身保险业务保费收入约 11.99 亿元,同比下降 23.13%,占总保费的 62.03%。保险深度 1.73%,保险密度 268.43 亿元,在全国各省、自治区和直辖市处于中偏下水平。2000 年,全市共支付赔款及给付 9.21 亿元,其中,财产险业务赔款 4.76 亿元,人身险业务支付赔款及给付 4.45 亿元,退保金支出 0.63 亿元。

【保险经营机构】　2000 年,沈阳市保险市场主体有中国人民保险公司、中国人寿保险公司、中国平安保险股份有限公司、中国太平洋保险公司和泰康人寿保险股份有限公司五家分公司。其中,泰康人寿保险公司沈阳分公司于 4 月 28 日正式开业。

各家保险公司市场份额情况　各产险公司占全市产险保费总收入的比率分别是:中国人民保险公司沈阳市分公司占 90.6%,中国平安(产险)公司占 5.2%,中国太平洋(产险)公司占 4.2%。各寿险公司占全市寿险保费总收入的比率分别是:中国人寿保险公司占 57%,中国平安(寿险)公司占 39%,中国太平洋(寿险)公司占 2.4%,泰康人寿保险公司占 1.6%。(见表 1、2。)

表 1:沈阳市各财产保险公司业务情况表

机构	保费收入(万元)			业务支出(万元)		
	总计	企财险	机车险	总计	企财险	机车险
中国人民保险公司辽宁省分公司营业管理部	66479.1	10710.0	45734.5	45618.9	5800.9	30327.7
中国平安保险公司沈阳分公司(产险)沈阳本部	3792.4	1198.3	1497.0	1295.1	256.1	803.1
中国太平洋保险公司沈阳分公司(产险)沈阳本部	3086.8	290.2	2129.7	733.6	45.6	656.7
小计	73358.3	12198.5	49361.2	47647.6	6102.6	31787.5

表 2:沈阳市各人寿保险公司业务情况表

机构	保费收入(万元)			业务支出(万元)	
	总计	个人保险	团体保险	期满给付	死亡医疗给付
中国人寿保险公司辽宁省分公司营业管理部	68442	61523	5634.3	37331	4059
中国平安保险公司沈阳分公司(寿险)沈阳本部	46551.9	43515.7	3036.2	784.6	1801.4
中国太平洋保险公司沈阳分公司(寿险)沈阳本部	2971.0	2302	668	371	100
泰康人寿保险公司沈阳分公司	1952.69	1050.43	902.4		25.39
小计	119917.59	108391.13	10240.9	38486.6	5985.79

体制改革进一步深化　2000 年 4 月 20 日和 5 月 19 日,中国人民保险公司辽宁省分公司、中国人寿保险公司辽宁省分公司分别按照各自总公司的部署,进行了机构体制改革,完成了沈阳分公司与省公司营业部的合并,撤销了中国人民保险公司沈阳分公司、中国人寿保险公司沈阳分公司,分别成立中国人民保险公司辽宁省分公司营业管理部、中国人寿保险公司辽宁省分公司营业管理部。人保辽宁省分公司在辽阳分公司进行了建立业务处理中心和财务处理中心的试点。中国人寿辽宁省分公司完成了朝阳市公司与朝阳县支公司的合并。中国太平洋保险公司沈阳分公司,根据中国保监会关于分业经营机构体制改革的通知精神及中国太平洋保险公司分业经营机构体制改革会议的布置,于 11 月 30 日沈阳分公司完成了分业工作,产寿险分业经营划上了圆满的句号。

公司内部改革取得新的进展　中国人民保险公司辽宁省分公司在 2000 年度深化了三项制度改革。基层公司普遍实行全员工效挂钩,以万元保费、万元利润工资含量的经济杠杆调节利益分配;全系统员工都纳入了劳动合同制管理。中国人寿保险公司辽宁省分公司全系统市、县(区)公司实行了统一的"三定"方案;并对销售体制进行了改革。平安保险沈阳分公司(产险)在 2000 年下半年的"三级机构管理模式"和"四定"、"薪酬改革"等综合改革使分公司向专业化、规范化方面大大迈进了一步，并极大地调动了全体员工“依存于平安、奉献于平安、发展于平安”的积极性和创造性。分业前的太平洋保险公司沈阳分公司，面对保险市场竞争日益激烈的形势，公司首先从拓展组建展业队伍开始，将原来的三个业务部扩充为十三个展业部门，并将六名展业能手聘为新部门的经理。

业务管理逐步加强　1、中国人寿辽宁省分公司在加强业务管理方面，一是加强了业务处理中心的建设。实现了市区长险业务和个人代理业务的集中管理，调整了业务处理中心的岗位、职能、职责，实现网上数据统计分析、责任准备金测算的微机处理。二是健全了规章制度办法，制定了《全省业务质量管理标准及奖惩办法》、《全省业务达标竞赛方案》、《理赔给付管理奖惩规定》。三是推行了保单双人录入办法，对部分1999年附加险的投保规则进行了调整。完成了保单清理工作，对1999年度承办的“国寿个人养老金保险”查交业务进行全面检查和清理，进一步规范了CBPS系统，推广网上核保。2、人保辽宁省分公司在2000年加强业务管理方面，首先是坚持拓展业务发展“三点战略”。针对业务薄弱环节，把总公司实行车辆险“三点战略”的内涵，扩展到五个主要位种，并注入“全力巩固支撑点，切实找准增长点，牢固抓住突破点”的新内容，同时辅之以单险种考核，推动了业务发展。二是业务结构调整初见成效。各级公司继续坚持“在发展中调整，以调整促发展”的方针，积极主动调整业务结构。三是开展大规模的资金清理工作。四是加强内控制度建设，2000年审计违规金额1.276万元，纠正金额438万元，挽回或避免经济损失512万元。五是以开通“95918”服务专线电话为契机，结合名优工程建设，在全省建起了报案、咨询、投保、服务网络，进一步拓展了服务的功能。3、平安保险公司沈阳分公司(产险)，以“价值最大化”理念为导向，强化责任意识，“销售第一、效益第一”经营理念已逐步成为各级领导、员工的自觉行动。2000年，分公司通过平安新价值管理文化宣导、各种业务培训、经营研讨等多种形式，使各级干部、全体员工的经营理念、思想观念在实践中深化了一步。平安保险公司沈阳分公司(寿险)在2000年初开始实行市内和外围板块管理模式，不断强化企划、业管、督导职能，努力开发行销工具，完善报表追踪体系，在业务推展和新险种启动过程中，适时开展业务竞赛和激励宣导，大幅提升了月均业绩收入平台。并围绕公司的中心工作，先后举办各类培训82期。中国太平洋保险公司沈阳分公司为了加强业务管理工作制定了走访、对外宣传、激励政策等十条措施。其次是重建保户群，巩固老保户，建立新保户。三是增强服务意识，做好优质服务工作，强化了承保咨询、定期回访、延伸服务，并以理赔中心为重点制定优质服务措施。由于服务到位，2000年在“中国质量万里行明察暗访”抽察活动中，被评为沈阳金融保险系统唯一的一家优秀单位。考虑到寿险年底前分业经营，为了保证寿险业务的发展，各支公司办事处主要是加强营销队伍的建设和营销职场的建设，举办员工培训，并制定了九项业务管理规定。4、泰康人寿保险股份有限公司沈阳分公司秉承泰康人寿保险总公司先进的管理经验，从创业之初就确定了“稳健起步、专业经营、严格管理、差异致胜，创建总公司所树立的最具亲和力的寿险公司形象”的经营思想。8月，泰康人寿沈阳分公司在沈阳首推“世纪长乐终身分红保险”，使沈阳分公司成为沈阳地区第一家推出分红保险的寿险公司；11月，泰康人寿沈阳分公司为沈阳市民带来了“世纪泰康”系列的健康险。公司每季度将为保户编辑的《客户服务专刊》邮寄到保户手中；并推出电子商务网站，客户可以在网上直接投保、理赔报案，整个过程简单、快捷。

【保险市场监管】　2000年9月6日，中国保监会沈阳办公室成立后，采取了一系列有力的监管措施，加大了保险市场整顿的力度，规范了保险市场行为，全面清理了险种，界定了商业保险和社会保险的范围，为公平竞争创造了良好的氛围。沈阳监管办自成立以来，深入各家保险公司调查研究，指导工作。在沈阳保监办的指导下，在沈阳经营寿险业的中国人寿保险公司辽宁省分公司、平安保险公司沈阳分公司、太平洋保险公司沈阳分公司、泰康人寿保险沈阳分公司一起商谈建立四家公司总经理联席会议制度；10月16日，沈阳保监办召开驻沈一级保险分公司总经理和办公室主任会议，决定成立辽宁省保险行业协会筹备领导小组。驻沈一级分公司总经理为小组成员，中国人寿保险公司辽宁省分公司总经理为组长。沈阳保监办采取的一系列举措，为沈阳市保险市场更健康、更规范的发展奠定了基础。

(特约编委：潘履孚，特约编辑、特约撰稿：万里虹)

上海保险市场

【概况】　200O年，上海市保险市场继续保持持续、快速、健康发展的良好态势。全市保费收入127.69亿元(含外资和中外合资保险公司)，约占全国保费总收入1595.9亿元的8%，同比增加11.54亿元，增幅10%。其中，财产险业务保费收入35.58亿元，同比增加1亿元，增幅3%，占总保费的27.86%；人身险业务保费收入92.1亿元，同比增加11.54亿元，增幅12.9%，占总保费的72.13%。保险深度2.8%，保险密度993.14元，在全国各省、自治区和直辖市中名列前茅。2000年，全市共支付赔款及给付36.2亿元，同比增加5.6亿元，增幅18.3%。其中，财产险业务赔款15.8亿元，同比增加0.2亿元，增幅1.3%，占总支付赔款及给付比重的43.6%。全市产险综合赔付率为45%。人身险业务支付赔款及给付20.4亿元，同比增加5.4亿元，增幅36%，占总支付赔款及给付比重的56.4%，全市寿险业务综合给付率为22%。此外，人身保险业务的退保金支出4.2亿元。

【保险经营机构】　1、2000年，上海市共有商业保险公司22家(其中，寿险公司和产险公司各11家)，再保险公司1家，保险经纪公司1家。各类外资保险机构代表处49家。全市保险从业人员7416人，持证保险代理人27949人。(各家产、寿险公司业务发展情况详见表1、2、3)。2、除中国太平洋保险公司上海分公司进行了从综合经营到产寿险分业经营、分业管理体制的重大改革外，各家公司均以市场为导向，以效益为中心，狠抓内部改革，提高经营管理水平，不断增强综合竞争能力。(1)进一步加大了劳动用工制度、收入分配制度等方面的改革，加快建立和完善既适应WTO运作要求，又符合社会主义市场经济特点的企业经营机制，实行了竞争上岗制度；建立了考核机制、激励机制和多元化的工资分配机制。(2)加大了科技投入，提高保险业的科学技术含量，充分挖掘信息、网络技术的潜在业务管理和保单销售方面的潜力。如中国太平洋保险公司上海分公司2000年7月正式开通了自己的网站，并且在网站开遍半个月后，就成功地为该公司招徕客户。此外，平安寿险、友邦、中宏、金盛等公司也先后建立了自己的网站，向客户提供相关的信息服务，如介绍产品、发布代理人和员工招聘信息、接受客户咨询和投诉。目前，上海约有一半左右的公司已经开通了自己的网站。目前还没有开通网站的公司(如太平洋安泰人寿保险公司等)也在积极筹划开通。网站的设计功能有缴费，解约、保费和退保金试算、产品信息查询、提供投保建议等，网络的优势进一步得到体现。(3)在营销体制方面，专职代理销售正在逐渐取代直接销售方式，成为个人寿险和分散性财产险业务销售的主要渠道。同时，邮寄销售、银行代理销售、网上销售等各种销售渠道也有所发展。随着上海第一家保险经纪人公司的成立，上海市保险市场运行机制和国际惯例接轨的步伐将不断加快。(4)在产品开发方面，各家公司都十分重视险种结构的转换和创新，针对市场需求，加大产品的开发创新力度，使上海个人和家庭类保险产品不断更新换代。2000年，中国平安保险股份有限公司上海分公司首先推出了投资连结保险，接着美国友邦保险公司上海分公司又推出了分红寿险，到年底，中国人寿上海市分公司、中国太平洋保险公司上海分公司、中宏人寿保险有限公司、金盛人寿保险有限公司、泰康人寿保险公司上海分公司等都陆续推出了投资(分红)类产品。据了解，200O年投资连结、分红和万能保险的销售势头已经超过传统的储蓄型和保障型产品。售出新单占各公司年内售出新单总数的绝大部分。投资(分红)类产品已成为上海寿险市场上名副其实的主打产品，深受市民的青睐。在产险方面，综合性保险以及律师、会计师等职业责任保险正在快速发展，成为上海产险业务的主要增长点。个人财富的快速增长给家庭和个人类保险的发展带来发展空间。

表1:上海市各财产保险公司业务情况表(2000年)

保险机构名称	保费收入			业务支出	
	保费总收入(万元)	同比增长率(%)	占市场比重(%)	业务总支出(万元)	同比增长率(%)
1、中国人民保险公司上海市分公司	182635	−5.2	51.94	104157	−3.67
2、中国太平洋保险公司上海分公司	53682	3.2	15.27	17325	22.2
3、中国平安保险公司上海分公司	35950	28.6	10.22	10338	15
4、天安保险公司(上海)	16454	15.91	4.68	7319	
5、大众保险公司(上海)	28167	29.1	8.01	10328	−3.1
6、日本东京海上火灾保险公司上海分公司	5189	41	1.48	683	
7、美国美亚保险公司上海分公司	12094	24	3.44	2200	60
8、瑞士丰泰保险上海分公司	5908	29.8	1.68	1235	101
9、英国皇家太阳联合保险上海分公司	2677	240	0.76	116	222
10、华泰财产保险公司上海分公司	8871.6	115.7	2.52	4321.6	111
11、美国联邦产物保险上海分公司	28.77		0.01		
合计	351656.37		100	158022.6	

附注：因统计口径等方面的原因，表1中财产保险费收入35.17亿元，与前文35.58亿元保费收入指标略有出入。

表2:上海市各人寿保险公司业务情况表(2000年)

保险机构名称	保费收入			业务支出		
	保费总收入(万元)	同比增长率(%)	占市场比重(%)	满期给付(万元)	死伤医疗给付(万元)	退保金给付(万元)
1.中国人寿保险公司上海市分公司	270557	−10	29.38	93222	1172	13882
2.中国太平洋保险公司上海分公司	94156	66.95	10.22	17013	11210	10989
3.中国平安保险公司上海分公司	400453	18.18	43.48	23983.9	7934.9	12993.1
4.美国友邦保险公司上海分公司	121800	20.24	13.22	40700	4900	3300
5.天安保险股份有限公司(上海)	257		0.03		156	
6.中宏人寿保险公司	15130	72.91	1.64		280	160
7.太平洋安泰人寿保险公司	8100	183.41	0.88		100	200
8.安联大众人寿保险公司	2731.2	459.67	0.3			4.85
9.金盛人寿保险公司	000	482.52	0.33			
10.泰康人寿保险公司上海分公司	4750.5		0.52		1.44	40.68
11.中保康联人寿保险公司	109.93		0.01		0.01	0.5
合计	921044.63		100			

表3:上海东大保险经纪有限责任公司业务情况表(2000年)

保单件数(件)	保险金额(万元)	保费收入(万元)	经纪费(万元)	
企业财产保险	121	208462	212	31.3
建筑、安装工程保险	4	128436	361	31.8
货物运输保险	140	25888	8.9	5.6
船舶保险	39	8309	101.8	12.7
责任保险	11	12049	18.8	2.8
人身保险	884	6473	984.2	69.9
其他	274	5373	135.1	23.9
合计	1473	394990	1821.8	178

【保险市场监管】 1999年12月，中国保监会决定筹建第一家派出机构——上海保险监管办公室。经过四个多月的紧张筹备，上海保监办于2000年4月25日正式成立。上海保监办的成立标志着中国保监会的监管职能在上海市率先落实到位。上海保监办成立后，根据中国保监会"高起点、高标准"的要求，认真履行市场监管职能，切实维护市场秩序，同时积极开展市场调研，关注上海保险市场运行态势，不断地研究新情况，分析新问题，总结新经验，形成新认识，热情地为上海保险市场的发展服务。如研究抵押商品住房保险、健康医疗保险改革及《上海保险监管实施细则》，积极为保险代理人争取税收优惠，改善保险业的发展环境；成立上海市保险发展规划项目研究室，认真做好《上海保险业发展"十五"规划》的规划研究工作，引导上海保险业健康发展；开展年检和各种现场检查，快速处理各类保险投诉。化解市场矛盾，强化机构和人员管理，为保险市场的发展提供方便、快捷的服务。

(特约编委：潘履孚，特约编辑、特约撰稿：万里虹)

西安保险市场

【概况】 2000年，西安市保险市场保费收入13.44亿元，约占全国保费总收入1595.9亿元的0.84%。其中，财产保险业务保费收入约5.6亿元，同比增长11.05%，占西安市总保费的41.6%；人身保险业务保费收入约7.84亿元，同比增长3.05%，占总保费的58.4%。保险深度1.95%，保险密度204元。2000年，全市共支付赔款及给付34578万元，其中，财产险业务赔款26744万元，人身险业务支付赔款及给付7834万元，退保金支出3698万元。

【保险经营机构】 2000年，西安市保险市场主体有中国人民保险公司、中国人寿保险公司、中国平安保险股份有限公司、中国太平洋保险公司和永安财产保险股份有限公司五家分公司。

各家保险公司市场份额情况　各产险公司的市场占有率分别是：中国人民保险公司西安市分公司占全市产险保费总收入的57.7%，中国平安(产险)公司占15.6%，中国太平洋(产险)公司占11.7%，永安财产保险公司占15%。各寿险公司的市场占有率分别是：中国人寿保险公司占57.9%，中国平安(寿险)公司占28.2%,中国太平洋(寿险)公司占13.9%。见表1、2。

表1:西安市各财产保险公司业务情况表

机构	保费收入(万元)			业务支出(万元)		
	总计	企财险	机车险	总计	企财险	机车险
中国人民保险公司陕西省分公司营业管理部	32436	6385	19899	14898.7	3149	10547
中国平安保险公司西安分公司(产险)西安本部	8748	1132.8	5767	436.8	378.6	3446
中国太平洋保险公司西安分公司(产险)西安本部	6588	1945	4064	4841	1821	2559
永安财产保险公司	8440	1200	5550			
小计	56212	10662.8	35280	16744.8	5528.6	18792

表2:西安市各人寿保险公司业务情况表

机构	保费收入(万元)			业务支出(万元)	
	总计	个人保险	团体保险	期满给付	死亡医疗给付
中国人寿保险公司陕西省分公司营业管理部	45295	40253	5042	2982	1905
中国平安保险公司西安分公司(寿险)西安本部	22080.7	20712.4	1368.3	2291	113.9
中国太平洋保险公司西安分公司(寿险)西安本部	10890	8272	2799	155	388
小计	78265.7	69237.4	9209.3	5428	2406.9

体制改革进一步深化　为了适应中国即将加入WTO和西部大开发战略的实施,2000年西安市各保险公司加快了体制改革。中国人民保险公司和中国人寿保险公司先后撤消了西安市分公司,分别成立了中国人民保险公司陕西省分公司营业管理部和中国人寿保险公司陕西省分公司营业管理部,理顺了省会城市业务管理关系,减少了公司内部的不良竞争,增强了公司实力。平安保险公司和太平洋保险公司分别成立了西安(寿)和西安(产)经营机构,完成了产寿险分业经营。各家保险公司还根据业务发展需要,对市内营业网点进行整合,布局更加合理,提高了市场竞争力。

公司内部改革取得新的进展　2000年是各家保险公司深入进行内部改革的一年。以中国人寿保险公司陕西省分公司营业管理部为例,先后进行了用人机制、分配机制、经营机制改革。在用人机制上由单纯任命制改为竞争上岗、双向选择,对男55岁、女50岁职工实行内部退养制度,对一些技术性岗位员工实行招聘制,使干部队伍和职工队伍逐步年轻化、专业化,充满生机和活力。在分配制度上打破固定工资制,实行工资奖金收入与业绩挂钩。在经营机制上,先后建立了业务中心、财务中心和客户服务中心,以电子信息技术为依托,对业务、财务和客户服务实行集中统一管理,大大提高了工作效率,减少了经营风险。为了对业务实行专业化管理,他们还成立了团体业务部,集中力量开展大公司、大行业、大单位的保险业务。其他公司也都进行了深入的内部改革,促进了公司竞争力的提高。

【保险市场监管】　为了使保险市场规范化、制度化,促进保险市场的有序发展,在中国保险监督管理委员会的领导下,西安保监办筹备组于2000年12月正式成立。筹备组成立后,采取了一系列有力的监管措施,加大了保险市场整顿的力度。他们抽调专人组成领导班子,对西安市保险市场进行调查研究,针对机构设置、经理人员任职资格、市场竞争、兼业代理、保险代理人持证上岗等当前存在的突出问题,进行了重点清理和整顿。陕西省保险协会充分发挥了行业自律职能,通过一系列的研究和磋商,先后制订了《陕西省保险行业自律公约》、《陕西省保险行业关于制止财产保险业务中不正当竞争的公约》、《陕西省保险行业关于制止人寿保险业务中不正当竞争的公约》。在全省开展了机动车保险整顿,并进行了专项检查。对新增机动车辆保险和航空意外伤害保险实行了共保,制止了行业不正当竞争行为,加强了同业之间的合作。通过监管和自律,进一步规范了西安市各保险公司的经营行为,维护了西安保险市场秩序。　(特约编委:潘履孚,特约编辑:万里虹,特约撰稿:万里虹、李岐)

成都保险市场

【概况】　2000年,成都市保险市场保费收入24.9亿元,约占全国保费总收入1595.9亿元的1.6%。其中,财产保险业务保费收入约为12.23亿元,同比增长33.57%,占成都市全部保费收入的49%;人身保险业务保费收入约为12.67亿元,同比增长22.95%,占总保费收入的51%。保险深度1.89%,保险密度246元。2000年,成都市保险业共支付赔款及给付6.6亿元,其中,财产险业务赔款5.04亿元,人身险业务支付赔款及给付1.56亿元,退保金支出1.25亿元。

【保险经营机构】　2000年,成都市保险市场供给主体有中国人民保险公司、中国人寿保险公司、中国平安保险股份有限公司、中国太平洋保险公司、新华人寿保险股份有限公司和泰康人寿保险股份有限公司六家分公司。

各家保险公司市场份额情况　各产险公司的市场占有率分别是:中国人民保险公司成都市分公司占全市产险保费总收入的64.1%,中国平安(产险)公司占9.7%,中国太平洋(产险)公司占13.3%,中国人民保险公司四川省公司营业部占2.1%,中国人民保险公司四川省公司国际部占10.8%。各寿险公司的市场占有率分别是:中国人寿保险公司占56.8%,中国平安(寿险)公司占33.9%,中国太平洋(寿险)公司占3.3%,新华人寿保险公司占3.9%,泰康人寿保险股份有限公司占2.1%。见下表1、2。

表1:成都市各财产保险公司业务情况表

机构	保费收入(万元)			业务支出(万元)		
	总计	企财险	机车险	总计	企财险	机车险
中国人民保险公司四川省公司营业部	2595	111	2483	995	36	957
中国人民保险公司四川省公司国际部	13227	1240	5543	3694	138	2557
中国人民保险公司成都分公司	78424	10684	60554	32195	3594	26717
中国平安保险公司成都分公司	11815.45	1489.79	6618.6	3364.89	216.25	3025.9
中国太平洋保险公司成都分公司	16234	2174	11541	10195	876	7515
小计	122295.45	15698.7	86739.6	50443.89	4860.25	40771.9

表2:成都市各人寿保险公司业务情况表

机构	保费收入(万元)			业务支出(万元)	
	总计	个人保险	团体保险	期满给付	死亡医疗给付
中国人寿保险公司成都市分公司	72033	2474	69559	4865	4808
中国平安保险公司成都分公司(寿险)	43059.12	3500.12	39559	2515.14	1872.6

中国太平洋保险公司成都分公司(寿险)	4059	518	3541	971	466
新华人寿保险股份有限公司成都分公司	4962	2654.21	2307.79		45.95
泰康人寿保险股份有限公司成都分公司	2607	994	1613		7.3
小计	126720.12	15655.94	111064.18	8351.14	7199.85

体制改革进一步深化　中国人保和中国人寿成都市分公司两大国有保险机构均顺利完成了机构改革,实现了与四川省分公司机构合并,按照“高效、精简”原则,对机关进行了调整。人保公司以机构体制改革为契机,全面推进干部任用、人事用工和收入分配制度改革,减员增效取得比较明显的效果,明确了部门与岗位职责,理顺了内部关系,提高了工作效率,向实现资源的优化配置又迈出了一步。中国太平洋保险成都分公司分设为中国太平洋财产保险与中国太平洋人寿保险成都分公司,实现了分业经营的改革目标。同年,新华人寿保险公司成都分公司和泰康人寿保险公司成都分公司经中国保监会批准,于4月18日正式开业,到年末营销队伍合计超过2000人,保费收入分别超过5000万元和3000万元。两家新公司加盟成都市保险市场,增加了市场供给主体,促使了寿险市场竞争新格局的形成,使广大消费者在各寿险公司更加注重品牌和服务质量的“良性互动”中得到好处,为成都市保险市场培育注入了新的活力。

公司内部改革取得新的进展　成都市各保险机构在市场同业竞争与保险市场对外开放的双重压力下,狠抓管理与服务质量,取得了明显的效果。一是业务处理(即核保、核赔)、财务处理和客户服务“三个中心”的管理运行机制在各保险机构普遍建立,围绕这“三个中心”所建立的管理制度和所采用的现代化管理手段,使展业、承保、查勘理赔、客户服务等各业务环节的管理质量得到了切实的保障。二是管理与服务手段的电子化建设继续向新的深度和广度延伸,各保险机构的办公自动化系统、业务信息管理系统及财务信息管理系统的普遍运用对管理与服务的形式和内容起到了规范作用,工作效率大为提高,质量明显改善。在此基础上,各公司强化了内控制度和风险约束机制,如中国人寿四川省分公司系统进行了保单和寿险业务负债的清理工作,完成了“银行定期存单真实性稽核”、“个人代理人管理稽核”等八个稽核项目;中国人保四川省分公司推行了“车险业务处理软件”、“业务分析管理软件”、“单证管理系统”、“客户服务信息系统”和“收付费管理软件”等;平安公司对不良标的进行了清理,往年业务结构较差、赔付率较高的局面得到了改善。各公司还普遍与银行建立了广泛的合作关系,银行除为保险机构代理业务外,充分利用银行的网络与管理技术现代化优势,为各保险公司提供代收保费业务,不仅促进了业务发展,而且减少了个人代理业务中的现金流量,保证了保费就近及时入帐,有效地防范了风险和提高了承保质量,保证了资金安全。三是在“以人为本”的现代理念指导下,通过大力创建企业文化和强化职工教育等方式,员工素质大为提高,直接促进了管理和服务质量明显改善。

【保险市场监管】　经中国保监会批准,中国保险监督管理委员会成都办公室(成都保监办)于2000年9月26日正式成立,这标志着四川省保险监管组织体系已初步形成。作为中国保监会的派出机构,成都保监办的基本职能是:对四川保险市场进行监管,帮助保险公司防范和化解保险经营风险,依法查处保险公司的违法违规行为。成都保监办成立后,在“公正公平、依法监管、高效廉洁、文明服务”的思想指导下,坚持市场行为监管和偿付能力监管并重的方针,克服人手少、任务重、时间紧等困难,开展了一系列卓有成效的监管工作。从筹备期间起,成都保监办就边筹备边监管,深入调查成都保险市场,了解保险公司业务经营情况及急需的解决问题,解答对监管政策规定的疑问,基本掌握了成都市保险经营机构情况;组织召开了规范财产保险市场秩序座谈会及规范人寿保险市场秩序座谈会,重申保监会有关监管政策和规章制度,对保险市场存在的热点和焦点问题进行了严格的治理,对违规行为责令有关公司限期纠正;整章建制,为监管工作的法制化和规范化创造条件;整顿保险市场秩序,加大对违法违规行为的查处力度,严厉打击非法中介活动;积极向市委市政府汇报工作,争取领导支持;先后多次与工商、物价、税务、新闻等有关部门联系和沟通,并与工商局联合发文,共同规范保险市场;积极探索非现场监管的有效手段,注意发挥行业自律的作用。这些措施有效地遏制了违法违规行为,增强了保险公司依法合规经营的自觉性,市场秩序有所好转,保险业务有了新的发展,保险公司的经营效益得到了提高。　(特约编委:刘凤全,特约编辑:万里虹,特约撰稿:万里虹、孙珍珍、袁兵兵)

深圳保险市场

【概况】　2000年,深圳市保险市场保费收入40.66亿元,约占全国保费总收入1595.9亿元的2.55%。其中,财产保险业务保费收入约22.68亿元,同比增长26.51%,占深圳市全部保费收入的55.78%;人身保险业务保费收入约17.97亿元,同比增长0.6%,占保费总收入的44.22%。保险深度2.44%,保险密度939.17元。2000年,深圳市保险业共支付赔款及给付12.07亿元。其中,财产险业务赔款9.6亿元,人身险业务支付赔款及给付2.47亿元,退保金支出2.47亿元。

【保险经营机构】　2000年,是深圳市保险市场供给体系进一步走向完善的一年。全市共有保险经营主体12个,包括产险分公司7家,寿险分公司4家,专业再保险分公司1家,分别是:中国人民保险公司、中国人寿保险公司、中国平安保险股份有限公司、中国太平洋保险公司、华安财产保险股份有限公司、华泰财产保险股份有限公司、香港民安保险公司、美国美亚保险公司和美国友邦保险公司。其中,中国平安保险公司和华安财产保险股份有限公司总部设在深圳,华泰财产保险股份有限公司和中国再保险公司于年内被批准组建分公司。有13个国家和地区的保险公司在深圳设立了13家代表处。深圳市共有保险营业网点174个,其中支公司38个,办事处136个,保险从业人员6452人。同时,深圳保险中介机构有2家批准筹建。年末,中国保监会深圳办公室的筹建进入实质阶段,并开始行使监管职能。至此,包括监管、经营主体(含产险、寿险、再保险)、中介(含代理、经纪、公估)在内的较为完善的保险市场体系已在中国改革开放的最前沿窗口——深圳市初步形成。

各家保险公司市场份额情况　各产险公司的市场占有率分别是:中国人民保险公司深圳市分公司占全市产险保费总收入的52.6%,中国平安(产险)公司占16.4%,中国太平洋(产险)公司占13.7%,香港民安保险公司深圳分公司占6.4%,华安财产保险股份有限公司占10.1%,美亚保险公司深圳分公司占0.3%,华泰财产保险股份有限公司深圳分公司占0.5%。各寿险公司的市场占有率分别是:中国人寿保险公司占47.5%,中国平安(寿险)公司占41.2%,中国太平洋(寿险)公司占9.9%,美国友邦保险有限公司深圳分公司占1.4%。见下表1、2。

表 1:深圳市各财产保险公司业务情况表

机构	保费收入(万元)			业务支出(万元)		
	总计	企财险	机车险	总计	企财险	机车险
中国人民保险公司深圳市分公司	119258	17604	82199	52853	8419	35604
中国平安保险股份有限公司深圳分公司(产险)	37281	8054	19995	15471	2479	8724
中国太平洋保险公司深圳分公司(产险)	31170	4884	19699	10499	2418	6312
香港民安保险公司深圳分公司	14618	11036	2654	4326	3077	628
华安财产保险股份有限公司	22648	1823	15835	9017	1201	6053
华泰财产保险股份有限公司深圳分公司	1178	389	490	812	295	311
美国美亚保险公司深圳分公司	710	307		1310	620	
小计	226863	44097	140872	94288	18509	57632

表 2:深圳市各人寿保险公司业务情况表

机构	保费收入(万元)			业务支出(万元)	
	总计	个人保险	团体保险	期满给付	死亡医疗给付
中国人寿保险公司深圳市分公司	85433	77570	7863	17408	3252
中国平安保险股份有限公司深圳分公司(寿险)	74009.6	62524.74	11484.86	3210.21	1525.96
中国太平洋保险公司深圳分公司(寿险)	17959	7930	10029	565	499
美国友邦保险有限公司深圳分公司	2341	2341	—	—	26.7
小计	179742.6	150365.74	29376.86	21183.21	5303.66

体制改革进一步深化 随着我国加入 WTO 的日趋临近,如何迎接加入 WTO 后更加激烈的市场竞争的挑战,成为我国保险业面临的一个重要而紧迫的课题。2000 年,深圳市各家保险公司进行了一系列改革和探索。中国人保深圳市分公司改革了内部机构设置,成立了承保中心、理赔中心、客户服务中心、财务处理中心、教育培训中心等五大专业中心,对承保和理赔进行了分离,从体制上解决了理赔速度慢的问题,对财务实行了"收支两条线"管理,强化了全员服务意识,改革了传统的人事制度,建立了人力资源管理的八大机制;中国太平洋保险公司完成了分业经营的机构改革,成立了专业的产险和寿险分公司,向专业化、集约化的发展方向迈出了关键的一步。中国平安保险公司根据市场竞争需要,进行了销售体制改革,成立"销售团队",开创了"团队展业"的新模式。

公司内部改革取得新的进展 各家公司加大了经营管理方式创新的力度,引进先进的管理和科技手段,努力提高自身的经营管理水平。人保深圳市分公司全面推行"ISO9000"国际质量管理体系,并通过了国际国内双重认证;中国平安保险公司投资 2 亿元人民币,开通了"PA18"新概念网站;中国人寿、中国太平洋和华安等保险公司都开通了自己的电子商务网站。10 月,一种全新的机动车辆智能卡在深圳部分保险公司投入试用,方便了保险公司和客户。随着 IT 技术的发展,国际互联网络作为"第四媒体",将发挥保险管理平台、营销平台、反应平台、服务平台的作用,成为 21 世纪最重要的保险营销和管理工具之一。 (特约编委:刘凤全,特约编辑:万里虹,特约撰稿:万里虹、孙珍珍、邹全)

天津保险市场

【概况】 2000 年,天津市保险市场保费收入 31.42 亿元,约占全国保费总收入 1595.9 亿元的 1.97%。其中,财产保险业务保费收入约 12.29 亿元,同比增长 7.54%,占天津市全部保费收入的 39.1%;人身保险业务保费收入约 19.13 亿元,同比增长 7.73%,占总保费的 60.9%。保险深度 1.92%,保险密度 313.89 元。2000 年,全市共支付赔款及给付 8.53 亿元。其中,财产险业务赔款 6.46 亿元,人身险业务支付赔款及给付 2.07 亿元,退保金支出 1.35 亿元。

【保险经营机构】 2000 年,天津市保险市场主体有中国人民保险公司、中国人寿保险公司、中国平安保险股份有限公司、中国太平洋保险股份有限公司、华泰财产保险股份有限公司、新华人寿保险股份有限公司六家分公司。

各家保险公司市场份额情况 各产险公司的市场占有率分别是:中国人民保险公司天津市分公司占全市产险保费总收入的 21.5%,中国平安(产险)公司占 12.8%,中国太平洋(产险)公司占 60.8%,华泰财产保险公司天津分公司占 4.9%。各寿险公司的市场占有率分别是:中国人寿保险公司占 43.7%,中国平安(寿险)公司占 38.9%,中国太平洋(寿险)公司占 9.5%,新华人寿保险公司天津分公司占 7.9%。见下表 1、2。

表 1:天津市各财产保险公司业务情况表

机构	保费收入(万元)			业务支出(万元)		
	总计	企财险	机车险	总计	企财险	机车险
中国人民保险公司天津市分公司	951	119	668	306		272
中国平安保险股份有限公司天津分公司(产险)天津本部	561	21	126	43		11
中国太平洋保险公司天津分公司(产险)天津本部	2683	315	1691	1155	81	873
华泰财产保险公司天津分公司	218	49	94			
小计	4413	504	2579	1504	81	1156

表 2:天津市各人寿保险公司业务情况表

机构	保费收入(万元)			业务支出(万元)	
	总计	个人保险	团体保险	期满给付	死亡医疗给付
中国人寿保险公司天津分公司	83639	66919	16720	7598	1712
中国平安保险股份有限公司天津分公司(寿险)	74410	69224	5186	9518	477
中国太平洋保险公司天津分公司(寿险)	18041	12959	5082	994	313
新华人寿保险公司天津分公司	15196	2867	12329		91
小计	191286	151969	39317	18110	2593

市场供给主体呈现多元化格局 2000 年,天津市共有各类中资保险机构 102 个,包括:分公司 6 个、支公司 42 个、办事处 54 个。其中:中国人保支公司 20 个、办事处 19 个;中国人寿支公司 19 个、办事处 6 个;平保支公司 3 个、办事处 14 个;太保办事处 15 个。泰康人寿保险公司天津分公司、恒安人寿保险公司和天津东方保险代理有限公司正在筹备之中。瑞士丰泰保险公司、全美人寿保险公司等七家外国保险机构在天津市设有代表处。天津市各保险公司共有正式员工 2728 人,寿险营销员约计 10000 人。

公司内部改革取得新的进展 2000 年,天津各保险公司按照其总公司的要求,紧紧围绕社会保障体制的建立,积极开发新的业务增长点以满足市场需求,一是开拓了与住房制度改革相关的保险业务,为住房改革提供配套服务;二是适应医疗制度改革的新形势，拓宽疾病保险的服务领域和范围；三是积极研究推出了投资分红型的寿险新产品。

（特约编委：刘凤全，特约编辑：万里虹，特约撰稿：万里虹、孙珍珍、刘彬）

武汉保险市场

【概况】 2000 年，武汉市保险市场保费收入 22.61 亿元，约占全国保费总收入 1595.9 亿元的 1.42%。其中，财产保险业务保费收入约 7.25 亿元，同比增长 14.27%，占全市总保费收入的 32.07%；人身保险业务保费收入约 15.36 亿元，同比负增长 7.73%，占总保费收入的 67.93%。保险深度 1.87%，保险密度 272 元。2000 年，武汉市保险业共支付赔款及给付 5.7 亿元。其中，财产险业务赔款 2.63 亿元，人身险业务支付赔款及给付 3.07 亿元，退保金支出 1.07 亿元。

【保险经营机构】 2000 年，武汉市保险市场供给主体有中国人民保险公司、中国人寿保险公司、中国平安保险股份有限公司、泰康人寿保险股份有限公司及中国太平洋保险公司五家分公司。

各家保险公司市场份额情况　各产险公司的市场占有率分别是：中国人民保险公司武汉市分公司占全市产险保费总收入的 57.7 %，中国平安（产险）公司占 15.6 %，中国太平洋（产险）公司占 11.7 %，中国平安保险公司（产险）占 15%。各寿险公司的市场占有率分别是：中国人寿保险公司占 57.9%，中国平安（寿险）公司占 28.2 %，中国太平洋（寿险）公司占 13.9 %。见表 1、2。

表 1：武汉市各财产保险公司业务情况表

机构	保费收入（万元）			业务支出（万元）		
	总计	企财险	机车险	总计	企财险	机车险
中国人民保险公司武汉市分公司	42110	10556	26927	18195	3374	13283
中国平安保险股份有限公司武汉分公司（产险）	6349	2319	2702	2588	767	1317
中国太平洋保险公司武汉分公司（产险）	8491	2877	4003	5527	472	1839
小计	56950	15752	33632	26310	4613	16439

表 2：武汉市各人寿保险公司业务情况表

机构	保费收入（万元）			业务支出（万元）	
	总计	个人保险	团体保险	期满给付	死亡医疗给付
中国人寿保险公司武汉市分公司	89197	72278	16919	19693	5889
中国平安保险股份有限公司武汉分公司（寿险）	37260	25746	11514	336	303
中国太平洋保险公司武汉分公司（寿险）	6690	3605	3085	3932	427
泰康人寿保险股份有限公司武汉分公司	9516	6457	3059		94
小计	142663	79250	63413	23961	6713

股份制公司保持较快的发展势头　2000 年 11 月，新华人寿保险公司武汉分公司获准筹建；12 月，湖北东亚保险代理有限公司获准筹建。从竞争情况看，2000 年湖北省各家保险公司所占市场份额此消彼长，竞争更加激烈。就财产保险而言，2000 年中国人民保险公司湖北省分公司保费收入占产险市场份额为 86.11%，比 1999 年下降了 1.45 个百分点；中国太平洋保险公司武汉分公司（产险）保费收入占产险市场份额为 7.82%，比 1999 年上升了 0.38 个百分点；中国平安保险公司武汉分公司（产险）保费收入占产险市场份额为 6.07%，比 1999 年上升了 1.07 个百分点。从人身险业务看，2000 年中国人寿保险公司湖北省分公司保费收入占寿险市场份额为 75.58%，同比下降 4.53 个百分点；中国太平洋保险公司武汉分公司（寿险）保费收入占寿险市场份额为 4.69%，同比下降 0.5 个百分点；中国平安保险股份有限公司武汉分公司（寿险）保费收入占寿险市场份额为 17.46%，同比上升 4.43 个百分点；泰康人寿保险公司武汉分公司保费收入占寿险市场份额为 2.27%，同比上升了 0.6 个百分点。总的来看，原来的国有保险公司虽然保费收入同比都继续增长，但增长幅度低于股份制公司，市场份额呈缓慢下降态势；同时，股份制公司业务发展保持了较快增长的势头，市场份额逐年上升，整个市场竞争程度更加充分，逐步由垄断竞争市场向完全竞争市场过渡。

公司内部改革取得新的进展　一是各家保险公司在正式员工管理上，进一步加强了思想政治工作和队伍建设，组织党员、干部认真学习三个代表”重要思想；开展了“三讲”教育回头看、职业道德教育等一系列活动；进一步重视人才培养工作，注重了对员工的专业培训。二是在个人代理人的管理上，进一步加强了对代理人资格的管理，2000 年全省共有 6835 人参加了保险代理人资格考试，其中有 2516 人取得了代理人资格证书，代理人队伍的整体素质有了进一步提高。

【保险市场监管】 2000 年上半年，中国保监会对中国人寿保险湖北省分公司 1999 年总体经营情况进行了年度检查，并对部分分支公司进行了抽样检查。这是中国保监会成立以来首次对湖北省保险机构进行年检。在年检的同时，保监会还听取了中国平安保险股份有限公司武汉分公司、中国太平洋保险公司武汉分公司、泰康人寿保险公司武汉分公司等公司经营情况的汇报。二是湖北省保险监管机构于年底开始筹建，并实现了“边筹建边监管”程序。12 月 22 日，中国保监会武汉办公室筹备组挂牌成立，并于年底分别到各家分公司调查了解有关经营情况，并提出了相应意见，开始履行监管职能。三是保险监管部门进一步修改完善了保险监管指标体系，非现场监管的力度逐步加大。在以前的保险监管报表体系基础上，2000 年底武汉保监办（筹）对湖北省各项保险监管指标进行了进一步细化和完善。四是各家保险公司依法接受监管的意识进一步增强，内控力度进一步加大。同时，2000 年各家保险公司按照监管部门的要求，结合本系统实际，普遍组织了业务、财务检查工作，对本系统的业务管理、财务管理、资产管理等情况有了更清晰的了解，进一步摸清了家底，加强了内部管理，有效防范化解了经营风险。五是市场竞争向着更加规范、有序的方向发展。各家公司竞争中出现的问题，在保险监管部门的指导和保险同业协会的协调下，进一步得到了有效解决，特别是竞争比较激烈的车辆险、航意险业务，继续执行统一的单证、条款和费率，2000 年全省车辆险保费收入为 110626.26 万元，同比增长 104.59%，赔付率为 52.11%，同比下降了 2.89%；航意险保费收入 1270 万元，同比增长 27%，赔付率与 1999 年基本持平，两项业务都出现了总量上升、质量趋优、竞争更加规范有序的局面。　（特约编委：刘凤全，特约编辑：万里虹，特约撰稿：万里虹、孙珍珍、陈汉生）

重庆保险市场

【概况】 2000 年，重庆市保险市场保费收入 27.71 亿元，约占全国保费总收入 1595.9 亿元的 1.74%。其中，财产保险业务保费收入约 10.72 亿元，同比增长 11.38%，占重庆市总保费的 38.7%;人身保险业务保费收入约 16.99 亿元,同比增长 10.69%,占总保费的 61.3%。保险深度 1.74%,保险密度 89.66 元。2000 年,全市共支付赔款及给付 8.65 亿元,其中,财产险业务赔款 5.25 亿元,人身险业务支付赔款及给付 3 亿元。

【保险经营机构】 2000 年,重庆市保险市场主体有中国人民保险公司、中国人寿保险公司、中国平安保险股份有限公司、中国太平洋产险和中国太平洋寿险五家分公司。各家保险公司市场份额情况 各产险公司的市场占有率分别是:中国人民保险公司重庆市分公司占全市产险保费总收入的 70.76%,中国平安(产险)公司占 14.06 %,中国太平洋(产险)公司占 15.18%。各寿险公司的市场占有率分别是:中国人寿保险公司占 59.06%,中国平安(寿险)公司占 32.62%,中国太平洋(寿险)公司占 8.32%。见表 1、2。

表 1:重庆市各财产保险公司业务情况表

机构	保费收入(万元)			业务支出(万元)		
	总计	企财险	机车险	总计	企财险	机车险
中国人民保险公司重庆市分公司	75824	13910	48454	38040	3578	27967
中国太平洋(产险)公司重庆分公司	16260.6	2069	10183.6	7592.4	494.6	6058.7
中国平安保险公司重庆分公司(产险)重庆本部	15061	1800.8	10451.71	7207.75	567.44	5975.29
小计	107145.6	17779.8	69089.31	52514.15	4644.04	39617.99

表 2:重庆市各人寿保险公司业务情况表

机构	保费收入(万元)			业务支出(万元)	
	总计	个人保险	团体保险	期满给付	死亡医疗给付
中国人寿保险公司重庆市分公司	100364.6	81359.2	19005.4	16815	8528.8
中国太平洋(寿险)公司重庆分公司	14144.7	7462.6	6682.1	353.4	1121.3
中国平安保险公司重庆分公司(寿险)重庆本部	55441.1	50756.1	4685	1477.4	2346.8
小计	169950.4	139577.9	30372.5	18615.8	11996.9

保险市场要素日益健全 一是主体多元化的竞争格局初步形成。按照《保险法》要求,2000 年底,中国太平洋保险公司重庆分公司机构分设为中国太平洋财产保险股份有限公司重庆分公司和中国太平洋人寿保险股份有限公司重庆分公司。经中国保监会批准,永安财产保险股份有限公司重庆分公司已开始筹建。目前,重庆市保险市场共有中资保险公司 5 家(中国人保、中国人寿、太平洋财险、太平洋寿险、平安)、外资保险代表处 3 家(加拿大永明、美国利宝、日本安田)。其中,美国利宝互助保险公司已于 2000 年底向中国保监会提出在渝设立营业性机构的申请。重庆市共有保险营业机构 144 个,保险从业人员 2300 余人,初步形成了竞争主体多元化局面。二是保险中介人队伍日益得到发展。2000 年,重庆市获得资格证书的保险代理人近 17000 名,通过保险经纪人资格考试并取得资格证书的 28 名,通过公估人考试取得资格证者 5 名。经中国保监会批准,2000 年 12 月,重庆两江保险代理公司和大众保险代理公司获准筹建。

各家保险公司经营管理概况 一是各家保险公司业务持续增长,经营管理得到加强。2000 年,各家公司以深化改革为动力,以加强管理为手段,出台、推进了各项措施。中国人保和中国人寿调整机构,精简管理层次和人员,充实基层展业力量;中国太平洋保险公司顺利实现产寿险分业经营;中国平安公司认真贯彻"竞争、激励、淘汰"机制,优化人力资源。这些措施在一定程度上增强了企业活力,促进了业务持续、快速增长。二是保险服务领域不断扩大,服务水平有所提高。一方面,2000 年各家公司积极拓展保险市场,在巩固原有阵地的同时,积极推出了新的险种。产险在巩固原有业务阵地的同时,积极拓展运输险、建安险的业务领域。同时推出了医疗责任险、现金保险、校园责任险、安居综合险等新的保险业务。寿险产品由储蓄型向保障投资型方向发展,针对市场需要,推出了分红保险与投资连结保险。另一方面,各家保险公司皆在不同程度上将竞争重点放在优质服务上,中国人保、中国人寿、中国太保、中国平安分别开通全国统一的全天候保险服务专线,中国人寿利用机构优势,推出网络"通保通赔"便利服务,并率先在重庆市推出服务网站。人保、太保、平安以客户为中心,分别建立客户中心,柜面保险服务窗口,为客户服务的"参谋组",全面提升服务水平。三是强化理赔服务。一方面各保险公司积极发挥防灾职能,分别与水文、气象等部门建立"联动机制",及时将汛息通知保户单位,提前转运危险地区物资,有效减少了事故的发生;另一方面,各公司强化理赔服务,开通了理赔快速通道等,以优质的服务树立了重庆保险业良好的形象。

【保险市场监管】 为有效防范风险、深化金融体制改革,遵照党中央、国务院作出的"实行银行、证券、保险分业经营、分业监管"的重大决策,中国保监会重庆办事处于 2000 年 9 月 19 日正式挂牌成立,得到地方党政领导的高度重视和大力支持。重庆市市长在当天《重庆日报》发表署名文章《大力发展保险事业,促进重庆经济发展》。市政府办公厅于 9 月 14 日发出《关于支持中国保险监督管理委员会重庆保险监督办事处工作的通知》。成立后的重庆保监办,强化了市场调研工作,完善了一系列保险监管规章制度,并指导各保险公司采取切实有效的措施,努力防范和化解风险,有效地保障了重庆保险业持续、稳步发展。

(特约编委:刘凤全,特约编辑、特约撰稿:万里虹)

香港保险市场

【概况】 2000 年香港保险业务仍然呈现出亏损局面。在包括事故险、健康险、车险、飞机险、轮船险、财产险等在内的直接险业务总保费达到 142.50 亿港元,净保费收入也达 96.95 亿港元,其中财产损失险盈利最多,为 2.86 亿港元,而车险亏损达 2.12 亿港元,直接险业务全年总计亏损 5.18 亿港元。一般业务中再保险业务的总保费为 34.27 亿港元,净保费收入 24.36 亿港元,其中财产损失险盈利 1.05 亿港元,车险亏损最多,为 0.93 亿港元,盈亏相抵后再保险业务总计亏损 0.40 亿港元。长期业务中,2000 年新业务保单保费总额达 3125.03 亿港元,其中个人人寿业务的保单保费达 34.34 亿元。

【保险机构】 2000 年定期缴付保费中,从非投资相连的保单数目增长率来看,恒生人寿、中银集团、纽约人寿位居前三位,分别比 1999 年末增长 57.47%、28.88%和 21.56%;从非投资相连保单的总保额增长率来看,纽约人寿、恒生人寿、中银集团分别高达 33.68%、26.26%和 24.83%;从非投资相连保单的总保费增长率来看,恒生人寿、中银集团、纽约人寿以 99.98%、30.85%和 25.25%增幅居前;从投资相连的保单数目增长率、总保额增长率、总保费增长率看,美国友邦以增幅 1116.95%、848.68%、1032.47%高居首位。在整付保费中,从非投资相连的保单数目增长水平看,中银集团由 1999 年末的 18 猛增至 2000 年的 3991,增幅高达 22072.22%,与此同时,总保额和总保费也分别达到10.3亿和9.14亿,增幅分别为2744.17%、3682.98%,成为2000年最为耀眼的明星。太平人寿保单数目总保额和总保费也分别增加了184.62%、50.14%、45.90%,位居第二。另外值得注意的是作为英国标准人寿保险公司、澳洲兴业保险有限公司及中国光大控股有限公司的合营公司,标准人寿保险(亚洲)有限公司(标准亚洲)2000年11月20日在香港正式宣布开业,成为香港保险市场上又一支有生力量。

【险种及保费收入】 险种　香港保险业拥有专业化的产品开发队伍,同时在长期的市场竞争中也把握了市场的脉搏,因而在险种设计上不断推陈出新。首先是险种保险范围广。"生活万全保"为患难与共重病的投保人提供周全的保障,其承保范围包括中风、失聪、肌肉营养不良症等30种严重疾病,香港险种的设计给了投保人更多的余地,承保的责任也更宽泛。其次,险种期限差别化。如汇丰的"旅游万全保"规定有弹性承保期,投保人可根据需要选择延长承保期,最长达6个月。又如东亚银行的"易安排保障计划"是十年寿险计划,以低廉保障;"易安心保障计划"也是十年寿险计划,但其在期满时可根据需要续保至60岁止;"易筹谋计划"每年续期,并可续保至65岁止。这三种计划区别主要体现在期限上,这种期限多样化的保单,体现了保险公司的独具匠心。第三,综合险种的创新。香港寿险公司在开发险种时,还善于把不同类别的险种联接起来创立新险种。"旅游万全保"即是将寿险和财险结合的一种综合附和险种,该计划除了保障造成重大金钱损失的事项、医疗费用、意外受伤外,还承保行李遗失、金钱遗失、班机延误或财物被窃等意外。

保费收入　从保费收入看,1999年香港的保险市场就曾呈现出人寿保险一枝独秀的局面,2000年则继续保持良好的发展势头。在有效业务中,由于地产及股票市场表现疲弱,部分投资者转而选择具有保证回报的整付保费产品,以获取高于定期利率的回报,整付保费产品稳健增长。定期缴付保费产品总体增幅也达13%,总额达到255.35亿港元。具体而言,个人人寿业务的定期保费(包括与投资相连的保单和非投资相连的保单)比1999年下降3%,但整付保费(包括与投资相连的保单和非投资相连的保单)增幅达180%。第二年续保率方面,到2000年底,寿险公司取得84%的卓越记录。尽管团体人寿业务整体市场只增加了11%,保单数目比去年有2%的跌幅,但受保人数却大幅攀升140%。退休保障业务方面,由于强积金业务计划已于2000年12月1日正式实行,不少客户将现有退休计划转到强制性公积金计划的同一供应商,从而降低了两个计划并行的行政费用,因此绝大部分寿险公司的年付首年供款都大幅下降。寿险公司全年共赔付352000宗索赔申请,涉及金额达43.49亿港元。（章彰）

金融管理机构

中国人民银行

【概况】《中华人民共和国中国人民银行法》规定，中国人民银行是中国的中央银行，是在国务院领导下，制定和执行货币政策、对金融业实施监督管理的宏观调控部门。中国人民银行是国务院组成部门之一。中国人民银行公务员编制500名。其中行长1名，副行长4名，司局级领导职数49名（含行长助理3名和机关党委专职副书记1名）。中国人民银行总行内设13个职能司（厅）：办公厅、条法司、货币政策司、银行监管一司、银行监管二司、非银行金融机构监管司、合作金融机构监管司、统计司、会计财务司、支付科技司、国际司、内审司、人事教育司。除以上职能司（厅）外，为履行《中国人民银行法》规定的职责，保证科学制定和实施货币政策，有效实施金融监管，中国人民银行设立研究局、货币金银局、国库局、保卫局、培训中心，作为支持服务体系。上述单位的人员参照国家公务员的办法进行管理，人数260名。为更好地履行中央银行职责，1998年中国人民银行进行了管理体制和组织机构改革。调整后的中国人民银行管理体制是：总行下设9个分行（包括20个金融监管办事处）、2个营业管理部、326个中心支行、1825个县（市、旗）支行。在新的管理体制下，中国人民银行各级机构的分工进一步明确，货币政策权集中于总行，分行集中力量加强金融监管，金融服务面向基层。

【业务工作】 货币信贷工作 2000年中国人民银行继续实行稳健的货币政策，促进国民经济出现重要转机。一是在降低利率和存款准备金等措施继续发挥作用的同时，运用再贷款、再贴现、公开市场操作等货币政策工具，适当增加货币供应，为执行扩大内需方针提供宏观金融环境；二是积极引导贷款投向，落实扩大内需、调整结构、促进消费的各项信贷措施，支持国民经济各部门对资金的合理需求；三是及时运用公开市场操作，有效降低了商业银行的流动性，稳定了货币市场利率水平；四是在稳定利率，充分发挥利率政策的同时，稳步推进市场取向的利率管理体制改革，放开了外币存贷款利率；五是积极推进货币市场建设，完善货币政策传导机制。

金融监管工作 2000年中国人民银行加强了金融监管，在防范和化解金融风险方面取得了显著成效，保证了金融秩序的稳定。一是集中力量加强对金融机构特别国有独资商业银行的监督，4月至8月间对金融机构的贷款质量、盈亏状况、内控制度建立与执行情况以及高级管理人员任职资格等方面进行真实性现场大检查，8月以后对国有独资商业银行上半年不良贷款比例继续上升情况进行抽查，通过现场检查，基本掌握了4家银行的资产负债、所有者权益及风险状况，同时促进了人民银行监管业务水平的提高；二是加强对外资银行特别是高风险国家外资银行的监管，多次参加了中国加入WTO的双边谈判，并着手研究建立符合国际惯例的监管框架体系，使银行监管与国际接轨，迎接加入WTO的挑战；三是加大整顿中小金融机构的力度，经过与各地政府多次磋商，明确了信托投资公司、城乡信用社、企业集团财务公司和金融租赁公司等机构的分类处置方案，对那些严重资不抵债或有巨额支付缺口的机构予以市场退出；四是对被撤金融机构需偿还的个人债务及外债所需资金不足部分提供中央专项借款支持，并加强对专项借款的管理，及时解决了整顿过程中出现的矛盾，保证了被撤销公司风险处置的平稳进行；五是加强与中国证券监督管理委员会、中国保险监督管理委员会间的监管协调，三大金融监管机构间建立了联席会议制度；六是进一步健全金融监管法规，依法对违规金融机构及违规人员进行了处理；七是加强外汇外债管理，加大外汇检查和执法力度，国际收支继续保持平衡、人民币汇率稳定。

【法制建设】 2000年国务院和中国人民银行先后颁布了《人民币管理条例》、《个人存款账户实名制规定》、《不良贷款认定办法》、《金融资产管理公司条例》、《会计师事务所从事金融相关审计业务暂行办法》、《企业集团财务公司管理办法》、《金融租赁公司管理办法》、《金融机构高级管理人员任职资格管理办法》、《全国银行间债券市场债券交易管理办法》、《关于改革外币存贷款利率管理体制的通知》、《证券公司股票质押贷款管理办法》和《支付结算业务代理办法》等一系列金融法规和金融规章。这些规章制度的出台对于提高中国人民银行依法履行职责的独立性、完善金融宏观调控、理顺人民银行的管理体制、规范金融监管和金融业务管理、防范和化解金融风险起到了积极的作用。

（特约编委：蔡浩仪，特约编辑：李德，特约撰稿：闫伟）

中国人民银行分行和营业管理部

【概况】 1998年中国对金融监管体制进行了重大改革，开始建立分业监管体制。1998年3月撤消国务院证券委员会，其职能由中国证券监督管理委员会行使。1998年11月专设了中国保险监督管理委员会，专门负责对保险业进行监管。中国人民银行将对证券机构和保险公司的监管权移交给中国证券监督管理委员会和中国保险监督管理委员会，形成了银行、证券、保险三个监管部门分工协作、各司其职的分业监管体系。中国人民银行管理体制实施了重大改革，撤销原省级分行，跨省（区）设立9家分行。为了保证中央银行工作的连续性和稳定性，按“先建后撤”的原则，原省级分行继续履行职能到1998年12月31日，新的跨省区分行从1999年1月1日起正式对外履行职能。近些年来，中国人民银行的机构数量保持在2千多个，人员数量保持在18万左右。

1998年中国人民银行管理体制改革后，中国人民银行总行、分行、中心支行和县（市）支行的职能进行了重大调整，新的管理体制框架基本确立。总行下设9个分行，同时在不设跨区分行的省（自治区、直辖市）的省会城市设立20个金融监管办事处，作为分行的派出机构，并设立326个中心支行和县（市、旗）支行1825个。另外，设立中国人民银行北京营业管理部和中国人民银行重庆营业管理部，分别承担原中国人民银行北京市分行和重庆市分行的管理职能。经过这次改革，中国人民银行形成了总行统一领导，由总行、分行、中心支行和县

(市)支行分级管理的垂直领导管理体制。9个分行是:天津分行(管辖天津、河北、山西、内蒙古);沈阳分行(管辖辽宁、吉林、黑龙江);上海分行(管辖上海、浙江、福建);南京分行(管辖江苏、安徽);济南分行(管辖山东、河南);武汉分行(管辖江西、湖北、湖南);广州分行(管辖广东、广西、海南);成都分行(管辖四川、贵州、云南、西藏);西安分行(管辖陕西、甘肃、青海、宁夏、新疆)。中国人民银行分行行员编制350—400名。其中:行长1名(兼外汇管理分局局长),副行长5名(其中,1名副行长兼外汇管理分局专职副局长;1名副行长兼营业管理部主任),监察专员1名。中国人民银行分行内设17个职能处室,另设营业管理部;根据工作需要部分处室可以设科。中国人民银行北京营业管理部和中国人民银行重庆营业管理部的行员编制按现有人员控制。中国人民银行分行金融监管办事处行员编制35名。其中:特派员1名,助理特派员2名,处级领导职数不超过9名。中国人民银行省会(首府)城市中心支行行员编制暂按现有人员控制。其中:行长1名(兼外汇管理分局局长),副行长5名(其中,1名副行长兼外汇管理分局专职副局长),监察室主任1名,处级领导职数(不含副行长和监察室主任)控制在55名之内。

【职能】 中国人民银行分行是中国人民银行总行的派出机构。在总行直接领导下,在辖区内履行中央银行职能。基本职责:认真贯彻执行国家有关法律、法规和方针、政策,依据中国人民银行总行的授权,对辖区内金融机构(证券、保险机构除外,下同)的业务活动进行全面的监督管理;依法查处辖区内金融违法、违规案件;对辖区内金融风险进行分析研究,防范和化解区域内金融风险;分析、研究辖区内经济金融形势,为中国人民银行总行的货币政策决策提供政策建议和依据。负责辖区内的中央银行资金、存款准备金、再贴现、利率和现金管理等有关货币信贷政策业务;协调辖区内中心支行的国库经理、支付清算、现金发行、金融统计、金融科技和安全保卫等业务;对辖区内外汇、外债和国际收支业务进行协调、管理和监督;管理辖区内金融监管办事处和中心支行的人事教育、财务会计工作;对辖区内金融监管办事处和中心支行进行内审检查;领导、管理并直接经办分行所在省(自治区、直辖市)的各项中央银行业务和外汇管理工作,承办总行交办的其他事项。金融监管办事处的主要职责:对有关金融机构实施现场检查,并对违法、违规金融机构及有关人员实施行政处罚或提出有关处理意见。中国人民银行省会(首府)城市中心支行的基本职责:认真贯彻执行国家有关法律、法规和方针、政策,根据总行和分行的授权对所在地金融机构进行监管,承担所在省(自治区)国库经理、支付清算、现金发行、金融统计、安全保卫等金融服务职能和外汇外债管理工作。

(特约编委:蔡浩仪,特约编辑、特约撰稿:李德)

国家外汇管理局

【概况】 国家外汇管理局设6个职能司即综合司(人事司)、政策法规司、国际收支司、管理检查司、资本项目管理司和储备管理司,还设机关党委。

【职能】 国家外汇管理局的主要职责:1、设计、推行符合国际惯例的国际收支统计体系,拟定并组织实施国际收支统计申报制度,负责国际收支统计数据的采集,编制国际收支平衡表。2、分析研究外汇收支和国际收支状况,提出维护国际收支平衡的政策建议,研究人民币在资本项目下的可兑换。3、拟定外汇市场的管理办法,监督管理外汇市场的运作秩序,培育和发展外汇市场;分析和预测外汇市场的供需形势,向中国人民银行提供制订汇率政策的建议和依据。4、制订经常项目汇兑管理办法,依法监督经常项目的汇兑行为;规范境内外外汇帐户管理。5、依法监督管理资本项目下的交易和外汇的汇入、汇出及兑付。6、按规定经营管理国家外汇储备。7、起草外汇行政管理规章,依法检查境内机构执行外汇管理法规的情况、处罚违法违规行为。8、参与有关国际金融活动。9、承办国务院和中国人民银行交办的其他事项。

国家外汇管理局直属事业单位有:中国外汇业务中心(职能同储备管理司)、信息中心(负责外汇局系统电子化工作规划、设计开发、保证网络的安全运行以及其他与电子化有关的工作)、中国外汇交易中心北京分中心(组织北京地区市场交易,会员管理、培训,市场信息调研等,组织交易清算并维护网络系统的正常运转)、机关服务中心(负责外汇局机关的后勤服务工作,对外称机关服务局)和《中国外汇管理》杂志社(编发《中国外汇管理》杂志,宣传与外汇管理有关的政策、法规和知识,介绍金融外汇市场信息)。

【业务工作】 2000年,中国在国民经济克服亚洲金融危机的冲击进入新一轮发展时期的大背景下,外汇局围绕维护国际收支平衡和人民币汇率稳定目标,加强部门协作,完善管理法规和手段,主要开展了以下工作:

认真清理思路,多部门共同研究加强和改进外汇收支管理的政策措施 外汇局的主要职责是汇兑监管和国际收支监测预警,但要做好涉外经济管理工作,维护国际收支平衡,仅靠外汇局是不够的,还需要方方面面的支持与配合,需要加强涉外经济管理政策的协调。2000年,为贯彻国务院领导指示精神,在国务院的直接领导下,组成了贸易、服务贸易、外资、外债、银行结售汇业务和外币信用卡、外汇立法执法以及外汇局管理体制七个专题小组。近20个部委一起调查研究,就许多问题取得了共识,提出了部门协作,共同监管,加强和改进外汇收支管理的意见和措施,其中有关服务贸易外汇收支管理的部分措施已经开始实施。

完善手段,改进服务,增强经常项目外汇管理效力 一是改进技术手段。汲取1999年进口报关单联网核查系统成功运行的经验,2000年为防范不法分子利用伪造出口收汇核销单、报关单等手段进行出口逃汇和骗退税,外汇局继续与海关等部门密切合作,共同研究开发"口岸电子执法系统"中的出口收汇系统,2001年将进行试点、推广。二是加强与有关部委的协调配合。与海关总署联合制定的贸易进口报关单付汇分类管理制度,进一步提高了贸易售付汇真实性审核的效率;与税务总局联合发文,规定在非贸易售付汇凭证中增加税收凭证,既加强了对服务贸易用汇的真实性审核,又加大了国家涉外税收征管力度。三是完善服务贸易外汇管理。在大量调研的基础上,初步拟订了因私出境旅游、国际海运企业、境外承包工程、远洋渔业企业、非居民外汇收支及保险经营机构外汇业务管理办法,发布实施了《关于自费出境留学人员预交人民币保证金购付汇的通知》。四是改善服务,支持扩大出口。按照国家总体部署,1999年下半年以来陆续出台了一些支持扩大出口的政策措施,并积极配合外经贸主管部门做好出口贴息工作;及时出台了《出口加工区外汇管理暂行办法》和《中关村科技园区外汇管理实施细则》,为特殊经济区域外汇管理提供了法律依据。

加强资本项目外汇管理,化解对外支付风险 为化解对外支付风险,与有关部门密切配合,妥善处理了部分外商投资固定回报和境外中资机构救助等敏感问题,维护了国家对外

信誉。为加强外资外债风险监控,改进了外债统计监测系统,开展了调整外债口径问题的专题研究,建立了外债重点监测制度和紧急情况随时报告制度。为配合国家鼓励扩大引进外资的政策,在外汇管理上出台了一系列规范管理、简化手续、促进利用外资的措施。

完善国际收支统计分析,提高外汇信息调研工作水平 在按季编制和报送国际收支平衡表的基础上,2000年开始试编国际投资头寸表,进一步提高了国际收支统计的及时性;初步建立了国际收支监测预警系统,对各种经济因素的相互关系进行分析,对未来发展趋势进行预测,增强了国际收支监测预警功能;规范了国际收支平衡表的编制,开展了国际收支统计间接申报核查工作,并对逾期未申报单位采取了“先申报,后解付”的措施,进一步促进了国际收支统计数据质量的提高。为提高外汇监管水平和提高国际收支统计数据的准确性,还开展了统计数据与管理数据的核对工作,促进了管理与统计工作的结合;论证了提高涉外收入申报时效性的方案,为进一步完善对国际收支流量的统计监测奠定了基础。同时,外汇管理系统信息调研工作的积极性、主动性、敏感性和前瞻性也明显增强,报送信息的数量和质量大大提高,为预警逃骗汇新动向、堵塞管理漏洞、制定和完善外汇管理法规提供了重要依据,为领导决策提供了重要参考。目前,外汇管理部门已初步形成了由内部刊物、公开刊物及互联网站构成的,上报党中央、国务院,横向面对各政府部门,向下送达各分、支局,以及服务于社会的外汇管理信息交流网络。

加大外汇查处力度,打击非法外汇交易行为 一是完成了对1998年外汇大检查中一般案件的后续查处工作,并先后向外经贸部通报了企业的骗汇情况,外经贸部对这些企业分别给予了警告、暂停或撤销外贸经营权的处罚;二是组织开展了进出口核销情况的检查,对逾期未核销企业进行了查处,部分企业在外汇管理部门的督促下对逾期未核销的进出口业务进行了核销报审;三是进行了“六省一市”旅行社外汇收支检查,以及13家分局参加的对服务贸易外汇收支的专项检查;四是在全国范围内继续打击外汇黑市,对外汇黑市交易进行了查处。另外,还参加了全国打击骗税和厦门远华“四二0”案件等检查工作,配合中纪委、监察部等部门办理了涉及对外借债、B股炒汇等违反外汇管理规定的大案、要案。

开展银行结售汇业务检查,完善银行结售汇监管 国家外汇管理局与中国人民银行联合部署,对11家中资非国有商业银行及8家城市商业银行1998、1999年度的结售付汇业务进行了专项检查,进一步摸清了银行结售汇监管领域存在的问题,在此基础上拟订了外汇指定银行结售汇业务管理规定;拟订了外汇指定银行结售汇非现场监管制度,进一步明确了银行报送数据应承担的法律责任以及各级外汇管理部门的监管责任;与中国人民银行商议了中外资银行统一监管政策,确定了解决银行不良外汇贷款的管理办法和银行外汇营运资金的补充方案。

初步构建外汇管理信息系统 外汇管理信息系统是集统计、操作和管理于一体,实现外汇管理数据整合、集成、共享的一整套电子化管理系统,是规范、优化信息采集、加工和传递环节,减少统计误差的重要保证,是提高外汇管理效率的技术平台和实现手段。2000年,外汇局专门成立了外汇管理信息系统小组,与海关、银行和有关分局多次商洽,对信息系统的框架、功能、可行性及操作步骤进行了论证,并完成了进出口核报子系统的开发工作。同时,还对总分局之间骨干网络进行了改造和提速,对分局省域网工程进行了设计和规划,并纳入中国人民银行内联网工程同步实施。

确定外汇储备管理第二步发展战略,积极配合储备经营审计工作 经过长期研究和准备,国家外汇管理局向国务院上报了《关于国家外汇储备经营管理工作若干重要问题的报告和请示》并得到批准,提出了实施专业化管理第二步发展战略的任务。2000年,外汇局还配合审计署对1993—1999年国家外汇储备管理进行了全面审计。同时,通过深入研究市场,完善经营模式,加强管理工作,全年外汇储备经营取得了较好的收益。

(特约编辑:贯青,特约撰稿:项丹婼)

金融机构

中国工商银行

【概况】 2000年，中国工商银行的业务发展和各项改革都有了很大的进展，经营重心转移到效益和质量上，内部管理得到加强。完善了以市场为导向、以客户中心、以防范风险为特征的组织架构；注重信贷结构和信贷资源的优化配制；金融创新发展迅速，银行卡业务进一步扩充，个人理财业务全面兴起，消费信贷业务日趋活跃。截至年末，全行实现帐面利润50.9亿元，比上年增长23.3%，各项贷款余额24136亿元，比上年同口径增加2810亿元。各项存款余额32485亿元，比上年增加2661亿元。中国工商银行不仅是中国最大的商业银行，而且已跻身世界大银行的前列，连续两年进入世界大企业500强。年内，该行又分别被《银行家》和《欧洲货币》杂志评为中国最佳银行和中国内地最佳银行。

【经营业绩】 截至2000年末，中国工商银行公司存款余额14248亿元，比上年增加1765亿元，增长14%。公司存款余额占各项存款余额的比重达44%，新增额占各项存款增加额的比重达66%。全行公司客户贷款余额22897亿元，比上年增加2026亿元。1、从贷款的结构来分析，人民币流动资金贷款、项目贷款、住房开发贷款占全部贷款的比例分别为72.24%、20.2%、2.6%，其中流动资金贷款比重相应下降2.43个百分点，项目贷款比重相应上升0.8个百分点，住房开发贷款比重上升0.8个百分点。流动资金贷款余额为16541亿元，比上年增加956亿元，增长6.13%；发放项目贷款1422亿元，比上年增加322亿元，增长29.3%；住房开发贷款余额782亿元，比上年增加239亿元，增长44%。2、从贷款的行业来分析，能源、轻工、纺织、原材料、石油、化工、交通等行业在该行的贷款余额中占有较大的比例。2000年新增贷款重点投向了电讯、交通、石油等行业及高新技术产业。中长期贷款投向公路、铁路等基础设施领域的金额达732亿元，占中长期贷款的54%。对国家重点大型建设项目如三峡电网、京沪高速铁路、西气东输等都给予了大力支持。此外，该行大力拓展非生产流通领域信贷市场，重点支持了学校、科研机构、医院、报业、媒体等行业的优质客户。3、从贷款的业务创新来分析，该行积极参与票据市场的运作，业务增长较快。截至2000年末，全行贴现贷款191亿元，比上年增长46%；投资银行业务取得进展，先后担当了中海壳牌、扬子、巴斯夫等项目的国内融资顾问；外汇转贷款业务取得新突破，首次承办了湖北多佳公司等三个项目的日本协力基金转贷业务，转贷额3.6亿多美元；积极推动银团贷款，担当了广西龙滩水电站的银团贷款牵头行，为分散贷款风险，增加经营效益进行了有益尝试。4、从贷款的管理来分析，该行全面开展了统一授信，强化贷款风险控制和信贷结构调整，年内共对16.5万户企业核定了最高综合授信额度。此外，还进一步完善了信贷综合管理系统。运用这一系统，总行可直接监测全行38万多个法人客户的信息，对信用等级评定、贷款分类、行业调查发挥了重要作用。同时，该行也加强了对全行新发放贷款质量定时逐笔监测，并实行风险预警、整改、停业等措施，严格控制新增不良贷款。

个人金融业务　截至2000年末，中国工商银行个人储蓄存款余额18237亿元，比上年增加896亿元，存款结构趋向合理。储蓄存款的稳定增长为全行的资金营运提供了充足的资金来源。外币储蓄存款全年增加30亿美元，创历史最高水平。截至年末，开办外币储蓄业务的网点已达8000多家，14个分行实现了外币储蓄存款的同城通兑，个人外汇业务竞争力继续增强。教育储蓄业务也发展迅速，年末余额99亿元，存款户数已达439万户，分别比上年增加95亿元和326万户。截至年末，全行个人消费贷款余额已达1239亿元，比上年增加784亿元，其中汽车消费贷款余额66.4亿元，大额耐用消费品贷款余额3.8亿元。而且该行与185所院校签订了国家助学贷款协议，为10840名学生发放助学贷款1.98亿元。截至年末，全行个人住房贷款余额1048亿元，比上年增加638亿元。个人住房贷款增量相当于上年末的156%，占住房贷款增量的72.7%，市场份额有所上升。2000年，个人消费信贷业务成为该行主要业务之一，已形成了个人住房贷款、汽车消费贷款、个人大额耐用消费品贷款、个人小额存单质押贷款、个人综合消费贷款、个人小额短期信用贷款、个人家居组合贷款、国家助学贷款、个人旅游贷款等品种较为齐全的个人消费信贷业务系列。此外，该行个人理财业务稳步发展。年内开办个人理财业务的城市行已达162个，比上年增加73个；办理个人理财业务的网点达686个，比上年增加395个，在办理范围和业务质量方面都取得了新的进展。

国际业务　截至年末，中国工商银行外汇总资产已达311.82亿美元，比上年增加50.99亿美元，增长20%，全年实现外汇利润3.56亿美元，比上年增加0.15亿美元，增长5%。各项外汇存款余额达230亿美元，比上年增加52亿美元，其中公司存款余额达97亿美元，比上年增加22亿美元；个人存款余额为133亿美元，比上年增加30亿美元。外汇贷款余额达70亿美元。完成代客外汇买卖170亿美元，比上年增长12%，完成结售汇356亿美元，比上年增长24%。2000年，该行积极推进贸易融资业务的分项授信和专项授信，在有效控制业务风险的基础上，切实提高服务效率，增强市场竞争力，促进了国际结算业务的快速增长。全行共办理国际结算业务895641笔，金额664亿美元，与上年同期的501亿美元相比，增加了163亿美元，增幅为33%，其中，贸易结算业务586023笔，金额508亿美元，与上年同期的415.17亿美元相比，增加了92.83亿美元，增幅为22%；非贸易及资本项下结算309618笔，金额155.54亿美元，与上年同期的85.83亿美元相比增加了69.71亿美元，增幅为81%。2000年，该行积极推进跨国经营战略的实施，努力构建国际化、集团化的海外经营机构网络，成功收购并重组了香港上市公司友联银行，并更名为中国工商银行——亚洲有限公司。截至年末，该行在境外有6家分行、3个代表处、一家子银行、一家控股上市银行、一家控股商人银行和一家合资有限制持牌银行。6家海外分行和一家子银行帐号的年末资产总额已达36.2亿美元。海外代理行网络也日趋完善，遍及世界五大洲。截至年末，代理行总数已达515家，比上年增加128

家。

银行卡业务　截至年末，中国工商银行牡丹卡发卡总量已达7476万张，比上年净增1651万张；特约单位99143家，比上年净增1614家。牡丹卡年累计交易额8948亿元，其中信用卡交易额5881亿元，借记卡交易额3067亿元，牡丹卡业务始终保持了发卡量、特约单位数、直接消费额和ATM投放量全国同业第一的良好业绩，初步占据了市场竞争的领先地位。年内该行相继推出了人民币贷记卡、人民币/港币双账户国际信用卡、国际借记卡等新产品。国际卡业务也发展迅速。截至年末，牡丹国际卡发行量达13.4万张。全年全行在298个城市行投产了信用卡异地自动授权系统，319个城市行实现了储蓄暨牡丹灵通卡异地通存通兑系统的试运行，基本实现了国际卡、信用卡、灵通卡在储蓄柜台、ATM、和POS上的全面联机使用，业务环境进一步改善。

中间业务　1、基金托管。截至年末，中国工商银行托管上市证券投资基金11只，托管基金会单位173亿份，托管基金资产总额近300亿元，市场占比1/3。各项指标均居同行业之首。2000年，该行与各家基金管理公司就有关开放式基金的合作进行了大量实质性的接触与准备，并与6家基金管理公司和国家开发银行签订了合作协议。组织开发了开放式基金业务系统；与美国道富银行签订了合作协议，道富银行对该行的开放式基金业务系统及业务流程进行了评估。2、委托代理。截至年末，该行累计代理中国进出口公司银行贷款177.9亿元，余额达83.1亿元，比上年增长34.9%，其中当年协议代理额53.9亿元，比上年增长85.86%；累计受托汇划和监督支付三峡移民补偿资金7.3亿元，其中当年发生额4.7亿元，同比增长82.71%。年内该行重新确立了与国家开发银行的委托代理关系，签订了代理协议；加强了与中国进出口银行的合作关系，争取到了51个项目委托贷款的代理权。3、票据业务。2000年，票据业务得到了较快的发展。截至年末，中国工商银行全行票据贴现(含转贴现)余额达到190.92亿，比年初增长46.8%；承兑商业汇票和累计办理贴现、转贴现业务也出现了较快的增长。2000年11月9日，中国工商银行票据营业部在上海正式对外营业。这是中国首家票据专营机构，标志着我国商业银行票据业务步入了一个专业化、规模化和规范化经营的新阶段。票据营业部专门办理银行承兑汇票的贴现、转贴现、回购、向中央银行申请再贴现；办理商业承兑汇票的贴现、转贴现、回购、向中央银行申请再贴现：办理票据咨询、见证等业务。票据营业部的成立直接推动了工商银行全行票据业务的发展，并为推动和活跃全国票据市场起到了重要作用，在开业不到两个月的时间里，累计业务量达到257亿元，实现帐面利润1.01亿元，取得了良好的经营业绩。此外，工商银行各分行普遍重视发展票据业务，除河南分行华信支行外，北京、天津、重庆、陕西(西安)、辽宁(沈阳)、山西(太原)、江苏(南京)、浙江(杭州)、四川(成都)等不少分行也相继建立了类似的票据业务专业支行，组织人力物力，为进一步推动全行票据业务发展创造了条件。其中，天津、重庆、西安等分行票据业务出现较快的增长，成为重要的新的利润增长点。4、网上银行。2000年2月，工商银行开通了网上银行业务，推出了企业网上银行、个人网上银行、BtoB网上支付、BtoC网上支付业务、银证转账和外汇买卖等业务，产品功能不断丰富，并相继开通了北京、上海2个分行交易网站。截至年末，网上银行业务已经推广至172个经济发达、效益较好的大中城市行，占全部城市行总数的53.1%，全年共发展客户15万户，发展特约网站25家，业务笔数累计达到51.3万笔、交易金额累计达到155亿元。5、电话银行。2000年，工商银行建成并开通了北京、上海、陕西等24个一级分行、直属分行的电话银行中心，其中，北京、天津、上海、浙江、海南等5个一级分行的电话银行业务覆盖全辖所有二级分行。电话银行功能不断完善，并初步树立了该行电话银行中心95588品牌。目前该行电话银行中心在提供服务的品种、业务量与覆盖范围上，已取得同业领先地位。6、手机银行。手机银行于2000年5月17日正式推出，首期在北京、天津、上海等12个分行试点，年内已推广至21个一级分行、直属分行和江苏、浙江分行的所有二级分行，STK发卡量达到5837张。

电子化建设　多年来，工商银行一直致力于电子化建设，努力将先进科技转化为服务客户的手段，为业务创新提供强有力的支持。电子化建设在国内同业中居于领先地位，2000年，已全面实现了业务操作自动化、信息处理网络化、网点建设集约化、社会服务多元化，基本实现了“电子化”的目标。通过大型计算机延伸和集中工程的实施，大型计算中心达到33个，全行25689个储蓄网点、10946个对公网点、10016台ATM和58646台POS机、227个自助银行网点、13个电话银行中心的业务全部上挂大机运行中心处理。信贷综合管理系统已推出2.4版本，完成了客户信息、贷款处理审批流程、信贷管理、以及与会计核算体系和人民银行信贷登记系统的接口等方面的多个功能。全行建立了三级帧中继网和卫星备份系统，通过对网络系统的数据加密和带宽改造，提高了全行信息高速公路的安全性和可靠性，降低了业务运营成本，提高了科技的服务水平。2000年，新一代综合业务系统按计划完成了推广任务。以“综合化”、“柜员制”和“面向客户”为基础的、包含23个子系统的综合业务系统整体版于深圳市分行全面投产；系统的客户信息子系统已在北京、上海、浙江、广东、福建、山东等10多家分行投产成功；对公子系统已在北京、上海、浙江(部分地市行)宁波、山东(两个地市分行)、福建(一个地市分行)、广东(珠海分行)的所有对化网点全面投产，目前系统运行正常。

(中国工商银行宣传处)

中国建设银行

【概况】　中国建设银行是一家以中长期信贷业务为特色的国有商业银行，成立于1954年10月1日，总部设在北京，在中国境内及各主要国际金融中心开展业务。从1994年起，建设银行对遍布全国的分支机构和储蓄网点进行了调整，在撤并部分县支行的同时，增加了在全国中心城市的网点设置数量，与相应信贷政策的调整相配合，进一步加强了在中心城市的经营力度。中国建设银行非常重视海外业务的发展。目前，建设银行已在海外设有香港、法兰克福、新加坡三个分行和四个代表处。建设银行已与世界上600家银行建立了代理行关系，其业务往来遍及五大洲的近80个国家。通过发行债券，组织银行贷款等方式在国际金融市场筹集资金，是建设银行的一项优势业务，并以成为国际金融资本与中国经济建设结合的重要桥梁。2001年7月，建设银行在《银行家》杂志全球1000家大银行排名中位居第29位。

【业务范围】　建设银行确定了“以国内业务为基础，稳步发展国际业务，最终成为具有国际先进经营管理水平的全功能银行”的发展战略，并明确了以公司银行业务、个人银行业务、中间业务、房地产金融业务的市场定位。在业务拓展中，建设银行实施“重点行业、重点客户、重点产品、重点区域”营销战略，不断进行金融创新，率先推出个人住房贷款，并占有最大市场份额，第一个推出汽车按揭贷款和个人消费额度贷款，为国民经济发展作出了贡献。

【经营业绩】 建设银行继续发挥长期形成的业务优势与特长，保持了对公路、铁路、电信、电网和城市建设等国民经济基础设施、基础产业的较大量信贷投入，和对效益良好的大型企业的信贷投入，同时适时增加了对发展前景良好的中小企业的信贷投入。目前建设银行已与近500家大中型企业建立了全面金融服务关系，并与10余家特大型企业共同建立了全国销售结算协作网络。对信息产品制造业、信息服务业、高等级公路建设的金融服务进行了成功的拓展。建设银行注重当代科学技术在银行业务中的运用，从90年代初开始，在不到5年的时间内，基本完成了从单机操作向已开发应用的全行性网络包括电子资金清算系统、龙卡网络网络化交易的过渡。建设银行系统、会计总帐传输系统和电子邮箱系统还实现了与SWIFT系统的联网。除全行性网络外，还以大中城市为中心建立了众多区域性交易网络，至1997年已有210个城市行完成了"城市综合网络系统"的建设，并实现了与全行网络系统的连接。建设银行对个人金融服务也在不断创新，取得了良好的业绩。继"龙卡"信用卡之后，陆续推出了储蓄卡、转帐卡、智能卡和诸多联名卡，形成了以"龙卡"为标志的银行卡系列；个人住房抵押贷款保持了70%以上的市场占有率；率先开办的汽车消费贷款在很短的时间里已经吸引了众多的客户。此外，在个人帐户管理和支付结算方面的创新，也使个人转帐收支更为方便、快捷。建设银行非利差业务取得了长足发展。在承继传统业务，继续代理国家财政资金拨付的同时，作为国家开发银行的最大代理行，承担该行资金的拨付和部分管理职能。四年来代理开发银行业务量已逾3420亿元，占开行业务总量的79.8%。除为特大型企业建立销售结算网络外，还凭借结算手段优势，为诸多生产企业、商业企业、金融企业提供多种结算服务，特别是成功地为一汽大众、春兰等企业开发了资金结算程序，提供了快捷安全的结算服务。

（中国建设银行）

中国银行

【概况】 中国银行成立于1912年，是中国历史最为悠久的银行，也是中国国际化机构网络分布最广、国际金融业务最具优势的银行。建行89年来，中国银行在促进中国对外贸易发展、密切与国际金融界的合作、推动中国经济发展和社会进步上发挥了重要的作用。截止2000年底，中国银行资产总额已达31680.11亿元人民币，净资产达1634.62亿元人民币。当年实现税前利润68.4亿元人民币，居国内同业之首。中国银行是中国第一家在亚、欧、澳、非、南美、北美六大洲均设有机构的银行。目前中国银行拥有12967个国内机构和559个海外机构，建立起了全球布局的金融服务网络。在香港和澳门，中国银行还是当地的发钞行。同时，中国银行也是中国国际金融业务最具优势的银行。在国际贸易融资、国际贸易结算、外汇资金业务、国际信用卡等方面具有雄厚的实力，其业务量在国内均居第一。为积极适应世界经济金融发展和技术变革加快的步伐，积极面对更为激烈的竞争形势，中国银行制定了充分发挥比较竞争优势，全力推进良好公司治理机制建设的发展目标：通过充分发挥比较竞争优势，构建科学的决策系统，实施审慎的会计原则，建立有效的激励约束机制，建立适应市场机制的人力资源开发管理体制，建立符合良好公司治理机制要求的董事会六个方面的建设，用3—5年的时间，将中国银行发展为功能齐全、布局合理、有独到比较竞争优势的国际大银行；经过更长一点时间的以资本为纽带的重组并购，跻身国际一流大银行之列。2000年，中国银行被英国《银行家》杂志评选为资本实力最雄厚的国际大银行之一；连续12年被美国《财富》杂志评选为世界500强大企业；被《欧洲货币》评选为"中国最佳国内银行、中国最佳并购机构、中国最佳银行"；被亚洲《资产》杂志评为"中国国内最佳银行"。

【经营业绩】 2000年，中国银行紧紧抓住良好公司治理机制建设这一主题，加强内部管理，积极拓展业务，取得了良好的经营业绩，中国银行暨全资附属金融企业实现税前利润68亿元人民币，扭转了连续三年盈利下滑的趋势。在境内市场，中国银行在保持传统外汇业务优势的同时，人民币企业存款取得良好业绩，是近年来增长最快的时期。中国银行充分利用广泛的国内外机构网络和投资银行业务等优势，以适应客户特点的服务赢得了众多的优质企业客户。2000年，境内行人民币贷款稳步增长，国际结算、结售汇等各类收费业务取得一定的发展。在零售业务领域，消费贷款增长迅速，全年消费信贷新增额占到人民币各项贷款新增额的22%。港、澳及国外机构各项业务平稳发展，投资银行业务发展迅速。中银国际以积极进取的姿态开拓市场，在中国内地大型企业的海外上市中扮演了重要角色，其中承做高科技企业上市取得的成绩尤为突出。

为优化机构布局和资源配置，中国银行稳步推进了机构调整与重组工作。2000年，中国银行撤并了国内141家长期亏损、扭亏无望的县支行，国内机构共精简员工5200多人。香港中银集团的重组方案得到国务院和中国人民银行的批准，并获得香港金融管理局原则同意，重组工作正在稳妥有序地向前推进。此外，约翰内斯堡分行和马来西亚中国银行顺利开业，使中国银行港、澳及国外机构网点的覆盖范围扩大到24个国家和地区。中国银行还整合了部分电脑系统，统一了电脑平台，并开始了国内外信息中心的筹组工作。此外，中国银行在加强信息披露和提高透明度建设上也有很大进展。2000年年报的信息披露较以往更翔实，透明度明显增大。他们遵循国际惯例，按"风险分类"法披露了过去两年的不良贷款。这一新方法符合审慎性原则，比传统的"一逾两呆"法更准确，能够更真实地反映资产质量状况。此外，披露的程度也较上年更为充分。按照新的分类法，中国银行2000年末的不良贷款余额和比率较上年末均有所下降，这既有剥离不良贷款的结果，也有控制信用风险、清收不良贷款取得的初步成效。

（时向东）

中国农业银行

【概况】 中国农业银行的前身是农业合作银行，于1951年7月2日正式成立。此后经历了三次撤消与重建，1979年2月23日恢复(即第三次重建)至今，注册资金为361亿元。银行的机构设置如下：1、总行机关，包括：办公室、研究室、法规部、资产负债管理部、财务会计部、公司业务部、机构业务部、个人业务部、农业信贷部、房地产信贷部、信贷管理部、风险资产管理部、银行卡部、证券投资基金托管部、科技部、软件开发中心、人事部、宣传部(中国城乡金融报)、工会工作部、团委工作部、机关党委办公室、培训部、总务部、稽核部、监察部、保卫部、营业部；2、分支机构，包括：省、自治区分行，直辖市分行，新疆兵团分行，直属分行；新加坡分行，香港分行，香港农银财务有限公司；伦敦、东京、纽约代表处；长春、天津、武汉培训学院；地、市分行，县、市(城区)支行，分理处、营业所、储蓄所。

【经营范围】 中国农业银行的业务范围包括：农业企事业和农村各项存款、贷款、结算业务；乡镇居民储蓄业务；外汇存款、汇款、放款；境外外汇借款；贸易、非贸易结算；在境内外发行或代理发行外币有价证券；外币承兑和贴现；代理外汇买卖；外币兑换；外汇担保；证信调查和咨询服务；出口信贷；外币有价证券买卖。

【经营业绩】 2000年，农业银行进一步明确市场定位，在加强内部管理、开拓业务市场、创新体制和机制等方面采取了一系列针对性措施，取得了明显成效。

各项业务发展较快　2000年末，农业银行人民币各项存款比年初增加2028亿元，其中储蓄存款增加934亿元，增幅居四家国有商业银行第一位。外币存款比年初净增加14.8亿美元，当年净增额、增幅均创历史最好水平。另外，银行大力推进客户结构战略性调整，信贷结构明显优化。全年常规业务贷款共投放1832亿元，同比多投放257亿元。其中，农村电网改造、个人住房、消费信贷、贴现和小额存单质押低风险贷款占当年新增贷款的51.7%。专项贷款全年净增124.8亿元，扶贫贷款累计投放213亿元。国际结算、结售汇、票据贴现、银行卡、债券承销、资金交易、基金托管、代理等业务都有新的发展。

改革取得阶段性成果　推进干部选拔任用制度改革，实施了干部报备制度，规范了后备干部民主推荐程序，使干部选拔任用更加公开、公平、公正。积极推行干部任前公示制试点。各级行普遍实行了处级以下干部聘任制。全行95%的正式员工签定了劳动合同，用工方式逐步与市场接轨。另外，还改革了工资分配办法，加大了减员分流力度。

内部管理进一步加强　以加强信贷管理为重点，从推行审贷部门分离、明确贷审会职责、建立信贷主责任制度和报备制度等方面进一步规范了信贷决策行为，通过全面推行客户统一授信管理、落实贷后风险管理、加强检查督导等强化了经营信贷基础管理。统一规范和推行了新的合同文本。资金计划、财务、固定资产管理得到加强和改进。积极配合国家审计署、监事会对银行的审计监督工作。加大案件查处力度，各类违规违纪案件比上年明显下降。

电子化建设取得新进展　全行计算机网点和联机网点增加，13个省级分行营业网点全部实现了计算机联网处理。采用新一代软件建成了13个省域数据中心，上收了34个城市数据中心。34个省市分行借记卡联网工程顺利完成，125家城市行发行了全国通用的金穗借记卡335万张，全国通存通兑交易日均达3000余笔。网上银行、国债柜台交易及二级托管系统、开放式基金销售系统、外汇买卖系统等项目程序开发已基本完成。

加强了党建工作和员工队伍建设　根据中央金融工委的的部署，在系统员工中开展了职业道德教育，在处级以上（包括县级支行行长）干部中开展了警示教育。加强思想政治工作和精神文明建设，涌现了浙江南浔支行等一批先进单位。总、分行完成了对全行县级支行行长集中培训工作，受训面达到97%。首次开展了全系统零售业务技术比赛，并在金融系统举办的首届业务技术比赛中获得了好成绩。

（特约编辑、特约撰稿：常青）

中国农业发展银行

【概况】 中国农业发展银行是根据国务院1994年19日发出的《关于组建中国农业发展银行的通知》而成立的国有农业政策银行，直属国务院领导。中国农业发展银行注册资本为200亿元。截至2000年12月底，各项贷款余额为7400亿元。中国农业发展银行实行总行一级法人制，总行行长为法人代表；在机构设置上实行总行、一级分行、二级分行、支行制，系统内实行垂直领导的管理体制，各分支机构在总行授权范围内依法开展经营活动。中国农业发展银行总行设在北京，在各省、自治区、直辖市和计划单列市设有一级分行35个，地区（地级市）二级分行294个。全行现有员工5.2万人。中国农业发展银行目前暂未在西藏自治区设立分支机构。

【业务范围】 中国农业发展银行目前的主要业务是：办理由国务院确定的粮食、油料、棉花收购、储备、调销贷款；办理肉类、食糖、烟叶、羊毛等国家专项储备贷款；办理中央财政对上述主要农产品补贴资金的拨付，为中央和省级政府共同建立的粮食风险基金开立专户并办理拨付；办理粮食企业简易建仓贷款；办理业务范围内开户企事业单位的存款；办理开户企事业单位的结算；发行金融债券；办理粮棉油政策性贷款企业进出口贸易项下的国际结算业务以及与国际结算业务相配套的外汇存款、外汇汇款、同业外汇拆借、代客外汇买卖和结汇、售汇业务；办理经国务院或中国人民银行批准的其他业务。中国农业发展银行当前最主要的任务是，加强对粮棉油等农副产品收购、储备资金的供应及管理，努力实现收购资金的封闭运行。

【经营业绩】 2000年，中国农业发展银行认真贯彻党中央、国务院关于粮棉流通体制改革的决定和粮棉购销政策，紧紧围绕收购资金封闭管理这一中心工作，严格执行并不断调整和完善收购资金封闭管理的制度办法，强化对粮棉购销企业的监管，进一步改进金融服务，各项工作取得了明显成效。

按政策及时足额供应收购资金　全年累计发放粮棉油收购贷款1658亿元，同比增加185亿元。支持国有粮食购销企业收购粮食2728亿斤，同比增加522亿斤，其中，保护价粮食2589亿斤，非保护价粮食139亿斤；收购油脂9亿斤。支持棉花企业收购棉花5164万担，同比增加74万担。全年发放粮食储备贷款232亿元。

改进金融服务，支持企业扩大顺价销售　全年共支持国有粮食购销企业销售粮食2778亿斤，同比增加1148亿斤；销售油脂14亿斤。支持棉花企业销售棉花9764万担，同比增加4411万担。剔除国家储备新库装新粮及粮棉企业内部调销等因素，全年共支持企业净销售粮食2259亿斤，同比增加955亿斤；净销售油脂7.6亿斤，同比增加1亿斤；净销售棉花8205万担，同比增加3532万担。

收购资金封闭运行保持良好状态　新发放的粮棉油收购贷款与新形成的收购值保持一致；粮棉企业实现销售收入1891亿元，同比增加621亿元，销售货款归行1896亿元，归行率100.2%；全年粮棉油应收贷款2049亿元，实收1925亿元，收回率为93.9%，剔除陈化粮价差占用贷款131亿元，贷款收回率为100%；全年应收各项贷款利息409.9亿元，实收利息357.6亿元，收回率为87.2%，同比提高5.9个百分点。

信贷资金营运水平进一步提高　全年累计向中央银行借款300亿元，累计还款349亿元，净还款49亿元，同比多还169亿元。全系统信贷资金运用率为99.9%，同比提高1.4个百分点。

财务状况进一步改善　全年实现利润22.78亿元，实现了财政补贴前的盈利。这主要得益于国家利率政策调整和财政政策的落实到位，同时，农发行也加强了财务管理，强化收贷利息，减少非生息资金占用，提高了收息和资金营运水平。

（特约编辑、特约撰稿：厉淑华）

中国进出口银行

【概况】 中国进出口银行是直属国务院领导的国家政策性银

行，于1994年4月26日成立，同年7月1日正式对外营业。作为中国唯一的出口信用机构，进出口银行的主要任务是执行国家的产业政策、外经贸政策、金融政策和外交政策，运用出口信贷、出口信用保险和对外担保等政策性出口融资工具，为扩大我国机电产品和高新技术产品出口提供政策性金融支持，同时还承办了中国政府对外优惠贷款和外国政府对华贷款的转贷等业务。进出口银行实行自主、保本经营，企业化管理的经营原则，在信贷投向、贷款利率和期限等方面都带有明显的政策性特征。进出口银行的注册资本金为33.8亿元人民币，由国家财政全额拨付。中国进出口银行总行设在北京，在国内设有大连、上海、武汉、广州、西安、成都、青岛、福州、南京等9个代表处，在非洲科特迪瓦共和国、南非共和国分别设有中西非代表处和东南非代表处。为了更好地发挥进出口银行作为国家出口信用机构的职能作用，年底，国务院已经正式批准中国进出口银行设立总行营业部和上海分行，并开办贷款项下的国内、国际结算业务和企业存款业务。总行营业部和上海分行的筹建工作将在2001年完成。2000年，美国标准普尔公司、日本评级和投资信息公司分别重新确认中国进出口银行信用评级为BBB和A+级，均与中国国家主权级一致，美国穆迪投资家服务公司所授予的信用评级为中国金融机构中的最高信用等级。

【经营业绩】 2000年，中国进出口银行认真贯彻执行国家的产业政策、外经贸政策和金融政策，一手抓管理，一手抓发展，在注重防范和化解金融风险、努力提高信贷资产质量的前提下，稳步发展各项业务，进一步加大了对机电产品、高新技术产品出口和对外承包工程、境外加工贸易、境外投资的支持力度，为扩大机电产品和高新技术产品出口、优化出口商品结构、推进出口市场多元化、实施"走出去"的开放战略和配合援外工作，发挥了积极的作用，有效地支持了我国开放型经济的发展。截至2000年末，全年共发放各类贷款折合人民币345.75亿元(不含转贷外国政府贷款，下同)，同比增长22.9%；承保出口信用保险及出口信贷担保12.34亿美元，同比增长3倍多；办理对外担保2.69亿美元。以上融资业务共为约132亿美元的机电产品、成套设备和高新技术产品出口，以及13.7亿美元的对外承保工程和对外投资提供了政策性金融支持。年末各类贷款余额折合人民币579.34亿元，同比增长12.4%，不良贷款比率较1999年末下降了4.03个百分点；资产总额682.60亿元，负债总额628.58亿元，所有者权益54.02亿元，同比分别增长14.51%、13.58%和26.57%。

出口信贷业务　2000年，中国进出口银行出口信贷业务继续以支持国有大中型企业为重点，在巩固老客户的同时，大力拓展新客户。全年共批准出口卖方信贷项目298个，批贷金额380亿元人民币和1090万美元，其中对72家新客户的贷款金额占新批贷款增量的99%；贷款金额在1亿元人民币以上的项目有130个，金额为304亿元人民币，同比分别增加73.3%和42.8%。实际发放贷款322亿元人民币和2340万美元，人民币放款同比增长20%；年末贷款余额519亿元人民币和6244万美元。在新批出口卖方信贷中：1、支持船舶、成套设备和高新技术产品出口的大项目及其贷款金额比上年有较大增加，其中包括为出口伊朗5艘30万吨超大型油轮、出口缅甸邦朗电站、出口伊朗萨汉德电站、出口孟加拉程控电话设备等大型项目提供了贷款。并积极支持科技兴贸战略的实施，为出口欧美的药品、生物制品和新材料等23个非机电类高新技术产品项目提供了27亿元人民币的贷款。2、在贷款投向上加大了推动企业拓展新兴市场的力度，支持的商品出口扩大到60多个国家和地区，特别是支持出口到非洲和拉丁美洲的贷款同比分别增长36%和11.5倍。3、为赞比亚谦比希铜矿复产项目、孟加拉输变电项目等23个对外工程承包和境外加工贸易等境外投资项目提供了73.8亿元人民币和2168万美元的信贷支持。4、采取倾斜政策，重点保证西部地区企业机电产品和高新技术产品出口的融资需求，投向西部地区的贷款同比增长37%，有力地配合了国家西部大开发战略的实施。适应我国外贸出口特别是机电成套设备出口快速增长的需要，出口买方信贷业务呈现出良好的发展势头。全年共批准出口买方信贷项目7个，批贷金额9797万美元，实际放款1.53亿美元，年末贷款余额2.08亿美元，同比增长2.7倍。

出口信用保险和出口信贷担保业务　2000年，中国进出口银行充分发挥国家出口信用机构的职能作用，加快了出口信用保险和出口信贷担保业务的发展，在承保总额高速增长的同时，服务领域也不断扩大，为我国企业出口提供了可靠的风险保障和出口融资便利，提高了企业的出口竞争能力和风险管理水平。全年承保金额共计12.34亿美元，同比增长3倍多。出具各类出口信用保险单42份，保险金额12.05亿美元；办理出口信贷担保业务2笔，担保金额2940万美元。其中，中长期业务的承保金额9.58亿美元，同比增长8.3倍。中国进出口银行已经成为我国中长期出口信用保险和担保业务的主渠道。出口信用保险和出口信贷担保业务重点支持了造船、电力、机械制造等行业的出口，并首次进入到通讯技术等高新技术产品出口的领域，支持的商品出口到49个国家和地区(主要是发展中国家)，对促进我国出口商品结构调整和实施出口市场多元化战略发挥了积极有效的作用。

对外担保业务　对外担保业务顺应我国外贸出口发展的需要和出口企业对保函业务的需求，积极采取措施改进服务，多方式、多渠道地拓展新客户，保持了稳健发展。全年共开立各类保函94份，担保金额总计2.69亿美元。重点支持了船舶、发电设备等大型机电产品和高新技术产品的出口，为帮助我国企业在竞争激烈的国际市场上赢得合同，保证项目的顺利执行，提供了有力的支持。

中国政府对外优惠贷款业务　为促进我国与发展中国家的经贸合作，中国进出口银行进一步加强了与发展中国家政府部门、企业和我国企业的联系，推进了对外优惠贷款业务的发展。全年共批准对外优惠贷款项目16个，金额13.1亿元人民币；对外签订贷款协议12.14亿元人民币；实际发放贷款7.55亿元人民币，同比增长14.9%；年末贷款余额26.29亿元人民币。几年来，对外优惠贷款重点支持了我国企业与受援国企业开展合资合作，从事纺织、制药、加工装配、石油开发、农业种植等生产型和资源开发型项目，以及一些效益好、还款有保证的基础设施建设项目，增加了受援国的财税收入和社会就业，促进了受援国的经济发展，受到了受援国的普遍欢迎；同时，也推动了我国企业通过境外资源开发、境外投资等方式开展跨国经营，并带动了我国机电产品和成套设备的出口。目前，中国进出口银行支持的对外优惠贷款项目分布在非洲、亚洲、拉丁美洲、大洋洲和欧洲的36个国家。

外国政府贷款转贷业务　2000年，中国进出口银行按照积极有效利用外资的总体要求，努力加快转贷外国政府贷款的进度，支持了一批能源、交通、环保、通讯等领域的国家重点建设项目。全年新批准转贷项目50个，金额15.85亿美元；新签转贷协议25份，协议金额8.27亿美元；新办理转贷项目提款11.79亿美元。同时，认真贯彻西部大开发战略，投向西部地区的贷款同比增长136%，支持了昆明市掌鸠河引水供水、重庆梁平—长寿高速公路、重庆环境示范城市、广西城市供水等项目的建设。中国进出口银行进一步加强了与国外政府部门和贷款银行的联系与交流，建立和巩固了双方相互信任、友好合作的关系。截止2000年末，进出口银行负责转贷外国政府贷款的国别为日本、德国、荷兰、奥地利、西班牙、澳大利亚、挪威、芬兰、丹麦、科威特、韩国、比利时、英国、瑞典、卢森堡和北欧投资银行等，贷款余额166.68亿美元。

资金筹措与运作　2000年，中国进出口银行根据自身资金需求、原有债券期限结构特点和国内债券市场的供求状况，通过中央国债登记结算有限责任公司的债券发行系统，采取包括基本利差招标方式和价格招标方式在内的多种招标形式，以合理的成本成功地发行了四期共195亿元人民币金融债券，提高了中国进出口银行资金来源的稳定性，满足了长期信贷用款和适当调整债券到期结构的需要，也有效配合了人民银行货币政策的实施，同时实现了人民币筹资体制的根本性转变。此外，中国进出口银行加大了对临时性间歇资金的运作力度，全年累计拆出资金149.05亿元，有效地提高了资金使用效益，并被全国银行间同业拆借中心评为2000年度市场优秀交易成员。在外汇业务方面，中国进出口银行在强化外汇交易风险控制的基础上加强对外汇资金的动态管理，通过资金拆借、债券投资、债券回购等方式灵活运作资金，有效增加了资金收益。此外，积极为借用外国政府贷款的客户提供以规避汇率风险和利率风险为目的的债务风险保值服务，通过举办债务风险管理专题讲座、拜访客户等形式，帮助客户提高风险意识，为客户提供市场信息、设计保值方案。几年来，中国进出口银行已为客户提供了多个币种的债务保值服务，使一些客户成功地避免了由于市场汇率、利率波动可能带来的经济损失，降低了债务成本，受到了客户以及业内人士的好评。

风险管理　2000年，中国进出口银行继续严格实行审贷分离制度，进一步加强了项目的审查把关，使贷款风险从源头上得到了有效防范。同时，通过建立贷后管理责任制，总行、代表处、代理行齐抓共管，及时发现并化解信贷风险，进一步加强了贷后管理，使年末不良贷款比率比1999年下降了4.03个百分点。中国进出口银行十分重视加强风险管理的各项基础性工作，进一步规范了信贷业务操作和帐务处理，并认真做好贷款项目五级分类工作。开展了贷款企业信用等级评定和统一授信工作，首批审定了国内128家客户的信用评级，对其中68家客户核定了最高综合授信额度。

基础性工作和内部管理　为了进一步规范内部管理，中国进出口银行对建行以来的207项规章制度进行了彻底清理，共废止规章制度46项，修订36项，新建立59项，使现行的规章制度达到220项，基本做到了各项工作的有章可循。通过强化、细化制度约束，加强合规性稽核、离任稽核和对不良贷款项目的跟进稽核等稽核监督，积极协助和配合监事会的监督检查工作，促进了全行依法合规稳健经营。此外，中国进出口银行进一步加强了电脑化建设，提高了工作效率和质量。

干部管理和行员队伍建设　2000年，中国进出口银行积极推进干部人事制度改革，在干部任用管理工作中加大了民主推荐力度，增加了选人用人的透明度；全面实行了领导干部任前公示制，各级领导班子基本上得到了调整和充实，国内代表处基本实现了首席代表属地化。通过社会公开招聘，拓宽了进人渠道，为业务一线充实了人员力量，大大缓解了业务发展对用人的需求。随着进出口银行各项业务的不断发展，截止2000年末，全行员工人数已达到469人。同时，银行采取各种措施加大行员培训力度，全年共举办各类培训班40期，累计培训行员1000余人次。此外，还开展职业道德教育和组织举办丰富多彩的业余文化活动。

对外交往与合作　2000年，中国进出口银行领导率团出席了世行、亚行年会等重要的国际会议，对许多国家和地区进行了访问、考察。中国进出口银行董事长、行长羊子林先后三次陪同国家领导人访问了9个发展中国家，对促进双方增进了解、加快合作项目的落实发挥了积极作用。中国进出口银行还派代表参加了亚洲出口信用机构年会，成功举办了出口买方信贷、外债风险管理等国际研讨会。上述活动加深了中国进出口银行与许多国家和地区金融机构、政府部门、企业及有关国际组织的友好关系，促进了双方在许多领域里的合作与交流。截止2000年末，中国进出口银行共与52个国家的127家外国银行建立了代理行关系。

（中国进出口银行办公室）

国家开发银行

【概况】　2000年，国家开发银行积极贯彻中央扩大内需的方针，实现了支持经济和办好银行的"双赢"，各方面工作都取得显著成绩。截至2000年底，资产总额8083亿元，比上年末增长17.8%；负债总额7543亿元，比上年末增长18.8%。全年在提取专项呆帐准备金14.77亿元之后，实现帐面利润20.59亿元，达到历史最好水平；按五级分类，不良贷款率2000年底已降到8.78%，比2000年初下降9.88个百分点；按照较严格的回收指标，当期本息回收率达99.24%，累计本息回收率91.05%；费用率为1.55%，财务费用继续保持良好状况。

【经营业绩】　2000年，国家开发银行在自身改革发展方面，明确了按照国际标准办好银行，充分发挥政策性银行作用的目标，提出了八条国际标准。具体是：继续保持准主权级信用；按照国际会计准则反映财务状况；盈利能力达到国外先进政策性金融机构水平；资本充足率不低于8%；不良贷款率不高于3%；健全银行功能，能够运用市场手段为政策性业务服务。

贷款业务　2000年，国家开发银行共发放贷款1796亿元，其中中长期贷款1694亿元，贷款余额6647亿元，占国有银行新增中长期贷款的三分之一；为国家重点建设发放贷款369亿元，累计发放3495亿元，占国家重点建设项目贷款总额的89%，支持国家重点建设项目263个；为国债项目提供配套贷款486亿元，累计发放1378亿元，占国债项目配套贷款的38%；电力、公路、城建、铁道、电信、石油石化等六大行业占贷款投放的92%；中西部地区的贷款占60%左右，其中西部地区近30%。安排的贷款，列入国家计委、经贸委固定资产投资计划内的项目占76%，其他项目的贷款也都列入了地方、行业或大型企业集团的投资计划。

资金来源　国家开发银行的人民币贷款资金，主要通过在国内市场上发行金融债券。去年金融债券全部以市场化招标方式发行，这跟两三年前相比有了根本性的变化。2000年发行金融债券13期，共1450亿元，绝大部分是中长期债券，并推出了长期浮动利率债券。截至年底，金融债券存量总额6382亿元，占中央国债登记公司托管总额的39%。建立了承销团发债机制，目前有成员50家，其中商业银行47家。经批准，增加了与贷款有关的企业存款业务，去年本外币存款余额302亿元，日均存款205.5亿元。加强了资金运营，资金头寸得到合理控制。

其它金融服务　1、企业债券承销业务。国家开发银行围绕信贷业务，探索运用资本市场手段，增强支持基础设施和重大项目的能力。2000年，取得了债券承销资格，并担当了10年期铁路建设债券和上海城投债券的副主承销商，承销额合计3亿元。通过承销贷款客户发行的债券，帮助客户直接从资本市场筹集资金。2、财务顾问业务。2000年,国家开发银行与14家企业签订了财务顾问协议。3、开办了银行汇票业务,与中、农、建、交、招等商业银行签订了委托代理协议。

内部管理　1、狠抓本息回收,化解不良资产。针对过去重贷轻收、重放轻管的问题,把回收作为全行业务工作的中心,实行回收与项目受理、评审、贷款"三挂钩",落实责任制,实行回收单项奖,取得了明显效果。重点抓欠本、欠息大户,组织了煤炭、中石油、中石化、汽车、电力、有色、外汇、化肥和民航、铁路10个工作组,化解40个重大项目的风险,对债券和车购费贷款进行了专项清理和处置。加大了依法收贷、追索担保的力度,清收不良资产,并结合债转股工作,积极探索运用资本市场手段化解不良资产。2、初步建立了"全过程、全方位"的风险控制机制。建立市场化的项目开发机制,面向市场开发培育优质项目和优质客户群;坚持独立评审,从源头控制风险;建立"防火墙",强化贷款项目的市场和财务分析,在项目评估与贷款决策之间形成制约;建立贷款风险决策体系,实行贷款风险组合分析;建立风险责任制,把风险责任分解到每个环节;建立信用评级制度,开展客户信用评级和重点行业、地区的试评级;实行资产负债管理;加强稽核评价工作,消灭内控的盲点和死角;建立分支机构网络,加强系统管理。3、加强与地方政府合作,建立信用结构。已与24个省(市、自治区)政府签订了金融合作协议,建立了联席会议制度。2000年依靠政府协调回收36.35亿元。目前已初步建立了包括政府信用、企业信用、市场信用和社会监督、法律保障相结合的信用结构,把政府的组织优势变为化解风险的信用优势。4、加快与国际接轨。按照八条国际标准的要求,聘请国际著名的安达信会计师事务所进行外部审计,重点是找出与国际标准的差距。借鉴国内外先进银行信贷管理技术和方法,编制《信贷管理手册》。积极开展对外交流与合作,成功举办了中英论坛2000年北京年会、开发银行国际顾问委员会第二次会议、"电子银行国际研讨会"等。美国标准普尔评级公司对国家开发银行进行了年度复审,债信评级为BBB,与中国政府同为主权级信用级。5、加强基础建设。制订了电子银行规划纲要,完成了全行信息系统制度建设和分行局域网、总行广域网建设,完成了OA、客户服务系统、信贷管理与风险监控、非现场稽核与预警、基础数据库、会计信息管理系统的验收推广工作,建立了全国性的外币支付系统;全面开展了清帐工作,基本核清了贷款底数;坚持依法治行,制订了规章制度管理规定,规范了管理程序,建立了授权管理制度和外聘律师工作制度,制订了依法收贷工作实施办法;加强研究工作,全行发展战略等重要课题研究取得了成果。

(特约编辑、特约撰稿:郭浩)

中信实业银行

【概况】　中信实业银行隶属于中国国际信托投资公司(中信公司),创立于1987年,是我国改革开放过程中最早成立的新兴商业银行之一。前国家副主席荣毅仁先生曾任中信实业银行名誉董事长。中信公司董事长王军兼任中信实业银行董事长,中信公司副总经理窦建中兼任中信实业银行行长。自诞生以来,银行始终本着"稳步发展,争创一流"的发展方针和"以客户为中心,以产品为导向"的经营思路,不断提高服务质量和水平,以现代金融意识开展各项业务,推出了一系列新业务产品,在做好为普通客户服务的同时,为众多国有大中型企业提供全方位服务,创造了令人瞩目的业绩,不仅为国家经济建设做出了应有的贡献,自身也得到了较快的发展。截至2001年9月底,全行资产总额折计人民币2555.83亿元,本外币存款余额折计人民币2186.41亿元,本外币贷款余额折计人民币1298.86亿元。2001年前九个月实现税前利润15.66亿元。全行分理处以上分支机构达到304家,员工总数达到8000人。与世界上70多个国家的915家银行总分机构建立了代理行关系。除在北京设立了总行营业部外,中信实业银行还在上海、深圳、大连、南京、青岛、杭州、广州、成都、郑州、重庆、福州、武汉、天津、长沙、昆明、沈阳、西安、石家庄、苏州、济南、威海、烟台、无锡、常州等大中城市设立了分行。

【业务工作】　实行各项业务整体联动和全行大营销,有效带动了业务产品的开发和推广　银行坚持"以客户为中心,以产品为导向"的发展原则,加强整体协调联动,积极推进联合贷款、备用信用证、银团贷款等业务,发挥银行公司业务优势,实施公司、零售、国际业务整体联动,抓住优质贷款项目,用足存贷比,提高了资产使用效益。在巩固现有优质客户群的基础上,加强了行业性和系统性客户开发工作的力度,充分发挥"团队精神",增强了系统内信息交流和资源共享,对重大项目和重要客户实施了有效的整体联动,使整体开发功能和竞争优势得以充分发挥。

抓住重点,加大宣传和营销力度,超常规发展零售业务　银行今年首次将零售业务考核指标列入全行年度经营计划,各分行从实际出发,开展了形式多样的营销活动,收到了较好的效果。1.今年,银行作为唯一主办行的北京"市政交通一卡通"工程正式启动,大大带动了银行零售业务的发展,除北京外,这种合作方式已在其他分行所在城市开展,开辟了银行零售业务发展的新领域。2.在兼顾效益原则和市场原则的前提下,银行在储蓄存款量大、金卡网络硬件完善、居民接受程度高、中信卡发卡量大的大中城市集中式集群化地发展了自助银行。通过自助银行网点的规模效应,带动存款量、业务量的大幅提高。改变了银行目前网点少且分布不均的现状,成为实现零售业务超常规发展的一条有效途径。3.银行以收购城市信用社的方式,将触角伸展到经济发达地区的县域市场,为改善银行机构网点相对不足、零售业务市场占有率偏低的局面做出了尝试。4.积极摸索与资金流通量大的商业企业合作,增加结算量,推动信用卡作为结算工具在商业系统的广泛使用,带动发卡量快速增长。5.多方位改善市场营销措施,加大宣传力度,拓宽营销渠道,其中全行出国金融服务中心的宣传营销活动在形式和渠道上都有所创新和突破,对业务发展起到了直接促进作用。

应对入世挑战,积极开拓创新　1、面对入世后我国进出口量及结构即将发生巨大变化的形势,银行围绕提高国际业务管理水平,着力进行了国际业务新系统的试运行及推广工作。第一次引入专家治理的思路,组建了全行国际业务咨询委员会。同时还推出了福费廷等新业务品种。2、为增强竞争实力,银行已与多家券商签定了合作意向书,在银证通、银证转帐等方面开展全面合作。由银行作为发起行,十家股份制商业银行共同签署了《苏州协议》,目前已经进入具体落实阶段。银行所有网点均已开通网银业务,可使银行公司客户获得全天候的服务,并实现系统内实时到帐。这些都为加入WTO后银行的持续健康发展创造了条件。3、随着《商业银行中间业务暂行规定》的颁布,银行着力开展了中间业务等产品的开发,并深入研究市场需求,推出了出国留学保函等一批中间业务产品,并将使馆签证代理业务扩大到了德国等欧盟国家,为改善银行收入结构,使之与国际银行业的发展趋势相适应打下了一定的基础。4、为适应激烈的市场竞争,进一步激发各分行、各部门的创新潜力和创新热情,银行成立了产品创新与推广领导小组,负责研究制定年度创新指引，对于成型的创新产品进行验收推广，并运用行长创新奖励基金对有突出表现的单位和个人予以奖励。

加强内控管理，确保资产质量　1.正式颁布执行《中信实业银行贷款五级分类办法》，制定了《信贷责任制》和《信贷资产质量考核办法》、《不良贷款认定实施细则(暂行)》，完善了银行信贷资产质量管理的科学认定和监督考评体系。2、在去年完成机构整合的基础上，着力进行了内审体制改革的工作，借鉴国际上金融机构内审体系和模式，重新设计了内审框架，组建了内审部门，正逐步构造一个责任明确的内审系统。3.开展了加强内部基础管理，防范金融违规、违法行为的自查工作。全行7000多名员工参加了“中信实业银行加强内部管理、防范金融犯罪问卷调查”，参与人数占全体员工数的90%以上。通过对风险环节进行归类汇总，全面掌握了易发生违法、违规风险的业务环节，为各业务部门查找和堵塞漏洞，也为稽核审计工作提供了依据。

金融电子化建设迈出了新的步伐　在完善银行现有应用系统的基础上，着手开发以客户关系管理系统为主的、具有数据仓库、数据挖掘、企业智能和知识管理等新兴信息技术特点的新一代核心业务系统，向全行决策和业务管理提供及时、准确、完善的信息支持。　(特约编辑、特约撰稿：金伟)

中国光大银行

【概况】　中国光大银行成立于1992年8月18日，是目前国内唯一一家国有控股、国际金融组织参股的全国性股份制商业银行。该行具有与现代商业银行经营要求相适应的经营管理机制、特色鲜明的股权结构、布局合理的机构网络，并形成了规范化管理与电子化建设两大突出优势。

【经营范围】　中国光大银行经营范围主要包括：吸收公众存款；发放短期、中期和长期贷款；办理国内外结算；办理票据贴现；发放金融债券；代理发行、代理兑付、承销政府债券；买卖政府债券；从事同业拆借；买卖、代理买卖外汇；提供信用证服务及担保；代理收付款项及代理保险业务；提供保险箱服务；经中国人民银行和国家外汇管理局批准的其他业务。

【经营业绩】　建行初期，光大银行凭借机制新、包袱轻和经营自主灵活的优势，在较短的时间实现了资产、负债和各项业务的快速扩张，迅速占领了一定的市场份额。1997年初，光大银行圆满完成了增资改制工作，成为一家由中国光大(集团)总公司代表国家控股的现代股份制商业银行。1999年3月18日，中国光大银行按商业原则整体接收中国投资银行。卓有成效的接收和整合工作，使光大银行的资产、负债、经营网络和人力资源都实现了成倍的增长，整体规模和市场占有率迅速扩大。自2000年第四季度开始，为进一步扩充资本和壮大实力，光大银行在全国范围内开展增资扩股工作，这项工作将大大扩充光大银行的资金实力，而且为下一步的上市和可持续发展打下了良好的基础。2000年下半年，光大银行适时提出了新时期“三三二整体工作思路”，按照这一发展思路，光大银行坚持发展主旋律，从战略高度出发，着力构筑电子化建设和规范化管理两个优势。先后开发、推广了全国一柜通、阳光卡、光大网银、汇市通、银证通、本外币实时清算、电话银行等十几个计算机应用系统，为光大银行的持续、快速发展奠定了强大的技术基础；在全行推行了规范化管理，向社会公开优质服务承诺，有力促进了员工业务技能和综合素质的提高，银行对外服务氛围显著改善，社会知名度、群众认可度大大提高。同时，光大银行还加大改革力度，建立健全激励机制，积极推行了考评制度、分配制度和人事制度三项改革，使全行竞争意识、效率意识显著增强。截至2000年底，光大银行已在全国36个中心城市设立营业网点近300家，员工6700多名，全行资产规模达到2074.4亿元，一般存款达1484.2亿元，利润、资产质量稳步提高。2001年7月，在英国《银行家》杂志按一级资本排序公布的全球最大的1000家大银行中，中国光大银行由2000年的第300名一举跃至第210名，在一年之内提升位次90名。

(中国光大银行办公室)

中国民生银行

【概况】　中国民生银行于1996年1月12日在北京正式成立，它是经国务院、中国人民银行批准的中国首家主要由非公有制企业入股的全国性股份制商业银行。注册资金13.8亿元，经叔平为董事长。中国民生银行从成立之始就按照现代企业制度要求的新机制规范运营，实现了产权明晰、权责明确、政权分开，并不断提高科学管理水平。建行五年来，民生银行取得了长足的发展，开业当年即实现盈利，利润逐年增长，存贷款稳定增加，资产规模不断扩大，并保持了良好的资产质量。截止到2000年末，民生银行各项存款余额527.15亿元，比上年末增加236.53亿元，增幅为81%；资产规模达到680.58亿元，比上年末增加317.50亿元，增幅达87%；各项贷款余额349.09亿元，比上年末增加181.24亿元，增幅为108%；不良贷款率由年初的8.72%下降到4.39%；主营业务收入27.10亿元，比上年增加10.86亿元，增幅67%；实现税后利润4.29亿元，比上年增加2.29亿元，增幅115%。

【经营业绩】　存款业务　民生银行业务规模迅速扩展，A股股票在上交所成功发行上市以及民生卡、银证通等新业务品种的推出，推动了该行存款数额的增长。2000年民生银行的年存款增长率达80%以上，本外币存款余额折合人民币达527.15亿元，其中，对公存款余额487.53亿，储蓄存款余额39.62亿元，外币存款余额7.62亿美元。存款业务在快速增长的同时，结构也有一定改善，主要表现为储蓄存款占比提高，存款稳定性增强；同时对公存款中定期存款占比下降，全年降低约4个百分点。

上市工作　2000年12月19日中国民生银行股票在上海证券交易所正式挂牌并由此跨入中国的资本市场。民生银行的上市工作创造了几个奇迹：一是在最短的时间内进入中国资本市场，前前后后只用了15个月；二是冻结资金创中国单股之最；三是按照证监会周主席评价，民生银行的招股说明书是中国金融企业上市的标准文本；四是民生银行是中国资本市场招股说明书最长，披露最充分的企业；五是民生银行的上市宣传活动最严密、最有条理、最具有轰动效应。正是这些成绩，民生银行被人民日报社市场信息中心评为2000年度最具影响的十大企业之一，民生银行上市被中国企业报评为最有影响的新闻之一。

国际业务　目前民生银行已在全国40余家分支机构开办了国际业务。截止到2000年底，全行外汇存款年末余额达7.62亿美元，外汇贷款1.28亿美元，债券投资为1.84亿美元，全年实现外汇投资利润1792万美元；全行国际结算量28亿美元，贸易融资累计发生4.3亿美元，外汇不良资产控制在最低水平。外汇总资产为9.24亿美元，境内外代理行420余家，遍布于各大洲的69个国家和地区，与其中的100多家银行有良好、紧密的业务合作关系，同时与世界银行、国际金融公司等国际著名金融机构开展了密切的项目合作，在金融同业中具有良好的声誉和一定的影响。民生银行的外汇业务除传统的存、贷、汇业务品种之外，还有信用证、托收、保函、贴现、押汇等国际结算和贸易融资业务，以及为企业提供管理咨询、财务顾问、资本运作方案设计等理财服务，并于2000年底投入个人外汇买卖业务系统的开发。在传统业务品种的基础上，民生银行于2000年相继推出出口退税质押贷款、出口应收款押汇、出口卖方信贷等新业务品种和“中小企业出口推进计划”等系列措施。民生银行的国际业务经营管理体制建设已走上科学化的轨道，国际业务风险纳入全行的统一授信和风险管理体系，建立了本外币统一的市场拓展体系，实现了单证处理的集中操作，实现了本外币资金的统一调度和信息资源共享。

个人银行业务　2000年，全行个人业务系统初步形成了包括传统储蓄业务、银行卡业务和个人消费信贷业务、个人理财业务在内的富有特色的多元化个人金融业务体系，截止2000年底，全行储蓄存款39.62亿元，共发行民生借记卡77.6万张，银行卡存款9.9亿元，累计发放个人贷款27.8亿元。个人消费贷款业务全面启动，初步形成了包括个人财产担保贷款、“民生财”个人综合授信、个人综合消费贷款、住房贷款、汽车贷款、财产质押贷款在内的八大类14个品种的个人消费信贷系列产品。同时，为适应个人金融服务多元化的需要，民生银行还加大了抢占中间业务市场的力度，积极开发代理业务产品，取得显著成效。目前已开办代发工资、代理保险、代理国债、代理企业债券等多种代收代付业务。各类业务咨询、资信调查、委托收款、委托转帐等服务品种不断增加，极大地方便了客户，也有效稳定了储蓄存款，增加了中间业务收入，促进了对公存款和同业存款的增长。此外，银行拥有亚洲规模最大、安全系数最高、数量高达3万门且运用指纹开箱技术的保管箱业务；还加大了与证券、保险、航空、公用事业收费、旅游部门等单位的合作，开拓中间业务创新品种，探索服务新方式。

银行卡业务　2000年，通过全行员工的奋力拼搏，民生卡业务克服发卡网点少等不利因素，成为民生银行业务快速发展的突出亮点。截至2000年底，共发行民生借记卡77.6万张，卡中存款9.9亿元，发卡量增幅和卡均存款增幅居股份制商业银行前列。各项卡交易累计100万笔，折合人民币90亿元，其中ATM业务交易54万笔，交易额36亿元，POS业务11万笔，交易额0.6亿元，银证转账业务0.7亿元。民生卡的服务功能除具备传统银行卡的储蓄、ATM取款、POS消费等基本功能外，还具有多项创新功能：1、一户多卡：即主卡可申请1－2张附属卡，与其共用结算账户，并可规定附属卡的使用权限和可用资金额度；2、柜台发放小额质押贷款：客户能以民生卡内本外币定期存款作质押，申请小额质押贷款，立等可取。3、单位商务卡：为单位管理人员从事商务活动，进行正常消费提供方便。随着业务的不断发展，民生卡的增值功能也在不断丰富和完善：已实现柜台通存通兑；可预定全国1000多家酒店并享受3－7折优惠；北京的持卡人能用民生卡拨打IP电话；持卡人在广州白云机场可以享受到“红地毯”贵宾服务；在上海、广州、深圳已实现银证转账。尤其是民生联名卡业务凭借其给持卡人在特定领域的更多实惠和更好服务而在2000年有了长足的发展，截至2000年底，该行已开发推出“民生中华读书卡”、“民生乐购联名卡”、“民生华灏联名卡”、“民生中百仓储联名卡”、“民生旅游卡”、“民生天虹联名卡”和“民生泰康联名卡”等7个联名卡产品，业务范围涉及书店、超市、旅游、保险，有效实现了联合双方“资源共享、优势互补、共同发展“的目标。

公司银行业务　2000年，民生银行的公司业务工作确立了三个方面的重点，即抓队伍建设、抓信贷经营质量、抓组织推动。在大力拓展市场、严格控制风险的前提下，提出了“双优”信贷政策指引，即贷款要向“优势产品，优质客户”倾斜，向高科技、电信、能源等优势基础产业中的优质企业，以及优质上市公司、跨国公司、经重组后的国企大公司倾斜。结合国家鼓励中小企业和高科技发展政策的出台，会同分行开发了“科技贴息贷款”业务。截止2000年底，全行各项贷款达到349.09亿元，比上年末增加181.24亿元，不良贷款率为4.39%。2000年，民生银行改革了原来的贴现审批流程，成立票据中心，实行专业审查和集中管理，全年累计贴现178亿，实现税前利润近1.3亿元，其中自8月至年底，全行新贴现120多个亿，为前七个月的三倍，实现了效益质量双丰收。

内控机制建设　民生银行的内控机制实行三级控制体系。首先是由各经办机构实施第一级控制，凡涉及资金划拨、帐务核算、重要空白凭证及现金保管、对外授信等业务的一线操作部门，在控制信用、市场、政策以及操作风险等方面，均按岗位责任制、权限管理要求，建立各项规章制度、合理设置岗位，运用相互制约原则进行第一级风险控制。从源头保证业务操作的合法性、合规性，既注重了控制外部风险，同时注意了控制内部风险。其次，各项业务主管部门在日常工作中始终贯穿完善制度、规范机构岗位设置的内容，并及时进行所主管工作的系统管理，加强监督检查，对一线部门的各项操作进行指导和审批，通过监督机制的运行，防止超权限操作并加强各机构之间的协调工作。第三，稽核部门在前两道防线的基础上实施稽核检查，进一步保证一级法人制度的落实、保证制约机制的有效性，不断完善各项规章制度，以使全行各项经营管理工作在规范的轨道上运行。

机构建设　2000年，民生银行对总行机关的机构设置、职能和人力资源配置进行了大规模重组，从而实现了总行由行政管理型向组织推动型转化，由“作战部”向“总参谋部”的转化，由“单兵推进”向“多兵种联合推进”转化。机构重组后，共设立了十三个部门，分别是：办公室、人力资源部、公司业务部、个人业务部、金融同业部、国际业务部、资产管理部、计划财务部、会计部、风险管理部、科技部、稽核部、党委宣传部。在总行实现机构重组后，为适应市场化、规范化和强化系统管理的要求，民生银行本着精简高效、控放结合、分类管理的原则，依据各分支行的不同发展阶段和业务规模，对其内部机构设置进行了统一规范。在分支机构的发展方面，民生银行2000年增设了南京、杭州两家分行，并在各地增设了21家营业网点，营业网点总数达到73家，初步形成了覆盖主要中心城市的经营网络。

（中国民生银行）

恒生银行

【概况】　恒生银行自1933年创立以来，一直以香港为基地，业务集中在香港及内地。经过数十年积极耕耘，今日已发展成为香港规模最大的银行之一，拥有庞大的客户基础，每三位香港市民中，即有一位是恒生客户。在2001年3月，恒生荣获《亚洲货币》杂志评选为“亚洲实力最雄厚银行”，连续两年在该杂志的银行排名中高居首位。在2001年5月“金融时报500”调查中，恒生在亚太（不包括日本）最大的一百间公司中（以市值计）排名第六，亦是排名最高的银行。

反映香港股市表现的“恒生指数”乃由恒生银行于1969年创立，已成为国际认可的指数，更获视为等同纽约道琼斯指数、伦敦金融时报指数和东京日经平均指数。以市值计，恒生是在香港联合交易所的七大上市公司之一。该行之股份亦在伦敦证券交易所挂牌买卖，并在美国为投资者提供一项第一级赞助形式之美国预托证券计划。

【经营业绩】 恒生以优质和高效率服务见称，秉承优良的服务传统，该行与时并进，贯彻了“恒生、开拓、超越”的企业精神，不断以创新意念及新科技，满足客户日新月异的需求。踏入数码年代，该行推出多样化的创新产品，包括网上银行服务，以更广泛的渠道，为客户提供方便快捷的优质产品和服务。恒生在香港有155间分行与自助理财中心，在广州、上海、深圳及福州均设有分行，并在北京与厦门设有代表处，其全资附属公司恒生保险亦在深圳设有保险代表处。恒生的主要业务包括零售银行、商业银行、工商及金融机构业务、财资服务、私人银行服务，以及包括保险、证券买卖及投资等个人理财服务。目前，该行已透过在内地的分行，提供多项外币银行服务，包括外汇存款、外汇放款、外汇票据贴现、外汇汇款、外汇担保、进出口结算及楼宇按揭。截至2000年12月底，恒生之集团总资产为港币5010亿元，而2000年全年之股东应得益利，则为港币100亿元。恒生于1960年代中已开始提供证券买卖服务，发展至今，客户可以经网上银行、电话银行服务和流动电话银行服务，以及恒生全线分行进行证券买卖。2000年9月，恒生更推出网上认购新股服务，让客户更方便快捷地认购新股。在首次进行的网上认购新股中，客户反映非常热烈，令恒生成为在香港银行中，获得最多网上认购新股申请的银行之一。此外，恒生亦由今年开始代客户买卖上海及深圳的B股。恒生一直积极支持祖国的发展，为香港中资和内地企业提供的贷款，一直稳步上升，至今贷出的总额已超过一百亿港元。

中国信达资产管理公司

【概况】 中国信达资产管理公司是经国务院及中国人民银行批准，于1999年4月20日成立的中国第一家金融资产管理公司，是具有独立法人资格，独立承担民事责任的国有独资非银行金融机构；注册资本金为100亿元人民币，由财政部全额划拨；主要任务是管理和处置从中国建设银行、国家开发银行剥离的不良贷款，最大限度保地全资产和减少损失。中国信达资产管理公司的总裁(法定代表人)、副总裁由国务院任命。中国信达资产管理公司实行总公司及附设办事处的统一法人体制。总公司主要内设机构是：资产处置委员会、报酬委员会、总裁办公室、审核委员会、债权管理部、投资银行部、股权管理部、实体管理部、法律事务部、资金财务部、审计部、人力资源部、技术保障部。总公司在组织机构的设置上具有投资银行功能。经财政部同意、中国人民银行批准，公司在业务量较大、不良资产集中的地区下设29个办事处，办事处根据总公司的授权开展业务。

【业务范围】 中国信达资产管理公司经核准的从业范围包括：收购并经营中国建设银行和国家开发银行剥离的不良资产；追偿债务；对所收购不良贷款形成的资产进行租赁或者以其他形式转让、重组；债权转股权，并对企业阶段性持股；资产管理范围内公司的上市推荐及债券、股票承销；发行金融债券，向金融机构借款；财务及法律咨询，资产及项目评估；收购中国建设银行剥离的外汇不良资产；外汇债权追收，对所收购的外汇不良贷款形成的资产进行租赁或者以其他形式转让、重组；外汇债权转股权，并对企业阶段性持股；中国人民银行、中国证券监督管理委员会批准的其他业务活动。2000年11月，国务院颁布的《金融资产管理公司条例》进一步明确了上述职能。除此之外，中国证监会批准中国信达资产管理公司具有证券承销和推荐上市的从业资格，财政部和国家发展计划委员会给予中国信达资产管理公司免收部分行政性收费的优惠政策，财政部和国家税务总局批准中国信达资产管理公司免除一切税收。最高人民法院也出台了有利于金融资产管理公司追偿金融资产的特别司法解释。中国信达资产管理公司接受中国人民银行、财政部和中国证券监督管理委员会依据各自的法定职责实施的监督管理，其中金融业务接受中国人民银行监管，财务管理接受财政部监管，证券业务接受中国证券监督管理委员会监管。此外，根据《国有重点金融机构监事会暂行条例》的规定，国务院向中国信达资产管理公司派驻了监事会。

【业务工作】 截止到2000年底，中国信达资产管理公司直接管理、处置的不良资产总规模为4295亿元，其中收购中国建设银行和国家开发银行不良贷款3803亿元，承接中国建设银行委托债转股资产492亿元。鉴于中国信达资产管理公司不良资产来自中国建设银行和国家开发银行，债务人主要是国家大中型基本建设项目和国有大中型企业。资产的分布具有如下特点：一是对单户企业贷款规模大，有2038亿元贷款集中在1050户企业。二是主要集中在基础产业，在公司3803亿元不良资产中，能源行业612亿元，占16.1%；房地产行业超过500亿元，占13.1%；化工行业311亿元，占8.2%；建材行业184亿元，占4.8%。三是东部发达地区贷款较大，达1440亿元，占40.8%。

(总裁办公室)

中国东方资产管理公司

【概况】 中国东方资产管理公司是经国务院以及中国人民银行批准，并经国家工商行政管理局注册登记，于1999年10月15日在北京正式成立的具有独立法人资格的国有独资金融企业。公司注册资本为100亿人民币，其中人民币60亿元，外汇5亿美元，由财政部全额拨入。公司接受中国人民银行监管和财政部的财务监管，公司的证券业务接受中国证监会的监管。公司的主要任务是收购、管理、处置从中国银行剥离的不良资产。公司总裁和副总裁由国务院任命，现任总裁是孙昌基同志，副总裁是柏士珍、陈江旭同志。公司总部设在北京，本着“精简、高效”的原则，总部设置8个职能部门，即总裁办公室、人力资源部、资产评估部、股权部、债权部、资金财会部、信息科技部、审计部。同时设立了资产处置审查委员会、财务审查委员会、资产处置绩效考核委员会、大宗物资采购监督委员会、战略发展委员会、保密委员会等6个专门委员会。公司在全国共设有25个办事处，分别在广州、青岛、天津、南京、大连、上海、北京、石家庄、武汉、海口、南宁、哈尔滨、长沙、成都、福州、深圳、长春、重庆、郑州、杭州、西安、南昌、合肥、兰州、太原等地。公司实行统一法人体制，办事处根据总部授权开展工作。

【业务范围】 东方资产管理公司的业务范围主要有：收购并经营从中国银行剥离的不良资产；债务追偿；对所收购的不良贷款形成的资产进行租赁或者其他形式转让、重组；债权转股权，并对企业阶段性持股；资产管理范围内公司的上市推荐及债券、股票承销；发行金融债券，向金融机构借款；财务及法律咨询，资产及项目评估；收购中国银行剥离的外汇不良资产；外汇债权追收，对所收购的外汇不良贷款形成的资产进行租赁或者以其他形式转让、重组；外汇债权转股权，并对企业阶段性持股；中国人民银行、中国证券监督委员会批准的其他业务活动。

【业务工作】 公司共收购不良资产2674亿元，资产涉及2万多户企业，6万多笔数，其中债转股企业有188家。资产分布在全国31个省、市、自治区，主要集中在广东、山东、天津、江苏、辽宁、上海、湖北等地，主要涉及外贸、纺织、轻工、商业企业、能源、机械、房地产、电子等行业。公司的债务人大多是国有企业，外贸、外汇资产比较多。依照国家有关法律，公司已成为所收购不良资产的新的法定债权人，并已依法办理了相关手续。公司将有权综合运用出售、置换、租赁、资产重组、债转股等方法对所持不良资产进行处置。2000年，公司运用追偿、资产重组、置换、外包等方式处置了帐面价值为188亿的资产，回收资产45.41亿元(包括现金和非现金资产)，其中现金13.34亿元，取得了较好成绩。在资产处置的同时，公司也十分注重加强资产的基础管理工作，通过完善抵押担保手续，在较大程度上改善了资产状况，优化了资产形态；债转股企业的审计评估和新公司的注册登记工作正抓紧进行。公司的信息化建设也取得显著成绩。公司的资产管理系统日益健全，成为记录所有资产状态和处置进度的较全面的数据库；公司网站 www.coamc.com.cn 已全面开通运行；与国内著名拍卖行开展了网上拍卖业务。 (刘荣)

中国华融资产管理公司

【概况】 1999年，中国政府决定成立四家金融资产管理公司，专门收购、管理和处置国有商业银行剥离的部分不良资产，探索防范化解金融风险的有效途径，最大限度地减少损失，保全资产。1999年10月19日，中国华融资产管理公司正式成立。公司是具有独立法人资格的国有独资金融企业，注册资本金100亿元，总部设在北京。公司设立监事会，由国务院派出，对国务院负责。公司由人民银行负责监管，涉及人民银行监管范围以外的金融业务，由证监会等相关业务主管部门监管，财政部负责财务监管。公司实行统一法人授权经营管理体制，办事处根据总部授权开展工作。目前，总部设置了总裁办公室、债权管理部、股权管理部、投资银行业务部、审计部、资金财务部、国际业务部、法律事务部、信息科技部、人力资源部、宣传群工部、监察室、研究发展部和实业管理部等14个职能部门，同时设立了资金财务审查委员会、资产处置审查委员会、资产评估审查委员会3个专门委员会。经中国人民银行批准，公司在全国设立了北京、天津、石家庄、太原、呼和浩特、哈尔滨、长春、沈阳、上海、南京、杭州、合肥、南昌、福州、济南、郑州、武汉、长沙、广州、海口、成都、重庆、南宁、昆明、贵阳、西安、兰州、乌鲁木齐、深圳和大连等30个办事处，其中西安、兰州办事处是跨省区的分支机构，分别负责陕西、宁夏和甘肃、青海的业务。目前，公司总计拥有可处置帐面资产5100亿元，其中：债权资产3642亿元，股权资产908亿元，实物资产550亿元，涉及债务企业达7.2万户。资产遍布全国30个省市，重点分布在广东、北京、江苏、上海、山东等沿海经济发达省市。债权资产分布于工业、农林牧渔、建筑、交通运输、邮政通讯、批发零售、房地产、社会服务等8个行业，37个子行业。其中，拥有11家上市企业的债权，47家上市公司母公司或子公司的债权。公司通过实施债转股，持股企业达400多户，其中重点持股企业312户，股权金额871亿元，广泛分布于机械、电子、纺织、冶金、建材、汽车等20个行业。公司拥有的实物资产主要为房地产和机械设备。

【业务范围】 公司主要任务是收购、管理和处置中国工商银行剥离的部分不良资产。主要经营目标是利用国家给予的特殊法律地位和专业化优势，最大限度地保全资产，减少损失。公司业务经营范围包括：收购并经营中国工商银行剥离的不良资产；债务追偿、资产置换、转让与销售；债务重组及企业重组；债权转股权及阶段性持股；资产证券化；资产管理范围内的上市推荐及债券、股票承销；直接投资；发行债券；商业借款；向金融机构借款和向中央银行申请再贷款；投资、财务及法律咨询与顾问；资产及项目评估、企业审计与破产清算；收购中国工商银行剥离的外汇不良资产，外汇债权追收，外汇资产置换、转让与销售，外汇债权重组，外汇债权转股权及阶段性持股；经金融监管部门批准的其他业务。2000年9月，中国证监会向公司颁发了《经营股票承销业务资格证书》。公司拥有多种投资银行业务运作手段，按照效益与效率兼顾的原则，因地制宜，综合运用出售、置换、资产重组、债转股、资产证券化等方法对贷款及其抵押物进行处置；对债务人提供管理咨询、收购兼并、分立重组、包装上市等方面的服务；对确属资不抵债、需要关闭破产的企业申请破产清算。在对资产进行科学分类管理、充分信息披露的基础上，按照国家规定，通过向境外投资者出售债权、股权，最大限度回收资产，减少损失。2000年，公司共处置账面资产78.58亿元，回收资产32.8亿元，其中回收现金20.6亿元。公司拥有特别主承销商资格，正在对多家企业开展上市辅导。

(华融资产管理公司)

中国长城资产管理公司

【概况】 中国长城资产管理公司是中国中央政府借鉴国际经验、结合中国国情，于1999年底决定组建的具有独立法人资格的国有独资金融企业，公司注册资本金100亿元人民币，由中华人民共和国财政部全额拨入。中国长城资产管理公司总部设在北京，根据业务需要，下设30个办事处。汪兴益担任公司总裁，傅春生、李占臣为公司副总裁。公司有一大批从事投资、证券、评估、财务、法律的专业人才，可以为投资者提供投资、财务、法律咨询与顾问和资产与项目评估等方面的服务。

【业务范围】 中国长城资产管理公司的基本任务是通过收购、管理和处理国有商业银行剥离的不良资产，实现防范和化解金融风险，深化金融体制改革，增强国有商业银行的国际竞争力和促进国有企业改革与发展的目标。根据国务院的批复，中国长城资产管理公司收购了中国农业银行3458亿元的不良资产。按照《金融资产管理公司条例》的规定，中国长城资产管理公司在管理和处置不良金融资产的过程中，主要从事下列业务活动：追偿债务；对所收购的不良贷款形成的资产进行租赁或者以其它形式转让、重组；债权转股权，并对企业阶段性持股；资产管理范围内公司的上市推荐及债券、股票承销；发行金融债券，向金融机构借款；财务及法律咨询，资产及项目评估；向中国人民银行申请贷款；中国人民银行、中国证券监督管理委员会批准的其它业务活动。

【业务工作】 中国长城资产管理公司自成立以来，从中国国情出发，借鉴国际经验，积极探索，勇于实践，敢于创新，在资产重组、企业改制和利用资本市场激活不良资产上，打造出了一系列独特的品牌，充分显示了卓越的业务运做能力。1、成功地对债转股企业进行了改制，使一批重点国有亏损企业起死回生。公司充分发挥自身优势，对牵头的21家债券转股企业进行股份制改造，完善法人治理机构，建立现代企业制度，使这些企业步入了健康的发展轨道。目前，已有90%的企业实现盈利。其中，湖南长元人造板股份有限公司于2000年底回购长城资产管理公司股权400万元，成为全国债转股企业中第一个回购资产管理公司股权的企业。2、成功地运用重组手段，救活了一批特困企业。公司先后对浙江浙纸集团、湖北蒲芹造纸厂、浙江机械物质总公司、南昌华思特服装实业公司、石家庄劝业场股份有限公司等二百多家企业进行了重组，都收到了良好的效果。特别是对PT渝汰白所进行的股权重组、资产重组、债务重组，使这个2年前累计亏损6亿多元、严重资不抵债的企业，于2000年底一举扭亏为盈，实现主营业务收入2.147亿元，结束了长达4年的亏损局面。这种深刻变化，使PT渝汰白成为中国金融资产管理公司首次对上市公司重组的成功典范。3、成功地运用租赁方式将民间资产引入不良资产处置，引起了国内外的广泛关注。4、成功地开展了投资银行业务。目前，已对2家企业进行上市辅导，对3家企业做辅导上市前的准备工作。5、成功的开展了资产拍卖业务。把资产拍卖作为不良资产处置的重要手段来运作，坚持公开、公正、公平和择优、竞争的原则，保证了不良资产处置的有效性。（杨国柱）

中国外汇交易中心暨全国银行间同业拆借中心

【概况】 中国外汇交易中心　中国外汇市场实行"三权分立"的组织原则，国家外汇管理局为外汇市场的监管部门，中国人民银行公开市场操作室为市场调控部门，外汇交易中心负责市场运作。中国外汇交易中心于1994年4月建立，它是我国外汇体制改革的产物，使全国的外汇市场得到了统一，产生了以市场供求为基础的人民币汇率。交易中心总部设在上海，与全国36个城市联网进行实时外汇交易，形成辐射和覆盖全国的电子交易网络。外汇市场实行会员制，凡经批准可经营外汇业务的金融机构及其授权分支机构提出申请，经外汇交易中心核准后可成为会员，截止2000年12月，共有会员342家。外汇市场采用会员自主分别报价、计算机撮合成交、集中清算的运行方式。各会员可以通过交易系统设在各城市的交易场所进行交易，也可以将交易终端移至会员各自的交易室进行远程交易。目前交易品种为人民币兑美元、港币和日元三个币种的即期交易。外汇与人民币的资金清算速度为T+1。

全国银行间同业拆借中心　依托于以电子网络为载体的外汇交易系统，与中国外汇交易中心一个机构，两块牌子，全国银行间同业拆借中心于1996年1月在上海建立，并于1997年6月推出银行间债券回购和现券买卖业务。中心为中国人民银行直属京外正局级事业单位，其基本职责是：提供外汇交易和人民币同业拆借系统；组织银行间外汇交易和同业拆借交易业务；办理外汇交易的清算交割，负责人民币同业拆借清算的监督；提供外汇市场和货币市场的信息服务；开展总行批准的其他业务。人民币同业信用拆借市场实行自主报价、格式化询价、确认成交的交易方式。交易双方可在四个月范围内自行商定拆借期限。按1天、7天、20天、30天、60天、90天、120天七个品种产生加权平均利率，即全国银行间同业拆借利率(CHIBOR)。拆借双方全额直接清算，自担风险。资金清算速度为：7天以内(含7天)T+0，7天以外T+1。几年来，随着人民币同业拆借系统的建立与发展，在全国范围内实现了同业拆借和债券交易的统一，生成了由市场决定的同业拆借利率。债券交易市场由中央银行的货币政策管理部门实施间接调控，交易中心提供电子交易系统服务并负责市场运行，中央国债登记托管有限责任公司负责债券的托管与结算。具有债券交易资格并经中国人民银行批准进入债券市场的各商业银行总行及其授权的分支机构，经营人民币业务的外资金融机构、保险公司、农村信用合作联社、证券公司和基金管理公司等非银行金融机构均可入市交易。截止2000年12月，拆借系统有交易成员和系统用户465家。债券交易包括现券买卖与回购交易两部分。现券交易品种目前为国债和以市场化形式发行的政策性金融债券；回购的债券包括国债、中央银行融资券和政策性金融债。回购的期限为1天到1年，交易系统按7天、14天、21天、1个月、2个月、3个月、4个月、6个月、9个月、1年共十个品种统计，公布债券回购的成交量和成交价。债券托管结算和资金清算则分别通过中央银行国债登记结算公司和人民银行清算系统进行。实行"纯券结算"的清算方式，清算速度为T+1。

【业务范围】 中国外汇交易中心　2000年，外汇交易系统累计成交折合美元421.75亿，同比增长34%，外汇仍处于供大于求局面，市场汇率保持相对稳定，2000年12月29日最后一个交易日，美元对人民币加权平均汇率为8.2774，比1999年底的8.2795下降21点。

全国银行间同业拆借中心　2000年拆借与债券交易系统交易总额为23199.49亿元，同比增长217%。其中拆借市场总计成交6728.07亿元，同比增长104%；银行间债券市场现券和回购交易分别成交682.68亿元和15781.73亿元，同比分别增长782%和299%。（王勤淮）

中国外汇交易中心广州分中心

【概况】 中国外汇交易中心暨全国银行间同业拆借中心广州分中心(下称"中心")是中国人民银行广州分行和国家外汇管理局广州分局领导下的非盈利性事业单位，下设市场部、资金部、港币支票清算部、财务部、电脑部和综合部。中心前身是国家外汇管理局广东省外汇调剂中心，于1994年4月与全国外汇交易系统联网运作，并以该系统的物理网络为依托，分别于1996年1月和1997年6月连通全国银行间人民币同业拆借和债券交易系统，至今已发展外汇市场会员24家，人民币市场交易成员21家，成为我国货币市场的一个重要组成部分。

【业务范围】 基本职能包括：货币市场组织和服务，包括银行间外汇交易、人民币同业拆借和债券交易、办理外汇交易的资金清算交割、提供货币市场信息服务等、外资金融机构外汇存款准备金和外汇管运保证金的收缴与营运，粤港两地港币支票联合结算。经营范围：组织本地外汇市场会员银行以现场或远程方式进入全国联网的外汇交易系统，进行自营或代理的人民币对美元、港元、日元三种货币的即期交易，并为其提供资金清算交割服务；为广东省内(深圳除外)所有经中国人民银行批准，具有独立法人资格的金融机构和授权分支机构从事人民币同业拆借、现券买卖及回购交易提供业务和技术支持，为所有货币市场有关成员提供信息服务，维护本地外汇及人民币交易系统的稳定运行；运作对外资金融机构缴存的外汇存款准备金和外汇营运保证金；粤港两地港币支票联合结算业务。2000年，中心银行间外汇市场共成交15.2亿美元(折合)，人民币拆借、现券和回购交易分别成交1114.5亿元、72.29亿元、1971亿元，在全国货币市场上名列前茅。

中国平安保险公司

【概况】 中国平安保险公司(平安保险)成立于1988年3月21日，同年5月27日正式对外营业。公司注册地在北京，总部设在深圳。公司经营区域为全国及设有分支机构的海外地区和城市，可经营一切险种(含各种法定保险)及国际再保险业务。平安保险是中国首家股份制保险公司，也是中国第一家有外资参股的全国性保险公司，目前已形成以保险为主，融证券、信托、投资和海外业务为一体的紧密、高效、多元架构。平安保险拥有一支高素质、专业化、国际化的人才队伍，公司从1995年就开始引进外籍员工，并为外籍人才创造了良好的中西文化交融氛围，一大批国际著名的专业人才加盟平安保险，成为平安保险参与激烈市场竞争的重要力量。同时平安保险也十分注重加强国际合作，聘请了麦肯锡等国际著名的公司进行管理咨询，并与国际上160多家保险公司建立了友好往来。平安保险文化吸收了中国优秀传统文化和西方现代管理思想的精华，被众多媒体誉为中国最具文化气息的企业之一，形成了独具个性的特色。

【经营业绩】 平安保险极具创新意识，在国内首家推出投资连接保险、健康保险等，在保险产品设计中首创利差返还、减额缴清等，保持了在中国寿险产品转型后的市场领先优势。公司成立13年来，业务得到快速成长，总资产增加了1500倍，保费收入增加了5000倍，目前已拥有20万销售队伍和1500万客户。在中国保险业开放程度最大、竞争最激烈的上海市场，平安寿险占据了半壁江山，同时，在北京、大连等中心城市的市场份额也稳居首位。《亚洲周刊》评选的1999年亚太地区寿险百强中，平安保险名列第二十四位，资产赢利率在前25大保险公司中雄居第二。公司稳健的财务、科学、明晰的组织架构、专业化的决策、投资体系，以及规范化的风险控制体系，保证了决策的科学性并能有效防范风险，是目前国内中资保险公司中唯一一家连续8年按国际标准出具财务报告和精算报告的保险公司。平安保险的不良资产比例低于1%，资产质量名列亚洲企业前茅。此外，平安保险积极致力于构建高科技的服务平台，为客户提供专业化的产品和服务。平安将以电话中心和互联网中心为核心，依托门店服务中心和专业直销业务员，建立具有统一的品牌管理系统和服务界面的平安3A服务体系，使客户无论何时(Anytime)、无论何地(Anywhere)、无论以何种方式(Anyway)，都可以享受到平安保险公司的满意服务。 (程清)

太平洋保险公司

【概况】 太平洋保险公司于1991年4月26日在上海成立，是中国第一家全国性股份制商业保险公司。公司在纽约设有中国太平洋(美国)服务公司，在伦敦和纽约设有代表处，在香港设有中国太平洋(香港)有限公司，在境外100多个国家和地区的170多个主要港口城市聘请了保险检验、理赔代理人。1995年、1999年、2000年，公司被世界著名资信评估机构——标准普尔公司评为世界大型保险公司200强之一，分别列第104位、48位和45位。1998年，公司与美国安泰人寿保险公司在上海合资组建了太平洋安泰人寿保险有限公司。2000年，按照国务院和中国保监会的要求，中国太平洋保险公司成功实施了产、寿险分业经营机构体制改革。新组建的中国太平洋保险(集团)股份有限公司在国内投资控股设立中国太平洋财产保险股份有限公司和中国太平洋人寿保险股份有限公司。两家产、寿险公司在国内主要城市设立877个分支机构，构建了较为完善的保险服务网络。

【经营业绩】 10年来，公司倡导“一流的服务质量、一流的工作效率、一流的公司信誉”的宗旨，确立“以效益为中心、以市场为导向、以客户为基础”的经营指导思想，稳健经营，资产规模不断扩大，经营效益稳步提高。至2000年底，公司资产总额达315.07亿元，保费收入733亿元，利润总额34.76亿元。

(朱美琴)

中国再保险公司

【概况】 中国再保险公司是国务院直属企业，是经国务院批准，由国家财政出资，在原中保再保险有限公司(1996年7月23日成立)基础上组建的国有独资专业再保险公司，1999年3月18日正式成立，注册资本金30亿元人民币。1996年，公司资产总额和分保费收入分别为30.34亿元和78.99亿元，到2000年底，公司资产总额已增加到151.23亿元，分保费收入达140.43亿元。按净保费计算，中国再保险公司排名世界再保险公司第十二位。公司总部设在北京，设有办公室、人事部、计划财务部、业务管理部、技术服务部、法定业务部、人寿险业务部、国际业务部、营业部、资金运用部、稽核审计部、信息技术部、档案室、党务工作部(机关党委)、纪检监察室等15个部门。下属单位有：上海分公司、深圳分公司，中国安泰经济发展公司、华泰保险咨询服务有限公司、中国保险报社、中国保险管理干部学院，并在伦敦、迪拜、纽约、香港分别设有代表处或联络处。公司全系统现有在册人员439人，其中公司总部在职人员187人。设在公司的中国核保险共同体执行机构，是我国核保险业的业务运作中心，也是我国核保险业联系国际市场的枢纽。核共体执行机构以国内被保险人和潜在被保险人为重点服务对象，利用对国际核保险市场比较熟悉的优势，全力做好国内核电站的保险、再保险工作。目前，执行机构与20多个国家和地区的核共体组织建立了广泛的业务联系。

【经营范围】 公司的经营范围是：财产保险、人寿保险等各类以人民币或外币计价的法定和非法定再保险业务；各类再保险服务、咨询业务；国家法律、法规允许的资金运用业务；国家保险监督管理部门批准的其他业务。公司的主要职能是：在国际范围内分散风险，提高保险公司的承保能力，增强其业务经营的稳定性；通过合理的分入、分出业务，优化再保险业务结构，促进中国再保险市场的健康发展；保护保险人和保单持有人的利益；代表国家参与国际再保险活动。

【经营业绩】 2000年，公司实现分保费收入135.4亿元，完成任务目标的110%。其中法定财产险分保费收入为115.36亿元，分保足额率为98.52%，资金到位率为98.83%；法定人身险分保费收入为20.04亿元，分保足额率为99.02%，资金到位率为99.9%。商业财产险分保费收入达到1.02亿元，完成任务指标的127.5%，资金到位率为81.22%。2000年国际分入业务承保保费较1999年增长6倍多。商业人身险业务分保费收入3700万元，完成计划任务的105.7%，资金到位率100%。同时，国际业务稳步健康发展，实现分保费收入3.64亿元，完成任务目标的130%，新业务增长达28%。目前，公司同世界上许多保险公司、再保险公司以及保险中介机构都有业务往来。

(谢静)

中国人寿保险公司

【概况】 中国人寿保险公司(中国人寿)是国务院直属的国有独资商业保险公司，其前身是创立于1949年10月的原中国人民保险公司。1996年初，按照《保险法》的要求，原中国人民保险公司改建为中国人民保险(集团)公司，中保人寿保险有限公司成为集团公司下属的一家专业性寿险公司。1998年10月，经国务院批准，中保人寿保险有限公司注册变更为中国人寿保险公司，成为自主经营、自负盈亏的企业法人，实行总经理负责制。2000年7月，国务院向中国人寿派驻了监事会。中国人寿主要经营人寿保险、人身意外伤害保险和健康保险等业务，注册资本金为15亿元(人民币，下同)，总部设在北京。目前，中国人寿拥有30家省、自治区、直辖市分公司和5家计划单列市分公司，在全国县以上行政区设置机构3400多个，有正式员工

4.3万多人。全系统个人代理人网点达3900多个,个人代理人达30万人;农村销售网点达2万多个,业务员超过9万人;经中国保监会批准的兼业代理机构1.9万多个,兼业代理人6.6万名。庞大的代理人队伍已成为公司的一支不可忽视的力量。

【经营范围】 作为我国经营寿险历史最悠久、实力雄厚、网络齐全和信誉优良的全国性寿险公司,中国人寿继续承担原人保公司和中保人寿的全部人身保险单责任。为给国家社会保障制度的改革提供配套服务,公司把社会居民的风险保障需求放在业务发展的首要位置,通过开发、改造、归并,目前已向市场推出94种人身保险产品,形成覆盖人的"生、老、病、死、教育、成长全过程"的传统寿险和具有投资理财功能的非传统寿险险种体系,促进了公司业务的快速发展,保持了在国内寿险市场上的龙头地位。

【经营业绩】 2000年底,中国人寿共实现保费收入644亿元,占全国寿险市场的份额高达64%以上,与分业经营之初的1996年相比,2000年保费总收入净增431亿元,年均增长率高达31.9%。为了维护广大保户的根本利益,中国人寿认真做好保险的理赔和给付工作。2000年公司累计给付134.57亿元,意外险赔款28.48亿元,有力地支持了保户恢复生产、重建家园的工作。目前,中国人寿的资金运用额超过了600亿元,资金运用综合收益率达5.09%,是我国债券市场、基金市场和中央企业债券市场上最大的机构投资者。随着保险和投资业务的快速发展,资产结构的逐步优化,公司的总资产也不断扩大,整体实力得到进一步增强。到2000年底,公司总资产达1609亿元,比1996年净增1081亿元,为公司实现未来宏伟的发展战略奠定了坚实基础。中国人寿在狠抓业务拓展的同时,十分重视管理工作。通过制定规范化、标准化的实务流程和管理手册,加快构建科学、合理的业务管理体系;加强对经营风险的防范和化解,完善内部风险控制制度;不断提升管理的科技含量,初步形成公司内部信息管理框架。 (特约编辑:万里虹)

新华人寿保险股份有限公司

【概况】 新华人寿保险公司成立于1996年9月,是全国性股份制专业寿险公司,经营各类人寿保险、健康保险和意外伤害保险。公司总部设在北京,由十五家大型国有股份制企业发起成立,注册资本金5亿元人民币。2000年8月公司向瑞士苏黎世保险公司、日本明治生命保险公司、国际金融公司和荷兰金融发展公司等四家国际著名的金融保险机构招募了总股本24.9%的股份,资本金增加到12亿元。公司现有北京、天津、南京、成都、上海、广州、武汉、杭州、济南、哈尔滨十家分公司;拥有管理人员及代理人队伍12000人。2000年,新华人寿成功地完成了增资扩股和六家分公司筹建开业工作,实现了资本国际化和作业全国化;同时,不断完善法人治理结构,建立了"决策、用人、激励、监督和风险控制"五大机制,构建了以垂直高效的业务、财务管理为主线的总分管理模式,使公司向管理集约化的目标又迈进了一大步。

【经营业绩】 成立五年以来,新华人寿坚持"稳健经营、快速发展"的经营指导思想,按照"改革、创新、发展"的制司方针,认真借鉴和大胆引进国外保险业的成功经验和先进技术,稳健经营,快速发展,成为中国寿险市场上异军突起的一支生力军。截至2000年年底,公司总资产达到52.4亿元,净资产为14.29亿元;累计实现保费收入53.83亿元,市场占有率一直位居国内寿险市场第四位;累计实现投资收益9.54亿元,连续五年保持赢利;累计实现利润1.42亿元。公司寿始终注重开发独具特色的保险产品,尤其近两年来,相继推出了"创世之约"投资连结保险、"吉庆有余"分红保险、"健乐增额"分红健康险,形成了具有较强市场竞争力的特色产品。此外,公司在寿险业率先推出客户服务之家营销模式,开Call Center服务电话系统,推出了中国大陆第一家网上保单,在国内中资寿险机构中首家客户服务体系通过ISO9002国际质量认证。公司还热心支持社会公益事业,先后投入近千万元巨资,制作电视公益广告,赞助全国禁毒展和保护母亲河行动,援建希望小学,赢得了较高的社会知名度,并成为北京金融系统唯一获得"首都精神文明建设最佳活动奖"的企业。

新华人寿的保险基金投资于银行存款、国债、金融债。1997年成为上海、深圳证券交易所的特别会员;1999年进入证券投资基金和企业债市场。目前,公司的绝大部分资金在证券市场上运作,资金总额超过25亿元,其中约40%的资金在证券投资基金市场运作,其余在债券市场进行国债、企业债及国债回购的交易。成立五年来,公司在证券市场的投资情况良好,平均收益率超过10%。 (止戈)

金盛人寿保险有限公司

【概况】 金盛人寿保险有限公司(金盛人寿)是中国第一家中法合资的保险公司,亦是中国保险监督管理委员会成立后批准的首家寿险公司。1999年4月12日,金盛人寿获得开业许可,5月14日国家工商局核发营业执照,6月8日正式对外营业。金盛人寿由法国安盛集团和中国五矿集团合资组建,注册资金2亿元人民币,中法双方分别占有49%和51%的股份。创始于1816年的法国安盛集团是世界首屈一指的国际保险及资产管理机构。截止到2000年12月,安盛集团业务网络覆盖全球五大洲60多个国家和地区,聘用员工及代理人超过14万人,管理资产超过8930亿欧元。在2000年美国《财富》杂志评选的全球500强企业排行榜中位居第15位,居所有保险公司之首。中国五矿集团是以国际贸易为龙头,以金融、运输、房地产、工业和工程承包等为支柱产业综合经营的大型跨国企业集团,在国内13个省拥有98家企业,在海外23个国家和地区拥有50家分支机构。1999年五矿总公司被列入涉及国家安全和国民经济命脉的39家国有重要骨干企业。金盛人寿开业一年以来,规模日益壮大,销售业绩有所增加。2000年,金盛人寿又添两个营管处,

【经营业绩】 金盛人寿积极发展本地业务,主要产品包括:金盛金生如意两全保险、金盛金世如意终身寿险、金盛安心定期寿险、金盛健宜重大疾病终身寿险、金盛附加意外门急诊医疗保险、金体安康附加住院医疗保险、金盛金生平安意外伤害保险、金盛附加意外伤害医疗保险、金盛附加意外伤害保险、金盛附加意外伤害多倍给付保险、金盛盛世佳人两全保险(分红型)、金盛盛世骄子儿童两全保险(分红型)、金盛盛世顺心两全保险(分红型)、金盛旅行意外伤害保险、金盛盛世延年养老年金保险(分红型)。公司除开发了寿险、养老险、健康险和人身意外伤害保险等险种外,还借鉴安盛集团在产品创新方面的优势,开发出盛世系列分红保险。其中"盛世佳人"女性保险计划上市后,当年就获得了上海市妇联颁发的"妇女喜爱产品"称号,这是保险业同类产品中唯一获得此项殊荣的分红型保险产品。金盛人寿开业一年来,不断探索,并在2000年建立了客户服务中心,开启了公司网站。同时,公司与工商银行联手推出了"牡丹一金盛联名贷记卡",不但以完善的服务增加了公司产品的附加值,而且突破了国内联名贷记卡的零记录。公司还始

终致力于公益慈善事业与公共宣传活动。仅2000年，公司就已两次向上海儿童福利院的孩子们献爱心并进行了捐款。此外，公司还积极参与中国保险监督管理委员会主办的首届“保险宣传周”，向市民宣传普及保险知识。（廖瑛）

天安保险股份有限公司

【概况】 天安保险股份有限公司，是我国首家由企业出资组建的股份制财产保险公司。总部设在上海浦东，注册资本金现为5.015亿元。是自主经营、自负盈亏的独立法人。天安保险股份有限公司成立于1994年10月22日，同年12月28日正式对外营业，现已在上海、杭州、南京、宁波、合肥等地建立了分公司，在北京设立了代表处。主要经营国家保险监管部门核准的各种财产保险、责任保险、信用保险、水险、意外伤害保险、健康保险、金融服务保险、再保险、法定保险和资金运用等业务。公司现任董事长为陈剖建，总经理为赵正克。

【经营业绩】 公司成立六年来，累计实现保费收入13.6亿元，承保金额超过5000亿元，实现利润1.33亿元，累计赔款3.7亿元，上交国家税收1.15亿元，在竞争激烈的保险市场上取得了令人瞩目的成绩。

1、基础管理日臻完善。公司建立、健全了业务管理、营销管理、财务管理、行政人事管理四位一体的管理体系；在同业中率先实行了与国际接轨的以“承保人制度”为载体的专业化管理；实现了全系统核心业务系统的电子化管理；并贯彻“内控为先”的准则，建立了以防范和化解风险为目的的“大内控体系”。2000年5月，公司获得了瑞士SGS公司颁发的ISO9002国际质量保证体系认证证书，实现了基础管理工作的全面提升。

2、合资公司专营寿险。为拓宽事业领域，天安保险公司与始建于1862年的美国恒康人寿保险公司共同出资2亿元人民币在上海组建了恒康天安人寿保险有限公司，双方各持股50%，经中国保监会批准，已于2001年2月16日开业。合资公司的建立，促进了产险业务与寿险业务的合作，更加便于天安学习和借鉴保险经营和管理的国际经验。

3、机构建设迅猛发展。公司先后在苏州、南通、无锡、常州、徐州、昆山、张家港、常熟、启东、温州、嘉兴、绍兴及上海的市区、郊县设立了中心支公司、支公司。现获准在青岛、大连设立分公司。在对外合作方面，天安保险公司与美国、英国、瑞士、新加坡等60多个国家和地区的500家保险机构建立业务联系，在西欧、北美、亚洲、澳洲等全球50多个国家和地区建立了200多个理赔、检验代理网点。

4、创新产品不断推出。公司成立六年来，不断开发符合国计民生的新险种，实施产品创新的发展战略。为适合市民家财保险的需求热点，率先推出“幸福家庭保险计划”；配合住房商品化改革进程，率先推出了“商品房按揭保证保险”；近两年，公司又在国内首创了“医疗责任保险”、“建筑工程监理责任保险”、“律师责任保险（乙种）”，开办了“旅行社责任保险”和“汽车消费贷款履约保证保险”等业务，在责任保险和消费信用保险方面作出了积极的贡献。

5、客户服务形成体系。在率先成立客户服务中心的基础上，公司在转变观念、机制创新、硬件投入方面加大了力度，不断完善客户服务体系，提高服务质量，进而形成客户服务品牌。各分支机构结合各自市场情况，以“人无我有，人有我优”为努力目标，推出了一系列为客户服务的新举措，赢得了客户的信任和好评。

6、重大项目接连承保。公司先后承保了上海地铁二号线、上海市污水合流治理二期工程、逸仙路高架、世界贸易大厦、万都广场、人民广场地下商城、上海建埠以来建造的最大吨位出口散装货轮以及南京长江二桥、江阴长江大桥、南京地铁等重大项目，并共保了中国航天卫星和火箭发射。（马谨）

永安财产保险股份有限公司

【概况】 永安财产保险股份有限公司成立于1996年，是以国家电力、电子、石油、商贸、有色金属、航空航天等行业具有雄厚经济实力的国有大型企业集团和骨干企业为主要股东的商业性保险公司，总部设在西安，实付资本金3.1亿元人民币；主要经营各种财产保险、责任保险、农业保险、信用保证保险以及经保险监管机关批准的其他保险业务和资金运用业务。永安保险公司拥有现代化电脑管理系统和先进的信息技术处理技术，并拥有一支精通业务、训练有素的职工队伍，能够为客户提供全方位的优质服务。永安保险公司的经营宗旨是“永安，永远为保户着想”，坚持以保障社会财产安全、支持国民经济发展、促进国家经济繁荣昌盛为己任，借鉴国际保险经营管理经验，按照国际惯例，竭诚为企、事业单位、团体和个人的财产承担和分散风险，提供高效、优质的服务。经中国保监会批准，永安财产保险股份有限公司从1999年下半年开始从事证券投资基金的买卖业务，目前可购买基金的比例由原来总资本的5%提高到现在的10%，投资规模为4800万元。2000年取得了较好的收益。

【经营业绩】 2000年永安保险公司的保险业务保持了持续快速发展的势头。全年共实现保费收入8437万元，比上年增长了56.4%；实现利润1706.4万元，比上年增长70%；综合赔付率29.4%，综合费用率为30.4%，比上年降低了8.4个百分点。这一年，永安保险公司结束了没有自己的险种的历史，设计开发了“个人耐用消费品贷款信用保证保险”等4个新险种，在半年多的时间里，收到了较好的效益，同时扩大了公司的社会知名度。在机构建设上也取得重大突破，重庆、太原、乌鲁木齐三家分公司获准筹建，使公司走出了陕西，赢得了战略性的发展机遇。（王静）

ACME

至典股票分析系统

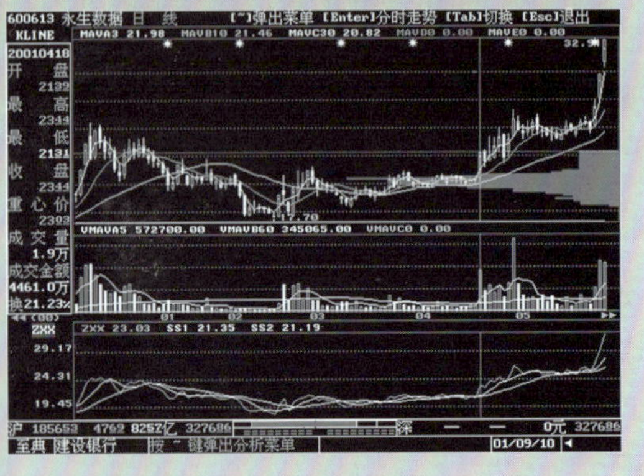

深圳市金至典科技有限公司

深圳市金至典科技有限公司是由深圳金证科技股份有限公司出资组建的有限责任公司，专业从事证券投资模型的研究、证券投资分析软件的研究与开发、经营和服务。公司成立于1999年5月，现有员工40多人，其中技术人员占70%以上，目前已形成以深圳、上海、北京、沈阳、郑州、武汉、成都等城市为中心的全国性服务支持网络，我们的服务宗旨是：为券商提供最好的产品、最快的响应、最优的服务。

公司主导产品有：Dos平台上的至典证券行情分析咨讯系统（包括网络版、图文版、电视墙）；Windows平台上的至典证券行情分析咨讯系统（包括网络版、图文版）；Internet网上证券行情分析咨讯交易系统（包括委托、查询）及系列配套产品：自助委托系统、模拟操盘系统、智能选股和开放平台系统；远程证券行情接收分析咨讯交易系统（包括券商大户室版、家庭大户室版）；券商行情备份系统（包括DDN版、MODERN版、图文版）。

至典证券行情分析咨讯系统将动、静态分析完美结合在一起，融合中国证券市场特色和操盘手丰富的经验开发了大量的看盘、分析和选股工具：大单追踪、ZXX（买卖趋势线）、CBX（市场成本线）、移动筹码分布、阶段统计、板块特征分析、智能选股、开放平台等，并与多家国内著名投资咨询机构合作开发了信息地雷功能，创造性地将行情与资讯、咨询结合起来，与同类产品相比，体现精益求精，尽显卓尔不凡。

地址：深圳市上步工业区202栋南方大厦五楼
电话：3266031　3617403
网址：www.acme.com.cn
E-mail：Acme@szonline.net

公司地址：山西省太原市长风街28号
电话：(0351)7041832
邮编：030006
>1公司交易大厅
>2公司交易结算柜台
>3参加集团公司文化活动现场

山西物产期货经纪有限公司

山西物产期货经纪有限公司是经中国证监会批准、国家工商行政管理局核准登记注册成立的一家国有性质的期货经纪公司。公司注册资本金为人民币4000万元。

公司拥有郑州商品交易所、大连商品交易所和上海期货交易所的会员资格，可直接代理客户进行有色金属、农产品等各类期货品种的交易，并向客户提供结算、交割、咨询、信息、培训等全方位服务。公司设有天津、运城、阳泉等多个营业网点，业务扩展到交易所所在地在内的4个省市和省内多个地区，是山西乃至津、冀、陕、蒙、晋期货界最大的期货经纪公司，有着良好的企业信誉度和知名度。公司拥有一支年轻的员工队伍，培养了一批高素质、高技能的专业人才；公司高度重视人力资源的管理，“以人为本”，广纳贤才。公司开通了国内最先进的复旦金仕达远程交易系统，为客户提供了一个方便、快捷、高效的交易场所。

公司成立至今，一直致力于不断的自我完善和发展，大胆探索，拓市场、练内功、创品牌、争一流，凭借一流的管理、一流的技术、一流的服务赢得了市场，成为全国期货行业的一道亮丽风景。公司本着“公开、公平、公正、诚实信用”的原则和“市场第一，客户至上”的宗旨，通过自身的努力，竭诚为全省乃至全国的工农业生产企业及广大投资者提供套期保值及投资的良好机会。公司规范经营管理，加大市场开发力度，以提高客户盈利率为突破口苦练内功。至1998年下半年，公司经营状况开始明显好转，代理手续费收入以每月20%的速度递增。1999年一举扭亏为盈，公司经营逐步走入良性循环的发展道路。1999年，公司还顺利完成了增资注册，注册资本增加到4000万元。1999年下半年《期货交易管理暂行条例》的出台，确立了期货市场的法律地位。借助有利的发展形势，2000年公司的发展再上新台阶，交易量在全国189家经纪公司中排名升至第33位，在上海交易所排名进入前20名。2001年，期货市场开始步入规范化发展的大好时期。公司决心在进一步规范完善公司经营管理、巩固发展现有业务的前提下，做好再一次的增资扩股工作，专题研究期货投资基金、期货代客理财业务、做市商业务和金融期货等新课题，加大人才的引进和培养力度，为升级为综合类期货公司做好各方面的准备。

栏目协办

河南安彩高科股份有限公司

第三编

中国证券市场

178/222

中国证券市场

中国证券市场

【概况】 2000年，我国证券市场在规范化的前提下加速市场化改革，通过市场化改革进一步提高了规范化程度，在市场化、规范化道路上迈出了新步伐。一年来，市场规模进一步扩大，直接融资能力明显增强；监管职能发生了很大转变，保护投资者利益被提到十分重要的地位；市场结构有所改善，各项制度创新不断推出；历史遗留问题正在逐步解决，市场风险得到有效控制。证券市场的良好局面，得益于国民经济持续、快速、健康发展和社会政治稳定的宏观环境，也得益于1998年以来深化改革、清理整顿、防范和化解市场风险所取得的积极成效。

市场规模进一步扩大　到2000年底，我国境内上市公司1088家，较1999年增加139家，增长14.6%。上市公司总股本3791.7亿股，增长22.75%。股票市场市价总值4.8万亿元，增长84.6%，相当于GDP的54%。投资者开户数达5801万户，较1999年增长1320万户，增长29.4%。其中，机构投资者28万户，比上年末的20万户增长40%；个人投资者5773万户，比上年末的4461万户增长29%。2000年，通过境内证券市场累计筹集资金1541.1亿元，比上年增长71.7%。宝钢等特大型企业在上海证券交易所的顺利发行上市，表明我国证券市场承受大盘股的能力明显增强。境外H股、红筹股筹资1744.1亿元，增长398%。中国联通、中石化和中石油的发行成功，表明海外机构投资者对中国经济增长和中国企业的信心有所增强。在全球主要证券市场波动较大的形势下，我国证券市场平稳运行。2000年，沪深综指双双迭创新高，年末上证综合指数报收2073.5点，比1999年增长51.7%；深圳综合指数报收635.7点，比1999年增长58.1%，涨幅均居全球之首。同时，成交量进一步放大，沪深证券交易所股票成交金额60826.7亿元，同比增长94.2%；上缴证券交易印花税485.9亿元，同比增长96%。

【新股发行情况】 2000年是中国证券市场有史以来股票发行筹资最多的一年。全年共发行新股154只(包括增发)，筹资总额979亿元，分别比去年同期增长了77%；发行B股6只，筹资总额1.69亿美元，是去年的4倍；发行H股6只，筹集资金共计67.9亿美元，是1999年的12倍；发行可转换公司债券2只，即虹桥转债和鞍钢转债，筹资总额28.5亿元，比去年同期增长了90%。完成配股162家，筹集资金519亿元，增发19家，募集资金167亿元；3家公司进行了股份回购；通过上市公司吸收合并解决柜台交易公司4家，消化原柜台交易的流通股8075万股；实施了指定报刊和网上披露并行的方式。

新股发行的主要特点　1、发行方式的多样化。2000年中国证监会就发行方式的改革印发了两份文件，即《关于向二级市场投资者配售新股有关问题的通知》和《关于发布<法人配售发行方式指引>的通知》，使发行方式更趋于市场化。3月17日，沧州大化、天水股份首次试点向二级市场投资者配售新股；4月11日，佛塑股份总股本在4亿元以下的公司首次采用对一般投资者上网发行和对法人配售相结合的方式发行股票。全年发行新股135只中，采用上网定价发行74只，采用对一般投资者上网发行和对法人配售相结合的方式发行股票27只，采用向二级市场投资者配售与对一般投资者上网发行相结合的方式发行股票34只，分别占全年发行新股总数的54.81%、20%和25.19%。由中国国际金融公司主承销的宝钢股份在法人配售中通过预路演和路演，在新股发行采用国际惯例方面进行了积极有益的探索。2、H股发行取得重大成绩。2000年是迄今我国境外上市外资股(H股)发行筹资最多的一年。北京首都国际机场股份有限公司、中国石油天然气股份有限公司、中国石油化工股份有限公司分别于1月、3月和10月在境外成功发行股票，分别筹集3.54亿美元、28.9亿美元、34.6亿美元。北京首都机场在香港联交所主板上市，中国石油在香港联交所主板和纽约证券交易所两地上市，中国石化在香港联交所主板、纽约证券交易所和伦敦证券交易所三地上市。随着这些大盘股的推出，H股公司的结构正在逐步优化，H股市场呈现出更大的发展潜力。另外，香港创业板市场是亚洲地区筹资最多的二板市场之一。2000年，上海复旦微电子股份有限公司、北京北大青鸟环宇科技股份有限公司、同仁堂科技发展股份有限公司先后在境外发行股票并在香港创业板上市，3家公司共筹资0.8亿美元，成为首批到境外二板上市的中国公司。3、发行定价进一步市场化。2000年以来，新股发行定价完全放开，市盈率明显提高。据对2000年发行上市的122只新股统计分析，市盈率平均为31.73倍，其中闽东电力市盈率最高，达88.69倍，珠峰摩托、龙净环保市盈率最低，为16.89倍。市盈率区间在16—20倍的有7只，占122只股票总数的5.74%；市盈率区间在20—30倍的有55只，占股票总数的45.08%；市盈率区间在30—40倍的有44只，占股票总数的36.07%；市盈率在40倍以上的有16只，占股票总数的13.11%。另外，诚志股份、波导股份在向法人配售时采用了以计划筹集资金量为参考，确定发行价格的方法；闽东电力采用无上限发行价格发行，以价格优先原则确定法人投资者和发行价格的方式。4、新股价格涨幅较高。虽然2000年新股发行价格较高，但上市后市场表现较为活跃，涨幅仍然维持较高。从首日涨幅看：2000年发行上市的107只股票，首日平均涨幅为157.32%，其中涨幅最高为469.09%，涨幅最低为32.69%；首日涨幅在100%以内的有25只股票，占股票总数的23.36%；首日涨幅在100%—200%之间的有56只股票，占股票总数的52.34%，首日涨幅在200%以上的有26只股票，占股票总数的24.30%。从30日涨幅看：2000年发行上市的107只股票，30日平均涨幅为173.45%，其中涨幅最高为555.60%，涨幅最低为24.87%；30日涨幅在100%以内的有18只股票，占股票总数的16.82%；30日涨幅在100%—200%之间的有61只股票，占股票总数的57.01%；30日涨幅在200%以上的有28只股票，占股票总数的26.17%。5、单月发行规模和发行家数创历史新高。2000年11月发行量达31.37亿元，筹资总额最高，为193.53亿元，分别为全年的28.30%和24.15%；12月共发行新股24只，发行量14.6亿股，筹资总额104.60亿元。分别为全年的17.78%、13.17%和

13.05%，是近三年来单月发行家数最多、发行密度最大的一个月，但未给二级市场造成明显影响。6、大盘股发行较多。2000年筹资规模在10亿元以上的股票有11只，宝钢股份筹集资金最多，筹资总额为78.46亿元。7、冻结新股申购资金出现历史新高。天方药业、长江通信和天利高新三家同天发行，共冻结新股申购资金4586.47亿元；民生银行创下单只股票冻结新股申购资金的新记录，达4014.3亿元。8、发行工作在特殊行业有所突破。2000年发行了民生银行一只金融股和金地股份、天鸿宝业两只房地产股。为规范公开发行证券的商业银行的信息披露行为，保护投资者合法权益，中国证监会发布了《公开发行证券公司信息披露编报规则第1号—商业银行招股说明书内容与格式特别规定》和《公开发行证券公司信息披露编报规则第2号—商业银行财务报表附注特别规定》。

【股票交易市场】 2000年，在国民经济稳步回升的支持下，我国证券市场继续保持良好上升势头，一、二级市场呈现同步发展。2000年底，两市总市值48091亿元。其中流通市值16088亿元，分别较去年末增加81.67%和95.86%；总市值占GDP的比重达到57%；沪深综合指数分别以2073.48点和635.73点收盘，分别较1999年底上涨了51.73%和58.07%，两市全年成交金额达到60827亿元，日均成交金额255.5亿元，全年可征收印花税485亿元，较1999年净增1倍左右。两市年末平均股价分别为13.14元和14.23元，日均换手率为1.77%和1.85%。

股市走势分析　2000年股市总体震荡向上，从走势来看，可划分为三个阶段。

第一阶段为2000年初至5月中旬，逼空上涨、急速拉升。1月4日，上证指数和深综指以402.71点和1368.69点跳空高开，拉开了新的一年行情的序幕。在上海梅林、综艺股份等网络概念股的带动下，股指大涨小回，并在春节前后演化为持续收阳、跳空上涨的逼空行情。期间，沪深综指分别创出1770.88点和551.45点的新高，并创下938亿元的日成交历史天量。其后，受台湾问题及宣布转配股上市消息的影响，两市综指进行了为期近1个月的震荡整理，此时最低点分别下探深综指488.51点和上证指数1586.63点。3月17日后，在马钢股份、泰山旅游的带动下，股指再度上扬，虽然5月上中旬出现了较大幅度的回调，但向上突破已可确认。

第二阶段为5月中旬至8月中旬，慢牛行情，持续攀升。这一阶段的行情特征由第一阶段的逼空上涨演化为慢牛行情，且在日成交量并未明显放大的情况下，屡创历史新高。这一阶段大概可分为两小波。5月17日至5月26日为第一小波。期间主要的走势特点是沿用第一阶段快速上涨的方式，超过今年4月的高位，并收市企稳在其上，再创历史新高。5月29日至8月22日为第2小波。期间的主要走势特点是由快速上涨转为持续长时间的小幅度爬升格局，即上演了持续的"慢牛"行情。同时，缩量上涨也是另一个重要的特点，此时，新高不断刷新，并于8月22日，分别创出645.17点和2114.52点高位。

第三阶段从8月底至年末，窄幅震荡，强势整理。这一阶段的行情特征是从前两个阶段的上升为主转为调整为主。而这一阶段的调整为主也具有两个鲜明的特点：其一是回落调整之后再创新高；其二是两波调整的低点抬高。8月23日深沪综指均以大跌走势宣告这次调整的正式展开，至9月25日，分别下探577.89点和1874.21点，仅1个月时间，距8月22日的高位分别下跌10.42%和11.36%，成交量也明显快速萎缩。自9月26日至11月22日，为调整之后再创新高的上升行情。这段升势最明显的特点是多空分歧严重，直至创新高的当天，仍有不少人认为不可能再创新高，行情就在犹犹豫豫中上涨，11月22和23日，深沪综指分别创出656.21点和2125.72点历史新高及年内高位。第3小波自11月23日至年底，深沪综指再度调整。与8、9月的下挫调整相比，这一小波的调整比较平稳，最低位分别为深综指的624.03点和上证综指的2024.29点，均比8、9月的最低位高出许多，具有低点抬高的特点。

【防范和化解市场风险】 中国证监会积极稳妥地着手解决历史遗留问题，并逐步建立一整套防范和化解市场风险的制度措施。一是继续清理挪用客户交易结算资金。到2000年底，客户交易结算资金余额总计3037亿元，比上年末1642亿元增长127%；挪用额87亿元，比上年末的266.22亿元减少两倍；挪用比例2.33%，比上年末下降13.67个百分点。全部归还已挪用客户交易结算资金的证券公司从上年末的45家增加到69家。此外，2000年还完成了300多家非法证券营业部的清理工作，撤消了1508个非法远程网点。一批信托投资公司的证券部与其信托总部顺利完成脱钩，如2000年6月28日，由原中国华融信托、中国长城信托、中国东方信托、中国信达信托、中保信托等部门的内设证券职能部门和证券营业部组成中国银河证券。二是逐步解决历史遗留问题。2000年3月14日，中国证监会决定，转配股从4月开始，用24个月左右的时间逐步安排上市流通。全年已有128家公司的29.85亿元转配股上市流通，没有对市场造成大的冲击。转配股上市使解决历史遗留问题有了突破，为解决我国证券市场的历史遗留问题提供了经验。三是建立全国统一的证券登记结算体系。登记结算是证券交易市场的后台支持系统，统一、强大的证券登记结算体系，对于减少结算风险，保证系统支付具有重要意义。为此，中国证监会按《证券法》的精神，结合创业板市场的准备，积极筹建中国证券登记结算公司，2001年初即可挂牌。四是设立三大风险基金。按中央金融工作会议"逐步建立证券市场风险基金"和《证券法》的相关要求，中国证监会在有关部门的配合下，建立了证券公司风险基金、证券交易所风险基金和证券登记结算风险基金。这对于保证这些证券经营机构的平稳运行，防范和化解他们的单个金融风险，是有积极意义的。

【规范化管理】 2000年，是证券监管部门重塑监管理念的重要一年。证券市场发展有了新思路，市场化改革不断推进，保护投资者利益放到了监管工作的首位，具体表现在两个方面：第一、不断推进市场化进程，坚持让市场机制发挥作用。2000年，证券市场市场化改革力度不断加大，这主要得益于新的监管理念。市场化的核心任务，就是要解决这些历史遗留下来的结构问题。通过结构调整来增加证券市场的投融资功能和资本配置功能，让证券市场在国民经济发展中发挥更大作用。这些新的理念可以概括为：凡市场能解决的问题由市场解决；市场暂时不能解决的问题，监管部门要创造条件由市场去解决；中国证监会是上市公司的监管部门而不是主管部门，证券监管部门要当好"裁判员"；价格总水平不是中国证监会要调节的对象。根据这种理念，证券市场的市场化改革稳步推进，取得了明显成效。一是改革了股票发行制度。股票发行废除了指标管理、行政推荐办法，开始实行主承销商推荐、发行审核委员会审核、证监会核准的管理制度。二是发行定价机制的市场化。为完善发行定价机制，我们在原来上网定价发行的基础上，引入了上网竞价发行以及向法人配售和二级市场投资者配售相结合等方式，逐步确立了市场决定价格的发行定价机制。三是逐步加重了自律组织的责任。2000年初，根据《证券法》的要求，改组后的中国证券业协会开始运作。一年来，证券业协会的功能强化了，责任加重了，对证券业的自律作用也明显加强了。2000年底，中国期货业协会宣告成立，期货业终于有了自己的行业自律组织。它将在加强自律，辅助监管，保护竞争，防范风险，维护市场公平等方面发挥其应有的作用。第二，强化证券市场监管，切实保护投资者利益。作为证监会国际组织的执行委员，中国证监会进一步明确强调要始终把保护投资者利益放在首位。随着市场化改革的推进，证券监管部门的审批权逐渐淡化，营造严格监管、规范运作的市场环境，就成为持续增强投资者信心的前提和保证。为此，中国证监会着重从三个方面加强了证券市场监管工作：一是进一步强化了上市公司信息披露监管，在进一步调整和充实信息披露内容的基础上，实施了指定报刊与网上披露并行的披露制度。同时，针对金融企业财务状况和经营方式的特殊性，专门制定了金融企业发行上市信息披露的内容与格式，为投资者了解金融企业的相关信息提供了便利。二是在全国9个证券监管办公室建立了稽查分局，充实了证券期货市场一线监管力量。同时组织派出机构对310家上市公司进行了巡回检查，督促上市公司完善法人治理结构，提高规范运作水平。三是进一步完善了证券市场实时监控系统，加大了对操纵股价、恶意炒作等违法违规行为的查处力度。仅2000年，中国证监会共组织对118件违法违规案件进行了立案查处，做出行政处罚的案件31起。

【制度建设】 当前我国证券市场发展中存在的核心问题说到底是结构失衡，包括市场结构、投资品种结构、投资者队伍结构和上市股权结构等，证券市场的发展应该以优化结构和增强功能为手段。因此，中国证监会加大了规范证券市场的力度，完善市场结构，积极推动证券市场自身建设与规范。一是促进了上市公司结构调整。为支持金融企业建立现代企业制度，调整上市公司结构，中国证监会制定了金融企业发行上市信息披露的内容和格式，使金融企业发行上市有规可循。2000年，民生银行获准发行和上市，宏源信托也成功改组上市。同时，2000年，经过“双高”论证企业陆续发行上市，改变了上市公司中传统企业过多的结构，促进了上市公司结构的合理化。二是积极推动了网上证券委托交易。中国证监会于5月9日印发了《证券公司网上委托业务核准程序》。全年已有54家证券公司向证监会提出了开展网上证券委托业务的申请，23家证券公司获准开展网上证券委托业务，网上委托交易量大约占全部交易量的3%左右。三是逐步规范上市公司的行为。上市公司的质量问题是我国资本市场改革和发展的核心问题之一。当前我国的上市公司还存在很多缺陷，如没有建立真正的法人治理结构、虚假包装、虚假信息披露等。2000年，中国证监会从上市公司股东大会、对外担保、重大资产重组、盈利预测披露到ST、PT公司信息披露等方面做了不少工作，并准备借鉴国际经验，探讨设定公司治理结构的基本原则和水准，强化我国上市公司法人治理结构。四是壮大证券公司的实力。继1999年一批证券公司增资扩股后，2000年又有一批证券公司实行了增资扩股。截止2000年底，有22家证券公司完成了增资扩股，13家证券公司成为中国首批综合类证券公司，11家核准为经纪类证券公司。增资扩股进一步壮大了证券公司的实力，据统计，现有101家证券公司的的资产总额达5700多亿元，比1999年的3081亿元增长87%；净资本236.4亿元，比1999年的24.6亿元增长8.6倍。同时，2月13日，中国人民银行、中国证监会联合发布《证券公司股票质押贷款管理方法》，允许符合条件的证券公司以自营股票和证券投资基金券作质押向商业银行借款。至此，证券市场融资渠道基本畅通。五是初步形成证券公司监管框架。2000年，中国证监会着手从制度上逐步建立证券公司监管框架。实施了证券公司净资本控制制度，加强了证券公司财务健全性和资本充足的持续监管；要求各证券公司通过证券机构监管信息系统向中国证监会报送业务资料；建立证券公司承销、投资咨询等业务实行单项发牌和年检制度；建立股票主承销商退出机制；建立了证券公司高管人员谈话提醒制度等。六是证券投资基金试点取得新的进展。2000年，证券投资基金加快发展，老基金规范改造取得进展，证券投资基金队伍壮大，开放式基金呼之欲出。目前，10家基金公司管理着34只证券投资基金，总规模560多亿元，净资产规模近850亿元。比1999年末增长了三成。另有4家基金公司正在筹建中。经国务院批准，《开放式证券投资基金试点办法》已经颁布，开放式证券投资基金试点的前期准备工作已经就绪。同时，中国证监会规定新股发行时不再单独向投资基金配售，取消了新基金在一级市场的优惠政策，并针对证券投资基金在发展过程中出现的一些不规范行为，加大了对基金管理公司的监管力度。七是着手创业板的各项准备工作。2000年，为适应市场化改革和建设多层次市场体系的需要，中国证监会将高科技板块改为创业板市场。在创业板的筹建工作中，重点研究制定创业板上市公司信息披露、股票发行与交易、保荐人制度等方面的管理方法，以及创业板的建设与我国证券市场重组的关系。目前，创业板技术准备和规则准备基本就绪。

（中证）

中国国债市场

【概况】 2000年是我国政府实施积极财政政策的第三年。积极财政政策的一个重要内容是通过发行国债筹集建设资金，加大财政投资，刺激经济增长。2000年国债发行满足了中央预算的资金需要，对贯彻党中央和国务院的有关战略部署，促进国民经济持续快速健康发展起到了积极作用。2000年3月经全国人代会批准的国债发行规模为4380亿元。预算执行中，全国人大常委会批准增发国债500亿元，全年总的发行任务为4880亿元。由于第四季度收入超收情况，经请示国务院同意，压缩了200亿元财政赤字，相应减少发行200亿元国债。全年执行结果，共发行国债4680亿元，其中内债4657亿元。据统计，2000年底国债余额约为13010亿元(不含转贷地方国债，下同)。2000年内债发行品种为：凭证式国债1900亿元；记帐式国债2519.5亿元(其中银行间债券市场2259.5亿元，交易所债券市场260亿元)；社保基金定向国债237.5亿元。全年共发行国债17期，其中凭证式国债3期，记帐式国债12期，定向国债2期。

【国债发行市场】 2000年，国债发行取得了新的进展。1、建立银行间债券市场国债承销团制度，并与承销团成员签定年度主承销协议，在组织和制度上为国债发行提供保障。年初确定承销团成员66家，年中根据各成员机构承销国债表现，取消了三家不合格机构的承销资格，维护了国债承销团制度的严肃性。2、实行按季向社会公布国债发行计划。按季提前公布发行计划，加大了国债发行的透明度，迈出了规范发行的重要一步。这一措施的实施，增加了制定国债发行计划的难度，需要对未来国债市场、国库资金动态情况做出科学的预测，但对于稳定市场，方便承销机构资金运作意义重大。3、全面推广招标方式发行国债。在1999年尝试招标方式发行记帐式国债的基础上，2000 年根据市场需求，在记帐式国债发行中加大了招标方式发行的力度，招标发行采用竞争性招标和非竞争性招标相接和的办法，不仅降低了财政部的筹资成本，也推动了国债发行市场的健康发展。

【国债流通市场】 2000 年国债流通市场延续了 1999 年的市场交易格局，国债交易在银行间债券市场和上海、深圳证券交易所 3 个市场中进行。从交易量上看，上海证券交易所国债交易额增长平稳，国债成交额为 16896 亿元，银行间债券市场成交量较去年有较大增长，国债成交额为 8560 亿元，但国债现货交易额较少，深圳证券交易所的国债交易额非常小。2000 年到期需要偿付的内债本息合计为 2247 亿元，其中本金 1560 亿元，利息 687 亿元。按照国债还本或付息的时间顺序，各项兑付资金及时到位，完成国债到期还本付息 3 期，按年付息 25 期，国债兑付任务圆满完成。

【规范化管理】 自 1981 年恢复发行国债以来，传统的国债品种实物券，曾在国债市场的发展中发挥过重要作用。但是，随着国债市场的快速发展和市场基础建设的不断完善，实物券的运输、保管不便、假券问题、以及印制、销毁成本不断加大等弊端愈益明显，我国已于 1998 年停止发行实物券，到 2000 年，已发行的实物券已全部到期。这样，在国债市场发展中，实物券已被新的券种所取代。此外，国家还加强了国债市场研究工作。1、世行技援项目"政府债券市场开发"进展顺利。世行专家在两次来华考察、调研的基础上，完成了"中国国债市场发展"项目报告书初稿。专家们结合中国国情并借鉴国外经验，对中国国债市场发展提出了建议。2、进行国库现金管理研究。国库现金管理目标之一是减少国库闲置资金、提高财政资金运作效率，客观上要求国债发行管理与国库现金调度紧密配合，并对暂时闲置的国库资金采取适当方法进行运作。结合中国国库现金管理现状并参考国外成功的经验，2000 年，财政部组织力量，对国债发行以及国库现金管理问题开始进行专题研究。 （特约编委：周成跃，特约编辑、特约撰稿：张锐）

上市公司审计市场

【概况】 截至 1999 年底，在沪深两市上市的公司已达 949 家（包括 B 股公司，同时发行 A、B 股的作为一家统计），比 1998 年底增加 98 家，增长了 12%。证券市场的市价总值为 26471 亿元，比 1998 年底增长 36%；流通市值为 8214 亿元，比 1998 年度增长了 43%。市价总值与 GDP 的比率达 31.82%，比 1998 年提高了 7.3%。截至 1999 年底，共有 106 家会计师事务所具有证券期货相关业务许可证，这些事务所经过脱钩改制，已成为合伙所或有限责任公司。下面对 1999 年度上市公司年度审计的审计市场和审计意见作一简单的统计分析。

【审计市场概述】 发行审计市场 1999 年，沪深两市新发行 A 股 92 家，共有 51 家事务所参与了发行审计，占 1999 年参与上市公司审计事务所的 57%。其中发行审计排名前十一位事务所的客户量就占 43.38%，业务集中程度比较高。十一家事务所的客户都在 3 家以上，他们分别是：浙江天健（6 家）、北京兴华（5 家）、湖南开元（4 家）、江苏天衡（4 家）、北京京都（3 家）、河北华安（3 家）、深圳同人（3 家）、山东烟台乾聚（3 家）、中庆（3 家）、信永（3 家），中洲（3 家）。在这 92 家公司中，有 68 家是聘请当地的事务所的，占 74%；这种情形与往年的情况基本一样，即上市公司在上市发行股票时大都聘请当地事务所。由此不难看出上市公司在选择会计师事务所时地域因素起主要作用。

年报审计市场（根据客户总规模排名） 在具有证券期货相关业务许可证的 106 家事务所中，共有 94 家参与了 1999 年上市公司年度报告的审计工作，另外的 12 家没有承担年度审计。从客户量来看，业务集中程度比较高，前 20 家事务所的客户量占总业务量的 49.63%。其中客户数在 20 家以上的有 13 家。

事务所客户总规模在一定程度上反映了业务量的大小，是判断事务所规模大小的主要指标。从客户量排名情况看（见表 1），大华、上海上会、深圳中天、浙江天健、四川君和两年稳居前五位，湖南开元由去年的第十一位上升至第八位，上海众华、重庆华源分别降为第十一位和第十二位。

表 1　按事务所客户量排名

事务所	大华	上海上会	深圳中天	浙江天健	四川君和	深圳同人	北京京都	湖南开元	立信	湖北大信
1999 年客户	42	34	33	30	28	27	26	25	23	23
1999 年排名	1	2	3	4	5	6	7	8	9	10
1998 年排名	1	2	4	5	3	10	6	11	7	8

按事务所客户资产总规模排名，前十位的事务所如表 2，其中大华的客户资产规模领先较多，达到 1884 亿元，其后的九位资产规模差距则不大，分布在 404 至 580 亿元的区间里。

表 2　按事务所客户资产总规模排名

事务所	大华	深圳中审	深圳中天	上海众华	上海上会	浙江天健	安永华明	立信	北京京都	四川君和
资产规模（亿元）	1884	580	571	554	522	441	435	427	413	404
排名	1	2	3	4	5	6	7	8	9	10

按事务所客户主营业务收入排名，前十位的事务所如表 3，可以看出，前五位事务所客户的主营业务收入规模是比较接近的。

表 3　按事务所客户主营业务收入排名

事务所	浙江天健	大华	深圳中天	北京京都	安达信华强	上海上会	上海众华	安永华明	江苏天衡	毕马威华振
主业收入（亿元）	368	366	365	337	325	279	256	245	235	224
排名	1	2	3	4	5	6	7	8	9	10

按事务所客户净利润排名，前十位的事务所如表 4，大华客户的利润最高，达到 53 亿元，除此之外，其他各所则比较接近。

表 4　按事务所客户净利润排名

事务所	大华	北京京都	河北华安	浙江天健	安达信华强	毕马威华振	上海上会	深圳中天	四川君和	北京兴华
净利润（亿元）	53	25	24	24	21	21	20	19	18	17
排名	1	2	3	4	5	6	7	8	9	10

根据上述三种国外常用的客户规模排序方法，可以看出，大华、深圳中天、上海上会、浙江天健、北京京都五家事务所的排名均在前十位之内。

年报审计市场（根据客户平均规模排名） 客户平均规模反映了事务所客户的大小。按事务所客户平均主营业务收入排名，前 3 位都是中外合作事务所，其中安永华明明显比其他事务所要高。另外，从排名前十位的事务所的客户数（见表 5）看，相对而言都不多。

表 5　按事务所客户平均主营业务收入排名

事务所	安永华明	毕马威华振	安达信华强	信永	石家庄金石	中洲	山东汇德	江苏天衡	中天信	上海长江
序号	1	2	3	4	5	6	7	8	9	10
客户数	5	8	13	6	3	7	5	16	7	10
平均收入（亿元）	49.0	28.0	25.0	18.7	18.6	17.2	15.4	14.7	14.2	13.6

从事务所客户平均资产排名情况看，安永华明仍然排在

首位，另有4家中外合作的事务所也排在前十位，客户最多的大华排在第三位(见表6)。

表6　按事务所客户平均资产排名

事务所	安永华明	深圳中审	大华	毕马威华振	信永	安达信华强	普华大华	上海众华	天勤	河北华安
序号	1	2	3	4	5	6	7	8	9	10
客户数	5	8	42	8	6	13	11	22	17	16
平均资产(亿元)	87.0	72.5	44.8	42.4	35.9	30.0	28.1	25.2	23.5	22.2

从客户平均所有者权益排名情况看，排名前十位的有5家是中外合作的事务所(见表7)。

表7　按事务所客户平均权益排名

事务所	安永华明	毕马威华振	信永	沪江德勤	安达信华强	河北华安	大华	天勤	普华大华	中洲
序号	1	2	3	4	5	6	7	8	9	10
客户数	5	8	6	7	13	16	42	17	11	7
平均权益(亿元)	48.7	42.2	16.5	15.9	15.9	12.8	12.1	11.7	11.6	10.7

从上述平均规模的排名看，中外合作的事务所尽管客户数并不多，但客户的规模都比较大，国内所中大华、天勤、河北华安的客户平均规模也比较大。

事务所客户增减变化情况　在1999年年报审计中，客户增加最多的前五家依次是深圳华鹏(9家)、深圳中天(8家)、深圳同人(7家)、浙江天健(6家)、湖南开元(6家)。客户减少最多的事务所是深圳中审(9家)，其次，上海上会、中天、中洲都减少了2家。在1999年的年报审计中，共有56家上市公司更换了会计师事务所，其中被更换最多的是深圳中审，共有9家，其次是中洲，有4家，再次是深圳中天和中庆，各有3家。这表明审计市场的竞争也是比较激烈的。

【审计报告概述】　审计意见类型　在1999年的949家公司中，共有187家公司被出具了非标准无保留意见类型的审计报告，占公司总数的19.70%，无论从绝对数还是相对数，均比1998年有所增加。其中带说明段的无保留意见112家，保留意见27家，保留带说明段的33家。而拒绝表示意见和否定意见的则与1998年相同，分别为14家和1家。在上市公司数量增长11.5%的情况下，保留意见比1998年增长55.6%，而带说明段的保留意见增长则达77.8%(见表8)。

表8　历年非标准审计意见对比表

意见类型	年度	1999年	1998年	1997年	1996年	1995年	1994年	1993年
	公司数	949	851	745	530	323	291	182
无保留	家数	762	702	646	482	286	285	178
	比例	80.3%	82.49%	86.71%	90.9%	88.5%	97.9%	97.8%
无保留+说明	家数	112	96	56	25	3	2	3
	比例	11.8%	11.28%	7.52%	4.7%	0.9%	0.7%	1.6%
保留	家数	27	17	21	20	24	4	1
	比例	2.84%	2%	2.82%	3.77%	7.43%	1.37%	0.55%
保留+说明	家数	33	18	20	3	10		
	比例	3.48%	2.12%	2.68%	0.57%	3.10%		
否定	家数	1	1	1				
	比例	0.11%	0.12%	0.13%				
拒绝表示意见	家数	14	14	1				
	比例	1.48%	1.65%	0.13%				

值得注意的是，有93家公司连续两年被出具了非标准无保留意见的审计报告，占1999年非标准无保留意见的49.7%。在拒绝表示意见的14家公司中，1998年就有13家已经被出具了非标准无保留审计意见，其中1家是否定意见，7家是拒绝表示意见。从意见内容看，注册会计师对这些公司拒绝表示意见的主要原因是对持续经营能力的怀疑、会计制度及内控制度混乱、会计处理方法严重违规等，尽管被注册会计师判断为"不干净"，但这些公司并未因此而有所改进。

非标准无保留意见按事务所统计　1999年有60家事务所出具了非标准无保留意见，占参与审计的事务所的63.8%，1998年同期为48家，占当年参与审计事务所的53.3%。表9列示了出具非标准无保留意见最多的前十家事务所，浙江天健排在首位，共出具了12份非标准无保留意见，占其客户总数的40%，另有4家事务所出具非标准无保留意见客户数占客户总数的比例也在30%以上，这些情况表明，自事务所脱钩改制以后，风险意识有所加强，同时，这在一定程度上反映了事务所执业质量在不断提高。

表9　1999年度"非标准无保留意见"类型统计表

事务所	保留+说明	保留意见	否定意见	无保留+说明	拒绝表示意见	总计	总客户	非标准比例
浙江天健	3	1		8		12	30	40.0%
深圳同人		2		8		10	27	37.0%
北京京都	1	1		7		9	26	34.6%
立信	3			5	1	9	23	39.1%
深圳华鹏	2	1		4		7	20	35.0%
四川君和				6	1	7	28	25.0%
大华	2	1		2	1	6	42	14.3%
上海众华	2		1	3		6	22	27.3%
深圳中天		2		2	2	6	33	18.2%
广东正中				3	2	5	16	31.3%

亏损公司审计意见情况　在1999年949家上市公司中，有85家公司亏损，占上市公司总数的9%，亏损最多的为PT农垦，每股亏6.17元，其次是郑百文，每股亏4.87元，亏损数目惊人。在亏损公司中，有60家被出具了"非标准无保留意见"，占亏损公司的70.6%，占全部非标准无保留审计意见的32%，这在一定程度上反映了事务所的风险防范意见加强。在这60家公司中，"无保留+说明"的19家，"保留+说明"的有20家，"保留意见"的有6家，"拒绝表示意见"的14家，"否定意见"的1家。值得注意的是，1999年被出具拒绝表示意见的和否定意见的均为亏损公司，且亏损额都比较大，目前均为ST公司或PT公司，这表明这些公司不但经营管理搞不好，而且会计信息系统也很差，会计师通过出具非标准无保留的审计意见来提醒投资者注意风险。

(特约编委：张为国，特约编辑：傅依)

中国企业债券市场

【概况】　2000年，由于正在修改《企业债券管理条例》，国家计委没有安排下达全国性的企业债券年度发行计划。为了解决长江三峡水利枢纽工程等重点建设项目的资金需要，经国务院特别批准，于3月份下达了中国长江三峡总公司、铁道部、上海宝钢集团公司等7家大型企业和部门共89亿元企业债券发行计划，当年实际发行5家82亿元。加上以前年度下达额度在2000年发行的企业债券，2000年全国共批准发行企业债券约100亿元。2000年发行的规模较大的5家82亿元企业债券的基本情况见表1。2000年企业债券发行中引人注目的特点是，三峡债券采取国际资本市场通行的利率定价方式：还本付息方式为每年付息一次，到期一次还本；利率采用浮动利率方式，自起息日起按年浮动。票面利率为企业债券发行首日及企业债券存续期每计息年度起息日中国人民银行公布的一年期整存整取定期储蓄存款利率加上175bp(即1.75个百分点)。该定价方式的主要意义是：第一，采取与银行储蓄存款利率挂钩且每年付息一次的定价方式，通过利率预期的调节机制，既保证了投资者的利益，降低了因利率发生重大变动产生的风险；也减轻了发行人的资金成本。第二，采取在银行储蓄存款加上一定的利差，使银行储蓄存款利率发挥了基准利率的作用，为我国资本市场基准利率的形成，促进我国资本市场的健康有序发展发挥了积极作用。

表1:2000年发行的规模较大的5家82亿元企业债券的基本情况

发行主体	投资项目	发行规模	期限	发行方式	还本付息方式	利率设置
中国长江三峡工程开发总公司	三峡水利枢纽工程	30亿元	10年	实名制记帐式	每年付息一次，到期一次还本	浮动利率，票面利率为企业债券发行首日及存续期每计息年度起息日一年期定期储蓄存款利率加上175BP
铁道部	哈大电化等6个铁路项目	20亿元	3年	实名制记帐式	到期一次还本付息	年利率3.78%
上海宝钢集团公司	宝钢三期工程	20亿元	5年	实名制记帐式	每年付息一次，到期一次还本	年利率4%
上海市城市建设投资开发总公司	污水治理二期、地铁二号线一期	10亿元	5年	无记名实物券	每年付息一次，到期一次还本	年利率4%
浙江上三高速公路有限责任公司	浙江上虞至三门高速公路	2亿元	3年	无记名实物券	到期一次还本付息	年利率3.78%

【兑付情况】 由于自1994年以来，国家计委和中国人民银行加大了抓好企业债券按期兑付等有关工作的力度，从工作源头开始，进行企业债券全过程风险管理，积极防范企业债券兑付风险，如在安排企业债券发行计划时将偿还能力作为首要审查条件，建立偿债准备金制度、督促各级政府随时掌握发债企业运营情况并及早落实偿债资金，使得企业债券兑付情况一年年好转。2000年企业债券兑付情况良好。

【规范化管理】 2000年是我国企业债券市场规范化管理调整发展的一年。第一，按照国务院的部署，企业债券的有关工作由国家计委负责，国家计委统一办理国务院特批企业债券的发行审批手续。国家计委按照《企业债券管理条例》等有关规定，2000年批准发行了三峡总公司等5家82亿元企业债券，发行比较顺利，也很成功。第二，国务院决定对1993年8月颁布实施的《企业债券管理条例》进行修改。从1999年底开始，国家计委组织有关人员，按照国务院的统一部署，对《企业债券管理条例》进行修改。2月份提出征求意见稿，经广泛征求各方面意见后，又于9月提出送审稿报国务院审批。第三，根据国务院的统一部署，2000年12月，国家计委和中国人民银行联合发出《国家计委、中国人民银行关于严格控制企业债券发行的通知》，主要内容是：(一)在《企业债券管理条例》修改颁布前，暂停企业债券发行审批工作；(二)对以前年度下达的企业债券发行计划中尚未执行部分，待《企业债券管理条例》修改颁布后，按照新的规定作为遗留问题重新核定企业债券规模并核准发行；(三)暂停申报企业债券发行申请；(四)各地区要继续按照有关规定，认真做好防范金融风险，维护金融秩序工作，定期监督检查发债企业偿债计划执行情况，保证企业债券到期及时兑付。

【存在问题与对策】 2000年企业债券面临仍然是以下几个方面的问题，第一，应进一步提高发展企业债券市场的认识，用全面、客观和发展的观点，提高认识，积极推进企业债券市场健康有序发展。第二，稳步推进由市场机制确定利率的定价方式。第三，加快发展企业债券交易市场，促进企业债券市场整体协调发展。第四，规范和完善企业债券监督管理模式。第五，积极发挥中介机构的作用，强化社会监督。第六，正确认识和妥善解决个别企业债券出现的不能及时兑付问题，为企业债券的发展营造一个宽松的环境。第七，坚决杜绝地方自行批准发行企业债券，严格执行审批程序，妥善处理以前地方自行审批的企业债券尚未偿还的遗留问题。

（特约编委：张东生，特约编辑：马季华，特约撰稿：安义宽）

中国金融债券市场

【概况】 金融债券是指银行和非银行金融机构依照法定程序发行并约定在一定期限内还本付息的有价证券。1980年前后，我国的银行和非银行金融机构开始发行金融债券。1982年1月，中国国际信托投资公司首先在日本东京证券市场上发行了外国金融债券。1985，中国工商银行、中国农业银行在国内开始发行金融债券。1996年11月份起，中国人民银行批准部分有证券回购业务的非银行金融机构和商业银行发行特种金融债券，用于偿还证券回购的欠款。特种金融债券的期限一般为三年，利率在10%以上。到2000年底，我国的金融债券市场仍然主要由政策性金融债券为主导，发行主体主要为我国政策性银行，即国家开发银行和中国进出口银行。截至到2001年4月30日，在中央国债登记结算有限责任公司托管的政策性金融债券余额达到7591.83亿元。需要说明的是，为了处理商业银行的不良资产，我国于1999年先后成立了四家资产管理公司。根据有关的管理规定，这四家资产管理公司都可以发行金融债券。可以预计，在今后的金融债券市场上将会越来越多的出现资产管理公司的身影，从而会使得金融市场的结构和规模发生较大的变化。

【金融债券品种】 政策性金融债券为无纸化登录债券，从历史上看，根据其期限长短可分为三个月、六个月、一年期、二年期、三年期、五年期、七年期、八年期和十年期等品种。从政策性金融债券的期限上看，2000年中长期限金融债券的品种与前几年相比明显增多。国家开发银行在2000年发行了5期10年期金融债券770亿元，中国进出口银行发行2期10年期的金融债券100亿元，均占两家政策性银行全年发行总量的一半。除此之外，国家开发银行还发行了2期期限为7年的金融债券共计250亿元。从还本付息方式上看，目前主要有三种金融债券，即浮动利息债券、到期一次还本付息债券和贴现债券。其中贴现方式发行的主要是期限为3—6个月的短期债券，2000年全年共发行贴现金融债券245亿元。不同付息方式金融债券品种的出现和增多，在一定程度上优化了投资人的资产组合。

【发行市场】 金融债券主要通过全国银行间债券市场发行。1994年4月，国家开发银行采用计划派购的方式开始发行政策性金融债券。到1998年8月共为我国经济建设筹集资金4300多亿元。1998年以来，国家开始实施积极的财政政策，我国政策性金融债券的发行量大大增加，发行方式也由计划派购转向市场化发行。在中国人民银行的支持下，1998年9月2日，国家开发银行首次采用市场化方式成功发行50亿元一年期金融债券。从此，市场化发行已经成为政策性金融债券一级市场发展的主流。1998、1999年，政策性银行通过全国银行间债券市场发行债券2080亿元。2000年，各金融债券发行主体充分利用了我国市场利率处于较低水平的历史机遇，有意识的增大了中长期的金融债券发行的力度和密度。从2000年3月29起到12月8日，每个月都有政策性金融债券发行。2000年，政策性银行全年共发行政策性金融债券1645亿元，其中国家开发银行发行政策性金融债券13期，面值1450亿元，中国进出口银行发行金融债券4期，面值195亿元。发行方式主要有利差招标、利率招标和价格招标三种，其中通过利差招标方式发行是最主要的发行方式，共发行1120亿元，约占到全年发行总量的80%。

【交易市场】 金融债券的交易是在全国银行间债券市场上进行的，交易方式包括回购和现券买卖两种。现券买卖是交易双方以约定的价格转让债券所有权的交易行为。回购是交易双方进行的以债券为权利质押的一种短期融通业务，资金融入方(正回购方)在将债券出质给资金融出方(逆回购方)融入资金的同时，双方约定在将来某一日期，由正回购方按约定的回购利率计算的资金额向逆回购方返还资金，逆回购方向正回购方返还原出质债券。中国人民银行规定，回购交易的期限最长为365天，回购到期后不得以任何方式展期。2000年，金融债券短期回购品种的交易比重继续加大，期限在7天以内的回购成为市场交易的主流。全国银行间债券市场的参加主体也有了增加，中国人民银行首次批准22家财务公司加入到全国银行间债券市场。中央国债登记结算有限责任公司是中国人民银行指定的办理金融债券的登记、托管和结算业务的机构，截止到2000年底，在该机构开设交易帐户的各类金融机构共计650家。在参与市场的各类金融机构中，城市商业银行所占的比重较大，然后是国有独资商业银行、全国股份制商业银行和农村信用联社。

【规范化建设】 2000年，中国金融债券市场的规范化建设取得了长足发展。为防范金融风险，维护市场参加各方的合法权益，促进全国银行间债券市场的发展，根据国家有关法律，2000年4月30日，中国人民银行发布实施了《全国银行间债券市场交易管理办法》。《办法》共有总则、参与者与中介服务机构、债券交易、托管与结算、罚则和附则等六章41条，进一步规范了全国银行间债券市场机构参与者之间的交易行为，明确了市场未来发展的方向。《办法》中还明确金融机构可以开展债券结算代理业务，为规范这项业务，中国人民银行于2000年10月22日发布《关于开办债券结算代理业务有关问题的通知》，为开办和参与这项业务制定了规范要求和管理规定。目前有关这项业务的准备工作已经基本就绪。

(范国英、成家军)

上市公司配股资金使用情况

2000年报显示，168家实施配股的上市公司平均每股收益为0.278元，比全部上市公司平均每股收益0.211元高31%。这些配股公司经营业绩普遍较好，每股收益在0.21元以上的有120家；净资产收益率在6%以上的有143家。

随着《上市公司新股发行管理办法》出台，从今年3月份起上市公司的配股条件有了改变，平均净资产收益率由以往的10%调低为6%，配股发行规模也可以突破30%的比例限制。但是，如何用好配股资金最为关键。去年配股公司在募集资金使用上有一些成功经验，可供今年欲配股的公司借鉴。

【短线项目见效快】 在2000年实施配股的上市公司中，一年期(包括一年期以下)和二年期(包括二年期以下、一年期以上)的建设项目分别为213个和216个，占全部配股公司建设项目总数的44.1%和44.8%。一年期的建设项目一般当年就能取得投资效益，并在今后两年内达到项目设计能力。如吉林森工的贴面刨花板项目和华光陶瓷的窑炉改造项目，其生产能力都将在建设期结束后的第二年达到设计能力的100%。因此，短期建设项目比较集中的配股公司不仅享有近期的投资收益，而且未来二年内的成长性也较好。

滚动式投资可以收缩公司的投资战线，同样能加快实现建设项目的投资效果。西藏金珠用配股募集资金投资于R134a(即氟利昂替代物)项目二期工程，该项目一期工程已于1999年完成，试投料车取得了200吨级试验生产的阶段性成果，二期工程完成后即可达到3000吨以上的工业化生产规模。用配股资金投资二期工程项目的还有中国武夷、亚泰集团和山西焦化。

为了尽早实现募集资金的投资效益，实施配股的上市公司将倾向于投资见效快的建设项目。一年期和二年期建设项目仍将是2001年配股公司的主要投资对象。

【优化股权和资产】 2000年实施配股的上市公司发起法人股和募集法人股(主要是国有股和国有法人股)股东实施配股11.43亿股，放弃配股71.72亿股，这使168家配股公司的法人股比重平均下降了4.42个百分点。国有法人股完全放弃配股的有42家，占全部配股公司的25%。国有股放弃配股的主要原因是没有现金或匹配的资产进行配股。

国有股和国有法人股配股方式有：现金认购、实物资产认购、股权认购以及这三种认购形式的组合。其中，完全以现金认购的有81家。国有股和国有法人股用实物资产和股权进行配股主要基于以下几方面的考虑：

减少关联交易　这大多出现在存在租赁控股股东资产的上市公司。锦州六陆国有股股东中国石油锦州石油化工公司用以配股的实物资产是配股公司租赁使用的油品储运设施。承德露露国家股股东露露集团以其所有的、并被配股公司租用的生产用厂房和土地使用权认购国家股。

减少同业竞争　兰宝信息在控股股东长春君子兰集团公司以长春奥奇汽车塑料涂装公司70%股权认购的基础上，再投资现金收购该公司其余30%股权。兰宝信息因此持有长春奥奇汽车塑料涂装公司100%股权，进一步巩固公司为一汽集团提供独家专业配件生产企业的地位。

增强经营独立性和资产完整性　美利纸业国有股股东宁夏美利集团公司配股的资产是为公司提供生产用蒸汽的供汽车间的全部资产。锌业股份、西宁特钢、江苏索普、深圳机场和豫园商城国有法人股以实物资产配股的情况与美利纸业相似。

实现主营业务多元化　宁波富达国有法人股股东配入的资产是其下属的制水分公司资产，由宁波市江东水厂、南效水厂、梅林水厂及慈城水厂等四家水厂组成。国有股实物资产配入后，有助于宁波富达克服因小家电行业激烈的市场竞争，以及单一产品未来市场发展空间有限而产生的发展潜力不足的问题。

按照《上市公司新股发行管理办法》的有关规定，上市公司股东配股应当以现金认购方式进行。由于不能以实物资产和股权来配股，国有法人股的配股能力减弱。2001年实施配股的上市公司，其国有法人股比重的下降幅度将会大于2000年。此外，由于只能在配股结束后用募集到的现金进行资产结构调整，所以资产结构调整占用的资金越多，可用于项目建设的资金就越少。受此影响最大的是一些与控股股东在经营和资产上关联性较强的上市公司，它们已经不再享有通过股东配股形式实现其与控股公司之间的股权和资产调整。

【加大技改投资力度】 技术改造是配股募集资金的主要投资方向。据统计，2000年直接运用配股资金进行技术改造的公司有88家，占配股公司的52%。还有一些配股公司通过资产重组或组建投资项目责任有限公司的方式，加大技改投资力度，或提高技改投资的安全性。

通过资产重组推动被重组企业的技术改造投入　这类的配股公司通常先收购对方的股权，再按收购后的股权比例增资，然后用企业增资的资金进行技改。航天机电以配股资金收购上海复合材料科技有限公司的60%股权，并按股权比例出资1802.9万元，联合其他股东增资2980万元，用于高性能碳纤维复合材料技术改造项目。仅此一举航天机电可减少技改项目投资1177.1万元。

通过合资组建责任有限公司分散技改项目投资风险　这种做法首先可以减少配股公司对项目投资的贷款风险。精密股份的荫罩带钢技改项目总投资达7.8亿元，公司以配股募集资金2.25亿元与陕西省国有资产管理局组建荫罩带钢项目法人，项目法人注册资本为2.5亿元，精密股份占90%，陕西国资局占10%。注册资金以外的5.3亿元技改投资缺口不是由精密股份而是由项目法人通过银行贷款来弥补。赣能股份、巴士股份也采用了类似了方式。

【加速产业转型】　2000年有10家公司利用配股资金进行产业转型，转向新材料、生物医药、信息技术、电子商务等领域。

以参股方式涉足高新技术产业　西单商场以6000万元配股资金入股清华永新信息工程有限责任公司，占清华永新30%的股权。该公司目前主要从事有限电视宽带多媒体数据广播前端设备和数据广播用户接受卡的生产。

以新建合资公司方式积极介入高新技术产业　采用这一方式的配股公司较多。杭钢股份以配股资金5000万元与浙江省中医药研究院共同组建浙江生物医药技术有限公司，占总股本的83.33%。新组建的合资公司将研制开发天然复合氨基酸大输液及天然支链氨基酸大输液。类似情况的还有山东临工、太原重工和中技贸易等。

在组建合资公司上，配股公司采取了两种不同的方式：直接以配股现金入股和以配股资金收购的资产入股。后者的优点在于合资公司可以减少项目建设成本，缩短项目建设周期。

【一配股就亏现象】　全面考察2000年上市公司配股情况，我们也不能讳言还出现了个别公司在完成配股的2000年当年，经营即出现了亏损。

襄阳轴承2000年通过配股募集资金1.5亿元，计划用于轿车轴承技改和汽车空调机压缩机轴承技改项目。然而由于应收帐款回收困难，导致资金紧张，原辅材料、燃料涨价，使经营成本加大，并且受汽车行业调整转型的影响，公司生产能力没有充分有效地发挥，2000年净利润亏损5615万元，每股收益为－0.40元。

厦华电子2000年内取得了配股资金5.8亿元，投向高清晰度彩电产业化、国产手机扩大产能及研发和计算机出口等项目。但是由于国内彩电、手机市场持续的价格战，公司为适应竞争，主动加大老库存产品的处理力度，因而形成了巨额的降价损失。同时，公司正处于产业转型中，新产业尚未产生利润贡献，最终导致净利润亏损2.9亿元，每股收益为－0.79。

【配股资金有溢有缺】　在所有配股公司中，募集资金超过项目投资所需资金的有50家。而同时，因受配股发行规模不能超过总股本30%的限制，另有34家配股公司项目投资所需资金超过募集资金，出现资金缺口。但这种现象在2001年将得到缓解———按照《关于做好上市公司新股发行工作的通知》，今年3月15日起拟实施配股的上市公司可以不受30%配股比例的限制，条件是公司具有实际控制权的股东全额认购所配售的股份。

配股资金出现闲置的主要原因有：实际募集资金超过计划项目投资所需资金产生的剩余资金；项目实际投资额小于计划投资额所产生的剩余资金；项目投资过程中产生的临时性资金闲置，其闲置资金多少一方面取决于长期建设项目所占配股资金规模的大小，另一方面取决于建设项目的前期投资与后期投资的所需资金的差别大小。

《上市公司新股发行管理办法》规定，担任主承销商的证券公司应重点关注并在尽职调查报告中披露配股公司的资金是否大量闲置或者大量资金用于委托代理。根据这项规定，2001年上市公司配股资金闲置的状况将会改善，配股资金的利用效率会进一步提高。　（海通证券研究所　于建国）

上海证券市场

【概况】　2000年是上海证券市场持续发展的一年。

上市公司数量有较大增长，增长幅度超过18%　截至2000年12月31日，上海证券交易所的上市公司总数达572家，比1999年增加88家，增幅为18.18%；上海证券交易所的上市公司数量占大陆证券市场上市公司总数的52.67%。上市证券品种总数达657只，比1999年增长83只，增幅为14.46%，其中A股559只，B股55只，基金18只，国债现货7只，国债回购8只。上市股票总数比1999年增长16.95%。

上市公司总股本达2032.42亿元，增幅为28.62%　截至1999年12月31日，上海证券交易所上市公司总股本达2032.42亿元，比1999年底增长452.27亿元，增幅28.62%。上市公司流通股本为648.99亿元，比1999年底增加154.58亿元，增幅为31.27%。

上海证券市场的市价总值有很大增长，上市公司的总市值超过26930.86亿元，占中国大陆证券市场上市公司总市值56%，占2000年我国GDP的30%　截至2000年12月31日，上海证券交易所上市公司总市值继1999年达14580.47亿元后，2000年一跃达26930.86亿元，比1999年底增加12350.39亿元，增幅为84.71%。流通市值为8481.33亿元，比1999年底增加4231.64亿元，增幅为99.58%。2000年底，上海证券交易所的上市公司总市值，相当于我国GDP的30%，比1999年的17.77%增长12.23百分点，表明上海证券市场与国民经济的相关性及在国民经济中的重要性进一步提高。

证券经营机构遍及全国各地，会员席位数达5129个　截至2000年12月31日，上海证券交易所会员为305家，其中，证券专营机构(证券公司)102家，证券兼营机构(信托投资公司等)203家，会员下属营业部达2623个，遍布包括西藏在内的大陆所有地区，充分显示了上海证券市场的巨大辐射力与全国性市场特点。截至2000年底，上海证交所席位数达5129个。

投资者队伍不断扩大，投资者开户数达2957.84万　截至2000年12月31日，上海证券交易所投资者开户数达2957.84万户，比1999年底增加676.72万户，增幅为29.67%。投资者A股开户数为2943.32万户，新开户数为671.09万户，增幅为29.53%。从新增投资者开户数的地区分布看，江苏、广东、上海、辽宁、山东等沿海地区和大城市分列增幅前五名，表明经济发达地区投资意识强于全国平均水平；同时从新增投资者开户数增幅最末五名为西藏、宁夏、贵州、青海和内蒙古看，内地和边远地区的投资意识还落后于全国平均水平。

筹资功能进一步加强　2000年，上海证券交易所进一步发挥为国有企业改制服务和优化资源配置的功能。上海证券市场股票筹集资金总额为919.95亿元,比上年增加89.13%。其中,新增A股上市公司筹集资金总额为591.18亿元,新增B股上市公司筹集资金0.44亿美元。

在2000年新增上市公司中,大型国有企业及高科技企业占有相当比重。一批具有行业代表性、在国民经济中具有重要地位的大型国有企业相继在上海证券交易所上市。其中宝钢股份发行流通股18.77亿股,筹资78.46亿元,首创股份、上港集箱等一次性筹资均达25亿元以上,赣粤高速、酒钢宏兴和华泰股份等一次性筹资也均在10亿元以上。此外,国电电力通过配股筹资32.59亿元,东方通信通过增发筹资13.2亿元。目前,国内仅有具备AAA级信用等级的三家企业债券,即铁路债券、国家电力债券和三峡债券均在上海证券市场上市。2000年企业债券全年新上市总量达80亿元,占国内可上市债券发行总额的100%,至年底上海证券市场企业债券上市总量达150.39亿元。为了更好地帮助国有企业改制和筹资,开辟新的筹资渠道,以及推进证券市场的发展,丰富投资品种,继1999年上海证券交易所对新的证券品种开发和推出取得成功后,2000年上海证券市场的证券投资基金取得进一步发展,截至年底,上海证券市场证券投资基金数量达到16家,其中由"老基金"规范而来的基金金元、基金金鼎、基金汉鼎和基金汉博相继在上海证券市场上市,再加上基金汉兴的上市,2000年共有5家基金加盟上海证券市场。

【交易市场】 2000年,上海证券市场呈现了交投活跃的态势,股票、债券、基金全年成交金额达到49901.47亿元,比1999年增长13909.34亿元,增幅为38.65%。

一、市场走势活跃,股指大幅上升　2000年,上证综合指数年内最高达2125.72点,比1999年上升369.54点,创下了历史最高纪录;上证综合指数年内最低为1368.69点,比99年抬高200余点;2000年12月31日,上证综合指数收盘为2073.48,比上年上涨51.73%。与此同时,2000年上海证券市场的股票交易量也大幅上升,全年的股票交易金额达31373.86亿元,比上年的16965.79亿元增加14408.07亿元,增幅达84.92%。

二、投资热点:高科技股和绩优国企大盘股　从2000年投资趋向看,高科技股和绩优国企大盘股的全年成交金额明显高于其他股票。方正科技和清华同方成为上海证券市场当年交易金额最高的股票,年交易金额达270亿元以上,浦发银行和四川长虹分别列沪市个股年成交额排名的第三和第四名,它们的年成交金额均在260亿元以上;真空电子、综艺股份、上海汽车、爱使股份、青岛海尔和大众科创分列沪市个股年成交金额的第五至第十名,年成交金额在210亿元以上。上述投资趋向,一方向表明了投资者对业绩和成长性的崇尚,另方面也显示了投资者对新经济和高科技的未来发展前景充满信心。

三、继续保持国债市场"龙头"地位　2000年,上海证券交易所继续保持中国国债市场的"龙头"地位。继历年成交量保持中国大陆国债市场成交量九成以上,2000年上证所国债成交金额仍达16895.83亿元,占中国大陆证券市场国债成交的88.95%。其中,国债现货成交3657.06亿元;国债回购成交13147.21亿元。国债成交金额在全部证券品种成交金额中所占的比例为33.86%。

四、基金成交金额与上年持平　2000年,上海证券交易所有5家证券投资基金上市。随着新的证券投资基金上市,上海证券市场的基金交易继续保持活跃,全年基金成交金额达1334.18亿元,与1999年基本持平。

五、市场份额继续保持领先　2000年,上海证券交易所证券全年成交金额达49901.47亿元,比1999年增长13909.34亿元,占中国大陆证券市场成交总金额的60.09%,这表明了上海证券市场继续保持全国主要证券市场的地位。

(上海证券交易所　周惠忠)

深圳证券市场

【概况】 经过十多年的探索和实践,深圳证券市场取得了长足发展。其具体表现为市场规模不断扩大;规范化、现代化和国际化程度不断增强;上市公司规范运作水平不断提高;证券经营机构不断壮大;证券中介机构业务不断发展。10年间,深圳证券市场成功地突破了地域的限制和观念的束缚,探索出了一条在现代技术条件下建设证券市场的新路,在一个新兴的边陲城市建成了辐射全国的证券交易中心。深圳证券市场在我国社会主义市场经济中发挥着越来越重要的作用。

证券市场形成了全国性的市场格局　截止到2000年底,深圳证券市场上市公司共有514家,来自全国31个省、市、自治区,占国内上市公司总数的47%;深圳证券市场上市证券共有596只,分为股票(A股、B股)、基金、国债(现货、回购)和公司债券四大类。其中A股499只,B股58只,基金18只,国债现货7只,国债回购9只,公司债券与可转换债券5只。上市股票市值21160亿元,相当于2000年全国GDP的23.7%。2000年深圳证券市场的股票、基金成交额超过3万亿元,交易规模相当于国外中等证券市场水平。

投资者队伍迅速扩大,基金等机构投资者比重不断增加　截止到2000年底,深圳证券市场拥有326家会员,其中深圳本地会员为16个,外地会员为310个;席位总数为1697个,其中深圳本地为220个,外地为1382个,B股特别席位为14个,国债专席为81个;在深圳市场开户的个人与机构投资者总数为2843万户,其中深圳本地开户数达246万户,国内其它地方开户数达2584万户,此外还有来自全球108个国家和地区的B股投资者12.8万户。在深圳市场开户的个人投资者为2828万户,占开户总数的99.5%,机构投资者为15万户,占开户总数的0.5%。在积极发展个人投资者的同时,深圳证券市场大力培育以基金管理公司为代表的机构投资者。截止2000年底,深圳有基金管理公司5家,分别是鹏华、南方、博时、大成和长盛,共管理基金18只,基金面值310亿元。原有投资基金清理规范工作已基本完成。

上市公司规模不断扩大　截止2000年底,在深圳市注册的境内上市公司共有75家(含外地迁深的四通高科、威达医械、创智科技等三家公司)。其中A股公司47家,B股公司4家,A、B股公司24家。75家上市公司中,PT公司1家,ST公司11家,是全国上市公司的高风险区。深圳市另有四家H股上市公司和两家红筹公司在香港联交所上市。深圳市上市公司利用证券市场在通过新股发行、增发、配股等形式在国内共筹集资金611亿元;H股和红筹公司在香港证券市场发行股票筹集资金约人民币88亿元。10年间,深圳证券市场累计为国民经济筹资2000多亿元,对建立现代企业制度、推动经济结构调整、优化资源配置、传播市场经济知识,起到了十分重要的促进作用。

通过发展B股市场,打开了证券市场的国际化通道　深圳B股市场自1992年2月上市第一只B股股票以来,现已有上市公司57家,共筹集外汇资金约147亿港币,股本约84亿港元,2000年底的市价总值约280亿港元,在深圳证券市场开户的境外投资者有12万户(其中机构投资者有8000户)。

【交易市场】 2000年初,受新经济浪潮的冲击和美国纳斯达克指数上扬的影响,以上海梅林、综艺股份为主的网络科技股,率先强劲上扬。2000年1月4日,新年的第一个交易日,深沪两市共有九成股票飘红,26只个股收报涨停,全天成交量为110.41亿元,引出中国证券市场迭创新高的一轮大牛市。2月14日,龙年首个交易日,深沪两地在500亿元成交量的配合下,400多只个股齐奔涨停,上证指数突破1600点。2月28日深沪指数再创新高。此间,亿安科技冲上百元大关,在一夜之间创出"科技股神话"。

3月份开始,虽然科技股开始走弱,但在国家启动内需、部分原材料涨价的形势下,后期入市的三类企业等机构发动了以钢铁、石油、水泥等板块为主的低价国企大盘股行情,"领头羊"马钢股份从3月初的2.73元攀升至4月26日的6.37元。3月30日,上证指数突破1800点,再次刷新收盘记录。

此后资产重组板块风云再起,成为大盘走高的又一动力。6月1日上证指数站上1900点。7月26日,上证指数稳稳攀上2000点。8月21日,上证指数再创新高,收报2108.69点。

年末,在保护中小投资者利益的声音成为主流时,市场又选择蓝筹绩优股和重组股。11月23日,上证指数再创新高,收报2125.72点。12月29日上海30指数和深圳综指分别收报3935.33和635.73点,比年初分别上涨31.62%和58.07%。

【证券经营机构】 截止到2000年底,深交所共有会员326家,其中证券公司95家,其他证券兼营机构231家。另有参与B股市场的境外特许证券经营机构30余家。326家会员中有16家为本地会员,310家为异地会员。截止到2000年底,深交所有席位1697个,其中股票席位1602个(本地220个,异地1382个)、国债专席81个(本地36个,异地45个)、B股专席14个(均为异地)。截止2000年底,深圳市有证券公司11家,证券营业部204家,其中本地证券公司下属营业部61家,异地证券公司下属营业部97家,异地信托公司下属营业部46家。深圳市除金牛证券外的10家证券公司2000年的股票和基金交易量为10138亿元,约占全国市场份额的16.45%。2000年底10家证券公司A股和基金托管市值为1541亿元,占全国市场份额的15.95%。10家证券公司2000年完成主承销项目65个,募集资金总额为363亿元,占全国市场份额的17%。深圳证券公司开始朝着规范化、集约化和规模化的方向发展,业务拓展及创新能力较强,发展状况良好。公司经营在以往较为单纯的代理买卖和发行承销的基础上,逐步向投资银行、银证合作、企业财务顾问、信息咨询及国际化业务等方向和领域拓展,并取得了显著的成效。

【中介机构】 截止到2000年底,深圳市有具有证券投资咨询资格的中介机构18家(其中专业投资咨询类公司8家,证券公司10家),具有证券、期货相关业务许可证的会计师事务所有7家,具有从事证券法律业务资格的律师事务所10家。深圳市证券中介机构的业务量仅次于北京和上海,居全国第三位。

(刘兵)

辽宁证券市场

【概况】 股票发行情况 2000年,在全国经济增长、政治稳定的良好环境下,辽宁证券市场稳定发展,规模进一步扩大。截止2000年末,辽宁共有上市公司36家,发行股票40只,其中A股35只、B股2只、H股3只。总股本2107821万股,其中流通A股358686万股,流通B股51100万股,流通H股156795万股,发行募集资金143.9亿元。共有15家上市公司实施了配股,募集资金27.24亿元。通过新股发行和配股,累计募集资金达171亿元,大大增强了企业发展的实力。

上市公司情况 辽宁现有36家上市公司,按行业分类可划分为:工业类24家、商业类2家、地产类1家、公用事业类1家、金融类1家、综合类7家。据2000年报显示,辽宁省36家上市公司加权平均每股收益0.10元,平均每股净资产1.61元,净资产收益率6.15%,略低于全国平均水平。

投资者情况 2000年,辽宁新增投资者开户数67.36万户,累计已达244万户,约占全国投资者的4.39%。

【证券经营机构】 截止2000年末,辽宁共有证券公司6家,证券投资咨询公司2家,证券分公司、证券管理总部(包括信托兼营机构)15家,证券营业部113家,财政中介服务机构15家,历史遗留证券机构9家。2000年共实现证券交易总额3988.02亿元,占沪、深市场的2.92%,股票交易额为3698.42亿元,占沪、深市场的2.91%。年底股民保证金余额为126.62亿元,股票市值为478.31亿元。

【中介机构】 截止2000年末,辽宁共有证券从业资格的会计师事务所2家,资产评估机构4家,律师事务所11家。

【规范化管理】 证券市场监管 继续开展清理整顿,加大证券市场监管力度。一是配合清理整顿和历史遗留问题的解决,有效地化解了辖区内存在的风险隐患,维护了投资者的合法权益,促进了证券市场的发展;二是采取具体措施,认真做好证券机构高级管理人员任职资格、证券营业部迁址、市场安全运行等日常监管工作;三是全面提升辖区计算机管理规范水平,对各营业部主要负责人进行了《规范》应知应会考试,收到了良好的效果;四是以规范化为重点,加强了对证券投资咨询业的监管,对证券咨询业务及信息传播情况进行了检查,建立了新闻媒体传播证券投资咨询信息活动的报批和审核制度。五是认真做好对中介机构的监管工作。2000年,对辖区内从事证券业务的中介机构及其从业人员进行了一次摸底调查,初步建立了备案制度管理框架,并召开了中介机构负责人座谈会,对中介机构提出了要求。

上市公司监管 按照"一个提高、二个重点、四个加强"的工作思路,采取有效措施,切实提高规范化管理水平。一是周密安排,认真开展了巡查、核查和审查工作。2000年共对8家上市公司进行了巡查,对发现问题的上市公司下达了《限期整改通知书》,并对企业的整改落实情况进行了回访,促进了上市公司的规范运作。共对3家上市公司进行了专项核查,对查实的问题要求企业限期整改,强化了上市公司的守法观念。根据中国证监会的要求,重点抓了上市公司定期报告的事后审查工作,并依据审查结果,采取约见高管人员谈话等形式,加强了对信息披露的监管力度;二是突出重点,进一步加强了上市公司的日常监管,对予以重点关注的上市公司,采取参加股东大会、电话询问、约见谈话、与交易所通报情况、重点监控等方式加大监管力度,收到了防患于未然的良好效果。

(特约编委:宿庸,特约编辑、特约撰稿:于海联)

山东证券市场

【概况】 股票发行情况 2000年度,山东辖区(除青岛,下同)新增上市公司6家,募集资金30.25亿元;有7家公司实施了配股,募集资金19.71亿元;有1家公司增发新股,募集资金24亿元。

上市公司情况　截至2000年底，山东辖区上市公司共50家，上市股票56只。其中单一A股上市公司41家，单一B股上市公司2家，单一H股上市公司1家，A、B股同时上市的公司4家，A、H股同时上市的公司2家。总股本达237.5亿股，流通股86.17亿股，总资产1067.85亿元，净资产619.64亿元，2000年度主营业务收入564.16亿元，主营业务利润128.80亿元，净利润66.91亿元，平均每股收益0.282元，平均净资产收益率为10.47%。

投资者情况　截至2000年底，山东辖区投资者达178.37万人，占全国投资者开户数5801万户的3.07%，其中个人投资者176.04万户，占辖区总开户数的98.7%，占全国个人投资者5773万户的3.05%。

【证券经营机构】　截至2000年底，山东辖区有证券公司2家(其中1家已批复筹建)，证券营业部71个，客户交易结算资金余额138.9703亿元，占全国客户交易结算资金总余额3037亿元的4.58%。2000年，山东辖区A股、基金交易额3231.0898亿元，其中股票交易额3093.8191亿元，占全国60826.7亿元的5.09%，网上交易额99.60亿元，占全国网上证券交易总额1800亿元的5.53%。2000年底辖区证券经营机构资产总额达196.687亿元，比上年增长73%，净资产31.66亿元，比上年增长145%，税前利润8.47亿元，比上年增长128%。

【中介机构】　截至2000年底，山东辖区具有证券从业资格的会计师事务所5家，律师事务所7家。这些中介机构为企业股票发行与上市工作提供财务审计、资产评估、法律咨询等中介服务，有力地促进了山东证券市场的发展。

【证券市场监管】　2000年，济南证券监管办公室在中国证监会的领导下，认真贯彻《证券法》和全国证券期货监管工作的会议精神，按照"打基础、上水平"的总体工作思路，切实加强监管，严格依法治市，监管的深度、力度明显增强，有力地促进了证券市场的健康发展。

严把市场准入关　按照证监会赋予的职责，完成了6家拟上市公司的改制调查；受理了37家公司的上市辅导材料；完成了12家上市公司配股的初审；对11家证券营业部同城、跨区迁址进行了初审；对期货公司设立的20家营业部进行了审核；完成了3家证券投资咨询机构资格申报材料的初审；积极推动山东证券公司的增资扩股和齐鲁证券经纪公司的组建工作。在审核过程中，做到按条件、讲程序、严要求，坚持原则，依法办事，严把了市场准入关。

强化日常监管　全年共对15家上市公司、56家证券营业部、6家期货公司进行了巡检；对5家上市公司、2家拟上市公司进行了专项调查；对56家证券经营机构逐月进行非现场检查；对辖区内上市公司1999年年报和2000年中报进行了审查，并分别就上市公司年报、中报和计提减值准备情况做了专项分析；对10项并购与重组事项的信息披露进行了事后审查。通过强化日常监管，及时排查各种隐患，努力把问题消灭在萌芽状态，有效防范和化解了市场风险。

继续做好清理整顿工作　全年共清理了7家证券经营机构挪用的客户交易结算资金4.69亿元；清理远程交易网点28家；对过去设立的13家经营网点进行了规范。完成了对淄博基金和场外股票交易的清理整顿；对原财政系统国债服务中介机构转制为证券营业部进行了初审；积极推动山东证券交易中心与外省四家交易中心筹建改组为证券经纪公司。通过以上工作，山东省的历史遗留问题大部分得到解决。

加大稽查执法力度　全年共对2家上市公司、1家证券经营机构涉嫌违规案件进行了调查，对6家被举报的拟上市企业进行了核查，受理群众来信32封，接待来访21人次，接听热线电话115个，取缔非法证券经营网点2个。通过加大稽查执法力度，打击证券期货市场违法违规行为，维护了市场秩序，促进了辖区证券期货市场的健康发展。

(特约编委：李相启，特约编辑：赵洪军，特约撰稿：刘庆斌)

湖北证券市场

【概况】　截止2000年12月底，湖北省上市公司总数达55家，总股本为159亿元，平均总股本2.89亿股。2000年，全省先后有长源电力、湖北迈亚、华工科技、凯乐股份、武昌鱼、安琪酵母、三峡新材、长江通信等8家企业面向社会公开发行4.35亿股，筹集资金总额达34.63亿元。另外，有8家上市公司以配股方式向证券市场筹集资金17.05亿元。截止2000年底，湖北省55家上市公司通过证券市场累计筹资261.26亿元，其中上市前定向募集资金21亿元，通过发行上市及配股募集资金240.26亿元。到2000年底，全省在深沪证券交易所开户股民数达210万。

【证券经营机构】　全省共有证券经营机构165家，其中证券公司3家(长江证券、三峡证券、武汉证券)；证券分公司4家；证券营业部123家；证券服务部35家。全省证券从业人员约4100人，其中2000人已通过证券从业资格考试，获得证券从业资格。

【中介机构】　目前湖北省共有具有证券从业资格的会计师事务所3家(湖北大信会计师事务有限公司、武汉众环有限责任会计师事务所、湖北中正会计师事务有限公司)，具有证券从业资格的会计师58人；外地会计师事务所在汉分支机构4家(中审会计师事务所中南分所、中天华正(中南)会计师事务所、北京京都会计师事务所有限公司武汉分公司、中勤万信会计师事务所)；具有证券从业资格的资产评估机构4家(湖北万信资产评估有限公司、武汉国咨资产评估有限公司、湖北众联咨询评估有限公司、武汉竞江会计师事务所有限责任公司)；具有证券从业资格的律师事务所14家，具有证券从业资格的律师59人。

【规范化管理】　认真做好各项清理整顿工作，努力消除和切实防范证券市场风险　一是远程证券交易网点的清理。针对部分证券经营机构未经证券监管部门批准，在证券营业部法定营业场所之外擅自设立各类远程证券交易网点，个别非证券经营机构甚至个人擅自设立证券营业性场所，从事证券代理业务，扰乱了证券市场的正常秩序等情况，武汉证管办根据中国证监会统一部署，组织人员对湖北省的远程证券交易网点进行了逐一摸底调查，于2000年3月份拟定上报了湖北省远程证券交易网点清理规范方案。经中国证监会批复后，到2000年底，湖北省内已有32个网点经规范后改为证券服务部，55个该撤销的网点已经全部撤销。二是原有证券投资基金的清理规范。根据国务院关于原有投资基金清理规范方案的通知精神，武汉证管办督促武汉证券交易中心、武汉证券登记中心、长江证券有限责任公司和武汉证券有限责任公司等单位，按规定的时间和程序清理规范长江基金和武汉基金。在清理规范过程中，积极争取中国证监会基金监管部的支持，指导、协调、督促有关单位严格按国务院通知精神，进行资产置换、召开持有人大会、登记托管、停牌，直至长江基金、武汉基金转型进入同智基金在深交所挂牌交易，有效地保护了投资者的利益，化解了两个基金到期赎回可能引发的市场风险。三是证券公司挪用客户结算资金的清理。针对武汉证券公司和三峡证券公司挪用客户结算资金的情况，要求两家公司在保证公司正常经营、控制风险的前提下，制定切实可行的归还方案，确保挪用的客户结算资金及时归还。两家公司制定了资金来源渠道较多、归还措施较具体、归还时间较确定的方案。方案上报中国证监会机构部后，得到了充分肯定。四是部分券商柜台回购业务的清理。由于历史原因，湖北省部分券商柜台回购业务包袱很重。2000年初，全省部分券商柜台回购额高达39.90亿元。为消除这一重大风险隐患，武汉证管办深入到有关机构帮助制定还款计划，按月跟踪考核还款进度。经过一年的努力，湖北省券商柜台回购数大幅下降。截至12月8日止，券商柜台回购余额下降至23.09亿元，下降幅度为42.13%。

加大上市公司监管力度，促进上市公司规范运作　一是扎扎实实搞好上市公司巡回检查工作。按照中国证监会的统一部署，武汉证管办在工作压力大、人员十分紧张的情况下，合理调配力量，统筹安排，对省内湖北宜化、蓝田股份、玉阳实业、湖北车桥、多佳股份、康赛集团、猴王、诚成文化、道博股份、兴发集团、武汉控股、武汉塑料、广济药业、创智科技（交叉巡检）、湖北江源等15家进行了巡回检查，同时，还对公司聘请会计师事务所执业情况进行检查，目前已完成全部15家公司的巡检报告并上报中国证监会。此外，武汉证管办还十分重视对已巡检公司的整改工作，按照“谁检查、谁负责”的原则，指派专人跟踪落实1999年已巡检的11家公司的整改进度，同时对襄阳轴承、葛洲坝两家公司进行了回访，确保巡回检查工作重实效而不流于形式。二是强化对信息披露的监管。明确要求上市公司在报送信息披露文件到交易所审核后，在见报的同时报证管办上市公司处备案，督促上市公司依法履行信息披露职责，组织力量对1999年年报进行了认真分析，并针对突出问题撰写了文字材料及时上报中国证监会。三是在大股东转让股份、资产置换、配股等相关事项的审核中，注意维护广大投资者的利益，督促上市公司规范运作，监督中介机构依法公正执业。

（特约编委：黄湘平，特约编辑、特约撰稿：周军）

广东证券市场

【概况】　截止2000年底，广东省（不含深圳市，下同）境内上市公司共54家，上市股票58只（其中A股52只，B股6只）。他们广泛分布在电子电器、能源交通、纺织服装、商业旅游等行业。广东上市公司总体上业绩较好，涌现出一批质地优良、成长快速、市场形象较好的公司，如主营电子元器件的风华高科、生益股份、超声电子；主营电器产品的格力电器、粤美的、万家乐、佛山照明等。它们构成广东经济发展的一支生力军，对广东经济发展发挥重要作用。

至2000年底，我省上市公司总股本218.37亿股，比上年增长26.54%。其中A股流通股本68.33亿股，比上年增加33.98%，B股流通股本12.53亿股，比上年末增长74.23%。年末上市公司股票市价总值（A股＋B股）2649.99亿元，比上年增长93.17%。A股流通市值为865.58亿元，比上年的增长了92.89%；B股流通市值43.11亿港元，比上年增长96.91%。至2000年广东上市公司总资产1179.85亿元，比上年的增加31.25%；净资产总值为607.96亿元，比上年增长4.2%；上市公司净利润总额为33.69亿元，平均净利润为6356.6万元，净利润总额比上年下降26.86%，平均净利润比上年下降35.14%，平均每股收益0.15元，比上年下降43.4%。2000年我省在证券市场筹资取得了较大的成绩，全省新发行上市股票7只，募集资金30.35亿元，此外有8家上市公司通过配股筹集资金33.25亿元，有2家上市公司通过发新股筹集资金17.62亿元，全年共筹集资金81.22亿元。比上年增长267.35%。截止2000年底，通过发行、配股，累计在证券市场筹集资金287.3亿元。累计至2000年底，我省投资者开户数466.49万户，比1999年增加23.17%，占全国开户总数的7.9%。

【证券经营机构】　2000年是证券经营机构的规范年，我办对证券经营机构进行全面清理整顿。目前，我省已开业的专业证券公司12家，其中1家经中国证监会批准，正在筹建，证券分公司2家，证券营业部和服务部314家，其中证券交易服务部53家，机构数量占全国的比重已超过10%。到2000年底，我省证券经营机构客户交易资金余额为378亿元，占同期全国客户交易资金余额3037亿元的12.45%，12家证券公司的资产总额约为410亿元，占全国101家证券公司资产总额的7.13%；2000年末我省证券经营机构托管股票总市值1058亿元，比1999年的829亿元增长27.62%，全年证券经营机构证券交易总额为11525亿元，比1999年增长64.52%。

【中介机构】　广东省有证券期货投资咨询机构9家，具有证券期货相关业务资格的律师事务所42家、律师250人，会计事务所4家、有证券业务资格的会计师241人，资产评估机构5家。

【规范化管理】　广州证管办树立证券市场监管的新理念，探索证券市场监管新方法。主要内容有：1、建立公开的社会监督机制，将我办各业务处室工作程序和业务指南在报纸上公开，实施阳光工程，提高证券市场监管透明度。2、强化对上市公司日常监管：一是至11月底前完成了对15家公司的巡检和专项调查；二是在提示风险的基础上，持续跟踪、督促上市公司规范运作；三是加强配股审核，去年共对珠海中富等9家上市公司的配股申报材料进行了初审，向中国证监会出具了审核报告和初审意见；四是加强对上市公司并购重组方面的监管，规范并购重组行为。3、对证券营业部监管提出了新举措：一是实行证券营业部分类监管制度。通过设计科学量化指标，对证券营业部经营的规范性、风险状况进行综合测评，确定证券营业部和监管重点，提高监管工作效率；二是建立证券营业部高级管理人员绩效和道德评价办法，通过强化证券营业部负责人对营业部经营管理责任，将证券营业部高级管理人员责利和任职资格统一起来，把任职资格管理动态化；三是实行证券从业人员品行登记，建立从业人员信用核查档案等一系列监管措施。4、进一步加强证券市场稽查和投诉举报的处理工作，我办全年共收到书面投诉举报材料54件，办结45件；接听投诉举报和咨询电话，接待来访44批65人次；主办和协办查处违法违规案件共25次。

（特约编委：欧阳昌琼，特约编辑：李惠）

湖南证券市场

【概况】　股票发行情况　2000年，我省共有6家企业发行新股（洞庭水殖、隆平高科、安塑股份、中联重工、九芝堂、金瑞科技）、7家上市公司实施配股（湘火炬、正虹饲料、现代投资、通程控股、湖南海利、益鑫泰、华天酒店）、2家上市公司增发新股（电广传媒、金健米业）。上述15家企业的申报材料审核通过率达到100%，筹集资金70.98亿元，较去年同期增长51.68%，占全国同期境内筹资总额1528.38亿元的4.64%。其中，发行新股筹资 29.68 亿元，配股筹资 24.42 亿元，增发新股筹资 16.88 亿元，分别占全国同期水平的 3.78％、4.44％、8.26％。

上市公司情况 截止 2000 年 12 月 31 日，我省上市公司总数达到 33 家，总股本 85.22 亿股、流通股 28.49 亿股、总市值 1309.79 亿元、流通市值 497.75 亿元。较上年同期各增长 25.71％、32.76％、88.04％、105.11％，分别占全国同期水平的 2.30％、2.31％、2.73％、3.10％，总市值占我省 GDP 的比重已达 35.48％，总资产 459.61 亿元，净资产 272.29 亿元，为国家上缴税收 13 亿元，33 家上市公司历年来从证券市场筹集资金累计金额已达 177.18 亿元。

发行和配股情况 截止 2000 年 12 月 31 日，我省共有 6 家企业发行新股（洞庭水殖、隆平高科、安塑股份、中联重工、九芝堂、金瑞科技）、7 家上市公司实施配股（湘火炬、正虹饲料、现代投资、通程控股、湖南海利、益鑫泰、华天酒店）、2 家上市公司增发新股（电广传媒、金健米业），上述 15 家企业的申报审核材料经过我们的努力工作全部获准通过，申报审核通过率达到 100％，累计筹集资金 70.98 亿元，较去年同期增长 51.68％，占全国同期境内筹资总额 1528.38 亿元的 4.58％。其中，发行新股筹资 29.68 亿元，增资配股筹资 24.42 亿元，增发新股筹资 16.88 亿元，分别占全国同期水平的 3.78％、4.44％、8.26％。辖区内上市公司从证券市场再融资的手段和形式有了创新和突破，在全国获准增发新股的 23 家上市公司中，我省就有电广传媒、金健米业两家。另外现代投资（原湖南高速）成功地实施了 10 配 6 股的超比例配股方案，为湖南上市公司在证券市场开辟新的融资渠道起到了良好的示范效应。

【证券经营机构情况】 2000 年，全省有证券公司 3 家，证券营业部 55 家，证券服务部 28 家，证券投资咨询机构 5 家，证券从业人员近 3000 人，投资者今年开户数 399961 户，累计开户数达到 160 万户，全省证券经营机构全年二级市场交易量（股票和基金）达 2425 亿元，比 1999 年全年交易量增加了 102％。1、湘财政券公司。2000 年完成交易量达 11042292 万元，市场份额达 0.85％；总资产 874864 万元，比上年增加 74％，净资产 133765 万元，比上年增加 20％，净资本金额 86586 万元；营业收入达 89042 万元，利润总额 41393 万元。全年共担任 5 家新股发行主承销，1 家增发新股主承销，5 家副主承销，主承销了洞庭水殖、秦丰农业、隆平高科、安塑股份、通化葡萄酒等。该公司营业网点建设也取得较大的进展，2000 年新增 5 家证券营业部，证券营业部数量达到 23 家，新增证券服务部 4 家，证券营业网点遍布全国。2、湖南证券公司。湖南证券公司历时 4 年的第一步增资扩股已经完成，注册资本金增至 2.35 亿元，并获得了股票发行主承销商资格。第二步增资扩股至 12 亿元方案也已获中国证监会批准。公司全年完成交易量 939.36 亿元，市场份额达 0.74％，其中网上证券委托交易 45.9 亿元；总资产 437934 万元，比上年增加 57％，净资产 43734 万元，比上年增加 36％；净资本金额 4953 万元。营业收入 63988 万元，利润总额 17425 万元，分别比上年同期增长 65％和 162％。股票发行也取得突破，担任主承销商 2 家，副主承销商 5 家，其中担任莲花味精增发新股主承销，一汽四环配股主承销。2000 年新增证券营业部 2 家，公司证券营业部数量达到 19 家，新增证券服务部 17 家，证券营业网点达到一定规模。3、长沙证券公司。2000 年共完成交易量 1472982 万元，市场份额达 0.24％；总资产 30899 万元，比上年增加 103％，净资产 5528 万元，比上年增加 47％；净资本金额 2606 万元。营业收入 8257 万元，利润总额 2790 万元，分别比上年同期增长 29.3％和 78.89％。2000 年收购证券营业部 1 家，公司营业部数量达到 4 家。

（此条目特约撰稿：刘青、姜新安）

【上市公司监管工作】 2000 年，我们在加强监管的力度和创新上，主要集中做了以下几方面的工作。

把好发行监管关 2000 年，湖南省共有 32 家企业进行了改制辅导报备，有 8 家企业通过改制验收。同时上市公司发行新股的规模和方式也取得了突破，有 6 家企业成功地发行上市，筹集资金 29.68 亿元；先后有 7 家公司实施配股，筹集资金 24.42 亿元；2 家公司成功地进行了增发试点，筹集资金 16.88 亿元。

加强日常监管力度 2000 年，在“事前防范、事中规范、事后监督”的动态监管制度的指导下，中国证监会长沙特派办提出了“六类先查”、“十个要查”和“十个防止”的工作原则和要求，使监管工作变被动监管为主动监管，变静态监管为动态监管，既发挥了事后监管的作用，也加强了事先防范的功能。

2000 年辖区内有 8 家上市公司进行了巡回检查，对 33 家上市公司的四项计提情况和募股资金使用情况进行了调查，对 5 个企业进行了专项核查，及时处理群众来信来电 400 余封次，接待群众来访 100 余人次，对涉嫌违规、市场传闻较多的上市公司，我们及时约见有关公司的高级管理人员谈话，了解真实情况，及时发现问题，防范和化解了部分上市公司的风险隐患。 （特约编委：杨晓嘉，特约编辑：张仁良，特约撰稿：喻丹、葛伟平）

天津证券市场

【概况】 截止 2000 年底，天津市有 15 家上市公司，占深沪上市公司总数的 1.38％。盈利企业占 93.33％，每股加权收益 0.24 元；主营收入总额 156.3 亿元，比上一年略有下降；净利润 13.68 亿元，同比增长 27.62％。上市公司整体经营状况较好，运作比较规范，总体实力有所提升。2000 年，天津水泥发行 7000 万 A 股，发行价每股 4.60 元，募集资金 3.22 亿元。南开戈德、中体产业、中储股份和灯塔油漆 4 家上市公司实施配股，募集资金 9.72 亿元。

【证券经营机构】 目前天津有法人证券公司两家（渤海证券，一德证券）；分公司两家（华夏证券、南方证券）；证券营业部 97 家（其中：市属机构所属营业部 21 家；异地机构所属营业部 76 家）；上述营业部下设证券服务部 12 家。全市证券从业人员 2500 人，有 645 人取得单项或多项从业资格证书。2000 年，全市证券经营机构总交易额 2508 亿元，比上年增长 88.7％，占全国市场份额的 4％；实现利润 2.75 亿元，比上年增长 1.5 倍；上缴营业税及附加 1.35 亿元，比上年增长 42％。

【中介机构】 截止 2000 年底，辖区内从事证券业务的会计师事务所 1 家；律师事务所 10 家；资产评估机构 2 家；证券投资咨询机构 5 家。

【证券市场监管】 *机构监管* （一）加强监管工作制度建设。根据监管工作实际，完善了已有的机构监管规定，制定了《证券公司设立证券服务部申报程序》、《天津市证券营业部高级管理人员任职申报程序》。对机构日常经营中的有关问题的申请和办内有关审核程序进行了明确界定，向规范化监管迈进了一步。（二）对证券经营机构安全运营情况进行了普查，对存在社会集资、财务混乱、挪用保证金、透支等问题较为严重的 23 家机构进行了现场检查，约见了 7 家机构法人公司负责人进行谈话，并区分不同情况下达了13份《监管通知书》，提出了具体的整改要求。截止年底，被检查机构的整改方案已基本落实。(三)加强对信托公司所属营业部的监管，督促有关机构强化在重组过程中的风险控制，避免造成重组风险。全年压缩个人兑付风险资金达9亿余元。对存在所有权主体与经营权主体不一致的3家营业部，敦促、协调对方在符合证监会要求的前提下，尽快履行有关协议，并对其业务进行重点监控。对寄希望于通过重组解决个人债务问题、软硬件配置问题的机构，要求重组双方有明确的承诺，保证日常经营正常运行。

上市公司监管　2000年，上市公司监管方面，重点抓了四项工作：(一)组织力量对上市公司进行巡检。完成了对中体产业等四家公司的巡检工作，对1998年巡检的南开戈德等3家公司的整改情况进行了回访。(二)加强对上市公司在资产置换过程中信息披露的监管。重点对创业环保与渤海化工资产置换中涉及的A股、H股两只股票、上海、香港两个市场的信息披露工作进行了监管。(三)对申请配股公司进行了初审。先后对南开戈德等7家公司配股申请材料进行了初审。7家上市公司均已获得证监会的批准，其中南开戈德、中体产业、中储股份和灯塔油漆4家公司9.72亿元配股资金已全部到位。(四)对拟上市公司进行改制调查。按照证监会的规定，对大开发等5家公司改制情况进行调查，并出具改制情况的调查报告。目前，红日药业等5家拟上创业板公司已经改制，并与中介机构签订了辅导协议。

（特约编委：窦汝广，特约编辑、特约撰稿：初乃祯）

陕西证券市场

【概况】　上市公司情况截止2000年底，陕西省上市公司总数达到22家，占全国上市公司总数的2.03%，居全国第19位、西北地区之首。至2000年底，陕西22家上市公司总股本达到45.6亿股，比上年同期增加13.87%；其中流通股19.13亿股，增加24.68%；总市值达704亿元，流通股市值282亿元，分别比上年同期增长了60.28%和77.34%。与1999年相比，上市公司总市值占全省GDP的比重从29%上升到42.3%，流通股市值占全省GDP的比重从10.5%上升到17%。10年来，陕西22家上市企业通过发行新股、配股、增发等方式，已累计从证券市场筹措资金86.65亿元。2000年，陕西在利用证券市场募集建设资金方面取得较大增长，全年共募集27.3亿元，是1999年的2.48倍，也是通过证券市场募集资金最多的一年。其中，西飞国际通过公募增发新股募集资金7.43亿元，实现了西北五省上市公司增发新股零的突破，并创下了陕西上市公司一次募集资金量的新纪录。

【证券经营机构】　陕西现有证券公司3家，证券兼营机构4家。2000年，有2家证券公司在西安新开设证券营业部，使陕西证券营业部总数达到42家，另外还有6家证券公司获准在西安筹建证券营业部。全省证券经营机构从业人员超过3000人。经过清理整顿远程证券交易网点，规范保留了7家为证券服务部，增加了机构运作的新形式。2000年，辖区内有9家证券营业部开展了网上证券交易，比1999年增加了8家，全年网上交易量4.4亿元，占辖区当年交易总量的2‰。2000年，全省证券投资者队伍持续增加，投资者开户数超过145万户，资金开户数达89.75万户，比上年新增18.31万户，增长了25.6%。股票与基金交易额达到1937.42亿元，比上年增长71.38%；上缴营业税金5974.63万元，增长34.31%；实现税后净利润3.09亿元，比上年增长134.09%；每家营业部平均净利润672.5万元，比上年增长了103.79%；年末客户保证金余额81.39亿元，比上年增长了89.1%；托管股份总市值300.71亿元，平均每家营业部6.54亿元。

【中介机构】　近年来，陕西积极培育和发展有证券从业资格的各类中介机构，并欢迎全国各地的券商和有证券资格的中介机构来陕开展业务，为企业兼并、收购、重组、改制和上市发挥桥梁作用。目前，已有4家外埠证券公司在西安设立了投资银行西北总部。陕西省目前有证券从业资格的其他中介机构15家，其中会计师事务所4家，律师事务所6家，资产评估机构3家，证券投资咨询机构2家，从业人员150多人。

【规范化管理】　2000年，西安证管办对辖区内证券经营机构挪用客户交易结算资金的清理工作进行了重点部署，对远程证券交易网点进行了全面清理、规范。对陕西省长安基金、陕建基金、陕信基金等三家老基金的清理、整顿工作也已全部完成。

上市公司监管　强化监管职能，采取多种措施，切实加大了一线监管工作力度。首先，将上市公司日常监管作为长年工作重点，认真落实、全面完成上市公司规范运作自查、上市公司巡检、专项核查等项工作。其次，严格按程序办事，做好配股初审工作，努力提高审核质量。2000年，根据证监会提出的新要求，积极改进审核工作，提高审核质量，把配股审核与上市公司规范运作的监管紧密结合起来，取得了明显效果。再次，通过定期报告的事后审查、临时报告和市场动态的跟踪监管，进一步加强了对上市公司信息披露的监管。目前陕西上市公司在完善法人治理结构、转换经营机制、严格履行信息披露制度、坚持“三分开”等方面都有很大进步。

证券经营机构监管　经过各方面的共同努力，各证券经营机构提高了规范经营意识，加强了内控机制建设，努力及时地发现风险、化解风险、防范风险。通过职业道德教育和业务培训，提高了证券从业人员职业道德水平、整体服务水平和综合业务能力。各中介机构的风险意识、责任意识、诚信服务意识有所增强。针对辖区内存在的企业变相公开募集股份、未上市公司股票黑市交易、非法开设地下证券经营机构等违法违规行为，西安证管办与公安、工商等部门加强协调，联合发布了《关于严厉打击非法证券交易的通告》，建立起案件移交制度、信息通报交流和联系制度，纠正和制止了上述违规行为，并联手取缔地下证券经营机构6家，批捕犯罪分子11人，维护了证券期货市场秩序和广大投资者的合法权益。

（特约编委：薛文石，特约编辑：王宏斌，特约撰稿：王军）

重庆证券市场

【概况】　2000年重庆乌江电力股份有限公司、重庆港九股份有限公司和重庆九龙电力股份有限公司、重庆长江水运股份有限公司等四家公司发行A股，筹集资金19.7亿元，使重庆的上市公司增加到28家29只股票。同时重庆太极、重庆实业、朝华科技等获准配股，募集资金9.35亿元，2000年全市通过证券市场共筹集资金29.1亿多元。与此同时，重庆长江水运股份有限公司、重庆嘉顿实业股份有限公司、重庆阳光旅业股份有限公司通过了中国证监会组织的股份制改制验收，有5家拟上市公司的高级管理人员通过了中国证监会组织的高级管理人员资格考试。

（特约编委：唐昌放，特约编辑、特约撰稿：梁盛红）

河北证券市场

【概况】 上市公司情况　到2000年底河北省共有上市公司28家，上市股票29只，其中A股26只，B股2只，香港红筹股1只。其主要特点：一是改制发行进展速度快、质量高。年内有承德矾钛等17家拟公开发行股票公司的券商做了辅导备案登记。保定天威、秦皇岛海湾2家公司进行了改制调查。年内沧州大化、常山纺织和承德帝贤3家企业发行上市，发行融资11.82亿元。承德帝贤B股成功发行上市是河北省首家民营企业上市。二是二级市场上市公司持续融资能力显著增强，上市公司依法开展资本运营，促进了企业持续发展能力。全年完成保定天鹅、沧州化工、承德露露、邯郸钢铁、华联商城、冀东水泥、唐山陶瓷、宝硕股份8家上市公司配股，配股融资20亿元，配股家数和配股融资占全国比重已接近5%，配股家数占省内上市公司比重达到25%，都是历史上最好的一年。当年实现融资总额31.81亿元，历年融资161亿元，股票市场融资在河北省经济发展中发挥着不可替代的作用。上市公司年报主要经济指标在全国名列前茅，形成了“经营稳健、业绩优良、运作规范”的河北板块形象。河北省至今没有一家上市公司发生重大违法违规行为。

【证券经营机构】 2000年是辖区证券期货机构规范运作、健康发展的一年。截止2000年底，辖区内有综合类的证券公司1家，将由财政证券公司转制为经纪类证券公司1家，兼营证券业务的信托公司5家，期货公司1家，登记公司1家。证券营业部56家，另有河北券商在京、津、沪、深等市设立营业部7家。中国证监会批准筹建服务部43家，证券营业部和服务部分别占全国的2.1%和6.5%。辖区证券从业人员1803人，占全国的1.8%。股民开户数126.83万户，比上年增长42%，占全国的2.2%。证券交易额1719.6亿元，比上年增长80%，占全国1.6%。证券营业部和服务部等证券经营场所已达99家，比上年翻了一番。

【中介机构】 辖区内具有从事证券业务资格的会计师事务所2家，律师事务所1家，资产评估事务所4家，获得证券咨询资格的咨询公司2家。

【规范化管理】 2000年是创造性开展监管工作的一年。年初石家庄特派办提出了“指导上市备选企业做好改制和上市辅导等发行前期准备工作、指导上市公司搞好股权融资和资产重组、指导证券期货经营机构建立健全内控机制；强化证券法规宣传教育、强化制度建设、强化统计分析与建档、强化风险提示、强化对违法违规行为查处力度等工作；加强机关管理和队伍建设，做到‘两手抓两手都要硬’的“三个调查、四个指导、五个强化、一个做到”的证券监管工作思路。

上市公司监管　制定了上市公司日常监管巡查制度、初审程序、信访等项监管工作制度，规范了工作人员的行为，提高了监管工资质量和效率。通过深入实际调查研究指导工作，减少市场潜在风险和事故隐患。创立了典型案例通报会制度，通过剖析案例、就案说法形式宣传有关法规，收集整理出《证券期货违法违规案例选编》。创立上市公司董秘联系会议制度，年内举办了2期案例通报会和2期董秘联系会，加强了市场参与者对法律法规的理解。开展对80%的上市公司巡查工作，上市公司规范运作水平不断提高。

证券机构监管　一是加强从业人员管理。2000年辖区内有1587人参加证券从业资格考试，考试合格率42%。二是开展机构巡检，深入县区检查了28家营业部和服务部，占总数的50%。三是继续清理整顿工作。全面完成了清理客户保证金任务以及中国证监会批复筹建43家、撤销92家证券远程交易网点的清理整顿工作。财达证券公司已获转制为经纪类证券公司，所属个10家国债营业部转为证券营业部，河北证券唐山分公司4家营业部获准了合法营业资格。四是坚持了“执业登记制度”、认真受理群众举报，依法查处违法违规行为，查处信访事项20余起，工商、公安处理7起，起到了警示作用。　（特约编委：宋淑艾，特约编辑、特约撰稿：孙裕亭）

福建证券市场

【概况】 2000年，福建省直接融资比重进一步增加，市场规模进一步扩大，证券市场清理整顿成效明显，市场风险进一步化解，投资者信心进一步增强。有三家企业获准向社会公开发行股票，五家上市公司获准通过配股进行再融资，这样，福建省企业通过配股与发行新股，从证券市场共筹集资金29.5亿元，较上年增长195%，为历年来最高。同时，随着福建省证券市场的进一步发展和通讯、信息系统等技术手段的进步，证券市场的影响面日趋扩大，从主要中心城市逐步扩展到广大城镇和农村地区，证券交易量与市价总值大大增加。2000年，福建省股票、基金累计交易量为3296亿元，同比增长105%，占全国总交易量的5.26%，平均每个营业部的日均交易量达2400万元；上市公司的市价总值为670亿元，较上年底增长86%。

【中介机构】 截止2000年底，福建省(不含厦门，下同)共有上市公司26家，证券公司3家(其中综合类证券公司1家，比照综合类1家)，兼营证券业务的信托投资公司6家，证券营业部58个，证券服务部30个，具有证券从业资格的会计师事务所2家、律师事务所18家、资产评估事务所2家。

（特约编委：魏书松，特约编辑：黄宗福，特约撰稿：张庆）

山西证券市场

【概况】 上市公司情况　2000年，辖区内有天龙集团、神州煤电、西山煤电、太化股份等四家国有企业股票经批准先后发行A股并上市，从证券市场共计募集资金46.02亿元，发行速度和质量均在全国名列前茅。其中，西山煤电发行股票筹资18.7亿元，太化股份发行期间冻结申购资金3727亿元，在全国也很有影响。全年共有漳泽电力、山西三维、南风化工、关铝股份、太原刚玉、太原重工、兰花科创、山西焦化等8家上市公司进行了配股，其中太原刚玉成为全国首批“配股直通车”试点企业，提前完成配股工作。上市公司配股加上经纬纺机增发新股，共实现再筹资21.47亿元。这样，年内山西辖区累计从全国证券市场筹集资金67.49亿元，占2000年度全国筹资总额的4.34%，名列全国第10位。截止2000年底，山西辖区上市公司总数达到17家，共有18只股票，其中A股17只、H股1只。总体看，山西上市公司具有以下特点：一是经营业绩处于中上游水平。山西17家上市公司2000年平均主营业务收入为9.65亿元，比上年增长22.6%，名列全国第11位；平均净利润0.77亿元，比上年增长3.9%，名列全国第11位；平均每股收益(摊薄)为0.18元，净资产收益率为6.63%，分别比上年降低11.3%和35.9%。二是绝大部分主业突出。17家上市公司营业利润总额16.49亿元，平均营业利润0.93亿元，占总利润的95.5%，比全国平均水平高出15.5%，利润主要来源于主营业务，属于正常经营范围。三是资产质量相对较好。17家上市公司平均总资产和净资产分别为20.74亿元、10.97亿元，均名列全国第6位；平均资产负债率位43.51%，比全国53.49%的平均水平低9.98%。四是盈利和偿债能力相对较强。17家上市公司平均流动比率为1.83，平均速动比率为1.44，应收帐款周转率为6.61，存货周转率为13.83，销售利润率为10.33%，成本利润率为15.67%。相对讲，山西上市公司的盈利能力和偿债能力都比较强。

【证券经营机构】 截止2000年底，山西辖区共有证券公司2家（山西证券有限责任公司和大同证券经纪公司），兼营机构1家（山西省信托投资公司证券总部），证券营业部32家，证券远程服务部24家，证券从业人员1100多人；证券投资者开户数突破50万户，客户交易结算资金余额61.3亿元；股票全年交易量达到1074亿元，其中A股交易量1003亿元，基金交易量701亿元；证券经营机构净资产规模达到8.3亿元，实现净利润2.98亿元，经营业绩比较突出。值得一提的是，网上交易的开通，使股票二级市场交易更安全、更快捷、更方便，既取得了较好的经济效益，也发挥了其应有的社会效益。此外，山西辖区正在着手组建一家综合类证券公司，资产规模将达到10亿元以上，其业务领域、经营规模将进一步扩大，竞争实力和抵御风险的能力将进一步增强。

【中介机构】 辖区内现有从事证券业务资格的中介机构8家，其中会计师事务所2家，律师事务所2家，资产、土地评估事务所各1家，证券投资咨询机构2家。这些中介机构从事证券业务的经营规模不大，但比较规范、平稳，具有一定的成长性。

【规范化管理】 上市公司的监管　2000年，太原特派办严格按照《公司法》、《证券法》和中国证监会的有关政策法规，切实发挥一线监管职责，认真落实各项监管任务，完成了辖区上市公司发行前的改制辅导、改制验收、发行上市、信息披露、配股初审、巡检回访等一系列监管工作，进一步加大对上市公司的检查力度，督促上市公司严格按照有关法律法规和文件要求，规范公司运作。1、以监管促发展，重点对拟上市公司上市前的改制进行监管和指导，严把发行上市关。神州煤电前后验收三次才获通过，西山煤电、太化股份也都经过两次验收才完全合格。此外，还对拟在主板上市的5家企业的改制和辅导工作进行严格监管和指导，并在省一级报纸和企业所在地的媒体进行公告，接受社会监督，提高改制质量。2、严格审核上市公司配股材料，积极进行配股"直通车"试点。太原特派办在当年申请配股上市公司较多的情况下，继续严格按照规定的工作程序对企业规范运作情况、募集资金使用情况、信息披露情况、经营效益情况进行综合分析，通过质询企业和督促企业整改，确保了配股材料的质量。在配股"直通车"试点时，认真审查太原刚玉的配股材料，直接上发审会并获通过，达到公司、券商和监管部门"三满意"。3、加强对上市公司信息披露的监管，提高信息披露的全面性和准确性。太原特派办认真开展对上市公司中报、年报和重大事项的临时披露的审核工作，重点放在对上市公司"三分开"、募集资金的使用和变更程序、关联交易和对外担保的审核上。发现问题，及时向公司了解情况，提出批评，责令改正。4、认真开展上市公司巡检、回访工作，促进上市公司规范运作。根据上级安排，对辖区内太原刚玉、大同水泥等4家上市公司的法人治理结构、募集资金使用情况、信息披露等方面的问题进行了巡回检查和交叉检查，发现问题，揭示风险，限期整改。同时，组织人员对1999年巡检过的山西三维、山西汾酒等4家上市公司进行了回访，进一步作了规范。

证券经营机构的监管　太原特派办通过抓清理整顿、风险防范、适时监管、自律管理，形成了以证券经营机构内部监督和监管部门外部监管为主体，行业自律为基础，社会监督为辅助的"三位一体"的监管体系，保证了证券经营机构规范经营和良性运作。1、本着"依法规范、兼顾发展、堵疏结合、分类清理"的原则，对辖区内设立的证券经营机构远程证券交易服务网点进行了全面的清理整顿，同时结合辖区内证券营业部网点不足和设置不合理的客观实际，通过规范，在经济实力较强的县级市增设了24家营业网点。2、实行法人、第一责任人负责制，把自查自改作为非现场检查的重要内容进行督查，建立"三防一保"风险防范自律监管体系，加强证券营业部和证券服务部的安全保障管理。3、把管理者的道德风险引入高管人员的审核工作，注重管理者的业务素质风险教育，认真举办"规范经营与风险防范研讨会"。4、制定高管人员任职资格审批程序，建立证券业务统计报告制度，依靠和强化审计、会计、律师、投资者等社会监督，对证券经营机构实施较为严密的内控和外控监管措施。5、将行业自律性管理模式与制度性监管模式相结合，强化自律意识，加强自我管理和自我约束，全年召开两次以自律管理为主要内容的工作会议。

（特约编委：申志杰，特约编辑、特约撰稿：孙春生）

内蒙古证券市场

【概况】 2000年，内蒙古证券市场又有了新的进展。在国内股票发行制度改革等政策的出台，进一步刺激了证券市场的发展和交易的活跃。自治区党委政府高度重视资本市场的发展，提出了加快内蒙古资本市场发展战略及一系列加快发展上市公司、重组、配股、证券经营机构重组、扩大规模等战略性措施。

上市公司情况　截止2000年末，内蒙古自治区共有上市公司19家，其中：发行A股17家，发行B股2家，占全国上市公司总数的1.72%。全区上市公司总股本54.1亿元，流通股为18.5亿元，股票市价总值707.8亿元，占全区国内生产总值的50.6%，占全国股票市价总值的1.42%。2000年全区共有5家公司股票发行上市，共筹资24.1亿元。2000年全区19家上市公司累计募集资金100.6亿元，其中：外资16.87亿元，占全国上市公司募集资金总额的1.53%。19家上市公司税后利润13.6亿元，平均每股收益0.251元，比全国平均水平0.211元高0.04元，平均净资产收益率8.76%。截至2000年末，通过配股、发行新股，新增投资项目50多个。

【证券经营机构】 1、证券营业网点迅速发展，机构重组迈出重大步伐。截至2000年年底，自治区有证券专营机构1家，兼营证券业务的信托投资公司有2家，共下设证券营业部19家。另外，区外证券经营机构在自治区设立营业部5家。值得一提的是，自治区证券经营机构除原有在上海、深圳设立的窗口营业部外，内蒙古证券有限责任公司于2000年下半年获准在北京设立了营业部，并在赤峰平庄镇率先获准设立了证券服务部。此外，2000年初内蒙古财政证券公司申请转为证券经纪公司获得批准，向中国证监会申请规范为证券营业部的4家证券营业网点申报材料，以及申请设立13家证券服务部的申报材料正在审核待批中。内蒙古证券有限责任公司的增资扩股工作取得了实质性进展，证券经营机构的重组步伐明显加快。2、投资者数量不断增加，证券交易创历史新高。截至2000年12月31日，自治区内投资者开立客户资金帐户21.88万户，比年初增加5.3万户，增幅为32%。年末客户保证金余额为27.74亿元，托管股票总市值76.23亿元，均较上年有成倍的增长。2000年,全区各证券经营机构实现各类证券代理交易额616亿元,为1999年全年代理交易额的166%,其中股票基金代理交易额538.44亿元,为1999年全年代理交易额的167%,创造了自治区证券交易的历史最高水平。3、各证券经营机构稳健经营,取得了良好的经营业绩。截至2000年底,全区证券经营机构实现利润总额9777.4万元,较上年度的3017.08万元增长了224%。在自治区3家法人机构中,内蒙古证券有限责任公司年末客户保证金和托管股票市值总额分别为9.61亿元和31.59亿元,分别占到3家法人机构总额的54.26%和50.91%,继续排在首位,而区内3家法人机构所属证券营业部的客户保证金余额和托管股票市值则分别占到全区现有证券营业部客户保证金余额和托管股票市值总额的78.88%和81.39%。区外证券经营机构在自治区设立的5家营业部中,银河证券有限责任公司包头昆区证券营业部的客户保证金余额和托管股票市值总额分别为1.45亿元和6.16亿元,分别占5家营业部客户保证金余额和托管股票市值总额的30.58%和43.44%,为5家营业部之首。在全区证券营业部当中,内蒙古证券有限责任公司赤峰营业部2000年实现利润总额1159万元,排在全区证券营业部第一的位置上。

【中介机构】 到2000年末,全区有律师事务所二家,评估师事务所一家,证券咨询公司一家,从业人员100多人。中介机构正在逐步发展壮大,执业质量和执业水平有所提高。2000年把对中介机构监管列入重要日程。一是加强了与中介组织联系与合作,主要是配合巡检和专项检查上;二是加强对中介机构执业质量的事后监督检查,主要是对中介组织提供的中报、年报审计业务进行严格审核和对配股初审中中介机构提供的有关材料真实性、公正性进行严格审查;三是加强对中介机构风险责任意识教育,主要要求中介机构建立内控制度和内险责任制度。加强内部管理,增强抗风险能力;四是建立中介机构执业档案。

【规范化管理】 证券市场监管　2000年,呼和浩特特派办在证券市场监管工作方面做了大量工作,一是以制度建设为重点,使监管工作走上制度化、规范化的轨道。二是以揭示风险为核心,认真开展了对证券经营机构的现场检查工作。三是以加强监管为职责,对证券经营机构实行持续性监管。四是以清理远程交易网点为突破口,进一步规范整顿证券市场。五是以加强证券从业人员管理为基础,建立了证券经营高管人员年检和档案管理制度。六是以防范金融风险为己任,严厉打击证券期货"黑市",为自治区证券市场发展净化了环境,维护了自治区的社会稳定。

上市公司监管　一是制定了上市公司、拟上市公司日常监管工作规程和制度,公开办事程序。二是加强了档案资料管理和建设。三是开展拟上市企业改制调查工作。四是辅导登记工作。五是配股初审工作。六是巡回检查工作。七是专项检查工作。八是开展调查研究工作。九是年报、中报审核工作。

(特约编委:郭文英,特约编辑、特约撰稿:褚永珊)

吉林证券市场

【概况】 2000年,吉林省证券市场有了新的发展,上市公司数量和资者人数继续增加,证券市场初具规模。截止12月末,吉林省共有上市公司32家,股本总额128亿元。在上市公司中,吉林省属于国家重要支持的国有大中型企业占有相当的比重,在全国512家重点企业中,吉林省有13户,已有9家上市;在全国100家现代企业制度试点企业和全国120家企业集团中,吉林省有8家,已全部上市。

【证券经营机构】 吉林省共有证券法人机构6家,证券营业部51个,证券服务部25个,从业人员1458人,投资者人数60.28万人,保证金余额73.85亿元,证券交易总额达2731.6亿元。吉林省辖区内证券经营机构共上缴营业税及附加6759.3万元,所得税9973.9万元。

【规范化管理】 上市公司监管　一是全年共对东北高速等9家上市公司进行了检查,对其中的8家企业下发了限期整改通知书,共提出36条整改意见,基本做到查一家,宣传一家;查一家,落实一家;查一家,规范一家。二是按照沈阳大区证管办的安排,实施了交叉巡检。三是认真做好定期报告的事后审查工作。2000年,长春特派办对28家上市公司的定期报告进行审查,对审查中发现的问题进行归纳整理和分析,对定期报告中暴露出来的问题,要求公司作出解释并制定措施,限期改正;对有些问题则要求公司作出解释并予公告。审查工作过程中,先后形成了《对辖区上市公司中报审查报告》、《对辖区上市公司年报审查报告》,起草了《对28家上市公司四项计提准备情况的报告》,并上报证监会。四是做好拟上市企业的改制调查、辅导验收工作。先后对长春燃气、通化葡萄酒等7户企业进行了改制调查工作,并按证监会的要求,组织了对吉林物华等6户企业的高级管理人员的考试。此外,适应核准制的要求,受理了辖区内15户拟上市企业的辅导备案材料,并对其中的3户企业进行了抽查。

证券经营机构监管　一是证券市场清理整顿工作取得了阶段性成果。按照中国证监会《关于清理规范远程证券交易网点的通知》精神,在调查摸底的基础上,制定了《吉林省远程证券交易网点清理规范方案》,对原有在县或乡(镇)设置的52家远程交易网点,保留25家证券服务部,撤消归并27家。覆盖范围由地级市向经济发达的县、乡(镇)地区拓展,网点布局日趋合理。清理整顿客户交易结算资金工作有了新进展。二是积极推动证券经营机构分业、改制和重组工作成效显著。2000年,在吉林省政府和有关方面的大力支持下,吉林省证券有限责任公司与吉林省财政信托投资公司证券总部成功合并重组成立为"东北证券有限责任公司";长春证券有限责任公司与吉林省国际信托投资公司证券总部重组成立为"新华证券有限公司";长春市财政证券公司改制更名为"长春东亚证券有限公司";吉林泛亚信托公司分业、改制、重组工作也取得不同程度的进展。为吉林省证券经营机构增强整体实力、提高抗风险能力和市场竞争能力起到了积极的推动作用。三是强化了证券经营机构的日常监管工作。对辖区内六个地区的近30家证券营业部的经营情况、人员情况、内控制度、咨询业务、客户交易结算资金存管制度、信息系统安全管理、"三防一保"、承销企业债券等情况进行一次全面的现场检查,并建立了证券营业部相关业务情况档案;强化了对证券经营风险的控制和管理。2000年12月初,召开了辖区内证券营业部风险控制专题座谈会,提出了风险控制的工作要求,制定下发了《关于加强对证券经营机构风险监管的若干意见》等三个文件。四是加大证券投资咨询活动规范力度。2000年,就集会性证券投资咨询活动、"理财顾问工作室"的设立与管理、信息资料来源与管理、与媒体合办证券栏目情况等方面,分别对两家具有证券投资咨询资格的咨询机构、41家证券营业部实施了现场检查,对10余家营业部实施了非现场检查,有效地规范了证券经营机构、证券投资咨询机构业务行为。

(特约编委:张守义,特约编辑、特约撰稿:董素民)

黑龙江证券市场

【概况】 到2000年底，黑龙江辖区共有上市公司32家，其中A股公司31家(含A、B股同时发行公司1家)，H股公司1家。31家A股公司中在上海交易所上市的有22家，在深圳交易所上市的有9家。全部上市公司总股本95.84亿元，占全国上市公司总股本3970.89亿元的2.41%，流通股本40.08亿元，占总流通股本1445亿元的2.77%。

【证券经营机构】 2000年底，辖区内共设立证券营业部62家，远程证券服务部21家，2000年全省股票基金交易额2300亿元，比去年同期增长65%；股民总资产约447亿元，比上年同期增长80%；投资者开户91万户，比上年同期增长50%；证券从业人员2000余人，初步形成了以哈尔滨为中心，以齐齐哈尔、牡丹江、大庆等城市为支点，辐射全省县(市)的设施完善、服务齐全的证券交易市场体系。

【规范化管理】 1、搞好证券机构重组工作，推动了生产要素优化组合。按照中国证监会和省政府的部署和要求，经多次研究与论证提出了证券机构重组方案，使重组改制工作取得了实质性进展。一是今年8月以原省国投证券部、伊春证券、黑财证券、齐信托证券合并重组的天元证券经纪公司已正式开业，目前运营良好，业绩稳步提高。二是11月中国证监会正式批复同意兴安证券公司重组方案，目前各项筹建工作正在紧张的进行。三是中国证监会已原则同意将哈财政证券公司、哈国投证券部、哈证券交易中心合并重组为金牧童证券经纪公司，各项工作正在筹备和审批之中。2、认真规范原投资基金，完成了重组上市工作。省内6只原投资基金于1993年经中国人民银行黑龙江分行批准并在黑龙江证券交易系统上市交易，流通规模4.1亿元，投资者约5万余人。摘牌时，所有基金价格均跌到净值以下，基金持有人全部被套牢，为了化解市场风险和稳定社会，哈尔滨特派办提出选择重组上市的建议，省政府及时采纳了建议，并责成起草了《黑龙江省原有投资基金清理规范实施方案》，上报中国证监会。期间，特派办积极配合省政府组织各基金管理人、发起人、推荐人、基金管理公司以及其他中介机构磋商协调，搞好资产置换和上市前的准备工作。经过各方努力，省内6只原投资基金已重组为2只新基金，即兴安基金和隆元基金。这2只基金分别于9月20日和10月18日在深交所挂牌交易。原投资基金重组并上市流通，盘活约6亿元以上的资产，增加基金持有人的财富，同时也消除了一个社会不稳定因素。3、履行市场监管与建设职责，妥善解决了部分遗留问题。几年来，由于诸多原因，黑龙江省共有18家证券营业部无经营许可证，而且形成了一定规模，存在一定的风险隐患，特派办加大了解决这方面问题的力度，加强与中国证监会的沟通联系，使得这项工作进展较为顺利。截止12月底，中国证监会已同意4家营业部办理许可证手续(牡证一家、天元一家、哈财二家)，另有6家营业部须经审批后再办理有关手续(国泰君安一家、哈国投一家、华银一家、省证券一家、牡证二家)。4、清理规范远程证券交易网点，初步形成了辐射全省的证券交易网络。按照中国证监会的清理规范远程证券交易网点的有关要求和规定，中国证监会已正式批准同意在阿城等21个市(县)设立远程证券服务部，填补上述21个地方没有证券交易网点的空白。同时对辖区内12家机构在40个市(县)违规设立的50个远程交易网点进行清理规范，按照“谁设立、谁清理、谁负责”的原则，已下文清理撤销26个远程交易网点。5、强化现场检查力度，进一步规范了市场行为和秩序。主要体现在：一是为更有效防范市场风险，特派办利用二个月的时间，对辖区内90%以上的证券营业部进行了现场检查，重点检查经营行为、信息系统安全等方面是否存在违规问题、安全隐患，对检查出的问题和隐患分别提出限期纠正和整改的要求。二是为确保市场安全平稳运行，根据证监会的统一部署，对辖区证券市场安全进行了两次专项检查，提高了证券机构安全保障的意识，努力防范和受理了各种不利于证券市场安全运行的事件。三是为加强证券咨询和信息传播业务管理，2000年6月对哈尔滨辖区内从事证券咨询和信息传播业务的机构进行了全面检查和清理规范，对存在一些问题的营业部下发了规范通知书，限期必须纠正。6、依法加强日常监管，突出了对重点监控机构的风险防范。一是完善了非现场监管业务资料报送制，对其报送业务资料和财务报表进行理性分析和考核，及时掌握市场情况和机构的动态。二是重点加强了对高级管理人员的监管，建立了高管人员定期考核和谈话制度，对其进行跟踪检查，及时了解高管人员有关情况和信息，2000年共有8家机构23名高级管理人员任职资格通过了审核。三是密切关注重点监控对象的异常变化。通过现场检查和非现场监管等方式，了解各机构的经营管理情况，特别是对可能产生风险的异常变动，及时提出处理意见。如对佳木斯证券公司违规置换股权，违规经营，扩大柜台售券等问题进行重点监控；对齐齐哈尔证券公司的股权置换问题，提出了情况报告；对牡丹江证券公司脱钩期间的经营风险，提出了处理意见；对华银证券总部透支而使营业部产生的风险，进行了有效的控制。7、加强行业自律建设，初步发挥了协会积极作用。2000年5月协会机构经调整后，行业自律性有所加强。一是依照《证券法》所赋予的权利完善了协会章程，制定了会员会费缴纳办法，强化协会的自律作用。二是积极参与组织券商的交流活动。6月在牡丹江召开了全体会员大会，改选了组织机构，增选了理事单位，通过了《优秀证券营业部评选办法》。三是认真做好评选优秀营业部的基础工作。本着“公开、公平、公正”的评选原则，在广泛征求各方面意见的基础上，对每个参评营业部进行评分，并由协会理事单位投票选举，产生了2000年度优秀证券营业部。

(特约编委：丁若鹏，特约编辑、特约撰稿：赵东方)

江苏证券市场

【概况】 2000年江苏省企业股票发行上市、上市公司增发、配股工作进展较快，募集资金较上年有大幅度增长，各地资本运作亦出现了可喜的势头。企业发行股票速度加快　全年全省企业新发行股票12只，为全国发行新股最多的省份之一；上市公司完成增发2只；批准配股11只，完成配股9只。全年募集资金88.52亿元，比上年48亿元增长84.42%；

企业资本运作的意识大为增强　2000年，企业运用市场手段，在资本市场上收购、参股省外上市公司，间接或直接控股省外上市公司6家。全省全年依照《公司法》变更、成立规范的股份公司达62家。企业改制步伐加快，按照上市前辅导一年的要求，改制后的股份公司全部进入了上市辅导，按照“资产集中、业务集中、经营独立、管理独立”的要求，严格进行规范，为2000年和2001年的企业股票发行上市打下了坚实的基础。上市公司综合素质有了较大提高　集中体现在公司规范化运作；依托资本市场，进行产业结构调整，加大企业技改力度，向高新技术、新兴产业进军，提高企业科技含量。上市公司的业绩水平较往年有较大提高。

【规范化管理】 加强领导，为上市工作创造了强有力的组织保证 2000年，从省到各地的领导对企业上市工作都十分关注，给予了高度重视。特别是省政府领导多次与证监会领导的直接沟通交流，为企业上市奠定了坚实的基础。苏州、无锡、南京、盐城市政府举办讲座，聘请有关方面的专家为企业进行上市前的答疑解难。连云港市委组织市四套班子的领导集中听讲座，了解资本市场、资本运作的基本内涵，转变观念，拓宽思路，支持上市工作。一些经济比较发达的县(市)，如常熟、锡山、张家港等，市委、市政府领导亲自挂帅，组织有关部门研究措施，促进企业上市工作。

加快企业制度建设步伐，培养上市公司后备军 着重做好几个方面的工作：一是推动代表江苏未来产业结构调整方向的、产业关联度高的企业的重组、联合，以突出企业优势、壮大企业规模；二是加强对近几年内涌现出来的强势企业的改制工作，力争使这些企业在其高速成长阶段即能得到规范并上市；三是协助拟上市企业制定中长期发展规划，使技术含量高、预期收益大的项目优先向这些企业倾斜；四是聘请国内外投资银行界专业人士，加强对目前尚不具备条件但潜力较大的企业的辅导工作；五是改变政府职能，政府有关部门应积极为企业改制创造良好的外部环境，如建立联审制度以提高审批效率，缩短改制所需的时间，不断地为资本市场输送合格的企业。在具体的企业选择上，应淡化所有制界限，优先推荐高新技术企业、省重点企业集团、工业支柱产业和基础设施产业中的优秀企业。 (特约编委、特约撰稿：顾汉德)

安徽证券市场

【概况】 2000年安徽证券市场健康、稳步发展。全省共发行铜峰电子、科苑集团、金马股份、新力药业、鑫科材料和巢东股份等6只A股，新增上市公司家数占全国总数的4.14%，新发行流通股合计27300万股；完成皖维高新、安徽合力、国风塑业、合肥百货、铜都铜业和金牛实业等6家公司的配股，配股增加流通股合计15936万股。全年通过证券市场直接筹资39.17亿元，较上年增长5.11倍，其中通过发行新股筹资22.66亿元，通过配股筹资16.51亿元，分别比上年增长4.18倍和5.59倍。截止2000年底，全省拥有上市公司26家，发行上市各类股票30只，其中A股24只、B股3只、H股3只，通过发行股票和配股，募集资金累计达188.57亿元；全省投资者累计开设资金帐户79.08万户，较上年增长37%。全年证券交易额累计达2150.50亿元，较上年增长52%，其中股票交易额为1953.23亿元，较上年增长104%。

【证券经营机构】 2000年，全省具有法人资格的证券经营机构4家，所属证券营业部52家(其中，省内41家，省外11家)，设立证券服务部34家；异地证券经营机构在省内设立的证券营业部10家，证券服务部5家；证券从业人员达1770人，其中研究生以上学历251人，大学本科551人，大专以下968人，分别占从业总人数的14%、31%和55%；省内证券经营机构证券业总资产106.52亿元，较上年增长42%，所有者权益21.44亿元，为上年同期的2.44倍；主承销上市公司股票3只，分销3只，配股承销1只，累计承销金额5.30亿元，为上年同期的2.5倍。全年实现利润10.06亿元。

【中介机构】 截止到2000年末，辖区内具有证券业务资格的会计师事务所2家，律师事务所8家，资产评估机构2家，具有国家A级地产评估资格的机构2家，证券投资咨询机构2家。

【证券市场监管】 上市公司监管 2000年，合肥特派办围绕做好上市公司监管工作这一核心，开展了上市公司巡回检查、拟上市公司改制调查、上市公司配股申报材料初审等一系列监管工作。一是按照《上市公司检查制度实施办法》的要求，开展上市公司巡回检查工作，揭示问题和风险，促进上市公司规范运作，全年对全柴动力、黄山旅游、海螺型材、古井贡、华茂股份及合肥百货6家上市公司实施了巡回检查。二是全面贯彻落实《关于对拟公开发行股票公司改制情况进行调查的通知》，对三联科技、鑫科材料、新力药业、巢东股份和江汽股份等5家拟公开发行股票公司的改制运行情况进行了调查。三是完成对安徽合力、国风塑业、合肥百货、黄山旅游、金牛实业、华茂股份、飞彩股份、铜都铜业等8家上市公司配股申报材料的初审工作，至2000年底，安徽合力、国风塑业、合肥百货、金牛实业和铜都铜业配股工作已经完成，配股筹集资金16.51亿元。四是全年受理了山鹰纸业、丰大集团、长江装备、雷鸣科化、安徽电力等二十多家拟公开发行股票公司要求开展上市前辅导的申请材料，组织丰大集团、山鹰纸业、雷鸣科化、安徽电力、长江装备和三佳模具等6家公司进行公示。

证券经营机构监管 一是开展远程证券交易网点的清理规范工作。对辖区证券经营机构擅自设立远程证券交易网点情况进行调查，提出了有关远程证券交易网点的清理规范方案；积极稳妥地撤销已核销的远程证券交易网点，同时，与省工商行政管理局联合下发《关于做好清理规范远程证券交易网点工作的通知》，要求有关机构做好证券服务部工商登记工作，并尽快完成证监会核准撤销的远程证券交易网点撤销工作；受理证券服务部的开业申请，审核批复了34家证券服务部。二是开展清理整顿客户交易结算资金工作。为贯彻落实《建立客户交易结算资金存管制度和清理整顿客户交易结算资金的若干意见》，对辖区内证券经营机构(法人机构)挪用客户交易结算资金情况进行调查，督促有关机构制定归还挪用的客户交易结算资金方案。三是按照中国证监会的统一部署，继续开展计算机2000年问题督促、检查和协调工作，实现证券经营机构计算机系统Y2K问题平稳过渡。四是认真做好财政国债中介机构转制的初审工作。受理安徽省财政厅报送的财政国债中介机构转制为证券营业部的申请材料，并经初审后报中国证监会审批。五是开展证券营业场所安全检查工作，防患于未然。六是根据中国证监会统一部署，督促、检查辖区内证券经营机构做好二级市场配售新股系统测试和创业板行情另板显示的有关技术准备工作；七是严把市场准入关，按规定审核确认18位证券营业部负责人的任职资格，对华安证券公司7位高管人员任职资格进行了初审，受理审批了4家证券营业部的同城迁址申请；八是举办辖区内证券经营机构负责人《证券经营机构营业部信息系统技术管理规范》应知应会培训班，参加学习的证券经营机构负责人达90多人。

证券投资咨询和信息传播市场的监管 一是依照《证券、期货投资咨询管理暂行办法》的规定，严格审核证券投资咨询机构及其咨询人员的申报材料，严把咨询行业入口关。2000年7月份，经合肥特派办初审的合肥皖建投资咨询有限责任公司及其5名从业人员通过了证监会复审，分别获得证监会颁发的从业资格和执业资格。二是加强对证券投资咨询机构的日常监管。第一，认真落实证券投资咨询机构检查制度，对辖区内证券投资咨询机构从事咨询业务情况进行年检、现场检查和非现场检查，定期审查证券投资咨询机构《月报表》和《季报表》。第二，根据证监会《关于加强证券投资咨询机构变更与人员流动管理的通知》，对咨询机构和人员的变动情况进行实时监管。三是依据证监会有关规定和《安徽省社会公众股评活动管理暂行办法》,对社会公众股评和证券信息传播活动进行监管,发现问题,及时要求有关机构予以纠正,确保咨询市场健康发展。

(特约编委:李兵,特约编辑:唐理斌,特约撰稿:刘晓东)

河南证券市场

【概况】 2000年河南证券市场稳步发展,共有羚锐制药、天方药业2家公司发行股票,宇通客车、黄河旋风、焦作碱业3家公司配股,莲花味精1家公司增发新股,共募集资金21.47亿元。截止到2000年底,河南省共有上市公司25家,股票26只,占全国股票总数的2.29%,分别在上海证券交易所、深圳证券交易所、香港联交所上市,其中A股24只,H股2只,向社会公开发行股票累计19.82亿股,共募集资金138.3亿元,占全国募集资金总额的2.92%;股票总市值1248.6亿元,占全国股票总市值的2.6%,占河南GDP的24%。上市公司分布在能源、食品、冶金建材、纺织轻工、机械、医药、商业、电子等十二个行业。总的来看,上市公司总体业绩和盈利能力均有所增长,每股收益、净利润、每股净资产、净资产收益率等大部分指标处于全国领先水平。在24家A股上市公司中,21家盈利,3家亏损(ST公司1家,PT公司1家),亏损的比例占14.29%。其中,有5家公司每股收益排名在全国前100家公司中,分别是安彩高科、中原油气、宇通客车、许继电气、双汇发展;有2家公司净利润总额排名在全国前100名中,分别是中原油气、安彩高科。但是上市公司业绩两极分化的趋势比较明显,有9家公司的每股收益和净利润总额较上年有较大幅度的下降,增加了2家亏损公司和1家暂停上市公司。

【证券经营机构】 河南省证券经营机构在2000年主要经济指标大幅度增长,达历史最好水平,抵抗市场风险的能力得到加强。截止年底,共有证券经营机构95家,其中法人机构5家、证券营业部63家(不含省外14家)、合法的证券服务部27家。证券经营机构总资产为139亿元,比上年末增加59亿元,增长75%;总负债为123亿元,比上年末增加52亿元,增长73%;净资产达16亿元,比上年末增加7亿元,增长78%;全年累计交易额3126亿元,比上年增加1602亿元,增长105%;累计手续费收入10.8亿元,比上年增加5.7亿元,增长110%;实现净利润4亿元,比上年增加2.5亿元,增长166%。

【中介机构】 截止2000年底,河南省具有从事证券业务资格的律师事务所4家,会计师事务所3家,资产评估事务所2家,土地评估事务所1家,证券投资咨询机构4家。

【规范化管理】 郑州特派办按照"打基础、上水平、树形象、防风险"的整体工作思路,认真履行监管职责,促进了辖区内证券市场的规范健康发展。

证券经营机构监管取得明显成效 一是积极推动河南券商清理整顿和重组工作,并配合有关部门,做好焦作、三门峡、洛阳信托投资公司撤销后所属营业部的监管和转让工作。二是不折不扣地完成撤销非法远程交易网点工作。对全省155个证券远程交易网点逐户逐项进行核查,除27家网点经中国证监会批准保留外,其他128家被全部撤销。三是规范处理挪用客户保证金。对全省挪用客户交易结算资金的10家机构进行逐个核对,并监督清理。到12月底,已归还客户交易结算资金17942万元,占挪用客户25.75%。四是严肃处理证券经营和咨询机构违规违法行为。对4家证券经营机构违规变更和虚假宣传的行为进行了批评,对10多家证券经营机构的轻微违规经营活动和会计财务制度执行情况进行了查处。五是不断完善非现场检查手段。利用机构上报的报表进行分析检查,对潜在风险较大的机构进行重点监控,防止突发事件发生,发现问题,及时进行警示性谈话,先后对10多家机构负责人进行了谈话。六是按时完成了机构搬迁和高管人员审批工作。先后为17家机构搬迁和14多位经理、副经理任职资格进行了审查,及时办理了相关手续,还为4家投资咨询机构、74个投资咨询人员、30个执行人员颁发了从业或执业资格证书。七是对河南省财政证券公司申请转制的国债服务部进行了核查。八是加强证券投资咨询机构的监管。对证券投资咨询的信息管理情况进行了检查,进一步规范了证券投资咨询机构的月报、季报及重大事项报告制度。九是对证券经营机构的"Y2K"的过渡工作和计算机信息系统安全保障工作进行检查,确保辖区内机构没有发生计算机系统问题。

上市公司监管力度进一步加大 一是利用羚锐制药上市挂牌之机进行规范培训,讲好"入门第一课",首次把规范教育的课堂搬到上市公司股票挂牌仪式上,此后被上交所列为一项经常性的工作。二是完成了巡检、配股初审和改制验收工作。对洛阳春都、莲花味精、郑州煤电等8家上市公司进行了巡检,对冰熊股份、焦作万方两家企业进行了回访,对拟吸收合并的3家企业进行了调查验收。对焦作碱业、宇通客车、河南思达、黄河旋风、郑州煤电的配股进行了初审,对天方药业、平高电气、金冠王码改制运行情况进行了检查验收。三是积极推动拟上市公司的改制辅导工作。制定了拟上市公司改制辅导监管程序,及时对15家进入上市改制辅导的企业进行审查备案。四是对辖区内上市公司中报、年报进行了认真分析,写出了专门的分析报告。五是积极进行核准制和上市公司高管人员培训。先后举办核准制专题讲座16次,累计参加人数达数千人;召开了四次上市公司董秘联席工作会议,并与上交所联合举办了由河南、安徽上市公司董事长、总经理参加的"上市规则培训班",进一步提高了上市公司高级管理人员对规范运作、及时准确进行信息披露的认识。六是对郑州百文进行重点跟踪调查,加强对其资产重组的关注及信息披露的监管,写出专题调查报告,及时配合证监会稽查局进行调查取证。

(特约编委:侯苏庆,特约编辑:张建东,特约撰稿:张建东、李保成)

江西证券市场

【概况】 股票发行情况 2000年,江西境内企业有赣粤高速、诚志股份、洪都航空等三家公司发行股票并上市,筹集资金26.94亿元。有江西水泥、江西纸业、赣南果业、九江化纤、赣能股份等五家公司实施配股,筹集资金7.77亿元。发行和配股共筹集资金34.71亿元,为历年来江西境内企业在证券市场直接融资额最高的年份。新发行的三家公司分属基础设施产业和高新技术产业,改变了江西上市公司传统产业单一的局面,使上市公司结构有所改善。同时,三家公司在股票发行中,均采用了创新措施。赣粤高速在发行中采用向战略投资者配售7200万股,向一般投资者上网发行4800万股的方式;诚志股份发行时采取以资金需求总量为目标,通过市场决定发行规模和发行价格的方式,发行4800万股;洪都航空发行6000万股,作为高新技术企业,以较高的发行市盈率发行成功。这些公司的发行上市有力地促进了江西经济的发展。

上市公司情况 2000年末,江西上市公司16家,其中A

股公司14家，A、B股公司1家，H股公司1家。境内发行的15家公司，合计股本总额43.75亿股，其中流通股17.54亿股；发行H股的江西铜业公司股本总额24.34亿股，其中H股11.56亿股。年末境内发行的15家公司市价总值543亿元，占江西全省GDP的27.2%，比上年增长138.3%。2000年江西上市公司总体经营状况有所改善，16家公司全部盈利。15家境内发行公司实现净利润合计7.94亿元，加权平均每股收益0.18元，加权平均净资产收益率7.494%。发行H股的江西铜业公司实现净利润1.08亿元。

投资者情况　2000年度江西辖区内新开户数267664户，其中沪市新开户132954户，深市新开户134710户。两市历年累计开户数为1005565户。年末客户保证金余额为1867.8亿元，比上年同期净增900亿元。

【证券经营机构】　至2000年末，江西具有法人资格的地区性证券专营和兼营机构共有5家：江西省证券公司、江西省国际信托投资公司、江西发展信托投资股份有限公司、江西江南信托投资股份有限公司、江西赣州信托投资公司。其中江西省证券公司、江南信托投资股份有限公司正在进行股权置换和并购，江西发展信托投资股份有限公司、江西省国际信托投资公司和赣州信托投资公司等三家公司则由江西省人民政府合并重组为一家综合类证券公司，并于年末获中国证监会批复同意筹建。另有18家外地证券专营和兼营机构设有证券营业部64家。2000年度沪深股市A股成交总额为18677753.64万元，比上年度增加5540358万元，增长42.2%。

【规范化管理】　证券市场监管　2000年度，中国证监会南昌特派办切实执行“法制、监管、自律、规范”八字方针，努力加强监管和规范化建设，江西辖区证券市场保持了稳定发展的良好势头。一是组织力量对证券营业部设立的131个远程证券交易网点进行调查，其中符合条件的33个网点上报中国证监会批准同意转为证券服务部，20个网点暂时予以保留，其余78个不符条件的网点坚决撤消；二是会同江西省工商局、江西省公安厅，搞好对非法网点的清理整顿工作，年底前已基本结束；三是对证券经营机构挪用客户交易结算资金情况进行了调查摸底，按照证监会的要求，对其中挪用了客户交易结算资金的3家法人机构、8家证券营业部，督促其制定了归还计划；四是对证券经营机构和营业部的投资咨询活动和信息传播活动，在自查的基础上进行了现场检查；五是查处了江西汇鑫经济信息投资咨询有限公司擅自经营证券业务案；六是根据证监会的有关文件，对3家营业部的财务情况进行了重点监控和检查，防范和化解经营风险；七是督促做好营业场所的安全保障工作。

上市公司监管　2000年，依据《上市公司检查办法》，巡检了江西水泥、东风药业、昌九化工、赣南果业、凤凰光学等5家公司。对公司在规范运作方面存在的问题，要求公司董事会提出整改方案，限期整改，并对公司整改情况进行跟踪督促检查。加强对公司信息披露的监管，对公司的定期报告和临时报告进行事后审查，督促公司依法履行信息披露的义务，提高信息披露的质量。在审查中注意发现公司存在的问题，及时提示风险。在公司配股初审工作中，依法着重关注公司“三分开”、募集资金使用、控股股东占用资金、财务状况等问题，保证公司配股融资的质量。

（特约编委：何渭滨，特约编辑、特约撰稿：喻达志）

广西证券市场

【概况】　上市公司情况　截止2000年底，广西共有上市公司17家，2家企业进入辅导期。行业涉及制造业、社会服务业、交通运输仓储业、房地产业、信息技术业、零售业等。17家公司总股本为37.9亿股，其中流通股11.49亿股。17家公司通过发行新股、配股、发行可转债共募集资金45.45亿元，其中发行上市募集35.52亿元，配股募集8.43亿元，可转债募集1.5亿元。其中桂林旅游、桂冠电力、中恒集团、五洲交通、南化股份五家公司于2000年新发行上市，共募集资金17.76亿元。据2000年年报分析，17家公司的业绩总体是增长的，16家盈利，1家亏损。2000年17家上市公司加权平均每股收益为0.1942元，1999年为0.125元，同比增长55.36%，略低于全国上市公司的平均水平0.203元。加权平均净资产收益率为7.51%，1999年为5.15%，同比增长45.83%，略低于全国上市公司的平均水平7.66%。16家盈利公司中，盈利能力较强的是银河科技、阳光股份、桂林旅游、桂冠电力。亏损1家，即广西康达，公司2000年亏损7181万元，每股收益－0.67元，每股净资产0.38元，净资产收益率－175%，由于已连续两年亏损，2001年起被ST处理，成为广西首家ST公司。

投资者情况　随着证券市场的发展，广西辖区内的投资者队伍不断发展壮大，截止2000年底，广西证券投资者开户数50.5008万户，占全国开户总数5801万户的0.99%，其中机构投资者0.0123万户，占全国机构开户数28万户的0.044%，个人投资者50.4885万户，占全国个人开户数5773万户的0.87%。

【证券经营机构】　截止2000年底，广西仅有一家证券公司——广西证券有限责任公司，资产总额22.85亿元，比1999年末的14.20亿元增长了61%，净资本6049.05万元，比1999年末的5848.54万元增长了3.44%，净资本符合监管要求。具有证券经营资格的6家信托投资公司目前均处于清理整顿过程中。广西辖区内共有证券营业部37家，其中2000年度新批设的有11家（截止2000年底，已批准开业的有6家，5家正在筹建中）。外地券商在广西设立的证券营业部有13家，占全区证券营业部总数37家的35%。广西的证券经营机构在区外共设有证券营业部9家，其中北京1家，上海5家，深圳3家。2000年广西证券经营机构代理深、沪股票交易额共计1500.02亿元，比1999年度的915.52亿元增长了584.15亿元，同比增长63.81%。其中，区内证券营业部代理深、沪股票交易额为1102.11亿元；托管市值127.2022亿元；客户交易结算资金余额30.86亿元（其中个人户余额29.56亿元，机构户余额1.30亿元），占全国客户交易结算资金余额3037亿元的1.013%。广西证券经营机构区外证券营业部代理深、沪股票交易额为397.91亿元。

【中介机构】　广西现有具有证券从业资格的中介机构7家，其中会计师事务所2家，资产评估机构2家，律师事务所3家，具有证券从业资格的执业注册会计师21人，具有证券从业资格的执业律师11人。广西区内中介机构的特点是规模小、知名度不高，市场竞争力不强，特别是原有的两家具有证券从业资格的会计师事务所经整顿全部挂靠到了外省的大会计师事务所。

【规范化管理】　南宁证券监管特派员办事处在中国证监会的领导下，贯彻执行国家有关法律、法规和方针政策，对广西各证券经营机构、证券投资咨询机构报表进行汇总、分析和监督，查处涉嫌违规的证券经营机构。配合地方政府有关部门，严厉打击非法证券交易活动，严把证券经营机构高管人员的任职资格审查关。

证券经营机构监管　针对广西区内7家法人券商（辖属

31家证券营业部)挪用客户交易结算资金较严重的情况,要求各证券经营机构高度重视,采取有效措施,以资产变现、限制分配股利、增收节支等办法,用3年的时间逐步归还被挪用的客户交易结算资金。截止2000年底,广西区内各券商共归还挪用的客户交易结算资金8537.91万元.此外,还对区内38家远程证券交易网点进行清理整顿,向证监会建议撤销28家,基本规范了全区远程证券交易网点设置混乱的局面,历史形成的风险隐患得到进一步的化解。

上市公司监管　对上市公司的日常监管主要是通过报纸、年报、中报分析、网上评论、临时报告的审查、配股材料的审核等手段,摸清上市公司存在的问题及潜在风险的可能性,揭示上市公司风险,督促上市公司搞好规范运作。2000年10月,在深圳交易所对桂林集琦予以公开谴责后,南宁特派办对其进行了专项核查,得出了该公司2000年中报反映的利润存在重大虚假嫌疑的结论;2000年11月,南宁特派办在对广西康达进行巡检中发现该公司财务方面存在较大的风险、法人治理结构、"三会"运作、公司章程、内部控制制度等方面存在较多问题,并于2000年12月下发了《限期整改通知书》,要求其限期进行整改,同时积极与交易所协调,公开披露《限期整改通知书》。广西康达于2001年3月8日在《证券时报》公告了特派办下达的《限期整改通知书》,这是我国证券市场上的首例。通过公开披露,使广西康达严重违规问题曝了光。

(特约编委:娄必元,特约编辑、特约撰稿:尹献生)

海南证券市场

【概况】 2000年,海南有两家公司挂牌上市,分别是海南椰岛和兴业聚酯。截止2000年底,海南省共有上市公司23家,股票26只,其中A股23只,B股3只,在深交所挂牌的有17只(A股15只,B股2只),在上交所挂牌的有9只(A股8只,B股1只)。从注册地点来看,除PT东海一家注册在三亚市外,其余均注册在海口市。从行业类别来看,房地产4家,工业8家,交通运输业4家,农业2家,旅游业4家,市政设施1家,多数公司已成为该行业的排头兵。截止2000年底,海南上市公司流通股本284,727万股(含B股),流通市值317.96亿元,占海南省2000年度国内生产总值的61.33%;总股本728,904万股,总市值878.7亿元,占海南省2000年度国内生产总值的169.4%,两项指标均高于全国平均水平,是全国证券化率较高的省份之一。2000年末,海南上市公司平均每股净资产1.79元,加权平均每股收益为0.055元,平均净资产收益率为3.099%。

【证券经营机构】 2000年,经中国证监会批准,由原海南中商期货交易所改制的中富证券经纪公司及其海口大同路证券营业部开业,由此在海南省注册的具有独立法人资格的证券经营机构增至9家,其中证券专营机构3家,证券兼营机构6家。这些证券经营机构在省内外共设有证券交易营业部63个(其中海口12个,三亚3个,省外48个)。海南辖区内的证券交易营业部共有36个(海口33个,三亚3个),服务部2个。36个证券营业部全年A股、基金成交量达1,495.11亿元,比上年增长80.27%,约占深沪两市总成交量的2.45%,客户交易结算资金余额34.42亿元,比上年增长72.10%,实现利润7,029.87万元。截止2000年底,海南省投资者开户总数超过100万户,比上年增长15.36%,占全国投资者开户总数的1.72%;开设资金帐户的投资者38.14万人,比上年增长17.60%。

【中介机构】 海南有证券从业资格的咨询机构2家,有资格的证券投资咨询人员14名;有证券从业资格的会计师事务所2家、律师事务所11家、资产评估机构1家。

【规范化管理】 2000年,在中国证监会的直接领导下,在海南省政府的支持下,海口特派办认真贯彻执行"法制、监管、自律、规范"八字方针,在对辖区证券市场的监管方面做了以下工作:1、加强上市公司的信息披露监管。建立了辖区内上市公司信息披露监管联络人制度、值班制度、上市公司临时报告及相关信息审核制度。这些制度的实施,确保了对公司信息的跟踪、了解和掌握,并及时地发现和纠正了公司的各种不规范行为,切实加强了上市公司的信息披露监管。2、对7家上市公司进行了巡回检查。2000年度,对海南高速、ST恒泰、兴业聚脂、海虹控股、PT南洋、琼能源、燃气股份等7家上市公司进行了巡回检查。此外,还对深圳一家公司进行了巡检,而深圳证管办对PT东海进行了交叉巡检。针对发现的问题,对所有8家公司发出了限期整改通知。3、对重点监管对象高度关注,并实施了一系列特别的监管措施。继续按照分类监管标准,将亏损公司尤其是ST公司、经营困难及受到立案稽查的等共11家上市公司列为重点监管对象,实施重点监管。海南上市公司披露2000年年报后,三家ST公司沦为PT公司,海南面临较大的退市风险。海口特派办同海南省政府一道,采取措施,积极防范,海南上市公司的高风险状况在一定程度上得到缓解。4、开展了专项调查或检查活动。2000年下半年以来,海口特派办开展了一系列针对上市公司的调查研究活动,形成的调查报告主要有:《海南上市公司募集资金使用情况的报告》、《海南上市公司规范运营情况》、《海南上市公司股权结构情况》、《海南上市公司关联交易分析》、《关于2000年度巡回检查情况的报告》、《关于1998年—2000年上市公司巡回检查情况研究总结报告》、《上市公司案例分析》等。通过调查研究,及时向公司指出发现的问题并要求公司限期整改,较为有效地防范了风险。5、对证券经营机构进行调查。为进一步摸清辖区证券经营机构风险情况,掌握工作的主动权,海口特派办对辖区证券经营机构有关情况进行了多项调查,详细了解有关证券公司挪用客户交易结算资金的情况,并督促有关公司制定严格的归还方案。对经营证券业务的信托投资公司客户交易结算资金占用形式及占用余额进行了调查,并将相关证券营业部挪用客户交易结算资金及违规融资情况上报中国证监会。6、将信托投资公司所属证券营业部列为重点监管对象,在职责范围内积极配合地方政府开展信托投资公司整顿和证券公司重组工作。按照中国证监会有关文件要求,海口特派办向海南省处置办、证券公司筹备组派驻督察员并认真履行职责。对4家证券营业部实行重点监管。对于这些信托公司在省外的十多家证券营业部,海口特派办还和所在地中国证监会派出机构建立了工作联系,及时互通情况,共同防范系统风险。7、认真贯彻落实国务院金融清理整顿方案中有关证券机构的清理整顿工作,消除风险隐患。根据有关文件精神和证监会的具体要求,海口特派办配合海南省政府进一步做好富岛基金的清理工作。经中国证监会批准,富岛基金将改组为一家证券营业部,清理工作已近尾声。在中国证监会的统一部署下,海口特派办还对辖区内的远程证券交易网点进行了全面清理规范。通过现场检查与非现场调查,关闭不合规的网点6个,2个网点经整顿后保留下来。

(特约编委:尹怀安,特约编辑:邢力红,特约撰稿:邹晓晖)

云南证券市场

【概况】 上市公司情况　2000年,云南首发新股企业共2

家,即:景谷林业于7月21日以每股1.959亿元;昆明制药于11月16日以每股10.22元发行A股4000万股,实际募集资金3.934亿元;实现配股企业1家,即:云大科技按年底总股本10:3比例,以每股17元配股,实际募集资金3.131亿元。3家上市公司实际募集资金总额为9.024亿元。另外,云大化以1999年底每股净资产1.83元回购并注销国有法人股2亿股,共3.66亿元。至年底,全省共有上市公司18家,总股本36.96亿股,18家上市公司市价总值548亿元,流通股本12.4亿股,流通市值185亿元;募集资金(含配股)共57.9亿元。

18家上市公司2000年按照主营业务收入、净利润等项目分析:1、主营业务收入。18家上市公司93.94亿元,占全国同期比例的0.87%,比1999年底(16家上市公司)主营业务收入67.84亿元(占全国同期比例为0.77%)增长38.5%。其中主营业务收入同比增长前六名分别是:云南白药为242.8%,昆明机床为96.9%,云大科技为70.1%,云铝股份为46.6%,红河光明为40.6%,云南铜业为29.6%。有3家公司主营业务收入同比下降。2、净利润。18家上市公司共实现净利润8.971亿元,占全国同期比例的1.17%,比1999年(16家上市公司)7.677亿元(占全国同期比例的0.99%)增长16.9%。其中,净利润同比增长比较大的是:昆明机床实现扭亏为盈并摘去"ST"帽,云维股份为547.9%,红河光明为89.1%,云铝股份为53.4%,云内动力为49.4%,云南白药为46.9%,云大科技为27.4%。净利润同比下降的有5家。有2家公司年度亏损,占云南上市公司的11.1%,同期全国亏损平均为8.82%,云南亏损公司比例高于全国平均水平。3、总资产。18家上市公司总资产为171.84亿元,占同期全国比例的0.79%,比1999年底总资产139.82亿元(占全国同期比例0.85%)增加23.4%。其中,总资产排名前五名分别为:云南铜业38.1亿元;云铝股份22.9亿元,锡业股份19.1亿元,云天化13.5亿元,云大科技13.6亿元;总资产排名后三名分别为:云南马龙1.61亿元,富邦科技2.01亿元,红河光明2.15亿元。4、股东权益。18家上市公司权益合计93.302亿元,占全国同期比例的0.94%,比1999年底的股东权益(合计139.28亿元,占全国同期比例的1.05%)增加11.6%。其中,股东权益排名前五名分别为:云南铜业13.78亿元,锡业股份11.62亿元,云天化11.02亿元,云大科技9.23亿元,云铝股份7.15亿元;排名后三名的分别为是:云南马龙0.97亿元,昆百大1.77亿元,红河光明1.84亿元。5、每股收益。18家上市公司平均收益为0.234元(全国平均为0.2元),比1999年全省平均每股收益0.214元(全国平均为0.213元)增加13.6%,列全国32个省市自治区的第12位。其中,每股收益排名前五位的是:云天化0.448元,云内动力0.44元,红河光明0.417元,云大科技0.39元,昆明制药0.36元;扣除2家亏损企业,排名后三位的是:华一投资0.01元,昆明机床0.015元,富邦科技0.1元。6、每股净资产。18家上市公司每股净资产为2.55元,全国同期平均每股净资产为2.66元,比1999年的平均每股净资产2.43元(全国同期每股净资产为2.47元)增加4.9%。其中,每股净资产前六位排名分别为:昆明制药5.21元,云大科技4.4元,红河光明3.6元,云内动力3.45元,南天信息3.31元,锡业股份3.25元;排名后三位的是:昆百大1.32元,富邦科技1.35元,保税科技1.77元。7、净资产收益率。18家上市公司平均净资产收益率为9.513%,好于同期全国平均7.63%的水平,列全国32个省市自治区的第12位,比1999年度全省平均净资产收益率8.822%(同期全国平均为8.6%)增加7.8%。净资产收益率排名前五为:云天化14.97%,云铝股份13.64%,云内动力12.87%,云南白药12.63%,红河光明11.4%;扣除2家亏损企业,排名后三位的分别是:华一投资0.6%,昆明机床0.7%,云维股份6.16%。

【证券经营机构】 2000年,云南证券市场以规范化、高质量、优质投资环境为出发点,强化从业人员合法经营意识,证券经营进一步规范,系统风险得以防范,投资者合法权益得以保护,证券市场得以平稳。至年底,证券经营部发展到30家(其中27家已正式营业,3家经批准正在筹建),比1999年的19家增加57.89%。据2000年营业的24家证券经营机构统计,全年证券总成交额为957.42亿元,比1999年增长75.3%,占全国同期总成交60826.7亿元的0.9%,创云南证券成交历史最好业绩。其中,A股、基金成交额756.1亿元,比上年(398.5亿元)增长89.74%。年末客户保证金余额26.19亿元,与上年同期(15.74亿元)相比增长66.4%。2000年新开户数13.03万户,累计户数44.65万户,与上年同期(31.62万户)相比增加42.21%。其中,上海开户23.16万户,深圳开户21.49万户。年末股票托管市场128.97亿元。总成交量排名前三位的是:海通证券昆明营业部、国泰君安证券昆明营业部、昆明国托北京路营业部;A股、基金成交量排名前三位的是:国泰君安证券昆明营业部、昆明国托北京路营业部、云南证券东风西路营业部。全省24个证券营业部除当年新开业的以外,全部盈利,税前平均利润达729.83万元,平均总资产收益率3.71%,平均净资产收益率39.75%。

(特约编委:胡伏云,特约编辑、特约撰稿:胡静)

西藏证券市场

【概况】 2000年,西藏证券市场进一步发展壮大。年内,珠峰摩托和西藏天路在上海交易所成功发行上市,分别募集资金3.9398亿元和2.6252亿元;西藏矿业、拉萨啤酒和西藏金珠完成配股,分别募集资金6695万元、7235万元和8982万元;西藏证券公司日喀则营业部和成都营业部开业。截止2000年底,西藏已有8家上市公司,1家证券公司及其下辖4个营业部。8家上市公司资产总额33.6亿元、净资产21.72亿元、总股本10.44亿股、流通股本3.89亿股、市价总值88.47亿元(流通市值71.6亿元,国家股和法人股16.87亿元),相当于全区国民生产总值的75.1%;平均每股收益0.094元、平均净资产收益率3.765%,共募集生产发展资金17.92亿元;8家上市公司上缴税收14197.9万元;西藏证券交易总额达147亿元。从目前情况看,上市公司和证券公司结构合理、资本雄厚,成为全国证券市场的重要组成部分。

上市公司基本情况 1、西藏明珠股份有限公司。西藏明珠成立于1995年2月,是西藏第一家上市公司。公司注册资本10823.66万元,主营旅游饭店、旅游运输、旅游产品加工、餐饮娱乐等。截止2000底,公司总股本10823.66万股,社会公众股5213.66万股;总资产4.39亿元,所有者权益2.58亿元;每股收益0.045元,每股净资产2.387元,净资产收益1.9%。西藏明珠1999年亏损4583.4万元,2000年,西藏明珠采取了有力措施,集中发挥公司在旅游饭店业的经营特长,对非主营业务的参股进行了转让,收缩了与主业无关的投资,经营状况大为好转,使该公司主营业务收入、主营业务利润、净利润较上年大幅增长,分别实现5097.4万元、4040.4万元、490.4万元,比1999年分别增长36.7%、43.2%、110.7%,一举实现了扭亏为盈。其中,公司营业主体——成都西藏饭店大堂、餐饮楼及外墙装修工程改造全面完工,大大增强了饭店的竞争力，全年实现营业收入 4421 万元，利润 917 万元，分别增长 42.6%和 254%；成都新明珠广场在招商失败后，调整了经营结构和方向，向专业酒店转轨后逐步走入正轨，经营情况逐步好转，实现营业收入 676 万元，亏损 250 万元，分别增长 26%和减亏 65%；喜马拉雅酒店管理公司开业一年受托管理拉萨、成都多家饭店，全年实现营业收入 206 万元，利润 50 万元。2、西藏圣地股份有限公司。西藏圣地成立于 1996 年 6 月，公司注册资本 8000 万元，主营矿泉水生产销售，接待登山、体育旅游、酒店服务。截止 2000 年底，公司总股本 8000 万股，其中法人股 5600 万股，社会公众股 2400 万股；总资产 2.04 亿元，所有者权益 1.11 万元；每股收益 0.083 元，每股净资产 1.39 元，净资产收益率 6.02%。2000 年，西藏圣地在 1999 年股权转让后置换资产未到位的情况下，旅游、酒店业仍是公司的主业。2000 年实现主营业务收入 3818.3 万元，主营业务利润 2065.6 万元，净利润 667.3 万元，比 1999 年分别增长－10.7%、9.2%和 597%。其下属国际体旅公司和喜马拉雅饭店仍是公司的主要收入和利润来源，2000 年旅游酒店业实现营业收入 3363 万元，利润 1116 万元，分别增长－3.7%和 14.6%。其中，国际体旅公司全年接待旅游团队 335 个，实现营业收入 2455 万元，利润 920 万元，分别增长－12.8%和 9.9%，旅游酒店业均呈现营业量下降，利润上升的势头；喜马拉雅饭店改扩建完工后，2000 年全面投入运营，取得了较好的效益，实现营业收入 908 万元，利润 196 万元，分别增长 34.1%和 43.1%；进出口业务和防水建材实现营业收入 504 万元，利润 278 万元，分别增长 3.5%和 138 倍；矿泉水公司销售下降，经营亏损。西藏圣地目前股权转让已经完成，正拟进行资产置换。3、西藏金珠股份有限公司。西藏金珠成立于 1996 年 10 月，公司注册资本 9758.12 万元，主营进出口贸易、国内贸易、矿产品加工、照相器材购销、图片制作等。截止 2000 年底，公司总股本 9758.12 万股，其中法人股 6006.32 万股，社会公众股 3751.8 万股；总资产 3.88 亿元，所有者权益 3.24 亿元；每股收益 0.25 元，每股净资产 3.32 元，净资产收益率 7.24%。2000 年，西藏金珠努力发挥进出口贸易优势，积极稳妥地实施“贸易与实业并举”的经营方针，探索新的贸易业务，主营贸易代理和边境贸易业务取得较好的收益，公司全年实现主营业务收入 11135.1 万元、主业务利润 1710.6 万元、净利润 2418.2 万元，比 1999 年分别增长 2.7%、47.3%、29.3%，总体经营状况较好。4、西藏拉萨啤酒股份有限公司。拉萨啤酒成立于 1997 年 6 月，公司注册资本 17583.9 万元，主营啤酒生产与销售。截止 2000 年底，公司总股本 17583.9 万股，其中国家股 4024.3 万股，法人股 6216.9 万股，社会公众股 7354.6 万股；总资产 4.95 亿元，所有者权益 3.25 亿元；每股收益 0.16 元，每股净资产 1.85 元，净资产收益率 8.53%。2000 年，拉萨啤酒立足啤酒生产和藏红花开发，取得较好效果。在啤酒生产中狠抓质量管理，产销率继续保持在 100%。在藏红花繁育、保健品、药品开发方面取得进展，继续保持较好的发展势头。但由于啤酒瓶源不足和国家实施啤酒瓶质量安全限制，必须从区外购进大量酒瓶，使管理费用、财务费用、生产成本大幅增长，毛利率降低。另外藏红花产品正申报食健字号批复，产量销量受到严重影响。公司主营业务收入、主营业务利润、净利润分别实现 11010.6 万元、4535.2 万元、2776.4 万元，比 1999 年分别下降 7.6%、26.8%、40.7%。其中，啤酒实现经营收入 9812 万元，净利润 981 万元，分别增长 5%和－128.8%；藏红花产量急剧下降，实现经营收入 460 万元，净利润 231，分别下降 72.5%和 76.5%；蜀汉酒店实现经营收入 737 万元，净利润 74 万元，分别下降 19.6%和 64.3%。虽然主业经营状况下滑，但仍然上缴税收 1863 万元，实现每股收益 0.16 元。拉萨啤酒上市以来，企业效益、管理水平及对国家贡献都成为西藏企业的样板。公司从 1998 年即着手开拓新的经济源，实施中的藏红花项目前景较好。近期与国防科技大学合作开发银河服务器，跨入 IT 业前沿，公司的下一步发展潜力巨大。5、西藏矿业发展股份有限公司。西藏矿业成立于 1997 年 6 月，公司注册资本 20051 万元，主营铬铁矿开采和销售，铁合金的加工和销售、铜矿、金矿开采。截止 2000 年底，公司总股本 20051 万股，其中国有法人股 8043.7 万股，法人股 4307.3 万股，社会公众股 7700 万股；总资产 7.57 亿元，所有者权益 4.96 亿元；每股收益 0.03 元，每股净资产 2.47 元，净资产收益率 1.25%。2000 年，西藏矿业生产铬铁矿 60472 吨，铁合金 8697 吨；销售铁合金 14401 吨，在稳定主导产品铬矿和铁合金生产的同时，用配股募集资金投资成立甘藏铬盐化工有限公司，全年实现主营业务收入 18123.6 万元，比 1999 年增长 27.6%。但由于铁合金成本上升，铬矿石销价下降，毛利率下降以及扩大销量而增加销售网点的期间费用增大的原因，主营业务利润和净利润较上年同期大幅下降，分别实现 5006.96 万元和 620.0 万元，分别下降 7%和 76.6%。西藏矿业近两年经营和效益情况明显下降，应收账款连年居高不下，成本费用较上年明显增大，利润出现较大滑坡。每股经营所产生的现金流量连年出现负值，其生产经营隐藏着较为严重问题和困难。6、西藏诺迪康药业股份有限公司。西藏药业成立于 1999 年 7 月，公司注册资本 12260 万元，主营诺迪康系列藏药、雪山金罗汉止痛涂膜剂、小儿双清颗粒等药品的生产经营。截止 2000 年底，公司总股本 12260 万股，其中法人股 7760 万股，社会公众股 4500 万股；总资产 5.28 亿元，所有者权益 4.01 亿元；每股收益 0.29 元，每股净资产 3.27 元，净资产收益率 8.91%。2000 年，西藏药业主导产品诺康胶囊和雪山金罗汉基本保持上年销售水平，主营业务收入、主业务利润、净利润分别实现 8312.3 万元、6926.3 万元、3572.2 万元，比 1999 年分别增长 0.19%、3.4%、8%，基本与上年持平，其经营状况良好。7、西藏珠峰工业股份有限公司。珠峰摩托成立于 1998 年 11 月，公司注册资本 15833.3 万元，主营“珠峰”牌系列摩托车及相关零部件的生产、销售。截止 2000 年底，公司总股本 15833.3 万股，其中法人股 10833.3 万股，社会公众股 5000 万股；总资产 10.88 亿元，所有者权益 5.92 亿元；每股收益 0.21 元，每股净资产 3.736 元，净资产收益率 5.62%。2000 年，珠峰摩托基本保持了上年的销量，零配件销售较上年增长 22%，主营业务收入实现 10.1 亿元，较上年基本持平。但由于摩托车市场竞争加剧，公司调整产品的售价，降低了产品的毛利，使公司主营业务利润和净利润有较大幅度下降，分别实现 12529.2 万元和 3327.2 万元，比 1999 年分别下降 20%和 26.2%。珠峰摩托由于产品结构单一，以及受大中城市对摩托车的限牌，公司主营业务利润与净利润较上市前 1999 年同比下降 20.08%和 36%，所处行业竞争十分激烈，经营难度加大。随着加入世界贸易组织，行业竞争更加严峻，环保政策和交通政策也将对公司利润产和较大影响。8、西藏天路交通股份有限公司。西藏天路成立于 1999 年 2 月，公司注册资本 10000 万元，主营公路、桥梁建设，与公路相关的建筑材料生产、销售，汽车贸易等。截止 2000 年底，公司总股本 10000 万股，其中法人股 6000 万股，社会公众股 4000 万股；总资产 2.7 亿元，所有者权益 0.97 亿元；每股收益 0.18 元，每股净资产 1.61 元，净资产收益率 10.98%。2000 年，西藏天路的主营业务公路工程施工实现营业收入 17282 万元，较上年增长 40.6%，水泥生产、货物运输、汽车及零配件销售等也有不同程度增长，共实现主营业务收入实现 25508.2 万元，比 1999 年增长 20.1%。但由于沥青、油料价格上涨，毛利率下降等原因，公司实现主营业务利润 3877.8 万元，净利润 1060.9 万元，分别下降 7.26%和 26.18%。

【证券经营机构】 西藏只有一家证券经营机构，即西藏证券经纪有限责任公司(西藏证券)。西藏证券下设有拉萨、日喀则、上海、成都 4 个营业部。1、西藏证券概况。西藏证券是根据《证券法》和国务院关于信托和证券分业的原则，经中国证监会批准，对西藏自治区信托投资公司原有的证券业务进行分离后，由信托投资公司独家出资，于 2000 年 3 月 18 日正式成立的经纪类证券公司。其注册资本为 6000 万元；分支机构营运资金总额为 3200 万元(拉萨证券营业部 700 万元，日喀则证券营业部 500 万元，上海证券营业部 1000 万元，成都证券营业部 1000 万元)，占公司注册资本的 53.33%。公司下设 5 个职能部门，即办公室、财务部、交易部、电脑部、清算部。2、西藏证券经营情况。经中国证监会核准，西藏证券的业务范围为：证券代理买卖，代理还本付息、分红派息，证券代保管、鉴证，代理登记开户等。目前正在向中国证监会申请从事 B 股业务。截止 2000 年底，拉萨证券营业部累计实现营业收入 3517.67 万元、利润 2163.9 万元，平均每年实现营业收入 502.52 万元、利润 309.13 万元。西藏证券正式成立后，坚持依照证券法律法规，规范开展证券经纪业务，取得一些初步成效。截止 2000 年底，公司代理证券交易总额为 1469890 万元，其中：股票(A 股)交易额 1461974.77 万元，基金交易额 7690.77 万元，国债交易额 35.13 万元，其他债券交易额 189.33 万元；公司净资产负债率为 12.24%，资产收益率为 11.21%，营业费用率为 43.5%，人均净利润为 74512.67 元。拉萨证券营业部代理证券交易额为 467888.01 万元，其中：股票(A 股)交易额 465915.67 万元，基金交易额 1945.76 万元，国债交易额 0.1 万元，其他债券交易额 26.48 万元；净资产收益率为 70.58%，资产收益率为 32.09%，营业费用率为 32.81%，人均净利润为 274885.63 元。截止到 6 月 7 日，西藏股民开户数达 15890 户(拉萨证券营业部 15706 户、日喀则证券营业部 184 户)。

(特约编委：杨代刚，特约编辑、特约撰稿：黄祥)

甘肃证券市场

【概况】 2000 年，在中国证监会和甘肃省委、省政府的正确领导下，兰州特派办根据辖区内证券期货市场发展的实际，把支持地方经济的发展作为根本宗旨，坚持监管与服务并举，积极探索通过监管工作为甘肃经济发展服务的新思路，加强与政府各有关部门的配合协作，共同努力，推进了甘肃证券期货市场的平稳、健康发展。

股票发行情况　2000 年，辖区内兰光科技、兰州铝业、皇台酒业、酒钢宏兴 4 家股份公司的股票发行并上市，共发行 A 股股票 4 亿股，其中兰光科技 5000 万股、兰州铝业 11000 万股、皇台酒业 4000 万股、酒钢宏兴 20000 万股；扣除发行费用后募集资金 26.9 亿元。长城电工、三毛派神、祁连山、铜城集团 4 家公司配股获得批准，其中长城电工获配 2550 万股、三毛派神获配 2106 万股、祁连山获配 1562 万股、铜城集团获配 780 万股；前三家完成配股，共募集资金 5.1 亿元。2000 年共募集资金 32 亿元，占全部募集资金的 46.98%，接近过去 8 年募集资金的总量。酒钢宏兴、兰州铝业两家公司的发行上市，给辖区的龙头企业和优势行业注入了新的扩张能力，也使辖区上市公司规模偏小、优势产业不突出的格局有所改变。

上市公司情况　2000 年末辖区共有 15 家 A 股上市公司，总股本 34.5 亿股，约占全国总股本数的 0.9%。其中流通股本 11.69 亿股，约占全国流通股本的 0.9%，占甘肃总股本的 34%。累计募集社会资金 65.44 亿元。公司总资产 164.41 亿元，净资产 109.99 亿元。年末市价总值和流通市值分别为 454.46 亿元和 180.11 亿元，占全省 GDP 的 46.23%和 18.32%。市价总值占全省 GDP 的比重比上年提高了 28.34 个百分点。辖区上市公司绝大多数是在国有企业基础上通过股份制改组而设立的，国有股的比重为 64.45%，占绝对控股地位。据辖区 15 家上市公司 2000 年度年报，上市公司生产经营稳中有增，效益正常。营业收入和净利润分别为 92.71 亿元和 8.94 亿元，比上年分别增长 11.07%和 15.39%；平均每股收益 0.27 元，高出全国平均水平 0.06 元；平均每股净资产 3.02 元，比上年增长 22.76%，比全国平均水平高出 0.37 元；平均净资产收益率 10.67%，比全国平均水平高 3.01 个百分点，资产负债率平均为 37.45%，流动比率和速动比率平均分别为 2.24 和 1.75。三家公司实施了分红，祁连山每 10 股转增 6 股、兰州民百每 10 股转增 7 股送 3 股、铜城集团每 10 股送 5.5 股。

【证券经营机构】 辖区共有一家证券公司，23 家证券营业部，19 家证券服务部。2000 年股票交易额 780 亿，股东开户数 49 万户。具有证券资格的财务审计和资产评估机构一家，律师事务所 5 家。

(特约编委：马才斌，特约编辑：方向瑜，特约撰稿：刘洪斌)

宁夏证券市场

【概况】 宁夏证券市场是伴随我国改革开放的进程发展和完善的。以 1993 年 12 月宁夏第一家上市公司——广夏(银川)实业股份公司股票发行为标志，宁夏证券市场在组织体系、制度建设方面已运行了 7 年。目前，宁夏上市公司、证券经营机构、证券中介机构相应发展，证券市场初步形成。截止 2000 年底，宁夏已有银广夏、西北轴承、民族化工、新华百货、美利纸业、宁夏恒力、吴忠仪表、大元化工、东方钽业和圣雪绒 10 家企业股票发行上市，均为 A 股。其中在深圳证券交易所挂牌 7 家，在上海证券交易所挂牌 3 家。股本总额 20.4 亿元，其中流通股 9.19 亿元，共募集资金 36.2 亿元，用于 66 个项目的投资建设和对其它国有企业的兼并重组。随着这些投资项目的逐步见效，各上市公司的经营规模和经济实力显著扩大和增强，整体经济效益稳步上升。通过证券市场，宁夏部分国有大中型企业不仅筹集到了自我发展资金，增强了市场竞争能力，而且通过股份制改造，完善了企业内部经经营管理机制，通过资本运作，拓展了企业发展的空间，企业得到了飞速发展，上市公司的资产总额由上市前的 25.4 亿元，发展到 2000 年底 114.70 亿元，是上市前的 4.48 倍。

【证券经营机构】 自 1988 年 6 月国务院决定开放国库券市场业务后，宁夏先后有宁夏证券有限责任公司、宁夏伊斯兰国际信托投资公司、宁夏信托投资公司、银川市信托公司、三峡证券宁夏营业部等从事证券经营业务。按照分业经营、分业管理的要求，宁夏各信托公司中的证券业务并入宁夏证券公司，宁夏证券公司在此基础上增资扩股、重组合并。到 2000 年底，经中国证监会批准，成为注册资本 7 亿元的专业证券经营机构——西北证券有限责任公司。此外还有三峡证券有限责任公司在宁夏的2个证券营业部。目前,宁夏证券经营机构资产总额22.83亿元,净资本7.87亿元,在区内开设营业部13个,其中银川10个,吴忠、大武口、石嘴山各1个。从业人员400人。几年来在为上市公司承担股票发行中,担任主承销商1次,副主承销商6次,投资银行业务在实际中得到了发展。截止2000年底全区开设证券帐户17.25万户,累计交易额达900多亿元。

【中介机构】 随着证券市场的发展,从事证券的中介机构也从无到有逐步发展,已初步形成较为完备的体系。到2000年6月底,证券投资咨询公司1家,有执业资格的咨询人员8人;有证券执业资格的会计师事务所1家,注册会计师13人;资产评估公司1家,有证券执业资格的资产评估师7人,律师事务所6家,有证券执业资格的律师19人。

(特约编委:夏业成,特约编辑:买文广,特约撰稿:徐辰平)

新疆证券市场

【概况】 2000年新疆上市公司总体业绩向好,主营较为突出。辖区内19家上市公司18家盈利,1家亏损,共实现主营业务收入101.63亿元,比上年增加28.86亿元,同比增长39.66%;盈亏相抵后净利润10.75亿元,比上年增加2.25亿元,同比增长26.55%;净利润中有7成以上来自主营业务,主业利润占利润总额比重为70.26%,显示上市公司总体业绩有所提升。由于2000年新疆上市公司发行和配股家数较多,股本扩张较快,使每股收益仅为0.24元,同比增长为-5.64%;净资产收益率9.55%,同比增长为-10.17%,但仍比全国平均水平分别高20%以上。此外,19家公司中,每股收益在6%以上的有17家,其中有10家超过了10%,啤酒花、广汇石材的净资产收益率超过20%。截止2000年,辖区投资者开户数为79.2万户,占全国总开户数5801万户的1.36%,比上年增加11.9万户,增长36%。

【证券经营机构】 截止2000年,辖区有专营证券公司2家,兼营证券的信托投资公司4家。共有26个证券营业部(其中异地机构设在本辖区设立的4个,信托投资公司下属9个);证券从业人员1120人。截止2000年底,辖区证券经营机构及兼营机构总资产90.6亿元,净资产11.6亿元,利润总额2.6亿元。2000年证券交易总额为2009.6亿元,比上年增长27%。其中A股成交金额1157.1亿元,比上年增长128%。区内证券经营机构改制发展取得了重大突破,宏源证券公司顺利完成了信托与证券分业,成为全国第一家证券上市公司,进入综合类券商行列。新疆证券公司实施了增资扩股,注册资本从1.2亿元增加到5.7亿元。湘财证券在辖区设立了西北总部,投资银行业务全面展开,目前承揽项目占辖区从业的各券商之首。

【中介机构】 辖区内具有从事证券业务资格的中介机构13家,从业人员300多人,其中:会计师事务所1家,注册会计师15人;资产评估机构2家;土地估价所3家;律师事务所7家,有证券执业资格的律师28人。

【规范化管理】 上市公司监管 1、分类排队,实行重点监控制度。对上市公司按照规范程度分为重点监控和一般监控公司。对列为重点监控的5家公司,由专人跟踪调查或约见高管人员谈话了解情况,发现问题及时处理。另外,对重点监控的公司进行专项核查。通过核查,全面掌握公司的情况,针对有关问题下发整改通知书、规范意见书等,促其整改。2、努力做好巡检工作,提高巡检质量。一是对巡检中发现的重大问题及时向自治区和兵团领导汇报和沟通;二是巡检中聘请外省的会计师事务所协助核查,巡检质量明显提高。3、加大对新发行公司和新配股公司募集资金使用的检查力度。第一制定募集资金的专户管理办法,并在公司募集资金到位之前向公司下发要求进行专户管理的通知;第二要求公司每半年对募集资金的使用情况进行一次自查,并将自查结果报送特派办备案;第三特派办对募集资金使用情况作专项核查。2000年共对辖区7家公司进行专项核查,并针对不同情况,下发规范意见书和整改通知书。4、加大对拟上市公司辅导工作的监管力度,对报备材料严格审核。提出"两个到位"的工作标准,即:拟上市公司必须改制到位,中介机构必须辅导到位;"两个结合"的工作原则,即:拟上市公司有关资料备案和监管部门实地调查相结合,拟上市公司自查与中介机构尽职调查相结合。5、抓重大情况报告制度的落实。要求各公司若有资产重组、控股股东变更或公司存在重大经营风险,必须及时报告。6、通过加大对董秘的培训和考核,提高上市公司信息披露的质量。首先,根据董秘平时报送材料的及时性,信息披露质量制定了百分制的考核办法。其次,安排董秘到上市公司监管处工作,进行为期3个月的以岗代训。2000年,表彰优秀董秘和授权代表4人,以岗代训4人。

证券经营机构监管 2000年对证券经营机构监管主要以现场检查为重点。1、对辖区证券营业部已设立的远程交易网点多次进行全面的现场摸底,结合新疆实际,提出清理整顿实施方案并首获证监会批复。2、根据证监会的要求,多次专人对区内证券经营机构挪用客户保证金情况进行专项检查,对存在风险较大的证券营业部重点进行细致、严谨的现场专项检查,并提出限期整改。3、根据机构部《关于证券公司申请设立证券服务部有关问题的通知》精神,结合辖区实际拟定了《关于乌鲁木齐辖区内证券经营机构申请设立证券服务的补充通知》,统一辖区券商竞争平台,细化了跨地州设立证券部的具体条件。4、与地方政府工商、公安等有关部门合作解决非法证券、期货经营网点违法经营的案件,挽回投资者经济损失80多万元。5、改组新疆证券业协会,在监管对象同监管机构之间建立起纽带。

稽查工作 2000年共受理、处理信访事项39件,其中人员来访28人次,来电、来信11次。承办并办结证监会转办事项3件,协助大区完成核查1次,完成对外重要法律咨询4次。

(特约编委:高进坤,特约编辑、特约撰稿:何洁)

大连证券市场

【概况】 2000年,受全国证券市场扩容速度加快和沪深股市交易火爆的影响,大连辖区证券市场也呈现交易活跃、市场规模进一步扩大、市场活力持续增强的趋势。全年新增开户18.06万户,比上年增加12.03万户,增长2倍,累计开户已达56.24万户,年末保证金余额为479707万元。年内,大连金牛、大连创世、美罗药业及辽宁时代4家企业先后发行上市,共募集资金8.49亿元,壮大了大连辖区上市公司队伍。至此,大连辖区上市公司已达20家,其中在上海证券交易所挂牌12家,深圳证券交易所挂牌8家。20家公司合计发行股本总额达438436万股,比上年增加86820万股,流通股本总额为168197万股,其中A股133697万股,B股34500万股;股本市价总值726.39亿元,比上年增长1.3倍,资产总额3390427万元,比上年同期增长83.23%。20家上市公司全部赢利,且平均每股收益和平均净资产收益率均高于沪深两市的同期平均水平。年内，远洋渔业等6家企业的配股通过了中国证监会复审，其中国电电力、新太科技和大连国际3家已实施了配股，共募集资金14.82亿元。

【中介机构】 至2000年末，大连辖区共有证券公司2家，分公司1家，证券营业部38家，证券投资咨询机构1家，有证券执业资格的会计师事务所3家，律师事务所5家，资产评估机构1家。全年证券交易额1326.29亿元人民币，创下历史最好水平，占全国市场份额的0.99%，比上年增加454.29亿元，提高了52.1个百分点，其中股票(含基金)交易额1199.16亿元，比上年增加509.16亿元，增长73.8%。

【规范化管理】 证券经营机构监管　2000年，为规范证券机构的经营行为，有效防范市场风险，大连证券监管特派员办事处(大连特派办)改进监管方式，加大了监管力度，以四项监管为主线，将防范证券机构的财务风险，规范其市场行为作为工作重点，主要做了如下工作：一是以防范和化解金融风险为核心，开展财务风险监管。通过每月报表分析等方式对各机构的财务风险监管指标进行动态监测，发现问题，及时督促公司予以防范和解决。二是以治理和规范市场为核心，加大了对非法网点的清理力度。至年末，大连辖区内擅自设立的6家远程证券交易网点已全部清理撤户完毕，有效地化解了市场风险。三是以安全防范为核心，采取灵活的现场检查和非现场检查方式，加强了对证券机构安全保卫工作的监督和检查。四是以净化市场信息传播为核心，进一步加强对辖区内证券信息传播行为的监督，严格依法取缔了个别公司的非法股票理财活动。

上市公司监管　为使大连辖区上市公司的整体素质相对保持较好的水平，2000年，大连特派办重点突出“主动”二字，把日常监管、调查研究和为上市公司解决实际问题统一起来，取得了较好的效果。一是围绕事前防范，积极开展监督、检查工作。通过有计划的巡检，较全面地了解、掌握了企业日常工作的情况和存在的问题，及时督促被检公司制定和落实整改方案，切实发挥了巡检的发现问题、事先防范的功能；同时，结合对公司年报、中报的汇总分析和公开信息的事后审查，加强了对上市公司运作情况的日常监督。二是围绕稳定市场，深入公司解决实际问题。根据有关法规，大连特派办积极介入协调，妥善解决了两个公司在股权购并、调整原有股东结构的运作过程中产生的矛盾，进而稳定了公司的经营和运作，维护了投资者权益和证券市场运行的正常秩序。三是围绕公司资产经营的发展，进一步强化了对公司配股上报材料的审核工作，严格审核了远洋渔业等7家公司的配股申报材料，并就有关涉及法规障碍的问题，及时向公司反馈意见，同时积极协助公司协调解决较为复杂的问题。四是围绕公司的资产重组和股权购并活动，加强监督指导和服务。2000年起，大连特派办以先期调研为突破口，积极慎重地介入了各公司的重组购并活动，重点强化了对公司重组、购并活动的法律行为、政策依据和信息披露三方面的监督、指导和技术服务，使重组、购并公司的资本运作和资产经营活动保持了相对平稳和健康发展。五是认真开展了对拟上市公司的改制调查工作，积极支持符合条件的公司上市，先后对美罗药业、辽宁时代和冰山橡塑3家公司上市前的改制运行情况进行了合理性调查和验收，并对凯飞化学改制运行情况进行了预检，较好地起到了一线监管部门的执法监督作用。　(特约编委：于连生，特约编辑：孙利伟，特约撰稿：于路、沈毅、石永生)

青岛证券市场

【概况】 2000年，青岛辖区证券市场呈现安全、健康、规范、有序的发展态势；上市公司继续在全国证券市场上维护了较好的整体板块形象，规范运作水平和资产质量不断提高；证券市场清理整顿工作成效明显；广大投资者风险意识进一步增强；证券监管干部素质及监管能力进一步提高。同时。2000年是青岛市上市公司在资本市场上较为活跃的一年。

上市公司情况　2000年碱业股份有限公司及澳柯玛股份公司顺利发行并募集资金到位，分别融资3.402亿元和8.19亿元，合计融资11.592亿元，占青岛市往年上市公司股票融资总额的28%。青岛双星10:3配股、青岛海信10:6配股和青岛海尔增发工作已获证监会批准。截止2000年底，青岛市共有青啤、海尔、海信、东方、国货、双星、碱业、澳柯玛等8家上市公司、9只股票，累计募集资金总额53.2922亿元。拟上市公司共有5家，已经进入正式辅导期。截止2000年12月底，青岛辖区证券市场A股累计交易量960.67亿元，基金交易量累计为36.19亿元，国债现货和国债回购累计交易量分别为154.48亿元和169.04亿元，累计1323.62亿元。2000年辖区8家上市公司上缴各项税费共计73616万元。其中，上缴增值税为35460万元，消费税为11133万元，所得税为19005万元，城建税为3016万元，教育费附加为1693万元。

投资者情况　从证券市场开户情况来看，截止2000年12月底，个人与机构累计开户数(不含权证)达615634户，比1999年增加81478户，增长15%；其中个人开户614466户，比1999年增加81186户，增长15%，机构开户1168户，比1999年增加292户，增长33%。从客户保证金余额来看，2000年12月底，客户保证金余额66.05亿元。

【证券经营机构】 截止2000年底，青岛辖区共有16家独立证券经营机构，证券营业部36家、已获准设立的证券服务部3家。上述机构有来自全国性的券商如申银万国证券公司、海通证券公司、国泰君安证券公司、中信证券公司、山东证券公司、华夏证券公司、银河证券公司等。其中中信证券公司、山东证券公司、海通证券公司在青岛设立了证券业务管理总部。证券经营机构从业人员达990人，同比增长5%。辖区证券经营机构上缴各项税费共计9863.83万元(不含青岛国际信托投资公司证券营业部和青岛弘诚信托投资公司证券营业部)，同比增长39.74%。其中，营业税及附加为3948.42万元，同比增长45%；所得税上缴5915.41万元，同比增长26%。辖区证券经营机构实现税前利润17547.37万元，同比增长56%。人均税前利润17.72万元，同比增长48%。

【规范化管理】 2000年，中国证监会青岛特派办依据《公司法》、《证券法》及证监会有关法规，进一步落实了“法制、监管、自律、规范”的八字方针，采取“监管与服务”相结合的工作方式，把保护投资者利益作为监管工作中的重中之重，利用多种形式加强对投资者的风险教育；强化了上市公司和拟上市公司辅导监管，有利地支持了企业改革和地方经济发展；加强了证券期货机构的日常监管，促进了机构合法规范经营；依法规范了市场交易秩序，及时防范和化解了风险；加大了证券期货市场的执法和稽查力度，打击了市场违法违规行为；积极转变了监管理念，着力加强了监管队伍建设。

(特约编委：张慎峰，特约编辑：万景初，特约撰稿：王勤强)

香港股票市场

【概况】 根据香港特区政府经济预测数据，2000年香港经济本地生产总值增长约10%。随着整体经济持续复苏，通货膨胀有所舒缓，市场失业率进一步下降。到2000年12月，失业率降至 4.5%，综合消费物价指数较去年同期下降 1.8%。

2000 年是香港股市反复的一年。在全球科技股热潮及我国即将加入世界贸易组织的有利因素推动下，恒生指数曾于 3 月创出 18301 点的新高。后来在世界石油价格飙升、美国科技股股价大挫及本地上市公司盈利表现不佳等负面因素的影响下，大市辗转向下，2000 年最后一个交易日报收 15095 点，较 1999 年底下跌 11%。主板市场全年总成交量 23239.72 亿股，平均每日成交 94.09 亿股。全年总成交额达 30475.65 亿港元，日成交额达到 123.38 亿港元。平均市盈率由 1999 年的 26.73 倍大幅下降至 2000 年的 12.80 倍。全年上市公司数目达到 736 家，其中本地公司 725 家，外地公司 11 家。联交所自 1999 年 11 月 25 日正式推出创业板市场以来，当年只有 7 家公司上市，发行总股本 55.67 亿港元，筹资 160.56 亿港元。市价总值 672.90 亿港元，全年总成交金额 842.87 亿港元，日成交金额 3.41 亿港元。2000 年底香港股票市场（主板和创业板合计）资本市值达 48620 亿港元，是世界第十一大资本市场，在亚洲区排名第二。

2000 年香港证券市场另外一个主要的成果是把证券及期货交易所转为股份制，并与有关的结算公司合并。在 2000 年 3 月 6 日成立香港交易及结算所有限公司（香港交易所），随后于 6 月 27 日上市。年内，香港交易所还进行了架构重组，精减合并旗下业务及支援功能，大部分业务的第一阶段整合工作已于 2000 年底完成。为避免利益冲突，作为上市发行人的香港交易所由证券及期货事务监察委员会直接监管。

【发行市场】 2000 年共有 43 家企业发行上市，筹集资金 1173 亿港元。在上市的公司中，主板市场上市的 736 家，总市值 47950 亿港元。香港交易所成立后，证券及期货交易所将本身部分监管职能转交证监会。由证监会接管的主要职能包括：监核交易所参与者的日常业务、监督参与者是否遵守有关规定，并采取行动确保参与者有适当的管理及监控系统。香港交易所则继续负责执行有关交易、结算及风险管理规则及监察有关遵守情况。随着证券市场全球化的进一步深入，香港交易所提出《国际会计准则》修订规则，允许主板上市发行人及上市申请人采用《国际会计准则》，另外还建议允许那些在海外注册成立的、已在或将在交易所作第二上市的上市发行人及上市申请人采用《美国公认会计原则》编制帐目。

【交易市场】 2000 年的香港股票市场可谓一波三折。恒生指数曾在 3 月攀上 18301 点的历史新高，但在美国股市科技股神话破灭的拖累下，5 月底见到全年最低点 13722 点。虽然恒生指数在 7 月回升至 17000 点水平，但乐观情绪并没有持续下去，到全年最后一个交易日，恒生指数及所有普通股指数分别报 15095 点和 6107 点，全年跌幅分别为 11%和 14.4%。所有普通股指数中，综合企业股跌 26%，工业股跌 29.9%，地产股跌 11.7%，酒店股跌 17.2%，只有金融及公用两类股份分别升 7.2%及 14.9%。

【国企及红筹股】 2000 年全年统计，在香港联交所上市公司中反映 H 股股价表现的恒生中国企业指数及反映红筹股股价表现的恒生香港中资企业指数分别跌去 17.7%和 16.7%。到 2000 年底，市值最大的前 20 家企业中，中国移动、中国联通、联想集团分别以 7925.86 亿港元、1500.08 亿港元、366.25 亿港元分列第二位、第七位和第二十位，分别占股份总值的 16.53%、3.13%和 0.76%。

【法规建设】 1、2000 年 5 月，香港联交所推出《在香港买卖美国证券试验计划》。根据此项计划，NASDAQ 与联交所签定了监管资讯互换协议，第一阶段将 7 支在 NASDAQ 上市的大型证券安排在联交所挂牌买卖。试验计划发行人的监管工作继续由其主要上市地的交易所及市场负责，有关股份只是在联交所挂牌买卖，而买卖及交收均由香港的交易及结算系统以港元进行，交收也同样按香港的 T+2 规定进行。2、年内，香港交易所与澳大利亚证券交易所签定有关互换市场监察资讯的谅解备忘录，并与 9 家主要证券交易所商谈成立“环球股本证券市场”。3、2000 年，创业板市场获得美国证券交易委员会认可，成为指定的离岸证券市场。香港联交所根据市场人士意见，对《创业板上市规则》中上市时管理层股东的售股限制期、上市后 6 个月内不得发行股份的规定、业务记录时间的最低限制、公司可授出的购股权股数上限等内容进行重新审视。

（章彰）

绩优股票品种概况

【编辑按】 上市公司是证券市场的主体，股票投资价值直接体现在公司的经营业绩上。为了促进证券市场规范化发展，保护投资者的利益，引导投资者理性投资，《中国证券业年鉴》从1998年起，每年向投资者推荐上海证券交易所、深圳证券交易所每股收益位于前十位的业绩优良的上市公司股票。

上海证券交易所绩优股票

广州控股 600098

【公司概况】 公司是在对广州电力企业集团有限公司进行整体改制的基础上，通过公开发行股份，以募集设立方式成立的股份有限公司。广州电力企业集团有限公司作为公司的唯一发起人，以其重组后的全部资产作为发起人资产，以募集方式设立本公司。公司2000年底实施了每10股配3股的配股方案。截止2000年底，公司总股本12.53亿股，流通股本23400万股，股东总数为87172户。其中前三大股东分别为：1、广州发展集团有限公司持有101880万股，占总股本81.322%；2、国信证券持有463万股，占总股本0.370%；3、普惠基金持有390.6万股，占总股本0.312%。公司董事长：杨丹地。

【经营业绩】 公司主营业务从事能源、交通、通讯、城市公用事业等基础设施产业和信息产业等高新技术领域的投资、开发、工程总承包、生产管理和经营。2000年度公司拓展以基础产业为中心的核心产业群建设，建立战略性资源产业，实现了新的飞跃，全年实现主营业务收入345917.44万元，净利润88254.98万元，分别比1999年增长41.70%和66.56%，是公司上市以来经营业绩最好的一年。公司2000年在电力产业取得突破性进展，全年完成发电量61.81亿千瓦时，上网电量58.89亿千瓦时，分别比1999年增长37.66%、38.22%，电力销售收入251382.93万元，比1999年增长30.76%，占主营业务收入的72.67%。在信息基础网络产业方面，公司通过持有广州宽带主干网络有限公司50%股权来重点发展信息基础网络产业。广州宽带主干光纤网络项目是广州市信息产业基础设施建设的重点工程，将建设成为广州市信息化的公共基础平台，增强广州作为全国信息网络骨干节点城市和国家互联网络交换中心的主枢纽地位。

【项目投资】 公司于2000年底进行了配股，配股所募集资金已经投入过半，其中广州东方电力有限公司自投产以来已经取得了良好的经济效益，2000年生产经营实现利润46647.6万元；广州市北二环高速公路有限公司负责建设经营的广州北二环高速公路项目自1998年10月开工至2000年底累计完成投资153733万元，占计划总投资的57%，计划2001年10月份全线建成通车；广州宽带主干网络有限公司负责建设经营的广州城域主干光纤网络项目首期工程截止2000年底累计完成投资6009万元，完成管道路由272.5公里，计划2001年建成投入使用；上海神通电信有限公司重点开展卫星通讯、电子商务、ISP和网络语音、数据、图像综合服务等，2000年实现业务收入3616.6万元；广州发展油品经营有限公司负责建设经营的油品装卸码头和油库项目正在开展各项开工前期准备工作，该项目预计于2002年建成投产。该项目的建设将为本公司建成面向珠江三角洲的石油产品物流中心打下基础，具有明显的经济效益和社会效益。

【市场走势】 该股2000年1月4日以9.00元开盘，然后随网络科技股一同涨升，于2000年3月3日创出全年最高价18.70元，而1月4日的最低价8.90元也成了全年最低价，在股价翻番之后全年大部分时间以盘整为主，年底配股除权后报收15.85元，全年涨幅超过75%。以2000年底股价计算，流通市值达37.09亿元，市盈率22.64倍。该股由于有良好的业绩和稳健的成长性，值得投资者对其进行中长线投资，考虑到其股性，以波段运作应该更佳。 （刘兵）

乐凯胶片 600135

【公司概况】 公司是由中国乐凯胶片公司做为发起人设立的股份公司，中国乐凯胶片公司是我国感光材料的科研与生产基地。公司2000年实施了每10股转增5股的分红方案，截止2000年底，公司总股本28500万股，流通股本10491.30万股，股东户数为31362户。公司前三大股东分别为：1、中国乐凯胶片集团公司持有18000万股，占总股本63.16%；2、裕隆基金持有1120万股，占总股本3.93%；3、裕阳基金持有1090万股，占总股本3.83%。公司董事长：杜昌焘，总经理：王树林。

【经营业绩】 公司是我国感光材料行业唯一的上市公司，是我国感光材料生产的骨干企业。其主导产品之一乐凯牌彩色胶卷被国家统计局授予"中国胶卷之王"荣誉称号。彩色胶卷、彩色相纸、彩色电影胶片等产品远销欧、亚、美、非等40多个国家和地区。公司主营彩色胶卷、彩色相纸、彩色电影胶片等彩色感光材料产品的生产、科研、销售及相关业务。2000年，公司实现销售收入75894.66万元，实现利润总额25530.75万元，分别比去年同期增长22.50%和34.69%。

【项目投资】 2000年公司募集资金主要投向营销网络完善与建设项目、胶片涂布生产线及配套设施改造项目。其中营销网络完善与建设方面，完成了计划内专卖店和彩扩中心建设，配置了彩扩设备和必要的销售设施。胶片涂布生产线及配套设施改造方面，完成了照相乳剂车间改造，负性乳剂生产线已投入生产；完成彩色胶卷二次涂成涂布嘴技术改造，配套系统2001年上半年完成；整理车间厂房改造已经完工，胶卷暗盒制造设备及内包设备已签定合同，2001年到货并完成安装。余留募集资金待"九五"规划项目实施时作为配套资金投入。

非募集资金使用方面，公司出资 1000 万元人民币认购北京富卓信元网络技术有限公司 10%的股权，同时该公司更名为北京信元乐凯网络技术有限公司。

【市场走势】 该股 2000 年 1 月 4 日以 25.38 元开盘后，跟随大盘同步上涨，在 2000 年 3 月 9 日创下了 41.85 元的最高价，5 月经历了 10 转增 5 的除权后，基本上是以盘整为主，年末以 23.05 元报收，以复权价计，全年涨幅近 50%。年末流通市值 24.2 亿元，市盈率 30.49 倍。该股目前流通盘稍稍偏大，成长性略显不足，建议投资者以观望为主。（刘兵）

山东铝业　600205

【公司概况】 公司的前身为山东铝业公司，是"一五"期间国家 156 项重大建设项目之一，是我国铝工业的摇篮。1997 年公司发起人山东铝业公司将其所属的氧化铝厂、第二氧化铝厂、电解铝厂、铝加工厂、热电厂和研究院的机器设备、厂房、建筑物等经营性资产及相关资产和相关债务进行重组，作为独家发起人设立本公司。公司于 1999 年 6 月 7 日通过上海证券交易所交易向社会公众发行了人民币普通股 13600 万股，并向证券投资基金配售 2400 万股。公司股票于 1999 年 6 月 30 日上市流通。截止 2000 年末，公司总股本 56000 万股，流通股本 16000 万股，股东户数为 111641 户。公司前三大股东分别为：1、山东铝业公司持有 40000 万股，占总股本 71.43%；2、金象铝业持有 94.07 万股，占总股本 0.17%；3、龚惠祥持有 79.60 万股，占总股本 0.14%。公司董事长：梁中秀。

【经营业绩】 公司是我国主要的氧化铝、电解铝生产企业之一，现有 23 种主要产品，涵盖氧化铝及化学品氧化铝、电解铝、铝型材、碳素制品、金属镓五大类产品，广泛应用于冶金化工、石油化工、陶瓷、电子电力、建筑、交通、农业生产、人民生活和国防科技等领域。产品远销美国、日本、俄罗斯等国家，在国内外拥有较稳定的市场。2000 年，公司氧化铝及化学品氧化铝、电解铝、碳素制品等主要产品产量均创历史最好水平。全年共生产氧化铝及化学品氧化铝 73.308 万吨；电解铝 5.314 万吨；铝型材 5268 吨；阳极糊 3.553 万吨；金属镓 5016 千克。本年度实现销售收入 25.85 亿元，利润总额 5.07 亿元，净利润 4.22 亿元。

【项目投资】 公司 1999 年发行新股募集资金所投向的项目中：拜尔法氧化铝技术改造项目、多品种氧化铝技术改造项目、氧化铝焙烧工序节能技改项目、间接加热连续脱硅节能技改项目、烧结法氧化铝配料工序技改项目、补充流动资金项目等都已经投资完成并产生收益；而赤泥粉煤灰空心砖生产线项目、自备热电厂技术改造项目、热电联产节能工程项目、控股镇江铝加工有限责任公司（筹）项目等四个项目由于不具备投资的原因，经临时股东大会通过后予以放弃投资。非募集资金方面，公司为提高公司装备水平，加大了技术改造力度，同时为了实现公司的可持续发展，扩建了第二赤泥堆场及第二粉煤灰堆场。

【市场走势】 该股 2000 年 1 月 4 日以 7.46 元开盘，当日最低 7.42 元为全年最低价，2000 年上半年该股以上升趋势为主，于 2000 年 7 月 18 日创出 16.70 元的全年最高价后回落盘整，2000 年底报收 14.15 元，全年升幅接近翻番。年末该股流通市值 22.64 亿元，市盈率 18.79 倍。该股 2000 年走势强劲，但流通盘偏大，从年末股东人数上看较上年有大幅度增加，说明筹码已经分散，后市的上升机会和空间可能都不大，建议投资者观望。（刘兵）

安彩高科　600207

【公司概况】 公司是由河南安阳彩色显像管玻壳有限公司作为主发起人，同时联合安阳利浦筒仓工程有限公司、安阳市文峰研磨材料厂、河南省安阳荧迪化工有限责任公司和河南安阳彩色显像管玻壳有限公司实业开发公司等其他四家发起人共同发起，以发起设立方式设立的股份有限公司。公司于 1999 年 6 月 21 日在上海证券交易所发行了 15390 万股 A 股，同时向证券投资基金配售了 2610 万股。截止 2000 年底，公司总股本为 44000 万股，流通股本 18000 万股，股东户数 21934 户。其中前三大股东分别为：1、河南安阳彩色显像管玻壳有限公司，持有 25916 万股，占总股本 58.90%；2、南方证券，持有 302.32 万股，占总股本 0.69%；3、邯钢实业，持有 270.08 万股，占总股本 0.61%。公司董事长：李留恩，总经理：蔡健德。

【经营业绩】 公司主要从事彩色显像管玻壳和终端显示器用显示管玻壳的生产和销售以及新型显示技术的研究、开发等业务，属显示器件产业中的基础元器件行业。目前，公司拥有全国唯一的电子玻璃技术及模具研究开发中心，可年产彩玻 1500 万套，在国内彩玻行业中是唯一具有自主开发能力、生产能力最大、科研开发能力最强的彩色玻壳生产企业，也是全国高新技术重点企业。公司主营业务主要是 21″、25″、29″彩玻的生产和销售，全部属于电子行业基础元器件类，主要供应全国各大型彩色显像管企业，并远销韩国、印度以及东南亚和欧洲地区。由于 1999 年底本公司生产 29″彩玻的增资扩产项目顺利投产和收购了安玻公司两条 25″玻锥生产线并将产品投放市场，2000 年公司 25″和 29″彩玻所实现的主营业务收入和主营业务利润所占的比重有了较大幅度提高。2000 年公司共实现产品销售收入 210659 万元，与 1999 年相比增加了 118%，实现净利润 52807 万元，与 1999 年相比增加了 139%，直接或间接出口创汇 4254 万美元，与 1999 年相比增加了 370%，取得了突出的经营业绩。

【项目投资】 因为公司根据市场需要加大新产品开发的力度，增加科研经费，2000 年公司显示器件玻璃模具技术研究开发中心项目由计划投资 1970 万元增加到 5390 万元。继 1999 年投资 1310 万元后，本年度公司继续向该项目投资，计划投资额为 4080 万元，实际投资额为 1204 万元，尚余资金 2876 万元，剩余资金将留待下一年度继续投资。对外投资方面：2000 年 8 月 7 日，公司联合四川久远集团有限公司、中国电子企业协会、中国科学院计算技术研究所在北京市中关村科技园区共同注册成立了北京安彩科技风险投资有限公司，注册资本 2 亿元，本公司占 98%的股权比例，将致力于高新技术产业的风险投资事业。2000 年 11 月 29 日，本公司与北京京鹏宏志科技有限公司签署协议，计划向其投资 2991 万元，将占该公司增资后 70%的股权比例，并将北京京鹏宏志公司更名为"北京安彩星通科技有限公司"，主要从事全球卫星定位系统的研究、开发和运营以及移动数据、资讯、网络运营等电信增值服务业务。

【市场走势】 该股 2000 年 1 月 4 日以 11.96 元的全年最低价开盘，全年走势以盘升为主，2000 年 12 月 26 日创出 28.58 元的最高价，年终以 27.79 元报收，全年上涨 132%。年末流通市值 50 亿元，市盈率 23.16 倍。该股业绩十分优异，但所处行业能否支持该股业绩的持续增长还有待继续观察，另外，该股流通盘偏大，后市的上升空间就有所限制，操作上建议投资

者不追涨。（刘兵）

中远发展 600641

【公司概况】 公司前身是上海众城实业股份有限公司，公司作为上海市1991年首批股份制试点企业之一，于1991年由上海市陆家嘴金融贸易区开发公司（现改为上海市陆家嘴金融贸易区开发股份有限公司）、上海市投资信托公司（现改为上海国际信托投资公司）、中国人民建设银行上海市信托投资公司、中国房地产开发总公司上海公司等四家企业发起共同筹建。2000年实施了每10股送4股的分红方案。截止2000年底，公司总股本36786.60万股，流通股本9906.62万股，股东户数31456户。公司前三大股东分别为：1、中远置业集团有限公司持有25150.37万股，占总股本68.37%；2、上海国际信托投资公司持有1729.60万股，占总股本4.70%；3、金泰基金持有1013.25万股，占总股本2.75%。公司董事长：李建红，总经理：邹之中。

【经营业绩】 公司主要从事房地产开发、经营以及房地产配套产业的投资、经营等业务，具备房地产开发企业二级资质。2000年，公司围绕可持续发展目标，坚持生产经营与资本经营联动发展，以"中远两湾城"项目为重点，全方位地推进项目开发和经营，通过各种十分有效的营销措施和手段，不断加大对房地产配套业务的投资和整合，努力构造房地产产业链，获得规模经济效益和协同效应，进一步巩固和扩大了公司在上海房地产市场的地位和作用。2000年度，公司实现主营业务收入29249.14万元，实现主营业务利润13180.40万元，实现净利润28140.38万元。

【项目投资】 公司2000年内投资额比上年有大幅上升，具体出资参股了海南博鳌投资控股有限公司、海南科力电子信息股份有限公司、上海远洋广场餐饮有限公司、上海中远物业管理发展有限公司、北京百慧勤投资管理有限公司、上海汇丽集团有限公司、上海银行、上海中远置业销售策划有限公司、上海中远龙东置业发展有限公司等。非募集资金投资方面：重点投资中远两湾城项目，该项目的进度为：一期（Ⅰ）工程已于2000年9月份完成结构封顶。截止报告期末完成主体工程内粉刷70%施工量，外粉刷60%施工量，设备安装70%施工量。基本完成二期地块内的动迁工作。一期（Ⅱ）工程于同年7月底正式动工。截止2000年底，该项目的预售情况为：一期（Ⅰ）楼盘已预售96%，一期（Ⅱ）楼盘于2000年10月底正式开盘对外预售，完成预售24.33%。此外，公司还就该项目积极与市、区两级政府协调，推进市政配套工程全面实施。其中：中潭路和远景路（暂名）于8月份正式开工，年底专业排管基本结束；昌化路桥于11月份开工，王家宅桥、真如港管线箱涵于年底全部结束；彭越浦河桥于10月下旬开工。

【市场走势】 该股2000年1月4日以20元开盘，跟随大盘同步上涨，2000年3月13日创出35元的最高价，5月实施10送4除权后很短时间内就填满权，后逐级回落，年末报收21.99元，全年上涨50%左右。2000年底流通市值21.78亿元，市盈率28.74倍。该股2000年业绩虽好，但主营业务收入有大幅下降的趋势，后市能否保持稳定的成长还有待继续观察，建议投资者观望为宜。（刘兵）

申能股份 600642

【公司概况】 公司原名申能电力开发公司，是上海市政府直接领导的电力开发和能源建设投资公司，成立于1987年12月，注册资本10000万元人民币。1992年6月24日，改制为申能股份有限公司公司。公司于1993年4月16日在上海证券交易所上市后，在1996年底进行了每10股配8股的配股方案，截止2000年底，公司总股本163308.78万股，其中流通股本25099.20万股，股东户数为84698户。公司前三大股东分别为：1、申能（集团）有限公司持有11.13亿股，占总股本68.16%；2、上海市电力公司持有1798万股，占总股本1.10%；3、国泰君安证券公司持有1488.26万股，占总股本0.91%。公司董事长：杨祥海，总经理：吴家骅。

【经营业绩】 公司主要从事电力、能源项目的投资、建设、经营，是上海地区电力能源建设的主力军之一。主营业务范围包括电力建设，能源、节能、资源综合利用及相关项目，与能源建设相关的原材料、高新技术和出口创汇项目的开发，投资和经营。公司还投资参股银行、证券公司等金融机构。由于合并单位上海吴泾第二发电有限责任公司1号机组正式投产增加了主营业务利润，同时有石洞口电厂1号机组资产转让收益、公司投资的上海石油天然气总公司利润增加以及合并单位上海外高桥发电有限责任公司净利润的增加，公司2000年主营业务利润及净利润较上年都有大幅度的增加，创造了每股收益0.933元的优良业绩。

【项目投资】 2000年公司非募集资金投资方面：公司与上海电力股份有限公司共同投资建设的上海外高桥发电有限责任公司，其生产规模为4台30万千瓦燃煤机组，公司占50%股权。2000年该公司实现销售收入22亿元。公司与上海电力股份有限公司共同投资建设的上海吴泾第二发电有限责任公司，生产规模为2台60万千瓦亚临界燃煤发电机组。该公司注册资本金20亿元，公司占50%股权。2000年7月投产后，实现销售收入4.17亿元。公司与上海市电力公司、国家电力公司华东公司共同出资建设上海外高桥第二发电有限责任公司2台90万千瓦进口超临界参数燃煤发电机组为国家批准的利用世界银行贷款项目，建成后将成为我国目前单机容量最大的火电机组，注册资本金32.2亿元，公司出资比例为40%。项目开工报告已上报国家计委。由公司控股（投资比例为36.8%）的东海平湖油气田扩建工程前期准备工作正在积极进行中。2000年8月，公司拟与上海市政资产经营发展公司分别按60%和40%的比例投资组建上海天然气管网有限公司，注册资本金15亿元。2000年11月，上海天然气主干输气管网一期工程项目建议书已获上海市计委批准。2000年4月，公司与申能（集团）有限公司共同出资组建了上海申能创业投资有限公司，注册资本金2亿元，公司占49%股权。2000年该公司取得了较好的经营业绩。此外，公司还投资了天荒坪抽水蓄能电站项目、拟建浙江桐柏抽水蓄能电站项目、拟投资建设上海化学工业区热电联供项目，以及积极进行华能上海燃气发电项目的前期准备工作。

【市场走势】 该股2000年1月4日以11.95元开盘，全年振幅较大，于2000年3月20号创出最低价9.85元之后持续上扬，2000年8月22日达到全年最高价23.05元，经过调整后，年底收报19.75元，全年上涨超过70%。年末流通市值49.57亿元，市盈率21.17倍。该股业绩优良，充足的现金以及众多的投资项目能够保证其业绩的稳定性，但考虑到较大的总股本及流通盘，持续上升的动力可能不足，建议投资者对该股采取高抛低吸的策略为好。（刘兵）

青岛海尔 600690

【公司概况】 公司是由青岛电冰箱总厂作为发起人，以定向募集方式设立股份有限公司。本公司设立时实收股本为10248.3万元，其中发起法人青岛市电冰箱总厂折资9102.45万元，占公司总股本的88.82%；发起法人青岛市二轻联社折资729.45万元，占公司总股本的7.12%；社会法人出资226万元，占公司总股本的2.20%；内部职工出资190.4万元，占公司总股本的1.86%。截止2000年底公司总股本56470.69万股，流通股本27491.42万股，股东总数为207098户。其中前三大股东分别为：1、海尔集团公司持有1.77亿股，占总股本31.44%；2、海尔电器国际股份有限公司持有1.01亿股，占总股本17.93%；3、二轻联社持有1097万股占总股本1.94%。公司董事长：张瑞敏，总经理：刘向阳。

【经营业绩】 公司属家电行业。据有关调查数据显示，海尔冰箱、冷柜市场占有率均位居同行业第一，2000年的市场占有率分别为：31.2%和38.4%。据海关2000年数据统计，海尔冷柜出口创汇额高居同行业榜首，是第二、第三名总和的5.5倍，在欧洲、中东，海尔冷柜出口分别占全国总量的99.56%和92.91%，海外出口已占总产量的45%。公司2000年实际生产电冰箱279.4万台，同比增长8%。全年完成主营业务收入48.3亿元，同比增长22%；实现净利润4.2亿元，同比增长35%。公司2000年共出口电冰箱83.6万台，同比增长47%。

【项目投资】 公司1999年度配股资金在报告期初尚余41293万元，此部分资金截至2000年8月21日已按原承诺项目投入完毕。其中大冰箱项目已投入生产，此项目扩大了公司大型冰箱的出口能力；洗碗机项目方面，公司已投资设立青岛海尔洗碗机有限公司，该公司2000年已有利润产生；电脑板项目方面，公司已投资设立青岛海尔智能电子有限公司，该公司2000年实现利润2028万元；国际物流中心项目已完成投资，有效降低了公司的运营成本；章丘海尔电机有限公司项目，已完成对该公司的收购，经营情况正常。2000年公司还利用自有资金300万元投资海尔集团电子商务有限公司，并占其30%股份。海尔电子商务已于2000年4月18日开通试运行，截至2000年底，B2B累计成功交易78亿元，B2C成功交易604万元，运行状况良好。公司于2000年9月还通过了关于公司增发不超过10000万股A股的议案，募集资金将用于收购青岛海尔空调器有限总公司74.45%的股权，收购完成后公司将持有青岛海尔空调器有限总公司99.95%的股权，公司的白色家电产业链条将更加完整，销售收入和利润水平都将大幅增加，空调器公司将形成新的利润增长点，为股东带来更佳的回报

【市场走势】 该股2000年1月4日以16.5元开盘，在年初大盘整体涨升过程中放量上涨，最高于3月9日上攻至28.40元，而1月4日的最低点16.21元也是全年的最低价。2000年6月进行10送2派2(含税)的除权后，股价稳步上涨并成功填满权，2000年底收盘价为21.00元，全年涨幅超过50%。以收盘价21元计算流通市值为57.73亿元，市盈率为27.96倍。该股做为典型的绩优蓝筹股，值得投资者予以重点关注，并关注其成长性作为投资决策的重要参考依据。（刘兵）

辽宁成大 600739

【公司概况】 公司是由辽宁省针棉毛织品进出口公司、辽宁对外贸易(集团)公司和辽宁省丝绸进出口公司联合发起，于1993年在辽宁省针棉毛织品进出口公司的基础上吸收其他法人和内部职工入股设立的定向募集公司。公司2000年实施了每10股送2股转增6股的分红方案。截止2000年底，公司总股本24757.20万股，流通股本9781.20万股，股东总股19115户。其中前三大股东分别为：1、辽宁成大集团有限公司持有5137.63万股，占总股本20.75%；2、广发证券有限责任公司工会持有4682.88万股，占总股本18.92%；3、大连利方投资有限公司持有2564.91万股，占总股本10.36%。公司董事长：尚书志，总经理：张德仲。

【经营业绩】 公司系外经贸企业，公司2000年实现进出口总额14790万美元(海关统计)；1999年公司进出口总额列中国进出口额最大的500家企业第163位，出口额列中国出口额最大的200家企业第108位。公司主营棉针织品、毛针织品、家用纺织品及服装的进出口业务，同时经营外经业务。2000年公司实现主营业务收入122483万元，比上年度下降7.23%；主营业务利润19675万元，比上年度增长9.02%。公司同时持有广发证券股份有限责任公司3.2亿股股权，占其总股本的20%。2000年获得投资收益12817万元，占公司利润总额的69.47%。

【项目投资】 2000年公司以自有资金7269.59万元的价格受让辽宁成大集团有限公司持有的辽宁成大星辰医药连锁有限公司96.01%的股权，由于辽宁成大星辰医药连锁有限公司尚处于开办初期，这部分投资还未产生收益。公司拟与英国B&Q公司合作组建家庭装饰建材超市，由于公司与合作方B&Q公司的合同尚未签署，此项合作尚未进入实质性操作，鉴于公司拟定2001年实施配股，该项目又是个很好的项目，公司拟将用自有资金投入改为用2001年配股募集资金投入。此外，公司与清华大学合作成立了“清华成大碳纳米管应用研究开发中心”，公司将在三年内以自有资金投入不低于500万元的研发资金，本年度已投入300万元。

【市场走势】 该股2001年1月4日以22.39元开盘，当日22.22元为全年最低价，在年初的升势中该股最高上摸至40元，6月除权后曾出现大幅填权的走势，年终收报23.85元，全年上涨超过80%，年末流通市值23.33亿元，市盈率33.96倍。该股由于利润过于依赖于所投资的广发证券公司，风险和机遇并存，投资者应该谨慎对待。（刘兵）

上海医药 600849

【公司概况】 公司前身是上海四药股份有限公司，是由上海医药(集团)总公司独家发起，于1993年10月向社会公众公开发行人民币普通股1500万股后于1994年1月正式成立，并于1994年3月24日在上海证券交易所挂牌交易。2000年12月8日，公司2152.44万股国家股转配股上市流通。截止2000年末，公司总股本22955.23万股，其中流通股本10387.5万股，股东户数为34801户。公司前三大股东分别为：1、上海医药(集团)总公司持有10415.29万股，占总股本45.37%；2、中银万国持有462.59万股，占总股本2.02%；3、安信基金持有344.91万股，占总股本1.50%。公司董事长：沈培达，总经理：郁庆华。

【经营业绩】 公司属医药行业，为贸工科一体化的现代医药综合企业，并被列为国家经贸委的电子商务、零售中外合资试点单位和国家药品监督管理局的药房零售跨省连锁、电子商务试点单位。公司的经营规模、销售网络、市场开发能力和创利水平均居国内领先水平，销售收入连年排名全国第一。公司主营业务是现代生物医药、药品制剂、化学药物、天然药物、中成药和营养保健品，以及由国家经贸委批准的13大类进出口

业务范围的各项生产经营。2000 年公司经济效益连续 3 年持续大幅增长，以市场开发、资本经营为标志的新的核心竞争能力进一步增强，以电子商务、现代生物医药、现代物流构成的公司创新能力得到迅速发展。2000 年公司实现主营收入 46.078 亿元，比上年同期增长 1.56%；利润总额 22227.93 万元，比上年同期增长 61.14%；净利润 18483.75 万元，比上年同期增长 95.75%。

【项目投资】 1998 年公司增发 4000 万股人民币普通股，实际募集资金 25816 万元，至 2000 年末实际投资 23778.69 万元。所投资项目中，收购长征富民药业有限公司 51%股权项目、长征富民药业有限公司大输液改造项目、增设市内外零售网点项目、增设市外批发网点项目、计算机网络管理系统等都已完成投资并实现盈利；9801—04 系列新药推广项目，计划投资 2500 万元，实际完成 1608 万元。分别对头孢克洛分散片、复方新诺明分散片等 15 类新药品种进行开发。其中头孢克洛分散片已完成技术转让或投入正常生产，非那甾胺、依贝沙坦和复方单硝山梨酯缓释等品种已通过初审。收购复旦张江生物医药有限公司股权和投资研发生物医药产品项目计划投资 4900 万元，实际完成 2763.47 万元。因该公司增资扩股，公司持股数调整为 26.44%，为第一大股东，2000 年也有盈利。

【市场走势】 该股 2000 年 1 月 4 日以 12.63 元开盘，当天最低价 12.39 元即为全年最低价，随后在大盘大幅上涨的情况下该股也连续放巨量上扬，并于 2000 年 6 月 12 日创出全年最高价 30.88 元，后下跌至 20 元左右后以盘整为主，2000 年底收报 20.75 元，全年上涨 60%。年末流通市值 21.55 亿元，市盈率 25.62 倍。由于该股 2000 年中涨幅接近 150%，下半年基本是以调整为主，公司能否保持一定的成长还有待继续观察，因此，对该股保持观望的态度可能最好。 （刘兵）

春兰股份 600854

【公司概况】 公司是在对原江苏春兰制冷设备有限公司进行全面改组的基础上，由江苏春兰制冷设备有限公司、泰州春兰特种空调器厂和泰州春兰销售公司共同发起并向社会公众公开募集，于 1994 年 3 月 22 日成立。公司于 1994 年 4 月 25 日在上海证券交易所挂牌交易。截止 2000 年末，公司总股本 30630.6 万股，其中流通股本 7979.40 万股，股东户数为 53191 户。公司前三大股东分别为：1、春兰（集团）公司持有 11464.59 万股，占总股本 37.43%；2、泰州国有资产经营有限公司持有 5513.51 万股，占总股本 18.00%；3、BERNIE INDUSTRIAL LIMITED 持有 5353.92 万股，占总股本 17.48%。公司董事长：张鸿志，总经理：朱永祖。

【经营业绩】 公司是生产、销售各种窗式、柜式和 1.5 匹及以下壁挂式空调器及洗涤机械的专业化企业。多年来，在激烈的市场竞争中，始终保持着稳健的发展势头。2000 年公司共生产空调器 490574 台、洗衣机 42880 台，实现主营业务收入 182498 万元，其中空调主营业务收入 176483 万元，主营业务利润 49922 万元，继续保持同行业的领先地位。在国际市场的开拓方面，公司在 2000 年取得了优异的成绩，出口产品同比增长了 137%。

【项目投资】 公司在 2000 年没有募集资金，也没有将前期募集的资金在 2000 年使用的情况。其它投资方面，公司利用自有资金出资 5000 万元参与设立春兰电子商务有限公司，注册资本为 20000 万元，公司占注册资本的 25%。公司于 2000 年提出了增发 6000 万股新股的申请，募集资金将投向如下项目：1、投资 7.405419 亿元收购泰州春兰空调器厂；2、投资 3 亿元增资江苏春兰电子商务有限公司，使春兰股份公司在该公司的出资达到新注册资本的 70%；3、投资 8165.62 万元收购春兰（集团）公司春兰制冷技术研究所及相关专利技术成果。

【市场走势】 该股 2000 年 1 月 4 日以 19.20 元开盘，当天最低价 19 元也是全年最低价，全年走势以震荡盘升为主，2000 年 8 月 24 日最高上摸到 27.90 元，2000 年末报收 24.50 元，全年上下振幅只有 40%左右。年末流通市值 19.55 亿元，市盈率 28.16 倍。该股长期以来股性不活，因此，虽然业绩优良，但成长性一般。由于要增发新股，可能会受到市场投资者的冷遇，建议投资者对该股采取观望的态度。 （刘兵）

深圳证券交易所绩优股票

五粮液 0858

【公司概况】 公司前身是成立于 1959 年的宜宾五粮液酒厂。1997 年 8 月，由四川省宜宾五粮液酒厂独家发起，并向社会公众公开发行人民币普通股募集设立公司。1998 年 3 月 27 日，公司以上网定价的方式向社会公开发行 8000 万普通流通股，发行价格 14.77 元，发行市盈率 13 倍，募集资金 116560 万元，并向职工配售 800 万股，同年 4 月在深交所挂牌上市；此后，公司经历了多次分红配股，2000 年末期每 10 股配 2 股；2000 年末总股本为 48000 万股，其中：国有股为 36000 万股，占 75%；社会公众流通股为 12000 万股，占 25%。截止 2000 年 12 月 31 日，公司股东总数为 70777 户，其中：未流通国有股 1 户，公司高管人员 11 户，社会公众股 70765 户，其中前三大股东分别为：1、宜宾国有资产管理局，持有 360000000 股（占总股本的 75%）；2、安顺证券投资基金，持有 3100000 股（占总股本的 0.64%）；3、裕阳证券投资基金，持有 1756773 股（占总股本的 0.36%）。公司董事长：王国春，总经理：徐可强。

【经营业绩】 公司属白酒类食品制造行业，主要从事五粮液及其系列酒的生产和销售，目前，公司已形成年产 20 万吨五粮液系列酒的生产能力。2000 年，公司共销售五粮液系列酒 15.03 万吨，实现主营业务收入 39.54 亿元、净利润 7.68 亿元，分别比 1999 年增长 25.77%、19.49%和 18.35%；园满地完成了既定的经营目标。树立经销商与公司长期合作的坚定信心、厂商紧密合作是五粮液获得长足发展的战略决策，在 2000 年，公司重点突出抓好“质量、效益、服务”三项承诺，与 600 多家实力强、信誉好的经销商建立了紧密的合作关系，这些与公司风雨同舟，紧密合作的商家，成为了公司的巨大资源；同时，在生产上不断创新、增优、降耗、促效益，全面实施物资招投标采购制度，大大降低了成本，既保障了生产供应，又减少了原辅材料的库存积压，加速资金周转，全年降低原辅材料采购成本上千万元。

【项目投资】 在2000年度，公司与四川省宜宾五粮液集团有限公司共同发起设立四川省宜宾五粮液投资(咨询)有限责任公司，该公司注册资本为人民币5000万元，总投资50000万元。其中：五粮液集团有限公司出资2500万元，占总投资的5%；五粮液股份有限公司出资47500万元，占总投资的95%。同时，本公司与集团公司达成协议，将根据市场情况调整该公司的总投资额度。

【市场走势】 2000年1月4日，五粮液股票以29.50元开盘，随即走出一波上升行情，在2月5日冲至37.05元的高位，但此后的很长一段时期内，股价一直维持强势整理态势，稍微落后于同期的大盘走势，但基本上无量整理，带有很强的洗盘色彩；2000年9月26日，该股回到了30元附近，展开了一波强劲的上攻行情，不断带量拉升，最高攀至42.98元的年内最高价，年底以39.54元收盘；其年末的流通总市值47.448亿元，市盈率24.7倍。该股在2000年的涨幅略小于大盘的升幅，但考虑到该股经历了1999年中期的10股转增5股的股本扩张，可视为除权后的稳健填权行情；该股业绩优良、稳定，市盈率偏低，虽行业前景一般，但其拥有上佳的品牌效应，是行业中的龙头企业，盈利能力强，在二级市场中也一直维持稳健盘升的强势态势、表现出了良好的抗风险力；因此，该股属中长期投资品种，值得长期持有。 (刘兵)

中集集团 0039

【公司概况】 公司前身中国国际海运集装箱股有限公司，成立于1980年1月，由香港招商局集团有限公司与丹麦宝隆洋行全资设立，属中外合资企业；1995年8月，公司经国家工商行政管理局批准，更名为中国国际海运集装箱(集团)股份有限公司。至2000年末，公司总股本340201398股，在已流通的部分中，人民币普通股45991288股、境内上市的外资股142403801股；截止2000年12月31日，该公司共有股东46274户，其中A股股东40383户，B股股东5891户；其中，前三位股东是：中国远洋运输(集团)总公司持有68208940股，持股比例为20.05%；招商局货柜工业有限公司持有68208940股，持股比例为20.05%；LONG HONOUR INVESTMENTS LIMITED持有26200005股，持股比例为7.70%。公司董事长：李建红，总裁：麦伯良。

【经营业绩】 公司主营标准集装箱、特种集装箱、特殊区域集装箱和其他现代交通运输设备的设计、制造、维修及销售业务，是目前世界最大的国际标准干货集装箱制造商，也是中国最大的冷藏集装箱制造商。2000年，该公司在“巩固调整，创新求变”经营方针指导下，主要业务经营取得重大进展，1999年新加盟的4间集装箱工厂经过投资和改造，已形成新的生产能力，提高了集团在华东、华北区域及冷藏箱产品的市场占有率；已经形成了集团在华南、华东、华北合理分工，相互支持的战略格局；2000年度，其干货集装箱国际市场占有率为38%，国内生产份额将近48%；2000年该集团集装箱主营业务总计实现销售868284万元，比上年增长73.33%，占集团销售总额的96.97%，其中：(1)干货集装箱累计销售655760TEU，实现销售收入719443万元，比上年增长71.79%，占集装箱销售总收入的82.86%；(2)特种箱累计销售14021TEU，完成销售额25991万元，比上年增长45.33%，占集装箱销售总收入的2.99%；(3)冷藏箱累计销售29394TEU，实现销售122850万元，比上年增长91.09%，占集装箱销售总收入的14.15%；同时，公司在集装箱衍生产品的开发方面，已经初步完成了挂车(Trailer)和集装箱底架车(Chassis)的设计，并进入研制阶段，为下一年度进一步提高经营能力打下了坚实的基础；另一方面，公司在经营木业、基建、房地产、机电设备制造等方面均取得了良好的效益。截止到2000年12月31日，该集团实现主营业务收入8954274836.11元人民币，净利润461965079.10元人民币，分别比1999年增长72.30%和79.31%，每股收益达1.36元。

【项目投资】 2000年，公司通过全资子公司中集(香港)有限公司，参与设立新会中集集装箱木地板制造有限公司，投资943万美元，，中集集团占有82%的权益；该项目已于2000年3月试生产，上半年累计实现销售收入94.13万美元，尚未实现盈利。由上海逸仙路桥发展有限公司投资1.7亿元人民币，全长3.4公里的上海江杨路二期及蕴藻浜大桥工程，已于2000年3月正式通车，中集集团占有40%权益。上半年，南京金城花园第四期工程主体结构已封顶，2000年4月，由本集团的全资子公司深圳中集置地发展有限公司开发的天海豪景苑已经通过工程验收，并正式销售。

【市场走势】 2000年1月4日，中集集团以17.14点开盘，在略经整理后一路放量拉升，6月29日创下33.65元的年内最高价，涨幅接近100%；此后开始缩量回调，但调整的幅度不大，并在8月28日再次冲上28.88元的高位，其年末A股的总流通市值为11.45亿元，每股收益1.36元，市盈率为18倍；在2000年度里，该股一直维持强势上攻的态势，明显强于同期大盘的走势，是市场上涨幅惊人的牛股之一。该股为深市的老牌绩优股，业绩稳中有升，具有良好的抗跌性，在过去的几年中都增推出了较好的分红方案，是一只适合中长期投资的股票。 (刘兵)

世纪中天 0540

【公司概况】 公司前身是贵阳市城镇建设用地综合开发公司，成立于1980年，1984年更名为中国房地产建设开发公司贵阳公司，2000年12月26日，公司名称变更为“世纪中天投资股份有限公司”。上市以后，随着业务发展需要，公司股本通过分红与配股形式有较大规模的扩张，1994年每10股送2股、1995年每10股送1股、1997年每10股转增1股；1999年末期推出每10股送4.2股并转增5.4股；截止到2000年12月31日，公司总股本达192242040股，流通股66224355股，2000年期末股东总数4837人，其中，前三位股东分别是：世纪兴业投资有限公司持有64680000股(持股比例为33.65%)；网泰金安信息技术有限公司持有23284800股(持股比例为12.11%)；贵阳市国资局持有21318157股(持股比例为11.09%)。公司董事长：鲁石。

【经营业绩】 公司主营一级房地产开发、设计、室内装潢等，并开始涉足高科技及项目投资和管理等。2000年，公司在完善企业法人治理结构调整的基础上，对公司业务结构作了重大调整，淡出了建筑安装、规划设计、监理、材料设备经营、装饰装潢等行业，主导产业得以成功转型；在巩固公司在贵阳房地产市场优势的基础上，以公司投资清华紫光科技创新投资有限公司为标志，以最快速度介入高科技投资领域，公司确定将发展电信和生物医药作为企业的突破口，初步形成了高科技投资与房地产投资并举的战略格局；在2000年里，先后投资了清华紫光科技创新投资有限公司、亚太东方通信网络有限公司、网泰金安信息技术有限公司和吉通通信有限公司。但房地产项目仍是公司利润的主要支撑点，2000年度，公司房地产主营业务收入20198.6万元，比上年的14767万元增加5432.6万元，增长37％。实现税后净利润22947.8万元，比上年同期2892万元增加20055.8万元，增长693％；而其主要的全资附属企业及控股子公司也取得了较好的经营业绩，其中，中天花园事业部实现利润1344万元、中天广场事业部实现利润1252.5万元、中天星园事业部实现利润1751.1万元，公司在培育新的利润增长点方面取得明显进步。2000年末，公司的每股收益达1.19元，调整后的每股净资产为2.07元，股东权益收益比率为40.07％。

【项目投资】 在2000年度里，公司项目投资的重点仍在房地产的开发与销售方面，其中，对中天花园国家级住宅示范小区投入资金5035.5万元；对中天广场项目投入5037万元；对中天星园投入5437.99万元。另外，公司也涉及多宗资本运作项目，如在2000年6月，公司向清华紫光科技创新投资有限公司投资入股2000万元人民币，占清华紫光科技创新投资有限公司股本总额的11.11％，并在年末将该部分资产转让给内蒙古饭店；2000年9月，公司以1950万元人民币协议受让世纪兴业投资有限公司所持有的亚太东方通信网络有限公司40％股权，并再次在2000年末进行转让；以上资本运作均实现了较好的短期投资收益。同时，公司加快了业务转型的步伐，2000年9月，公司投资3750万元入股组建网泰金安信息技术有限公司，占该公司总股份的20％；2000年12月，公司出资6000万元人民币收购国投电子公司持有的吉通通信有限责任公司5.51％股份。

【市场走势】 2000年1月4日，该股在本年度的第一个交易日以13.35元开盘，很快就摆脱横盘整理区的压制，一路攀升，均线系统呈现出强烈的助涨形态，6月28日，股价冲至48元的历史新高，涨幅接近260％；在7月3日除权后，继续保持强势态势，呈现出台阶式的稳步推高，慢牛填权行情比较明显；年末，以35.55元收盘，流通股总市值达23.46亿元，市盈率29.6倍。该股在2000年里表现强劲，股价连续翻番，是市场上最活跃的股票之一，其业绩的大幅提升带给了投资者强烈的追涨欲望；作为一只异军突起的小盘绩优股，该股在一个中短期的时间里，具有题材挖掘潜力；但在股价翻番的热炒后，宜警惕高位风险，适合于做短期的投机性操作。 （刘兵）

中原油气 0956

【公司概况】 公司是由中国石油化工集团公司中原石油勘探局作为独家发起人，以其所属采油四厂和天然气产销总厂的生产经营性资产，经评估后折成国有法人股份，其余股份以募集方式向社会公开发行股票（A股）组建的股份有限公司。原采油四厂和天然气产销总厂及相关的职能科室的生产经营性资产与相关负债、所有者权益进入公司，与两个厂区相关的非经营性资产不进公司，与中原石油勘探局签定有偿服务协议。截止2000年12月29日，公司总股本68000万股，其中流通股A股17000万股。公司在册股东总数46111户；其中，前三位股东分别是：中国石油化工股份有限公司持股510000000股，持股比例为75.00％；安顺证券投资基金持股12054619股，持股比例为1.77％；同盛证券投资基金持股7318200股，持股比例为1.08％；公司董事长：刘恩学。

【经营业绩】 本公司的主要产品为石油和天然气，产品结构和业务结构比较单一；由于主营业务在公司收入中所占的比例较大，因此，油气价格的涨跌直接影响到公司效益的好坏。石油、天然气资源是不可再生资源，石油和天然气的开采随着开采时间的延长和开采程度的加深，有其逐年递减的规律；特别是本公司所辖油气田，油气开发井深平均在3000米以上，地质情况较为复杂，随着开采程度的加深，造成油气开采成本较高。针对以上问题与困难，与中原石油勘探局共同出资设立中原绿能高科有限责任公司，并出资参股南方证券公司，稳定了油气主业、拓宽了公司的发展空间。2000年，本公司生产原油63.5万吨、天然气80292万立方米；共销售原油58.8万吨，销售收入103283万元，占主营业务收入的54.01％；销售天然气68569万立方米，销售收入46724万元，占主营业务收入的24.4.％。公司2000年实现净利润79806万元、每股收益1.17元、净资产收益率31.66％；销售收入增长47％，净利润大幅增长2.03倍。各项经济指标均创历年来来最高水平。

【项目投资】 2000年公司总投资84223万元，其中投资油气滚动开发项目74373万元。总投资构成为：投入使用募集资金44593万元，使用企业自筹资金39630万元。在募集资金项目投资方面：1.文南油田开发建设项目，2000年完成投资23535万元，实施钻井38口，其中完成产能建设及地面配套井31口，新建原油生产能力12.21万吨，新油井当年生产原油7.21万吨，实现销售收入12665万元；2.天然气开发建设项目，2000年完成投资15375万元，实施开发井18口及地面配套建设，新建天然气产能2.21亿方/年；3.第三气体处理厂改扩建项目，2000年完成投资13138万元，累计完成投资15601万元；4.轻烃深加工处理项目，2000年完成投资656万元，累计完成投资957万元。企业自筹资金投资项目投入方面：1.公司油田开发建设及文南零散区块开发建设投入8684万元；2.采油四厂和天然气产销厂老油气田地面调整、维护、改造工程等投资8703万元；3.投资4950万元参股南方证券有限公司；4.投资4900万元与中原石油勘探局共同出资组建河南中原绿能高科有限责任公司，开发液化天然气（LNG）项目和压缩天然气（CNG）项目（中原绿能高科有限责任公司于2000年9月20日登记注册，注册资本1亿元人民币，本公司占49％的股权。）；5.公司非安装设备购置3839万元；6.公司计算机、节能、消防、防洪、后勤辅助等工程投资443万元。

【市场走势】 2000年1月4日，该股在以6.27元开盘后，即显露出快速攀升的石头，在2月中旬上摸11.88元的高位后回探强势整理，在5月19日重新发力上攻，不断创出新高，几乎呈现出波澜壮阔的单边上扬行情，至11月15日创下18.10元的上市后最高价；之后，略有小幅回落，以缩量整理为主，但仍保持了较好的强势格局；从其年初最低的6.27——最高的18.10元，最高涨幅达187％；到年内的最后一个交易日12月29日，其收盘价为15.30元，流通总市值26.01亿，同比增长超过140％；年末市盈率约13倍公司随着加大科技、资金的投入力度，一批规模较大的新的投资项目正逐渐形成新的利润增长点；因此，其股价颇受基金机构以及普通投资者的追捧，股价呈现出“长牛”上攻形态应是正常的“价值型”投资的结果。由于该股资产质量较好、盈利能力强，且仍处于快速增长期，因此，是一只适合长线关注的股票。 （刘兵）

石油大明 0406

【公司概况】 本公司由胜利石油管理局、胜利石油管理局劳动服务总公司、中行东营市分行中苑劳动服务公司三家共同发起，以定向募集方式于1992年底设立的胜利油田大明集团股份有限公司。2000年3月，公司向全体股东每10股配售8

股(配股价为每股人民币5元),配股可流通部分已于2000年4月19日上市交易;配股完成后,上市流通股份(含高管股)总额由12306.87万股增至22152.366万股,公司总股本由16853.13万股增至30335.634万股。截止到2000年末,公司股东总数为56842户,前三大股东持股情况为:中国石油化工股份有限公司持有79888680股,持股比例为26.34%;光大证券有限责任公司持有9933635股,持股比例为3.27%;普惠证券投资基金持有6724976股,持股比例为2.22%;法人代表:李毅中。

【经营业绩】 公司的主营业务为石油和天然气的勘探、开发、生产和贸易,石油开发业是公司的主导产业。公司生产的原油自2000年1月起全部执行接轨价格,这些都为公司原油开采主业的发展创造了良好的机遇。2000年度,公司实现销售收入83780.95万元、利润总额33045.93万元、净利润27506.11万元、与上年同期相比分别增长了81.54%、335.77%和422.92%;每股收益为0.91元,净资产收益率为21.55%,超额完成了年初制定的各项经营目标。

【项目投资】 2000年度,公司利用实际募集的现金48579.89万元,完成投资31462.2万元,主要投向:购买胜利石油管理局曲堤油田剩余资产17756.70万元。利用配股资金还了曲堤油田总体开发规划中投入的5296.5万元的贷款。年内累计使用8409万元,其中:用于曲堤油田油井开发7171万元,新打油井33口,新井投产27口,新增油气地质储量360万吨,增产原油29611吨,新增利润3438万元;用于油井地面配套工程938万元;科技开发投资300万元。2000年度,公司使用自有资金和银行贷款14491.82万元,主要投资如下几个项目:向恒泰公司实际投资745.32万元,从美国、德国引进6条型材挤出线、1套型材模具和1套混料系统;向防水公司投资789万元,引进了三元乙丙橡塑共混生产线;向烟台电子公司投入900万元,用于49U/S扩产工程、SMD生产线系统配套和车间环境净化改造(在年内新增利润22.31万元);向广州倍思得资讯科技有限公司投资2000万元,占该公司总股本的40%;向北京华泰通网络信息技术有限公司投资2560万元,占该公司总股本的40%;向新旅网公司投资725万元;向北京荣基投资有限公司投资6306.5万元。

【市场走势】 2000年1月4日,该股以8.96元开盘,伴随整个石油板块的强劲上升行情,该股也出现飚升势头,在短期内就冲上14.42元的高价;之后,该股略有回调蓄势,在5月中旬再度发力上功,走出一波量价齐升的"牛市"行情,并于11月13日创下年内最高的15.42元,从年初的启动价算起,该股年内的最高涨幅达91%;截止到12月29日,该股的收市价为14元,流通总市值31.01亿元,年末的市盈率为15倍左右。该公司步入了一个快速扩张的阶段,大批的投资项目正逐步形成新的利润增长点;同时,与国际石油价格的接轨,进一步增强了公司的盈利能力;在公司的主业相当稳定,新的多元化经营初步实现的良好发展势头下,为该公司未来的业绩增长打下了坚实的基础,发展前景可予以积极看好,是一只适合价值型投资的长线个股。 (刘兵)

中兴通讯 0063

【公司概况】 本公司于1997年7月9日,经批准由深圳市中兴新通讯设备有限公司、中国精密机械进出口深圳公司、骊山微电子公司、深圳市兆科投资发展有限公司、湖南南天集团有限公司、陕西顺达通信公司、邮电部第七研究所、吉林省邮电器材公司作为发起人,以募集方式设立。2000年6月公司实施了1999年度资本公积金转增股本方案(以1999年末总股本34450万股为基数,每10股转增2股),公司总股本由期初的34450万股增至期末的41340万股;截止到2000年12月31日,公司已上市流通股份合计1.24亿股,股份总数4.13亿股,共有股东35256户。其中,前三名股东的持股情况是:深圳市中兴新通讯设备有限公司持有244920000股(国有法人股),持股比例为59.25%;深圳兆科投资发展有限公司持有12480000股(法人股),持股比例为3.02%;湖南南天集团有限公司持有7800000股(法人股),持股比例为1.89%;公司董事长:张太峰。

【经营业绩】 公司主要从事数字程控交换系统、移动通讯系统、数据通讯系统、多媒体通讯系统、通讯传输系统、卫星及微波通讯系统、计算机软硬件技术开发与生产以及包括承包境内外通讯工程和国际工程招标在内的各种对内、外经济技术合作业务。2000年,公司产品发展重点已由传统交换设备转向了移动通信、数据通信、光通信三大领域。其中,在移动通信方面,公司已推出"移动一体化"网络解决方案,同时积极开展第三代移动通信系统的研发;由公司自主开发的包括移动基站、移动交换机在内的全套CDMA移动通信系统,于12月在国内同行中率先取得了信息产业部颁发的包括CDMA800MZXC10-MSC/VLR、HLR/AUC、BSC、BTS在内的电信设备进网许可证;另外,世界首部机卡分离的CDMA手机也于10月研制成功,使中兴通讯在CDMA产品领域取得了独有的优势。数据通信方面,公司遵循"高端入手,全面介入"的思路,开发和研制ATM。系统产品和以高速路由器、接入服务器为代表的IP数据网络产品,已开发出包括大容量综合接入系统、接入服务器、IP电话系统、高/低端路由器,以及各类数据接入设备,数据终端等13大类产品,已具备同国外厂商进行全面竞争的实力。光通信方面,在INTERNET网络和WDM传输技术提供超大容量带宽资源的双重刺激下,公司32X2.5GDWDM产品将开始产业化,10GSDH传输设备、光分插复用器(OADM)也将推向市场。2000年公司的各项业务均取得了突飞猛进的增长,全年实现主营业务收入452343万元,比上年同期增长81%;全年实现净利润35415万元,比1999年同期增长67%;年末每股收益0.86元,净资产收益率18.87%。

【项目投资】 2000年上半年,公司将1999年7月向社会公众股股东配售1950万股A股募集而得的资金中剩余的10277万元全部投入完毕,重点在移动通信GSM900/DCS1800基站子系统项目上。2000年9月7日,本公司拥有65%股权的深圳市中兴新太数据通信有限公司以6500万元人民币转让给德利伟科技有限公司。公司的接入网技术改造项目、多媒体通讯技术改造项目均已于2000年上半年完成,取得较好的投资收益。在其他投资方面:1、2000年1月,公司出资520万元人民币(占65%股权)与合作方吴培春先生合资组建了无锡市中兴光电子技术有限公司,该公司主要从事光电子技术开发及相关产品 制造、销售、技术服务等业务;2、2000年3月,本公司出资3000万元人民币(占60%股权)与国投电子公司合资组建深圳市中兴集成电路设计有限责任公司,该合资公司主要从事设计、开发、生产和经营各类集成电路及相关电子应用产品。3、2000年3月,本公司出资900万元人民币(占90%股权)与深圳市康讯电子有限公司合资组建深圳市中兴移动通信设备有限公司,该合资公司主要进行通讯设备和CDMA移动通信设备的开发研制。4、2000年8

月，本公司出资 324 万元参股北京中视联数字系统有限公司，持有该公司增资扩股后 9%的股份。该公司主要从事生产、销售数字技术产品；数字技术开发、转让、咨询、培训。5、2000 年 10 月，本公司出资 300 万元人民币（占 30%），与成都铁路通信信息有限公司等合资组建北京中兴远景科技有限公司，该合资公司主要从事 IDC（数据中心）和城域/园区网络集成核心软件产品的开发研制。6、2000 年 10 月，本公司出资 500 万港元，在香港设立全资子公司中兴通讯（香港）有限公司，主要负责在香港市场销售其投资主体的产品和采购所需元件及配套设备；技术开发、转让；培训和咨询服务。

【市场走势】 该股在 2000 年的首个交易日以 28.60 元开盘，略经震荡，旋即出现快速飚升行情，在短短的一个交易周里一度攀至 40.9 元的高位才回落；在 6 月 12 日该股除权，以 29 元开盘后，展开了一波涨幅惊人的填权行情，至 11 月 14 出现了 43.30 元的年内最高价（其复权价达 75.35 元），表现远远强于大盘，以复权价计算的最大涨幅达 198%；该股的年末收盘价为 31.60 元（未计算复权），流通总市值为 39.18 亿元，市盈率 36 倍左右。该公司凭借在 GSM 和 CDMA 两大系统研发的丰富经验和良好的市场应用基础，又投入重金研发第三代移动通信系统，未来有望在即将到来的第三代移动通信市场占据较为有利的地位，有望获得长远的利润增长潜力，发展前景值得看好，是市场适宜作为中长线投资的品种。（刘兵）

海螺型材　0619

【公司概况】 公司前身是安徽红星宣纸股份有限公司，是由中国宣纸集团公司独家发起，采用募集方式设立的股份有限公司。集团公司以其 542 厂和 312 厂的涉及宣纸生产的经营性资产投入到股份公司，评估后的净资产 4876.38 万元，按 67.67%折成 3300 万股国有法人股。公司于 1996 年 9 月 19 日公开发行 1530 万股社会公众股，另外向公司职工配售 170 万股公司职工股。公司上市后，于 1997 年实施每 10 股送 1 股转增 4 股的分红方案。1999 年 8 月 26 日，公司与安徽芜湖海螺型材科技股份有限公司签定协议，收购海螺型材 32%的股权，2000 年 3 月 29 日，双方再次签定协议，收购海螺型材 68%的股权。至此，在半年多时间内，公司完成了收购海螺建材 100%股权。与此同时，公司出让其持有安徽绿宝药业有限责任公司 92.3%的股份给宣纸集团，同时将公司所拥有的与宣纸有关的全部资产及相关负债转让给宣纸集团。至此，公司彻底重组成为芜湖海螺型材科技股份有限公司。重组后，公司于 2000 年实施了 10 送 4 转 6 的分红方案。截止 2000 年底，公司总股本为 15000 万股，流通股本为 5100 万股，股东总数为 4802 户。其中前三大股东分别为：1、安徽海螺建材股份有限公司持有 7650 万股，占总股本 51.00%；2、中国宣纸集团公司持有 2250 万股，占总股本 15.00%；3、蚌埠涂山投资发展有限公司持有 120.46 万股，占总股本 0.80%。公司董事长：郭景彬，总经理：李剑。

【经营业绩】 公司是科技部确定的高新技术企业，主要从事中高档塑料型材、板材、门窗、五金制品的生产、销售和科研开发。目前，以销量及产量计，本公司为国内最大的型材生产企业之一，在行业中居主导地位。公司主营 PVC 异型材属近年来兴起的新型化学建材产品，是最具发展潜力的建筑装饰材料之一。公司 2000 年实现主营业务收入 55212.98 万元，较上年同期的 3981.90 万元，增长 12.87 倍，实现净利润 9765.58 万元，较上年同期的 1057.31 万元，同比增长 8.24 倍。

【项目投资】 2000 年公司没有向社会募集资金。公司上次募集资金是在 1996 年 9 月，首次向社会公开发行股票，扣除发行费用后共募集资金 9396.24 万元。至 1999 年底，实际投入 6036.24 万元，尚剩余 3360 万元资金没有使用，2000 年 3 月 30 日董事会发布公告变更资金投向，以剩余募集资金和自有资金 21875 万元人民币，受让安徽海螺建材股份有限公司持有的芜湖海螺塑料型材有限责任公司 100%的股权，该项工作已于本报告期内顺利完成。至此，公司的募集资金全部使用完毕。非募集资金投资方面，由本公司占 60%股权的宁波海螺型材有限责任公司，已于 2000 年内完成安装调试，开始生产，在浙江市场进行了广泛的市场开拓，产销稳步增长，并已开始盈利。

【市场走势】 该股 2001 年 1 月 4 日以 17.03 元开盘，该价位即成全年最低价，同时该股也成为 2000 年涨幅最大的牛股之一，全年最高上摸到 55.30 元，2000 年 9 月除权后走势也比较平稳，2000 年底收盘报 25.60 元，全年涨幅超过 200%，流通市值 13.05 亿元，市盈率 39.32 倍。该股由于流通盘不大，业绩优良，因此虽然涨幅偏大，但业绩能够支撑住股价，可以做为继续关注的对象。（刘兵）

风华高科　0636

【公司概况】 公司的前身为 1984 年创建的广东肇庆风华电子厂。1994 年 3 月 8 日广东肇庆风华电子厂整体改组并作为主要发起人以定向募集方式发起设立本公司。2000 年中期实施每 10 股转增 5 股的分红方案。公司还于 2000 年 5 月增发了 4000 万 A 股。截止 2000 年底，公司总股本 53033.10 万股，流通股本 20038.16 万股，股东总数为 51509 户。其中前三大股东分别为：1、广东风华高新科技集团有限公司持有 14248 万股，占总股本 26.87%；2、广东粤财投资有限公司持有 4233.5 万股，占总股本 7.99%；3、肇庆市银华工贸发展公司持有 2677.5 万股，占总股本 5.05%。公司董事长、总经理：梁力平。

【经营业绩】 公司所处行业为电子信息基础产品行业——新型片式元器件行业，属国家电子信息产业优化升级中重点扶持发展的行业，被国家计委、国家科技部、国家信息产业部列入国家当前优先发展的高技术产业化重点发展领域。本公司是目前国内最大的新型片式电子元器件生产企业、国家移动通讯产品国产化配套元器件定点企业、世界十大片式元件生产商之一；同时也是国家高技术研究发展计划成果产业化基地和国家新型片式元器件生产基地。目前公司主导产品为片式多层陶瓷电容器、片式电阻器、片式电感器三大片式元件，其中片式多层陶瓷电容器 2000 年产销量均居于国内同行首位，在全球同行中居第八位；片式电阻器的 2000 年产量居全国第一；片式电感器 2000 年产量居国内第二。2000 年公司及时抓住市场及政策机遇，通过增发新股、资产购并、技术创新，实现了公司主营业务规模的迅速扩大及经营业绩的同步增长，使公司发展跃上了一个新台阶。在连续 6 年经营业绩高增长的基础上，公司全年实现主营业务收入 13.69 亿元，税后利润 3.66 亿元，同比增长 54.80%、63.17%，公司主导产品生产能力同比增长超过 1 倍，继续保持国内行业（包括外资企业）规模领先的优势，在全球十大厂商中排位上升 2 位，公司产品市场综合竞争力进一步提高。

【项目投资】 公司于 2000 年 5 月 10 日成功增发人民币普通股 4000 万股，本次发行共计募集资金 1140000000 元，扣除发行费用43900078.37元后，募集资金净额为1096099921.63元。全部资金已经于2000年5月16日全部到位，至12月31日止，募集资金已投入项目55130万元，其中投入厂房基建及设备购置34009万元，投入项目铺底流动资金21121万元，资金投入占募集资金50.3%。目前公司增发计划实施的项目均按原计划在实施中，项目均已部分投产并产出效益，为公司2000年业绩的增长做出了贡献。

【市场走势】 公司股票2000年1月4日以22.70元开盘，全年以盘升走势为主，1月4日的最低价22.30年即为全年最低价，2000年8月11日创出全年最高价43.48元，9月除权后走势也比较平稳并有一段填权的行情。2000年底以26.85元收市，全年上涨近100%，流通市值53.8亿，市盈率38.9倍。该股2000年整体走势尚属稳健，但成长性能否持续应该是中长线投资者进行投资决策的一个决定性因素。 （刘兵）

格力电器 0651

【公司概况】 公司是在1989年12月，由珠海经济特区工业发展总公司作为发起人以其属下珠海经济特区冷气工程有限公司空调器厂、珠海经济特区塑胶工业公司、珠海经济特区冠英贸易公司的净资产及对其的债权折价入股，折股数780万股。同时，向社会及内部职工公开募股420万股。1991年3月，公司扩股1598.82万股。2000年实施99年末分红10派4元，其后实施每10股配3股。至2000年底，公司总股份为53694万股，其中流通股份为21294万股，股东总数105636户，公司前三大股东分别为：1、珠海格力集团公司持有1.8亿股，占总股本50.28%；2、珠海格力房产有限公司持有3000万股，占总股本8.38%；3、珠海华声实业（集团）股份有限公司持有600万股，占总股本1.68%。公司董事长：苏结宏，总经理：朱江洪。

【经营业绩】 公司主营业务范围包括生产销售空调器、自营空调器出口业务及其相关零配件的进出口业务等。公司作为生产销售空调器的专业化企业，在2000年激烈的市场竞争中稳步发展，2000年生产空调200万台，销售193万台，其中出口22万台，继续保持行业领先。随着居民收入的增加，房改的推进，电网的改造，我国空调器需求总量将以较快速度增长，加入WTO以后，出口也将保持快速增长，行业将保持较快发展。2000年，公司实现销售收入63.42亿元，比上年增长22.79%，实现净利润2.55亿元，比上年增长11.22%，净资产收益率达15.75%，取得了良好的经济效益。

【项目投资】 公司于2000年8月实施了配股方案，共配售3276万股，配股价14元，共募集资金44954万元（已扣除发行费用），募集资金按计划使用，未使用的资金为银行存款。2000年度募集资金原计划投入的项目为1、空调器可视化研究中心；2、空调器并行研发中心；3、空气净化器生产线；4、扩建中央空调生产线；5、格力电器巴西有限公司，2000原计划全部投入完毕，共需资金39250万元。实际募集资金超过项目计划所需资金5704万元用于补充公司流动资金。截止2000年底，募集资金实际投入3628万元。募集资金实际投入进度与原计划有较大差异。前4个项目的实际投入进度较原计划慢的原因是珠海市迟迟没有解决投入项目所需用地，影响了项目的投入进度，公司力争在2001年底完成项目建设。格力电器巴西有限公司投入较原计划慢的原因是公司没有海外投资的经验，对巴西的国情、法律了解不深，遇到的实际问题较原设想复杂，为了对股东负责，降低风险，公司实行先小规模投入，视投入的效果再决定后续投入的投资策略。先期投入已基本可以生产，计划2001年3月投入试生产。

【市场走势】 公司股票2000年1月4日以14.80元开盘，全年波动幅度不大，2000年2月15日最高上摸至18.3元，在2000年6月实施过每10股派4元（含税）及8月实施了每10股配3股之后，于2000年9月25日创下最低价14.45元，全年高低价差不到4元。2000年底收盘为15.42元，流通市值32.83亿元，市盈率21.66倍。该股做为标准的绩优股，股价应该是被低估，对长线投资者而言，逢低介入可做中长期持有或波段运作。 （刘兵）

新兴铸管 0778

【公司概况】 公司发起人新兴铸管（集团）有限责任公司又称为中国人民解放军第二六七二工厂，1995年由新兴铸管联合公司改制为国有独资有限公司，定名新兴铸管（集团）有限责任公司（中国人民解放军第二六七二工厂厂名保留），隶属中国新兴（集团）总公司。截止2000年底，公司总股本43450万股，流通股本13000万股，股东户数74573户。公司前三大股东分别为：1、新兴铸管（集团）有限责任公司，持有30450万股，占总股本70.08%；2、史中华，持有40.08万股，占总股本0.092%；3、普丰证券投资基金，持有27万股，占总股本0.062%。公司董事长：范英俊，总经理：刘明忠。

【经营业绩】 公司主营业务为离心球墨铸铁管及配套管件、钢铁冶炼及压延加工、铸造制品、水泥等。主要产品为离心球墨铸铁管及配套管件和钢铁冶炼及压延加工产品。离心球墨铸铁管广泛用于城镇供水输气，属于为城镇基础公用事业服务的行业，其生产规模及规格品种、质量、市场份额在全国同行业中居首位；钢铁冶炼属冶金行业。2000年，公司加快离心球墨铸管的发展，提高产品的科技含量，实现了产品结构的优化。钢铁与铸管收入的结构比例由1999年的1:0.47提高到1:0.76，进一步增强了公司在市场的竞争能力，使公司铸管产品在市场占有份额继续保持领先地位。2000年主营业务实现销售收入207238.11万元，同比增长9.0%；实现主营业务利润61465.85万元，同比增长28.8%；实现净利润28190.28万元，同比增长22.1%，全面超额完成年度预期经营目标。2000年公司大口径离心球墨铸铁管在国内重点工程应用项目有：太原引黄工程、兰州引黄工程、呼市引黄工程、武汉沙湖排渍工程、襄樊排渍工程等。在离心球墨铸铁管的应用上，公司与上海市煤气总公司合作，完成了《离心球墨铸铁管应用于燃气中压A管网的施工技术研究》课题，并通过上海市科委组织的专家鉴定，为天然气城市管网建设作好了前期技术准备，标志着"新兴铸管"进入城市天然气管网，扩大了产品的应用领域。

【项目投资】 公司在2000年内未募集资金。1998年11月公司实施配股募集资金24288.17万元，配股项目计划投资为21,691万元、补充营运资金2,597.17万元。实际完成项目投资19,114.41万元，其余用于补充营运资金，其中2000年项目投入5051.9万元。从项目进展的情况来看：DN1000—2000球墨铸铁管项目、球墨铸铁复合管加工生产线项目、焦化系统技改项目、炼钢系统技改项目已经建成投产并达到预期目标。管件项目为97年募股的汽车铸件项目部分资金按法定程序变更投向后，再次变更投资方式的项目，即由合资建设变为公司独资投入。该项目由桃江管件扩能和公司本部管件扩能二个项目组成，预计于2001年12月全部完成。非募股资金使用方面，投入资金 2,306.52 万元，用于公司的多项技改项目。

【市场走势】 该股 2000 年 1 月 4 日以 8.43 元开盘，该价格即成全年最低价，年中最高上摸到 14.75 元，年终收盘报 14.32 元，全年上涨 70%以上。以 2000 年底收盘价计算，流通市值为 24.2 亿元，市盈率 22.07 倍。该股业绩优良，目前 20 多倍的市盈率值得投资者以投资的角度介入，长线应该会有比较大的获利机会。

（刘兵）

证券板块概况

房地产板块

【板块背景】 截止2000年年底，房地产类上市公司共有43家，分为房产开发与园区综合开发二类。由于1993年以来房地产企业上市的禁令直到2000年才被解除，现有房地产上市企业上市时间都比较早。早期的房地产上市公司在1994年以前大都有良好的经营业绩；1994年以后，随着国家宏观调控政策的实施和房地产市场的调整，房地产类上市公司整体经营业绩逐年下滑；随着房地产业走出低谷，1999年房地产上市公司的业绩开始止跌回升。2000年，房地产业的运行环境明显优化，总体发展形势良好，宏观经济向好和产业政策支持等因素有力地推动了房地产业的复苏与发展。行业运行的景气程度明显提高，国房景气指数自2000年3月份起每月都创新高，房地产业经过长期的调整后进入新的一轮景气周期的上升期，住宅成为投资和消费的重头戏，个人成为房地产消费的主体，市场逐步走向理性与成熟。

【上市公司评述】 2000年，行业景气提升促进了房地产上市公司的主业发展和利润提高，房地产上市公司的资产重组和资本运作频繁也有利地促进了房地产上市公司经营的改善和业绩的提高。2000年，房地产上市公司经营业绩大幅度增长，赢利能力明显提高，业绩增长幅度在上市公司全部行业中居于前列（加权EPS和ROE增长率为第一名，净利润增长率为第二名）。2000年房地产上市公司每股收益在－1－1.19元之间，43家中赢利的有40家，亏损家数比1999年的6家减少3家。43家公司2000年加权平均每股收益为0.1845元，同比增长40.49%；加权平均净资产收益率为7.7%，同比增长33.33%。板块整体业绩虽然仍低于全部上市公司的平均水平，但与之已非常接近。

从总体上看，行业景气的复苏，主营业务大幅度增长，产业结构的调整和资本的合理运作，是房地产上市公司业绩大幅度增长的最主要原因，不少公司的利润增长来自于主营业务利润的增长，资产重组类公司业绩提高尤为突出；具体来看，各公司情况参差不齐，分化现象在总体情况向好的情况下依然明显；从沪深二个市场情况看，深圳市场房地产企业业绩提高幅度比上海市场的更大，主要是深圳市场中房产企业较多；从子行业来看，房产类公司业绩提高幅度远远高于园区开发类公司，这和本轮房地产周期中住宅是投资和消费的重点是一致的。房产类上市公司业绩大幅度增长，世纪中天、中远发展和深万科每股收益分别达到1.19、0.765和0.477元，一方面是因为房地产市场复苏，部分公司的主营业务利润大幅度增长，如中华企业、阳光股份、光彩建设、世纪中天和深万科的主营业务利润的增长幅度都在30%以上，另一方面是部分房产公司通过资本运作实现了投资收益的大幅度增长，如世纪中天和珠江控股等，世纪中天2000年每股收益达到1.19元，公司主营业务收入增长率为45.03%，但税后利润增长率却高达693%，主要是通过出售部分投资企业股权获得投资收益高达22985.万元。在房产类公司整体业绩大幅度增长的情况下，还有部分公司的利润水平大幅度下降，如珠江实业、世纪星源、深万山、兴业房产的净利润下降幅度高达80%以上，最主要的是自身的原因，如没有品牌、历史包袱重、没有新项目及决策存在问题等，另外这些公司未能把握新一轮房产周期的机遇。而园区类上市公司的业绩增长速度与房地产类比较低，但与往年比增长速度有所加快，陆家嘴、浦东金桥和张江高科三家浦东概念股净利润大幅度增长1224%、48%和100%，拉动了园区类公司的整体业绩的上升。但也有少数公司业绩下滑，如南京高科和苏州高新两家老牌绩优公司业绩大幅度滑坡45.8%和27.6%。

2001年房地产业依然看好，将延续2000年的上升势头，行业景气水平将好于2000年，行业的赢利情况有望继续好转。但是，市场的竞争将更加激烈，供求矛盾不会根本缓解。行业间的收购兼并和企业自身的资产重组将更多地出现。2001年，将有更多的房地产企业发行上市，从而提高整个板块的业绩水平但二极分化的现象依然不可避免。

【重点上市公司】 深万科(0002)　2000年公司实施了配股，华润入主成为大股东，房地产与零售二大主导产业都取得了大的进展，财务指标更趋良好。公司全年实现主营业务收入387330万元，净利润30123万元，同比增长33%和31.46%，每股收益0.477元，配股摊薄后增长14%。公司2000年的快速发展归功于公司业务调整的完成以及房地产专业化经营和品牌优势的建立。2000年房地产和零售业务对净利润的贡献分别为79.4%与8.5%，公司已形成了以住宅开发为核心业务，以房地产和零售业为支柱产业的产业结构。2000年公司新增了434万平方米土地储备，为公司房地产的持续开发打下了基础。

浦东金桥(600639)　2000年实现净利润7025万元，同比大幅度增长48%。每股收益为0.101元(10送1摊薄)，扣除非经常损益后每股收益为0.099元，业绩的大幅增长主要是因为主营业务利润的大幅度增长，增长的基础比较可靠。公司的利润主要来自房产销售和物业出租，营业利润占利润总额的比重达到90.6%，在主营业务利润中，物业出租收入贡献的比例达到52%。净资产收益率也由负数逐步上升到2000年的4.14%，财务指标明显改善，经营明显进入上升通道。业绩的大幅度提升有四方面的原因，经营思路和经营业态的成功转变；1997年募集资金产生效益；房地产市场的复苏特别是浦东房地产市场发展势头良好；金桥开发区高速发展，区内企业和就业人员对物业的需求大幅度上升。

陆家嘴(600663)　2000年陆家嘴经营业绩实现惊人增长。全年实现净利润3.5亿，每股收益为0.187元，比1999年的0.012元大幅度增长1501.85%。公司的经营环境明显改善，已经走出低谷。2000年业绩实现大幅度增长，一方面是公司房地产主营有大幅度的增长，另一方面是公司资本运作力度加大，非经常性项目对公司利润的大幅度增长起了较大的作用。公司已经开始大规模的产业结构调整，将逐步形成地产、房产、金融服务、高科技投资和会展旅游五大板块。但公司经营中还存在不少制约因素，如贷款担保、大股东欠款等。

（李典源）

医药板块

【板块背景】 2000年我国医药经济在一系列积极的财政政策和宏观调控措施的作用下，工业生产继续以平稳态势发展，国内医药市场销售额持续增长，经济效益明显改善，基本实现了“2000年人人享有基本医疗保健”的目标。医药卫生体制改革进一步深化，药品监督管理调控力度、实施强度进一步加强。同时医药企业的合纵连横和人类基因组计划的顺利完成也为2000年的医药行业增添了不少色彩。

【上市公司评述】 医药行业的良性发展在医药类上市公司中得到了更为积极地反映。按照主营业务涉及情况，截止到2000年底，沪深两市共有60家医药类上市公司，大致可划分为化学制药、中成药、生物制药、医药商业及其他(包括医疗器械、商业医院等)这五个板块。

从主要财务指标来看，2000年医药行业上市公司的经营业绩明显好于1999年。实现主营业务收入410.14亿元，增长20.23%；主营业务利润147.76亿元，增长33.69%；净利润33.03亿元，增长16.29%；平均每股收益0.24元，增长0.01元；平均净资产收益率9.04%。医药行业上市公司业绩的大幅增长主要得益于宏观经济的好转、疾病谱的变化、用药需求的增加、产业结构的调整及资本运作。从整体盈利能力来看(剔除1999年和2000年亏损的六家非正常经营性企业)，2000年医药行业上市公司平均主营业务利润率为43.02%，比1999年提高了近两个百分点。平均净利润率为14.60%，比1999年降低2.3%。考虑到2000年国家计委曾经对200多种药品价格进行了三次大的调整，因此取得上述成绩实属不易。同时按照以上数字推断，药品降价可能是减少了药品流通过程中因环节过多而产生的虚高定价，对相应的生产厂家冲击不大。从企业规模来看，2000年医药行业上市公司销售收入超过10亿元的达到13家，比1999年增加3家。这13家公司的平均每股收益为0.29元，比1999年增长0.03元；平均主营业务利润率比1999年提高一个百分点。这说明医药行业大型企业的竞争力有一定提高。但以上数据与国家计划在未来五年内重点发展5—10家年销售额在50亿元以上的医药流通企业，40家年销售额达20亿元的医药制造企业的目标相比尚有很大距离。从子行业来看，制药板块好于商业板块，生物制药、中药企业的盈利能力高于化学制药。与化学制药企业相比，中药企业的平均净利润率为15.65%，远远高于化学制药企业平均5.30%的水平，平均每股收益为0.28元，高出近一倍，验证了目前中药产业在“崇尚自然，回归自然”的社会趋势下受益最大的观点；而生物制药企业的盈利能力最强，平均净利润率高达27.58%，平均每股收益为0.35元，体现出生物制药技术含量高，生产成本低的行业特征，展示了其未来美好的发展前景；医药商业企业的平均净利润率最低，为4.11%，这也是流通领域正常的获利水平；其他类医药上市公司属于例外。其他类上市公司平均主营业务收入增幅、平均主营业务利润增幅、主营业务利润率、净利润率均排名靠前，归因于部分上市公司加大产业结构调整，或是加大产品促销力度或是其他业务迅猛增长。从医药行业未来发展趋势来看，预计主要集中在以下几个方面：(一)重组并购；(二)医药商业；(三)中成药现代化；(四)生物制药。因此，以上领域的医药上市公司可能存在一定投资机会。

【重点上市公司分析】 上海医药(600849) 上海医药为医药商业领头羊，正在努力构建一个集药品生产(中药、西药、基因工程药品、医疗器械等)、医药批发和零售、进出口贸易、电子商务为一体的综合性医药企业。公司通过2000年配股筹资，其中共投资2.1亿元用于医药商业网络建设，特别是用于市内外医药批发网络，以及医药品仓储改扩建、物流计算机管理建设，对于公司的商业扩张、建设物流配送系统有重要意义。目前其市盈率仅20倍左右，属于绩优蓝筹股。

云南白药(0538) 云南白药原主要生产中成药，1999年12月配股持有了云南省医药公司和昆明天紫红药厂股份后，成为了大型医药工贸结合的综合性企业。考虑到公司深入人心的品牌形象及市场地位，新产品云南白药气雾剂较好的市场潜力，以及第二大股东红塔实业强大的资本背景，估计云南白药将有一个价值重新评估、定位的过程。 (*庞飒*)

电子信息板块

【板块背景】 2000年我国电子信息产业继续保持高于全国工业平均增速的增长势头，制造业完成工业总产值9912亿元(按1990年不变价)，同比增长33.8%，增速超过全国工业增长22个百分点，居其他工业行业之首。尽管2000年电子产品市场价格一路走低，全行业实现利润仍位居前列，成为我国实现利润的三大支撑行业之一。全行业完成产品销售收入5800亿元(现行价)，利润总额380亿元，上缴国家税金170亿元，同比分别增长了34%、65.6%和18.3%，电子产品出口额551亿美元，增长41%。通信业全年完成业务总量4725亿元，收入3498亿元，同比分别增长42.4和24.8%，实现利税433亿元，完成固定资产投资2225亿元，同比增长30.3%。2000年电子信息产业运转的突出特点是：投资类产品产销两旺，成为拉动经济增长的主要动力；元器件行业呈高速发展态势，产品出口成为电子元器件行业赖以生存和发展的大市场；以家电为代表消费类产品市场平淡，增长减缓，市场竞争加剧；经济增长逐渐从产品扩张型转向质量、效益型；技术、生产、配套和市场国际化更加明显，三资企业对经济运行作用明显加大；优势企业迅速发展，大公司战略初见成效；软件产业迅速发展，已成为电子信息产业新的经济增长点；产业发展继续向沿海地区集中。产业运行中存在的主要问题有：核心技术的开发能力还需进一步提高；结构性矛盾仍很突出；质量和效益不容乐观；信息能力处于世界低水平之列；资金缺乏贷款困难与企业拖欠的矛盾继续困绕企业发展。

【上市公司评述】 电子信息板块121家上市公司2000年主营业务总收入1541.6亿元，同比增长20%，略高于国内A股市场18%的增长率，但低于IT行业34%的整体水平；净利润为96.4亿元，同比下降11%；平均每股收益0.25元，同比下降10%，净资产收益率同比下降21%；板块总股本扩张23%，每股净资产增加19%。同期国内A股上市公司总体主营收入、净利润、每股收益、净资产收益率同比增长分别为18%、11.6%、3.6%、—3.7%。电子信息板块盈利水平下降主要是受制于家电类上市公司低价竞争导致效益大幅滑坡的影响。家电类42家上市公司2000年主营收入增长率为10.9%、净利润下降高达40%，平均每股收益0.16元，低于A股市场每股收益0.21元的平均水平。实际上，2000年通信、计算机软硬件、电子元器件等领域中的上市公司均取得了不俗的增长业绩，如果剔除家电类上市公司，则电子信息板块主营业务增长率为36%、净利润增长率为26%、平均每股收益0.32元、每股收益增长率为12%，明显优于A股市场整体水平。

【重点上市公司分析】 东方电子(0682) 东方电子在电力系统自动化领域保持了高速、稳定、健康的发展势头，2000年公司电力调度自动化产品中标率超过50%，配电自动化产品国内市场占有率达到60%，其他电力自动化系列产品在国内市场中均占据主导地位。全年共实现主营业务收入13.75亿元，主营业务利润6.25亿元，净利润4.73亿元，同比分别增长了60.68%、47.27%和55.18%。在股本扩张60%的情况下，每股收益仍达0.52元，基本与1999年持平。公司核心技术优势具有相当良好的渗透性，目前已经开始尝试着在相关领域(如铁路、粮食等)应用现代信息技术改造传统产业。

东软股份(600718) 东软股份(原名东大阿派)2000年主营业务收入11亿元，主营业务利润1.95亿元，净利润1.63亿元，分别较去年同比增长50.93%，35.99%和26.67%。其业绩主要来自于软件及系统集成业务和数字化医疗设备，分别约占主营利润的75%和15%。软件出口增长迅猛，全年实现创汇收入1460万美元，同比增长239.5%。2000年公司利用增发募集的资金开始实施"太阳鸟"计划暨软件产业规模化系统工程，取得了良好的进展，在基础软件平台和关键技术、安全产品、工作流、无线通信平台、应用软件平台等方面推出了有竞争力的产品，使公司在电信、电力、社会保险、金融证券、企业、教育、医疗等行业和领域的综合能力进一步增强，市场占有率大幅度提高。总体看来，东软股份具备了强有力的核心竞争优势，产品和业务的发展空间广阔，在软件规模化、产业化方面已取得了重大突破。

中兴通讯(0063) 中兴通讯所处行业发展前景极为广阔，随着2000年我国电信行业的大重组基本完成，各运营商纷纷加大基础网络建设以实现规模经营，2001年移动通讯新建项目也将开始启动。公司是国内以自主技术为主的最大通信设备制造上市公司，产品覆盖通信各领域，公司产品大多具有自主知识产权，一定程度上具备与国际同类厂商竞争的实力。2000年公司取得了良好的经营业绩，实现销售收入45亿元，同比增长81%；净利润3.5亿元，同比增长67%；每股收益高达0.86元，是名副其实的高成长绩优蓝筹股。在收入大幅增加的同时，销售毛利率仍高达38.8%，显示其产品具有较高的技术含量与获利能力。2000年交换和接入业务仍是公司重要的利润来源，但公司已逐步开始向移动通信、数据通信、光通信三大方向进行战略转移和战略提升。 (张玮)

农业板块

【板块背景】 2000年，我国农业整体运行态势平稳。受播种面积减少和自然灾害影响，粮食总产量4.62亿吨，较上年减产9%。畜牧饲料业、水产渔业略有回升，肉类、水产品产量分别达到6270万吨和4270万吨，同比分别增长5.4%和4.1%。但农产品价格继续低迷，农民收入增幅仍在下降。中国农业在矛盾中艰难地寻求新的突破。

【上市公司评述】 沪深证券市场上，属于农业板块的上市公司共有42家(不含PT粤金曼)。其中，种植业10家，林业3家，畜牧饲料业8家，水产渔业(包括淡水养殖和海洋渔业)9家，农产品加工与流通12家。

板块整体业绩尚可，盈利水平有所下降 统计显示：2000年农业上市公司丰产不丰收。42家农业上市公司2000年共实现主营业务收入2566281万元，同比增长50%；实现净利润224256万元，同比减少4.9%(大大低于沪深市场平均净利润增长率11.55%的水平)。平均每股收益0.223元，净资产收益率8.54%，分别高于沪深市场上市公司平均水平9.3%和10.5%。但与上年相比，却分别下降了15.85%、19.13%。5个子行业中，只有农产品加工及流通业业绩有所增长，其他4个子行业均有不同程度下降。其中，畜牧饲料类公司业绩依然最差，平均每股收益仅0.11元、净资产收益率5.58%，均低于农业板块和沪深市场平均水平。42家农业公司中，有27家净利润同比有所增加。其中，蓝田股份以每股收益0.97元的骄人业绩位列沪深市场第七名；银广夏以净资产收益率34.56%也位列沪深市场第七，银广夏股票也成为世纪"大牛股"(累计涨幅528%)。与此同时，仍有5家公司列入亏损之列：3家ST，1家PT，1家新亏损(吉发股份)，2家处于微利状态(大江股份0.01元/股，如意集团0.03元/股)。

表1 2000年农业行业上市公司业绩统计

行业	公司数量	每股收益		净资产收益率(%)	
		2000	1999	2000	1999
种植业	10	0.26	0.41	9.14	12.98
农产品加工及流通	12	0.29	0.15	10.88	5.57
林业	3	0.25	0.33	7.48	10.83
畜牧饲料业	8	0.11	0.18	5.58	8.96
水产渔业	9	0.27	0.28	8.39	13.02
农业行业平均	42	0.223	0.265	8.54	10.56
沪深市场平均	1102	0.204	0.209	7.73	8.24

业绩增长难度加大，利润结构趋向多元 纵观2000年农业上市公司年报，相当部分农业公司普遍存在如下情况：(1)业绩保持持续增长难度加大。统计表明：随着我国农产品流通体制的市场化改革，农业上市公司面临的市场风险明显增加。1999、2000年连续保持业绩增长的公司只有8家。其中，许多公司的业绩还是通过资产重组等方式维持的。如深信泰丰，2000年每股收益0.87元，同比增长496%。但其实际主营业务利润仅为929万元，合每股收益0.0298元，巨额利润来自临近岁末与大股东的两宗资产出售和置换协议，占利润总额的93.22%。从净资产收益率分布来看，在5%－11%之间的公司达到24家，占农业上市公司总数的57%，尤以在6%－10%上分布居多，存在明显的"保配"现象(见表2)。(2)相当部分农业公司的利润并非来自农业业务。由于农业行业的比较效益尚差，农业上市公司单靠农业类业务较难获得满意业绩。因此，不少农业公司开始寻求多元化经营，以非农业务收益弥补农业业务之不足，甚至通过资产重组，全面转型，弃农从新。如亚华种业，种子、乳制品、生化制品等三大主营业务2000年实际营业利润仅为1989万元，同比减少51.92%。而对湖南证券的投资收益，按权益法计有3542万元，占利润总额的54.63%。原本从事鳗鱼养殖加工的厦门大洋(现为创兴科技)，2000年烤鳗加工出口业务利润仅有886万元，主营业务利润的71%来自房地产开发业务，公司实际已是一家房地产类上市公司。类似的还有深信泰丰、天歌科技、永安林业等。

表2 农业上市公司净资产收益率分布情况

区间	ROE<0	0≤ROE<5%	5%≤ROE<8%	8%≤ROE<11%	ROE≥11%
公司家数	3	7	9	15	8

新股业绩难如人意，募资投向更改较多 2000年共有10家农业类公司募股上市(含2000年发行，2001年1月上市的中农资源)，但这些新上市公司的业绩大多没有随募集资金的大规模增加而提高。统计表明，有6家公司的主营利润基本与上年相同或滑坡(3家)，只有洞庭水殖、隆平高科2家主营利润、净利润保持良好增长。净资产收益率没有一家能够达到10%，低于6%的公司有4家，在6%－7%之间的公司有4家。此外，相当部分公司对原定的农业项目心存疑虑，迟迟不投，存在更改募集资金投向的可能。如新中基明确说明"原计

划投入的大部分项目市场发生重大变化，募集资金使用项目董事会正积极论证”。个别公司甚至将大量募集资金用于委托资产管理。如中农资源有3亿资金委托给国泰君安、银河证券管理，占募集资金总数的61%。

表3　2000年农业新上市公司经营情况

单位:元/股、%

公司	2000EPS	2000ROE	主营利润增长率	净利润增长率
新中基	0.22	6.66	−15.93	6.68
中农资源	0.08	2.7	0.078	−32.36
武昌鱼	0.22	9.37	−6.48	19.26
华龙集团	0.13	4.48	−0.62	−3.94
洞庭水殖	0.34	6.03	154	94.35
隆平高科	0.36	4.88	35.23	39.25
秦丰农业	0.24	6.27	2.6	7.19
景谷林业	0.24	8.24	1.28	19.34
国际实业	0.15	4.55	33.99	0.35
先锋股份	0.20	6.02	−3.05	−7.3

规范运作尚存问题，个别公司受到查处　2000年是农业板块上市公司规范化运作方面问题暴露较多的年份，一级市场、二级市场皆有受到证券管理当局质询或查处的农业上市公司。一级市场方面，有2家公司(新中基、隆平高科)招股后受到证监会质询而被暂缓上市，占2000年推迟上市公司数的67%(共计3家)。二级市场上，ST中科股价则在2000年末连续10个交易日跌停板，引发“中科系”其他股票集体跳水。中国证监会对有关机构涉嫌违规操纵ST中科进行了查处，ST中科因此也成为“证券法”实施以来打击的“市场操纵第一案”。上述问题，说明农业类上市公司在规范化运作方面尚不够，个别公司的业务结构缺乏透明，容易成为某些“恶庄”的操纵对象，影响了理性投资者对农业板块的关注和投资，须予注意。

【重点上市公司分析】　隆平高科(0998)　2000年上市新股，主营杂交水稻、杂交辣椒种子。由于“世界杂交水稻之父”袁隆平院士的加盟(名誉董事长)，公司在种子科研方面具有无可比拟的潜在优势。特别是袁隆平主持的“亚种间超级杂交稻育种计划”，已获理论和技术上的突破，正在有关示范片试种，有望在不远的将来成为公司新的利润增长点。　(赵金厚)

石油化工板块

【板块背景】　2000年，在全球经济增长和国际石油价格大幅度上涨的拉动下，我国石油和化学工业生产经营状况持续向好，生产增加、需求上升，效益大幅度增长。石油和化学工业2000年全年实现销售收入13389.5亿元，比上年增长13.2%，实现利润1084.5亿元，同比增长204%。2000年，国际原油价格承接上年的增长势头继续大幅度上涨，全年布伦特国际标准油价平均达到28.5美元/桶，比上年上升58%，米纳斯油价平均达到28.7美元/桶，同比上升65%。油价大幅上升，使我国石油开采业效益大幅度增长。全年原油产量1.63亿吨，同比增长1.95%，实现利润1095.8亿元，同比增长271.2%。受油价上升的影响，石油化工等下游产业形势好转。合成材料、有机化工产品等价格大幅度上升，需求增加，很多产品呈现出多年不见的产销两旺的景象。全年乙烯产量达到470万吨，同比增长8.1%；合成树脂产量达到1079万吨，同比增长19%，实现销售收入641亿元，同比增长39%，实现利润18.3亿元，同比增长30多倍；有机化工产品实现销售收入701.8亿元，同比增长33%，实现利润22.3亿元，上年为亏损近1亿元。由于汽油、柴油价格连续上调，市场上汽油、柴油一度脱销，炼油行业扭转了上半年亏损的局面，实现了扭亏为盈。成品油批发、零售企业效益大幅度增长。

由于宏观经济向好，特别是受轻工、纺织、玻璃、氧化铝、洗涤剂等行业需求的拉动，氯碱、纯碱行业产量增长，价格上升，扭转了连续几年效益下滑的局面。全年氯碱行业共生产烧碱667.9万吨，同比增长15.4%，聚氯乙烯239.7万吨，同比增长29.4%，实现销售收入224.4亿元，同比增长35.8%，实现利润7.8亿元，上年亏损5000多万元，实现了扭亏为盈；纯碱产量达到834万吨，同比增长10%，实现销售收入125亿元，同比增长14.5%，实现利润3.9亿元，同比增长324%。

尽管石油和化工行业在2000年取得了骄人的业绩，但少数行业业绩仍在下滑。由于国内粮食价格仍然低迷，影响了农民种粮的积极性，加上自然灾荒严重，种植面积下降，支农化工产品仍在低谷中徘徊。以氮肥的主要品种尿素为例，2000年的平均出厂价已降到1100元/吨以下，同比下降10%。全国化肥产量3185.7万吨，同比下降0.64%，其中氮肥2398万吨，下降1.66%，氮肥中，尿素产量1412万吨，同比增长0.08%；磷肥663万吨，同比下降1.99%；钾肥124.6万吨，增长36.5%。今年化肥行业实现销售收入939.9亿元，同比增长3.3%，其中，氮肥608亿元，同比增长1.8%，磷肥131.7亿元，同比下降2.9%，钾肥9.2亿元，同比增长57.6%，复合肥151.6亿元，同比增长11%。氮肥行业亏损1.1亿元，而上年盈利4亿多元；磷肥行业亏损2.2亿元，而上年亏损额不到1亿元；钾肥行业实现利润0.56亿元，同比增长23.5%；复合肥实现利润7.6亿元，同比增长18.6%。尽管整个化肥行业不景气，但钾肥、复合肥等小行业仍取得了较好的业绩。农药行业与化肥行业相似，效益也继续下降。2000年农药产量64.8万吨，同比下降2.89%，实现销售收入260.4亿元，同比增长5.2%，实现利润9.04亿元，同比下降15.9%。

【上市公司评述】　据统计，到2000年末，我国在沪深A股市场上市的石油和化工公司共有100家，这100家公司按行业分，石油开采类公司3家，石油贸易3家，石油化工19家，化肥15家，农药8家，氯碱11家，纯碱5家，涂料5家，塑料加工7家，橡胶加工5家，日用化工4家，无机盐8家，合成材料2家，焦化2家，其他3家。100家公司2000年主营业务收入合计达1380.52亿元，同比增长34.1%，主营业务利润198.08亿元，同比增长15.1%，净利润65.32亿元，同比下降3.5%。效益下降的主要原因是吉林化工、石炼化、轮胎橡胶等几家公司出现巨额亏损，另外，化肥、农药等板块上市公司业绩下滑数量较大也影响了整个板块的业绩。每股收益平均0.157元，同比下降8.2%。2000年业绩最好的10家石油和化工上市公司及其每股收益分别是：中原油气1.17元，石油大明0.91元，乐凯胶片0.756元，丰原生化0.583元，鲁北化工0.517元，沈阳化工0.454元，云天化0.448元，南京中达0.442元，辽河油田0.419元，蓝星清洗0.418元。2000年业绩增长最大的是石油开采类上市公司，3家公司主营业务收入平均增长49.3%，净利润增长224.2%；石油贸易类公司次之，3家公司主营业务收入平均增长15.8%，净利润同比增长55.4%；氯碱类公司主营业务收入增长40.4%，净利润增长33.3%；纯碱类公司主营业务收入增长20.2%，净利润增长23.2%。业绩下滑较大的是：石化类公司中的炼油公司，由于石炼化出现较大亏损，造成这一板块净利润由上年的7810万元转而亏损10320万元；橡胶加工类公司，由于轮胎橡胶出现巨额亏损，该板块亏损37740万元，而上年为盈利10082万元；化肥类公司净利润同比下降27.7%；农药类公司净利润下降23.9%。预计2001年全球经济增长率将低于2000年4.

7%的水平，这将导致2001年国际原油价格低于上年，将导致石油开采类公司业绩回落。另外，原油价格下降虽然会使炼油及石化行业成本下降，但从以往的情况看，原油价格下降对下游行业的负面影响也很明显。原油价格下降不仅会带动下游产品如成品油、有机化工产品、合成材料等价格下跌，还会造成炼油、石化等下游行业产品销售不畅，库存增加，货款无法及时回笼。因此，预计2001年石油和化工行业盈利情况将低于上年。

【重点上市公司分析】 石油和化工行业属于传统产业，受经济周期变化的影响较大。但化工行业中化工新材料、精细化工、生物化工等行业技术含量高、附加值高、产品用途广泛，具有很好的发展前景，我国在这些领域大多属于起步阶段，发展潜力很大。

星新材料(600299) 主营业务为有机硅、PBT等化工新材料、双酚A及环氧树脂生产。2000年每股收益0.26元。总股本24000万股，流通股本8000万股。目前有机硅生产能力2万吨/年，现正在新建5万吨/年装置，预计2002年将建成投产，发展前景较好。PBT工程塑料生产能力0.5万吨/年，计划扩至1万吨/年。双酚A生产能力1万吨/年，计划新增加2.5万吨/年聚碳酸酯级。预计2002年—2003年将迎来一个高速成长期。

蓝星清洗(0598) 主营业务为工业和民用清洗剂，水处理技术和水处理剂。2000年每股收益0.42元。总股本15345万股，流通股本7605万股。2001年配股项目聚碳酸酯为工程塑料，属于化工新材料，生产能力1万吨/年，达产后可增加销售收入近3亿元。配股募集资金的另一投向为工业污水处理膜项目，将膜分离技术用于水处理，发展前景广阔，属于环保概念。

锦化氯碱(0818) 主营业务氯碱产品，烧碱、聚氯乙烯、氯化苯等。2000年每股收益0.08元。总股本34000万股，流通股本9000万股。该公司于2000年末收购了母公司的12万吨/年环氧丙烷和11万吨/年聚醚装置，预计达产后每年可增加销售收入9亿元。其利用募集资金建设的12万吨/年离子膜烧碱装置2001年1月投产，每年可增加销售收入1亿元。上述装置达产后每年可增加销售收入10亿元，利润1亿多元，业绩将大幅度增长。

安塑股份(0156) 主营聚氨酯人造革、聚氯乙烯合成革、农用薄膜、PVC板材、天然维生素E原料等。2000年每股收益0.23元。总股本9000多万，流通股本3000多万。该公司开发的"湿法聚氨酯皮革表面印刷方法"、"针织布基湿法聚氨酯皮革加工方法"、"湿法聚氨酯皮革生产用复合基布"已申请专利权。正在建设的1200万平方米/年湿法聚氨酯透气服装、沙发革具有很好的性能，发展前景好，将给该公司带来可观的效益。该公司计划2001年主营业务收入3.2亿元，同比增长140%，预计效益将大幅度增长。 (梁建敏)

纺织行业板块

【板块背景】 自1992年3月纺织行业的首批股票嘉丰股份、联合实业、二纺机在上交所上市以来，截止到2000年末，纺织行业在深沪市场已有91家上市公司(不包括主业已转型的公司)，其中服装行业21家，化纤行业25家，纺织机械3家，其他纺织品类(包括综合类公司)42家。纺织板块的特点：一是总股本和流通股本均偏小。根据对2000年底公司股本统计，纺织板块平均总股本为28662万股，流通股本为9455万股，分别比沪深平均水平低13.9%和16.8%。其原因有：除化纤行业外，纺织品和服装行业的特点决定了本身的经济规模不宜过大；行业的成长性较差，业绩增长缓慢，上市公司无法进行较快的股本扩张。二是筹资能力低。据统计，1992年至2000年底，纺织行业利用股市共募集资金297.45亿元。其中发行新股募集243.2亿元。配股54.3亿元。而同期沪深股市通过发行新股和配股共募集资金4998亿元。纺织筹资额占沪深总筹资额的5.95%，低于纺织公司家数占沪深公司总家数8.38%的比重。平均每家筹资额低于沪深平均水平的28.91%。2000年纺织行业效益快速回升，纺织板块的筹资额也获得了大幅增长。2000年纺织行业共发行新股(含增发，下同)16家，共发行股票111150万股，筹集资金总额(扣除发行费用)757593万元。分别比1999年增长了172.1%和135.8%。纺织板块筹资增长速度比沪深总体高86.6个百分点。但从比重看，纺织筹资额占沪深筹资额的6.6%，依然低于纺织公司家数所占比重。

【上市公司评述】 2000年纺织行业上市公司的盈利水平显著提高。根据83家纺织行业上市公司年报统计(包括纺织品、服装和化纤)，2000年纺织板块平均每股收益0.212元，净资产收益率7.74%，分别比1999年增长了17%和9.3%。主营业务利润率达20.32%，比1999年高出9个百分点。说明纺织板块的业绩增长是靠主业增长实现的。化纤板块25家公司2000年主营收入增长了13.4%，但主营利润和净利润分别下降了2%和5.3%。主要原因是粘胶类公司受原料上涨和产品降价的影响，效益大幅下滑。涤纶类公司受产品涨价的推动，业绩回升。维纶类公司(主要生产聚乙烯醇)因产品市场转暖，业绩大幅上升。服装板块21家公司主营收入和主营利润分别增长29%和53%，而净利润却下降8%。主要原因：一是服装市场产品过剩的状况尚没有转变，服装价格仍呈下降的趋势；二是服装板块中有几家绩差公司业绩继续下滑；纺织品类37家公司主营收入、主营利润和净利润三项指标均大幅增长，且净利润的增长幅度超过主营利润增长幅度15个百分点。主要原因：一是棉纺织公司受棉价回落、产品热销的推动，效益快速回升。二是去年发行上市的新股表现良好。三是一批重组股靠非经常性收益业绩大幅提升。

纺织行业的发展主要受原料和出口的影响。今年以来棉价基本在13000元/吨左右运行，比去年上涨了20%多。而同期国际棉价持续走低，国际比国内棉价低20%多。因国家对进口棉花实行严格控制，纺织企业只能用国内高价棉，致使国内外棉价的差额将出口棉纱、棉布的利润空间挤占，产品的竞争力大大降低。2000年纺织服装出口达520.8亿美元，同比增长20.9%。创历史新高。但从走势看，2000年8月出口额达到高峰后开始下滑，2001年一季度仅增长2.1%，比全国出口增长14.5%的幅度低12.4个百分点。

综合以上因素，在2000年高增长的基础上，预计2001年纺织行业的增幅不会超过国民经济预期7%的增幅。在不同的子行业中，棉纺织、化纤行业的效益将呈下降的趋势；毛纺织受国际市场羊毛价格的影响，盈利存在很大的不确定性；服装行业利润将维持稳定增长。但一些管理水平高、主业竞争力强的企业仍将获得较快的发展，如上市公司中的申达股份、华联控股、鲁泰、华茂股份、茉织华、龙头股份、杉杉股份、雅戈尔、海欣股份等。

【重点上市公司分析】 申达股份(600626) 公司主营业务包括：进出口贸易、产业用纺织品和传统纺织品制造、房产物业等。2000年实现净利润12336.62万元，每股收益0.406元。

经营活动产生的现金流量为7144万元，若加上1.2亿元的应退出口增值税额，每股经营活动产生的现金流量净额0.63元。资产负债率为55.68%，速动比率为1.06，应收帐款年周转次数达14.08次，存货年周转次数达11.9次，各项财务指标显示公司处于良好的经营态势。2000年该公司进行了一系列憨实资产的举措，使资产质量非常坚实。该公司的纺织品进出口贸易多年来居纺织行业出口额第一，入世后面临着巨大的发展空间。

华联控股(0036)　总股本35956万股，流通股17717万股。1998年大规模重组并第一批增发新股。现已成为以服装为重点，纺、织、染一条龙为主业，兼营房地产开发，自有物业租聘管理和电脑软件开发的纺织类综合性公司。羽绒服装及纺织品经营占营业收入和营业毛利的80%以上，是公司的住营业务。公司自1998年重组后，资产实力、营业收入和盈利能力均呈快速增长的势头，1998、1999、2000年主营收入分别增长158%和177%和105.58%，净利润由1997年的亏损3935万元到2000年底盈利9473.85万元。2000年经营活动产生的现金流量净额30254万元。资产负债率为28.29%。公司控股51%的江苏康博股份公司，在产量、质量、装备水平和经济效益等方面居国内羽绒服行业之首，康博公司下半年有望主板上市。加入WTO之后，羽绒服对美国的出口配额限制将在第一年取消，因此康博将成为"入世"的最早收益者。公司控股60%的杭州宏华电脑公司，在纺织CAD/CAM/CIM系统的国内市场占有率为38%，用户数在全国同行中领先；由宏华公司自行研制开发的具有国际领先水平的数码纺织喷射印花系统，已通过了国家级认定，在国内是第一家。目前该产品正处于产业化推广阶段，发展前景看好。该公司控股90%的深圳华联职业有限公司，主营房地产开发和物业管理，拥有20多万平方米的土地储备资源，在房地产业发展方面具有教大的潜力和竞争优势。　（李质仙）

汽车板块

【板块背景】　汽车行业是技术、资金和劳动力密集的综合性产业，具有很强的产业关联性，据统计，汽车工业每1.00元增值，可带动上下游产业3.00—4.00元的增值。我国汽车行业通过"六五"以来技术引进、合资合作和技术改造，已得到很大的改善和提高，形成了一个大中小企业相结合，整车与零部件相结合，生产与科研教育相结合的，产品门类比较齐全、品种基本完善的工业体系。

表一　2000年汽车产销情况一览表

产品名称	单位	2000年生产量	生产增长率	2000年销售量	销售增长率
汽车总计(含农用车)	辆	2571688	9.38	2585340	10.52
汽车总计(不含农用车)	辆	2069069	13.07	2088626	14.01
其中：　载货车	辆	764005	1.03	774901	3.23
客车	辆	700387	37.77	700988	37.21
轿车	辆	604677	6.95	612737	7.42
农用车(仅计算四轮)	辆	502619	−3.56	496714	−2.11

表二：1998年 — 2000年汽车行业前五名排序　（单位：辆）

名次	企业名称	1998年	企业名称	1999年	企业名称	2000年
1	上海大众	235000	上海大众	230946	上海大众	221524
2	一汽集团	168351	一汽集团	192677	一汽集团	212682
3	天汽公司	155320	长安公司	171012	长安公司	195432
4	东风公司	137164	东风公司	165570	东风公司	157038
5	长安公司	110999	天汽公司	128786	北汽集团	124824

【上市公司评述】　截止到2000年底，汽车行业共有上市公司33家，其中整车18家，零部件15家。从年报情况看，各上市公司的经营业绩情况与整个汽车行业基本是一致的，规模大且处于行业"排头兵"地位的企业其整体经济指标较好，效益居前；反之则较差。我国汽车行业发展的基本特点如下：1、发展由快速增长转为适度平稳增长(参见附图一)；2、产品结构发生根本性变化，轿车、客车等乘用车占比提高到了59%以上；3、由单一的城市市场转为城镇、农村两个市场发展；4、购车主体正由公款集团购买向以私人购买为主转移；5、汽车产品的买方市场格局已经初步形成。

表三　2000年上市公司基本情况汇总

项目	主营业务收入(万元)	主营业务利润(万元)	利润总额(万元)	净利润(万元)	每股收益平均(元)	每股净资产平均(元)
零部件公司合计	1002697.95	215323.80	124785.22	100518.93	0.27	3.15
整车公司合计	3414127.89	595885.48	304758.35	262315.17	0.30	2.65
总计	4416825.84	811209.28	429543.57	362834.10		

【重点上市公司分析】　东风汽车(600006)　主营轻型载重汽车、车用柴油机以及铸件等。2000年实现主营收入344631.19万元，主营利润62868.97万元，利润总额44009.25万元，净利润37384.01万元，每股收益0.3738元，每股净资产2.6948元。从发展的角度看，东风汽车将在继续稳定轻型汽车的同时，强化具有较高技术含量的车用柴油机的发展，同时积极介入轿车这一新的、可给公司未来带来稳定收益的新领域。可以预期，东风汽车正日益成为汽车上市公司的"龙头"之一。

上海汽车(600104)　主营汽车变速器、传动箱、悬架弹簧和拖拉机变速器、转向器等汽车零部件，并参股20%于上海通用汽车公司。2000年实现主营收入249343.00万元，主营利润93215.54万元，利润总额84909.98万元，净利润74226.69万元，每股收益0.53万元，每股净资产3.43元。目前公司正在实施由单一零部件生产向整车生产的战略转型，从长期发展看，依托集团公司的大力扶持，上海汽车预期会在资产重组和资本运作方面取得成功，最终成为我国重要的汽车生产企业之一。

万向钱潮(0559)　主营万向节、减震器、传动轴等汽车零部件和特种轴承、工程机械用万向节总成等。是国内最大的，也是世界同行业中名列前茅的汽车万向节专业生产企业。2000年实现主营收入122999.97万元，主营利润22881.63万元，利润总额15415.41万元，净利润14650.88万元，每股收益0.518元，每股净资产3.23元。从发展看，公司正利用我国即将加入WTO的有利契机，加快整体以国际化为目的的转型发展进程，力争能与国际知名大集团进行整体合作，以使企业的整体素质尽快得到提高，并迅速与国际全面接轨，适应加入WTO后参与经济全球化发展的需要。同时注重企业内部管理，特别是物流管理体系的建立和完善。此外，公司在单一汽车万向节等零部件生产的同时，积极向系统集成和模块化供货方向发展。围绕为汽车提供系统化、模块化的配套服务，以获得更多的收益。是我国汽车零部件行业上市公司中不可多得的绩优企业之一。　（张欣）

第四编

中国期货市场

224/243

中国期货市场

中国期货市场

【概况】 2000年度，是我国期货市场积极探索规范发展新途径的第一年，各项措施的实施，促使市场结构发生了较大变化。2000年市场功能发挥较好的大品种交易量明显增长，风险较大的小品种交易量明显极度萎缩。但是，大品种交易量的增长未能填补小品种退出留下的市场空白。因此，从总成交量来看，期货市场仍处于下滑状态。全年期货市场总交易量为5461万手，总交易量金额为1.61万亿元。与1999年相比，2000年总成交量下降了26%，总成交金额下降了28%，市场规模进一步萎缩。从交易品种情况来看，2000年期货市场的交易主要集中在大豆、铜和小麦三大宗品种上，它们的成交量占全年期货市场总成交量的92%；交易金额占全年期货市场总交易额的88%。从交易所成交情况来看，"扶大限小"政策的实施，促使期货市场的结构发生了重大变化。由于绿豆的平稳退出，郑州商品交易所期货合约交易金额在全年期货市场交易金额的比例，从1999年的49%大幅下降到10%。与此同时，大连商品交易所和上海期货交易所所占的份额比1999年都增加近20个百分点，分别达到49%和41%。

2000年期货经纪业的规范整顿取得了很大成绩。正常经营的期货经纪公司为178家，31家停业整顿，5家特别处理，新批设期货经纪公司营业部91家，期货从业人员6000人，公司的结构更趋合理，整体抗风险能力提高。到2000年底，公司资产总额为100亿元，净资产为55亿元，与1999年102亿元和59亿元基本持平。由于市场交易量萎缩，全国期货经纪公司的经营财务状况仍不乐观。全年期货经纪业吸收的交易保证金平均余额为30多亿元，完成代理交易额1.2万亿元，比1999年减少7000亿元，下降37%。

【规范化管理】 2000年，期货监管工作的重点是深入贯彻落实《期货交易管理暂行条例》，进一步完善规章制度，规范市场行为，保持市场稳定，为期货市场规范发展奠定坚实基础。

（一）完善法规体系，夯实市场基础。2000年，根据《期货交易管理暂行条例》精神，中国证监会建立和修订了数十项法规制度，为期货市场的规范发展奠定了制度基础。1.统一规范了期货交易所《章程》、《交易规则》和《实施细则》。证监会组织有关人士本着建设统一期货市场的原则，对各交易所原有的一系列规章制度进行了彻底的改造，形成了基本统一的交易所《章程》、《交易规则》及《交易细则》等九个实施细则。2.制定了《关于加强期货经纪公司内部控制的指导原则》。为改善和加强对期货经纪公司、企业和其他投资者的管理，按照该《指导原则》的要求，证监会组织编写和发布了《交易管理制度》、《结算管理制度》、《保证金制度》、《法人治理制度》、《内部稽核制度》、《营业部管理制度》、《信息管理制度》等13项期货经纪公司内控制度。为使即将获得境外期货业务许可证的企业依法从事境外期货业务和便于对其实施监管，有关国有企业参与境外期货业务管理规定也即将出台。3.配合国家有关部门加强期货市场立法。证监会配合财政部制定了《商品期货业务会计处理暂行规定》，已由财政部颁布。《暂行规定》使多年一直处于混乱状态的期货业务会计处理得以统一，对企业通过期货市场进行套期保值业务的会计处理做出了特殊要求，使多年来困扰企业套期保值的财务问题得到解决，并将有效地调动企业参与期货交易的积极性。期货经纪公司营业税重复缴纳问题，在《暂行规定》中也有了明确合理的处理办法。

（二）探索新的管理方式，增强抗风险和化解风险能力。1.重新组建中国期货业协会的筹备工作顺利进行，第一届会员大会圆满成功，按规定程序选举了协会领导机构，通过了一系列自律性文件，为发挥自律组织的作用奠定了基础。2.进一步加强对期货经纪公司的监管。在期货经纪公司的年检工作中，对54家期货经纪公司进行了停业整顿、注销资格等处理，其余符合条件或通过整改后达到条件的175家期货经纪公司通过了年检。完成年检工作后，对期货经纪公司进行了业务大检查，摸清了期货经纪公司经营财务状况。首次审批了92个期货经纪公司营业部，不仅进一步明确了期货经纪公司营业部的地位，而且使期货经营网点结构更加合理。3.妥善化解市场风险。一是通过深入调查，与有关单位密切配合，平稳化解了十几家期货经纪公司的风险问题。二是对一些期货经纪公司实行了特别处理，这种处理方式不仅可以有效解决期货经纪公司的问题，而且缓解了对市场的冲击。三是在期货行情出现异常波动时，督促交易所采用正确的方法化解风险。4.全部完成被撤消的11家期货交易所的改制工作，清退了全部会员保证金和绝大部分会员资格费，对未清退的资格费也已作出了清退方案。5.为增强期货交易所的清算能力，证监会协调两家指定结算银行（中国工商银行和交通银行）与三家交易所签订了《银企合作协议书》，确定了总额为23.5亿元的风险贷款额度，大大提高了期货交易所的抗风险能力。6.积极采用先进技术，提高监管效率。委托电脑专业人员分别设计开发了期货从业人员、期货经纪公司及境外期货业务管理系统。这此系统不仅有强大的统计分析功能，而且还能监控每个公司每一天甚至每一笔交易情况，从技术手段上实现了实时监控。（三）采取积极措施，活跃期货市场。毋庸置疑，期货市场低迷已经成为制约市场功能的主要障碍，为此，从多方面采取了积极措施，活跃期货交易。1.为适应我国经济发展的需要和应对加入WTO后的挑战，组织有关方面对豆粕、玉米、白糖、棉花、线材等品种进行了深入研究，完成了合约设计和专家论证，推出了豆粕期货合约。2.成功举办由相关部门、专家学者、业内人士和地方政府领导参加的纪念《期货交易管理暂行条例》实施一周年大型研讨会；多次组织专家及有关人士对关系中国期货市场规范发展的基本问题展开深入研究；组织拍摄了期货市场专题宣传片。3.组织由专家学者和业内人士参加的课题组，对套期保值理论与实践、期货市场财务会计与税收、期货市场风险控制体系、期货市场若干法律问题等进行了专题研究。在专家课题组研究的基础上，编辑出版了《中国期货市场专题研究》。这些工作不仅有利于从根本上推进期货市场的健康发展，而且为期货市场的宣传起到了积极作用。

（四）建立和加强对从业人员的管理和培训制度。根据《期货从业人员管理办法》和《期货经纪公司高级管理人员任职资格管理办法》的规定，2000年开始了有关管理工作。首先是组织编写从业人员考试大纲和教材，完成出题、考试的组织工作。然后，对通过全国统一考试的7000多名期货从业人员和通过审核的期货高级管理人员颁发资格证书，建立业务档案，实行规范化管理。《商品期货业务会计处理暂行规定》颁布后，及时组织全国期货经纪公司和期货交易所的200多名财务结算人员进行了系统培训，为新制度的顺利执行打下了基础。总之，2000年我国期货市场运行平稳，规范化程度有所提高。但是，市场流动性减弱，交易品种过少，市场交易量萎缩导致大量公司亏损，这种状况不能满足国民经济发展和改革开放对期货市场的要求。

湖南期货市场

【概况】 2000年，湖南期货市场在规范试点中平稳发展。期货经纪公司克服了市场低迷、经营亏损等困难，求得了生存；期货投资者增强了风险意识，坚定了投资信心，维持了市场人气；期货监管机关注重服务，加大了监管力度，有效地规范了市场秩序。各方一同努力，使湖南期货市场度过了极其困难一年。

湖南共有正湘行、湘正、天通、金信、鑫众、先锋等6家期货经纪公司，从业人员141人。其中，正湘行、湘正两家公司经营较为规范。这两家公司狠抓了内控制度建设和员工培训等项工作，为后继发展夯实了基础。尤其是正湘行公司，为纪念“一个条例四个方法”颁布实施一周年，举行了期货知识电视大赛，此举社会反响很好。其他公司也在积极主动谋求发展，或在规范整顿，或在筹划开业，或在进行扩股，或在磋商重组。全年累计完成期货代理交易额144.15亿元。

规范化管理 在中国证监会的统一领导下，长沙特派办忠实履行监管职责，全年工作从湖南期货市场的实际情况出发，按照“加强监管，防范风险，保持稳定，夯实基础”的总思路，力尽勤勉，取得了一定成绩：其一，实施监管，注重服务，维持了湖南期货市场的稳定；其二，反复督导，开展巡查，提高了经营机构规范运作的水平；其三，培育机构，力求规范，创造了继续发展的条件。

开展年度检查 根据中国证监会《关于作好期货经纪公司1999年报和年检工作的通知》要求，对期货经纪公司上报的年检材料严格把关。对参加年检的公司进行财务状况、经营管理的现场检查。发现问题后，一方面责成公司整改，另一方面将情况如实上报中国证监会。7月份，正湘行、湘正、天通三家公司顺利通过年检。严格的年检工作，提高了各公司的规范运作水平。

实施现场巡查 为加强期货市场的风险控制，5月中旬至7月中旬，对辖区内6家期货经纪公司进行了巡回检查，了解公司经营管理情况，查阅交易资料和会计报表，提出规范运作具体要求。特别是能针对公司运作中存在的实际问题，大胆进行风险提示，要求公司切实加强管理。与此同时，主动进行调查研究，了解期货市场情况和公司存在的困难，帮助公司解决一些实际问题。

防范市场风险 协调解决客户纠纷问题，重点抓了一家公司的特别处理工作：一是指派专人到公司实施现场监管，监督公司结算制度和保证金制度的执行情况；二是与公司主管机关领导、公司负责人多次交换意见，提出整改要求，督促公司加强管理；三是督促公司注入资金，补足其客户保证金缺口。由于防范及时，措施得力，化解了客户挤提保证金的风险。

内控制度建设 为贯彻落实中国证监会《关于加强期货经纪公司内部控制制度建设的通知》精神，防范期货市场风险，9月份召开了期货经纪公司内控制度建设工作会议，传达了大连会议精神，专项部署了内控制度建设工作。11月中下旬，选择湘正、鑫众、正湘行三家公司进行了现场检查。通过检查，各公司提高了思想认识，健全了管理制度，改善了内部管理，进一步落实了内控制度建设工作。

（特约编委：杨晓嘉，特约编辑，特约撰稿：曹立、于星星）

天津期货市场

【概况】 截止2000年底，天津共有期货经纪公司6家，其中2家停业整顿，剩余的4家分别是天津金谷期货经纪有限公司、金震期货经纪有限公司、浦发期货经纪有限公司、鑫国联期货有限公司；已批准筹建的期货经纪公司1家，即津滨期货经纪有限公司，经初审拟批准异地公司在天津筹建期货营业部5家。4家正常营业的公司有从业人员104人，吸收的客户保证余额5595万元，完成代理交易额388.63亿元，手续费净收入达852.01元，实现利润18.2万元。

【规范化管理】 根据2000年全国期货市场监管工作“规范发展”的指导思想并结合天津期货市场的实际情况，天津证管办确立了“强化现场监管，立足风险防范，查处违规行为，促进规范运作，为合法经营机构创造良好的经营环境”的工作思路。

摸清情况 排除风险隐患 掌握期货经营机构的真实信息，是防范和化解风险的基础。结合期货经纪公司年度年检工作，证管办对辖区公司及未报备的期货交易网点情况进行了摸底调查，通过对机构情况和以往风险案例的综合分析，确定了期货市场及各机构的风险点，制定了有针对性的监管措施。一方面，预防和及时化解新的风险因素，另一方面，着力化解市场存在的的风险因素。2000年，证监办下大力气清理了多家不规范的期货交易网点。天津曾有数十家依附于原期交所的代表处、营业点等不规范的机构，至2000年，其中一些交易点既不撤消、也不申报营业部，但仍在经营。此类交易点多数是合作、承包经营，风险隐患不容忽视。对此，证管办态度坚决，一律予以处理。

促进规范运作 首先，证管办按照中国证监会要求，认真审定辖区公司的《期货经纪合同》文本，统一了风险率标准、强行平仓、通知义务等容易引发纠纷的条款。其次，强化期货经纪公司内控制度建设，在监督、检查各公司内控制度建设的基础上，召开辖区经营机构内控制度建设经验交流研讨会，推广行之有效的经验和做法。第三，督促检查各公司落实保证金管理制度，在加强监督检查的同时，协调机构与有关银行关系，解决保证金封闭运行中存在的操作性问题。第四，发挥天津期货经营机构联席会的行业自律与信息交流功能，该联席会在通报非法经营机构和不良客户、统一手续费标准、避免恶性竞争等方面取得明显效果。

搞好市场服务 针对期货经营机构碰到的问题，证管办主动与税务、工商、银行、法院等部门联系，协调解决机构纳税、工商登记、保证金划转等方面的问题。还邀请相关法院的同志参加市场推介会、研讨会等活动，使他们了解期货业务及监管政策。

开展工作问题调查研究，完善制度 2000年，证管办完成《天津期货经纪公司风险分析及防范》和《当前期货市场监管工作的几个问题》两项调研课题。《当前期货市场监管工作的几个问题》根据派出机构监管工作中的实践,基于监管致力于解决市场信息不对称问题的思路,分析了监管工作信息化、客户保证金管理、营业部审批与管理、监管规则的合理性、交易所与各派出机构协作等问题。为规范监管工作,还制定了《期货经纪公司年检工作程序》、《期货经纪业务现场检查工作流程》、《机构设立现场检查验收工作指引》、《营业部审批工作程序》等内部工作制度。

(特约编委:窦汝广,特约编辑、特约撰稿:初乃祯)

辽宁期货市场

【概况】 2000年,辽宁期货市场继续平稳健康发展,截止年末,辖区内共有5家期货经纪公司。期货经营机构资产总额31788万元,比上年同期增长了16.83%;净资产17225万元,比上年同期增长了11%,营运资金9309万元,比上年减少了7.93%;客户保证金余额11352万元,比上年同期增长了14.67%;手续费净收入2058万元,比上年同期减少了35.57%;代理交易额6242132万元,比上年同期减少了27.23%。

【规范化管理】 根据中国证监会的部署,沈阳证管办围绕贯彻落实《期货交易管理暂行条例》、《期货经纪公司管理办法》、《期货业从业人员资格管理办法》、《期货经纪公司高级管理人员任职资格管理办法》,进一步加强了对辖区内期货经纪公司的监管工作。一是建立了期货经纪公司风险预警系统。利用Microsoft Office软件设计了期货经纪公司风险预警系统,通过计算机对期货经纪公司的保证金平衡差异、营运资金、经调整的净资产与客户保证金的比率、长期投资比率、客户保证金比率、资产负债率、流动比率、保证金比率等八项主要经营、财务指标进行计算,按照正常、有风险、高风险三种结果,自动显示不同颜色背景图案,比较及时、准确、直观、形象和具体地掌握辖区内期货经纪公司的风险程度;二是对期货经纪公司进行了专项检查和重点核查,针对存在的问题,下发了整改通知书,督促期货经纪公司限期整改,规范了期货经纪行为。组织了对东北地区期货经纪公司的联合检查工作,取得了明显成效;三是完成了对辖区内期货经营机构的年度检查工作,对5家期货经纪公司的年检材料进行了认真初审,对发现的问题予以及时解决,使各公司顺利通过中国证监会复检;四是完成了对辖区内期货经纪公司的高级管理人员的任职资格审查工作,促进了高级管理人员乃至从业人员整体素质的提高。进一步建立和完善了期货经纪公司和期货经纪公司高级管理人员及从业人员的数据库,为加强期货从业人员的管理提供了基础保障;五是完成了对期货经纪公司的经纪合同的审查工作,要求辖区内期货经纪公司重新修订期货经纪合同,责成其修改不符合中国证监会要求的条款,对减少期货交易纠纷起到了重要作用;六是对期货经纪公司设立营业部的申请进行了审查,目前,大连万恒期货经纪有限公司在丹东设立营业部的申请已获中国证监会的批准;七是配合有关部门查处了非法经营期货业务行为。

(特约编委:宿庸,特约编辑、特约撰稿:于海联)

山东期货市场

【概况】 2000年,山东期货市场的规范化程度进一步提高,防范和化解风险的能力进一步增强。各期货公司普遍建立健全了法人治理结构,加强了制度建设,在结算、交易、营业部管理、职业道德约束各方面都建立了制度。期货公司的资产质量有所提高,守法经营的意识有所增强,风险事故明显减少,运作规范稳定。同时,期货市场极度萎缩,交投不活跃,流动性大大减弱,期货代理交易额比去年有所下降,各期货公司经营困难,主营业务普遍亏损。面对期货市场的萧条,山东辖区各期货公司对内狠抓规范化建设,严格控制风险,加强业务人员培训,着力提升期货公司的整体素质;对外大力开发市场,为客户提供优质服务。

【期货经营机构】 截止2000年底,山东省(不含青岛市)共有7家期货经纪公司,其中一家公司正在办理增加注册资金手续,处于歇业状态,其他6家公司增资工作已经完成,普遍引进了有实力的大股东,股权结构进一步优化,实力大大增强。6家营业的期货公司注册资本总额18145万元,资产总额30304万元,净资产总额16370万元,客户保证金余额12475万元,全年手续费收入总额1193万元,代理交易额5454382万元,亏损总额243万元。

【规范化管理】 济南证券监管办公室紧紧围绕“抓规范、防风险、促发展”这根主线,积极稳妥地开展期货监管业务。2000年主要做了以下监管工作:一是在对期货经纪公司增资材料初审、年检材料审核、营业部审批、期货经纪公司高级管理人员资格审查工作中,严把审核关,从源头上防范期货市场风险;二是采取现场检查、非现场检查、动态监控、分类重点管理等手段,加强对期货市场的日常监管,及时化解各类市场风险;三是针对期货市场长期低迷局面,把培育期货市场的工作放在重要位置,采取有力措施,积极促进期货市场的健康发展;四是加强对期货市场的调查研究,基本掌握了辖区期货市场的风险状况和监管对象的具体情况,做到了监管措施有的放矢;五是在严格遵守证监会有关规定的同时,制定了一系列操作性强、透明度高的工作实施细则,用制度保证监管工作质量和效率的提高;六是加强与当地工商行政管理部门、公安部门的配合,大力打击非法期货交易行为,保护投资者利益,净化了期货市场秩序。

(特约编委:李相启,特约编辑:赵洪军,特约撰稿:张兆兵)

湖北期货市场

【概况】 2000年,我国期货市场从清理整顿转向规范发展。中国证监会先后召开了全国期货工作会议和全国期货年检工作会议,对期货市场规范发展起到良好的推动作用。在这个大背景下,湖北期货市场按照“打好基础、择优发展、加强监督、做好服务”的工作思路,着重做好期货公司股权转让和增资扩股工作,支持美尔雅公司成功收购汉富期货公司的股权并进行增资扩股,分两批审核批准了5家公司设立9家营业部。通过这一系列工作,湖北期货市场在低迷中规范运行,稳定发展。截止2000年底,全省6家期货公司期货代理交易额达258亿元,手续费收入676.35万元,虽然期货市场总体亏损,但湖北大部分公司仍保持盈利状态,显示了较好的发展势头。

【期货经营机构】 截止2000年底,湖北共有6家期货公司(武汉天立、湖北金龙、湖北楚天、武汉华中、湖北三楚、湖北金良),另有一家美尔雅期货公司尚处在股权转让及增资扩股报批过程中。6家期货公司总注册资本18000万元,资产总额26767万元,客户保证金余额6307万元,代理交易额258亿元,手续费净收入676.35万元,利润总额44.56万元,从业人数148人。

【规范化管理】 一是认真做好期货公司年检工作。中国证监会期货部在广州召开全国期货公司年检工作会议后,武汉证管办及时组织召开了湖北省期货工作会议，对湖北省期货公司年度检查工作进行了周密布置。同时组织中介机构严格进行财务审计，及时反馈意见，通过年检，发现江海公司有抽逃注册资本金的现象，武汉证管办派专人到公司现场指导，督促整改，经过努力，7家期货公司顺利通过年检。二是认真审核高级管理人员任职资格。根据《期货公司高级管理人员任职资格管理办法》的规定，武汉证管办对7家公司已任职的29个高级管理人员的资格进行了初审，并报中国证监会复审。经中国证监会批准，29个高管人员都获得任职资格，153人通过了考试并获得期货从业资格证书。三是开展执法检查，督促期货公司建立内控制度。根据《期货交易管理暂行条例》的规定和中国证监会的要求，武汉证管办对期货公司内控制度和各项管理制度进行了检查，要求期货公司时刻防范风险、加强风险控制。对客户保证金分帐管理，不允许混码经营，强调期货公司不准抽逃注册资本金，经过检查，各期货公司都实现了分帐管理，分码经营。四是积极支持期货公司增设营业部。根据各期货公司的申请，分两批初审同意5家公司设立9家营业部，第一批已有两家营业部得到了中国证监会的批准。五是加强联系，依法打击各种非法期货交易。针对省内各地非法期货交易又有所抬头的现象，武汉证管办配合工商、公安部门协同调查，先后接待了武汉、黄冈、荆州等市公安局以及鄂州、荆州等市法院工作人员，帮助他们调查取证，依法有效地打击了非法期货交易活动。

（特约编委：黄湘平，特约编辑、特约撰稿：周军）

陕西期货市场

【概况】 2000年，陕西期货市场同全国期货市场一样持续低迷，代理交易量进一步萎缩，公司继续亏损。但各期货经纪公司通过加强内部管理，完善内控制度，普遍提高了抗风险能力，为期货市场的发展奠定了坚实的基础。2000年陕西期货市场的代理交易额为710192万元，同比下降68%；手续费收入243万元，同比下降32%；亏损214万元，但同比减少亏损32%；客户保证金余额1185.2万元，同比下降24%；风险准备金余额33.75万元，同比增加20%。期末从业人员113人。陕西期货市场期末客户有200多户，有部分农产品、有色金属的生产、经营企业进入期货市场进行套期保值，期货市场的功能得到初步发挥。

【期货经营机构】 2000年，由于四川兴鑫期货经纪公司迁入，陕西期货经纪公司的数量由3家增加到4家。经纪公司的期末总资产13302万元，净资产11868.2万元，比上年都有所增加。各期货公司在期货市场不景气的大环境下，从内部挖掘潜力，在交易量，手续费收入减少的情况下，比上年减少亏损32%，并有一家公司实现盈利。各公司积极组织员工对《期货交易管理暂行条例》及四个管理办法进行认真的学习，要求员工积极参加从业人员资格考试，普遍提高了员工的素质。各公司结合证监会下发的内部控制指南，对公司内部的各项规章制度进行了重新修订和完善，加强内部制度的建设，完善内部的风险控制机制。各公司对交易系统，结算系统进行技术升级和改造，为开通远程交易和进行网上交易做好了技术上的准备，普遍采用了先进的自动化结算系统软件，提高公司的服务水准，增强竞争的实力。

【规范化管理】 2000年，西安证管办认真贯彻执行“法制、监管、自律、规范”的八字方针，在加强期货市场一线监管，培育和支持期货市场发展方面做了积极的努力和大量的工作。1、进一步贯彻落实《条例》及四个管理办法，首先做好高级管理人员及一般从业人员的资格认定工作，严把入门关。年初协助证监会组织并圆满完成了西安地区首次从业人员资格考试。西安地区共有392人参加了考试，273人通过，其中陕西有160人通过。按照证监会要求，对高级管理人员任职资格进行了严格审查，通过资料审查及考察谈话，对15名拟任高管人员进行初审，有13人通过，获得高管人员资格。同时为规范辖区内从业人员资格管理工作，制订并下发了“期货从业人员资格管理通知”建立了从业人员资格管理档案，各公司从业人员基本做到了持证上岗。其次以建立公司的内控机制为契机，督促公司完善法人治理结构。及时转发了证监会《关于加强期货经纪公司内部控制制度指导原则》，要求各公司认真组织学习讨论，建立健全公司内部控制制度，完善法人治理结构，并对内控制度建设工作进行检查和评估，有效地促进了辖区内公司内控制度建设工作。西北地区期货经纪业务检查结果反映了各公司基本上能结合本公司实际建立符合指导原则的内控制度。2、切实加强日常监管工作。第一、对期货经纪公司进行了年检。对公司的注册资本，资产状况，客户保证金的管理及贯彻《条例》和四个管理办法的情况进行了严格审查，并进行现场查看，辖区内4家公司全部通过了年检。第二、对辖区内公司设立营业部进行初审。辖区内有两家公司提出申请在外地设立期货营业部，接到申请后，西安证管办根据证监会关于设立营业部的要求，对其经营财务情况和守法经营情况进行了重点考核，下发了同意筹建的批复。并对设立过程中出现的问题及时与当地证管办协调，做好服务工作。第三、重视日常监管的基础工作。一是对期货市场监管中的有关情况及时进行整理，归类建档。二是对期货经纪公司进行分类排队，确定重点监控对象，有的放矢地进行风险控制。第四、加强监管工作的法规建设。2000年先后出台了《西安证管办重要事项请示报告制度》、《期货经纪公司工作检查规则》、《期货从业人员资格管理通知》，使监管工作制度化、程序化、规范化。各公司通过认真执行各项制度，基本找到了管理的薄弱环节，有效防范了风险。第五、认真组织西北地区期货经纪业务检查，对首次组织大区内业务检查非常重视。一是召开了辖区内派出机构负责人会议，安排部署了检查工作；二是成立了检查工作领导小组；三是抽调了骨干力量，分组进行交叉检查；四是为保证检查工作质量，每一组配备了一名注册会计师或会计师，并对检查人员集中进行了培训，统一了检查程序，明确了检查重点。在具体检查过程中，根据业务流程，采取重点检查和抽查相结合，查阅资料和实地查看相结合的办法，基本掌握了辖区内期货经纪公司的财务、客户保证金管理、内控制度建设等情况，为进一步加强监管工作打下了基础。第六、积极培育陕西期货市场。针对陕西期货市场实际情况，采取多种形式，广泛宣传期货市场的知识、功能及有关法律法规。了解陕西发展期货市场的潜力和优势所在，开展陕西农产品套期保值情况的调查。鼓励各公司进行期货市场品种的推介和宣传工作，调动陕西企业参加期货套期保值工作的积极性。

（特约编委：薛文石，特约编辑：王宏斌，特约撰稿：任江虹）

山西期货市场

【概况】 经过几年的清理整顿和积极运作，山西辖区期货市场盲目发展的局面得到了有效遏制，2000年山西期货市场开始走上规范发展的轨道。截止年底，山西有3家期货经纪公司，通过增资扩股总资产达1.2亿元，净资产也近亿元，经营实力和抗风险能力显著增强。三家期货公司在太原、大同等经济比较发达的地区设有7个期货营业部，并积极申请设立6个新的期货营业部，使网点建设进入实质性阶段，从业人员也达到507人。年末期货客户为600余人，客户保证金达到2387万元。交易品种主要集中在绿豆、小麦、大豆、铜、铝等几个品种上，全年代理期货交易额287亿元，比上年增长147%，已占有华北地区最大的市场份额。三家期货公司一年整体盈利35万元，扭转了连续几年亏损的局面。一年来，结合山西资源优势，拓宽业务领域，发挥市场功能，与三家期货交易所联合举办了6次以铜、铝、大豆、小麦为主的期货品种推介会和套期保值研讨会，培育了稳定的投资者队伍，开创了山西期货经营机构开发套期保值的新局面，也为相关企业带来了更多的市场机会和发展机遇。目前，太原铜业公司、中条山有色金属公司已有三分之一的产品通过期货交易所进行交易，取得了较好的收益。此外，已着手从浙江绍兴受让一家期货经纪公司，并上报中国证监会审批，以壮大期货市场发展规模。

【规范化管理】 一年来，太原特派办把期货监管工作的重点放在日常监管、规范发展和市场服务方面，取得了明显成效。一是认真做好期货经纪公司的年检工作，通过年检全面把握其经营财务状况，保证具有开展经纪业务的基本实力。二是对三家期货公司的财务状况进行多次不定期检查，特别是检查资本金是否充足或抽逃、客户保证金是否挪用，严格实施客户保证金专户管理办法，从源头上杜绝挪用客户保证金现象的发生。三是严密监视各期货公司经营过程中的变化情况，将有关经营情况的季报改为月报，并且要求对数字变化超过50%的部分作出专项说明，实时有效监管。四是督促期货公司建立和完善内控制度，实施自律管理，重点是从内部建立自觉防范风险的制度体系，形成科学的经营管理机制，确保各公司具备相应的抗风险能力。五是继续完善和实施《期货经纪公司联席会议制度》，每月召开一次例会，对公司经营中出现的困难和问题给予及时的政策引导和相关的咨询服务。六是严格审核各公司申报期货经营机构和营业部的有关材料，到年底已将浙江受让成立的中辉期货经纪公司和省内两家期货经纪公司6个营业部的申报材料上报中国证监会审批。

（特约编委：申志杰，特约编辑、特约撰稿：孙春生）

安徽期货市场

【概况】 截止2000年底，安徽辖区内共有4家期货公司，2家期货营业部，期货从业人员200多人，其中具有中国证监会颁发的期货从业资格证书的人员150人，证监会审批通过的具有期货公司任职资格的高级管理人员14人；全省期货累计成交金额118亿元。2000年，随着期货市场的影响逐步扩大，期货市场规避风险、发现价格的功能日益为企业所认识。辖区内有十多家国有大中型企业积极参与期货市场，开展套期保值业务，涉及的行业包括外贸、五矿、粮油、化工进出口、冶金、金属、化工流通及粮食加工等部门，其中铜陵有色（集团）公司开展期货套保的效益十分显著，为国企利用期货市场开展套期保值起到了良好的示范效应。从总体上看，辖区内期货市场已步入规范运作的轨道，具有健康稳定发展的良好前景。

【规范化管理】 2000年，合肥特派办对期货市场监管，主要开展了以下工作：一是严格把关，认真审核，完成期货公司2000年度年检，其中，重点审核客户保证金的安全性、公司注册资本金的到位率和真实性、资产财务运行状况等，提高了审核工作的质量，并在规定的时间内完成审核工作，辖区内4家期货公司一次性全部顺利通过证监会的复审。二是实现期货公司计算机系统Y2K问题平稳过渡。三是严格按照标准和条件，开展期货营业部设立的初审工作。四是认真落实证监会关于期货公司高管人员任职资格申报的审查工作，严格审查辖区内期货公司高管人员的任职资格申报材料，并按要求进行了任职资格考察谈话，形成书面材料，上报证监会复审。五是重视对期货公司的日常监管，及时发现问题，有效防范风险，发挥证监会派出机构一线监管职能。在日常监管中，坚持执行每月与期货公司主要负责人进行谈话制度，及时了解监管对象情况，注意发现问题苗头，加强对风险的防范。坚持执行期货公司业务报表按月报送制度。通过对每月报表的审查，及时了解各公司的业务经营情况。督促期货公司建立和完善档案管理制度，使其内部档案管理朝着系统化、规范化方向发展。六是开展期货市场调研活动，了解期货公司贯彻执行《期货交易管理暂行条例》和有关管理办法的情况，为证监会进一步制定和完善期货市场监管政策服务。七是为配合全国期货公司内控制度大检查工作，主动对期货经纪业务先期进行检查，并督促期货公司进行自查，完善公司内控制度，重点检查和自查期货公司内部管理制度和制约机制、注册资本金的真实性、财务管理、客户保证金的管理及风险防范措施等，通过检查，促进期货公司完善内控制度建设。

（特约编委：李兵，特约编辑：唐理斌，特约撰稿：刘晓东）

内蒙古期货市场

【概况】 经过1999年全国期货市场的规范整顿，全国期货交易和交易品种的缩减，特别是活跃品种的减少，资金的严重外流使内蒙古自治区期货市场的发展受到一定影响。但由于增资工作的顺利完成，使期货经纪公司的资产质量得以提高，资产规模扩大，公司财务状况得到改善，抗风险能力得到进一步提高。经过规范整顿后的期货市场正在稳健的运行。

【期货经营机构】 辖区内唯一的一家期货经纪公司，是经中国证监会批准的五洋期货经纪有限公司，成立于1995年10月，公司前身内蒙古商粮集团公司期货部。后由内蒙古商粮集团总公司、内蒙古大公实业总公司、内蒙古粮油储运总公司、内蒙古粮贸总公司和内蒙古白塔国家粮食储备库共同出资组建了五洋期货经纪有限公司，最大股东为内蒙古商粮集团总公司。1999年底按照中国证监会要求增资注册为3000万元人民币。其中内蒙古商粮集团总公司注资2000万元，占66.6%；内蒙古大公实业总公司840万元，占28%；内蒙古粮油储运总公司120万元，占4%；内蒙古粮贸总公司20万元，占0.67%；内蒙古白塔国家粮食储备库20万元，占0.67%。公司法人代表为董事长何永盛，总经理陈继军。公司是大连、郑州商品交易所会员单位，公司下设北京营业部，大连、郑州代表处。交易品种为大豆、豆粕、小麦、绿豆四个品种。公司机构设置为股东会、董事会、监事会，董事会为公司决策机构。所有人员均参加过证监会交易所相关行业培训。公司财务管理制度基本健全，建立了会计岗位制度，分工明确，会计人员均具备会计师资格，公司客户保证金专户存取，没有发现向客户透支行为。公司开业以来年平均代理资金量逐年递增，由1994年的300万增加到2000年底554460万元；截止2000年代理手续费收入83万元，成交利润总额－66万元，资产总额4990万元。2000年在全国同行业中排名第96位，2000年成交金额为554460万元，共成交了281875手，代理客户133位，代理资金近3000万元。公司共有管理人员18名，全部具有大专以上学历，均有5年以上实际操盘和管理经验。

【规范化管理】 2000年辖区内期货市场在贯彻条例和四个管理办法的过程中，还注重对从业人员和投资者进行风险防范教育，努力提高市场参与者及各方面的风险意识，为此，特派办还对期货公司实行了《风险防范承诺书》制度，对教育投资者规避风险起到了有效的作用。在规范期货市场的同时，呼和浩特特派办党委针对辖区内非法期货交易活动有所抬头的情况，多次召开会议研究部署打击取缔方案。1998年以来，先后四次组织协调由内蒙古自治区公安、工商行政管理、证管部门配合的大规模打击、取缔行动，把分布在辖区内各个城市的非法期货交易场所集中统一时间取缔查封。到2000年底为止，内蒙古西部各城市的非法期货交易活动场所共20多家全部取缔。 （特约编委：郭文英，特约编辑、特约撰稿：褚永珊）

吉林期货市场

【概况】 按照国务院和中国证监会有关规定要求，吉林省期货市场的清理整顿工作日前全面结束。经过认真地清理整顿，吉林省期货市场已由原来的2家商品交易所、26家期货经营机构清理整顿为1家期货交易厅、7家期货经纪公司和1家省外期货经纪公司营业部；从业人员由原来的527人减少到目前的230人。在清理整顿过程中，吉林省商品期货交易量由1995年的900多亿元回落到2000年的357.1亿元；交易保证金由最高时的1亿多元减少到目前的6800万元；交易品种由原来的10多个逐步过渡到目前的大豆、豆粕和铜等3个品种上来。期货市场盲目发展、无序运行的混乱状态从根本上得到了遏制。

从吉林省期货市场近几年的试点情况看，期货市场在当地国民经济的发展中，初步发挥了促进社会资源节约、发现远期商品价格、引导产品结构及农业种植结构调整和有效规避市场风险的功能，期货经营机构运作的规范化程度及对科技手段的运用也有了实质性的提高。首先，吉林省期货市场的建设符合发挥地方经济优势的要求。吉林省辖区内的9家期货机构坚持把经营重点放在大豆、豆粕等农产品期货市场上，积极开展粮食商品期货交易，有的期货公司为保证合约到期交割，还组建了粮食现货经营机构，实现了期货现货相结合。其次，当地期货经纪机构防范和化解市场风险的能力进一步提高。吉粮发、高斯达、长春金鹏等期货公司为从根本上提高经营实力和抗风险能力，依托上市公司和国有大中型企业完成了机构重组；保留下来的期货经纪公司注册资本金都达到了中国证监会规定的3000万元标准；各期货经纪机构在统一期货交易风险说明书和交易合同文本的基础上，进一步完善了期货公司交易、结算、财务和计算机交易系统管理等13个内部控制制度，为促进市场发展、有效控制风险打下了良好基础。第三，期货市场网络建设和交易手段的现代化水平有了很大提高。长春期货交易厅投入资金700多万元，经过近两年的筹建，初步形成了比较现代化的交易场所。为了给交易者提供更好的投资环境，吉林联发、吉林捷成、高斯达等期货公司已着手研究代理交易向自助委托交易方式过渡。第四，期货从业人员队伍基本素质得到稳步提高。全省230名期货从业人员参加了从业资格考试，其中207名获得从业资格证书；24名期货公司高级管理人员参加了中国证监会组织的培训，有22名高级管理人员通过了任职资格审查。

【规范化管理】 清理整顿结束后的吉林期货市场，已经具备了适度发展的基础和条件，今后的主要任务是本着"规范与发展并重"的原则，坚持把防范和化解市场风险放在期货市场建设和监管的首位，保证期货市场平稳运行，促进地方经济发展。首先，要集中精力搞好期货市场监管，最大限度的降低期货市场风险。要进一步督促各期货经纪公司把内控制度落到实处；加强期货经营机构及其从业人员资格管理；从严规范期货投资信息咨询活动；及时查处期货市场违法违规行为，依法保护投资者的合法权益。其次，根据全省期货市场发展的需要，不断加大期货市场建设的力度，为期货投资者创造良好的投资环境。要认真指导各期货经纪公司搞好营业部设立，从严规范期货交易远程网点，形成合理的期货市场网络；引导各期货公司加快交易场所设施设备和交易手段现代化建设的步伐；积极搞好以金融期货为主的新品种的研究和推介，指导有关期货经营机构认真做好人员和技术方面的准备，迎接期货市场的新发展。 （特约编委：张守义，特约编辑：董素民，特约撰稿：孟祥振、李小双、张辉）

黑龙江期货市场

【概况】 黑龙江期货监管部门认真贯彻"规范、发展"这一期货市场监管总体思路，本着为黑龙江经济发展服务的思想，加强监管，促进发展，保持了黑龙江省期货市场在全国的优势地位。

【期货市场监管】 整章建制，加强自律 2000年，本着"自律、规范、扶持、发展"的工作方针，依据《期货交易管理暂行条例》和四个管理办法，哈尔滨特派办制定了《中国证监会哈尔滨特派办关于规范期货经营机构经营行为的意见》，以加强监管，保护期货投资者的合法权益，促进期货市场健康发展。同时，督促期货经纪公司加强自律。辖区内7家期货公司签订了关于收取交易手续费最低标准的自律公约，保护了其自身的合法权益，避免了恶性竞争。

加强日常监管，规范市场行为 按照中国证监会期货部和办党委的工作部署，哈尔滨特派办圆满完成各项日常监管工作：1）完成期货经纪公司年检工作。辖区内共有7家期货经纪公司，其中新批设立黑龙江三力期货经纪有限公司尚未开业，黑龙江省天昊期货经纪有限公司正处于停业整顿期间，哈尔滨三祥期货经纪有限公司未增资到3000万元注册资本。除上述三家公司外，特派办对其余4家公司进行了年检材料初审，同时针对这几家公司的日常管理、财务管理、客户保证金管理、注册资本金使用情况等方面进行了现场检查，对其不符合规定的地方提出了整改意见，并把年检材料上报中国证监会，这四家公司全部一次通过年检。2）与高级管理人员谈话。结合期货经纪公司的年检工作，特派办首次与辖区内6家公司14名高级管理人员进行了谈话，他们在期货业任职时间一般在两年以上，最长六年。通过谈话了解到这几家公司管理者的整体素质，以及他们对期货市场现状的观点和他们在管理过程中遇到的问题。3）做好定期报表工作。根据中国证监会期货部的要求，特派办每季度末按时上报黑龙江辖区期货经纪机构经营及财务情况季报表。在上报同时，对报表中的数据进行综合分析，针对发现的问题，及时提出，及时处理。4）期货从业人员资格初审。根据《期货经纪公司高管人员初审有关事项》和《关于颁发期货从业人员和公司高管人员证书有关事项的说明》的要求，对辖区内期货经纪公司的26名高级管理人员任职资格和163名从业人员从业资格进行了初审，并已上报中国证监会期货部。中国证监会期货部对通过年检的4家

公司12名高管人员和163名从业人员给予批复，并下发了资格证书。5)期货经纪公司营业部初审。根据中国证监会《关于期货经纪公司营业部审批工作的通知》和《关于印发〈设立期货经纪公司及其营业部报批程序〉的通知》的要求，从下半年开始，对期货经纪公司营业部进行初审。先后共接受5家公司9个营业部的设立申请，并对2家公司6个营业部的申请给予批复。其中，哈尔滨大通期货经纪公司牡丹江营业部的筹建申请和黑龙江北亚期货经纪有限公司上海营业部设立申请已得到中国证监会批复。另外，三力期货经纪有限公司也得到了中国证监会的开业批复。

加强安全保障工作检查　根据中国证监会《关于加强证券期货市场安全保障工作的通知》和《关于进一步加强证券期货市场安全保障工作的紧急通知》，先后两次对辖区内期货经纪机构进行安全保障工作检查。重点检查了各机构安全保卫工作规章制度及责任制落实情况；各机构消防设施设置情况；各机构主机房和财务室等要害部门是否有专门的防护措施；各机构对妥善处理火险、停电、系统故障及抢劫等突发事件是否有应急预案。在检查中发现有不符合要求的及时向公司提出限期整改。通过整改，各机构基本达到通知要求。

关注市场，化解风险　哈尔滨三祥期货经纪有限公司曾经存在风险隐患。按照中国证监会期货部的要求，特派办几次到公司现场了解情况，帮助查找风险隐患，制定风险应对预案。三祥期货按照特派办的要求上报了《关于哈尔滨三祥期货经纪有限公司涉诉案进展情况及可能引发的问题应对方案的汇报，并将这一情况上报给中国证监会期货部。到11月份该公司涉诉案还是久拖不决，就按照应对方案兑付了全部自然人客户的交易保证金。只有一个法人客户保证金没有兑付，且该客户是该公司股东集团内的公司。根据事先的约定，不会产生纠纷。在各方的努力下三祥期货经纪有限公司的经营风险已完全化解。黑龙江省天昊期货经纪有限公司因前任总经理非法经营导致公司亏空客户保证金564万，造成巨大风险。经与哈尔滨市政府协商，由天昊期货原股东单位哈尔滨物资局偿还，化解了风险。同时该公司股权转让给哈尔滨市木材一公司和大庆市庆龙房地产公司。特派办对股权转让材料进行了初审，上报中国证监会。目前，中国证监会已经批复并下发了许可证。

查处非法网点，保护合法经营　根据举报，目前黑龙江省辖区内一些城市设有非法期货交易网点，如牡丹江、绥芬河、双鸭山、鹤岗等地。这些网点未经中国证监会许可经营期货经纪业务。但有些网点公开设立期货营业场所、收取客户保证金，如牡丹江有线电视台在该市有两处交易场所，开户达六、七十户，收取客户保证金达二、三百万人民币。另外，在哈尔滨市及其他一些市县还有非法炒作香港恒生指数的交易网点。这些网点的存在，严重的扰乱了黑龙江期货市场的经营秩序。同时，也成为影响黑龙江省社会安定的风险隐患。因此，特派办会同黑龙江省工商局着手调查这些网点，先后赴牡丹江、鸡西、绥芬河、密山进行了调查。其他网点正在调查之中。

开展期货经纪业务检查　根据中国证监会《关于开展期货经纪业务检查的通知》的要求，特派办于11月16至28日先后对黑龙江天琪期货经纪公司、吉粮发期货经纪公司、沈阳建业期货经纪公司、大连辽粮期货经纪公司等4家公司进行了期货经纪业务全面检查。这次检查主要针对各公司贯彻执行《期货交易管理暂行条例》和四个管理办法的情况，其中重点检查公司财务状况、客户保证金管理状况、内部控制制度的建立及执行情况。检查后，针对各公司存在的问题与公司领导交换了意见。并要求各公司提出整改措施。

（特约编委：丁若鹏，特约编辑、特约撰稿：赵东方）

大连期货市场

【概况】　2000年，经过两次清理整顿，我国期货市场管理的法律框架基本形成，市场管理向规范化方向发展。随着大豆交易品种的日趋成熟，大连期货市场在全国期货市场的地位愈发举足轻重。根据市场需要，大连商品交易所于7月17日开通了豆粕品种的交易，并从4月3日起由半天交易改为全天交易。至年末，大连商品交易所共有会员162家，其中经纪类会员148家，自营类会员14家。虽然受到1999年市场低迷惯性的影响，2000年成交额仍比上年略有提升，累计达到7817亿元，占全国市场份额的48.6%，由1999年的全国第二位跃升至第一位，并初步实现了发现价格、套期保值的功能。

【期货经营机构】　至2000年末，大连辖区有期货经纪公司5家，已获得营业许可证的异地期货经纪公司大连营业部4家，正在筹建中的营业部8家。2000年，大连辖区5家期货经纪公司的19名高级管理人员在经过大连证券监管特派员办事处（大连特派办）严格初审后，又顺利通过了中国证监会的复审，取得了《期货经纪公司高级管理人员任职资格证书》。此外，辽宁中期、大连万恒、大连北方、辽粮期货及渤海期货5家期货经纪公司全部第一批通过了中国证监会的增资复审，公司的注册资本金均由1000万元增至3000万元，并领取了变更后的《期货经纪公司许可证》，其他异地期货经纪公司大连经营网点的合法地位依条件和程序亦将陆续得到确认。大连辖区5家期货经纪公司年末客户保证金余额11012万元，全年代理交易额748.7亿元，手续费净收入726.4万元，总成交量约307万手，占大商所总成交量8.8%；4家异地期货经纪公司大连营业部年末客户保证金余额45900万元，全年代理交易额856亿元，手续费净收入735万元，总成交量178万手，占大商所总成交量5%。

【规范化管理】　2000年，围绕贯彻《期货交易管理暂行条例》以及相配套的《期货交易所管理办法》、《期货经纪公司管理办法》、《期货从业人员资格管理办法》和《期货经纪公司高级管理人员任职资格管理办法》，大连特派办进一步加强对期货市场的监管力度，主要做了如下工作：一是加大检查力度，努力规范期货经营机构的市场行为。年内，大连特派办先后对辖区内的5家期货经纪公司进行了年度检查和交叉检查。针对个别公司往来款数目过大、资本金不实、对外投资超过规定比例等问题，大连特派办督促公司及时采取纠正措施，确保了期货市场稳定运行。二是积极做好期货经纪公司营业部设立的准备工作。截止到2000年末，已完成对15家异地期货经纪公司拟在大连设立营业部和4家本地期货经纪公司拟在异地设立11家营业部的审查工作，为初审上报奠定了基础。三是加强了违规查处工作，与相关部门配合，有效合理地解决客户投诉纠纷和清退客户保证金事宜，维护了投资者的利益。四是完成了辖区内期货经纪公司高级管理人员任职资格的初审工作。五是及时圆满地完成了计算机Y2K问题的收尾和总结工作。六是随时监控交易所行情，坚持月报、季报等制度，认真做好日常监管工作。　（特约编委：于连生，特约编辑：孙利伟，特约撰稿：于路、丁文圣）

河南期货市场

【概况】　河南期货市场在2000年同全国期货市场一样，市场规模进一步萎缩,整个市场形势未发生根本变化,期货市场仍然缺乏活力和吸引力。

【期货经营机构】 截止2000年底,除郑州商品交易所外,河南有期货经纪公司6家,期货经纪公司营业部9家,具有期货投资咨询资格的公司1家,全省期货从业人员457人。期货经营机构资产总额为3.3亿元,比去年同期减少0.8亿元,减少19%;净资产为1.87亿元,比去年同期增加0.06亿元,增长3%;营运资金合计1.5亿元,比去年同期减少0.9亿元,减少39%;保证金余额为1.43亿元,比上年同期减少0.57亿元,减少28%;手续费净收入851万元,比上年同期减少1505万元,减少64%;全年代理交易额达484亿元,比去年同期减少783亿元,减少62%;实现利润212万元,比去年同期减少170万元,减少45%。期货经营机构赢利面为67%。总体上说,河南期货经营机构财务结构比较稳定,抵抗市场风险的能力有所增强。

【规范化管理】 2000年郑州特派办按照依法规范期货市场试点,进一步完善期货市场功能的工作思路,进一步培育发展和规范完善期货市场。一是认真搞好期货经纪公司的年检工作。根据证监会安排部署,对辖区内6家期货公司和1家期货投资咨询公司进行了现场检查,重点审核期货经纪公司的财务及经营状况,发现问题,及时限期整改;二是认真做好对期货营业部审批的各项工作。全年共受理了省内外20多家期货经纪公司在郑州设立期货营业部的审报材料,对15家出具了初审意见并上报证监会复审;三是根据证监会的安排部署,对青岛3家期货经纪公司进行了巡检,并配合济南证管办对河南6家期货经纪公司进行了巡检;四是认真做好期货从业人员资格审核工作。对辖区内6家期货经纪公司的24名高管人员的任职资格进行了初审上报,经证监会批准后,下发了任职资格证书。对辖区内411名考试合格的期货公司从业人员下发了从业资格证书;五是初步完成了期货从业人员电子化管理系统建设工作,实现现代化管理;六是加强制度建设,增加工作透明度。先后制定下发了《期货经纪公司重大事项报告制度》、《期货经纪公司日常监管考核办法》和《期货经纪公司客户保证金封闭管理试点方案》等制度;七是及时调查处理期货纠纷和查处市场违规行为,化解市场风险;八是完成了期货从业人员资格考试的组织工作,确保考试工作未出现任何问题;九是配合郑州商品交易所到山东、河北等地进行推介活动,宣传鼓励更多符合条件的企业参与期货交易。 (特约审稿:侯苏庆,特约编辑:张建东,特约撰稿:张建东、李保成)

江西期货市场

【概况】 江西期货市场始于20世纪90年代初。当时,江西省人民政府指定由江西省经济体制改革委员会牵头,组成江西省期货市场试点筹备领导小组和办公室,着手开展期货市场的调研和期货经纪公司的筹建工作。1994年4月,全省首家期货经纪公司—江西瑞奇期货经纪有限公司经批准正式设立。1995年,省内有7家大型国有企业获准从事期货兼营业务。1997年,国家对期货兼营机构进行清理整顿,7家兼营机构均被取消期货经纪业务。同时,江西省冶金供销公司期货部和江西省冶金总公司收购沈阳正大期货经纪有限公司并迁址上海,江西铜业公司期货部经重组在深圳市设立金瑞期货经纪有限公司。

【期货经营机构】 江西辖区仅有的一家期货经纪公司,即江西瑞奇期货经纪有限公司,自1999年下半年始,出现了严重的经营风险。2000年一季度,中国证监会南昌特派员办事处对公司年检时发现了客户保证金缺口达700万元,便及时向江西省人民政府办公厅上报了《关于催报1999年度年检报告的通知》,按照年检有关规定,南昌特派办向证监会期货部上报了《关于江西瑞奇期货经纪有限公司化解经营风险情况的报告》。证监会期货部派员前往公司作现场调查后,南昌特派办再次上报《关于对江西瑞奇期货经纪有限公司进行特别处理的请示》。经证监会期货部批复同意,自2000年度7月至10月底止,对江西瑞奇期货经纪有限公司作特别处理。

【规范化管理】 在中国证监会的直接领导下,南昌特派办为规范辖区期货市场,防范风险做了大量工作:一是深入贯彻执行国务院《期货交易管理暂行条例》和证监会四个管理办法,加大市场监管力度;二是会同有关部门,严肃查处了在上饶、九江、定南等地设立的非法期货交易网点,保护了投资者的利益;三是组织辖区内的期货从业人员在武汉市的资格考试,参考人员共63人,经考试合格的43人,并完成了参考人员资格审查和证书发放工作;四是组织高管人员培训和参加结业考试,有4人获得了合格证书。

(特约编委:何渭滨,特约编辑、特约撰稿:喻达志)

广西期货市场

【概况】 2000年,广西具有期货经纪业务资格的期货经纪公司三家,分别是银建期货经纪有限责任公司、广西玉林金玉期货经纪公司和广西桂林金鑫期货经纪公司。年内,这三家期货经纪公司中只有银建期货经纪有限责任公司正常经营,广西玉林金玉期货经纪公司由于注册资本金达不到最低规定的标准而被停业整顿,广西桂林金鑫期货经纪公司由于1998年度年检不通过,于2000年7月份被取消期货经纪业务许可证。年内期货交易总额为101亿元,比上年减少了8亿元。期货从业人员83人。

【期货经营机构】 银建期货经纪有限责任公司是由北海银建投资股份有限公司、北京银建实业有限公司、北京银建国士客运有限公司、北京伟懋投资咨询有限公司、天津万方投资咨询有限责任公司、北京天力泽实业有限公司、北京市亿隆实业股份有限公司七家法人股东出资成立的有限责任公司。1995年获取中国证监会颁发的期货经纪业务许可证,同年12月经国家工商局核准登记注册,注册地为广西壮族自治区南宁市,注册资金3000万元,法人代表冀军,经营范围是国内期货经纪业务、期货信息咨询、培训。公司目前拥有三家期交所会员资格,在北京、上海设有营业网点,在天津设有代表处。2000年交易总额为101亿,手续费收入157万元,公司从业人员83人。

【规范化管理】 证监会南宁特派办在中国证监会的直接领导下,为规范辖区期货市场运作,防范期货市场风险开展了多方面的工作。包括对辖区内三家期货经纪公司进行年检,对期货经纪公司设立营业部进行严格的审核,对高管人员任职资格和从业人员资格进行审核,并为获得证书的从业人员建立电子管理档案,调解投资者与期货经纪公司的纠纷等。鉴于广西桂林金鑫期货经纪有限责任公司1998年年检不合格,南宁特派办已建议中国证监会注销该公司期货经纪业务资格。广西玉林金玉期货经纪公司由于增资不到位,正处于停业整顿阶段,南宁特派办将帮助并指导其增资扩股工作,同时严格监督该公司清退客户保证金和客户移仓工作,允许该公司增资工作延期至2000年底。银建期货经纪有限责任公司报送的材料经审核各项指标基本合格，通过了初检。南宁特派办对银建期货经纪有限责任公司的期货经纪合同进行了严格审核，使其期货经纪合同和期货交易风险说明书得到了进一步规范。对公司总经理、副总经理的任职资格和从业人员资格进行了审核。区内从业人员资格考试合格人数共53人，其中银建期货经纪有限责任公司25人，广西玉林金玉期货经纪有限公司28人。银建期货经纪有限责任公司申请设立北京、上海、天津营业部，湖南正湘行期货经纪有限公司申请设立南宁营业部和百福期货经纪有限公司申请设立玉林营业部的材料经审查后已报中国证监会审批。南宁特派办还协助中国证监会期货监管部调查了解了广西食糖中心批发市场的食糖交易情况。在中国证监会的领导下，广西辖区内期货市场监管力度进一步加强，期货市场稳步健康发展。

（特约编委：娄必元，特约编辑、特约撰稿：尹献生）

海南期货市场

【概况】 2000年，海南期货市场在经过多年规范整顿后，进入了规范发展时期，但受全国期货市场规模限制，海南期货市场仍然比较萧条，7家期货公司全年代理交易额为266.76亿元，较上年下降64.04%，占全国总交易额的1.67%；手续费净收入553.79万元，净利润－406.58万元。截止2000年底，7家期货经纪公司注册资本金总额为2.5亿元，客户保证金余额4696.4万元，从业人数153人。

【期货经营机构】 海南7家期货公司继1999年度完成增资扩股后，参加了1999年年度的年检，经中国证监会海口特派办初审和证监会复审，7家公司全部通过年检。有2家外地期货经纪公司申请设立2个营业部，其中1个已获准设立，现正在筹建之中。另外，本省2家期货经纪公司提出在省外设立4个营业部，证监会海口特派办已初审同意。2000年底，7家公司接受了证监会组织的“期货经纪业务检查”，均获得通过。

【期货市场监管】 中国证监会海口特派办加大对期货公司的监管力度，提高期货公司的规范化程度。1.认真做好辖区期货公司1999年度年检初审工作。按照证监会年检通知要求，在会计师事务所出具审计意见的基础上，重点审查各期货公司的客户保证金的安全性、注册资本的到位率、资产状况和《期货交易管理暂行条例》及四个管理办法的执行情况等，7家期货公司均于第一批通过了1999年年检复审。2.对公司高管人员任职资格进行初审，组织从业人员进行资格考试。根据《期货经纪公司高级管理人员任职资格管理办法》等有关规定，海口特派办对7家公司上报的21名高管人员的从业经历、业务素质、工作表现、岗位培训等有关材料进行了初审，并报证监会复审。2000年度共214名符合期货从业资格报考条件的人员报名参加期货从业资格考试，其中186人取得合格成绩，获证监会颁发的期货从业资格证书。3.注重风险控制，促进公司规范运作。海口特派办通过对辖区内7家期货公司进行风险调查，结合公司年检初审情况，确定了存在较大风险的公司名单，实行分类监管。对公司股东占用资本金、客户交易中没有很好执行一户一码等不规范行为，及时明确地提出整改要求。针对公司内控制度不够完善的问题，海口特派办及时转发证监会《关于加强期货公司内部控制的指导原则》，其后又下发《关于开展期货经纪公司内部控制制度建设和执行情况检查的通知》，并按要求进行了检查，促使各公司以证监会编发的期货经纪公司13个内控制度为范本，结合自身实际，制订和完善本公司的内部控制制度。在日常监管中，严格公司的月、季报制度。通过报表及时掌握公司运营情况，特别是资金变动情况，有效提高市场风险监控中的即时性和实效性。在对新设营业部的初审中，注意对其日常经营情况的考察，在审批程序和条件上把好关，确保营业部的设立在不增加期货市场风险的前提下稳步进行。

（特约编委：尹怀安，特约编辑：邢力红，特约撰稿：邹晓晖）

云南期货市场

【概况】 云南期货市场在整顿的基础上进一步规范。根据国家有关规定，期货经纪公司注册资本必须达到3000万元以上。云南少数期货经纪公司没有达到此要求。为了妥善解决客户保证金兑付问题，证管部门在省政府的支持下，会同公安部门切实做好清退及治安工作，防止突发事件的发生，保障了社会安全。同时，协调有关单位兑付借款，并以此为基础，重组新的期货经纪公司，使企业出现新的活力。

（特约编委：胡伏云，特约编辑、特约撰稿：胡静）

福建期货市场

【概况】 2000年，受全国期货市场持续低迷的影响，福建省期货业仍在低谷徘徊，发展相对滞后，辖区内仅有一家期货经纪公司——福建润福期货经纪有限责任公司，该公司注册资本3000万元，现有员工85人，已取得郑州商品交易所和大连商品交易所会员资格。截止2000年底，该公司资产总额3443万元，净资产2735万元，客户保证金余额为518万元，实现利润3万元，全年累计交易量12万手，累计交易额32亿元。2000年，中国证监会福州特派办深入贯彻落实《期货交易管理暂行条例》，进一步加强对期货经纪机构的监管，使福建省期货业基本实现了规范稳定的要求，为今后的发展奠定了良好基础。

（特约编委：魏书松，特约编辑：黄宗福，特约撰稿：张庆）

甘肃期货市场

【概况】 2000年，甘肃期货市场继续徘徊在低迷状态。由于辖区期货经纪公司仅有1家，所以经营情况较全国平均水平稍好。在全国期货交易量跌至历年最低的情况下，甘肃期货全年交易量为2.5万手，同比增长47.4%，成交金额为16.3亿元，同比增长了21.6%，代理手续费收入为121.8万元，同比增长了48.0%。

【规范化管理】 尽管期货市场不景气，但对期货市场的监管并没有放松。针对辖区仅有甘肃陇达1家期货经纪公司的实际，中国证监会兰州特派办采取了“抓内控、促规范、防风险、稳发展”的监管思路，督促甘肃陇达期货公司完善了13项内控制度，不仅使公司管理进一步规范化，也较好地防范和化解了风险。在中国证监会实行《期货从业资格证》管理制度后，甘肃陇达期货公司基本实现了全员持证上岗，其中高管人员还全员参加了中国证监会组织的高管人员培训。中国证监会兰州特派办还利用年检，通过现场检查、高管谈话、查阅档案、翻看凭证等方法，不仅顺利完成了年检工作，也掌握了期货经纪公司规范运作和管理的实际效果。 （特约编委：马才斌，特约编辑：方向瑜、刘洪斌，特约撰稿：卢卫民）

新疆期货市场

【概况】 2000年新疆全区有期货经纪公司4家。截止2000年底期货从业人员146人，比1999年减少85人；代理交易额72亿元；提取损失准备金118.8万元；亏损43万元。

【规范化管理】 1、加大了对期货经纪公司的监管力度，对期货从业人员、高管人员的从业资格和任职资格从严把关。2、为进一步加强行业自律，反对恶性竞争，共同发展新疆期货市场，经与期货公司多次商讨，组建了新疆期货经纪公司联席会，受到期货界的好评。3、根据中国证监会期货部的要求，完成了区内期货经纪公司经纪业务交叉检查。4、为夯实资本金，完成了新天期货经纪公司注册资本由5050万元减为3050万元的审核工作。

（特约编委：高进坤，特约编辑、特约撰稿：何洁）

青岛期货市场

【概况】 青岛辖区现有国大、金友、弘信3家期货经营机构，截止2000年12月底，资产总额达18075万元，比1999年增长34%；客户保证金余额为8024万元，比1999年增长143%；全年累计代理交易额为399.4684亿元；从业人员125人。总体上看，在经过期货市场的规范整顿后，辖区期货公司的规范运作水平、风险内控制度建设、从业人员素质较往年有明显提高，全年经营形式比1999年有了明显好转。

【规范化管理】 一、努力做好期货日常监管工作，组织对各期货经纪公司的年检和对增设营业部初审以及对高管人员任职资格进行考察，建立了期货从业人员资格考试合格人员档案，组织办理并领取《期货从业人员资格证书》和《期货公司高级管理人员资格证书》。二、积极协调配合妥善解决期货市场遗留问题，一是为了解决双飞龙期货公司自行停业后引起的一系列社会问题，及时向青岛市委、市政府建议成立青岛市处理双飞龙问题领导小组工作，并及时书面反映中国证监会和特派办对双飞龙问题的处理意见，同时还积极参与协调弘信公司筹措专项资金专用于清退双飞龙公司客户保证金，并组织进行公司查帐、核查客户资料等，配合市有关部门为双飞龙公司青岛本部和北京、上海、大连、郑州、天津丹东等地的200余位个人客户进行了登记，并为150余位客户清退保证金1200余万元，确保了上述地区特别是北京和青岛本地的社会稳定，得到中国证监会领导和有关部门的肯定。二是为解决海尔期货经纪公司申请注销期货经纪业务资格后可能带来的问题，起草《关于国大期货经纪公司吸收合并海尔经纪公司的报告》，经中国证监会正式批复后，积极参与组织和协调双方的吸收合并工作。虽因客观原因终止了吸收合并工作，但善后工作处理基本完毕，未引发社会问题。三、认真搞好期货经纪业务交叉检查。根据中国证监会和济南证管办的统一部署和安排，对合肥四家期货经纪的经纪业务进行交叉检查，并向合肥特派办对检查的基本情况、存在问题和整改意见作了反馈，向济南证管办书面报告了交叉检查情况汇报材料。另外，积极协助和配合郑州特派办对青岛辖区的期货经纪业务检查。四、积极研究和探讨期货监管对策，结合年初确定的《期货经纪公司内部控制制度调研课题》，选定期货经纪公司自有资金和客户保证金作为重点调查研究的内容，对三家期货经纪公司“两金”的使用和管理情况进行了现场检查，针对公司存在的自有资金使用管理不当、客户保证金存放不规范问题，提出了对策性规范意见。五、坚决打击期货市场违法违规活动。根据举报，对辖区非法的期货经营网点及时进行了清理：一是对威海三隆期货经纪公司在即墨设立非法营业网点问题，下达了《限期整改通知书》，因逾期未自行整改，协调市工商部门对其进行了现场清理，有效地防范了潜在风险，较好地维护了青岛辖区期货市场秩序。六、建立联合办案和案件移送制度。在打击非法证券期货交易问题上，青岛特派办与青岛市工商管理部门建立了联席会议和联合办案制度，与公安部门建立了情况通报和案件移送制度，较好地形成了案件查处的合力。2000年，青岛特派办发现某期货公司控股股东单位有关负责人的亲属非法提取双飞龙客户保证金的问题后，及时将相关证据材料移送公安部门，由公安部门对其依法进行追缴并作出了处理。

（特约编委：张慎峰，特约编辑：万景初，特约撰稿：王勤强）

特色期货品种概况

上海铜期货市场

【概况】 铜，广泛用于电气、轻工、机械制造、建筑工业、国防工业等领域，在我国有色金属材料的消费中仅次于铝。在电气、电子工业中应用最广、用量最大，占总消费量的一半以上。1999 年全球铜消费量约 1460 万吨，主要集中在发达工业国家，美国是最大的铜消费国，1999 年消费 298 万吨，约占全球消费总量的 1/5，其次是中国、日本、德国。随着生产成本的不断降低和较高铜价的刺激，1990 年代以来，铜的产量大幅增长，1999 年全球产铜 1430 万吨，其中智利 259 万吨，是世界上最大的产铜国，其次是美国、日本、中国、德国。铜主要进口国是：美国、日本、欧共体、中国。我国铜资源虽然匮乏，但却是世界上精炼铜重要生产国之一，1999 年产量占世界总产量的 7.27%，产地主要集中在华东地区。消费区集中在华东和华南，约占全国消费总量的 70%。我国精炼铜的自给率只有 40%，每年需进口大量的铜精矿。其中原材料进口的比重较大。出口量很少。（见表一）

表一：1994—1999 年中国铜供求情况表　（单位：万吨）

年份	1994	1995	1996	1997	1998	1999
产量	73.61	107.97	111.91	117.94	115.18	101.13
进口量	7.23	10.21	14.97	8.83	26.84	54.77
消费量	91.00	120.00	125.00	107.51	110.13	147.00

铜作为期货品种的特点：1. 铜是国际国内成熟的期货品种，历史悠久。铜作为一个期货交易品种已有百年历史，早在 1877 年伦敦金属交易所（LME）的雏形就已形成，铜是 LME 最早进行交易的品种之一。目前国外从事铜期货交易的主要有伦敦金属交易所（LME）和纽约商业交易所—纽约商品商品交易所（COMEX）。LME 铜的报价是行业内最具权威性的报价。国内铜的期货交易自 1991 年推出以来，也有十年历史，铜是国内历经风雨却依然保持相当规模的唯一品种。2. 国内铜期货交易未曾发生重大风险，履约率 100%，充分发挥了期货市场的功能，得到有色行业及国务院有关部门的肯定。3. 铜的期货价格成为国内行业的权威报价，成为企业销售产品、采购原料及签定进出口贸易合同的定价依据。4. 铜不仅是企业进行套期保值的有效工具，也为投资者提供了新的投资机会。

【交易市场】 影响上海期铜价格变动因素 1. 供需关系：即生产量、消费量、进出口量和库存量的关系。2. 国际国内经济形势。铜是重要的工业原材料，其需求量与经济形势密切相关。经济增长时，铜需求增加从而带动铜价上升，经济萧条时，铜需求萎缩从而促使银价下跌。铜价与经济周期密切相关。3. 进出口政策和关税。长期以来由于我国是个铜资源不足的用铜大国，因而在进出口方面一直采取“宽进严出”的政策，铜及铜制品的平均进口税率为 2%，出口税则高达 30%。近两年随着国内铜供求的基本平衡，国家逐步降低出口关税，铜基本可以自由进出口。从而使国内国际铜价互为影响。4. 国际上相关市场的价格，例如 LME、COMEX 价格。伦敦金属交易所（LME）及纽约商品交易所（COMEX）是国际上主要的铜交易市场，LME 的铜价具有国际权威性，国内铜价与 LME 铜价有很强的相关性。5. 用铜行业发展趋势的变化。消费量是影响铜价的直接因素，而用铜行业的发展则是影响消费量的重要因素。铜的应用范围在不断拓宽，铜在医学、生物、超导及环保等领域已开始发挥作用。最近，IBM 公司已采用铜代替硅芯片中的铝，这标志着铜在半导体技术应用方面的最新突破。6. 铜的生产成本。随着科技的发展，新的冶炼法的采用，铜的生产成本不断下降。目前国际上火法炼铜平均成本为 1400—1600 美元/吨，湿法炼铜成本为 800—900 美元/吨，使用湿法炼铜的总产量迅速增加，预计 1998 年达 200 万吨左右，占全部精铜产量的 14.4%，其所占比重仍在增加。7. 国际对冲基金及其他投机资金的交易方向。铜是国际对冲基金投资的重要商品期货，基金的出入市对价格有一定影响。例如 1996 年铜价的大跌，除了住友事件的推动外，美国基金大举入市抛空也是加速铜价下跌的重要因素。8. 相关商品如石油、黄金等价格的波动也会对铜价产生影响。石油与铜都是重要的工业原料，而黄金与铜都属于金属类商品，因而石油与铜、黄金与铜价格之间均具有一定的相关性。

上海期交所铜期货交易情况 2000 年度国际铜市行情用一句简单话来概括即：“铜价围绕 1850 美元为轴心在上下 200 点区间内来回振荡。”其中包括二轮跌势和一轮涨势。比较两轮跌势有相当的类似性，这不仅表现在幅度和时间上，最主要的是推动行情下跌的动力，都来自基金多头的平仓及抛空，与基金形式对手的是专业机构，较量的最终胜利者属于专业机构。上海期铜作为伦敦铜的影子市场，一方面对外盘实际涨跌作出反应，另一方面则对外盘趋势作出预测性反应。在今年头三个季度，由于国内投资者对国际铜价普遍持乐观态度，导致国内铜市与伦敦铜价的比价长期处于高比价的水平，长期的高比价引发大量的跨市套利行为的发生，市场最终从四季度起修复此不合理的比价。所以在 11 月 12 日的铜市行情中，上海铜明显弱于外盘，国内外三月期铜比价也跌入 1:10 的水平。2000 年对国际铜市和上海期铜价格影响因素主要是三个方面：一是宏观经济。全球经济 2000 年的发展速度达到 90 年代以来的历史顶峰，全年 GDP 增长率高达 4.7%。不过各个主要经济国家发展并不平衡。国内 2000 年经济出现拐点，经济增长率从 1992 年以来首次出现上升，全年增长率在 8%以上，高出 1999 年 7.1%的水平。二是铜的供需状况。2000 年全球铜的供需关系表现为供不应求。由于 1999 年铜积累了 143 万吨的巨大库存，即使出现 40 万吨的缺口，社会总库存水平仍在 108 万吨，并没有造成现货铜供应紧张。中国 2000 年铜的生产、进口情况均出现高速增长。原因主要是，①上海期交所期铜与伦敦铜多次出现高达 1:10.5 的高比价，导致大量跨市套利行为的产生，这直接表现为进口铜的大量到岸。②上海期交所远期合约长期处于高升水的状况，给生产者提供了扩大生产的信号。二者共同作用，令今年国内铜供应量大幅增加。三是金融市场对铜市的影响，一般都有二面性，不过在 2000 年，铜市对金融市场的利空因素更为关注，油价上涨、欧元贬值，股市下跌均造成铜市的下跌，而油价下跌、欧元上涨对铜市的促进作用却十分有限。由此可以看出，2000 年铜市处于一个调整势中，对利空十分敏感，对利多则较为麻木。(2000 年铜全年交易交割概况见表二)

表二：上海期交所铜期货交易及交割 2000 年统计表

单位：成交、交割量，手；成交金额，亿元(按双边计算)

月份	1	2	3	4	5	6	7	8	9	10	11	12	合计
成交量	362994	280842	411328	533800	500964	510690	496932	390780	468438	422268	465994	502272	5347302
成交额	347.37	268.13	381.14	478.79	463.15	466.86	466.13	375.13	465.13	410.94	438.78	476.19	5037.74
交割量	10000	7114	8190	6620	4390	8910	12710	7290	7510	7660	8820	15170	104384

(中国国际期货经纪有限公司　夏海)

上海天然橡胶期货市场

【概况】 天然橡胶由三叶橡胶树分泌的乳汁，经凝固、加工制得，其主要成分为聚异戊二烯(含量在 90%以上)。天然橡胶按制造工艺和外形的不同，分为烟片胶、颗粒胶、绉片胶和乳胶等。市场流通的主要是烟片胶和颗粒胶。我国进口的多为烟片胶，国产的基本上为颗粒胶，也称标准胶。天然橡胶，是一种世界性的大宗工业原材料，具有工业品和农产品的双重特性，广泛用于工业、农业、国防、交通运输、机械制造、医药卫生领域和日常生活等方面。天然橡胶的产地主要集中在泰国、印尼、马来西亚、中国、印度、斯里兰卡等少数亚洲国家和尼日利亚等少数非洲国家。我国是世界上继美国之后的第二大橡胶消费国。自产的天然橡胶和合成橡胶都不能满足消费的需求，基本需求国产和进口各占一半。我国产地则主要分布在海南、云南、广东、广西和福建等地区：海南、云南的天然橡胶总产量分别约占全国总产量的 60%和 35%。我国天胶主产地的割胶时间是每年的 4 月至 11 月，因此现货市场上胶源也随割胶期的变化而起伏。供需状况：九十年代至今，世界对天然橡胶的需求基本呈上升趋势，增长速度为 3%左右，1997 年以后，胶价从 14500 元/吨下跌到 6800 元/吨，近两年在 8000 元/吨左右徘徊。目前全球天然橡胶的年产量和销量大约都为 670 万吨左右。我国是世界第五大天然橡胶生产国、第二大天然橡胶消费国和第三大天然橡胶进口国，年产量约 46 万吨，年进口量 40－50 万吨。流通特点：①我国市场上流通的天然橡胶主要是烟片胶和颗粒胶。目前国家对进口天然橡胶实行配额许可证管理，由国家计委下发配额，然后从外经贸部换取许可证。②由于我国天然橡胶产地的分布特点，国产天然橡胶的流向基本上是由南向北流，又以主要消费地上海、青岛和天津为中心向外辐射，另外中原和东北地区的用量也占相当比例。我国天然橡胶的进口口岸中以厦门、上海、青岛和天津所占比例最大，因此进口胶的流向相对国产胶是由东往西流，与国产胶共分天下。③在生产实践中，不同胶种之间的互换是常见的，包括天然胶之间的互换，合成胶之间的互换，以及天然胶与合成胶之间的互换。我国市场上流通的天然橡胶按产地有进口和国产之别，按品种又有标准胶(颗粒胶)、烟片胶及绉片胶之分，所以它们之间的互换替代往往不可避免。目前国产 5 号标准胶与进口 3 号烟片胶或与国产 3 号烟片胶之间，就总体而言能取得平衡，所以它们之间的互换，已得到实际应用的认可。

表一：中国天然橡胶产量、进口量、消费量(1992－1999)

(单位：万吨)

年份	1992	1993	1994	1995	1996	1997	1998	1999
产量	30.9	32.6	34.1	35.0	42.0	44.0	45.7	46.0
进口量	33.5	32.5	40.5	31.9	45.3	41.0	43.0	43.0
消费量	64.0	65.0	72.5	73.0	77.0	85.0	89.9	89.0

天然橡胶是典型的热带商品期货品种，其性质稳定、规格划分明确，容易标准化，在远东和东南亚的期货交易中占有一定份额。目前从事天然橡胶的期货交易所主要有：东京工业品交易所(TOCOM)、日本神户橡胶交易所(KOBE)、新加坡 RAS 商品交易所、吉隆坡商品交易所(KLCE)、纽约商品交易所(NYMEX)。其中东京工业品交易所所占份额最大。天然橡胶适合做期货的主要特点：1. 天然橡胶是一种世界性大宗商品，用途非常广泛，其生产容量大，经营垄断性小，拥有大量的买者和卖者。2. 天然橡胶采集于多年生长的橡胶树，短时期内难以调整供应，生产变化周期较长，且产量随着季节、气候的变化而有所变动，因而其供应关系经常处于较大的不平衡状态，价格波动剧烈。3. 天然橡胶作为一种天然高分子化合物，其品质较稳定，规格等级划分明确，容易标准化。4. 天然橡胶为固体颗粒或片状，易于储运和运输，能够满足期货实物交割的基本要求。5. 天然橡胶已为国外多家期货交易所开发上市。在我国，受多种因素影响制约，天然橡胶的市场供求矛盾突出，价格波动频繁，橡胶生产经营企业、贸易商和消费者迫切需要通过市场机制和有效工具获取未来价格信号，进行套期保值。

【交易市场】 影响天然橡胶价格波动的主要因素 1. 国际天然橡胶市场供求情况及主要产胶国的出口行情。国际市场上天然橡胶的供应完全控制在泰国、马来西亚、印尼等少数几个国家手中。而天然橡胶的使用大国美国、日本等完全依赖进口，其对天然橡胶的价格支持也显而易见。我国也是世界上第二大天然橡胶进口国，对国际胶价的影响也较直接。2. 国际市场交易行情。天然橡胶已经成为国际上一种典型的热带商品期货品种，其中东京和新加坡交易的影响最大，由于所占市场份额较大，因此能反映出世界胶市行情基本动态。3. 国际天然橡胶组织(INRO)成员国签定的国际天然橡胶协议，对胶市价格走势也会产生重要影响。4. 我国天然橡胶的生产和消耗情况。我国天然橡胶生产的数量、成本直接关系到国内胶市的价格。同时，国内天然橡胶使用量的变化和加工企业对天然橡胶价格的接受能力也作用于天然橡胶的价格水平。5. 我国对天然橡胶的进口政策及税率水平。从 2000 年 1 月 1 日起，国家正式设立进口天然橡胶的"配额内税率"这一项目，此类税率是全额完税类，国家不限制其流向和用途，不进行跟踪，可以进入流通市场及参与期货市场的交割。其中进口烟片胶 RSS3 的配额内税率为 12%，配额外的税率为 90%和 125%。6. 合成胶的生产及应用情况，包括合成胶的上游产品原油的市场情况。天然橡胶与合成胶在某些产品上可以互为替代使用。另外由于合成胶是石化类产品，石油价格会影响合成胶的价格水平，合成胶价格水平的变化则转化影响到对天然橡胶的需求上。7. 主要用胶行业的发展情况，如轮胎及相关的汽车工业。天然橡胶的主要用户是轮胎，轮胎行业的景气度直接影响天然橡胶市场。汽车工业又是使用轮胎的大户，因此汽车工业的发展和国家对汽车工业的政策会影响到对轮胎需求，并影响对天然橡胶的需求。8. 自然因素：季节变动和气候变化。胶液一般在树龄 5－7 年的橡胶树皮上倾斜切口后采得，橡胶树一般可采集 25－30 年。橡胶树整年都可采割，但其产量随季节性而变动。橡胶树生长需高温多雨的环境，在年平均气温 26－32℃之间、年平均降雨量在 2000mm 以上的热带地区栽培，因此其产地分布于南北纬 10℃以内，多集中在东南亚地区。9.政治因素:各国政府对天然橡胶生产和进出口的政策会影响天然橡胶价格走势,而且天然橡胶是重要的军用物资,对重大政治事件的发生有较敏锐甚至强烈的反应,在发生战争时,各国必须最大限度确保橡胶的应有数量。

上海天胶期货市场情况　2000年上海天胶期货行情走势充分体现出阶段性轮炒特点。在基本面偏空的现货市场背景下,走出了季节性的两涨两跌,总体运行趋势基本贴近基本面现状,全年交易交割概况见表二,具体分为四个阶段:第一阶段:1月19日—6月19日。高位下跌,行情清淡。主力合约RU004 1月19日达到年内至高点10030,随后在整个二月份构筑技术形态上的"M"头。3月初在今年降低进口关税及年内国家经贸部第一个9万吨橡胶配额发放的利空因素冲击下,期价向下突破颈线大幅下跌,截止4月17日摘牌下跌1220点,跌幅12.16%。同期主力合约还有RU005均为减仓下行。同期挂牌不久的远期合约RU008于低位稍做反弹后于4月28日延续第一季度跌势从9140高点下跌至6月19日该合约最低点8645,下跌495点跌幅7.54%。第二阶段:6月20日—9月10日。调整回升,交易活跃。主力合约RU011自6月1日创低点8655后,便在整个6月间一直低位调整蓄仓。直到7月中旬构筑完美的底部形态后向上突破,于8月8日达到9440高点后回落,上涨785点上涨7.9%。此轮反弹基本面无任何实质性利多因素支持,主要诱因在于与国内联动性并不强的东京期胶上涨(2001年基准1月合约向上突破熊市压力线),政策面与6月上旬上海期货交易所海南活跃天胶业内动员大会有关,并及时推出降低保证金的利好消息刺激等因素。此间与RU011形成联袂上攻还有减仓上行的RU009与持仓并不大的远期合约RU101,上海天胶在此轮上涨带动下初步活跃了市场交易,带动了投资者参与上海天胶的热情。第三阶段:9月11日—11月15日。下跌回调,扩仓蓄势。自8月8日冲高回落之后,上海天胶在连续在高位整理,9月20日国家再度公布下放第三第四季度10万橡胶配额的利空消息正式出台后,期价"高处不胜寒"当日即破位下行,进行回调。在此轮行情中主力合约RU011于11月14日即将摘盘前最低跌至8425,下跌1015点跌幅10.75%。下跌过程中RU011减仓下行而RU101自破位下跌以来则继续扩仓,逐步成为主力合约,并为下阶段报复性反弹埋下伏笔。第四阶段:11月16日—12月29日。井喷上涨,逼空失败。在11月15日RU011正常摘牌进入交割当日,RU101创下8850低点后,于低位稍做整理后便开始向上突破,期价在买盘扩仓推动下背离基本面而大幅飙升,于12月12日创下9845的全年高点,20个交易日期价上涨995点涨幅达到11.24%。然而就在市场疯狂之际,交易风险突降12月13、14、15连续三天三个跌停板,期价直达8675,短短三个交易日期价下跌1170点跌幅达到11.88%,市场做多人士损失惨重,12月15日上期所根据新交易规则下的风险管理办法出台了RU101合约平仓结果公布的公告,终止了上海天胶此轮带有明显投机性质的逼空行情。在RU101在脱离基本面而大肆逼空之际,远期合约以RU103为代表的系列合约并不跟涨而是选择低位盘整,但12月13日RU101连续跌停以来,远期合约开始联动破位下行。期价已逐步跌破8000整数关口,而且有可能跌至现货价以下。

表二:上海期交所天然橡胶期货交易及交割2000年统计表

单位:成交、交割量,手;成交金额,亿元(按双边计算)

月份	1	2	3	4	5	6	7	8	9	10	11	12	合计
成交量	46410	23814	15456	18660	166612	371904	278752	243496	227354	161504	205092	236266	1995320
成交额	22.45	11.59	7.23	8.37	72.93	160.84	122.47	12.46	104.69	72.59	92.39	105.88	893.89
交割量	1366	0	1016	1406	164	144	164	144	2436	466	2336	0	9642

(中国国际期货经纪有限公司　夏海)

上海铝期货市场

【概况】 铝是一种银白色轻金属,被世人称为第二金属,其产量及消费仅次于钢铁,是国民经济发展的重要基础原材料。近五十年来,铝已成为世界上最为广泛应用的金属之一。在建筑业上,由于铝在空气中的稳定性和阳极处理后的极佳外观而受到广泛应用;在航空及国防军工部门也大量使用铝合金材料;在电力输送上则常用高强度钢线补强的铝缆;此外,汽车制造、集装箱运输、日常用品、家用电器、机械设备等领域都大量使用铝及铝合金。生产铝锭的原料是铝土矿,而产铝量主要集中在美国、前苏联、中国、加拿大、澳洲、巴西、挪威等国。美国是全球最大的产铝国和消费国,中国的产量和消费量均列世界第三位(见表一)。近年来,国内铝的生产和消费开始发生变化,特别是进入九十年代后,铝在建筑、交通运输和包装三大领域逐渐成为象发达国家那样的铝消费主体。截止1999年,我国大陆除北京、天津、上海、海南、西藏五个省市没有电解铝厂外,其余26个省市共有大小电解铝厂116家,主要集中在储量丰富的河南、贵州、山西、青海等省区。目前市场上流通量最大的是AL99.70牌号,几乎占了全国产量和需求量的90%,且这一牌号的质量标准与LME高等级基础铝合约规定的质量标准P1020A化学成份规定十分相似。因此,目前国内市场上流通的还有少量LME注册商品。从流通特点来看,我国的铝工业在近十年取得了长足的发展,其生产能力、产量及消费量的迅速增长,使国内铝的需求已从严重短缺到供求基本平衡,流通体制也完全从双轨制转到了市场化。特别是近几年国内铝价的几次猛涨,刺激了一批地方铝厂的建设,使产能剧增。但地区供需结构仍不平衡,生产基本上集中在西南、西北地区,消费则主要在华南地区,其次是华东地区。

表一:1994—1999年国内铝供求情况表　(单位:万吨)

年份	1994	1995	1996	1997	1998	1999
产量	149.8	186.97	190.07	207.2	241	261.8
进口量	16.9	38.8	36.7	28.8	30.6	53.4
消费量	153.7	168.5	175	211.5	240	290
出口量	13.1	19.1	11	24.6	32.6	30.1

铝具有以下适合做期货的特点:品质稳定,易储存、不易变质;规格标准化,有明确的质量标准;市场容量大,拥有大量的生产企业、流通企业和消费者,应用领域非常广泛;市场价格波动大且频繁,不存在垄断。国际市场上,铝作为一个成熟的期货交易品种目前主要有伦敦金属交易所(LME)和纽约商品交易所(COMEX)在交易,尤其是伦敦金属交易所(LME)的铝锭交易始终受到各国铝生产商、投资商和国际共同基金的关注。目前,LME每天铝的成交价已经成为世界铝交易中的一个代表性价格和主要参考依据。国内市场上,铝的期货交易始于1992年5月28日原上海金属交易所,发展至今,交易稳步发展,1992年至1999年上海期货交易所期铝合约成交112.21万手,合561万吨,成交金额881.45亿元。1994年1月到1999年12月上海期货交易所(上海金属交易所)三个月期铝价格与上海地区同期现货价格相比,总体趋势一致,相关系数达到0.96;与同期伦敦金属交易所三个月期

铝相比相关系数为 0.89，说明铝的期货价格基本反映国际国内铝市场供求关系的变化。

【交易市场】 影响铝价格变动的主要因素 1.氧化铝的供应。氧化铝成本约占铝锭生产成本的 28%～34%，而我国每年氧化铝的缺口基本都在 100～150 万吨。因此，国际、国内氧化铝供应是否充足、价格的高低将直接影响铝锭的生产成本。2.电价。电解铝产业又称为“电老虎”行业，吨铝平均耗电 1.5 万度。电量和电价一直影响着我国电解铝工业的发展和铝锭的价格。3.国内经济形势。铝锭本身固有的特性和用途决定了它的价格一方面要受国际、国内供求关系的影响，另一方面要受国内经济发展速度和经济政策的影响。前几年受全球经济不景气和东南亚金融危机的影响，国内市场需求不足导致铝价下跌；1999 年国家实行积极的财政政策，扩大内需，又带动了铝的消费增长。4.进出口政策。由于国内铝锭的产能增长过快，使得一方面国内氧化铝供应偏紧，另一方面宏观经济环境决定了铝的需求近几年不可能有过快的增长，这在一定程度上将更有利于促进国内铝锭的出口。但是，国内铝锭生产能耗大、成本高，制约了我国铝锭工业的发展，因此，每年仍需进口一定数量的铝以满足国内的需求，而我国对铝进出口关税的调整、汇率的变化都将影响国内铝价。5.国际市场。目前国际有色金属工业跨国公司和商贸公司依靠其雄厚的资本、管理、技术实力，占据了世界相当一部分有色金属资源、生产能力和市场。世界六大产铝国美国、俄罗斯、加拿大、澳大利亚、巴西、挪威的产量、出口量、出口价格的变化都会对国际铝价产生影响。6.用铝行业发展趋势的变化。随着国内交通、住宅、轿车等行业的进一步发展以及电网的大量改造，铝消费也将有相应的增加，对铝的需求和价格也将产生积极影响。7.国内外套利因素，基金操作动向等因素也会影响到价格。

上海铝期货市场情况 2000 年总体上铝价呈现先抑后扬的局面，2 月中旬以前，沪叁月铝继续维持 1999 年的升势，最高冲至 17410 。随后便跟随 LME 叁月铝的大幅下跌而下跌，至 4 月 14 日跌至 16100 。从 5 月份，铝价开始走稳，至 7 月中旬到达 17000。但由于 2000 年进口铝数量明显增大，导致第四季度国内铝市场出现暂时供大于求的局面。在俄罗斯进口铝的冲击，国内氧化铝价格持续下挫的双重打击下，沪叁月铝在 7 月中旬以后，一直持续低迷状态，最低跌至 15100（全年交易交割概况见表二）。造成铝期货市场持续低迷，主要有以下基本面因素：1.国内铝产量和消费量：产量消费量持续增长，但消费量的增长速度明显大于产量的增长速度。2000 年国内电解铝生产保持了稳定增长的势头。全年产量达到 270 万吨。消费方面，由于国家继续实行加大财政投入，支持重点工程建设的政策，铝的消费有望保持去年以来的增长势头。其中农网改造，西部大开发对拉动需求贡献不小，而铝型材进入 2000 年后由于替代品的竞争，销售始终不理想，抑制了对原铝和废铝的需求，据 CRU 统计 1—10 月份全国铝的消费量达到 278.3 万吨，同比增长 16.1%。全年消费有望达到 316 万吨。2.国内铝的进出口状况：净进口量连创新高，导致国内铝市场出现暂时供大于求的局面。进出口方面，中国海关统计 1—10 月份共进口未锻造铝及铝合金 70.8 万吨，同比增长 74.8%；出口 16.29 万吨，同比增长 3.1%。2000 年 1—10 月份未锻造铝及铝合金的净进口量为 54.51 万吨。净进口量与产量之和为 285.5 万吨，CRU 预计需求量为 278.3 万吨，供大于求 7.2 万吨。由于供大于求的局面的出现，导致国内铝市近几个月出现连续下滑的局面。3.国内氧化铝状况：至于国内方面，氧化铝生产在 1999 年高速增长的基础上，2000 年上半年继续保持快速增长。到 10 月份累计生产氧化铝 360 万吨，比 1999 年同期多生产近 42 万吨，同比增速达到 12。6%。1—10 月进口氧化铝 146 万吨，比 1999 年同期增 10 万吨。1—10 月合计供应量达到 506 万吨，预计全年的产量将达到 420 万吨，供需是否平衡取决于 2000 年进口的总量。

表二：上海期交所铝期货交易及交割 2000 年统计表

单位：成交、交割量，手；成交金额，亿元（按双边计算）。

月份	1	2	3	4	5	6	7	8	9	10	11	12	合计
成交量	44662	42940	32086	43568	53156	111728	91290	79330	66194	91454	130618	123016	910042
成交额	37.19	36.67	26.71	34.97	43.56	92	76.06	65.12	53.83	71.06	100.22	94.4	731.79
交割量	3870	4400	3160	4050	2070	1260	1140	1460	2330	2800	1640	1700	29880

（中国国际期货经纪有限公司　夏海）

大连大豆期货市场

【概况】 大豆是重要的经济作物，以春大豆为主，十一月份进入流通领域。国产大豆富含蛋白质，含油量相对较低（16—17%），进口大豆含油量高（18%），多用于压榨。世界大豆的总需求量近十年逐年增长。从 1992 年的 1.1 亿吨增加到 2000 年的 1.4 亿吨，增长近 30%。近年来随着我国城乡居民生活水平的提高，使我国对大豆的需求逐年增加。虽然我国大豆的播种面积出现增长，产量也有大幅度提高，但国内供给仍然不足，进口量迅猛增长（见表一），自 1995 年起，我国由大豆净出口国转变成净进口国。2000 年我国的大豆进口超过 1 千万吨。大豆是我国率先进行自由贸易的重要农产品，关税只有 3%。大豆贸易量逐年上升。国内大豆的价格受国际市场的影响也越来越大。大豆受生产周期的影响，一年内价格呈周期性变化。

表一：1995～2000 年大豆生产流通统计表　（单位：百万吨）

年　度	1995	1996	1997	1998	1999	2000	平均
世界产量	140	125	131	148			136
中国产量	13.5	13.2	14.4	13.9			13.8
中国进口量	0.8	2.2	2.9	3.2	4.3	11	4.1

大豆期货品种于 1993 年 11 月 28 日在大连商品交易所上市交易，现已发展成为现阶段中国期货交易量和交易额最大的交易品种，其交易量约占国内期货市场份额的 2/3 左右，也使大连商品交易所（DCE）在世界上成为仅次于美国芝加哥期货交易所（CBOT）的第二大农产品交易所，在国内期货界该品种一般简称为“大连大豆”，目前大连大豆已成为我国商品期货市场的杰出代表。大豆在世界范围内均被证明是适合开展期货交易的品种之一，在我国大豆非常适合开展期货交易，原因主要有：1.储存、运输方便。大豆储存时间相当长，正常条件下，可以保存两年以上；运输采用麻袋、散装均可，较为方便。2.质量均一、易于检验。依据大豆的特点来制定质量标准，其中的水分、纯粮率、杂质等指标可通过物理方式准确检验。3.流通量大、商品率高。我国大豆的产量大，是仅次于小麦、大米的大宗农产品，其商品率在 70%左右。4.价格波动大。由于我国大豆种植面积变化较大，再加上气候、自然灾害等因素的影响，大豆产量极不稳定。同时由于供需的季节性，导致大豆的价格波动相当剧烈。目前，大豆在我国属放开经营的品种，一般具有粮油经营资格的企业都可以经营大豆，经销商众多。大豆市场是一个竞争性市场，对众多的大豆生产、经销和使用企业来说，都面临较大的市场风险。套期保值、回避市场风险是众多的大豆生产、经销和使用企业的内在需要。因

此，大豆品种在我国开展期货交易不仅具有十分优越的条件，而且非常活跃。大商所期货合约在设计过程中也充分考虑了我国大豆现货的流通特点，使大豆合约的价格能与现货流通的价格接轨。具体特点如下：1. 以三等黄大豆为交割标准品，一等、二等和国等为替代品。主要因为我国大豆现货流通中以三、四等为主，约占总流通量的80％以上。2. 期货合约交易价格为含增值税，但不含包装的价格。3. 在交割品的技术检验方面，根据大豆国家标准以纯粮率为主要检验标准，而不同于CBOT大豆期货交割品以出油率为主要标准的检验方式。

【交易市场】 影响国内大豆期货价格有以下主要因素：1、国内大豆的供应与需求状况。大豆的供应与需求状况主要受国内产量和进口量、消费量和出口量等因素的影响。我国的大豆产量70％由产地的油厂、粮库收购，只有3－5百万吨在市场流通，国内大豆的商品流通率较低；另一方面，近几年大豆加工厂商有很大变化，山东、广东、江浙已成为主加工区，主要以进口大豆为原料。2、国际期货市场体格的影响。目前中国是国际市场大豆的最大买主之一，中国大豆的进出口量，在世界大豆贸易量中占较大的比重。1997年以来大商所大豆期货的交易量相当于CBOT大豆期货交易量的10％－20％左右。因此大商所大豆与芝加哥期货交易所(CBOT)大豆价格相关性极大。第一，两个市场价格趋势相同，彼此互为影响，CBOT大豆的题材相对固定：A. 播种面积；B. 天气；C. 收割面积与单产；D. 影响供求的其它题材。其中美国关于大豆的季度报告对CBOT起着决定中期趋势的作用；第二，两个市场变化趋势各有其技术特点，大商所大豆期货尽管与CBOT走势相近，但并没有丧失其独立性，而成为CBOT的影子市场。3、国家政策和地方性法规的影响。(1)主产国政策。美国是世界大豆的主产国，其产量占全球总产量的50％以上，美国农业政策是影响大豆供应的一项重要的政策。(2)主要进口国政策。欧共体是世界大豆的主要进口地区，其进口量约占全球贸易的50％。这些国家的农业政策、进口政策和食品健康安全方面的政策对全球大豆贸易产生举足轻重的影响。(3)国内政策。国家调整粮食收购价、进口食品的转基因条例和入世后的政策调整等对大豆期货的中期趋势影响很大。4、大豆市场的季节性变化。在生产周期的影响下，大豆价格在一年内呈现周期性变化。以国产春大豆为例，在供应正常年份，新豆在11月份开始上市后，价格开始下跌，到次年1月份达到最低。此后价格逐渐回升；若减产年份，受抢购与囤积的影响，9－11月份大豆价格上升较多。所以大豆贸易最关键的月份是当年9月份至次年1月份，交易量大，价格变化也大，对全年大豆价格起着主导作用，标志着价格变动趋势。5、相关商品价格的影响。大豆作为油籽其替代品有菜籽、花生等；作为饲料蛋白有鱼粉等。这些替代品的产量、价格及消费的变化对大豆价格也有间接影响。大豆的价格与它的后续产品豆油、豆粕及豆粉有直接的关系，这三种产品的需求量变化，将直接导致大豆价格的变化。6、交易主力结构和操作策略。DCE市场的交易特征：一是东北当地的交易者以空头为主体思维，特别是现货商和相关机构。二是DCE市场的资金主力以外地资金为主，如江浙、山东、北京等地的资金。这些机构在思维上倾向于多头定势。三是与主力资金无紧密联系的非DCE当地的全国各地的其它交易人士多以技术分析为准则，无论对CBOT或是DCE均以形态分析、波浪分析为入市指南，在多空之间转战。四是DCE市场的流动性来自于场内的抢帽子交易者，也就是所谓的“短线客”。因而形成大连大豆的行情特点是：急涨，涨的延续性不强；慢跌，一旦开跌，几乎无像样的反弹。

2000年的大连大豆期价走势一波三折，总体为“牛市”巩固期，其中政策方面的变化主导了当年大豆价格走向。2000年大豆走势大体上可划分为以下五个阶段：第一阶段，2000年1月4日至2000年3月20日，逐步攀升阶段。2000年春节前由于1999年国内大豆收获期遭受早霜天气，影响大豆的品质，大豆期价开始上涨。春节后一方面豆粕供给量骤然减少；另一方面，豆粕需求量增大，造成豆粕供应断档，加之春运尚未结束，运力依然趋紧，从而引发了大豆价格的又一轮攀升，至3月20日连豆最高曾经达到2495元/吨。同期芝加哥大豆价格也因南美天气干旱而暴涨。第二阶段，2000年3月21日至2000年4月28日，振荡调整阶段。CBOT大豆在南美干旱的天气因素影响下继续走高，但国内现货面已发生了变化：第一由于前期豆粕价上涨，2月底3月初订购的进口大豆陆续到货，对国内现货开始构成压力。第二春运结束后货运状况转好，产区大豆大量运往销区，在进口大豆的压力下，价格上涨无力，因此价格跌得越快农民越急于出售所存大豆。第三，在国家出台调整种植结构政策的背景下，大豆主产区的东北三省引导农民多种大豆，大家预期大豆的种植面积增幅会比较大，因而导致CBOT期价上涨而国内期货价格不涨，反而在振荡中小幅下跌。第三阶段，2000年5月8日至2000年8月25日，熊市下跌阶段。由于预计南美产量增加和预测美国大豆的播种面积增幅较大，促使CBOT期价从5月4日起开始回落。国内大豆价格在经过"五一"长假后，价格继续下跌。5月25日国家税务总局发出通知，自当年6月1日起对大豆粕等粕类按照单一饲料免征增值税。此通知内容5月29日在大连市场传开以后顿时形成巨大的利空压力，各主力合约连续两日跌停，跌幅均达到120点以上。最终考虑到保护国内油脂加工企业的利益，不久国家税务总局又下文取消了"关于免征进口豆粕增值税的决议"。而国内期货市场在7、8月份庞大的大豆进口压力下，尽管不断有旱情严重的消息，但空头依旧我行我素，继续打压，至8月23日国内大豆最低已跌至1905元/吨，而同期CBOT已涨至460.25美分/蒲式耳。第四阶段，2000年8月28日至9月4日，突发井喷暴涨阶段。2000年8月28日，借国家可能将农产品保护价提高10％和停止陈化粮销售处理的题材，多头突然发力，周一、周二连豆连拉两个涨停板，周三收一十字星，周四期价继续上升，曾经一度再至涨停，周五开盘未久即跳空封停，至此多头在这一周的井喷式的暴涨行情中已完全将前四个月的下跌拉回。第五阶段，2000年9月5日至12月底，慢牛行情日渐凸现。随着天气状况的好转及中国进口大豆的大量到港积压，国际国内盘双双步入了调整期。CBOT从515.5美分回调到8月底暴涨前的464美分的平台上，DCE则走出了一个上升旗形，回补了9月1日的跳空缺口。11月初由于美国大豆减产较多；而中国据各方面调查表明旱情对大豆产量的影响并没有传闻中的那样严重。表现在期货市场上，CBOT从10月31日开始再次上涨，而DEC直至11月中旬仍在缩量调整。11月中旬法国爆发"疯牛病"，关于"禁用肉骨粉"的话题成为欧盟各国政府讨论的热点，植物蛋白在饲料行业中的热销引发了大豆的又一波上涨。至11月底主力5月合约已突破了前期高点－9月4日的2347，且在12月底前一直在2300的高位维持，从2001年元旦后逐步转入下跌周期。

（中国国际期货经纪有限公司　夏海）

郑州小麦期货市场

【概况】 小麦是世界最古老和种植最广泛的农作物之

一，主要分为冬麦和春麦两大类。全球用作食物的小麦约占总消费量的70%。小麦的贸易额超过所有其它谷物的总和，产量和总消费量均占全球谷物的三分之一。我国是世界上最大的小麦生产国，又是世界上较有影响力的进口国。长期以来我国一直进口小麦，但近年净进口量逐年减少(见表一)。进口来源主要是加拿大、美国和澳大利亚，这三国的进口量约占进口总量的90%。90年代以来，我国小麦的产量开始接近需求量，供需关系进入动态平衡的阶段。国际小麦期货交易历史悠久，小麦商品率高，质量、规格简单，易于标准化；小麦供求较稳定，需求价格弹性小，但小麦价格经常受气候、库存、进出口量、政府的农业政策等因素影响，因此，非常适合期货交易。

表一：中国小麦生产和进口量统计表　单位：万吨

年　度	1995	1996	1997	1998	1999	2000
生产量	9930	10222	11057	12330	11000	11500
进口量	1159	825	186	149	41	68

1993年老国标小麦期货在郑商所上市交易，但到了1999年因绿豆期货的萎缩才逐步活跃，2000年2月1日推出新国标小麦期货，上市后也继续保持活跃行情。因此，小麦期货从推出至今，没有出现任何大的风险，价格运行平稳，与现货需求、国家的粮食政策及整体物价水平等结合的非常紧密，其经济功能开始发挥。1.价格发现功能逐步显现。近几年，小麦期现价格的相关系数高达0.96，小麦期货价格的预期指导作用已越来越得到广大现货商的重视，并作为定价的重要参考依据。2.规避风险、进行套期保值的队伍不断壮大。经过多年的规范运作，郑州小麦期货市场已吸引了越来越多的现货部门加入到套期保值队伍当中。1996年小麦实物交割量为1.7万吨，1997年达6.2万吨。1998年交割量达1万吨，日持仓量最高达140余万吨，日交易量最高达190余万吨。3.郑州小麦期货市场配合国家粮食流通体制改革，促进农业产业结构调整。1999年，国家及时推出了优化和调整农业产业结构的政策。对粮食生产而言，实际上就是实行优质优价。郑商所的小麦期货交易已从两个方面贯彻了这一产业政策，首先从期货合约的修订上，特别是从交割品级的定位上体现出来。郑商所新修订的小麦合约，确定了以新国标二级小麦作为标准交割品，将一级升水30元/吨，三级贴水50元/吨，这个等级质量明显高于过去执行的国家标准和郑商所标准，很多大型面粉厂、粮库都比较愿意接受这种等级的小麦，符合消费需求。其次合理的期货价格水平也可以推动产业结构调整。郑商所新小麦合约挂牌之后，其价格定位明显高于老合约，体现了优质优价的原则。4.郑州小麦期货发挥了"晴雨表"作用，为国家加强宏观调控提供依据。近6年来小麦期货价格波动不仅与现货价格变化趋势完全一致，而且还与国民经济景气状况指标之间存在较强的相关性，说明小麦作为居民最基本的生活资料，粮食加工轻工业部门最基本的生产资料，它的波动也能够反映国家的宏观经济状况，成为国家宏观经济运行状况的"晴雨表"。郑商所的小麦期货价格早已被国外　些粮食管理机构密切关注，他们将之作为观察中国粮食政策与供求状况的一个窗口。

【交易市场】 小麦的炒作题材可分为长线题材和短线题材两种，长线题材是趋势性题材，构成小麦期价波动的骨架，短线题材是市场的润滑剂，为短线投机提供空间。(一)长期题材包括：1.我国政府的政策取向。国家的粮食政策，如正在推行的农业种植结构调整和优质优价，粮食保护价和保护范围等对小麦期货价格有较大影响。2.宏观经济形势。3.播种和生成情况。每年小麦的减播面积和范围，后期的生长情况(对小麦产量和品质构成直接影响)均对小麦行情形成影响。中国的小麦划分为10个产区，产量最大的是黄淮冬麦区，收获期在5月下旬至6月初。黄淮地区的小麦自出苗至成熟会遭到多种自然灾害的侵害。投资者需要在小麦的不同生长阶段关注气候的变化及对小麦生长的影响。4.供求关系的变化。一是供给方面。主要由三部分组成：①前期库存量。②当期生产量。分析研究小麦的播种面积，气候情况和作物生产条件，生产成本以及政府的农业政策等因素的变动情况。③商品进口量。及时了解国际形势，价格水平，进口政策和进口量的变化。二是需求方面。主要由三部分组成：①国内消费量。作为必需消费品的小麦，需求增长非常缓慢。②出口量。③期末商品结存量。5.整体物价水平。6.其他粮食品种的价格。7.政治因素。8.入世因素：中国入世后市场的开放程度和物价变化等。9.汇率因素。10.国际市场小麦供求情况。(二)短线题材包括：1.天气。2.技术指标。3.外盘情况：主要是美国小麦市场的价位波动。4.和其它品种的联动。5.投机资金的运作：主力资金的运作方向、手法、造势等。6.仓单数量的变化。7.短期的季节性波动：一般来讲，小麦季节性价格波动有一定规律。每年的2、3、11、12月份价格较高。

2000年郑州小麦期货行情可分为三个阶段：(一)小麦期货的初步认识阶段(2000.2.1—2000.2.14)。新国标小麦期货于2000年2月1日以1300的基准价挂盘，由于市场人士对小麦的交割标准认识不准，很多现货商看到期货价格与现货价格之间的巨大差价，逢高大量抛空，导致小麦挂盘后就一路下滑，从2月1日挂盘起到2月14日仅两周的交易时间，WT101就由1300跌至1181，跌幅达120点。(二)小麦期货投资价值的发现阶段(2000.2.14—2000.9.4)。这一段时间内，小麦期货走出标准的上升通道行情，具体还可以细分为四个小阶段。1.2月14日—3月7日单边上扬：期价从1181涨到1353，最大涨幅172点。新小麦合约的交割标准为国家二级硬冬白小麦，现货商可以用优质小麦进行交割，其角质率、容重都容易达标，但不完善率却很难达标。一些市场人士在挖掘出这一期现不对称的因素后，多头开始了建仓过程，期价由最低时的1181上涨至1353，持仓也增加到近4万余手。市场由此转入一轮上涨行情。2.3月8日—4月6日振荡横盘下跌：从1341下跌到1276，最大跌幅65点。市场随即出现获利回吐，随后进入近一个月的盘整期。这一盘整区被随后发生的一个偶然事件所打破，4月5日收盘后，郑商所公布了将绿豆保证金提高到20%并恢复交易的文件，这使得市场人士普遍预计那些有着绿豆情节背景的资金可能会抽离市场。4月6日，WT101合约放量下跌至跌停板位1276元/吨。这一偶然事件所弓l发的市场回调对后市的上涨实际上起到了积极的作用。3.4月7日—6月29日多空对峙上涨：从1289上升到1368，最大涨幅82点。当市场重又回到交割标准这一核心问题上之后，主多再次杀入，使得市场由此展开了一轮更为强劲的上涨行情。主力多头继续推高期价，当时主要利多因素为国家调整农业产业政策、退耕还林、增加优质品种播种面积提倡优质优价。河南山东部分地区旱情严重等；而空头的主要理由为加入WTO日益临近、进口小麦对国内市场的冲击、巨大的国内库存等。4.6月30日—9月4日空头高位减仓认赔：从1367上涨到1586，最大上涨幅度为219点。由于小麦交易的标的物是新国标，该标准在执行中存在的问题就首先在期货交易中暴露出来，即怎样确定黑胚小麦及含有黑胚粒的小麦能不能在省际流通。于是期货市场对此便产生了较大的歧义甚至误解，认为"含有一个黑胚粒的小麦就不能交割"，进而导致了期货价格脱离现货价急转而上,7月10日开盘不久期价就被封在涨停板上。到8月中旬,期价再创新高,使不少现货商严重被套。在本次上扬行情中,河南当地粮食部门是主要的空头,但终于因资金准备不足以及当时的政策因素而不得不认赔出局,空头平仓推高了期价,同时WT101持仓由前期的11万余张迅速减至6万张,减幅达到50%以上。随着政府明确提出了今后农村工作的重点是:为农民减负增收。而去年粮食产量大幅减少10%,为近20年来最大的降幅,也引起了中央对粮食安全问题的重视。多头主力利用这个政策性利好因素,随后利用黑胚率的问题继续推高期价,于9月4日龙头合约WT105、WT107期价创造了1546和1586的历史最高点。(三)小麦期货的套保阶段(2000.9.4—2000.12.29)。远期月份WT107、WT109属于2001年合约,由于距离交割还有很长时间,现货商有充足的时间组织仓单,所以远期月份预期有较大的仓单压力。因此,从9月初开始便有资金入市逢高抛空,其中WT107表现得尤为明显,仅在9月11日一天,持仓量就增加了3万张,在现货商抛盘的巨大压力下,期价走出了高位宽幅振荡的行情。而10月11日,郑交所公布的小麦交割标准再次引起了市场的恐慌,过去一直围绕仓单入库的黑胚粒问题有所松动。按照新的规定,黑胚小麦被算作是不完善粒,只要能控制在6%以下就可以注册仓单,按照这个标准,大批的优质小麦都可形成仓单,从而使现货压力加大,尤其是远期月份的现货压力加大,从而导致多头竞相平仓,期价减仓下行,使以WT107、WT109为龙头的小麦期货合约在冲高受阻后,走出了一轮深幅下跌行情,并直到年底。WT105的持仓量由最高时的18万张减至5万多张。

表二:2000年郑州小麦期货交易统计表

月份	1月	2月	3月	4月	5月	6月	7月	8月	9月	10月	11月	12月	合计
成交量(万手)	98	41	108	53	68	63	134	147	138	137	93	46	1126
成交额(亿元)	111	47	136	69	91	86	188	215	211	203	135	68	1560

郑州小麦期货有很好的投资前景,原因如下:1.政策强有力地支持将使小麦期货充满生机。随着管理层政策的倾斜及重点扶持,小麦在国内粮食期货品种中的投资价值会日益凸现。2.粮食流通体制改革的进一步深化是小麦期货交易品种活跃的根本原因。我国的粮食流通体制改革,特别是优质优价政策的提出更为活跃小麦期货交易开辟了良好的政策环境。随着市场体制改革的深入,粮食经营部门参与期货市场进行套保的必要性也就显现出来。3.郑州商品交易所管理规范公正,小麦期货交易的安全性得到进一步保证。郑商所活跃小麦有其独特的优势。河南既是一个重要小麦产区,又非常适合成为小麦的集散地,而且郑商所具有活跃小麦期货交易的成功经验。4.加入WTO使小麦期货将面临更广阔的发展空间。加入WTO后,将加剧我国小麦市场的价格波动幅度。这既为期货投机者提供了因价格波动而产生的获利机会,同时也由于我国小麦的交割标准与国际接轨,为交易者提供了跨市套利的机会。5.广泛的市场参与基础使小麦期货交易具有顽强的生命力。近几年来小麦期货交易已在全国期货行业乃至粮食、农业等行业产生了很大影响,期货参与人员越来越多,目前是仅次于大连大豆的活跃期货品种。6.小麦期货具有极好的投资价值,其本身的交易特点也有利于小麦的进一步活跃。小麦这个品种已具备市场化条件:①价格波动幅度相当可观。如果把握好行情,投资小麦期货的回报率是非常可观的。②小麦自身的价值低,保证金的杠杆效应更明显。③小麦是个大品种(从总量上看),受人为操纵的可能性极小,其行情变化更多地受供求关系影响。④国家粮食流通体制改革正处于关键时期,因此小麦的市场化程度将更高,影响小麦价格波动的因素也将更丰富,炒作题材也将更多。

(中国国际期货经纪有限公司 夏海)

期货交易机构

大连商品交易所

【概况】 大连商品交易所大商所)成立于1993年2月。1994年，大商所成为国内15家试点期货交易所之一。1998年8月，经国务院批准，大商所继续保留进行开展期货交易，成为国内三家期货交易所之一。大商所的权力机构是会员大会，理事会是会员大会常设机构。2000年，大商所沈阳和长春交易分厅先后开通，远程交易席位由年初的20个发展到90个，场内席位由年初的20个增加到37个。截止到2000年底，大商所共拥有162家会员，来自全国27个省、市、自治区，客户总数达21000余个，中国粮油食品进出口总公司、中国饲料进出口公司、中谷集团、黑龙江北大荒粮油经销总公司、吉林省吉粮集团、河南省粮油进出口公司等都是大商所的骨干会员。大商所下设市场、交易、交割、结算、技术、稽查、研究、综合8个部门，共有员工60余人，大部分为硕士研究生以上学历。大商所通过“早礼”、“大商所讲坛”等新颖独特的形式，开展经常性的思想政治工作，带动了各项工作的开展。2000年5月，共青团中央、中央金融工委授予该所“1999年度全国青年文明号”光荣称号，是全国证券期货系统中唯一获此称号的单位，也是全国金融系统唯一一家以单位整体入选的单位。2000年11月，经国家人事部批准，大商所设立我国期货行业第一家博士后科研工作站。

【交易市场】 2000年大商所成交期货合约3496.0万手，成交额7817.23亿元，比1999年分别上升15%和22%，占全国总成交量和成交额的64%和49%，位居全国首位。2000年大商所创造了多项记录：日最高成交量706982手，日最高成交额159亿元。全年日均成交量14.5万手，日均成交额32.44亿元，银行日均存款余额10.5亿元，分别比1999年提高16%、22%和17%。7月17日，豆粕合约正式上市交易，成为国务院对期货市场治理整顿后第一个上市的品种，经过半年的交易，该品种已初步得到了投资者的认可，年底的持仓量和成交量分别达到1.08万手和1.14万手，是上市之初的8倍。大商所成立七年来，累计成交期货合约21872万张，累计成交额51228亿元人民币，累计实物交割量近200万吨。

2000年，大商所大豆成交量是芝加哥期货交易所(CBOT)大豆成交量的9%，比1999年提高1个百分点，是东京谷物交易所(TGE)大豆成交量的1.7倍。大商所是世界大豆期货市场中发展势头最为强劲的市场，也是目前亚洲最大、世界第二大的大豆期货市场。大商所经过七年多的发展，已经搭建起农产品期货市场的基本框架，初步具备了向亚洲最大的农产品期货交易中心冲击的实力。

【规范化管理】 大商所始终坚持规范管理，自建所以来，市场没有出现过任何重大风险事故，实物交割履约率达到100%。2000年，由于国家豆粕进出口关税以及粮改政策的调整，导致大商所大豆、豆粕价格出现大幅波动，大豆期货年高低价差达600元/吨。面对严峻的市场形势，大商所严格按照《期货交易管理暂行条例》和有关规定，进一步修改完善交易规则和风险管理制度，加大市场稽查力度，切实做好一线监管工作，确保了全年交易的平稳运行。

(特约编委：曲立峰，特约撰稿：李强)

郑州商品交易所

【概况】 郑州商品交易所(郑商所)是国务院批准的我国第一家期货交易市场试点，成立于1990年10月12日，1993年5月28日正式推出标准化期货合约交易。截至2000年底，有会员211家，其中经纪会员162家，占76.7%，非经纪会员49家，占23.3%，同时开通远程交易终端89个，会员群体和交易服务网点覆盖全国27个省、市、自治区；16家交割库分布在全国各主要粮食主产区和主销区，基本满足了全国各地期货交易者的交易、交割的需要。工商银行和交通银行为郑商所的结算银行。法定代表人、总经理为李守堂。根据业务发展的要求，郑商所内设综合部、人事部、交易部、交割部、结算部、稽查部、市场开发部、计算机工程部和研究发展部等业务部门。此外，郑商所拥有高效、快捷的计算机交易系统和信息传输系统、现代化的办公和服务设施、高素质的会员群体和职工队伍。

【交易市场】 2000年，郑商所以活跃小麦期货交易工作为中心，通过市场开发，小麦期货总持仓量由原来的不到1万手增加到25万手左右，日成交量由年初的不到5000手，增加到日均4.6万手，其中日成交量最高达20万手，日持仓量最高达30万手。全年共注册仓单8933张，交割8122张(双边)，注销2855张，提货3021张。小麦期货交易的进一步活跃，为郑商所推出新品种和走出低谷奠定了基础，也使期货市场为粮改服务落到实处。

【规范化管理】 2000年，郑州商品交易所在中国证监会的正确领导下，按照“法制、监管、自律、规范”的方针，在市场低迷的不利形势下，努力做好干部轮岗、职工分流、交易所与郑州粮食批发市场分设等工作，全力以赴活跃小麦期货交易和开发、培育新的市场。同时，练内功、抓管理、提高服务水平，把期货市场试点工作推向了一个新的阶段。一是通过“三讲”教育，提高领导班子和广大职工的思想政治素质，为交易所的长远发展奠定了思想基础。二是制定全方位市场开发战略，在全国各地举办大中型小麦推介会20多次，各种形式的宣传活动260多次，走访会员180家，走访500多次，以活跃小麦交易。三是积极进行新品种的研究、开发和上市工作：做好白糖、花生仁期货合约的调研与上市准备工作，加强对棉花品种的调研与合约设计工作。四是确保市场平稳运行，强化会员服务工作，不断提高服务水平和服务质量。在交易所财务困难的情况下，向会员让利374万元。五是搞好市场宣传，扩大期货市场影响。

(特约编委：王成周，特约编辑：李飒，特约撰稿：李博晰、刘俊)

期货经营机构

浙江金迪期货经纪有限公司

【公司概况】 浙江金迪期货经纪有限公司是经中国证券监督管理委员会批准成立(许可证号为A025011016),取得国家工商行政管理局企业法人营业执照(注册号为1000001002263)专营国内期货经纪业务的有限责任公司。公司股东实力雄厚,注册地为浙江省金华市,在杭州、上海、乐清设有营业部,委托有丰富实践经验的金华信托投资公司进行管理,是浙江省规范化程度高、信誉好的大型期货公司之一。

【经营业绩】 公司是上海期货交易所、大连商品交易所、郑州商品交易所的全权会员,拥有七个场内交易席位,并全面开通了三家交易所的异地交易系统。公司现有营业面积2500多平方米,公司配备世华行情显示和动态分析系统,使用上海复旦金仕达计算机公司设计的结算及交易软件。公司目前建成的自助委托交易系统、远程网络交易系统,在国内同行业中处于领先水平。

公司追求企业现代化、规范化的管理,奉行"发展不忘稳健,服务必尽忠良"的经营宗旨,严格贯彻执行国家有关政策法规,不断完善内部规范管理,建成了包括网络交易在内的新技术条件下的交易、结算和风险控制体系。

公司现有员工40余人,大专以上学历占84%,多年期市实践培养和炼就了一大批年纪轻、素质高、操作规范的管理和经营人才。公司将客户交易的迅捷、资金的安全、增值作为工作核心,视客户成功为自己的荣耀。

中国国际期货经纪有限公司

【公司概况】 中国国际期货经纪有限公司(China International Futures Co.,Ltd.,简称中期公司(CIFCO)),是经原国务院经贸办批准,国家工商行政管理局核准登记注册的首家大型专业期货经纪公司。公司成立于1992年12月28日,是由原国家物资部、商业部所属14家企业共同发起设立的有限责任公司,经增资扩股,现股本金已增加为3.18亿元。中期公司创业伊始,即以"集团化、股份化、国际化、信息化"为发展战略,抓住国内期货业刚刚兴起的历史机遇,迅速在全国各地抢点布局,创建独具特色的营业网络。目前已发展成为国内规模最大、运作最规范且最有影响的集团型期货公司。法定代表人由中国诚通集团公司董事长、中国证监会顾问和中国期货业协会首任会长田源博士担任。中期公司现有员工近五百人,95%以上是大学本科以上学历,并获取了中国证监会"期货从业人员资格证书";现有近60名业务骨干获得中国证监会"期货经纪公司高级管理人员任职资格证书",有5人被选为中国期货业协会理事。中期公司独资或控股上海中期、深圳中期、辽宁中期、沈阳中期、河南中期、武汉华中、北京天龙和华南期货等8家具备独立法人资格的期货经纪公司。中期总部及各公司自成立至今,经营状况良好,业务遍及中国大多数省(自治区)及直辖市,客户包括生产、加工、流通、服务和外贸等各种企业,其客户保证金、客户数量和交易代理金额在国内期货市场所占份额逐年上升,现已稳定在10%以上。1993年4月19日,中国期货史上第一张外盘交易指令单由中期公司向伦敦金属期货交易所下达;1993年12月8日,美国联邦期货交易委员会批准中期公司为美国注册期货佣金商;同月,美国纽约商品交易所(COMEX)、芝加哥商品交易所(CME)和芝加哥期货交易所(CBOT)国际三大著名期货交易所首次接纳中国会员,中期公司驻美代表成为交易所会员。

【经营业绩】 中期公司以管理标准化、服务现代化、运作规范化为宗旨,为不同范畴的客户群提供不同层次的专业化增值服务,主要包括:期货经纪人顾问服务、投资人培训服务、资金结算、实物交割、全面财务安排、投资理财全系列综合服务。此外,依照国际惯例,制订出了一整套符合行业规范的期货经纪业业务操作流程和守则、管理细则和风险防范措施,主要包括:职业经纪人制度、多层次培训制度、业务拓展、业务运作制度及客户合同文本规范、期货经纪业务操作流程和守则、管理细则和风险防范措施等方面。中期公司成立八年来,无论在业务规范、网点建设上,还是在人才培育、市场开发和管理体制方面均积累了相当丰富的经验,这些经验造就了全国第一的"中期品牌",在期货行业一直保持人才及团队优势、实力优势、全国性市场网络优势、品牌信誉优势、信息咨询及技术优势、创新及研发优势等多方面的竞争优势。

山西物产期货经纪有限公司

【公司概况】 山西物产期货经纪有限公司是经中国证监会批准、国家工商行政管理局核准登记注册成立的一家国有性质的期货经纪公司。公司注册资本金为人民币4000万元。

【经营业绩】 公司拥有郑州商品交易所、大连商品交易所和上海期货交易所的会员资格,可直接代理客户进行有色金属、农产品等各类期货品种的交易,并向客户提供结算、交割、咨询、信息、培训等全方位服务。公司设有天津、运城、阳泉等多个营业网点,业务扩展到交易所所在地在内的4个省市和省内多个地区,是山西乃至津、冀、陕、蒙、晋期货界最大的期货经纪公司,有着良好的企业信誉度和知名度。公司拥有一支年轻的员工队伍,培养了一批高素质、高技能的专业人才;公司高度重视人力资源的管理,"以人为本",广纳贤才。公司开通了国内最先进的复旦金仕达远程交易系统,为客户提供了一个方便、快捷、高效的交易场所。公司本着"公开、公平、公正、诚实信用"的原则和"市场第一,客户至上"的宗旨,通过自身的努力,竭诚为全省乃至全国的工农业生产企业及广大投资者提供套期保值及投资的良好机会。公司规范经营管理,加大市场开发力度,以提高客户盈利率为突破口苦练内功。至1998年下半年,公司经营状况开始明显好转,代理手续费收入以每月20%的速度递增。1999年一举扭亏为盈,公司经营逐步走入良性循环的发展道路。1999年,公司还顺利完成了增资注册,注册资本增加到4000万元。2000年公司的发展再上新台阶,交易量在全国189家经纪公司中排名升至第33

位，在上海交易所排名进入前20名。公司在进一步规范完善公司经营管理、巩固发展现有业务的前提下，做好再一次的增资扩股工作，专题研究期货投资基金、期货代客理财业务、做市商业务和金融期货等新课题，加大人才的引进和培养力度，为升级为综合类期货公司做好各方面的准备。

山东淄博华光陶瓷股份有限公司

地址：山东省淄博市张店区
湖田镇湖光路6号
电话：(0533)2064346
邮编：255076

近年来，公司确立并实施了名牌带动、资本运营、科技创新战略，企业经济规模和经济效益持续稳定发展，1996年华光陶瓷股票在深圳证券交易所挂牌交易，公司各项经济指标均居全国同行业首位，成为中国规模最大、发展速度最快、经济效益最好的陶瓷企业。

陶瓷是公司的主导产业。主导产品系列颜色釉精炻器是无铅无镉的健康陶瓷，在国际市场创出"华光"名牌，荣获国际博览会金奖，山东省唯一陶瓷名牌产品称号，99年"华光"牌商标被国家工商局认定为驰名商标，成为中国陶瓷企业第一块驰名商标，打破了中国陶瓷品牌无驰名商标的格局。"华光"牌系列颜色釉精炻器有600多个造型、200多种釉面颜色，产量、出口量均居全国第一。陶瓷咖啡杯产销量居世界首位，市场覆盖面最高，年出口美国8000万件，确立了陶瓷咖啡杯世界霸主地位，被外商誉为"世界一流产品"，成为高质量的代表。"华光"牌高档强化瓷、高白瓷、宾馆瓷、浮雕刻瓷等系列产品瓷质细腻，造型优美，装饰典雅，销售量居全国第一，在国内外市场上享有较高声誉。

投资近千万美元、装备有德国雷德哈姆公司微机自控燃气素烧隧道窑、燃气釉烧隧道窑、日本进口滚压成型机，以及英国史维斯公司自动喷雾施釉线和振动抛光机等代表世界陶瓷行业现代化水平，年产600万件高档骨质瓷工程已经建成投产，是华光陶瓷产品上档次、上水平的重大突破。骨质瓷是世界公认的高档瓷种，华光陶瓷的科研人员研制开发了以兽骨为主要原料的高档骨质瓷配方，采用标准的原料加工制备流程，应用先进的阳模滚压、高压注浆、高温素烧、低温釉烧二次烧成工艺，结合严格科学的管理，生产的高档骨质瓷体薄质轻、瓷质细腻、釉面光润、色泽淡雅、装饰华贵，可与著名的英国皇家用瓷相媲美。尤其是釉中彩、釉下彩等先进装饰工艺的运用，彻底解决了铅镉融出问题，使华光骨质瓷成为真正无铅无镉的健康陶瓷，顺应了崇尚健康消费的世界潮流。现已打入美国、日本、欧洲等国际市场，在国内的星级酒店和高档商场也深受消费者青睐。

造纸、印务是公司调整产业结构后迅速发展起来的新兴产业。造纸已拥有12条生产线，生产文化纸、新闻纸、牛皮箱板纸、中高强瓦楞纸、涂布纸、卫生纸等几十个品种，年生产能力达到16万吨。印务彩色印刷生产线在淄博市独家引进德国具有国际先进水平的五色罗兰胶印生产线与具有国内领先水平的紫外线上光机、全自动彩印覆面机、电脑控制自动模切机等配套设备组成了先进的技术装备，可以为陶瓷、酒类、食品、医药等行业的产品印制精美的包装。

公司十分注重企业科技进步和人才的引进和培养，目前拥有各类专业技术人才876名，其中具有高级职称的70名、中级职称的346名，拥有享受国家政府津贴的专家7名，省级拔尖人才3名，博士、硕士16名。公司将加大科技创新投资力度，提高产品的市场竞争能力。投资3亿元的华光陶瓷高科园已经开工建设。

繁荣社会，齐心创造，满足您的需要是华光人的最高追求。董事长苏同强、总经理徐鹏程恭候海内外朋友光临指导，愿我们真诚合作，携手并进。

邢台轧辊股份有限公司

公司董事长：赵建鹏

邢台轧辊股份有限公司是1993年3月20日经河北省体改委批准，以定向募集方式设立的股份有限公司。经中国证监会批准，公司于1999年8月4日正式向社会公开发行4500万股A股股票，同年10月14日公司股票在上海证券交易所挂牌上市。公司股本结构：国家股9670万股，由邢台机械轧辊(集团)有限公司持有，法人股240万股，由邢台顺达实业公司持有，内部职工股2400万股，社会公众股4500万股。

公司以各类轧辊的设计制造及销售为主营的冶金机械企业，有40多年的生产历史，年轧辊生产能力5.5万吨，是目前我国生产规模最大、品种规格最齐全的冶金轧辊专业生产厂家，国内现代化轧机用优质轧辊市场占有率70%以上。2000年公司募集资金已完成投资16539万元，其中薄板坯连铸连轧用系列轧辊配套机改项目和优质轧辊加工生产线技改项目已完工，高合金复合辊环生产线技术改造项目和扩大优质离心铸造轧辊生产能力技改项目正在建设中。

公司2000年度总资产95673万元，股东权益52364万元，销售收入38189万元，实现利润3225万元，每股收益0.19元，调整后每股净资产3.05元，净资产收益率6.16%。

股票简称：邢台轧辊　股票代码：600149

公司法定代表人：赵建鹏
公司董事会秘书：靳电入
地址：河北省邢台市新兴西路1号
电话：(0319)2023911-5168
传真：(0319)2022061
邮编：054025
电子信箱：xtmcs@fm365.com
网址：http://www.xtzhagun.com.cn

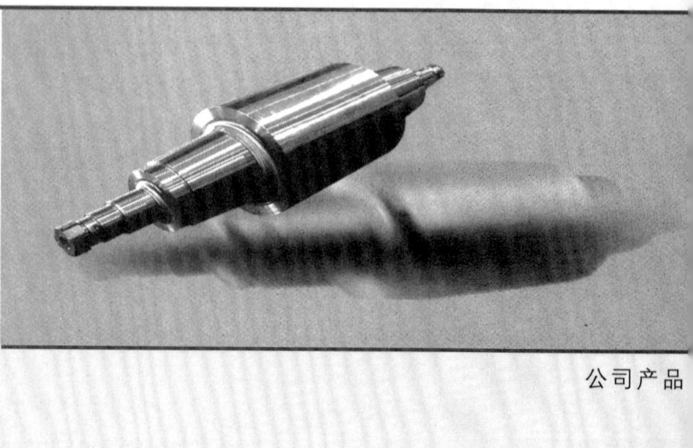

公司产品

TIBET TIANLU COMMUNICATIONS CO., LTD.

西藏天路

西藏天路交通股份有限公司

股票简称：西藏天路　股票代码：600326

西藏天路交通股份有限公司经西藏自治区人民政府批准，于1999年2月28日以发起方式设立。公司经营范围：公路、桥梁的建设（壹级）；与公路建设相关的建筑材料（含水泥制品）生产、销售；汽车贸易（含小轿车）及汽车筑路机械零配件的经营；汽车维修；塑料制品；货物运输、长短途客运；制氧业务等。

公司主营业务为公路工程施工的基础设施建设，主要承担西藏自治区内的公路、桥梁的建设任务，占有西藏公路工程建设市场20%的份额，其中在高等级公路建设中占有50%以上的市场份额；公司的货物运输从事进、出藏物资的运输，其中进藏物资的运输比重较大；公司汽车及其配件销售业务在区内占据50%以上的份额。

公司法定代表人：尼玛先生
公司董事会秘书：饶邦骥女士
地址：西藏拉萨市夺底路14号　邮编：850000
电话：0891-6322208　传真：0891-6333071

公司董事长：尼玛

公司总经理：扎西江措

公司副董事长兼董事会秘书：饶邦骥

公司监事长、党委书记：洛桑曲加

四川成发航空科技股份有限公司

SICHUAN CHENGFA AERO SCIENCE & TECHNOLOGY CO.,LTD.

SICHUAN CHENGFA AERO SCI

本公司是经国家经贸委企改［1999］1248号文批准，于1999年12月28日在成都市工商行政管理局依法注册登记的股份有限公司。

本公司设立时总股本9000万股，主要发起人成发集团公司投入的经营性净资产11851.13万元按69.03%的比例折为8180万股，其他四家发起人共投入现金1186万元，按69.03%的比例折为820万股。公司于2001年11月27日在上交所成功发行A股股票，发行后公司总股本14000万股，其中社会公众股为5000万股。

本公司设立以来，秉承成发集团公司四十年航空发动机整机的生产经验、近二十年生产外贸航空技术产品的技术成果及营销网络，将覆盖世界航空动力和燃气轮机主要市场的企业作为销售对象并成为其合作伙伴，继承和拓展了成发集团公司与通用电气公司、普惠公司、罗罗公司等业已形成的长期技贸合作关系，能够生产航空发动机和燃气轮机的主要零部件，其产品性能和质量水平完全达到了国际当今同类产品的先进水平，通过了上述三家公司的质量体系认证，成为其定点供应商，同时取得了普惠公司认可的在远东地区唯一一家LCS承包商实验室控制资格。德国罗罗公司、法国斯奈克玛公司、意大利新比隆、加拿大普惠、日本三菱重工等国际知名厂商纷纷前来洽谈订购航空产品，在国际航空制造业建立了较高的声誉，产品具有很强的国际市场竞争力。是目前国内同行业中产品品种最多、规格系列最全的生产厂家(其中许多零部件是国内独家生产)之一，也是承接国际厂商航空技术产品最多的生产企业之一，现已发展成为国家航空制造业出口创汇的大型骨干企业。

本公司计划通过三-五年的努力，将本公司在航空发动机、燃气轮机叶片、机匣环形件、钣金件等产品的区域性优势发展成为在国际上的竞争优势。在巩固中等推力发动机零部件为主的航空发动机产品系列的同时，拓展通用电气公司、普惠公司、罗罗公司的大推力发动机零部件市场；拓宽燃气轮机零部件制造领域，在加强并巩固与普惠公司合作的FT8轻型燃气轮机、与通用电气公司重型燃气轮机零部件的战略合作基础上，拓宽产品线到通用电气公司、罗罗公司的轻型燃气轮机零部件，并积极开拓其它国际厂商的重型燃气轮机零部件市场，进一步巩固并加强本公司的主营产品在国际市场上的地位，力争尽快成为优秀的国际航空发动机和燃气轮机零部件重要供应商。同时，公司将努力建立良好的公司治理，保证本公司按照所有者和利害相关者的最佳利益运用公司资产，实现本公司价值最大化，给投资者带来良好的回报。

NCE & TECHNOLOGY CO.,LTD.

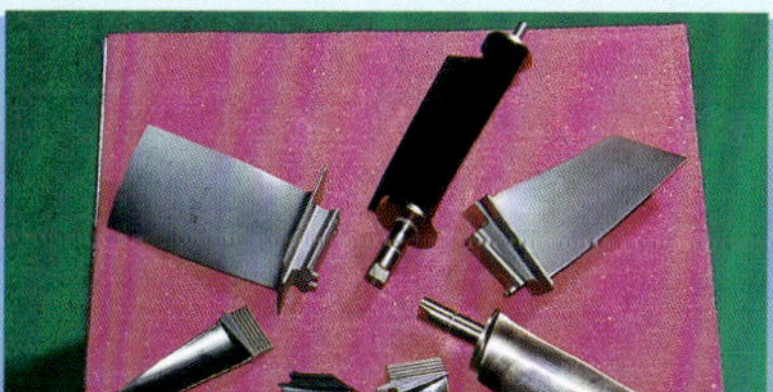

董事长：王洪运

公司董事长：王洪运先生，公司党委书记，现年46岁，高级经济师，研究生学历。 1991年3月-1996年12月，任阀门总厂厂长、党委书记；1997年1月至今，任本公司董事长、党委书记；1997年1月-2000年4月20日，兼任本公司总经理。王先生为全国青联委员、全国青年企业家协会理事和第二届荆州市人大代表，并曾荣获“湖北省十大青年企业家”、“湖北省百名跨世纪优秀人才”、“湖北省有突出贡献的青年专家”、“湖北省劳动模范”、“全国百名优秀环保企业家”等光荣称号。

公司董事兼总经理：谭志华先生，现年48岁，中共党员，高级经济师，大专学历。1991年-1996年12月，任阀门总厂副厂长；1997年1月-2000年4月，任本公司副总经理；2000年4月20日起，任本公司总经理。

湖北洪城通用机械股份有限公司

股票简称：洪城股份　股票代码：600566

法定代表人：王洪运
董事会秘书：王速建
地址：湖北省荆州市红门路3号　邮编：434000
电话：0716－8221198　传真：0716－8211623
电子信箱：hbhc@public.js.hb.cn
互联网网址：http://www.hbhc.com.cn

本公司是1996年12月经湖北省体改委鄂体改[1996]373号文批准成立的，主要股东有荆州市国有资产管理局、沙隆达集团公司、湖北天发集团公司、湖北大田化工股份有限公司、沙市精密钢管总厂。经中国证券监督管理委员会核准，本公司于2001年8月1日向社会公开发行人民币普通股4400万股（其中国有股存量发行400万股），于2001年8月22日起在上海证券交易所挂牌交易，本次发行后公司总股本为10630.8万股。

本公司经营范围：主营各类阀门、水工环保设备的生产、销售。兼营本公司自产的机电产品的出口业务及生产、科研所需的原辅材料、机械设备、零配件及技术的进出口业务；来料加工和通用机械技术研究开发；房屋租赁。　主要从事中低压阀门及水工环保设备的开发、生产、销售。1、中低压阀门，本公司生产的阀门主要有以下三大系列：蝶阀类、闸阀类、为各类工程配套使用的配套阀类（止回阀、截止阀、球阀、排气阀、伸缩器等）。2、水工环保设备，本公司已开发并生产的水工环保设备，主要有以机电一体化为主的水电辅机设备系列、以水锤防护技术为主的水工机械设备系列、以SBR法新工艺为主的城市污水处理设备系列三大系列。以上产品在冶金、电力、建材、石油化工、水利、农田排灌、城市给排水等领域得到广泛的推广和应用。公司获国家科技部认定的国家火炬计划重点高新技术企业，1999年，通过中国科学院和国家科技部组织的高新技术企业认定－“双高认证”。

公司的竞争优势

1、产品优势：公司主要阀门产品是蓄能罐式液控缓闭止回蝶阀、金属硬密封蝶阀等高参数、高性能、大口径阀门。蓄能罐式液控缓闭止回蝶阀属国家专利产品，是国家重点支持的为30万千瓦发电机组配套并替代进口的产品。该产品利用计算机仿真等多项技术，有效解决了传统泵站回水锤对管道和泵的破坏问题，在控制上利用计算机实现对阀门的远距离控制，在国内属首创。金属硬密封蝶阀是为大型钢铁企业炼铁高炉、炼钢转炉配套的产品，采用了计算机控制等机电一体化技术，　在制造工艺上吸收国内外最新研究成果，使用耐磨、耐高温、耐腐蚀的高效节能新材料，有效提高了产品的质量。该产品已于1997年通过了ISO9001国际质量体系认证。

先进的开发中心

2、技术优势：公司建立了CAD工作站，并能进行二维设计与三维设计，软件采用美国SDRC 公司先进的CAD/CAE/CAM一体化的I－DEAS Master Series系统，美国ANSYS公司的流体动力学FLOTRAN系统。在工程技术人员中CAD应用普及率和产品设计覆盖率均达到　100%。公司制定了技术创新机制和奖励制度，培养和吸引了一批高技术人才，　拥有机械、液压、电子、光学、材料、热工、无线电、化学等专业的硕士及高级职称的科技人员73人，分别承担阀门、水工环保机械等行业的高新技术产品开发。

3、技术合作优势：为保证企业技术创新的持续、稳步发展，　本公司在充分发挥自身科技力量优势的同时，充分利用国内大专院校、科研院所的人才、技术优势，先后与华中科技大学等国内知名院校建立了长期、广泛的技术合作关系，增强了企业新产品开发的能力。

安徽山鹰纸业股份有限公司前身是马鞍山市造纸厂，始建于1957年，1994年改制为马鞍山市山鹰造纸有限责任公司，1999年变更为安徽山鹰纸业股份有限公司（以下简称山鹰纸业）。山鹰纸业位于安徽省马鞍山市勤俭路3号。山鹰纸业总股本16050万股，其中流通股本6000万股。山鹰纸业现为安徽省最大的包装纸板生产厂家和国家大型一档企业，产量规模和经营效益连续多年居安徽省造纸行业首位，1998被安徽省科委认定为高新技术企业，1999年通过ISO9002国际质量体系认证，2000年被科技部确定为国家火炬计划重点高新技术企业和科技创新重点联系企业，是安徽省重点扶持发展的40家大型骨干企业之一。

山鹰纸业经营范围为：纸、纸板、纸箱制造，本企业生产产品出口及本企业生产、科研所需的原辅材料、机械设备、仪器仪表、零配件进口。现有员工911余人，占地约30万平方米。拥有7条不同规格的纸板生产线、1条1800mm五层瓦楞纸板生产线和一套从美国TBC公司引进的美废处理设备。主要生产线装备优良，达到全国同行业先进水平，年生产能力20万吨。山鹰纸业已形成包括各种等级牛皮箱纸板、涂布白纸板、高中强瓦楞原纸、纸箱、纸管等品种较为完整、规模较为齐全的包装纸及纸板、纸制品产品系列。主导产品为高档牛皮箱纸板和高强瓦楞原纸，主要用于替代进口，该两类产品的销售收入占公司年销售收入的70%以上。目前公司在建和拟建的低定量强韧牛皮箱纸板和高强牛皮卡纸全部替代进口，是国家经贸委明确大力支持和重点发展的关键纸种。其中，低定量强韧牛皮箱纸板为国家级新产品，高强牛皮卡纸为国家火炬计划项目。

山鹰纸业以废纸为主要原料，具有所有造纸行业上市公司所不具备的环保特质。山鹰纸业紧靠长江三角洲，城市密集，废纸产生量大。山鹰纸业以废纸为主要原料，就近及时处理大量废纸，既经济又净化了环境。2000年山鹰纸业废纸利用量为14.59万吨，相当于节约了3648公顷的林木，为经济的可持续发展作出了贡献。山鹰纸业以废纸造纸产生的废水污染负荷低，且处理设备先进，技术成熟，通过了安徽省、马鞍山市两级环保局组织的安徽省工业企业污染源2000年达标排放验收，被安徽省环保局授予“省环保先进单位”称号。

山鹰纸业地理位置优越，具有实现规模经济的独特优势。山鹰纸业位于长江下游的马鞍山市，距南京仅30公里，紧靠长江黄金水道，紧邻长江三角洲发达城市群，是该地区唯一的主营包装纸板的上市公司。由于该地区经济发达，纸板需求量大，因而山鹰纸业具有广阔的市场空间和充足的废纸来源，为山鹰纸业实现规模经济和可持续发展提供了良好的区位条件。

山鹰纸业广场

山鹰纸业产品

山鹰纸业综合办公楼

公司董事长：黄明玖　　公司总经理：张庆联

铜陵三佳模具

铜陵三佳模具股份有限公司

地址：安徽省铜陵市石城路电子工业区　　邮编：244000　电话：(0562)2826160

铜陵三佳模具股份有限公司，是由铜陵市三佳电子（集团）有限责任公司和安徽省信托投资公司于1978年7月28日共同出资设立的铜陵市宏光模具有限公司整体变更而来。其股东持股数及所占比例如下：铜陵市三佳电子（集团）有限责任公司持有3410万股，占90.22%；安徽省信托投资公司持有200万股，占5.3%；深圳市世纪之舟实业发展有限公司持40万股，占1.06%；安徽省金岸工贸有限责任公司持有30万股，占0.79%；铜陵市科技发展总公司持有10万股，占0.26%；合肥创源智能网络有限责任公司持有50万股，占1.32%；合肥新创经贸有限责任公司持有30万股，占0.79%；铜陵黄河通讯有限责任公司持有10万股，占0.26%。并经安徽省国有资产管理局确认及国有股权管理有关问题的批复，2000年4月28日股份公司领取企业营业执照。

公司现有职工730人，其中工程技术人员150人，中级以上职称84人，享受国家级政府津贴的工程技术人员4人、技师20人。公司注册资本6280万元，总资产1.5亿元，其中固定资产6200万元，公司占地面积7.4万平方米，建筑面积1.7万平方米。公司拥有先进水平的四座标线切割、四座标电火花成型机、数控铣床、数控磨床、数控加工中心等模具加工设备。精密机械加工、冲压、热处理、锻造等工艺手段齐全，具有大批量生产的能力。

公司经营范围：精密工装模具、化学建材模具、化学建材、环保设备、环保检测设备、机械设备、电子设备、注塑产品、冲压产品、电子基础材料制造。

本公司是国家重点高新技术企业，是科技部认定的“国家火炬计划铜陵电子材料产业基地”首批骨干企业，被科技部授予“全国CAD示范企业”，是首批“中国青年科技创新行动示范基地”、“中国模具工业协会教育培育基地”、安徽省首批“产、学、研联合示范企业”。公司主要从事集成电路塑封模具和化学建材挤出模具的研发、设计、生产、销售和服务，通过了ISO9001国际质量体系认证，两类模具技术均处于国内领先地位。根据中国建筑金属结构协会塑料门窗委员会和中国电子专用设备工业协会统计资料证明，2000年本公司的塑料异型材挤出模具和集成电路塑封模具产量、销售量均为全国第一，市场占有率分别为30%和15%以上。

本公司是《塑料挤出模具》全国机械行业标准的负责起草单位，也是集成电路《塑封模具技术条件》、《塑封模具尺寸公差规定》国家标准及《塑封模具结构》的电子行业标准的负责起草单位。

1998年“集成电路塑封模”获国家级新产品称号

1999年“电子塑料封装模具”项目列入国家级火炬计划

1999年“塑料异型材高速挤出模具”获国家重点新产品称号

1999年建西牌模具被安徽省人民政府推荐为“安徽省名牌产品”

1999年“建西”商标被安徽省工商行政管理局认定为“安徽省著名商标”

2000年“集成电路自动冲切成型模具”获国家级新产品称号

2000年“塑料异型材高速挤出模具”项目列入国家级火炬计划

2000年“塑料异型材后共挤成型技术与模具”获国家级新产品称号

2000年被科技部认定为国家火炬计划重点高新技术企业

公司董事长、总经理：白骅先生

股票简称：海正药业　　股票代码：600267

- 公司注册地址：浙江省台州市椒江区外沙路46号
  公司办公地址：浙江省台州市椒江区外沙路46号
  邮政编码：318000
  公司网址：HTTP://www.china-hisun.com
  公司电子信箱：zw600267@mail.hz.zj.cn
- 法定代表人姓名：白骅
- 公司董事会秘书：张薇
  联系电话：0571-85278141、0576-8827809
  传真：0571-85270053
  电子信箱：zw600267@mail.hz.zj.cn
  联系地址：浙江省杭州市华浙广场1号19层B座
- 公司中报备置地点：公司证券投资部
- 公司股票上市地：上海证券交易所

从国外引进先进的制剂生产线

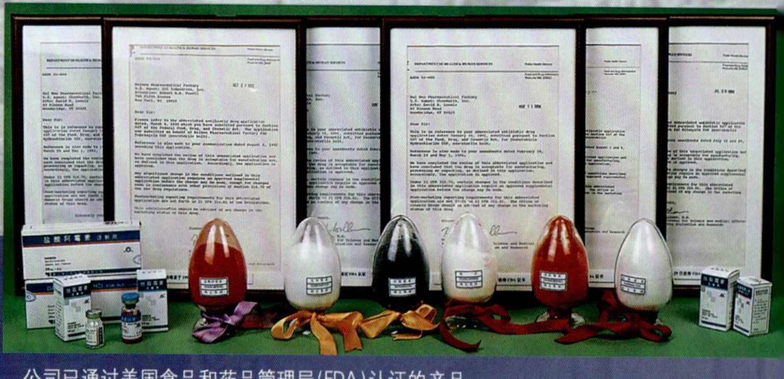

公司已通过美国食品和药品管理局(FDA)认证的产品

浙江海正药业股份有限公司

ZHEJIANG HISUN PHARMACEUTICAL CO.,LTD.

■ 信息披露媒体：网站：HTTP://www.sse.com.cn

定期报告刊登报刊：《中国证券报》《上海证券报》

公司经营范围:化学原料药，化学中间体，医药制剂、生物制药、中成药、中药制剂、医药辅料（以上五类仅限于片剂、胶囊剂、粉针剂、口服液四种品种）的生产、开发、销售；本企业自产的化学原料药、化学药制剂、合成樟脑的出口；本企业生产、科研所需的原辅材料、机械设备、仪器仪表、零配件的进口。

截止2001年6月30日，公司总资产1231372240.53元，净利润29907300.91元，股东权益（不含少数股东权益）770637919.28元，每股净资产3.087元，每股收益0.120元,净资产收益3.881%。2001年上半年,公司外销品种药政注册又有突破性的进展，阿霉素是公司第一个获许欧共体COS注册，氟苷和环磷酰胺相继通过了美国FDA认证，至此公司已有7个FDA认证品种。公司接待了来自27个国家的外宾95批157人次，他们对非专利原料药定点、定品种、定价格生产表达了极大的兴趣。生产格局有了较大调整，新增了三个合成车间。上半年已启动了多个合成药品种生产，以适应市场需求，改变了以往外商对海正只有"大发酵"的概念认识。公司的管理变革有了实质性的进展。在与国际接轨过程中，为了继续赢得优势、发挥优势，公司上下对于推行管理变革反响强烈，认为搞管理也要象搞技术改造一样舍得投入。在公司内部开展规范化管理系统导入工作，通过邀请专家学者讲课、作报告的形式，定期对中高层管理人员和技术骨干进行培训，进一步提高其管理水平，将其内外部资源整合起来，实现信息化管理。我们正在通过ISO14000环境管理体系认证，以获得国际绿色通行证，争取在市场上获得主动权。

公司厂景

江苏舜天

江苏舜天股份有限公司

舜之志，天行健，

公司高级管理人员
前排左起：董事、党委书记曹怀娥、董事长董启彬、副董事长、总经理成俊
后排左起：副总经理龚建人、董事范从来、董事、副总经理金国钧、
副总经理李晓俊、副总经理曹小建、副总经理陆云伟

副董事长、总经理：成俊

本公司成立于1979年10月，主要经营服装、纺织品的进出口业务，经过二十多年的发展，拥有一批懂经营、善管理的经营者队伍，一支素质好、业务精通的专业外贸人才队伍，拥有19家全资、控股的生产厂和子公司，并投资参股20家企业，集贸易、设计、生产仓储、运输为一体的贸工贸技结合的现代化企业。

二十多年来，我们抓住机遇，大胆探索，深化改革，不断创新，使公司得到了快速发展，取得了显著的经营业绩。2000年进出口总额38951万美元，其中：出口30345万美元，进口8606万美元，净利润9070万元。出口贸易遍及近百个国家和地区。出口创汇、人均创汇、人均创利在全国外贸服装企业均名列前茅。

■1996年被江苏省人民政府评为“江苏省先进企业”。

■1998年被江苏省人民政府评为“出口创汇先进企业”。

■1998年和2000年被国家外经贸部评为“全国外经贸质量效益型先进企业”。

■1998年-2000年在江苏省同行业综合评比中均列第一名。

回顾过去，成绩喜人，展望未来，任重道远。我们将抓住公司股票上市契机，充分把握我国加入世贸组织的发展机遇，发挥股份制企业的机制优势，积极贯彻“以科技为先导，以贸易为龙头，以实业为基础多元并举”的发展战略，力争使公司发展成为在国内外具有较高知名度和竞争优势的大型跨国企业集团。

君子自强不息

冯孝庭董事长致辞：

科技创新，永不停步，

追求效益，勇攀高峰，

创造辉煌，回报社会，回馈股东，

是“天科”人的历史使命！

我们将肩负着这一使命努力博击！

古共伟总经理经营宗旨：

用一流的技术，优秀的人才，完美的服务，

为客户创造最佳效益，

是“天科”人的经营宗旨！

我们将为实现这一宗旨不遗余力的配置资金，

以卓越的产品质量，先进的管理技能，

使客户的理想实现得尽善尽美！

公司厂区

宝钢 PSA-CO_2

武汉钢铁股份有限公司

公 司 概 况

武汉钢铁股份有限公司是由武汉钢铁（集团）公司作为发起人，采用发起设立方式于1997年11月7日正式创立的股份公司。1999年7月2日，武汉钢铁股份有限公司首次向社会公众发行人民币普通股32000万股，发行价每股4.30元。发行市盈率为14.10倍，募集资金1347899637.81元，发行后公司总股本为209048万股。同年8月3日，公司股票在上交所挂牌上市，证券简称为"武钢股份"，股票代码为"600005"。

武钢股份位于"九省通衢"的湖北省武汉市。截止2001年6月30日，公司总资产为63.10亿元，股东权益为49.32亿元，每股净资产为2.359元。2000年，武钢股份共销售钢材165.5万吨，主营业务收入69.25亿元，实现净利润7.07亿元，加权每股收益0.338元，加权净资产收益率14.77%。

武钢股份的主要装备和工艺技术均从德国、日本等发达国家引进，全部产品均按国际先进标准组织生产，公司成立之初就获得ISO9002认证证书。武钢股份是我国目前生产品种最齐全的冷轧板材生产基地，也是我国唯一的取向和高档无取向冷轧硅钢片生产、供应厂商，主导产品为冷轧薄板、热镀锌板、电镀锡板、彩色钢板、冷轧取向硅钢片和冷轧无取向硅钢片，产品广泛运用于代表国家科技实力和经济发展水平的众多新兴领域，如高速电子加速器、高速计算机、大型发电机、高效节能电动机和航空航天、电讯等诸多尖端产品和行业，以及汽车、轻工、电机、变压器、家用电器、食品饮料及药物包装、建筑装修和能源工业等众多领域。

武钢股份的质量方针是：坚持质量第一、依靠科技进步、满足市场需求、追求质量效益、产品质量满足顾客期望、服务质量取信新老顾客。

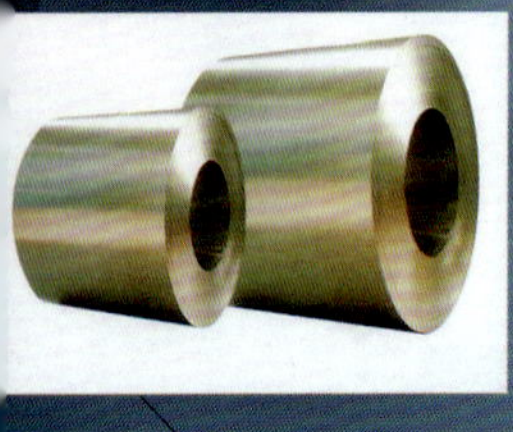

国内独家生产的冷轧取向和高档无取向硅钢

品种齐全的冷轧薄板

董事长：刘本仁

总经理： 刘文仲

地址：湖北省武汉市青山区沿港路3号　电话：（027）86807870　86807873　传真：（027）86807875　86807873
网址：http://www.wisco.com.cn　E-mail：stock@wspc.com.cn　邮编：430080

南京晨光航天

航天晨光

NANJING CHENGUANG AI

董事长：陈孟莘

南京晨光航天应用技术股份有限公司是由南京晨光集团有限责任公司作为主发起人于1999年发起设立的股份有限公司，公司注册资本为12300万元，员工1400余名，工程技术人员400余名，中高级技术人员220余名。

公司已被认定为《高新技术企业》，公司简称"航天晨光"。

公司的主发起人—南京晨光集团有限责任公司，前身为清朝洋务运动中于1865年创建的金陵机器制造局，新中国成立后，组建南京晨光机器厂，1991年被命名为国家一级企业，1994年通过ISO9001质量体系认证，1995年被列为全国100家现代企业制度试点单位，1996年改制为国有独资企业—南京晨光集团有限责任公司，现为中国航天机电集团公司直属大型综合性机械制造企业和中国航天机电集团公司航天伺服技术研究中心。

公司以航天应用技术研究与开发的核心产品—专用车辆和波纹管类产品为主业，下辖7个分公司、2个中外合资控股子公司—航空航天特种车辆公司、专用车辆分公司、压力容器分公司、泵阀管件分公司、金属软管分公司、上海分公司、销售分公司、

公司厂区俯瞰图

NANJING CHENGUANG AE ROSPACE

NANJING CHENGUANG AE ROSPACE APPLYING TECHNOLOGY CO.,LTD.

应用技术股份有限公司
OSPACE APPLYING TECHNOLOGY CO.,LTD.

副董事长、总经理：杜尧

南京晨光东螺波纹管有限公司和南京晨光森田环保科技有限公司。

公司生产的专用汽车类产品有25个种类、100多个品种，是我国最大的专用汽车研究生产基地之一；公司生产的金属软管和波纹管补偿器产品在1996年被国务院发展研究中心授予"中华之最"称号，是亚洲规模最大的金属软管和波纹补偿器研究生产基地；一、二、三类压力容器设计、制造单位；1993年取得美国《ASME》的"U"、"U2"类证书；2000年通过ISO9001质量体系认证。

公司建有研究开发中心和覆盖全国的营销网络，具有强有力的产品开发、研究设计、生产、销售和用户服务体系。

航天晨光将依托航天技术和质量优势，通过体制创新和技术创新，优化资产组合和调整产品结构，逐步建成为一个生产规模化、管理精细化、产品多元化、市场国际化、国一流、世界知名的现代化大型股份制公司。

地址：江苏南京正学路一号　邮编：210006　电话：86-25-2413078　传真：86-25-2410226
网址：www.cacgg.com　E-mail:htcg@jlonline.com

APPLYING TECHNOLOGY CO.,LTD.

NANJING CHENGUANG AEROSPACE APPLYING TECHNOLOGY CO.,LTD.

地址：杭州市延安路528号标力大厦22-23楼
邮编：310006
电话：(0571)85774567
传真：(0571)85774321

DONGNAN FADIAN

台州发电厂全景

浙江东南发电股份有限公司

浙江东南发电股份有限公司成立于1997年，主营电力的投资、开发以及经营。公司总股本为20.1亿股，其中6.9亿股流通股在上海证券交易所(B股)和伦敦证券交易所(GDR)挂牌上市。

公司全资拥有浙江省内两家燃煤发电厂—台州发电厂和萧山发电厂。台州发电厂装机容量142万千瓦、萧山发电厂装机容量25万千瓦，两家电厂分别被国家电力公司和华东电力集团公司授予“一流火力发电厂”称号。

除运营现有电厂以外，公司还积极参与浙江省内新建电力项目的投资。目前已确定的项目有：参与投资浙江长兴发电厂技术改造工程(2×30万千瓦发电机组)65%的股份；参与投资浙江嘉兴发电厂二期工程(4×60万千瓦发电机组)24%的股份。

为进一步培育新的利润增长点，近年来，公司在强化核心竞争能力的同时，投资领域从单一的发电行业扩展为能源和基础设施产业。2001年，公司参与投资了浙江省天然气开发有限责任公司，开始涉足浙江省内天然气管网的建设和运营。同时，在金融证券等领域，公司也出巨资参与投资，分别参股中国光大银行1.6亿股股份、交通银行1.5亿股股份、福建兴业银行4000万股股份、招商银行3000万股股份、南方证券股份有限公司2亿股股份、浙江省创业投资公司1000万股股份。

目前，公司总资产已达78亿元，净资产达56亿元。公司已连续三年入选中国《上市公司》50强。

公司董事长：周玉成

公司总经理：徐国雄

KAMA

证券简称：凯马B股　证券代码：900953

华源凯马机械股份有限公司

华源凯马机械股份有限公司是由中国华源集团有限公司通过联合农机行业著名企业及科研机构以募集方式设立。公司于1998年6月19日在上海浦东新区注册设立，总股本64000万股，其中发起人股40000万股，B股24000万股。公司B股于1998年6月24日起在上海证券交易所挂牌交易。公司为中国最大的农业机械制造商之一，现拥有十二家控股子公司、一家分公司、三家参股公司。

公司主要经营范围：汽车(不含小轿车)、内然机、农用运输车、拖拉机、普通机械、工程机械、机电产品、环保成套设备整机及其零部件、有色金属(不含贵金属)材料、建材、工机具的研究开发、生产销售、技术咨询、销售自成产品并提供售后服务；投资举办符合国家产业政策的项目。

公司具有中国国内独一无二的，由柴油发动机及农用汽车和拖拉机业务有机组合的一体化产业结构，为当今中国最大的农机家族，拥有品质领先、六大类近三百种系列农机产品。其小缸径多缸柴油机、中马力拖拉机、小四轮拖拉机、三轮及四轮农用车产销量均居全国前列。新型农业机械、经济型轻卡、环保产业正在成为公司新的经济增长点。目前公司年销售收入31.79亿元，总资产36.42亿元，净资产13亿元。

整装待发的拖拉机

凯马轻型卡车已开进了大上海

公司新研制成功的数码发电机

山东金泰集团股份有限公司

公司董事长：荣新建

公司总经理：贾立军

公司董事长：荣新建　山东省济南市人，男，48 岁，高级工程师，大学本科学历。1980 年起先后担任蚌埠第二制药厂科长、山东省医药工业研究所实验厂技术副厂长、公司副总经理、总经理。现任股份公司董事长。

公司总经理：贾立军　山东省济南市人，男，38 岁，毕业于河北化工学院化学工程系，1996 年南开大学工商管理研究生班毕业，工程师。历任河北廊坊钨钼材料厂技术员、济南化肥厂助理工程师、金达药化有限责任公司科技部部长、副总经理。现任公司总经理。

SHANDONG JINTAI GROUP CO., LTD.

公司发起人山东省医药工业研究所实验厂是一家以制药化工生产为主的集体企业，始建于1958年，主要生产呋喃类化学原料药。1989年2月，经济南市体改委批准，开始进行股份制试点。1992年3月4日，经济南市体改委《关于同意成立济南金泰集团股份有限公司的批复》批准，以山东省医药工业研究所实验厂为发起人以募集设立方式成立"济南金泰集团股份有限公司"。1993年1月4日经山东省体改委批准，济南金泰集团股份有限公司更名为山东金泰集团股份有限公司，并列为全省股份制试点企业。经中国证券监督管理委员会核准，公司股票于2001年7月23日在上海证券交易所上市挂牌交易，公司股本总额 7066.1824万股，上市流通的股票为历史遗留问题的社会个人股3391.75万股。

公司成立以来，在强化内部管理的同时，及时准确地把握市场机遇，连续八年实现了高速、稳定、健康发展。1993-2000年营业收入、净利润等主要经营指标实现了20%的平均增长速度。在1994年度国家医药局综合指标考核中，位居全国医药企业50强之一。公司是国家大型二级企业，拥有自营进出口权，多次荣获济南市先进企业、省市质量信得过单位、市技术进步先进单位等称号。1994年 9月，山东省科学技术委员会认定公司为高新技术企业。1996年被济南市政府列为十六家重点发展的企业集团，成为济南市医药行业的龙头企业，同时，经山东省信誉评级委员会审定为AAA级信用企业。

改制十年来，公司通过规范运营，由原来的单纯生产化学原料药的小集体企业发展成为一个拥有总资产4.32亿元、并拥有生物工程、化学制剂、中药制剂、兽药等门类、经济效益稳居全省医药行业前列的规范的股份有限公司。公司实际从事的业务包括医药制剂产品、生物工程产品、化学原料药、兽药产品的研究、开发、生产和销售。

公司基本情况
股票简称：山东金泰
股票代码：600385
成立日期：1992年 6月 3日
互联网网址：www.jintai.com.cn
电子信箱：jtjt@jn-public.sd.cninfo.net
公司注册资本：7066.2万元
公司注册号：3700001801110-1
公司法定代表人：荣新建
董事会秘书：范智胜
所属行业：医药工业
注册地址：山东省济南市山大北路56号
电话：0531-8902341
传真：0531-8902341
邮编：250100

包头华资实业股份有限公司
BAOTOU HUAZI INDUSTRY CO.,LTD

包头华资实业股份有限公司是1998年7月29日经内蒙古自治区人民政府内政股批字[1998]15号文批准，由包头草原糖业集团有限责任公司作为主发起人，与包头市创业经济技术开发公司、包头市北普实业有限公司共同发起，以募集方式设立的股份有限公司。1998年11月2日经中国证监会证监发字（1998）276号和277号文批准，公司向社会公开发行人民币普通股7,000万股。1998年12月10日，公司股票在上海证券交易所挂牌上市。上市以来，公司严格按照国家有关法规，稳健经营，规范运作，取得了较好的经营成绩。2000年又成功地实施了配股融资，并在当年中国1000多家上市公司综合绩效排序中位列第150名。

本公司主营业务为制糖业和电子业。主要产品包括“草原”牌优级白砂糖、精制绵白糖、幼砂精糖、无硫糖、维锌营养糖、精制方糖、冰糖、颗粒粕和“包唐”牌食用酒精、“BY”牌石英晶体谐振器等电子元器件、华资牌电脑及磁盘阵列柜的生产、销售、计算机软件的研制、开发、生产、销售和售后服务、网络系统集成、以及糖机设备的制造与销售等。公司产品全部通过了ISO9002质量标准体系认证。其中制糖系列产品于1999年一次性通过了由中国新世纪质量认证中心和英国NQA质量保证中心组织的ISO9002质量认证，并同时获得中国、英国的证书。电子产品于1997年一次性通过了由中国电子质量体系认证中心和法国国际检验局联合组织的ISO9002认证，同时获得中国、美国、德国、荷兰等国家证书。“华资”牌电脑已获得国家信息产业部颁发的计算机生产许可证。“草原”牌优级白砂糖、“草原”牌颗粒粕及“BY”牌石英晶体谐振器均为国家级新产品。

公司现有员工2,382人，其中大中专以上文化程度的职工1,762人，占职工总数的73.97%；各类专业技术人才950多名，占公司员工总数近40%。各行业专家60多名，均为国内知名的专家。

制糖分公司前身为包头糖厂，是我国“一五”计划中国家限额以上建设项目，全套设备由原民主德国引进，是新中国成立后，建厂最早、规模最大、现代化程度最高的甜菜制糖厂，1955年建成投产。40多年来，在党和政府大力支持和关心下，坚持以科技进步为先导，以强化管理为手段，始终保持了行业排头兵的地位，为中国制糖工业做出了巨大贡献。多次受到国家、轻工业部等部委、内蒙古自治区、包头市的表彰和奖励，是全国“五·一”劳动奖状、全国先进财会集体、全国节能标兵企业、国家科学技术进步等奖项获得者。现生产能力为日处理甜菜4,000吨，是我国最大的甜菜制糖企业，产品远销全国大部分地区并出口日本、蒙古、俄罗斯等国家。按产品销售额排列，公司处于全国甜菜制糖行业首位。现代企业制度的建立为这个标兵企业插上了腾飞的翅膀，新股及配股募集资金为公司的发展提供了强大的动力。作为行业排头兵，公司会抓住国家对制糖行业结构调整这一有利时机，加快技术改造，不断调整产品结构，继续提高管理水平，做大做强制糖业这块“蛋糕”。

公司所属的电子仪器分公司生产能力为年产2,600万只石英晶体谐振器，石英晶体谐振器属频率控制元件，被广泛应用于通讯、计算机、家电、军事和民用工业控制电子仪器中，起选频、鉴频、稳频作用。产品出口比例一直保持在90%以上，远销韩国、日本、东南亚、新加坡及港澳地区。公司在保持亚洲市场占有率的同时，不断开拓欧洲和美国市场，引进高科技，适时进行以产品上档升级为目的的技术改造，使公司电子产品出口竞争能力不断增强，以优异的产品质量赢得了包括美国休斯公司在内等客户的信赖，本公司产品在欧洲和美国市场上占有很大的比重。电子仪器分公司在全国电子工业系统920户大中型企业综合经济效益排序中列第30位，居自治区同行业之首。

实业

内蒙古华资雪峰糖业有限责任公司是我公司于1999年收购破产后的乌兰浩特制糖厂整体资产而新设的子公司。公司设立后严格按上市公司模式运作，真正实现管理体制创新。不断强化经营管理工作，努力降低成本，生产上狠抓技术创新，继续提高产品质量，以提高经济效益为目的，以经济杠杆管理为手段，实现了经营管理的科学化和规范化，较好地完成了各项任务。

按照公司董事会制订的稳步发展主业，积极向高科技领域进军的战略，一方面不断引进高新技术，适时改造现有产业，同时逐步加大对高科技产业投资的力度，以实现不断提高企业抗风险能力，不断壮大公司实力的发展目标。从2000年开始陆续投资组建了包头华资数码科技有限公司、华资伟业科技控股有限公司和上海华资科技发展有限公司。作为公司向高科技领域进军迈出的重要步骤，这几个子公司的组建无疑具有十分重要的意义。

包头华资数码科技有限公司主要负责公司配股项目中的磁盘阵列柜工程项目，是集计算机的研制、开发、生产、销售、售后服务为一体的专业技术型高科技公司，并保证全方位、多层次的系统集成、网络设计等服务。高素质的员工、高品质的产品、高效率的管理，使得华资数码科技有限公司以全新的面貌立足于包头。华资伟业科技控股有限公司主要负责公司配股项目中的管理软件工程项目，是公司进军软件产业的主要力量之一。作为母公司的核心软件企业，华资伟业以软件开发、技术开发、技术咨询、培训、互联网服务、计算机配件及外围设备、安装为主业，以人才和技术为依托，致力于科技成果产业化及企、事业单位信息化建设，为金融、医疗保险、建筑、外贸等领域的行业客户提供整体解决方案与信息系统集成，帮助客户改变传统业务模式等。相信随着信息产业的发展，公司一定会得到更大的发展。上海华资科技发展有限公司是本公司于2001年新成立的子公司，主要负责实施管理软件项目。该公司以开发管理软件为核心，集计算机软件的开发、研制、推广应用、计算机硬件及外围设备、计算机配件、电子元器件、通讯器材，销售糖、食用酒精、颗粒粕及办公设备等业务为一体，为公司拓展上海市场起到了积极作用。

我们将肩负起振兴中国制糖工业的重任，充分利用国家实施西部大开发战略这一历史性的机遇和中国即将加入WTO这一有利时机。我们也将依靠创新科技和超前理念来倡导和开拓IT信息科技，通过我们的产品和服务以及我们华资实业的精神缔结发展和友谊的桥梁。

陕西宝光真空电器股份有限公司

陕西宝光真空电器股份有限公司(以下简称公司)是由陕西宝光集团有限公司联合陕西省技术进步投资有限责任公司等其它五家发起人于1997年12月31日共同发起设立的股份有限公司，注册资本1.58亿元。公司位于陕西省宝鸡市高新技术产业开发区，是中国生产真空灭弧室和真空开关设备的定点企业，拥有国内一流的技术装备和生产线。

公司主导产品有：真空灭弧室、真空开关设备等六大类一百多个品种，其中真空灭弧室及断路器产销量均居国内第一。公司于1998年7月被陕西省科委认证为高新技术企业，1999年4月被国家科学技术部火炬中心列为重点高新技术企业。1999年10月通过了国家科委、中国科学院对企业的"双高"认定；1999年9月通过了ISO9001质量体系认证。"宝光牌"真空灭弧室荣获陕西省名牌产品称号。产品市场占有率达30%以上，产销率和技术质量水平居国内领先地位，多年来一直是真空开关行业灭弧室产业的排头兵。

产品服务于电力、冶金、矿山、石油、化工、铁路、广播、通讯、工业高频加热等配电系统，销往国内所有省市，并远销美国、日本、韩国、台湾、东南亚等国家和地区。

公司将以迈步国际市场为目标，以宏伟的战略和严格的管理营造企业，以卓越的服务和优异的质量开拓市场，为顾客提供一流的产品和优质的服务，为投资者提供优厚的回报，为分承包方提供继续合作的机会，为员工提供满意的工作岗位。公司的产品发展战略是："以真空灭弧室为基础，以真空开关设备为龙头，以成套设备为发展方向，带动其他产品发展"。在这一思想指导下，企业的生产经营工作将保持稳定发展，争取在"十·五"计划期间，真空灭弧室产销量居世界前列，真空断路器产销量保持全国第一，真空开关柜规模、质量跻身于行业前列。

湖南浏阳花炮股份有限公司

董事长：汤贤富

总经理：易怀泉

湖南浏阳花炮股份有限公司是目前国内烟花鞭炮行业的唯一上市公司，经营烟花鞭炮贸易业务达三十年之久，注册资金达7000万元人民币，单项出口创汇额居于国内同行业前列，雄踞湖南全省榜首。

公司主营业务为烟花鞭炮出口销售、生产投资及新型花炮原辅材料的开发，公司目前拥有经国家外经贸部授予的自营进出口业务经营权，可从事"三来一补"贸易、对销贸易等进出口业务。公司属于生产经营型企业，利用控股、参股、合资等有效手段，先后实现了与美国升利国际焰火有限公司，荷兰BKV公司等国际专营公司的成功合作，并与世界五十多个国家和地区的近百家客商建立了长期良好的商贸关系。

公司生产经营的烟花鞭炮注册商标为"浏花牌"，该商标已成为目前国内出口鞭炮烟花的著名商标，公司生产经营的烟花鞭炮共有十三大类，近二千个品种，出厂负责制控制保证了产品质量稳定，技术水平高，公司可按照客户的各种要求生产产品，以适应国内外市场的销售需求。

商界讲究"诚信"，惟诚可信，公司历年来被省、市各级评选为"重合同、守信用"先进单位，合同履约率始终保持100%，其资金信誉和经营信誉一直为国内外客商所倾服。

公司目前正拟倾注大量投资研制开发新型安全环保型烟花产品，以适应市场对烟花产品的安全、环保性能愈来愈高的要求，为人类创造出欢乐、吉祥、文明、安全的烟花文化消费环境。

"浏阳花炮"新股的公开发行，是公司谋求全方位开发，实现公司新一轮跨越式发展的重要举措。随着"浏阳花炮"的强势发展，公司前景将无比辉煌。

湖北凯乐新材料科技股份有限公司是国家塑料行业大型骨干企业，全国100多家建材先进集体、属中国高科技新材龙头企业，被誉为“塑料工业的一面旗帜”。1999年6月，公司被中科院与科技部评定为高新技术企业。2000年7月6日，公司股票凯乐股份（后更名为凯乐科技）在上海证券交易所上市。

公司起步于改革开放之初的1982年，领头人朱弟雄先生（现任公司董事长）率领6名员工以2万元资本起家，生产经营塑料软管、硬管，历经18年的顽强拼搏，生产经营规模不断壮大，1997、1998、1999年连续三年产销规模、经济效益名列全国同行业首位，公司资产已近10.5亿元，产品由单一的塑料管材发展到以高科技塑料新材为主的10大类近100多个品种规格，主导产品土工格栅、铝塑复合板、双壁波纹管、硅芯管等名列国家高新技术产品目录，在高速公路、电讯、网络、堤防、机场等国家基础建设领域以及高档装饰、装修领域被广泛应用。另外，公司PVC、PE塑料管材、管件、PVC装饰壁板、UV光固化涂料、塑料异型材、塑钢门窗等新型主导产品在水利、交通、农田基本建设、建筑装饰领域也被广为推广。目前，公司拥有国内外先进挤塑生产线220台（套），年生产能力6万吨，产品俏销全国，部分出口到东南亚等国家和地区。

质量是企业的生命。公司一直秉乘“质量硬，硬在人”、“产品就是人品”的经营理念，苦练内功，科学规范各项管理，建立了现代化的产品设计中心、产品检测中心，以加快与国际接轨的步伐，全面实施并通过了ISO9002国际质量保证体系。1996年至1998年，公司连续三年被中国质量管理协会评为“全国质量效益型先进企业”，1998年荣获“全国质量效益型先进企业特别奖”。董事长朱弟雄由于在质量管理创新上的卓越贡献，荣获“全国质量管理工作卓越领导者”称号。

凯乐科技董事长：朱弟雄

材料科技股份有限公司

PVC 塑料管材

HDPE 硅芯塑料管

双向拉伸土工格栅（TGSG系列）是一种在制造过程中分子结构沿纵、横双向重新排列的高强度结构材料，其纵向、横向具有很大的拉伸强度，主要用来加强铺设在软弱及变化复杂土层之上的粒性基层、面层以及铁路道床。

科技是第一生产力。公司自成立以来，十分注重对塑料行业中适应市场高科技产品的开发和投入，先后与国内一些大专院校和科研院所合建了“凯乐塑料高科技发展中心”、“中国塑料工程信息中心凯乐分部”、“凯乐塑料工程研究所”，并建立了科技创新奖励机制，吸纳了一大批高级技术人才。公司现有员工1565人，其中专业技术人才295名，为公司产品创新提供了强大的技术支撑与保障。

十年磨一剑。放眼二十一世纪的中国塑料工业，方兴未艾，欣欣向荣，在“以塑代钢、以塑代木”的世界范围大潮流的推动下，公司决心以生产经营为载体，以资本市场为纽带，以科技为先导，用新经济时代的新思维带动振兴、壮大中国的民族塑料工业。公司今后将作为塑料制品大型企业集团……料机械企业、树脂生产企业以及研究院所建立大型高科技综合集团，进入国际市场，……加国际竞争。

内蒙古

公司董事长：王林祥

内蒙古鄂尔多斯羊绒制品股份有限公司（以下简称公司）是中国国家统计局评定的中国羊绒制品大王，也是目前全世界最大的羊绒制品联合加工企业。公司于1995年10月16日创立，并发行境内上市外资股（B股）11000万股。1997年5月，公司增发B股10000万股，2001年公司增发A股8000万股。公司的性质为中外合资股份有限公司。

公司前身鄂尔多斯羊绒衫厂是1979年以补偿贸易方式成套引进日本先进设备、技术建立起来的外向型企业，经过鄂尔多斯人艰苦创业，现资产总额为47亿元，净资产为28亿元。年生产无毛绒1000吨，羊绒纱1200吨，羊绒衫300万件。

公司以盈利和发展为主题，始终注重产品质量，通过了ISO9001国际质量体系认证。公司已开发出了无毛绒、羊绒纱、羊绒衫、精纺羊绒衬衫、羊绒围巾、羊绒坯布、羊绒大衣呢、羊绒毯等300多个品种、2000多个花色的系列产品。其中，KVSS牌无毛绒，以手感柔和、洁白度高、细度长度均优的特点，被世界羊绒界公认为品质最优的“中国一号无毛绒”。鄂尔多斯羊绒衫以其原料一流、做工精良、轻薄滑暖、色泽典雅、手感细腻等优点，12次获省优、6次获部优、两次获国优金奖，畅销海内外，享有良好的声誉。产品销往美国、英国、法国、意大利、日本等30多个国家和地区；公司在国内各大中城市设有上千家专卖店、专卖厅和专卖柜，形成了全国最大的产品直销售网络。2000年实现销售收入18.2亿元，税后净利润为2.06亿元，最近四年连续在列全国纺织行业利税排名第一名。

公司从1990年成为全国500家大型企业之一，1993年起成为世界最大的羊绒制品联合加工企业，被评为中国经济效益百强企业，1994年被评为中国纺织系统十强企业，1995年被国家统计局评定为“中国羊绒制品大王”，1997年被中国纺织总会评定为全国纺织行业质量效益型先进企业。1999年1月，“鄂尔多斯”品牌商标被国家工商行政管理局认定为中国“驰名商标”。2001年，经北京名牌资产评估事务所年评估价值为34.16亿元，成为中国纺织服装行业的第一名牌。

天津市房地产发展[集团]股份有限公司

城建大厦

吉利大厦

欣苑

公司董事长：吴延龙

天津市房地产发展(集团)股份有限公司是天津市首家以房地产开发为主，贸易流通为辅的大型企业集团，是集综合开发、科研设计、经营销售、咨询服务为一体的房地产大型综合企业。

公司于1981年成立，1992年经天津市政府批准，实施股份制改制，成立天津市房地产发展(集团)股份有限公司。公司成立以来，为天津市城市建设做出了重大的贡献，先后被评为中国房地产综合效益百强企业、综合开发资质一级企业、天津市房地产企业二十强之首。

公司在规模、人才、经营管理、品牌和信誉、科研、物业几方面均具有很强的优势。公司成立以来，先后建成31个功能齐全、配套完善的居住区，建房总面积达1100万平方米；公司适应房地产业发展趋势，逐步建立了知识密集型、年轻化、专业化的企业团队；公司在长期房地产开发经营活动中积累了丰富的管理经验，建立了一整套科学的内部控制制度。从项目的选择立项、规划设计、施工建设、销售服务到物业管理都有严格的控制程序；本公司是天津市成立的第一家从事房地产开发经营的专业公司。多年来，公司开发的项目遍布天津市内六个中心区，被天津人誉为“大开发”，享有良好的信誉和形象，多个住宅小区被国家建设部和天津市政府命名为优秀住宅小区称号；公司投资兴建的吉利大厦、华富宫大饭店等一批地标性建筑已成为天津的新型商业中心，为公司提供了稳定的经济效益来源。

公司的发展战略：一是实现利润稳步增长。通过保持适度开发规模，实施精品战略，建设“规划社区化、配置智能化、环境园林化”的住宅小区。二是努力推进人才战略，逐步建立知识密集型、年轻化、专业化的企业人才结构。三是加大科技投入，丰富住宅产业的科技内涵，拉动经济增长。四是建立以资本运营为核心的投资、融资体系，完善投资、融资风险防范机制。五是实施名牌战略，顺应当前现代化房地产业和住宅的发展趋势，根据天津市发展规划和市场需求，把主营业务做大做强。

园小区

体北小区

华富宫大饭店

公司利用募集资金建成的“棒材连轧生产线”

南京钢铁股份有限公司由南京钢铁集团有限公司作为控股股东，联合中国第二十冶金建设公司、北京钢铁设计研究总院、中国冶金进出口江苏公司、江苏省冶金物资供销公司等四家企业共同发起设立，经江苏省人民政府批准，公司于1999年3月18日成立。

公司主要从事黑色金属冶炼及压延加工，钢材、钢坯及其它金属销售。公司拥有从焦化、烧结、炼铁、炼钢到轧钢的完整生产系统，具有独立面向市场的供应和销售系统，主要产品包括普碳板、船用板、压力容器板、锅炉板、桥梁板、圆钢、螺纹钢、普碳钢带和优质钢带等，具备年产150万吨钢、170万吨铁和110万吨钢材的综合生产能力。主要产品均多次获奖，其中优质钢带、普碳板和船用板获国家冶金产品实物质量“金杯奖”；A、B级船用板获中、美、英、法、德、挪、日、韩等八个国家船级社认证；AH32、AH36高强度船用板获中、美、英、法、德、挪和日本等七个国家船级社扩大认证。

经中国证券监督管理委员会批准，公司12000万A股股票于2000年9月1日至2日在上海证券交易所成功发行，并于2000年9月19日隆重上市。

南钢股份设立暨上市以来，紧紧围绕规范运作、可持续发展和积极回报全体股东的目标稳健经营，主营业务稳定增长，效益水平快速提升。2000年每股收益创出了0.50元的佳绩，2001年中期达到0.27元。在《新财富》杂志组织的以国际标准评价中国公司活动中，南钢股份以较强的营利能力和良好的成长性列入100家最有成长性上市公司之一。截止2001年6月底，公司总股本50400万股，总资产26.57亿元，净资产16.31亿元。

南钢股份坚持“以人为本、科技领先、开拓创新、争创一流”的企业宗旨和“一业为主、多种经营、低成本、高效益、整体持续发展”的经营方针，努力使公司成为管理先进、产品享有盛誉、业绩优良、具有强劲竞争能力和自我发展能力、令投资者放心的股份公司。

哈药集团的前身为1989年成立的哈尔滨医药集团股份有限公司，1991年12月28日经哈尔滨市经济体制改革委员会哈体改委发(1991)39号文批准，由原“哈尔滨医药集团股份有限公司”分立而成的哈尔滨医药股份有限公司。1993年6月29日公司原发行的6500万元股票在上交所上市，截至2001年10月总股本为：530771558股，国家股为：184489686股，社会公众股为：346281872股。公司于2000年4月由原哈尔滨医药股份有限公司正式更名为哈药集团股份有限公司。目前哈药集团股份有限公司主要由1户控股子公司和10户分公司组成，主要生产抗生素原料及制剂、中药粉针剂、滋补保健品、高档中成药、生物工程药品等六大系列700多种产品，主导产品青霉素钠粉针和原料、氨苄青霉素、头孢噻肟钠、头孢五号、头孢六号、双黄连粉针、严迪、葡萄糖酸钙、葡萄糖酸锌等产品销量居全国同行业前列，有11个产品年销售额超过亿元。经过几年的发展，公司已成为集科、工、贸于一体的国内医药行业特大型、综合性的重点制药企业之一。在2000年上海证券交易所主办的《上市公司》杂志组织的上市公司50强综合评比中，公司列第32位。

公司经营范围：医药原料药及制剂、名牌中成药及中药粉针剂、滋补保健品制造、生物制药和医药商业等。

哈药集团是我国最大的综合医药企业之一，自1998年以来，公司在这三年时间里销售收入及利税连续成倍增长。目前，公司有一个强大的营销网络，营销网点覆盖全国各大省市。经济效益一直稳居黑龙江省、哈尔滨市各企业的前列，产值占全省医药行业产值的90%以上，利税占哈尔滨市工业企业利税的50%以上，2000年公司的销售额达64.4亿元，据中国化学制药企业协会对139家重点企业统计，本公司销售收入居全国同行业第一位。

有限公司

GROUP CO.,LTD

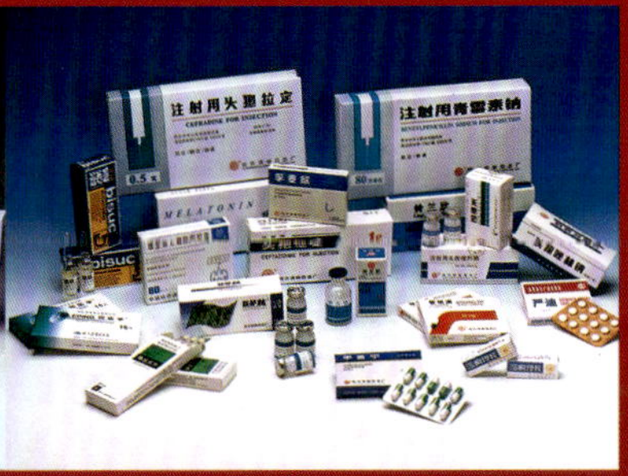

法定代表人：刘存周

董事会秘书：林本松

地址：哈尔滨市道里区友谊路431号

电话：(0451)4604688

传真：(0451)4604688　4856783

邮编：150018

董秘电子信箱：sec@hayao.com

Jiangjg@hayao.com

ARBIN PUARMACEUTICAL GROUP CO.,LTD

公司董事长：赵建国

公司所属行业为电力行业，水力发电是本公司的主营业务。公司拥有红水河上大化水力发电厂和百龙滩水力发电厂，总装机容量为620MW。公司所生产的电力产品全部向广西电网销售，销售电量占广西电网总销售量的10%左右。

公司主营业务是水力发电，主营业务收入占全部收入的99%以上。在做好水力发电的同时，公司还适当参与其他相关产业和高新技术产业的发展。

公司总股本675363033股，其中发起人股493802967股，占总股本的73.12%，募集法人股38226733股，占总股本的5.66%；内部职工股33333333股，占总股本的4.94%；社会流通股110000000股，占总股本的16.28%。公司的主要股东广西电力有限公司持股362537300股，广西开发投资有限责任公司持股131265667股。

公司董事长：许晓鸣

公司总裁：兰先德

上海交大昂立股份有限公司

中 国 保 健 食 品 行 业 第 一 家 上 市 公 司

为健康每一天

司外景

上海交大昂立股份有限公司创办于1997年，由上海交通大学、大众交通(集团)股份有限公司、上海茸北工贸实业总公司等九家股东发起设立。2001年上市后，公司注册资金增至2亿元，净资产增至9亿元。公司现有员工786人。

公司致力于现代生物技术与传统中医药精髓有机地结合，开发和生产各类现代保健食品。数年来，先后推出了昂立一号口服液、昂立多邦胶囊、昂立西洋参超细粉末胶囊、昂立美之知胶囊、昂立明视胶囊、昂立舒渴口服液以及昂立康尔润通糖浆等系列保健产品。

上述昂立系列产品都达到了国际或国内的先进水平。其中，昂立一号口服液和昂立多邦胶囊被列为国家级重点新产品。昂立多邦胶囊还荣获了上海市科技新品贰等奖。昂立多邦胶囊、昂立西洋参胶囊、昂立美之知胶囊均被列入了上海市火炬计划。"昂立"商标被评为上海市著名商标，昂立一号口服液、昂立多邦胶囊连续三年被评为上海市名牌产品。

公司秉持"生产一代、研制一代、储备一代、规划一代"的产品开发战略，逐年加大科研经费投入，每年研制开发出若干个新产品。数年来，"昂立"品牌产品在全国保健食品行业中的市场占有率稳居第一。

公司实行现代企业管理制度，并已通过了ISO9001质量管理体系认证。1997年公司被认定为上海市高新技术企业。2000年，公司经国家人事部批准设立博士后科研工作站。

公司将在未来以保健食品为核心逐步拓展中药现代化、生物医药等相关领域，实施多元化产业战略，形成以保健食品为主线、相关中药现代化和生物医药为两翼的"一主两翼"产业格局。

苏福马股份有限公司

SUFUMA CO.,LTD.

公司主营业务为人造板机械、木工机械和中小马力多缸柴油机的开发、制造及销售，分属林业专业设备制造业和内燃机制造业，2000年公司主营业务收入比上年增长36.45%，其中人造板机械、木工机械产品约占全部营业收入的84.48%，柴油机约占15.25%。据中国林业机械协会的不完全统计，公司的主导产品宽带定厚砂光机组、卧式浸渍干燥生产线、单板干燥机、快速贴面生产线的市场占有率仍居国内行业前列，销售量分别比上年增长68.80%、168.54%、24.90%、72.16%，四大类主导产品的综合技术水平仍保持了国内的领先水平。

2000年是公司股票公开发行上市的第一年，根据股东大会要求，公司在董事会的领导下，顺应宏观经济的发展趋势和市场需求，抓住机遇，勇于开拓，加速开发，贯彻“四加强、两提高”的方针，坚持上市公司的规范运作，调动各方面的积极因素，各项经济指标比上年明显增长。

募集资金投资项目：1.新型人造板表面装饰设备制造项目；2.木工机械制造项目；3.人造板干燥设备制造技术改造项目；4.补充流动资金。

董事长：葛仁优

董事、总经理：岳群飞

本公司成立于1996年12月30日，于1997年3月在香港发行境外上市外资股(H股)74750万股，并在香港联合交易所上市(代码0548)，于2001年12月发行A股1.65亿股并于上海证券交易所(代码600548)上市，公司总股本为21.807亿股。本公司是深圳市目前唯一一家同时发行H股与A股的公司。

本公司主要从事收费公路的建设、经营及管理，拥有深圳市高速公路专营权，享有对深圳市新建高速公路优先发展、经营权。目前的核心业务为经营及管理107国道(深圳段)、205国道(深圳段)、深圳市梅观高速公路、深圳市机荷高速公路(东、西段)、深圳市盐坝高速公路和湖南省长沙市国道绕城公路(西北段)等7条收费公路，资产总额达56亿元人民币。其中深圳市境内的6条收费公路，不仅是连接深圳港口、机场、海关、工业区的主要通道，同时作为国家、广东省干线公路网的重要组成部分，构筑了连接深港两地以及辐射大陆腹地的主干线通道，是公司稳定收益的基础，也因此使得本公司在深圳市公路运输中承担重要角色。

本公司一直致力于完善公司法人治理结构，不断提高公司治理水平。率先引入了独立董事制度和股票期权制度，董事会辖下设立了审核委员会、人力资源及薪酬委员会和战略发展及投资委员会，编制了《公司治理规则》、《公路项目建设管理工作手册》和《收费公路管理工作手册》，形成了一套责权明确、运作高效、权力制衡的管理机制，使本公司成为拥有一流成本控制体系、投资决策体系以及一支专业高效的员工队伍的现代化企业。

深圳高速公路股份有限公司

地址：深圳市滨河路北5022号联合广场A座19楼

法人代表：陈潮

电话：(0755)2710588

传真：(0755)2710696

网址：www.sz-expressway.com

公司外景

华纺股份有限公司

华纺股份有限公司是由华诚投资管理有限公司、山东滨州印染集团有限责任公司等五家纺织企业共同创立，总部位于黄河三角洲的山东省滨州市东郊。现有员工4800人，资产总额13多亿元，融各类纺织产品的生产、加工、销售和进出口贸易于一体；无论是棉纺织、毛纺织、印染布、高支针织纱、服装产品产量规模，还是年销售收入、进出口总额、利税等主要经济技术指标，都在全国同行业中处于领先水平。

公司目前辖有面料、花布、工艺布、动力等四个分公司和四川华纺银华有限责任公司、浙江华纺呢绒有限责任公司和山东滨州印染集团进出口有限公司等三个控股子公司。在青岛、上海、武汉、北京、南京、深圳等六个城市设有国内贸易办事处，并在坦桑尼亚、美国、澳大利亚、韩国建立了境外生产基地和贸易公司。其印染布、服装等主导纺织产品出口比重达80%，产品直销非洲、中东、拉美、西欧、东南亚等50多个国家和地区。四个分公司以围绕印染生产和技术开发为主体，拥有漂染印整全功能生产线16条，除常规染整手段外，还拥有多种特殊技术加工整理功能。年产各类印染布1.6亿米，拥有19大系列、8000多个花色品种，真正形成了"高档产品技术领先、常规产品花色齐全"的结构特色。四川

公司董事长：刘连营
公司总经理：邹鹏宏
公司地址：山东省滨州市黄河二路819号
邮编：256617
电话：0543-3288255
传真：0543-3288520

华纺银华现有纱锭4.4万枚、气流纺1000头、布机1187台、平缝机250台；年产棉纱8000吨、棉布4000万米、床上用品64万件（套）、服装26万件(套)，产品通过了中国进出口质量认证中心ISO9002质量体系认证。浙江华纺呢绒现有联合洗毛生产线2条、制条生产线9个台套、常温常压和高温高压染色机20多台套、剑杆织机54台以及KROY防缩毛条生产线等性能优良的技术装备。拥有年洗净毛5000吨、毛条2500吨、毛条防缩处理2000吨、毛纺染整1500吨、高档精纺呢绒面料200万米的生产规模。其产品通过了ISO9002国际质量体系认证，并于国际羊毛局形成了长期技术合作关系。山东滨州印染集团进出口有限公司以开展纺织产品进出口贸易为主导，以综合贸易为补充；在"两条腿走路"的思路指导下，有力地推动了企业参与国际市场竞争的进程。在年自营出口创汇5500万美元的贸易规模中，主导纺织产品占七成左右，综合贸易约为三成，直接国外贸易客商100余家。

公司以"霄霓""银银""华华""惠丰"四大品牌为代表的棉纱、毛纱、坯布、印染布、服装等主导产品，在国内外市场上具有良好的信誉和可观的占有份额。企业具有很强的技术实力，形成了一系列专有技术和自有知识产权。精梳纯棉特阔小提花系列、纤维素酶处理棉织物、生物酶砂洗绒被评定为国家级新产品，牛仔布、"天丝"织物染整技术和阻燃防静电涤面织物分别获国家星火科技博览会金奖、国家技术开发项目和国家"九五"科技攻关项目成果奖及1999-2000年秋冬流行面料金奖，纯大豆蛋白纤维织物获2002年春夏中国流行面料。这些新技术、新产品，充分反映出企业所具有的综合竞争优势和在全国同行业中的龙头骨干作用，成为企业新的效益增长点和创汇增长点，为实现可持续发展提供了条件。

公司以产业报国为理念，严格按现代企业制度要求进行规范运作，建立起科学完善的组织结构、管理体系和适应国内外市场需要的高效灵活的经营机制。尤其在新世纪，公司面临着更为诱人的发展前景，在实现上市融资目标、多项国家重点技改建设项目齐头推进的基础上，把培育高新技术产品同市场需求更加紧密结合，继续加大资本经营力度，开拓市场空间，积极参与全球市场网络化、经济一体化的进程；充分利用自身资源和社会资源，发挥企业综合优势的辐射带动作用，探索一条适合中国纺织企业生存与发展的经营之路。

公司展品室

公司荣誉室

现代化的生产车间

大型生产设备

公司生产车间

西藏珠峰工业股份有限公司

TIBET SUMMIT INDUSTRY CO.,LTD.

股票简称：珠峰摩托　　股票代码：600338

本公司是经西藏自治区人民政府批准以西藏珠峰摩托车工业公司为主要发起人，联合西藏自治区信托投资公司、西藏自治区土畜产进出口公司、西藏国际经济合作公司、西藏赛亚经贸服务公司共同发起，在原西藏珠峰摩托车工业公司基础上改制而成。主要发起人西藏珠峰摩托车工业公司以其摩托车生产经营性资产投入，其他发起人以货币资金向西藏珠峰摩托车工业公司购买摩托车生产经营所需的经营性资产投入。本公司1998年11月30日正式成立。

本公司发起设立时的总股本和注册资本为人民币10,833.33万元。2000年12月，经中国证券监督管理委员会批准，首次向社会公众发行人民币普通股5,000万股。发行后总股本变更为15,833.33万元。本公司流通股5,000万股于2000年12月27日在上海证券交易所挂牌上市交易。

公司经营范围是：生产、销售摩托车及零部件，提供售后服务，销售家用电器，机电产品（不含小轿车），复印机、办公用品，纺织原料与制品、食品，机械设备；销售矿产品；住宿，自营和代理除国家组织统计联合经营的出口商品和国家实行核定公司经营的进口商品以外的其它商品及技术的进出口业务；经营进料加工和“三来一补”业务，经营对销贸易和转口贸易。

幸运威龙

欧洲霸王

皇家公主

巡洋舰

公司联系地址：四川省成都市一环路西一段161号珠峰大厦
电话：028—7043848
传真：028—7042657
邮编：610072
公司注册地址：西藏自治区拉萨市北京中路65号
邮编：850000
国际互联网网址：http://www.zfmotor.com.cn
电子信箱：zfmotor@mail.sc.cninfo.net

第五编

中国基金市场

294/370

中国基金市场

中国基金市场

【概况】 2000年，中国证监会进一步加强了对证券投资基金的监管，证券投资基金市场规模稳步扩大，基金运作业绩有较大提高，证券投资基金业的发展迈入了新的阶段。截至2000年底，我国已有10家基金管理公司，5家托管银行。证券投资基金数目达到34只，其中33只已在上海、深圳证券交易所挂牌上市。34只基金的发行总规模达562亿元，基金资产总值847亿元，约占证券市场流通市值的10.3%。基金发行规模、资产总值、资产总值占证券市场流通市值的比例分别较1999年底增长了11.3%、47.3%和47.1%。

市场规模扩大　在成熟的证券市场上，证券投资基金都是主要的机构投资者。2000年，通过发展证券投资基金为主的机构投资者，我国证券市场的投资者结构得到进一步优化，为证券市场长期、稳定发展奠定了基础。一、证券投资基金管理公司队伍进一步壮大。中国证监会于2000年11月批准了银华、宝盈、易方达、融通基金管理公司的筹建申请，基金管理公司的总数达到了14家。在审批中放宽了对基金管理公司发起人的限制，首次允许除证券公司和信托投资公司以外的企业参与发起设立基金管理公司。二、证券投资基金数量增加，规模扩大。2000年共有37只原有投资基金经清理规范为12只证券投资基金，其中11只已经上市并完成扩募，累计新增基金发行规模55亿元。三、原有投资基金清理规范工作取得实质进展。除上述37只原有投资基金外，还有30只原有投资基金已完成合并重组为12只证券投资基金的工作，并已向中国证监会提出设立和上市申请(其中13只原有投资基金合并重组为3只证券投资基金的申请已通过初审)。加上1999年已规范或清盘的6只基金，截至2000年底，累计已有73只原有投资基金完成资产置换、合并重组或清盘，占原有78只原有投资基金的94%，剩余的天骥基金、中农信共同基金、富岛基金、久盛基金和兴沈基金等5只基金也正在抓紧清理规范工作。四、开放式基金试点准备工作开始启动。一是经国务院批准，中国证监会于2000年10月发布了《开放式证券投资基金试点办法》，并正在制订有关的配套文件。二是各基金管理公司、托管银行均积极进行开放式基金方案研讨和设计，开发完善开放式基金的审购、赎回系统，注册登记系统、清算核算、客户服务等后台支持系统等。三是境外基金管理机构纷纷与国内同行就开放式基金等业务开展合并。这些都为开放式基金的顺利推出奠定了坚实的基础。

基金投资运作　据统计，1999年底前设立的22只基金2000年的平均净值增长率达50.03%。根据基金披露的2000年度收益分配预案，设立时间超过半年的30只现金分红总额高达159.021亿元。根据2000年度基金分配预案，5只在98年开始运作的基金平均每单位分红累计达0.8230元。也就是说，原始投资人在不到3年的时间内已经可以基本收回投资。证券投资基金以其特有的流动性强、风险低、收益稳定的特点受到了保险资金等机构投资者的欢迎。1999年保险资金投资于证券投资基金的比例上限为其资产的5%，2000年这一比例已扩大为10%。保险资金通过证券投资基金入市，进一步壮大了证券投资基金的力量。

【交易市场】 如果用“矫枉过正”来形容2000年新基金的走势可谓再确切不过，在经历了上市初期短暂的炒作之后，新基金的市价迅速向净值回归，这种趋势在2000年得以延续，新基金成立至今最大规模的分红也未能阻止基金的折价步伐。虽然新基金在分红方案公布后一度有所抢权，但除权后低迷的走势却使基金的折价率再度屡创新高。一方面保险资金的逐步流入增加了市场资金的供给，另一方面投资理念的巨大差异也使更多的投机性资金最终选择了退出。决定封闭式基金价格的供求关系在2000年继续失衡，新基金的折价率水平也在年中达到了平均25%的历史峰值。A股市场稳步攀升的走势以及净值温和增长的利好都没有对新基金的市价形成有效的支撑。只是在10月之后，随着新基金全年业绩的逐步明朗化，场外观望的资金才又回流，从而推动基金价格的小幅回升，然而年末新基金的平均折价率依然高达20%，给崇尚理性投资的长线买家留下了深深的遗憾，当然也为来年新基金的价值回归预留了空间。与此同时改制基金复牌后的表现也不尽如人意，基金汉鼎、基金同智扩募除权后快速填权的走势已成为改制基金炒作的经典战例。然而任何投机性的炒作都不可能长期维持，基金的高溢价显然与这种品种本身的低风险性并不相称。老基金在经历了短期的博弈性炒作之后，投资人的热情也逐渐冷却。新基金在2000年岁末的稳步走高，更使市场重新唤起了对于理性投资的追求，改制基金也逐步走向了净值回归之路。

【规范化管理】 证券投资基金试点中，中国证监会一直致力于完善基金法规体系，加强监管，推进规范化、市场化、国际化的步伐。一、2000年，中国证监会陆续发布了一系列通知、规定，进一步完善了监管法规体系。此外，中国证监会、各基金管理公司、托管银行还积极配合国务院法制办公室、全国人民代表大会财经委员会工作，推动《投资基金法》的早日出台。二、根据市场发展情况，中国证监会发出《关于调整证券投资基金认购新股事项的通知》(证监基金字[2000]34号)，规定自2000年5月18日起取消基金配售新股政策。新股发行时，基金可以申购或作为战略投资者或一般法人参与新股配售，不再单独向证券投资基金配售新股。三、强化基金信息披露。5月30日，中国证监会发布了《关于＜证券投资基金信息披露指引＞的补充通知》(证监基金字[2000]35号)，在借鉴海外通行做法的基础上，对基金年报、中报应披露内容作了进一步细化，要求基金在中报、年报中披露所有股票明细、新增及剔除的所有股票明细；披露基金经理报告和监察稽核报告，披露报告期内基金运用策略及内部监察及内部监察合规性情况等。中国证监会还要求基金管理公司在互联网上建立公司的网站，并要求基金管理公司借鉴上市公司年报上网的做法，在证券交易所网站上披露基金的中报和年报。四、加强基金运作监管和违法违规行为查处力度。除加强现场检查(年检和不定期检查)的力度外,建立了中国证监会与各公司、托管间的电子信息报备系统,加强了对基金运作的非现场监管能力。2000年中国证监会还组织了对ST海虹股价异常波动案和《基金黑幕》一文中所涉及基金不规范运作行为的调查。大力发展包括证券投资基金在内的机构投资者是今后一段时间证券市场的主旋律。与证券市场总市值和居民储蓄规模相比,证券投资基金的规模仍较小,还有巨大的发展空间。中国证监会多次表示要超常规发展机构投资者,积极推进开放式基金试点,基金市场的规范化、市场化和国际化步伐将不断加快,发展前景将不可限量。

（康伟）

基金经营机构

南方基金管理有限公司

【公司概况】 南方基金管理有限公司是首批经中国证券监督管理委员会批准设立的基金管理公司,公司成立于1998年3月6日,注册地为中国广东省深圳经济特区。2000年经证监会批准,公司注册资本增加至1亿元人民币。公司增资扩股后股东及持股比例为:南方证券有限公司持股30%,厦门国际信托投资公司、陕西省国际信托投资股份有限公司、海通证券有限公司、华泰证券有限责任公司、华西证券有限责任公司、兴业证券股份有限公司、长城证券有限责任公司各持股10%。至2000年底,公司员工总数66人,硕士及其以上学历有37人,占57%,本科学历24人,占36%,大专学历5人,占7%;有海外学习或工作经历的6人,占9%。

【经营业绩】 公司目前管理四只证券投资基金:第一只为"开元证券投资基金"(简称"开元基金"),基金规模为20亿份基金单位。开元基金于1998年3月23日上网发行,4月7日在深圳交易所挂牌交易。第二只为"天元证券投资基金"(简称"天元基金"),基金规模为30亿份基金单位,并为指标型基金新品种。天元基金于1999年8月18日上网发行,9月20日在深圳交易所挂牌交易。第三只为"金元证券投资基金"(简称"金元基金"),该基金由清理规范大连四家老基金而成,经增发后基金份额为5亿份基金单位。第四只为"隆元证券投资基金"(简称"基金隆元")。该基金由清理规范哈尔滨四只老基金而成,经增发后基金规模为5亿份基金单位。截止2000年12月31日,公司管理的四只基金其资产总净值为95.6亿元人民币。

公司本着诚实信用、勤勉尽职、开拓进取的精神,以专业化经营、规范化管理运作基金资产,基金业绩取得了可喜成绩。截止2000年12月31日,开元基金资产单位净值为1.8813元,与期初净值1.1645元相比,增长率达61.55%,在33只规范性证券投资基金中排名第一;天元基金资产单位净值为1.5849元,与期初净值0.986元相比,增长率为60.76%,在33只规范性证券投资基金中排名第三,在同期发行同等规模的9只可比基金中排名第一;金元基金资产单位净值为1.0802元,增长率为8.25%,在同类可比基金中排名第三;隆元基金资产单位净值为1.0086元,增长率为0.03%。公司将加强内部管理,规范基金投资运作,加强与汇丰投资(香港)公司的合作,有效地降低经营风险,实现与国际规范接轨,积极准备开放式基金和保险基金发行及管理的筹备工作,力争使管理的基金规模增加100亿。建立基金业绩分析评估系统和风险控制系统,提高投资的科学化和理性化程度。

国泰基金管理有限公司

【公司概况】 国泰基金管理有限公司(以下简称公司)是《证券投资基金管理暂行办法》颁布后经中国证监会批准的首批基金管理公司之一,并在国内最早推出规范的契约型封闭式基金一基金金泰。公司成立于1998年3月5日,总部设在上海。股东为国泰君安证券股份有限公司、上海爱建信托投资公司、浙江省国际信托投资公司、新疆宏源信托投资公司和中国电力财务有限公司。公司旗下有20亿规模的金泰基金、30亿规模的金鑫基金及清理规范一些老基金后组建的分别为5亿规模的金盛基金和金鼎基金。截止到2000年底,公司所管理的基金资产规模达到89.10亿元(年终资产净值)。2000年四个基金年内净值增长率均超过同期证券市场平均收益率。公司董事长:陈勇胜,总经理:李春平。

【经营业绩】 公司自成立以来,始终坚持"稳健为本、规范运作、精心管理、争创一流"的管理理念,通过完备的组织结构、明确的制度流程和顺畅的信息沟通,保障基金运作的科学性和规范性。公司现设3个非常设机构:投资决策委员会、风险控制委员会、投资研究联席会议及基金管理部、研究开发部、交易清算部、市场部、稽核监察部、信息技术部、综合管理部等7个职能部门,另设北京办事处。在基金资产管理方面公司实行投资决策委员会领导下的基金经理负责制,通过明确严格的岗位职责和规范的工作流程实行投资决策委员会的宏观决策监督、基金经理在授权范围内的管理运作、中央交易室的执行指令权三个层次有机结合的投资管理体系,保障基金运作的规范性;依托对宏观经济、行业和上市公司的调研分析,强调价值发现的理性组合投资,通过投资、研究联席会议制度加强信息沟通和共享,保障基金投资决策的科学性,建立完备的风险控制制度和独立的稽核监察体系,采用国际先进的风险识别系统和控制软件,实行全方位、多层次的实时风险管理和监察控制,保障公司运营和基金运作合法、合规、安全。公司始终把维护基金持有人的利益放在首要位置,"客户为中心、市场为导向"是公司各项工作的指导思想。目前,公司正积极筹备的契约型开放式基金,在其方案设计、信息技术系统建立和客户服务队伍培养等方面都体现了这一指导思想。公司管理目标是在努力为投资者创造长期、稳定回报的同时培养出一支职业操守和业务能力俱佳,诚信、勤勉的员工队伍,"忠诚信用"是每一位员工的行为准则。公司现有员工63人,平均年龄32岁,绝大多数具有本科以上学历,其中博士、硕士占员工总数65%。60%以上员工具有3年以上证券从业经历或5年以上金融从业经历。公司一方面采取严格的考核机制和淘汰制度督促员工业务能力的提高和知识经验的积累,一方面建立培训制度,划拨专项培训费用,对员工进行职业道德、综合素质、专业理论、实际运作等全方位培训,特别是分批选送业务骨干到境外考察学习或参加全脱产、封闭式培训。因此,公司内部形成了浓厚的学习氛围和良性的竞争机制,员工把握市场和投资运作能力不断提高。公司还与境外金融集团、证券公司、基金公司保持经常性的联系和交流,并就公司治理、基金投资、资产管理、风险控制、客户服务等业务环节进行深入研究和探讨。目前公司正准备与国际著名的金融集团签订技术合作协议,借鉴其先进的管理经验和完善的技术水平,提高公司的核心竞争能力。

银华基金管理有限公司

【公司概况】 银华基金管理有限公司是经中国证监会批准设立的全国性基金管理公司，于2001年5月28日正式登记成立，注册资本1亿元人民币，公司注册地为：中国广东省深圳市。公司秉承"严于律己、竭诚服务、取信于民、博采众长、稳健经营"的理念，实行董事会领导下的总经理负责制，下设综合管理部、基金经理部、研究策划部、运作保障部、市场开发部、监察稽核部及北京办事处等部门，并设置"投资决策委员会"和"风险控制委员会"两个专业委员会。银华基金管理有限公司拥有一支高素质的员工队伍，在40名员工中，研究生以上学历人数占65%，且大部分毕业于国内著名院校，还有多名留学归国的专业人士加盟，公司多数人员拥有丰富的证券行业从业经验，为保证公司规范、稳健运作，公司聘请了国内资深经济学家、财务专家、金融专家以及法律专家等作为公司的独立董事，另外，为能快捷、全面地获取证券业界的最新研究成果，为基金投资决策提供有力支持和保障，公司已与国内多家知名证券研究机构建立长期合作伙伴关系，为公司的健康发展打下扎实基础。公司董事长：黑学彦，总经理：于楠。

【经营业绩】 公司经营范围为：发起设立基金、基金管理及中国证监会批准的其他业务。公司本着"诚实信用、勤勉尽责"的原则，专业化、规范化管理运作基金资产，以严谨、专业的调查研究为基础，注重投资对象的业绩及成长，不断发掘公司自身潜能，崇尚理性的中长期投资项目，以稳健的投资确保基金业绩不断提升，为基金持有人谋求稳定的回报。2001年8月8日，银华基金管理有限公司旗下第一只基金"天华证券投资基金"正式在深圳证券交易所公开上市交易，交易代码：184706，简称"基金天华"。"基金天华"属契约型封闭式基金，存续期10年，投资范围为国内依法公开发行、上市的股票、债券及中国证监会允许基金投资的其它金融工具。"基金天华"将在尽可能地分散和规避投资风险的前提下，谋求基金资产增值的最大化。"基金天华"管理人将以政策为先导，以科学严谨的行业、企业研究和市场分析为基础，选择未来一定时期内持续、高速成长的上市公司为主要投资目标，根据相对稳健的价值评估原则，采取适度集中的投资策略，详细计划，严格执行，追求基金资产长期稳定的增长。继"基金天华"之后，公司还将陆续研究推出更多更新的基金品种，本着"诚实信用、勤勉尽责"的原则，锐意创新，稳健投资，诚信理财，竭诚为基金投资者服务。

长盛基金管理有限公司

【公司概况】 长盛基金管理有限公司成立于1999年3月26日，注册资本为人民币8,000万元，由中信证券股份有限公司、长江证券有限责任公司、安徽省信托投资公司、天津北方国际信托投资公司各出资25%发起设立，是首批中国证监会批准设立的十家基金管理公司之一。经营范围为发起设立基金及基金管理业务。

【经营业绩】 截止到2001年8月，公司旗下共管理基金同益、基金同盛、基金同智、基金同德四支封闭式基金，管理基金总规模达60亿份基金单位。从1999年7月到2001年4月，公司先后与欧洲、美洲、亚洲等地区16家金融集团及基金管理公司就有关公司治理结构、投资基金风险控制、开放式基金技术合作等方面进行交流与培训，从中吸取了国外同行的宝贵经验。2001年3月公司与荷兰银行集团（ABN AMRO GROUP）签署了技术合作协议书，旨在利用荷兰银行集团在全球金融市场的技术与市场份额优势，尤其是系统的引进其已经通过ISO9002认证的公司治理结构，内部控制制度等方面的内容。2001年11月28日公司与荷兰银行集团（ABN AMRO GROUP）签署了《设立"中外合资基金管理公司"备忘录》。公司在进行广泛的市场调查及充分研究论证的基础上，设计更加贴近投资者的开放式基金产品。开放式基金的各项准备工作正在有条不紊的开展。

华夏基金管理有限公司

【公司概况】 华夏基金管理有限公司于1998年4月9日成立，是首批经中国证监会批准的全国性基金管理公司之一。公司总部设在北京，注册资本13800万元，主要业务是发起设立基金、基金管理以及中国证监会批准的其他业务。公司主要股东为华夏证券有限公司、北京证券有限责任公司、中国科技国际信托投资有限责任公司、西南证券有限责任公司、华泰证券有限责任公司和兴业证券股份有限公司。

【经营业绩】 公司管理5只"兴"字系列的规范性证券投资基金，管理资产为80亿元人民币（截止到2001年9月14日），是我国管理资产规模最大、基金数量最多的三家基金管理公司之一。公司旗下的五只基金分别为：20亿元规模的"华夏兴华基金"、30亿元规模的优化指数基金"华夏兴和基金"（为中国第一只指数基金）以及三只由老基金重组而成的5亿元规模的"华夏兴科基金"、"华夏兴安基金"和"华夏兴业基金"。2001年11月，华夏成长基金获准发行，成为首批试点的开放式基金之一。公司现有员工99人，其中56人具有硕士以上学历。目前下设九个部门：基金管理部、人力资源部、国际业务部、基金运作部、市场部、研究发展部、信息技术部、监察稽核部、综合管理部。基金管理部负责根据投资决策委员会所制定的原则进行基金投资、行业和上市公司研究，下设基金经理室、研究中心和中央交易室，分别负责基金管理、投资研究和交易指令执行与监督。人力资源部负责公司人力资源管理、薪酬制度、人员培训、人事档案等事务。国际业务部负责国际交流与合作，进行国际业务拓展研究和实施。基金运作部负责基金会计核算、估值等业务、开放式基金注册、登记和清算等业务。市场部负责新业务拓展、市场推广、基金销售、客户服务、销售渠道管理、基金行政等业务。研究发展部负责产品研究与设计、公司发展战略研究、公司网络化建设。信息技术部负责公司信息系统的日常运行与维护，跟踪研究新技术，进行相应的技术系统规划与开发。监察稽核部负责对公司及其员工遵守国家相关法律、法规和公司内部规章制度等情况进行监督和检查。综合管理部负责公司企业文化建设、文字档案、公司财务、后勤服务等综合事务管理。此外，还设立投资决策委员会和风险控制委员会，进行重大投资以及风险控制的决策工作，并另设有督察员负责公司整体内部监察稽核工作。三年来，公司以严格的管理、规范的运作和良好的业绩初步赢得了市场的认可，取得了良好的经济效益和社会效益。公司第一只基金"华夏兴华基金"自1998年4月上市以来单个基金份额累计分红0.813元。另外，公司于2000年4月17日获准设立中国基金业第一家博士后工作站；2001年7月6日，又成为中国证监会、全国社保基金理事会委托担任的全国社保基金首家投资管理人。

博时基金管理有限公司

【公司概况】 博时基金管理有限公司于1998年7月13日成立，是在我国《证券投资基金管理暂行办法》颁布实施后经中国证券监督管理委员会批准成立的首批基金管理公司之一。公司股东包括光大证券有限责任公司、中国长城信托投资股份有限公司、国通证券有限责任公司、金华市信托投资股份有限公司、注册资本为1亿元人民币。公司设有董事会和监事会，董事会共有8位董事，其中独立董事3位。公司下设研究部、基金管理部、基金交易部、市场发展部、行政管理部、人力资源部、基金核算部、电脑部和监察部九个部门，同时设有投资决策委员会、风险控制委员会、金融工程小组和督察员。截止至2001年12月31日，公司拥有员工89人，其中博士8人，硕士42人，学士18人，平均年龄31.4岁。直接从事基金管理业务的人员均有3年以上证券业从业经历，并有中国证监会颁发的基金从业资格。公司的法定代表人：周道志。

【经营业绩】 自成立以来，公司取得了较为理想的基金业绩，目前，博时公司旗下共管理五只基金，分别是基金裕阳、基金裕隆、基金裕元、基金裕华、基金裕泽。截止2001年12月31日，博时公司管理的基金总规模为75亿元人民币(基金份额)。公司在谋求基金净值增长的同时，努力为基金投资人提供尽可能多的现金分红，到目前为止，累计现金分红已超过36亿元。养老基金的投资运营管理在国外成熟市场中占有重要的角色，也是中国社会保障体系完善和发展所必然要面对的问题，从2000年8月开始，公司投入了大量的人力、物力、财力进行养老基金管理研究工作。2000年底，与劳动和社会保障部法制司、社会保险研究所共同完成了“中国养老保险基金测算与管理研究”课题研究。2001年，又完成了与劳动和社会保障部的“企业年金制度与管理规范”合作研究项目。上述研究填补了我国社会保障体系建设研究中的空白，课题成果得到社会各界的广泛关注和认同。

中国工商银行证券投资基金托管部

【公司概况】 1998年2月24日，经中国证监会和中国人民银行核准，中国工商银行成为国内第一家开办证券投资基金托管业务的银行。中国工商银行于1998年初成立证券投资基金托管部，下设客户服务处、研究开发处、基金业务处、内控保障处、销售登记中心和综合管理处，并在上海和深圳设有分部。中国工商银行证券投资基金托管部有一支高素质的员工队伍，现有员工40余人，业务骨干均具有大学本科以上学历或高级职称，且全部通过由证监会组织的基金托管从业人员资格考试。中国工商银行的基金托管业务依托中国工商银行的信誉、资金实力、技术和管理水平，经过两年多的运作，建立了一套适合中国国情的、自动化程度较高的、封闭式投资基金托管业务的运作系统。中国工商银行证券投资基金托管部主要职责是根据《证券投资基金管理暂行办法》、《开发式证券投资基金试点办法》的规定，以诚实信用、勤勉尽责的原则，安全保管基金资产，提供优质托管服务。其职能是贯彻国家的法律、法规和基金托管业务政策，研究制定我行基金托管业务的规章制度和办法；研究制定基金托管业务发展规划，进行基金托管业务品种的开发研究，大力开拓基金托管业务的市场；牵头组织中国工商银行代理证券投资基金业务；对国内外资本市场、货币市场等基金投资对象市场进行观察、研究与预测，对国内外上市公司的情况进行调研，为基金管理人提供增值服务；以基金的名义设立独立的证券帐户、银行帐户等基金资产帐户，安全保管基金的全部资产；执行基金管理人的投资指令，并负责办理基金名下的资金往来；监督基金管理人的投资运作，发现基金管理人的投资指令违法、违规的，提示其限期改正并向中国证监会报告；复核、审查基金管理人计算的基金资产净值、基金价格及对外发布的公开信息；保存基金的会计帐册、记录15年以上；保管由基金管理人代表基金鉴订的与基金有关的重大合同及有关凭证；按规定出具基金业绩报告和基金托管情况的报告并按要求报送有关管理部门；建立并保存基金持有人名册，并负责基金单位转让的过户和登记；依据基金管理人的指令或有关规定向基金持有人支付基金收益和赎回款项；基金管理人因过错造成基金资产损失时，为基金向基金管理人追偿；参加基金清算小组，参与基金资产的保管、清理、估价、变现和分配；负责基金托管工作的检查和内部稽核。

【经营业绩】 中国工商银行经过多年的运作，建立了先进的基金托管业务六大运作系统。1、对基金管理人投资状况的监督系统。根据《证券投资基金管理暂行办法》等中国证监会的有关规定，为维护基金持有人的权益，我行建立了监督基金投资运作和投资组合的运行系统，旨在帮助基金管理公司及时发现并有效解决基金投资运作过程中出现的投资组合不符合基金契约和条款要求的问题。2、独立的基金托管业务会计核算系统。为处理基金帐务的准确、高效。工商银行在同行中率先开发了基金托管业务帐务计算机处理系统，使基金净值计算、总分核算报表、基金估值等会计帐务处理基本实现了电算化，大大降低了会计帐务处理的差错率，达到了证监会及基金管理公司的要求。3、高效、准确的资金清算系统。利用工商银行资金汇划大机网络体系，及时、准确地执行基金管理人的投资指令并负责资金划拨。自1998年3月27日开元、金泰基金运行以来，从未发生任何资金清算差错，为管理公司的高效管理基金提供了保证。4、基金估值系统。每日及时、准确的对基金进行估值是托管人的重要职责之一。工商银行自行设计开发的基金估值电算化系统，能够做到及时、准确地对基金进行估值，为管理公司和投资人提供准确的信息依据。5、基金信息咨询系统。中国工商银行按照中国证监会“关于发布《证券投资基金管理暂行办法》实施准则第五号《证券投资基金信息披露指引》的通知”要求，建立了基金信息咨询管理制度，并指定专人负责信息管理。为使基金持有人及时了解基金信息，开通了基金信息咨询电话免费自动查询系统(010－66107151)。形成了通过媒介、因特网、电话、邮寄和人员为客户提供信息咨询的多维信息服务体系。6、基金业务稽核监督系统。按照证监会的规定，为规范内部业务运作，安全有效地防范各种风险，我们建立并实施了基金托管业务内部稽核管理体制，配备了专职稽核员，并安装了办公场所的录象监控设备和办公电话的全面录音电脑系统。基金交易过程中的数据信息传递全部实现了自动加密处理。并能与基金管理公司和上海、深圳两家证券交易所联通。重要文件资料均建立了备份库；机器设备定期检查、定期维护、确保正常运转。在完成封闭式基金运作的同时，中国工商银行从1998年底就开始将目光投向方兴未艾的开放式基金业务的研究工作中去，中国工商银行于1999年9月提出了《开放式基金业务需求书》，并由工商银行软件开发中心开发，使开放式基金业处理系统(OFPS)成为主业务系统的子系统，通过实际业务的成功运作，表明该系统已实现了基金代理销售与代理注册登记两大功能，今年九月中国工商银行开放式基金代理业务进入实质性实施阶段。"南方稳健成长证券投资基金"在我行的成功发行，表明中国工商银行已完全具备代理发行、代理销售开放式基金的技术与能力。截止2001年9月底，中国工商银行已经托管开元、金泰、安信、同益、普丰、天元、裕元、裕泽、金元、汉鼎、安瑞、隆元、普润、普华、科翔、融鑫、南方稳健成长等十七只证券投资基金，托管基金单位260亿份，托管基金资产总额超过250亿元，居同业之首。中国工商银行分别于1999年、2000年通过中国证监会和中国人民银行组织的基金托管业务年度检查，综合评定名列各家银行基金托管部之首。

中国农业银行证券投资基金托管部

【公司概况】 中国农业银行是我国最大的商业银行之一，注册资本1320.11亿元人民币；法定代表人：尚福林。目前在国内设有47家分行，6.5万个分支机构和储蓄网点，共有60多万员工。中国农业银行在香港、新加坡设有分行，在纽约、东京、伦敦设有代表处，在香港设有财务有限公司。中国农业银行是我国营业网点最多、机构覆盖面最广的金融机构。开通了全国专用数据通信网，拥有先进的银行清算系统和安全、高效的清算、交割能力。已实现先进的电子联行、资金汇划的实时清算和汇划、对帐、清算三位一体，能保证客户资金在同城或异地的安全、高效的清算、交割。截止2000年底，中国农业银行各项存、贷款余额分别为18089亿元和14844亿元，资产总计21849亿元。1998年5月，中国农业银行证券投资基金托管部经中国证券监督管理委员会和中国人民银行批准成立。中国农业银行证券投资基金托管部内设核算管理处、运行处、监督处、市场开发处和综合管理处，并在北京、上海、深圳设有托管分部，总部员工26名。

【经营业绩】 基金托管部自设立以来，先后制定和完善了一套完整的规章制度，各处各岗位职责权限明确，独立操作。这些规章制度的建立为开展基金托管业务提供了行为准则，中国农业银行的基金托管业务已走上了规范化、制度化、科学化的发展轨道。基金托管部完善的技术安全体系和基金清算、核算、交易监督快捷处理系统，确保了基金托管业务的安全高效。在硬件设施方面，采用加密高速单向卫星广播通信接收系统，实时接收上海、深圳证券交易所行情，保证了清算交割的及时安全；双服务器的运用确保了系统的不间断正常运转。在软件设计方面，为了保持同行中技术领先优势，基金托管部开发并使用了先进的证券投资基金运作自动监控软件，实现了对基金资产投资运作、投资组合的封闭式数据自动处理，对进入警戒区域的量化指标和异常资金流动自动预警；开发和完善了数据自动智能接收系统，信息自动查询系统，业务自动监控系统，资金查询监管系统等，为基金资产的安全保管提供了强有力的技术保障。基金托管部先进的自动监控系统和加密传输装置，为基金资产和基金数据提供安全的保证；完善的基金托管管理软件和基金托管核算软件、内部财务软件，将基金资产和基金托管部自有资产严格分开，并对不同基金资产分帐管理，使清算数据、估值数据自动进行内部核对。基金托管部成立三年多来，基金托管业务差错率为零。基金托管部的办公场所采用全封闭式管理，配备了办公区视频监控系统和24小时电话录音系统，微机识别的安全门禁系统，为基金托管部的安全建立了独立操作空间。基金托管部拥有一支高素质的员工队伍。目前拥有高级会计师、高级经济师、高级工程师、律师等金融、技术和法律专家10名，这为促进农业银行基金托管业务的发展提供了人才保障。自1998年7月17日，农业银行托管的第一只基金—裕阳证券投资基金成功发行，基金托管部正式开始运作以来，中国农业银行证券投资基金托管部经过近三年的托管实践，已成为证券投资基金托管行业的主力军。到2000年底，已托管了裕阳、汉盛、裕隆、景阳、景博、景福、景业、兴业、天华、同德等10只基金，托管基金的总规模达136亿多份，占市场总规模的23%，托管基金的净资产总值达199亿元。其中，景阳、景博证券投资基金是中国证监会批准的首批清理规范的老基金。农业银行作为第一家参与老基金规范的托管银行，与基金管理公司合作，率先将两只老基金规范上市并扩募成功。

中国建设银行基金托管部

【公司概况】 1998年3月18日，中国证券监督管理委员会和中国人民银行核准中国建设银行证券投资基金托管人资格，同年5月23日，经中国人民银行批准，中国建设银行总行正式设立基金托管部。2000年4月，中国建设银行在北京、上海、深圳设立了基金托管分部。基金托管部下设综合处、基金市场处、基金清算处、基金核算处、监督稽核处五个处。综合处主要负责制定基金托管业务发展规划和年度经营计划、制订规章制度、进行综合管理及部内事务管理工作；基金市场处主要负责基金业务市场拓展与客户服务、基金业务研究和产品开发等工作；基金清算处主要负责基金资金清算、国债业务结算；基金核算处主要负责基金会计核算及信息披露；监督稽核处主要负责对基金管理人运作的合法、合规性监督稽核，对内控制度落实情况进行监督，并负责基金托管业务技术保障。中国建设银行基金托管部人员编制为30人，共有处级干部6名，大学以上文化的程度占85%。

【规范化管理】 中国建设银行基金托管部成立以来，坚持制度先行，规范运作，先后制定和完善了一整套规章制度，如《中国建设银行基金托管业务准则》、《基金托管部员工行为准则》、《证券投资基金资产安全保管暂行规定》、《封闭式证券投资基金会计核算暂行规定》、《证券投资基金监督业务暂行规定》、《基金托管业务风险防范暂行规定》等等。这些规章制度的建立为开展基金托管业务提供了行为准则，防范了基金托管业务风险，保证了基金托管业务的健康发展。中国建设银行基金托管部具备安全、高效的清算、交割能力。1996年10月，建设银行成功地建立了资金清算系统，集汇划、对帐、清算、查询查复、监控、帐务核算等多项功能于一体，资金汇划与清算同步进行，具有快捷、安全、方便的特点。这是建设银行开展基金托管业务的坚实基础。中国建设银行基金托管部建立了基金托管业务会计核算系统。为提高基金帐务处理的效率，及时、准确地对基金进行估值，基金托管部使用了先进的财务软件对数据进行自动处理，实现了基金估值电算化。中国建设银行基金托管部开发并使用了基金投资运作自动监控系统。该系统能对基金投资运作、投资组合、投资限制实行数据自动处理，对进入警戒区域的量化指标和异常资金流动自动予以报警。中国建设银行基金托管部具有先进的数据接收系统。为保证基金交易数据和资金清算数据接收的及时性与安全性，采用了卫星实时接收系统和资金结算系统平台。中国建设银行基金托管部建立了严密的内控监督体系，依据法律法规和证监会的有关规定履行监督稽核职责。同时还建立了安全保密区，以保障基金信息安全。

【经营业绩】 截止到2000年年底，中国建设银行基金托管部共托管了7只上市证券投资基金，即华夏基金管理公司管理的兴华基金、兴和基金，嘉实基金管理公司管理的泰和基金，国泰基金管理公司管理的金鑫、金盛、金鼎基金，富国基金管理公司管理的汉博基金。托管基金资产总规模达到115亿元，基金资产净值总额达到164亿元。1999年实现基金托管业务收入1543.6万元，2000年迅速增加到3546万元。为了加强与国外银行基金业务的合作，借鉴国外银行在开放式基金业务方面的经验，中国建设银行与美国摩根大通银行签署了《中国建设银行与摩根大通银行基金业务合作协议》，双方将在信息交流、技术合作、客户服务、人员培训等方面进行进一步的合作。自2000年以来，中国建设银行积极做好开放式基金业务的各项准备工作。加快进行开放式基金业务系统的开发、测试和试运行工作；制定了开放式基金业务的管理制度与办法；进行开放式基金业务市场调查；举办境内外开放式基金业务培训班与研讨会。中国建设银行基金托管部将根据国家有关法律法规的规定，秉着诚实信用、勤勉尽责的态度，坚持信誉第一、客户至上的原则，以严谨、科学、规范、高效的工作作风，严格履行基金托管人的各项职责，切实维护基金持有人的合法权益。

（中国建设银行基金托管部）

中国银行基金托管部

【公司概况】 1998年7月，经中国证监会和中国人民银行核准，中国银行成为国内首批五家从事基金托管业务的银行之一。同年10月，中国银行基金托管部正式成立，设总经理室，下设综合管理处、托管业务处、稽察监督处、客户服务处、研究开发处、基金交易管理中心，并在上海和深圳设有托管业务处。上海基金托管业务处、深圳基金托管业务处协助总部完成基金托管运作及拓展市场等业务。托管业务处主要负责基金资产的会计核算，包括确认基金管理人的投资指令，为基金办理调拨，核对交易记录、资金帐目和证券帐目的记载是否准确，及时将有关凭证、单据送交基金管理人等。稽察监督处具体执行基金托管人（中国银行）对基金管理人的监督职责，同时对基金托管部内部控制制度的健全、合理和有效进行稽察。客户服务处是为客户服务的部门，负责加强对客户的服务与沟通，积极拓展基金领域与业务范围。它包括为基金管理公司提供各种服务；加强对市场的营销与调研；加强与证监会，深、沪交易所的业务联系；为投资者提供客户代理；为部门提供各种信息及数据的搜集。研究开发处负责研究跟踪投资基金产业和基金托管业务的发展，从事基金托管业务及基金相关中介业务产品研究和产品开发管理与协调，并负责制定托管业务发展规划。综合管理处主要负责部内人员、行政、党务、文件及对外宣传方面的日常管理工作，并从事电脑系统的开发、应用及维护等工作，同时负责保存基金收益人的名册和有关的合同、契约、批件、备忘录、文件，记录基金的重要事项和保存有关重要的档案等。基金交易管理中心负责与各分行基金交易管理中心、总行营业部、基金管理公司、注册登记机构相联系，负责各种基金交易信息的汇总、传递、管理等业务，负责开放式基金的过户代理工作及总行基金交易系统的管理、维护工作。托管部拥有一支素质高、业务过硬的员工队伍，人员结构合理。其中博士1人，硕士9人，其高级经济师、高级会计师、高级工程师、律师等专业人员占员工总数的50%，大部分员工具有丰富的银行、证券从业经验。基金托管部高级管理人员及主要部门主观均具有海外工作经历，熟悉国际资本市场和国际基金业的运作。

【经营业绩】 托管部的业务范围包括基金托管及其他资产委托业务。如基金资产保管、帐户管理、交易清算、代理基金签订与基金有关的合同或契约、代理基金收取支付有关收益费用款项、基金估值、基金帐务处理、基金管理人监督等；开放式基金代销业务；开放式基金过户登记代理服务；基金增值服务，如绩效评估与资产组合的市场风险分析、行业、公司分析与信息咨询顾问等；并为客户量身度造一揽子基金服务体系。中国银行基金托管部自成立之日开始，依托中国银行整体实力和卓著信誉，坚持以客户为中心，以市场为导向，开拓创新，稳步发展，伴随中国年轻的基金市场一起成长。中国银行基金托管部根据《证券投资基金管理暂行办法》等中国证监会的有关规定，全面履行托管人的职能，保障基金资产的安全，有效监督基金经理人的投资运作，及时办理证券业务运作，及时办理清算交割，切实保护基金投资者的权力不受侵犯。截止2001年11月，中国银行已经托管景宏、同盛、同智、兴安等四只证券投资基金，托管基金单位60亿份。中国银行分别于1999年、2000年通过中国证监会和中国人民银行组织的基金托管业务年度检查。按照《开放式证券投资基金试点办法》的规定，中国银行结合中国银行在海外参与并开展投资基金管理、托管及分销等积累的丰富经验，制定了系统全面的开放式证券投资基金发展规划。从1999年开始对开放式基金及相关业务进行研究、开发，并不断推出相关产品及服务。目前建成的中国进行开放式基金代销及注册登记系统，是一个建立在中国银行全球网络基础上的全国联网的应用系统，它兼备实用性、扩展性和灵活性等特点。这一先进、安全、高效的电脑网络系统为中国银行开展开放式基金业务打下了坚实的基础。

交通银行证券投资基金托管部

【公司概况】 交通银行始建于1908年，具有悠久的历史，是我国早期的四大银行之一。1986年经国务院批准，重新组建，成为全国性的股份制商业银行，为国内五大银行之一。截止到2000年底，资产规模达6282亿元，各项业务持续快速发展。2001年英国《银行家》杂志7月份公布的全世界1000家大银行中，交通银行列108位，较上年提升了22位。1998年7月，经中国证监会和中国人民银行批准，交通银行获得开展基金托管业务资格，是中国首批获准开展基金托管业务的五家银行之一。2001年7月经中国人民银行和中国证监会批准，获得开放式基金认购、申购、赎回和注册登记代理业务资格，成为中国第一家获得开放式基金代理业务资格的商业银行。根据中国证监会和中国人民银行的要求，交行设立了专门的基金业务部门—证券投资基金托管部。托管部现有24名员工，其中拥有硕士和博士学位的多名，员工的学历层次较高，具有基金、证券和银行的从业经验。总经理：谢红兵。

【经营业绩】 自开展基金托管业务至今，交行始终坚持以“一流的服务质量、一流的工作效率、一流的银行信誉”为宗旨，“诚实信用、勤勉尽责”，坚持人才、科技、制度和管理先行的原则，不断加强人才培养，提高基金托管业务的科技含量，不断进行产品创新和开发，多次在基金业率先开展新业务：是首家尝试证券投资基金网下发行的托管银行；是第一个托管大额规模（30亿）证券投资基金的托管银行；首家开创一家基金管理公司管理的多只基金分别在不同银行进行托管的模式，为基金托管业务有效竞争局面的形成作出了贡献。交行还积极探索研究B股基金、保险基金、中外合作基金、产业基金、私募基金的运作和托管模式。基金托管部每年在电脑系统方面投入了大量的人力和物力，拥有自己独立的机房和技术人员，在近两年中先后开发了会计核算和交易监管软件、开放式基金代销和注册服务软件，并成功投入开放式基金托管业务的实际运作中，基金托管部在软件的运行和管理方面有严密的安全措施，符合“独立、安全、及时、稳定”的原则。在业务的管理上，交行十分注重加强制度建设，提高管理水平，把业务发展与规范管理有机地结合在一起，确保了交通银行基金托管业务安全、规范、高效、优质地运行，多年来，在基金的资金清算上，保持了零差错。目前已托管了普惠、安顺、汉兴、兴科、裕华、安久、科讯、科汇、久富、华安创新等十只证券投资基金，累计托管的基金资产发行规模已达到160亿元。托管服务质量和水平受到证券主管部门和基金同业的认可和好评。交通银行对新业务的运作十分重视，2001年9月成功代理发行我国首只开放式基金。

上 市 基 金

金 泰 证 券 投 资 基 金

金泰证券投资基金2000年年度报告

重要提示：本基金的托管人中国工商银行已于2001年3月25日复核了本报告。本基金的管理人、托管人愿就本报告书中所载资料的真实性、准确性和完整性负责，本报告书中的内容由本基金管理人负责解释。

一、基金简介

(一) 基金名称：金泰证券投资基金(简称：基金金泰)
交易代码：500001
基金发起人：国泰君安证券股份有限公司
中国电力信托投资有限公司
浙江省国际信托投资公司
上海爱建信托投资公司
基金发行日期：1998年3月23日
基金成立日期：1998年3月27日
基金单位总份额：20亿份基金单位
基金类型：契约型封闭式
基金存续期：15年
基金上市地：上海证券交易所
基金上市日期：1998年4月7日

(二) 基金管理人
法定名称：国泰基金管理有限公司
注册地址：上海浦东新区商城路618号
办公地址：上海市静安区延平路121号三和大厦27楼
邮政编码：200042
法定代表人：陈勇胜
总经理：李春平
负责信息管理事务人员：丁昌海、黄永明
联系地址：上海市静安区延平路121号三和大厦27楼
电话：021-62531069
传真：021-62531262
电子邮件：huangym@gtfund.com

(三) 基金托管人
法定名称：中国工商银行
注册地址：北京市西城区复兴门内大街55号
办公地址：北京市西城区复兴门内大街55号
邮政编码：100032
法定代表人：姜建清
托管部负责人：赵跃
负责信息管理事务人员：刘长江
联系地址：北京市西城区复兴门内大街55号中国工商银行基金托管部
电话：010-66106878
传真：010-66106904
电子邮件：cjliu@icbc.com.cn

(四) 会计师事务所
法定名称：安达信·华强会计师事务所
注册地址：北京市建国门外大街1号国贸大厦1座11层
办公地址：北京市建国门外大街1号国贸大厦1座11层
法定代表人：张本廉
邮编：200021
电话：010-65053333
传真：010-65051828
经办注册会计师：何影帆、张向际
联系人：韩歆
联系人电话：021-63866688-640
传真：021-63862288

(五) 律师事务所
法定名称：上海锦天城律师事务所
注册地址：上海市延安东路700号港泰广场12楼
办公地址：上海市延安东路700号港泰广场12楼
法定代表人：史焕章
邮编：200001
电话：021-53850388
传真：021-53850389
经办律师：沈国权、聂鸿胜

二、主要财务指标

指标名称	2000年度	1999年度	1998年度
基金净收益	905,103,607.41元	361,147,472.23元	150,020,065.92元
单位基金净收益	0.4526元	0.1806元	0.0750元
基金可分配净收益	938,271,145.56元	413,167,538.15元	107,198,478.14元
单位基金可分配净收益	0.4691元	0.2066元	0.0536元
基金资产净值	3,341,982,314.44元	2,584,671,872.17元	2,107,198,478.14元
单位基金资产净值	1.6710元	1.2923元	1.0536元
基金资产净值收益率	41.05%	17.97%	7.50%
本期基金可分配收益率	42.56%	20.56%	5.36%
本期净值增长率	51.59%	28.64%	5.36%
基金累计净值增长率	91.00%	34.13%	5.36%

三、基金管理人报告

(一)基金管理人承诺

在本报告期内，本基金管理人严格遵循《证券投资基金管理暂行办法》及其各项实施准则、《金泰证券投资基金契约》和其他有关法规的规定，没有发生任何损害基金持有人利益的行为。本报告所涉基金资产的运作情况已经本基金托管人复核，本基金管理人愿就报告中所载资料的真实性、准确性和完整性负责。

本基金管理人内部，各项规章制度健全，监察稽核工作贯穿业务运作的各个层面。本报告期内，没有发现有任何违法和重大违规行为。本基金管理人承诺将一如既往地遵守诚实信用、勤勉尽责的原则，规范、安全、有效地管理和运作基金资产，在规范经营的基础上，在控制风险的前提下，继续为基金持有人谋求长期稳定的投资回报。

(二)投资决策和管理模式

本基金实行投资决策委员会领导下的基金经理负责制。投资决策委员会根据有关法规、基金契约以及研究开发部基金经理提供的研究分析报告和投资计划，确定基金金泰的投资策略，审批重大投资项目和基金投资计划。基金经理负责基金的投资组合管理和日常运作。基金经理将投资指令下达给中央交易室，中央交易室根据市场情况执行投资指令，并将指令执行情况反馈到基金经理。

公司在投资决策管理方面同时实行投资研究联席会议制度和决策委员会成员与基金管理小组的联系人制度。前一项制度旨在解决研究成果及时有效转化成投资目标的问题，后一项制度旨在解决基金经理在执行投资决策委员会决策意见过程中需要及时协调的问题。本基金的日常运作也得到上述制度的支持。

本基金由徐智麟先生(基金经理)和王雄辉(基金经理助理)组成基金经理小组。

基金经理：徐智麟先生，42岁，工商行政管理硕士，曾在上海机械专科学校(现为上海理工大学)、国泰证券有限公司工作，任国泰证券有限公司证券交易部副总经理。1998年加盟国泰基金管理有限公司，现任总经理助理。

王雄辉先生，32岁，研究生学历，曾在南开大学任教。1998年加盟国泰基金管理有限公司，现任基金金泰的基金经理助理。

(三)投资理念和风格

本基金坚持价值发现的投资理念，努力寻求价值被市场低估的和符合市场发展趋势的投资对象，将重点投资和分散组合投资相结合、长期投资和波段操作相结合，以较为平衡的投资组合和主要建立在基本面分析基础上的风险控制手段，实现基金净值的长期稳定增长。

(四)2000年投资管理回顾

2000年中国证券市场在基本面、政策面和资金面整体向好的背景下，股市走势强劲。全年沪市综合指数上升51.73%，深市成分指数上升41.12%。从基本面看，我国经历亚洲金融危机冲击后国民经济增长出现止跌回稳态势，有步入新一轮增长周期的迹象。2000年国家采取积极的财政政策和稳健的货币政策，努力扩大内需，取得较为明显的成效。我们注意到：固定资产投资(尤其是政府投资)和进出口贸易快速增长，国内消费也出现回暖，共同拉动了经济增长。根据国家统计局2001年2月底公报，2000年国内生产总值较上年增长8%，物价止跌回稳，就业改善，国际收支形势良好，企业运行质量提高。2000年股市强势表现客观反映了国民经济增长回暖的特征。从政策面看，国家适时出台了扶持证券市场发展的一系列政策措施，包括实行向二级市场投资者配售新股、允许券商股票质押贷款、三类企业和商业保险资金入市、积极培育机构投资者等利好政策，市场人气较为旺盛。从资金面看，以上政策为证券市场带来了源源不断的资金供给，特别是积极培育机构投资者的政策使证券市场获得大量的长期投资资金，使得证券市场的走势更为稳健。

2000年证券市场表现出三个明显阶段：年初至3月初，在网络股、技术股带动下市场走出快速大幅扬升行情；3月中旬至8月底，在低价大盘国企股带动下，板块轮动加快，市场震荡盘升；8月底至年底，市场高位宽幅震荡整理，资产重组股表现活跃。

市场出现第三阶段的调整主要是由于在大幅上扬后积累了较大的风险，而预期的创业板和国有股减持成为不确定因素给市场形成压力。与此同时，2000年经济回升还带有明显的恢复性质，其基础不够稳固，促使经济进一步走强的因素出现了某种程度的不确定性，导致投资者对市场的预期产生分歧。

本基金管理人认为产业经济永远是资本市场发展的基石，而新经济又昭示了传统产业经济的希望之光。在这种理念的指引下，本基金管理人在年初对投资结构进行了较大的调整，在投资组合中加大了对电子通讯、生物医药、环保等行业的投资比重，尤其重仓持有IT行业中的互联网概念股票和有线网概念股票，使得本基金的资产净值得到了较为快速的提升。在这些股票严重超买、互联网泡沫彻底破灭之前作了果断的减持和了结，保住了大部分的胜利果实。第一季度我们的投资决策比较正确，但第二季度则留下一些遗憾：新经济给2000年的中国股市开了个头之后，传统产业经济登台了，但我们没有把它做足，影响了本基金在第二季度的增值速度。从下半年开始，市场处于震荡行情中，各板块加快轮动，我们坚持价值发现的原则，制定了相应的策略，即努力降低资产组合与大盘升跌的关联度，坚持重点投资IT行业中的设备制造企业，重点投资处于上升期的尤其是上海区域的房地产企业，重点投资有利润前景的生物医药企业并加大对新股的研究和投资力度，同时兼顾在传统行业中的组合分布。虽然一度基金资产净值有较大幅度的下跌，但总的来说还是取得了较好的效果，年终净值比中期增长19.8%，超过了同期上证综合指数增长幅度。

截至2000年年底，本基金净值较年初增长率为51.59%，超过了沪深两市大盘的同期平均涨幅。

(五)2001年市场展望

根据国务院研究发展中心预测，2001年将继续保持经济增长回升的态势，积极财政政策仍将持续一段时间，以强化经济回升和拉动内需的基础。2001年也是国家实施"十五"计划战略的第一年。西部大开发正式实施，社保体制改革加快，中国加入WTO在即，这些将为投资和需求增长提供基础。

2001年将是我国证券市场继续大规模发展的一年。在发展和规范这两个关系证券市场的根本问题上,将体现为在规范化基础上的进一步发展。管理层对市场的监管将立足于维护三公原则保护投资者利益。2001年也将是新政策不断出台的一年,政策效应和市场发展的内在规律不可避免地会产生一些矛盾,如B股市场向国内居民开放、新股市场化发行、市场退出机制实施以及预期中的创业板、国有股减持都会对市场产生重大影响。本基金管理人估计2001年的证券市场将处于箱体高位宽幅震荡调整状态,而开放式基金试点品种的推出、保险类资金入市新品种的问世将会成为2001年证券市场供求关系变化的重要信号。市场实际运行情况将随国家上述政策的明朗化而有所变化。

面对2001年中国证券市场的深层次变革和诸多不确定因素,我们的态度是谨慎乐观。在具体操作上,本基金管理人将继续关注IT类企业和与IT业相关的企业,关注受政策扶持的与农业相关的企业,加大对受惠于西部大开发和中国加入WTO的企业的投资,坚持"稳健为本、价值发现"的传统,将有效控制市场风险因素放在重要地位,规范操作,诚信敬业,努力为基金金泰的持有人者创造稳定合理的回报。

(六)内部监察报告

基金运作合规性声明

本报告期内,本基金管理人严格遵守《证券法》、《证券投资基金管理暂行办法》及其各项实施准则、《金泰证券投资基金基金契约》和其它相关法律法规的规定,本着诚实信用、勤勉尽责的原则管理和运作基金资产,遵循"稳健为本,规范管理,精心运作,争创一流"的公司理念,在严格规范和控制风险的前提下,努力为基金持有人争取最好的投资回报;在基金资产的管理运作中,无损害基金持有人利益的行为,基金投资范围、投资比例、投资组合符合有关法规和基金契约的规定。

内部监察工作报告

本报告期内,本基金管理人依据相关的法律法规、基金契约以及内部的监察制度开展监察工作。我们将内部监察的重点置于确保基金运作的相对独立,防范不当关联交易和内幕交易以及对风险的防范。主要措施有:一、对基金的运作进行实时监控,加强监察力度,提高监察频率。对基金资产管理各个环节的工作流程进行定期的日常监察和不定期的专项监察,并据此制作监察报告。二、建立监察反馈制度,加强监察稽核部门与其它业务部门的交流与沟通,对发现的问题及时向管理层和监督部门报告并督促整改,以确保基金资产运作的合法合规。三、细化监察工作的内容和方式,运用对交易资料审阅、交易流程监察、录音电话监听、人员询问、报表反馈等手段对基金投资行为进行现场监察和非现场监察,督促基金运作的合法性、合规性、保密性。四、逐步建立科学的风险控制体系,尝试利用现代金融工程的先进管理方法和管理工具对各类风险进行量化分析和预测,防范和控制风险。五、加强员工行为准则和职业道德教育,使员工爱岗敬业、遵纪守法,自觉树立风险和监察意识。六、对基金自身的交叉买卖行为进行自查自纠。本基金存在一定数量的自身交叉买卖行为,情况较为轻微,本基金管理人已采取有效措施以杜绝类似事件的发生。

经持续跟踪监察,本报告期内,本基金依照规定的流程进行操作,管理运作合法合规;本基金资产与本基金管理人所管理的其他基金资产、基金资产与公司资产严格分开;基金管理小组人员之间保持独立;本基金运作中无不当关联交易和内幕交易;本基金净资产平稳增长,投资收益得到提高,基金持有人利益得到有效保障。

基金运作的规范和安全,有效地防范和控制风险,是内部监察的工作重点。我们体会到规范经营和强化管理是基金安全运作的前提,科学化制度化的工作流程是基金安全运作的基础,防范和控制风险是基金安全运作的保障。减少风险才能提高收益,保障基金持有人的利益。我们将继续努力,提高内部监察工作的科学性和有效性,加强基金的规范运作、风险控制、切实保障基金资产的安全管理,以优异的业绩回报投资者。

四、基金托管人报告

本托管人——中国工商银行,依据《金泰证券投资基金基金契约》与《金泰证券投资基金托管协议》,托管金泰证券投资基金。

2000年度,在对金泰证券投资基金的托管过程中,本托管人严格遵守了《证券投资基金管理暂行办法》及其实施准则、基金契约、托管协议和其他有关法规的规定,对金泰证券投资基金的投资运作进行了全面的会计核算和应有的监督,没有发生任何损害基金持有人利益的行为,诚实信用、勤勉尽责地履行了作为托管人所应尽的义务。

本托管人依照《证券投资基金管理暂行办法》及其实施准则、基金契约、托管协议和其他有关法规的规定,对金泰证券投资基金的投资组合进行了监督,认为国泰基金管理公司在金泰证券投资基金的投资运作、基金资产净值及单位基金资产净值的计算上,遵守《证券投资基金暂行办法》及其实施准则、基金契约、托管协议和其他有关法规的规定,没有发现任何损害基金持有人利益的行为。

本托管人依法对金泰证券投资基金管理人——国泰基金管理公司在2000年度所编制和披露的金泰证券投资基金资产净值公告、基金投资组合公告、基金年度报告等公告信息进行了核查,认为金泰证券投资基金管理人——国泰基金管理公司在2000年度内所编制和披露的基金信息是合法、真实和完整的。

五、基金财务报告

(一) 审计报告书

金泰证券投资基金全体基金持有人

安达信 ●华强会计师事务所(以下简称"我们")接受委托,审计了金泰证券投资基金(以下简称"贵基金")二〇〇〇年十二月三十一日的资产负债报告书和截至该日止年度的收益及分配报告书。编制会计报告书是 贵基金管理人的责任,我们的责任是依据我们的审计对该报告书发表意见。我们的审计是依据《中国注册会计师独立审计准则》进行的。在审计过程中,我们结合 贵基金的实际情况,实施了包括抽查会计记录等我们认为必要的审计程序。

我们认为,上述会计报告书符合基金的有关制度、办法和规定和 贵基金的基金契约,在所有重大方面公允地反映了 贵基金二〇〇〇年十二月三十一日的财务状况和二〇〇〇年度的经营成果,会计处理方法的选用遵循了一贯性原则。

贵基金一九九九年度会计报表是由另一家会计师事务所审计,并于二〇〇〇年一月二十三日由该事务所出具无保留意见的审计报告。

安达信·华强会计师事务所　　中国注册会计师: 何影帆、张向际

中国·北京　　2001年1月19日

(二)基金会计报告书

1、资产负债报告书(附后)

2、损益及分配报告书(附后)

(三)会计报告书附注(摘要)

1、主要会计政策

(1) 基金会计年度:为公历每年1月1日至12月31日。

(2) 基金记帐原则:权责发生制。

(3)基金记帐本位币:以人民币为记帐本位币,记帐本位币单位为元。

(4)基金资产的估值方法

A、上市证券按当日均价计算,该日无交易的证券,以最近一日的均价计算;

B、未上市的股票以其成本价计算;

C、未上市国债及银行存款以本金加计至估值日为止的应计利息额计算;

D、如遇特殊情况而无法或不宜以上述规定确定基金资产价值时,基金管理人应按国家有关规定办理;

E、估值对象为基金所拥有的股票、债券和银行存款;

F、每日都对基金资产进行估值。

(5)基金的主要收入确认政策

A、股息收入:在除息日确认应收股息;

B、债券利息收入:在除息日确认应收利息;

C、其他收入:在实际收到时确认;

D、证券买卖价差收入:在实现成交的当日确认。

(6)证券成本的计价方法

证券投资按取得时的实际成本计价,出售成本按移动加权平均法计算。

(7)税项说明

根据财税字[1998]55号《关于证券投资基金税收问题的通知》,主要税项规定如下:A、以发行基金方式募集资金不属于营业税的征税范围。

B、基金管理人运用基金买卖股票、债券的差价收入,在2000年底以前暂免征收营业税。

C、对基金管理人运用基金资产买卖股票按4‰的税率征收印花税,暂对基金不征收营业 税、所得税。

D、对基金从证券市场中取得的收入,包括买卖股票、债券的差价收入,股票的股息、红利收入,债券的利息收入及其他收入,暂不征收企业所得税。

(8)基金的收益分配政策

A、每一基金单位享有同等分配权;

B、收益分配比例不低于基金净收益的90%;

C、基金收益分配采用现金方式,每年至少分配一次,于每个基金会计年度结束后四个月内实施;

D、基金当年收益分配应先弥补上年亏损后,才进行当年收益分配;

E、基金投资当年亏损,则不进行收益分配;

2、关联关系

(1)、关联人关系、交易性质及法律依据

关联人	关联关系	交易性质	法律依据	备注
国泰君安证券股份有限公司	基金发起人	发起认购基金	基金契约	认购基金3300万份
	席位出租人	出租交易席位	席位使用协议	租用二个席位
浙江省国际信托投资公司	基金发起人	发起认购基金	基金契约	认购基金900万份
	席位出租人	出租交易席位	席位使用协议	租用二个席位
上海爱建信托投资公司	基金发起人	发起认购基金	基金契约	认购基金900万份
	席位出租人	出租交易席位	席位使用协议	租用二个席位
国泰基金管理有限公司	基金管理人	提取管理费	基金契约	
中国工商银行	基金托管人	提取托管费	基金契约	

(2)、通过关联人席位交易情况

(i)、通过关联人席位进行证券买卖2000年1-12月股票交易量(万元)及佣金(万元)情况

关联人名称	2000年度 交易量	比例	佣金	比例	1999年度 交易量	比例	佣金	比例
国泰君安证券股份有限公司	177,143.77	20.04%	147.38	19.98%	374,672.75	48.96%	314.40	49.24%
浙江省国际信托投资公司	170,440.46	19.28%	142.55	19.33%	166,022.27	21.69%	137.41	21.52%
上海爱建信托投资公司	163,217.94	18.46%	136.87	18.56%	181,027.44	23.65%	151.26	23.69%

(ii)、通过关联人席位进行国债投资买卖年交易量(万元)情况

关联人名称	2000年度 交易量	比例	1999年度 交易量	比例
国泰君安证券股份有限公司	12,305.36	22.39%	229,912.53	85.09%
浙江省国际信托投资公司			2,189.16	0.81%
上海爱建信托投资公司	14,815.66	26.96%	38,098.37	14.10%

(3)、基金管理人报酬

基金管理人的报酬由两部分组成,一部分是基金管理费,以基金资产净值的1.5%年费率计提;另一部分是业绩报酬,当基金的可分配净收益高于同期银行一年定期储蓄利率20%以上,且当年基金资产净值增长率高于同期证券市场平均收益率时,按一定比例计提。具体方法如下:

(i)、基金管理费

A、基金管理费按前一日的基金资产净值的1.5%的年费率计提。计算方法如下:

H=E×1.5%/当年天数

H为每日应支付的管理人报酬

E为前一日的基金资产净值

B、基金管理人的管理费每日计算,逐日累计至每月月底,按月支付;并于次月前五个工作日内从基金资产中一次性支付给基金管理人;

C、至2000年12月31日止,基金应支付基金管理人管理费共46,759,904.06元,其中已支付基金管理人42,602,914.07元,尚余4,156,989.99元未支付。1999年度,共计提60,200,364.42元,已全部支付。

(ii)、业绩报酬

业绩报酬根据基金全年的经营业绩情况,在满足以下几个基本条件下每年计提一次,直接用于奖励基金管理人员:

A、基金年平均单位资产净值不能低于面值;

B、基金可分配净收益超过同期银行一年定期储蓄利率20%以上;

C、基金资产净值增长率超过证券市场平均收益率;

D、基金收益分配后每单位资产净值不能低于面值。

在满足以上条件的情况下,基金业绩报酬计算方法为:

业绩报酬=调整后期初资产净值×MIN[M,N]×5%

2000年度未提取业绩报酬

(4)、基金托管人报酬

(i)、基金托管费按前一日的基金资产净值的0.25%的年费率计提。计算方法如下:

H=E×0.25%/当年天数

H为每日应支付的托管人报酬

E为前一日的基金资产净值

(ii)、基金托管人的托管费每日计算,逐日累计至每月月底,按月支付;并于次月前五个工作日内从基金资产中一次性支付给基金托管人;

(iii)、至2000年12月31日止,基金应支付基金托管人托管费共7,793,317.28元,其中已支付基金托管人7,100,485.56元,尚余692,831.68元未支付。1999年度,共计提6,020,036.24元,已全部支付。

3、主要报表项目说明

(1)、应收帐款:2000年12月31日余额200,905.30元,为深交所席位交易保证金。

(2)、其他应收款:2000年12月31日余额37,316.79元,系交易所自动扣除,待向席位券商收回应由席位券商支付的交易所风险基金。

(3)、其他应付帐款:2000年12月31日余额100,000.00元,为预提2000年度审计费用。

(4)、证券买卖差价收入:2000年1-12月累计发生额为人民币940,470,332.27元,其中:

项目	发生额
上海证券交易所挂牌股票	478,613,235.89元

· 深圳证券交易所挂牌股票 458,986,155.92 元
上海证券交易所挂牌债券 2,870,940.46 元
合　　计 940,470,332.27 元

(四)流通受限制的证券

(1)、截至 2000 年 12 月 31 日止，基金持有的流通受限制的证券明细如下：

序	股票名称	配售日期	可流通日	数量(股)	配售金额(元)	市价(元)	市价与成本差	备注
1	上港集箱◆	2000-6-28	2001-6-28	6,110,000	73,197,800.00	143,096,200.00	69,898,400.00	网下申购
2	西山煤电◆	2000-7-4	2001-7-4	3,005,200	19,503,748.00	34,830,268.00	15,326,520.00	网下申购
3	路桥建设◆	2000-7-5	2001-2-5	2,000,000	14,600,000.00	29,840,000.00	15,240,000.00	网下申购
4	东方通信◆	2000-9-6	2001-3-29	2,000,000	50,360,000.00	57,300,000.00	6,940,000.00	增发申购
5	宝钢股份◆	2000-11-22	2001-3-1	13,448,000	56,212,640.00	72,888,160.00	16,675,520.00	网下申购
6	金瑞科技	2000-12-26	2001-1-15	38,000	569,620.00			网上申购
7	恒丰纸业	2000-12-26		66,000	467,940.00			网上申购
8	红豆股份	2000-12-27	2001-1-8	83,000	614,200.00			网上申购
9	京东方 A	2000-12-27	2001-1-12	651,443	10,944,242.40			增发申购
10	中农资源	2000-12-28	2001-1-19	22,000	138,600.00			网上申购
11	宁沪高速	2000-12-28	2001-1-16	242,000	1,016,400.00			网上申购
12	振华科技	2000-12-29	2001-1-12	2,898,551	45,449,279.68			增发申购
合计					273,074,470.08		124,080,440.00	

(2)、流通受限原因

上述流通受限制的股票为基金配售新股、网上申购中签的未上市新股。

(3)、受限期限

上述五只(带◆号)的股票为已上市未流通的新股，“上港集箱”、“西山煤电”的受限期为 12 个月，“路桥建设”、“东方通信”的受限期为 6 个月，“宝钢股份”的受限期为 3 个月。

(4)、估值办法

于 2000 年 12 月 31 日，对于已上市流通的股票(带◆号)，按照 2000 年 12 月 31 日均价估值，对于未上市流通的七只股票按配售价估值。若流通受限股票中已上市流通的五只股票(带◆号)按配售价估值，于 2000 年 12 月 31 日，本基金资产净值将为 3,217,901,874.44 元，每份基金单位资产净值为 1.6090 元。

(五)期末基金持有股票明细(按市值占净值比例排序)

序	代码	证券名称	库存数量	市值	占净值比例
1	600641	中远发展	10,132,531	224,232,911.03	6.71%
2	600198	大唐电信	6,442,366	199,197,956.72	5.96%
3	600076	青鸟华光	7,826,319	184,153,286.07	5.51%
4	600018	上港集箱	6,110,000	143,096,200.00	4.28%
5	0917	电广传媒	2,457,220	75,412,081.80	2.26%
6	600019	宝钢股份	13,448,000	72,888,160.00	2.18%
7	600260	凯乐科技	2,585,925	70,569,893.25	2.11%
8	0153	新力药业	1,758,989	67,228,559.58	2.01%
9	600776	东方通信	2,157,400	61,809,510.00	1.85%
10	600675	中华企业	5,544,629	58,218,604.50	1.74%
11	0693	聚友网络	2,636,054	57,545,058.82	1.72%
12	600601	方正科技	2,027,806	56,514,953.22	1.69%
13	600637	广电股份	2,799,259	56,293,098.49	1.68%
14	600163	福建南纸	4,292,636	55,160,372.60	1.65%
15	600171	上海贝岭	2,078,474	53,312,858.10	1.60%
16	600866	星湖科技	3,052,550	50,214,447.50	1.50%
17	0552	甘长风 A	3,008,972	49,196,692.20	1.47%
18	600718	东大阿派	1,354,170	48,519,911.10	1.45%
19	0733	振华科技	2,898,551	45,449,279.68	1.36%
20	0988	华工科技	620,949	43,087,651.11	1.29%
21	0839	中信国安	1,522,065	42,922,233.00	1.28%
22	0895	双汇发展	2,417,442	40,177,886.04	1.20%
23	0157	中联重科	1,541,869	38,037,908.23	1.14%
24	600895	张江高科	999,891	35,056,178.46	1.05%
25	0983	西山煤电	3,005,200	34,830,268.00	1.04%
26	600263	路桥建设	2,000,000	29,840,000.00	0.89%
27	600657	青鸟天桥	932,458	28,831,601.36	0.86%
28	0002	深万科 A	1,986,319	27,748,876.43	0.83%
29	600008	首创股份	1,252,560	27,142,975.20	0.81%
30	0962	东方钽业	525,960	24,630,706.80	0.74%
31	0998	隆平高科	430,000	21,973,000.00	0.66%
32	600707	彩虹股份	1,540,985	20,618,379.30	0.62%
33	600607	上实联合	990,000	20,215,800.00	0.60%
34	0511	银基发展	1,274,590	20,202,251.50	0.60%
35	600104	上海汽车	1,662,585	20,167,156.05	0.60%
36	0767	漳泽电力	987,625	16,750,120.00	0.50%
37	0786	北新建材	1,002,211	16,706,857.37	0.50%
38	600422	昆明制药	576,049	15,962,317.79	0.48%
39	0032	深桑达 A	704,565	15,331,334.40	0.46%
40	0968	神州股份	1,448,399	15,324,061.42	0.46%
41	600345	长江通信	331,500	15,272,205.00	0.46%
42	600627	电器股份	1,073,734	15,204,073.44	0.45%
43	0690	宝 丽 华	1,000,000	15,170,000.00	0.45%
44	600823	万象集团	1,195,339	13,363,890.02	0.40%
45	600626	申达股份	1,119,037	12,824,164.02	0.38%
46	0726	鲁 泰 A	736,831	12,776,649.54	0.38%
47	600267	海正药业	378,079	12,707,235.19	0.38%
48	0969	安泰科技	237,600	12,131,856.00	0.36%
49	600500	中化国际	687,200	12,032,872.00	0.36%
50	0725	京东方 A	651,443	10,944,242.40	0.33%
51	0488	晨鸣纸业	548,989	10,886,451.87	0.33%
52	0916	华北高速	1,383,900	10,116,309.00	0.30%
53	0608	阳光股份	541,100	10,037,405.00	0.30%
54	600269	赣粤高速	479,000	8,411,240.00	0.25%
55	600740	山西焦化	545,821	7,843,447.77	0.23%
56	600299	星新材料	408,000	7,421,520.00	0.22%
57	0070	特发信息	276,228	7,355,951.64	0.22%
58	0977	浪潮信息	257,400	7,245,810.00	0.22%
59	600775	南京熊猫	375,519	6,920,815.17	0.21%
60	0768	西飞国际	516,943	6,399,754.34	0.19%
61	0973	佛塑股份	375,000	5,692,500.00	0.17%
62	0301	丝绸股份	425,000	5,397,500.00	0.16%
63	600281	太化股份	362,250	4,792,567.50	0.14%
64	600240	仕奇实业	293,089	4,765,627.14	0.14%
65	600016	民生银行	275,000	4,724,500.00	0.14%
66	0151	中成股份	179,100	4,038,705.00	0.12%
67	600664	哈药集团	292,347	4,037,312.07	0.12%
68	0158	常山股份	281,000	3,689,530.00	0.11%
69	0980	金马股份	226,750	3,374,040.00	0.10%
70	600235	民丰特纸	205,085	3,162,410.70	0.09%
71	600288	大恒科技	78,000	2,875,860.00	0.09%
72	600339	天利高新	110,000	2,543,200.00	0.08%
73	0063	中兴通讯	58,000	2,213,860.00	0.07%
74	600338	珠峰摩托	118,000	2,120,460.00	0.06%
75	0525	红 太 阳	111,500	2,048,255.00	0.06%
76	0981	兰光科技	68,540	1,962,985.60	0.06%
77	600368	五洲交通	124,000	1,511,560.00	0.05%
78	600337	美克股份	45,000	1,339,650.00	0.04%
79	600038	哈飞股份	69,000	1,336,530.00	0.04%
80	600398	凯诺科技	58,000	1,227,860.00	0.04%
81	600328	兰太实业	71,000	1,181,440.00	0.04%
82	600377	宁沪高速	242,000	1,016,400.00	0.03%
83	600336	澳 柯 玛	70,000	987,700.00	0.03%
84	600690	青岛海尔	35,700	745,773.00	0.02%
85	600388	龙净环保	29,000	648,730.00	0.02%
86	600400	红豆股份	83,000	614,200.00	0.02%
87	600390	金瑞科技	38,000	569,620.00	0.02%
88	600356	恒丰纸业	66,000	467,940.00	0.01%
89	600313	中农资源	22,000	138,600.00	0.00%
合　计			127,188,597	2,468,862,605.53	73.87%

(六)报告期内基金新增的股票明细

序	股票代码	股票名称	一级市场认购	二级市场买入	增发数量	送股数量	政策性配售	本期卖出数量
1	0002	深万科 A		2,203,519				217,200
2	0070	特发信息		554,455				278,227
3	0151	中成股份	114,000	65,100				
4	0153	新力药业		2,301,739				542,750
5	0157	中联重科	128,000	1,483,869				70,000
6	0158	常山股份	282,000					1,000
7	0301	丝绸股份					850,000	
8	0488	晨鸣纸业			553,989			5,000
9	0511	银基发展		1,274,590				
10	0525	红 太 阳		111,500				
11	0552	甘长风 A		3,085,412				76,440
12	0608	阳光股份		645,000				103,900
13	0690	宝 丽 华		4,600,373		3,422,019		7,022,392
14	0693	聚友网络		3,341,874	705,820			
15	0725	京东方 A			651,443			
16	0726	鲁 泰 A			736,831			
17	0733	振华科技			2,898,551			
18	0767	漳泽电力		9,113,430				8,125,805
19	0768	西飞国际			516,943			
20	0786	北新建材		1,013,911				11,700
21	0895	双汇发展		2,432,442				15,000
22	0968	神州股份		819,399			1,258,000	629,000
23	0969	安泰科技		57,400			475,200	295,000
24	0973	佛塑股份					750,000	375,000
25	0977	浪潮信息					514,800	257,400
26	0980	金马股份					453,500	226,750
27	0981	兰光科技					373,200	304,660
28	0983	西山煤电	3,005,200					

29	0988	华工科技		1,146,765			525,816
30	0998	隆平高科				430,000	
31	600008	首创股份				2,380,000	1,127,440
32	600016	民生银行	275,000				
33	600018	上港集箱	6,110,000				
34	600019	宝钢股份	13,448,000				
35	600038	哈飞股份	69,000				
36	600076	青鸟华光		17,961,971			10,135,652
37	600163	福建南纸		4,573,866			281,230
38	600235	民丰特纸		622,841		410,170	827,926
39	600240	仕奇实业				586,178	293,089
40	600260	凯乐科技	137,294	2,605,775			157,144
41	600263	路桥建设	2,000,000				
42	600267	海正药业	146,000	232,079			
43	600269	赣粤高速				960,000	481,000
44	600281	太化股份	31,000	1,000,000			668,750
45	600288	大恒科技	78,000				
46	600299	星新材料		91,000		634,000	317,000
47	600313	中农资源	22,000				
48	600328	兰太实业	71,000				
49	600336	澳 柯 玛	70,000				
50	600337	美克股份	45,000				
51	600338	珠峰摩托	118,000				
52	600339	天利高新	110,000				
53	600345	长江通信	38,000	293,500			
54	600356	恒丰纸业	66,000				
55	600368	五洲交通	124,000				
56	600377	宁沪高速	242,000				
57	600388	龙净环保	29,000				
58	600390	金瑞科技	38,000				
59	600398	凯诺科技	58,000				
60	600400	红豆股份	83,000				
61	600422	昆明制药	76,000	500,049			
62	600601	方正科技		2,268,606			240,800
63	600607	上实联合	990,000	1,273,870			1,273,870
64	600626	申达股份		1,119,037			
65	600637	广电股份		5,522,550			2,723,291
66	600675	中华企业		7,804,236			2,259,607
67	600690	青岛海尔		1,158,299			1,122,599
68	600707	彩虹股份		5,314,335			3,773,350
69	600740	山西焦化		545,821			
70	600775	南京熊猫		1,164,114			788,595
71	600776	东方通信		237,400	2,000,000		80,000
72	600823	万象集团		1,195,339			
73	600866	星湖科技		2,699,421		361,979	8,850

(七)报告期内基金剔除的股票明细

序	证券代码	股票名称	买入股数	卖出股数
1	0005	世纪星源	2,061,716	2,061,716
2	0021	深科技 A	795,000	1,927,556
3	0024	招商局 A	1,235,175	1,235,175
4	0040	深鸿基 A	3,696,338	
5	0061	农 产 品	943,547	943,547
6	0090	深 天 健	226,417	901,034
7	0096	广聚能源	47,000	47,000
8	0099	中信海直	244,000	244,000
9	0150	麦 科 特	83,000	83,000
10	0155	川化股份	377,000	377,000
11	0156	安塑股份	65,000	65,000
12	0159	国际实业	107,000	107,000
13	0400	许继电气	2,792,228	
14	0403	三九生化	762,247	3,963,181
15	0503	海虹控股	718,530	718,530
16	0541	佛山照明	957,508	957,508
17	0542	TCL 通讯	2,594,401	2,594,401
18	0583	托普软件	2,124,129	2,124,129
19	0623	吉林敖东	2,894,123	5,712,633
20	0630	铜都铜业	672,775	
21	0636	风华高科	1,163,399	1,163,399
22	0720	鲁能泰山	747,090	747,090
23	0730	环保股份	3,314,763	8,983,924
24	0733	振华科技	2,560,556	2,560,556
25	0751	锌业股份	1,221,813	
26	0755	山西三维	711,390	711,390
27	0776	延边公路		1,280,821
28	0778	新兴铸管	100,000	1,287,706
29	0783	石 炼 化	70,000	70,000
30	0792	盐湖钾肥	20,000	20,000
31	0793	燃气股份	424,650	424,650
32	0816	江淮动力	313,500	313,500
33	0835	隆源实业	3,500	3,500
34	0869	张 裕 A	524,721	524,721
35	0889	华联商城	4,792,923	8,753,866
36	0900	现代投资	654,240	
37	0902	中国服装	1,011,000	1,011,000
38	0909	数源科技	215,000	1,893,500
39	0919	金陵药业	457,100	
40	0921	科龙电器	1,222,116	
41	0930	丰原生化	48,150	777,950
42	0931	中 关 村	3,146,156	3,910,747
43	0933	神火股份	460,000	
44	0939	凯迪电力	1,400,000	1,400,000
45	0948	南天信息	376,000	1,101,721
46	0949	新乡化纤	519,200	
47	0950	民丰农化	46,000	540,800
48	0951	小鸭电器	514,300	
49	0952	广济药业		1,108,709
50	0953	河池化工		285,700
51	0955	欣龙无纺	823,230	1,224,030
52	0956	中原油气	318,700	2,699,449
53	0959	首钢股份		1,639,280
54	0960	锡业股份	5,900	1,120,187
55	0961	大连金牛	1,667,000	
56	0963	华东医药		449,400
57	0965	天水股份	554,455	554,455
58	0966	长源电力	712,800	712,800
59	0971	湖北迈亚	435,600	435,600
60	0975	乌江电力	620,000	620,000
61	0976	春晖股份	776,160	776,160
62	0982	圣 雪 绒	69,000	69,000
63	0985	大庆华科	61,000	61,000
64	0987	广州友谊	80,000	80,000
65	0989	九 芝 堂	87,000	87,000
66	0990	诚志股份	22,000	22,000
67	0995	皇台酒业	300,800	300,800
68	0996	捷利股份	491,200	491,200
69	0997	新 大 陆	248,000	248,000
70	600000	浦发银行		4,571,000
71	600001	邯郸钢铁	108,003	108,003
72	600007	中国国贸		662,670
73	600009	上海机场	400,000	400,000
74	600052	浙江广厦	400,000	400,000
75	600053	江西纸业	875,640	875,640
76	600058	龙腾科技	425,961	478,561
77	600062	双鹤药业	952,392	952,392
78	600073	上海梅林	3,263,881	3,263,881
79	600081	东风科技	2,916,129	
80	600083	PT 红 光		3,035,601
81	600100	清华同方	531,905	2,114,986
82	600105	永鼎光缆		640,505
83	600111	稀土高科	47,500	47,500
84	600116	三峡水利	5,000	5,000
85	600130	波导股份	209,000	209,000
86	600152	维科精华	693,423	7,421,050
87	600157	鲁润股份	1,494,192	1,822,124
88	600177	雅 戈 尔	25,000	1,448,318
89	600185	海星科技	495,100	
90	600196	复星实业		257,461
91	600197	伊 力 特	22,800	1,022,880
92	600200	江苏吴中	1,265,441	1,265,441
93	600203	福日股份	295,302	
94	600212	江泉实业	20,000	444,600
95	600215	长春经开	514,637	1,654,427
96	600216	浙江医药	631,486	2,084,967
97	600217	秦岭水泥		400,000
98	600219	南山实业	600	429,600
99	600220	江苏阳光		317,000
100	600221	海南航空		2,360,000
101	600223	万杰高科		943,000
102	600227	赤 天 化		629,200
103	600229	青岛碱业	796,000	796,000
104	600230	沧州大化	634,000	634,000
105	600231	凌钢股份	800,000	800,000
106	600236	桂冠电力	1,220,000	1,220,000
107	600238	海南椰岛	285,700	
108	600241	辽宁时代	76,000	76,000
109	600242	华龙集团	101,000	101,000
110	600247	物华股份	69,000	69,000
111	600252	中恒集团	64,000	64,000
112	600255	鑫科材料	37,000	37,000
113	600256	广汇股份	396,040	396,040
114	600258	首旅股份	600,000	600,000
115	600259	兴业聚酯	554,000	554,000
116	600261	浙江阳光	82,000	82,000
117	600262	北方股份	143,000	143,000

118	600265	景谷林业	140,000	140,000
119	600275	武昌鱼	62,000	62,000
120	600276	恒瑞医药	13,000	13,000
121	600277	亿利科技	73,000	73,000
122	600278	东方创业	497,984	497,984
123	600279	重庆港九	169,000	169,000
124	600282	南钢股份	220,000	220,000
125	600283	钱江水利	157,000	157,000
126	600290	苏福马	80,000	80,000
127	600291	西水股份	928,800	928,800
128	600292	九龙电力	132,000	132,000
129	600293	三峡新材	61,000	61,000
130	600298	安琪酵母	38,000	38,000
131	600300	维维股份	76,000	76,000
132	600301	南化股份	117,000	117,000
133	600302	标准股份	167,000	167,000
134	600303	曙光股份	57,000	57,000
135	600307	酒钢宏兴	413,000	413,000
136	600308	华泰股份	169,000	169,000
137	600318	巢东股份	146,000	146,000
138	600320	振华港机	205,212	205,212
139	600366	宁波韵升	52,000	52,000
140	600602	真空电子	995,360	995,360
141	600610	ST中纺机		183,285
142	600616	第一食品	246,500	246,500
143	600624	复华实业	5,136,380	5,136,380
144	600631	第一百货	55,000	6,521,884
145	600636	三爱富	326,276	326,276
146	600642	申能股份	1,136,566	6,292,760
147	600651	飞乐音响	514,940	514,940
148	600652	爱使股份	642,454	642,454
149	600654	飞乐股份	2,565,513	2,565,513
150	600660	福耀玻璃	4,912,724	4,912,724
151	600663	陆家嘴	486,722	919,755
152	600688	上海石化	1,471,607	1,471,607
153	600728	新太科技	394,002	394,002
154	600729	重庆百货	23,600	4,881,704
155	600739	辽宁成大	1,349,348	1,349,348
156	600741	巴士股份	1,510,960	1,510,960
157	600766	烟台发展	50,000	50,000
158	600770	综艺股份	689,240	838,540
159	600780	通宝能源	403,132	
160	600787	中储股份	50,000	1,192,998
161	600800	天津磁卡	17,420	
162	600803	威远生化	57,787	
163	600805	悦达投资	1,420,000	1,420,000
164	600824	益民百货	80,910	80,910
165	600832	东方明珠	50,000	50,000
166	600835	上菱电器	3,489,202	3,927,002
167	600848	自仪股份		797,628
168	600849	上海医药	992,738	992,738
169	600851	海欣股份	25,100	25,100
170	600854	春兰股份		396,863
171	600855	PT北旅	171,717	5,302,383
172	600859	王府井	152,397	1,660,795
173	600862	纵横国际	1,786,338	1,786,338
174	600867	通化东宝	5,718,911	8,681,746
175	600871	仪征化纤	5,126,533	5,126,533

(八)基金投资组合

1、按行业分类的股票投资组合

序号	分类	数量	市值(元)	占净值比例
1	交通运输	10,855,843	200,391,463.34	5.99%
2	能源电力	5,441,224	66,904,449.42	2.00%
3	建材建筑	3,699,636	89,325,005.62	2.67%
4	冶金	14,249,560	110,220,342.80	3.30%
5	机械制造	1,610,869	39,374,438.23	1.18%
6	电子通讯	38,295,903	1,022,554,002.95	30.60%
7	石油化工	1,872,071	29,474,675.27	0.88%
8	生物医药	7,048,014	170,365,672.13	5.10%
9	汽车及配件制造	2,007,335	25,661,656.05	0.77%
10	纺织服装	3,995,957	56,465,530.70	1.69%
11	家电	5,913,931	107,223,263.69	3.21%
12	酿酒食品	2,417,442	40,177,886.04	1.20%
13	商贸旅游	2,061,639	29,435,467.02	0.88%
14	金融地产	19,754,169	345,164,548.46	10.33%
15	农林牧渔	452,000	22,111,600.00	0.66%
16	综合	7,513,004	114,012,603.81	3.41%
合计		127,188,597	2,468,862,605.53	73.87%

2、国债及货币资金合计

截止2000年12月31日,基金持有的国债及货币资金合计为876,267,094.23元,占基金资产净值的26.22%,其中国债市值为690,807,427.80元,占基金资产净值的20.67%。

3、占基金资产净值前十名的股票

序号	名称	数量	市值(元)	占净值比例
1	中远发展	10,132,531	224,232,911.03	6.71%
2	大唐电信	6,442,366	199,197,956.72	5.96%
3	青鸟华光	7,826,319	184,153,286.07	5.51%
4	上港集箱	6,110,000	143,096,200.00	4.28%
5	电广传媒	2,457,220	75,412,081.80	2.26%
6	宝钢股份	13,448,000	72,888,160.00	2.18%
7	凯乐股份	2,585,925	70,569,893.25	2.11%
8	新力药业	1,758,989	67,228,559.58	2.01%
9	东方通信	2,157,400	61,809,510.00	1.85%
10	中华企业	5,544,629	58,218,604.50	1.74%

4、报告附注

(1)、报告项目的计价方法

本基金持有上市证券采用公告内容截止日的市场均价,已发行未上市股票采用成本计算。

(2)、基金持有每只股票的价值(按成本价计算)均不超过基金资产净值的10%。

(3)、基金应收利息、应付管理费、托管费、佣金及其他应收应付款项合计为贷方余额3,147,385.32元,与基金股票市值2,468,862,605.53元和国债及货币资金876,267,094.23元相抵后等于基金资产净值。

六、基金持有人结构及前十名持有人

(一)、截止2000年12月31日,本基金份额结构为:

	期末持有数	比例
发起人持有	30,000,000份	1.50%
其中:国泰君安证券股份有限公司	16,500,000份	0.83%
中国电力信托投资有限公司	4,500,000份	0.23%
上海爱建信托投资公司	4,500,000份	0.23%
浙江省国际信托投资公司	4,500,000份	0.23%
社会公众持有	1,970,000,000份	98.50%
合计	2,000,000,000份	100.00%

(二)、截止2000年12月31日,本基金共有持有人156,361人,前十名持有人名称、持有份额及比例

如下:

序号	持有人姓名	末持有数	持有比例
1	中国人寿	183,322,000	9.17%
2	中国太保	159,061,300	7.95%
3	平安保险	137,283,300	6.86%
4	国通证券	51,997,300	2.60%
5	富而立	25,725,000	1.29%
6	中国再保	22,885,300	1.14%
7	贵财投资	20,552,400	1.03%
8	湖北铁路	17,698,000	0.88%
9	友邦保险	17,370,000	0.87%
10	国泰证券	16,500,000	0.83%

七、重要事项揭示

1、2000年2月22日,本公司刊登了《关于召开金泰基金第一次持有人大会(通讯方式)公告》。

2、2000年3月10日,本公司刊登了《金泰证券投资基金第一次持有人大会(通讯方式)决议公告》。

3、2000年8月30日,本公司刊登了《金泰证券投资基金2000年中期报告》。

4、2000年9月29日,本公司刊登了《国泰基金管理有限公司迁址公告》。

5、2000年12月8日,本公司刊登了《金泰证券投资基金关于更换会计师事务所的公告》,基金的会计师事务所由原来的大华会计师事务所变更为安达信·华强会计师事务所。

6、在报告期内,关联人及席位券商股票、国债的交易量及佣金(单位为万元)情况为:

关联人名称	股票成交量	比例	国债成交量	比例	佣金	比例	平均佣金比率
国泰君安证券股份有限公司	171,143.77	20.04%	12,305.36	22.39%	147.38	19.98%	0.08%
浙江省国际信托投资公司	170,440.46	19.28%			142.55	19.33%	0.08%
上海爱建信托投资公司	163,217.94	18.46%	14,815.66	26.96%	136.87	18.56%	0.08%
申银万国证券股份有限公司	189,333.13	21.42%	17,663.70	32.14%	157.20	21.31%	0.08%
国信证券有限公司	183,825.06	20.80%	10,175.64	18.51%	153.59	20.82%	0.08%
合计	883,960.36	100.00%	54,960.36	100.00%	737.59	100.00%	0.08%

在本报告期内,基金专用交易席位无变更情况,各席位均符合证监会规定的有关交易比例即通过一个证券经营机构买卖证券年交易量不得超过该基金买卖证券年成交量的30%。

7、本报告期内,基金管理人、托管人无重大诉讼、仲裁事项;基金管理人、托管人机构及高级管理人员无任何处罚情况;基金托管人办公地址无变动情况。

八、备查文件目录

1、关于同意设立金泰证券投资基金的批复
2、金泰证券投资基金契约
3、金泰证券投资基金托管协议
4、金泰证券投资基金1998年年度报告原件
5、金泰证券投资基金1999年中期报告原件
6、金泰证券投资基金1999年年度报告原件
7、金泰证券投资基金2000年中期报告原件
8、金泰证券投资基金2000年年度报告原件
9、报告期内披露的各项公告原件
10、国泰基金管理有限公司营业执照和公司章程

投资者对本报告如有疑问,可咨询本基金管理人国泰基金管理有限公司。

咨询电话:(021)62531069
公司网址:http://www.gtfund.com

国泰基金管理有限公司
2001年3月30日

泰和证券投资基金

泰和证券投资基金2000年年度报告

重要提示:本基金的托管人中国建设银行已于2001年3月15日复核了本报告。本基金的管理人、托管人愿就本报告中所载资料的真实性、准确性、完整性负责。本报告书中的内容由基金管理人负责解释。

一、基金简介

(一)基金名称:泰和证券投资基金
(简称:基金泰和) 交易代码:500002
基金发起人:广发证券有限责任公司 北京证券有限责任公司 吉林信托投资公司
中煤信托投资有限责任公司 嘉实基金管理有限公司
基金发行日期:1999年4月2日
基金成立日期:1999年4月8日
基金单位总份额:20亿份基金单位
基金类型:契约型封闭式 基金存续期:15年
基金上市地点:上海证券交易所 基金上市日期:1999年4月20日
(二)基金管理人:嘉实基金管理有限公司
注册及办公地址:北京市西城区金融大街35号国际企业大厦1636室(邮编:100032)
国际互联网网址:http://www.harvestfund.com.cn
法定代表人:余利平 总经理:赵学军
信息披露人:付小兵 联系电话:010-88091666-6662 传真:010-88091678
(三)基金托管人:中国建设银行
注册地址:北京市金融大街25号
办公地址:北京市金融大街25号(邮编:100032)
法定代表人:王雪冰 托管部总经理:江先周
信息管理人:黄秀莲 联系电话:010-67597646 传真:010-66212638
(四)会计师事务所:普华永道中天会计师事务所有限公司
注册及办公地址:中国上海市浦东新区沈家弄325号
邮政编码:200137
法定代表人:周忠惠
联系电话:021-63863388
传 真:021-63863300
联 系 人:汪棣
经办注册会计师:周忠惠 牟磊
(五)律师事务所:北京市天勤律师事务所
办公地址:北京市西城区宣武门西大街甲129号金隅大厦1916室
负 责 人:李 宏
联系电话:(010)66413605
传 真:(010)66411626
联 系 人:徐寿春
经办律师:徐寿春

二、主要财务指标

	2000年	1999年
1、基金可分配净收益:	614,446,355.61元	44,969,465.11元
中期已分配净收益:	260,000,000.00元	
单位基金收益:	0.3072元/基金单位	0.0225元/基金单位(注1)
2、期末基金资产总值:	2,878,814,753.66元	2,187,757,667.55元
3、期末基金资产净值:	2,840,244,981.87元	2,180,374,649.81元
单位基金资产净值:	1.4201元/基金单位	1.0902元/基金单位
4、基金资产净值收益率:	28.72%	2.25%
5、本期基金可分配收益率:	28.76%	2.25%
6、本期基金净值增长率:	45.61%	9.02%
7、基金累计净值增长率:	57.21%	9.02%

注1:1999年本基金设立未满一年,按设立天数加权计算基金单位分配收益为0.03元/基金单位。

注2:1999年指标按2000年计算口径计算。

三、基金管理人报告

(一)本基金业绩表现

截止2000年12月31日,本基金单位资产净值达到1.4201元,年净值增长率为45.61%。扣除当年配售新股对基金净值增长的贡献因素,本基金净值增长率为33.60%。

(二)本基金投资风格

基金泰和坚持长期性、分散化投资的理念,追求收益、风险、流动性三者之间的有机平衡。以资产配置作为投资的基本方法,通过定性化、定量化、模型化等分析手段,在市场上发掘有投资价值的资产类。注重长期持有与时机抉择相结合的投资策略,把握时机,通过资产类之间的及时转换,最大程度地抓住市场中的获利机会。在投资中,始终坚持以研究为支持,严格按照投资目标管理风险和收益、发挥团队优势的投资管理方式,努力为投资者带来满意的回报。

(三)基金经理和基金经理助理简介

冯肖武先生,基金经理,管理学硕士。5年证券从业经验,先后任职于君安证券公司研究所、国泰君安证券公司资产管理部。

王军辉先生,基金经理助理,经济学硕士生。4年证券从业经验,先后任职于北京证券有限责任公司投资部、投资银行部,大成基金管理有限公司研究发展部。

(四)基金经理工作报告

1、2000年回顾

2000年是我国宏观经济摆脱持续低迷重见曙光的一年,在扩大内需、实施积极的财政政策和稳健的货币政策的作用下,加上国际经济环境的好转,我国国民经济全面回升,国内生产总值增长8.2%;经济结构调整取得进展,企业效益明显改善,国有企业改革脱困三年目标基本实现;外贸进出口大幅增长,人民币汇率稳定。国民经济与过去两年相比,已出现重要转机。

被誉为国民经济晴雨表的证券市场更是波澜壮阔,上证指数与深圳综指分别从年初的1366.58点和402.18点一路攀升至年末的2073.47点与635.73点,涨幅高达51.73%与58.07%,呈现出超强的牛市行情。我们认为形成这种走势的原因主要有两个,一是随着我国宏观经济状况的好转,企业的效益出现明显的回升;二是利率保持在较低水平上,使得证券市场的资金供应较为充裕。

2000年的深沪股市是一个热点与板块轮番表现的整体性行情,几乎每一类股票都有上涨的行情出现,对于投资者来说,把握好市场的脉搏,及时调整投资方向成为获利的关键。

在2000年的基金运做中,本经理人坚持我们的投资理念,制定了相应的投资策略。

(1)在投资中坚持分散化投资的科学理念,以有效降低非系统风险,保持流动性。

(2)保持收益、风险、流动性三者之间的有机平衡,以实现投资者长期利益最大化为我们的根本目标。

(3)在宏观经济分析师和数量分析师的指导下,本经理人首先制定整体的资产配置框架,在框架内选择具体投资对象,对于个股的选择,我们主要参考本公司的行业和上市公司分析师提供的研究报告,研究报告针对企业的基本面分析给出投资建议,也就是说我们在投资股票时,最为注重企业的内在投资价值。

(4)在投资过程中,坚持长期持有与时机抉择相结合的策略,在投资时,着眼于投资对象的长期投资价值,通过长期持有实现基金的长期增值,同时,充分发挥泰和基金的的流动性优势,通过数量分析等手段,选择时机,实现资产类之间的快速转换,最大程度地把握市场中的获利机会。

(5)坚持投资操作完全在合法合规的条件下进行,以基金契约作为投资行为的基本准则。

本基金在2000年第四季度更换了基金经理,新的经理人将新的投资方法论—"资产配置战略"运用于基金操作中,并在实践中取得良好效果。在实现基金管理平稳过度的基础上,继续保持基金净值稳定增长。截止到2000年12月31日,基金单位资产净值达到1.4201元,净值增长率为45.61%,扣除当年配售新股对基金净值增长的贡献因素,本基金净值增长率为33.60%。

总的来看,我们的投资策略是有效的,基本实现了原定的投资目标。同时,本经理人也认识到,在2000年基金运作中也有一些不足之处,具体表现为坚持长期持有和时机抉择相结合的战略运用上有不足,主要是在时机抉择方面做的不够,没有更大限度利用流动性优势进行资产配置的调整,失去了一些获利机会。

(五)有关收益分配问题的说明

泰和基金于2000年开创了证券投资基金中期分红的先例,为进一步保障泰和基金持有人利益,本基金管理人通过法定程序对泰和基金契约中的收益分配条款进行修改;将基金契约第十七条第(三)项第2小项中的"每年分配一次"改为"每年至少分配一次"。本基金管理人作为召集人,于2000年11月21日召开泰和基金第一届持有人大会,就上述议案进行表决,但遗憾的是,议案未获通过。我们始终认为,每年至少分配一次基金收益是符合基金持有人利益的。为此,在我们的不懈努力下,于2001年1月8日召开了泰和基金第二届持有人大会对该议案再次表决,并终获通过。本基金管理人修改基金契约中的收益分配条款,体现了我们维护基金持有人利益的宗旨。

四、基金托管人报告

2000年,中国建设银行在泰和基金的托管过程中,严格遵守了《证券投资基金管理暂行办法》及各项实施准则、基金契约、托管协议和其它有关法规的规定,安全保管了基金的全部资产,勤勉尽职地履行了基金托管人的全部义务,不存在损害基金持有人利益的行为。

2000年,嘉实基金管理有限公司在投资运作中,坚持自己的投资理念及国际化、规范化、法制化的运作标准,取得了较好绩效,在投资人及市场中逐步树立了良好形象。由嘉实基金管理有限公司编制并经中国建设银行复核审查的有关泰和基金的信息披露真实、完整、合法,在基金资产净值、每份基金单位净值和其它财务费用计算上,严格执行了《证券投资基金管理暂行办法》及各项实施细则、基金契约及其它有关法规规定,未发现损害基金持有人利益的行为。

中国建设银行基金托管部

2001年3月15日

五、基金年度财务报告

(一)审计报告

普华永道审字(2001)第338号

泰和证券投资基金全体持有人:

我们接受委托,审计了泰和证券投资基金(以下简称:"泰和基金")2000年12月31日的资产负债表及2000年度的收益及收益分配表。这些会计报表由泰和基金管理人嘉实基金管理有限公司负责,我们的责任是对这些会计报表发表审计意见。我们的审计是根据《中国注册会计师独立审计准则》的规定进行的。在审计过程中,我们结合泰和基金的实际情况,实施了包括抽查会计记录等我们认为必要的审计程序。

我们认为,泰和基金会计报表符合中华人民共和国《企业会计准则》、《证券投资基金管理暂行办法实施准则第五号证券投资基金信息披露指引》和中国证券监督管理委员会允许的如会计报表附注所列示的基金行业的实务操作的约定,在所有重大方面公允地反映了泰和基金2000年12月31日的财务状况及2000年度经营成果,会计处理方法的选用遵循了一贯性原则。

普华永道中天会计师事务所 中国注册会计师 周忠惠 牟磊

2001年2月10日

(二)基金会计报告书

收益及收益分配表

项目	2000年12月31日		1999年4月8日(基金成立日)至12月31日
收入			
证券买卖差价收入			
股票	633,917,086.78		31,356,811.13
债券	-5,169,892.04		-1,078,323.86
投资收益			
股息收益	9,639,070.74		5,172,746.46
债券利息收益	22,576,627.60		26,043,593.80
返售债券利息收益			8,130,549.75
其他收入	4,176,895.07	(附注5(5))	7,473,237.70
额定发行费用余额			12,681,800.00
收入合计	665,139,788.15		89,780,414.98
费用			
基金管理费	41,203,628.61		40,600,873.46
基金托管费	6,867,271.36		4,060,087.31
其他费用	1,607,943.63	(附注5(6))	149,989.10
回购利息支出	1,984,054.05		
费用合计	51,662,897.65		44,810,949.87
本期净收益	613,476,890.50		44,969,465.11
期初未分配净收益	44,969,465.11		
本期已分配收益(注)	304,000,000.00		
期末未分配净收益	354,446,355.61		44,969,465.11

注:本基金收益于2000年分配两次,第一次于2000年3月27日支付1999年现金收益44,000,000.00元;第二次于2000年9月5日支付2000年中期现金收益260,000,000.00元。

安信证券投资基金

安信证券投资基金 2000 年年度报告

重要提示 本基金的托管人中国工商银行已于 2001 年 3 月 26 日复核了本报告。

本基金的管理人、托管人愿就本报告中所载资料的真实性、准确性、完整性负责。本报告书中的内容由基金管理人负责解释。

一.基金简介

〔一〕基金名称:安信证券投资基金
〔简称:基金安信〕 交易代码:500003
基金发起人:上海国际信托投资公司 山东证券有限责任公司
华安基金管理有限公司
基金发行日期:1998 年 6 月 16 日 基金成立日期:1998 年 6 月 22 日
基金单位总份额:20 亿份基金单位
基金类型:契约型封闭式
基金存续期:15 年
基金上市地点:上海证券交易所
基金上市日期:1998 年 6 月 26 日
〔二〕基金管理人:华安基金管理有限公司
注册及办公地址:上海市浦东南路 360 号
新上海国际大厦 38 楼
〔邮编:200120〕
国际互联网网址: http://www.huaan.com.cn
法定代表人: 杜建国
总经理: 韩方河
信息披露负责人: 孙昌海
电 话: 021-58881111
传 真: 021-58406138
〔三〕基金托管人: 中国工商银行
注册地址: 北京市西城区复兴门内大街 55 号
办公地址: 北京市西城区复兴门内大街 55 号
〔邮编:100032〕
法定代表人: 姜建清
托管部负责人: 赵 跃
信息披露负责人: 刘长江
电 话: 010-66106878
传 真: 010-66106904
〔四〕会计师事务所:大华会计师事务所有限公司
注册及办公地址: 上海市昆山路 146 号
法定代表人: 汤云为
经办注册会计师: 吕秋萍、吴蓉

二. 主要财务指标

项目	2000 年度	1999 年度
基金本期净收益	1,156,451,241.41 元	642,376,261.69 元
基金可分配净收益	1,158,874,623.76 元	642,423,382.35 元
单位基金可分配净收益	0.5794 元	0.3212 元
期末基金资产总值	4,559,416,572.04 元	3,206,840,495.63 元
期末基金资产净值	3,931,847,083.78 元	3,127,246,935.40 元
单位基金资产净值	1.9659 元	1.5636 元
基金资产净值收益率	46.50%	30.15%
本期基金可分配收益率	46.59%	30.15%
本期基金净值增长率	58.08%	46.79%
基金累计净值增长率	132.79%	60.56%

扣除当年配售新股对基金净值增长的贡献因素,2000 年本基金净值增长率为 47.69%。

上述部分指标计算公式:

基金资产净值收益率=本期净收益/调整后期初基金资产净值

本期基金可分配收益率=〔期末未分配净收益-未实现资本利得损失〕/调整后期初基金资产净值

本期基金净值增长率=〔期末单位基金资产净值-调整后期初单位基金资产净值〕/调整后期初单位基金资产净值

三.基金管理人报告

本基金业绩表现

截止到 2000 年 12 月 31 日,本基金单位资产净值为 1.9659 元,净值年增长率达 58.08%,高于同期上证综指 51.73%及深综指 58.07%的涨幅,扣除当年配售新股对基金资产净值的贡献因素,本基金的净值年增长率为 47.69%。同期证券市场平均收益率为 44.25%,基金表现好于同期大盘表现。

本基金投资风格

坚持"精选个股、重点投资、长期持有、积极操作"的原则,在注意控制市场风险和个股风险的前提下,适当加大对高新技术类成长股的投资,争取为基金持有人谋取超过平均水平的投资收益。

基金经理简介

王国卫先生,基金经理,总经理助理,基金投资部总监,硕士学历。 7 年证券从业经验,曾在上海国际信托投资公司证券投资信托部、投资银行部工作;

林彤彤先生,基金经理,工商管理硕士〔MBA〕,9 年银行、证券从业经历,曾就职于中国银行漳州分行信贷管理处,担任基金经理前为华安基金管理有限公司研究发展部研究员。

〔一〕基金经理工作报告

2000 年宏观经济及证券市场回顾

与其他国家证券市场形成鲜明对比的是,2000 年我国证券市场走出了近几年少见的大牛市,两市指数迭创历史新高。我们仍然维持在 2000 年基金中报中分析的形成牛市的原因,就是持续转好的宏观经济、充足的资金供给和鼓励性的政策。2000 年中国证券市场的变化是明显的。这种变化表现在:政策多、创新多、融资多。在新股发行、促进机构投资者发展及历史遗留问题的解决方面先后出台了一系列政策;以市场化为特征的创新融资手段大大多于往年,全年筹集的资金总额,比 1999 年有显著增加。

由于市场特征的变化,我们在操作策略上也采取了一定的应对措施。

1、由高度集中调整为适度集中,以应对市场的轮动。在组合构造上,将投资重点扩大到前 20 名股票。在重点投资主业突出且具有高成长性的科技股的同时,也兼顾其它行业的投资,并相应的对个股进行了调整,减持成长性明显下降或价格被明显高估的品种,同时补充具有较好成长性及扩张潜力的个股。

2、重视新股的认购。2000 年有关新股发行政策出现了变化,在风险加大的同时也蕴藏着较大的投资机会,在新股发行没有完全市场化之前,投资新股的风险仍然小于二级市场投资,这也是中国证券市场的一大特征。

3、利用银行间债券市场及交易所债券市场进行资金的融通,提高基金总体收益水平。

4、尝试投资可转债。由于可转债的市场规模较小,基金总体投入不大,但有利于积累相关经验。虽然 2000 年我们在网络股投资上获得了较大的收益,但仍然反映出理念不够成熟。另外对部分基础性行业转好的信息反应不敏感,组合调整的灵活性欠缺。2001 年宏观经济形势及证券市场展望

四.托管人报告

本托管人--中国工商银行,依据《安信证券投资基金基金契约》与《安信证券投资基金托管协议》,托管安信证券投资基金。

2000 年度,在对安信证券投资基金的托管过程中,本托管人严格遵守了《证券投资基金管理暂行办法》及其实施准则、基金契约、托管协议和其他有关法规的规定,对安信证券投资基金的投资运作进行了全面的会计核算和应有的监督,没有发生任何损害基金持有人利益的行为,诚实信用、勤勉尽责地履行了作为托管人所应尽的义务。

本托管人依照《证券投资基金管理暂行办法》及其实施准则、基金契约、托管协议和其他有关法规的规定,对安信证券投资基金的投资组合进行了监督,认为华安基金管理有限公司在安信证券投资基金的投资运作、基金资产净值及单位基金资产净值的计算上,遵守《证券投资基金暂行办法》及其实施准则、基金契约、托管协议和其他有关法规的规定,没有发现任何损害基金持有人利益的行为。

本托管人依法对安信证券投资基金管理人--华安基金管理有限公司在 2000 年度所编制和披露的安信证券投资基金资产净值公告、基金投资组合公告、基金年度报告等公告信息进行了核查,认为安信证券投资基金管理人--华安基金管理有限公司在 2000 年度内所编制和披露的基金信息是合法、真实和完整的。

中国工商银行证券投资基金托管部 2001 年 3 月 23 日

五.基金年度财务报告

〔一〕审计报告 审计报告 --华业字〔2001〕第 625 号

安信基金证券投资基金全体基金持有人:

我们接受委托,审计了贵基金 2000 年 12 月 31 日的资产负债表及 2000 年度收益及收益分配表。这些会计报表由贵基金的管理人负责,我们的责任是对这些会计报表发表审计意见。我们的审计意见是依据中国注册会计师独立审计准则进行的。在审计过程中,我们结合贵基金的实际情况,实施了包括抽查会计记录等我们认为必要的审计程序。

我们认为,上述会计报表符合证券投资基金及其财务会计的相关法规、制度和<<安信证券投资基金契约>>的有关规定,在所有重大方面公允地反映了贵基金 2000 年 12 月 31 日的财务状况以及 2000 年的经营成果;会计处理方法的选用遵循了一贯性原则。

大华会计师事务所有限公司 中国注册会计师:吕秋萍 吴蓉
中国上海昆山路 146 号 2001 年 2 月 23 日

〔二〕基金会计报告书

收益及收益分配报告书

收益及收益分配主要项目本期数、上期数如下:

项 目	本期数	上期数
在除息日确认的股息收入:	6,515,906.32	8,374,748.97
债券利息收入:	12,076,964.58	20,268,812.20
股票买卖价差收入:	1,204,044,276.52	686,263,692.58
债券买卖价差收入:	885,961.13	-8,662,145.62
其他收入:	14,487,974.02	13,040,037.56
管理费及业绩报酬:	60,621,590.82	69,459,039.00
其中:基金管理费:	56,339,919.58	69,459,039.00
业绩报酬:	4,281,671.24	-
基金托管费:	9,389,986.70	6,945,903.97
应由基金承担的其他费用:	11,548,263.64	503,941.03
基金净收益:	1,156,451,241.41	642,376,261.69
上年末未分配净收益:	642,423,382.35	84,047,120.66
本期已分配收益:	640,000,000.00	84,000,000.00
期末未分配净收益:	1,158,874,623.76	642,423,382.35

六.基金持有人结构及前十名持有人

截止 2000 年 12 月 31 日,本基金发起人持有的基金份额为 0.54 亿基金单位,占基金发行总份额的 2.7%,其中:

发 起 人	持有份额(单位)	占总份额比例
上海国际信托投资公司	36,000,000	1.80%
其中:未上市流通份额	18,000,000	0.90%
华安基金管理有限公司	12,000,000	0.60%
其中:未上市流通份额	6,000,000	0.30%
山东证券有限责任公司	6,000,000	0.30%
其中:未上市流通份额	6,000,000	0.30%

社会公众持有的基金份额为 19.46 亿基金单位,占基金发行总份额的 97.3%。

本基金前十名持有人的名称、持有份额、占总份额比例如下:

序号	名 称	持有份额(单位)	占总份额比例
1	中国人寿	191,673,200	9.58%
2	中国太保	124,002,200	6.20%
3	中煤信托	40,617,500	2.03%
4	投资信托	36,000,000	1.80%
5	平安保险	32,668,200	1.63%
6	浙江信托	24,745,600	1.24%
7	中国太保	22,325,300	1.12%
8	华泰保险	20,975,400	1.05%
9	中电天证	17,100,000	0.86%
10	丽晶新	15,520,400	0.78%

汉盛证券投资基金

汉盛证券投资基金2000年年度报告

重要提示：本基金的托管人中国农业银行已于2001年3月26日复核了本报告。本基金管理人、托管人愿就报告中所载资料的真实性、准确性和完整性负责。本报告书中的内容由本基金管理人负责解释。

一、基金简介

（一）基金简称：基金汉盛　交易代码：500005　基金单位总份额：20亿份
基金类型：契约型封闭式　基金存续期：15年
上市日期：1999年5月18日　上市地点：上海证券交易所
（二）基金管理人：富国基金管理有限公司
注册地址：上海市浦东新区世纪大道88号金茂大厦32层　邮政编码：200121
法定代表人：虞志皓　总经理：李建国
信息披露负责人：林志松、于翠霞
电话：021-50478888-303　传真：021-50470328
（三）基金托管人：中国农业银行　注册地址：北京市复兴路甲23号
办公地址：北京市西三环北路100号金玉大厦7—8层。　邮政编码：100036
法定代表人：尚福林　托管部负责人：郭辉
信息管理负责人：李芳菲　电话：010-68424199　传真：010-68424199
（四）会计师事务所：普华永道中天会计师事务所
注册地址：上海浦东新区沈家弄325号
法定代表人：汤云为　经办注册会计师：周忠惠、王笑

二、主要财务指标

	2000	1999
1、期末基金资产净值	3,175,991,083.50	2,440,818,009.15
期末基金单位净值：	1.5880	1.2204
期末基金资产总值：	3,762,535,491.04	2,448,911,198.71
2、本期净值增长率：	48.36%	22.04%
累计净值增长率：	73.80%	22.04%
3、本期已实现收益：	701,521,636.97	316,882,509.95
基金净值收益率：	22.09%	15.84%
4、基金可分配收益：	718,404,146.92	316,882,509.95
单位基金可分配收益：	0.3592	0.1584
基金可分配收益率：	22.62%	15.84%

三、基金管理人报告

（一）基金运作合规性声明

富国基金管理有限公司作为汉盛证券投资基金的管理人，本报告期，基金管理人严格按照《证券法》、《证券投资基金管理暂行办法》、《汉盛证券投资基金契约》以及其它有关法律法规的规定，本着诚实信用、勤勉尽责的原则，以减少和分散风险，确保基金资产的安全并谋求基金长期稳定收益为目标，管理和运用基金资产，在严格控制风险的基础上，为基金持有人谋求最大收益，无损害基金持有人利益的行为。基金投资组合符合有关法规及基金契约的约定。

为防范不当关联交易和内幕交易，本基金管理人制定并根据实际情况不断调整和完善风险控制制度和证券交易操作规则。公司设督察员，领导监察稽核部，监督投资决策委员会决议的执行情况，通过证券交易实时监控系统对基金资产交易进行实时监控，对基金资产运作的合规性和投资组合各项比例控制进行监察。　为切实遵循管理人的管理原则，保障投资人的合法权益，管理人全体员工均与公司签定了员工守则承诺书和保密承诺书，保证不从事任何法律法规及公司禁止的活动。禁止从事任何与本职工作利益相冲突的活动，禁止利用尚未公开的重大消息、内幕消息进行投资活动，禁止利用掌握的未公开信息为自己或代为他人进行投票投资或咨询，不得泄露基金投资计划、投资意向等未依法公开的信息。

（二）汉盛基金管理小组

本基金由基金管理部下设的汉盛证券投资管理组负责基金的日常投资运作，主要成员有：

基金经理：金涛，30岁，经济学硕士，六年金融、证券从业经历，曾就职于交通银行上海分行调研部、海通证券有限公司资产运用部、基金部，富国基金管理有限公司基金管理部基金经理助理。

基金经理助理：洪伟杰，31岁，工商管理硕士，五年金融证券从业经历，曾就职于海南港澳国际信托投资有限公司投资银行部任项目经理、总经理助理、富国基金管理有限公司研究策划部研究员。

基金经理助理：饶日希浩，29岁，管理学博士，曾就职于北京博瑞琪电子技术有限公司、富国基金管理有限公司基金管理部分析员。

（三）基金经理工作报告

本基金业绩表现

汉盛基金通过一个完整年度的运作，基金净值从99年末的1.0704元逐步上升到12月31日的1.5880，基金净值增长率为48.36%。扣除政策性配售新股因素后的本期净值增长率为35.25%。上证指数上涨51.75%，深圳指数上涨41.05%，证券市场平均收益率为44.1%，汉盛基金年收益率高于市场平均收益率4.26%，但低于20亿规模基金中净值平均年增长率52.45%。全年实现收益7.0152亿元，折合每份基金为0.35076元。

本基金投资风格

汉盛基金是富国基金管理公司管理的第一只基金，遵照基金契约的要求，公司把汉盛基金定位为成长型基金，主要投资于发展前景良好的行业，如通讯、电子、新材料、网络、生物制药、以及环保、传媒业等新兴行业。基金小组在投资过程中，主要研究和发掘这些行业中的具有成长潜力的上市公司，进行组合投资。在保持密切跟踪的条件下，对这些公司的投资一般是长期投资，同时依据“顺势而为”的原则进行一些短线差价操作，从而逐步形成“精选品种、组合投资、长线持有、波段操作”的投资风格。

工作报告

2000年的行情特点可以归纳为：持续升浪，板块轮动。

自1999年12月27日上证综指1341点、深综指394点开始，沪深股市跳空上行，开始了今年轰轰烈烈的大牛市，7月11日成功突破历史高位1756点，并于8月22日创出新高2114.52点之后，在经过一轮急速调整至1874点止跌之后，重拾升浪，11月23日再次刷新历史高位，上证综指摸至2125.72点，深综指656.2点。全年的持续升浪使我国A股市场成为今年全球证券市场的最大明星。

综观全年走势，板块轮动特征十分明显。年初借助上海梅林、综艺股份等网络科技股为龙头的新经济概念股逼空上扬，成交量迅速暴增，拉开了全年行情的序幕；第二季度随着年报的公布，摘帽概念大行其道，深华发、厦海发等成为市场明星；随后以首钢股份、扬子石化、齐鲁石化等为代表的国企大盘股又登上牛市舞台，演绎风光无限的牛市神话；进入第四季度又成了重组股、ST股的天下。这其中还不时穿插了西部概念、基金概念、纳米题材、次新高科技等各种热点。

回顾全年行情，新千年伊始的我国证券市场出现了一些不同以往的新特征和新变化。

1、我国经济高速增长并出现重要转机，使得证券市场持续走牛有了最重要的基础。今年我国的GDP实现了8%以上的增长，从而摆脱了长达7年的下降趋势，推动经济增长的三驾马车：投资、消费、外贸都保持了良好的增长势头。

四、基金托管人报告

一.本基金托管人——中国农业银行，根据《汉盛证券投资基金基金契约》和《汉盛证券投资基金托管协议》，在对汉盛证券投资基金的托管过程中，严格遵守《证券投资基金管理暂行办法》及各项法规规定，对汉盛证券投资基金管理人——富国基金管理有限公司在2000年会计年度基金的投资运作，进行了认真、独立的会计核算和必要的投资监督。认真履行了托管人的义务。

本托管人认为，富国基金管理有限公司在汉盛基金的投资运作、信息披露等方面符合《证券投资基金管理暂行办法》及其相关法规的规定。基金管理人在2000年度所编制和披露的汉盛证券投资基金资产净值公告、基金投资组合公告、2000年基金中期报告及2000年基金年度报告等各项基金信息真实、完整。未发现管理人有违反《证券投资基金管理暂行办法》第三十三条、第三十四条规定的行为。

二.由于业务发展，本基金托管部于2000年12月8日由原办公地点——北京复兴路甲23号华懋大厦12层迁至北京市西三环北路100号金玉大厦7——8层。已于2000年12月6日在《中国证券报》、《金融时报》等报纸公告。

特此报告。　中国农业银行　2001年3月26日

五、基金年度财务报告

（一）审计报告　　审计报告　普华永道审字(2001)第328号

汉盛证券投资基金全体持有人：

我们接受委托，审计了汉盛证券投资基金(以下简称“汉盛基金”) 2000年12月31日的资产负债表及2000年度的收益及收益分配表。这些会计报表由汉盛基金管理人富国基金管理有限公司负责，我们的责任是对这些会计报表发表审计意见。我们的审计是根据《中国注册会计师独立审计准则》的规定进行的。在审计过程中，我们结合汉盛基金的实际情况，实施了包括抽查会计记录等我们认为必要的审计程序。

我们认为，上述汉盛基金会计报表符合中华人民共和国《企业会计准则》、《证券投资基金管理暂行办法》实施准则第五号证券投资基金信息披露指引、汉盛基金契约和中国证券监督管理委员会允许的如会计报表附注所列示的基金行业的实务操作规定，在所有重大方面公允地反映了汉盛基金2000年12月31日的财务状况及2000年度的经营成果，会计处理方法的选用遵循了一贯性原则。普华永道中天　　注册会计师　周忠惠　王笑

2001年1月18日

（二）会计报告书

1、2000年度收益及收益分配表　　单位：人民币元

项　目	2000	1999
收入		
证券买卖差价		
股票(附注3(e))	730,475,948.07	329,276,032.92
债券(附注3(e))	-841,108.41	-4,523,222.61
投资收益		
股息收益(附注3(e))	4,130,239.27	4,956,229.68
债券利息收益(附注3(e))	18,088,196.94	10,330,429.66
买入返售证券收入(附注3(e))	522,390.12	3,048,314.98
其他收入(附注6)	6,298,164.37	6,224,630.64
额定发行费用余额(附注3(j))	-	12,361,800.00
收入及额定发行费用余额合计	758,673,830.36	361,674,215.27
费用		
基金管理费(附注3(f))	43,863,839.86	40,628,702.93
基金托管费(附注3(h))	7,310,639.95	4,065,180.39
卖出回购证券支出(附注3(i))	4,559,196.08	-
其他费用	1,418,517.50	97,822.00
费用合计	57,152,193.39	44,791,705.32
本期净收益	701,521,636.97	316,882,509.95
期初未分配净收益	316,882,509.95	-
本期已分配收益(附注3(l),7)	300,000,000	-
期末未分配净收益	718,404,146.92	316,882,509.95

六、基金持有人结构及基金前十名持有人

1、基金持有人结构

	基金份额	占总份额比例
基金发起人	4500万份	2.25%
其中：海通证券有限公司	1000万份	0.50%
申银万国证券股份有限公司	1000万份	0.50%
富国基金管理有限公司	1000万份	0.50%
华泰证券有限责任公司	500万份	0.25%
福建国际信托投资公司	500万份	0.25%
山东省国际信托投资公司	500万份	0.25%
社会公众	195500万份	97.75%

2、基金前十名持有人

持有人	基金份额(万份)	占总份额的比例%
中国太保	18,258.69	9.13
中国人寿	16,933.15	8.47
再保险	12,403.27	6.20
上海久事	4,525.35	2.26
天津信托	2,580.00	1.29
纺织发展	2,000.00	1.00
中国再保	1,928.13	0.96
大亚公司	1,642.00	0.82
长城证券	1,615.00	0.81
东风公司	1,449.50	0.72

裕阳证券投资基金

裕阳证券投资基金2000年年度报告

重要提示:本基金的托管人中国农业银行已于2001年3月27日复核了本报告。

本基金管理人、托管人愿就本报告书中所载资料的真实性、准确性和完整性负责,本报告书中的内容由本基金管理人负责解释。

一、基金简介

(一)基金基本资料 基金简称:基金裕阳
基金交易代码:500006
基金单位总份额:20亿份
基金类型:契约型、封闭式 基金存续期:15年
上市地点:上海证券交易所
上市时间: 1998年7月30日
(二)基金管理人
法定名称:博时基金管理有限公司
注册地址:广东省深圳市罗湖区红岭中路102号国信大厦29楼
办公地址:北京市建国门内大街18号恒基中心1座23层
邮政编码: 100005
法定代表人:周道志 总经理:肖风 信息事务管理人:李全
联系地址:北京市建国门内大街18号恒基中心1座23层
电话:010-65171166,65187078 传真:010-65187020
(三)基金托管人 法定名称:中国农业银行
注册地址:北京市复兴路甲23号
邮政编码: 100037
法定代表人:尚福林 基金托管部负责人:郭辉
信息事务联系人:李芳菲
联系地址:北京市海淀区西三环北路100号金玉大厦8层
联系电话:010-68424199 传真:010-68424181
(四)会计师事务所和经办注册会计师
法定名称:普华永道中天会计师事务所有限公司
注册及办公地址:上海淮海中路333号
法定代表人:Mr. Kent Watson
电话:021-63863388 传真:63863300
联系人:周忠惠 经办注册会计师:周忠惠 王笑
(五)律师事务所和经办律师 法定名称:国浩律师集团事务所
注册及办公地址:北京市复兴门内大街158号远洋大厦F7
法定代表人:张涌涛
电话:010-66411188
传真:010-66413800
联系人:黄伟民
经办律师:黄伟民

二、主要财务指标

单位:人民币元

	主要财务指标	2000年	1999年	1998年
1	期末基金可分配净收益	1,067,529,981	792,589,034	45,332,163
2	本期单位基金实现净收益	0.5275	0.3946	0.0227
3	期末基金资产总值	3,942,935,773	3,039,786,246	2,169,685,756
4	期末基金资产净值	3,558,184,734	2,990,323,124	2,150,340,840
5	期末单位基金资产净值	1.7791	1.4952	1.0752
6	基金资产净值收益率	47.73%	37.43%	2.27%
7	本期基金可分配收益率	48.30%	37.59%	2.27%
8	本期基金净值增长率	60.98%	41.83%	7.52%
9	基金累计净值增长率	119.01%	51.62%	7.52%

三、基金管理人报告

本基金业绩表现:

截止到2000年12月31日,本基金单位净值为1.7791元,本期净值增长率为60.98%,扣除当年配售新股对基金净值增长的贡献因素,基金净值增长率为50.08%。2000年每基金单位分红0.485元。

基金经理简介

谢超先生,35岁,7年证券从业经历。1988年毕业于清华大学经济管理学院,就职于北京大学经济管理系,1991年赴美国北伊利诺斯州立大学留学,获硕士学位。1993年起在美国工作,拥有美国证券经纪人资格。1998年7月加入博时基金管理有限公司,任研究部副经理,1999年2月起任基金管理部经理。1999年8月起兼任基金裕阳基金经理。

周枫先生,基金经理助理,31岁,硕士学历,4年证券从业经历。曾在国信证券公司从事证券研究、投资管理等工作。1999年加入博时基金管理有限公司,曾在研究部从事研究工作,2000年7月任基金裕阳经理助理。

(一)基金经理工作报告

作为裕阳基金的基金经理,感谢裕阳基金的持有人过去一年对我们的信任、关心和支持。现将我们一年来的学习体会、裕阳基金2000年的管理情况及2001年的投资策略汇报如下。

二、2000年的基金业绩分析

1. 从行业收益率对二级市场股票投资收益率的贡献来看,电子通讯和冶金行业投资贡献最大,共计33.64%,占二级市场股票投资收益率的66%以上。裕阳在电子通讯和冶金上的集中投资和相对高于其行业指数的收益率是裕阳上述两个行业投资贡献度高的原因。

2. 通过组合收益率与行业指数收益率以及相应裕阳行业配置的比较,裕阳在电子通讯、冶金、商贸旅游、家电和酿酒食品行业的投资收益率超过同期大盘收益率。但在其他行业投资收益率则弱于大盘。

3. 裕阳投资集中在电子通讯、信息和互联网、化工和冶金上,但在建筑建材、商贸旅游、机械制造、能源电力、医药等本年度涨幅居前的行业投资比重过小。

4. 裕阳在冶金、电子通讯、商贸旅游、家电、酿酒食品和国债几个行业中个股选择策略优于指数,而其余行业个股选择策略劣于指数。

5. 2000年市场增长率为44.25%,裕阳净值增长率为60.98%,相对超出16.73%,根据我们的业绩归属分析,在2000年的投资过程中,我们对个股的选择和对时机的把握为基金业绩的超额回报带来了正效应,但我们在行业配置上的不当则对基金业绩的增长产生了负效应,这是我们在2000年中的主要问题,也是我们在2001年的投资管理中需要重点加以改善的方面。

四、基金托管人报告

一.本基金托管人——中国农业银行,根据《裕阳证券投资基金基金契约》和《裕阳证券投资基金托管协议》,在对裕阳证券投资基金的托管过程中,严格遵守《证券投资基金管理暂行办法》及各项法规规定,对裕阳证券投资基金管理人——博时基金管理有限公司在2000年会计年度基金的投资运作,进行了认真、独立的会计核算和必要的投资监督。认真履行了托管人的义务。

本托管人认为,博时基金管理有限公司在裕阳基金的投资运作、信息披露等方面符合《证券投资基金管理暂行办法》及其相关法规的规定。基金管理人在2000年度所编制和披露的裕阳证券投资基金资产净值公告、基金投资组合公告、2000年基金中期报告及2000年基金年度报告等各项基金信息真实、完整。未发现管理人有违反《证券投资基金暂行办法》第三十三、三十四条规定的行为。

二.由于业务发展,本基金托管部于2000年12月8日由原办公地点——北京复兴路甲23号华懋大厦12层迁至北京市西三环北路100号金玉大厦7——8层。已于2000年12月6日在《中国证券报》、《金融时报》等报纸公告。

特此报告。

中国农业银行
二零零一年三月二十七日

五、基金年度财务报告

(一) 审计报告 普华永道审字(2001)第322号

裕阳证券投资基金全体持有人:

我们接受委托,审计了裕阳证券投资基金(以下简称"裕阳基金") 2000年12月31日的资产负债表及2000年度的收益及收益分配表。这些会计报表由裕阳基金管理人博时基金管理有限公司负责,我们的责任是对这些会计报表发表审计意见。我们的审计是根据《中国注册会计师独立审计准则》的规定进行的。在审计过程中,我们结合裕阳基金的实际情况,实施了包括抽查会计记录等我们认为必要的审计程序。

我们认为,下述裕阳基金会计报表符合中华人民共和国《企业会计准则》、《证券投资基金管理暂行办法》实施准则第五号证券投资基金信息披露指引、裕阳基金契约和中国证券监督管理委员会允许的如会计报表附注所列示的基金行业的实务操作规定,在所有重大方面公允地反映了裕阳基金2000年12月31日的财务状况及2000年度的经营成果,会计处理方法的选用遵循了一贯性原则。

普华永道中天 注册会计师 周忠惠
会计师事务所有限公司 注册会计师 王笑
中国 上海 2001年1月19日

六、基金持有人结构及前十名持有人

(一) 基金持有人结构:

	持有份额(份)	占总份额的比例(%)
基金发起人		
其中:中国长城信托投资公司	6,000,000	0.30
光大证券有限责任公司	6,000,000	0.30
金华市信托投资股份有限公司	8,020,000	0.40
国通证券有限责任公司	6,000,000	0.30
博时基金管理有限公司	12,000,000	0.60
社会公众	1,961,980,000	98.10

(二) 裕阳基金前十名持有人(截止2000年12月31日):

	持有人名称	持有份额(份)	占总份额的比例(%)
1	中国太保	188,870,900	9.44
2	中国人寿	187,671,400	9.38
3	平安保险	49,455,600	2.47
4	中煤信托	25,373,400	1.27
5	华泰保险	25,041,700	1.25
6	浙江信托	22,492,600	1.12
7	丽晶新	19,274,600	0.96
8	国信实业	17,091,100	0.85
9	中技招标	16,067,700	0.80
10	安泰科技	15,790,000	0.79

七、重要事项揭示

(一) 本基金管理人、托管人目前无重大诉讼事项;

(二) 根据业务发展需要,公司股东会审议通过,并经中国证监会证监基金字[2000]37号文批准,本公司注册地已从北京迁往深圳,具体公告见2000年7月26日《中国证券报》、《证券时报》、《上海证券报》。

(三) 经基金管理人与托管人协商并经持有人大会决定通过了下调基金管理费计提标准、调整基金投资范围等修改《裕阳证券投资基金基金契约》的三项议案。相关公告见2000年2月22日、2月23日、3月15日的《中国证券报》、《上海证券报》、《证券时报》。

(四) 本公司于2001年3月23日晚收到中国证监会证监稽查字[2001]5号文通知。因涉嫌违规经营,部分人员被暂停相关基金从业资格,公司将接受证监会的继续调查。具体公告见2001年3月26日《中国证券报》、《上海证券报》、《证券时报》。

八、备查文件目录

1、中国证监会批准裕阳证券投资基金设立的文件
2、《裕阳证券投资基金基金契约》
3、《裕阳证券投资基金基金托管协议》
4、基金管理人业务资格批件、营业执照和公司章程
5、审计报告、财务报表及附注
6、裕阳证券投资基金2000年收益分配决议
7、报告期内裕阳基金在指定报刊上各项公告的原稿

查阅地点:北京市建国门内大街18号恒基中心1座23层

投资者对本报告书如有疑问,可咨询本基金管理人博时基金管理有限公司

咨询电话:(010)65171166 65187078

本基金管理人:博时基金管理有限公司
二零零壹年三月三十日

景阳证券投资基金

景阳证券投资基金2000年年度报告

重要提示:本基金托管人中国农业银行已于2001年3月26日复核了本公告。本基金的管理人、托管人愿就报告中所载资料的真实性、准确性和完整性负责。本报告中的内容由本基金管理人负责解释。

一、基金简介

(一)基金名称:景阳证券投资基金
基金简称:基金景阳
基金交易代码:500007
基金发起人:大成基金管理有限公司
湖南省国际信托投资公司
基金发行日期(规范后扩募):1999年11月4日
基金成立日期(规范后扩募):1999年11月12日
基金单位总份额:10亿份基金单位
基金类型:契约型封闭式
基金存续期:15年
基金上市地点:上海证券交易所
基金上市日期(规范后扩募):1999年11月15日
(二)基金管理人:大成基金管理有限公司
注册地址:深圳市福田区新闻路报社大院报业大厦12层C区
办公地址:北京市西城区复兴门内大街158号远洋大厦七层
邮政编码:100031
公司网址:http://www.dcfund.com.cn
法定代表人:姜继增
总经理:龙小波
信息披露负责人:杜鹏、胡勇钦
电话:010—66413888
传真:010—66416268
(三)基金托管人:中国农业银行
注册地址:北京市海淀区复兴路甲23号
办公地址:北京市海淀区西三环北路100号金玉大厦8层
邮政编码:100037
法定代表人:尚福林
托管部负责人:郭辉
信息披露负责人:李芳菲
电话:010—68435588
传真:010—68424181
(四)会计师事务所:普华永道中天会计师事务所有限公司
注册及办公地址:上海市淮海中路333号瑞安广场12层
法定代表人:周忠惠
注册会计师:周忠惠、王笑
电话:021—63863388
传真:021—63863300
(五)律师事务所:北京众天律师事务所
注册及办公地址:北京西城区阜外大街7号国投大厦711—715室
法定代表人:苌宏亮
经办律师: 苌宏亮
电话:010—68095613
传真:010—68095616
(六)信息披露报纸及网址:
选定的信息披露报纸名称:《中国证券报》、《上海证券报》、《证券时报》
登载年度报告的中国证监会指定国际互联网网址:http://www.sse.com.cn
年度报告备置地点:大成基金管理有限公司

二、主要财务指标

单位:元

指标名称	2000年	1999年
基金可分配净收益	292,708,622	30,432,356
单位基金净收益	0.2927	0.0304
期末基金资产总值	1,491,459,810	1,055,099,630
期末基金资产净值	1,438,728,518	1,030,432,356
单位基金资产净值	1.4387	1.0304
基金净资产收益率(%)	28.39	3.49
本期基金可分配收益率(%)	29.20	2.94
本期基金净值增长率(%)	43.53	—0.44
基金累计净值增长率(%)	41.71	—0.44

三、基金管理人报告

(一)业绩表现

截至2000年12月31日,本基金单位资产净值为1.4387元,本期基金净值增长率43.53%;同期上证A股指数上升51.73%,深圳综指上升58.07%。

(二)投资理念及投资风格

根据景阳基金契约,本基金定位于中小企业成长基金。按照研究驱动原则,通过对宏观经济、行业和上市公司全面深入的研究分析,重点投资于所属行业具有良好发展前景和在行业内具有强大市场竞争优势的高成长类上市公司,同时也投资于处于上升期的周期性行业中的公司和其他价值成长复合型公司。本基金采取稳中求进的操作思路,注重上市公司的中长线投资价值,以组合投资为主。

(三)基金经理简介

徐轶,基金经理,硕士学位,8年证券从业经验,曾任国信证券投投资总监。现任大成基金管理公司基金经理部经理。

陈列敏,基金经理助理,硕士学位,4年证券从业经验,曾任职于国泰证券有限公司研究发展部和国泰基金管理有限公司研究开发部。现任大成基金管理有限公司研究发展部副经理。

何光明,基金经理助理,硕士学位,7年证券从业经验,曾任职于湖南省国际信托投资公司基金管理部、证券管理总部研究发展部和大成基金管理有限公司研究发展部。

四、基金托管人报告

本基金托管人——中国农业银行,根据《景阳证券投资基金基金契约》和《景阳证券投资基金托管协议》,在对景阳证券投资基金的托管过程中,严格遵守《证券投资基金管理暂行办法》及各项法规规定,对景阳证券投资基金管理人——大成基金管理有限公司在2000年会计年度基金的投资运作,进行了认真、独立的会计核算和必要的投资监督,认真履行了托管人的义务。

本托管人认为,大成基金管理有限公司在景阳基金的投资运作、信息披露等方面符合《证券投资基金管理暂行办法》及其相关法规的规定,基金管理人在2000年度所编制和披露的景阳证券投资基金资产净值公告、基金投资组合公告、2000年基金中期报告及2000年基金年度报告等各项基金信息真实、完整,未发现管理人有违反《证券投资基金暂行办法》第三十三、三十四条规定的行为。

由于业务发展,本基金托管部于2000年12月8日由原办公地点——北京复兴路甲23号华懋大厦12层迁至北京市西三环北路100号金玉大厦7-8层。已于2000年12月6日在《中国证券报》、《金融时报》等报纸公告。

特此报告。

中国农业银行
二零零一年三月二十六日

五、基金年度财务报告

(一)审计报告

审计报告 普华永道审字(2001)第70号

景阳证券投资基金全体持有人:

我们接受委托,审计了景阳证券投资基金(以下简称"景阳基金")2000年12月31日的资产负债表及2000年度的收益及收益分配表。这些会计报表由景阳基金管理人大成基金管理有限公司负责,我们的责任是对这些会计报表发表审计意见。我们的审计是根据《中国注册会计师独立审计准则》的规定进行的。在审计过程中,我们结合景阳基金的实际情况,实施了包括抽查会计记录等我们认为必要的审计程序。

我们认为,上述景阳基金会计报表符合中华人民共和国《企业会计准则》、《证券投资基金管理暂行办法》实施准则第五号证券投资基金信息披露指引、景阳基金契约和中国证券监督管理委员会允许的如会计报表附注所列示的基金行业的实务操作规定,在所有重大方面公允地反映了景阳基金2000年12月31日的财务状况及2000年度的经营成果,会计处理方法的选用遵循了一贯性原则。

普华永道中天会计师事务所有限公司 注册会计师 周忠惠
中国 上海 注册会计师 王 笑 2001年1月19日

(二)基金会计报告书

2000年度收益及收益分配表 单位:人民币元

项 目	2000	1999
收入		
证券买卖差价		
股票 (附注3(e))	298,142,502	10,802,857
债券 (附注3(e))	2,801,659	—
投资收益		
股息收益(附注3(e))	1,055,071	—
债券利息收益(附注3(e))	3,549,000	—
买入返售证券收入(附注3(e))	127,590	749,789
其他收入 (附注6)	4,564,560	2,338,495
额定发行费用余额 (附注3(j))	—	4,232,603
收入及额定发行费用余额合计	310,240,382	18,123,744
费用		
基金管理费(附注3(f))	(19,670,638)	(2,907,304)
基金托管费 (附注3(h))	(3,291,099)	(451,726)
卖出回购证券支出(附注3(i))	(1,936,011)	—
其他费用	(723,213)	(1,100,725)
费用合计	(25,620,961)	(4,459,755)
本期净收益	284,619,421	13,663,989
基金资产移交基准日前未		
分配收益(附注7)	—	22,425,212
期初未分配净收益	36,089,201	—
本期已分配收益(附注3(l),7)	(28,000,000)	—
期末未分配净收益	292,708,622	36,089,201

后附会计报表附注为本报表的组成部分。

六、基金持有人结构及前十名持有人

1、持有人结构

	份额	占总份额比例%
基金发起人	30000000	3.0%
其中:湖南国投	5000000	0.5%
大成基金管理有限公司	25000000	2.5%
社会公众	970000000	97%
合计	1000000000	100%

2、前十名持有人

持有人名称	持有份额	占总份额比例%
中国太保	74765258	7.48%
中国人寿	67383326	6.74%
平安保险	50141651	5.01%
久事公司	29302299	2.93%
天津信托	25497200	2.55%
大成公司	25000000	2.50%
太康人寿	22800000	2.28%
大千技术	9500000	0.95%
湖南国际	5000000	0.50%
新华人保	3839654	0.38%

兴 华 证 券 投 资 基 金

兴华证券投资基金2000年年度报告

重要提示:本基金的管理人、托管人愿就本报告书所载内容的真实性、准确性、完整性负责,本报告书有关内容由管理人负责解释。本基金托管人中国建设银行已于2001年3月27日复核了本报告。

一、基金简介

(一)基金基本情况

基金名称:兴华证券投资基金　　基金简称:基金兴华

交易代码:500008

基金发起人:华夏证券有限公司

北京证券有限责任公司

中国科技国际信托投资有限责任公司

基金发行日:1998年4月23日

基金成立日:1998年4月28日

基金单位总份额:20亿份基金单位

基金类型:契约型封闭式

基金存续期:15年

上市交易所:上海证券交易所

基金上市日:1998年5月8日

(二)基金管理人的有关情况

法定名称:华夏基金管理有限公司

CHINA ASSET MANAGEMENT CO.,LTD.

注册地址:北京市东城区东直门南大街6号东方花园饭店写字楼6层

办公地址:北京市西城区金融大街33号通泰大厦A座15层

邮政编码:100032

国际互联网址:http:// www.ChinaAMC.com

公司负责人:范勇宏

总经理:范勇宏

信息披露负责人:方瑞枝

联系电话:010—66069966转6698

传真:　010—66102200

(三)基金托管人的有关情况

法定名称:中国建设银行

注册地址:北京市金融大街25号

办公地址:北京市金融大街25号

邮政编码:100032

法定代表人:王雪冰

托管部总经理:江先周

信息披露人员:黄秀莲

联系地址:北京市金融大街25号

联系电话:010—67597646

传真:010—66212638

(四)基金聘请的会计师事务所的有关情况

法定名称:普华永道中天会计师事务所有限公司

注册地址:上海浦东新区沈家弄325号

办公地址:上海淮海中路333号瑞安广场12楼

法定代表人:Kent Watson

经办注册会计师:周忠惠　王笑

(五)基金聘请的律师事务所的有关情况

法定名称:金诚律师事务所

注册地址:北京建国门大街8号中粮广场A座6层

办公地址:北京建国门大街8号中粮广场A座6层

法定代表人:刘治海

经办律师:庞正中　贺宝银

二、主要财务指标

主要财务指标	2000年	1999年	1998年
基金可分配净收益:	854,790,016.60元	813,516,742.63元	48,112,400.81元
单位基金可分配收益:	0.4274元	0.4068元	0.0241元
期末基金资产总值:	3,406,962,445.57元	2,894,925,960.60元	2,264,410,285.76元
期末基金资产净值:	3,051,541,962.50元	2,855,647,557.23元	2,188,418,841.26元
单位基金资产净值:	1.5258元	1.4278元	1.0942元
基金资产净值收益率:	41.75%	37.74%	2.41%
本期基金可分配收益率:	41.83%	37.94%	2.41%
本期基金净值增长率:	49.32%	33.17%	9.42%
基金累计净值增长率:	95.38%	44.98%	9.42%

三、基金管理人报告

本基金业绩表现

截止到2000年年底,本基金单位资产净值为1.5258元,全年净值增长率为49.32%,扣除20%的国债投资后,股票投资部分增值超过60%,高于同期沪深股市综合指数的平均涨幅。扣除当年新股配售对基金净值的贡献,本基金净值增长率为37.39%。每基金单位实现可分配收益0.4274元,可以连续第二年实施大比例现金分红。

基金经理简介

王亚伟先生,基金经理,29岁,经济学硕士。历任中信国际合作公司业务经理,华夏证券有限公司北京东四营业部研究部经理。1998年进入华夏基金管理有限公司,从事基金投资工作,证券从业经历6年。

(一)基金经理工作报告

行情回顾及分析

2000年沪深股市在非常宽松的政策面、资金面和宏观环境的配合下,走出了贯穿全年的牛市行情,年末上证和深证综合指数分别收于2073.47点和635.73点,比1999年末上涨51.73%和58.07%。政策方面,年初推出的向二级市场投资者配售新股和允许券商开展股票质押贷款业务两项重大利好措施,对增强投资者持股信心、激发市场人气起到了极大的促进作用。管理层大力推进证券市场的市场化建设,改革新股发行制度,采用超常规、创造性的思路加快发展机构投资者,在解决困扰市场多年的历史遗留问题方面取得突破性进展,转配股平稳有序地逐步流通,积极探讨国有股部分变现和A、B股并轨的方案,在谋求市场共识的过程中将压力和风险悄然化解。资金方面,连续多次降息和开征利息税的后续效应充分显现,大量资金流入证券市场,同时机构投资者的整体资金实力随着三类企业入市、券商增资扩股、券商进入同业拆借市场、保险资金提高入市比例、券商股票质押贷款、老基金清理扩募等工作的展开而迅速壮大,从而大大增强了市场的稳定性和行情的持续性。宏观环境方面,国家实行积极的财政政策和稳健的货币政策,2000年国民经济继续保持良性运行态势,债转股的实施大大改善了国有企业经济效益,钢铁、石油、石化等重点行业复苏明显,全球经济在信息技术的带动下增长强劲,这些都为股指的持续上扬提供了强有力的背景支持。

基金运作情况回顾

本年度兴华基金在1999年对网络股进行试探性投资取得成功经验的基础上,结合国际股市的网络股投资潮流,加大了对电子商务、网络设备、有线电视网络类上市公司的投资力度,取得了较好的收益。二季度开始网络股和科技股出现调整,以钢铁、石油、电力为代表的国企股在业绩大幅增长的预期下取代网络股成为推动股指稳步攀升的中坚力量。在这一阶段,兴华基金未能很好地把握市场热点转换所带来的投资机会,部分原因是对网络股和科技股调整的幅度和时间跨度认识不足,还因为实施大额现金分红对组合的灵活调整造成了一定困难。2000年下半年,股市呈现高位箱体振荡格局,兴华基金得以充分地调整持仓结构,提高了组合抗风险的能力。

四、托管人报告

2000年,中国建设银行在兴华基金的托管过程中,严格遵守了《证券投资基金管理暂行办法》及各项实施准则、基金契约、托管协议和其它有关法规的规定,安全保管了基金的全部资产,勤勉尽职地履行了基金托管人的全部义务,不存在损害基金持有人利益的行为。

2000年,由华夏基金管理有限公司编制并经中国建设银行复核审查的有关兴华基金的信息披露真实、完整、合法,在基金资产净值、每份基金单位净值和其它财务费用计算上,严格执行了《证券投资基金管理暂行办法》及各项实施细则、基金契约及其它有关法规规定,未发现损害基金持有人利益的行为。

中国建设银行基金托管部

2001年3月22日

五、基金财务报告

(一)审计报告

审计报告

普华永道审字(2001)第340号

兴华证券投资基金全体持有人:

我们接受委托,审计了兴华证券投资基金(以下简称"兴华基金")2000年12月31日的资产负债表及2000年度的收益及收益分配表。这些会计报表由兴华基金管理人华夏基金管理有限公司负责,我们的责任是对这些会计报表发表审计意见。我们的审计是根据《中国注册会计师独立审计准则》的规定进行的。在审计过程中,我们结合兴华基金的实际情况,实施了包括抽查会计记录等我们认为必要的审计程序。

我们认为,上述载于第2页至第10页的兴华基金会计报表符合中华人民共和国《企业会计准则》、《证券投资基金管理暂行办法》实施准则第五号证券投资基金信息披露指引、兴华基金契约和中国证券监督管理委员会允许的如会计报表附注所列示的基金行业的实务操作规定,在所有重大方面公允地反映了兴华基金2000年12月31日的财务状况及2000年度的经营成果,会计处理方法的选用遵循了一贯性原则。

普华永道中天会计师事务所有限公司　　注册会计师　周忠惠

注册会计师　王笑

2001年1月19日

(二)基金会计报告书　　收益及分配报告书

项　目	本期数	上期数
1、股息收入:	5,192,343.58	4,701,508.77
2、债券利息收入:	5,478,130.10	13,525,593.90
3、股票价差收入:	897,302,990.58	834,149,326.63
债券价差收入:	1,174,079.54	5,806,855.44
可转换债价差收入:	−978,401.37	
买入返售证券收入:	103,072.00	12,425,221.00
4、其他收入:	12,455,323.32	10,232,062.45
5、基金管理费:	45,100,482.57	64,419,432.09
6、基金托管费:	7,516,747.06	6,441,943.22
7、卖出回购证券支出:	11,690,231.72	
8、应由基金承担的其他费用:	3,146,802.43	574,851.06
9、基金净收益:	853,273,273.97	809,404,341.82
10、上年末未分配收益:	813,516,742.63	48,112,400.81
11、本期已分配收益:	812,000,000.00	44,000,000.00
12、期末未分配净收益:	854,790,016.60	813,516,742.63

六、基金持有人结构及前十名持有人

截止到2000年12月31日兴华基金持有人情况如下:

1.持有人结构

	份额	占基金总额比例
发起人:华夏证券有限公司	30,000,000	1.50%
北京证券有限责任公司	7,500,000	0.375%
中国科技信托投资公司	7,500,000	0.375%
合计	45,000,000	2.25%
社会公众持有	1955000000	97.75%

2. 前十名持有人

持有人名称	持有份额	占总份额比例
1、中国太保	193,270,800	9.66%
2、中国人寿	117,866,700	5.89%
3、平安保险	49,755,600	2.49%
4、中国电财	39,951,600	2.00%
5、中电天证	27,209,300	1.36%
6、银基发展	15,500,000	0.775%
7、中技招标	13,500,000	0.675%
8、贵财投资	13,050,000	0.65%
9、浙江信托	11,755,200	0.59%
10、大众保险	10,910,000	0.55%

安顺证券投资基金

安顺证券投资基金2000年年度报告

重要提示:本基金的托管人交通银行已于2001年3月27日复核了本报告。

本基金的管理人、托管人愿就本报告中所载资料的真实性、准确性、完整性负责。本报告书中的内容由基金管理人负责解释。

一.基金简介

(一)基金名称:安顺证券投资基金(简称:基金安顺)交易代码:500009
基金发起人:上海国际信托投资公司　山东证券有限责任公司　浙江证券有限责任公司
华安基金管理有限公司
基金发行日期:1999年6月9日　基金成立日期:1999年6月15日
基金单位总份额:30亿份基金单位　基金类型:契约型封闭式　基金存续期:15年
基金上市地点:上海证券交易所　基金上市日期:1999年6月22日
(二)基金管理人:华安基金管理有限公司
注册及办公地址:上海市浦东南路360号新上海国际大厦38楼
(邮政编码:200120)
法定代表人:　杜建国
总经理:　韩方河
信息披露负责人:　孙昌海
电话:　021-58881111
传真:　021-58406138
(三)基金托管人:　交通银行
注册及办公地址:　上海市仙霞路18号
(邮政编码:200336)
法定代表人:　方诚国
托管部负责人:　谢红兵
信息披露负责人:　江永珍
电话:　021-62082517
传真:　021-62759266
(四)会计师事务所:大华会计师事务所有限公司
注册及办公地址:　上海市昆山路146号
法定代表人:　汤云为
经办注册会计师:　吕秋萍、吴蓉

二.主要财务指标

	2000年	1999年6月至12月
基金可分配净收益:	993,252,169.80元	110,858,804.36元
单位基金可分配净收益:	0.3311元	0.0370元
期末基金资产总值:	5,277,351,745.97元	3,134,941,598.18元
期末基金资产净值:	4,778,461,832.53元	3,112,258,685.56元
单位基金资产净值:	1.5928元	1.0374元
基金资产净值收益率:	32.83%	3.70%
本期基金可分配收益率:	33.03%	3.70%
本期基金净值增长率:	58.90%	3.74%
基金累计净值增长率:	62.78%	3.74%

基金配售新股政策停止前所获配售新股对单位基金的贡献为0.1266元,扣除此因素后的本期基金净值增长率为46.27%。

三.基金管理人报告

本基金业绩表现

截止2000年12月31日,基金单位资产净值达到1.5928元,年净值增长率为58.90%,超过同期银行存款利率和同期沪深指数涨幅。扣除当年配售新股对基金净值增长的贡献因素,本基金净值增长率为46.27%,同期证券市场平均收益率为44.25%,基金表现好于同期大盘表现。

本基金投资风格

坚持"精选个股、重点投资、长期持有、稳健操作"的原则,合理分配成长类股票和收益类股票的投资比例,通过基金仓位和品种结构的动态调整,严格控制市场风险和个股风险,力争为基金持有人谋求长期、稳定的投资收益。

基金经理简介

尚志民先生,基金经理,硕士。6年证券从业经验,曾在上海证券报研究所、上海证大投资管理有限公司工作,担任基金经理前为华安基金管理有限公司研究发展部高级研究员。

李匆先生,基金经理,管理学博士。7年证券从业经验,曾在海南华银国际信托投资公司上海证券业务部工作。进入华安基金管理有限公司后先后担任研究发展部高级研究员、安信基金基金经理助理等职。

(一)基金经理工作报告

2000年中国证券市场继续演绎牛市行情,两市综合指数较去年末平均涨幅54.91%,列全球前茅,为世界注目。宏观经济的转好,市场政策的变化和资金供给的空前充裕,成为推动股市上扬的主要因素。与往年相比,新千年的股票市场出现了一些新的变化,概括起来主要有以下几点:

一、证券监管思路发生变化。年初证券管理层结合国内股市十年发展现状,提出促进市场化程度、超常规发展机构投资者、加快证券市场的国际化进程等新的监管思路,并陆续出台一系列具体措施,对增强市场信心、拓宽资金渠道起到积极作用,为全年股市的走强奠定了基础。

二、一级市场空前繁荣。作为市场化的主要切入点,新股发行办法发生重大变化,从上网发行到二级市场市值配售,从战略投资到一般到法人配售,从定价发行到机构市场化定价等等,促使新股认购市场的空前活跃。一级市场的火爆场面以及新股上市以后的良好表现,成为2000年中国证券市场的一道奇观。

三、市场结构出现调整。虽然以机构为主的长线资金比重增加,但在两市股指新高叠创的同时,投资者高位避险的心态较为普遍,短线操作氛围浓厚。市场缺乏持续热点,成交量不温不火,以前普涨或轮涨的局面不复存在,个股和板块的差异性显著提高,"赚指数、赔个股"的现象普遍存在。

四、与国际市场的联系日趋紧密。新千年全球网络股和科技股出现持续调整,受油价和生资价格上涨影响,传统行业出现复苏或转机,反映到资本市场上,轻概念、重业绩的价值型投资理念又受青睐。国内市场也几乎同步出现变化,国内市场在对外开放之前在理念上已与国际市场部分"接轨"。

面对市场形势的变化,结合基金的具体情况,本年度我们对安顺基金主要进行了以下三方面的调整:

一、组合结构的调整。顺应市场趋势,降低了网络股和科技股的持仓比重,逐步增持了传统行业中以石油化工、交通运输、纺织服装等为代表的绩优类个股的比重。

二、新股投资策略的调整。结合新的发行办法,调整了新股投资策略,改进了新股研究、投资的内部流程,在合理控制新股投资风险的前提下,加大了新股投资力度。

三、债券投资策略的调整。基于利率走势、国债市场状况和国债回购政策的变化,调整债券投资策略,增加了银行间债券市场的国债投资比重,并通过回购提高资金使用效率。同时,尝试性地对可转换债券进行了少量投资。

通过上述调整,安顺基金2000年取得了较好的收益,全年净值增长率58.90%,超过同期大盘的平均涨幅。但是,2000年的投资中也存在许多遗憾之处,比如对科技股波段操作不太理想;投资策略比较单一,市场应变能力一般;投资新品种的开发工作也有待加强等,我们会在以后的运作中加以改进。

2000年证券市场在快速发展的同时也暴露出许多问题,虽然股市中的问题不可能完全通过股市来解决,但市场制度和秩序方面的缺陷需要花力气来解决,否则将妨碍股市的长远发展。我们认为2001年中国股市主线将是整顿规范和解决历史遗留问题,市场的整体涨幅超过2000年的概率不大,"注重安全、崇尚业绩"将成为投资中需把握的两大重点。市场信息披露制度的日趋规范、上市公司的摘牌试点、新股的市场化发行、开放式基金的成立、世界贸易组织的加入、证券市场的对外开放试点以及国有股的减持、创业板的推出等,会给新一年的证券市场增添诸多变数,其中的机会和风险将相生相伴。日趋规范的市场环境,对新基金的运作将更加有利。

四、托管人报告

2000年度,安顺证券投资基金(以下简称"安顺基金")的托管人——交通银行,严格遵守《证券投资基金管理暂行办法》及其实施准则的规定,依据《安顺证券投资基金契约》和《安顺证券投资基金托管协议》中的条款,认真履行基金托管人的各项职责,安全保管安顺基金的所有资产,做好安顺基金的投资监管和清算核算工作,切实维护广大基金持有人的合法权益,未发生任何损害基金持有人利益的事件和行为。

2000年度,基金管理人严格遵守了《证券投资基金管理暂行办法》及其实施准则、基金契约和其它有关法规的规定,基金托管人未发现基金管理人在投资运作中有损害基金持有人利益的行为。基金托管人确认,由基金管理人在2000年度编制和披露的安顺基金每日资产净值、每周资产净值公告、每季度投资组合公告、中期财务报告等有关基金信息是合法、真实和完整的。

五.基金年度财务报告

(一)审计报告　　审计报告　　华业字(2001)第626号

安顺证券投资基金全体基金持有人:

我们接受委托,审计了贵基金2000年12月31日的资产负债表及2000年度收益及收益分配表。这些会计报表由贵基金的管理人负责,我们的责任是对这些会计报表发表审计意见。我们的审计是依据中国注册会计师独立审计准则进行的。在审计过程中,我们结合贵基金的实际情况,实施了包括抽查会计记录等我们认为必要的审计程序。

我们认为,上述会计报表符合证券投资基金及其财务会计的相关法规、制度和《安顺证券投资基金契约》的有关规定,在所有重大方面公允地反映了贵基金2000年12月31日的财务状况以及2000年度经营成果;会计处理方法的选用遵循了一贯性原则。

大华会计师事务所有限公司　　中国注册会计师:吕秋萍
中国注册会计师:吴　蓉
中国·上海·昆山路146号　　2001年2月24日

(二)基金会计报告书

收益及分配报告书

收益及分配主要项目本期数、上期数如下:

项　目	本期数	上期数
在除息日确认的股息收入:	7,923,267.17	5,172,028.22
债券利息收入:	14,024,264.64	1,562,075.60
股票买卖价差收入:	1,032,031,458.99	109,518,211.89
债券买卖价差收入:	3,319,311.80	1,089,656.25
其他收入:	17,790,379.22	24,005,462.72
管理费及业绩报酬:	65,948,302.08	26,097,400.21
其中:基金管理费:	62,760,607.87	26,097,400.21
业绩报酬:	3,187,694.21	–
基金托管费:	10,757,075.51	4,349,566.71
应由基金承担的其他费用:	10,989,938.79	41,663.40
基金净收益:	987,393,365.44	110,858,804.36
上年末未分配净收益:	110,858,804.36	–
本期已分配收益:	105,000,000.00	–
期末未分配净收益:	993,252,169.80	110,858,804.36

六.基金持有人结构及前十名持有人

截止2000年12月31日,本基金发起人持有的基金份额为0.3亿基金单位,占基金发行总份额的1%,其中:

发 起 人	持有份额(单位)	占总份额比例
上海国际信托投资公司	7,500,000	0.25%
山东证券有限责任公司	7,500,000	0.25%
浙江证券有限责任公司	7,500,000	0.25%
华安基金管理有限公司	7,500,000	0.25%

社会公众持有的基金份额为29.7亿基金单位,占基金发行总份额的99%。

本基金前十名持有人的名称、持有份额、占总份额比例如下:

序号	名　称	持有份额(单位)	占总份额比例
1	中国人寿	289,016,000	9.63%
2	中国太保	177,458,800	5.92%
3	广发质押	76,473,700	2.55%
4	再保险	73,172,400	2.44%
5	华泰保险	60,200,000	2.01%
6	平安保险	59,095,500	1.97%
7	广发质押	47,750,100	1.59%
8	平安保险	35,769,300	1.19%
9	平安保险	31,430,200	1.05%
10	平安保险	24,566,100	0.82%

金元证券投资基金

金元证券投资基金2000年年度报告

一、基金简介

(一) 基金基本资料
基金简称:基金金元　　基金交易代码:500010
基金类型:契约型、封闭式　　基金单位总份额:5亿份
目前可流通份额:4.95亿份
基金存续期:15年(1992年5月28日至2007年5月27日)
上市地点:上海证券交易所　　上市日期:2000年7月11日
(二)基金管理人　　法定名称:南方基金管理有限公司
注册及办公地址:深圳市深南大道4009号投资大厦7楼　　邮政编码:518026
国际互联网网址:http://www.southernfund.com
法定代表人:骆新都　　总经理:高良玉
信息披露负责人:邱孝斌
联系电话:0755-2712000转,传真:0755-2712578
(三)基金托管人　　法定名称:中国工商银行
注册及办公地址:北京市复兴门内大街55号　　邮政编码:100032
法定代表人:姜建清　　托管部负责人:赵跃
信息披露负责人:刘长江
联系电话:010-66106912　　传真:010-66106913
(四)聘请的会计师事务所法定名称:天健(信德)会计师事务所
注册地址:深圳市蛇口兴华路海滨花园海滨中心商场A座3楼
办公地址:深圳市滨河大道5020号证券大厦十六层
法定代表人:朱祺珩　　经办注册会计师:邓建新 魏小珍
联系电话:0755-2709191　　传真:0755-2890751

二、基金主要财务指标

单位:人民币元

	2000.3.28-9.7(扩募前)		2000.9.8-12.31(扩募后)	
调整后期初基金资产净值	RMB	197,560,000.00	RMB	499,733,599.55
期末基金资产总值	RMB	207,864,258.01	RMB	543,673,464.07
期末基金资产净值	RMB	201,244,799.55	RMB	541,251,977.72
本期净收益	RMB	11,707,092.78	RBM	9,201,210.22
本期可分配净收益	RMB	(266,400.45)	RMB	16,957,103.00
单位基金资产净值	RMB	0.999	RMB	1.083
单位基金净收益	RMB	(0.001)	RMB	0.034
基金资产净值收益率		5.93%		1.84%
本期基金可分配收益率		(0.13%)		3.39%
本期基金净值增长率		1.87%		8.31%
基金累计净值增长率		(0.13%)		8.25%

* 本期基金金元不存在基金配售新股政策停止前所获配售的新股.

上述财务指标的相关计算公式列示如下:

调整后期初基金资产净值=期初基金资产净值-本期已分配收益

本期基金可分配净收益=本期基金净收益+以前年度未分配收益-本期已分配收益-期末未实现估值减值

单位基金资产净值=期末基金资产净值÷期末基金单位总额

单位基金净收益=本期可分配净收益÷期末基金单位总额

基金资产净值收益率=本期基金净收益÷期初基金资产净值

本期基金可分配收益率=本期基金可分配基金净收益÷期初基金资产净值

基金净值增长率=(期末基金资产净值-调整后期初基金资产净值)÷调整后期初基金资产净值

基金累计净值增长率=(累计基金资产净值-基金单位总额)÷基金单位总额

根据上述财务指标计算的本会计年度综合财务指标列入下:

	2000
本期基金综合可分配收益率	3.26%
本期基金综合资产净值增长率	10.34%

基金综合可分配净收益率=(1+扩募前可分配净收益率)×(1+扩募后可分配净收益率)-1

基金综合资产净值增长率=(1+扩募前资产净值增长率)×(1+扩募后资产净值增长率)-1

三、基金管理人报告

基金经理小组简介

陈继武先生,基金经理,34岁,硕士学历,金融经济师,5年证券从业经历,曾在中国农业银行浙江省信托投资公司从事证券投资工作,97年后在浙江省国际信托投资公司投资银行总部工作,并任部门副经理,曾任开元基金经理助理。

杨江先生,基金经理助理,27岁,本科学历,6年证券从业经历。历任云南证券公司深圳业务部、长城证券公司深圳第二业务部副总经理;

此外,金元基金管理小组还配备了若干名证券投资分析人员,协助上述人员从事开元基金的投资管理工作。

基金经理工作报告

2000年是中国证券市场波澜壮阔的一年。世界经济持续增长,亚洲经济逐步走出金融危机的阴影,我国经济形势出现实质性好转,外贸增长强劲,物价止跌回升,宏观经济出现稳定增长的良好势头,为证券市场的稳定发展奠定了坚实的基础。由于政策逐步放宽,各类新增资金源源不断流入一、二级市场,宽松的资金面使2000年的市场表现出资金推动型特征。受即将加入WTO的影响,2000年外部市场对中国证券市场的影响明显增强,虽然这种影响仍属传染性而非传导性。三月份以前的网络与科技股行情,以及此后对于绩优股的崇尚,市场理念的转变均表现出与外部市场的同步特征。

金元基金是由老基金规范合并成立的,在成立及扩募时,大盘均处于高位,且热点转换频繁。我们在投资对象的选择上,除市场公认的科技股中有实质性业绩和成长性支持的个股外,还选择了传统行业中能充分利用最新工艺和技术进行改造并形成新的发展空间的公司。在新股和次新股的投资方面,我们选取那些科技含量高,有实质业绩支持,发展前景广阔,在行业中处于前列的公司进行相对重点的投资,取得了较好的效果。我们在投资策略上侧重两个方面:

第一,重点投资与组合投资相结合。将经过深入调研证明有较好发展前景的公司作为组合投资的对象。对组合投资的个股进行连续跟踪研究,当发现价格低于价值较多或企业出现重大转机时,便将其由组合投资提升为重点投资。

第二,中国证券市场是个正处于快速发展中的市场,政策法规在逐步完善,市场的规模和结构在不断扩大和调整,我们在具体的投资决策中注重根据市场的变化调整投资理念及投资结构。

展望2001年,国家"十五计划"开始实施,西部大开发已实质性启动,经济结构调整也已展开,国家经济将进入新的一轮发展期。可以预见,证券市场在国民经济中的地位和作用将会逐步加强。中国即将加入WTO,对众多的行业和企业来说,面临不同的机遇和挑战。从市场方面来看,2001年不会出现前两年那么大行情。一系列政策调整和制度创新,如股票发行实行核准制,新股发行定价市场化及上市公司退市机制的实施等将给市场带来根本变化。我们在2001年将更加坚持以研究为基础,扎扎实实做好企业研究、行业研究和市场研究,靠投资对象的良好发展前景和实实在在的业绩增长来降低市场波动的风险,争取为基金持有人谋取长期稳定的收益。

内部监察报告基金运作合规性声明

本报告期内,本基金管理人严格遵守《证券投资基金管理暂行办法》,《证券投资基金基金契约》以及其他有关法律、法规的规定,本着诚实信用、勤勉尽责的原则管理和运用基金资产,遵循"以人为本,追求卓越"的公司理念,在严格控制风险的基础上,为基金持有人谋求最大利益。在报告期内,基金运作整体合法合规,无损害基金持有人利益的行为。

内部监察工作报告

2000年度,本基金管理人在内部监察工作中注重控制运作风险,始终把保障基金持有人的利益放在首位。

在本报告期内,本基金管理人大力加强了监察稽核工作的力度,拓展了监察稽核的广度,由保持高度独立的督察员领导内部监察稽核人员对基金投资程序的各环节的执行情况进行定期检查,制作监察稽核报告,发现问题及时向管理层和监管部门报告并督促整改。

在本报告期内,为了控制运作风险,防范关联交易、内幕交易以及本基金与本基金管理人管理的其他基金之间可能出现的违规交叉交易,确保基金投资的独立性、公平性,我们主要采取了如下措施:

一、实行集中交易制度,各基金管理小组相互独立,分别制定具体的证券投资组合,下达具体的交易指令,由中央交易室统一执行完成。同时,为加强风险监控,事先对电脑系统进行设置,杜绝出现自买自卖,反向对敲等不规范交易行为。

二、建立风险提示制度和风险报告制度。

三、树立监察稽核部门的威信,加强员工风险意识。

通过以上工作的开展,在本报告期内,本基金运作过程中未发生关联交易、内幕交易,也不存在本基金管理人管理的各基金之间的违规交叉交易,基金运作整体合法合规,基金持有人的利益得到了保障。

四、基金托管人报告

本托管人——中国工商银行,依据《金元证券投资基金基金契约》与《金元证券投资基金托管协议》,托管金元证券投资基金。2000年度,在对金元证券投资基金的托管过程中,本托管人严格遵守了《证券投资基金管理暂行办法》及其实施准则、基金契约、托管协议和其他有关法规的规定,对金元证券投资基金的投资运作进行了全面的会计核算和应有的监督,没有发生任何损害基金持有人利益的行为,诚实信用、勤勉尽责地履行了作为托管人所应尽的义务。

本托管人依照《证券投资基金管理暂行办法》及其实施准则、基金契约、托管协议和其他有关法规的规定,对金元证券投资基金的投资组合进行了监督,认为金元基金管理公司在金元证券投资基金的投资运作、基金资产净值及单位基金资产净值的计算上,遵守《证券投资基金暂行办法》及其实施准则、基金契约、托管协议和其他有关法规的规定,没有发现任何损害基金持有人利益的行为。

本托管人依法对金元证券投资基金管理人——南方基金管理公司在2000年度所编制和披露的金元证券投资基金资产净值公告、基金投资组合公告、基金年度报告等公告信息进行了核查,认为金元证券投资基金管理人——南方基金管理公司在2000年度内所编制和披露的基金信息是合法、真实和完整的。

五、基金财务报告

(一) 审计报告　　　　审计报告　　　　信德深财审报字(2001)第26号

金元证券投资基金持有人:

我们接受委托,审计了金元证券投资基金截至二零零零年十二月三十一日止会计年度的财务报告.该基金年度财务报告由南方基金管理有限公司(基金管理人)负责,我们的责任是对该基金年度财务报告发表审计意见.我们的审计是依据《中国注册会计师独立审计准则》进行的,在审计过程中,我们结合金元证券投资基金实际情况,实施了包括抽查会计记录等我们认为必要的审计程序.

我们认为,金元证券投资基金年度财务报告符合证券投资基金相关财务会计的相关法规、制度和《金元证券投资基金基金契约》的有关规定,在所有重大方面公允地反映了该基金二零零零年十二月三十一日的财务状况与截至二零零零年十二月三十一日止会计年度的经营成果,会计处理方法的选用遵循了一贯性原则.

深圳天健信德会计师事务所　　　　中国注册会计师　邓建新　魏小珍

二零零一年二月十六日　中国深圳

(二)基金会计报告书

金元证券投资基金资产负债报告书

二零零零年十二月三十一日　　　单位:人民币元

	附注	2000.12.31
股票-投资成本	5	RMB 389,025,255.76
债券投资-成本	6	112,086,154.95
股票投资-估值增值	2(4).5	23,822,369.67
债券投资--估值增值	2(4).6	472,505.05
银行存款	2(4).4	9,082,305.88
应收利息		14,640.42
应收帐款	7	8,550,232.34
其他应收款项	8	620,000.00
基金资产总值		543,673,464.07
应付基金管理费	3(3)	675,038.32
应付基金托管费	3(3)	112,506.38
应付帐款	9	257.58
应付佣金	10	816,634.07
其他应付款项	11	817,050.00
负债总值		2,421,486.35
基金单位总额	12	500,000,000.00

未分配净收益			16,957,103.00
未实现估值增值	13		24,294,874.72
基金资产净值		RMB	541,251,977.72
基金单位发行总份额(份)			500,000,000.00
每份基金单位资产净值		RMB	1.083

(所附注释系基金会计报告书的组成部分)

金元证券投资基金收益及分配报告书

二零零零年度

单位:人民币元

	附注		2000
在除息日确认的股息收入	2(5)	RMB	484,615.12
证券买卖价差收入	2(5)		21,948,058.81
其中:股票买卖价差收入			21,945,125.60
债券买卖价差收入			2,933.21
其他收入	2(5).14		3,047,924.97
收入合计			25,480,598.90
减:支出			4,572,295.90
其中:基金管理费	3(2)		3,816,976.47
基金托管费	3(2)		636,162.68
应由基金承担的其他费用			119,156.75
基金净收益			20,908,303.00
减:本年度已分配收益	2(8)		3,951,200.00
年末未分配净收益		RMB	16,957,103.00

(所附注释系基金会计报告书的组成部分)

(三)会计报告书附注

附注 1. 基金设立说明金元证券投资基金(以下简称"基金金元")系经中国证券监督管理委员会证监基金字(2000)3 号文、(2000)45 号文及(2000)46 号文的批准,由大连华信信托投资股份有限公司可转换债券基金、大连证券有限责任公司利民证券投资基金、中国建设银行大连市信托投资公司共同投资基金和大连信托投资公司共同收益基金(以下简称"原基金")经清理规范后合并而成的契约型封闭式证券投资基金,于二零零零年三月二十八日正式成立,基金规模为 197,560,000 份基金单位,存续期为十年(自一九九二年五月二十八日起至二零零二年五月二十七日止)。

根据基金金元《基金资产移交协议》、《更换基金管理人协议》的有关规定,原基金资产已于二零零零年三月二十八日全部移交予中国工商银行(基金托管人)托管,并由南方基金管理有限公司(基金管理人)管理。

经上海证券交易所上证上[2000]47 号文批准,基金金元于二零零零年七月十一日起在上海证券交易所挂牌交易。

经中国证券监督管理委员会证监基金字 [2000]46 号文批准, 基金金元上市后扩募至 500,000,000 份基金单位, 基金存续期延长五年(即至二零零七年五月二十七日止)。

附注 2. 重要会计政策

基金金元的下列会计政策系根据证券投资基金及其财务会计的相关法规、制度和《金元证券投资基金基金契约》厘定。

(1) 会计年度

基金金元会计年度自公历每年一月一日起至十二月三十一日止。

第一个会计年度自二零零零年三月二十八日(基金资产移交并建帐日)起至二零零零年十二月三十一日止。

(2) 记帐本位币

基金金元以人民币为记帐本位币。

(3) 记帐基础及计价原则

会计核算以权责发生制为基础,各项资产按取得时的实际成本计价。

(4) 基金资产的估值方法

根据《金元证券投资基金基金契约》的规定,基金金元每日对基金资产进行估值,估值方法如下:

上市的证券估值以其当日市场平均价计算, 如若该日无交易的证券, 以最近一日市场平均价计算;

未上市的股票以成本价计算;

未上市的债券及银行存款,以本金加计至估值日为止的应计利息额计算;

债券回购业务的应计收入和支出在回购期内按直线法计算;

如遇特殊情况而无法或不宜以上述规定确定资产价值时,依照国家有关规定办理。

(5) 收入确认原则

股息收入以被投资单位派发股息的除息日确认;债券利息收入以债券派发债息的除息日确认;

证券买卖价差收入系根据证券出售成交时的成交价扣除交易费用、交易税金后的净收入和证券投资的实际成本计算确认;

买入返售债券收入以回购期内逐日分摊确认; 合并及上市费节余按基金金元实际收到的合并及上市费用扣除清理规范费和上市协调人费后确认;

扩募发行费节余按基金金元实际收到发行总费用扣除了上网扩募发行手续费、扩募发行协调人费、广告宣传费、会计师服务公费和律师服务公费后确认。

(6) 证券交易的成本计价方法

证券投资日常核算以实际成本计价,售出证券的成本按移动平均法计算确定。

(7) 税项

A. 印花税

根据财政部、国家税务总局财税字[1998]55 号文《关于证券投资基金税收问题的通知》,基金金元按股票交易金额的 4‰计缴印花税.。

B. 营业税

根据财政部、国家税务总局财税字[1998]55 号文《关于证券投资基金税收问题的通知》,基金金元以发行基金方式募集资金不缴纳营业税;买卖股票、债券的价差收入在二零零零年底以前暂免缴营业税.

C. 企业所得税

根据财政部、国家税务总局财税字[1998]55 号文《关于证券投资基金税收问题的通知》,基金金元从证券市场中取得的收入,包括买卖股票、债券的价差收入,股票的股息、红利收入,债券的利息收入及其他收入,暂不缴纳企业所得税.

(8) 收益分配

根据《金元证券投资基金基金契约》的有关规定,基金金元的收益分配采用现金方式,比例不低于基金当年可分配收益的 90%,基金当年度收益应先弥补上一年度亏损后,才能进行当年度收益分配.

根据二零零零年六月七日基金金元临时持有人大会(通讯表决)的决议,南方基金管理有限公司对基金金元实施每 10 份基金单位送 0.2 份基金单位,分配收益计 3,951,200.00 人民币元.

附注 3. 关联方关系及其交易

(1) 关联方关系明细项目列示如下:

关联方名称	与基金金元的关系
中国工商银行	基金金元托管人
南方基金管理有限公司	基金金元发起人,亦为基金金元管理人

(2) 关联方交易

A.基金管理费

根据《金元证券投资基金基金契约》及《金元证券投资基金托管协议》的规定,基金管理费由下列两部分组成:

a. 基金管理费

基金管理费按前一日基金资产净值 1.5%的年费率计提;当基金成立三个月后,持有现金比例高于基金资产净值的 20%时,超过部分不计提基金管理费。

b. 业绩报酬

当基金的可分配净收益率高于同期银行一年定期储蓄存款利率 20%以上, 且当年基金资产净值增长率高于同期证券市场平均收益率时,按下列方法计提:

业绩报酬=调整后期初资产净值×Min[M,N]×5%

其中,

M=基金可分配净收益率-1.2×同期银行一年定期储蓄存款利率(如果年内利率发生变动,则按时间段进行加权平均调整);

N=基金资产净值增长率-证券市场平均收益率;

Min[M,N]为 M、N 中较小者。

本会计年度应支付南方基金管理有限公司的基金管理费计 3,816,976.47 人民币元,由于基金金元本会计年度基金综合资产净值增长率低于同期证券市场平均收益率,故未计提业绩报酬。

B.基金托管费

基金托管费按前一日基金资产净值的 2.5‰的年费率计提,本会计年度应支付中国工商银行的基金托管费计 636,162.68 人民币元。

(3) 关联方往来款项余额关联方往来余额明细项目列示如下:

项目	关联方名称		2000-12-31	占该帐项余额的百分比
应付基金管理费	南方基金管理有限公司	RMB	675,038.32	100.00%
应付基金托管费	中国工商银行	RMB	112,506.38	100.00%

附注 4.银行存款

银行存款明细项目列示如下: 2000-12-31

中国工商银行上海市分行	RMB	873,143.82
深圳证券登记有限公司		5,975,476.63
上海证券中央登记结算公司		2,233,685.43
	RMB	9,082,305.88

深圳证券登记有限公司和上海证券中央登记结算公司的款项系基金金元为进行证券交易清算而存入的清算备付金。

附注 5. 股票投资

股票投资明细项目列示如下:

		2000-12-31
股票投资成本	RMB	389,025,255.76
其中:获配新股投资成本		16,863,792.00
股票投资估值增值		23,822,369.67
	RMB	412,847,625.43

截至二零零零年十二月三十一日止, 基金金元作为一般法人网下预约配售的新股计 16,863,792.00 人民币元已上市流通,但尚由上海证券交易所实施冻结。

根据本会计报告书附注 2(4)所述的基金资产的估值方法,基金金元对二零零零年十二月三十一日计算的股票投资估值增值计 23,822,369.67 人民币元。

附注 6. 债券投资

债券投资明细项目列示如下:

		2000-12-31
国债投资成本	RMB	63,993,536.91
可转换债券投资成本		48,092,618.04
债券投资估值增值		472,505.05
	RMB	112,558,660.00

根据本会计报告书附注 2(4)所述的基金资产的估值方法,基金金元对二零零零年十二月三十一日计算的债券投资估值增值计 472,505.05 人民币元。

附注 7. 应收帐款

应收帐款明细项目列示如下: 2000-12-31

上海证券中央登记结算公司证券清算款 RMB 8,550,232.34

附注 8. 其他应收款项

其他应收款项明细项目列示如下:

		2000-12-31
深圳证券交易所清算保证金	RMB	250,000.00
上海证券交易所清算保证金		370,000.00
	RMB	620,000.00

附注 9. 应付帐款

应付帐款明细项目列示如下: 2000-12-31

上海证券中央登记结算公司证券清算款 RMB 257.58

附注 10. 应付佣金

应付佣金明细项目列示如下: 2000-12-31

大连证券有限公司	RMB	641,283.35
海通证券有限责任公司		175,350.72
	RMB	816,634.07

附注 11. 其他应付款项

其他应付款项明细项目列示如下:

		2000-12-31
席位保证金	RMB	500,000.00
发行费用		267,050.00
其他		50,000.00
	RMB	817,050.00

附注 12. 基金单位总额

基金金元由原基金经清理规范后合并设立的,合并后的基金单位总份额为 197,560,000 份,每份基金单位面值为 1.00 人民币元,共计 197,560,000.00 人民币元,业经大连正元会计师事务所以大正会内验字[2000]6 号《验资报告》审验在案。

根据二零零零年六月七日基金金元临时持有人大会(通讯表决)的决议,南方基金管理有限公司对金元基金实施每 10 份基金单位送 0.2 份基金单位,至此,基金金元单位总份额为 201,511,200 份,实收基金计 201,511,200.00 人民币元。

二零零零年八月三十日,基金金元采取上网扩募的方式向基金发起人、基金持有人和商业保险公司公开扩募 298,488,800 份基金单位,每份基金单位面值为 1.00 人民币元,共计 298,488,800.00 人民币元。

根据《证券投资基金管理暂行办法》和《金元证券投资基金基金契约》的规定,基金金元发起人—南方基金管理有限公司在基金金元扩募配售期间认购基金单位总额的 1%, 即 5,000,000 份基金单位,在基金存续期内基金发起人持有的基金单位份额不少于基金总规模的 0.5%,其余部分可在基金扩募部分上市两个月后流通。

截至二零零零年九月八日止,基金金元的基金单位总额计 500,000,000.00 人民币元,业经深圳天健信德会计师事务所以验资报字[2000]第 17 号《验资报告》审验在案。

截至二零零零年十二月三十一日止,基金单位总额明细项目列示如下:

2000-12-31

基金持有人	基金单位总份额(份)	出资比例	基金单位总额
南方基金管理有限公司	5,000,000	1%	RMB 5,000,000.00
社会公众	495,000,000	99%	495,000,000.00
	500,000,000	100%	RMB 500,000,000.00

附注13. 未实现估值增值

未实现估值增值系根据《金元证券投资基金基金契约》的有关规定,基金金元于二零零零年十二月三十一日对证券投资进行估值时,产生的证券投资估值大于其帐面成本价值的差额计24,294,874.72人民币元。

附注14. 其他收入

其他收入明细项目列示如下:

		2000	
银行存款利息收入	RMB	1,691,645.82	
合并及上市费节余		372,514.64	*
扩募发行费节余		849,572.63	**
申购手续费返还		19,191.88	
其他		115,000.00	
	RMB	3,047,924.97	

* 合并及上市费节余明细项目列示如下:

		2000
合并及上市费用	RMB	1,872,514.64
减:清理规范费		1,000,000.00
上市协调人费		500,000.00
合并及上市费节余	RMB	372,514.64

基金金元由原基金实施合并后,原基金均从基金单位资产净值中提取0.01人民币元作为合并及上市费用.截至二零零零年三月二十八日止,原基金托管人及管理人移交的货币资金计199,432,514.64人民币元扣除基金金元的基金单位总金额计197,560,000.00人民币元,基金金元的合并及上市费用计1,872,514.64人民币元。经扣除上述清理规范费和上市协调人费计1,500,000.00人民币元后,合并及上市费节余计372,514.64人民币元。

** 扩募发行费节余明细项目列示如下:

		2000
扩募发行费用	RMB	2,984,888.00
减:价外扩募发行费		2,135,315.37
其中:上网扩募发行手续费		655,795.37
扩募发行协调人费		700,000.00
广告宣传费		719,520.00
会计师服务公费		30,000.00
律师服务公费		30,000.00
扩募发行费节余	RMB	849,572.63

基金金元扩募时,向基金发起人、基金持有人和商业保险公司公开扩募298,488,800份基金单位,每份基金单位面值为1.00人民币元,以1.01人民币元的价格发行,共计301,473,688.00人民币元,其中2,984,888.00人民币元作为扩募发行费用。经扣除上述价外扩募发行费计2,135,315.37人民币元后,扩募发行费节余计849,572,.63人民币元。

(四)流通转让受到限制的基金资产

一九九八年八月十一日,中国证券监督管理委员会发布《关于证券投资基金配售新股有关问题的通知》,规定基金获配的新股,自该新股上市二个月后方可流通,在流通之前系由证券交易所实施冻结。

一九九九年十一月十一日,中国证券监督管理委员会发布《关于进一步做好证券投资基金配售新股工作的补充通知》,规定基金一年内所配售的全部新股,占配售新股资金总额50%部分,自配售之日起六个月内不能流通,由托管银行监督执行;其余50%部分,自新股上市之日起即可流通。

二零零零年五月十八日,中国证券监督管理委员会发布《关于调整证券投资基金认购新股事项的通知》,规定基金可运用资金申购新股、参与二级市场市值配售,也可做为战略投资者或一般法人投资者申请网下预约配售。对于以一般法人投资者配售的新股自该股票上市之日起三个月内不能流通,对于战略投资者认购的新股在配售协议的有关约定期限内不能流通。

截至二零零零年十二月三十一日止,基金金元配售、增发的新股及法人配售、战略投资者配售的股票,尚未获准流通部分的股票明细项目列示如下:

2000-12-31

股票名称	股数(股)	购入成本	市值	受限期限
宝钢股份	4,034,400	RMB 16,863,792.00	RMB 21,866,448.00	2000.12.12-2001.03.01

按二零零零年十二月二十九日(年末最后一个交易日)当日的市场平均价计算计21,866,448.00人民币元,对基金资产净值的影响为5,002,656.00人民币元。

(五)基金投资组合

1. 按行业分类的股票投资组合

2000-12-31

分类	股数(股)	市值	占基金资产净值比例
1.交通运输	584,750	RMB 8,284,482.50	1.53%
2.能源电力	3,196,160	71,393,412.80	13.19%
3.建材建筑	168,300	2,016,234.00	0.37%
4.冶金	5,576,247	50,579,861.98	9.35%
5.家电	1,070,543	13,398,901.89	2.48%
6.机械制造	1,919,498	34,646,923.22	6.40%
7.农林牧渔	625,180	15,779,447.20	2.92%
8.电子通讯	1,615,532	51,876,375.20	9.58%
9.汽车及配件制造	500,000	4,695,000.00	0.87%
10.商贸旅游	1,201,560	26,956,749.72	4.98%
11.生物医药	3,029,236	95,278,991.40	17.60%
12.石油化工	765,010	11,592,115.60	2.14%
13.酿酒食品	107,300	4,230,839.00	0.78%
14.综合	1,156,684	22,118,290.92	4.09%
	21,516,000	RMB 412,847,625.43	76.28%

2. 截至二零零零年十二月三十一日止,基金金元持有的债券(不含国债),按当日的市场价计算计48,838,552.00人民币元,占基金资产净值的比例为9.02%.

3. 截至二零零零年十二月三十一日止,基金金元持有的国债和货币资金以及应收帐款和应付帐款计81,352,388.64人民币元,占基金资产净值的比例为15.03%.

4.基金投资前十名股票明细

股票名称	市值(元)	占基金资产净值比例%
1、海正药业	RMB 82,438,776.05	15.23%
2、凯迪电力	56,926,720.00	10.52%
3、宝钢股份	21,866,448.00	4.04%
4、上风高科	20,952,277.22	3.87%
5、辽宁成大	18,714,898.53	3.46%
6、福星科技	15,935,535.98	2.94%
7、大恒科技	11,291,584.98	2.09%
8、晨鸣纸业	10,985,601.87	2.03%
9、申能股份	10,820,437.80	2.00%
10、秦丰农业	10,166,455.20	1.88%

5. 附注:

(1)本基金持有的上市证券采用公告内容截止日的市场均价计算;已发行未上市股票采用成本价计算。

(2)二零零零年十二月三十一日,基金金元对在冻结期间的新股之市值按当日的平均价计算,计21,866,448.00人民币元;如若以其成本价计算,截至二零零零年十二月三十一日止,总成本计16,863,792.00人民币元,由此,对基金金元二零零零年十二月三十一日的财务状况产生的影响计5,002,656.00人民币元.

(3)货币资金及其他资产的构成:

2000-12-31

	金额	占基金资产总值的比例
银行存款	RMB 9,082,305.88	1.67%
应收利息	14,640.42	---
应收帐款	8,550,232.34	1.57%
其他应收款项	620,000.00	0.11%
	RMB 18,267,178.64	3.35%

(4) 截至二零零零年十二月三十一日止,基金金元购入成本超过基金资产净值10%的股票明细列示如下:

股票名称	股数(股)	购入成本	占基金资产净值的比例
1.海正药业	2,452,805	RMB 72,321,966.26	13.36%
2.凯迪电力	2,404,000	60,222,383.36	11.13%

根据中国证监督委员会证监基金字[2000]46号文规定,基金金元在上市之前投资于股票、债券的比例以及投资于单只证券的比例不符合《证券投资基金管理暂行办法》有关规定,应在基金上市后6个月内调至规定的比例. 基金金元应于二零零一年一月十一日之前将上述股票投资的购入成本下调至基金资产净值的10%以下

(六)基金截止2000年12月31日的股票投资情况(附后)

(七)基金2000年度新增股票明细(附后)

(八)基金2000年度剔除股票明细(附后)

六、持有人结构及前十名持有人

1、基金持有人结构:

持有份额(基金单位)	比例	发起人持有份额
		500万 1%
南方基金管理有限公司	500万	1%
(发起人持有份额均未流通)		
社会公众持有份额	49500万	99%
总计:	50000万	100%

2、前十名持有人情况(截止于2000年12月31日):

持有人名称	持有份额(基金单位)	比例
1.南方基金管理有限公司	5000000	1.00%
2. 宁波首创科技股份有限公司	4000000	0.80%
3. 梁柱荣	3120200	0.62%
4. 中国人寿保险公司	3000000	0.60%
5.吴振	1889900	0.38%
6. 朱定珍	1669046	0.33%
7.詹美兰	1510000	0.30%
8. 陈维	1438000	0.29%
9. 王俊芬	1401000	0.28%
10.赵世亮	1373401	0.27%

七、重要事项揭示

1、本基金管理人及托管人在本会计年度没有发生重大诉讼事项

2、本基金聘请的会计师事务所没有发生变更;

3、基金管理人的办公地址现已迁至深圳市深南大道4009号投资大厦7楼,基金托管人办公地址没有发生变更;

4、本年度基金的投资组合策略没有重大改变;

5、本基金的基金管理人、基金托管人涉及托管业务及其高级管理人员没有受到任何处罚;

6、本基金租用专用交易席位事宜的情况本基金根据中国证券监督管理委员会《关于加强证券投资基金监管有关问题的通知》(证监基字[1998]29号)的有关规定要求及本基金管理人于1998年10月30日公告的选择券商的标准,本基金管理人择定从以下两家证券经营机构租用基金交易专用席位:大连证券有限公司、海通证券有限公司。

截止12月31日,本基金通过各机构的交易席位的成交及佣金情况见下表:

券商名称	股票成交量(元)	比例(%)	国债成交量(元)	比例(%)	国债回购成交量(元)
大连证券	789576829.29	78.26	0.00	0.00	0.00
海通证券	219341331.96	21.74	113742413.00	100.00	10000000.00
合计	1008918161.25	100.00	113742413.00	100.00	10000000.00

续上表:

券商名称	比例(%)	佣金额(元)	比例(%)
大连证券	0.00	641283.35	78.53
海通证券	100.00	175350.72	21.47
合计	100.00	816634.07	100.00

因基金成立时间不足一年,在个别券商席位商证券成交量超过了30%,将于2001年内进行调整。

八、备查文件目录

1、《关于金元证券投资基金上市、扩募和续期的批复》(证监基金字[2000]46号)

2、金元证券投资基金基金契约

3、金元证券投资基金托管协议

4、审计报告(信德深财审报字(2001)第26号)、财务报告及附注原件

5、南方基金管理公司营业执照及公司章程及基金管理人业务资格批件

6、金元证券投资基金2000年度收益分配方案

7、本年度内在中国证监会指定披露公司信息报刊上披露的信息公告原文

8、金元证券投资基金2000年年报原文

查阅地点:深圳市深南大道4009号投资大厦7楼

网址:http://www.southernfund.com

南方基金管理有限公司

二零零一年三月三十日

金 鑫 证 券 投 资 基 金

金鑫证券投资基金 2000 年年度报告

重要提示:本基金的托管人中国建设银行已于 2001 年 3 月 25 日复核了本报告。本基金的管理人、托管人愿就本报告书中所载资料的真实性、准确性和完整性负责,本报告书中的内容由本基金管理人负责解释。

一、基金简介

(一) 基金名称:金鑫证券投资基金(简称:基金金鑫)
交易代码:500011
基金发起人:国泰君安证券股份有限公司
浙江省国际信托投资公司
上海爱建信托投资公司
国泰基金管理有限公司
基金发行日期:1999 年 10 月 15 日
基金成立日期:1999 年 10 月 21 日
基金单位总份额:30 亿份基金单位
基金类型:契约型封闭式
基金存续期:15 年
基金上市地:上海证券交易所
基金上市日期:1999 年 11 月 26 日
(二) 基金管理人
法定名称:国泰基金管理有限公司
注册地址:上海浦东新区商城路 618 号
办公地址:上海市静安区延平路 121 号三和大厦 27 楼
邮政编码:200042
法定代表人:陈勇胜
总经理:李春平
负责信息管理事务人员:丁昌海、黄永明
联系地址:上海市静安区延平路 121 号三和大厦 27 楼
电话:021-62531069
传真:021-62531262
电子邮件:huangym@gtfund.com
(三) 基金托管人
法定名称:中国建设银行
注册地址:北京市西城区金融大街 25 号
办公地址:北京市西城区金融大街 25 号
邮政编码:100032
法定代表人:王雪冰
托管部负责人:江先周
负责信息管理事务人员:黄秀莲
联系地址:北京市西城区金融大街 25 号中国建设银行基金托管部
电话:010-67597646
传真:010-66212638
电子邮件:huangxiulian/zh/ccb@ccb.com.cn
(四) 会计师事务所
法定名称:安达信·华强会计师事务所
注册地址:北京市建国门外大街 1 号国贸大厦 1 座 11 层
办公地址:北京市建国门外大街 1 号国贸大厦 1 座 11 层
法定代表人:张本廉
邮编:200021
电话:010-65053333
传真:010-65051828
经办注册会计师:何影帆、张向际
联系人:韩歆
联系人电话:021-63866688-640
传真:021-63862288
(五) 律师事务所
法定名称:上海锦天城律师事务所
注册地址:上海市延安东路 700 号港泰广场 12 楼
办公地址:上海市延安东路 700 号港泰广场 12 楼
法定代表人:史焕章
邮编:200001
电话:021-53850388
传真:021-53850389
经办律师:沈国权、聂鸿胜

二、主要财务指标

各类指标	2000 年度	1999 年度
基金净收益	658,944,310.42 元	17,328,633.37 元
单位基金净收益	0.2196 元	0.0058 元
基金可分配净收益	676,272,943.79 元	17,328,633.37 元
单位基金可分配净收益	0.2254 元	0.0058 元
基金资产净值	4,436,512,955.25 元	2,900,151,491.66 元
单位基金资产净值	1.4788 元	0.9667 元
基金资产净值收益率	22.72%	0.58%
本期基金可分配收益率	23.32%	-3.33%
本期净值增长率	52.97%	-3.33%
基金累计净值增长率	47.88%	-3.33%

三、基金管理人报告

(一)基金管理人承诺

在本报告期内,本基金管理人严格遵循了《证券投资基金管理暂行办法》及其各项实施准则、《金鑫证券投资基金契约》和其他有关法规的规定,没有发生任何损害基金持有人利益的行为。本报告所涉有关基金资产的运作情况已经本基金托管人复核,本基金管理人愿就报告中所载资料的真实性、准确性和完整性负责。

本基金管理人内部,各项规章制度健全,监察稽核工作贯穿业务运作的各个层面。在本报告期内,没有发现有任何违法和重大违规行为。本基金管理人承诺将一如既往地本着诚实信用、勤勉尽责的原则管理和运用基金资产,在规范经营的基础上,在控制风险的前提下,继续为基金持有人谋求长期稳定的投资回报。

(二)投资决策和管理模式

本基金实行投资决策委员会领导下的基金经理负责制。投资决策委员会根据有关法规、基金契约以及研究开发部和基金小组提供的研究分析报告和投资计划,确定基金金鑫的投资策略,审批重大投资项目和基金投资计划。基金经理领导的基金管理小组负责基金的投资组合管理和日常运作。基金管理小组将投资指令下达给中央交易室,中央交易室根据市场情况执行投资指令,并将指令执行情况及时反馈到基金管理小组。

公司在投资决策管理方面同时实行投资研究联席会议制度和决策委员会成员与基金管理小组的联系人制度。前一项制度旨在解决研究成果及时有效转化成投资目标的问题,后一项制度旨在解决基金经理在执行投资决策委员会决策意见过程中需要及时协调的问题。本基金的日常运作也得到上述制度的支持。

本基金由钱华先生(基金经理)和胡定超先生(基金经理助理)组成基金管理小组。

基金经理:钱华先生,37 岁,研究生学历,曾在中国农业银行总行、中国人民银行政策研究室工作,历任中国华阳金融租赁有限公司国际业务部经理、国泰证券有限公司基金部副总经理。1998 年加盟国泰基金管理有限公司,历任国泰基金管理有限公司总经理助理兼研究发展部总监、基金管理部总监等职务。

基金经理助理:胡定超先生,35 岁,研究生学历,曾任深圳南山基金管理有限公司研究部经理、证券投资总部总经理和公司助理总裁。1999 年加盟国泰基金管理有限公司,现任基金金鑫经理助理。

(三)投资理念和风格

1、投资理念

(1)控制风险、追求收益

本基金管理人在制定投资组合时,同时考虑风险和收益两个指标,力求做到:在承担一定风险的前提下,使投资收益最大化或在追求一定收益的前提下,使所承担的风险最小化。

(2)价值发现

本基金选择投资对象的主要依据是上市公司的内在价值。根据公司的盈利能力、市场扩张能力和技术创新能力等项指标体系来判断其价值。本基金管理人努力寻找价值被低估的上市公司。

(3)投资蓝筹股

根据本基金的契约约定,国企大盘股是本基金的投资重点之一。中国股市处于发展阶段,国企大盘股中尚未出现公认的蓝筹股。作为专业性基金资产管理机构,有义务去发掘一批潜在的蓝筹股。本基金管理人在国企大盘股的选择方面坚持以下标准:

(a)属于具有良好发展前景的行业;
(b)在行业中处于举足轻重的地位;
(c)业绩优良并具有成长性。

2、投资风格

(1)投资相对集中

集中投资可以减少管理成本,提高管理效率;分散投资可以尽可能规避市场的非系统风险。本基金管理人力求在集中投资和分散投资之间取得平衡,采取相对集中的原则,即将本基金的大部分资产相对均衡地投资于 30-50 个左右的股票上,同时在一只股票上不投入过多的资金,以保持基金资产的流动性。

(2)行业相对平衡

在制定投资组合时,采取自下而上的选股策略,即首先考察上市公司的基本面,然后再分析其所处的行业及公司在行业中的地位。本基金管理人不事先设定行业比例,对所选择的行业采取相对平衡的策略,在本基金的投资组合中,没有比重过大的行业。

(四)2000 年投资管理回顾

2000 年中国证券市场在基本面、政策面和资金面整体向好的背景下,股市走势强劲。全年沪市综合指数上升 51.73%,深市成分指数上升 41.12%。从基本面看,我国经历亚洲金融危机冲击后国民经济增长出现止跌回稳态势,有步入新一轮增长周期的迹象。2000 年国家采取积极的财政政策和稳健的货币政策,努力扩大内需,取得较为明显的成效。我们注意到:固定资产投资(尤其是政府投资)和进出口贸易快速增长,国内消费也出现回暖,共同拉动了经济增长。根据国家统计局 2001 年 2 月底公报,2000 年国内生产总值较上年增长 8%,物价止跌回稳,就业改善,国际收支形势良好,企业运行质量提高。2000 年股市强势表现客观反映了国民经济增长回暖的特征。从政策面看,国家适时出台了扶持证券市场发展的一系列政策措施,包括实行向二级市场投资者配售新股、允许券商股票质押贷款、三类企业和商业保险资金入市、积极培育机构投资者等利好政策,市场人气较为旺盛。从资金面看,以上政策为证券市场带来了源源不断的资金供给,特别是积极培育机构投资者的政策使证券市场获得大量的长期投资资金,使得证券市场的走势更为稳健。

2000 年证券市场表现出三个明显阶段:年初至 3 月初,在网络股、技术股带动下市场走出快速大幅扬升行情;3 月中旬至 8 月底,在低价大盘国企股带动下,板块轮动加快,市场震荡盘升;8 月底至年底,市场高位宽幅震荡整理,资产重组股表现活跃。

市场出现第三阶段的调整主要是由于在大幅上扬后积累了较大的风险,而预期的创业板和国有股减持成为不确定因素给市场形成压力。与此同时,2000 年经济回升还带有明显的恢复性质,其基础不够稳固,促使经济进一步走强的因素出现了某种程度的不确定性,导致投资者对市场的预期产生分歧。

基于对市场形势的判断,本基金在年初果断地加快了建仓的速度。根据对国家科教兴国战略的理解和对国际证券市场的研究,本基金管理人认为高科技股和网络股将成为活跃的板块,所以将两个板块作为投资重点。到了第二季度,网络股和高科技股的股价已大幅上涨,积累的市场风险也越来越大。本基金管理人认为,网络股、高科技股的股价已严重背离其内在价值,面临深幅调整的压力,于是较大力度地减持网络股并减持高科技股。这次战略减持为本基金的业绩的提升奠定了基础。在减持网络股和高科技股的同时,本基金开始增持低市盈率的国企大盘股。随着国家加大推广第三代移动通讯技术的力度,本基金管理人预测通讯类上市公司将面临较大的发展机遇,所以在第 3 季度较大规模地增持通讯板块。

经过一年的努力,本基金 2000 年度净值增长率达到了 52.97%,净值增长超过了同期大盘的平均增长。

(五)2001 年市场展望

根据国务院研究发展中心预测,2001 年将继续保持经济增长回升的态势,积极财政政策仍将持续一段时间,以强化经济回升和拉动内需的基础。2001 年也是国家实施"十五"计划战略的第一年。西部大开发正式实施,社保体制改革加快,中国加入 WTO 在即,这些将为投资和需求增长提供基础。

2001年将是我国证券市场继续大规模发展的一年。在发展和规范这两个关系证券市场的根本问题上，将体现为在规范化基础上的进一步发展。管理层对市场的监管将立足于维护三公原则保护投资者利益。2001年也将是新政策不断出台的一年，政策效应和市场发展的内在规律不可避免地会产生一些矛盾，如B股市场向国内居民开放、新股市场化发行、市场退出机制实施以及预期中的创业板、国有股减持等都会对市场产生重大影响。本基金管理人估计2001年的证券市场处于箱体高位宽幅震荡调整状态，而开放式基金试点品种的推出、保险类资金入市新品种的问世将会成为2001年证券市场供求关系变化的重要信号。市场实际运行情况将随国家上述政策的明朗化而有所变化。

作为专业性的基金管理人，我们对证券市场面临的不确定性时刻保持清醒的头脑，同时密切关注国际股市对中国股市的影响。本基金管理人对今年的证券市场持谨慎乐观的态度。从控制风险的角度出发，本基金将进行结构调整，在保持一定国债和现金比例的同时，加大对能源、交通、原材料、通讯等基础行业的投资力度。

（六）、内部监察报告

基金运作合规性声明

本报告期内，本基金管理人严格遵守《证券法》、《证券投资基金管理暂行办法》及其各项实施准则、《金鑫证券投资基金契约》和其它相关法律法规的规定，本着诚实信用、勤勉尽责的原则管理和运作基金资产，遵循"稳健为本，规范管理，精心运作，争创一流"的公司理念，在严格规范和控制风险的前提下，努力为基金持有人争取最好的投资回报；在基金资产的管理运作中，无损害基金持有人利益的行为，基金投资范围、投资比例、投资组合符合有关法规和基金契约的规定。

内部监察工作报告

本报告期内，本基金管理人依据相关的法律法规、基金契约以及内部的监察制度开展监察工作。我们将内部监察的重点置于确保基金运作的相对独立，防范不当关联交易和内幕交易以及对风险的防范。主要措施有：一、对基金的运作进行实时监控，加强监察力度，提高监察频率。对基金资产管理各个环节的工作流程进行定期的日常监察和不定期的专项监察，并据此制作监察报告。二、建立监察业务反馈制度，加强监察稽核部门与其它业务部门的交流与沟通，对发现的问题及时向管理层和监管部门报告并督促整改，以确保基金资产运作的合法合规。三、细化监察工作的内容和方式，运用对交易资料审阅、交易流程监察、录音电话监听、人员询问、报表反馈等手段对基金投资行为进行现场监察和非现场监察，督促基金运作的合法性、合规性、保密性。四、逐步建立科学的风险控制体系，尝试利用现代金融工程的先进管理方法和管理工具对各类风险进行量化分析和预测，防范和控制风险。五、加强员工行为准则和职业道德教育，使员工爱岗敬业、遵纪守法，自觉树立风险和监察意识。六、对基金自身的交叉买卖行为进行自查自纠。本基金存在偶尔发生的自身交叉买卖，本基金管理人已采取有效措施以杜绝类似事件的发生。

经持续跟踪监察，本报告期内，本基金依照规定的流程进行操作，管理运作合法合规；本基金资产与本基金管理人所管理的其他基金资产、基金资产与公司资产严格分开；基金管理小组人员之间保持独立；本基金运作中无不当关联交易和内幕交易；本基金净资产平稳增长，投资收益得到提高，基金持有人利益得到有效保障。

基金运作的规范和安全，有效地防范和控制风险，是内部监察的工作重点。我们体会到规范经营和强化管理是基金安全运作的前提，科学化制度化的工作流程是基金安全运作的基础，防范和控制风险是基金安全运作的保障。减少风险才能提高收益，保障基金持有人的利益。我们将继续努力，提高内部监察工作的科学性和有效性，加强基金的规范运作、风险控制、切实保障基金资产的安全管理，以优异的业绩回报投资者。

四、基金托管人报告

2000年，中国建设银行在基金金鑫的托管过程中，严格遵守了《证券投资基金管理暂行办法》及各项实施准则、基金契约、托管协议和其它有关法规的规定，安全保管了基金的全部资产，勤勉尽职地履行了基金托管人的全部义务，不存在损害基金持有人利益的行为。

2000年，由国泰基金管理有限公司编制并经中国建设银行复核审查的有关基金金鑫的信息披露真实、完整、合法，在基金资产净值、每份基金单位净值和其它财务费用计算上，严格执行了《证券投资基金管理暂行办法》及各项实施细则、基金契约及其它有关法规规定，未发现损害基金持有人利益的行为。

五、基金财务报告

（一）审计报告书

金鑫证券投资基金全体基金持有人

安达信·华强会计师事务所（以下简称"我们"）接受委托，审计了金鑫证券投资基金（以下简称"贵基金"）二〇〇〇年十二月三十一日的资产负债报告书和截至该日止年度的收益及分配报告书。编制会计报告书是　贵基金管理人的责任，我们的责任是依据我们的审计对该报告书发表意见。我们的审计是依据《中国注册会计师独立审计准则》进行的。在审计过程中，我们结合　贵基金的实际情况，实施了包括抽查会计记录等我们认为必要的审计程序。

我们认为，上述会计报告书符合基金的有关制度、办法和规定和　贵基金的基金契约，在所有重大方面公允地反映了　贵基金二〇〇〇年十二月三十一日的财务状况和二〇〇〇年度的经营成果，会计处理方法的选用遵循了一贯性原则。

贵基金一九九九年度会计报表是由另一家会计师事务所审计，并于二〇〇〇年一月十六日由该事务所出具无保留意见的审计报告。

安达信·华强会计师事务所　　中国注册会计师：何影帆、张向际

中国·北京　　2001年1月19日

（二）基金会计报告书

1、资产负债报告书

2、损益及分配报告书

（三）会计报告书附注（摘要）

1、主要会计政策

(1) 基金会计年度：为公历每年1月1日至12月31日。

(2) 基金记帐原则：权责发生制。

(3)基金记帐本位币：以人民币为记帐本位币，记帐本位币单位为元。

(4)基金资产的估值方法：

A、上市证券按当日均价计算，该日无交易的证券，以最近一日的均价计算；

B、未上市的股票以其成本价计算；

C、未上市国债及银行存款以本金加计至估值日为止的应计利息额计算；

D、如遇特殊情况而无法或不宜以上述规定确定基金资产价值时，基金管理人应按国家有关规定办理；

E、估值对象为基金所拥有的股票、债券和银行存款；

F、每日都对基金资产进行估值。

(5)基金的主要收入确认政策：

A、股息收入：在除息日确认应收股息；

B、债券利息收入：在除息日确认应收利息；

C、其他收入：在实际收到时确认；

D、证券买卖价差收入：在实际成交的当日确认。

(6)证券成本的计价方法：

证券投资按取得时的实际成本计价，出售成本按移动加权平均法计算。

(7)税项说明：

根据财税字[1998]55号《关于证券投资基金税收问题的通知》，主要税项规定如下：

A、以发行基金方式募集资金不属于营业税的征税范围。

B、基金管理人运用基金买卖股票、债券的差价收入，在2000年底以前暂免征收营业税。

C、对基金管理人运用基金资产买卖股票按4‰的税率征收印花税，暂对基金不征收营业　税、所得税。

D、对基金从证券市场中取得的收入，包括买卖股票、债券的差价收入，股票的股息、红利收入，债券的利息收入及其他收入，暂不征收企业所得税。

(8)基金的收益分配政策：

A、每一基金单位享有同等分配权；

B、收益分配比例不低于基金净收益的90%；

C、基金收益分配采用现金方式，每年至少分配一次，于每个基金会计年度结束后四个月内实施；

D、基金当年收益分配应先弥补上年亏损后，才进行当年收益分配；

E、基金投资当年亏损，则不进行收益分配。

2、关联关系

(1) 、关联人关系、交易性质及法律依据

关联人名称	关联关系	交易性质	法律依据	备注
国泰君安证券股份有限公司（以下简称"国泰君安"）	基金发起人	发起认购基金	基金契约	认购基金750万份
	基金发起人	出租交易席位	席位使用协议	租用二个席位
浙江省国际信托投资公司	基金发起人	发起认购基金	基金契约	认购基金750万份
上海爱建信托投资公司	基金发起人	发起认购基金	基金契约	认购基金750万份
国泰基金管理有限公司	基金管理人	提取管理费	基金契约	认购基金750万份
中国建设银行	基金托管人	提取托管费	基金契约	

(2) 、通过关联人席位交易情况

(i)、通过关联人席位进行证券买卖2000年1-12月股票交易量(万元)及佣金(万元)情况

国泰君安	2000年度 交易量	佣金	1999年度 交易量	佣金
	比例	比例	比例	比例
	139,857.96	20.03%	115.54	19.93%
	124,544.18	55.26%	103.18	55.03%

(ii)、通过关联人席位进行国债投资买卖年交易量(万元)情况

国泰君安	2000年度 交易量	比例	1999年度 交易量	比例
	9,390.29	24.25%	12,747.92	50.54%

(3) 、基金管理人报酬

基金管理人的报酬由两部分组成，一部分是基金管理费，以基金资产净值的1.5%年费率计提；另一部分是业绩报酬，当基金的可分配净收益率高于同期银行一年定期储蓄利率20%以上，且当年基金资产净值增长率高于同期证券市场平均收益率时，按一定比例计提。具体方法如下：

(i)、基金管理费

A、基金管理费按前一日的基金资产净值的1.5%的年费率计提。计算方法如下：

H=E×1.5%/当年天数

H为每日应支付的管理人报酬

E为前一日的基金资产净值

B、基金管理人的管理费每日计算，逐日累计至每月月底，按月支付；并于次月前五个工作日内从基金资产中一次性支付给基金管理人；

C、至2000年12月31日止，基金应支付基金管理人管理费共57,968,688.90元，其中已支付基金管理人52,435,872.02元，尚余5,532,816.88元未支付。1999年度共计提8,685,584.72元，已全部支付。

(ii)、业绩报酬

业绩报酬根据基金全年的经营业绩情况，在满足以下几个基本条件下每年计提一次，直接用于奖励基金管理人员：

A、基金年平均单位资产净值不能低于面值；

B、基金可分配净收益率超过同期银行一年定期储蓄利率20%以上；

C、基金资产净值增长率超过证券市场平均收益率；

D、基金收益分配后每单位资产净值不能低于面值。

在满足以上条件的情况下，基金业绩报酬计算方法为：

业绩报酬 = 调整后期初资产净值×MIN[M，N]×5%

2000年度未提取业绩报酬

(4) 、基金托管人报酬

(i)、基金托管费按前一日的基金资产净值的0.25%的年费率计提。计算方法如下：

H=E×0.25%/当年天数

H为每日应支付的托管人报酬

E为前一日的基金资产净值

(ii)、基金托管人的托管费每日计算，逐日累计至每月月底，按月支付；并于次月前五　个工作日内从基金资产中一次性支付给基金托管人；

(iii)、至2000年12月31日止，基金应支付基金托管人托管费共9,778,767.81元，其中已支付基金托管人8,856,631.66元，尚余922,136.15元未支付。1999年度共计提1,447,597.41元，已全部支付。

3、主要报表项目说明

(1)、应收帐款：2000年12月31日余额405,038.77元，为深交所席位交易保证金。

(2)、其他应收款：2000年12月31日余额57,933.17元，系交易所自动扣除，应由席位券商支付的交易所风险基金。

(3)、应付帐款：2000年12月31日余额903,000.00元，为应付配股资金。

(4)、其他应付款：2000年12月31日余额128,415.04元，其中：预提基金2000年度审计费用为100,000.00元，暂收1999年7月至1999年-12月席位008400、008401印花税返回28,415.04元。

(5)、证券买卖差价收入：2000年1-12月累计发生额为人民币691,285,908.53元，其中：

项　　目	发　生　额
上海证券交易所挂牌股票	264,928,003.74元
深圳证券交易所挂牌股票	432,066,891.61元
上海证券交易所挂牌债券	-5,708,986.82元
合　　计	691,285,908.53元

（四）流通受限制的证券

(1)、截至2000年12月31日止，基金持有的流通受限制的证券明细如下：

序	股票名称	配售日期	数量(股)	可流通日	配售金额(元)	市价(元)	市价与成本差	备注
1	*上港集箱	2000-6-28	2001-6-28	6,110,000	73,197,800.00	143,096,200.00	69,898,400.00	网下申购
2	*西山煤电	2000-7-4	2001-7-4	3,005,200	19,503,748.00	34,830,268.00	15,326,520.00	网下申购
3	*路桥建设	2000-7-4	2001-2-5	2,500,000	18,250,000.00	37,300,000.00	19,050,000.00	网下申购
4	*兰州铝业	2000-7-4	2001-7-4	500,000	3,840,000.00	7,430,000.00		

3,590,000.00 网下申购
5 ＊东方通信 2000-9-6 2001-3-29 5,000,000 125,900,000.00 143,250,000.00
17,350,000.00 增发申购
6 ＊宝钢股份 2000-11-23 2001-3-1 16,810,000 70,265,800.00 91,110,200.00
20,844,400.00 网下申购
7 通葡萄酒 2000-12-21 2001-1-15 127,000 899,160.00
网上申购
8 烟台万华 2000-12-21 2001-1-5 106,000 1,195,680.00
网上申购
9 京东方A 2000-12-22 2001-1-12 651,443 10,944,242.40
增发申购
10 金瑞新材 2000-12-26 2001-1-15 129,000 1,933,710.00
网上申购
11 恒丰纸业 2000-12-26 34,000 241,060.00
网上申购
12 红豆股份 2000-12-27 2001-1-8 74,000 547,600.00
网上申购
13 振华科技 2000-12-27 2001-2-12 2,898,551 45,449,279.68
增发申购
14 中农资源 2000-12-28 2001-1-19 64,000 403,200.00
网上申购
15 宁沪高速 2000-12-28 2001-1-16 245,000 1,029,000.00
网上申购
16 天科股份 2000-12-29 2001-1-11 45,000 296,100.00
网上申购
17 天路交通 2000-12-29 2001-1-16 102,000 701,760.00
网上申购
合计 374,598,140.08
146,059,320.00

(2)、流通受限原因

上述流通受限制的股票为基金配售新股、网上申购中签的未上市新股。

(3)、受限期限

上述六只(带＊号)的股票为已上市未流通的新股,“上港集箱”、“西山煤电”、“兰州铝业”的受限期为12个月,“路桥建设”、“东方通信”的受限期为6个月,“宝钢股份”的受限期为3个月。

(4)、估值办法

于2000年12月31日,对于已上市流通的股票(带＊号),按照2000年12月31日均价估值,对于未上市流通的十一只股票按配售价估值。若流通受限股票中已上市流通的六只股票(带＊号)按配售价估值,于2000年12月31日,本基金资产净值将为4,290,453,635.25元,每份基金单位资产净值为1.4302元。

(五)期末基金持有股票明细(按市值占净值比例排序)

序	代码	证券名称	库存数量	市值	占净值比例
1	0525	红太阳	9,229,077	169,538,144.49	3.82%
2	0403	三九生化	7,199,247	158,959,373.76	3.58%
3	0801	四川湖山	4,196,934	155,202,619.32	3.50%
4	600776	东方通信	5,000,000	143,250,000.00	3.23%
5	600018	上港集箱	6,110,000	143,096,200.00	3.23%
6	600601	方正科技	4,891,399	136,323,290.13	3.07%
7	600176	中国化建	9,827,143	124,411,630.38	2.80%
8	0552	甘长风A	7,576,869	123,881,808.15	2.79%
9	0916	华北高速	16,146,175	118,028,539.25	2.66%
10	0657	中钨高新	5,957,076	113,422,727.04	2.56%
11	600664	哈药集团	7,663,468	105,832,493.08	2.39%
12	600866	星湖科技	6,123,448	100,730,719.60	2.27%
13	600019	宝钢股份	16,810,000	91,110,200.00	2.05%
14	600104	上海汽车	7,305,340	88,613,774.20	2.00%
15	600718	东大阿派	2,029,324	72,710,678.92	1.64%
16	600895	张江高科	2,006,629	70,352,412.74	1.59%
17	600642	申能股份	3,316,151	65,759,274.33	1.48%
18	0406	石油大明	4,302,490	60,105,785.30	1.35%
19	600839	四川长虹	4,544,911	55,811,507.08	1.26%
20	600177	雅戈尔	3,601,174	52,397,081.70	1.18%
21	0869	张裕A	2,113,140	51,877,587.00	1.17%
22	600266	北京城建	2,371,035	47,159,886.15	1.06%
23	600171	上海贝岭	1,833,609	47,032,070.85	1.06%
24	0733	振华科技	2,898,551	45,449,279.68	1.02%
25	600697	欧亚集团	2,992,397	42,641,657.25	0.96%
26	0975	乌江电力	2,887,429	42,531,829.17	0.96%
27	600008	首创股份	1,868,507	40,490,546.69	0.91%
28	600038	哈飞股份	2,083,515	40,357,685.55	0.91%
29	600168	武汉控股	3,101,618	39,886,807.48	0.90%
30	600263	路桥建设	2,500,000	37,300,000.00	0.84%
31	600198	大唐电信	1,191,648	36,845,756.16	0.83%
32	0973	佛塑股份	2,375,699	36,063,110.82	0.81%
33	0983	西山煤电	3,005,200	34,830,268.00	0.79%
34	0919	金陵药业	1,349,233	33,703,840.34	0.76%
35	0998	隆平高科	645,000	32,959,500.00	0.74%
36	0948	南天信息	1,184,169	32,825,164.68	0.74%
37	600680	上海邮通	1,228,723	30,668,926.08	0.69%
38	0917	电广传媒	981,870	30,133,590.30	0.68%
39	0710	天兴仪表	940,654	28,981,549.74	0.65%
40	600828	成商集团	1,819,320	27,926,562.00	0.63%
41	600707	彩虹股份	1,967,150	26,320,467.00	0.59%
42	600345	长江通信	552,448	25,451,279.36	0.57%
43	0655	华光陶瓷	1,231,218	21,915,680.40	0.49%
44	0918	亚华种业	981,430	21,709,231.60	0.49%
45	0969	安泰科技	376,450	19,221,537.00	0.43%
46	600500	中化国际	1,096,350	19,197,088.50	0.43%
47	0541	佛山照明	1,464,424	18,759,271.44	0.42%
48	0697	咸阳偏转	957,686	18,406,724.92	0.41%
49	600673	成量股份	1,308,016	18,325,304.16	0.41%
50	0408	河北华玉	958,361	18,132,190.12	0.41%
51	600624	复华实业	1,062,831	16,952,154.45	0.38%
52	600862	纵横国际	711,187	14,344,641.79	0.32%
53	600256	广汇股份	594,058	14,334,619.54	0.32%
54	0726	鲁泰A	736,831	12,776,649.54	0.29%
55	600269	赣粤高速	715,000	12,555,400.00	0.28%
56	0961	大连金牛	1,230,250	12,204,080.00	0.28%
57	0976	春晖股份	749,520	11,819,930.40	0.27%
58	600258	首旅股份	500,600	11,568,866.00	0.26%
59	600016	民生银行	673,000	11,562,140.00	0.26%
60	0070	特发信息	415,842	11,073,872.46	0.25%
61	0725	京东方A	651,443	10,944,242.40	0.25%
62	0977	浪潮信息	386,150	10,870,122.50	0.25%
63	600236	桂冠电力	614,995	10,233,516.80	0.23%
64	0968	神州股份	922,500	9,760,050.00	0.22%
65	600299	星新材料	475,000	8,640,250.00	0.19%
66	0963	华东医药	387,100	8,148,455.00	0.18%
67	0981	兰光科技	279,900	8,016,336.00	0.18%
68	0301	丝绸股份	630,000	8,001,000.00	0.18%
69	0618	吉林化工	1,274,826	7,980,410.76	0.18%
70	0966	长源电力	534,600	7,917,426.00	0.18%
71	600296	兰州铝业	500,000	7,430,000.00	0.17%
72	600240	仕奇实业	439,634	7,148,448.84	0.16%
73	600227	赤天化	471,900	7,040,748.00	0.16%
74	600230	沧州大化	475,000	7,006,250.00	0.16%
75	600229	青岛碱业	596,000	6,716,920.00	0.15%
76	600259	兴业聚酯	427,000	6,494,670.00	0.15%
77	0531	穗恒运A	479,140	5,601,146.60	0.13%
78	0686	锦州六陆	391,300	5,380,375.00	0.12%
79	0965	天水股份	416,683	5,333,542.40	0.12%
80	600231	凌钢股份	500,000	5,245,000.00	0.12%
81	600307	酒钢宏兴	785,000	5,181,000.00	0.12%
82	0980	金马股份	340,100	5,060,688.00	0.11%
83	0971	湖北迈亚	326,700	4,923,369.00	0.11%
84	0895	双汇发展	294,067	4,887,393.54	0.11%
85	600235	民丰特纸	307,627	4,743,608.34	0.11%
86	0791	西北化工	329,700	4,190,487.00	0.09%
87	600130	波导股份	100,000	3,097,000.00	0.07%
88	600320	振华港机	205,212	2,891,437.08	0.07%
89	600243	青海华鼎	123,000	2,690,010.00	0.06%
90	600318	巢东股份	200,000	2,562,000.00	0.06%
91	600253	天方药业	134,000	2,524,560.00	0.06%
92	600302	标准股份	113,000	2,326,670.00	0.05%
93	600339	天利高新	98,000	2,265,760.00	0.05%
94	600316	洪都航空	101,000	2,110,900.00	0.05%
95	600399	抚顺特钢	277,000	1,980,550.00	0.04%
96	600270	外运发展	70,000	1,948,100.00	0.04%
97	600390	金瑞科技	129,000	1,933,710.00	0.04%
98	600368	五洲交通	150,000	1,828,500.00	0.04%
99	600398	凯诺科技	84,000	1,778,280.00	0.04%
100	600388	龙净环保	71,000	1,588,270.00	0.04%
101	600336	澳柯玛	105,000	1,481,550.00	0.03%
102	600333	长春燃气	81,000	1,300,860.00	0.03%
103	600306	商业城	80,000	1,268,800.00	0.03%
104	600338	珠峰摩托	69,000	1,239,930.00	0.03%
105	600309	烟台万华	106,000	1,195,680.00	0.03%
106	600328	兰太实业	70,000	1,164,800.00	0.03%
107	600303	曙光股份	55,000	1,052,150.00	0.02%
108	600377	宁沪高速	245,000	1,029,000.00	0.02%
109	600365	通葡萄酒	127,000	899,160.00	0.02%
110	600326	西藏天路	102,000	701,760.00	0.02%
111	600400	红豆股份	74,000	547,600.00	0.01%
112	600313	中农资源	64,000	403,200.00	0.01%
113	600378	天科股份	45,000	296,100.00	0.01%
114	600356	恒丰纸业	34,000	241,060.00	0.01%
115	0542	TCL通讯	10,000	183,600.00	0.00%
合计				3,473,261,459.35	78.29%

(六)、报告期内基金新增的股票明细

序 股票代码 股票名称 一级市场认购 二级市场买入 增发数量
送股数量 政策 本期卖出数量
性配售
1 600008 首创股份
3,560,000 1,691,493
2 600016 民生银行 673,000
3 600018 上港集箱 6,110,000
4 600019 宝钢股份 16,810,000
5 600038 哈飞股份 65,000 2,018,515
6 600130 波导股份 161,000
61,000
7 600168 武汉控股 3,114,618
13,000
8 600171 上海贝岭 4,983,709
3,150,100
9 600229 青岛碱业
1,192,000 596,000
10 600230 沧州大化
950,000 475,000
11 600231 凌钢股份
1,000,000 500,000
12 600235 民丰特纸
615,255 307,628
13 600236 桂冠电力
1,220,000 605,005
14 600240 仕奇股份 879,268

439,633
15 600243 青海华鼎 123,000
16 600253 天方药业 134,000
17 600256 广汇股份 297,029
594,059 297,030
18 600258 首旅股份
950,000 449,400
19 600259 兴业聚酯
832,000 405,000
20 600263 路桥建设 2,500,000
21 600269 赣粤高速
1,430,000 715,000
22 600270 外运发展 70,000
23 600296 兰州铝业 500,000
24 600299 星新材料
950,000 475,000
25 600302 标准股份 113,000
26 600303 曙光股份 55,000
27 600306 商业城 80,000
28 600307 酒钢宏兴 785,000
29 600309 烟台万华 106,000
30 600313 中农资源 64,000
31 600316 洪都航空 101,000
32 600318 巢东股份 200,000
33 600320 振华港机 205,212
34 600326 西藏天路 102,000
35 600328 兰太实业 70,000
36 600333 长春燃气 81,000
37 600336 澳柯玛 105,000
38 600338 珠峰摩托 69,000
39 600339 天利高新 98,000
40 600345 长江通信 118,000 434,448
41 600356 恒丰纸业 34,000
42 600365 通葡萄酒 127,000
43 600368 五洲交通 150,000
44 600377 宁沪高速 245,000
45 600378 天科股份 45,000
46 600388 龙净环保 71,000
47 600390 金瑞科技 129,000
48 600398 凯诺科技 84,000
49 600399 抚顺特钢 277,000
50 600400 红豆股份 74,000
51 600624 复华实业 3,378,798 870,962
3,186,929
52 600664 哈医药 9,248,063
1,584,595
53 600673 成量股份 2,621,747
1,313,731
54 600697 欧亚集团 3,498,674
506,277
55 600707 彩虹股份 3,697,163
1,730,013
56 600776 东方通信 5,000,000
57 600828 成商集团 3,622,616
1,803,296
58 600839 四川长虹 4,544,911
59 600862 纵横国际 1,323,919
612,732
60 600866 星湖科技 5,388,372 1,035,216
300,140
61 0070 特发信息
831,683 415,841
62 0301 丝绸股份
1,260,000 630,000
63 0403 三九生化 5,650,140 2,072,492
523,385
64 0406 石油大明 3,235,128 4,331,310
3,263,948
65 0531 穗恒运A 3,922,549
3,443,409
66 0541 佛山照明 1,464,424
67 0542 TCL通讯 4,752,047
4,742,047
68 0552 甘长风A 10,264,111
2,687,242
69 0697 咸阳偏转 1,000,436
42,750
70 0725 京东方A 651,443
71 0726 鲁泰A 736,831
72 0733 振华科技 1,458,667 2,898,551
1,458,667
73 0869 张裕A 524,721 2,113,140
524,721
74 0895 河南双汇 294,067
75 0917 电广传媒 1,250,000
268,130
76 0965 天水股份
831,683 415,000
77 0966 长源电力
1,069,200 534,600
78 0968 神州股份
1,845,000 922,500
79 0969 安泰科技
712,900 336,450
80 0971 湖北迈亚
653,400 326,700
81 0973 佛塑股份 1,810,699
1,130,000 565,000
82 0975 乌江电力 2,422,429
930,000 465,000
83 0976 春晖股份 333,120
831,700 415,300
84 0977 浪潮信息
772,300 386,150
85 0980 金马股份
680,200 340,100
86 0981 兰光科技 559,800
279,900
87 0983 西山煤电 3,005,200
88 0998 隆平高科
645,000

(七)、报告期内基金剔除的股票明细

1、低市值组合

序	证券代码	股票名称	期初股数	买入股数	卖出股数
1	600055	万东医疗	176,828		176,828
2	600061	中纺投资	358,422		358,422
3	600067	福州大通	209,937		209,937
4	600070	浙江富润	240,671		240,671
5	600079	人福科技	156,048		156,048
6	600097	ST恒　泰	350,000		350,000
7	600109	成百集团	269,980		269,980
8	600136	道博股份	250,789		250,789
9	600137	长江包装	146,640		146,640
10	600148	离 合 器	199,900		199,900
11	600162	山东临工	379,940		379,940
12	600193	厦门大洋	229,902		229,902
13	600605	轻工机械	250,000		250,000
14	600610	ST中纺机	373,290		373,290
15	600612	第一铅笔	248,891		248,891
16	600613	永生股份	200,000		200,000
17	600614	胶带股份	199,730		199,730
18	600615	丰华圆珠	259,190		259,190
19	600617	联华合纤	199,460		199,460
20	600618	氯碱化工	236,900		236,900
21	600619	冰箱压缩	178,009		178,009
22	600623	轮胎橡胶	249,400		249,400
23	600625	PT水　仙	194,460		194,460
24	600645	望 春 花	340,000		340,000
25	600647	ST粤海发	209,600		209,600
26	600648	外 高 桥	249,900		249,900
27	600650	新 锦 江	331,155		331,155
28	600659	福建福联	309,600		309,600
29	600676	交运股份	250,000		250,000
30	600679	凤凰股份	227,360		227,360
31	600687	国泰股份	239,450		239,450
32	600691	东新电碳	330,300		330,300
33	600692	亚通股份	159,177		159,177
34	600695	大江股份	205,606		205,606
35	600706	长安信息	209,300		209,300
36	600711	雄震集团	149,400		149,400
37	600714	山川股份	249,598		249,598
38	600721	ST百花村	459,923		459,923
39	600724	宁波富达	118,098		118,098
40	600725	云维股份	370,000		370,000
41	600749	西藏圣地	246,611		246,611
42	600754	新亚股份	389,925		389,925
43	600756	泰山旅游	269,752		269,752
44	600758	金帝建设	286,640		286,640
45	600762	ST金　荔	269,946		269,946
46	600763	北京中燕	399,470		399,470
47	600765	力源液压	333,316		333,316
48	600768	宁波华通	112,930		112,930
49	600773	西藏金珠	186,031		186,031
50	600774	汉商集团	265,000		265,000
51	600775	南京熊猫	244,800		244,800
52	600782	新华股份	269,650		269,650
53	600786	东方锅炉	492,770		492,770
54	600791	贵华旅业	237,851		237,851
55	600792	云南马龙	149,916		149,916
56	600794	保税科技	326,343		326,343
57	600801	华新水泥	479,920		479,920
58	600818	ST永　久	199,077		199,077
59	600822	物贸中心	199,340		199,340
60	600824	益民百货	404,590		404,590
61	600825	华联超市	72,700		72,700
62	600827	友谊股份	268,388		268,388
63	600829	天鹅股份	330,000		330,000
64	600831	ST黄河科	459,912		459,912
65	600833	PT网　点	339,428		339,428
66	600841	上柴股份	249,300		249,300
67	600843	上工股份	198,900		198,900
68	600844	英雄股份	269,921		269,921
69	600845	ST钢　管	98,300		98,300
70	600847	万里电池	390,000		390,000

71	600848	自仪股份	329,995		329,995
72	600850	华东电脑	162,280		162,280
73	600851	海欣股份	246,878		246,878
74	600860	北人股份	500,000		500,000
75	600864	岁宝热电	449,570		449,570
76	600869	青海三普	299,276		299,276
77	600875	东方电机	596,257		596,257
78	600876	洛阳玻璃	505,900		505,900
79	600880	博瑞传播	199,980		199,980
80	600883	富邦科技	141,000		141,000
81	600888	新疆众和	241,220		241,220
82	600892	ST石劝业	76,950		76,950
83	0004	深安达	409,947		409,947
84	0014	ST深华源	449,912		449,912
85	0015	PT中浩A	179,500		179,500
86	0018	深中冠A	200,941		200,941
87	0019	深深宝A	300,000		300,000
88	0025	ST特力A	339,050		339,050
89	0028	深益力A	299,940		299,940
90	0030	ST英达A	399,949		399,949
91	0035	中科健A	140,915		140,915
92	0037	深南电A	179,716		179,716
93	0038	ST深大通	189,271		189,271
94	0043	深南光A	200,334		200,334
95	0045	深纺织A	220,000		220,000
96	0047	深中侨A	225,100		225,100
97	0050	深天马A	66,579		66,579
98	0056	深国商	279,884		279,884
99	0065	北方国际	199,180		199,180
100	0411	ST凯地	310,000		310,000
101	0413	宝石A	289,600		289,600
102	0416	青岛国货	319,852		319,852
103	0417	合肥百货	229,740		229,740
104	0517	甬成功	120,260		120,260
105	0526	厦海发	220,000		220,000
106	0536	ST闽闽东	419,369		419,369
107	0540	世纪中天	262,270		262,270
108	0555	太光电信	209,690		209,690
109	0590	紫光生物	279,214		279,214
110	0591	桐君阁	289,938		289,938
111	0593	成都华联	162,800		162,800
112	0596	古井贡A	199,918		199,918
113	0602	ST金马	268,065		268,065
114	0603	威达医械	280,000		280,000
115	0605	中联建设	196,556		196,556
116	0606	青海明胶	190,000		190,000
117	0607	华立控股	341,365		341,365
118	0611	民族集团	496,205		496,205
119	0613	ST东海A	149,007		149,007
120	0615	湖北金环	349,920		349,920
121	0616	大连渤海	209,377		209,377
122	0617	石油济柴	319,970		319,970
123	0619	海螺型材	148,800		148,800
124	0622	岳阳恒立	391,980		391,980
125	0632	三木集团	224,188		224,188
126	0638	中辽国际	451,681		451,681
127	0639	庆云发展	276,916		276,916
128	0650	九江化纤	279,338		279,338
129	0658	ST海洋	317,100		317,100
130	0662	广西康达	289,219		289,219
131	0666	经纬纺机	237,910		237,910
132	0669	中讯科技	159,970		159,970
133	0671	石狮新发	277,486		277,486
134	0672	铜城集团	130,500		130,500
135	0675	ST银山	329,867		329,867
136	0676	思达高科	249,939		249,939
137	0678	襄阳轴承	225,796		225,796
138	0685	公用科技	59,840		59,840
139	0689	ST宏业	259,609		259,609
140	0711	龙发股份	296,532		296,532
141	0719	焦作碱业	265,000		265,000
142	0736	重庆实业	134,200		134,200
143	0756	新华制药	119,195		119,195
144	0802	京西旅游	299,974		299,974
145	0805	炎黄在线	165,805		165,805
146	0809	第一纺织	349,923		349,923
147	0810	四川锦华	114,000		114,000
148	0811	烟台冰轮	172,800		172,800
149	0827	大龙泉	219,977		219,977
150	0835	隆源实业	36,648		36,648
151	0838	ST西化机	126,680		126,680
152	0851	中国七砂	435,400		435,400
153	0861	茂化永业	158,000		158,000
154	0863	北商技术	122,460		122,460

2、非低市值组合

序	证券代码	股票名称	期初股数	买入股数	卖出股数
1	600000	浦发银行	185,000		185,000
2	600072	江南重工	1,983,022		1,983,022
3	600111	稀土高科	1,157,106		1,157,106
4	600123	兰花科创	699,450	4,243,510	4,942,960
5	600197	伊力特	853,453		853,453
6	600200	江苏吴中	850,191		850,191
7	600207	安彩高科	498,268		498,268
8	600616	第一食品	349,926	4,986,439	5,336,365
9	600620	天宸股份	941,101		941,101
10	600636	三爱富	1,617,954	130,990	1,748,944
11	600639	浦东金桥	524,747	890,965	1,415,712
12	600643	爱建股份	3,012,890		3,012,890
13	600663	陆家嘴	498,461	512,628	1,011,089
14	600817	宏盛科技	170,049		170,049
15	600820	隧道股份	1,223,787		1,223,787
16	600836	界龙实业	1,722,967	168,000	1,890,967
17	0016	深康佳A	517,901		517,901
18	0017	ST中华A	2,620,688	6,725,753	9,346,441
19	0066	长城电脑	690,271		690,271
20	0513	丽珠集团	1,101,953		1,101,953
21	0798	中水渔业	1,385,975		1,385,975
22	0800	一汽轿车	322,522		322,522
23	0817	辽河油田	1,393,899		1,393,899
24	0837	秦川发展	1,483,961	311,520	1,795,481
25	0877	天山股份	860,018		860,018
26	0931	中关村	4,587,795	330,000	4,917,795
27	0962	东方钽业	438,200		438,200
28	600073	上海梅林		1,124,200	1,124,200
29	600083	PT红光	2,702,873	1,050,900	3,753,773
30	600606	金丰投资	17,628		17,628
31	600656	华源制药		2,416,650	2,416,650
32	600675	中华企业		1,056,648	1,056,648
33	600821	津劝业		1,784,747	1,784,747
34	600894	广钢股份		3,097,715	3,097,715
35	0024	招商局A		360,000	360,000
36	0032	深桑达A	1,229,330	1,680,193	2,909,523
37	0061	农产品		1,209,000	1,209,000
38	0089	深圳机场		1,220,930	1,220,930
39	0421	南京中北	233,500	4,546,207	4,779,707
40	0767	漳泽电力	3,744,369	3,744,369	
41	0915	声乐股份		1,738,760	1,738,760
42	0922	阿继电器		413,500	413,500
43	0956	中原油气		3,154,037	3,154,037
44	600241	辽宁时代		59,000	59,000
45	600242	华龙集团		121,000	121,000
46	600246	先锋股份		158,000	158,000
47	600247	物华股份		115,000	115,000
48	600252	中恒集团		49,000	49,000
49	600255	鑫科材料		26,000	26,000
50	600260	凯乐股份		33,000	33,000
51	600261	浙江阳光		81,000	81,000
52	600262	北方股份		252,000	252,000
53	600265	景谷林业		151,000	151,000
54	600267	海正药业		126,000	126,000
55	600275	武昌鱼		77,000	77,000
56	600276	恒瑞医药		28,000	28,000
57	600277	亿利科技		130,000	130,000
58	600279	重庆港九		228,000	228,000
59	600282	南钢股份		260,000	260,000
60	600283	钱江水利		234,000	234,000
61	600285	羚锐股份		50,000	50,000
62	600287	江苏舜天		86,000	86,000
63	600288	大恒科技		39,000	39,000
64	600290	苏福马		25,000	25,000
65	600291	西水股份		155,000	155,000
66	600292	九龙电力		94,000	94,000
67	600293	三峡新材		132,000	132,000
68	600297	美罗药业		53,000	53,000
69	600298	安琪酵母		90,000	90,000
70	600300	维维股份		25,000	25,000
71	600301	南化股份		108,000	108,000
72	600308	华泰股份		254,000	254,000
73	600337	美克股份		31,000	31,000
74	600358	国旅联合		155,000	155,000
75	600366	宁波韵升		56,000	56,000
76	600422	昆明制药		46,000	46,000
77	600607	上实联合		1,482,000	1,482,000
78	600805	悦达投资		1,420,000	1,420,000
79	0096	广聚能源		183,000	183,000
80	0099	中信海直		251,000	251,000
81	0150	麦科特		238,000	238,000
82	0151	中成股份		136,000	136,000
83	0153	新力药业		59,000	59,000
84	0155	川化股份		361,000	361,000
85	0156	安塑股份		100,000	100,000
86	0157	中联重科		151,000	151,000
87	0158	常山股份		283,000	283,000
88	0159	国际实业		22,000	22,000
89	0488	晨鸣纸业		553,989	553,989
90	0583	托普软件		773,065	773,065
91	0733	振华科技		1,458,667	1,458,667
92	0982	圣雪绒		95,000	95,000
93	0985	大庆华科		121,000	121,000
94	0987	广州友谊		285,000	285,000
95	0988	华工科技		200,000	200,000
96	0989	九芝堂		172,000	172,000
97	0990	诚志股份		103,000	103,000
98	0995	皇台酒业		139,000	139,000

99　0997　新 大 陆　49,000　49,000

(八) 基金投资组合

1、按行业分类的股票投资组合

序号	分 类	数量	市 值(元)	占净值比例
1	交通运输	33,444,515	407,212,173.45	9.18%
2	能源电力	11,841,015	177,934,370.90	4.01%
3	建材建筑	15,598,498	233,849,548.99	5.27%
4	冶 金	20,607,700	144,306,077.00	3.25%
5	机械制造	4,543,930	80,935,748.58	1.82%
6	电子通讯	46,402,565	1,151,007,398.22	25.94%
7	石油化工	20,596,992	322,914,691.37	7.28%
8	生物医药	22,856,496	409,899,441.78	9.24%
9	汽车及配件制造	1,335,754	35,094,387.74	0.79%
10	纺织服装	6,641,859	99,392,359.48	2.24%
11	家 电	5,607,597	75,699,782.00	1.71%
12	酿酒食品	2,534,207	57,664,140.54	1.30%
13	商贸旅游	6,488,667	102,602,973.75	2.31%
14	金融地产	673,000	11,562,140.00	0.26%
15	农林牧渔	1,690,430	55,071,931.60	1.24%
16	综 合	6,986,176	108,114,293.95	2.45%
合 计		207,849,401	3,473,261,459.35	78.29%

2、国债及货币资金合计

截止 2000 年 12 月 31 日，基金持有的国债及货币资金合计为 1,461,354,417.26 元，占基金资产净值的 32.94%，其中国债市值为 908,910,250.00 元，占基金资产净值的 20.49%。

3、占基金资产净值前十名的股票

序号	名称	数量	市 值(元)	占净值比例
1	红太阳	9,229,077	169,538,144.49	3.82%
2	三九生化	7,199,247	158,959,373.76	3.58%
3	四川湖山	4,196,934	155,202,619.32	3.50%
4	东方通信	5,000,000	143,250,000.00	3.23%
5	上港集箱	6,110,000	143,096,200.00	3.23%
6	方正科技	4,891,399	136,323,290.13	3.07%
7	中国化建	9,827,143	124,411,630.38	2.80%
8	甘长风 A	7,576,869	123,881,808.15	2.79%
9	华北高速	16,146,175	118,028,539.25	2.66%
10	中钨高新	5,957,076	113,422,727.04	2.56%

4、报告附注

(1)、报告项目的计价方法

本基金持有上市证券采用公告内容截止日的市场均价，已发行未上市股票采用成本计算。

(2)、基金持有每只股票的价值(按成本价计算)均不超过基金资产净值的 10%。

(3)、基金应收申购款、利息、应付管理费、托管费、佣金、卖出回购及其他应收应付款项合计为贷方余额 498,102,921.36 元，与基金股票市值 3,473,261,459.35 元和国债及货币资金 1,461,354,417.26 元相抵减后等于基金资产净值。

六、基金持有人结构及前十名持有人

(一)、截止 2000 年 12 月 31 日，本基金份额结构为：

	期末持有数	比例
发起人持有	30,000,000 份	1.00%
其中：国泰君安证券股份有限公司	7,500,000 份	0.25%
上海爱建信托投资公司	7,500,000 份	0.25%
浙江省国际信托投资公司	7,500,000 份	0.25%
国泰基金管理有限公司	7,500,000 份	0.25%
社会公众持有	2,970,000,000 份	99.00%
合 计	3,000,000,000 份	100.00%

(二)、截止 2000 年 12 月 31 日，本基金共有持有人 236,573 人，前十名持有人名称、持有份额及比例如下：

序号	持有人姓名	期末持有数	持有比例
1	中国人寿	285,668,200	9.52%
2	平安保险	123,188,200	4.11%
3	中国再保	59,262,000	1.98%
4	劝华集团	44,711,000	1.49%
5	资金中心	43,000,000	1.43%
6	久事公司	32,529,100	1.08%
7	投资信托	27,697,300	0.92%
8	国信实业	21,300,000	0.71%
9	天津证券	16,167,300	0.54%
10	高新投资	10,800,000	0.36%

七、重要事项揭示

1、2000 年 8 月 30 日，本公司刊登了《金鑫证券投资基金 2000 年中期报告》。

2、2000 年 9 月 29 日，本公司刊登了《国泰基金管理有限公司迁址公告》。

3、2000 年 12 月 8 日，本公司刊登了《金鑫证券投资基金关于更换会计师事务所的公告》，基金的会计师事务所由原来的大华会计师事务所变更为安达信·华强会计师事务所。

4、2000 年 12 月 23 日，本公司刊登了《关于基金金鑫发起人持有的基金单位部分上市流通的公告》。

5、在报告期内，关联人及席位券商股票、国债的交易量及佣金(单位为万元)情况为：

关联人及券商名	股票成交量	比例	国债成交量	比例	佣金比例	平均佣金比率
国泰君安证券股份有限公司	139,857.96	20.03%	9,390.29	24.25%	115.54 19.93%	0.08%
华夏证券有限公司	147,954.45	21.19%			122.67 21.16%	0.08%
南方证券有限公司	126,692.93	18.15%	8,816.62	22.77%	105.87 18.26%	0.08%
国通证券有限责任公司	148,896.45	21.33%	20,518.74	52.98%	123.69 21.33%	0.08%
平安证券有限公司	134,764.43	19.30%			112.09 19.33%	0.08%

在本报告期内，基金专用交易席位无变更情况，各席位均符合证监会规定的有关交易比例即通过一个证券经营机构买卖证券年交易量不得超过该基金买卖证券年成交量的 30%。

6、本报告期内，中国建设银行的许占涛先生已不再担任基金托管部总经理职务，由江先周先生担任。原信息披露负责人程燕春先生已不再负责基金信息披露事务，由黄秀莲小姐负责各项披露事务。

7、本报告期内，基金管理人、托管人无重大诉讼、仲裁事项；基金管理人、托管人机构及高级管理人员无任何处罚情况；基金托管人办公地址无变动情况。

八、备查文件目录

1、关于同意设立金鑫证券投资基金的批复
2、金鑫证券投资基金契约
3、金鑫证券投资基金托管协议
4、金鑫证券投资基金 1999 年年度报告原件
5、金鑫证券投资基金 2000 年中期报告原件
6、金鑫证券投资基金 2000 年年度报告原件
7、报告期内披露的各项公告原件
8、国泰基金管理有限公司营业执照和公司章程

投资者对本报告如有疑问，可咨询本基金管理人国泰基金管理有限公司。

咨询电话：(021)62531069

公司网址：http://www.gtfund.com

国泰基金管理有限公司

2001 年 3 月 30 日

汉 兴 证 券 投 资 基 金

汉兴证券投资基金2000年年度报告

重要提示:本基金的托管人交通银行已于2001年3月26日复核了本报告。本基金管理人、托管人愿就报告中所载资料的真实性、准确性和完整性负责。本报告书中的内容由本基金管理人负责解释。

一、基金简介

(一)基金简称:基金汉兴　　交易代码:500015
基金单位总份额:30亿份
基金类型:契约型封闭式
基金存续期:15年
上市日期:2000年1月10日
上市地点:上海证券交易所
(二)基金管理人:富国基金管理有限公司
注册及办公地址:上海市浦东新区世纪大道88号金茂大厦32层
邮政编码: 200121
法定代表人:虞志皓
总经理:李建国
信息管理负责人:林志松　于翠霞
电话: 021- 50478888-303、301
传真: 021-50470328
(三)基金托管人:交通银行
注册及办公地址:上海市仙霞路18号
邮政编码:200336
法定代表人:方诚国
托管部负责人:谢红兵
信息管理负责人:江永珍
联系地址:上海市仙霞路18号
电话:021-62082517
传真:021-62759266
(四)会计师事务所:普华永道中天会计师事务所
注册及办公地址:上海浦东新区沈家弄325号
法定代表人:汤云为
经办注册会计师:周忠惠、王笑

二、主要财务指标

1、期末基金资产净值:	4,157,079,198.43
期末基金单位净值:	1.3857
期末基金资产总值:	4,243,066,754.96
2、本期净值增长率:	37.58%
累计净值增长率:	38.57%
3、本期已实现收益:	535,933,246.39
基金资产净值收益率:	17.74%
4、本期基金可分配收益:	557,795,855.95
单位基金可分配收益:	0.1859
本期基金可分配收益率:	18.46%
5、扣除政策性配售因素后的本期净值增长率:	28.13%

三、基金管理人报告

(一)基金运作合规性声明

富国基金管理有限公司作为汉兴证券投资基金的管理人,本报告期,基金管理人严格按照《证券法》、《证券投资基金管理暂行办法》、《汉兴证券投资基金契约》以及其它有关法律法规的规定,本着诚实信用、勤勉尽责的原则,以减少和分散风险,确保基金资产的安全并谋求基金长期稳定收益为目标,管理和运用基金资产,在严格控制风险的基础上,为基金持有人谋求最大收益,无损害基金持有人利益的行为。基金投资组合符合有关法规及基金契约的约定。

为防范不当关联交易和内幕交易,本基金管理人制定并根据实际情况不断调整和完善风险控制制度和证券交易操作规则。公司设督察员,领导监察稽核部,监督投资决策委员会决议的执行情况,通过证券交易实时监控系统对基金资产交易进行实时监控,对基金资产运作的合规性和投资组合各项比例控制进行监察。

为切实遵循管理人的管理原则,保障投资人的合法权益,管理人全体员工均与公司签定了员工守则承诺书和保密承诺书,保证不从事任何法律法规及公司禁止的活动。禁止从事任何与本职工作利益相冲突的活动,禁止利用尚未公开的重大消息、内幕消息进行投资活动,禁止利用掌握的未公开信息为自己或代为他人进行投票投资或咨询,不得泄露基金投资计划、投资意向等未依法公开的信息。

(二)汉兴基金管理小组

本基金由基金管理部下设的汉兴证券投资管理组负责基金的日常投资运作,主要成员有:

基金经理:王浩先生,29岁,经济学硕士,六年证券从业经历,曾就职于中国经济开发信托投资公司上海证券部、海通证券有限公司基金部,富国基金管理有限公司基金管理部基金经理助理。

基金经理助理 :张晖先生,29岁,经济学硕士,四年证券从业经历,曾就职于申银万国证券股份有限公司研发中心、富国基金管理有限公司研究策划部。

基金经理助理:赖晶铭先生,29岁,经济学硕士,六年金融、证券从业经历,曾就职于中国租赁有限责任公司第三业务部、大鹏证券北京投资银行部、海通证券北京投资银行部、富国基金管理有限公司研究策划部。

(三)基金经理工作报告

2000年度是中国证券市场表现非凡的一年,上证综指由年初的1368点上涨至年底的2073点,全年涨幅51.49%,深圳综指同期上涨幅度为57.8%,中国股市列全球股市涨幅前茅。从2000年市场整体走势来看,股市结束了牛短熊长的周期,进入了新的上升阶段,这是宏观经济发生的积极变化的结果,经济增长是股市走牛的基础。虽然由于国有股、法人股目前尚未流通,加上社会资本化率较低,股市和宏观经济的正相关并不明显,但2000年宏观经济向好对资金面和投资者人气起了积极的影响。2000年证券市场建设步伐明显加快,自身建设逐步得到完善。其中针对二级市场发布的各项政策和措施,尤其在资金面的一些利好政策对年度行情走势起到积极的推动作用,资金推动型牛市得以维系。在市场规模持续扩容的同时,"让市场说话"伴随行政干预的减少,对市场过度投机行为监管力度不断加强,规范健康发展将成为今后市场发展的主基调。年初以网络股为代表的新经济横空出世,市场为之耳目一新,然而潮起潮落,市场对新事物的判断趋于理性。其后传统经济领域热点频频,板块轮动特征明显,除资产重组外几乎没有一个概念能够成为贯穿行情始终,各类机构投资者逐渐成为市场的主体,他们不同的投资偏好是这个现象的一个较好解释。

2000年度是基金汉兴运作的第一个完整的财务年度。汉兴年末的单位净值是1.3857元,年度净值增长率为37.58%,略低于证券市场年度综合收益率。

基金汉兴是富国基金管理公司旗下的平衡型基金,按照基金契约规定,股票投资重要集中在成长股和绩优股,根据对股市不同的预期,动态调整两种股票类型的比例。即在对未来股市判断为强势时,可以将70%以下的股票仓位投入成长股,当对未来判断是弱势时,可以将70%以下的仓位投入绩优型股票。这种设计的初衷是在控制投资风险的同时,为基金受益人谋求较高收益。2000年股市始终呈现牛市格局,因此我们按照契约规定,将股票仓位重点投资于成长股。很多企业的成长是靠行业扩张推动,因而我们对成长行业的龙头企业颇为看重,在2000年全年对通信、电子等成长速度较高的行业进行重点投资。从结果上看,这种安排并不尽如人意。

四、托管人报告

2000年度,汉兴证券投资基金(以下简称"汉兴基金")的托管人——交通银行,严格遵守《证券投资基金管理暂行办法》及其实施准则的规定,依据《汉兴证券投资基金契约》和《汉兴证券投资基金托管协议》中的条款,认真履行基金托管人的各项职责,安全保管汉兴基金的所有资产,做好汉兴基金的投资监管和清算核算工作,切实维护广大基金持有人的合法权益,未发生任何损害基金持有人利益的事件和行为。

2000年度,基金管理人严格遵守了《证券投资基金管理暂行办法》及其实施准则、基金契约和其它有关法规的规定,基金托管人未发现基金管理人在投资运作中有损害基金持有人利益的行为。基金托管人确认,由基金管理人在2000年度编制和披露的汉兴基金每日资产净值、每周资产净值公告、每季度投资组合公告、中期财务报告等有关基金信息是合法、真实和完整的。

五、基金年度财务报告

(一)审计报告　　审计报告　　普华永道审字(2001)第329号

汉兴证券投资基金全体持有人:

我们接受委托,审计了汉兴证券投资基金(以下简称"汉兴基金")2000年12月31日的资产负债表及1999年12月30日(基金成立日)至2000年12月31日止期间的的收益及收益分配表。这些会计报表由汉兴基金管理人富国基金管理有限公司负责,我们的责任是对这些会计报表发表审计意见。我们的审计是根据《中国注册会计师独立审计准则》的规定进行的。在审计过程中,我们结合汉兴基金的实际情况,实施了包括抽查会计记录等我们认为必要的审计程序。我们认为,下述汉兴基金会计报表符合中华人民共和国《企业会计准则》、《证券投资基金管理暂行办法》实施准则第五号证券投资基金信息披露指引、汉兴基金契约和中国证券监督管理委员会允许的如会计报表附注所列示的基金行业的实务操作规定,在所有重大方面公允地反映了汉兴基金2000年12月31日的财务状况及1999年12月30日(基金成立日)至2000年12月31日止期间的经营成果。

普华永道中天	注册会计师　周忠惠
会计师事务所有限公司	注册会计师　王笑
	2001年1月18日

(二)会计报告书

1、1999年12月30日(基金成立日)至2000年12月31日止期间的收益及收益分配表

单位:人民币元

项　　目	本期累计数
收入	
证券买卖差价	
股票　(附注3(e))	582,984,587.10
债券　(附注3(e))	215,460.45
投资收益	
股息收益　(附注3(e))	3,148,790.73
债券利息收益　(附注3(e))	8,748,042.41
买入返售证券收入　(附注3(e))	1,471,992.00
其他收入　(附注6)	11,679,262.27
额定发行费用余额　(附注3(j), 7)	21,173,069.00
收入及额定发行费用余额合计	629,421,203.96
费用	
基金管理费(附注3(f))	56,286,772.46
基金托管费　(附注3(h))	9,381,969.59
卖出回购证券支出(附注3(i))	5,623,778.46
其他费用	332,827.50
费用合计	71,625,348.01
本期净收益	557,795,855.95
收益分配　(附注3(l), 10)	-
未分配收益	557,795,855.95

六、基金持有人结构及基金前十名持有人

1、基金持有人结构

	基金份额	占总份额比例
基金发起人	3000万份	1.00%
其中:海通证券有限公司	1000万份	0.33%
华泰证券有限责任公司	1000万份	0.33%
富国基金管理有限公司	1000万份	0.33%
社会公众	297000万份	99.00%

2、基金前十名持有人

持有人	基金份额	占总份额的比例%
中国人寿	286,285,600	9.54
再保险	80,000,000	2.67
中国太保	70,212,900	2.34
中电天证	18000000	0.60
杭州富群	18000000	0.60
祝燕梅	16000000	0.53
长城证券	13570000	0.45
中允投资	11684800	0.39
华泰证券	10000000	0.33
海通证券	10000000	0.33

裕元证券投资基金

裕元证券投资基金2000年年度报告

重要提示:本基金的托管人中国工商银行已于2001年3月27日复核了本报告。本基金管理人、托管人愿就本报告书中所载资料的真实性、准确性和完整性负责,本报告书中的内容由本基金管理人负责解释。

一、基金简介

(一)基金基本资料基金简称:基金裕元　基金交易代码:500016
基金单位总份额:15亿份
基金类型:契约型、封闭式　基金存续期:15年
上市地点:上海证券交易所　上市时间:1999年10月28日
(二)基金管理人法定名称:博时基金管理有限公司
注册地址:广东省深圳市罗湖区红岭中路102号国信大厦29楼
办公地址:北京市建国门内大街18号恒基中心1座23层
邮政编码:100005
法定代表人:周道志　总经理:肖风　信息事务管理人:李全
地址:北京市建国门内大街18号恒基中心1座23层
电话:010-65171166　传真:65187020
(三)基金托管人法定名称:中国工商银行
注册及办公地址:北京市西城区复兴门内大街55号　邮政编码:100032
法定代表人:姜建清　基金托管部负责人:赵跃　信息事务联系人:刘长江
联系地址:北京市西城区复兴门内大街55号
联系电话:010-66106912
传真:010-66106904
(四)会计师事务所和经办注册会计师
法定名称:普华永道中天会计师事务所有限公司
注册及办公地址:上海淮海中路333号
法定代表人:Mr. Kent Watson
电话:021-63863388
传真:021-63863300
联系人:周忠惠
经办注册会计师:周忠惠 王笑
(五)律师事务所和经办律师
法定名称:国浩律师集团事务所
注册及办公地址:北京市复兴门内大街158号远洋大厦F7
法定代表人:张涌涛
电话:010-66411188
传真:010-66413800
联系人:黄伟民
经办律师:黄伟民

二、主要财务指标

单位:人民币元

主要财务指标	2000年	1999年
1 期末基金可分配净收益	579,245,305	35,028,968
2 本期单位基金实现净收益	0.3788	0.0012
3 期末基金资产总值	2,711,004,538	1,555,549,383
4 期末基金资产净值	2,338,494,319	1,524,353,611
5 期末单位基金资产净值	1.5590	1.0162
6 基金资产净值收益率	37.87%	0.12%
7 本期基金可分配收益率	38.61%	2.33%
8 本期基金净值增长率	55.86%	1.60%
9 基金累计净值增长率	57.50%	1.60%

三、基金管理人报告

本基金业绩表现:

截止到2000年12月31日,基金单位净值为1.5590元,年净值增长率为55.86%。扣除当年配售新股对基金净值增长的贡献因素,本基金净值增长率为44.52%。2000年每基金单位分红0.348元。

基金经理简介刘小山先生基金经理,31岁,硕士,7年证券业从业经验,曾任君安证券公司资产管理部副总经理。1999年8月入博时基金管理有限公司。

李学文先生基金经理助理,30岁,硕士,3年证券业从业经验,98年加入博时基金管理公司,先后从事研究、交易、基金管理等工作。

(一)基金经理工作报告

1、2000年证券市场及本基金投资情况的回顾:

2000年,我国的宏观经济呈现出积极的变化,经济增长速度重回到8%以上,国民经济增长率摆脱了连续7年下降的局面。消费对GDP的贡献率加大到65%以上,经济增长的内在动力有所增强。积极的财政政策是2000年投资增长的关键因素,对拉动经济增长发挥了重要作用。此外,全球经济的快速增长带动了我国出口的快速增长,拉动我国经济增长的作用也很显著。经济运行质量有所提高,企业盈利增加,存货减少,企业经营预期上升,宏观经济形势与微观形势的联动性有所加强。同时,价格水平止跌回升,通缩问题也得到缓解。在这种背景下,认为宏观经济出现重大转折的论点不时见诸媒体,大大增强了证券市场投资者的信心,加之存款利率持续下降、利息税开征、国有企业入市限制和券商融资渠道放宽等一系列的政策效应在2000年明显显现,这些因素共同引导了大量新增资金入市,直接推动了股市价格上涨,证券市场呈现出资金供应充足,机构和个人投资者投资热情高涨的显著特点。2000年全球62个主要股市中,45个股指呈现负增长,其中21个跌幅在两成以上,而中国股市大幅上扬,位列涨幅榜的前列。

纵观2000年的行情,可以划分成春节、年中和年末三个阶段。春节行情由于调整充分,加之新股发行方式改变等基本面利好消息的影响,直接刺激大盘爆涨,网络概念股进入最后一个拉升阶段。年中行情是2000年行情的主升浪,持续时间长,累计涨幅大,呈现出典型的慢牛特征,代表2000年行情的主流特点。在此期间,市场热点相对较多,钢铁、石化、能源电力等板块成为主流热点,网络概念股则步入漫漫熊途。年末行情发动和国有股减持、创业板市场设立比市场预期延迟有关,期间基金重仓的电子通讯板块和绩优蓝筹股表现较为突出。2000年的行情是一种大规模的持续的上涨行情,至年底整体市场市盈率已高达60倍。

本基金坚持研究支持决策的风格,通过自上而下的研究与自下而上的研究相结合确定投资的策略和投资的目标;同时,本基金注重一贯的投资理念和科学的决策程序,规范运作。在2000年上半年,本基金及时降低了对网络股的投资,减低了网络股下跌的风险,对通过电子通信、生物制约等新兴行业质地优良的上市公司坚持重点投资,对石油化工、能源电力等传统行业的上市公司进行积极的组合投资,获得了良好的投资回报。

四、基金托管人报告

本托管人——中国工商银行,依据《裕元证券投资基金基金契约》与《裕元证券投资基金托管协议》,托管裕元证券投资基金。2000年度,在对裕元证券投资基金的托管过程中,本托管人严格遵守了《证券投资基金管理暂行办法》及其实施准则、基金契约、托管协议和其他有关法规的规定,对裕元证券投资基金的投资运作进行了全面的会计核算和应有的监督,没有发生任何损害基金持有人利益的行为,诚实信用、勤勉尽责地履行了作为托管人所应尽的义务。

本托管人依照《证券投资基金管理暂行办法》及其实施准则、基金契约、托管协议和其他有关法规的规定,对裕元证券投资基金的投资组合进行了监督,认为博时基金管理有限公司在裕元证券投资基金的投资运作、基金资产净值及单位基金资产净值的计算上,遵守《证券投资基金暂行办法》及其实施准则、基金契约、托管协议和其他有关法规的规定,没有发现任何损害基金持有人利益的行为。

本托管人依法对裕元证券投资基金管理人——博时基金管理有限公司在2000年度所编制和披露的裕元证券投资基金资产净值公告、基金投资组合公告、基金年度报告等公告信息进行了核查,认为裕元证券投资基金管理人——博时基金管理有限公司在2000年度内所编制和披露的基金信息是合法、真实和完整的。

中国工商银行基金托管部
2001年3月21日

五、基金年度财务报告

(一)审计报告　审计报告　普华永道审字(2001)第324号

裕元证券投资基金全体持有人:

我们接受委托,审计了裕元证券投资基金(以下简称"裕元基金")2000年12月31日的资产负债表及2000年度的收益及收益分配表。这些会计报表由裕元基金管理人博时基金管理有限公司负责,我们的责任是对这些会计报表发表审计意见。我们的审计是根据《中国注册会计师独立审计准则》的规定进行的。在审计过程中,我们结合裕元基金的实际情况,实施了包括抽查会计记录等我们认为必要的审计程序。

我们认为,下述裕元基金会计报表符合中华人民共和国《企业会计准则》、《证券投资基金管理暂行办法》实施准则第五号证券投资基金信息披露指引、裕元基金契约和中国证券监督管理委员会允许的如会计报表附注所列示的基金行业的实务操作规定,在所有重大方面公允地反映了裕元基金2000年12月31日的财务状况及2000年度的经营成果,会计处理方法的选用遵循了一贯性原则。

普华永道中天　注册会计师　周忠惠
会计师事务所有限公司　注册会计师　王　笑
中国　上海　2001年1月19日

(二)基金会计报告书

1、裕元证券投资基金2000年收益及收益分配报告书　单位:人民币元

项目	行次	本年累计数	上年累计数
收入			
证券买卖差价	2		
股票(附注3(e))	3	594,031,988	(4,469,591)
债券(附注3(e))	4	5,646,116	(436,822)
投资收益	5		
股息收益(附注3(e))	6	1,805,291	-
买入返售证券收入(附注3(e))	7	4,102,207	2,735,629
其他收入(附注6)	8	7,166,071	2,367,046
额定发行费用余额(附注3(j))	9	-	6,673,213
收入及额定发行费用余额合计	10	612,751,673	6,869,475
费用	11		
基金管理费(附注3(f))	12	(31,108,658)	(3,623,626)
业绩报酬(附注3(g))	13	(202,548)	-
基金托管费(附注3(h))	14	(5,300,086)	(603,938)
卖出回购证券支出(附注3(i))	15	(7,373,195)	-
其他费用	16	(550,849)	(851,468)
费用合计	17	(44,535,336)	(5,079,032)
本期净收益	18	568,216,337	1,790,443
基金资产移交基准日前未分配收益(附注7)	19	-	33,238,525
期初未分配净收益	20	35,028,968	-
本期已分配收益(附注3(l),7)	21	(24,000,000)	-
期末未分配净收益	22	579,245,305	35,028,968

六、基金持有人结构及前十名持有人

(一)基金持有人结构:

	持有份额(份)	占总份额的比例(%)
基金发起人其中:		
湖南证券股份有限公司	15,000,000	1.00
国通证券有限责任公司	22,977,900	1.53
博时基金管理有限公司	15,000,000	1.00
社会公众	1,447,022,100	96.47
合计	1,500,000,000	100

(二)裕元基金前十名持有人(截止2000年12月31日):

持有人名称		持有份额(份)	占总份额的比例(%)
1	中国人寿	142,851,216	9.52
2	平安保险	85,577,937	5.71
3	华泰保险	67,300,000	4.49
4	久事公司	45,000,000	3.00
5	泰康人寿	28,711,676	1.91
6	长城证券	26,326,248	1.76
7	国通证券	22,977,900	1.53
8	湖南证券	15,000,000	1.00
9	博时公司	15,000,000	1.00
10	大众保险	10,756,765	0.72

兴和证券投资基金

兴和证券投资基金2000年年度报告

重要提示:本基金的管理人、托管人愿就本报告书所载内容的真实性、准确性、完整性负责,本报告书有关内容由管理人负责解释,本基金托管人中国建设银行已于2001年3月27日复核了本报告。

一、基金简介

(一)基金基本情况

基金名称:兴和证券投资基金

基金简称:基金兴和

交易代码:500018

基金发起人:华夏基金管理有限公司

北京证券有限责任公司

华夏证券有限公司

基金发行日期:1999年7月8日

基金成立日期:1999年7月14日

基金单位总份额:30亿份基金单位

基金类型:契约型封闭式

基金存续期:15年

基金上市地点:上海证券交易所

基金上市日期:1999年7月30日

(二)基金管理人的有关情况

法定名称:华夏基金管理有限公司

CHINA ASSET MANAGEMENT CO.,LTD.

注册地址:北京市东城区东直门南大街6号东方花园饭店写字楼6层

办公地址:北京市西城区金融大街33号通泰大厦A座15层

邮政编码:100032

国际互联网网址:http://www.ChinaAMC.com

公司负责人:范勇宏

总经理:范勇宏

信息披露负责人:方瑞枝

电话:010—66102198

传真:010—66102200

(三)基金托管人的有关情况

法定名称:中国建设银行

注册地址:北京市金融大街25号

办公地址:北京市金融大街25号

邮政编码:100032

法定代表人:王雪冰

托管部总经理:江先周

信息披露负责人:黄秀莲

联系电话:010—67597646

传真:010—66212638

(四)基金聘请的会计师事务所的有关情况

法定名称:普华永道中天会计师事务所有限公司

注册地址:上海市浦东新区沈家弄325号

办公地址:上海市淮海中路333号瑞安广场12楼

法定代表人: Kent Watson

经办注册会计师:周忠惠、王笑

(五)基金聘请的律师事务所的有关情况

法定名称:金诚律师事务所

注册地址:北京建国门大街8号中粮广场A座6层

办公地址:北京建国门大街8号中粮广场A座6层

法定代表人:刘治海

经办律师:庞正中、贺宝银

二、基金主要财务指标

	2000年	1999年
1.基金可分配净收益:	835,126,048.71元	-40,271,526.63元
单位基金可分配收益:	0.2784元	-0.0134元
2.期末基金资产总值:	4,467,894,218.87元	2,983,503,213.11元
3.期末基金资产净值:	4,254,530,397.53元	2,891,547,639.51元
单位基金资产净值:	1.4182元	0.9638元
4.基金资产净值收益率:	30.27%	-1.34%
5.本期基金可分配收益率:	28.88%	-
6.本期基金净值增长率:	47.15%	-3.62%
7.基金累计净值增长率:	41.82%	-3.62%

三、基金管理人报告

本基金业绩表现

截至2000年12月31日,基金单位资产净值为1.4182元,与期初相比,净值增长率为47.15%;新股配售贡献为每基金单位0.1276元,扣除新股配售对基金当期净值增长的贡献,本基金净值增长率为33.91%。

基金经理简介

江晖先生,基金经理,32岁,经济学硕士。曾在中国国际期货经纪有限公司、泰康人寿保险公司任职。1998年进入华夏基金管理有限公司,从事基金投资工作,曾任兴华基金的基金经理助理、投资管理部副总经理。证券期货从业经历7年。

(一)基金经理工作报告

2000年中国股市呈现明显的资金推动特征,管理层在超常规发展机构投资者的思路引导下,出台了一系列的利好政策,各类投资主体踊跃入市,资金面非常宽松,形成整年的持续上涨行情。在这种市场资金供给充足的形势下,管理层解决了转配股上市等历史遗留问题,探讨了国有股法人股流通、创业板设立等问题。

本管理人在报告期内坚持比较积极的投资风格。指数投资部分坚持长期投资,并取得较好收益,充分说明了指数投资是一种较好的投资工具。积极投资部分根据不同时期的市场热点展开投资,特别是在年初网络股、科技股爆发性行情中,我们正确判断市场形势,重点选择有线网络股、高科技股,集中资金重仓投资;年中市场热点转向传统产业股,我们则重点增加对钢铁股等周期性传统产业股票的投资,但在投资重点转变过程中出现了调整力度不足的问题,主要体现在部分重仓投资个股未能在高位及时获利了结;下半年股市系统风险加大,我们加强仓位控制、调整持仓结构,降低整个投资组合的风险度。本管理人在报告期内重视股票一级市场,积极参与新股配售、新股增发、法人配售与上网认购,较好地提高了资金利用效率。截至报告期末,兴和基金单位净值1.4182元,比期初增长47.15%。

通过兴和基金一年半时间的投资运作实践,本管理人对如何运作优化指数基金有了一定的认识。首先,实践证明指数投资是一种较好的投资工具,尤其在资金推动型的牛市行情中更是如此;其次,由于指数部分分散充分、风险相对较低,积极部分的投资组合波动度应与指数部分有相应的匹配,如果积极部分投资组合过于激进,那么与指数部分难以有机融合,将造成两个部分很难协同运作;第三,优化指数基金应定位明确,其目标是追求较低波动性条件下的良好经营业绩,要避免经营业绩的大起大落。

展望2001年,中国股市的主要矛盾是资金供给仍然十分充足与平均市盈率居高不下、系统风险较大之间的矛盾。我们将针对这一主要矛盾积极寻求投资对策,根据不同时期的市场特点在动态中把握投资机会,并将严格控制投资风险。本管理人以"为信任奉献回报"为宗旨,致力于为兴和基金持有人提供收益可观、风险较低的长期回报。

四、基金托管人报告

2000年,中国建设银行在兴和基金的托管过程中,严格遵守了《证券投资基金管理暂行办法》及各项实施准则、基金契约、托管协议和其它有关法规的规定,安全保管了基金的全部资产,勤勉尽职地履行了基金托管人的全部义务,不存在损害基金持有人利益的行为。

2000年,由华夏基金管理有限公司编制并经中国建设银行复核审查的有关兴和基金的信息披露真实、完整、合法,在基金资产净值、每份基金单位净值和其它财务费用计算上,严格执行了《证券投资基金管理暂行办法》及各项实施细则、基金契约及其它有关法规规定,未发现损害基金持有人利益的行为。

中国建设银行基金托管部　2001年3月22日

五、基金年度财务报告

(一)审计报告　　审计报告　普华永道字(2001)第341号

兴和证券投资基金全体持有人:

我们接受委托,审计了兴和证券投资基金(以下简称"兴和基金")2000年12月31日的资产负债表及2000年度的收益及收益分配表。这些会计报表由兴和基金管理人华夏基金管理有限公司负责,我们的责任是对这些会计报表发表审计意见。我们的审计是根据《中国注册会计师独立审计准则》的规定进行的。在审计过程中,我们结合兴和基金的实际情况,实施了包括抽查会计记录等我们认为必要的审计程序。

我们认为,上述载于第2页至第10页的兴和基金会计报表符合中华人民共和国《企业会计准则》、《证券投资基金管理暂行办法》实施准则第五号证券投资基金信息披露指引、兴和基金契约和中国证券监督管理委员会允许的如会计报表附注所列示的基金行业的实务操作规定,在所有重大方面公允地反映了兴和基金2000年12月31日的财务状况及2000年度的经营成果,会计处理方法的选用遵循了一贯性原则。

普华永道中天会计师事务所有限责任公司　　注册会计师　周忠惠　王笑

2001年1月19日

(二)基金会计报告书

收益及分配报告书

单位:人民币元

项　目	2000年	1999年
1、股息收入	7,530,485.18	2,058,154.30
2、债券利息收入	15,675,606.42	6,836,709.00
3、股票买卖价差收入	913,556,898.41	-58,792,491.61
债券买卖价差收入	-663,897.31	-3,296,804.76
4、买入返售证券收入	2,129,744.00	5,120,761.75
5、其他收入	12,045,661.79	10,970,522.88
6、额定发行费用余额	-	17,935,534.84
7、基金管理费	48,198,071.10	17,345,774.27
8、基金托管费	9,684,975.22	3,486,218.66
9、卖出回购证券支出	16,187,008.84	-
10、应由基金承担的其他费用	806,867.99	271,920.10
11、基金净收益	875,397,575.34	-40,271,526.63
12、上年未分配净收益	-40,271,526.63	-
13、本期已分配收益	-	-
14、期末未分配净收益	835,126,048.71	-40,271,526.63

六、基金持有人结构及前十名持有人

截至2000年12月31日,本基金发起人持有的基金份额为0.25亿基金单位,占基金发行总份额的0.83%,其中:

发起人	持有份额	占基金总份额比例
华夏基金管理有限公司	10,000,000	0.33%
华夏证券有限公司	10,000,000	0.33%
北京证券有限责任公司	5,000,000	0.17%
社会公众	2,975,000,000	99.17%
合计	3,000,000,000	100%

本基金前十名持有人的名称、持有份额、占总份额比例如下:

序号	持有人名称	持有份额	占基金总份额比例
1	中国人寿	290,271,800	9.68%
2	中国太保	267,739,900	8.92%
3	平安保险	112,736,600	3.76%
4	久事公司	93,666,800	3.12%
5	华泰保险	83,000,000	2.77%
6	晏福有	35,765,500	1.19%
7	曹和琴	29,176,000	0.97%
8	郑爱	28,440,000	0.95%
9	泰康寿险	20,700,000	0.69%
10	陈鲁蓉	19,133,000	0.64%

金鼎证券投资基金

金鼎证券投资基金2000年年度报告

重要提示:本基金的托管人中国建设银行已于2001年3月25日复核了本报告。

本基金的管理人、托管人愿就本报告书中所载资料的真实性、准确性和完整性负责,本报告书中的内容由本基金管理人负责解释。

一、基金简介

(一) 基金名称:金鼎证券投资基金(简称:基金金鼎)
交易代码:500021
基金发起人:国泰君安证券股份有限公司
国泰基金管理有限公司
基金成立日期:2000年5月16日
基金单位总份额:5亿份基金单位
基金类型:契约型封闭式
基金存续期:10年
基金上市地:上海证券交易所
基金上市日期:2000年8月24日
(二) 基金管理人
法定名称:国泰基金管理有限公司
注册地址:上海浦东新区商城路618号
办公地址:上海市静安区延平路121号三和大厦27楼
邮政编码:200042
法定代表人:陈勇胜
总经理:李春平
负责信息管理事务人员:丁昌海、黄永明
联系地址:上海市静安区延平路121号三和大厦27楼
电话:021-62531069
传真:021-62531262
电子邮件:huangym@gtfund.com
(三) 基金托管人
法定名称:中国建设银行
注册地址:北京市西城区金融大街25号
办公地址:北京市西城区金融大街25号
邮政编码:100032
法定代表人:王雪冰
托管部负责人:江先周
负责信息管理事务人员:黄秀莲
联系地址:北京市西城区金融大街25号中国建设银行基金托管部
电话:010-67597646
传真:010-66212638
电子邮件:huangxiulian/zh/ccb@ccb.com.cn
(四) 会计师事务所
法定名称:安达信·华强会计师事务所
注册地址:北京市建国门外大街1号国贸大厦1座11层
办公地址:北京市建国门外大街1号国贸大厦1座11层
法定代表人:张本廉
邮编:200021
电话:010-65053333
传真:010-65051828
经办注册会计师:何影帆、张向际
经办注册会计师:何影帆、张向际
联系人:韩歆
联系人电话:021-63866688-640
传真:021-63862288
(五) 律师事务所
法定名称:上海锦天城律师事务所
注册地址:上海市延安东路700号港泰广场12楼
办公地址:上海市延安东路700号港泰广场12楼
法定代表人:史焕章
邮编:200001
电话:021-53850388
传真:021-53850389
经办律师:沈国权、聂鸿胜

二、主要财务指标

基金净收益	14,624,683.90元
单位基金净收益	0.0292元
基金可分配净收益	18,242,090.80元
单位基金可分配净收益	0.0365元
基金资产净值	549,453,357.10元
单位基金资产净值	1.0989元
基金资产净值收益率	2.97%
本期基金可分配收益率	3.69%
本期净值增长率	11.28%
基金累计净值增长率	11.28%

三、基金管理人报告

(一)基金管理人承诺

在本报告期内,本基金管理人严格遵循《证券投资基金管理暂行办法》及其各项实施准则、《金证券投资基金契约》和其他有关法规的规定,没有发生任何损害基金持有人利益的行为。本报告所涉基金资产的运作情况已经本基金托管人复核,本基金管理人愿就报告中所载资料的真实性、准确性和完整性负责。

本基金管理人内部,各项规章制度健全,监察稽核工作贯穿业务运作的各个层面。本报告期内,没有发现有任何违法和重大违规行为。本基金管理人承诺将一如既往地遵守诚实信用、勤勉尽责的原则,规范、安全、有效地管理和运作基金资产,在规范经营的基础上,在控制风险的前提下,继续为基金持有人谋求长期稳定的投资回报。

(二)投资决策和管理模式

本基金实行投资决策委员会领导下的基金经理负责制。投资决策委员会根据有关法规、基金契约以及研究开发部基金经理提供的研究分析报告和投资计划,确定基金金鼎的投资策略,审批重大投资项目和基金投资计划。基金经理负责基金的投资组合管理和日常运作。基金经理将投资指令下达给中央交易室,中央交易室根据市场情况执行投资指令,并将指令执行情况反馈到基金经理。

公司在投资决策管理方面同时实行投资研究联席会议制度和决策委员会成员与基金管理小组的联系人制度。前一项制度旨在解决研究成果及时有效转化成投资目标的问题,后一项制度旨在解决基金经理在执行投资决策委员会决策意见过程中需要及时协调的问题。本基金的日常运作也得到上述制度的支持。

本基金由张以杰先生担任基金经理,并配备研究员协理。

张以杰先生,37岁,研究生学历,曾任《上海证券年鉴》编辑部副主任、君安证券研究所首席市场分析师、《君安财经快讯》主编。1999年加盟国泰基金管理有限公司,现任基金金鼎的基金经理。

(三)投资理念和风格

本基金管理人始终坚持价值型投资理念,注重公司基本面分析,崇尚业绩和成长性,重点关注朝阳产业。在注重企业创新能力、成长性同时,注重对上市公司的管理者及其管理制度的研究,重视企业管理体制、运作机制、企业文化、员工素质的考察,把企业文化和企业管理作为判断企业价值和成长性的重要标志。

本基金偏重成长型投资风格,不放弃一定风险条件下的最大收益,同时寻求一定收益条件下的最小风险,力求在风险和收益相对平衡条件下的高投资回报率。

(四)2000年投资管理回顾

2000年中国证券市场在基本面、政策面和资金面整体向好的背景下,股市走势强劲。全年沪市综合指数上升51.73%,深市成分指数上升41.12%。从基本面看,我国经历亚洲金融危机冲击后国民经济增长出现止跌回稳态势,有步入新一轮增长周期的迹象。2000年国家采取积极的财政政策和稳健的货币政策,努力扩大内需,取得较为明显的成效。我们注意到:固定资产投资(尤其是政府投资)和进出口贸易快速增长,国内消费也出现回暖,共同拉动了经济增长。根据国家统计局2001年2月底公报,2000年国内生产总值较上年增长8%,物价止跌回稳,就业改善,国际收支形势良好,企业运行质量提高。2000年股市强势表现客观反映了国民经济增长回暖的特征。从政策面看,国家适时出台了扶持证券市场发展的一系列政策措施,包括实行向二级市场投资者配售新股、允许券商股票质押贷款、三类企业和商业保险资金入市、积极培育机构投资者等利好政策,市场人气较为旺盛。从资金面看,以上政策为证券市场带来了源源不断的资金供给,特别是积极培育机构投资者的政策使证券市场获得大量的长期投资资金,使得证券市场的走势更为稳健。

2000年证券市场表现出三个明显阶段:年初至3月初,在网络股、技术股带动下市场走出快速大幅扬升行情;3月中旬至8月底,在低价大盘国企股带动下,板块轮动加快,市场震荡盘升;8月底至年底,市场高位宽幅震荡整理,资产重组股表现活跃。

市场出现第三阶段的调整主要是由于在大幅上扬后积累了较大的风险,而预期的创业板和国有股减持成为不确定因素给市场形成压力。与此同时,2000年经济回升还带有明显的恢复性质,其基础不够稳固,促使经济进一步走强的因素出现了某种程度的不确定性,导致投资者对市场的预期产生分歧。

本基金由原"建业基金"、"沈阳公众基金"和"陕建基金"经过清理规范后合并而成。本基金管理人接管运作本基金时,股市已走出了一波强劲的上攻行情,市场风险明显加大。为了有效地控制风险,本基金始终坚持分散投资,以保持基金资产良好的流动性。在投资策略上,则坚持长短线结合,对部分有潜力的个股坚持长期持有,随时跟踪,而对其他个股则采取组合投资,分散投资原则,以确保基金资产良好的成长性和安全性。此外,基金管理人对大势的研判较为准确,市场感觉敏锐,仓位控制合理,善于把握获利机会,也是本基金最终能够战胜大盘的原因。

本基金的投资组合中,朝阳产业的投资在资产净值中占有较大比重。电子通讯类个股所占比重达18%,在所有各行业持仓中居首位;生物医药类个股的投资比重也以近15%的权重位居第二位,基本反映了本基金以新兴产业为主的投资方向。从对投资热点的把握来看,下半年重点投资生物医药,新材料,电子元器件等行业,捕捉到了难得的市场机会,保持了稳健成长的投资风格。本基金总体仓位控制较为合理,投资较为分散,注重组合投资,基本上不存在流动性风险。

本基金开始运作时,资产规模2.356亿元,基金单位资产净值1.0121元。扩募后基金单位资产净值为1.0228元。2000年年底,本基金单位基金资产净值为1.0989元,净值增长率为11.28%,超过了沪深两市大盘的同期平均涨幅。

(五)2001年市场展望

根据国务院研究发展中心预测,2001年将继续保持经济增长回升的态势,积极财政政策仍将持续一段时间,以强化经济回升和拉动内需的基础。2001年也是国家实施"十五"计划战略的第一年。西部大开发正式实施,社保体制改革加快,中国加入WTO在即,这些将为投资和需求增长提供基础。

2001年将是我国证券市场继续大规模发展的一年。在发展和规范这两个关系证券市场的根本问题上,将体现为在规范化基础上的进一步发展。管理层对市场的监管将立足于维护三公原则保护投资者利益。2001年也将是新政策不断出台的一年,政策效应和市场发展的内在规律不可避免地会产生一些矛盾,如B股市场向国内居民开放、新股市场化发行、市场退出机制实施以及预期中的创业板、国有股减持都会对市场产生重大影响。本基金管理人估计2001年的证券市场将处于箱体高位宽幅震荡调整状态,而开放式基金试点品种的推出、保险类资金入市新品种的问世将会成为2001年证券市场供求关系变化的重要信号。市场实际运行情况将随国家上述政策的明朗化而有所变化。

本基金管理人认为2001年的股市仍将是一个风险与机会并存的相对平衡的市场。从市场热点来看,注重业绩和成长性,注重价值投资的理念将进一步深入人心,因而那些具有良好业绩和成长性的"蓝筹股"将备受市场关注;而那些拥有自主知识产权和核心技术的高科技企业将再受市场追捧;而在行业的选择上,电子通讯及其相关元器件制造业中的佼佼者,传统产业中那些经营业绩较好,科技含量较高,市场占有率较大,行业地位独特,具有较大发展空间的龙头企业以及那些行业转型较快,市场属性较好,经营管理理念超前的公司,也将会有强于大盘的表现。

2001年,本基金将继续坚持既定的投资理念;坚持长短线结合,长期持有与组合投资结合,成长性和流通性结合的原则。进一步加强调研力度,完善基金的投资组合。采取积极稳妥的投资策略,把握市场投资机会,力争为基金持有人提供长期、稳定的投资回报。

(六)内部监察报告

基金运作合规性声明

本报告期内,本基金管理人严格遵守《证券法》、《证券投资基金管理暂行办法》及其各项实施准则、《金鼎证券投资基金基金契约》和其它相关法律法规的规定,本着诚实信用、勤勉尽责的原则管理和运作基金资产,遵循"稳健为本,规范管理,精心运作,争创一流"的公司理念,在严格规范和控制风险的前提下，努力为基金持有人争取最好的投资回报；在基金资产的管理运作中，无损害基金持有人利益的行为，基金投资范围、投资比例、投资组合符合有关法规和基金契约的规定。

内部监察工作报告

本报告期内，本基金管理人依据相关的法律法规、基金契约以及内部的监察制度开展监察工作。我们将内部监察的重点置于确保基金运作的相对独立，防范不当关联交易和内幕交易以及对风险的防范。主要措施有：一、对基金的运作进行实时监控，加强监察力度，提高监察频率。对基金资产管理各个环节的工作流程进行定期的日常监察和不定期的专项监察，并据此制作监察报告。二、建立监察业务反馈制度，加强监察稽核部门与其它业务部门的交流与沟通，对发现的问题及时向管理层和监管部门报告并督促整改，以确保基金资产运作的合法合规。三、细化监察工作的内容和方式，运用对交易资料审阅、交易流程监察、录音电话监听、人员询问、报表反馈等手段对基金投资行为进行现场监察和非现场监察，督促基金运作的合法性、合规性、保密性。四、逐步建立科学的风险控制体系，尝试利用现代金融工程的先进管理方法和管理工具对各类风险进行量化分析和预测，防范和控制风险。五、加强员工行为准则和职业道德教育，使员工爱岗敬业、遵纪守法，自觉树立风险和监察意识。六、对基金自身的交叉买卖行为进行自查自纠。本基金存在偶然的几次的自身交叉买卖行为，情况较为轻微，本基金管理人已采取有效措施以杜绝类似事件的发生。

经持续跟踪监察，本报告期内，本基金依照规定的流程进行操作，管理运作合法合规；本基金资产与本基金管理人所管理的其他基金资产、基金资产与公司资产严格分开；基金管理小组人员之间保持独立；本基金运作中无不当关联交易和内幕交易；本基金净资产平稳增长，投资收益得到提高，基金持有人利益得到有效保障。

基金运作的规范和安全，有效地防范和控制风险，是内部监察的工作重点。我们体会到规范经营和强化管理是基金安全运作的前提，科学化制度化的工作流程是基金安全运作的基础，防范和控制风险是基金安全运作的保障。减少风险才能提高收益，保障基金持有人的利益。我们将继续努力，提高内部监察工作的科学性和有效性，加强基金的规范运作、风险控制、切实保障基金资产的安全管理，以优异的业绩回报投资者。

四、托管人报告

2000 年，中国建设银行在金鼎基金的托管过程中，严格遵守了《证券投资基金管理暂行办法》及各项实施准则、基金契约、托管协议和其它有关法规的规定，安全保管了基金的全部资产，勤勉尽职地履行了基金托管人的全部义务，不存在损害基金持有人利益的行为。

2000 年，由国泰基金管理有限公司编制并经中国建设银行复核审查的有关金鼎基金的信息披露真实、完整、合法，在基金资产净值、每份基金单位净值和其它财务费用计算上，严格执行了《证券投资基金管理暂行办法》及各项实施细则、基金契约及其它有关法规规定，未发现损害基金持有人利益的行为。

五、基金财务报告

(一) 审计报告书

金鼎证券投资基金全体基金持有人

安达信·华强会计师事务所(以下简称"我们")接受委托，审计了金鼎证券投资基金(以下简称"贵基金")二○○○年十二月三十一日的资产负债报告书和二○○○年五月十六日(基金成立日)至二○○○年十二月三十一日的收益及分配报告书。编制会计报告书是　贵基金管理人的责任，我们的责任是依据我们的审计对该报告书发表意见。我们的审计是依据《中国注册会计师独立审计准则》进行的。在审计过程中，我们结合　贵基金的实际情况，实施了包括抽查会计记录等我们认为必要的审计程序。

我们认为，上述会计报告书符合有关基金的制度、办法和规定及　贵基金的基金契约，在所有重大方面公允地反映了　贵基金二○○○年十二月三十一日的财务状况和二○○○年五月十六日(基金成立日)至二○○○年十二月三十一日的经营成果。

安达信·华强会计师事务所　　　　中国注册会计师：何影帆、张向际

中国·北京　　　　2001 年 1 月 19 日

(二)基金会计报告书

1、资产负债报告书

资产负债报告书

2000 年 12 月 31 日

编制单位：国泰基金管理有限公司　　　　单位：元

序号	项　目	年末数
1	股票投资-成本	348,334,123.62
2	股票投资-估值增值	31,211,266.30
3	债券投资-成本	115,000,000.00
4	债券投资-估值增值	
5	其他投资-成本	
6	其他投资-估值增值	
7	现金	
8	银行存款	53,550,080.32
9	应收股利	
10	应收利息	416,407.94
11	应收帐款	250,000.00
12	应收交易清算款	2,901,933.89
13	应收申购款	
14	其他应收款项	14,740.06
15	基金资产总值	551,678,552.13
16	应付基金管理人报酬	1,319,112.47
17	应付基金托管费	114,930.96
18	应付收益	
19	应付帐款	
20	应付交易清算款	
21	应付佣金	723,151.60
22	其他应付款项	68,000.00
23	应付回购利息	
24	卖出回购	
25	负债总额	2,225,195.03
26	基金单位总额	500,000,000.00
27	未分配净收益	18,242,090.80
28	未实现估值增值	31,211,266.30
29	基金资产净值	549,453,357.10
30	单位基金发行总份额	500,000,000 份
31	每份基金单位资产净值	1.0989

2、损益及分配报告书

损益及分配报告书

2000 年 5 月 16 日-2000 年 12 月 31 日

编制单位：国泰基金管理有限公司　　　　单位：元

序号	项　目	本期数
1	一、基金收入	20,438,578.55
2	证券买卖差价收入	17,507,460.68
3	其中：股票	17,507,460.68
4	债券	
5	投资收入	438,846.56
6	其中：股息收入	64,529.00
7	债券利息收入	374,317.56
8	回购利息收入	
9	其他收入	2,492,271.31
10	其中：利息收入	1,192,064.11
11	扩募费用结余收入	1,226,390.40
12	申购冻结利息收入	
13	其他	73,816.80
14	二、基金费用	5,813,894.65
15	管理费	3,844,009.43
16	托管费	535,747.19
17	回购交易费用	
18	回购利息支出	115,726.03
19	其他费用	1,318,412.00
20	其中：上市年费	55,000.00
21	会计师费	80,000.00
22	信息披露费	640,620.00
23	律师费	40,000.00
24	持有人大会费	
25	分红手续费	
26	其他	502,792.00
27	三、净收益	14,624,683.90
28	四、上期未分配净收益	3,617,406.90
29	五、本期已分配净收益	
30	六、期末未分配净收益	18,242,090.80

(三)会计报告书附注(摘要)

1、主要会计政策

(1)　基金会计年度：为公历每年 1 月 1 日至 12 月 31 日。

(2) 基金记帐原则：权责发生制。

(3) 基金记帐本位币：以人民币为记帐本位币，记帐本位币单位为元。

(4) 基金资产的估值方法

A、上市证券按当日均价计算，该日无交易的证券，以最近一日的均价计算；

B、未上市的股票以其成本价计算；

C、未上市国债及银行存款以本金加计至估值日为止的应计利息额计算；

D、如遇特殊情况而无法或不宜以上述规定确定基金资产价值时，基金管理人应按国家有关规定办理；

E、估值对象为基金所拥有的股票、债券和银行存款；

F、每日都对基金资产进行估值。

(5) 基金的主要收入确认政策

A、股息收入：在除息日确认应收股息；

B、债券利息收入：在除息日确认应收利息；

C、其他收入：在实际收到时确认；

D、证券买卖价差收入：在实现成交的当日确认。

(6) 证券成本的计价方法

证券投资按取得时的实际成本计价，出售成本按移动加权平均法计算。

(7) 税项说明

根据财税字[1998] 55 号《关于证券投资基金税收问题的通知》，主要税项规定如下：

A、以发行基金方式募集资金不属于营业税的征税范围。

B、基金管理人运用基金买卖股票、债券的差价收入，在 2000 年底以前暂免征收营业税。

C、对基金管理人运用基金资产买卖股票按 4‰ 的税率征收印花税，暂对基金不征收营业　税、所得税。

D、对基金从证券市场中取得的收入，包括买卖股票、债券的差价收入，股票的股息、红利收入，债券的利息收入及其他收入，暂不征收企业所得税。

(8) 基金的收益分配政策

A、每一基金单位享有同等分配权；

B、收益分配比例不低于基金净收益的 90%；

C、基金收益分配采用现金方式，每年至少分配一次，于每个基金会计年度结束后四个月内实施；

D、基金当年收益分配应先弥补上年亏损后，才进行当年收益分配；

E、基金投资当年亏损，则不进行收益分配。

2、关联关系

(1)　、关联人关系、交易性质及法律依据

关联人名称	关联关系	交易性质	法律依据	备注
国泰君安证券股份有限公司	基金发起人	发起认购基金	基金契约	认购基金 264.58 万份
	席位出租人	出租交易席位	席位使用协议	租用二个席位
国泰基金管理有限公司	基金发起人	发起认购基金	基金契约	认购基金 235.42 万份
	基金管理人	提取管理费	基金契约	
中国建设银行	基金托管人	提取托管费	基金契约	

(2)　、通过关联人席位交易情况

通过关联人席位进行证券买卖 2000 年 5-12 月股票交易量(万元)及佣金(万元)情况

关联人	交易量	比例	佣金	比例
国泰君安	55,102.52	62.88%	45.30	62.69%

(3)　、基金管理人报酬

基金管理人的报酬由两部分组成，一部分是基金管理费，以基金资产净值的 1.5%年费率计提；另一部分是业绩报酬，当基金的可分配净收益高于同期银行一年定期储蓄利率 20%以上，且当年基金资产净值增长率高于同期证券市场平均收益率时，按一定比例计提。具体方法如下：

(i)、基金管理费

A、基金管理费按前一日的基金资产净值的 1.5%的年费率计提。计算方法如下：

H=E×1.5%/当年天数

H 为每日应支付的管理人报酬

E 为前一日的基金资产净值

B、基金管理人的管理费每日计算，逐日累计至每月月底，按月支付；并于次月前五个工作日内从基金资产中一次性支付给基金管理人；

C、至 2000 年 12 月 31 日止，基金应支付基金管理人管理费共 3,214,482.75 元，其中已支付基金管理人 2,524,896.96 元，尚余 689,585.79 元未支付。

(ii)、管理人业绩报酬

业绩报酬根据基金全年的经营业绩情况，在满足以下几个基本条件下每年计提一次，直接用于奖励基金管理人员：

A、基金年平均单位资产净值不能低于面值；

B、基金可分配净收益率超过同期银行一年定期储蓄存款利率20%以上；

C、基金资产净值增长率超过证券市场平均收益率；

D、基金收益分配后其每单位资产净值不能低于面值。

在满足以上条件的情况下，基金业绩报酬计算方法为：

业绩报酬=调整后期初资产净值×MIN[M,N]×5%

其中：M=扣除政策配售新股贡献后基金可分配净收益率-1.2×同期银行一年定期储蓄存款率（如果年内银行利率发生变动，则按时间段进行加权平均调整）；

N=扣除政策配售新股贡献后基金资产净值增长率-证券市场平均收益率；

MIN[M,N] 为 M、N 中较小者；

扣除新股贡献后基金可分配净收益率=（当年可分配净收益-当年政策配售新股贡献）/调整后年初基金资产净值；

扣除新股贡献后基金资产净值增长率=（年末基金资产净值-当年政策配售新股贡献-调整后年初基金资产净值）/调整后年初基金资产净值；

调整后年初资产净值=上年度末基金资产净值-上年度已分配收益；

证券市场平均收益率=[（当年沪市综指涨跌幅×沪市平均总市值+当年深市综指涨跌幅×深市平均总市值）/（沪市平均总市值+深市平均总市值）]×80%+同期国债收益率×20%；

沪市平均总市值=（年初沪市总市值+年末沪市总市值）/2；

深市平均总市值=（年初深市总市值+年末深市总市值）/2。

本公司根据以上规定，并按老基金扩募情况下使用的计算公式计提了2000年度的业绩报酬。

其中：调整后期初资产净值=期末基金资产净值/（1+基金综合资产净值增长率）

基金综合资产净值增长率=(1+扩募前资产净值增长率)＊(1+扩募后资产净值增长率)-1

基金扩募前资产净值增长率=(扩募前基金资产净值-调整后期初资产净值)/ 调整后期初资产净值

基金扩募后资产净值增长率=(期末基金资产净值-扩募后期初资产净值)/ 扩募后期初资产净值

根据计算，2000年度提取业绩报酬629,526.68元，尚未支付。

(4) 、基金托管人报酬

A、基金托管费按前一日的基金资产净值的0.25%的年费率计提。计算方法如下：

H=E×0.25%/当年天数

H为每日应支付的托管人报酬

E为前一日的基金资产净值

B、基金托管人的托管费每日计算，逐日累计至每月月底，按月支付；并于次月前五个工作日内从基金资产中一次性支付给基金托管人；

C、至2000年12月31日止，基金应支付基金托管人托管费共535,747.19元，其中已支付基金托管人420,816.23元，尚余114,930.96元未支付。

3、主要报表项目说明

(1)、应收帐款：2000年12月31日余额250,000.00元，为深交所席位交易保证金。

(2)、其他应收款：2000年12月31日余额14,740.06元，系交易所自动扣除，待向席位券商收回的应由席位券商支付的交易所风险基金。

(3)、其他应付款：2000年12月31日余额为人民币68,000.00元，为应付扩募验资费18,000.00元；预提2000年度审计费用为50,000.00元。

(4)、证券买卖差价收入：2000年5-12月累计发生额为人民币17,507,460.68元，其中：

项　　目	发　生　额
上海证券交易所挂牌股票	14,309,159.22元
深圳证券交易所挂牌股票	3,198,301.46元
合　　计	17,507,460.68元

(5)、基金扩募费用的说明：

a、扩募总份额：267,251,916份，费用单价：0.01元

b、扩募总费用：2,672,519.16元

费用项目	金　额
交易所手续费	19,048.68元
交易所经手费	560,140.08元
扩募协调费	500,000.00元
会 计 师 费	18,000.00元
公　告　费	348,640.00元
其　　他	300.00元
合　　计	1,446,128.76元

C、发行费用结余：1,226,390.40元，已转入基金收入。

(四) 流通受限制的证券

(1)、截至2000年12月31日止，基金持有的流通受限制的证券明细如下：

序	股票名称	配售日期	可流通日	数量(股)	配售金额(元)
1	宝钢股份◆	2000-11-23	2001-3-1	2,521,500	10,539,870.00
2	金瑞新材	2000-12-26	2001-1-15	7,000	104,930.00
3	京东方A	2000-12-28	2001-1-12	434,295	7,296,156.00
4	宁沪高速	2000-12-28	2001-1-16	30,000	126,000.00
	合　　计				273,074,470.08

序		市价(元)	市价与成本差	备注
1	宝钢股份◆	13,666,530.00	3,126,660.00	网下申购
2	金瑞新材			网上申购
3	京东方A			增发申购
4	宁沪高速			网上申购
	合　　计		3,126,660.00	

(2)、流通受限原因

上述四个股票为配售新股、申购中签的未上市新股。

(3)、受限期限

上述(带◆号)的股票为已上市未流通的新股，"宝钢股份"的受限期为3个月。

(4)、估值办法

于2000年12月31日，对于已上市流通的股票，按照2000年12月31日按照均价估值，对于未上市流通的股票按配售价估值。若流通受限股票中已上市流通的一只股票(带◆号)按配售价估值，于2000年12月31日，本基金资产净值将为546,326,697.10元，每份基金单位资产净值为1.0927元。

(五)期末基金持有股票明细(按市值占净值比例排序)

序	代码	证券名称	库存数量	市值	占净值比例
1	600715	松辽汽车	3,330,000	56,077,200.00	10.21%
2	0403	三九生化	2,159,485	47,681,428.80	8.68%
3	0748	湘计算机	2,183,836	39,680,300.12	7.22%
4	600824	益民百货	2,770,000	36,037,700.00	6.56%
5	0869	张 裕 A	1,453,119	35,674,071.45	6.49%
6	600680	上海邮通	1,043,885	26,055,369.60	4.74%
7	0955	欣龙无纺	1,608,542	22,889,552.66	4.17%
8	600237	铜峰电子	590,279	17,401,424.92	3.17%
9	600276	恒瑞医药	553,678	16,599,266.44	3.02%
10	600019	宝钢股份	2,521,500	13,666,530.00	2.49%
11	0726	鲁 泰 A	736,831	12,776,649.54	2.33%
12	600664	哈药集团	887,510	12,256,513.10	2.23%
13	0966	长源电力	737,907	10,928,402.67	1.99%
14	0725	京东方A	434,295	7,296,156.00	1.33%
15	0406	石油大明	400,000	5,588,000.00	1.02%
16	0657	中钨高新	264,873	5,043,181.92	0.92%
17	0963	华东医药	235,154	4,949,991.70	0.90%
18	600141	兴发集团	271,600	4,571,028.00	0.83%
19	600345	长江通信	89,900	4,141,693.00	0.75%
20	600377	宁沪高速	30,000	126,000.00	0.02%
21	600390	金瑞科技	7,000	104,930.00	0.02%
合计				379,545,389.92	69.08%

(六)、报告期内基金新增的股票明细

序	股票代码	股票名称	一级市场认购	二级市场买入	增发数量	送股数量	政策性配售	本期卖出数量
1	0403	三九生化		2,466,283		957,750		1,264,548
2	0406	石油大明		400,000				
3	0657	中钨高新		1,653,192				1,388,319
4	0725	京东方A			434,295			
5	0726	鲁　泰A			736,831			
6	0748	湘计算机		2,183,836				
7	0869	张 裕 A		928,398	524,721			
8	0955	欣龙无纺		1,678,542				70,000
9	0963	华东医药		334,343				99,189
10	0966	长源电力		774,607				36,700
11	600019	宝钢股份	2,521,500					
12	600141	兴发集团		907,300				635,700
13	600237	铜峰电子		695,329				105,050
14	600276	恒瑞医药		661,278				107,600
15	600345	长江通信	30,000	100,000				40,100
16	600377	宁沪高速	30,000					
17	600390	金瑞科技	7,000					
18	600664	哈药集团		887,510				
19	600680	上海邮通		1,043,885				
20	600715	松辽汽车		4,212,421				882,421
21	600824	益民百货		2,861,435				91,435

(七)、报告期内基金剔除的股票明细

序	证券代码	股票名称	买入股数	卖出股数
1	0153	新力药业	5,000	5,000
2	0155	川化股份	30,000	30,000
3	0156	安塑股份	151,679	151,679
4	0157	中联重科	10,000	10,000
5	0405	有色鑫光	50,023	50,023
6	0410	沈阳机床	171,845	171,845
7	0428	华天酒店	333,921	333,921
8	0488	晨鸣纸业	553,989	553,989
9	0525	红 太 阳	1,445,100	1,445,100
10	0596	古井贡A	122,000	122,000
11	0598	蓝星清洗	336,286	336,286
12	0701	厦门信达	158,600	158,600
13	0759	武汉中百	425,747	425,747
14	0801	四川湖山	2,018,681	2,018,681
15	0888	峨眉山A	60,000	60,000
16	0917	电广传媒	75,000	75,000
17	0973	佛塑股份		1,000
18	0989	九 芝 堂	9,000	9,000
19	600001	邯郸钢铁	44,999	209,999
20	600002	齐鲁石化		360,000
21	600016	民生银行	124,000	124,000
22	600038	哈飞股份	63,000	63,000
23	600051	宁波联合		35,000
24	600246	先锋股份	7,000	7,000
25	600247	物华股份	60,000	60,000
26	600255	鑫科材料	56,200	56,200
27	600260	凯乐科技	59,900	59,900
28	600282	南钢股份	13,000	13,000
29	600283	钱江水利	23,000	23,000
30	600287	江苏舜天	10,000	10,000
31	600288	大恒科技	103,000	103,000
32	600292	九龙电力	43,000	43,000
33	600297	美罗药业	12,000	12,000
34	600303	曙光股份	30,000	30,000
35	600308	华泰股份	11,000	11,000
36	600318	巢东股份	15,000	15,000
37	600320	振华港机	205,212	205,212
38	600328	兰太实业	47,000	47,000
39	600337	美克股份	14,000	14,000
40	600366	宁波韵升	30,000	30,000
41	600388	龙净环保	48,000	48,000

42	600422	昆明制药	37,000	37,000
43	600637	广电股份	660,200	660,200
44	600638	新黄浦		35,080
45	600669	鞍山合成	210,231	250,231
46	600809	山西汾酒		15,400

(八) 基金投资组合

1、按行业分类的股票投资组合

序号	分类	数量	市值(元)	占净值比例
1	交通运输	30,000	126,000.00	0.02%
2	能源电力	1,137,907	16,516,402.67	3.01%
3	建材建筑			
4	冶金	2,528,500	13,666,530.00	2.49%
5	机械制造			
6	电子通讯	4,607,068	99,723,055.56	18.15%
7	石油化工	271,600	4,571,028.00	0.83%
8	生物医药	3,835,827	81,487,200.04	14.83%
9	汽车及配件制造	3,330,000	56,077,200.00	10.21%
10	纺织服装	2,345,373	35,666,202.20	6.49%
11	家电			
12	酿酒食品	1,453,119	35,674,071.45	6.49%
13	商贸旅游	2,770,000	36,037,700.00	6.56%
14	金融地产			
15	农林牧渔			
16	综合			
合计		22,309,394	379,545,389.92	69.08%

2、国债及货币资金合计

截止2000年12月31日，基金持有的国债及货币资金合计为171,452,014.21元，占基金资产净值的31.20%，其中国债市值为115,000,000.00元，占基金资产净值的20.93%。

3、占基金资产净值前十名的股票

序号	名称	数量	市值(元)	占净值比例
1	松辽汽车	3,330,000	56,077,200.00	10.21%
2	三九生化	2,159,485	47,681,428.80	8.68%
3	湘计算机	2,183,836	39,680,300.12	7.22%
4	益民百货	2,770,000	36,037,700.00	6.56%
5	张裕A	1,453,119	35,674,071.45	6.49%
6	上海邮通	1,043,885	26,055,369.60	4.74%
7	欣龙无纺	1,608,542	22,889,552.66	4.17%
8	铜峰电子	590,279	17,401,424.92	3.17%
9	恒瑞医药	553,678	16,599,266.44	3.02%
10	宝钢股份	2,521,500	13,666,530.00	2.49%

4、报告附注

(1)、报告项目的计价方法

本基金持有上市证券采用公告内容截止日的市场均价，已发行未上市股票采用成本计算。

(2)、基金持有每只股票的价值(按成本价计算)均不超过基金资产净值的10%。

(3)、基金应收利息、应付管理人报酬、托管费、佣金及其他应收应付款项合计为贷方余额1,544,047.03元，与基金股票市值379,545,389.92元和国债及货币资金171,452,014.21元相抵减后等于基金资产净值。

(4)、本投资组合公告中的基金资产净值是扣除业绩报酬后的资产净值，2000年第2号投资组合公告中资产净值是未扣除业绩报酬计算的。

六、基金持有人结构及前十名持有人

(一)、截止2000年12月31日，本基金份额结构为：

	期末持有数	比例
发起人持有	5,000,000份	1.00%
其中：国泰君安证券股份有限公司	2,645,800份	0.53%
国泰基金管理有限公司	2,354,200份	0.47%
社会公众持有	495,000,000份	99.00%
合计	500,000,000份	100.00%

(二)、截止2000年12月31日，本基金共有持有人56,616人，前十名持有人名称、持有份额及比例如下：

序号	持有人姓名	期末持有数	持有比例
1	中国太保	4,677,270	0.94%
2	国泰君安	2,645,800	0.53%
3	国泰基金	2,354,200	0.47%
4	张占来	1,979,000	0.40%
5	吴翔	1,420,000	0.28%
6	吴思明	1,294,271	0.26%
7	李莉	1,290,000	0.26%
8	姚瑞	1,258,000	0.25%
9	郁振广	1,255,385	0.25%
10	蔡冬彪	1,205,000	0.24%

七、重要事项揭示

1、2000年8月1日，本公司刊登了《金鼎证券投资基金上市公告书》。

2、2000年9月15日，本公司刊登了《金鼎证券投资基金扩募配售说明书》。

3、2000年9月15日，本公司刊登了《金鼎证券投资基金扩募配售办法公告及提示公告》。

4、2000年10月24日，本公司刊登了《金鼎证券投资基金基金份额变动、续期、及扩募获配可流通部分上市提示公告》。

5、2000年9月29日，本公司刊登了《国泰基金管理有限公司迁址公告》。

6、2000年12月8日，本公司刊登了《金鼎证券投资基金关于更换会计师事务所的公告》，基金的会计师事务所由原来的大华会计师事务所变更为安达信·华强会计师事务所。

7、在报告期内，发起人及席位券商股票、国债的交易量及佣金(单位为万元)情况为：

关联人	股票成交量	比例	国债成交量	比例	佣金	比例	平均佣金比率
国泰君安证券股份有限公司	55,102.52	62.88%			45.33	62.69%	0.08%
长城证券有限责任公司	9,389.31	10.71%			7.98	11.04%	0.08%
大鹏证券股份有限公司	8,693.58	9.92%			7.06	9.76%	0.08%
东方证券有限责任公司	6,426.08	7.33%			5.36	7.41%	0.08%
宏源证券股份有限公司	8,022.00	9.16%			6.58	9.10%	0.08%
合计	87,633.49	100.00%			72.32	100.00%	0.08%

根据基金契约规定，本基金自上市日(2000年8月4日)起有六个月的投资调整期，使本基金的投资比例达到有关规定。因此，本基金成立期初交易量较大，主要集中在本基金首批租用的国泰君安的席位。2001年，本基金将按有关规定在各席位上合理分配交易量。

8、本报告期内，中国建设银行的许占涛先生已不再担任基金托管部总经理职务，由江先周先生担任。原信息披露负责人程燕春先生已不再负责基金信息披露事务，由黄秀莲小姐负责各项披露事务。

9、本报告期内，基金管理人、托管人无重大诉讼、仲裁事项；基金管理人、托管人机构及高级管理人员无任何处罚情况；基金托管人办公地址无变动情况。

八、备查文件目录

1、关于同意设立金鼎证券投资基金的批复

2、金鼎证券投资基金契约

3、金鼎证券投资基金托管协议

4、金鼎证券投资基金2000年年度报告原件

5、报告期内披露的各项公告原件

6、国泰基金管理有限公司营业执照和公司章程

投资者对本报告如有疑问，可咨询本基金管理人国泰基金管理有限公司。

咨询电话：(021)62531069

公司网址：http://www.gtfund.com

国泰基金管理有限公司

2001年3月30日

汉 鼎 证 券 投 资 基 金

汉鼎证券投资基金2000年年度报告

重要提示:本基金的托管人中国工商银行已于2001年3月26日复核了本报告。本基金管理人、托管人愿就报告中所载资料的真实性、准确性和完整性负责。本报告书中的内容由本基金管理人负责解释。

一、基金简介

(一)基金简称:基金汉鼎　交易代码:500025
基金单位总份额:5亿份
基金类型:契约型封闭式　基金存续期:15年
上市日期:2000年8月17日　上市地点:上海证券交易所
(二)基金管理人:富国基金管理有限公司
注册地址:上海市浦东新区世纪大道88号金茂大厦32层
邮政编码:200121
法定代表人:虞志皓　总经理:李建国
信息披露负责人:林志松、于翠霞
电话:021-50478888-303、301　传真:021-50470328
(三)基金托管人:中国工商银行基金托管部
注册地址:北京市西城区复兴门内大街55号
办公地址:北京市西城区复兴门内大街55号
邮政编码:100031
法定代表人:姜建清
托管部负责人:赵跃
信息管理负责人:刘长江
电话:010-66106878　传真:010-66106904
(四)会计师事务所:普华永道中天会计师事务所
注册地址:上海浦东新区沈家弄325号　法定代表人:汤云为
经办注册会计师:周忠惠、王笑

二、主要财务指标

1、期末基金资产净值:	520,552,319.51
基金单位净值:	1.0411
期末基金资产总值:	522,950,287.78
2、本期净值增长率:	3.68%
累计净值增长率:	3.68%
3、本期已实现收益:	10,736,432.49
基金净值收益率:	2.14%
4、基金可分配收益:	3,011,740.89
单位基金净收益:	0.0060
基金可分配收益率:	0.60%

三、基金管理人报告

(一)基金运作合规性声明

本报告期,基金管理人严格按照《证券法》、《证券投资基金管理暂行办法》、《汉鼎证券投资基金基金契约》以及其它有关法律法规的规定,本着诚实信用、勤勉尽责的原则,以减少和分散风险,确保基金资产的安全并谋求基金长期稳定收益为目标,管理和运用基金资产,在严格控制风险的基础上,为基金持有人谋求最大收益,无损害基金持有人利益的行为。基金投资组合符合有关法规及基金契约的约定。

为防范不当关联交易和内幕交易,本基金管理人制定并根据实际情况不断调整和完善风险控制制度和证券交易操作规则。公司设督察员,领导监察稽核部,监督投资决策委员会决议的执行情况,通过证券交易实时监控系统对基金资产交易进行实时监控,对基金资产运作的合规性和投资组合各项比例控制进行监察。

为切实遵循管理人的管理原则,保障投资人的合法权益,管理人全体员工均与公司签定了员工守则承诺书和保密承诺书,保证不从事任何法律法规及公司禁止的活动。禁止从事任何与本职工作利益相冲突的活动,禁止利用尚未公开的重大消息、内幕消息进行投资活动,禁止利用掌握的未公开信息为自己或代为他人进行投票投资或咨询,不得泄露基金投资计划、投资意向等未依法公开的信息。

(二)基金管理小组

基金经理　何敏先生,29岁,本科,七年证券从业经验,历任厦门国际信托投资公司上海证券业务总部总经理助理、申银万国基金管理总部投资二部经理助理、基金汉兴经理助理。

基金经理助理　于理先生,28岁,本科,7年证券从业经验,曾就职万国证券公司基金部、申银万国基金管理总部、富国基金管理有限公司基金管理部基金汉鼎管理小组。

基金经理助理　魏延军先生,32岁,研究生,八年证券从业经验,曾就任海南琼陵实业股份公司证券部操盘员、上海乾隆集团鼎泰丰投资顾问有限公司投资部经理。

(三)基金经理工作报告

汉鼎基金为老基金规范改制基金,2000年6月30日成立,7月17日资金到位,正式运作,期间于10月25日完成了汉鼎基金的扩募工作。汉鼎基金初始净值为0.998元,年末在扩募完成后的净值为1.0412元。

中国证券市场的下半年行情基本是在上半年行情大幅增长基础上的延续,汉鼎基金开始运作时沪、深股指分别为1987.19点和615.14点,年末股指分别为2073.47点和635.73点,基金和大盘指数的涨幅基本同步。从全年行情的运行特点来看,上半年的行情发展的脉络相对清晰,年初行情以原油开采类企业发端,随后展开以网络股为代表的波澜壮阔的行情,紧接着部分中低价国企大盘股呈现价值发现的过程,至7月份,两地股指基本处于高位运行的阶段,下半年板块轮动的频率明显加快,并两度出现在2100点上方的高位震荡现象,显示行情在此阶段需要进一步的整固,投资的操作难度明显加大。从今年全年的走势来看,两地股指基本处于一个不断创新高的过程,我们认为主要原因可从三个方面分析:一是政策面上,今年突出强调了"让市场说话"的职能转变,恢复市场的本来面目,政策环境相对宽松,证券市场迎来前所未有的发展机遇;二是资金面上,由于政策逐步放宽,各类新增资金源源不断入市,资金面空前宽裕,机构投资者队伍迅速扩大,尽管今年在股票一级市场的集资额创出新高,但资金的供给仍远远大于需求,直接推动了行情的进一步发展;三是基本面的因素,98年以来的积极货币和财政政策开始对国民经济产生实质性的影响,各项宏观经济指标开始转强,宏观经济的好转将直接带来上市公司收益表现的提高,增强了投资者长期投资的信心,这是股市发展的内在动力,在经济周期的启动阶段,首先收益的是资源型企业和原材料等基础性行业,而今年的市场发展的特点也体现出这一明显特征。

基于下半年行情在高位震荡盘升的特点,汉鼎基金在操作策略上主要遵循以下几点:

1. 选择合适买点,积极建仓,组合相对分散,重仓品种谨慎选择,操作频率适当加快。这种策略的选择主要是考虑大量个股在前期已有一定的涨幅,建仓风险相对加大,个股建仓时机的把握和抵抗风险的能力显得尤为重要;

2. 结合汉鼎基金契约的规定,积极投资信息产业个股,特别是通讯设备制造类企业,依据是其行业的增长;同时适当挖掘一些价值低估的股票进行投资。

3. 充分利用剩余资金,周密论证,积极参与新股申购,提高资金的使用效率。下半年,我们加大了对钢材等原材料类的申购,取得了较好的效果。

宏观经济展望:

2001年,我国宏观经济将承接去年国民经济出现的重要转机,继续向良性循环的方向发展。政府将继续实行积极的财政政策和稳健的货币政策,全面落实支持经济发展和结构调整的各项措施,电子信息为代表的高科技产业仍将成为改善经济结构的重要推动力。农民收入的提高、社会投资的增加、西部的开发,等等,在新的一年里会都将会对整个经济起到推动的作用。所以,新的一年中国经济应该能够保持一个稳定的发展趋势并实现质量的不断改善、效益的不断提高。

证券市场展望:

金融系统将切实加强和改进金融监管,以保证金融平稳运行;证券法规体系将更为健全,加强对上市公司和机构投资者的监管措施将会逐步贯彻实施,从而为证券市场的长远发展打下良好基础;我国加入世贸组织出现的进展、社会保障制度的改革以及社保体系的完善将会加快开放式基金试点的启动。总之,2001年证券市场将在规范中健康稳定地向前发展。

基金运作展望:

随着证券市场由无效市场向有效市场的过渡,我们将逐步实施由重仓管理模式向国际化的投资组合管理模式的转变。

证券市场是国民经济发展的晴雨表,只要宏观经济基本面有实质性好转,行情再创新高的可能性依然存在。在新一轮经济循环周期中通信及其配套设施(包括硬件和软件)、港口、资源、房地产和建筑类行业将获益。

在全球化的背景下,网络经济遇到了巨大的压力,美国NASDAQ市场2000年下跌了40%,我国的电子信息产业类股票也受到了一些冲击,但我们认为新经济是不可逆转的发展大潮,事物遵循螺旋式前进的规律,2001年我们仍将电子信息产业作为资产配置的主要对象,采用自上而下的投资策略,同时将更加重视对个股基本面的挖掘。

四、基金年度财务报告

(一)审计报告　　审计报告　普华永道审字(2001)第330号

汉鼎证券投资基金全体持有人:

我们接受委托,审计了汉鼎证券投资基金(以下简称"汉鼎基金")2000年12月31日的资产负债表及2000年6月30日(基金资产移交基准日)至2000年12月31日止期间的的收益及收益分配表。这些会计报表由汉鼎基金管理人富国基金管理有限公司负责,我们的责任是对这些会计报表发表审计意见。我们的审计是根据《中国注册会计师独立审计准则》的规定进行的。在审计过程中,我们结合汉鼎基金的实际情况,实施了包括抽查会计记录等我们认为必要的审计程序。

我们认为,下述汉鼎基金会计报表符合中华人民共和国《企业会计准则》、《证券投资基金管理暂行办法》实施准则第五号证券投资基金信息披露指引、汉鼎基金契约和中国证券监督管理委员会允许的如会计报表附注所列示的基金行业的实务操作规定,在所有重大方面公允地反映了汉鼎基金2000年12月31日的财务状况及2000年6月30日(基金资产移交基准日)至2000年12月31日止期间的经营成果。

普华永道中天　　注册会计师:周忠惠
会计师事务所有限公司　　注册会计师:王笑
2001年1月18日

(二)会计报告书

2、2000年6月30日(基金资产移交基准日)至2000年12月31日止期间的
收益及收益分配表　　单位:人民币元

项　　目	本期累计数
收入	
证券买卖差价	
股票(附注3(e))	12,598,620.98
投资收益	
股息收益(附注3(e))	183,972.21
其他收入(附注6)	880,825.73
收入合计	13,663,418.92
费用	
基金管理费(附注3(f))	2,357,816.92
基金托管费(附注3(h))	392,969.51
其他费用	176,200.00
费用合计	2,926,986.43
本期净收益	10,736,432.49
基金份额调整影响数(附注8)	-7,724,691.60
未分配收益	3,011,740.89

五、基金持有人结构及基金前十名持有人

1、基金持有人结构

	基金份额	占总份额比例
基金发起人	500万份	1%
其中:富国基金管理有限公司	250万份	0.50%
申银万国证券股份有限公司	250万份	0.50%
社会公众	49500万份	99%

2、基金前十名持有人

持有人	基金份额	占总份额的比例%
施海丹	4802771	0.96
泰康寿险	3383945	0.68
富国基金	2500000	0.50
宝鼎发起	2500000	0.50
杨银堂	1847200	0.37
王国民	1750000	0.35
张学强	1621679	0.32
关桂琴	1349170	0.27
李琳娜	1306300	0.26
周勇	1292982	0.26

汉 博 证 券 投 资 基 金

汉博证券投资基金2000年年度报告

重要提示：本基金的托管人中国建设银行已于2001年3月26日复核了本报告。本基金管理人、托管人愿就报告中所载资料的真实性、准确性和完整性负责。本报告书中的内容由本基金管理人负责解释。

一、基金简介

(一) 基金简称:基金汉博　交易代码:500035　基金单位总份额:5亿份
基金类型:契约型封闭式　基金存续期:15年
上市日期:2000年10月17日　上市地点:上海证券交易所
(二) 基金管理人:富国基金管理有限公司
注册地址:上海市浦东新区世纪大道88号金茂大厦32层　邮政编码:200121
法定代表人:虞志皓　总经理:李建国　信息管理负责人:林志松、于翠霞
电话:(021)50478888-303,301　传真:021-50470328
(三) 基金托管人:中国建设银行　注册地址:北京市西城区金融大街25号
办公地址:北京市西城区金融大街25号　邮政编码:100032
法定代表人:王雪冰　托管部负责人:江先周　信息管理负责人:黄秀莲
电话:010-67597646　传真:010-66212638
(四) 会计师事务所:普华永道中天会计师事务所　注册地址:上海浦东新区沈家弄325号
法定代表人:汤云为　经办注册会计师:周忠惠、王笑

二、主要财务指标

1、期末基金资产净值:	528,480,638.73
期末单位基金净值:	1.0570
期末基金资产总值:	530,533,052.08
2、本期净值增长率:	7.92%
累计净值增长率:	7.92%
3、本期已实现收益:	2,829,107.41
基金净值收益率:	0.58%
4、基金可分配收益:	5,589,575.29
单位基金可分配收益:	0.0118
基金可分配收益率:	1.14%

三、基金管理人报告

(一)基金运作合规性声明

本报告期,基金管理人严格按照《证券法》、《证券投资基金管理暂行办法》、《汉博证券投资基金契约》以及其它有关法律法规的规定,本着诚实信用、勤勉尽责的原则,以减少和分散风险,确保基金资产的安全并谋求基金长期稳定收益为目标,管理和运用基金资产,在严格控制风险的基础上,为基金持有人谋求最大收益,无损害基金持有人利益的行为。基金投资组合符合有关法规及基金契约的约定。

为防范不当关联交易和内幕交易,本基金管理人制定并根据实际情况不断调整和完善风险控制制度和证券交易操作规则。公司设督察员,领导监察稽核部,监督投资决策委员会决议的执行情况,通过证券交易实时监控系统对基金资产交易进行实时监控,对基金资产运作的合规性和投资组合各项比例控制进行监察。

为切实遵循管理人的管理原则,保障投资人的合法权益,管理人全体员工均与公司签定了员工守则承诺书和保密承诺书,保证不从事任何法律法规及公司禁止的活动。禁止从事任何与本职工作利益相冲突的活动,禁止利用尚未公开的重大消息、内幕消息进行投资活动,禁止利用掌握的未公开信息为自己或代为他人进行投票投资或咨询,不得泄露基金投资计划、投资意向等未依法公开的信息。

(二)基金管理小组

基金经理　何敏先生,29岁,本科,七年证券从业经验,历任厦门国际信托投资公司上海证券业务部总经理助理、申银万国基金管理总部投资二部经理助理、基金汉兴经理助理。

基金经理助理　于理先生,28岁,本科,七年证券从业经验,曾就职万国证券公司基金部、申银万国基金管理总部、富国基金管理有限公司基金管理部基金汉鼎管理小组。

基金经理助理　魏延军先生,32岁,研究生,八年证券从业经验,曾就任海南琼陵实业股份公司证券部操盘员、上海乾隆集团鼎泰丰投资顾问有限公司投资部经理、富国基金管理有限公司基金管理部交易员。

(三)基金经理工作报告

宏观经济背景及证券市场回顾

汉博基金为老基金规范改制基金,2000年7月11日移交基金资产,7月17日资金到位,正式运作,期间于11月20日完成了汉博基金的扩募工作。汉博基金初始净值为1.0453元,年末在扩募完成后的净值为1.0570元。

中国证券市场的下半年行情基本是在上半年行情大幅增长基础上的延续,汉博基金开始运作时沪、深股指分别为1987.19和615.14,年末股指分别为2073.47和635.73,基金的总体涨幅略超大盘指数的涨幅。从全年行情的运行特点来看,上半年的行情发展的脉络相对清晰,年初行情以原油开采类企业发端,随后展开以网络股为代表的波澜壮阔的行情,紧接着部分中低价国企大盘股呈现价值发现的过程,至7月份,两地股指基本处于高位运行的阶段,下半年板块轮动的频率明显加快,并两度出现在2100点上方的高位震荡现象,显示行情在此阶段需要进一步的整固,投资的操作难度明显加大。从2000年全年的走势来看,两地股指基本处于一个不断创新高的过程,我们认为主要原因可从三个方面分析:一是政策面上,今年突出强调了"让市场说话"的职能转变,恢复市场的本来面目,政策环境相对宽松,证券市场迎来前所未有的发展机遇;二是资金面上,由于政策逐步放宽,各类新增资金源源不断入市,资金面空前宽裕,机构投资者队伍迅速扩大,尽管今年在股票一级市场的集资额创出新高,但资金的供给仍远远大于需求,直接推动了行情的进一步发展;三是基本面的因素,98年以来的积极货币和财政政策开始对国民经济产生实质性的影响,各项宏观经济指标开始转强,宏观经济的好转将直接带来上市公司收益表现的提高,增强了投资者长期投资的信心,这是股市发展的内在动力,在经济周期的启动阶段,首先收益的是资源型企业和原材料等基础性行业,而今年的市场发展的特点也体现出这一明显特征。

基于下半年行情在高位震荡盘升的特点,汉博基金在操作策略上主要遵循以下几点:

1. 选择合适买点,积极建仓,组合相对分散,重仓品种谨慎选择,操作频率适当加快。这种策略的选择主要是考虑大量个股在前期已有一定的涨幅,建仓风险相对加大,个股建仓时机的把握和抵抗风险的能力显得尤为重要;

2. 结合汉博基金契约的规定,积极投资新兴产业类个股,特别是通讯设备制造类企业,其行业的增长是大家有目共睹的,相对风险较小;同时适当挖掘一些价值低估或产业转型较为成功的股票进行投资。

3. 充分利用剩余资金,周密论证,积极参与新股申购,提高资金的使用效率。

对二〇〇一年市场趋势的展望　2001年中央政府将继续实施积极的财政政策,以确保GDP的增长不至于有大的回落。尽管不能预期出现2000年一样强劲的基本面和2001年上半年全球性的投资热,我们仍然对2001年的投资机会充满信心。随着加入WTO时间的迫近,国内相当数量的企业将会发生意义深远的变化:制造业的技术升级、规模扩大;服务业细分化、网络化的趋势加强。我们认为,2001年国家将加大实施国有企业战略调整,较多国企将面临重组和产业调整。适应外资、民营企业的政策和市场条件将进一步改善。我们预期上市公司中将越来越多地出现产权明晰、管理优良、具备核心竞争力的成长性企业。本基金将根据基金契约的要求,在广泛、深入研究的基础上,精心发掘出上市公司的投资价值,构建组合。随着股票发行制度的变化,一、二级市场的平均价差将大幅降低,尽管如此,我们将认真研究,尽力捕捉可能的套利机会。在力争给予持有人高回报的同时,我们还将随时关注政策面变化给市场带来的影响,并在操作策略中有所准备。

我们深知2001年的资本市场将可能面临重大的结构性变化。一方面包括新股发行方式的改变、二板市场的设立以及国有股、法人股的上市流通等一系列制度变革将根本地改变股市的供求关系。其次,打击操纵市场,规范投资行为的各项政策继续加强,将改变原有的投资理念。大资金已有的投资理念、操作模式也将受到考验。对此,我们将以国家有关法规为指导,以基金契约为原则,遵循富国基金管理公司严格管理、规范运作的工作方针,抱着勤勉尽职的精神、客观务实的态度,依靠努力工作赢得对持有人回报。

四、汉博基金托管人报告

2000年,中国建设银行在汉博基金的托管过程中,严格遵守了《证券投资基金管理暂行办法》及各项实施准则、基金契约、托管协议和其它有关法规的规定,安全保管了基金的全部资产,勤勉尽职地履行了基金托管人的全部义务,不存在损害基金持有人利益的行为。

2000年,由富国基金管理有限公司编制并经中国建设银行复核审查的有关汉博基金的信息披露真实、完整、合法,在基金资产净值、每份基金单位净值和其它财务费用计算上,严格执行了《证券投资基金管理暂行办法》及各项实施细则、基金契约及其它有关法规规定,未发现损害基金持有人利益的行为。

中国建设银行基金托管部
2001年3月26日

五、基金年度财务报告

(一)审计报告　审计报告　普华永道审字(2001)第331号

汉博证券投资基金全体持有人:

我们接受委托,审计了汉博证券投资基金(以下简称"汉博基金")2000年12月31日的资产负债表及2000年7月11日(基金资产移交基准日)至2000年12月31日止期间的的收益及收益分配表。这些会计报表由汉博基金管理人富国基金管理有限公司负责,我们的责任是对这些会计报表发表审计意见。我们的审计是根据《中国注册会计师独立审计准则》的规定进行的。在审计过程中,我们结合汉博基金的实际情况,实施了包括抽查会计记录等我们认为必要的审计程序。

我们认为,下述汉博基金会计报表符合中华人民共和国《企业会计准则》、《证券投资基金管理暂行办法》实施准则第五号证券投资基金信息披露指引、汉博基金契约和中国证券监督管理委员会允许的如会计报表附注所列示的基金行业的实务操作规定,在所有重大方面公允地反映了汉博基金2000年12月31日的财务状况及2000年7月11日(基金资产移交基准日)至2000年12月31日止期间的经营成果。

普华永道中天　注册会计师:周忠惠
会计师事务所有限公司　注册会计师:王笑
2001年1月18日

(二)会计报告书

1、2000年7月11日(基金资产移交基准日)至2000年12月31日止期间的收益及收益分配表　单位:人民币元

项　目	本期累计数
收入	
证券买卖差价 股票 (附注3(e))	3,977,289.19
债券 (附注3(e))	175,419.63
投资收益 股息收益 (附注3(e))	201,054.84
其他收入 (附注6)	884,239.04
收入合计	5,238,002.70
费用	
基金管理费(附注3(f))	2,062,901.36
基金托管费 (附注3(h))	343,816.93
其他费用	2,177.00
费用合计	2,408,895.29
本期净收益	2,829,107.41
基金资产移交并上市中产生的未分配收益变动	
基金资产移交基准日前未分配收益	2,760,467.88
基金合并及上市费用余额	—
未分配收益	5,589,575.29

后附会计报表附注为本报表的组成部分。

六、基金持有人结构及基金前十名持有人

1、基金持有人结构

	基金份额	占总份额比例
基金发起人	1440万份	2.88 %
其中:海通证券有限公司	1190万份	2.38%
山东证券有限公司	250万份	0.50%
社会公众	48560万份	97.12%

2、基金前十名持有人

持有人	基金份额	占总份额的比例%
海通证券	11,900,000	2.38%
中国太保	4,701,148	0.94%
泰康寿险	3,947,925	0.79%
淄博信托	3,543,792	0.71%
山东证券	2,500,000	0.50%
李秀芬	2,300,561	0.46%
中国人寿	2,000,000	0.40%
平安保险	1,524,561	0.30%
翟琳	1,164,700	0.23%
张占来	1,122,686	0.22%

开元证券投资基金

开元证券投资基金2000年年度报告

重要提示:本基金的托管人———中国工商银行已于2001年3月28日复核了本报告。本基金的管理人、托管人愿就本报告中所载资料的真实性、准确性和完整性负责。本报告书中的内容由本基金的管理人负责解释。

一、基金简介

(一) 基金基本资料
基金简称:基金开元
基金交易代码:4688
基金类型:契约型、封闭式
基金单位总份额:20亿份
目前可流通份额:19.7亿份
基金存续期:15年(1998年3月27日至2013年3月27日)
上市地点:深圳证券交易所
上市日期:1998年4月7日
(二)基金管理人
法定名称:南方基金管理有限公司
注册及办公地址:深圳市深南大道4009号投资大厦7楼
邮政编码:518026
国际互联网网址:http://www.southernfund.com
法定代表人:骆新都
总经理:高良玉
信息披露负责人:邱孝斌
联系电话:0755-2712000转,
传真:0755-2712578
(三)基金托管人法定名称:中国工商银行
注册及办公地址:北京市复兴门内大街55号
邮政编码:100032
法定代表人:姜建清
托管部负责人:赵跃
信息披露负责人:刘长江
联系电话:010-66106912
传真:010-66106913
(四)聘请的会计师事务所
法定名称:天健(信德)会计师事务所
注册地址:深圳市蛇口兴华路海滨花园海滨中心商场A座3楼
办公地址:深圳市滨河大道5020号证券大厦十六层
法定代表人:朱祺珩
经办注册会计师:邓建新　魏小珍
联系电话:0755-2709191
传真:0755-2890751

二、基金主要财务指标

单位:　人民币元

	2000	1999	1998
调整后期初基金资产净值	2,328,896,321.50	2,021,502,200.57	2,000,000,000.00
期末基金资产总值	3,940,220,046.69	3,134,818,707.63	2,094,408,906.78
期末基金资产净值	3,755,440,259.81	2,878,896,321.50	2,081,502,200.57
本期净收益	1,168,259,994.41	545,323,777.07	65,987,962.36
本期可分配净收益	1,169,571,733.85	551,311,739.44	65,987,962.36
单位基金资产净值	1.878	1.439	1.041
单位基金净收益	0.585	0.276	0.033
基金资产净值收益率	50.16%	26.98%	3.30%
本期基金可分配收益率	50.22%	27.27%	3.30%
本期基金净值增长率	61.25%	42.41%	4.08%
基金累计净值增长率	118.27%	46.94%	4.08%

* 本年度基金配售新股政策停止前所获配售新股对净值的贡献计263,182,136.60人民币元.扣除上述因素后的本期净值增长率为49.95%.

上述财务指标的相关计算公式列示如下:
调整后期初基金资产净值=期初基金资产净值-本期已分配收益
本期基金可分配净收益=本期基金净收益+以前年度未分配收益-期末未实现估值减值
单位基金资产净值=期末基金资产净值÷期末基金单位总额
单位基金净收益=本期可分配净收益÷期末基金单位总额
基金资产净值收益率=本期基金净收益÷期初基金资产净值
本期基金可分配收益率=本期基金可分配基金净收益÷期初基金资产净值
基金净值增长率=(期末基金资产净值-调整后期初基金资产净值)÷调整后期初基金资产净值
基金累计净值增长率=(累计基金资产净值-基金单位总额)÷基金单位总额

三、基金管理人报告

基金经理小组简介

王宏远先生,基金经理,28岁,硕士学历,8年证券从业经历。曾在中国信达投资公司、深圳经济特区证券公司工作,现任南方基金管理公司基金投资部副经理。

朱汉江先生,基金经理助理,35岁,硕士学历。8年证券从业经历,曾任职平安证券有限公司投资银行部项目经理、国泰证券有限公司投资银行部项目经理;

李华先生,基金经理助理,30岁,硕士学历。9年证券从业经历,曾任职中信实业银行南京分行证券部,国泰基金管理有限公司金鑫基金经理秘书,亚洲控股有限公司高级经理;

此外,开元基金管理小组还配备了若干名证券投资分析人员,协助上述人员从事开元基金的投资管理工作。

开元基金的投资风格及投资理念

本基金的投资目标是为投资者减少和分散投资风险,确保基金资产的安全并主要通过投资于具有良好的行业前景、业绩能够保持长期稳健增长、从长远来看市场价值被低估的成长型上市公司来实现基金的投资收益。同时兼顾对收益型上市公司及债券的投资,从而使投资者在承受一定风险的情况下,有可能享受到较高的资本利得和一定的稳定的收益。

本基金投资基于以下理念:股票市场与宏观经济的发展有着密切的关系,市场的波动受政治背景、经济形势、投资者心理等各种因素来影响,但股票的价值最终是由公司本身的素质所决定,具有良好的行业发展前景、公司业绩能够保持稳健增长的公司,其股票的价格最终都有良好的体现。由于受到各种短期因素的影响,市场上存在许多公司本身素质较好,价格却被不同程度低估的股票。基金投资于该类股票,不仅可以减少投资风险,并且最终可以带来可观的投资收益,从而达到安全性、收益性兼顾的要求。

2000年度宏观经济及证券市场回顾 2000年我国宏观经济形势整体向好,国民经济全面复苏,经济结构调整取得实质性进展,国企三年脱困的目标基本实现。

2000年度是中国证券市场大发展的一年,全年市场呈现牛市走势,市场换手率逐步降低,市场的波动幅度和换手率指标均说明我国的证券市场正在逐步走向成熟,以基金和券商为代表的机构投资者实力大大增强,其理性投资行为在客观上对市场的稳定和发展作出了重要贡献。

2000年度本基金的运作情况

一季度,科技网络股行情的发动与展开表现出显著的突发和逼空特点,是对机构投资者市场敏感性和决策果断性的考验,我们提前预测并紧紧抓住了这轮行情的主升浪,取得了良好的回报。二季度,随着科技网络股行情的回潮,我们进行了组合投资调整,减持了部分缺乏业绩和成长性支持的概念性科技网络股,增持了有良好业绩和成长性支持的传统科技股,同时加大了对反映宏观经济复苏成果的原材料和钢铁类个股的投资。下半年以后,深沪两市大盘进入区间震荡整理期,行情整体上趋于平淡,我们在这一期间加大了对新股、次新股、中西部地区绩优高成长的高科技类个股的投资,取得了良好的回报。

2001年度宏观经济形势及证券市场展望 2001年是"十五"计划的第一年,国家强调把发展作为主题,速度与效益相统一,把结构调整作为主线。这一社会经济发展总思路有利于新的一年中证券市场的结构调整和继续健康发展。

2001年的证券市场,受国有股减持问题、退市机制启动、B股市场发展等因素的影响,市场的震荡幅度会加大,个股行情的分化程度也会加剧。我们将继续坚持绩优高成长的理念,有业绩和高成长性支持的通信、新材料、生物工程等高科技类个股以及其它绩优蓝筹股仍然会是今年市场的主题。国有股减持的方案可能有多种,从价格趋向来看,可以分为A股市场价格趋向型和净资产趋向型两种,A股市场价格趋向型方案一方面绝对扩容量过大,另一方面二级市场原有的投资者成本过高,需要支付的增量资金数量很大,会产生集中抛售存量股票的行为,因此这类方案会在较大程度上影响市场的稳定性;净资产趋向型方案则兼顾了国有资产的保值增值和二级市场持有人的权益,有效地降低了市场的平均市盈率,有利于保持市场的稳定,如果国有股问题的解决思路如上所述,就会使国有股的减持成为我国证券市场发展过程中的长期利好,也必然会为2001年市场的健康发展打下坚实的基础。退市机制的即将启动意义深远,会进一步加强证券市场的资源优化配置作用,有利于市场理性投资理念的培养和形成,并同时挤掉部分ST公司、PT公司、微利且没有业绩改善前景的公司股价长期以来由于资金推动而堆积起来的泡沫,使个股股价真正按照基本面定位,正确反映其内在价值。同时,新股发行方式的改变,对一二级市场原有投资行为会产生较大影响,将会使得许多原来在二级市场上的投资行为提前在一级市场完成,这对我们的研究工作提出了严峻的挑战,我们将会加强研究的力度和深度,深化个股价值区间的研判,为持有人谋取更大的收益。

内部监察报告基金运作合规性声明本报告期内,本基金管理人严格遵守《证券投资基金管理暂行办法》,《证券投资基金基金契约》以及其他有关法律、法规的规定,本着诚实信用、勤勉尽责的原则管理和运用基金资产,遵循"以人为本,追求卓越"的公司理念,在严格控制风险的基础上,为基金持有人谋求最大利益。在报告期内,基金运作整体合法合规,无损害基金持有人利益的行为。

内部监察工作报告

2000年度,本基金管理人在内部监察工作中注重控制运作风险,始终把保障基金持有人的利益放在首位。

在本报告期内,本基金管理人大力加强了监察稽核工作的力度,拓展了监察稽核的广度,由保持高度独立的督察员领导内部监察稽核人员对基金投资程序的各环节的执行情况进行定期检查,制作监察稽核报告,发现问题及时向管理层和监管部门报告并督促整改。

在本报告期内,为了控制运作风险,防范关联交易、内幕交易以及本基金与本基金管理人管理的其他基金之间可能出现的违规交叉交易,确保基金投资的独立性、公平性,我们主要采取了如下措施:

一、实行集中交易制度,各基金管理小组相互独立,分别制定具体的证券投资组合,下达具体的交易指令,由中央交易室统一执行完成。同时,为加强风险监控,事先对电脑系统进行设置,杜绝出现自买自卖,反向对敲等不规范交易行为。

二、建立风险提示制度和风险报告制度。

三、树立监察稽核部门的威信,加强员工风险意识。通过以上工作的开展,在本报告期内,本基金运作过程中未发生关联交易、内幕交易,也不存在本基金管理人管理的各基金之间的违规交叉交易,基金运作整体合法合规,基金持有人的利益得到了保障。

四、基金托管人报告

本托管人———中国工商银行,依据《开元证券投资基金基金契约》与《开元证券投资基金托管协议》,托管开元证券投资基金。

2000年度,在对开元证券投资基金的托管过程中,本托管人严格遵守了《证券投资基金管理暂行办法》及其实施准则、基金契约、托管协议和其他有关法规的规定,对开元证券投资基金的投资运作进行了全面的会计核算和应有的监督,没有发生任何损害基金持有人利益的行为,诚实信用、勤勉尽责地履行了作为托管人所应尽的义务。

本托管人依照《证券投资基金管理暂行办法》及其实施准则、基金契约、托管协议和其他有关法规的规定,对开元证券投资基金的投资组合进行了监督,认为开元基金管理公司在开元证券投资基金的投资运作、基金资产净值及单位基金资产净值的计算上,遵守《证券投资基金暂行办法》及其实施准则、基金契约、托管协议和其他有关法规的规定,没有发现任何损害基金持有人利益的行为。

本托管人依法对开元证券投资基金管理人———南方基金管理公司在2000年度所编制和披露的开元证券投资基金资产净值公告、基金投资组合公告、基金年度报告等公告信息进行了核查,认为开元证券投资基金管理人———南方基金管理公司在2000年度内所编制和披露的基金信息是合法、真实和完整的。

五、基金财务报告

(一) 审计报告　　信德深财审报字(2001)第24号

审计报告

开元证券投资基金持有人:

我们接受委托,审计了开元证券投资基金二零零零年度的财务报告。该基金年度财务报告由南方基金管理有限公司(基金管理人)负责,我们的责任是对该基金年度财务报告发表审计意见。我们的审计是依据《中国注册会计师独立审计准则》进行的,在审计过程中,我们结合开元证券投资基金实际情况,实施了包括抽查会计记录等我们认为必要的审计程序。

我们认为,开元证券投资基金年度财务报告符合证券投资基金中的财务会计的相关法规、制度和《开元证券投资基金基金契约》的有关规定,在所有重大方面公允地反映了该基金二零零零年十二月三十一日的财务状况与二零零零年度的经营成果,会计处理方法的选用遵循了一贯性原则。

深圳天健信德会计师事务所　　中国注册会计师　邓建新

中国注册会计师　魏小珍

二零零一年二月十六日

中国深圳

(二) 基金会计报告书

开元证券投资基金

资产负债报告书

二零零零年十二月三十一日　　单位:人民币元

	附注	2000.12.31	1999.12.31
股票投资--成本	5	RMB 2,219,375,437.76	RMB 1,782,716,119.79
债券投资--成本	6	732,744,475.86	577,642,676.90
股票投资--估值增值	2(4).5	587,524,855.82	333,673,969.96
债券投资--估值增值	2(4).6	(1,656,329.86)	(6,089,387.90)
银行存款	2(4).4	387,284,590.91	150,544,346.27
应收利息		150,789.12	113,131.05
应收帐款	7	7,051,436.22	18,626,291.61
其他应收款项	8	7,744,790.86	2,491,559.95
买入返售债券		---	275,100,000.00
基金资产总值		3,940,220,046.69	3,134,818,707.63
应付基金管理费	3(3)	11,695,548.49	6,053,795.21
应付基金托管费	3(3)	784,809.91	605,379.50
应付帐款	9	61,426,944.33	32,408,233.68
应付佣金	3(3).10	7,922,948.44	2,087,019.50
其他应付款项	3(3).11	2,949,535.71	4,760,758.24
卖出回购债券款	12	100,000,000.00	210,007,200.00
负债总值		184,779,786.88	255,922,386.13
基金单位总额	13	2,000,000,000.00	2,000,000,000.00
未分配净收益		1,169,571,733.85	551,311,739.44
未实现估值增值	14	585,868,525.96	327,584,582.06
基金资产净值		RMB 3,755,440,259.81	RMB 2,878,896,321.50
基金单位发行总份额(份)		2,000,000,000.00	2,000,000,000.00
每份基金单位资产净值		RMB 1.878	RMB 1.439

(所附注释系基金会计报告书的组成部分)

开元证券投资基金收益及分配报告书

二零零零年度　　单位:人民币元

	附注	2000	1999
在除息日确认的股息收入	2(5)	RMB 4,814,447.17	RMB 7,718,137.33
债券利息收入	2(5)	---	9,403,959.00
证券买卖价差收入	2(5)	1,227,053,027.02	577,220,073.59
其中:股票买卖价差收入		1,222,145,068.71	581,864,134.19
债券买卖价差收入		4,907,958.31	(4,644,060.60)
买入返售债券收入	2(5)	724,291.69	8,868,200.31
其他收入	15	12,545,534.69	12,200,174.96
收入合计		1,245,137,300.57	615,410,545.19
减:支出		76,877,306.16	70,086,768.12
其中:基金管理费	3(2)	58,893,615.89	63,195,483.98
基金托管费	3(2)	8,651,154.42	6,319,548.40
卖出回购债券支出		7,248,198.35	---
应由基金承担的其他费用		2,084,337.50	571,735.74
基金净收益		1,168,259,994.41	545,323,777.07
加:上年未分配净收益		551,311,739.44	65,987,962.37
减:本年度已分配收益	2(8)	550,000,000.00	60,000,000.00
年末未分配净收益		RMB1,169,571,733.85	RMB 551,311,739.44

(所附注释系基金会计报告书的组成部分)

(三)会计报告书附注

附注 1. 基金设立说明

开元证券投资基金(以下简称"基金开元")系经中国证券监督管理委员会证监基金字(1998)6 号文批准,由南方证券有限公司、广西信托投资公司和厦门国际信托投资公司共同发起设立的契约型封闭式证券投资基金,于一九九八年三月二十七日正式成立。基金管理人为南方基金管理有限公司,基金托管人为中国工商银行,基金存续期为 15 年。

经深圳证券交易所深证发(1998)65 号文审核同意,基金开元于一九九八年四月七日在深圳证券交易所挂牌交易。

附注 2. 重要会计政策

基金开元的下列会计政策系根据证券投资基金及其财务会计的相关法规、制度和《开元证券投资基金基金契约》厘定。

(1) 会计年度

基金开元会计年度自公历每年一月一日起至十二月三十一日止。

(2) 记帐本位币

基金开元以人民币为记帐本位币。

(3) 记帐基础及计价原则

会计核算以权责发生制为基础,各项资产按取得时的实际成本计价。

(4) 基金资产的估值方法

基金开元每日对基金资产进行估值,估值方法如下:

上市的证券估值以其当日市场平均价计算,如若该日无交易的证券,以最近一日市场平均价计算;

未上市的股票以成本价计算;

未上市的债券及银行存款,以本金加计至估值日为止的应计利息额计算;

债券回购业务的应计收入和支出在回购期内按直线法计算;

如遇特殊情况而无法或不宜以上述规定确定资产价值时,依照国家有关规定办理。

(5) 收入确认原则

股息收入以被投资单位派发股息的除息日确认;

债券利息收入以债券派发债息的除息日确认;

证券买卖价差收入系根据证券出售成交时的成交价扣除交易费用、交易税金后的净收入和证券投资的实际成本计算确认;

买入返售债券收入以回购期内逐日分摊确认。

(6) 证券交易的成本计价方法

证券投资日常核算以实际成本计价,售出证券的成本按移动平均法计算确定。

(7) 税项

A. 印花税

根据财政部、国家税务总局财税字[1998]55 号文《关于证券投资基金税收问题的通知》,基金开元按股票交易金额的 4‰计缴印花税。

B. 营业税

根据财政部、国家税务总局财税字[1998]55 号文《关于证券投资基金税收问题的通知》,基金开元以发行基金方式募集资金不缴纳营业税;买卖股票、债券的价差收入在二零零零年底以前暂免缴营业税。

本会计年度基金开元的买入返售债券利息收入尚未计缴营业税。

C. 企业所得税

根据财政部、国家税务总局财税字[1998]55 号文《关于证券投资基金税收问题的通知》,基金开元从证券市场中取得的收入,包括买卖股票、债券的价差收入,股票的股息、红利收入,债券的利息收入及其他收入,暂不缴纳企业所得税。

(8) 收益分配根据《开元证券投资基金基金契约》的有关规定,基金开元的收益分配采用现金方式,比例不低于基金净收益的 90%。

二零零零年三月二十八日,基金开元公告:经基金管理人拟定及基金托管人核实确定,对一九九九年度实现的净收益计 545,323,777.07 人民币元及期初未分配净收益 5,987,962.37 人民币元,可供持有人分配的收益共计 551,311,739.44 人民币元,按 99.762%的比例进行分配,即每份基金单位派发现金收益 0.275 人民币元,共计 550,000,000.00 人民币元。该收益已于二零零零年四月四日分配并支付给各基金持有人。

附注 3. 关联方关系及其交易

(1) 关联方关系明细项目列示如下:

关联方名称	与基金开元的关系
中国工商银行	基金开元托管人
南方基金管理有限公司	基金开元管理人
南方证券有限公司	基金开元发起人,亦为南方基金管理公司的股东
广西信托投资公司	基金开元原发起人,亦为南方基金管理公司的原股东
厦门国际信托投资公司	基金开元发起人,亦为南方基金管理公司的股东

(2) 关联方交易

A. 租用证券交易席位

基金开元分别与南方证券有限公司、厦门国际信托投资公司、广西信托投资公司签订了《证券交易席位租用协议》,租用上述公司在上海证券交易所和深圳证券交易所的专用证券交易席位.

二零零零年度交易情况如下:

关联方名称 通过该等席位投资的年成交金额	占年成交总金额的比例	年交易佣金	占年佣金总金额的比例	平均佣金比率
南方证券有限公司				
RMB 5,080,077,790.65	22.25%	RMB 2,9 64,552.65	21.47%	0.8143‰
厦门国际信托投资公司				
509,843,997.74	2.23%	414,481.31	3.00%	0.8264‰
广西信托投资公司				
1,014,653,517.76	4.44%	700,953.62	5.08%	0.8500‰
RMB 6,604,575,306.15	28.92%	RMB 4,079,987.58	29.55%	

一九九九年度交易情况如下:

关联方名称 通过该等席位投资的年成交金额	占年成交总金额的比例	年交易佣金	占年佣金总金额的比例	平均佣金比率
南方证券有限公司				
RMB 3,163,119,907.66	20.60%	RMB 1,18 8,289.56	18.32%	0.8259‰
厦门国际信托投资公司				
930,884,975.91	6.06%	718,778.41	11.08%	0.8253‰
广西信托投资公司				
2,530,101,598.89	16.47%	608,632.16	9.39%	0.8345‰
RMB 6,624,106,482.46	43.13%	RMB 2,515,700.13	38.79%	

B. 基金管理费

根据中国证券监督管理委员会《关于调整基金管理人报酬及投资范围有关问题的通知》及《开元证券投资基金 2000 年度基金持有人大会决议公告》,基金开元修改《开元证券投资基金基金契约》中的基金管理费计提标准,修改后的基金管理费由下列两部分组成:

a. 基金管理费

基金管理费按前一日基金资产净值 1.5%的年费率计提.

b. 业绩报酬

当基金的扣除业绩报酬前的可分配净收益率高于同期银行一年定期储蓄存款利率 20%以上,且当年基金资产净值增长率高于同期证券市场平均收益率时,按下列方法计提:

业绩报酬=调整后期初资产净值×Min[M,N]×5%

其中,

M=扣除业绩报酬前的基金可分配净收益率-1.2×同期银行一年定期储蓄存款利率(如果年内利率发生变动,则按时间段进行加权平均调整);

N=扣除业绩报酬前的基金资产净增长率-证券市场平均收益率;Min[M,N]为 M、N 中较小者.

二零零零年度已卖出配售新股实现的收益=(新股可流通日市场平均价-配售成本)×已卖出配售新股数量=194,606,605.09 人民币元

二零零零年度配售新股对基金净值的影响=(新股可流通日市场平均价-配售成本)×配售新股数量=263,182,136.60 人民币元

调整后期初资产净值为 2,328,896,321.50 人民币元.

扣除业绩报酬前的基金可分配收益率 =(1,176,558,422.81 人民币元-194,606,605.09 人民币元)÷2,328,896,321.50 人民币元×100% =42.16%

扣除业绩报酬前的基金资产净值增长率=(3,762,426,948.77 人民币元-2,328,896,321.50 人民币元-263,182,136.60 人民币元)÷2,328,896,321.50 人民币元×100% =50.25%

M=扣除业绩报酬前的基金可分配收益率-1.2×同期银行一年定期储蓄存款利率 =42.16%-1.2×2.25% =39.46%

N=扣除业绩报酬前的基金资产净值增长率-证券市场平均收益率-50.25%-44.25% =6.00%

由于 M 大于 N

基金开元业绩报酬=调整后期初资产净值×Min [M,N]×5%=2,328,896,321.50 人民币元×6.00%×5% =6,986,688.96 人民币元

根据上述计算过程和结果,基金开元年末一次性计提业绩报酬计 6,986,688.96 人民币元.

b. 基金托管费

基金托管费按前一日基金资产净值的 2.5‰的年费率计提.基金开元支付的基金管理费及基金托管费列示如下:

	2000	1999
基金管理费(南方基金管理有限公司)	RMB 51,906,926.93	RMB 63,195,483.98
业绩报酬(南方基金管理有限公司)	RMB 6,986,688.96	RMB -- -
基金托管费(中国工商银行)	RMB 8,651,154.42	RMB 6, 319,548.40

(3) 关联方往来款项余额

关联方往来余额明细项目列示如下:

项目 关联方名称	2000-12-31	占该帐项余额的百分比	1999-12-31	占该帐项余额的百分比

应付佣金

南方证券有限公司	RMB	2,964,552.65	37.42%	RMB	1,189,289.56	56.94%

其他应付款项

--应付席位保证金

南方证券有限公司	RMB	1,000,000.00	33.90%	RMB	1,000,000.00	21.01%
厦门国际信托投资公司		250,000.00	8.48%		250,000.00	8.48%
广西信托投资公司		250,000.00	8.48%		250,000.00	8.48%
	RMB	1,500,000.00	50.86%	RMB	1,500,000.00	31.51%

应付基金管理费南方基金管理有限公司

	RMB	11,695,548.49	100%	RMB	6,053,795.21	100.00%

应付基金托管费中国工商银行

	RMB	784,809.91	100%	RMB	605,379.50	100.00%

附注 4. 银行存款

银行存款明细项目列示如下:

		2000-12-31		1999-12-31
中国工商银行深圳市分行	RMB	289,695,218.87	RMB	70,337,917.72
中国工商银行上海市分行		3,645,980.26		---
上海证券中央登记结算公司		79,950,098.87		54,912,820.59
深圳证券登记有限公司		13,993,292.91		25,293,607.96
	RMB	387,284,590.91	RMB	150,544,346.27

上海证券中央登记结算公司和深圳证券登记有限公司的款项系基金开元为进行证券交易的清算而存入的清算备付金

附注 5. 股票投资

股票投资明细项目列示如下:

		2000-12-31		1999-12-31
股票投资成本	RMB	2,219,375,437.76	RMB	1,782,716,119.79
其中:获配的新股和				
增发的股票投资成本		345,744,855.00		140,351,873.00
股票投资估值增值		587,524,855.82		333,673,969.96
	RMB	2,806,900,293.58	RMB	2,116,390,089.75

截至二零零零年十二月三十一日止,基金开元获配的新股和增发的股票计 345,744,855.0 0 人民币元均已上市流通,但尚由上海证券交易所和深圳证券交易所实施冻结. 根据本会计报告书附注 2(4)所述的基金资产的估值方法,基金开元对二零零零年十二月三十一日计算的股票投资估值增值计 587,524,855.82 人民币元.

附注 6. 债券投资

债券投资明细项目列示如下:

		2000-12-31		1999-12-31
国债投资	RMB	732,744,475.86	RMB	577,642,676.90
国债投资估值增(减)值		(1,656,329.86)		(6,089,387.90)
	RMB	731,088,146.00	RMB	571,553,289.00

根据本会计报告书附注 2(4)所述的基金资产的估值方法,基金开元对二零零零年十二月三十一日计算的国债投资估值减值计 1,656,329.86 人民币元.

附注 7. 应收帐款

应收帐款明细项目列示如下:

		2000-12-31		1999-12-31
深圳证券登记有限公司证券清算款	RMB	7,051,436.22	RMB	18 ,626,291.61

附注 8. 其他应收款项

其他应收款项明细项目列示如下:

		2000-12-31		1999-12-31
深圳证券交易所清算保证金	RMB	2,951,790.86	RMB	1,313,49 9.71
上海证券交易所清算保证金		4,440,000.00		363,936.93
席位保证金		250,000.00		250,000.00
应收买入返售债券收入		---		518,123.31
其他		103,000.00		46,000.00
	RMB	7,744,790.86	RMB	2,491,559.95

附注 9. 应付帐款

应付帐款明细项目列示如下:

		2000-12-31		1999-12-31
上海证券中央登记结算公司证券清算款	RMB	31,450,366.12	RMB	19 ,121,739.49
深圳证券登记有限公司证券清算款		29,976,578.21		13 ,286,494.19
	RMB	61,426,944.33	RMB	32,408,233.68

附注 10. 应付佣金

应付佣金明细项目列示如下:

		2000-12-31		1999-12-31
关联方往来 *	RMB	2,964,552.65	RMB	1,188,289.56
国通证券有限公司		2,339,917.15		295,328.44
广发证券有限公司		219,479.55		474,222.30
申银万国证券股份有限公司		442,282.92		27,218.00
长城证券有限责任公司		587,493.51		101,961.20
大鹏证券有限公司		1,369,222.66		---
	RMB	7,922,948.44	RMB	2,087,019.50

* 关联方往来明细项目详见本会计报告书附注 3(3).

附注 11.其他应付款项

其他应付款项明细项目列示如下:

		2000-12-31		1999-12-31
关联方往来 *	RMB	1,500,000.00	RMB	1,500,000.00
席位保证金		1,250,000.00		1,000,000.00
应付卖出回购债券支出		99,535.71		60,758.24
应付配股款		---		2,100,000.00
其他		100,000.00		100,000.00
	RMB	2,949,535.71	RMB	4,760,758.24

* 关联方往来明细项目详见本会计报告书附注 3(3).

附注 12. 卖出回购债券款

卖出回购债券款明细项目列示如下:

		2000-12-31		1999-12-31
国债	RMB	100,000,000.00	RMB	210,007,200.00

基金开元根据中国人民银行银货政(1999)128 号文和中国外汇交易中心、全国银行间同业拆借中心中汇交发(1999)149 号文,以及中国人民银行办公厅银办发(1999)146 号文的有关规定进行国债回购业务,截至二零零零年十二月三十一日止,基金开元卖出回购债券款余额计 100,000,000.00 人民币元。

附注 13. 基金单位总额根据《开元证券投资基金发起人协议》和《开元证券投资基金基金契约》,基金开元的基金单位发行总份额为 2,000,000,000 份,每份基金单位面值为 1.00 人民币元,共计 2,000,000 ,000.00 人民币元。

基金单位总额明细项目列示如下: 2000-12-31

基金持有人	基金单位总份额(份)	出资比例		基金单位总额	基金单位总份额(份)
南方证券有限公司	18,118,000	0.9059%	RMB	18,118,000.00	36,118,000
厦门国际信托投资公司	6,000,000	0.3000%		6,000,000.00	6,000,000
陕西省国际信托公司	6,000,000	0.3000%		6,000,000.00 *	---
广西信托投资公司	4,000,000	0.2000%		4,000,000.00	10,000,000
其他社会公众	1,965,882,000	98.2941%		1,965,882,000.00	1,947,882,000
					2,000,000,000

续上表: 1999-12-31

基金持有人	出资比例		基金单位总额
南方证券有限公司	1.8059%	RMB	36,118,000.00
厦门国际信托投资公司	0.3000%		6,000,000.00
陕西省国际信托公司	---		---
广西信托投资公司	0.5000%		10,000,000.00
其他社会公众	97.3941%		1,947,882,000.00
	100.00%	RMB	2,000,000,000.00

上述基金单位总额业经深圳信德会计师事务所(现已更名为"深圳天健信德会计师事务所")以验资报字(1998)第 04 号《验资报告》审验在案。

* 二零零零年十一月二日,经中国证券监督管理委员会证监基金字(2000)79 号文批准,陕西省国际信托投资股份公司持有基金开元 6,000,000 份基金单位, 替代了原基金发起人一广西信托投资公司,成为基金开元新的发起人。

附注 14. 未实现估值增值

未实现估值增值系根据《开元证券投资基金基金契约》的有关规定,基金开元于二零零零年十二月三十一日对股票投资与债券投资进行估值时,产生的投资估值大于其帐面成本价值的差额计 585,868,525.96 人民币元。

附注 15. 其他收入其他收入明细项目列示如下:

		2000		1999
银行存款利息收入	RMB	10,646,322.46	RMB	11,602,819.77
国债手续费收入		1,332,900.00		---
申购手续费返还		496,920.79		62,920.66
其他		69,391.44		534,434.53
	RMB	12,545,534.69	RMB	12,200,174.96

(四)流通转让受到限制的基金资产

一九九八年八月十一日,中国证券监督管理委员会发布《关于证券投资基金配售新股有关问题的通知》,规定基金获配的新股,自该新股上市二个月后方可流通,在流通之前系由证券交易所实施冻结。

一九九九年十一月十一日,中国证券监督管理委员会发布《关于进一步做好证券投资基金配售新股工作的补充通知》,规定基金一年内所配售的全部新股,占配售新股资金总额 50%部分,自配售之日起六个月内不能流通,由托管银行监督执行;其余 50%部分,自新股上市之日起即可流通。

二零零零年五月十八日,中国证券监督管理委员会发布《关于调整证券投资基金认购新股事项的通知》,规定基金可运用资金申购新股、参与二级市场市值配售,也可做为战略投资者或一般法人投资者申请网下预约配售。对于以一般法人投资者配售的新股自该股票上市之日起三个月内不能流通,对于战略投资者认购的新股在配售协议的有关约定期限内不能流通。

截至二零零零年十二月三十一日止,基金开元配售、增发的新股及法人配售、战略投资者配售的股票,尚未获准流通部分的股票明细项目列示如下:

2000-12-31

股票名称	股数(股)	购入成本	市值	受限期限
宝钢股份	33,620,000	140,531,600.00	182,220,4 00.00	2000.12.12-2001.03.01
上港集箱	9,790,000	117,284,200.00	229,281,800.00	2000.06.28-2001.06.28
西山煤电	11,269,500	73,139,055.00	130,613,505.00	2000.07.05-2001.07.05
路桥建设	1,500,000	10,950,000.00	22,380,000.00	2000.07.05-2001.02.05
兰州铝业	500,000	3,840,000.00	7,430,000.00	2000.07.19-2001.01.19
	56,679,500	345,744,855.00	571,925,705.00	

按二零零零年十二月二十九日(年末最后一个交易日)的市场平均价计算计 57,925,705.00 人民币元,对基金资产净值的影响为 226,180,850.00 人民币元。

(五)基金投资组合

1.按行业分类的股票投资组合

2000-12-31

分类	股数(股)		市值	占基金资产净值比例
1.交通运输	21,902,849	RMB	446,498,330.75	11.89%
2.能源电力	23,703,795		415,463,870.60	11.06%
3.建材建筑	239,000		3,816,830.00	0.10%
4.冶金	41,644,149		542,006,297.67	14.43%
5.机械制造	1,211,704		25,262,999.80	0.67%
6.电子通讯	13,776,231		417,176,908.19	11.11%
7.石油化工	5,765,790		87,941,653.10	2.34%
8.生物医药	1,070,714		29,437,297.54	0.78%
9 汽车及配件制造	70,000		1,339,100.00	0.04%
10.纺织服装	5,143,993		88,002,686.91	2.34%
11.家电	2,773,948		50,764,563.94	1.35%
12.酿酒食品	285,630		10,502,890.90	0.28%
13.商贸旅游	4,310,369		87,740,394.06	2.34%
14.金融地产	4,462,402		102,409,248.20	2.73%
15.农林牧渔	5,209,000		142,529,890.00	3.80%
15.综合	12,643,765		356,007,331.92	9.48%
	144,213,339	RMB	2,806,900,293.58	74.74%

2. 截至二零零零年十二月三十一日止,基金开元持有的国债和货币资金以及应收帐款和应付帐款计 1,063,997,228.80 人民币元,占基金资产净值的比例为 28.33%。

3.基金投资前十名股票明细

股票名称	市值(元)	占基金资产净值比例%
1、东方钽业	352,355,897.67	9.38%
2、凯迪电力	236,122,633.60	6.29%
3、上港集箱	229,281,800.00	6.11%
4、安泰科技	206,091,588.78	5.49
5、深圳机场	184,989,634.65	4.93
6、宝钢股份	182,220,400.00	4.85
7、西山煤电	130,613,505.00	3.48
8、秦丰农业	107,360,000.00	2.86
9、深天健	89,661,688.20	2.39
10、东方通信	75,300,336.60	2.01

4.附注:

(1) 基金开元所持有的上市流通股票和债券,按其二零零零年十二月二十九日的平均价计算市值。

(2) 二零零零年十二月三十一日,基金开元对在冻结期间的新股及增发的股票之市值按当日市场平均价计算,共计 571,925,705.00 人民币元;如若以其成本价计算,截至二零零零年十二月三十一日止,总成本计 345,744,855.00 人民币元,由此,对基金开元二零零零年十二月三十一日的财务状况产生的影响计 226,180,850.00 人民币元。

(3) 货币资金及其他资产的构成:

	2000-12-31 金额	2000-12-31 占基金资产总值的比例	1999-12-31 金额	1999-12-31 占基金资产总值的比例
银行存款	387,284,590.91	9.83%	RMB 150,544,346.27	4.80%
应收利息	150,789.12	---	113,131.05	---
应收帐款	7,051,436.22	0.18%	18,626,291.61	0.59%
其他应收款项	7,744,790.86	0.20%	2,491,559.95	0.08%
	402,231,607.11	10.21%	RMB 171,775,328.88	5.47%

(4) 截至二零零零年十二月三十一日止,基金开元不存在购入成本已超过基金资产净值 10%的股票。

(六)基金截止 2000 年 12 月 31 日的股票投资情况(附后)

(七)基金 2000 年度新增股票明细(附后)

(八)基金 2000 年度剔除股票明细(附后)

六、持有人结构及前十名持有人

1、基金持有人结构:

	持有份额(基金单位)	比例
发起人持有份额	30000000	1.50%
南方证券有限公司	18118000	0.91%
其中未流通份额	18000000	0.90%
厦门国际信托投资公司	6000000	0.30%
其中未流通份额	6000000	0.30%
陕西省国际信托公司	6000000	0.30%
其中未流通份额	6000000	0.30%
社会公众持有份额	197000 万	98.50%
总计:	200000 万	100%

2、前十名持有人情况(截止于 2000 年 12 月 31 日):

持有人名称	持有份额(基金单位)	比例
1.中国人寿保险公司	192190000	9.61%
2. 中国再保险公司	118368600	5.92%
3. 中国太平洋保险公司	91735800	4.59%
4. 国通证券有限责任公司	76997400	3.85%
5.贵州省贵财投资有限责任公司	25104300	1.26%
6. 上海久事公司	22240100	1.11%
7. 张斌	22112400	1.11%
8. 安泰科技股份有限公司	21660000	1.08%
9. 中国平安保险股份有限公司	20749800	1.04%
10. 大亚湾核电财务有限公司	19728000	0.99%

七、重要事项揭示

1、本基金管理人及托管人在本会计年度没有发生重大诉讼事项

2、本基金聘请的会计师事务所没有发生变更;

3、基金管理人的办公地址现已迁至深圳市深南大道 4009 号投资大厦 7 楼,基金托管人办公地址没有发生变更;

4、本年度基金的投资组合策略没有重大改变;

5、本基金于 2000 年 2 月 22 日在《中国证券报》、《上海证券报》、《证券时报》刊登《南方基金管理有限公司关于召开"开元证券投资基金"基金持有人大会的公告》,会议内容为修改《开元证券投资基金基金契约》,上述提案经基金持有人大会表决获得全部通过,有关决议公告于 2000 年 3 月 13 日刊登于《中国证券报》、《上海证券报》和《证券时报》。

6、本基金的基金管理人、基金托管人涉及托管业务及其高级管理人员没有受到任何处罚;

7、本基金租用专用交易席位事宜的情况本基金根据中国证券监督管理委员会《关于加强证券投资基金监管有关问题的通知》(证监基字[1998]29 号)的有关规定要求及本基金管理人于 1998 年 10 月 30 日公告的选择券商的标准,本基金管理人择定从以下八家证券经营机构租用基金交易专用席位:南方证券有限公司、国通证券有限公司、长城证券有限公司、厦门国际信托投资公司、广西信托投资公司、广发证券有限公司、申银万国证券股份有限公司、大鹏证券有限公司。

截止 12 月 31 日,本基金通过各机构的交易席位的成交及佣金情况见下表:

券商名称	股票成交量(元)	比例(%)	国债成交量(元)	比例(%)	国债回购成交量(元)
南方证券	3640738371.55	21.47	223039419.10	25.31	1216300000.00
国通证券	2503514590.44	14.76	392208805.00	44.51	1415000000.00
长城证	2108485798.78	12.43	10335832.40	1.17	595000000.00
厦信证券	501546997.74	2.96	8297000.00	0.94	0.00
广西信托	824653517.76	4.86	0.00	0.00	190000000.00
广发证券	3026429123.66	17.85	33790287.10	3.84	980000000.00
申银万国	2647947182.97	15.62	213510888.50	24.23	598200000.00
大鹏证券	1704659390.84	10.05	0.00	0.00	0.00
合计	16957974973.74	100.00	881182232.10	100.00	4994500000.00

续上表:

券商名称	比例(%)	佣金额(元)	比例(%)
南方证券	24.35	2964552.65	21.47
国通证券	28.33	2044588.71	14.81
长城证券	11.91	17 22302.62	12.47
厦信证券	0.00	414481.31	3.00
广西信托	3.81	700953.62	5.08
广发证券	19.62	2450326.08	17.74
申银万国	11.98	2143720.90	15.52
大鹏证券	0.00	1369222.66	9.91
合计	100.00	13810148.55	100.00

八、备查文件目录

1、《关于同意设立开元证券投资基金的批复》(证监基字[1998]6 号)

2、开元证券投资基金基金契约

3、开元证券投资基金托管协议

4、审计报告(信德深财审报字(2001)第 24 号)、财务报告及附注原件

5、南方基金管理公司营业执照及公司章程及基金管理人业务资格批件

6、开元证券投资基金 2000 年度收益分配方案

7、本年度内在中国证监会指定披露公司信息报刊上披露的信息公告原文

8、开元证券投资基金 2000 年年报原文

查阅地点:深圳市深南大道 4009 号投资大厦 7 楼

网址:http://www.southernfund.com

南方基金管理有限公司

二零零一年三月三十日

基金截止 2000 年 12 月 31 日的股票投资情况

		股票名称	股数(股)	市值	占基金资产净值比例
1	SZ0962	东方钽业	7,524,149	RMB352,355,897.67	9.38%
2	SZ0939	凯迪电力	9,971,395	236,122,633.60	6.29%
3	600018	上港集箱	9,790,000	229,281,800.00	6.11%
4	SZ0969	安泰科技	4,036,263	206,091,588.78	5.49%
5	SZ0089	深圳机场	10,081,179	184,989,634.65	4.93%
6	600019	宝钢股份	33,620,000	182,220,400.00	4.85%
7	SZ0983	西山煤电	11,269,500	130,613,505.00	3.48%
8	600248	秦丰农业	4,000,000	107,360,000.00	2.86%
9	SZ0090	深天健	3,720,402	89,661,688.20	2.39%
10	600776	东方通信	2,628,284	75,300,336.60	2.01%
11	600198	大唐电信	1,743,129	53,897,548.68	1.44%
12	600128	江苏工艺	2,599,619	51,316,479.06	1.37%
13	600775	南京熊猫	2,600,858	47,933,812.94	1.28%
14	600681	诚成文化	3,714,683	45,393,426.26	1.21%
15	SZ0988	华工科技	648,665	45,010,864.35	1.20%
16	SZ0733	振华科技	2,376,114	38,611,852.50	1.03%
17	600657	青鸟天桥	1,087,852	33,636,383.84	0.90%
18	sz0982	圣雪绒	1,270,761	33,459,137.13	0.89%
19	600260	凯乐科技	1,155,790	31,541,509.10	0.84%
20	SZ0301	丝绸股份	2,355,102	29,909,795.40	0.80%
21	SZ0063	中兴通讯	763,474	29,141,802.58	0.78%
22	600289	亿阳信通	463,300	26,259,844.00	0.70%
23	600292	九龙电力	900,000	23,562,000.00	0.63%
24	SZ0409	四通高科	1,154,056	23,069,579.44	0.61%
25	600263	路桥建设	1,500,000	22,380,000.00	0.60%
26	600100	清华同方	500,000	22,145,000.00	0.59%
27	SZ0998	隆平高科	430,000	21,973,000.00	0.59%
28	600243	青海华鼎	957,698	20,944,855.26	0.56%
29	600345	长江通信	452,200	20,832,854.00	0.55%
30	SZ0727	华东科技	1,224,870	19,940,883.60	0.53%
31	600889	南京化纤	1,700,000	19,822,000.00	0.53%
32	600008	首创股份	898,700	19,474,829.00	0.52%
33	600267	海正药业	573,714	19,282,527.54	0.51%
34	600358	国旅联合	1,000,000	19,040,000.00	0.51%
35	600088	中视股份	702,500	18,567,075.00	0.49%
36	600642	申能股份	933,000	18,501,390.00	0.49%
37	SZ0523	广州浪奇	1,674,200	18,483,168.00	0.49%
38	600135	乐凯胶片	788,990	18,130,990.20	0.48%
39	sz0997	新大陆	378,848	13,865,836.80	0.37%
40	600016	民生银行	742,000	12,747,560.00	0.34%
41	600242	华龙集团	669,000	11,379,690.00	0.30%
42	600237	铜峰电子	306,500	9,035,620.00	0.24%
43	SZ0858	五粮液	223,630	8,817,730.90	0.23%
44	SZ0672	铜城集团	287,750	8,500,135.00	0.23%
45	SZ0976	春晖股份	499,410	7,875,6.5.70	0.21%
46	sz0726	鲁泰 A	448,631	7,779,261.54	0.21%
47	sz0488	晨鸣纸业	376,538	7,466,748.54	0.20%
48	600296	兰州铝业	500,000	7,430,000.00	0.20%
49	SZ0070	特发信息	277,228	7,382,581.64	0.20%
50	sz0977	浪潮信息	258,000	7,262,700.00	0.19%
51	600258	首旅股分	300,000	6,933,000.00	0.18%
52	sz0725	京东方 A	410,167	6,890,805.60	0.18%
53	sz0968	神州股份	629,900	6,664,342.00	0.18%
54	SZ0996	捷利股份	265,670	5,799,576.10	0.15%
55	600299	星新材料	317,000	5,766,230.00	0.15%
56	SZ0973	佛塑股份	375,000	5,692,500.00	0.15%
57	sz0981	兰光科技	186,600	5,344,224.00	0.14%
58	600240	仕奇实业	293,089	4,765,627.14	0.13%
59	600259	兴业聚酯	277,000	4,213,170.00	0.11%
60	600270	外运发展	124,000	3,450,920.00	0.09%
61	sz0980	金马股份	226,750	3,374,040.00	0.09%
62	600235	民丰特纸	205,085	3,162,410.70	0.08%
63	600366	宁波韵升	105,000	3,087,000.00	0.08%
64	600252	中恒集团	158,000	2,779,220.00	0.07%
65	600038	哈飞股份	140,000	2,711,800.00	0.07%
66	600713	南京医药	180,000	2,642,400.00	0.07%
67	600288	大恒科技	71,000	2,617,770.00	0.07%
68	600297	美罗药业	90,000	2,430,900.00	0.06%
69	600328	兰太实业	143,000	2,379,520.00	0.06%
70	sz0159	国际实业	110,000	2,372,700.00	0.06%
71	600085	同仁堂	85,000	1,967,750.00	0.05%
72	600306	商业城	123,000	1,950,780.00	0.05%
73	SZ0406	石油大明	131,800	1,841,246.00	0.05%
74	600275	武昌鱼	110,000	1,817,200.00	0.05%
75	600253	天方药业	90,000	1,695,600.00	0.05%
76	600298	安琪酵母	62,000	1,685,160.00	0.04%
77	600320	振华港机	114,006	1,606,344.54	0.04%
78	600336	澳柯玛	106,000	1,495,660.00	0.04%
79	600390	金瑞科技	98,000	1,469,020.00	0.04%
80	600160	巨化股份	100,000	1,396,000.00	0.04%
81	600422	昆明制药	49,000	1,357,790.00	0.04%
82	600303	曙光股份	70,000	1,339,100.00	0.04%
83	600835	上菱电器	67,090	1,335,091.00	0.04%
84	600378	天科股份	178,000	1,171,240.00	0.03%
85	600281	太化股份	88,000	1,164,240.00	0.03%
86	600337	美克股份	38,000	1,131,260.00	0.03%
87	600339	天利高新	46,000	1,063,520.00	0.03%

88	600318	巢东股份	81,000	1,037,610.00	0.03%
89	600215	长春经开	46,200	837,144.00	0.02%
90	600377	宁沪高速	142,000	596,400.00	0.02%
91	SZ0999	三九医药	3,000	60,330.00	0.00%
	合　计		144,213,339	RMB2,806,900,293.58	74.60%

基金2000年度新增股票明细

		股票名称	年初数量	一级市场认购数量	二级市场买入数量	增发数量
1	600008	首创股份	——	——	——	——
2	600016	民生银行	——	742,000	——	——
3	600018	上港集箱	——	9,790,000	——	——
4	600019	宝钢股份	——	33,620,000	——	——
5	600038	哈飞股份	——	140,000	——	——
6	600085	同仁堂	——	——	1,044,530	——
7	600088	中视股份	——	——	702,500	——
8	600100	清华同方	——	——	——	500,000
9	600128	江苏工艺	——	——	6,098,773	——
10	600135	乐凯胶片	——	——	1,057,140	——
11	600160	巨化股份	——	——	100,000	——
12	600198	大唐电信	——	——	2,899,677	——
13	600235	民丰特纸	——	——	——	——
14	600237	铜峰电子	——	——	306,500	——
15	600240	仕奇实业	——	——	——	——
16	600242	华龙集团	——	169,000	500,000	——
17	600243	青海华鼎	——	210,000	747,698	——
18	600248	秦丰农业	——	——	4,000,004	——
19	600252	中恒集团	——	158,000	——	——
20	600253	天方药业	——	90,000	——	——
21	600258	首旅股分	——	——	——	——
22	600259	兴业聚酯	——	——	——	——
23	600260	凯乐科技	——	1,000	1,323,790	——
24	600263	路桥建设	——	1,500,000	——	——
25	600267	晦正药业	——	100,000	623，714	——
26	600270	外运发展	——	124,000	——	——
27	600275	武昌鱼	——	110,000	——	——
28	600281	太化股份	——	88,000	——	——
29	600288	大恒科技	——	71000	——	——
30	600289	亿阳信通	——	——	463，300	——
31	600292	九龙电力	——	——	1,489,290	——
32	600296	兰州铝业	——	500,000	——	——
33	600297	美罗药业	——	90,000	——	——
34	600298	安琪酵母	——	62,000	——	——
35	600299	星新材料	——	——	——	——
36	600303	曙光股份	——	70,000	——	——
37	600306	商业械	——	123,000	——	——
38	600318	巢东股份	——	81,000	——	——
39	600320	振毕港机	——	——	——	114,006
40	600328	兰太实业	——	143,000	——	——
41	600336	澳柯玛	——	106,000	——	——
42	600337	美克股份	——	38,000	——	——
43	600339	天利高新	——	46,000	——	——
44	600345	长江通信	——	111,000	341,200	——
45	600358	国旅联合	——	163,000	1,000,000	——
46	600366	宁波韵升	——	105,000	——	——
47	600377	宁沪高速	——	142,000	——	——
48	600378	天科股份	——	178,000	——	——
49	600390	金瑞科技	——	98,000	——	——
50	600422	昆明制药	——	49,000	——	——
51	600642	申能股份	——	——	933,000	——
52	600713	南京医药	——	——	2,526,732	——
53	600775	南京熊猫	——	——	3,853,342	——
54	600835	上菱电器	——	——	350,000	——
55	600889	南京化纤	——	——	2,714,263	——
56	SZ0063	中兴通讯	——	——	763,474	——
57	SZ0070	特发信息	——	——	——	——
58	SZ0090	深天健	——	——	5,920,422	——
59	SZ0159	国际实业	——	110,000	——	——
60	SZ0301	丝绸股份	——	——	1,959,602	——
61	SZ0406	石油大明	——	——	1,785，588	——
62	SZ0409	四通高科	——	——	2,211,661	——
63	SZ0488	晨鸣纸业	——	553,989	——	——
64	SZ0523	广州浪奇	——	——	1,674,200	——
65	SZ0672	铜械集团	——	——	287,750	——
66	SZ0725	京东方 A	——	410,167	——	——
67	SZ0726	鲁泰 A	——	736,831	——	——
68	SZ0727	华东科技	——	——	2,552,436	——
69	SZ0733	振毕科技	——	——	3,514,214	——
70	SZ0858	五粮液	——	——	453,700	——
71	SZ0968	神州股份	——	——	——	——
72	SZ0969	安泰科技	——	——	5,629,692	——
73	SZ0973	佛塑股份	——	——	——	——
74	SZ0976	春晖股份	——	——	——	——
75	SZ0977	浪潮信息	——	——	——	——
76	SZ0980	金马股份	——	——	——	——
77	SZ0981	兰光科技	——	——	——	——
78	SZ0982	圣雪绒	——	117,000	1,270,761	——
79	SZ0983	西山煤电	——	11,269,500	——	——
80	SZ0988	华工科技	——	——	1,136,534	——
81	SZ0996	捷利股份	——	——	540,970	——
82	SZ0997	新大陆	——	23,000	361,848	——
83	SZ0998	隆平高科	——	430,000	——	——
84	SZ0999	三九医药	——	——	3,241,695	——
	合计		——	62,668,487	62,382,751	614,006

续上表：

		股票名称	送配数量	配售数量	本年卖出数量	年末结存数量
1	600008	首创股份	——	2,380,000	1,481,300	898,700
2	600016	民生银行	——	——	——	742,000
3	600018	上港集箱	——	——	——	9,790,000
4	600019	宝钢股份	——	——	——	33,620,000
5	600038	哈飞股份	——	——	——	140,000
6	600085	同仁堂	——	——	959,530	85,000
7	600088	中视股份	——	——	——	702,500
8	600100	清华同方	——	——	——	500,000
9	600128	江苏工艺	3,755,517	——	7,254,671	2,599,619
10	600135	乐凯胶片	——	——	268150	788990
11	600160	巨化股份	——	——	——	100,000
12	600198	大唐电信	29,931	——	1,186,479	1,743,129
13	600235	民丰特纸	——	410,170	205,085	205,085
14	600237	铜峰电子	——	——	——	306,500
15	600240	仕奇实业	——	586,178	293,089	293,089
16	600242	华龙集团	——	——	——	669,000
17	600243	青海华鼎	——	——	——	957,698
18	600248	秦丰农业	——	——	4	4,000,000
19	600252	中恒集团	——	——	——	158,000
20	600253	天方药业	——	——	——	90,000
21	600258	首旅股分	——	600,000	300,000	300,000
22	600259	兴业聚酯	——	554,000	277,000	277,000
23	600260	凯乐科技	——	——	169,000	1,155,790
24	600263	路桥建设	——	——	——	1,500,000
25	600267	晦正药业	——	——	150,000	573,714
26	600270	外运发展	——	——	——	124,000
27	600275	武昌鱼	——	——	——	110,000
28	600281	太化股份	——	——	——	88,000
29	600288	大恒科技	——	——	——	71,000
30	600289	亿阳信通	——	——	——	463,300
31	600292	九龙电力	——	——	589,290	900,000
32	600296	兰州铝业	——	——	——	500,000
33	600297	美罗药业	——	——	——	90,000
34	600298	安琪酵母	——	——	——	62,000
35	600299	星新材料	——	634,000	317,000	317,000
36	600303	曙光股份	——	——	——	70,000
37	600306	商业械	——	——	——	123,000
38	600318	巢东股份	——	——	——	81,000
39	600320	振毕港机	——	——	——	114,006
40	600328	兰太实业	——	——	——	143,000
41	600336	澳柯玛	——	——	——	106,000
42	600337	美克股份	——	——	——	38,000
43	600339	天利高新	——	——	——	46,000
44	600345	长江通信	——	——	——	452,200
45	600358	国旅联合	——	——	163,000	1,000,000
46	600366	宁波韵升	——	——	——	105,000
47	600377	宁沪高速	——	——	——	142,000
48	600378	天科股份	——	——	——	178,000
49	600390	金瑞科技	——	——	——	98,000
50	600422	昆明制药	——	——	——	49,000
51	600642	申能股份	——	——	——	933,000
52	600713	南京医药	——	——	2,346,732	180,000
53	600775	南京熊猫	——	——	1,252,484	2,600,858
54	600835	上菱电器	——	——	282,910	67,090
55	600889	南京化纤	42,424	——	1,056,687	1,700,000
56	SZ0063	中兴通讯	——	——	——	763,474
57	SZ0070	特发信息	——	554,455	277,227	277,228
58	SZ0090	深天健	——	——	2,200,020	3,720,402
59	SZ0159	国际实业	——	——	——	110,000
60	SZ0301	丝绸股份	——	850,000	454,500	2,355,102
61	SZ0406	石油大明	——	——	1,653,788	131,800
62	SZ0409	四通高科	——	——	1,057,605	1,154,056
63	SZ0488	晨鸣纸业	——	——	177,451	376,538
64	SZ0523	广州浪奇	——	——	——	1,674,200
65	SZ0672	铜械集团	——	——	——	287,750
66	SZ0725	京东方 A	——	——	——	410,167
67	SZ0726	鲁泰 A	——	——	288,200	448,631
68	SZ0727	华东科技	541,915	——	1,869,481	1,224,870
69	SZ0733	振毕科技	——	——	1,138,100	2,376,114
70	SZ0858	五粮液	——	——	230,070	223,630
71	SZ0968	神州股份	——	1,258,000	628,100	629,900
72	SZ0969	安泰科技	——	475,400	2,068,829	4,036,263
73	SZ0973	佛塑股份	——	750,000	375,000	375,000
74	SZ0976	春晖股份	——	776,860	277,450	499,410
75	SZ0977	浪潮信息	——	514,800	256,800	258,000
76	SZ0980	金马股份	——	453,500	226,750	226,750
77	SZ0981	兰光科技	——	373,200	186,600	186,600
78	SZ0982	圣雪绒	——	——	117,000	1,270,761
79	SZ0983	西山煤电	——	——	——	11,269,500
80	SZ0988	华工科技	——	——	487,869	648,665
81	SZ0996	捷利股份	——	——	275,300	265,670
82	SZ0997	新大陆	——	——	6,000	378,848
83	SZ0998	隆平高科	——	——	——	430,000
84	SZ0999	三九医药	——	——	3,238,695	3,000
	合计		4,369,787	11,170,563	33,331,853	107,873,741

基金2000年度剔除股票明细

		股票名称	年初数量	一级市场认购数量	二级市场买入数量
1	600000	浦发银行	4,571,000		354,773
2	600006	东风汽车	1,222,600		
3	600064	南京高科	13,805,890		3,418,665

4	600066	宇通客车	671,001	525,700	845,141
6	600092	精密股份			800,000
7	600098	广州控股			2,900,000
8	600099	林海股份			1,060,482
9	600101	明星电力	409,72		
10	600104	上海汽车			2,691,418
11	600111	稀土高科			200,000
12	600123	兰花科创			2,096,979
13	600156	益鑫泰	461,810		
14	600161	天坛生物			381,075
15	600178	东安动力	1,590,410		
16	600182	桦林轮胎			3,179,487
17	600191	华资实业			68,799
18	600196	复星实业	21,900		
19	600205	山东铝业	3,698,135		
20	600207	安彩高科	1,000,000		
21	600210	紫江企业	530,200		
22	600211	西藏药业	326,532		
23	600212	江泉实业	458,400		775,000
24	600216	浙江医药	362,000		
25	600217	秦岭水泥	400,000		
26	600219	南山实业	1,129,000		
27	600220	江苏阳光	400,000		
28	600221	海南航空	2,360,000		
29	600223	万杰高科	943,000		3,319,422
30	600225	天香集团			998,030
31	600227	赤天化	629,200		
32	600229	青岛碱业			
33	600230	沧州大化			114,800
34	600231	凌钢股份			
35	600234	天龙集团			200,000
36	600236	桂冠电力			
37	600238	海南椰岛	285,700		
38	600239	红河光明	615,662		
39	600246	先锋股份		91,000	
40	600247	物华股份		88,000	
41	600255	鑫科材料		45,000	
42	600256	广汇股份			
43	600261	浙江阳光		95,000	
44	600262	北方股份		139,000	
45	600265	景谷林业		65,000	
46	600269	赣粤高速			
47	600276	恒瑞医药		40,000	
48	600277	亿利科技		201,000	
49	600278	东方创业		6,000	
50	600279	重庆港九		222,000	
51	600282	南钢股份		129,000	
52	600283	钱江水利		96,000	
53	600285	羚锐股份		90,000	
54	600287	江苏舜天		127,000	
55	600291	西水股份		69,000	342,500
56	600293	三峡新材		87,000	
57	600300	维维股份		78,000	
58	600301	南化股份		101,000	200,000
59	600308	华泰股份		102,000	
60	600500	中化国际	1,474,400		
61	600601	方正科技			1,807,042
62	600602	真空电子	645,900		
63	600607	上实联合			
64	600630	龙头股份			2,000,000
65	600635	大众科创			5,800,092
66	600637	广电股份			1,000,000
67	600651	飞乐音响			2,696,649
68	600653	华晨集团			1,019,995
69	600654	飞乐股份			5,965,000
70	600675	中华企业			10,000
71	600676	交运股份			
72	600705	北亚集团			895,859
73	600715	松辽汽车	1,533,701		466,300
74	600718	东大阿派	329,352		
75	600723	西单商场			2,928,996
76	600728	新太科技	413,112		1,371,090
77	600733	前锋股份			864,720
78	600734	实达电脑			5,109,371
79	600739	辽宁成大	1,212,085		
80	600747	大显股份			432,100
81	600766	烟台发展			1,905,253
82	600767	运盛实业			2,400,865
83	600800	天津磁卡	1,851,979		100,000
84	600811	东方集团			1,999,388
85	600812	华北制药			5,813,300
86	600839	四川长虹			3,799,502
87	600856	校百集团			3,487,841
88	600861	北京城乡			2,050,000
89	SZ0001	深发展 A			1,251,866
90	SZ0002	深万科 A			1,879,961
91	SZ0006	深振业 A			580,000
92	SZ0009	深宝安 A			30,701,897
93	SZ0024	招商局 A			
94	SZ0029	深深房 A			4,979,963
95	SZ0042	深校械 A			500,000
96	SZ0061	农产品			1,000,081

97	SZ0096	广柔能源		193,000	100,000
98	SZ0099	中信海直		28,000	
99	SZ0150	麦可特		284,000	323,100
100	SZ0151	中成股份		115,000	
101	SZ0153	新力药业		57,000	
102	SZ0155	川化股份		659,000	
103	SZ0156	安塑股份		133,000	
104	SZ0157	中联重科		168,000	
105	SZ0400	许继电气	930,060		
106	SZ0513	丽珠集团			3,002,380
107	SZ0514	渝开发 A	162,700		
108	SZ0529	粤美雅 A	700,000		
109	SZ0531	穗恒运 A	7,105,552		2,117,232
110	SZ0538	云南白药	1,800,000		10,000
111	SZ0539	粤电力 A			488,954
112	SZ0541	佛山照明			
113	SZ0554	泰山石油			30,000
114	SZ0566	轻骑海药			1,852,411
115	SZ0570	苏常柴 A			1,401,744
116	SZ0573	粤宏远 A			3,108,390
117	SZ0578	数码网络			440,997
118	SZ0630	铜都铜业			500,000
119	SZ0637	茂化实华	3,046,408		333,535
120	SZ0655	华光陶瓷			1,303,363
121	SZ0663	永安林业	75,093		
122	SZ0682	东方电子			950,000
123	SZ0699	佳纸股份			200,000
124	SZ0700	模塑科技	4,301,438		852,344
125	SZ0717	韶钢松山			185,540
126	SZ0729	燕京啤酒	9,276,352		9,000
127	SZ0739	青岛东方			500,000
128	SZ0768	西飞国际	19,266,357		660,344
129	SZ0778	新兴铸管			1,072,675
130	SZ0807	云铝股份			1,020,400
131	SZ0817	辽河油田			1,588,941
132	SZ0823	超声电子			1,705,901
133	SZ0828	福地科技	886,651		
134	SZ0833	贵糖股份			100,000
135	SZ0839	中信国安			1,000,562
136	SZ0869	张裕 A		524,721	
137	SZ0889	华联商城			2,502,168
138	SZ0899	赣能股份	2,266,962		583,060
139	SZ0902	中国服装			1,264,857
140	SZ0910	大亚股份	1,000,000		
141	SZ0911	南宁糖业			13,000
142	SZ0916	华北高速			4,950,000
143	SZ0917	电广传媒			670,000
144	SZ0918	亚华种业	600,000		
145	SZ0919	金陵药业	457,100		
146	SZ0925	浙大海纳			1,421,165
147	SZ0926	福星科技			1,023,087
148	SZ0930	丰原生化	1,137,436		
149	SZ0931	中关村			6,518,180
150	SZ0951	小鸭电器	514,300		
151	SZ0952	广济药业	312,500		
152	SZ0953	河池化工	285,700		
153	SZ0955	欣龙无纺	1,868,737		
154	SZ0956	中原油气	1,468,800		2,515,210
155	SZ0957	中通控股			830,400
156	SZ0959	首钢股份	2,049,100		24,699,127
157	SZ0960	锡业股份	1,114,287		
158	SZ0961	大连金牛	1,667,000		
159	SZ0963	华东医药	449,400		2,193,690
160	SZ0965	天水股份			
161	SZ0966	长源电力			
162	SZ0971	湖北迈亚			
163	SZ0975	乌江电力			
164	SZ0985	大庆华科		125,000	
165	SZ0987	广州友谊		159,000	
166	SZ0989	九芝堂		155,000	
167	SZ0995	皇台酒业		56,000	
合计			106,094,628	4,527,721	193,331,159

续上表：股票名称

增发数量			送配数量	配售数量	本年卖出数量	期末结存数
1	600000	浦发银行			4,925,773	
2	600006	东风汽车			1,222,600	
3	600064	南京高科			17,224,555	
4	600066	宇通客车			1,196,701	
5	600073	上海梅林			845,141	
6	600092	精密股份			800,000	
7	600098	广州控股			2,900,000	
8	600099	林海股份			1,060,482	
9	600101	明星电力			409,726	
10	600104	上海汽车			2,691,418	
11	600111	稀土高科	60,000		260,000	
12	600123	兰花科创			2,096,979	
13	600156	益鑫泰			461,810	
14	600161	天坛生物			381,075	
15	600178	东安动力			1,590,410	
16	600182	桦林轮胎			3,179,487	
17	600191	华资实业			68,799	
18	600196	复星实业			21,900	

19	600205	山东铝业				3,698,135
20	600207	安彩高科				1,000,000
21	600210	紫江企业				530,200
22	600211	西藏药业				326,532
23	600212	江泉实业				1,233,400
24	600216	浙江医药				362,000
25	600217	秦岭水泥				400,000
26	600219	南山实业				1,129,000
27	600220	江苏阳光				400,000
28	600221	海南航空				2,360,000
29	600223	万杰高科				4,262,422
30	600225	天香集团				998,030
31	600227	赤天化				629,200
32	600229	青岛碱业			796,000	796,000
33	600230	沧州大化			634,000	748,800
34	600231	凌钢股份			838,000	838,000
35	600234	天龙集团				200,000
36	600236	桂冠电力			1,220,000	1,220,000
37	600238	海南椰岛				285,700
38	600239	红河光明				615,662
39	600246	先锋股份				91,000
40	600247	物华股份				88,000
41	600255	鑫科材料				45,000
42	600256	广汇股份			396,040	396,040
43	600261	浙江阳光				95,000
44	600262	北方股份				139,000
45	600265	景谷林业				65,000
46	600269	赣粤高速			960,000	960,000
47	600276	恒瑞医药				40,000
48	600277	亿利科技				201,000
49	600278	东方创业				6,000
50	600279	重庆港九				222,000
51	600282	南钢股份				129,000
52	600283	钱江水利				96,000
53	600285	羚锐股份				90,000
54	600287	江苏舜天				127,000
55	600291	西水股份				411,500
56	600293	三峡新材				87,000
57	600300	维维股份				78,000
58	600301	南化股份				301,000
59	600308	华泰股份				102,000
60	600500	中化国际				1,474,400
61	600601	方正科技				1,807,042
62	600602	真空电子				645,900
63	600607	上实联合	148,000			148,000
64	600630	龙头股份				2,000,000
65	600635	大众科创				5,800,092
66	600637	广电股份				1,000,000
67	600651	飞乐音响				2,696,649
68	600653	华晨集团				1,019,995
69	600654	飞乐股份				5,965,000
70	600675	中华企业				10,000
71	600676	交运股份	570,513			570,513
72	600705	北亚集团				895,859
73	600715	松辽汽车				2,000,001
74	600718	东大阿派				329,352
75	600723	西单商场				2,928,996
76	600728	新太科技				1,784,202
77	600733	前锋股份				864,720
78	600734	实达电脑				5,109,371
79	600739	辽宁成大		847,900		2,059,985
80	600747	大显股份				432,100
81	600766	烟台发展		48,800		1,954,053
82	600767	运盛实业		300,433		2,701,298
83	600800	天津磁卡				1,951,979
84	600811	东方集团				1,999,388
85	600812	华北制药				5,813,300
86	600839	四川长虹				3,799,502
87	600856	校百集团				3,487,841
88	600861	北京城乡				2,050,000
89	SZ0001	深发展A				1,251,866
90	SZ0002	深万科A				1,879,961
91	SZ0006	深振业A				580,000
92	SZ0009	深宝安A				30,701,897
93	SZ0024	招商局A	1,800,000			1,800,000
94	SZ0029	深深房A				4,979,963
95	SZ0042	深校械A				500,000
96	SZ0061	农产品				1,000,081
97	SZ0096	广柔能源				293,000
98	SZ0099	中信海直				28,000
99	SZ0150	麦可特				607,100
100	SZ0151	中成股份				115,000
101	SZ0153	新力药业				57,000
102	SZ0155	川化股份				659,000
103	SZ0156	安塑股份				133,000
104	SZ0157	中联重科				168,000
105	SZ0400	许继电气				930,060
106	SZ0513	丽珠集团				3,002,380
107	SZ0514	渝开发A				162,700
108	SZ0529	粤美雅A				700,000
109	SZ0531	穗恒运A				9,222,784
110	SZ0538	云南白药				1,810,000
111	SZ0539	粤电力A				488,954
112	SZ0541	佛山照明	281,620			281,620
113	SZ0554	泰山石油				30,000
114	SZ0566	轻骑海药				1,852,411
115	SZ0570	苏常柴A		420,523		1,822,267
116	SZ0573	粤宏远A				3,108,390
117	SZ0578	数码网络				440,997
118	SZ0630	铜都铜业				500,000
119	SZ0637	茂化实华				3,379,943
120	SZ0655	华光陶瓷				1,303,363
121	SZ0663	永安林业				75,093
122	SZ0682	东方电子				950,000
123	SZ0699	佳纸股份				200,000
124	SZ0700	模塑科技				5,153,782
125	SZ0717	韶钢松山				185,540
126	SZ0729	燕京啤酒				9,285,352
127	SZ0739	青岛东方				500,000
128	SZ0768	西飞国际				19,926,701
129	SZ0778	新兴铸管				1,072,675
130	SZ0807	云铝股份				1,020,400
131	SZ0817	辽河油田				1,588,941
132	SZ0823	超声电子		511,770		2,217,671
133	SZ0828	福地科技				886,651
134	SZ0833	贵糖股份				100,000
135	SZ0839	中信国安		207,710		1,208,272
136	SZ0869	张裕A				524,721
137	SZ0889	华联商城				2,502,168
138	SZ0899	赣能股份				2,850,022
139	SZ0902	中国服装				1,264,857
140	SZ0910	大亚股份				1,000,000
141	SZ0911	南宁糖业				13,000
142	SZ0916	华北高速				4,950,000
143	SZ0917	电广传媒	500,000			1,170,000
144	SZ0918	亚华种业				600,000
145	SZ0919	金陵药业				457,100
146	SZ0925	浙大海纳				1,421,165
147	SZ0926	福星科技				1,023,087
148	SZ0930	丰原生化				1,137,436
149	SZ0931	中关村				6,518,180
150	SZ0951	小鸭电器				514,300
151	SZ0952	广济药业				312,500
152	SZ0953	河池化工				285,700
153	SZ0955	欣龙无纺				1,868,737
154	SZ0956	中原油气				3,984,010
155	SZ0957	中通控股				830,400
156	SZ0959	首钢股份				26,748,227
157	SZ0960	锡业股份				1,114,287
158	SZ0961	大连金牛				1,667,000
159	SZ0963	华东医药				2,643,090
160	SZ0965	天水股份			554,455	554,455
161	SZ0966	长源电力			712,800	712,800
162	SZ0971	湖北迈亚			435,600	435,600
163	SZ0975	乌江电力			620,000	620,000
164	SZ0985	大庆华科				125,000
165	SZ0987	广州友谊				159,000
166	SZ0989	九芝堂				155,000
167	SZ0995	皇台酒业				56,000
合计			3,300,133	2,397,136	7,166,895	316,817,672

普 惠 证 券 投 资 基 金

普惠证券投资基金2000年年度报告

重要提示:本基金的托管人已于2001年3月26日复核了本报告。

本基金管理人、托管人愿就本报告书中所载资料的真实性、准确性和完整性负责,本报告书中的内容由本基金管理人负责解释。

一、基金简介

(一)基金基本资料 普惠证券投资基金(简称:基金普惠)
基金交易代码:4689
基金发起人:国信证券有限责任公司 浙江证券有限责任公司
鞍山市信托投资股份有限公司 安徽省国际信托投资公司
鹏华基金管理有限公司
基金发行日期:1998年12月30日
基金成立日期:1999年1月6日
基金单位总份额:20亿份 基金类型:契约型、封闭式
基金存续期:15年 上市地点:深圳证券交易所
上市时间:1999年1月27日
(二)基金管理人法定名称:鹏华基金管理有限公司
注册及办公地址:深圳市深南东路5047号发展银行大厦27层 邮政编码:518001
法定代表人:陈正蓉 总经理:员瑞恒
信息事务管理人:程国洪
联系地址:深圳市深南东路5047号发展银行大厦27层
联系电话:0755-2353668 2080663 传真:0755-2080742
国际互联网网址:http://www.phfund.com.cn
(三)基金托管人 法定名称:交通银行
注册及办公地址:上海市仙霞路18号 邮政编码:200336
法定代表人:方诚国基金 托管部负责人:谢红兵
信息事务联系人:江永珍 联系地址:上海市仙霞路18号
联系电话:021-62082517 传真:021-62759266
(四)会计师事务所和经办注册会计师
法定名称:中天勤会计师事务所
注册及办公地址:深圳市蛇口招商大厦103-203号
法定代表人:章为纲
电话:0755-6691597 传真:0755-6692365
联系人:许丽周 李莉 经办注册会计师:许丽周 李莉

二、主要财务指标

		2000年度	1999年度
1	本期基金净收益RMB(元)	799,172,392.23	513,713,338.39
2	本期单位基金净收益	0.3996	0.2569
3	本期基金可分配净收益	848,885,730.62	513,713,338.39
4	本期单位基金可分配净收益	0.4244	0.2569
5	期末基金资产总值	3,346,841,176.29	2,707,166,360.53
6	期末基金资产净值	3,327,329,197.20	2,699,102,192.77
7	期末单位基金资产净值	1.6637	1.3496
8	本期基金资产净值收益率	35.76%	25.69%
9	本期可分配收益率	37.98%	25.69%
10	本期净值增长率	48.87%	34.96%
11	基金累计净值增长率	89.57%	34.96%

三、基金管理人报告

(一)本年度基金业绩表现

截止到2000年12月31日,每基金单位净值为1.6637元,净值增长率为48.87%,扣除当年配售新股对基金净值增长的贡献因素,本基金净值增长率为37.88%,每基金单位实现收益0.3996元,每基金单位分红0.42元。

(二)基金的投资理念和投资风格

本基金在投资中确立了以成长为核心的稳健进取型投资风格和投资理念。本基金采取至上而下与自下而上相结合的投资思路,以宏观经济、政策研究和行业研究作为投资方向的指导,以市场、技术、管理、机制等为主体内容的核心竞争力作为成长性企业的选择标准,同时兼顾具有稳固基础但被市场低估的质优和绩优个股。本基金在投资组合构建中注意引入投资组合理论思想和辅助工具,根据市场变化灵活调整各类资产的投资比例,注重基金资产的流动性,以优化投资组合的风险和收益特征。

(三)基金经理工作报告

1、2000年投资回顾。2000年是中国证券市场迅速发展的一年,也是各种投资理念经受考验的一年。在这一年里,在国家积极的财政政策和货币政策作用下,在外贸出口大幅增长和原材料价格上扬的推动下,上市公司业绩有了明显的提高,为股市的大幅上扬奠定了基础。A股方面,2000年股市是5.19行情以来大牛市的延续,这一年里,经历了科技网络股的快速上扬和下跌,以及低价国企股和ST股、亏损股的大幅上扬,板块炒作的特征比较明显。在2000年度里,本基金的基金经理发生了更替,投资思路有一定的变化,从过去的以高科技股为主要投资方向调整为以科技股和传统产业股并重,注重投资组合的风险和收益的平衡。在传统产业股方面,加大了对石油大明、广州控股、盐田港、深万科等的投资。在科技股投资方面,在大量研究的基础上,将投资重点转向了通讯产业,重点投资了中兴通讯、大唐电信、东方通信和长江通信。同时加大了对次新股的投资力度。经过两年的投资运作,普惠基金为持有人谋取了比较优良的投资回报,到2000年底,累计净值达到1.8957元,为投资者实现现金分红0.65元。

2、2001年投资展望。中国股市经过连续两年大幅上扬,多年积累下来的市场不规范行为在2000年底和2001年初引起了管理层的高度重视,2001年是中国股市的规范监管年。全球经济放缓,中国经济增长目标下调,以资金市场为明显特征的中国股市将面临调整。同时,应该看到,中国经济在稳健快速发展,上市公司业绩有了实实在在的提高,中国股市的稳定发展有了最坚实的基础。股市在中国经济发展和体制转轨中起着枢纽性的作用,许多问题都需要在股市的发展中解决,我们相信股市将一如既往地得到大力支持,股市的调整将是以结构调整为特征的强势调整。

(四)基金经理小组简介

李文忠先生:基金经理,男,硕士学历,5年证券从业经历。曾在在浙江国际信托投资公司从事投资银行业,在国信证券有限责任公司先后从事收购兼并业务和证券分析工作。在鹏华基金管理公司先后从事证券分析和基金投资工作。

黄中先生:基金经理助理,厦门大学研究生毕业,7年证券从业经验。主要工作经历是在华夏证券有限责任公司和国信证券有限责任公司从事投资银行及投资管理工作。

(五)内部监察稽核工作报告基金运作合规性声明

本报告期内,本基金管理人严格遵守《证券法》、《证券投资基金管理暂行办法》及其各项实施准则、《普惠证券投资基金基金契约》和其他有关法律法规的规定,本着诚实信用、勤勉尽责的原则管理和运用基金资产,遵循"进取、求实"的公司理念,在严格控制风险的基础上,为基金持有人谋求最大利益,无损害基金持有人利益的行为。基金资产投资组合符合有关法规及基金契约的约定。

四、托管人报告

2000年度,普惠证券投资基金(以下简称"普惠基金")的托管人--交通银行,严格遵守《证券投资基金管理暂行办法》及其实施准则的规定,依据《普惠证券投资基金契约》和《普惠证券投资基金托管协议》中的条款,认真履行基金托管人的各项职责,安全保管普惠基金的所有资产,做好普惠基金的投资监管和清算核算工作,切实维护广大基金持有人的合法权益,未发生任何损害基金持有人利益的事件和行为。2000年度,基金管理人严格遵守了《证券投资基金管理暂行办法》及其实施准则、基金契约和其它有关法规的规定,基金托管人未发现基金管理人在投资运作中有损害基金持有人利益的行为。基金托管人确认,由基金管理人在2000年度编制和披露的普惠基金每日资产净值、每周资产净值公告、每季度投资组合公告、中期财务报告等有关基金信息是合法、真实和完整的。

五、基金年度财务报告

(一)审计报告

审计报告

普惠证券投资基金持有人:

我所接受委托,审计了普惠证券投资基金2000年度的财务报告。该基金年度财务报告由交通银行(基金托管人)和鹏华基金管理有限公司(基金管理人)负责,我们的责任是对该基金年度财务报告发表审计意见。我们的审计是依据《中国注册会计师独立审计准则》进行的,在审计过程中,我们结合普惠证券投资基金实际情况,实施了包括抽查会计记录等我们认为必要的审计程序。

我们认为,普惠证券投资基金年度财务报告符合证券投资基金相关财务会计、制度的规定和《普惠证券投资基金基金契约》的有关规定,在所有重大方面公允地反映了该基金2000年12月31日的财务状况与2000

年度的经营成果,会计处理方法的选用遵循了一贯性原则。

中天勤会计师事务所 中国注册会计师许丽周
中国深圳 中国注册会计师李莉

(二)基金会计报告书

2、普惠证券投资基金收益及收益分配报告书

2000年1月1日至2000年12月31日止 单位:人民币元

项目	行次	2000年	1999年
收入	1		
在除息日确认的股息收入	2	2,997,245.58	10,522,782.35
债券利息收入	3	29,631,901.50	35,144,384.60
证券买卖差价收入	4	822,010,873.07	483,335,972.11
其中:股票	5	832,668,734.74	483,413,739.36
债券	6	-10,657,861.67	-77,767.25
配股权证	7	-	
可转换债券	8	-	
其他收入(附注10)	9	5,720,779.59	51,629,345.94
收入合计	10	860,360,799.74	580,632,485.00
费用	11		
基金管理费	12	47,041,333.21	60,721,286.17
基金托管费	13	7,840,222.16	6,072,128.58
其他费用(附注11)	14	6,306,852.14	125,731.86
费用合计	15	61,188,407.51	66,919,146.61
本期净收益	16	799,172,392.23	513,713,338.39
上期未分配收益	17	513,713,338.39	
本年已分配收益	18	464,000,000.00	
年末未分配净收益	19	848,885,730.62	513,713,338.39

六、基金持有人结构及前十名持有人

1、基金持有人结构:

	持有份额(份)	占总份额的比例(%)
基金发起人	52500000	2.625%
国信证券有限责任公司	30000000	1.5%
其中:未上市流通份额	15000000	0.75%
浙江证券有限责任公司	3750000	0.1875%
其中:未上市流通份额	3750000	0.1875%
鞍山市信托投资股份有限公司	3750000	0.1875%
其中:未上市流通份额	3750000	0.1875%
安徽省国际信托投资公司	7500000	0.375%
其中:未上市流通份额	3750000	0.1875%
鹏华基金管理有限公司	7500000	0.375%
其中:未上市流通份额	3750000	0.1875%
社会公众	1947500000	97.375%

2、普惠基金前十名持有人(截止2000年12月31日):

	持有人名称	持有份额(份)	占总份额的比例(%)
1	中国平安保险股份有限公司	196040200	9.80
2	中国人寿保险公司	191259700	9.56
3	中国太平洋保险公司	154517900	7.73
4	中国再保险公司	38658800	1.93
5	海通证券有限公司	30706200	1.54
6	国信证券有限责任公司	30000000	1.50
7	大亚湾核电财务有限公司	23400000	1.17
8	上海大江集团股份有限公司	22900000	1.15
9	浙江嘉兴高速公路有限公司	20629700	1.03
10	天津证券有限责任公司	16904300	0.85

同益证券投资基金

同益证券投资基金2000年年度报告

重要提示：本基金托管人中国工商银行已于2001年3月21日复核了本报告。本基本的管理人、托管人愿就本报告中所载资料的真实性、准确性、完整性负责。本报告书中的内容由基金管理人负责解释。

一、基金简介

同益证券投资基金经中国证券监督管理委员会证监基字［1999］8号《关于同意设立同益证券投资基金的批复》批准，由中信证券股份有限公司、天津北方国际信托投资有限公司、长江证券有限责任公司和安徽省信托投资公司、长盛基金管理有限公司等五家联合发起，发行总规模20亿份，每份基金单位面值1元，发起人认购6,000万份，社会公众认购194,000万份，于1999年4月8日宣告成立，4月21日在深圳证券交易所挂牌交易。

(一) 基金简称：基金同益　交易代码：4690
基金单位总份额：二十亿份基金单位
基金类型：契约型封闭式　基金存续期：十五年
基金上市地：深圳证券交易所
(二) 基金管理人
法定名称：长盛基金管理有限公司
注册地址：深圳市福田区华福路航都大厦13C
办公地址：北京市朝阳区北三环东路8号静安中心22层
邮政编码：100028
国际互联网网址：http://www.csfunds.com.cn
法定代表人：王其华
总经理：张佑君
负责信息管理事务人员：李燕敏
联系地址：北京市朝阳区北三环东路8号静安中心22层
电话：010-64689198-651　传真：010-64689471&*"(D)
(三) 基金托管人
法定名称：中国工商银行
注册地址：北京市西城区复兴门内大街55号
办公地址：北京市西城区复兴门内大街55号　邮政编码：100032
法定代表人：姜建清
托管部负责人：赵跃
负责信息管理事务人员：刘长江
联系地址：北京市复兴门内大街55号中国工商银行基金托管部
电话：010-66106878　传真：010-66106904
(四) 会计师事务所　法定名称：安永华明会计师事务所
注册地址：北京朝阳门北大街6号北海万泰大厦802-807室
办公地址：北京朝阳门北大街6号北海万泰大厦802-807室
法定代表人：葛明　经办注册会计师：葛明、金馨
(五)律师事务所　法定名称：信利律师事务所
注册地址：北京市建国门内大街18号恒基中心1座609室
办公地址：北京市建国门内大街18号恒基中心1座609室
法定代表人：江山　经办律师：谢思敏、丁志钢

二.主要财务指标

1、截止2000年12月31日止，本基金的主要财务指标如下：

基金可分配净收益	1,000,610,528.22元
单位基金可分配净收益	0.5003元
本期基金可分配收益率	43.65%
基金本期净收益	963,871,511.14元
基金净资产收益率	42.05%
期末基金资产总值	3,905,482,825.43元
期末基金资产净值	3,617,112,028.57元
单位基金资产净值	1.8086元
本期基金净值增长率	57.81%
基金累计净值增长率	97.56%

1999年指标计算口径与2000年指标计算口径一致。

三.基金管理人报告

本报告期内，同益基金管理人秉着诚实信用、勤勉尽责的原则，为基金持有人谋求利益；本基金的各项运作均按照《证券投资基金管理暂行办法》及其各项实施准则、基金契约和其他有关法规的规定，不存在任何损害基金持有人利益的行为。对于出现的异常交易行为，本基金管理人已向中国证监会作出说明。

(一)基金经理人报告

1、基金经理简介

丁楹先生，30岁，硕士研究生，7年证券从业经历。曾在中信证券股份有限公司交易部、中信证券股份有限公司地坛营业部工作，历任中信证券股份有限公司交易部总经理助理、经理。现任长盛基金管理有限公司投资管理部总监。

2、本基金业绩表现

截止到2000年12月31日，本基金单位净值达到1.8086元，与年初基金单位净值1.1461&)元(调整后)相比，增长率为57.81%，高于同期证券市场收益率；扣除新股配售(申购)对基金净值增长的贡献因素，本报告期内单位净值增长率为46.46%，高于同期银行存款利率。

3、本基金的投资理念

我们的投资目标是在控制风险的前提下实现基金资产的长期稳定增值。

在不同的市场环境、市场发展的不同阶段，应灵活运用适合自身运作特点的投资原则、投资策略和投资技巧，这是本基金经理人投资管理的基本信条。

通过对我国目前证券市场有效性的实证分析，本基金经理人认为，主动型投资有一定的适用性，通过学习、吸收、灵活运用国内外先进的投资分析方法，深入分析国际国内宏观经济、行业、企业的基本情况，有可能会发现和创造投资机会从而获得超额回报。当然，随着市场效率的不断提高，在证券市场获取超额投资回报的机会在减少，本基金经理人将更多借鉴国外成熟市场的投资经验和投资技巧。

投资管理分若干层面，本基金经理人力求在战略资产和战术资产等若干层面优化资源配置以实现单位风险收益最大化。在战略资产配置层，我们寻求现金、债券、股票资产的动态收益-风险最优配置；在战术资产配置层，我们寻求成长型股票和价值型股票的动态收益-风险最优配置。

投资分析和投资管理密不可分，投资分析要考虑各种影响因素对公司价值进行综合判断，对分析假设和分析方法的合理性进行科学、严谨的论证，必须做到博与精的有效统一，这也是职业基金经理人追求的境界。

4、2000年市场和基金运作情况回顾

2000年的股市行情是一轮完整的中级牛市行情，深沪综指年度涨幅均超过50%。网络科技股、大盘低价股、资源类股票等都有过突出表现，市场一直处于极为活跃的态势之中。

宏观经济的实质性好转，为2000年股市的良好运行提供了坚实的基础。国家为刺激经济发展而推行的财政政策和货币政策，从99年下半年开始逐渐见效。基础性产业和原材料行业率先走出低谷，带动了经济的全面复苏。

四、同益基金托管人报告

本托管人--中国工商银行，依据《同益证券投资基金基金契约》与《同益证券投资基金托管协议》，托管同益证券投资基金。

2000年度，在对同益证券投资基金的托管过程中，本托管人严格遵守了《证券投资基金管理暂行办法》及其实施准则、基金契约、托管协议和其他有关法规的规定，对同益证券投资基金的投资运作进行了全面的会计核算和应有的监督，没有发生任何损害基金持有人利益的行为，诚实信用、勤勉尽责地履行了作为托管人所应尽的义务。

本托管人依照《证券投资基金管理暂行办法》及其实施准则、基金契约、托管协议和其他有关法规的规定，对同益证券投资基金的投资组合进行了监督，认为长盛基金管理有限公司在同益证券投资基金的投资运作、基金资产净值及单位基金资产净值的计算上，遵守《证券投资基金暂行办法》及其实施准则、基金契约、托管协议和其他有关法规的规定，没有发现任何损害基金持有人利益的行为。

中国工商银行基金托管部
2001年3月21日

五.基金年度财务报告

(一)审计报告书

同益证券投资基金全体持有人：

我们接受委托，审计了同益证券投资基金(简称"基金同益")二〇〇〇年十二月三十一日的资产负债表和自二〇〇〇年一月一日至二〇〇〇年十二月三十一日止的利润及利润分配表。上述会计报表由基金同益的基金管理人和基金托管人负责，我们的责任是对这些会计报表发表审计意见。我们的审计是根据中国注册会计师独立审计准则进行的。在审计过程中，我们结合基金同益的实际情况，实施了包括抽查会计记录等我们认为必要的审计程序。

我们认为，上述会计报表符合《企业会计准则》和证监会颁布的《证券投资基金管理暂行办法》实施准则第五号《证券投资基金信息披露指引》及基金契约的规定，在所有重大方面公允的反映了基金同益二〇〇〇年十二月三十一日的财务状况和自二〇〇〇年一月一日至二〇〇〇年十二月三十一日止的经营成果。会计处理方法的选用遵循了一贯性原则。

安永华明会计师事务所　　中国注册会计师　葛明
中国.北京　　中国注册会计师　金馨
二〇〇一年二月二十八日

(二)基金会计报告书

同益证券投资基金利润及利润分配表
截至二〇〇〇年十二月三十一日止　　人民币元

项目	1999年4月8日(基金设立日)至1999年12月31日	2000年1月1日至2000年12月31日
经营收入：	421,468,401.68	1,027,396,682.39
股利收入	8,240,289.42	6,275,928.39
股票买卖价差收入	366,068,580.70	1,006,471,024.15
国债买卖价差收入	-9,332,710.77	-5,249,108.05
可转换债券差价收入		2,956,674.88
其他收入	56,492,242.33	16,942,163.02
经营支出	50,729,384.60	63,525,171.25
基金管理费	45,918,062.45	48,007,260.04
业绩报酬		2,659,759.29
基金托管费	4,594,491.15	8,082,157.77
基金承担的其他费用	216,831.00	4,775,994.15
基金净收益	370,739,017.08	963,871,511.14
上年未分配净收益		370,739,017.08
本期已分配收益		334,000,000.00
期末未分配净收益		1,000,610,528.22

六、基金持有人结构及前十名持有人

(一)、截止2000年12月31日，本基金份额结构为：

	2000-12-31持有份额	占总份额比例
发起人持有	56,000,000份	2.80%
其中：长盛基金管理有限公司	20,000,000份	1.00%
中信证券股份有限公司	12,000,000份	0.60%
长江证券有限责任公司	12,000,000份	0.60%
天津北方国际信托投资公司	4,000,000份	0.20%
安徽省信托投资公司	8,000,000份	0.40%
保险公司及社会公众持有	194,400,000份	97.20%
合计	2,000,000,000份	100.00%

(二)、截止2000年12月31日，前十名持有人名称、持有份额及比例如下：

序号	股东名称	持有份额	占总份额比例
1	@中国人寿保险公司	96,126,600	4.81%
2	中国太平洋保险公司	89,193,700	4.46%
3	中国再保险公司	85,169,500	4.26%
4	*中国平安保险股份有限公司	50,203,900	2.51%
5	*中国平安保险股份有限公司	37,287,900	1.86%
6	*中国平安保险股份有限公司	32,980,400	1.65%
7	*中国平安保险股份有限公司	29,241,800	1.46%
8	@中国人寿保险公司	26,584,400	1.33%
9	长盛基金管理有限公司	20,000,000	1.00%
10	#长江证券有限责任公司	19,998,000	1.00%

景宏证券投资基金

景宏证券投资基金2000年年度报告

重要提示：本基金托管人中国银行已于2001年3月26日复核了本公告。本基金的管理人、托管人愿就报告中所载资料的真实性、准确性和完整性负责。本报告中的内容由本基金管理人负责解释。

一、基金简介

(一)基金名称：景宏证券投资基金
基金简称：基金景宏　基金交易代码：4691
基金发起人：光大证券有限责任公司　大鹏证券有限责任公司
中国经济开发信托投资公司 广东证券股份有限公司 大成基金管理有限公司
基金发行日期：1999年4月27日　基金成立日期：1999年5月4日
基金单位总份额：20亿份基金单位
基金类型：契约型封闭式　基金存续期：15年
基金上市地点：深圳证券交易所　基金上市日期：1999年5月18日
(二)基金管理人：大成基金管理有限公司
注册地址：深圳市福田区新闻路报社大院报业大厦12层C区
办公地址：北京市西城区复兴门内大街158号远洋大厦七层　邮政编码：100031
公司网址：http://www.dcfund.com.cn　法定代表人：姜继增　总经理：龙小波
信息披露负责人：杜鹏、胡勇钦　电话：010-66413888　传真：010-66416268
(三)基金托管人：中国银行
注册地址：北京市西城区阜成门内大街410号
办公地址：北京市光华路7号汉威广场西座1603室　邮政编码：100004
法定代表人：刘明康　托管部总经理：陈儒　信息披露负责人：高平
电话：010-65612136　传真：010-65612140
(四)会计师事务所：普华永道中天会计师事务所有限公司
注册及办公地址：上海市淮海中路333号瑞安广场12层　法定代表人：周忠惠
注册会计师：周忠惠、王笑　电话：021-63863388　传真：021-63863300
(五)律师事务所：北京市众天律师事务所
注册及办公地址：北京西城区阜外大街7号国投大厦711--715　法定代表人：苌宏亮
经办律师：苌宏亮　电话：010-68095613　传真：010-68095616
(六)信息披露报纸及网址：
选定的信息披露报纸名称：《中国证券报》、《证券时报》、《上海证券报》
登载年度报告的中国证监会指定国际互联网网址：http://www.cninfo.com.cn
年度报告备置地点：大成基金管理有限公司

二、主要财务指标

单位：元

指标名称	2000年	1999年
基金可分配净收益	649,245,699	385,741,756
单位基金净收益	0.3246	0.1929
期末基金资产总值	2,944,586,926	2,441,368,353
期末基金资产净值	2,929,581,635	2,419,313,073
单位基金资产净值	1.4648	1.2097
基金净资产收益率(%)	29.65	19.29
本期基金可分配收益率(%)	31.37	19.29
本期基金净值增长率(%)	41.57	20.97
基金累计净值增长率(%)	63.98	20.97

三、基金管理人报告

(一)本基金业绩表现

截至2000年12月31日，本基金单位资产净值为1.4648元，本期基金净值增长率41.57%；同期上证A股指数上涨51.73%，深圳综指上涨58.07%。

(二)基金经理简介

杨赤忠先生，基金经理，本科学历，在读研究生。7年证券从业经历，7年基金管理经验。历任深圳蓝天基金管理公司投资部经理、研究部经理、投资与研究部经理，长盛基金管理有限公司研究发展部副总经理、基金同盛基金经理。现任大成基金管理有限公司研究发展部经理。

王军先生，基金经理助理，经济学博士，5年证券从业经历，曾就职于吉林省证券公司研究发展部、投资银行部。

四、基金托管人报告

本基金托管人——中国银行，依据《景宏证券投资基金基金契约》与《景宏证券投资基金托管协议》，托管景宏证券投资基金的全部资产。现对景宏证券投资基金(以下简称景宏基金)从2000年1月1日至2000年12月31日的2000年度的托管情况报告如下：

(一)本托管人在2000年度托管景宏基金期间，严格遵守《证券投资基金管理暂行办法》及其各项实施准则和其他有关法规、基金契约以及托管协议的规定，切实维护景宏基金持有人的利益，尽职尽责地履行了基金托管人应尽的职责.

(二)本托管人在2000年度依照《证券投资基金管理暂行办法》及其各项实施准则和其他有关法规的规定，对大成基金管理有限公司——景宏基金管理人的基金运作进行了必要的监督，其在景宏基金投资运作、基金资产净值的计算及每单位基金资产净值的计算等方面遵守了《证券投资基金管理暂行办法》及其各项实施准则和其他有关法规、基金契约以及托管协议的规定，没有发现违规及损害基金持有人利益的行为。

(三)本基金托管人依法对景宏基金管理人在2000年度所编制和披露的基金资产净值公告、基金投资组合公告、基金中期报告(未经审计)、基金年度报告等公告信息进行了认真核对，认为景宏证券投资基金管理人——大成基金管理有限公司在2000年度内所编制和披露的基金信息是合法、真实和完整的。

中国银行　2001年3月26日

五、基金年度财务报告

(一)审计报告

审计报告

普华永道审字(2001)第69号

景宏证券投资基金全体持有人：

我们接受委托，审计了景宏证券投资基金(以下简称“景宏基金”) 2000年12月31日的资产负债表及2000年度的收益及收益分配表。这些会计报表由景宏基金管理人大成基金管理有限公司负责，我们的责任是对这些会计报表发表审计意见。我们的审计是根据《中国注册会计师独立审计准则》的规定进行的。在审计过程中，我们结合景宏基金的实际情况，实施了包括抽查会计记录等我们认为必要的审计程序。

我们认为，上述景宏基金会计报表符合中华人民共和国《企业会计准则》、《证券投资基金管理暂行办法》实施准则第五号证券投资基金信息披露指引、景宏基金契约和中国证券监督管理委员会允许的如会计报表附注所列示的基金行业的实务操作规定，在所有重大方面公允地反映了景宏基金2000年12月31日的财务状况及2000年度的经营成果，会计处理方法的选用遵循了一贯性原则。

普华永道中天会计师事务所有限公司　注册会计师　周忠惠
中国　上海　注册会计师　王　笑　2001年1月19日

(二)基金会计报告书

2000年12月31日资产负债表　单位：人民币元

资产	2000	1999
银行存款	94,137,340	39,826,861
清算备付金及交易保证金	8,878,962	6,590,857
股票投资-成本　(附注3(c))	1,924,967,329	1,778,674,044
债券投资-成本　(附注3(d))	585,725,000	484,958,185
股票投资-估值增值　(附注3(c))	276,455,936	31,981,933
债券投资-估值增值　(附注3(d))	3,880,000	1,589,384
买入返售证券	-	93,100,000
应收利息	49,232	278,353
应收帐款	50,493,127	4,338,836
其他应收款项	-	29,900
资产合计	2,944,586,926	2,441,368,353
负债及基金持有人权益		
应付基金管理费	3,655,385	5,173,554
应付基金托管费	609,231	517,636
应付帐款	1 0,111,686	15,984,452
应付佣金	528,989	279,089
其他应付款项	100,000	100,549
负债合计	15,005,291	22,055,280
基金持有人权益		
基金单位总额(面值)(附注3(k),5)	2,000,000,000	2,000,000,000
未分配净收益　(附注3(l))	649,245,699	385,741,756
未实现估值增值(附注3(c)(d))	280,335,936	33,571,317
基金持有人权益合计	2,929,581,635	2,419,313,073
(2000：每单位基金资产净值：人民币1.4648元)		
(1999：每单位基金资产净值：人民币1.2097元)		
负债及基金持有人权益合计	2,944,586,926	2,441,368,353

后附会计报表附注为本报表的组成部分。

(三)会计报告书附注

1 基金简介

景宏证券投资基金(以下简称“本基金”)是由光大证券有限责任公司、大鹏证券有限责任公司、中国经济开发信托投资公司、广东证券股份有限公司、大成基金管理有限公司共五家发起人依照《证券投资基金管理暂行办法》及其他有关的规定和契约发起，经中国证券监督管理委员会证监基金字[1999]12号文批准，于1999年5月4日发起成立。本基金为契约型封闭式，存续期为15年，发行规模为20亿份基金单位。

本基金的基金管理人为大成基金管理有限公司，基金托管人为中国银行。本基金经深圳证券交易所(以下简称深交所)深证上(1999)第31号文审核同意，于1999年5月18日在深交所挂牌交易。根据《证券投资基金管理暂行办法》和中国证券监督管理委员会证监基金字[1999]12号批文的规定，本基金的投资对象为国内依法公开发行、上市的股票、债券及中国证券监督管理委员会批准的允许基金投资的其他金融工具。

六、基金持有人结构及前十名持有人

1、持有人结构

	份额	占总份额比例%
发起人	48000000	2.40%
其中：光大证券有限责任公司	12000000	0.60%
中国经济开发信托投资公司	12000000	0.60%
大成基金管理有限公司	12000000	0.60%
大鹏证券有限责任公司	6000000	0.30%
广东证券股份有限公司	6000000	0.30%
社会公众	1952000000	97.6%

2、本基金前十名持有人

序号	持有人名称	持有份额	占总份额比例%
1	太平洋保险公司	152767300	7.64
2	平安保险公司	148300200	7.42
3	中国人寿保险公司	107471900	5.37
4	中国再保险公司	75600000	3.78
5	上海久事公司	45494700	2.27
6	国通证券公司	43741700	2.19
7	东风汽车公司	43235200	2.16
8	兴业证券公司	27430700	1.37
9	上海大陆物业有限公司	18960000	0.95
10	海通证券公司	15622900	0.78

七、重要提示

1、2000年2月22日，本公司在《证券时报》(第6版)上与其他四家基金管理公司联合公告：本公司与托管人协商决定并报中国证监会批准，调低景宏证券投资基金的管理人报酬，由原来的固定费率2.5%调整为固定费率1.5%加计业绩报酬，管理人报酬追溯至2000年1月1日。

2、2000年3月29日，本公司在有关证券报刊上公布了《景宏证券投资基金1999年年度报告》和《景宏证券投资基金1999年度收益分配公告》。本基金1999年度收益分配方案为每100份基金单位派发现金红利17.50元(暂免税)，权益登记日为2000年4月4日，除息交易日为2000年4月5日，派息日为2000年4月6日。

裕隆证券投资基金

裕隆证券投资基金2000年年度报告

重要提示:本基金的托管人中国农业银行已于2001年3月26日复核了本报告。本基金管理人、托管人愿就本报告书中所载资料的真实性、准确性和完整性负责,本报告书中的内容由本基金管理人负责解释。

一、基金简介

(一)基金基本资料　基金简称:基金裕隆　基金交易代码:4692
基金单位总份额:30亿份　基金类型:契约型、封闭式　基金存续期:15年
上市地点:深圳证券交易所　上市时间:1999年6月24日
(二)基金管理人　法定名称:博时基金管理有限公司
注册地址:广东省深圳市罗湖区红岭中路102号国信大厦29楼
办公地址:北京市建国门内大街18号恒基中心1座23层　邮政编码:100005
法定代表人:周道志　总经理:肖风　信息事务管理人:李全
联系地址:北京市建国门内大街18号恒基中心1座23层
联系电话:010-65171166,65187078　传真:010-65187020
(三)基金托管人　法定名称:中国农业银行　注册地址:北京市复兴路甲23号
邮政编码:100037　法定代表人:尚福林
基金托管部负责人:郭辉　信息事务联系人:李芳菲
联系地址:北京市海淀区西三环北路100号金玉大厦
联系电话:010-68424199　传真:010-68424181
(四)会计师事务所和经办注册会计师
法定名称:普华永道中天会计师事务所有限公司　注册及办公地址:上海淮海中路333号
法定代表人:Mr .Kent Watson　电话:021-63863388
传真:021-63863300　联系人:周忠惠　经办注册会计师:周忠惠　王笑
(五)律师事务所和经办律师
法定名称:国浩律师集团事务所
注册及办公地址:北京市复兴门内大街158号远洋大厦F7
法定代表人:张涌涛
电话:010-66411188　传真:010-66413800
联系人:黄伟民
经办律师:黄伟民

二、主要财务指标

单位:人民币元

主要财务指标	2000	1999
1 期末基金可分配净收益	1,131,831,789	157,380,992
2 本期单位基金实现净收益	0.3738	0.0525
3 期末基金资产总值	5,194,603,766	3,288,619,817
4 期末基金资产净值	4,647,107,523	3,241,833,108
5 期末单位基金资产净值	1.5490	1.0806
6 基金资产净值收益率	36.24%	5.25%
7 本期基金可分配收益率	36.57%	5.25%
8 本期基金净值增长率	50.16%	8.06%
9 基金累计净值增长率	59.80%	8.06%

三、基金管理人报告

2000年度业绩表现

截止到2000年12月31日,本基金单位净值为1.5490元,年净值增长率为50.16%,扣除当年配售新股对基金净值增长的贡献因素,基金净值年增长率为38.61%,2000年每基金单位分红0.34元。

基金经理简介

陈杰明先生　基金经理、总经理助理,37岁,硕士学历,经济师,8年证券从业经历。1993年进入君安证券工作,历任投资银行项目经理、资产管理公司投资部经理、君安上海总部副总经理、投资银行总部副总经理。1996年进入国信证券,历任研究中心总经理、国信证券首席经济师。曾任博时基金管理有限公司研究策划部经理。

宋炳山先生　基金经理助理,32岁,硕士学历,具有4年证券从业经历。曾任职于中国科学院计算所高性能计算研发中心和国家科技部基础研究高技术司;1998年加入博时基金管理有限公司,任基金经理助理前,曾任研究策划部研究员。

本基金投资理念

以宏观分析和行业分析为指导,以具有核心竞争优势、业绩可持续成长、属于朝阳行业的上市公司为主要投资目标,以积极的投资策略为基金持有人谋取长期稳定的投资回报。

(一)基金经理工作报告

2000年回顾

宏观经济及行业发展

经过连续7年的回落,中国宏观经济在2000年出现了重大转机,表现为投资、消费、出口"三驾马车"合力拉动经济增长,并且摆脱了通货紧缩的阴影。我们注意到,2000年的经济增长表面上看是电力、运输和资金等部门的协调性明显增强,本质上是各种结构调整和经济效益显著改善的结果,表明我国的经济增长方式正在逐步发生深刻的变化。

1、2000年企业效益明显好转,实现利润大幅增长。工业企业盈亏相抵后利润总额4261.8亿元,比上年增长86.2%;全部亏损企业累计亏损额1027.6亿元,比上年下降21.4%,减亏幅度比上年加大6.2个百分点。

2、从分行业情况看,同1999年相比,2000年绝大多数行业的生产增长速度都有不同程度的提高,特别是石油化工、建材、电子通讯等行业表现突出。

2000年度裕隆基金管理的可取之处:

1.投资于预期高成长和市场阶段性表现良好的行业。比如,裕隆基金在电子通讯和信息与互联网两个行业的投资分别取得超过行业指数平均收益率6.71%和6.80%的超额收益。取得超过行业指数收益率的行业还包括酿酒食品、汽车及配件、家电及农林牧渔等4个行业。对裕隆基金组合收益贡献明显(超过3%)的行业包括电子通讯、信息与互联网、化工、冶金、医药和交通运输等。

2.从资产配置和配置后资产分类别收益来看,裕隆基金在股票二级市场以外的投资取得较好收益水平。2000年国债投资取得3.675%的收益率,超过市场3.23%的平均水平;包括新股投资、国债回购和现金留存的其他资产取得104.29%的组合收益率。

而二级市场股票组合收益率为46.44%。需要说明的是此处将新股按上市日为界限,按上市日当天均价结转到二级市场投资中。该方式与原先按解冻日计入二级市场股票投资相比更强调新股对二级市场投资的影响,因而增加了二级市场资金占用比重,减少了一级市场资金占用,从而导致二级市场收益率减少,一级市场收益率增加。

四、基金托管人报告

(一)本基金托管人——中国农业银行,根据《裕隆证券投资基金契约》和《裕隆证券投资基金托管协议》,在对裕隆证券投资基金的托管过程中,严格遵守《证券投资基金管理暂行办法》及各项法规规定,对裕隆证券投资基金管理人——博时基金管理有限公司在2000年会计年度基金的投资运作,进行利认真独立的会计核算和必要的投资监督。认真履行了托管人的义务。

本托管人认为,博时基金管理有限公司在裕隆基金的投资运作、信息披露等方面符合《证券投资基金管理暂行办法》及其相关法规的规定。基金管理人在2000年度所编制和披露的裕隆证券投资基金净值公告、基金投资组合公告、2000年基金中报及2000年基金年报等各项基金信息真实、完整。未发现管理人有违反《证券投资基金暂行办法》第三十三、三十四条规定的行为。

(二)由于业务发展,本基金托管部于2000年12月8日由原办公地点——北京复兴路甲23号华懋大厦12层迁至北京市西三环北路100号金玉大厦7、8层。已于2000年12月6日在《中国证券报》、《金融时报》等报纸公告。

特此报告

中国农业银行
2001年3月26日

五、基金年度财务报告

(一)审计报告　普华永道审字(2001)第323号

裕隆证券投资基金全体持有人:

我们接受委托,审计了裕隆证券投资基金(以下简称"裕隆基金")2000年12月31日的资产负债表及2000年度的收益及收益分配表。这些会计报表由裕隆基金管理人博时基金管理有限公司负责,我们的责任是对这些会计报表发表审计意见。我们的审计是根据《中国注册会计师独立审计准则》的规定进行的。在审计过程中,我们结合裕隆基金的实际情况,实施了包括抽查会计记录等我们认为必要的审计程序。

我们认为,下述裕隆基金会计报表符合中华人民共和国《企业会计准则》、《证券投资基金管理暂行办法》实施准则第五号证券投资基金信息披露指引、裕隆基金契约和中国证券监督管理委员会允许的如会计报表附注所列示的基金行业的实务操作规定,在所有重大方面公允地反映了裕隆基金2000年12月31日的财务状况及2000年度的经营成果,会计处理方法的选用遵循了一贯性原则。

普华永道中天　注册会计师:周忠惠
会计师事务所有限公司　注册会计师:王笑
2001年1月19日

(二)　基金会计报告书

1、裕隆证券投资基金收益及收益分配表

单位:人民币元

项　目	行次	期末数	期初数
收　入	1		
证券买卖差价	2		
股票　(附注3(e))	3	1,172,117,741	180,296,090
债券　(附 注3(e))	4	13,667,541	(16,274,513)
投资收益	5		
股息收益　(附注3(e))	6	3,367,587	3,290,127
债券利息收益(附注3(e))	7	7,136,507	
买入返售证券收入(附注3(e))	8	1,030,393	2,940,791
其他收入(附 注6)	9	13,260,760	5,496,190
额定发行费用余额(附注3(i))	10		17,675,132
收入及额定发行费用余额合计	11	1,210,580,529	193,423,817
费　用	12		
基金管理费(附注3(f))	13	64,472,578	27,209,053
业绩报酬(附注3(g))	14		4,037,951
基金托管费(附注3(h))	15	10,797,602	4,535,096
卖出回购证券支出(附注3(i))	16	13,086,512	260,725
其他费用	17	773,040	
费用合计	19	89,129,732	36,042,825
本期净收益	20	1,121,450,797	157,380,992
期初未分配净收益	21	157,380,992	
本期已分配收益(附注3(l),7)	22	147,000,000	
期末未分配净收益	23	1,131,831,789	157,380,992

六、基金持有人结构及前十名持有人

(一)基金持有人结构:

	持有份额(份)	占总份额的比例(%)
基金发起人		
其中:中国长城信托投资公司	6,000,000	0.20
光大证券有限责任公司	6,000,000	0.20
金华市信托投资股份有限公司	6,000,000	0.20
国通证券有限责任公司	83,062,000	2.77
博时基金管理有限公司	6,000,000	0.20
社会公众	2,892,938,000	96.43
合　计	3,000,000,000	100

(二)裕隆基金前十名持有人(截止2000年12月31日):

	持有人名称	持有份额(份)	占总份额的比例(%)
1	中国人寿保险	278,004,100	9.27
2	中国平安保险股份有限公司	188,231,800	6.27
3	国通证券有限责任公司	83,062,000	2.77
4	华夏证券有限公司	82,171,500	2.74
5	华泰财产保险	78,164,000	2.61
6	上海申达股份有限公司	34,618,100	1.15
7	海通证券	33,937,800	1.13
8	中国再保险公司	30,000,000	1.00
9	泰康人寿保险股份有限公司	25,000,000	0.83
10	安徽省国信实业有限公司	23,000,000	0.77

普 丰 证 券 投 资 基 金

普丰证券投资基金2000年年度报告

重要提示 本基金的托管人已于2001年3月26日复核了本报告。本基金管理人、托管人愿就本报告书中所载资料的真实性、准确性和完整性负责，本报告书中的内容由本基金管理人负责解释。

一、基金简介

(一)基金基本资料

基金名称:普丰证券投资基金(简称:基金普丰)

基金交易代码:4693

基金发起人:国信证券有限责任公司

浙江证券有限责任公司

鞍山市信托投资股份有限公司

安徽省国际信托投资公司

鹏华基金管理有限公司

基金发行日期:1999年7月8日

基金成立日期:1999年7月14日

基金单位总份额:30亿份

基金类型:契约型、封闭式　基金存续期:15年

上市地点:深圳证券交易所　上市时间:1999年7月30日

(二)基金管理人

法定名称:鹏华基金管理有限公司

注册及办公地址:深圳市深南东路5047号发展银行大厦27层

邮政编码:518001

法定代表人:陈正蓉　总经理:员瑞恒

信息事务管理人:程国洪

联系地址:深圳市深南东路5047号发展银行大厦27层

联系电话:0755-2353668　2080663

传真:0755-2080742

国际互联网网址:http://www.phfund.com.cn

(三)基金托管人

法定名称:中国工商银行

注册及办公地址:北京市西城区复兴门内大街55号

邮政编码:100032

法定代表人:姜建清

基金托管部负责人:赵跃

信息事务联系人:刘长江

联系地址:北京市西城区复兴门内大街55号

联系电话:010-66106912

传真:010-66106904

(四)会计师事务所和经办注册会计师

法定名称:普华永道中天会计师事务所有限公司

注册及办公地址:上海市淮海中路333号

法定代表人:Kemt Watson

电话:021-63863388　传真:021-63863300

联系人:周忠惠

经办注册会计师:周忠惠 王笑

二、主要财务数据和指标

单位:人民币元

序号	项目	2000年度	1999年度
1	本期基金净收益	841,836,454.03	2884932.99
2	本期单位基金净收益	0.2806	0.0010
3	本期基金可分配净收益	844,721,387.02	-109,099,802.87
4	本期单位基金可分配净收益	0.2816	-0.0364
5	期末基金资产总值	4,422,823,868.60	2,898,238,041.26
6	期末基金资产净值	4,409,117,498.71	2,890,900,197.13
7	期末单位基金资产净值	1.4697	0.9636
8	本期基金净值收益率	29.12%	0.10%
9	本期基金可分配收益率	29.22%	-3.64%
10	本期基金净值增长率	52.52%	-3.64%
11	基金累计净值增长率	46.97%	-3.64%

三、基金管理人报告

(一)本基金业绩表现

截止到2000年12月31日，基金单位资产净值为1.4697元，与年初相比，净值增长率为52.52%。扣除政策性配售新股对基金当年净值增长的贡献因素，净值增长率为40.32%。

(二)本基金投资风格

"基金普丰"坚持在立足理性投资的基础之上追求积极进取的投资风格，从而实现基金资产收益最大化。基于这一投资目标，本基金在投资过程中相对注重企业业绩及新经济行业两方面因素，并且比较强调两方面因素的兼顾原则。在指数投资方面，则坚持以深圳A股指数为跟踪目标，缩小跟踪误差，通过对仓位的调节来控制风险，并根据个股信息的变化及时调整样本股范围。

(三)基金经理及基金经理助理简介

李国飞先生，基金经理，29岁，博士研究生，具有6年证券投资经验。从1994年5月开始到深圳市国际信托投资公司证券部从事证券工作，历任国信证券有限责任公司投资管理部调研科副经理、投资科高级经理。

1998年12月加盟鹏华基金管理有限公司，先后任普惠基金经理助理、普丰基金经理、基金管理部副总监。

杨效东先生，基金经理助理，32岁，经济学博士后，6年金融、证券从业经历。1999年11月加盟鹏华基金管理有限公司，先后任研究员、普丰基金经理助理。

(四)基金经理工作报告

2000年，基金小组从投资规模控制、持股结构调整、风险控制、科学决策等方面入手，始终尽心尽力、兢兢业业，不断总结经验、大胆开拓，取得了较好的业绩，在市场上基本树立起了较为良好的品牌形象。更重要的是，通过认真摸索和总结，普丰基金管理小组对优化指数型证券投资基金的特点有了更加深刻的认识，对未来的投资管理更加充满信心。

四、托管人报告

本托管人——中国工商银行，依据《普丰证券投资基金基金契约》与《普丰证券投资基金托管协议》，托管普丰证券投资基金。2000年度，在对普丰证券投资基金的托管过程中，本托管人严格遵守了《证券投资基金管理暂行办法》及其实施准则、基金契约、托管协议和其他有关法规的规定，对普丰证券投资基金的投资运作进行了全面的会计核算和应有的监督，没有发生任何损害基金持有人利益的行为，诚实信用、勤勉尽责地履行了作为托管人所应尽的义务。

本托管人依照《证券投资基金管理暂行办法》及其实施准则、基金契约、托管协议和其他有关法规的规定，对普丰证券投资基金的投资组合进行了监督，认为鹏华基金管理公司在普丰证券投资基金的投资运作、基金资产净值及单位基金资产净值的计算上，遵守《证券投资基金暂行办法》及其实施准则、基金契约、托管协议和其他有关法规的规定，没有发现任何损害基金持有人利益的行为。

本托管人依法对普丰证券投资基金管理人--鹏华基金管理公司在2000年度所编制和披露的普丰证券投资基金资产净值公告、基金投资组合公告、基金中期报告、基金年度报告等公告信息进行了核查，认为普丰证券投资基金管理人--鹏华基金管理公司在2000年度内所编制和披露的基金信息是合法、真实和完整的。

五、基金年度财务报告

(一)审计报告

我们接受委托，审计了普丰证券投资基金(以下简称"普丰基金") 2000年12月31日的资产负债表及2000年度的收益及收益分配表。这些会计报表由普丰基金管理人鹏华基金管理有限公司负责，我们的责任是对这些会计报表发表审计意见。我们的审计是根据《中国注册会计师独立审计准则》的规定进行的。在审计过程中，我们结合普丰基金的实际情况，实施了包括抽查会计记录等我们认为必要的审计程序。

我们认为，普丰基金会计报表符合中华人民共和国《企业会计准则》、《证券投资基金管理暂行办法》实施准则第五号证券投资基金信息披露指引、普丰基金契约和中国证券监督管理委员会允许的如会计报表附注所列示的基金行业的实务操作规定，在所有重大方面公允地反映了普丰基金2000年12月31日的财务状况及2000年度的经营成果，会计处理方法的选用遵循了一贯性原则。

普华永道中天会计师事务所有限公司　注册会计师:周忠惠

中国.上海　注册会计师:王笑

2001年2月23日

(二)基金会计报告书

1、普丰证券投资基金收益及收益分配报告书　单位:人民币元

项目	行次	2000年1月1日至12月31日	1999年7月14日至12月31日
收入	1		
1.证券买卖差价收入	2	855,676,468.33	-26,502,464.13
股票	3	899,835,816.00	-25,950,947.08
债券	4	-44,159,347.67	-551,517.05
配股权证	5	-	-
可转换债券	6	-	-
2.投资收益	7	42,836,697.35(附注8)	22,878,489.53
股票投资收益	8	7,890,903.35	3,624,014.93
债券投资收益	9	34,945,794.00	19,254,474.60
配股权证投资收益	10	-	-
可转换债券投资收益	11	-	-
其他投资收益	12	-	-
3.其他收入	13	7,176,754.79(附注9)	27,341,298.47
收入合计	14	905,689,920.47	23,717,323.87
费用	15		
1.管理人报酬	16	49,392,682.06	17,335,060.12
2.托管人报酬	17	9,882,109.19	3,467,012.01
3.其他费用	18	4,578,675.19 (附注10)	30,318.75
费用合计	19	63,853,466.44	20,832,390.88
本期净收益	20	841,836,454.03	2,884,932.99

六、基金持有人结构及前十名持有人

1、基金持有人结构:

	持有份额(份)	占总份额的比例(%)
基金发起人	28125000	0.9375
国信证券有限责任公司	15000000	0.5
其中:未上市流通份额	7500000	0.25
浙江证券有限责任公司	3750000	0.125
其中:未上市流通份额	1875000	0.0625
鞍山市信托投资股份有限公司	1875000	0.0625
其中:未上市流通份额	1875000	0.0625
安徽省国际信托投资公司	3750000	0.125
其中:未上市流通份额	1875000	0.0625
鹏华基金管理有限公司	3750000	0.125
其中:未上市流通份额	1875000	0.0625
社会公众	2971875000	99.0625

2、普丰基金前十名持有人(截止2000年12月31日):

	持有人名称	持有份额(份)	占总份额的比例(%)
1	中国人寿保险公司	278766500	9.29
2	中国平安保险股份有限公司	249019900	8.30
3	中国太平洋保险公司	32528200	1.08
4	内蒙古信托投资公司	31178800	1.04
5	江苏省高新技术投资公司	23200000	0.77
6	四川日报社	19280000	0.64
7	安徽省国信实业有限公司	17100000	0.57
8	国信证券有限责任公司	15000000	0.50
9	中国再保险公司	15000000	0.50
10	辽宁省信托投资公司	12200000	0.41

景 博 证 券 投 资 基 金

景博证券投资基金2000年年度报告

重要提示：本基金托管人中国农业银行已于2001年3月26日复核了本报告。本基金的管理人、托管人愿就本报告书所载内容的真实性、准确性、完整性负责，本报告书有关内容由基金管理人负责解释。

一、基金简介

(一)基金全称：景博证券投资基金
基金简称：基金景博　　交易代码：4695
基金发起人：大成基金管理有限公司　　湘财证券有限责任公司
基金单位总份额：10亿份基金单位　　基金类型：契约型封闭式　　基金存续期：15年
上市地点：深圳证券交易所　　上市日期(规范后扩募)：1999年11月15日
(二)基金管理人：大成基金管理有限公司
注册地址：深圳市福田区新闻路报社大院报业大厦12层C区　　邮政编码：518034
办公地址：北京西城区复兴门内大街158号远洋大厦七层　　邮政编码：100031
公司网址：http://www.dcfund.com.cn　　法定代表人：姜继增　　总经理：龙小波
信息披露负责人：杜鹏　胡勇钦　　电话：(010)66413888　　传真：(010)66416268
(三)基金托管人：中国农业银行
法定名称：中国农业银行　　注册地址：北京市海淀区复兴路甲23号
邮政编码：100036　　法定代表人：尚福林　　托管部负责人：郭辉　信息披露负责人：李芳菲
办公地址：北京市海淀区西三环北路100号金玉大厦
电话：(010)68435588　　传真：(010)68424181
(四)会计师事务所：普华永道中天会计师事务所有限公司
注册及办公地址：上海市淮海中路333号瑞安广场12层
法定代表人：周忠惠　　经办注册会计师：周忠惠、王笑
电话：(021)63863388　　传真：(021)63863300
(五)律师事务所：北京市众天律师事务所
注册及办公地址：北京市西城区阜外大街国投大厦711-715　　法定代表人：苌宏亮
经办律师：苌宏亮　　电话：(010)68095613　　传真：(010)68095616
(六)信息披露报纸及网址
选定的信息披露报纸：《证券时报》、《中国证券报》、《上海证券报》
刊登年度报告的中国证监会指定国际互联网网址：http://www.cninfo.com.cn
本期报告备置地点：大成基金管理有限公司

二、主要财务指标

单位：元

指标名称	2000年	1999年
基金可分配净收益	205,216,531	59,594,575
单位基金净收益	0.205	0.0596
期末基金资产总值	1,416,726,379.32	1,074,142,032
期末基金资产净值	1,411,876,769.87	1,059,594,575
单位基金资产净值	1.4119	1.0596
基金净资产收益率(%)	19.13	6.28
本期基金可分配收益率(%)	20.41	5.60
本期基金净值增长率(%)	40.40	-0.38
基金累计净值增长率(%)	37.82	-0.38

三、基金管理人报告

(一)本基金业绩表现

截至2000年12月31日，基金单位净值达到1.4119元，本期基金净值增长率为40.40%；同期上证A股指数上升51.73%，深圳综指上升58.07%。

(二)本基金投资理念和风格

本基金为中小企业成长型证券投资基金，坚持"研究先导、成长为本、重点投资、稳健安全"的投资原则，追求基金长期的保值增值。在实际投资中，重点选择行业增长快速、业绩高速成长、以及正在进行产业转型的传统行业公司，作为基金的核心持股。

(三)基金经理简介

周洪先生，基金经理，博士学位，6年证券从业经验，曾任光大证券有限公司总裁助理。1999年3月起任大成基金管理有限公司副总经理。

周建春先生，基金经理助理，硕士学位，6年证券、期货从业经验，曾就职于湖南省国际信托投资公司基金管理部。

四、基金托管人报告

本基金托管人--中国农业银行，根据《景博证券投资基金基金契约》和《景博证券投资基金托管协议》，在对景博证券投资基金的托管过程中，严格遵守《证券投资基金管理暂行办法》及各项法规规定，对景博证券投资基金管理人--大成基金管理有限公司在2000年会计年度基金的投资运作，进行了认真、独立的会计核算和必要的投资监督，认真履行了托管人的义务。

本托管人认为，大成基金管理有限公司在景博基金的投资运作、信息披露等方面符合《证券投资基金管理暂行办法》及其相关法规的规定，基金管理人在2000年度所编制和披露的景博证券投资基金资产净值公告、基金投资组合公告、2000年基金中期报告及2000年基金年度报告等各项基金信息真实、完整，未发现管理人有违反《证券投资基金暂行办法》第三十三、三十四条规定的行为。

由于业务发展，本基金托管部于2000年12月8日由原办公地点--北京复兴路甲23号华懋大厦12层迁至北京市西三环北路100号金玉大厦7-8层。已于2000年12月6日在《中国证券报》、《金融时报》等报纸公告。

特此报告。

中国农业银行　2001年3月26日

五、基金年终财务报告

(一)、审计报告

审计报告

普华永道审字(2001)第334号

景博证券投资基金全体持有人：

我们接受委托，审计了景博证券投资基金(以下简称"景博基金") 2000年12月31日的资产负债表及2000年度的收益及收益分配表。这些会计报表由景博基金管理人大成基金管理有限公司负责，我们的责任是对这些会计报表发表审计意见。我们的审计是根据《中国注册会计师独立审计准则》的规定进行的。在审计过程中，我们结合景博基金的实际情况，实施了包括抽查会计记录等我们认为必要的审计程序。

我们认为，上述景博基金会计报表符合中华人民共和国《企业会计准则》、《证券投资基金管理暂行办法》实施准则第五号证券投资基金信息披露指引、景博基金契约和中国证券监督管理委员会允许的如会计报表附注所列示的基金行业的实务操作规定，在所有重大方面公允地反映了景博基金2000年12月31日的财务状况及2000年度的经营成果，会计处理方法的选用遵循了一贯性原则。

普华永道中天　　注册会计师　周忠惠
会计师事务所有限公司　　注册会计师　王　笑
2001年1月19日

(二)基金会计报告书

1、收益及分配报告书

2000年1月1日至2000年12月31日

编制单位：大成基金管理有限公司　　单位：元

项　　目	2000年	1999年
收入		
证券买卖差价		
股票　(附注3(e))	206,718,477	-2,457,722
债券　(附注3(e))	-10,618,852	-
投资收益		
股息收益　(附注3(e))	1,642,402	36,810
债券利息收益　(附注3(e))	15,524,077	-
买入返售证券收入(附注3(e))	82,304	1,044,068
其他收入　(附注6)	4,361,088	2,562,926
额定发行费用余额(附注3(j))	-	4,210,128
收入及额定发行费用余额合计	217,709,496	5,396,210
费用		
基金管理费(附注3(f))	19,111,174	3,059,264
基金托管费　(附注3(h))	3,196,530	469,904
卖出回购证券支出(附注3(i))	1,966,662	-
其他费用	1,042,636	1,920,194
费用合计	25,317,002	5,449,362
本期净收益	192,392,494	-53,152
基金资产移交基准日前未分配收益(附注7)	-	66,877,189
期初未分配净收益	66,824,037	
本期已分配收益(附注3(l),7)	54,000,000	-
期末未分配净收益	205,216,531	66,824,037

(三)会计报告书附注

1 基金简介

景博证券投资基金(以下简称"本基金"，原巨博证券投资基金)的前身是湘建信基金和湘农信基金。1998年12月18日分别经湘农信基金和湘建信基金持有人大会决议，湘农信基金与湘建信基金合并为巨博基金。经中国证券监督委员会证监基金字[1999]24号文批准，1999年9月13日以通讯方式招开的巨博基金临时持有人大会决议，并经中国证券监督委员会基金监管部[1999]20号文确认，原湘农信基金和湘建信基金合并规范，并于1999年9月20日办理了资产及负债移交手续。大成基金管理有限公司在受让湘财证券有限责任公司持有的500万份基金单位后，成为基金发起人，湘财证券有限责任公司尚持有500万份基金单位，仍为基金发起人，通过了新的基金契约。基金管理人更换为大成基金管理有限公司，基金托管人更换为中国农业银行，基金为契约型封闭式，发行规模为250,017,000份基金单位，存续期限调整为1992年7月1日至2002年6月30日，并更名为巨博证券投资基金。本基金经深圳证券交易所(以下简称"深交所")深证上[1999]第94号文审核同意，于1999年10月22日在深交所挂牌交易。

经1999年9月13日以通讯方式招开的巨博基金临时持有人大会决议及中国证券监督管理委员会证监基金字[1999]33号文批准，本基金于1999年11月12日基金单位总份额由原有250,017,000份基金单位按面值扩募至10亿份基金单位，存续期限延长5年至2007年6月30日，并更名为景博证券投资基金。持有人获配认购的基金份额于1999年11月15日在深交所上市交易。

根据《证券投资基金管理暂行办法》和中国证券监督管理委员会基金监管部(1999(20号文的规定，本基金的投资范围为国内依法公开发行、上市的股票、债券及中国证券监督管理委员会批准的允许基金投资的其他金融工具。

六、基金持有人结构及前十名持有人

1 基金持有人结构：

基金持有人	持有份额(基金单位)	持有比例
发起人：大成基金管理有限公司	19966000	2.00%
湘财证券有限责任公司	5000000	0.50%
社会公众	975034000	97.50%
总　　计	1000000000	100%

2 前十名基金持有人情况：

序号	持有人名称	持有份额	占总份额比例%
1	中国平安保险股份有限公司	43051962	4.31
2	天津信托投资公司	21108000	2.11
3	大成基金管理有限公司	19966000	2.00
4	湘财证券有限责任公司	5000000	0.50
5	冯安祥	4200000	0.42
6	朱兰祖	3960000	0.40
7	田小娥	3691000	0.37
8	杨玲芳	3244716	0.32
9	崔朝晖	3220000	0.32
10	冯顺利	3126800	0.31

裕华证券投资基金

裕华证券投资基金2000年年度报告

重要提示:本基金的托管人交通银行已于2001年3月28日复核了本报告。

本基金管理人、托管人愿就本报告书中所载资料的真实性、准确性和完整性负责,本报告书中的内容由本基金管理人负责解释。

一、基金简介

(一)基金基本资料　基金简称:基金裕华　基金交易代码:4696
基金单位总份额:5亿份　基金类型:契约型、封闭式　基金存续期:15年
上市地点:深圳证券交易所　上市时间:2000年4月24日
(二)基金管理人　法定名称:博时基金管理有限公司
注册地址:广东省深圳市罗湖区红岭中路102号国信大厦29楼
办公地址:北京市建国门内大街18号恒基中心1座23层
邮政编码:100005
法定代表人:周道志　总经理:肖风　信息事务管理人:李全
地址:北京市建国门内大街18号恒基中心1座23层
电话:65171166　传真:65187020
(三)基金托管人　法定名称:交通银行
注册地址:上海市仙霞路18号
办公地址:上海市仙霞路18号　邮政编码:200336
法定代表人:方诚国　基金托管部负责人:谢红兵
信息事务联系人:江永珍
联系地址:上海市仙霞路18号
联系电话:021—62082517　传真:021—62759266
(四)会计师事务所和经办注册会计师
法定名称:普华永道中天会计师事务所有限公司
注册及办公地址:上海淮海中路333号　法定代表人:Mr. Kent Watson
电话:021-63863388　传真:021-63863300
联系人:周忠惠　经办注册会计师:周忠惠 王笑
(五)律师事务所和经办律师　法定名称:国浩律师集团事务所
注册及办公地址:北京市复兴门内大街158号远洋大厦F7
法定代表人:张涌涛　电话:010-66411188
传真:010-66413800　联系人:黄伟民　经办律师:黄伟民

二、主要财务指标

单位:人民币元

	主要财务指标	2000	1999
1	期末基金可分配净收益	46,013,718	17,278,112
2	本期单位基金实现净收益	0.1393	-0.0031
3	期末基金资产总值	603,187,905	226,423,777
4	期末基金资产净值	599,476,472	225,734,315
5	期末单位基金资产净值	1.1990	1.0700
6	基金资产净值收益率	19.22%	-0.28%
7	本期基金可分配收益率	12.70%	7.55%
8	本期基金净值增长率	47.70%	-1.38%
9	基金累计净值增长率	45.67%	-1.38%

三、基金管理人报告

2000年度业绩表现

截止到2000年12月31日,本基金单位净值为1.1990元,年净值增长率为47.70%,扣除当年配售新股对基金净值增长的贡献因素,基金净值年增长率为 47.00 %。2000年每基金单位分红0.085元。

基金经理简介

汪德生先生,基金经理,37岁,硕士学历,6年证券从业经历。曾在海南港澳国际信托投资公司从事证券研究工作,1998年加入博时基金管理有限公司,先后从事证券研究、基金投资管理等工作。

(一)基金经理工作报告

本基金的投资理念和投资目标

本基金通过对技术创新类上市公司的投资而实现长期资本增值。创新能力是现代企业核心竞争能力的标志,技术创新包括由技术变化所引起的上市公司营销、管理、技术、市场和企业组织变化或产业竞争格局的变化。技术创新类上市公司是指那些具有较强技术创新能力、其技术创新行动已经、正在或将要对企业价值构成一次性或持续累积性提升的上市公司。由于受到各种短期因素的影响,市场有时会忽视技术创新对公司价值的巨大提升作用。基金投资于该类股票,不仅可以减少投资风险,并且最终可以带来可观的投资收益,以达到安全性、收益性兼顾的要求。

2000年宏观经济背景及证券市场回顾

2000年以来,我国宏观经济出现实质性好转,国民经济增长速度摆脱了几年以来的持续下滑态势,呈现出快速增长的势头,对外贸易在经历了东南亚金融危机的冲击后增势强劲,物价明显止跌,原材料价格从谷底的缓慢攀升使得国有经济的效益进一步好转,国企三年脱困目标基本上接近实现。2000年宏观经济的好转使石油化工、钢铁冶金、机械、制糖等传统行业和支柱行业纷纷走出低谷,电子信息等新兴产业继续保持高速增长势头,这些构成了股指上扬的内在动力。今年以来证券管理层提出了"市场化、国际化、规范化"的管理理念,相继推出改革新股发行方式、允许三类企业和保险公司资金入市、允许券商进行股票质押贷款和超常规发展机构投资者等促进证券市场发展的措施,扩大了二级市场有效需求。

在此背景下,我国证券市场获得了快速发展,股指屡创新高,股票市场作为宏观经济"晴雨表"的功能日益突出。另一方面,资金推动型的行情有其固有的缺陷,股票市场在快速发展的同时也在不断地累积投资风险。下半年后半段,管理层的工作重心转移到加强规范和监管上,股指呈高位震荡。

本基金在年初根据国外成熟股市发展的一些规律及国内股市的动向,察觉到了网络及高科技股将是2000年市场行情启动的领涨板块和主流热点板块,因此大量购买了科技股和网络股,取得了较好的效果。在网络科技股的选择上,基金重点投资于主营业务为科技网络且有实质性业绩和成长性支持的个股上。随后,网络科技股在3月份见顶回落。当时我们认为投资组合中的一批个股质地优良,适合中长期投资,因此没有及时减仓,结果造成基金较大的净值损失。7月份扩募和更换基金经理后,对基金的持仓结构进行了较大的调整,购入和增持了粤电力、深万科等行业复苏类股票和广汇股份、麦科特、宁波韵升等一批高成长型次新股,对基金的净值贡献较大。年底由于证监会加强了监管和新股上市的审查力度,新股的质地有了较大提高,基金增加了新股和次新股的持仓比重。

四、基金托管人报告

2000年度,裕华证券投资基金(以下简称"裕华基金")的托管人——交通银行,严格遵守《证券投资基金管理暂行办法》及其实施准则的规定,依据《裕华证券投资基金契约》和《裕华证券投资基金托管协议》中的条款,认真履行基金托管人的各项职责,安全保管裕华基金的所有资产,做好裕华基金的投资监管和清算核算工作,切实维护广大基金持有人的合法权益,未发生任何损害基金持有人利益的事件和行为。

2000年度,基金托管人根据《证券投资基金管理暂行办法》及其实施准则、基金契约、托管协议和其它有关法规的规定,对基金管理人的投资运作实施了交易监督,未发现基金管理人在投资运作中有损害基金持有人利益的行为。年末,基金托管人按规定审核了裕华基金在各席位的交易量比例,裕华基金在温州信托席位上的股票交易量达到年成交量的35.06%,与中国证监会证监基字[1998]20号《关于加强证券投资基金监管有关问题的通知》中每只基金通过一个证券经营机构买卖证券的年成交量不得超过该基金买卖证券年成交量的30%的规定不符,实际超过规定比例5.06%。

2000年度,基金托管人对基金管理人编制的裕华基金每日资产净值、每周资产净值公告、每季度投资组合公告、中期财务报告等有关基金信息进行了严格的复核,确认基金管理人在2000年度所编制和披露的基金信息是合法、真实和完整的。

五、基金年度财务报告

(一)审计报告　　普华永道审字(2001)第325号

裕华证券投资基金全体持有人:

我们接受委托,审计了裕华证券投资基金(以下简称"裕华基金") 2000年12月31日的资产负债表及1999年11月10日(基金资产移交基准日)至2000年12月31日止期间的收益及收益分配表。这些会计报表由裕华基金管理人博时基金管理有限公司负责,我们的责任是对这些会计报表发表审计意见。我们的审计是根据《中国注册会计师独立审计准则》的规定进行的。在审计过程中,我们 结合裕华基金的实际情况,实施了包括抽查会计记录等我们认为必要的审计程序。

我们认为,下述裕华基金会计报表符合中华人民共和国《企业会计准则》、《证券投资基金管理暂行办法》实施准则第五号证券投资基金信息披露指引、裕华基金契约和中国证券监督管理委员会允许的如会计报表附注所列示的基金行业的实务操作规定,在所有重大方面公允地反映了裕华基金2000年12月31日的财务状况及1999年11月10日(基金资产移交基准日)至2000年12月31日止期间的经营成果。

普华永道中天　　注册会计师　周忠惠
会计师事务所有限公司　　注册会计师　王　笑　　2001年1月19日

(二)　基金会计报告书

裕华证券投资基金收益及收益分配表

会计期间:1999年11月10日(基金资产移交基准日)至2000年12月31日

单位:人民币元

项　目	行次	本期累计数
收入	1	
证券买卖差价	2	
股票(附注3(e))	3	77,230,432
债券(附注3(e))	4	1,221,451
投资收益	5	
股息收益(附注3(e))	6	605,951
买入返售证券收入(附注3(e))	7	89,282
其他收入(附注6)	8	2,107,959
收入合计	9	81,255,075
费用	10	
基金管理费(附注3(f))	11	-7,197,058
业绩报酬(附注3(g))	12	-498,197
基金托管费(附注3(h))	13	-1,199,510
卖出回购证券支出(附注3(i))	14	-801,117
额定扩募费用余额(附注3(j),7)	15	-
其他费用	16	-1,914,439
费用合计及额定扩募费用余额合计	17	-11,610,321
本期净收益	18	69,644,754
基金资产移交及扩募中产生的未分配收益变动	19	
基金资产移交基准日前未分配收益	20	17,922,964
扩募中向金越基金持有人送基金份额	21	-42,192,000
扩募中发起人购买基金单位的溢价部分	22	638,000
本期可分配收益	23	46,013,718
收益分配(附注3(l),11)	24	-
未分配净收益	25	46,013,718

六、基金持有人结构及前十名持有人

(一)基金持有人结构:

	持有份额(份)	占总份额的比例
基金发起人:博时基金管理有限公司	5,000,000	1%
社会公众	495,000,000	99%
合计	500,000,000	100%

(二)裕华基金前十名持有人(截止2000年12月31日):

	持有人名称	持有份额(份)	占总份额的比例
1	徐思聪	5000000	1.00%
2	博时基金管理有限公司	5000000	1.00%
3	上海大陆物业有限公司	3000000	0.60%
4	赵永祥	2400000	0.48%
5	长城证券有限责任公司沈阳营业部	1742773	0.35%
6	中国太平洋保险公司	1533021	0.31%
7	李年望	1500000	0.30%
8	湖北宏源电力工程股份有限公司	1499800	0.30%
9	天津环渤海创业投资管理有限公司	1389960	0.28%
10	金东物资	1000000	0.20%

天元证券投资基金

天元证券投资基金2000年年度报告

一、基金简介

(一) 基金基本资料
基金简称:基金天元
基金交易代码:4698
基金类型:契约型、封闭式
基金单位总份额:30亿份
目前可流通份额:29.7亿份
基金存续期:15年(1999年8月25日至2014年8月25日)
上市地点:深圳证券交易所
上市日期:1999年9月20日
(二)基金管理人:南方基金管理有限公司
注册及办公地址:深圳市深南大道4009号投资大厦7楼
邮政编码:518026
国际互联网网址:http://www.southernfund.com
法定代表人:骆新都
总经理:高良玉
信息披露负责人:邱孝斌
联系电话:0755-2712000转,传真:0755-2712578
(三)基金托管人:中国工商银行
注册及办公地址:北京市复兴门内大街55号
邮政编码:100032
法定代表人:姜建清
托管部负责人:赵跃
信息披露负责人:刘长江
联系电话:010-66106878　　传真:010-66106904
电子邮件地址:CJLIU@ICBC.COM.CN
(四)聘请的会计师事务所名称:天健(信德)会计师事务所
注册及办公地址:深圳蛇口兴华路海滨花园海滨中心商场A座3楼
法定代表人:朱祺珩
经办注册会计师:邓建新　　魏小珍
联系电话:0755-6816079　　传真:0755-6686087

二、基金主要财务指标

单位:人民币元

		2000		1999
调整后期初基金资产净值	RMB	2,957,968,351.87	RMB	3,000,000,000.00
期末基金资产总值	RMB	4,927,945,601.90	RMB	3,033,693,108.01
期末基金资产净值	RMB	4,749,631,000.45	RMB	2,957,968,351.87
本期净收益	RMB	998,942,727.88	RBM	(18,624,289.71)
本期可分配净收益	RMB	980,318,438.17	RMB	(42,031-,648.13)
单位基金资产净值	RMB	1.583	RMB	0.986
单位基金净收益	RMB	0.327	RMB	(0.014)
基金资产净值收益率		33.77%		(0.62%)
本期基金可分配收益率		33.14%		(1.40%)
本期基金净值增长率		60.57%		(1.40%)
基金累计净值增长率		58.32%		(1.40%)

* 本年度基金配售新股政策停止前所获配售新股对净值的贡献计386,479,916.47人民币元.扣除上述因素后的本期净值增长率为47.50%.

调整后期初基金资产净值=期初基金资产净值-本期已分配收益
本期基金可分配净收益=本期基金净收益+以前年度未分配收益
　　-期末未实现估值减值
单位基金资产净值=期末基金资产净值÷期末基金单位总额
单位基金净收益=本期可分配净收益÷期末基金单位总额
基金资产净值收益率=本期基金净收益÷期初基金资产净值
本期基金可分配收益率=本期基金可分配基金净收益÷期初基金资产净值
基金净值增长率=(期末基金资产净值-调整后期初基金资产净值)
　　÷调整后期初基金资产净值
基金累计净值增长率=(累计基金资产净值-基金单位总额)÷基金单位总额

三、基金管理人报告

基金经理小组简介

李旭利先生,27岁,经济学硕士,4年证券从业经历。1998年进入南方基金管理公司工作,先后从事证券分析、证券交易、基金投资等工作及天元基金经理助理,现任天元基金经理

陈祖方先生,经济学硕士,5年证券从业经验,曾任广发证券有限责任公司资金营运部副总经理,资产管理部副总经理。

此外,天元基金管理小组还配备了若干名证券投资分析人员,协助上述人员从事天元基金的投资管理工作.

(一)本基金投资风格与投资理念

本基金坚持投资于行业代表性强、股票流通性较好、资本增值潜力较大、分红稳定的深沪成分指数样本股及其他具有以上指标特征的成长型指标类上市公司长期持有,力争最大限度地为持有人降低风险、增加收益。

(二)2000年宏观经济情况及证券市场回顾

由于积极的财政政策和稳定的货币政策相配合的宏观调控发挥效应,2000年中国经济出现了明显的拐点,GDP增长率、进出口总额、综合物价指数、大型国有企业盈利状况等各项经济指标都表明中国经济进入了新一轮高速增长期。与宏观经济走势相对应的是,中国证券市场在2000年走出了少见的大牛市行情,上证综指和深圳成指几乎全年保持单边上升,指数不断创出新高,市场始终保持坚定的牛市思维惯性。

(三)本基金2000年运作回顾

天元基金在2000年的运作中基本上是一种适应性管理,随着市场投资热点的转变进行了两次大的资产结构调整:一次是年初时将投资重点迅速由传统行业转向网络高科技产业,考虑到网络股自身存在的高风险性,我们采取了分散投资的策略;第二次是在四月份后开始将投资重点由科技股转向国企大盘股和次新股。8月份我们意识到市场在连续上涨后风险累积较大,开始有意识地提高基金资产的流动性,并将资产的流动性和安全性置于收益性目标之上。10月后逐步降低投资的集中程度,加大了组合投资比例,降低了集中持股的风险。

(四)2001年宏观经济和证券市场的展望

我们预期中国经济在未来几年内仍将维持较高的增长水平,在2001年将继续保持高速增长态势,与全球经济开始步入低迷形成鲜明对比。中国经济正处于从传统产业向新经济产业发展的过度时期,这种产业转型从本质上要求资本市场高速发展,以适应企业融资、资源优化配置的要求。正是对中国经济未来几年高速发展的充分信心,我们对中国证券市场的长期的发展比较乐观。

2001年中国证券市场将面临许多本质性的变化。首先,加入WTO后中国将进一步参与全球分工,人力成本的相对优势和中国大市场的吸引力将促进中国经济进一步发展。第二,管理层在加强市场监管的同时加快开放式基金的推出,传递出的明确信息是证券市场将在更加规范前提下继续高速发展,以基金为代表的机构投资者的数量、规模和市场份额将继续增加。这种投资者结构的变化决定了市场资金来源的结构性变化,更多的资金规范化地进入证券市场保证了市场资金总量的稳定增长。第三,证券市场退出机制的建立与完善将促进上市公司加快提高自身素质,减少投机成分,引导投资者树立正确的投资理念,使资本市场真正发挥资源配置的功能。第四,国有股减持对市场的影响取决于减持的具体方案,即国有股减持的价格高低将决定市场的方向,我们对此深度关注。第五,B股市场对境内投资人开放和创业板推出会对A股市场产生一定的资金分流,但这种影响并不能决定A股市场发展的大方向。总之,中国经济的发展前景和市场的规范化决定中国证券市场的最终的方向。

(五)2001年本基金的操作思路

在2001年的投资中,我们将坚持研究为本、价值发现的投资理念,看重上市公司的盈利能力、成长性和发展前景。由于对中国经济长期乐观,我们将维持较高的持股比例。但我们会遵循证券市场的运行规律,股市的上涨意味着风险的累积,特别是在过去两年市场上升过程中相当一部分上市公司的业绩并没有相应提高,使市场短期风险加大。我们将:提高低风险资产在基金资产组合中的比例,以规避系统风险;加强研究,谨慎挑选优良的上市公司进行投资,以提高基金资产的质量;提高资产流动性,降低资产集中程度,用组合投资的办法分散非系统风险;精益求精,提高管理水平,以增加基金收益。在2001年我们希望能为基金持有人提供更好的理财服务。

内部监察报告

基金运作合规性声明

本报告期内,本基金管理人严格遵守《证券投资基金管理暂行办法》、《证券投资基金基金契约》以及其他有关法律、法规的规定,本着诚实信用、勤勉尽责的原则管理和运用基金资产,遵循"以人为本,追求卓越"的公司理念,在严格控制风险的基础上,为基金持有人谋求最大利益。在报告期内,基金运作整体合法合规,无损害基金持有人利益的行为。

内部监察工作报告

2000年度,本基金管理人在内部监察工作中注重控制运作风险,始终把保障基金持有人的利益放在首位。

在本报告期内,本基金管理人大力加强了监察稽核工作的力度,拓展了监察稽核的广度,由保持高度独立的督察员领导内部监察稽核人员对基金投资程序的各环节的执行情况进行定期检查,制作监察稽核报告,发现问题及时向管理层和监管部门报告并督促整改。

在本报告期内,为了控制运作风险,防范关联交易、内幕交易以及本基金与本基金管理人管理的其他基金之间可能出现的违规交叉交易,确保基金投资的独立性、公平性,我们主要采取了如下措施:

一、实行集中交易制度,各基金管理小组相互独立,分别制定具体的证券投资组合,下达具体的交易指令,由中央交易室统一执行完成。同时,为加强风险监控,事先对电脑系统进行设置,杜绝出现自买自卖,反向对敲等不规范交易行为。

二、建立风险提示制度和风险报告制度。

三、树立监察稽核部门的威信,加强员工风险意识。

通过以上工作的开展,在本报告期内,本基金运作过程中未发生关联交易、内幕交易,也不存在本基金管理人管理的各基金之间的违规交叉交易,基金运作整体合法合规,基金持有人的利益得到了保障。

四、基金托管人报告

本托管人——中国工商银行,依据《天元证券投资基金基金契约》与《天元证券投资基金托管协议》,托管天元证券投资基金。

2000年度,在对天元证券投资基金的托管过程中,本托管人严格遵守了《证券投资基金管理暂行办法》及其实施准则、基金契约、托管协议和其他有关法规的规定,对天元证券投资基金的投资运作进行了全面的会计核算和应有的监督,没有发生任何损害基金持有人利益的行为,诚实信用、勤勉尽责地履行了作为托管人所应尽的义务。

本托管人依照《证券投资基金管理暂行办法》及其实施准则、基金契约、托管协议和其他有关法规的规定,对天元证券投资基金的投资组合进行了监督,认为天元基金管理公司在天元证券投资基金的投资运作、基金资产净值及单位基金资产净值的计算上,遵守《证券投资基金暂行办法》及其实施准则、基金契约、托管协议和其他有关法规的规定,没有发现任何损害基金持有人利益的行为。

本托管人依法对天元证券投资基金管理人——南方基金管理公司在2000年度所编制和披露的天元证券投资基金资产净值公告、基金投资组合公告、基金年度报告等公告信息进行了核查,认为天元证券投资基金管理人——南方基金管理公司在2000年度内所编制和披露的基金信息是合法、真实和完整的。

五、基金财务报告

(一)审计报告

信德深财审报字(2001)第25号

审计报告

天元证券投资基金持有人:

我们接受委托,审计了天元证券投资基金二零零零年度的财务报告.该基金年度财务报告由南方基金管理有限公司(基金管理人)负责,我们的责任是对该基金年度财务报告发表审计意见.我们的审计是依据《中国注册会计师独立审计准则》进行的,在审计过程中,我们结合天元证券投资基金实际情况,实施了包括抽查会计记录等我们认为必要的审计程序.

我们认为,天元证券投资基金年度财务报告符合证券投资基金相关财务会计的法规、制度和《天元证券投资基金基金契约》的有关规定,在所有重大方面公允地反映了该基金二零零零年十二月三十一日的财务状况与二零零零年度的经营成果,会计处理方法的选用遵循了一贯性原则.

深圳天健信德会计师事务所　　中国注册会计师
邓建新
中国注册会计师

魏小珍
二零零一年二月十六日
中国深圳

(二)基金会计报告书

天元证券投资基金
资产负债报告书
二零零零年十二月三十一日
单位:人民币元

	附注	2000.12.31	1999.12.31
股票投资--成本	5	RMB 2,885,683,987.91	RMB 2,187,937,549.35
债券投资--成本	6	981,603,403.58	595,340,142.11
股票投资--估值增值	2(4).5	771,027,303.46	(23,636,256.31)
债券投资--估值增值	2(4).6	(1,714,741.18)	228,897.89
银行存款	2(4).4	274,237,026.72	232,081,060.41
应收利息		224,605.80	294,489.89
应收帐款	7	9,932,816.50	40,011,075.80
其他应收款项	8	6,951,199.11	1,436,148.87
基金资产总值		4,927,945,601.90	3,033,693,108.01
应付基金管理费	3(3)	11,006,585.25	3,563,070.96
应付基金托管费	3(3)	991,414.25	631,916.13
应付帐款	9	43,250,721.32	65,335,413.41
应付佣金	3(3).10	7,944,327.51	2,549,355.64
其他应付款项	3(3).11	2,421,553.12	3,645,000.00
卖出回购债券款	12	112,700,000.00	---
负债总值		178,314,601.45	75,724,756.14
基金单位总额	13	3,000,000,000.00	3,000,000,000.00
未分配净收益(亏损)		980,318,438.17	(18,624,289.71)
未实现估值增(减)值	14	769,312,562.28	(23,407,358.42)
基金资产净值		RMB 4,749,631,000.45	RMB 2,957,968,351.87
基金单位发行总份额(份)		3,000,000,000.00	3,000,000,000.00
每份基金单位资产净值		RMB 1.583	RMB 0.986

(所附注释系基金会计报告书的组成部分)

天元证券投资基金
收益及分配报告书
二零零零年度
单位:人民币元

	附注	2000	1999
在除息日确认的股息收入	2(5)	RMB 5,717,460.32	RMB 769,421.44
债券利息收入	2(5)	1,425,000.00	4,395,593.00
证券买卖价差收入	2(5)	1,059,317,045.35	(36,123,953.85)
其中:股票买卖价差收入		1,050,832,983.07	(33,453,932.89)
债券买卖价差收入		8,484,062.28	(2,670,020.96)
买入返售债券收入	2(5)	2,485,238.00	---
其他收入	2(5).15	15,393,823.44	30,653,825.35
收入合计		1,084,338,567.11	(305,114.06)
减:支出		85,395,839.23	18,319,175.65
其中:基金管理费	3(2)	66,322,220.21	15,513,100.76
基金托管费	3(2)	10,354,093.10	2,637,072.39
卖出回购债券支出		8,488,444.92	---
应由基金承担的其他费用		231,081.00	169,002.50
基金净收益(亏损)		998,942,727.88	(18,624,289.71)
加:上年未分配净收益(亏损)		(18,624,289.71)	---
年末未分配净收益(亏损)		RMB 980,318,438.17	RMB (18,624,289.71)

(所附注释系基金会计报告书的组成部分)

(三)会计报告书附注

附注 1. 基金设立说明

天元证券投资基金(以下简称"基金天元")系经中国证券监督管理委员会证监基字(1999)22 号文批准,由南方证券有限公司、大鹏证券有限责任公司和南方基金管理有限公司共同发起设立的契约型封闭式证券投资基金,于一九九九年八月二十五日正式成立.基金管理人为南方基金管理有限公司,基金托管人为中国工商银行,基金存续期为 15 年。

经深圳证券交易所深证发(1999) 84 号文审核同意,基金天元于一九九九年九月二十日在深圳证券交易所挂牌交易.

附注 2. 重要会计政策

基金天元的下列会计政策系根据证券投资基金及其财务会计的相关法规、制度和《天元证券投资基金基金契约》厘定.

(1) 会计年度

基金天元会计年度自公历每年一月一日起至十二月三十一日止.

(2) 记帐本位币

基金天元以人民币为记帐本位币.

(3) 记帐基础及计价原则

会计核算以权责发生制为基础,各项资产按取得时的实际成本计价.

(4) 基金资产的估值方法

根据《天元证券投资基金基金契约》的规定,基金天元每日对基金资产进行估值,估值方法如下:

上市的证券估值以其当日市场平均价计算, 如若该日无交易的证券, 以最近一日市场平均价计算;

未上市的股票以成本价计算;

未上市的债券及银行存款,以本金加计至估值日为止的应计利息额计算;

债券回购业务的应计收入和支出在回购期内按直线法计算;

如遇特殊情况而无法或不宜以上述规定确定资产价值时,依照国家有关规定办理。

(5) 收入确认原则

股息收入以被投资单位派发股息的除息日确认;

债券利息收入以债券派发债息的除息日确认;

证券买卖价差收入系根据证券出售成交时的成交价扣除交易费用、交易税金后的净收入和证券投资的实际成本计算确认;

买入返售债券收入以回购期内逐日分摊确认.

(6) 证券交易的成本计价方法

证券投资日常核算以实际成本计价,售出证券的成本按移动平均法计算确定.

(7) 税项

A. 印花税

根据财政部、国家税务总局财税字[1998]55 号文《关于证券投资基金税收问题的通知》,基金天元按股票交易金额的 4‰计缴印花税.

B. 营业税

根据财政部、国家税务总局财税字[1998]55 号文《关于证券投资基金税收问题的通知》,基金天元以发行基金方式募集资金不缴纳营业税;买卖股票、债券的价差收入在二零零零年底以前暂免缴营业税。

本会计年度基金天元的买入返售债券利息收入尚未计缴营业税。

C. 企业所得税

根据财政部、国家税务总局财税字[1998]55 号文《关于证券投资基金税收问题的通知》,基金天元从证券市场中取得的收入,包括买卖股票、债券的价差收入,股票的股息、红利收入,债券的利息收入及其他收入,暂不缴纳企业所得税。

(8) 收益分配

根据《天元证券投资基金基金契约》的有关规定,基金天元的收益分配采用现金方式,比例不低于基金净收益的 90%,基金当年度收益应先弥补上一年度亏损后,才能进行当年度收益分配。

附注 3. 关联方关系及其交易

(1) 关联方关系明细项目列示如下:

关联方名称	与基金天元的关系
中国工商银行	基金天元托管人
南方基金管理有限公司	基金天元发起人,亦为基金天元管理人
南方证券有限公司	基金天元发起人,亦为南方基金管理公司的股东
大鹏证券有限责任公司	基金天元发起人

(2) 关联方交易

A. 租用证券交易席位

基金天元分别与南方证券有限公司、大鹏证券有限责任公司签订了《证券交易席位租用协议》,租用上述公司在上海证券交易所和深圳证券交易所的专用证券交易席位。

二零零零年度交易情况列示如下:

关联方名称 通过该等席位投资的年成交金额	占年成交总金额的比例	年交易佣金	占年佣金总金额的比例	平均佣金比率
南方证券有限公司				
RMB 5,771,854,674.42	22.38%	RMB 3,056,187.09	22.97%	0.8155‰
大鹏证券有限责任公司				
3,632,995,130.05	14.09%	2,586,982.25	19.44%	0.8190‰
RMB 9,404,849,804.47	36.47%	RMB 5,643,169.34	42.41%	

一九九九年度交易情况如下:

关联方名称 通过该等席位投资的年成交金额	占年成交总金额的比例	年交易佣金	占年佣金总金额的比例	平均佣金比率
南方证券有限公司				
RMB 2,560,214,093.31	28.66%	RMB 1,114,270.44	43.71%	0.8286‰
大鹏证券有限责任公司				
3,133,037,,624.99	35.07%	445,173.93	17.46%	0.8257‰
RMB 5,693,251,718.30	63.73%	RMB 1,559,444.37	61.17%	

B. 基金管理费

根据《天元证券投资基金基金契约》及《天元证券投资基金托管协议》的规定,基金管理费由下列两部分组成:

a. 基金管理费

基金管理费按前一日基金资产净值 1.5%的年费率计提;当基金成立六个月后,持有现金比例高于基金资产净值的 20%时,超过部分不计提基金管理费。

b. 业绩报酬

当基金的扣除业绩报酬前的可分配净收益率高于同期银行一年定期储蓄存款利率 20%以上,且当年基金资产净值增长率高于同期证券市场平均收益率时,按下列方法计提:

业绩报酬=调整后期初资产净值×Min[M,N]×5%

其中,

M=扣除业绩报酬前的基金可分配净收益率-1.2×同期银行一年定期储蓄存款利率(如果年内利率发生变动,则按时间段进行加权平均调整);

N=扣除业绩报酬前的基金资产净增长率-证券市场平均收益率;

Min[M,N]为 M、N 中较小者。

二零零零年度已卖出配售新股实现的收益

=(新股可流通日市场平均价-配售成本)×已卖出配售新股数量

=271,540,718.83 人民币元

二零零零年度配售新股对基金净值的影响

=(新股可流通日市场平均价-配售成本)×配售新股数量

=386,749,916.47 人民币元

调整后期初资产净值为 2,957,968,351.87 人民币元.

扣除业绩报酬前的基金可分配收益率

=(985,376,564.05 人民币元-271,540,718.83 人民币元)÷2,957,968,351.87 人民币元×100%

=24.13%

扣除业绩报酬前的基金资产净值增长率

=(4,754,689,126.33 人民币元-386,749,916.47 人民币元-2,957,968,351.87 人民币元) ÷2,957,968,351.87 人民币元×100%=47.67%

M=扣除业绩报酬前的基金可分配收益率-1.2×同期银行一年定期储蓄存款利率

=24.13%-2.70%

=21.43%

N=扣除业绩报酬前的基金资产净值增长率-证券市场平均收益率

=47.67%-44.25%

=3.42%

由于 M 大于 N

基金天元业绩报酬=调整后期初资产净值×Min[M,N]×5%

=2,957,968,351.87 人民币元×3.42%×5%

=5,058,125.88 人民币元

根据上述计算过程和结果,基金天元年末一次性计提业绩报酬计 5,058,125.88 人民币元.

C.基金托管费

基金托管费按前一日基金资产净值的 2.5‰的年费率计提.

基金天元支付的基金管理费及基金托管费列示如下:

	2000-12-31	-1999-12-31
基金管理费(南方基金管理有限公司)	RMB 61,264,094.33	RMB 15,513,100.76
业绩报酬(南方基金管理有限公司)	RMB 5,058,125.88	RMB ---
基金托管费(中国工商银行)	RMB 10,354,093.10	RMB 2,637,072.39

(3) 关联方往来款项余额关联方往来余额明细项目列示如下:

项目 关联方名称	2000-12-31	占该帐项余额的百分比	1999-12-31	占该帐项余额的百分比
应付佣金南方证券有限公司				

RMB	270,892.56	3.41%	RMB	1,114,270.44	43.71%
大鹏证券有限责任公司					
	155,647.49	1.96%		445,173.93	17.46%
RMB	426,540.05	5.37%	RMB	1,559,444.37	61.17%
其他应付款					
-应付席位保证 金南方证券有限公司					
RMB	500,000.00	20.65%	RMB	500,000.00	13.72%
大鹏证券有限责任公司					
	250,000.00	10.32%		250,000.00	6.86%
RMB	750,000.00	30.97%	RMB	750,000.00	20.58%
应付基金管理费 南方基金管理有限公司					
RMB	11,006,585.25	100.00%	RMB	3,563,070.96	100.00%
应付基金托管费 中国工商银行					
RMB	991,414.25	100.00%	RMB	631,916.13	100.00%

附注 4.银行存款

银行存款明细项目列示如下：

	2000-12-31		1999-12-31	
中国工商银行深圳市分行	RMB	242,958,875.82	RMB	224,021,892.08
中国工商银行上海市分行		12,846.79		---
深圳证券登记有限公司		11,885,950.94		3,182,001.48
上海证券中央登记结算公司		19,379,353.17		4,877,166.85
	RMB	274,237,026.72	RMB	232,081,060.41

深圳证券登记有限公司和上海证券中央登记结算公司的款项系基金天元为进行证券交易清算而存入的清算备付金。

附注 5. 股票投资

股票投资明细项目列示如下：

	2000-12-31		1999-12-31	
股票投资成本	RMB	2,885,683,987.91	RMB	2,187,937,549.35
其中：获配新股及增发股票投资成本		360,034$,375.50		209,411,121.75
股票投资估值增(减)值		771,027,303.46		(23,636,256.31
	RMB	3,656,711,291.37	RMB	2,164,301,293.04

截至二零零零年十二月三十一日止，基金天元获配的新股及增发的股票计 360,034$,375.50 人民币元均已上市流通，但尚由上海证券交易所和深圳证券交易所实施冻结。

根据本会计报告书附注 2(4)所述的基金资产的估值方法，基金天元对二零零零年十二月三十一日计算的股票投资估值增值计 771,027,303.46 人民币元。

附注 6. 债券投资

债券投资明细项目列示如下：

	2000-12-31		1999-12-31	
国债投资成本	RMB	981,278,894.51	RMB	595,340,142.11
可转换债券投资成本		324,509.07		---
债券投资估值增(减)值		(1,714,741.18)		228,897.89
	RMB	979,888,662.40	RMB	595,569,040.00

根据本会计报告书附注 2(4)所述的基金资产的估值方法，基金开元对二零零零年十二月三十一日计算的债券投资估值减值计 1,714,741.18 人民币元。

附注 7. 应收帐款

应收帐款明细项目列示如下：

	2000-12-31		1999-12-31	
深圳证券登记有限公司证券清算款	RMB	4,671,186.90	RMB	11,577,052.74
上海证券中央登记结算公司证券清算款		5,261,629.60		28,434,023.06
	RMB	9,932,816.50	RMB	40,011,075.80

附注 8. 其他应收款项

其他应收款项明细项目列示如下：

	2000-12-31		1999-12-31	
深圳证券交易所清算保证金	RMB	2,081,199.11	RMB	1,436,148.87
上海证券交易所清算保证金		4,590,000.00		---
其他		280,000.00		---
	RMB	6,951,199.11	RMB	1,436,148.87

附注 9. 应付帐款

应付帐款明细项目列示如下：

	2000-12-31		1999-12-31	
深圳证券登记有限公司证券清算款	RMB	4,036%,359.53	RMB	36,537,454.42
上海证券中央登记结算公司证券清算款		39,214,361.79		28,797,958.99
	RMB	43,250,721.32	RMB	65,335,413.41

附注 10. 应付佣金

应付佣金明细项目列示如下：

	2000-12-31		1999-12-31	
关联方往来 *	RMB	426,540.05	RMB	1,559,444.37
华夏证券有限公司		2,770,989.71		736,300.13
平安证券有限责任公司		2,928,986.36		253,611.14
国泰君安证券有限公司		593,652.92		---
国信证券有限公司		488,801.14		---
兴业证券股份有限公司		735,357.33		---
	RMB	7,944,327.51	RMB	2,549,355.64

* 关联方往来明细项目详见本会计报告书附注 3(3)。

附注 11. 其他应付款项

其他应付款项明细项目列示如下：

	2000-12-31		1999-12-31	
关联方往来	RMB	750,000.00 *	RMB	750,000.00
席位保证金		1,500,000.00		750,000.00
应付回购利息		71,553.12		---
发行费用		---		2,045,000.00
其他		100,000.00		100,000.00
	RMB	2,421,553.12	RMB	3,645,000.00

* 关联方往来明细项目详见本会计报告书附注 3(3)。

附注 12. 卖出回购债券款

卖出回购债券款明细项目列示如下:

	2000-12-31		1999-12-31	
国债	RMB	112,700,000.00	RMB	---

基金天元根据中国人民银行银货政(1999)128 号文和中国外汇交易中心、全国银行间同业拆借中心中汇交发(1999)149 号文，以及中国人民银行办公厅发(1999)146 号文的有关规定进行国债回购业务，截至二零零零年十二月三十一日止，基金天元卖出回购债券款余额计 112,700,000.00 人民币元。

附注 13. 基金单位总额

根据《天元证券投资基金发起人协议》和《天元证券投资基金基金契约》，基金天元的基金单位发行总份额为 3,000,000,000 份，每份基金单位面值为 1.00 人民币元，共计 3,000,000,000.00 人民币元。

基金单位总额明细项目列示如下：

	2000-12-31		1999-12-31	
	基金单位总份额(份)	出资比例	基金单位总额(份)	
南方证券有限公司	10,000,000	0.334%	RMB	10,000,000.00
大鹏证券有限责任公司	10,000,000	0.333%		10,000,000.00
南方基金管理有限公司	10,000,000	0.333%		10,000,000.00
社会公众	2,970,000,000	99.000%		2,970,000,000.00
	3,000,000,000	100.000%	RMB	3,000,000,000.00

续上表：

	1999-12-31			
	基金单位总份额(份)	出资比例	基金单位总额（份）	
南方证券有限公司	10,000,000	0.334%	RMB	10,000,000.00
大鹏证券有限责任公司	10,000,000	0.333%		10,000,000.00
南方基金管理有限公司	10,000,000	0.333%		10,000,000.00
社会公众	2,970,000,000	99.000%		2,970,000,000.00
	3,000,000,000	100.000%	RMB	3,000,000,000.00

上述基金单位总额业经天健(信德)会计师事务所(现已更名为“深圳天健信德会计师事务所”)以验资报字(1999)第 15 号《验资报告》审验在案。

附注 14. 未实现估值增值

未实现估值增值系根据《天元证券投资基金基金契约》的有关规定，基金天元于二零零零年十二月三十一日对证券投资进行估值时，产生的证券投资估值大于其帐面成本价值的差额计 769,312,562.28 人民币元。

附注 15. 其他收入

其他收入明细项目列示如下：

	2000		1999	
银行存款利息收入	RMB	12,964,554.94	RMB	7,729,442.14
股份申购手续费返还		845,452.23		---
国债手续费收入		1,524,600.00		---
发行费节余		---		17,654,755.65
发行时申购资金冻结期间利息收入		---		4,966,815.21
其他		59,216.27		302,812.35

(四)流通转让受到限制的基金资产

一九九八年八月十一日，中国证券监督管理委员会发布《关于证券投资基金配售新股有关问题的通知》，规定基金获配的新股，自该新股上市二个月后方可流通，在流通之前系由证券交易所实施冻结。

一九九九年十一月十一日，中国证券监督管理委员会发布《关于进一步做好证券投资基金配售新股工作的补充通知》，规定基金一年内所配售的全部新股，占配售新股资金总额 50%部分，自配售之日起六个月内不能流通，由托管银行监督执行；其余 50%部分，自新股上市之日起即可流通。

二零零零年五月十八日，中国证券监督管理委员会发布《关于调整证券投资基金认购新股事项的通知》，规定基金可运用资金申购新股、参与二级市场市值配售，也可做为战略投资者或一般法人投资者申请网下预约配售。对于以一般法人投资者配售的新股自该股票上市之日起三个月内不能流通，对于战略投资者认购的新股在配售协议的有关约定期限内不能流通。

截至二零零零年十二月三十一日止，基金天元配售、增发的新股及法人配售、战略投资者配售的股票，尚未获准流通部分的股票明细项目列示如下：

2000-12-31

股票名称 股数(股)	购入成本	市值	受限期限
1.宝钢股份 42,025,000	RMB 175,664,500.00	RMB227,775,500.00	2000.12.12-2001.03.12
2.上港集箱 9,170,000	109,856,600.00	214,761,400.00	2000.06.28-2001.06.28
3.西山煤电 8,639,950	56,073,275.50	100,137,020.50	2000.07.05-2001.07.05
4.路桥建设 2,000,000	14,600,000.00	29,840,000.00	2000.07.05-2001.07.05
5.兰州铝业 500,000	3,840,000.00	7,430,000.00	2000.07.05-2001.02.05
62,334,950	RMB 360,034$,375.50	RMB 579,943,920.50 *	

* 按二零零零年十二月二十九日(年末最后一个交易日)当日市场平均价计算计 579,943,920.50 人民币元，对基金资产净值的影响为 219,909,545.00 人民币元。

(五)基金投资组合

根据《证券投资基金管理暂行办法》及其实施准则以及《天元证券投资基金基金契约》等有关规定，基金天元的基金投资组合情况如下：

1. 按行业分类的股票投资组合

2000-12-31

分类	股数(股)		市值	占基金资产净值比例
1.交通运输	29,420,240	RMB	576,173,604.00	12.13%
2.能源电力	15,707,770		253,270,789.10	5.33%
3.建材建筑	418,000		6,062,020.00	0.13%
4.冶金	52,300,934		653,240,118.72	13.75%
5.家电	2,224,361		35,458,211.08	0.75%
6.金融地产	6,625,445		106,333,632.99	2.24%
7.酿酒食品	921,000		8,731,680.00	0.18%
8.农林牧渔	1,652,939		44,905,096.79	0.95%
9.电子通讯	23,269,727		728,997,905.57	15.35%
10.纺织服装	3,871,797		68,937,802.99	1.45%
11 汽车及配件制造	1,238,000		13,874,500.00	0.29%
12.商贸旅游	19,876,270		386,115,841.36	8.13%
13.生物医药	21,313,216		439,273,384.12	9.25%
14.石油化工	1,881,418		30,028,787.22	0.63%
15.机械制造	1,137,009		24,902,808.55	0.52%
16.综合	9,921,874		280,405,108.88	5.90%
	191,780,000	RMB	3,656,711,291.37	76.98%

2. 截至二零零零年十二月三十一日止，基金天元持有的债券(不含国债)，按当日的市场平均价计算计 330,849.40 人民币元，占基金资产净值的比例为 0.01%。

3. 截至二零零零年十二月三十一日止，基金天元持有的国债和货币资金以及应收帐款和应付帐款计 1,220,476,934.90 人民币元，占基金资产净值的比例为 25.70%。

4.基金投资前十名股票明细

股票名称	市值(元)	占基金资产净值比例%
1、东方钽业	407,345,322.72	8.58
2、东方通信	361,276,987.05	7.61
3、深圳机场	326,652,754.00	6.88

4、宝钢股份	227,775,500.00	4.80
5、辽宁成大	226,925,284.14	4.78
6、上港集箱	214,761,400.00	4.52
7、通化金马	169,749,858.60	3.57
8、天方药业	132,889,805.16	2.80
9、烟台发展	118,541,763.48	2.50
10、安泰科技	105,742,655.94	2.23

5.附注：

(1) 基金天元所持有的上市流通股票和债券,按其二零零零年十二月二十九日的市场平均价计算市值

(2) 二零零零年十二月三十一日,基金天元对在冻结期间的新股及增发的股票之市值按当日的市场平均价计算计 579,943,920.50 人民币元;如若以其成本价计算,截至二零零零年十二月三十一日止,总成本计 360,034$,375.50 人民币元,由此,对基金天元二零零零年十二月三十一日的财务状况产生的影响计 219,909,545.00 人民币元。

(3) 货币资金及其他资产的构成：

	2000-12-31 金额	占基金资产总值的比例的比例	1999-12-31 金额	占基金资产总值
银行存款	RMB 274,237,026.72	5.56%	RMB 232,081,060.41	7.65%
应收利息	224,605.80	---	294,489.89	0.01%
应收帐款	9,932,816.50	0.20%	40,011,075.80	1.32%
其他应收款项	6,951,199.11	0.14%	1,436,148.87	0.05%
	RMB 291,345,648.13	5.90%	RMB 273,822,774.97	9.03%

(4) 截至二零零零年十二月三十一日止,基金天元不存在购入成本已超过基金资产净值 10%的股票。

(六)基金截止 2000 年 12 月 31 日的股票投资情况(附后)

(七)基金 2000 年度新增股票明细(附后)

(八)基金 2000 年度剔除股票明细(附后)

六、基金持有人结构及前十名持有人

(一)基金持有人结构：

	持有份额(基金单位)	比例
发起人持有份额	3000 万	1.0%
南方证券有限公司	1000 万	0.33%
其中未流通份额	1000 万	0.33%
南方基金管理有限公司	1000 万	0.33%
其中未流通份额	1000 万	0.33%
大鹏证券有限责任公司	1000 万	0.33%
其中未流通份额	1000 万	0.33%
社会公众持有份额	297000 万	99%
总计：	300000 万	100%

(二)前十名持有人情况(截止于 2000 年 12 月 31 日)：

持有人名称	持有份额(基金单位)	比例
1. 中国人寿保险公司	294064600	9.80%
2. 中国平安保险股份有限公司	184685600	6.16%
3. 中国太平洋保险公司	176228800	5.87%
4. 中国再保险公司	123330200	4.11%
5. 上海久事公司	78408800	2.61%
6. 海通证券有限公司	35980000	1.20%
7. 国通证券有限责任公司	35128100	1.17%
8. 安徽省国信实业有限公司	34000000	1.13%
9. 上海申达股份有限公司	23879600	0.80%
10. 广发证券有限责任公司深圳蛇口证券营业部	21910000	0.73%

七、重要事项揭示

1、本基金管理人及托管人在本会计年度没有发生重大诉讼事项

2、聘请的会计师事务所没有发生变更；

3、基金管理人的办公地址现已迁至深圳市深南大道 4009 号投资大厦 7 楼,基金托管人办公地址没有发生变更；

4、本年度基金的投资组合策略没有重大改变；

5、本基金的基金管理人、基金托管人涉及托管业务及其高级管理人员没有受到任何处罚；

6、本基金租用专用交易席位事宜的情况

本基金根据中国证券监督管理委员会《关于加强证券投资基金监管有关问题的通知》(证监基字[1998]29 号)的有关规定要求及本基金管理人于 1998 年 10 月 30 日公告的选择券商的标准,本基金管理人择定从以下八家证券经营机构租用基金交易专用席位:南方证券有限公司、平安证券有限公司、华夏证券有限公司、申银万国证券股份有限公司、大鹏证券有限公司、兴业证券有限公司、国泰君安证券有限公司、国信证券有限公司。

2000 年本报告期内本基金通过各证券经营机构的交易席位的成交及佣金情况见下表：

券商名称	股票成交量(元)	比例(%)	国债成交量(元)	比例(%)	国债回购成交量(元)	比例(%)	佣金额(元)	比例(%)
南方证券	3747419244.52	22.97	459735429.90	42.91	1564700000.00	18.63	3056187.09	22.97
大鹏证券	3158805738.75	19.36	4189391.30	0.39	470000000.00	5.59	2586982.25	19.44
华夏证券	2457391902.12	15.06	151839096.00	14.17	1265400000.00	15.07	2034689.58	15.29
申银万国	1367713232.59	8.38			1336400000.00	15.91	1135867.87	8.54
平安证券	3275107357.14	20.07	153218750.30	14.30	1502400000.00	17.89	2675375.22	20.10
兴业证券	928151279.75	5.69	102920505.30	9.61	367000000.00	4.37	735357.33	5.53
国泰君安	756395026.90	4.63	89871500.30	8.39	737500000.00	8.78	593652.92	4.46
国信证券	626670531.71	3.84	109617257.70	10.23	1155500000.00	13.76	488801.14	3.67
合计	16317654313.48	100.00	1071391930.80	100.00	8398900000.00	100.00	13306913.40	100.00

八、备查文件目录

1、《关于同意设立天元证券投资基金的批复》(证监基字[1999]22 号)

2、天元证券投资基金基金契约

3、天元证券投资基金托管协议

4、审计报告(信德深财审报字(2001)第 25 号)、财务报告及附注原件

5、南方基金管理公司营业执照及公司章程及基金管理人业务资格批件

6、天元证券投资基金 2000 年度收益分配方案

7、本年度内在中国证监会指定披露公司信息报刊上披露的信息公告原文

8、天元证券投资基金 2000 年年报原文

查阅地点:深圳市深南大道 4009 号投资大厦 7 楼

网址:http://www.southernfund.com

南方基金管理有限公司

二零零一年三月三十日

同盛证券投资基金

同盛证券投资基金2000年年度报告

重要提示:本基金的托管人中国银行已于2001年3月21日复核了本报告。

本基金的管理人、托管人愿就本报告中所载资料的真实性、准确性、完整性负责。本报告书中的内容由基金管理人负责解释。

一、基金简介

同盛证券投资基金经中国证券监督管理委员会证监基字[1999]30号《关于同意设立同盛证券投资基金的批复》批准,由中信证券股份有限公司、天津北方国际信托投资有限公司、长江证券有限责任公司、安徽省信托投资公司和长盛基金管理有限公司等五家联合发起,发行总规模30亿份,每份基金单位面值1元,发起人认购3,000万份,商业保险公司认购90,000万份,社会公众认购207,000万份,于1999年11月5日宣告成立,11月26日在深圳证券交易所挂牌交易。

(一) 基金简称:基金同盛　交易代码:4699　基金单位总份额:三十亿份基金单位

基金类型:契约型封闭式　基金存续期:十五年　基金上市地:深圳证券交易所

(二) 基金管理人法定名称:长盛基金管理有限公司

注册地址:深圳市福田区华富路航都大厦13C

办公地址:北京市朝阳区北三环东路8号静安中心22层　邮政编码:100028

国际互联网网址:http://www.csfunds.com.cn

法定代表人:王其华　总经理:张佑君　负责信息管理事务人员:李燕敏

联系地址:北京市朝阳区北三环东路8号静安中心22层

电话:010-64689198-651　传真:010-64689471)

(三) 基金托管人法定名称:中国银行　注册地址:北京市西城区阜成门内大街410号

办公地址:北京市光华路七号汉威广场西座1603　邮政编码:100004

法定代表人:刘明康　托管部总经理:陈儒　负责信息管理事务人员:高平

联系地址:北京市光华路七号汉威广场西座1603中国银行基金托管部

电话:010-65612126　传真:010-65612140

(四) 会计师事务所　法定名称:安永华明会计师事务所

注册地址:北京朝阳门北大街6号北海万泰大厦802-807室

办公地址:北京朝阳门北大街6号北海万泰大厦802-807室

法定代表人:葛明经　办注册会计师:葛明、金馨

(五)律师事务所　法定名称:信利律师事务所

注册地址:北京市建国门内大街18号恒基中心1座609室

办公地址:北京市建国门内大街18号恒基中心1座609室

法定代表人:江山　经办律师:谢思敏、丁志钢

二、主要财务指标

本期	01/01/00-12/31/00	上期 11/05/99-12/31/99
基金可分配净收益	721,297,937.84	3,957,323.91
单位基金可分配净收益	0.2404	0.0013
本期基金可分配收益率	24.01%	*0.84%
基金本期净收益	683,983,429.00	37,314,508.84
基金净资产收益率	22.77%	*7.96%
期末基金资产总值	4,650,660,363.27	3319569,381.31
期末基金资产净值	4,258,735,801.86	3003957,323.91
单位基金资产净值	1.4196	1.0013
本期基金净值增长率	41.77%	*0.84%
基金累计净值增长率	41.96%	0.13%

注:1.按照有关规定,上期(11/05/99-12/31/99)基金可分配净收益3,957,323.91为上期净收益37,314,508.84减未实现资本利得损失33,357,184.93。

2.标有*号的比率已折为年率计算。

三、基金管理人报告

本报告期内,同盛基金管理人秉着诚实信用、勤勉尽责的原则,为基金持有人谋求利益;本基金的各项运作均按照《证券投资基金管理暂行办法》及其各项实施准则、基金契约和其他有关法规的规定,不存在任何损害基金持有人利益的行为。对于出现的异常交易行为,本基金管理人已向中国证监会作出说明。

(一)基金经理人报告

1、基金经理简介

肖华,36岁,硕士,7年证券从业经历。1993至1994年在中国宝安集团工业部工作。1994至1999年在君安证券有限公司工作,其中1994至1997年担任君安资产管理公司基金部经理、投资部经理,1997至1999年担任上海申华实业股份有限公司总经理助理、副总经理。2000年5月起在长盛基金管理有限公司投资管理部任职,现任基金同盛基金经理。

2、2000年度市场及基金表现回顾

在连续数年扩大内需政策和世界经济全面复苏的良好外部条件的共同作用下,2000年我国经济摆脱了经济增长率连年下滑的局面,出现重要转机。尤其是1999年以来经济结构调整取得积极进展,传统产业改造和高技术产业发展步伐加快,经济运行的内在质量明显提高。反映到证券市场上,机构和个人投资者投资信心增强,投资热情旺盛,在全球股市跌势不止的情况下国内股市屡创新高。我们认为:市场的良好表现既体现了国民经济的根本性好转,也充分说明中国证券市场仍是一个资金推动型市场,近年银行利率的多次下调和居民投资意识的日益增强,导致证券市场资金供给充裕,这是2000年市场强劲上扬的主要动力。

2000年度,基金同盛净值增长率为41.77%,(扣除新股配售对净值贡献,净值增长率为30.07%)略低于调整后上证指数的同期涨幅。回顾2000年,年初由于基金经理的更换,未能及时把握网络科技股的投资时机,一定程度上影响了基金净值的增长。新任基金经理到任后,结合当时市场情况对基金投资组合做出了积极调整。首先,基于对新经济的深刻认识和冷静思考,本基金管理人认为虽然网络经济和高科技产业将成为经济增长新的驱动因素,但证券市场已经过度反应,必然走向价值回归。而美国NASDAQ市场的深幅下调和全球网络科技股泡沫的破灭对国内网络和高科技板块的整体走势也将带来不利影响。因此,我们从5月份开始对本基金持有的网络科技股进行了战略性调整,适时增加了对周期性行业如原材料、基础设施类股票的投资力度,这些重大调整为本基金在下半年的良好表现奠定了坚实基础。其次,发行新股多、发行速度快、冻结资金量大、发行方式不断创新构成了2000年一级市场的主要特点。我们在年初时就预期到这一趋势并明确提出研究和投资工作重心向新股转移,实践证明本基金在新股投资方面取得了良好的回报。本基金下半年净值增长率为11.65%,优于同期市场表现(同期上证综指涨幅为7.54%)。

3、基金投资理念

中国证券市场发展时间不长,在市场化进程中必将通过制度创新分步骤解决历史遗留问题,逐步走向规范和成熟,因此孕育着丰富的投资机会。基于对中国证券市场阶段性发展特性的认识,本基金秉承一贯注重风险控制的投资风格,在学习和借鉴西方成熟投资理念的基础上,探求一种适应国内证券市场结构特征和发展趋势的投资策略。在具体投资过程中,以上市公司的成长性、行业前景及业绩等基本因素作为衡量上市公司素质的根本原则,关注上市公司发展趋势,注重长线布局;同时积极探索市场变化规律,预测市场发展趋势,迅速调整持仓结构,在坚持长线投资的同时也兼顾短线收益。在新的一年中,本基金将在稳健的基础上,在投资战略的部署上高瞻远瞩、未雨绸缪,主动、灵活运用各种投资战术,把基金同盛管好、作细。

四、基金托管人报告

本基金托管人———中国银行,依据1999年9月14日签署的《同盛证券投资基金基金契约》与《同盛证券投资基金托管协议》,自1999年11月5日起托管同盛证券投资基金的全部资产。现对同盛证券投资基金(以下简称同盛基金)从2000年1月1日至2000年12月31日的2000年度托管情况报告如下:

(一)本托管人在2000年度托管同盛基金期间,严格遵守《证券投资基金管理暂行办法》及其各项实施准则和其他有关法规、基金契约以及托管协议的规定,切实维护同盛基金持有人的利益,尽职尽责地履行了基金托管人应尽的职责。

(二)本托管人在2000年度依照《证券投资基金管理暂行办法》及其各项实施准则和其他有关法规的规定,对长盛基金管理有限公司---同盛基金管理人的基金运作进行了必要的监督,其在同盛基金投资运作、基金资产净值的计算及每单位基金资产净值的计算等方面遵守了《证券投资基金管理暂行办法》及其各项实施准则和其他有关法规、基金契约以及托管协议的规定,没有发现违规及损害基金持有人利益的行为。

(三)本基金托管人依法对同盛基金管理人在2000年度所编制和披露的同盛基金招募说明书、基金上市公告书、基金资产净值公告、基金投资组合公告、基金年度报告等公告信息进行了认真核对,认为同盛证券投资基金管理人———长盛基金管理有限公司在2000年度内所编制和披露的基金信息是合法、真实和完整的。　中国银行基金托管部

五、基金年度财务报告

(一)审计报告

同盛证券投资基金全体持有人:

我们接受委托,审计了同盛证券投资基金(简称"基金同盛")一九九九年十二月三十一日和二〇〇〇年十二月三十一日的资产负债表,一九九九年十一月五日(基金设立日)至一九九九年十二月三十一日会计年度和二〇〇〇年会计年度的利润及利润分配表。上述会计报表由基金同盛的基金管理人和基金托管人负责,我们的责任是对这些会计报表发表审计意见。我们的审计是根据中国注册会计师独立审计准则进行的。在审计过程中,我们结合基金同盛的实际情况,实施了包括抽查会计记录等我们认为必要的审计程序。

我们认为,上述会计报表符合《企业会计准则》和证监会颁布的《证券投资基金管理暂行办法》实施准则第五号《证券投资基金信息披露指引》及基金契约的规定,在所有重大方面公允的反映了基金同盛一九九九年十二月三十一日和二〇〇〇年十二月三十一日的财务状况及一九九九年十一月五日(基金设立日)至一九九九年十二月三十一日会计年度和二〇〇〇年会计年度的经营成果。会计处理方法的选用遵循了一贯性原则。

安永华明会计师事务所　　中国注册会计师　葛明　金馨

二〇〇一年二月二十八日

(二)基金会计报告书　同盛证券投资基金

利润及利润分配表　人民币元

项目	上期累计 11/05/1999-12/31/1999	本期累计 01/01/2000-12/31/2000
经营收入:	45,606,614.98	751,968,781.25
股利收入		8,562,345.33
债券利息收入		264,784.00
股票买卖价差收入	2,194,661.49	716,034,132.30
国债买卖价差收入		-1,218,749.97
可转换债券买卖价差收入		7,419,717.79
其他收入	43,411,953.49	20,906,551.80
经营支出	8,292,106.14	67,985,352.25
基金管理费	6,946,951.83	55,759,652.74
基金托管费	1,157,825.31	9,351,394.70
应由基金承担的其他费用	187,329.00	2,874,304.81
本期净收益	37,314,508.84	683,983,429.00
上年未分配净收益		37,314,508.84
期末未分配净收益	37,314,508.84	721,297,937.84

六、基金持有人结构及前十名持有人

(一)、截止2000年12月31日,本基金份额结构为:

	年末持有份额	占总份额比例
发起人持有	27,000,000份	0.90%
其中:长盛基金管理有限公司	6,000,000份	0.20%
中信证券股份有限公司	6,000,000份	0.20%
长江证券有限责任公司	6,000,000份	0.20%
天津北方国际信托投资公司	3,000,000份	0.10%
安徽省信托投资公司	6,000,000份	0.20%
其他持有人持有	2,973,000,000份	99.10%
合计	3,000,000,000份	100.00%

(二)、截止2000年12月31日,前十名持有人名称、持有份额及比例如下:

序号	持有人姓名	持有份额	占总份额比例
1*	中国人寿保险公司	167,216,300	5.57%
2	中国再保险公司	100,000,000	3.33%
3#	中国平安保险股份有限公司	85,600,000	2.85%
4#	中国平安保险股份有限公司	65,607,700	2.19%
5*	中国人寿保险公司	41,843,200	1.39%
6*	中国人寿保险公司	35,800,000	1.19%
7#	中国平安保险股份有限公司	30,399,500	1.01%
8	张太珍	25,740,000	0.86%
9#	中国平安保险股份有限公司	20,237,600	0.67%
10	上海久事公司	15,000,000	0.50%

景福证券投资基金

景福证券投资基金2000年年度报告

重要提示：本基金托管人中国农业银行已于2001年3月26日复核了本报告。本基金的管理人、托管人愿就本报告书所载内容的真实性、准确性、完整性负责，本报告书有关内容由基金管理人负责解释。

一、基金简介

(一)基金全称：景福证券投资基金

基金简称：基金景福　　交易代码：4701

基金发起人：光大证券有限责任公司　大鹏证券有限责任公司　广东证券股份有限公司　大成基金管理有限公司

基金发行日期：1999年12月24日

基金成立日期：1999年12月30日

基金单位总份额：30亿份基金单位

基金类型：契约型封闭式

基金存续期：15年

上市地点：深圳证券交易所　　上市日期：2000年1月10日

(二)基金管理人：大成基金管理有限公司

注册地址：深圳市福田区新闻路报社大院报业大厦12层C区

邮政编码：518034

办公地址：北京西城区复兴门内大街158号远洋大厦七层

邮政编码：100031

公司网址：http://www.dcfund.com.cn

法定代表人：姜继增　　总经理：龙小波

信息披露负责人：杜鹏　胡勇钦

电话：(010)66413888　　传真：(010)66416268

(三)基金托管人：中国农业银行

法定名称：中国农业银行

注册地址：北京市海淀区复兴路甲23号

邮政编码：100036　　法定代表人：尚福林

托管部负责人：郭辉　　负责信息管理事务人员：李芳菲

办公地址：北京市海淀区西三环北路100号金玉大厦

电　话：(010)68435588　　传　真：(010)68424181

(四)会计师事务所：普华永道中天会计师事务所有限公司

注册及办公地址：上海市淮海中路333号瑞安广场12层

法定代表人：周忠惠　注册会计师：周忠惠、王笑

电　话：(021)63863388　　传　真：(021)63863300

(五)律师事务所：北京市众天律师事务所

注册及办公地址：北京市西城区阜外大街7号国投大厦711-715

法定代表人：苌宏亮　经办律师：苌宏亮

电　话：(010)68095613　　传　真：(010)68095616

(六)信息披露报纸及网址：

选定的信息披露报纸：《证券时报》、《中国证券报》、《上海证券报》

刊登年度报告的中国证监会指定国际互联网网址：http://www.cninfo.com.cn

本期报告备置地点：大成基金管理有限公司

二、主要财务指标

单位：元

指标名称	2000年
基金可分配净收益	545,946,094
单位基金净收益	0.182
期末基金资产总值	4,074,660,699.66
期末基金资产净值	4,058,937,612.61
单位基金资产净值	1.3530
基金净资产收益率(%)	18.06
本期基金可分配收益率(%)	18.06
本期基金净值增长率(%)	34.29
基金累计净值增长率(%)	35.30

三、基金管理人报告

(一)本基金业绩表现

截至2000年12月31日，本基金单位资产净值为1.3530元，本期基金净值增长率34.29%；同期上证A股指数上涨51.73%。

(二)基金经理简介

王江平先生，基金经理，清华大学工业管理工程硕士。具有7年证券从业经历，曾任职于湖南省国际信托投资公司基金管理部、证券管理总部，大成基金管理有限公司研究发展部副经理、基金景阳基金经理。现任大成基金管理有限公司基金经理部副经理。

魏上云先生，基金经理助理，纽约理工大学管理学硕士，双硕士学位。在大成基金管理公司先后任研究发展部证券分析师，景阳基金经理助理。

王贵文先生，基金经理助理，硕士，CFA 3级。4年金融证券从业经历，曾任职于加拿大 Assante 资产管理公司。2000年加盟大成基金管理公司，先后在研究部，基金经理部工作。

四、基金托管人报告

本基金托管人--中国农业银行，根据《景福证券投资基金基金契约》和《景福证券投资基金托管协议》，在对景福证券投资基金的托管过程中，严格遵守《证券投资基金管理暂行办法》及各项法规规定，对景福证券投资基金管理人--大成基金管理有限公司在2000年会计年度基金的投资运作，进行了认真、独立的会计核算和必要的投资监督，认真履行了托管人的义务。

本托管人认为，大成基金管理有限公司在景福基金的投资运作、信息披露等方面符合《证券投资基金管理暂行办法》及其相关法规的规定，基金管理人在2000年度所编制和披露的景福证券投资基金资产净值公告、基金投资组合公告、2000年基金中期报告及2000年基金年度报告等各项基金信息真实、完整，未发现管理人有违反《证券投资基金暂行办法》第三十三、三十四条规定的行为。

由于业务发展，本基金托管部于2000年12月8日由原办公地点--北京复兴路甲23号华懋大厦12层迁至北京市西三环北路100号金玉大厦7-8层。已于2000年12月6日在《中国证券报》、《金融时报》等报纸公告。

特此报告。　　　　中国农业银行

二零零一年三月二十六日

五、基金年终财务报告

(一)、审计报告

审计报告　　　　普华永道审字(2001)第333号

景福证券投资基金全体持有人：

我们接受委托，审计了景福证券投资基金(以下简称"景福基金")2000年12月31日的资产负债表及1999年12月30日(基金成立日)至2000年12月31日止期间的的收益及收益分配表。这些会计报表由景福基金管理人大成基金管理有限公司负责，我们的责任是对这些会计报表发表审计意见。我们的审计是根据《中国注册会计师独立审计准则》的规定进行的。在审计过程中，我们结合景福基金的实际情况，实施了包括抽查会计记录等我们认为必要的审计程序。

我们认为，上述景福基金会计报表符合中华人民共和国《企业会计准则》、《证券投资基金管理暂行办法》实施准则第五号证券投资基金信息披露指引、景福基金契约和中国证券监督管理委员会允许的如会计报表附注所列示的基金行业的实务操作规定，在所有重大方面公允地反映了景福基金2000年12月31日的财务状况及1999年12月30日(基金成立日)至2000年12月31日止期间的经营成果。

普华永道中天　　　　注册会计师　周忠惠

会计师事务所有限公司　　　　注册会计师　王　笑

2001年1月19日

(二)基金会计报告书

1 收益及分配报告书

1999年12月30日至2000年12月31日

编制单位：大成基金管理有限公司　　单位：元

项　　目	本期累计数
收入	
证券买卖差价	
股票　(附注3(e))	560,455,078
债券　(附注3(e))	-26,901,285
投资收益	
股息收益　(附注3(e))	8,350,915
债券利息收益　(附注3(e))	30,763,283
买入返售证券收入(附注3(e))	-
其他收入　(附注6)	12,711,910
额定发行费用余额　(附注3(j),7)	20,817,745
收入及额定发行费用余额合计	606,197,646
费用	
基金管理费(附注3(f))	44,756,758
基金托管费　(附注3(h))	8,966,752
卖出回购证券支出(附注3(i))	5,950,144
其他费用	577,898
费用合计	60,251,552
本期净收益	545,946,094
收益分配　(附注3(l))	-
未分配收益	545,946,094

(三)会计报告书附注

1　基金简介

景福证券投资基金(以下简称"本基金")是由光大证券有限责任公司、大鹏证券有限责任公司、广东证券股份有限公司及大成基金管理有限公司共四家发起人依照《证券投资基金管理暂行办法》及其他有关的规定和基金契约，经中国证券监督管理委员会证监基金字(1999)39号文批准发起设立。本基金为契约型封闭式，成立于1999年12月30日，存续期为15年，发行规模为30亿份基金单位。

本基金的基金管理人为大成基金管理有限公司，基金托管人为中国农业银行。本基金经深圳证券交易所(以下简称深交所)深证上(2000)2号文审核同意，于2000年1月10日在深交所挂牌交易。根据《证券投资基金管理暂行办法》和中国证券监督管理委员会证监基金字(1999)39号批文的规定，本基金的投资对象为国内依法公开发行、上市的股票和债券以及中国证监会允许基金投资的其它金融工具。本基金的投资组合由股票投资和债券投资两部分组成，股票投资由指数化投资和积极投资两部分组成。其中，指数化投资部分采用抽样法构造投资组合以跟踪上证A股指数，约占基金资产的50%，不得低于30%；积极投资主要投资于高成长行业股票或价值被低估股票，占基金资产的30%。

六、基金持有人结构及前十名持有人

1、基金持有人结构：

基金持有人	持有份额(基金单位)	比例
发起人：光大证券有限责任公司	7500000	0.25%
大鹏证券有限责任公司	7500000	0.25%
广东证券股份有限公司	7500000	0.25%
大成基金管理有限公司	7500000	0.25%
社会公众持有份额	2970000000	99.00%
总　计	3000000000	100.00%

2、前十名持有人情况

序号	持有人名称	持有份额	占总份额比例%
1	中国人寿保险公司	264267500	8.81
2	中国太平洋保险公司	221105000	7.37
3	上海久事公司	56958100	1.90
4	中国再保险公司	20000000	0.67
5	中国电力财务有限公司	20000000	0.67
6	中国平安保险股份有限公司	11053400	0.37
7	大成基金管理有限公司	7500000	0.25
8	光大证券斜土路交易营业部	7500000	0.25
9	广东证券公司	7500000	0.25
10	大鹏证券有限责任公司	7500000	0.25

同智证券投资基金

同智证券投资基金2000年年度报告

重要提示:本基金的托管人中国银行已于2001年3月21日复核了本报告。本基金的管理人、托管人愿就本报告中所载资料的真实性、准确性、完整性负责。本报告书中的内容由基金管理人负责解释。

一、基金简介

同智证券投资基金(以下简称基金同智)经中国证券监督管理委员会证监基字[2000]25号《关于同意赣中基金等原有投资基金合并规范为同智证券投资基金并申请上市的批复》批准,于2000年3月8日由赣中基金、中盛基金、长江基金、武汉基金、开信基金、海湾基金等6支原有投资基金清理规范后合并而成的契约型封闭式证券投资基金,其发起人为中信证券股份有限公司、长江证券有限责任公司、天津北方国际信托投资公司、安徽省信托投资公司和长盛基金管理有限公司。根据中国证券监督管理委员会证监基字[2000]26号《关于同意同智证券投资基金上市、扩募和续期的批复》批准,基金同智于2000年5月15日在深交所上市,并于2000年7月17日成功扩募到5亿份基金单位,每份基金单位面值1元,发起人认购500万份,其余49500万份由社会公众及商业保险公司持有,扩募部分于2000年8月7日在深交所上市交易。

(一) 基金简称:基金同智　交易代码:4702　基金单位总份额:五亿份基金单位
基金类型:契约型封闭式　基金存续期:十五年　基金上市地:深圳证券交易所
(二) 基金管理人　法定名称:长盛基金管理有限公司
注册地址:深圳市福田区华富路航都大厦13C
办公地址:北京市朝阳区北三环东路8号静安中心22层　邮政编码:100028
国际互联网网址:http://www.csfunds.com.cn
法定代表人:王其华　总经理:张佑君
负责信息管理事务人员:李燕敏
联系地址:北京市朝阳区北三环东路8号静安中心22层
电话:010-64689198-651　传真:010-64689471
(三) 基金托管人　法定名称:中国银行　注册地址:北京市西城区阜成门内大街410号
办公地址:北京市光华路七号汉威广场西座1603　邮政编码:100004
法定代表人:刘明康　托管部总经理:陈儒　负责信息管理事务人员:高平
联系地址:北京市光华路七号汉威广场西座1603中国银行基金托管部
电话:010-65612126　传真:010-65612140
(四) 会计师事务所　法定名称:安永华明会计师事务所
注册地址:北京朝阳门北大街6号北海万泰大厦802-807室　法定代表人:葛明
经办注册会计师:葛明、金馨
(五)律师事务所　法定名称:信利律师事务所
注册地址:北京市建国门内大街18号恒基中心1座609室
办公地址:北京市建国门内大街18号恒基中心1座609室
法定代表人:江山　经办律师:谢思敏、丁志钢

二.主要财务指标

截至2000年12月31日止,本基金的主要财务指标如下:

基金可分配净收益	25,590,985.24元
单位基金可分配净收益	0.0512元
本期基金可分配收益率	7.15%
基金本期净收益	16,525,462.23元
基金净资产收益率	3.80%
期末基金资产总值	586,025,935.70元
期末基金资产净值	584,722,776.76元
单位基金资产净值	1.1694元
本期基金净值增长率	20.07%
基金累计净值增长率	20.07%

三.基金管理人报告

本报告期内,同智基金管理人秉着诚实信用、勤勉尽责的原则,为基金持有人谋求利益;本基金的各项运作均按照《证券投资基金管理暂行办法》及其各项实施准则、基金契约和其他有关法规的规定,不存在任何损害基金持有人利益的行为。对于出现的异常交易行为,本基金管理人已向中国证监会作出说明。

(一) 基金经理人报告

1、基金经理简介

李明,39岁,硕士,8年证券从业经历。1988年6月至1994年3月在深圳市赛格电子集团从事项目评估、研究、证券分析与投资等工作。1994年4月至1998年10月在招银证券任投资部副总经理、招银投资发展公司副总经理。1998年10月至2000年4月在国通证券公司任投资部副总经理、研发中心副总经理。2000年5月起在长盛基金管理有限公司投资管理部任职,现任基金同智基金经理。

2、本基金业绩表现

本管理人于2000年3月8日开始接管同智证券投资基金,基金规模为268,027,448份基金单位,2000年7月17日完成扩募后,基金规模增至5亿份基金单位。截止到2000年12月31日,基金单位资产净值达到1.1694元,与扩募完成日相比,净值增长率为8.66%。按实际成立天数加权计算年净值增长率为20.07%,超过同期银行存款利率和同期沪深指数涨幅。扣除配售新股对基金当年净值增长的贡献因素,按成立实际天数加权计算年净值增长率为15.66%。

3、本基金投资风格

本基金为成长型基金,即主要投资于业绩能够持续高速增长的成长型公司。由于中国是发展中国家,证券市场更处于初级阶段,波动较大,因此本基金将充分考虑及适应国内的实际情况,既做成长型上市公司的中长线持有,也做波段操作,防范中短期市场风险。同时本基金也清醒意识到目前国内二级市场与一级市场的风险收益比极不对称,为使基金受益人利益最大、风险最小化,本基金将全力参与一级市场的投资与运作。

4、本年度投资市场回顾

2000年证券市场的出现了波澜壮阔的行情,热点频现,新高叠创,网络科技股、资源类股票、低价大盘股充当了不同时期的市场热点,随着NASDAQ市场大幅回调,科技股下半年出现不同幅度的的回落。

回顾2000年证券市场,我们认为市场的良好表现除了国民经济出现的持续好转作为基本面的支持外,场外资金源源不断的进入市场,市场资金供给的充裕是2000年市场强劲上扬的主要动力。本基金管理小组在2000年中经历了市场的洗礼,进一步的升华了投资理念。尽管下半年科技股出现了一定的回调,但我们坚定认为科技兴国是中华民族腾飞的希望所在,高新技术企业始终是中国最具成长性的企业,为此我们精心研究挑选了大唐电信、中兴通讯等一批质地优良的科技股重仓持有,获得了良好的回报,净值增长率超越了同期沪深大盘。

四.基金托管人报告

本基金托管人——中国银行,依据2000年2月18日签署的《同智证券投资基金基金契约》与《同智证券投资基金托管协议》,自2000年3月8日起托管同智证券投资基金的全部资产。现对同智证券投资基金(以下简称同智基金)从2000年3月8日至2000年12月31日的2000年度的托管情况报告如下:

(一) 本托管人在2000年度托管同智基金期间,严格遵守《证券投资基金管理暂行办法》及其各项实施准则和其他有关法规、基金契约以及托管协议的规定,切实维护同智基金持有人的利益,尽职尽责地履行了基金托管人应尽的职责。

(二) 本托管人在2000年度依照《证券投资基金管理暂行办法》及其各项实施准则和其他有关法规的规定,对长盛基金管理有限公司---同智基金管理人的基金运作进行了必要的监督,其在同智基金投资运作、基金资产净值的计算及每单位基金资产净值的计算等方面遵守了《证券投资基金管理暂行办法》及其各项实施准则和其他有关法规、基金契约以及托管协议的规定,没有发现违规及损害基金持有人利益的行为。

(三) 本基金托管人依法对同智基金管理人在2000年度所编制和披露的同智基金招募说明书、基金上市公告书、基金资产净值公告、基金投资组合公告、基金年度报告等公告信息进行了认真核对,认为同智证券投资基金管理人——长盛基金管理有限公司在2000年度内所编制和披露的基金信息是合法、真实和完整的。

中国银行基金托管部

五.基金年度财务报告

(一)审计报告书

同智证券投资基金全体持有人:

我们接受委托,审计了同智证券投资基金(简称"基金同智")二〇〇〇年十二月三十一日的资产负债表和自二〇〇〇年三月八日(基金成立日)至二〇〇〇年十二月三十一日止的利润及利润分配表。上述会计报表由基金同智的基金管理人和基金托管人负责,我们的责任是对这些会计报表发表审计意见。我们的审计是根据中国注册会计师独立审计准则进行的。在审计过程中,我们结合基金同智的实际情况,实施了包括抽查会计记录等我们认为必要的审计程序。

我们认为,上述会计报表符合《企业会计准则》和证监会颁布的《证券投资基金管理暂行办法》实施准则第五号《证券投资基金信息披露指引》及基金契约的规定,在所有重大方面公允的反映了基金同智二〇〇〇年十二月三十一日的财务状况和自二〇〇〇年三月八日(基金成立日)至二〇〇〇年十二月三十一日止的经营成果。会计处理方法的选用遵循了一贯性原则。

安永华明会计师事务所　中国注册会计师　葛明　金馨

六.基金持有人结构及前十名持有人

(一)、截止2000年12月31日,本基金份额结构为:

	2000-12-31持有份额(单位:份)	占总份额比例
发起人持有	4,839,346份	0.97%
其中:长盛基金管理有限公司	1,339,346份	0.27%
长江证券有限责任公司	1,000,000份	0.20%
安徽省信托投资公司	1,000,000份	0.20%
中信证券股份有限公司	1,000,000份	0.20%
天津北方国际信托投资公司	500,000份	0.10%
其他持有人持有	495,160,654份	99.03%
合　计	500,000,000份	100.00%

(二)、截止2000年12月31日,前十名持有人名称、持有份额及比例如下:

(单位:份)

序号	持有人姓名	持有份额	占总份额比例
1	黄维芬	2,599,000	0.52%
2	李安宝	1,630,000	0.33%
3	长盛基金管理有限公司	1,339,346	0.27%
4	长江证券有限责任公司	1,000,000	0.20%
5	安徽省信托投资公司	1,000,000	0.20%
6	中信证券股份有限公司	1,000,000	0.20%
7	李萍	981,251	0.20%
8	李克俊	930,000	0.19%
9	王新莲	890,000	0.18%
10	卢泽林	810,000	0.16%

七.重要事项揭示

1、本基金管理人、托管人在本期内未发生任何诉讼事项。

2、根据有关法规的规定,基金管理公司的董事长不得在其他经营性机构兼任董事长及其他高级管理职务。长盛基金管理有限公司已严格遵循上述有关法规规定,执行董事长或其他高级管理人员的任职事宜。

3、本基金从二〇〇〇年八月二十二日起更换基金经理:聘任李明先生担任基金同智基金经理,投资管理部总监丁楹先生不再担任基金同智基金经理。此公告已于二〇〇〇年八月二十一日分别刊登于《中国证券报》、《上海证券报》和《证券时报》。

4、根据业务发展需要,公司股东大会审议通过,并经中国证监会证监基金字[2000]48号文件批准,长盛基金管理有限公司注册地由北京变更为深圳。上述变更登记已在国家工商行政管理局办理完毕。此公告已于二〇〇一年三月二十七日分别刊登于《中国证券报》、《上海证券报》和《证券时报》。

5、根据中国证监会《关于加强证券投资基金监管有关问题的通知》的有关要求,经我公司认真研究,我们选择了中信证券股份有限公司、长江证券有限公司、国通证券有限公司、华夏证券有限公司、蔚深证券有限责任公司这五家券商租用交易席位。

八.备查文件目录

1、关于同意赣中基金等原有投资基金合并规范为同智证券投资基金并申请上市的批复
2、关于同意同智证券投资基金上市、扩募和续期的批复
3、同智证券投资基金契约
4、同智证券投资基金托管协议
5、报告期内披露的各项公告原件
6、长盛基金管理有限公司营业执照和公司章程

长盛基金管理有限公司
二〇〇一年三月三十日

金盛证券投资基金

金盛证券投资基金2000年年度报告

重要提示:本基金的托管人中国建设银行已于2001年3月25日复核了本报告。

本基金的管理人、托管人愿就本报告书中所载资料的真实性、准确性和完整性负责,本报告书中的内容由本基金管理人负责解释。

一、基金简介

(一) 基金名称:金盛证券投资基金(简称:基金金盛)
交易代码:4703
基金发起人:国泰君安证券股份有限公司
国泰基金管理有限公司
基金成立日期:2000年4月26日
基金单位总份额:5亿份基金单位
基金类型:契约型封闭式
基金存续期:10年
基金上市地:深圳证券交易所
基金上市日期:2000年6月30日

(二) 基金管理人
法定名称:国泰基金管理有限公司
注册地址:上海浦东新区商城路618号
办公地址:上海市静安区延平路121号三和大厦27楼
邮政编码:200042
法定代表人:陈勇胜
总经理:李春平
负责信息管理事务人员:丁昌海、黄永明
联系地址:上海市静安区延平路121号三和大厦27楼
电话:021-62531069
传真:021-62531262
电子邮件:huangym@gtfund.com

(三) 基金托管人
法定名称:中国建设银行
注册地址:北京市西城区金融大街25号
办公地址:北京市西城区金融大街25号
邮政编码:100032
法定代表人:王雪冰
托管部负责人:江先周
负责信息管理事务人员:黄秀莲
联系地址:北京市西城区金融大街25号中国建设银行基金托管部
电话:010-67597646
传真:010-66212638
电子邮件:huangxiulian/zh/ccb@ccb.com.cn

(四) 会计师事务所
法定名称:安达信·华强会计师事务所
注册地址:北京市建国门外大街1号国贸大厦1座11层
办公地址:北京市建国门外大街1号国贸大厦1座11层
法定代表人:张本廉
邮编:200021
电话:010-65053333
传真:010-65051828
经办注册会计师:何影帆、张向际
联系人:韩歆
联系人电话:021-63866688-640
传真:021-63862288

(五) 律师事务所
法定名称:上海锦天城律师事务所
注册地址:上海市延安东路700号港泰广场12楼
办公地址:上海市延安东路700号港泰广场12楼
法定代表人:史焕章
邮编:200001
电话:021-53850388
传真:021-53850389
经办律师:沈国权、聂鸿胜

二、主要财务指标

基金净收益	11,477,243.73元
单位基金净收益	0.0230元
基金可分配净收益	40,530,062.14元
单位基金可分配净收益	0.0811元
基金资产净值	579,256,927.64元
单位基金资产净值	1.1585元
基金资产净值收益率	2.16%
本期基金可分配收益率	7.62%
本期净值增长率	8.93%
基金累计净值增长率	8.93%

三、基金管理人报告

(一)基金管理人承诺

在本报告期内,本基金管理人严格遵循了《证券投资基金管理暂行办法》及其他各项实施准则、《金盛证券投资基金契约》和其他有关法规的规定, 没有发生任何损害基金持有人利益的行为。本报告所涉基金资产的运作情况已经本基金托管人复核,本基金管理人愿就报告中所载资料的真实性、准确性和完整性负责。

本基金管理人内部,各项规章制度健全;监察稽核工作贯穿业务运作的各个层面。在本报告期内,没有发现有任何违法和重大违规行为。本基金管理人承诺将一如既往地本着诚实信用、勤勉尽责的原则管理和运用基金资产,在规范经营的基础上,在控制风险的前提下,继续为基金持有人谋求长期稳定的投资回报。

(二)投资决策和管理模式

本基金实行投资决策委员会领导下的基金经理负责制。投资决策委员会根据有关法规、基金契约以及研究开发部和基金经理的分析研究报告和投资计划,确定金盛基金的投资策略,审批重大投资项目和基金投资计划。基金经理负责基金的投资组合管理和日常运作。基金经理将投资指令下达给中央交易室,交易员根据市场情况执行投资指令,并将指令执行情况及时反馈到基金经理。

公司在投资决策管理方面同时实行投资研究联席会议制度和决策委员会成员与基金管理小组的联系人制度。前一项制度旨在解决研究成果及时有效转化成投资目标的问题,后一项制度旨在解决基金经理在执行投资决策委员会决策意见过程中需要及时协调的问题。本基金的日常运作也得到上述制度的支持。

本基金由曹华强先生担任基金经理,并配备研究员协理。

曹华强先生,原名曹继东,33岁,研究生学历,曾任职于人民银行深圳分行和国泰证券有限公司。1998年加盟国泰基金管理公司后,历任投资部副总监、研究部副总监、基金金鑫基金经理助理等职务。

(三)投资理念和风格

在规范运作的前提下,本基金以价值取向为先导,立足企业基本面研究,重点关注新兴行业;根据本基金现有规模特征,以重点板块投资和分散组合投资相结合并以组合投资为主要方式;以寻求成长性企业为目标,注重企业创新内涵和主业提升的趋势研究;以提高流动性为手段,防范和控制风险,力争达到基金长期稳定成长的目标。

(四)2000年投资管理回顾

2000年中国证券市场在基本面、政策面和资金面整体向好的背景下,股市走势强劲。全年沪市综合指数上升51.73%,深市成分指数上升41.12%。从基本面看,我国经历亚洲金融危机冲击后国民经济增长出现止跌回稳态势,有步入新一轮增长周期的迹象。2000年国家采取积极的财政政策和稳健的货币政策,努力扩大内需,取得较为明显的成效。我们注意到:固定资产投资(尤其是政府投资)和进出口贸易快速增长,国内消费也出现回暖,共同拉动了经济增长。根据国家统计局2001年2月底公报,2000年国内生产总值较上年增长8%,物价止跌回稳,就业改善,国际收支形势良好,企业运行质量提高。2000年股市强势表现客观反映了国民经济增长回暖的特征。从政策面看,国家适时出台了扶持证券市场发展的一系列政策措施,包括实行向二级市场投资者配售新股、允许券商股票质押贷款、三类企业和商业保险资金入市、积极培育机构投资者等利好政策,市场人气较为旺盛。从资金面看,以上政策为证券市场带来了源源不断的资金供给,特别是积极培育机构投资者的政策使证券市场获得大量的长期投资资金,使得证券市场的走势更为稳健。

2000年证券市场表现出三个明显阶段:年初至3月初,在网络股、技术股带动下市场走出快速大幅扬升行情;3月中旬至8月底,在低价大盘国企股带动下,板块轮动加快,市场震荡盘升;8月底至年底,市场高位宽幅震荡整理,资产重组股表现活跃。

市场出现第三阶段的调整主要是由于在大幅上扬后积累了较大的风险,而预期的创业板和国有股减持成为不确定因素给市场形成压力。与此同时,2000年经济回升还带有明显的恢复性质,其基础不够稳固,促使经济进一步走强的因素出现了某种程度的不确定性,导致投资者对市场的预期产分歧。

本基金原为珠江基金,经清理规范和扩募后更名为金盛证券投资基金(已作公告)。本基金管理人自接手金盛基金后,市场基本处于上述第三阶段。根据2000年下半年市场特点,主要进行了三个阶段的投资操作。首先,我们结合基本面研究,逐步有区别地清理原珠江基金持有的股票,有效控制住了原有投资组合的进一步亏损,同时为新的投资组合的建立做好了准备。其次,利用对上海本地上市公司基本面研究的地缘优势,加强对上海本地股票的投资力度,实行相对集中的投资策略。第三,在本基金扩募成功后,根据本基金规模较小的特征,在投资操作上,逐步实行相对集中投资和分散组合投资相结合的方式,以便在控制风险和追求收益中获取平衡。在投资组合项目的选择时,注重企业基本面和动态信息相结合,深入挖掘重点优势企业,同时作好长短期组合安排,力求基金净值有效成长。

截止2000年年底,本基金单位资产净值1.1585元,较期初增长8.93%,与本基金上市后重新运作的时间区段相比,同期上证指数上涨7.54%,同期深圳成指下降1.61%,本基金的净值增长超过了同期大盘的平均增长。

(五)2001年市场展望

根据国务院研究发展中心预测,2001年将继续保持经济增长回升的态势,积极财政政策仍将持续一段时间,以强化经济回升和拉动内需的基础。2001年也是国家实施"十五"计划战略的第一年。西部大开发正式实施,社保体制改革加快,中国加入WTO在即,这些将为投资和需求增长提供基础。

2001年将是我国证券市场继续大规模发展的一年。在发展和规范这两个关系证券市场的根本问题上,将体现为在规范化基础上的进一步发展。管理层对市场的监管将立足于维护三公原则保护投资者利益。2001年也将是新政策不断出台的一年,政策效应和市场发展的内在规律不可避免地会产生一些矛盾,如B股市场向国内居民开放、新股市场化发行、市场退出机制实施以及预期中的创业板、国有股减持都会对市场产生重大影响。本基金管理人估计2001年的证券市场将处于箱体高位宽幅震荡调整状态,而开放式基金试点品种的推出、保险类资金入市新品种的问世将会成为2001年证券市场供求关系变化的重要信号。市场实际运行情况将随国家上述政策的明朗化而有所变化。

本基金管理人将继续追踪和研判国家宏观经济运行状况和政府新政策对证券市场的影响程度。我们将坚持以基本面研究为立足点,深入关注企业创新品质,把握企业主业提升所可能带来的投资机会。在投资组合上,我们将重点关注两类企业:一类是公司的主营业务本身属于高新技术产业的企业,例如电子通讯、新材料、生物医药等。对于这类企业,我们将主要是关注其创新能力和持续竞争力。另一类是传统产业中主营业务结构正在或已经进行较大调整的企业。对于该类企业,我们关注在原有行业中主导业务的创新和提升,或者转入新兴业务的现实获利能力。本基金管理人将不断结合市场研判,力求加强企业基本面的研究和开发工作,以中长线投资和短线投资相结合,注重波段操作,尽心谋求基金资产的稳定成长。

(六)内部监察报告

基金运作合规性声明

本报告期内,本基金管理人严格遵守《证券法》、《证券投资基金管理暂行办法》及其各项实施准则、《金盛证券投资基金基金契约》和其它相关法律法规的规定,本着诚实信用、勤勉尽责的原则管理和运作基金资产,遵循"稳健为本,规范管理,精心运作,争创一流"的公司理念,在严格规范和控制风险的前提下,努力为基金持有人争取最好的投资回报;在基金资产的管理运作中,无损害基金持有人利益的行为,基金投资范围、投资比例、投资组合符合有关法规和基金契约的规定。

内部监察工作报告

本报告期内,本基金管理人依据相关的法律法规、基金契约以及内部的监察制度开展监察工作。我们将内部监察的重点置于确保基金运作的相对独立,防范不当关联交易和内幕交易以及对风险的防范。主要措施有:一、对基金的运作进行实时监控,加强监察力度,提高监察频率。对基金资产管理各个环节的工作流程进行定期的日常监察和不定期的专项监察,并据此制作监察报告。二、建立监察业务反馈制度，加强监察稽核部门与其它业务部门的交流与沟通，对发现的问题及时向管理层和监管部门报告并督促整改，以确保基金资产运作的合法合规。三、细化监察工作的内容和方式，运用对交易资料审阅、交易流程监察、录音电话监听、人员询问、报表反馈等手段对基金投资行为进行现场监察和非现场监察，督促基金运作的合法性、合规性、保密性。四、逐步建立科学的风险控制体系，尝试利用现代金融工程的先进管理方法和管理工具对各类风险进行量化分析和预测，防范和控制风险。五、加强员工行为准则和职业道德教育，使员工爱岗敬业、遵纪守法，自觉树立风险和监察意识。六、对基金自身的交叉买卖行为进行自查自纠。本基金存在极偶然的几次自身交叉买卖行为，本基金管理人已采取有效措施以杜绝类似事件的发生。

经持续跟踪监察，本报告期内，本基金依照规定的流程进行操作，管理运作合法合规；本基金资产与本基金管理人所管理的其他基金资产、基金资产与公司资产严格分开；基金管理小组人员之间保持独立；本基金运作中无不当关联交易和内幕交易；本基金净资产平稳增长，投资收益得到提高，基金持有人利益得到有效保障。

基金运作的规范和安全，有效地防范和控制风险，是内部监察的工作重点。我们体会到规范经营和强化管理是基金安全运作的前提，科学化制度化的工作流程是基金安全运作的基础，防范和控制风险是基金安全运作的保障。减少风险才能提高收益，保障基金持有人的利益。我们将继续努力，提高内部监察工作的科学性和有效性，加强基金的规范运作、风险控制、切实保障基金资产的安全管理，以优异的业绩回报投资者。

四、托管人报告

2000 年，中国建设银行在金盛基金的托管过程中，严格遵守了《证券投资基金管理暂行办法》及各项实施准则、基金契约、托管协议和其它有关法规的规定，安全保管了基金的全部资产，勤勉尽职地履行了基金托管人的全部义务，不存在损害基金持有人利益的行为。

2000 年，由国泰基金管理有限公司编制并经中国建设银行复核审查的有关金盛基金的信息披露真实、完整、合法，在基金资产净值、每份基金单位净值和其它财务费用计算上，严格执行了《证券投资基金管理暂行办法》及各项实施细则、基金契约及其它有关法规规定，未发现损害基金持有人利益的行为。

五、基金财务报告

(一) 审计报告书

金盛证券投资基金全体基金持有人

安达信（华强会计师事务所(以下简称"我们")接受委托，审计了金盛证券投资基金(原"珠江证券投资基金"，以下简称"贵基金")二○○○年十二月三十一日的资产负债报告书和二○○○年四月二十六日(基金成立日)至二○○○年十二月三十一日的收益及分配报告书。编制会计报告书是　贵基金管理人的责任，我们的责任是依据我们的审计对该报告书发表意见。我们的审计是依据《中国注册会计师独立审计准则》进行的。在审计过程中，我们结合　贵基金的实际情况，实施了包括抽查会计记录等我们认为必要的审计程序。

我们认为，上述会计报告书符合基金的有关制度、办法和规定及　贵基金的基金契约，在所有重大方面公允地反映了　贵基金二○○○年十二月三十一日的财务状况和二○○○年四月二十六日至二○○○年十二月三十一日的经营成果。

安达信·华强会计师事务所　　中国注册会计师：何影帆、张向际

中国·北京　　2001 年 1 月 19 日

(二)基金会计报告书

1、资产负债报告书

资产负债报告书

2000 年 12 月 31 日

编制单位：国泰基金管理有限公司　　单位：元

序号	项　目	年末数
1	股票投资-成本	390,822,175.36
2	股票投资-估值增值	38,706,654.20
3	债券投资-成本	118,088,838.70
4	债券投资-估值增值	20,211.30
5	其他投资-成本	
6	其他投资-估值增值	
7	现金	
8	银行存款	25,608,436.46
9	应收股利	
10	应收利息	775,835.96
11	应收帐款	279,538.18
12	应收交易清算款	8,039,706.20
13	应收申购款	
14	其他应收款项	15,598.04
15	基金资产总值	582,356,994.40
16	应付基金管理人报酬	762,867.76
17	应付基金托管费	121,383.97
18	应付收益	
19	应付帐款	1,503,750.00
20	应付交易清算款	
21	应付佣金	649,894.53
22	其他应付款项	62,170.50
23	应付回购利息	
24	卖出回购	
25	负债总额	3,100,066.76
26	基金单位总额	500,000,000.00
27	未分配净收益	40,530,062.14
28	未实现估值增值	38,726,865.50
29	基金资产净值	579,256,927.64
30	单位基金发行总份额	500,000,000 份
31	每份基金单位资产净值	1.1585

2、损益及分配报告书

损益及分配报告书

2000 年 4 月 26 日至 2000 年 12 月 31 日

编制单位：国泰基金管理有限公司　　单位：元

序号	项目	本期数
1	一、基金收入	17,935,978.27
2	证券买卖差价收入	15,281,528.99
3	其中：股票	15,281,528.99
4	债券	
5	投资收入	1,284,196.94
6	其中：股息收入	524,087.82
	债券利息收入	760,109.12
8	回购利息收入	7,400.00
9	其他收入	1,362,852.34
10	其中：利息收入	996,087.94
11	扩募费用结余收入	224,147.12
12	申购冻结利息收入	
13	其他	142,617.28
14	二、基金费用	6,458,734.54
15	管理人报酬	4,015,457.11
16	托管费	679,476.71
17	回购交易费用	125.00
18	回购利息支出	328,767.12
19	其他费用	1,434,908.60
20	其中：上市年费	60,000.00
21	会计师费	80,000.00
22	信息披露费	379,800.00
23	律师费	
24	持有人大会费	
25	分红手续费	
26	其他	915,108.60
27	三、净收益	11,477,243.73
28	四、期初未分配净收益	29,052,818.41
29	五、本期已分配收益	
30	六、期末未分配净收益	40,530,062.14

(三)会计报告书附注(摘要)

1、主要会计政策

(1)　基金会计年度：为公历每年 1 月 1 日至 12 月 31 日。

(2) 基金记帐原则：权责发生制。

(3) 基金记帐本位币：以人民币为记帐本位币，记帐本位币单位为元。

(4) 基金资产的估值方法：

A、上市证券按当日均价计算，该日无交易的证券，以最近一日的均价计算；

B、未上市的股票以其成本价计算；

C、未上市国债及银行存款以本金加计至估值日为止的应计利息额计算；

D、如遇特殊情况而无法或不宜以上述规定确定基金资产价值时，基金管理人应按国家有关规定办理；

E、估值对象为基金所拥有的股票、债券和银行存款；

F、每日都对基金资产进行估值。

(5) 基金的主要收入确认政策：

A、股息收入：在除息日确认应收股息；

B、债券利息收入：在除息日确认应收利息；

C、其他收入：在实际收到时确认；

D、证券买卖价差收入：在实现成交的当日确认。

(6) 证券成本的计价方法：

证券投资按取得时的实际成本计价，出售成本按移动加权平均法计算。

(7) 税项说明

根据财税字[1998]55 号《关于证券投资基金税收问题的通知》，主要税项规定如下：A、以发行基金方式募集资金不属于营业税的征税范围。

B、基金管理人运用基金买卖股票、债券的差价收入，在 2000 年底以前暂免征收营业税。

C、对基金管理人运用基金资产买卖股票按 4‰的税率征收印花税，暂对基金不征收营业　税、所得税。

D、对基金从证券市场中取得的收入，包括买卖股票、债券的差价收入，股票的股息、红利收入，债券的利息收入及其他收入，暂不征收企业所得税。

(8) 基金的收益分配政策

A、每一基金单位享有同等分配权；

B、收益分配比例不低于基金净收益的 90%；

C、基金收益分配采用现金方式，每年至少分配一次，于每个基金会计年度结束后四个月内实施；

D、基金当年收益分配应先弥补上年亏损后，才进行当年收益分配；

E、基金投资当年亏损，则不进行收益分配。

2、关联关系

(1) 、关联人关系、交易性质及法律依据

关联人名称	关联关系	交易性质	法律依据	备注
国泰君安证券股份有限公司(以下简称"国泰君安")	基金发起人	发起认购基金	基金契约	认购基金 269.23 万份
基金发起人		出租交易席位	席位使用协议	租用二个席位
国泰基金管理有限公司	基金管理人	提取管理费	基金契约	认购基金 230.77 万份
中国建设银行	基金托管人	提取托管费	基金契约	

(2) 、通过关联人席位交易情况

通过关联人席位进行证券买卖 2000 年 4-12 月股票交易量(万元)及佣金(万元)情况

关联人	交易量	比例	佣金	比例
国泰君安	28,638.23	36.68%	24.34	37.46%

(3) 、基金管理人报酬

基金管理人的报酬由两部分组成，一部分是基金管理费，以基金资产净值的 1.5%年费率计提；另一部分是业绩报酬，当基金的可分配净收益高于同期银行一年定期储蓄利率 20%以上，且当年基金资产净值增长率高于同期证券市场平均收益率时，按一定比例计提。具体方法如下：

(i)、基金管理费

A、基金管理费按前一日的基金资产净值的 1.5%的年费率计提。计算方法如下：

$H=E\times1.5\%/$当年天数

H 为每日应支付的管理人报酬

E 为前一日的基金资产净值

B、基金管理人的管理费每日计算，逐日累计至每月月底，按月支付；并于次月前五个工作日内从基金资产中一次性支付给基金管理人；

C、至 2000 年 12 月 31 日止，基金应支付基金管理人管理费共 3,980,893.18 元，其中已支付基金管理人 3,252,589.35 元，尚余 728,303.83 元未支付。

(ii)、管理人业绩报酬

业绩报酬根据基金全年的经营业绩情况，在满足以下几个基本条件下每年计提一次，直接用于奖励基金管理人员：

A、基金年平均单位资产净值不能低于面值；

B、基金可分配净收益率超过同期银行一年定期储蓄存款利率 20%以上；

C、基金资产净值增长率超过证券市场平均收益率；

D、基金收益分配后其每单位资产净值不能低于面值。

在满足以上条件的情况下，基金业绩报酬计算方法为：

业绩报酬=调整后期初资产净值×MIN[N]×5%

其中：M=扣除政策配售新股贡献后基金可分配净收益率-1.2×同期银行一年定期储蓄存款利

率(如果年内银行利率发生变动,则按时间段进行加权平均调整);

N=扣除政策配售新股贡献后基金资产净值增长率-证券市场平均收益率;

MIN[N]为M、N中较小者;

扣除新股贡献后基金可分配净收益率=(当年可分配净收益-当年政策配售新股贡献)/调整后年初基金资产净值;

扣除新股贡献后基金资产净值增长率=(年末基金资产净值-当年政策配售新股贡献-调整后年初基金资产净值)/调整后年初基金资产净值;

调整后年初资产净值=上年度末基金资产净值-上年度已分配收益;

证券市场平均收益率=[(当年沪市综指涨跌幅×沪市平均总市值+当年深市综指涨跌幅×深市平均总市值)/(沪市平均总市值+深市平均总市值)]×80%+同期国债收益率×20%;

沪市平均总市值=(年初沪市总市值+年末沪市总市值)/2;

深市平均总市值=(年初深市总市值+年末深市总市值)/2。

本公司根据以上规定,并按老基金扩募情况下使用的计算公式计提了2000年度的业绩报酬。

其中:调整后期初资产净值=期末基金资产净值/(1+基金综合资产净值增长率)

基金综合资产净值增长率=(1+扩募前资产净值增长率)*(1+扩募后资产净值增长率)-1

基金扩募前资产净值增长率=(扩募前基金资产净值-调整后期初资产净值)/ 调整后期初资产净值

基金扩募后资产净值增长率=(期末基金资产净值-扩募后期初资产净值)/ 扩募后期初资产净值

根据计算,2000年度提取业绩报酬34,563.93元。

(4) 、基金托管人报酬

(i)、基金托管费按前一日的基金资产净值的0.25%的年费率计提。计算方法如下:

H=E×0.25%/当年天数

H为每日应支付的托管人报酬

E为前一日的基金资产净值

(ii)、基金托管人的托管费每日计算,逐日累计至每月月底,按月支付;并于次月前五个工作日内从基金资产中一次性支付给基金托管人;

(iii)、至2000年12月31日止,基金应支付基金托管人托管费共679,476.71元,其中已支付基金托管人558,092.74元,尚余121,383.97元未支付。

3、主要报表项目说明

(1)、应收帐款:2000年12月31日余额279,538.18元,为深交所席位交易保证金。

(2)、其他应收款:2000年12月31日余额15,598.04元,系交易所自动扣除,应由席位券商支付的交易所风险基金。

(3)、应付帐款:2000年12月31日余额为人民币1,503,750.00元,为应付配股资金。

(4)、其他应付款:2000年12月31日余额为人民币62,170.50元,其中原"珠江基金"应付未付1995年红利尚余12,170.50元;预提2000年度审计费用为50,000.00元。

(5)、证券买卖差价收入:2000年1-12月累计发生额为人民币15,281,528.99元,其中:

项目	发生额
上海证券交易所挂牌股票	11,946,905.54 元
深圳证券交易所挂牌股票	3,334,623.45 元
合　　计	15,281,528.99 元

(6)、基金扩募费用的说明:

a、扩募总份额:266,360,000份,费用单价:0.01元

b、扩募总费用:2,663,600.00元

费用项目	金　额
券商手续费	612,787.88 元
配股登记费	791,100.00 元
扩募协调费	500,000.00 元
会 计 师 费	20,000.00 元
律　师　费	20,000.00 元
公　告　费	495,565.00 元
合　　计	2,439,452.88 元

B、发行费用结余:224,147.12元,已转入基金收入。

(四) 流通受限制的证券

(1)、截至2000年12月31日止,基金持有的流通受限制的证券明细如下:

序	股票名称	配售日期	可流通日	数量(股)	配售金额(元)	市价(元)	市价与成本差	备注
1	通海高科	2000-7-7		11,000	185,680.00			网下申购
2	*东方通信	2000-9-6	2001-3-29	500,000	12,590,000.00	14,325,000.00	1,735,000.00	增发申购
3	*宝钢股份	2000-11-23	2001-3-1	1,260,750	5,269,935.00	6,833,265.00	1,563,330.00	网下申购
4	通葡萄酒	2000-12-21	2001-1-15	38,000	269,040.00			网上申购
5	烟台万华	2000-12-21	2001-1-5	38,000	428,640.00			网下申购
6	京东方A	2000-12-22	2001-1-12	265,402	4,458,753.60			增发申购
7	金瑞科技	2000-12-26	2001-1-15	13,000	194,870.00			网上申购
8	宁沪高速	2000-12-28	2001-1-16	39,000	163,800.00			网上申购
合计					23,560,718.60		3,298,330.00	

(2)、流通受限原因

上述八个股票为配售新股、申购中签的未上市新股。

(3)、受限期限

上述(带*号)的股票为已上市未流通的新股,"东方通信"的受限期为6个月,"宝钢股份"的受限期为3个月。

(4)、估值办法

于2000年12月31日,对于已上市流通的股票。按照2000年12月31日按照均价估值,对于未上市流通的股票按配售价估值。若流通受限股票中已上市流通的两只股票(带*号)按配售价估值,于2000年12月31日,本基金资产净值将为575,958,597.64元,每份基金单位资产净值为1.1519元。

(五)期末基金持有股票明细(按市值占净值比例排序)

序	代码	证券名称	库存数量	市值	占净值比例
1	600835	上菱电器	3,163,742	62,958,465.80	10.87%
2	600624	复华实业	3,354,869	53,510,160.55	9.24%
3	0720	鲁能泰山	3,101,468	52,569,882.60	9.08%
4	0652	泰达股份	1,700,622	28,723,505.58	4.96%
5	0513	丽珠集团	2,007,618	26,119,110.18	4.51%
6	0505	珠江控股	2,011,054	25,721,380.66	4.44%
7	600776	东方通信	500,000	14,325,000.00	2.47%
8	0409	四通高科	702,392	14,040,816.08	2.42%
9	600772	石油龙昌	711,985	14,011,864.80	2.42%
10	0726	鲁泰A	736,831	12,776,649.54	2.21%
11	600661	交大南洋	402,381	12,087,525.24	2.09%
12	0876	新希望	515,336	9,848,070.96	1.70%
13	600729	重庆百货	581,203	9,554,977.32	1.65%
14	600209	罗顿发展	473,920	9,454,704.00	1.63%
15	0748	湘计算机	500,595	9,095,811.15	1.57%
16	0686	锦州六陆	651,628	8,959,885.00	1.55%
17	600105	永鼎光缆	500,000	8,170,000.00	1.41%
18	600500	中化国际	446,335	7,815,325.85	1.35%
19	600216	浙江医药	426,830	7,618,915.50	1.32%
20	0966	长源电力	501,335	7,424,771.35	1.28%
21	0910	大亚股份	503,545	7,392,040.60	1.28%
22	600842	中西药业	501,180	7,382,381.40	1.27%
23	600019	宝钢股份	1,260,750	6,833,265.00	1.18%
24	0725	京东方A	265,402	4,458,753.60	0.77%
25	0007	深达声A	304,980	4,013,536.80	0.69%
26	0995	皇台酒业	200,000	3,420,000.00	0.59%
27	600309	烟台万华	38,000	428,640.00	0.07%
28	600365	通葡萄酒	38,000	269,040.00	0.05%
29	600390	金瑞科技	13,000	194,870.00	0.03%
30	0991	通海高科	11,000	185,680.00	0.03%
31	600377	宁沪高速	39,000	163,800.00	0.03%
合计				429,528,829.56	74.15%

(六)、报告期内基金新增的股票明细

序	股票代码	股票名称	一级市场认购	二级市场买入	增发数量	送股数量	政策性配售	本期卖出数量
1	600019	宝钢股份	1,260,750					
2	600105	永鼎光缆		500,000				
3	600209	罗顿发展		485,370				11,450
4	600216	浙江医药		538,230				111,400
5	600309	烟台万华	38,000					
6	600365	通葡萄酒	38,000					
7	600377	宁沪高速	39,000					
8	600390	金瑞科技	13,000					
9	600500	中化国际		446,335				
10	600624	复华实业		3,520,709		769,160		935,000
11	600661	交大南洋		502,381				100,000
12	600772	石油龙昌		714,985				3,000
13	600776	东方通信			500,000			
14	600835	上菱电器		4,110,503				946,761
15	600842	中西药业		501,180				
16	0007	深达声A		648,200				343,220
17	0409	四通高科		702,392				
18	0505	珠江控股		2,011,054				
19	0513	丽珠集团		2,010,118				2,500
20	0652	泰达股份		1,700,622				
21	0686	锦州六陆		651,628				
22	0720	鲁能泰山		3,101,468				
23	0725	京东方A		265,402				
24	0726	鲁泰A			736,831			
25	0748	湘计算机		500,595				
26	0876	新希望		515,336				
27	0910	大亚股份		503,545				
28	0966	长源电力		501,335				
29	0991	通海高科	11,000					
30	0995	皇台酒业	3,000	200,000				3,000

(七)、报告期内基金剔除的股票明细

序	证券代码	股票名称	买入股数	卖出股数
1	0001	深发展A		808,525
2	0008	亿安科技		398,575
3	0058	深 赛 格	262,848	1,811,648
4	0096	广聚能源	16,000	16,000
5	0099	中信海直	14,000	14,000
6	0150	麦 科 特	7,000	7,000
7	0153	新力药业	24,000	24,000
8	0155	川化股份	23,000	23,000
9	0156	安塑股份	9,000	9,000
10	0157	中联重科	40,000	40,000
11	0158	常山股份	15,000	15,000
12	0159	国际实业	67,000	67,000
13	0429	粤高速A	10,000	2,998,019
14	0488	晨鸣纸业	553,989	553,989
15	0562	宏源证券		148,460
16	0767	漳泽电力		168,160
17	0869	张　裕A	524,721	524,721
18	0917	电广传媒	93,000	183,000
19	0948	南天信息		32,900
20	0983	西山煤电	19,000	19,000

21	0985	大庆华科	7,000	7,000
22	0989	九 芝 堂	5,000	5,000
23	0996	捷利股份	21,000	21,000
24	0997	新 大 陆	2,000	2,000
25	600016	民生银行	89,000	89,000
26	600038	哈飞股份	9,000	9,000
27	600076	青鸟华光	1,165,721	1,165,721
28	600151	航天机电		53,900
29	600198	大唐电信	1,130,584	1,130,584
30	600241	辽宁时代	14,000	14,000
31	600242	华龙集团	27,000	27,000
32	600252	中恒集团	8,000	8,000
33	600253	天方药业	10,000	10,000
34	600263	路桥建设	28,000	28,000
35	600265	景谷林业	13,000	13,000
36	600267	海正药业	12,000	12,000
37	600268	国电南自		519,900
38	600275	武 昌 鱼	4,000	4,000
39	600276	恒瑞医药	20,000	20,000
40	600277	亿利科技	12,000	12,000
41	600279	重庆港九	24,000	24,000
42	600281	太化股份	7,000	7,000
43	600282	南钢股份	27,000	27,000
44	600283	钱江水利	22,000	22,000
45	600288	大恒科技	4,000	4,000
46	600291	西水股份	8,000	8,000
47	600292	九龙电力	22,000	22,000
48	600293	三峡新材	38,000	38,000
49	600298	安琪酵母	3,000	3,000
50	600300	维维股份	2,000	2,000
51	600302	标准股份	14,000	14,000
52	600303	曙光股份	10,000	10,000
53	600306	商 业 城	10,000	10,000
54	600308	华泰股份	33,000	33,000
55	600318	巢东股份	41,000	41,000
56	600320	振华港机	205,212	205,212
57	600328	兰太实业	23,000	23,000
58	600333	长春燃气	15,000	15,000
59	600337	美克股份	6,000	6,000
60	600339	天利高新	5,000	5,000
61	600345	长江通信	9,000	9,000
62	600368	五洲交通	21,000	21,000
63	600422	昆明制药	11,000	11,000
64	600652	爱使股份	500,558	500,558
65	600775	南京熊猫	501,678	501,678

(八) 基金投资组合

1、按行业分类的股票投资组合

序号	分 类	数量	市 值(元)	占净值比例
1	交通运输	750,985	14,175,664.80	2.45%
2	能源电力	3,602,803	59,994,653.95	10.36%
3	建材建筑			
4	冶 金	1,273,750	7,028,135.00	1.21%
5	机械制造			
6	电子通讯	6,710,559	125,328,450.62	21.64%
7	石油化工	689,628	9,388,525.00	1.62%
8	生物医药	2,935,628	41,120,407.08	7.10%
9	汽车及配件制造			
10	纺织服装	736,831	12,776,649.54	2.21%
11	家 电			
12	酿酒食品	238,000	3,689,040.00	0.64%
13	商贸旅游	1,027,538	17,370,303.17	3.00%
14	金融地产	2,316,034	29,734,917.46	5.13%
15	农林牧渔			
16	综 合	5,883,245	108,922,082.94	18.80%
合 计		26,165,001	429,528,829.56	74.15%

2、国债及货币资金合计

截止 2000 年 12 月 31 日,基金持有的国债及货币资金合计为 151,757,192.66 元,占基金资产净值的 26.20%,其中国债市值为 118,109,050.00 元,占基金资产净值的 20.39%。

3、占基金资产净值前十名的股票

序号	名称	数量	市 值(元)	占净值比例
1	上菱电器	3,163,742	62,958,465.80	10.87%
2	复华实业	3,354,869	53,510,160.55	9.24%
3	鲁能泰山	3,101,468	52,569,882.60	9.07%
4	泰达股份	1,700,622	28,723,505.58	4.96%
5	丽珠集团	2,007,618	26,119,110.18	4.51%
6	珠江控股	2,011,054	25,721,380.66	4.44%
7	东方通信	500,000	14,325,000.00	2.47%
8	四通高科	702,392	14,040,816.08	2.42%
9	石油龙昌	711,985	14,011,864.80	2.42%
10	鲁 泰 A	736,831	12,776,649.54	2.21%

4、报告附注

(1)、报告项目的计价方法

本基金持有上市证券采用公告内容截止日的市场均价,已发行未上市股票采用成本计算。

(2)、基金持有每只股票的价值(按成本价计算)均不超过基金资产净值的 10%。

(3)、基金应收利息、应付管理人报酬、托管费、佣金及其他应收应付款项合计为贷方余额 2,029,094.58 元,与基金股票市值 429,528,829.56 元和国债及货币资金 151,757,192.66 元相抵减后等于基金资产净值。

(4)、本投资组合公告中的基金资产净值是扣除业绩报酬后的资产净值,2000 年第 2 号投资组合公告中资产净值是未扣除业绩报酬计算的。

六、基金持有人结构及前十名持有人

(一)、截止 2000 年 12 月 31 日,本基金份额结构为:

	期末持有数	比例
发起人持有	5,000,000 份	1.00%
其中:国泰君安证券股份有限公司	2,692,308 份	0.54%
国泰基金管理有限公司	2,307,692 份	0.46%
社会公众持有	495,000,000 份	99.00%
合 计	500,000,000 份	100.00%

(二)、截止 2000 年 12 月 31 日,本基金共有持有人 236,573 人,前十名持有人名称、持有份额及比例如下:

序号	持有人姓名	期末持有数	持有比例
1	中太保险	19,000,000	3.80%
2	中电财	14,952,977	2.99%
3	社会保险	8,970,000	1.79%
4	广州证券	5,846,850	1.17%
5	市科进步	3,501,000	0.70%
6	人寿保险	3,500,000	0.70%
7	国泰君安	2,692,308	0.54%
8	国泰基金	2,307,692	0.46%
9	广州白云	2,252,140	0.45%
10	省审计局	2,052,140	0.41%

七、重要事项揭示

1、2000 年 6 月 27 日,本公司刊登了《关于第三次办理珠江投资基金份额确认的公告》。

2、2000 年 8 月 9 日,本公司刊登了《珠江证券投资基金扩募配售的提示性公告》。

3、2000 年 9 月 19 日,本公司刊登了《珠江证券投资基金基金份额变动、续期、更名及扩募获配可流通部分上市提示公告》。

4、2000 年 9 月 29 日,本公司刊登了《国泰基金管理有限公司迁址公告》。

5、2000 年 12 月 8 日,本公司刊登了《金盛证券投资基金关于更换会计师事务所的公告》,基金的会计师事务所由原来的大华会计师事务所变更为安达信·华强会计师事务所。

6、在报告期内,发起人及席位券商股票、国债的交易量及佣金(单位为万元)情况为:

关联人及券商名	股票成交量	比例	国债成交量	比例	佣金	比例	平均佣金比率
国泰君安证券股份有限公司	28,638.23	36.68%			24.34	37.46%	0.08%
广州证券有限责任公司	23,303.80	29.85%			18.93	29.13%	0.08%
广州国际信托投资公司	11,530.45	14.77%			9.62	14.81%	0.08%
海通证券有限责任公司	14,597.09	18.70%	1,808.70	100.00%	12.09	18.60%	0.08%

根据基金契约规定,基金金盛自上市日起有 6 个月的投资调整期,使本基金的投资比例达到有关规定,因此,本基金成立期初交易量较大,主要集中在本基金首批租用的国泰君安和广州证券的席位。2001 年,本基金将按有关规定在各席位上合理分配交易量。

7、本报告期内,中国建设银行的许占涛先生已不再担任基金托管部总经理职务,由江先周先生担任。原信息披露负责人程燕春先生已不再负责基金信息披露事务,由黄秀莲小姐负责各项披露事务。

8、本报告期内,本基金经理曹继东先生更名为曹华强。

9、本报告期内,基金管理人、托管人无重大诉讼、仲裁事项;基金管理人、托管人机构及高级管理人员无任何处罚情况;基金托管人办公地址无变动情况。

八、备查文件目录

1、关于同意设立金盛证券投资基金的批复

2、金盛证券投资基金契约

3、金盛证券投资基金托管协议

4、金盛证券投资基金 2000 年年度报告原件

5、报告期内披露的各项公告原件

6、国泰基金管理有限公司营业执照和公司章程

投资者对本报告如有疑问,可咨询本基金管理人国泰基金管理有限公司。

咨询电话:(021)62531069

公司网址:http://www.gtfund.com

国泰基金管理有限公司

2001 年 3 月 30 日

裕泽证券投资基金

裕泽证券投资基金2000年年度报告

重要提示:本基金的托管人中国工商银行已于2001年3月27日复核了本报告。

本基金的管理人、托管人愿就本报告书中所载资料的真实性、准确性和完整性负责,本报告书中的内容由本基金管理人负责解释。

一、基金简介

(一)基金基本资料　基金简称:基金裕泽　基金交易代码:4705
基金单位总份额:5亿份　基金类型:契约型、封闭式　基金存续期:15年
上市地点:深圳证券交易所　上市时间: 2000年5月17日
(二)基金管理人　法定名称:博时基金管理有限公司
注册地址:广东省深圳市罗湖区红岭中路102号国信大厦29楼
办公地址:北京市建国门内大街18号恒基中心1座23层　邮政编码:100005
法定代表人:周道志　总经理: 肖风　信息事务管理人:李全
地址:北京市建国门内大街18号恒基中心1座23层 电话:010-65171166
传真:65187020
(三)基金托管人　法定名称:中国工商银行
注册及办公地址:北京市西城区复兴门内大街55号　邮政编码: 100032
法定代表人:姜建清　基金托管部负责人:赵跃　信息事务联系人:刘长江
联系地址:北京市西城区复兴门内大街55号
联系电话:66106912　传真:66106904
(四)会计师事务所和经办注册会计师
法定名称:普华永道中天会计师事务所有限公司
注册及办公地址:上海淮海中路333号　法定代表人:Mr .Kent Watson
电话:021-63863388　传真:021-63863300
联系人:周忠惠　经办注册会计师:周忠惠　王笑
(五)律师事务所和经办律师　法定名称:国浩律师集团事务所
注册及办公地址:北京市复兴门内大街158号远洋大厦F7
法定代表人:张涌涛　电话:010-66411188
传真:010-66413800　联系人:黄伟民　经办律师:黄伟民

二、主要财务指标

单位:人民币元

主要财务指标		
1	期末基金可分配净收益	60,022,436
2	本期单位基金实现净收益	0.0599
3	期末基金资产总值	666,017,511
4	期末基金资产净值	597,816,002
5	期末单位基金资产净值	1.1956
6	基金资产净值收益率	6.46%
7	本期基金可分配收益率	12.94%
8	本期基金净值增长率	6.20%
9	基金累计净值增长率	6.20%

三、基金管理人报告

本基金2000年度业绩表现

截止到2000年12月31日,本基金单位净值为1.1956元,年净值增长率为 6.20%,扣除当年配售新股对基金净值增长的贡献因素,基金净值年增长率为 5.69 %。2000年实现收益达每基金单位0.12元,每基金单位分红0.11元。

基金经理简介

江德生先生,基金经理,38岁,硕士学历,6年证券从业经历。曾在海南港澳国际信托投资公司从事证券研究工作,1998年加入博时基金管理有限公司,先后从事证券研究、基金投资管理等工作。

本基金投资理念

以宏观分析和行业分析为指导,以具有核心竞争优势、业绩可持续成长、属于朝阳行业的上市公司为主要投资目标,以积极的投资策略为基金持有人谋取长期稳定的投资回报。

裕泽基金的投资风格

1. 以研究支持决策,注重宏观分析与行业比较,注重对上市公司的深入研究。

2. 坚持在高速成长的行业中,选择具有核心竞争优势、业绩可持续成长的上市公司,作为主要投资目标。

3. 在投资组合的构造过程中,将"由上而下"的资产配置与"由下而上"的股票选择相结合:即,一方面根据宏观分析与行业比较,合理确定不同行业不同板快的投资比例,另一方面根据对上市公司的研究,合理确定单一上市公司的投资比例。

4. 在投资组合的实施过程中,关注宏观经济形势与政策的发展,关注行业与公司基本情况的变化,注重证券市场时机的把握,积极主动调整投资组合的比例与结构,努力控制系统风险与非系统风险。

(一) 基金经理工作报告

1.2000年宏观经济背景及证券市场回顾

2000年以来,在我国连续数年扩大内需政策和世界经济全面复苏的良好外部条件的共同作用下,我国宏观经济出现了重要转机。GDP增长开始结束连续7年增速下降的格局,城乡消费稳中趋旺,以石油、钢材为代表的生产资料价格普遍回升,对外贸易在经历了东南亚金融危机的冲击后增势强劲,国企脱困出现重大进展。稳步好转的国民经济是股票市场上涨的最根本动力。今年以来证券管理层提出了以市场化的方式规范和发展市场的管理理念,相继推出改革新股发行方式、允许三类企业和保险公司资金入市、允许券商进行股票质押贷款和超常规发展机构投资者等促进证券市场发展的措施,扩大了二级市场的有效需求。

在此背景下,我国证券市场获得了快速发展,股指屡创新高,股票市场作为宏观经济"晴雨表"的功能日益突出。2000年上证综指增长率为51.65%,深市成指的增长率为41.05%,在全球股市涨幅中位居第一。另一方面,资金推动型的行情有其固有的缺陷,股票市场在快速发展的同时也暴露出不少问题。进入8月份以后,投资风险逐渐累积,投资者心理趋于谨慎,股指呈高位震荡。

本基金管理人于2000年3月27日正式接管该基金,当时由于市场对新经济繁荣的预期过大、过早,网络科技股中存在着较大的泡沫。我们认为没有业绩支撑的股价是无法维持的,价值终究会回归,于是着手调整基金的持仓结构,减持网络科技股。由于受到多方面因素的影响和限制,不能及时做出全面的调整,从而影响了基金净值的增长。与此同时,基于对国家宏观经济形势的判断,我们认为部分带有"先行"特征的行业,如能源、地产、交通运输等循环型行业将会在经济复苏中受益,因此购入了价值型能源股票如粤电力、地产类股票深万科等,6月底基金扩募完成后,继续进行持仓结构的调整,增持了粤电力等蓝筹股,新购入了次新股如广汇股份、宁波韵升等一批高成长股票。事实证明对本基金的结构调整是正确的,其股票选择也是对的,具体表现为基金净值的稳步增长和良好的抗跌性。

四、基金托管人报告

本托管人——中国工商银行,依据《裕泽证券投资基金基金契约》与《裕泽证券投资基金托管协议》,托管裕泽证券投资基金。 2000年度,在对裕泽证券投资基金的托管过程中,本托管人严格遵守了《证券投资基金管理暂行办法》及其实施准则、基金契约、托管协议和其他有关法规的规定,对裕泽证券投资基金的投资运作进行了全面的会计核算和应有的监督,没有发生任何损害基金持有人利益的行为,诚实信用、勤勉尽责地履行了作为托管人所应尽的义务。

本托管人依照《证券投资基金管理暂行办法》及其实施准则、基金契约、托管协议和其他有关法规的规定,对裕泽证券投资基金的投资组合进行了监督,认为博时基金管理有限公司在裕泽证券投资基金的投资运作、基金资产净值及单位基金资产净值的计算上,遵守《证券投资基金暂行办法》及其实施准则、基金契约、托管协议和其他有关法规的规定,没有发现任何损害基金持有人利益的行为。 本托管人依法对裕泽证券投资基金管理人——博时基金管理有限公司在2000年度所编制和披露的裕泽证券投资基金资产净值公告、基金投资组合公告、基金年度报告等公告信息进行了核查,认为裕泽证券投资基金管理人——博时基金管理有限公司在2000年度内所编制和披露的基金信息是合法、真实和完整的。　中国工商银行基金托管部　2001年3月27日

五、基金年度财务报告

(一) 审计报告　普华永道审字(2001)第326号

裕泽证券投资基金全体持有人:

我们接受委托,审计了裕泽证券投资基金(以下简称"裕泽基金") 2000年12月31日的资产负债表及2000年3月24日(基金资产移交基准日)至2000年12月31日止期间的收益及收益分配表。这些会计报表由裕泽基金管理人博时基金管理有限公司负责,我们的责任是对这些会计报表发表审计意见。我们的审计是根据《中国注册会计师独立审计准则》的规定进行的。在审计过程中,我们结合裕泽基金的实际情况,实施了包括抽查会计记录等我们认为必要的审计程序。

我们认为,下述裕泽基金会计报表符合中华人民共和国《企业会计准则》、《证券投资基金管理暂行办法》实施准则第五号证券投资基金信息披露指引、裕泽基金契约和中国证券监督管理委员会允许的如会计报表附注所列示的基金行业的实务操作规定,在所有重大方面公允地反映了裕泽基金2000年12月31日的财务状况及2000年3月24日 (基金资产移交基准日) 至2000年12月31日止期间的经营成果。

普华永道中天　注册会计师:周忠惠
会计师事务所有限公司　注册会计师:王笑　2001年1月19日

(二)　基金会计报告书

1、裕泽证券投资基金收益及收益分配表

2000年3月24日(基金资产移交基准日)至2000年12月31日止　单位:人民币元

项　目	行次	2000
收　入	1	期末数
证券买卖差价	2	
股票 (附注3(e))	3	34,925,921
债券 (附注3(e))	4	354,027
投资收益	5	
股息收益 (附注3(e))	6	1,016,978
其他收入 (附注6)	7	1,446,089
额定扩募费用余额 (附注3(j), 7)	8	464,764
收入及额定扩募费用余额合计	9	38,207,779
费　用	10	
基金管理费(附注3(f))	11	5,364,711
基金托管费 (附注3(h))	12	908,379
卖出回购证券支出 (附注3(i))	13	687,178
其他费用	14	1,286,669
费用合计	15	8,246,937
本期净收益	16	29,960,842
基金资产移交及扩募中产生的未分配收益变动	17	
—基金资产移交基准日前未分配收益 (附注8)	18	29,574,594
—扩募中发起人购买基金单位的溢价部分 (附注8)	19	487,000
本期可分配收益	20	60,022,436
收益分配 (附注3(l), 11)	21	-
未分配净收益	22	60,022,436

六、基金持有人结构及前十名持有人

(一) 基金持有人结构:

	持有份额(份)	占总份额的比例(%)
基金发起人		
其中:国通证券有限责任公司	2,500,000	0.50
博时基金管理有限公司	2,500,000	0.50
社会公众	495,000,000	99.00
合计	500,000,000	100

(二) 裕泽基金前十名持有人(截止2000年12月31日):

	持有人名称	持有份额(份)	占总份额的比例(%)
1	李建成	3,072,900	0.61
2	上海大陆物业有限公司	3,000,000	0.60
3	余伟忠	2,871,000	0.57
4	国通证券有限责任公司	2,500,000	0.50
5	博时基金管理有限公司	2,500,000	0.50
6	谢锴	2,427,025	0.49
7	李文书	2,000,000	0.40
8	中国电力财务有限公司	2,000,000	0.40
9	徐凤英	1,893,500	0.38
10	东风汽车公司	1,677,591	0.34

天华证券投资基金

天华证券投资基金扩募说明书

重要提示:基金管理人保证本扩募说明书的内容真实、准确、完整。本次基金扩募已经中国证监会审核同意,但中国证监会对本基金做出的任何决定,均不表明其对本基金的价值和收益做出实质性判断或保证,也不表明投资于本基金没有风险。

基金管理人承诺以诚实信用、勤勉尽责的原则管理和运用基金资产,但不保证基金一定盈利,也不保证最低收益。

扩募有风险,基金管理人提醒投资者注意。

内容摘要

基金发起人:西南证券有限责任公司
南方证券有限公司
东北证券有限责任公司
湘财证券有限责任公司
银华基金管理有限公司
基金管理人:银华基金管理有限公司
基金托管人:中国农业银行
扩募协调人:湘财证券有限责任公司、西南证券有限责任公司
基金名称:天华证券投资基金
基金简称:基金天华
基金规模:842,091,200份基金单位
上市地点:深圳证券交易所
基金代码:4706
基金类型:契约型封闭式基金
基金面值:人民币1.00元
基金扩募总数量:1,657,908,800份基金单位
发起人认购数量:25,000,000份基金单位
持有人配售数量:1,632,908,800份基金单位
持有人配售比例:10: 19.391116
发起人认购价格:以权益登记日(全面摊薄)的每份基金单位净值加0.01元扩募发行费用与1.01元比取高者。
持有人配售价格:每基金单位1.01元
权益登记日:2001年8月20日
除权基准日:2001年8月21日
持有人配售缴款时间:2001年8月22日--2001年8月28日
机构投资者预约认购及缴纳预付款期:2001年8月27日--2001年8月30日
机构投资者缴纳余款期:2001年8月31日-2001年9月3日
发起人配售及认购剩余部分缴款时间:2001年9月4日
扩募说明书签署日期:2001年8月14日

尚未办理基金份额确认的基金持有人,应尽快办理相关确认手续,在权益登记日之前基金份额未能确认到帐的基金持有人,将不能获得本次扩募配售权,由此引起的损失由持有人自行承担。

本次扩募以现有基金份额842,091,200份为基数,发起人西南证券有限责任公司、南方证券有限公司、东北证券有限责任公司、湘财证券有限责任公司、银华基金管理有限公司认购2,500万份基金单位,余下部分按10:19.391116的比例向权益登记日收市后在深圳证券交易所登记在册的基金天华持有人配售。持有人放弃部分由境内依法设立的商业保险公司等机构投资者认购,机构投资者认购剩余部分,由发起人全部认购。

基金存续期从1999年7月12日至2009年7月11日止。

一、绪 言

本扩募说明书依据《证券投资基金管理暂行办法》及其实施准则等有关法规以及《天华证券投资基金基金契约》编写。本次基金扩募经过原四川国债投资基金2000年6月10日临时持有人大会决议通过,并经中国证券监督管理委员会证监基金字[2001]24号文《关于同意天华证券投资基金上市和扩募的批复》批准。

本基金发起人已认真审核该扩募说明书,确信其中不存在任何虚假内容、误导性陈述或重大遗漏,并对其真实性、准确性、完整性承担个别及连带责任。

本基金是根据本扩募说明书载明的资料申请发行的。本基金管理人没有委托或授权任何其他人提供未在本扩募说明书中载明的信息,或对本扩募说明书作任何解释或者说明。

二、释 义

本扩募说明书中除非文义另有所指,下列词语具有以下含义:

基金或本基金 指天华证券投资基金
《暂行办法》指《证券投资基金管理暂行办法》
基金契约 指《天华证券投资基金基金契约》
扩募说明书 指《天华证券投资基金扩募说明书》
中国证监会 指中国证券监督管理委员会
基金发起人 指 西南证券有限责任公司、南方证券有限公司、东北证券有限责任公司
湘财证券有限责任公司、银华基金管理有限公司
管理人 指银华基金管理有限公司
托管人 指中国农业银行
持有人 指权益登记日登记在册的基金天华持有人
权益登记日 指配售认购权的登记日期
扩募协调人 指湘财证券有限责任公司与西南证券有限责任公司
商业保险公司 指具有认购证券投资基金资格的商业保险公司
机构投资者 指依法存续并依照有关法律、法规有权持有证券投资基金的法人

三、本次扩募有关当事人

(一)基金发起人
1、银华基金管理有限公司
法定代表人:黑学彦
注册地址:深圳市深南大道6008号报业大厦19楼
电话:010-68457647,68457653
联系人:贾杰,刘勇
2、湘财证券有限责任公司
法定代表人:陈学荣
注册地址:长沙市黄兴路63号中山国际大厦十二楼
电话:021-68634510
联系人:毛劲虎、栾志刚
3、西南证券有限责任公司
法定代表人:张引
注册地址:重庆市渝中区临江支路2号合景国际大厦A栋
电话:023-63786560
联系人:侯曦蒙
4、南方证券有限公司
法定代表人:沈沛
注册地址:深圳市罗湖区嘉宾路4028号太平洋大厦20-28层
电话:0755-2138138
联系人:钟宇
5、东北证券有限责任公司
法定代表人:李树
注册地址:长春市长春大街142号
电话:0431-8910430
联系人:毕子男
(二)基金扩募协调人
1、湘财证券有限责任公司
法定代表人:陈学荣
注册地址:长沙市黄兴路63号中山国际大厦十二楼
电话:021-68634510-8300/8220
传真:021-68865411
联系人:毛劲虎、栾志刚
2、西南证券有限责任公司
法定代表人:张引
注册地址:重庆市渝中区临江支路2号合景国际大厦A栋
电话:023-63786560
传真:023--63786561
联系人:侯曦蒙
(三)律师事务所及经办律师
金诚律师事务所
法定代表人:杨建津
注册地址:北京市建国门内大街8号中粮广场A座6层
电话:010-65263518
传真:010-65263519
经办律师:贺宝银、庞正中
(四)会计师事务所及经办注册会计师
岳华会计师事务所
法定代表人:李延成
注册地址:北京市朝阳区宵云路26号鹏润大厦12层B01----B03
电话:010--84584417
传真:010--84584428
经办注册会计师:魏先锋,潘帅

四、本次扩募背景

(一)基金本次扩募是经原四川国债投资基金临时持有人大会决议通过,并经中国证券监督管理委员会证监基金字[2001]24号文《关于同意天华证券投资基金上市和扩募的批复》批准。

(二) 基金扩募原因

1、本基金扩募后,有利于发挥规模效益,提高基金管理人的管理水平和效率,应用更先进的管理技术和设备,给基金持有人带来更高的回报。

2、本基金为成长型基金。所追求的投资目标是在尽可能地分散和规避投资风险的前提下,谋求基金资产增值的最大化。本基金管理人相信基金规模的扩大,有利于充分利用该投资策略建立有效的投资组合、分散投资风险,为基金持有人谋求资产的稳定回报。

五、法律意见

本次扩募由北京金诚律师事务所出具法律意见书,认为本次扩募不存在实质性法律障碍,事务所对本次扩募的合法性给予确认。

六、扩募方案

(一)扩募数量

基金天华将由现有的842,091,200份基金单位扩募到25亿份基金单位,扩募总份额为1,657,908,800份基金单位。其中发起人银华基金管理有限公司、湘财证券有限责任公司、西南证券有限责任公司、南方证券有限公司、东北证券有限责任公司共认购2,500万份基金单位,每家发起人各认购500万份基金单位。余下部分按10:19.391116的比例向权益登记日收市后登记在册的基金天华持有人配售。持有人放弃部分由境内依法设立的商业保险公司等机构投资者认购,机构投资者认购后的剩余部分,由发起人全部认购。

(二)扩募价格

本基金单位面值为1.00元人民币。

基金持有人配售价格为每份基金单位1.01元人民币,其中0.01元为扩募费用。

基金发起人认购价格以权益登记日(全面摊薄)的基金单位净值加0.01元扩募费用与1.01元(基金单位面值加0.01元扩募费用)比取高者。

(三)、扩募方式

本次扩募以现有基金总份额842,091,200份为基数,按10:19.391116的比例,向基金权益登记日收市后登记在册的天华证券投资基金持有人配售1,632,908,800份基金单位。

基金发起人认购基金扩募后总份额的1%,即2500万份基金单位。

基金持有人放弃部分由商业保险公司等机构投资者认购,如果机构投资者认购数量超过基金持有人放弃部分数量,则按比例配售;机构投资者认购后的剩余部分,由基金发起人全部认购。

(四)本次扩募前后基金份额变动情况

本次扩募后,本基金规模将达到25亿份基金单位,扩募前后基金份额变动情况如下:

单位:份基金单位

	扩募前	配售增加	扩募后	扩募后比例%
发起人份额	0	25,000,000	25,000,000	1
社会公众份额	842,091,200	1632908800	2,475,000,000	99
总份额	842,091,200	1657908800	2,500,000,000	100

(五)本基金扩募配售、认购时间安排

时间	事项
2001年8月20日	权益登记日
2001年8月21日	除权日
2001年8月22日-2001年8月28日	基金持有人配售缴款起止日
2001年8月27日-2001年8月30日	机构投资者预约认购及缴纳预付款期
2001年8月31日-2001年9月3日	机构投资者缴纳余款期
2001年9月4日	基金发起人认购基金缴款日

七、本次扩募认购办法

(一)认购缴款起止日期

基金持有人认购缴款起止日:2001年8月22日-2001年8月28日,(期内券商营业日)逾期未缴款视为自动放弃认购权

机构投资者认购及缴纳预付款期:2001年8月27日-2001年8月30日

机构投资者缴纳余款期:2001年8月31日-2001年9月3日

发起人认购基金单位日期:2001年9月4日

(二)缴款地点

基金持有人认购缴款地点:深圳证券交易所联网的全国各基金天华托管券商营业网点

商业保险公司等机构投资者缴款地点:湘财证券有限责任公司

基金发起人缴款地点:中国农业银行

(三)缴款办法

1、基金持有人凭本人身份证、深圳证券账户卡认购基金。认购时填写认购简称"天华配售"买入单,交易代码:8706,每基金单位1.01元,认购限额为其在登记日截止时持有的本基金份额乘以1.9391116后取整数部分。若基金持有人在2001年8月21日-8月28日期间办理了"基金天华"的转托管,仍在原托管券商处认购。

2、发起人认购部分,认购款直接划至中国农业银行指定的银行帐户。

3、机构投资者认购部分的缴款方式

(1)基金持有人放弃部分由商业保险公司等机构投资者认购,机构投资者最低 申购数量必须为1,000万基金单位以上且必须为100万基金单位的整数倍。一般机构投资者申购上限为本基金扩募后总份额的3%,即7,500万份基金单位;商业保险公司申购上限为本基金扩募后总份额的10%,即25,000万份基金单位。

(2)有意参与配售的商业保险公司等机构投资者需填写《机构投资者认购天华 证券投资基金申请表》(可复印放大),法人签字并加盖公章后于2001年8月30日17 :00时前,以传真方式传至湘财证券有限公司,并缴纳相当于认购金额20%的预付款。(详见天华证券投资基金扩募配售办法公告)

(3)预付款必须在2001年8月30日17:00时前到达扩募协调人指定的银行帐户(1、户名:湘财证券有限责任公司,帐号:9530061012135000012,开户行:建行长沙芙蓉支行;或2、户名:湘财证券有限责任公司,帐号:01027310864,开户行:工商银行长沙五一路支行),投资者务必注意确保资金及时抵达。只有按格式要求填写了认购申请表且预付款足额到帐的申购才为有效申购。

(4)若机构投资者有效认购数量超过持有人放弃配售的基金份额,则按比例配售(不足1份的余额,由发起人认购)。若机构投资者有效认购数量小于或等于持有人 放弃配售的基金份额,则按照有效申购量全额配售。

(5)机构投资者的获配结果将由扩募协调人于其申购截止日后的第二个工作日 内以传真方式进行通知,获配者应保证余款于2001年9月3日17:00前到达扩募协调人指定的银行帐户(1、户名:湘财证券有限责任公司,帐号:9530061012135000012,开户行:建行长沙芙蓉支行;或2、户名:湘财证券有限责任公司,帐号:01027310864,开户行:工商银行长沙五一路支行),投资者务必注意确保资金准时抵达,逾期未到帐的视为违约。未获配部分申购款于其申购截止日后的第二个工作日开始退款。

(6)机构投资者配售价格为1.01元(含0.01元扩募费用),不再收取任何手续 费。

八、基金扩募部分的交易

基金本次扩募部分,将在深圳证券交易所上市交易,具体上市时间另行公告。根据有关规定,发起人持有的基金份额应超过基金总份额的1%,在本基金存续期间, 基金发起人持有的基金单位不得低于基金总规模的0.5 %,发起人持有的其余部分在基金扩募部分上市二个月后方可流通。

按照《关于加强证券投资基金监管有关问题的通知》(证监基金字[1998]29号文)的要求,一个投资者直接或间接持有一只基金的份额不得超过基金总份额的3%(另有规定者除外)。在本次扩募权益登记日,持有本基金份额超过3%的投资者,本 次可参与配售,但不得在二级市场增持,并在基金上市六个月以内调整到规定比例。

九、基金的投资

(一)投资目标

本基金为成长型基金。所追求的投资目标是在尽可能地分散和规避投资风险的前提下,谋求基金资产增值的最大化。因此,本基金管理人将以政策为先导,以科学严谨的行业、企业研究和市场分析为基础,选择未来一定时期内持续、高速成长的上市公司为主要投资目标,根据相对稳健的价值评估原则,采取适度集中的投资策略,详细计划,严格执行,追求基金资产长期稳定的增长,力求为基金持有者以超越市场的回报。

(二)投资范围

本基金的投资范围仅限于国内依法公开发行、上市的股票、债券及中国证监会允许基金投资的其他金融工具,其主要投资对象为未来发展前景及收益良好的高成长上市公司股票和债券。

(三)投资决策

1、决策依据

(1)国家有关法律、法规和本基金契约的有关规定

(2)国家宏观经济环境及其对证券市场的影响

(3)货币政策的变化

(4)利率走势与通货膨胀预期

(5)地区及行业发展状况

(6)上市公司价值发现

(7) 国内及世界著名研究机构的研究报告

2、决策程序

本基金采用投资决策委员会领导下的基金经理负责制。基金管理人选择具有丰富证券投资经验的人员担任基金经理。投资决策委员会由公司总经理、分管投资的副总经理、研究策划部经理及相关人员组成。本基金的投资决策程序如下:

(1)研究策划部提出研究报告

研究员将广泛地参考和利用公司外部的研究成果,尤其是研究实力雄厚的证券经营机构提供的研究报告,并经常拜访国家有关部委,了解国家宏观经济政策及行业发展状况。经过筛选、归纳、整理,定期或不定期地撰写宏观经济分析报告、行业分析报告、上市公司分析报告和证券市场行情报告。

研究员通过对市场行情和上市公司价值变化的分析研究,走访调查上市公司,进行上市公司的竞争优势分析及价值评估,挖掘有投资价值的上市公司,并撰写上市公司投资价值分析报告。

研究策划部向投资决策委员会提供研究报告,为投资决策委员会提供投资决策依据。

(2)基金经理部参考研究策划部的宏观、行业、企业及市场分析报告,制定具 体投资计划。

(3)投资决策委员会审议并决定基金的总体投资计划。

投资决策委员会将认真分析基金经理部的投资计划结合研究员所提供的研究报告,为基金制定投资原则、投资目标和投资策略,确定股票、国债及现金之间的投资组合和资产分配。

基金经理根据投资决策委员会确定的基金投资计划,参考研究策划部的宏观、行业、企业及市场分析报告,制定具体投资组合方案,包括投资结构、投资个股及持仓比例。

(4)由基金经理向集中交易室下达具体交易指令。

(5)风险控制委员会在市场发生重大变化以及内部管理出现严重问题和重大违 规事件时可以行使业务于预权。

风险控制委员会由董事长任主席,公司总经理、独立董事、监事、督察员任委员组成,副总经理列席会议。风险控制委员会根据市场变化对基金投资组合进行风险评估,并提出风险防范措施。监察稽核部对计划的执行过程进行日常监督,投资计划执行完毕, 基金经理负责定期向投资决策委员会提出总结报告。

(四)基金经理

石松鹰先生:31岁,研究生学历,经济师,曾在中国金谷国际信托投资有限责任公司、北京中协天地投资顾问有限责任公司工作,具有七年证券从业经历,历任中国金谷国际信托投资有限责任公司证券部业务经理,基金投资部经理;北京中协天地投资顾问有限责任公司副总经理,现任本基金基金经理。

(五)投资组合

1、由于本基金由《暂行办法》颁布前的老基金规范后设立,经中国证监会批准 ,基金资产存在一段调整期,调整期自基金上市之日起半年。调整期间结束后,本基金的投资组合应符合以下规定:

(1)本基金投资于股票、债券的比例,不得低于本基金资产总值的80%;投资 于国家债券的比例,不得低于本基金资产净值的20%。

(2)本基金持有一家上市公司的股票,不超过基金资产净值的10%。

(3)本基金与由本基金管理人管理的其他基金持有一家上市公司发行的证券总 和,不超过该证券的10%。

(4)遵守中国证监会规定的其他比例限制。

2、本基金投资组合的原则

本基金投资组合遵循以下基本原则:

(1)资本增值原则

基金管理人应以专业态度和稳健手法管理和运用基金资产,经过综合分析判断,选择最具成长潜力的行业及成长性较好的行业中最具成长潜力的上市公司作为投资对象,确保基金资产的稳定增值。

(2)一致性获利原则

制定切实可行的投资目标,注重行业发展前景和上市公司价值的长期增长,分享优秀上市公司业绩成长,并使基金资产一致性获利原则贯彻到各个员工的工作中,发挥整体作战能力,确保基金资产净值稳定增长,为基金持有人谋求长期稳定的投资收益。

(3)追求卓越报酬原则

在基金资产净值保本的前提下,利用基金已实现的当期利润,充分发挥灵活操作、主动进取的投资风格,使基金投资不断产生新的利润增长点。

因此,本基金的股票投资将以中长期投资为主,在充分研究的前提下,主要投资于优秀上市公司绩优股和高成长股,以保证基金资产的稳定收益,实现基金持有人获得长期稳定的回报;同时,在股票投资组合中,将根据市场的变化,保留一定比例的短期投资,相机抉择,灵活投资,在防范风险的前提下,增加基金的收益;本基金也投资国债,为保证基金资产的流动性和收益性,在国债投资组合中,长期国债和短期国债将保持适当的比例,以保证稳定收益,分散投资风险;在不违反《暂行办法》及基金契约有关规定的前提下,基金管理人可根据具体情况, 对基金投资组合进行调整。

(六)投资限制

本基金投资范围仅限于国债和国内依行、上市的可流通股票,及中国证监会允许基金投资的其他金融工具。

本基金禁止从事下列行为:

1)投资于其他基金;

2)将基金资产用于抵押、担保、资金拆借或者贷款;

3)以基金的名义使用不属于基金名下的资金买卖证券;

4)从事证券信用交易;

5)以基金资产进行房地产投资;

6)从事可能使基金资产承担无限责任的投资;

7)将基金资产投资于与基金托管人或者基金管理人有利害关系的公司发行的证 券;

8)进行内幕交易、操纵市场,通过关联交易损害基金持有人的利益;

9)配合管理人的发起人、本基金的发起人及其他任何机构的证券投资业务;

10)故意维持和抬高管理人的发起人、本基金的发起人及其他任何机构所承销股票的价格;

11)中国证监会规定禁止从事的其他行为。

(七)基金管理人代表基金行使股东权利的处理原则和方法

1、不谋求对上市公司的控股,不参与所投资上市公司的经营管理 ;

2、有利于基金资产的安全与增值;

3、独立行使股东权利,保护基金投资者的利益。

十、风险揭示

本基金的投资可能存在风险,欲投资本基金还应特别注意扩募风险:

(一)市场风险

证券市场价格因受各种因素的影响所引起的波动,将对本基金资产产生潜在风险,主要包括:

1、政策风险

货币政策、财政政策、产业政策等国家政策的变化对证券市场产生一定的影响,导致市场价格波动,影响基金收益而产生风险。

2、经济周期风险

证券市场是国民经济的晴雨表,而经济运行具有周期性的特点。宏观经济运行状况对证券市场的收益水平产生影响,从而产生风险。

3、利率风险

金融市场利率波动会导致股票市场及债券市场的价格和收益率的变动, 同时直接影响企业的融资成本和利润水平。基金投资于股票和债券,收益水平会受到利率变化的影响。

4、上市公司经营的风险

上市公司的经营状况受多种因素影响,如业内竞争、市场前景、管理能力、财务状况等都会导致公司盈利发生变化。

5、购买力风险

基金的收益主要通过现金形式来分配,而现金可能因为通货膨胀的影响而使购买力下降,从而使基金的实际投资收益下降。

(二)管理风险

在基金管理运作过程中,可能因基金管理人对经济形势和证券市场等判断有误,及获取的信息不全等影响基金的收益水平。同时,基金管理人和基金托管人的管理水平、管理手段和管理技术等对基金收益水平也存在影响。

(三)扩募风险

1、本基金将扩募至25亿份基金单位,如果基金原持有人欲维持所持基金份额占 基金总份额

的比例不变,可能面临较大的资金压力;

2、如果基金以低于权益登记日收盘的价格扩募,而基金持有人因故未足额认购 扩募时向其优先配售的基金单位,除权后可能蒙受一定损失;

3、基金规模对基金的市场价格具有一定影响,基金规模的扩大将导致基金单位 净值的变化,基金市场价格也可能会产生相应波动;

4、参与扩募的商业保险公司及一般法人机构配售价格与持有人配售价格相同,该价格可能会高于单位基金净资产值,当扩募后基金价格低于配售价格时,将发生损失。

(四)其他风险

战争、自然灾害等不可抗力可能导致基金资产的损失,影响基金的收益水平,从而带来风险。

十一、基金资产

(一)基金资产总值

基金资产总值包括基金购买的股票、债券、银行存款本息以及其他投资所形成价值的总和。

(二)基金资产净值

基金资产净值是指基金资产总值减去按照国家有关规定可以在基金资产中扣除的费用后的价值。

(三)基金资产的帐户

本基金资产以天华证券投资基金专户的名义在中国农业银行开立基金专用银行存款帐户及证券帐户,与基金管理人和基金托管人自有资产帐户以及其他基金资产帐户相独立。

(四)基金资产的处分

本基金资产独立于基金管理人和基金托管人的资产,并由基金托管人保管。基金管理人、基金托管人以其自有的资产承担法律责任,其债权人不得对基金资产行使请求冻结、扣押或其他权利。除依据《暂行办法》、本基金契约及其他有关规定处分外,基金资产不得被处分。

十二、基金资产估值

(一)估值目的:基金资产的估值目的是客观、准确地反映基金资产是否保值、增值。

(二)估值日:每日对基金资产进行估值。

(三)估值方法

1、上市证券按当日平均价计算;该日无交易的证券,以最近一个交易日的平均 价计算;

2、未上市的股票(指申购新股)以其购入成本价计算;

3、未上市国债及银行存款,以本金加计至估值日止应计利息额计算;

4、如遇特殊情况而无法或不宜以上述规定确定资产价值时,基金管理人依照国 家相关规定办理。

(四)估值对象

基金所拥有的股票、债券、股息红利、债券利息和银行存款本息。

(五)估值程序

基金日常估值由基金管理人进行。基金资产净值由基金管理人完成估值后,将估值结果以书面形式报给基金托管人,基金托管人按基金契约规定的估值方法、时间、程序进行复核;基金托管人复核无误后签字返回给基金管理人;月末、年中和年末估值复核与基金会计帐目的核对同时进行。

(六)暂停估值的情形

基金投资涉及的证券交易所遇法定节假日,因故暂停营业时;因不可抗力致使基金管理人无法准确评估基金资产价值时。

十三、基金费用与税收

(一)基金费用的种类:基金管理人的报酬;基金托管人的托管费;基金上市费用;证券交易费用;基金信息披露费用;基金持有人大会费用;会计师费和律师费;基金的宣传费用;按照国家有关规定可以列入的其它费用。

(二)基金费用计提方法、计提标准和支付方式

1、基金管理人的报酬

基金管理人的报酬由两部分组成,一部分是基金管理费,以基金资产净值的 1.5 %的年费率计提;另一部分是业绩报酬,当基金的可分配净收益率高于同期银行一年定期储蓄存款利率 20%以上,且当年基金资产净值率高于同期证券市场平均收益率时,按一定比例计提。具体计提方法如下:

(1) 基金的管理费:

该项费用按前一日的基金资产净值的 1.5%的年费率计提。若本基金持有现金的比例超过资产净值的 20%,超出部分不计提基金管理费。计算方法如下:

$H=E\times1.5\%\div$当年天数

H 为每日应计提的基金管理费

E 为前一日基金资产净值(扣除本基金持有现金比例超过 20%部分的基金资产净 值)

基金管理人的管理费每日计算,逐日累计至每月月底,按月支付,由基金托管人于次月前两个工作日内从基金资产中一次性支付给基金管理人。

(2) 管理人业绩报酬:

业绩报酬根据基金全年的经营业绩情况而定,在同时满足如下条件的情况下每年计提一次,直接用于奖励基金管理人员:

1 基金年平均单位资产净值不能低于面值;

2 基金可分配净收益率超过同期银行一年定期储蓄存款利率 20%以上;

3 基金资产净值增长率超过证券市场平均收益率;

4 基金收益分配后其每单位资产净值不能低于面值。

在同时满足以上条件的情况下,基金业绩报酬的计算方法为:

业绩报酬=调整后期初资产净值×Min[M,N]×5%

其中,

M=基金可分配净收益率-1.2×同期银行一年定期储蓄存款利率(如果年内利率 发生变动,则按时间段进行加权平均调整);

N=基金资产净值增长率-证券市场平均收益率;

Min[M,N]为 M、N 中较小者;

基金可分配净收益率=当期可分配净收益/调整后期初资产净值;

基金资产净值增长率=(期末基金资产净值-调整后期初资产净值)/调整后期初资产净值;

证券市场平均收益率=[(深证综指年涨跌值×深市平均总市值+上证综指年涨跌 值×沪市平均总市值)/(深市平均总市值+沪市平均总市值)]×80%+同期国债收益 率×20%

深市平均总市值=(期末深市总市值+期初深市总市值)/2

沪市平均总市值=(期末沪市总市值+期初沪市总市值)/2

基金管理人业绩报酬于每个基金会计年度结束后计算,若可以提取基金业绩报酬则由基金托管人于次个基金会计年度前 20 个工作日内从基金资产中一次性支付给基金管理人。

2、基金托管人的托管费

基金托管人的托管费按前一日的基金资产净值的 0.25%的年费率计提。计算方法如下:

$H=E\times0.25\%\div$当年天数

H 为每日应支付的基金托管费

E 为前一日的基金资产净值(扣除本基金持有现金比例超过 20%部分的基金资产 净值)

基金托管费每日计算,逐日累计至每月月底,按月支付,由基金托管人于次月前两个工作日内从基金资产中一次性支取。

3、上述(一)基金费用第 3-7 项费用由基金托管人根据有关法规及相应协议规 定,按费用实际支出金额,由基金托管人从基金资产中支付。

4、经基金管理人与基金托管人协商一致,可以调低基金管理人的报酬及基金托 管费,并报中国证监会核准后公告,无须召开基金持有人大会通过。

(三)不列入基金费用的项目

基金管理人和基金托管人因未履行或未完全履行义务导致的费用支出或基金资产的损失,以及处理与基金运作无关的事项发生的费用等不列入基金费用。

(四)基金税收

本基金及基金持有人应依据国家有关规定依法纳税。

十四、基金收益与分配

(一)基金收益的构成

1、基金投资所得红利、股息、国债利息;

2、买卖证券价差;

3、银行存款利息;

4、其他收入。

因运用基金资产带来的成本或费用的节约计入基金收益。

(二)基金净收益

基金净收益为基金收益扣除按照国家有关规定可以在基金收益中扣除的费用后的余额。

(三)基金收益分配原则

1、基金收益分配比例不低于基金净收益的 90%;

2、基金收益分配采取现金方式,每年至少分配一次,年度分配在基金会计年度 结束后的四个月内实施;

3、基金当年收益弥补上一年度亏损后,才可进行当年收益分配;

4、基金投资当年亏损,则不进行收益分配;

5、每一基金单位享有同等分配权。

(四)基金收益分配方案

基金收益方案中应载明基金收益的范围、基金净收益、基金收益分配对象、分配原则、分配时间、分配数额及比例、分配方式、支付方式等内容。

(五)基金收益分配方案的确定与公告

本基金收益分配方案由基金管理人拟定、由基金托管人核实后确定,在报中国证监会备案后五个工作日内公告。

十五、基金的会计与审计

(一)基金会计政策

1、基金的会计年度为公历年度的 1 月 1 日至 12 月 31 日;

2、基金核算以人民币为记帐本位币,以人民币元为记帐单位;

3、会计制度执行国家有关会计制度;

4、本基金独立建帐、独立核算;

5、基金管理人及基金托管人各自保留完整的会计帐目、凭证并进行日常的会计 核算,按照有关规定编制基金会计报表;

6、基金托管人每月与基金管理人就基金的会计核算、报表编制等进行核对并以 书面方式确认。

(二)基金审计

1、本基金管理人聘请具有证券业从业资格的会计师事务所及其注册会计师对基 金年度财务报表进行审计。会计师事务所及其注册会计师与基金发起人、基金管理人、基金托管人相互独立,并具有从事证券相关业务资格。

2、会计师事务所更换经办注册会计师,须事先征得基金管理人和基金托管人同 意,并报中国证监会备案。

3、基金管理人(或基金托管人)认为有充足理由更换会计师事务所,须经基金 托管人(或基金管理人)同意,并报中国证监会备案后可以更换。更换会计师事务所在 5 个工作日内公告。

十六、基金的信息披露

(一)信息披露的形式

本基金的信息披露应符合《暂行办法》、本基金契约及其他有关规定。本基金信息披露事项必须在中国证监会指定的报纸上公告。

(二)信息披露的内容及时间

1、定期报告

(1)定期报告包括年度报告、中期报告、投资组合公告、基金资产净值公告。

(2)基金管理人应当在每个基金会计年度结束后 90 日内编制完成年度报告并公 告。

(3)基金管理人应当于每个会计年度的前 6 个月结束后 60 日内编制完成中期报告并公告。

(4)投资组合三个月至少公告一次。

(5)基金资产净值每周公告一次。

(6)除特殊情况外,年度报告以外的定期报告毋需经会计师事务所审计。

2、基金的临时报告与公告

基金发生重大事件,有关信息披露义务人应当于第一时间报告中国证监会及基金上市的证券交易所,并编制临时报告书,经上市的证券交易所核准后予以公告,同时报中国证监会。

重大事件是指可能对基金持有人权益及基金单位的交易价格产生重大影响的事件,包括下列情况:

(1)基金持有人大会决议;

(2)基金管理人或基金托管人变更;

(3)基金管理人的董事长、总经理,基金托管部的总经理变动;

(4)基金管理人的董事一年内变更超过 50%;

(5)基金管理人或基金托管人主要业务人员一年内变更达 30%以上;

(6)基金管理人或基金托管人受到重大处罚;

(7)重大诉讼、仲裁事项;

(8)基金提前终止;

(9)其他重大事项。

3、基金信息披露文件的存放与查阅

本基金年度报告、中期报告、临时公告、基金资产净值公告、基金投资组合公告等公告文本存放于基金管理人和基金托管人的办公场所,在办公时间内投资者可免费查阅,亦可按工本费购买复印件。

基金管理人和基金托管人保证文本的内容与所公告的内容完全一致。

十七、基金持有人

(一)基金持有人权利

基金持有人拥有出席或委派代表出席基金持有人大会并行使表决权、取得基金收益、监督基金经营情况并获取基金业务及财务状况的资料、转让基金单位、取得基金清盘后的剩余财产等权利及基金契约规定的其他权利。

每份基金单位具有同等的合法权益。

(二)基金持有人义务

基金持有人负有遵守基金契约、交纳基金认购款项及规定的费用、承担基金亏损或者终止的有限责任、不从事任何有损基金及其他基金持有人利益的活动等义务。

(三)基金持有人大会

基金持有人大会依一定的事由以一定的程序召开,基金持有人大会就有关基金持有人利益的重大事项进行讨论表决,包括:修改基金契约、提前终止基金、更换基金管理人、更换基金托管人、基

金扩募、续期或转型及中国证监会规定的其他情形。基金持有人大会决议必须经出席会议的基金持有人所持表决权的半数以上通过，但更换基金管理人或托管人应由持有半数以上基金单位总额的基金持有人通过。

基金持有人大会决议对全体持有人、基金管理人和基金托管人具有相同约束力。

十八、基金发起人

(一)基金发起人

1、银华基金管理有限公司

法定代表人：黑学彦

注册地址：深圳市深南大道6008号报业大厦19楼

组织形式：有限责任公司

注册资本：1亿 元人民币

成立日期：2001 年 5月28日

经营范围：基金管理，发起设立基金。

2、湘财证券有限责任公司

法定代表人：陈学荣

注册地址：长沙市黄兴路63号中山国际大厦十二楼

组织形式：有限责任公司

注册资本：10.02亿元人民币

成立日期：1996 年 8月2 日

湘财证券有限责任公司财务状况良好，最近三年连续盈利。

经营范围：证券的代理买卖；代理还本付息、分红派息；证券代保管、鉴证；证券的自营买卖；证券的承销和上市推荐；证券投资咨询；资产管理；发起设立证券投资基金和基金管理公司。

3、西南证券有限责任公司

法定代表人：张引

注册地址：重庆市渝中区临江支路2号合景国际大厦A栋

组织形式：有限责任公司

注册资本：11.282095亿元人民币

成立日期：1999年12月28日

西南证券有限责任公司财务状况良好，自成立以来一直盈利。

经营范围：证券的代理买卖；代理还本付息、分红派息；证券代保管；证券的自营买卖；证券的承销和上市推荐；证券投资咨询；资产管理；发起设立证券投资基金和基金管理公司。

4、南方证券有限公司

法定代表人：沈沛

注册地址：深圳市罗湖区嘉宾路4028号太平洋大厦20-28层

组织形式：有限责任公司

注册资本：10亿元人民币

成立日期：1992年9月25日

南方证券有限公司财务状况良好，最近三年连续盈利。

经营范围：代理、自营证券买卖；证券的承销和上市保荐人；发行和代理发行债券；证券的代保管、过户、鉴证；证券的代销、抵押、贴现融资，证券投资咨询；财务顾问；与证券业务有关的投资；企业重组、收购与兼并及融资安排；代理还本付息和分红派息；资金管理；拓展基金业务；境外证券业务；担任证券投资基金的发起人和基金管理公司的发起人；

5、东北证券有限责任公司

法定代表人：李树

注册地址：长春市长春大街142号

组织形式：有限责任公司

注册资本：10.102025亿 元人民币

成立日期：2000 年 6月28日

东北证券有限责任公司财务状况良好，自成立以来一直盈利。

经营范围：证券抵押融资；证券的自营买卖；证券交易代理；证券的承销和上市推荐；证券投资咨询；公司财务顾问；企业重组收购和兼并；基金与资产管理；

(二)基金发起人的权利

基金发起人拥有按基金发起人协议的约定及有关规定持有基金单位；出席或委派代表出席基金持有人大会；取得基金收益；依法转让基金单位；监督基金经营情况，获取基金业务及财务状况的资料；参与基金清算，取得基金清算后的剩余资产以及法律、法规认可的其他权利。

(三)基金发起人的义务

基金发起人负有公告上市公告书；在基金存续期间持有符合规定比例的基金单位；遵守基金契约；承担基金亏损或者终止时的有限责任；不从事任何有损基金及其他基金持有人利益的活动以及法律、法规规定的其他义务。

十九、基金管理人

(一) 基金管理人情况

银华基金管理有限公司

1、法定代表人：黑学彦

2、注册地址：深圳市深南大道6008号报业大厦19楼

3、组织形式：有限责任公司

4、注册资本：1亿 元人民币

5、成立日期：2001 年 5月28 日

6、主要人员情况：

黑学彦先生：董事长，59岁，大学学历，高级经济师，曾任吉林省国际信托投资公司总经理，党组书记；吉林省商业厅副厅长；海南省国际信托投资公司总经理，党组书记；中国证券业常务副秘书长；《中国证券业》杂志主编。

孙兵先生：副董事长，33岁，研究生学历，工程师，曾任重庆国际信托投资公司证券部副总经理，总经理；现任西南证券有限责任公司总裁。

于楠先生：董事兼总经理，44岁，研究生学历，工程师，曾任中国光大国际信托投资公司副总经理；北京首创资产管理有限责任公司总经理；首创证券经纪有限责任公司总经理。

常克川先生：董事，36岁，大学学历，高级经济师，曾任中国农业银行总行副处长；南方证券有限公司投资业务部总经理；现任南方证券有限公司总裁助理。

李维雄先生：董事，46岁，研究生学历，高级经济师，曾任吉林省财政厅外经处处长；现任东北证券有限责任公司总裁。

郑秉文先生：独立董事，46岁，经济学博士后，教授，博士生导师，曾任中国社会科学院培训中心主任，院长助理，副院长；现任中国社会科学院欧洲研究所副所长。

张利平先生：独立董事，43岁，法学及工商管理双硕士，曾任美国美林证券投资银行部经理，副总裁，美林驻北京、上海两地首席代表；现任德利佳华(中)有限公司主席，德国德累斯登银行大中华区主管。

王恬先生，独立董事，46岁，大学学历，高级经济师，曾任中国银行深圳分行行长，深圳天冀基金董事；现任中国国际财务有限公司(深圳)董事长。

陆志芳先生，独立董事，47岁，研究生学历，律师，曾任对外经济贸易大学法律系副主任；北京市仲裁委员会仲裁员，北京市律师协会国际业务委员会副主任委员；现为海问律师事务所律师。

俞昌建先生：监事长，45岁，大学学历，高级经济师，曾任北京航宇经济发展公司副总经理；北京新大都医药公司总经理；现任北京首都创业集团计财部经理。

马春华先生，监事，31岁，大学学历，会计师，曾为北京京都会计师事务所发起人；就职于中国证券监督管理委员会上市公司监管部；现任西南证券有限责任公司总裁助理。

李国农先生：监事，39岁，研究生学历，工程师，曾经就职于机械部销售管理局商情处；北京华远集团电子公司；北京泛达集团系统集成公司，北京首创证券有限责任公司，现任职于银华基金管理有限公司监察稽核部。

凌宇翔先生：督察员，31岁，工商管理硕士，曾任重庆国际信托投资公司证券部部门经理；西南证券有限责任公司基金管理部总经理。

7、部门设置及员工情况

银华基金管理公司目前常设部门有基金经理部、研究策划部、运作保障部、市场开发部、综合管理部、监察稽核部、外派机构等。在董事会下面设立投资决策委员会和风险控制委员会两个专业委员会。

公司有一支高水平的专业化基金管理与研究队伍，所有人员在最近三年内均没有受到所在单位及有关管理部门的处罚。

8、内部管理制度

公司已经建立一套有效的基金管理制度体系，包括《风险控制制度》、《监察稽核制度》、《财务管理制度》、《人事管理制度》、《信息披露制度》等。

(1)风险控制制度

a、建立了以风险控制委员会、监察稽核部和公司各部门、岗位为主线的风险控 制架构，形成了顺序递进、权责明确、严密有效的三道风险监控防线。

b、建立了一整套完善的内部风险控制规则，由管理制度、内控制度和监察稽核 制度组成，这三部分相互对应、相互钩稽、相互制约，各自由公司不同的管理阶层和部门负责，避免了内部人控制和流于形式。

c、确立了一系列风险控制的原则，包括全面性原则、独立性原则、相互制约原 则、有效性原则、防火墙原则、适时性原则等。

d、提出了一系列内部风险控制措施，包括管理风险控制措施、基金投资风险控 制措施、流动性风险控制措施、合规性风险控制措施、操作风险控制措施、人员流失风险控制措施、职业道德风险控制措施和其他风险控制措施等。

e、建立了员工自律承诺制度、持续检验制度、违规报告程序和纪律处分制度，最大限度规范员工自身和公司的行为，并承担相应的责任和义务；在高管人员、督察员、部门经理和基金经理等岗位推行引咎辞职制度。

(2)监察稽核制度

公司设置监察稽核部，为保证监察稽核部独立、客观地开展监察稽核工作，监察稽核部归督察员直接领导，具体执行监察稽核工作。监察稽核部经理由公司督察员提名，总经理任命；监察稽核部定期向督察员汇报工作，提交监察稽核报告。

监察稽核部独立于公司各个部门，以独立、客观、公正的精神执行内部的监察稽核工作。监察稽核工作实行监察稽核报告制度，通过监察稽核报告对公司经营和基金管理过程进行监督、评价、报告和建议，及时准确地发现问题并提出改进建议，最大限度降低公司和基金的运作风险。

监察稽核人员在从事监察稽核工作时，可根据检查项目的不同采取以下方法：帐表核实法；资料审阅法；重点项目抽查法；调查核实法；监听、监视记录抽查法；现场观察法；人员询问法和综合分析法等。

(3)财务管理制度

总经理统一领导全公司的财务工作。综合管理部在公司领导下管理公司系统内的财务工作，行使财务管理职能；负责制定公司内部财务规章制度；编制财务收支预算；负责日常财务收支的审查核算；考核经营成果，定期进行财务分析及财务检查。

公司系统内部实行"统一领导，分级管理，逐级核算"的财务管理体制，通过严格财务管理，加强成本控制工作。公司自有资产的财务管理和基金资产的财务管理相互独立。

(4)人事管理制度

公司重视人才的选拔、培训，通过人事管理制度建立科学规范的约束制度、考核制度、激励制度，不断提高员工素质，公司根据《劳动法》的规定实行全员劳动合同，实行定期的人事考核制度。

(5)信息披露制度

公司根据《证券投资基金管理暂行办法实施准则第五号——证券投资基金信息披露指引》、《证券交易所上市规则》及公司有关规定，制定信息披露制度，坚持客观 、公正、及时、准确的原则，按照国家的法律法规，及时地进行信息披露。

(二) 基金管理公司章程摘要

第九条 公司的经营宗旨：遵守国家法律、法规及其他有关规定，以"严于自律，稳健经营，博采众长，取信于民，竭诚服务"为经营理念，明确公司作为普通投资者的法人主体性质，恪守机构投资者的职业道德，充分发挥专家理财的优势，取信于市场，取信于社会，为基金持有人谋求最大利益。

第十条 公司的经营范围为：

基金管理业务；发起设立基金。

第十四条 公司股东均以现金出资；各股东的出资及其出资占公司注册资本的比例如下：

股东	出资额(万元)	出资比例	出资形式
西南证券	2900	29%	现金
首创集团	2900	29%	现金
南方证券	2100	21%	现金
东北证券	2100	21%	现金

第二十四条股东会是公司的最高权力机构，由全体股东组成。各股东派一名代表作为股东代表参加股东会。股东会依照《公司法》及本章程行使职权。

第三十七条本章程第三十三条规定的董事由股东会提名并选举产生。股东会在选举上述董事时，应本着该董事能够独立于执行管理层，独立于业务，并有效行使独立表决权的原则，确保基金资产与公司自有资产相对独立运作。

第四十二条董事在行使权利、履行义务时，应当以一个合理、谨慎的人在相似的情形下所应当表现的谨慎、勤勉和技能为其所应为的行为，保证董事会独立判断公司事务、决策公司经营，督促公司稳定、规范、独立运作，保护基金投资人权益。

第四十三条董事应当遵守国家法律、法规、公司章程及其他有关规定，忠实履行职责，维护公司利益。保证：

(一)除公司章程另有规定或者经股东会在知情的情况下批准外，不得同本公司订立合同或者进行交易；

(二) 不得利用内幕信息为自己或他人谋取利益；

(三)不得利用职务便利为自己或者他人侵占或接受本应属于公司的商业机会；

(四) 不得将公司自有资产及公司所管理的基金资产以个人名义或者以其他个人名义开立帐户存储；

(五)除非股东会在知情的情况下作出同意的决定，不得公开其在任职期间所获得的涉及本公司的商业秘密。

第四十四条 董事应当谨慎、认真、勤勉地行使公司所赋予的职权，保证：

(一) 公平地对待所有股东；

(二) 在股东会的授权范围内认真阅读公司的各项商务、财务报告；

(三)亲自行使公司所赋予的职权，不得受他人操纵；非经法律、行政法规允许或者得到股东会在知情的情况下批准，不得将其职权转授他人行使；

(四) 不干涉公司内部管理和基金运作的日常业务；

(五)不向公司职员索取或调阅有关基金尚未公开的投资计划、投资意向、投资时间等商业秘密。

第四十五条 公司董事不得有以下行为：

(一) 直接或间接买卖上市公司股票；

二十、基金托管人

（一）基金托管人情况　中国农业银行

1.基本情况　法定代表人:尚福林

注册地址:北京市复兴路甲23号

组织形式:国有独资　注册资本:1320.11亿元人民币

邮政编码:518009　联系电话:010-68424199　联系人:李芳菲

2.发展概况:

中国农业银行是我国最大的商业银行之一，目前在国内设有47家分行,6.5万个分支机构和储蓄网点,是我国营业网点最多、机构覆盖面最广的金融机构。开通了全国专用数据通信网,拥有先进的银行清算系统和安全、高效的清算、交割能力。已实现先进的电子联行、资金汇划的实时清算和汇划、对帐、清算三位一体,能保证客户资金在同城或异地的安全、高效的清算、交割。

3、财务状况:

截止2000年底，中国农业银行各项存、贷款余额分别为18089亿和14844亿元，资产总计21840亿元。

4.主要人员情况

尚福林先生:中国农业银行行长,50岁,博士研究生学历,货币政策委员会委员,曾任中国人民银行计划资金司司长、中国人民银行行长助理、中国人民银行副行长、中国农业银行行长、党委书记,中国银行业协会副会长,中国长城资产管理公司党委书记。

赵安歌先生:基金托管业务主管副行长,50岁,大学学历,高级经济师,曾任中国银行会计部副总经理、总经理、中国银行副行长、党委委员、中国农业银行副行长、党委委员。

郭辉先生:基金托管部总经理,42岁,博士研究生学历,高级经济师,曾任中国长城信托投资公司总经理助理、副总经理。

刘树军先生:基金托管部副总经理,42岁,MBA硕士研究生学历,高级经济师、高级记者,曾任中国农业银行长春分行办公室主任、中国农业银行总行办公室正处级秘书、农行总行信贷部工业信贷处处长。

王勇先生:基金托管部副总经理,47岁,大学,高级经济师,曾任财政部国债金融司处长、中央国债登记公司总经理。

5.基金托管部的设置及员工情况

1998年5月,中国农业银行证券投资基金托管部经中国证监会和中国人民银行批准成立,中国农业银行总行设基金托管部,内设核算管理处、运行处、监督处、市场开发处和综合管理处,在北京、上海、深圳设托管分部,总部员工26名。基金托管部拥有一支高素质的员工队伍。目前拥有高级会计师、高级经济师、高级工程师、律师等金融、技术和法律专家,这为促进农业银行基金托管业务的发展提供了人才保障。

自1998年7月17日,农业银行托管的第一只基金----裕阳证券投资基金成功发行,基金托管部正式开始运作以来,目前已托管了裕阳、汉盛、裕隆、景阳、景博、景福、景业、兴业、天华、同德等10只基金,基金规模达136亿多份。其中,景阳、景博证券投资基金是证监会批准的首批清理规范的老基金。农业银行作为第一家参与老基金规范的托管银行,与基金管理公司合作,率先将两只老基金规范上市并成功扩募。

（二）基金托管人的更换

1.托管人的更换条件

有下列情形之一的,经中国证监会和中国人民银行批准,更换基金托管人:

(1)基金托管人解散、依法被撤销、破产或者由接管人接管其资产的;

(2)基金管理人有充分理由认为更换基金托管人符合基金持有人利益的;

(3)代表50%以上基金单位的基金持有人要求基金托管人退任的;

(4)中国人民银行有充分理由认为基金托管人不能继续履行基金托管职责的。

2.托管人的更换程序

(1)提名:新任基金托管人由基金管理人提名;

(2)决议:基金持有人大会对被提名的新任基金托管人形成决议;

(3)批准:新任基金托管人经中国证监会和中国人民银行审查批准方可继任，原任基金托管人经中国证监会和中国人民银行批准方可退任;

(4)公告:基金托管人更换后,由基金管理人在获得中国证监会和中国人民银行批准后5个工作日内公告。若基金管理人和基金托管人同时更换,由基金发起人在获得批准后5个工作日内公告。

（三）基金托管人禁止行为

基金托管人按照《暂行办法》、基金契约及其他有关规定,以诚实信用、勤勉尽责的原则保管基金资产和监督基金管理人的运作,不为自己或任何第三人谋取利益。基金托管人不从事以下行为:

1.从事基金投资;

2.挪用本基金资产;

3.在本基金信息公开披露前,向他人泄露有关信息。

（四）基金托管人受处罚情况

最近三年内,基金托管人及其负责基金托管业务的高级管理人员未受到中国证监会、中国人民银行及工商、财税及其他有关机关的处罚

（五）基金托管人的权利

基金托管人拥有监督基金管理人的投资运作;获得基金托管费;除非基金托管人违反法律法规或本契约的规定,或者基金托管人故意不履行本契约所规定的任何义务,否则,基金托管人对本基金资产或基金持有人的利益所发生的或遭致的损害不承担任何责任;监督基金管理人,如认为基金管理人违反了本基金契约及国家有关法律法规,应呈报中国证监会,并采取必要措施保护基金投资人的利益;除非法律法规、本契约及托管协议规定,否则,基金托管人对基金管理人的行为不承担任何责任;在事先通知基金管理人的前提下,基金托管人可以授权有关人员代表基金托管人履行本契约项下的任何义务或责任;对基金管理人的违法、违规投资指令不予执行,并向中国证监会报告等权利。

（六）基金托管人的义务

基金托管人负有诚信尽责地保管基金资产、控制保管风险、保护基金利益、保管基金的重大合同及有关凭证、开设和保管基金资金帐户与证券帐户、从事基金清算交割、保守基金商业秘密、复核审查基金管理人计算的基金资产净值和基金单位资产净值、按规定出具基金业绩和基金托管情况的报告、建立并保存基金持有人名册并负责基金单位转让的过户和登记、按有关规定保存基金会计资料、依据基金管理人的指令或有关规定向基金持有人支付基金收益、因过错导致资产损失时承担赔偿责任等义务。

二十一、基金的扩募、续期或转型

（一）基金的扩募或续期

本基金的类型为契约型封闭式,如果进行扩募或续期,应当具备下列条件:

1、本基金管理人、托管人无重大违法、违规行为;

2、基金持有人大会同意扩募或续期;

3、中国证监会规定的其他条件。

本基金在具备上述条件后，基金管理人可以向中国证监会申请基金的扩募或在基金存续期满时申请基金的续期。

（二）基金的转型

基金的转型是指本基金由契约型封闭式转变为契约型开放式。

本基金在扩募期内或扩募期满时,待有关条件成熟,经持有人大会表决通过,并报中国证监会批准,本基金可以转为开放式基金。

二十二、基金的终止和清算

（一）基金的终止

有下列情形之一的,基金应当终止

1、基金封闭期满,未被批准续期的;

2、基金经批准提前终止的;

3、因重大违法、违规行为,基金被中国证监会责令终止的;

4、有关法律法规规定的其他情形。

（二）基金清算小组

1、自基金终止之日起3个工作日内成立清算小组,基金清算小组必须在中国证监会的监督下进行基金清算。

2、基金清算小组成员由基金发起人、基金管理人、基金托管人、具有从事证券相关业务资格的注册会计师、具有从事证券法律业务资格的律师以及中国证监会指定的人员组成。基金清算小组可以聘请必要的工作人员。

3、基金清算小组负责基金资产的保管、清理、估价、变现和分配。基金清算小组可以依法进行必要的民事活动。

（三）基金清算程序

1、接管基金资产,任何人不得处理和处置;

2、对基金资产进行清理、核查,确定基金资产;

3、对基金资产进行估价;

4、对基金资产进行变现;

5、将基金清算结果报告中国证监会;

6、公布基金清算公告;

7、进行基金剩余资产的分配。

（四）清算费用

清算费用是指清算小组在进行基金清算过程中发生的所有合理费用，清算费用由清算小组从基金资产中支付。

（五）基金剩余资产的分配

基金清算后的全部剩余资产扣除基金清算费用后，按基金持有人持有的基金单位比例进行分配。

（六）基金清算的公告

基金终止并报中国证监会备案后5个工作日内由基金清算小组公告;清算过程中的有关重大事项将及时公告;基金清算结果由基金清算小组经中国证监会批准后3个工作日内公告。

（七）基金清算帐册及文件的保存

基金清算帐册及有关文件由基金托管人保存15年以上。

二十三、基金的财务状况

（一）资产负债状况(截止2001年8月13日,单位:元)

银行存款:	205,445,572.82
股票投资:	514,655,148.60
债券投资:	145,755,908.54
资产估值增值:股票	-95,086,993.63
债券	1,191,795.86
其他应收账款:	760,952.29
基金资产总值:	772,722,384.48
应付管理人报酬:	416,422.03
应付托管费:	69,403.68
其他应付款:	1,020,316.57
负债合计:	1,506,142.28
实收基金:	842,091,200.00
本期净收益:	-1,815,759.99
未分配收益:	24,835,999.96
未实现投资收益:	-93,895,197.77
持有人权益合计:	771,216,242.20
基金资产净值:	771,216,242.20
每份基金单位资产净值:	0.9158

（二）重要财务事项

1.净收益主要是证券买卖差价收入和银行利息收入收益;

2.未实现投资收益是指基金资产的估值增值。

估值方法:上市证券以估值日市场平均价为准;该日无交易的以上一交易日市场平均价为准。未上市的股票按估值日时持有量乘以发行价(计算日在会计年度结束前)或每股股东权益(计算日在会计年度结束后)。未上市的债券以本金加计至估值日止应计利息计算。

（三）资产净值的计算方法

资产净值=实收基金+净收益+未实现投资收益

二十四、重要事项揭示

（一）本次扩募的权益登记日为2001年8月20日,尚未办理基金份额确认的基金持有人,应尽快办理相关确认手续,在权益登记日之前基金份额未能确认到帐的基金持有人,将不能获得本次扩募配售权,由此引起的损失由持有人自行承担。

（二）本次扩募基金持有人认购价格为1.01元/基金单位,与权益登记日基金单位净值可能不同,如持有人放弃认购,则扩募后的单位净值将发生变化,其市场价格也会相应调整,由此引起的损失由持有人自行承担。

（三）根据中国证监会证监基金字[2001]24号文《关于同意天华证券投资基金上市和扩募的批复》,本次扩募到25亿规模后,基金的存续期为十年(1999年7月12日至2009年7月11日)。

二十五、扩募说明书存放及查阅方式

本扩募说明书存放在本基金管理人和托管人的办公场所。投资者可在办公时间免费查阅,也可按工本费购买复印件。

二十六、备查文件

1. 中国证监会《关于四川国债投资基金清理规范方案的批复》
2. 中国证监会《关于同意天华证券投资基金上市和扩募的批复》(证监基金字[2001]24号)
3. 原四川国债投资基金2000年持有人大会决议
4. 《天华证券投资基金基金契约》
5. 《天华证券投资基金托管协议》
6. 基金扩募法律意见书
7. 基金发起人的营业执照
8. 基金管理人业务资格批件、营业执照和公司章程
9. 基金托管人业务资格批件和营业执照
10. 中国证监会规定的其他文件

银华基金管理有限公司

2001年8月15日

天华证券投资基金上市公告书

重要提示:本上市公告书根据《证券投资基金管理暂行办法》(以下简称《暂行办法》)及原有投资基金清理规范的有关规定和《深圳证券交易所证券投资基金上市规则》的规定编制,本基金管理人及基金托管人愿就本公告书所载资料的真实性、准确性和完整性负个别及连带责任,上市公告书的内容由本基金管理人负责解释。深圳证券交易所对本基金上市及有关事项的审查均不构成对本公告内容的任何保证。如有投资者购买天华证券投资基金,应详细阅读本上市公告书。

根据原四川国债投资基金2000年临时持有人大会决议及中国证监会证监基金字[2001]24号文批复,基金天华将于上市后进行扩募,扩募至25亿份基金单位。扩募具体事项另行公告。原四川国债投资基金尚有部分未确认份额,尚未办理基金份额确认的基金持有人请尽快办理份额确认事宜,在扩募权益登记日之前基金份额未能确认到账的基金持有人,将不能获得扩募配售权,因此而引致的一切损失,由持有人自行承担。

摘　要

基金名称:天华证券投资基金

基金简称:基金天华　基金代码:4706

基金份数总额:842,091,200份　本次可流通份数:842,091,200份

每份基金面值:1.00元

基金管理人名称:银华基金管理有限公司　基金托管人名称:中国农业银行

上市地点:深圳证券交易所　上市时间:2001年8月8日

一、基金概况

天华证券投资基金(以下简称基金天华)是按照《证券投资基金管理暂行办法》、原有投资基金清理规范的有关要求和《关于四川国债投资基金清理规范实施方案的批复》(证监基金字[2000]8号),并经四川国债投资基金2000年临时持有人大会 决议通过,由原四川国债投资基金清理规范后更名而成的契约型封闭式证券投资基金。

基金发起人为银华基金管理有限公司、湘财证券有限责任公司、西南证券有限责任公司、南方证券有限公司、东北证券有限责任公司;基金管理人为银华基金管理有限公司;基金托管人为中国农业银行。

本基金管理人根据本基金持有人大会授权,向中国证券监督管理委员会提出上市、扩募申请。根据中国证监会证监基金字[2001]24号文《关于同意天华证券投资基金上市和扩募的批复》,经深圳证券交易所深证上[2001]74号文批准,本基金将于2001年8月8日在深圳证券交易所挂牌交易。本基金上市后将由842,091,200份基金 单位扩募至25亿份基金单位。基金的存续期为十年(1999年7月12日至2009年7月11日)。

本次上市流通的份额为842,091,200份基金单位,由于历史原因本基金发起人 未能持有基金份额,基金发起人将在本基金扩募时认购发起人份额。根据有关规定,基金发起人持有基金单位份额不得低于基金总规模1%,在基金存续期内,基金发起 人持有基金单位份额不低于基金总规模0.5%,超过部分可以在本基金扩募部分上市两个月后上市流通。

基金上市后交易单位每手为100份基金单位,每份基金单位面值1元。

二、基金持有人结构及前十名持有人

(一)基金持有人结构:本基金全部为公众持有,共计842,091,200份基金单 位。

(二)前十名基金持有人名单(截止2001年6月27日):

序号 名称	份额(份)	比例(%)
1 刘玉峰	7049600	0.86
2 谢洪玲	6881600	0.82
3 汪仕明	5428800	0.64
4 刘强	4800000	0.57
5 丁平	4800000	0.57
6 鲁大军	3272000	0.39
7 徐辉	3248000	0.39
8 戴碧华	3200000	0.38
9 邓志坚	3168000	0.38
10 重庆市油脂公司	3040000	0.36

基金持有人总数为:31966户,其中持有1000基金单位以上的基金持有人户数为31966户。

(三)按照《暂行办法》及《关于加强证券投资基金监管有关问题的通知》(证监基字[1998]29号)的要求,除发起人或另有规定外,一个投资者直接持有某一基金的份额不能超过基金总份额的3%。超比例持有本基金份额的投资者,自基金上市之日起,不得在二级市场上增持,并须在六个月内按规定将所持份额调整至 3%以内。

三、基金发起人、基金管理人、基金托管人简介

(一)基金发起人

1、银华基金管理有限公司

法定代表人:黑学彦

注册地址:深圳市深南大道6008号报业大厦19楼

组织形式:有限责任公司

注册资本:1亿元人民币

成立日期:2001年5月28日

电话:010-68457647,68457653

联系人:贾杰,刘勇

2、湘财证券有限责任公司　法定代表人:陈学荣

注册地址:长沙市黄兴路63号中山国际大厦十二楼

组织形式:有限责任公司　成立日期:1996年8月2日

注册资本:10.02亿元人民币

电话:021-68634510　联系人:毛劲虎、栾志刚

财务状况:湘财证券有限责任公司财务状况良好,最近三年连续盈利。

3、西南证券有限责任公司　法定代表人:张引

注册地址:重庆市渝中区临江支路2号合景国际大厦A栋

组织形式:有限责任公司　注册资本:11.28亿元人民币

设立日期:1999年11月28日

电话:023-63786560　联系人:侯曦蒙

财务状况:西南证券有限责任公司财务状况良好,成立以来连续盈利。

4、南方证券有限公司　法定代表人:沈沛

注册地址:深圳市罗湖区嘉宾路4028号太平洋大厦20-28层

组织形式:有限责任公司　注册资本:10亿元人民币

设立日期:1992年12月21日

电话:0755-2138138　联系人:钟宇

财务状况:南方证券有限责任公司财务状况良好,最近三年连续盈利。

5、东北证券有限责任公司

法定代表人:李树

注册地址:长春市长春大街142号

注册资本:10.1亿元人民币

成立日期:2000年6月29日

电话:0431-8910430

联系人:毕子男

财务状况:东北证券有限责任公司财务状况良好,最近三年连续盈利。

(二)基金管理人

名称:银华基金管理有限公司

法定代表人:黑学彦

总经理:于楠

注册地址:深圳市深南大道6008号特区报业大厦19层

邮政编码:518009

法人营业执照注册号:1000001003538

信息披露负责人:凌宇翔

联系电话:0755-3515399

公司概况:本公司经中国证监会证监基金字[2001]7号文批准,于2001年5月 28日成立,公司总部设在深圳,由西南证券有限责任公司、北京首都创业集团公司、南方证券有限责任公司、东北证券有限责任公司共同发起设立,主要业务是发起设立基金和基金管理。

公司设置六个部门:研究策划部、基金经理部、市场开发部、运作保障部、监察稽核部、综合管理部。此外还设立投资决策委员会和风险控制委员会两个专门机构。

公司已经建立健全的内部风险控制制度、监察稽核制度、财务管理制度、人事管理制度、信息披露制度和员工行为准则等公司管理制度体系。

(三)基金托管人

名称:中国农业银行

法定代表人:尚福林

组织形式:国有独资

注册资本:1320.11亿元人民币

注册地址:北京市海淀区复兴路甲23号

邮政编码:100036

联系电话:010-68298174

联系人:李芳菲

发展概况:中国农业银行是我国最大的商业银行之一,目前在国内设有47家分行,6.5万个分支机构和储蓄网点,是我国营业网点最多、机构覆盖面最广的金融机构。开通全国专用数据通讯网,拥有先进的银行清算系统和安全、高效的清算、交割能力。

财务状况:截止2000年底,各项存、贷款余额分别为18089亿和14844亿元,资产总计21840亿元。

基金托管部门设置及员工情况:中国农业银行证券投资基金托管部经中国证监会和中国人民银行于1998年5月批准设立,内设核算管理处、交易监督处、市场开发处 和综合管理处。员工共计26人。

截止目前,中国农业银行共托管其他基金9家:裕阳证券投资基金、汉盛证券投 资基金、裕隆证券投资基金、景阳证券投资基金、景博证券投资基金、景福证券投资基金、景业证券投资基金、兴业证券投资基金、同德证券投资基金。

(四)基金上市推荐人

1、湘财证券有限责任公司

法人代表:陈学荣

注册地址:湖南省长沙市黄兴中路63号中山国际大厦12楼

联系电话:021-68634518

联系人:毛劲虎、栾志刚

2、西南证券有限责任公司

注册地址:重庆市渝中区临江支路2号合景国际大厦A栋

法定代表人:张引

电话:010-88092061

联系人:李晓涛

(五)会计师事务所

名称:岳华(集团)会计师事务所

法定代表人:李延成

注册地址:北京市朝阳区霄云路26号鹏润大厦1201-1203

联系电话:010-84584405转58/59

注册会计师:王丰、潘帅

(六)律师事务所

名称:众鑫律师事务所

法人代表:宋扬之

注册地址:北京市朝阳区麦子店西路3号新恒基大厦A座668室

联系电话:010-84583011-18

经办律师:王云杰、刘潇

四、基金的历史沿革

根据中国人民银行四川省分行文件"川人行金[1994]68号"、中国人民银行四川省分行文件"川人行金[1994]87号"及1994年8月《验资报告》,四川国债投资 基金设立时名称为"光大国库券再投资受益券",发行总额的上限为2亿个受益单位 ,每个受益单位面值为人民币1元。中国光大银行作为基金发起人认购了2000万个基 金单位(占发行总额的10%)。管理人为四川光大资产管理公司,托管人为中国光大银行。

根据中国光大银行文件"光银复 [1995]9号"、中国人民银行四川省分行文件 "川人行金[1995]78号"、中国人民银行四川省分行文件"川人行金[1995]65号"文件,"光大国库券再投资受益券"更名为"四川国债投资基金"。《光大国库券再投资受益券章程》也由四川省人行核准的《四川国债投资基金信托契约》所替代。基金管理人四川光大资产管理公司于1995年5月更名为四川投资基金管理公司。基金 托管人为中国农业银行四川省分行。中国光大银行将所持的2000万个基金单位全部兑付,同时转让了其持有的40%的四川投资基金管理公司的股份,使本基金已没有发起人。

基金设立后自1995年6月至1999年1月,对投资人总共开放八次,进行认购和赎回。1999年7月,根据四川省人民政府办公厅川办函[1999]117号《关于四川国债投资基金转为封闭式基金的函》、四川投资基金管理公司川基金[1999]09号《关于停止四川国债投资基金开放的请示》。1999年7月起,基金由开放式基金转为封闭式基金 。

根据原有投资基金清理规范的有关要求及《关于四川国债投资基金清理规范方案的批复》(证监基金[2000]8号)文件精神,四川国债投资基金进行了规范重组。 2000年6月10日-25日以通讯表决的方式召开临时持有人大会,根据基金持有人大会 决议,四川国债投资基金更名为"天华

证券投资基金"。增设基金发起人为银华基金管理有限公司、湘财证券有限责任公司、西南证券有限责任公司、南方证券有限公司、东北证券有限责任公司,基金管理人更换为银华基金管理有限公司,基金托管人更换为中国农业银行。

根据原四川国债投资基金2000年临时持有人大会决议,本基金截止到1999年度收益暂不分配。拟在上市前按每基金单位净值不低于1元的标准进行规模调整。2000年10月31日刊登了规模调整和份额转换公告,每一单位的四川国债投资基金转换为1.6个天华证券投资基金,基金的总规模由原来的52630.7万份调整为84209.12万份。转换后资产总值为860,850,907.95元,资产净值为860,136,347.13,基金单位资产净值为1.02元。

五、基金投资组合情况

(一)投资目标

本基金为成长型基金。所追求的投资目标是在尽可能地分散和规避投资风险的前提下,谋求基金资产增值的最大化。因此,本基金管理人将以政策为先导,以科学严谨的行业、企业研究和市场分析为基础,选择未来一定时期内持续、高速成长的上市公司为主要投资目标,根据相对稳健的价值评估原则,采取适度集中的投资策略,详细计划,严格执行,追求基金资产长期稳定的增长,力求给基金持有者以超越市场的回报。

(二)投资组合情况

本基金经中国证监会批复规范、重组后,基金单位共计842,091,200份,基金资产已于2000年7月21日全部划至本基金的托管人中国农业银行"天华证券投资基金专户"。2001年6月11日,基金管理人银华基金管理有限公司开始本基金的投资运作。

投资组合情况如下:截止2001年8月1日,单位:元

银行存款 206,046,564.16

股票投资 504,879,241.34

债券投资 145,755,908.54

(三)基金经理

石松鹰先生:基金经理,31岁,研究生学历,经济师,曾在中国金谷国际信托投资有限责任公司、北京中协天地投资顾问有限责任公司工作,具有七年证券从业经历,历任中国金谷国际信托投资有限责任公司证券部业务经理,基金投资部经理;北京中协天地投资顾问有限责任公司副总经理,现任本基金基金经理。

六、基金契约摘要

(一)前言

本基金契约是根据《证券投资基金管理暂行办法》及其实施准则、原有投资基金清理规范的有关要求和中国证监会的有关规定而订立。

(二)基金契约当事人

1、基金发起人:西南证券有限责任公司、东北证券有限责任公司、南方证券有限公司、湘财证券有限责任公司、银华基金管理有限公司

2、基金管理人:银华基金管理有限公司

3、基金托管人:中国农业银行

(三)基金基本情况

1、基金名称:天华证券投资基金

2、基金类型:契约型封闭式(在符合有关规定并经基金持有人大会同意、中国证监会批准后可转型为契约型开放式)

3、本证券投资基金是以未来发展前景及收益良好的上市公司为主要投资对象的成长型基金,投资目标是通过积极的投资策略,在分散和减少投资风险的前提下,谋求基金资产收益的最大化。

4、基金单位总份额:8.420912亿份基金单位

基金管理人经持有人大会授权,已向中国证监会申请扩募,并获批准,本基金将在上市后扩募至25亿份基金单位。

5、基金单位每份面值为人民币1.00元

6、存续期限:

基金存续期限为:10年(1999年7月12日至2009年7月11日)

(四)基金的沿革(参见本公告书第四条《基金的历史沿革》)

(五)基金的上市与交易

基金经主管部门批准和基金持有人大会通过,将根据《证券投资基金管理暂行办法》及有关规定申请在深圳证券交易所上市。本基金上市后,将根据交易所的交易规则进行交易。

(六)基金的托管

基金托管人与基金管理人须按照《证券投资基金管理暂行办法》、基金契约及其他有关规定订立天华证券投资基金托管协议。

(七)基金的投资目标、投资范围、投资决策、投资组合和投资限制

1、投资目标

本基金为成长型基金。所追求的投资目标是在尽可能地分散和规避投资风险的前提下,谋求基金资产增值的最大化。因此,本基金管理人将以政策为先导,以科学严谨的行业、企业研究和市场分析为基础,选择未来一定时期内持续、高速成长的上市公司为主要投资目标,根据相对稳健的价值评估原则,采取适度集中的投资策略,详细计划,严格执行,追求基金资产长期稳定的增长,力求给基金持有者以超越市场的回报

2、投资范围

本基金的投资范围仅限于国内依法公开发行、上市的股票、债券及中国证监会允许基金投资的其他金融工具,其主要投资对象为未来发展前景及收益良好的高成长上市公司股票和债券。

3、投资决策

1)决策依据

(1)国家有关法律、法规和本基金契约的有关规定。

(2)国家宏观经济环境及其对证券市场的影响。

(3)货币政策变化

(4)利率走势与通货膨胀预期。

(5)地区及行业发展状况

(6)上市公司价值发现

(7)国内及世界知名研究机构的研究报告

2)决策程序

本基金采用投资决策委员会领导下的基金经理负责制。基金管理人选择具有丰富证券投资经验的人员担任基金经理。投资决策委员会由公司总经理、分管投资的副总经理、研究策划部经理及相关人员组成。本基金的投资决策程序如下:

(1)研究策划部提出研究报告

研究员将广泛地参考和利用公司外部的研究成果,尤其是研究实力雄厚的证券经营机构提供的研究报告,并经常拜访国家有关部委,了解国家宏观经济政策及行业发展状况。经过筛选、归纳、整理,定期或不定期地撰写宏观经济分析报告、行业分析报告、上市公司分析报告和证券市场行情报告。

研究员通过对市场行情和上市公司价值变化的分析研究,走访调查上市公司,进行上市公司的竞争优势分析及价值评估,挖掘有投资价值的上市公司,并撰写上市公司投资价值分析报告。

研究策划部向投资决策委员会提供研究报告,为投资决策委员会提供投资决策依据。

(2)基金经理部参考研究策划部的宏观、行业、企业及市场分析报告,制定具体投资计划。

(3)投资决策委员会审议并决定基金的总体投资计划

投资决策委员会将认真分析基金经理部的投资计划结合研究员所提供的研究报告,为基金制定投资原则、投资目标和投资策略,确定股票、国债及现金之间的投资组合和资产分配。

基金经理根据投资决策委员会确定的基金投资计划,参考研究策划部的宏观、行业、企业及市场分析报告,制定具体投资组合方案,包括投资结构、投资个股及持仓比例。

(4)由基金经理向集中交易室下达具体交易指令。

(5)风险控制委员会在市场发生重大变化以及内部管理出现严重问题和重大违规事件时可以行使干预权。

风险控制委员会由董事长任主席,公司总经理、独立董事、监事、督察员任委员组成。风险控制委员会主要针对公司经营管理和基金运作中的风险进行研究并制定相应的控制制度,由监察稽核部进行日常的监督、执行。投资计划执行完毕,基金经理负责定期向投资决策委员会提出总结报告。

4、投资组合

1)由于本基金由《暂行办法》颁布前的老基金规范后设立,经中国证监会批准,基金资产存在一段调整期,调整期自基金上市之日起半年。调整期间结束后,本基金的投资组合应符合以下规定:

(1)本基金投资于股票、债券的比例,不得低于本基金资产总值的80%;投资于国家债券的比例,不得低于本基金资产净值的20%。

(2)本基金持有一家上市公司的股票,不超过基金资产净值的10%。

(3)本基金与由本基金管理人管理的其他基金持有一家上市公司发行的证券总和,不超过该证券的10%。

(4)遵守中国证监会规定的其他比例限制。

2)本基金投资组合的原则

(1)资本增值原则

基金管理人应以专业态度和稳健手法管理和运用基金资产,经过综合分析判断,选择最具成长潜力的行业及成长性较好的行业中最具成长潜力的上市公司作为投资对象,确保基金资产的稳定增值。

(2)一致性获利原则

制定切实可行的投资目标,注重行业发展前景和上市公司价值的长期增长,分享优秀上市公司业绩成长,并使基金资产一致性获利原则贯彻到各个员工的工作中,发挥整体作战能力,确保基金资产净值稳定增长,为基金持有人谋求长期稳定的投资收益。

(3)追求卓越报酬原则

在基金资产净值保本的前提下,利用基金已实现的当期利润,充分发挥灵活操作、主动进取的投资风格,使基金投资不断产生新的利润增长点。

在充分研究的前提下,主要投资于高成长的优秀的上市公司,以保证基金资产的稳定收益,实现基金持有人获得长期稳定的回报;同时,在股票投资组合中,将根据市场的变化,保留一定比例的短期投资,相机抉择,灵活投资,在防范风险的前提下,增加基金的收益;本基金也投资国债,为保证基金资产的流动性和收益性,在国债投资组合中,长期国债和短期国债将保持适当的比例,以保证稳定收益,分散投资风险;在不违反《暂行办法》及基金契约有关规定的前提下,基金管理人可根据具体情况,对基金投资组合进行调整。

5、投资限制

本基金投资范围仅限于国债和国内依法公开发行、上市的可流通股票及中国证监会允许基金投资的其他金融工具。

本基金禁止从事下列行为:

1)投资于其他基金;

2)将基金资产用于抵押、担保、资金拆借或者贷款;

3)以基金的名义使用不属于基金名下的资金买卖证券;

4)从事证券信用交易;

5)以基金资产进行房地产投资;

6)从事可能使基金资产承担无限责任的投资;

7)将基金资产投资于与基金托管人或者基金管理人有利害关系的公司发行的证券;

8)进行内幕交易、操纵市场,通过关联交易损害基金持有人的利益;

9)配合管理人的发起人、本基金的发起人及其他任何机构的证券投资业务;

10)故意维持和抬高管理人的发起人、本基金的发起人及其他任何机构所承销股票的价格;

11)中国证监会规定禁止从事的其他行为。

(八)基金专用交易席位的租用

1、基金交易选用证券经营机构的席位作为专用交易席位,其选择标准和程序为:

1)基金管理人负责选择证券经营机构,经基金托管人审核后,使用其席位作为基金的专用交易席位。选择标准:

(1)证券经营机构财务状况良好、经营行为规范、风险管理先进、投资风格与基金管理人有互补性、在最近一年内无重大违规行为;

(2)该证券经营机构具有较强的研究能力,能及时、全面、定期向基金管理人提供高质量的关于宏观、行业及市场走向、个股分析的报告及丰富全面的信息服务;有很强的行业分析能力,能根据基金管理人所管理基金的特定要求,提供专门研究报告,具有开发量化投资组合模型的能力。

2)选择程序:基金管理人根据以上标准进行考察后,确定证券经营机构的选择。经基金托管人审核后,基金管理人与被选择的证券经营机构签订协议,报中国证监会备案并公告。

2、席位使用期限及更换方式

席位的使用期限暂定为半年,所选席位仅供基金交易专用,半年后基金管理人将根据各证券经营机构在半年中的研究报告、信息服务质量等情况,根据有关标准及细化的评价体系,进行评比排名。

3、席位运作方式

根据中国证监会《关于加强证券投资基金监管有关问题的通知》中关于"每只基金通过任何一家证券经营机构买卖证券的年成交量,不超过该基金买卖证券年总成交量的30%"的规定,基金管理人将结合各证券经营机构提供研究报告及信息服务的质量,分配基金在各席位买卖证券的交易量。

(九)基金发起人的权利与义务

1、基金发起人的权利

基金发起人拥有按基金发起人协议的约定及有关规定持有基金单位;出席或委派代表出席基金持有人大会;取得基金收益;依法转让基金单位;监督基金经营情况,获取基金业务及财务状况的资料;参与基金清算,取得基金清算后的剩余资产;法律、法规认可的其他权利。

2、基金发起人的义务

基金发起人负有公告上市公告书;在基金存续期间持有符合规定比例的基金单位;遵守基金契约;承担基金亏损或者终止时的有限责任;不从事任何有损基金及其他基金持有人利益的活动;法律、法规规定的其他义务。

(十)基金管理人的权利和义务

1、基金管理人的权利

基金管理人拥有根据法律、法规和本契约的规定管理和运用基金资产;获得基金管理人报酬;依照有关规定,代表基金行使基金投资而获得的任何权利;在事先征得基金托管人书面同意的前提下,基金管理人可以授权有关人员代表基金管理人履行本契约项下的任何义务或责任;监督基金托管人履行其义务;法律、法规规定的其他权利。

2、基金管理人的义务

基金管理人负有诚信尽责地从事基金投资、控制投资风险、保护基金利益、按规定计算并公告基金资产净值及基金单位资产净值、按规定进行信息披露、保守基金商业秘密、按规定召集基金持有人大会、保存基金会计资料、因自身过错导致基金财产损失时承担赔偿责任等义务。

(十一)基金托管人的权利与义务

1、基金托管人的权利

基金托管人拥有监督基金管理人的投资运作;获得基金托管费;除非基金托管人违反法律法规

或本契约的规定，或者基金托管人故意不履行本契约所规定的任何义务，否则，基金托管人对本基金资产或基金持有人的利益所发生的或遭致的损害不承担任何责任；监督基金管理人，如认为基金管理人违反了本基金契约及国家有关法律法规，应呈报中国证监会，并采取必要措施保护基金投资人的利益；除非法律法规、本契约及托管协议规定，否则，基金托管人对基金管理人的行为不承担任何责任；在事先通知基金管理人的前提下，基金托管人可以授权有关人员代表基金托管人履行本契约项下的任何义务或责任；对基金管理人的违法、违规投资指令不予执行，并向中国证监会报告等权利。

2、基金托管人的义务

基金托管人负有诚信尽责地保管基金资产、控制保管风险、保护基金利益、保管基金的重大合同及有关凭证、开设和保管基金资金帐户与证券帐户、从事基金清算交割、保守基金商业秘密、复核审查基金管理人计算的基金资产净值和基金单位资产净值、按规定出具基金业绩和基金托管情况的报告、建立并保存基金持有人名册并负责基金单位转让的过户和登记、按有关规定保存基金会计资料、依据基金管理人的指令或有关规定向基金持有人支付基金收益、因过错导致资产损失时承担赔偿责任等义务。

七、基金运作情况

(一)基金管理人报告

1、天华证券投资基金成立后，为了争取基金长期稳定的投资收益，基金管理人 将会加强对市场的研判，精心操作，力求给投资人较好的回报。

2、基金管理人已经于2001年6月11日开始基金投资运作，关于基金运作的具体情况，将依据有关规定，通过基金年度报告、基金中期报告、基金临时公告、基金资产净值公告和基金投资组合公告等信息披露形式披露。

3、基金管理人承诺 本基金管理人承诺勤勉尽责、诚实信用、安全有效地管理和运作基金资产，为投资者谋求最大的投资收益。

为切实履行上述承诺，保障投资人合法权益，管理人全体员工均已与公司签定了上岗承诺书，保证不从事任何法律法规及公司禁止的活动。公司任何人员，除为公司进行基金投资外，不得直接或间接进行股票交易；不得协助、接受委托或以其它任何形式为其它组织或个人进行证券交易；不得泄露尚未依法公开的基金投资内容、基金投资计划等信息。如发现上述行为，公司将根据有关规定进行处罚。

广大投资者如发现本公司员工发生上述行为，请向本公司监察稽核部举报。

举报电话：0755-3516888转监察稽核部

(二)基金托管人报告

基金托管人中国农业银行依据签署的《天华证券投资基金基金契约》，受理托管本基金的全部财产，对基金投资运作进行了全面的会计核算和必要的监督。

八、财务状况

(一)基金资产已于2000年7月17日全部划至本基金的托管人中国农业银行"天华证券投资基金专户"。根据岳华(集团)会计师事务所出具岳总验字(2000)025号验资报告。验资基准日为2000年7月21日，基金资产全部到位，基金资产总值为865,021,238.90元。基金资产净值为864,641,189.34元，基金单位资产净值为1.64元。

投资组合情况如下： 截止2000年7月21日， 单位:人民币元

银行存款516,904873.53

股票投资348,116,365.37

(二)基金管理人将按照《基金契约》及《证券投资基金信息披露指引》的规定披露基金财务状况。

(三)最近财务状况

1、资产负债状况(截止2001年8月1日，单位：元)

银行存款：	206,046,564.16
清算备付金：	3,090,745.61
股票投资：	504,879,241.34
债券投资：	145,755,908.54
新股配售	3,544,050.00
新股申购资金	6,049,810.00
资产估值增值：	-68,186,845.02
其他应收款：	5,445,533.32
基金资产总值：	806,625,007.95
应付管理人报酬：	1,059,879.39
应付托管费：	176,646.57
其他应付款：	7,388,208.77
负债合计：	8,624,734.73
实收基金：	842,091,200.00
已实现净收益：	-740,081.72
未分配收益：	24,835,999.96
未实现资本利得：	-68,186,845.02
持有人权益合计：	798,000,273.22
基金资产净值：	798,000,273.22
基金单位资产净值：	0.9476

注：上述披露的本基金财务数据未经审计。

2、重要财务事项

(1)净收益主要是证券买卖差价收入和银行利息收入。

(2)未实现投资收益是指基金资产的估值增值。

上市证券以估值日市场平均价为准；该日无交易的，以上一交易日市场平均价为 准；未上市的股票以发行价计算；未上市的债券以本金加计至估值日止应计利息计算；

3、资产净值计算方法：

资产净值=实收基金+已实现净收益+未分配收益+未实现资本利得

九、风险揭示

本基金的投资可能存在风险，欲投资本基金还应特别注意扩募风险：

(一)市场风险

证券市场价格因受各种因素的影响所引起的波动，将对本基金资产产生潜在风险，主要包括：

1、政策风险

货币政策、财政政策、产业政策等国家政策的变化对证券市场产生一定的影响，导致市场价格波动，影响基金收益而产生风险。

2、经济周期风险

证券市场是国民经济的晴雨表，而经济运行具有周期性的特点。宏观经济运行状况对证券市场的收益水平产生影响，从而产生风险。

3、利率风险

金融市场利率波动会导致股票市场及债券市场的价格和收益率的变动，同时直接影响企业的融资成本和利润水平。基金投资于股票和债券，收益水平会受到利率变化的影响。

4、上市公司经营风险

上市公司的经营状况受多种因素影响，如业内竞争、市场前景、管理能力、财务状况等都会导致公司盈利发生变化。

5、购买力风险

本基金投资的目的是使基金资产保值增值，如果发生通货膨胀，基金投资于证券所获得收益可能会被通货膨胀抵消，从而影响基金资产的保值增值。

(二)操作风险

操作风险是在本基金管理人业务操作中因人为因素或管理系统设置不当造成操作失误而引至的对基金资产的损失。

(三)扩募风险

本基金上市后将进行扩募，由于基金规模的扩大将导致基金单位净值的变化，基金市场价格也可能会产生相应波动。

原基金持有人及在基金上市后至扩募前投资本基金的投资者将面临按一定比例配售的压力，如果未能按要求足额配售，则其利益主要可能会受到如下影响：

(1)本次扩募完成后，基金规模将达到25亿元，而考虑到基金市场中交易的 30亿规模的基金交易价格与其净值关系，基金的交易价格将受到市场供求关系的影响。

(2)如果扩募后基金价格高于向持有人配售的价格，则基金持有人将不能获得 未配售部分的收益；

(3)如果基金权益登记日收盘价格高于向基金持有人配售价格，则除权日开盘 价格将低于基金权益登记日收盘价格，从而给基金持有人已持有部分带来损失。

参与扩募的商业保险公司及一般法人机构配售价格与持有人配售价格相同，该价格可能会高于单位基金净资产值，当扩募后基金价格低于配售价格时，将发生损失。

(四)其他风险

战争、自然灾害等不可抗力因素的出现，将会严重影响证券市场的运行，可能导致基金资产的损失。

十、重要事项揭示

(一)基金发起人持有基金单位份额情况：

由于历史原因，本基金发起人未持有基金份额，在本次扩募时，基金发起人将共 同认购不低于基金总规模1%的基金份额，且在基金存续期内持有比例不低于本基金 总规模的0.5%，其余部分在基金扩募部分上市二个月后流通。

(二)本基金842,091,200份基金单位将于2001年8月8日在深圳证券交易所挂牌 上市。基金上市首日设涨跌幅限制，限制幅度为2001年8月7日基金单位净值的30%，2001年8月7日基金单位净值将于2001年8月8日的《中国证券报》、《证券时报》、《上海证券报》上公布。

(三)基金的本次扩募已经原基金持有人大会授权办理，本次扩募不再需要召开基金持有人大会。

(四)本基金管理人已经持有人大会授权，向中国证券监督管理委员会提出扩募申请，中国证监会批准基金天华上市后扩募至25亿份基金单位。

本基金管理人及扩募协调人制定的扩募方案如下：

1、扩募对象：权益登记日收市后在深圳证券交易所登记在册的本基金持有人、本基金发起人及保险公司等机构投资者。

发起人网下认购25,000,000份基金单位，其中向银华基金管理有限公司、西南证券有限责任公司、湘财证券有限责任公司、南方证券有限公司、东北证券有限责任公司各认购500万份基金单位。

向基金持有人网上配售数量：1,632,908,800份基金单位。持有人放弃配售部分 由商业保险公司等机构投资者认购，剩余部分再由发起人全额认购。

2、扩募价格

基金单位面值：1.00元人民币

基金发起人认购价格为权益登记日(全面摊薄)的基金单位净值加0.01元扩募费用与1.01元(基金单位面值加0.01元扩募费用)比取高者；基金持有人及机构投资者配售价格为每份基金单位1.01元人民币(其中0.01元为扩募费用)。

3、扩募方式：

本次扩募以现有基金总份额842,091,200份为基数扩募至25亿份基金单位，其中 由基金发起人认购基金总份额的1%，即25,000,000份基金单位，由基金权益登记日 登记在册的基金天华持有人按比例配售1,632,908,800份基金单位。

基金持有人放弃配售部分由境内依法设立的商业保险公司等机构投资者认购，机构投资者认购的剩余部分，再由基金发起人全部认购。

4、认购地点：与深圳证券交易所联网的全国各证券营业网点。

(五)原四川国债投资基金管理人声明如下：

(1)本公司已提交了天华证券投资基金规范、移交有关部门的以及可能对基金 规范与移交产生影响的所有资料、文件和信息；

(2)本公司所提供文件资料，如为副本/复印件，均经本公司与原件核对无误；

(3)本公司所提供的文件、资料均为真实、完整和准确，而没有任何虚假、不 实、错误或者重大遗漏；

(4)截止本声明签署日，天华资产真实、完整、独立，不存在任何诉讼、仲裁 或行政处罚案件；

(六)原四川国债投资基金管理人承诺：将所有原四川国债投资基金有关资料及会计账册保存15年以上，以备查询。

(七)本基金上市推荐人责任

湘财证券有限责任公司和西南证券有限责任公司作为本基金的上市推荐人，承担如下职责：

1. 确认本基金符合上市条件；
2. 使基金管理人了解有关基金管理的法规、基金的上市规则；
3.确保上市文件的真实、正确、完整，符合规定的要求，并对文件内所载的资 料进行核实；
4. 向交易所提交上市推荐书并协助基金管理人安排基金上市；
5. 在基金上市后一年内对基金管理人提供咨询；
6. 上市推荐协议规定的义务；
7. 深圳证券交易所规定上市推荐人应当履行的其他义务。

(八)未确认基金份额的处理

原四川国债投资基金尚未办理托管手续的持有人，须到首创证券经纪有限责任公司(地址：四川省成都市一环路南四段高升桥东路1号投资基金大厦3层办公室，联系 电话：028-5161349)办理有关托管确认手续。在权益登记日之前基金份额未能确认 到帐的基金持有人，将不能获得本次扩募配售权，因此而引至的一切损失，由持有人自行承担。

十一、备查文件

1、中国证监会《关于四川国债投资基金清理规范方案的批复》(证监基金字 [2000]8号)
2、中国证监会《关于同意天华证券投资基金上市和扩募的批复》(证监基金字[2001]24号)
3、深圳证券交易所上市通知书
4、原四川国债投资基金2000年6月10日临时持有人大会决议
5、法律意见书
6、基金发起人的营业执照
7、基金管理人业务资格批件、营业执照和公司章程
8、基金托管人业务资格批件和营业执照
9、天华证券投资基金基金契约
10、天华证券投资基金托管协议书

银华基金管理有限公司

2001年8月3日

兴 科 证 券 投 资 基 金

兴科证券投资基金 2000 年年度报告

重要提示:本基金的管理人、托管人愿就本报告书所载内容的真实性、准确性、完整性负责,本报告书有关内容由管理人负责解释。本基金托管人交通银行已于 2001 年 3 月 28 日复核了本报告。

一、基金简介

(一)基金基本情况　基金名称:兴科证券投资基金　基金简称:基金兴科　交易代码:4708
基金发起人:华夏基金管理有限公司　陕西证券有限公司　基金成立日期:2000 年 4 月 8 日
基金单位总份额:5 亿份基金单位　基金类型:契约型封闭式　基金存续期:15 年
基金上市地点:深圳证券交易所　基金上市日期:2000 年 7 月 18 日
(二)基金管理人的有关情况　法定名称:华夏基金管理有限公司
注册地址: 北京市东城区东直门南大街 6 号东方花园饭店写字楼 6 层
办公地址: 北京市西城区金融大街 33 号通泰大厦 A 座 15 层　邮政编码: 100032
国际互联网址:http://www. ChinaAMC.com　公司负责人:范勇宏
总经理:范勇宏　信息披露负责人:方瑞枝 电话:66069966 转 6698　传真:(010)66102200
(三)基金托管人的有关情况　法定名称:交通银行　注册地址:上海市仙霞路 18 号
邮政编码: 200336　法定代表人: 方诚国　托管部总经理:谢红兵
信息披露人员:江永珍　联系地址: 上海市仙霞路 18 号
联系电话:(021)62082517　传真:(021)62759266
(四)基金聘请的会计师事务所的有关情况　普华永道中天会计师事务所有限公司
注册地址:上海浦东新区沈家弄 325 号　办公地址:上海淮海中路 333 号瑞安广场 12 楼
法定代表人:Kent Watson　经办注册会计师:周忠惠　王笑
(五)基金聘请的律师事务所的有关情况　法定名称:金诚律师事务所
注册地址:北京建国门大街 8 号中粮广场 A 座 6 层
法定代表人:刘治海　经办律师:庞正中、贺宝银

二、主要财务指标

	2000 年
基金可分配净收益:	26,387,803.06 元
单位基金可分配收益:	0.0528 元
期末基金资产总值:	616,778,703.95 元
期末基金资产净值:	555,392,606.55 元
单位基金资产净值:	1.1108 元
基金资产净值收益率:	6.85%
本期基金可分配收益率:	6.85%
本期基金净值增长率:	16.69%
基金累计净值增长率:	16.69%

三、基金管理人报告

本基金业绩表现　从本基金开始运作到 2000 年 12 月 31 日,本基金单位净值 1.1108 元,年净值增长率为 16.69%,超过同期银行存款率和同期深沪股市的涨幅。

基金经理简介　石波先生,基金经理,32 岁,法学硕士。历任君安证券有限公司投资银行部副总经理,上海申华实业股份有限公司副总经理,华夏基金管理有限公司投资管理部副总经理。证券从业经历 7 年。

(一)基金经理工作报告

由于新经济的超常发展和原油涨价等因素,2000 年我国证券市场面临良好的宏观经济环境。2000 年全球经济增长达到 90 年代以来的最高水平;同时由于出口和我国政府采取的积极的财政政策措施的双向拉动,我国国民经济出现恢复性增长,国民生产总值首次突破一万亿美元大关。我国国民经济实力的增强为证券市场的迅速发展打下了坚强的实体经济基础。

2000 年是我国证券市场快速发展的一年,也是证券市场投资主体结构性变化加快的一年。超常规发展机构投资者和有效地增加证券市场资金供应量成为 2000 年证券市场发展的重要政策指向。一方面以券商和基金管理公司为主的机构投资者力量进一步得到加强;另一方面券商获准进入同业拆借市场及券商股票融资管理办法的颁布使市场资金面趋于宽松。中国证券市场再次出现股票供应和需求的不平衡,而这种供应和需求的不平衡直接引发了 2000 年的大牛市行情。

2000 年中国证券市场走势出现以下特点:

1.世界范围的新经济浪潮也同样引发了中国股市的科技股及网络股革命;2.国民经济的主体产业如钢铁石油出现恢复性上涨行情;3.资产重组股仍然是证券市场的热门板块;4.中国证券市场走势越来越受到国际证券市场的投资观念和理念的影响;5. 在中国股市大幅度上涨的过程中也伴随出现了违规及操纵市场行为增多的现象。

2000 年兴科投资基金坚持"以新的理念去发掘投资机会,通过积极的投资策略,获取长期的资本增值"的投资政策,通过介入重组类科技企业和大盘国企股,获得了较高的投资回报,截止本报告期末,每份基金单位净值 1.1108 元,比期初增长 16.69%,每份基金单位已实现收益为 0.0528 元。

对 2001 年中国股市我们保持谨慎乐观的态度。经过 2000 年的大牛市行情后我们有理由对 2001 年行情保持谨慎的态度:首先从宏观面来讲,2000 年世界和中国经济都具有突发性增长的特点,这种受石油和原材料价格回升推动的高成长在 2001 年有一个回落的过程;其次,连续两年的大牛市行情使很多企业价格与价值背离,市场处于一个较高的水平。但同时我们也看到一些有利因素:

1.中国经济在 2001 年仍将保持较快的增长速度。由于国家推行积极的财政政策启动广大的内需市场,中国经济在 2001 年将会一支独秀;2.证券市场资金面继续趋于宽松。随着开放式基金的推出,机构投资者的力量继续得到加强;3.由于国有股减持的预期和管理层管理方法的市场化趋势,中国证券市场进一步向国际规范化运作靠拢;4.新经济的泡沫消退了,而新经济的实体力量正在改变和提高整个经济的效率,信息化带动工业化正成为新经济的主流。

国际化和信息化是新经济时代的主流特征,2001 年兴科基金仍将秉承积极成长的投资策略投资于那些能适应新时代发展需要的上市公司;我们认为随着 2001 年中国加入 WTO,中国企业必将面对国际化的机遇和挑战,我们对那些勇于面对国际化的挑战,勇于改变自我的上市公司情有独钟;其次,我们对应用新经济手段改变传统产业非常有兴趣,传统产业只要改变观念和善于应用新经济手段同样可以创造价值;再次,我们对以汽车和住房为代表的大宗消费品企业寄于厚望,我们认为它们是未来十年中国经济增长的主要动力;最后我们对参与西部开发的公司也有一定兴趣。

总之,兴科基金在新的一年里,将坚持投资人利益最大化原则,积极进取同时坚持适度分散投资,为基金持有人谋求长期稳定的回报。

(二)内部监察报告

基金运作合规性声明:

本报告期内,本基金管理人严格遵守《证券投资基金管理暂行办法》及其各项实施准则、《兴科证券投资基金契约》和其他有关法律法规的规定,依照诚实信用、勤勉尽责、安全高效的原则管理和运用基金资产,在认真控制投资风险的基础上,为基金持有人谋求最大利益,没有损害基金持有人利益的行为,基金投资范围、投资比例、投资组合符合有关法规和基金契约的规定。

内部监察工作报告:

2000 年,本基金管理人在内部监察工作中一切从合规运作、保障基金持有人利益出发,由独立于各业务部门的内部监察人员对基金运作和公司各项业务的合规性进行定期和不定期检查,发现问题及时敦促有关部门整改,并定期制作监察报告和基金运作报告报公司管理层和监管部门。2000 年,本基金管理人内部监察工作重点集中于以下几个方面:

1.按照公司确定的"市场化、规范化、国际化、网络化"发展战略目标,聘请境外著名基金管理同行与国际著名咨询公司对公司监察工作进行了全面咨询,参照国际基金业通行惯例,进一步规范与完善了公司内部监察工作。完善了公司员工手册和内部监察工作管理办法,让公司每一位员工知悉其作为本公司基金从业员工应具有的操守准则,树立员工合规、勤免、尽职的意识。

2.经常性地开展员工职业道德与行为规范的培训与教育,促使公司员工自觉遵守有关法纪及公司管理制度。

3.定期不定期检查基金投资、员工行为及公司自有资金运作的合规性。

4.参照国际惯例,协助公司内部稽核人员完善公司各项业务管理制度和内部控制制度,有效控制公司业务运作中的风险。与此同时,接受公司内部稽核人员的内部稽核,以保证内部监察工作人员自身勤免、尽职地履行职责。

四、托管人报告

2000 年度,兴科证券投资基金(以下简称"兴科基金")的托管人——交通银行,严格遵守《证券投资基金管理暂行办法》及其实施准则的规定,依据《兴科证券投资基金契约》和《兴科证券投资基金托管协议》中的条款,认真履行基金托管人的各项职责,安全保管兴科基金的所有资产,做好兴科基金的投资监管和清算核算工作,切实维护广大基金持有人的合法权益,未发生任何损害基金持有人利益的事件和行为。

2000 年度,基金管理人严格遵守了《证券投资基金管理暂行办法》及其实施准则、基金契约和其它有关法规的规定,基金托管人未发现基金管理人在投资运作中有损害基金持有人利益的行为。基金托管人确认,由基金管理人在 2000 年度编制和披露的兴科基金每周资产净值公告、每季度投资组合公告等有关基金信息是合法、真实和完整的。

五、基金年度财务报告

(一)审计报告　　审计报告　　普华永道审字(2001)第 342 号

兴科证券投资基金全体持有人:

我们接受委托,审计了兴科证券投资基金(以下简称"兴科基金")2000 年 12 月 31 日的资产负债表及 2000 年 4 月 8 日(基金成立日)至 2000 年 12 月 31 日止期间的收益及收益分配表。这些会计报表由兴科基金管理人华夏基金管理有限公司负责,我们的责任是对这些会计报表发表审计意见。我们的审计是根据《中国注册会计师独立审计准则》的规定进行的。在审计过程中,我们结合兴科基金的实际情况,实施了包括抽查会计记录等我们认为必要的审计程序。

我们认为,上述载于第 2 页至第 11 页的兴科基金会计报表符合中华人民共和国《企业会计准则》、《证券投资基金管理暂行办法》实施准则第五号证券投资基金信息披露指引、兴科基金契约和中国证券监督管理委员会允许的如会计报表附注所列示的基金行业的实务操作规定,在所有重大方面公允地反映了兴科基金 2000 年 12 月 31 日的财务状况及 2000 年 4 月 8 日(基金成立日)至 2000 年 12 月 31 日止期间的经营成果。

普华永道中天　　注册会计师　周忠惠
会计师事务所有限公司　　注册会计师　王笑　2001 年 1 月 19 日

(二)基金会计报告书　收益及分配报告书　2000 年

单位:人民币元

项　目	本期数
1、股息收入	126,419.56
2、债券利息收入	0
3、股票买卖价差收入	28,130,942.77
债券买卖价差收入	-88,771.90
4、其他收入	3,866,570.39
5、基金管理费	4,192,760.70
6、基金托管费	699,361.05
7、应由基金承担的其他费用	755,236.01
8、基金净收益	26,387,803.06
9、本期可分配净收益	26,387,803.06
10、期末未分配净收益	26,387,803.06

六、基金持有人结构及前十名持有人

截止到 2000 年 12 月 31 日兴科基金持有人情况如下:

1.持有人结构

	份额	占基金总额比例
发起人:		
华夏基金管理有限公司	2,500,000	0.50%
可流通部分	1,250,000	0.25%
不可流通部分	1,250,000	0.25%
陕西证券有限公司	2,500,000	0.50%
可流通部分	1,250,000	0.25%
不可流通部分	1,250,000	0.25%
合计	5,000,000	1.00%
社会公众持有:	495,000,000	99.00%

2.前十名持有人、发起人持有情况说明

序号	持有人名称	持有份额	占总份额比例
1	陕西信托	3,929,792	0.79%
2	中国电财	3,739,830	0.75%
3	聂晶	3,150,000	0.63%
4	陕西证券	2,500,000	0.50%
5	华夏基金	2,500,000	0.50%
6	中国太保	1,970,400	0.39%
7	白锐利	1,563,700	0.31%
8	杜拉虎	1,563,700	0.31%
9	孙小菊	1,563,700	0.31%
10	张会红	1,563,700	0.31%

隆元证券投资基金

隆元证券投资基金2000年年度报告

重要提示:本基金的托管人——中国工商银行已于2000年3月28日复核了本报告。本基金的管理人、托管人愿就本报告中所载资料的真实性、准确性和完整性负责。本报告书中的内容由本基金的管理人负责解释。

一、基金简介

(一)基金基本资料
基金简称:基金隆元
基金交易代码:4710
基金类型:契约型、封闭式
基金单位总份额:5亿份
目前可流通份额:4.95亿份
基金存续期:15年(1992年12月29日至2007年12月29日)
上市地点:深圳证券交易所
上市日期:2000年10月18日
(二)基金管理人
法定名称:南方基金管理有限公司
注册及办公地址:深圳市深南大道4009号投资大厦7楼
邮政编码:518026
国际互联网网址:http://www.southernfund.com
法定代表人:骆新都
总经理:高良玉
信息披露负责人:邱孝斌
联系电话:0755-2712000转,
传真:0755-2712578
(三)基金托管人法定名称:中国工商银行
注册及办公地址:北京市复兴门内大街55号
邮政编码:100032
法定代表人:姜建清
托管部负责人:赵跃
信息披露负责人:刘长江
联系电话:010-66106912
传真:010-66106913
(四)聘请的会计师事务所
法定名称:天健(信德)会计师事务所
注册地址:深圳市蛇口兴华路海滨花园海滨中心商场A座3楼
办公地址:深圳市滨河大道5020号证券大厦十六层
法定代表人:朱祺珩
经办注册会计师:邓建新　魏小珍
联系电话:0755-2709191
传真:0755-2890751

二、基金主要财务指标

单位:人民币元

	2000.7.24-11.30(扩募前)		2000.12.1-12.31(扩募后)	
调整后期初基金资产净值	RMB	218,000,000.00	RMB	502,311,330.16
期末基金资产总值	RMB	221,428,576.19	RMB	506,349,853.52
期末基金资产净值	RMB	220,311,330.16	RMB	504,180,055.82
本期基金净收益	RMB	(5,164,975.20)	RBM	(665,615.44)
本期可分配净收益	RMB	(5,164,975.20)	RMB	(5,830,590.64)
单位基金资产净值	RMB	1.011	RMB	1.008
单位基金净收益	RMB	(0.024)	RMB	(0.012)
基金资产净值收益率		(2.37%)		(0.13%)
本期基金可分配收益率		(2.37%)		(1.16%)
基金净值增长率		1.06%		0.37%
基金累计净值增长率		1.06%		0.84%

* 本期基金隆元不存在基金配售新股政策停止前所获配售的新股.
上述财务指标的相关计算公式列示如下:
调整后期初基金资产净值=期初基金资产净值-本期已分配收益
本期基金可分配净收益=本期基金净收益+以前年度未分配收益-期末未实现估值减值
单位基金资产净值=期末基金资产净值÷期末基金单位总额
单位基金净收益=本期可分配净收益÷期末基金单位总额
基金资产净值收益率=本期基金净收益÷期初基金资产净值
本期基金可分配收益率=本期基金可分配基金净收益÷期初基金资产净值
基金净值增长率=(期末基金资产净值-调整后期初基金资产净值)÷调整后期初基金资产净值
基金累计净值增长率=(累计基金资产净值-基金单位总额)÷基金单位总额
根据上述财务指标计算的本会计年度综合财务指标列入下:　2000
本期基金综合可分配收益率　(3.50%)
本期基金综合资产净值增长率　1.43%
基金综合可分配净收益率=(1+扩募前可分配净收益率)×(1+扩募后可分配净收益率)-1
基金综合资产净值增长率=(1+扩募前资产净值增长率)×(1+扩募后资产净值增长率)-1

三、基金管理人报告

基金经理小组简介

陈继武先生,基金经理,34岁,硕士学历,金融经济师,5年证券从业经历,曾在中国农业银行浙江省信托投资公司从事证券投资工作,97年后在浙江省国际信托投资公司投资银行总部工作,并任部门副经理,曾任开元基金经理助理。

汪女士,基金经理助理,27岁,硕士学历,3年证券从业经历。1998年进入南方基金管理公司工作,先后从事基金新品种开发,市场分析研究、基金投资等工作,现任隆元基金经理助理。

此外,隆元基金管理小组还配备了若干名证券投资分析人员,协助上述人员从事开元基金的投资管理工作。

基金经理工作报告

2000年以来,我国宏观经济在经历相当时期的调整后,出现了经济增长加快、对外贸易增势强劲、消费稳中趋旺、物价止跌回升、国有企业经营环境得到很大改善且经营状况明显好转的良好势头,国民经济的复苏为证券市场的发展提供了一个坚实的基础。证券市场在国民经济发展和国企改革中的作用日益突出。宽松的财政和货币政策,以及管理层以市场化为导向的各项改革和发展措施的不断推出,形成大量资金进入一、二级市场的局面。中国经济的发展,加入WTO前的经济结构调整所形成的发展机遇,政策面和资金面的支持,证券市场在2000年走出了相当大的行情。2000年中国证券市场的变化受到国际市场的深刻影响,科技和网络投资理念及此后对公司业绩的崇尚,均表现出与国际证券市场的联动特征。

隆元基金的投资对象主要是价值被市场低估,通过管理创新和制度创新具有较大增值潜力和所处行业发展前景广阔,技术创新能力强,具有快速成长能力的公司。在具体投资方面注意将长期投资与市场热点把握相结合,组合投资与重点投资相结合。随着世界经济一体化进程的加快,我们注意选择那些公司及其所处行业在国际产业分工和调整中具有优势和发展前景的公司为投资对象。基金组注重根据市场变化调整投资比例,增强基金资产的流动性,力争实现基金收益最大化。

展望2001年,世界经济的增长将趋缓,但中国经济将会保持平稳增长,证券市场在国民经济中的地位和作用将进一步增强。从市场方面来看,2001年不会出现前两年那么大的行情,政策调整和制度创新将给市场带来根本变化。在快速发展和不断变化的市场环境中,我们将更加坚持以研究为基础,扎扎实实做好企业研究,行业研究和市场研究,靠投资对象的良好发展前景和实实在在的业绩增长来降低市场波动的风险,我们将会秉承以往的进取、求实的工作作风争取为基金持有人谋取长期稳定的收益。

内部监察报告基金运作合规性声明本报告期内,本基金管理人严格遵守《证券投资基金管理暂行办法》,《证券投资基金基金契约》以及其他有关法律、法规的规定,本着诚实信用、勤勉尽责的原则管理和运用基金资产,遵循"以人为本,追求卓越"的公司理念,在严格控制风险的基础上,为基金持有人谋求最大利益。在报告期内,基金运作整体合法合规,无损害基金持有人利益的行为。

内部监察工作报告

2000年度,本基金管理人在内部监察工作中注重控制运作风险,始终把保障基金持有人的利益放在首位。

在本报告期内,本基金管理人大力加强了监察稽核工作的力度,拓展了监察稽核的广度,由保持高度独立的督察员领导内部监察稽核人员对基金投资程序的各环节的执行情况进行定期检查,制作监察稽核报告,发现问题及时向管理层和监管部门报告并督促整改。

在本报告期内,为了控制运作风险,防范关联交易、内幕交易以及本基金与本基金管理人管理的其他基金之间可能出现的违规交叉交易,确保基金投资的独立性、公平性,我们主要采取了如下措施:

一、实行集中交易制度,各基金管理小组相互独立,分别制定具体的证券投资组合,下达具体的交易指令,由中央交易室统一执行完成。同时,为加强风险监控,事先对电脑系统进行设置,杜绝出现自买自卖,反向对敲等不规范交易行为。

二、建立风险提示制度和风险报告制度。

三、树立监察稽核部门的威信,加强员工风险意识。

通过以上工作的开展,在本报告期内,本基金运作过程中未发生关联交易、内幕交易,也不存在本基金管理人管理的各基金之间的违规交叉交易,基金运作整体合法合规,基金持有人的利益得到了保障。

四、基金托管人报告

本托管人——中国工商银行,依据《隆元证券投资基金基金契约》与《隆元证券投资基金托管协议》,托管隆元证券投资基金。

2000年度,在对隆元证券投资基金的托管过程中,本托管人严格遵守了《证券投资基金管理暂行办法》及其实施准则、基金契约、托管协议和其他有关法规的规定,对隆元证券投资基金的投资运作进行了全面的会计核算和应有的监督,没有发生任何损害基金持有人利益的行为,诚实信用、勤勉尽责地履行了作为托管人所应尽的义务。

本托管人依照《证券投资基金管理暂行办法》及其实施准则、基金契约、托管协议和其他有关法规的规定,对隆元证券投资基金的投资组合进行了监督,认为隆元基金管理公司在隆元证券投资基金的投资运作、基金资产净值及单位基金资产净值的计算上,遵守《证券投资基金暂行办法》及其实施准则、基金契约、托管协议和其他有关法规的规定,没有发现任何损害基金持有人利益的行为。

本托管人依法对隆元证券投资基金管理人——南方基金管理公司在2000年度所编制和披露的隆元证券投资基金资产净值公告、基金投资组合公告、基金年度报告等公告信息进行了核查,认为隆元证券投资基金管理人——南方基金管理公司在2000年度内所编制和披露的基金信息是合法、真实和完整的。

五、基金财务报告

(一)审计报告　　信德深财审报字(2001)第27号

审计报告

隆元证券投资基金持有人:

我们接受委托,审计了隆元证券投资基金截至二零零零年十二月三十一日止会计年度的财务报告.该基金年度财务报告由南方基金管理有限公司(基金管理人)负责,我们的责任是对该基金年度财务报告发表审计意见.我们的审计是依据《中国注册会计师独立审计准则》进行的,在审计过程中,我们结合隆元证券投资基金实际情况,实施了包括抽查会计记录等我们认为必要的审计程序.我们认为,隆元证券投资基金年度财务报告符合证券投资基金相关财务会计的相关法规、制度和《隆元证券投资基金基金契约》的有关规定,在所有重大方面公允地反映了该基金二零零零年十二月三十一日的财务状况与截至二零零零年十二月三十一日止会计年度的经营成果,会计处理方法的选用遵循了一贯性原则.

深圳天健信德会计师事务所　　中国注册会计师　邓建新
中国注册会计师　魏小珍
二零零一年二月十六日

(二)基金会计报告书

隆元证券投资基金资产负债报告书
二零零零年十二月三十一日　　单位:人民币元

	附注	2000.12.31
股票投资--成本	5	RMB 365,086,579.70
债券投资--成本	6	18,377,881.45
股票投资--估值增值	2(4). 5	9,889,899.91
债券投资--估值增值	2(4). 6	120,746.55
银行存款	2(4).4	3,307,587.07
应收利息		15,066.38
应收帐款	7	109,012,092.46

其他应收款项	8	540,000.00
基金资产总值		506,349,853.52
应付基金管理费	3(3)	586,705.30
应付基金托管费	3(3)	104,416.52
应付帐款	9	509,963.06
应付佣金	3(3).10	418,712.82
其他应付款项	3(3).11	550,000.00
负债总值		2,169,797.70
基金单位总额	12	500,000,000.00
未分配净收益(亏损)		(5,830,590.64)
未实现估值增值	13	10,010,646.46
基金资产净值	RMB	504,180,055.82
基金单位发行总份额(份)		500,000,000.00
每份基金单位资产净值	RMB	1.008

(所附注释系基金会计报告书的组成部分)

隆元证券投资基金收益及分配报告书

二零零零年度　　单位:人民币元

	附注		2000
在除息日确认的股息收入	2(5)	RMB	17,483.84
证券买卖价差收入	2(5)		(4,817,817.89)
其中:股票买卖价差收入			(4,817,817.89)
其他收入	2(5).14		1,086,178.71
收入合计			(3,714,155.34)
减:支出			2,116,435.30
其中:基金管理费	3(2)		1,726,210.47
基金托管费	3(2)		294,524.83
应由基金承担的其他费用			95,700.00
基金净收益(亏损)			(5,830,590.64)
减:本年已分配收益-年末未分配净收益(亏损)		RMB	(5,830,590.64)

(所附注释系基金会计报告书的组成部分)

(三)会计报告书附注

附注1. 基金设立说明

隆元证券投资基金(以下简称"基金隆元")系经中国证券监督管理委员会证监基金字[2000]27号文和证监基金字[2000]67号文、68号文批准,由大庆投资基金、兴龙投资基金和北疆投资基金(以下简称"原基金")经清理规范后合并而成的契约型封闭式证券投资基金,于二零零零年七月二十四日正式成立,基金规模为218,000,000份基金单位,存续期为十年(自一九九二年十二月二十九日起至二零零二年十二月二十九日止).

根据基金隆元《基金资产移交协议书》、《更换管理人协议书》的有关规定,原基金资产已于二零零零年七月二十四日全部移交予中国工商银行(基金托管人)托管,并由南方基金管理有限公司(基金管理人)管理.

经深圳证券交易所深证上[2000]38号文批准,基金隆元于二零零零年十月十八日起在深圳证券交易所挂牌交易.

经中国证券监督管理委员会证监基金字[2000]68号文批准,基金隆元上市后扩募至500,000,000份基金单位,扩募后基金存续期延长五年(即至二零零七年十二月二十九日止).

附注2. 重要会计政策及税项

基金隆元的下列会计政策系根据证券投资基金及其财务会计的相关法规、制度和《隆元证券投资基金基金契约》厘定.

(1) 会计年度

基金隆元会计年度自公历每年一月一日起至十二月三十一日止.

第一个会计年度自二零零零年七月二十四日(基金隆元资产移交之日)起至二零零零年十二月三十一日止.

(2) 记帐本位币

基金隆元以人民币为记帐本位币.

(3) 记帐基础及计价原则

会计核算以权责发生制为基础,各项资产按取得时的实际成本计价.

(4) 基金资产的估值方法

根据《隆元证券投资基金基金契约》的规定,基金隆元每日对基金资产进行估值,估值方法如下:

上市的证券估值以其当日市场平均价计算,如若该日无交易的证券,以最近一日市场平均价计算;

未上市的股票以成本价计算;未上市的债券及银行存款,以本金加计至估值日为止的应计利息额计算;

债券回购业务的应计收入和支出在回购期内按直线法计算;如遇特殊情况而无法或不宜以上述规定确定资产价值时,依照国家有关规定办理.

(5) 收入确认原则

股息收入以被投资单位派发股息的除息日确认;

债券利息收入以债券派发债息的除息日确认;

证券买卖价差收入系根据证券出售成交时的成交价扣除交易费用、交易税金后的净收入和证券投资的实际成本计算确认;

买入返售债券收入以回购期内逐日分摊确认;

扩募发行费节余按基金隆元实际收到发行总费用扣除了上网扩募发行手续费、扩募发行协调人费、广告宣传费、会计师服务公费和律师服务公费后确认.

(6) 证券交易的成本计价方法

证券投资日常核算以实际成本计价,售出证券的成本按移动平均法计算确定.

(7) 税项

A. 印花税

根据财政部、国家税务总局财税字[1998]55号文《关于证券投资基金税收问题的通知》,基金隆元按股票交易金额的4‰计缴印花税.

B. 营业税

根据财政部、国家税务总局财税字[1998]55号文《关于证券投资基金税收问题的通知》,基金隆元以发行基金方式募集资金不缴纳营业税;买卖股票、债券的价差收入在二零零零年底以前暂免缴营业税.

C. 企业所得税

根据财政部、国家税务总局财税字[1998]55号文《关于证券投资基金税收问题的通知》,基金隆元从证券市场中取得的收入,包括买卖股票、债券的价差收入,股票的股息、红利收入,债券的利息收入及其他收入,暂不缴纳企业所得税.

(8) 收益分配

根据《隆元证券投资基金基金契约》的有关规定,基金隆元的收益分配采用现金方式,比例不低于基金当年可分配收益的90%,基金当年度收益应先弥补上一年度亏损后,才能进行当年度收益分配.

附注3. 关联方关系及其交易

(1) 关联方关系明细项目列示如下:

关联方名称	与基金隆元的关系
中国工商银行	基金隆元托管人
南方基金管理有限公司	基金隆元发起人,亦为基金隆元管理人
南方证券有限公司	南方基金管理公司的股东

(2) 关联方交易

A. 租用证券交易席位

基金隆元与南方证券有限公司签订了《证券交易席位租用协议》,租用南方证券有限公司在上海证券交易所和深圳证券交易所的专用证券交易席位.

二零零零年度交易情况列示如下:

关联方名称	通过该等席位投资的年成交金额	占年成交总金额的比例	年交易佣金	占年佣金总金额的比例	平均佣金比率
南方证券有限公司	RMB 537,981,315.12	100%	RMB 418,712.82	100%	0.8058‰

B. 基金管理费根据《隆元证券投资基金基金契约》及《隆元证券投资基金托管协议》的规定,基金管理费由下列两部分组成:

a. 基金管理费

基金管理费按前一日基金资产净值1.5%的年费率计提;当基金成立三个月后,持有现金比例高于基金资产净值的20%时,超过部分不计提基金管理费.

b. 业绩报酬

当基金的可分配净收益率高于同期银行一年定期储蓄存款利率20%以上,且当年基金资产净值增长率高于同期证券市场平均收益率时,按下列方法计提:

业绩报酬=调整后期初资产净值×Min[M,N]×5%

其中,

M=基金可分配净收益率-1.2×同期银行一年定期储蓄存款利率(如果年内利率发生变动,则按时间段进行加权平均调整);

N=基金资产净值增长率-证券市场平均收益率;

Min[M,N]为M、N中较小者.

本会计年度应支付南方基金管理有限公司的基金管理费计1,726,210.47人民币元,由于基金隆元本会计年度亏损,故未计提业绩报酬.

C. 基金托管费

基金托管费按前一日基金资产净值的2.5‰的年费率计提,本会计年度应支付中国工商银行的基金托管费计294,524.83人民币元.

(3) 关联方往来款项余额

关联方往来余额明细项目列示如下:

项目	关联方名称		2000-12-31	占该帐项余额的百分比
应付基金管理费	南方基金管理有限公司	RMB	586,705.30	100.00%
应付基金托管费	中国工商银行	RMB	104,416.52	100.00%
其他应付款				
一应付席位保证金	南方证券有限公司	RMB	500,000.00	90.91%
应付佣金	南方证券有限公司	RMB	418,712.82	100.00%

附注4.银行存款

银行存款明细项目列示如下:

		2000-12-31
中国工商银行深圳市分行	RMB	2,278,819.62
深圳证券登记有限公司		898,277.67
上海证券中央登记结算公司		130,489.78
	RMB	3,307,587.07

深圳证券登记有限公司和上海证券中央登记结算公司的款项系基金隆元为进行证券交易清算而存入的清算备付金.

附注5. 股票投资

股票投资明细项目列示如下:

		2000-12-31
股票投资成本	RMB	365,086,579.70
其中:获配新股及增发股票投资成本		1,792,526.12
股票投资估值增值		9,889,899.91
	RMB	374,976,479.61

截至二零零零年十二月三十一日止,基金隆元获配的新股计1,792,526.12人民币元已上市流通,但尚由上海证券交易所实施冻结.

根据本会计报告书附注2(4)所述的基金资产的估值方法,基金隆元对二零零零年十二月三十一日计算的股票投资估值增值计9,889,899.91人民币元.

附注6. 债券投资债券投资明细项目列示如下:

		2000-12-31
国债投资成本	RMB	12,903,410.22
可转换债券投资成本		5,474,471.23
债券投资估值增值		120,746.55
	RMB	18,498,628.00

根据本会计报告书附注2(4)所述的基金资产的估值方法,基金隆元对二零零零年十二月三十一日计算的债券投资估值增值计120,746.55人民币元.

附注7. 应收帐款

应收帐款明细项目列示如下:

		2000-12-31
深圳证券登记有限公司证券清算款	RMB	3,228,737.90
上海证券中央登记结算公司证券清算款		105,783,354.56
	RMB	109,012,092.46

附注8. 其他应收款项

其他应收款项明细项目列示如下:

		2000-12-31
上海证券交易所清算保证金	RMB	290,000.00
深圳证券交易所清算保证金		250,000.00
	RMB	540,000.00

附注9. 应付帐款

应付帐款明细项目列示如下:

		2000-12-31
深圳证券登记有限公司证券清算款	RMB	97.27
上海证券中央登记结算公司证券清算款		509,865.79
	RMB	509,963.06

附注10. 应付佣金

应付佣金明细项目列示如下:

		2000-12-31
关联方往来	RMB	418,712.82 *

* 关联方往来明细项目详见本会计报告书附注 3(3).

附注 11. 其他应付款项

其他应付款项明细项目列示如下:

	2000-12-31
关联方往来 RMB	500,000.00
*应付其他费用	50,000.00
RMB	550,000.00

* 关联方往来明细项目详见本会计报告书附注 3(3).

附注 12. 基金单位总额

基金隆元系由原基金经清理规范后合并设立的,合并后基金单位总份额为 218,000,000 份,每份基金单位面值为 1.00 人民币元,共计 218,000,000.00 人民币元,业经黑龙江龙源有限责任会计师事务所以黑龙源验字[2000]06 号《验资报告》审验在案.二零零零年七月五日、七月十二日,南方基金管理有限公司分别与交通银行大庆分行、天元证券经纪有限公司筹备领导小组签订《发起人份额转让协议书》,南方基金管理有限公司受让大庆投资基金和兴龙投资基金发起人持有的 6,000,000 份基金单位,嗣后,南方基金管理有限公司又将其中的 3,820,000 份基金单位在扩募前上市流通.

二零零零年十一月十七日,基金隆元采取上网扩募的方式向基金发起人、基金持有人和商业保险公司公开扩募 282,000,000 份基金单位,每份基金单位面值计 1.00 人民币元,共计 282,000,000.00 人民币元.其中发起人认购 2,820,000 份基金单位,计 2,820,000.00 人民币元.至此,基金发起人持有 5,000,000 份基金单位,计 5,000,000.00 人民币元,占基金单位总额的 1%.根据《证券投资基金管理暂行办法》和《隆元证券投资基金基金契约》的规定,在基金存续期内基金发起人持有的基金单位份额不少于基金总规模的 0.5%,即 2,500,000 份基金单位,其余部分可在基金扩募部分上市两个月后流通.

截至二零零零年十二月一日止,基金隆元的基金单位总额计 500,000,000.00 人民币元,业经深圳天健信德会计师事务所以验资报字[2000]第 26 号《验资报告》审验在案.

截至二零零零年十二月三十一日止,基金单位总额明细项目列示如下:

2000-12-31

基金持有人	基金单位总份额(份)	出资比例	基金单位总额
南方基金管理有限公司	5,000,000	1%	RMB 5,000,000.00
社会公众	495,000,000	99%	495,000,000.00
	500,000,000	100%	RMB 500,000,000.00

附注 13. 未实现估值增值

未实现估值增值系根据《隆元证券投资基金基金契约》的有关规定,基金隆元于二零零零年十二月三十一日对证券投资进行估值时,产生的证券投资估值大于其帐面成本价值的差额计 10,010,646.46 人民币元。

附注 14. 其他收入

其他收入明细项目列示如下:

	2000
银行存款利息收入	RMB 1,078,064.53
申购手续费返还	6,970.93
配售手续费返还	189.62
扩募发行费节余	953.63
RMB	1,086,178.71

* 扩募发行费节余明细项目列示如下:

	2000
扩募发行费用	RMB 2,820,000.00
减:价外扩募发行费	2,819,046.37
其中:上网扩募发行手续费	1,449,326.37
扩募发行协调人费	900,000.00
宣传广告费	409,720.00
会计师服务公费	30,000.00
律师服务公费	30,000.00
扩募发行费节余	RMB 953.63

基金隆元在扩募时,向基金发起人、基金持有人和商业保险公司公开扩募 282,000,000 份基金单位,每份基金单位面值 1.00 人民币元,以 1.01 人民币元的价格发行,共计 284,820,000.00 人民币元,其中 2,820,000.00 人民币元作为扩募发行费用.经扣除上述价外扩募发行费计 2,819,046.37 人民币元后,扩募发行费节余计 953.63 人民币元.

(四)流通转让受到限制的基金资产

二零零零年五月十八日,中国证券监督管理委员会发布《关于调整证券投资基金认购新股事项的通知》,规定基金可运用资金申购新股、参与二级市场市值配售,也可做为战略投资者或一般法人投资者申请网下预约配售。对于以一般法人投资者配售的新股自该股票上市之日起三个月内不能流通,对于战略投资者认购的新股在配售协议的有关约定期限内不能流通.

截至二零零零年十二月三十一日止,基金隆元配售、增发的新股及法人配售、战略投资者配售的股票,尚未获准流通部分的股票明细项目列示如下:

2000-12-31

股票名称	股数(股)	购入成本	市值	受限期限
宝钢股份	428,834	RMB 1,792,526.12	RMB 2,324,280.28	2000.12.12-2001.3.01

* 按二零零零年十二月二十九日(年末最后一个交易日)当日的市场平均价计算计 2,324,280.28 人民币元,对基金资产净值的影响为 531,754.16 人民币元.

(五)基金投资组合

1. 按行业分类的股票投资组合

2000-12-31

分类	股数	市值	占基金资产净值比例
1.交通运输	240,000	RMB 5,112,220.00	1.01%
2.能源电力	1,311,307	21,396,673.24	4.24%
3.冶金	1,458,932	50,563,769.62	10.03%
4.机械制造	920,810	19,811,918.90	3.93%
5.电子通讯	1,777,027	58,366,620.70	11.58%
6.石油化工	1,650,323	31,186,105.07	6.18%
7.生物医药	2,862,351	78,452,798.01	15.56%
8.汽车及配件制造	651,470	7,895,741.50	1.57%
9.家电	455,333	7,707,874.35	1.53%
10.商贸旅游	2,922,503	63,057,105.77	12.51%
11.金融地产	655,010	10,329,507.70	2.05%
12.综合	1,214,715	21,096,144.75	4.18%
	16,119,781	RMB 374,976,479.61	74.37%

2. 截至二零零零年十二月三十一日止,基金隆元持有的债券(不含国债),按当日的市场价计算计 5,557,328.00 人民币元,占基金资产净值的比例为 1.10%.

3. 截至二零零零年十二月三十一日止,基金隆元持有的国债和货币资金以及应收帐款和应付帐款计 124,751,016.47 人民币元,占基金资产净值的比例为 24.74%.

4.基金投资前十名股票明细

股票名称	市值(元)	占基金资产净值比例%
1、海正药业	RMB 54,589,093.12	10.83%
2、东方钽业	48,239,489.34	9.57%
3、辽宁成大	29,552,752.44	5.86%
4、清华同方	20,639,140.00	4.09%
5、上风高科	18,447,230.90	3.66%
6、浙江医药	17,883,736.50	3.55%
7、中成股份	15,826,875.35	3.14%
8、新大陆	13,739,640.00	2.72%
9、钱江水利	12,467,092.24	2.47%
10、晨鸣纸业	10,985,601.87	2.18%

5.附注:

(1)本基金持有的上市证券采用公告内容截止日的市场均价计算;已发行未上市股票采用成本价计算。

(2) 二零零零年十二月三十一日,基金隆元对在冻结期间的新股之市值按当日的平均价计算计 2,324,280.28 人民币元;如若以其成本价计算,截至二零零零年十二月三十一日止,总成本计 1,792,526.12 人民币元. 由此,对基金隆元二零零零年十二月三十一日的财务状况产生的影响计 531,754.16 人民币元.

(3)货币资金及其他资产的构成: 2000-12-31

	金额	占基金资产总值的比例
银行存款	RMB 3,307,587.07	0.65%
应收利息	15,066.38	---
应收帐款	109,012,092.46	21.53%
其他应收款项	540,000.00	0.11%
	RMB 112,874,745.91	22.29%

(4) 截至二零零零年十二月三十一日止,基金隆元购入成本超过基金资产净值 10%的股票明细列示如下:

股票名称	股数(股)	购入成本	占基金资产净值的比例
1.海正药业	1,624,192	RMB 51,805,596.96	10.28%

根据中国证监督委员会证监基金字[2000]68 号文规定,基金隆元在上市之前投资于股票、债券的比例以及投资于单只证券的比例不符合《证券投资基金管理暂行办法》有关规定,应在基金上市后 6 个月内调至规定的比例. 基金隆元应于二零零一年四月十八日之前将上述股票投资的购入成本下调至基金资产净值的 10%以下.

(六)基金截止 2000 年 12 月 31 日的股票投资情况(附后)

(七)基金 2000 年度新增股票明细(附后)

六、持有人结构及前十名持有人

1、基金持有人结构:

	持有份额(基金单位)	比例
发起人持有份额	500 万	1%
南方基金管理有限公司	500 万	1%
(发起人持有份额均未流通)		
社会公众持有份额	49500 万	99%
总计:	50000 万	100%

2、前十名持有人情况(截止于 2000 年 12 月 31 日):

持有人名称	持有份额(基金单位)	比例
1. 中国平安保险股份有限公司	48216423	9.64%
2. 中国工商银行黑龙江分行直属支行	10513200	2.10%
3. 南方基金管理有限公司	5000000	1.00%
4. 泰康人寿保险股份有限公司	4488715	0.90%
5.中国再保险公司	4030000	0.81%
6. 中国太平洋保险公司	4030000	0.81%
7.陈军	2502293	0.50%
8. 刘宁	1697300	0.34%
9. 武汉电子财务咨询公司	1490500	0.30%
10.戴戈湘	1296488	0.26%

七、重要事项揭示

1、本基金管理人及托管人在本会计年度没有发生重大诉讼事项

2、本基金聘请的会计师事务所没有发生变更;

3、基金管理人的办公地址现已迁至深圳市深南大道 4009 号投资大厦 7 楼,基金托管人办公地址没有发生变更;

4、本年度基金的投资组合策略没有重大改变;

5、本基金的基金管理人、基金托管人涉及托管业务及其高级管理人员没有受到任何处罚;

6、本基金租用专用交易席位事宜的情况本基金根据中国证券监督管理委员会《关于加强证券投资基金监管有关问题的通知》(证监基字[1998]29 号)的有关规定要求及本基金管理人于 1998 年 10 月 30 日公告的选择券商的标准,本基金管理人择定从南方证券有限公司租用基金交易专用席位。

截止 12 月 31 日,本基金通过各机构的交易席位的成交及佣金情况见下表:

券商名称	股票成交量(元)	比例(%)	国债成交量(元)	比例(%)	国债回购成交量(元)
南方证券	519605271.42	100.00	18376043.70	100.00	0.00
合计	519605271.42	100.00	18376043.70	100.00	0.00

续上表:

券商名称	比例(%)	佣金额(元)	比例(%)
南方证券	0.00	418712.82	100.00
合计	0.00	418712.82	100.00

因基金成立时间不足一年,在个别券商席位商证券成交量超过了 30%,将于 2001 年内进行调整。

八、备查文件目录

1、《关于同意兴龙基金、北疆基金、大庆基金合并规范为隆元证券投资基金并上市、扩募和续期的批复》(证监基金字[2000]68 号)

2、隆元证券投资基金基金契约

3、隆元证券投资基金托管协议

4、审计报告(信德深财审报字(2001)第 27 号)、财务报告及附注原件

5、南方基金管理公司营业执照及公司章程及基金管理人业务资格批件

6、本年度内在中国证监会指定披露公司信息报刊上披露的信息公告原文

7、隆元证券投资基金 2000 年年报原文

查阅地点:深圳市深南大道 4009 号投资大厦 7 楼

网址:http://www.southernfund.com

南方基金管理有限公司

二零零一年三月三十日

兴安证券投资基金

兴安证券投资基金2000年年度报告

重要提示:本基金的管理人、托管人愿就本报告书所载内容的真实性、准确性、完整性负责,本报告书有关内容由管理人负责解释,本基金托管人中国银行已于2001年3月28日复核了本报告。

一、基金简介

(一)基金基本情况
基金名称:兴安证券投资基金　基金简称:基金兴安
交易代码:4718
基金发起人:华夏基金管理有限公司
基金成立日期:2000年7月20日
基金单位总份额:5亿份基金单位
基金类型:契约型封闭式　基金存续期:15年
基金上市地点:深圳证券交易所
基金上市日期:2000年9月20日
(二)基金管理人的有关情况　法定名称:华夏基金管理有限公司
CHINA ASSET MANAGEMENT CO.,LTD.
注册地址:北京市东城区东直门南大街6号东方花园饭店写字楼6层
办公地址:北京市西城区金融大街33号通泰大厦A座15层
邮政编码:100032　国际互联网网址:http://www.ChinaAMC.com
公司负责人:范勇宏
总经理:范勇宏
信息披露负责人:方瑞枝
电话:010—66069966转6698　传真:010—66102200
(三)基金托管人的有关情况
法定名称:中国银行
注册地址:北京市西城区阜成门内大街410号
办公地址:北京市西城区阜成门内大街410号
邮政编码:100818
法定代表人:刘明康
托管部总经理:陈儒
信息披露人员:高平
联系电话:010—65612141
传真:010—65612139
(四)基金聘请的会计师事务所的有关情况
法定名称:普华永道中天会计师事务所有限公司
注册地址:上海市浦东新区沈家弄325号
办公地址:上海淮海中路333号瑞安广场12楼
法定代表人:Kent Watson
经办注册会计师:周忠惠　王笑
(五)基金聘请的律师事务所的有关情况
法定名称:金诚律师事务所
注册地址:北京建国门大街8号中粮广场A座6层
办公地址:北京建国门大街8号中粮广场A座6层
法定代表人:刘治海
经办律师:庞正中　贺宝银

二、基金主要财务指标

主要财务指标	2000年
基金可分配净收益:	3,027,327.82元
单位基金可分配收益:	0.0060元
期末基金资产总值:	584,501,505.01元
期末基金资产净值:	532,803,487.79元
单位基金资产净值:	1.0656元
基金资产净值收益率:	0.95%
本期基金可分配收益率:	0.95%
本期基金净值增长率:	9.20%
基金累计净值增长率:	9.20%

三、基金管理人报告

本基金业绩表现:

截止到2000年12月31日,本基金单位净值达到1.0656元,与7月20日的期初净值相比,净值增长率为9.20%,超过深沪大盘同期平均涨幅约5.20个百分点,高于同期证券市场收益率。

基金经理简介:

邹翔,男,毕业于中国人民银行研究生部,获经济学硕士学位。历任华夏证券有限公司基金投资部高级经理、部门副总经理,华夏基金管理有限公司研究发展部总经理、兴和基金经理等职务。

(一)基金经理工作报告

本基金投资风格:

本基金以价值发现和价值创造为基本思路,以成长性为核心,逐步形成了"深入发掘价值、审慎精选个股、积极进取投资、策略不断创新"的投资风格。

经过一段时间的管理与运作,本基金管理人有如下一些体会:

1.作为一名职业基金经理人,并试图在证券市场上为投资人提供长期稳定的高回报,必须要有鲜明的、符合市场规律的投资理念。该理念应该是涵盖投资目标、投资哲学、投资策略、投资研究方法、投资纪律的一整套系统而完整的投资思路,并能融汇贯通,始终坚持。

2.必须坚持以价值和成长性为选股的基本依据,不为市场不断变幻的概念和潮流而动,长期坚持必有丰厚回报。

3.选择个股固然非常重要,但选择好买卖时机对投资管理也非常关键。因此既要突出基本分析,也要重视技术分析,二者不可偏废。

本年度投资市场回顾:

2000年管理层以超常规发展机构投资人为战略指导思想,大力拓宽股市资金供给渠道,使股市整体呈现供不应求局面;加之宏观经济出现明显回暖迹象,投资人信心空前高涨,筹码十分稳定,几大利好因素交织下今年市场走出空前的大牛市,股市也一举突破500-1500点之间长达10年的箱体,进入到1600-2100点的新箱体运行。本基金于2000年7月20日正式运作,当时市场已达到近2000点的历史高位,但本基金经理对中国证券市场长期走势充满信心,在严格控制风险的前提下,精选价值被低估的个股投入,经受了大盘8、9月大跌的考验,取得了远超同期大盘的净值增长率,说明本基金精选个股的策略是成功的,也为2001年的运作打下了良好的基础。

四、托管人报告

本基金托管人——中国银行,依据《兴安证券投资基金基金契约》与《兴安证券投资基金托管协议》,自2000年7月20日起托管兴安证券投资基金的全部资产。现对兴安证券投资基金(以下简称兴安基金)从2000年7月20日至2000年12月31日的2000年度的托管情况报告如下:

(一)本托管人在2000年度托管兴安基金期间,严格遵守《证券投资基金管理暂行办法》及其各项实施准则和其他有关法规、基金契约以及托管协议的规定,切实维护兴安基金持有人的利益,尽职尽责地履行了基金托管人应尽的职责。

(二)本托管人在2000年度依照《证券投资基金管理暂行办法》及其各项实施准则和其他有关法规的规定,对华夏基金管理有限公司---兴安基金管理人的基金运作进行了必要的监督,其在兴安基金投资运作、基金资产净值的计算及每单位基金资产净值的计算等方面遵守了《证券投资基金管理暂行办法》及其各项实施准则和其他有关法规、基金契约以及托管协议的规定,没有发现违规及损害基金持有人利益的行为。

(三)本基金托管人依法对兴安基金管理人在2000年度所编制和披露的兴安基金招募说明书、基金上市公告书、基金资产净值公告、基金投资组合公告、基金年度报告等公告信息进行了认真核对,认为兴安证券投资基金管理人——华夏基金管理有限公司在2000年度内所编制和披露的基金信息是合法、真实和完整的。

五、基金财务报告

(一)审计报告　　审计报告　普华永道审字(2001)第344号

兴安证券投资基金全体持有人:

我们接受委托,审计了兴安证券投资基金(以下简称"兴安基金")2000年12月31日的资产负债表及2000年7月20日(基金成立日)至2000年12月31日止期间的收益及收益分配表。这些会计报表由兴安基金管理人华夏基金管理有限公司负责,我们的责任是对这些会计报表发表审计意见。我们的审计是根据《中国注册会计师独立审计准则》的规定进行的。在审计过程中,我们结合兴安基金的实际情况,实施了包括抽查会计记录等我们认为必要的审计程序。

我们认为,上述载于第2页至第10页的兴安基金会计报表符合中华人民共和国《企业会计准则》、《证券投资基金管理暂行办法》实施准则第五号证券投资基金信息披露指引、兴安基金契约和中国证券监督管理委员会允许的如会计报表附注所列示的基金行业的实务操作规定,在所有重大方面公允地反映了兴安基金2000年12月31日的财务状况及2000年7月20日(基金成立日)至2000年12月31日止期间的经营成果。

普华永道中天　　注册会计师　周忠惠
会计师事务所有限公司　　注册会计师　王笑

(二)基金会计报告书

2000年收益及分配报告书　　单位:人民币元

项　　目	本期数
1、股息收入	309,989.76
2、债券利息收入	-
3、股票买卖价差收入	4,983,956.84
债券买卖价差收入	
回购净收入	
4、其他收入	996,535.43
5、基金管理费	2,203,740.17
6、基金托管费	367,290.04
7、应由基金承担的其他费用	692,124
8、基金净收益	3,027,327.82
9、本期可分配净收益	3,027,327.82
10、期末未分配净收益	3,027,327.82

(三)会计报告书附注

1.会计报表编制基础

本基金的会计报表按照中华人民共和国《企业会计准则》,中国证券监督管理委员会颁布的《证券投资基金管理暂行办法》实施准则第五号证券投资基金信息披露指引,及中国证券监督管理委员会允许的如主要会计政策所述的基金行业的实务操作约定而编制。

2.主要会计政策

(1)会计年度

本基金的会计年度为公历1月1日至12月31日止。本会计期间为2000年7月20日(基金成立日)至2000年12月31日。

(2)记帐原则和计价基础

本基金的会计核算以权责发生制为记帐原则,除股票和债券投资按市值计价外,其余均以历史成本为计价基础。

六、基金持有人结构及前十名持有人

截止到2000年12月31日,本基金发起人持有的基金份额为5,117,984基金单位,占基金发行总份额的1.02%,其中:

发起人	持有份额	占基金总份额比例
华夏基金管理有限公司	5,117,984	1.02%
社会公众	494,882,016	98.98%
合　计	500,000,000	100%

本基金前十名持有人的名称、持有份额、占总份额比例如下:

序号	持有人名称	持有份额	占总份额比例
1	黑龙江证券公司	13,268,357	2.65%
2	中国太平洋保险	7,483,658	1.50%
3	孙光英	5,939,366	1.19%
4	中国平安保险公司	5,445,039	1.09%
5	华夏基金管理公司	5,117,984	1.02%
6	吕凤文	4,219,461	0.84%
7	迟洪军	3,925,228	0.79%
8	中国人寿保险公司	2,900,000	0.58%
9	王淑珍	2,839,332	0.57%
10	王树山	2,225,264	0.45%
合计		53,363,689	10.67%

第六编

中国产权市场

372/386

中国产权市场

中国上市公司并购重组分析

【概况】 2000年是中国资本市场并购重组的分水岭。经过10年的发展，资本市场正悄然产生着变革：证监会发出《关于加强上市公司监管工作的意见》、《关于规范上市公司重大购买或出售资产行为的通知》等，使收购行为更趋市场化、规范化；公告第一大股东变更的公司首次突破百家，预示着中国资本市场已进入大并购时代；并购重组手段花样翻新，委托书收购、上市公司之间的吸收合并渐次出场；财务性重组淡出市场，战略性并购迈着铿锵步伐走向台前。2000年的并购，从一季度的万科、华远这一南一北两大房地产商声称上百亿元的合并，通百惠和胜邦演绎的中国第一例委托书收购，到二季度的华能国际收购山东华能，安彩高科、广东福地对ST红光的重组等等，到三季度的大批网站城头变幻大王旗的喧嚣，到了四季度，郑百文重组方案一经亮相还是引起市场的一片沸腾，且不说重组的具体操作，仅就其方案的设计也算是一个市场化的创举，使人们第一次感受到债务重组化腐朽为神奇的巨大力量。

【并购重组的规范】 从市场监管层面看，2000年着实显示有关管理当局规范市场的决心和力度。从对象中科创业这样虚假重组的打击到对实质性重组的鼓励；从有关上市公司重大资产购买或出售的规定出台到年后对若干上市公司重组中违规行为的通报批评等无不在使市场朝着规范化的方向发展。以产权交易形式存在的企业间并购重组行为，尤其是上市公司的并购重组，是对利用资本市场筹集资金、获取公众公司效应等资源的一种优化方式，使得那些最具竞争力和发展潜力的公司能够进入资本市场求得长远发展，和那些发展乏力、管理不善的公司退出，达到优胜劣汰的目的，同时还要对广大中小投资者利益给予合理的保障。但是能否真正达到这样的目的，一方面取决于市场上的行为，更重要的还在于制度环境。2000年监管当局在构建这样的制度环境上无疑是加大了力度，达到了规范市场的目的。

强制要约难以豁免，29%现象大行其道 与1999年相比，2000年发生的第一大股东控制权转换中的一个特征是，无论是通过协议转让还是无偿划拨，低于30%的股份转让越来越多：1999年84起买壳中有44起转让的股份低于30%，而2000年则在百余家并购中有60多家新的第一大股东所受让的股份不超过30%。这绝不是一种巧合，而有其深刻的原因。为了保护广大投资者利益，《证券法》对持有上市公司股份超过30%的收购者赋予强制要约的义务，目的是为了防止公司控制权转移后侵害到其他股东的利益。但在中国证券市场上发生的控制权转移，属于协议的居多，而且转让标的基本上都是国有股或法人股，因此在以前超过30%的股权转让无一例外地都获得了监管部门对强制要约义务的豁免。但是，随着我国证券市场的发展，证券市场的监管越来越严格、规范。在2000初就有几起股权超过30%的收购案因为没有申请到豁免而未能实现收购。从而使得转让30%的持股成为雷池而不敢轻易逾越。在这种情况下，为了免去全面要约可能带来的高成本，收购低于30%的股权就成为一个好办法。与此同时，必将会出现越来越多的由几个持股不超过30%的股东共同控制上市公司的情况，上市公司的股权分散也必将成为市场主流。需要指出的是，目前我国证券市场上很多低于30%的并购是规避申请豁免的结果，可能是由几个低于30%的一致行动人持股。所以，只有切实落实有关全面要约、一致行动的规定，才能够既保证国有股东的相对控股，又达到了适当减持国有股、完善公司治理结构的目的。同时由于股权的分散，也迫使大股东必须尽心经营，以良好的经营业绩赢得其他股东和投资者的信任，否则其位置很容易被取代。

控制权之夺频频，市场规范不断跟进 以往发生在我国证券市场上的上市公司第一大股东的变化多是以友好协议转让的方式进行的，在很大程度上政府力量甚至起着主导作用，因此，无论是股权还是控制权的过渡一般都是比较平稳顺利，2000的第一大股东变更中大部分依然如此，但从年初的胜利股份，之后的西藏圣地、燃气股份、四砂股份以及中联建设、幸福实业等却相继上演股权争夺之战，引人关注。上市公司的控制权争夺之战与证券市场的现实情况有关，比如我国特有的经济、政策环境下壳资源的价值溢价；证券市场本身的一些结构性缺陷，如内部人控制，董事、监事选举办法和股东诉讼机制不完备等；以及中国普遍存在的地方保护主义等等。在这样的股权和控制权纠纷中，中小股东的利益很难保障，二级市场的恶意炒作之风甚盛，也必然会影响证券市场的长期繁荣发展。针对这种情况，2000年监管当局在市场发生纷争的同时及时作出反映，不断从立法上加强市场的规范发展，比如在胜利股份之争后出台的《上市公司股东大会规范意见》就保证了中小股东的权利，也使得后面幸福实业、中联建设股东大会得以召开。

股价变幻莫测，监管利剑高悬 重组概念历来是市场追逐的热点，即便是某些ST股票，由于人们对其重组的预期也会对其进行追捧、热炒，形成了所谓的重组板块。对2000年发生第一大股东变更的上市公司的股价进行观察，也印证了重组对二级市场的作用。具体观察这些上市公司股权转让公告前后三个月股价在二级市走势的情况，发现如下两个特点：首先，公司在公告第一大股东股权变更的前三个月，大部分股价已开始异动，并成上升趋势。在公告当日股价和公告前三个月比明显上升的占81.55%，其中涨幅超过50%的达16家，涨幅最高的青百A(0578)公告日和前三个月比，涨幅已达150.45%。而持平和下跌仅占18.18%，且幅度较小，跌幅最大的河池化工也只有16.1%，跌幅超过10%的也仅有2家。这种大幅的上升情形显然与先知先觉(或事先知悉内情)的市场主力提前做市有关。其次，公司在公告第一大股东变更后第三个月，股价上升和下跌基本持平。其中上升的56家，占54.37%，下跌的47家，占45.63%。这当中，上升的幅度普遍减小，超过50%的仅有3家，是公告前三个月大幅上涨超过50%的总家数的17.65%；下跌的幅度却普遍增大，跌幅超过10%的达到16家，跌幅最大的是浙江中汇(600677)达到32.

69，但该股在公告前已有非常惊人的表现，仅公告前三个月至公告日该股已涨 82.04%，如果再往前考察，那就更是不可同日而语，因此其跌幅领先也就不足为奇。总的来说，股权转让公告后的股价走势和公告前三个月大部分股价大不相同，许多中小散户多半是在此时此地栽了跟头，从此谈重组而色变。如何规范重组，避免二级市场炒作，成为监管当局规范市场的重要内容。而 2000 年管理层确实在致力于打击利用重组概念的恶意炒作事件，随着对中科系、亿安科技以及基金黑幕的查处，无不显示着其规范的决心和力度，在市场上悬起一把利剑。

【并购重组的发展】 规范的目的无非是为了市场的发展，发展永远是市场的主题。2000 年中国资本市场的兼并收购构成了市场发展的主旋律之一。

优化资源配置，实质性重组渐成主流　随着有关法律法规的出台以及市场意识的强化，2000 年的并购重组开始转向实质性重组，利用资源整合达到优化资源配置的功能开始突现。从 2000 年发生的上市公司并购案中，可以看到越来越多的大股东开始转变观念，有的是利用母公司向上市公司注入优良资产，置换出不良资产；有的通过第一大股东转换的时机将主营业务转向了具有盈利潜力和发展前景的新经济、IT 和高科技等领域，甚至在收购后改变股票名称，使其能一目了然地反映出公司的新主营业务。与此同时，也可以看出，与以往为了获得资金而采取的财务重组不同的是，2000 年的重组更多的是具有了实实在在的战略目的，收购方以其核心竞争优势为基础，通过进入资本市场寻求更长远的发展，同时提高上市公司的质量。这些都显出了中国证券市场上的兼并重组变得越来越理性和成熟，这也正是监管层和投资者所认同和追求的趋势、方向。

行业内整合，战略性并购独领风骚　2000 年并购案中突现出了行业内的整合，也反映了并购的战略性趋向。2000 年的并购中有了行业内强强联合、优势互补等整合行为，实力强、规模大的公司开始形成气候。青岛啤酒"南征北战、东伐西讨"，耗资约 4 亿元在全国范围内掀起了声势浩大的收购行动，共收购 8 家啤酒厂，最终达到占有全国啤酒市场约 8%的"啤老大"；中石化相继重组了国内 10 家石油化工类上市公司，并大规模收购各地的社会加油站；大型彩显生产企业广东福地也开始接手"红光实业"的彩色显象管生产线；小天鹅与科龙结成电子商务联盟；华润收购万科等等，都为行业旗舰的出现埋下了伏笔。可以预测，在家电、百货、服装、纺织品等竞争激烈的行业也必将出现战略性并购或联盟，以发挥市场中的强者优势。

并购手段推陈出新，金融创新渐次出场　在 2000 年的上市公司并购重组中，破天荒地出现了委托书收购和上市公司之间的吸收合并。通百惠的委托书收购，凌桥和原水的吸引合并，ST 金马的借助司法手段反收购等，说明在我国证券市场市场化程度不高的条件下，金融创新已经有了自己潜在的需求，尽管其中有的没有获得成功。在第一大股东的易手在途径上，实际操作中也变得多样，不再是以前局限于对原第一大股东的股权收购上。尽管 2000 年所发生的百余家并购中大多数仍然是通过无偿划拨、协议转让等直接变换第一大股东，但开始出现通过收购若干中大股东股权的方式获得对公司的控制，或减少第一大股东的持股比重将原第二大股东推至前台。另外几起大股东易人是通过法人股竞拍成功、法院强制执行达成的，既实现了资源的合理流向，又惩罚了不珍惜自己权利、随意担保的大股东。　（北京东方高圣投资顾问公司）

附表 1　2000 年上市公司并购重组转让金额最大的十家公司（不包括无偿划转）

代码	简称	行业	地区	受让方（新第一大股东）	行业	出让方	转让股数（万股）	受让价（元/股）	交易总量（万元）	总股本（万）
600615	丰华园珠	制笔	上海	汉骐集团有限公司	投资	冠生园（集团）有限公司	4362.1	4.13	18015.47	15041.6
0402	重庆华亚	包装	重庆	北京金融街建设集团	房地产	华西包装集团公司	4869.15	3.8	18502.77	7869.2
600076	华光科技	IT	山东	天桥北大青鸟科技股份有限公司（第一）等	IT	潍坊华光集团有限责任公司	6441.6	2.80	18036.48	22441.6
0002	深万科	房地产	广东	中国华润总公司	投资	深圳经济特区发展（集团）公司	5115.56	4.46	22815.40	63077
600615	丰华圆珠	轻工	上海	汉骐集团有限公司	综合	上海丰华圆珠笔股份有限公司	4362.1	4.13	18015.47	15042
0504	ST 港澳	房地产	北京	信息产业部计算机与微电子研究所	IT 服务	国邦集团有限公司	9034.6	1.69	15304.61	31157.00
0826	国投原宜	化工	湖北	湖北红旗电工集团有限公司	机电	国投建化实业公司	7150	2.770	19805.50	18149
0678	襄阳轴承	汽车配件	湖北	中青创业集团有限公司	—	襄阳汽车轴承集团公司	3511	4.180	14675.98	12086
600609	一汽金杯	汽车	辽宁	沈阳市汽车工业资产经营有限公司	汽车	中国第一汽车集团公司	32683.36	1.514	49482.61	109267
600827	友谊华侨	百货	上海	上海友谊复星（控股）有限公司	投资	上海友谊（集团）有限公司	7323.9	2.220	16259.06	24429

附表 2　2000 年上市公司并购重组股份转让比重最大的十家公司

代码	简称	行业	地区	受让方（新第一大股东）	行业	出让方	转让股数（万股）	比例
0783	石炼化	石油化工	河北省	中国石油化工股份有限公司	石油化工	中国石化集团石家庄炼油厂	92044.43	79.73%
0956	中原油气	石油化工	河南省	中国石油化工股份有限公司	石油化工	中原石油勘探局	51000	75.00%
0866	扬子石化	石油化工	江苏省	中国石油化工股份有限公司	石油化工	中国石化集团扬子石油化工有限责任公司	198000	84.98%
600002	齐鲁石化	石油化工	山东省	中国石油化工股份有限公司	石油化工	中国石化集团齐鲁石油化工公司	160000	82.05%
0402	重庆华亚	包装	重庆	北京金融街建设集团	房地产	华西包装集团公司	4869.15	61.88%
600062	双鹤药业	医药	北京	万辉药业集团	医药	北京制药厂	17524	74.52%
600828	成商集团	百货	四川	成都市国有资产投资经营公司	投资	成都市国有资产管理公司	11069.1	65.39%
0629	新钢矾	冶金	四川	攀枝花钢铁有限责任公司	钢铁	攀枝花钢铁集团	6.83 亿股	66.75%
0605	中联建设	制造	北京	四环生物医药投资公司	生物	中联实业股份公司	5610.0	68.00%
600874	ST 渤化	化工	天津	天津市政投资有限公司	投资	天津渤化集团	83902	63.08%

附表3 2000年上市公司并购重组公告日前三个月股价涨幅最大的十家

公告日	代码	简称	受让方(新第一大股东)	行业	出让方	公告前三个月股价(元)	公告日股价(元)	涨跌(%)
2000.2.28	0668	武汉石油	中国石油化工股份有限公司	石油化工	湖北省石油总公司	12.55	24.5	95.22
2000.3.3	0801	四川湖山	吉林省三洋实业公司	电子音响	上海华晨集团股份有限公司	28.66	68.18	137.90
2000.3.15	0578	青百A	深圳市友缘投资有限公司	投资百货	青海省国资局	10.19	25.52	150.45
2000.3.27	600892	ST石劝业	湖南大学百泉集团	技术开发/服务	河南思达科技集团股份有限公司	14.05	25.38	80.64
2000.3.30	0619	红星宣纸	安徽海螺建材股份有限公司	建材	中国宣纸集团	17.45	31.68	81.54
2000.4.25	0590	古汉集团	清华紫光(集团)总公司	电力	衡阳市国有资产管理局	29.07	56.35	93.85
2000.6.6	0540	中天企业	世纪兴业投资有限公司	投资	贵阳市国有资产管理局	21.2	36.75	73.35
2000.8.15	600677	浙江中汇	中国航天机电集团公司	综合	浙江省财政厅	19.66	35.79	82.04
2000.10.18	600658	ST京天龙	北京兆维电子(集团)有限公司	通信	崇文天龙	10	16.97	69.70
2000.10.24	0014	ST深华源	深圳市沙河实业(集团)有限公司	—	(香港)华源电子科技有限公司	9.69	18.17	87.51

附表4 2000年上市公司并购重组公告后三个月股价涨幅最大十家

公告日	代码	简称	行业	受让方(新第一大股东)	行业	总股本(万)	公告后三个月股价(元)	涨跌(%)
1.10	0809	第一纺织	纺织	成都九星纺织集团公司	纺织	11457	13.85	40.19
1.26	600724	宁波富达	家电	宁波城建投资控股有限公司	国资经营管理	10252.22	30.66	57.40
3.30	0619	红星宣纸	纸业	安徽海螺建材股份有限公司	建材	7500	49.65	56.72
4.13	600749	西藏圣地	旅游	宜兴市中广网络有限公司(第二大股东	IT	8000	21.69	32.34
5.25	0829	赣南果业	农业	赣州市国有资产管理局	国有资产管理机构	8250	28.2	28.42
6.6	0540	中天企业	房地产	世纪兴业投资有限公司	投资	9808	53.25	44.90
7.14	0602	金马集团	旅游	深圳市东欧投资发展有限公司	投资	10051	25.23	65.34
10.9	600674	川投控股	冶金	四川省投资集团有限责任公司	投资	24138	22.45	40.31
10.10	600137	ST包装	造纸	四川泰港实业(集团)有限责任公司	商贸	6071	20.95	23.53
10.12	0826	国投原宜	化工	湖北红旗电工集团有限公司	机电	18149	15.92	28.49

产权交易与资产经营机构

上海国际集团有限公司

【公司概况】 经上海市人民政府批准，上海国际集团有限公司于2000年5月8日正式挂牌成立。上海国际集团有限公司是按照上海经济发展战略、完善所有制结构的原则和整顿、规范信托投资公司发展的要求，在规范国有资产运作的基础上组建的法人实体。公司注册资本为50亿元人民币。

【经营业绩】 根据上海市政府授权，经营国有资产和国有股权，进行投资、资本运作、资产管理和咨询服务、招标。其投资范围为信托、证券、支柱产业、浦东开发等，并控股上海国际信托投资公司、上海证券有限责任公司、海外公司、实业公司、房产公司、资产管理公司、进出口公司等。集团公司具有投资控股、资本经营和国有资产管理三大功能。其经营目标是，按照本市改革和经济发展目标，以资本为纽带，通过市场导向，实现资金、资产、资源等要素的优化配置，逐步将公司发展成为以金融产业为核心的地方性财团，在实施上海经济发展战略和国民经济关键领域中发挥大型集团的主导作用。在经营方式上，走集约化、综合化、国际化之路，通过国有资本与社会资本、金融资本与产业资本、国内资本与海外资本的有效结合，进行跨地区、跨行业、跨所有制乃至跨国界运作，推进国际化进程。

深圳市投资管理公司

【公司概况】 深圳市投资管理公司成立于1987年，是全国成立最早的国有资产经营管理公司。作为深圳市规模最大的综合性国有控股公司，深圳市投资管理公司代表深圳市人民政府经营、管理授权范围内的市属国有资产，为国有资产的保值增值作出巨大贡献。产业覆盖基础设施、能源、交通运输、工业及高新技术、公用事业、金融证券等，具有显著的资源、机制、对外开放等优势。公司积极参与资本市场，强化资本运作，调整产业结构，追求资本效益的最大化。

【经营业绩】 到2000年底，公司资产总额已达1021亿元，国有净资产235.5亿元；公司控股、参股的上市公司有深圳国际控股有限公司(香港上市公司)、深圳科技控股股份有限公司(香港上市公司)、深圳发展银行股份有限公司、深圳机场股份有限公司、深圳盐田港股份有限公司、深圳高速公路股份有限公司、深圳能源投资股份有限公司、深圳赛格股份有限公司等30家企业。

上海国有资产经营有限公司

【公司概况】 上海国有资产经营有限公司是经上海市人民政府批准成立的国有独资有限责任公司。成立时间1999年10月15日，注册资本金25亿元，根据市政府决定，公司设指导委员会对公司业务行使指导监督职能。指导委员会由市政府副秘书长担任主任，由市国资局、市财政局、市计委、市经委、市上市公司重组领导小组的领导和公司总裁担任委员。公司还设有专家咨询评审委员会，聘请沪上知名专家学者和国际著名投资银行、咨询机构代表担任咨询评审委员。公司内设资产经营部、公司重组部、资产托管部、战略投资部、资金管理部、财务融资部、法律事务部、研究发展部、行政人事部、总裁办公室等9部1室。公司下设上海国有资产处置有限公司、上海国禾投资有限公司、上海国鑫投资发展有限公司、上海国智置业发展有限公司等子公司。公司法定代表人、总裁：祝世寅。

【经营业绩】 公司的主要业务为资产经营、资产托管、实业投资，及其相关的咨询服务。资产经营，受政府委托或自主参与国有资产的买卖，包括证券化和非证券化的企业资产收购、包装和出让，资产及上市公司重组，产权经纪，房地产中介等，为国有企业强强联合，及国有资产退出一般性竞争领域服务。公司已控股国泰君安证券有限责任公司，并是上海产权交易所会员单位，上海产权拍卖有限公司的股东，具有良好的资本运作和资产经营的平台。资产托管，受银行委托，对其质押物(企业、楼盘、物质)进行管理、处置，为银行"债转股"提供服务。不实资产处置，受政府委托对本市国有企业不实资产核销中相关资产进行处置，最大限度地追索，保全国有资产。金融和高新技术投资，根据市政府指示，参与市级大公司改制和重大项目投资，如公司投资成为上海国际集团有限公司、上海银行、浦东发展银行、交通银行、国泰君安证券股份有限公司、申银万国证券有限责任公司、中国太平洋保险公司、东方寿险股份有限公司、上海世界展览会议有限公司、强生(集团)有限公司、上海农工商(集团)有限公司等的股东。同时，根据公司资本运作需要，投资高新科技项目和上市公司，成为金泰股份有限公司、光明乳业股份有限公司、复华实业股份有限公司、交大南洋股份有限公司、新药研究开发中心、置信集团有限公司、思道科投资有限公司等的股东。

福建省产权交易中心

【公司概况】 福建省产权交易中心是根据省人民政府专题会议纪要于1995年7月12日经批准成立的事业法人单位，是为产权交易提供服务和交易的法定场所。福建华兴拍卖行是于1996年11月27日经省贸易厅批准成立的企业法人，是中心实现产权交易的一个重要手段。交易中心下设办公室、财务部、产(股)权交易部、高新技术成果转让部、电脑信息部、资产评估管理部、政府采购部等部门和福建省华兴租赁公司。交易中心拥有全省一流的交易拍卖大厅，配有现代化的多媒体大屏幕，局域网网络布线，已与"国家产权交易信息网"、"中国机电市场网"、"设备调剂信息网"、"长江流域产权交易共同市场信息网"联接，信息资源丰富，委托交易中心进行的产(股)权交易、拍卖及政府采购和高新技术成果转让的公告、信息，除按规定登报外还在网络上发布，资料库中的产权交易信息在网上可供用户随时查询。交易中心和华兴拍卖行拥有高级工程师2名，注册拍卖师6名，注册资产评估师4名，注册房地产估价师2名，工程师3名，会计师3名，经济师6名，统计师1名，员工文化程度绝大多数在大专以上。

【经营业绩】 交易中心职责：依法审查产权交易主体的资格和交易条件，以及交易行为的规范性和合法性，对符合交易条件的出具产权交易凭证；组织产权交易，维护交易各方的合法权益；制定和健全行业管理制度，实行规范的自律性管理；处理当事人向“中心”提出的调解产权交易纠纷的申请事宜；会同省工商局组织产权交易从业人员的业务培训；履行省政府及其有关部门交办或者委托的其他职责。交易中心承办国家机关、事业单位、变现、改组改制、交易鉴证、企业策划、高新技术成果转让、闲置资产的调剂处置及接受有关本省与异地产权交易的政策、法律、投资、转让信息咨询。也是政府采购代理单位，承办机关、企事业单位政府采购业务。福建华兴拍卖行是由省政府指定的省级公物拍卖承办单位，拍卖各类物品及财产权利。三年来，拍卖业务不断拓展，1999年起，每年的拍卖总成交额均突破亿元。

山西省产权交易中心

【公司概况】 山西省产权交易中心是经省产权转让领导小组办公室、省经济贸易委员会、省国有资产管理局、省证券管理办公室和省工商行政管理局联合下文成立的，是省级唯一产权交易机构，具有独立法人资格。

【经营业绩】 山西省产权交易中心基本职能：建立统一、公开、规范的产权交易体系；维护产权交易市场秩序，受理产权交易鉴证事务；提供网络信息化的产权交易平台；培育区域机构和基金，规范会员的代理经纪行为；对企业进行管理咨询，扶持一批优秀企业的快速发展；为企业家搭建资本重组运营的舞台，开辟新的融资渠道；进行存量资产与增量资产的嫁接，为国内外企业融资并购服务。主营业务：1、依法对各类企业股权托管。2、就各类企业产权转让行为依法签证。3、承建规范化的区域产权交易市场，解决中小企业直接融资问题。4、开展投资银行业务，设有专项资金帮助企业进行结构调整。

深圳市产权交易中心

【公司概况】 深圳市产权交易中心（原深圳市产权交易所）是全国规模较大、规范性强、成立最早的产权交易机构，是深圳市政府批准从事企业单位产权、股权交易的合法中介机构，直属深圳市国有资产管理办公室领导。中心业务部设有交易部、信息部、托管部、会员部、投资策划部、财务部、办公室等各专业服务部门，建起了Internet网和局域网，中心聚集了一批年轻和资深的专业人士，其知识构成面主要是法律、经济管理、金融财会和工程等。遵循依法、公平、公正的原则，本中心借助于现代化的运作手段、实行系统管理、电脑服务，通过广泛收集和发布信息、存档立户、网络协作等合法方式，跨行业、跨地区、跨所有制地为广大客户快捷简单地提供各种产权、股权转让信息和牵线搭桥，帮助客户超越时空限制，抓住时机满意成交。

【经营业绩】 交易中心职能：受国有资产管理部门委托，依法组织企业国有、集体产权交易；为产权交易双方提供交易场所、技术手段和交易信息服务；开展产权交易鉴证；审查交易主体的资格和交易条件，监督交易主体、交易对象的真实性、交易行为及交易程序的合法性。交易中心的交易网络已遍及全国许多省市，并与国外的跨国公司、财团、投资银行和相关机构进行了广泛的联系和合作。中心曾于1993年5月和1994年3月先后两次主持召开了全国性企业产权转让与兼并交流会和全国企业产权交易信息网第五次年会。中心自成立以来，在探索公有制实现形式、转换企业经营机制，推动企业存量资产的流动和重现，当好企业的顾问服务等方面取得了显著的成效。至2000年12月底，已完成产权交易1996宗，成交金额223.89亿元人民币。

杭州市产权交易中心

【公司概况】 杭州市产权交易中心是经杭州市人民政府批准依法设立的全市统一的产权交易机构，也是一家跨地区、多功能、开放型的产权交易市场。交易中心遵循"集中、公开、公正、规范"的宗旨，为各类出资人从事企业购并、资产重组、招商引资、股权转让、破产清算、资产拍卖等交易活动提供配套服务。交易中心力求"规范运作"和"优质服务"，竭诚为杭州市产业结构的调整和产权制度的改革服务，为盘活存量资产、实现国有资产的保值增值服务，建成和商品交易市场相配套的要素市场。

【经营业绩】 交易中心集信息、交易、中介服务于一体，配备先进的电脑和网络设施，采用多媒体技术提供直观的数据、文字、图像等信息。整个交易活动实行系统管理，为客户快速、简便地提供各种转让信息和办理各项转让手续。交易中心主要业务包括：指导、督促产权交易业务，协调产权交易中有关部门和单位的关系，审查产权交易主体的资格和交易条件，培训交易经纪人才；依法组织产权交易，维护交易双方的合法权益，接受产权所有者和投资者的委托，为其寻找合作伙伴以及产权交易的买方和卖方；组织公有企业入场交易，发布产权供求信息；接受国有资产管理部门的委托，代理国有企业产权的拍卖、租赁及其他方式的产权转让；办理产权变动的政策咨询、方案策划、代理企业承包、租赁和其他方式的产权转让；办理企业部门和整体产权的交易，包括固定资产、流动资产及股权、商标权、专用技术等有形和无形产权的交易。

武汉产权交易所

【公司概况】 武汉产权交易所是武汉市政府批准成立的非盈利性事业单位，是武汉地区企事业单位产权交易的合法场所，负责组织、调控和监督产权交易行为及过程，具有市场管理和服务的双重职能。交易所严格执行国家的各项法律、法规和政策，按照公开、公平、公正、诚实信用的原则开展跨行业、跨地区、跨所有制的各类产权交易活动。交易所下设江城拍卖公司、国友资产评估公司及与相关单位联办法律、会计、审计等专业服务机构。交易所设施齐备，场内装备有先进的电脑交易和管理系统，并与国家有关部委、全国各大中城市的产权交易市场及国际互联网实现了联网；拥有一批敢于创新、勇于进取的经济、管理、金融、法律、工程等方面的高中级专业技术人才；以科学、规范、高效的务实作风，为改制企业提供全方位的服务。

【经营业绩】 武汉产权交易所服务功能包括：提供信息网络和交易场所，为企业收购、兼并、股权转让寻找目标企业，进行可行性分析，拟订交易方案，选择规范的交易方式，协助企业确定交易价格和财务策略，并提供相应的鉴证服务。为企业资产重组、资本运营、破产清算、投融资提供政策法律咨询、诊断策划服务。提供相关的政策、法律、企划、评估、审计、公证、咨询、培训等配套服务。提供国家政策允许的各类交易方式。

西安产权交易中心

【公司概况】 西安产权交易中心是经西安市人民政府于1992

年批准率先在全省成立的产权交易机构。陕西省人民政府《陕西省企业产权交易管理暂行办法》下发后，经省国有资产管理局批准，中心同时使用“陕西省产权交易中心西安交易所”的名称，并授予省属企业产权交易的服务职能。并被陕西省中小企业法人产权交易试点领导小组指定为全省各类所有制企业产(股)权交易的唯一合法场所。

【经营业绩】 交易中心按市场要求和实际需要下设市场交易管理部、产权转让部、托管部(对外全称三秦股份托管公司)、资产交易部、财务部、办公室六部一室；下属全资单位西安国衡拍卖行经西安市人民政府指定具有产权、公物、涉案财产的拍卖职能，是全省最具规模的综合性拍卖机构。西安市产权交易中心注册资本 500 万元，拥有注册评估师、注册拍卖师、会计师、经济师等各类专业人员近 20 人，中心成立以来前几年以资产评估为主，累计完成评估项目 500 多项，评估总值近千亿元。交易中心重点是为国有企业的改制、产权的置换提供服务，几年来为 95 对企业提供了全部产权交易的服务工作，涉及资产总额达 41.5 亿元。

南宁产权交易中心

【公司概况】 南宁产权交易中心是南宁市人民政府于 1994 年批准成立的唯一合法的跨行业、跨所有制、多功能、综合型的产权交易机构，为南宁经济区域的企业并购、改制、资产转让等产权交易活动提供策划咨询、监督管理和中介服务。中心由南宁创宁资产经营公司控股，股东包括中国人寿保险广西分公司、南宁振宁资产经营公司等企业法人。1998 年，中心依照《中华人民共和国拍卖法》，经自治区贸易厅批准，成立了南宁融通产权拍卖行。拍卖行主要从事国有企业和非公有经济企业的整体产权或资产的拍卖；行政、司法机关罚没物、金融机构抵押物以及其他各类资产的拍卖，对房地产、企业专用设备、民用物资等各类资产拍卖都具有专业而独到的理念和运作经验，开业以来成交金额逾亿元。

【经营业绩】 南宁产权交易中心、南宁融通产权拍卖行 1994 年以来先后加入了全国产权交易信息网，与全国三十多家大中城市的产权交易机构及其旗下的拍卖行实现信息、业务资源共享，并建立了良好的合作关系，这对于拍卖跨地域的标的提供了很大可能，能够充分发挥当地优势，使标的获得良好的拍卖结果。南宁产权交易中心、南宁融通产权拍卖行拥有 200 多平方米的拍卖大厅，大厅中央有大型拍卖电子视屏，可以在拍卖中实现对拍品的同步展示以及对拍卖结果的统计显示。同时，拍卖行还拥有一支年青而有活力的专业化队伍，具有拍卖、金融、法律、计算机、资产评估等各类专业人才，80%的职员具有本科以上学历。现有国家注册拍卖师 3 人，有 9 人参加全国拍卖从员培训，持有《中国拍卖从业人员资格证》。

重庆产权拍卖有限公司

【公司概况】 重庆产权拍卖有限公司成立于 1995 年，是重庆市政府批准公布的六家拍卖企业之一。1996 年加入中国拍卖协会成为会员单位。公司拥有国家注册拍卖师 2 名，此外还有会计师、经济师等多位专业技术人士。公司制定了一系列完善的管理制度，实现了管理人员和非管理人员责、权、利的统一，将公司内部有机地结合起来，有利于加强和各职能部门之间的协作和配合，及时沟通情况，解决问题。

【经营业绩】 公司从业来遵从“公正、公平、公开，诚实信用”的原则，多次成功地举办了破产企业的拍卖、无形资产的拍卖、各级法院委托的拍卖“三金、三乱”物资的拍卖、银行抵债物的拍卖、异地法院执行案的拍卖等。公司还积极地与各大国家专业银行不良资产公司紧密合作，并与重庆产权交易中心签定协议，为部分国有、集体、个体及股份制企业、三资企业及其产权的重组、兼并、转让、出售、拍卖等经济活动提供相关服务。

风险投资经营机构

广东省风险投资集团

【公司概况】 广东省风险投资集团是经广东省人民政府批准设立，并授权经营的国有投资公司，于2000年9月正式挂牌运营。集团公司根据国家的有关政策，可以运用全额资本金进行投资。公司宗旨是通过风险投资，参与高新技术企业的建立、重组与营运管理等业务；运用本集团的自有风险资本及通过多渠道募集风险资金，促使高新技术实现产业化，推动高新技术及其产业的发展。集团公司现有员工五十余人，60%以上拥有硕士、博士研究生学历。专业涉及电子、生物、材料、自动控制、化学、经济、金融、法律、工商管理等。董事长：何国杰，董事总经理：何荣。

【经营业绩】 公司的主要业务有：风险投资，组建风险投资基金，投融资咨询，企业购并重组及资本运营，证券投资，国际风险投资业务合作，创办高新技术成果产业化基地。集团公司拥有广东省科技创业投资公司、广东科技风险投资有限公司、广东清华科技创业开发中心等八家风险投资机构和实业公司。公司资产总额11.5亿元人民币，净资产8.5亿元人民币。

山东省高新技术投资有限公司

【公司概况】 山东省高新技术投资有限公司（以下简称山东高新投）成立于2000年6月，是山东省人民政府出资设立的国有独资企业，现有注册资本6亿元人民币，2001年底达到12亿元人民币，是国内规模最大的风险投资公司之一。山东高新投的目标是成为国内一流的风险投资公司，创出品牌，造就一批一流的职业经理人和专业人才。总裁王绍东是英国伦敦大学毕业的博士，博士生导师，曾在国外从事科技风险投资多年，在风险投资和资本运作等方面有深厚的理论基础和丰富的实践经验。公司现有30多名员工中，有6名具有博士学位或海外学习工作经历，其他大部分员工都具有硕士学位。

【经营业绩】 山东高新投是专门从事高新技术领域创业投资的公司，投资对象是在山东省内注册的高新技术企业，主要是高新技术领域里处于成长期、扩张期的高新技术成果转化项目；能够取得自主知识产权且有巨大市场潜力的中试项目；用高新技术改造的传统产业项目。投资重点是电子与信息工程、医药与生物工程、新材料等领域内的科技成果转化项目。投资方式以股权投资为主。山东高新投从2000年9月开始运作以来，积极开拓创新，呈现出良好的发展态势。目前，已接收项目400多个，已对7个项目进行了投资，投资额达2.5亿元。从已投资情况来看，这些项目不仅技术水平高，绝大部分都是国际或国内先进水平，而且市场前景较好。例如，招远金宝电子材料有限公司的"18微米高档电解铜箔"、烟台科耐思电子有限公司"表面贴装石英谐振器"和淄博博航电子陶瓷有限公司"氧化铝陶瓷基片"这3个项目建成后，将使这些企业的技术水平和规模达到全国同行业第一。此外，山东高新投还通过收购法人股成为四砂股份有限公司的第一大股东，从而为公司的高科技风险投资项目打造起了资本运作的平台。

广州科技风险投资有限公司

【公司概况】 公司成立于1999年12月23日，注册资本为人民币6亿元。公司遵循"专家管理，科学决策"的原则，通过创业投资、融资担保、投资咨询及中介服务等形式，促进科学成果的商品化和高新技术的产业化。除对高新技术企业提供资金支持外，还将为企业提供各项增值服务，协助企业提高管理水平和增强竞争能力，全方位扶持企业成长。公司总经理：王鸿茂。

【经营业绩】 公司主要的业务是对高新技术企业和技术创新企业进行投资；发起和设立各类科技风险投资基金；管理科技风险投资基金和其他资产管理业务；开展高新技术企业、技术创新企业的融资担保；投资咨询、中介服务。公司作为广州风险投资体系的重要组成部分，得到广州市委、市政府及各界的大力支持，现有的资金是市政府组织多种渠道筹集而来，至2003年将达到10亿元人民币。公司在发展中，还肩负着探索风险投资机制的重任，将多种渠道吸收民间资金、海外资本，扩大资产管理的规模。2000年，公司对外投资项目12个，投资金额为11027万元人民币，公司还为所投资的企业引入近亿元人民币资金。

广州银达担保服务有限公司

【公司概况】 广州银达担保服务有限公司是由多家实力雄厚的大型公司参股组建而成。主要股东包括广州科技风险投资有限公司、广州银业发展有限公司、广州迪森热能技术股份有限公司等。公司注册资本4000万元，营运资金6000万元，本公司是广州地区首家按纯商业化机制运作，融入现代西方"全程信用风险控制管理"理念的专业担保公司。

【经营业绩】 公司以为高新技术企业提供担保服务作为公司的主导产品和战略发展重点，全方位扶持高新技术企业成长，公司已为多家高新技术企业提供了融资担保。同时，公司以个人消费信贷担保业务作为一项基础业务，并大力拓展诸如商业票据担保、履约担保等非融资性担保业务，经营品种日趋完善。公司已与2001年9月完成首次增资扩股工作。公司经营范围：信用担保、经济信息咨询、投资管理、代客理财及网络服务。业务品种：高新技术企业担保业务；个人消费信贷担保业务；商业票据担保业务；专项贷款担保业务；履约担保业务等其他担保业务及投资管理业务。

宁夏金蚨创业投资有限责任公司

【公司概况】 宁夏金蚨创业投资有限公司成立于1997年7月，是专业从事对高新技术企业股权投资、项目与产品投资、资本市场投资的风险投资机构。注册资金2500万元人民币。股东有宁夏伊斯兰国际信托投资公司、银川新华百货商店股份有限公司、宁夏恒力钢丝绳股份有限公司。公司是深圳国际高新技术产权交易所首批交易商(席位号 029),并为此投资参股了深圳金人马投资管理有限公司,利用高交所优良成熟的技术产权交易及投、融资交流平台,一头牵西北地区一头联深圳信息技术前沿,竭力实现东西部的资源共享和优势互补。

【经营业绩】 专业化的管理团队和高效科学的经营机制以及广泛的资源网络是公司高效经营运作的基石。公司能够为新兴科技企业提供包括资金、管理与营销、战略合作者引入、资本运作与上市策划等在内的整体解决方案。公司主要业务包括:股权投资—股权比例较小的参股投资项目,主要适用于成长期或成熟期企业,投资目的以资产保值、增值、获取稳定收益为主;股权比例较高的控股投资项目,主要适用于初创型的高新技术企业,投资目的以高成长性、高回报,以出售转让股权获得高额收益为主。投资管理—接受企业委托,利用本公司优秀的专业管理人员和资金优势,为企业输出先进的管理经验、经营模式、管理思想,以规范的现代企业形象参与市场竞争。项目中介—为解决资金与项目之间的矛盾,本公司为企业提供适于企业发展、市场前景好的项目;为项目持有者寻找管理规范、具有经济实力的企业,协助双方建立良好的合作方式。市场调研—利用科学的调查手段,广泛的信息渠道,对特定的产品、市场、行业进行调查、分析,为企业决策提供有用、及时的数据。项目论证—利用本公司大量积累的业务经验、对各行业状况敏锐的洞察力,先进、有效、快捷的信息搜索手段,对项目进行分析论证,提供规范的运作方案。管理咨询—为企业的发展、人力资源的有效配置、企业的组织行为等提供全方面的咨询、培训以及相应的、有效的服务。项目的可行性分析—对项目进行可行性分析、论证,撰写并提供项目商业计划书、项目建议书、项目可行性研究报告。

深圳科鼎创业投资管理公司

【公司概况】 深圳科鼎创业投资管理有限公司是依据《深圳市创业资本投资高新技术产业暂行规定》成立的中外合资专业创业(风险)投资机构。主要股东有深圳市标新实业有限公司、君鼎投资(香港)有限公司、泰实科技创业投资(香港)有限公司、杰高国际(香港)有限公司。

【经营业绩】 受托管理和经营创业投资公司的创业资本,投、融资咨询业务。公司业务包括受托投资和管理高新技术项目,受托管理企业股权、产权,受托资产(资金)管理和经营。公司型、契约型私募创业投资基金的发起组建和管理,面向特定投资者的私募创业投资基金的发起组建和管理,特定项目创业投资资金的筹集。开展高新技术企业/项目的股权、产权、核心技术所有权、开发权、经营权等的交易。国有、集体、民营企业产权交易。开展企业股份制改造、上市方案策划与实施、融资咨询、投资咨询、管理咨询、资产重组咨询、证券投资咨询。

深圳市创新科技投资有限公司

【公司概况】 深圳市创新科技投资有限公司由深圳市政府出资 5 亿元发起设立,成立于 1999 年 8 月 26 日,目前注册资本为 16 亿元人民币,股东包括国有资产经营公司、上市公司、企业集团等,是国内规模最大的创业投资机构。创新投资公司遵循"政府引导、市场化运作、按经济规律办事、向国际惯例靠拢"的指导方针,立足深圳、面向全国,联合境内外创业资本,共同支持中小科技企业发展和技术创新,探索建立具有中国特色的创业投资模式。创新投资公司集合了一批来自海内外的金融、科技、投资、管理等各方面的复合型专业人才,现有正式员工 56 名,其中硕士 35 名,博士 8 名,包括 2 名博士生导师。

【经营业绩】 公司通过设立 3 家中外合资创业投资公司、7 家区域性创业投资公司、1 家专业性创业投资公司,以及与金融机构合作等方式,创新投资公司直接或间接管理资金已超过 30 亿元人民币。截止 2001 年 8 月,创新投资公司共接洽项目 3000 余项,涉及投资金额超过 300 亿元人民币,经过专家论证和严格评审,已投资项目 63 项,总投资额 8.02 亿元人民币。

深圳市高新技术产业投资服务有限公司

【公司概况】 深圳市高新技术产业投资服务有限公司是由深圳市投资管理公司、深圳市科学技术发展基金会、深圳国家电子技术应用工业性试验中心和深圳市生产力促进中心共同发起,于 1994 年 12 月注册成立的独立法人企业。公司注册资本 1 亿元人民币。深圳市政府决定:从 1998 年起由市财政每年注资 1 亿元。截止 2001 年 6 月,公司净资产 4.4 亿元,总资产 6 亿元。

【经营业绩】 作为深圳市科技风险投融资市场体系的重要组成部分,公司的经营宗旨是:扶持深圳市高新技术产业的发展,促进深圳产业结构调整和优化;加速科技、经济一体化的进程,促进深圳市的经济发展。主要业务包括为国家、省、市认定的高新技术企业或项目以及符合深圳市高新技术产业政策的投资开发和生产项目提供贷款担保、信用证担保、承兑汇票担保、合同履约担保等各种形式的担保任务。对处于成长期、扩张期的高新技术企业进行股权投资,投资重点是电子信息、软件、通讯、医药及生物工程、新材料、新能源、光机电一体化产业等。为投资机构和高新技术企业(项目)提供双向评估及中介、投资顾问、企业诊断、管理咨询、发展战略咨询、企业资金运作等服务。

深圳信科创业投资管理有限公司

【公司概况】 深圳信科创业投资管理有限公司,由深圳市科技局科技成果交易中心与加拿大 CCH 高科技企业有限公司于 1994 年合资创办,是一家受托管理海内外创业投资基金,进行高新技术企业创业投资,专业经营与管理高新技术企业孵化器,并为各类高科技中小企业提供创业策划、资产重组及国内创业板上市配套服务的专业化机构。信科创投在多年的经营实践中,汇聚了一批技术、管理、财务、投资、金融、营销、法律等各个领域敬业守信的复合性专业人才,融合了管理、筹资、信息、策划、政策运用诸多方面的优势,积累了企业投融资、全面策划及其它增值服务的实际操作经验,树立了诚信、创新、高效、优质的信科品牌形象。

【经营业绩】 公司主要业务包括:受托经营与管理海内外创业投资基金,受投资者的委托对项目进行直接投资及其管理;帮助企业制定发展战略,充任企业管理顾问;为企业提供市场营销策划、企业形象包装策划及企业整体策划;高科技企业资本运营及财务融资服务;企业资产重组与股份制改造;为企业提供国内外创业板上市前期服务;为企业引入策略性投资和战略性投资合作伙伴以及其他综合服务。

清华科技创业投资有限公司

【公司概况】 2000年4月，清华大学企业集团与首钢总公司联合金融机构、创业投资基金、上市公司及国内大型企业集团等股东注资人民币2亿元共同设立了清华科技创业投资有限公司，旨在加速清华大学高科技成果的转化，通过示范效应，充分发挥清华大学在发展高新技术产业中的高新技术研发中心、高新技术信息中心、高新技术企业孵化中心和高新技术项目投资中心的作用；另一方面，能够发挥其他股东科技产业化的实践优势和行业优势，从而促进我国高新技术产业的发展。

【经营业绩】 清华科技创业投资有限公司经营范围主要包括，高新技术项目投资(企业)、投资管理、投资顾问与咨询以及人员培训等。公司主要投资于电子信息、新材料、生物工程、医药、新能源和环境保护等国家确定的高新技术领域。公司投资对象为具有市场潜力的高新技术成果(项目)以及从事高新技术开发和生产的企业。公司立足清华大学及中关村高科技园区，并辐射全国乃至全世界，重点从北京以及上海、深圳等东南沿海发达地区筛选优秀科技成果，尤其特别关注清华大学的优秀科技成果和清华创业园中的创业公司。同时，面对国家中西部开发的战略决策，公司亦密切注视中西部地区高新技术产业的发展，并适时进入。成立以来，公司已经先后投资了清华万博、清华紫光比威、新疆新能源、深圳奥维讯、深圳清华源兴药业、四川九州电子、艾克斯特软件、北京多福尔科技等项目，投资额人民币5000余万元。

北京中富投资管理有限公司

【公司概况】 北京中富投资管理有限公司成立于2000年3月，是一家专门从事投融资顾问服务、企业购并重组、证券投资、产权转让、企业改制与上市策划、风险投资等业务的大型民营企业，并已成为中关村技术交易中心和北京创业投资协会的正式会员。北京中富投资管理有限公司还与四通投资公司、知金科技投资公司、红塔兴业投资公司、西安高新区管委会、中全资产管理公司等结成了战略合作伙伴。"诚实守信、勤勉尽责，通过高水平、高效率的专业服务，为国内高新技术企业和中外风险资本搭建合作的桥梁"是公司的服务宗旨。

【经营业绩】 北京中富投资管理有限公司与国内外投资界的紧密联系及同政府有关部门的良好合作基础，现已成功投资、运作了南京世纪通信技术有限公司、深圳万德莱通讯科技股份公司、北京四通智能建筑系统集成工程有限公司等项目，其中南京世纪通公司主要从事应用软件的开发、商业网站的策划及制作、系统集成等业务。四通智能公司是由四通新技术产业股份公司、中关村开发建设股份公司和北京中富投资管理有限公司共同投资(重组)创办的，是智能建筑领域的知名企业，持有建设部首批颁发的甲级专项工程设计资质证书。深圳市万德莱通讯科技股份有限公司主要从事无绳电话、数字通讯设备、网络系统互联及集成技术产品的开发与生产，该公司已通过中科院和科技部双高认证，并准备在深圳创业板上市。2000年9月公司联合西安高新区技术产业开发区，共同举办了"2000年西安高新区利用资本市场融资项目北京发布会"，以良好的项目资源在北京风险投资界引起了较大的反响，同时受到各大新闻媒体的普遍关注。并且，北京中富投资管理有限公司还开通了"中富投资"网站(www.zfinvest.com)，创办了"中富投资导报"、"深圳创业板资讯"免费电子杂志，为投融资双方搭建信息交流的平台。

产权及资产重组案例

泰山旅游股份公司重组案例

【背景资料】 泰山旅游股份公司位于以泰山闻名的旅游城市山东省泰安市，是我国最大的一家经营旅游客运索道的股份有限公司，主要从事旅游索道客运业务，兼营餐饮、娱乐、汽车运输、旅游接待，现有职工292人，公司以索道客运业务为主营业务。泰山旅游股份公司的前身是1983年4月成立的泰山索道公司，1983年建成我国第一条大型旅游客运索道并投入运营。1989年4月，泰山索道公司更名为泰安市泰山索道站。1993年3月，泰安市泰山索道站被列为泰安市股份制试点企业，经山东省泰安市体改委发文批准同意设立泰山旅游股份公司。1994年1月，为便于进行股份制改造，泰安市泰山索道站更名为泰安市泰山索道总公司，开始股份制改造。同年11月，泰安市泰山索道总公司作为独家发起人，经定向募集法人股和内部职工持股，将泰安市泰山索道总公司改组为泰山旅游股份公司，公司总股本为11014.72万股，包括：尚未流通股份8259.52万股，(其中：国家股4800万股，由国资局持有；募集法人股1634.56万股；内部职工股1824.96万股)和已流通股份2755.2万股。泰山旅游股份公司在全国共投资新建6条索道，拥有6条索道的全部产权，其中有5条索道已经建成投入正式运营，尚有1条索道正在后期建设之中。投入运营的5条索道有3条索道是建设在泰山上面的：中天门索道、桃花园索道和后石坞索道，给上市公司带来丰厚现金流和利润的也主要是这3条索道。另外2条投入运营的索道是山东峄山索道和云南西双版纳野象谷索道，由于客源不足，以及市场运作方面没有采取灵活措施，这两条索道目前均处于亏损状态。泰山旅游股份公司自上市以来，业绩一直不错，上市公司每年的净现金流入很大，年报公布的货币资金数目很大，可以说上市公司不缺资金。但是由于泰安当地的产业结构所限，上市公司缺乏理想的配股投资项目，使上市公司在有配股权的情况下配股申请没有得到批准，从而丧失了上市公司在资本市场的融资能力，壳资源的价值体现不出来。上市公司管理层希望借重组之机，为推动上市公司的进一步发展打好基础。

浪潮集团是一家国有大型国有企业，已有30年IT行业的产业发展经验，拥有一支高度市场化的研发队伍，目前该公司已形成五大产业结构：浪潮微机、浪潮服务器、浪潮齐鲁软件、浪潮网络安全和浪潮信息电子。浪潮的软件企业机构齐鲁软件公司是国内最大的软件开发企业之一，浪潮“国强”通用软件是国内财务软件三强之一。浪潮集团也看好泰安政府宽松的政策环境，良好的自然环境，成功的资本市场运作经验，泰山在国际国内的高知名度等优势，以及上市公司的强大融资能力，结合浪潮的高新技术产业项目，高技术背景的人才优势，IT行业的经验优势和市场优势，采取建设科技园区的合作模式，必将促进泰安的招商引资工作，调整地方产业结构，发展高新技术产业，为上市公司的长远发展打下良好的基础。此外，浪潮集团在国有股权的转让方面没有政策上的障碍，在重组操作上有利于简化报批手续，所以浪潮集团是泰山旅游比较理想的重组对象。

泰安的产业结构仍然以传统产业为主，第三产业自1990年以来，虽然也有些发展，但是增长率很低，在泰安这样的旅游城市仍然依靠传统产业支撑地方财政收入是很不合理的，而且对未来财政收入增长的压力太大，地方政府必须尽快培育地方财力新的增长点，以迅速扭转现在“二三一”的产业布局向“三二一”的合理产业布局迈进，通过出让上市公司的壳资源为当地引入高新技术产业，从而调整泰安的产业结构。

【交易与重组】 在交易重组过程中，股权转让价格是首要考虑因素。股权转让的价格一般是由市场供求关系和上市公司的价值决定的，影响交易价格的主要因素有：股权转让的支付方式、是否是控股权的转让和置换资产和转让股权的先后顺序这三方面的因素。股权转让的支付方式一般有现金和资产两种。由于资产的变现能力可能因资产存在的形式不同而不同，所以在股权转让的支付方式中，现金支付的能力明显优于资产支付的能力。另外，由于资产评估的客观性得不到有效保证，一般在股权转让交易中以资产作价支付时，需要在上市公司每股净资产值的基础上有较高的溢价作为资产变现的风险补偿。是否是控股权的转让对国有股权转让的价格有较大的影响。

泰山旅游重组每股转让价格的确定，除了考虑以上因素以外，还应考虑到泰山旅游宝贵的壳资源价值，也要适当考虑收购方的实力。泰山旅游重组，泰安方面至少应该置换出上市公司的泰山索道，最好是置换出上市公司的全部资产，让收购方向上市公司置入等额资产。泰山旅游重组的标的额达到2亿元左右，对于泰山旅游的收购方来说，如果有很好的合作项目，完全采用资产支付的方式也有可能为出让方接受，因为出让方是想收回特定的地域性资源，为泰安引进高新技术产业，以调整地方产业结构，所以只要收购方的项目投资前景好，所属行业能够调整当地的产业结构，资产支付方式是可以为出让方接受的。所以，出让方(泰安市政府)、受让方(浪潮集团)、上市公司(泰山旅游股份公司)达成了以下交易方案，即先以负债形式置换资产，随后以转让股权形式抵消负债。第1步：出让方从上市公司购买索道的产权，但暂不支付价款，形成出让方对上市公司的债务；第2步：上市公司从收购方购买优质资产注入上市公司，且不支付价款，形成上市公司对收购方的债务；第3步：上市公司将其对出让方的债权转让给收购方，形成出让方对收购方的债务；第4步：出让方以转让上市公司股权的方式偿还对收购方的债务，收购方以抵消出让方的债务和向出让方支付部分现金的方式获得上市公司的股权。交易数量：出让方转让出持有上市公司的全部国有股份43%，为避免全面要约收购豁免义务，浪潮集团分两次收购全部股权，第一次收购29.8%的股权，剩余的部分待时机成熟时再进行，但是交易价格不高于第一次转让价格；交易价格：为按照以2000年10月31日为评估基准日评估的资产和负债，减去上市公司在泰山以外的三条索道的投资价值后计算出每股价格约为4.3元/股，未完工的索道由上市公司继续完工；支付方式：全部用资产支付。经过双方友好协商，基本是按照上述方案的交易结构进行，确立了先进行资产置换，再进行股权转让的交易流程。在达成交易之前，浪潮集团已经对外公告重组泰山旅游，正式达成交易时，财政部和中国证监会已经暂时停止批准国有股权的转让申请。因此，浪潮为了争取配股和增发新股的时间，最终同意先进行资产置换，再进行股权转让。在股权转让协议正式生效之前，出让方采取把拟出让的股权全部4800万股托管给浪潮集团，使浪潮可以实际行使对上市公司的控制权。

【分析与评价】 此次泰山旅游重组可以充分发挥上市公司的融资能力，为上市公司发展获得持续的投资资金。泰山旅游通过全面的资产置换进行资产重组，完全符合中国证监会关于重大资产重组的有关规定，重组后的上市公司可以在中国证监会规定的时限内增发新股或配股，增发新股或配股募集的资金可以为上市公司的发展提供持续的投资资金，有利于保证上市公司引入新的主业后继续保持业绩良好的市场形象，有利于上市公司继续保持在中国资本市场的融资能力。

（北京东方高圣投资顾问公司）

华联超市“借壳上市”的股权重组案例

【背景资料】 借壳方—上海华联商厦股份有限公司(以下简称“华联商厦”，股票代码：600632)是由原上海华联商厦经股份制改造后于1993年2月19日上市。该公司座落于上海市最繁华的南京东路商业中心地段，是一家以经营百货业、专卖业、超市业、服装业、家电业等商品零售为主的大型综合性商业类上市公司。该公司在国内同行业中拥有很高的知名度，各项经济指标多年来一直名列国内同行前茅。自从1992年以来，华联商厦的商品零售总额在全国同行业中的一直排名第2位。进入2000年，据中华全国商业信息中心和上海市商业信息中心等权威机构发布的数据，当年的1—9月，华联商厦在上海商业股份有限公司和全国201家重点大型商业企业中，排名均为第一。这基本反映了华联商厦在全国商业零售市场中的的优势。同时，该公司在坚持发展百货业的同时，积极进行商业新兴业态的探索，其投资建立的全资子公司华联超市在近年的迅速发展更是令国内同行所瞩目。

出壳方—上海时装股份有限公司(以下简称“时装股份”，股票代码：600825)地处上海市南京东路黄金地段，曾经是全国最大的专业经营服装、服饰用品的零售批发商业企业，与华联商厦同属华联(集团)公司的控股子公司。该公司改制上市以来，开展多种经营，发挥整体优势，积极拓展国内外市场，大大促进了上海服装行业的发展。1989年该公司被评为市级先进企业，1990年被评为国家二级企业，并连续六年获得"重合同、守信用"企业称号。但是，自1997年以来，随着市场竞争日趋激烈，时装股份的经营开始陷入困境，甚至经常需要依靠集团公司的财务帮助才能维持业绩的稳定。

重组标的—上海华联超市有限公司于1993年成立，原为华联商厦投资设立的全资子公司。该公司作为中国新兴商业业态的优秀代表之一，在成立后的连续7年内，每年的净资产收益率都在30%以上。目前，华联超市拥有的连锁超市店铺数量已经由成立之初的11家发展到680多家，成为一家以上海地区为主，又延伸至江、浙、赣、鲁、豫等8个省市的大型超市连锁经营商业企业。华联超市不仅在资产规模、经营业绩和管理质量以及品牌知名度在全国同行业中名列前茅，而且在超市管理技术方面也一直处于行业领先水平，在连锁经营方面已经形成了比较成熟的管理经验和经营模式，并通过了国际权威机构的论证，是国内唯一一家可以输出超市管理模式的超市公司。2000年被评为中国五大优秀特许品牌之一。

【交易与重组】 华联商厦与时装股份同属华联集团旗下控股子公司，截止1999年底，华联集团作为控股股东，分别持有华联商厦和时装股份36.33%和60.10%的股份。两家商场隔街相对，均座落于上海最繁华的南京路商业中心地带，存在相当程度的同业竞争。尤其是近年来，随着我国商业领域连锁超市等新兴业态迅速崛起，使华联商厦、时装股份等大型零售商场的传统百货业务受到了严重的冲击，时装股份自1997年起主营业务逐渐萎缩，销售收入逐年下滑，每股收益由1997年的0.303元降低到1999年的0.12元，2000年中期仅为0.041元，经营已经陷入困境。而华联商厦的全资子公司华联超市作为中国商业领域新业态发展的杰出代表，近年来获得了飞速发展，但也日益面临着连锁经营超市规模迅速扩张所带来的资金“瓶颈”因素的制约。华联集团内部各种资源有效利用不足、业态结构分布的不合理的现状使得集团内部进行股权置换和资产重组、让华联超市“借壳上市”成为迫切需要。在这种的形势下，华联集团内部的资源整合与重组获得了普遍的认同和支持，在控股股东的支持下，华联商厦和时装股份围绕优化资产结构、整合集团整体发展能力和盈利能力的目标，以华联超市“借壳上市”为主要目的展开了一系列的股权转让和置换动作，对集团内部资源进行了重新整合，实行了公司经营结构的全面调整。

1998年底，华联集团受让了时装股份所持华联商厦743738股法人股，本次交易股权的标的金额虽然不高，但它却是揭开了华联集团内部资产重组和经营结构全面调整的帷幕。1999年11月，时装股份又将其拥有的服饰中心100%股权全部转让给华联集团。随后，在2000年1月和3月，华联商厦从华联集团手中分别收购时装股份28%和22%的股份，从而以50%的持股比例成为时装股份第一大股东。与此相对应，华联商厦又于2000年6月、8月分两次将其持有的上海华联超市公司100%的股权转让给时装股份，股权转让完成后，华联商厦将其全资子公司华联超市注入时装股份，从而实现华联超市借时装股份之“壳”上市，并获得在证券市场运作和可持续筹资的功能，这将使华联超市能够在加快自身发展的同时提高对母公司华联商厦的回报能力。而时装股份由于持有华联超市100%的股权，该公司的经营范围转变为连锁超市经营业态，公司经营开始呈现出一个全新的面貌，从此将可以彻底摆脱依靠集团公司扶持维持业绩的局面。这次重组完成后，华联集团旗下的两个商业上市公司—华联商厦和时装股份将由原来的各自为战发展为并肩作战，两家公司的资产也获得了重新整合，整合工作完毕后，集团内部各公司之间的关系形成了一条清晰的产权线索：华联集团(持有后者36.33%股权)—华联商厦(持有后者50%股权)—时装股份(现改名“华联超市”，持有后者100%股权)—华联超市，并且确定了各自的位置和发展方向。重组后的华联商厦2000年年报显示，公司全年利润总额和净利润分别为1.36亿元和1.15亿元，同比增长22%、21%，每股收益0.3元。而借壳上市的华联超市(原时装股份)在2000年也实现每股收益0.278元，比去年同期增长了131.67%，并推出10送2转3派0.5元的优厚分配方案。

【分析与评价】 通过以股权运作为基础的资产重组实现关联公司的业务整合，是一种经济实用的资本运作方式。此番华联商厦与时装股份进行的资产重组，整个过程简单清晰，且资产重组的实际成本较低，实际现金支付少，重组后的各子公司主营业务简单突出，经营状况一目了然，经营面貌令人耳目一新。从实际效果看，华联商厦出售子公司华联超市的股权，可以获得一笔数千万元的转让收益，而从战略角度看，还可避免母子公司同业竞争，提升华联超市的发展空间和速度，公司也将更有实力全面推进百货业态的经营重组，变“单体经营”为“连锁集约经营”，实现进销分离和物业经营与商品经营分离，并将通过新建一批大中型百货连锁零售商店、专卖专营连锁店等，进一步提高公司百货业在同行业中的市场地位。华联商厦表示，要在实施全面重组百货业经营方面跨出实质性的一步，以最大限度的提高市场的占有率，并将投入巨资用于百货连锁店的发展。同时，本次重组结束后，时装股份也找到了一个好的发展方向，并使华联超市实现了借壳上市。由于华联商厦仍然控制时装股份50%的股份，因而实际上是间接控制着华联超市，其收益将不会受到什么影响。（姚广）

青岛啤酒并购扩张的重组案例

【背景资料】 青岛啤酒股份有限公司（以下简称“青岛啤酒”）创立于1903年，前身是由英、德两国商人合办的日耳曼啤酒公司。青岛啤酒是我国历史最悠久、最著名的啤酒品牌，在国内外都享有很高的声誉。“青岛牌”啤酒商标曾于1980年获得”国家著名商标”的称号，1991年被评为中国十大驰名商标之一。现在，青岛啤酒已出口美国、加拿大、法国、德国、英国等32个国家和地区，占中国啤酒出口量的50%以上。早在1978年，我国啤酒产量仅60万吨的时候，青岛啤酒的产量已达到5万吨，是当时我国啤酒行业老大。但是，在八九十年代，我国啤酒业获得迅速发展的时期，青岛啤酒却放慢了前进的步伐。到1988年，我国啤酒业总产量比十年前增长了20倍，达到1200万吨时，青啤的产量只有10万吨，增长仅1倍，在国内的产品市场占有率也下降到1%左右，在国内啤酒行业中的地位跌至五、六名的水平。1993年7月、8月青啤分别在香港和上海发行了H股和A股。这两次股票发行使青岛啤酒在国内外资本市场上募集到了大量资金。但是，公司并没有抓住上市后贴近资本市场的有利条件，尽管公司在上市后的几年内连续更换了三届领导班子，但原有管理模式仍然没有改变，大量募集资金不能得到有效利用，错失了许多发展良机。从1996年起，青岛啤酒的赢利能力开始大幅衰减，经济效益严重滑坡，拥有百年品牌的青啤陷入前所未有的经营危机。这些因素成为推动青啤急于改变现状，开展大规模并购扩张寻求发展的内在动因。

进入80年代以来，我国啤酒业迅猛发展，一大批中小规模的地方啤酒企业迅速崛起，到1999年全国啤酒总产量已经达到2080万吨，成为世界第二大啤酒生产国。产能的迅速增加带来了激烈市场竞争，整个啤酒行业出现了两极分化，许多地方中小啤酒企业纷纷陷入困境，经济效益大幅下滑，行业亏损面不断增加，这种形势使得我国啤酒行业的重组被提上日程，也给青岛啤酒这样优质企业的发展操供了新的机遇。1996年6月青岛啤酒新一届领导集体临危受命，李桂荣、彭作义分别出任董事长和总经理，建立起面向市场的快速经营决策机制。针对青岛啤酒以往“有品牌，无市场”的发展状况，公司把未来发展的重心放在了以啤酒为主导产品的规模扩张上，放在扩大主导产品市场占有率上来，同时，吸取了以往的经验教训，青啤在这次扩张中加强了对品牌的管理，即在实现规模扩张的同时，更注重保护青岛啤酒的金字招牌。

【交易与重组】 在选择发展的突破口问题上，青啤的领导班子经过反复调查与讨论后，公司管理层决定对收购兼并的地产地销的啤酒厂不使用“青岛啤酒”商标，而把他们作为青啤的补充，在进行技术改造、提高质量后，标注“青岛啤酒系列产品”字样，以崭新形象的原品牌开拓市场，只有在品质上真正达到青啤标准的，才使用“青岛啤酒”商标。青岛啤酒提出了“高起点发展、低成本扩张”的市场发展战略，开始大举兼并收购地产地销的中低档啤酒企业。青岛啤酒的并购活动是以“由点到面”的方式逐步展开的，1997年11月22日对山东平度和日照两家啤酒厂的收购为青啤的扩张拉开了帷幕。通过一系列的技术工艺改造，并注入青岛啤酒的管理模式和文化，两家被收购企业的管理水平和产品品质有了很大提高，产品销量迅速增加，经济效益逐渐回升。初战告捷打开了青岛啤酒继续开展并购的“胃口”。1999年年内，借助山东省政府关于组建大企业集团的优惠政策，青啤将省内11家啤酒企业纳入麾下，初步实现一统鲁啤的战略。随后，公司又进行跨省市购并，将深圳朝日、鸡西兴凯湖、安徽马鞍山、湖北黄石等十几家外省啤酒企业悉数收编。到1999年底，公司已在全国十几个省市建立了26个生产基地，形成了北有黑龙江兴凯湖，西有西安，南有深圳朝日、珠海和三水公司，中部有上海、扬州、芜湖、马鞍山和湖北黄石、兴城等子公司的巨型啤酒集团。到1999年底，青岛啤酒的产销量已达到107万吨，市场占有率提高到5%以上，重新夺回了中国啤酒行业市场份额的“头把交椅”。一系列的成功收购，增强了青啤把主业继续做大做强的信心。鉴于许多外资啤酒品牌进入中国市场后连年经营亏损的情况，青岛啤酒把并购的触角伸向了规模大、技术装备条件好的合资啤酒公司。1999年9月，青啤收购了加拿大公司投资的广东皇妹啤酒公司60%的股权，迈出了收购外资啤酒企业的第一步。2000年8月，青啤在上海又以1.5375亿元的价格受让丹麦嘉士伯香港公司在上海松江投资的嘉酿（上海）有限公司75%的股权，并建立了青岛啤酒上海松江有限公司。不久，青啤又以2250万美元的价格一举收购美国亚洲投资公司持有的北京五星啤酒62.64%的股权和三环啤酒54%的股权。嘉士伯是世界最著名的啤酒品牌之一，青啤看中的是嘉士伯等外国啤酒品牌在国际市场的销售网络，它为青岛啤酒开拓国际市场提供更大的可能。12月底，青岛啤酒再出重拳入川，控股四川泸州市火炬啤酒厂，并斥资1.1亿元合资组建青岛啤酒泸州有限公司，为其“扩张年”划上了一个不是终结的句号。一番攻城略地，青岛啤酒在2000年底基本完成了公司在国内市场的战略布局，其经营模式由“一个地方生产，全世界卖酒”逐步转向“当地生产，当地销售”。目前，除本部外，青岛啤酒在全国其他地区已经拥有38家生产企业，其总生产能力已接近300万吨，形成了辐射全国主要市场的生产格局。通过分析青岛啤酒2000年年报，公司开展并购的积极效果已经显现，当年主营业务收入和净利润同比分别增长54.01%和15.19%，每股收益达到了0.11元。

【分析与评价】 青岛啤酒的并购模式颇令人深思。从表现形式上看，这是简单的横向规模并购，是并购发展史上的初级阶段。但这发生在青岛啤酒身上却显示着不同寻常的意义，因为它在规模并购的背后更隐含着品牌和管理的扩张。探询青啤的原有弊病，一是市场细分不足和产品定位过小，长期重视青啤品牌发展，而忽视了自身产品的市场定位；二是实力发展受到限制，在狭小的高档啤酒市场与嘉士伯、蓝带等国际著名品牌展开竞争，既讨不到好处，还失去了其它市场。为此，青啤通过“高起点发展，低成本扩张”的市场拓展策略，一举化解企业原先所面临的“做大品牌”和“拓展市场”的双重难题。同时，公司通过树立“青岛啤酒系列产品”的品牌战术，有效规避了扩张风险，保护了青岛啤酒的品牌，且以较低成本收购省内外中小啤酒企业的方式迅速占领了中低档啤酒市场。青啤的成功在于找到了一条充分扬长避短的低成本扩张之路，在化解自身弱势的同时通过兼并重组整合出控股厂商群和占领众多子市场群的综合优势。目前看来，它在国内的市场份额已经非常可观，如何加快内部整合消化，并迅速转化为企业的利润，是青岛啤酒目前面临的最重大的课题。大规模扩张所导致企业资产负债率的急剧上升，也给青岛啤酒未来的经营带来很大压力，对此，青啤在2001年初成功增发了1亿A股，融资近8个亿，很大程度上改善了公司的财务状况，可谓正确及时。

（姚广）

委托书收购胜利股份的并购案例

【背景资料】 收购目标—山东胜利股份有限公司（以下简称“胜利股份”，股票代码：0407）是由山东省胜利集团公司独家发起，并于1994年4月26日正式成立的股份有限公司，公司股票于1996年6月19日上网发行，7月3日在深交所挂牌上市。主营业务包括塑胶产品、农药、物资流通和国际贸易等。在发生股权争夺之前，公司原第一大股东—山东胜利集团公司（以下简称“胜利集团”）持有胜利股份24.17%的股权（共5265.765万股）。

反收购方—山东胜邦企业有限公司（以下简称“胜邦企业”）是一家以实业投资和咨询服务为主营业务的企业，其股东有胜利物资公司、胜利石油化工公司、胜利建筑安装公司、深圳中广银投资有限公司、润华集团等等。在胜利股份发生股权纠纷之前，胜邦企业持有胜利股份6.98%的股权，位居公司第三大股东之位。

收购方—广州市通百惠服务有限公司（以下简称“通百惠”）是成立于1997年7月的一家民营网络公司。公司经营范围主要包括企业经营管理咨询；财务咨询；市场营销策划、技术咨询等。其主营业务的基本构架分为企业服务网、社区服务网和网上企业孵化器，旗下有多家网站，如800800800.com、贝思威财经证券网站（www.stock.com.cn）等。该公司在胜利股份股东大会年会即将召开之际，通过参与法人股竞拍的方式取得了胜利股份第二大股东的地位，同时，为获取在股东大会上更有效的控制权又发动了一场声势浩大的委托书收购活动，曾在2000年的中国证券市场上引起了很大的轰动。

【委托书收购过程】 所谓委托书收购就是收购者通过向目标公司（被收购方）的股东征集授权委托书，给予其代理出席股东大会并行使投票权的授权，取得目标公司的一次性控制权或者有利的投票地位，从而通过改组董事会等方式达到收购目标公司的目的。“委托书收购”具有程序简便、节省时间、成本低廉的优点，但是它只能在一次股东大会上取得控制权，并不意味获得目标公司的最终控制权，而且，在法律上对这种收购手段的使用往往有一定的规范措施，这是收购方在使用该手段时应该注意的。

在胜利股份面临四年一届的董事会改选的敏感时期，山东胜利集团公司所持股权的冻结和拍卖成为胜利股份出现“股权收购战”的根源。胜利股份原第一大股东胜利集团代表山东省国有资产管理局持有胜利股份国家股5265.765万股，占总股本24.17%的比例，因涉及经济诉讼纠纷，胜利集团所持胜利股份的国家股先后被多家法院冻结，并于1999年底开始被分割拍卖。2000年1月28日通百惠公司发布公告，披露该公司通过竞买方式以1.06元的价格获得胜利股份3000万股法人股（占胜利股份总股本的13.77%），成为胜利股份当前第一大股东。随后，该公司提出增补董、监事和修改公司章程的两个提案。对此，胜利股份的主要股东单位—山东胜邦企业有限公司迅速作出了反应，它先是在3月初收购山东省国资局、山东省广告公司、山东省文化实业总公司等几家股东的法人股以及国泰君安持有的部分转配股使自己的持股比例达到15.34%，以微弱的优势比例保持了第一大股东的地位。在3月中旬，通百惠又以竞拍方式取得胜利股份法人股，以总计36300000股，16.67%的持股比例再度领先，胜邦企业迅速应对，以每股1.5元的价格协议受让东营市银履工程有限公司所持胜利股份法人股1462500股（占胜利股份总股本的0.67%），并于2000年3月9日签署了股权转让协议书。同时，该公司在2000年3月9日、10日，通过深圳证券交易所交易系统买入胜利股份流通股289.35万股（约占胜利股份总股本的1.33%）。上述两项合计增持胜利股份股权436.5万股（占胜利股份总股本的2%）。所以，截止2000年3月10日，胜邦企业持有胜利股份法人股、转配股和流通股总计37779750股（约占胜利股份总股本的17.35%）仍为胜利股份的第一大股东。此外，胜利股份还声称，其关联股东单位——润华集团股份有限公司持有胜利股份法人股7312500股；股东单位深圳市中广银投资有限公司于1999年12月15日至12月30日，共买入胜利股份流通股2071154股。因此，在直接和间接控制的股权比例上，作为反收购方的胜邦企业及其关联企业占据着明显的优势。

在这种形势下，为了寻求更广泛的支持，在即将召开的股东大会上争取更有利的表决地位，通百惠把目光转向了持有胜利股份约50%流通股的中小股东，它向胜利股份的全体公众股股东发动了声势浩大的委托书公开征集活动，并呼吁中小股东积极参与胜利股份股东大会的投票表决，随后，通百惠提出自己的关于董事、监事候选人和修改公司章程的两个提案，希望以征集委托书方式获得在股东大会上的表决权优势，通过入主董事会达到控制胜利股份的目的。虽然通百惠的行动得到了很多中小股民的支持，但是，由于通百惠在相关方面的准备不足使其委托书收购活动并没有收到显著效果。通百惠提出的两个提案也被胜利股份董事会否决。随后，股东大会根据胜利股份董事会提出的新一届董、监事会选举提案，在通百惠的代表宣布退出表决的情况下缺额产生了新一届董事会、监事会，并顺利组建。两个月后，胜利股份在5月29日又召开了临时股东大会，补选缺额的董事、监事。从此，胜利股份董事会形成了由3名独立董事、4名高管人员和4名股东代表组成的公司法人治理结构。在本次股东大会提名补选的5名董事中，通百惠方面具有海外留学和计算机专业双重背景的总工程师王斌入选董事会。

股权争夺使得胜利股份新一届董事会结构体现出一定的科学性、合理性，这是它的积极意义，但是它给公司经营方面带来的负面影响也是显而易见的。公司在2000年主营业务收入和主营利润分别比去年同期下降11.69%和15.11%，每股收益0.17元，也比去年下降32%。

【分析与评价】 胜利股份的股权争夺演绎着通百惠和胜邦企业为收购与反收购展开的一场较量。结果，胜邦企业凭借其在胜利股份股东中的众多“伙伴关系”，有效地保证了胜利股份管理层的稳定和持续。

通百惠在收购中所采取的委托书征集方法具有程序简便、节省时间的特点，通百惠向胜利股份的全体股东公开征集委托投票权，受到了中小股东的热烈响应。但是，表决权委托代理应该依照法律规范组织，根据《股票发行与交易管理暂行条例》，股票持有人可以授权他人代理行使其同意权或投票权，但是任何人在征集25人以上的同意权或者投票权时，应当遵守证监会有关信息披露和作出报告的规定。同时，委托手续的规范及委托凭证的有效性亦尚待明确。通百惠在早期操作方面存在的这些问题，在一定程度上影响委托书收购作用的发挥。而通百惠事先对胜利股份的股东之间的关联关系明显不大了解，通过公开征集委托投票权方式争取的机构持股者也寥寥无几。因而，在争夺中难免处于下风。然而，在本次股权争夺中，通百惠却是真正的赢家。从表面上看，以每股1.06元和0.71元的价格获得3630万胜利股份法人股，相对于净资产（2000年年底胜利股份每股净资产2.41元）已经有利可图，而且通百惠聘请财务顾问对本次股权收购事先经过精心设计，大肆宣扬，在股权投资、资本运作中获利的同时又大大地宣传了自己，可谓名利双收，显然，企业无形资产的增加是难以用金钱来衡量的。

（姚广）

原水股份与凌桥股份吸收合并的重组案例

【背景资料】 合并方——上海市原水股份有限公司（原水股份，股票代码：600649）主要从事原水供应和自来水开发，是上海市唯一一家供应原水的特大型供水行业（依据供水行业标准）。主要负责向上海市市北、市南、浦东等各自来水公司供应原水，约占上海自来水原水市场份额的95%。原水股份的股票于1993年5月上市，截止2000年6月30日，公司总股本171308.64万股，其中，流通A股25561.09万股，法人股30526万股。2000年中期每股收益0.121元，净资产收益率4.48%。

被合并方——上海凌桥自来水股份有限公司（凌桥股份，股票代码：600834）是由上海市城市建设投资开发总公司和上海市自来水公司共同发起组建，采用社会募集方式设立的股份有限公司。公司股票于1994年2月24日在上海证券交易所上市交易。公司属城市供水行业，经营范围包括自来水、给水专用设备、给水设计等。截止2000年6月30日，公司总股本23,660万股，其中，流通A股3120万股，法人股3800万股。2000年中期每股收益0.107元，净资产收益率5.09%。

【重组过程】 原水股份与凌桥股份同属于上海市城市供水行业，但两家公司的主营业务有所不同。原水股份主要以原水供应为主，自1993年上市以来，公司业绩一直比较稳定，实现了股本扩张与业绩增长同步，是沪市一家典型的大盘绩优上市公司。然而，公司获得快速发展的过程中，已逐渐感到主业发展的局限性。在近期上海市自来水产业体制出现重大变革的形势下，原水股份一直在考虑向自来水生产这一下游产业进军。而凌桥股份上市以来，一直以自来水生产和销售为主，股本规模较小，存在主业规模经济不足、盈利能力不强的弱点，是一个急需进行重组的壳资源。原水股份与凌桥股份两家公司在产业链上处于上下游关系。如果两者合二为一，原水股份将形成取水—制水—供水一条龙的产业链条，有利于主业扩张与优势互补，达到资源的最优化配置。作为被重组方，凌桥股份的有关人士在公司重组之初也曾表示，在上海整个自来水行业处于亏损状态的情况下，凌桥股份能够保持盈利，过去靠财政补贴，近年靠的是上海城市建设投资公司（即公司大股东）进行补贴，否则，公司的净资产收益率将无法达到10%以上。但如果继续让股东单位补贴下去，肯定会有背不动的一天，对公司长远发展颇为不利。由于凌桥股份主业一直没有达到一定规模，人员又已经很精简，成本无法再降，公司在规模、实力等方面一直无法与原水竞争，如果能被吸收合并进原水，在一个大的载体下，新设公司将面临更大的发展机遇。正是在这种形势下，为实现优势互补，加强竞争实力，经过一段时期的酝酿之后，1999年12月15日，原水股份和凌桥股份的董事会分别进行了公告，提出了原水股份吸收合并凌桥股份资产重组意向。公告还称，双方将组成以董事长为主的工作小组就吸收合并的有关事宜进行磋商与洽谈，解决在合并中所面临的各种实际问题。与以往上市公司吸收非上市公司的情况不同，本次将是上市公司之间进行合并重组，这种创新就意味着在合并过程中将可能出现许多新的情况和新问题。在3月份，两家公司都召开了股东代表座谈会，听取股东代表对合并方案的意见。在座谈会上，吸收合并的方案遭到了流通股股东，尤其是凌桥股份的流通股股东极力反对。因为如果实现了吸收合并，凌桥股份将并入原水股份，原公司将不复存在，这样，凌桥股份的流通股股东在市值上有可能遭受重大损失的同时，还将失去包括市场交易在内的各种未来获利机会。尽管期间有一些中介机构提出种种方案，比如以期权方式对凌桥股东进行补偿，或进行增资配股，或者配合国有股减持对凌桥股份老股东实施配售，但是，仍然难以作到对各方股东利益的公平对待，因而反对意见还是很大。在经过多方协商仍难达成一致意见的情况下，2000年5月25日，原水股份和凌桥股份不得不决定终止对吸收合并的方案，并进行了公告。原水股份的董事会提出，由于两公司的经济状况的差异，原水股份和凌桥股份的每股净资产、二级市场股票价格均相差比较悬殊。因此。按同股同权的原则，无论采用何种折股比例，均难兼顾各方股东的利益。为此，董事会认为：两家公司缺乏进行吸收合并的条件，为维护广大股东的利益，决定终止与凌桥公司进行吸收合并的磋商和洽谈工作，同时撤销吸收合并工作小组。凌桥股份的董事会公告也声称，经过5个多月的洽商，遇到了许多进行吸收合并难以解决的实际问题：(1)凌桥公司与原水公司在二级市场上的股票价格相差较大，凌桥股份的股票在公告日（1999年12月15日）的收盘价为14.08元，是原水股份当日收盘价（7.76元）的近两倍；(2)凌桥公司与原水公司股本规模相差悬殊，凌桥公司总股本23660万股，流通股3120万股，转配股1680万股；原水公司总股本171308余万股，流通股25561万股，转配股25425余万股，原水公司的总股本是凌桥公司的7倍多，原水公司的流通股是凌桥公司的15倍之多；(3)凌桥公司与原水公司每股净资产相差较大，根据1999年报，凌桥公司每股净资产为1.84元，原水公司为2.57元，原水公司高出凌桥公司0.73元。由于以上原因，在同股同权的前提下，各方股东均难以找到共同点，无法达成统一的意见。因此，吸收合并条件尚不具备，决定终止与原水公司继续进行吸收合并的洽谈工作，同时撤消以董事长主为的吸收合并洽谈工作小组。

事后，作为对公司管理层重组意图的延续，两家公司的实际大股东——上海市城投总公司拟将持有的凌桥股份2500万股（10.06%）国家股，以每股1.84元的价格转让给原水股份。转让后，原水股份将成为凌桥股份的第二大股东，为实现产业延伸的意图作铺垫。作为上海城投总公司的派出董事，同时也是原水股份的副董事长和凌桥股份董事长的费立夫，在接受记者采访时说："我们原来想创新走一大步，但是上市公司之间的吸收合并目前在中国的证券市场很多条件还不具备，所以，只好先由原水股份受让凌桥股份的国有法人股，这只是很小很小的一步”。这种由合并转向股权投资的做法，也充分地体现了一种公司管理层对市场的无奈。

【分析与评价】 原水股份几乎是凌桥股份所有原水原料的供应商。从某种程度上讲，原水股份吸收合并凌桥股份是一种产业延伸性质的纵向并购。在上海水业体制、机制大变革的背景下，这两家上市公司合二为一，让原水股份的主营业务向自来水生产这一下游产业发展，在理论上是可行的。但是，两公司的吸收合并最终没有成功，中国证券市场首例上市公司吸收合并的议案仅仅经历了 5 个月的时间，就因反对意见过多而宣告终结。分析一下失败的原因，可以归纳出以下几个方面：首先，法律方面没有作好充分的准备。我国《公司法》中对吸收合并有一些基本的规定，包括吸收合并应当履行的法律程序、批准、合并方与被合并方的界定、吸收合并的基本特征等内容。但是，从实际操作上看，我国现有的立法并不完善，对实践中出现的许多问题尚缺乏可实施的解决思路。例如，在股权分割的情况下换股价格的基础、折股比例(或换股价格)如何确定，如何在合并中保障中小投资者的利益，如何处理拒绝合并股东的股份等方面。以致于在合并过程中，当事者由于没有法律做武器，在实际操作中存在种种顾忌而停步不前。其次，本次重组具有一定行政色彩，忽视了市场操作的实际困难。有市场人士评价，这次吸收合并是政府试图用市场化操作体现政府意愿没有成功的典型。从 1999 年 6 月开始，两家上市公司的国家股“控制权”实际上都由上海城市建设投资开发总公司掌握，合并思路的提出，显然在很大程度上与双方资产经营权和行政隶属关系的这种转变有关系。根据最初的意图，两家上市公司吸收合并的出发点是做到优势互补，做大水业。上海市城投总公司希望通过吸收合并扩大行业优势，降低两公司的经营成本。但现实情况是，两家公司的股票价格和净资产之间存在较大的倒挂。面对净资产比价和股票比价之间的倒挂关系，在决定换股比例的时候，是采用股票价格这个参数，还是以净资产为基础，要做出选择的确很困难。无论是以净资产还是以市价作为折股比例，都会对双方的股东出现不公平的情况，这也是该合并思路遭到多数股东代表抵制的主要原因。凌桥股份具有盘小、绩优，容易被市场炒作、股价表现活跃等诸多二级市场方面的优点。而原水股份却是股本规模庞大、股性不够活跃。凌桥股份的流通股股东当然不愿意丧失公司在证券市场中的地位，毕竟这是一个市场交易活跃、经常具有重组概念的“壳”资源。再次，我国上市公司股权结构呈现的分割状态成为开展吸收合并的主要障碍，而股权分割情况下的价格倒挂更是导致本次合并没有成功的直接原因。直接换股是进行吸收合并比较流行的一种方式。在这种操作中，最重要的问题就是处理合并中股份的估价与折算问题，因为合并方式直接关系到合并双方每个股东的直接利益。在提出吸收合并意向的时候，原水股份和凌桥股份之间存在流通股价格比价和净资产值比价倒挂现象，双方的合并绝对不能回避二级市场价格的问题，这就增加了股份估价和折算的难度。 (姚广)

山东九发食用菌股份有限公司

公司新貌

公司生产车间

公司生产车间

山东九发食用菌股份有限公司是1998年经中国证券监督管理委员会批准成立的股份制上市公司。系亚洲地区最大的食用菌工厂化科研、养殖、加工、出口基地，被国务院发展研究中心市场经济研究所列为“中华之最”。是集食用菌、果蔬、生物复合肥、基因制药等生产、加工、销售的综合性企业公司。

公司创业于1992年，制订了“科技优先，科研先行，带动发展”的科技兴企发展战略，先后与国内外科研院所合作，成立了山东九发食用菌股份有限公司技术中心、上海九发食用菌工程技术中心、北京九发益康保健品开发中心、美国金泰生物研究所等四大科研机构，在此基础上，公司进行了产业结构调整，扩大生产规模。公司股票于1998年7月成功上市，使公司进入规模化发展的快车道，1999年公司先后投资5000万元，在山东菏泽、青州等地建立了两个大型食用菌生产加工基地，公司食用菌生产实现工厂化、立体化、规模化、标准化、自动化的生产模式，并形成生物及生物工程产业链，公司双孢蘑菇产品因品质优良，受到外商的青睐，目前公司95%以上产品远销欧美、日本、韩国和东南亚等国家和地区。公司已成为亚洲地区最大的食用菌生产、加工、出口基地，截止到2001年6月30日，公司总资产94164.55万元，利润总额4785万元，净利润3988.48万元，固定资产24970.43万元，净资产收益率5.21%，主营业务收入28235.58万元，股东权益76599.75万元，每股收益0.1907元/股，每股净资产3.66元/股。公司股本结构：总股本209158400股，其中：国有法人股142598400股，流通股66560000股。公司决心以更佳的业绩回报社会各界及广大股东的关怀与支持，再创九发新世纪的辉煌。

公司产品

地址：山东省烟台市南大街9号金都大厦28楼
电话：(0535)6623996
邮编：264001

昆明水泥股份有限公司

董事长：马荣生
地址：云南省昆明市西郊普坪村168号
电话：(0871)8421851 邮编：650109

昆明水泥股份有限公司系1995年12月25日经云南省人民政府批准，由昆明水泥厂(昆明水泥厂是国家“一五”计划期间的重点建设项目之一，1959年全部建成投产，设计年生产能力为35万吨)发起，联合其他五家法人共同组建成立的股份有限公司。是云南省首批现代企业制度试点单位。公司注册资本158257610元，现有职工1875人。

公司主要生产经营“石林牌”系列水泥，主导产品为P·S32.5、P·S42.5、P·042.5、P·052.5、P·Ⅱ62.5级水泥，储备产品有道路专用水泥、大坝专用水泥等。还具备研制其它特种水泥的能力，并享有自营进出口权。现已具备年产120万吨水泥的生产能力，是云南省规模最大的水泥生产企业、国家重点骨干水泥企业；为国家大型一档企业、国家520户重点企业；亦是西南地区唯一持有国家建材局颁发的62.5级水泥生产许可证的企业。

多年来，公司的发展一直注重技术创新、采用先进工艺和挖掘潜力。从80年代至今，企业先后投入技改资金3亿多元，系统地实施技术改造，公司的水泥粉磨、包装工艺线、水泥物理检验等设施达到世界80年代以来的先进水平。企业80年代末成功开发并运用国内首创的“工业废渣四组份配料”工艺技术(获云南省科技进步奖)，产品质量高于国家标准，性能优异，享有良好的市场声誉。近年，荣获“国家质量认证产品”、“国家质量满意产品”、“云南省质量管理奖”等。1999年7月4日，正式获得了ISO9002质量体系认证证书。

公司成立至2000年末，已连续五年盈利，共实现利润19605万元，利税总额29499万元，系云南省利税大户。公司在净资产收益率、销售利润率等财务效益情况方面，总资产、流动资产周转率等资产运营情况方面和资产负债率、流动比率等偿债能力情况方面均处于全国同行业的优秀值。

公司自成立以来，水泥总产量排名全国67家重点水泥企业20位左右，但实现利润总额却一直名列前茅。作为云南省最重要的水泥生产企业、业绩优良的国有控股企业和首批现代企业制度试点企业，为云南省的改革和建设做出了应有的贡献。

公司全貌

BEIJING SNOW.LOTUS CASHMERE CO.,LTD.
北京雪莲羊绒股份有限公司
BEIJING SNOW-LOTUS CASHMERE CO.,LTD.
北京市东直门外三元桥曙光西里甲1号 电话：8610-64664443 传真：8610-64668812
www.snow-lotus.com

银源股份

第七编

证券管理与交易机构

390/416

证券管理机构

中央管理机构

中国证券监督管理委员会

【概况】 改革开放以来，随着中国证券市场的发展，建立集中统一的市场监管体制势在必行。1992年10月，国务院证券委员会(简称国务院证券委)和中国证券监督管理委员会(简称中国证监会)宣告成立，标志着中国证券市场统一监管体制开始形成。国务院证券委是国家对证券市场进行统一宏观管理的主管机构。中国证监会是国务院证券委的监管执行机构，依照法律法规对证券市场进行监管。国务院证券委和中国证监会成立以后，其职权范围随着市场的发展逐步扩展。1993年11月，国务院决定将期货市场的试点工作交由国务院证券委负责，中国证监会具体执行。1995年3月，国务院正式批准《中国证券监督管理委员会机构编制方案》，确定中国证监会为国务院直属副部级事业单位，是国务院证券委的监管执行机构，依照法律、法规的规定，对证券期货市场进行监管。1997年8月，国务院决定，将上海、深圳证券交易所统一划归中国证监会监管；同时，在上海和深圳两市设立中国证监会证券监管专员办公室；11月，中央召开全国金融工作会议，决定对全国证券管理体制进行改革，理顺证券监管体制，对地方证券监管部门实行垂直领导，并将原由中国人民银行监管的证券经营机构划归中国证监会统一监管。1998年4月，根据国务院机构改革方案，决定将国务院证券委与中国证监会合并组成国务院直属正部级事业单位。经过这些改革，中国证监会职能明显加强，集中统一的全国证券监管体制基本形成。1998年9月，国务院批准了《中国证券监督管理委员会职能配置、内设机构和人员编制规定》，进一步明确中国证监会为国务院直属事业单位，是全国证券期货市场的主管部门，进一步强化和明确了中国证监会的职能。

【职能】 基本职能　1.建立统一的证券期货监管体系，按规定对证券期货监管机构实行垂直管理。2.加强对证券期货业的监管，强化对证券期货交易所、上市公司、证券期货经营机构、证券投资基金管理公司、证券期货投资咨询机构和从事证券期货中介业务的其他机构的监管，提高信息披露质量。3.加强对证券期货市场金融风险的防范和化解工作。4.负责组织拟订有关证券市场的法律、法规草案，研究制定有关证券市场的方针、政策和规章；制定证券市场发展规划和年度计划；指导、协调、监督和检查各地区、各有关部门与证券市场有关的事项；对期货市场试点工作进行指导、规划和协调。5.统一监管证券业。

主要职责　1.研究和拟定证券期货市场的方针政策、发展规划；起草证券期货市场的有关法律、法规；制定证券期货市场的有关规章。2.统一管理证券期货市场，按规定对证券期货监督机构实行垂直领导。3.监督股票、可转换债券、证券投资基金的发行、交易、托管和清算；批准企业债券的上市；监管上市国债和企业债券的交易活动。4.监管境内期货合约上市、交易和清算；按规定监督境内机构从事境外期货业务。5.监管上市公司及其有信息披露义务股东的证券市场行为。6.管理证券期货交易所；按规定管理证券期货交易所的高级管理人员；归口管理证券业协会。7.监管证券期货经营机构、证券投资基金管理公司、证券登记清算公司、期货清算机构、证券期货投资咨询机构；与中国人民银行共同审批基金托管机构的资格并监管其基金托管业务；制定上述机构高级管理人员任职资格的管理办法并组织实施；负责证券期货从业人员的资格管理。8.监管境内企业直接或间接到境外发行股票、上市；监管境内机构到境外设立证券机构；监督境外机构到境内设立证券机构、从事证券业务。9.监管证券期货信息传播活动，负责证券期货市场的统计与信息资源管理。10.会同有关部门审批律师事务所、会计师事务所、资产评估机构及其成员从事证券期货中介业务的资格并监管其相关的业务活动。11.依法对证券期货违法违行为进行调查、处罚。12.归口管理证券期货行业的对外交往和国际合作事务。13.国务院交办的其他事项。

机构设置　派出机构：1、天津证券监管办公室，2、沈阳证券监管办公室，3、上海证券监管办公室，4、济南证券监管办公室，5、武汉证券监管办公室，6、广州证券监管办公室，7、深圳证券监管办公室，8、成都证券监管办公室，9、西安证券监管办公室，10、北京证券监管办公室(直属证监会)，11、重庆证券监管办事处。内部职能机构：1、办公厅，2、发行监管部券，3、市场监管部监，4、机构监管部督，5、上市公司监管部管，6、基金监管部理，7、期货监管部，8、稽查局(首席稽查办公室)，9、法律部(首席律师办公室)，10、会计部(首席会计师办公室)，11、政策研究室，12、国际合作部，13、人事教育部。直属事业机构：1、信息中心，2、培训中心，3、机关服务中心。

国家经济贸易委员会

【概况】 国家经济贸易委员会为国务院组成部门，负责调节近期国民经济运行的宏观调控，设有20个职能司(局、厅)，包括办公厅、政策法规司、综合司、经济运行局、产业政策司、投资与规划司、企业改革司(全国企业兼并破产和职业再就业工作领导小组办公室)、中小企业司、企业监督司(国务院减轻企业负担部际联席会议办公室)、贸易市场司、对外经济协调司(国家茧丝绸协调办公室、国家经济贸易委员会反倾销反补贴办公室)、技术进步与装备司、资源节约与综合利用司、安全生产局、电力司、医药司、黄金管理局、培训司、国际合作司、人事司。国家经济贸易委员会机关行政编制为450名。其中，主任1名，副主任4名，司局级领导职数79名(含正副秘书长3

名、茧丝绸协调办公室3名、减轻企业负担办公室1名、全国企业兼并破产和职工再就业工作领导小组办公室1名、黄金局3名及机关党委专职副书记)。

【职能】 国家经济贸易委员会的主要职责是:1、监测、分析国民经济运行态势,调节国民经济日常运行;编制并组织实施近期经济运行调控目标、政策和措施,组织解决经济运行中的重大问题并向国务院提出意见和建议。2、组织拟定、实施国家产业政策,监督、检查执行情况;指导产业结构调整,提出重点行业、重点产品的调整方案;联系工商领域社会中介组织并指导其改革与调整。3、组织拟定工业、商贸方面的综合性经济法规和政策并监督检查;收集、整理、分析和发布经济信息。4、指导委管国家局拟定行业规划和行业法规;制定电力(含水电)、医药、黄金的行业规划、行业法规,实施行业管理。5、研究和规划竞争性行业投资布局,定期公布项目投资引导目录,指导除国家拨款以外的工商企业投资和商业性银行贷款的方向,进行项目的登记备案和监督,纳入国家发展计划委员会的总量平衡;研究拟定利用外资有关政策,指导工商企业利用外资(包括外商直接投资项目),制定工商领域外商投资产业指导目录并进行监督;提出工业、商业企业利用国外贷款的投向;研究制定国有企业向外商转让资产、股权、经营权的政策并实行监督;指导企业开展国际化经营,实施当年的企业海外投资规划。6、研究和指导流通体制改革,培育发展和完善市场体系,拟定规范流通秩序和市场规则的法规、政策;监测分析市场运行和重要商品的供求状况并组织调控;组织拟定和协调内外贸政策和进出口政策,商国家计划委员会编制关系国计民生和大宗、重点工业品、原材料的进出口计划,根据经济运行情况进行计划调整并向国家发展计划委员会备案;协调外贸货运;承办国家茧丝绸协调小组的日常工作。7、负责企业工作,对各种经济成分的企业实行宏观管理和指导,规范企业行为规则;研究拟定国有企业改革的方针、政策和企业体制改革方案,推进现代企业制度的建立;研究发展大型企业和企业集团的政策、措施,指导国有企业实施战略性改组;参与指导企业直接融资工作;指导国有企业的管理、扭亏和减轻企业负担工作;指导中小企业的改革与发展;组织管理企业内部的法律顾问工作;指导企业管理人员的培训。8、研究拟定监管企业国有资产的政策、法规;提出需由国务院派出稽察特派员的国有企业名单,审核稽察特派员提出的稽察报告。9、研究企业技术进步的方针、政策,指导技术创新、技术引进、重大装备国产化和重大技术装备研制;指导资源节约和综合利用,组织协调工业环境保护和环保产业发展。10、指导全国安全生产,协调处理重大安全事故。11、开展国际交流合作;负责人事管理和机关党的工作。12、承办国务院交办的其他事项。根据国务院的规定,管理国家国内贸易局、国家煤炭工业局、国家机械工业局、国家冶金工业局、国家石油和化学工业局、国家轻工业局、国家纺织工业局、国家建筑材料工业局、国家有色金属工业局、国家烟草专卖局。

国务院经济体制改革办公室

【概况】 国务院经济体制改革办公室是协助总理办理经济体制改革和对外开放有关事项的国务院办事机构,内设6个职能司:秘书行政司(人事司)、综合调研司、宏观体制司、产业与市场体制司、经济特区和开放司、国际体制比较司(外事司),另外还有机关党委。其行政编制为85名,其中:主任1名,副主任4名,司局级领导职数23名(含秘书长1名和机关党委专职副书记1名)。

【职能】 国务院经济体制改革办公室的主要职责是:1、根据国务院的统一部署,组织有关部门和研究机构对重大经济体制改革和对外开放的方案进行研究和论证,为国务院决策提供建议和咨询。2、根据国务院领导同志授权,办理有关专项改革开放方案实施中的衔接工作,跟踪调查改革开放方案的执行情况,及时提出对策建议。3、调查研究改革开放重大方针、政策的实施情况,及时总结经验,分析研究新情况、新问题。对关系重大的深层次和全局性问题进行超前研究。4、调查研究经济特区和开放地区建设发展中涉及全局性的政策性问题,总结经验,研究涉外经济体制改革中的重大问题。5、开展改革开放方面的国际交流与合作,组织开展国际经济研究和中外体制比较研靠,跟踪研究国际体制转轨的经验。6、承办国务院交办的重大研究课题和其他事项,承担国家经济体制改革委员会的具体工作。

国家发展计划委员会

【概况】 国家发展计划委员会(简称国家计委)是国务院负责研究提出国民经济和社会发展战略、规划、总量平衡、结构调整的宏观调控部门。

【职能】 国家计委的主要职能有:1、研究提出国民经济和社会发展战略、中长期规划和年度发展计划、研究提出总量平衡、发展速度和结构调整的调控目标及调控政策,衔接、平衡各主要行业的行业规划。2、做好社会总需求和总供给等重要经济总量的平衡和重大比例关系的协调,搞好资源开发、生产力布局和生态环境建设规划,引导和促进全国经济结构合理化和区域经济协调发展。3、负责汇总和分析财政、金融等部门关于国民经济和社会发展的情况,分析研究国际、国内经济形势,进行宏观经济的预测,参与财政政策、货币政策的制定,研究提出运用税率、利率、汇率和价格等重要经济手段的政策建议。4、提出全社会固定资产投资总规模,规划重大项目的布局,安排国家财政性建设资金,指导和监督国外贷款建设资金的使用,指导监督政策性贷款的使用方向。商有关部门确定政策性银行的贷款总量,确定商业银行贷款、直接融资用于固定资产投资的总量。安排国家拨款建设项目和国家重大建设项目以及重大外资项目、境外投资项目,组织和管理重大项目稽查特派员工作。5、研究提出利用外资的发展战略、总量平衡和结构优化的目标和政策,负责全口径外债的总量控制、结构优化和监测工作,做好国际收支平衡。6、制订价格政策,监督价格政策执行,调控价格总水平,制订和调整国家管理的重要商品价格与重要收费。7、研究分析国内、国外两个市场的供求状况,做好重要商品国内供求和进出口计划,搞好粮食宏观调控,管理国家粮食储备和物资储备,指导、监督重要商品的国家订货、储备、轮换和国家投放,引导和调控市场。8、做好科学技术、教育、文化、卫生等社会事业以及国防建设与整个国民经济和社会发展的衔接平衡,推进重大科技成果的产业化,提出经济与社会协调发展、相互促进的政策,协调各项社会事业发展中的重大问题。9、研究制定投融资、计划、价格等体制改革方案并组织实施,参与有关法律、法规的起草和协调实施。10、承办国务院交办的其他事项。根据国务院的规定,管理国家粮食储备局。 (特约编委:张东生,特约编辑:马季华)

财政部

【概况】 财政部是国务院主管财政收支、税收政策、国有资本金宏观调控部门。设有20个职能司(室):办公厅、政策规划司、条法司、税政司、预算司、国库司、国防司、行政政法司、教科文司、经济建设司、农业司、社会保障司、企业司、金融司、国际司、会计司、统计评价司、监督检查局、农业开发办公室、人事教育司。现任财政部长:项怀诚。

【职能】 财政部主要职责是:一、拟定和执行财政、税收的发展、方针政策、中长期规划、改革方案及其他有关政策;参与制定各项宏观经济政策;提出运用财税政策实施宏观调控和综合平衡社会财力的建议;拟定和执行中央与地方、国家与企业的分配政策。二、拟定财政、国有资本金管理、财务、会计管理的法律法规草案;制定和执行财政、财务、会计管理的规章制度;组织涉外财政、债务的国际谈判并草签有关协议、协定。三、编制年度中央预算草案并组织执行;受国务院委托,向全国人民代表大会报告中央、地方预算及其执行情况,向全国人大常委会报告决算;管理中央各项财政收入,管理中央预算外资金和财政专户;管理有关政府性基金。四、提出税收立法计划,与国家税务总局共同审议上报税法和税收条例草案;根据国家预算安排,确定财政税收收入计划;提出税种增减、税目税率调整、减免税和对中央财政影响较大的临时特案减免税的建议;参加涉外税收和国际关税谈判,签订涉外税收协议、协定草案;制定国际税收协议和协定范本;承办国务院关税税则委员会日常工作。五、管理中央财政公共支出;拟定和执行政府采购政策;管理财政预算行政机构、事业单位和社会团体的贸易外汇和财政预算内的国际收支;制定需要全国统一规定的开支标准和支出政策;拟定和执行《事业单位财务规则》、《行政单位财务规则》;制定基本建设财务制度。六、拟定和执行国有资本金基础管理的方针政策、改革方案、规章制度、管理办法;组织实施国有企业的清产核资、资本金权属界定和登记;负责国有资本金的统计、分析,指导财产评估业务。七、办理和监督中央财政的经济发展支出、中央投资项目的财政拨款、中央财政投入的挖潜改造资金和新产品试制费;负责农业综合开发;拟定并监督执行《企业财务通则》。八、管理中央财政社会保障支出;拟定社会保障资金的财务管理制度;组织实施对社会保障资金使用的财政监督。九、拟定和执行政府国内政府债务管理的方针政策、规章制度和管理办法;承担外国政府贷款、世界银行贷款、亚洲开发银行贷款和日本国际协力银行贷款的对外谈判与磋商业务;代表我国政府参加国际财政组织。十、拟定和监督执行会计规章制度、《企业会计准则》,制定和监督执行政府总预算、行政和事业单位及分行业的会计制度;指导和监督注册会计师和会计师事务所的业务;指导和管理社会审计;审批外国会计公司驻华代表机构的设置。十一、监督财税方针政策、法律法规的执行情况;检查反映财政收支管理中的重大问题;提出加强财政管理的政策建议;管理财政专员办事机构。十二、制定财政科学研究和教育规划;组织财政人才培训;负责财政信息和财政宣传工作。十三、承办国务院交办的其他事项。

(特约编委:周成跃,特约编辑:张锐)

国家税务总局

【概况】 国家税务总局是负责全国税收工作的领导机关,组织税务机关完成全国的税收收入征收任务。随着我国改革开放事业的不断深入,税收地位的提高和担负任务的日益繁重,税务机构不断得到加强。1993年4月,国务院决定将原国家税务局更名为国家税务总局,同年12月又将国家税务总局升格为正部级机构。同时,决定在全国省及省以下分设国家税务局和地方税务局两套税务机构。国家税务局系统实行国家税务总局垂直管理的领导体制,在机构、编制、经费、领导干部职务的审批等方面按照下管一级的原则,实行垂直管理。省级地方税务局实行地方人民政府和国家税务总局双重领导,以地方政府领导为主的管理体制。国家税务总局内设14个行政职能部门:1、办公厅;2、政策法规司;3、流转税管理司;4、所得税管理司;5、地方税务司;6、国际税务司(海洋石油税务管理局);7、进出口税收管理司;8、农业税征收管理局;9、征收管理司;10、稽查局;11、财务管理司;12、计划统计司;13、人事司;14、机关党委。现任局长为金人庆,副局长为钱冠林、程法光、郝昭成、崔俊慧、许善达,纪检组长贺邦靖。另外,局领导还有总经济师李永贵。

2000年,我国的税收工作又取得了重要进步,成为1994年税制改革以后增收最多、增幅最大、进度最快的一年。全国工商税收收入完成12660亿元,增收2348亿元,比上年增长22.8%,其中国内增值税、消费税收入完成5531亿元,比上年增长14.1%,增收685亿元;利息所得税收入完成149亿元,增收148亿元;海关代征进口增值税、消费税收入完成1493亿元,比上年增长43.7%,增收454亿元;证券交易印花税收入完成478亿元,比上年增长95.2%,增收233亿元。2000年税收收入占GDP的比重达到14.2%,比"八五"末年的10.2%提高了4个百分点。税务部门在圆满完成税收收入的同时,继续执行扩大出口、拉动投资、刺激消费以及支持高新技术产业、国企改革和西部大开发的税收政策。税收宏观调控手段的成功运用,为税收政策积累了宝贵的经验,税收在宏观调控中的积极作用也得到了更进一步的发挥和重视。

【职能】 国家税务总局是国务院主管全国税收工作的职能部门,主要工作职责是:1、拟定有关税收法律法规的草案,制定税收条例的实施细则;2、经调查研究提出国家税收政策建议,并与财政部共同审议上报,制定贯彻落实国务院决定的具体措施;3、参与研究国民经济宏观经济政策、中央与地方的税权划分等问题;4、研究国民经济税负总水平,向国务院提出运用税收手段进行宏观调控的建议;5、负责制定并监督执行税收业务的规章制度;6、指导全国地方税收业务工作;7、组织实施税收征收管理体制改革,制定税收征收管理制度,监督检查税收法律法规、方针政策的贯彻执行;8、组织实施中央税、共享税、农业税及国家指定的基金(费)的征收管理,编报税收长远规划和年度税收收入计划,对税收法律法规执行过程中的征管和一般性税政问题进行解释,组织办理工商税收减免及农业税特大灾害减免等具体事项;9、开展税收领域的国际交流与合作,参加涉外税收的国际谈判,草签和执行有关的税收协议、协定;10、办理进出口商品的税收及出口退税业务;11、管理国家税务局系统的人事、劳动工资、机构编制和经费,管理省级国家税务局的正副局长及相应级别的干部,对省级地方税务局局长任免提出意见;12、负责税务队伍的教育培训、思想政治工作和精神文明建设;13、组织税收宣传和税收理论研究;14、组织实施注册税务师的管理,规范税务代理行为的管理。

【有关证券交易的税收政策】 证券交易活动一般是指股票、国债和期货交易行为,现行有关证券交易的税收政策主要内容是有关股票市场的税收政策规定。股票交易涉及的税种有印花税、企业所得税、外商投资企业和外国企业所得税及个人所得税。

印花税　为促进证券市场的健康发展,经国务院批准,对买卖、继承、赠与所书立的股权转让书据，均依照书立时证券市场当日实际成交价格计算的金额，由立据双方当事人分别缴纳印花税。从1998年6月12日起，证券交易印花税的税率由5‰调整为4‰。为了加强证券(股票)交易印花税的管理，支持国有企业改革，1999年国家税务总局下发了《国家税务总局关于上市公司国有股权无偿转让征收证券(股票)交易印花税问题的通知》(国税发[1999]124号)，对国有股权无偿转让规定了新的印花税政策。第一，对经国务院和省级人民政府决定或批准进行政企脱钩、对企业(集团)进行改组和改变管理体制、变更企业隶属关系，以及国有企业改制、盘活国有企业资产，而发生的国有股权无偿划转行为，暂不征收证券交易印花税。第二，对不属于第一条所述情况的国有股权无偿划转行为，仍应征收证券交易印花税。计税依据为转让股份的面值，税率为4‰。第三，凡属于第一条范围内的国有股权无偿划转行为，由企业(单位)和主管税务机关按有关要求报国家税务总局审批。

企业所得税及外商投资企业和外国企业所得税　1、股份制试点企业。根据股份制试点的有关规定，国家准予部分试点企业在我国境内发行人民币股票和人民币特种股票以及在境外发行、上市股票。对股份制试点企业适用税收法律问题如下：(1)中国境内的内资企业(包括国有企业、集体企业、私营企业等)经有关部门批准，改组成为股份有限公司的，不论其发行股票的种类及股份结构比例如何，均应依照国家税务总局和国家体改委1992年6月12日印发的《股份制试点企业有关税收问题的暂行规定》(以下称“暂行规定”)缴纳各项税收。(2)外商投资企业经有关部门批准，改组成为股份有限公司，应继续依照适用于外商投资企业的税收法规缴纳各项税收。(3)内资企业与外商投资企业或外国投资者经有关部门批准，共同作为发起人设立新的股份有限公司，凡发起人认购的股份中，外资股份低于公司总股份的25%，应按内资企业的政策缴纳各项税收；凡发起人认购的股份中，外资股份达到或超过公司总股份的25%的企业，经企业申请，税务机关核准，可依照适用于外商投资企业的税法缴纳各项税收。2、企业发行股票溢价的问题。企业发行股票，其发行价格高于股票面值的溢价部分，为企业的股东权益，不作为营业利润征收企业所得税；企业清算时，亦不计入应纳税清算所得。3、关于加强证券交易企业所得税征收管理的问题。为了有利于证券市场的健康运行，加强税收管理，对机构(企、事业单位)从事证券交易的所得，征收企业所得税。有关问题如下：(1)机构从事股票、国债、期货交易的所得，应计入当期损益，按规定缴纳企业所得税。任何机构都应严格遵守财经纪律，不允许将从事证券交易的所得置于帐外隐瞒不报。(2)机构从事股票、国债、期货等交易所得，应按《中华人民共和国企业所得税暂行条例》第十五条的规定，按税务机关核定的预缴期限，及时预缴入库。交易中发生的亏损，可用下一缴期的盈利抵补，或全年终汇算清缴。4、关于外商投资企业、外国企业和外籍个人取得股票(股权)转让收益和股息所得税收的问题。国家准予部分股份制试点企业在境内发行人民币特种股票(简称B股)和在境外发行、上市股票(简称海外股)，外商投资企业、外国企业和外籍个人持有上述股票所取得的股票(股权)转让收益和股息(红利)所得有关涉外税收政策规定如下：(1)关于股票(股权)转让收益。a、外商投资企业转让股票或股权所取得的净收益以及外国企业在中国境内设立的机构、场所转让所持有的中国境内企业股票所取得的净收益应计入企业当期应纳税所得额，缴纳所得税。上述股票交易所发生的净损失，也可冲减企业当期应纳税所得额。b、对外国企业转让不是其设在中国境内的机构、场所持有的中国境内企业发行的B股和海外股所取得的净收益，和外籍个人转让所持有的中国境内企业发行的B股和海外股所取得的净收益暂免征收所得税。c、外国企业和外籍个人转让其在中国境内外商投资企业的股权取得的超出其出资额的部分的转让收益，按20%的税率缴纳预提所得税或个人所得税。(2)关于股息所得。a、依照《中华人民共和国外商投资企业和外国企业所得税法》第十九条的规定和《中华人民共和国个人所得税法》施行细则第五条第二款的规定，外国投资者从外商投资企业取得的利润(股息)，和外籍个人从中外合资经营企业分得的股息、红利，免征所得税。b、对持有B股或海外股的外国企业和外籍个人，从发行该B股或海外股的中国境内企业所取得的股息(红利)所得，暂免征收企业所得税和个人所得税。

个人所得税　1、关于股息(红利)所得。股份制企业在分配股息、红利时，以股票形式向股东个人支付应得的股息、红利(即派发红股)，应以派发红股的股票票面金额为收入额，按利息、股息、红利项目计征个人所得税。股份制企业用资本公积金转增股本不属于股息、红利性质的分配，对个人取得的转增股本数额，不作为个人所得，不征收个人所得税。对持有B股或海外股(包括H股)的外籍个人，从发行该B股或海外股的中国境内企业所取得的股息(红利)所得，暂免征收个人所得税。2、关于股票转让所得。按照1993年10月第八届全国人大常委会第四次会议通过决定修改的《中华人民共和国个人所得税法》的规定，股票转让所得应征收个人所得税。1994年1月国务院发布的《中华人民共和国个人所得税法实施条例》中明确，对股票转让所得征收个人所得税的办法，由财政部另行制定，报国务院批准施行。鉴于我国证券市场发育还不成熟，股份制尚处于试点阶段，市场发育还不成熟，对股票转让所得的计算、征税办法和纳税期限的确定等都需要作深入的调查研究后，结合国际通行的做法，作出符合我国实际情况的规定。因此，经国务院同意，决定对股票转让所得暂不征收个人所得税。

营业税　基金管理人运用基金买卖股票、债券的差价收入，在2003年12月31日前暂免征收营业税。

金融资产管理公司税收政策　根据《国务院办公厅转发人民银行、财政部、证监会关于组建中国信达资产管理公司意见的通知》(国办发[1999]33号)和《国务院办公厅转发人民银行、财政部、证监会关于组建中国华融资产管理公司、中国长城资产管理公司和中国东方资产管理公司意见的通知》的精神，财政部、国家税务总局于2001年2月20日下发了《财政部、国家税务总局关于中国信达等4家金融资产管理公司税收政策问题的通知》，对信达、华融、长城和东方资产管理公司(以下简称“资产公司”)在收购、承接和处置不良资产过程中有关税收政策问题规定如下：1、享受税收优惠政策的主体为经国务院批准成立的中国信达资产管理公司、中国华融资产管理公司、中国长城资产管理公司和中国东方资产管理公司，及其经批准分设于各地的分支机构。除另有规定者外，资产公司所属、附属企业，不享受资产公司的税收优惠政策。2、收购、承接不良资产是指资产公司按照国务院规定的范围和额度，对相关国有银行不良资产，以账面价值进行收购，同时继承债权、行使债权主体权利。具体包括资产公司承接、收购相关国有银行的逾期、呆滞、呆账贷款及其相应的抵押品；处置不良资产是指资产公司按照有关法律、法规，为使不良资产的价值得到实现而采取的债权转移的措施。具体包括运用出售、置换、资产重组、债转股、证券化等方法对贷款及其抵押品进行处置。3、资产公司收购、承接、处置不良资产可享受以下税收优惠政策：(1)对资产公司接受相关国有银行的不良债权，借款方以货物、不动产、无形资产、有价证券和票据等抵充贷款本息的，免征资产公司销售转让该货物、不动产、无形资产、有价证券、票据以及利用该货物、不动产从事融资租赁业务应缴纳的增值税、营业税。(2)对资产公司接受相关国有银行的不良债权取得的利息收入，免征营业税。(3)对资产公司接受相关国有银行的不良债权，借款方以土地所有权、房屋所有权抵充贷款本息的，免征承受土地所有权、房屋所有权应缴纳的契税。(4)对资产公司成立时设立的资金账簿免征印花税。对资产公司收购、承接和处置不良资产，免征购销合同和产权转移书据应缴纳的印花税。对涉及资产公司资产管理范围内的上市公司国有股权持有人变更的事项，免征印花税参照《国家税务总局关于上市公司国有股权无偿转让证券(股票)交易印花税问题的通知》的有关规定执行。(5)对各公司回收的房地产在未处置前的闲置期间，免征房产税和城镇土地使用税。对资产公司转让房地产取得的收入，免征土地增值税。(6)资产公司下属的投资咨询类公司，为本公司承接、收购、处置不良资产而提供资产、项目评估和审计服务取得的收入免征营业税。4、资产公司除收购、承接、处置不良资产外，从事其他经营业务或发生未明确规定免税的应税行为，应一律依法纳税。5、通知自资产公司成立之日起开始执行。

(特约编委：杨元伟，特约编辑、特约撰稿：靳东升)

审计署

【概况】 审计署于1983年9月正式成立。根据1998年第九届全国人民代表大会第一次会议批准的国务院机构改革方案和《国务院关于机构设置的通知》，审计署在国务院总理的直接领导下开展工作，是国务院的审计机关。审计署机关行政编制为450名，其中署机关260名，国务院部门派出审计机构190名。审计署内设12个职能司(厅)：即办公厅、法制司、财政审计司、金融审计司、行政事业审计司、经贸审计司、农业与资源环保审计司、社会保障审计司、固定资产投资审计司、外资运用审计司、外事司、人事教育司。目前，审计署已在外交部、国家计委、科技部等部、委、局设立了25个派出局，每个派出审计局审计一个或几个国务院部门、国务院直属事业单位及其在京下属单位的财务收支。

【职能】 根据《宪法》和《审计法》规定，审计署的主要职责是：(一)拟定审计方针政策，参与制定审计、财经方面的法律、法规；(二)向国务院报告和向国务院有关部门通报审计情况，提出建议；(三)按照《审计法》规定，向国务院总理提出中央预算执行审计结果报告，审计长受国务院委托向全国人民代表大会常务委员会提出中央预算执行和其它财政收支的审计工作报告；(四)依据《审计法》规定，直接进行下列审计：中央财政预算执行情况和其他财政收支；中央银行的财务收支和中央金融机构的资产、负债和损益状况；国务院各部门管理的有关基金、资金的财务收支；国际组织和外国政府援助、贷款项目的财务收支等；国有重点企业资产、负债和损益；(五)组织地方审计机关对党政领导干部进行任期经济责任审计。

2000年，经审计署党组研究决定，对财政审计司、金融审计司、行政事业审计司和海关审计局的职能进行了如下调整：将财政审计司负责的中央部门预算执行审计职能划至行政事业司、审计海关总署及其在京下属单位财务收支状况职能划至海关审计局、审计中国经济开发信托投资公司的职能划至金融审计司；行政事业审计司负责派出审计局业务和行政事务等的统一协调、管理。根据需要，审计署在一些大中城市派驻了审计特派员办事处。2000年，经报党中央、国务院批准，审计署党组研究决定，在长春市、重庆市筹建特派员办事处，目前审计署共在全国18个城市设立了驻地方特派员办事处。根据审计署的授权和安排，审计省级财政预算执行情况和决算；审计海关总署、国家税务总局、中央国库驻地方分支机构的财务收支；审计中国人民银行、中央国有金融机构、证券公司驻地方分支机构的财政财务收支；审计监督省级人民政府管理的资源环保资金、社会保障资金和其他专项资金；参加对派有稽察特派员的国有重点大型企业、国家重点建设项目和其他国有企业、国家建设项目的审计监督；承办审计署交办的事项。

(特约编辑：颜建军，特约撰稿：赵素琴)

司法部

【概况】 司法部是主管全国司法行政工作的国务院组成部门，内设9个职能司(局、厅)和政治部及机关党委。9个职能司包括办公厅、监狱管理局、劳动教养管理局、法制宣传司、律师公证工作指导司、基层工作指导司、法规教育司、司法协助外事司、计财装备司。政治部含人事警务局和组织宣传局。司法部机关行政编制为220名，其中，部长1名，副部长4名，司局级领导职数34名(含政治部司局级领导职数和机关党委专职副书记)。

【职能】 司法部的主要职责是：1、研究拟定司法行政工作的方针、政策和法律、法规，编制司法行政工作的中长期规划、年度工作要点并监督实施。2、指导监督执行刑罚、改造罪犯的工作，指导管理监狱工作。3、指导监督劳动教养工作。4、制定法制宣传和普及法律常识规划并组织实施，指导各地方、各行业依法治理工作和对外法制宣传。5、指导监督律师、法律顾问、法律援助工作和公证机构及公证业务活动。负责委托香港特别行政区和澳门地区公证律师办理事务。6、指导地方司法行政机关管理人民调解工作及司法助理员、基层司法所和基层法律服务工作。7、受全国人大和国务院委托，参与国家有关法律的草拟工作。参与制定有关香港特别行政区及澳门、台湾地区的法规，承办涉香港特别行政区及澳门、台湾法律事务。组织司法领域人权问题研究。管理直属高等政法院校，指导法学教育和法学理论研究。8、组织参加联合国有关国际司法协助条约的草拟、谈判，负责国际司法协助协定执行的有关事宜。指导司法行政系统的外事工作，承办联合国有关对口部门的往来业务，组织参加国际有关人权问题的法律研讨和交流活动，开展政府间的法律交流与合作。9、指导管理司法行政系统的计划财务及枪支、弹药、服装、车辆等物资装备。10、指导司法行政系统的队伍建设和思想政治工作，管理机关和直属单位的人事工作，指导管理司法行政系统的警务和警衔评授工作，协助省、自治区、直辖市管理司法厅(局)领导干部。11、承办国务院交办的其他事项。

信息产业部

【概况】 信息产业部是主管全国电子信息产品制造业、通信业和软件业，推进国民经济和社会服务信息化的国务院组成部门。内设13个职能司(厅、局)，包括：办公厅、政策法规司、综合规划司、科学技术司、经济体制改革与经济运行司、电信管理局、经济调节与通信清算司、电子信息产品管理司、军工电子局(特种电子装备局)、信息化推进司(国家信息化办公室)、无线电管理局(国家无线电办公室)、外事司、人事司,另外还有机关党委。信息产业部行政编制为320名,其中:部长1名,副部长4名,司局级领导职数45名(含机关党委专职副书记)。

【职能】 信息产业部的主要职责是:1、研究拟定国家信息产业发展战略、方针政策和总体规划,振兴电子信息产品制造业、通信业和软件业,推进国民经济与社会服务信息化。2、拟定电子信息产品制造业、通信业和软件业的法律、法规,发布行政规章;负责行政执法和执法监督。3、统筹规划国家公用通信网(包括本地与长途电信网)、广播电视网(包括无线和有线电视网)、军工部门和其他部门专用通信网并进行行业管理。4、组织制定电子信息产品制造业、通信业和软件业的技术政策、技术体制和技术标准;制定广播电视传输网络的技术体制与标准;负责通信网络设备入网认证和电信终端设备进网管理;指导电子信息产品质量监督与管理。5、负责全国无线电频率、卫星轨道位置、通信网码号和域名、地址等公共通信资源的分配与管理;负责无线电台(站)设置审批、无线电监测和监督检查,依法组织实施无线电管制,协调无线电干扰事宜,维护空中电波秩序。6、依法对电信与信息服务市场进行监管,实行必要的经营许可制度,进行服务质量监督,保障公平竞争,保证普遍服务,维护国家和用户利益;制定通信网之间互联互通办法和结算标准并监督执行。7、制定通信与信息服务资费政策,确定基本邮政、电信业务收费标准并监督执行。8、负责组织党政专用通信网的规划、建设与管理;管理国家通信网络监控调度中心和国家通信出入口局;组织协调党政专用通信、救灾应急通信和其他重要通信;保障国家通信与信息安全。9、根据产业政策与技术发展政策,引导与扶植信息产业的发展,指导产业结构、产品结构和企业结构调整,指导国有企业重组、组建企业集团;合理配置资源,防止重复建设。10、推进电子信息产品制造业、通信业和软件业的科研开发工作,组织重大科技项目攻关和引进技术的消化、吸收、创新,促进科研成果产业化;扶植民族工业。11、对军工电子实行行业管理,研究提出军工电子发展战略、方针政策和规划,与军队及国防科学技术工业委员会的规划相衔接并组织实施。12、研究制定国民经济信息化发展规划,协助业主推进国家重点信息化工程;指导、协调与组织信息资源的开发利用;指导电子信息技术的推广应用和信息化普及教育。13、组织与指导主要邮政、电信企业的财务汇总、缴拨与清算;协调邮政、电信企业的经营关系,按国家规定组织对邮政和电信普遍服务的补贴;按照管理权限,管理机关和直属单位的干部。14、代表国家参加有关国际组织,签订政府间协定,组织对外经济技术合作与交流,处理政府间相关事宜。15、研究对香港特别行政区及澳门、台湾通信与信息政策,处理有关事宜。16、负责行业统计及行业信息发布。17、办理国务院交办的其他事项。根据国务院规定,管理国家邮政局。

国家工商行政管理局

【概况】 国家工商行政管理局是国务院主管市场监督管理和行政执法工作的直属机构,内设10个职能司(室),包括办公室、法规司、公平交易司(公平交易局)、消费者权益保护司、市场规范管理司、企业注册司(企业注册局)、广告监管司、个体私营经济监管司、人事教育司、国际交流与合作司,另外还有机关党委。国家工商行政管理局行政编制为260名,其中局长1名,副局长4名,正副局长职数31名(含机关党委专职副书记)。

【职能】 国家工商行政管理局的主要职责是:1、研究拟定工商行政管理的方针、政策和有关法规,拟定、发布工商行政管理的规章制度。2、组织管理工商企业和从事经营活动的单位、个人的注册,依法核定注册单位名称,审定、批准、颁发有关证照,实行监督管理。3、组织监督检查市场竞争行为,查处垄断和不正当竞争案件,依照法律、法规打击流通领域的走私贩私行为和经济违法违章行为。4、组织保护消费者合法权益,组织查处侵犯消费者权益案件,组织查处市场管理和商标管理中的经销掺假及假冒产品行为。5、组织实施各类市场经营秩序的规范管理和监督。6、组织管理经纪人、经纪机构。7、组织管理经济合同,组织查处合同欺诈行为,组织管理动产抵押登记,组织监管拍卖行为。8、组织管理商标注册工作,认定驰名商标,组织查处商标侵权行为。9、组织管理广告发布与广告经营活动。10、组织管理个体工商户、个人合伙和私营企业的经营行为。11、领导全国工商行政管理业务工作。12、开展工商行政管理方面的国际合作与交流。13、承办国务院交办的其他事项。

全国社会保障基金理事会

【概况】 全国社会保障基金理事会是中华人民共和国国务院直属的事业单位。为了建立完善的社会保障体系需要有具体的保障制度和相应的资金保证。我国目前社会保障基金的来源主要是:城镇企业职工基本养老、医疗和失业保险基金主要依靠参保企业和职工缴费;各级政府机关职工的基本养老保险依靠政府财政,医疗保险依靠政府财政和个人缴费;全额拨款的事业单位职工基本养老保险依靠政府财政,企业化管理的事业单位基本养老保险依靠单位和职工缴费,全部事业单位职工的医疗保险和失业保险基金依靠单位和职工缴费;城镇最低生活保障的资金主要来源于各级地方财政。为了满足社会保障基金日益增长的需要,在不宜提高缴费标准的情况下,国家有必要从多种渠道筹集和积累一笔基金,发挥补充和调剂作用。为此,2000年11月经党中央、国务院批准正式成立了"全国社会保障基金",并设立了"全国社会保障基金理事会"。理事会由理事长、副理事长和理事组成。理事长刘仲藜,副理事长刘雅芝、冯健身。理事会的理事已由国务院聘任,由以下人士组成(以下姓氏笔画为序):甘道明、刘克崮、刘国光、刘枢机、张左己、张俊九、陈锦华、经叔平、杨纪珂、袁宝华、崔乃夫、楼继伟。理事会下设秘书处,作为其常设办事机构。理事会费用开支由中央财政全额拨款,不动用全国社会保障基金。

【职能】 全国社会保障基金理事会的主要任务是,管理中央财政拨入的资金、通过变现部分国有资产所获得的资金以及其他方式筹集的资金;根据财政部、劳动和社会保障部共同下达的指令和确定的方式拨出资金;选择并委托专业性资产管理公司对基金资产进行运作,实现保值增值;向社会公布基金资产、收益、现金流量等情况。全国社会保障基金理事会对基金资产的运作,最重要的原则是保证社会保障基金的安全,并实现增值。全国社会保障基金的投资理念是安全、诚信、规范、效益、创新。全国社会保障基金的投资范围包括银行存款,国债,证券投资基金,股票,信用等级在投资级以上的企业债、金融债等有价证券。全国社会保障基金的投资方式包括直接投资和委托专业投资管理人运作。

（特约编辑、特约撰稿：郎立研）

地方管理机构

中国证监会沈阳证券监管办公室

【概况】 1999年6月18日，经中国证监会批准，辽宁省证券监督管理委员会与沈阳证券监督管理委员会合并，正式组建中国证券监督管理委员会沈阳证券监管办公室（沈阳证管办）。2000年9月6日，经中国证监会批准，成立中国证监会沈阳稽查局，与沈阳证管办一套机构、两块牌子。沈阳证管办下设5个处：综合处、上市公司监管处、机构监管处、期货监管处、党委办公室；沈阳稽查局下设2个处：案件调查处、案件审理执行处。目前，沈阳证管办（含沈阳稽查局）共有在职工作人员44人。

【职能】 沈阳证管办的工作职能是：贯彻执行国家有关法律、法规和方针政策，按照中国证监会的规定对辖区（辽宁省，不含大连市，下同）内的上市公司进行监管，负责辖区内拟发行公司改制情况验收，负责监督辖区内拟发行公司辅导等工作；对辖区内的证券经营机构、登记托管结算机构、投资咨询机构、信息传播机构、证券基金管理机构及其从业人员的业务活动进行监管；负责对辖区内期货经纪机构、期货投资咨询机构进行监管，协助期货交易所对本辖区内的期货交易所非经纪公司会员的有关期货业务进行监管；负责对辖区内有关中介机构在股票发行承销过程中涉嫌违规的问题进行核查，依法查处辖区内监管范围的违法、违规案件，调解证券期货业务纠纷和争议以及中国证监会授予的其它职责。沈阳稽查局为大区（包括辽宁省、吉林省、黑龙江省）稽查局，其主要职责是：组织、指导大区内证券期货违法违规案件的调查；调查辖区内证券期货违法违规案件和中国证监会交办的案件，提出处理意见，并依据授权进行处理；执行中国证监会对证券期货违法违规案件的处罚决定；协助有关部门调查涉及证券期货的违法违纪案件，对违反其他法律、法规的机构和个人移送有关部门处理；处理证券期货方面的来信来访；中国证监会规定的其他任务。

【业务工作】 *发行和配股审查工作* 严格执行中国证监会的有关规定，认真做好拟上市公司的改制验收工作和配股审查工作。一是严格执行拟上市公司改制验收标准。根据修订和完善后的《拟公开发行股票公司改制调查标准》，制定了详细的验收方案，对5家拟上市公司的改制运行情况进行了认真调查，对发现的问题责令企业改正，并要求主承销商、会计师事务所、律师事务所等中介机构对公司的改制情况陈述意见；二是监督辅导机构的辅导效果。根据中国证监会发布的《股票发行上市辅导工作暂行办法》，制定了辅导备案登记程序，并就券商的辅导内容、辅导进度、辅导效果等进行了检查，对发现的问题及时指出，限期改进；三是组织了两次拟上市公司高管人员考试，确保了考试的严肃性和公正性；四是认真做好配股初审工作。2000年，对一汽金杯等5家上市公司进行了配股初审。为了提高工作效率，严格工作标准，制定了《上市公司办理申报配股业务须知》，成立了配股初审工作小组，集体审议，民主决策，保证了初审工作质量，提高了工作透明度。

业务培训 为了适应不断改革和发展的证券市场，及时将最新的监管法规传达给监管对象，使之做到知法、懂法、执法，组织召开了“两会两班”，即辖区内上市公司工作座谈会、部分上市公司董秘座谈会、创业板发行上市研讨班和上市公司上市规则培训班，使很多公司的管理人员明确了上市公司规范运作的要求和申请创业板上市的条件及程序，收到了良好的效果。

【法制建设】 为了提高工作效率和规范化水平，根据中国证监会的有关规定，沈阳证管办针对辖区内监管对象的实际情况，进一步加强了法制建设。在上市公司监管方面，制定了《上市公司巡回检查工作程序》、《拟公开发行股票公司改制调查标准》、《上市公司办理申报配股业务须知》等八项内部工作制度；在机构监管方面，制定了《证券经营机构高级管理人员任职资格管理工作程序》、《重大事项上报程序》等制度；在稽查工作方面，起草了《沈阳证管办信访工作暂行规定》，制定了《案件处理申报程序》、《信访接待处理程序》等；在机关内部管理方面，制定了《档案归档制度》、《密码电报管理办法》、《物资管理规定》、《驾驶员安全行车守则》等工作制度。上述规章制度和相关规定的制定和实施，提高了工作效率和透明度，使一线监管工作进一步制度化、规范化、程序化。

（特约编委：宿庸，特约编辑、特约撰稿：于海联）

中国证监会济南证券监管办公室

【概况】 1997年全国金融工作会议后，党中央、国务院为深化金融体制改革、整顿金融秩序、防范和化解金融风险，作出了建立全国集中统一的证券监管体制的决定。1998年12月23日中国证监会分别与山东省人民政府和济南市人民政府签订了交接备忘录，对原山东省证券管理办公室和济南市证券管理办公室进行了合并接收。1999年6月，成立了中国证监会济南证券监管办公室（济南证管办），并于1999年7月1日正式挂牌。济南证管办属中国证监会九个大区派出机构之一，现有在编干部44名，内设综合处、上市公司监管处、机构监管处、期货监管处、稽查处、党委办公室，下辖合肥证券监管特派员办事处、郑州证券监管特派员办事处、青岛证券监管特派员办事处。为进一步加强证券期货市场的稽查办案工作，经中央机构编制委员会办公室批复同意，2000年9月6日，中国证监会决定成立中国证监会济南稽查局，与济南证管办为一套机构、两块牌子，内设案件调查处和案件审理执行处。

【职能】 济南证管办作为中国证监会的派出机构，主要职责是：贯彻执行国家有关法律、法规和方针政策，按照中国证监会的规定对辖区的上市公司、证券期货经营机构、证券期货投资咨询机构和从事证券期货业务的律师事务所、会计师事务所、资产评估机构等中介机构的证券期货业务活动进行监督管理，依法查处辖区内监管范围的违法、违规案件，调解证券、期货业务纠纷和争议，以及中国证监会授予的其他职责。济南大区稽查局的主要职责是：组织、指导济南大区内证券期货违法违规案件的调查；调查辖区内证券期货违法违规案件和中国证监会交办的案件，提出处理意见，并依据授权进行处理；执行中国证监会对证券期货违法违规案件的处罚决定；协助有关部门调查涉及证券期货的违法违纪案件，对违反其他法律、法规的机构和个人移送有关部门处理；处理证券期货方面的来信来访；中国证监会规定的其他任务。

【业务工作】 *加强对证券期货经营机构的监管* 积极推动山东证券公司的增资扩股和齐鲁证券经纪公司的组建工作。对期货公司设立的20家营业部进行了审核，组织了济南大区内19家期货公司经纪业务的交叉巡查，对辖区20名期货高管人员的资格进行了审查。

加大稽查执法力度，打击证券期货违法违规行为 2000年度是济南证管办稽查工作全面起步的一年，独立调查了渤海集团涉嫌虚假陈述案、济南英大信托违规申购新股案、四砂股份涉嫌违规案；参与证监会对联合证券、山东海龙和郑百文等案件的调查；配合证监会和沈阳证管办完成了对济南高路华公司的协查；完成对6家被举报的拟上市企业的核查；取缔清理了聊城和阳信两个非法证券经营网点。

加强培训和宣传教育，增强市场参与者的规范运作意识 在年初省政府召开的全省证券工作会议上，济南证管办传达了全国证券期货工作会议精神，并聘请4名专家，对与会的政府有关部门、上市公司、证券经营机构等共计500余人进行了有关法规和政策的培训。12月份省政府召开山东省上市公司工作会议，济南证管办从监管的角度，通过总结正反两方面的经验教训，用大量事实讲了“与控股股东三分开、健全法人治理结构、切实用好募集资金、严格实行信息分开、禁止参与市场操纵活动”等问题，提高了上市公司规范运作的水平。

（特约编委：李相启，特约编辑：赵洪军，特约撰稿：刘庆斌）

中国证监会武汉证券监管办公室

【概况】 中国证券监督管理委员会武汉证券监管办公室（武汉证管办）由原湖北省证监会和武汉市证管办移交合并组成，于1999年7月1日正式挂牌办公。全办现有干部职工45人，内设有综合处、上市公司监管处、机构监管处、期货监管处、稽查处、党办等六个处室。

【职能】 武汉证管办作为中国证监会派出机构，其主要职责是：认真贯彻执行国家有关法律、法规和方针政策，依据证监会的授权对辖区内上市公司、证券期货经营机构、证券期货投资咨询机构和从事证券业务的律师事务所、会计师事务所、资产评估机构等中介机构的证券业务活动进行监督管理；依法查处辖区内监管范围的违法、违规案件，调解证券、期货业务纠纷和争议，以及中国证券监督管理委员会授予的其他职责。

【业务工作】 2000年，武汉证管办在中国证监会领导和当地党委、政府的支持下，紧紧围绕证券市场发展和规范的两大主题，积极探索和完善证券监管体制、监管方式改革；进一步发挥证券市场功能，大力支持国有企业改革和高新技术企业上市；加强上市公司日常监管，努力提高上市公司质量；进一步加强对证券期货经营机构和各类中介机构的监管和规范，切实防范和化解市场风险；加大稽查执法监督力度，提高依法治市水平；进一步加强机关干部队伍思想建设、组织建设和证券执业队伍建设，强化监管意识、全局意识和规范意识，为证券市场和当地经济健康稳定发展作出了应有的贡献。

支持国有企业的改革与发展，加大上市公司购并重组力度 2000年是实现国企改革与脱困目标关键一年，武汉证管办充分发挥证券市场功能，全力支持辖区内国有企业利用证券市场转变机制、筹集资金、实施结构调整。一是积极支持企业发行上市。2000年全省先后有长源电力、湖北迈亚、华工科技、凯乐股份、武昌鱼、安琪酵母、三峡新材、长江通信等8家企业面向社会公开发行4.35亿股，筹集资金总额达34.63亿元。另外，马应龙、洪城机械、潜江制药、湖北汽车、千里马等5家企业公开发行股票材料正在复审阶段。二是组织力量对武汉塑料、道博股份、葛洲坝、东湖高新、武汉控股、湖北宜化、华信科技、湖北金环、火箭股份、汉商集团、天发股份、百科药业、双环科技、武汉石油等14家上市公司的配股申报材料进行了初审。年内已有8家公司（其中两家为上年审核通过）通过配股，向证券市场筹集资金17.05亿元。另外，华信股份、汉商集团、百科药业、火箭股份等4家公司的配股申请已获发审会核准，预计可募集资金6.74亿元。

适应发行方式改革的新要求，加大对拟公开发行股票企业的监管力度 一是做好拟公开发行股票企业的改制调查工作。按照中国证监会的要求，武汉证管办对春天、武昌鱼、洪城机械、潜江制药、千里马、晨鸣纸业、湖北汽车等7家企业改制运行情况进行了调查，并向中国证监会上报了改制情况的调查报告。二是做好股票发行上市辅导监管工作。先后受理了26家拟上市企业推荐商的上市发行工作辅导申报材料。并从5月份开始逐月向中国证监会上报了拟公开发行股票公司名单，并督促备案企业推荐商按要求报送相关材料，及时跟踪了解备案企业的辅导进展情况。三是认真组织拟上市公司公告公示工作。按照中国证监会《关于公司公告拟公开发行股票并上市有关事宜的通知》要求，武汉证管办召开已登记辅导的拟发行上市公司负责人会议，对首批符合条件的拟发行上市公司公告的相关事宜作了具体部署。

加强证券经营和证券投资咨询机构建设，认真履行日常监管职责 一是开展对证券经营机构合规性检查，树立监管权威。为进一步摸清湖北省注册的证券经营机构1999年度经营情况及执行有关证券法规情况，武汉证管办组织开展了合规性检查工作。接受本次合规性检查的机构共128个，其中证券公司3个，证券分公司4个，证券营业部121个。经过检查，进一步摸清了128个机构的基本情况，发现有44个机构存在许可证、业务用章、营业执照不相符的问题，有25个机构存在高级管理人员任职资格未经审查确认的问题，有7个机构实际营运资金少于注册营运资金的问题，有6个机构存在透支遗留问题，有14个机构业务风险较大。针对这些情况，分别采取了下发整改通知、现场督促解决、提示风险跟踪监管的措施。二是支持券商增资扩股，增强券商抗风险能力。继长江证券有限责任公司增资扩股后，武汉证管办积极支持武汉证券有限责任公司、三峡证券有限责任公司增资扩股，到中国证监会专题汇报两家公司增资扩股中的情况，同时不失时机地督促两家公司解决柜台回购和挪用客户结算资金问题。经过共同努力，中国证监会原则同意武汉证券有限责任公司增资扩股，三峡证券有限责任公司增资扩股方案也获得中国证监会批准。

开展对证券执业中介机构的证券业务活动的监管，提高中介机构的执业水平 对辖区内具有证券从业资格的评估、会计、律师事务所等中介机构，武汉证管办建立了登记制度、谈话制度和执业情况台帐，对其基本情况、业务发展情况及执业信誉情况进行登记，做到心中有数；同时强化对中介机构的执业质量考核，如发现问题，及时约见负责人谈话，督促和提醒其公正执业；建立了年终报告审核制度，要求各中介机构将一年的执业情况以书面材料上报，逐步建立和完善中介机构执业质量评价档案。对进入辖内执业的异地中介机构加强了监管，要求其履行报告登记手续，遵守各项监管制度。

加大稽查办案执法力度，严格依法治市 一是认真查办证券期货违法违规案件。2000年，武汉证管办调查、协查、核查的各类案件和调查事项共计31件。其中，主办的案件有8件，参与协查的12件，专项核查的11件，已办结的有29件，结案率达91.3%，办案质量和办案效率均处在全国派出机构前列。2000年办案呈现以下几个特点：一是中国证监会交办和兄弟部门请求协办的案件明显增多，高出上年21个百分点；二是案件几乎涉及证券市场所有的违法违规行为，包括虚假陈述、操纵市场、内幕交易和欺诈客户等多方面；三是案件牵扯的范围除了本辖区外，还辐射到辖区以外，而且江西、湖南调查事项有所上升，辖区外案件占案件总数的26%；四是调查取证工作难度越来越大，不配合调查的现象时有发生；五是调查人员随时面对着当事人质询与申辩，调查取证工作接受着社会的检验。其中由武汉证管办主办的活力28案受到中国证监会稽查局的充分肯定，其案卷已由稽查局作为唯一的标准案例印发到全国各派出机构学习并遵照执行。二是积极处理热线咨询与投诉以及来信来访。针对2000年证券市场广大投资者上访多、投诉多、电话咨询多的“三多”现象，武汉证管办把保护投资者特别是中小投资者的利益放在首位，制定了信访投诉工作规则，将受理热线咨询与投诉、接待处理日常来信来访制度化，由专人负责，定期汇总、分析，及时送相关部门处理。对群众日常来信，逐一登记，并提出处理意见或反馈到本人。全年共计受理来信来访来电8650余人次，其中来信50件，来访600余人次，来电8000余次。三是加大证券法规宣传力度。在《证券法》颁布实施一周年之际，武汉证管办邀请部分券商、上市公司、相关中介机构负责人，就《证券法》实施带给市场的影响、变化以及存在的问题等开展座谈与研讨。三大证券报及湖北电视台、湖北日报等媒体对此进行了报导。

发挥证券市场自律性机构的功能和作用，切实加强自律监管 一是抓好武汉证券业协会的工作。制定了湖北省证券行业自律公约，推进证券经营机构的有序竞争；配合中国证监会组织证券从业资格考试工作，举办了证券从业资格考试培训班，受到会员单位的一致好评；成立了武汉证券业协会法律咨询委员会、计算机业务咨询委员会和证券业务咨询委员会，对证券交易及计算机信息系统等问题进行了咨询，较好地协调了投资者与券商之间的矛盾和纠纷；编辑出版了6期《武汉证券业协会通讯》，及时传播了证券信息，宣传了证券法律法规；开展了“创文明窗口、树行业新风”活动，促进了证券经营机构规范经营；组织了武汉证券业协会2000年网球比赛，活跃了生活，增进了会员之间的友谊。二是成立上市公司董事会秘书协会，充分发挥董事会秘书在上市公司与监管部门和投资者之间的桥梁纽带作用，加强董事会秘书的培训和指导，积极引导董事会秘书在上市公司监管及防范风险中发挥积极作用，以此促进上市公司规范运作。三是加强与各类证券执业中介机构协会的联系。通过协会加强执业单位及人员的职业道德教育和执业风险教育，正确处理市场竞争与执业规范的关系，促进行业的自律规范，进一步完善证券市场的社会监督机制。

认真做好思想政治工作，切实加强机关建设和干部队伍建设 思想政治工作方面，一是组织实施了“三讲回头看”活动；二是组织实施了职工职业道德教育；三是组织实施了经常性理论学习。办党委十分重视理论和业务学习，不定期召开全办人员大会，学习新的政策文件，交流理论学习成果和体会。机关建设方面，一是加强了机关制度建设，要求各处室根据自身业务工作特点，将日常行政管理和业务工作制度化、规范化。经过全办人员共同努力，全办已形成了40多个规章制度初稿，已制订出台了8项规章制度；二是成立了工会等群众团体组织，筹划组织了丰富多彩的文体活动，丰富了职工文化生活。在干部队伍建设方面，一是完成了处级干部评聘工作，根据工会人教部的要求，认真做好处级干部评聘一系列工作，选聘了全办处级干部；二是录用了急需专业人员，在150多位报名者中，根据中国证监会规定的程序和要求，经办党委决定录用了5位同志，充实了干部队伍。

（特约编委：黄湘平，特约编辑、特约撰稿：周军）

中国证监会深圳证券监管办公室

【概况】 深圳证券监管办公室(简称深圳证管办)，是我国较早成立的地方证券监管部门，1993年4月正式挂牌，1999年7月成为中国证监会派出机构，是九个大区证管办之一，下辖海口证券监管特派员办事处。现有工作人员61人，其中博士2人，在职博士生3人，研究生27人，本科18人。专业覆盖经济、金融、会计、法律和计算机等学科。作为中国证监会的派出机构，深圳证管办担负着证券市场一线监管的重要使命。主要职责是：贯彻执行国家有关法律、法规和方针政策，按照中国证监会的规定对辖区内的上市公司，证券期货经营机构、投资咨询机构及从事证券期货业务的律师事务所、会计师事务所、资产评估机构等中介机构的证券期货业务活动进行监督管理，依法查处辖区内监管范围的违法、违规案件，调解证券期货业务纠纷和争议，以及中国证监会授予的其它职责。

【职能】 2000年9月，中国证监会决定，成立中国证监会深圳稽查局，与深圳证管办一套机构、两块牌子。综合处：承担本机构的办公文秘、行政、人事、财务管理、外事等项工作。上市公司监管处：依据规定，对辖区内的上市公司进行监管。对拟上市公司的股份制改造情况进行核查。对辖区内从事证券业务的会计师、律师、资产评估师及其从业人员的证券从业活动进行监管。机构监管处：依据规定，对辖区内的证券经营机构、登记托管结算机构、投资咨询机构、信息传播机构、证券投资基金管理机构及其从业人员的业务活动进行监管。案件调查处：依据规定，对辖区内的上市公司、证券公司、期货经纪公司、中介机构及其投资者违法违规案件进行调查，执行证监会稽查局指定的案件调查任务。案件审理执行处：依据规定，负责对所属稽查局调查的违法违规案件进行审理，监督执行处罚决定，接待处理涉及证券期货的来信来访。期货监管处：依据规定，负责对辖区内期货经纪机构、期货投资咨询机构进行监管。协助期货交易所对本辖区内的期货交易所非经纪公司会员的有关期货业务进行监管。党办、纪检监察办：按照党委、纪委要求负责思想政治教育、组织建设和纪律检查等工作。合署办公。信息调研处：依据规定，负责收集、汇总证券期货市场及网络化建设信息；及时向证监会反映证券期货市场动态；研究证券期货市场规范和发展进程中存在的问题，提出加强加强监管工作的意见。

中国证监会西安证券监管办公室

【概况】 中国证监会西安证券监管办公室(西安证管办)，成立于1999年7月，为中国证监会九个大区证管办之一。下辖兰州证券监管特派员办事处、西宁证券监管特派员办事处、银川证券监管特派员办事处、乌鲁木齐证券监管特派员办事处。2000年9月，中国证监会西安稽查局成立，并于2001年5月正式挂牌，对外办公。按照中国证监会的规定，中国证监会西安证券监管办公室设置下列职能处室：综合处、上市公司监管处、机构监管处、期货监管处、党办、纪检监察办(合署办公)。中国证监会西安稽查局设置案件调查处和案件审理执行处。全办现有正式工作人员 45 名，平均年龄 37 岁。其中党员 28 人，民主党派 1 人；大学学历 24 人，研究生 6 人，硕士研究生 10 人，大专及以下学历 5 人，专业覆盖经济、金融、法律、会计、计算机等学科。

【职能】 作为中国证监会的派出机构，西安证管办主要承担以下职责：贯彻执行国家有关法律、法规和方针政策，按照中国证监会的规定对辖区内上市公司，证券期货的经营机构、投资咨询机构及从事证券期货业务的律师事务所、会计师事务所、资产评估机构等中介机构的证券期货业务活动进行监督管理，依法查处辖区内监管范围的违法、违规案件，调解证券期货业务纠纷和争议，以及中国证监会授予的其它职责。中国证监会西安稽查局的主要职责是：组织、指导大区内证券期货违法违规案件的调查；调查辖区内证券期货违法违规案件和中国证监会交办的案件，提出处理意见，并依据授权进行处理；执行中国证监会对证券期货违法违规案件的处罚决定；协助有关部门调查涉及证券期货的违法违纪案件，对违反其他法律、法规的机构和个人移送有关部门处理；处理证券期货方面的来信来访；中国证监会规定的其他任务。

【业务工作】 在中国证监会的正确领导下，西安证管办认真贯彻“法制、监管、自律、规范”的八字方针，全面落实证监会确定的监管工作任务和要求，以有效的监管促进证券市场的规范和健康发展，在许多方面取得了新进展和新的成绩。

严格按程序办事，做好配股初审工作，努力提高审核质量 2000 年，西安证管办根据证监会对配股审核提出的新要求，积极改进审核工作，提高审核质量。在调查摸底和总结以往初审工作经验的基础上，进一步完善了《上市公司配股审核工作细则》，规定了具体工作程序，明确了分工和责任。在对 6 家上市公司配股和增发新股申请的审核或初审工作中，坚持严格审查和按程序办事的原则，努力保证高质量完成审核工作。特派办把配股审核与上市公司规范运作的监管紧密结合起来，加大了监管力度，取得了明显成效。

认真做好拟上市公司的改制调查及辅导监管工作 2000 年，西安证管办先后对 5 家企业进行了改制调查，对 30 多家企业进行辅导监管。对发现的问题，督促企业、承销商等认真加以解决，不达到规范要求，改制不予通过。新的发行审核制度实施后，还加大了对中介机构尽职情况的监督力度，要求中介机构对企业的规范运作、关联交易及财务方面的真实性、公正性等出具书面尽职调查报告，强化了中介机构的责任。

着力抓了干部队伍政治思想和业务能力“两个素质”的提高 2000 年，西安证管办在坚持开展经常性政治理论教育和职业道德教育的基础上，加大了干部业务培训力度。一方面，抽调人员积极参加证监会组织的各类业务培训，以及时了解和掌握证监会关于监管工作的新要求。另一方面，根据办内干部知识结构和监管工作的实际需要，通过举办业务知识系列专题讲座、就监管工作中的热点和难点问题组织专题调研、对一些重点问题进行专题讨论的方法强化业务学习，收到了良好效果。

对外交流 在努力做好辖区监管工作的同时，西安证管办还积极与其他地区派出机构及国外同行进行工作和有关资料的交流。通过交流，取得了有益的经验。

【法制建设】 西安证管办在监管工作中，始终坚持“依法监管”，认真贯彻落实国家相关法律、法规以及证监会的各项规章。在此基础之上，还制定了一系列监管工作方面的工作细则和管理制度，使日常监管工作有章可循，保证了工作质量，提高了工作效率。根据监管工作实际，目前已建立监管工作规章制度 21 项。

(特约编委：薛文石，特约编辑：王宏斌，特约撰稿：王军)

中国证监会重庆证券监管办事处

【概况】 中国证券监督管理委员会重庆证券监管办事处的前身是中国证监会重庆证券监管办公室，是 1997 年 7 月 29 日重庆市人民政府批准设立的直属局级事业单位。1998 年 9 月，根据中国证监会实施垂直管理的规定，中国证券监督管理委员会重庆证券监管办事处于 1999 年 7 月 1 日正式挂牌，编制约为 40 名，现有主任 1 名，副主任 1 名，中层干部 6 名。重庆直属办现正式在编监管干部 25 名。主任唐昌放，副主任王建平。重庆证管办下设党委办公室、综合处、稽查处、上市公司监管处、机构监管处和期货监管处。

【职能】 根据中国证监会的授权，重庆证券监管办事处的职责是：一、承担本机构的办公文秘、行政、人事、财务管理、外事等项工作。二、依据规定，对辖区内的上市公司进行监管，对拟上市公司的股份制改造情况进行核查，对辖区内从事证券业务的会计师、律师、资产评估师及其从业人员的证券从业活动进行监管。三、对辖区内的证券经营机构、登记托管结算机构、投资咨询机构、信息传播机构、证券投资基金管理机构及其从业人员的业务活动进行监管。四、负责对辖区内违反证券期货市场法规的案件进行调查处理或移送、协助司法机关调查处理，调解证券、期货业务纠纷和争议，处理有关的来信来访，承担本机构的法规工作。五、负责对辖区内期货经纪机构、期货投资咨询机构进行监管。协助期货交易所对本辖区内的期货交易所非经纪公司会员的有关期货业务进行监管。六、负责办内思想政治教育、组织建设和纪律检查等工作。七、证监会交办的其它工作。

【业务工作】 2000 年重庆市证券期货市场发展态势良好。到年底，重庆市共有 28 家企业 29 只股票在海内外上市，其中：A 股 26 只，B 股 1 只，H 股 2 只。12 月底，全市证券公司 2 家，分公司 1 家，证券营业部 63 家，证券服务部 23 个。重庆市 2000 年全年的交易量达 2627 亿元，比 1999 年增加 1227 亿元，增长 87.67%。重庆期货经营机构数量达到 10 家。其中获得经营许可证的机构有 8 家，获证监会同意筹建的 2 家。与上年相比，净增加 7 家，机构数量增长 233%。预计全年完成代理交易额 305 亿元，比 1999 年有较大增长，在 2000 年全国期货市场下降 30%的情况下，重庆市期货交易额增长 72.1%。

积极支持企业的资产重组 2000 年先后有重庆华亚、重庆百货、重庆路桥等四家公司资产重组成功。完成或正在进行资产重组的企业经营状况都不同程度向着好方向发展，一些困难企业也迎来了较好的发展机遇，对优化上市公司结构起到大的推动作用。

【法制建设】 在“三讲”教育和职工素质教育活动结束后，结合重庆市环境整治综合行动，重庆证管办对原有的有关制度及规定进行了全面清理，废止了一批内容不适应新监管任务的制度，同时，制定了《重庆直属办信访工作细则》和《重庆直属办关于证券期货违法违规案件立案、调查、商议、处罚及执行的工作规程》、《中国证监会重庆办事处岗位职责》、《证券经营机构的年检制度》、《证券经营机构高级管理人员任职资格谈话制度》、《证券经营机构巡查制度》、《证券投资咨询人员约见谈话记录》等制度，并将这些制度向社会公布，主动接受监督，增加了监管工作的透明度，提高了监管工作效率。

（特约编委：唐昌放，特约编辑、特约撰稿：梁盛红）

中国证监会石家庄证券监管特派员办事处

【概况】 中国证券监督管理委员会石家庄证券监管特派员办事处，是中国证监会在河北省辖区证券市场的监管部门。1996年2月成立河北省证券监督管理委员会暨河北省证券委员会，1999年7月上划中国证监会，设立石家庄特派办，是全国36个证券监管派出机构之一。办内设置4个处：综合处、稽查处、机构监管处、上市公司监管处。办内现有工作人员24人。其中在职博士3人，研究生6人，本科生9人，高级职称6人，中级职称5人。专业涵盖经济管理、金融、会计、电子、计算机等学科。正副局级各1人，副处以上干部7人，中共党员23人，平均年龄34岁。

【职能】 石家庄特派办作为中国证监会的派出机构，担负着证券市场一线监管的重要使命。其主要职责是：贯彻执行国家有关法律、法规和方针政策，按照中国证监会有关规定对辖区内的上市公司、证券期货经营机构、投资咨询机构及从事证券期货业务的律师事务所、会计师事务所、资产评估机构等中介机构的证券期货业务活动进行监督管理，依法查处辖区监管范围内的违法违规案件，调解证券期货业务纠纷和争议，以及中国证监会赋予的其他职责。综合处主要职责：负责本机构的办公文秘、行政、人事、财务管理、外事等项工作，负责对辖区内证券市场情况调研、信息、统计及外联工作，负责本机构的思想政治工作、组织建设、纪律检查等工作。上市公司监管处主要职责：依据规定，对辖区内的上市公司进行监管，对拟上市公司的股份制改造情况进行调查，对券商辅导情况进行监督，对辖区内从事证券业的会计师、律师、资产评估师、及其从业人员的证券从业活动进行监管。机构监管处主要职责：依据规定，对辖区内的证券经营机构、登记托管结算机构、投资咨询机构、信息传播机构、证券投资基金管理机构及其从业人员活动进行监管 ，依法对辖区内期货经纪机构、期货投资咨询机构及有关期货业务进行监管。稽查处主要职责：依据规定，负责对辖区内违反证券期货市场法规的案件进行调查处理或移送，协助司法机关调查处理；调解证券、期货业务纠纷和争议，处理有关的来信来访，承担本机构的法规工作。

【业务工作】 *审批上市公司送配情况* 2000年，石家庄特派根据对辖区内上市公司在法人治理、信息披露、募集资金使用、资产质量和人员财务资产分理情况，指导上市公司进行公众股配股、增发新股、国有股减持、国有股回购等多种形式的资本运作，促进上市公司的发展。全年对冀东水泥、石油龙昌、河北华玉、宝硕股份、唐山陶瓷、华联商城6家上市公司进行了配股初审工作。全年了完成保定天鹅、沧州化工、承德露露、邯郸钢铁、华联商城、冀东水泥、唐山陶瓷、宝硕股份8家上市公司配股。

业务培训 采取多种形式，通过中国证监会会议培训、特派办集中培训、处室分散培训和个人自学相结合的办法，并通过开展与上市公司、证券期货公司董秘联系会、经理联系会及董事长、总经理等高级管理人员以培训班等形式进行交流培训，不断提高证券监管业务水平。

对外交流 实行每月一课制度，到外地参观交流学习，年内先后采取组织职工到大连期货交易所，到农村访贫问苦，到烈士陵园接受革命传统教育等多种形式开展灵活多样的学习交流活动。

【法制建设】 2000年特派办通过对监管对象深入调查研究，及时查处违法违规行为，督促证券期货机构建立健全内控制度和机制；通过组织高级管理人员对新近出台的有关法律法规集中学习，增加市场参与者对有关法律法规的了解，增强法制意识，强化了证券法规的宣传教育工作；通过对监管对象的调查分析，创立了典型案例通报制度、证券机构经理联系制度、上市公司董秘联系会议制度，加强监管对象对法律法规的学习。特派办先后制定了上市公司和机构日常监管制度、配股初审制度、机构年检初审制度、机构执业登记制度、信访处理细则等特派办十项监管工作制度，规范了监管工作人员的工作行为，强化了制度建设，用制度规范了市场行为。对内部管理，实现了机关管理和队伍建设制度化、规范化，建立健全了党委会、主任办公会、全体人员会议和财务管理、车辆管理、行文规则督办反馈等十项机关管理制度，使机关工作有章可循、有序运转。通过制定并落实了三讲整改方案，及时开展了职业道德教育活动，加强廉政建设，完善并落实党风廉政建设责任制，建立并落实廉政谈话制度，加强了精神文明建设未发现办内干部违法违纪行为。

（特约编委：宋淑艾，特约编辑、特约撰稿：孙裕亭）

中国证监会太原证券监管特派员办事处

【概况】 山西省证券监管机构成立于1994年底，当时为省政府直属事业单位。1998年证券监管体制改革后，划归中国证监会垂直领导，同年12月17日办理接收事宜，1999年7月1日正式挂牌，更名为中国证券监督管理委员会太原证券监管特派员办事处（太原特派办）。太原特派办领导班子成员有：党委书记、主任申志杰，党委委员、副主任郭润伟，党委委员、纪委书记任宝香。太原特派办现有综合处、上市公司监管处、机构监管处、稽查处等四个内设机构，有正式工作人员27名，临时工作人员1名。

【职能】 按照中国证监会的有关规定，太原特派办的主要职责和监管范围是：对辖区内的上市公司进行监管，对拟上市公司的股份制改造进行核查；对辖区内从事证券业务的会计师、律师、资产评估师及其从业人员的证券从业活动进行监管；对辖区内的证券经营机构、登记托管结算机构、投资咨询机构、信息传播机构及其从业人员的业务活动进行监管；对辖区内的期货经纪机构、期货投资咨询机构进行监管；对辖区内违反证券期货法律法规的案件进行调查处理、移送或协助司法机关调查处理；调解证券、期货业务纠纷和争议，处理有关的来信来访。

【业务工作】 2000年，太原特派办认真贯彻“法制、监管、自律、规范”的八字方针。一是发挥证券市场功能，支持辖区企业筹资发展。按照有关规定和要求，制定相关的工作程序，通过积极帮助国有企业进行股份制改造和上市培训辅导，及时、认真地进行审查验收，已有西山煤电、天龙股份、神州煤电、太化股份等四家国有企业股票发行上市。狮头水泥、安泰股份、国阳新能、亚宝药业等企业的改制辅导工作正在进行之中，为2001年股票发行奠定了基础。根据辖区上市公司当年符合配股条件的上市公司较多的实际，太原特派办进一步完善上市公司配股申报程序，严格审核，认真把关，积极协助上市公司开展配股筹资工作，全年共有漳泽电力、南风化工等8家上市公司完成配股，其中太原刚玉成功地进行了“配股直通车”试点。二是加强证券市场基础建设，支持证券经营机构的创新发展。针对山西辖区证券营业网点不足且布局不合理的状况，在全面清理整顿远程证券交易服务网点的基础上，太原特派办首先对全省证券营业网点分布及发展空间作了深入分析，并积极向证监会反映情况，批准设立24家证券服务部，迁址、改制、解决历史遗留问题等新增证券营业部6家。其次大力支持省内券商进行机构重组，组建大型综合类证券公司——山西证券股份有限公司，使资产规模达到10亿元以上，目前证监会正在审批当中。同时，太原特派办还积极鼓励有条件的证券经营机构开拓新的市场功能，开通网上证券交易业务。三是巩固试点，促进期货市场健康发展。积极帮助辖区期货经纪公司申报期货营业部，完善并实施期货经纪公司联席会议制度，加强横向联系和业务交流，及时解决一些重要而紧迫的问题。太原特派办还与全国三家期货交易所联合举办6次期货品种推介会和套期保值研讨会，在发挥期货功能、拓展业务、降低市场风险等方面起到了积极作用。四是加大监管力度，保障证券市场规范发展。为进一步促进监管对象规范经营，防范和化解市场风险，保护投资者利益，太原特派办陆续制定了客户保证金管理办法、证券期货经营机构违法违规案件工作规程等监管制度，监管工作逐步走上程序化、法制化轨道。组织力量联合查处西安一家公司在运城地区的非法股票集资案，查封6家非法证券交易场所和1家非法期货交易查所，一年来共计办理各类案件23起，受理市场投诉近60人(件)次。

(特约编委：申志杰，特约编辑、特约撰稿：孙春生)

中国证监会天津证券监管办公室

【概况】 中国证券监督管理委员会天津证券监管办公室(简称天津证管办)成立于1999年7月份，是全国9个大区证管办之一。目前，天津证管办在职人员45人，其中硕士18人，本科14人，专业覆盖会计、法律、金融、经济管理等学科。天津证管办下设综合处、上市公司监管处、机构监管处、期货监管处、稽查处和党办(与纪检监察合署办公)等6个处室。

【职能】 主要职责是：贯彻执行国家有关法律法规和方针政策，按照中国证券监督管理委员会的规定，对辖区内上市公司、证券期货经营机构、投资咨询机构及从事证券期货业务的律师事务所、会计师事务所、资产评估机构等中介机构的证券期货业务活动进行监管，依法查处辖区内违法、违规案件，调解证券期货业务纠纷和争议，以及中国证券监督管理委员会授予的其他职责。综合处职能：承担办内办公文件、行政、人事、财务管理、外事等工作。上市公司监管处职能：依据规定，对辖区内上市公司进行监管。对拟上市公司的股份制改造情况进行核查。对辖区内从事证券业务的会计师事务所、律师事务所、资产评估事务所及其从业人员的证券业务活动进行监管。机构监管处职能：依据规定，对辖区内证券经营机构、投资咨询公司、信息传播机构及其从业人员的业务活动进行监管。期货监管处职能：依据规定，对辖区内期货经纪机构、期货投资咨询机构进行监管。协助期货交易所对本辖区内的期货交易所非经纪公司会员的有关期货业务进行监管。稽查处职能：依据规定，负责对辖区内违反证券、期货市场法律法规的案件进行调查处理或移送、协助司法机关调查处理；调解证券、期货市场纠纷和争议，处理有关的来信来访。党办(纪检监察)职能：按照党委、纪委要求，负责全办思想政治教育、组织建设和纪律检查等工作。

(特约编委：窦汝广，特约编辑、特约撰稿：初乃祯)

中国证监会呼和浩特证券监管特派员办事处

【概况】 呼和浩特证券监管特派员办事处前身是内蒙古自治区证券监督管理委员会。1998年12月，中国证监会与内蒙古自治区人民政府正式签定了交接备忘录。至此，内蒙古自治区证券监督管理委员会正式划归中国证监会垂直领导，依据中国证监会赋予派出机构的职能，负责对内蒙古自治区辖区证券期货市场的监管。1999年7月1日，中国证监会呼和浩特特派员办事处正式挂牌成立。按照中国证监会派出机构职能设置要求，呼和浩特特派办设置综合处、上市公司监管处、机构监管处、稽查处。核定后上划25人。

【职能】 贯彻执行国家有关法律、法规和方针政策，按照中国证监会的规定对辖区内的上市公司、证券期货经营机构、投资咨询机构及从事证券期货业务的律师事务所、会计师事务所、资产评估机构等中介机构的证券期货业务活动进行监督管理，依法查处辖区内监管范围的违法、违规案件，调解证券期货业务纠纷和争议，以及中国证监会授予的其它职责。综合处职能是承担本机构的办公文秘、党办、行政、人事、财务管理、计算机网络、信息、外事和纪检监察等项工作。上市公司监管处职能是依据规定，对辖区内的上市公司进行监管，对拟上市公司的股份制改造情况进行核查，对辖区内从事证券业务的会计师、律师、资产评估师及其从业人员的证券从业活动进行监管。机构监管处职能是依据规定，对辖区内的证券期货经营机构、登记托管结算机构、证券期货投资咨询机构、信息传播机构、证券投资基金管理机构及其从业人员的业务活动进行监管。稽查处职能是依据规定，负责对辖区内违反证券期货市场法规的案件进行调查处理或移送，协助司法机关调查处理；调解证券、期货业务纠纷和争议，处理有关的来信来访，承担本机构的法规工作。

【业务工作】 随着建立统一垂直监管体系和监管职能的转变，呼和浩特特派办依据中国证监会赋予派出机构的职能，对辖区内的证券、期货市场实施监管。一是扎扎实实做好基础工作。制定了上市公司、拟上市公司日常监管工作规程和制度，公开办事程序。包括：拟上市企业改制调查工作程序、上市公司配股审核工作程序、配股须知、紧急重大报告制度、风险预警指标体系、董秘例会制度、股票发行上市辅导工作办法。二是加强了档案资料管理和建设。包括：清理历史档案、建立完善了巡回检查、专项检查、募资资金使用、配股初审、风险通报、辅导登记等专项档案。三是拟上市企业改制调查工作，加强对拟上市企业的改制运行情况的指导和监督，2000年先后完成了4家企业的改制调查，提出整改意见，及时上报改制调查报告，并有5家公司股票先后发行上市，筹资24.1亿元。四是辅导登记工作。2000年全区共有5家企业辅导登记，制定了具体辅导办法、登记制度和审阅相关材料，建立档案，组织对3家企业改制运行情况进行检查，提出整改意见。五是配股初审工作。2000年共组织4家上市公司申报材料进行初审，上报初审报告和初审意见。4家公司配股申请全部通过证监会复审，待筹资8.9亿元。六是培训工作。2000年11月份组织了全区上市公司、拟上市公司证券事务所工作人员培训班，主要讲授公司治理结构、信息披露，如何组织股东大会，做好董事会记录以及编制定期报告等主要内容，约有100人参加培训会。七是以制度建设为重点，以揭示风险为核心，加强辖区证券期货市场监管工作。先后制定了11项监管工作制度，并对辖区20家证券营业部挪用客户保证金、违规融资（包括透支）等问题进行了现场检查工作。八是清理远程交易网点，进一步规范整顿证券期货市场。先后完成了辖区6家远程交易网点清理和规范工作。九是以防范风险，维护辖区证券期货市场健康发展为宗旨，严厉打击证券期货“黑市”活动。针对辖区非法证券期货交易活动猖獗势头，建立辖区打击非法证券期货交易活动举报制度，开展经营性的调查和暗访活动，摸清“黑市”情况并通报政府部门有关情况，与公安、工商等部门密切合作，先后取缔了20家非法证券期货经营网点，净化了市场环境，维护了自治区社会稳定。

【法制建设】 加强对上市公司和机构（营业部）的法规建设一是主要依据《证券法》、《公司法》、《上市公司章程指引》以及沪、深两个交易所颁布的《股票上市规则》和中国证监会关于《上市公司股东大会规范意见》等法律、法规，对照上市公司实际运作情况，帮助上市公司自觉提高规范运作程度。二是对上市公司募集资金使用情况加以监督。要求上市公司按照法定程序，履行必要手续变更募集资金投向。三是对部分上市公司进行巡检。根据中国证监会2000年巡检工作的整体要求，巡检工作严格遵循“加强针对性，突出预防性，注重实效性”的原则，严把巡检质量关。四是加强对投诉事件的专项检查力度，以高度认真负责的态度处理投诉问题。通过查阅上市公司有关凭证、资料，与有关人员谈话，全面弄清了问题及原因，充分掌握证据。五是贯彻中国证监会关于清理远程证券交易网点的规定。六是依照《证券法》、《期货交易管理暂行条例》，结合中国证监会、国家工商局、公安部关于严厉打击取缔非法证券期货交易活动的有关规定，与工商、公安部门密切协作，对辖区内从事非法证券期货交易活动的网点进行打击取缔工作。

加大稽查力度，严肃执法　一是认真解决股民投诉案件。根据《证券法》的规定，对股民投诉的问题进行进行大量的调研、调解工作，从而化解了风险，防止了事态的进一步扩大，使案件得到圆满解决。二是完成了案件的调查工作。按照中国证监会信访办群众来信举报，组织河北、山西会计师事务所集中时间共同对案件进行了调查。有关调查结果、处理意见等基础工作已向中国证监会稽查局上报。三是认真办理群众来信来访工作，努力维护证券市场的稳定。

建立健全各项规章制度　1999年7月1日挂牌后，特派办党委成立，认真抓了办内各项规章的建立健全工作。特别是“三讲”结束后，按照“三讲”整改意见，对办内已有的规章制度进行修订和补充；对在执行中不适用现行体制的规章制度，结合实际进行了修改和完善。通过一年来的执行情况看，取得了较好的效果。

（特约编委：郭文英，特约编辑、特约撰稿：褚永珊）

中国证监会合肥证券监管特派员办事处

【概况】 中国证券监督管理委员会合肥证券监管特派员办事处（合肥特派办）是中国证监会在安徽省行政区的派出机构。其前身是安徽省证券管理办公室，成立于1995年，1998年9月上划中国证监会，正式更名为中国证券监督管理委员会合肥证券监管特派员办事处。办内设综合处、上市公司监管处、机构监管处、期货监管处、稽查处5个处，2000年底干部职工数为27名。

【职能】 根据国家证券期货法律、法规和中国证监会授权，依法对辖区内的上市公司进行监管，对拟上市公司的股份制改造情况进行核查。依法对辖区内从事证券业务的会计师事务所、律师事务所、资产评估师事务所及其从业人员的证券从业活动进行监管。依法对辖区内的证券经营机构、登记托管结算机构、投资咨询机构、信息传播机构、证券投资基金管理机构及其从业人员的业务活动进行监管。负责对辖区内违反证券期货市场法规的案件进行调查处理和移送、协助司法机关调查处理；调解证券、期货业务纠纷和争议，处理有关的来信来访，承担本机构的法规工作。负责对辖区内期货经纪机构、期货投资咨询机构进行监管。协助期货交易所对辖区内的期货交易所非经纪公司会员的有关期货业务进行监管。

【业务工作】 2000年，在中国证监会的领导下，合肥证券监管特派员办事处坚持“法制、监管、自律、规范”的八字方针，不断加大监管工作力度和深度，确保辖区证券市场健康、稳步发展。

切实转变观念，转变职能　2000年，随着我国证券市场的不断完善和市场化、法制化进程的加快，我国证券监管的理念、思路也相应地发生了重大转变，监管工作体现出由行政主导型向市场机制主导型的发展趋势。面对这一重大转变，合肥特派办自始至终把转变观念、转变职能作为首要工作来抓，明确提出监管工作最基本的任务和目标就是保护投资者利益，尤其是中小投资者的合法权益；监管工作必须按照市场规律办事，努力克服计划经济条件下行政干预产生的种种弊端。在工作实践中，努力区分证券业监管职责和所有者督导职责，不当主管，做好监管；严格依法行政，淡化、弱化行政审批功能，强化稽查和检查功能，把工作重心由控制风险转移到揭示风险，强化信息披露，努力营造公平、透明、高效、有序的市场环境。

加强调研工作，不断提高监管工作质量和监管效率　2000年3月，为贯彻落实全国证券期货监管工作会议精神，有针对性做好监管工作，合肥特派办开展了证券期货市场调研活动。调研的重点包括：上市公司法人治理结构、募集资金投向、信息披露、财务管理、资产重组和发展规划等；证券经营机构的业务经营和内部风险控制等；期货经营机构经营现状、套期保值和风险防范等。在实地调研基础上，研究撰写了《安徽省证券经营机构调研报告》、《安徽省上市公司调研报告》。同时，据此分别召开了全省上市公司、证券经营机构和期货经纪机构监管工作会议，对全年的工作进行了部署。

加大稽查和信访工作力度，严厉查处证券期货违法违规行为　2000年，特派办办理信访投诉、稽查事项94件（包括证监会转办的信访件和交办的稽查事项）。其中，群众来信投诉、举报28件，接待、处理群众来访19件，接听、处理热线电话事项26项。根据上述群众来信和电话投诉，查处非法交易案件及证券、期货经营机构涉嫌违规案件4件。另外，办理证监会转办或交办事项16项，办理或者指导公安、工商等部门办理有关证券期货违法案件5件。围绕信访投诉和案件稽查工作，主要采取了以下举措：一是认真学习、贯彻实施《证券法》。为此，特派办下发了《关于认真开展纪念〈证券法〉实施一周年有关活动的通知》，组织全省证券业机构和从业人员开展《证券法》实施一周年纪念活动，并组织证券经营机构开展《证券法》咨询日活动，召开《证券法》实施一周年座谈会，促使上市公司、证券公司增强法制意识，提高证券市场的法制化、市场化水平。二是依法办理信访投诉事项。建立了服务热线电话受理制度和群众来访登记制度，同时，进一步加强了信访投诉的调查处理工作，及时地解决了投资者与证券、期货经营机构以及上市公司之间的纠纷，有力地保护了投资者的合法权益。三是加大对证券、期货市场违法违规行为的打击力度，维护证券市场的正常秩序。一方面，把证券、期货经营机构的违法违规案件作为查处重点，依法作出处理或者向证监会提出处罚建议，对辖区内的违法违规现象形成了威慑力量，树立了监管机构的权威。另一方面，严厉打击非法证券、期货交易活动，净化了证券市场环境。2000 年 9 月底，合肥特派办联合安徽省公安厅对黄山市的非法证券交易进行突袭，一连端掉了两家非法证券交易窝点，有力地保护了当地客户合法利益，维护了一方社会稳定。

【制度建设】 根据派出机构业务工作职责的调整，合肥特派办进一步加强制度建设，按照转变职能，公开透明和权力制衡的思路，对过去制定的不符合监管工作会议精神的有关工作制度、程序、规则进行了修订或废止，对缺位和不完善的进行了补充和细化。一是为规范上市公司监管行为，先后制定了《上市公司配股审核工作基本规则》、《上市公司监管检查工作基本规则》、《上市公司信息披露监管工作基本规则》三项工作规则。二是在证券期货经营机构监管方面，分别制定和修改了六项制度，即：《证券经营机构技术事故调查规程》、《合肥特派办证券投资咨询机构检查工作程序》、《证券营业部同城迁址审批工作程序》、《证券经营机构高级管理人员任职资格审批工作程序》、《证券营业部安全工作现场检查指南》及《期货经纪业务审核工作基本规则》。三是根据国家有关政策和中国证监会规定，为使辖区内重大信息报送工作有章可循，制定了《紧急重大情况报告办法》。四是结合派出机构的机构设置和人员的实际情况，研究制定了《调查处理违法违规案件工作程序》等三项程序，在解决派出机构内设机构在信访和稽查工作中协作问题上进行了有益的探索。另外，结合实际，还制定了《市场监管与服务热线电话管理办法》和稽查法律文书标准格式。（特约编委：李兵，特约编辑：唐理斌，特约撰稿：刘晓东）

中国证监会长春证券监管特派员办事处

【概况】 中国证券监督管理委员会长春证券监管特派员办事处（长春特派办）是中国证监会在吉林省行政区的派出机构，是负责吉林省行政区内上市公司、证券、期货市场监督和管理工作的职能部门。其前身由原吉林省证券监督管理办公室和原长春市证券监督管理委员会两个单位组成。1998 年 10 月 8 日，中国证监会与吉林省政府、长春市政府分别签署《证券监管机构交接备忘录》，吉林省证管办、长春市证监会正式划归并隶属于中国证监会，1999 年 7 月 1 日，吉林省证管办和长春市证监会正式合并成立中国证监会长春证券监管特派员办事处，成为中国证监会驻吉林省具体主管证券、期货监管业务的职能部门。办事处内设综合处、上市公司监管处、证券机构监管处、法规稽查处和期货处五个职能处室。

【职能】 办事处主要职责：（一）贯彻执行国家有关证券期货法律、法规和方针政策；负责国家证券期货法规的执法检查、监督管理。（二）依据中国证监会的授权对辖区的上市公司进行监督管理，包括督促检查执行国家财务会计制度情况、配股申请的初审和上市公司规范运作等。（三）根据中国证监会的授权对证券经营机构的活动进行监督管理。（四）根据中国证监会的授权对期货经营机构的活动进行监督管理。（五）依据中国证监会的授权对证券、期货投资咨询机构的从事证券业务的中介机构的证券期货业务活动进行监督管理。（六）依法对辖区内证券期货违法违规行为进行查处，调解证券、期货业务纠纷和争议。（七）中国证监会交办的其他事项。

【业务工作】 审理、配股情况　吉林省共有吉林化纤、长春兰宝、亚泰集团、吉林敖东、吉林森工、吉林纸业、一汽四环等 10 家具有配股资格的上市公司提出配股申请，是吉林省上市公司申请配股较多的一年。到 2000 年 12 月末，已经有 7 家公司通过了发审会，共计可募集资金 22.23 亿元。

搞好上市公司高管人员培训工作　证监会长春特派办配合证监会举办了“上市公司财务总监培训班”、“企业改制运行辅导班”，协助深交所、上交所举办“二板市场研讨班”、“上市规则培训班”。同时，为加强董秘联系，提高董秘的政策业务水平与工作质量，举办了“董事会秘书联谊会”，明确了联谊会的宗旨与联络方式，定期举行活动，及时沟通情况。

做好拟上市企业的改制调查、辅导验收工作　先后对长春燃气、通化葡萄酒等 7 户企业进行了改制调查工作，并按证监会的要求，组织了对吉林物华等 6 户企业的高级管理人员的考试。此外，适应核准制的要求，受理了辖区内 15 户拟上市企业的辅导备案材料，并对其中的 3 户企业进行了抽查。

计算机 2000 年问题实现了平稳过渡　2000 年，长春特派办把解决计算机 2000 年问题做为防范技术风险的头等大事来抓。依据中国证监会有关文件要求，结合辖区内证券经营机构的实际情况，制定方案，严密部署，专门成立了计算机跨越 2000 年工作领导小组，指导检查辖区内证券经营机构计算机 2000 年工作。有关同志分赴长春、吉林、四平、辽源等地区进行现场督促检查，圆满解决了计算机 2000 年平稳过渡问题。

【稽查执法工作】 随着证券期货市场的迅速发展，稽查、信访的工作量不断增大，难度也越来越强。为在新形势下做好稽查工作，长春特派办严格遵循“法制、监管、自律、规范”的八字方针，先后制定了《投诉接待登记卡》、《信访接待记录》、《电话记录卡》、《举报投诉反馈情况记录手册》等，建立和完善了稽查信访工作的各项规章制度。全年共处理各类投诉、咨询电话 60 多人次；接待各类上访人员 30 多人次；调查处理中国证监会、沈阳大区办信访函件 6 件、协查件 5 件；接辖区内投诉举报 9 件；接本系统及其他部门协查函 2 件。并按照有关稽查程序和要求，分别写出调查报告、处理意见、整改意见函等上报中国证监会、沈阳大区办、监管对象等，做到了受案、立案、调查、处理程序化、制度化，件件有回音、有着落。

（特约编委：张守义，特约编辑、特约撰稿：董素民）

中国证监会哈尔滨证券监管特派员办事处

【概况】 中国证券监督管理委员会哈尔滨证券监管特派员办事处是中国证监会的派出机构，人员编制为 40 人，设置综合处、上市公司监管处、证券机构监管处、期货机构监管处、稽查处五个机构，按照中国证监会的授权，对辖区内的证券市场进行监督和管理，以维护证券市场的健康发展。

【业务工作】 配股增发　2000 年进行配股初审并上报材料的公司有哈慈股份、黑龙股份、东方集团、龙涤股份、工大高新、圣方科技、科利华等 7 户，其中黑龙股份、东方集团、龙涤股份三户已获准配股，共募集资金 9.1 亿元。同时，龙电股份获准增发，募集资金 6 亿元。2000 年全省上市公司发行、配股、增发总计募集资金 35.2 亿元。

资产重组　一是内部置换，北满特钢上年置换给集团不良资产8.8亿元，相应减亏6000万元，将2.9亿元的应收款经评估为2.3亿元转让给集团；东方集团因购买民生银行1.3亿股，支付现金2.2亿元，目前该股权已增值为4亿元以上；大庆联谊集团用铁路自备列车及房屋4500万元还款于上市公司；秋林集团出售北方华旭960.7万股股权，获得投资收益577.68万元等。二是第一股东变更(增持、减持)。航天科技第一股东航天工业总公司将其所持有的3360万股无偿转给中国航天机电集团公司；北亚集团第一股东哈尔滨铁路局通过其控股子公司黑龙江虹通运输服务有限公司增持上市公司股权7.26%，使铁路局实际控制上市公司股份已达近20%；龙发股份第一股东黑龙江房屋建设开发公司将一部分法人股即1070万股转让给浙江南都集团，实际上南都集团已控制了上市公司。此外，尚有佳纸股份第一股东佳纸集团拟将第一股东地位转让给成都科邦公司，相关信息已公告。

巡回检查　2000年巡回检查共进行了9户，即桦林、阿继、哈空调、牡水泥、光明集团、哈医药、龙发、佳纸及参加大区交叉巡检检查的沈阳中兴等。同时，对上年巡查的航天科技、黑龙股份进行了回访。巡查工作坚持查清事实，掌握情况，重在规范的基本原则，坚持同巡检对象的董事、监事及高级管理人员谈话制度，强化规范意识，注重防范和化解金融风险，做到发现问题及时解决，尽可能地防止辖区内上市公司违规事项的发生。同时，强化了巡回检查档案整理，为建立上市公司档案库打下基础。

信息披露监管　一是对辖区内所有上市公司的年报、中报进行了具体分析，并形成分析报告上报中国证监会；二是对所有上市公司的临时性公告进行了事后审核，其中对部分公司披露的内容进行了跟踪了解；三是对中国证监会和交易所通报及关注的公司进行了重点监管，及时与公司董事及高管人员进行了沟通，保证了信息披露的及时和准确。

日常监管与服务　一是处理了大量的日常监管事项。如及时办理中国证监会、省政府交办事项，共出具了文件、回复等20余件，约5万余字；列席了辖区绝大多数上市公司的年度股东大会；约见上市公司董事长、总经理及相关人员谈话50余次；协助证监会在哈举办了两期上市公司培训班等。二是为拟上市及上市公司做好服务。如举办高校企业二板上市座谈会；举办各类培训工作，赴大庆、大兴安岭、绥化、伊春、齐齐哈尔、鹤岗等地讲解创业板有关政策等；就秋林公司经营商场被征用问题向哈尔滨市委、市政府提出意见；为佳纸股份与大股东贷款分开专题向省政府反映情况及要求；为省内部分上市公司享受所得税优惠政策专题向省政府提交报告等。

(特约编委：丁若鹏，特约编辑、特约撰稿：赵东方)

中国证监会郑州证券监管特派员办事处

【概况】　中国证券监督管理委员会郑州证券监管特派员办事处于1999年7月1日正式挂牌成立。目前设有综合处、上市公司监管处、机构监管处、期货监管处、稽查处5个职能处。人员编制27人。侯苏庆同志担任郑州特派办党委书记、主任，董家臣同志任党委委员、副主任。

【职能】　郑州特派办负责对河南辖区内的证券、期货市场行使统一监管职能。具体职责是：根据中国证监会的授权，起草辖区内有关证券、期货市场的管理规则和实施细则；依法对证券清算、交割、保管、过户、托管、登记等业务活动进行监管；依法对证券经营机构、证券投资咨询机构及其从业人员的业务活动进行监管；依法对期货经纪机构、期货投资咨询机构及其从业人员的业务活动进行监管；依法对向社会公开发行股票及拟发行股票的公司实施监管；依法对从事证券、期货业务的律师事务所、会计师事务所、资产评估机构及其从业人员的业务活动进行监管；依据有关法律、法规及证监会的规定，单独或会同有关部门对违反证券、期货法律、法规的行为进行调查和处罚；会同有关部门制定证券、期货市场发展规划；办理中国证监会和河南省政府交办的其它事项。

【业务工作】　郑州特派办根据中国证监会的总体部署，依法对辖区内证券、期货市场进行监管，有力地促进了辖区内证券、期货市场的健康发展。

规范发展上市公司　初步在辖区内建立了“企业自律、政府推动、监管机构监管”的“三位一体”监管架构；受理6家公司的配股申请，其中3家公司已获得核准发行股票；对8家上市公司进行巡检，对发现的法人治理结构不健全、募集资金使用不规范、信息披露不合规等重要问题，要求公司限期整改，提高规范运作水平；中报公布后及时组织对洛阳春都、冰熊股份等6家问题企业进行了重点分析，并与地方有关部门联合办公，协调解决了6家公司的实际问题，改善了上市公司质量；召开了四次上市公司董秘联席工作会议，并与上交所联合举办了由河南、安徽上市公司董事长、总经理参加的“上市规则培训班”，进一步提高了上市公司高级管理人员对规范运作、及时准确进行信息披露的认识。

加强对拟发行股票公司的指导，促使其尽快规范上市　对3家拟上市公司进行改制验收，已有2家公司获得核准发行股票；及时抓住股票发行由审批制转为核准制的机会，组织对省内优秀企业进行全面核查，对具有较高科技含量以及有发展潜力的企业重点指导，先后培育了后备企业30家，并对其中15家符合条件的企业及时进行辅导备案；积极进行核准制知识培训，先后举办专题讲座16次，累计参加人数达数千人。

加强对证券经营机构监管　对全省155个证券远程交易网点逐户逐项进行核查，除27家网点经中国证监会批准保留外，其他128家被全部撤销；对全省挪用客户交易结算资金的10家机构进行逐个核对，并监督清理，到12月底，已归还客户交易结算资金17942万元，占挪用客户资金的25.75%；积极推动河南券商清理整顿和重组工作，并配合有关部门，做好部分地方信托投资公司撤销后所属营业部的监管和转让工作，对河南省财政证券公司申请转制的国债服务部进行了核查；利用机构上报的报表进行分析检查，对潜在风险较大的机构进行重点监控，防止突发事件发生，发现问题，及时进行警示性谈话，先后与10多家机构负责人进行了谈话；先后为17家机构搬迁和14多位经理、副经理任职资格进行了审查，及时办理了相关手续；为4家投资咨询机构、74个投资咨询人员、30个执行人员颁发了从业或执业资格证书；对证券投资咨询机构的信息管理情况进行了检查，进一步规范了证券投资咨询机构的月报、季报及重大事项报告制度；对证券经营机构的“Y2K”的过渡工作和计算机信息系统安全保障工作进行检查，确保辖区内机构没有发生计算机系统问题；对4家证券经营机构违规变更和虚假宣传的行为进行了批评，对10多家证券经营机构的轻微违规经营活动和会计财务制度执行情况进行了查处。

加强对期货经营机构的监管　对辖区内6家期货公司和1家期货投资咨询公司进行了现场检查；共受理了省内外20

多家期货经纪公司在郑州设立期货营业部的审报材料，对15家出具了初审意见并上报证监会复审；对青岛3家期货经纪公司进行了巡检，并配合济南证管办对河南6家期货经纪公司进行了巡检；对辖区内6家期货经纪公司的24名高管人员的任职资格进行了初审并上报，对辖区内411名考试合格的期货公司从业人员下发了从业资格证书；初步完成了期货从业人员电子化管理系统建设工作，实现现代化管理；加强制度化建设，增加工作透明度，先后制定下发了《期货经纪公司重大事项报告制度》、《期货经纪公司日常监管考核办法》和《期货经纪公司客户保证金封闭管理试点方案》等制度；及时调查处理期货纠纷和查处市场违规行为，化解市场风险；完成了期货从业人员资格考试的组织工作，确保考试工作未出现任何问题；配合郑州商品交易所到山东、河北等地进行推介活动，宣传鼓励更多符合条件的企业参与期货交易。

稽查工作取得了一定进展　全年共接待处理了群众的来信来访20多起；完成了对证券经营机构、上市公司违规违法案件的调查上报工作；配合证监会稽查局对郑州百文的稽查工作。　（特约编委：侯苏庆，特约编辑：张建东，特约撰稿：张建东、李保成）

中国证监会南昌证券监管特派员办事处

【概况】　中国证券监督管理委员会南昌证券监管特派员办事处（南昌特派办）是中国证券监督管理委员会在江西省行政辖区内的派出机构，其前身是江西省证券管理办公室，成立于1996年，为隶属于江西省人民政府的事业单位。1998年8月，国务院批准了《证券监管机构体制改革方案》，江西省证券管理办公室即自1998年底起移交中国证监会垂直领导，更名为中国证监会南昌证券监管特派员办事处。南昌特派办现有正式人员19人，内设上市公司监管处、机构监管处、稽查处、综合处4个职能处室。行政级别为副厅级。

【职能】　南昌特派员办事处的主要职责是：贯彻国家有关法律、法规和方针、政策，按照中国证监会的规定对辖区内的上市公司、证券、期货经营机构、投资咨询机构，及从事证券、期货业务的律师、会计师事务所、资产评估机构等中介机构及其从业人员的证券、期货业务活动进行监督管理，依法查处辖区内监管对象的违法、违规案件，调解证券、期货业务纠纷和争议，以及中国证监会授予的其他职责。

【业务工作】　上市公司监管　一是对洪都航空、联创光电、昌河汽车等6家申请发行股票公司改制情况进行检查。对赣能股份、江西水泥、赣南果业、九江化纤等5家公司的配股申请进行了初审。二是依照规定对辖区内三分之一的公司进行了检查，并认真做好各公司定期报告的事后审核工作。三是加强对上市公司高管人员的培训，先后举办了“上市公司规范运作与资本运营研讨会”和“拟上市公司改制辅导报告会”，与深交所共同举办了湘赣两省上市公司高管人员《上市规则》培训班。四是支持辖区内上市公司成立董秘联席会，并支持其开展学习、研讨、交流等活动。五是对辖区内上市公司和拟上市公司基本建立了资料档案，包括公司设立、发行、再融资、公司的定期报告、临时报告以及监管机构对公司进行检查等方面的资料，为加强对公司的日常监管提供了基础性条件。

证券经营机构监管　一是按证监会统一部署，对辖区内证券期货经营机构营业部计算机2000年零点和闰年过度工作进行了认真布置和现场检查，保障了计算机2000年顺利过度；二是为解决历史遗留问题，对原经江西省人民银行批设的10家延伸大户室，经过调查和认真研究，上报证监会审批；三是对证券经营机构提交的高管人员的任职资格进行了审查，其中符合条件的6名高管人员给予了任职资格确认；四是6家营业部申请同城牵址，经审核并现场勘察其交通、供电、消防等设施，同意上报证监会机构部审批；五是受理了国泰君安证券公司九江庐山路、鹰潭胜利东路、萍乡安源路等3家营业部迁出江西的申请，并上报证监会机构部审批；六是督促辖区内各有关单位做好创业板的准备工作，组织参加全国联网测试和抽查；七是根据证监会净资本计算规则要求，督促证券公司搞好净资本计算和资料报送工作。

（特约编委：何渭滨，特约编辑、特约撰稿：喻达志）

中国证监会南宁证券监管特派员办事处

【概况】　中国证券监督管理委员会南宁证券监管特派员办事处是中国证监会的派出机构，行政级别为副局级，内设综合处、上市公司监管处、机构监管处、稽查处四个处，现有正式员工20人。

【职能】　南宁特派办的主要职能是贯彻执行国家有关法律、法规和方针政策，按照中国证监会的规定对辖区内的上市公司、证券期货经营机构、投资咨询机构及从事证券期货业务的律师事务所、会计师事务所、资产评估机构等中介机构的证券期货业务进行监督管理，依法查处辖区内监管范围的违法、违规案件，调解证券期货业务纠纷的争议，以及中国证监会授予的其它职责。

【业务工作】　2000年，广西辖区新增上市公司5家，分别为桂林旅游、桂冠电力、中恒集团、五洲交通、南化股份，发行股份总数为15.47亿元，流通股为2.99亿元，募集资金17.76亿元。桂林集琦和南宁糖业实施分红送配方案，桂林集琦10转增10，南宁糖业10派1.5元。2000年3月份中国证监会对股票发行审核方式进行了重大改革，取消企业上市额度，实行核准制，规定拟公开发行股票公司须按照《股票发行上市辅导工作暂行办法》的要求，由券商辅导一年。2000年，有2家企业进入辅导期，为南宁胜利科技股份有限公司和广西梧州松脂股份有限公司。另外，南宁特派办大力加强对全体职工的业务培训工作，积极派员参加证监会培训中心举办的各类培训班，2000年共有14人次参加培训。还聘请财会教师进行业务基础培训，在全办讲授《基础会计》课程，根据全办职工的实际情况和工作需要，安排《计算机基本操作》及《网络知识》培训。10月份，为了使新招聘人员尽快适应新的工作岗位，办里聘请了一些专家、教授对新招聘人员进行了《公务员道德》、《公务员管理概论》、《行政法》、《公文写作》、《证券监管系统廉政纪律》等方面的培训。2000年特派办共有在读研究生5人，占全办职工的25%。

【法制建设】　法规的制定　南宁特派办根据监管的职责及工作范围，逐步完善了各项监管措施，制定了《上市公司报告制度》、《上市公司巡检回访制度》、《上市公司调查研究制度》、《上市公司高级管理人员谈话制度》、《上市公司董事会秘书联席会议制度》、《上市公司监事会报告制度》、《拟发行公司改制、运行情况及辅导内容、辅导效果的评估和调查程序》、《信访制度》等。通过制度的制定及执行，加强和完善了监管手段，取得了较好的效果。

法规的执行情况　1、对上市公司监管及对拟上市公司调查方面。依据《证券法》、《公司法》、《上市公司章程指引》、《股份有限公司会计制度》等法律、法规和制度，对广西辖内9家拟公开发行股票公司进行了调查；对2家上市公司1999年度的配股申报材料进行了初审；对1家上市公司2000年公募增发的申请材料进行了核阅；对3家上市公司进行了巡检；对1家上市公司进行了交叉检查；受证监会委托对拟上市公司、上市公司进行了8项专项的核查；对上市公司2000年中期报告进行了事后审查，对存在问题的2家上市公司提出了相应的监管措施。2、对机构监管方面。2000年依据有关法律、法规，对证券、期货机构高级管理人员共27人、期货从业人员共53人的任职资格、从业资格进行了审核；对3家证券营业部的迁址进行了审核；对3家期货公司、证券投资咨询机构及人员进行了年度检查；对1家证券经营机构的资本情况进行了调查；协助各地政府有关部门对3家非法证券期货交易活动进行了查处。3、对群众来信来访处理方面。依据《证券法》、《公司法》、《股票发行与交易管理暂行条例》、《证券投资基金管理暂行办法》规定，处理了来信、来访、来电投诉，做到件件有落实，事事有答复。　（特约编委：娄必元，特约编辑、特约撰稿：尹献生）

中国证监会海口证券监管特派员办事处

【概况】 中国证券监督管理委员会海口证券监管特派员办事处前身是海南省证券管理办公室。1998年11月，海南省证券管理办公室改由中国证监会直接垂直领导。1999年7月1日，中国证监会海口特派办正式挂牌成立。截止2000年底，中国证监会海口特派办共有正式职工22人，其中干部20人，工人2人。行政级别为副局级，由尹怀安同志任主任，林树富同志任副主任。内设五个处室，分别为综合处、上市公司监管处、机构监管处、稽查处、期货监管处。

【职能】 在集中统一的监管体制下，中国证监会海口特派办履行中国证监会派出机构的职能，贯彻执行国家有关法律、法规和方针政策；按照中国证监会的规定对辖区内的上市公司、证券期货经营机构、投资咨询机构及从事证券期货业务的律师事务所、会计师事务所、资产评估机构等中介机构的证券期货业务活动进行监督管理；依法查处辖区监管范围内的违法、违规案件，调解证券期货业务纠纷和争议；以及中国证监会授予的其它职责。

【业务工作】 中国证监会海口特派办在中国证监会的直接领导下，立足辖区实际情况，认真贯彻执行“法制、监管、自律、规范”八字方针，以全力化解证券市场的高风险为核心，全面履行派出机构的监管职责。

上市公司配股的审核工作　2000年海南仅有兴业聚酯一家公司公开发行A股7000万股，募集资金2.97亿元，燃气股份一家公司实施配股，募集资金4.11亿元。一直以来，中国证监会海口特派办严格按照中国证监会的统一要求，通过书面调查和实地调查相结合的方法，认真、全面地对辖区内拟发行公司改制运行情况和辖区内上市公司的配股申请进行审核。

加大稽查力度，较好完成各项案件调查任务　随着证监会稽查局工作规程的渐次推出，以及对稽查人员培训工作的加强，海口特派办2000年的稽查工作取得了较大进步，全年共查处或协助查处的案件或信访材料达16件，其中由证监会立案派员来琼查处的有2件，证监会转来要求调查的投诉举报信7件，协助证监会和外地派出机构来琼调查的有4件，对股民直接投寄的投拆信进行调查的有3件。此外，海口特派办还对市场纠纷进行调解以及对证券市场的一些法律问题进行调查研究，如针对全国“股票地下交易”现象进行调查研究，并写出《对这类地下“证券交易”活动应给予法律界定》一文进行探讨。

（特约编委：尹怀安，特约编辑：邢力红，特约撰稿：邹晓晖）

中国证监会昆明证券监管特派员办事处

【概况】 中国证券监督管理委员会昆明证券监管特派员办事处（昆明特派办）是云南证券期货市场的监管部门。2000年，昆明特派办以规范运作为监管重点，以巡检为突破口。2000年，着力实现上市公司规模扩大和资产质量的提高，促进上市公司规范运作，有效地防范和化解证券市场风险，使云南上市公司的整体质量上比往年有所提高。

【规范化管理】 1999年以前，云南证券经营机构不仅数量少、规模小、交易设备陈旧、布局不合理，而且服务质量不高，投资环境较差。自1999年起，云南省加大了证券市场的开放力度，先后进入光大证券、湘财证券、广发证券等省外有较大实力的12家（13个营业部）证券经营机构，不仅从数量上和规模上充实、壮大了云南证券市场，更重要的是引入了竞争机制，提高了券商服务质量，从实质上提升和丰富了云南证券市场内涵，对培育和壮大投资者队伍起到了较好的促进作用。证券营业部的布局也从昆明市青年路、人民中路，逐步向四区及地州延伸。目前，昆明市有证券营业部23个，地州有营业部7个（分别分布在玉溪、大理、保山、楚雄、红河、曲靖、西双版纳），此外，经中国证监会，全省还有证券服务部11个，从而，大大缓解了云南省证券营业部数量少、布局不合理的矛盾，为云南证券市场与全国市场对接，参与全国市场竞争打下了良好基础。2000年，昆明特派办重点整治了远程交易网点及利用存折、占用客户保证金等行为。本着立足实际、合理布局、化解风险、规范发展的原则，对省内原有的31个远程交易网点进行了清理整顿，并经批准保留了11个，规范为证券服务部。部分经营机构对过去挪用客户保证金行为制定了严格的按期归还保证金计划，从而维护市场秩序及投资者利益。同时，通过设立监管热线、举报热线、不定期召开股民座谈会等形式，及时了解并掌握市场动态，加强与投资者的沟通，做到了防范于未然。此外，云南证券经营机构重组工作也在有条不续地进行。　（特约编委：胡伏云，特约编辑、特约撰稿：胡静）

中国证监会拉萨证券监管特派员办事处

【概况】 中国证监会拉萨特派员办事处成立于1999年7月3日。2000年底有干部职工13人，其中，研究生学历1人，大学本科2人，大专学历5人。办党委领导班子3人，处级干部3人，科级干部4人。下设综合处、上市公司监管处、机构监管处。

【职能】 拉萨特派办的主要职能是：根据国家有关法律、法规和方针政策，按照中国证监会的规定，对辖区内上市公司，证券期货经营机构、证券投资咨询机构及从事证券期货业务的律师事务所、会计师事务所，资产评估机构等中介机构的证券期货业务活动进行监督管理，依法查处辖区内监管范围的违法、违规案件，调解证券期货业务纠纷和争议，执行中国证监会授予的其它职责。综合处的主要职责是:制定内部规章制度并监督执行;负责办公文秘、公文流转和发文审核等工作;负责干部人事管理;负责财务管理和行政后勤工作;负责做好办内接待、对外联络、机要、保密、安全保卫、档案管理等。同时,负责党务、政治思想、教育宣传、组织建设、党风廉政建设、纪检监察等工作;负责政务公开和行政执法监察工作。上市公司监管处的主要职责是:负责辖区内拟发行上市公司辅导登记及改制调查;负责对辖区内上市公司进行监督检查;对上市公司配股和增发新股的材料进行初审。负责对辖区内上市公司信息披露(年报、中报、重大事项公告)并进行事后审核监督,对涉及到辖区内上市公司收购或重大出售资产报备材料进行审阅等。机构监管处主要职责是:负责对辖区内证券经营机构、证券投资咨询机构和外资证券类机构驻西藏代表处的机构设置、业务资格、业务活动、风险控制和年检等工作进行初审和审核;负责对证券从业人员的任职资格进行初审和审核。根据中国证监会的授权对辖区内证券投资基金管理公司进行监管。

【业务工作】 按照中国证监会的统一部署和工作安排,2000年工作以加强监管,规范运作,完善制度为重点,主要做了以下工作:

上市公司巡回检查和回检工作 根据中国证监会的统一部署和交叉巡检的要求,特派办于2000年5月对西藏金珠股份有限公司进行了巡回检查,于2000年8月交叉检查了成都华联股份有限公司。在检查过程中,特派办聘请具有证券从业资格的注册会计师,组成检查小组,分为规范检查组和财务检查组,对两公司规范运作情况、信息披露情况、募集资金使用情况、关联交易的公允情况、举债、抵押、担保情况、财务会计管理和会计师执业情况等进行合规性检查。同时,积极配合贵阳特派办巡检西藏圣地股份有限公司。对检查中发现的问题,以书面形式下发限期整改通知书,要求公司限期整改。为确保1999年巡检西藏矿业、西藏明珠两公司落实整改措施,特派办于2000年12月对两公司进行了回检。在回检中,通过审核、抽查有关记录、决议、会计帐薄,对照特派办下发的整改通知要求和公司上报的整改方案,逐条检查整改措施的落实情况。两公司经过一年多的整改,基本解决了巡检中发现的问题,运作基本规范。同时,特派办及时向公司提出回检中发现的问题,要求限期改正。

认真做好上市公司配股初审工作 按照中国证监会颁布的有关上市公司配股和信息披露的有关规定,特派办于5月26日受理了西藏金珠股份有限公司配股申请。在审查过程中,对公司是否按照法定程序通过有关配股决议、历次募集资金使用、本次配股资金投资项目以及相关信息披露等情况进行了认真的审查,责成公司说明公司配股申请存在的问题,并要求其整改和完善。通过初审,修改和完善,西藏金珠的申报材料基本符合有关法律、法规的要求;特派办于6月16日通过了金珠公司配股的初审,同意将西藏金珠配股申报材料转报中国证监会复审。中国证监会于11月核准了西藏金珠的配股申请。西藏金珠配股已于12月完成,共募集资金8982万元。

做好拟上市公司改制运行的调查工作 根据中国证监会《关于对拟公开发行公司进行改制调查的通知》的要求和中国证监会的统一部署,特派办分别于3月24日、11月2日受理西藏天路、西藏金山改制调查申请。在调查过程中,重点对公司设立、三会运作、"三分开"、承销辅导情况进行审核、调查。通过调查,进一步促进西藏天路和西藏金山设立后的规范运作,建立起符合现代企业制度要求的法人治理结构和经营管理体系,公司"三会"和经理班子运作规范,符合关于人员独立、资产完整、财务独立、规范管理的要求,公司财务制度符合股份有限公司会计制度的要求,基本达到股份公司规范运作的要求。西藏天路已通过中国证监会的核准,在上交所成功公开发行上市。

认真做好上市公司定期报告、公告等信息披露的事后审查 定期报告是上市公司信息披露和维护股东权益的重要内容。对其进行事后审查是有效防止上市公司会计报表虚假记载,保护股东和投资者的合法利益的重要手段。在对上市公司年报和中报的审查中,重点关注了上市公司法人治理结构运作情况、募集资金使用、重大关联交易、担保、诉讼事项、财务报告真实性、完整性及可能存在的重大风险因素等方面内容。通过对辖区8家上市公司定期报告的审查,要求和促进8家上市公司定期报告按时披露、格式合规、内容真实,不存在重大遗漏、虚假或误导性陈述。同时特派办还对西藏圣地重组、重大事项公告进行事后审查,提出审核意见,关注重组及后续事项,以保证信息披露及时、真实、完整。

加强证券经营机构监管 针对西藏证券公司成立较晚,运行机制和内部管理机制尚处逐步建立和完善的实际情况,监管中以有效控制支付风险为核心,确保证券交易稳定为目标,重点监管证券公司及其营业部是否存在挪用保证金、透支、非法拆借和自营,以及2000年过渡和信息系统安全等,定期约见证券公司和营业部负责人。批复了西藏证券公司日喀则营业部开业申请,初审了其高管人员任职资格。通过定期检查和日常监管,证券公司初步建立了内控制度,达到了一定的效果。同时,加强对区外中介机构的监管,主要是对其执业资格和执业信誉进行合规性审查。

建立上市公司监管信息系统档案,为监管工作提供基础 为使监管工作有的放矢,进一步摸清上市公司"家底",建立上市公司监管信息系统档案,按照自治区人民政府的指示和特派办工作实际,由特派办牵头,联合自治区经贸委、国资局、国有资产经营公司,对8家上市公司和西藏珠峰、西藏天路进行了调查。这次调查主要对公司设立及上市以来的历史沿革、公司法人治理结构的建立、公司募集资金使用、公司财务制度建立等情况进行调查,进一步摸清了上市公司的"家底",形成了调研总报告和募集资金使用、法人治理结构、经济运行情况等分析报告,初步建立了上市公司档案,为进一步加强监管奠定了基础。

积极协助有关部门做好企业改革、改组、改制的咨询服务工作 特派办根据证券市场发展最新精神,积极协助有关部门,对企业改制重组提出政策建议,进一步完善资产重组、引资合作、发展规划等方案,力使西藏更多的合格的公司进入证券市场。

加强内部建设 特派办结合工作实际,加强自身建设,认真开展"三讲"教育"回头看",开展职工职业道德教育,加强领导班子建设和党风建设。进一步转变思想观念,转变工作职能,坚决完成党委布置的各项监管任务。监管力度不断加大,监管理念逐步更新,逐渐由被动监管转为主动监管、主动防范。 (特约编委:杨代刚,特约编辑、特约撰稿:黄祥)

中国证监会福州证券监管特派员办事处

【概况】 中国证监会福州证券监管特派员办事处于1999年

7 月 1 日正式挂牌成立，内设综合处、上市公司监管处、机构监管处和稽查处四个职能部门，在编工作人员 21 名。

【职能】 其基本职责是：贯彻执行国家有关法律、法规和方针政策，按照中国证监会的规定对辖区内的上市公司、证券与期货经营机构、证券与期货投资咨询机构及从事证券期货业务的律师事务所、会计师事务所、资产评估机构等中介机构的证券期货业务活动进行监督管理，依法查处辖区监管范围内的违法、违规案件，调解证券期货业务纠纷和争议，以及中国证监会授予的其它职责。

【业务工作】 2000 年，中国证监会福州特派办认真贯彻落实中国证监会各项要求，正确处理好规范与发展、证券市场机制与宏观调控、证券市场发展与国有企业改革、证券市场与技术创新等四个关系，围绕扩大直接融资比重，调整经济结构这个中心，严格依法治市，改进和加强监管工作，在提高上市公司与证券公司质量、强化监管力度、市场规范化与队伍建设等四个方面都取得了新进展，促进了福建省（不含厦门，下同）证券期货市场的健康发展。

辖内被监管对象有关报批事项的审核方式得以改进，审核质量进一步提高　对上市公司的配股申请不再局限于形式审查，而是采取实地考察与书面审核相结合、配股审核与巡查工作紧密结合的方式，主动实行“体检”，对检查中发现的问题督促上市公司积极整改，视整改情况决定是否受理其配股申请，促进了上市公司的规范运作，2000 年共完成 6 家上市公司的配股申请审核工作，其中 5 家获中国证监会复审通过。对证券、期货机构有关报批事项的审核工作也与其规范经营情况联系起来，严格把好市场准入，督促其不断加强内控和风险防范制度的建设，使辖内证券市场有关参与主体的整体素质和依法规范经营意识进一步增强。

对上市公司的巡查工作更具针对性，成效更加明显　2000 年，特派办有重点地选择那些存在利润波动较大、当年筹资即亏损、关联交易金额巨大、股东占用金额较大等问题的 8 家上市公司，对其规范运作情况进行了巡查，对巡查中发现的问题积极督促整改，对涉嫌违法违规的及时上报中国证监会，对那些需要政府协调解决的问题，及时通报当地政府，取得了良好效果。

对证券机构的现场与非现场检查工作进一步加强，监管的预警功能进一步提高　2000 年以来，特派办开始按月汇总分析各证券机构的基本经营状况、客户证券交易结算资金运作情况和净资本、流动比例、自营证券比例等风险指标，并将非现场检查与现场检查结合起来，及时发现和纠正了一些证券机构挪用客户证券交易结算资金、透支和违规融资等违规经营行为，并对证券机构违规设立的远程证券交易网点进行了清理，保证了辖区证券市场的正常秩序。

对证券机构高管人员任职资格的管理得以强化　初步建立起了证券机构高管人员任前考核制度、任期内谈话提醒制度和年终考核制度，进一步提高了辖内证券机构的整体素质。

稽查执法力度进一步加大　2000 年，特派办结合干部招聘，增强了稽查力量的配备，并主动出击，克服各种干扰，认真组织或参与了多起对证券期货市场违法违规行为的调查取证工作，受理并认真处理 55 项信访事项，有力地维护了我省证券期货市场的正常秩序。

监管力量得到加强　2000 年，特派办按照中国证监会的统一部署，认真开展“三讲”回头看、职工职业道德教育和党员“创先争优”活动，进一步加强反腐倡谦、勤政廉政工作力度，全面实施廉政监督卡制度，使办内监管干部队伍的思想作风与工作作风都有了明显进步。特别是下半年，办内按照公开、公正、择优录用的原则，面向社会招收了 8 位专业人才充实到监管队伍，监管力量进一步增强，整体素质进一步提高。

（特约编委：魏书松，特约编辑：黄宗福，特约撰稿：张庆）

中国证监会兰州证券监管特派员办事处

【概况】 中国证券监督管理委员会兰州证券监管特派员办事处设综合处、上市公司监管处、机构监管处、稽查处 4 个处。现有工作人员 22 人，平均年龄 38 岁，其中大学及以上文化程度的 13 人，大专文化程度的 7 人。全办 22 名工作人员中有 16 名中共党员。

【职能】 兰州特派办主要职能是依据中国证监会分级管理的规定和授权，对甘肃省内的上市公司和拟上市公司，证券公司、期货经纪公司和证券期货营业部，证券期货投资咨询服务机构，从事证券期货业务的律师事务所、会计师事务所、资产评估机构的证券期货业务活动等进行监督管理。依照国家证券、期货方面的法律法规和中国证监会的有关规定，对甘肃省内的证券、期货违法违规案件进行调查、处理和移送；对证券、期货方面的纠纷和争议进行调解；处理有关的投诉举报和来信来访。

【业务工作】 对拟发行公司改制核查工作　兰州特派办认真履行职责，督促辅导券商勤勉尽责，并针对核查中发现的问题，要求公司整改，使公司在上市前做到规范运作。积极参与，做好咨询，搞好服务，帮助指导企业做好上市的前期准备工作；对申请进入辅导期的公司，既严格审查，又对公司存在的问题和辅导质量进行跟踪调查，促使企业在改制工作中规范运行。

对上市公司进行监督检查　树立事前防范、事中监督、事后审查的监管理念，把事后监管、主动监管与动态监管结合起来。采取“三查”（即巡回检查、专项检查、定期报告审查）、“三审”（即改制验收审核、配股审核、重组辅助审核）、“三沟通”（即日常巡访制度、高管人员谈话制度、监事会制度）等方式，通过督促上市公司强化和完善内控制度，发挥监事会作用来防范风险；通过加强对上市公司信息披露审查、巡回检查、专项检查、受理投资者举报等发现风险；通过督促上市公司准确、及时、充分地信息披露，提高上市公司透明度，揭示风险；通过查找险源，巡查回访和对高管人员谈话等督促上市公司及大股东采取措施化解风险。认真做好巡检工作，根据上市公司在法人治理结构、“三分开”、公开信息披露、募集资金使用等方面存在的问题，有针对性地安排巡检对象；制定详细的巡检工作计划，明确巡检重点。通过巡检，发现问题，督促整改，促进规范运行。

对上市公司的配股申请进行初审　为了使企业的配股能够顺利完成，特派办对辖区内上市公司配股进行了调查摸底，按照法规的要求，指导帮助解决存在的问题。长城电工、三毛派神、祁连山、铜城集团等 4 家配股公司的配股方案及初审材料在 4 月底就上报证监会，其中 3 家在发审会上一次通过。

对上市公司信息披露进行审阅　多渠道广泛收集上市公司信息资料，密切关注上市公司动向和股票在二级市场的价格异常波动；加强对上市公司股权转让信息披露三个阶段的监管；通过对定期报告的审查分析，及时指出存在的问题。

对证券期货经营机构的经营活动进行监管　督促证券期货经营机构建立以风险防范为主的内控制度，化解风险，提高服务质量。特派办提出了各经营机构必须加强防范风险和规范运作的10项基础制度建设，督促各经营机构建立健全内控制度和内部管理制度。并组织多次现场检查，督促制度建设和风险防范不到位的机构整改，使辖区内大部分证券期货经营机构的内控制度基本建立起来。具体业务上，完成了“2000年问题”敏感日的安全过渡；对远程交易网点进行集中清理整顿，撤销了30多个远程交易网点；对挪用客户保证金情况进行了清理，制定了归还方案并督促执行；组织了营业部经理《技术规范》考试、二板市场技术全网测试、银证联网测试等；组织了证券、投资咨询、期货从业人员资格考试及资格认证等工作。到年底，各证券经营机构挪用客户保证金由年初1.2亿元下降到5000万元，提高了经营机构的资产质量。

调查和处理辖区内的证券期货违法违规案件　按照稽查局的安排，完成了有关核查工作；协助其他派出机构进行了有关事项的调查；接待和处理信访投诉，打击和取缔非法证券期货交易。依照2000年2月甘肃省政府办公厅转发的《关于联合打击非法证券期货交易的意见》，特派办与公安、工商部门明确分工，各负其责，密切配合，进一步加强了“打非”的力度。坚持“有举报必核查，有投诉必处理”的原则，认真处理每一件来信来访，调解纠纷，通过信访发现线索，查处违法违规行为。

业务培训方面　兰州特派办坚持每周四下午的政治和业务学习制度，请有关专家或办内业务人员就法律、财会、政策规定等举办讲座，努力提高监管人员的业务素质，力求适应监管工作的需要，提高监管水平。积极参加证监会和交易所举办的各种培训，如深圳交易所在兰州举办了上市公司董事会秘书培训班，兰州特派办的全体工作人员参加了培训；积极派人参加证监会举办的稽查、期货监管等培训班，并要求参加人员在培训回来后向全体工作人员传达培训内容，使大家都得到提高。同时，鼓励在职学历教育，先后有4人参加了在职研究生教育，进一步提高了监管人员的素质。

对外交流方面　为了学习和借鉴兄弟派出机构的经验，加强与兄弟单位之间的联系，增进交流，组织了8位同志到昆明、重庆、厦门、福州、南昌、南京6个派出机构进行了学习考察。在考察中通过交流，与兄弟单位互相学习，学到了许多好的经验。

【法制建设】　兰州特派办根据中国证监会关于派出机构职责的有关规定以及工作程序，借鉴兄弟派出机构的做法，制订了包括工作职责、议事规程、监管办法、业务规程、党务纪检、内部管理在内的40项制度，其中包括《上市公司监管工作暂行办法》、《证券期货经营机构监管工作暂行办法》、《证券交易服务机构监管工作暂行办法》、《稽查工作暂行办法》等监管工作规程，使监管工作逐步走向规范化、程序化。年底，兰州特派办又根据证监会进一步明确派出机构监管职能的文件精神，结合在实际执行中某些制度存在的不完善等问题，着手研究修改、补充、完善各项制度。

（特约编委：马才斌，特约编辑：方向瑜，特约撰稿：刘洪斌）

中国证监会银川证券监管特派员办事处

【概况】　银川证券监管特派员办事处是中国证监会的派出机构，其前身是成立于1993年的宁夏回族自治区证券委员会办公室。

【职能】　其主要职责是：贯彻执行国家有关法律、法规和方针政策，按照中国证监会的规定对辖区内的上市公司、证券期货经营机构、投资咨询机构进行监督管理，依法查处辖区内的违法违规案件，调解证券期货业务纠纷和争议，以及中国证监会授予的其他职责。自成立至今，银川证券监管特派办按照中国证监会的总体部署和工作要求，结合宁夏的具体情况，坚持“法制、监管、自律、规范”的八字方针，建章立制，以证券监管为中心，加大市场监管力度，查处非法从事证券期货活动，保证了宁夏证券市场健康、有序、规范地发展。

（特约编委：夏业成，特约编辑：买文广，特约撰稿：徐辰平）

中国证监会乌鲁木齐证券监管特派员办事处

【概况】　中国证券监督管理委员会乌鲁木齐特派办是中国证监会的派出机构，行政级别为副局级，现有在编人员20人，其中主任1人，副主任1人，正处级5人，副处级4人，主任科员及以下8人，退休人员1人。内设综合、上市监管、机构监管、稽查四个处室。2000年通过竞争上岗，有5名同志走上了各处领导岗位。为弥补办内专业人员不足，通过公开招聘，录用一名注册会计师和一名电脑工程师。

【职能】　乌鲁木齐特派办的主要职责是：负责辖区证券期货市场的监管工作，包括对自治区及兵团上市公司进行监管和拟上市企业改制辅导情况进行调查验收，对证券、期货经营机构，投资咨询机构和从事证券业务的会计师、律师事务所、土地估价所等中介机构以及从事证券宣传的媒体进行监管。依法查处辖区内监管范围的违法、违规案件，调解证券期货业务纠纷和争议以及中国证监会授予的其他职责。

【业务工作】　上市公司配股初审和拟上市改制辅导调查验收　2000年是辖区历年企业改制上市和再融资发展最快的一年。上市公司达19家，总股本43.9亿股，市价总值792.7亿元，占自治区GDP的58%。全区累计募集资金总额64亿元，其中流通股本15.9亿股，流通总市值289亿元。2000年当年新增上市公司5家（广汇股份、国际实业、新中基、美克股份、天利高新），发行新股2.65亿股，募集资金19.27亿元；获准配股的上市公司6家（啤酒花、特变电工、新疆屯河、友好集团、天山纺织、天山股份），其中4家（啤酒花、特变电工、新疆屯河、天山股份）当年完成配股，募集资金总计8.52亿元；全年发行及获配新增股本3.36亿股，募集资金总计27.8亿元。与往年相比，2000年新上市公司结构发生积极的变化，主要有两个突破，一是企业上市突破了所有制界线，5家新上市公司有2家是民营企业，说明辖区民营经济发展跨上了新台阶，也打破了新疆企业上市所有制界线；二是高科技企业上市取得了突破，一黑（石油）一白（棉花）先后进入上市公司行列，通过国家科技部、中科院（双高）认证的西北五省唯一高科技企业天利高新发行上市。

业务培训　为提高监管水平，除组织安排好日常政治业务学习外，积极选派干部参加证监会举办的各种中、短期培训班。一年来已有15名同志接受了政治理论和相关业务培训。全办有4名同志完成了研究生班的学业，还有9名同志正在学习之中。在完成监管工作同时，各处针对自身业务工作中的薄弱点，加强了对业务专业知识和证监会制定和颁布的各项新的规定、条例、指引等的自学。机构监管处和稽查处还安排工作人员到证券公司和期货公司学习调查，熟悉业务，提高监管水平。

【制度建设】　加强监管，促进规范，是2000年监管工作的主题。特派办着重抓了两个规范，一是监管工作本身的规范化，在执行各项监管工作时，始终严格遵循“法制、监管、自律、规范”的方针，进一步完善了各项监管措施，拟定了30项监管工作指引，初步实现了监管工作的制度化、规范化，提高了监管工作水平，增强了透明度。二是要求监管对象运作规范化。为此，根据工作实际制定和执行了以下监管工作的办法：1、信息披露事后审查制度；2、配股初审办法；3、拟上市公司调查验收工作细则；4、中介机构监管意见；5、董事会秘书考核、表彰办法；6、证券、期货机构高管人员管理细则；7、证券交易月报制度；8、重大事项报告制度；9高管人员谈话制度；10、巡检、回访制度；11、重点监控制度；12、募集资金专项管理制度；13、档案规范运作情况记录在案制度；14、重大问题核查制度；15、走访、沟通、交流制度；16、乌鲁木齐特派办信访工作规定、稽查处处理举报投诉及稽查办案工作制度。同时为了加强内部管理，提高工作效率和工作质量，在不断修改完善的基础上，制定并执行了特派办基本管理制度共16项400条，使各项工作基本做到了严密、有序进行。初步达到了照章办事，依法监管的要求，避免了许多人为因素。

（特约编委：高进坤，特约编辑、特约撰稿：何洁）

中国证监会大连证券监管特派员办事处

【概况】 中国证券监督管理委员会大连证券监管特派员办事处（大连特派办）是中国证券监督管理委员会的派出机构，于1999年7月1日正式挂牌办公，内设综合处、上市公司监管处、机构监管处、期货监管处和稽查处共5个处室，至2000年末，全办在编职工共计20人。

【职能】 大连特派办主要工作职责是：贯彻执行国家有关法律、法规和方针政策，按照中国证监会的规定对辖区内的上市公司、证券期货经营机构、投资咨询机构及从事证券期货业务的律师事务所、会计师事务所、资产评估机构等中介机构的证券期货业务活动进行监督管理，依法查处辖区内监管范围的违法、违规案件，调解证券期货业务纠纷和争议，以及中国证监会授权的其他职责。

【业务工作】 2000年，大连特派办通过全面落实市场化、规范化的工作部署，侧重处理好规范与发展、市场机制与宏观调控、证券市场发展与国企改革、证券市场与技术创新等四个方面的关系，把工作的出发点和落脚点确立在提高上市公司质量、防范证券期货市场风险、促进辖区证券期货市场规范发展、为国企改革和经济发展服务的基点之上，努力理顺各方关系，积极开展监管与服务工作，取得了较为显著的成果。

严格把好配股初审关 2000年度，大连特派办综合运用各种监管手段，主动把好配股初审关。一是把对企业的“巡检”结果与配股监管结合起来，严格配股受理条件；二是把对募集资金使用的监督与配股监管结合起来，严格配股筹资条件；三是把对企业资产重组的监督与配股监管结合起来，确保重组合规、配股合理。年内，结合“巡检”掌握的情况和对公司拟投资项目的较长时期考察了解，大连特派办先后完成了远洋渔业等7家公司配股申报材料的预审，有6家通过了中国证监会的复审，其中国电电力、新太科技和大连国际3家已实施了配股，共募集资金14.82亿元。

规范基金市场 年内，根据中国证监会《关于大连市原有投资基金清理规范方案的批复》，大连辖区原大连利民证券投资基金、工行大连信托可转换债券基金、建行大连信托共同投资基金、大连信托投资收益证券基金四家投资基金顺利完成了资产置换、合并重组及移交上市工作，重组后的基金命名为基金金元，已于7月11日挂牌上市，农行大连信托投资证券基金由中国农业银行负责摘牌置换、重组上市，该项工作正在运作之中。

做好业务培训 2000年4月，大连辖区1200余名考生参加了全国证券从业人员资格考试，其中458人已通过了考试；东北地区大连考点1200余名期货从业人员参加了全国第一届期货从业人员资格考试，227名考生通过了考试。为适应新经济时代的需要，具备和掌握正确履行监管工作职责的能力和知识水平，大连特派办采取在职学习、参加培训班和自学等方式，以现代科技知识、金融证券知识、会计知识、相关的法律法规知识及计算机知识为主要内容，加强对工作人员的业务培训，年内有多人次参加了中国证监会系统举办的各种培训班，极大地丰富和提高了自身的业务知识和专业技能。年内，大连特派办围绕《证券法》和《期货交易管理暂行条例》及与其配套的四个管理办法、《证券投资咨询管理办法》等，继续加强对投资者的法制宣传教育，加大稽查办案力度，从而使各证券、期货经营机构法律意识进一步增强，基本能够依法规范经营，有效地维护了广大投资者的利益。

（特约编委：于连生，特约编辑：孙利伟，特约撰稿：于路）

中国证监会青岛证券监管特派员办事处

【概况】 1993年11月6日，经青岛市政府批准，青岛市证券管理委员会及其办公室正式成立，办公室设在青岛市体改委，成为对全市证券期货市场和股份制改革工作进行统一管理的地方证券监管部门。1996年3月青岛市证券管理办公室又被中国证监会首批授予行使部分监管职责，进一步完善了对辖区证券市场宏观监管体制。根据《国务院批转证监会证券监管机构体制改革方案的通知》，中国证券监督管理委员会与青岛市人民政府于1998年11月9日签定了“关于证券监管机构交接的备忘录”。根据上述备忘录达成的谅解，从备忘录签署之日起，青岛市证券管理委员会办公室改由中国证监会领导，青岛市证券管理委员会办公室直接对中国证监会负责。1999年7月1日，根据中国证券监督管理委员会的有关规定，将青岛市证券管理委员会办公室更名为中国证券监督管理委员会青岛证券监管特派员办事处。内设四个处，即综合处、上市公司监管处、机构监管处，稽查处。现有正式工作人员17名，其中2000年10月根据中国证监会部署新聘干部8名。

【职能】 中国证监会青岛特派办作为中国证监会的派出机构，主要职责是：贯彻执行国家有关法律、法规和方针政策，按照中国证监会的规定对青岛辖区内的上市公司、证券期货的经营机构、投资咨询及从事证券期货业务的律师事务所、会计师事务所、资产评估机构等中介机构的证券期货业务活动进行监督管理，依法查处青岛辖区监管范围内的违法、违规案件，调解证券期货业务纠纷和争议，以及中国证监会授予的其它职责。

【业务工作】 在2000年的监管工作中，特派办依法规范上市公司运作，着力提高上市公司质量，积极促进证券期货经营机构的规范经营，及时防范和化解了市场风险，加大了清理整顿和稽查工作力度，保护了广大投资者利益。

严格上市公司监管和和上市公司辅导作用，支持企业改革和地方经济发展 认真履行审核职责，积极支持上市公司融资。2000年经特派办依法严格审核积极指导协调，青岛碱

业、青岛澳柯玛两家企业成功发行上市，青岛双星和海信公司获准配股，青岛海尔和青岛啤酒获准增发，国货公司与东方公司资产重组迈出了实质性步伐。2000年青岛碱业、青岛澳柯玛两公司分别融资3.402亿元和8.19亿元，合计融资11.592亿元，占青岛市往年上市公司股票融资总额的28%。青岛双星10:3配股、青岛海信10:6配股和青岛海尔增发工作已获证监会批准。此外，特派办还认真进行上市公司巡检，巩固和扩大巡检效果。及时要求公司限期整改巡检工作中对发现的问题。结合巡检，及时发现典型，并推广典型做法。例如对青岛啤酒巡检时发现该公司监事会做法较好，将其整理成案例上报证监会，引起证监会有关部门领导关注。强化拟上市公司辅导监管工作，积极促进企业上市。2000年度中青岛辖区内有上市意向的公司14家，进入辅导期的企业5家。

强化证券机构的日常监管，促进机构合法规范经营　在督导健全内控机制方面，2000年全辖区证券经营机构按特派办要求开展了一次全面的内控制度自查：强化了对各证券经营机构技术系统安全运行规范工作，组织Y2K问题的安全过渡，配合交易所组织好新股配售及创业板技术系统测试工作，有效防范了技术风险和设备风险。在机构日常监管方面，重点强化交易网点设立、迁址审核和高管人员任职资格审核工作。全年共对7家迁址或开业证券营业部进行了考察验收，对2家证券营业部出具了开业初审意见，对7名高管人员任职资格出具了初审意见，组织了10人次高管人员任职考察谈话；建立健全了辖区证券经营机构信息系统监管档案、信息系统档案、高管人员档案、证券营业部许可证档案、证券经营机构不良档案，实现了信息系统档案管理的电脑化，为建立科学动态的监管方式打下了良好的基础。加强了对投资咨询机构、媒体及其它中介机构的业务监管，与半岛都市报、青岛晚报等5家新闻媒体签定了“监管与服务”协议书。

依法规范市场交易秩序，及时防范和化解潜在风险　1、打击市场违规行为，积极维护市场秩序。依法对个别管理总部、中金网络公司等机构违规开展资产委托业务、国债代理业务等问题进行了处理；依法对个别机构和中信银行的存折炒股问题、“赢时通”经销商有关业务进行了查处。对辖区内证券经营机构的远程交易网点、终端情况进行了全面摸底，会同工商局联合召开了辖区证券经营机构会议，本着“合理、必需”的清理原则及“谁设立、谁清理”的指导思想，落实清理工作，使整个清理工作在方案批准后一个月内顺利完成。协调市工商部门对威海三隆期货经纪公司在即墨设立非法营业网点进行了清理；对部分期货经纪公司拟在胶南设立的非法网点进行了现场清理，有效地防范了潜在风险。参与了青岛市信托机构清理整顿领导小组的相关工作，提出了证券业务托管处理建议。2、作好客户保证金清理工作，果断处理突发事件。制定了《青岛辖区证券经营机构保证金清理方案》，对万通、宏诚信托公司保证金的清理及时进行督导，尤其对万通证券公司国债回购清欠进行了重点督导。2000年该公司共清收国债回购资金1000万元，在全国清理国债回购接近尾声阶段又有新的突破。积极参与协调、筹措专项资金用于清退双飞龙公司客户保证金，并组织进行了公司查帐、核查客户资料等工作，为150余名客户清退了保证金1200余万元，防范和化解了风险。对个别证券营业部上海股票行情中断引发股民索赔事件进行了果断、及时的处理，较好地协调了有关各方的利益，防止了事态的扩大。

认真做好信访稽查工作，化解矛盾，维护秩序　全年共接待来信、来电、来访工作近100件，做到了有访必问、有访必答，妥善、慎重地处理信访问题，既解决了投资者所反映的问题，维护了广大投资者的利益，又促进了券商的合法规范经营。针对证券经营机构反映强烈的工商部门“市场登记证”、罚款、券商返佣问题，办领导同市工商局进行了协调，两单位领导建立了碰头会议制度。根据举报，对个别机构擅自为股民办理指定交易问题进行了稽查，协助稽查局办理了对青岛工行罚没款豁免等事宜。

坚持两手抓两手硬的方针，大力提高监管队伍素质　特派办组织开展了“两思”教育、职业道德教育和“创先争优”活动，学习了“三个代表”的重要思想，利用业余培训、集体辅导、个人自学多种有效形式，提高监管干部的业务素质。一是在任务重、人手少的情况下，积极抽调人员参加会里组织的各项业务培训，并要求受训同志回来后将培训情况在全体大会上向大家通报。二是形式多样地组织集体辅导。10月初对新聘的8名同志组织进行了为期一周的较为全面的培训，丰富了金融法律证券知识，强化了廉洁勤政意识。为促进全办干部对创业板有关问题的系统了解、提高学习的主动性，办领导亲自为大家就有关创业板设立的背景、原则，特点以及上市公司、中介机构、监管部门、投资者应注意的问题进行了讲授。各处对新聘干部按照其分工与职责有针对性地相关法律法规进行了培训，努力提高其业务素质。三是办领导在日常工作中注意引导和培养干部，使其注重实践经验的总结提高，不断改进工作方式方法。

【法制建设】　1、在拟上市公司监管方面，结合拟上市公司的辅导规定，制定了券商与企业的申报制度、办内签报制度，然后按程序进入辅导并及时开展辅导监管工作。为了提高透明度，制定了拟上市公司辅导申请程序及要求，使本办工作人员树立起接受社会监管的意识。同时，强化了提供辅导服务的中介机构和执业人员的一线监管。2、在证券机构监管方面，本着“统筹规划、合理布局、鼓励规范经验”的网点优化原则，制定了证券服务部设立的补充意见，提出了下步证券交易网点设立的知道性意见的思路，为今后的工作打下了基础。建立了证券经营机构负责人质询制度。3、在打击非法证券期货交易问题上，青岛特派办与青岛市工商管理部门建立了联席会议和联合办案制度，与公安部门建立了情况通报和案件移送制度，较好地形成案件查处的合力。2000年，青岛特派办发现某期货公司控股股东单位有关负责人的亲属非法提取双飞龙客户保证金的问题后，及时将相关证据材料移送公安部门，由公安部门对其依法进行追缴并作除了处理。4、在办务公开方面，2000年初特派办就上市公司改制验收、增发配股初审、证券营业部迁址、高级管理人员任职资格审查等工作，制定了办务公开制度下发给各监管对象。下半年重新编写了《拟上市公司股票发行上市辅导工作业务规程》等九项规程，制定了《青岛特派办调查处理违法违规案件实施办法》和《信访工作实施办法》，自觉地接受监管对象的监督。5、在党风廉政方面，制定了《关于落实党风廉政建设责任制的事实细则》，明确了责任追究等各项制度，层层签定了《党风廉政建设责任书》，建立了礼品登记制度，完善了信访举报制度，落实了《青岛特派办工作人员工作时间以外活动监督的规定》，并公布于辖区内各被监管单位接受监督。

（特约编委：张慎峰，特约编辑：万景初，特约撰稿：王勤强）

证券交易机构

上海证券交易所

【概况】 一、市场规模持续扩大。2000 年上市公司新增加 88 家，截至 2000 年底，上市公司总数达 572 家；上市公司总股本达 2032.42 亿元，比上年底增长 28.62%；市价总值为 26930.86 亿元，比上年底增长 84.71%，是继 1998 年上海证券交易所首次突破 1 万亿元后，出现的又一次较大增长。至 2000 年底，上证所会员数为 305 家，会员下属营业部达 2623 个，席位数达 5129 个。投资者开户数达 2957.84 万户，比上年底增加 676.72 万户。

二、筹资功能进一步增强。2000 年，上市公司通过上海证券交易所筹集资金总额为 919.95 亿元。一批在国民经济中具有重要地位的大型国企如宝钢股份、首创股份、上港集箱等一次性筹资均达 25 亿元以上，赣粤高速、酒钢宏兴和华泰股份等一次性筹资也均在 10 亿元以上，尤其宝钢股份，一次发行流通股 18.77 亿股，筹资 78.46 亿元。上海证券交易所还上市了 5 家证券投资基金。

三、市场活跃，成交量持续增长。2000 年沪市的股票、债券、基金全年成交总金额达 49901.47 亿元，比 1999 年增加 13909.34 亿元。高科技股和绩优国企大盘股是全年的市场热点，方正科技、清华同方、浦发银行、四川长虹、真空电子、综艺股份和上海汽车年成交金额均在 220 亿元以上，其中高科技股方正科技和清华同方均在 270 亿元以上，浦发银行和四川长虹年成交金额在 260 亿元以上。

2000 年，上海证券交易所全年证券成交金额占中国大陆证券市场全年证券成交总金额的 60.09%，表明了上海证券交易市场继续保持全国主要证券市场的地位。

【基础设施建设】 2000 年，上海证券交易所进一步完善各项基础设施，以确保证券市场高效。

实现电脑交易系统的更新改造　2000 年上证所在反复论证的基础上，进一步对电脑交易系统硬件进行了更新换代，使交易系统容量达到日处理委托 3700 万笔，成交为 6000 万笔，在世界证券交易所中处于领先水平。强大的处理能力不仅使目前的市场交易得以顺利进行，而且也为未来的市场交易规模的拓展打下了坚实的基础。同时，上证所还调整、修改了单向卫星行情发送程序，增强了行情系统的可靠性和稳定性。与此同时，着手开展新一代交易系统的建设工作。

实现登记结算系统的升级优化　成功开发了国内证券业第一个数据仓库，已完成硬件安装，进入系统调试阶段；建立了国内第一个结算数据 PROP2000 通信系统，形成具备证券登记、存管、交收等业务功能的多平台电子通信系统；完成了登记结算系统主机升级和系统优化，运行速度提高近 40%；首创网络化的证券质押登记模式。通过 PROP2000 网络处理证券质押登记，操作简便，安全性高。截止去年底，质押登记的证券总市值为 1600 多亿元，质押证券 109 亿股（份），还顺利实施了关联交收。

顺利推进通信系统的基础性建设　外高桥卫星通信地球站建设进展顺利，为实施卫星通信主站的滚动搬迁奠定了基础；单向卫星系统升级改造计划已进入协议签订、安装施工准备阶段；作为应对局部卫星通信故障、提供应急备份手段的地面拨号系统的实施方案正处于安全认证的最后阶段；对深圳、武汉地区券商营业部和通信站进行了大规模的“桥改路由”的网络改造工作；从真正实现天地备份，并形成以地面通信为主的通信发展战略出发，正着手研究建设地面网的方案。

实现新一代监控系统的完好运营　按照原定计划，新一代监控系统历经近两年的设计开发，于 7 月份投入试运行。该系统不仅在软硬件方面做了较大升级，而且在功能和处理速度、数据容量和效率、指标体系和安全性等方面均有显著改善，增加了追踪监视和数据分析功能，提高了监控的深度和广度。系统分为前级预警、中级分析和后级调查，监控指标从 6 个增加到 10 个。系统运行半年来，对加大监管力度，及时发现违规线索，强化市场监管，发挥了积极作用。

切实加快信息系统的建设　一是实施信息化工程，完善内部智能化的信息管理和集成系统，进行信息资源的调研；二是理顺信息经营管理体制，探索信息市场化经营的道路；三是聘请专业顾问，加强网站建设，使之逐步成为上证所形象宣传的窗口、市场信息服务的枢纽和未来业务的平台；四是通过对外部网的升级改造，圆满完成了年报上网工作，内部办公信息网改造也收到较好效果。

【服务体系】 加强市场服务、提高市场服务质量是上证所工作重点之一。2000 年，上证所不断强化服务意识，在市场的建设和发展过程中，始终强调市场服务的重要性，积极采取措施，认真搞好对会员公司、上市公司和投资者的服务。上证所还不断改进服务方式，运用现代信息技术，积极采用网络、电子信箱、语音信箱、声讯电话等手段不断改进市场服务，提高服务质量。全面实行一站式服务，设立总经理信箱，开设 24 小时咨询、服务热线、电脑技术故障处理热线、卫星故障保修及技术咨询电话等。此外，还开展交易所服务情况的市场征询，逐步实现服务调查工作的制度化。

2000 年，上证所抓住三个重点，不断提升市场服务的质量。

投资者服务　根据周小川主席关于“保护投资者利益是重中之重”的讲话精神，进一步完善投资者服务工作。一是通过上证所外部网，为投资者提供权威的市场信息，对投资者反映和咨询的问题予以解答；二是通过网站、电子信箱、语音信箱等现代技术手段改进服务工作；三是编制《投资者手册》，并发放至每个证券营业部；四是认真做好投资者的信访接待工作。

上市公司服务　认真总结宣传上市公司的好经验、好做法，组织了上市公司经验交流会。建立上市公司董事会秘书协会。积极办好《上市公司》杂志。抓好培训工作。

会员公司服务　建立会员公司“一站式”服务制度；在外部网开设会员业务指南；完成会员业务流程电子流转系统项目的设计工作；积极培训会员单位负责人，举办交易员培训班、证券资金结算业务和 PROP2000 等培训班；举办会员座谈会、基金公司座谈会等,听取意见和建议;改进业务收费办法,将按营业部收费改为会员合并收费,方便了会员单位。

【规范化管理】 对市场有效监管能力的强弱是衡量一个交易所成熟与否的重要指标之一。2000年上海证券交易所不断地完善以法制建设为基础,以上市公司监管、会员公司监管和市场实时监控为主要内容的监管体系。

地方证管部门进行专案调查32起,涉及股票42只次,基金2只次,对有关股票、基金的交易情况进行汇综分析,提供查案线索。有效的监管保证了市场的稳定运行。

(上海证券交易所 周惠忠)

深圳证券交易所

【概况】 2000年是中国证券市场发展的第十个年头,同时也是深交所发展史上非常特殊的一年。随着证券市场一系列宏观政策的调整和管理方式的创新,本所工作内容乃至工作重心和工作方向也发生了重大变化。面对这种情况,全所上下顽强拼搏、奋发图强,积极主动地适应和把握了证券市场的新情况和新变化,卓有成效地推进了包括筹备创业板市场在内的各项工作,经受住了市场环境发生重大变化的严峻考验,取得了显著的成绩。

从市场情况看,全年新增上市公司51家,较上年增长11.02%;新增总股本252.27亿元,增长18.99%;新增投资者开户640.64万户,增长29.11%;股票、基金累计成交金额30920.45亿元,比上年增加15446.98亿元,增长99.83%;A股累计筹资628.93亿元,比上年增加258.72亿元,增长近70%;代征印花税235.21亿元,比上年增加120.38亿元,增长122.94%。深圳证券市场总市值达到21160亿元,较上年增长77.95%;流通市值7606亿元,较上年增长91.87%。总市值相当于全年GDP的25.44%。特别值得肯定的是,在9月中旬以后暂停新股发行、大量新股申购资金流出的情况下,深圳市场仍然保持着交投畅旺的局面,这是投资者对深市未来发展充满信心的体现。

全所工作以"十件大事"为主导,在市场监管、市场改革创新、市场理论研究以及市场基础设施建设等各方面均取得了长足进展,为深交所的长远发展打下了坚实的基础。特别是9、10月份,为了做好创业板市场的筹备工作,在市场规则、技术系统、业务流程、理论研究、宣传培训、人员配备、部门设置以及办公场地等方面进行了全面的、卓有成效的筹备工作。

【业务工作】 抓好"十件大事" 2000年年初制定的"十件大事"涉及技术、规则、监管、研究诸多方面,都是事关我所长远发展的基础性工作。从过去一年的实施情况看,由于组织得力,措施有效,"十件大事"很好地带动了全所工作的开展,有力促进了交易所总体工作质量和水平的提高。第 ,通过抓"十件大事",开创深交所组织工作的一种新方式。为了确保"十件大事"扎扎实实地落到实处,我们改变了一般组织工作的方式,大胆实行项目负责人制度,由项目负责人跨部门组成工作小组,实现人才的优化组合。第二,通过建立项目负责人和项目小组制度,发现和锻炼了一批人才。第三,"十件大事"的组织推动,为本所的长远发展奠定了一定的基础。在各小组的共同努力下,到年底,"全面实施备份工程和系统改版工程"、"形成以四大业务规则为核心的制度体系"、"开发新版市场监控系统"、"把巨潮互联网站建成为国内最有影响、最具权威的证券信息网站"、"建设一流水平的博士后工作站"、"办好深交所论坛"基本完成或已经取得阶段性成果,其它几件大事亦取得较大进展。

加强监管 2000年,是我们在市场监管上真抓实干的一年,并且已经初步形成了市场监管的权威。首先,大力充实了一线监管人员。目前主要监管部门包括市场监察部、公司管理部、会员管理部、发行审核部和政策法规部,共有工作人员80多人,是上年交易所工作人员充实最多的部门。其次,更新监管理念,探索和建立新的监管方式和方法。公司监管方面,以强化信息披露为中心,明确提出了信息披露"时间更及时,程序更简单,范围更广泛,内容更充实,责任更明确"的指导思想;市场监察方面,确立了"及时发现、及时制止、及时上报、积极协查"的十六字工作方针。为了适应未来市场监管工作发展的需要,监管部门不断研究和探讨新形势下加强市场监管工作的方式方法。如市场监察部,在新版监察系统的设计开发过程中,注意将工作中积累的经验和国际成熟市场的做法融合在一起,同时积极探讨改革传统市场监控手段及模式的可行性,着手建立市场监控档案管理系统、实时股票监视制度和重点涉嫌违规帐户管理制度。会员管理部对会籍、席位审批程序进行了优化,推出会员会籍、席位业务指南及相关申请表格上网工程。公司管理部先后对193家上市公司进行了临时报告事先登记、事后审查的试点,对于集中力量进行重点监管,促进和提高上市公司规范运作的自觉意识起到了良好作用。第三,突出监管重点。全年继续对高风险会员及其证券部进行重点监管。先后对海南港澳国投、海南国信、广西信托深圳部、中科信深圳宝安部等14家高风险会员及证券部实施了重点监视,及时化解了潜在的市场风险。第四,加大预警、处罚力度。全年通过实时监控,发现异动股票476起,发出协查通知和书面警告54次,向中国证监会提交亿安科技、中科创业、ST海虹、ST深华源等17只出现严重异常交易的股票专项调查报告19篇。上市公司监管方面,全年对猴王、桂林集琦和金马股份等3家公司进行了公开谴责,对穗恒运等21家公司进行了内部通报批评,另外向上市公司发出监管函、年报中报问询函及其他各类函件500余份。会员监管方面,全年约见了5家会员负责人,对9家会员进行口头警告批评,发出书面监管函22家,通报批评11家。第五,加强监管合作。在外部,通过证监会、深、沪两个交易所三方稽查工作联席会议,共同探讨监管工作中的新情况、新问题。在内部,通过公司管理、市场监察和会员管理三个部门的联合监管制度以及市场监管例会制度,进一步提高监管工作效率。

加强技术系统建设 过去一年,交易所工程技术部门在时间紧、任务重的情况下,完全依靠自己的开发研制能力,不仅完成了第二交易结算系统(灾难备份系统)的建设和交易、结算、监察三大系统改版的系统分析、系统设计和程序编码工作,而且完成了创业板的技术系统准备以及一系列大型软件的开发与维护工作。第二交易结算系统是交易所建所以来技术水平要求最高的一项技术系统基础工程项目。该项工程从1999年7月正式启动,到2000年6月30日正式建成。系统采用目前世界上最先进和代表未来发展趋势的设备和技术,充分考虑了创业板市场的特点和要求,综合处理能力较之前提高了3倍,日处理能力达2000万笔,能满足未来几年市场发展的需要。在建设灾难备份系统的同时,交易所技术人员全力投入比灾难备份工程更为浩大的系统改版工程。全年共完成系统分析报告48份,系统设计报告59份。改版工程的系统分析、系统设计以及程序设计工作的完成,为系统上线创造了前提条件。为做好创业板市场相关技术准备工作,还对市场交易、结算、监察系统进行了适应性改造，国庆期间进行了创业板市场交易、结算、通讯、监察系统的测试、验收，10月28日进行了创业板技术系统全网测试。创业板市场行情另板显示的技术准备和证券商技术系统的改造工作亦同期完成。上年是交易所交易、结算系统安全、正常运行的第四个年头。技术部门全年共完成各类维护项目97个。在做好老系统维护工作的同时，技术部门还完成了向二级市场配售新股的交易结算系统开发、开放式基金结算系统设计、多种新股增发方案的系统开发、国债二级明细帐结算系统开发、实时开户系统开发、AS/400与Tandem机的直接通信系统开发等重大项目，有力地支持了证券市场业务创新。

积极推进创业板市场的筹备工作 在交易所设立创业板市场，既是一个非常难得的发展机遇，更是一项比以往任何时候都要艰巨的任务和严峻的挑战。8月中下旬会领导提出创业板市场筹备工作"倒计时"要求之后，全所上下以高度的紧迫感、使命感和责任感，在业务规则制定、组织体系及部门工作规则和内部操作流程确立、工作人员招聘培训、技术系统准备、统计指标体系设计、宣传培训教材编写、办公场地装修等方面进行了广泛深入的筹备工作。在会领导和各部门的关心、支持下，经过全所员工的积极努力和奋力拼搏，到10月底，交易所层面的各项准备工作已基本就绪。10月份以后，筹备工作进入了一个新的阶段。按照"要求更严格、准备更充分、步伐更踏实、工作更细致"的二十字方针，交易所各有关部门深入开展了"查死角、查纰漏"的工作，对业务规则作进一步修订，对技术工作、监管工作作进一步检讨，对投资者风险教育工作作进一步充实，对创业板市场开局后可能会面临的各种问题及应对措施进行了深入研讨，形成了九大专题的研究报告。创业板市场相关部门制定了中期工作安排，明确了2001年上半年工作思路，为创业板适时投入运行做好充分准备。

加强市场调研，准确把握拟上市资源基本情况 为了推动创业板市场的建设，上年年初，交易所便成立了专门的工作小组，在跟踪境外二板市场发展态势，编写高新技术企业改制上市研修材料和规范运作指南，组织对拟上市企业的培训等方面进行了大量的深入细致的工作。上年交易所先后在全国19个省举办了26期高新技术企业上市培训班。通过专家授课、分发企业改制与规范运作指引、专题会议及其他多种灵活多样的形式，我们向企业传播创业板市场设计理念及其市场化运作特点，提供关于高新技术企业改制、发行和上市业务的咨询和辅导。由于针对性强，注重实务，受到了与会企业的一致好评。据不完全统计，共有3318家企业参加了培训，与会人数达6540人。在"请进来"的同时，交易所也积极地"走出去"，上门调查创业板市场拟上市企业的基本情况。全年共实地走访考察了250多家重点企业，现场解答企业在改制过程中遇到的各种财务、法律问题，有针对性地提供了较高层次的咨询服务，不仅帮助企业加深了对创业板市场的认识，同时也增进了交易所对上市资源的了解。在一定意义上，深交所成为了解企业、认识企业的先行者和企业了解市场、进入市场的引路人。推行保荐人联席会议制度和走访交流制度，指导保荐人建立"发行人质量评价体系"，是交易所下半年一项重要工作。中介机构在维护市场秩序、保证上市公司质量方面，起着至关重要的作用。为了考核保荐人的工作质量，交易所建立了以保荐人制度为重点，覆盖所有市场中介机构及其业务人员的评价和奖惩机制，以了解保荐人甄选、辅导企业的实际工作情况，加深保荐人对自身职责的认识，确保中介机构恪守职业操守。

【强化理论研究】 1997年以来，交易所一直致力于理论研究工作，经过多年努力，综合研究所、《证券市场导报》、会员单位优秀科研成果评奖活动、博士后工作站、深交所论坛逐步为社会广泛关注和认同，在业内享有很高的声誉。2000年，博士后工作站的正式挂牌运作，开创了交易所与高校合作、与社会合作引进、培养高层次人才的新方式，标志着我所理论研究工作的档次进一步提高。2000年会员单位优秀科研成果评奖活动在会员单位参选指标分配、评选委员会组成、研究成果评选标准和评选方式等方面做了很大的改进，评选结果更为公平、客观、公正，评选活动自身的运作更为规范，更加接近国际惯例。作为"传播思想，凝聚共识"的一种新的尝试，深交所论坛以主讲和点评相结合的形式，放眼于海外证券市场先进经验和操作技术，放眼于中国证券市场重大问题和前沿课题，使交易所的研究优势更为突出。

【加强基础建设】 上年，结算公司在确保各项业务稳定运行的前提下，稳步拓展和推广登记结算新业务，取得了显著的工作成效。第一，实施凭证电子化。截止上年底，对深圳本地240万张A股开户凭证及需要经常查询的柜台业务凭证进行了电子化处理，既为原始凭证的安全保管提供了备份，又为将来异地直接查询开户登记资料奠定了基础。交易所还与中国工商银行签订了凭证电子化合作协议书，委托工行利用其在全国100多个大中城市的凭证扫描设施，对在全国各地保管的登记结算业务凭证近3000万份进行电子化扫描。第二，加大实时开户推广力度。为了方便投资者就近开户入市，从2000年6月开始，交易所实行开户业务改革，通过建立本所与各地证券登记机构、证券商、银行之间的实时开户网络，解决了重复开户、开户资料不完整、证券帐户卡不能及时领取和使用等问题，运作效率大大提高。截至上年底，共建立实时开户网点157个，受到了投资者的一致好评。第三，积极稳妥处理历史遗留问题，做好地方登记公司的改制核查工作。

（深圳证券交易所　金立扬）

香港交易及结算所有限公司

【财务回顾】 在本报告所述期间结束时，香港交易所的保留盈利结余达28.92亿元，发展储备为1.36亿元。有关储备将继续用以支援发展基础设施以及引进市场、产品及服务等工作。

【合并】 香港交易所于3月6日成为证券和期货两家交易所及相关结算所的控股公司，旗下设有四个业务单位—股本证券(或现货市场产品)、衍生产品、电子商务及资讯服务以及结算及交收，全属推动香港交易所业务增长的职能。今年会再设立"资讯科技及系统"单位，进一步提升公司内部的资讯科技管理工作。完成合并后，香港交易所设立了现货市场、衍生产品市场以及结算等三个咨询小组，在产品、交易及结算的发展工作中牵涉到政策制订、策略举措和重大投资时可向各咨询小组征咨有关意见。整个合并整合计划包括一个有关员工编制及职能的详尽分析，以免合并完成后出现资源重叠。到今年6月底，公司员工总数将会从开始合并时的1052人减至860人。

【集资市场】 本年度的集资金额达4670亿元，远比1997年的纪录2480亿元为高。年内共有90家公司进行首次公开招股，其中43家公司在主板上市，集资1170亿元，47家在创业板上市，集资150亿元。公司上市后的集资额亦创出3350亿元的新高。H股发行人及红筹公司透过首次公开招股及上市后的招股活动共筹集资金3460亿元，是历年之最，占年内市场集资总额74%。本报告所述的12个月期间适是创业板首个完整的运作年度；以集资金额计，创业板可说是亚洲同类型市场之中的一个成功例子。创业板的服务对象主要是中、小型公司。创业板的47家上市公司中，透过首次公开招股集资逾3亿元者只占11家。创业板的流通量亦足以媲美其他二板市场。在8月份，创业板获美国证券交易委员会认可为指定的离岸证券市场，此后所有创业板股份不论在美国境内外均可转售予美国人士或非美国人士而不受限制。年内，地铁有限公司上市，是香港特别行政区首家公营机构私有化，市场反应热烈。

【交易市场】 年内市场成交金额达31320亿元，仅次于1997年37890亿元的纪录。恒生指数更于3月28日收市时创下18302点新高水平。据最近一项调查显示，香港的个人投资者已超过100万人，相信与政府推出盈富基金以及地铁公司招股均广受散户欢迎有关。10月份，我们推出了第三代自动对盘及成交系统(AMS/3)；系统增设了多项新功能，交易量处理能力也比前提高。AMS/3可配合互联网使用；有部分交易所参与者已透过本身的"经纪自设系统"，为客户提供网上交易服务。2001年2月，香港交易所推出AMS/3系统中的"买卖盘传递系统"(ORS)部份。透过ORS，投资者可采用电子方式落盘，输入的买卖盘会自动传递至交易所参与者处，获得批准后即传送到市场执行。这系统可配合多种电子渠道使用，包括互联网、流动电话以及其他电子方式。AMS/3也可配合多市场模式运作，香港交易所推出新产品及服务时更形灵活。今年年中，香港交易所计划推出地区性的"交易所买卖基金"。此外，我们也计划提供本地性的"交易所买卖基金"的市场。"交易所买卖基金"就像盈富基金，属开放式的互惠基金或单位信托基金，在联交所买卖，但不设首次买卖佣金又或赎回费用，交易过程中只须缴付一般的经纪费用、交易征费及印花税。作为以本土或海外市场或行业为基础的指数基金，"交易所买卖基金"为投资者提供了本地及外地的投资机会。由于"交易所买卖基金"会以组合形式投资证券，投资者也随而得享多元化投资的优点。

【衍生产品】 股票期权市场过往由联交所营运，合并后划归入衍生产品业务单位。由于年内股票期权买卖合约由1999年的2197972张大幅增加91%至4188702张，衍生产品成交整体来说上升了9%。其他衍生产品的交投大多出现缩减，如恒生指数期货就录得2%的减幅，成交合约张数由1999年的5132332张减至去年的4023138张，但此情况部份是由于衍生产品买卖所用的HKATS电子交易系统全面推出之前市场存在不明朗因素所致。在6月，恒指期货转用HKATS电子交易系统进行交易后，衍生产品市场从此全面电子化。同月，期交所获得美国商品期货交易委员会批准，可在美国装置HKATS终端机以及接驳HKATS的自动化买卖盘传递系统。9月份，我们推出"港元利率期货叠期"买卖，市场参与者在单一次交易中，就可以买卖港元利率期货顺序月份合约。香港交易所于10月推出合约乘数及按金水平均为恒生指数期货五分之一的小型恒生指数期货合约。小型恒指期货合约能迎合散户投资者的不同需求，在推出后已为市场接受，也为市场参与者提供了一项可以调整其买卖及风险管理活动的工具。今年内我们将会推出更多类别的新产品。我们已经与MSCI签订协议，发展以MSCI中国外资自由投资指数为基础的期货及期权合约。我们亦会积极寻求机会推出以其他国际闻名的指数为基础的金融衍生产品。

【结算及交收】 采用持续净额交收的股份持仓在交收日的平均每日交收效率为99.39%，到交收日翌日则增至99.96%。香港交易所于9月份推出网上认购新股服务(iIPO)，个人投资者可透过互联网认购新股。IIPO可省却投资者在指定地点排队递交申请表格的时间，又能协助经纪减轻处理新股认购所需的人手工作。根据其他地方的经验，预计这项服务会愈见普及。地铁公司是首度可用iIPO招股的股份。与此同时，电子首次公开招股服务(eIPO)也日见普及，每项招股活动中平均有20%申请者使用此服务认购新股。eIPO让投资者参与者可透过中央结算及交收系统(CCASS)终端机或"结算通"电话系统认购新股，毋须填写申请表格或签发支票。认购新股的款项会透过电子形式从投资者户口持有人所指定的银行户口中扣除，而获分配的股份则会存入他们的CCASS户口。退款则概以"电子付款指示"形式退还。我们已完成了拓展工作，令CCASS可处理外汇报价证券的交易。其中美元结算服务已率先于8月份推出。香港交易所一直致力应用尖端科技于市场系统，现阶段正着手提升CCASS效能。我们已在积极开发升级系统CCASS/3，计划将系统加以组件化，并推出开放式接触层面以及风险管理和投资者保障等多项新功能。我们亦计划将股票期权和期货市场基础设施整合为单一交易及结算系统。此举可避免数据中心、网络、系统和市场运作出现架构和资源重叠。

【电子商务及资讯服务】 出售资讯所得收入从1999年的2.29亿元升至3.52亿元，升幅达54%。即时资讯服务供应商数目从1999年的49名大增至80名；在2000年内，此等服务供应商提供的即时资讯服务增至286项，增幅达63%，非即时资讯服务更大幅增加77%至92项。录得大幅增长的两大项目分别是"按次查询服务"及网上公开市场资讯服务；去年10月推出AMS/3之前，有关服务的订户数目大幅上升。在8月，我们特别推出市场推广计划，鼓励在内地提供即时市场数据服务，令向内地居民提供资讯的收费率可以降低。12月份，我们与本身的资讯供应商合作在网上推出一种报价服务(Framing Quotation Service)，让交易所参与者和其他网站公司也可在本身及其他网站营运商的网站提供证券报价服务，而毋须像授权的资讯供应商般，要在业务及技术上均作出承担。到今年1月，我们更与部份电视台合作，提供可透过电视荧幕使用的"屏幕行情显示"(On－screen Ticker Display)服务。

【国际化发展】 5月份，我们推出美国证券交易试验计划，安排7支NASDAQ股份来港挂牌。该计划为香港投资者提供一个买卖若干外地上市证券的途径，而又毋须划一香港与NASDAQ的规则和规例。我们正继续与NASDAQ方面磋商促进该7支股份流通的方法以及其他形式的合作。此外，我们亦与另外9家主要交易所商讨共建"环球股本证券市场"之可行性。建议中的市场会将各参与计划的交易所交易系统相互联系起来，发展一个拥有共同原则(例如透明度)的市场架构。在12月，香港交易所与澳洲证券交易所签订互换市场监管资讯的谅解备忘录。我们已经与另外7家证券交易所及32家衍生产品交易所签订同类型的备忘录。随著全球金融市场愈趋一体化，这类资讯互换的安排将有助各交易所加强市场的持正操作。今年1月，香港交易所与悉尼期货交易所达成策略性安排，研究为亚太区的交易所及场外交易市场提供一系列全新的衍生产品交易及结算服务。预料首阶段策略性安排的详情可于今年5月落实，香港与澳洲两地市场的衍生产品结算系统料将建立联系。

【交易所参与者】 在2000年12月31日，本集团共有515名联交所参与者及139名期交所参与者；另有46名联交所交易权持有人及56名期交所交易权持有人，此为两家交易所没有经营证券及期货经纪业务而亦未有注册成为交易所参与者的前会员。董事会在2000年5月17日通过建议，由2002年4月1日起，全面撤消股票及期货交易的最低经纪佣金规定。美国证券买卖试验计划及类似试验计划所涉及的新产品交易，更可在生效日期之前即豁免遵守最低经纪佣金规定。2000年5月16日，香港交易所将主办证券业内多项考试的责任移交香港证券学院(现已易名为“香港证券专业学会”。)

Tianjin Capital Environmental Protection company Limited

天津創業環保股份有限公司
Tianjin Capital Environmental Protection company Limited

地址：天津市和平区贵州路45号
邮编：300051
电话：(022)23116688
传真：(022)23523100

天津创业环保股份有限公司是天津渤海化工(集团)股份有限公司2000年12月20日资产重组完成后形成的一家全新的上市公司。公司控股股东由天津渤海化工集团公司更换为天津市政投资有限公司，公司主营业务发生根本性变化，成为天津市唯一一家从事环保产业和城市基础设施的同时在境内(上海)和香港发行股票的上市公司。公司总股本133000万股，其中国家股占63.09%，社会法人股占2.89%，A股占8.46%，H股占25.56%。公司股票A股简称"创业环保"，代码600874，H股简称"天津创业环保"，代码1065。

天津创业环保股份有限公司目前主要从事污水处理业务和城市道路收费业务，拥有纪庄子污水处理厂、东郊污水处理厂、中环线东南半环道路和天津市贷款道路建设车辆通行费收费站等的经营、管理和发展的权利，并得到天津市政府的大力支持。

2000年度，公司实现税后利润1.69亿元，每股收益0.13元，上市公司经营业绩得以彻底改善，重组的目标得以实现。重组后的公司拥有天津市污水处理的独家经营权，另外随着中国加入世贸组织在即，天津市对城市基础设施建设的需求将有增无减。在这两项优势的支持下，在公司全体员工的共同努力下，公司业务会蒸蒸日上。

天津创业环保股份有限公司严格按照上市公司规范运作，努力完成公司法人治理结构。股东大会、董事会、监事会以及经理层都能够按照规定行使相应的职权，并同时受到相应的监督和制约。并引进独立董事制度，独立董事占董事会成员的三分之一，能够发挥相应的监督职能，起到了很好的约束作用。公司拥有一批具有丰富专业知识和工作经验的高级管理人员和工程技术人员，为公司的健康发展提供了可靠的保证。

天津创业环保股份有限公司以为天津缔造环保、绿色的明天，为天津实现方便快捷的交通体系为使命；公司的目标是成为天津市环保及城市基础设施建设的旗舰企业，为广大投资者带来丰厚的回报。

董事长李怀清在大会上讲话

河南莲花味精股份有限公司成立于1998年7月，主要从事生物工程的科研与开发；味精和调味品的生产及销售；热力、电力的生产及销售；谷朊粉、等级面粉、麦芽糖的生产与销售；环保产品、氨基酸、饲料的生产及销售。1998年8月在上海证券交易所挂牌上市。2001年1月5日增发8000万股，募集资金73000万元，募集资金主要用于技术改造、市场建设以及利用胚胎移植技术快速繁殖奶牛、肉牛等项目。目前，公司是我国最大的味精生产基地，年味精生产能力为28万吨，单厂味精产量居世界第一位。产品在全国同行业中首获ISO9002国际质量认证。2001年9月莲花味精被中国名牌战略推进委员会认定为“中国名牌产品”。

公司目前正在积极实施生态农业产业化发展战略，利用先进的味精生产技术，以原料替代为新的起点，大幅降低生产成本，增强粮食转化增值能力，带动区域种植业结构调整。采用环保新技术，实现了清洁生产和资源的综合利用，使环保成为新兴的效益型产业。利用生物工程技术，建立良种肉牛、奶牛示范基地，推动当地牛种改良，从而带动当地农民增收和养殖业的大发展。

面对WTO，公司已经做好充分的准备，大出口战略已经初步显现，随着主导产品成本的降低，公司产品的竞争力会日益强大。

河南莲花味精股份有限公司

公司法定代表人：李怀清　公司董事会秘书：李国俭　董事会证券事务代表：谢清喜

地址：河南省项城市莲花大道18号　邮编：466200　电话：(0394)4298666　4298889　传真：(0394)4298899

公司办公楼外景

公司董事长李怀清、总经理申志勇与省委书记陈奎元在一起

董事长李怀清陪同省委书记陈奎元参观车间

公司董事长：郭立文

HACI哈慈

HACI哈慈

哈慈股份是1993年12月以定向募集方式设立的股份有限公司。其经营宗旨是以健康为主题，为人类社会发展服务；其经营范围是主要从事中医药、医疗器械、保健食品和绿色食品的生产和销售，现公司总股本33846.4万股，其中法人股17757.6万股，社会公众股16088.8万股。

公司自成立以来，特别是1996年在上海证券交易所上市以来，建立了完善的法人治理结构，规范运作，坚持稳健经营原则，实行资本经营与产业经营并举的方针，保持了公司持续稳步发展并顺利实现了公司产业结构调整。

1996年至1998年间，公司依靠在医疗器械行业上的专利技术优势和市场营销优势，取得了良好的经营业绩，成为我国医疗器械行业的排头兵。为规避行业单一带来的经营风险，公司从1999年开始进行产业结构调整，运用资本经营手段迅速进入医药行业和保健食品行业并形成规模，使2000年主营业务收入中中医药及保健食品行业占46%以上，成为公司支柱产业。同时公司独创以绿色粮食生产绿色饲料、以绿色饲料喂养绿色生猪，构筑从土地到餐桌的绿色产业链。公司生产的天鲜牌猪肉在全国首家获得绿色猪肉食品认证，在哈尔滨市场销售反映良好，现在准备进军北京、上海等地市场。公司已形成了中医药、保健食品、医疗器械、绿色食品四大系列产品，确立了“以医药为龙头、以医保和绿色食品为两翼”的发展战略。

2002年公司利用增资配股募集资金2.84亿元，主要投向中医药产业，加强公司中医药科研生产能力，建立独立统一的现代营销通道，争取进入全国中医药行业前列，为广大投资者创造美好的未来。

哈慈股份有限公司

生产车间一角

大型生产车间

先进的信息管理系统和辅助设计系统

公司生产车间

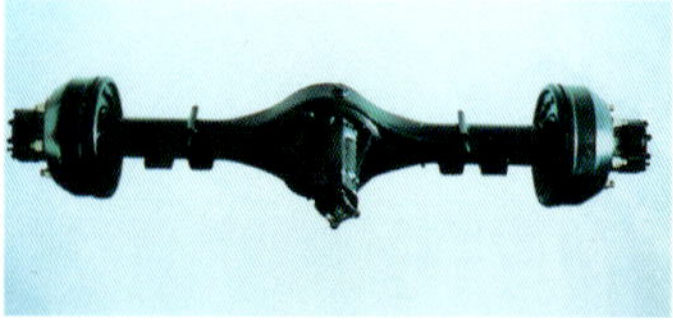

公司产品

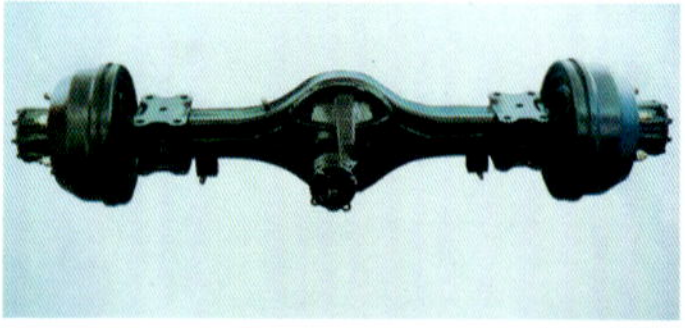

公司产品

公司产品

公司取得的质量体系认证证书

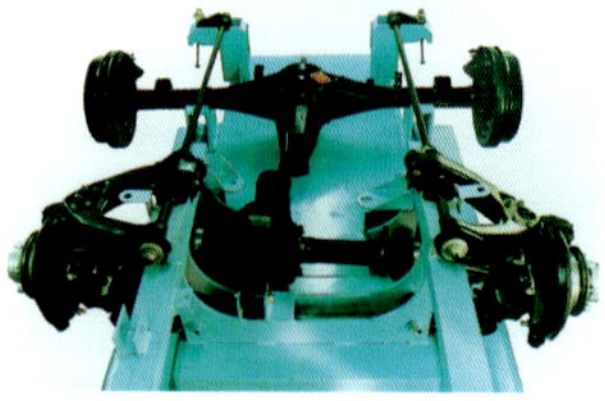

公司产品

公司产品

公司法定代表人：李进巅

地址：辽宁省丹东市振安区燕窝街300号　　邮编：118001

电话：0415-4146825　　传真：0415-4142821

E-Mail信箱：natao sg@sina.com　　公司网址：www.chinasgaxle.com

公司董事长、总经理：李进巅

丹东曙光车桥股份有限公司

股票简称：曙光股份　股票代码：600303

本公司是为整车生产厂配套的汽车零配件企业，属于机械制造业中的汽车零部件制造业。公司现年产轻型汽车车桥10万根以上，根据国家机械工业局信息中心统计，从1997年以来，连续四年产销量在国内同行业中排名第一，国内市场占有率18.1%，其中以"1020独立悬挂4×2、4×4"型为代表水平的车桥，奠定了企业在同行业中处于龙头的位置。公司是国家重点扶持的汽车零部件生产企业，"九五"技术改造项目被列入"双加"工程，公司自主开发的SG1020型车桥被列入一九九八年国家级火炬计划，SG2310 系列车桥被评为1999年辽宁省新产品金奖。中国车桥行业协会评价我们综合实力和技术水平处于同行业领先地位。

公司主要生产汽车前后桥、汽车底盘、汽车零部件制造、加工、汽车修理。2000年度公司实现销售收入35,287万元，利润总数5,023.1万元。其中车桥全年销售120,434只，较99年增长18.8%，实现销售收入219,837,828元，实现利润38,676,411元。

江苏吴中实业股份有

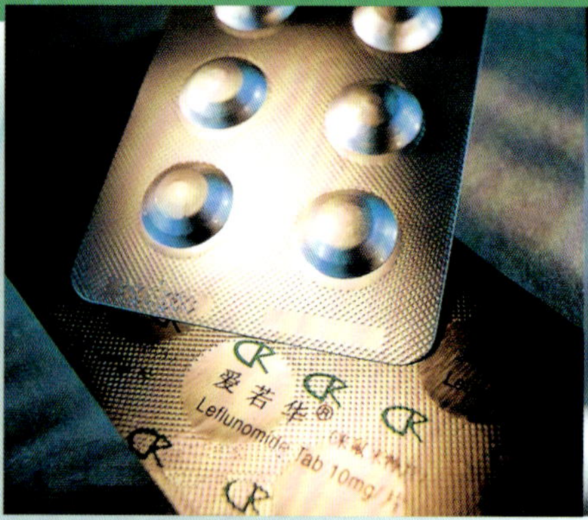

国家一类新药“爱若华”来氟米特

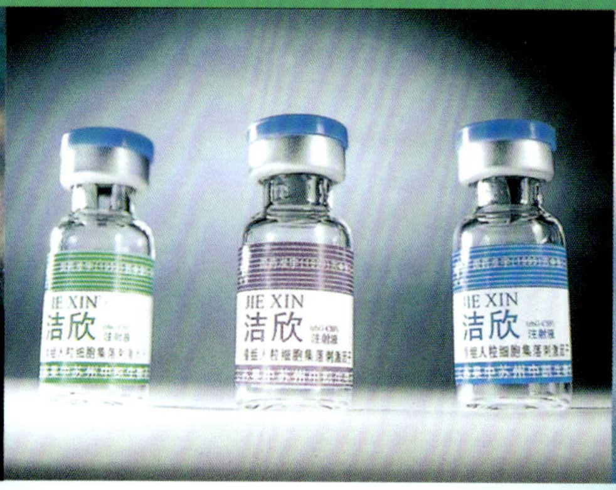

国家二类新药“洁欣”G-CSF

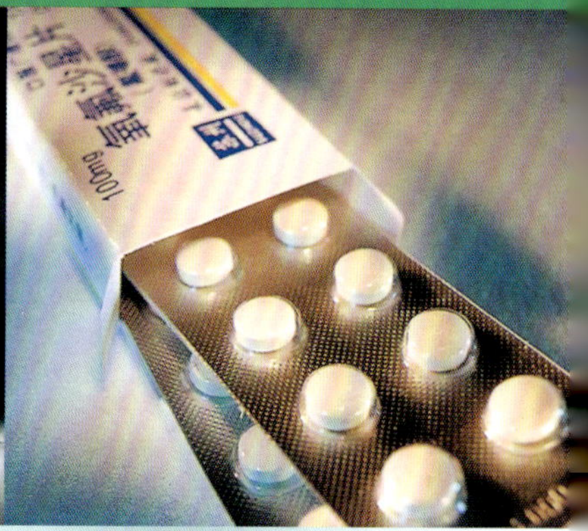

国家四类新药氧氟沙星

江苏吴中实业股份有限公司是1994年4月14日经江苏省体改委批准，由江苏吴中集团联合其他四家公司共同发起，采取定向募集方式设立的股份公司。1999年4月1日，该公司作为中国普教第一股在上海证券交易所挂牌上市。

江苏吴中主营服装和医药，并在这两方面具有相当规模实力，公司已连续四年荣获江苏省服装行业“销售利税前十强单位”称号，连续二年跻身全国服装行业“销售利税百强企业”。医药生产开发力量雄厚，设备先进，是生产针剂、输液、冻干、片剂、胶囊、栓剂、原料药、生物制药等多品种的综合性制药企业。特别是上市以来，公司加快产业转型步伐，抓好产业布局和行业结构调整，从高起点介入，多方位拓展以生物基因为主的医药行业，积极加强与科研院所的合作，设立药业研发中心，加大了对高科技项目和新产品的投入，加快了推进医药产品营销资源的整合和市场的开拓，在公司原有三个药厂的基础上，形成了集研发、生产和销售为一体的医药产品链，建成了两头在外，中间在内的灵活产品模式，公司向医药发展的战略格局日渐成熟。到目前为止，公司中所属苏州第六制药厂、苏州长征制药厂、苏州中凯生物药业有限公司均通过了GMP认证，江苏吴中中凯生物医药营销公司通过了GSP认证。公司拥有国家级一类新药二个、二类新药一个、四类新药证书十一个，拥有发明专利技术二项，2000年还被江苏省科委认定为江苏省高新技术企业，2001年又被国家科委认定为国家火炬计划重点高新技术企业。通过短短二年多的努力，江苏吴中已成长为一家高科技型、高成长型的上市公司。

限公司

经中国证监会批准，“江苏吴中”（600200）于1999年4月1日在上海证交所挂牌上市

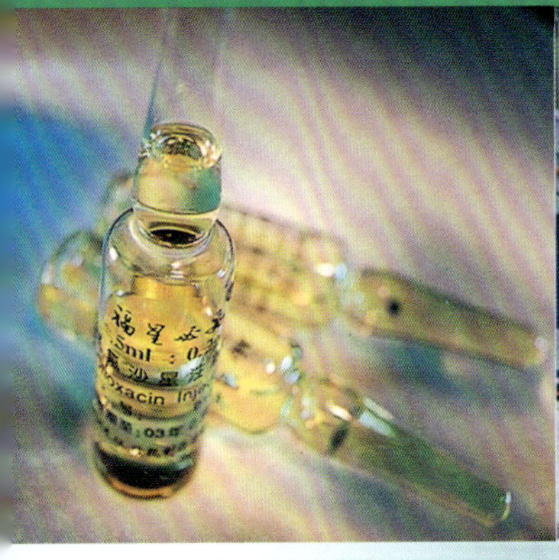

公司生产的新药

先进的设备、严格的质管体系、熟练的技术工人构成了公司外销服装强大的加工生产能力，加工的世界名牌有PoLo、Lee、鳄鱼等，在此基础上服装品牌工程正在迅速启动

生物基因药生产研发中心一瞥

江苏吴中是目前国内教育部普教系统首家也是唯一的一家上市公司，被媒体誉为“中国普教第一股”

董事长：马鸿烈　　总经理：虞海燕

甘肃酒钢集团
宏兴钢铁股份有限公司
HONGXIN IRON & STEEL CO.,LTD.

中板厂轧机

高速线材轧机

甘肃酒钢集团宏兴钢铁股份有限公司(以下简称酒钢宏兴)地处甘肃河西走廊中部，万里长城西端的嘉峪关市，距天下雄关嘉峪关城楼5公里，距中外驰名的文化宝库莫高窟380公里。南接312国道，东临嘉峪关机场，环厂区铁路与兰新铁路衔接，交通便利。

酒钢宏兴是以酒泉钢铁(集团)有限责任公司作为主发起人，联合兰州铁路局、甘肃省电力公司、金川有色金属公司、西北永新化工股份有限公司共同发起的具有多元股东的股份有限公司。股本总额7.28亿股，社会公众股2亿股。

酒钢宏兴拥有1800立方米、1000立方米炼铁高炉各一座，年生产能力220万吨；50吨氧气顶吹转炉三座，与炼钢配套的有R7.5米四机四流方坯连铸机两台、R6米四机四流方坯连铸机一台、R7.5米单机单流全弧型8点矫直板坯连铸机两台，年生产能力220万吨；高速线材轧机是从德国MDS公司引进，主要电控设备由瑞典ASWA公司引进，轧制线共有轧机27架，2001年预计生产线材55万吨。

酒钢宏兴的主导产品是各种规格的炼钢生铁、普碳钢、焊条钢、焊丝钢、钢棉钢、桥梁钢、管线钢、B级船板钢等30多种钢号，各种规格的连铸方坯和板坯，Φ5.5—Φ14mm的光面高速线材和Φ6—Φ12mm螺纹钢等36个品种。全部产品通过中国冶金工业质量体系认证中心的质量论证，达到国家和行业标准。其中普通低碳钢无扭控冷热轧盘条等9种产品质量达到国际先进标准，普通高速线材和热轧带肋钢筋获国家冶金局实物质量"金杯奖"，ER70S—6 CO_2 气体保护焊丝钢高线盘条被国家科学技术部认定为"国家重点新产品"，其它18种产品分别获省、部优质产品称号。产品遍及28个省、区，并远销韩、日、美等国家和香港、台湾等地区，深受国内外用户好评。

2000年全公司完成生铁187万吨，为年计划的104.01%；转炉钢195.01万吨，为年计划的102.64%；高速线材56.56万吨，为年计划的108.77%。全年实现主营业务收入3122.79万元，净利润1.74万元，产销率和货币回笼率分别达到104.65%和98.72%。摊薄后的每股收益0.24元。

酒钢宏兴是伴随着世界经济日趋全球化，科技革命突飞猛进，国内经济、社会环境及改革、发展的重要转折时期成长起来的。公司从发起、组建、创立到正式注册，严格按照法律程序改革、改造、重组，初步建立起了干部能上能下、员工能进能出、分配能高能低的动态管理机制，自主攻关的技术创新机制，挖潜增效的目标成本管理机制，招标采购的物资供应机制，快速反映的市场开发机制，产权清晰的法人治理结构，以人为本的价值导向，走出了一条规模适度、产品精良、高起点、高质量、高效益的发展之路。

中板厂

炼钢方坯连铸

炼钢板坯连铸

炼铁高炉

炼铁高炉

厂区全景

公司董事长：付德新　公司副董事长、总经理：李太成

新疆独山子天利高

XINJIANG DUSANZI TIANLIH

新疆独山子天利高新技术股份有限公司由新疆独山子天利实业总公司作为主发起人，联合新疆石油管理局独山子石化总厂、乌鲁木齐高新技术产业开发区高新房地产有限责任公司、新疆特变电工股份有限公司和上海中大高新电子技术有限公司以发起设立方式组建；注册资本1亿1千万元；2000年12月25日在上海证券交易所上市向社会公开发行6千万股人民币普通股(A股)，经2001年第二次临时股东大会通过，以每10股转增4股形式，使总股本增至2亿3千8百万股。

新疆独山子是我国石油工业的发祥地之一，是一个以石油化工为主的国家级石化基地。312国道和217国道在此交汇、乌奎高速公路和第二条亚欧大陆桥新铁路乌鲁木齐至阿拉山口铁路从其北侧经过。交通便捷，通讯设施完善，水电资源丰富。天利高新依托这座有着60多年历史的石化基地，在管理、人才、技术和资源上有着得天独厚的优势，使天利高新具有长远的发展空间。

天利高新荟萃了一支年富力强、充满朝气、勇于进取、干练有素的员工队伍。天利高新发扬"求高求新，最快最好"的企业精神，采用现代企业制度，完善了法人治理结构，建立健全了科学、严密的管理体系和激励机制，导入了CIS企业整体形象策划系统，并严格执行ISO9000质量管理体系标准，坚持"质量第一、信誉至上"的方针，使公司拥有可靠的经营管理和运行机制的优势。从而获得中行、工行、建行、农行AAA级授信额度和克拉玛依重合同守信用单位称号。

天利高新是新疆地区规模大、效益好的石油化工精深加工企业，属于国家产业政策重点扶持对象。其产品广泛应用于交通、运输、建筑、石化、农田水利等基础行业，是自治区大力支持和推广的高新技术产品，享有国家支持上市的政策优势。

天利高新主要经营高级润滑油系列添加剂、高等级沥青系列产品、塑料原料和制品、各类润滑油和润滑脂、土工合成新材料、无纺布类产品以及精细化工系列产品的科技开发、各类密封件及进出口业务等。公司作为世界第五家、国内唯一掌握高碱性环烷酸盐高级润滑油系列添加剂生产技术的厂家，所生产的高碱钙是船用油的主要添加剂，在国内添加剂市场中居主导地位，不仅质量达到了国外同类产品水平，填补了国内高等级油品添加剂领域的空白，而且成本比国外同类产品降低30%。90#重交通道路沥青荣获国家科技进步一等奖；10#建筑沥青获国家银质奖；绝缘沥青和电池封口剂获自治区优质奖；聚合物改性道路沥青作为建筑高速公路的新型路面材料，通过了中国石油天然气集团公司科技成果鉴定；聚丙烯获自治区名牌产品；农用地膜系列、复合塑料编织袋、塑料周转箱被国家质量技术监督局新疆产品质量监督检验中心确定为质量认定产品。各种产品已远销中亚、东亚、西亚、东欧一些国家和地区，在国内的华东、华南、西南及西北地区也形成了有效的销售网络体系，优质的产品和良好的信誉使企业赢得了值得自豪的知名度和美誉度。

天利高新以"培养一流的高新技术人才，开发一流的高新技术产品，创造一流的高新技术革新企业"为目标，特别注重科研开发和技术创新，公司拥有化工研究所、精细化工研究所和分析测试中心三个科研分析单位，公司遵循"创新则生，守旧则亡"的宗旨，充分利用本地资源优势，根据市场需求，采用内外结合的开放式科研体制，持续研制开发新的高新技术项目。在充分发挥自身科研优势的同时，加强与独山子石化研究院、上海科学院、抚顺石化研究院、上海医药设计院等诸多科研机构和清华大学、四川大学等国内著名大学的技术合作，研制开发了一批又一批科技含量高、附加值高、市场潜力大的高、新、精、尖产品，始终使公司能够在高新技术领域中"生产一代、储备一代、开发一代"，确保公司的高新技术优势。

天利高新人树立"忧在市场之前，乐在企业之后"的价值观念，坚持"高起点，高技术，高质量，高效益"原则，利用发行股票和自筹等方式筹集资金进行高新技术项目的建设。

经公司股东大会审议通过，首次股票发行成功后所募集的资金将用于10000吨/年高碱性环烷酸钙改扩建项目、10000吨/年无灰分散剂项目、3万吨/年甲乙酮项目、3万吨/年甲基叔丁基醚项目、5万吨/年仲丁醇项目。经过科学的市场调研与论证，拟投项目均属石油精细化工开发应用、新型材料等高新技术产品，具有广阔的市场前景，产品在填补国内空白、节能和环保方面效果非常显著，完全符合我国以高新技术改造传统产业和带动落后地区经济发展的长期战略。拟投五个项目全部投资约需38000万元，计划于2000年完成投资前期准备工作，2001年全面动工。

为了充分利用克拉玛依和独山子雄厚的石化行业优势，公司自筹资金2550万元整体收购了新疆独山子塑料厂，通过对该厂资产、人员、文化的全面整合，将其建成5000吨/年无纺布专业生产基地；公司还自筹资金与新疆新捷股份有限公司共同投资组建了天北新能源有限责任公司，联合开发、输送、储运、销售石油天然气。这两个项目的实施，将进一步扩大本公司生产规模，调整产业结构，扩大产品的市场份额，成为新的效益增长点。

新技术股份有限公司

IGH & NEW TECH CO.LTD,P.R.C

天利高新—北疆经济带上的明珠
天利高新，天山雄鹰

中国在变，新疆在变，独山子在变……

这日新月异的变化令世人注目，让我们自豪，让我们欢笑。伴随着党中央西部大开发战略的实施，新疆独山子天利高新技术股份有限公司紧扣时代发展的脉膊，成为新疆石油化工第一家和新疆高新技术第一家企业上市公司，预示着新疆高新技术产业大发展的时期已经到来！

天利高新地处中国石化基地之一的新疆独山子

公司生产装置

公司生产的油类产品

地址：新疆独山子北京路3号　邮编：833600　信箱：tlgx@sina.com

www.tlhnt.com;600339.com

中新药业
ZHONGXIN PHARMACEUTICALS

A股股票简称：中新药业　股票代码：600329
S股股票名称：Tian Jin ZUS$

董事长：詹原竞

天津中新药业集团股份有限公司
TIANJIN ZHONGXIN PHARMACEUTICAL GROUP CORPORATION LTD.

天人同序 惠福民生

天津中新药业集团股份有限公司是中国首家"S"股上市公司,是以中药生产经营为其核心竞争力，兼有生物制药、西药生产经营，集科、工、贸、供、产、销为一体，具有投资、控股功能的大型医药企业集团。

公司拥有23家直属医药生产、销售企业和11家控股、参股的医药生产经营企业，分别生产经营中成药、中药材、生物工程药品、化学药品等医药产品及营养保健品。

公司追求高质量的生产标准和有效的技术成本。所属及控股企业中的大部分都通过了中国GMP认证。部分企业还通过和达到了澳大利亚的GMP认证。公司所属各商业企业全部通过了GSP认证，形成从药品生产、仓储、销售各环节的质量控制体系。同时公司以科研谋发展并将其做为长期战略方针，拥有国家级的技术开发中心，研制新品，努力实现中药现代化、产业化。

公司拥有覆盖全国31个省市，辐射十几个国家和地区的中药材采购和药品营销网络，是公司成为国内、国际知名的大型医药企业的坚实基础。

公司自1997年在新加坡上市后连续四年取得了良好的经营业绩，2000年全年实现税后利润9267万元人民币。2001年6月6日中新药业A股在上海证券交易所挂牌上市，成为上交所"A"股上市企业成员之一。

中新药业作为天津市的支柱企业和天津医药的第一家上市公司，以其优良的资产、合理的产品结构、完善的销售体系、有效的资本运作及缜密的经营管理，已成为具有强大竞争实力的大型医药企业集团。

公司开发的房地产项目

7 上海市天宸股份有限公司

上海天宸药业有限公司外景

航行中的万吨货轮

上海外环线南方停车场鸟瞰图

发展中的物流业

联农客运“蓝色联盟”出租车正行驶在古北新区

左起：公司党委书记沈惠生、常务副总经理夏辉明、总经理叶宗男、副总经理秦同荫、财务总监李志鼎

上海市天宸股份有限公司(原名上海市联农股份有限公司)是1992年5月经上海市人民政府批准，采用公开募集方式设立的股份有限公司。同年11月公司股票在上海证券交易所挂牌上市。截止2000年12月31日，注册资金2.6677亿元，总资产10亿元。

公司是一家以房地产业、交通运输、物流业和高科技产业为支柱产业的综合类上市公司。下属全资及控股子公司有：上海天宸浦东发展有限公司、上海太阳山经济发展总公司、上海联农房产有限公司、上海联农机动车驾驶员培训有限责任公司、上海联农客运有限公司、上海天宸信息科技发展有限公司、上海外环线南方停车场有限公司、上海南方综合物流中心有限公司、上海和泰航运有限公司、上海天宸药业有限公司。

天宸股份上市以来，立足市场，抓住机遇，奋力开拓，不断创新，三大支柱产业都取得了良好的发展：房地产累计开发面积已达35万平方米，开发的成熟小区有：和泰玫瑰园、桂平住宅小区、联农大厦等，正在规划和启动的房地产项目有：建筑面积为20.6万平方米的“金海岸花园”占地181亩的智能化小区--“华一新城”、建筑面积为2.6万平方米的“心仪雅苑”、建筑面积为8万平方米的“腾越住宅小区”和位于新客站北广场的“太阳山大厦”；交通运输、物流业等方面：占地面积506亩的大型全封闭培训基地--上海联农机动车驾驶员培训中心，拥有一流的培训设施和先进的管理模式，在同行业中率先通过ISO9002国际质量认证体系，并获得交通部命名的“全国道路运输文明单位”光荣称号，该中心已累计培训各类机动车驾驶员3万余名。具有出租车行业一级资质的上海联农客运有限公司，以优质服务树形象，多次荣获市级各类先进称号，创出了“联农客运”品牌。正在筹建中的“上海南方综合物流中心”占地1500余亩，集停车场、货运大楼、货运交易中心、旅馆、餐饮娱乐城、商业城于一体，高标准规划，高水准管理，不但将成为全国45家交通主要枢纽站之一，还将成为拥有大型计算机管理系统国内一流、国际先进的大型综合物流基地；以信息科技和生物制药为主的高科技产业也已初露端倪。公司所辖的上海天宸药业有限公司，致力于创新和技术、人才引进，加大新药开发和引进新品种力度，生产高科技高附加值、市场潜力大、与众不同的非处方药，加快科研成果向生产力的转化，使之成为国内一流的制药企业。

2000年，实力雄厚、信誉良好的上海仲盛虹桥房地产开发有限公司加盟天宸股份，成为第一大股东，为天宸股份注入了新鲜活力，带来了新的经营理念、新的管理模式和发展契机。随着天宸股份新一轮发展的启动，房地产业、交通运输、物流业和高科技产业的不断拓展和壮大，经济效益和社会效益必将产生新的飞跃。

公司未来发展项目之一---仓储物流

上海联农机动车驾驶员培训中心外景

全国劳动模范、桂东电力董事长兼总经理：温昌伟

广西桂东电力

广西桂东电力股份有限公司成立于1998年12月4日，由广西贺州地区电业公司、广西那板水力发电厂和贺州地区属下县市四家电力公司共同发起设立的股份有限公司，设立总股本为11175万股，主要发起人为贺州地区电业公司，占总股份的99.11%，其他五家发起人共占股份的0.89%。

桂东电力公司是全国水利系统唯一厂网合一和以110KV输电线路环网运行、网架覆盖面最宽最完整、整体实力最强的地方电力企业，电网内发供电相互配套，形成完整统一的发供电体系，使公司电力经营具有独特优势。公司主营业务为电力能源等基础产业，下属合面狮水电厂、供电公司，现有职工896人，总资产3.04亿元，净资产1.98亿元，所属电厂总装机容量8万千瓦(公司电网内装机容量43.72万千瓦)，110KV变电站5座，变电总容量30.5万千伏安，35KV和110KV输电线路688公里。2001年1月9日，公司4500万A股股票发行申请获得中国证监会批准，并于1月12日在上海证券交易所成功上网发行，2月28日在上交所挂牌上市。近年来，公司紧紧抓住国家实施西部大开发的有利时机，积极实施西电东送，不断扩大向广东邻近县市供电，已建成广西西电东送的主要通道之一，为公司经济效益的稳步提高奠定了坚实的基础，受到了广西自治区政府和贺州地区的高度重视和重点扶持。2000年，公司实现供电量14.12亿千瓦时，实现净利润4651万元，荣获了全国水利经济先进单位。桂东电力优异业绩的取得，一方面得益于历年来不断探索和研究科学的电力调度方法和经营手段。公司董事长兼总经理温昌伟在企业发展战略、人力资源管理和投融资管理等方面具有较深造诣，他为公司的成立和发展投入了巨大的精力，引导了公司的发展方向和战略定位。为此，他本人曾荣获全国劳动模范，全国水利经济先进工作者等荣誉称号，并先后数次被评为广西和贺州地区优秀管理者和优秀经理。另一方面，公司继承了母公司贺州地区电业公司二十多年的电力管理经验和人才技术积累。贺州地区电业公司除控股桂东电力以外，属下还有装机5万千瓦的中胜火电厂、装机1.6万千瓦的龟石水电厂以及控股的桂能电力公司昭平水电厂(装机6.3万千瓦，桂东电力募集资金收购项目)、广源股份有限公司(主体资产为

桂东电力下属企业——合面狮水力发电厂外景(装机容量8万千瓦)

公司领导班子齐声高唱胜利之歌

母公司贺州地区控股企业、桂东电力募股资金收购项目—昭平水力发电厂全貌(装机容量6.3万千瓦)

股份有限公司

梧州大酒店)。母公司雄厚的实力为桂东电力的电力生产和供应提供了强大的后盾，也为桂东电力的长期稳定发展奠定了坚实的基础。多年来，发供电一体化经营优势的充分发挥，严格的成本控制管理，再加上优越的区位条件，使桂东电力形成了稳定的用电客户群和电力价格竞争优势，市场占有率稳步提高。根据电力市场需求测算，桂东电力电网覆盖区域内电力需求平均年自然增长率不低于8%，而“十五”期间广东电力市场需求和千载难逢的机遇，桂东电力迫切需要增加资金投入，扩大经营规模，更好地实施西电东送。通过本次A股发行，将上市募集的资金用于增资兼并桂能电力公司，建设合面狮水电厂调峰机组以及新建信都、西湾两座110KV变电站等基础产业项目，从而凭借多年形成的电网经营优势，优化配置发供电资源，使上市后本公司直接拥有的发电装机容量扩大到14.6万千瓦，输变电容量近40万千伏安，售电量达14亿千瓦时以上，主营业务收入超4亿元，利润总额将达到9000万元。桂东电力作为全国地方电力的优秀企业和广西地方电力的龙头企业，随着西部大开发和西电东送工程实施，已越来越引起人们的广泛关注。广西壮族自治区党委书记曹伯纯、自治区主席李兆焯、副主席王汉民以及国家水利部、自治区水电厅等领导曾先后多次到桂东电力视察，对公司多年来的发展给予了充分肯定，并勉励桂东电力在西电东送中充分发挥地方电网的优势。贺州地委、行署更是对桂东电力寄予厚望，明确提出要把桂东电力建设成为带动区域经济发展的龙头企业。桂东电力人也决心不负众望，开拓进取，立足做大做强，逐步形成以电力经营为主，电力能源产业与其它基础产业相结合并逐步向高科技和其他领域扩展的经营格局，使之成为全国上市公司的佼佼者。

公司董事长温昌伟先生荣获全国劳模归来时与公司领导班子合影留念

公司全体董事、监事在挂牌仪式上合影留念

2001年2月28日，桂东电力4500万A股在上交所隆重上市，图为公司董事长温昌伟先生与广西贺州地区行署专员罗黎明先生为公司股票鸣锣开市

软件作为知识经济时代的代表性产业，是具有广阔发展前景的朝阳工业。全体用友人选择并致力于这一项领域，我们将以勤奋和智慧，与业界同行，共同努力，促进民族软件产业的发展。

王文京

全国人大代表
中国软件行业协会副理事长
用友软件股份有限公司董事长
第一届中国软件行业杰出青年

用友软件股份有限公司

用友软件股份有限公司（股票简称：用友软件；股票代码：600588）是中关村科技园区内的高科技技术企业，自1988年成立以来，一直专注于自有知识产权软件产品的开发与推广，主要从事管理软件和其它企业应用软件产品的研发、销售和服务，是目前中国最大的独立软件厂商和中国最大的管理软公司、中国最大的财务软件公司。

用友软件是目前中国应用最广泛的管理软件。用友财务软件率先四个版本通过国家财政部评审；国家科技部发文向全国推荐采用；1996-2000年连续五年被列入国家级或北京市火炬计划项目；1995-1999年，中国优秀软件产品；1997年-2000年，国家级重点新产品。“用友”商标被评为中国最具潜力的商标。

用友公司是国内软件行业首家软件开发和服务分别通过ISO9001和ISO9002国际质量保证体系认证的企业，用友软件开发通过了CMM二级评估。目前，用友公司是国家火炬计划软件产业基地骨干企业、国务院知识产权办公室确定的全国首批知识产权保护试点单位和北京市政府重点扶持企业。

用友公司拥有优秀的软件人才队伍，具有完整的管理软件产品线，建有覆盖全国的销售服务网络，设有目前国内最大的企业应用软件研究开发机构——用友软件产品研究开发中心，并设有企业应用软件博士后科研工作站。

HUBEI SANXIA NEW BUIL

湖北三峡新型建材股
HUBEI SANXIA NEW BUILDING M

庆典仪式上剪彩一景

公司500t/d浮法玻璃生产线2001年10月16日正式建成投产，图为10月18日举行的投产庆典仪式场景

公司浮法玻璃生产线一角

湖北三峡新型建材股份有限公司是国有资本控股的A股上市企业。公司位于举世瞩目的三峡地区，座落在三国古战场—长坂坡旁，昔日曹操擂鼓督战的锦屏山下，南靠宜黄高速公路，北临焦枝铁路，并设有铁路专用线，交通便利；拥有储量大、品味高，易开采的石膏及石英砂，资源丰富。2001年随着募集资金的不断投入，宜昌当玻集团有限责任公司500t/d浮法玻璃生产线的成功收购，硅砂选矿生产线扩建改造项目、压延玻璃生产线技改项目和玻璃深加工生产线的相继建成投产，公司整体实力进一步增强；随首不良资产的剥离和参股设立投资公司，公司已从单一的产品经营逐步走向了产品经营与资本经营并举。为公司实现“由小变大，靠新出强”的跨世纪目标，以最好的形象，最佳的效益回报社会、回报股民打下了坚实的基础。

HUBEI SANXIA NEW BUILDING MATERIALS CO.,LTD

DING MATERIALS CO.,LTD

份有限公司

TERIALS CO.,LTD

董事长：吕宗林先生　五一劳动奖章获得者

中共湖北省委书记蒋祝平、宜昌市委书记孙志刚多次来公司视察、指导工作（从右至左为：孙志刚、蒋祝平、贾志杰、吕宗林）

公司领导在浮法玻璃生产线投产庆典仪式上致辞

三峡新材

NBM

地址：湖北省当阳市经济技术开发区
电话：(0717) 3280108　　3282423
传真：(0717) 8934018　　3283566
邮编：444105

江苏春兰制冷设备

江苏春兰制冷设备股份有限公司创立于1994年3月22日，同年4月25日社会公众股在上海证券交易所挂牌上市。公司主营生产制造和销售柜式、窗式、1.5匹及以下壁挂式空调器和洗涤机械等。截止2000年12月31日，公司总股本30630.6万股，其中境内法人股17297.28万股，外资法人股5353.92万股，社会公众流通股7979.4万股，公司总资产为256099.65万元，生产各类空调器49.06万台，实现主营业务收入182498万元，利润总额为31763万元，每股收益0.87元。

公司严格按照现代企业制度规范运作，围绕“新品、质量、成本”三要素，以市场为导向，以科技为中心，加快高新产品开发的步伐和对科技的投入，强化企业内部管理，自上市以来，公司创造的利润远远大于在市场的筹资额。公司历年均保持良好的收益分配，对投资者有着丰厚的回报，几年来公司派发现金红利7.9亿元，以现金分红方式流出公司的现金是公司从资本市场筹得现金金额的1.9倍，公司每股收益和净资产收益率等保持着同行业的先进水平，率先在同行业中取得了英国标准学会(BSI)和香港品质保证局共同颁发的ISO9001认证证书，被国家评为“中国高新技术十强企业”，也是“中国上市公司五十强”之一。2001年又被批准认定为技术密集型知识密集型双密企业。

亚洲规模最大的生产车间

JIANGSU CHUNLA

股份有限公司

< 股份公司场景

公司上海总部夜景

公司上海总部

股份公司外景

N ZHILENG SHEBEI

公司董事长：师春生先生

国家科技部、中国科学

国家定点皮质激素类

两项核心技术获

第七届全国企业管理现代

天津天药药业股份有限公司

公司管理层合影

认定之高新技术企业

生产、科研和出口基地

科技进步二等奖

化创新成果特等奖获奖企业

公司总经理：刘登岗先生

天津天药药业股份有限公司被天津市政府认定为高新技术企业，是国家定点皮质激素类药物生产、科研和出口基地，并整体通过GMP认证的原料药生产企业，产品符合CP、BP、EP、USP药典的最新标准。国内能生产的20种皮质激素类原料药中，本公司常年生产17个品种，其中有16个品种系国内率先研制投产，有7个品种系国内独家生产，去氢可的松、氢化可的松、醋酸地塞米松、醋酸氟轻松等11个品种均获产品国际标准证书。1999年皮质激素类原料药的产量占全国的44%以上，高效的含卤类药物产量约占全国的84%。主导产品地塞米松在市场竞争中取胜，目前占国内市场份额的90%以上和中国以外的亚洲市场的50%以上，并打入欧洲市场。

公司拥有博士后科研工作站和国家级技术开发中心，并拥有国家级药品质量检测中心和一支技术力量雄厚的专业技术队伍。近年来共投产10种具有高附加值、高技术含量的新产品，采用了120多项新工艺、新技术，其中有10多项达到国际、国内先进水平，提高了产品质量，使皮质激素产品成本降低了20%-70%。公司每年新产品、新工艺的产值和销售利润平均达到当年总产值和总销售利润的70%以上。公司于2000年获得第七届全国现代化企业管理创新成果特等奖。

公司经营范围包括：制造经营化学原料药、中西制剂药品、中药材及中成药加工、保健食品、医药中间体、化工原料、食品及食品添加剂、饲料及饲料添加剂、化妆品及相关技术和原辅材料加工；承办中外合资经营、合作生产企业；技术服务及咨询(以上经营范围内国家有专营专项规定的按规定办理)。

公司全景

地址：天津市新技术产业园区华苑产业区中济科园B座

海南椰岛股份有限公司（简称椰岛公司），是家有六十多年历史的名牌企业，始建于上世纪三十年代末期，由海南历史上第一家近代工厂（汽水厂）发展而来。1954年正式定名为国营海口市饮料厂，1963年挂牌国营海口市酒厂，1993年完成股份制改制后定名为海南椰岛股份有限公司，2000年1月20日公司股票在上海证交所挂牌上市，股票代码为600238，成为国内保健酒行业唯一上市公司。

椰岛公司现有职工1600多人，资产总值6亿多元，公司年产值约5亿元。下属销售系统、生产系统、房地产业、种养基地、第三产业全资子公司和二级法人单位等40多个。

椰岛公司主导产业为保健酒类、白酒类和饮料类。目前已形成以椰岛鹿龟酒为代表，包括椰岛阳酒、海口大曲、川源酒、宝岛白、三椰春酒等一系列具有巨大市场潜力的产品群。

1993年，公司被国务院发展研究中心、中国企业评价中心评定为“全国最佳企业”之一；1995年12月被评定为国家大型企业；1996年工业企业利税列海口市第一位；1998年被海南省财政厅评定为海南省企业绩效第一名；2000年被海口市委、市政府授予“明星企业”称号；2001年，被中国科技保健学会、中国消费者协会评定为全国十家“中国保健品信誉保证”企业。

椰岛公司坚持“稳健经营，适时创新，可持续发展”的经营方针；倡导“敬业为本、团队至上”的企业精神；恪守“为消费者健康服务、为社会创造财富”的企业理念。以实业为本，重点发展以椰岛鹿龟酒为代表的滋补酒产业，为成为“中国第一滋补保健酒”而奋斗不止。

公司董事长：葛文辉

上海家化
联合股份有限公司

具有百年历史的上海家化联合股份有限公司是中国最大的民族化妆品企业，总资产达9.7亿元，2000年主营业务收入11.92亿元，利润总额6660万元。上海家化主要生产化妆品、个人护理用品和家庭清洁产品，素以“奉献优质产品，实现清洁、美丽、优雅的生活”为企业经营理念，现已拥有六神、美加净、清妃、佰草集、DISTANCE、舒欣、高夫、阳光宝宝、梦巴黎、飘洒等众多知名品牌。其中，美加净除了荣获“全国驰名品牌”称号外，又与六神、清妃一起被评为上海市著名商标。佰草集则是中国第一套传统中草药精华提取物与现代生物技术完美结合的纯天然化妆品，是上海家化雄厚的开发能力和高科技应用能力的体现。

多年来，上海家化一直致力于产品经营，自80年代初期即与国际大公司开展技术交流与合作，吸收国外先进的经营管理理念，创立了具有家化特色的科研与市场并重的管理模式。面对即将入世及全球经济一体化的发展趋势，为进一步增强企业的市场竞争力和抗风险能力，在多年积累的良好经营业绩基础上，上海家化成功进军资本市场，开始了产品经营与资本经营双轨发展的格局，为企业继续保持良性循环及今后的可持续发展提供坚实的后盾。

2001年3月15日，上海家化在上海证券交易所挂牌交易。

沈阳金山热电股份有限公司

公司董事长：张恒玺

公司党委书记、副董事长：张浩

公司副董事长、总经理：王长顺

沈阳金山热电股份有限公司是以供工业用汽及居民供暖为主，兼发电的节能环保型热电联产企业。本公司的前身是沈阳市苏家屯热电厂，该公司是沈阳市政府为解决苏家屯地区集中供暖问题而规划批准的环保节能的新兴行业。为进一步提高本公司的发电和供热能力，配合沈阳市的“浑河新区”起步实施城市向南扩展的战略，1998年5月28日，经沈阳市人民政府批准，辽宁省人民政府确认，沈阳市冶金国有资产经营有限公司以其下属的金山电厂经评估确认后的净资产作为出资，联合其他四家法人共同发起设立沈阳金山热电股份有限公司。1998年6月4日，本公司在沈阳市工商行政管理局依法注册登记成立的。该公司股本总额为13000万股。其中：国家股7283万股，法人股1217万股，社会公众股4500万股。

本公司目前现有员工702人，各类学历人员(含在职进修)有102人，其中：本科生7人，大专生有33人，中专生62人，主要设备有3 × 75T/H煤粉炉，2 × 6000KW背压发电机组，1 × 12000KW凝汽式发电机组，总装机容量24000KW，年发电能力1.20亿度，供暖面积215万平米，年供电量9500万KWH，年利润2000万元，提供工业用蒸汽30T/H，本公司成立后，新建1 × 75T/H煤粉炉，两座换热网站，供暖面积以每年20万平方米的速度递增，目前已占苏家屯地区总供暖面积的60%，提供工业用汽占整个地区的80%。本公司所发电力直接并入东北电网，由沈阳市电业局按电量结算。

本公司位于苏家屯区，地处沈阳市南面，隔浑河与沈阳市中心相望，浑河以南是规划中的沈阳新区，包括已经投资23亿元建成的面积7280万平方米的中国浑河商品交易市场，根据沈阳市总体规则，浑河新区是二十一世纪城市发展重点，今后随着该地区开发的进一步启动，为金山热电股份有限公司的发展创造了千载难逢的机遇，供暖和供电市场将具有较大的发展空间，城市建设的发展和人民生活水平的不断提高，居民住宅的集中供热将逐年增加，为公司的发展创造了有利条件。

目前公司正在充分运用自己的实力，通过资本运作，兼并或收购相关供暖企业来发展壮大自己，同时公司抓紧再扩建2 × CC25MW双抽供热机组项目，已得到国家计委批准，项目总投资4.8亿元，建成投产后，将大幅度提高本公司的整体综合技术经济指标，年发电量3.6894 × 100000000KWH/A，年供热量4.866 × 1000000GJ/A。预计投产后，年均新增销售收入17294万元。同时，本项目属于环保、节能项目，工程投产后，可以取代现有的设备落后、污染治理率低的14座锅炉房，24台中小锅炉、将减少二氧化硫排放量685.75T/A，烟尘排放量1916.52T/A，可节约标准煤2 × 10000T/A，公司还制定了中长期发展规划，为公司上市奠定了基础，金山热电这颗明珠将会放射出更加璀灿的光芒。

公司党政班子成员

公司主控室

法人代表：张恒玺
地址：沈阳市和平区和平北大街68号龙汉大厦6楼
邮编：110002
电话：(024)22872718转320　传真：(024)22872701
网址：http://jsrd.ineol.com

公司办公楼

公司汽轮机组

公司厂区

南京中央商场股份有限公司始建于1936年，由国民党元老张静江、曾养甫和社会名流茅以升等发起，以“抵制日货，弘扬国货，发展民族工商业”为宗旨创立的全国第一家大型股份制企业，具有光荣的爱国主义传统，在海内外享有盛誉，是全国大型综合性商业企业和江苏省骨干商业企业之一，也是中国商业股份制企业经济联合会常务理事单位。公司地处新街口繁华闹市区，现有员工3000余人，营业面积近5万平方米，经营商品超过10万种，是江苏省第一家真正意义上的大型购物中心，也是华东地区规模最大的商场之一。公司享有进出口业务经营权。

南京中央商場股份有限

南京中央商场作为南京地区第一家大型综合性商场，1992年改组成立南京中央商场股份有限公司，2000年9月26日在上海证券交易所挂牌上市。半个多世纪以来，特别是改革开放二十年来，公司以经营灵活、品种繁多、服务上乘享誉海内外。公司牢记“顾客至上、信誉第一”的服务宗旨，始终坚持规范化服务。1987年在全国首家推出对售出商品“全面负责、包退包换”制度；1994年7月对公司所经营的全部零售商品进行“商品质量综合信誉保险”；1995年推出“消费者在中央商场购物十大权利”；1996年实施全国各大商场“联合服务一体化”，并向社会提出“十大服务承诺”；1997年在全省率先实行“大件商品免费送货上门服务”。1998年又首家开通“800电话购物服务热线”。2000年公司创办了全国唯一一家劳模网站，成为企业新的经济和精神增长点。

公司多次被授予“全国思想政治工作优秀企业”、“全国百城万店无假货示范店”、“全国商业信誉企业”、“全国用户满意服务企业”和省市文明单位等荣誉称号，涌现出以全国劳动模范、全国人大代表、半月谈全国思想政治工作优秀奖特等奖获得者等为代表的一批先进典型人物。去年5月，江泽民总书记专程来南京召开劳模座谈会，全国劳模、公司“售表大王”王传宪有幸当面汇报，得到了江总书记的亲切关怀。

目前公司正全面实施新世纪“五年发展规划”，以提高经济运行质量为中心，进一步深化企业改革，不断推进企业两个文明建设的进程。不久的将来，中央商场将以崭新的姿态傲立商海之林。

地址：南京市中山南路79号　邮编：210005

电话：(025) 4408288　4723754　电挂：1135

2000年10月1日，王宏民市长、蒋裕德副市长、李利江局长来公司视察

2000年12月7日，王武龙书记、杨植秘…长来公司视察

公司

公司董事长、党委书记彭正志先生

公司副董事长、总经理胡晓军先生

2000年12月31日，彭正志董事长在公司党委副书记张仁富、公司副总经理赵新国陪同下，视察安全工作

2000年6月20日，王荣炳副省长、罗志军副市长视察金润发超市

董事长彭正志、总经理胡晓军陪同上级领导检查军训成果

HONGDU AVIATION IS SOA

洪都航空

董事长：田民

董事、总经理：吴方辉

洪都航空是由洪都集团公司作为主发起人，先后通过国家科技部和中国科学院的高新技术企业上市公司专家评审，在南昌高新技术产业开发区注册的航空高科技外向型企业。

主营产品：

K8 飞机荣获国家国防科学技术一等奖，被列为我国主要出口飞机产品。1999年底，取得了单项合同外销K8飞机80架的重大突破。

N5A农林飞机是按照中国民用航空条例及型号合格证审定程序自行研制的新型农林多用途飞机，1998年被列为国家级火炬计划项目。

海燕螺旋桨飞机为获得国家质量金奖的飞机，是国内外航空俱乐部和飞行爱好者训练、运动、娱乐倍受欢迎的飞机。

企业目标：在3-5年内，把洪都航空建设成为具有较强国际竞争实力的教练飞机、通用飞机的科研、生产、出口基地。

江西洪都航空工业股份有限公司

JiangXi HongDu Aviation Industry Co.,Ltd

WWW.hongdu-aviation.com

RING TO GREAT HEIGHTS

展翅鲲鹏

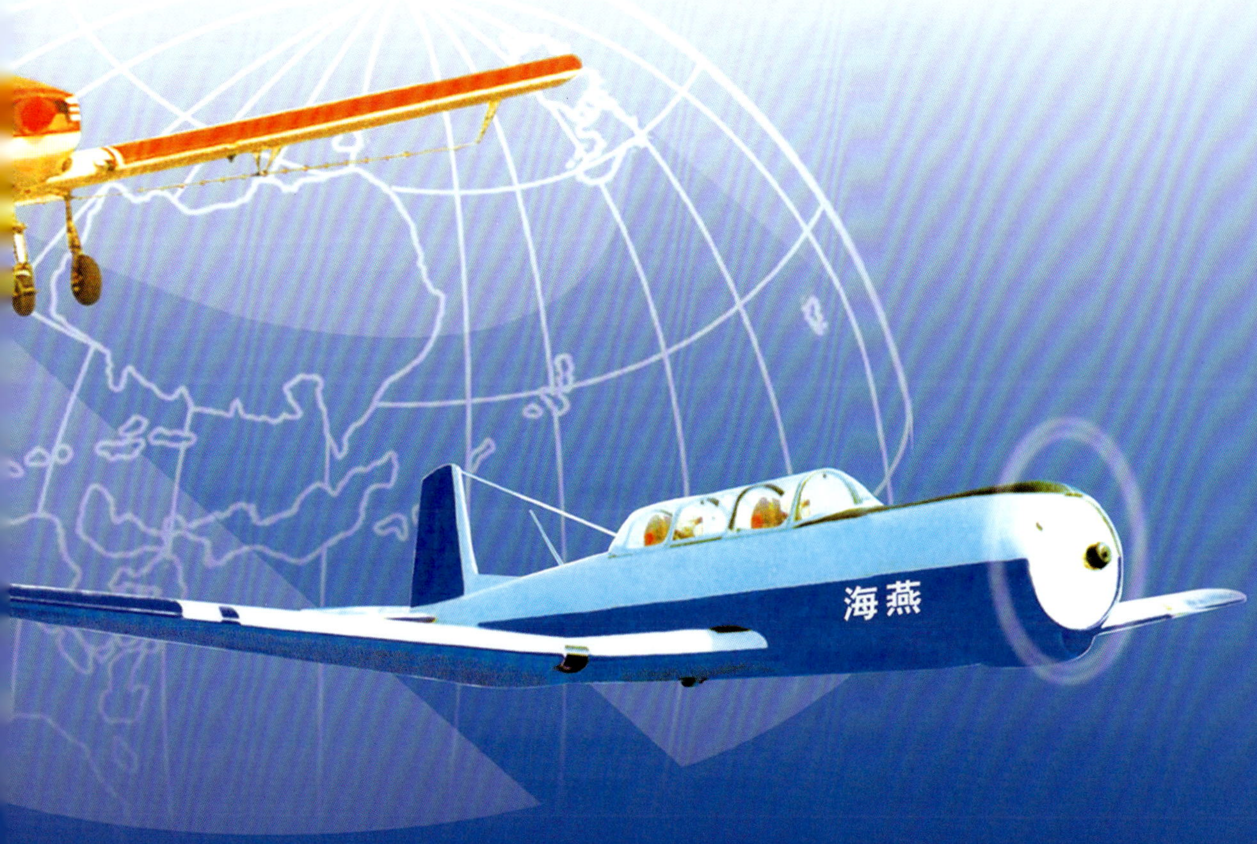

总经理班子

（左起）：傅俊旭、吴方辉、黄学军、陈文浩

喷气教练飞机在国际航展

已出口的喷气教练飞机

广州药业股份有限公司

公司董事长：蔡志祥

公司总经理：陈翔志

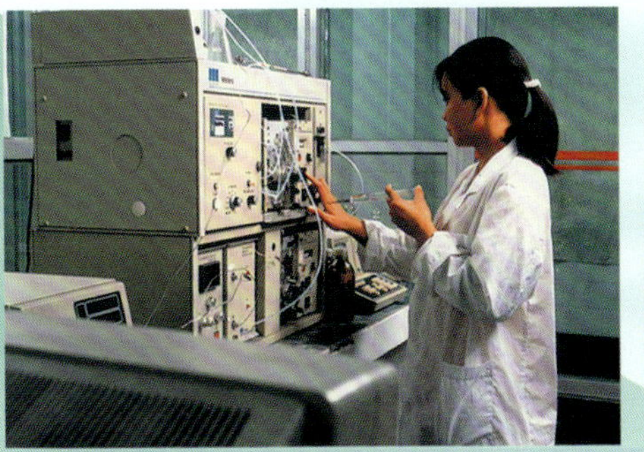
科研人员进行产品质量分析工作

广州药业下属生产企业

广州药业下属生产企业

广州药业股份有限公司（“广州药业”）是由广州医药集团有限公司（以下简称广药集团）属下八家中成药制造企业和三家医药贸易企业于1997年9月1日重组成立，同年10月30日，广州药业在香港联合交易所有限公司挂牌上市。广州药业主要从事（1）中成药的制造与销售；（2）西药、中药和医疗器械的批发、零售和进出口。

以销售额计算，广州药业是中国最大的中成药制造商。公司在中成药制造方面有着悠久的历史和众多驰名品牌，旗下的八家企业均是享誉海内外的百年老字号，目前生产丸剂、片剂、胶囊剂、泡腾片、软胶囊等二十三种剂型共计400多个品种，其中包括40种国家二级中药保护品种，20种产品属广州药业独家生产品种。目前，广州药业已成为中国最大的现代化中成药生产基地。

广州药业也是中国三大医药贸易商之一，现经营4000多种西药、中药和医疗器械产品，其中独家代理的国外名牌医药产品30多种。公司还拥有广州地区最大的医药零售网络，其中采芝林药业连锁店和健民医药连锁店均为国内首批OTC（非处方药）药品销售试点单位，并被国家药品监督管理局列为首批获准跨省区经营的医药连锁企业。

公司于1999年底率先在同行业中实施具有国际领先地位的SAP/R3企业资源计划管理系统（ERP），计算机网络技术和ERP系统的实施，大大提高了企业工作效率和管理水平，为公司经营决策提供强大技术支持。

经中国证监会批准，2001年1月，广州药业成功发行了7800万股人民币普通股股票，成为国内首家以增发形式发行A股的H股公司，这对加快企业的技术改造，新产品研发和市场拓展的步伐，对提高公司的核心竞争力、扩大产品的市场规模和促进公司的持续发展将起到重要的作用。

广州药业将以市场为导向，以科技创新为动力，以中药现代化为突破口，积极扩大产品市场和销售网络，不断巩固和扩展本公司的核心竞争能力，将本公司建设成为一个以天然药物的开发和生产为主体，科工贸一体化，具有国际竞争能力的大型医药集团。

现代化包装生产线

迪康药业董事长曾雁鸣先生

迪康药业总经理孙继林先生

2月12日，迪康药业在上海证券交易所大厅举行挂牌仪式。迪康药业董事长曾雁鸣先生敲响开市锣，四川省副省长王金祥、成都市副市长唐川平、重庆市万州区区长张元铸、上市推荐人广东证券有限责任公司副总裁胡学光等来宾给予致贺词并观看股票走势。

迪康药业是以制药为主，药物研究、药品市场营销等纵向一体化发展的国家高新技术企业。涉及化学原料药、化学药制剂、中药制剂、生物工程制药等。迪康药业位于成都高新技术开发区，注册资金12740万元，公司拥有两个现代化的生产基地，占地500亩，各类产品598种，其中国家级新药12个，国家中药保护品种6个，能够生产国内药厂生产的所有剂型，产品遍及全国县以上的城区及部分乡镇。目前，公司在职员工共有936人，其中技术人员203人，占21.6%；大专及大专以上261人，占27.88%；具有中高级专业技术职称176人，占18.8%，迪康致力于建立良性的法人治理机制，按现代企业制度规范运作，坚定不移地保障全体股东的权益，保持公司的可持续发展。

迪康有独特的人才观，“（品质＋业绩）×学习＝人才”是迪康人才经营的管理理念。公司以“公平、公开、公正、竞争”为原则，大胆用人，大胆放权，给人才创造了脱颖而出的机会。同时以高薪、配股解决人才的后顾之忧，以专家指导与

四川迪康科技药业股份有限公司

厂区外景一角

厂区外景

科研大楼

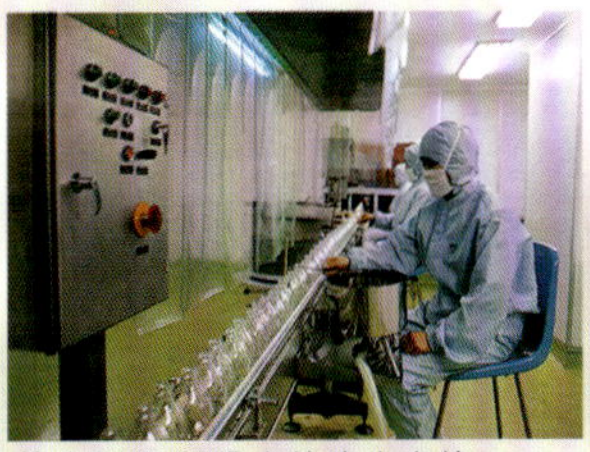

符合GMP标准大输液生产线

送院校培训提高人才素质，以人际关系高度和谐统一的文化氛围给人才以宽松的环境，数十位博士、硕士汇聚迪康，贤能有志之士可以一展抱负，迪康正造就着一批献身中华药业的优秀青年。

迪康有富有生命力的企业文化，公司一如既往地构筑适应员工发展的舞台，在“人和、人泰、人康、人智”迪康价值观熏陶下，使公司和员工形成利益共同体，命运共同体。迪康人把自身利益、企业利益、国家利益、民族利益和全人类的利益交融在一起，形成了全新的迪康企业文化。迪康使命：启迪生命活力，守护人类健康；迪康宗旨：为生命健康永远服务；迪康目标：振祖国医药雄风，做中华药业脊梁；迪康哲学：人性关怀，科学至上；迪康精神：天道酬勤，人道酬诚，业道酬精。

迪康有先进的科研开发机制，在瞄准市场、瞄准科技前沿、调研一批、试制一批、生产一批、销售一批的科研开发指导思想下，把科技进步作为发展的第一动力，在理论上创新，在实践中突破。始终保持推出一个、储备两个、开发三个，已获得专利上百项。主导产品“迪康小儿感冒颗粒”、“迪康滴通鼻炎水（喷雾剂）”、“殷泰洗液”等荣获“中国新技术新产品交易博览会金奖”、“四川省科技进步三等奖”、“国际医药博览会精品奖”。“速效伤风胶囊”、“复方氨基比林注射液”、“复方新诺明片”等分别获部优、省优产品。国家“863”项目“可吸收骨折内固定螺钉”具有国际领先水平。迪康在从事新药开发等应用研究的同时，积极参与基础医药学的研究，创建了人体发展医学，为中国医药学的发展做出了贡献。

迪康遍及全国的销售网络及现代化营销体制，保证了公司的优良业绩，在2000年实现主营收入1亿多元，利润总额2800多万元，净利润2600多万元。迪康被四川省确定为“四川最佳效益100强企业”、1999年列“成都工业50强”第8位、“2000年中国农业银行AAA资信等级”、“2000年四川工业企业最大纳税100强”。

迪康在人才经营、企业文化、科研开发、产品营销等方面的突出优势，为公司走向国际化奠定了坚实基础。迪康以“攀登医药高峰，誓做中华脊梁”为已任，贡献品质卓越的产品，永远为人类健康服务。

公司董事长兼总经理：单晓钟

南京纺织品进出口股份有限公司

NANJING TEXTILES IMP/EXP CORP.,LTD.

公司办公大厦

南京纺织品进出口股份有限公司(以下简称公司)是一家成立于1978年的市属外贸企业，1988年取得进出口自营权，1994年改制为股份制公司，公司经中国证券监督管理委员会核准，于2001年3月6日在上海证券交易所上市。公司总股本为13266.28万股，其中国家股6236.28万股，占总股本的47%；社会公众股5500万股，占总股本的41.4%；社会法人股1335.84万股，占总股本的10%；内部职工股194.16万股，占总股本的1.4%。

公司主要经营纺织、丝绸、针织、服装、机电设备、轻工、化工等10多个门类，近千个品种的进出口业务以及开展对外经济技术合作，对外劳务合作业务，出口商品遍及世界上80多个国家和地区，与800多家国外客户、1000多家国内生产协作定点货源工厂保持良好的业务往来，公司拥有一幢21层现代化办公大厦，拥有18个业务部，6家海外分支机构，4家控股纺织服装企业，公司现有职工275人，其中，35岁以下的占68%、大专以上的占80%，外贸专业人才占65%，具有专业职称的占30%。

公司上市募集的资金投向涵括了纺织、化工、电子三个行业，主要包括：生物功能性整理丝绸产品项目、高档面料染整加工基地、高档织物生产基地、组像管与大屏幕显示系统产业基地、天然无磷环保洗涤产品生产基地等，以上投资项目都是以生产高技术含量、高附加值的出口商品为导向，是公司发展战略的体现。

公司自1994年设立股份有限公司以来，紧紧围绕“扩大出口创汇，提高国际市场竞争力”这个中心，充分利用自身的人才优势、市场优势、管理优势，不断开拓、锐意进取，使进出口业务一直保持良好的发展势头，走过了一条依靠自身积累超常规高速发展的道路，2000年进出口总额突破3.1亿美元，其中，出口创汇达2.75亿美元。

公司自1992年至1999年，连续8年跨入全国进出口总额最大的500家企业行列，1997至1999年连续3年进入中国最大的出口企业前百强，曾先后获得“全国十佳创汇企业”，“全国对外经贸优秀企业”、“全国外经贸质量效益型先进企业”，江苏出口创汇骨干企业等多种荣誉称号，目前公司已发展为外贸与外经相结合、外销与内销相结合、公司本部经营与海外机构拓展相结合，集科、工、贸一体化的大型外贸企业。

2001年3月6日，“南纺股份”在上海证交所挂牌上市，图为南京市罗志军副市长(左)与公司单晓钟董事长敲响“南纺股份”开市锣

上海证交所副总经理李明山与“南纺股份”董事长单晓钟交换股票上市协议文本

公司展厅一瞥

公司展厅一瞥

内蒙古包钢钢联股份有限公司

内蒙古包钢钢联股份有限公司是由包头钢铁(集团)有限责任公司作为主要发起人,联合西山煤电(集团)有限公司、包头市鑫垣机械制造有限公司、中国第一重型机械集团公司、中国钢铁炉料华北公司等四家企业共同发起设立的上市股份有限公司。截止到2000年12月31日,公司总资产为人民币2657931681.09元,净资产为人民币1564364133.39元;现有员工9126人,大专以上文化程度的1398人,有专业技术职称的1093人、高级职称的78人

包钢钢联股份有限公司主要发起人包头钢铁(集团)有限责任公司是中国特大型钢铁联合企业之一,是西部地区最大的钢铁企业,资产规模和实现利税在内蒙古自治区列第一位。投入到包钢钢联股份有限公司的轨梁厂、无缝厂、线材厂、带钢厂是包钢(集团)公司主要成材和盈利单位。在建中的薄板坯连铸连轧厂、产品市场潜力巨大,是钢联股份今后经济效益重要增长点。

包钢钢联股份有限公司是全国冶金行业钢铁产品品种最多的企业。具有年产各种钢材350万吨以上的能力,主要产品有重轨、大型工槽钢、大口径无缝管、带钢、线材、棒材等38个品种,1002个规格。在板材生产线建成之后,将成为我国钢铁行业产品品种最全,许多品种属全国同行业独家生产的特大型钢铁企业。钢联股份生产的系列产品畅销全国各省、市、自治区,产品覆盖面相当广泛,多年来一直保持产销两旺势头,产销率100%。在占有国内市场的同时,不断扩大国际市场占有份额,部分产品远销日本、美国、法国、韩国、菲律宾、印尼、台湾等国家和地区。

近年来,包钢轧钢系统坚持走挖潜改造和科技兴企之路,开发了一批高技术含量、高附加值、高效益的产品。钢联股份公司生产的系列产品在国内外享有盛誉,赢得各方客户的信赖。铁路用钢轨、石油套管、锅炉用无缝管、输送流体用无缝管、热轧带钢、热轧带肋钢筋等16个品种已通过中国冶金体系认证中心颁发的ISO9002质量体系认证;石油套管获得美

无缝钢管成品检测

焊管产品

轨梁轧钢厂

重轨加工线

长
限公司

董事长：林东鲁

国石油协会颁发的API产品质量认证证书。其中30多种产品先后荣获国家、内蒙古自治区优质产品和名牌产品称号。

包钢钢联股份有限公司具有广阔的发展前景。原料资源充足，水资源丰富，能源供应有保证，交通运输便利，发展场地宽裕，产品市场前景十分广阔。在今后的发展中，包钢钢联股份有限公司将充分发挥资源优势、产品优势、人才优势和体制优势，力争在10年内，建成国内集轨梁材、管材、板材、线材、带材、棒材等为一体的特大型钢铁制品专业化公司。

线材吐丝

带钢厂

无缝钢管厂

线材厂

内蒙古兰太实业股份有限公司

吉盐产品

金属钠产品

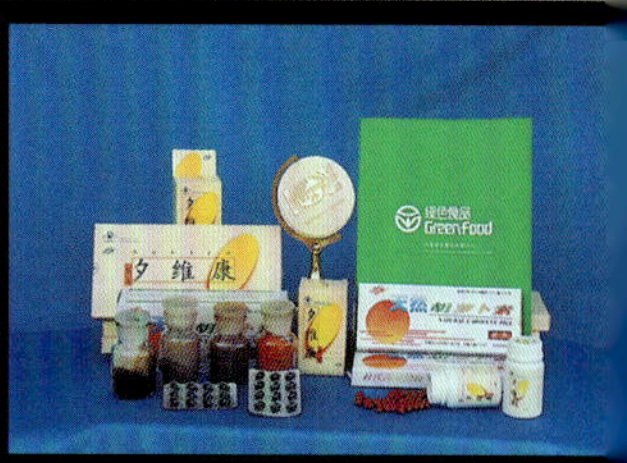

天然胡萝卜素系列产品

股票简称：兰太实业　　股票代码：600328

公司是经内蒙古自治区人民政府批准，由内蒙古吉兰泰盐化集团公司为主发起人，联合阿拉善盟吉兰泰达康公司、内蒙古自治区盐业公司、宁夏回族自治区盐业公司、山西省盐业公司以发起方式组建的股份有限公司。主发起人以经评估确认的经营性净资产15731.21万元出资，按65%的比例折为10225.2899万股，界定为国有法人股；其他发起人分别以现金1300万元、200万元、50万元、50万元投入公司，均按65%的比例折为845万股、130万股、32.5万股、32.5万股，股权设置为社会法人股。发起设立时公司总股本112652899股。公司于1998年12月31日在内蒙古自治区工商行政管理局登记注册，注册资本11265万元，员工2402人。

公司主发起人内蒙古吉兰泰盐化集团公司成立于1994年6月24日。其前身吉兰泰盐场是全国520户、内蒙古自治区32户重点企业之一。发行前公司总股本为11265.2899万股，每股净资产为1.76元，发行后公司总股本为17265.2899万股，每股净资产为3.63元。

公司于2000年11月30日采取上网定价的方式发行人民币普通股6000万股，每股面值1元，发行价7.88元/股。全面摊薄的发行市盈率为37.52倍。形成总股本17265.2899万股。其中国有法人股占59.22%，社会法人股占6.03%，社会公众股占34.75%。本次发行共募集资金45290.6万元。公司于2000年12月22日在上海证券交易所上市。主承销商为长城证券有限责任公司。

公司董事长 王刚

公司总经理：侯瑛

公司董事长王刚

内蒙古兰太实业股份有限公司董事长、党委书记，1946年出生，高级工程师，大专学历。1967年毕业于内蒙古巴彦淖尔盟农牧业机械学校，分配至吉兰泰盐场工作。历任采盐车间副主任、精盐分厂厂长、吉兰泰盐场副场长。1986年至1988年在内蒙古工业大学就读企业管理工程专业。毕业后历任阿拉善盟经济处副处长，吉兰泰盐场场长，吉兰泰盐化集团公司董事长、总裁、党委副书记等职。在吉兰泰盐场任职期间，曾担任精盐工程副总指挥、现场总指挥，建成了年产5万吨精制盐厂。此后又主持进行了精盐“五改九”工程，在不动主体设备的情况下，通过对原工程一些环节的填平补齐，使原设计年产5万吨精制盐达到9万吨的生产能力，该项目投资少、收益大，荣获内蒙古自治区企业技术进步三等奖。1991年主持了国家“火炬计划”项目天然胡萝卜素基地工程建设，在吉兰泰建成了年产500公斤天然胡萝卜素生产基地，填补了一项国家科技空白。1994年主持了金属钠工程建设，该项目引进美国RMI公司先进的制钠技术，一次试车成功，年产金属钠5000吨，液氯7500吨，1998年又主持了对制钠厂的“五改八”技术改造工程，形成了年产8000吨金属钠、12500吨液氯的生产规模，成为亚洲最大的金属钠厂。由于企业加大技术改造力度，加快了新产品开发，使企业实力不断增强，1991年吉兰泰盐场被评为全国500家最佳经济效益企业之一，1994年进入全国轻工业200强，1997年进入全国512户重点企业，王刚先生本人也曾被评为内蒙古自治区劳动模范，并荣获全国“五一”劳动奖章，是内蒙古自治区九届人大代表。

公司总经理侯瑛

内蒙古兰太实业股份有限公司总经理。1958年出生，内蒙古工业大学铸造工艺与设备专业毕业，大学本科文化，高级工程师。历任吉兰泰盐场采盐车间副主任、精盐分厂厂长，生物工程分公司经理，吉兰泰盐化集团公司副总经理等职。

原生盐生产

站台机械化堆坨

再生盐生产

公司主要从事加碘食用盐、化工原料盐、农牧渔业盐等产品和金属钠、液氯等盐化工产品以及天然胡萝卜素、盐藻粉等盐湖生物系列产品的生产和销售。公司有丰富的湖盐资源，盐的总储量近2亿吨，年生产成品盐150多万吨，行销全国十几个省、市、自治区，并跻身国际市场，是国家绿色食品发展研究中心认定的盐行业唯一的“绿色食品”。并率先在同行业通过ISO9002质量体系认证。公司年产金属钠8000吨，液氯12500吨，以及盐酸、氯乙酸等多种化工产品，金属钠纯度稳定在99.9%以上，是目前亚洲最大、世界第三的金属钠生产企业，国内市场占有率在38%以上。并大量出口东南亚、欧美等国家和地区。公司拥有国内第一家运用现代生物技术从盐藻中提取天然胡萝卜素的高新技术企业，有较强的科研实力和完善的生产基地。

随着公司股票的成功上市，企业将以雄厚的资金，加快产品结构调整的步伐，大力发展盐化工和盐湖生物产业，使企业进一步发展壮大，再创新的辉煌。

“团结奉献，再创辉煌”雕塑

法人代表：王刚
地址：内蒙古阿拉善左旗吉兰泰镇　联系人：任汾、赵双云
电话：(0483)8838608　传真：(0483)8838735

栏 目 协 办

兖州煤业股份有限公司

第八编

上交所上市股份公司

466/1200

上海浦东发展银行股份有限公司

一、公司简介

(一)法定中文名称:上海浦东发展银行股份有限公司
(简称:上海浦东发展银行,下称"本公司")
法定英文名称:SHANGHAI PUDONG DEVELOPMENT BANK CO., LTD.
(缩写:SPDB)
(二)法定代表人:张广生先生
(三)董事会秘书:沈 思先生
董事会证券事务代表:杨国平先生、王景斌先生
联系地址:中国上海市中山东一路12号
上海浦东发展银行股份有限公司董事会办公室
联系电话:021-63611226 021-63296188转董事会办公室
传 真:021-63230249
电子信箱:shens@hz.spdb.com.cn
yanggp@spdb.com.cn
wangjb@spdb.com.cn
(四)注册地址及办公地址:
注册地址:中国上海市浦东新区浦东南路500号
办公地址:中国上海市中山东一路12号
邮政编码:200002
国际互联网网址:http://www.spdb.com.cn
电子邮箱:bdo@spdb.com.cn
(五)选定的信息披露报纸:《上海证券报》、《证券时报》
刊登本公司年度报告的中国证监会指定国际互联网网址:http://www.sse.com.cn
年度报告备置地点:本公司董事会办公室
(六)股票上市地:上海证券交易所
股票简称:浦发银行
股票代码:600000

二、会计数据和业务数据摘要

(一)本年度主要利润指标情况(单位:人民币千元)

	境内审计数	境外审计数
利润总额	1,231,227	888,488
净利润	957,905	728,270
扣除非经常性损益的净利润	957,540	727,905
主营业务利润	1,229,463	886,081
营业利润	1,229,463	886,081
投资收益	1,136,285	944,692
营业外收支净额	1,764	–
经营活动产生的现金流量净额	1,692,157	9,442,785
现金及现金等价物净增加额	4,860,521	4,860,521

(二)截止报告期末公司前三年主要会计数据和财务指标:

项目	2000年境内审计数	2000年境外审计数	1999年(调整后)境内审计数	1999年(调整前)境内审计数	1998年(调整后)境内审计数	1998年(调整前)境内审计数
主营业务收入(千元)	5,710,414	5,552,260	4,946,045	5,028,467	5,261,891	5,512,406
净利润(千元)	957,905	728,270	729,142	926,692	615,557	780,602
总资产(千元)	130,722,432	128,869,851	101,642,815	103,209,678	83,585,102	84,926,166
股东权益(不含少数股东权益)(千元)	7,444,769	6,653,710	6,486,865	7,776,053	2,163,856	3,255,495
每股收益(元)(全面摊薄)	0.397	0.30	0.303	0.385	0.306	0.388
每股收益(月加权平均)(元)	0.397	0.30	0.346	0.439	0.306	0.388
扣除非经常性损益后的每股收益(元)(全面摊薄)	0.397	0.30	0.337	0.379	0.306	0.388
每股净资产(元)	3.089	2.761	2.692	3.227	1.077	1.620
调整后的每股净资产(元)	2.878	2.761	2.532	3.067	0.989	1.532
每股经营活动产生的现金流量净额(元)	0.702	3.918	0.404	0.404	0.508	0.508
净资产收益率(%)	12.87%	10.95%	11.24%	11.92%	28.45%	23.98%

注:主要财务指标计算方法:
主营业务收入=利息收入+金融机构往来收入+手续费收入+汇兑收益+投资收益+其他营业收入
每股收益=净利润/年度末普通股股份总数
每股净资产=年度末股东权益/年度末普通股股份总数
调整后的每股净资产=(年度末股东权益--三年以上应收款项净额--待摊费用--待处理(流动、固定)
资产净损失--开办费--长期待摊费用--住房周转金负数余额)/年度末普通股股份总数
每股经营活动产生的现金流量净额=经营活动产生的现金流量净额/年度末普通股股份总数
净资产收益率=净利润/年度末股东权益×100%

三、股本变动及股东情况

1、报告期末本公司股东总数为309541户。
2、报告期末本公司主要股东持股情况

序号	股东单位名称	股本金额(万元)	占比(%)
1	上海市财政局	19900	8.26
2	上海实业(集团)有限公司	19800	8.22
3	上海国际信托投资公司	16800	6.97
4	上海久事公司	15300	6.35
5	上海邮政电信局	5800	2.41
6	申能股份有限公司	5000	2.07
7	东方国际(集团)有限公司	5000	2.07
8	上海外高桥保税区开发股份有限公司	4000	1.66
9	上海市城市建设投资开发总公司	3800	1.58
10	中国华北电力集团公司	3000	1.24
	国家电力公司	3000	1.24

邯郸钢铁股份有限公司

一、公司简介

1、公司法定名称:邯郸钢铁股份有限公司
公司英文名称:HANDAN IRON & STEEL CO.,LTD
公司英文名称缩写:HDIS
2、公司法定代表人:刘汉章
3、公司董事会秘书:李卜海
董事会证券事务代表:陈占军
电话:0310-6074191
传真:0310-6074190
4、公司注册地址:河北省邯郸市复兴路232号
公司办公地址:河北省邯郸市复兴路232号
邮政编码:056015
公司国际互联网网址:http://www.hdgt.com.cn
电子邮箱:hdgt@ public.hdptt.he.cn
5、公司选定的信息披露报纸名称:《中国证券报》、《上海证券报》、《证券时报》
刊登公司年报的中国证监会指定国际互联网网址:http://www.sse.com.cn
公司年报备置地点:公司证券部
6、公司股票上市地点:上海证券交易所
股票简称:邯郸钢铁 股票代码:600001

二、会计数据和业务数据摘要

1、本年度主要利润指标情况(人民币:元)

利润总额	882,101,278.28
净利润	752,619,708.00
扣除非经常性损益后的净利润	597,299,091.41
主营业务利润	992,921,797.01
其他业务利润	457,574.65
营业利润	864,844,036.75
投资收益	17,314,509.27
补贴收入	–
营业外收支净额	-57,267.74
经营活动产生的现金流量净额	906,361,027.57
现金及现金等价物净增加额	239,354,701.21

[注]:扣除的非经常性损益项目和涉及金额

营业外收入	118,291.26
营业外支出	175,559.00
财政厅返还款	155,377,884.33

2、截止报告年度末公司前三年主要会计数据和财务指标

项目	2000年度	1999年度	1998年度 调整后	1998年度 调整前
主营业务收入(元)	5,856,684,361.09	5,091,105,388.82	4,858,957,001.62	4,858,957,001.62
净利润(元)	752,619,708.00	731,556,957.67	703,146,332.31	750,409,983.70
总资产(元)	7,591,479,037.70	6,176,020,854.91	6,797,961,687.02	6,845,225,338.41
股东权益(元)(不含少数股东权益)	5,869,393,899.18	4,765,773,204.84	4,034,216,247.17	4,081,479,898.56
全面摊薄每股收益(元)	0.506	0.536	0.566	0.605
加权平均每股收益(元)	0.528	0.536	0.566	0.605
加权平均每股收益(元)(扣除非经常性损益)	0.419	0.428	0.436	0.474
每股净资产(元)	3.95	3.49	3.25	3.29
调整后的每股净资产(元)	3.94	3.48	3.24	3.28
每股经营活动产生的现金流量净额	0.61	0.364	0.09	0.09
全面摊薄净资产收益率(%)	12.82	15.35	17.43	18.39
加权平均净资产收益率(%)	13.77	16.63	17.61	18.68

注:按照中国证监会《公开发行证券公司信息披露编报规则(第9号)》要求计算净资产收益率和每股收益。

项目	净资产收益率% 全面摊薄 2000年	全面摊薄 1999年	加权平均 2000年	加权平均 1999年	每股收益(元/股) 全面摊薄 2000年	全面摊薄 1999年	加权平均 2000年	加权平均 1999年
主营业务利润	16.92	17.30	18.16	18.74	0.668	0.604	0.696	0.604
营业利润	14.73	16.94	15.82	18.35	0.582	0.591	0.606	0.591
净利润	12.82	15.35	13.77	16.63	0.506	0.536	0.528	0.536
扣除非经常性损益后的净利润	10.18	12.26	10.93	13.28	0.402	0.428	0.419	0.428

三、股本变动及股东情况

股东情况介绍:
(1)截止2000年末,公司股东总户数253,746户,其中:未流通股股东15户,包括国家股1户、锁定董事、监事及高级管理人员股东14户,流通股股东253,731户。
(2)公司前10名股东持股情况如下:

股东名称	持股数量(股)	持股比例(%)
1、邯郸钢铁集团有限责任公司(国家股)	996,553,100	67.04
2、天安数码	876,746	0.059
3、邱郎葆	850,023	0.057
4、兴和基金	839,598	0.056
5、朱新民	799,336	0.054
6、孔庆梅	670,018	0.045
7、施汉钦	655,000	0.044
8、南方证券	647,127	0.044
9、汪美君	643,946	0.043
10、南方证券	586,802	0.039

注:公司前10名股东中第2至第10位为流通股股东,本公司不知其之间的关联关系。
(3)邯郸钢铁集团有限责任公司持有国家股996,553,100股,占公司总股本的67.04%;本报告期内所持股份无质押或冻结。公司法定代表人:刘汉章;公司生产经营范围:黑色金属冶炼、钢坯、钢材轧制;尿素、焦炭及副产品制造等。

齐鲁石油化工股份有限公司

一、公司简介

1、公司法定中文名称：齐鲁石油化工股份有限公司
公司法定英文名称：QILU PETROCHEMICAL COMPANY Ltd.
2、公司法定代表人：王延康
3、公司董事会秘书：郑建生
联系地址：山东省淄博高新技术产业开发区
电话：0533-3583728
传真：0533-3583718
公司网址：http://www.qilu.com.cn
电子信箱：WWW.QLDMSH@163.NET
4、公司注册地址：山东省淄博高新技术产业开发区
公司办公地址：山东省淄博高新技术产业开发区
邮 政 编 码：255086
5、公司信息披露报纸：《中国证券报》、《上海证券报》、《证券时报》。
年报披露指定网址：http://www.sse.com.cn
年度报告备置地点：公司董事会秘书室
6、公司股票上市地：上海证券交易所
股票简称：齐鲁石化　　股票代码：600002

二、会计数据和业务数据摘要

1、公司本年度实现的利润总额及其构成(单位：元)：

利润总额	538,840,843.26
净利润	434,824,925.60
扣除非经常性损益后的净利润	434,824,925.60
主营业务利润	936,191,769.64
其他业务利润	95,062,606.23
营业利润	523,134,715.43
投资收益	15,500,000.00
补贴收入	0
营业外收支净额	206,127.83
经营活动产生的现金流量净额	760,332,293.11
现金及现金等价物净增加额	-71,650,003.23

2、截止报告期末前三年的主要会计数据和财务指标：

主要财务指标	2000 年度	1999 年度 调整后	1999 年度 调整前	1998 年度
主营业务收入(万元)	715,551.04	582,002.62	582,002.62	393,283.57
净利润(万元)	43,482.49	38,711.11	47,560.01	47,077.09
总资产（万元）	828,910.56	876,722.33	884,904.45	916,433.87
股东权益(万元)	486,082.64	442,303.40	468,695.53	420,612.79
每股收益(摊薄)(元)	0.223	0.20	0.244	0.241
扣除非经常性损益后的每股收益(摊薄)(元)	0.223	0.20	0.244	0.241
每股收益(加权)(元)	0.223	0.20	0.244	0.249
扣除非经常性损益后的每股收益(加权)(元)	0.223	0.20	0.244	0.249
每股净资产(元)	2.49	2.27	2.40	2.16
调整后的每股净资产（元）	2.46	2.25	2.38	2.13
每股经营活动产生的现金流量净额（元）	0.39	0.593	0.593	
净资产收益率(摊薄)(%)	8.95	8.75	10.15	11.19
净资产收益率(加权)(%)	8.95	8.75	10.15	11.56

3、报告期利润表附注

报告期利润	净资产收益率(%)		每股收益	
	全面摊薄	加权平均	全面摊薄	加权平均
主营业务利润	19.26	20.11	0.48	0.48
营业利润	10.76	11.24	0.27	0.27
净利润	8.95	9.34	0.22	0.22
扣除非经常性损益后的净利润	8.94	9.33	0.22	0.22

注：根据中国石化股份公司《关于下发〈中国石油化工股份有限公司会计政策和会计估计〉的通知》要求，公司董事会临时会议决定对公司的坏帐准备提取比例作出调整，致使 1999 年度相应财务指标发生变更。详情刊登在 2001 年 2 月 27 日的《中国证券报》、《上海证券报》、《证券时报》上。

三、股本变动及股东情况

股东情况介绍

(1)、截止到 2000 年 12 月 31 日，公司股东总户数 192550 户，其中未流通法人股股东 1 户，流通股股东 192549 户。

(2)、持有本公司 5%以上股份的股东只有本公司的法人股东中国石油化工股份有限公司，该公司持有本公司股份 16 亿股，是在报告期内由齐鲁石油化工公司全部划转所致，其所持法人股份总数没有变动，也无质押或冻结等情况。公司前 10 名股东之间不存在关联关系，下面披露的其他前 9 名股东均为流通 A 股股东。

公司前 10 名股东持股情况如下：

	持股数(股)	股本比例(%)
中国石油化工股份有限公司	1600000000	82.05
兴和基金	1107675	0.07
道里投资	1000000	0.07
付云霞	995406	0.06
哈里实业	949950	0.06
严转运	900500	0.06
王庆徽	882127	0.05
唐小强	871305	0.05
张正明	859383	0.05
财政证券	850000	0.05

(3)、中国石油化工股份有限公司持有本公司股份 16 亿股，占总股本的 82.05%，是本公司的控股股东，其法定代表人李毅中，经营范围：石油开采、石油化工产品的生产、加工和销售。

(4)、报告期内公司的控股股东由齐鲁石油化工公司变更为中国石油化工股份有限公司。相关信息披露在 2000 年 2 月 26 日的《中国证券报》、《上海证券报》、《证券时报》上。

东北高速公路股份有限公司

一、公司简介

(一)公司的法定中文名称：东北高速公路股份有限公司
公司的法定英文名称：Northeast Expressway Company Ltd.
(二)公司法定代表人：张晓光
(三)公司董事会秘书：徐鹏
联系地址：吉林省长春市解放大路 84 号
联系电话：0431-5679038　　5673111-91810
传真：0431-5679038　　5679058　　电子信箱：dongbgs@sina.com
(四)公司注册地址：吉林省长春市人民大街 122 号
公司办公地址：吉林省长春市解放大路 84 号　　邮政编码：130021
公司网址：http://www.northeast-expressway.com　　电子信箱：dongbgs@sina.com
(五)公司选定的信息披露报纸：《中国证券报》、《上海证券报》、
登载公司年度报告的中国证监会指定国际互联网网址：http://www.sse.com.cn
公司年度报告备置地点：长春市解放大路 84 号交通大厦 18 层公司董事会秘书处
(六)公司股票上市交易所：上海证券交易所
股票简称：东北高速　　股票代码：600003

二、会计数据和业务数据摘要

(一)本年度主要利润指标情况(单位：人民币元)

1.利润总额	310,482,172.67
2.净利润	214,416,378.34
3.扣除非经常性损益的净利润	142,033,869.09
4.主营业务利润	244,258,801.58
5.其他业务利润	-5,334,436.70
6.营业利润	221,936,345.31
7.投资收益	53,085,945.14
8.补贴收入	35,434,097.22
9.营业外收支净额	25,785.00
10.经营活动产生的现金流量净额	150,238,989.83
11. 现金及现金等价物净增加额	-302,567,255.09

备注：扣除非经常性损益项目及金额(元)：

调增项目：合并价差摊销	2,826,402.07
调减项目：股票投资收益	38,574,814.10
国债投资收益	1,200,000.00
补贴收入	35,434,097.22

(二)近三年主要会计数据及财务指标：(单位：人民币元)

项目	2000 年	1999 年	1998 年
主营业务收入	344,360,640.88	368,196,414.05	326,046,985.58
净利润	214,416,378.34	199,350,653.65	143,223,071.39
总资产	4,145,908,496.67	4,347,189,479.36	2,961,857,695.18
股东权益	2,840,644,988.18	2,711,152,609.84	1,894,291,850.17
每股收益(摊薄)(元/股)	0.1767	0.17	0.16
每股收益(加权)(元/股)	0.1767	0.20	0.16
每股收益(扣除非经营性损益)	0.1171	0.17	0.16
每股净资产(摊薄)(元/股)	2.3414	2.24	2.07
调整后每股净资产(元/股)	2.3408	2.24	2.07
每股经营活动产生的现金流量净额(元/股)	0.1238	0.01	--
净资产收益率(摊薄)(%)	7.5482	7.54	7.56

按照中国证监会《公开发行证券公司信息披露编报规则(第 9 号)》要求计算 2000 年度的净资产收益率和每股收益。

	净资产收益率(%)		每股收益(元)	
	全面摊薄	加权平均	全面摊薄	加权平均
主营业务利润	8.60	8.67	0.201	0.201
营业利润	7.81	7.87	0.183	0.183
净利润	7.55	7.61	0.177	0.177
扣除非经营性损益后的净利润	5.00	5.04	0.117	0.117

(三)报告期内股东权益变化情况　　单位：人民币元

项目	股本	资本公积	盈余公积	其中:法定公益金	未分配利润	股本权益合计
期初数	1,213,200,000	1,371,393,956.19	92,188,285.50	10,243,142.83	34,370,368.15	2,711,152,609.84
本期增加			32,162,456.75	10,720,818.92	214416,378.34	246,578,835.09
本期减少					117,086,456.75	117,086,456.75
期末数	1,213,200,000	1,371,393,956.19	124350,742.25	20,963,961.75	131700,289.74	2,840,644,988.18

三、股本变动及股东情况

(一)报告期末股东总数

截止 2000 年 12 月 31 日，持有本公司股票的股东总人数为 177,158 户，持股 1,213,200,000 股，其中国家股股东 2 户，国有法人股股东 1 户，持有 913,200,000 股；社会公众股股东 177,155 户，持股 300,000,000 股。

(二)主要股东持股情况(前十名和持股 5%以上股东)

股东名称	持股数	占总股本比例
黑龙江省高速公路公司	366,100,000	30.176%
吉林省高速公路公司	303,270,000	24.998%
华建交通经济开发中心	243,830,000	20.098%
泰和基金	8,372,208	0.690%
益民信息	1,658,770	0.137%
中关通信	844,600	0.070%
兴和基金	629,500	0.052%
许栩敏	420,000	0.035%
世纪英才	398,900	0.033%
顺德真美	392,000	0.032%

说明：1、上述股东之间无关联关系。

2、黑龙江省高速公路公司、吉林省高速公路公司均为国家股股东，华建交通经济开发中心为国有法人股股东。

武汉钢铁股份有限公司

武汉钢铁股份有限公司2000年年度报告摘要

重要提示：本公司董事会保证本报告所载资料不存在任何虚假记载、误导性陈述或者重大遗漏，并对其内容的真实性、准确性和完整性负个别及连带责任。

一、公司简介

1、公司法定中文名称：武汉钢铁股份有限公司
公司法定英文名称：Wuhan Steel Processing Co., Ltd. 缩写：WSPC
2、公司法定代表人：刘本仁先生
3、公司董事会秘书：施 军先生 授权代表：刘国富先生
联系地址：武汉市青山区沿港路3号武汉钢铁股份有限公司董事会秘书室
电话：027-86306023 027-86807873 传真：027-86807873
4、公司注册地址：武汉市青山区沿港路3号
公司办公地址：武汉市青山区沿港路3号 邮政编码：430080
公司互联网网址：http://www.wisco.com.cn 电子信箱：stock@wspc.com.cn
5、公司信息披露报纸名称：《中国证券报》、《上海证券报》、《证券时报》
登载公司年度报告的国际互联网网址：http://www.sse.com.cn
公司年度报告备置地点：公司董事会秘书室
6、公司股票上市交易所：上海证券交易所 股票简称：武钢股份 股票代码：600005

二、会计数据和业务数据摘要

1、本年度利润总额及其构成 （单位：人民币元）

利润总额	838,297,463.16
净利润	706,892,004.25
扣除非经常性损益后的净利润	711,372,546.45
主营业务利润	953,269,520.54
其他业务利润	354,755.78
营业利润	840,320,528.89
投资收益	2,507,007.19
补贴收入	-
营业外收支净额	-4,530,072.92
经营活动产生的现金流量净额	1,613,057,181.03
现金及现金等价物净增加额	-243,021,906.13

注：扣除的非经常性损益项目和涉及金额：
资产处置损益：-4,480,542.20

2、截至报告年度末公司主要会计数据和财务指标

指标项目	单位	2000年	1999年
主营业务收入	（元）	6,925,280,769.77	5,901,221,239.19
净利润	（元）	706,892,004.25	605,906,637.90
总资产	（元）	6,331,297,981.90	7,424,784,776.98
股东权益	（元）	4,552,862,369.15	4,431,304,764.90
每股收益	（元/股）	0.338	0.290
每股收益（加权）	（元/股）	0.338	0.318
扣除非经常性损益后的每股收益	（元/股）	0.340	0.290
扣除非经常性损益后的每股收益（加权）	（元/股）	0.340	0.318
每股净资产	（元/股）	2.178	2.120
调整后的每股净资产	（元/股）	2.178	2.120
每股经营活动产生的现金流量净额	（元/股）	0.772	0.532
净资产收益率	（%）	15.53	13.67
净资产收益率（加权）	（%）	14.77	15.68

3、利润分配表附表：

报告期利润	净资产收益率(%) 全面摊薄	加权平均	每股收益(元) 全面摊薄	加权平均
主营业务利润	20.94	19.92	0.456	0.456
营业利润	18.46	17.56	0.402	0.402
净利润	15.53	14.77	0.338	0.338
扣除非经常性损益后的净利润	15.62	14.87	0.340	0.340

注：(1) 主要财务指标计算方法：
每股收益=净利润/年度末普通股股份总数
每股净资产=年度末股东权益/年度末普通股股份总数
调整后的每股净资产=（年度末股东权益-三年以上的应收款项净额-待摊费用-待处理（流动、固定）资产净损失-开办费-长期待摊费用-住房周转金负数余额）/年度末普通股股份总数
每股经营活动产生的现金流量净额=经营活动产生的现金流量净额/年度末普通股股份总数
净资产收益率=净利润/年度末股东权益×100%
加权平均每股收益=当期净利润/[期末普通股股份总数/(1+配股比例或增发新股比例)+期末普通股股份总数/(1+配股比例或增发新股比例)×配股比例或增发新股比例×自缴款结束日下一月份至期末的月份数/12]
加权平均净资产收益率=当期净利润/[(期初净资产+期末净资产)/2+当期发行新股或配股新增净资产×(自缴款结束日下一月份至报告期末的月份数-6)/12)]

3、报告期内股东权益变动情况 单位：（元）

项目	股本	资本公积	盈余公积
期初数	2,090,480,000.00	1,981,224,200.13	272,963,648.71
本期增加			106,033,800.64
本期减少			
期末数	2,090,480,000.00	1,981,224,200.13	378,997,449.35

项目	法定公益金	未分配利润	股东权益合计
期初数	77,379,631.67	86,636,916.06	86,636,916.06
本期增加	35,344,600.21	600,858,203.61	706,892,004.25
本期减少		585,334,400.00	585,334,400.00
期末数	112,724,231.88	102,160,719.67	4,552,862,369.15

变动原因：1. 盈余公积金本期增加106,033,800.64元系按本年度实现净利润的10%提取法定公积金和5%提取法定公益金所致；
2.法定公益金本期增加35,344,600.21元系按本年度实现净利润的5%提取法定公益金所致；
3.未分配利润本期增加600,858,203.61元系本年度实现净利润扣除两金后转入；未分配利润本期减少585,334,400.00元系因2000年度利润分配所致。

三、股本变动及股东情况

(1)股份变动情况表 数量单位：股

	本次变动前	配股	送股	公积金转股	增发	其他	小计	本次变动后
一、未上市流通股份								
1、发起人股份	1,770,480,000							1,770,480,000
其中国家持有股份	1,770,480,000							1,770,480,000
未上市流通股份合计	1,770,480,000							1,770,480,000
二、已上市流通股份								
1、人民币普通股	320,000,000							320,000,000
已上市流通股份合计	320,000,000							320,000,000
三、股份总数	2,090,480,000							2,090,480,000

注：表头"本次变动增减(+,-)"涵盖配股、送股、公积金转股、增发、其他、小计各栏。

(2) 股票发行与上市情况

公司于1999年7月2日发行社会公众股32000万股，其中上网定价发行27099万股，另向12家证券投资基金不等额配售，共计4901万股，发行价每股4.30元，发行市盈率为14.10倍。发行前公司总股本177048万股，每股净资产1.71元，发行后公司总股本209048万股，净资产总额438379万元，每股净资产2.10元。

1999年7月29日公布上市公告书，公司社会公众股27099万股于1999年8月3日上市流通，另向证券投资基金配售的4901万股于1999年10月11日起上市流通。

2、股东情况介绍

(1) 报告期末股东总数为184135户。

(2) 报告期末公司主要股东持股情况：

	股东名称	期末持股数(股)	占总股本比例(%)
①	武汉钢铁（集团）公司	1,770,480,000	84.69
②	李从恺	640,000	0.03
③	叶梅芳	629,647	0.03
④	严建定	524,498	0.03
⑤	王世才	518,535	0.02
⑥	余登学	507,694	0.02
⑦	周奎森	501,151	0.02
⑧	莫江华	440,000	0.02
⑨	秀枫房产	423,928	0.02
⑩	周富珍	350,000	0.02

注：①武汉钢铁（集团）公司为公司国有法人股股东。本公司从中国银行获得的美元长期借款是由武汉钢铁（集团）公司以其所持有本公司的股权作质押。

②前10名股东之间公司未知有何关联关系。

(3) 武汉钢铁（集团）公司法定代表人为刘本仁先生，其经营范围：冶金产品及副产品、冶金矿产品和钢铁延伸产品、化工产品、建筑材料、冶金辅助材料、成套冶金设备、机电设备设计及制造、工业技术开发、咨询服务。

(4) 报告期内无控股股东变更情况。

四、股东大会简介

1、1999年度股东大会

2000年6月30日，公司召开1999年度股东大会。会议审议通过《董事会工作报告》、《监事会工作报告》、《1999年度财务决算方案及2000年度财务预算方案》、《1999年度利润分配及资本公积金转增股本方案》、《1999年年度报告及摘要》、《关于程光先生不再担任本公司董事职务的议案》、《关于续聘安永华明会计师事务所的议案》、《股东大会议事规则（暂行）》、《关于授予董事会投资、资本运作、资产处置、资产抵押及担保等事项决策权限的议案》。

经安永华明会计师事务所审计，公司一九九九年度实现净利润605,906,637.90元，提取10%的法定公积金60,590,663.79元和5%的公益金30,295,331.90元，当年可供股东分配的利润为515,020,642.3元，加上年初未分配利润94,236,273.85元，可供股东分配的利润为609,256,916.06元。

公司决定以1999年末股本总数2,090,480,000股为基数，向全体股东每10股派现金红利2.5元（含税），合计分配现金522,620,000元，未分配利润余额86,636,916.06元结转下年。另外，不进行资本公积金转增股本。

该方案已于2000年8月9日前执行完毕。

1999年度股东大会决议公告已于2000年7月1日刊登在《中国证券报》、《上海证券报》和《证券时报》。

2、2000年度第一次临时股东大会

2000年12月25日，公司召开2000年度第一次临时股东大会。会议审议通过《关于投资参股武钢集团财务公司的议案》并选举产生第二届董事会董事及第二届监事会由股东代表担任的监事。

2000年度第一次临时股东大会决议公告已于2000年12月26日刊登在《中国证券报》、《上海证券报》和《证券时报》。

3、选举、更换董事、监事情况

2000年12月25日，公司召开2000年度第一次临时股东大会，选举刘本仁先生、张明达先生、邓崎琳先生、张异君女士、周良俊先生、刘文仲先生、刘须柱先生、赵华荣先生、应 宏先生、尹晓青先生为第二届董事会董事，选举王越先生为第二届董事会独立董事，选举毕传淑女士、吴永喜先生、李金山先生为第二届监事会由股东代表担任的监事。

五、董事会报告

1、公司经营情况

(1)本公司是专门生产和销售冷轧薄板和冷轧硅钢片的特大型企业，下设冷轧薄板厂和冷轧硅钢片厂。冷轧薄板厂是国内最大的冷轧薄板生产厂家之一，2000年其产品市场占有率为7.78%(国产冷轧产品市场占有率为55%)，主要装备和技术从德国和英国引进，整体技术水平达到八十年代国际先进水平，居国内领先地位。冷轧硅钢片厂是国内冷轧硅钢片的最大生产厂家，也是国内冷轧取向硅钢片和高牌号冷轧无取向硅钢片的唯一生产厂家，2000年武钢股份的硅钢片占国内冷轧硅钢片市场的26.26%(国内冷轧硅钢片市场占有率为40.52%)，主要装备和技术从日本引进，整体技术水平达到当代国际先进水平。

(2)公司主营业务的范围及经营状况

公司主营业务范围为：冶金产品及副产品、钢铁延伸产品的制造；冶金产品技术开发、咨询和服务。主要从事冷轧薄板、镀锌板、镀锡板、彩涂板和冷轧硅钢片的生产和销售业务。

2000 年公司产品地区分布(按销售数量统计)

地区	销售比例 (%)	地区	销售比例 (%)
华东	38.47	华北	5.99
华中	34.01	东北	2.52
华南	11.23	西北	2.21
西南	5.43	其他	0.14

产品名称	2000 年	1999 年
冷轧碳钢产品	4,577,762,353.64	3,969,038,923.80
冷轧硅钢产品	2,347,518,416.13	1,932,182,315.39
合　计	6,925,280,769.77	5,901,221,239.19

主营业务收入较 1999 年增加约 10 亿元，主要是由于公司根据市场需求，增产高附加值及适销对路的产品，并根据市场情况及时调整价格，从而使产品销售收入增加。

(3) 公司主要全资附属企业及控股子公司的经营情况及业绩

公司无全资附属企业及控股子公司。

(4) 在经营中出现的问题与困难及解决方案

2、公司财务状况

项　目	2000 年(元)	1999 年(元)	增减
总资产	6,331,297,981.90	7,424,784,776.98	-14.73
长期负债	300,000,000.00	1,127,050,000.00	-73.38
股东权益	4,552,862,369.15	4,431,304,764.90	2.74
主营业务利润	953,269,520.54	872,079,531.76	9.31
净利润	706,892,004.25	605,906,637.90	16.67

主要原因：总资产减少主要是偿还银行贷款后货币资金减少、计提固定资产折旧及预付账款大幅下降所致。长期负债减少为二零零零年度偿还银行贷款所致。

主营业务利润及净利润增加是因为本公司产品的销售量和价格上升。

3、公司投资情况

(1) 报告期内募集资金使用情况

经中国证券监督管理委员会证监发字(1999)72 号文批准，本公司于 1999 年 7 月 2 日采用上网定价发行方式向社会公开发行人民币普通股(A 股)320,000,000 股，每股面值 1 元，每股发行价为人民币 4.3 元，发行总市值 13.76 亿元。本次发行公司总共募集资金 1,347,899,637.81 元，拟主要用于公司技术改造项目，除项目实际投资金额以外，其余募集资金现存于银行。

单位：万元　　2000 年实际

项目名称	计划投资金额	投资金额	累计投资金额
冷轧厂技术改造工程	101,573	2,097	2,247
硅钢厂改扩建二期工程	11,766		2,340
铺底流动资金	15,000	15,000	15,000
汉阳带钢厂	6,450		
总　　计	134,789	17,097	19,587

未能按期投入募集资金的主要原因：一是冷轧技术改造工程尚处在工程技术谈判、商务谈判和招投标工作阶段；二是硅钢厂改扩建二期工程部分项目用非募集资金投入；三是兼并汉阳带钢厂的工作尚在进行过程中。

(2) 报告期内非募集资金投资情况。　单位：元

项　目	被投资公司名称	投资期限	占被投资单位注册资本比例	实际投资额
长期股权投资	武汉华工创业投资有限责任公司	长期	17%	10,000,000.00
长期债券投资	99 三峡债券	10 年	-	50,000,000.00
合　　计				60,000,000.00

4、公司所处生产经营环境以及宏观政策、法规未发生重大变化

5、新年度业务发展计划

(1)　经营目标：实现销售收入 67.81 亿元。

(2)　经营方针：以实现企业最佳效益为目标，围绕不断提高企业核心竞争能力，巩固和开拓新市场，加快技术改造的步伐，强化企业内部管理，着力于提高产品质量、降低生产成本和进一步改善服务，积极进取，务实创新，努力迎接新挑战，加快新发展，全面完成 2001 年的生产经营目标。

(3)　经营措施：

①突出经营战略研究，全面提高营销水平，不断巩固和开拓新市场。

一是要加大经营战略的研究。二是要进一步优化销售渠道。同直供厂家建立长期稳定的合作关系，大力发展网络中的直供，减少中间环节，继续做好网络评价工作，围绕"关注最终用户、保护流通利益、一体化制定政策"，加大网络单位的服务功能，并逐步向区域性代理过渡。三是加强客户管理，提高技术服务水平。四是进一步加强对宏观经济形势信息的收集，认真研究国际国内的钢材市场行情，保持对市场的前瞻性和预见性。五是要继续加强价格信息管理工作。通过加强各驻外点的工作，完善市场价格信息的反馈机制。

②大力优化产品结构，强化产品质量管理，不断提高产品的市场竞争力。

一是进一步增加市场份额。二是今年要针对生产中组织的难点、重点，切实加强工艺纪律。三是增加技术开发费用的投入，依靠武钢的技术优势，努力在产品结构上取得竞争的主动权。

③坚持以财务管理为中心，进一步加强成本控制，确保利润目标的实现。

一是加强成本控制，确保经济效益的增长。二是加强资金管理，提高资金使用效益。

④加快技术改造的步伐，提高装备技术水平，迎接入世后的挑战。

一是加快冷轧整体技术改造工作节奏。今年 4 月份完成精整 3# 横剪飞剪改造、电火花打毛机床、罩式炉改造、焦炉煤气吸附制氢、氮气净化装置、酸洗五机架冷轧机联机和热镀锌机组等项目的合同签约，5 月份完成其他项目的合同签约。根据合同要求，对设备的国外制造部分将抓紧组织初步设计、详细设计和设备制造，对设备国内制造部分将组织专门人员进行监制，以保证质量和工期。二是全面启动硅钢局部技术改造工作。今年，公司将全面启动硅钢片厂局部改造项目，即新建 ZR-4 机组，CS-1、CS-2、CT-1 机组的升速改造，CW-1、CW-2 机组的焊机改造，新增磨床，CA-2、CA-3 机组计算机系统改造，PA-1 机组改造等，为进一步调整结构扩大 Q 材产能做好准备。

⑤坚持规范运作，强化内部管理，进一步完善人事、分配制度。

一是继续深化人事、分配制度的改革，建立和完善激励约束机制和竞争上岗机制，充分调动广大职工的积极性和创造性。二是在积极稳妥的原则指导下，进一步推进公司机构改革。三是加强效能监察工作。

6、董事会日常工作情况

(1)报告期内董事会的会议情况及决议内容

①公司第一届董事会第八次会议于 2000 年 2 月 15 日召开。会议审议通过《总经理工作报告》、《1999 年度财务决算方案及 2000 年度财务预算方案》、《1999 年度利润分配及资本公积金转增股本预案》、《关于变更有关会计政策的报告》、《关于建立计提"四项准备"内部控制制度的报告》、《关于 1999 年度计提"四项准备"并追溯至 1997 年度、1998 年度的报告》、《董事会工作报告》、《关于公司董事变动的议案》、《1999 年年度报告及其摘要》、《续聘安永华明会计师事务所的议案》、《股东大会议事规则(暂行)》及《关于提请股东大会授予董事会投资、资本运作、资产处置、资产抵押及担保等事项决策权限的议案》、《关于投资激光拼焊项目的决定》及《关于召开 1999 年度股东大会的决定》。

② 公司第一届董事会第九次会议于 2000 年 7 月 24 日召开。会议审议通过《2000 年上半年总经理工作报告》、《2000 年中期报告及摘要》、《2000 年上半年财务预算执行情况报告》、《关于 2000 中期计提"四项准备"的报告》及《关于库存存货报废核销的报告》。

③ 公司第一届董事会第十次会议于 2000 年 8 月 29 日召开。会议决定：邵为民先生不再担任本公司总经理职务；王炯先生不再担任本公司副总经理及冷轧薄板厂厂长职务；根据董事长刘本仁先生提名，聘任刘文仲先生为本公司总经理；根据总经理刘文仲先生提名，聘任尹晓青先生为本公司副总经理兼冷轧薄板厂厂长；公司第一届董事会和第一届监事会三年任期即将届满，董事会决定召开 2000 年度第一次临时股东大会，选举新一届董事和由股东代表出任的监事。

④公司第一届董事会第十一次会议于 2000 年 11 月 23 日召开。会议审议通过审议通过《关于投资参股武钢集团财务公司的议案》、《关于投资参股武钢集团财务公司的关联交易报告》、《关于调整公司机构设置的议案》、《关于聘任涂翔先生为公司副总经理的议案》及《关于召开公司 2000 年度第一次临时股东大会的议案》。

⑤公司第二届董事会第一次会议于 2000 年 12 月 25 日召开。会议选举刘本仁先生为第二届董事会董事长，选举张明达先生为第二届董事会副董事长。

(2)董事会对股东大会决议的执行情况

报告期内董事会按照股东大会决议及授权，组织实施了 1999 年度利润分配方案。

7、高级管理层及员工情况

(1)　董事、监事、高级管理人员

姓　名	职　务	性别	年龄	任期起止日期
刘本仁	董事长	男	57	2000.12-2003.12
张明达	副董事长	男	57	2000.12-2003.12
邓崎琳	董事	男	48	2000.12-2003.12
张异君	董事	女	55	2000.12-2003.12
周良俊	董事	男	67	2000.12-2003.12
刘文仲	董事兼总经理	男	49	2000.12-2003.12
刘须柱	董事、党委书记兼副总经理	男	54	2000.12-2003.12
赵华荣	董事兼副总经理	男	49	2000.12-2003.12
应　宏	董事兼副总经理	男	36	2000.12-2003.12
尹晓青	董事兼副总经理	男	45	2000.12-2003.12
王　越	独立董事	男	67	2000.12-2003.12
毕传淑	监事会主席	女	50	2000.12-2003.12
吴永喜	监事	男	56	2000.12-2003.12
李金山	监事	男	46	2000.12-2003.12
李　明	监事兼工会主席	男	45	2000.12-2003.12
范庆国	监事	男	38	2000.12-2003.12
汪文敏	财务总监	男	50	2000.12-2003.12
施　军	董事会秘书	男	38	2000.12-2003.12
徐景山	副总经理	男	47	2000.12-2003.12
涂　翔	副总经理	男	39	2000.12-2003.12

说明：

①根据证监会的有关规定，公司发行社会公众股时未发行公司职工股，以上董事、监事及高级管理人员均未持有本公司股票。

②以上部分董事、监事及高级管理人员在公司领取的年度报酬总额为 550,957 元。其中，年度报酬在 3 万元以下的 1 人；年度报酬在 3 至 6 万元之间的 7 人；年度报酬在 6 至 9 万元之间的 3 人。刘本仁、张明达、邓崎琳、张异君、周良俊、王越、毕传淑、吴永喜，李金山未在公司领取报酬。

③在报告期内，经换届选举离任的董事为：邵为民先生、王炯先生和阮北耀先生。

(2)公司员工的数量、专业构成、教育程度及退休职工人数情况

截止 2000 年 12 月 31 日，公司共有在册职工 4297 人，其中生产人员 3388 人，销售人员 74 人，技术人员 378 人，财务人员 54 人，行政(管理)人员 403 人。公司职工中具有大专以上文化程度的达 28.42%。公司现有离退休职工 971 人。

8、本次利润分配预案及 2001 年利润分配政策

经安永华明会计师事务所审计，公司二零零零年度实现净利润 706,892,004.25 元，提取 10%的法定公积金 70,689,200.43 元和 5%的公益金 35,344,600.21 元，当年可供股东分配的利润为 600,858,203.61 元。加上年初未分配利润 86,636,916.06 元，可供股东分配的利润为 687,495,119.67 元。

董事会决定以 2000 年末股本总数 2,090,480,000 股为基数，向全体股东每 10 股派现金红利 2.8 元(含税)，合计分配现金 585,334,400 元，未分配利润余额 102,160,719.67 元结转下年。另外，不进行资本公积金转增股本。

预计公司 2001 年利润分配政策如下：

1. 公司预计在 2002 年上半年对未分配利润进行一次分配；
2. 公司 2001 年度实现净利润用于股利分配的比例为 70%；
3. 公司本年度未分配利润用于下一年度股利分配的比例为 80%；
4. 公司 2001 年度分配采取派发现金的形式，具体分配方案将根据公司当时的实际情况确定。

六、监事会报告

1、召开监事会议情况

报告期内，监事会共召开四次会议。监事会一届四次会议于 2000 年 2 月 25 日召开。会议审议通过《1999 年度监事会报告》并审议了《1999 年度总经理工作报告》和《1999 年度财务决算方案及 2000 年度财务预算方案》。监事会一届五次会议于 2000 年 7 月 24 日召开。会议审议了《2000 年上半年总经理工作报告》、《2000 年中期报告及摘要》、《2000 年上半年财务预算执行情况报告》及《关于 2000 年中期计提"四项准备"的报告》。监事会一届六次会议于 2000 年 10 月 31 日召开。会议审议通过《武汉钢铁股份有限公司监事会工作暂行条例(试行)》、《武汉钢铁股份有限公司监事会议事规则（试行）》、《武汉钢铁股份有限公司监事会办公室工作职责（试行）》。监事会一届七次会议于 2000 年 11 月 23 日召开。会议审议了《关于投资参股武钢集团财务公司的议案》、《关于投资参股武钢集团财务公司的关联交易报告》、《关于聘任涂翔先生为公司副总经理的议案》、《关于调整公司机构设置的议案》、《关于召开公司 2000 年度第一次临时股东大会的议案》。另外，公司监事还列席了公司第一届董事会第八次会议、第九次会议、第十一次会议、第十一次会议和公司第二届董事会第一次会议并列席了公司一九九九年度股东大会和 2000 年度第一次临时股东大会。

2、公司依法运作情况

报告期内，公司决策程序合法，相关内部控制制度日臻完善；公司董事、总经理及其他高级管理人员在执行公司职务时能严格按《公司法》、《证券法》及《公司章程》的规定办事，无违反法律、法规及公司章程的行为，也无损害股东利益和公司利益的行为

3、检查公司财务情况

监事会坚持定期或不定期地对公司财务执行情况、销售经营情况、物资采购情况进行检查，未发现有违反财务管理制度的行为；监事会对安永华明会计师事务所出具的审计意见及所涉及的事项进行了了解，认为其所出具的审计结果真实地反映了公司的财务状况和经营情况。

4、前次募集资金情况

公司社会公众股于一九九九年七月二日发行，同年八月三日在上海证券交易所挂牌交易，募集资金 13.48 亿元，募集资金实际投入项目和承诺投入项目一致。

5、报告期内，公司没有收购和出售资产交易事项，没有发生资产流失的问题，也没有发生损害股东利益的行为。

6、关联交易情况

从本公司与武钢签订关联交易协议执行情况看，关联交易是公平的，没有发生损害上市公司利益的行为，经安永华明会计事务所年度审计，未提出保留意见。

七、重要事项

1、本年度公司无重大诉讼、仲裁事项。

2、报告期内公司、公司董事及高级管理人员无受监管部门处罚情况。

3、报告期内公司控股股东无变更;2000年12月25日,公司2000年度第一届临时股东大会选举产生第二届董事会董事。2000年8月29日,公司第一届董事会第十次会议决定:邵为民先生不再担任本公司总经理职务;根据董事长刘本仁先生提名,聘任刘文仲先生为本公司总经理。报告期内无解聘或新聘董事会秘书情况。

4、本年度公司无收购及出售资产、吸收合并事项。

5、重大关联交易事项

(1)购买商品、提供劳务发生的关联交易

关联交易方	交易内容
武汉钢铁(集团)公司	成品销售　废金属及废钢退货 购买原材料　收取存款利息　支付土地使用费 支付福利及其他服务费　支付公用设施使用费 购买备件、工具、辅助材料和低值易耗品

关联交易方	交易金额(元)、	占同类交易的金额比例(%)
	284,129,003.48	4
	53,863,657.30	100
武汉钢铁(集团)公司	4,653,387,491.68	96
	23,536,022.00	80
	5,159,780.00	100
	45,127,935.72	100
	335,539,516.58	100
	625,881,734.53	100

注1:本公司与武钢签订了《热轧卷原材料供应协议》,根据协议,武钢将按其规定继续向本公司供应热轧卷,并且有义务在满足其自身或任何第三方的需求之前优先满足本公司的需求,热扎卷价格是按不高于武钢向独立第三方用户收取的价格确定。本公司有权随时向任何第三方购买热轧卷。此协议没有固定的期限,武钢无权终止协议,但本公司可在向武钢发出通知后终止该协议。以上所说购买原材料的业务主要由本公司通过向武钢预付款的形式进行的;于2000年12月31日,本公司预付予武钢的材料款为人民币853,538,665.16元[见附注四(4)]。

注2:本公司由于日常销售业务所得于2000年12月31日存放于武钢集团财务公司的人民币往来存款和通知存款分别为人民币36,987,525.79元和人民币1,035,649,163.70元,及美元往来存款为美元363,738.10元。人民币往来存款的年利率为0.99%,通知存款的年利率为1.35%至1.89%,美元往来存款的年利率为2%。

注3:本公司与武钢签订了《土地使用权租赁协议》,武钢向本公司出租本公司生产及行政设施所使用的土地的土地使用权,该土地使用权期限为50年。本公司每年向武钢支付租金,租金依据武汉市土地估价事务所对该土地使用权的资产评估数值而制订,初始租金定为每年人民币5,159,780元。租金每5年根据武钢和本公司达成的协议调整一次,每次调整幅度不得超过10%,武钢无权提前终止协议。

注4:本公司向武钢签订了《综合服务协议》,根据协议,武钢向本公司提供生产辅助、行政管理支持、社会公益服务及公用服务设施,本公司按照国家定价或市场价格或实际成本向武钢支付服务费。此服务协议无固定的期限,武钢无权终止向本公司提供的任何服务或设施或服务协议,但本公司可在向武钢发出事先通知后终止该服务或设施的使用。

注5:本公司对武钢的成品销售价格是按照市场价格制订。

(2) 资产、股权转让发生的关联交易

报告期内,本公司无资产、股权转让发生的关联交易。

(3) 公司与关联方债权、债务事项

本公司与武钢本会计期间之应收应付款项余额如下:

	2000年度(元)
应收帐款	-
预付帐款	853,538,665.16
其他应收款	130,650.00
应付股利	495,734,400.00

应收及应付关联方款项均不计利息、无抵押且无固定还款期。

(4) 其他重大关联交易

在报告期内无其他重大关联交易。

6、公司与控股股东之间已实现人员独立、资产完整、财务分开。

(1)公司在劳动、人事及工资管理等方面独立。公司经理、副经理等高级管理人员在公司领取薪酬且不在股东单位担任重要职务。

(2)公司拥有独立的生产系统、辅助生产系统和配套设施,拥有独立的工业产权、商标、非专利技术等无形资产,拥有独立的采购和销售系统。

(3)公司已成立独立的财务部门,并建立了独立的会计核算体系和财务管理制度并拥有独立的银行帐户。

7、承诺事项

本公司于2000年11月23日召开的第一届董事会第十一次会议审议通过《关于投资参股武钢集团财务公司的议案》,并于当日与武钢财务公司签署投资入股协议书,认购武钢财务公司增资价款总计为人民币60,000,000.00元,该协议待中国人民银行批准确认。

8、本年度公司无托管、承包、租赁其他公司资产或其他公司托管、承包、租赁上市公司资产的事项。

9、本年度公司未改聘、解聘会计师事务所。

10、报告期内公司无其它重大合同。

11、公司报告期内没有更改名称及股票简称

12、其它重大事件

中华人民共和国对外贸易经济合作部于2000年9月11日发布2000年 第8号公告:"根据《中华人民共和国反倾销和反补贴条例》的规定,对外贸易经济合作部于1999年3月12日正式公告,决定对原产于俄罗斯的进口冷轧硅钢片进行反倾销调查。对外贸易经济合作部会同海关总署对倾销和倾销幅度进行了调查,国家经济贸易委员会会同国务院有关部门对损害及损害程度进行了调查。对外贸易经济合作部最终裁定存在倾销,国家经济贸易委员会最终裁定国内产业存在实质损害,并且国内产业实质损害由倾销造成。"

终裁决定:"自1999年12月30日起,中华人民共和国海关将对原产于俄罗斯进口到中华人民共和国的冷轧硅钢片(中华人民共和国海关俄罗斯进口税则号:72251110、72251190、72251910、72251990、72261110、72261190、72261910、72261990。取向硅钢片牌号:3404、3405、3406、3407、3408,厚度分别为0.30毫米、0.35毫米;无取向硅钢片牌号2212)开始征收反倾销税,俄罗斯各公司的反倾销税税率分别如下:俄罗斯新利佩茨克钢铁股份有限公司:6%;俄罗斯联邦维茨钢铁有限公司:0%;其他俄罗斯公司:62%。"

冷轧硅钢片的生产和销售为本公司的主要业务之一,2000年中期该项业务占公司营业收入的35%,外经贸部和国家经贸委对本案的肯定性终裁及采取的反倾销措施,将在消除俄罗斯冷轧硅钢片倾销的影响,维护正常的市场秩序方面起到积极作用,也将对本公司相关业务的经营产生积极影响。

八、财务报告

审计报告、会计报表及附注

武汉钢铁股份有限公司全体股东:

我们接受委托,审计了贵公司2000年12月31日的资产负债表,2000年度的利润表及利润分配表,以及现金流量表。这些会计报表由贵公司负责,我们的责任是对这些会计报表发表审计意见。我们的审计是根据《中国注册会计师独立审计准则》进行的。在审计过程中,我们结合　贵公司的实际情况,实施了包括抽查会计记录等我们认为必要的审计程序。

我们认为,上述会计报表符合《企业会计准则》及《股份有限公司会计制度》的有关规定,在所有重大方面公允地反映了贵公司2000年12月31日的财务状况,2000年度的经营成果以及现金流量情况,会计处理方法的选用遵循了一贯性原则。

安永华明会计师事务所　　注册会计师　葛明

中国 北京　　二零零一年一月二十三日

一、公司简介

武汉钢铁股份有限公司(以下简称"本公司")系经国家经济体制改革委员会体改生[1997]164号文批准,由武汉钢铁(集团)公司(以下简称"武钢")作为独家发起人,采取发起设立方式设立的股份有限公司。经中国证券监督管理委员会证监发行字(1999)72号文批准,本公司于1999年7月2日采用上网定价发行方式向社会公开发行人民币普通股(A股)320,000,000股,每股面值1元,每股发行价为人民币4.3元。本公司于1999年7月30日经武汉市工商行政管理局核准登记,企业法人营业执照注册号:4201001101698,注册资本人民币2,090,480,000元。公司经营范围为:冶金产品及副产品、钢铁延伸产品制造;冶金产品和技术开发、咨询和服务。

二、公司主要会计政策

1.会计制度

本公司执行《企业会计准则》和《股份有限公司会计制度》。本会计报表并无因按财会[2001]17号文的要求而需用追溯调整法作为2000年度资产负债表日后调整事项进行处理的会计政策变更事项。本公司下年度会计报表将会按照由2001年1月1日起施行的《企业会计制度》的要求编制。

2.会计年度

本公司会计年度采用公历制,即每年自1月1日起至12月31日止为一个会计年度。

3.记账本位币　本公司以人民币为记账本位币。

4.记账基础和计价原则　本公司以权责发生制为记账基础,以历史成本为计价原则。

5.外币业务核算方法

本公司发生非本位币经济业务时,采用交易当日中国人民银行公布的人民币外汇牌价折合为本位币记账。结算日,货币性项目中的非本位币金额概按结算日中国人民银行公布的人民币外汇牌价进行调整,由此产生的货币换算差异,除因购建固定资产而借贷的外币资金所产生的汇兑损益,于在建期间资本化外,均列作当期财务费用。

6.现金等价物

现金等价物是指本公司持有的期限短(从购买日起,三个月内到期)、流动性强、易于转换为已知金额的现金、价值变动风险小的投资。

7.坏账核算方法

本公司从1998年1月1日开始正式独立管理本公司的销售业务。从1998年1月1日起,本公司对独立管理销售业务以后所发生的应收账款,按其余额的0.5%计提坏账准备。从1999年1月1日起,本公司按照《股份有限公司会计制度有关会计处理问题补充规定》规定,对应收款项坏账准备的核算方法,改为按账龄分析法,即根据应收款项入账时间的长短,再考虑各账龄的应收款项的还款情况计提坏账准备,其详情如下:

账龄	计提坏账百分比
1年以内	6%
1–2年内	10%
2–3年内	30%
3–4年内	50%
4–5年内	80%
超过5年	100%

8.存货核算方法

存货按成本计价。除低值易耗品外,存货的成本以加权平均法计算。半成品及产成品的成本包括直接材料,直接工资及应分摊的制造费用。低值易耗品采用一次转销法,低值易耗品的价值在其领用时全部作为当期生产耗费,一次转移到产品成本中。

从1999年1月1日起,本公司按照《股份有限公司会计制度有关会计处理问题补充规定》规定,对存货遭受损毁、陈旧过时和销售价格低于成本等原因造成的存货成本不可收回部份,根据对单个存货账龄、周转及其他情况的分析,按单个存货项目的成本与其可变现净值的差额提取存货跌价损失准备。

9.长期投资核算方法

长期股权投资按投资时实际支付的价款或评估、协议确定的价值记账。本公司对被投资单位具有控制、共同控制或重大影响的,采用权益法核算;其他的股权投资采用成本法核算。如果由于市价持续下跌或被投资单位经营状况变化等原因导致其可收回金额低于投资的账面价值,其差额确认为当期投资损失。

长期股权投资采用权益法时,投资成本与应享有被投资单位所有者权益份额之间的差额,作为股权投资差额,在合同规定的投资期限内摊销,无投资期限的,按借方差额不超过10年,贷方差额不低于10年的期限摊销。

10.固定资产计价和折旧方法

固定资产是指使用期限超过一年的房屋、建筑物、机器、设备、器具、工具等资产,以及不属于经营的主要设备但单位价值在人民币2,000元以上,使用期限超过二年的物品。固定资产按取得之实际成本或就本公司于一九九七年六月三十日因重组所作的重置成本计价,购建固定资产使其达到可供使用状态前所发生之借款利息及因借款产生的外币汇兑损益予以资本化;有关重大扩充、更换及翻新、技术改造而增加的价值作为资本支出,列入固定资产。经常性修理及维护支出列为当期费用;固定资产盘盈、盘亏、报废、毁损及转让出售等资产处理净损益计入当期营业外收入或支出。

固定资产的折旧采用直线法平均提列,并根据固定资产类别的原价或重置成本、估计经济使用年限和预计残值(原价或重置成本的4%)确定其折旧率如下:

	估计使用年限	年折旧率
房屋及建筑物	20至40年	2.4%至4.8%
机器及设备	6至15年	6.4%至16%
运输工具	8至18年	5.3%至12%

固定资产按月提取折旧,当月增加的固定资产,从下月起计提折旧;当月减少的固定资产,从下月起不提折旧。

11.在建工程核算方法

在建工程是指购建固定资产之工程前期准备和工程交付使用前之建筑工程和安装工程支出,包括工程直接材料、直接工资、待安装设备、工程建筑安装费、工程管理费和工程试运转净损益及借款利息、汇兑损益。在建工程借款所发生的利息及汇兑损益在交付使用前计入工程成本,交付使用后,计入当期财务费用。在建工程自竣工交付使用起转列固定资产。

12.收入确认原则

在商品交易中,本公司已将商品所有权上的重要风险和报酬转移给买方,本公司不再对该商品实施继续管理权和实际控制权,相关的收入已经收到或取得了收款的证据,并且与销售该商品有关的成本能够可靠地计量时,确认营业收入的实现。

在提供劳务中,按照完工百分比法确认相关的劳务收入。如提供的劳务合同在同一年度内开始并完成,在完成劳务并且收到价款或取得了收款的证据时确认营业收入的实现。

营业收入按销货发票金额(不含凭以计算增值税之销项税额)列账,发生的销货退回,销售折扣

和折让直接冲减营业收入。

利息收入仍按配比原则,并经考虑未偿还本金及适用实际利率予以确认。

长期股权投资的投资收益是于被投资单位宣告发放现金股利或分派利润时予以确认。

长期债权投资的投资收益是按权责发生制原则根据债券面值及适用利率予以确认。

13.利润分配

税后利润在提取法定盈余公积金、法定公益金和任意盈余公积金后,余额进行利润分配。

根据有关法规,法定盈余公积金和法定公益金应根据中国会计准则确定的税后利润分别按10%和5%-10%来提取。当法定公积金已达本公司注册资本的50%时,可不再提取。任意盈余公积金的提取由股东大会根据需要决定。

14.所得税的会计处理方法

所得税的会计处理方法采用应付税款法。

三、税项

四、会计报表主要项目注释

五、关联方关联及其交易

六、承诺事项	2000	1999
资本承诺		
已签约但未拨备	6,632,100.00	121,162,000.00
已经董事会批准但未签约	2,019,561,700.00	2,199,164,900.00
	2,026,193,800.00	2,320,326,900.00
租赁承诺		
本公司就于下列期届满之租赁协议须于下年度缴付的租金为:		
1年内届满租约的租金	97,289.50	97,289.50
5年以上届满租约的租金	5,159,136.12	5,159,136.12
	5,256,425.62	5,256,425.62
投资承诺	60,000,000.00	-

本公司于2000年11月23日召开的第一届董事会第十一次会议审议通过《关于投资参股武钢集团财务公司的议案》,并于当日与武钢财务公司签署投资入股协议书,认购武钢财务公司增资价款总计为人民币60,000,000.00元,该协议待中国人民银行批准确认。

七、或有负债

本公司于2000年12月31日无或有负债。

八、资产负债表日后事项

截至本会计报表批准日,本公司并无须作披露的资产负债表日后事项。

九、比较数字

若干比较数字已重新分类,以符合现年度之呈报形式。

十、财务报表之批准

本财务报表业经本公司董事会于2001年4月3日批准

资产负债表

单位:(人民币)元

资产	期末数 合并
流动资金:	
货币资金	1,690,667,328.02
短期投资	-
减:短期投资跌价准备	-
短期投资净额	-
应收票据	164,979,172.50
应收股利	-
应收利息	-
应收帐款	22,448,748.68
其他应收款	1,582,838.90
减:坏帐准备	4,496,638.95
应收款项净额	19,534,948.63
预付帐款	853,538,665.16
应收补贴款	-
存货	765,795,056.45
其中:工程施工	-
减:存货跌价准备(含工程亏损准备)	6,204,309.20
存货净额	759,590,747.25
待摊费用	370,771.74
待处理流动资产净损失	-
一年内到期的长期债权投资	-
其他流动资产	-
流动资产合计	3,488,681,633.30
长期投资:	
长期股权投资	64,516,971.82
长期债权投资	50,000,000.00
合并价差	
长期投资合计	114,516,971.82
减:长期投资减值准备	-
长期投资净额	114,516,971.82
其中:合并价差(贷差以"-"号表示合并报表填列)	-
其中:股权投资差额(贷差以"-"号表示母公司报表填列)	-
固定资产:	
固定资产原价	5,823,993,169.88
减:累计折旧	3,123,943,576.05
固定资产减值准备	
固定资产净值	2,700,049,593.83
工程物资	-
在建工程	28,049,782.95
固定资产清理	-
待处理固定资产净损失	-
固定资产合计	2,728,099,376.78
无形资产及其他资产:	
无形资产	-
开办费	-
长期待摊费用	-
其他长期资产	-
其中:临时设施净额	-
无形资产及其他资产合计	-
递延税项:	
递延税款借项	-
资产总计	6,331,297,981.90
流动负债:	
短期借款	-
应付票据	-
应付帐款	13,549,645.07
预收帐款	744,990,991.41
代销商品款	-
应付工资	-
应付福利费	13,365,016.07
应付股利	585,334,400.00
应交税金	32,130,576.55
其他应交款	-
其他应付款	89,064,983.65
预提费用	-
一年内到期的长期负债	-
其他流动负债	-
流动负债合计	1,478,435,612.75
长期负债:	
长期借款	300,000,000.00
应付债券	-
长期应付款	-
住房周转金	-
其他长期负债	-
应计被投资单位的债务	
长期负债合计	300,000,000.00
递延税项:	
递延税款贷项	-
负债合计	1,778,435,612.75
少数股东权益(合并报表填列)	-
股东权益:	
股本	2,090,480,000.00
资本公积	1,981,224,200.13
盈余公积	378,997,449.35
其中:公益金	112,724,231.88
未确认的投资损失	-
汇率调整	
未分配利润(未弥补亏损以"-"号表示)	102,160,719.67
外币报表折算差额(合并报表填列)	-
股东权益合计	4,552,862,369.15
负债和股东权益总计	6,331,297,981.90

利润及利润分配表

单位:(人民币)元

项目	本期数 合并
一、主营业务收入	6,925,280,769.77
减:销售折让	-
主营业务收入净额	6,925,280,769.77
减:主营业务成本	5,944,512,129.83
主营业务税金及附加	27,499,119.40
二、主营业务利润(亏损以"-"号填列)	953,269,520.54
加:其他业务利润(亏损以"-"号填列)	354,755.78
减:存货跌价损失	1,615,883.90
营业费用	17,036,481.85
管理费用	59,318,912.92
财务费用	35,332,468.76
三、营业利润(亏损以"-"号填列)	840,320,528.89
加:投资收益(损失以"-"号填列)	2,507,007.19
补贴收入	-
营业外收入	38,955.00
减:营业外支出	4,569,027.92
四、利润总额(亏损总额以"-"号填列)	838,297,463.16
减:所得税	131,405,458.91
减:少数股东损益(合并报表填列、亏损以"-"号填列)	-
加:未确认的投资损失(合并报表填列)	-
减: 购买日前的损益	
五、净利润(净亏损以"-"号填列)	706,892,004.25
加:年初未分配利润(未弥补亏损以"-"号填列)	86,636,916.06
减:减少注册资本减少的未分配利润	-
盈余公积转入	-
减:年初至公司成立日份配给主发期人股东的利润	
	793,528,920.31
六、可供分配的利润(亏损以"-"号填列)	70,689,200.43
减:提取法定盈余公积金	35,344,600.21
减:提取法定公益金	-
职工奖福基金(子公司为外商投资企业,合并报表填列)	
	687,495,119.67
七、可供股东分配的利润(亏损以"-"号填列)	-
减:应付优先股股利	-
提取任意盈余公积	585,334,400.00
应付普通股股利	-
转作股本的普通股股利	
	102,160,719.67
八、未分配利润(未弥补亏损以"-"号填列)	
附注:非常项目:	-
1.出售处置部门或被投资单位	-
2.自然灾害发生的损失	-
3.会计政策更改	-
4.其他	

报告期利润	净资产收益率 全面摊薄
主营业务利润	20.94
营业利润	18.46
净利润	15.53
扣除非经常性损益后的净利润	15.62

东风汽车股份有限公司

东风汽车股份有限公司2000年度年度报告摘要

本公司董事会保证本报告所载资料不存在任何虚假记载、误导性陈述或者重大遗漏，并对其内容的真实性、准确性和完整性负个别及连带责任。

东风汽车股份有限公司董事会

一、公司简介

1、公司法定中文名称：东风汽车股份有限公司

公司法定英文名称：Dongfeng Automobile Co., LTD 缩写：DFAC

2、公司法定代表人：苗圩

3、公司董事会秘书：卢锋 联系地址：湖北省襄樊市车城大道1号

电话：0710-3392155 传真：0710-3392156 电子信箱：dfaclf@public.xf.hb.cn

证券事务代表：张新峰 电话：0710-3392958 传真：0710-3392221

电子信箱：dfaczxf@public.xf.hb.cn

4、公司注册地址：湖北省襄樊市高新技术产业开发区春园西路4号

公司办公地址：湖北省襄樊市车城大道1号 邮政编码：441004

公司国际互联网网址：http://www.dfac.com E-mail ：dfac@dfac.com

5、公司选定的信息披露报纸名称：《上海证券报》、《中国证券报》、《证券时报》。

登载公司年度报告的中国证监会指定国际互联网网址：http://www.sse.com.cn

公司年度报告备置地点：公司证券部

6、公司股票上市交易所：上海证券交易所 股票简称：东风汽车 股票代码：600006

二、会计数据和业务数据摘要

1、2000年度利润实现情况(单位：人民币元)

利润总额：	440,092,549.90
净利润：	373,840,148.57
扣除非经常性损益后的净利润：	370,892,880.17
主营业务利润：	628,689,676.22
其他业务利润：	6,322,502.79
营业利润：	435,462,562.69
投资收益：	1,682,718.81
补贴收入：	0
营业外收支净额：	2,947,268.40
经营活动产生的现金流量净额：	475,755,367.55
现金及现金等价物净增加额：	-47,195,443.90

注："扣除非经常性损益后的净利润"是指从净利润中扣除公司报告期内正常经营损益之外的、一次偶发性损益，扣除数2,947,268.40元的构成为：发行股票冻结资金利息收入摊销数3,169,235.42元，无法支付款项950,230.00元，固定资产清理76,581.01元，其他1,200,572.5元，营业外支出2,449,350.53元。

2、主要会计数据和财务指标 单位：人民币元

指标	2000年	1999年 调整后
主营业务收入	3,446,311,855.83	3,085,534,804.43
净利润	373,840,148.57	320,917,942.63
总资产	4,069,052,708.37	3,615,911,446.86
股东权益(不含少数股东权益)	2,694,778,082.39	2,519,298,449.96
每股收益(摊薄)	0.3738	0.3209
每股收益(加权)	0.3738	0.3890
每股净资产	2.6948	2.5193
调整后每股净资产	2.5443	2.3621
每股经营活动产生的现金流量净额	0.4758	0.2225
净资产收益率(摊薄)	13.87%	12.74%
净资产收益率(加权)	13.81%	21.24%
扣除非经营损益后的净资产收益率(加权)	13.71%	20.75%

注：(1)主要财务指标计算方法：

①每股收益=净利润/年度末普通股股份总数

②每股净资产=年度末股东权益/年度末普通股股份总数

③调整后的每股净资产=(年度末股东权益-三年以上的应收款项净额-待摊费用-待处理(流动、固定)资产净损失-开办费-长期待摊费用-应付福利费负数余额-住房周转金负数余额)/年度末普通股股份总数

④每股经营活动产生的现金流量净额=经营活动产生的现金流量净额/年度末普通股股份总数

⑤净资产收益率=净利润/年度末股东权益×100%

(2)需要说明的事项：

根据财政部颁发的《企业会计准则——债务重组》有关规定，对于1999年产生债务重组收入2,642,250.00元，追溯调整了上年度会计报表，调增资本公积2,642,250.00元，相应调减法定盈余公积金264,225.00元，公益金132,112.50元，年初未分配利润2,245,912.50元。

3、利润分配表附表

报告期利润	净资产收益率(%) 全面摊薄	加权平均	每股收益(元/股) 全面摊薄	加权平均
主营业务利润	23.33%	23.23%	0.6287	0.6287
营业利润	16.16%	16.09%	0.4355	0.4355
净利润	13.87%	13.81%	0.3738	0.3738
扣除非经常性损益后的净利润	13.76%	13.71%	0.3709	0.3709

注：利润分配表附表中各项指标的计算方法如下：

(1) 全面摊薄净资产收益率=报告期利润/期末净资产

(2) 全面摊薄每股收益=报告期利润/期末股份总数

(3) 加权平均净资产收益率=P/(E0+NP÷2+Ei×Mi÷M0-Ej×Mj÷M0)

其中：P为报告期利润；NP为报告期净利润；E0为期初净资产；Ei为报告期发行新股或债转股等新增净资产；Ej为报告期回购或现金分红等减少净资产；M0为报告期月份数；Mi为新增净资产下一月份起至报告期末的月份数；Mj为减少净资产下一月份起至报告期末的月份数。

(4) 加权平均每股收益=P/(S0+S1+Si×Mi÷M0-Sj×Mj÷M0)

其中：P为报告期利润；S0为期初股份总数；S1为报告期因公积金转增股本或股票股利分配等增加股份数；Si为报告期因发行新股或债转股等增加股份数；Sj为报告期因回购或缩股等减少股份数；M0为报告期月份数；Mi为增加股份下一月份起至报告期末的月份数；Mj为减少股份下一月份起至报告期末的月份数。

4、报告期内股东权益变动情况 (单位：元)

项目	年初数	本期增加	本期减少	年末数
股本	1,000,000,000			1,000,000,000
资本公积	1,303,811,935.35	1,639,483.86		1,305,451,419.25
盈余公积	31,548,651.46	37,384,014.86	0.00	68,932,666.32
公益金	15,774,325.73	18,692,007.43	0.00	34,466,333.16
未分配利润	168,163,537.38	373,840,148.57	256,076,022.29	285,927,663.66
合计	2,519,298,449.92	431,555,654.72	256,076,022.29	2,694,778,082.39

变动原因：1、资本公积增加1,639,483.86元系根据财政部颁发的《企业会计准则——债务重组》有关规定，将2000年产生债务重组收入调增资本公积。

2、盈余公积金本期增加37,384,014.86元系按本年度实现净利润的10%提取法定公积金所致；

3、法定公益金本期增加18,692,007.43元系按本年度实现净利润的5%提取法定公益金所致；

4、未分配利润本期增加373,840,148.57元系本年度实现净利润；未分配利润本期减少256,076,022.29元系2000年度利润分配所致。

三、股本变动及股东情况

(一)股本变动情况

1、股份变动情况表 数量单位：万股

项目	本次变动前	配股	送股	公积金转股	增发	其他	小计	本次变动后
		本次变动(+,-)						
一.未上市流通部分								
1、发起人股份	70000							70000
其中：国家持有股份	70000							70000
未上市流通股份合计	70000							70000
二、已上市流通股份								
1 人民币普通股	30000							30000
2 境内上市外资股								
3 境外上市外资股								
4 其他								
已上市流通股份合计	30000							30000
三、股份总数	100000							100000

2、股票发行与上市情况

经国家证监会证监发行字[1999]68号文批准，东风汽车股份有限公司(筹)利用上海证券交易所交易系统，采用"上网定价"方式向社会公开发行人民币普通股30000万股，每股面值1元。公司于已于1999年6月28日发行社会公众股30000万股，其中上网定价发行24775万股，向12家证券投资基金不等额配售共计5225万股。发行价每股5.10元，发行市盈率为14.33倍。

1999年7月22日公布上市公告书，公司社会公众24775万股于1999年7月27日上市流通，另向证券投资基金配售的5225万股于1999年10月8日起上市流通。

(二)股东情况介绍

1、报告期末股东总数为120128户。

2、报告期末公司主要股东持股情况

股东名称	期末持股数	占总股本比例(%)
①东风汽车	700000000	70.00
②银河证券	38923947	3.89
③同盛基金	6143302	0.61
④铁四实业	2667764	0.27
⑤津华策	1039331	0.10
⑥樊纲	966310	0.10
⑦兴和基金	564795	0.06
⑧哈里实业	554593	0.06
⑨侯纪禄	538100	0.05
⑩张静	510000	0.05

注：

东风汽车公司为公司国有法人股股东，所持有的本公司股权未有质押和冻结的情况。前10名股东之间公司未知其有何关联关系。

东风汽车公司的法定代表人为苗圩先生，该公司的经营范围：主营汽车(含自产小轿车)及汽车零部件、金属机械、铸金锻件、启动电机、粉末冶金；工具和模具的开发、设计、制造、销售；组织管理本公司直属企业的生产经营活动。兼营电力、煤气生产、供应和销售；对汽车运输、工程建筑实施组织管理；与主、兼营项目有关的技术咨询、技术服务、信息服务和售后服务。

年度内公司及持股5%以上的股东未在指定报纸和网站上披露过承诺事项。

四、股东大会简介

1、2000年2月27日，公司召开了2000年第一次临时股东大会。会议审议通过了《改聘中天信会计师事务所为公司的审计机构的决议》。

上述相关内容登载于2000年2月29日的《中国证券报》、《上海证券报》上。

2、2000年4月25日，公司召开了1999年股东大会，审议通过了《1999年度董事会工作报告》、《1999年度监事会工作报告》、《1999年度财务决算报告》、《1999年度利润分配方案》。

上述相关内容登载于2000年4月26日的《中国证券报》、《上海证券报》、《证券时报》上。

3、报告期内公司无更换董事、监事情况。

五、董事会报告

(一) 公司经营情况

(1)公司所处行业及在行业中的地位

公司以整车及其动力的生产、销售为主，属汽车制造行业。

2000年，公司按照"封闭区域、控制资源、恒定价格、买断专营"的原则调整商务政策，实施品牌销售，区域专营，销售再上新台阶。全年销售轻型车31481辆，居行业第5位。销售东风康明斯柴油发动机704.07万千瓦，居行业第2位。

(2)公司主营业务的范围及其经营情况

公司主要从事汽车、汽车发动机及其零部件、铸件的开发、设计、生产和销售业务，主导产品为

“东风”系列轻型车和东风康明斯 B 系列柴油发动机。2000 年,公司全年实现主营业务收入 344631 万元,实现利润总额 44009 万元,净利润 37384 万元。

①报告期内公司主营业务收入、主营业务利润的构成情况

东风系列轻型车:销售收入为 140387 万元,占公司销售收入的 40.74%;毛利润为 6868 万元,占公司毛利润的 10.64%。

东风康明斯 B 系列柴油发动机:销售收入为 196157 万元,占公司销售收入的 56.92%;毛利润为 58308 万元,占公司毛利润的 90.35%。

②公司主营业务收入 10%以上的产品介绍

东风系列轻型车　东风小霸王(EQ1030)系列:其开发是以国外九十年代投产的车型为赶超对象,引进福特公司发动机、膜片离合器、五档全同步变速箱、冲压焊接后桥、双横臂扭杆式独立悬架、前盘后毂液压制动系统、全新平头式驾驶室等技术。它外形优美,并具有制动性好、驾驶平顺、操纵稳定灵活等一系列优良性能,代表着国内轻型车领域的领先水平。目前已形成包括汽油机、柴油机、后单胎、后双胎、单双排座、面包车、厢式车等较完整的系列产品。

东风多利卡(EQ1050)系列:它以通用化、系列化为设计原则,采用真空助力双管路液压式制动系统、全金属可翻式驾驶室。分单排座、一排半座、双排座驾驶室及中巴底盘四大系列,有多种轴距三开式或后开式自卸车及各种厢式车。

东风轻型车是国际汽车联合会举办的'99 中国汽车拉力赛唯一指定大会专用卡车,同时也被中国人民解放军选作部队用车。“东风小霸王”被授予“2000 年奥运会中国体育代表团唯一专用卡车”称号。

东风康明斯 B 系列柴油发动机:公司生产的东风康明斯 B 系列柴油机有 4 缸机和 6 缸机两种基本机型,全系列拥有自然吸气型、增压型、水空增压中冷型和空空增压中冷型,采用积木式结构,简单紧凑,重量轻、油耗低,维修简便,功率覆盖面宽(59–140KW),适用性强,可在-12℃以下轻易启动,如加冷起动辅助装置,可在-40℃时起动。6 缸机、4 缸机可在任何方向分别倾斜 35°、45°情况下工作。东风康明斯 B 系列发动机已达欧洲Ⅰ号排放标准,除可满足轻、中、重型车的动力需要外,亦可作为工程机械、发电机组和船舶动力。

(3)公司主要控股子公司的经营情况及业绩

公司投资参股 50%股份的东风康明斯发动机有限公司,主要生产康明斯 C 系列发动机。2000 年该公司处于建设期间,但在市场开拓上取得较大进展。2000 年,该公司共销售发动机 68.33 万千瓦,年销售额为 2.84 亿元,利润-371.49 万元。良好的市场发展势头,为该公司未来潜力发挥奠定了坚实基础。

(4)在经营中出现的问题、困难及采取的措施

2000 年,公司的外部竞争环境异常严峻:我国加入 WTO 的进程进一步加快;国家严格排放法规;汽油、柴油价格居高不下;受市场需求影响,发动机、铸造生产能力不足。这些都是我们遇到的问题和困难,公司充分利用、发挥股份制及高新技术企业的体制优势、资金优势和政策优势,以创新为主线,按市场经济原则和国际化竞争原则进行自己的体制、机制建设,确保年度目标的顺利实现。

1、按照“直接增值流下沉,战略辅助流集中”的原则和“以市场为导向,以客户为中心,面向流程”的要求,构建“源于市场,终于市场”的精干、高效、扁平化的管理体系,全面提升公司的管理层面。

公司将所属工厂变革为分公司,各分公司拥有与市场需求全面接轨的权责架构,初步形成相对完整的生产经营闭环。公司还与国内外一些知名公司就 ERP 项目进行广泛接触,寻求传统制造业与知识经济的最佳结合,从而实现商务模式和企业经营模式的转变,全面提高公司核心竞争能力,一个适应公司实际的全新管理模式初步形成。

2、在做实、做精的基础上,本着稳健发展的原则,公司对装备、存货进行了全面清查,采取多项措施使公司资产更加精良。

公司消化了非欧Ⅰ标准的柴油发动机配件,以适应全面转产欧Ⅰ达标发动机的要求,虽然部分当期成本提高了,但全面降低公司经营的潜在风险。

3、开展国际合作和技术创新,强化新产品开发,提升公司产品竞争实力。加速产品结构调整,加快产品升级换代,提高公司对市场的适应能力和应变能力。

公司继与东风集团技术中心签订委托开发协议后,2000 年 4 月又成立自己的技术中心,进行产品的适应性开发,柴油发动机分公司成立康明斯发动机应用研究所,铸造分公司成立铸造工艺研究所。EQ1030 系列、EQ1050 系列新品已陆续批量投放市场,康明斯发动机已延伸出 70 多种变型机,有力地支撑了新的营销环境。

在全国最大的 1000 家高新技术企业中,东风汽车股份有限公司综合排名第 16 位。

4、优化、整合营销、采购体系。公司已完成营销系统和协配采购系统整合工作,建立了销售网络和协配件采购网络,关联交易总量与范围大幅度下降,公司独立经营能力得到根本性提高。

公司结合不同区域市场的特点,对营销网络进行合并、优化。同时规范经销商行为,完善实体分销网络;完善营销模式,建立更加灵活、稳妥的营销策略;完善售后服务,加强备件经营,积极推进销售网络“四位一体”建设,对信誉良好的“四位一体”经销商进行资源倾斜,并在全国率先对载货车实行用户首保工时费、材料费全免政策。

5、改革分配机制。以按照劳动的产出量来进行分配的模式,向按劳动价值的实现量进行分配的模式转换。

对干部按效益进行分配、对工人按效率进行分配;对研发人员实行特殊的分配政策;全面推行营销人员下沉,建立以辆份工资费用含量包干为基础的目标考核体系,其工资收入与销量、回款直接挂钩。分配机制的改革,极大地调动了员工的工作积极性。

6、全面导入 ISO9000:2000 质量管理体系,并于 2000 年 11 月通过 ISO9000:2000 体系现场审核。

7、积极探索向高科技领域拓展。

(二)公司财务状况　　单位:元

项目	2000 年末	1999 年末	增减
总资产	4,069,052,708.37	3,615,911,446.86	453,141,261.51
长期负债	5,963,419.56	340,000,000.00	-334,036,580.44
股东权益	2,694,778,082.39	2,519,298,449.96	175,479,632.43
主营业务利润	628,689,676.22	462,423,374.23	166,266,301.99
净利润	373,840,148.57	320,917,942.63	52,922,205.94

主要原因:(1)资产总额增加的主要原因是:①净利润增加;②增加合并会计报表单位;

(2)长期负债减少主要是长期借款的偿还所致;

(3)股东权益增加主要是未分配利润增加所致;

(4)主营业务利润增加主要是由于销售收入的增加及采购成本的降低所致。

(5)净利润增加主要是本年度主营业务利润增加所致。

(三)公司投资情况

1、报告期内募集资金的使用情况

序号	项目	2000 年实际投资(万元)	累计投资(万元)	累计投资完成率
1	轻型车完善生产能力	48582.4	92623.38	72.93%
2	柴油发动机完善生产能力技术改造	2429.35	4273.95	71.23%
3	投资参股东风康明斯发动机有限公司	5381.45	13881.56	63.82%

说明:(1)、本期轻型车完善生产能力项目投资额包含铺底流动资金 2 亿元。

(2)、从上述募集资金使用情况看,投资进展顺利,投资完成率较好。

2、项目进展情况

(1)、轻型车完善生产能力项目

2000 年该项目投资完成 48582.4 万元,用于购置车身油漆、机模修、理化计量等生产检验设备,场地建设及铺底流动资金。目前,车身油漆生产线建设已进入设备调试阶段,预计 2001 年 5 月建成投入使用。后方生产阵地已初步建成。

(2)、柴油发动机完善生产能力技术改造项目

2000 年该项目投资完成量为 2429.35 万元,部分工艺设备已进入安装调试阶段。为满足国家排放法规要求的不断提高,补充和完善了发动机排放试验室等内容,提高了部分装备水平。目前,发动机排放试验室调整方案已经确定,现已开始设备订货。

(3)投资参股东风康明斯发动机有限公司项目

根据东风康明斯发动机有限公司的建设、产品发展的实际需要及合资公司董事会的决议,公司 2000 年已完成出资 5381.45 万元。目前,东风康明斯发动机有限公司主体厂房已竣工投入使用,工艺设备正在加紧安装调试,生产能力建设有序开展。

3、报告期内非募集资金投资的重大项目

本公司报告期内无非募集资金投资的重大项目。

(四)新年度业务发展计划

1、整车　瞄准城市和农村两个市场,不断改进轻型载货车产品质量,在扩大市场占有率的基础上,拟新增开发和生产皮卡、宽驾驶室系列的轻型载货车、轻型乘用车及厢式车。

2、柴油发动机　拟扩大与美国康明斯公司的合作,加紧实施东风康明斯发动机有限公司的建设项目;加大对柴油发动机分公司的技术改造,不断提高 B 系列柴油发动机的质量和排放水平;着手开发、生产燃气发动机;进行电控四气门 B、C 系列发动机在产品、技术、工业化等方面的准备。

3、铸件产品　在巩固和发挥铸造阵地现有优势的前提下,通过对其进行技术改造,盘活存量,不断完善和提高生产能力;并拟涉足有色铸造领域,重点发展高技术含量和高附加值的铸造产品。

(五)董事会日常工作情况

1、报告期内董事会的会议情况及决议内容

(1)公司第一届董事会第二次临时会议于 2000 年 1 月 26 日召开。会议通过了《关于改聘会计师事务所的议案》、《关于召开 2000 年第一次临时股东大会的议案》。上述相关内容登载于 2000 年 1 月 27 日的《中国证券报》、《上海证券报》上。

(2)公司第一届董事会第四次会议于 2000 年 3 月 16 日召开。会议审议并通过《公司 1999 年度财务决算和公司 2000 年度财务预算方案》、《公司关于各项资产减值准备和损失处理的内部控制制度》、《报告期内公司计提短期投资跌价准备、长期投资减值准备、应收款项坏帐准备、存货跌价准备的方案》、《1999 年度分配预案》、《公司 1999 年年报和年报摘要》、《聘请朱福寿先生为公司副总经理》、《东风汽车股份有限 2000 年薪方案》、《2000 年公司投资计划》、《关于召开 1999 年度股东大会的事项》。上述相关内容登载于 2000 年 3 月 22 日的《中国证券报》、《上海证券报》、《证券时报》上。

(3)公司第一届董事会第五次会议于 2000 年 7 月 24 日召开。会议审议并通过了《公司 2000 年中期报告及报告摘要》。上述相关内容登载于 2000 年 7 月 26 日的《中国证券报》、《上海证券报》、《证券时报》上。

(4)公司第一届董事会第三次临时会议于 2000 年 7 月 12 日召开。会议审议通过了《以自有资金购买北京盛世彩虹网络技术有限公司 19%股权》的决议。

(5)公司第一届董事会第四次临时会议于 2000 年 9 月 10 日召开。会议审议通过了《以自有资金参与发起设立中航救生科技股份有限公司的议案》。上述相关内容登载于 2000 年 9 月 12 日的《中国证券报》、《上海证券报》上。

2、董事会对股东大会决议的执行情况

在本年度内,董事会精心决策,勤勉尽责,圆满完成股东大会授权的各项事宜。

(六)公司管理层及员工情况

1、董事、监事、高级管理人员

姓名	职务	性别	年龄	任期起止日期	年初持股	年末持股
苗圩	董事长	男	45	1999.7.15——2002.7.14	0	0
顾林生	副董事长	男	60	1999.7.15——2002.7.14	0	0
孙宏俊	董事	男	59	1999.7.15——2002.7.14	0	0
高明祥	董事	男	59	1999.7.15——2002.7.14	0	0
刘章民	董事	男	51	1999.7.15——2002.7.14	0	0
李绍烛	董事、总裁	男	40	1999.7.15——2002.7.14	0	0
孙长海	董事	男	50	1999.7.15——2002.7.14	0	0
王明清	董事、党委书记	男	54	1999.7.15——2002.7.14	0	0
周毅	董事	男	51	1999.7.15——2002.7.14	0	0
朱福寿	副总裁	男	38	2000.3.16——2002.7.14	0	0
卢锋	董事会秘书	男	33	1999.7.15——2002.7.14	0	0
叶惠成	监事会主席	男	51	1999.7.15——2002.7.14	0	0
金南强	监事	男	57	1999.7.15——2002.7.14	0	0
王玉	监事	女	47	1999.7.15——2002.7.14	0	0
危雯	财务负责人	女	36	1999.7.15——2002.7.14	0	0

不在公司领取报酬的董事、监事、高级管理人员:苗圩、顾林生、孙宏俊、高明祥、刘章民、孙长海、周毅、叶惠成、金南强。在公司领取薪酬的董事、监事、高级管理人员:李绍烛、王明清、朱福寿、卢锋、王玉、危雯,其中年薪酬在 4—4.5 万元之间 3 人,4.5—5 万元之间 1 人,6—6.5 万元之间 2 人。本报告期内公司高级管理人员无人离任,无解聘公司经理、董事会秘书情况。

2、截止 2000 年 12 月 31 日,本公司共有在岗职工 4575 人。人员构成如下:

(1)按照专业分类

序号	专业	人数	比例
①	技术人员	1049	22.9%
②	销售人员	345	7.5%
③	财务人员	54	1.2%
④	生产人员	2753	60.2%
⑤	行政人员	128	2.8%
⑥	其他人员	246	5.4%

(2)按学历分类

学历	研究生及其以上	本科	大专	中专及技校	高中及以下
人数	18	557	585	3159	256

(3)按职称分类

职称	高级	中级	初级	其他
人数	135	576	725	3139

(七)本次利润分配预案及资本公积金转增股本预案:经董事会研究决定,2000 年度利润分配预案为:以 2000 年底股本 100000 万股为基数,每 10 股派发现金红利 2 元(含税),共分配 200,000,000 元,其余可分配利润 285,927,663.66 元,结转下年度。

以上分配预案尚须股东大会审议通过。

(八)公司 2001 年度利润分配政策的预测

预计公司 2001 年度将分配二次利润。2001 年度实现的净利润用于股利分配的比例为 10%—50%,2000 年度未分配利润用于 2001 年股利分配的比例为 10%—50%。分配主要是采用派发现金的形式,现金股息占股利分配的比例不低于 50%。需要说明的是,以上 2001 年度利润分配政策,在实施时,需董事会以分配预案形式提交股东大会审议通过后才能正式实施,且董事会保留根据公司发展和盈利情况做出调整选择的权力。

(九)报告期内,公司选定的信息披露报纸无变更。

六、监事会报告

1、召开监事会情况

(1)公司第一届监事会第二次会议于2000年3月16日召开,会议形成了以下决议:

① 审议通过了1999年年度报告和年度报告摘要;

② 监事会认为:1999年度公司作出了一系列决策,其程序完全符合法律、法规及其他有关规定;公司已建立起较为完善的内部控制制度;公司董事、经理在执行公司职务时能够做到奉公守法,未发现有违反法律、法规、公司章程或损害公司利益的行为。

③ 在1999年度,中天信会计师事务所为本公司出具了无保留意见的审计报告,公司财务报告真实地反映了公司的财务状况和经营成果。

上述相关内容登载于2000年3月22日的《中国证券报》、《上海证券报》、《证券时报》上。

(2)公司第一届监事会第三次会议于2000年7月20日召开,会议审议通过了以下决议:

①2000 年中期报告及报告摘要;

②2000 年1—6月份,公司董事会按照股东大会的决议要求,确实履行了各项决议, 其决议程序符合《公司法》、《证券法》、《公司章程》及国家法律、法规的有关规定;

③2000 年1—6月份未发现公司存在非法经营活动;公司董事及经理层高级管理人员在执行公司职务时未发现违反法律、法规及公司章程和损害公司利益的行为;

④2000 年1—6月份,公司与集团及各关联方的关联交易遵循"公平、公正、合理"的市场原则,没发现在经营上存在关联交易不公平和损害公司利益的情况。

上述相关内容登载于2000年7月26日的《中国证券报》、《上海证券报》、《证券时报》上。

2、公司依法运作情况

2000年度,公司董事会按照股东大会的决议要求,确实履行了各项决议,其决策程序符合《公司法》及《公司章程》的有关规定;公司董事及经理层等高级管理人员在执行公司职务时未发现有违反法律、法规、公司章程或损害公司利益的行为。

3、检查公司财务的情况

本公司年度财务报告经中天信会计师事务审计,并出具了无保留意见的审计报告,报告真实反映了公司的财务状况和经营成果。

4、前一次资金募集情况

公司最近一次(1999年度)募集资金实际投入项目和承诺投入项目一致。

5、关联交易情况:

报告期内,公司的关联交易公平,没有损害本公司的利益。

七、重要事项

1、报告期内,公司无重大诉讼、仲裁事项

2、报告期内,公司、公司董事及高级管理人员无受监管部门处罚情况。

3、报告期内,公司控股股东无变更情况;公司无董事会换届、改选或半数以上成员变动 情况;公司无总经理变更;公司无解聘或新聘董事会秘书情况。

4、报告期内,公司无收购及出售资产、吸收合并事项。

5、重要关联交易事项

(1) 购销商品、提供劳务发生的关联交易

A、本公司向关联方销售货物项目列示如下: 单位:人民币元

	1999年		2000年	
关联方名称	销售金额	占收入%	销售金额	占收入%
东风汽车公司	2,887,460,736.90	93.58	1,606,269,726.00	46.61
美国康明斯发动机公司			1,635,730.20	0.05
合计	2,887,460,736.90	93.58	1,607,905,456.20	46.66

B、本公司向关联方采购货物主要是原、辅材料及零配件项目,列示如下: 单位:人民币元

	1999年		2000年	
关联方名称	购货金额	占成本%	购货金额	占成本%
东风汽车公司	1,830,309,423.61	59.33	943,334,528.36	33.68
东风朝阳柴油机公司			136,165,997.04	4.86
美国康明斯发动机公司			234,008,215.37	8.35
合　　计	1,830,309,423.61	59.33	1,313,508,740.77	46.89

注:以上交易本着公平原则,按照同类市场交易价格进行。货款结算方式按照同等经销商或供应商对待。

(2) 报告其内,本公司无资产、股权转让发生的关联交易

(3) 关联方债权、债务事项列示如下:

单位:人民币元

项　　目	1999.12.31	2000.12.31
应收票据		
东风汽车公司		25,800,000.00
应付票据		
东风汽车公司		7,600,000.00
东风朝阳柴油机公司		52,000,000.00
东风汽车泵业有限公司		4,150,000.00
应收帐款		
东风汽车工业进出口公司		1,881,791.88
东风杭州汽车厂		2,955,747.00
应付帐款		
东风汽车公司	68,327,294.15	1,098,395.50
美国康明斯发动机公司		37,065,560.96

(4)其他关联交易:

与东风汽车公司的其他关联交易明细资料如下: 单位:人民币元

项　　目	1999年	2000年
与东风汽车公司		
委托采购设备	64,759,867.48	15,352,000.00
支付销售代理费	0.00	14,000,000.00
支付加工费	6,264,720.00	7,194,880.00
支付技术开发费	0.00	10,325,044.35
支付土地租金	2,498,862.25	4,997,724.50
支付动能费用	27,444,755.33	46,237,787.02
支付康明斯发动机有限公司股权款	47,743,350.00	0.00
支付轻型车项目款	279,355,054.42	0.00
综合服务费	0.00	4,980,000.00
与东风汽车工业财务公司		
支付(利息费用)	18,414,000.00	14,044,800.00
偿还长期借款本金	280,000,000.00	340,000,000.00
与东风康明斯发动机有限公司		
投资款	37,257,750.00	53,814,500.00

6、公司与控股股东在人员、资产、财务上的"三分开"情况:

(1) 公司在劳动、人事及工资管理等方面独立;总裁、副总裁等高级管理人员在公司领取薪酬。总经理李绍烛已向东风汽车公司辞去副总经理职务,待上级主管机关批准后实施。

(2) 公司拥有独立的生产体系、辅助生产体系和配套设施;拥有独立的采购系统及销售系统;独立拥有工业产权、非专利技术等无形资产,但不独立拥有商标。根据本公司与东风公司签订的《关于若干商标使用权许可的协议书》,东风公司将其拥有的"东风"牌等九件注册商标许可本公司无偿使用。

(3) 公司拥有独立的财会部门,建立了独立的会计核算体系和财务管理制度;独立在银行开户。

7、报告期内公司无托管、承包、租赁其他公司资产或其他公司托管、承包、租赁本公司资产的事项。

8、报告期内公司重大合同事项:无重大合同。

9、公司报告期内无更改名称及股票简称的情况

10、2000年12月28日,公司通过了ISO9001:2000版质量体系认证。

八、财务会计报告

财务会计报告(附后)

九、公司的其他有关资料

1、公司首次注册登记日期:1999年7月21日

2、公司首次注册登记地址:湖北省襄樊市高新技术开发区春园西路4号

3、公司最新注册登记日期:1999年7月21日

4、公司最新注册登记地址:湖北省襄樊市高新技术开发区春园西路4号

5、企业法人营业执照注册号:1000001003200

6、税务登记号码:42060670689187x

7、公司未流通股票的托管机构名称:上海证券中央登记结算公司。

8、公司聘请的会计师事务所名称:中天信会计师事务所

9、公司聘请的会计师事务所办公地:北京市西城区金融街35号国际企业大厦

十、备查文件目录

1、载有法定代表人、主管会计工作负责人、会计主管人员签名并盖章的会计报表;

2、载有会计师事务所盖章,中国注册会计师签名并盖章的审计报告原件;

3、报告期内在《中国证券报》、《上海证券报》、《证券时报》上披露过的所有公司文件的正本及公告的原稿。

东风汽车股份有限公司董事会　　二OO一年三月五日

审计报告

中天信会审字(2001)第016号东风汽车股份有限公司全体股东:

我们接受委托,审计了东风汽车股份有限公司(以下称贵公司)2000年12月31日的资产负债表、2000年度的利润及利润分配表和现金流量表。这些会计报表由贵公司负责,我们的责任是对这些会计报表发表审计意见。我们的审计是依据《中国注册会计师独立审计准则》进行的。在审计过程中,我们结合贵公司的实际情况,实施了包括抽查会计记录等我们认为必要的审计程序。

我们认为,上述会计报表符合《企业会计准则》和《股份有限公司会计制度》的有关规定,在所有重大方面公允地反映了贵公司2000年12月31日的财务状况、2000年度的经营成果以及2000年度的现金流量情况,会计处理方法的选用遵循了一贯性原则。

中天信会计师事务所有限责任公司 中国注册会计师:罗振邦

地址:北京市西城区金融大街35号　　中国注册会计师:杨贵鹏

国际企业大厦A座1202室

邮编:100032　　二〇〇一年三月五日

二、会计报表附注

(一)公司一般情况

东风汽车股份有限公司(以下简称本公司或公司),是经国家经济贸易委员会"国经贸企改[1998]823号"文批准设立的,东风汽车公司作为独家发起人,将其属下轻型车厂、柴油发动机厂、铸造三厂为主体的与轻型车和柴油发动机有关的资产和业务进行重组,采取社会募集方式设立的股份有限公司。经中国证券监督管理委员会"证监发审[1999]68号"文件批准,本公司以"上网定价"方式,于1999年6月28日成功地向社会公开发行人民币普通股300,000,000股(含向基金配售52,250,000股),每股发行价5.10元,公众股于同年7月27日在上海证券交易所挂牌交易。公司总股本1,000,000,000股,其中发起人出资700,000,000股。

公司于1999年7月21日在国家工商行政管理局注册登记,并取得国家工商行政管理局颁发的注册号为1000001003200(2-1)企业法人营业执照。公司注册地址:湖北省襄樊市高新技术开发区春园西路4号;公司注册资本:1,000,000,000元;公司法定代表人:苗圩。

本公司经营范围:汽车(小轿车除外)、汽车发动机及零部件、铸件的开发、设计、生产、销售;机械加工、汽车修理及技术咨询服务。

本公司1999年度利润表包含的公司成立前上半年经营情况,是以原东风汽车公司及属下轻型车厂、柴油发动机厂、铸造三厂和襄樊管理部的会计报表和有关帐簿记录为基础,假定公司现实结构在1999年1月1日前业已存在,按《国有企业公司制改建有关财务问题的暂行规定》和《股份有限公司会计制度》的有关规定进行差异调整后编制的。1999年上半年销售收入1,429,032,233.75元,利润总额159,868,772.54元,净利润107,112,077.60元业经中洲会计师事务所"(1999)发字第138号"审计报告确认。

(二)公司主要会计政策、会计估计和合并会计报表的编制方法

(三)税项

1、 所得税:本公司在湖北省襄樊高新技术开发区注册,湖北省科学技术委员会以"鄂科工[1999]51号"文件批复认定本公司为高新技术企业,根据财政部、国家税务总局《企业所得税若干优惠政策的通知》(财税字[94]001号)规定,本公司成立后享受15%的优惠所得税率。

2、增值税:按产品销售收入的17%税率计算销项税,扣除经税务机关确认可抵扣的进项税后缴纳增值税。

3、城建税和教育费附加:分别按应交增值税额的7%和3%计缴。

4、其他税项:按税法对有关税项的规定计算、缴纳。

(四)控股子公司和合营企业

根据国家对外贸易经济合作部《关于东风康明斯发动机有限公司股权变更的批复》([1999]外经贸资二函字第713号),东风汽车公司将原合资合同中由其所承担的对东风康明斯发动机有限公司出资额转由本公司出资,该项目是经披露的招股说明书中募集资金使用项目。因该转移在1999年底相关股权变更手续尚未完成,故本公司1999年度会计报表未合并该公司,也未对其按权益法核算及计提投资跌价准备。2000年,在完成相关变更手续后,本公司已合并其会计报表。

(七)分行业资料　　单位:人民币万元

	营业收入		营业成本		营业毛利	
行业	上年数	本年数	上年数	本年数	上年数	本年数
发动机	126,205	196,157	81,529	137,849	44,676	58,308
轻型车	179,351	140,387	176,242	133,519	3,109	6,868
铸　件	2,997	8,087	3,701	8,730	-704	-643
合计	308,553	344,631	261,472	280,098	47,081	64,533

(八)关联方关系及其交易

1、关联方关系

2、关联交易协议

1)本公司与东风汽车公司签署的《关于汽车零部件及原、辅材料供应的协议书》约定,相互提供的汽车零部件原则上采用同类产品的市场价格结算,在无法确定市场价格时,可采用成本加成的方法定价,加成的比例由双方商定;东风汽车公司向本公司提供的原、辅材料的价格将按原、辅材料供货厂商提供的优惠市场价格加上费用(含仓储、运杂等费用)计算,具体采购价格则按原、辅材料品种或类别,由双方定期共同认定。

2)本公司与东风汽车公司签署的《关于相互有偿提供生产性服务、辅助性生产服务和社会服务

的协议书》约定:相互收取的各项服务费应根据公平、合理的原则加以确定,任何一方均不得利用自己的优势或地位强迫对方接受不合理的条件。服务费按下列顺序确定:有政府定价的采用政府定价;没有政府定价的,参照提供同类服务的国内同行业或湖北省、十堰市或襄樊市其他单位收取的市场价格;如无政府定价也无法确定市场价格时,按提供服务一方的实际成本确定服务价格。该等生产性服务包括:进出口委托代理;辅助性生产服务包括:机器设备的大修、能源动力的供应和通讯服务、研究开发、试制服务、运输服务、刀、辅、刃、量、夹、模具的供应及其检定服务、工程勘测设计和建筑安装服务;社会服务包括:职工及其子女教育和文体娱乐服务、厂区和职工住宅小区管理服务、医疗卫生服务、报纸及有线电视服务、民用动力服务、治安保卫和消防服务等。

3)本公司与东风汽车公司签署的《关于若干商标使用权许可的协议书》约定:本公司轻型车无偿使用东风汽车公司所有的注册商标号为110702、133550、355888、174674、571137、571138、571139、690599、1018708的注册商标。

4)本公司与东风汽车公司签署的《关于租赁位于襄樊汽车产业经济技术开发区车城大道1号的面积为999,544.90平方米宗地土地使用权的协议书》约定:本公司有偿租赁位于襄樊汽车产业经济技术开发区车城大道1号的面积999,544.90平方米宗地土地使用权,租期50年,年租金4,997,724.50元。本年实际支付租金4,997,724.50元。

5)本公司与东风汽车公司签署的《关于汽车与发动机销售和售后服务的协议书》约定:A、本公司参照市场价按约定的价格向东风汽车公司销售发动机、轻型车。受市场竞争影响,2000年1——11月,本公司向东风汽车公司销售的康明斯发动机平均价格较以1999年下半年下降1,400元/台,2000年12月1日后,根据新的协议,在11月的价格基础上平均再下降2000元/台;B、在本公司营销网络尚未建成前,本公司向东风公司支付销售及售后服务费23,000,000元/年,2000年随着营销网络的逐步建成,实际支付销售及售后服务费14,000,000元,2001年以后,本公司将不需要再支付该等费用。

6)根据本公司与东风汽车公司、东风汽车工业财务公司就原东风汽车公司人民币620,000,000元债务安排签定的协议及其随后的补充协议规定:在本公司股份制改造过程中,东风汽车公司划入由本公司承担的6.2亿元债务,由东风汽车工业财务公司作为债权人(详见本公司《招股说明书》),该借款利率执行银行同期最新利率。截止本报告基准日,本公司已全部提前归还该借款。

(九)或有事项　截止本报告签发日本公司无需要说明的或有事项。

(十)承诺事项　截止本报告签发日本公司无需要说明的承诺事项。

(十一)资产负债表日后事项中的非调整事项

截止本报告签发日,本公司已如期收回了全部到期应收票据;

(十二)债务重组事项　本报告期内,本公司同部分债权人就部分帐龄较长的挂帐债权达成清偿协议,对一次性全额支付的债权按一定比例折扣,产生的债务重组收入1,639,483.86元已按《企业会计准则——债务重组》规定,计入资本公积。

(十三)其他重要事项

利润表附表:　　净资产收益率(%)

报告期利润	全面摊薄		加权平均	
	1999年	2000年	1999年	2000年
主营业务利润	18.36	23.33	30.61	23.23
营业利润	15.92	16.16	26.54	16.09
净利润	12.74	13.87	21.24	13.81
扣除非经常损益后净利润	12.44	13.76	20.75	13.76

每股收益

报告期利润	全面摊薄		加权平均	
	1999年	2000年	1999年	2000年
主营业务利润	0.46	0.63	0.56	0.63
营业利润	0.40	0.44	0.49	0.44
净利润	0.32	0.37	0.39	0.37
扣除非经常损益后净利润	0.31	0.37	0.38	0.37

资产负债表　　单位:(人民币)元

资产	期末数合并
流动资金:	
货币资金	1,036,884,031.68
短期投资	43,534,315.60
减:短期投资跌价准备	-
短期投资净额	43,534,315.60
应收票据	230,543,400.00
应收股利	-
应收利息	-
应收帐款	96,660,859.69
其他应收款	12,716,276.41
减:坏帐准备	6,782,830.67
应收款项净额	102,594,305.43
预付帐款	7,626,052.86
应收补贴款	-
存货	422,694,961.18
其中:工程施工	-
减:存货跌价准备(含工程亏损准备)	1　1,384,034.46
存货净额	411,310,926.72
待摊费用	-
待处理流动资产净损失	-
一年内到期的长期债权投资	-
工程施工	
其他流动资产	-
流动资产合计	1,832,493,032.29
长期投资:	
长期股权投资	13,821,974.32
长期债权投资	-
长期投资合计	13,821,974.32
减:长期投资减值准备	-
长期投资净额	13,821,974.32
其中:合并价差(贷差以"-"号表示合并报表填列)	1,281,074.21
其中:股权投资差额(贷差以"-"号表示母公司报表填列)	-
固定资产:	
固定资产原价	1,876,908,758.79
减:累计折旧	588,190,878.50
固定资产净值	1,288,717,880.29
工程物资	91,631,828.74
在建工程	652,085,882.51
固定资产清理	-
待处理固定资产净损失	-
固定资产合计	2,032,435,591.54
无形资产及其他资产:	
无形资产	40,630,434.49
开办费	7,223,194.40
长期待摊费用	142,448,481.33
其他长期资产	-
其中:临时设施净额	-
无形资产及其他资产合计	190,302,110.22
递延税项:	
递延税款借项	-
资产总计	4,069,052,708.37
流动负债:	
短期借款	30,000,000.00
应付票据	301,388,334.29
应付帐款	438,000,019.34
预收帐款	33,794,151.31
代销商品款	-
应付工资	312,822.84
应付福利费	4,689,755.02
应付股利	200,000,000.00
应交税金	121,736,011.91
其他应交款	4,692,866.82
其他应付款	91,713,998.49
预提费用	6,448,534.31
一年内到期的长期负债	-
其他流动负债	-
工程结算	
流动负债合计	1,232,776,494.33
长期负债:	
长期借款	-
应付债券	-
长期应付款	810,591.56
住房周转金	-
其他长期负债	5,152,828.00
递延收入	
长期负债合计	5,963,419.56
递延税项:	
递延税款贷项	-
负债合计	1,238,739,913.89
少数股东权益(合并报表填列)	135,534,712.09
股东权益:	
股本	1,000,000,000.00
资本公积	1,305,451,419.25
盈余公积	103,398,999.48
其中:公益金	34,466,333.16
未确认的投资损失	-
未分配利润(未弥补亏损以"-"号表示)	285,927,663.66
外币报表折算差额(合并报表填列)	-
股东权益合计	2,694,778,082.39
负债和股东权益总计	4,069,052,708.37

利润及利润分配表　　单位:(人民币)元

项目	本期数 合并
一、主营业务收入	3,446,311,855.83
减:销售折让	1,728,920.86
主营业务收入净额	3,444,582,934.97
减:主营业务成本	2,800,988,811.15
主营业务税金及附加	14,904,447.60
二、主营业务利润(亏损以"-"号填列)	628,689,676.22
加:其他业务利润(亏损以"-"号填列)	6,322,502.79
减:存货跌价损失	7,561,821.07
营业费用	102,290,664.95
管理费用	98,591,217.64
财务费用	-8,894,087.34
三、营业利润(亏损以"-"号填列)	435,462,562.69
加:投资收益(损失以"-"号填列)	1,682,718.81
补贴收入	-
营业外收入	5,396,618.93
减:营业外支出	2,449,350.53
四、利润总额(亏损总额以"-"号填列)	440,092,549.90
减:所得税	68,109,873.45
减:少数股东损益(合并报表填列、亏损以"-"号填列)	-1,857,472.12
加:未确认的投资损失(合并报表填列)	-
加　财政返还	
五、净利润(净亏损以"-"号填列)	373,840,148.57
加:年初未分配利润(未弥补亏损以"-"号填列)	168,163,537.38
减:减少注册资本减少的未分配利润	-
盈余公积转入	-
折股	
六、可供分配的利润(亏损以"-"号填列)	542,003,685.95
减:提取法定盈余公积金	37,384,014.86
减:提取法定公益金	18,692,007.43
职工奖福基金(子公司为外商投资企业,合并报表填列)	-
七、可供股东分配的利润(亏损以"-"号填列)	485,927,663.66
减:应付优先股股利	-
提取任意盈余公积	-
应付普通股股利	200,000,000.00
转作股本的普通股股利	-
八、未分配利润(未弥补亏损以"-"号填列)	285,927,663.66
附注:非常项目:	
1.出售处置部门或被投资单位	-
2.自然灾害发生的损失	-
3.会计政策更改	-
4.其他	-

中国国际贸易中心股份有限公司

一、公司简介

1、公司名称(中文):中国国际贸易中心股份有限公司
公司英文名称:China World Trade Center Company Ltd.　英文缩写:CWTC
2、公司法定代表人:杨文生
3、公司董事会秘书:焦营
联系地址:北京建国门外大街一号
电话:(010)65052288　传真:(010)65051002　电子信箱:dongmi@cwtc.com
4、公司注册地址:北京建国门外大街一号
公司办公地址:北京建国门外大街一号　邮政编码:100004
公司国际互联网网址:http://www.cwtc.com.cn
5、公司选定的信息披露报纸:《中国证券报》、《上海证券报》
登载公司年报的国际互联网网址:http://www.sse.com.cn
公司年度报告备置地点:北京建国门外大街一号公司董事会秘书处
6、公司股票上市交易地点:上海证券交易所
股票简称:中国国贸　股票代码:600007

二、会计数据和业务数据摘要

1、本年度主要利润指标(单位:人民币千元)

利润总额:	216,567
净利润:	145,998
扣除非经营性损益后的净利润:	152,245
主营业务利润:	246,586
其他业务利润:	
营业利润:	193,666
投资收益:	29,148
补贴收入:	0
营业外收支净额:	-6,247
经营活动产生的现金流量净额:	314,440
现金及现金等价物增加额:	-109,009

注:扣除的非经常性损益项目为:处置运输设备净收入人民币16.3万元,处置商场部分固定资产和流动资产净损失人民币641万元。

2、公司前三年主要会计数据和财务指标(单位:人民币千元)

项目	2000年	1999年	1998年
主营业务收入	542,814	478,763	737,033
净利润	145,998	182,700	257,209
总资产	3,664,291	3,624,018	2,762,635
股东权益	2,048,399	1,987,616	1,133,740
每股收益(元/股)(全面摊薄)	0.18	0.23	0.40
扣除非经常性损益后的每股收益(元/股)	0.19	0.23	0.40
每股净资产(元/股)	2.56	2.48	1.77
调整后的每股净资产(元/股)	2.54	2.58	1.76
每股经营活动产生的现金流量净额(元/股)	0.39	0.36	0.28
净资产收益率(%)	7.13	9.19	22.69

3、根据中国证监会关于发布《公开发行证券公司信息披露编报规则》第9号通知精神,公司2000年按全面摊薄法和加权平均法计算的净资产收益率及每股收益:

	净资产收益率%		每股收益	
	全面摊薄	加权平均	全面摊薄	加权平均
主营业务利润	12.04	11.97	0.31	0.31
营业利润	9.45	9.40	0.24	0.24
净利润	7.13	7.09	0.18	0.18
扣除非经常性损益后净利润	7.43	7.39	0.19	0.19

注:扣除非经常性损益后净利润是指扣除营业外收入、补贴收入加营业外支出的净利润。

4、报告期内股东权益变动情况(单位:人民币千元)

	股本	资本公积	盈余公积	其中:法定公益金	未分配利润	货币换算差额	股东权益合计
期初数	800,000	920,662	99,316	49,658	168,727	-1,089	1,987,616
本期增加	0	0	29,200	14,600	145,998		175,198
本期减少	0	1,762	0	0	112,400	253	114,415
期末数	800,000	918,900	128,516	64,258	202,325	-1,342	2,048,399

报告期内资本公积变化的主要原因是调整投资于北京国鑫出租汽车有限公司的车辆的原评估增值额;盈余公积和公益金的增加为按净利润各提取10%的金额所致;本期未分配利润的增加是由于本期净利润转入;本期未分配利润的减少为按净利润10%的金额各提取盈余公积和公益金以及拟向股东分配本年度利润人民币8,320万元所致。

三、股东情况介绍

1、截止至2000年12月31日,股东总数为91101人。
2、持有本公司5%以上(含5%)股份的股东及前10名股东持股情况
公司前十名股东持股(截止至2000年12月31日)

	股东名称	持股数(股)	占总股本比例(%)
1	中国国际贸易中心有限公司	640000000	80.00%
2	同益基金	7342000	0.92%
3	同盛基金	6142050	0.77%
4	张绍庆	729803	0.09%
5	兴和基金	455791	0.06%
6	傅宝双	423350	0.05%
7	闽侨信托	402237	0.05%
8	黄健康	400000	0.05%
9	黄威志	400000	0.05%
10	张健	350000	0.04%

注(1)中国国际贸易中心有限公司在年初持有本公司法人股64000万股,占公司股份的80%,年度内所持股份没有增减变动;其所持股份在报告期内无质押或冻结情况。

注(2)上述10名股东中,中国国际贸易中心有限公司与其他股东之间不存在关联关系;同益基金和同盛基金的管理人同为长盛基金管理公司,除此以外,前10名股东中第2—10名股东之间是否存在其他关联关系,本公司无法确定。

北京首创股份有限公司

一、公司简介

(一)公司的法定中、英文名称
1.中文名称:北京首创股份有限公司
2.英文名称:BEIJINGCAPITALCO.,LTD
(二)公司法定代表人:刘晓光
(三)公司董事会秘书及证券事务代表的姓名、联系地址、电话、传真、电子信箱
1.公司董事会秘书:张扬
2.公司董事会证券事务代表:顾公
3.联系地址:北京市朝阳区北三环东路8号静安中心七层
4.电话:010-64689035　5.传真:010-64689030
6.电子信箱:office@beijingcapital.com.cn
(四)公司注册地址、办公地址、邮政编码、国际互联网网址、电子信箱
1.注册地址:北京市海淀区双榆树知春路76号翠宫饭店写字楼15层
2.办公地址:北京市朝阳区北三环东路8号静安中心七层
3.邮政编码:100028
4.国际互联网网址:http://www.beijingcapital.com.cn
5.电子信箱:office@beijingcapital.com.cn
(五)公司选定的信息披露报纸名称、年度报告备置地点,登载公司年度报告的中国证监会指定国际互联网网址
1.公司选定的信息披露报纸:中国证券报,上海证券报
2.公司年度报告备置地点:公司证券部
3.中国证监会指定国际互联网网址:http://www.sse.com.cn
(六)公司股票上市交易所、股票简称和股票代码
1.公司股票上市交易所:上海证券交易所
2.股票简称:首创股份　3.股票代码:600008

二、会计数据和业务数据摘要

(一)本年度利润总额及构成(单位:人民币元)

项目	2000年度
利润总额	447,549,074.08
其中:主营业务利润	116,235,808.03
其它业务利润	0.00
营业利润	68,355,582.45
投资收益	17,451,790.00
补贴收入	360,000,000.00
营业外收支净额	1,741,701.63
净利润	433,215,450.90
扣除非经常性收益后的净利润	431,550,435.86
经营活动产生的现金流量净额	414,082,568.38
现金及现金等价物净增加额	1,539,458,401.65

注:扣除非经常性收益后的净利润指扣除无效申购利息收入本年摊销额1,665,015.04元后的净利润。

(二)截止报告年度末公司前三年的主要会计数据及财务指标

项目单位	2000年度	1999年度	1998年度
主营业务收入(元)	166,320,964.00	161,538,129.11	171,424,749.17
净利润(元)	433,215,450.99	391,628,587.37	400,134,184.52
总资产(元)	5,012,496,372.50	1,697,982,800.65	1,422,893,281.40
股东权益(不含少数股东权益)(元)	3,864,263,699.25	1,131,356,215.04	947,845,416.82
每股经营活动产生的现金流量净额(元/股)	0.3764		
每股收益(全面摊薄)(元/股)	0.3938	0.4895	0.5002
每股收益(加权平均)(元/股)	0.4332	0.4895	0.5002
每股收益(扣除非经常性收益后)(元/股)	0.3923	0.4895	0.5002
每股净资产(元/股)	3.5130	1.4142	1.1848
调整后的每股净资产(元/股)	3.5086	1.4089	1.1847
净资产收益率(%)	11.21%	34.62%	42.22%

(三)利润分配表附表

报告期利润	净资产收益率(%)		每股收益(元/股)	
	全面摊薄	加权平均	全面摊薄	加权平均
主营业务利润	3.01	3.72	0.1057	0.1162
营业利润	1.77	2.19	0.0621	0.0684
净利润	11.21	13.85	0.3938	0.4332
扣除非经常性损益后的净利润	11.17	13.80	0.3923	0.4316

三、股东情况介绍

(一)报告期末,本公司的股东总数为74,159户。
(二)本公司主要股东及其持股情况

股东名称	持股数量(万股)	持股比例(%)	备注	所持股份上市时间
北京首都创业集团	79,856.42	72.595	国有法人股	
中国经济技术投资担保公司	1,000.00	0.909	战略投资者	2001年10月11日
中信国安信息产业股份有限公司	1,000.00	0.909	战略投资者	2001年10月11日
北京浩鸿房地产开发有限公司	1,000.00	0.909	战略投资者	2001年10月11日
中国航天机电集团公司	500.00	0.455	战略投资者	2001年10月11日
中国兵工物资总公司	500.00	0.455	战略投资者	2001年10月11日
中国纺织物资(集团)总公司	500.00	0.455	战略投资者	2001年10月11日
上海汽车股份有限公司	500.00	0.455	战略投资者	2001年10月11日
中国铁路工程总公司	500.00	0.455	战略投资者	2002年04月11日
中国石油天然气管道局	500.00	0.455	战略投资者	2002年04月11日

注1:北京王府井百货(集团)股份有限公司等16家战略投资者也分别持有本公司500万股股份,详情请见本公司已刊登的《招股说明书》和《上市公告书》。

上海国际机场股份有限公司

上海国际机场股份有限公司2000年年度报告摘要

重要提示:本公司董事会保证本报告所载资料不存在任何虚假记载、误导性陈述或者重大遗漏,并对其内容的真实性、准确性和完整性负个别及连带责任。本年度报告摘要摘自年度报告,投资者欲了解详细内容,应阅读年度报告。

一、公司简介

1、公司法定名称:

中文:上海国际机场股份有限公司

英文:Shanghai International Airport Co., Ltd.

英文缩写:SIA

2、公司法定代表人:杜春才

3、公司董事会秘书:贾锐军

联系地址:上海国际机场股份有限公司董事会秘书室

联系电话:(021)62688899-44169

传　　真:(021)62681737

4、公司注册地址:上海市浦东新区启航路900号

邮政编码:201202

公司办公地址:上海市虹桥路2550号

邮政编码:200335

5、公司选定的信息披露报纸名称:

《上海证券报》、《中国证券报》、《证券时报》

登载公司年度报告的中国证监会指定国际互联网网址:

http://www.sse.com.cn

年度报告备置地点:公司董事会秘书室

6、公司股票上市交易所:上海证券交易所

股票简称:上海机场

股票代码:600009

二、会计数据和业务数据摘要

1、公司本年度主要会计数据(单位:元)

利润总额	641,722,439.02
净利润	545,203,047.25
扣除非经常性损益的净利润	544,598,500.26
主营业务利润	511,312,031.68
其他业务利润	146,123,795.64
营业利润	561,177,854.30
投资收益	82,024,532.09
补贴收入	604,546.99
营业外收支净额	-2,084,494.36
经营活动产生的现金流量净额	741,455,000.83
现金及现金等价物净增加额	1,109,919,685.98

注:扣除非经常性损益的净利润系扣除国产品出口退税(消费税及增值税)604,546.99元后的净利润。

2、公司前三年主要会计数据和财务指标(单位:人民币元)

项　目	2000年	1999年	1998年	
主营业务收入	867,896,150.88	748,214,448.02	635,449,007.31	
			新股申购冻结资金利息	扣除新股申购冻结资金利息
净利润	545,203,047.25	594,475,982.05	549,659,249.24	535,005,695.63
总资产	7,650,110,041.19	4,142,425,301.08		3,512,883,981.94
股东权益	4,356,225,199.77	3,912,352,982.52		3,317,877,000.47
每股收益(元/股)	0.395	0.440	0.407	0.396
加权平均每股收益(元/股)	0.402	0.440		0.419
扣除非经常性损益后的每股收益(元/股)	0.394	0.441		0.394
每股净资产(元/股)	3.154	2.898		2.458
调整后的每股净资产(元/股)	3.153	2.894		2.456
每股经营活动产生的现金流量净额(元/股)	0.537	0.473		0.463
净资产收益率(%)	12.52	15.19		16.57

3、利润表附表:

报告期利润	净资产收益率(%)		每股收益(元)	
	全面摊薄	加权平均	全面摊薄	加权平均
主营业务利润	11.74	12.20	0.370	0.377
营业利润	12.88	13.39	0.406	0.414
净利润	12.52	13.01	0.395	0.402
扣除非经常性损益后的净利润	12.50	13.00	0.394	0.402

注:上述利润数据按照中国证监会《公开发行证券公司信息披露编报规则(第9号)》方法计算。

三、股东情况介绍

1、报告期末股东总数为283107户。

2、报告期末公司前十名股东持股情况

序号	股东名称	持股数(股)	所占比例(%)
1	上海机场(集团)有限公司	900000000	65.16
2	华信实业	2725909	0.20
3	吴江钢丝	2642500	0.19
4	陈　盛	2024586	0.15
5	王坤泉	1965900	0.14
6	南京新淮	1526187	0.11
7	陈巧珍	1434450	0.10
8	内蒙信托	1380050	0.10
9	飞龙工程	1290000	0.09
10	北京财政	1000000	0.07

注:上海机场(集团)有限公司为代表国家持有股份的单位,为本公司的独家发起人,其所持股份无质押和冻结。

四、股东大会简介

公司于2000年6月15日在上海银河宾馆召开1999年度股东大会。该次股东大会会议决议公告刊登于2000年6月16日的《上海证券报》和《中国证券报》。

五、董事会报告

1、公司经营情况

(1)本公司属交通运输行业。上海国际机场为我国三大航空枢纽之一,货邮吞吐量列国内机场第一,年起降架次和旅客吞吐量分别列国内机场第二。

(2)公司主营业务范围及其经营状况

公司经营范围:为国内外航空运输企业及旅客提供地面保障服务,经营出租机场内航空营业场所、商业场所和办公场所,国内贸易(除专项规定);广告经营,经营其它与航空运输有关的业务;综合开发,经营国家政策许可的其它投资项目。

2000年是虹桥机场和浦东机场同时运行、协调发展的第一年,公司进一步加强安全生产工作,优化服务质量,强化内部经营管理,加大资本运作力度,在全体员工辛勤努力工作下,公司在安全、服务、效益等各方面继续保持良好的发展势头。

2000年,上海机场共实现飞机起降160528架次,旅客吞吐量1768.31万人次,货邮吞吐量87.89万吨,分别比去年同期增长18.91%、23.40%、17.00%。其中虹桥机场共实现飞机起降102222架次,旅客吞吐量1213.95万人次,货邮吞吐量61.22万吨;浦东机场共实现飞机起降58306架次,旅客吞吐量554.37万人次,货邮吞吐量26.67万吨。公司全年实现利润总额641,722,439.02元,净利润545,203,047.25元。

公司积极开拓外航地面代理业务,2000年在地面代理市场新增了英国维珍航空公司和加拿大航空公司的地面代理业务。至此,公司代理的外国和地区航空公司达8家,占起降上海的外国和地区航空公司总数的28.6%。同时,公司利用自身优势,不断挖掘潜力,公司货代中心参与外高桥保税区管委会提出的建立"外高桥保税区空运货物直通式"项目的试点工作,充分利用直通式先试先行的有关政策,积极拓展货代业务,不但奠定了货代市场的开发基础,并且为公司开拓了新的利润增长点。目前已有IBM、Philips及Intel等17家企业与公司签定了代理协议。

2000年公司顺利实现了上海机场第一个安全年,虹桥机场第十三个安全年;通过了上海质量体系审核中心ISO9002质量体系的年度复审;蝉联了中国质量协会评选的"全国实施用户满意工程先进单位"荣誉称号,成为机场业唯一蝉联此殊荣的单位;虹桥机场连续第四次获得了"旅客话民航"800万人次以上机场组第一名。此外,公司顺利完成了可转换公司债券的发行上市工作,成为1997年国务院颁布《可转换公司债券管理暂行办法》以来中国A股市场首家发行可转债的上市公司,使公司成功地在资本运作的道路上又迈出了一大步。

占主营业务收入或利润10%以上的业务收入情况(单位:元)

航空服务收入	1999年度	2000年度
营业收入	748,214,448.02	867,896,150.88
营业成本	126,909,718.87	324,997,078.46
营业毛利	621,304,729.15	542,899,072.42

(3)在经营中出现的问题与困难及解决方案

2000年是虹桥机场和浦东机场同时运行、协调发展的第一年。公司一方面要保障浦东机场增量航班的正常运营,另一方面面临两个机场同时运营带来的人员、成本增加等困难,公司管理层继续深入贯彻"以人为本,以资本运作为中心,以价值管理为手段,以绩效为标准"的经营理念,不断自我加压,强化经营管理基础工作,积极推进机制改革与创新,全面落实各项经营管理举措,在全体员工的共同努力下,公司顺利完成了年初制订的工作目标。

2、公司财务状况

截止2000年12月31日,公司总资产为765,011.0万元,较年初增加350,768.5万元,增幅达84.7%,其中流动资产增加13.5亿元,主要是经营活动现金流量增加所致;长期投资因转让原上海浦东国际机场公司20.37%的股权而减少14亿元;固定资产类总量增加32亿元,主要是公司投资的浦东国际机场候机楼及相关资产转入后,使在建工程减少11.5亿元,固定资产净值增加43.4亿元;无形资产增加了3.5亿元,主要是浦东国际机场候机楼及相关资产土地使用权转入所致。

长期负债为105,021.5万元,较年初增加103,659.7万元,主要原因是公司2月份发行可转换债券13.5亿元,至本期末债转股减少长期负债31,306.1万元;股东权益为435,622.5万元,较年初增加44,387.2万元,增长11.3%,其中债转股使股东权益增长31,306.1万元,本年净利润使股东权益增长54,520.3万元,现金红利分配使股东权益减少41,439.2万元。

本年主营业务利润为51,131.2万元,较上年减少8,424.6万元,下降幅度为14.1%,导致主营业务利润下降的主要原因是浦东国际机场候机楼及相关资产转入公司后,相关主营业务收入的增长低于固定资产折旧费的增长,并且由于这一主要原因,导致本年净利润较上年同期减少4,927.3万元,下降8.3%。

内蒙古包钢钢联股份有限公司

内蒙古包钢钢联股份有限公司股票上市公告书

重要提示：本公司董事会保证本报告所载资料不存在任何虚假记载、误导性陈述或者重大遗漏，并对其内容的真实性、准确性和完整性负个别及连带责任。

一、公司简介

1、公司名称（中文）：内蒙古包钢钢联股份有限公司

公司英文名称：Inner Mongolian BaoTou Steel Union Co.,Ltd

2、公司法定代表人：林东鲁

3、公司董事会秘书：郭景龙　联系地址：内蒙古自治区包头市昆区河西工业区

电话：(0472)2105037,5144403　传真：(0472)2105006,5144403

4、公司注册地址：内蒙古自治区包头市昆区河西工业区

公司办公地址：内蒙古自治区包头市昆区河西工业区　邮政编码：014010

5、公司选定的信息披露报纸名称：《中国证券报》和《上海证券报》

登载公司年度报告的国际互联网网址：www.sse.com.cn

公司年度报告备置地点：公司证券融资部

6、公司股票上市交易所：上海证券交易所　股票简称：钢联股份　股票代码：600010

二、会计数据和业务数据摘要

1、　利润情况：（单位：人民币元）

利润总额：	440,586,929.00
净利润：	288,891,610.43
扣除非经常性损益后的净利润：	295,502,530.21
主营业务利润：	626,969,546.16
其他业务利润：	1,356,982.08
营业利润：	453,974,431.02
投资收益：	————
补贴收入：	————
营业外收支净额：	13,387,502.02
经营活动产生的现金流量净额：	128,652,844.25
现金及现金等价物净增加额：	41,176,049.70

注：2000 年扣除非经常性损益后的净利润 295,502,530.21 元，扣除的非经常性损益为：

(1)　处理固定资产收入　–24,971.00

(2)　处理固定资产损失　6,635,890.78

2、　截至报告期末公司的主要会计数据和财务指标：（单位：元）

项目	2000 年	1999 年
主营业务收入	5,898,473,064.86	5,922,537,525.68
净利润	288,891,610.43	251,711,645.88
总资产	2,657,931,681.09	2,477,352,389.09
股东权益	1,564,364,133.39	1,400,472,522.96
（不含少数股东权益）		
每股收益（摊薄）	0.32	0.28
每股收益（加权）	0.32	
每股净资产	1.74	1.56
调整后的每股净资产	1.74	1.55
每股经营活动		
产生的现金流量净额	0.14	
净资产收益率%	18.47%	17.97%
净资产收益率（加权平均）	18.70%	24.24%

注 4、报告期末至摘要披露日，公司股本发行变化的，还应披露变化后的每股收益。

变化后的每股收益：每股收益　0.23

变化后的股份总数：12.5 亿股

3、　根据按照中国证监会《公开发行证券公司信息披露编报规则（第 9 号）》要求计算的利润数据：

报告期利润	净资产收益率		每股收益	
	全面摊薄	加权平均	全面摊薄	加权平均
主营业务利润	40.08%	40.58%	0.70	0.70
营业利润	29.02%	29.39%	0.50	0.50
净利润	18.47%	18.70%	0.32	0.32
扣除非经常性损益后的净利润	18.89%	19.13%	0.33	0.33

注：　全面摊薄净资产收益率和每股收益的计算公式如下：

全面摊薄净资产收益率 = 报告期利润 ÷ 期末净资产

全面摊薄每股收益 = 报告期利润 ÷ 期末股份总数

加权平均净资产收益率(ROE)的计算公式如下：

$$ROE = \frac{P}{E0 + NP \div 2 + Ei \times Mi \div M0 - Ej \times Mj \div M0}$$

其中：P 为报告期利润；NP 为报告期净利润；E0 为期初净资产；Ei 为报告期发行新股或债转股等新增净资产；Ej 为报告期回购或现金分红等减少净资产；M0 为报告期月份数；Mi 为新增净资产下一月份起至报告期期末的月份数；Mj 为减少净资产下一月份起至报告期期末的月份数。

加权平均每股收益（EPS）的计算公式如下：

$$EPS = \frac{P}{S0 + S1 + Si \times Mi \div M0 - Sj \times Mj \div M0}$$

其中：P 为报告期利润；S0 为期初股份总数；S1 为报告期因公积金转增股本或股票股利分配等增加股份数；Si 为报告期因发行新股或债转股等增加股份数；Sj 为报告期因回购或缩股等减少股份数；M0 为报告期月份数；Mi 为增加股份下一月份起至报告期期末的月份数；Mj 为减少股份下一月份起至报告期期末的月份数。

三、　股本变动及股东情况

1 .报告期内公司股本未变动，为 900,000,000 股。

(1)、股份变动情况表　　数量单位：股

股份类别	期初数	本次变动增减（+、–）配股	送股	公积金转股	其他	小计	期末数
一、未上市流通股份							
1.发起人股份							
其中：国家持有股份	887780000						887780000
境内法人持有股份	12220000						12220000
未上市流通股份合计							
二、已上市流通股份	900000000						900000000
已上市流通股份合计							
三、股份总数	900000000						900000000

备注：二〇〇一年二月经中国证券监督管理委员会证监发行字[2001]16 号文批准，同意本公司向社会公开发行人民币普通股股票 35000 万股。本公司向社会公开发行的人民币普通股股票 35000 万股于 2001 年 3 月 9 日在上海证券交易所上市交易。

2、　股东情况：

（1）报告期末股东总数：5 户。

（2）本报告期内股权结构无变动。

（3）股东持股情况：

股东名称	期末数	比例	期初数	比例
包头钢铁(集团)有限责任公司	887,780,000.00	98.64%	887,780,000.00	98.64%
西山煤电(集团)有限责任公司	6,500,000.00	0.72%	6,500,000.00	0.72%
包头市鑫恒机械制造有限责任公司	1,820,000.00	0.20%	1,820,000.00	0.20%
中国第一重型机械集团公司	1,950,000.00	0.22%	1,950,000.00	0.22%
中国钢铁炉料华北公司	1,950,000.00	0.22%	1,950,000.00	0.22%
合计	900,000,000.00	100.00%	900,000,000.00	100.00%

(4)持股 10%以上的法人股东为包头钢铁（集团）有限责任公司，所持股份报告期内无增减变动，无质押或冻结的情况。法定代表人：林东鲁。经营范围：钢铁制品，稀土产品，焦碳及副产品，压力容器普通机械制造与加工，冶金机械设备及检修，安装，货物运输，餐饮，住宿；冶金、房地产开发、建筑业、旅游业等行业的投资，销售本集团开发的商品房屋。

四、　股东大会简介

公司在报告期内召开两次股东大会，具体情况如下：

（一）公司于 2000 年 3 月 9 日在包钢宾馆会议室召开钢联公司 1999 年股东大会，全体股东出席，代表股份 900000000 股，占总股本的 100%，会议以投票的方式一致通过以下议案：

1、　审议公司董事会工作报告；

2、　审议公司监事会工作报告；

3、　审议公司 1999 年度财务决算报告；

4、　审议公司 1999 年度利润分配预案；

5、　审议发行股票议案；

6、　审议募集资金投向议案；

7、　审议 2000 年度公司利润共享议案；

8、修改公司章程；

（二）　公司于 2000 年 7 月 25 日在包钢宾馆会议室召开钢联公司 2000 年第一次临时股东大会，全体股东出席，代表股份 900000000 股，占总股本的 100%，会议以投票的方式一致通过以下议案：

1、　审议增补公司独立董事的议案；

2、　审议公司章程修改草案（增补独立董事）的议案；

3、　审议胡玉林女士辞去监事的议案；

4、审议关于终止发行公司债券申请工作的议案。

（三）报告期内公司于 2000 年 7 月 25 日召开的临时股东大会上，增补梁才先生、李含善先生、张国忠先生、宋建中女士、龙涛先生、张俊杰先生为内蒙古包钢钢联股份有限公司非执行独立董事。大会同意胡玉林女士辞去内蒙古包钢钢联股份有限公司监事会主席及监事职务。

五、董事会报告

（一）公司经营情况

1、公司所处的行业以及公司在本行业中的地位

内蒙古包钢钢联股份有限公司属轧钢生产行业企业。本公司坚持走挖潜改造和科技兴企之路，开发了一批高技术含量、高附加值、高效益的产品，通过引进国外先进成熟的技术和设备，进一步提高了轧钢系统的工艺设备水平。

2、公司主营业务的范围及其经营状况

公司主营业务的范围为生产、销售：黑色金属及其延压加工产品、冶金机械、设备及配件；汽车货物运输，钢铁生产技术咨询。

目前，本公司是全国冶金企业中钢铁产品品种最多的企业，拥有重轨、大型工槽钢、无缝钢管、带钢、焊管、普线、棒材等各类产品达 38 个品种 1002 个规格，产品中 60kg/m 重轨、热轧带肋钢筋和低碳无扭控冷热轧盘条获全国冶金产品“金杯奖”；60kg/m 重轨、低中压钢炉管、热轧带肋钢筋、冷拔低碳钢丝、低碳无扭控冷热轧盘条、热轧工字钢等产品获内蒙古自治区品牌产品称号；石油套管通过美国石油协会 API 认证。公司正在兴建的薄板坯连铸连轧项目是经国务院批准的具有国际当代先进水平和成熟的钢铁生产工艺，建成后将更为本公司调整产品结构增添异彩。目前公司的电控设备普遍采用了德国西门子公司和美国 GE 公司技术，全数字控制及计算机得到了普遍应用。公司 2000 年共生产钢材 269.6241 万吨。

2000 年度，在公司董事会的领导下，公司实现主营业务收入 5,898,473,064.86 元，主营业务利润 626,969,546.16 元，净利润 288,891,610.43 元。

二 OOO 年公司主要产品主营业务收入的构成情况

项目	主营业务收入（单位：万元）	比重
方　钢	73,950.41	12.54%
工槽钢	40,496.11	6.87%
重　轨	95,156.97	16.14%
无缝管	100,342.93	17.02%
线　材	138,061.22	23.41%
带　钢	141,644.56	24.02%
合　计	589,847.30	100%

3、经营中出现的问题与困难及解决方案

（1）市场竞争日趋激烈，买方市场的格局不会改变，给公司的生产经营带来很大的压力。2000 年由于我国宏观经济环境的好转，公司的生产、销售情况良好，利润较 1999 年有了较大幅度的增长。2001 年随着我国扩大内需政策的进一步实施以及西部大开发、基础建设的加速发展等，都将为公司的发展带来更多的机遇。然而随着国内钢材需求的逐步稳定，钢材总量供大于求的局面将不会改变，另外，我国即将加入 WTO，国外钢材将对国内市场形成冲击，市场竞争将更加激烈。为此，公

司要坚决进行结构调整，大力开发、生产适销对路的高附加值产品，从而增强产品的市场竞争能力，进一步扩大市场占有率，提高企业经济效益。

(2)管理工作的现状还不完全适应市场竞争的需要。钢联公司刚刚重组上市，个别方面的关系还没有完全理顺。要下大力气理顺钢联公司的各方关系，建立起适应市场机制的管理体制。公司的管理基础工作还有待加强，各项技术经济指标与同行业先进企业相比还有一定差距。在理顺关系的同时要不断夯实管理基础工作，建立起信息畅通、制度健全、控制有力的科学管理体系。要建立起严格的考核制度，确保各项规章制度得到很好地贯彻实施。要认真学邯钢降成本，不断提高经济效益。要认真开展对标升级工作，不断提高技术经济指标水平。

(3)结构调整矛盾突出，个别生产线老化，部分产品市场萎缩。突出问题是：①线材厂的复二重轧机，国家明令2002年要停止生产；②国内窄带市场竞争日趋激烈，热带市场受到严重的挑战。针对这些问题，公司要从满足市场需求，淘汰落后设备，生产高附加值产品的角度出发，及早动手，尽快组织有关部门拿出方案，保证公司结构调整的顺利进行。

(二)公司财务状况(单位元)

项目	2000年度	1999年度	增减额	增减率
总资产	2,657,931,681.09	2,477,352,389.09	180,579,292.00	7.29%
长期负债	112,600,000.00	380,000,000.00	▮267,400,000.00	-70.37%
股东权益	1,564,364,133.39	1,400,472,522.96	162,422,883.81	11.60%
主营业务利润	626,969,546.16	552,028,900.06	72,748,516.83	13.18%
净利润	288,891,610.43	251,711,645.88	35,711,237.93	14.19%

增减变动主要原因：

总资产：货币资金、应收帐款、固定资产增加

长期负债：一年内到期的长期借款转为流动资产

股东权益：2000年度实现利润

主营业务利润：主营业务成本和主营业务税金及附加下降

净利润：主营业务成本、主营业务税金及附加和营业费用下降

(三)公司投资情况

报告期内公司对内投资额9,062.96万元，其中Φ400机组改造工程投资5,539.85万元，重轨加工线工程投资3,288.25万元，重轨余热淬火工程投资138.20万元，棒材飞剪投资96.66万元。通过改造，Φ400机组的产量有所提高，无缝管的产品质量有了很大的改善，重轨加工线的设备达到了国际先进水平，为生产长尺轨，发展高速轨创造了条件。综上所述，2000年的投资为钢联公司今后的发展奠定了基础。

(四) 产品经营环境以及宏观政策、法规变化对本公司的影响

本公司主要产品为大型型钢、重轨、无缝管、线棒材、带钢等。国际国内钢材市场的变化以及国家相关政策、法规的变化，将对本公司产生以下影响：

1、随着国家西部大开发战略的实施以及进一步扩大内需，特别是加大基本建设的投入等措施的实施，国内钢材市场需求量有所增长，另外，受国际钢材市场价格上涨的影响，国内钢材价格的回升，我公司的产品价格也有所增长，公司利润将会增加。

2、国家对冶金行业提出"以结构调整为主线，按市场需求，调控总量、关停'五小'、淘汰落后，压缩过剩生产能力"的方针。这些政策的实施将使国内钢材市场的无序竞争得到有效控制，进一步规范钢材市场，这将有利于我公司的长远发展。

3、加入WTO后，国外钢材将对国内钢材市场产生一定的冲击，但也有利于我公司引进国外的先进技术和先进的管理经验，提高我公司的产品实物质量，增强公司市场竞争能力，对我公司的长远发展将产生积极的影响。

4、随着我公司Φ400机组的改造完成，无缝管的产量有所提高，质量有了很大程度的改善。薄板坯连铸连轧项目建成投产后，公司的产品结构将有很大改善，形成"板、管、型、线"四个系列，公司产品的市场竞争力将大大提高。

(五) 新年度的业务发展计划

利用国家宏观经济环境的好转、基础建设的加速发展等有利条件，抓住西部大开发的机遇，结合公司自身情况，扬长避短，积极调整发展战略，以实现可持续发展是本公司新年度的发展计划。

本公司从2001年开始，将集中资金建设如下项目：

1. 募集资金投入薄板坯连铸连轧工程的建设，使公司在现有型材、管材两大专业产品系列的基础上，新增热轧薄板(卷)及今后的冷轧薄板和镀锌板材专业产品系列，形成合理比例的板、管、型三大专业产品系列，基本实现公司所期望的产品结构目标。

2. 建设余热淬火钢轨生产线，形成15万吨/年余热淬火轨的生产规模，产品质量达到国际标准。

3. 改造现有生产线生产高速铁路用钢轨。公司的重轨生产线已基本具备高速轨的生产条件，但未形成批量生产，经局部改造后，可按国际标准批量生产高质量的高速铁路用钢轨，满足市场需求。为达到批量生产高速轨的目的，需实施如下项目：改造3#矫直机、加热炉，新增轧辊车床，800/850机列改造等。

4. 改造和完善石油套管加工设施，大幅度提高石油套管的生产能力和钢级水平。

5. 开发专用型钢、高质量硬线、高强螺纹钢筋、耐侯型钢等新品种，完善质量检测设施，增强市场竞争力。

6. 对普通线材、棒材、热轧窄带钢实现连铸化、连轧化，淘汰"二火"成材的落后工艺技术。

(六)董事会日常工作情况

一、报告期内董事会的会议情况及决议内容

(一)、公司本届董事会在报告期内共召开五次会议，各次会议情况及决议内容如下：

1.2000年2月10日，内蒙古包钢钢联股份有限公司第一届董事会三次会议在包钢宾馆二楼会议室召开，会议审议并通过以下决议：

(1)徐政总经理所作的经理工作报告。

(2)公司1999年度财务决算报告。

(3)公司1999年度利润分配预案。

(4)公司1999年度"四项准备金"计提办法。

(5)公司2000年度工作计划。

(6)增聘曹敏先生为公司财务总监，孙玉文先生为公司副总经理。

(7)审议公司发行股票及拟将募集资金投向薄板坯连铸连轧项目的议案。

(8)提请股东大会授权董事会对公司章程进行修改。

(9)提议召开股东大会。

2. 2000年3月20日，内蒙古包钢钢联股份有限公司第一届董事会四次会议在包钢宾馆二楼会议室召开，会议审议并通过以下决议：

审议《内蒙古包钢钢联股份有限公司章程》修改草案。在章程中就变更公司股本(发行股票后)、风险投资权限的有关内容进行了修改，并提请股东大会审议。

3. 2000年6月20日，内蒙古包钢钢联股份有限公司第一届董事会五次会议在包钢宾馆二楼会议室召开，会议审议并通过以下决议：

(1)提议增补宋建中女士、梁才先生、李含善先生、张俊杰先生、张国忠先生、龙涛先生为包钢钢联公司非执行独立董事。

(2)关于终止发行公司债券申请工作的议案。

(3)审议《内蒙古包钢钢联股份有限公司章程》修改草案。在章程中就增加公司董事等条款进行了修改。

(4)提请召开临时股东大会的议案。

4. 2000年8月7日，内蒙古包钢钢联股份有限公司第一届董事会六次会议在包钢宾馆二楼会议室召开，会议审议并通过以下决议：

(1) 修改后的公司发行股票申报材料符合《中华人民共和国公司法》和《中华人民共和国证券法》的有关规定，予以通过，建议尽快上报中国证监会。

(2) 决定成立董事会领导下的审查委员会并同意该委员会设三名委员，分别由张国忠先生、张俊杰先生和宋建中女士担任。

(3) 审议并通过审查委员会职权及议事规则。

(4) 审议并通过了公司章程(修改草案)中有关非执行独立董事的职责、权限等有关条款。

5. 2000年9月8日，内蒙古包钢钢联股份有限公司第一届董事会七次会议在包钢宾馆二楼会议室召开，会议审议并通过以下决议：

公司所属无缝厂过去销售产品形成超过三年的应收帐款1,314,714.28元、预收帐款752,174.16元。带钢厂形成超过三年的应收帐款4,088,457.49元、预收帐款2,986,320.70元。同意将上述应收帐款减去预收帐款后的差额作坏帐处理。

二、董事会对股东大会决议的执行情况

1. 2000年3月10日，公司1999年度股东大会审议通过了1999年度利润分配方案，即按当时公司总股本90,000万股为基数，每10股派现金0.3218元，此方案已实施完毕。

2.报告期内，公司董事会经过不懈的努力，基本完成了股东大会授权董事会全权办理的股票发行和上市工作。

3.董事会已按合法程序实施了股东大会通过的募集资金投向议案，并已与包钢(集团)公司签定了"转贷协议"及"承债式收购协议"。

4.报告期内，公司董事会认真贯彻股东大会的决议，按照《公司章程》赋予的职权，根据实际情况，对《公司章程》部分条款提出了修改草案。

5. 董事会按照股东大会的决议，为使公司保持合理的负债结构，降低财务风险，减少财务费用，业已终止了公司发行债券的申请工作。

(七)公司管理层及员工情况

1、董事、监事、高级管理人员

姓名	职务	年龄	性别	任期
林东鲁	董事长	54	男	1999.6-2002.6
张志公	董事	56	男	1999.6-2002.6
许万成	董事	55	男	1999.6-2002.6
徐福贵	董事	61	男	1999.6-2002.6
徐政	董事、总经理	46	男	1999.6-2002.6
宋铁军	董事、书记	50	男	1999.6-2002.6
郭景龙	董事、董秘	44	男	1999.6-2002.6
史德明	董事	59	男	1999.6-2002.6
杜志毅	董事	52	男	1999.6-2002.6
刘隽	董事	49	男	1999.6-2002.6
简伟	董事	51	男	1999.6-2002.6
龙涛	独立董事	47	男	2000.7-2002.6
李含善	独立董事	54	男	2000.7-2002.6
张俊杰	独立董事	37	男	2000.7-2002.6
宋建中	独立董事	47	女	2000.7-2002.6
梁才	独立董事	60	男	2000.7-2002.6
张国忠	独立董事	73	男	2000.7-2002.6
王伟	监事会主席	46	男	2000.6-2002.6
霍智河	监事	51	男	1999.6-2002.6
侯玉林	监事	42	男	1999.6-2002.6
曹敏	财务总监	50	男	2000.2-2002.6

报告期内上述人员中有6位在公司领取报酬，个人报酬在1-2万元之间，林东鲁、张志公、许万成、徐福贵、史德明、杜志毅、刘隽、简伟、龙涛、李含善、张俊杰、宋建中、梁才、张国忠、霍智河未在公司领取报酬。

报告期内，胡玉林女士为避免双重任职，辞去公司监事会主席及监事。

报告期内本公司董事、监事和高级管理人员均未持有本公司股票。

2、公司员工情况

股份公司现有员工9,102人，股份公司职工中，高级技术职称78人，中级职称 321人，大专以上文化程度1,369人。其中生产人员7571人，销售人员177人，技术人员924人，财务人员51人，管理人员379人。

(八)本年度利润分配方案

2000年度公司共实现主营业务收入5,898,473,064.86 元，净利润288,891,610.43元，减去按10%提取盈余公积金28,889,161.04 元，按5%提取法定公益金14,444,580.52 元，实际可供分配的利润为245,557,868.87元。本次利润分配预案以2001年3月末公司总股本125,000万股为基数，向全体股东每10股派发现金红利1元(含税)，共计派发125,000,000.00元，余额120,557,868.87元留作以后年度分配。

(九)预计公司下一年度利润分配政策

预计公司2001年度将分配利润至少一次。2001年度实现的净利润的分配顺序拟参照2000年利润分配预案执行，预计分配的股利不低于下一年度实现净利润的50%，2000年度的未分配利润用于2001年度股利分配的比例大约为50%。以派发现金形式分配的比例不低于30%。以上2001年度利润分配政策，需董事会以分配预案的形式提交股东大会审议通过后方可正式实施，且董事会保留根据公司实际经营情况做出调整选择的权利。

六、监事会报告

(一)监事会工作情况

1、 公司监事会在报告期内，严格按照《中华人民共和国公司法》和《公司章程》所赋予的职责，重点围绕公司股东大会通过的决议，从公司依法运作、董事及其他高级管理人员履行职责、公司财务状况、关联交易等方面行使监督职能。同时，并对自身监督行为进行规范，认真执行了《监事会议事规则》，保证了公司生产经营健康有序的发展。

2、 监事会会议情况

报告期内，公司监事会共召开四次会议，会议内容如下：

1. 2000年3月8日，内蒙古包钢钢联股份有限公司第一届监事会第三次会议在包钢生产楼307房间召开。会议对公司经营效益和公司资产保值、增值状况及董事会向股东大会提供的审计报告和财务报告进行了审议，一致认为上述资料和报告真实准确，符合实际。

2. 2000年3月29日，内蒙古包钢钢联股份有限公司第一届监事会第四次会议在包钢生产楼307房间召开。会议讨论了修改《内蒙古包钢钢联股份有限公司监事会议事规则》的议案。

3.2000年6月19日，内蒙古包钢钢联股份有限公司第一届监事会第五次会议在包钢生产楼307房间召开。会议审议通过(1)监事会主席胡玉林女士提出辞呈的议案。(2)职工代表大会增选王伟先生为职工监事的议案。(3)关于提请召开2000年第一次临时股东大会的议案。

4.2000年8月8日，内蒙古包钢钢联股份有限公司第一届监事会第六次会议在包钢生产楼307房间召开。会议选举王伟先生为新一任监事会主席。

(二)对公司2000年度的工作，监事会发表如下独立意见：

1、 公司能严格执行国家法律、法规，按上市公司的规范程序运作。公司董事及其他高级管理人员能尽职尽责，按股东大会和董事会的决议认真执行，并取得了良好业绩，未发现上述人员在执行公司职务时有违反法律、法规和公司章程或损害公司利益的行为。公司决策程序合法，建立了较完整的内部控制制度。

2、 公司2000年度会计报告经中天华正会计师事务所审计，并出具了无保留意见的审计报告，该审计报告真实、客观、完整、准确。

3、　报告期内公司没有募集资金。
4、　本报告期内,委托经营程序合法,手续完备,交易价格合理,没有内幕交易行为。
5、　公司关联交易坚持了公平、合理的原则。各项协议执行情况良好,没有发现损害公司利益的情况。

七、重要事项

(一)重大诉讼、仲裁事项　本年度公司无重大诉讼、仲裁事项。
(二)报告期内公司、公司董事及高级管理人员没有受监管部门处罚。
(三)报告期内公司无下述情况:
1、　控股股东变更;
2、　公司董事会换届、改选或半数以上人员变动;
3、　公司总经理变更;
4、　公司解聘、聘任董事会秘书的情况。
(四)报告期内公司收购及出售资产、吸收合并事项的简要情况
报告期内公司无收购及出售资产、吸收合并事项。
(五)　重大关联交易事项
交易价格的确定:
(1)国家规定的以规定为准,无规定的以市场价为准。
(2)服务费用定价原则:(1)国家、自治区、包头市政府有明确规定的,按规定的费率收取;(2)国家和地方有关部门规定了指导价的,按该指导价确定价格;(3)既无国家定价,也无国家指导价的,按可比的市场价格确定价格。(4)无可比的市场价格的,按构成价格(即提供服务方合理成本费用加上合理利润构成的价格)收取。
1、关于托管收费的交易
根据包头天诚线材有限公司(以下简称"天诚公司")和本公司签订的《委托管理协议》,由本公司托管天诚公司的日常生产经营管理工作,托管期限从托管基准日2000年8月1日起3年有效。
根据天诚公司和本公司签订的《委托管理补充协议》,天诚公司同意,以本公司托管期限内天诚公司实现的销售收入的1‰支付给本公司报酬;实现的销售收入须经天诚公司聘请的会计师事务所审计方能作为计付的基数。此销售收入应包括已确认实现销售并列入应收帐款核算的债权,但经前述会计师事务所审计并确认为坏帐的应收帐款应从基数中扣除。天诚公司应自2000年8月1日起每满12个月度审计一次,于出具审计报告之日起30个工作日内,以转帐支票形式一次性向本公司支付按本协议计算的托管报酬。
2、集团公司(甲方)供应给本公司(乙方)生产耗用的钢坯、水、电、汽等价格是按照本公司与集团公司签订的《生产物资供应与服务合同》确定的供应价格执行,集团公司供应本公司的钢坯价格是以甲乙双方委托的钢坯审价专家组出具的《钢坯交易价格审查报告》审核的钢坯交易价格为基础确定;乙方在收到合格原料并验证后进行开票结算,钢坯价款每次以银行承兑汇票和支票进行结算。《生产物资供应与服务合同》有效期限为自甲、乙双方签字之日(1999年7月1日)起10年内有效。
3、根据本公司与集团公司签订的《综合服务合同》,本公司将住房公积金、排污费、人防费交集团公司,由集团公司统一上交有关部门,合同有效期限为自甲、乙双方签字之日(1999年7月1日)起3年内有效。
4、本公司销售给集团公司材料处的钢材价格是按照本公司销售产品的当日挂牌价确定其供应价格,本公司的钢坯切头、切尾的废料以市场价格进行结算,结算价款于月末时一次以支票方式进行结算。
5、土地租赁:
根据集团公司与本公司2000年2月21日签订的《土地租赁合同》,本公司租用集团公司384,626平方米土地用于生产经营,租赁期限50年,租赁费每年每平方米人民币5元,年租金1,923,130.00元,每年6月30日前和12月31日前分别支付二分之一年租金,其土地使用税费等由集团公司负担。
6、进出口代理:
根据本公司与中国冶金进出口包钢公司签订的《进出口代理合同》,按代理业务合同金额的2%作为代理费,合同有限期限自1999年7月1日 至2002年7月1日。
集团公司(甲方)代理本公司(乙方)进出口业务,出口代理在甲乙双方结算时从货款中扣除,进口代理费单项支付,在该项代理业务完成后,十日内一次性以支票方式向甲方结清当月代理费用。1999年度和2000年度无交易金额。
7、商标权关联交易
根据集团公司与本公司1999年5月25日签订的《商标使用许可合同》,集团公司将注册证号码为第870523号注册商标许可本公司在其生产的钢材商品上使用,有效期从1999年5月25日至2006年9月14日止。合同中规定,被许可人使用"商标"无需向许可人支付许可使用费。由于第870523号注册商标所涉及的绝大部分产品已重组进入股份公司,有关商标仍留在集团公司不妥,2000年10月5日集团公司与本公司签署了《商标转让协议》将第870523号注册商标变更为本公司持有。同时原关联交易中《注册商标使用许可合同》自动废止。
8、根据集团公司与本公司2000年3月15日签订的《薄板坯连铸连轧项目承债式收购协议书》,双方结算以经有关主管部门确认的在建工程评估值与集团公司专项贷款已到帐未使用的货币资金之和减去本项目集团公司已到帐专项贷款的净值作为集团公司和本公司结算的依据。按照协议条款规定,自本公司股票发行当月最后一日起三个月内,协议双方办理完毕薄板坯连铸连轧工程项下的在建工程和公辅设施以及已购进的机器设备和辅助材料、备品备件等资产的全部交割手续,集团公司基准日专项贷款已到帐未使用货币资金划入本公司指定的项目银行专户;上述手续办理完毕当日本公司或集团公司以货币资产的形式,将上述资产与基准日本项目集团公司已到帐专项贷款之间的结算差额汇入集团公司或本公司指定的帐户;同时集团公司与本公司于该日按法定程序办理薄板坯连铸连轧项目已到帐专项贷款的转贷手续,并将该项目项下未到帐的专项贷款授信额度转让给本公司。
2000年,本公司上述关联交易按照《招股说明书》中披露的相关协议执行,本年度无重大变更。关联交易的详细内容请查阅会计报表附注中的相关内容。
(六)上市公司与控股股东在人员、资产、财务上的"三分开"情况
1、　在人员方面,公司在劳动、人事及工资管理等方面完全独立。公司董事长林东鲁先生现任集团公司董事长、总经理兼党委副书记。董事张志公先生现任集团公司党委书记兼副董事长。董事许万成先生现任集团公司副董事长兼副总经理。董事徐福贵先生现任集团公司董事。总经理、董事会秘书、财务总监、副总经理及其他高级管理人员均未在集团公司担任职务。
2、　在资产完整方面,本公司以轨梁、无缝、线材、带钢四家轧钢厂的生产经营业务为主体构成完整、系统的购坯轧材生产体系,是全国十大钢材轧制企业之一,拥有了独立的生产调度系统、生产经营计划指挥系统;建立了独立运行的物资采购供应机制,建立了股份公司独立的产品营销机制。本公司已经与集团公司签定了《注册商标使用许可合同》和《商标转让协议》,有关手续正在办理中。
3、　在财务独立方面,公司建立了独立的财务部门,并建立了独立的会计核算体系和财务管理制度,独立在银行开户。
(七)托管、承包情况
本公司没有发生占当年利润10%以上(含10%)的托管、承包、租赁其他公司资产或其他公司托管、承包、租赁上市公司资产的事项。
(八)报告期内本公司聘请的会计师事务所没有变更,仍为中天华正会计师事务所。
(九)重大合同及担保
一、重大合同
(1)《生产物资供应与服务合同》
根据本公司与集团公司1999年7月1日签订的《生产物资供应与服务合同》,集团公司向公司提供水、电、风、汽、钢坯供应,运输服务,计量服务,原料检验或试验服务。根据本协议,本公司和集团公司的定价原则是等价(或参考所供货物当时的市场价)。在确定集团公司供应本公司生产所需主要原材料"钢坯"的价格时,如有国家或地方的政府定价的,应执行该定价;如无国家或地方政府定价的,应按市场价格执行。双方在确定"钢坯"的市场价格时应考虑以下因素:国家或地方的政府指导价;钢坯在内蒙古地区的可比市场价格;集团公司向独立的第三方销售" 钢坯"的可比价格;如无前述价格可供参考,应考虑"钢坯"在国内其他地区的可比市场价格,特别应关注国内五大钢厂购销"钢坯"的可比价格;在适用前项因素确定"钢坯"价格时,应充分考虑内蒙古地区的综合物价指数和增长系数及行业物价指数和增长系数。为保证"钢坯"交易价格的公允性和客观性,双方同意共同委托钢铁行业和物价部门的有关专家组成一个"钢坯审价专家组",并授权该专家组按照协议规定的定价因素及其认为应当考虑其他因素对"钢坯"的交易价格进行审查、判断和决定。
本协议期限为十年。
(2)《土地使用权租赁合同》
(3)《注册商标使用许可合同》与《商标转让协议》
(4)《综合服务合同》
(5)《进出口代理合同》
(6)《委托管理协议》与《出资转让意向协议》
(7)《薄板坯连铸连轧项目承债收购协议书》
经有关主管部门确认的资产评估值与集团公司专项贷款已到帐部分未使用货币资金之和减去本项目集团公司专项贷款已到帐部分的净值作为包钢集团公司和钢联股份结算的依据。按照协议条款规定,自钢联股份股票发行当月最后一日起三个月内,协议双方办理完毕薄板坯连铸连轧工程项下的在建工程和公辅设施以及已购进的机器设备和辅助材料、备品备件等资产的全部交割手续,集团公司基准日专项贷款已到帐部分未使用部分划入钢联股份指定的项目银行专户;上述手续办理完毕当日钢联股份或包钢集团公司以货币资产的形式,将上述资产及基准日本项目集团公司专项贷款已到帐部分的结算差额汇入集团公司或钢联股份指定的帐户;同时包钢集团公司与钢联股份于该日按法定程序办理薄板坯连铸连轧项目专项贷款已到帐部分的转贷手续及该项目专项贷款未到帐使用的贷款授信额度转让给钢联股份。
二、本公司所有贷款均为集团公司提供担保。
(十)报告期内没有变更公司名称。
(十一)公司或持股5%以上股东在指定报纸和网站无披露承诺事项。

八、财务会计报告

1、审计报告
审　计　报　告
中天华正京审[2001]第2019号
内蒙古包钢钢联股份有限公司全体股东:
我们接受委托,审计了贵公司2000年12月31日的资产负债表,2000年度的利润及利润分配表,以及2000年度的现金流量表。这些会计报表由贵公司负责,我们的责任是对这些会计报表发表审计意见。我们的审计是依据《中国注册会计师独立审计准则》进行的。在审计过程中,我们结合贵公司实际情况,实施了包括抽查会计记录等我们认为必要的审计程序。
我们认为,上述会计报表符合《企业会计准则》和《股份有限公司会计制度》的有关规定,在所有重大方面公允地反映了贵公司2000年12月31日的财务状况和2000年度的经营成果及现金流量情况,会计处理方法的选用遵循了一贯性原则。
北京中天华正会计师事务所　　　　中国注册会计师:管建新
中国注册会计师:刘翠枝
一、公司简介:
内蒙古包钢钢联股份股份有限公司(以下简称"本公司")经内蒙古自治区人民政府"内政股批字[1999]6号"《关于同意设立内蒙古包钢钢联股份有限公司的批复》文件批准,由包头钢铁(集团)有限责任公司(以下简称"集团公司")、西山煤电(集团)有限责任公司、包头市鑫垣机械制造有限责任公司、中国第一重型机械集团公司、中国钢铁炉料华北公司等五家股东共同发起组建;主要发起人集团公司以其所属的带钢厂、轨梁厂、无缝厂、线材厂(以下简称"四个轧钢厂")的全部经营性资产经内蒙古中华会计师事务所评估,截止1999年3月31日,集团公司投入本公司的净资产为人民币136,581.06万元,该评估值业经内蒙古自治区国有资产管理局"内国资评字[1999]129号"文确认。其他四家发起人均以应收集团公司债权共1,880.00万元转本公司股权,并由集团公司再以货币资金形式投入本公司,合计净资产138,461.06万元,经内蒙古自治区国有资产管理局"内国资企字[1999]204号"文批复折股比例为1:0.65,折为9亿股;五家发起人分别占本公司股本总额的98.64%、0.72%、0.2%、0.22%、0.22%。本公司于1999年6月29日注册登记,注册资本9亿元,法定代表人:林东鲁,注册号为:1500001007122,注册地址:内蒙古包头市昆区河西工业区。主要生产销售黑色金属及其延压加工产品、冶金机械、设备及配件、汽车货物运输、钢铁生产技术咨询。
二、会计报表编制基础及假设
本公司会计报表含改制设立前和改制后两个期间的会计报表。
1、本公司设立前即1999年1月1日至1999年6月30日会计报表是以改制方案确立的公司架构为前提,以报告期内实际存在的公司架构中各构成实体的会计报表为基础,根据资产重组方案,按《企业会计准则》、《股份有限公司会计制度》及其补充规定作适当的调整后编制而成。
2、依据本公司重组方案,将集团公司带钢厂、轨梁厂、无缝厂、线材厂全部资产投入本公司。本公司设立前,重组纳入本公司的四个轧钢厂单独核算,且无非经营性资产,故不存在资产的剥离。
3、依据本公司重组方案,将集团公司带钢厂、轨梁厂、无缝厂、线材厂全部负债(除应付集团公司款项外)投入本公司。以改制评估基准日(1999年3月31日)占用集团公司的款项减去本公司成立后将转为长短期借款部分后的余额91257万元确定为本公司改制前的资本。本公司成立后,将转为长短期借款的部分与银行签订转贷协议,并于2000年6月末前全部办理完毕,故不存在负债的剥离。
4、本公司设立前各期对外销售量的确认是按照纳入本公司的四个轧钢厂的销售量与集团公司销售处对外销售量孰低原则进行确认。
四个轧钢厂原报表收入按集团公司内部结算价确认,在编制本公司成立前报表时已按集团公司销售处对外年平均市场价格进行了调整。
5、集团公司供应本公司的钢坯价格是以集团公司、本公司委托的钢坯审价专家组出具的《钢坯交易价格审查报告》评审的钢坯交易价格为基础确定,并调整其产品生产成本和销售成本。
6、本公司设立前主营业务税金及附加是将集团公司主营业务税金及附加(除营业税)按纳入本公司四轧钢厂产品对外销售收入占集团公司全部对外销售收入的比例分摊确定。
7、本公司设立前期间费用的确定:
(1)营业费用是将集团公司营业费用按纳入本公司四个轧钢厂产品对外销售收入占集团公司全部对外销售收入的比例分摊确定。
(2)管理费用是将集团公司管理费用按本公司员工人数占集团公司员工总人数的比例分摊确定。
(3)财务费用是以各年度确定的长短期借款为基数,按集团公司长短期借款综合利率计算确认。
三、公司主要会计政策、会计估计和合并会计报表的编制方法:
1、会计制度:　本公司执行《企业会计准则》、《股份有限公司会计制度》及补充规定。
2、会计年度:　会计年度自公历1月1日至12月31日止。
3、记帐本位币:　以人民币为记帐本位币。
4、记帐基础和计价原则:　记帐基础为权责发生制原则,资产的计价遵循历史成本原则。本公司改制设立时,发起人投入的资产按经评估确认的价值记帐。

5、外币业务的折算：

本公司发生外币经济业务时，按发生当月月初中国人民银行公布的市场汇价（中间价）折合人民币记帐，月末对货币性项目的外币金额按期末中国人民银行公布的市场汇价（中间价）进行调整，发生的差额，属于与购建固定资产有关且在尚未交付使用之前的，计入有关固定资产的购建成本；属于筹建期间的计入开办费；属于生产经营期间的计入当期财务费用。

6、现金等价物的确定标准： 将持有的期限短、流动性强、易于转换为已知金额现金，价值变动风险很小的投资确定为现金等价物，包括从购买日起三个月内到期的在证券市场上可流通的短期债券投资。

7、短期投资核算方法：

短期投资按成本法核算，短期投资取得时的成本按取得时实际支付的全部价款，包括税金、手续费等相关费用进行确定；实际支付的价款中所包含股利和利息不构成投资成本。短期投资持有期间所获得的现金股利或利息，除取得时已记入应收项目的现金股利或利息外，以实际收到时作为投资成本的收回，冲减短期投资帐面价值；短期投资取得时实际支付的价款中包含的已宣告而尚未领取的现金股利，或已到期尚未领取的利息，实际收到时冲减已记录的应收股利或应收利息，不冲减短期投资的帐面价值。

短期投资跌价准备按投资总额期末帐面成本与市价孰低法计算确定计提的跌价损失准备，本公司无短期投资，故未计提短期投资跌价准备。

短期投资处置时按所收到的处置收入与短期投资帐面价值的差额确认为当期投资损益。

8、坏帐损失核算方法：

(1)确认标准：

坏帐损失是指因债务人破产或者死亡，以其破产财产或者遗产清偿后，仍然不能收回的应收款项，或者因债务人逾期未履行偿债义务，且具有明显特征表明无法收回的款项或超过三年且无充分证据表明能收回的应收款项。

(2)坏帐损失的核算方法及坏帐准备的确认标准、计提方法和计提比例：

坏帐损失采用备抵法核算，按应收款项（包括应收帐款和其他应收款）期末余额的10%计提。

9、存货核算方法：

(1)存货主要包括：库存商品、原材料、辅助材料、备品备件、低值易耗品、委托加工材料、在产品等。

(2)存货计价方法：

原材料、备品备件按实际成本计价，发出采用加权平均法。

在产品成本按其所耗用的原材料费用计算。

库存商品、辅助材料采用计划成本计价，月末调整为实际成本。

低值易耗品在领用时一次性摊销，其中：轧辊按车削量分次摊销。

(3)由于存货遭受毁损、全部或部分陈旧过时和销售价格低于成本等原因造成的存货成本不可收回的部分，期末采用成本与可变现净值孰低计价原则，按单个存货项目的成本高于可变现净值的差额提取存货跌价准备。

(4)存货可变现净值按其形态分别确定：

库存商品，按其售价减去税金及销售费用后的余额确定；

在产品，按其产成品的售价减去至完工时尚需发生的成本处置费用和税金后的余额确定；

其他存货，按现行重置成本确定。

(5)存货盘存采用永续盘存制，每年盘点一次。

10、长期投资的核算方法：

(1)长期债权投资：按实际支付的价款扣除支付的税金、手续费等各项附加费用，以及支付的自发行日起至购入债券日止的应计利息后的余额作为实际成本，实际成本与债券票面价值的差额，作为溢价或折价在债券存续期内于确认相关利息收入时摊销。

(2)长期股权投资：按投资时实际支付的价款或确定的价值记帐。投资占被投资单位有表决权资本总额20%以下，或虽20%以上（含20%）但不具有重大影响的，按成本法核算；投资占被投资单位有表决权资本总额20%以上（含20%），或虽不足20%但有重大影响的按权益法核算；投资占被投资单位资本总额50%以上（不含50%），或虽不足50%但具有实质控制权的，按权益法核算并编制合并会计报表。

(3)长期投资减值准备的确认标准、计提方法：

长期投资减值准备：本公司对被投资单位由于市价持续下跌或经营状况恶化等原因导致其可收回金额低于长期股权投资的帐面价值，并且这种降低的价值在预计的未来期间内不可能恢复时，按其预计未来可收回金额低于帐面价值可能发生的损失，逐项提取长期投资减值准备，损失计入当期损益。

本公司无长期投资，故未计提长期投资减值准备。

11、固定资产核算方法：

(1)固定资产标准：使用期限在一年以上，单位价值在2000元以上的房屋、建筑物、机器设备、运输工具等；

(2)固定资产分类：房屋建筑物、通用设备、专用设备、运输设备；

(3)固定资产计价方法：按实际成本计价；本公司改制设立时，发起人投入的固定资产按经评估确认的价值记帐。

(4)固定资产折旧方法：

采用直线法计提折旧，并按各类固定资产的原价和预计使用年限扣除3%的净残值后确定其折旧率。发起人投入的固定资产按照评估后的固定资产原价计提折旧。

分类折旧率如下：

类　别	使用年限	年折旧率
房屋建筑物	10-40年	9.7%-2.425%
通用设备	4-28年	24.25%-3.464%
专用设备	5-35年	19.4%-2.771%
运输设备	8-12年	12.125%-8.083%

(5)固定资产减值准备：

按单项资产计提；期末在逐项检查固定资产时，由于市价持续下跌或技术陈旧、损坏、长期闲置等原因导致其可收回金额低于帐面价值的，将其可收回金额低于其帐面价值的差额作为固定资产减值准备。

12、在建工程核算方法：

(1)在建工程采用实际成本核算，其发生的借款利息、汇兑损益在固定资产交付使用前发生的计入所购建资产的成本。在固定资产交付使用但尚未办理竣工决算前先估价计入固定资产，待完工验收并办理竣工决算时将固定资产估计价调整为决算价。

(2)在建工程减值准备：

期末进行检查时，出现下列一种或几种情形时，计提减值准备。

① 长期停建并且预计在未来3年内不会重新开工的在建工程。

② 所建项目无论在性能上，还是在技术上已经落后，并且给企业带来的经济利益具有很大的不确定性。

③ 其他足以证明在建工程已经发生减值的情形。

四、税项：

(1)增值税：国内商品销售适用税率为17%，按销项税额减进项税额计缴。

(2)城建税、教育附加费：分别按实际应缴纳流转税额的7%和3%计缴。

(3)所得税：税率33%。

十、重要事项：

1、依据中共内蒙古自治区委员会内党字[1998]10号文《关于调整对包头钢铁集团有限责任公司"九五"期间实行的优惠政策的通知》、内蒙古财政厅内财工字[1998]1099号文《关于包头钢铁（集团）有限责任公司统一缴纳所得税问题的复函》的规定，以包头钢铁（集团）有限责任公司集中汇缴的1997年上缴内蒙古自治区财政厅所得税和75%的增值税5.3亿元为基数，超基数上交部分全部返给集团公司，增加国家资本金，作为国家资本金投入。集中汇缴所得税是指集团公司所属子公司、分公司合并报表后统一缴纳的所得税，本公司成立后单独纳税。

2、集团公司供应给本公司生产耗用的钢坯、水、电、汽等价格是按照本公司与集团公司签订的《生产物资供应与服务合同》确定的供应价格执行，钢坯供应价格以"钢坯定价专家组"最终审核确认后的价格作为依据。

3、根据本公司与中国冶金进出口包钢公司签订的《进出口代理合同》，按代理业务合同金额的2%作为代理费，有效期自1999年7月1日至2002年7月1日。

4、根据本公司与集团公司签订的《综合服务合同》，本公司将住房公积金、排污费、人防费交集团公司，由集团公司统一上交有关部门。服务费用定价原则：(1)国家、自治区、包头市政府有明确规定的，按规定的费率收取；(2)国家和地方有关部门规定了指导价的，按该指导价确定价格；(3)既无国家定价，也无国家指导价的，按可比的市场价格确定价格。(4)无可比的市场价格的，按构成价格（即提供服务方合理成本费用加上合理利润构成的价格）收取。合同期限为3年。

5、根据集团公司与本公司2000年2月21日签订的《土地租赁合同》，本公司从2000年1月起租用集团公司384,626平方米土地用于生产经营，租赁期限50年，年租金1,923,130.00元，每年6月30日前和12月31日前分别支付年租金的50%，其土地使用税费等由集团公司负担。本公司如果在2000年前有偿使用，使1999年度减少利润1,923,130.00元。

6、根据天诚公司和本公司签订的《委托管理协议》，由本公司托管天诚公司的日常生产经营管理工作，托管期限从托管基准日2000年8月1日起3年有效。

7、根据天诚公司和本公司签订的《委托管理补充协议》，天诚公司同意，以本公司为天诚公司实现的销售收入的1‰支付给本公司报酬。本公司为天诚公司实现的销售收入须经天诚公司聘请的会计师事务所审计方能作为计付的基数。此销售收入应包括已确认实现销售并列入应收帐款核算的债权，但经前述会计师事务所审计并确认为坏帐的应收帐款应从基数中扣除。天诚公司应自2000年8月1日起每满12个月度审计一次，于出具审计报告之日起30个工作日内，以转帐支票形式一次性向本公司支付按本协议计算的托管报酬。

8、根据集团公司与本公司1999年5月25日签订的《商标使用许可合同》，集团公司将注册证号码为第870523号注册商标许可本公司在其生产的钢材商品上使用，有效期从1999年5月25日至2006年9月14日止。合同中规定，被许可人使用"商标"无需向许可人支付许可使用费。

由于第870523号注册商标所涉及的绝大部分产品已重组进入股份公司，有关商标仍留在集团公司不妥，2000年10月5日集团公司与本公司签署了《商标转让协议》将第870523号注册商标变更为本公司持有，有关法律手续正在办理之中。同时原关联交易中《注册商标使用许可合同》自动废止。

9、根据集团公司与本公司1999年7月1日签订的《出资转让意向协议》，本公司有权在未来五年内召开控股股东回避的股东大会，决议是否行使集团公司持有的天诚公司75%的中方股权的优先受让权。

10、根据集团公司、本公司与钢坯审价专家组1999年7月1日签订的《委托审价协议书》，由钢坯审价专家组按本协议的规定对集团公司与本公司钢坯交易价格进行审查，并出具书面形式的审查定价报告。

11、根据本公司2000年3月10日股东大会决议，同意将集团公司已落实的出口信贷15,500万美元(折合人民币128,650万元)及83,900万元工商银行贷款转贷于本公司，并将发行股票所募集资金用于薄板坯连铸连轧项目的建设。本公司以承债式收购集团公司已完成的薄板坯连铸连轧项目初始在建工程。

12、根据集团公司与本公司2000年3月15日签订的《薄板坯连铸连轧项目承债式收购协议书》，双方结算以经有关主管部门确认的在建工程评估值与集团公司专项贷款已到帐未使用的货币资金之和减去本项目集团公司已到帐专项贷款的净值作为集团公司和本公司结算的依据。按照协议条款规定，自本公司股票发行当月最后一日起三个月内，协议双方办理完毕薄板坯连铸连轧工程项下的在建工程和公辅设施以及已购进的机器设备和辅助材料、备品备件等资产的全部交割手续，集团公司基准日专项贷款已到帐未使用货币资金划入本公司指定的项目银行专户；上述手续办理完毕当日本公司或集团公司以货币资产的形式，将上述资产与基准日本项目集团公司已到帐专项贷款之间的结算差额汇入集团公司或本公司指定的帐户；同时集团公司与本公司于该日按法定程序办理薄板坯连铸连轧项目已到帐专项贷款的转贷手续，并将该项目项下未到帐的专项贷款授信额度转让给本公司。

13、本公司所有贷款均为集团公司提供担保。

14、评估基准日至本公司设立前即1999年3月31日至1999年6月30日，重组纳入本公司的四个轧钢厂实现的净利润72,094,139.32元，全部上缴集团公司。从本公司成立之日起，重组纳入本公司的四个轧钢厂的全部资产和负债根据评估价值入帐，产成品的销售、低值易耗品的领用按其评估价值进行成本结转，固定资产计提折旧也按其评估确认的价值计提，本公司不涉及无形资产，不存在摊销问题。1999年3月31日至1999年6月30日期间，重组纳入本公司的四个轧钢厂的资产项目未根据评估价值调整其成本、折旧等；影响到本公司的资本保全，影响1999年4—6月份利润总额12,169,468.92元，由其主要发起人集团公司承担，并于2000年12月15日已汇入本公司指定帐户。

九、期后事项

2001年2月经中国证券监督管理委员会证监发行字[2001]16号文批准，同意本公司向社会公开发行人民币普通股股票35,000万股。该次发行股票共募集资金1,813,000,000.00元，有效申购冻结资金存款利息收入147,523.56元，扣除发行费用56,025,500.00元后，实际募集资金1,757,122,023.56元，并经中天华正会计师事务所（原内蒙古国正会计师事务所）中天华正京验[2001] 2001号验资报告验证。本公司于2001年2月23日在内蒙古自治区工商行政管理局变更登记，注册资本由9亿元变更为12.5亿元。本公司向社会公开发行的人民币普通股股票35,000万股于2001年3月9日在上海证券交易所上市交易。

???本公司已于2001年2月12日分别在《中国证券报》、《上海证券报》、《证券时报》上刊登了《招股说明书概要》，于2001年3月3日分别在《中国证券报》、《上海证券报》、《证券时报》上刊登了《上市公告书》，敬请投资者查阅本公司的《招股说明书概要》和《上市公告书》。

十、公司的其他有关资料

1、　公司首次注册登记日期：1999年6月29日

登记地点：内蒙古自治区工商管理局。

2、企业法人营业执照注册号：1500001007122。

3、税务登记号码：150230701464975。

4、公司未流通股份的托管机构名称：上海中央证券登记结算公司。

5、公司聘请的会计师事务所名称：中天华正会计师事务所。

办公地址：北京市西城区阜成门外大街2号万通新世界广场B座18层。

十一、备查文件目录

1、公司董事长亲笔签署的年度报告正文。

2、载有法定代表人、财务总监、会计主管人员签名并盖章的会计报表。

3、有会计师事务所盖章、注册会计师签名并盖章的审计报告原件。

4、公司章程。

内蒙古包钢钢联股份有限公司董事会

二零零一年四月八日

华能国际电力股份有限公司

华能国际电力股份有限公司上市公告书

本公司董事会保证上市公告书的真实性、准确性、完整性,全体董事承诺上市公告书不存在虚假记载、误导性陈述或重大遗漏,并承担个别和连带的法律责任。根据《公司法》、《证券法》等有关法律、法规的规定,本公司董事、监事、高级管理人员已依法履行诚信和勤勉尽责的义务和责任。上海证券交易所、中国证监会、其他政府机关对本公司股票上市及有关事项的意见,均不表明对本公司的任何保证。

本公司提醒广大投资者注意,凡本上市公告书未涉及的有关内容,请投资者查阅2001年11月13日刊载于《中国证券报》、《上海证券报》和《证券时报》的本公司招股意向书全文,及刊载于上海证券交易所网站(http://www.sse.com.cn)的本公司招股意向书全文。

一、概 览

股票简称:华能国际
股票代码:600011
股本总额:6,000,000,000股
可流通A股股本:250,000,000股
本次上市流通股本:146,605,000股
上市地点:上海证券交易所
上市日期:2001年12月6日
股份登记机构:中国证券登记结算有限责任公司上海分公司
上市推荐人:国泰君安证券股份有限公司
中信证券股份有限公司

根据国家有关政策,在国家就国有法人股、法人股的流通问题尚未作出新的规定之前,本次发行股票前公司国有法人股、法人股股份和本次发行向华能国际电力开发公司(以下简称"华能国电")定向配售的10,000万股国有法人股暂不上市流通,有关股东已经向上海证券交易所承诺自愿锁定其所持股份。本次发行对战略投资者配售的10,000万股股票自本次发行股票上市之日起六个月后流通,网下向证券投资基金配售的339.50万股股票自本次发行股票上市之日起三个月后流通。

二、绪 言

华能国际电力股份有限公司(以下简称"本公司"或"发行人")上市公告书是根据《中华人民共和国公司法》、《中国人民共和国证券法》、《股票发行与交易管理暂行条例》、《公开发行股票公司信息披露实施细则》和《上海证券交易所股票上市规则》等有关法律、法规的规定,按照中国证券监督管理委员会制定的《公开发行证券的公司信息披露内容与格式准则第7号-股票上市公告书》而编制。

经中国证券监督管理委员会证监发行字[2001]67号文核准,本公司已于2001年11月15日、16日成功地采取网上、网下累计投标询价的发行方式发行了每股面值1.00元的人民币普通股25,000万股,并同时向华能国电定向配售10,000万股,每股发行价格为7.95元。

经上海证券交易所上证上字(2001)196号《上市通知书》同意,本公司25,000万股社会公众股将于2001年12月6日起在上海证券交易所挂牌交易,股票简称"华能国际",股票代码"600011"。

本公司已于2001年11月13日分别在《中国证券报》、《上海证券报》和《证券时报》上刊登了《华能国际电力股份有限公司公开发行A股股票招股意向书》(以下简称"招股意向书")。招股意向书正文及其附注材料可以在上海证券交易所网站(http://www.sse.com.cn)查询。招股意向书及其引用的财务资料距今不足六个月,与其重复的内容不再重述,敬请投资者查阅上述内容。

三、发行人概况

(一)发行人基本情况

1、法定名称:华能国际电力股份有限公司
英文名称:HUANENG POWER INTERNATIONAL,INC.
2、注册资本金:6,000,000,000元
3、法定代表人:李小鹏
4、住所:北京市西城区复兴门南大街丙2号(天银大厦C段西区)
成立日期:1994年6月30日
5、经营范围:投资、建设、经营管理电厂;开发、投资、经营以出口为主的其它相关企业
6、所属行业:电力
7、股票已上市地及股票代码:香港联交所(0902) 美国纽约证券交易所(HNP)
8、电话:010-66491851、010-66491857
传真:010-66491860 电子邮箱:zqb@hpi.com.cn
9、董事会秘书:黄龙

(二)发行人历史沿革

1、发行人设立情况

本公司是经原国家经济体制改革委员会体改生[1994]74号文批准,由华能国电与河北省建设投资公司、福建投资开发总公司、江苏省投资公司、辽宁能源总公司、大连市建设投资公司、南通市建设投资公司以及汕头市电力开发公司共同作为发起人,以发起设立方式于1994年6月30日在北京注册成立的股份有限公司。发起人投入资产为其共同投资建设的大连电厂、上安电厂、南通电厂、福州电厂和汕头燃机电厂以及其他扩建项目和新建项目,经评估后的净资产总值为53.57亿元,其中37.50亿元作为发起人股份(折股比例约为70%),其余16.07亿元计入资本公积。

2、历次股权变动情况

经原国家经济体制改革委员会体改生[1994]93号文《关于华能国际电力股份有限公司转为境外募集公司的批复》批准,本公司于1994年10月发行外资股12.5亿股,并以3,125万股美国存托股的形式(1美国存托股代表40股外资股)在美国纽约证券交易所上市。该次发行完成后,公司总股本为50亿股,其中内资股(法人股)37.5亿股,占总股本的75%,外资股12.5亿股,占总股本的25%。

经国家发展计划委员会计外资[1997]597号《国家计委关于同意华能国际电力股份有限公司发行境外可转换债券的批复》以及国务院证券委证委发[1997]25号《关于同意华能国际电力股份有限公司在境外发行及上市可转换债券的批复》批准,本公司于1997年5月21日和6月11日在境外共发行面值为2.3亿美元、票面利率1.75%、期限为七年的可转换债券。

经原国家经济体制改革委员会体改生字[1997]195号《关于同意华能国际电力股份有限公司增发境外上市股及修改公司章程的批复》以及国务院证券委证委发[1997]86号《关于同意华能国际电力股份有限公司增发新股的批复》批准,本公司于1998年3月增发2.5亿股外资股和向华能国电定向配售4亿股内资股。至此,公司总股本增加至56.5亿股,其中内资股(法人股)41.5亿股,占总股本的73.45%,外资股15亿股,占总股本的26.55%。

本公司股本中的外资股可以分别在美国纽约证券交易所和香港联交所两地交易,并可互相转换。

经中国证券监督管理委员会证监发行字[2001]67号文批准,本公司于2001年11月15日、16日成功发行了35,000万股A股股票,每股面值1.00元,发行价格为7.95元,其中向社会公开发行25,000万股,向华能国电定向配售国有法人股10,000万股。扣除发行费用后共募集资金274,668万元,本公司已于2001年11月26日办理了验资手续,安达信·华强会计师事务所为此出具了验资报告。目前,本公司工商注册变更登记正在办理之中,根据本公司出具的承诺,该等工商变更登记事宜预计在2002年3月6日前完成。本次发行后,公司总股本增加至60亿股,其中不可流通的内资股42.5亿股,可流通的内资股2.5亿股,内资股共45亿股,占总股本的75%,外资股15亿股,全部为可流通股份,占总股本的25%。

(三)发行人主要经营情况

1、发行人在产品、技术和人才上的优势和劣势

本公司是国内较早成立的独立发电公司,也是目前亚洲最大的独立发电公司和世界最大的独立发电公司之一。主营业务是利用现代化设备和技术及国内外资金,从事全国范围内大型火力发电厂的开发、建设和运营,通过电厂所在地电力和电网公司向用户提供可靠的电力供应。经过7年的发展,本公司现已拥有全资电厂十座和参、控股电厂三座,拥有的总装机容量为1,081.35万千瓦;在建及规划电厂装机容量552万千瓦。 本公司的电厂分别位于七个不同的地区,属于不同的电网调度的范围,其竞争的主要对手是各电网内其他电力生产企业,竞争压力主要来自电网对不同电力企业的电量调度。在诸如福建等有大量小水电机组的地区,水电的多发也形成对火电机组的竞争压力。但本公司与各所在电网均有电力销售合同,其间约定了电网将按所在地区同类型机组平均的利用小时水平调度本公司的电量。在过去历年中本公司的电厂均能完成年度发电计划。电力行业真正意义上的竞争机制引入是以"竞价上网"试点为开端的。本公司的上海电厂、大连电厂、丹东电厂、南通电厂、南京电厂以及位于山东的电厂自去年起分别参与了上海、辽宁、江苏和山东的"竞价上网"试点。这些电厂与所在地区的其他独立发电公司一起通过不同时段的不同报价来竞得上网电量。在这一过程中,本公司电厂以其优良设备和管理以及有竞争力的电价而占有优势。

作为独立发电公司的领先者,本公司的优势体现在:

(1)、设备先进:主力机组为大中型火电机组,有30万千瓦以上机组30台,其中60万千瓦以上机组2台,利用先进设备的进口机组22台。

(2)、机组效率高:2000年平均供电煤耗326克/千瓦时,厂用电率4.71%,在全国电力企业中处于领先水平。

(3)、电厂运行稳定、管理先进:本公司所属大连电厂为国内首家被评为一流火力发电厂,威海电厂第一个被评为投产达标电厂;本公司在国内首次成功引进了联合循环燃气轮机发电机组(汕头燃机电厂),第一个建成大型W火焰燃煤锅炉(上安电厂)和首次引进单机60万千瓦超临界机组(上海电厂);本公司引进了全国最长末级叶片(1030mm)的汽轮机,较早引进先进的集中、分散控制系统和大屏幕操作系统。2000年本公司被国家电力公司命名为"中国一流电力公司"。

(4)、高素质的管理人员:本公司的管理层在运行和管理大型火电厂方面均拥有丰富的经验,30%以上的员工具有大专以上文化程度。

(5)、经营区域优势:本公司在全国范围内开发、建设电厂,本公司电厂位于沿海经济发达地区,有良好的市场前景,且在不同地区的市场发生变化时可分散经营风险。

(6)、有丰富的融资经验和良好的资信:成功的融资可保证公司持续发展所需的资金来源,公司成立以来已多次通过境外资本市场融资,金额达10亿美元,标准?普尔连续三年对公司的债信评级为BBB级。

(7)、资本运作经验:本公司境外上市以来成功地完成了对丹东电厂、汕头电厂、上海电厂、南京电厂的资产收购和购并境外上市的山东华能,因而积累了丰富的通过资本运作而发展壮大公司实力的经验。

在电力市场的竞争中本公司可能遇到的挑战是:

(1)、实行"竞价上网"后,本公司按批准电价结算的年度基数电量将减少。目前,部分地区"竞价上网"试点还在完善过程中,管理有待规范,在电力市场发育不完善,竞争不规范的情况下,本公司作为独立发电企业较之网省电力公司所属电厂和其参控股电厂,在竞争电量、回收电费上不占优势。

(2)、由于政府对电价政策的调整,本公司未来新建电厂和个别运行电厂的电价存在着变化的风险。

(3)、本公司的电厂设备多为技术先进的进口机组,因而建设成本较高,还贷压力较大。

对于上述挑战,本公司相信,随着电力改革的深化,"厂网分开"试点的逐步成熟和竞争的日益规范化,本公司的竞争优势会日趋显现,并且公司在加强经营管理和业务拓展方面的努力也将会逐步抵消在竞争中遇到的不利因素。

2、主要财务指标

(1)、合并资产负债表主要数据 单位:万元

项目	2001.6.30	2000.12.31	1999.12.31	1998.12.31
总资产	4,383,636.16	4,241,133.39	4,060,881.91	3,817,324.83
总负债	1,922,366.21	1,989,189.24	1,949,060.47	1,856,064.83
股东权益	2,416,629.99	2,251,944.14	2,111,821.45	1,961,260.00

(2)、合并利润表主要数据 单位:万元

项目	2001年1-6月	2000年	1999年	1998年
主营业务收入	746,949.82	1,255,838.61	1,049,340.65	808,580.91
主营业务利润	262,298.61	440,706.23	333,375.99	235,696.71
利润总额	199,698.43	305,542.86	239,866.96	224,647.59
税后利润	164,685.85	264,422.69	201,411.44	187,548.11

3、享有的财政税收优惠政策

根据税法的有关规定,本公司作为中外合资企业,享受企业所得税"两免三减"的优惠待遇,即从获得累计利润的第一年起的两年内免税,并在该两年免税期后的三年中减收50%的所得税。此外,经过国家税务总局的确认,本公司实行就地纳税,即每一家运行电厂(虽然其并非独立法人)分别在当地税务部门交纳所得税。

本公司自2001年1月1日起获得了原山东华能发电股份有限公司(以下简称"山东华能")的净资产及经营控制权。自此,山东分公司(原山东华能总部)和德州电厂成为本公司的分支机构。本公司认为根据外商投资企业优惠政策,山东分公司及德州电厂作为从事能源基础设施项目的生产性外商投资企业,其企业所得税应减至15%,并已向有关税务机关递交了相关申请。本公司管理层认为山东分公司和德州电厂于近期内可获得税务机关的有关批文,并于2001年1月1日始生效。因此,本公司自2001年1月1日起按17%(15%企业所得税及2%地方所得税)对山东分公司及德州电厂计提所得税。截止本上市公告书公布之日,该批文尚在办理之中。

四、股票发行与股本结构

(一)本次股票的发行

1、网上发行日期：2001年11月15日
网下发行期间：2001年11月15日~16日
2、发行数量：350,000,000股
3、股票发行价格：7.95元/股
4、募集资金总额：2,782,500,000元
5、发行方式：网上、网下累计投标询价公开发行25,000万股，向华能国电定向配售国有法人股10,000万股
6、配售：网下向战略投资者配售10,000万股，其中：

山东省国际信托投资公司	5,000万股
山东电力集团公司	4,000万股
南京市投资公司	1,000万股
网下向证券投资基金配售	339.5万股

7、发行费用总额及项目：3,582万元，主要含承销费用、会计师费用、律师费用、上网发行费用、市场推介宣传费及其他费用
8、每股发行费用：0.10元
(二)股票承销情况
发行人于2001年11月15日至16日期间公开发行的人民币普通股250,000,000股由网上社会公众及符合资格的战略投资者和证券投资基金全额认购，承销团成员无余额包销。
(三)验资报告
致：华能国际电力股份有限公司
安达信·华强会计师事务所(以下简称"我们")接受华能国际(以下简称"贵公司")的委托，对贵公司于2001年11月15日和2001年11月16日增资发行股票募集的资金之真实性和合法性进行审验。在审验过程中，我们按照中华人民共和国《独立审计实务公告第1号-验资》(以下简称"验资实务公告")的要求，实施了必要的审验程序。贵公司的责任是提供真实、合法、完整的验资资料，保护资产的安全与完整，我们的责任是按照"验资实务公告"的要求，出具真实、合法的验资报告。

贵公司在2001年2月15日召开的临时股东大会上，决议增资扩股，并根据董事会决议，于2001年11月15日招股发行及配售35,000万股A股。贵公司在增资前的注册资本为人民币565,000万元，分为415,000万股每股人民币1元的境内法人股和150,000万股每股人民币1元的境外上市外资股。投入资本为人民币1,348,939万元，其中，实收资本为人民币565,000万元，资本公积为人民币783,939万元。
根据我们的审验，截至2001年11月26日止，贵公司通过增加发行股份，增加投入资本人民币274,668万元(已扣除承销费用2,981万元和上市发行费用601万元)，其中实收资本为35,000万元，资本公积为239,668万元(未包括A股发行网上申购资金冻结期间产生的利息收入)。增资后的注册资本为人民币600,000万元，分为450,000万股每股人民币1元的境内股和150,000万股每股人民币1元的境外上市外资股。增资后的投入资本总额为人民币1,623,607万元，其中实收资本为人民币600,000万元，资本公积为人民币1,023,607万元。所有新增加的资本均以现金形式投入。
由于上述审验程序并不构成按照公认审计准则的审计过程，因此我们对贵公司的会计科目或财务报表的任何部分不发表意见。
此报告是按照《中华人民共和国公司法》及有关条例的规定，并为满足政府有关部门的需要而编制的，不适用于其他目的，不应将其视为是对贵公司验资报告日后资本保全、偿债能力和持续经营能力等的保证。因使用不当造成的后果，与执行本验资业务的注册会计师及会计师事务所无关。
本报告之附件-验资事项说明系本报告之组成部分。
附件：1、投入资本增加前后基本情况
2、注册资本及投入资本的增加情况
3、实际出资情况
安达信·华强会计师事务所　　中国注册会计师　　李燕玉　　王斌红
中国·北京　　2001年11月26日
(四)募股资金入帐情况
入帐时间：2001年11月22日、23日
入帐金额：274,668万元(已扣除承销费用2,981万元和上市发行费用601万元)
入帐帐号：中国建设银行263580812和中国银行00033908094001
开户银行：中国建设银行北京总行营业部和中国银行总行营业部
(五)本次股票上市前股权结构和股东持股情况
1、本公司本次上市前的股本结构

股份类别	股份数量(万股)	占总股本的比例(%)
1、尚未流通股份：	425,000	70.83
国有法人股	423,100	70.51
法人股	1,900	0.32
2、可流通股份：	175,000	29.17
(1)境内上市人民币普通股	25,000	4.17
其中：本次公开发行股份	25,000	4.17
(2)境外上市外资股	150,000	25.00
3、总股本：	600,000	100.00

2、本次上市前，本公司前十名股东持股数及比例

序号	股东名称	持股数量(股)	占总股本的比例(%)
1	华能国际电力开发公司	2,554,840,000	42.58
2	河北省建设投资公司	452,250,000	7.54
3	福建国际信托投资公司	334,850,000	5.58
4	江苏省国际信托投资公司	312,375,000	5.21
5	辽宁能源总公司	229,685,000	3.83
6	大连市建设投资公司	226,125,000	3.77
7	Newton Investment Management, Ltd.	83,769,600	1.40
8	南通市投资管理中心	67,875,000	1.13
9	山东省国际信托投资公司	50,000,000	0.83
10	汕头市电力开发公司	46,500,000	0.78

(六)本次网下发行获配战略投资者简介
1、山东省国际信托投资公司
山东省国际信托投资公司(以下简称"山东国投")是于1998年2月成立的非银行金融机构，注册资本为11亿元。山东国投已发展成为以经营管理山东省基建基金、信托、租赁、国际金融、风险投资等为支柱业务的大型金融集团公司。截止2000年12月31日，山东国投资产总额为197亿元，资产总额和国际信誉等级均居全国省级信托投资公司首位。
山东国投与本公司的业务合作关系主要体现在2000年本公司吸收合并山东华能中，本公司向山东国投支付吸收合并对价11.468亿元。
2、山东电力集团公司
山东电力集团公司(以下简称"山东电力")是国家电力公司的全资子公司，注册资本为98.6亿元，现有员工6.1万人。截止2000年12月31日，其总资产为509亿元。
山东电力与本公司的业务合作关系主要体现在以下两个方面：
(1)产品购销关系。本公司的德州电厂和本公司参、控股电厂济宁电厂、威海电厂和山东日照发电有限公司生产的电力常年全部销售给山东电力。
(2)在2000年本公司吸收合并山东华能中，本公司向山东电力支付吸收合并对价11.468亿元。
3、南京市投资公司
南京市投资公司(以下简称"南京投资")成立于1987年10月，注册资本为4.47亿元人民币，为综合性的投资公司。投资领域主要是能源、原材料等基础设施和基础产业，以及高新技术产业和金融证券业等。截止2000年12月31日，其总资产为29.16亿元。
南京投资与本公司的业务合作关系主要体现在资产转让上。1999年4月，南京投资与本公司签署了《关于华能南京电厂资产处置协议》，将其持有的华能南京电厂的资产转让给本公司，转让金额为6.75亿元。
上述三家战略投资者符合本公司在《华能国际股份有限公司发行A股网下对战略投资者和证券投资基金累计投标询价预约申购公告》中对战略投资者资格的规定。

五、董事、监事及高级管理人员

(一)董事、监事及高级管理人员简介
1、董事
李小鹏　男，42岁。李先生现任本公司董事长，华能国电董事长、总经理，中国华能集团公司(以下简称"华能集团")董事、总经理。从1994年6月至2000年1月，李先生曾先后担任过本公司副总经理、总经理、副董事长，华能国电副总经理、副董事长。在加入本公司之前，曾任电力科学研究院电力系统研究所工程师、计划经营处副处长和电力技术经济研究所所长。李先生是高级工程师，毕业于华北电力学院发电厂及电力系统专业。
王晓松　男，55岁。王先生现任本公司副董事长，华能国电董事、副总经理，华能集团董事、副总经理。1994年6月至2000年1月，王先生曾分别担任本公司证券融资部经理，本公司副总经理，华能国电副总经理。加入本公司以前，曾任抚顺发电厂副厂长、元宝山发电厂厂长及东北电管局劳动工资处处长。王先生是教授级高级工程师，毕业于北京电力学院热能动力专业。
叶大戟　男，56岁，现任本公司董事、总经理，华能集团董事。叶先生加入本公司后曾任华能上海分公司副经理、华能上海石洞口第二电厂厂长，1995年12月至2000年1月曾任本公司副总经理，华能国电副总经理。加入本公司以前，叶先生曾任上海石洞口电厂副总工程师。叶先生是教授级高级工程师，毕业于上海交通大学机械工程专业。
冯大为　男，51岁，现任本公司董事、副总经理。冯先生1996年加入本公司，曾任本公司广东分公司经理、华能汕头电厂厂长、本公司工程部经理、生产部经理。1998年任华能国电北京分公司经理、华能国电北京热电厂厂长。加入本公司以前，冯先生曾任哈尔滨第三发电厂副厂长、厂长。冯先生是高级工程师，毕业于合肥工业大学管理工程系，获工学硕士学位。
陈宝良　男，47岁，现任本公司董事、副总经理。陈先生1996年加入本公司，曾任本公司大连分公司经理，本公司大连电厂厂长。加入本公司以前，陈先生曾任辽宁清河发电厂副总工程师、铁岭发电厂筹建处副主任、工程建设处副处长及元宝山发电厂厂长。陈先生是教授级高级工程师，毕业于华北电力大学热动专业，获工学硕士学位。
黄　龙　男，48岁，现任本公司董事、副总经理，兼任董事会秘书。黄先生加入本公司后曾任本公司国际合作部副经理、经理。黄先生是高级工程师，毕业于美国北卡罗莱纳州立大学通讯自控专业，获科学硕士学位。
胡建民　男，47岁，现任本公司董事、副总经理。1998年4月至2001年1月，胡先生任山东电力总工程师。在加入本公司前，曾任山东日照发电有限公司董事长、山东聊城发电厂厂长、石横发电厂厂长和邹县发电厂厂长。胡先生是高级工程师，毕业于山东工学院继电保护专业。
汪德方　男，77岁，现任本公司董事。1996年2月前，汪先生曾任本公司董事长。曾任华能国电总经理、副董事长、董事长。加入本公司以前，汪先生曾任华东电管局副局长、前电力部计划司司长、国家能源委员会副主任及水电部电力规划设计院院长。汪先生毕业于山东大学。
李忠恕　女，63岁，现任本公司董事、高级咨询。李女士曾任本公司福州分公司经理、本公司福州电厂副厂长、厂长。加入本公司以前，李女士曾任福建省福州电厂厂长及福建省火电工程承包公司副经理。李女士是教授级高级工程师，毕业于清华大学热能专业。
鲍乾元　男，61岁。鲍先生现任本公司董事、本公司南通分公司经理。加入本公司以前，鲍先生曾任南通市建筑安装总公司第一分公司经理及南通市政建设工程局局长。鲍先生是教授级高级工程师，毕业于苏州建工学校工业及民用建筑专业。
单群英　男，48岁，现任本公司董事、河北省建设投资公司副总经理。单先生曾任河北省建设投资公司处长。单先生是高级工程师，毕业于原北京钢铁学院自动化系。
杨盛明　男，58岁，现任本公司董事、福建国际信托投资公司副总裁及福建国际租赁公司董事长。杨先生是高级经济师，毕业于北京轻工学院。
徐祖坚　男，47岁。徐先生现任本公司董事、江苏省国际信托投资公司副总经理，兼任江苏省投资管理有限责任公司总经理。徐先生曾任江苏省计划经济委员会基建处科长、副处长。徐先生是高级经济师，毕业于辽宁财经学院基建财务系。
刘树元　男，52岁，现任本公司董事、辽宁能源总公司和辽宁创业集团公司总经理。刘先生曾任辽宁省铁岭钢厂厂长、铁岭市建委主任、市长助理。刘先生是高级经济师，经济管理专业研究生毕业。
柏长年　男，51岁。柏先生现任本公司董事、大连市建设投资公司总经理，1994年5月任大连市计划委员会副主任。柏先生是高级经济师，毕业于辽宁大学经济系。
缪凯　男，39岁。缪先生现任本公司董事、南通市投资管理中心主任。缪先生曾任南通市建设投资公司副总经理和南通市计划委员会科长。缪先生是高级经济师，毕业于浙江大学，获经济学硕士学位。
林建新　男，46岁。林先生现任本公司董事、广东省汕头市电力开发公司总经理。林先生曾任汕头陶瓷(集团)公司总经理。林先生是高级经济师，毕业于吉林大学研究生院，获经济学硕士学位。
高宗泽　男，62岁。高先生现任本公司独立董事、中国法律律师事务所首席律师、中国国际经济贸易仲裁委员会仲裁员及中国海事仲裁委员会认可仲裁员、中国全国律师协会会长。高先生毕业于大连海运学院及中国社会科学院研究生院法律系，获法学硕士学位。
郑健超　男，62岁。郑先生现任本公司独立董事、中国电力科学研究院名誉院长及该院学术委员会主席。1995年获选为中国工程院院士，并成为该院能源及矿业工程学部副主任，同时任国际大电网会议学术委员会委员，中国电机工程学会副理事长和《中国电机工程学报》总编。郑先生毕业于清华大学电机工程系，并在该校研究生部毕业。
2、监事
鞠章华　男，52岁。鞠先生现任本公司监事会主席、华能国电董事会秘书、华能集团总经理助理和总经理部经理。鞠先生曾任本公司董事会秘书、证券融资部经理。鞠先生是高级工程师，毕业于清华大学发电厂及电力系统专业。
潘建民　男，46岁，现任本公司监事、华能集团财务部经理。潘先生曾任华能集团财务部副处长、监察审计部副经理、北京华能产业开发公司副总经理。潘先生是高级会计师，毕业于辽宁财经学院基建财务与信用专业。
赵喜生　男，58岁，现任本公司监事。赵先生曾任本公司财务部副经理、本公司经理部经理及监察审计部经理。加入本公司以前曾任北京石景山电厂科长、副总会计师和副厂长。赵先生是高级会计师，毕业于中国人民大学工业经济专业。
(二)公司董事、监事及高级管理人员持股情况
截止到本上市公告书签署之日，本公司董事、监事及高级管理人员均未持有本公司股票，也没有由其授权或指示他人(包括法人)代其持有，其配偶或已满十八岁的子女均不持有本公司股份。

六、同业竞争与关联交易

(一)同业竞争情况
华能国电现拥有本公司42.58%的股份，是本公司的控股股东。华能集团现持有华能国电

51.98%的权益,是华能国电的控股股东。由于电力行业的特殊性,本公司与以上两家关联企业在开发建设新电厂及现有运营电厂经营方面存在同业竞争。

在现有电厂经营过程中,控股股东所属部分电厂与本公司经营电厂处于相同电网,但各电厂分别依据与所在区域网、省电力公司签署的调度协议和购售电合同规定,严格执行上网电量的调度。另外,根据政府制定的公平调度的有关原则,在同一电网内的同类型电厂发电利用小时数应基本相同,其中环保电厂优先。因此,本公司电厂在与控股股东电厂的同业竞争方面不会遇到不利的竞争。同时,本公司计划在今后陆续收购华能国电和华能集团所属位于沿海省份的部分电力资产,有利于进一步消除本公司与控股股东在现有运行电厂业务方面存在的同业竞争。

为支持本公司业务发展,华能国电在《重组协议》和1997年11月10日与本公司签署的《业务竞争的备忘录》中作出如下承诺:华能国电处置电厂时,本公司在是否购置方面具有优先选择权;在开发30万千瓦以上的燃煤电厂时,本公司在重组协议的条款及条件下为唯一开发人;对于30万千瓦以下或其它电厂,除非本公司书面表示无意对其进行开发,否则开发权也属于本公司。华能国电同时表示,在中国境内从事电力开发业务方面,华能国电将不会与本公司进行竞争。

根据华能集团第三届董事会第一次会议纪要,华能集团在转让其电力资产、权益以及开发电力项目时,本公司具有优先选择权。

(二)关联方及关联关系

1、控股股东:华能国电,持有发行人42.58%的股权。

2、控股股东的控股股东:华能国电的控股股东为华能集团,持有发行人控股母公司华能国电51.98%的股权。

3、其他公司股东:

(1)河北省建设投资公司:持有发行人7.54%的股权;其副总经理单群英同时担任发行人的董事。(2)福建国际信托投资公司:持有发行人5.58%的股权;其副总裁杨盛明同时担任发行人的董事。 (3)江苏省国际信托投资公司:持有发行人5.21%的股权;其副总经理徐祖坚同时担任发行人的董事。(4)辽宁能源总公司。 (5)大连市建设投资公司。 (6)南通市投资管理中心。(7)山东国投。(8)汕头市电力开发公司。(9)山东电力。 (10)南京投资 。(11)汕头电力发展股份有限公司。(12)丹东能源投资开发中心。

4、华能国电和华能集团控制和参股的其他企业:

华能国电控股的其他企业:华能明台电力有限责任公司,华能国电拥有其51%的权益;

华能集团控制和参股的其他企业如下所示:

	公司名称	华能集团持股比例
1	华能综合产业公司	100%
2	中国华能国际经济贸易公司	60%
3	中国华能财务公司	83.1%
4	中国华能集团香港有限公司	100%
5	大庆华能新华发电有限责任公司	70%
6	伊敏华能东电煤电有限责任公司	51%
7	山西华能榆社发电有限责任公司	50%
8	天津华能杨柳青发电有限责任公司	50%
9	江苏华能淮阴发电有限责任公司	44.16%
10	苏州工业园区华能发电有限责任公司	70%
11	上海石洞口发电有限责任公司	70%
12	苏州华能热电有限责任公司	63.8%
13	武汉华中华能发电有限责任公司	40%
14	井冈山华能发电有限责任公司	60%
15	四川华能太平驿水电有限责任公司	60%
16	四川华能东西关水电股份有限公司	55.33%
17	四川宝兴河电力股份有限公司	61.5%
18	四川华能康定水电有限公司	50%
19	湖北华能苏家湾发电有限责任公司	53.25%
20	湖北华能江山发电有限责任公司	38.86%
21	浙江石塘水电站	73.4%
22	哈尔滨热电厂	37%
23	黑龙江双鸭山电厂	24.4%
24	辽宁能港发电有限责任公司	32.97%
25	广东粤华发电有限责任公司	49%
26	山东华能辛店电厂	100%
27	山东华能白杨河电厂	100%
28	浙江华能长兴电厂	100%

5、发行人控股的2家电厂:威海电厂和济宁电厂,发行人分别持有其60%的权益和75%的权益。

6、发行人参股的企业:山东日照发电有限公司,发行人拥有其25.5%的权益。

7、本公司与华能国电及华能集团的人事关系如下表所示:

公司高管人员姓名及职务	在华能国电任职	在华能集团任职
李小鹏 董事长	董事长、总经理	董事、总经理
王晓松 副董事长	董事、副总经理	董事、副总经理
叶大戟 董事、总经理		董事
汪德方董事	董事	
鞠章华 监事会主席	董事会秘书	总经理助理、总经理部经理
潘建民 监事	财务部经理	财务部经理

(三)重大关联交易

1、购销商品、提供劳务发生的关联交易;

(1)发行人与华能国电于1994年6月30日签订服务协议,据此华能国电同意向发行人原有的五家电厂提供其拥有的输变电设施,服务费根据各项输电成本加上华能国电拥有的输电设备平均帐面净值10%的利润而计算。1997年12月4日, 发行人又与华能国电签订了关于1997年1月1日后投入商业运行或被收购的电厂的新服务协议,根据协议,华能国电继续向汕头电厂、上安电厂二期和上海电厂提供输变电设施,并每年按输变电设施帐面原值的12%收取固定服务费。自1998年起,发行人所属多家电厂的输变电设施先后移交给当地的地方电力公司或直接由当地的地方电力公司建设,因此这些电厂不再向华能国电支付相关服务费。基于发行人部分电厂的输变电设施未移交地方电力公司,所有权仍属华能国电,发行人就此向华能国电支付服务费,价格依据市场公平原则拟定。随着目前电力改革中网厂分开的趋势,独立发电公司将不再拥有输变电设施,而是逐步移交给地方电力公司,届时,发行人将不再与华能国电发生类似的关联交易。

(2)就有关上海电厂的收购,发行人与华能国电订立了土地使用权租赁协议。据此,华能国电同意将上海电厂的土地使用权租予发行人,为期50年,每年租金为600万元。

(3)发行人于1999年8月20日与华能国电及南京投资签订土地使用权租赁协议。据此华能国电和南京投资将其取得出让土地使用权的南京电厂所在土地出租予发行人,租期50年,租金为每年133.4万元。

(4)发行人与华能国电于2000年2月13日就租用新办公楼签订了协议,租期自2000年1月1日至2004年12月31日,每年租金为2,500万元。

2、资产、股权转让发生的关联交易;

(1)根据发行人与华能国电分别于1994年7月12日和1994年8月22日签署的五份《土地使用权转让协议》,华能国电以约1.48亿元的总价将大连电厂、福州电厂、南通电厂、上安电厂及汕头燃机电厂所处土地的使用权转让与发行人,土地总面积共约4,480,129.798平方米,其价格依据市场公平原则拟定。发行人自1994年起在10年内分期等额支付转让价款。

(2)发行人与华能国电于1997年12月2日签订的上海电厂收购协议,发行人向华能国电收购上海电厂现有的发电设备和相关的资产及负债,以及其二期扩建的开发权与经营权。其价格依据市场公平原则拟定。资产的转让价格约为65.46亿元,发行人以现金、发行代价股份和承担债务方式支付。

(3)发行人于1999年4月22日与华能国电和南京投资签订了《关于华能南京电厂资产转让协议》,据此华能国电与南京投资将南京电厂资产转让予发行人,其价格依据市场公平原则拟定。资产的评估价值约为27.02亿元。发行人于1999年12月31日与华能国电签订补充协议,据此发行人于1999年12月31日以现金向华能国电支付5.34亿元和5.77亿元。发行人已于2000年全部承担了南京电厂本金总额约为13.49亿元的债务,并向南京投资支付了部分应付转让款1亿元。

(4)发行人于2000年7月18日与华能集团控股的山东华能签订吸收合并协议,山东华能并入发行人,发行人作为存续公司继续存在。据此,山东华能内资股合并代价为每山东华能内资股1.34元人民币,山东华能N股合并代价为每山东华能N股0.1618美元。山东华能已由山东省工商行政管理局于2000年12月31日核准办理注销登记,华能山东分公司于2001年1月1日设立。本公司于2001年1月起陆续派驻有关人员办理山东华能下属电厂的经营管理的交接手续,从而获得对山东华能资产及经营的实质控制权,至此,山东华能已并入发行人,山东华能的债权债务均已由发行人承继。其价格依据市场公平原则拟定。合并代价款计5,767,897,867元,以现金方式结算。发行人吸收合并山东华能产生的负商誉为2,472,783,635元。

3、公司与关联方(包括未纳入合并范围的子公司)存在债权、债务往来、担保等事项:

(1)在发行人设立之前及发行人收购上海电厂和南京电厂之前,为了融资建设五家原有营运电厂、上海电厂以及南京电厂,华能国电曾向某些第三方借款。发行人已与华能国电签订若干偿债协议对此等借款的重组作出安排。根据此等偿债协议,华能国电继续作为原借款协议项下的债务人向债权人承担义务, 但发行人应当按此等借款协议规定的还款时间和金额向华能国电付款以使其按原偿还时间和金额履行还款义务。发行人没有义务履行华能国电贷款协议项下加速还本的责任,或向华能国电一次性偿还尚欠本金以令其能履行其在贷款协议项下加速还本的责任。因华能国电的原因导致贷款人宣布在贷款协议或部分贷款协议的任何违约不构成发行人对华能国电的任何违约。因华能国电违约导致发行人所受任何损失,华能国电须向发行人作出赔偿。发行人应以相等于华能国电在贷款协议项下所接受的限制条件向华能国电承担责任。截止2001年6月30日,通过偿债协议安排的外币长期借款余额约为9,478.18万美元和600.52万瑞士法郎,人民币银行借款余额为0.4亿元。

(2)截止2001年6月30日,发行人约有人民币93.69亿元和15.42亿元的银行借款分别由华能国电和华能集团提供担保。

(3)山东华能委托中国华能财务公司向威海电厂贷款共约人民币6.79亿元,根据吸收合并协议,该等委托贷款由发行人承继。

(4)山东华能委托济南英大国际信托投资有限责任公司向威海电厂的贷款共约5,000万元。根据吸收合并协议,该等委托贷款由发行人承继。

(5)截止2001年6月30日,威海电厂约有37,000万元的银行借款由本公司提供担保。该担保系根据吸收合并协议而承继山东华能的担保责任。

(6)山东日照发电有限公司,系发行人的关联企业,发行人拥有其25.5%的股权。截止2001年6月30日,山东日照发电有限公司约有39,925万元的银行借款由山东华能提供担保。根据吸收合并协议,该等担保责任由发行人承继。

(7)中国华能财务公司,华能集团拥有其83.1%的股权,系发行人的关联企业。截止2001年6月30日,发行人有约9.83亿元的活期存款和约5亿元的定期存款存放于中国华能财务公司。

(8)中国华能国际经济贸易公司,华能集团拥有其60%的股权,系发行人的关联企业。该公司与中国技术进出口总公司组成买方集团, 与国外供货集团就德州电厂三期工程签订了若干进口设备合同。山东华能与该买方集团于1996年7月1日签订了进口设备委托代理协议。据此,该买方集团作为山东华能该进口项目的代理,代表山东华能对外签订和执行该等进口设备合同,山东华能向其支付进口设备合同总金额(包括合同总价之外的运费和保险费)的0.5%的代理费,发行人向中国华能国际经济贸易公司支付的上述代理费总额约为158万美元,占同类业务的35%。根据吸收合并协议,发行人系与山东华能进行吸收合并后存续的公司。根据中国法律,山东华能的债权债务由发行人承继。山东华能于2000年12月31日被山东省工商行政管理局核准注销后,该等代理协议中委托人的权利义务由发行人承继。

七、财务会计资料

本公司聘请的审计机构安达信·华强会计师事务所对本公司2001年6月30日以前的三年又一期的会计期间报表进行了审计,并出具了标准无保留意见的审计报告。

本公司截止2001年6月30日的财务会计资料, 已于2001年11月13日分别在《中国证券报》、《上海证券报》和《证券时报》上刊登的招股意向书中进行了详细披露,因尚未超出招股意向书有效期限,故相同的内容在此不再重复。欲了解本公司经审计的财务报表及主要财务指标的详细内容,敬请投资者查阅上述报纸或在公告的招股意向书查阅地查阅。

(一) 财务报表

1、简要合并资产负债表 (以人民币元为货币单位)

	1998.12.31	1999.12.31	2000.12.31	2001.6.30
流动资产	5,401,567,584	5,858,554,692	10,051,336,649	7,466,468,374
长期投资	9,823,812	11,598,941	10,924,228	257,730,295
固定资产	32,115,980,766	34,107,385,214	31,676,524,437	37,733,410,452
无形资产及其他资产	645,876,179	631,280,294	672,547,537	(1,621,247,547
资产总计	38,173,248,341	40,608,819,141	42,411,333,851	43,836,361,574
流动负债	4,366,670,152	6,406,913,085	7,764,776,532	7,502,045,577
长期借款	14,193,978,148	13,083,691,571	12,127,115,887	11,721,616,503
负债合计	18,560,648,300	19,490,604,656	19,891,892,419	19,223,662,080
股东权益	19,612,600,041	21,118,214,485	22,519,441,432	24,166,299,904
负债及股东权益总计	38,173,248,341	40,608,819,141	42,411,333,851	43,836,361,574

2、简要合并利润表 (以人民币元为货币单位)

	1998年	1999年	2000年	2001年上半年
主营业务收入	8,085,809,118	10,493,406,451	12,558,386,117	7,469,498,234
主营业务利润	2,356,967,136	3,333,759,947	4,407,062,321	2,622,986,051
利润总额	2,246,457,937	2,398,669,572	3,055,428,592	1,996,984,252
净利润	1,875,481,137	2,014,114,442	2,644,226,947	1,646,858,472

3、简要合并现金流量表 (以人民币元为货币单位)

	1998年	1999年	2000年	2001年上半年
经营活动产生的现金流量净额:	4,478,115,138	4,715,630,562	6,837,841,655	3,200,875,074
投资活动产生的现金流量净额:	(3,339,746,369)	(1,224,195,102)	(5,862,807,166)	1,807,733,613
筹资活动产生的现金流量净额:	(432,934,962)	(3,183,655,036)	(1,479,860,108)	(3,408,112,260)
现金及现金等价物的净增加额:	705,433,807	307,780,424	(504,825,619)	1,600,496,427

(二)主要项目附注

1、流动资产

(1)、货币资金

于2001年6月30日,本公司及其子公司货币资金明细项目列示如下:

本公司及其子公司　　　　本公司

	原币金额	折算汇率	折算人民币	原币金额	折算汇率	折算人民币
现金						
-人民币			318,254			295,717
银行存款						
-人民币			2,608,130,767			2,506,522,898
-美元	118,451,114	8.2770	980,420,018	118,451,114	8.2770	980,420,018
小计			3,588,550,785			3,486,942,916
货币资金合计			3,588,869,039			3,487,238,633

12、股本

本公司截止 2001 年 6 月 30 日股本明细项目列示如下：

	2001.6.31 人民币千元	比例
一、未上市流通股份合计	4,150,000	73.45%
二、已上市流通股份合计	1,500,000	26.55%
三、股份总数	5,650,000	100.00%

13、资本公积

资本公积为股本溢价，截至 2001 年 6 月 30 日止六个月期间，资本公积变动如下：

项目	2001.6.31	本期增加数	本期减少数	2001.6.31
股本溢价	7,839,390,966	–	–	7,839,390,966

14、 盈余公积

截至 2001 年 6 月 30 日止六个月期间，盈余公积的变动如下：

项目	2001.6.31	本期增加数	本期减少数	2001.6.31
法定盈余公积金	1,578,908,959	164,685,847	–	1,743,594,806
法定公益金	490,036,688	123,514,385	–	613,551,073
合计	2,068,945,647	288,200,232	–	2,357,145,879

根据本公司章程，本公司及其子公司按照中国会计准则下的税后利润的 10% 和 7.5% 分别提取法定盈余公积金及法定公益金。

15、未分配利润

于二零零零年十二月三十一日余额	6,961,104,819
加：二零零一年一月一日至六月三十日净利润	1,646,858,472
减：提取法定盈余公积金	(164,685,847)
提取法定公益金	(123,514,385)
于二零零一年六月三十日余额	8,319,763,059

16、主营业务收入

本公司及其子公司已与各地方电力公司或省电力公司签订了有关电力销售的协议。

南通电厂在 1996 年 4 月 1 日以前，大连电厂在 1998 年 1 月 1 日以前和上安电厂一期和二期在 1998 年 8 月 1 日以前、福州电厂在 1999 年 1 月 1 日以前和汕头燃机电厂的经营收入按售电价向最终用户收取电费。各地方电力公司或省电力公司从最终用户处收取的电费在扣除输电成本与议定的手续费后，将汇入与这些电厂。这些电厂将从地方电力公司或省电力公司收取的售电价款确认为收入，而支付给地方电力公司或省电力公司的输电成本和手续费则作为输电费单独计入费用中。

南通电厂自 1996 年 4 月 1 日起和南通电厂二期，大连电厂自 1998 年 1 月 1 日起和大连电厂二期，上安电厂一期和二期自 1998 年 8 月 1 日起，福州电厂自 1999 年 1 月 1 日起和福州电厂二期以及汕头电厂、上海电厂、丹东电厂、南京电厂、德州电厂、威海电厂及济宁电厂的经营收入直接按上网电价向地方电力公司或省电力公司收取。此上网电价由于扣除了地方电力公司或省电力公司所发生的输电成本和手续费而低于地方电力公司或省电力公司向最终用户收取的售电价。因此，这些电厂在相关期间，无需记录输电成本。

17、主营业务成本

主营业务成本主要包括燃料、工资、折旧费用及摊销、修理及维修、输电费、支付华能国电服务费和其他发电成本。

18、净资产收益率及每股收益

根据合并利润表计算(截止 2001 年 6 月 30 日止 6 个月期间)

报告期利润	净资产收益率 全面摊薄	净资产收益率 加权平均	每股收益 全面摊薄	每股收益 加权平均
主营业务利润	10.9%	11.2%	0.46	0.46
营业利润	8.3%	8.6%	0.36	0.36
净利润	6.8%	7.1%	0.29	0.29
扣除非经常性损益后的净利润	6.9%	7.1%	0.29	0.29

净资产收益率及每股收益系根据《公开发行证券公司信息披露编报规则第 9 号-净资产收益率和每股收益的计算及披露》的要求编制。

(三)国际会计准则、美国会计准则的相关调整对净利润及净资产的影响本公司在中国会计准则下编制的财务报表在某些方面与在国际会计准则和美国会计准则下所编制的财务报表存在差异。三种会计准则对本公司的净利润和净资产的影响概括如下：

净利润

截至十二月三十一日止年度

	2000 年	1999 年	1998 年
中国会计准则下的净利润	2,644,226,947	2,014,114,442	1,875,481,137
国际会计准则调整的影响：			
记录监管负债(a)	(210,099,277)	(151,388,829)	(45,876,269)
计入损益的材料和备品备件的计价基础的差异(b)	3,446,990	5,448,831	8,906,603
计入有关本公司发生的房改差价的会计处理差异(c)	78,255,523	–	–
国际会计准则下的净利润	2,515,830,183	1,868,174,444	1,838,511,471
美国会计准则调整的影响：			
记录华能国电为本公司职工发生的房改差价(c)	(26,152,570)	–	–
美国会计准则下的净利润	2,489,677,613	1,868,174,444	1,838,511,471

净资产

	2000.12.31	1999.12.31	1998.12.31
中国会计准则下的净资产	22,519,441,432	21,118,214,485	19,612,600,041
国际会计准则调整的影响：			
记录监管负债(a)	(548,825,834)	(338,726,557)	(187,337,728)
计入损益的材料和备品备件的计价基础的差异(b)	(22,641,719)	(26,088,709)	(31,537,540)
计入有关本公司发生的房改差价的会计处理差异(c)	78,255,523	–	–
记录可转换债券权益部分(d)	510,506,379	510,506,379	510,506,379
于年底以后宣布的股利(e)	1,243,000,000	508,500,000	452,000,000
国际会计准则下的净资产	23,779,735,781	21,772,405,598	20,356,231,152
美国会计准则调整的影响：			
冲回可转换债券权益部分(d)	(510,506,379)	(510,506,379)	(510,506,379)
美国会计准则下的净资产	23,269,229,402	21,261,899,219	19,845,724,773

(四)主要财务指标

财务指标	本公司及其子公司 2001 年 1–6 月	本公司 2001 年 1–6 月	2000 年	1999 年	1998 年
流动比率	1.00	1.00	1.29	0.91	1.24
速动比率	0.89	0.91	1.22	0.83	1.11
资产负债率(%)	43.85	42.47	46.90	48.00	48.62
应收帐款周转率(次/年)	5.58	4.96	9.94	10.40	10.73
存货周转率(次/年)	7.09	6.50	13.97	12.79	9.48
全面摊薄净资产收益率(%)	6.81	6.80	11.74	9.54	9.56
全面摊薄每股收益(元)	0.29	0.29	0.47	0.36	0.33
每股净资产(元)	4.28	4.28	3.99	3.74	3.47
每股经营活动的现金流量净额(元)	0.57	0.51	1.21	0.83	0.79
每股净现金流量(元)	0.28	0.27	–0.09	0.05	0.12

(五)盈利预测

本公司本次发行未制作盈利预测。

八、其他重要事项

(一)、本公司股票本次发行后至本公司上市公告书公告之日，本公司严格依照《公司法》、《证券法》等法律法规的要求，规范运行，生产经营情况正常；所处行业、市场无重大变化；主要投入产出物供求及价格无重大变化；主要业务发展目标无重大进展。

(二)、本公司股票本次发行后至本公司上市公告书公告之日，本公司重大会计政策和会计师事务所没有发生变化。

(三)、本公司股票本次发行后至本公司上市公告书公布之日，本公司无重大投资活动，无重大资产(股权)收购、出售行为。

(四)、2001 年 10 月 23 日，福建华闽实业有限公司与华能国电签署股权转让协议，协议规定福建华闽实业有限公司向华能国电转让其所持有的本公司 72,400,000 股国有法人股，转让价格为 4.26 元/股。该协议已经财政部财企[2001]679 号文批准。2001 年 11 月 16 日，华能国电已支付全部股款。此次转让后，华能国电持有本公司 2,554,840,000 股股票，占本公司总股本的 42.58%，福建华闽实业有限公司不再持有本公司股票。

(五)、本公司于 2001 年 2 月 15 日召开临时股东大会决议，2001 年度的公司股息分配方案，将由该年度的公司股东大会审议批准。

(六)、本公司上市前控股股东华能国电承诺：自本公司在上海证券交易所上市之日起 12 个月内，不转让所持有本公司的股份，也不由本公司回购该部分股份。

(七)、截至本上市公告书刊登之日，尚没有本公司的债券持有人将所持有的可转换债券转换成存托股。

(八)、本公司股票本次发行后至本公司上市公告书公告之日，本公司董事、监事和高级管理人员没有尚未了结或可能发生的刑事诉讼事项。

(九)、本公司股票本次发行后至本公司上市公告书公告之日，本公司未涉及任何重大诉讼事项或仲裁，亦无任何尚未了结或可能面临的重大诉讼或索赔要求。

(十)、本公司股票本次发行后至本公司上市公告书公告之日，没有其他应披露而未披露之重大事项。

九、董事会上市承诺

本公司董事会将严格遵守《中华人民共和国公司法》、《中华人民共和国证券法》、《股票发行与交易管理暂行条例》、《公开发行股票公司信息披露实施细则》和《上海证券交易所股票上市规则》等国家有关法律、法规的规定，承诺自本公司股票上市之日起做到：

(一)承诺真实、准确、完整、公允和及时地公布定期报告，披露所有对投资者有重大影响的信息，并接受中国证监会、上海证券交易所的监督管理；

(二) 承诺发行人在知悉可能对股票价格产生误导性影响的任何公共传播媒介中出现的消息后，将及时予以公开澄清；

(三)发行人董事、监事、高级管理人员及核心技术人员将认真听取社会公众的意见和批评，不利用已获得的内幕消息和其他不正当手段直接或间接从事发行人股票的买卖活动；

(四)发行人没有无记录的负债。

十、上市推荐人及其意见

一、上市推荐人有关情况

1、国泰君安证券股份有限公司　　法定代表人：金建栋

法定地址：上海市浦东新区商城路 618 号

办公地址：北京市海淀区马甸冠城园冠海大厦 14 层

电话：010-82001465、82001460　　传真：010-82001523、82001524

联系人：李延新、梅换强、王宝华

2、中信证券股份有限公司　　法定代表人：常振明

办公地址：北京市朝阳区新源南路 6 号京城大厦 5 层

电话：010-64654818　　传真：010-64661023　　联系人：张峥嵘、方仪

二、推荐人的推荐意见

本公司约请的上市推荐人国泰君安证券股份有限公司(以下简称"国泰君安")和中信证券股份有限公司均认为本公司股票符合上市条件，已分别向上海证券交易所出具了正式的《股票上市推荐书》。上市推荐人的主要推荐意见如下：

上市推荐人认为发行人的上市完全符合《中华人民共和国公司法》、《中华人民共和国证券法》及《上海证券交易所股票上市规则》的有关规定。

(1)发行人已经中国证督管理委员会证监发行字[2001]67 号文核准，向社会公开发行人民币普通股 25,000 万股，同时以相同发行价格向华能国电定向配售国有法人股 10,000 万股；

(2)本次发行后，发行人股本总额超过 5,000 万元人民币，为 600,000 万元人民币；

(3)发行人最近三年连续盈利；

(4)股票面值达一千元以上的股东人数超过一千人，为 76,435 户；

(5)发行人股本总额为 600,000 万元，其中向国内公众公开发行股份为 25,000 万元，向海外投资者公开发行股份为 150,000 万元，合计占股本总额的 29.17%，超过 25%；

(6)发行人最近三年内没有重大违法行为，财务会计报告无虚假记载。

另外，发行人于 2001 年 2 月 5 日召开临时股东大会，授权发行人董事会在本次发行 A 股完成后，对公司章程中有关股本及股本结构的条款进行适当修改，报请国家有关主管机关审批并办理资本变更事宜。发行人已发出召开董事会的通知，预计 2001 年 12 月 5 日将召开发行人董事会，通过对公司章程有关股本及股本结构的条款进行修改的决议。国泰君安担任发行人本次发行股票的主承销商和上市推荐人，发行人的控股股东华能国电的控股股东华能集团为国泰君安股东之一，拥有国泰君安 0.82% 的权益；中信证券股份有限公司担任发行人本次发行股票的副主承销商和上市推荐人。除此之外，上市推荐人与发行人不存在其他关联关系。

鉴于上述内容，作为上海证券交易所的会员和华能国际电力股份有限公司的上市推荐人，国泰君安证券股份有限公司和中信证券股份有限公司特推荐华能国际电力股份有限公司本次公开发行的 25,000 万股人民币普通股股票在贵所上市交易。

华能国际电力股份有限公司　二 00 一年十二月一日

中国民生银行股份有限公司

中国民生银行股份有限公司 2000 年年度报告摘要

重要提示：本公司董事会保证本报告所载资料不存在任何虚假记载、误导性陈述或者重大遗漏，并对其内容的真实性、准确性和完整性负个别及连带责任。

一、公司简介

（一）法定中文名称：中国民生银行股份有限公司 （简称：中国民生银行，下称"本行"）

法定英文名称：CHINA MINSHENG BANKING CORP.,LTD . （缩写："CMBC"）

（二）公司法定代表人：经叔平

（三）董事会秘书：高峰 证券事务代表：陈崇龙 联系地址：北京市东城区正义路 4 号

联系电话：010-65269592 传真：010-65229104 电子信箱：cmbc@public.bta.net.cn

（四）公司注册地址及办公地址：北京市东城区正义路 4 号 邮政编码：100006

公司国际互联网网址：www.cmbc.com.cn 电子信箱：cmbc@public.bta.net.cn

（五）公司选定的信息披露报纸：《中国证券报》、《上海证券报》和《证券时报》

登载本年度报告的中国证监会指定国际互联网网址：www.sse.com.cn

本年度报告备置地点：本行董事会、监事会办公室

（六）股票上市地：上海证券交易所 股票简称：民生银行 股票代码：600016

二、会计数据和业务数据

（一）2000 年度会计数据(单位：人民币元)

利润总额：	559,194,674
净利润：	429,166,337
扣除非经常性损益后的净利润：	408,587,370
主营业务利润：	528,479,798
营业利润：	528,479,798
投资收益：	501,612,643
补贴收入：	0
营业外收支净额：	30,714,876
经营活动产生的现金流量净额：	1,820,046,411
现金及现金等价物净增加额：	3,716,257,716

注：扣除的非经常性损益的项目及金额：报告期发行人民币普通股申购冻结资金利息收入 32,777,362 元；处理固定资产损失及其他支出等与处理固定资产盘盈收益等净损失 2,062,486 元。

（二）截止报告期末本行前三年的主要会计数据和财务指标(单位：人民币元)

项 目	2000 年	1999 年		
		调整后	调整前	调整后
主营业务收入	2710108392	1624422145	1675917350	1446285668
利润总额	559194674	245312585	296807790	218829135
净利润	429166337	200223151	234724938	182877347
总资产	68058215134	36308237297	36596251512	25321806216
总负债	62062477483	34830330880	35063515878	23722224827
存款总额	52714809492	29062031019	29062031019	18548229137
长期存款及同业拆入总额	6372134015	1884895574	1884895574	1298592899
贷款总额	34909178900	16785449021	16785449021	11141574960
其中：短期贷款	25427186033	13446403626	13446403626	9070490830
进出口押汇	79956270	176990032	176990032	145093380
贴现	3182498131	322542014	322542014	214496357
中长期贷款	4687390451	1375410018	1375410018	1029636379
逾期贷款	711640999	1059710010	1059710010	569409923
呆滞贷款	820507016	404393321	404393321	112448091
股东权益(不含少数股东权益)	5995737651	1477906417	1532735634	1599581388
每股净资产	3.47	1.07	1.11	1.16
调整后每股净资产	3.33	0.93	0.97	1.05
每股经营活动产生的现金流量净额	1.05	2.46	2.46	–
每股收益 摊薄	0.25	0.15	0.17	0.13
每股收益 加权	0.31	0.15	0.17	0.13
扣除非经常性损益后每股收益 摊薄	0.24	0.14	0.17	0.13
扣除非经常性损益后每股收益 加权	0.30	0.14	0.17	0.13
净资产收益率 摊薄	7.16%	13.55%	15.31%	11.43%
净资产收益率 加权	25.36%	11.78%	13.51%	11.12%

注：有关指标计算公式如下：

1.主营业务收入=利息收入+金融机构往来收入+手续费收入+汇兑收益+投资收益+其他营业收入

2.存款总额包括短期存款、短期储蓄存款、应解汇款及临时存款、长期存款、长期储蓄存款、存入长期保证金。

（三）根据中国证监会《公开发行证券公司信息披露编报规则第 9 号：净资产收益率和每股收益的计算及披露》，本行 2000 年净资产收益率与每股收益指标如下(单位：人民币元)：

项 目	报告期利润	净资产收益率		每股收益	
		全面摊薄	加权平均	全面摊薄	加权平均
主营业务利润	528479798	8.81%	31.22%	0.31	0.38
营业利润	528479798	8.81%	31.22%	0.31	0.38
净利润	429166337	7.16%	25.36%	0.25	0.31
扣除非经常性损益后的净利润	408587370	6.81%	24.14%	0.24	0.30

注：有关指标计算公式如下：

1.全面摊薄每股收益=报告期利润÷期末股份总数

2.加权平均每股收益 EPS =P÷(S0+S1+Si Mi M0–Sj Mj M0)

其中：P 为报告期利润；S0 为期初股份总数；S1 为报告期因公积金转增股本或股票股利分配等增加股份数；Si 为报告期因发行新股或债转股等增加股份数；Sj 为报告期因回购或缩股等减少股份数；M0 为报告期月份数；Mi 为增加股份下一月份起至报告期期末的月份数；Mj 为减少股份下一月份起至报告期期末的月份数。

3.全面摊薄净资产收益率=报告期利润÷期末净资产

4.加权平均净资产收益率 ROE =P÷(E0+NP 2+Ei Mi M0–Ej Mj M0)

其中：P 为报告期利润；NP 为报告期净利润；E0 为期初净资产；Ei 为报告期发行新股或债转股等新增净资产；Ej 为报告期回购或现金分红等减少净资产；M0 为报告期月份数；Mi 为新增净资产下一月份起至报告期期末的月份数；Mj 为减少净资产下一月份起至报告期期末的月份数。

（四）按年末及月均数计算的前三年主要指标

项 目		标准值	2000 年 年末	平均	1999 年 年末	平均	1998 年 年末
资本充足率%		≥8	21.45	15.97	13.21	15.02	18.54
流动性比例%	人民币	≥25	51.75	50.43	66.49	61.37	83.29
	外币	≥60	126.87	115.83	123.13	135.42	136.43
存贷比%	人民币	≤75	72.18	68.72	60.17	63.37	61.96
	外币	≤85	16.14	28.44	40.99	48.15	48.18
中长期贷款比例%	人民币	≤120	118.63	114.41	161.73	171.10	127.36
	外币	≤60	26.63	24.66	28.05	30.22	37.71
拆借资金比例%	拆入资金比	≤4	1.31	1.37	0.01	2.15	3.11
	拆出资金比	≤8	3.10	7.04	0.95	0.89	0.87
国际商业借款比例%		≤100	0	0	0	0	0
不良贷款比例%		≤15	4.39	6.60	8.72	9.50	6.12
利息回收率%		_	90.77	88.59	88.43	87.52	92.74
单一最大客户贷款比例		≤10	3.62	7.46	7.54	7.63	7.82
最大十家客户		≤50	29.28	53.57	57.45	58.65	56.33

项 目		平均
资本充足率%		17.95
流动性比例%	人民币	64.19
	外币	179.97
存贷比%	人民币	56.87
	外币	35.79
中长期贷款比例%	人民币	138.79
	外币	18.76
拆借资金比例%	拆入资金比	1.15
	拆出资金比	3.58
国际商业借款比例%		0
不良贷款比例%		5.86
利息回收率%		93.14
单一最大客户贷款比例		8.29
最大十家客户贷款比例		52.35

注：有关指标计算公式如下：

1.资本充足率=资本净额÷表内外加权风险资产总额

其中：资本净额=核心资本+附属资本-扣减额

2.资本流动性比例=流动性资产÷流动性负债

3.存贷比=各项贷款余额÷各项存款余额

4. 人民币中长期贷款比例=余期 1 年以上的人民币中长期贷款期末余额÷余期 1 年以上的人民币存款期末余额

5.外币中长期贷款比例=余期 1 年以上的外汇中长期贷款期末余额÷外汇贷款期末余额

6.拆入资金比=拆入资金余额÷各项存款余额

7.拆出资金比=拆出资金余额÷各项存款余额

8.不良贷款比例=逾期贷款（含呆滞贷款和呆帐贷款）期末余额÷各项贷款期末余额

9. 利息回收率=(本年利息收入–本年表内应收利息新增额)÷(本年利息收入+本年表外应收利息新增额)

10.单一最大客户贷款比例=最大客户贷款余额÷资本净额

11.最大十家客户贷款比例=前十家客户贷款余额÷资本净额

（五）报告期内股东权益变动情况(单位：人民币元)

项目	股本	资本公积	盈余公积	其中：法定公益金	未分配利润	资本折算差额	股东权益合计
期初数	1380248376	13800754	127720660	63860330	–43863373	0	1477906417
本期增加	350000000	3739082152	64374951	21458317	408654759	0	4562111862
本期减少	0	0	43863373	0	0	417255	44280628
期末数	1730248376	3752882906	148232238	85318647	364791386	–417255	5995737651

股东权益变动原因：股本增加是由于发行人民币普通股股票所致；资本公积增加是由于发行人民币普通股股票发行溢价所致；盈余公积增加是根据本年度净利润计提所致，减少是由于转入未分配利润所致；未分配利润增加是由于本年度净利润增加所致；资本折算差额减少是由于资本折算汇率变动所致。

三、股本变动及股东情况

（一）股本变动情况 1.股份变动情况表(单位：股)

	本次变动前	送股	配股	其他	小计	本次变动后
一、未上市流通股份						
1.发起人股份	1,380,248,376					1,380,248,376
其中：境内法人持有股份	1,380,248,376					1,380,248,376
未上市流通股份合计：	1,380,248,376					1,380,248,376
二、已上市流通股份						
1.人民币普通股						350,000,000
三、股份总数：	1,380,248,376					1,730,248,376

2.股票发行及上市情况

本行经中国人民银行银复[1999]234 号、中国证监会证监发行字[2000]146 号批准，于 2000 年 11 月 27 日在上海证券交易所首次上网定价发行人民币普通股 3.5 亿股，发行价格 11.80 元/股。

发行完毕后，于 2000 年 12 月 19 日在上海证券交易所上市交易，获准上市交易数量 3.5 亿股。

本行在报告期内除首次发行人民币普通股 3.5 亿股外，未发生送股、转增股本、配股、增发新股等引起股份总数及结构变动的情况。

报告期内本行无内部职工股。

(二)股东情况介绍

1.报告期末，本行股东总户数为 257,030 户，其中境内未流通法人股 49 户、社会公众股股东 256,981 户。

2.本公司前十名股东持股情况(单位：万股)

股东名称	年末持股数量	年初持股数量	增减	占总股本比例
四川新希望农业股份有限公司	13,802	12,300	+1,502	7.97%
中国泛海控股有限公司	13,000	0	+13,000	7.51%
东方集团股份有限公司	13,000	0	+13,000	7.51%
中国船东互保协会	11,000	9,000	+2,000	6.36%
中国乡镇企业投资开发有限公司	10,008	9,008	+1,000	5.78%
厦门福信集团有限公司	9,530	9,530		5.51%
中国煤炭工业进出口集团公司	9,000	9,000		5.20%
中国有色金属建设股份有限公司	9,000	9,000		5.20%
北京万通实业股份有限公司	7,406	7,406		4.28%
四川南方希望有限公司	6,498	6,000	+498	3.76%

注：(1)股东持股增减变动情况说明

四川新希望农业股份有限公司受让湛江经济技术开发区财务开发公司所持本行股份 1,502 万股；

中国泛海控股有限公司受让山东泛海集团公司所持本行股份 13,000 万股；

东方集团股份有限公司分别受让广州益通集团公司、中国旅游国际信托投资公司和深圳前进科技开发公司所持本行股份 5,000 万股、2,000 万股和 6,000 万股；

中国船东互保协会受让昆明建华企业集团所持本行股份 2,000 万股；

中国乡镇企业投资开发有限公司受让广东恒丰投资集团有限公司所持本行股份 1,000 万股；

四川南方希望有限公司受让湛江经济技术开发区财务开发公司所持本行股份 498 万股。

(2)前十名股东股权质押情况

中国泛海控股有限公司将所持本行股份 9,000 万股质押给交通银行北京分行西单支行，用于贷款，其中 3,600 万股质押期限为 2000 年 12 月 26 日至 2002 年 12 月 26 日；3,600 万股质押期限为 2000 年 12 月 26 日至 2003 年 12 月 26 日；1,800 万股质押期限为 2000 年 12 月 26 日至 2004 年 12 月 26 日。

厦门福信集团有限公司将所持本行股份 4,000 万股质押给交通银行厦门分行，用于贷款，期限为 2000 年 12 月 29 日至 2001 年 5 月 26 日；将 1,000 万股质押给建设银行厦门分行，用于贷款，期限为 2000 年 12 月 29 日至 2001 年 6 月 15 日；将 4,530 万股质押给中国信息信托投资公司，用于贷款，期限为 2000 年 12 月 29 日至 2003 年 12 月 29 日。上述股权质押合计 9,530 万股。

(3)持有本公司股权 5%以上的股东

四川新希望农业股份有限公司、中国泛海控股有限公司、东方集团股份有限公司、中国船东互保协会、中国乡镇企业投资开发有限公司、厦门福信集团有限公司、中国煤炭工业进出口集团公司、中国有色金属建设股份有限公司。

(4)本行前十名股东股份均为未上市流通股份。

(5)报告期内本行控股股东没有变化。

(6)本行股东四川新希望农业股份有限公司法人代表刘永好与四川南方希望有限公司法人代表刘畅为父女关系。

四、股东大会简介

(一)股东大会的通知、召集、召开情况

2000 年 4 月 29 日，本行 2000 年股东大会在北京召开。出席会议的代表 40 人，委托出席 3 人，出席会议代表所持股份为 123,036 万股，持有表决权 123,036 万股，会议由北京市公证处进行了公证。

(二)股东大会通过的决议内容

本次股东大会表决通过了《关于董事会报告的决议》、《关于监事会报告的决议》、《关于 1999 年度预算执行情况和决算报告的决议》、《关于 2000 年财务预算方案的决议》、《关于 1999 年度利润分配方案的决议》、《关于中国民生银行 A 股发行方式的议案的决议》、《关于由老股东承担 1999 年 12 月 31 日以前不良资产风险的议案的决议》、《关于中国民生银行第二届董事会监事会选举办法的决议》、《关于董事会监事会换届选举结果的决议》。

(三)选举、更换本行董事、监事情况

本次股东大会进行了董事会、监事会的换届选举，选举产生了由王玉贵、王宝林、卢志强、冯仑、刘永好、刘鸿儒、李安民、李晓东、宋勤、经叔平、张宏伟、杨祥波、陈建、陈章辉、黄涤岩、雷平一、董文标等 17 人组成的董事会。选举产生了由王梁、李静、胡平旭、黄殿鹏、童赠银等 5 位监事和由本行工会于 2000 年 6 月 5 日选举产生的 2 名职工监事刘朝阳、钱莉琴组成的监事会。报告期内本行未召开临时股东大会。

五、董事会报告

(一)本行经营情况

1.本行在金融业中的地位

本行为经中国人民银行批准从事商业银行业务的银行类金融机构。根据中国人民银行 2000 年第四季度的银行信贷收支报表反映，在国内 9 家全国性股份制商业银行中，本行报告期末存款规模的市场份额已达 5.71%，比年初提高了 1 个百分点，利润总额、资产规模等主要业务经营指标的增长速度以及资产质量居于前列。

2.本行主营业务范围及经营状况

经中国人民银行批准，本行主营业务主要包括：吸收公众存款；发放短期、中期和长期贷款；办理国内外结算；办理票据贴现；发行金融债券；代理发行、代理兑付、承销政府债券；买卖政府债券；同业拆借；买卖、代理买卖外汇；提供信用证服务及担保；代理收付款项及代理保险业务；提供保管箱服务；经中国人民银行批准的其他金融业务。

2000 年，本行按照"团结奋进，开拓创新，培育人才；严格管理，规范行为，敬业守法；讲究质量，提高效益，健康发展"的发展方针，积极调整经营思路和营销理念，深入推进业务创新，积极培育新的利润增长点，各项业务取得突破性进展，全面实现了年初确定的各项经营目标。截至报告期末，存款总额达 527.15 亿元，比上年末增加 236.53 亿元，增幅 81%；贷款总额达 349.09 亿元，比上年末增加 181.24 亿元，增幅 108%；主营业务收入 27.10 亿元，比上年增加 10.86 亿元，增幅 67%；利润总额 5.59 亿元，比上年增加 3.14 亿元，增幅 128%；税后利润 4.29 亿元，比上年增加 2.29 亿元，增幅 115%。报告期末不良贷款率为 4.39%。报告期末，本行共有 401 家代理行，分布在 69 个国家和地区。

3.本行主要分支机构经营业绩情况(单位：人民币元)

机构名称	资产规模	主营业务收入	主营业务利润
北京管理部	14,622,500,050	503,878,377	145,784,025
上海分行	11,145,091,542	388,044,742	107,412,053
广州分行	5,287,490,731	235,832,561	27,409,258
深圳分行	6,788,466,766	261,319,588	48,863,030
武汉分行	3,835,824,117	187,633,901	29,474,504
大连分行	1,305,861,043	58,499,240	6,913,455
南京分行	1,486,441,079	80,319,985	1,659,248
杭州分行	1,850,771,898	34,425,234	-3,890,837
太原支行	1,385,093,383	41,013,253	7,109,171
石家庄支行	535,827,278	13,270,089	-2,761,617
总行本级	19,814,847,247	905,871,422	160,507,508
合　计	68,058,215,134	2,710,108,392	528,479,798

4.在经营中出现的问题与困难及解决方案

2000 年，本行坚持稳健经营、快速发展的经营思路，通过总行机构功能重组，调整管理方式方法，提高内部管理水平，呈现出"发展速度加快、结构不断优化、质量继续提高、社会形象上升"等几个特点。但在经营中仍存在以下几方面的困难和问题：

(1)从宏观经济角度看，由于经济结构调整的影响，部分企业客户效益增长缓慢，对商业银行的业务发展带来了一定程度的影响。

(2)国家连续下调存贷款利率，其滞后效应在 2000 年表现愈加明显，加上不利于股份制商业银行吸收存款的政策性因素，股份制商业银行的盈利空间缩小，制约银行利润的更大增长。

(3)全国经济发展中的地区性差异造成了各分支机构间的发展不够均衡。

(4)随着资本市场特别是股票市场的迅猛发展，商业银行的优质客户分流、资金分流也在一定程度上影响了银行业务的发展。

(5)中资金融机构大额外币存贷款利率放开后，国有独资商业银行对国际业务市场的优势地位进一步强化，一定程度上影响了股份制商业银行外汇业务的开展。

(6)科技装备水平尚待提高。本行成立以来，尽管非常重视科技投入，但科技装备水平仍然不能适应快速发展的要求。

面对以上问题和困难，本行将在以下几方面采取有力措施：

(1)立足于成立五年来所拥有的"新机制"的良好基础，利用成功上市后资本市场的支持条件，继续加快在保证质量前提下的规模扩张速度，进一步提高盈利能力。

(2)加快业务品种的开发和创新。在加大传统产品创新力度的同时，以"集团网"、"联名卡"、"银证通" 三大产品的开发和推广来推动各项业务的全面发展，实现市场拓展向更大的深度和广度发展，促进各项业务在控制风险的前提下超常规发展。

(3)加快科技开发力度。集中精力，全力以赴，加速本行装备的现代化，力争在一年内达到国内同业的一流水平。

(4)强化内部管理，突出抓好资产风险、分配机制和员工队伍管理三方面的工作。资产风险管理以完善信贷责任人制度为重点，明确工作责任和管理责任；完善分配体系，将员工收入、福利待遇真正与工作岗位和工作业绩紧密挂钩；在更大范围和更高层次上推行公开选拔、择优聘任、任前公示和严格考核，加大培训力度，提高人员素质和管理水平。

(二)本行财务状况

1.报告期内总资产、长期负债、股东权益、主营业务利润、净利润比上年增减变动的主要原因

报告期末，本行总资产为 680.58 亿元，比上年增长 87%，长期负债为 57.64 亿元，比上年增长 204%，主要系本行积极调整经营思路，各项业务取得了突破性进展；股东权益为 59.96 亿元，比上年增长 306%，主要系本行发行人民币普通股以及当年实现净利润所致。

报告期内主营业务利润 5.28 亿元，比上年增长 116%；净利润为 4.29 亿元，比上年增长 115%，主要原因是本行业务快速增长，盈利水平大幅上升。

2.报告期末各类信贷资产"五级"分类情况及呆帐准备金的提取比例

报告期末本行各类信贷资产"五级"分类如下表所示(单位：人民币万元)：

资产分类结果

项　目	余额合计	正常	关注	次级	可疑	损失
一、各项贷款						
1、人民币贷款	3,375,607	2,704,492	495,197	149,484	25,842	592
2、外币贷款	66,528	44,032	83	15,762	6,651	
小　计	3,442,135	2,748,524	495,280	165,246	32,493	592
二、贸易融资	43,565	11,232	8,360	5,563	11,172	7,238
三、承兑垫款	5,218		3,779	839	600	
四、资金拆放						
1、人民币资金拆放	193,153	164,280	17,000	7,000	2,873	2,000
2、外币资金拆放	381,087	372,001		1,654	5,132	2,000
小　计	574,240	536,281	17,000	8,654	8,005	4,300
合　　计	4,065,158	3,296,037	524,419	180,302	52,270	12,130

报告期内本行加大了存量资产的风险化解及增量资产的风险控制力度，从资产分类结构上看，不良资产(次级、可疑、损失)比率有所下降。但贸易融资项目(主要包括进出口押汇业务、出口打包贷款业务、买方信贷业务、卖方信贷业务、信用证业务、银行承兑汇票业务等)不良资产比重仍较大，主要原因是国家外汇管理局加强了对银行结售汇的监管，购汇渠道收紧，部分企业难以及时购汇还贷。本行正积极通过各种技术手段，如拍卖或变卖抵押物等方法将风险降至最低。

根据财政部颁布的《企业会计准则》及《股份有限公司会计制度》，同时参照财政部和中国人民银行联合颁布的《金融企业会计制度》及其他相关规定，本行呆帐准备包括一般准备和补充准备。一般准备按年末短期贷款、贴现、进出口押汇、中长期贷款和逾期贷款、呆滞贷款、呆帐贷款等项目的余额计提，计提比例确定为 1%。报告期末本行一般呆帐准备为 34,284 万元。

补充呆帐准备是在参照本行信贷资产风险分类结果的基础上，对信贷资产的损失水平和损失准备进行充分评估后计提的。由于我国没有规定按信贷资产风险分类计提损失准备的标准，本行结合自身信贷资产的实际情况制定了相应提取标准和比例。具体如下：

分　类	正常	关注	次级	可疑	损失
计提比例	0%	0%	2%	35%	100%

根据上述本行信贷资产风险分类结果的计提标准，本行截止报告期末的信贷资产风险准备水平测算数据为：180,302 万元×2%+52,270 万元×35%+12,130 万元×100%=34,031 万元。报告期末本行呆帐准备金余额为 46,952 万元，高于本行根据信贷资产风险分类结果计算的损失准备，故本行报告期内未增提补充准备，其余额仍为 12,668 万元。

3.报告期应收利息与其他应收款坏帐准备的提取情况

本行根据报告期末应收贷款利息、拆借利息及其他应收款项余额的 1%差额计提坏帐准备。该比例主要依据本行应收款项的性质而确定。报告期内计提坏帐准备 208,929 元。

4.本行报告期末所持金额重大的政府债券的有关情况(单位：人民币元)

国债种类	面　值	年利率	到期日
696 国债	1,489,142,000	11.83%	2006 年
98 专项国债	1,042,880,000	6.80%	2005 年
2000 凭证式二期(三年)	494,989,700	2.89%	2003 年
99 凭证式一期(三年)	288,037,100	4.72%	2002 年
2000 凭证式二期(五年)	296,087,400	3.14%	2005 年
9704 国债	289,000,000	9.78%	2007 年
99 凭证式二期(三年)	235,350,040	3.02%	2002 年
2000 记帐式一期	200,000,000	2.90%	2007 年
99 记帐式 11 期	200,000,000	3.32%	2004 年
2000 凭证式二期(二年)	193,578,000	2.55%	2002 年
99 记帐式四期	150,000,000	2.72%	2002 年
99 凭证式二期(五年)	106,931,300	3.25%	2004 年
2000 凭证式三期(五年)	107,752,750	3.14%	2005 年

国债种类	面值	利率	到期日
小　计	5,093,748,290		

一年内到期的国债长期投资(单位:人民币元):

国债种类	面　值	利率	到期日
98凭证式一期(三年)	302,629,000	7.11%	2001年
98凭证式二期(三年)	61,315,800	5.85%	2001年
小　计	363,944,800		

5.本行报告期主要存款类别按月度计算的年平均余额及年平均存款利率

存款类别	年平均余额(万元)	年平均利率
企业存款	3,108,206	1.99%
储蓄存款	285,654	2.54%

6.本行报告期主要贷款类别按月度计算的年平均余额及年平均贷款利率

贷款类别	年平均余额(万元)	年平均利率
短期贷款	2,017,797	5.81%
中长期贷款	231,298	5.93%

7.本行报告期末前十名客户贷款额占贷款总额的比例

报告期末本行前十名客户贷款额为201,335万元,占全部贷款额的5.77%。

8.本行报告期末重组贷款余额及其中逾期部分金额

报告期末,本行重组贷款余额为100,456万元,其中40,205万元已逾期。

9.本行报告期末不良资产余额以及本年为解决不良资产已采取和拟采取的措施

本行在报告期内加大了对不良资产的清收、化解力度,取得了显著的成效。报告期末,本行不良资产为17.70亿元(其中不良贷款为15.32亿元,不良资金拆借为2.38亿元)。为加强对不良资产的清收,本行在报告期内采取了如下主要措施:(1)总行对不良资产进行全面清查摸底,制定了管理不良资产的专项制度,由总行对符合条件的不良资产按级别进行移交,并对移交后的不良资产进行集中管理;(2)在全系统设立了风险管理部,对全行各类授信业务信用风险、授信资产质量进行统一管理和监测,形成各类授信资产整体风险控制体系;(3)在总行增设资产管理部,配备专业人员对原来形成的不良资产推行统一经营的理念,并努力清收和盘活,使本行不良资产的管理、诉前保全、依法收贷等各项工作步入正轨。

2001年,本行拟采取的措施:(1)在全行范围内开展以全面清理、调整结构、有的放矢、加强管理、控制风险为主要内容的资产质量清理整顿工作,清理各种经营资产存量,规范资产管理行为,建立风险管理信息系统,真实准确评价资产价值,对不良资产加大清收化解力度;(2)建立和制定奖罚分明、激励有效的清收考核机制,对不良资产清收化解的重点地区和重点案例进行有针对性的重点指导、督促和推动;(3)对各分行不良资产的绝对额和相对数实行双重指标管理,以求达到资产规模不断扩大的同时,不良资产的绝对额和相对数同比下降。

10.可能对财务状况与经营成果造成重大影响的表外项目的报告期末余额及其重要情况

报告期末,本行主要表外科目余额如下:银行承兑汇票6,068,313,742元、签开担保函237,667,298元、开往境外信用证825,872,258元、境外开来信用证94,577,006元、应收信用证出口款项48,785,250元、应收未收利息248,671,665元、房屋租赁的承诺671,850,000元。房屋租赁的承诺主要反映本行根据经营需要租赁的营业场所及办公楼应支付的租金,本行的租赁合约一般为5–10年。

(三)本行投资情况

1.募集资金使用情况

根据本行招股说明书,发行人民币普通股所募集资金扣除发行费用后,在充实银行资本金,增强抗风险能力的同时,主要用于拨付新设分支机构的营运资金和购建固定资产。2000年12月4日,募集资金4,088,745,000元全部到位。由于募股资金是在年末到位并且由于商业银行的特殊性,上述资金将随本行发展逐年使用,为充分利用资金,提高募股资金的使用效益,报告期内本行将其安排用于资金营运:一是置换流动性储备18.19亿元,二是拆借给外资银行12.94亿元,三是向分行调剂资金9.75亿元。均取得较好效益,并具有良好的安全性。

2.本行在报告期内未进行任何实业投资。

(四)业务经营环境及政策法规变化对本行的影响及防范风险对策

报告期内,随着国民经济的整体趋好,中国人民银行监管力度的加大,本行积极规范经营,各项业务开拓有力,实现利润情况良好,资产质量保持较好状态。

截止报告期末,本行在2000年11月21日发布的招股说明书中所披露风险因素未给本行造成明显损失。由于本行加强了风险控制管理,各类风险得到有效控制。其中资产质量明显提高,不良贷款率由年初的8.72%降至年末的4.39%。

本行始终保持对业务经营环境和市场变化的高度敏感,投入了大量的人力、物力予以研究,对可能影响本行经营的各类风险力求作到事前预警、实时监控、及时化解,对不同类别的风险提出相应的防范措施。主要表现在:

1.信贷风险之对策

根据国家经济发展战略、产业政策,本行结合目标市场定位,及时调整授信控制准则,以适应市场变化的需要。本行对企业信用评级标准进行了调整,并推出统一的个人信用评级标准,成为评价客户信用状况、优选客户的基本工具。

本行将开发优质客户作为控制信用风险的源头工作,在充分分析现有客户结构的基础上,对客户结构实行比例控制管理,争取将优质客户的授信余额占比提升到50%以上。

对票据、信用证业务实行专业化集中管理,降低技术操作风险,有效控制表外业务风险。本行推出了"票据中心"操作模式,对票据业务的风险关键点进行集中控制;"押汇中心"运作模式已基本成熟,信用证业务风险得到有效控制。

本行的保函业务均要求客户提供100%保证金,因此产生的风险极小。

本行对拆放同业和债券投资实行额度管理,对超过授权、授信范围的业务须逐笔审批。本行对以前年度拆放同业的逾期款项,已采取提取准备金、增加抵押物、转专项贷款等多种资产保全措施,力争将其损失降低到最低程度。本行报告期内新增非信贷类资产均处于正常状态。

2.流动性风险之对策

报告期末,本行资本充足率达到21.45%,抗流动性风险能力得到加强。同时本行已建立流动性风险监控管理系统,对各项流动性指标进行动态控制。报告期末,本行流动性指标为人民币51.75%,外币126.87%;备付金比率为人民币17.45%,外币8.31%;中长期贷款比例为人民币118.63%,外币26.63%。均符合人民银行的监管要求。

3.汇率风险之对策

本行对代客外汇买卖业务和结售汇平盘实行严格的授权管理,由总行和境外代理行及时平盘。目前尚无自营外汇买卖业务。汇率变动对本行外汇资金业务基本不构成经营风险。

4.市场利率风险之对策

针对利率风险,本行在业务管理和经营中严格遵守人民银行资产负债比例管理的有关规定,制定了完善的资金管理办法,监督业务风险,并利用利率调期等产品进行利率风险管理,保证资产负债利率的匹配。

2000年9月21日,中国人民银行放开中资金融机构大额外币存贷款利率后,本行适时调整了利率管理办法,对外币存、贷利率实行上、下限管理,设专人每日分析外币资产负债利率和期限匹配情况,保证外币资产负债业务成本收益的匹配性。同时,为适应利率市场化改革的需要,本行资产负债管理委员会将加强对利率变动的预测,加强对利率风险识别、表内结构调整及表外保值安排等操作技术的研究。

5.同业竞争不断加剧导致经营风险之对策

随着国内其他商业银行各项改革以及外资银行进驻中国市场步伐的加快,本行所面临的同业竞争风险将有所增加。为此,本行将继续发挥资金来源多样性、无历史包袱、不承担政策性业务的优势,不断细分市场,开拓新型业务种类和服务品种,打造品牌形象,为客户提供优质、全面、周到的服务,不断提升市场份额。

(五)新年度业务发展规划

2001年是本行上市后第一个完整经营年度,是新一轮业务增长的重要一年,也是保持今后业务发展速度和业务规模的关键一年。本行将认真贯彻国家各项方针政策、中央经济工作会议精神和中国人民银行对金融工作的指导意见,坚持合规经营,抓住机遇,在大力提高科技装备水平的同时,积极开展业务创新和产品营销,进一步强化内部管理,加大人员培训力度,保持各项业务的快速、健康发展,以良好的经营业绩和优质的金融服务回报社会和广大投资者,为国民经济的发展作出积极贡献。

(六)董事会日常工作情况

1.报告期内董事会会议情况及决议内容

(1)2000年1月10日,本行第一届董事会第十六次会议在北京召开,出席会议董事和授权出席代表15人,会议合法、有效。审议通过如下决议:关于2000年经营目标及考核办法的决议;关于2000年分支机构设置计划的决议;关于2000年固定资产部分购置计划方案的决议;关于批准武汉分行和深圳分行行长续聘的决议。

(2)2000年3月28日,本行第一届董事会第十七次会议在北京召开,出席会议董事和授权出席代表16人,会议合法、有效。审议通过如下决议:关于行长工作报告的决议;关于1999年度财务预算执行情况和决算报告的决议;关于2000年财务预算方案的决议;关于1999年度利润分配方案的决议。

(3)2000年4月29日,本行第一届董事会第十八次会议在北京召开,出席会议董事和授权出席代表15人,会议合法、有效。审议通过如下决议:关于董事会报告(草案)的决议;关于第二届董事会监事会选举办法的决议;关于第二届董事会监事会候选人提名方案的决议;关于发行A股方式议案的决议;关于由老股东承担1999年12月31日以前不良资产风险的议案的决议。

(4)2000年4月30日,本行第二届董事会第一次会议在北京召开,出席会议董事和授权出席代表15人,会议合法、有效。审议通过如下决议:选举经叔平为董事长,刘永好、张宏伟为副董事长的决议;关于聘任董文标为中国民生银行行长的决议;关于聘任洪崎为中国民生银行副行长的决议;关于聘任魏盛鸿为中国民生银行副行长的决议;关于聘任高峰为中国民生银行董事会秘书的决议;关于聘任郭义明为中国民生银行财务总监的决议;关于成立研究法人治理结构和制度建设工作小组的决议。

(5)2000年5月30日,本行第二届董事会第一次临时会议在上海召开,出席会议董事和授权出席代表15人,会议合法、有效。审议通过如下决议:关于根据中国证监会反馈意见要求修改公司章程(草案)个别条款的决议;关于根据中国证监会有关规定调整A股发行方式的决议;关于申请变更我行企业注册名称的决议;关于中国民生银行发展规划的决议。

(6)2000年12月5日,本行第二届董事会第二次会议在北京召开,出席会议董事和授权出席代表15人,会议合法、有效。审议通过如下决议:关于增设本行分支机构方案的决议;关于本行科技大集中资金投入方案的决议;关于筹备购建总行办公楼的决议;关于建立本行正式员工补充养老保险方案的决议;关于本行信息披露管理办法的决议;关于本行法人治理结构基本框架的决议;关于聘任陈崇龙为本行证券事务代表的决议。

本次会议是本行股票发行上市后的第一次董事会会议,根据上市公司信息披露有关规定,会议决议和公告已刊登在2000年12月19日《中国证券报》、《上海证券报》上。

2.董事会对股东大会决议执行情况

董事会根据2000年股东大会《关于1999年度利润分配方案的决议》和《关于由老股东承担1999年12月31日前不良资产风险的议案的决议》,报告期内本行对1999年度应由原股东分享的未分配利润159,832,408元暂不进行分配,并对该项未分配利润设立一专项准备金。若1999年末前本行贷款余额中发生实际损失超出已提取的呆帐准备金数额时,超出部分将在此专项准备金中核销;待1999年12月31日以前存在的贷款风险基本释放完毕后,再对剩余部分进行分配。

(七)公司管理层及员工情况

1.董事、监事、高级管理人员情况

(1)现任董事、监事、高级管理人员名单、持股情况

姓名	性别	年龄	职务	任　　期	年初持股数	期末持股数
经叔平	男	83	董事长	2000.4.30–2003.4.30	0	0
刘永好	男	50	副董事长	2000.4.30–2003.4.30	0	0
张宏伟	男	47	副董事长	2000.4.30–2003.4.30	0	0
刘鸿儒	男	71	董事	2000.4.30–2003.4.30	0	0
黄涤岩	男	71	董事	2000.4.30–2003.4.30	0	0
雷平一	男	89	董事	2000.4.30–2003.4.30	0	0
卢志强	男	50	董事	2000.4.30–2003.4.30	0	0
王玉贵	男	50	董事	2000.4.30–2003.4.30	0	0
董文标	男	44	董事、行长	2000.4.30–2003.4.30	0	0
陈　建	男	43	董事	2000.4.30–2003.4.30	0	0
陈章辉	男	41	董事	2000.4.30–2003.4.30	0	0
宋　勤	女	61	董事	2000.4.30–2003.4.30	0	0
冯　仑	男	42	董事	2000.4.30–2003.4.30	0	0
杨祥波	男	38	董事	2000.4.30–2003.4.30	0	0
李安民	男	57	董事	2000.4.30–2003.4.30	0	0
李晓东	男	33	董事	2000.4.30–2003.4.30	0	0
童赠银	男	67	监事长	2000.4.30–2003.4.30	0	0
李　静	男	51	副监事长	2000.4.30–2003.4.30	0	0
黄殿鹏	男	49	监事	2000.4.30–2003.4.30	0	1,000
胡平旭	男	79	监事	2000.4.30–2003.4.30	0	0
王　梁	男	59	监事	2000.4.30–2003.4.30	0	0
刘朝阳	男	44	监事	2000.4.30–2003.4.30	0	0
钱莉琴	女	47	监事	2000.4.30–2003.4.30	0	0
洪　崎	男	44	副行长	2000.4.30–2003.4.30	0	0
魏盛鸿	男	57	副行长	2000.4.30–2003.4.30	0	0
高　峰	男	58	董事会秘书	2000.4.30–2003.4.30	0	0
郭义明	男	57	财务总监	2000.4.30–2003.4.30	0	0

注:监事黄殿鹏所持股份1,000股为从股票二级市场购入。

离任董事、监事、高级管理人员姓名、离任原因:

姓　名	原职务	离任原因
陈景新	首席监事	任期届满
童赠银	董事	任期届满
蔡鲁伦	行长	任期届满
周少华	副行长	任期届满

(2)年度报酬情况

本行董事中除董文标,监事中除童赠银、刘朝阳、钱莉琴外均不在本行领取报酬。

本行董事、监事及高级管理人员年度报酬在15–20万元区间的3人,在10–15万元区间的4人,在10万元以下的1人。

2.本行员工的数量、专业构成、教育程度情况

报告期末,本行在册员工2,124人,按专业构成划分,管理人员411人、业务人员1,514人、行政人员199人;按教育程度划分,研究生210人、本专科1,675人、其他239人。报告期内,本行无退休员工。

(八)本行内部控制制度情况

本行自成立以来,建立健全了一系列内部控制制度和科学严格的业务操作规程,对机构、岗位进行合理分工,制约和监督各项业务操作;通过授权管理和规范决策与审批的程序和方法,保证决

策的科学性;及时检查各项业务的处理情况和考评工作成绩,进行奖励和处罚,从而防范和化解各种风险。内部控制制度完整、合理、有效。

(九)本次利润分配预案及预计下年度利润分配政策

1.本行第二届董事会第三次会议通过的2000年度利润分配预案

根据普华永道中天会计师事务所有限公司审计报告,本行报告期实现净利润429,166,337元,根据规定,按净利润的10%提取法定盈余公积金42,916,634元,按净利润的5%提取法定公益金21,458,317元,按每10股转增3股、派现金2.00元(含税)。资本公积金转增股本共计519,074,512股,派送现金346,049,675元。分配后,实收股本为2,249,322,888元,资本公积金余额3,233,808,394元,未分配利润余额18,741,711元结转下年。

以上利润分配预案需经股东大会审议通过,才能生效。

2.本行预计2001年度的利润分配政策

本行预计2001年度分配利润一次;2001年度实现的净利润用于股利分配的比例不低于70%,2000年度未分配利润用于2001年度股利分配的比例约为4%;2001年主要采取派发现金或送红股的形式,其中现金股息占股利分配的比例不低于20%。上述2001年度利润分配政策系预计方案,本行董事会保留根据本行实际情况进行调整的权力。

六、监事会报告

(一)监事会会议情况

1.2000年4月12日,本行第一届监事会第十一次会议在南京召开,出席会议监事7人,会议合法、有效。审议通过如下议案:监事会工作报告;中国民生银行监事会议事规则(修正草案);中国民生银行员工廉洁自律规定(修正草案)。

2.2000年4月29日,本行第二届监事会第一次会议在北京召开,出席会议的监事5人,会议合法、有效。审议通过如下议案:关于选举监事长、副监事长的决议。

3.2000年12月6日,本行第二届监事会第二次会议在北京召开,出席会议监事7人,会议合法、有效。审议通过如下决议:关于中国民生银行监事会议事规则的决议;关于中国民生银行监事行为规范的决议。

本次会议是本行股票发行上市后的第一次监事会会议,根据上市公司信息披露的有关规定,会议决议和公告已刊登在2000年12月19日的《中国证券报》、《上海证券报》上。

(二)监事会就下列事项发表的独立意见

报告期内本行共召开1次股东大会、5次董事会会议和1次董事会临时会议。监事会根据《公司法》、《公司章程》有关条款,列席了历次董事会会议,为维护股东和员工利益,对公司董事、高级管理人员履行职责的情况进行了监督。

1.本行依法运行情况

本行依法运作,决策程序符合《公司法》和《公司章程》的有关规定;本行董事、行长执行公务时,没有发现违法行为和故意损害本行利益的行为。

2.本行财务情况

本行聘任的会计师事务所出具的年度审计报告真实地反映了公司的财务状况及经营成果。

3.本行最近一次募集的资金实际投入项目与承诺项目一致。

4.本行在本年度中无发生重大收购、出售资产的行为。

5.本行关联交易公平合理,没有发现损害上市公司利益的行为。

6.本行内部控制制度完整、合理、有效。

7.会计师事务所没有出具解释性、保留意见、拒绝表示意见或否定意见的审计报告。

七、重要事项

(一)重大诉讼、仲裁事项

报告期内本行无未了结或可预见的单个标的金额超过本行净资产总额5%的重大诉讼、仲裁案件,也没有被行政处罚的案件。

本行招股说明书中所披露的本行诉香港常亮实业有限公司信用证纠纷案,现正在最高人民法院进行二审,该案系本行针对信用证受益人香港常亮实业有限公司而提起的信用证止付诉讼,涉诉金额889万美元(开证人已预付20%开证保证金)。

(二)报告期内本行、本行董事及高级管理人员无受监管部门处罚情况。

(三)报告期内本行无收购及出售资产、吸收合并事项。

(四)重大关联交易事项

本行不存在控制关系的关联方。贷款按人民银行规定的利率发放,拆放款按同业拆借市场利率拆放。所有关联方贷款、资金拆借均按相关法律规定及本行贷款条件及审核程序进行发放,并正常还本付息,对本行的利润无任何负面影响。

持有本行5%及5%以上股份股东及其全资子公司贷款余额如下(单位:人民币元):

	2000年12月31日	1999年12月31日	
关联单位名称	贷款余额	贷款余额	担保方式
中国船东互保协会	50,000,000	0	担保
中国乡镇企业投资开发有限公司	0	30,000,000	保证
厦门福信集团公司	32,000,000	32,000,000	抵押
北京万通实业股份公司	0	20,000,000	抵押
山东泛海集团公司	50,000,000	50,000,000	抵押
合　计	132,000,000	132,000,000	

(五)本报告期内本行相对于控股股东完全做到人员独立、资产完整、财务独立。

(六)本行没有托管、承包、租赁其他公司资产或其他公司托管、承包、租赁本行资产并带来10%以上年度利润的情况。

(七)报告期内聘任、解聘会计师事务所情况

报告期内无聘任、解聘会计师事务所情况,本行继续聘请普华永道国际会计公司担任本行年报审计机构,其国内成员所---普华永道中天会计师事务所有限公司担任本行按国内会计准则编制年报的审计机构。

(八)本行报告期内其他重大合同(含担保等)事项

为进行科技"大集中"项目,本行于报告期内与北京长天电子商务集成技术有限公司签订硬件供货合同,合同金额约3,847万元。

(九)本行在报告期内无更改名称或股票简称的情况。

(十)本行在报告期内发生的《证券法》第62条、《股票条例》第60条和《信息细则》第17条所列举的重大事件

1.报告期内,本行进行了董事会和监事会的换届选举,聘任董文标为行长(详见本年度报告第四部分"股东大会简介"、第五部分"董事会报告"中"(六)董事会日常工作情况")。

2.报告期内,持有本行5%以上股份的股东持有股份变化情况详见本年度报告第三部分"股本变动及股东情况"中"(二)股东情况介绍"。

3.本行发行人民币普通股后,注册资本变更为1730,248,376.00元,本行工商登记变更手续正在办理之中。

4. 原有股东承担本行不良资产承诺的执行情况详见本年度报告第五部分"董事会报告"中"(六)董事会日常工作情况"。

八、财务会计报告

附件:财务会计报告　　　普华永道中天会计师事务所有限公司

审计报告　普华永道审字(01)第677号

中国民生银行股份有限公司全体股东:

我们接受委托,审计了贵行2000年12月31日的资产负债表及2000年度的利润表、利润分配表及现金流量表。这些会计报表由贵行负责,我们的责任是对这些会计报表发表审计意见。我们的审计是根据《中国注册会计师独立审计准则》进行的。在审计过程中,我们结合贵行的实际情况,实施了包括抽查会计记录等我们认为必要的审计程序。

我们认为,上述会计报表符合中华人民共和国《企业会计准则》、《股份有限公司会计制度》及《金融企业会计制度》的有关规定,在所有重大方面公允地反映了贵行2000年12月31日的财务状况和2000年度的经营成果及现金流量情况,会计处理方法的选用遵循了一贯性原则。

普华永道中天

会计师事务所有限公司　注册会计师　周忠惠　　封和平

2001年3月15日

本业务由普华永道中天会计师事务所有限公司注册公司承接,其注册地址为

中华人民共和国上海市浦东新区沈家弄325号 邮局编码:200137

一、银行简介

中国民生银行股份有限公司(以下简称"本行")是经国务院及中国人民银行批准于1996年2月7日成立的全国性股份制商业银行。经中国证监会证监发行字[2000]146号文批准,本行于2000年11月27日发行人民币股票普通股(A股)350,000,000股,共募集资金现金人民币4,088,745,000元。上述股票于2000年12月19日在上海证券交易所上市交易。2000年12月4日,本行的注册资本变更为1,730,248,376元。截至2000年12月底,本行已在北京、上海、广州、深圳、武汉、大连、南京、杭州等地开设了8家分行级机构,并在太原及石家庄开设了2家直属支行。

本行的经营范围主要包括:吸收公众存款;发放短期、中期和长期贷款;办理国内外结算;办理票据贴现;发行金融债券;代理发行、代理兑付、承销政府债券;买卖政府债券;同业拆借;买卖、代理买卖外汇;提供信用证服务及担保;代理收付款项及代理保险业务;提供保管箱服务;经中国人民银行批准的其他金融业务。

二　会计报表编制基准

本行执行中华人民共和国财政部(以下简称"财政部")颁发的《企业会计准则》、《股份有限公司会计制度》及财政部和中国人民银行联合颁发的《金融企业会计制度》及其他相关规定。

本会计报表的编制遵照了中国证监会颁发的《公开发行证券公司信息披露编报规则第2号-商业银行财务报表附注特别规定》。

三　会计政策变更

本行于2000年度变更了贷款利息收入确认的会计政策(详见附注四16)。由于此项变更而对以前年度利润表及资产负债表的追溯调整,分别减少1999年和2000年税前利润计51,495,205元及36,371,073元。

四　主要会计政策

九、本行其他有关资料

(一)本行首次注册日期:1996年2月7日

(二)本行注册地点:北京市东城区正义路4号

(三)企业法人营业执照号码:1000001898

(四)税务登记证号码:京国税东字110101100018988

地税京字　110101100018988000

(五)本行未流通股票的托管机构名称:上海证券中央登记结算公司

(六)报告期内股票主承销机构名称:海通证券有限公司

(七)本行聘请的会计师事务所:

普华永道国际会计公司

十、备查文件目录

(一)载有法定代表人、财务负责人签名并盖章的会计报表;

(二)载有会计师事务所盖章、注册会计师签名并盖章的审计报告原件;

(三)载有本行董事长亲笔签名的年度报告正文;

(四)报告期内由本行在《中国证券报》、《上海证券报》《证券时报》公开披露的所有文件正本及公告原稿;

(五)本行公司章程。

中国民生银行股份有限公司董事会

2001年3月29日

中国民生银行股份有限公司

2000年度利润表

会商银02表

单位:人民币元

项　目	附注	2000	1999
一、营业收入		2,710,108,392	1,624,422,145
利息收入	38	1,616,408,430	906,967,685
金融机构往来收入	39	513,492,455	221,608,156
手续费收入		48,846,497	17,522,098
汇兑收益		19,833,183	16,139,606
投资收益	40	501,612,643	442,626,762
其他营业收入		9,915,184	19,557,838
二、营业支出		(2,040,810,688)	(1,294,975,295)
利息支出	38	(693,146,410)	(449,078,261)
金融机构往来支出	39	(301,496,006)	(133,305,817)
手续费支出		(27,123,113)	(5,435,959)
营业费用		(717,750,863)	(484,623,374)
汇兑损失		(843,591)	(972,646)
其他营业支出	41	(300,450,705)	(221,559,238)
三、营业税金及附加	42	(140,817,906)	(84,751,991)
四、营业利润		528,479,798	244,694,859
加:营业外收入	43	36,092,513	5,124,355
减:营业外支出	44	(5,377,637)	(4,506,629)
五、利润总额		559,194,674	245,312,585
减:所得税	45	(130,028,337)	(45,089,434)
六、净利润		429,166,337	200,223,151
一、净利润		429,166,337	200,223,151
加:年初未分配利润		(43,863,373)	117,856,228
加:盈余公积转入	36	43,863,373	-
二、可供分配的利润		429,166,337	318,079,379
减:提取法定盈余公积		(42,916,634)	(20,022,315)
提取法定公益金		(21,458,317)	(20,022,315)
三、可供股东分配的利润		364,791,386	278,034,749
减:应付普通股股利		-	(321,898,122)
四、未分配利润	37	364,791,386	(43,863,373)

后附会计报表附注为本报表的组成部分。

法定代表人:经叔平　　行长:董文标　　财务负责人:张月波

上海港集装箱股份有限公司

上海港集装箱股份有限公司2000年年度报告摘要

重要提示:本公司董事会保证本报告所载资料不存在任何虚假记载、误导性陈述或者重大遗漏,并对其内容的真实性、准确性和完整性负个别及连带责任。

一、公司简介

1、公司法定名称:
中 文:上海港集装箱股份有限公司
英 文:Shanghai Port Container Co.,Ltd
英 文缩写:SPCCO
2、公司法定代表人:陈戌源
3、公司董事会秘书:顾强生
联 系地址:上海市军工路4049号(吉发大厦15楼)
电 话:(021)56443578
传 真:(021)56441469
电 子信箱:lwg@spcco.com
4、公司注册地址:浦东新区港华路1299号
邮 政编码:200137
公 司办公地址:上海市军工路4049号
邮 政编码:200432
公 司国际互联网网址:http://www.spcco.com.cn
公 司电子信箱:oa@spcco.com
5、公司选定的信息披露报纸名称:《上海证券报》、《中国证券报》
登 载年度报告的证监会指定国际互联网网址:http://www.sse.com.cn
公 司年度报告备置地点:公司证券部
6、公司股票上市地:上海证券交易所
股 票简称:上港集箱 股 票代码:600018

二、会计数据和业务数据摘要

1、公司本年度利润实现情况 (单位:人民币元)

利润总额	1,138,651,985.07
净利润	544,025,589.48
扣除非经常性损益后的净利润	537,602,113.41
主营业务利润	1,253,000,384.89
其他业务利润	294,872.87
营业利润	1,110,214,815.86
投资收益	24,936,167.33
补贴收入	
营业外收	
支净额	3,501,001.88
经营活动产生的现金流量净额	1,193,002,906.07
现金及现金等价物增加额	640,679,035.27

注:"扣除非经常性损益后的净利润"是指从净利润中扣除公司报告期内正常经营损益之外的、一次性或偶然性损益。非经常性损益的构成涉及营业外收支净额3501001.88元;股权投资差额摊销-2922474.19元。

2、主要财务数据和指标((单位:人民币元)

项目	2000年	1999年	1998年
主营业务收入	1,825,278,175.40	1,408,719,604.46	988,715,238.93
净利润	544,025,589.48	402,994,319.17	299,123,017.97
总资产	7,044,272,592.33	3,670,168,478.63	3,168,502,598.33
股东权益(不含少数股东权益)	3,938,570,162.30	1,281,211,921.12	1,112,168,478.52
全面摊薄每股收益	0.6030	0.5822	0.4321
扣除非经常性损益后的每股收益(全面摊薄)	0.5959	0.5988	0.4397
加权平均每股收益	0.6977	0.5822	0.4321
每股净资产	4.3655	1.8509	1.6067
调整后的每股净资产	4.3099	1.8345	1.5919
每股经营活动产生的现金流量净额	1.3223	1.3198	
净资产收益率(%)(全面摊薄)	13.8128	31.4541	26.8955

3、净资产收益率和每股收益

报告期利润	净资产收益率(%)		每股收益(人民币元)	
	全面摊薄	加权平均	全面摊薄	加权平均
主营业务利润	31.8136	48.5193	1.3888	1.6070
营业利润	28.1883	42.9903	1.2306	1.4239
净利润	13.8128	21.0660	0.6030	0.6977
扣除非经常性损益后的净利润	13.6497	20.8173	0.5959	0.6895

注:2000年末总股本为90220万股;1999年末总股本为69220万股;1998年末总股本为69220万股。以上每股指标均按当期实现数除以当期总股本所得。

公 司2000年1月-6月总股本为69220万股;7月-12月总股本为90220万股。上述月份相关数据作为加权平均的计算基数。

三、股东情况介绍

1、截止报告期末本公司股东总户数为73149户。

2、报告期内前十名股东持股情况:

股东名称	持股数所(万股)	占比例(%)	备注
上海港务局	67840	75.19	发起人股
基金裕隆	1528	1.69	2001年7月11日 起上市交易
基金同盛	1421	1.58	其中1222万股 2001年7月11日起上市交易
基金安顺	1222	1.35	2001年7月11日起上市交易
基金同益	1086	1.20	其中1009万股2001年7月11日起上市交易
基金开元	979	1.09	2001年7月11日起上市交易
东方国际	979	1.09	2001年7月11日起上市交易
基金安信	917	1.02	2001年7月11日起上市交易
基金天元	917	1.02	2001年7月11日起上市交易
基金普丰	734	0.81	2001年7月11日起上市交易

公 司与上述股东间(除第一大股东外)无关联关系。

注:

(1)上海港务局年末所持67840万股全部为非流通国家股,报告期内股份无变动。

(2)代表国家持有股份的单位是上海港务局。

(3)持有本公司股份5%以上的股东,上海港务局所持股份无质押及冻结情况。

(4)本公司前十大股东中,基金裕隆、基金同盛、基金安顺、基金同益、基金开元、东方国际、基金安信、基金天元、基金普丰为本公司配售股份的战略投资者,配售股份约定持股时间为2000年7月11日至2001年7月10日。

3、持股10%以上的法人股东单位情况

单位名称	法定代表人	持有股份
上海港务局	陆海祜	67840万股

经营范围 货物装卸、储存、中转和水陆运输、货运代理业务、船舶引水、拖带、领航、船务代理及相关业务业务,近洋运输,机械、电气船舶制造修理,港口工程设计、施工、安装

4、报告期内本公司控股股东无变动。

四、股东大会简介

(一)股东大会情况

本 公司已于2000年1月10日在上海市军工路4049号吉发大厦召开2000年度股东大会。大会通过了1999年度利润分配方案:1999年度实现的利润由5家发起人股东共享,按可分配利润的95%向5家发起人股东按投资比例实施分配。以上决议已于2000年6月16日,刊登在《中国证券报》、《上海证券报》上的《招股意向书》中披露。

五、董事会报告

(一)本公司经营情况

1、本公司所处的行业和地位

公 司属于港口服务行业,主要从事国际集装箱装卸、储存、拆装箱、水、陆运输、船务代理、货运代理、信息及管理业务。

公 司所在地上海是全国最大的对外贸易口岸。2000年通过上海口岸实现的对外贸易额为1093.11亿美元,占全国的四分之一。上海港共完成集装箱吞吐量561.3万TEU,较1999年增长33.1%。在世界各大港口中的排名由1999年的第七位上升至第六位。公司2000年共完成国际集装箱吞吐量358.4万TEU。较1999年的259.5万TEU增加98.9万TEU,增幅达到38%,公司的仓储、船务代理、货运代理和水、陆运输业务在市场竞争日趋激烈的情况下也都完成了公司预期的经营目标。公司不仅巩固了华东六省一市的传统腹地,而且,乘中央西部大开发战略的东风将服务网络延伸到广大的西部内陆地区。2000年公司在中西部重要的货源集散地成都、重庆、西安等处设立了货运业务办事处。对中西部地区货主实行优质服务,使公司在与国内其他港口同行的竞争中处于有利的地位。

2、本公司业务范围及经营情况

本 公司的主营业务为港口集装箱装卸、储存、拆装箱;水、陆运输、中转、多式联运;货运代理、船务代理;信息及管理;工程技术服务;集装箱修理、清洗、租赁、制造及相关业务。

收入类型	收入金额(人民币元)	所占比例(%)
装卸收入	1,363,211,569.44	74.69
代理收入	216,733,813.32	11.87
堆存收入	43,722,698.42	2.40
运输收入	135,893,642.86	7.44
其他收入	65,716,451.36	3.60
合计	1,825,278,175.40	100

2000年,公司完成集装箱吞吐量358.4万TEU,比去年同期增长38%,比年度计划265万TEU增加93.4万TEU,增幅35%;代理船舶净吨3568万吨,比去年同期3044万吨增长17.2%;国际集装箱代理量完成148.7万TEU,比上年增长25.3%;船舶代理艘次完成2699艘,比上年下降3.8%;货运分公司完成进出箱量19.2万TEU,比上年同期17万TEU增长13%,实现主营收入18.25亿元,同比增长29.57%;实现净利润5.44亿元,同比增长35%。

3、公司主要全资附属企业及控股子公司的经营情况及业绩((单位:人民币万元)

公司名称	总资产	主营业务收入	净利润	所有者权益	权益比重
外高桥码头分公司	187,335	13,557	4,246	179,532	100%
安达分公司	6,622	8,311	3,439	6,549	100%
上海集装箱码头有限公司	344,704	131,149	82,058	234,812	50%
上海联合国际船舶代理有限公司	37,197	17,841	12,504	5,619	50%
上海海华轮船有限公司	30,374	20,892	645	143,378	65%

4、经营中出现的问题与困难及解决方案

(1)中国加入WTO后对公司部分业务将形成冲击。

2001年中国必将完成加入WTO的最后谈判,并成为WTO成员。对我公司而言,作为主要支柱的国际集装箱装卸业务,将面临又一次高速发展的机遇。但也不可否认将对部分业务形成冲击,如货运代理、船务代理业务。由于这些行业将向国外同行开放,会使市场竞争更加激烈。为此,我们加强了员工素质培训,进一步提高服务质量,努力巩固现有的市场,积极拓展新的服务领域,努力化解入世的冲击。

(2)集装箱吞吐量快速增长和公司生产能力相对不足的矛盾。

公 司是上海港国际集装箱装卸业务的主要承担者,本次发行股票募集资金收购的外高桥(二期)码头,为公司增加了近期60万TEU,远期80万TEU的生产能力。公司2000年完成吞吐量为358.4万TEU,比1999年净增98.9万TEU。其中除外高桥(二期)码头完成63万TEU外,其余35.9万TEU的增量是靠原码头挖潜力所得,外高桥(二期)码头投产当年即已达到设计大纲所规定的近期生产能力。因此,为满足"十五"期间国民经济发展对港口集装箱装卸能力不断提高的需要,公司必将寻求新的码头建设项目,使码头生产能力保持适度的增加。

宝 山 钢 铁 股 份 有 限 公 司

宝山钢铁股份有限公司 2000 年年度报告摘要

本公司董事会保证本报告所载资料不存在任何虚假记载、误导性陈述或者重大遗漏，并对其内容的真实性、准确性和完整性负个别及连带责任。

一、公司简介

中文名称：宝山钢铁股份有限公司　英文名称：Baoshan Iron&Steel Co., Ltd.

法定代表人：谢企华

董事会秘书：周竹平　联系地址：上海市宝山区富锦路果园　联系电话：26647000

传真：26646999　电子信箱：ir@ baosteel.com

注册地址：上海市宝山区富锦路果园

办公地址：上海市宝山区富锦路果园　邮政编码：201900

国际互联网址：http://www.baosteel.com

信息披露报纸：《中国证券报》、《上海证券报》、《证券时报》

刊载年报的指定国际互联网址：http://www.sse.com.cn

公司年报备置地点：上海市宝山区富锦路果园宝钢股份董秘室

公司股票上市交易所：上海证券交易所　股票名称：宝钢股份　股票代码：600019

二、会计数据和业务数据摘要

1.公司本年度主要会计数据(单位：人民币元)

项目	金额
利润总额	4,378,138,887.87
净利润	2,992,103,910.00
扣除非经常性损益后的净利润(注)	3,003,785,630.75
主营业务利润	6,734,364,396.43
其他业务利润	18,684,657.03
营业利润	4,396,517,762.13
投资收益	−2,028,041.00
补贴收入	10,515,000.00
营业外收支净额	−26,865,833.26
经营活动产生的现金流量净额	8,995,328,806.01
现金及现金等价物净增加额	4,025,929,255.09

注：扣除的非经常性损益共−11,681,720.75 元，包括：

(1)营业外收入 2,858,555.80 元；

(2)营业外支出 29,724,389.06 元；

(3)补贴收入 10,515,000.00 元，为收到的列入上海新产品试制鉴定计划(试制分册)》的产品所享受的 25%增值税返还；

(4)2000 年新成立的被投资企业东方钢铁电子商务公司发生亏损，本公司应占亏损 2,028,041.00 元。

(5)2000 年 11 月发行股票时发生的新股申购冻结资金利息 6,697,153.51 元。

2.公司近三年的主要会计数据和财务指标(单位：人民币元)

会计数据和财务指标名称	2000 年	1999 年
主营业务收入	30,940,534,474.40	28,324,650,206.42
净利润	2,992,103,910.00	2,274,926,309.41
总资产	38,966,704,071.31	35,900,699,408.15
股东权益(不含少数股东权益)	25,281,537,075.58	14,301,284,606.36
每股收益	0.24	0.21
按月加权平均后的每股收益	0.30	0.21
扣除非正常损益后的每股收益	0.24	0.22
每股净资产	2.02	1.34
调整后的每股净资产	2.02	
每股经营活动产生的现金流量净额	0.72	

报告期利润	净资产收益率		每股收益	
	全面摊薄	加权平均	全面摊薄	加权平均
主营业务利润	26.64%	38.44%	0.54	0.68
营业利润	17.26%	24.90%	0.35	0.44
净利润	11.84%	17.08%	0.24	0.30
扣除非经营性损益后的净利润	11.88%	17.14%	0.24	0.30

3.报告期内股东权益变动情况(单位：人民币元)

项目	期初数	本期增加	本期减少	期末数
净资产	14,301,284,606.36		014,301,284,606.36	0
股本	0	12,512,000,000.00	0	12,512,000,000.00
资本公积	0	11,552,451,285.73	0	11,552,451,285.73
盈余公积	0	608,542,894.93	0	608,542,894.93
法定公益金	0	293,923,768.79	0	293,923,768.79
未分配利润	0	314,619,126.13	0	314,619,126.13
合计	14,301,284,606.36	25,281,537,075.58	14,301,284,606.36	25,281,537,075.58

变动原因：(1)股本　2000 年 2 月公司成立时，折股 10,635,000,000.00 元；2000 年 11 月增发新股，增加股本 1,877,000,000.00 元。

(2)资本公积　包括国家股溢价 5,726,556,609.73 元；流通股溢价 5,825,894,676.00 元

(3) 盈余公积　2000 年度利润分配，增加 608,542,894.93 元。其中法定盈余公积 293,923,768.79 元，任意盈余公积 314,619,126.14 元。

(4)法定公益金　2000 年度利润分配，增加 293,923,768.79 元。

(5)未分配利润　2000 年度增加 314,619,126.13 元，为利润分配剩余。

(6)净资产　2000 年度减少 14,301,284,606.36 元。原因是 2000 年初公司尚未成立，该数字为假设公司当时已成立的模拟权益数。在公司成立后，该数字转到股本和资本公积科目。

三、股本变动和股东情况

1.股本变动情况　(1)股份变动情况表(数量单位:股)

	本次变动前	本次变动(发行)	本次变动后
一、未上市流通股份			
1.发起人股份			
其中：国家持有股份	10,635,000,000		10,635,000,000
5.法人配售股份		1,427,000,000	1,427,000,000
未上市流通股份合计	10,635,000,000	1,427,000,000	12,062,000,000
二、已上市流通股份			
1.人民币普通股		450,000,000	450,000,000
已上市流通股份合计		450,000,000	450,000,000
三、股份总数	10,635,000,000	1,877,000,000	12,512,000,000

(2)股票发行及上市情况

经中国证券监督管理委员会证监发行字[2000]140 号文核准，公司于 2000 年 11 月 6 日−11 月 24 日成功发行了每股面值 1.00 元的人民币普通股 187,700 万股，本次发行采用网下配售和上网定价发行相结合的方式。其中向一般投资者上网定价发行 45,000 万股，法人投资者配售 142,700 万股，共有包括 10 家战略投资者在内的 461 家法人投资者获得配售(其中战略投资者配售 44,700 万股，基金配售 49,425.6213 万股，一般法人配售 48,574.3787 万股)，每股发行价人民币 4.18 元，发行市盈率 18.66 倍(全面摊薄)，募集资金净额 7,702,894,676 元(已扣除发行费用)。

本次发行前股本结构为：

股份类别	股东名称	所持股数	所占比例
国家股	上海宝钢集团公司	1,063,500 万股	100%

本次发行后的股权结构为：

股份类别	股东名称	持股数	所占比例
国家股(暂不流通)	上海宝钢集团公司	1,063,500 万股	85%
社会公众股(流通股)	社会公众	187,700 万股	15%
总股本		1,251,200 万股	100%

经上海证券交易所上证上[2000]第 101 号《上市确认书》同意，本公司 45,000 万股人民币普通股于 2000 年 12 月 12 日起在上海证券交易所挂牌交易。向战略投资者配售的 44,700 万股将于股权登记之日起六个月后上市流通，向一般法人投资者配售的 98,000 万股，分两部分将分别于股权登记之日起三个月后和四个月后上市流通。(股权登记日为 2000 年 11 月 29 日)

2.股东情况介绍

报告期末股东总数为 241,185 户

公司前 10 名股东持股情况

股东名称	持股数量(股)	持股比例
1.上海宝钢集团公司(国家股)	0,635,000,000	85.00%
2.中煤公司	60,000,000	0.48%
3.同盛基金	52,581,680	0.42%
4.同益基金	52,581,680	0.42%
5.石油集团	50,000,000	0.40%
6.四川长虹	50,000,000	0.40%
7.钢研院	50,000,000	0.40%
8.久事公司	50,000,000	0.40%
9.首钢公司	50,000,000	0.40%
10.兵工物资	50,000,000	0.40%

公司前十名股东中，同盛基金和同益基金同属长盛基金管理有限公司的下属基金，其他股东之间未知有关联关系。上海宝钢集团公司所持股份为国家股，暂不流通；中煤公司、石油集团、四川长虹、钢研院、久事公司、首钢公司、兵工物资均为战略投资者，所配售的股份于股权登记之日起六个月后上市流通；同盛基金、同益基金为一般法人投资者，所配售的股份于股权登记之日起三个月后上市流通。

上海宝钢集团公司是宝山钢铁股份有限公司的母公司，主要经营国务院授权范围内的国有资产，并开展有关投资业务；钢铁、冶金矿产、煤炭、化工、电力、码头、仓储、运输与钢铁相关的业务以及技术开发、技术转让、技术服务和技术管理咨询业务，外经贸部批准的进出口业务，国内外贸易(除专项规定)及其服务。法定代表人：谢企华，注册号：3100001000454。

四、股东大会简介

(一)2000 年 1 月 29 日，公司在上海召开创立大会，会议审议并通过了下述决议：

(1)设立宝山钢铁股份有限公司；

(2)通过了中介机构的评估报告，同意以评估报告所列资产和负债由发起人转给公司以抵作发起人认缴的股款 1,636,155.66 万元人民币，并向发起人发行 106.35 亿股的普通股，每股面值人民币壹元；

(3)通过公司章程；(4)选举公司董事和监事；(5)通过发起人的筹组工作报告；

(6)通过安永华明会计师事务所关于设立费用的审核报告。

(二)2000 年 2 月 3 日，公司在上海召开临时股东大会，会议审议并通过了下述决议：

(1)豁免董事会给予股东提前三十天通知的要求；

(2)批准重组报告并授权董事会处理有关事宜；

(3)同意公司发行境外上市外资股并在香港联交所及纽约证券交易所上市并交易；

(4)授予董事会全权实施 H 股发行；

(5)通过修改后的公司章程；

(三)2000 年 8 月 21 日，公司在上海召开临时股东大会，会议审议并通过了下述决议：

(1)豁免董事会给予股东提前四十五天通知的要求；

(2)同意周小川、苗广华辞去独立非执行董事职务，选举刘怀镜为独立非执行董事；

(3)同意马国强辞去监事职务；

(4)批准公司董事及监事报酬方案，并授权公司董事会就该等方案作进一步修改(如有必要并适当)；

(5)批准执行董事服务合同草稿，非执行董事聘任书草稿，独立非执行董事聘任书草稿，监事服务合同草稿，董事、监事、高级管理人员的承诺合同草稿，并授权公司董事会修改(如有必要并适当)、签署并递交该等合同和聘任书；

(6)聘任安永华明会计师事务所为公司 2000 年度的独立会计师；

(7)批准公司 2000 年财务预算；

(四)2000 年 8 月 30 日，公司在上海召开临时股东大会，会议审议并通过了下述决议：

(1)豁免董事会给予股东提前四十五天通知的要求；

(2)同意公司转为社会募集股份有限公司，向境内公众发行 18.77 亿股 A 股并将该等股份在上海证券交易所上市交易；

(3)授予公司董事会全权实施 A 股发行；

(4)批准公司 A 股发行募集资金运用可行性研究报告；

(5)批准公司与集团公司就公司收购集团公司"热镀锌及电镀锌生产线"相关资产而与集团公司签署的《资产收购意向书》；

(6)通过修改后的公司章程；

(7)批准公司A股发行前的留存利润分配方案；
(8)批准公司加入钢铁交易网站。
(五)2000年9月11日，公司在上海召开临时股东大会，会议审议并通过了下述决议：
(1)豁免董事会给予股东提前四十五天通知的要求；
(2)批准公司修订A股发行前的留存利润分配方案。
(六)2000年9月15日，公司在上海召开临时股东大会，会议审议并通过了下述决议：
(1)豁免董事会给予股东提前四十五天通知的要求；
(2)同意公司发起人将其持有的公司股份1.877亿股在公司该次A股发行时一同向公众出售；
(3)通过对公司章程的进一步修改。
(七)2000年11月17日，公司在上海召开临时股东大会，会议审议并通过了下述决议：
(1)豁免董事会给予股东提前四十五天通知的要求；
(2)鉴于公司向境内公众发行18.77亿股A股，同意公司注册资本由人民币壹佰零陆亿叁仟伍佰万元增至人民币壹佰贰拾伍亿壹仟贰佰万元；
(3)同意公司经营范围增加：汽车修理和外经贸部门批准的进出口业务；
(4)同意根据上述内容相应修改公司章程。
(八)2000年11月20日，公司在上海召开临时股东大会，会议审议并通过了下述决议：
(1)豁免董事会给予股东提前四十五天通知的要求；
(2)选举王成然为公司监事。

五、董事会报告

(一)公司经营情况

1.公司所处的行业以及公司在本行业中的地位

公司所处钢铁行业是传统基础产业，随着我国经济的高速增长，我国钢铁行业将不断发展壮大。

公司是国内最大的综合性钢铁生产企业之一，2000年钢产量711万吨。

公司拥有先进的生产技术和设备，是国内最现代化的综合性钢铁公司。是全球生产同类产品的低成本钢铁生产企业之一。

近年来，我国经济持续高速增长，导致对汽车用钢、家电用钢、集装箱用钢、压力容器用钢、石油和天然气开采和输送管道用钢等高档钢材的需求日益强劲。在同期国内高档钢材生产能力不足的情况下，每年依靠进口满足需求。本公司作为国内在生产高档钢材产品方面具有领先地位的生产商，主要的竞争来自国外钢铁公司。与国外竞争者相比，本公司具有劳动力成本低、运输成本低、交货时间短等长期竞争优势。

2.公司主营业务的范围及其经营状况

公司生产和销售多种规格的高档钢材和钢坯，主要产品包括冷轧板卷、热轧板卷、无缝钢管、高速线材及钢坯。公司致力于生产高档钢材，实行替代进口战略，以更好地满足国内市场对高档钢材的需求。在国内冷轧板卷、热轧板卷、无缝钢管等产品的制造和销售方面处于领先地位。

2000年，公司产铁1029万吨、钢711万吨、商品坯材销售量735万吨，整体经营状况良好，主营业务收入为309.41亿元，公司主要产品销售收入占主营业务收入的比例为67.12%，其中：冷轧板卷82.29亿元、热轧板卷62.47亿元、无缝钢管24.09亿元、线材12.79亿元、钢坯26.05亿元；其他收入主要来自于下列产品的销售：铁水、电力、钢铁生产过程中的副产品和工业气体。

公司产品主要在国内市场销售，2000年，公司主要钢铁产品的内销比例为84.9%，其余产品销往日本、韩国、东南亚国家、美国和欧洲等地区。保持一定的出口比例是公司的整体战略之一，这有助于公司掌握世界钢铁产品市场的变化趋势以便设计未来发展的计划，避免汇率变化的风险和促进客户结构的多元化。

3.在经营中出现的问题与困难及解决方案

公司虽然在国内高档钢材居于领先地位，但目前仍有一定数量的优质钢坯因轧材能力不足而无法形成优质钢材，对公司的盈利能力有一定的影响，需要大力提高高附加值产品和深加工的比重。

针对这个问题，公司加大对高附加值钢坯的生产和销售，2000年公司生产车轴用钢、塑模钢等产品均大幅增加。同时，公司将致力调整公司品种结构，促进产品升级，并提高产品附加值。

(二)公司财务状况(单位：亿元)

项目	2000年度	1999年度	增减额	增减率
总资产	389.67	359.01	30.66	8.5%
负债总额	136.85	215.99	-79.14	-36.6%
股东权益	252.82	143.01	109.81	76.8%
主营业务利润	67.34	57.12	10.22	18.0%
净利润	29.92	22.75	7.17	31.5%

报告期内，公司财务状况良好。

总资产增加30.66亿元的主要原因是：由于发行股票等使得股东权益增加109.81亿元，而归还借款等使得负债减少79.14亿元。

负债总额减少主要是公司为改善财务结构，利用自有资金和募股资金归还了90.50亿元银行借款。

股东权益增加主要是由于发行股票增加权益77.03亿，净利润扣减分配给股东的股利增加权益12.17亿元。

主营业务利润和净利润比上年增加的主要原因是2000年钢材产品价格上扬，且产品销售量比上年增加。

(三)公司投资情况

1.长期投资情况

报告期内，公司对外投资2000万元，与多家国内钢铁企业共同组建东方钢铁电子商务有限公司，权益比例为25%。该公司已于2000年10月15日建立了一个基于互联网络的电子商务平台(东方钢铁在线)，以B2B电子商务为基础，为国内钢铁行业提供钢材及相关产品、原材料、备件的电子商务及信息咨询和客户技术支持。

2.募集资金使用情况

公司募集资金净额(扣除发行费用)为770,289万元，按照招股说明书承诺的投资项目进行使用，剩余部分用于偿还部分短期债务和补充流动资金。2000年，募集资金投资项目15,174万元，偿还银行贷款310,000万元，暂时闲置资金用于银行存款。

收购并投资热镀锌及电镀锌生产线项目

本项目总投资额253,167万元，计划使用募集资金投资额253,167万元。招股说明书承诺于2000年收购但由于公司在2000年11月底完成发行，因此收购时间推迟至2001年上半年。目前已聘请了中介机构进行项目评估，评估完成后将一次性收购。

汽车用板生产设备系统改造项目

本项目计划总投资101,336万元，其中计划使用募集资金投资100,344万元，2000年实际使用募集资金投资2,177万元。

该项目由十多个子项目构成，截止2000年末，2030冷轧CM05-4#线改造竣工验收完成，2030冷轧CAPL机组改造第一阶段完成，2#高炉增设脱硅装置正在施工。

增建热轧酸洗板产品及其精整配套工程项目

本项目计划总投资46,000万元，其中计划使用募集资金投资41,774万元，2000年实际使用募集资金投资12,847万元。目前该项目厂房钢结构安装完，进行设备基础施工。

一炼钢增建2号RH真空脱气装置项目

本项目计划使用募集资金投资20,721万元，截止2000年末，实际已完成投资19,229万元，该项目已建成投产，提升了钢水的质量，为优化产品结构、提高产品实物质量，提高公司产品的市场竞争力创造了条件，2000年实现效益3769万元。

3.非募集资金投资情况

2000年技改工作围绕"提高产品质量、优化产品结构、创建精品基地"这个中心，完成更新改造投资8.97亿元。其中建成投运的重点实施项目有炼钢三电系统改造、热轧3号卷取机改造、增产高压锅炉管技术改造、2030冷轧CM09彩涂机组烘烤炉改造、设备维修综合管理信息系统等。

(四)生产经营环境及宏观政策、法规变化对本公司的影响

1.钢铁行业与宏观经济环境密切相关，如果2001年世界经济及国内经济条件发生大的变化，公司的经营将相应受到影响。

2.中国即将加入WTO，对公司而言机遇大于挑战

加入WTO，有利于创造公司运营所需的规范、透明的宏观环境，有利于公司更多地参与国际竞争。加入WTO后对我国汽车、家电等公司下游行业发展将起到有力的推动作用，由此可以扩大高等级钢的市场容量，扩展公司的发展空间。

同时，加入WTO也使公司产品面临更大的竞争压力，市场将会对质量、交货期、服务等方面提出更高要求。公司将从进一步加大市场营销力度，提高对用户服务的技术含量，缩短交货周期，加快响应速度等方面积极应对，提高竞争能力。

(五)新年度的业务发展计划

在认真研究公司面临的生产经营环境和自身条件的基础上，公司提出了2001年的经营总方针"实施再造，提升核心竞争力；快速响应，追求价值最大化"，并将"提高用户服务技术含量，重点产品交货周期缩短1/4，力争资产进一步重组"等作为公司当年的工作重点和目标。

1.进一步完善和优化公司法人治理机构，规范企业运作机制，加强透明度，树立良好的市场形象。

2.完成公司六年规划和企业资源计划的编制，实施过程再造，优化业务流程，提高经营效率。

(六)董事会日常工作情况

1.报告期内董事会会议情况和决议内容

(1)2000年2月2日，公司召开一届董事会一次会议，形成如下决议：

选举谢企华为第一届董事会董事长，艾宝俊、欧阳英鹏为第一届董事会副董事长，任期三年；

聘任艾宝俊为总经理，李海平为副总经理，周竹平为董事会秘书，任期三年。

(2)2000年2月19日，公司召开一届董事会二次会议，形成如下决议：

同意公司香港联交所聆讯前准备工作和下阶段工作计划，并授权董事长全权处置境外上市准备工作中的各类事务；

原则批准公司管理机构设置方案；

同意2000年财务预算；

责成董事长提出中高层管理干部的激励机制方案，报董事会批准。

(3)2000年5月4日，公司召开一届董事会临时会议，形成以下决议：

聘请赵周礼为副总经理；

聘请马国强为财务总监。

(4)2000年8月28日至8月29日，公司召开一届董事会三次会议，形成如下决议：

通过关于增资发行A股有关问题的决议；

批准关联交易价格管理办法；

批准高级管理人员和职工薪酬激励机制方案；

同意公司加入钢铁交易网站的提议；

批准关于董事及行政长官责任保险方案的提议；

批准董事、监事服务合约及董事、监事、高级管理人员的承诺。

(5)2000年9月15日，公司召开一届董事会临时会议，形成如下决议：

批准公司与上海宝钢集团公司于2000年9月8日订立的《关于重组税项的补充协议》；

同意公司发起人将其所持有的公司股份1.877亿股在公司境内上市内资股首次发行时一同向公众出售；

同意并确认本次A股发行的招股说明书及验证笔录的修改或补充；

确认已知悉公司于2000年9月11日召开的临时股东大会关于本次A股发行前留存利润分配方案的决议，并接受该决议；

同意对公司章程的修改。

(6)2000年11月17日，公司召开一届董事会临时会议，形成如下决议：

鉴于公司向境内公众发行18.77亿股A股，同意公司注册资本由人民币壹佰零陆亿叁仟伍佰万元增至人民币壹佰贰拾伍亿壹仟贰佰万元；

同意公司经营范围增加：汽车修理和外经贸部门批准的进出口业务；

同意根据上述内容修改公司章程。

(7)2000年12月15日，公司召开一届董事会临时会议，形成如下决议：同意增任高尚全为公司独立董事，其任期至公司下次股东年会时间为止。

(8)2000年12月27日，公司召开一届董事会临时会议，形成如下决议：决定公司于2001年2月28日召开2001年第一次临时股东大会，审议增选高尚全为公司独立董事的议案。

2.董事会对股东大会决议的执行情况

根据2000年2月3日召开的临时股东大会的有关决议，公司董事会组织实施H股发行工作，于2000年2月24日顺利通过香港联交所上市聆讯。公司董事会还修改了公司章程等内容。

根据2000年8月21日召开的临时股东大会的有关决议，公司董事会组织实施董事、监事、高管人员合同的签署事宜等。

根据2000年8月30日召开的临时股东大会的有关决议，公司董事会组织实施了A股发行工作，于2000年11月24日完成18.77亿人民币普通股的发行工作。公司董事会还实施了修改公司章程、A股发行前的留存利润分配、加入钢铁交易网站等内容。

(七)公司管理层及员工情况

1.董事、监事、高级管理人员情况

姓名	性别	年龄	职务	任期起止日期
谢企华	女	57	董事长	2000.02-2003.02
艾宝俊	男	40	副董事长、总经理	2000.02-2003.02
欧阳英鹏	男	50	副董事长	2000.02-2003.02
李海平	男	50	董事	2000.02-2003.02
徐乐江	男	41	董事	2000.02-2003.02
何文波	男	45	董事	2000.02-2003.02
葛红林	男	44	董事	2000.02-2003.02
朱义明	男	43	董事	2000.02-2003.02
单伟建	男	47	董事	2000.02-2003.02
刘怀镜	男	34	董事	2000.08-2003.02
赵如月	男	57	监事会主席	2000.02-2003.02
张志良	男	49	监事	2000.02-2003.02
陈德林	男	45	监事	2000.02-2003.02
孙海鸣	男	44	监事	2000.02-2003.02
吉晓辉	男	45	监事	2000.02-2003.02
陈守群	男	50	监事	2000.03-2003.02
单旭沂	男	36	监事	2000.09-2003.02
贾砚林	男	38	监事	2000.09-2003.02
王成然	男	41	监事	2000.11-2003.02
赵周礼	男	44	副总经理	2000.05-2003.02
马国强	男	37	财务总监	2000.05-2003.02
周竹平	男	37	董事会秘书	2000.02-2003.02

(1)董事、监事、高级管理人员本年度报酬总额为 380 万元,其中年度报酬数额在35万元至40万元有4人,在20万元至30万元有9人。

(2)谢企华、徐乐江、何文波、葛红林、赵如月、张志良、陈德林、王成然、马国强未在公司领取报酬。

(3)报告期内,经创立大会选举产生了公司第一届董事会和监事会。经股东大会审议通过,同意周小川、苗广华因工作调动辞去公司董事职务,并增补刘怀镜为公司董事。同意马国强辞去公司监事,增补王成然为公司监事。报告期内,首届职工代表大会于2000年3月16日召开一次会议,选举陈守群为公司职工监事,于2000年9月28日召开临时会议,选举单旭沂、贾砚林为公司职工监事。

(4)以上各位董事、监事、高级管理人员均未持有公司股份。

2.公司员工情况　公司员工总数为14,255人,其中生产人员9,660人、技术人员2,349 人、管理人员1,681 人、营销人员366人、财务人员 199人。具有大专以上学历 3,454人。

(八)本次利润分配预案　根据2000年9月11日本公司临时股东大会批准的A股发行前的留存利润分配方案,公司自成立日起至2000年6月30日止的税后利润在提取了法定公积金和法定公益金后全部分配给集团公司,2000年7月1日起的利润由新、老股东共享。本公司2000年7~12月公司实现净利润1,568,547,815.35元,按照10%的比例提取法定公积金 156,854,781.54 元,按照10%的比例提取法定公益金156,854,781.54元,提取任意盈余公积金314,619,126.14元,可供股东分配的利润为940,219,126.13元。本次年终分配拟每10股派现金股利人民币0.5元(含税),计625,600,000.00元,剩余利润314,619,126.13元作为未分配利润留存。

公司对2001年度利润分配方案作出如下计划:拟在2001年结束后分配一次;2001 年度实现的净利润的分配顺序和比例拟参照 2000 年下半年利润分配预案执行;分配的形式为派发现金。上述利润分配方案为预计方案,在实施时需由董事会提出预案并提交股东大会审议通过才能实施,董事会保留根据公司实际情况对其作出调整的权利。

(九)《中国证券报》、《上海证券报》、《证券时报》为本公司信息披露指定报刊,报告期内未作变更。

六、监事会报告

(一)监事会工作情况

1.公司监事会在报告期内,严格按照《中华人民共和国公司法》和《公司章程》所赋予的职责,重点围绕公司股东大会通过的决议,从公司依法运作;董事及其他高级管理人员履行职责;募集资金及其使用;公司财务状况;关联交易等方面行使监督职能。

2.监事会会议情况

2000年公司监事会共召开二次会议。

(1)2000 年 2 月 2 日召开了第一届一次会议,会议选举赵如月先生为宝山钢铁股份有限公司首届监事会主席。

(2)2000年12月8日召开了第一届二次会议,会议审议通过了《宝山钢铁股份有限公司监事会工作暂行规定》,报股东大会审批。

3.全体监事列席了第一届一、二、三次董事会会议。

(二)对公司二OOO年度的工作,监事会发表如下独立意见:

1.公司能严格执行国家法律、法规,按上市公司的规范程序运作。公司董事及其他高级管理人员能尽职尽责,按股东大会和董事会的决议认真执行,并取得了良好业绩,未发现上述人员在执行公司职务时有违反法律、法规和《公司章程》或损害公司利益的行为。

公司决策程序合法,建立了较完善的内部控制制度。

2.公司 2000 年年度会计报表经安永华明会计事务所审计,并出具了无保留意见的审计报告,该审计报告真实、客观、完整、准确。

3.报告期内公司实现利润总额人民币 43.8 亿元。高于《招股说明书》中利润预测数3.73%。

4.公司首次募集的资金与《招股说明书》承诺投向一致,未发现股东占用募集资金现象。未投的资金已存入银行。

5.监事会对公司 2000 年度中有关的关联交易进行了检查,公司能按一届三次董事会通过的《宝山钢铁股份有限公司关联交易价格管理办法》执行,未发现有损害公司利益的情况。

七、重要事项

1.重大诉讼、仲裁事项

2000年度无重大诉讼、仲裁事项。

2.报告期内没有发生公司、公司董事及高级管理人员受监管部门处罚的情况。

3.报告期内公司无下述情况:

(1)控股股东变更;

(2)公司董事会换届、改选或半数以上成员变动;

(3)公司总经理变更;

(4)公司解聘、更换董事会秘书。

4.报告期内公司收购及出售资产、吸收合并事项的简要情况

本年公司无重大收购及出售资产情况,无吸收合并事项。

5.重大关联交易事项

本公司的关联交易本着公平、互惠和透明的原则进行。本公司的主要关联方为集团公司及其下属企业。

(1)购销商品、提供劳务发生的关联交易

该关联交易的定价按照《关联交易价格管理制度》的规定执行,关联交易价格的制订原则有三种,即市场价、成本加成价、协议价。关联交易价格的制定主要依据市场价;如果没有市场价,按照成本加成定价,加成比例为成本的 5.5%;如果没有市场价,也不适合采用成本加成定价的,按照协议定价。本公司在收购委托上海宝钢集团公司("集团公司")管理的资产后,绝大部分的关联交易将不存在。

2000年,本公司上述关联交易按照《招股说明书》中披露的相关协议执行。本年度无重大变更。

(2)公司与关联方存在的债权债务,形成原因为执行购销关联交易而产生的经营性应收应付款项。根据国家外汇管理规定,公司的长期外汇借款系由宝钢集团财务有限责任公司提供担保。

6.本公司与控股股东在人员、资产、财务上的"三分开"情况

在人员方面,公司的劳动、人事及工资管理完全独立。本公司总经理艾宝俊和副总经理李海平在集团公司兼职。集团公司已向上级有关部门递交免去艾宝俊和李海平在集团公司担任职务的报告,此项调整完成后,本公司无高级管理人员在集团公司任职。

在资产完整方面,公司拥有包括原料工程、烧结、炼铁、炼钢和轧钢等工序在内的完整工艺流程,以及完整的科研、生产、采购和销售体系。本公司已与集团公司签订了《专利转让协议》和《商标转让协议》,相关的转让手续正在办理之中。

在财务独立方面,公司设立了独立的财会部门,建立了独立的会计核算体系和财务管理制度,独立在银行开户。

7.托管、承包情况

本年公司没有发生占当年利润 10%以上(含 10%)的托管、承包、租赁其他公司资产或其他公司托管、承包、租赁上市公司资产的事项。

8.聘解会计师事务所情况

公司本年度聘请的会计师事务所未经变更,仍为安永华明会计师事务所。

9.重大合同及担保

(1)《重组及投资协议》2000 年 2 月 11 日与集团公司签定。根据本协议,集团公司将其所有的宝钢一期、二期工程的大部分以及三期工程的一部分,和其他相关资产、一定金额的债务转移给股份公司,而集团公司同时拥有股份公司 10,635,000,000 股普通股股份,成为股份公司独家发起人。

(2)《委托管理及购买权协议》2000 年 2 月 3 日与集团公司签定。根据本协议,股份公司将受托管理保留在集团公司的生产性资产。股份公司根据有关协议向集团公司收取固定的基本管理费,当委托资产盈利时,股份公司可另收取相当于委托资产经营毛利的 1%的浮动管理费。同时,集团公司授予股份公司不可撤回的购买选择权,即股份公司有权在认为合适的任何时间购买全部或部分委托资产。

(3)《生产协作及能源供应协议》2000 年 2 月 3 日与集团公司及其下属有关子公司签定。根据本协议,集团公司下属两家子公司上海宝钢设备检修公司、上海宝钢技术工程公司向股份公司提供设备检验、维修、维护方面的服务;集团公司下属子公司上海宝钢实业有限公司向股份公司提供废钢加工服务;集团公司下属子公司上海宝钢设备检测公司向股份公司提供精密度测试服务;股份公司向集团公司提供科研、质量控制、技术设备支持和维护服务,;集团公司向股份公司提供员工培训服务;股份公司为集团公司及其下属子公司供应少量的物资;集团公司向股份公司供应备件。

(4)《专利许可协议》2000 年 2 月 3 日与集团公司签定。根据本协议,集团公司无偿授予股份公司使用该协议列明的专利,该协议在股份公司根据下述《专利转让协议》受让集团公司拥有的专利后将失效。

(5)《专利转让协议》及《专利使用许可协议》 2000 年 8 月 30 日与集团公司签定。根据本协议,集团公司将无偿转让给股份公司该协议列明的专利。现正在办理转让的有关手续。在《专利转让协议》中,股份公司承诺在受让集团公司的专利后,将与集团公司签署《专利使用许可协议》,将受让的专利无偿许可给集团公司使用。

(6)《商标使用权许可协议》2000 年 2 月 3 日与集团公司签定。根据本协议,集团公司无偿授予股份公司使用该协议列明的商标,该协议在股份公司根据下述《商标转让协议》受让集团公司拥有的商标后将失效。

(7)《商标转让协议》及《商标使用许可协议》 2000 年 8 月 30 日与集团公司签定。根据本协议,集团公司将在"宝钢"的驰名商标申请获得批准后,无偿转让给股份公司该协议列明的商标。现集团公司正在办理"宝钢"的驰名商标的申报工作。在《商标转让协议》中,股份公司承诺在受让集团公司的商标后,将与集团公司签署《商标使用许可协议》,将受让的商标无偿许可给集团公司使用。

(8)《土地使用权租赁协议》 2000 年 2 月 3 日与集团公司签定。根据本协议,股份公司向集团公司租用10,238,006 平方米工业用地,租金 7,400 万元/年。股份公司通过可续约的租赁合同向集团公司租用土地使用权。土地使用权租赁期首签 20 年,并有可续签 20 年的选择权,外加再次续约 10 年的选择权。

(9)《房屋租赁协议》 2000 年 2 月 3 日与集团公司签定。根据本协议,股份公司向集团公司租用办公楼建筑面积 96,787 平方米,租金 800 万元/年。股份公司通过可续约的租赁合同向集团公司租用办公楼。办公楼租赁期首签 10 年,并有可续签 10 年的选择权,外加再次续约 15 年的选择权。

(10)《综合后勤服务框架协议》 2000 年 2 月 3 日与集团公司下属宝钢集团企业开发总公司签定。根据本协议,宝钢集团企业开发总公司向股份公司提供后勤保障服务,包括餐饮、医疗、员工的交通运输、劳防用品、清洁服务、非生产性设施的维护、园艺维护、提供及补充其他资源和其他一些常规管理服务。

(11)《购销服务框架协议》 2000 年 2 月 3 日与集团公司下属宝钢集团国际经济贸易总公司签订。根据本协议,由国贸总公司代理股份公司向国内外供应商购买原材料。价格、条款由股份公司与供应商直接商谈决定。国贸总公司提供相关服务,股份公司每次交易按购买价的 1.5%-2.5%支付服务费。股份公司大部分的产品直接销售给国内客户。价格、条款由双方直接商谈决定。国贸总公司提供相关服务,股份公司每次按交易价的 3%-5%支付服务费。

(12)《资产收购协议》 2000 年 9 月 8 日与集团公司签定。根据本协议,股份公司计划收购并继续投资建设集团公司在建的热镀锌及电镀锌生产线项目。收购价格以第三方中介机构的评估和有关国有资产管理部门的最终确认值为准。在集团公司办理完毕将转让资产过户给股份公司的必要手续后 30 个工作日内,公司应以现金支付集团公司全部价款。股份公司有关部门现正在办理收购的有关准备工作。

(13)截至 2000 年 12 月 31 日,公司没有对外提供担保。

10.公司在报告期内没有更改公司名称和股票简称。

11.报告期内公司或持股 5%以上股东未在指定报纸和网站上披露承诺事项

12.其它在报告期内发生的《证券法》第六十二条、《股票条例》第六十条和《信息细则》第十七条所列举的重大事件,以及公司董事会判断为重大事件的事项。

公司按照2000 年2 月3 日、8 月30 日、11 月17 日的临时股东大会决议,修改了公司章程部分条款,增加了公司的注册资本,扩大了公司的经营范围,并已向工商登记管理机关备案。有关内容已在 2000 年 11 月 17 日的《中国证券报》、《上海证券报》和《证券时报》上的《招股说明书概要》和2000 年 12 月 7 日的《中国证券报》、《上海证券报》和《证券时报》上的《上市公告书》披露。

八、财务会计报告

1.审计报告

宝山钢铁股份有限公司全体股东:

我们接受委托,审计了贵公司 2000 年 12 月 31 日的资产负债表,2000 年度的利润表及利润分配表,以及 2000 年度的现金流量表。这些会计报表由贵公司负责,我们的责任是对这些会计报表发表审计意见。我们的审计是根据《中国注册会计师独立审计准则》进行的。在审计过程中,我们结合贵公司的实际情况,实施了包括抽查会计记录等我们认为必要的审计程序。

我们认为,上述会计报表符合《企业会计准则》和《股份有限公司会计制度》的有关规定,在所有重大方面公允地反映了贵公司 2000 年 12 月 31 日的财务状况和 2000 年度的经营成果及现金流量情况,会计处理方法的选用遵循了一贯性原则。

安永华明会计师事务所　　　中国注册会计师 张小东　杨 俊

2001 年 3 月 13 日

2.会计报表

资产负债表

编制单位:宝山钢铁股份有限公司　　2000 年 12 月 31 日　　单位:人民币元

资产	附注五	2000 年	1999 年
流动资产			
货币资金	(1)	5,354,994,890.43	1,329,065,635.34
应收票据	(2)	3,169,570,553.42	3,847,354,085.22
应收帐款	(3)	671,577,584.82	1,098,121,743.52
其它应收款	(4)	11,778,071.58	22,537,315.29
减:坏帐准备		141,639,037.44	51,981,207.11
应收款项净额		541,716,618.96	1,068,677,851.70
预付帐款	(5)	7,807,484.20	17,430,775.46
存货	(6)	2,429,433,395.09	2,184,557,850.68
减:存货跌价损失准备	(6)	23,465,192.06	-
存货净额		2,405,968,203.03	2,184,557,850.68
应收控股公司款	(7)	418,467,864.29	-
流动资产合计		11,898,525,614.33	8,447,086,198.40
长期投资			
长期股权投资	(8)	17,971,959.00	-
长期投资合计		17,971,959.00	-
固定资产	(9)		
固定资产原值		65,916,736,235.53	65,649,897,416.08
减:累计折旧		38,894,529,737.55	38,196,284,206.33

固定资产净值		27,022,206,497.98	27,453,613,209.75
固定资产合计		27,022,206,497.98	27,453,613,209.75
递延税项			
递延税项借项		28,000,000.00	–
资产总计		38,966,704,071.31	35,900,699,408.15
负债及股东权益			
流动负债			
短期借款	(11)	2,395,000,000.00	8,898,103,651.98
应付票据	(12)	30,086,340.32	–
应付帐款	(13)	860,377,472.45	1,504,967,613.89
预收帐款	(14)	1,067,473,009.04	255,155,711.28
应付股利	(15)	625,600,000.00	–
应交税金	(16)	404,516,513.14	–
其它应交款	(17)	7,383,792.91	–
其它应付款	(18)	349,303,703.64	352,045,095.93
应付职工福利费		3,063,499.31	–
预提费用	(19)	–	38,405,939.15
一年内到期的长期负债	(20)	2,095,028,750.00	594,854,374.00
应付控股公司款	(7)	–	61,337,185.06
流动负债合计		7,837,833,080.81	11,704,869,571.29
长期负债			
长期借款	(21)	5,847,333,914.92	9,894,545,230.50
长期负债合计		5,847,333,914.92	9,894,545,230.50
负债合计		13,685,166,995.73	21,599,414,801.79
股东权益			
净资产		–	14,301,284,606.36
股本	(22)	12,512,000,000.00	–
资本公积	(23)	11,552,451,285.73	–
盈余公积	(24)	902,466,663.72	–
其中:法定公益金		293,923,768.79	–
未分配利润	(25)	314,619,126.13	–
股东权益合计		25,281,537,075.58	14,301,284,606.36
负债及股东权益总计		38,966,704,071.31	35,900,699,408.15

所附附注为本会计报表的组成部分

公司负责人:谢企华　　财务负责人:马国强　　编制人:陈缨

利润及利润分配表

编制单位:宝山钢铁股份有限公司　　2000 年 1–12 月　　单位:人民币元

	附注五	2000 年度
主营业务收入	(26)	30,940,534,474.40
减: 主营业务成本		24,039,777,010.46
主营业务税金及附加	(27)	166,393,067.51
主营业务利润		6,734,364,396.43
加: 其它业务利润		18,684,657.03
减: 存货跌价损失		23,465,192.06
销售费用		341,762,136.77
管理费用	(28)	1,325,590,386.47
财务费用	(29)	665,713,576.03
营业利润		4,396,517,762.13
减: 投资损失	(30)	2,028,041.00
加:补贴收入	(31)	10,515,000.00
营业外收入	(32)	2,858,555.80
减: 营业外支出	(33)	29,724,389.06
利润总额		4,378,138,887.87
减: 所得税		1,386,034,977.87
净利润	(25)	2,992,103,910.00
减: 2000 年 1 月 1 日至 2 月 2 日净利润	(25)	52,866,222.15
可供分配的利润		2,939,237,687.85
减: 提取法定盈余公积金	(25)	293,923,768.79
提取法定公益金	(25)	293,923,768.79
可供股东分配的利润		2,351,390,150.27
减: 提取任意盈余公积金	(25)	314,619,126.14
应付普通股股利	(25)	1,722,151,898.00
未分配利润	(25)	314,619,126.13

公司负责人:谢企华　　财务负责人:马国强　　编制人:陈缨

3.不涉及现金收付的投资和筹资活动

本公司之固定资产于 1999 年 7 月 31 日由中资资产评估有限公司进行了评估，该评估结果已于 2000 年 2 月 3 日(本公司成立日)入账。

3.会计报表附注

(一)公司简介

宝山钢铁股份有限公司(以下简称"本公司?系经中华人民共和国("中国")国家经济贸易委员会以国经贸企改[1999]1266 号文批准,由上海宝钢集团公司独家发起设立。

上海宝钢集团公司的前身为宝山钢铁(集团)公司。1998 年 11 月 17 日,经国务院批准,宝山钢铁(集团)公司吸收合并上海冶金控股(集团)公司和上海梅山钢铁(集团)有限公司,并更名为上海宝钢集团公司(以下简称"集团公司")。集团公司是国家授权投资机构和国家控股公司,主营钢铁产品、冶金矿产,兼营煤炭、化工、电力、码头、仓储、运输等与钢铁相关的业务,及技术开发、技术转让、技术服务和技术管理咨询业务。集团公司通过对其所属的,位于宝山地区之钢铁厂("宝山厂")的主体一、二期及三期业务重组(以下简称"重组协议")后的经营性资产为主要发起资产,发起设立本公司。

本公司于 2000 年 2 月 3 日("公司成立日")正式注册成立,注册登记号为 3100001006333。根据重组协议,本公司从集团公司接收宝山厂一、二期的大部份业务及三期的小部份业务("有关业务")及其相关的资产与负债,同时向集团公司发行本公司 10,635,000,000 股每股面值人民币 1 元的人民币普通股。经中国证券监督管理委员会证监发行字[2000]140 号文核准,本公司于 2000 年 11 月 6–24 日采用网下配售和上网定价发行相结合的发行方式向社会公开发行人民币普通股 (A 股)1,877,000,000 股,每股面值人民币 1 元,每股发行价人民币 4.18 元。

本公司经营范围为:钢铁冶炼、加工,电力、煤炭、工业气体生产、码头、仓储、运输等与钢铁相关的业务,技术开发、技术转让、技术服务和技术管理咨询服务,汽车修理,经营本企业自产产品及技术的出口业务,经营本企业生产、科研所需的原辅材料、仪器仪表、机械设备、零配件及技术的进口业务(国家限定公司经营和国家禁止进出口的商品及技术除外),经营进料加工和"三来一补"业务。

(二)会计报表的编制基准及假设

(三)主要会计政策

本会计报表所载财务信息是根据下列主要会计政策编制。以下会计政策是根据《企业会计准则》和《股份有限公司会计制度》及其相关的补充规定以及财政部等颁布的有关准则、制度和规定拟定的。

(四)税项

(五)会计报表主要项目注释

(六)分行业资料

收入占主营业务收入 10%或以上的行业的除税后营业收入(扣除主营业务税金及附加)、营业成本和营业毛利情况如下:

	营业收入		营业成本		营业毛利	
	2000	1999	2000	1999	2000	1999
	人民币千元	人民币千元	人民币千元	人民币千元	人民币千元	人民币千元
工业	24,745,483	22,224,462	18,437,210	16,990,746	6,308,273	5,233,716
其它	6,028,658	5,856,775	5,602,567	5,378,125	426,091	478,650
合计	30,774,141	28,081,237	24,039,777	22,368,871	6,734,364	5,712,366

(七)关联方关系及其交易

(八)退休金及住房补贴

本公司按照中国有关法规的规定参与了退休统筹计划。所有的员工在退休后会在其最后雇佣的地区享受到一笔相当于其基本工资一定比例的年退休金。本公司则需按在职职工的上年平均基本工资的 25.5%向养老保险机构缴纳养老金。本公司无任何义务向养老保险中心支付超出上述金额的支出。于本年度,本公司支付的养老金为人民币 133,629,782 元(1999:93,489,000 元)。

本公司及其员工按照中国有关法律规定,需向公积金管理中心支付相当于员工工资一定比例的住房公积金,本年度本公司支付的住房公积金为人民币 22,729,803 元(1999:18,925,000 元)。本公司亦无任何义务缴纳额外的住房公积金。

(九)或有事项

截至资产负债表日止,本公司无重大的诉讼及仲裁事项,亦无为本公司董事成员所知的未决的或对本公司成员有威胁的重大诉讼事项。另外,本公司未向关联公司提供担保。

(十)承诺事项

资本承诺	2000
已签约但未拨备	300,700,000
已被批准但未签约	3,310,650,000
合计	3,611,350,000

经营租赁承诺

截至 2000 年 12 月 31 日止,本公司已签订之不可撤销经营性租赁租约(其租赁期在一年以上)而须于未来一年内缴付之租金为:

	2000
5 年以上届满之土地、楼房租约	82,000,000

(十一)资产负债表日后事项

截至本会计报表批准日止,本公司无重大的资产负债表日后之事项。

(十二)其它重大事项

本公司 2000 年度之利润表乃按会计报表附注二之基准及假设编制。按本公司自 2000 年 2 月 3 日(公司成立日)至 12 月 31 日期间会计帐目之本公司利润表如下所示:

	金额
主营业务收入	29,092,811,645.40
减: 主营业务成本	22,440,160,896.46
主营业务税金及附加	152,133,118.51
主营业务利润	6,500,517,630.43
加:其它业务利润	18,819,492.03
减:存货跌价损失	23,465,192.06
销售费用	331,064,497.77
管理费用	1,250,406,659.62
财务费用	605,613,007.03
营业利润	4,308,787,765.98
减: 投资损失	2,028,041.00
加: 补贴收入	10,515,000.00
营业外收入	2,698,834.80
减: 营业外支出	29,651,901.06
利润总额	4,290,321,658.72
减: 所得税	1,351,083,970.87
净利润	2,939,237,687.85

(十三)净资产收益率和每股收益

报告期利润	净资产收益率		每股收益	
	全面摊薄	加权平均	全面摊薄	加权平均
主营业务利润	26.64%	38.44%	0.54	0.68
营业利润	17.26%	24.90%	0.35	0.44
净利润	11.84%	17.08%	0.24	0.30
扣除非经营性损益后的净利润	11.88%	17.14%	0.24	0.30

以上净资产收益率和每股收益乃按中国证监会于 2001 年 1 月 19 日发布之《公开发行证券公司信息披露编报规则第 9 号》所载之计算公式计算。

(十四)比较数字

若干比较数字乃经重新编排,以符合本年度之呈报形式。

(十五)会计报表之批准

本会计报表业经本公司董事会 2001 年 3 月 13 日的决议通过及批准。

九、公司的其他有关资料

1.公司首次注册登记日期及地点:二○○○年二月三日

上海市工商行政管理局

公司变更注册登记日期及地点:二○○○年十一月三十日

上海市工商行政管理局

2.企业法人营业执照注册号:3100001006333

3.税务登记号码:310041631696382

4.公司未流通股票的托管机构名称:上海证券中央登记结算公司

5.公司报告期内证券主承销机构名称:中国国际金融有限公司

6.公司聘请的会计师事务所:安永华明会计师事务所

办公地址:北京朝阳门北大街 6 号北海万泰大厦 802–807 号

十、备查文件目录

1.载有法定代表人、财务总监、会计机构负责人签名并盖章的会计报表;

2.载有安永华明会计师事务所盖章、注册会计师签名并盖章的审计报告原件;

3.报告期内在中国证监会指定报纸上公开披露过的所有公司文件的正本及公告的原稿。

宝山钢铁股份有限公司董事会

2001 年 3 月 15 日

福建发展高速公路股份有限公司

福建发展高速公路股份有限公司2000年年度报告

重要提示:本公司董事会保证报告所载资料不存在任何虚假记载、误导性陈述或者重大遗漏,并对其内容的真实性、准确性和完整性负个别及连带责任。

一、公司简介

(一)、公司的法定中文名称:福建发展高速公路股份有限公司
　　公司的法定英文名称:FUJIAN EXPRESSWAY DEVELOMENT CO.,LTD
(二)、公司法定代表人:唐建辉
(三)、公司董事会秘书:蒋建新
　　证券事务代表:林凯
　　联系地址:福州市杨桥东路118号宏杨新城2号楼19层
　　联系电话:0591—7612847　传　真:0591—7601476
　　电子信箱:fjgsgf@pub6.fz.fj.cn
(四)、公司注册地址:福州市杨桥东路118号宏杨新城2号楼19层
　　邮政编码:350001
　　公司办公地址:福州市杨桥东路118号宏杨新城2号楼19层
　　电子信箱:fjgsgf@pub6.fz.fj.cn
(五)、公司选定的信息披露报纸:《中国证券报》http://www.sse.com.cn
　　公司年度报告备置地点:公司证券投资部
(六)、公司股票上市交易所:上海证券交易所
　　股票简称:福建高速　　股票代码:600033

二、会计数据和业务数据摘要

(一)、本年度实现利润情况

利润总额	204,615,799.77
净利润	135,171,108.35
扣除非经营性损益后的净利润	34,031,667.17
主营业务利润	137,246,216.55
其他业务利润	0
投资收益	0
补贴收入	150,000,000.00
营业外收支净额	954,389.82
经营活动产生现金流量净额	329,884,433.72
现金及现金等价物增加净额	140,441,229.89

注:扣除的非经常性损益项目及涉及金额
1、　营业外收支净额　　954,389.82
2、　补贴收入　　150,000,000.00

扣除非经常性损益的净利润=(利润总额-补贴收入-营业外收支净额)*(1-33%)-(所得税-利润总额*33%)

▲"所得税-利润总额*33%"系指会计利润依照税法调整计算的应纳所得税额与会计利润计算的应纳所得税额之间的差额。

(二)、报告期末的主要会计数据和财务指标

项目	2000年	1999年
主营业务收入(元)	201,466,612.07	189,669,692.02
净利润(元)	135,171,108.35	56,814,352.73
总资产(元)	2,238,117,352.62	2,152,350,351.02
股东权益(元)	910,325,149.66	775,154,041.31
每股收益(元/股)(全面摊薄)	0.2787	0.1171
每股收益(元/股)(加权平均)	0.2787	0.1171
每股收益(元/股) (扣除非经常性损益)	0.0702	0.0863
每股净资产(元/股)	1.8770	1.5983
调整后的每股净资产(元)	1.8767	1.5976
净资产收益率%(全面摊薄)	14.85	7.33
净资产收益率%(加权平均)	16.04	7.05
每股经营活动产生的现金流量净额	0.6802	0.3480

注:2000年与1999年总股本按485,000,000.00元,1998年总股本按777,317,422.52元。

(三)、期内股东权益变动情况

项目	股本	资本公积	盈余公积	法定公积金	未分配利润	股东权益合计
期初数	485000000	257175931.33	6595622.00	3297811.00	26382487.98	775154041.31
本期增加			40551332.52	13517110.84	94619775.83	135171108.35
本期减少						
期末数	485000000	257175931.33	47146954.52	16814921.84	121002263.81	910325149.66

(四)、净资产收益率和每股收益

报告期利润	净资产收益率(%)		每股收益	
	全面摊薄	加权平均	全面摊薄	加权平均
主营业务利润	15.08	16.29	0.2830	0.2830
营业利润	5.89	6.37	0.1106	0.1106
净利润	14.85	16.04	0.2787	0.2787
扣除非经常性损益后的净利润	3.74	4.04	0.0702	0.0702

注:计算公式参照"《公开发行证券公司信息披露编报规则》第九号的通知

三、股本变动和股东情况介绍

(一)本报告期末,公司共有股东6家。
(二)公司股东持股情况

股东名称	持股数(股)	持股比例(%)
福建省高速公路有限公司	325,230,154	67.0578
华建交通经济开发中心	158,136,136	32.6054
福建省汽车运输总公司	653,484	0.1347
福建省公路物资公司	326,742	0.0674
福建省畅达交通经济技术开发公司	326,742	0.0674
福建福通对外经济合作公司	326,742	0.0674

注:公司6家股东之间不存在关联关系。报告期内上述股东所持股票没有发生质押、冻结情况。
(三)持股10%以上股东情况简介

1、福建省高速公路有限公司是经福建省人民政府批准,于1997年8月6日成立的国有独资有限责任公司,注册资本为10亿元人民币,法定代表人:卓超。经营范围为投资建设高速公路,工业生产资料,百货,建筑材料,五金、交电、化工,仪器仪表,电子计算机及配件的销售(以上经营范围凡涉及国家专项专营规定的从其规定)。其主要职能是负责福建全省高速公路的建设、运营和管理工作和为高速公路的建设筹融资,并受省交通厅的委托,实施路政管理,维护高速公路的路产、路权等。

2、华建交通经济开发中心注册资本5亿元,经营范围为公路、码头、港口、航道的综合开发、承包建设,交通基础设施新技术、新产品、新材料的开发、研制和产品的销售,建筑材料,机电设备、汽车(不含小轿车)及配件、五金交电、日用百货的销售,经济信息咨询,人才培训;法定代表人:朱耀庭。华建交通经济开发中心是我国交通系统国有资产进行资本市场运作的管理单位,作为国家投资主体,华建交通经济开发中心被授权拥有众多已建成的公路交通基础设施的产权,并代表国家财政资金继续向新的公路交通基础设施投资。

(四)报告期内控股股东有关股权变动情况

在泉厦高速公路建设期间,交通部曾安排车辆购置附加费等资金给予支持。在2000年6月,交通部以交函财[2000]131号文、交通部财务司以财公字[2000]82号文明确了原安排的建设资金所形成股权15813.6136万股的委托管理单位为华建交通经济开发中心。经报福建省人民政府闽政体股[2000]13号文的批复,省高速公路公司将持有的15813.6136万股变更为华建中心持有。变更后省高速公路公司持有本公司32523.0154万股,华建中心持有15813.6136万股。

四、股东大会简介

本报告期内公司共召开了三次股东大会。
(一)、2000年4月11日,公司召开了1999年度股东大会,审议通过了下列议案:
1、《1999年度董事会工作报告》
2、《1999年度监事会工作报告》
3、《1999年度财务决算报告》
4、《2000年度财务预算报告》
5、《1999年度利润分配方案》
6、《关于聘请厦门天健会计师事务所为公司审计机构的议案》
7、《泉厦高速公路维修养护合同》
(二)、2000年7月5日,公司召开了2000年度第一次临时股东大会
1、选举唐建辉先生、江海先生、熊向荣先生、张再坚先生、王文通先生、郑蔚澜先生、蒋建新先生为公司第二届董事会成员
2、选举邱榕木先生、郭本锋先生、黄丹华女士、郑仲苹先生、叶斌先生、陈水涵先生、刘永萍女士为公司第二届监事会成员
3、审议通过《关于修改公司章程的议案》
(三)、2000年8月21日,公司召开了2000年度第二次临时股东大会,审议通过了以下议案:
1、《关于向社会公众公开发行股票并上市的议案》
2、《关于公司滚存利润由新老股东共享的议案》
3、《关于修改公司章程的议案》

五、董事会报告

(一)、公司经营情况
1、本行业中的地位

福建发展高速公路股份有限公司于1999年6月28日成立。公司主营业务范围:高速公路的建设开发、运营和管理。属于大型基础设施行业,公司所经营管理的泉厦高速公路是福建省的第一条高速公路,自1997年12月15日开通以来,收入稳定增长,创造了良好的经济效益和社会效益。

2、公司2000年度的经营情况

公司主营业务收入主要来自于泉厦高速公路的车辆通行费,2000年主营业务收入20,146.66万元,比上年度的18,966.97万元增长6.22%;净利润13,517.11万元,比上年度的5,681.44万元增长137.91%;总资产223,812万元,比上年的215,235万元增长3.98%;股东权益91,033万元,比上年度的77,515万元增长17.44%;

3、经营中的主要对策和举措

(1)、公司在通行费征收管理方面,严格按统一的收费标准、免征范围、收费方式、计费方法和操作规程进行征费,并于8月1日起全面启用新的收费系统,实行军事化管理,文明服务。

(2)、路政管理方面,去年路政工作重点搞好"五个抓",既抓管理、抓安全、抓维护、抓服务、抓规章。公司加强路政队伍建设,增强路政人员的法律意识,建立起了一支素质较高的路政执法队伍。着力加大路政执法力度,依法维护高速公路路产路权,提高路政人员的快速反应能力,在维护路产路权和确保公路畅通方面取得了良好成绩。

(3)、养护管理方面,认真实施"管养分离"的方针,积极将养护生产推向市场,逐步建立健全一整套科学、完整的高速公路养护管理机制。公司认真抓好日常养护管理,坚持路面巡查,及时处理修复受损设施,保证公路安全畅通,进一步加强绿化,优化沿线环境。去年泉厦高速公路顺利通过交通部竣工验收。

(4)、制度化管理方面,公司加强了部门职能专业化和管理制度化建设,制定了一系列规章制度,使公司各项工作走上了制度化、规范化的轨道。

4、实现盈利预测情况

报告期内实现净利润13,517万元,完成赢利预测的101.27%

(二)、公司财务状况

以下指标经厦门天健华天所审(2001)GF字第5001号审计报告确认:

指标名称	2000年	1999年	增减比率
总资产(万元)	223,812	215,235	3.98%
长期负债(万元)	76,471	103,736	-26.28%
股东权益(万元)	91,033	77,515	17.44%
主营业务利润(万元)	13,725	13,883	-0.01%
净利润(万元)	13,517	5,681	137.93%

上述指标的具体增减情况说明如下:
1、总资产增加的主要原因是本年度净利润增加。
2、长期负债减少的主要原因是本年度偿还部分贷款。
3、股东权益增加的主要原因是本年度净利润增加。
4、主营业务利润持平。
5、净利润增加的主要原因是本年度车辆通行费收入和补贴收入增加,同时管理费用与财务费用比上年度减少。

(三)、公司投资情况

公司本报告期内未募集资金,也没有报告期前募集资金使用延续到报告期内的情况。

(四)、报告期内,国家有关宏观政策、法律法规未发生重大变化。公司经营环境方面,福泉高速公路于1999年底开通后,福州至厦门的铁路随后于2000年3月停运,故目前已不对公司形成市场竞争。此外,福州-厦门的空中航班在福州至厦门高速公路全线贯通后也显著减少。

(五)、新年度的业务发展计划

1.完善主营业务的经营管理工作

进一步强化公司经营管理力度,贯彻落实财务、资金、养护、审计等一系列规章制度,增收节支,降低成本,提高效益,切实维护股东权益。

2.加快完成福泉高速公路收费权的收购工作

公司将按照招股说明书的承诺,加快福泉高速公路收购工作进度,福泉高速公路是福建省首条高速公路—福厦漳高速公路中连接福州至泉州的路段,该收购项目的实施将使本公司在较短时间内,以较低的成本迅速扩大经营规模,避免了出现由于直接投资修建高速公路在建设期间无收益及因其他不确定因素增加公司投资风险的局面,确保公司的业绩稳定增长。

3.加大项目投资力度,积极开展资本运作

充分利用公司经营稳健、现金充沛的优势,在扩大经营规模,巩固主业的同时,积极探索通过资本运作的方式,适当介入发展前景好、回报高的高新科技行业,为公司培育新的利润增长点,以适应公司业务结构调整和未来发展的需要。

(六)、董事会日常工作情况

1.报告期内,董事会共召开会议情况及决议内容

(1)、公司第一届第五次董事会于2000年6月5日在福州市杨桥东路118号宏杨新城2号楼7层会议室召开,会议审议并通过了以下决议:

A.提名第二届董事会成员候选人。

B.提名第二届监事会成员候选人。

C.《关于修改公司章程的议案》。

D.公司2000年第一次临时股东大会议程。

(2)、公司第二届第一次董事会于2000年7月5日在福州市杨桥东路118号宏杨新城2号楼7层会议室召开,会议审议并通过了以下决议:

A.选举唐建辉先生为董事长。

B.选举江海先生为副董事长。

C.聘任熊向荣先生为总经理。

D.聘任张再坚先生、杨明理先生为副总经理。

E.聘任蒋建新先生为董事会秘书。

F.聘任连雄先生为财务总监。

G.《总经理工作细则》。

H.《董事会工作细则》。

(3)、公司第二届第二次董事会于2000年7月20日在福州市杨桥东路118号宏杨新城2号楼7层会议室召开,会议审议并通过了以下决议:

A.《关于向社会公众公开发行股票并上市的议案》。

B.《关于公司滚存利润由新老股东共享的议案》。

C.《关于修改公司章程的议案》。

D.公司2000年第二次临时股东大会议程。

(4)、公司第二届第三次董事会于2000年12月31日在福州市宏杨新城2号楼7层会议室召开,会议审议并通过了以下决议:

鉴于中国证监会于2000年12月28日以证监发行字[2000]190号文核准公司向社会公开发行人民币普通股股票20000万股,公司董事会将在本次股票发行募集资金到位后,依照国家有关规定尽快向公司登记机关办理注册资本变更登记手续,并对公司章程有关条款进行修改。

2.董事会对股东大会决议的执行情况

报告期内,公司董事会根据《公司法》、《证券法》及《公司章程》等有关法律、法规的要求,严格按照股东大会的决议及授权,认真执行股东大会通过的各项决议内容。

(七)、公司管理层及员工情况

1、董事、监事、高级管理人员

姓名	职务	性别	年龄	任期	持股数
唐建辉	董事长	男	47	2000.7-2003.7	0
江海	副董事长	男	54	2000.7-2003.7	0
熊向荣	董事、总经理	男	47	2000.7-2003.7	0
张再坚	董事、副总经理	男	57	2000.7-2003.7	0
王文通	董事	男	51	2000.7-2003.7	0
郑蔚澜	董事	男	46	2000.7-2003.7	0
蒋建新	董事、董秘	男	30	2000.7-2003.7	0
邱榕木	监事	男	51	2000.7-2003.7	0
叶斌	监事	男	44	2000.7-2003.7	0
郭本锋	监事	男	37	2000.7-2003.7	0
陈水涵	监事	男	55	2000.7-2003.7	0
郑仲苹	监事	男	45	2000.7-2003.7	0
黄丹华	监事	女	39	2000.7-2003.7	0
刘永萍	监事	女	45	2000.7-2003.7	0
杨明理	副总经理	男	47	2000.7-2003.7	0
连雄	财务总监	男	34	2000.7-2003.7	0

说明:(1)、在本公司领取薪酬的董事、监事及高级管理人员共8人,薪酬在2万—3.5万元区间。唐建辉先生、江海先生、王文通先生、郑蔚澜先生、邱榕木先生、郭本锋先生、黄丹华女士和郑仲苹先生不在本公司领取报酬。

(2)、报告期内,根据董事长提名,聘任熊向荣先生为公司总经理、蒋建新先生为董事会秘书。

2.公司员工情况

(1)、员工数量。截止2000年12月31日,公司在册各类员工总数为281人。

(2)、专业构成。

专业结构	人数	比例
行政管理人员	26	9.25%
工程技术人员	18	6.41%
财务人员	28	9.96%
收费人员	184	65.48%
工勤人员	25	8.90%

(3)、教育程度。

学历结构	人数	比例
大学及以上学历	20	7.12%
大专	31	11.11%
中专及中专以下	230	82.44%

(4)、退休职工:截止报告期末,公司无离退休人员。今后本公司的离退休职工将由社会保险机构统筹安排。

(八)、本次利润分配预案及2001年利润分配政策:

1.本次利润分配预案:

经厦门天健华天有限责任会计师事务所对本公司出具的2000年度审计报告,本公司2000年度实际净利润135,171,108.35元,提取法定公积13,517,110.84元,提取法定公益金13,517,110.84元,提取任意公积金13,517,110.84元,加上1999年度结转的未分配利润26,382,487.98元,截止本报告期末实际可供股东分配利润为121,002,263.81元。

公司2001年度将有福建省泉厦高速公路建设债券及部分银行贷款到期,约需支付本息36,573万元,因此公司决定本年度暂不进行利润分配。此预案需提交公司年度股东大会审议。

2.公司2001年度利润分配政策如下:

公司拟在2001年度结束后分配利润一次。

(1)公司2001年度实现净利润用于股利分配的比例约为20%。

(2)公司2000年度末分配利润用于股利分配的比例约为30%。

(3)分配将全部采用派发现金方式;

上述利润分配方案为预计方案,公司董事会保留根据公司实际经营情况进行适当调整的权利。

六、监事会报告

2000年度公司监事会根据《公司法》、《证券法》等法律法规和公司章程的规定,认真履行监督、检查职责,主动参与公司的决策,关注公司的经营活动,列席了公司董事会的全部会议,对公司的生产经营、财务状况等事项行使了监督职能,并按规定对公司董事会和高级管理人员的行为进行了监督检查。

(一)、报告期内监事会会议情况

本年度公司监事会共召开了2次会议,具体会议情况如下:

1.公司于2000年3月1日召开第一届监事会第二次会议。会议一致通过了《1999年度监事会工作报告》,并同意将该报告提交1999年度股东大会审议。

2.公司于2000年7月5日召开第二届监事会第一次会议。会议一致通过以下决议:(1)选举邱榕木先生为第二届监事会召集人。(2)审议通过《监事会工作规则》。

(二)、公司运作情况

通过对公司会计报表的审核,对公司运作情况、内部规章制度的执行情况进行检查,对公司董事和全体高级管理人员履行职责的情况进行监督,公司监事会认为:

1.一年来公司坚持以经济效益为中心,较好的贯彻了股东大会决议。报告期内公司建立了较为完善的内部控制制度,公司董事、经理等高级管理人员在执行职务时廉洁奉公、尽职尽责,未发现有违反法律、法规、公司《章程》或损害公司利益的行为。

2.监事会认真检查了公司财务情况,审议了公司财务报告,认为财务报告真实反映了公司财务状况和经营成果,厦门天健华天有限责任会计师事务所出具的审计报告客观、公正。

3.公司依据三分开的原则,财务系统独立,人员、机构独立配置,资产完整。

4.公司在报告期内的关联交易坚持了公平合理的原则,不存在损害股东权益或资产流失的情况。

七、重大事件

(一)、重大诉讼、仲裁事项

本年度公司无重大诉讼、仲裁事项。

(二)、本年度公司、公司董事及高级管理人员无受到监管部门处罚的情况。

(三)、本年度控股股东股权变更、公司董事会换届情况。

在泉厦高速公路建设期间,交通部曾安排车辆购置附加费等资金给予支持。在2000年6月,交通部以交函财[2000]131号文、交通部财务司以财公字[2000]82号文明确了原安排的建设资金所形成股权15813.6136万股的委托管理单位为华建交通经济开发中心。经报福建省人民政府闽政体股[2000]13号文的批复,省高速公路公司将持有的15813.6136万股变更为华建中心持有。变更后省高速公路公司仍为本公司的第一大股东,华建中心成为第二大股东。

2000年7月5日,公司召开了2000年度第一次临时股东大会,选举唐建辉先生、江海先生、熊向荣先生、张再坚先生、王文通先生、郑蔚澜先生、蒋建新先生公司第二届董事会成员。

(四)、本年度总经理和董事会秘书未发生变更。

(五)、本年度公司无收购及出售资产事项。

(六)、本年度公司发生的重大关联交易事项。

1.本公司与第一大股东福建省高速公路有限公司继续执行1999年7月12日签订《综合服务协议》,本公司及其员工使用福建省高速公路有限公司未作价入股的泉厦高速公路六个通行费征收管理所的附属生活区房建设施,并使用福建省高速公路有限公司所提供高速公路监控、路况信息、气象信息和交通信息服务,本年度的综合服务费为人民币100万元。

2.本公司与福建省高速公路养护工程有限公司于2000年4月17日签订《泉厦高速公路维修养护合同》,福建省高速公路养护工程有限公司负责泉厦高速公路主线路面及沿线设施保洁作业、绿化养护作业和路面小修作业。本公司与福建省高速公路有限公司分别拥有福建省高速公路养护工程有限公司14.22%和85.78%的股权,本年度本公司该合同项下及其他专项养护工程共支付费用为9591667元。

(七)、公司与控股股东在人员、资产、财务上的"三分开"情况。

1.在人员方面:公司制定了独立的劳动、人事及工资制度。总经理、副总经理等高级管理人员均在公司领取薪酬。董事长唐建辉先生兼任福建省高速公路有限公司副总经理,副董事长江海先生兼任华建交通经济开发中心副总经理。

2.在资产方面:公司对全部资产拥有完全独立的支配权。

3.财务方面:公司设有独立的财务部门,并建立了独立的会计核算体系和财务管理制度,开设了独立的银行帐户。

(八)、报告期内公司继续聘用厦门天健会计师事务所有限公司(报告期内已更名为厦门天健华天有限责任会计师事务所)负责公司审计工作。

(九)、报告期内,公司未对外提供担保。

八、财务会计报告

(一)、审计报告及会计报表附注(附后)

(二)、会计报表(附后)

九、公司的其他有关资料

公司首次注册日期为1999年6月28日,注册地址在福州市杨桥东路宏杨新城2号楼19层。企业法人营业执照注册号:3500001002071

税务登记号码:

①地税:350102705102437

②国税:350100705102437

公司未流通股票的托管机构:上海证券中央登记结算公司

公司聘请的会计师事务所:厦门天健华天有限责任会计师事务所

会计师事务办公地点:厦门湖滨南路57号金源大厦18层

十、备查文件目录

(一)、载有法定代表人、财务负责人和制表人签名并盖章的会计报表。

(二)、载有会计师事务所盖章、注册会计师签名并盖章的审计报告原件。

(三)、公司章程。

福建发展高速公路股份有限公司

2001年3月6日

审 计 报 告

厦门天健华天所审(2001)GF字第5001号

福建发展高速公路股份有限公司全体股东:

我们接受委托,审计了贵公司2000年12月31日的资产负债表、2000年度的利润及利润分配表以及2000年度现金流量表。这些会计报表由贵公司负责,我们的责任是对这些会计报表发表审

计意见。我们的审计是依据中国注册会计师独立审计准则进行的。在审计过程中,我们结合贵公司的实际情况,实施了包括抽查会计记录等必要的审计程序。

我们认为,上述会计报表符合《企业会计准则》和《股份有限公司会计制度》的规定,在所有重大方面公允地反映了贵公司2000年12月31日的财务状况、2000年度的经营成果及现金流量,会计处理方法的选用遵循了一贯性原则。

厦门天健华天有限责任会计师事务所　中国注册会计师:徐珊　黄印强

地址:厦门湖滨南路57号金源大厦18层　二零零一年一月十三日

会计报表附注

一、公司简介　1999年6月,福建发展高速公路股份有限公司(以下简称本公司)经福建省人民政府闽政体[1999]14号文批复同意,由福建省高速公路有限责任公司联合福建省汽车运输总公司、福建省公路物资公司、福建福通对外经济合作公司和福建省畅达交通经济技术开发公司等四家单位共同发起设立本公司。省高速公路公司以经评估确认的泉厦高速公路经营性净资产739,675,931.33元(其中包括交通部以车辆购置附加费等形式投资地方公路建设形成的经营性净资产)折股投入,其余股东以现金2,500,000.00元投资,上述出资按65.34838%的比例折合股本485,000,000股。本公司于1999年6月28日取得企业法人营业执照,注册号3500001002071,注册资本为48,500万元,注册地址为福州市杨桥东路118号宏杨新城2座,主要经营范围包括投资开发、建设、经营公路等。

2000年6月2日,交通部以交函财[2000]131号文、交通部财务司财会字[2000]82号决定将其对泉厦高速公路投资折股形成的本公司股权158,136,136股委托给华建交通经济开发中心管理,并由华建交通经济开发中心相应地享有发起人权利、承担发起人义务,鉴此,福建省人民政府于2000年6月29日以闽财体股[2000]13号文同意将省高速公路公司持有的上述股权变更为华建交通经济开发中心持有。本公司于2000年7月26日向福建省工商行政管理局办理了股权变更登记手续。

2000年12月28日,中国证券监督管理委员会发文证监发行字[2000]190号《关于核准福建发展高速公路股份有限公司公开发行股票的通知》同意本公司利用上海证券交易所交易系统,采用上网定价发行方式向社会公开发行人民币普通股股票20,000万股。本公司于2001年1月5日由主承销商广发证券有限责任公司通过上海证券交易所交易系统采用上网定价的方式发行向社会公开发行人民币普通股(A股)20,000万股。此次发行的股票每股面值为1.00元人民币,发行价格为每股6.66元,2001年1月12日本公司收到募股资金1,304,694,000元,发行后公司注册资本、股本变更为68,500万元。股权变更登记手续正在办理之中。

二、会计报表的编制基准本公司1997年至公司设立前的会计报表是根据福建省高速公路有限责任公司上述期间的会计报表及相关会计资料,按设立股份公司的改制方案进行模拟调整后编制的。福建省高速公路有限责任公司执行《公路经营企业会计制度》,本公司上述会计报表已按《股份有限公司会计制度》的规定及下述会计政策、会计估计和会计报表的编制方法进行了必要的调整。本公司于1999年6月28日注册成立,1999年度7-12月、2000年度的会计报表乃以改制后的股份有限公司为主体按下述会计政策、会计估计和会计报表的编制方法进行编制。

本公司成立于1999年6月28日,设立之前的会计报表是根据省高速公路公司在相应期间的会计报表及相关会计资料,按设立股份公司的资产重组方案进行模拟调整后编制的。本公司在设立前后就下述事项享受不同的待遇,详细说明如下:

1、根据福建省财政厅闽财综[1999]100号文,本公司成立前会计报表已按当期实现的车辆通行费收入的4%计提应付省高速公路公司的行业管理费。自本公司成立日起,根据省高速公路公司与本公司签定的《综合服务协议》(合同期为1999年6月28日至2004年12月31日),本公司每年度支付给省高速公路公司综合服务费100万元,其中1999年下半年为50万元。由此,本公司不再计提行业管理费。

2、根据本公司与福建省国土资源厅签订的《国有土地使用权租赁合同书》及福建省人民政府闽政[2000]文252号文件,本公司自1999年7月1日起向福建省国土厅租用泉厦高速公路占用土地使用权,年租金599万元已按实际发生制记入当期成本。本公司成立前,该地块系省高速公路公司所取得的行政划拨用地,会计报表中未记录此项费用。

3、根据福建省财政厅和福建省地方税务局闽政税政(1997)069号文《关于转发财政部、国家税务总局〈关于调整行政事业性收费(基金)营业税政策的通知〉的通知》和福建省人民政府办公厅闽政办(1997)91号文《福建省人民政府办公厅关于高速公路车辆通行费缓征地方性税费和基金问题的批复》的有关规定,本公司成立前的会计报表未计提营业税及附加。本公司成立后的会计报表已按照适用税率计缴当期的营业税金及附加。

4、根据福建省人民政府闽政(1997)文297号,省高速公路公司从获利年度起至第五年所得税采用即征即退的办法,故本公司成立前的会计报表相应未计提企业所得税。本公司成立后的会计报表已按照适用税率计缴当期的所得税。

三、公司主要会计政策、会计估计和会计报表的编制方法 1.会计制度本公司根据中华人民共和国《企业会计准则》和《股份有限公司会计制度》进行日常的会计核算和会计报表的编制。

2.会计年度本公司会计年度自公历每年1月1日起至12月31日止。

3.记帐本位币及外币业务的核算本公司以人民币为记帐本位币。外币业务按照业务发生时的市场汇价(中间价)折算为人民币记帐,期末将货币性外币项目余额按照期末市场汇价(中间价)折算为人民币,折算差额计入当期损益。

4.记帐基础和计价原则本公司会计核算以权责发生制为基础,采用借贷记帐法记帐,并以历史(实际)成本为计价基础。但在设立时,福建省高速公路有限责任公司折股投入的资产以评估报告确定的评估值入帐。

5.现金等价物的确定标准本公司在编制现金流量表时所确定的现金等价物,是指本公司持有的年限短、流动性强、易于转换为已知金额现金、价值变动风险很小的投资。

6.坏帐核算方法本公司坏帐损失的核算采用坏帐备抵法。

本公司根据应收款项(包括应收帐款和其他应收款)的期末余额扣除其中所包含的应收福建省高速公路通行费收费结算管理委员会收入分配款,本公司员工暂借款及本公司存放其他单位押金后的余额为基础,按帐龄分析法计提坏帐准备,并计入当期损益。各帐龄的应收款项坏帐准备计提比例如下:

帐龄	1年以内	1-2年	2-3年	3-4年	4-5年	5年以上
计提比例	5%	10%	30%	50%	80%	100%

本公司确认坏帐损失的标准为:

a.债务人破产或者死亡,以其破产财产或者遗产清偿后仍无法收回;

b.债务人逾期未履行其清偿义务,且具有明显特征表明无法收回。

对确实无法收回的应收款项,经批准后作为坏帐损失,并冲销提取的坏帐准备。

7.存货核算方法存货是指本公司在经营过程中所储备的原材料、在途材料、维修用备品配件及低值易耗品等项目。

存货的取得按实际成本计价,存货的发出根据其实际成本按先进先出法计算确定。低值易耗品在领用时一次性摊销。

期末存货按实际成本与可变现净值孰低计提存货跌价损失准备。

本公司期末存货未发生实际成本低于可变现净值的情况,故未计提存货跌价损失准备。

8.长期投资核算方法本公司的长期投资均为长期股权投资,长期股权投资采用下列方法进行会计处理:

本公司拥有被投资公司不足20%的权益性资本时,以成本法核算;拥有被投资公司20%至50%的权益性资本时,以权益法核算;直接或间接拥有被投资公司50%以上权益性资本时,采用权益法核算并合并其会计报表。

本公司对由于市价持续下跌或被投资单位经营状况恶化等原因导致长期投资可收回金额低于其帐面价值,并且这种降低的价值在可预见的未来期间内不可恢复的,按长期投资可回收金额低于其帐面价值的差额,计提长期投资减值准备。

本公司期末未发生因市价下跌等原因导致长期投资可收回金额低于其帐面价值的情况,故未计提长期投资减值准备。

9.固定资产计价和折旧方法固定资产是指使用年限在一年以上,单位价值在人民币2,000.00元以上的有形资产。

固定资产以实际成本计价,固定资产及累计折旧1999年年初数已按评估结果进行帐务调整。泉厦高速公路路产已按评估值在固定资产入帐,泉厦高速公路经营权未计价入帐。除高速公路路产以外的固定资产的折旧采用直线法计算,并分别根据各类别固定资产的原价、估计经济使用年限和估计残值确定其折旧率。高速公路路产按工作量法计提折旧,实际车流量与预测车流量的差异,每三年根据实际车流量重新预测剩余期限的车流量,并调整以后年度每标准车流量应计提的折旧。以保证全部路产价值在经营期限内全部收回。

某一期应计提的路产折旧=某一期实际车流量X(路产原值/预计总车流量)

泉厦高速公路路产在折旧年限内的预计总车流量系根据交通部规划研究所《泉厦高速公路交通量预测报告》关于泉厦路段2000年至2030年的车流量预测结果计算。

各类固定资产所采用的折旧方法、折旧年限、残值率、年折旧率列示如下:

资产类别	折旧方法	使用年限(年)	残值率	年折旧率
泉厦高速公路	工作量法	30	--	--
房屋建筑物	直线法	30	--	3.3%
机械设备	直线法	8	3%	12.1%
运输设备	直线法	5-10	3%	9.7%-19.4%
其他设备	直线法	3-5	3%	19.4%-32.3%

10.在建工程核算方法　在建工程以实际成本计价,并于实际交付使用时转作固定资产。与在建工程有关的利息支出在交付使用前予以资本化,计入在建工程成本。

11.长期待摊费用的摊销方法本公司长期待摊费用按受益期分期摊销。

12.借款费用的核算方法本公司借款发生的利息支出、汇兑损益等借款费用,属于与购建固定资产有关的,在固定资产尚未交付使用之前发生的,计入有关固定资产的购建成本,在固定资产交付使用之后计入当期损益;其余经营性借款费用直接计入当期损益。

13.收入确认原则本公司主营业务收入均系高速公路车辆通行费收入。

根据闽高征(1998)18号文关于《泉厦漳高速公路通行费分配暂行办法》及闽高征(1999)33号文《关于印发〈福厦漳高速公路通行费分配暂行办法〉的通知》,本公司各月应享的泉厦高速公路车辆通行费收入的计算,系根据当月福厦漳高速公路全路段车通费收入的汇总数,由福建省高速公路通行费结算委员会按本公司及厦门厦漳高速公路有限公司、漳州市厦漳高速公路有限公司、泉州市福泉高速公路有限公司、福州市福泉高速公路有限公司、莆田市福泉高速公路有限公司所辖各路段的路段里程、路段投资和路段交通量三项因素,在本公司与上述其他公司之间统一进行清算分配。

其他业务收入在商品已经销售、劳务已经提供并取得收入或取得索取收入的权利凭据时予以确认。

14.所得税的会计处理方法本公司按应付税款法核算企业所得税。

15.利润分配　根据本公司董事会利润分配的预案,2000年度净利润按下列比例进行分配:

提取法定盈余公积	10%
提取法定公益金	10%
提取任意公积金	10%

上述利润分配预案尚须经过股东大会通过。

四、税项本公司应纳税项列示如下:

税　目	税　基	税率	备注
营业税	营业收入	5%	
城市维护建设税	营业税	7%	
基础设施建设附加费	营业税	5%	从2000年9月1日起停征
教育费附加	营业税	4%	
社会事业发展费	营业收入	2‰	

根据福建省财政厅和福建省地方税务局闽政税政(1997)069号文关于转发财政部国家税务局《关于调整行政事业性收费(基金)营业税政策的通知》和福建省人民政府办公厅闽政办(1997)91号文《福建省人民政府办公厅关于高速公路车辆通行费缓征地方性税费和基金问题的批复》的有关规定,本公司改制前1999年1-6月份的会计报表未计提营业税及附加。

股份公司1999年6月28日成立之后,流转税按前述标准计算缴纳。

2.企业所得税(1)根据福建省人民政府闽政(1997)文297号《福建省人民政府关于印发福莆泉厦漳高速公路经营管理体制方案的通知》,省高速公路公司从获利年度起至第五年所得税采用即征即退的办法,故本公司改制前1999年1-6月的会计报表相应未计提企业所得税。

(2)股份公司1999年6月28日成立之后,按33%的税率计提企业所得税。

五、控股子公司及合营企业　本公司控股及合营企业情况如下:

子公司名称	注册资本	实收资本	本公司出资	法定代表人
福建省高速公路养护工程有限公司	2812.8万	2812.8万	400万	陈永平

子公司名称	本公司出资比例	主营业务	投资时间
福建省高速公路养护工程有限公司	14.22%	公路养护	1998年12月

六、会计报表主要项目注释

1.货币资金货币资金均为人民币,明细项目列示如下:

项　目	2000.12.31	1999.12.31
现　金	40,086.37	5,372.27
银行存款	224,186,295.97	83,779,780.18
合　计	224,226,382.34	83,785,152.45

2. 其他应收款其他应收款帐龄分析列示如下:

2000.12.31

帐　龄	金额	比例(%)	坏帐准备
1年以内	4,240,095.72	74.46	34,813.30
1-2年	1,453,943.07	25.54	
2-3年	0		
3年以上	0		
合计	5,694,038.79	100.00	34,813.30

1999.12.31

帐　龄	金额	比例(%)	坏帐准备
1年以内	3,832,042.24	98.71	
1-2年	50,000.00	1.29	
2-3年			
3年以上			
合计	3,882,042.24	100.00	

其他应收款中无持有本公司5%(含5%)以上股份股东的欠款,2000年12月31日其他应收款余额明细情况如下:

欠款项目	欠款余额	欠款原因	欠款时间
上市前期费用	4,984,634.32	待摊	滚动发生
内部职工暂借款	334,223.71	备用金	滚动发生
省监控中心	363,347.51	代垫款项	滚动发生
其他	11,833.25	代垫款项	滚动发生
合计	5,694,038.79		

本公司无超过净资产5‰且帐龄在3年以上的大额应收款项。

3. 预付帐款预付帐款帐龄分析列示如下:

帐龄	2000.12.31 金额	比例(%)	1999.12.31 金额	比例(%)
1年以内	1,580,000.00	49.74		
1-2年			1,596,266.00	100.00
2-3年	1,596,266.00	50.26		
合计	3,176,266.00	100.00	1,596,266.00	100.00

其中无预付持有本公司5%以上(含5%)的股份的股东单位的款项,预付帐款2000年12月31日欠款明细情况如下:

欠款单位	欠款余额	欠款原因	欠款时间
华瑞花园筹建处	596,266.00	预付购车库款	1998年
厦门市集美土地局	2,100,000.00	预付购土地押金	1998-2000年
福建省公路一公司	480,000.00	预付工程款	2000年
合计	3,176,266.00		

4.应收补贴款应收补贴款年末无余额,期初应收补贴款33,000,000.00元已收讫。

5.存货及存货跌价准备存货明细项目列示如下:

项 目	2000.12.31 存货余额	存货跌价准备	1999.12.31 存货余额	存货跌价准备
高速公路维护用备品、配件	313,114.99		433,067.55	

6.长期投资长期投资明细项目列示如下:

项目	1999.12.31	本年增加	本年减少	2000.12.31
长期股权投资	4,000,000.00	--	--	4,000,000.00

长期股权投资明细项目列示如下:

子公司名称	投资成本	股权投资差额	累计损益调整	合计
福建省高速公路养护工程有限公司	4,000,000.00	0.00	0.00	4,000,000.00

根据被投资公司的经营情况分析,上述长期投资不需计提长期投资减值准备。投资期限及占被投资单位股权比例情况详见附注五。

7. 固定资产及累计折旧固定资产原价及其累计折旧增减变动明细项目列示如下:

项目	1999.12.31	本年增加	本年减少	2000.12.31
原值				
泉厦高速公路	2,061,800,000.00			2,061,800,000.00
房屋及建筑物	2,110,319.00			2,110,319.00
机械设备	12,594,611.00	370,000.00		12,964,611.00
运输设备	10,186,562.00		370,000.00	9,816,562.00
办公设备	2,514,829.00	209,610.00		2,724,439.00
合计	2,089,206,321.00			2,089,415,931.00
累计折旧				
泉厦高速公路	60,086,340.64	21,299,714.38		81,385,794.02
房屋及建筑物	0.00	70,343.95		70,343.95
机械设备	1,932,789.53	1,727,049.92		3,659,839.45
运输设备	2,016,080.24	1,381,295.52	81,270.12	3,316,105.64
办公设备	609,137.81	536,018.64		1,145,417.45
合计	64,644,348.22	14,419,034.87		89,577,500.51
净值	2,024,561,972.78			1,999,838,430.49

截止2000年12月31日,本公司固定资产未用于抵押、担保。

8. 在建工程在建工程明细项目列示如下:

种类	1999.12.31	本年增加	本年结转固定资产
高速公路桥梁管理系统	784,350.00		

种类	其他转出	2000.12.31
高速公路桥梁管理系统		784,350.00

上述在建工程项目的投资成本中不含资本化利息。

9. 长期待摊费用长期待摊费用明细项目列示如下:

项 目	原始金额	1999.12.31	本年增加	本年摊销
办公楼装修、租金;集体宿舍租金	410,000.00	307,500.00		187,916.67

项 目	2000.12.31	备注
办公楼装修、租金;集体宿舍租金	119,583.31	尚余摊销期11个月

10.应付帐款应付帐款年末余额为9,543,628.01元,其中包括各收费站收取未上划进行分配的车辆通行费6,587,245.00元。

应付帐款帐龄分析列示如下:

帐龄	2000.12.31 金额	比例(%)	1999.12.31 金额	比例(%)
1年以内	8,623,628.01	90.36	9,359,058.83	100.00
1-2年	920,000.00	9.46		
合计	9,543,628.01	100.00		100.00

本公司无超过净资产5‰且帐龄在3年以上的大额应付帐款。

11.应付股利应付股利年末无余额,年初余额为23,836,242.75元,系未付的股份公司设立前的普通股股利,本年度已结算。

12.应交税金应交税金明细项目列示如下:

税 种	2000.12.31	1999.12.31
企业所得税	38,382,176.42	16,859,247.25
营业税	2,521,266.96	4,796,289.03
印花税	371,087.97	
城建税	176,488.57	335,740.23
合 计	41,527,084.11	21,991,276.51

13.其他未交款其他未交款明细项目列示如下:

项 目	2000.12.31	1999.12.31
教育费附加	100,851.04	191,851.56
基础设施建设附加费	-50,485.31	239,814.45
社会事业发展费	100,851.04	191,851.56
合 计	151,216.77	623,517.57

项目	年末余额	款项内容	帐龄
福建省高速公路有限责任公司	199,979,231.20	代垫款项	1年以内
路政专项经费	1,178,811.02	专项经费	1年以内
其 他	2,450,295.55		1年以内
合计	203,608,337.77		

本公司无超过净资产5‰且帐龄在3年以上的大额其他应付款。

15. 预提费用预提费用明细项目列示如下:

贷款单位	2000.12.31	1999.12.31	备注
借款利息	19,013,954.30	11,938,521.90	期末预提
土地租金		2,995,000.00	尚未结算
合计	19,013,954.30	14,933,521.90	

16. 一年内到期的长期负债一年内到期的长期负债明细项目列示如下:

贷款单位	2000.12.31	贷款期限	年利率	备注
福建兴业银行	50,000,000.00	1996.10.30--2001.10.29	6.03%	信用贷款
福建兴业银行	25,000,000.00	1998.12.28--2001.12.27	5.94%	信用贷款
中国建设银行	30,000,000.00	1994.12.18--2001.12.15	6.21%	担保
国际复兴开发银行	44,681,044.75			参见注释17
小 计	149,681,044.75			

债券名称	2000.12.31	发行期限
福建省泉厦高速公路建设债券	137,163,300.00	1998.12.08--2001.12.07
合 计	286,844,344.75	

债券名称	年利率	备注
福建省泉厦高速公路建设债券	6.93%	参见注释18
合 计		

17. 长期借款长期借款明细项目列示如下:

贷款单位	2000.12.31	贷款期限	年利率	备注
中国建设银行	30,000,000.00	1995.04.18—2002.04.17	6.21%	由省高速公路公司提供担保
中国建设银行	30,000,000.00	1996.08.28—2003.08.28	6.21%	同上
中国建设银行	100,000,000.00	1996.11.15—2003.11.14	6.21%	同上
中国建设银行	100,000,000.00	1997.03.20—2004.03.19	6.21%	同上
中国建设银行	10,000,000.00	1998.12..25—2005.12.17	6.21%	同上
小计	300,000,000.00			
福建兴业银行	50,000,000.00	1996.10.30—2001.10.29	6.03%	信用贷款
福建兴业银行	20,000,000.00	1997.10.31—2002.10.30	6.03%	信用贷款
小计	95,000,000.00			
国际复兴开发银行	462,714,834.05*		**	信用贷款
合计	752,714,834.05			

* 国际复兴开发银行借款系由财政部转贷,根据还款计划自1999年8月1日起分期偿还,每半年归还一次,最后一次还款期限为2014年2月1日。截止2000年12月31日贷款余额为61,293,760.50美元,其中将于1年内偿还的贷款5,397,500.00美元已列示为一年内到期的长期负债。

** 国际复兴开发银行借款的利率为浮动利率,每半年变动一次。最近执行期间2000年2月1日至2000年8月1日的利率为多种货币混合贷款部份为5.841%、单一货币贷款部份为7.794%。

18. 长期应付款长期应付款年末余额为12,000,000.00元,明细情况列示如下:

明细项目	2000.12.31	1999.12.31	备注
省高速公路公司		128,847,300.00	*
泉厦基地建设资金	12,000,000.00	12,000,000.00	**
合计	12,000,000.00	140,847,300.00	

*1998年12月8日省高速公路公司发行福建省泉厦高速公路建设债券1.2亿元,该债券期限三年,年利率6.93%,2001年12月7日到期。到期一次还本付息。根据本公司与省高速公路公司签订的《福建省泉厦高速公路建设债券还本付息承担协议》,本公司应承担福建省泉厦高速公路建设债券到期还本付息的义务。本年度年末余额137,163,300.00元已列示为一年内到期的长期负债。

** 系根据福建省计委闽计交(1999)103号文,本公司收到的泉厦高速公路管理基地建设资金。

19.股本 股本年末余额485,000,000.00元,明细情况如下:

股 份 类 别	年 初 数	本次变动增减(+、-) 配股	送 股	公积金转股	小计	年末数
一、尚未流通股份						
1、发起人股份	485,000,000					485,000,000
其中:国家拥有股份	483,366,290					483,366,290
境内法人持有股份	1,633,710					1,633,710
尚未流通股份合计	485,000,000					485,000,000
二、已流通股份						
已流通股份合计						
三、股份总数	485,000,000					485,000,000

各股东的股份及比例明细情况如下:

股 东 名 称	股份类别	认购股数	股权比例(%)
福建省高速公路有限责任公司	国家股	325,230,154	67.0578
华建交通经济开发中心	国家股	158,136,136	32.6054
福建省汽车运输总公司	国有法人股	653,484	0.1346
福建省公路物资公司	国有法人股	326,742	0.0674
福建福通对外经济合作公司	国有法人股	326,742	0.0674
福建省畅达交通经济技术开发公司	国有法人股	326,742	0.0674
合 计		485,000,000	100.00

20.资本公积资本公积明细项目如下:

项目	2000.12.31	1999.12.31
股本溢价	257,175,931.33	257,175,931.33

资本公积系本公司设立时各股东出资的股本溢价。

21.盈余公积盈余公积明细项目列示如下:

项 目	2000.12.31	1999.12.31
法定公积金	16,814,921.84	3,297,811.00
法定公益金	16,814,921.84	3,297,811.00
任意公积金		13,517,110.84
合 计	47,146,954.52	6,595,622.00

22. 未分配利润本公司未分配利润增减变动明细项目列示如下:

项 目	2000年度	1999年度
年初未分配利润	26,382,487.98	0.00
加:本期净利润	135,171,108.35	56,814,352.73
减:提取法定公积金	13,517,110.84	3,297,811.00
提取法定公益金	13,517,110.84	3,297,811.00
提取任意公积金	13,517,110.84	0.00
应付普通股股利	0.00	23,836,242.75
转增股本(折股)	0.00	0.00
年末未分配利润	121,002,263.81	26,382,487.98

根据发起人协议约定,自1999年1月1日起至股份公司成立之日止,本公司实现的净利润23,836,242.75元应当由省高速公路公司享有。1999年6月28日(股份公司成立日)至1999年12月31日实现的净利润根据本公司1999年度股东大会决议,分别提取10%的法定公积金和法定公益金,其余未分配利润结转下一年度。

根据2000年董事会利润分配预案,2000年度净利润按10%提取法定公积金、10%提取法定公益金,10%提取任意公积金。上述利润分配预案尚须经过股东大会通过。23. 主营业务收入及成本本公司主营业务收入均系泉厦高速公路车辆通行费收入，主营业务收入及成本的明细项目列示如下：

项目	2000年度	1999年度
主营业务收入	201,466,612.07	189,669,692.02
主营业务成本	52,308,946.50	45,081,362.90
主营业务毛利	149,157,665.57	144,588,329.12

*1999年度股份公司设立后取得的主营业务收入为95,925,780.52元。

24. 财务费用财务费用明细项目列示如下:

项目	2000年度	1999年度
利息支出(减收入)	73,812,612.27	89,137,247.53
汇兑损益	-73,552.50	-685,512.54
手续费支出	5,941.00	870.80
合计	73,745,000.77	88,452,605.79

项目	2000年度	1999年度
财政补贴收入	150,000,000.00	33,000,000.00
合计	150,000,000.00	33,000,000.00

根据福建省人民政府闽政(2000)文307号文件的批复，本公司自1999年7月1日起至2004年6月30日，享受政府补贴，其中1999年度补贴3,300万元，2000年至2001年每年补贴15,000万元，2002年至2003年每年补贴10,000万元，2004年补贴8,000万元。26. 营业外收入营业外收入明细项目如下：

项目	2000年度	1999年度
路产损失赔偿及清障净收入	-4,360.18	731,690.76
邮电管道干线占用高速路补偿收入	958,750.00	1,323,000.00
合计	954,389.82	2,054,690.76

27. 营业外支出营业外支出明细项目如下：

项目	2000年度	1999年度
房改损失	0.00	3,260,800.58

1999年，经厦门市住房委员会以厦房(1999)售字第321号文批复同意，本公司以自有商品房按《厦门市1998年出售公有住房的成本价及有关规定》的价格出售给本公司职工，进行房改。房改所涉及的房屋建筑物帐面价值为5,025,223.00元，共收取职工交纳的房款1,764,422.42元，差额列作营业外支出。

28.支付的其他与经营活动有关的现金 2000年度支付的其他与经营活动有关的现金为34,292,176.68元，主要为收费站征收费用及高速公路养护支出。

29.支付的其他与筹资活动有关的现金

2000年度支付的其他与筹资活动有关的现金为1,460,907.07元，系股票发行前期费用支出。

八、关联方关系及其交易 1. 主要的关联方明细情况列示如下：

(1)存在控制关系的关联方

关联方名称	注册地址	主营业务	注册资本
福建省高速公路有限责任公司	福州市台江广安城	投资建设高速公路	人民币10亿

关联方名称	与本公司关系	经济性质或类型	法定代表人
福建省高速公路有限责任公司	控股母公司	有限责任公司	卓超

(2)存在控制关系的关联方1999年12月31日至2000年12月31日注册资本未发生变动。

(3)不存在控制关系的关联方

关联方名称	注册地址	主营业务	注册资本
福建省高速公路养护工程有限公司	福州市宏扬新城	公路养护	人民币2812.8万

关联方名称	与本公司关系	经济性质或类型	法定代表人
福建省高速公路养护工程有限公司	同一母公司	有限责任公司	陈永平

2. 关联方交易

关联方交易明细情况列示如下：

项目	关联方名称	2000年度 收入金额	支出金额
养护工程支出及其他	福建省高速公路养护工程有限公司		4,672,872.81
绿化工程支出	同上		4,162,960.71
综合服务费	省高速公路公司		1,000,000.00

项目	1999年度 收入金额	支出金额
养护工程支出及其他		1,320,103.89
绿化工程支出		3,977,882.95
综合服务费		500,000.00

3.关联方往来款余额

本公司关联方往来款项余额明细项目列示如下:

会计科目	关联方名称	2000.12.31	1999.12.31
应付股利	省高速公路公司		23,836,242.75
其他应付款	省高速公路公司	199,979,231.20	133,401,531.58
应付帐款	福建省高速公路养护工程有限公司	2,956,383.01	3,332,028.83

会计科目	备注
应付股利	
其他应付款	代垫未付款
应付帐款	绿化养护工程费

九. 或有事项本公司无需要说明的重大或有事项。

十. 财务承诺事项

1、根据省高速公路公司与本公司签定的《综合服务协议》，自1999年6月28日至2004年12月31日，本公司每年需支付给省高速公路公司综合服务费100万元，1999年下半年的综合服务费为50万元。

2、根据本公司与福建省国土资源厅签订的《国有土地使用权租赁合同书》及福建省人民政府闽政[2000]文252号文《福建省人民政府关于收回福建省高速公路有限责任公司划拨土地使用权的通知》，本公司自1999年7月1日起向福建省国土资源厅租用泉厦高速路占地土地使用权，租期30年，每年租金为599万元。

3、根据本公司与福建省高速公路养护工程有限公司签订的《泉厦高速公路维修养护合同》，自2000年1月1日至2002年12月31日，本公司每年需支付泉厦高速公路保洁、绿化、公路中、小修成本等养护支出500余万元。

十一.资产负债表日后事项

1、2000年12月28日，中国证券监督管理委员会发文证监发行字[2000]190号《关于核准福建发展高速公路股份有限公司公开发行股票的通知》同意本公司利用上海证券交易所交易系统，采用上网定价发行方式向社会公开发行人民币普通股股票20,000万股。本公司于2001年1月5日由主承销商广发证券有限责任公司通过上海证券交易所交易系统采用上网定价的方式发行向社会公开发行人民币普通股(A股)20,000万股。此次发行的股票每股面值为1.00元人民币，发行价格为每股6.66元，2001年1月12日本公司收到募股资金1,304,694,000元，发行后公司注册资本、股本变更为68,500万元。股权变更登记手续正在办理之中。

2、一年内到期的长期负债中向福建兴业银行贷款50,000,000.00元，贷款期限为1996.10.30-2001.10.29，年利率6.03%，已于2001年1月10日提前归还。

除此之外，本公司无需要说明其他重大资产负债表日后事项。

十二.其他重要事项本公司无需要说明的其他重要事项。

北京歌华有线电视网络股份有限公司

一、公司简介

1、公司法定中文名称:北京歌华有线电视网络股份有限公司
公司法定英文名称:Beijing Gehua Cable TV Net work Co.,LTD　　缩写:BGCTVN
2、公司法定代表人:高峰倩
3、公司董事会秘书:廖莹
联系地址:北京市海淀区皂君庙甲 2 号
联系电话:010-68498186　　传真:010-68498376
4、公司注册地址:北京市海淀区皂君庙甲 2 号
董事会办公地址:北京市海淀区皂君庙甲 2 号　　公司邮政编码:100086
公司国际互联网址:http://www.bgctvn.com.cn　　公司电子信箱:bgctv@bctvn.com.cn
4、公司指定信息披露报纸:《中国证券报》、《上海证券报》
登载公司年度报告的国际互联网址:www.sse.com.cn
年度报告备置地点:公司证券投资部
5、公司股票上市地点:上海证券交易所
股票简称:歌华有线　　股票代码:600037

二、会计数据和业务数据摘要

1、公司本年度利润总额及构成:(单位:人民币元)

利润总额:	119,163,901.56
净利润:	109,215,401.66
扣除非经营性损益后的净利润:	109,315,401.66
主营业务利润	:134,462,877.88
其他业务利润:	837,433.05
营业利润:	119,245,204.04
投资收益:	-81,302.48
补贴收入:	---
营业外收支净额:	---
经营活动产生的现金流量净额:	125,256,243.47
现金及现金等价物净增加额:	17,890,116.43

注:扣除的非经常性损益项目为长期投资减值准备,金额为 100,000.00 元。

2 、近三年主要会计数据和财务指标(单位: 人民币元)

项目	2000 年	1999 年	1998 年
主营业务收入	231,726,197.86	180,307,447.85	129,237,760.70
净利润	109,215,401.66	91,330,794.26	56,729,744.42
总资产	604,663,476.25	492,321,824.74	361,815,573.10
股东权益	328,633,228.65	294,340,961.88	233,683,157.03
每股收益(全面摊薄)	0.57	0.48	
每股收益(加权平均)	0.57	0.48	
扣除非经营性损益后每股收益\	0.58	0.48	
每股净资产(全面摊薄)	1.73	1.55	
每股净资产(加权平均)	1.73	1.55	
调整后的每股净资产	1.70	1.54	
每股经营活动产生的现金流量净额	0.66		
净资产收益率(全面摊薄)	33.23%	31.03%	
净资产收益率(加权平均)	33.61%	32.69%	
扣除非经常损益后的加权净资产收益率	33.64%	32.69%	

报告期利润	净资产收益率(%)		每股收益(元)	
	全面摊薄	加权平均	全面摊薄	加权平均
主营业务利润	40.92	41.37	0.71	0.71
营业利润	36.29	36.69	0.63	0.63
净利润	33.23	33.61	0.57	0.58
扣除非经常损益后的净利润	33.23	33.64	0.57	0.58

三、股东情况

1、截止到 2000 年 12 月 31 日,本公司股东总数为 5 户。
2、本报告期内股权结构未变动 3、股东持股情况

股东名称	持股数(万股)	占总股本比例(%)
1、北京歌华文化发展集团	17,950.16	94.47
2、北京青年报业总公司	328.07	1.73
3、北京有线全天电视购物有限责任公司	262.46	1.38
4、北京广播发展总公司	262.46	1.38
5、北京出版社	196.85	1.04
合计	19,000.00	100.00

4、持 5%以上的法人股股东为:北京歌华文化发展集团,持有本公司股份 17,950.16 万股,占总股本 94.47%,本报告期内股份无增减变动,无质押或冻结的情况。

四、股东大会简介

报告期内召开了二次股东大会,具体情况如下:

1、1999 年度股东大会于 2000 年 4 月 28 日在北京友谊宾馆五号楼二层会议室召开。出席会议的股东代表共 5 人,代表公司股份 19000 万股,占公司股份总数的 100%。经大会审议,以投票表决方式通过了以下决议:

(1) 审议通过公司 1999 年度工作总结及 2000 年度工作计划;
(2) 审议通过董事会报告;
(3) 审议通过监事会报告;
(4) 审议通过 1999 年财务决算报告;
(5) 审议通过 1999 年度利润分配方案,将未分配利润向各股东派送现金;
(6) 审议通过同意游铭坤作为公司董事,并同意宋同顺不再担任公司董事职务。同意刘洪昆作为公司监事,并同意吴小彪不再担任公司监事;
(7) 审议通过 2000 年工资总额及高级管理人员报酬事宜;
(8) 审议通过公司投资项目审批权限的议案;
(9) 审议通过建立健全提取各项资产减值准备及各项损失处理内部控制制度的议案;
(10)审议通过聘请北京京都会计师事务所有限责任公司担任公司 2000 年度财务审计工作;
(11)审议通过数字有线电视传输系统投资预算;
(12)审议通过授权董事会办理股票发行及上市的相关事宜。

哈飞航空工业股份有限公司

(一)公司简介

1、公司中文名称:哈飞航空工业股份有限公司
公司英文名称:HAFEI AVIATION INDUSTRY Co., Ltd
公司英文名称缩写:HAI
2、法定代表人:崔学文
3、公司董事会秘书:赵安立
联系地址:哈尔滨市平房区友协大街 15 号
电话:(0451)6502272
传真:(0451)6528350
4、公司注册地址:哈尔滨市高新技术开发区集中开发区 34 号楼
邮编:150090
公司经营地址:哈尔滨市平房区友协大街 15 号
邮编:150066
电子信箱:HAI@hafei .com
5、公司选定的信息披露报刊为《上海证券报》、《中国证券报》
登载公司年度报告的中国证监会指定的国际互联网网址为 http://www.sse.com.cn
公司年度报告备置地点:公司董事会秘书处
6、公司股票上市地:上海证券交易所
股票简称:哈飞股份股票代码:600038

(二)会计资料和业务数据摘要

1、本年度主要会计数据(单位:人民币元)

项目	金额
利润总额:	40,588,887.85
净利润:	40,588,887.85
扣除非经常损益后的净利润:	40,150,869.49
主营业务利润:	57,646,014.17
其他业务利润:	2,649,159.27
营业利润:	37,354,934.92
投资收益:	
补贴收入:	2,817,128.21
营业外收支净额:	416,824.72
经营活动产生的现金流量净额:	37,266,608.60
现金及现金等价物净增加额:	347,559,792.42

注:扣除的非经常性损益项目和涉及金额:
新股申购冻结资金利息: 438,018.36

2、截止报告期末公司前三年主要会计数据和财务指标　　单位:人民币元

项目	2000 年	1999 年	1998 年 调整前	1998 年 调整后
主营业务收入	37,381,822.36	192,003,988.71	195,827,336.55	195,827,336.55
净利润	40,588,887.85	33,532,148.97	21,016,971.31	20,692,620.01
总资产	76,188,316.76	359,298,465.26	224,897,842.66	224,573,491.36
股东权益	37,839,576.06	141,250,688.21	74,273,375.86	73,949,024.56
每股收益(全面摊薄)	0.2706	0.37	0.23	0.23
每股收益(加权平均)	0.4273	0.37	0.23	0.23
扣除非经常性损益后每股收益	0.2677	0.37	0.23	0.23
每股净资产	4.25	1.57	0.83	0.82
调整后每股净资产	4.25	1.57	0.83	0.82
每股经营活动产生的现金净流量	0.25	0.00	0.00	0.00
净资产收益率%(全面摊薄)	6.3635	23.74	28.30	27.98
净资产收益率%(加权平均)	20.3407	23.74	28.30	27.98

(三)股本变动及股东情况

1、股票发行与上市情况

本公司于 2000 年 11 月 22 日首次向社会公开发行了 6000 万股人民币普通股,每股发行价为 7.85 元,全部通过上海证券交易所采用上网发行方式发行,并于 2000 年 12 月 18 日在上海证券交易所挂牌上市。

2、股东情况介绍

(1) 根据上海证券登记有限公司提供的数据,截止 2000 年 12 月 31 日,本公司股东总数为 48114 户。

(2)持本公司 5%以上股份的股东名称:哈尔滨飞机工业集团有限责任公司

(3)截止 2000 年 12 月 31 日公司前 10 名股东持股情况

	股东名称或姓名	年末持股数(股)	持股比例(%)
①	哈尔滨飞机工业(集团)有限公司	89450000	59.63
②	南方证券有限公司	3950476	2.63
③	金鑫基金	2083515	1.39
④	刘学良	464163	0.31
⑤	李光第	429000	0.29
⑥	同智基金	310000	0.21
⑦	申创投资	285180	0.19
⑧	兴业证券	239667	0.16
⑨	泰达科技	200000	0.13
⑩	江孝光	189000	0.126

注:(1)报告期内哈尔滨飞机工业集团有限责任公司持有的法人股无变动。
(2)公司前 10 名股东中的第 2-10 位为流通股股东,本公司未知其之间的关联关系。
(3)持有 5%以上的法人股股东简介

哈尔滨飞机工业集团有限责任公司是本公司第一大股东,持有本公司 59.63 %的股份,法定代表人:崔学文先生

公司经营范围:航空产品制造;汽车用液化气钢瓶(不含液化气)制造、销售。微型汽车、医药包装机械、纺织机械、通用零部件、食品加工机械、烟草加工机械、体育器材、厨房设备、环保设备、制牌设备、煤气罐及炉具、铝型材制品、工业气体、工业管道阀门;风机、冶炼设备、金属轧制设备、专用胶片、橡胶零件、塑料制品。销售用松花江微型汽车串换的汽车(不含小轿车);按外经贸部核定的范围从事进出口业务;经营本企业的进料加工和"三来一补"业务。

(4)截止 2000 年 12 月 31 日,本公司控股股东无变化。
(5)公司信息披露的报纸为 2001 年 2 月 24 日的《上海证券报》、《中国证券报》。

宁波联合集团股份有限公司

一、公司简介

(一)公司法定中文名称:宁波联合集团股份有限公司

公司英文名称:NINGBOUNITEDGROUPCO.,LTD.　　缩写:NUG

(二)公司法定代表人:周孝成

(三)公司董事会秘书:何筱禄

联系地址:宁波开发区东海路1号联合大厦八楼

电话:0574-6221609　　传真:0574-6221320

电子信箱:hxl@nug.com.cn

董事会证券事务代表:朱德昌

联系地址:宁波开发区东海路1号联合大厦八楼

电话:0574-6222320　　传真:0574-6221320

电子信箱:zdc@nug.com.cn

(四)公司注册地址(办公地址):

宁波开发区东海路1号联合大厦　　邮政编码:315803

公司网址:http://www.nug.com.cn　　电子信箱:info@nug.com.cn

(五)公司选定的信息披露报纸:《上海证券报》、《中国证券报》

登载公司年度报告的中国证监会指定的国际互联网网址:http://www.sse.com.cn

公司年度报告备置地点:

宁波开发区东海路1号联合大厦八楼

(六)公司股票上市交易所:上海证券交易所

股票简称:宁波联合　　股票代码:600051

二、会计数据和业务数据摘要

(一)公司本年度利润总额及构成:(单位:元合并报表)

1、利润总额	69,121,434.47
2、净利润	50,177,607.87
3、扣除非经常性损益后的净利润	42,639,174.00
4、主营业务利润	209,865,075.56
5、其它业务利润	3,813,747.92
6、营业利润	49,367,722.08
7、投资收益	12,143,100.51
8、补贴收入	5,653,894.38
9、营业外收支净额	1,956,717.50
10、经营活动产生的现金流量净额	74,308,928.18
11、现金及现金等价物净增加额	152,243,888.54

注:扣除的非经常性损益项目和涉及金额

项目	金额
1、营业外收支净额	1,956,717.50
2、补贴收入	5,653,894.38
3、股权投资差额摊销-	72,178.01
小计	7,538,433.87

(二)截止报告期末公司前三年的主要会计数据和财务指标(单位:元)

指标项目	2000年	1999年		1998年	
		调整前	调整后	调整前	调整后
主营业务收入	2,957,317,046.97	2,000,086,981.09	2,000,086,981.09	1,292,038,963.99	1,293,204,545.77
净利润	50,177,607.87	36,027,640.83	16,030,840.28	47,263,714.90	41,254,888.05
总资产	1,840,888,485.20	1,660,376,735.98	1,640,793,483.77	1,602,174,339.73	1,548,596,273.87
股东权益(不含少数股东权益)	798,419,103.05	801,772,580.19	778,008,241.91	822,695,286.33	760,404,996.22
每股收益	0.17	0.12	0.05	0.16	0.14
每股收益(加权)	0.17	0.12	0.05	0.18	0.16
每股收益(扣除非经常性损益后)	0.14	0.11	0.10	0.17	0.15
每股净资产	2.64	2.65	2.57	2.72	2.51
调整后的每股净资产	2.57	2.57	2.49	2.64	2.43
每股经营活动产生的现金流量净额	0.25	0.011	0.011	0.68	0.68
净资产收益率(%)	6.28	4.49	2.06	5.74	5.43
加权净资产收益率(%)	6.22	4.54	2.08	5.91	5.58

三、股东情况介绍

1、截止2000年12月31日,公司股东总数为28475户。

2、主要股东持股情况(前10名股东):

股东名称	年内股份增减变动情况(股)	年末持股数(股)已上市流通股份	未上市流通股份	占总股本比例(%)
宁波经济技术开发区控股公司	+7,730,400		116,231,470	38.44
其中:国家股	0		108,501,070	35.88
法人股	+7,730,400		7,730,400	2.56
中国五金矿产进出口总公司	-3,530,400		74,590,371	24.67
中国机械进出口(集团)有限公司	-4,200,000		26,180,299	8.66
京华凯仕		1,454,344		0.481
郭惠		654,800		0.217
京天洁源		607,000		0.201
温莉		600,000		0.198
王焕臣		600,000		0.198
融合信达		593,000		0.196
高伦电子		581,000		0.192

持股5以上的法人股东所持股份不存在质押、冻结等情况。

宁波经济技术开发区控股公司为代表国家持有股份的单位。

浙江广厦建筑集团股份有限公司

一、公司简介

(一)公司法定中文名称:浙江广厦建筑集团股份有限公司　　公司简称:浙江广厦

公司法定英文名称:Zhejiang Guangsha Building Group Co.,Ltd.　　英文简称:GSBG

(二)公司法定代表人:楼忠福

(三)公司董事会秘书:梁阳

电子信箱:longyanger@sina.com

联系地址:浙江省杭州市玉古路123号广厦大厦　　邮政编码:310013

电话:0571-7969988-1221　　传真:0571-7963858

<<<<(四)公司注册地址:浙江省东阳市吴宁西路21号

公司办公地址:浙江省东阳市振兴路1号　　邮政编码:322100

公司电子信箱:zjgs@china.com　　公司国际互联网网址:http://www.chinaguangsha.com

(五)选定的信息披露报纸:《中国证券报》、《上海证券报》

中报登载互联网网址:http://www.sse.com.cn

11公司中报备置地址:杭州市玉古路123号浙江广厦董事会办公室

(六)公司股票上市地:上海证券交易所　　股票简称:浙江广厦　　股票代码:600052

二、会计数据和业务数据摘要

(一)公司本年度主要会计数据和业务数据

主要会计数据	金额(万元)
利润总额	11311.81
净利润	9578.81
扣除非经常性损益后的净利润	8671.91
主营业务利润	13192.76
其他业务利润	338.81
营业利润	5102.40
投资收益	6306.20
补贴收入	0
营业外收支净额	-96.80
经营活动产生的现金流量净额	-16306.52
现金及现金等价物净增加额	-10462.27

扣除的非经常性损益项目有上海国通电信有限公司股权转让收入1069万元以及合并价差摊入-162.71万元,上述项目合计906.90万元。

(二)公司前三年的主要会计数据和业务数据

1、主要财务数据

主要会计数据	2000年度	1999年度	1998年度	
			调整前	调整后
主营业务收入(万元)	163594.94	152767.85	129571.08	129571.08
净利润(万元)	9578.81	7314.79	8068.43	7766.61
总资产(万元)	238532.04	147236.62	105323.28	100957.26
股东权益(万元)	82044.80	76106.51	52175.32	48372.24
每股收益(元/股)	0.23	0.26	0.32	0.31
加权平均每股收益(元/股)	0.23	0.28		
扣除非正常性损益后的每股收益(元/股)	0.20	0.25		
每股净资产(元/股)	1.94	2.70	2.07	1.74
调整后每股净资产(元/股)	1.69	2.65	2.01	
每股经营活动产生的现金流量净额(元/股)	-0.39	-0.41	0.21	
净资产收益率(%)	11.67	9.61	15.46	16.06

2、利润分配表附表

报告期利润	净资产收益率(%)		每股收益(元/股)	
	全面摊权	加权平均	全面摊权	加权平均
主营业务利润	16.08	16.23	0.31	0.31
营业利润	6.22	6.28	0.12	0.12
净利润	11.67	11.78	0.23	0.23
扣除非经常性损益后的净利润	10.57	10.67	0.20	0.20

(三)公司本年度股东权益变动情况(单位:万元)

项目	股本	资本公积	盈余公积	法定公益金	未分配利润	股东权益合计
期初数	28224.00	28651.38	6117.27	2839.57	13529.20	76521.84
本期增加	14112.00	177.74	1825.58	912.79	9578.81	25694.13
本期减少	0	5644.80	0	0	14526.38	15937.58
期末数	42336.00	23184.33	7942.84	3752.36	8581.63	86278.40

本期股本增加、资本公积减少系报告期内实施1999年度利润分配方案所致,盈余公积增加、法定公益金增加系各按本年度净利润的10%计提所致;未分配利润增加系本年净利润转入,未分配利润减少系报告期内实施1999年度利润分配方案以及本年度利润分配预案反映在会计报表上所致。

三、股东情况介绍

(一)股东总数

截止2000年12月31日,本公司股东总户数为60358户。

(二)股东情况

报告期末,持有本公司5%以上股份及前10名股东的持股情况:

序号	股东名称	期末持股数量(万股)	持股比例(%)
1	广厦建设集团有限责任公司	8514.7241	20.11
2	上海邦联投资有限公司	3424.0451	8.09
3	浙江万福建材有限公司	1875.2900	4.43
4	杭州市股权管理中心	1573.0355	3.72
5	金华信托投资股份有限公司	534.3543	1.26
6	浙江广厦自应压力管厂	437.3926	1.03
7	浙江广厦装璜材料公司	425.2500	1.00
8	浙江广厦白云建筑工程公司	421.2000	0.99
9	浙江广厦第一建材厂	411.0750	0.97
10	东阳市综合房地产开发有限公司	389.8363	0.92

报告期内,未发生控股股东变更情况,第一大股东浙江广厦建筑集团公司于2000年7月更名为广厦建设集团有限责任公司。公司前十名股东为法人股股东,浙江广厦自应力压力管厂、浙江广厦装璜材料公司、浙江广厦白云建筑工程公司、浙江广厦第一建材厂为广厦建设集团有限责任公司控股子公司。浙江万福建材有限公司因期内受让法人股而成为公司股东。

江西纸业股份有限公司

一、公司简介

(一)公司中文名称:江西纸业股份有限公司　　中文缩写:江西纸业
英文名称:JIANGXI PAPER INDUSTRTY CO.,LTD　　英文缩写:JPINC
(二)公司法定代表人:姜和平
(三)公 司 总 经 理:吴三罗
(四)公司董事会秘书:黄倬桢　　董事会证券事务代表:蓝日明
公司咨询服务及联系机构:本公司证券部
电话:(0791)8632392　　传真:(0791)8632392
(五)公司注册地址和办公地址:江西省南昌市董家窑112号　　邮政编码:330006
电子信箱:jxpaper@bentium.net　　公司国际互联网址:http://www.JiangXipaper.com.cn
(六)信息披露报纸名称:《上海证券报》
指定披露的网址:http://www.sse.com.cn
公司年度报告备置地点:本公司证券部
(七)公司股票上市地:上海证券交易所
股票简称:江西纸业　　股票代码:600053

二、会计数据和业务数据摘要

(一)利润情况 单位:人民币元

序号 项目	金额
1、利润总额	72,967,008.76
2、净利润	54,536,474.08
3、扣除非经营性损益后的净利润	35,902,274.41
4、主营业务利润	86,336,743.19
5、其他业务利润	746.06
6、营业利润	54,996,036.07
7、投资收益	
8、补贴收入	10,053,018.92
9、营业外收支净额	7,917,953.77
10、经营活动产生的现金流量净额	103,333,590.56
11、现金及现金等价物净增加额	233,973,774.63

注:扣除非经营性损益项目和涉及金额:财政补贴10,053,018.92元,应扣除的营业外收支净额8,581,180.75元。

(二)报告期末公司前三年的主要会计数据和财务指标

项目	2000年度		1999年度 调整前	1999年度 调整后	1998年度 调整前	1998年度 调整后
主营业务收入	301,466,805.25		271,392,532.69	271,392,532.69	227,510,040.08	227,510,040.08
净利润	54,536,474.08		47,212,084.73	46,427,300.29	43,158,525.21	42,479,366.81
总资产	1,127,968,522.00		875,279,870.79	890,137,775.86	761,841,470.39	761,841,470.39
股东权益	670,535,207.43		454,378,304.11	453,042,887.46	407,166,219.28	407,117,907.37
每股收益	摊薄	加权	摊薄	加权	摊薄	加权
	0.34	0.36	0.34	0.34	0.31	0.31
扣除非经常性损益后的每股收益	0.23	0.24	0.19	0.19	0.05	0.05
每股净资产	4.16			3.32		2.98
调整后的每股净资产	4.16			3.32		2.95
每股经营活动产生的现金流量净额	0.64			0.23	-	-0.39
净资产收益率(%)	8.13	9.48	10.25	10.79	0.43	11.01

(三)报告期利润表附表

报告期利润	净资产收益率(%) 全面摊薄	净资产收益率(%) 加权平均	每股收益 全面摊薄	每股收益 加权平均
主营业务利润	12.87	15.01	0.54	0.57
营业利润	8.20	9.56	0.34	0.36
净利润	8.13	9.48	0.34	0.36
扣除非经常性损益后的净利润	5.35	6.24	0.23	0.24

三 、股本变动和主要股东持股情况

(一)股本变动情况
本期变动后股本总数 161,070,000股
(二)股东情况介绍
1、截止2000年12月31日,公司股东总数为49,203户,其中:国有法人股股东1户,即江西纸业集团有限公司(以下简称江纸集团公司),社会公众股股东49,202户。
公司前10名股东持股情况:

名次	股东名称	报告期末持股数(股)	占总股本(%)
1	江纸集团公司(国有法人股)	85,020,000	52.780
2	泰和基金	475,130	0.295
3	邹美平	361,050	0.224
4	唐向群	234,615	0.146
5	陈月明	210,000	0.130
6	杨长生	179,535	0.111
7	刘惠如	157,028	0.097
8	文素梅	150,380	0.093
9	飞宏商业	146,499	0.090
10	戴海峰	145,075	0.090

说 明:
(1)江纸集团公司系本公司发起人,持有本公司国有法人股85,020,000股,占总股本52.78%,法定代表人:姜和平,注册地址:江西省南昌市董家窑112号;
(2)江纸集团公司的经营范围:纸及纸制品、造纸机械、器材及配件制造、自销、纸浆、电器机械、机械配件、五金、化工、建筑材料、造纸原料、金属材料、木材零售、批发、代购代销、出口纸张及纸制品、造纸机械、进口原辅材料、机械设备、仪器仪表、零配件、设计、生产、安装、维修普通机械及配件、制浆造纸及设备的技术咨询、技术服务、招待住宿等;
(3)江纸集团公司持有的国有法人股报告期内认购配股7,020,000股,从而使所持股份增至85,020,000股。该国有法人股无质押或冻结的情况;
(4)以上各股东之间不存在关联关系。

黄山旅游发展股份有限公司

一、公司简介

1、公司法定中文名称:黄山旅游发展股份有限公司　　缩写:黄山旅游
公司法定英文名称:Huangshan Tourism Development Co.,Ltd.　　缩写:HSTD
2、公司注册及办公地址:安徽省黄山市黄山风景区温泉　　邮政编码:242709
公司国际互联网网址:http://www.huangshan.cc　　电子信箱:klygfhs@mail.ahwhptt.net.cn
3、公司法定代表人:胡学凡
4、董事会秘书:何　杰　　电子信箱:khejihsf@mail.ahwhptt.net.cn
董事会证券事务代表: 黄慧敏　　电子信箱:hshhm@21cn.com
电话:86-559-5561756　　传真:86-559-5561110
联系地址:安徽省黄山市黄山风景区温泉
5、公司选定的中国证监会指定信息披露报纸:《上海证券报》、《证券时报》及《香港商报》。
登载公司年度报告的中国证监会指定国际互联网网址:　　http://www.sse.com.cn
公司年度报告备置地点:公司董事会秘书室
6、公司股票上市交易所:上海证券交易所
股票简称:黄山旅游(A股)、黄山B股(B股)　　股票代码:600054(A股)、900942(B股)

二、会计数据和业务数据摘要

1、公司本年度主要利润指标:　　(单位:人民币元)

利润总额	60,676,983
净利润	44,905,319
扣除非经常性损益后的净利润	45,502,991
主营业务利润	129,446,947
其他业务利润	609,132
营业利润	58,701,971
投资收益:	2,572,684
营业外收支净额	-597,672
经营活动产生的现金流量净额	46,798,273
现金及现金等价物净增加额	38,872,913

公司按国内会计准则审计,净利润为44,905,319元人民币。按国际会计准则计算,实现税后利润14,414,362元,国内国际会计准则审计税后利润差异的原因是:

固定资产清理报废	-3,624,979
冲销没有未来经济效益的费用	1,011,004
A股申购冻结资金利息摊销	-1,720,000
冲销住房周转金	-20,290,987
合并价差	-404,965
冲销1999年度子公司计提的退税	-4,691,049
其他	-769,981

2、主要会计数据和业务数据　　单位:人民币元

指标项目	2000年	1999年(调整后)	1998年(调整后)
主营业务收入	286,030,222	287,659,143	239,587,399
净利润	44,905,319	82,814,850	66,996,881
总资产	958,453,023	808,664,872	785,740,267
股东权益	716,678,943	671,773,624	634,686,616
每股收益(元/股)(摊薄)	0.15	0.27	0.29
每股收益(元/股)(加权)	0.15	0.31	0.29
每股净资产(元/股)	2.37	2.22	2.72
调整后的每股净资产(元/股)	2.21	2.14	2.66
每股经营活动产生的现金流量净额(元/股)	0.155	0.21	0.23
净资产收益率(%)(摊薄)	6.3	12.3	10.6
净资产收益率(%)(加权)	6.5	12.3	10.6
扣除非经常性损益后的净资产收益率(%)(摊薄)	6.3	11.7	9.2
扣除非经常性损益后的净资产收益率(%)(加权)	6.6	11.7	9.2
股东权益比率(%)	74.8	83.1	80.8

3、报告期股东权益变动情况　　单位:元人民币

项目	股本	资本公积	盈余公积	法定公益金	未分配利润	股东权益合计
期初数	302,900,000	255,570,556	66,536,607	23,642,646	46,766,461	671,773,624
本期增加	-	-	15,115,882	5,337,996	29,789,437	44,905,319
本期减少	-	-	-	-	-	-
期末数	302,900,000	255,570,556	81,652,489	28,980,642	76,555,898	716,678,943

变动原因:盈余公积和法定公益金变动是由于本年度利润本公司和所属子公司提取数额所致。　盈余公积、公益金、未分配利润年初数变动是由于本年度根据财政部财会(2000)3号文件规定,财政退税的会计处理改变,会计政策变更采用追溯调整法所致。

三、股本变动和主要股东持股情况

1、股本变动情况　　股份总数302,900,000股
2、主要股东持股情况
(1)报告期末股东总数　截至2000年12月31日,在上海证券中央登记结算公司登记在册的公司A、B股股东共为53193个,其中A股股东49080个,B股股东4113个。
(2)公司前10名股东持股情况:

序号	股东	股票性质	持股数量	占股份总数份额(%)
1	黄山旅游集团有限公司	A股	146900000	48.50
2	华安证券有限责任公司	B股	4821015	1.59
3	HKSBCSB A/C STATE STREET BANK AND TRUST S/A THE CHINA FUND	B股	3673800	1.21
4	HKSBCSB S/A HSBC(NOM)S/A ABN AMRO BANK NV	B股	2370000	0.78
5	NAITO SECURITIES CO., LTD.	B股	2074850	0.68
6	白薇	B股	1900000	0.63
7	MSCI S/A EVEREST CAPITAL FRONTIER FUND L.P.	B股	1870000	0.617
8	SCBHK A/C BANK OF NEWYORK S/A CMG CH CHINA INVESTMENTS LIMITED	B股	1500000	0.495
9	BTFE S/A BTSL-CMG FS REGIONAL CHINA FUND	B股	1489200	0.492
10	上海国泰证券公司	B股	1478100	0.49

北京万东医疗装备股份有限公司

一、公司简介

公司名称:北京万东医疗装备股份有限公司
英文名称:Beijing Wandong Medical Equipment Co.,LTD.　　缩写:(WDM)
法定代表人:许家驹
董事会秘书:张丹石　　授权代表:何一中
联系地址:北京市朝阳区建国门外郎家园6号　　邮政编码:100022
电话:(010)65682598　　传真:(010)65682598
董秘电子信箱:info@wandong.com.cn
公司注册地址:北京市朝阳区酒仙桥路5号　　邮政编码:100015
公司办公地址:北京市朝阳区建国门外郎家园6号　　邮政编码:100022
公司网址:www.wandong.com.cn　　公司电子信箱:wdmed@public.bta.net.cn
选定信息披露的报纸:《中国证券报》《上海证券报》
中国证监会指定网址:www.sse.com.cn
公司年度报告备置地点:证券办公室公司
股票上市交易所:上海证券交易所
股票简称:万东医疗　　股票代码:600055

二、会计数据和业务数据摘要

1、本年度主要利润指标情况　　单位:元

利润总额	43,609,188.86
净利润	31,052,092.73
扣除非经常性损益的净利润	30,908,329.81
主营业务利润	99,163,148.74
其它业务利润	132,245.08
营业利润	35,710,760.91
投资收益	2,121,855.28
补贴收入	5,632,809.75
营业外收支净额	143,762.92
经营活动产生的现金流量净额	24,822,006.74
现金及现金等价物增加额	15,745,452.74

说明:扣除的非经常性损益的项目及金额:营业外收支净额143,762.92元。

2、主要会计数据及财务指标　　单位:元

	2000年	1999年	1998年
主营业务收入	277,416,967.46	206,723,671.59	166,615,814.66
净利润	31,052,092.73	30,533,687.24	30,311,487.49
总资产	526,676,072.33	451,884,767.67	292,782,153.54
股东权益	333,238,385.90	323,969,914.69	207,753,124.00
每股收益(摊薄)	0.280	0.275	0.303
每股收益(加权)	0.280	0.303	0.303
扣除非经常性损益后的每股收益	0.278	0.260	0.303
每股净资产	3.00	2.92	2.08
调整后的每股净资产	2.97	2.89	2.06
每股经营活动产生的现金流量净额	0.22	0.33	0.15
净资产收益率(摊薄)	9.32	9.42	14.59
净资产收益率(加权)	9.15	13.22	14.60

3、按照中国证监会《公开发行证券公司信息披露编报规则(第9号)》要求计算的利润数据:

	净资产收益率		每股收益	
	全面摊薄	加权平均	全面摊薄	加权平均
主营业务利润	29.76	29.21	0.893	0.893
营业利润	10.72	10.52	0.322	0.322
净利润	9.32	9.15	0.280	0.280
扣除非经常性损益后的净利润	9.28	9.10	0.278	0.278

注:计算公式每股收益=净利润/年度末普通股股份总数
每股净资产=年度末股东权益/年度末普通股股份总数
净资产收益率(%)=净利润/年度末股东权益*100%
调整后每股净资产=(年度末股东权益-三年以上的应收款项净额-待摊费用-待处理资产净损失-开办费-长期待摊费用-住房周转金负数余额)/年度末普通股股份总数

4、报告期内股东权益变动情况:　　单位:元

项目	股本	资本公积	盈余公积	法定公益金	未分配利润	股东权益合计
期初数	111000000	177219288.95	15643316.29	7691516.42	20107309.45	323969914.69
本期增加			6807733.52	3195677.52	24660737.69	31468471.21
本期减少					22200000.00	22200000.00
期末数	111000000	177219288.95	22451049.81	10887193.94	22568047.14	333238385.90

变动原因:(1)盈余公积和法定公益金增加为本年提取数。
(2)未分配利润变动原因为本年利润增加及2000年度股利分配。

三、股东情况介绍

1、截止2000年12月31日,本公司股东总数5575户,其中国有法人股股东1户,社会公众股股东5574户。

2、公司前十名股东持股情况

股东名称	持股数量(股)	持股比例(%)
1、北京万东医疗装备公司	72000000	64.86
2、长空世纪	802880	0.72
3、长空租赁	766803	0.69
4、蓝光电子	700530	0.63
5、点石装饰	602140	0.54
6、十方科贸	564076	0.51
7、南沙三丰	465451	0.42
8、三丰电子	461186	0.42
9、捷城房产	366788	0.33
10、商网通	364378	0.33

说明:①未掌握以上股东之间有关联关系的资料。
②北京万东医疗装备公司为国有法人股股东,报告期内所持股份无质押、冻结及变动情况。
③北京万东医疗装备公司法定代表人许家驹先生,经营范围为:医疗器械制造。
④报告期内控股股东无变更情况。

中技贸易股份有限公司

一.公司简介

1.公司法定中文名称:中技贸易股份有限公司
法定英文名称:CNTIC TRADING CO., LTD.
2.公司法定代表人:马志武先生
3.公司董事会秘书:齐建西先生　　证券事务代表:张洪雁女士
联系地址:北京市海淀区西三环北路21号久凌大厦公寓楼
电话:(010)68404720　　传真:(010)68404766　　电子邮箱:dsh@cntic-trading.com.cn
4.公司注册地址:北京市海淀区西三环北路21号久凌大厦公寓楼
公司办公地址:北京市海淀区西三环北路21号久凌大厦公寓楼三层　　邮政编码:100089
公司国际互联网网址:http://www.cntic-trading.com.cn 电子邮箱:dsh@cntic-trading.com.cn
5. 公司选定的信息披露报纸为《中国证券报》和《上海证券报》
刊载公司年度报告的中国证监会指定国际互联网网址:http://www.sse.com.cn
公司年度报告备置地点:北京市海淀区西三环北路21号久凌大厦公寓楼311房间
6.公司股票上市交易所:上海证券交易所
股票简称:中技贸易　　股票代码:600056

二.会计数据和业务数据摘要

1.本年度公司经营业绩(单位:人民币元)

利润总额	37,702,593.31
净利润	32,253,889.39
扣除非经常性损益后的净利润	30,010,929.39
主营业务利润	31,514,552.88
其他业务利润	2,242,960.00
营业利润	11,585,163.79
补贴收入	8,050,045.24
营业外收支净额	0.00
投资收益	18,067,384.28
经营活动产生的现金流量净额	-150,007,299.70
现金及现金等价物净增加额	87,532,912.80

注:公司本年度非经常性损益项目及涉及金额(单位:人民币元):
1)其他业务利润(咨询服务收入)　　2,242,960.00
2)营业外收支净额(对外索赔收入)　　0.00

2. 截止报告期末公司前三年的主要会计数据和财务指标

指标项目	单位	2000年度	1999年度	1998年度	
				调整后	调整前
主营业务收入	千元	1,400,095.46	1,471,643.48	1,744,174.59	1,744,174.59
净利润	千元	32,253.89	31,631.61	44,645.06	43,877.34
总资产	千元	1,121,579.10	907,274.69	750,764.08	772,114.17
股东权益	千元	512,652.58	368,348.70	360,717.09	382,067.19
每股收益(加权)	元	0.2669	0.2636	0.3720	0.3656
每股收益(摊薄)	元	0.2474	0.2636	0.3720	0.3656
扣除非经常性损益后的每股收益(加权)	元	0.2483	0.2629	0.3720	0.3656
扣除非经常性损益后的每股收益(摊薄)	元	0.2302	0.2629	0.3720	0.3656
每股净资产(加权)	元	3.2673	3.0696	3.0060	
每股净资产(摊薄)	元	3.9329	3.0696	3.0060	3.1839
调整后的每股净资产(加权)	元	3.2673	3.0541	2.8720	3.0499
调整后的每股净资产(摊薄)		3.9193			
每股经营活动产生的现金流量净额	元	-1.15	2.8947	-0.7988	-0.7988
净资产收益率(加权)	%	8.17	8.5874	12.3768	
净资产收益率(摊薄)	%	6.29	8.5874	12.3768	11.4843

利润表附表(单位:人民币元)

项目	报告期利润(元)	净资产收益率(%)		每股收益(元)	
		全面摊薄	加权平均	全面摊薄	加权平均
主营业务利润	31,514,552.88	6.15	8.37	0.2418	0.2607
营业利润	11,684,527.91	2.26	3.08	0.0889	0.0959
净利润	32,253,889.39	6.29	8.57	0.2474	0.2669
扣除非经常性损益后的净利润	30,347,373.39	5.85	7.97	0.2302	0.2483

3.报告期内股东权益变动情况(单位:人民币元)

项目	期初数	本期增加	本期减少	期末数
股本(股)	120000000	10350000		130500000
资本公积	204340763.90	114735000.00		319075763.90
盈余公积	23201587.34	6450777.88		29652365.22
其中:公益金	11600793.67	3225388.94		14826182.61
未分配利润	20806349.38	25803111.51	13035000.00	33574460.89
股东权益合计	368348700.62	157338889.39	13035000.00	512652590.01

三.股东情况介绍

(1)本公司本报告期末股东总数24364户,其中国有法人股股东1户,社会公众股24363户。
(2) 公司前十名股东持股情况:

股东名称	年末持股数(股)	占股本比例(%)
1.中国技术进出口总公司	91,350,000	70.081
2.陈新惠	312,000	0.239
3.黄华	227,228	0.174
4.赵艳红	211,000	0.162
5.俞文浩	208,650	0.160
6.刘玉云	200,200	0.154
7.董子昌	162,500	0.125
8.徐德粹	155,570	0.119
9.国信证券	149,614	0.115
10.叶逢春	148,330	0.114

注:中国技术进出口总公司系本公司的母公司,持有本公司70.08%的股份,该公司为持有本公司股份的国有法人股股东。

厦门厦新电子股份有限公司

一、公司简介

1、公司中文名称:厦门厦新电子股份有限公司
英文名称:Amoisonic Electronics Co. LTD
2、公司法定代表人:师金泉
3、公司董事会秘书:吕东
联系地址:厦门市体育路45号厦新电子股份有限公司证券部
联系电话:0592-5058123-3500
电子信箱:stock@amoisonic.com.cn
4、公司注册地址:厦门市体育路45号
联系电话: 0592-5058123
传真: 0592-5051631
网址:http://www.amoisonic.com.cn
邮政编码:361012
5、公司选定的信息披露报纸:
《上海证券报》、《中国证券报》
登载公司年度报告的中国证监会指定国际互联网网址:
http://www.sse.com.cn
6、公司年度报告备置地点:公司证券部
7、公司股票上市地:上海证券交易所
股票简称:厦新电子
股票代码:600057

二、会计数据和业务数据摘要

(一)本年度主要会计数据:(单位:人民币元)
1.利润总额-176,472,280.97
2.净利润:-174,481,880.87
3.扣除非经常性损益后的净利润:-183,267,948.56
4.主营业务利润:52,124,288.50
5.其他业务利润:-417,383.75
6.营业利润:-178,241,341.56
7.补贴收入:2,081,800.00
8.营业外收支净额:-312,739.41
9.经营活动产生的现金流量净额:-254,116,783.41
10.现金及现金等价物净增加额:-85,802,281.49
注:扣除非经常性损益的项目和涉及金额:
①补贴收入: 2,081,800.00
②贴息: 5,026,607.00
③营业外收支净额: -312,739.41
④以前年度所得税返还: 1,990,400.10
(二)截止报告期末公司三年的主要会计数据和财务指标:
(单位:人民币元)

项目	2000年度	1999年度		1998年度	
		调整前	调整后	调整前	调整后
1 主营业务收入	993477404.62	1209,293,117.51	1,209,293,117.51	1,512,006,686.11	1,512,006,686.11
2 净利润	-174481880.87	38,694,606.38	32,618,064.70	190,803,924.56	164,488,536.63
3 总资产	1293780907.33	1314996,719.66	1,314,996,719.66	987,854,860.71	956,174,403.43
4 股东权益(不含少数股东权益)	520586,952.58	701,145,375.13	695,068,833.45	503,591,531.18	471,911,073.89
5 每股收益(摊薄)	-0.487	0.108	0.091	1.02	0.88
6 每股收益(加权平均)	-0.487	0.118	0.093	1.02	0.88
7 扣除非经常性损益后的每股收益(摊薄)	-0.512	0.030	0.013	-	-
8 每股净资产(摊薄)	1.453	1.957	1.940	2.693	2.524
9 调整后的每股净资产(摊薄)	1.315	1.746	1.729	2.157	1.988
10 每股经营活动产生的现金流量净额	-0.71	0.58	0.58	0.98	0.98
11 净资产收益率%(摊薄)	-33.52	5.52	4.69	37.89	34.86

(三)公司2000年按全面摊薄法和加权平均法计算的净资产收益率及每股收益:

报告期利润	净资产收益率%		每股收益	
	全面摊薄	加权平均	全面摊薄	加权平均
主营业务利润	10.01	8.58	0.146	0.146
营业利润	-34.24	-29.32	-0.498	-0.498
净利润	-33.52	-28.71	-0.487	-0.487
扣除非经常性损益后的净利润	-35.20	-30.15	-0.512	-0.512

三、股本变动及股东情况

(一)股东情况介绍
1、截至2000年12月31日,公司股东总数为122118户。
2、公司前十名股东情况:

股东名称	持股数	占总股本比例
1、厦新电子有限公司	201960000股	56.38%
2、中国电子信息产业集团	4284000股	1.20%
3、厦门电子仪器厂	3479220股	0.97%
4、厦门电子器材公司	3167100股	0.88%
5、广播电视设备(集团)公司	697680股	0.19%
6、中国电子国际经济贸易公司	612000股	0.17%
7、王志杰	545453股	0.15%
8、浙江遂昌凯恩	414000股	0.12%
9、晏福庆	397295股	0.11%
10、余惠爱	300007股	0.08%

3、持股10%以上法人股东情况:
厦新电子有限公司为本公司的控股股东,现持有公司股份20,196万股,法人代表:师金泉。该公司经营范围目前以注塑生产、宾馆、物业管理、投资发展等实业经营为主,其注塑分厂为本公司VCD、超级VCD、家庭影院、无绳电话等整机产品塑料结构件的主要供应方。

五矿龙腾科技股份有限公司

公司简介

一、公司法定中文名称:五矿龙腾科技股份有限公司 缩写:龙腾科技
公司法定英文名称:MINMETALS TOWNLORD TECHNOLOGY CO., LTD. 缩写:"MINLIST"
二、公司法定代表人:苗耕书
三、公司董事会秘书:高勇
联系地址:北京市海淀区三里河路5号B座
电话:010-68494208 传真:010-68494207
电子信箱:gaoy@minmetals.com.cn
公司董事会证券事务代表:崔青莲
联系地址:北京市海淀区三里河路5号B座
电话:010-68494206 传真:010-68494207
电子信箱:cuiql@minmetals.com.cn
O)四、公司注册地址:北京市海淀区三里河路5号B座
公司办公地址:北京市海淀区三里河路5号B座 邮政编码:100044
公司国际互联网址:http//www.minlist.com.cn.
公司电子信箱号码:minlist @ minmetals.com.cn.
五、公司选定的信息披露报纸名称:《中国证券报》、《上海证券报》。
登载公司年报的中国证监会指定的国际互联网网址:http//www.sse.com.cn.
公司年度报告备置地点:公司总经理办公室
六、公司股票上市交易所:上海证券交易所
股票简称:龙腾科技 股票代码:600058

会计数据和业务数据摘要

一、公司本年度利润总额及构成(单位:人民币元)

项目	2000年度合并报表
利润总额	321,342,936.32
净利润	207,728,847.69
扣除非经常性损益后的净利润	219,362,070.23
主营业务利润	663,951,194.27
其他业务利润	9,699,600.97
营业利润	196,949,538.85
投资收益	116,462,486.70
补贴收入	4,027,088.12
营业外收支净额	3,903,822.65
经营活动产生的现金流量净额	124,559,443.14
现金及现金等价物净增加额	163,919,913.13

二、公司前三年主要会计数据及财务指标(单位:人民币元)
(一)主要财务数据

指标项目	2000年	1999年	1998年	
			调整前	调整后
主营业务收入	11,749,699,508.15	7,450,896,444.70	6,378,506,035.04	6,378,506,035.04
净利润	207,728,847.69	137,659,994.96	165,747,536.32	145,713,637.26
总资产	4,293,601,268.97	3,539,193,765.26	3,026,868,950.51	2,988,912,495.32
股东权益(不含少数股东权益)	1,844,153,524.66	1,636,424,676.97	1,630,514,163.61	1,591,961,857.73
每股收益	0.4898	0.3246	0.3908	0.3436
加权平均每股收益	0.4898	0.3246	0.4159	0.3656
扣除非经常性损益后的每股收益	0.5173	0.3550	0.4245	0.3772
每股净资产	4.3485	3.8586	3.8447	3.7538
调整后每股净资产	4.2740	3.7461	3.8000	3.7059
每股经营活动产生的现金流量净额	0.2937	0.9467		1.7689
净资产收益率	11.2641	8.4122		9.1531

(二)利润表附表

报告期利润	净资产收益率(%)		每股收益(元/股)	
	全面摊薄	加权平均	全面摊薄	加权平均
主营业务利润	36.0030	38.1518	1.5656	1.5656
营业利润	10.6797	11.3171	0.4644	0.4644
净利润	11.2642	11.9365	0.4898	0.4898
扣除非经常性损益后的净利润	11.8950	12.6049	0.5173	0.5173

股本变动及股东情况

一、公司股本变动情况
股份总数424,088,710股
附注:本报告期内公司股本结构未发生变动;
二、股东情况介绍
1、截止本报告期末,公司股东总数为6,959户,其中未流通国有法人股东户1户,社会公众股6,958户。
公司前10名股东持股情况(截止到2000年12月29日单位:股)

序号	股东名称	报告期末持股数(股)	持股比例(%)
1	中国五金矿产进出口总公司	304,088,710	71.70
2	大鹏证券	20,377,316	4.80
3	王红丽	1,977,690	0.47
4	莘杰科技	1,603,997	0.38
5	张运海	1,127,700	0.27
6	沈瑛	1,060,729	0.25
7	方松亚	980,612	0.23
8	高云花	923,069	0.22
9	王自财	869,210	0.20
10	陈月英	841,165	0.20

说明:1、公司前10名股东之间不存在关联关系。
2、持股5%(含5%)以上的唯一法人股股东——中国五金矿产进出口总公司持有国有法人股304,088,710股,占总股本的71.70%,该公司所持股份在报告期内没有发生变动、质押、冻结等情况。

浙江古越龙山绍兴酒股份有限公司

一、公司简介

(一)公司法定名称:浙江古越龙山绍兴酒股份有限公司
英文名称:ZheJiang GuYueLongShan ShaoXing Wine Co.LTD　　英文缩写:GYLS
(二)公司法定代表人:邱仁甫
(三)公司董事会秘书:周娟英
联系地址:浙江省绍兴市北海桥
联系电话:0575-5158435　　传真:0575-5166884
电子信箱:gylszjy@163.com
(四)公司注册地址:浙江省绍兴市北海桥公司
办公地址:浙江省绍兴市北海桥　　邮政编码:312000
公司国际互联网网址:http://www.shaoxingwine.com.cn
公司电子信箱:hjjt@shaoxingwine.com.cn
(五)公司选定的信息披露报纸名称:中国证券报、上海证券报
登载公司年度报告的中国证监会指定国际互联网网址:http://www.sse.com.cn
公司年度报告备置地点:公司董事会秘书办公室
(六)公司股票上市交易所:上海证券交易所
股票简称:古越龙山　　股票代码:600059

二、会计数据和业务数据摘要

(一)本年度主要利润指标情况(单位:人民币元)

利润总额:	98,620,440.85
净利润:	82,522,977.74
扣除非经常性损益后的净利润:	82,623,237.41
主营业务利润:	158,618,790.41
其他业务利润:	859,891.51
营业利润:	88,974,859.04
投资收益:	9,745,841.50
补贴收入:	66,595.00
营业外收支净额:	-166,854.69
经营活动产生的现金流量净额:	148,539,794.49
现金及现金等价物净增加额:	97,627,170.49

注:"扣除非经常性损益后的净利润"指标的扣除项目和涉及金额

资产处理损益:	-163,084.72
补贴收入(出口商品贴息):	66,595.00
其他:	-3,769.95
合计:	-100,259.67

(二)截至报告期末公司前三年主要会计数据和财务指标　　单位:人民币元

会计数据和财务指标	2000 年	1999 年	1998 年	
	调整后	调整后	调整前	调整后
主营业务收入	390,737,799.15	393,834,621.10	388,393,146.51	388,393,146.51
净利润	82,522,977.74	82,592,345.22	70,368,124.93	69,333,784.61
总资产	1,444,340,915.17	1,157,422,936.45	985,482,761.29	977,976,217.17
股东权益(不含少数股东权益)	767,359,070.48	726,039,527.19	488,488,630.16	480,944,538.05
每股收益	0.401	0.401	0.391	0.385
每股净资产	3.73	3.52	2.71	2.67
调整后的每股净资产	3.69	3.50	2.68	2.64
每股经营活动产生的现金流量净额	0.72	0.086	-0.444	
净资产收益率	10.75%	11.38%	14.40%	14.42%

三、股东情况介绍

(一)报告期末公司股东总数为 52916 户
(二)报告期末公司主要股东持股情况

名次	股东名称	持股数(股)	占总股本比例(%)
①	中国绍兴黄酒集团公司	124,100,000	60.24
②	展华经贸	390,000	0.189
③	上国投	200,000	0.097
④	李宁	199,000	0.097
⑤	方雪云	194,400	0.094
⑥	喻会芳	184,000	0.089
⑦	浙江轻纺	175,257	0.085
⑧	黄虎	165,500	0.080
⑨	严祥生	152,000	0.074
⑩	尹炳钊	147,755	0.072

注:①中国绍兴黄酒集团公司为国有法人股股东。
②报告期内中国绍兴黄酒集团公司所持股份未发生增减情况,也未有质押或冻结情况。
③公司前十名股东中的第 2 位至第 10 位为流通股股东,本公司未知其之间是否存在关联关系。

四、股东大会简介

本报告期内共召开两次股东大会
(一)1999 年度股东大会。2000 年 4 月 6 日,董事会在《上海证券报》、《中国证券报》上刊登了关于召开 1999 年度股东大会的公告,5 月 8 日召开了本次股东大会,会议审议通过如下决议:
①审议通过了 1999 年度董事会工作报告。
②审议通过了 1999 年度监事会工作报告。
③审议通过了 1999 年度财务决算报告。
④审议通过了 1999 年度利润分配预案:董事会决定按 10 派 2 元现金(含税)的方案,向全体股东分配红利。
⑤审议通过了关于续聘浙江天健会计师事务所为公司审计机构的预案。
⑥审议通过了关于修改公司章程的预案。
⑦审议通过了关于出售果酒设备的预案。
⑧举行公司董事会换届选举。
⑨举行公司监事会换届选举。
⑩审议通过了关于公司增持绍兴龙山氨纶有限公司股份及提供担保承诺的预案。

青岛海信电器股份有限公司

一、公司简介

1、公司中文法定名称:青岛海信电器股份有限公司
公司英文名称:HISENSE ELECTRIC CO.,LTD. 缩写:HXDQ
2、公司法定代表人:于淑珉
3、公司董事会秘书:盛　强
联系地址:青岛市江西路 11 号
电话:(0532)3863463　　传真:(0532)3888515　　邮编:266071
4、公司注册地址及办公地址:青岛市江西路 11 号
邮政编码:266071　　公司国际互联网网址:http://www.hisense.com.cn
5、公司选定的信息披露报纸:《上海证券报》、《证券时报》《中国证券报》
登载公司年度报告的中国证监会指定国际互联网网址:　http://www.sse.com.cn
公司年度报告备置地点:公司证券部
6、公司股票上市交易所:上海证券交易所
证券简称:海信电器　　证券代码:600060

二、会计数据和业务数据摘要

1、本年度主要会计数据(单位:人民币元)

利润总额:	139,620,897.58
净利润:	125,341,626.10
扣除非经常损益后的净利润:	119,093,811.15
主营业务利润:	410,710,386.20
其他业务利润:	17,407,645.65
营业利润:	134,009,311.37
投资收益:	-636,228.74
补贴收入:	5,011,614.80
营业外收支净额:	1,236,200.15
经营活动产生的现金流量净额:	232,689,971.84
现金及现金等价物净增加额:	-14,146,445.96

注:非经常性损益是指营业外收支净额和补贴收入,涉及金额为 6,247,814.95 元。
2 截止报告期末公司前三年主要会计数据和财务指标(单位:人民币元)

指标项目	2000 年度	1999 年度	1998 年度	
			调整前	调整后
主营业务收入	4,300,544,015.19	2,982,074,124.76	2,402,513,920.70	2,402,513,920.70
净利润	125,341,626.10	118,887,838.32	140,928,706.12	124,775,805.30
总资产	2,720,133,229.97	2,457,069,280.13	2,329,195,018.10	2,292,931,054.39
股东权益	1,409,097,333.95	1,332,850,551.66	1,245,745,280.02	1,211,524,102.87
每股收益(摊薄)	0.30	0.29	0.48	0.42
每股收益(加权)	0.30	0.34	0.50	0.49
每股收益(扣除非经常性损益)	0.29	0.19	0.36	0.31
每股净资产	3.40	3.22	4.21	4.09
调整后的每股净资产	3.34	3.20	4.17	4.05
每股经营活动产生的现金流量净额	0.56	0.23	-0.53	-0.53
净资产收益率(摊薄)%	8.90	8.92	11.31	10.30
净资产收益率(加权)%	8.74	8.93		

3、2000 年度利润分配表附表:
根据中国证监会《公开发行证券公司信息披露编报规则(第 9 号)》要求编制的 2000 年度利润分配附表如下:

报告期利润	净资产收益率(%)		每股收益(元/股)	
	全面摊薄	加权平均	全面摊薄	加权平均
主营业务利润	29.15	28.65	0.99	0.99
营业利润	9.51	9.35	0.32	0.32
净利润	8.90	8.74	0.30	0.30
扣除非经常性损益后的净利润	8.45	8.31	0.29	0.29

4、报告期股内东权益变动情况及原因:

项目	期初数	本期增加	本期减少	期末数
股本	414,491,472.00			414,491,472.00
资本公积	545,302,001.10	2,716,590.19		548,018,591.29
盈余公积	107,869,465.28	41,124,500.26		148,993,965.54
法定公益金	36,602,384.10	13,674,205.38		50,276,589.48
未分配利润	265,187,613.28	32,405,691.84		297,593,305.12
股东权益合计	1,332,850,551.66	76,246,782.29		1,409,097,333.95

1、资本公积金增加是由于以实物资产对南非海信发展有限公投资,资产评估增值所致。
2、盈余公积增加是由于从当年净利润中提取。
3、法定公益金增加是由于从当年净利润中提取,期初数减少是因为股东大会对 99 年分配预案作了调整。
4、未分配利润增加是由于本年度净利润增加。

三、股本变动及股东介绍

1、股本变动情况
本次变后股份总数 414,491,472 股
2、股东情况介绍
(1)截止 2000 年 12 月 31 日公司股东总数为 101652 户。
(2)截止 2000 年 12 月 31 日前十名股东持股情况:

名次	股东名称	年末持股数(股)	占总股本%
<1>	海信集团公司(国有法人股)	287,091,472	69.26
<2>	天太投资	1,069,051	0.2579
<3>	景福基金	1,035,832	0.2499
<4>	梁军	562,845	0.1358
<5>	张宇红	440,000	0.1062
<6>	民安发展	365,851	0.0883
<7>	彭安伟	277,600	0.0670
<8>	天太实业	277,020	0.0668
<9>	湖南华丰	264,500	0.0638
<10>	山证酒店	256,367	0.0619

中纺投资发展股份有限公司

一、公司简介

1、公司法定中文名称:中纺投资发展股份有限公司 缩写:中纺投资
公司法定英文名称:SinotexInvestment&DevelopmentCo.,Ltd. 缩写:STIC
2、公司法定代表人:常俊传
3、公司董事会秘书:鲍勤飞
联系地址:北京朝阳区安苑路15号
邮编:100029 电话:010-64958201 传真:010-64958201
董事会证券事务代表:胡金良
联系地址:上海市浦东商城路738号1804室
邮编:200120 电话:021-58312768 传真:021-58316338
4、公司注册、办公地址:上海市浦东商城路738号1804室
邮政编码:200120 公司电子信箱:zhongf@online.sh.cn
5、公司选定的信息披露报纸:《中国证券报》
登载公司年度报告的中国证监会指定国际互联网网址:http://www.sse.com.cn
公司年度报告备置地点:上海市浦东商城路738号1804室
6、公司股票上市交易所:上海证券交易所
股票简称:中纺投资 股票代码:600061

二、会计数据和业务数据摘要

1、公司2000年度主要业务数据

项目	金额(单位:元)
利润总额	57,694,978.99
净利润	48,105,681.72
扣除非经常性损益后的净利润	39,824,988.04
主营业务利润	87,348,989.81
其他业务利润	3,298,138.76
营业利润	49,414,285.31
投资收益	6,857,494.69
补贴收入	1,697,570.87
营业外收支净额	-274,371.88
经营活动产生的现金流量净额	47,320,231.08
现金及现金等价物净增加额	79,571,910.24

2、公司前三年主要会计数据和财务指标(合并报表)

项目	2000.12.31	1999.12.31	1998.12.31 调整前	1998.12.31 调整后
主营业务收入(元)	710,454,985.03	487,796,850.16	392,060,967.40	392,060,967.40
净利润(元)	48,105,681.72	41,603,111.77	30,481,727.04	28,087,031.16
总资产(元)	760,841,984.98	618,775,504.71	672,414,532.83	662,753,391.38
股东权益(不含少数股东权益,元)	485,552,488.57	356,961,963.38	336,876,050.23	328,564,017.12
每股收益(摊薄,元)	0.335	0.315	0.231	0.213
每股收益(加权,元)	0.357	0.315	0.231	0.213
扣除非经常性损益后的每股收益(摊薄,元)	0.285	0.315	0.231	0.213
每股净资产(元)	3.383	2.70	2.552	2.498
调整后的每股净资产(元)	3.367	2.67	2.526	2.454
每股经营活动产生的现金流量净额	0.330	0.40	0.39	
净资产收益率(摊薄,%)	9.91	11.65	9.05	8.55
净资产收益率(加权,%)	10.85	11.65	9.05	8.55

按照中国证监会《公开发行证券公司信息披露编报规则(第9号)》要求计算2000年报告期利润的净资产收益率和每股收益:

项目	报告期利润	净资产收益率(%)		每股收益(元)	
		全面摊薄	加权平均	全面摊薄	加权平均
主营业务利润	87,348,989.81	17.99%	19.70%	0.609	0.648
营业利润	49,414,285.31	10.18%	11.15%	0.344	0.366
净利润	48,105,681.72	9.91%	10.85%	0.335	0.357
扣除非经常性损益后的净利润	39,824,988.04	8.20%	8.98%	0.278	0.295

三、股东情况介绍

1、报告期末股东总数:7058户
2、公司前十名股东持股情况

名次	股东名称	年末持股数(股)	占总股本(%)
1	中国纺织物资(集团)总公司	47,768,800	33.29
2	中国丝绸物资进出口公司	15,498,000	10.80
3	锡山市东绛合成纤维实验厂	15,498,000	10.80
4	澳大利亚CTRC股份有限公司(外资股东)	15,498,000	10.80
5	陕西省纺织工业供销公司	2,443,200	1.70
6	林云荪	623,754	0.43
7	王世召	546,998	0.38
8	赵金堂	522,502	0.36
9	党如华	495,673	0.35
10	东方证券	490,000	0.34

持有本公司5%以上股份的股东有中国纺织物资(集团)总公司、中国丝绸物资进出口公司、锡山市东绛合成纤维实验厂和澳大利亚CTRC股份有限公司。其中中国纺织物资(集团)总公司所持股份增加了70.6万股,增加的原因是参与了公司配股。其他股东在报告期内所持

股份数量不变。其中锡山市东绛合成纤维实验厂是中国纺织物资(集团)总公司投资的企业,澳大利亚CTRC股份有限公司是中国纺织物资(集团)总公司的控股子公司。

持有本公司5%以上股份的股东中,中国纺织物资(集团)总公司、锡山市东绛合成纤维实验厂和澳大利亚CTRC股份有限公司所持股份无质押和冻结。中国丝绸物资进出口公司因涉讼,其所持中纺投资9.21%的股份,计1216.1万股法人股被北京市第二中级人民法院冻结。

北京双鹤药业股份有限公司

一、公司简介

1、公司法定中文名称:北京双鹤药业股份有限公司
公司英文名称:BEIJING DOUBLE-CRANE PHARMACEUTICAL CO.,LTD.
公司英文名称缩写:DCPC
2、公司法定代表人:乔俊峰
3、公司董事会秘书:倪军
公司董秘授权代表:白丽萍
联系地址:北京市朝阳区光华路九号董事会秘书室
联系电话:(010)65853578 传真:(010)65853578
4、公司注册地址:北京市朝阳区酒仙桥路4号院内24号楼一层
公司办公地址:北京市朝阳区光华路九号 邮政编码:100020
公司国际互联网网址:www.dcpc.com.cn
公司电子信箱:dcpcmss@public.east.cn.net
5、公司选定的信息披露报纸名称:《中国证券报》、《上海证券报》
登载公司年度报告的中国证监会指定国际互联网网址:www.sse.com.cn
公司年度报告备置地点:公司董事会秘书室
6、公司股票上市交易所:上海证券交易所
股票简称:双鹤药业 股票代码:600062

二、会计数据和业务数据摘要

1、公司本年度经营业绩(单位:人民币元)

利润总额	179,432,707
利润	128,914,739
扣除非经常性损益后的净利润	126,023,305
主营业务利润	523,140,072
其他业务利润	6,996,797
营业利润	170,423,987
投资收益	4,670,717
补贴收入	1,525,590
营业外收支净额	2,812,413
经营活动产生的现金流量净额	172,805,379
现金及现金等价物净增加额	-114,281,626

注:本年度公司非经常性损益构成如下(单位:人民币元):

项目	金额
处置固定资产净收益	-296,579
无法支付款项	2,259,737
临时性补贴收入	1,525,590
摊销股权投资差额	-597,314
合计	2,891,434

2、利润表附表(单位:人民币元)

报告期利润	净资产收益率		每股收益	
	全面摊薄	加权平均	全面摊薄	加权平均
主营业务利润	66.17%	69.14%	1.7113	1.7113
营业利润	21.56%	22.52%	0.5575	0.5575
净利润	16.31%	17.04%	0.4217	0.4217
扣除非经常性损益后的净利润	15.94%	16.65%	0.4123	0.4123

3、截至报告期末公司前三年的主要会计数据和财务指标:
(1)主要会计数据和财务指标(单位:人民币元):

项目	2000年	1999年	1998年 调整后	1998年 调整前
主营业务收入	1,168,339,074	723,522,187	350,665,652	350,665,652
净利润	128,914,739	75,885,353	58,867,848	60,877,848
总资产	1484,156,306	1184830,570	727,608,203	741,017,676
股东权益(不含少数股东权益)	790,559,028	692,213,789	521,823,430	533,997,391
每股收益(元/股)	0.4217	0.32	0.40	0.414
每股收益(按月平均加权法计算)	0.4217	0.36	0.40	0.414
每股收益(扣除非经常性损益)	0.4123	0.36	0.40	0.414
每股净资产(元/股)	2.5861	2.94	3.549	3.63
调整后的每股净资产(元/股)	2.5220	2.89	3.4894	3.51
每股经营活动产生的现金流量净额	0.5653	0.56	-0.09	-0.09
净资产收益率(%)	16.31	10.96	11.28	11.4

三、股东情况介绍

1、报告期末股东总数为17926户。
2、报告期末公司前10名股东持股情况:

股东名称	持有股数(万股)	持股比例(%)	股份性质
北京万辉药业集团	17524	57.33	国有法人股
北京永好科技发展有限责任公司	975	3.19	发起人法人股
北京医药集团有限责任公司	585	1.91	发起人法人股
北京市国有资产经营公司	234	0.77	发起人法人股
北京科梦嘉生物技术开发有限责任公司	136.5	0.45	发起人法人股
民丰投资	122.9041	0.40	流通股
南方证券有限公司	117	0.38	发起人法人股
唐祥坤	103.1581	0.34	流通股
张东海	102.4777	0.34	流通股
田锋	93.1168	0.30	流通股

注:①经北京市企业兼并破产和职工再就业工作协调小组[1999]4文和北京医药集团有限责任公司(99)京药集团企法字第15号文批准,北京万辉药业集团以承债式兼并北京制药厂,北京制药厂所持有的本公司17524万股、占总股本57.33%的股份转由北京万辉药业集团继持,北京万辉药业集团成为本公司第一大股东(见2000年6月8日《中国证券报》、《上海证券报》董事会公告)。

安徽皖维高新材料股份有限公司

公司简介

1 、公司名称:
中 文:安徽皖维高新材料股份有限公司
英 文:ANHUI WANWEI UPDATED HIGH-TECH MATERIAL INDUSTRY COMPANY LIMITED
2 、公司法定代表人:陈信生
3 、公司董事会秘书:汤华章
联 系地址:安徽省巢湖市巢维路 56 号皖维股份公司
电 话:0565-2317280 2317294
传 真:0565-2317447
4 、公司注册地址:安徽省巢湖市巢维路 56 号
公 司办公地址:安徽省巢湖市巢维路 56 号
邮 政编码:238002
公 司网址:http://www.wwgf.com.cn
电 子信箱:wwjszx@mail.hf.ah.cn
5 、公司选定的信息披露报纸:《上海证券报》
登 载公司年度报告的网址:http://www.sse.com.cn
公 司年度报告备置地点:本公司董秘办公室
6 、公司股票上市交易所:上海证券交易所
股 票简称:皖维高新
股 票代码:600063

会计数据和业务数据摘要

1 、公司本年度利润总额及构成情况(合并报表)

利润总额	65,887,013.40 元
其中:净利润	54,095,218.64 元
扣除非经常性损益后的净利润	51,966,389.29 元
主营业务利润	101,133,917.35 元
其他业务利润	443,699.45 元
营业利润	55,375,593.18 元
投资收益	9,862,413.46 元
补贴收入	51,000.00 元
营业外收支净额	598,006.76 元
经营活动产生的现金流量净额	75,921,364.37 元
现金及现金等价物净增加额	97,826,760.05 元

注:扣除非经常性损益系增值税返还款 51,000.00 元和江苏久吾高科技股份有限公司股权转让收益(税后)2,077,829.35 元,合计 2,128,829.35 元。

2 、公司前三年主要会计数据和财务指标

项 目	2000 年	1999 年	1998 年	
			调整后	调整前
主营业务收入(元)	386,927,950.66	288,589,567.78	277,982,965.99	277,982,965.99
净利润 ((元)	54,095,218.64	46,530,055.69	44,691,599.51	45,105,222.59
总资产(元)	1,198,438,917.40	781,015,341.28	611,156,321.57	612,100,185.77
股东权益(元)	618,458,326.25	491,148,107.61	466,676,852.27	467,620,716.47
每股收益(元/股)				
(摊薄)	0.214	0.198	0.228	0.230
(加权)	0.222	0.234	0.299	0.302
每股净资产(元/股)	2.445	2.088	2.381	2.386
调整后每股净资产(元/ 股)	2.418	2.058	2.345	2.350
每股经营活动产生的现金流量净额	0.300	0.136	0.159	0.159
净资产收益率(%) (摊薄)	8.75	9.47	9.58	9.65
(加权)	9.43	9.50	9.53	9.62
扣除非经常性损益后的每股收益(元)	0.205	0.196	0.225	0.227

3 、利润表附表

报告期利润	净资产收益率(%)		每股收益(元/股)	
	全面摊薄	加权平均	全面摊薄	加权平均
主营业务利润	16.35	17.63	0.400	0.414
营业利润	8.95	9.65	0.219	0.227
净利润	8.75	9.43	0.214	0.222
扣除非经常性损益后的净利润	8.40	9.06	0.205	0.213

股东情况介绍

(1)截止 2000 年 12 月 31 日,本公司股东总数为 67179 户,除高管股股东外,没有别的职工股股东。

(2)前十名股东情况(截止 2000 年 12 月 31 日)

股东名称	年末持股数量(股)	持股比例(%)
1 安徽省维尼纶厂	153,900,000	60.8541
2 景福基金	670,917	0.2652
3 舟山信托	200,000	0.0791
4 邱永华	161,383	0.0638
5 蔡银龙	143,800	0.0568
6 兴和基金	142,873	0.0564
7 常亚武	138,005	0.0545
8 王献臣	129,757	0.0513
9 胡仁报	125,000	0.0494
10 李 涛	109,300	0.0432

第 一名股东为法人股东安徽省维尼纶厂,年初持股 151200 万股,本年度增加 270 万股,系实施 1999 年度配股方案增加股本所致,年末持股 15390 万股,持股比例由 64.29%下降为 60.85%,该股东于 2000 年 10 月 9 日将所持本公司 15390 万股国有法人股中的 5500 万股质押给安徽省工商银行巢湖分行,用于贷款质押。

南京新港高科技股份有限公司

一、公司简介

1、公司法定中文名称:南京新港高科技股份有限公司
公司法定英文名称:NANJING XINGANG HIGH-TECH CO.,LTD. 英文缩写:NXHT
2、公司法定代表人:梁学忠
3、公司信息披露机构:证券管理部
董事会秘书:郭昭
董秘授权代表:李波
联系地址:南京经济技术开发区新港大道 100 号
电话:025-5800942 传真:025-5800941 电子信箱:leeb@elong.com
4、公司注册地址:南京经济技术开发区内
公司办公地址:南京经济技术开发区新港大道 100 号 5 楼
邮政编码:210038 公司电子信箱:xingang@xggk.com
5、公司选定信息披露报纸:《中国证券报》、《上海证券报》、《证券时报》
中国证监会年报登载指定国际互联网网址:www.sse.com.cn
公司年度报告备置地点:公司证券管理部
6、公司股票上市交易所:上海证券交易所
股票简称:南京高科 股票代码:600064

二、会计数据和业务数据摘要

(一)公司本年度会计数据(单位:人民币元)

利润总额	131,875,892.15
净利润	112,603,959.96
扣除非经常性损益后净利润	112,603,959.96
主营业务利润	211,824,207.06
其他业务利润	1,589,570.55
营业利润	123,344,910.59
投资收益	13,636,928.85
补贴收入	0
营业外收支净额	-5,105,947.29
经营活动产生的现金流量净额	210,781,814.66
现金及现金等价物净增加额	-154,636,877.84

(二)公司近三年主要财务指标(单位:人民币元)

项 目	2000.12.31	1999.12.31	1998.12.31
主营业务收入	881,016,310.12	1,043,440,679.40	908,553,434.96
净利润	112,603,959.96	207,636,515.65	217,476,112.53
总资产	2,132,310,720.11	2,127,313,764.28	1,903,526,258.36
股东权益(不含少数股东权益)	1,095,130,312.69	982,526,352.73	1,050,206,547.48
每股收益	0.327	0.603	0.758
每股净资产	3.182	2.855	3.66
调整后的每股净资产	3.182	2.845	3.64
每股经营活动产生的现金流量净额	0.612	0.146	-0.73
净资产收益率(%)	10.28	21.13	20.71

(三)报告期按全面摊薄法和加权平均法计算的净资产收益率和每股收益 (单位:人民币元)

报告期利润	净资产收益率(%)		每股收益(元)	
	全面摊薄	加权平均	全面摊薄	加权平均
主营业务利润	19.34	20.39	0.616	0.616
营业利润	11.26	11.87	0.358	0.358
净利润	10.28	10.84	0.327	0.327
扣除非经常性损益后的净利润	10.28	10.84	0.327	0.327

三、股东情况简介

(1)报告期末股东总数为 104943 户。
(2)报告期末公司前十名股东持股情况

序号	股东名称	持股数(股)	占总股本比例(%)
1	南京新港开发总公司(国有法人股)	160,670,520	46.69
2	南京港口经济发展总公司	26,951,184	7.83
3	天发投资	3,692,145	1.07
4	南京新淮	1,894,382	0.55
5	南京宏艺	1,093,600	0.32
6	金陵石化华隆工业公司	1,036,584	0.30
7	南方证券	976,772	0.28
8	胡良玉	892,380	0.26
9	上海天发	654,103	0.19
10	郭肇鹏	554,000	0.16

注:前十名股东中未发现存在关联关系。
(3) 持有本公司 10%以上(含 10%)股份的股东情况

持有本公司 10%以上股份的股东为南京新港开发总公司,共持有本公司 16067.052 万股,占总股本的 46.69%。南京新港开发总公司于 1992 年 4 月成立,系国有独资企业,位于南京经济技术开发区内,法定代表人为梁学忠先生,注册资本为 52174.21 万元。其主要经营范围为:投资兴办企业,物资供应,国内贸易,项目开发等。南京新港开发总公司所持有本公司股票无质押、冻结情况。

四、股东大会简介

1、2000 年 3 月 27 日,公司在《中国证券报》、《上海证券报》和《证券时报》上刊登了"关于召开 1999 年度股东大会的公告"。5 月 8 日,1999 年度股东大会在公司会议室如期召开,9 名股东出席了会议,代表股份 18867.1788 万股,占公司总股本的 54.82%。经审议,大会通过了"1999 年度董事会工作报告"、"1999 年度监事会工作报告"、"1999 年年度报告"、"1999 年度利润分配预案"、"关于修改公司章程的议案"、"选举产生公司第四届董事会董事"、"选举产生公司第四届监事会监事"。该次会议决议公告详见 2000 年 5 月 9 日的《中国证券报》、《上海证券报》和《证券时报》。

2、2000 年 11 月 25 日,公司在《中国证券报》、《上海证券报》和《证券时报》上刊登了"关于召开 2000 年临时股东大会的公告"。12 月 27 日,2000 年临时股东大会在公司会议室如期召开,4 名股东出席了会议,代表股份 18868.8988 万股,占公司总股本的 54.83%。经审议,大会通过了"关于投资南京市商业银行股份有限公司的议案"。该次会议决议公告详见 2000 年 12 月 28 日的《中国证券报》、《上海证券报》和《证券时报》。

大 庆 联 谊 石 化 股 份 有 限 公 司

大庆联谊石化股份有限公司2000年度报告摘要

本公司董事会保证本报告所载资料不存在任何虚假记载、误导性陈述或者重大遗漏,并对其内容的真实性、准确性和完整性负个别及连带责任。本年度报告摘要摘自年度报告,投资者欲了解详细内容,应阅读年度报告。

哈尔滨祥源会计师事务所为本公司出具了有保留意见的审计报告,本公司董事会、监事会对相关事项亦有详细说明,请投资者注意阅读。

(一)公司简介

1、公司法定中文名称:大庆联谊石化股份有限公司

公司英文名称: DAQING LIANYI PETRO-CHEMICAL CO.,LTD.

2、公司法定代表人:于登祥

3、公司董事会秘书:柴 铭

联系地址:黑龙江省大庆市大同区林源南街5号

大庆联谊石化股份有限公司投资部

联系电话: 0459-6717944

联系传真: 0459-6717944

电子信箱: dqlysby@public.dq.hl.cn

4、公司注册地址:黑龙江省大庆市大同区林源南街5号

公司办公地址:黑龙江省大庆市大同区林源南街5号

公司邮政编码:163852

公司电子信箱 :dqlysby@public.dq.hl.cn

5、公司选定的信息披露报纸名称:《上海证券报》

登载公司年度报告的中国证监会指定国际互联网网址:

http://www.sse.com.cn

公司年度报告备置地点:公司投资部

6、公司股票上市交易所:上海证券交易所

公司股票简称:大庆联谊

公司股票代码: 600065

(二)会计数据和业务数据摘要

1、公司本年度主要利润指标:

	(单位:人民币元)
利 润 总 额:	31,044,751.98
净 利 润:	25,793,861.33
扣除非经常性损益后的净利润:	24,497,635.66
主营业务利润:	55,782,392.37
其他业务利润:	2,042,577.59
营 业 利 润:	29,748,526.31
投 资 收 益:	1,315,423.00
补 贴 收 入:	0.00
营业外收支净额:	-19,197.33
经营活动产生的现金流量净额:	23,045,831.62
现金及现金等价物净增加额:	20,439,436.96

注: 扣除非经常性损益项目和涉及金额: 投资收益1,315,423.00元, 处理固定资产净收益93,202.67元,收蒸汽管线使用费10,000元,学校赞助费23,500元,捐赠10,000元,其它损失88,900元。

2、截止报告期末公司前三年主要会计数据和财务指标

指标项目	2000年	1999年度	1998年度	
			追溯调整后	追溯调整前
主营业务收入(元)	484,836,963.72	326,408,680.66	513,684,538.01	513,684,538.01
净 利 润 (元)	25,793,861.33	6,087,480.01	12,690,889.24	13,938,102.21
总 资 产 (元)	1,379,223,988.93	1234697,248.37	1368844,773.25	1361488,057.92
股 东 权 益 (元)	791,196,481.76	773,402,620.43	767,315,140.42	769,382,353.64
每 股 收 益 (元/股)	0.1612	0.038	0.087	0.087
按月平均加权每股收益(元/股)	0.1612	0.038	0.087	0.087
扣除非经常性损益后的每股收益(元/股)	0.153	0.038	0.087	0.087
每股净资产 (元/股)	4.945	4.83	4.81	4.81
调整后的每股净资产(元/股)	4.90	4.83	4.79	4.81
净资产收益率(%)	3.26	0.787	1.812	1.812
每股经营活动产生的现金流量净额(元)	0.144	0.055	-0.107	-0.107

(三)股东情况介绍

1、报告期末公司股东总数为32,628户。

2、持有本公司5%以上股份及前10名股东持股情况 :

股东名称	持股数量(股)	占总股本比例(%)
(1)黑龙江省大庆联谊石油化工总厂	80,660,000	50.41
(2)大庆市油脂化工厂	18,340,000	11.46
(3)大庆市大同区林源建材公司	4,000,000	2.50
(4)大庆高新技术产业开发区白油厂	3,500,000	2.19
(5)大庆市联谊石油化工厂劳服公司	2,000,000	1.25
(6)大庆市联谊石化宾馆	1,500,000	0.94
(7)崔淇汉	552,360	0.345
(8)江锦德	364,000	0.228
(9)冯耀荣	316,496	0.198
(10)周耀华	188,200	0.118

第2—6名股东是黑龙江省大庆联谊石油化工总厂下属企业,第7—10名股东为流通股股东。

注:①持有本公司5%以上(含5%)股份的股东黑龙江省大庆联谊石油化工总厂,本年度内持有股份未发生变动,其所持股份质押情况如下:

黑龙江省大庆联谊石油化工总厂将其持有的部分法人股2900万股(占公司总股本的18.125%,占黑龙江省大庆联谊石油化工总厂所持法人股的35.95%)质押给交通银行大庆分行;将所持2000万股(占公司总股本的12.5%,占黑龙江省大庆联谊石油化工总厂所持法人股的24.80%)质押给中国农业银行大庆市分行铁西支行;将所持500万股(占公司总股本的3.125%,占黑龙江省大庆联谊石油化工总厂所持法人股的6.20%)质押给大庆市市区农村信用合作社联合社。

②持有本公司5%以上(含5%)股份的股东大庆市油脂化工厂,本年度内持有股份未发生变动,其所持股份无质押和冻结情况。

(四)股东大会简介

1、报告期内,本公司召开了一次股东大会,即一九九九年度股东大会。

本公司于2000年5月27日,在《上海证券报》上刊登了公司第一届董事会第二十二次会议关于召开一九九九年度股东大会的公告。2000年6月26日会议如期召开,出席会议的股东及授权代表13人,代表股份110,012,000股,占公司总股本的68.76%。会议以记名投票方式审议并通过了以下决议:(1)《1999年度董事会工作报告》;(2)《1999年度监事会工作报告》;(3)《1999年度财务报告》;(4)《1999年度利润分配预案》;(5)选举公司第二届董事会董事;(6)选举公司第二届监事会监事。决议公告刊登在2000年6月27日的《上海证券报》上。

(五)董事会报告

一、公司经营情况

1、公司所处行业以及在本行业中的地位

公司主营业务为石油炼制,石化产品经销及国内商业,它所处的石油化工行业,是国家重点支持行业,也是我国国民经济的重要支柱产业,在我国工业体系乃至整个国民经济体系中占据着异常重要的地位。

2、公司主营业务的范围及其经营状况

(1)公司所处的行业为石化行业。目前生产的产品以汽油、柴油、渣油、石脑油、蜡油、石油液化气及净化油为主。2000年公司实现主营业务收入 484,836,963.72元, 实现主营业务利润55,782,392.37元,实现利润总额 31,044,751.98元,净利润25,793,861.33元。其中主营业务收入比上年度增加 158,428,283.06元,主要原因是:加工量增加,成品油价格上涨所致。

(2)其中汽油实现销售收入73,959,186.32元,占15.25%,柴油实现销售收入125,020,442.60 元,占25.79%,渣油实现销售收入 169,381,164.45 元, 占34.94%,蜡油实现销售收入51,431,776.83元,占10.61%,石脑油实现销售收入36,896,332.98元, 占7.61%,液化气实现销售收入 23,655,620.86元,占4.88%。

3、在经营中出现的问题与困难及解决方案

经营中的问题:

① 公司所处的石油化工行业,受国家宏观政策的调控影响,原油资源实行计划配置,致使加工量不足;同时在与国际油价接轨过程中,受到极大的冲击,原油价格不断上涨,成品油价格虽然也有相应的浮动,但价格浮动总是滞后,使公司效益受到一定影响。

② 国家产业政策的限制,使成品油销售依然受石油公司控制,自主经营受到限制,对待变化频繁的油品市场价格,使产品积压严重,资金回笼慢,严重影响了公司的效益。

解决方法:

①根据公司现有生产能力,积极组织生产原料,同时积极进行技术改造,加强企业内部管理,努力降低生产成本,提高产品收率,保证经济效益的增长。

②建立信息网络,准确、及时的了解国家政策、市场动态,调整产品方案,优化库存,合理调配销售运输能力,以提高经济效益。

③采取灵活机制的营销策略,降低了因油品价格波动带来的市场风险。

④多渠道进行融资,保证了生产经营所需资金。

4、公司本年度未作利润预测。

二、公司财务状况

1、公司财务状况及变动的主要原因

指标项目	2000年(元)	1999年(元)	增长(%)
总资产	1,379,223,988.93	1,234,697,248.37	11.70
长期负债	0	0	0
股东权益	791,196,481.76	773,402,620.43	2.30
主营业务利润	55,782,392.37	27,092,598.36	105.90
净利润	25,793,861.33	6,087,480.01	323.72

变动原因:

总资产增加是因为催化改造、锅炉改造导致固定资产增加,其中部分资金来源于银行贷款;

主营业务利润和净利润增加是因为本年扩大生产规模,产销量增加;

股东权益增加是因为净利润增加所致。

2、会计师事务所出具的审计报告所涉及事项的说明

关于公司第一大股东---黑龙江省大庆联谊石油化工总厂欠应收帐款39,626,493.76元; 其他应收款562,755,483.38元,公司董事会将积极与大股东进行磋商,利用多种渠道,力争在2001年年底前收回大股东所欠其他应收款的60%左右。

三、公司投资情况

报告期内,公司投资额比上年增加3661万元:

被投资公司名称	主要经营活动	投资额	占被投资公司权益的比例
助剂厂	锅炉改造	209万元	
助剂厂	催化装置设备更新	292万元	
大庆市商业银行	银行业务	2000万元	10%
大庆联谊伟华高科技有限公司	预付费仪表	1160万元	58%

1、公司本报告期内没有募集资金,前次募集资金被控股股东黑龙江省大庆联谊石油化工总厂挪为它用,尚有562,755,483.38元其他应收款未收回,就应收款问题,公司已与大股东进行了多次协商,但未取得实质性进展,在2001年,公司将力争解决该应收款问题。

2、报告期内非募集资金投资的重大项目为:①投资1160万元成立的大庆联谊伟华高科技有限公司,主要开发和生产代码预付费产品,目前,项目进展顺利,已研制开发了代码预付费式水表、电表、燃气表、热量表等系列产品,现已小批量投入市场,进行安装试运行。②投资2000万元参股的大庆市商业银行,现在经营正常,本年度投资收益为1,315,423.00元。

四、石油产品价格与国际接轨,是势在必行的,国家将做战略性调整。随着我国入世的临近,国家经贸委表示石油价格将随行就市,自由浮动,这对长期受国家政策扶持的石化行业将产生重要影响。

五、新年度业务发展计划

在过去的一年中,公司通过及时了解国家政策及市场信息,采取灵活机动的经营策略,成功的规避了油品价格变动带来的风险,经营业绩比1999年有了大幅度增长。

公司新年度的发展思路是:在稳定中发展,在改革中创新,调整产业结构、提高企业科技含量、加强企业管理、把握市场脉搏、搞好资本运营,全面提高企业综合实力,建立大庆联谊的崭新形象!

郑 州 宇 通 客 车 股 份 有 限 公 司

郑州宇通客车股份有限公司 2000 年度报告摘要

本公司董事会保证本报告所载资料不存在任何虚假记载、误导性陈述或者重大遗漏，并对其内容的真实性、准确性和完整性负个别及连带责任。

一、公司简介

1、公司法定中、英文名称及缩写
中文名称：郑州宇通客车股份有限公司
中文缩写：宇通客车
英文名称：ZHENGZHOU YUTONG Coach Manufacturing Co.Ltd.
英文缩写：YTCO
2、公司法定代表人：路法尧 先生
3、公司董事会秘书：齐建钢 先生
电话：0371 -6339748 6806388
传真：0371 -6316894 6806000
电子信箱：SBD @YUTONG.COM
联系地址：郑州市凤凰路 7 号
4、公司注册地址：郑州市凤凰路 7 号
公司办公地址：郑州市南郊十八里河
邮政编码：450061
国际互联网网址：http//WWW.YUTONG.COM
电子信箱：info @YUTONG.COM
5、公司选定的信息披露报纸名称：《上海证券报》
登载公司年报的中国证监会指定国际互联网网址：http//www.sse.com.cn
公司年度报告备置地点：本公司证券处
地址：郑州市凤凰路 7 号
电话：0371 -6339744
联系人：于莉 女士
6、公司股票上市交易所：上海证券交易所
股 票简称：宇通客车股
票代码：600066

二、会计数据和业务数据摘要

（一）本年度主要会计数据（万元）

利润总额：	105,447,855.62
净利润：	87,071,643.30
扣除非经常性损益后的净利润：	86,726,829.53
主营业务利润：	237,230,044.96
其它业务利润：	2,041,512.12
营业利润：	104,976,657.66
投资收益：	
补贴收入：	
营业外收支净额：	471,198.00
经营活动产生的现金流量净额：	219,082,456.01
现金及现金等价物净增加额：	344,403,918.81

注：扣除非经常性损益后的净利润，扣除的项目为按年度平均计入的新股申购冻结资金利息，涉及金额 34.48 万元。

（二）公司前三年主要会计数据和财务指标

序号	名称	单位	2000 年度	1999 年度	1998 年度	
					调整前	调整后
1	主营业务收入	万元	119,896.83	70,010.93	56,541.62	
2	净利润	万元	8,707.16	7,069.06	5,901.84	5,274.81
3	总资产	万元	142,578.10	98,833.84	95,191.41	94,610.03
4	股东权益	万元	86,822.48	64,095.34	57,889.26	57,026.28
5	每股收益	元	0.6368	0.621	0.5185	0.4634
6	每股净资产	元	6.35	5.631	5.0860	5.01
7	调整后每股净资产	元	6.24	5.602	5.0792	5.003
8	每股经营活动产生的现金流量净额	元	1.60	0.1965	0.1530	
9	净资产收益率	%	10.03	11.03	10.1951	9.25

报告期利润	净资产收益率		每股收益	
	全面摊薄	加权平均	全面摊薄	加权平均
主营业务利润	27.32	34.08	1.74	2.05
营业利润	12.09	15.08	0.77	0.91
净利润	10.03	12.51	0.64	0.75
扣除非经常性损益后的净利润	9.99	12.46	0.63	0.75

三 、股本变动及股东情况

（1）报告期末本公司股东总数为 29,907 个。

（2）报告期末本公司前 10 名股东持股情况及持股 5%以上的股东持股变化情况 单位：万股

股东名称	持股数	占总股本比例（%）
郑州宇通集团有限责任公司（国家股）	2,350.0000	17.19
郑州第一钢厂	1,430.0520	10.46
中国公路车辆机械总公司	520.0000	3.80
海通证券	501.8190	3.67
许继电器	183.8100	1.34
鸿飞曲轴	161.6235	1.18
海通天津	69.9200	0.51
张东和	53.4500	0.39
高宗群	51.7419	0.38
章泽敏	46.6900	0.34

说明：持本公司 5%以上股份的股东中，郑州宇通集团有限责任公司持股增加系 2000 年配股所致；郑州第一钢厂持股数量无增减变化，均无股份质押或冻结情况。前 10 名股东之间无相互关联关系。

四 、股东大会简介

报告期内，本公司共召开了一次股东大会，即 2000 年 4 月 29 日召开的 1999 年度股东大会，大会决议公告刊登在 2000 年 5 月 8 日《上海证券报》第 6 版。

五 、董事会报告

（一）公司经营情况

1、本公司在行业中的地位

本公司属汽车工业中客车整车生产企业，归口公路交通工业行业管理。本年度公司主要经济指标再创历史最好水平。产销量列同行业第二位，销售收入列第三位，利润总额列第一位，其中中型客车产销量占全行业的 30%（见中通车辆机械集团成员企业 2000 年 12 月份客车产销存汇总表和 4 季度主要经济指标汇总表）。

2、公司主营业务的范围及其经营状况

（1）本年度，公司主营业务仍为大中型客车的生产及销售。

公司主营业务情况表：

序号	名称	单位	2000 年度	1999 年度	增减(+,-%)
1	客车产量	辆	9155	6019	52.10
	其中：中高档客车	辆	1312	302	334.44
2	客车销量	辆	8886	5906	50.46
3	主营业务收入	万元	119896.83	70011	71.25
4	产销率	%	96.6	97	-0.4

（2）报告期末，本公司无全资附属企业及控股子公司。

（3）在经营中出现的问题与困难及解决方案：

本年度客车市场虽稳中有升，但竞争异常激烈。公司面对着产品降价、材料涨价、费用增长等多达 5000 万元的减利因素，能否顶住市场竞争的压力，继续保持高速增长，对公司是一次严竣的考验。

针对上述困难和问题，公司坚持以改革为动力，调动广大员工的积极性和创造性，采取了一系列必要的措施，保证了年度经营目标的实现。现将主要措施简述如下：

1、加速产品开发，满足市场需求。公司在产品开发中推行了项目责任制，对技术人员实行了年薪制。本年度开发中高档客车三十九个品种，并实现了底盘开发的突破，开发了宇通底盘共十个品种。新产品陆续投放市场后，得到了用户的认可。本年度新产品销售收入已达到总收入的 30%以上。

2、完善市场营销体系，扩大产品市场份额。公司根据市场的变化，调整了部分产品的销售价格，实行薄利多销，以巩固和扩大市场份额。同时，在坚持以销定产的基础上，针对区域市场开展工作，以此增加订单。例如，不断对产品进行局部改进，以满足不同区域用户对车辆配置和性能的特殊要求，并积极加大中高档车的推销力度。通过一年的努力，公司产品的销量和收入大幅度提高，其中，中型车市场份额从上年的 25%提高到 30%。

3、积极调整产品结构，提高公司盈利水平。公司坚持在保持普档客车市场份额的基础，不断推出新产品扩大市场和引导市场，使产品结构快速调整到位。本年度，公司中高档客车销售达 1312 辆，所占总销量的比例从去年的 5.11%上升到 14.76%，单车平均售价比上年净增近两万元，对超额完成年度利润目标，起到了极大的作用。

4、完善质量保证体系，积极开展质量攻关活动。二 OOO 年度是公司的质量达标年，除了加大工装投入外，重点组织了各工种岗位技能培训和质量攻关活动，使一次交检合格率等指标达到了质量大纲的要求。目前，公司普档车已达到国内领先水平，中高档车也得到了广大用户的认可，并顺利通过了 ISO9001 年度复审。

5、以三项制度改革为纲，全面推进公司的改革步伐。为提高管理水平和效率，公司实行了机构改革和三项制度改革，减少了非生产部门和人员，使广大员工特别是技术和管理骨干人员的工作积极性有了明显的提高。改革减少了人浮于事现象，提高了工作效率。

（二）公司财务状况

序号	名称	单位	2000 年度	1999 年度	增减(+,-%)
1	总资产	万元	142578.10	98833.84	44.26
2	长期负债	万元	2359.64	3647.69	-35.31
3	股东权益	万元	86822.48	64095.34	35.46
4	主营业务利润	万元	23723.00	14651.57	61.91
5	净利润	万元	8707.16	7069.06	23.17

说明：

① 总资产增加的主要原因是超额完成收入和利润计划，以及配股募集资金年末前到位所致。

② 长期负债减少的主要原因是住房周转金负数所致。

③ 股东权益增加主要是溢价配股募集资金足额到位所致。

④ 主营业务利润和净资产增加的主要原因是销售收入增加和产品结构调整所致。

（三）公司投资情况

1、报告年度公司投资情况见下表(不含流动资金投入)： 单位：万元

序号	分类名称	2000 年度	1999 年度	增减百分比(%)
1	总投资金额	3463.48	5325	--34.96
2	按投资范围分类			
(1)	对内投资	3463.48	5325	--34.96
(2)	对外投资			
3	按资金来源分类			
(1)	募集资金	14.32	3474	--99.59
(2)	非募集资金	3449.16	1851	86.34

2、自有资金投资情况

本年度公司自筹资金投资 3449.16 万元，投资项目见下表： 单位：万元

序号	项目内容	预决算	本年度投资	项目进度
1	销售大楼	1792	1308.96	竣工交付使用
2	污水站扩容	207	54.44	竣工交付使用
3	高档座椅技术引进	1000	1000	人员培训
4	高档线技术改造	1800	109.36	5%
5	设备更新改造		976.40	交付使用
			3449.16	

3、募集资金使用情况

本公司 2000 年实施增资配股并获圆满成功。共募集资金 229,019,270 元,扣除发行费用后实际募集资金为 222,233,882.24 元。募集资金使用情况见下表: 单位:万元

序号	项目名称	承诺投资	实际投资
1	投资兴建宇通客车技术中心项目	3,878	14.32
2	合资建设大客车公司项目	18,323.737	
合计		22,201.737	14.32

说明:本年度配股募集资金于 11 月份到帐。鉴于承诺投资项目尚处于前期准备阶段,故基本未动用募集资金。募集资金按要求在银行专户储蓄。

(四)中国加入世界贸易组织后,由于大客车生产的劳动密集型和技术密集型属性,根据我国国情,预计对本公司未来的生产经营构不成大的冲击,将会为公司带来发展机遇。本公司将充分利用可能出现的全球化采购和技术等合作的机遇,进一步提高产品开发能力,提高产品技术水平和管理水平,并利用低成本的优势开拓海外市场。

(五)公司 2001 年业务发展计划

1、主要经济目标

客车产量 8000 辆,其中宇通底盘客车 1500 辆

产品品种 普通型客车 5500 辆,中高档客车 2500 辆

主营业务收入(含税) 15 亿元

2、年度工作重点

(1)完善和改进中高档客车产品,提高市场占有率;改进现有普通客车产品,延长产品寿命周期;加大新产品开发力度,做好技术储备。

(2)加强市场营销整体策划工作;以公路客运市场为主,逐步进入旅游、团体和公交市场;在扩大普通车销售的基础上,加大中高档客车营销力度。

(3)改进生产管理模式,加强预测和协调工作。重点抓好交货期、质量和成本控制等工作。

(4)建立必要的项目管理办法,注重项目前期准备和规模控制,切实抓好对外和对内投资项目。

(5)以内部改革为动力,整顿和完善企业管理基础工作。

3、在建和新建项目的预期进度

(1)在建项目

高档客车生产线技术改造项目,预计二 OO 一年五月份交付使用;高 档座椅技术引进项目,预计二 OO 一年四月份进行试生产。

(2)预计新建项目

设立合资高档客车公司项目,预计年末前开始土建工程,工期约二年;

客车技术中心技改项目,预计六月份开始土建工程,工期约一年;

设立纳米技术公司项目,预计七月份开始土建工程,工期约十个月。

(六)董事会日常工作情况

1、报告期内董事会的会议情况及决议内容

①2000 年 3 月 25 日召开的三届三次董事会议,审议通过了以下决议:

--会议审议通过了 1999 年度公司董事会工作报告;1999 年度总经理工作报告;1999 年度公司年度报告和年度报告摘要;1999 年度公司财务决算和 2000 年财务预算报告;1999 年度公司利润分配预案;公司计提资产减值准备和损失处理内控制度;前次募集资金使用情况的说明;2000 年度增资配股预案;2000 年度配股募集资金拟投资项目的可行性分析;2000 年度公司主要工作目标和年度重点及人事变动事项。以上报告和提案将提交 1999 年度股东大会审议。

---决定成立公司底盘车间;

---同意董事长根据公司 1999 年度经营业绩提出对公司行政领导班子奖励的意见;

---同意董事会对总经理有关授权事项、权限和期限;

三届三次董事会决议刊登在 2000 年 3 月 28 日《上海证券报》的第 39 版。

② 2000 年 7 月 18 日召开的三届四次董事会议,审议通过以下决议:

---审议通过了《2000 年度中期报告》;

---审议通过了新增投资项目的预案;

---根据总经理汤玉祥先生提名,决定聘任徐辉先生为公司副总经理;

---审议通过了调整低值易耗品核算方法的意见。

三届四次董事会决议刊登在 2000 年 7 月 20 日《上海证券报》的第 19 版。

2、董事会对股东大会决议的执行情况

经 1999 年度股东大会审议通过的本公司 2000 年增资配股方案,经中国证券监督管理委员会郑州证券监管特派员办事处郑证监字[2000] 58 号文初审同意,并经中国证券监督管理委员会证监公司字[2000] 142 号文核准通过。股权登记日 2000 年 10 月 18 日,除权基准日 2000 年 10 月 19 日,配股缴款起止日期:自 2000 年 10 月 19 日至 2000 年 11 月 1 日(期内证券交易营业日)。全部配股募集资金以于 2000 年 11 月 14 日全部到位。本次配股募集资金 229,019,270 元,扣除发行费用 6,785,387.76 元,实际募集资金 222,233,882.24 元。2000 年配股获配可流通股份的上市交易时间为 2000 年 12 月 1 日。

(七)公司管理层及员工情况

(1)现任董事、监事、高级管理人员基本情况和年末持股数量。

职务	姓名	性别	年龄	年初持股数	年末持股数
董事长	路法尧	男	60	22,585	29,360
副董事长	孟宪欣	男	63		
副董事长	李栋林	男	50		
董事、总经理	汤玉祥	男	47	35,767	46,497
董事、副总经理	吴项林	男	35	18,191	23,648
董事、副总经理	裴天义	男	55	18,191	23,648
董事	王家军	男	56	37,964	49,353
董事	魏延岭	男	52	23,375	30,387
董事	张同春	男	48		
董事、副总经理	鲁照贤	男	44	18,191	23,648
董事	朱中霞	女	42		
监事会主席	穆成桥	男	60	22,585	29,360
监事	李黎	女	40	13,797	17,936
监事	曹红	女	35		
监事	王雨臣	男	31		
监事	郑合昌	男	27		
副总经理	鲍玲玲	女	55	22,585	29,360
总工程师	徐建生	男	38	22,845	29,698
副总经理	甘延达	男	35		
副总经理	徐辉	男	31		
董事会秘书、副总经理	齐建钢	男	48	18,191	23,648

(2)现任董事、监事及高级管理人员持股增加系 2000 年配股所致。

(3)现任董事、监事及高级管理人员年度报酬总额为 252.85 万元。年度报酬区间为:30 万元,董事 2 人;20 –22 万元,监事 1 人,高级管理人员 6 人;7 万元,董事 1 人;4 –5 万元,董事 2 人,高级管理人员 4 人;3 –4 万元,监事 1 人;不在本公司领取报酬的董事为孟宪欣、李栋林、张同春,监事为曹红。

(4)三届董事会、监事会及聘任的高级管理人员,任期时间为 1999 年 5 月至 2002 年 5 月。

(5)报告期内,王克先生因年龄原因辞去了本公司董事、常务副总经理职务。

(八)本次利润分配预案

二 OOO 年度公司实现净利润为 87,071,643.3 元,提取 10%法定盈余公积金和 5%法定公益金后可分配利润为 74,010,896.80 元,加上年度结存可分配利润 56,895,647.59 元,实际可分配利润为 130,906,544.39 元。

经公司三届五次董事会研究决定,拟以二 OOO 年末总股份 136,723,661 股为基数,每 10 股派发现金股利 6 元(含税),共计派发 82,034,196.60 元。剩余未分配利润 48,872,347.79 元,滚存下年度分配。

(九)报告期内,公司所选的信息披露报纸无变更。

六、监事会报告

本年度监事会共召开两次会议。

1、2000 年 3 月 25 日第一次监事会议,决议公告刊登在 2000 年 3 月 28 日《上海证券报》第的 39 版。

2、2000 年 7 月 18 日第二次监事会议,决议公告刊登在 2000 年 7 月 20 日《上海证券报》的第 19 版。

七、重要事项

1、本年度公司无重大诉讼、仲裁事项。

2、报告期内,公司、公司董事及高级管理人员无受监管部门处罚情况。

3、报告期内,公司控股股东无变更,无董事会换届、公司总经理变更和解聘、新聘董事会秘书情况。

4、报告期内,公司无收购及出售资产、吸收合并等事项。

5、报告期内,公司无重大关联交易事项。

6、报告期内,我公司三分开情况

(1)在人员方面,我公司在劳动、人事及工资管理等方面完全独立;公司经理、副经理等高级管理人员均在我公司领取薪酬。

(2)在资产方面,我公司拥有独立的生产系统、辅助生产系统和配套设施;工业产权、商标、非专利技术等无形资产由我公司拥有;采购和销售系统也由我公司独立拥有。

(3)在财务方面,我公司设有独立的财务中心,并建立了独立的会计核算体系和财务制度;在银行独立开户。

7、报告期内,本公司与郑州宇通集团有限责任公司签定了托管洛阳宇通汽车有限公司的合同。托管净资产 3663 万元,年生产能力为中、小型客车 1000 辆。合同期限为 2000 年 1 月 1 日至 2002 年 12 月 31 日。2001 年托管收益为 243,954.08 元。

8、报告期内,本公司继续聘用河南华为会计师事务所(现更名为天一会计师事务所有限责任公司),为财务审计机构。

9、报告期内,本公司无重大合同(含担保等)事项。

10、报告期内,公司无更改名称或股票简称的情况。

11、报告期内,本公司及持股 5%以上股东未在指定报纸和网站上披露任何承诺事项。

八、财务报告

1、公司 2000 年度财务报告已经天一会计师事务所有限责任公司审计,并出具了无保留意见的审计报告[天一审字(2001)第(3)-016]号。

2、会计年度:

采用公历年制,即从公历 1 月 1 日至 12 月 31 日作为一个会计年度。

3、记帐本位币:

本公司以人民币为记帐本位币。

4、记帐基础和计价原则:

本公司以权责发生制为记帐基础,以历史成本为计价原则。

5、外币业务核算方法

本公司会计年度内发生外币业务,按发生当日中国人民银行公布的市场汇价折算成本位币记帐,期末对货币性的外币余额按中国人民银行公布的期末市场汇价调整,其折算差额作为汇兑损益,计入当期损益。

6.现金等价物的确定标准:

现金等价物包括本公司持有的期限短(一般是指从购买日起三个月内到期)、流动性强、易于转换为已知金额现金、价值变动风险很小的投资。

7.坏帐核算方法:

(1)坏帐的确认标准:

a、债务人破产或者死亡,以其破产财产或者遗产清偿债务后仍无法收回的应收款项。

b、债务人逾期三年未能履行偿债义务,且有明显特征表明不能收回的应收款项。

以上确实不能收回的应收款项,报经董事会批准,作为坏帐核销。

(2)坏帐核算采用备抵法。根据债务单位的财务状况、现金流量等情况,对应收款项按帐龄分析法计提坏帐准备,并计入当期损益。坏帐准备的计提比例如下:

帐龄	计提比例
一年以内	5%%
一至二年	10%%
二至三年	20%%
三至四年	40%%
四至五年	60%%
五年以上	100%%

8.存货核算方法:

(1)存货包括:原材料、在产品、产成品、低值易耗品、自制半成品、委托加工物资等。

(2)客车底盘按实际成本核算;其余原材料按计划成本核算,月末通过材料成本差异调整为实际成本;产成品按实际成本计价,发出时按加权平均法计算;原单位价值在 300 元以上的低值易耗品采用"五五摊销法"核算,本年度起,所有的低值易耗品都采用一次摊销法摊销。

(3)存货跌价准备计提方法:存货由于遭受毁损、全部或部分陈旧过时、销售价格低于成本等原因,使存货成本低于可变现净值,期末按单个存货项目的成本高于可变现净值的差额提取存货跌价准备,并计入当期损益。

9.短期投资核算方法:

(1)短期投资以实际支付的价款计价。

(2)短期投资跌价准备的计提方法:期末按短期投资的成本高于其市价部分的差额计提短期投资跌价准备,并计入当期损益。

10.长期投资的核算方法:

(1)长期债权投资按历史成本核算。

(2)长期股权投资:对拥有被投资单位权益性资本 20%以下的长期股权投资采用成本法核算;对拥有被投资单位权益性资本 20%(含 20%)以上的长期股权投资采用权益法核算;对拥有被投资单位权益性资本 50%(不含 50%)以上的子公司,纳入合并会计报表的范围。

(3)长期投资减值准备计提方法:期末按长期投资个别项目未来可收回金额低于其帐面价值的差额分项提取长期投资减值准备,并计入当期损益。

(4)股权投资差额的核算方法:本公司投资产生的股权投资差额按直线法分 10 年平均摊销。

11.固定资产计价和折旧方法：

(1)固定资产标准：使用年限在一年以上，单位价值在人民币2,000元以上的劳动资料；以及不属于主要生产经营设备，单位价值在2,000元以上，并且使用期限超过两年的资产。

(2)固定资产分类：房屋及建筑物、机器设备、运输工具。

(3)固定资产计价：按实际成本计价。

(4)固定资产折旧方法：采用直线法计算，并按分类折旧率按月计提折旧。其主要折旧要素如下：

资产类别	使用年限	净残值率	年折旧率%
房屋及建筑物	20--35 年	3%	4.85-2.77
机器设备	6--30 年	3%	16.17-3.23
运输工具	8 年	3%	12.13

12.在建工程核算方法：

(1)在建工程按实际成本核算。

(2)在建工程项目已办理完竣工手续，按实际成本转入固定资产；在建工程项目已正式交付使用，但尚未办理竣工手续的，按暂估价转入固定资产并计提折旧，同时停止资本化费用，待办理完竣工手续，按实际成本调整估价入帐的固定资产原值及其已提取的累计折旧。

13.无形资产核算方法：

按实际成本计价，摊销方法采用直线法，土地使用权按50年摊销，其他无形资产按10年摊销。

14.开办费、长期待摊费用核算方法：

(1)开办费、长期待摊费用按实际成本法核算。

(2)开办费采用直线法分5年平均摊销。

(3)长期待摊费用采用直线法在其受益期内平均摊销。

15.收入确认原则：

本公司以产品所有权上的主要风险和报酬已经转移给买方，对该产品不再保留继续管理权和实际控制权，与交易相关的价款已经收到或已经取得了收款的证据，与收入相关的产品成本能够可靠的计量时，确认收入的实现。

16.所得税的会计处理方法：

所得税的会计处理采用应付税款法。

17.会计政策和会计估计变更：

本公司原单位价值在300元以上的低值易耗品采用五五摊销法进行摊销，单位价值在300元以下的采用一次摊销法核算，根据董事会决议：随着公司的发展，低值易耗品数量增多且单位价值较低，本着谨慎性原则，从2000年1月1日起对低值易耗品全部采用一次摊销法核算，已领用的低值易耗品期初余额在本期摊入相关费用。此项会计估计的变更使本期利润总额减少了689,225.99元，使净利润减少了461,781.41元。

(二)税项：

本公司适用的税种及税率如下：

税(费)种	税(费)率	计税(费)依据	备注
增值税	17%	当期销项税额减当期进项税额	
消费税	5%	应税产品的销售额	
城建税	7%	应纳增值税额和应纳消费税额	
教育费附加	3%	应纳增值税额和应纳消费税额	
企业所得税	33%	应纳税所得额	

本公司企业所得税实行33%的税率并按财政部财税(2000)99号文的有关规定执行。

(三)关联关系及其交易(金额单位：元)

1、存在控制关系的关联方

单位名称	注册地址	主营业务	经济类型	法定代表人	与本公司关系
郑州宇通集团有限责任公司	开发区金梭路	实业投资	有限责任	路法尧	母公司
洛阳宇通汽车有限公司	洛阳市金谷园路中路	汽车制造	有限责任	汤玉祥	委托经营

2、存在控制关系的关联方的注册资本及变化

单位名称	年初数	本年增加数	本年减少数	年末数
郑州宇通集团有限责任公司	110000000.00	36000000.00		146000000.00
洛阳宇通汽车有限公司	36620000.00			36620000.00

3、存在控制关系的关联方交易

(1)销售及采购货物、提供及接受劳务

单位名称	交易类型	交易金额	定价政策	结算方式	占同类交易比例
洛阳宇通汽车有限公司	接受劳务	16901336.69	市价	货币资金	43.22%
洛阳宇通汽车有限公司	销售物资	4820928.12	市价	货币资金	32.42%
洛阳宇通汽车有限公司	托管收益	243954.08	协议价	货币资金	100.00%

(2)担保

郑州宇通集团有限责任公司为本公司38000000.00元的长、短期借款提供担保。

(3)应付关联方款项余额

项目	单位名称	期末数	占其他应付款的比例	期初数	占其他应付款的比例
其他应付款					
	郑州宇通集团有限责任公司			5000000.00	17.35%
其他应付款					
	洛阳宇通汽车有限公司	2219326.56	8.10%	53000.00	0.18%
合计		2219326.56	8.10%	5053000.00	17.53%

(四)或有事项：

本公司无应披露之或有事项。

(五)承诺事项：

本公司无应披露之或有事项。

(七)承诺事项：

1、1999年10月6日，本公司与郑州宇通集团有限责任公司签订《关于资产委托经营管理的协议》，委托管理其下属子公司洛阳宇通汽车有限公司全部资产，受托期限为三年，即2000年1月1日起至2002年12月31日止。接受宇通集团的委托，本公司在委托期限内对洛阳宇通汽车有限公司行使出资者责任、权力和义务。根据协议洛阳宇通汽车有限公司亏损时，本公司免收托管费用；洛阳宇通汽车有限公司盈利时，本公司收取其可分配利润40%的托管费用。应收托管费用以会计年度为准，每个会计年度结束30日内结算一次。该协议于2000年1月1日起生效。

2、本公司股东大会决议，并经中国证券监督委员会证监公司字[2000]142号文核准，以1999年末总股本11382.1743万股为基数于2000年10月实施了每10股配3股的配股方案，配股价格为每股人民币10元。

3、根据三届五次董事会决议，本公司拟实施以2000年12月31日的股本136723661股为基数，每10股发现金人民币6元(含税)的利润分配方案。

九、公司的其他有关资料

1、公司变更注册登记日期、地点：2000年11月24日，河南省郑州市

2、企业法人营业执照注册号码：17000140 -1

3、税务登记号码：410104170001401

4、公司未流通股票的托管机构名称：上海证券中央登记结算公司

5、公司聘请的会计师事务所名称：天一会计师事务所有限责任公司，其办公地址：北京市西城区金融街二十七号A座1804室

十、备查文件目录

1、载有公司董事长、总经理、会计主管人员亲笔签字并盖章的会计报表。

2、载有会计师事务所盖章、注册会计师签名并盖章的审计报告原件。

3、报告期内在中国证监会指定报纸上公开披露过的所有公司文件的正本及公告的原稿。

4、载有公司董事长亲笔签署的年度报告正本。

郑州宇通客车股份有限公司

二OO一年二月二十七日

资产负债表

编制单位：郑州宇通客车股份有限公司　　金额单位：人民币元

资产	1999.12.31	2000.12.31
流动资产：		
货币资金	68530489.8	412934408.61
短期投资		63299958.03
减：短期投资跌价准备		
短期投资净额		63299958.03
应收票据	1535715	2806000
应收股利		
应收利息	17805	
应收帐款	39202251.02	53279697.18
其它应收款	37479139.5	28939175.54
减：坏帐准备	4500933.07	5019550.64
应收帐款净额	72180457.45	77199322.08
预付帐款	77937719.51	107750352.81
应收补贴款	15056817.29	
存货	263684329.09	291509366.64
减：存货跌价准备	3240873.82	8175803.04
存货净额	260443455.27	283333563.6
待摊费用	3331759.1	692084.13
待处理流动资产净损失		
一年内到期的长期债权投资		
其它流动资产		
流动资产合计	499034218.42	948015689.26
长期投资：		
长期股权投资		
长期债权投资	22540	1270
其它长期投资		
长期投资合计	22540	1270
减：长期投资减值准备		
长期投资净额	22540	1270
其中：合并价差		
股权投资差额		
固定资产：		
固定资产原值	494991414.48	528701663.99
减：累计折旧	46816021.65	75238667.54
固定资产净值	448175392.83	453462996.45
工程物资		
在建工程	21970269.86	4810348.4
固定资产清理		
待处理固定资产净损失		
固定资产合计	470145662.69	458273344.85
无形及其它资产：		
无形资产	19136008.6	19490656.92
开办费		
长期待摊费用		
其它长期资产		
无形资产及其它资产合计	19136008.6	19490656.92
递延税项：		
递延税款借项		
资产总计：		
资产总计	988338429.71	1425780961.03
流动负债：		
短期借款	37000000	30000000
应付票据	54300000	51300000
应付帐款	87812348.49	162007254.21
预收帐款	67192728.72	95839821
代销商品款		
应付工资	19321807.74	22911640.72
应付福利费	8120562.01	12502866.97
应付股利		82034196.6
应付税金	7560940.32	12315088.64
其它应交款	40101.69	183230.17
其它应付款	28818748.31	27426258.02
应付短期债券		
预提费用	740884	1939474.47
一年内到期的长期负债		35500000
其它流动负债		
职工奖励及福利基金		
流动负债合计	310908121.28	533959830.8
长期负债：		
长期借款	35500000	33000000
应付债券		
长期应付款	972167.07	4731611.63
住房周转金	4718.4	-14135233.3
其它长期负债		
长期负债合计	36476885.47	23596378.33
递延税项：		
递延税项贷款		
负债合计：		
负债合计	347385006.75	557556209.13

少数股东权益：		
少数股东权益		
股东权益：		
股本	113821734	136723661
资本公积金	439886833.74	639218788.98
盈余公积	30349207.63	43409954.13
其中：公益金	7286443.78	11640025.95
未确认的外资损失		
未分配利润	56895647.59	48872347.79
外币报表折算差额		
股东权益合计	640953422.96	868224751.9
负债和股东权益总计：		
负债和股东权益总计	988338429.71	1425780961.03

现金流量表

编制单位：郑州宇通客车股份有限公司　　　　金额单位：人民币元

项目	金额
一、经营活动产生的现金流量：	
销售商品、提供劳务收到的现金	1459057727.66
收取的租金	
收到的增值税销项税款和退回的增值税款	
收到的除增值税以外的其它税费返还	30614700
收到的其它与经营活动有关的现金	634936.2
经营活动产生的现金流入小计	1490307363.86
购买商品、接受劳务支付的现金	1043500080.21
经营租赁所支付的现金	
支付给职工以及为职工支付的现金	67794489.14
支付的增值税款	46347311.05
支付的所得税款	34098192.35
支付的除增值税、所得税以外的其它税费	6760711.05
支付的其它与经营活动有关的现金	72724124.05
经营活动产生的现金流出小计	1271224907.85
经营活动产生的现金流量净额	219082456.01
二、投资活动产生的现金流量：	
收回投资所收到的现金	21270
分得股利或利润所收到的现金	
取得债券利息收入所收到的现金	
处置固定资产、无形资产和其它长期资产而收回的现金净额	39858.94
收到的其它与投资活动有关的现金	
投资活动产生的现金流入小计	61128.94
购建固定资产、无形资产和其它长期资产所支付的现金	51915145.67
权益性投资所支付的现金	13299958.03
债权性投资所支付的现金	
支付的其它与投资活动有关的现金	50000000
投资活动产生的现金流出小计	115215103.7
投资活动产生的现金流量净额	-115153974.76
三、筹资活动产生的现金流量：	
吸收权益性投资所收到的现金	223917370
其中：子公司吸收少数股东权益性投资收到的现金	
发行债券所收到的现金	
借款所收到的现金	33000000
收到的其它与筹资活动有关的现金	
筹资活动产生的现金流入小计	256917370
偿还债务所支付的现金	7000000
发生筹资费用所支付的现金	1683487.76
分配股利或利润所支付的现金	
其中：子公司支付少数股东的股利	
偿付利息所支付的现金	7758232.87
融资租赁所支付的现金	
减少注册资本所支付的现金	
其中：子公司依法减资支付给少数股东的现金	
支付的其它与筹资活动有关的现金	
筹资活动产生的现金流出小计	16441720.63
筹资活动产生的现金流量净额	240475649.37
四、汇率变动对现金的影响：	
汇率变动对现金的影响	-211.81
五、现金及现金等价物增加额：	
现金及现金等价物净增加额	344403918.81
附注：	
1、不涉及现金收支的投资和筹资活动：	
以固定资产偿还债务	
以投资偿还债务	
以固定资产进行长期投资	
以存货偿还债务	
融资租赁固定资产	
2、将净利润调节为经营活动的现金流量：	
净利润	87071643.3
加：少数股东损益	
购并利润	
计提的坏帐准备或转销的坏帐	518617.57
固定资产折旧	30419063.11
无形资产及其他资产摊销	515959.18
待摊费用的减少（减增加）	2639674.97
预提费用的增加（减减少）	
处置无形资产、固定资产和其它长期资产的损失（减收益）	2009504.5
固定资产报废损失	
财务费用	7758232.87
投资损失（减收益）	
递延税款贷项（减借项）	
存货的减少（减增加）	-27825037.55
经营性应收项目的减少（减增加）	-14890460.14
经营性应付项目的增加（减减少）	125930328.98
增值税增加净额	
其它	
经营活动产生的现金流量净额	219082456.01
3、现金及现金等价物净值增加情况：	
货币资金的期末余额	412934408.61
减：货币资金的期初余额	68530489.8
现金等价物的期末余额	
减：现金等价物的期初余额	
现金及现金等价物净增加额	344403918.81

利润表及利润分配表

编制单位：郑州宇通客车股份有限公司　　　　金额单位：人民币元

项目	1999 年度	2000 年度
一、主营业务收入	700109344.53	1198968349.32
减：折扣与折让		
主营业务收入净额	700109344.53	1198968349.32
减：主营业务成本	550899618.62	954991664.87
主营业务税金及附加	2694070.68	6746639.49
二、主营业务利润	146515655.23	237230044.96
加：其他业务利润	794281.6	2041512.12
减：存货跌价损失	2075722.79	4934929.22
营业费用	16375695.55	31769993.31
管理费用	48361994.43	89813727.21
财务费用	8669958.01	7776249.68
三、营业利润	71826566.05	104976657.66
加：投资收益	11254042	
期货损益		
补贴收入	15056817.29	
营业外收入	1281113.86	3271412.3
以前年度损益调整		
减：营业外支出	2009284.52	2800214.34
分给外单位利润		
四、利润总额	97409254.68	105447855.62
减：所得税	26718628.92	18376212.32
少数股东损益		
职工奖励及福利基金		
购并利润		
加：未确认的投资损失		
所得税返还		
五、净利润	70690625.76	87071643.3
加：年初未分配利润	-3191384.3	56895647.59
盈余公积转入数		
年初未分配利润调整		
减少注册资本减少的未分配利润		
外币报表折算差额		
减：股份公司成立前利润分配		
六、可供分配的利润	67499241.46	143967290.89
减：提取法定盈余公积金	7069062.58	8707164.33
提取法定公益金	3534531.29	4353582.17
提取职工奖励福利基金		
七、可供股东分配的利润	56895647.59	130906544.39
减：应付优先股股利		
提取任意盈余公积金		
应付普通股股利		82034196.6
转作股本的普通股股利		
八、未分配利润	56895647.59	48872347.79

福州大通机电股份有限公司

一 公司简介

1、公司法定中文名称：福州大通机电股份有限公司
英文名称：FUZHOU DARTONG M&E CO.,LTD　　英文缩写：FDT
2、公司法定代表人：陈道彤
3、公司董事会秘书：林镇南
联系地址：福建省福州市福马路 81 号
电话：(0591)3660701　传真：(0591)3660592　电子信箱：fdt@pub2.fz.fj.cn
4、公司注册地址及办公地址：福建省福州市福马路 81 号
公司国际互联网址：www.dartong.net　电子信箱：fdt@pub2.fz.fj.cn
5、公司指定信息披露报纸：上海证券报
证监会指定披露信息互联网址：www.sse.com.cn
公司年度报告备查地点：公司办公室
6、公司股票上市交易所：上海证券交易所股
票简称：福州大通　股票代码：600067

二 会计数据和业务数据摘要

1、公司本年度会计数据和业务数据摘要 单位：元

利润总额	28,027,246.81
净利润	23,216,350.61
扣除非经常性损益后的净利润	20,900,115.61
主营业务利润	70,209,121.22
其它业务利润	1,723,062.92
营业利润	23,790,638.96
投资收益	2,303,121.07
补贴收入	2,316,235.00
营业外收支净额	-38274 8.22
经营活动产生的现金流量净额	-44,364,820.47
现金及现金等价物净增加额	16,941,833.43

注：扣除的非经常性损益项目及金额：补贴收入 2,316,235.00 元，补贴主要来源为：外贸出口专项奖金 14,501.00 元，出口贴息补拨款 4,834.00 元，新产品拨款 250,000 元，三项费用拨款 300,000 元，新产品增值税返还 1,591,900 元，财政扶持基金 155,000 元。

2、公司前三年主要会计数据和财务指标

(1)主要财务数据　　单 位：元

项目	2000 年度	1999 年度 调整后	1999 年度 调整前	1998 年度 调整后	1998 年度 调整前
主营业务收入	389,253,479.49	268,510,258.42	268,510,258.42	244,781,696.11	244,781,696.11
净利润	23,216,350.61	19,193,940.69	21,294,645.68	20,468,827.97	20,925,911.55
总资产	541,133,880.21	399,855,157.37	403,003,415.63	332,856,860.96	337,242,227.57
股东权益	299,148,813.42	175,965,502.11	178,066,207.10	156,771,561.42	161,156,928.13
每股收益(元/股)(摊薄)	0.22	0.23	0.257	0.247	0.252
每股收益(元/股)(加权)	0.25	0.23	0.257	0.247	0.252
每股收益(元/股)(摊薄)(扣除非经常性损益)	0.20	0.219	0.244	0.247	0.252
(加权)	0.23	0.219	0.244	0.247	0.252
每股净资产(元/股)	2.85	2.12	2.15	1.89	1.94
调整后的每股净资产(元/股)	2.80	2.10	2.14	1.88	1.92
每股经营活动产生的现金流量净额(元/股)	-0.42	0.41	0.41	0.33	0.33
净资产收益率(%)(摊薄)	7.76	10.91	11.96	13.06	12.98
净资产收益率(%)(加权平均)	9.94	10.91		13.06	12.98

(2)按照中国证监会(公开发行证券公司信息披露编报规则(第 9 号)要求计算 2000 年报告期利润的净资产收益率和每股收益：

报告期利润	净资产收益率(%) 全面摊薄	净资产收益率(%) 加权平均(ROE)	每股收益(元/股) 全面摊薄	每股收益(元/股) 加权平均(EPS)
主营业务利润	23.47	30.06	0.67	0.76
营业利润	7.95	10.18	0.23	0.26
净利润	7.76	9.94	0.22	0.25
扣除非经常性损益后的净利润	6.99	8.95	0.20	0.23

三 股东情况

(1)报告期末股东总数

截止 2000 年 12 月 31 日，公司股东总数 33573 户，其中社会公众股股东 33563 户。

(2)前 10 名股东情况

截止 2000 年 12 月 31 日，持有本公司股份超过 5%以上的股东只有福州市国资局。前 10 名股东如下表所示：

股东名称	持股数(股)	比率(%)
福州市国有资产管理局 *	27,596,190	26.28
福州市定诚经济发展有限公司	2,112,000	2.01
福州市信托投资公司	1,792,000	1.71
福州建银贸易公司	1,600,000	1.52
中国建设银行福建省分行直属支行	1,568,000	1.49
福保贸易	1,056,000	1.00
福州一化	736,000	0.70
蒋信成	486,491(公众股)	0.46
金祖明	380,403(公众股)	0.36
林小红	353,908(公众股)	0.33

以上 10 名股东之间无关联关系，除国家股股东外，持股数均未超过 10%。

* 福州市国资局持股已协议转让给福州盈榕投资有限公司，转让公告已于 2000 年 12 月 28 日刊登于《上海证券报》，相关手续仍在办理之中，待转让协议获国家财政部批准后再另行详细公告。

葛洲坝股份有限公司

一、公司简介

1.公司法定中文名称：葛洲坝股份有限公司
公司法定英文名称：GEZHOUBA CO.,LTD　　缩写：G.C.L
2.公司法定代表人：孙玉才
3.公司董事会秘书：吴汉明
联系地址：湖北省宜昌市石子岭路 3 号
电话：0717-6746439　传真：0717-6746470　电子信箱：cplolw@yc.hb.cninfo.net
董事会秘书授权代表：彭立权
电话：0717-6718809　传真：0717-6746470　电子信箱：cplolw@yc.hb.cninfo.net
4.公司注册地址：湖北省宜昌市樵湖路 8 号　公司办公地址：湖北省宜昌市石子岭路 3 号
邮政编码：443002　电子信箱：cplolw@yc.hb.cninfo.net
5.公司选定的信息披露报纸名称：《上海证券报》、《中国证券报》、《证券时报》
登载公司年度报告的中国证监会指定国际互联网网址：http://www.sse.com.cn
公司年度报告备置地点：公司董事会秘书室
6.公司股票上市交易所：上海证券交易所　股票简称：葛洲坝 股票代码：600068

二、会计数据和业务数据摘要

㈠年度主要利润指标情况(单位：人民币元)

利润总额：	308,823,866.71
净利润：	212,119,505.37
扣除非经营性损益后的净利润：	230,100,771.98
主营业务利润：	429,554,048.92
其他业务利润：	3,245,489.62
营业利润：	314,254,928.91
投资收益：	12,550,204.41
补贴收入：	3,200,000.00
营业外收支净额：	-21,181,266.61
经营活动产生的现金流量净额：	9,939,436.02
现金及现金等价物净增加额：	105,227,382.21

注：扣除的非经营性损益项目和涉及的金额：

1.营业外收支净额项目：	
⑴新股申购冻结资金利息本期转入数	2,770,105.94
⑵其他收入	6,902,318.37
⑶处理固定资产净损失	29,964,291.64
⑷非常损失、罚款支出等	889,399.28
2.补贴收入	
⑴公司水泥厂免交的增值税	3,200,000.00
3.以上项目涉及的金额	17,981,266.61

㈡截止报告期末公司前三年主要会计数据和财务指标：　　单位：人民币元

项目	2000 年	1999 年 调整前	1999 年 调整后	1998 年 调整前	1998 年 调整后
主营业务收入	2,155,795,724.72	2,056,078,714.68	2,056,078,714.68	1,918,819,462.82	1,918,819,462.82
净利润	212,119,505.37	287,841,211.26	227,915,814.23	256,041,468.60	75,972,688.60
总资产	4,583,782,616.85	4,115,282,950.84	3,839,153,810.51	4,212,620,381.26	3,991,253,169.48
股东权益	3,138,773,475.46	2,836,862,135.66	2,555,569,526.85	2,549,020,924.40	2,327,653,712.62
每股收益(摊薄)	0.30	0.46	0.37	0.41	0.12
每股收益(按月平均加权)	0.33	0.46	0.37	0.46	0.14
扣除非经营性损益后的每股收益(摊薄)	0.33	0.44	0.35	0.41	0.12
每股净资产	4.45	4.55	4.10	4.09	3.74
调整后的每股净资产	4.38	4.54	4.09	4.08	3.73
每股经营活动产生现金流量净额	0.01	0.75	0.75	-0.31	-0.31
净资产收益率%	6.76	10.15	8.92	10.04	3.26

三、股东情况介绍

㈠报告期末公司股东总数为 240,318 户。

㈡报告期末主要股东持股情况(前 10 名股东)

序号	股东名称	持股数	占总股本比例(%)
1	中国葛洲坝集团公司	360,000,000	51.01%
2	国信证券	6,402,745	0.91%
3	苏州投资	1,302,990	0.18%
4	邱朗葆	738,800	0.10%
5	于宁军	560,000	0.08%
6	于胜永	546,463	0.08%
7	杨常喜	435,912	0.06%
8	吴必胜	430,000	0.06%
9	吴少燕	430,000	0.06%
10	兴和基金	412,392	0.06%

注：⑴持有本公司 5%以上股份的股东为中国葛洲坝集团公司，年度内该公司所持股份因配股由 35700 万股增加至 36000 万股。

⑵中国葛洲坝集团公司是本公司国有法人股股东。

⑶中国葛洲坝集团公司的法定代表人：张野。经营范围：按国家核准资质等级范围，承包国内外、境内国际招标的水利水电建设工程及航道、桥梁、机场、隧道、输变电、其他建筑工程的勘察设计及施工安装；上述工程所需材料设备出口；经营代理本系统商品和技术进口；对外派遣本行业劳务人员；金属结构、压力容器、低压开关柜制作安装、汽车改造与维修；生产销售、磷、碳化工产品、粘合剂、电焊条、大理石；运输及旅游服务。

河南银鸽实业投资股份有限公司

一、公司简介

1 、公司法定中文名称:河南银鸽实业投资股份有限公司 缩写:银鸽投资
公司英文名称:Henan Yinge Industrial Investment Holding Co.,Ltd. 缩写:Yinge
2 、公司法定代表人:韩国忠
3 、公司董事会秘书:薛永福
联系地址:郑州市金水路 24 号润华商务花园 A 座 7 层
电话:(0371)3859931 传真:(0371)3859926
4 、公司注册地址:河南省漯河市人民东路 95 号
公司办公地址:河南省漯河市人民东路 95 号
邮政编码:462000 公司电子信箱:lhyg@public2.zz.ha.cn
5 、公司选定的信息披露报纸:《上海证券报》
登载公司年度报告的中国证监会指定国际互联网网址:http://www.sse.com.cn
公司年度报告备置地点:公司所在地:河南省漯河市人民东路 95 号
董事会秘书处:郑州市金水路 24 号润华商务花园 A 座 7 层
6 、股票上市交易所:上海证券交易所
股票简称:银鸽投资 股票代码:600069

二、会计数据和业务数据摘要

1 、本年度利润总额及构成 单位:人民币元

(1)利润总额	10,770,652.46
(2)净利润	10,443,894.94
(3)扣除非经常性损益后的净利润	8,835,687.42
(4)主营业务利润	21,342,803.84
(5)其他业务利润	268,485.98
(6)营业利润	1,423,735.34
(7)投资收益	7,778,896.57
(8)补贴收入	--
(9)营业外收支净额	1,568,020.55
(10)经营活动产生的现金流量净额	28,741,582.64
(11)现金及现金等价物净增加额	8,016,834.81

非经常性损益:2,400,309.73 元为上市冻结资金利息。

2 、报告期末公司前三年主要会计数据和财务指标: 单位:人民币元

项 目	2000 年度 调整前	2000 年度 调整后	1999 年度	1998 年度 调整前	1998 年度 调整后
主营业务收入	154,248,157.24	140,283,166.86	140,283,166.86	112,001,971.08	112,001,971.08
净利润	10,443,894.94	17,157,298.78	11,480,966.74	67,365,302.27	55,911,638.89
总资产	913,354,533.14	829,870,497.01	822,591,300.75	841,483,901.20	822,636,978.82
股东权益(不含少数 股东权益)	644,311,116.18	641,259,302.11	633,867,221.24	642,148,925.71	624,102,003.33
每股收益	0.028	0.05	0.031	0.36	0.30
加权平均的每股收益	0.028	0.09	0.048	0.41	0.34
扣除非经常性损益的 每股收益	0.024	0.03	0.027	0.02	-0.04
每股净资产	1.73	1.73	1.71	3.46	3.36
调整后的每股净资产	1.71	1.71	1.69	3.44	3.34
每股经营活动产生的现金流量净额	0.08	0.08	0.08	0.18	0.18
净资产收益率(%)	1.62	2.68	1.81	10.49	8.96
全面摊薄净资产收益率	1.62	2.68	1.81	10.49	8.96

附表:

报告期利润	净资产收益率 全面摊薄	净资产收益率 加权平均	每股收益 全面摊薄	每股收益 加权平均
主营业务利润	0.0331	0.0334	0.057	0.057
营业利润	0.0022	0.0022	0.004	0.004
净利润	0.0162	0.0163	0.028	0.028
扣除非经常性损益的净利润	0.0137	0.0138	0.024	0.024

三、股本变动和主要股东持股情况

1 、截止到 2000 年 12 月 29 日,公司股东总数为 94700 户,其中国家股股东 1 户、法人股股东 1 户、社会公众股股东 94798 户。

2 、前十名股东持股情况

截止到 2000 年 12 月 29 日前十名股东名称、持股情况:

名次	股东名称	持股数量(万股)	占总股本比例(%)
1	漯河市国有资产管理局	14588.80	39.26
2	河南开祥电力实业投资股份有限公司	8011.20	21.56
3	袁赛男	77.43	0.21
4	朱秀银	64.64	0.17
5	浙恒投资	30.00	0.08
6	张永庄	29.29	0.08
7	薛桂芝	26.57	0.07
8	郑如鑫	22.52	0.06
9	张军	21.81	0.06
10	兴和基金	20.99	0.06

注:漯河市国有资产管理局在本报告期末持有公司国家股 14588.80 万股,占总股本的 39.26%,较上年末持股无变化,所持股份无质押或冻结的情况。河南开祥电力实业投资股份有限公司(原名河南开祥电力实业股份有限公司,于 2000 年 6 月 20 日更名为河南开祥电力实业投资股份有限公司)在本报告期末持有公司法人股 8011.20 万股,占总股本的 21.56%,较上年末持股无变化,所持股份无质押或冻结的情况。前 2 名股东之间不存在关联关系。第 3-10 位为流通股股东。

3 、持股 10%以上的法人股股东简介

河南开祥电力实业投资股份有限公司,法定代表人为胡国栋,公司的经营范围为电力开发与生产,电力设备及物质、技术服务。

4 、本年度公司控股股东无变化。

浙江富润股份有限公司

一、公司简介

1、公司名称:浙江富润股份有限公司
英文名称:ZHEJIANG FURUN CO.,LTD 缩写:FURUN
2、公司法定代表人:赵林中
3、公司董事会秘书:陈黎伟
联系地址:浙江省诸暨市安平路 42 号
电话:0575--7222043 7223532 传真:0575--7223018
授权代表人:王坚
4、公司注册地址:浙江省诸暨市安平路 42 号
邮政编码:311800 电子信箱:furun@mail.sxptt.zj.cn
公司信息披露指定报刊:《中国证券报》、《上海证券报》
登载公司年度报告的中国证监会指定国际互联网网址:http://www.ssc.com.cn
公司年度报告备置地点:浙江省诸暨市安平路 42 号公司证券部
5、公司股票上市地:上海证券交易所
股票简称:浙江富润 股票代码:600070

二、会计数据和业务数据摘要

(一)、公司本年度实现利润情况

项目	金额(人民币元)
1、利润总额	30,816,844.82
2、净利润	26,150,551.56
3、扣除非经常性损益后的净利润	26,939,262.94
4、主营业务利润	35,169,807.25
5、其他业务利润	4,517,166.80
6、营业利润	30,164,914.50
7、投资收益	1,246,500.00
8、补贴收入	-
9、营业外收支净额	-594,569.68
10、经营活动产生的现金流量净额	48,151,561.80
11、现金及现金等价物净增加额	-25,915,204.02

注:非经常性损益项目

1、固定资产清理净收益	46,889.33
2、处理固定资净损失	835,600.71
合计	-788,711.38

(二)、截至报告期末公司前三年的主要会计数据和财务指标

指标项目	单位	2000 年度	1999 年度	1998 年度
主营业务收入	元	213,714,709.22	191,741,088.87	176,252,572.88
净利润	元	26,150,551.56	23,035,062.79	13,452,012.70
总资产	元	419,798,167.84	344,196,175.01	242,855,773.92
股东权益	元	239,985,570.34	228,981,618.78	139,745,945.21
每股收益	元/股	0.35	0.30	0.20
按月平均加权法计算的每股收益	元/股	0.35	0.34	0.20
扣除非经常性损益后的每股收益	元/股	0.36	0.25	0.18
每股净资产	元/股	3.17	3.02	2.08
调整后的每股净资产	元/股	3.15	3.00	2.06
每股经营活动产生的现金流量净额	元/股	0.64	-0.08	0.09
净资产收益率(摊薄)	%	10.90	10.06	9.63

注:按年报准则规定的公式计算各项指标

根据中国证监会发布《公开发行证券公司信息披露编报规则》第 9 号通知精神,公司 2000 年按全面摊薄法和加权平均法计算的净资产收率及每股收益:

报告期利润	净资产收益率% 全面摊薄	净资产收益率% 加权平均	每股收益(元) 全面摊薄	每股收益(元) 加权平均
主营业务利润	14.65	14.53	0.46	0.46
营业利润	12.57	12.46	0.40	0.40
净利润	10.90	10.80	0.35	0.35
扣除非经常性损益后的净利润	11.23	11.13	0.36	0.36

注:1、扣除非经常性损益的项目及金额:处理固定资产净损失 788,711.38 元

(三)报告期内股东权益变动情况

项目
股本 资本公积 盈余公积 法定公益金 末分配利润 股东权益合计
期初数 75733000.00 110207793.89 8078482.50 4039241.24 30923101.15 228981618.78
本期增加 2615055.16 1307527.58 26150551.56 30073134.30
本期减少 15146600.00 15146600.00
期末数 75733000.00 110207793.89 10693537.66 5346768.82 38004469.97 239985570.34
变动原因 按本年净利润计提 按本年净利润计提 本年新增利润利润分配

三、股本变动及股东情况

1、截止 2000 年 12 月 31 日,本公司股东总数为 13775 户。

2、截止 2000 年 12 月 31 日,本公司前 10 名股东(包括持有本公司 5%以上股份的股东)的持股情况(单位:股)

股东名称	期初数	本年度内股份增减(+,-)	期末数	持股比例(%)
富润集团有限公司	29561800		29561800	39.03
诸暨绢纺研究所	2673600		2673600	3.53
诸暨电力实业公司	2400000		2400000	3.17
诸暨毛纺织工业公司	2400000		2400000	3.17
诸暨地毯工业公司	2157600		2157600	2.85
诸暨鹰龙制衣公司	1700000		1700000	2.24
诸暨黄金公司	1260000		1260000	1.66
杭州青春服装厂	700000		700000	0.92
上海林奇建筑公司	0	360000	360000	0.48
郝成梅	0	319236	319236	0.42

注:①以上股东间无关联关系。
②以上股东中代表国家持股的是富润集团有限公司。

凤凰光学股份有限公司

一、公司简介

1、公司法定中文名称：凤凰光学股份有限公司
公司简称：凤凰光学
公司英文名称：PHENIX OPTICAL COMPANY LIMITED
2、公司法定代表人：任捷
3、公司董事会秘书：邹建伟
联系地址：凤凰光学股份有限公司证券部
电话：0793--8259547
传真：0793-8259547
4、公司注册地址：江西省上饶市光学路1号
公司办公地址：江西省上饶市光学路1号
邮政编码：334000
公司电子信箱：srfhgf@public1.srptt.jx.cn
公司国际互联网网址：http://www.phenixoptics.com
5、公司选定的信息披露报纸：《上海证券报》、《中国证券报》
登载公司年度报告的国际互联网网址：http://www.sse.com.cn
公司年度报告备置地点：公司证券部
6、公司股票上市地：上海证券交易所
股票简称：凤凰光学　股票代码：600071

二、会计数据和业务数据摘要

1、本年度业务数据指标情况：

利润总额：	45,303,935.66元
净利润：	38,304,883.68元
扣除非经常性损益后的净利润：	36,077,282.10元
主营业务利润：	68,912,745.01元
其他业务利润：	94,789.45元
营业利润：	35,632,186.44元
投资收益：	9,111,026.88元
补贴收入：	444,600.00元
营业外收支净额：	116,122.34元
经营活动产生的现金流量净额：	19,626,172.71元
现金及现金等价物净增加额：	-32,682,449.06元

注：报告期内涉及的非经常性损益项目及金额：9703国债投资收益：1,849,691.58元 补贴收入：444,600.00元。

2、截至报告期末公司前三年的主要会计数据和财务指标(单位：元)：

项目	2000年	1999年	1998年 调整后	1998年 调整前
主营业务收入	273,396,537.84	244,602,826.01	186,379,391.73	186,379,391.73
净利润	38,304,883.68	28,355,573.74	22,938,646.06	24,578,262.64
总资产	563,888,466.95	465,469,669.95	280,023,083.34	286,198,657.56
股东权益	372,934,587.39	342,762,452.72	214,388,698.10	220,500,235.23
每股收益	0.36	0.26	0.24	0.26
每股收益(加权)	0.36	0.29	0.24	0.26
每股收益(扣除非经常性损益后)	0.34	0.26	0.24	0.26
每股净资产	3.47	3.19	2.27	2.33
调整后每股净资产	3.47	3.17	2.26	2.32
每股经营活动产生的现金流量净额	0.18	0.49	0.07	0.07
净资产收益率%	10.27	8.27	10.71	11.15

(3、利润表附表

报告期利润	净资产收益率(%) 全面摊薄	净资产收益率(%) 加权平均	每股收益(元) 全面摊薄	每股收益(元) 加权平均
主营业务利润	18.48	18.48	0.64	0.64
营业利润	9.56	9.56	0.33	0.33
净利润	10.27	10.27	0.36	0.36
扣除非经营性损益后的净利润	9.67	9.67	0.34	0.34

三、股东情况介绍

1、截止2000年12月31日，公司股东总数为8385户。
2、前十名股东持股情况：

股东	期末持有量(股)	持有比例(%)
①江西光学仪器总厂	58833600	54.75
②普丰基金	3022060	2.81
③普惠基金	1581726	1.47
④卜发付	249025	0.23
⑤周海斌	231800	0.21
⑥包蓉	214490	0.19
⑦钱咸有	206613	0.19
⑧张作兰	181402	0.16
⑨王英	175667	0.16
⑩张玉见	170300	0.15

注：①持有本公司股份5%以上的股东只有江西光学仪器总厂，年末持股5883.36万股，年度内持股没有变化，其持有本公司的股份未发生质押或冻结等情况。
②江西光学仪器总厂为代表国家持有股份的单位。

四、股东大会简介

1、报告期内公司召开了一次股东大会，即1999年年度股东大会。4月12日，公司1999年年度股东大会召开，出席会议的股东及股东代表73人，代表股份58933011股，占公司股本总额的54.85%。

2、1999年年度股东大会以投票表决方式审议通过了如下决议：①1999年董事会工作报告；②1999年监事会工作报告；③1999年财务决算报告；④1999年利润分配议案；⑤修改公司章程的议案；⑥公司董事会换届选举的议案；⑦公司监事会换届选举的议案。本次股东大会决议公告刊登在2000年4月13日的《上海证券报》上。

江南重工股份有限公司

一、公司简介

1、公司法定名称
中文名称：江南重工股份有限公司
英文名称：JIANGNAN HEAVY INDUSTRY CO. LTD
(缩写：JNHI)
2、公司注册地址：上海市东方路1369号
邮编：20012
公司办公地址：上海市高雄路18号
邮编：2000117
公司国际互联网网址：http://www.jnshipyard.com.cn
公司电子信箱：JNHIC@online.sh.cn
3、公司法定代表人：孙鉴政
4、公司董事会秘书：施卫东
联系地址：上海市高雄路18号3楼304室江南重工董事会办公室
电话：(021)63151818-45547
传真：(021)631411037
电子信箱：swd2008@eastday.com
5、公司选定的信息披露报纸名称：《上海证券报》、《中国证券报》
登载公司年度报告的中国证监会指定国际互联网网址：
http://www.sse.com.cn
公司年度报告备置地点：
上海市高雄路18号3楼304室江南重工董事会办公室
6、公司股票上市交易所：上海证券交易所
股票简称：江南重工
股票代码：600072

二、会计数据和业务数据摘要

1、本年度主要财务指标

(单位：人民币元)

利润总额	24343573.45
净利润	19889109.86
扣除非经营性损益后的净利润	19889109.86
主营业务利润	10211003.41
其他业务利润	220479.23
营业利润	-12013357.20
投资收益	36356930.65
经营活动产生的现金流量净额	6021016.16
现金及现金等价物净增加额	50163907.45

2、近三年主要会计数据及财务指标

单位：人民币元

序号 项目		2000年度	1999年度	1998年度
(1)主营业务收入(元)		353554251.77	527860656.23	448396832.82
(2)净利润(元)		19889109.86	55404526.88	74870899.43
(3)总资产(元)		1076070687.26	1069187371.65	631082667.68
(4)股东权益(元)		937887404.11	918717266.38	539765927.76
(5)每股收益	元/股	0.072	0.202	0.567
(加权)		0.072	0.353	0.567
(6)扣除非经营性损益后每股收益	元/股	0.072	0.203	0.515
(7)每股净资产	元/股	3.416	3.346	4.089
(8)调整后每股净资产	元/股	3.403	3.328	4.070
(9)每股经营活动产生的现金流量净额	元/股	0.022	-0.335	0.181
(10)净资产收益率(%)		2.121	6.031	13.871
(加权)		2.121	7.894	14.90

3、根据中国证监会关于发布《公开发行证券公司信息披露编报规则》第9号通知精神，公司2000年度按照全面摊薄法和加权平均法计算的净资产收益率和每股收益：

项目	净资产收益率(%) 全面摊薄	净资产收益率(%) 加权平均	每股收益(元/股) 全面摊薄	每股收益(元/股) 加权平均
主营业务利润	1.089	1.100	0.037	0.037
营业利润	-1.281	-1.295	-0.044	-0.044
净利润	2.121	2.143	0.072	0.072
扣除非经营性率损益后的净利润	2.121	2.143	0.072	0.072

三、股东情况介绍

1、报告期末股东总数为84838户。
2、持有本公司5%以上(含5%)股份的股东情况：江南造船(集团)有限责任公司持有本公司14978.08万股国有法人股，占总股本54.55%。
江南造船(集团)有限责任公司所持有的本公司54.55%的国有法人股未作任何质押或冻结，亦未有其他法律争议。
前十名股东持股情况：

股东名称	年末持股数量(万股)	占总股本比例
①江南造船(集团)有限责任公司(国有法人股)	14978.08	54.55%
②海通证券	39.01	0.14%
③徐留胜	38.6179	0.14%
④肖亮	28.56	0.1%
⑤翟金刚	20.0598	0.07%
⑥兴和基金	15.5082	0.06%
⑦左宜群	15	0.05%
⑧张政	15	0.05%
⑨杨培华	15	0.05%
⑩吴跃美	15	0.05%

说明：前十名股东之间不存在关联关系。

上海梅林正广和股份有限公司

一、公司简介

1、公司法定中文名称:上海梅林正广和股份有限公司
公司英文名称:SHANGHAI MALING AQUARIUS CO.,LTD　缩写:SMAC
2、公司法定代表人:吕永杰　3、公司董事会秘书:钟耀
联系地址:上海市通北路 400 号　联系电话:021—65419725　传真:021—65123609
4、公司注册地址:上海市浦东新区川桥路 1501 号　邮政编码:201206
公司办公地址:上海市通北路 400 号　邮政编码:200082
5、公司选定的信息披露报纸:《上海证券报》、《中国证券报》
登载公司年度报告的国际互联网网址:http://www.sse.com.cn
公司年度报告备置地点:上海市通北路 400 号
6、公司股票上市交易所:上海证券交易所　股票简称:上海梅林　股票代码:600073

二、会计数据和业务数据摘要

1、本年度利润总额及构成(单位:元)

利润总额	108,434,728.24
净利润	79,902,976.19
扣除非经常性损益后的净利润	21,701,310.15
主营业务利润	183,071,642.24
其他业务利润	1,932,499.61
营业利润	19,487,025.28
投资收益	89,489,412.23
补贴收入	4,273,900.61
营业外收支净额	–4,815,609.88
经营活动产生的现金流量净额	34,976,182.77
现金及现金等价物净增加额	148,494,370.38

注:在扣除非经营性损益后的净利润中,扣除了处置资产收益 57,713,487.08 元;补贴收入 4,273,900.61 元;营业外收支净额–4,815,609.88 元;合并价差摊入 1,029,888.23 元。

2、主要会计数据和财务指标(合并报表)(单位:元)

项目	2000 年	1999 年	1998 年	
			调整前	调整后
主营业务收入	537240254.03	562267876.42	577679067.10	598033557.26
净利润	79902976.19	102145300.79*	54602255.92	46264629.33
总资产	1338139640.92	1392823137.32	1155938501.11	1148520079.26
股东权益	780340784.99	765833900.30*	801522324.74	785115576.84
摊薄每股收益	0.25	0.32	0.17	0.14
加权平均每股收益	0.25	0.32	0.17	0.14
扣除非经常性损益每股收益	0.07	–0.09		
每股净资产	2.41	2.36	2.47	2.42
调整后的每股净资产	2.32	2.28	2.35	2.30
每股经营活动产生的现金流量净额	0.11	0.25	0.03	0.03
摊薄净资产收益率(%)	10.24	13.34	6.81	5.89

* 因本会计年度会计政策变更,根据财政部财会(2001)7 号文中债务重组准则,公司 1999 年度净利润调整为 69552842.62 元,股东权益调整为 700833900.30 元。

3.利润表附表:

报告期利润	净资产收益率		每股收益	
	全面摊薄	加权平均	全面摊薄	加权平均
主营业务利润	23.46	24.71	0.57	0.57
营业利润	2.50	2.63	0.06	0.06
净利润	10.24	10.79	0.25	0.25
扣除非经常性损益后的净利润	2.78	2.93	0.07	0.07

4.股东权益变动情况(单位:元)

项目	股本	资本公积	盈余公积	未分配利润	股东权益合计
期初数	324000000	436434848.04	26986540.51	–86587488.25	700833900.30
本期增加	0	261272.18	9460323.60	80253494.51	89975090.29
本期减少	0	0	350518.32	10117687.28	10468205.60
期末数	324000000	436696120.22	36096345.79	–16451681.02	780340784.99

三、股本变动及股东情况

1、股本变动情况
(1)股份变动情况表　数量单位:股

	本次变动前	本次变动增减额(+,–)	本次变动后
一、未上市流通股份			
境内法人持有股份	204000000	0	204000000
未上市流通股份合计	204000000	0	204000000
二、已上市流通股份			
人民币普通股	120000000	0	120000000
已上市流通股份合计	120000000	0	120000000
三、股份总数	324000000	0	324000000

2、股东情况介绍(1)截止 2000 年 12 月 31 日,公司股东总数为 110468 户。
(2)本公司前十名股东持股情况

名次	股东名称	年末持股数(股)	占总股本 %
1	上海梅林正广和(集团)有限公司	204000000	62.96
2	湖北证券	488510	0.15
3	冯亚中	459494	0.14
4	李一东	330038	0.10
5	蒋劲	303098	0.09
6	车世兵	267662	0.08
7	钱尚蔺	230000	0.07
8	邹勇	214848	0.06
9	邓旭海	201000	0.06
10	黄海期货	200000	0.06

(3)持股 10%以上的法人股东介绍上海梅林正广和(集团)有限公司持有国有法人股占公司总股本 62.96%。所持有本公司的股份无质押和冻结。法定代表人:吕永杰

经营范围:食品、饮料、饮用水、冷饮、包装容器、百货、五金交电、自营进出口业务、国内贸易(除专项规定)、转口贸易等。

南京中达制膜(集团)股份有限公司

一、公司简介

1、公司法定中文名称:南京中达制膜(集团)股份有限公司
公司英文名称:NanJing Zhongda Film (Group)Co.,Ltd.
公司英文名称缩写:NZ
2、公司法定代表人:张国平
3、公司董事会秘书:何祖元　电话:025-4711201
证券事务代表:郑晓贤
电话:025-4718467 025-4718462 转 650　传真:025-4718465
联系地址:南京市汉中路 89 号金鹰国际商城 20 层 C 座
4、公司注册地址:南京经济技术开发区高新技术工业园
公司办公地址:南京市汉中路号金鹰国际商城 20 层 C 座
邮编:210029　电子信箱:njzdzm@publicl.ptt.js.cn
5、公司信息披露指定报刊:《上海证券报》、《中国证券报》
公司刊登年报国际互连网网址:http://www.sse.com.cn
公司年度报告备置地点:公司证券部
6、股票上市地:上海证券交易所
股票简称:南京中达　股票代码:600074

二、会计数据和业务数据摘要

1、本年度主要利润指标情况(单位:元)

利润总额	76114631.19
净利润	63897412.30
扣除非经常性损益后的净利润	61645062.56
主营业务利润	128891994.85
其他业务利润	6834068.85
营业利润	73880812.35
投资收益	–18530.90
补贴收入	–
营业外收支净额	2252349.74
经营活动产生的现金流量净额	224522386.94
现金及现金等价物净增加额	–6296240.90
* 注:扣除的非经常性损益项目和涉及金额:	–
(1)转让固定资产净损益	3400809.94
(2)材料赔款收入	519709.38
(3)扶贫支出	160000.00
(4)防洪保安基金支出	757530.00
(5)交通事故损失	287692.28

2、公司前三年主要会计数据和财务指标(单位:元)

项目	2000 年	1999 年调整后	1998 年调整后	1998 年调整前
主营业务收入	495781724.02	374970442.46	282149986.23	282149986.23
净利润	63897412.30	32258651.55	38554338.46	40982003.58
总资产	1110060153.23	1076926817.799	769782707.91	773977214.16
股东权益(不含少数股东权益)	537133864.32	487696452.02	340253899.32	344448405.57
每股收益	0.442	0.223	0.357	0.379
扣除非经常性损益后每股收益	0.426	0.223	0.357	0.379
加权每股收益	0.442	0.266	0.415	0.441
每股净资产	3.716	3.373	3.15	3.19
调整后每股净资产	3.673	3.344	3.13	3.15
每股经营活动产生的现金流量净额	1.553	–0.807	–0.21	–0.21
净资产收益率%	11.9	6.61	11.33	12.11

3、股东权益变动情况(单位:元)

项目	股本	资本公积	盈余公积	法定公益金	未分配利润	股东权益合计
期初数	144600000	292427231.29	13540383.12	4513461.14	37128837.61	487696452.02
本期增加	0	9584611.85	3194870.62	39852800.45	49437412.3	
本期减少						
期末数	144600000	292427231.29	23124994.97	7708331.76	76981638.06	537133864.32

变动原因
1:本报告期内,盈余公积增加系根据当期净利润 15%计提所致。
2:本报告期内,法定公益金增加系根据当期净利润 5%计提所致。
3:本报告期内,当年新增未分配利润。
4:本报告期内,当年增加净利润。

三、股东情况

(一)、本公司报告期末股东总数为 19153 户。
(二)、主要股东持股情况(前十名股东)

名次 股东名称	年末持股数(股)	占总股本(%)	增减情况	备注
①申达集团公司	42256400	29.22	1568000	社会法人股
②南京塑料包装材料总厂	28688400	19.84		国有法人股(冻结、质押)
③无锡市国联发展(集团)有限公司	21120400	14.60	21120400	国有法人股
④石桂元	328400	0.227		社会公众股
⑤古井房产	212352	0.146		社会公众股
⑥荣毅	194392	0.134		社会公众股
⑦杨艳玲	189900	0.131		社会公众股
⑧赵易文	187700	0.130		社会公众股
⑨钟真浩	180150	0.125		社会公众股
⑩张丽	180000	0.124		社会公众股

上述股东之间不存在关联关系。

注:①、股东股份增减变动的情况:公司发起人之一中国包装总公司内江包装材料总厂欠中国银行四川省分行借款,经四川省成都市中级人民法院裁定,中国包装总公司内江包装材料总厂所持有的公司法人股 3268.84 万股中的 2112.04 万股变卖给无锡市国联发展(集团)有限公司,1156.8 万股变卖给申达集团公司,所得款项用于清偿中国包装总公司内江包装材料总厂欠中国银行四川省分行的借款。

新疆天业股份有限公司

一、公司简介

1、公司法定中英文名称及缩写公司
法定中文名称：新疆天业股份有限公司　缩写：新疆天业
公司英文名称：XINJIANG TIANYE CO.,LTD.　缩写：XJTY
2、公司法定代表人：郭庆人
3、公司董事会秘书：沈明　　证券事务代表：张红杰
联系地址：新疆石河子市北一路 94 号
电话：0993-2866164　　传真：0993-2864515　　董秘办 E-mail：stock @ 163.net
4、公司注册地址：新疆石河子市北一路 94 号
公司办公地址：新疆石河子市北一路 94 号　邮政编码：832000
公司国际互联网网址：http://www.xj-tianye.com　　公司 E-mail：xj.tianye @ bj.col.com.cn
5、公司选定的信息披露报纸：《中国证券报》、《上海证券报》；
登载公司年度报告的中国证监会指定国际互联网网址：http://www.sse.com.cn；
公司年度报告备置地点：董事会秘书办公室
6、公司股票上市地：上海证券交易所
股票简称：新疆天业　　股票代码：600075

二、会计数据与业务数据摘要

1、本年度利润总额及构成(单位：人民币元)：

项目	2000 年度合并报表
利润总额	97,463,711.05
净利润	87,540,588.57
扣除非经常性损益后的净利润	74,075,967.97
主营业务利润	233,021,656.19
其他业务利润	10,659,311.14
营业利润	66,057,440.13
投资收益	17,941,650.32
补贴收入	15,009,458.46
营业外收支净额	-1,544,837.86
经营活动产生的现金流量净额	162,663,974.57
现金及现金等价物净增加额	327,681,170.51

注：扣除的非经营性损益项目和涉及金额：

	13,464,620.60
补贴收入	15,009,458.46
营业外收支净额项目	-1,544,837.86
①处理固定资产净收益	-3,347,317.74
②其他净收入	1,802,479.88

报告期利润	净资产收益率(%) 全面摊薄	加权平均	每股收益(元) 全面摊薄	加权平均
主营业务利润	21.49%	21.94%	1.033	1.027
营业利润	6.09%	6.22%	0.291	0.291
净利润	8.07%	8.24%	0.386	0.386
扣除非经常性损益后的净利润	6.83%	6.97%	0.327	0.327

2、截止 2000 年末，公司前三年主要会计数据及财务指标(单位：元)：

栏目	2000 年度	1999 年度	1998 年度	
			追溯调整前	追溯调整后
主营业务收入	1,412,492,325.26	726,863,556.64	197,257,736.15	197,257,736.15
净利润	87,540,588.57	63,111,830.23	102,062,610.07	100,738,936.34
总资产	2,190,244,952.24	1608442,453.05	572329,667.28	545,948,416.64
股东权益(不含少数股东权益)	1,084,168,891.55	1018848,669.13	354,668,250.08	328,286,999.44
每股收益全面摊薄	0.386	0.278	0.563	0.555
加权平均	0.386	0.312	0.900	0.888
扣除非经常性损益后每股收益	0.327	0.271	0.875	0.863
每股净资产	4.78	4.49	3.13	2.895
调整后的每股净资产	4.58	4.31	3.07	2.750
每股经营活动产生的现金流量净额	0.717	(0.239)	0.033	0.033
净资产收益率(摊薄)	8.07%	6.19%	28.78	30.686
净资产收益率(加权)	8.24%	6.84%		

三、股本变动及股东情况介绍

1. 股东情况介绍
(1)报告期末股东总数为 39943 户。
(2)公司前十名股东持股情况
至 2000 年年末，本公司前 10 名股东情况如下：

名称	股数	比例
新疆石河子天业塑化总厂	129600000	57.14%
泰和基金	1781661	0.79%
君安证券深圳宝安区营业部	995397	0.44%
景阳基金	984142	0.43%
君安证券深圳人民南路营业部	805915	0.36%
君安证券天津和平区新兴路营业部	747662	0.33%
国泰君安上海浦东新区商志路营业部	698000	0.31%
望春花	600000	0.26%
国泰君安上海浦东新区商城路营业部	558300	0.25%
深新中泰	447993	0.20%

注：①天业塑化总厂为国有企业，持有本公司 57.14%的国有法人股股份，其持股数为年末 12960 万股，其所持股份不存在质押情况。在报告期内，新疆维吾尔自治区高级人民法院曾于 2000 年 6 月 26 日对新疆天业(集团)有限公司与农行石河子兵团分行因借款担保纠纷一案进行民事裁定，根据(2000)新立保字第 3 号诉前财产保全的裁定，冻结了石河子天业塑化总厂所持新疆天业股份有限公司法人股 3000 万股；后由于天业集团及石河子天业塑化总厂提出解除财产保全的申请，并提供了合法有效的担保，根据新疆维吾尔自治区高级人民法院[2000]新立保字第 3-1 号裁定，于 2000 年 7 月 17 日解除对石河子天业塑化总厂所持新疆天业股份有限公司 3000 万股法人股的冻结措施。

潍坊北大青鸟华光科技股份有限公司

一、公司简介

(一)公司法定中文名称：潍坊北大青鸟华光科技股份有限公司
英文名称：WEIFANG BEIDA JADE BIRD HUAGUANG TECHNOLOGY CO.,LTD
英文缩写：JBHG
(二)公司法定代表人：许振东
(三)公司董事会秘书及证券事务代表情况：
董事会秘书：任松国　　证券事务代表：刘世祯
联系地址：山东省潍坊市奎文区东风东街 272 号
联系电话：(0536)8222888-8265　　传真：(0536)8264859
(四)公司注册及办公地址：山东省潍坊市奎文区东风东街 272 号　　邮政编码：261041
国际互联网网址：http://www. hg.com.cn　　电子信箱：info @ hg.com.cn
(五)公司选定的信息披露报刊：《中国证券报》、《上海证券报》、《证券时报》
登载公司年度报告的中国证监会指定国际互联网网址：http://www. sse.com.cn
公司年度报告备置地点：本公司证券部
(六)公司股票上市交易所：上海证券交易所
股票简称：青鸟华光　　股票代码：600076

二、会计数据和业务数据摘要

(一)本年度利润总额及其构成：

利润总额：	71,298,776.38
净利润：	59,536,431.59
扣除非经常性损益后的净利润：	58,017,718.50
主营业务利润：	167,747,538.12
其他业务利润：	1,517,091.36
营业利润：	71,496,523.66
投资收益：	-1,626,770.28
补贴收入：	
营业外收支净额：	1,429,023.00
经营活动产生的现金流量净额：	95,185,896.94
现金及现金等价物净增加额：	8,110,056.37

注："扣除非经常性损益后的净利润"指扣除了新股申购冻结资金利息 114.9 万元，出售青岛办事处临时用房 37 万元。

(二)前三年主要会计数据和财务指标

项　　目	2000 年	1999 年	1998 年	
			调整前	调整后
1.主营业务收入(万元)	24409.93	19016.15	34247.59	34247.59
2.净利润(万元)	5953.64	3756.42	6551.72	6482.19
3.总资产(万元)	102967.11	74446.39	74658.65	73766.98
4.股东权益(万元)(不含少数股东权益)	63127.66	58520.51	55655.75	54764.09
5.每股收益(元)(摊薄)	0.2653	0.1674	0.29	0.2888
(加权)	0.2653	0.1674	0.29	0.2888
6.扣除非经常性损益后的每股收益(元)	0.2585	0.1623	0.2868	0.2837
7.每股净资产(元)	2.8130	2.6077	2.48	2.4403
8.净资产收益率(%)(摊薄)	9.431	6.419	11.77	11.8365
(加权)	9.7882	6.6318	11.77	11.8365
9.调整后的每股净资产(元)	2.7630	2.5721	2.4468	2.4047
10.每股经营活动产生的现金流量净额(元)	0.4241	-0.0507	0.0985	0.0985

每股收益=净利润/年度末普通股股份总数
每股净资产=年度末股东权益/年度末普通股股份总数
净资产收益率=净利润/年度末股东权益×100%

(三)利润表附表

报告期利润	净资产收益率		每股收益	
	全面摊薄	加权平均	全面摊薄	加权平均
主营业务利润	26.57	27.58	0.7475	0.7475
营业利润	11.33	11.75	0.3186	0.3186
净利润	9.431	9.788	0.2653	0.2653
扣除非经常性损益后的净利润	9.191	9.538	0.2585	0.2585

三、股本变动及股东情况

(一)股东情况介绍
1、报告期末，公司股东总数为 24792 户。
2、持有本公司 5%以上(含 5%)股份的股东情况及前十名股东
(1)持有本公司 5%以上(含 5%)股份的股东情况

股　东　名　称	年初持股数(万股)	年初占总股本比例	年末持股数(万股)	年末占总股本比例
北京天桥北大青鸟科技股份有限公司	0	0	4488.32	20%
北京北大青鸟有限责任公司	0	0	1953.28	8.7%

上述两股东所持股份没有质押或冻结。
(2)前十名股东所持股数及比例：

	股　东　名　称	期末持股数(万股)	占总股本(%)
1	北京天桥北大青鸟科技股份有限公司	4488.32	20
2	北京北大青鸟有限责任公司	1953.28	8.7
3	金泰基金	782.6319	3.49
4	海南省海口市万志贸易有限公司	782.256	3.49
5	中国信息信托投资公司	456.128	2.03
6	北京环太平洋经贸公司	321.6	1.43
7	深圳宝安集团股份有限公司	320	1.43
8	潍坊广发工贸公司	296	1.32
9	潍坊鸢都电子商场	280	1.25
10	潍坊协和贸易公司	272	1.21

本公司第一大股东北京天桥北大青鸟科技股份有限公司与第二大股东北京北大青鸟有限责任公司存在关联关系，北京北大青鸟有限责任公司为北京天桥北大青鸟科技股份有限公司的第一大股东，持有该公司 20.88%的股份。其他股东之间不存在关联关系。

辽宁国能集团股份有限公司

一、公司简介

1.公司法定中文名称:辽宁国能集团股份有限公司
公司法定英文名称:LIAONING GUONENG GROUP JOINT-STOCK CO.,LTD
公司英文名称缩写:GNG
2.公司法定代表人:刘顺兴
3.公司董事会秘书及授权代表:卢勇敏陈迈
联系地址:沈阳市沈河区青年大街108号
电话:024-22718191　传真:024-22704217
邮政编码:110014　电子信箱:gng@gng.com.cn
4.公司注册地址:沈阳市和平区三好街84号
公司办公地址:沈阳市沈河区青年大街108号
邮政编码:110014
公司国际互联网网址:http://www.gng.com.cn
电子信箱:gng@gng.com.cn
5.公司选定的信息披露报纸:《中国证券报》
登载公司年度报告的中国证监会指定国际互联网网址:http://www.sse.com.cn
公司年度报告备置地点:沈阳市沈河区青年大街108号公司董事会秘书处
6.公司股票上市交易所:上海证券交易所
股票简称:国能集团　股票代码:600077

二、会计数据和业务数据摘要

(一)、本年度业务指标情况:(单位:人民币元)

项目名称	2000年度
利润总额	45,929,480.65
净利润	30,943,862.53
扣除非经常性损益后的净利润	30,943,862.53
主营业务利润	124,278,004.06
其它业务利润	10,305,911.92
营业利润	49,658,229.11
投资收益	-5,322,575.95
补贴收入	1,340,200.24
营业外收支净额	253,627.25
经营活动产生的现金流量净额	-66,847,027.89
现金及现金等价物净增加额	-32,640,505.03

(二)、近三年主要会计数据及财务指标:

项目	2000年	1999年	1998年	
			调整前	调整后
主营业务收入(元)	313,088,858.02	100,746,419.87	89,605,856.52	90,528,933.44
净利润(元)	30,943,862.53	13,194,981.54	16,987,747.34	8,518,754.04
总资产(元)	794,811,011.13	636,069,391.96	250,842,924.55	230,355,409.11
股东权益(元)	376,745,014,85	357,702,070.11	152,834,756.56	133,211,426.92
每股收益(元/股)(摊薄)	0.24	0.10	0.21	0.11
每股收益(元/股)(加权)	0.24	0.11	0.21	0.11
扣除非经常性损益后每股收益(元/股)(摊薄)	0.24	0.02	0.21	0.11
(元/股)(加权)	0.24	0.02	0.21	0.11
每股净资产(元/股)	2.97	2.82	1.91	1.66
调整后每股净资产(元/股)	2.75	2.75	1.82	1.53
每股经营活动产生的现金流量净额(元/股)	-0.53	0.08	-0.13	-0.13
净资产收益率(%)(摊薄)	8.24	3.7	12.31	11.12
净资产收益率(%)(加权)	8.29	8.1	15.67	11.78
扣除非经常性损益净资产收益率(%)(摊薄)	8.24	0.6	12.31	11.12
(加权)	8.29	1.3	15.67	11.78

(三)报告期利润指标说明(合并报表)

项目	净资产收益率(%)		每股收益(元/股)	
	摊薄	加权	摊薄	加权
主营业务利润	31.9	32.7	0.98	0.98
营业利润	12.8	13.1	0.39	0.39
净利润	8.24	8.29	0.24	0.24
扣除非经常性损益的净利润	8.24	8.29	0.24	0.24

三、股本变动及股东情况

1.股本变动情况
股份总额　126819142股
2.股东情况介绍
(1)报告期末股东总数为29814人。
(2)前10名情况

股东名称	持股数量(股)	持股比例(%)	股份性质
①节能控股	67904000	53.54	国有法人股、社会法人股
②铁岭市国资局	6592000	5.20	国家股
③中成开发	3182400	2.51	社会法人股
④铁岭市资金局	2080000	1.64	法人股
⑤海通证券	1010029	0.80	流通股
⑥吕正银	260000	0.21	流通股
⑦陈桂忠	153550	0.12	流通股
⑧邱金正	131200	0.10	流通股
⑨仲昱	127749	0.10	流通股
⑩李丽华	127488	0.10	流通股

持有本公司5%以上(含5%)股份的股东所持股份报告期内无质押和冻结情况。
(3)持有10%以上(含10%)股份的法人股东情况
辽宁节能投资控股有限公司报告期末持有本公司国有法人股6790.4万股,占本公司总股份的53.54%,该公司注册资本3亿元人民币,法定代表人为怀力田,经营范围为节能环保产业、高新技术产业、工业、商业、房地产等产业的投资管理、财务重建、投资、财务、技术咨询。
(4)报告期内控股股东没有变更。

江苏澄星磷化工股份有限公司

一、公司简介

1、公司法定中文名称:江苏澄星磷化工股份有限公司
公司的英文名称:Jiangsu ChengXing Phosph-Chemicals Co.,Ltd
英文缩写:CXPC
2、公司法定代表人:李兴
3、公司董事会秘书:陈永勤
联系电话:0510-6281316-431、432
联系地址:江苏省江阴市花山路208号
邮政编码:214432　传真:0510-6281884
4、公司注册地址:江苏省江阴市花山路208号
公司办公地址:江苏省江阴市花山路208号
邮政编码:214432
电子信箱:cx@Public1.wx.js.cn
5、公司年度报告备置地点:江苏省江阴市花山路208号公司证券部
公司选定的信息披露报纸名称:上海证券报
公司登载年度报告的中国证监会指定国际互联网网址:http://www.sse.com.cn
6、公司股票上市交易所:上海证券交易所
股票简称:澄星股份　股票代码:600078

二、会计数据和业务数据摘要

(一)公司本年度的主要会计数据及业务数据摘要(单位:元)
利润总额:52,163,180.91
净利润:36,049,740.21
扣除非经常性损益后的净利润:41,943,286.96
主营业务利润:82,021,346.49
其他业务利润:5,303,389.45
营业利润:63,433,268.90
投资收益:-5,067,967.08
补贴收入:12,522.00
营业外收支净额:-6,214,642.91
经营活动产生的现金流量净额:-40,774,510.64
现金及现金等价物净增加额:-49,256,691.66
注:扣除的非经常性损益项目包括:
资产处置损益:-4,512,273.23
合并价差摊入:-1,381,273.52

(二)近三年主要会计数据及财务指标(单位:元)

项目	2000年	1999年	1998年
主营业务收入	541396549.64	444910612.54	503348876.28
净利润	36049740.21	46696278.44	36173784.41
总资产	813969353.74	766461013.60	534358854.64
股东权益(不含少数股东权益)	637798393.43	619754850.02	383173257.95
每股收益	0.20	0.26	0.28
按月平均加权法计算的每股收益	0.20	0.30	0.28
扣除非经常性损益后的每股收益	0.23	0.28	0.25
每股净资产	3.54	3.44	2.96
调整后每股净资产	3.54	3.43	2.95
每股经营活动产生的现金流量净额	-0.23	0.41	0.34
净资产收益率(%)	5.65	7.54	9.44
加权平均净资产收益率(%)	5.65	11.06	9.91

(三)本年度按全面摊薄法和加权平均法计算的净资产收益率及每股收益

报告期利润	净资产收益率(%)		每股收益	
	全面摊薄	加权平均	全面摊薄	加权平均
主营业务利润	12.86	12.86	0.46	0.46
营业利润	9.95	9.95	0.35	0.35
净利润	5.65	5.65	0.20	0.20
扣除非经常性损益后的净利润	6.38	6.58	0.23	0.23

三、股东情况介绍

1、截止2000年12月31日公司共有33172名股东,其中未上市流通法人股东4名,已上市流通股股东33168名。
2、持本公司5%以上股份的股东情况((单位:股)

股东名称	期初数	期内增减变动	期末数	占总股本比例(%)
(1)江苏澄星磷化工集团公司	57750000		57750000	32.07
(2)江苏红柳床单集团公司	0	+35875248	35875248	19.92
(3)江苏省丝绸进出口集团股份有限公司	17280000		17280000	9.6

本报告期内上述公司持有本公司的股份未有质押或冻结的情况。
3、本公司前10名股东持股情况((单位:股)

股东名称	期末持股数	占总股本比例(%)
(1)江苏澄星磷化工集团公司	57750000	32.07
(2)江苏红柳床单集团公司	35875248	19.92
(3)江苏省丝绸进出口集团股份有限公司	17280000	9.60
(4)宜兴市绢丝针织炼整厂	2880000	1.60
(5)大地房产	268900	0.15
(6)李自强	231879	0.13
(7)俞顾瞻	204000	0.11
(8)孙双喜	201900	0.11
(9)常小欣	184000	0.10
(10)徐洪琴	183150	0.10

4、本报告期内控股股东未发生变更。

武汉人福高科技产业股份有限公司

一、公司简介

1.公司法定名称：
中文：武汉人福高科技产业股份有限公司
中文缩写：人福科技英文：Wuhan Humanwell Hi-tech Industry Company Limited
英文缩写：HWHT
2.公司法定代表人：艾路明
3.公司董事会秘书：杜晓玲
董事会证券事务代表：谭力、沈洁
联系地址：武汉市洪山区关山街鲁磨路369号
联系电话：(027)87484718-8019
传真：(027)87484393
电子信箱：rf22@public.wh.hb.cn
4.公司注册地址：武汉市洪山区关山街鲁磨路369号
公司办公地址：武汉市洪山区关山街鲁磨路369号
邮政编码：430074
公司国际互联网网址：http://www.RENFU.com.cn
公司电子信箱：rf22@public.wh.hb.cn
5.公司选定的信息披露报纸：《中国证券报》
登载公司年度报告的国际互联网网址：http://www.sse.com.cn
公司年度报告备置地点：武汉市洪山区关山街鲁磨路369号公司董事会秘书处
6.公司股票上市交易所：上海证券交易所
股票简称：人福科技　　股票代码：600079

二、会计数据和业务数据摘要

1.公司本年度主要会计数据和业务数据(合并报表)：
利润总额：51,261,768.92元
净利润：36,376,367.62元
扣除非经常性损益后的净利润：29,392,367.62元
主营业务利润：80,350,585.25元
其他业务利润：8,167,017.30元
营业利润：40,819,656.98元
投资收益：3,651,610.29元
补贴收入：7,001,000.00元
营业外收支净额：-210,498.35元
经营活动产生的现金流量净额：26,203,782.64元
现金及现金等价物净增加额：-9,545,028.81元
扣除非经常性损益的项目及金额：
(1)湖北省葛店高新技术产业开发区管理委员会财政补贴款691.6万元；
(2)公司持有80%控股权的武汉新洪农工商有限责任公司收到水利设施基建项目财政拨款85,000元，按控股比例计算的临时性补贴收入68,000元。
2.截止本报告期末公司前三年的主要会计数据和财务指标
(单位：人民币元)

项目	2000年	1999年		1998年	
		调整前	调整后	调整前	调整后
主营业务收入	188,499,098.47	134,184,110.22	134,184,110.22	137,018,790.00	137,018,790.00
净利润	36,376,367.62	18,929,907.81	18,248,805.42	19,804,984.70	18,850,349.89
总资产	518,116,603.74	471,408,053.63	471,267,722.80	359,981,093.62	356,057,537.67
股东权益(不含少数股东权益)	287,240,699.26	260,206,434.03	259,525,331.64	178,863,412.58	176,042,388.16
每股收益(摊薄)	0.289	0.286	0.275	0.344	0.328
(加权)	0.422	0.321	0.309	0.344	0.328
每股净资产	2.280	3.925	3.914	3.11	3.062
调整后的每股净资产	2.229	3.893	3.883	3.048	2.999
每股经营活动产生的现金流量净额	0.208	-0.384	-0.384	0.048	0.048
净资产收益率(%)	12.66	7.27	7.03	11.07	10.71
扣除非经常性损益后的每股收益(摊薄)	0.233	0.231	0.221	0.280	0.267
(加权)	0.341	0.260	0.249	0.280	0.267

注：(1)主要财务指标的计算方法
①加权每股收益=净利润/[(利润分配及资本公积转增前普通股股份总数×8+利润分配及资本公积转增后普通股股份总数×4)/12]
②扣除非经营性损益后的加权每股收益=(净利润-非经常性损益)/[(利润分配及资本公积转增前普通股股份总数×8+利润分配及资本公积转增后普通股股份总数×4)/12]
(2)对1999年报表进行追溯调整主要原因：下属控股子公司武汉人福药业有限责任公司于1999年7月被武汉东湖新技术开发区认定为高新技术企业，经税务局核准，2000年元月起开始享受免征两年所得税的优惠政策，1999年所得税税率则由15%追溯调整至33%。

三、股东情况介绍

1、截止本报告期末，公司共计有股东10152户，其中法人股东4户。
2、本公司前10名股东的持股情况(截止至2000年12月29日交易结束)

股东名称	年末持股数量(股)	年度内股份增减变动情况(股)(+、-)	占总股本比例(%)
武汉市当代科技发展总公司	37,487,000	+17,757,000	29.76
武汉东湖新技术开发区发展总公司	14,820,000	+5,450,000	11.76
武汉市仁军投资咨询有限责任公司	5,263,000	+4,063,000	4.18
北京中能源房地产开发公司	4,180,000	+1,980,000	3.32
李俊峰	490,000		0.39
吴凤荣	409,830		0.33
鲍肖	399,100		0.32
程贵证	389,880		0.30
宋思源	387,600		0.31
国脉广告	382,190		0.30

公司法人股股东北京中能源发展公司已于2000年9月8日正式更名为北京中能源房地产开发公司

金花企业(集团)股份有限公司

一、公司简介

(一)、公司中文名称：金花企业(集团)股份有限公司
公司英文名称：GINWA ENTERPRISE (GROUP)INC.
公司英文缩写：GINWA
(二)、公司法定代表人：吴一坚
(三)、公司董事会秘书：秦川
联系地址：西安市振兴路1号
电话：029-8404118
传真：029-8404468
(四)、公司注册地址：西安高新技术产业开发西区高新3路
邮政编码：710075
公司办公地址：西安市振兴路1号
邮政编码：710068
公司互联网址：http://www.ginwa.com
公司电子信箱：ginwa@pub.xaonline.comginwa@public.xa.sn.cn
(五)、选定的信息披露报纸：《中国证券报》、《上海证券报》
登载公司年度报告的证监会指定互联网网址：http://www.sse.com.cn
公司年度报告备置地点：董事会秘书处
(六)、公司股票上市交易所：上海证券交易所
股票简称：金花股份
股票代码：600080

二、会计数据和业务数据摘要

(一)公司本年度会计数据(单位：元)

利润总额：	95,705,173.21
净利润：	80,516,753.65
扣除非经常性损益后的净利润：	80,516,753.65
主营业务利润：	131,708,598.82
其他业务利润：	8,256,597.57
营业利润：	95,645,922.30
投资收益：	277,849.88
补贴收入：	0
营业外收支净额：	-218,598.97
经营活动产生的现金流量净额：	95,640,927.14
现金及现金等价物净增加额：	4,255,092.63

(二)公司近三年主要财务指标

项目	2000年	1999年	1998年	
			调整后	调整前
主营业务收入	183,824,915.76	163,552,463.93	146,810,849.28	146,810,849.28
净利润	80,516,753.65	86,795,072.07	79,186,566.82	83,006,220.14
总资产	1,034,402,180.55	656,906,511.30	466,126,096.21	470,590,319.35
股东权益	788,732,574.99	480,883,021.34	394,087,949.27	400,531,020.51
每股收益	0.35	0.42	0.39	0.41
每股平均加权收益	0.38	0.42	0.44	0.46
扣除非经常性损益后的每股收益	0.35	0.42	0.39	0.41
每股净资产	3.42	2.35	1.92	1.96
调整后每股净资产	3.26	2.17	1.90	1.92
每股经营活动产生的现金流量净额	0.41	0.29	0.25	0.25
净资产收益率(%)	10.19	18.05	20.09	21.00
平均加权净资产收益率(%)	13.49	19.84	19.39	20.23

(三)、利润表附表：

报告期利润	净资产收益率(%)		每股收益(元)	
	全面摊薄	加权平均	全面摊薄	加权平均
主营业务利润	16.70	22.06	0.5706	0.6170
营业利润	12.13	16.02	0.4143	0.4480
净利润	10.21	13.49	0.3488	0.3772
扣除非经营性损益后的净利润	10.24	13.53	0.3498	0.3782

三、股东情况介绍

(一)股东情况介绍：
1.本报告期末股东总数为86305户。
2.本公司前10名大股东持股情况：

序号	股东名称	持股数	占总股本比例(%)
1	陕西金花实业发展有限责任公司	102,835,200	44.55
2	北京市粮油食品进出口公司	10,600,000	4.59
3	陕西建银实业总公司	6,400,000	2.77
4	西安唐都医药生物工程研究所	5,120,000	2.22
5	陕西金润物业发展公司	3,840,000	1.66
6	北京市财政证券事务所宣武区分所	1,642,173	0.71
7	中华巾帼实业开发总公司	557,827	0.24
8	李奋	325,000	0.14
9	汪勇	244,955	0.106
10	花国荣	198,159	0.086

说明：①公司原第二大股东中华巾帼实业开发总公司，因经济纠纷案败诉，10,600,000股法人股股权被法院裁决执行拍卖给北京市粮油食品进出口公司。
②前十名股东之间，陕西金润物业发展有限责任公司为第一大股东陕西金花实业发展有限责任公司之控股公司。除此之外，其它法人股股东之间不存在关联关系。
3.持股10%以上的法人股股东情况
陕西金花实业发展有限责任公司持有本公司股份10283.52万股，占公司总股本的44.55%。
公司法定代表人：吴一坚
公司经营范围：房地产开发、房屋销售、服务；五金建材、水暖器材的批发零售、代购、代销。
4.报告期内控股股东未发生变化。

东风电子科技股份有限公司

一、公司简介

1、公司法定中文名称：东风电子科技股份有限公司
英文名称：DONGFENG ELECTRONIC (TECHNOLOGY CO.,LTD.
公司英文名称缩写：DETC
2、公司法定代表人：欧阳洁
3、董事会授权代表：天涯
联系电话：021-62033003-217
传真：021-62032133
联系地址：上海市中山北路 2000 号中期大厦 22 层
4、公司注册地址：上海市浦东新区新金桥路 828 号公司
注册英文地址：No828, New Jinqiao Road ,Shanghai,China
公司办公地址：上海市中山北路 2000 号中期大厦 22 层
公司邮政编码：200063
公司国际互连网网址：www.dfemi.com
公司电子信箱：DFAEICO@PUBLICI.STA.NET.CNP
5、公司选定的信息披露报纸：《上海证券报》、《中国证券报》
登载公司年度报告的中国证监会指定的国际互连网网址：
http://www.sse.com.cn
公司年度报告备置地点：上海市中山北路 2000 号中期大厦 22 层证券部
6、公司股票上市地：上海证券交易所
股票简称：东风科技
股票代码：600081

二、会计数据和业务数据摘要

1、本年度利润总额及构成(单位：人民币元)

利润总额	59,291,640.40
主营业务利润	78,241,459.37
其他业务利润	7,588,408.32
投资收益	26,998,179.34
补贴收入	0
营业外收支净额	1,807,221.49
净利润	51,926,135.27
扣除非经营性损益后的净利润	42,517,798.29
经营活动产生的现金流量净额	41,130,915.48
现金及现金等价物净增加额	15,591,701.43

2、截止报告年度末公司前三年的主要会计数据及财务指标(单位：人民币元)

序号 栏目	2000 年度	1999 年度	1998 年度	
			调整后	调整前
1、主营业务收入	394,109,256.38	196,135,087.59	151,018,492.19	151,018,492.19
2、净利润	51,926,135.27	35,870,134.94	25,855,118.14	27,221,165.69
3、总资产	753,397,981.72	410,062,416.31	340,201,766.85	343,864,029.63
4、股东权益	401,198,773.27	217,060,060.28	185,439,925.34	189,031,636.88
5、每股经营活动产生的现金流量净额	0.20	0.02	0.47	0.47
6、每股收益(摊薄)	0.26	0.30	0.30	0.32
7、每股收益(加权)	0.26	0.30	0.30	0.32
8、扣除非经营性损益后的每股收益	0.21	0.29	0.30	0.32
9、每股净资产	2.00	1.82	2.18	2.22
10、调整后的每股净资产	1.97	1.78	2.10	2.14
11、净资产收益率	12.94%	16.53%	13.94%	14.41%

说明：(1)98 年度调整后主要数据和财务指标指因会计政策、会计估计变更、以及会计差错更正追溯调整以前年度计算所得。

(2)非经常性损益包括：

1)转让上海宏源咭卡网络有限公司 20%股权，转让收益为 6,802,089.77 元。

2)营业外收支净额 1,807,221.49 元。

3、利润分配表附表

报告期利润	净资产收益率 全面摊薄	净资产收益率 加权平均	每股收益 全面摊薄	每股收益 加权平均
主营业务利润	19.50%	20.12%	0.39	0.39
营业利润	7.60%	7.84%	0.15	0.15
净利润	12.94%	13.36%	0.26	0.26
扣除非经常性损益后的净利润	10.60%	10.94%	0.21	0.21

三、股东情况介绍

1、截止本报告期末股东总数为 2324 户。

2、报告期末公司主要股东持股情况

名次 股东名称	年末持股数(股)	占总股本比例(%)
(1)东风汽车公司(国家股)	150,750,000	75
(2)浙江兴宇	1,012,445	0.50
(3)黄岳生	918,511	0.46
(4)天台药研	592,050	0.29
(5)浙江同伴	572,115	0.28
(6)余爱女	568,500	0.28
(7)郑水珍	550,680	0.27
(8)董阿二	525,371	0.26
(9)刘水兰	502,155	0.25
(10)周天秀	422,339	0.21

注：持有公司 5%股份以上的股东为东风汽车公司，持有股份性质为国家股，报告期内所持股份共增加 6150 万股，其中配股增加 1125 万股，资本公积金转增股本增加 5025 万股。报告期内所持股份无质押或冻结，公司未知前 10 名股东之间存在何关联关系。

天津百货大楼股份有限公司

一.公司简介

1 、公司法定中文名称：
天津百货大楼股份有限公司
公司法定英文名称：
TIANJIN GRAND DEPARTMENT STORE CO.,LTD.
2 、公司法定代表人：史建华
3 、公司董事会秘书：王松
其授权代表：买卖土逊
联系地址：天津市和平区和平路 172 号
联系电话：(022)27304716
传 真：(022)27237882
4 、公司注册地址.办公地址：
天津市和平区和平路 172 号
邮政编码：300020
电子信箱：E-mail：tsmile@public.tpt.tj.cn
网址：http://www.tj-store.com
5 、公司选定的信息披露报纸：《上海证券报》
登载公司年度报告的中国证监会指定国际互联网网址：
http://www.sse.com.cn
公司年度报告备置地点：
天津百货大楼新厦七楼董事会办公室
6 、公司股票上市交易所：上海证券交易所 2
股票简称：津百股份
股票代码：600082

二、会计数据和业务数据摘要

(一)、公司本年度会计数据 单位：人民币元
利润总额：-91,779,285.52
净利润：-92,058,280.71
扣除非经常性损益后的净利润：-92,058,280.71
扣除的项目，涉及金额：/
主营业务利润：32,413,534.08
其他业务利润：8,594,568.61
营业利润：-93,798,740.11
投资收益：2,975,184.64
补贴收入：/
营业外收支净额：-955,730.05
经营活动产生的现金流量净额：10,805,074.30
现金及现金等价物净增加额：32,449,681.95

(二)、公司近三年主要会计数据与财务指标

项 目	2000 年	1999 年	1998 年	
			调整前	调整后
主营业务收入(元)	433858916.89	532823734.41	760268674.56	760076752.97
净利润(元)	-92058280.71	2294318.67	20687870.39	11917862.093
总资产(元)	1176877774.42	1059349351.42	880509132.42	871739124.12
股东权益(元)(不含少数股东权益)	403768913.50	494494218.05	500464964.31	491694956.01
每股收益(元/股)(摊薄)	-0.618	0.015	0.139	0.08
(加权平均)	-0.618	0.015	0.157	0.09
扣除非经常性损益后	-	-	-	
的每股收益	-0.618	0.015	0.139	0.08
每股净资产(元/股)	2.710	3.319	3.36	3.3
调整后的每股净资产(元/股)	2.532	3.298	3.34	2.94
每股经营活动产生的现金流量净额(元/股)	0.073	0.22	-0.06	
净资产收益率(%)(摊薄)	-22.800	0.464	4.13	4.21
(加权平均)	-20.52	0.465	4.22	4.26

注：主要财务指标计算方法：

(三)、根据中国证监会《公开发行证券公司信息披露编报规则第 9 号》计算的净资产收益率和每股收益

报告期利润	净资产收益率 全面摊薄	净资产收益率 加权平均	每股收益 全面摊薄	每股收益 加权平均
主营业务利润	8.03%	7.22%	0.22	0.22
营业利润	-23.23%	-20.91%	-0.63	-0.63
净利润	-22.80%	-20.52%	-0.62	-0.62
扣除非经常性损益后的净利润	-22.80%	-20.52%	-0.62	-0.624

三、股东情况介绍

1 、本公司报告期末股东总数为 40732 户。

2 、主要股东持股情况

股东名称	期初持股数(万股)	期末持股数(万股)	占总股本比例(%)
(1)天津益商集团总公司(国家股)	3328	3328	22.34
(2)上海申银万国证券股份有限公司(法人股)	130	130	0.88
(3)国信证券(流通股)		69.1525	0.46
(4)上海浦东新区银益劳动服务部(法人股)	65	65	0.44
(5)上海华晨实业公司(法人股)	65	65	0.446
(6)中国金融教育发展基金会(法人股)	65	65	0.44
(7)江西证券公司上海业务部(法人股)	65	65	0.44
(8)浙江省湖州市供销贸易有限公司(法人股)	65	65	0.44
(9)江苏证券公司(法人股)	65	65	0.44
(10)济南信托投资公司(法人股)	65	65	0.44
(11)工行云南省信托投资公司(法人股)	65	65	0.44

注：(1)、天津益商集团总公司为本公司国家股持有单位

(2)、大股东所持股份在报告期内无质押或冻结情况

(3)、大股东未在指定报纸和网站上披露承诺事项

成都红光实业股份有限公司

一、公司简介

1、公司法定中文名称:成都红光实业股份有限公司
公司法定英文名称:CHENGDU HONGGUANG INDUSTRIAL CO.,LTD.
缩写:HGIC
2、公司法定代表人:周伟
3、公司董事会秘书:陈里
联系地址:成都市建设南支路4号
联系电话:(028)4106700
传真:(028)4117569
4、公司注册地址:成都市建设南支路4号
办公地址:成都市建设南支路4号
邮政编码:610051
5、公司选定的信息披露报纸为:《上海证券报》
中国证监会指定的国际互联网网址:http://www.see.com
公司年度报告备置在公司董事会办公室
6、公司股票上市地:上海证券交易所
股票简称:PT红光
股票代码:600083

二、会计数据和业务数据摘要

(一)本年度主要利润指标情况(合并报表,单位:人民币元)

1、利润总额	-70,584,825.59
2、净利润	-70,584,825.59
3、主营业务利润	-10,243,141.89
4、其他业务利润	4,439,249.58
5、投资收益	461,400.00
6、营业外收支净额	-12,296,829.54
7、经营活动产生的现金流量净额	-20,102,124.51
8、现金及现金等价物净增加额	-204769391.32

(二)主要会计数据和财务指标(合并报表,单位:人民币元)

指标项目	2000年	1999年 调整前	1999年 调整后	1998年 调整前	1998年 调整后
1、主营业务收入(元)	37,301,019.85	56,004,864.86	56,004,864.86	157,854,453.16	157,544,366.80
2、净利润(元)	-70,584,825.59	-195,244(,594.52	-194,604,389.15	-331,645,527.96	-332,629,529.17
3、总资产(元)	1,299,488,870.50	1,361,825,844.66	1,361,825,844.66	1,544,397,096.20	1,510,466,680.68
4、股东权益(元)	27,691,733.34	43,021,875.88	35,043,140.08	279,863,736.51	238,266,470.40
5、每股收益(元/股)	-0.307	-0.849	-0.846	-1.442	-1.446
6、每股净资产(元/股)	0.12	0.187	0.152	1.217	1.036
7、调整后的每股净资产(元/股)	-0.197	0.095	0.001	1.024	0.778
8、每股经营活动产生的现金流量净额(元/股)	-0.087	-0.001	-0.001	0.017	
9、净资产收益率(%)	-254.89	-453.83	-555.33	-118.50	-139.60

注:上述财务指标计算方法如下:
每股收益=净利润/年度末普通股股份总数
每股净资产=年度末股东权益/年度末普通股股份总数
调整后的每股净资产=[年度末股东权益-三年以上的应收帐款净额-待摊费用-待处理(流动、固定)资产净损失-开办费-长期待摊费用-住房周转金余额]/年度末普通股股份总额
每股经营活动产生的现金流量净额=经营活动产生的现金流量净额/年度末普通股股份总数
净资产收益率=净利润/年度末股东权益×100%

(三)报告期内股东权益的变动情况

项目	股本	资本公积	盈余公积	法定公益金	未分配利润	合计
期初数	230,000,000	580,328,362.53			-775,285,222.45	35,043,140.08
本期增加数		63,233,418.85			580,282,877.50	643,516,296.35
本期减少数		580,282,877.50			70,584,825.59	650,867,703.09
期末数	230,000,000	63,278.903.88			-265,587,170.54	27,691,733.34

变动说明:1、资本公积本年增加系土地评估增值;
2、资本公积本年减少系据董事会决议用资本公积弥补亏损;
3、未分配利润本年增加系资本公积弥补亏损所致。

三、股本变动和股东情况

(一)股本变动情况
股份总数 230,000,000股
(二)股东持股情况:
1、报告期末公司股东总数为78576名。
2、股东情况。除成都红光实业(集团)有限公司授权持有本公司国有股股份超过5%外,其它股东持有本公司股份均未超过5%。以下为持有本公司股份比例列前控股股东名称。

股东名称	年末持股数(股)	持股比例(%)
红光实业(集团)有限公司	79,618,194(国家股)	34.617
全兴集团有限公司	1,120,000	0.487
谢仁国	1,105,252	0.481
海通证券	800,000	0.348
四川省信托投资公司	800,000	0.348
交通银行成都市分行	800,000	0.348
姜传辉	517,600	0.225
魏燕	500,800	0.218
蔡祖建	400,000	0.174
陆庆	397,000	0.173

说明:红光实业(集团)有限公司代表国家持有本公司国有股。

新天国际经贸股份有限公司

一、公司简介

1.公司法定中文名称:新天国际经贸股份有限公司　公司简称:新天国际
公司英文名称:Suntime International Economic-Trading Co.,ltd　缩写:Suntime
2.注册地址:新疆维吾尔自治区乌鲁木齐市红山路40号
办公地址:新疆维吾尔自治区乌鲁木齐市红山路40号
电子信箱:sun-time@mail-'/.xj.cninfo.net　邮编:830002
3.法定代表人:岳志荣　4.公司董事会秘书:高新山
电话:0991-2312439;　传真:0991-2312439　电子信箱:600084dmb@21cn.com
董事会证券事务代表:赵海涛
电话:0991-2312439;　传真:0991-2312439　电子信箱:600084dmb@21cn.com
联系地址:新疆维吾尔自治区乌鲁木齐市红山路40号新天国际董事会秘书办公室
5.信息披露指定报刊:《中国证券报》、《上海证券报》、《新疆经济报》
指定国际互联网网址:http//www.sse.com.cn
公司中期报告备置地点:公司办公所在地
6.公司股票上市地:上海证券交易所　股票简称:新天国际　股票代码:600084

二、会计数据和业务数据摘要

(一)、本年度实现利润情况
利润总额:96,146,714.76
净利润:88,111,086.90
扣除非经常性损益后的净利润:86,593,144.09元
主营业务利润:143,537,359.14元
其他业务利润:4,398,875.68元
投资收益:20,211,186.64元
补贴收入:1,049,786.89元
营业外收支净额:468,155.92元
经营活动产生的现金流量净额: 4,443,142. 53元
现金及现金等价物净增加额:9,895,395.82元
注:扣除的非经营性损益项目及涉及金额
(1)、营业外收入　938,878.73元
(2)、营业外支出　466,722.81元
(3)、免征增值税　812,450.55元
(4)、棉花补贴收入237,336.34元

1.(二)、报告期末前三年的主要会计数据和财务指标

项目	2000年	1999年	1998年 调整后	1998年 调整前
主营业务收入(元)	686,139,377.78	494,756,402.26	608,799,134.76	608,799,134.76
净利润(元)	88,111,086.90	40,501,220.79	51,089,987.07	51,264,889.54
总资产(元)	1,586,418,256.67	1037872,097.68	686,260,130.35	690,271,526.10
股东权益(元)	642,968,964.61	554,857,877.71	387,065,616.82	391,077,012.57
每股收益(元/股)	0.49	0.29	0.594	0.60
每股收益(元/股)(加权)	0.49	0.367	0.60	0.60
每股收益(元/股)(扣除非经常损益)	0.48	0.284		
每股净资产(元/股)	3.55	3.99	4.50	4.55
调整后的每股净资产(元)	3.46	3.89	4.36	4.41
净资产收益率%	13.70	7.3	13.20	13.11
每股经营活动产生的现金流量净额	0.025	0.240	0.219	

(三)、股东权益变动情况

项目	股本	资本公积	盈余公积	法定公益金	未分配利润	股东权益合计
期初数	139160000	314655915.40	18687847.98	6229282.67	82354114.33	554857877.71
本期增加	41748000		15207444.38	5069148.13	88111086.90	87361168.11
本期减少		41748000			15207444.38	
期末数	180908000	272907915.40	33895292.36	11298430.79	155257756.85	644209827.15

三、股本变动及股东情况

(一)、股本变动情况
新天国际经贸股份有限公司二000年股份变动情况表　数量单位:万股

股份类型	期初数	本次变动增减(+、-) 配股	送股	公积金转股	其他	小计	期末数
一尚未流通股份							
1.发起人股份	8636			2590.8		2590.8	11226.8
其中:国家拥有股份	7000			2100		2100	9100
境内法人执有股份	1636			490.8		490.8	2126.8
尚未流通股份合计	8636			2590.8		2590.8	11226.8
二、已流通股份							
1.境内上市的人民币普通股	5280			1584		1584	6864
已流通股份合计	5280			1584		1584	6864
三、股份总数	13916			4174.8		4174.8	18090.8

(二)、股东情况介绍
(1)报告期末股东总数 截止二000年十二月二十九日公司股东总数为12,762户,其中公司职工股除公司董事、监事及高级管理人员所持股份依法冻结外全部上市流通。
(2)截止二000年十二月二十九日日公司前10名股东持股情况如下:　单位:股

序号	股东名称	期初持股数	本期增加	期末持股数	占总股本比例(%)
1	新天国际经济技术合作(集团)有限公司	70000000	21000000	91000000	50.30
2	中国成套设备进出口(集团)总公司	6570000	1971000	8541000	4.72
3	新疆北中房地产开发有限公司	6570000	1971000	8541000	4.72
4	新疆生产建设兵团投资中心	3220000	966000	4186000	2.32
5	明天控股			1642233	0.908
6	迟桂兰			628124	0.347
7	金丽霞			543756	0.301
8	李相春			530100	0.293
9	金广兴			471958	0.261
10	王常礼			456367	

北京同仁堂股份有限公司

一、公司简介

1、公司法定中文名称:北京同仁堂股份有限公司　　公司简称:同仁堂
公司英文名称:BEIJIN GTONGRENTANG CO.,LTD　　英文简称:TRT
2、公司法定代表人:殷顺海
3、公司董事会秘书:李连英
联系地址:北京市崇文区东兴隆街52号
联系电话:010-67020018 传真:010-67020018
电子信箱:liliying@163bj.com
4、公司注册地址:北京市崇文区东兴隆街52号
公司办公地址:北京市崇文区东兴隆街52号　　邮政编码:100062
国际互联网网址:http://www.tongrentang.com
电子信箱:webmaster@tongrentang.com
5、公司信息披露报纸:《中国证券报》、《上海证券报》
登载公司年度报告的中国证监会指定国际互联网网址:http://www.sse.com.cn
公司年度报告备置地点:公司证券部
6、公司股票上市交易所:上海证券交易所
股票简称:同仁堂　　股票代码:600085

二、会计数据和业务数据摘要

1、本年度利润总额及构成(单位:人民币元)

利润总额	207,174,736.66
净利润	146,648,474.92
扣除非经常性损益后的净利润	146,451,625.37
主营业务利润	464,078,596.26
其他业务利润	739,652.91
营业利润	206,715,575.14
投资收益	262,311.97
营业外收支净额	196,849.55
经营活动产生的现金流量净额	167,791,144.22
现金及现金等价物净增加额	274,920,955.08

注:扣除的非经常性损益项目和涉及金额:

a)处置固定资产收益	-600,406.87
b)赔款收入	27,777.84
c)处置往来款	46,110.27
d)捐款支出	31,438.00
e)其他净收入	847,026.85
以上项目涉及金额合计	196,849.55

2、报告期末公司前三年主要会计数据及财务指标(单位:人民币元)

项目	2000年	1999年	1998年 调整后	1998年 调整前
主营业务收入	1,024,392,082.05	835,273,747.37	711,100,049.42	711,100,049.42
净利润	146,648,474.92	139,279,514.37	124,130,113.44	122,687,552.80
总资产	1,675,707,367.50	1,193,041,261.90	1,092,060,758.51	1,102,096,488.11
股东权益	953,581,981.79	758,760,675.99	667,481,161.62	677,516,891.22
每股收益	0.611	0.580	0.621	0.613
月平均加权每股收益	0.611	0.624	0.621	0.613
扣除非经常性损益后的每股收益	0.610	0.581	0.624	0.616
每股净资产	3.973	3.162	3.337	3.388
调整后的每股净资产	3.943	3.129	3.297	3.347
每股经营活动产生的现金流量净额	0.699	0.235	0.725	0.725
净资产收益率%	15.38	18.36	18.60	18.11

3、利润表附表(单位:人民币元)

项目	报告期利润	净资产收益率 摊薄	净资产收益率 加权	每股收益 摊薄	每股收益 加权
主营业务利润	464,078,596.26	48.67	55.28	1.934	1.934
营业利润	206,715,575.14	21.68	24.62	0.861	0.861
净利润	146,648,474.92	15.38	17.47	0.611	0.611
扣除非经常性损益后的净利润	146,451,625.37	15.36	17.45	0.610	0.610

三、股东情况介绍

1、报告期末股东总数为33186户。
2、主要股东持股情况

名次	股东名称	年末持股数(股)	占总股本比例%	持股性质
1	中国北京同仁堂集团公司	180,000,000	75.00	国有法人股
2	兴华基金	5,428,600	2.26	社会公众股
3	程瑞兰	1,103,740	0.46	社会公众股
4	中慧良	868,980	0.36	社会公众股
5	天润化工	861,310	0.36	社会公众股
6	中经信托	642,090	0.27	社会公众股
7	徐晓香	557,400	0.23	社会公众股
8	众富服装	468,800	0.20	社会公众股
9	中国经济	459,900	0.19	社会公众股
10	王茜	455,847	0.19	社会公众股

报告期内持有本公司5%以上股份股东所持股份无质押或冻结情况。

四、股东大会简介

1、本公司2000年第一次临时股东大会于2000年2月22日召开,股东大会决议公告刊登于2000年2月23日《中国证券报》和《上海证券报》上。

2、本公司1999年年度股东大会于2000年5月18日召开,股东大会决议公告刊登于2000年5月19日《中国证券报》和《上海证券报》上。

3、本公司2000年第二次临时股东大会于2000年9月22日召开,股东大会决议公告刊登于2000年9月23日的《中国证券报》和《上海证券报》。

湖北多佳股份有限公司

一、公司简介

(一)公司法定中文名称:湖北多佳股份有限公司
英文名称:HUBEIDUOJIA COMPANY LIMITIED　缩写:DUOJIA
(二)公司法定代表人:杨立康先生
(三)公司董事会秘书:陈瑞锋先生　　联系地址:湖北省鄂州市凤凰北路71号
联系电话:0711-3853001　　传真:0711-3853712　　电子信箱:djrfchen@163.net
(四)公司注册地址:湖北省鄂州市武昌大道298号
公司办公地址:湖北省鄂州市凤凰北路71号　　邮政编码:436000
公司国际互联网网址:http://www.duojia.com　　电子信箱:duojia@public.ez.hb.cn
(五)公司选定的信息披露报纸名称:《中国证券报》、《上海证券报》
证监会指定的国际互联网网址:http://www.sse.com.cn
年度报告备置地点:公司证券部
(六)公司股票上市交易所:上海证券交易所　　股票简称:多佳股份　　股票代码:600086

二、会计数据和业务数据

(一)利润情况(单位:元)

1. 利润总额	39,692,391.63
2. 净利润	31,954,032.95
3. 扣除非经常性损益后的净利润	32,265,862.80
4. 主营业务利润	67,526,300.75
5. 其他业务利润	1,100,362.86
6. 营业利润	34,008,480.96
7. 投资收益	5,995,740.52
8. 营业外收支净额	-311,829.85
9. 经营活动产生的现金流量净额	-38,879,381.76
10. 现金及现金等价物净增加额	14,655,739.80

注:非经常性损益项目和涉及金额:311,829.85元。
其中:1. 营业外收入85,488.49元;
2. 营业外支出397,318.34元.

(二)主要会计数据和财务指标(单位:元)

序号	项目	2000.12.31	1999.12.31	1998.12.31 调整前	1998.12.31 调整后
1.	主营业务收入	285,729,977.35	251,580,182.34	284,017,288	284,017,288
2.	净利润	31,954,032.95	35,356,634.74	70,700,583.26	65,814,681.23
3.	总资产	773,286,708.70	552,560,279.46	544,972,664.78	531,858,577.12
4.	股东权益(不含少数股东权益)	511,545,384.00	404,718,115.57	377,103,859.08	369,361,480.83
5.	每股收益(摊薄)	0.145	0.169	0.6096	0.568
6.	每股收益(加权)	0.147	0.169	0.6096	0.568
7.	扣除非经常性损益后的每股收益(摊薄)	0.146	0.169	0.5778	0.560
8.	扣除非经常性损益后的每股收益(加权)	0.148	0.169	0.5778	0.560
9.	每股净资产	2.323	1.939	3.252	3.185
10.	调整后的每股净资产	2.310	1.922	3.206	3.153
11.	每股经营活动产生的现金流量净额	-0.177	0.213	0.1299	0.130
12.	净资产收益率(%)(摊薄	6.25	8.74	18.75	17.82
13.	净资产收益率(%)(加权)	6.65	9.03	19.22	18.10

(三)利润分配表附表

报告期利润	净资产收益率 全面摊薄	净资产收益率 加权平均	每股收益 全面摊薄	每股收益 加权平均
主营业务利润	13.20%	13.54%	0.307	0.311
营业利润	6.65%	7.06%	0.154	0.156
净利润	6.25%	6.65%	0.145	0.147
扣除非经常性损益后的利润	6.31%	6.71%	0.146	0.148

三、股本变动及股东情况

(一)股本变动情况　　数量单位:股

	本次变动前	配股	送股	公积金转股	增发	其他	小计	本次变动后
一、尚未流通股份								
1、发起人股份	140,038,470							140,038,470
境内法人持有股份	140,038,470							140,038,470
2、内部职工股	14,689,350	2,448,225				-17,137,575		0
尚未流通股份合计	154,727,820	2,448,225				-17,137,575		140,038,470
二、已流通股份								
1、人民币普通股	54,000,000	9,000,000				17,137,575	26,137,575	80,137,575
已流通股份合计	54,000,000	9,000,000				17,137,575	26,137,575	80,137,575
三、股份总数	208,727,820	11,448,225				0	11,448,225	220,176,045

(二)股东持股情况介绍
1、公司报告期期末股东总数为5370户。
2、公司前十名股东持股情况(单位:股)

序号 股东名称(姓名)	持股数(股)	占总股本比例(%)
①鄂州市服装总厂	100,416,397	45.61
②鄂州市新世界集团公司	19,781,658	8.98
③鄂州市建设投资公司	9,019,260	4.10
④鄂州市民康企业有限公司	6845,238	3.11
⑤鄂州市华容被服厂	3,613,581	1.64
⑥黄治	801,295	0.36
⑦胡相伟	567,779	0.26
⑧杨光	562,142	0.26
⑨蒲秀秀	519,044	0.24
⑩羊绍言	499,800	0.23

注:①报告期内,本公司控股股东未发生变更。控股股东鄂州市服装总厂法定代表人:杨立康。经营范围:服装制造、销售,投资开发,餐饮服务,五金交电,百货销售、批零兼营,公路货物运输及相关投资。

②公司前五大股东所持法人股份均无质押和冻结。

南京水运实业股份有限公司

一、公司简介

1、公司法定名称：
中文：南京水运实业股份有限公司
英文：NANJINGWATERTRANSPORTINDUSTRYCO.,LTD.
英文缩写：NWTI
2、公司法定代表人：李宗琦先生
3、公司董事会秘书：曾善柱先生
联系地址：南京市中山北路241号江苏华侨大厦十楼
联系电话：025-3720378
联系传真：025-3709524
电子信箱：zengshanzhu@990.net
4、公司注册、地址办公：
注册地址：南京经济技术开发区
办公地址：南京市中山北路241号江苏华侨大厦十楼
邮政编码：210009
公司电子信箱：nwti@public1.ptt.js.cn
5、公司选定的信息披露报纸：
《中国证券报》、《上海证券报》
登载公司年度报告的中国证监会指定国际互联网网址：
http://www.sse.com.cn
公司年度报告备置地点：公司证券部
6、公司股票上市交易所：
上海证券交易所
股票简称：南京水运
股票代码：600087

二、会计数据和业务数据摘要

1、本年度主要利润指标情况

(单位：元)

利润总额	136,134,392.93
净利润	115,766,260.44
扣除非经常性损益后的净利润	115,770,113.71
主营业务利润	140,247,091.12
其他业务利润	1,266,817.43
营业利润	118,428,356.39
投资收益	18,143,913.80
营业外收支净额	-437,877.26
经营活动产生的现金流量净额	196,292,402.74
现金及现金等价物净增加额	2,230,520.94

注：扣除的非经常性损益项目和涉及金额：
处理固定资产损失4,533.26
2、近三年主要会计数据和财务指标

(单位：元)

序号	指标项目	2000年	1999年	1998年	
				调整后	调整前
1	主营业务收入	522,986,400.95	357,344,875.83	304,616,935.58	304,616,935.58
2	净利润	115,766,260.44	76,958,752.72	55,900,790.81	56,527,757.72
3	总资产	957,489,128.95	861,587,345.43	653,589,253.51	655,525,544.46
4	股东权益	804,946,432.79	760,977,093.95	550,589,435.23	552,525,726.18
5	每股收益	0.484	0.515	0.448	0.453
6	每股收益(加权)	0.484	0.622	0.448	0.453
7	扣除非经常性损益后的每股收益	0.484	0.515	0.448	0.453
8	每股净资产	3.36	5.09	4.41	4.43
9	调整后的每股净资产	3.27	4.94	4.35	4.36
10	每股经营活动产生的现金流量净额	0.82	0.97	1.04	1.04
11	净资产收益率(%)	14.38	10.11	10.15	10.23

三、股东情况介绍

1、报告期末股东总数15976户。
2、前10名股东持股情况

股东名称	年末持股数(股)	占总股本比例(%)
(1)南京长江油运公司	99,083,712	41.40
(2)中国工商银行重庆市分行	5,760,000	2.41
(3)中国石化集团长岭炼油化工有限责任公司	5,120,000	2.14
(4)中国石化集团九江石油化工总厂	5,120,000	2.14
(5)中国石化集团安庆石油化工总厂	5,120,000	2.14
(6)中国石化集团武汉石油化工厂	4,160,000	1.74
(7)三环公司	3,676,339	1.54
(8)中国石化集团荆门石油化工总厂	3,200,000	1.34
(9)中国石化集团金陵石化有限责任公司	3,200,000	1.34
(10)中国石化销售中南公司	3,200,000	1.34

本公司前10名股东中，第7名所持股份为上市流通股份，其余为未上市流通股份。第3至第6名、第8至第10名股东均隶属于中国石油化工集团公司。

南京长江油运公司系唯一持股5%以上的法人股东，其所持本公司的股份本年度因资本公积金转增股本增加3715.6392万股，未发生质押或冻结情况。

无锡中视影视基地股份有限公司

一、公司简介

1、公司法定中文全称：无锡中视影视基地股份有限公司
公司英文名称：WUXI CCTV Film&Television Productions Co.,Ltd.
公司英文名称缩写：WUXICCTV
2、公司法定代表人：吴达审
3、公司董事会秘书：卢芳
公司董事会秘书授权代表：刘锋
联系地址：江苏省无锡市漆塘1号中视股份公司
电话：0510-5555168
传真：0510-5555168
电子信箱：wuxicctv@public1.wx.js.cn
4、公司注册地址及办公地址：江苏省无锡市漆塘1号
邮编：214081
国际互联网网址：http://www.cctvbase.com
电子信箱：cctvbase@public1.wx.js.cn
5、公司指定的信息披露报纸：《中国证券报》和《上海证券报》
登载公司年度报告的中国证监会指定国际互联网网址：http://www.sse.com.cn
公司年度报告备置地点：董事会秘书处
6、股票上市交易所：上海证券交易所
股票简称：中视股份　　股票代码：600088

二、会计数据及业务数据摘要

1、本年度主要利润指标情况(单位：人民币元)

利润总额：	30,219,265.21
净利润：	23,867,424.90
扣除非经常性损益后的净利润：	23,139,812.62
主营业务利润：	56,166,618.12
其它业务利润：	3,804,651.62
营业利润：	25,605,207.18
投资收益：	5,539,289.98
补贴收入：	----
营业外收支净额：	-925,231.95
经营活动产生的现金流量净额：	76,549,625.92
现金及现金等价物净增加额：	-87,777,543.85

注：扣除的非经常性损益项目和涉及金额(税后收益)是指：
(1)投资收益　　9,646,071.67
(2)短期投资减值准备　　-8,918,459.39
2、截止报告期本公司前三年主要会计数据和财务指标：
(1)主要会计数据及主要财务指标　　单位金额：人民币元

序号	项目	2000年度	1999年度	1998年度
1	主营业务收入	204,681,114.81	182,332,933.72	169,695,128
2	净利润	23,867,424.90	51,595,676.65	65,355,140
3	总资产	807,277,801.97	815,737,086.11	651,291,198
4	股东权益	714,134,171.61	708,476,746.71	626,805,070
5	每股收益	0.131	0.283	0.389
6	每股收益(加权)	0.131	0.301	0.389
7	扣除非经常性损益后的每股收益	0.127	0.279	0.387
8	每股净资产	3.92	3.89	3.73
9	调整后的每股净资产	3.89	3.84	3.64
10	每股经营活动产生的现金流量净额	0.42	0.367	0.428
11	净资产收益率	3.34%	7.28%	10.43%
12	净资产收益率(加权)	3.36%	8.06%	11%

(2)利润表附表

报告期利润	净资产收益率(%)		每股收益(元/股)	
	全面摊薄	加权平均(ROE)	全面摊薄(EPS)	加权平均
主营业务利润	7.86	7.80	0.308	0.308
营业利润	3.59	3.55	0.141	0.141
净利润	3.34	3.31	0.131	0.131
扣除非经营性损益后的净利润	3.24	3.21	0.127	0.127

3、报告期内股东权益变动情况　　单位金额：人民币元

项目	股本	资本公积	盈余公积	其中法定公益金	未分配利润	股东权益合计
期初数	182,100,000	467,166,209.48	44,073,634.32	17,629,453.73	15,136,902.91	708,476,746.71
本期增加	0	0	5,966,856.22	2,386,742.49	23,867,424.90	29,834,281.12
本期减少	0	0	0	0	24,176,856.22	24,176,856.22
期末数	182,100,000	467,166,209.48	50,040,490.54	20,016,196.22	14,827,471.59	714,134,171.61

三、股东情况介绍

1、报告期末股东总数为8501户。
2、持有本公司5%以上(含5%)股份的股东情况：无锡太湖影视城持有本公司116100000股，占总股本63.76%。报告期内其股权未作任何质押或冻结。
3、公司前10名股东持股情况：

序号	股东名称	年末持股数(股)	占总股本比例(%)
1	无锡太湖影视城	116100000	63.76
2	中国国际电视总公司	1800000	0.99
3	北京中电高科技电视发展公司	1800000	0.99
4	北京未来广告公司	1800000	0.99
5	武汉控股	827856	0.45
6	开元基金	702500	0.39
7	吴海生	629500	0.35
8	北京荧屏出租汽车公司	600000	0.33
9	海南远翔	579804	0.32
10	龚在林	572631	0.31

上述股东中，发起人股东北京中电高科技电视发展公司、北京未来广告公司、北京荧屏出租汽车公司系中国国际电视总公司子公司。

新疆特变电工股份有限公司

一、公司简介

1、公司法定中文名称：新疆特变电工股份有限公司
公司法定英文名称：XINJIANG TEBIAN ELECTRIC APPARATUS STOCK CO.LTD
英文缩写：TBEA
2、公司法定代表人：张新
3、公司董事会秘书：郭俊香
联系地址：新疆昌吉市延安南路52号
电话：0994-27247660994-2723231 转 3140
传真：0994-2724766　　电子信箱：guojunxiang@tbea.com
4、公司注册地址：新疆昌吉市延安南路52号
公司办公地址：新疆昌吉市延安南路52号
邮编：831100
公司国际互联网网址：http://www.tbea.com.cn
公司电子信箱：tbea—cj@mail.xj.cninfo.net
5、公司选定的信息披露报纸：上海证券报、中国证券报
中国证监会指定国际互联网网址：http://www.sse.com.cn
公司年度报告备置地点：本公司证券部
6、公司股票上市交易所：上海证券交易所
股票简称：特变电工　　股票代码：600089

二、会计数据和业务数据摘要

1、公司二 OOO 年度财务数据利润总额：102,244,936.75 元
净利润：93,150,864.48 元
扣除非经常性损益后的净利润：93,356,906.27 元
主营业务利润：182,967,868.25 元
其他业务利润：5,918,960.75 元
营业利润：82,496,373.75 元
投资收益：18,591,048.43 元
补贴收入：0.00 元
营业外收支净额：768,317.04 元
经营活动产生的现金流量净额：11,258,251.90 元
现金及现金等价物净增加额：137,439,269.78 元
扣除非经常性收益涉及的项目、金额如下所示：
(1)处理固定资产收益：122,166.04 元
(2)处理固定资产损失：329,102.68 元
(3)长期股权投资差额摊销：894.85 元
2、截至报告期末公司前三年的主要会计数据和财务指标(单位：元)

	2000 年	1999 年	1998 年(调整后)
主营业务收入	996,847,243.42	633,943,344.50	457,977,145.65
净利润	93,150,864.48	90,788,970.59	46,712,,886.87
总资产	1,817,005,607.52	1,267,584,822.32	894,069,685.78
股东权益	819,953,523.37	520,101,037.94	429,322,067.35
每股收益(摊薄)	0.36	0.608	0.3129
每股收益(加权)	0.3738	0.608	0.5234
每股净资产	3.1599	3.4833	2.875
调整后的每股净资产	3.0797	3.41	2.76
每股经营活动产生的现金流量净额	0.043	0.246	−0.17
净资产收益率%	11.36	17.45	10.88

3、根据中国证监会《公开发行证券公司信息披露编报规则第9号》计算的净资产收益率的每股收益：

报告期利润	净资产收益率		每股收益	
	全面摊薄	加权平均	全面摊薄	加权平均
主营业务利润	22.31	26.60	0.71	0.73
营业利润	10.06	12.00	0.32	0.33
净利润	11.36	13.54	0.36	0.37
扣除非经营性损益后的净利润	11.39	13.57	0.36	0.37

计算公式如下：
(1)全面摊薄净资产收益率=报告利润/期末净资产
(2)全面摊薄每股收益=报告期利润/期末股份总数
(3)加权平均净资产收益率(ROE)的计算公式：
ROE=报告期利润/[期初净资产+报告期净利润/2+报告期发行新股或债转股等新增净资产×新增净资产下一月份起至报告期期末的月份数/报告期月份数-报告期回购或现金分红等减少净资产×减少股份下一月份起至报告期期末的月份数/报告期月份数]
(4)加权平均每股收益(ESP)的计算公式：
EPS=报告期利润/[期初股份总数+报告期因公积金转增股本或股票股利分配等增加股份数+报告期因发行新股或债转股等增加股份数×增加股份下一月份起至报告期期末的月份数/报告期月份数-报告期回购或缩股等减少股份数×减少股份下一月份起至报告期期末的月份数/报告期月份数]

三、股东情况

1、报告期末股东总数：
公司股东总数为 96612 户。
2、公司前十名股东持股情况(单位：股)

	股东名称	年初持股数	送股	转增	配股	其他	年末持股数
1	昌吉市特种变压器厂	38640000	6848000	13696000	0	−4400000	54784000
2	昌吉电力实业总公司	10592000	2118400	4236800	0		16947200
3	自治区技改投资公司	9225760	1845152	3690304	0		14761216
4	上海邦联创业投资有限公司	8000000	1600000	3200000	0		12800000
5	中信国安工贸集团	4000000	800000	1600000	0		6400000
6	自治区投资公司	3186400	1517280	3034560	0	+4400000	12138240
7	西安电力机械制造公司	2579200	515840	1031680	0		4126720
8	巴州自力工贸有限公司	1600000	320000	640000	0		2560000
9	独山子石化天利集团公司	1600000	320000	640000	0	−1280000	1280000
10	独山子天利高新股份有限公司	0	0	0	0	+1280000	1280000

公司前十名股东中，独山子石化天利集团公司是独山子天利高新股份有限公司的母公司
公司前十名股东所持股份无质押或冻结情况。

新疆啤酒花股份有限公司

(一)公司简介

1、公司的法定中、英文名称及缩写。
中文全称：新疆啤酒花股份有限公司
英文全称：XINJIANGHOPSCo.,Ltd
2、公司法定代表人：艾克拉木·艾沙由夫
3、公司董事会秘书：舒群
董事会证券事务代表：谷国栋
联系地址：新疆乌鲁木齐市解放北路17号
电话：(0991)2825373　　传真：(0991)2833517
电子信箱：sq-yl@sohu.com
4、公司注册地址：乌鲁木齐市解放北路17号酒花大厦
公司办公地址：乌鲁木齐市解放北路17号酒花大厦　　邮编：830002
公司国际互联网网址：http://www.hops.com.cn
电子信箱：hopscom@mail.wl.xj.cn
5、公司选定的信息披露报纸：《中国证券报》、《上海证券报》
登载公司年度报告的中国证监会指事实上国际互联网网址：http://www.sse.com.cn
公司年度报告备置地点：公司董事会秘书处
6、公司股票上市交易所：上海证券交易所
股票简称：啤酒花　　股票代码：600090

(二)会计数据和业务数据摘要

1、公司本年度主要会计数据(单位：人民币元)

利润总额	99,349,324.34
净利润	93,571,714.07
扣除非经常性损益后的净利利润	90,181,270.93
主营业务利润	134,186,814.49
其他业务利润	12,562,559.49
营业利润	95,933,931.20
投资收益	24,950.00
补贴收入	540,465.88
营业外收支净额	2,849,977.26
经营活动产生的现金流量净额	56,376,148.31
现金及现金等价物净增加额	165,517,762.54

注：扣除的非经常性损益后的净利润指扣除补贴收入 540,465.88 元和营业外收支净额 2,849,977.26 元后的净利润。
2、报告期末前三年的主要会计数据和财务指标：(合并报表)

指标项目	2000 年度	1999 年度	1998 年度	
			调整前	调整后
主营业务收入	615,741,108.35	277,900,761.46	196,527,870.65	196,527,870.65
净利润	93,571,714.07	36,802,379.83	27,847,322.34	23,117,668.74
总资产	1,171,418,159.78	618,514,649.38	523,985,880.24	519,256,226.64
股东权益(不含少数股东权益)	494,461,193.23	283,838,316.53	264,206,516.36	259,476,862.76
每股收益(摊薄)	0.41	0.29	0.22	0.18
加权平均每股收益	0.41	0.29	0.22	0.18
扣除非经常性损益的每股收益(摊薄)	0.39	0.28	0.21	0.17
扣除非经常性损益的每股收益(加权)	0.40			
每股净资产	2.15	2.26	2.06	2.03
调整后的每股净资产	2.03	2.14	2.00	1.94
每股经营活动产生的现金流量净额净资产收益率(摊薄)	18.92%			
净资产收益率(加权)	21.84%			

报告期利润	净资产收益率		每股收益	
	全面摊薄	加权平均	全面摊薄	加权平均
主营业务利润	27.14%	31.32%	0.58	0.59
营业利润	19.40%	22.39%	0.42	0.42
净利润	18.92%	21.84%	0.41	0.41
扣除非经常性损益后的净利润	18.24%	21.05%	0.39	0.40

3、报告期内股东权益变动情况。　　单位：人民币元

项目	股本	资本公积	盈余公积	法定公益金	未分配利润	股东权益合计
期初数	128000000	66240769.11	56197527.79	15707757.70	31081579.82	281519876.72
本期增加	101947904	117828769.14	56719902.02	15877243.02	93571714.07	370068289.23
本期减少	0	64672848	5553560.30	5553560.30	86900564.42	157126972.72
期末数	229947904	119396690.25	107363869.51	26031440.42	37752729.47	494461193.23
变动原因	送、转、配股	配股致增、转增致减	计提致增、福利补贴致减	计提致增、福利补贴致减	实现利润致增、计提、分配致减	

(三)股东情况介绍

(1)报告期末股东总数 9668 户。
(2)前10名股东执股情况：

单位名称	期初数(万股)	本年变动增减(+、-)	期末数(万股)	比例(%)
新疆恒源投资有限责任公司	3824.00	2294.40	6118.40	26.61
新疆轻工业供销总公司	2800.00	1680	4480.00	19.48
深圳市卢堡工贸有限公司	320.24	192.144	512.384	2.23
深圳祥源印刷包装有限公司	242.88	145.728	388.608	1.69
云庆公司	0	276.8486	276.8486	1.20
方坤商贸	0	274.1178	274.1178	1.19
新疆证券登记公司	161.52	7.7216	169.2416	0.74
宋红柳	0	58.408	58.408	0.25
和硕清水河农场供销公司	36.48	21.888	58.368	0.25
顾逸臻	0	43.38	43.38	0.18

(3)报告期内控股股东未发和变动。

包头明天科技股份有限公司

(一)公司简介

1. 公司法定名称:
中文名称:包头明天科技股份有限公司
英文名称:BAOTOU TOMORROW TECHNOLOGY CO.,LTD　　英文缩写:BTTT
2. 公司法定代表人:肖建华
3. 公司董事会秘书:关明　　授权代表:王宇锋
联系地址:包头明天科技股份有限公司证券部
电话:0472-5980192　　传真:0472-5980275　　电子信箱:zjb2@tomotech.com
4. 公司注册地址:包头稀土高新技术产业开发区新建区稀土南路
办公地址:包头火车站南二公里包头明天科技股份有限公司办公楼　　邮编:014013
国际互联网网址:www.tomotech.com　　电子信箱:maser@tomotech.com
5. 公司选定的信息披露报刊为:《中国证券报》、《上海证券报》
刊登公司年度报告的中国证监会指定国际互联网网址:www.sse.com.cn
7 公司年度报告备置地点:包头明天科技股份有限公司证券部
6. 公司股票上市交易所:上海证券交易所
股票简称:明天科技　　股票代码:600091

(二)、会计数据和业务数据摘要

1、会计数据和业务数据

公司本年度实现利润总额 97956202.01 元,净利润 85630063.61 元,扣除非经常性损益后的净利润 85630063.61 元, 主营业务利润 144513509.00 元, 其他业务利润 8072285.58 元, 营业利润 101218766.75 元,投资收益-2053851.51 元,补贴收入 0 元,营业外收支净额-1208713.23 元,经营活动产生的现金流量净额 68921923.52 元,现金及现金等价物净增加额-276598058.34 元。

2、公司前三年主要会计数据和财务指标

序号	项目	2000 年	1999 年	1998 年	
				调整前	调整后
1	主营业务收入(万元)	78591.60	58208.45	25189.75	25189.75
2	净利润(万元)	8563.01	6675.98	5170.39	5258.21
3	总资产(万元)	112931.94	115166.16	71805.66	70398.52
4	股东权益(万元)	76952.58	75658.31	37017.74	35668.83
5	每股收益(摊薄)(元/股)	0.38	0.25	0.255	0.26
	每股收益(加权)(元/股)	0.38	0.33	0.279	0.283
	扣除非经常损益后的每股收益(元/股)	0.38	0.205	0.191	0.195
6	每股净资产(摊薄)(元/股)	3.40	3.34	1.83	1.76
	每股净资产(加权)(元/股)	3.40	3.34	1.83	1.76
7	调整后每股净资产(元/股)	3.38	3.33	1.82	1.76
8	每股经营活动产生的现金流量净额(元/股)	0.29	0.02	0.25	0.25
9	净资产收益率(摊薄)(%)	11.13	8.82	13.97	14.74

注:主要财务指标计算方法

每股收益=净利润/年度末普通股股份总数

每股净资产=年度末股东权益/年度末普通股股份总数

净资产收益率=净利润/年度末股东权益 X 100%

调整后每股净资产=(年度末股东权益-三年以上的应收款项净额-待摊费用-待处理(流量、固定)资产净损失-开办费-长期待摊费用-住房周转金负数余额)/年度末普通股股份总数

每股经营活动产生的现金流量净额=经营活动产生的现金流量净额/年度末普通股股份总数

3.按照中国证监会《公开发行证券公司信息披露编报规则(第 9 号)》要求计算 2000 年报告期利润的净资产收益率和每股收益如下:

报告期利润	净资产收益率(%)		每股收益(元)	
	全面摊薄	加权平均	全面摊薄	加权平均
主营业务利润	18.78	18.08	0.64	0.64
营业利润	13.15	12.66	0.45	0.45
净利润	11.13	10.71	0.38	0.38

4、报告期内股东权益变动情况　　单位:万元

项目	股本	资本公积	盈余公积	其中:法定公益金	未分配利润益	股东权合计
期初数	22652.6	39126.58	2081.87	693.96	11797.26	75658.31
本期增加			2086.34	695.44	8563.01	10649.35
本期减少					9355.08	9355.08
期末数	22652.6	39126.58	4168.21	1389.40	11005.19	76952.58

变动原因:

1.盈余公积增加 2086.34 万元是 2000 年净利润按 10%比例提取法定盈余公积金,按 5%的比例提取法定公益金。

2.未分配利润增加 8563.01 万元是由于本年度净利润增加,减少未分配利润 9355.08 万元,主要是:(1)本年度提取盈余公积金 2086.34 万元;(2)根据财政部财企(2000)295 号文件规定,用期初未分配利润处理住房周转金余额 2738.22 万元;(3)根据本公司董事会利润分配预案:按每 10 股派发现金 2.00 元(含税),金额 4530.52 万元。

(三)股东情况介绍

1、本年度末本公司股东总数为 66891 户。

2、本公司前 10 名大股东持股情况

名次	名称	持股数(股)	持股比例
1	包头北大明天资源科技有限公司	130326000	57.53%
2	甘肃泰兴	559400	0.25%
3	王书军	249692	0.11%
4	蔡汉虎	209520	0.09%
5	何兴元	182270	0.08%
6	张剡茹	1224	0.08%
7	刘书兰	169470	0.07%
8	吴微芬	168673	0.07%
9	梅国红	151421	0.06%
10	钱荣光	150660	0.06%

持有本公司 10%以上股份的股东为包头北大明天资源科技有限公司, 共持有本公司股份 13032.6 万股,占总股本的 57.53%,该公司成立于 1999 年 9 月,法定代表人:杜耀。主营烧碱、聚氯乙烯树脂、盐酸、液氯、苯酚、硫酸、电石、溶解乙炔等基础化工原料的生产和销售。所持股份无担保、无质押、无冻结情况。

陕西精密合金股份有限公司

一、公司简介

(一) 公司法定中文名称:陕西精密合金股份有限公司
公司法定英文名称:SHAANXI PRECISION ALLOY CO,LTD　缩写:PREC
(二) 公司法定代表人:宫著铭
(三) 公司董事会秘书:葛熙富　　联系地址:西安市莲湖区枣园东路 2 号
联系电话:(029)4610536　　联系传真:(029)4620414
(四) 公司注册地址:西安高新技术产业开发区高新一路 19 号
公司办公地址:西安市莲湖区枣园东路 2 号　　邮政编码:710077
公司国际互联网网址:http://www.jmgf.com.cn　　电子信箱:E-mail:jmgf@sein.sxgb.com.cn
(五)公司选定的信息披露报纸:《中国证券报》、《上海证券报》
公司年度报告备置地点:西安市莲湖区枣园东路 2 号陕西精密合金股份有限公司证券事务管理部
证监会指定的公司刊登年度报告的国际互联网网址: http://www.sse.com.cn;
(六) 公司股票上市交易所:上海证券交易所
股票简称:精密股份　　股票代码:600092

二、会计数据和业务数据摘要

(一) 本年度实现利润指标及主要现金流量指标	(单位:元)
利润总额	60,240,055.90
净利润	51,451,925.83
扣除非经常性损益后的净利润	50,300,250.43
主营业务利润	57,408,606.61
其他业务利润	303,808.66
营业利润	45,623,183.75
投资收益	14,616,992.27
补贴收入	
营业外收支净额	-120.12
经营活动中产生的现金流量净额	75,577,503.34
现金及现金等价物净增加额	328,137,882.92

注:“扣除非经常性损益后的净利润”一栏中扣除的项目为:转让所持北京恒德方科技发展有限公司股权收益,涉及金额 1,151,675.40 元。

(二) 前三年主要会计数据和财务指标(单位:元)

项目	2000 年	1999 年	1998 年	
			调整前	调整后
主营业务收入(元)	125,416,081.19	172068273.78	165571581.62	165571581.62
净利润(元)	51,451,925.83	59589386.19	63368150.15	61622272.57
总资产(元)	962,936,379.45	657041245.83	574004093.75	568020943.08
股东权益(元)(不含少数股东权益)	702,532,038.13	425955352.30	372236735.14	366365966.11
每股收益(元/股)(摊薄)	0.1970	0.2509	0.4002	0.3892
加权平均每股收益(元/股)	0.1985	0.2509	0.4002	0.3892
扣除非经营性损益后的每股收益(元/股)	0.1926	0.2421	0.4002	0.3892
每股净资产(元/股)	2.69	1.79	2.35	2.31
调整后的每股净资产(元/股)	2.69	1.79	2.35	2.31
每股经营活动中产生 的现金流量净额(元/股)	0.2894	-0.4154	-0.1020	-0.1020
净资产收益率(%)	7.32	13.99	17.02	16.82
加权平均净资产收益率(%)	8.09	13.99	17.02	16.82

新增财务计算指标:

报告期利润	净资产收益率(%)		每股收益(元)	
	全面摊薄	加权平均	全面摊薄	加权平均
主营业务利润	8.10	8.68	0.2198	0.2215
营业利润	6.55	6.96	0.1747	0.1760
净利润	7.32	8.09	0.1970	0.1985
扣除非经常性损益后的净利润	7.17	7.65	0.1926	0.1940

注:(1)1998 年度调整后的主要会计数据和财务指标系根据财政部财会字 (1999)35 号文、49 号文的有关规定,改变会计政策,进行追溯调整所致。

三、股东情况介绍

1、报告期末股东总数:98607 户

2、前十名股东持股情况

序号	股东名称	年末持股数(股)	占总股本比例%
1、	深圳市天华电力投资有限公司	76653000	29.34
2、	上海涌金实业有限公司	5350000	2.07
3、	新疆乌鲁木齐将军制锁厂	4503449	1.72
4、	华星企业	3060000	1.17
5、	西安国际信托投资公司证券部	2700000	1.03
6、	深业集团(深圳)物业管理公司	2700000	1.03
7、	西北信托	1800000	0.69
8、	深圳市市政工程公司	1800000	0.69
9、	南通市通银经贸公司	1800000	0.69
10、	河北中兴科技开发总公司	1800000	0.69

说明:(1)持有本公司 5%以上股份的深圳市天华电力投资有限公司原持有本公司国有法人股 7515 万股,在报告期内因配股增加至 7665.3 万股,所持股份已冻结,未发生转让所持本公司股份的情况。

四川禾嘉股份有限公司

一、公司简介

(一)公司法定中、英文名称
1.中文名称:四川禾嘉股份有限公司
2.英文名称:SICHUAN HEJIA CO., LTD.
(二)、公司法定代表人:夏朝嘉
(三)、公司董事会秘书、联系地址、电话、传真
1.董事会秘书:樊平
2.联系地址:四川省成都市高新技术开发区高朋东路14号
3.电话:(028)5155498　4.传真:(028)5155498
(四)、公司注册地址、办公地址、邮政编码、国际互联网址及电子信箱
1.公司注册地址:四川省成都市高新技术开发区
2.公司办公地址:四呼省成都市高新技术开发区高朋东路14号　3.邮政编码:610041
4.公司国际互联网址:http://www.hejia.com
5.公司电子信箱:E-mail:hjego@mail.sc.cninfo.net　E-mail:hejia@hejia.com
(五)、公司选定的信息披露报纸名称,登载公司年度报告的中国证监会指定国际互联网网址
1.信息披露报纸名称:《上海证券报》、《中国证券报》
2.证监会指定的国际互联网网址:http://www.sse.com.cn
(六)、公司股票上市地、股票简称和股票代码
1.公司股票上市地:上海证券交易所
2.股票简称:禾嘉股份　3.股票代码:600093

二、会计数据和业务数据

(一)本年度的效益情况:

1.利润总额	24,551,640.29
2.净利润	22,165,355.01
3.扣除非经常性损益后的净利润	18,576,550.43
4.主营业务利润	60,099,377.60
5.营业利润	16,905,074.03
6.投资收益	4,057,761.68
7.补贴收入	2,270,000.00
8.营业外收支净额	1,318,804.58
10 经营活动产生的现金流量净额	-23,875,748.77
11 现金及现金等价物净增加额	-852,394.96

(二)前三年主要会计数据和财务指标(单位:元)

序号	项目	2000年	1999年	1998年	
				调整后	调整前
1	主营业务收入	175566642.06	193989546.94	159811388.67	159811388.67
2	净利润	22165355.01	29320372.85	42098371.02	47400874.82
3	总资产	721839352.47	681471612.77	399023605.91	388429058.97
4	股东权益	367336984.18	351064677.80	332229463.68	321744304.95
5	每股收益	0.17	0.23	0.33	0.37
6	每股收益(加权平均)	0.17	0.23		
7	每股收益(扣除非经常性损益)	0.15	0.18		
8	每股净资产	2.88	2.75	2.61	2.52
9	调整后的每股净资产	1.48	1.25	2.53	2.52
10	每股经营活动产生的现金流量净额	-0.19	0.75	0.18	
11	净资产收益率(%)	6.03	8.35	12.67	14.70

注:按照中国证监会《公开发行证券公司信息披露编报规则(第9号)》要求计算的利润数据:

报告期利润	净资产收益率		每股收益	
	全面摊薄	加权平均	全面摊薄	加权平均
主营业务利润	16.36%	16.57%	0.471	0.471
营业利润	4.60%	4.66%	0.133	0.133
净利润	6.03%	6.11%	0.174	0.174
扣除非经常性损益后的净利润	5.06%	5.12%	0.146	0.146

三、股东情况

(一)本公司报告期末股东总数为33489户,其中法人股股东5户。
(二)前10名股东持股情况表(单位:万股)

序号	持股者单位或姓名	期初持股数	期末持股数	占总股本比重(%)	持股性质
1	四川禾嘉实业集团有限公司	6640.2	6640.2	52.08	法人股
2	成都市武侯区百花洲水上世界	336.6	336.6	2.64	法人股
3	四川禾嘉房地产开发公司	336.6	336.6	2.64	法人股
4	北海海利实业公司	168.3	168.3	1.32	法人股
5	四川星火食品研究院	168.3	168.3	1.32	法人股
6	基金泰和		100	0.784	流通股
7	刘正华		39.1	0.31	流通股
8	长城证券		24.9	0.2	流通股
9	鑫达钢材		24	0.19	流通股
10	叶强		23.5	0.18	流通股

在以上股东中,四川禾嘉实业集团有限公司是本公司第一大股东,持有股份6640.2股,占公司总股本的比例52.08%,其中有3500万股用于质押贷款并已经公告。

四、股东大会简介

本报告期内,公司共召开了一次股东大会和一次临时股东大会,有关情况如下:

(一)、1999年度股东大会于2000年4月28日在公司会议室召开,出席会议的股东17人,所持股份7660.2万股,占公司总股本的60.08%,符合《公司法》及本公司章程的规定。大会审议通过了以下决议:

1、审议通过了《1999年度董事会工作报告》;
2、审议通过了《19999年度业务报告》;
3、审议通过了《1999年度监事会工作报告》;

上海华源股份有限公司

一.公司简介

1.公司法定中文名称:上海华源股份有限公司
公司法定英文名称:SHANGHAI WORLDBEST CO.,LTD
2.公司法定代表人:吴云生　3.公司董事会秘书:张乐生
联系地址:上海浦东陆家嘴东路161号招商局大厦31楼
电话:021-58793938(总机)021-55823020(直线)
传真:021-58825887　电子信箱:swc07@soim.net
4.公司注册地址:上海市浦东陆家嘴路66号招商局大厦31楼
公司办公地址:上海市浦东陆家嘴东路161号招商局大厦31楼　邮政编码:200120
公司国际互联网址:http://www.worldbest.sh.cn　电子信箱:shhygf@online.sh.cn
5.公司选定的信息披露报纸名称:《上海证券报》、《中国证券报》、《香港文汇报》
登载公司年度报告的中国证监会指定国际互联网网址:http://www.sse.com.cn
公司年度报告备置地点:公司总经理办公室
6.公司股票上市交易所:上海证券交易所
股票简称和股票代码:华源股份 600094　华源B股 900940

二.会计数据和业务数据摘要

1.公司本年度实现利润情况(单位:元)

(1)利润总额:	185,133,462.70
(2)净利润:	122,348,377.39
(3)扣除非经常性损益后的净利润:	101,384,077.39
(4)主营业务利润:	278,353,812.26
(5)其他业务利润:	19,029,831.51
(6)营业利润:	128,686,037.31
(7)投资收益:	30,269,113.10
(8)补贴收入:	25,749,974.68
(9)营业外收支净额:	428,337.61
(10)经营活动产生的现金流量净额:	204,511,094.64
(11)现金及现金等价物净增加额:	-43,065,796.60

注:扣除的非经常性损益项目和涉及金额为:获得政府补贴收入所得净利润20,145,000.00元,获得财政补贴收入所得净利润819,300.00元。

实现净利润按中国会计师准则审计为12,234.8万元,按国际会计准则审计为8550.5万元,具体差异如下:

	净利润(人民币千元)
根据中国会计准则列报:	122,348
国际会计准则调整:	
1.存货跌价准备差异	(2,849)
2.固定资产折旧差异	(2,872)
3.职工奖励及福利基金	(7,566)
4.政府补贴的会计处理差异	(23,700)
5.其他144按国际会计准则列报:	85,505

2.公司前三年主要会计数据和财务指标(单位:元)

指标项目	2000年	1999年	1998年	
			调整前	调整后
主营业务收入	1,474,490,235.42	987,622,833.29	483,511,231.01	483,511,231.01
净利润	122,348,377.39	96,302,192.19	58,766,378.90	46,139,291.34
总资产	3,267,549,246.49	2,408,227,268.30	1,651,016,500.83	1,618,488,046.04
股东权益(不含少数股东权益)	1,425,779,452.79	808,764,021.61	776,536,567.28	744,532,340.72
每股收益 全面摊薄	0.25	0.34	0.21	0.16
加权平均	0.27	0.34	0.21	0.16
扣除非经常损益后的每股收益	0.21	0.27	/	/
每股净资产(元/股)	2.90	2.83	2.71	2.60
调整后每股净资产(元/股)	2.81	2.76	2.69	2.58
每股经营活动产生的现金流量净额	0.42	0.27	0.26	0.26
净资产收益率(%)	8.58	11.91	7.57	6.20
加权平均	12.14	12.40	7.71	6.27

按公开发行证券公司信息披露编报规则第九号计算的净资产收益率和每股收益:

报告期利润	净资产收益(%)		每股收益(元)	
	全面摊薄	加权平均	全面摊薄	加权平均
主营业务利润	19.52	27.62	0.57	0.63
营业利润	9.03	12.77	0.26	0.29
净利润	8.58	12.14	0.25	0.27
扣除非经常性损益后的净利润	7.11	10.06	0.21	0.23

注:2000年指标按总股本49175.4万股计算,99年、98年指标按28623.6万股计算。

三.股东情况介绍

1.报告期末股东总数为66790户,其中境内上市外资股股东8032户,境内上市人民币普通股股东58938户。

2.前十名股东持股情况

股东名称	年初持股数(万股)	年末持股数(万股)	占总股本(%)	持股类别	质押或冻结
1 常州华源化学纤维有限公司	5324.4	7986.6	16.24	法人股	
2 中国华源集团有限公司	1941.6	7506.6	15.26	法人股	
3 锡山市长苑丝织厂	676.8	1015.2	2.06	法人股	质押
4 江苏秋艳(集团)公司	618	927	1.89	法人股	
5 SCBHK A/C BANK OF NEW YORK A CMG CH CHINA INVESTMENTS LIMTED		250.18	0.51	B股	
6 HSBC(NOMS)LTD A/C MR KUP PHEK LONG		208.035	0.42	B股	
7 智明企业有限公司		200.00	0.41	B股	
8 HKIT S/A 006-113039-431		196.30	0.40	B股	
9 NAITO SECURITIES CO.,LTD		193.105	0.39	B股	
10 姜照柏		181.981	0.37	B股	

注:锡山市长苑丝织厂所持股票1015.2万股质押给中国农业银行无锡分行,质押期限至2001年12月31日。常州华源化学化纤有限公司已于2000年12月办理注销手续,有关股权过户手续尚在办理之中。

哈尔滨高科技(集团)股份有限公司

一、公司简介

(一)公司名称
中文:哈尔滨高科技(集团)股份有限公司　　简称:哈高科
英文:HARBIN HIGH--TECH (GROUP)LIMITED COMPANY
(二)法定代表人:张 勤
(三)公司信息披露事务人员
董事会秘书:刘海涛　　电子信箱:haitao9647@sina.com
联系地址:哈尔滨高新技术产业开发区 26 号楼
联系电话:0451-2308164　　传 真:0451-2301029 2322839
授权代表:杜 冰　　电子信箱:stock@hbhtg.com
联系地址:哈尔滨高新技术产业开发区 26 号楼
联系电话:0451-2301029　　传 真:0451-2301029 2322839
(四)公司注册地址及办公地址:哈尔滨高新技术产业开发区 26 号楼
邮政编码:150090
网址:http://www.hbhtg.com(国际)http://www.hbhtg.com.cn(国内)
电子信箱:project@hbhtg.com
(五)公司年报披露指定报刊:上海证券报
公司年报登载的互联网网址:http://www.sse.com.cn
公司年报备置地点:公司董事会秘书处
(六)公司股票上市地:上海证券交易所
股票简称:哈高科　　股票代码:600095

二、会计数据和业务数据摘要

(一)公司本年度主要利润情况(单位:人民币元)

利润总额:	29,420,941.53
净利润:	20,473,177.36
扣除非经常性损益后的净利润:	18,843,339.76
主营业务利润:	70,014,530.48
其他业务利润:	9,417,623.50
营业利润:	25,288,966.16
投资收益:	2,502,137.77
补贴收入:	
营业外收支净额:	1,629,837.60
经营活动产生的现金流量净额:	67,228,972.25
现金及现金等价物净增加额:	-15,887,987.47

注:非经营性损益项目

收入		支出	
冻结资金利息:	1395220.80	固定资产清理损失:	404413.77
固定资产清理收入:	280021.14	捐款:	78000.00
无法支付款项:	372788.56	滞纳金:	36001.13
其他:	102222.00	其他:	2000.00
合计:	2150252.50	合计:	520414.90

(二)主要会计数据和财务指标(单位:人民币元)

指标项目	2000 年	1999 年	1998 年	1998 年(调整前)
主营业务收入	223,857,560.32	395,069,914.62	295768896.59	306,949,185.70
净利润	20,473,177.36	56,820,279.87	33849564.12	56,426,391.06
总资产	1,646,390,838.45	1,236,650,786.50	810030500.29	928,099,983.64
股东权益(不含少数股东权益)	724,384,978.34	718,691,809.15	469813329.28	506,372,435.79
每股收益	0.078	0.217	0.26	0.43
每股收益(加权平均)	0.078	0.319		
每股净资产	2.77	2.748	3.6	3.895
调整后的每股净资产	2.65	2.52	3.46	
净资产收益率	2.83%	7.919%	7.2%	11.14%
净资产收益率(加权)	2.79%	10.43%	7.48	11.82%

每股经营活动产生的现金流量净额:0.257
净资产收益率和每股收益指标:

	净资产收益率(%)		每股收益(元)	
	全面摊薄	加权平均	全面摊薄	加权平均
主营业务利润	9.67	9.53	0.268	0.268
营业利润	3.49	3.44	0.097	0.097
净利润	2.83	2.79	0.078	0.078
扣除非经常性损益后的净利润	2.60	2.56	0.072	0.072

(三)报告期内股东权益变动情况(单位:人民币元)

项目	股本	资本公积	盈余公积	其中:法定公益金	未分配利润	股东权益合计
期初数	261,560,000	359,171,779.02	34,564,823.24	11,089,307.71	63,395,206.89	718,691,809.15
本期增加			4,442,348.36	1,480,782.78	1,250,820.83	5,693,169.19
本期减少						
期末数	261,560,000	359,171,779.02	39,007,171.60	12,570,090.49	64,646,027.72	724,384,978.34

三、股东情况介绍

1 、报告期末股东总数为 129815 户
2 、报告期末前十名股东持股情况

股东名称	持有股数(股)	占总股本(%)
哈尔滨高新技术产业开发区房屋建设开发总公司	70569406	26.98
哈尔滨火炬高新技术开发总公司	27507293	10.52
哈尔滨高新技术产业开发区对外贸易公司	12417294	4.75
哈增义	409443	0.16
华夏上证	362476	0.14
刘元珍	290520	0.11
周建中	176400	0.07
兴和基金	148686	0.06
罗容熙	135669	0.05
杨京京	133000	0.05

云南云天化股份有限公司

一、公司简介

(一)公司法定名称
中文:云南云天化股份有限公司
英文:YUNNAN YUNTIANHUA CO., LTD
缩写:YYTH
(二)公司法定代表人:董事长李新华
(三)公司董事会秘书:刘 岗
证券事务代表:冯 驰
联系地址:
云南省水富县云南云天化股份有限公司总经理办公室
联系电话:(0870)8664324
传　　真:(0870)8664319
电子信箱:lg@yth.com.cn
(四)公司注册及办公地址:
云南省水富县云富镇
邮政编码:657800
国际互联网网址:http://www.yyth.com
电子信箱:sfll@public.km.yn.cn
(五)公司信息披露报纸:
《中国证券报》、《上海证券报》、《证券时报》
登载公司年度报告的国际互联网网址:
http://www.sse.com.cn
年度报告备置地点:
公司总经理办公室
(六)公司股票上市交易所:
上海证券交易所
股票简称:云天化
股票代码:600096

二、会计数据和业务数据摘要

(一)本报告期内实现利润及主要现金流量指标

利润总额	202,104,865.75 元
净利润	164,904,543.25 元
扣除非经常性损益后的净利润	164,904,543.25 元
主营业务利润	265,929,580.88 元
其他业务利润	4,807,030.93 元
营业利润	202,319,629.25 元
投资收益	182,462.91 元
补贴收入	0 元
营业外收支净额	-397,226.41 元
经营活动中产生的现金流量净额	234,430,461.97 元
现金及现金等价物净增加额	-227,513,077.10 元

(二)前三年主要会计数据和财务指标

项目时间	2000 年	1999 年	1998 年	
			调整后	调整前
主营业务收入(元)	765,368,352.28	767,662,880.38	630,709,843.34	630,709,843.34
净利润(元)	164,904,543.25	260,000,198.43	259,891,055.38	265,616,362.75
总资产(元)	1,556,235,699.60	1,734,984,978.66	1,443,863,670.21	1,451,023,232.68
股东权益(元)	1,101,640,507.45	1,502,735,964.20	1,356,372,125.77	1,141,940,786.24
每股收益(元)	0.4479	0.4576	0.4574	0.468
加权每股收益(元)	0.2990	0.4576	0.4574	0.468
扣除非经常性损益后的每股收益(元)	0.2990	0.4576	0.4582	0.4683
每股净资产(元)	2.9921	2.6448	2.3872	2.01
调整后的每股净资产(元)	2.9884	2.6433	2.3870	1.95
每股经营活动产生的现金流量净额	0.6367	0.5024	0.2587	0.2587
净资产收益率(%)	14.97	17.30	19.16	23.26
加权净资产收益率(%)	10.72	17.83	21.17	21.58

三、股东情况介绍

(一)本报告期末,公司股东总数为 53626 户。
(二)主要股东持股情况:

名次	股东名称	期末持股数(股)	占总股本%
(1)	云天化集团	268,181,800	72.84
(2)	万方公司	2,200,000	0.60
(3)	国信证券	981,947	0.27
(4)	云南国投	659,100	0.18
(5)	国投大理	600,000	0.16
(6)	华超公司	567,200	0.15
(7)	陈 爱 琴	453,600	0.12
(8)	华坤贸易	433,335	0.12
(9)	何 朝 阳	350,587	0.10
(10)	沈　　燕	321,094	0.09

(三)持股 10%以上法人股股东情况
云天化集团有限责任公司(以下简称云天化集团)是公司的控股公司,其所持股份为未上市流通股份,其持股数量在本报告期内因公司实施股份回购而减少 20 ,000 万股,由原 46,818.18 万股变更为 26,818.18 万股,持股比例由原 82.4%变更为 72.84%。云天化集团所持股份没有用于质押或被冻结的情况。

海南恒泰芒果产业股份有限公司

海南恒泰芒果产业股份有限公司2000年年度报告

本公司董事会保证本报告所载资料不存在任何虚假记载、误导性陈述或重大遗漏,并对其内容的真实性、准确性和完整性负个别及连带责任。

天津五洲联合合伙会计师事务为本公司出具了有解释性说明的审计报告,本公司董事会、监事会对相关事项亦有详细说明,请投资者注意阅读。

一、公司简介

1、公司法定中文名称:海南恒泰芒果产业股份有限公司

公司英文名称:Hainan Heng Tai Mango Industries Co.,Ltd.

2、公司法定代表:李长盛

3、董事会秘书:马三光

联系地址:海南省海口市海秀路59号陈学忠教育基金楼

电话:0898-6736569

传真:0898-6736563

4、公司注册地址:海南省海口市国贸大道45号

公司办公地址:海南省海口市义龙路28号

邮政编码:570102

电子信箱:htmg2001@163.com

5、公司信息披露报纸名称:《上海证券报》

中国证监会指定国际互联网网址:http://www.sse.com.cn

公司年报备置地点:海南省海口市海秀路59号陈学忠教育基金楼

6、公司股票上市交易所:上海证券交易所

股票简称:ST 恒泰

股票代码:600097

二、会计数据和业务数据摘要

1、2000年度利润实现情况(单位:人民币元)

利润总额	-95,811,167.74
净利润	-62,204,785.39
扣除非经常性损益后的净利润	-60,334,118.69
主营业务利润	-5,556,744.20
其他业务利润	168,179.18
营业利润	-93,940,501.04
投资收益	-445,791.67
补贴收入	302,919.41
营业外收支净额	-1,727,794.44
经营活动产生的现金流动量净额	-2,044,729.14
现金及现金等价物净增加额	-1,234,170.07

注:扣除非经常性损益项目包括:

a.投资收益 -445,791.67元

b.补贴收入 302,919.41元

c.营业外收入 406,966.16元

d.营业外支出 2,134,760.60元

2、公司前三年的会计数据和财务指标(单位:人民币万元)

指标项目	2000年度	1999年度	1998年度	
			调整前	调整后
主营业务收入	2697.87	5978.15	195777	19577
净利润	-6220.48	-18918.56	1062	1353
总资产	62000.78	66588.01	79218	76984
股东权益	1083.43	6349.34	38293	36100
每股收益(元)	-0.5388	-1.6378	0.092	0.12
每股净资产(元)	0.0938	-0.5499	3.32	3.13
调整后每股净资产(元)	0.0655	-0.5371	2.74	2.55
每股经营活动产生的现金流量净额(元)	-0.0177	-0.0367	-0.68	-0.68
净资产收益率	-574%	-297.96%	2.77%	4%
净利润的加权每股收益(元)	-0.5388	-1.6387		
净利润的加权净资产收益率	-167.38%	-89.43%		
扣除非经常损失后的净利润的加权净资产收益率	-162.35%	-88.86%		

3、报告期内股东权益变动情况 单位:人民币元

项目	期初数	本期增加	本期减少	期末数
股本	115,449,889	-	-	115,449,889
资本公积	199,247,157.27	39,416,686.23	-	238,663,843.50
法定盈余公积	10,814,973.28	-	-	10,814,973.28
其中:公益金	3,604,991.09	-	-	3,604,991.09
减:未确认投	-67,006,025.34	29,871,055.37	-	-96,877,080.71
资损失准备未分配利润	-195,,012,587.54		62,204,785.39	-257,217,372.93
股东权益合计	63,493,406.67	-	52,659,154.53	10,834,252.14

续上表:

项目	变动原因
股本	
资本公积	股东捐赠
法定盈余公积	
其中:公益金	
减:未确认投	亏损
资损失准备未分配利润	亏损
股东权益合计	亏损

三、股东情况介绍

1、截至2000年12月31日,公司股东总数为19075户。

2、前10名股东持股情况

股东名称	持股数量	持股比例(%)
①华立集团有限公司	33000000	28.58
②海南恒泰集团有限公司	22510423	19.50
③海南昌银投资开发有限公司	17409356	15.08
④海南银泰建设投资开发公司	3411075	2.95
⑤海南富华房地产开发公司长沙公司	2413497	2.09
⑥海南国信实业发展有限公司	1705538	1.48
⑦顾官顺	299400	0.26
⑧张华	170000	0.15
⑨许冬梅	165000	0.14
⑩宋海燕	145600	0.13

注:1)公司前10名股东之间未发现有关联关系

2)持有公司5%以上(含5%)股份的股东为华立集团有限公司、海南恒泰集团有限公司和海南昌银投资开发有限公司。海南恒泰集团有限公司原持有公司股份55,510,423股,其中33,000,000股(占总股本的28.58%)于2000年9月5日协议转让给华立集团有限公司。截止2000年12月31日,依据海南省高级人民法院2000琼高法执第12-3号和第12-5号民事裁定书,上海证券交易所对华立集团有限公司持有的33,000,000公司法人股予以锁定;海南恒泰集团有限公司持有的22,510,423公司法人股因为本公司流动资金贷款提供了质押担保,质押股票仍在上海证券交易所按质押合同规定锁定。

四、股东大会简介

报告期内公司共召开两次股东大会,具体情况如下:

(一)、公司1999年年度股东大会的通知、召集、召开情况

公司关于召开1999年年度股东大会的通知公告,刊登在2000年4月8日的《上海证券报》上。

2000年5月9日,公司在海口市泰华酒店召开1999年年度股东大会。会议审议通过了《一九九九年董事会工作报告》、《一九九九年监事会工作报告》、《一九九九年财务决算报告》、《一九九九年利润分配预案》、《董事变动议案》。有关决议公告刊登于2000年5月10日《上海证券报》。

会议同意贺志力先生、杨萍女士辞去董事职务,同时增补赵红月女士、石觉超先生为董事。

(二)、公司2000年临时股东大会的通知、召集、召开情况

公司关于召开2000年临时股东大会的通知公告,刊登在2000年9月15日的《上海证券报》上。

2000年10月15日,公司在海口市金银岛大酒店召开2000年临时股东大会。会议审议通过了《董事会换届选举议案》、《监事会换届选举议案》、《修改公司章程部分条款的议案》。有关决议公告刊登于2000年10月16日《上海证券报》。

会议选举李长盛、文德、汪诚、孙水坤、施继孝(独立董事)为第二届董事会董事,选举王金坤、金时文、杨德招为第二届监事会监事。

五、董事会报告

(一)、公司经营情况

1、公司所处的行业以及在本行业中的地位。

公司所属行业为食品加工业,主要从事芒果、西番莲等热带水果的种植、保鲜贮运、原浆及果汁饮料的综合开发和一体化经营。

公司一直致力于热带水果产业的综合开发,在全国主要热作产区和饮料市场形成了包括鲜果--保鲜--原浆--饮料--营销五大环节的产业化系统工程。芒果、西番莲产业化系统工程曾先后列为国家重点扶贫开发项目、绿色食品重点项目、全国光彩事业重点项目、全国贸工农一体化重点实施项目。公司生产的"园之梦"系列饮料同时获得了"绿色食品"和"国宴饮料"两项殊荣。"园之梦"芒果青皮、椰香、吕宋、黄玉、白玉、白象牙等六大品种九八年被评为海南省优质农产品称号。

但是,由于决策失误和经营不善,导致公司流动资金长期断流,债务纠纷和法律诉讼不断,2000年公司主业已基本全面陷入停顿状态。

2、公司主营业务的范围及其经营状况

公司主营业务为芒果和西番莲等热带水果的鲜果、原浆、饮料生产与销售。

2000年,公司受前期经营管理不善和决策失误的影响,加之99年出现重大亏损,致使公司融资能力丧失,流动资金继续长期断链,生产经营无法正常运转,形势急剧恶化,而区域气候影响又使得公司主要鲜果生产基地的生产经营基本陷入停顿状态。同时,2000年由于公司无力偿还大笔到期巨额债务,各主要债权人向人民法院提起诉讼,致使公司主要经营性资产被法院查封拍卖,饮料产品陷入停产状况,并导致大部分饮料产成品和半成品变质报废,给公司造成重大损失。2000年,公司主营业务收入26,978,753.55元,比上年度减少32,802,770.41元,其中鲜果销售收入5,166,927.53元,比上年度下降77.13%,饮料销售收入6,508,412.52元,比上年度下降66.97%,制罐收入8,197,898.04元,涂料收入7,105,515.46元,由于公司鲜果、饮料等主业销售收入大幅萎缩,致使制罐和涂料收入占销售收入比例增加。公司2000年主营业务利润-5,556,744.20元,利润总额-95,811,167.74元,经营业绩继续出现重大亏损。

3、在经营中出现的问题与困难及解决方案

2000年,公司主营业务的生产经营已基本全面陷入停顿状态,管理混乱,债务纠纷不断,各种费用支出高居不下,公司发展举步惟艰。针对这种现状,二届董事会将主要从以下几个方面着手解决公司目前所处的困境:

①全力解决公司目前所陷入的债务纠纷和法律诉讼问题,与各主要债权方进行谈判协商,争取绝大多数债权人对公司所处困境的理解,并支持对公司债务进行重组,以降低财务费用支出,改善资产负债比例。

②清理公司无效资产和不良资产,提高公司资产质量。

③规范企业管理,重建公司经营组织架构,结束管理混乱的局面。加强内部监督控制,大幅压缩各种无效费用开支。

④在完成对公司债务进行重组的前提下,积极协调配合大股东对公司的产业结构进行调整,力争年内完成资产重组工作,使公司发展早日步入正轨。

广 州 发 展 实 业 控 股 集 团 股 份 有 限 公 司

广州发展实业控股集团股份有限公司2000年年度报告摘要

本公司董事会保证本报告所载资料不存在任何虚假记载、误导性陈述或者重大遗漏,并对其内容的真实性、准确性和完整性负个别及连带责任。

公司年度财务会计报告已经广州羊城会计师事务所审计并出具无保留意见的审计报告。

一、公司简介

公司法定名称:广州发展实业控股集团股份有限公司

公司英文名称:Guangzhou Development Industry (Holdings) Co.,Ltd.("GZDIH")

公司法定代表人:杨丹地

公司董事会秘书:李红梅　联系地址:广州市麓景路3号18楼

联系电话:(020)83573188-1617　电子信箱:dshms@gzholdings.com

董事会证券事务代表:马洪伟　联系地址:广州市麓景路3号18楼

联系电话:(020)83573188-1417　电子信箱:sqdb@gzholdings.com

公司办公地址:广州市麓景路3号17-19楼　邮政编码:510091

公司网址:http://www.gzholdings.com　电子信箱:gzkg163@pub.guangzhou.gd.cn

选定的信息披露报纸名称:中国证券报、上海证券报、证券时报

年度报告指定披露网址:http://www.sse.com.cn

公司年度报告备置地点:本公司证券部

股票上市地点:上海证券交易所　股票简称:广州控股　股票代码:600098

二、会计数据和业务数据摘要

(一)本年度主要业务数据

项　目	金额(人民币元)
利润总额	1,209,472,780.76
净利润	882,549,759.29
扣除非经常性损益后的净利润	783,377,479.81
主营业务利润	1,459,586,690.99
其他业务利润	8,971,018.53
营业利润	1,108,152,094.28
投资收益	-24,407,481.43
补贴收入	126,024,806.30
营业外收支净额	-296,638.39
经营活动产生的现金流量净额	1,750,438,773.65
现金及现金等价物净增加额	1,094,436,497.78

注:所扣除的非经常性损益的项目、涉及金额如下:

补贴收入	126,024,806.30元
营业外收支净额	-296,638.39元
长期股权投资差额摊销	-26,555,888.43元

(二)近年主要会计数据和财务指标

项　目		2000年	1999年
主营业务收入(元)		3,459,174,406.70	2,441,243,998.16
净利润(元)		882,549,759.29	529,869,694.97
总资产(元)		8,251,024,485.46	7,355,019,030.43
股东权益(元)(不含少数股东权益)		4,255,111,782.39	2,933,740,603.79
每股收益(元)	(摊薄)	0.705	0.442
	(加权)	0.736	0.442
扣除非经常性损益后的每股收益(元)	(摊薄)	0.625	0.459
	(加权)	0.654	0.459
每股净资产(元)		3.40	2.45
调整后的每股净资产(元)		3.39	2.36
每股经营活动产生的现金流量净额(元)		1.40	0.954
净资产收益率(%)	(摊薄)	20.74	18.06
	(加权)	26.15	19.01

利润表附表如下:

报告期利润	净资产收益率(%)		每股收益(元/股)	
	全面摊薄	加权平均	全面摊薄	加权平均
主营业务利润	34.30	43.25	1.165	1.218
营业利润	26.04	32.83	0.885	0.924
净利润	20.74	26.15	0.705	0.736
扣除非经常性损益后的净利润	18.41	23.21	0.625	0.654

注1:以上数据和指标均按合并报表数计算。

(三)报告期内股东权益变动情况　单位:人民币元

项　目	股　本	资本公积	盈余公积	法定公益金	未分配利润	股东权益合计
期初数	1,198,800,000.00	644,054,110.86	212,484,973.94	70,828,324.64	878,401,518.99	2,933,740,603.79
本期增加	54,000,000.00	629,415,226.17	132,382,463.88	44,127,487.96	505,573,488.55	1,321,371,178.60
本期减少						
期末数	1,252,800,000.00	1,273,469,337.03	344,867,437.82	114,955,812.60	1,383,975,007.54	4,255,111,782.39

三、股本变动及股东情况

(一)股本变动情况

1、股份变动情况表

截止2000年12月31日,公司股份变动情况如下表:　单位数量:股

	本次变动前	本次变动增减(+、-)						本次变动后
		配股	送股	公积金转股	增发	其他	小计	
一、未上市流通股份								
1、发起人股份								
其中:国家持有股份	1,018,800,000							1,018,800,000
未上市流通股份合计	1,018,800,000							1,018,800,000
二、已上市流通股份								
1、人民币普通股	180,000,000	54,000,000					54,000,000	234,000,000
已上市流通股份合计	180,000,000	54,000,000					54,000,000	234,000,000
三、股份总数	1,198,800,000	54,000,000					54,000,000	1,252,800,000

2、股票发行与上市情况

(1)本公司于2000年7月4日召开2000年度第一次临时股东大会审议通过公司2000年度增资配股方案,经中国证监会广州证券监管办公室广州证监函[2000]177号文初审同意,并获中国证券监督管理委员会证监公司字[2000]183号文核准。本次配股以1999年12月31日本公司总股本119,880万股为基数,按每10股配3股的比例向全体股东配售股票,其中,广州发展集团有限公司作为唯一的国有法人股股东获国家财政部财管字[2000]257号文批准全部放弃配股权,向社会公众股股东配售5,400万股,每股配股价为人民币13元。配股缴款起止日期为2000年12月11日至2000年12月25日。本次获配的5,400万股社会公众股于2001年1月5日上市交易。

(2)2000年度增资配股后,本公司总股本从119,880万股增至125,280万股,其中国有法人股101,880万股,社会公众股23,400万股。

(3)本公司没有内部职工股。

(二)股东情况介绍

1、截止2000年12月31日,本公司股东人数87172人。

2、前十名股东持股情况

名　称	年末持股数(股)	占总股本比例(%)	备　注
广州发展集团有限公司	1,018,800,000	81.322	国有法人股
国信证券	4,630,389	0.370	
普惠基金	3,906,154	0.312	
舟山信托	2,303,231	0.184	
裕阳基金	2,018,357	0.161	
建总信托	1,324,000	0.106	
百业源	1,110,540	0.089	
华宝信托	1,073,931	0.086	
兴和基金	910,954	0.073	
汉鼎基金	780,066	0.062	

前十名股东中,国信证券是普惠基金的发起人。

其中持有本公司81.322%股份的广州发展集团有限公司所持股份没有变动,未将所持股份作质押、冻结。

3、持股10%以上的法人股东情况

名　称	持股数(股)	占总股本比例
广州发展集团有限公司	1,018,800,000	81.322%

广州发展集团有限公司法定代表人:杨丹地

该公司从事基础产业的开发投资。从事工业、商业及其它项目的投资和经营管理,从事有关市场投资、管理的咨询服务。批发和零售贸易。

4、报告期内本公司控股股东没有变更。

四、股东大会简介

(一)报告期内年度股东大会召开情况

本公司于2000年3月23日分别在《中国证券报》、《上海证券报》和《证券时报》上刊登了"广州发展实业控股集团股份有限公司第一届董事会第十九次会议决议暨关于召开1999年年度股东大会的公告",并于2000年4月28日上午在广州市环市东路339号广东国际大酒店三楼国际宴会厅召开1999年年度股东大会,出席会议的股东和股东代理人共29人,代表股数1,019,203,700股,占本公司总股本的85.019%。会议审议通过以下决议:

1、广州发展实业控股集团股份有限公司1999年度董事会工作报告;

2、广州发展实业控股集团股份有限公司1999年年度报告;

3、广州发展实业控股集团股份有限公司1999年度监事会工作报告;

4、广州发展实业控股集团股份有限公司1999年度利润分配方案;

5、广州发展实业控股集团股份有限公司1999年度财务决算报告;

6、广州发展实业控股集团股份有限公司2000年度财务预算方案;

7、关于聘任会计师事务所的议案;

8、关于同意伍强先生不再担任董事的议案;

9、选举产生广州发展实业控股集团股份有限公司第二届董事会;

10、选举产生广州发展实业控股集团股份有限公司第二届监事会;

11、关于修改《广州发展实业控股集团股份有限公司章程》的议案;

12、关于通过1999年度对董事、监事和对经营管理有贡献的管理人员奖励股票的议案。

1999年年度股东大会决议公告于2000年4月29日刊登在《中国证券报》、《上海证券报》、《证券时报》。

(二)报告期内临时股东大会召开情况

本公司于2000年5月19日分别在《中国证券报》、《上海证券报》和《证券时报》上刊登了"广州发展实业控股集团股份有限公司第一届董事会第二十二次会议决议暨关于召开2000年度第一次临时股东大会的董事会公告",并于2000年7月4日上午在广州市麓景路3号广州发展大厦4楼会议室召开2000年度第一次临时股东大会,出席会议的股东和股东代理人共21人,代表股数1,019,342,320股,占本公司总股本的85.03%。会议审议通过以下决议:

1、广州发展实业控股集团股份有限公司2000年度配股预案;

2、广州发展实业控股集团股份有限公司2000年度配股募集资金运用的可行性报告。

2000年度第一次临时股东大会决议公告于2000年7月5日刊登在《中国证券报》、《上海证券报》、《证券时报》。

(三)报告期内选举、更换公司董事、监事情况

本公司于2000年4月28日召开的1999年年度股东大会审议同意伍强先生由于工作调动原因从2000年4月28日起不再担任董事职务。会议选举杨丹地先生、唐学林先生、潘世泽先生、王章根先生、陈大卫先生、刘海涛先生、刘强文先生、梁正国先生、陈辉先生共九人担任本公司第二届董事会董事,任期从2000年7月9日起至2003年7月8日止;本公司职工代表选举的李星云先生和本次股东大会选举的胡应照先生、曾燕萍女士共三人组成第二届监事会监事,任期从2000年7月9日起至2003年7月8日止。

五、董事会报告

(一)公司经营情况

1、公司所处行业、经营范围及其经营状况

本公司主营业务从事能源、交通、通讯、城市公用事业等基础设施产业和信息产业等高新技术

领域的投资、开发、工程总承包、生产管理和经营。本年度本公司拓展以基础产业为中心的核心产业群建设，建立战略性资源产业，实现了新的飞跃，全年实现主营业务收入345,917.44万元，净利润88,254.98万元，分别比1999年增长41.70%和66.56%，是公司上市以来经营业绩最好的一年。

经过努力，公司形成了以能源、交通、通讯和信息网络产业为内容的核心产业群框架。目前公司拥有广州珠江电力有限公司(简称"珠电")50%股权和广州东方电力有限公司(简称"东电")75%股权，珠电和东电共拥有4台30万千瓦发电机组，总装机容量达120万千瓦，占广州市属发电装机容量的45.6%，是广州地区最大的电力生产企业，销售电量在广州地区排名第一位。拥有广州市北二环高速公路有限公司20%股权；全资拥有广州发展油品经营有限公司，负责油品装卸码头和油库的建设和经营。拥有广州宽带主干网络有限公司50%股权，该公司拥有的信息网络管道资源在广州市名列第二位；拥有广州联合信息发展有限公司50%股权和上海神通电信有限公司25%股权。

(1)电力产业取得突破性进展。2000年随着宏观经济环境改善和经济增长率提高，社会用电量快速增长。2000年6月5日广东省用电最高负荷达2,207万千瓦，出现了用电高峰期间多年未见的拉闸限电局面。广东省社会用电量达1,317.66亿千瓦时，比1999年增长21.3%，扭转了近几年广东用电需求相对不足局面，为电力增长提供了极为有利的条件。面对有利的外部环境，公司抓住电力供求状况变化这一重要契机，在1999年达到国家一流火力发电厂标准的基础上，巩固和发展"创一流"成果，强化规范化和流程化管理，全面提高管理水平，推进以提高设备的先进性、可靠性和经济性为主要内容的技术创新，共投入技改资金4,340万元，在安全生产、设备治理、节能降耗等方面成效显著。机组开机成功率在广东省电网处于最好水平，为发电量大幅增长奠定了坚实的基础。全年完成发电量61.81亿千瓦时，上网电量58.89亿千瓦时，分别比1999年增长37.66%、38.22%，电力销售收入251,382.93万元，比1999年增长30.76%，占主营业务收入的72.67%。从事电力相关产业经营的子公司专业管理水平和经营业绩也上了新台阶。

(2)基础设施产业投资和建设步伐加快。广州北二环高速公路项目2000年完成投资75,435万元，自1998年10月开工至2000年底已累计完成投资153,733万元，占计划总投资的57%。北二环高速公路主线总长38.4公里，已完成路段27.69公里，包括路基20.58公里，桥梁37座共6.62公里，其中大桥、特大桥已完成12座，双洞连拱隧道2座共490米；为保障项目建设的资金需要，广州市北二环高速公路有限公司(简称"北二环公司")董事会于2000年9月通过决议，将公司注册资本从27,000万元增至90,000万元，按工程建设进度分三期投入，本年度已完成首期增资27,000万元；截止2000年底，本公司累计投入资金11,800万元。本公司积极拓展码头和仓储业务，建设3万吨级油品装卸码头和10万立方米油库项目，2000年投资5,000万元，完成了油码头和油库工程施工图设计及工程概预算编制与审查，工程招标和报建等各项开工前期准备工作已基本完成。

(3)拓展信息基础网络产业。发展信息基础网络产业是本公司业务发展重点，并取得重大突破。本年度本公司与有关各方合作组建广州宽带主干网络有限公司(简称"宽带主干公司")，并于2000年12月受让广州华南通信有限公司22%股份，使本公司持到50%股权，本公司累计投资6,183万元。广州宽带主干光纤网络项目是广州市信息产业基础设施建设的重点工程，将建设成为广州市信息化的公共基础平台，增强广州作为全国信息网络骨干节点城市和国家互联网络交换中心的主枢纽地位。在项目建设方面，本年度已完成了项目总体设计和一期工程施工图设计。内环路光缆管槽工程作为一期主体工程进展顺利，通过采取自建、租、购方式整合现有管道资源，配合市区道路建设和改造进行集约式放管，减少开挖，降低建设成本，实施瓶颈地段优先发展策略，先后买断或拥有内环路、外环路、地铁、华南大桥、虎门大桥及通往珠江三角洲十一个路段的通信管道或建设权，初步占领了网络总体骨干的制高点，累计投入工程资金6,009万元，完成管道路由272.5公里，管孔1,080公里，拥有信息管道资源在广州市居第二位。在市场开拓方面，以大客户为重点，以专业网和接入网为两翼，共签订了20多份合作协议；与南海市签订了城域宽带网络互联协议；与广州市信息中心、广州市卫生局、广州市社保局等政府部门签订了有关政府专网建设与接入协议；与中科院计算技术研究所等有关科研机构签订了有关技术合作与开发协议；与中国联通广东分公司、吉通广东分公司、广东新长城移动通信公司、广东有线广播电视台、广州市广播电视局等电信及广电运营商签订了有关网络资源共享与数据业务合作协议；与长城宽带公司、广州城建集团名特网络公司等社区网络运营商签订了社区网络接入协议。到2000年底，与中国网通、新长城CDMA建设公司、广州移动通信等签订了约7,100多万元管网使用合同。此外，宽带主干公司已获得信息产业部批准颁发的在全国14个主要城市开展ISP业务的经营许可证和广东省电信管理局批准颁发的广州地区ISP经营许可证。

(4)开展资本市场融资工作。为满足公司业务发展的资金需求，本年度本公司成功实施增资配股5,400万股，共募集资金70,200万元，扣除各项发行费用后，实际募集资金68,316万元，为公司的项目投资和建设提供了资金保障。

2、公司主要全资附属企业及控股子公司经营情况及业绩

(1)广州珠江电力有限公司和广州东方电力有限公司

本公司分别持有珠电和东电各50%和75%股权。珠电和东电以安全生产和经济效益为中心，强化安全生产管理和成本控制，开展技术创新，加强贯彻ISO9002质量标准和MIS建设工作，2000年9月通过了广东省质量体系认证中心与英国摩迪公司两家国内外认证机构的联合审核，成为广东省第一家通过国际、国内质量体系认证的火力发电企业。各项主要技术经济指标全面提高，供电标煤耗比1999年下降2.2%，厂用电率比1999年下降0.39个百分点，油耗率比1999年下降32%，补水率比1999年下降0.28个百分点，年度平均泄露率为0.163‰。

(2)广州珠江电力燃料有限公司

该公司为本公司的全资子公司，负责燃煤供应和经营业务。该公司提高管理规范化和科学化水平，拓宽低硫煤炭资源供应渠道，在电厂发电用煤量大幅增长的情况下，按时保质保量完成电厂燃煤供应任务。在煤炭自营业务中，该公司立足市场，提高了市场占有率，自营煤炭销售量比1999年增长200%。该公司全年共供应和销售煤炭310万吨，比上年增长50%；销售收入为85,811.60万元，比上年增长98.36%；净利润为4,488.34万元，比上年增长103.11%。

(3)广州珠江电力检修有限公司

该公司为本公司的全资子公司，主要为珠电和东电提供配套检修服务。该公司建立了规范、科学的业务流程管理体系，在检修工作中认真贯彻ISO9002标准，加大设备治理和技术攻关力度，高标准完成#4机组大修，解决了机组真空严密性和汽机轴系振动等问题，机组的可靠性和经济性显著提高，大、小修后机组均一次启动成功。电厂设备消缺及时率达100%，实现了全年安全生产零事故目标，为电厂持续高负荷安全运行提供了有力保障。

(4)广州珠江电力物资有限公司

该公司为本公司的全资子公司，主要为珠电和东电提供物资采购服务。该公司进一步规范采购业务流程，加强物资采购管理，压缩库存，改善库存结构，建立稳定长期的供货渠道。全年共完成物资供应8,300项，采购金额4,150万元，保证了电厂生产、检修的物资供应。

(5)广州宽带主干网络有限公司

本公司目前持有该公司50%股权。该公司负责建设和经营的广州宽带主干光纤网络项目是广州市信息产业基础设施建设的重点工程，在项目建设和市场开拓方面均取得突破性进展。

(6)广州联合信息发展有限公司

本公司持有该公司50%股权。一年来该公司以通信项目经营与开发为中心，加强内部管理，稳定GSM经营项目，全年实现经营收入8,892万元，净利润1,284万元。

(7)广州发展油品经营有限公司

该公司为本公司的全资子公司。该公司负责建设和经营的油品装卸码头和油库项目已完成了油码头和油库工程施工图设计及工程概预算编制与审查，工程招标和报建等各项开工前期准备工作正在全面展开。

3、在经营中出现的问题与困难及解决方案

(1)本年度随着经济增长率提高和社会用电量增加，几年来困扰广东地区电力需求不足的状况发生逆转。面对这一新情况，本公司电力产业在前几年"创一流"的基础上，加强电厂生产管理和设备维护，对电厂设备进行安全评价和整改，合理安排电厂大小修，保证机组运行处于安全状态，为发电高峰期机组安全运行和满发提供了坚实基础。

(2)本年度是本公司向新的基础产业领域全面拓展的一年，投资项目建设任务繁重，本公司通过加强项目投资管理、对项目建设进行公开招标、聘请监理公司对工程建设进行监理等方法缩短建设工期、降低工程造价，努力提高投资效益。

(二)公司财务状况

1、财务状况分析

项　目	2000年	1999年	增减比例(%)
总资产	8,251,024,485.46	7,355,019,030.43	12.18
长期负债	1,227,085,101.80	1,827,262,483.66	-32.85
股东权益	4,255,111,782.39	2,933,740,603.79	45.04
主营业务利润	1,459,586,690.99	1,130,744,646.62	29.08
净利润	882,549,759.29	529,869,694.97	66.56

(1)总资产增加12.18%，主要是本年度公司实施配股及未分配利润增加导致资产增加，而偿还债务导致资产减少所致；

(2)长期负债减少32.85%，主要是偿还到期借款所致；

(3)股东权益增长45.04%，主要是本年度公司实施配股、新增利润及利润分配所致；

(4)主营业务利润增长29.08%，净利润增长66.56%，主要是销售电量增加引起售电收入增加，燃料销售收入增加，增值税退税收入以及财务费用下降所致。

2、广州羊城会计师事务所有限公司为本公司出具了无保留意见的审计报告。

(三)公司投资情况

本年度本公司完成投资36,409万元，比上年增加18,609万元，增幅为104.5%。投资项目如下：

公司名称	主要经营活动	所占股比
广州东方电力有限公司	电力生产经营	75%
广州市北二环高速公路有限公司	投资、建设和经营管理北二环高速公路	20%
广州宽带主干网络有限公司	建设和经营广州城域主干光纤网络项目	50%
上海神通电信有限公司	信息、网络增值业务和电信业务	25%
广州发展油品经营有限公司	建设和经营油品装卸码头和油库项目	100%

1、募集资金使用情况

本公司严格按照《配股说明书》中募集资金的投向要求按投资计划投入使用，具体见下表：

单位：万元

承诺投资项目	承诺投资金额	实际投资项目	本年度投资金额	累计投资金额
广州东方电力有限公司	11,400	广州东方电力有限公司	11,400	11,400
广州市北二环高速公路有限公司	19,000	广州市北二环高速公路有限公司	11,800	11,800
广州宽带主干网络有限公司	2,520	广州宽带主干网络有限公司	2,520	2,520
上海神通电信有限公司	2,026	上海神通电信有限公司	2,026	2,026
广州发展油品经营有限公司	19,500	广州发展油品经营有限公司	5,000	5,000
补充流动资金	13,870	补充流动资金	0	0
合　计	68,316	合　计	32,746	32,746

(1)广州东方电力有限公司自投产以来取得了良好的经济效益，2000年生产经营实现利润46,647.6万元。

(2)广州市北二环高速公路有限公司负责建设经营的广州北二环高速公路项目自1998年10月开工至2000年底累计完成投资153,733万元，占计划总投资的57%，计划2001年10月份全线建成通车。本公司预计在该项目投资内部收益率16.75%。

(3)广州宽带主干网络有限公司负责建设经营的广州城域主干光纤网络项目首期工程截止2000年底累计完成投资6,009万元，完成管道路由272.5公里，计划2001年建成投入使用。预计该项目投资内部收益率52%。

(4)上海神通电信有限公司重点开展卫星通讯、电子商务、ISP和网络语音、数据、图像综合服务等，2000年实现业务收入3,616.6万元。

(5)广州发展油品经营有限公司负责建设经营的油品装卸码头和油库项目正在开展各项开工前期准备工作，该项目预计于2002年建成投产。该项目的建设将为本公司建成面向珠江三角洲的石油产品物流中心打下基础，具有明显的经济效益和社会效益，预计项目投资内部收益率12.25%。

尚未使用的募集资金将按《配股说明书》的安排计划在2001年和2002年投入使用。

2、其他投资情况

受让广州华南通信有限公司(简称"华南通信公司")持有的广州宽带主干网络有限公司22%股权。本公司于2000年12月15日召开第二届董事会第四次会议审议通过本公司属下广州发展信息产业投资管理有限公司(简称"广控信息公司")受让华南通信公司持有的宽带主干公司22%股权，受让价格为3.663万元人民币。宽带主干公司于2001年1月8日召开临时股东会，通过该项股份转让事宜。本次受让后，广控信息公司共持有宽带主干公司50%股权。

(四)重大经营环境、宏观政策、法规的变化对公司的影响

1、本年度广东省经济快速增长，导致电力需求迅速增加，出现阶段性电力供不应求状况。此外，随着国内外油品市场价格不断上涨，广东省内占很大比例的燃油发电机组因成本急剧上升而减少发电量，形成了有利于发挥本公司高效率、低成本大型机组生产能力的条件。本公司抓住这一有利时机，加强电力生产设备管理和安全运行，做到稳发多供，本年度发电机组利用小时数达5,151小时，创历史最高水平。

2、随着国家和广东省电力体制改革的进一步深化，"厂网分开，竞价上网"的逐步推行，本公司电力产业面临机遇和挑战，因此电力产业将在安全生产的前提下，不断提高机组运行的可靠性和经济性，降低生产成本，增强电力产业的竞争力。

(五)新年度业务发展计划

经过近几年稳健经营，公司整体资产素质显著提高，资本盈利能力和扩张能力日益增强，培养出拥有丰富经营管理和资本运营经验的精干队伍，构建了大发展的产业基础。面对21世纪新的发展形势，公司将审时度势，推行核心产业群发展战略，迎接新挑战，实现大发展。

1、保持电力产业持续增长

电力产业将适应新形势发展要求，继续保持产业优势。据有关方面预测，随着经济和社会用电量的继续增长，广东省2001年的最高负荷将比2000年增加250万千瓦，全省供电形势将面临新的考验。宏观环境为电力产业发展提供了有利条件，本公司电力产业在2001年仍将继续保持增长。为保证发电机组安全运行满发，公司将加大技术改造力度，全面提高电力生产自动化水平，围绕机组安全运行、提高发电效率及改善环境质量等方面进行三年滚动式技术改造。2001年完成#1机组机炉电一体化自动控制系统改造，建立覆盖整个电力产业的MIS管理系统；在贯彻ISO9002标准的基础上，推行ISO14000环境管理标准和ISO18000安全管理标准认证工作，促使电力生产管理水平全面达到国际一流标准；加强设备日常维护，确实保障机组在高峰期实现安全满发。确保电厂低硫燃煤的优质和均衡供应，做好负荷高峰期间的煤炭合理储备和调度工作，并继续加大自营煤炭业务市场开拓力度，争取自营煤炭销售量比上年大幅度增加。严格检修业务流程管理，实现对电厂设备的状态检修。进一步加强物资采购管理，优化库存结构。在电力体制实行"厂网分开，竞价上网"的改革过程中抓住机遇，通过投资、购并等手段扩大电力产业规模。

2、推进基础设施建设

继续加强对北二环项目的投资管理。完成北二环公司增资计划，使公司注册资本增至90,000万元，本公司2001年计划增资7,200万元。北二环项目2001年计划完成工程量10亿元，工作重点

是抓质量、促进度，通过加强施工管理和严格工程监理，保证工程建设进度和质量，控制工程造价，确保全长38.4公里的北二环高速公路在10月份全国"九运会"前建成通车。油码头及油库项目将尽快完成开工报批和工程招标，争取上半年全面开工，全年计划投资15,000万元。利用现有煤码头、煤场及正在建设的油码头及油库，将其建设成为面向珠江三角洲的煤炭、油品等重要物资的物流中心，成为公司新的利润增长点。努力开拓新的基础设施投资领域。

3、加快信息基础网络产业发展

宽带主干网络项目被列为广州市2001年十四项重点建设项目之一。宽带主干网络项目一期工程总投资1.99亿元，计划2001年4月份完工，建成以内环路及其放射线、广州市主要交通干线为主体的总长约500多公里通信管网，共26个节点，并在内环路以及东西、南北向的主干道铺设总长约200公里光缆(其中：48芯G655光缆100公里，96芯G652光缆100公里)；配有传输系统、铷原子钟系统、计费系统及网管中心。为加快一期工程建设，宽带主干网络公司注册资本将从9,000万元增加到15,000万元，本公司相应增加资本金投入3,000万元。滚动启动二期工程，计划2001年4月份启动，2002年上半年建成。二期工程目标是建设以外环路为核心主干的总长约830公里的通信管网和总长约300公里的光缆，建设40个节点，加快启动无线接入总平台，实行有线传输与无线接入互连，提供主干为10G和无线接入为2M-155M的带宽服务，基本覆盖广州主要商业区、住宅区和业务需求区共约300平方公里，并与珠江三角洲主要城市实现网络互联。二期工程完工后，可提供电信、电视、数据运营所需的管道、光纤、电路、带宽服务，满足广州市主要重点客户的主干接入。2001年度宽带主干网络公司计划完成经营收入10,000万元，实现当年投产当年盈利。

联信公司在巩固GSM业务基础上，努力开拓网络新业务，尽快形成新增长点。神通公司将重点发展卫星通信业务和网络增值服务，积极承揽通信信息网络建设工程，扩大经营收入。

(六)董事会日常工作情况

1、报告期内董事会的会议情况及决议内容

本年度本公司第一届董事会共召开8次会议，第二届董事会共召开5次会议，具体情况如下：

(1)第一届董事会第十五次会议于2000年1月14日召开，审议通过以下决议：

关于同意伍强先生不再担任广州发展实业控股集团股份有限公司执行董事的决议。

(2)第一届董事会第十六次会议于2000年2月3日召开，审议通过以下决议：

关于通过《广州发展实业控股集团股份有限公司坏帐及资产损失处理的管理规定》的决议；

关于同意建立经营者股票长期激励制度的决议。

(3)第一届董事会第十七次会议于2000年2月25日召开，审议通过以下决议：

关于同意属下广州发展信息产业投资管理有限公司投资上海神通电信有限公司的决议。

(4)第一届董事会第十八次会议于2000年3月5日召开，审议通过以下决议：

关于同意属下广州发展信息产业投资管理有限公司投资广州宽带信息网络有限公司的决议。

(5)第一届董事会第十九次会议于2000年3月21日召开，审议通过以下决议：

关于通过《广州发展实业控股集团股份有限公司1999年度董事会工作报告》的决议；

关于通过《广州发展实业控股集团股份有限公司1999年年度报告》的决议；

关于通过《关于计提1999年度坏帐及资产损失准备的报告》的决议；

关于通过1999年度利润分配方案的决议；

关于通过《广州发展实业控股集团股份有限公司1999年度财务决算报告》的决议；

关于通过《广州发展实业控股集团股份有限公司2000年度财务预算方案》的决议；

关于聘任会计师事务所的决议；

关于同意伍强先生不再担任董事的决议；

关于通过广州发展实业控股集团股份有限公司第二届董事会董事候选人名单的决议；

关于修改《广州发展实业控股集团股份有限公司章程》的决议；

关于通过1999年度对董事、监事和对经营管理有贡献的管理人员奖励股票方案的决议；

关于召开1999年年度股东大会的决议。

(6)第一届董事会第二十次会议于2000年4月25日召开，审议通过以下决议：

关于同意属下广州发展信息产业投资管理有限公司增加注册资本并注入本公司持有的广州市联合信息总公司50%股份的决议。

(7)第一届董事会第二十一次会议于2000年5月15日召开，审议通过以下决议：

关于通过《广州发展实业控股集团股份有限公司股票激励制度管理办法》的决议；

关于同意投资建设油品装卸码头及油库的决议；

关于同意属下广州发展基础设施投资管理有限公司向广州北二环高速公路有限公司增加注册资本的决议。

(8)第一届董事会第二十二次会议于2000年5月17日召开，审议通过以下决议：

关于通过《广州发展实业控股集团股份有限公司前次募集资金使用情况的说明》的决议；

关于通过《广州发展实业控股集团股份有限公司2000年度配股预案》的决议；

关于通过《广州发展实业控股集团股份有限公司2000年度配股募集资金运用的可行性报告》的决议；

关于召开2000年度第一次临时股东大会的决议。

(9)第二届董事会第一次会议于2000年5月10日召开，审议通过以下决议：

关于选举广州发展实业控股集团股份有限公司第二届董事会董事长的决议；

关于选举广州发展实业控股集团股份有限公司第二届董事会副董事长的决议；

关于选举广州发展实业控股集团股份有限公司第二届董事会执行董事的决议。

(10)第二届董事会第二次会议于2000年7月25日召开，审议通过以下决议：

关于通过《广州发展实业控股集团股份有限公司2000年度中期报告》的决议；

关于通过《广州发展实业控股集团股份有限公司2000年度中期报告摘要》的决议；

关于通过广州发展实业控股集团股份有限公司2000年度中期利润分配方案的决议；

关于同意委任马洪伟先生为第二届董事会证券事务代表的决议。

(11)第二届董事会第三次会议于2000年11月10日召开，审议通过以下决议：

关于广州发展实业控股集团股份有限公司确定2000年度配股价格专项说明的董事会决议。

(12)第二届董事会第四次会议于2000年12月15日召开，审议通过以下决议：

关于同意属下广州发展信息产业投资管理有限公司受让广州宽带主干网络有限公司22%股权的决议。

(13)第二届董事会第五次会议于2000年12月18日召开，审议通过以下决议：

关于广州发展实业控股集团股份有限公司下达执行实施《广州发展实业控股集团股份有限公司工程招标管理规定》(2000年11月修订本)的董事会决议；

广州发展实业控股集团股份有限公司关于调整职工工资和职级的董事会决议。

2、董事会对股东大会决议的执行情况

(1)利润分配方案执行情况

本公司于2000年4月28日召开的1999年年度股东大会审议通过了利润分配方案：按1999年底总股本11.988亿股为基数，每10股派1元现金红利(含税)。董事会根据股东大会授权于2000年5月12日刊登了实施1999年度利润分配的公告，并于2000年5月19日实施利润分配。

(2)配股执行情况

本公司于2000年7月4日召开2000年度第一次临时股东大会审议通过2000年度增资配股方案，经中国证监会广州证券监管办公室广州证监函[2000]177号文初审同意，并获中国证监会证监公司字[2000]183号文核准。董事会于2000年11月25日在《中国证券报》、《上海证券报》、《证券时报》上刊登了《配股说明书》。本次配股以1999年12月31日本公司总股本119,880万股为基数，按每10股配3股的比例向全体股东配售股票，其中，广州发展集团有限公司作为唯一的国有法人股股东全部放弃配股权(获国家财政部财管字[2000]257号文批准)，向社会公众股股东配售5,400万股，每股配股价为人民币13元。配股缴款起止日期为2000年12月11日至2000年12月25日。本次获配的5,400万股社会公众股于2001年1月5日上市交易。

(七)公司管理层及员工情况

1、董事、监事、高级管理人员

(1)现任董事、监事、高级管理人员的姓名、性别、年龄、任期、持股数情况、年度报酬情况

姓名	性别	年龄	职务	任期	年初持股(股)	增减变动(股)	年末持股(股)
杨丹地	男	48	董事长	2000.7.9-2003.7.8	36,000	39,920	75,920
唐学林	男	55	副董事长	2000.7.9-2003.7.8	36,000	36,826	72,826
潘世泽	男	59	执行董事	2000.7.9-2003.7.8	32,400	33,120	65,520
王章根	男	54	执行董事	2000.7.9-2003.7.8	0	21,060	21,060
陈大卫	男	53	执行董事	2000.7.9-2003.7.8	32,400	16,400	48,800
刘海涛	男	45	董事 行政总裁	2000.7.9-2003.7.8	27,000	27,600	54,600
刘强文	男	52	董事、行政副总裁	2000.7.9-2003.7.8	27,000	25,520	52,520
梁正国	男	48	董事、行政副总裁	2 000.7.9-2003.7.8	36,000	29,520	65,520
陈　辉	男	35	董事	2000.7.9-2003.7.8	3,000	13,900	16,900
李星云	男	50	监事会召集人	2000.7.9-2003.7.8	27,000	28,900	55,900
胡应照	男	49	监事	2000.7.9-2003.7.8	27,000	21,100	48,100
曾燕萍	女	42	监事	2000.7.9-2003.7.8	28,800	19,040	47,840
戴加火	男	39	财务总监	1999.7.30-2002.7.30	2,000	13,600	15,600
李红梅	女	36	董事会秘书	1999.7.30-2002.7.30	1,000	13,300	14,300

说明：

①本年度本公司董事、监事、高级管理人员所持本公司股份增加的原因是受公司奖励股票和参与本年度配股。

②本年度本公司董事、监事、高级管理人员年度报酬数额区间：9-13万元，6人；7-9万元，3人；5-6万元，5人。

(2)报告期内离任董事姓名及离任原因

本报告期内伍强先生由于工作调动原因不再担任本公司董事。

(3)本年度本公司没有聘任或解聘公司经理、董事会秘书情况。

2、公司员工情况

截止2000年12月31日，本公司共有正式职工1,354人，其中生产人员813人，销售人员30人，技术人员129人，财务人员72人，行政人员218人，辅助人员92人。在全体员工中，研究生和相当研究生学历65人，大学本科学历195人，大专学历125人，中专、中技学历688人，高中及以下281人。此外，本公司有离退休人员36人。

(八)本次利润分配、资本公积金转增股本预案，预计公司2001年度利润分配政策

本公司2000年实现净利润882,549,759.29元，按10%比例提取法定盈余公积金88,254,975.92元，按5%比例提取法定公益金44,127,487.96元，结转上年度未分配利润802,935,712.13元，可供股东分配利润1,553,103,007.54元。按2000年底股本1,252,800,000股为基数，拟每10股派1.35元现金红利(含税)，共派现金红利169,128,000.00元。派送现金红利后剩余未分配利润为1,383,975,007.54元，结转2001年度，将全部用于公司资本运作及经营发展需要。公司本年度不实施资本公积金转增股本。

本公司预计2001年度利润分配政策拟至少进行一次利润分配，2001年度实现的净利润用于利润分配的比例不低于30%，利润分配将采取现金红利形式。

(九)其他报告事项

本公司选定的信息披露报刊是《中国证券报》、《上海证券报》、《证券时报》。

六、监事会报告

本公司于2001年3月13日在公司会议室召开了2000年度监事会会议，对2000年度监事会工作进行了总结。

本年度公司监事会共召开3次会议。

1、第一届监事会第五次会议于2000年3月21日召开，审议通过以下决议：

关于通过《广州发展实业控股集团股份有限公司2000年度监事会工作报告》的决议；

关于通过广州发展实业控股集团股份有限公司第二届监事会监事候选人名单的决议。

2、第二届监事会第一次会议于2000年5月10日召开，审议通过以下决议：

关于选举广州发展实业控股集团股份有限公司第二届监事会召集人的决议。

3、第二届监事会第二次会议于2000年7月25日召开，审议通过以下决议：

关于通过《广州发展实业控股集团股份有限公司2000年度中期报告》及《广州发展实业控股集团股份有限公司2000年度中期报告摘要》的决议。

此外，本年度监事会还列席了各次董事会会议。

本年度公司监事会严格按照《公司法》和公司章程赋予的职责，从公司发展和维护全体股东合法权益出发，认真履行了监事会职能，对公司的经营和董事会、经营班子依法运作进行了有效的监督，监事会认为：

1、一年来公司董事会和经营班子能严格按照《公司法》、《证券法》及公司章程规范运作，决策程序符合公司章程的有关规定。建立并完善了公司内部控制制度、信息披露工作台实规范。公司董事和高级管理人员在履行公司职务时能尽职尽责、廉洁自律、遵纪守法，未发现有违反法律、法规、公司章程或损害公司利益的行为。

2、监事会认真检查了公司资产、财务状况和会计资料，核查了董事会拟提交股东大会的财务报告，认为本年度经广州羊城会计师事务所审计的公司财务报告真实反映了公司的财务状况和经营成果。

3、本年度公司募集资金实际投入项目和承诺投入项目一致。

4、监事会对本年度公司收购资产的交易行为及价格进行了审查，未发现内幕交易，无损害部分股东权益或造成公司资产流失的行为。

5、监事会认为公司本年度有关关联交易合法、公平、公正，没有发生损害公司利益的情况。

6、广州羊城会计师事务所为本公司出具了无保留意见的审计报告。

七、重要事项

(一)本年度公司无重大诉讼、仲裁事项。

(二)本年度没有发生公司、公司董事及高级管理人员受监管部门处罚的情况。

(三)本公司2000年4月28日召开的1999年年度股东大会选举产生了第二届董事会，选举杨丹地先生、唐学林先生、潘世泽先生、王章根先生、陈大卫先生、刘海涛先生、刘强文先生、梁正国先生、陈辉先生共九人担任本公司第二届董事会董事，任期从2000年7月9日起至2003年7月8日止。该事项于2000年4月29日刊登在《中国证券报》、《上海证券报》和《证券时报》。

(四)本报告期内本公司收购资产事项简介

本公司于2000年12月15日召开第二届董事会第四次会议审议通过了本公司属下广州发展信息产业投资管理有限公司(简称"广控信息公司")受让华南通信公司持有的宽带主干公司22%股权，受让价格为3,663万元人民币。本次受让后，广控信息公司共持有宽带主干公司50%股权。该事项于2000年12月18日刊登在《中国证券报》、《上海证券报》和《证券时报》。

(五)重大关联交易事项说明

本公司关联交易均按市场原则确定交易价格，详细情况见"会计报表附注"。

（六）与控股股东在人员、资产、财务上的“三分开”情况说明

本公司与控股股东实行人员、资产、财务“三分开”，在经营上做到人员独立、资产完整、财务独立。

1、在人员方面，本公司在劳动、人事及工资管理等方面独立；经理、副经理等高级管理人员在本公司领取薪酬，没有在控股股东单位担任经理、副经理等高级管理职务。

2、在资产方面，本公司拥有独立的生产系统、辅助生产系统和配套设施；拥有独立的工业产权、商标、非专利技术等无形资产；拥有独立的采购和销售系统。

3、在财务方面，设立有独立的财会部门，并建立了独立的会计核算体系和财务管理制度；独立在银行开户。

（七）本年度本公司无托管、承包、租赁其他公司资产或其他公司托管、承包、租赁本公司资产的事项。

（八）本年度本公司聘请的会计师事务所未有改变，仍为广州羊城会计师事务所。

（九）本年度本公司未签订其他重大合同。

（十）本年度本公司无更改名称或股票简称的情况

（十一）本年度本公司与本公司控股股东没有承诺事项。

八、财务会计报告

（一）审计报告

审计报告

(2001)羊查字第7495号

广州发展实业控股集团股份有限公司全体股东：

我们接受贵公司的委托，对贵公司提供的二零零零年十二月三十一日的合并及公司资产负债表和截至该日止的本年度合并及公司利润表、合并及公司利润分配表及合并及公司现金流量表(详见后附报表一至三)进行了审计。这些会计报表由贵公司负责，我们的责任是根据审计的结果，对这些会计报表表示意见。我们的审计是依据《中国注册会计师独立审计准则》进行的。在审计过程中，我们结合贵公司的实际情况，实施了包括抽查会计记录等我们认为必要的审计程序。

我们认为，上述会计报表符合《企业会计准则》和《股份有限公司会计制度》的有关规定，在所有重大方面公允地反映了贵公司二零零零年十二月三十一日的财务状况及二零零零年度的经营成果和现金流量情况，会计处理方法的选用遵循了一贯性原则。

广州羊城会计师事务所有限公司　　中国注册会计师　陈雄溢

中国·广州　　中国注册会计师　潘冬梅

二〇〇一年三月十三日

（二）会计报表(附后)

（三）会计报表附注

一、公司简介：

广州发展实业控股集团股份有限公司是由原国有独资的广州电力企业集团有限公司独家发起，整体改组后向社会公开募集人民币普通股设立的股份有限公司。

本公司于一九九七年六月二十三日经中国证券监督管理委员会批准发行人民币普通股A股1亿股，并于一九九七年七月十一日募集成功并设立，一九九七年七月十八日正式在上海证券交易所挂牌上市。

本公司二〇〇〇年十一月二十三日经中国证券监督委员会证监公司字[2000]183号文批准，向社会公众股股东配售5400万股普通股，并于二〇〇〇年十二月二十五日完成配售。

本公司下属有广州珠江电力燃料有限公司(简称“燃料公司”)、广州珠江电力物资有限公司、广州珠江电力检修有限公司、广州金源电力有限公司、广州原实投资管理有限公司、广州原电管理有限公司、广州发展基础设施投资管理有限公司(简称“基础设施公司”)、广州发展信息产业投资管理有限公司(简称“信息产业公司”)、广州发展资产管理有限公司、广州发展油品经营有限公司(二〇〇〇年八月十五日设立)等10家全资子公司及广州珠江电力有限公司(简称“珠电公司”)、广州东方电力有限公司(简称“东电公司”)、广州联合信息发展有限公司(简称“广州联信公司”)等3家控股公司。

本公司的主营业务是：从事能源、通讯、交通、城市公用事业等基础设施产业的投资、建设、经营及管理。电力产业项目设计、投资及工程总承包建设、生产、管理。本公司拥有的电力项目总装机容量达120万千瓦，年售电能力可达60亿千瓦时以上。

二、主要会计政策、会计估计和合并报表的编制方法：

（一）会计制度

本公司执行《股份有限公司会计制度》。

中外合资经营企业执行《中华人民共和国外商投资企业会计制度》。本公司在合并报表时，已按《股份有限公司会计制度》对其会计报表进行了必要的调整。

（二）会计年度

本公司以每年一月一日起至十二月三十一日为一个会计年度。

（三）记账本位币

本公司以人民币为记账本位币。

（四）记账基础和计价原则

本公司以权责发生制原则为记账基础，按实际成本为计价原则。

（五）外币业务核算方法

本公司发生外币业务时，按业务发生时的市场汇率折合人民币记账；月份终了，有关外币账户的外币余额按照月末市场汇率折合人民币，差额作为汇兑损益，列作当期财务费用。

（六）现金等价物的确定标准

现金包括库存现金、银行存款和现金等价物，现金等价物指在3个月或更短时间内即到期或可转换为现金的投资。

三、税项：

本公司应纳税项如下：

1、增值税

本公司售电收入、销售收入销项税额按增值税税率17%(煤按13%)确定。进项税额：煤按13%，柴油及备品备件等按17%，运输费按7%确定，并以增值税专用发票确定的税额作为抵扣依据。

2、营业税

电信业务收入按收入额的5%计缴营业税；

管理费、租金等按收入额的5%计缴营业税；

利息收入按收入额的8%计缴营业税。

3、企业所得税

本公司经广州市人民政府“穗府函[1999]166号文”批准，二OOO年度继续按15%的税率计缴企业所得税。

九、或有事项：

截止二〇〇〇年十二月三十一日止本公司无重大或有负债和损失。

十、承诺事项：

截止二〇〇〇年十二月三十一日止本公司无对外担保、重大财务承诺。

十一、资产负债表日后事项：

2001年1月8日，广州宽带主干网络有限公司(以下简称“宽带主干公司)召开临时股东会，通过了信息产业公司受让广州华南通信投资有限公司(以下简称“华南通信公司”)在宽带主干公司22%股份决议。1月15日，信息产业公司支付了华南通信公司最后一期股权转让款1000万元。至此，信息产业公司持有的宽带主干公司股份已达到50%。

十二、其他重要事项说明：

1、增资配股情况

本公司于2000年7月4日召开2000年度第一次临时股东大会审议通过公司2000年度增资配股方案，经中国证监会广州证券监管办公室广州证监函[2000]177号文初审同意，并获中国证券监督管理委员会证监公司字[2000]183号文核准，本公司于2000年12月11日至12月25日向社会公众股股东配售5400万股，每股配股价格为人民币13元，配股后，本公司的股份总数增加至125,280万股，其中国有法人股101,880万股，社会公众股23,400万股。本次配股共募集资金702,000,000.00元，扣除承销费、律师费、审计费等18,840,586.33元，实际募集资金683,159,413.67元，其中计入股本54,000,000.00元，计入资本公积629,159,413.67元，所募集资金已全部到位，并经广州羊城会计师事务所有限公司出具(2000)羊验字4248号验资报告。

2、募集资金使用情况

本次募集的资金按“配股说明书”的用途，已部分投入使用，具体使用情况如下：

(1)广州金源电力有限公司收购香港越秀所持的东电公司10%股权，已投入11,400万元(该股权收购已于1999年以银行贷款支付)。

(2)基础设施公司投资广州市北二环高速公路有限公司20%股权，已投入11,800万元。

(3)广州宽带主干网络有限公司城域主干光纤网络项目，已投入2,520万元。

(4)上海神通电信有限公司项目，已投入2,026万元。

(5)广州发展油品经营有限公司油码头及油库项目，已投入5,000万元。

3、信息产业公司增加对广州宽带主干网络有限公司股权投资的情况

2000年12月15日，信息产业公司与华南通信公司签订《广州宽带主干网络有限公司股权转让协议》，受让华南通信公司持有的宽带主干公司22%的股权，转让价格为人民币3,663万元，该协议待经宽带主干公司股东会通过后即生效。信息产业公司已于2000年12月底支付2,663万元股权转让款。

九、公司的其他有关资料

（一）公司首次注册登记日期：1997年7月11日

注册地点：广州市麓景路3号17-19楼

公司变更注册登记日期：2000年12月26日

注册地点：广州市麓景路3号17-19楼

（二）企业法人营业执照注册号码：23124317-3

（三）税务登记号码：地税：440100231243173

国税：440101231243173

（四）公司未流通股票的托管机构名称：上海证券中央登记结算公司

（五）公司报告期内证券主承销机构名称：国信证券有限公司

（六）公司聘请的会计师事务所名称：广州羊城会计师事务所有限公司

办公地点：广州市东风中路健力宝大厦25楼

十、备查文件

（一）载有法定代表人、主管会计工作负责人、会计主管人员签名并盖章的会计报表；

（二）载有会计师事务所盖章、注册会计师签名并盖章的审计报告原件；

（三）报告期内在中国证监会指定报纸上公开披露过的所有公司文件的正本及公告的原稿。

广州发展实业控股集团股份有限公司

二〇〇一年三月十五日

董事长：杨　丹　地

利润及利润分配表

单位：(人民币)元

项目	本期数合并
一、主营业务收入	3,459,174,406.70
减：销售折让	–
主营业务收入净额	3,459,174,406.70
减：主营业务成本	1,994,461,853.54
主营业务税金及附加	5,125,862.17
二、主营业务利润(亏损以“–”号填列)	1,459,586,690.99
加：其他业务利润(亏损以“–”号填列)	8,971,018.53
减：存货跌价损失	–
营业费用	4,486,038.08
管理费用	176,771,490.37
财务费用	179,148,086.79
三、营业利润(亏损以“–”号填列)	1,108,152,094.28
加：投资收益(损失以“–”号填列)	–24,407,481.43
补贴收入	126,024,806.30
营业外收入	393,060.97
减：营业外支出	689,699.36
四、利润总额(亏损总额以“–”号填列)	1,209,472,780.76
减：所得税	110,339,808.19
减：少数股东损益(合并报表填列、亏损以“–”号填列)	216,583,213.28
加：未确认的投资损失(合并报表填列)	–
五、净利润(净亏损以“–”号填列)	882,549,759.29
加：年初未分配利润(未弥补亏损以“–”号填列)	802,935,712.13
减：减少注册资本减少的未分配利润	–
盈余公积转入	–
六、可供分配的利润(亏损以“–”号填列)	1,685,485,471.42
减：提取法定盈余公积金	88,254,975.92
减：提取法定公益金	44,127,487.96
职工奖福基金(子公司为外商投资企业，合并报表填列)	–
七、可供股东分配的利润(亏损以“–”号填列)	1,553,103,007.54
减：应付优先股股利	–
提取任意盈余公积	–
应付普通股股利	169,128,000.00
转作股本的普通股股利	–
八、未分配利润(未弥补亏损以“–”号填列)	1,383,975,007.54
附注：非常项目：	
1.出售处置部门或被投资单位	–
2.自然灾害发生的损失	–
3.会计政策变更	–
4.其他	–

报告期利润	净资产收益率
	全面摊薄
主营业务利润	34.30
营业利润	26.04
净利润	20.74
扣除非经常性损益后的净利润	18.41

林海股份有限公司

一、公司简介

(一)、公司法定中文名称:
林海股份有限公司
公司英文名称:
LINHAI CO.,LTD.
公司英文名称缩写:LH
(二)、公司法定代表人:陆海民
(三)、公司董事会秘书:栾月明
联系地址:江苏省泰州市泰九路 14 号
电 话:0523-6551888
传 真:0523-6551403
电子信箱:LHDLTZ@PUB.TZ.JSINFO.NET
(四)、公司注册地址:江苏省泰州市泰九路 14 号
公司办公地址:江苏省泰州市泰九路 14 号
邮政编码:225300
公司电子信箱:LH.TZ@PUBLIC.TZ.JS.CN
(五)、公司选定的信息披露报纸:上海证券报
登载公司定期报告的中国证监会指定国际互联网网址:
http://www.sse.com.cn
公司年度报告备置地点:本公司证券办
(六)、股票上市地:上海证券交易所
股票简称:林海股份
股票代码:600099

二、会计数据与业务数据摘要

(一)本年度主要会计数据:(单位:人民币元)

利润总额:	7,935,538.09
净利润:	7,613,392.15
扣除非经营性损益后的净利润:	7,575,057.45
主营业务利润:	1,505,661.86
其他业务利润:	2,309,173.46
营业利润:	6,849,954.36
投资收益:	1,354,033.24
补贴收入:	
营业外收支净额:	-268,449.51
经营活动产生的现金流量净额:	53,536,187.25
现金及现金等价物净增加额:	15,850,481.74

注:非经营性损益包括:1 、营业外收入 84514.7 元;2 、处理固定资产净损失 27298.78 元。

(二)近三年主要会计数据和财务指标:(单位:人民币元)

序号 项目	2000 年度	1999 年度(调整后)	1998 年度(调整后)
1、主营业务收入	200,110,462.72	280,437,957.64	427,335,971.73
2、净利润	7,613,392.15	18,761,615.75	44,605,568.14
3、总资产	578,366,044.01	572,346,935.12	475,055,047.35
4、股东权益	495,525,066.18	497,041,674.03	403,472,283.02
5、每股收益(元/股)	0.042	0.103	0.263
6、每股收益(元/股)(加权)	0.042	0.109	0.324
7、扣除非经营性损益后的每股收益(元/股)	0.041	0.106	0.268
8、每股净资产(元/股)	2.71	2.72	2.38
9、调整后每股净资产(元/股)	2.70	2.71	2.37
10、每股经营活动产生的现金净流量	0.29	0.03	0.01
11、净资产收益率(%)	1.54	3.77	11.06

(三)按照中国证监会《公开发行证券公司信息披露编报规则(第 9 条)》要求计算的利润依据:

报告期利润	净资产收益率 全面摊薄	净资产收益率 加权平均	每股收益(元) 全面摊薄	每股收益(元) 加权平均
主营业务利润	0.30%	0.30%	0.008	0.008
营业利润	1.38%	1.37%	0.038	0.038
净利润	1.54%	1.52%	0.042	0.042
扣除非经常性损益后的净利润	1.52%	1.51%	0.041	0.041

三、股东情况介绍

1、截止 2000 年末,公司股东总数为 25299 户,其中发起人股股东 1 户,社会公众股股东 25298 户。

2 、主要股东持股情况(前十名股东,截止 2000 年 12 月 31 日)

名次 股东名称	年末持股数(股)	占总股本(%)
(1)中国福马林业机械集团有限公司	106600000	58.38%
(2)三电工会	1530000	0.84%
(3)付亚华	980000	0.54%
(4)华泰证券	939860	0.51%
(5)万新机械	900000	0.49%
(6)继保电气	785500	0.43%
(7)索普热力	770000	0.42%
(8)华泰证券	716327	0.39%
(9)靳玉财	653410	0.36%
(10)华泰证券	600000	0.33%

注:
(1)前 10 名股东中除华泰证券,未发现其他股东之间存在任何关联交易。
(2)中国福马林业机械集团有限公司系本公司
控股公司法人代表:蒋祖辉 注册地址:北京市东城区和平里七区 25 楼
经营范围:林机设备、营林机械、木材采集机械等

清华同方股份有限公司

一、公司简介

1.公司名称
中文:清华同方股份有限公司
英文:TSINGHUA TONGFANG CO.,LTD
英文简称:THTFCO.,LTD
2.公司法定代表人:梁尤能先生
3.公司董事会秘书:孙岷先生
联系地址:北京清华大学同方大厦清华同方股份有限公司
联系电话:010-62789888,010-86251188
联系传真:010-62789765
E-Mail:sunm@thtf.com.cn
4.公司注册地址:北京海淀区清华大学 13 区 28 号楼
公司办公地址:北京清华大学同方大厦
邮政编码:100084 公司国际互联网网址:http://www.thtf.com.cn
公司 E-Mail:thtf@thtf.com.cn
5.公司信息披露的报刊:《中国证券报》和《上海证券报》
登载公司年度报告的中国证监会指定国际互联网网址:
http://www.sse.com.cn
公司年度报告置备地点:北京清华大学同方大厦 A 座二层办公室
6.公司股票上市地:上海证券交易所
股票简称:清华同方
股票代码:600100

二、会计数据和业务数据摘要

1.本年度利润总额及构成(合并报表)

利润总额	333,849,338.60 元
其中:主营业务利润	589,613,991.03 元
其它业务利润	22,155,362.12 元
投资收益	-135,823.66 元
营业外收支净额	4,845,937.43 元
补贴收入	11,878,206.84 元
净利润	235,975,548.82 元
扣除非经常性损益后的净利润	235,975,548.82 元
经营活动产生的现金流量净额:	183,597,435.07 元
现金及现金等价物净增加额:	1,235,414,994.17 元

2.会计数据及财务指标(合并报表)

项目	2000 年度	增长率	1999 年度	1998 年度 调整后	1998 年度 调整前
(1)主营业务收入(千元)	3,318,847.06	98.92%	1,668,432.95	806,212.27	806,212.27
(2)净利润(千元)	235,975.55	46.71%	160,848.36	92,166.07	104,764.03
(3)总资产(千元)	5,290,579.68	106.38%	2,563,531.44	1,363,838.81	1,376,436.76
(4)股东权益(千元)	2,573,611.62	95.66%	1,315,370.63	623,590.22	635,741.39
(5)每股收益(元/股)每股收益(摊薄)	0.616	-0.65%	0.620	0.555	0.631
每股收益(加权)	0.650	-18.34%	0.796	0.555	0.631
(6)每股收益(元/ 股)(扣除非经常性损益)					
每股收益(摊薄)	0.616	-0.65%	0.620	0.554	0.630
每股收益(加权)	0.650	-22.46%	0.796	0.554	0.630
(7)每股净资产(元/股)	6.718	32.50%	5.07	3.76	3.83
(8)调整后的每股净资产(元/股)	6.490	37.21%	4.73	3.39	3.46
(9)净资产收益率(%)(摊薄)	9.17	-25.02%	12.23	14.78	16.47
(10)每股经营活动产生的现金流量(元/股)	0.479	152.11%	0.19	0.25	0.25

3.报告期利润指标说明(合并报表)

项目	净资产收益率(%)(摊薄)	净资产收益率(%)(加权)	每股收益(元/ 股)(摊薄)	每股收益(元/ 股)(加权)
主营业务利润	22.91	39.76	1.539	1.843
营业利润	12.33	21.39	0.828	0.992
净利润	9.17	15.91	0.616	0.738
扣除非经常性损益的净利润	9.17	15.91	0.616	0.738

三、股本变动及股东情况介绍

1、本报告期末,公司股东总数 120,676 户,持股 383,074,634 股。

2. 公司主要股东持股情况(前十名股东)

股东名称	持股数(股)	占总股本数(%)
北京清华大学企业集团	193,083,275	50.40%
中信证券	4,591,026	1.20%
裕隆基金	4,317,102	1.13%
江西清华科技集团有限公司	3,985,506	1.04%
裕阳基金	3,338,665	0.87%
泰和基金	2,891,348	0.75%
安顺基金	2,384,237	0.62%
汉兴基金	2,126,062	+0.56%
普丰基金	1,694,400	0.44%
中证公司	1,543,895	0.40%

3、北京清华大学企业集团持有国有法人股股份,为本公司最大股东,持股总额为 193,083,275 股,占公司总股本 383,074,634 股的 50.40%,未将其持有的股份进行质押。

四 川 明 星 电 力 股 份 有 限 公 司

四川明星电力股份有限公司2000年年度报告摘要

本公司董事会保证本报告所载资料不存在任何虚假记载、误导性陈述或者重大遗漏，并对其内容的真实性、准确性和完整性负个别及连带责任。本公司年度报告摘要摘自年度报告正文，投资者欲了解详细情况，请阅读年度报告正文。

一、公司简介

1、公司法定中文名称：四川明星电力股份有限公司

英文名称：SICHUAN MINGXING ELECTRIC POWER CO., LTD.(缩写：MXEP)

2、公司注册地址及办公地址：四川省遂宁市大东街18号

邮政编码：629000，　电子信箱：mxep@sn-public.sc.cninfo.net

3、公司法定代表人：张廷安

4、公司董事会秘书：蒋青

联系地址：四川省遂宁市大东街18号　联系电话：(0825)2227626

传真：(0825)2210017　电子信箱：q-jiang@sn-public.sc.cninfo.net.

5、公司指定信息披露报刊：《中国证券报》、《上海证券报》；

登载年度报告的国际互联网网址为：http://www.sse.com.cn

公司年度报告备置地：四川明星电力股份有限公司证券部

6、公司股票上市地：上海证券交易所

股票简称：明星电力　股票代码：600101

二、会计数据和业务数据摘要

1、公司本年利润及构成(单位：元)

项目	2000年度
利润总额	95923853.12
净利润	81660078.17
扣除非经常性损益后的净利润	81660078.17
主营业务利润	114387928.72
其他业务利润	8839613.56
营业利润	95359634.03
投资收益	752720.11
补贴收入	-
营业外收支净额	-188501.02
经营活动产生的现金流量净额	110681505.32
现金及现金等价物净增加	-29305858.86

注：报告期内本公司没有涉及需扣除的非经常性损益项目和金额。

2、公司前三年主要会计数据和财务指标(单位：元)

项目	2000年	1999年	1998年	
			追溯调整后	追溯调整前
主营业务收入	243470530.64	206839626.65	194970860.77	194970860.77
净利润	81660078.17	83108647.04	78155231.41	79250337.65
总资产	970409569.92	663013921.04	340227204.62	345032221.17
股东权益	633588005.38	580535198.47	292309895.27	297114911.82
每股收益	0.558	0.568	0.602	0.610
每股收益(加权)	0.558	0.602	0.722	0.666
扣除非经常性损益后的每股收益	0.558	0.532	0.527	0.535
每股净资产	4.33	3.96	2.25	2.29
调整后的每股净资	4.27	3.92	2.22	2.25
每股经营活动产生的现金流量净额	0.76	0.54	0.49	0.49
净资产收益率(%)	12.89	14.32	26.74	26.67
净资产收益率加权(%)	13.45	18.62	29.96	30.38

注：(1)按照中国证监会《公开发行证券公司信息披露编报规则(第9号)》要求计算的利润数据：

报告期利润		净资产收益率		每股收益	
		全面摊薄	加权平均	全面摊薄	加权平均
主营业务利润	114387928.72	18.05	18.41	0.781	0.781
营业利润	95359634.03	15.05	15.34	0.651	0.651
净利润	81660078.17	12.89	13.14	0.558	0.558
扣除非经常性损益后的净利润	81660078.17	12.89	13.14	0.558	0.558

(2)2000年年末、1999年年末的普通股总数为14644.386万股，1998年年末的普通股总数为12982.872万股。

3、股东权益变动情况：

项目	股本	资本公积	盈余公积	法定公益金	未分配利润	股东权益合计
期初数	146443860	218389389.86	40812105.89	29604971.70	137359837.25	580535198.47
本期增加	-	-	8166007.82	8166007.82	20388775.63	53052806.91
本期减少						
期末数	46443860	218389389.86	48978113.71	37770979.52	157748612.88	633588005.38

变动原因：(1)盈余公积金、法定公益金增加是按净利润的10%分别提取所致。

(2)未分配利润增加是本年度净利润提取两金后，任意盈余公积金和分配2000年度股利后的的余额。

三、股东情况介绍

1、股本情况介绍：截止2000年12月31日，公司股东总计41034户，其中：国有股股东1名，法人股股东2名，社会公众股股东41031名。

2、前十名股东持股情况(单位：股)

名次	股东名称	持股数	股份性质	占总股本比例(%)
1	遂宁市国有资产管理局	47916900	国家股	32.720
2	遂宁金源科技发展公司	13446960	法人股	9.182
3	遂宁市电力物资公司	12000000	法人股	8.194
4	南证财务	851810	公众股	0.582
5	李珍	490359	公众股	0.335
6	刘炳添	370000	公众股	0.253
7	傅素珍	301891	公众股	0.206
8	张炎芬	300000	公众股	0.205
9	魏建福	293800	公众股	0.201
10	海螺水泥	271702	公众股	0.186

(1)本公司前10名股东之间不存在关联交易。

(2)持有本公司5%及以上股份的股东共计3户，其中：国家股股东1户，法人股股东2户。分别是：

遂宁市国有资产管理局：本公司国家股股东，年初持有4791.69万股，年末持有4791.69万股。所持股份无质押、冻结情况。

遂宁金源科技发展公司：本公司法人股股东，年初持本公司股份1344.696万股，年末持股数1344.696万股。

因该公司为遂宁金钻路桥有限责任公司提供贷款担保，于2000年8月7日与中国农业银行遂宁市中区支行签订《权利质押合同》，将其所持的本公司股份700万股作为本次贷款的抵押物，质押给中国农业银行遂宁市中区支行，质押期自2000年8月17日至2007年8月17日，该项质押已在上海证券中央登记公司办理质押登记。

遂宁市电力物资公司：本公司法人股股东，年初持有本公司股份1200万股，年末持股数1200万股。所持股份无质押、冻结情况。

四、股东大会简介

报告期内公司共召开两次股东大会：

1、1999年度股东大会：2000年4月28日召开，出席会议的股东31人，代表股份7961.732万股，占公司总股本的54.37%。大会审议通过了：

(1)公司董事会1999年度工作报告；

(2)公司监事会1999年度工作报告；

(3)公司1999年度财务决算、2000年度财务预算方案；

(4)公司1999年度利润分配方案。

召开本次股东大会的公告刊登于2000年3月14日的《中国证券报》、《上海证券报》，大会决议公告刊登于2000年4月29日的《中国证券报》、《上海证券报》。2、公司2000年临时股东大会：2000年11月10日召开，出席会议的股东41人，代表股份7357.306万股，占公司总股本的50.24%。

大会选举产生了公司第五届董事会和第四届监事会，选举张廷安、费庆伦、张万富、蒋志明、税国民、李玉常、周秀华、李加贵、薛居树、李建明、陈德等十一名同志为董事，选举余清和、张晓耕、向志明三名同志为监事(另两名监事卢赐华、邓正忠由公司职工代表大会选举产生)。四川英济律师事务所杨天均律师对大会作了见证并出具了法律意见书。

召开本次股东大会的公告刊登于2000年10月10日的《中国证券报》、《上海证券报》，大会决议公告刊登于2000年11月11日的《中国证券报》、《上海证券报》。

五、董事会报告

(一)报告期内公司经营情况

1、报告期内公司经营情况

公司属电力行业，主要经营电力生产供应、送变电工程、线路及设备安装，自来水生产供应，宾馆服务业等，是四川省重要的能源工业企业之一。

2000年，经四川省人民政府办公厅、省统计局、省经贸委、省工业经济评价考核办公室评审、排序，公司名列"四川500家大中型企业"第117名、"四川省工业企业最佳效益20强"第14名、"四川工业企业最大纳税100强"第70名、"四川工业企业最大规模100强"第82名。

公司运作规范，认真履行了上市公司的诚信义务，及时、准确、全面地披露有关信息，树立了公司的良好形象，被上海证券交易所确定为"临时报告事前免检试点公司"。

2000年，公司坚持改革与发展并重的原则，围绕"搞好电源建设、加快电网改造、增加电力销售"的工作目标，深化内部改革，强化企业管理，努力多发、多供、安全、少损，实现了各项业务的健康发展，保持了经营业绩的持续增长。截止2000年12月31日，公司完成发电量31343万千瓦时，比上一年度增加6007万千瓦时；售电量37988万千瓦时，比上一年度增加3686万千瓦时；公司主营业务收入为24347.05万元，利润总额9592.39万元，实现净利润8166.01万元。

报告期内，公司继续加强对输水渠道整治、处理，减少了渗漏，实施了龙凤、小白塔电站前池的清淤，有效地利用了水力资源，为公司超额完成年度发电任务打下了基础。

本公司在挖掘设备潜力上狠下功夫，大胆实施技改技革，搞好设备的检修、维护，先后对发电机组进行了多项大修，提高了设备自动化水平，并落实各项规章制度，加强运行管理，保证了机组以最佳方式运行，实现了生产设备的长周期满负荷运行。本年度公司现有设备利用小时有了进一步的提高，继续保持了全省同行业的先进水平。热电生产严格运行管理，加强煤炭消耗等指标考核，逗硬奖惩，降低了煤耗，并充分发挥其调峰作用，取得了较好的经济效益。

公司根据国家有关农村电网改造的要求，结合前次配股募集资金在电网改造项目方面的投入，对公司供电网络进行了改造、建设，新增变压器950台，增容3.2万千伏安，新建和改造110千伏及以下线路3422公里，完成了4座变电站的综合自动化控制系统安装、调试和运行及主变增容，提高了电网的健康水平，确保了电网安全运行。

本年度继续加强了用电、业务扩展工程和线损的管理，努力提高供电质量，搞好优质服务，扩大供电市场。公司加强了用电检查力度，对用户进行了电力法规的宣传，强化用户依法用电意识，整顿了用电秩序，全年通过查处违章用电追回电量170万千瓦时。

进一步规范公司的财务管理，加大了财务监督检查和审计力度，对发现的问题及时分析研究，采取措施加以解决，及时堵塞漏洞，降低了生产成本，提高了经济效益。

2、公司主要全资附属企业及控股子公司的经营情况及业绩

报告期内，公司全资附属企业和控股子公司围绕"面向市场，参与竞争，全面赢利"的奋斗目标，抓住契机，积极拓展市场，参与竞争，取得了较好的经济效益，总计实现利润556.69万元，成为公司重要的利润增长点。

遂宁市水电建设公司强化内部管理，除搞好内地的工程外，积极巩固在西藏的市场，全年承接工程18个，产值2550万元，实现税利535.82万元。

遂宁宾馆不断提高服务质量，全年完成营业收入583.77万元，比1999年度增加235.64万元。

自来水公司克服了种种不利因素，加强内部管理，实现利润214.03万元。

(二)公司财务状况

1、公司财务状况

项目	2000年	1999年	增减比例(%)
总资产	970409596.92	663013921.04	43.36
长期负债	143403730.97	6865673.32	1988.71
股东权益	633588005.38	580535198.47	9.14

莱芜钢铁股份有限公司

莱芜钢铁股份有限公司2000年年度报告摘要

重要提示：本公司董事会保证本报告所载资料不存在任何虚假记载、误导性陈述或者重大遗漏，并对其内容的真实性、准确性和完整性负个别及连带责任。

一、公司简介

1、公司名称：莱芜钢铁股份有限公司
英文名称：LAIWU STEEL CORPORATION
英文缩写：LS Co.
2、公司法定代表人：李名岷
3、公司董事会秘书：丁志刚
电话：(0634)6820601、6821189
传真：(0634) 6821094
4、公司注册和办公地址：山东省莱芜市钢城区
邮政编码：271104
公司电子信箱：mishuke@mail.laigang.com
公司国际互联网网址：http://www.laigang.com
5、公司选定的信息披露报纸：《中国证券报》、《上海证券报》、《证券时报》
登载年报的国际互联网网址：http://www.sse.com.cn
公司年度报告备置地点：公司办公大楼董事会秘书室
6、公司股票上市地：上海证券交易所
股票简称：莱钢股份
股票代码：600102

二、会计数据和业务数据摘要

(一)本年度利润完成情况

利润总额 62,289.03万元；
净利润 52,714.82万元；
扣除非经常性损益后的净利润 53,698.18万元；
主营业务利润 84,217.78万元；
其他业务利润 522.96万元；
营业利润 63265.90万元；
投资收益 6.49万元；
补贴收入 0万元；
营业外收支净额 -983.36万元；
经营活动产生的现金流量净额 111,007.52万元；
现金及现金等价物净增加额 -10,531.32万元。

注：非经营性损益总额为-983.36万元：
(1)处理固定资产净损失1014.60万元；
(2)债务重组净收益386.32万元；
(3)其他净损失355.08万元。

(二)前三年主要会计数据和财务指标

项目	2000年度	1999年度		1998年度		本年度比上年度增减(+,-)%
		追溯调整后	追溯调整前	追溯调整后	追溯调整前	
主营业务收入(万元)	452,540.76	399,079.69		408,762.49	408,762.49	13.40
净利润(万元)	52,714.82	37,648.17		36,775.34	36,780.44	40.02
总资产(万元)	513,685.99	436,056.06		350,700.60	350,726.10	17.80
股东权益(万元)	283,096.54	253,032.45		168,561.56	168,587.05	11.88
每股收益(元)	0.605	0.432		0.463	0.463	40.05
每股收益(元,加权平均)	0.605	0.46		0.46	0.46	31.52
每股收益(元,扣除非经常性损益)	0.616	0.43		0.46	0.46	42.59
每股净资产(元)	3.25	2.90		2.12	2.12	12.07
调整后的每股净资产(元)	3.25	2.90		2.12	2.12	12.07
每股经营活动产生的现金流量净额(元)	1.27	0.57		0.59	0.59	122.81
净资产收益率(%)	18.62	14.88		21.82	21.82	25.13

三、股东情况介绍

1、报告期末，公司股东总数为7767人，其中国有法人股股东1人，社会公众股股东为7766人。

2、报告期末，公司前十名股东持股情况：

序号	股东名称	持股数量	持股性质	比例(%)
1	莱芜钢铁集团有限公司	71518.20万股	国有法人股	82.09
2	李玉杰	88.77万股	社会公众股	0.102
3	新网投资	83.29万股	社会公众股	0.096
4	毛玉昆	80.01万股	社会公众股	0.092
5	陈月怡	78.80万股	社会公众股	0.090
6	林敏	78.69万股	社会公众股	0.090
7	赵永寅	78.00万股	社会公众股	0.090
8	张有敏	78.00万股	社会公众股	0.090
9	沈东钢	77.00万股	社会公众股	0.088
10	尹丽敏	76.31万股	社会公众股	0.088

3、莱芜钢铁集团有限公司为公司控股股东，报告期内持有公司已发行的71518. 20万股国有法人股，占公司总股本的82.09%；截止报告期末，其所持公司股份无质押或冻结情况。

四、股东大会简介

(一)1999年度股东大会

1、公司于2000年3月23日分别在《中国证券报》、《上海证券报》和《证券时报》上刊登召开1999年度股东大会公告。2000年4月25日，会议在莱钢新兴大厦如期召开。山东省莱芜市公证处高级公证员左辉平先生、四级公证员李鹭红女士对本次股东大会进行了现场公证并出具了公证书。

2、大会以记名投票方式表决通过了以下事项：
(1)1999年度董事会工作报告；
(2)1999年度监事会工作报告；
(3)1999年度财务决算和2000年度财务预算的报告；
(4)1999年度利润分配方案的报告；
(5)关于修订《公司章程》的报告；
(6)关于调整公司董事、监事提案的报告；
(7)关于部分变更1999年配股募集资金投向的报告。

本次股东大会决议公告，已于2000年4月26日分别在《中国证券报》、《上海证券报》和《证券时报》上刊登。

3、本次股东大会同意姜开文、李庆、陈玲棠先生不再担任公司董事职务，崔宪池先生不再担任公司监事职务；选举于昌忠、张文德、王爱军先生为公司董事，荆延芳先生为公司监事。

(二)2000年度临时股东大会

1、公司于2000年11月29日分别在《中国证券报》、《上海证券报》和《证券时报》上刊登召开2000年度临时股东大会公告。2000年12月30日，会议在莱钢新兴大厦如期召开。山东平正大律师事务所刘英新律师出席了本次临时股东大会，并出具法律意见书。

2、大会以记名投票方式表决通过了以下事项：
(1)第一届董事会工作报告；
(2)第一届监事会工作报告；
(3)关于董事会换届选举议案的报告；
(4)关于监事会换届选举议案的报告；
(5)关于收购莱芜钢铁集团有限公司中小型轧钢车间议案的报告。

本次临时股东大会决议公告，已于2001年1月3日分别在《中国证券报》、《上海证券报》和《证券时报》上刊登。

3、经公司控股股东莱芜钢铁集团有限公司提名，大会选举(按姓氏笔画排序)王爱军、田克宁、李名岷、宋兰祥、张胜生、赵焕栋、赵雁彬、崔宪池、魏兴文为公司第二届董事会董事。经公司控股股东莱芜钢铁集团有限公司提名，大会选举赵茂祥、宋振训、荆延芳为公司第二届监事会监事。经公司职工代表大会选举，李丽芳女士、魏广显先生当选为公司第二届监事会职工代表监事。

五、董事会报告

(一)公司经营情况

1、公司所处行业及公司在本行业中的地位

公司所处钢铁行业是我国传统基础产业，是冶金业的重要组成部分，也是我国国民经济的一项支柱产业。在我国国民经济持续、稳定、健康发展的形势下，在国家实施西部大开发等扩大内需政策的拉动下，钢铁行业在"控制总量、调整结构、提高效益"中获得了相应的发展。公司控股股东莱芜钢铁集团有限公司是国家重点扶持的512家企业之一，公司为其最大子公司。据《冶金快报》统计，2000年，莱钢在全国列入统计的75家大中型企业中，按钢产量排序列第15位。

2、公司主营业务范围及经营状况

公司主营业务为钢铁产品和焦化产品的生产和销售。

报告期内，公司按照"控制总量、调整结构、提高效益"的行业调控要求，抓住钢铁产品价格回升的有利时机，坚持"以经济效益为中心，以市场需求为导向"，强化经营管理，推进技术进步，大力开拓市场，取得了良好的经营业绩。截止报告期末，公司共生产钢211.62万吨、生铁170.83万吨、钢材189.56万吨， 同比分别增长8.43%、4.45%和14.50%，均创历史最高水平。 公司主要产品有特殊钢热轧圆钢、热轧带钢、冷轧带钢、螺纹钢、H型钢等中小型材，钢材实物产销率达到100. 49%。公司产品全年出口30万吨，完成"以产顶进"钢材15万吨。全年实现主营业务收入452540.76万元，主营业务利润84217.78万元，净利润52714.82万元， 同比分别增长13.40%、42.65%和40.02%。占公司主营业务收入10 %以上的产品为钢材，其所占比例为87.64%。

3、经营中出现的问题与困难及解决方案

报告期内公司在经营中出现的问题与困难：一是结构调整和营销工作需要进一步适应市场要求；二是部分经济技术指标的潜力还没有充分挖掘出来。

针对上述困难和问题，公司采取了以下对策：一是根据市场需求，调整产品结构。成功地开发出美标7#、8#螺纹钢，转炉优碳Φ35-Φ60圆钢，294× 200 、350×175、346×174和298×201系列的H型钢，20a槽钢，YJZ84Cr15轴承钢， S45C 转炉钢，Q235(DG)热带，60SiNi工具钢等新产品，提高了公司产品的市场竞争力。二是全面落实"严、细、实"管理，大力进行技术攻关。通过强化管理和技术攻关，深入开展对标挖潜，降成本，上水平，增效益。炼铁、炼钢、轧材等指标中有20项进入全行业前10名，其中有3项为全行业第1名；可比产品总成本比上年降低3. 556 亿元，降低率为11.08%。三是加强生产的总体组织协调和平衡， 理顺维修管理体制，积极探索设备定修模型，在热线生产系统全面实行设备点检定修，为高效生产提供了有力保证。四是强化市场营销，大力开拓国内外市场，尤其是把开拓H 型钢市场作为营销工作的重点。加大对H型钢的宣传和推介力度，集中人力、物力展开对H型钢市场的考察与研究，发展直接用户近50家。公司通过建设和运作H型钢经销网络，相继和一些销售能力强的经营公司建立了稳定的供求业务关系。

(二)公司财务状况

报告期内，公司财务状况良好， 各项财务指标创出较高水平。 总资产达到 513685.99万元，负债总额为229132.62万元，长期负债为127821.96万元， 股东权益为283096.54万元，主营业务利润为84217.78万元，净利润为52714.82万元， 分别比上年增长77629.93万元、46109.01万元、23362.59 万元、 30064. 09 万元、 25180.64万元和15066.65万元，增长幅度分别是17.80%、25.19%、22.37%、11 .88%、42.65%和40.02%。公司少数股东权益为1456.83万元，系与控股子公司合并会计报表所致。 公司总资产和股东权益增加的主要原因是本年度实现净利润 52714.82万元。公司负债总额增加的主要原因是应付帐款及预收帐款增加19406.26 万元， 应付股利增加22650.73万元；公司长期负债增加的主要原因是长期借款增加。公司主营业务利润和净利润的增长主要得益于公司装备水平现代化程度较高，产品品种、质量适应市场需求，特别是公司上下全面落

实"严、细、实"管理,深入开展对标挖潜工作,明显降低了成本与费用。

山东乾聚有限责任会计师事务所出具了无保留意见的审计报告。

(三)公司投资情况

1、公司投资情况

报告期内公司对外投资额为4540万元,比上年增长1540万元,增长幅度为 51 .33%,系对山东证券有限责任公司追加投资3000 万元及对山东天泰新材料股份有限公司投资1540 万元所致。2000年4月18日,公司与其他4家企业就共同设立山东天泰新材料股份有限公司签署了有关协议。公司出资1540万元,占有该公司51.33 %的股份。该公司已于2000年7月17日在山东省工商局登记注册。详细情况见2000年4 月19日和2000年7月19日《中国证券报》、《上海证券报》和《证券时报》。 2000 年4月25日,公司决定对山东证券有限责任公司增加资本金投入3000 万元。 公司目前共持有山证股份7140万股,占其增资扩股后总股本的3.97%。详细情况见2000年4月26日《中国证券报》、《上海证券报》和《证券时报》。

报告期内公司对内投资额为34209.09万元,比上年减少50392.60万元,减少幅度为59.56%。年初在建工程余额36948.31万元,本年度投入34209.09万元(其中配股项目19571.40万元,其他技改技措项目14637.69万元),全年投资形成固定资产 20853.89万元,期末在建工程余额50303.51万元。

2、前次募集资金使用变更情况

公司通过实施1999年配股募集货币资金2.15亿元,后来根据市场形势的变化调整了部分配股募集资金投向。2000年4月25日,公司1999 年度股东大会逐项审议通过了一届十二次董事会提交的《关于部分变更1999年配股募集资金投向的报告》。一届十二次董事会决议公告、1999年度股东大会决议公告及部分变更1999年配股募集资金投向公告已分别于2000年3月23日和4月26刊登在《中国证券报》、《上海证券报》和《证券时报》上。公司已按有关法律、法规的规定,履行了部分变更募集资金投向的程序,并进行了相应的信息披露。

3、前次募集资金投入项目及收益情况

按照变更后配股募集资金使用计划,所建工程项目进展顺利,截止报告期末,除R4级海洋系泊链用钢技术改造项目将近完工外,其余项目均已建成,有些已开始发挥效益。

投入项目进度及收益情况表　　单位:万元

投入项目	计划投资额	期末累计投资额	完成进度	预计年收益	报告期内收益情况
原计划投资项目					
1、R4级海洋系泊链用钢技术开发项目	4,960	5528.84	90%	1758.48	尚在建设,将近完工
2、带钢连铸机节能项目(已变更)	4,986	----	----	1112.00	----
3、热送辊道节能项目(已变更)	4,970	----	----	1364.00	----
4、焦炉煤气洗涤回收工程(已变更)	4,976	----	----	888.35	----
5、焦炉煤气脱硫工程(已变更)	4,961	----	----	1272.53	----
6、合金钢连铸机节能项目(已变更)	4,941	----	----	860.28	----
合　　计	29,794	5528.84	----	7255.64	----
实际投资项目					
1、2#球团竖炉工程	3,200	3,427.74	95%	750	考核验收,尚未转资
2、2×750m3 高炉喷吹煤粉工程	2,170	2,081.73	100%	686	171.50
3、2×105m2 烧结机小球烧结强化制粒工程	1,100	853.60	95%	1320	考核验收,尚未转资
4、特钢厂加热炉煤气代油项目	1,456	1620.64	95%	1400	考核验收,尚未转资
5、2#连铸机高效化改造项目	1,250	1546.19	95%	400	考核验收,尚未转资
6、热电厂5#75吨锅炉改造工程	2,785	2196.32	95%	425	考核验收,部分转资70.83
7、热电厂高炉风机改造工程	4,709	4266.41	95%	890	考核验收,部分转资74.17
8、R4级海洋系泊链用钢技术开发项目	4,960	5528.84	90%	1758.48	尚在建设,将近完工
合　　计	21,630	21,521.47	----	7629.48	316.50

注:配股募集资金项目变更后,期初投入由22.15万元变为1950.07万元。

R4级海洋系泊链用钢技术改造项目主要还剩轧钢部分的精整车间没有完成。该项目比原计划有所延期的主要原因是有些设备制造周期较长,有的还需要引进。截止报告期末,该项目共完成投资5528.84万元(在建工程设备款已付),比原投资计划4960万元略有超出。该项目预计2001年上半年全部建成,预计收益情况没有重大变化。

(四)生产经营环境等变化对公司影响

1、钢铁行业宏观调控政策对公司影响

报告期内,钢铁行业继续实行"控制总量、调整结构、提高效益"的宏观调控政策,规范有序的行业环境,有利于公司公平地参与市场竞争。公司产品有相当一部分用于出口和"以产顶进",产量增加部分符合国家有关政策。公司主体技术装备如中型型钢生产线、中小型材生产线等已达到当今国际水平,便于调整产品结构,提高经济效益。

2、钢材价格回升对公司影响

报告期内,国家出台的一系列宏观调控政策已见成效,同时受国际市场钢材价格变动和我国扩大内需的影响,国内钢材价格出现了恢复性上升,特别是进入四月份以来,公司主要产品螺纹钢、带钢等品种的市场销售价格均有一定幅度的增长,对公司的生产经营产生了有利影响。

(五)新年度业务发展计划

1、认真贯彻"调控总量,调整结构,加强管理, 提高竞争力"的行业指导方针,以提高经济效益为中心,以结构调整为重点,以技术进步和深化改革为动力,以科学管理为基础,提高规范运作水平,在搞好生产经营的基础上,加大资本运营力度,以钢铁业为依托,向高科技新材料领域扩展,开辟新的利润增长点,实现可持续发展。

2、全年生产钢227万吨,生铁173万吨,钢材209万吨;出口钢材25万吨,生产 "以产顶进"钢材20万吨。

3、主要技术经济指标进入全行业先进水平。

4、继续开发螺纹钢系列、型钢系列、带钢系列、易切削钢系列、齿轮钢系列和弹簧钢系列新产品。

5、控股子公司天泰股份经营业绩迈上一个新台阶。

6、全年重大人身伤亡事故、重大设备事故、重大火灾事故和重大环境污染事故为零。

7、在建项目的预期进度:R4级海洋系泊链用钢技术开发项目2001 年上半年全部完成。

(六)董事会日常工作情况

1、报告期内董事会的会议情况及重要决议

(1) 2000年3月21日,公司召开了一届十二次董事会,审议通过了以下议案和事项:

A、关于1999年度财务决算和2000年度财务预算的议案;

B、1999年度利润分配预案及2000年度利润分配政策;

C、关于2000年生产经营和重大投资计划的议案;

D、关于修订《公司章程》的议案;

E、1999年年度报告及其摘要;

F、关于调整公司董事的议案;

会议同意姜开文、李庆、陈玲棠先生不再担任公司董事,同时提名于昌忠、张文德、王爱军先生为公司董事候选人,并提请公司1999年度股东大会审议。

G、关于聘任公司总经理及高级管理人员的议案;

会议同意陈玲棠先生不再担任总经理职务,聘任于昌忠先生为公司总经理。根据总经理提名,聘任谢振清先生为公司总经济师(兼),不再兼任公司财务主管;魏佑山先生为公司副总经理兼总工程师;李玮先生为公司副总经理兼总会计师。

H、决定于2000年4月25日召开1999年度股东大会;

I、关于公司财务管理制度的议案;

J、关于核销处理坏帐损失的议案;

K、关于部分变更1999年配股募集资金投向的议案。

本次董事会决议公告已于2000年3月23日在《中国证券报》、《上海证券报》和《证券时报》上刊登。

(2) 2000年4月25日,公司召开了一届十三次董事会, 审议通过了以下议案和事项:

A、选举李名岷先生为公司董事会董事长;

B、选举宋兰祥先生为公司董事会副董事长;

C、关于增加对山东证券有限责任公司资本金投入的提案。

本次董事会决议公告已于2000年4月26日在《中国证券报》、《上海证券报》和《证券时报》上刊登。

(3) 2000年7月23日,公司召开了一届十四次董事会, 审议通过了以下议案和事项:

A、2000年度中期报告;

B、决定撤消设备维修厂;

C、决定设立接待服务部和汽车货运总队。

本次董事会决议公告已于2000年7月25日在《中国证券报》、《上海证券报》和《证券时报》上刊登。

(4) 2000年9月30日,公司召开了一届十五次董事会, 审议通过了以下议案和事项:

A、聘任赵雁彬先生为公司总经理;

B、于昌忠先生不再担任总经理职务。

本次董事会决议公告已于2000年10月10日在《中国证券报》、《上海证券报》和《证券时报》上刊登。

(5) 2000年11月27日,公司召开了一届十六次董事会,审议通过了以下议案和事项:

A、关于董事会换届选举的议案;

经公司控股股东莱芜钢铁集团有限公司提名,公司第二届董事会候选人为(按姓氏笔画排序)王爱军、田克宁、李名岷、宋兰祥、张胜生、赵焕栋、赵雁彬、崔宪池、魏兴文。

B、关于调整高级管理人员的议案;

经总经理提名,聘任张胜生先生为公司副总经理;于德政先生为公司财务主管。魏佑山先生不再担任公司副总经理兼总工程师职务;李玮先生不再担任公司副总经理兼总会计师职务;谢振清先生不再担任公司副总经理兼总经济师职务;薛克治先生为公司调研员, 不再担任公司副总经理职务。经董事长提名,聘任丁志刚先生为公司董事会秘书;杨峰先生不再担任公司董事会秘书职务。

C、关于收购莱芜钢铁集团有限公司中小型轧钢车间的议案;

D、关于召开2000年度临时股东大会的议案。

本次董事会决议公告已于2000年11月29日在《中国证券报》、《上海证券报》和《证券时报》上刊登。

(6)2000年12月30日,公司召开了二届一次董事会, 审议通过了以下议案和事项:

A、选举李名岷先生为公司第二届董事会董事长;

B、选举宋兰祥先生为公司第二届董事会副董事长;

C、经董事长提名,续聘赵雁彬先生为公司总经理, 丁志刚先生为公司董事会秘书。经总经理提名,续聘张胜生先生为公司副总经理;于德政先生为公司财务主管。

本次董事会决议公告已于2001年1月3日在《中国证券报》、《上海证券报》和《证券时报》上刊登。

2、报告期内董事会对股东大会决议的执行情况

(1)经山东省工商局核准,已修改公司章程;

(2)部分变更1999年配股募集资金投向已完成,变更项目已如期建成;

(3)公司收购莱芜钢铁集团有限公司中小型轧钢车间的方案已经实施完成。

(七)公司董事、监事和高级管理人员

1、董事、监事和高级管理人员简况

姓名	性别	职务	年龄	任期	期初持股	期末持股	变动原因	年度报酬
李名岷	男	董事长	54	2000.12.30-2003.12.30	3510	3510		42906
宋兰祥	男	副董事长	50	2000.12.30-2003.12.30	1170	1170		35291
田克宁	男	董事	44	2000.12.30-2003.12.30	1120	1120		33010
赵雁彬	男	董事、总经理	47	2000.12.30-2003.12.30	1320	1320		33168
崔宪池	男	董事	54	2000.12.30-2003.12.30	0	0		28772
魏兴文	男	董事	48	2000.12.30-2003.12.30	0	0		28826

张胜生 男						
董事、副总经理	42	2000.12.30-2003.12.30	0	0		33023
王爱军 男						
董事	51	2000.12.30-2003.12.30	100	100		29111
赵焕栋 男						
董事	51	2000.12.30-2003.12.30	0	0		28773
赵茂祥 男						
监事会主席	51	2000.12.30-2003.12.30	1950	1950		35279
宋振训 男						
监事	56	2000.12.30-2003.12.30	1170	1170		28972
荆延芳 男						
监事	45	2000.12.30-2003.12.30	58	58		28917
李丽芳 女						
监事	46	2000.12.30-2003.12.30	2260	2260		28466
魏广显 男						
监事	29	2000.12.30-2003.12.30	390	390		21107
于德政 男						
财务主管	38	2000.12.30-2003.12.30	300	300		28523
丁志刚 男						
董事会秘书	49	2000.12.30-2003.12.30	0	0		28012

上述董事、监事和高级管理人员均从公司领取报酬,年度报酬总额为492156元,其数额的分布区间(万元)为:

区间:	2.0-2.5	2.5-3.0	3.0-3.5	3.5-4.0	4.0-4.5
人数:	1	9	3	2	1

2、报告期内公司董事、监事、高级管理人员离任等变动情况

见本报告股东大会简介、董事会会议情况及决议内容、监事会工作情况。

(八)2000年度利润分配预案及预计2001年度利润分配政策

1、2000年度利润分配预案

经山东乾聚有限责任会计师事务所审计,公司本年度实现净利润527,148,229 .68元,提取10%法定公积金和10%公益金共计105,429,645.94元后,加年初未分配利润480,281,622.42元,年末可供分配的利润累计为902,000,206.16元。 公司拟以2000年末总股本87,118.20万股为基数,向全体股东每股派发现金0.26元(含税),共送出现金226,507,320.00元,剩余利润675,492,886.16元转入下年度。 本次派送现金红利方案在公司2000年度股东大会通过后适当时间实施。

2、预计2001年度利润分配政策

(1)公司拟在2001年度分配利润一次。

(2)公司2001年度实现净利润用于股利分配的比例在10%以上;公司2000 年度未分配利润结转2001年度,不分配。

(3)分配采用现金形式,现金股息占股利分配的比例为100%。

(九)其他报告事项

公司选定《中国证券报》、《上海证券报》及《证券时报》为信息披露报刊。

六、监事会报告

报告期内公司监事会会议的重要决议、刊登的信息披露报纸及披露日期:

1、2000年3月21日,公司召开了一届六次监事会,审议通过了如下议案和事项:

(1)1999年度监事会工作报告;

(2)关于调整公司监事的提案;

同意崔宪池先生不再担任公司监事,提名荆延芳先生为公司监事候选人,并提请公司1999年度股东大会审议。

(3)审议讨论了第一届董事会第十二次会议有关议案和决议。

本次监事会决议公告已于2000年3月23日在《中国证券报》、《上海证券报》和《证券时报》上刊登。

2、2000年7月23日,公司召开了一届七次监事会,审议讨论了公司一届十四次董事会通过的《2000年度中期报告》。

本次监事会决议公告已于2000年7月25日在《中国证券报》、《上海证券报》和《证券时报》上刊登。

3、2000年11月27日,公司召开了一届八次监事会,审议通过了如下议案和事项:

(1)关于监事会换届选举的议案;

经公司控股股东莱芜钢铁集团有限公司提名,推荐赵茂祥、宋振训、荆延芳为公司第二届监事会候选人。经公司职工代表大会选举,李丽芳女士、魏广显先生当选为公司第二届监事会职工代表监事。

(2)审议讨论了第一届董事会第十六次会议通过的有关议案和决议。

本次监事会决议公告已于2000年11月29日在《中国证券报》、《上海证券报》和《证券时报》上刊登。

4、2000年12月30日,公司召开了二届一次监事会,选举赵茂祥先生为公司第二届监事会主席。

本次监事会决议公告已于2001年1月3日在《中国证券报》、《上海证券报》和《证券时报》上刊登。

七、重要事项

(一)重大诉讼、仲裁事项:

报告期内公司无重大诉讼、仲裁事项。

(二)报告期内公司、公司董事及高级管理人员未受监管部门处罚。

(三)公司控股股东、董事、监事和高级管理人员变动情况:

报告期内,公司控股股东未发生变更。公司董事、监事和高级管理人员变动情况见本报告股东大会简介、董事会报告和监事会报告三部分中相关内容。

(四)报告期内公司收购及出售资产、吸收合并等事项:

报告期内,公司收购了莱芜钢铁集团有限公司中小型轧钢车间。 详细情况见 2000年11月29日和2001年1月3日的《中国证券报》、《上海证券报》和《证券时报》。

(五)重大关联交易事项:

莱芜钢铁集团有限公司为公司控股股东。

公司收购莱芜钢铁集团有限公司中小型轧钢车间属于重大关联交易,详细情况见2000年11月29日和2001年1月3日的《中国证券报》、《上海证券报》和《证券时报》。

公司与莱芜钢铁集团有限公司之间的其他重大关联交易包括采购货物、销售货物、提供服务等,其中采购货物73508.31万元,销售货物67905.87万元,提供服务 3958.50万元。上述关联交易,双方依据已经签定的有关合同进行。

公司1999年实施配股后,原莱芜钢铁集团有限公司销售处部分资产已配入本公司,其人员、业务亦相应进入公司。为了业务的连续性,2000年公司从莱芜钢铁集团有限公司销售处转入应收帐款27654.11万元、预收帐款12037.57万元、坏帐准备 138.30万元、其他应收款144.02万元、其他应付款8.55万元。2000年末莱芜钢铁集团有限公司加强清欠力度,统一协调清欠事宜,故公司将原从莱芜钢铁集团有限公司转入的尚未收回的应收帐款8920.49万元转到莱芜钢铁集团有限公司。

公司为加强财务管理,进一步理顺货款支付程序,将2000年度应付帐款30002 .03万元转入莱芜钢铁集团有限公司。

公司及股东的利益没有因上述关联交易而受损害。

(六)上市公司与控股股东在人员、资产、财务上的"三分开"情况:

公司与控股股东莱芜钢铁集团有限公司之间已实现资产完整、财务独立、人员独立。具体情况如下:

1、人员方面:公司在劳动、人事及工资管理等方面实行独立。经理、副经理等高级管理人员均在公司领取薪酬,未在股东单位担任重要职务。

2、资产方面:公司拥有独立的生产系统,部分辅助生产系统和配套设施归莱芜钢铁集团有限公司所有,双方依据已经签定的有关合同进行关联交易。公司拥有工业产权、非专利技术等无形资产,公司目前使用的商标归莱芜钢铁集团有限公司所有,由公司无偿使用。公司拥有独立的采购和销售系统。

3、财务方面:公司设有独立的财务部门,建立了独立的会计核算体系和财务管理制度,并在银行独立开户。

(七)报告期内公司未发生托管、承包、租赁其他公司资产或其他公司托管、承包、租赁本公司资产的情况。

(八)报告期内公司续聘山东乾聚有限责任会计师事务所。

(九)报告期内公司无其他重大合同(含担保等)。

(十)报告期内公司未更改名称也未更改股票简称。

(十一)报告期内公司或持股5 %以上股东未在指定报纸和网站上披露承诺事项。

(十二)其他重大事项:

报告期内公司无任何重大担保、抵押、质押事项。

八、财务会计报告

审 计 报 告

乾聚审字[2001]7号

莱芜钢铁股份有限公司全体股东:

我们接受委托,审计了贵公司2000年12月31日的资产负债表与合并资产负债表、2000年度利润表与合并利润表、2000年度利润分配表与合并利润分配表、2000年度现金流量表与合并现金流量表。这些会计报表由贵公司负责,我们的责任是对这些会计报表发表审计意见。我们的审计是依据《中国注册会计师独立审计准则》进行的。在审计过程中,我们结合贵公司的实际情况,实施了包括抽查会计记录等我们认为必要的审计程序。

我们认为,上述会计报表符合《企业会计准则》和《股份有限公司会计制度》的有关规定,在所有重大方面公允地反映了贵公司2000年12月 31 日的财务状况及 2000年度的经营成果和2000年度的现金流量情况,会计处理方法的选用遵循了一贯性原则。

山东乾聚有限责任会计师事务所　　中国注册会计师　刘学伟

中国注册会计师　刘光玺

中国·烟台　　二00一年一月十六日

公司主要会计政策、会计估计和合并会计报表的编制方法

1.会计制度:

公司执行《股份有限公司会计制度》。

2.会计年度:

自公历1月1日起至12月31日止为一个会计年度。

3.记帐本位币:

记帐本位币为人民币。

4.记帐原则和计价基础:

公司以权责发生制为记帐基础,以历史成本为计价原则。

5.现金等价物的确定标准:

凡同时具备期限短(从购买日起,三个月内到期)、流动性强、易于转换为已知金额现金、价值变动风险很小等四个条件的投资确定为现金等价物。

6.坏帐核算方法:

坏帐损失采用备抵法核算,按照帐龄分析法计提,根据债务单位的财务状况、现金流量等情况,规定的提取比例为:

(1)应收集团公司所属单位及子公司的应收款项,1年以内(含1 年)不计提坏帐准备;1年以上、2年以下(含2年)计提比例5‰;2年以上、3年以下(含3年)计提比例5%;3年以上提比例10%。

(2)应收集团公司以外单位的应收款项,1年以内(含1年)计提比例 1%;1 年以上、2年以下(含2年)计提比例3%;2年以上、3年以下(含 3年)计提比例5 %;3年以上提比例10%。

坏帐按以下原则进行确认:

(1)因债务人破产,依照法律程序清偿后,确实无法收回的应收款项;

(2)因债务人死亡,既无遗产可清偿,又无义务承担人, 确实无法收回的应收款项;

(3)因债务人逾期三年未履行偿债义务且有明显特征表明无法收回的应收款项,经公司董事会批准,可以列作坏帐的应收款项。

7.存货核算方法:

(1)存货包括:物资采购、原材料、产成品、自制半成品、低值易耗品等;

(2)物资采购按取得时的实际成本计价,原材料按计划成本核算, 月末按照发出各种原材料的计划成本计算结转差异;

(3)产成品及在产品按实际成本计价,产成品发出时按加权平均法计价;

(4)低值易耗品采用一次摊销法核算。

期末存货成本按成本与可变现净值孰低计价。

8.长期投资核算方法:

(1)长期股权投资包括股票投资和其他股权投资。 长期股权投资按投资时支付的全部价款入帐;

(2)投资企业对被投资单位无控制、无共同控制且无重大影响的,长期股权投资采用成本法核算;投资企业对被投资单位具有控制、共同控制或重大影响的,长期股权投资采用权益法核算;对持有50%(不含50%)以上被投资单位权益性资本,以及虽不持有50%以上的权益性资本,但对被投资单位具有实质性控制权的,采用权益法核算并合并会计报表;

(3)对外长期股权投资取得成本与其在被投资单位所有者权益中所占份额之间的差额计入长期股权投资差额,合同规定了投资期限的按投资期限摊销,没有规定投资期限的按10年摊销;

(4)长期债权投资的核算方法:按实际成本法核算, 并按权责发生制原则计算应计利息。

(5)对被投资单位由于市价持续下跌或经营状况恶化等原因导致长期投资可收回金额低于其帐面价值的,并且这种降低的价值在可预计的未来期间内不可能恢复时,按可收回金额低于长期投资帐面价值的差额,计提长期投资减值准备。

9.固定资产计价和折旧方法:

公司的固定资产是指使用期限超过一年的房屋、建筑物、机器、机械、运输工具以及其他与生产、经营有关的设备、器具、工具等。不属于生产经营主要设备的物品,单位价值在2000元以上,并且使用期限超过2年的,也作为固定资产。 评估入帐的固定资产按重置成本计价,其他固定资产按历史成本入帐,采用直线法计提折旧,并预计3-5%的残值,固定资产分类折旧率如下

类　别	使用年限(年)	预计残值率(%)	年折旧率(%)
房屋建筑物	20-30	5	3.17-4.75
通用设备	15	5	6.33
专用设备	8-10	3	9.70-12.13
运输工具	7	3	13.86

其 他	5-8	3	12.13-19.40

10.在建工程核算方法：

在建工程在工程完工交付使用后确认为固定资产，在建工程在交付使用前发生的利息计入工程成本。

11.收入实现的确认原则：

在同时符合下列条件时确认销售商品收入：

(1)已将商品所有权上的主要风险和报酬转移给购货方；

(2)既没有保留通常与所有权相联系的继续管理权，也没有对已售出的商品实施控制；

(3)与交易相关的经济利益能够流入企业；

(4)相关的收入和成本能够可靠地计量。

12.所得税的会计处理方法：

所得税的会计处理方法采用应付税款法。

13.利润分配方法

根据公司法和公司章程的规定，按当年度税后利润的10%提取法定公积金，按5%-10%提取法定公益金。

九、公司的其他有关资料

(一)公司首次注册登记日期、地点：1997年8月22日；山东省济南市；

(二)企业法人营业执照注册号：26717943-3-1；

(三)税务登记号码：371200267179433；

(四)公司未流通股票托管机构：上海证券中央登记结算公司；

(五)公司聘请的会计师事务所：山东乾聚有限责任会计师事务所；办公地点：山东省烟台市。

十、备查文件

(一)载有法定代表人、主管会计工作负责人、会计机构负责人签名并盖章的会计报表；

(二)载有会计师事务所盖章、注册会计师签名并盖章的审计报告正本；

(三)报告期内在中国证监会指定报纸上公开披露过的所有公司文件的正本及公告的原稿。

莱芜钢铁股份有限公司董事会

二00一年二月四日

资产负债表

编制单位：莱芜钢铁股份有限公司　　单位：人民币元

	1999年度(母公司)	2000年度(合并)	2000年度(母公司)
流动资产：			
货币资金	130195928.94	24882754.71	19509891.8
短期投资			
减：短期投资跌价准备			
短期投资净额			
应收票据			
应收股利			
应收利息			
应收帐款	166237142.84	169265769.17	169153037.72
其它应收款	67177345.3	100070503.62	99099510.26
减：坏帐准备	992046.35	3431764.26	3377578.02
应收帐款净额	232422441.79	265904508.53	264874969.96
预付帐款	12020600.34	38170806.79	36451520.31
应收补贴款			
存货	733515628.85	605615432.85	603474083.21
减：存货跌价准备	3400000	6890600.49	6785336.89
存货净额	730115628.85	598724832.36	596688746.32
待摊费用			
待处理流动资产净损失		-6538.33	
一年内到期的长期债权投资			
其它流动资产			
流动资产合计	1104754599.92	927676364.06	917525128.39
长期投资：			
长期股权投资	30000000	59289992.7	74650440.33
长期债权投资			
其它长期投资			
长期投资合计	30000000	59289992.7	74650440.33
减：长期投资减值准备			
长期投资净额	30000000	59289992.7	74650440.33
其中：合并价差		-714007.3	
股权投资差额			
固定资产：			
固定资产原值	3853293852.58	4929371763.13	4917316279.71
减：累计折旧	996970995.09	1286802391.96	1286020477.19
固定资产净值	2856322857.49	3642569371.17	3631295802.52
工程物资		2433567.82	2433567.82
在建工程	369483126.85	503035099.08	494944817.19
固定资产清理			
待处理固定资产净损失			
固定资产合计	3225805984.34	4148532754.07	4128674187.53
无形及其它资产：			
无形资产		312136.61	
开办费		1048611.23	
长期待摊费用			
其它长期资产			
无形资产及其它资产合计		1360747.84	
递延税项：			
递延税款借项			
资产总计：			
资产总计	4360560584.26	5136859858.67	5120849756.25
流动负债：			
短期借款	332000000	130000000	130000000
应付票据	62968059.69	3073347	3073347
应付帐款	153163014.5	258735612.11	258565701
预收帐款	12391893.3	100881876.39	100857256.17
代销商品款			
应付工资	22580866.04	28217919.11	28092557.92
应付福利费	45547628.78	60200038.29	60107122.3
应付股利		226507320	226507320
应付税金	-30846627.51	23708264.7	23139422.3
其它应交款	1537016.59	7217376.96	7201937.91
其它应付款	160004111.09	145566536.27	145128556.05
应付短期债券			
预提费用		6794.06	
一年内到期的长期负债	26296452	28991592	28991592
其它流动负债			
职工奖励及福利基金			
流动负债合计	785642414.48	1013106676.89	1011664812.65
长期负债：			
长期借款	990574362.06	1220490397.38	1220490397.38
应付债券	54019166	57729158	57729158
长期应付款			
住房周转金			
其它长期负债		163.34	
长期负债合计	1044593691.4	1278219555.38	1278219555.38
递延税项：			
递延税项贷款			
负债合计：			
负债合计	1830236105.72	2291326232.27	2289884368.03
少数股东权益：			
少数股东权益		14568238.18	
股东权益：			
股本	871182000	871182000	871182000
资本公积金	969386700.52	969386700.52	969386700.52
盈余公积	209474155.6	314903801.54	314903801.54
其中：公益金	104737077.8	157451900.77	157451900.77
未确认的外资损失			
未分配利润	480281622.42	675492886.16	675492886.16
外币报表折算差额			
股东权益合计	2530324478.54	2830965388.22	2830965388.22
负债和股东权益总计：			
负债和股东权益总计	4360560584.26	5136859858.67	5120849756.25

利润及利润分配表

编制单位：莱芜钢铁股份有限公司　　单位：人民币元

	1999年度(母公司)	2000年度(合并)	2000年度(母公司)
一、主营业务收入	3990796866.28	4525407567.87	4525089979.92
减：折扣与折让			
主营业务收入净额	3990796866.28	4525407567.87	4525089979.92
减：主营业务成本	3391862322.83	3664349824.5	3663957685.01
主营业务税金及附加	8563114.1	18879970.69	18879970.69
二、主营业务利润	590371429.35	842177772.68	842252324.22
加：其他业务利润	1016552.99	5229560.38	5251896.09
减：存货跌价损失	3400000	3490600.49	3385336.89
营业费用	14026861	24468344.06	24186577.86
管理费用	114405476.55	144867772.99	143833892.76
财务费用	12168451.96	41921625.75	41852681.25
三、营业利润	447387192.83	632658989.77	634245731.55
加：投资收益		64909.75	-749559.67
期货损益			
补贴收入			
营业外收入	3255937.62	4880498.99	4880488.99
以前年度损益调整			
减：营业外支出	5617116.47	14714133.19	14714133.19
分给外单位利润			
四、利润总额	445026013.98	622890265.32	623662527.68
减：所得税	150797486.29	212331455.63	212331455.63
少数股东损益		-772262.36	
职工奖励及福利基金			
购并利润			
加：未确认的投资损失			
所得税返还	82253174.34	115817157.63	115817157.63
五、净利润	376481702.03	527148229.68	527148229.68
加：年初未分配利润	179096260.79	480281622.42	480281622.42
盈余公积转入数			
年初未分配利润调整			
减少注册资本减少的未分配利润			
外币报表折算差额			
减：股份公司成立前利润分配			
六、可供分配的利润	555577962.82	1007429852.1	1007429852.1
减：提取法定盈余公积金	37648170.2	52714822.97	52714822.97
提取法定公益金	37648170.2	52714822.97	52714822.97
提取职工奖励福利基金			
七、可供股东分配的利润	480281622.42	902000206.16	902000206.16
减：应付优先股股利			
提取任意盈余公积金			
应付普通股股利		226507320	226507320
转作股本的普通股股利			
八、未分配利润	480281622.42	675492886.16	675492886.16

现金流量表

编制单位：莱芜钢铁股份有限公司　　单位：人民币元

	2000年度(合并)	2000年度(母公司)
一、经营活动产生的现金流量：		
销售商品、提供劳务收到的现金	5381441691.69	5380852174.73
收取的租金	100227.23	
收到的增值税销项税款和退回的增值税款		
收到的除增值税以外的其它税费返还	69039000	69039000
收到的其它与经营活动有关的现金	11157965.46	11157965.46

经营活动产生的现金流入小计	5461738884.38	5461049140.19
购买商品、接受劳务支付的现金	3542376185.39	3539867359.61
经营租赁所支付的现金		
支付给职工以及为职工支付的现金	294032651.44	293500181.33
支付的增值税款	179328270	179201042.96
支付的所得税款	206108022.7	206108022.7
支付的除增值税、所得税以外的其它税费	12982581.52	12982581.52
支付的其它与经营活动有关的现金	116835985.1	115139730.06
经营活动产生的现金流出小计	4351663696.15	4346798918.18
经营活动产生的现金流量净额	1110075188.23	1114250222.01
二、投资活动产生的现金流量：		
收回投资所收到的现金		
分得股利或利润所收到的现金		
取得债券利息收入所收到的现金		
处置固定资产、无形资产和其它长期资产而收回的现金净额	21596.02	21596.02
收到的其它与投资活动有关的现金		
投资活动产生的现金流入小计	21596.02	21596.02
购建固定资产、无形资产和其它长期资产所支付的现金	1162861689.24	1156119634.24
权益性投资所支付的现金	30004000	45400000
债权性投资所支付的现金		
支付的其它与投资活动有关的现金	730000	
投资活动产生的现金流出小计	1193595689.24	1201519634.24
投资活动产生的现金流量净额	-1193574093.22	-1201498038.22
三、筹资活动产生的现金流量：		
吸收权益性投资所收到的现金	5600000	
其中：子公司吸收少数股东权益性投资收到的现金		
发行债券所收到的现金		
借款所收到的现金	62600000	57000000
收到的其它与筹资活动有关的现金	57082	
筹资活动产生的现金流入小计	68257082	57000000
偿还债务所支付的现金	35892928.49	26388824.68
发生筹资费用所支付的现金		
分配股利或利润所支付的现金		
其中：子公司支付少数股东的股利		
偿付利息所支付的现金	54178422.75	54049396.25
融资租赁所支付的现金		
减少注册资本所支付的现金		
其中：子公司依法减资支付给少数股东的现金		
支付的其它与筹资活动有关的现金		
筹资活动产生的现金流出小计	90071351.24	80438220.93
筹资活动产生的现金流量净额	-21814269.24	-23438220.93
四、汇率变动对现金的影响：		
汇率变动对现金的影响		
五、现金及现金等价物净增加额：		
现金及现金等价物净增加额	-105313174.23	-110686037.14

附注：		
1、不涉及现金收支的投资和筹资活动：		
以固定资产偿还债务		
以投资偿还债务		
以固定资产进行长期投资		
以存货偿还债务		
融资租赁固定资产		
2、将净利润调节为经营活动的现金流量：		
净利润	527148229.68	527148229.68
加：少数股东损益		
购并利润		
计提的坏帐准备或转销的坏帐	5737933.41	5737933.41
固定资产折旧	261183043	260699083.72
无形资产及其他资产摊销	16000	
待摊费用的减少(减增加)		
预提费用的增加(减减少)		
处置无形资产、固定资产和其它长期资产的损失(减收益)	-21596.02	-21596.02
固定资产报废损失	11214815.84	11214815.84
财务费用	35429777.75	35357833.25
投资损失(减收益)	-64909.75	749559.67
递延税款贷项(减借项)		
存货的减少(减增加)	127900196	130041545.64
经营性应收项目的减少(减增加)	-62071991.1	-59268979.81
经营性应付项目的增加(减减少)	199856589.43	198421519.25
增值税增加净额		
其它	3747099.99	4170277.38
经营活动产生的现金流量净额	1110075188.23	1114250222.01
3、现金及现金等价物净值增加情况：		
货币资金的期末余额	24882754.71	19509891.8
减：货币资金的期初余额	130195928.94	130195928.94
现金等价物的期末余额		
减：现金等价物的期初余额		
现金及现金等价物净增加额	-105313174.23	-110686037.14

福建省青山纸业股份有限公司

福建省青山纸业股份有限公司2000年年度报告摘要

重要提示：本公司董事会保证本报告所载资料不存在任何虚假记载、误导性陈述或者重大遗漏，并对其内容的真实性、准确性和完整性负个别及连带责任。公司年度财务会计报告已经福建华兴有限责任会计师事务所审计并出具无保留意见的审计报告。

一、公司简介

㈠ 中文名称：福建省青山纸业股份有限公司
英文名称：Fujian Qingshan Paper Industry Co.,Ltd.
缩　写：青山纸业
㈡ 法定代表人：黄国英
㈢ 董事会秘书：陈炳生
证券事务代表：林建平
联系方式：
1. 地址：福州市六一北路216号晋安花园三喜阁青山投资部
电话：0591-7588133
传真：0591-7588745
邮编：350013
Email: qszy@pub1.fz.fj.cn
2. 地址：福建省青山纸业股份有限公司投资部
电话：0598-5655167
传真：0598-5655168
邮编：365506
㈣ 注册地址：福州市马尾经济技术开发区君竹路
办公地址：福建省沙县青州镇
邮　编：365506
㈤ 公司选定的信息披露报纸：《中国证券报》、《上海证券报》
登载公司年度报告的中国证监会指定国际互联网网址：www.see.com.cn
公司年度报告备置地点：公司投资部
㈥ 股票上市交易所：上海证券交易所
股票简称：青山纸业　　股票代码：600103

二、主要财务数据和指标

㈠ 本年度实现利润总额及构成情况　（单位：人民币元）

项　目	金　额
利润总额	190064225.27
净利润	167816924.03
扣除非经营性损益后的净利润	164397925.92
主营业务利润	196629564.11
其他业务利润	15259634.64
营业利润	155874242.55
投资收益	32256842.48
补贴收入	1268340.52
营业外收支净额	664799.72
经营活动产生的现金流量净额	132792052.61
现金及现金等价物增加额	-64490963.32

注：扣除的非经常性损益项目和涉及金额

1. 处置报废固定资产净损失	424384.16
2. 违约金收入	-1439290.00
3. 股权差额(合并价差)	-1920905.24
4. 补贴收入	-1268340.52
5. 缴纳税检滞纳金及罚款	405625.68

注："一"号表示非经常性项目下的收益.

㈡ 近三年主要会计数据和财务指标　（单位：人民币元）

项　目	2000年	1999年	1998年调整后	1998年调整前
主营业务收入	885772571.94	542429655.75	532171827.13	532171827.13
净利润	167816924.03	110460702.76	135469485.12	145787955.85
总资产	2389614258.85	2058651799.42	1656124274.88	1674620942.17
股东权益(不含少数股东权益)	1586266997.05	1436107573.02	1104061868.66	1120911549.31
每股收益(全面摊薄)	0.238	0.313	0.468	0.504
每股收益(加权平均元/股)	0.238	0.356	0.468	0.504
扣除非经营性损益后的每股收益	0.233	0.3115	0.4707	0.506
每股净资产(元/股)	2.246	4.067	3.815	3.87
调整后的每股净资产(元/股)	2.23	4.055	3.8	3.85
每股经营活动产生的现金流量净额(元/股)	0.188	0.43	0.46	0.46
净资产收益率(%)	10.58	7.69	12.27	13.01

注：主要财务指标计算公式如下
每股收益=净利润/报告期末普通股股份总数
净资产收益率=净利润/报告期末股东权益×100%
每股净资产=报告期末股东权益/报告期末普通股股份总数
调整后的每股净资产=报告期末股东权益-三年以上的应收款项净额-待摊费用-待处理（流动、固定)资产净损失-开办费-长期待摊费用-住房周转金负数余额]/报告期末普通股股份总数

㈢ 利润表附表

报告期利润	净资产收益率 全面摊薄	净资产收益率 加权平均	每股收益 全面摊薄	每股收益 加权平均
主营业务利润	12.40	12.99	0.278	0.278
营业利润	9.83	10.29	0.221	0.221
净利润	10.58	11.08	0.238	0.238
扣除非经营性损益后的净利润	10.36	10.86	0.233	0.233

注：计算公式
全面摊薄净资产收益率=报告期利润÷期末净资产
全面摊薄每股收益=报告期利润÷期末股份总数
加权平均净资产收益率=报告期利润÷(期初净资产+报告期净利润÷2+报告期发行新股或债转股等新增净资产×新增净资产下一月份起至报告期期末的月份数÷报告期月份数-报告期回购或现金分红等减少净资产×减少净资产下一月份起至报告期期末的月份数÷报告期月份数)
加权平均每股收益=报告期利润÷(期初股份总数+报告期因公积金转增或股票股利分配等增加股份数+报告期因发行新股或债转股等增加股份数×增加股份下一月份起至报告期期末的月份数÷报告期月份数-报告期因回购或缩股等减少股份数×减少股份下一月份起至报告期期末的月份数÷报告期月份数)

（四）股东权益变动情况及原因

项　目	股　本	资本公积	盈余公积	法定公益金	未分配利润
期初数	353150000.00	646741536.15	169007770.33	56877311.70	267208266.54
本期增加	353150000.00		33563384.80	16781692.40	134253539.23
本期减少		282520000.00			88287500.00
期末数	706300000.00	364221536.15	202571155.13	73659004.10	313174305.77

续上表：

项　目	股东权益合计
期初数	1436107573.02
本期增加	150159424.03
本期减少	17657500.00
期末数	1586266997.05

变动原因：1. 本期股本增加，资本公积、未分配利润减少，系因本年度实施每10股送2股，资本公积转增8股，派发红利0.5元。
2. 盈余公积、法定公益金增加是从本年度净利润各提取10%。
3. 未分配利润本期增加系本年度经营所产生的净利润(扣除提取"两金")。

三、股本变动和主要股东持股情况

㈠ 截止2000年12月31日，公司股东总数为285044户，其中高管股东8户。
㈡ 股本变动情况
股份变动情况表　　单位：万股

	本次变动前	本次变动增减(+、-) 配股	送股	公积金转股	增发	其他	小计	本次变动后
(1) 尚未流通股份								
1 发起人股份								
其中：国有法人股	12791		2558.2	10232.8				25582
境内法人持有股份								
其他								
2 募集法人股	203		40.6	162.4				406
3 内部职工股	16.791		3.3582	13.4328				33.582
4 优先股或其他								
尚未流通股份合计	13010.791		2602.1582	10408.6328				26021.582
(2) 已流通股份	22304.209		4460.8418	17843.3672				44608.418
境内上市的人民币普通股								
已流通股份合计	22304.209		4460.8418	17843.3672				44608.418
(3) 股份总数	35,315		7063	28252				70630

㈢ 公司前10名股东持股情况　（单位：股）

名次	股东名称	报告期末持股数(股)	占总股本(%)	股份性质
1	青州造纸	160000000	22.65	国有法人股
2	国投机轻	58440000	8.27	国有法人股
3	福建轻纺	24000000	3.39	国有法人股
4	华兴信托	13380000	1.89	国有法人股
5	永安林业	4000000	0.56	国有法人股
6	朱洪涛	441400	0.062	流通股
7	张　焱	440000	0.062	流通股
8	李兰珍	427965	0.061	流通股
9	兴和基金	377936	0.054	流通股
10	王艳利	370200	0.054	流通股

说明：1. 公司第一大股东——福建省青州造纸厂以其持有的部分国有法人股计6,000万股质押给福建省南纸股份有限公司，质押期限为1999年5月17日至2002年12月31日止。持股5%(含5%)以上的其它法人股东所持股份未发生质押、冻结等情况。
2. 公司第一大股东——福建省青州造纸厂于2000年4月7日以无偿划拨方式将其持有的部分国有法人股1,200万股转让给福建省轻纺工业总公司。公司第三大股东是公司第一大股东国有资产授权管理单位，两者属关联关系。其余前10名股东之间不存在关联关系。
资产授权管理单位，两者属关联关系。其余前10名股东之间不存在关联关系。

四、股东大会简介

报告期内，公司召开股东大会三次。
㈠ 2000年5月17日，公司召开1999年度股东大会，出席本次股东大会股东及其代表共35人，代表股份12830.1638万股，占公司总股本的36.33%，会议审议通过如下内容：
1. 审议通过了《公司1999年度报告》；
2. 审议通过了《公司1999年度董事会工作报告》；
3. 审议通过了《公司1999年度监事会工作报告》；
4. 审议通过了《公司1999年度财务决算报告》；
5. 审议通过了《公司1999年度利润分配预案》；
6. 审议通过了《关于修改公司董事会投资权限的议案》；
7. 审议通过了《关于聘请会计师事务所的议案》。
本次会议决议公告刊登于2000年5月18日的《中国证券报》、《上海证券报》。
㈡ 2000年7月16日，公司召开2000年度第一次临时股东大会，出席本次临时股东大会的股东及其代表共19人，代表股份13460.5343万股，占公司总股本的38.12%，会议审议通过如下内容：
1. 以累积投票制方式选举产生公司第三届董事会董事成员：黄国英先生、张小麟先生、周立成先生、苏颖倩女士、黄振光先生、刘凯风先生、唐福民先生、陈永泉先生、刘天金先生。
2. 以累积投票制方式选举产生应由股东大会选出的监事3人：张玲女士、孙毅女士、曲立新先生。由职工代表直接选举产生的监事2人：赵文修先生、陈文水先生。

上 海 汽 车 股 份 有 限 公 司

上海汽车股份有限公司2000年年度报告摘要

重要提示:本公司董事会保证本报告所载资料不存在任何重大遗漏、虚假陈述或者严重误导,并对其内容的真实性、准确性和完整性负个别及连带责任。

一、公司简介

1、公司法定中文名称:上海汽车股份有限公司
公司英文名称:SHANGHAI AUTOMOTIVE CO.,LTD.
公司英文名称缩写:SA
2、公司法定代表人:陈祥麟
3、公司信息披露机构:证券部
董事会秘书:张锦根
董事会授权代表:李小彬
联系电话:021-64158999转证券部
传真:021-64730567
联系地址:上海市淮海中路755号东楼18层(新华联大厦)
4、公司注册地址:上海市淮海中路755号
公司办公地址:上海市淮海中路755号东楼18层(新华联大厦)
公司邮政编码:200020
公司国际互联网网址:http://www.china-sa.com
公司电子信箱:stoc@china-sa.com
5、公司信息披露的报刊为《上海证券报》、《中国证券报》、《证券时报》。
登载公司年度报告的中国证监会指定的国际互联网网址:http://www.sse.com.cn
公司年度报告备置地点:上海市淮海中路755号东楼18层(公司办公地)
6、公司股票上市地:上海证券交易所
股票简称:上海汽车　股票代码:600104

二、会计数据和业务数据摘要

1、本年度利润总额及构成　(单位:元　合并报表)

利润总额	849,099,821.14
其中:主营业务利润	932,155,413.93
其他业务利润	15,273,574.11
投资收益	366,640,274.77
补贴收入	28,048,000.00
营业外收支净额	4,014,576.92
净利润	742,266,939.56
扣除非经常性损益后的净利润	749,136,421.02
经营活动产生的现金流量净额	551,649,098.00
现金及现金等价物净增加额	-108,415,616.69

注:扣除非经常性损益后的净利润指扣除新股申购无效资金的利息摊销数4,109,650.66元和股权投资差额摊销数-10,979,132.12元后的净利润。

2、截止报告年度末公司的主要会计数据及财务指标

序号	栏目	单位	2000年度	1999年度
1	主营业务收入	(元)	2,493,430,027.23	2,434,192,696.91
2	净利润	(元)	742,266,939.56	714,352,883.75
3	总资产	(元)	6,807,967,212.40	6,055,843,580.60
4	股东权益	(元)	4,795,929,992.34	4,065,770,433.11
5	每股经营活动产生的现金净流量	(元/股)	0.394	0.671
6	每股收益 (摊薄)	(元/股)	0.53	0.510
7	每股收益(扣除非经常性损益后)	(元/股)	0.535	0.517
8	每股净资产	(元/股)	3.43	2.904
9	调整后的每股净资产	(元/股)	3.40	2.876
10	净资产收益率	(%)	15.48	17.57

根据中国证监会《公开发行证券公司信息披露规则(第9号)》要求计算2000年报告期利润的净资产收益率和每股收益:

报告期利润	净资产收益率		每股收益	
	全面摊薄	加权平均	全面摊薄	加权平均
主营业务利润	19.44%	21.01%	0.666	0.666
营业利润	9.39%	10.15%	0.322	0.322
净利润	15.48%	16.73%	0.530	0.530
扣除非经常性损益后的净利润	15.62%	16.88%	0.535	0.535

每股收益=净利润/年度末普通股股份总数
每股净资产=年度末股东权益/年度末普通股股份总数
调整后的每股净资产=(年度末股东权益-三年以上的应收款项净额-待摊费用-待处理(流动、固定)资产净损失-开办费-长期待摊费用)/年度末普通股股份总数
每股经营活动产生的现金流量净额=经营活动产生的现金流量净额/年度末普通股股份总数
净资产收益率=净利润/年度末股东权益×100%

3、报告期内股东权益变动情况

项目	股本	资本公积	盈余公积	其中法定公益金	未分配利润	股东权益合计
期初数	1,400,000,000	2,028,280,057.14	305,590,508.83	128,855,204.39	331,899,867.14	4,065,770,433.11
本期增加		142,024.80	161,739,795.36	73,084,060.12	742,266,939.56	904,148,759.72
本期减少					173,989,200.49	173,989,200.49
期末数	1,400,000,000	2,028,422,081.94	467,330,304.19	201,939,264.51	900,177,606.21	4,795,929,992.34

变动原因:(1)资本公积增加系对宝山分厂设备投资评估增值部分;
(2)盈余公积和法定盈余公积变动系本年度利润提取数额;
(3)未分配利润变动系本年度利润增加和年度利润分配。

三、股本变动及股东情况

1、股本变动情况
(1)股本变动情况表

	期初数	职工股上市	送股及转增股增加	年末数	比例
一、尚未流通股份					
1、国家股股份	980,000,000		0	980,000,000	70%
2、内部职工股	0	0		0	0
二、已流通股份					
境内上市的人民币普通股	420,000,000	0	0	420,000,000	30%
三、股份总数	1,400,000,000		0	1,400,000,000	100%

(2)股票发行与上市情况
本公司股票发行日期为1997年11月7日,发行价格为7.02元,发行数量300,000,000股,上市日期1997年11月25日,获准上市交易数量270,000,000股,另30,000,000公司职工股于1998年5月25日获准上市交易,原托管机构为上海证券中央登记结算中心。
1998年公司股本发生变动,其原因是:
①1998年5月25日公司职工股获准上市交易;
②1998年9月15日公司实施每10股转增1.5股及每10股送2.5股红股的分配方案。
2、股东情况:
(1)截止本报告期末股东总数为163,551户。
(2)报告期内控股股东仍为上海汽车工业(集团)总公司,持有本公司股份980,000,000股,占公司总股本70%。
(3)前十名股东情况

名次	股东名称	年末持股数(股)	占总股本百分比
(1)	上海汽车工业(集团)总公司(国家股)	980,000,000	70%
(2)	金鑫基金	7,305,340	0.522%
(3)	安顺基金	5,619,531	0.401%
(4)	天发投资	3,946,975	0.282%
(5)	上海天投	2,561,780	0.183%
(6)	安信基金	2,432,999	0.174%
(7)	轻质材料	2,430,979	0.174%
(8)	天安数码	2,352,235	0.168%
(9)	金色假日	2,224,073	0.159%
(10)	金泰基金	1,662,585	0.119%

注:(Ⅰ)我公司前十名股东中第一名股东为国有股股东,2000年未发生股份变动;其余为社会公众股股东,其所持股份的增减变化系二级市场买卖所至。
上海汽车工业(集团)总公司持有国有股980,000,000股,占本公司总股本70%。
该总公司法人代表:陈祥麟
该总公司生产经营范围:轿车、摩托车、载重车、拖拉机、大客车等整车及其配套零部件
(Ⅱ)公司与第(2)至(10)名股东之间不存在关联交易,与第一大股东的关联交易详见财务报告。

四、股东大会简介

1、公司于2000年5月9日在《上海证券报》、《中国证券报》和《证券时报》上刊登召开第五次股东大会暨1999年度股东年会的公告,并于2000年6月26日在上海市翔殷路700号(上海第二军医大学礼堂)召开,参加人数为685人,代表股权数1,011,252,387股,占公司总股本的72.23%。会议通过的决议内容:《1999年度董事会工作报告》;《1999年度监事会工作报告》;《1999年度总经理业务报告》;《1999年度财务决算报告》;《1999年度利润分配报告》;《增补公司董事的议案》;《前次募集资金使用情况说明》、《关于控股股东参与配股的说明》、《2000年度增资配股的方案》、《配股募集资金投向的可行性报告》、《关于续聘大华会计师事务所有限公司的报告》。
公司第五次股东大会暨1999年度股东大会决议刊登在2000年6月27日的《上海证券报》、《中国证券报》和《证券时报》上。
2、公司第六次股东大会暨2000年临时股东大会2000年10月24日上海市富民路291号上海沪警会堂召开,参加人数204人,代表股份996,367,263股,会议审议通过《关于投资南方证券股份有限公司的议案》,会议公告刊登在10月24日的《上海证券报》、《中国证券报》和《证券时报》上。

五、董事会工作报告

(一)公司经营情况
1、公司所处行业
本公司所处行业是汽车行业。公司2000年通过了上海高新技术企业的评审;获上海市工商局免检企业证书;获上海市A类纳税人证书;通过上海远东资信评估有限公司AAA级资信等级评估;还被评为1999年度全国上市公司50强之一,1999年各项经济指标综合名列上海上市公司第三名。公司母体汽车齿轮总厂2000年被评为全国质量管理先进集体。
2、公司主营业务的范围及经营情况
公司主营业务为投资参股整车企业(上海通用),生产、经营汽车变速器、RC30系列传动箱、拖拉机变速器、转向器等零部件及汽车悬架弹簧等。
2000年,随着中国即将加入WTO,国际上所有知名品牌的轿车制造商几乎都蓄势竞争这一潜在的大市场,从而导致国内轿车市场的激烈竞争进一步加剧,在公司母体企业上海汽车齿轮总厂正处于产品结构调整过程中、在内配套量和配套价格有所调整的情况下,公司以迎接加入WTO的挑战为契机,一方面以加强管理为基础,以开拓市场为关键,以降低成本为核心,以开发新品为重点,重点抓了三个创新和两个整合。"三个创新"就是开展技术创新、管理创新和机制创新。
技术创新,公司以技术创新为立足点,积极推进新材料、新技术、新工艺的运用和开发,加强进行国际技术合作,成功开发与SGM家轿配套项目。通过加大技术创新力度,提高技术创新能力,增强企业核心竞争力,2000年公司通过了上海市高新技术企业评审,被授予高新技术企业证书;从而使公司产品的市场占有率稳步攀升,全部新产品产值率为77%,重点新产品产值率为70.9%。
管理创新,质量管理是拓展市场的支撑点,建立以市场质量管理为重心的质量保证体系,加强质量管理的深度和力度,加强内部VDA6.3培训,努力使产品质量达到"零缺陷"和"100%顾客满意率"。通过各项质量工作的有效开展,2000年汽齿总厂被评为全国质量管理先进集体。在采购管理方面完善采购工作的管理体系,对采购工作进行全面把关,完成年初提出的采购成本下降8%的目标。财务管理方面加强了企业的预算管理,使资金最大限度实现增值,同时通过了AAA级资信等级的评估。营销管理方面积极拓展业务范围,建立销售人员的收入和销售额、应收款进行挂钩的奖励约束机制,应收帐款有较大下降;出口创汇比去年同期增长75%。
机制创新,根据建立现代企业制度的有关要求,公司进一步完善了法人治理结构,初步尝试任用干部的竞聘上岗机制,为企业发展增强了后劲。
其次是对内、对外进行资产整合。在对内进行资产整合方面,通过对企业内部产品结构调整,带动企业的内部资产整合,发挥资产的配置优势,逐步淘汰陈旧过时的设备资产,并形成设备资产的梯度转移,使优质资产生产出优质产品,接近淘汰的设备也能发挥其最后的作用。在对外进行资产整合方面公司开展了战略投资者项目,并参股了上汽财务公司、上海巨龙三禾信息产业股份有限公

司，与上汽集团联合组建上海汽车信息产业投资有限公司，参股南方证券股份有限公司，同时公司的首次配股项目获得了国家证监会的审核通过，目前已正在实施。

本着对广大投资者负责，以取得投资收益最大化为目标，加强资金运作，提高自有资金增值率，在深入分析的基础上，谨慎决策，从而成为多家上市公司的战略投资者，由此继续保持公司良好的经营业绩和财务状况，全员劳动生产率进一步提高，全面完成了公司全年预期的各项经济指标。

3、在经营中出现的问题与困难及解决方案

由于国内轿车市场的激烈竞争进一步加剧，各项配套价格的调整，造成母公司主营业务收入及主营利润有所下降。

针对上述问题和困难，公司采取以下对策，一是根据市场需求，调整产品结构，拓展国内外市场。汽齿总厂成功开发出沈阳金杯面包车、厦门金龙、海南马自达、南京依维科等国内轻型客车系列变速箱，并形成年产4~5万辆的配套生产能力。重点选择国外有实力贸易公司建立长期合作关系，加大产品开发力度，形成UO125、T-4D等系列共12大类新产品，通过加强成本管理，提高劳动效率，使该等出口产品有了盈利，并积累向国际性产品挑战的经验。二是全面落实管理创新和技术创新两大目标，通过强化管理和技术攻关，深入开展降本挖潜，从精益生产向精益经营转化，提高质量能力，提高企业运作效率，增加企业效益。可比产品成本下降5%。三是加快市场营销机制的建设，增强市场营销人员的力量，建立激励机制，建成较为完善的售后服务体系。

（二）公司财务状况

根据2000年合并会计报表，公司主营业务净收入249,343.00万元，比上年增长2.43%；实现利润总额84,909.98万元，比上年增长3.1%；其中主营业务利润93,215.54万元，净利润为74,226.69万元。

公司2000年末总资产为680,796.72万元，比年初增长12.4%；股东权益为479,593.00万元，比上年增长17.9%。

以上数据较好地显示了公司的经营业绩和财务状况，这是公司生产经营与资本经营成功结合的结果。

大华会计师事务所有限公司出具了无保留意见的审计报告。

（三）公司投资情况

1、报告期内募集资金的使用情况

根据公司1997年招股说明书承诺，所募集资金20.82亿元已全部按原项目投入，无节余资金，详细情况已在1999年度报告中披露。

2、报告期内非募集资金的投资情况

（1）出资7,102.38万元受让上海汽车工业（集团）总公司持有的上海通用汽车有限公司1%股权。

（2）出资4,000万元与上海汽车工业（集团）总公司共同组建上海汽车信息产业投资有限公司，并拥有该公司40%股权。（该项目属本公司2000年配股项目，先行垫支。）

（3）出资500万元投资上海巨龙三禾信息科技股份有限公司，我公司占该公司总股本12.56%。

（4）出资5.2亿元投资上海汽车集团财务有限责任公司，占其40%股权。（该项目属本公司2000年配股项目，先行垫支。）

（5）出资3.96亿元参股南方证券股份有限公司，占其总股本10.41%。

（6）出资近0.9亿元，成为首创股份、丝绸股份、佛塑股份、乌江电力、首旅股份等5家上市公司的战略投资者。

（四）生产经营环境等变化对公司影响

中国面临加入WTO的机遇和挑战，众多国外汽车生产商纷纷打入这个潜在的大市场，加之国内各汽车生产厂家也纷纷推出新经济车型，使竞争更加激烈。公司通过适时调整产品结构，提高科技含量，加快新产品开发，以新产品拓展市场，不断提高企业核心竞争能力。

（五）新年度的业务发展计划

2001年是我国第十个五年计划的第一年，也是我国轿车工业面临挑战与机遇并存，困难与希望同在的关键一年。在2001年度公司将完成增资配股，从而使公司的资本规模，经营范围又上升到一个新的阶段。2001年公司将以加快新产品开发，加速结构调整，提高企业核心竞争力为重点，全面开展"四大工程"，增强"四个工作力度"。

●用户满意工程。即深入贯彻"质量是企业的生命"的理念，树立市场质量的危机意识，加强多品种全方位的质量管理，全面落实"用户满意"工程，使用户抱怨率下降20%；并形成质量快速反馈机制，不断努力实现"零缺陷产品、零缺陷服务"的目标。

●全面创新工程。即坚持以技术创新为基础，从高技术含量、高附加值、高利润产品着手，加快产品结构调整，增加开拓市场力度；深入开展管理创新，持续增加降本增效力度，可比产品成本再下降5个百分点；加大资产经营的力度，做好配股募集资金的投向项目的建设工作，对完成项目争取及早产生效益，成为企业利润新增长点；创新经营手段，积极寻求新的投资项目，做好汽车主营业务的延伸，不断提高企业经济效益。

●全球经营工程。根据全球经济一体化的发展趋势，在巩固国内市场的同时，必须时刻掌握国际市场的动向，在产品开发、工艺水平、价格、产品质量性能等方面实行与国际接轨，不失时机进入国际市场。2001年出口创汇力争比2000年增长30%。

●人本管理工程。即深化现代企业制度改革，完善法人治理机构，加大人力资源的开发和利用，加强企业员工凝聚力，选拔优秀技术人员和管理人员，完善激励机制，培养一岗多能人才，为公司发展不断注入新的力量。

●增强开拓市场的力度。保持已有的业内、业外市场，拓展新的业外市场。

●增强降本增效力度。加强成本控制，可比产品成本再下降5%。

●增强优质服务力度。加强售后服务，降低用户抱怨，提高用户满意度。

●增强前瞻性研究力度。结合企业实际，充分合理地利用政策资源。

（六）董事会日常工作情况

1、董事会会议情况及决议内容

（1）一届十四次董事会会议于2000年1月24日召开，审议通过1999年度《董事会工作报告》、《总经理工作报告》、《财务决算报告》、《利润分配预案》、《1999年度报告及摘要》、《召开1999年度股东大会议案》《续聘大华会计师事务所有限公司的报告》《公司［资产减值准备计提与核销的规定］的报告》《设立独立董事报告》等。

（2）一届十五次董事会会议于2000年4月10日召开，审议通过《受让上海汽车工业（集团）总公司持有的上海通用汽车有限公司1%股权的议案》。

（3）一届十六次董事会会议于2000年4月19日召开，审议通过《出资4000万元与上海汽车工业（集团）总公司共同组建上海汽车信息产业有限公司的报告》。

（4）一届十七次董事会于2000年5月8日召开，审议通过《关于公司增设监察室的预案》、《关于增补公司董事的预案》、《关于前次募集资金使用情况的报告》、《2000年度增资配股的预案》、《2000年募集资金投向的可行性报告》等。

（5）一届十八次董事会于2000年8月1日召开，审议通过《2000年度中期报告》，并选举胡茂元先生为公司副董事长。

（6）一届十九次董事会于2000年9月15日召开，审议通过《公司参股南方证券股份有限公司的报告》。

（七）现任董事、监事、高级管理人员情况

1、现任董事、监事、高级管理人员

职务	姓名	性别	年龄	任期起止日期	持股数 年初数（股）	年末数（股）
董事长	陈祥麟	男	57岁	1999.04~2000.11	10,080	10,080
副董事长	胡茂元	男	50岁	2000.05~2000.11	10,000	10,000
董事	陈因达	男	55岁	1997.11~2000.11	21,000	21,000
董事兼总经理	尤石梁	男	55岁	1997.11~2000.11	21,000	21,000
董事	胡安生	男	57岁	1997.11~2000.11	14,000	14,000
董事	齐鸿浩	男	53岁	1997.11~2000.11	14,000	14,000
董事	华杏生	男	41岁	1997.11~2000.11	14,000	14,000
监事会主席	陈忠德	男	58岁	1999.04~2000.11	10,500	10,500
监事	沈如镜	男	60岁	1997.11~2000.11	14,000	14,000
监事	王德兴	男	58岁	1997.11~2000.11	14,000	14,000
副总经理	邹定伟	男	44岁	1999.06~2000.11	10,080	10,080
副总经理	杨春保	男	51岁	1999.06~2000.11	4,000	4,000
财务总监	李丹	女	55岁	1999.06~2000.11	6,020	6,020
董事会秘书	张锦根	男	54岁	1999.06~2000.11	6,615	6,615

2、公司董事、监事及高级管理人员年度报酬情况：

（1）报告期内有7名董事、监事和高级管理人员在公司领取报酬，年度报酬总额为76.88万元，其中在9万元以下1人，为王德兴；在11.5万元以下5人，为沈如镜、邹定伟、杨春保、李丹、张锦根；12.5万元以下1人，为尤石梁，其余董事、监事不在本公司领取报酬。

（2）报告期内无董事、监事及高级管理人员离任或解聘情况。

3、截止2000年12月31日，公司正式员工总数4,254人，其中大专以上学历员工占职工总数20%。员工构成为从事生产的人员3,369人，销售人员39人，技术人员431人，财务人员56人，行政人员359人。

（八）本次利润分配预案

经大华会计师事务所有限公司审计，本公司2000年年末累计可供股东分配的未分配利润余额为900,177,606.21元，经董事会一届二十次会议讨论决定，本次利润分配方案为：以公司2000年年末总股本1,400,000,000股为基准，每10股送红股5股，剩余200,177,606.21元结转下一年度。以上分配预案尚需股东大会审议通过。

预计2001年度利润分配一次；公司2001年度实现净利润和公司节余未分配利润中的10%~40%用于2001年度股利分配；具体分配办法董事会将根据公司盈利情况和发展状况提出具体或修正分配预案，提交股东大会审议通过。

（九）其他报告事项

1、报告期内本公司信息披露刊于《上海证券报》、《中国证券报》和《证券时报》。

2、本年度无其他报告事项。

六、监事会报告

监事会会议召开情况：

2000年监事会共召开2次会议。一届七次监事会会议于2000年1月24日召开，会议主要审议1999年监事会工作报告及1999年度报告及摘要。一届八次监事会会议于2000年8月1日召开，主要审议2000年中报及摘要。此外，监事会成员列席了董事会所有会议，并在会上行使监督权力，独立发表意见，起到了应有的监督作用。

1、报告期内，公司监事会依照国家有关法律、法规和《公司章程》的规定，对公司股东大会、董事会的召开程序、决议事项，董事会对股东大会决议的执行情况，公司高级管理人员的工作情况及公司管理制度等进行了监督，认为公司决策程序合法，公司内部建立了较完善的内控制度。公司董事会贯彻股东大会决议态度认真积极，使股东大会通过的各项决议都得到贯彻。公司董事、监事及高级管理人员在执行董事会决议中是严肃认真的，工作是勤勉的，没有违反法律、法规及《公司章程》的行为，没有损害公司利益的行为。

2、监事会对公司的财务管理制度和财务部门的岗位责任制进行了检查，并通过对公司2000年度财务报告的核查，认为公司的资产负债表、现金流量表、利润及利润分配表等会计报表是真实合法的。

3、报告期内公司无新募集资金情况，1997年发行上市时募集资金使用情况说明已刊登在2000年5月8日公司一届十七次董事会会议公告中并经公司1999年度股东大会审议通过。

4、报告期内，公司收购资产交易价格合理，无内幕交易及损害股东权益或造成公司资产流失的情况。

5、公司的关联交易，主要是产品的供销关系。经检查，供销均有合同，价格由合同双方协商，交易是公平的，没有损害公司的利益。

6、大华会计师事务所有限公司对公司2000年度财务报告出具了无保留意见的审计报告。公司监事会认为：该审计报告客观公正真实地反映了公司的生产经营情况。

七、重大事项

1、本报告期内公司无重大诉讼、仲裁事项。

2、报告期内公司、公司董事及高级管理人员无受监督部门处罚的情况。

3、报告期内无公司控股股东变更，公司总经理变更情况。

报告期内经公司一届董事会十七次会议决议并经1999年年度股东大会通过选举胡茂元先生为公司董事，经一届董事会十八次会议选举胡茂元先生为公司副董事长。

4、报告期内公司收购和吸收兼并事项：详见董事会报告中公司投资情况。

5、重大关联交易事项

（一）关联方交易

(1)、采购货物

本企业2000年1~12月向关联方采购货物的有关明细资料如下 （单位：元）：

企业名称	本期发生额
上海汽车齿轮二厂	79,471,607.93
上海汽车齿轮四厂	52,668,443.66
上海中星汽车悬架件有限公司	40,172,652.60
上海汽车进出口公司	163,286,448.82
上海大众汽车有限公司	32,187,540.52
上海乾通汽车附件有限公司	178,733,155.00
上海汽车锻造总厂	42,093,888.43

本企业向关联方采购货物的价格按协议价，定价依公平、公正原则。2000年1~12月本企业向关联方采购货物的协议价格与非关联方的交易价格相一致。

(2)、销售货物

本企业2000年1~12月向关联方销售货物有关明细资料如下(单位：元)：

企业名称	本期发生额
上海汽车齿轮二厂	45,046,571.55
上海通用汽车有限公司	44,984,447.50
上海汇众汽车制造有限公司	233,125,245.90
上海大众汽车有限公司	2,003,108,149.50
上海拖拉机内燃机公司	44,063,092.65

本企业销售给关联企业的产品价格按协议价，定价依公平、公正原则。2000年1~12月本公司销售给关联企业产品的协议价格无高于或低于本公司正常售价的情况。

（二）本企业与关联方应收和应付款项余额 （单位：元）

项目	期末余额 2000年12月31日 余额	1999年12月31日 余额
应收帐款		
上海汽车进出口公司	16,007,510.40	1,900,906.75

上海大众汽车有限公司　9,505,975.64　37,479,410.68
预收帐款
上海大众汽车有限公司　33,414,497.43
应付股利
上海汽车工业(集团)总公司　429,550,457.52　429,550,457.52

(三)本企业与关联方其他应收款和其他应付款余额

本公司其他应付款为应付上海汽车工业(集团)总公司购买上海通用1%股权余款35,939,979.91元。

(四)其他应披露的关联事项

(1)本公司2000年12月通过上海汽车工业(集团)财务有限责任公司存款和借款,存款和借款利率均按中国人民银行规定的金融机构存贷款利率计算。明细项目列示如下:

	2000年12月31日余额
银行存款	1,138,539,235.49
短期借款	513,600,000.00

本期发生额

	金额	月利率
利息收入	5,150,559.43	活期0.825‰-1.425‰,定期1.65‰-1.875‰
利息支出	32,229,787.23	4.185‰-4.41‰

(2)本公司2000年11月通过上海汽车工业(集团)财务有限责任公司委托贷款人民币23,000,000.00元,月利率3.5‰,截止2000年12月31日的余额为22,946,681.88元。

(3)本公司根据与上海汽车工业(集团)总公司1999年12月签订的股权转让协议,并经上海外资委以"沪外资委协字(2000)第385号"文批准,以71,023,800.00元受让上海通用汽车1%的股权,本期已支付金额37,023,800.00元。

(4)本公司根据合同于2000年支付了上海汽车工业(集团)总公司土地租赁费 8,853,598.38元,商标使用费1,420,000.00元。

(5)本公司2000年委托南方证券有限责任公司资产管理,本金800,000,000.00元,至2000年12月31日已全部收回,所得收益50,000,000.00元。

6、上市公司与控股股东之间"三分开"情况:我公司已做到了人员独立、资产完整、财务独立,实行了与控股股东的"三分开"。

(1)人员方面:公司设立人事部,管理公司的劳动人事及薪酬工作,并制订一系列规章制度对员工进行考核和奖惩。公司董事长陈祥麟、副董事长胡茂元及董事陈因达、胡安生、齐鸿浩、华杏生、监事会主席陈忠德不在公司领取报酬,其余董事、监事及高级管理人员在公司领取报酬,但未在公司股东单位任职。

(2)资产方面:公司拥有独立的生产系统、辅助生产和配套设施;公司自主开发的技术、商标等无形资产归公司所有。不存在不正当关联交易,股东大会对有关关联交易进行表决时,严格执行公司制度规定的回避原则。

(3)财务方面:设有独立的财务部门,并建立独立的财务核算体系,独立在银行开户,独立按章纳税,具有规范独立的财务会计制度和对分公司、控股子公司的财务管理制度。

7、公司无托管、承包、租赁其他公司资产及其他公司托管、承包、租赁上市公司资产的事项。

8、聘任、解聘会计师事务所情况

报告期内,经公司1999年度股东大会审议通过,公司续聘上海大华会计师事务所有限公司为公司做财务审计工作。有关信息披露于2000年6月27日的《上海证券报》、《中国证券报》和《证券时报》。

9、其他重大合同及其履行情况:本公司有担保合同,详见财务报告的或有事项。

10、公司报告期内无更改名称及股票简称的情况。

八、公司的其他有关资料

1、公司首次注册日期:1997年11月24日
公司注册地点:上海市淮海中路755号
2、企业法人营业执照注册号:3100001000386
3、税务登记号码:沪字310041132260250
4、公司聘请的会计师事务所名称、办公地点:
大华会计师事务所有限公司
法定代表人:汤云为
住　所:上海市昆山路146号
电　话:(021)63256471
传　真:(021)63242522
经办注册会计师:朱蕾蕾、杨晓梅

九、备查文件

1、载有法定代表人、主管会计工作负责人、会计经办人员签名并盖章的会计报表。
2、载有会计师事务所盖章、注册会计师签名并盖章的审计报告原件。
3、报告期内在中国证监会指定报纸上公开披露过的所有公司文件的正本及公告的原稿。
4、载有董事长亲笔签名的年度报告正本。

上海汽车股份有限公司
二OO一年三月六日

财务会计报告

(一)审计报告

华业字(2001)第148号

上海汽车股份有限公司全体股东:

我们接受委托,审计了贵公司2000年12月31日合并资产负债表及资产负债表、2000年度合并利润及利润分配表及利润分配表、合并现金流量表及现金流量表。这些会计报表由贵公司负责,我们的责任是对这些会计报表发表审计意见。我们的审计是根据中国注册会计师独立审计准则进行的。在审计过程中我们结合贵公司的实际情况,实施了包括抽查会计记录等我们认为必要的审计程序。

我们认为,上述会计报表符合《企业会计准则》和《股份有限公司会计制度》的有关规定,在所有重大方面公允地反映了贵公司2000年12月31日的财务状况及2000年度经营成果和现金流量变动情况,会计处理方法的选用遵循了一贯性原则。

大华会计师事务所有限公司　　中国注册会计师　朱蕾蕾　杨晓梅
中国 上海 昆山路146号　　2001年2月9日

财务报表(附后)

(二)公司主要会计政策、会计估计和合并报表的编制方法

1. 会计制度
公司执行《股份有限公司会计制度》及其补充规定。

2. 会计年度
自公历1月1日至12月31日。

3. 记帐本位币:人民币

4. 记帐基础:权责发生制;计价原则:历史成本。

5. 外币业务核算方法:

会计年度内涉及外币的经济业务,按发生当月月初中国人民银行公布的市场汇价中间价折合人民币入帐。月末将外币帐户余额按月末市场汇价中间价进行调整,发生的差额,与购建固定资产有关的予以资本化,属于筹建期间的计入开办费,属于生产经营期的计入当期费用。

6. 现金等价物的确定标准:

母公司及子公司持有的期限短、流动性强、易于转换为已知金额现金,价值变动风险很小的投资,确认为现金等价物。

7. 坏帐的核算方法:

坏帐的确认标准:

(1)因债务人破产或死亡,以其破产财产或遗产清偿后,仍不能收回的应收帐款;

(2)因债务人逾期未履行偿债义务超过三年确实不能收回的应收款项。

以上确实不能收回的应收帐款,报经董事会批准后,作为坏帐核销。

坏帐损失核算采用备抵法。坏帐准备的计提范围为应收款项(包括应收帐款和其他应收款),坏帐准备的计提方法为:根据债务单位的财务状况、现金流量等情况,按帐龄分析法计提坏帐准备,并计入当年度损益类帐项。具体计提的比例列示如下:

帐　龄	计提比例
一年以下(含一年)	0.5%
一~二年(含二年)	5%
二~三年(含三年)	20%
三年以上	50%

8.存货核算方法:

存货分类为:原材料、在产品、产成品、低值易耗品。

各种存货按取得时的实际成本记帐;存货日常核算采用计划成本方法,存货发出按当月成本差异率,将计划成本调整为实际成本。低值易耗品领用时按一次摊销法摊销。

根据本公司董事会决议,自1999年1月1日起,期末存货按成本与可变现净值孰低计价,并按单个存货项目提取存货跌价准备计入当期损益。

9.短期投资核算方法:

根据《企业会计准则-投资》规定,短期投资以实际支付的全部价款(包括税金、手续费和相关费用)扣除已宣告发放但未领取的现金股利(或已到期尚未领取的债券利息)入帐;在处置时,按所收到的处置收入与短期投资帐面价值的差额确认为当期的投资收益。短期投资在年终按成本与市价孰低法计价,市价低于成本的部分确认为跌价准备。具体计提方法为:按单项投资计算并确定所计提的跌价损失准备,并计入当期损益。

本公司期末短期投资的成本低于市价,故未提取短期投资跌价准备。

10.长期投资核算方法:

(1)长期债券投资的计价及收益确认方法:按取得时实际支付的全部价款(扣除支付的税金、手续费等各项附加费用)扣除实际支付的分期付息债券价款中包含的已到期尚未领取的债券利息后的余额作为实际成本记帐,并按权责发生制原则按期计提利息,并计入投资收益。

(2)长期债权投资溢价和折价的摊销方法:在债券购入后至到期日止的期间内按直线法,于确认相关债券利息收入的同时摊销。

(3)长期股权投资计价和收益确认方法:长期股权投资包括股票投资和其他股权投资。长期股权投资,按投资时支付的全部价款入帐。

公司对被投资单位无控制、无共同控制或无重大影响的,长期股权投资采用成本法核算;公司对被投资单位具有控制、共同控制或重大影响的,长期股权投资采用权益法核算。

(4)对外长期股权投资采用权益法核算时,其取得成本与其在被投资单位所有者权益中所占份额之间的差额,计入长期股权投资差额,并按10年平均摊销计入损益。

(5)长期投资减值准备的计提方法:采用逐项计提的方法。根据本公司董事会决议,自1999年1月1日起,本公司对被投资单位由于市价持续下跌或被投资企业经营情况恶化等原因,导致其可收回价值低于长期股权投资帐面价值,并且这种降低的价值在可预计的将来期间内不能恢复时,按可收回金额低于长期股权投资帐面价值的差额,计提长期投资减值准备。预计的长期投资减值损失计入当年度损益类帐项。

公司本期末发生被投资单位可回收金额低于长期股权投资帐面价值的事项,故未计提长期投资减值准备。

11.固定资产计价和折旧方法:

(1)固定资产标准为:①使用期限超过一年的房屋、建筑物、机器、机械、运输工具以及其他与生产、经营有关的设备、器具、工具等;②单位价值在2,000元以上,并且使用期超过两年的,不属于生产、经营主要设备的物品。

(2)固定资产分类为:房屋建筑物、通用设备、电子设备、运输设备、其他设备。

(3)固定资产计价:按实际成本或确定的价值计价。

(4)固定资产折旧采用直线法平均计算,并按各类固定资产的原值和估计的经济使用年限扣除残值(原值的3%、10%*)制定其折旧率,固定资产各类折旧率如下:

资产类别	估计的经济使用年限	年折旧率
房屋建筑物	20~35年	2.57~4.85%
通用设备	7~11年	8.18~13.86%
电子设备	5~10年	9.00~19.40%
运输设备	5~6年	15.00~19.40%
其他设备	5年	18.00~19.40%

* 合营企业的固定资产残值率为10%。

16.所得税的会计处理方法:

除改制为股份有限公司时资产评估增值应交的所得税计入递延税款外,其余的采用应付税款法。

18.会计政策、会计估计或合并范围的变更:

会计估计变更

公司本期对应收款项按帐龄分析法计提坏帐准备的具体比例发生变动,具体变动如下:

帐　龄	调整前比例	调整后比例
一年以下(含一年)	0.5%	0.5%
一~二年(含二年)	0.5%	5%
二~三年(含三年)	0.5%	20%
三年以上	30%	50%

由于以上因素影响,2000年度合并报表净利润减少4,399,864.13元。

会计政策、会计估计变更

子公司上海汽车制动系统有限公司对固定资产中的ABS、后分泵、制动钳流水线改变折旧方法:由平均年限法(10年)改为双倍余额递减法(5年),由于以上因素影响,2000年度合并报表净利润减少12,769,635.47元。

本期公司的合并范围未发生变更。

19.税项

本公司适用的税种与税率:

税　种	税　率	计 税 基 数
所得税	15%*1	应纳所得额
增值税	17%	按销项税额扣除当期允许抵扣的进项税额后的差额
营业税	5%	营业额
城建税	0~7%*2	应纳营业税额和增值税额
河道工程维检费	0.25%	应纳营业税额、增值税额和消费税额

*1.根据沪财企一(1997)190号"关于对上海汽车股份有限公司(筹)经批准上市后有关企业所得税问题的批复",公司批准上市后,应按33%的税率缴纳企业所得税,但对其中按税率18%计算缴纳的税款自股份公司工商登记成立之当月起,由市财政当年予以返回,股份公司实际所得税负为

15%。

*2.本公司适用的城建税税率中，公司本部为7%，汽车齿轮总厂为5%；汽车齿轮一厂、汽车齿轮三厂和中国弹簧厂均为1%；合营企业均不征城建税。

20、控股子公司及合营企业

公司所控制或共同控制的境内外所有子公司、合营公司情况以及公司合并报表的合并范围：

被投资单位全称	经营范围	注册资本	本公司投资额	本公司持股比例	是否合并	是否按权益法核算
上海汽齿一厂	汽车零部件	8000万元	7498.8万元	91.56%	是	是
上海汽齿二厂	汽车零部件	4500万元	3533.9万元	77.01%	否	是
上海汽齿三厂	汽车零部件	3900万元	3490.6万元	87.97%	是	是
上海汽齿四厂	汽车零部件	2000万元	1035.0万元	50.64%	否	是
上海中威弹簧有限公司	汽车零部件	84万美元	58.8万美元	70%	否	是
上海中星汽车悬架件有限公司	汽车零部件	250万美元	187.5万美元	75%	否	是
中国弹簧厂宝山分厂	汽车零部件	737.7万元	472.6万元	60%	否	是
中国弹簧厂罗店分厂	汽车零部件	767.4万元	544.6万元	55%	否	是
上海汽车制动系统有限公司	汽车零部件	2290万美元	1145万美元	50%	是	是
上海小糸车灯有限公司	汽车零部件	36亿日元	18亿日元	50%	是	是
上海采埃孚转向机有限公司	汽车零部件	3110万美元	1523.9万美元	49%	是	是

注：以上子公司未纳入合并范围的原因系根据财政部财会二字(1996)2号《关于合并会计报表合并范围请示的复函》的规定，该部分子公司的资产总额、销售收入和当期净利润中母公司所拥有的数额加总计算出来的比率均未超过母公司的10%，根据重要性原则，未纳入合并范围。

［三］、其他报表项目

［四］、分行业资料

收入占主营业务收入10%(含10%)以上的行业的营业收入、营业成本和营业毛利情况如下：

行业	营业收入 本期发生额	营业收入 上年同期发生额	营业成本 本期发生额
汽车制造业	2,587,345,864.04	2,583,400,691.68	1,644,136,837.49
公司内行业间相互抵减	-93,915,836.81	-149,207,994.77	-93,915,836.81
合计	2,493,430,027.23	2,434,192,696.91	1,550,221,000.68

？行业	营业成本 上年同期发生额	营业毛利 本期发生额	营业毛利 上年同期发生额
汽车制造业	1,570,878,176.00	943,209,026.55	1,012,522,515.68
公司内行业间相互抵减	-149,207,994.77		
合计	1,421,670,181.23	943,209,026.55	1,012,522,515.68

［五］、或有事项

截止2000年12月31日本公司为关联方单位的银行借款提供担保情况如下：

借款单位	币种	担保借款金额	期限
上海汽车齿轮一厂	人民币	5,000,000.00	2000.12.18-2001.06.18
上海汽车齿轮二厂	人民币	4,000,000.00	2000.12.23-2001.06.23
上海汽车齿轮二厂	人民币	5,000,000.00	2000.12.23-2001.06.23
上海汽车齿轮三厂	人民币	1,760,000.00	2000.12.19-2001.06.19
上海汽车齿轮四厂	人民币	4,000,000.00	2000.12.15-2001.06.15
上海小糸车灯有限公司	人民币	10,000,000.00	2000.12.08-2001.06.07
上海制动系统有限公司	人民币	17,030,000.00	2000.11.30-2004.11.29
上海易初通用机器有限公司	人民币	50,000,000.00	2000.09.28-2001.02.25
上海中旭弹簧有限公司	人民币	3,000,000.00	2000.10.18-2001.04.17
上海中星汽车悬架件有限公司	人民币	7,000,000.00	2000.10.20-2001.04.19
上海中星汽车悬架件有限公司	人民币	7,000,000.00	2000.12.21-2001.06.21
中国弹簧厂宝山分厂	人民币	1,400,000.00	2000.10.26-2001.01.23
中国弹簧厂罗店分厂	人民币	800,000.00	2000.11.30-2001.05.29

［六］、承诺事项

除公司已公告过的配股募集资金投向外，无其他重大承诺事项。

［七］、资产负债表日后事项

2、公司1999年度股东大会审议通过的配股方案，经中国证监会上海证券监管办公室以沪证司(2000)092号文出具了初步意见，并经中国证券监督管理委员会证监公司字(2001)7号文核准，以公司1999年末总股本140,000万股为基数，向全体股东每10股配售3股，配售发行量为4.2亿股，其中国家股股东可配售2.94亿股，承诺用实物资产及现金全额认购其应配股份；社会公众股可配售1.26亿股。配股价为每股人民币8元。股权登记日为2001年2月20日，除权基准日为2001年2月21日，本次配股缴款起止日期为2001年2月21日至2001年3月6日(期内券商营业日)。

* 公司于2000年12月28日支付1亿元"海王生物"增发新股申购款，已于2001年1月5日中签海王生物增发新股3,891,600股，收回余款人民币18,276,400.00元。

［八］、债务重组事项

本公司无需要披露的重大债务重组事项。

［九］、非货币性交易事项

本公司无需要披露的重大非货币性交易事项。

［十］、重要事项的说明

1.本公司根据与上海汽车工业(集团)总公司1999年12月签订的股权转让协议，并于2000年4月经上海外资委以"沪外资委协字(2000)第385号"文批准，以71,023,800.00元受让了上海通用汽车有限公司1%的股权，本期已支付金额37,023,800.00元，至此本公司所持有上海通用汽车有限公司的股份由19%增至20%。

2.本公司2000年6月27日出资520,000,000.00元，认购上海汽车集团财务有限责任公司40%的股权。

3.本公司2000年5月11日出资40,000,000.00元，与上海汽车工业(集团)总公司共同组建上海汽车信息产业投资有限公司，拥有40%的股权。

4. 本公司2000年11月23日出资396,000,000.00元，认购南方证券有限责任公司36,000万股，占10.41%的股权。

5. 本公司2000年8月25日出资5,000,000.00元，认购上海巨龙三禾信息科技股份有限公司12.56%的股权。

6.本公司2000年12月通过了上海市高新技术企业的评审。

资产负债表　　单位：(人民币)元

资产	期末数 合并
流动资金：	
货币资金	1,505,330,339.41
短期投资	22,992,551.88
短期投资净额	22,992,551.88
应收票据	82,926,404.86
应收股利	20,843,135.26
应收帐款	119,518,168.37
其他应收款	114,936,489.08
减：坏帐准备	9,974,248.55
应收款项净额	224,480,408.90
预付帐款	52,433,636.22
存货	279,359,156.96
减：存货跌价准备(含工程亏损准备)	33,298,535.73
存货净额	246,060,621.23
待摊费用	2,231,607.11
一年内到期的长期债权投资	34,200.00
流动资产合计	2,157,332,904.87
长期投资：	
长期股权投资	2,971,956,752.93
长期债权投资	34,200.00
长期投资合计	2,971,990,952.93
长期投资净额	2,971,990,952.93
其中：合并价差(贷差以"-"号表示合并报表填列)	53,402,940.82
其中：股权投资差额(贷差以"-"号表示母公司报表填列)	53,402,940.82
固定资产：	
固定资产原价	2,599,136,522.55
减：累计折旧	1,149,216,293.96
固定资产净值	1,449,920,228.59
工程物资	15,326,886.48
在建工程	160,693,504.86
固定资产清理	548,158.82
固定资产合计	1,626,488,778.75
无形资产及其他资产：	
无形资产	21,908,278.16
开办费	651,135.86
长期待摊费用	29,595,161.83
无形资产及其他资产合计	52,154,575.85
资产总计	6,807,967,212.40
流动负债：	
短期借款	615,000,000.00
应付票据	7,841,952.12
应付帐款	148,275,817.62
预收帐款	41,394,925.35
应付工资	151,250,580.48
应付福利费	29,158,239.70
应付股利	429,550,457.52
应交税金	29,796,471.89
其他应交款	1,513,724.04
其他应付款	154,990,043.64
预提费用	40,830,893.52
一年内到期的长期负债	32,209,113.89
流动负债合计	1,681,812,219.77
长期负债：	
长期借款	283,315,000.00
长期应付款	8,167,521.24
长期负债合计	291,482,521.24
递延税项：	
递延税款贷项	26,656,845.57
负债合计	1,999,951,586.58
少数股东权益(合并报表填列)	12,085,633.48
股东权益：	
股本	1,400,000,000.00
资本公积	2,028,422,081.94
盈余公积	467,330,304.19
其中：公益金	201,939,264.51
未分配利润(未弥补亏损以"-"号表示)	900,177,606.21
股东权益合计	4,795,929,992.34
负债和股东权益总计	6,807,967,212.40

利润及利润分配表　　单位：(人民币)元

项目	本期数合并
一、主营业务收入	2,506,806,649.81
减：销售折让	13,376,622.58
主营业务收入净额	2,493,430,027.23
减：主营业务成本	1,550,221,000.68
主营业务税金及附加	11,053,612.62
二、主营业务利润(亏损以"-"号填列)	932,155,413.93
加：其他业务利润(亏损以"-"号填列)	15,273,574.11
减：存货跌价损失	17,753,527.70
营业费用	43,229,841.14
管理费用	402,997,635.01
财务费用	33,051,014.74
三、营业利润(亏损以"-"号填列)	450,396,969.45
加：投资收益(损失以"-"号填列)	366,640,274.77
补贴收入	28,048,000.00
营业外收入	6,629,489.61
减：营业外支出	2,614,912.69
四、利润总额(亏损总额以"-"号填列)	849,099,821.14
减：所得税	106,812,819.83
减：少数股东损益(合并报表填列、亏损以"-"号填列)	20,061.75
五、净利润(净亏损以"-"号填列)	742,266,939.56
加：年初未分配利润(未弥补亏损以"-"号填列)	331,899,867.14
六、可供分配的利润(亏损以"-"号填列)	1,074,166,806.70
减：提取法定盈余公积金	73,093,686.25
减：提取法定公益金	73,084,060.12
职工奖福基金(子公司为外商投资企业，合并报表填列)	12,249,405.13
七、可供股东分配的利润(亏损以"-"号填列)	915,739,655.20
提取任意盈余公积	15,562,048.99
八、未分配利润(未弥补亏损以"-"号填列)	900,177,606.21

江苏永鼎股份有限公司

一、公司简介

1、公司中文名称:江苏永鼎股份有限公司
公司英文名称:JiangSu YongDing Company Limited
2、公司法定代表人:顾云奎
3、公司董事会秘书:朱其珍　　授权代表人:彭美娥
联系地址:江苏省吴江市芦墟镇汾湖经济技术开发区
电话:0512? 3254395　　传真:0512? 3251866
4、注册地址:江苏省吴江市芦墟镇
办公地址:江苏省吴江市芦墟镇汾湖经济技术开发区　　邮政编码:215211
E-Mail 地址:yongding@chinayongding.cn
公司网站地址:www.chinayongding.com
5、公司选定的信息披露报纸:中国证券报上海证券报
中国证监会指定的登载公司年度报告的国际互联网网址:www.sse.com.cn
公司年报备置地点:永鼎证券部二楼
6、公司股票上市地点:上海证券交易所
股票简称:永鼎光缆　　股票代码:600105

二、会计数据和业务数据摘要

(一)本年度主要利润指标及现金流量情况:　　单位:元

利润总额	75698678.76
净利润	61925534.71
扣除非经常性损益后的净利润	61007748.60
主营业务利润	143874617.72
其它业务利润	1108460.17
营业利润	73302898.03
投资收益	1477994.62
补贴收入	
营业外收支净额	917786.11
经营活动产生的现金流量净额	7774436.32
现金及现金等价物净增加额	423073.05

注:非经常性损益=营业外收入—营业外支出=917786.11 元

(二)公司前三年主要会计数据及财务指标

项目	2000 年	1999 年(调整后)	1998 年(调整前)	1998 年(调整后)
主营业务收入	740715788.03	5522540774.99	458334817.02	458334817.02
净利润	61925534.71	69676634.82	70056399.32	42624255.90
总资产	993506562.48	891964206.52	627887303.88	584235206.36
股东权益(不含少数股东权益)	668115774.24	628334828.30	448922087.69	05269990.17
每股收益(全面摊薄)	0.248	0.279	0.519	0.316
每股收益(加权)	0.248	0.425	0.519	0.316
每股净资产	2.677	2.517	3.325	3.002
调整后的每股净资产	2.624	2.489	3.32	1,3.166
每股经营活动产生的现金流量净额	0.03	0.08	-0.202	-0.202
净资产收益率(%)	9.27	11.09	15.61	10.52
净资产收益率(加权)%	9.40	15.38	16.40	10.66

利润表附表:

报告期利润	净资产收益率(%)		每股收益	
	全面摊薄	加权平均	全面摊薄	加权平均
主营业务利润	21.54	21.83	0.58	0.58
营业利润	10.98	11.12	0.29	0.29
净利润	9.27	9.40	0.25	0.25
扣除非经常性损益后的净利润	9.14	9.26	0.24	0.24

三、股东情况介绍

1、报告期末股东总数

截止 2000 年 12 月 31 日,公司股东总户数为 50072 户。

2、公司前 10 名大股东持股情况:

股东名称	期末持股数(股)	期内增减	占总股本比例(%)
1)永鼎集团有限公司	124460462		49.86
2)吴江市芦墟镇集体资产经营公司	7432060		2.98
3)苏州鼎欣房地产有限责任公司	5600000	+5600000	2.24
4)天津市电话器材公司	4649500		1.86
5)北京信界天鸿商贸中心	4420000		1.77
6)北京畅捷通讯有限公司	4000000	-2800000	1.60
7)北京红帆通信总公司	4000000	-2800000	1.60
8)上海市电话发展总公司	3400000		1.36
9)上海贝尔电话设备制造有限公司	3400000		1.36
10)上海矽钢有限公司	3400000		1.36

3、公司前十名大股东所持股份均为未上市流通股份。永鼎集团有限公司持有公司的法人股,为本公司最大股东,持股总额为 124460462 股,占公司总股本 249610462 股的 49.86%。其法定代表人是顾云奎先生。

4、本报告期内持有 5%以上股份的股东所持股份无质押或冻结情况。

5、报告期内公司股份总数及结构未发生变动。

四、股东大会简介

报告期内,公司召开了 1999 年度股东大会。

2000 年 4 月 14 日,公司第三届二次董事会通过了召开 1999 年度股东大会的决议,并在《中国证券报》、《上海证券报》公告召开 1999 年度股东大会的通知。2000 年 5 月 18 日,公司 1999 年度股东大会在永鼎综合楼召开,出席会议的股东或股东代表 16 人,代表股份 162912522 股,占公司股份总数的 65.27%。

股东及股东代表认真审议了有关议案,以记名投票、逐项表决的方式,审议通过了以下决议:

1、通过 1999 年度报告及摘要。

重庆路桥股份有限公司

一.公司简介

公司法定中文名称:重庆路桥股份有限公司
公司法定英文名称:Chongqing road & bridge co., ltd 缩写:R&B
二.公司法定代表人:方纪中
三.公司董事会秘书:张漫
联系地址:重庆市南坪经济技术开发区丹龙路 1 号
联系电话:023-62803632　　传真:023-62909387　　电子信箱:zm@cqrb.com.cn
四.公司注册地址:重庆市渝中区上清寺路 112 号 9 楼
公司办公地址:重庆市南坪经济技术开发区丹龙路 1 号　　邮政编码:400060
公司互联网网址:http://www.cqrb.com.cn
公司电子信箱:zq@cqrb.com.cn
注:公司已于 2001 年 2 月 27 日迁入上述办公地址。
五.公司法定的信息披露报刊:《中国证券报》、《上海证券报》
中国证监会指定国际互联网网址:http://www.sse.com.cn
公司年度报告备置地点:公司证券部
六.公司股票上市交易所:上海证券交易所
股票简称:重庆路桥　　股票代码:600106

二.会计数据和业务数据摘要

一.本年度主要利润指标　　单位:元

项目	金额
利润总额	90,919,794.35
净利润	77,816,968.40
扣除非经常性损益后的净利润	77,816,968.40
主营业务利润	72,810,176.49
其它业务利润	612,256.96
营业利润	59,537,952.34
投资收益	31,619,028.45
补贴收入营业外收支净额	-237,186.44
经营活动产生的现金流量净额	128,299,532.79
现金及现金等价物净增加额	91,262,308.50

注:报告期内本公司没有涉及需扣除的非经常性损益项目和金额

二.截止报告期末公司前三年主要会计数据和财务指标　　单位:元

项目	2000 年	1999 年调整前	1999 年调整后	1998 年调整前	1998 年调整后
主营业务收入	122,795,703.00	114,284,347.66	114,284,347.66	112,257,886.10	112,257,886.10
净利润	77,816,968.40	96,889,869.61	93,359,578.57	91,031,506.51	89,938,811.76
总资产	1,299,895,755.60	1,053,663,429.39	1,049,040,443.60	980,352,218.54	979,259,523.79
股东权益(不含少数股东权益)	855,347,502.88	812,211,055.41	807,588,069.62	777,321,185.80	776,228,491.05
每股收益(摊薄)	0.2510	0.3125	0.3012	0.2937	0.2901
每股收益(加权)	0.2510	0.3125	0.3012	0.2937	0.2901
扣除非经常性损益的每股收益	0.2510	0.191	0.187	0.1935	0.1900
每股净资产	2.76	2.62	2.61	2.51	2.50
调整后的每股净资产	2.68	2.59	2.58	2.51	2.50
每股经营活动产生的现金	0.41	0.35	0.35	0.33	0.33
流量净额净资产收益率(摊薄)	9.10%	11.93%	11.56%	11.98%	11.59%
净资产收益率(加权)	9.19%	11.73%	11.35%	11.56%	11.50%

注:①按照中国证监会《公开发行证券公司信息披露编报规则(第 9 号)》要求计算的利润数据:

报告期利润	金额	净资产收益率		每股收益	
		全面摊薄	加权平均	全面摊薄	加权平均
主营业务利润	72,810,176.49	8.51%	8.63%	0.2349	0.2349
营业利润	59,537,852.34	6.96%	7.11%	0.1921	0.1921
净利润	77,816,968.40	9.10%	9.19%	0.2510	0.2510
扣除非经常性损益后的净利润	77,816,968.40	9.10%	9.19%	0.2510	0.2510

三.股东情况介绍

一.本公司报告期末股东总数为 47,868 户。

二.公司前十名股东持股情况

序	股东名称	报告期末持股数	占总股本比例
1	重庆国际信托投资公司	220,000,000	70.97%
2	熊焕	600,195	0.19%
3	解书芝	552,748	0.17%
4	刘玲利	512,000	0.16%
5	蒋延会	407,271	0.13%
6	靳东海	395,666	0.12%
7	袁辉	380,200	0.12%
8	梁家剑	362,300	0.11%
9	龚明	350,000	0.11%
10	任继福	340,000	0.10%

三.公司前 10 名股东之间不存在关联关系。

四.本公司控股股东为重庆国际信托投资公司,所持股权性质为国家股,其中 2,000 万股被重庆高级人民法院"(1998)渝高法经一初字第 18 号"民事裁定书裁定冻结。本公司已于 2000 年 6 月 3 日在《中国证券报》、《上海证券报》上进行披露。报告期内控股股东无变更。

[2]投资 4,000 万元参股发起设立"重庆市信息港宽带网络有限公司"。

[3]将募集资金剩余部分 2,397 万元补充公司流动资金。

3.该次股东大会决议已于 2001 年 1 月 4 日在《中国证券报》、《上海证券报》上作了披露。

湖北美尔雅股份有限公司

一、公司简介

1、公司法定中文名称：湖北美尔雅股份有限公司
公司英文名称：HUBEI MAILYARD SHARE CO.,LTD
2、公司法定代表人：罗日炎先生
3、公司董事会秘书：胡钢先生
联系地址：湖北省黄石市团城山开发区美尔雅工业园
联系电话：0714-6360298
传真：0714-6360219
4、公司注册地址：湖北省黄石市消防路29号
办公地址：湖北省黄石市团城山开发区美尔雅工业园
邮政编码：435003
互联网址：HTTP:\\WWW.MAILYARD.COM
公司年度报告备置地点：公司证券部
5、股票上市地：上海证券交易所
股票简称：美尔雅
股票代码：600107

二、会计数据和业务数据摘要

1、本年度利润总额及构成（单位：人民币元）

项目	2000年
利润总额	85,934,518.59
净利润	67,619,798.55
扣除非经常性损益后的净利润	57,186,207.91
主营业务利润	82,417,312.04
其他业务利润	10,758,363.75
营业利润	75,500,929.95
投资收益	————
补贴收入	2,680,743.77
营业外收支净额	7,752,846.87
经营活动产生的现金流量净额	138,756,306.77
现金及现金等价物净增加额	24,918,129.65

注：非经常性损益项目和涉及金额
(1)增值税返还　2,680,743.77
(2)所得税返还
(3)冻结利息收入 2,903,243.98
(4)处置固定资产净收益 -270,423.99
(5)其他　5,120,026.88
以上项目涉及金额合计 10,433,590.64

2、报告期末公司前三年的主要会计数据及财务指标

项目	2000年	1999年 追溯调整后	追溯调整前
主营业务收入	311,901,243.73	337,523,377.67	343,361,969.96
净利润	67,619,798.55	55,710,902.34	58,505,003.42
总资产	1,267,071,121.59	1,170,283,879.38	1,173,571,057.12
股东权益（不含少数股东权益）	891,016,620.54	859,356,582.57	866,258,676.29
每股收益（摊薄）	0.188	0.279	0.293
每股收益（加权）	0.188	0.279	0.293
扣除非经常损益后的每股收益（摊薄）	0.159	0.228	0.242
扣除非经常损益后的每股收益（加权）	0.159	0.228	0.242
每股净资产	2.475	4.297	4.331
调整后每股净资产	2.442	4.230	4.264
每股经营活动产生的现金流量净额	0.385	0.262	0.262
净资产收益率（摊薄）	7.59%	6.48%	6.75%
净资产收益率（加权）	7.57%	6.12%	6.42%

3、利润分配表附表

报告期利润	净资产收益率% 全面摊薄	加权平均	每股收益（元） 全面摊薄	加权平均
主营业务利润	9.25	9.15	0.229	0.229
营业利润	8.47	8.42	0.210	0.210
净利润	7.59	7.57	0.188	0.188
扣除非经常性损益后的净利润	6.42	6.44	0.159	0.159

注：以上净资产收益率和每股收益系列指标系根据中国证监会《编报规则第9号》编制。

三、股本变动及股东情况

(1)报告期末本公司股东数量74685户。
(2)公司前十名股东的持股情况：

股东名称	持股数量（股）	比例%
①湖北美尔雅纺织服装实业（集团）公司	87728738（国家股） 54000000（法人股）	39.37
②武汉中银物业发展公司	23625000	6.56
③黄石市南天经贸有限公司	20250000	5.62
④武汉聚鑫科技投资有限公司	14647500	4.07
⑤黄石电力实业有限公司	7200000	2
⑥湖北中兴实业有限公司	6840000	1.9
⑦武汉诚成文化投资集团股份有限公司	5062500	1.4
⑧湖北纺织实业发展公司	4500000	1.25
⑨武汉市汉阳商业股份有限公司	1687500	0.47
⑩黄石美崎电子技术有限公司	928125	0.258

(3)本公司持股5%以上的法人股东所持股份没有发生质押、冻结等情况。
(4)黄石美崎电子技术有限公司为湖北美尔雅纺织服装实业（集团）公司控股子公司，其余前十大股东之间不存在关联交易。

甘肃亚盛实业(集团)股份有限公司

一、公司简介

1 、公司中文名称：甘肃亚盛实业（集团）股份有限公司
英文名称：GANSU YASHENG INDUSTRIAL(GROUP)CO.LTD
2、公司法定代表人：周长生
3、公司董事会秘书及其授权代表的姓名：周文萍　孙小琴
联系电话：(0931)8471961　　传真：(0931)8483195 联系地址：甘肃省兰州市张掖路219号基隆大厦20层
4、公司注册地址：甘肃省兰州市张掖路219号基隆大厦20楼
公司办公地址：甘肃省兰州市张掖路219号基隆大厦20楼　　邮政编码：730030
5、公司信息披露报纸名称：《中国证券报》、《上海证券报》
登载年度报告的国际互联网网址：http://www.sse.com.cn
公司年度报告备置地点：甘肃省兰州市张掖路219号基隆大厦21楼
6、公司股票上市交易所：上海证券交易所
股票简称：亚盛集团　　股票代码：600108

二、会计数据和业务数据摘要

（一）本年度主要利润指标情况：（单位：元）
1、利润总额　118,442,462.78
2、净利润　116,664,402.20
3、扣除非经常性损益后的净利润　106,640,464.55
4、主营业务利润 155,212,440.07
5、其他业务利润　12,819,601.03
6、营业利润　108,372,342.96
7、投资收益　3,369,878.23
8、补贴收入　966,149.86
9、营业外收支净额 5,734,091.73
10、经营活动产生的现金流量净额　128,961,223.39
11、现金及现金等价物净增加额　-146,363,031.74

注：扣除非经常性损益项目及金额：股权处置收益3,261,898.73元，出口退税966,149.86元，营业外收入5,795,889.06元。

（二）公司截止报告期末前三年的主要会计数据和财务指标：　（单位：人民币元）

指标项目	2000年	99年度 调整前	调整后	98年度 调整前	调整后
1、主营业务收入	690,091,204.30	614,406,131.63	525,628,506.19	233,969,472.54	233,969,472.54
2、净利润	116,664,402.20	113,955,306.77	113,955,306.77	73,261,927.74	61,691,748.23
3、总资产	1639,305,635.21	1,669,329,392.84	1,532,023,615.80	1,082,893,372.27	1,072,555,195.21
4、股东权益	1144,241,287.67	1,045,275,385.47	1,045,275,385.47	670,715,755.76	656,807,578.70
5、每股收益（摊薄）	0.2916	0.37	0.37	0.271	0.228
每股收益（加权）	0.3446	0.417	0.417	0.366	0.308
扣除非经常性损益后的每股收益（摊薄）	0.2665	0.298	0.298	0.271	0.229
扣除非经常性损益后的每股收益（加权）	0.315	0.335	0.34	0.366	0.308
6、每股净资产（摊薄）	2.8596	3.40	3.40	2.484	2.433
7、调整后的每股净资产	2 .83	3.39	3.396	2.483	2.432
8、每股经营活动产生的现金流量净额	0.32	0.457	0.455	0.25	0.03
9、净资产收益率（摊薄：%）	10.20	10.90	10.90	10.92	9.39
净资产收益率（加权：%）	10.69	13.39	13.39	11.55	9.86

（三）利润表附表：

报告期利润	净资产收益率（%） 全面摊薄	加权平均	每股收益（元） 全面摊薄	加权平均
主营业务利润	13.56	14.23	0.3879	0.4584
营业利润	9.47	9.93	0.2708	0.3201
净利润	10.20	10.69	0.2916	0.3446
扣除非经常性损益后的净利润	9.32	9.77	0.2665	0.315

三、股东情况介绍

(1)截止2000年12月31日股东总数为116,377户。
(2)前十名股东持股情况（截止2000年12月31日）：　单位：股

名次	股东名称	年初持股数	本年送转增数	年末持股数	占总股本(%)
1	甘肃亚盛盐化工业集团有限责任公司	83,268,000	24,980,400	108,248,400	27.05
2	甘肃金塔恒盛农业发展公司	30,708,000	9,212,400	39,920,400	9.98
3	甘肃金盛实业有限公司	15,876,000	4,762,800	20,638,800	5.16
4	甘肃省国营高台农场	8,136,000	2,440,800	10,576,800	2.64
5	甘肃省国营生地湾双丰化工厂	6,012,000	1,803,600	7,815,600	1.95
6	邹小勇			665,900	0.17
7	秦小华			611,703	0.15
8	谢全平			575,328	0.14
9	曲连琴			558,610	0.14
10	徐莉			522,071	0.13

以上列出的股东情况中代表国家持有股份的单位是甘肃亚盛盐化工业集团有限责任公司。

成都百货(集团)股份有限公司

一 、公司简介

(一)、公司法定中文名称:成都百货(集团)股份有限公司
公司英文名称:CHENGDU COMMODITIES CO.,LTD(GROUP)
公司英文名称缩写:C.C
(二)、公司法定代表人:赵路
(三)、公司董事会秘书:李勇
联系地址:四川省成都市大慈寺路 83 号
邮政编码:610016
电话:(028)6652215 (028)6664151
传真:(028)6666775
电子信箱:CC600109@mail.sc.cninfo.net
(四)、公司注册地址、办公地址:四川省成都市大慈寺路 83 号
邮政编码:610016
公司电子信箱:CC600109@mail.sc.cninfo.net
电话:(028)6664151 传真:(028)6666775
(五)、公司选定的信息披露报纸:《上海证券报》
登载公司年度报告的中国证监会指定的国际互联网网址:
http://www.sse.com.cn
公司年度报告备案地点:公司证券部
(六)、股票上市地:上海证券交易所
股票简称:成百集团
股票代码:600109

二 、会计数据和业务数据摘要

(一)、本年度实现利润总额-3,123.38 万元,净利润-3,124.60 万元,扣除非经常性损益后的净利润-2,384.60 万元,其中主营业务利润 2,543.09 万元,其它业务利润 439.67 万元,营业利润-2,039.84 万元,投资收益-117.58 万元,营业外收支支出净额 965.96 万元,经营活动产生的现金流量净额 1,340.94 万元,现金及现金等价物净增加额 443.96 万元。

(二)、截止本报告年度末公司前三年主要会计数据和财务指标: 单 位:人民币元

指标项目	2000 年	1999 年		1998 年	
		调整前	调整后	调整前	调整后
1、主营业务收入	783,746,072.30	762,391,297.07	762,391,297.07	881,487,402.61	881,487,402.61
2、净利润	-31,246,046.56	-26,531,761.91	-27,130,474.90	11,234,559.38	10,830,774.19
3、总资产	271,576,205.46	294,543,648.07	293,541,149.89	332,891,359.43	332,487,574.24
4、股东权益	40,021,561.40	72,270,106.14	71,267,607.96	98,801,868.05	98,398,082.86
5、每股收益(摊薄)	-0.44	-0.374	-0.382	0.158	0.153
6、每股收益(加权)	-0.44	-0.374	-0.382	0.158	0.153
7、每股净资产	0.564	1.018	1.004	1.392	1.386
8、调整后的每股净资产	0.051	0.608	0.594	0.969	0.964
9、净资产收益率(摊薄)%	-78.07	-36.71	-38.07	11.37	11.01
10、净资产收益率(加权)%	-56.15	-31.02	-31.98	12.06	11.66
11、每股经营活动产生的现金流量净额	0.189	0.532	0.532	0.37	0.37

按 照中国证监会《公开发行证券公司信息披露编报规则(第九号)》的要求,计算 2000 年度的净资产收益率和每股收益如下:

报告期利润	净资产收益率(%)		每股收益	
	全面摊薄	加权平均	全面摊薄	加权平均
主营业务利润	63.54	45.70	0.358	0.358
营业利润	-50.97	-36.66	-0.287	-0.287
净利润	-78.07	-56.15	-0.44	-0.44
扣除非经常性损益后的净利润	-59.58	-42.85	-0.336	-0.336

注:主要财务指标计算公式如下:

(1)全面摊薄每股收益=报告期利润/期末股份总数

(2)每股净资产=年度末股东权益/年度末普通股股份总数

(3)调整后的每股净资产=年度末股东权益-三年以上的应收款项净额-待摊费用-待处理(流动、固定)资产净损失-开办费-长期待摊费用-住房周转金负数余额)/年度末普通股股份总数

(4)每股经营活动产生的现金流量净额=经营活动产生的现金流量净额/年度末普通股股份总数

(5)净资产收益率=净利润/年度末股东权益×100%

(6)加权平均净资产收益率=报告期利润/期初净资产+报告期净利润÷2+(报告期发行新股或债转股等新增净资产×新增净资产下一月份起至报告期期末的月份数÷报告期月份数)-(报告期回购或现金分红等减少净资产×减少净资产下一月份起至报告期期末的月份数÷报告期月份数)

(7)加权平均每股收益=报告期利润/期初股份总数+报告期因公积金转增股本或股票股利分配等增加股份数+(报告期因发行新股或债转股等增加股份数×增加股份下一月份起至报告期期末的月份数÷报告期月份数)-(报告期因回购或缩股等减少股份数×减少股份下一月份起至报告期期末的月份数÷报告期月份数)

三 、股东情况介绍

1 、截止 2000 年 12 月 31 日,本公司股东人数 7993 户。

2 、前十名股东持股情况(截止 2000 年 12 月 31 日)

名次	股东名称	持股数	持股比例(%)	股票类别
1	成都市国有资产管理局	3348.27 万股	47.14	国有股
2	成都市国有资产投资经营公司	250 万股	3.52	法人股
3	中国光大银行国际信托投资公司	160 万股	2.25	法人股
4	四川省闽南实业投资有限公司	110 万股	1.55	法人股
5	四川电器股份有限公司	70 万股	0.99	法人股
6	宋继永	642000 股	0.90	上市流通股
7	罗歌颂	458060 股	0.65	上市流通股
8	蜀都大厦股份有限公司	40 万股	0.56	法人股
9	蓝风实业股份有限公司	40 万股	0.56	法人股
10	成都彩虹电器(集团)股份有限公司	40 万股	0.56	法人股

长春热缩材料股份有限公司

一、公司简介

(一)公司法定中、英文名称
1、公司法定中文名称: 长春热缩材料股份有限公司
2、公司法定英文名称: CHANGCHUN HEAT-SHRINKABLE MATERIALS CO.,LTD.
(三)公司法定代表人:王利祥
(三)公司董事会秘书姓名及联系地址、电话、传真、电子信箱
1、董事会秘书:才宏
2、联系地址:吉林省长春市人民大街 159 号长春热缩证券部
3、电话:0431-5694024
4、传真:0431-5689715
5、电子信箱:ccrs@public.cc.jl.cn
(四)公司注册地址、办公地址、邮政编码及网址
1、公司注册及办公地址:吉林省长春市人民大街 159 号
2、邮政编码:130022 3、公司网址:www.ciac-china.com
(五)公司选定的信息披露报纸名称、登载公司年报的互联网网址及年报备置地点
1、公司选定的信息披露报纸名称:上海证券报
2、登载公司年报的国际互联网网址:http//www.sse.com.cn
3、公司年度报告备置地点:公司证券部
(六)公司股票上市交易所、股票简称及股票代码
1、公司股票上市交易所:上海证券交易所
2、股票简称:长春热缩 3、股票代码:600110

二、会计数据和业务数据摘要

1、本年度主要数据指标情况(单位:人民币元)

利润总额:	54519226.24
净利润:	46310927.18
扣除非经常性损益后的净利润:	41686521.86
主营业务利润:	53383213.15
其他业务利润:	6811513.68
营业利润:	45595316.99
投资收益:	3680043.19
营业外收支净额:	4813866.06
经营活动产生的现金流量净额:	69375745.50
现金及现金等价物净增加额:	39467943.98

注:扣除的非经常性损益包括:无法支付的应付帐款 1791525.57 元,无法支付的其他应付款 2832879.75 元。

2、前三年主要会计数据和财务指标(单位:人民币元)

序号	项目	2000 年度	1999 年度	1998 年度	
				调整后	调整前
1	主营业务收入	89630264.99	74425384.79	74634055.89	74634055.89
2	净利润	46310927.18	25254517.24	35057050.43	38589371.30
3	总资产	531037946.67	443620493.56	342757709.04	3851148513.42
4	股东权益	372223680.29	337477553.11	312013891.84	354370696.22
5	每股收益	0.4004	0.218	0.394	0.434
6	每股收益(加权)	0.4004	0.242	0.394	0.434
7	每股收益(扣除非经常性损益)	0.36	0.218	0.394	0.434
8	每股净资产	3.22	2.92	3.51	3.98
9	调整后的每股净资产	3.15	2.91	3.48	3.89
10	每股经营活动产生的现金流量净额	0.60	0.159	0.37	0.37
11	净资产收益率(%)	12.44	7.48	11.24	10.89

按照中国证券监督管理委员会《公开发行公司信息披露编报规则(第 9 号)》要求计算的利润数据:(单位:人民币元)

报告期利润	净资产收益率		每股收益	
	全面摊薄	加权平均	全面摊薄	加权平均
主营业务利润	0.1434	0.1571	0.4616	0.4616
营业利润	0.1225	0.1342	0.3943	0.3943
净利润	0.1244	0.1362	0.4004	0.4004
扣除非经常性损益后的净利润	0.1120	0.1227	0.3605	0.3605

三、股东情况

1、截止报告期末,本公司在册股东总数为 7959 户。

2、公司前 10 名股东持股情况:

序号	股东名称	年持股数(股)	年末持股数(股)	持股比例(%)
1	中国科学院长春应用化学科技总公司	42640000	42640000	36.87
2	杉杉集团有限公司	0	32500000	28.10
3	甘叶华	-	989095	0.86
4	杨业沁	-	945157	0.82
5	天旭实业	-	872059	0.75
6	杨靖	-	867400	0.75
7	赵为民	-	847099	0.73
8	陈荣	-	725251	0.63
9	李春兰	-	718800	0.62
10	王永红	-	640300	0.55

代表国家持有股份的单位是:中国科学院长春应用化学科技总公司。

中国科学院长春应用化学科技总公司及杉杉集团有限公司所持股份为未上市流通股份,其它股东所持股份为已上市流通股份。

2000 年 9 月 28 日,本公司原法人股股东长春高新技术产业(集团)股份有限公司将其持有的本公司全部股份以现金方式转让给杉杉集团有限公司持有。

3、国有法人股及法人股股东所持股份质押和冻结情况

中国科学院长春应用化学科技总公司所持股份无质押和冻结情况

报告期内,杉杉集团有限公司将其持有的本公司全部股份暂时质押给长春高新。

内蒙古包钢稀土高科技股份有限公司

一、公司简介

(一)公司的法定中、英文名称及缩写
1.中文：内蒙古包钢稀土高科技股份有限公司
2.英文：INNER MONGOLIA BAOTOU STEEL RARE-EARTH HI-TECH CO.,LTD.
3.英文缩写：IMBREHT
(二)公司法定代表人：乔木
(三)公司董事会秘书姓名、联系地址、电话、传真、电子信箱
1.董事会秘书：赵占斌
2.联系地址：内蒙古包头稀土高新技术产业开发区稀土高科公司
3.联系电话：(0472) 5139097 、5139079 4、传真：(0472) 5139079
5.电子信箱：E-mail:SECURITY@REHT.COM
(四)公司注册地址、办公地址、邮政编码、国际互联网网址及电子信箱
1.公司注册地址：内蒙古包头稀土高新技术产业开发区，邮政编码：014030
2.公司办公地址：内蒙古自治区包头市昆区张家营子西，邮政编码：014010
3.公司国际互联网网址：http://www.reht.com 电子信箱：E-mail:RAREARTH@public.hh.nm.cn
(五)公司选定的信息披露报纸名称、登载公司年度报告的中国证监会指定的国际互联网网址，公司年度报告备置地点
1.信息披露报纸名称：中国证券报、上海证券报
2.登载公司年度报告的中国证监会指定国际互联网网址：http://www.sse.com.cn
3.公司年度报告备置地点：公司证券部
(六)公司股票上市交易所、股票简称和股票代码
1.公司股票上市交易所：上海证券交易所
2.股票简称：稀土高科 3.股票代码：600111

二、会计数据和业务数据摘要

(一) 本年度主要利润指标情况 (单位：人民币元)

项目	2000 年度
1.利润总额：	100,457,237.25
2.净利 润：	98,081,073.43
3.扣除非经常性损益后的净利润：	102,993,303.19
4.主营业务利润：	130,446,475.35
5.其他业务利润：	239,708.88
6.营业利润：	99,951,646.96
7.投资收益：	299,980.80
8.补贴收入：	5,336,787.00
9.营业外收支净额：	-5,131,177.51
10.经营活动产生的现金流量净额：	170,122,072.73
11.现金及现金等价物净增加额：	384,932,213.58

注：扣除非经常性损益后总额 4,912,229.76 元，其项目、涉及金额为：
(1)处置固定资产净损失 1,424,308.93 元；
(2)职工房改补助 3,487,920.83 元。

(二) 报告期末公司前三年主要会计数据及财务指标(单位：人民币元)

序号	项 目	2000 年	1999 年	1998 年
1	主营业务收入	392,534,885.68	246,295,563.42	227,821,228.54
2	净 利 润	98,081,073.43	63,406,773.73	75,636,315.59
3	总 资 产	1,223,090,824.89	773,412,268.16	702,923,472.78
4	股东权益(不含少数股东权益)	1,001,808,062.95	663,964,570.53	600,557,796.80
5	每股收益(摊薄)	0.243	0.174	0.208
6	每股收益(加权)	0.249	0.174	0.229
7	每股净资产	2.482	1.822	1.648
8	调整后每股净资产	2.355	1.695	1.576
9	每股经营活动产生的现金流量净额	0.421	0.006	-0.118
10	净资产收益率(摊薄)%	9.79	9.55	12.59
11	净资产收益率(加权)%	10.56	10.03	12.01

利润附表 (单位：人民币元)

	报告期利润	净资产收益率% 全面摊薄	加权平均	每股收益 全面摊薄	加权平均
主营业务利润	130,446,475.35	13.02	14.04	0.323	0.331
营业利润	99,951,646.96	9.98	10.76	0.248	0.254
净利润	98,081,073.43	9.79	10.56	0.243	0.249
扣除非经常性损益后的净利润	102,993,303.19	10.28	11.08	0.255	0.261

注：净资产收益率和每股收益的计算公式按中国证监会《公开发行证券公司信息披露编报规则第 9 号》规定的方法进行计算。

三、股本变动及股东情况

(一)报告期末股东总数
本报告期末股东总数 85845 户，其中包括法人股东 3 户，社会公众股东 85842 户。
(二) 股东情况介绍
1.前 10 名股东持股情况

序号	股 东 名 称	持股数量(万股)	占总股本比例(%)	股份性质
1)	包头钢铁(集团)有限责任公司	19170.574	47.49	国有法人股
2)	嘉鑫有限公司(香港)	4900.00	12.14	外资法人股
3)	包钢综合企业(集团)公司	1736.826	4.30	法人股
4)	泰和基金	125.584	0.31	公众股
5)	君安深一	95.23	0.24	公众股
6)	曹建军	88.98	0.22	公众股
7)	刘伯佳	59.51	0.15	公众股
8)	陈玉才	54.66	0.14	公众股
9)	沈水兔	41.30	0.10	公众股
10)	蒋跃文	38.78	0.10	公众股

2.持股 10%以上的股东情况介绍
(1)包头钢铁(集团)有限责任公司持有 19170.574 万股，占总股数的 47.49%。
法定代表人：林东鲁
经营范围： 钢材轧制、黑色金属冶炼及其延压加工、稀土金属冶炼、大理石。所持有的稀土高科股份 47.49%的法人股未作任何质押。

贵州长征电器股份有限公司

一、公司简介

1 、公司法定中文名称：贵州长征电器股份有限公司
公 司法定英文名称：GUIZHOU CHANGZHENG ELECTRICAL APPARATUS CO.,LTD.
英文缩写：C ·Z · E
2 、公司法定代表人：唐 勇
3 、公司董事会秘书：邢雁雁
联系地址：贵州省遵义市上海路 100 号电 话：0852-8622952
传真：0852-8626701 电子信箱：yxxsh21cn.com
4 、公司注册地址：贵州省遵义市上海路 100 号
公司办公地址：贵州省遵义市上海路 100 号
邮政编码：563002
国际互联网地址：http://www.czdq.com.cn
电子信箱：czdqjt@public.gz.cn
5 、公司选定信息披露报纸：上海证券报
刊登年报选定国际互联网网址：http//www.sse.com.cn
公司年度报告备置地点：本公司办公室
6 、公司股票上市交易所：上海证券交易所
股票简称：长征电器 股票代码：600112

二、会计数据和业务数据摘要

(一)本年度利润总额及其构成(单位：人民币元)

利润总额	39,416,382.20
净利润	35,187,122.26
扣除非经常性损益后的净利润	28,273,172.52
主营业务利润	60,783,424.42
其他业务利润	2,670,373.49
营业利润	16,785,066.50
投资收益	15,717,365.96
补贴收入	5,369,176.66
营业外收支净额	1,544,773.08
经营活动产生的现金流量净额	19,190,558.54
现金及现金等价物净增加额	31,265,186.46

注：扣除非经营性损益项目及涉及金额：
① 补贴收入项目： 5,369,176.66
② 营业外收支净额： 1,544,773.08

(二)、主要会计数据及财务指标(单位：元)

序号	项目	2000 年	1999 年 调整后	1999 年 调整前	1998 年 调整后
1	主营业务收入	182,350,529.00	149,721,075.10	149,721,075.10	222,960,537.01
2	净利润	35,187,122.26	27,658,989.50	28,863,263.82	39,358,444.45
3	总资产	793,995,028.71	627,846,526.92	627,846,526.92	583,796,781.17
4	股东权益	486,257,205.95	459,670,083.69	460,874,358.01	380,520,696.10
5	每股收益	0.2046	0.1608	0.1678	0.2750
6	每股净资产	2.83	2.67	2.68	2.49
7	调整后的每股净资产	2.75	2.60	2.62	2.29
8	每股经营活动产生的现金流量净额	0.11	0.15	0.15	0.01
9	净资产收益率	7.24	6.02	6.26	10.34

2000 年报告期利润

	净资产收益率(%) 全面摊薄	加权平均	每股收益 全面摊薄	加权平均
主营业务利润	12.50	12.74	0.3534	0.3534
营业利润	3.45	3.52	0.0976	0.0976
净利润	7.24	7.37	0.2046	0.2046
扣除非经营性损益后的净利润	5.81	5.92	0.1644	0.1644

1999 年报告期利润

	净资产收益率 全面摊薄	加权平均	每股收益 全面摊薄	加权平均
主营业务利润	13.63	14.99	0.3642	0.3797
营业利润	5.36	5.89	0.1431	0.1492
净利润	6.02	6.62	0.1608	0.1676
扣除非经营性损益后的净利润	5.75	6.32	0.1536	0.1601

三、股东情况介绍

1 、报告期末股东总数
截止 2000 年 12 月 29 日止，公司股东总数为 20563 户。
2 、公司前 10 名股东持股情况(2000 年 12 月 29 日)：

姓名	年末持股数 (股)	占总股本比例 (%)
长征电器集团有限责任公司	120,000,000	69.77
长江证券	5,931,519	3.449
泰和基金	338,300	0.197
高小丽	210,000	0.122
陈淑林	200,000	0.116
黎慧秀	191,000	0.111
崔克宁	175,300	0.102
马锦耀	171,546	0.0997
干满琴	168,440	0.0979
王磊	166,790	0.0969

注：① 控股股东所持本公司股份无质押、冻结情况；
② 前 10 名股东之间不存在关联关系。
3 、报告期内控股股东介绍：报告期内控股股东为贵州长征电器集团有限责任公司。
法定代表人：唐勇先生；经营范围：高低压电器、房地产、运输、物资供应。

浙江东日股份有限公司

一、公司简介

1、公司的法定中文:浙江东日股份有限公司(简称:浙江东日)
英文:ZHE JIANG DONG RI LIMITED COMPANY(英文缩写:ZJDR)
2、公司法定代表人:滕增寿先生
3、公司董事会秘书:张乘东先生　　联系地址:浙江省温州市矮凳桥92号
联系电话:0577 ——8835216　　传真:0577 ——8842287
4、公司注册地址及办公地址:浙江省温州市矮凳桥92号　　邮政编码:325003
http://www.dongri.com.　　E—mail:zjdongri@mail.wzptt.zj.cn
5、本公司选定的信息披露报纸名称:《中国证券报》、《上海证券报》
6、公司年度报告备置地点:浙江省温州市矮凳桥92号公司证券部
7、登载本公司年度报告网址:http://www.sse.com.cn
8、公司股票上市交易所:上海证券交易所
股票简称:浙江东日　　股票代码:600113

二、会计数据和业务数据摘要

1、本年度主要会计数据(单位:人民币元)

(1)	利润总额	18,069,125.20
(2)	净利润	15,121,159.24
(3)	扣除非经常性损益后的净利润	15,121,159.24
(4)	主营业务利润	26,437,623.79
(5)	其他业务利润	5,686,324.69
(6)	营业利润	18,113,426.50
(7)	营业外收支净额	—44,301.30
(8)	经营活动产生的现金流量净额	46,607,399.45
(9)	现金及现金等价物净增加额	—25,405,389.24

2、近三年的主要会计数据和财务指标　　单位:人民币元

序号	指标项目	单位	2000年度	99年度	98年度	
					调整前	调整后
1	主营业务收入	元	101,239,816.08	65,997,272.11	108,059,999.62	108,059999.62
2	净利润	元	15,121,159.24	23,316,529.83	41,487,287.95	37,791495.90
3	总资产	元	435,746,844.71	378,010,256.51	401,725,652.51	393,319925.81
4	股东权益	元	356,297,244.82	364,776,085.58	349,865,282.45	341,459555.75
5	每股收益(摊薄)	元/股	0.13	0.20	0.35	0.32
6	每股收益(加权)	元/股	0.13	0.20	0.35	0.32
7	每股收益(扣除非经常性损益)	元/股	0.13	0.20	0.35	0.32
8	每股净资产	元/股	3.02	3.09	2.96	2.89
9	调整后每股净资产	元/股	3.00	3.08	2.95	2.88
10	每股经营活动产生的现金流量净额	元	0.40	0.6525		0.090
11	净资产收益率(摊薄)	%	4.24	6.39	11.86	11.07
12	净资产收益率(加权)	元/股	4.19	6.60	11.86	10.94

3、按照《公开发行证券公司信息披露编报规则(第9号)》要求计算的利润数据:

报告期利润	净资产收益率		每股收益	
	全面摊薄	加收平均	全面摊薄	加收平均
主营业务利润	7.42%	7.1%	0.22	0.22
营业利润	5.08%	4.86%	0.15	0.15
净利润	4.24%	4.06%	0.13	0.13
扣除后非经常性损益	4.24%	4.06%	0.13	0.13

4、股东权益变动情况:

项目	股本	资本公积	法定盈余公积	法定公益金	未分配利润	合计
期初数	118000000	216038422.86	7,203,766.26	7,203,766.26	16,330,130.20	364,776,085.58
本期增加			1,512,115.92	1,512,115.92	12,096,927.40	15,121,159.24
本期减少					23,600,000.00	23,600,000.00
期末数	118000000	216038422.86	8715882.18	8,715,882.18	4,827,057.60	56,297,244.82

说明:(1)、盈余公积和法定公益金本期增加系本公司按本年度实现净利润提取10%的法定盈余公积和10%法定公益金所致。

(2)、未分配利润本期增加系公司本年度实现之净利润,未分配利润减少系本年利润分配派送红利所致(该现金红利分配方案需提请2000年年度股东大会批准)。

三、股本变动及股东情况介绍

1、公司股份变动情况表:

	期初数	本期变动增减(十,一)						期末数
		配股	送股	公积金	转股	其他	小计	
一、尚未流通股份								
1、发起人股份	78,000,000							78,000,000
境内法人持有股份	78,000,000							78,000,000
尚未流通股份合计	78000000							78,000,000
二、已流通股份								
1、境内上市的人民币普通股	40,000,000							40,000,000
已流通股份合计	40000000							40,000,000
三、股份总数	118000,000							118,000,000

3、股东情况介绍:(1)报告期末,公司股东总数为23265户,其中国有法人股东1户,社会公众股23264户。公司没有内部职工股东。公司董事、监事、高级管理人员均没持有本公司股份。

(2)主要股东持股情况(前十名股东):

名次	股东名称	年末持股数(股)	占总股本%
1	浙江东方集团公司	78,000,000	66.10
2	泰和基金	999,934	0.85
3	王小英	195,368	0.17
4	张立忠	171,150	0.15
5	周凯	156,425	0.13
6	黄树珍	155,788	0.13
7	王心贵	141,633	0.12
8	康海林	141,000	0.12
9	陈尽保	136,010	0.12
10	罗洪昌	131,900	0.11

中国东方航空股份有限公司

一、公司简介

1.公司法定中文名称:中国东方航空股份有限公司　简称:东方航空
公司英文名称:China Eastern Airlines Corporation Limited　缩写:CEA
2.公司法定代表人:李仲明
3.董事会秘书:罗祝平
联系地址:上海市虹桥路2550号
中国东方航空股份有限公司董事会秘书室
电话:021-62686268　　传真:021-62686116　　电子信箱:ir@ce-air.com
4.公司注册地址、办公地址:上海市虹桥路2550号
邮政编码:200335　　公司网址:www.ce-air.com　　电子信箱:ir@ce-air.com
5.公司选定的信息披露报纸名称:《上海证券报》
登载公司年度报告的中国证监会指定国际互联网网址: www.sse.com.cn
年度报告备置地点:上海市虹桥路2550号
中国东方航空股份有限公司董事会秘书室
6.公司股票上市地:上海市证券交易所
股票简称:东方航空　　股票代码:600115

二、会计数据和业务数据摘要

1.本年度利润总额及构成(按中华人民共和国会计准则编制)

利润总额	103,231,899.74
净利润	20,081,911.13
扣除非经常性损益的净利润	-226,633,153.33
主营业务利润	2,062,889,718.08
其他业务利润	357,018,221.61
营业利润	-212,187,845.04
投资收益	53,839,446.05
补贴收入	1,069,600.00
营业外收入净额	281,258,809.38
营业外支出净额	20,748,110.65
经营活动产生的现金流量净额	3,077,964,000.92
现金及现金等价物净增加额	-240,056,124.58

注:非经营性损益为:

补贴收入	1,069,600.00
处置固定资产收益	262,810,393.21
处置固定资产损失	-14,062,243.76
合并价差摊入	-3,102,684.99

2.主要会计数据和财务指标(按中华人民共和国会计准则编制)　单位:百万元

	2000年	1999年	1998年
1.主营业务收入	11,821.76	10,668.64	8,645.07
2.净利润	20.08	208.10	-653.96
3.总资产	26,986.30	26,959.75	27,325.40
4.股东权益	6,606.55	6,682.55	6,471.97
5.每股收益(人民币元)	0.00413	0.04	-0.13
6.扣除非经常性损益每股收益(人民币元)	-0.0466	-0.09	-0.13
7.每股净资产(人民币元)	1.36	1.37	1.33
8.净资产收益率(%)	0.3040	3.11	-10.10
9.调整后每股净资产(人民币元)	1.20	1.27	1.26
10.每股经营活动产生的现金流量净额(人民币元)	0.63	0.49	0.57

三、股本变动及股东情况

1.股本变动情况表

公司股本变动情况表

	期初数(万股)	本期增加(万股)	期末数(万股)
一、尚未流通股份			
国有法人股	300,000	0	300,000
二、已流通股份			
1.H股	156,695	0	156,695
2.A股	30,000	0	30,000
三、股份总额	486,695	0	486,695

2.股东情况介绍

(1)股东数量:至本年度末,本公司股东总数为196442户。

(2)至本年度末,持本公司股票最多的前10名股东持股情况如下:

单位或姓名	持股数	持股比例
1.东方航空集团公司	3,000,000,000	61.64%
2.HKSCC NOMINEES LIMITED	1,458,271,999	29.96%
3.HONGKONG & SHANGHAI BANKING OPORATION (NOMINEES) LIMITED A/C BR-9	3,000,000	0.06%
4.HONGKONG & SHANGHAI BANKING COPORATION (NOMINEES) LIMITED A/C BR-43	2,276,000	0.047%
5.HONGKONG & SHANGHAI BANKING COPORATION (NOMINEES) LIMITED A/C BR-41	2,122,000	0.044%
5.HONGKONG & SHANGHAI BANKING COPORATION (NOMINEES) LIMITED A/C BR-42	2,122,000	0.044%
7.HONGKONG & SHANGHAI BANKING COPORATION (NOMINEES) LIMITED	1,798,000	0.037%
8.HONGKONG & SHANGHAI BANKING COPORATION (NOMINEES) LIMITED A/C BR-1	1,668,000	0.034%
9.CHEUNG CHAK SUN	1,500,000	0.031%
9.LAU HING NGOR	1,500,000	0.031%

(3)控股10%以上的股东情况

股东名称:东方航空集团公司

法定代表人:李仲明

经营范围为:主营本系统所属企业经营管理,所属企业生产产品的销售。兼营食宿服务及航空速递服务、客货地面运输服务和其他地面运输服务;航空食品、航空纪念品的销售。该公司股票没有质押情况。

重庆三峡水利电力(集团)股份有限公司

一、公司简介

(一)公司法定中文名称:重庆三峡水利电力(集团)股份有限公司
公司法定英文名称:Chongqing Three Gorges Water Conservancy and Electric Power Co.,Ltd.
(二)公司法定代表人:邹小剑
(三)公司董事会秘书:陈丽娟
联系地址:重庆市万州区鸽子沟72号
联系电话:023—58234759
联系传真:023—58251153
电子信箱:sxslzqb@public.cta.cq.cn
(四)注册地址:重庆市万州区鸽子沟72号
办公地址:重庆市万州区鸽子沟72号
邮政编码:404000
电子信箱:sxslzqb@public.cta.cq.cn
(五)公司信息披露报纸:《中国证券报》、《上海证券报》
中国证监会指定的年报登载网址:http://www.sse.com.cn
公司年度报告备置地点:公司证券部
(六)公司股票上市地:上海证券交易所
股票简称:三峡水利
股票代码:600116

二、会计数据和业务数据摘要

(一)本年度实现利润情况　　单位:元

项目	2000年
利润总额	46,325,181.83
净利润	37,887,155.25
扣除非经常性损益后的净利润	32,338,524.96
主营业务利润	110,850,659.67
其他业务利润	4,906,891.92
营业利润	43,580,216.67
投资收益	-1,172,131.05
补贴收入	10,220,000.00
营业外收支净额	-6,302,903.79
经营活动产生的现金流量净额	111,602,269.53
现金及现金等价物净增加额	32,822,790.94

注:本年扣除的非经常性损益项目金额如下:
1、补贴收入(火电亏损补贴10,220,000.00元);
2、资产损失1,959,922.31元;
3、新股申购冻结资金利息1,288,552.60元;
4、预计或有负债4,000,000.00元。

(二)公司前三年主要会计数据和财务指标

项目	2000年度	99年度		98年度	
		调整前	调整后	调整前	调整后
主营业务收入(万元)	22208	25032	19127	21753	17770
净利润(万元)	3789	3536	2910	5091	3316
总资产(万元)	113352	110213	100431	102888	96084
股东权益(不含少数股东权益)(万元)	52614	49998	48668	52227	46523
每股收益(元/股)	0.22	0.22	0.18	0.32	0.21
每股收益(按月加权)(元/股)	0.23	0.22	0.18	0.32	0.21
扣除非经常性损益后的每股收益(元/股)	0.19	0.11	0.07	0.26	0.16
每股净资产(元/股)	3.01	3.46	3.06	3.29	2.93
调整后的每股净资产(元/股)	2.91	3.44	3.03	3.26	2.90
每股经营活动产生的现金流量净额(元/股)	0.64	-0.03	-0.03	0.11	0.11
净资产收益率(摊薄%)	7.20	6.43	5.98	9.75	7.13
净资产收益率(加权%)	7.49	6.55	6.06	10.25	7.39

(三)、利润分配表附表

	净资产收益率		每股收益	
	全面摊薄	加权平均	全面摊薄	加权平均
主营业务利润	21.07%	21.91%	0.63	0.63
营业利润	8.28%	8.61%	0.25	0.25
净利润	7.20%	7.49%	0.22	0.22
扣除非经常性损益后的净利润	6.15%	6.39%	0.19	0.19

三、股本变动及股东情况

(一)、股本变动情况
1、报告期末公司上市流通股东总数为23466户。
2、公司前十名股东持股情况(截止2000年12月29日):

股东	持股数(万股)	股份增减(万股)	持股比例
重庆市水利电力产业(集团)有限责任公司(国家股)	3698.2	336.2	21.16%
水利部经济管理局(国家股)	3273.6	297.6	18.73%
长江水利水电开发总公司	1100	100	6.29%
重庆三峡水利电力(集团)股份有限公司职工持股会	996.16	90.56	5.70%
北京恒丰兆业投资有限公司	770	70	4.41%
中国灌排技术开发公司	369.6	33.6	2.11%
长春永顺经贸有限公司	354.09	32.19	2.03%
大庆厦华	208.9828		1.20%
创业投资	182.14		1.04%
万县市水电建筑勘察设计研究院	176	16	1.01%

1)、股份增加系公司1999年度实施每10股送1股分配方案所致。
2)、报告期内,重庆市水利电力产业(集团)有限责任公司所持有的三峡水利3362万股国家股中的1000万股为重庆公用站台设施投资开发有限公司向光大银行重庆分行申请的1500万元贷款提供的质押担保到期,已于2000年9月28日在上海证券中央登记结算公司办理了撤消上述股票质押的手续。

西宁特殊钢股份有限公司

公司简介

一、公司中文名称:西宁特殊钢股份有限公司
缩写:西宁特钢股份公司
公司英文名称:XINING SPECIAL STEEL CO.,LTD　　缩写:X S S
二、公司法定代表人:张昭云(董事长)
三、公司董事会秘书:杨凯
联系地址:青海省西宁市柴达木西路52号,邮编810005
电话:0971-5299089　5218389(传真)
电子信箱:xntg@public.xn.qh.cn
四、公司注册地址:青海省西宁市,邮编810005
公司办公地址:青海省西宁市柴达木西路52号,邮编810005
邮政编码:810005
公司电子信箱:xntg@public.xn.qh.cn
五、《年度报告》置备地点:公司董事会
地址:青海省西宁市柴达木西路52号
信息披露报纸名称:《中国证券报》、《证券时报》
年报登载指定网址:http://www.sse.com.cn
六、公司股票上市交易所:上海证券交易所
公司股票简称:西宁特钢　　公司股票代码:600117

会计数据和业务数据

一、本年度主要会计数据

序号	指标名称	单位	2000年度
1	利润总额	元	112,604,258.90
2	净利润	元	79,925,659.09
3	扣除非经常性损益后的净利润	元	79,925,659.09
4	主营业务利润	元	140,256,411.36
5	其他业务利润	元	6,314,176.68
6	营业利润	元	92,177,988.09
7	投资收益	元	0
8	补贴收入	元	19,805,212.00
9	营业外收支净额	元	621,058.81
10	每股收益(摊薄)	元	0.1372
11	每股收益(加权)	元	0.1419
12	净资产利润率(摊薄)	%	5.88
13	净资产利润率(加权)	%	6.53
14	扣除后加权净资产利润率	%	6.53
15	经营性活动产生的现金流量净额	元	51,634,129.22
16	现金及现金等价物净增加额	元	66,718,002.35

注:公司报告期内无非经常性损益。

二、前三年主要会计数据及财务指标

序号	指标名称	单位	2000年	1999年	1998年 调整后	1998年 调整前
1	主营业务收入	元	1318282113.99	1336245786.11	1380977105.52	1380977105.52
2	净利润	元	79925659.09	104719475.33	97067580.19	102347767.31
3	总资产	元	2536453512.82	2077583203.97	1970033105.73	1983448936.56
4	股东权益	元	1359452155.45	1052599806.74	947880331.41	961296162.24
5	每股收益(摊薄)	元	0.14	0.19	0.30	0.32
6	每股收益(加权平均)	元	0.14	0.19	0.30	0.32
7	每股收益(扣除非经营性损益)	元	0.14	0.19	0.30	0.32
8	每股净资产	元	2.33	1.93	2.96	3.00
9	调整后的每股净资产	元	2.21	1.79	2.58	2.62
10	每股经营活动产生的现金流量净额	元	0.09	-0.36	-0.61	0.12
11	净资产收益率(摊薄)	%	5.88	9.95	10.24	10.65
12	净资产收益率(加权)	%	6.53	10.47	10.24	10.65

注:1、上述财务指标的计算公式完全按照中国证监会"年报准则"和"信息披露编报规则第9号"的规定计算和填列。

2、根据中国证监会《公开发行证券公司信息披露编报规则(第9号)》的要求计算的净资产收益率、每股收益如下:

项目	净资产收益率(%)				每股收益(元/股)			
	2000年		1999年		2000年		1999年	
	全面摊薄	加权平均	全面摊薄	加权平均	全面摊薄	加权平均	全面摊薄	加权平均
主营业务利润	10.32	11.46	16.67	17.54	0.24	0.25	0.32	0.32
营业利润 6.78	7.53	11.57	12.17	0.16	0.16	0.22	0.22	
净利润 5.88	6.53	9.95	10.47	0.14	0.14	0.19	0.19	
扣除非经常性损益后的净利润					本公司报告期内未发生非经营性损益			

股本变动及股东情况

一、报告期末股东总数
截止2000年12月31日,本公司共有股东108432名,其中国有法人股股东1名,法人股股东6名,社会公众股股东108425名。

二、前10名股东情况
2000年12月29日

序号	股东姓名或名称	持股数量(股)	持股比例	股份性质	质押、冻结
1	西宁特钢集团公司	408,320,000	70.13%	国有股	无
2	青海创业集团公司	5,100,000	0.8760%	法人股	无
3	吉林合金股份公司	2,000,000	0.3435%	法人股	无
4	青海铝业集团公司	1,700,000	0.2920%	法人股	无
5	吉林碳素股份公司	1,700,000	0.2920%	法人股	无
6	兰州碳素有限公司	1,700,000	0.2920%	法人股	无
7	包头钢铁设计院	1,700,000	0.2920%	法人股	无
8	任　勇	370,200	0.0636%	流通股	无
9	李　萍	284,469	0.0489%	流通股	无
10	崔长生	254,500	0.0437%	流通股	无

中国泛旅实业发展股份有限公司

(一)公司简介

1.公司名称:中国泛旅实业发展股份有限公司
英文名称:CHINA PAN-TOURISM INDUSTRY DEVELOPMENT CO.,LTD
英文缩写:CPTIDC
2.公司法定代表人:傅卓洋
3.董事会秘书:张伯昊　　证券事务代表:蒋 洪
联系电话:(010)64668846　　传真:(010)64677859
联系地址:北京市东三环北路一号公司证券管理部
4.公司注册地址及办公地址:北京市东三环北路1号　　邮政编码:100027
公司电子信箱:cptidc @public.bta.net.cn
5.公司选定的信息披露报纸:上海证券报
登载公司年度报告的中国证监会指定国际互联网网址:http://www.sse.com.cn
公司年度报告备置地点:公司证券管理部
6.公司股票上市地:上海证券交易所　股票简称:中国泛旅　　股票代码:600118

(二)会计数据和业务数据摘要

一、公司本年度主要会计数据:单位:元

项目	金额
1.利润总额	25,856,233.07
2.净利润	17,190,824.82
3.扣除非经营性损益后的净利润	19,043,562.72
4.主营业务利润	25,818,674.81
5.其他业务利润	17,564,081.06
6.营业利润	17,633,123.41
7.投资收益	8,459,237.26
8.补贴收入	
9.营业外收支净额	236,127.60
10.经营活动产生的现金流量净额	77,495,409.89
11.现金及现金等价物净增加额	7,458,365.46

注:扣除非经常性损益的项目、涉及金额

项目	金额(元)
营业外收入	44,705.19
营业外支出	280,832.79
处理流动资产损失	1,966,230.88
股权投资差额摊销	562,921.97
合计	2,765,280.45
减:所得税	912,542.55
非经常性收益净额	1,852,737.90

二、公司前三年的主要会计数据和财务指标:

项目	2000年度	1999年度	1998年度	
			调整后	调整前
1.主营业务收入(元)	293,921,950.78	164,738,258.30	157,215,597.63	157,215,597.63
2.净利润(元)	17,190,824.82	22,019,658.86	29,847,194.99	29,324,791.79
3.总资产(元)	360,810,249.70	328,742,111.54	261,439,922.74	264,735,447.22
4.股东权益(元)(不含少数股东权益)	280,196,905.34	262,227,526.98	240,207,868.12	243,503,392.60
5.每股收益(摊薄.元)	0.091	0.186	0.252	0.248
6.每股收益(加权.元)	0.091	0.186	0.252	0.248
7.扣除非经常性损益后的每股收益(元)	0.100	0.185	0.252	0.248
8.每股净资产(元)	1.479	2.21	2.03	2.06
9.调整后的每股净资产(元)	1.465	2.20	2.01	2.03
10.每股经营活动产生的现金流量净额(元)	0.41	–0.14	0.09	0.09
11.净资产收益率(%)	6.14	8.40	12.43	12.04
12.加权净资产收益率(%)	6.35	8.77	13.25	12.81

三、利润表附表:

报告期利润	金额(元)	净资产收益率(%)		每股收益(元)	
		全面摊薄	加权平均	全面摊薄	加权平均
主营业务利润	25,818,674.81	9.21	9.53	0.136	0.136
营业利润	17,633,123.41	6.29	6.51	0.093	0.093
净利润	17,190,824.82	6.14	6.35	0.091	0.091
扣除非经常性损益后的净利润	19,043,562.72	6.80	7.03		

(三)股东变动及股东情况

1.报告期末股东总数10408户。
2.年末主要股东持股情况:

股东名称	已上市流通	未上市流通	持股比例(%)
中国旅游商贸服务总公司		102,240,000	53.95
北京波菲特旅游礼品有限责任公司		5,760,000	3.04
港旅建筑装饰工程有限公司		4,320,000	2.28
北京万通达储运公司		2,880,000	1.52
黄山昱鑫旅游实业公司		2,304,000	1.22
程运新	1,286,593		0.68
陈莉华	774,100		0.41
缪文梅	745,680		0.39
刘翠玲	612,043		0.32
侯起贵	603,982		0.32

中国旅游商贸服务总公司、北京万通达储运公司、黄山昱鑫旅游实业公司为代表国家持有股份的单位。

3.持股10%以上法人股东情况:中国旅游商贸服务总公司持股比例53.95%,为本公司的控股股东。法定代表人:傅卓洋,经营范围:经销全国旅游行业所需的商品、物资及设备,主要包括旅游汽车、机电设备、清洁机械、食品饮料、旅游工艺纪念品;从事旅游行业对外技术交流、服务和培训业务;组织旅游商品的开发、研制、生产和销售;组织全国旅游商品的展销及订货会;承接旅游设施的改造装饰工程;经营各种旅游设备的维修及售后服务。

长发集团长江投资实业股份有限公司

一、公司简介

1、公司法定中文名称:长发集团长江投资实业股份有限公司
公司英文全称:Y.U.D Yangtze River Investment Industry Co.,Ltd.
公司名称英文缩写:Y.I.C.
2、公司法定代表人:汤期庆
3、公司董事会秘书:朱 联
董事会证券事务代表:韩家红
联系地址:上海市浦东新区世纪大道1500号东方大厦9楼
电子信箱:zhulian01@mail2.online.sh.cn
联系电话:021-68407007
传真:021-68407010
4、公司注册及办公地址:上海市浦东新区世纪大道1500号
邮政编码:200122
公司电子信箱:changtou@public2.sta.net.cn
5、公司选定的信息披露报纸:《上海证券报》
登载公司年度报告的中国证监会指定国际互联网网址:
http://www.sse.com.cn
公司年度报告备置地点:公司董事会秘书室
6、公司股票上市交易所:上海证券交易所
股票简称:长江投资　　股票代码:600119

二、会计数据和业务数据摘要

1、本年度主要利润指标情况(单位:元)

利润总额:	29,898,134.08
净利润:	21,539,857.90
扣除非经常性损益后的净利润:	14,674,683.18
主营业务利润:	83,924,264.94
其他业务利润:	7,177,755.93
营业利润:	14,348,708.16
投资收益:	7,313,392.37
补贴收入:	853,792.11
营业外收支净额:	7,382,241.44
经营活动产生的现金流量净额:	–1,710,950.78
现金及现金等价物净增加额:	9,644,958.20

2、截止报告期末公司前三年的主要会计数据和财务指标:　(单位:元)

项目	2000年	1999年	1998年(调整前)	1998年(调整后)
主营业务收入	508,290,747.22	413,868,775.82	249,195,662.16	249,195,662.16
净利润	21,539,857.90	13,062,168.52	16,355,515.32	18,537,683.44
总资产	786,662,945.39	694,029,737.80	648,489,318.94	644,902,841.81
股东权益	357,396,959.16	335,529,590.59	325,675,389.02	321,939,204.26
每股收益	0.1436	0.0871	0.1308	0.1483
每股收益(月加权)	0.1436	0.0794	0.1308	0.1483
每股净资产	2.38	2.24	2.61	2.58
调整后的每股净资产	2.31	2.26	2.57	2.54
每股经营活动产生的现金流量净额	–0.0114	0.0442	–0.2448	–0.2448
净资产收益率(%)	6.03	3.89	5.02	5.76

3、按中国证监会《公开发行证券公司信息披露编报规则》要求计算的净资产收益率和每股收益:

报告期利润	净资产收益率		每股收益	
	全面摊薄	加权平均	全面摊薄	加权平均
主营业务利润	23.48%	24.22%	0.5595 元/股	0.5595 元/股
营业利润	4.01%	4.14%	0.0957 元/股	0.0957 元/股
净利润	6.03%	6.22%	0.1436 元/股	0.1436 元/股
扣除非经常性损益后净利润	4.11%	4.24%	0.0978 元/股	0.0978 元/股

三、股本变动及股东情况介绍

(一)股东情况介绍:
1、截止本报告期末股东总数为28438户。
2、报告期末公司前十名股东持股情况:

	持股数(股)	持股比例(%)
长江经济联合发展(集团)股份有限公司	82810320	55.21
长江发展宁波商城有限公司	10039680	6.69
长发集团南京公司	8383560	5.59
武汉长发物业有限公司	510960	0.34
景福基金	493600	0.33
宋继永	312000	0.21
长发集团重庆公司	255480	0.17
海螺水泥	231434	0.15
洪冬青	190000	0.13
袁宝祥	176210	0.12

上述主要股东中持有本公司5%以上(含5%)股份的股东情况:

长江经济联合发展(集团)股份有限公司持有国有法人股8281.032万股,占总股本的55.21%。

长江发展宁波商城有限公司持有国有法人股1003.968万股,占总股本的6.69%。

长发集团南京公司持有法人股838.356万股,占总股本的5.59%。

上述主要股东中有关联关系的股东:

长发集团南京公司、长江发展宁波商城有限公司均属长江经济联合发展(集团)股份有限公司控股的公司。

3、持有本公司10%以上法人股东的情况:

长江经济联合发展(集团)股份有限公司法人代表:潘志纯;

公司经营范围:房地产开发、境内外投资、兴办各类工贸技经济实体、商业、物资、仓储运输、旅游、经营经外经贸部批准的进出口业务、承办中外合资经营。合作生产业务,开展三来一补业务、国内外经济信息咨询。

4、报告期内控股股东未发生变更。

浙江东方集团股份有限公司

浙江东方集团股份有限公司2000年年度报告摘要

本公司董事会保证本报告所载资料不存在任何虚假记载、误导性陈述或者重大遗漏，并对其内容的真实性、准确性和完整性负个别及连带责任。本年度报告摘要摘自年度报告，投资者欲了解详细情况，应阅读年度报告

一、公司简介

(一)公司名称：浙江东方集团股份有限公司

英文名称：ZHEJIANG ORIENT HOLDINGS CO., LTD.

英文缩写：ZJOHCO

(二)公司注册地址及办公地址：浙江省杭州市庆春路199号

邮政编码：310006

电子信箱：Orient@mail.hz.zj.cn

网址：www.chinaorient.com.

(三)公司法定代表人：刘宁生

(四)董事会秘书：饶民杰

联系地址：杭州市庆春路199号

电话：0571 7215009 7215678转

传真：0571 7215000

电子信箱：Orient@mail.hz.zj.cn

公司咨询服务部门：证券部

公司董事会秘书授权代表：尹巍

联系地址：杭州市庆春路199号

电话：0571 7213357 7215678转

传真：0571 7215011

(五)公司选定的信息披露报纸：《上海证券报》、《中国证券报》

刊载公司年度报告的中国证监会指定网址：http://www.sse.com.cn

公司年度报告备置地点：浙江省杭州市庆春路199号

(六)公司上市的交易所：上海证券交易所

股票简称：浙江东方　股票代码：600120

二、会计数据和业务数据摘要

一、公司本年度利润总额及构成：(单位：元合并报表)

1、利润总额：127,599,146.97

2、净利润：88,454,280.62

3、扣除非经常性损益后的净利润：69,328,243.43

4、主营业务利润：252,792,847.47

5、其他业务利润：-171,181.34

6、营业利润：94,142,431.06

7、投资收益：16,186,145.28

8、补贴收入：18,194,713.61

9、营业外收支净额：-924,142.98

10、经常活动产生的现金流量净额：1,673,668.54

11、现金及现金等价物净增加额：174,625,429.63

注：扣除的非经常性损益项目和涉及金额：

(1)补贴收入：18,194,713.61

(2)新股申购冻结资金利息：931,323.58

(3)合计：19,126,037.19

二、截止报告期末公司前三年主要会计数据和财务指标：(单位：人民币元)

项目	2000年	1999年	1998年 调整前	1998年 调整后
1 主营业务收入	3,107,988,274.74	2,578,882,312.15	1,813,710,704.04	1,813,710,704.04
2 净利润	88,454,280.62	64,867,952.06	51,207,729.26	46,913,017.49
3 总资产	1,318,159,493.35	818,359,821.23	673,990,182.66	658,440,609.04
4 股东权益(不含少数股东权益)	614,644,286.06	357,685,650.63	325,480,236.82	310,807,131.69
5 每股收益	0.63	0.60	1.02	0.94
6 每股收益(加权)	0.67	0.73		
7 每股收益(扣除非经常性损益)	0.49	0.53	1.01	0.92
8 每股净资产	4.36	3.31	6.51	6.22
9 调整后的每股净资产	4.22	3.25	6.30	6.01
10 每股经营活动产生的现金流量净额	0.012	0.31	0.65	0.65
11 净资产收益率(%)	14.39	18.14	15.73	15.09
12 净资产收益率加权(%)	19.92	19.41	17.08	16.33

利润分配表附表

报告期利润	净资产收益率 全面摊薄	净资产收益率 加权平均	每股收益 全面摊薄	每股收益 加权平均
主营业务利润	41.13%	56.93%	1.7924	1.9085
营业利润	15.32%	21.20%	0.6675	0.7107
净利润	14.39%	19.92%	0.6272	0.6678
扣除非经常性损益后的利润	11.28%	15.61%	0.4916	0.5234

全面摊薄净资产收益率和每股收益的计算公式如下：

全面摊薄净资产收益率=报告期利润÷期末净资产

全面摊薄每股收益=报告期利润÷期末股份总数

加权平均净资产收益率(ROE)的计算公式如下：

$ROE=P\div(EO+NP\div2+Ei\times Mi\div MO-Ej\times Mj\div MO)$

其中：P为报告期利润；NP为报告期净利润；EO为期初净资产；Ei为报告期发行新股或债转股等新增净资产；Ej为报告期回购或现金分红等减少净资产；MO为报告期月份数；Mi为新增净资产下一月份起至报告期期末的月份数；Mj为减少净资产下一月份起至报告期期末的月份数；

加权平均每股收益(EPS)的计算公式如下：

$EPS=P\div(SO+SI+Si\times Mi\div MO-Sj\times Mj\div MO)$

其中：P为报告期利润；SO为期初股份总数；SI为报告期因公积金转增股本或股票股利分配等增加股份；Si为报告期因发行新股或债转股等增加股份数；Sj为报告期因回购或缩股等减少股份数；MO为报告期月份数；Mi为增加股份下一月份起至报告期期末的月份数。Mj为减少股份下一月份至报告期期末的月份数。

三、股东情况介绍

(一)报告期末股东总数为2,403人

(二)公司前10大股东　单位：股

股东名称	持股数量	持股比例%
浙江东方集团控股有限公司	61,109,370	43.33
浙江天业投资有限公司	14,400,000	10.21
浙江中大集团控股有限公司	6,430,608	4.56
中证公司	1,562,574	1.10
景宏基金	1,142,193	0.81
东大科技	1,000,000	0.71
苏经控股	916,158	0.65
恒发经发	790,712	0.56
陈葆勤	751,680	0.53
章桂香	751,680	0.53

3、持股5%以上股东情况

1)浙江东方集团控股有限公司是本公司的控股股东，主要经营授权范围内国有资产的经营管理和实业投资开发等。法定代表人：刘宁生，注册号：3300001001176。其持有的浙江东方集团股份有限公司股份无质押；

2)浙江天业投资有限公司是由本公司工会和自然人出资设立的公司，主要经营实业投资、资本运作、企业管理咨询及财务咨询等。法定代表人：刘宁生，注册号3300001007072。其持有的本公司股票无质押。

四、股东大会简介

(一)股东大会情况

1、2000年2月27日，公司二届十五次董事会提出召开1999年度股东大会的决议。3月2日公司在《上海证券报》、《中国证券报》刊登召开会议公告。4月5日，会议在公司8楼举行。本次会议审议并通过了以下内容：

1)公司1999年度经营业务报告；

2)公司1999年度监事会工作报告；

3)公司1999年度财务报告及利润分配方案；

4)公司关于深化业务分公司改制实施方案。

本次会议决议刊登在2000年4月6日的《上海证券报》、《中国证券报》上。

2、2000年4月10日，公司二届十六次董事会提出召开2000年度第一次临时股东大会。4月11日公司在《上海证券报》、《中国证券报》刊登召开会议公告。5月12日，会议在公司8楼召开。本次会议审议并通过了以下决议：

1)关于调整1999年度配股方案；

2)逐项审议并通过2000年度增资配股议案：a)配股基数、比例及数量的议案；b)配股价格为10-15元的议案；c)募集资金投资项目的议案；d)本次配股有效期限的议案；f)授权董事会全权办理配股有关事项的议案；

3)公司配股募集资金投资项目及可行性方案；

4)公司董事会关于前次募集资金使用情况的说明。

本次会议决议刊登在2000年5月13日的《上海证券报》、《中国证券报》上。

五、董事会报告

(一)公司经营情况

1、公司所处行业及其地位

公司是我国外经贸系统经营针棉织品进出口业务的专业公司。1999年度公司进出口总额列全国进出口额最大500家企业的第102位，出口额列全国最大200家企业的第76位(刊登在国际商报2000年7月4日第七版)，2000年度进出口总额排列浙江省省级外贸公司的第3位(根据海关统计数字)。

2、公司主营业务范围及其经营情况

公司主要经营以棉、毛、丝、麻、晴纶为主要原料的针织、梭织服装、服饰和家用纺织品的出口业务。纺织品所需的原辅料、染化料、机械设备等进口业务。

2000年公司实现出口创汇28,053万美元，比上年增长26.96%；进口8,881万美元，比上年增长34.01%；进出口总额36,916万美元，比上年增长28.53%；实现净利润8,845.43万元，比上年增长36.36%；全年主营业务收入310,798.83万元，比上年增长20.52%。年末总资产131,815.95万元；净资产61,464.43万元；进出口总额和利润增长幅度均达到并超过年初股东大会确定的目标，为历史最好水平。

3、经营中出现的问题和困难及解决的方案

2000年公司面对市场竞争日趋激烈和配额基数再次较大幅度减少的严峻形势，坚持"把握规模与效益的最佳结合，以规模促效益，以质量增效益"的经营指导原则，在工作措施上突出"以主业为基础，以改制为动力，以多元化为手段，以人才开发为保障"，充分发挥广大员工的积极性和创造性，公司上下形成一股强劲的合力。

一是公司经营班子经过认真研究分析，及时制定出台了有关新市场开发，加大配额改革力度，增加超经营目标的奖励和依法经营、防范经营风险等政策措施，在公司内部营造了一个良好的经营环境，有效地提高了产品加工深度，促进了市场结构的调整。2000年原有的传统市场如美加、欧洲、日本、澳新等出口有较大幅度增长外，对南非、拉美、东欧等新市场的出口有新的突破，其中南非出口额比上年增长70%以上。

二是加大投资开发力度。2000年公司在落实配股资金使用项目的同时，全年对外投资额达1亿元，并加强对已投资项目的管理，其中浙江新昌新东化工有限公司当年建成投产后实现利润总额1,310万元。同时，公司抓住机遇，在资本市场参与股票战略投资及法人配售，拓宽了公司赢利的领域。

三是深化内部改制，根据99年度股东大会通过的《关于深化各业务分公司改制的实施方案》，先后改制成立了11家进出口有限公司和宁波东方宏业制衣有限公司，在改制中本着利益共享、风险共担的指导原则，让员工作为自然人直接参股，以资产为纽带增强了员工的责任心和主人翁意识，凝聚力和团队精神大大提高，各有限公司牢固树立以效益为中心的经营思路，拓展经营规模，公司的发展营造了新的机制，注入了新的活力。

四是强化内部管理，2000年公司突出以人本管理为核心，引进人才，注重新业务员的培养，进一步扩大业务一线骨干队伍；突出以成本核算为重点，进一步完善资金管理，落实挖潜措施，逾期帐款、库存结构较为合理，各项费用得到有效控制，资产质量明显提高，达到了以管理促效益的目标。

(二)公司财务状况

项目	2000年(元)	1999年(元)	增减
总资产	1,318,159,493.35	818,359,821.23	61.07%
长期负债	9,435,765.97	10,113,761.82	-6.70%
股东权益	614,644,286.06	357,685,650.63	71.84%
主营业务利润	252,792,847.47	253,556,765.31	-0.30%
净利润	88,454,280.62	64,867,952.06	36.36%

总资产增加系本年度经营规模扩大及投资增加所致。长期负债减少系本年度偿还借款。股东权益增加系当年利润增加和配股增资所致。利润增加主要是主营业务效益提高及投资收益增加。

(三)公司投资情况

1、募集资金投资情况

公司于2000年9月12日完成配股缴款工作，实际配售股份11436120股，缴款171541800元，扣除发行费用后，实际募集资金168602148元，该款项已于9月25日全部到位。

募集资金使用进度：

项目	承诺投资额(万元)	已投资额(万元)
北京巨能东方医药有限公司	12000	3000
针织技改项目	3981	--
补充流动资金	879.2418	879.2418
合计：	16860.2148	3879.2418

说明：1)北京巨能东方医药有限公司按计划分年度投入，3000万元为第一期投入

2)针织技改项目，正在进行项目可行性研究

3)尚未使用的募集资金，暂纳入公司流动资金统一使用

2、非募集资金投资情况

1)投资1000万元参股浙江天堂硅谷创业投资有限公司。该公司注册资金16100万元，公司出资占该公司注册资本的6.21%。该公司已于2000年11月成立。

浙江天堂硅谷创业投资有限公司主营高新技术企业和项目的创业投资，为企业提供投资信息及资金管理、财务顾问、管理咨询、收购兼并等增值服务业务。

2)投资440万元参股北京东方红航天生物技术有限公司，该公司通过增资扩股，注册资本从890万元增至2200万元，公司出资占该公司增资扩股后注册资本的20%，为第二大股东。该公司已于2000年12月完成增资扩股工作。

北京东方红航天生物技术有限公司由中国航天科技集团空间技术研究院所属企业北京航天宇通科贸中心控股，公司主要利用空间搭载实验条件进行生物、微生物的研究开发并生成有特殊效用及具有广阔市场前景的生物菌种，该公司通过本次增资以利用大股东的资源优势，用于搭载"红曲"菌种的生产。

3)投资6000万元参股华安证券有限责任公司，该公司注册资本17.05亿元，公司出资占该公司注册资本的3.52%。该公司的设立已于2000年12月28日由中国证监会发文批复核准。

华安证券有限责任公司为全国性综合类证券公司，系以安徽省证券公司为主体改制而成，其资产质量较好，运营方针较为稳健。

4)投资浙江东方莱茵达置业有限公司，该公司注册本2000万元，公司出资占该公司注册本的31%。该公司于2000年8月成立。

浙江东方莱茵达置业有限公司主要从事嘉兴市北京路地块的房地产开发和经营。

(四)经营环境及宏观政策发生重大变化的影响

我国加入世贸组织，对专业外贸公司来讲是机遇和挑战并存，对我公司而言是利大于弊，公司经营的是劳动密集型的轻纺产品，加入WTO后为进一步扩大出口拓宽了空间。但面临的市场竞争将更加激烈，公司要在新形势下获得新发展，关键是引进人才，留住业务骨干。公司通过内部改制，以资产为纽带，增强公司凝聚力，营造了比较灵活的经营机制和较为宽松的经营环境，公司充分发挥经济实力和扎实的贸易基础优势，进一步实施产品质量战略和市场多元化战略，以迎接入世的挑战并取得进一步的发展。

(五)2001年业务发展计划

2001年是新世纪和实施国家"十五"计划的开局之年，实现公司新一年的经营目标显得特别重要。公司必须进一步贯彻"改革、规范、创新、发展"的工作思路，坚持以产品、市场为导向，以效益为中心，突出主业，拓展多种经营，实施贸、工、科相结合，向实业化、多元化、集约型发展，努力实现2001年经营业绩再上新台阶。

实现2001年度的经营目标采取的主要措施：(1)公司将抓住我国加入WTO带来的机遇，继续实施有关新市场开拓等鼓励措施，进一步完善考核方案，各有限公司要以市场为导向，从调整产品结构入手，积极开发新产品，运用多种贸易渠道，在扩大传统市场出口的同时，力争新兴市场有一个新的突破。(2)进一步扩大进口和外经业务，在确保安全和提高效益的前提下，充分利用羊毛、晴纶等具进口权的条件，通过进口与出口的结合，开展加工贸易，扩大进口，促进出口。同时积极拓展外经业务，以多种贸易方式促进主营业务发展。(3)把落实配股资金运用项目作为新一年重要任务，加强投资开发，确保配股资金按计划到位，同时要加强现有项目的产出管理，开展资金运筹和资本运作，不断拓展公司经济新增长点。(4)进一步深化管理体制改革，建立新型的劳动用工制度，在人、财、物等方面理顺母子公司管理体系，各有限公司要制定和完善各项管理制度，开发计算机管理，不断提高规范化、科学化的管理水平。(5)加强人力资源开发和利用，要以"三个代表"为指针，营造企业文化，积极引进适应多种经营的专业化人才，抓好各项业务培训，不断提高员工队伍的整体素质。

(六)、董事会日常工作

1、董事会会议情况及决议内容：

A、2000年2月27日公司召开二届十五次董事会，审议并通过了以下内容：

a)1999年度报告及报告摘要；

b)1999年度董事会工作报告；

c)1999年度财务决算报告；

d)1999年度利润分配预案；

以上决议刊登在2000年3月1日的《上海证券报》、《中国证券报》上。

B、2000年4月10日公司召开二届十六次董事会，审议并通过了以下内容：

a)关于审查公司配股资格的议案；

b)关于调整1999年度配股方案的议案；

c)逐项审议通过本年度增资配股预案；

d)审议公司配股募集资金投资项目及可行性；

e)审议董事会关于前次募集资金使用情况的说明；

f)审议召开2000年度第一次临时股东大会的议案；

以上决议刊登在2000年4月11日的《上海证券报》、《中国证券报》上。

C、2000年7月6日公司召开二届十七次董事会，审议并通过了以下内容：

a)公司董事会关于参与证券市场战略投资配售决策的授权；

b)关于公司持有的香港泰纬贸易有限公司的68.42%股权转让的决定；

c)参股投资浙江东方莱茵达置业有限公司。

D、2000年7月19日公司召开二届十八次董事会，审议并通过了以下内容：

a)2000年中期报告；

b)决定公司中期利润不分配、不进行资本公积金转增股本；

以上决议刊登在2000年7月21日的《上海证券报》、《中国证券报》上。

E、2000年11月9日公司召开二届十九次董事会，审议并通过了以下内容：

a)以自有资金1000万元参股浙江天堂硅谷创业投资有限公司；

b)以自有资金440万元投资北京东方红航天生物技术有限公司

以上决议刊登在2000年11月11日的《上海证券报》、《中国证券报》上。

F、2000年12月12日公司召开二届二十次董事会，审议并通过了以下内容：

a)以公司自有资金6000万元投资华安证券有限责任公司；

以上决议刊登在2000年12月13日的《上海证券报》、《中国证券报》上。

2、董事会执行股东大会决议情况：

A)2000年4月25日公司董事会执行1999年度股东大会通过的利润分配方案：以1999年末总股本10800万元为基数，每10股送2股派现金1.70元(含税)。股权登记日5月9日，除权、除息日5月10日，股息到帐日5月11日；

B)根据2000年度临时股东大会决议，董事会向中国证监会及其派出机构申报配股方案。2000年8月11日刊登获准公告，以总股本12960万股为基数，每10股配2.083股，配股价15元。8月16日刊登配股说明书，股权登记日8月29日，除权基准日8月30日，配股缴款起止日8月30日到9月12日。8月29日和9月11日公司两次刊登提示性公告。截止2000年9月25日会计师事务所出具验资报告，公司完成该项配股工作。

(七)公司管理层及员工情况：

1、董监事高管人员

姓名	性别	年龄	职务	年初持股数	年末持股数
刘宁生	男	48	董事长	86,400	125,280
吴建华	女	42	副董事长、总经理	82,080	119,016
唐信璋	男	46	董事、副总经理	82,080	119,016
杨建新	男	44	董事、副总经理	64,800	93,960
林平	男	38	董事、财务总监	71,280	103,356
饶民杰	男	59	董事、董事会秘书	71,280	103,356
马志方	男	39	董事	54,000	78,30
江龙根	男	58	监事会主席	82,080	119,016
裘高尧	男	37	监事	25,920	37,584
刘海	男	52	监事	21,600	31,320
章剑波	男	51	监事	32,400	46,980
徐川	男	44	监事	43,200	62,640

注：A、公司董监事、高级管理人员本年度持股数量变化是因为实施99年度分配方案和2000年度配股方案所致。

B、公司董事长刘宁生、监事刘海不在本公司领取报酬。其他董监事、高级管理人员年度报酬：18万元至25万元4人、10万元至15万元的4人、5万元至10万元2人；

C、本年度公司董监事未发生变更。

2、公司员工情况

公司现有员工489人，其中：管理人员35人、财务人员45人，直接、间接从事外销工作的销售人员409人；离退休人员24人；大专以上学历的315人，其中硕士、博士10人。

(八)本年度利润分配预案及2001年度利润分配政策：

经浙江天健会计师事务所年度审计，公司2000年度实现净利润88454280.62元，根据公司章程规定，提取10%的法定盈余公积金6600669.35元；提取10%的法定公益金6600669.35元，本年度可供股东分配利润75252941.92元，上年度结转未分配利润19769490.88元，本次供股东可分配利润共计95022432.80元。经董事会研究决定，从可分配利润中按2000年度末总股本141036120股为基数，每10股送红股3股，计42310836元，尚余52711596.80元，结转至2001年；从资本公积286434417.83元中按2000年度末总股本141036120股为基数，每10股转增3股，计42310836元，结余244123581.83元。此分配预案须提交2000年度股东大会审议通过。

本公司拟在2001年度利润分配1--2次；公司下一年度实现净利润用于股利分配的比例为50%左右；公司本年度未分配利润用于下一年度股利分配的比例为50%左右；分配主要是采取派现的形式。2001年度利润分配政策为预计方案，公司董事会保留根据公司实际情况对该分配政策进行调整的权力。

六、监事会报告

(一)监事会工作情况

1、报告期监事会会议情况和决议内容

1)2000年2月27日，二届八次监事会会议在公司召开。会议形成如下决议：

A、审议通过1999年董事会工作报告；

B、审议通过1999年业务报告摘要(包括公司投资情况)；

C、审议通过1999年度财务决算报告及利润分配预案；

D、研究决定监事会1999年度工作报告。

2)2000年4月10日二届九次监事会会议在公司召开。会议审议通过以下议案：

A、关于审查公司配股资格的议案；

B、关于调整1999年度配股方案的议案；

C、关于调整后的增资配股预案的议案。

3)2000年7月7日，二届十次监事会议在公司召开。会议的主要内容是：

A、学习上市公司董、监事的责任与义务；

B、签署监事声明与承诺文件。

4)2000年7月17日，二届十一次监事会会议在公司召开，会议审议的主要议题是：

A、审议公司董事会关于参与证券市场战略投资配售决策的授权；

B、审议关于公司持有的香港泰纬贸易有限公司的68.42%股权转让的决定；

C、审议公司参股投资东方莱茵达置业有限公司。

5)2000年7月19日，二届十二次监事会会议在公司召开，会议形成决议是：

A、审议通过公司2000年中期报告；

B、审议通过公司2000年中期利润不分配，不进行资本公积金转增股本的决议。

6)2000年1月19日召开二届监事会临时会议。会议审议通过《浙江东方集团股份有限公司监事会议事规则》。

(二)报告期内监事会其它工作情况

1、监事会成员十分关心企业的经营情况，投资情况。认真审阅分析财务部提供的每月、半年和年度财务报告，及时了解掌握公司经营及财务状况。监事会成员还与董事会、经理班子一起研究，制定企业扩大经营规模，提高经济效益，确定投资项目，用好募集资金，加大企业管理力度，挖潜增效的措施办法。

监事会成员参与对集团公司下属企业对外投资和1999年度固定资产增减变动的审计调查工作，参与上年度被审计回访调查工作；并参与对下属3家分支公司及联营企业的内部审计工作。通过参与、了解下属企业的生产、经营情况，资产、负债及股东权益状况。对二级公司加强管理，规范运作，企业改制，起到一定的积极作用。

2、2000年公司面对市场竞争日趋激烈和出口配额基数再次较大幅度减少的严峻形势，给经营带来了较大困难。公司董事会、经理班子正确分析形势，坚持"把握规模与效益的最佳结合，以规模促效益，以质量增效益"的经营指导原则，在工作措施上突出"以主业为基础，以改制为动力，以多元化为手段，以人才开发为保障"，充分发挥全体员工的积极性和创造性。

一年来，公司经营班子经过认真研究分析，及时制定出台有关新市场开发，加大配额改革力度，

增加超经营目标的奖励和依法经营、防范经营风险等政策措施，在公司内部营造一个良好的经营环境，使原有的传统市场如美加、欧洲、日本、澳新等出口有较大幅度增长，对南非、拉美、东欧等新市场的出口有新的突破，其中南非出口比上年增长70%以上。

再是着力于企业深化内部改制，根据99年度股东大会通过的《关于深化各业务分公司改制的实施方案》，先后改制成立了11家进出口有限公司和宁波东方宏业制衣有限公司，在改制中本着利益共享、风险共担的原则，让员工参股，以资产为纽带增强员工的责任心和主人翁意识，各有限公司牢固树立以效益为中心的经营思路，拓展经营规模，为公司的发展营造了新的机制，注入了新的活力。

同时强化内部管理，突出以人本管理为核心，引进人才，注重新业务员的培养，进一步扩大业务一线骨干队伍。着重以资金管理和成本核算为核心，资产质量明显提高，达到以管理促效益的目标。通过以上举措的实施，经过广大员工的共同努力，2000年公司实现出口创汇28053万美元，比上年增长26.96%，进口8881万美元，比上年增长34.01%；进出口总额36916万美元，比上年增长28.53%，实现净利润8,845.43万元，比上年增长36.36%，全年主营业务收入310,798.83万元，比上年增长20.52%，年末总资产131,815.95万元，净资产61,464.43万元。进出口总额和利润增长幅度均达到并超过年初股东大会确定的目标，再创历史最好水平。

监事会认为2000年董事会、经理班子的经营思路是正确的，决策和措施是有力的，取得的业绩是好的。监事会认真分析了2000年度公司的经营情况，我们认为公司在经营、管理中能遵守国家的法律、法令，执行党的方针、政策，接受有关部门的监督、检查，遵守公司章程，没有违法违规的诉讼案件。国家、企业、股东三者之间的利益关系是处理得好的。做到了国有资产增值、企业发展实力进一步增强，股东的合法权益得到保障。

七、重要事项

1、重大诉讼及仲裁事项

1）根据本公司与浙江国益敷纺集团有限公司、浙江永通染织集团有限公司、浙江永通纺织品进出口有限公司在杭州市中级人民法院执行庭主持下签定的和解协议，本公司应收浙江国益敷纺集团有限公司货款1,780万元由浙江国益敷纺集团有限公司、浙江永通染织集团有限公司、浙江永通纺织品进出口有限公司三公司负连带责任清偿，其中在2000年12月15日前归还800万元，在2001年6月25日前还清余款。截止2000年12月31日已收到浙江永通染织集团有限公司400万元，尚余1,380万元。

2）本公司下属全资子公司浙江东方集团原辅料公司应收桐乡市帆鸟经编厂货款3,627,172.30元，分别经杭州市上城区人民法院(1999)上经初字第493/494号民事调解书调解，由桐乡市帆鸟经编厂从1999年9月起按月归还，至2000年11月底前还清。截止2000年12月31日，尚有1,781,754.15元未收回。

3)本公司控股子公司上海奥兰多国际贸易有限公司因货款纠纷，被平湖黄山玩具厂起诉，并向法院提出财产保全165万元之申请。截止2000年12月31日，本案尚在审理中，该子公司的两个银行账户及账户内的资金计172,130.65元被上海市浦东新区人民法院冻结。

4)本公司下属子公司浙江东方集团富阳工艺编织厂因替浙江富伊集团公司担保负连带责任而被杭州市中级人民法院划款670,345.00元，账列其他应收款，公司目前还在处理中。

2、本报告期内公司董监事及高管人员未发生受监管部门处罚情况；

3、报告期内公司控股股东未发生变更；公司董事会、监事会未变更；公司总经理未变更；公司董事会秘书未变更

4、重大关联交易事项：

1）本公司国有股股东浙江东方集团控股有限公司(以下简称控股公司)，占本公司总股本43.33%，将地处杭州市庆春路199号五至八层及四层部分楼面、地下室及立体车库共计6525平方米，实用面积4567平方米的营业用房租赁给本公司作办公场所使用，租赁期自2000年1月1日至2000年12月31日止，年租金1,666,955元，水电费、通讯、消防、环保及其物业费用620,000元，合计2,286,955元。

2）公司国有股股东控股公司将原租赁给本公司控股子公司富阳工艺编织厂使用的地处富阳市新登的厂房(含土地)及毛衫生产线，于本年9月作价2,600,000.00元转让给本公司下属子公司浙江东方集团茂业进出口有限公司(该公司为富阳工艺编织厂的母公司)，由于上述厂房及土地的权证过户手续尚在办理中，上述资产的租金付至2000年12月31日止。

3)本年纳入合并会计报表的合资子公司浙江东方

物业发展有限公司在原本公司改制分立时划入本公司国有股股东控股公司，但一直未办理工商变更手续；根据本公司与控股公司2000年11月签定的协议，由本公司按该子公司的账面净资产受让该子公司浙江东方集团物业发展有限公司全部股权，而使其成为本公司的全资子公司。

5、公司与控股股东"三分开"情况：

1)本公司拥有独立的劳动、人事及工资管理体系；公司总经理、副总经理在本公司领取薪酬，在控股股东处不担任除董事身份以外的职务；

2)本公司拥有独立的生产、采购及销售系统；公司拥有"JADE SPRING"、"LUCKY STAR"等商标；

3)本公司拥有独立的财会部门，拥有独立完整的会计核算体系和财务管理制度；公司拥有独立的银行帐户。

6、本公司报告年度未发生托管、承包、租赁其他公司资产或其他公司托管、承包、租赁本公司资产的事项；

7、报告期内公司聘请的会计师事务所未发生变化；

8、报告期内没有担保等重大合同；

9、报告期没有变更公司名称和股票简称的情况；

10、本公司及持股5%以上的股东未有在指定报纸和网站上作出承诺事项。

八、财务会计报告

(一)审计报告

审计报告

浙天会审[2001]第53号

浙江东方集团股份有限公司全体股东：

我们接受委托，审计了贵公司2000年12月31日的资产负债表和合并资产负债表、2000年度的利润及利润分配表和合并利润及利润分配表、2000年度的现金流量表和合并现金流量表。这些会计报表由贵公司负责，我们的责任是对这些会计报表发表审计意见。我们的审计是依据中国注册会计师独立审计准则进行的。在审计过程中，我们结合贵公司实际情况，实施了包括抽查会计记录等我们认为必要的审计程序。

我们认为，上述会计报表符合《企业会计准则》和《股份有限公司会计制度》的有关规定，在所有重大方面公允地反映了贵公司2000年12月31日的财务状况及2000年度的经营成果和现金流量，会计处理方法的选用遵循了一贯性原则。

浙江天健会计师事务所有限公司　　中国注册会计师：葛徐

中国·杭州　　中国注册会计师：孙忠富

报告日期：2001年1月18日

(二)会计报表(附后)

九、公司的其他有关资料

(一)公司首次注册日期：1992年12月15日；地点：杭州

公司最近一次变更注册日期：2000年11月7日；地点：杭州

(二)企业法人营业执照注册号：3300001000046

OOOO(三)税务登记号码：330000142927960

OOOO(四)公司未流通股票托管机构：上海证券交易所中央登记结算公司

(五)报告期内公司聘请中信证券有限责任公司为2000年度配股主承销商

(六)公司聘请的会计师事务所：浙江天健会计师事务所(原浙江省会计师事务所)，地址：杭州市体育场路423号

十、备查文件目录

(一)载有法定代表人、主管会计工作负责人、会计机构负责人签名并盖章的会计报表；

(二)载有会计师事务所盖章、注册会计师签名并盖章的审计报告原件；

(三)报告期在《上海证券报》、《中国证券报》公开披露过的公司文件正本及公告原件。

董事长：刘宇生

浙江东方集团股份有限公司

2001年2月8日

资产负债表

编制单位：浙江东方集团股份有限公司　　2000年12月31日　　单位：人民币元

合并

	期初数	期末数
流动资产：		
货币资金	81458897.27	256084326.9
短期投资	60000000	102601740.17
减：短期投资跌价准备		506415.62
短期投资净额	60000000	102095324.55
应收票据	7800000	47003000
应收股利		
应收利息		
应收帐款	147936945.52	129120074.5
其它应收款	16622261.55	26836052.42
减：坏帐准备	16455920.71	15595612.69
应收帐款净额	148103286.36	140360514.23
预付帐款	46432068.56	11524284.95
应收补贴款	70836484.71	190215303.28
存货	203765386.85	261364572.11
减：存货跌价准备	16116177.47	4397477.44
存货净额	187649209.38	256967094.67
待摊费用	4408246.49	4583010.07
待处理流动资产净损失		
一年内到期的长期债权投资	31034908	1368040
其它流动资产		
流动资产合计	637723100.77	1010200898.65
长期投资：		
长期股权投资	112947440	236491807
长期债权投资	1286275	
其它长期投资		
长期投资合计	114233715	236491807
减：长期投资减值准备	2572670	2572670
长期投资净额	111661045	233919137
其中：合并价差		
股权投资差额		
固定资产：		
固定资产原值	78517661.08	91663696.91
减：累计折旧	16747582.2	21816092.38
固定资产净值	61770078.88	69847604.53
工程物资		
在建工程	3436053.15	279625
固定资产清理		
待处理固定资产净损失		
固定资产合计	65206132.03	70127229.53
无形及其它资产：		
无形资产	2897641.1	2836530.86
开办费	72768.67	38816.39
长期待摊费用	799133.66	1036880.92
其它长期资产		
无形资产及其它资产合计	3769543.43	3912228.17
递延税项：		
递延税款借项		
资产总计：		
资产总计	818359821.23	1318159493.35
流动负债：		
短期借款	3300000	183300000
应付票据		
应付帐款	115082363.72	127828866.75
预收帐款	228166851.29	232765234.67
代销商品款		
应付工资	16088286.98	25163860.98
应付福利费	9525067.39	12759773.24
应付股利	18465161.27	105161.27
应付税金	−10573282.24	−8814093.25
其它应交款	1310684.21	303895.09
其它应付款	33040660.52	46085835.88
应付短期债券		
预提费用	12494705.52	2872781.22
一年内到期的长期负债		
其它流动负债		
职工奖励及福利基金		
流动负债合计	426900498.66	622371315.85
长期负债：		
长期借款		
应付债券		
长期应付款	10348576.98	9419253.4
住房周转金	−234815.16	16512.57
其它长期负债		
长期负债合计	10113761.82	9435765.97
递延税项：		

递延税项贷款		
负债合计：		
负债合计	437014260.48	631807081.82
少数股东权益：		
少数股东权益	23659910.12	71708125.47
股东权益：		
股本	108000000	141036120
资本公积金	129366183.02	286434417.83
盈余公积	78949976.73	92151315.43
其中：公益金	24254683.33	30855352.68
未确认的外资损失		
未分配利润	41369490.88	95022432.8
外币报表折算差额		
股东权益合计	357685650.63	614644286.06
负债和股东权益总计：		
负债和股东权益总计	818359821.23	1318159493.35

利润及利润分配表

编制单位：浙江东方集团股份有限公司　2000年度　单位：人民币元

合并

上期数　本期数		
一、主营业务收入	2578882312.15	3107988274.74
减：折扣与折让		
主营业务收入净额	2578882312.15	3107988274.74
减：主营业务成本	2324342261.62	2853586682.14
主营业务税金及附加	983285.22	1608745.13
二、主营业务利润	253556765.31	252792847.47
加：其他业务利润	-78578.79	-171181.34
减：存货跌价损失	13099258.07	-11718700.03
营业费用	113022954.41	95681254.08
管理费用	54930221.55	64008228.96
财务费用	1397801.43	10508452.06
三、营业利润	71027951.06	94142431.06
加：投资收益	8149691.05	16186145.28
期货损益		
补贴收入	6159344.22	18194713.61
营业外收入	1917366.68	2204315.13
以前年度损益调整		
减：营业外支出	2118045.53	3128458.11
分给外单位利润		
四、利润总额	85136307.48	127599146.97
减：所得税	15250170.53	21536485.27
少数股东损益	5018184.89	17608381.08
职工奖励及福利基金		
购并利润		
加：未确认的投资损失		
所得税返还		
五、净利润	64867952.06	88454280.62
加：年初未分配利润	47219237.82	41369490.88
盈余公积转入数		
年初未分配利润调整		
减少注册资本减少的未分配利润		
外币报表折算差额		
减：股份公司成立前利润分配		
六、可供分配的利润	112087189.88	129823771.5
减：提取法定盈余公积金	6178849.5	6600669.35
提取法定公益金	6178849.5	6600669.35
提取职工奖励福利基金		
七、可供股东分配的利润	99729490.88	116622432.8
减：应付优先股股利		
提取任意盈余公积金		
应付普通股股利	18360000	
转作股本的普通股股利	40000000	21600000
八、未分配利润	41369490.88	95022432.8

现金流量表

编制单位：浙江东方集团股份有限公司　2000年度　单位：人民币元

项目	合并	母公司
一、经营活动产生的现金流量：		
销售商品、提供劳务收到的现金	3186554381.09	763067382.37
收取的租金		
收到的增值税销项税款和退回的增值税款		
收到的除增值税以外的其它税费返还	201827539.25	45206738.16
收到的其它与经营活动有关的现金	31783932.77	152971982.65
经营活动产生的现金流入小计	3420165853.11	961246103.18
购买商品、接受劳务支付的现金	3202238681.28	738885787.7
经营租赁所支付的现金	2513693.82	2286955
支付给职工以及为职工支付的现金	50077106.7	17035656.04
支付的增值税款	4367201.17	122588.58
支付的所得税款	16281219.96	14595308.25
支付的除增值税、所得税以外的其它税费	5688225.85	3251043.11
支付的其它与经营活动有关的现金	137326055.79	244709590.24
经营活动产生的现金流出小计	3418492184.57	1020886928.92
经营活动产生的现金流量净额	1673668.54	-59640825.74
二、投资活动产生的现金流量：		
收回投资所收到的现金	98750000	101763628.76
分得股利或利润所收到的现金	12096998.4	12061798.4
取得债券利息收入所收到的现金	7808318.5	7808318.5
处置固定资产、无形资产和其它长期资产而收回的现金净额		
收到的其它与投资活动有关的现金		
投资活动产生的现金流入小计	118655316.9	121633745.66
购建固定资产、无形资产和其它长期资产所支付的现金	12894078.64	1836407.44
权益性投资所支付的现金	166723803.65	236220976.77
债权性投资所支付的现金	35999910.23	35999910.23
支付的其它与投资活动有关的现金	79400000	79400000
投资活动产生的现金流出小计	295017792.52	353457294.44
投资活动产生的现金流量净额	-176362475.62	-231823548.78
三、筹资活动产生的现金流量：		
吸收权益性投资所收到的现金	200397148	168602148
其中：子公司吸收少数股东权益性投资收到的现金	31795000	
发行债券所收到的现金		
借款所收到的现金	180000000	182539053.5
收到的其它与筹资活动有关的现金		
筹资活动产生的现金流入小计	380397148	351141201.5
偿还债务所支付的现金		
发生筹资费用所支付的现金		
分配股利或利润所支付的现金	18979200	17442000
其中：子公司支付少数股东的股利	1537200	
偿付利息所支付的现金	3817433.74	3130737.48
融资租赁所支付的现金		
减少注册资本所支付的现金		
其中：子公司依法减资支付给少数股东的现金		
支付的其它与筹资活动有关的现金		
筹资活动产生的现金流出小计	22796633.74	20572737.48
筹资活动产生的现金流量净额	357600514.26	330568464.02
四、汇率变动对现金的影响：		
汇率变动对现金的影响	-8286277.54	-3412527.48
五、现金及现金等价物净增加额：		
现金及现金等价物净增加额	174625429.64	35691562.02
附注：		
1、不涉及现金收支的投资和筹资活动：		
以固定资产偿还债务		
以投资偿还债务		
以固定资产进行长期投资		
以存货偿还债务		
融资租赁固定资产		
2、将净利润调节为经营活动的现金流量：		
净利润	88454280.62	66006693.46
加：少数股东损益	17608381.08	
购并利润		
计提的坏帐准备或转销的坏帐	-860308.02	26253241.08
固定资产折旧	5986657.43	1813812.94
无形资产及其他资产摊销	501686.95	
待摊费用的减少(减增加)	-174763.58	
预提费用的增加(减减少)	-9904684.3	8778098.01
处置无形资产、固定资产和其它长期资产的损失(减收益)	1475013.74	142913.82
固定资产报废损失		
财务费用	12386471.28	907073.98
投资损失(减收益)	-16186145.28	-51704241.64
递延税款贷项(减借项)		
存货的减少(减增加)	-69317885.29	-18127131.98
经营性应收项目的减少(减增加)	-65664990.68	-187658302.85
经营性应付项目的增加(减减少)	37369954.59	93947017.44
增值税增加净额		
其它		
经营活动产生的现金流量净额	1673668.54	-59640825.74
3、现金及现金等价物净增加情况：		
货币资金的期末余额	256084326.9	71485771.53
减：货币资金的期初余额	81458897.27	35794209.51
现金等价物的期末余额		
减：现金等价物的期初余额		
现金及现金等价物净增加额	174625429.63	35691562.02

郑州煤电股份有限公司

一、公司简介

中文名称:郑州煤电股份有限公司
英文名称及缩写:ZHENGZHOU COAL INDUSTRY & ELECTRIC POWER CO.,LTD.(ZCE)
法定代表人:李国安
董事会秘书:付胜龙
联系地址:郑州市二七区大学路 30 号
电话:(0371)6950227 或 13603982629
传真:(0371)6982668
电子信箱 E-mail: ZZCE@public2.zz.ha.cn
证券事务代表:张玉东
联系地址:郑州市二七区大学路 30 号
电话(0371)9782652
传呼:198-37122859
电子信箱:E-mail:ZZCE@public2.zz.ha.cn
注册地址:郑州市二七区大学路 30 号
办公地址:郑州市二七区大学路 30 号
邮政编码:450052　　互联网址:http://www.zzce.com.cn
信息披露报纸:《上海证券报》、《中国证券报》。
登载年报的中国证监会指国际互联网网址:http:/www.sse.com.cn
年度报告置备地点:郑州市大学路 30 号公司董事会办公室
股票上市交易所:上海证券交易所
股票简称:郑州煤电
股票代码:600121

二、会计数据和业务数据摘要

1.本年度利润情况(单位:元)

利润总额	117863451.03
净利润	117863451.03
扣除非经常性损益后的净利润	118189913.87
主营业务利润	181915796.30
其它业务利润	2519700.14
营业利润	118229913.87
营业外收支净额	-326462.84
经营活动产生的现金流量净额	41934531.76
现金及现金等价物净增加额	-90674271.94
投资收益	-40000

注:扣除的非经常性项目和涉及金额
①、营业外收入 1495529.52
②、营业外支出 1821992.36

2.公司前三年主要会计数据及财务指标

项目	2000 年	1999 年	1998 年
主营业务收入(万元)	45883.94	47927.88	41100.53
净利润(万元)	11786.35	17981.05	14997.89
总资产(万元)	177793.61	159778.29	132766.61
股东权益(万元)	125553.04	115791.69	97810.64
每股收益(摊薄、元)	0.1455	0.3996	0.4999
(加权、元)	0.1455	0.464	
每股净资产(元)	1.55	2.57	3.26
调整后的每股净资产(元)	1.548	2.53	3.23
每股经营活动产生的现金流量净额(元)	0.052	0.505	0.417
净资产收益率(%)	9.39	15.53	15.33
加权平均净资产收益率(%)	9.69		
扣除非经常性损益后的净资产收益率(%)	9.71		

报告期利润	净资产收益率		每股收益	
	全面摊薄	加权平均	全面摊薄	加权平均
主营业务利润	14.49%	14.95%	0.2246	0.2246
营业利润	9.42%	9.71%	0.1460	0.1460
净利润	9.39%	9.69%	0.1455	0.1455
扣除非经常性损益后净利润	9.41%	9.71%	0.1459	0.1459

三、股东情况介绍

1.报告期末股东总数截止 2000 年 12 月 31 日,公司股东总数为 6495 户。

2.持有本公司 5%(含 5%)以上股份的股东是郑州煤炭工业(集团)有限责任公司,期初持股数量为 33000 万股,年末持股数量为 59400 万股,所持股份全部为国有法人股。报告期内无质押或冻结的情况。

公司前 10 名股东持股情况

股东名称	持股数量(股)	股份性质	比例(%)
郑煤集团公司	594000000	国有法人股	73.33%
宋春玲	3871501	社会公众股	0.478%
张静	1705868	社会公众股	0.21%
李博华	1686204	社会公众股	0.208%
宋巍	1591621	社会公众股	0.196%
姚斌	1545944	社会公众股	0.19%
吕庄	1411900	社会公众股	0.174%
刘文	1371353	社会公众股	0.169%
叶进	1358251	社会公众股	0.168%
赵明	1349501	社会公众股	0.167%

注:a 公司前 10 名股东之间不存在关联交易
b 无战略投资者或一般法人因配售新股成为前十名股东的情况。

3.持有 10%(含 10%)以上的法人股东年末持股 10%(含 10%)以上的法人股东为本公

江苏宏图高科技股份有限公司

一、公司简介

(一)公司法定中文名称:江苏宏图高科技股份有限公司　　公司简称:宏图高科
公司法定英文名称:Jiangsu Hongtu High Technology Co.,Ltd.　　缩写:Hiteker
(二)公司法定代表人:刘小峰
(三)公司董事会秘书:张伟　　电子信箱:Zhangw@hiteker.com
董事会证券事务代表:徐清　　电子信箱:Xuqing@hiteker.com
联系电话:(025)3300922　　传真:(025)3300230
联系地址:南京市湖北路 83 号
(四)公司注册地址:南京浦口高新区 03 栋 2 楼
办公地址:南京市湖北路 83 号　　邮政编码:210009
国际互联网网址:http://www.hiteker.com　　公司电子信箱:Hiteker@Hiteker.com
(五)公司指定信息披露报纸:《中国证券报》、《上海证券报》
公司年报指定披露网址:htt://www.sse.com.cn
公司年度报告备置地点:公司证券部
(六)公司股票上市交易所:上海证券交易所
股票简称:宏图高科　　股票代码:600122

二、会计数据和业务数据摘要

(一)公司本年度实现:

项目	2000 年度(元)
利润总额	92,045,657.59
净利润	80,133,930.63
扣除非经常性损益后的净利润	76,215,152.99
主营业务利润	166,421,333.05
其他业务利润	2,255,977.60
营业利润	61,748,408.36
投资收益	26,378,471.59
补贴收入	0
营业外收支净额	3,918,777.64
经营活动产生的现金流量净额	-370,255,674.82
现金及现金等价物净增加额	-191,580,528.01

注:非经常性损益指:补贴收入加营业外收支净额,计 3,918,777.64 元。

(二)前三年主要会计数据和财务指标:(单位:元)

项目	2000 年	1999 年	1998 年	
			调整前	调整后
主营业务收入	1,182,864,234.20	765,870,061.01	395,836,418.55	395,836,418.55
净利润	80,133,930.63	55,242,328.82	49,499,845.92	48,139,052.20
总资产	1,862,581,145.43	1,235,688,465.27	865,066,964.74	859,716,718.54
股东权益	590,170,947.21	510,037,016.58	479,794,965.49	474,474,687.76
每股收益	0.271	0.281	0.402	0.391
每股收益(加权)	0.271	0.281	0.470	0.467
扣除非经常性损益后的每股收益	0.258	0.251	0.359	0.348
每股净资产	1.999	2.592	3.900	3.858
调整后的每股净资产	1.942	2.510	3.814	3.763
每股经营活动产生的现金流量净额	-1.254	-0.268	-1.000	-0.989
净资产收益率(%)	13.58	10.83	10.32	10.15

期后事项说明:2001 年 3 月 20 日公司因配股股本增加至 31920 万股,股本变化后的每股收益为 0.251 元。

(三)按照中国证监会《公司发行证券公司信息披露编报规则(第 9 号)》要求计算的相关指标:

项目	净资产收益率(%)		每股收益(元/股)	
	全面摊薄	加权平均	全面摊薄	加权平均
主营业务利润	28.20	30.25	0.564	0.564
营业利润	10.46	11.22	0.209	0.209
净利润	13.58	14.57	0.271	0.271
扣除非经常性损益后的净利润	12.91	13.85	0.258	0.258

三、股东情况介绍

(一)截止 2000 年 12 月 31 日,本公司股东总数为 30911 户。

(二)公司前十名股东情况:

序号	股东名称	持股数量(万股)	持股比例(%)
1)	江苏宏图电子信息集团有限公司	7587.0701	25.701
2)	南京有线电厂	5965.4333	20.208
3)	镇江汇奎集团公司	3864.8861	13.092
4)	安顺基金	202.9810	0.688
5)	兴科基金	119.9680	0.406
6)	孙利	66.8000	0.226
7)	邓国华	58.6000	0.199
8)	黄雪梅	55.1280	0.187
9)	李桂英	54.2800	0.184
10)	苏电开发	51.3053	0.174

(三)持有本公司 5%以上股份的股东为:江苏宏图电子信息集团有限公司、南京有线电厂、镇江汇奎集团公司。报告期内股份变动是由于公司 2000 年中期实施资本公积金转增股本所致。持股 5%以上股东所持股份报告期内无质押或冻结情况。

第 1)、2)、3)、10)股东为本公司发起人,未知其他股东间的关联关系。

四、股东大会简介

(一)报告期内,公司召开了四次股东大会。

1、公司 1999 年年度股东大会于 2000 年 5 月 19 日上午在南京市江苏京华大酒店会议厅召开。会议审议通过了以下议案:

(1)审议通过《公司 1999 年年度报告》
(2)审议通过《1999 年度董事会工作报告》
(3)审议通过《1999 年度监事会工作报告》
(4)审议通过《1999 年度利润分配及公积金转增股本方案》

山西兰花科技创业股份有限公司

一 、公司简介

1 、公司法定中文名称:山西兰花科技创业股份有限公司
公司法定英文名称:SHANXI LANHUA SCI-TECH VENTURE CO.LTD 缩写:SLSVC
2 、公司法定代表人:贺贵元　3 、公司董事会秘书:王立印
联系地址:山西省晋城市泽州路 181 号　电 话:(0356)2040123　传 真:(0356)2033799
电子信箱:Wangliyin@chinalanhua.com
4 、公司注册地址:山西省晋城市泽州路 181 号
办公地址:山西省晋城市泽州路 181 号　邮政编码:048000
互联网网址:Http://www.chinalanhua.com　电子信箱:_Lanhua@China_lanhua.com
5 、公司选定的信息披露报纸:上海证券报
登载公司年度报告的中国证监会指定国际互联网网址:http://www.sse.com.cn
公司年度报告备置地点:公司证券部
6 、公司股票上市交易所:上海证券交易所　股票简称:兰花科创　股票代码:600123

二、 会计数据及业务数据摘要

(一)本年度主要会计数据 (单位:人民币元)

利润总额	13,776,321.54
净利润	8,267,622.39
扣除非经营性损益后的净利润	-1,388,712.94
主营业务利润	39,791,130.90
其他业务利润	7,484,873.62
营业利润	-16,863,583.05
投资收益	-719,403.30
补贴收入	32,026,064.86
营业外收支净额	-666,756.97
经营活动中产生的现金流量净额	136,955,777.48
现金及现金等价物净增加额	213,243,531.41

注:扣除非经营性损益涉及金额共计 9,656,335.33 元。其中:临时补贴收入 9,850,000.00 元,固定资产处置损益 6,700.00 元,股权差额-200,364.67。

(二)本报告期末公司近三年主要会计数据和财务指标　(单位:人民币元)

项 目	2000 年	1999 年	1998 年	
			调整前	调整后
主营业务收入	302,785,842.74	379,832,085.14	314,997,286.71	314,997,286.71
净利润	8,267,622.39	69,000,031.78	55,585,288.02	52,705,834.37
总资产	1,663,288,510.43	1,212,174,674.34	981,124,516.15	972,464,731.38
股东权益	827,396,006.80	628,135,286.40	567,795,039.39	559,135,254.62
每股收益(摊薄)	0.0223	0.20	0.24	0.23
每股收益(加权)	0.0238	0.27	0.35	0.34
扣除非经营性损益后每股收益	-0.0037	0.16	0.23	0.21
每股净资产(摊薄)	2.229	1.82	2.47	2.43
(加权)	2.383	2.43	3.62	3.57
调整后每股净资产(摊薄)	2.129	1.77	2.47	2.38
(加权)	2.277	2.36	3.56	3.50
每股经营活动产生的现金流量净额	0.369	-0.14	0.29	0.29
净资产收益率(%)(摊薄)	1.00%	10.98%	9.79%	9.43%
(加权)	1.27%			

(三)、按照中国证监会《公开发行证券公司信息披露编报规则(第 9 号)》要求计算的利润数据:
利润表及利润分配表附表

报告期利润	净资产收益率		每股收益	
	全面摊薄	加权平均	全面摊薄	加权平均
主营业务利润	4.81%	6.09%	0.1072	0.1146
营业利润	-2.04%	-2.58%	-0.0454	-0.0486
净利润	1.00%	1.27%	0.0223	0.0238
扣除非经常性损益后的净利润	-0.17%	-0.21%	-0.0037	-0.0040

三、股本变动及股东情况

(一)股本变动情况:
1 、股份变动情况表　数量单位:股

	本次变动前	本次变动增减(+,-)					本次变动后
		转股	送股配股	公积金	其他	小计	
一、未上市流通股份							
1 、发起人股份	225000000		2250000				227250000
境内法人持股	225000000		2250000				227250000
未上市流通股份合计	227250000						227250000
二、已上市流通股份							
1 、人民币普通股	120000000		24000000				144000000
已上市流通股份合计	120000000		24000000				144000000
三、股份总数	345000000		26250000				371250000

(二)股东情况介绍:
1 、截止 2000 年 12 月 31 日,本公司股东总数为 85408 人。
2 、本公司前 10 名股东持股情况:(单位:股)

股东名称	持股数	占总股本比例
1.山西兰花煤炭实业集团有限公司	227250000	61.21%
2.廊坊石油俱乐部	2013240	0.54%
3.君安证券	1203941	0.32%
4.顺通公司	1161720	0.31%
5.大商交服	1007935	0.27%
6.苏文彩	1000000	0.27%
7.衡阳杰达	806104	0.22%
8.张邦发	765301	0.21%
9.李翠兰	622560	0.17%
10 余玉连	567240	0.15%

大连铁龙实业股份有限公司

一、公司简介

1、公司法定名称:大连铁龙实业股份有限公司
公司英文名称:DALIAN TIELONG INDUSTRY COMPANY LIMITED
公司英文简称:DALIAN TIELONG INDUSTRY CO.,LTD
2、公司法定代表人:苏兰鑫
3、公司董事会秘书:畅晓东
联系地址:大连市中山区新安街 1 号
联系电话:0411-2810881　传真:0411-2816639　电子信箱:tlzqb@21cn.com
4、公司注册地址:大连高新技术产业园区七贤岭产业化基地凌科大厦 3 层 1-10 号
公司办公地址:大连市中山区新安街 1 号　邮政编码:116001
5、公司选定的信息披露报纸:《中国证券报》和《上海证券报》
年度报告披露网址:www.sse.com.cn
公司年度报告备置地点:大连市中山区新安街 1 号
6、公司股票上市地点:上海证券交易所
股票简称:铁龙股份　股票代码:600125

二、会计数据和业务数据摘要

1、本年度主要利润指标情况:　单位:元

利润总额	102,160,346.41
净利润	80,111,254.73
扣除非经常性损益后的净利润	78,850,056.71
主营业务利润	153,492,202.64
其他业务利润	0.00
营业利润	96,096,875.00
投资收益	3,612,146.64
补贴收入	0.00
营业外收支净额	2,451,324.77
经营活动产生的现金流量净额	110,518,492.59
现金及现金等价物净增加额	-8,714,363.37

注:扣除非经常性损益项目和涉及金额
1、按权益法计算的投资收益(含并价差摊入)
2、新股申购冻结资金利息 1,261,198.02
2、主要会计数据和财务指标　单位:元

项目	2000 年度	1999 年度	1998 年度
主营业务收入	305,458,998.55	277,644,930.02	162,517,452.60
净利润	80,111,254.73	54,332,517.37	38,195,762.48
总资产	866,343,237.25	894,569,642.28	689,970,960.39
股东权益	506,717,907.09	455,223,052.36	400,890,534.99
每股收益(摊薄)	0.42	0.28	0.20
每股收益(加权)	0.42	0.28	0.22
每股净资产(摊薄)	2.66	2.39	2.10
调整后的每股净资产(摊薄)	2.63	2.32	2.07
每股经营活动产生的现金流量净额	-0.05	0.57	
净资产收益率(%)	15.81%	11.94%	9.53%
净资产收益率(%)(加权)	16.66%	12.69%	12.73%
不计冻结资金利息的净利润(元)	78,850,056.71	49,287,725.29	34,412,168.42
不计冻结资金利息的每股收益(元)	0.41	0.26	0.18

3、报告期内股东权益变动情况

项目	股本	资本公积	盈余公积	法定公益金	未分配利润	股东权益
期初数	190776000.00	56196508.32	93002713.32	13149666.51	115247830.72	455,223,052.36
本期增加			14792,851.33	4930950.45	36702003.40	34,474,719.50
本期减少						
期末数	190776000.00	56196508.32	107795564.65	18080616.96	51949834.12	506,717,907.09
变动原因			本年度提取	本年度提取	本年完成利润	本年完成利润

三、股本变动及股东情况

1、股东情况介绍
(1)报告期末股东总数为 48668 个。
(2)持有本公司 5%以上(含 5%)股份的股东及前 10 名股东持股情况说明:

序号	股东名称	股份类别	年末持股数量(股	比例 %
1	大连铁路经济技术开发总公司	国有法人股	67419000	35.34%
2	大连铁道有限责任公司	国有法人股	31381000	16.45%
3	连铁周车	法人股	340000	0.18%
4	连铁机服	法人股	320000	0.17%
5	于建军	社会公众股	287500	0.15%
6	高培芝	社会公众股	280041	0.15%
7	赵素艳	社会公众股	220000	0.12%
8	连东运服	法人股	200000	0.10%
9	邹军利	社会公众股	173450	0.09%
10	朱铁山	社会公众股	160000	0.08%

注:持有本公司 5%以上(含 5%)股份的股东所持股份本年度内没有发生质押或冻结的情况,也没有发生增减变动。第一大股东大连铁路经济技术开发总公司是第二大股东大连铁道有限责任公司的全资子公司,第三大股东连铁周车、第四大股东连铁机服、第八大股东连东运服与第二大股东之间存在关联关系。

四、股东大会简介

报告期内召开的年度股东大会和临时股东大会的情况

1、2000 年度第一次临时股东大会以通讯方式于 2000 年 3 月 27 日召开。会议审议批准迟宝璋先生因调往沈阳铁路局大连铁路卫生学校任党委书记的原因辞去本公司董事职务、审议批准秦子扬先生因调往大连铁路对外经济开发总公司担任总经理职务的原因辞去本公司董事职务、审议批准王兆民先生担任本公司董事职务、审议批准王凡先生担任本公司董事职务。上述决议刊登在 2000 年 3 月 28 日的《中国证券报》和《上海证券报》上。

杭州钢铁股份有限公司

杭州钢铁股份有限公司2000年年度报告摘要

重要提示:本公司董事会保证本报告所载资料不存在任何虚假记载、误导性陈述或者重大遗漏,并对其内容的真实性、准确性和完整性负个别及连带责任。

一、公司简介

1.公司的法定中文名称:杭州钢铁股份有限公司
公司的英文名称:Hang Zhou Iron & Steel Co., Ltd. 缩写:HZIS
2.公司法定代表人:童云芳
3.公司董事会秘书:韩晓通　授权代表:刘　宏
联系地址:浙江省杭州市半山路132号 电话:(0571)8132917
传真:(0571)8132919　电子信箱:hggf@mail.hz.zj.cn
4.公司注册及办公地址:浙江省杭州市拱墅区半山镇　邮政编码:310022
公司电子信箱:hggf@mail.hz.zj.cn
5.公司选定的信息披露报纸:中国证券报、上海证券报
登载公司年度报告的中国证监会指定国际互联网网址: http://www.sse.com.cn
公司年度报告备置地点:杭州钢铁股份有限公司证券部
6.公司股票上市交易所:上海证券交易所
股票简称:杭钢股份　股票代码:600126

二、会计数据和业务数据摘要

1.公司本年度主要利润指标情况(金额单位:人民币元)

利润总额:	496,113,041.89
净 利 润:	370,736,639.87
扣除非经常性损益后的净利润:	377,146,382.55
主营业务利润:	656,341,230.01
其他业务利润:	3,743,073.15
营业利润:	504,341,325.75
投资收益:	1,026,651.17
营业外收支净额	-9,254,935.03
经营活动产生现金流量净额	93,917,429.19
现金及现金等价物净增加额:	26,394,898.27

"扣除非经常性损益后的净利润"中扣除的非经常性损益为:
合并价差摊入:-884,888.88元。
固定资产报废:-5,524,853.80元。

2.公司前三年主要会计数据和财务指标　　金额单位:人民币元

指标名称	2000年度	1999年度	1998年度	
			调整前	调整后
主营业务收入	3928785088.12	3077894297.72	2668875617.15	2668875617.15
净利润	370736639.87	213618072.52	159363529.79	152193853.14
总资产	2938906727.23	2506608242.35	2927322197.06	2910341613.95
股东权益	1798290112.81	1162331255.26	1171882859.39	1164713182.74
每股收益(摊薄)	0.574	0.356	0.266	0.254
每股收益(加权)	0.614	0.356	0.380	0.363
扣除非经常性损益后的每股收益	0.584	0.371	0.257	0.245
每股净资产	2.79	1.94	1.95	1.94
调整后每股净资产	2.75	1.91	1.88	1.87
每股经营活动产生的现金流量净额	0.146	0.439	0.601	0.601
净资产收益率	20.62%	18.38%	13.60%	13.07%

注1:按照中国证监会《公开发行证券公司信息披露编报规则》(第9号)计算的每股收益和净资产收益率如下:

报告期利润	每股收益(元)		净资产收益率(%)	
	全面摊薄	加权平均	全面摊薄	加权平均
主营业务利润	1.017	1.087	36.50	47.55
营业利润	0.782	0.835	28.05	36.54
净利润	0.574	0.614	20.62	26.86
扣除非经常性损益后的净利润	0.584	0.625	20.97	27.32

注3:(1)2000年"扣除非经常性损益后的净利润"中扣除的非经常性损益为:
1)合并价差摊入:-884,888.88元。
2)固定资产报废:-5,524,853.80元。
3)1999年"扣除非经常性损益后的净利润"中扣除的非经常性损益为电炉厂三座5吨电炉资产清理损失-9,190,954.08元。
(2)以上数据根据公司合并会计报表数据填列或计算后填列。
(3)报告期末至摘要披露日,公司股本未发生变化。

三、股东情况介绍

1.截止2000年12月31日,公司股东共有81643户。
2.公司前十名股东持股情况:

序号	股东名称	持股数(股)	持股比例(%)	股份性质
1、	杭钢集团公司	479587500	74.32	国有法人股
2、	国信证券	710860	0.11	上市流通股
3、	吴立辉	400070	0.06	上市流通股
4、	张应权	390000	0.06	上市流通股
5、	唐民	361210	0.06	上市流通股
6、	兴和基金	341396	0.05	上市流通股
7、	杨志勇	313270	0.05	上市流通股
8、	裘鸣笙	299000	0.05	上市流通股
9、	唐兵	279800	0.04	上市流通股
10、	杨明	279616	0.04	上市流通股

3.公司前十名股东不存在关联关系。持有本公司股份5%(含5%)以上法人股股东只有杭州钢铁集团公司1户,本年度内其所持股份因增资配股由47250万股增加到47958.75万股。杭州钢铁集团公司为国有法人股持股单位,该公司所持股份无质押或冻结情况。

四、股东大会简介

1.本公司2000年度共召开股东大会一次,即1999年度股东大会。公司于2000年4月13日在《中国证券报》、《上海证券报》刊登召开公司1999年度股东大会通知公告。由公司董事会召集,于2000年5月13日上午九时在浙江新世纪大酒店召开1999年度股东大会。
2.本次股东大会决议公告分别刊登在2000年5月16日的《中国证券报》和《上海证券报》。

五、董事会报告

(一)公司经营情况
1.公司所处行业及其地位
公司所处冶金行业。钢铁是经济发展,人民生活和国防建设重要的基础原材料之一,钢铁工业也是我国国民经济的支柱产业。
公司属全国冶金行业大中型企业之一,是浙江省唯一的骨干钢铁联合企业。1997年10月通过了ISO9002质量体系认证,2000年荣获"全国质量管理先进企业"称号。公司主体生产设备达到90年代国际先进水平,产品广泛用于国内各个行业,部分产品还远销印度、韩国、泰国等国家和港澳地区,深受用户好评。
2.公司主营业务范围及其经营状况
(1)公司主要从事钢、铁及其压延产品的生产和销售,最终产品主要有建筑用钢材(如螺纹钢、圆钢等)和工业用钢材(如板、管、带、型材、圆钢等)。
(2)2000年公司生产经营稳定高效,经济效益显著提升。全年共产钢136.61万吨,钢材154.25万吨。全年实现主营业务收入3,928,785,088.12元,实现净利润370,736,639.87元,同比增长分别达到27.65%和73.55%。产销率和货款回笼率分别达到100%。
3.经营中出现的问题和困难及解决方案。
今年以来,国内钢材市场竞争仍然十分激烈,用户对钢铁产品的品种质量及服务质量提出了更加严格的要求。同时,公司在积极执行国家对冶金行业的宏观调控政策的基础上,千方百计地实现年初提出的奋斗目标。为此,公司上下视困难为挑战,变压力为动力,采取了一系列的具体措施,深入挖潜增效,最终取得了较好的经济效益。
(1)加强营销工作力度,抓好产销衔接,不断提高适应市场能力。及时抓好市场升温的有利时机,充分发挥设备和品种优势,及时调整产品结构,最大限度地满足用户要求。同时,积极拓展国内和国外两个市场,加大出口和以产顶进力度,产销率和货款回笼率继续保持两个100%。
(2)根据公司生产实际,不断改进生产工艺,结合市场需求信息,加快新产品研制和开发,产品结构不断优化,2000年新产品开发工作取得显著成效。全年共开发新产品14项,其中两项为省级重点开发产品,开发总量为70235吨,产值达1.8亿元,为历年之最。
(3)坚持从严内部管理,针对今年生产经营的重点和难点。经过开展"一体两翼"科技攻关,改进工艺技术,提高产品质量,狠抓节能降耗,通过竞价招标采购物资等措施,在去年的基础上,共计降低成本费用总额14000万元。

(二)公司财务状况　(单位:元)

项　目	2000年	1999年	增减(%)
总资产	2,938,906,727.23	2,506,608,242.35	17.25
长期负债	0	59,536,613.84	-100
股东权益	1,798,290,112.81	1,162,331,255.26	54.71
主营业务利润	656,341,230.01	426,885,881.36	53.75
净利润	370,736,639.87	213,618,072.52	73.55

财务指标变动情况主要原因:
1.总资产比上年增加43230万元,增长率为17.25%。主要系流动资产增加41418万元。其中2000年度因配股募集资金而增加货币资金35702万元。
2.长期负债比上年减少5954万元,降低率为100%,主要系公司归还集团公司代垫工程款项所致。
3.股东权益比上年增加73276万元,增长率为54.71%。主要系本年度实现净利润37074万元及2000年度配股募集资金增加股东权益35702万元所致。
4.主营业务利润比上年增加22945万元,增长率为53.75%,主要系钢材价格的上涨和公司加强内部挖潜,降低产品成本所致。
5.净利润比上年增加15712万元,增长率为73.55%。主要系母公司主营业务利润增加所致。
(三)公司投资情况
1、募集资金运用情况
公司配股募集金于2000年11月底到位,扣除承销费用和配股手续费后,实际募集资金357,022,842.68元。该等募集资金主要用于主业技改、生物医药、信息技术三方面12个项目。至报告期末,大部分主业技改项目已开始实施,累计投资5920万元,其它项目正在进一步的论证和实施准备,尚未有变更募集资金投向项目。
2.非募集资金投资情况
(1)2000年2月25日公司召开一届董事会十一次会议,决定出资550万元,与广东兰贝斯计算机软件工程有限公司、富春有限公司(香港)共同投资成立浙江兰贝斯信息技术有限公司。该公司注册资本为1000万元,杭钢股份占该公司注册资本55%。并已于2000年3月30日在浙江省工商行政管理局登记注册。该公司将以自有知识产权的管理应用软件的开发应用以及电子商务解决方案和互联网业务为两大技术市场方向,在嫁接各股东技术、品牌、信用、资金和资源优势的基础上,不断拓展行业用户市场。
(2)2000年8月3日公司召开一届董事会十五次会议,决定与清华紫光股份有限公司、富春有限公司、杭州钢铁厂工贸总公司、浙江省工业设计研究院、浙江省冶金研究院及孙怒涛(个人)共同投资组建浙江紫光环保有限公司。浙江紫光环保有限公司注册资本为5000万元人民币。杭州钢铁股份有限公司以环保运营设施等实物资产出资2250万元(以评估确认后的净资产值为依据),占45%股权。其余各股东均以现金出资,其中清华紫光股份有限公司,出资1250万元,占25%股权;富春有限公司,出资500万元,占10%股权;杭州钢铁厂工贸总公司,出资250万元,占5%股权;浙江省工业设计研究院,出资250万元,占5%股权;浙江省冶金研究院,出资250万元,占5%股权;孙怒涛个人,出资250万元,占5%股权。并已于2000年9月19日在浙江省工商行政管理局登记注册。浙江紫光环保有限公司的经营范围主要包括环保投资、环保设施运营服务、环保工程设计、项目承建、技术开发、环境影响评价、环保设备制造和销售等。
(3)一号高炉大修改造主体工程,总投资5124万元。历时68天,于6月11日圆满结束,创造了杭钢高炉大修改造史上的新纪录。为实现高炉安全、高效、长寿的目标,融入了当今国内外一些先进技术,如引入美国微孔热压小碳块等,这在国内同级高炉上还是第一家。改造后的一号高炉年增铁水在10万吨左右,在下半年的生产中发挥出积极的作用。
(四)生产经营环境以及宏观政策发生重大变化的影响
1、报告期内,受国家宏观调控政策及市场供需的影响,国内钢材产品价格在持续多年低迷下滑之后有所回升,特别是进入4月份以后,公司主要产品销售价格均有一定幅度的增长。

湖南金健米业股份有限公司

湖南金健米业股份有限公司2000年年度报告摘要

重要提示:本公司董事会保证本报告所载资料不存在任何虚假记载、误导性陈述或者重大遗漏,并对其内容的真实性、准确性和完整性负个别及连带责任。本年度报告摘要摘自年度报告,投资者欲了解详细内容,应阅读年度报告。

一、公司简介

1.公司法定中文名称:湖南金健米业股份有限公司

公司法定英文名称:HUNAN JINJIAN CEREALS INDUSTRY CO.,LTD.

2.公司法定代表人:郑治文

3.公司董事会秘书:刘丛友

联系地址:湖南省常德市武陵大道37号

电话:0736-7258043　　传真:0736-7251888

4.注册地址:常德市武陵大道37号

办公地址:常德市武陵大道37号

邮政编码:415000

公司网址:http://www.gaeagem.com

电子信箱:jinjian@gaeagem.com

5.信息披露报纸名称:《中国证券报》、《上海证券报》和《南方财经导报》

登载年报的国际互联网网址:http://www.sse.com.cn

公司年度报告备置地点:董事会秘书处

电话:0736-7258015

6.股票上市交易所:上海证券交易所

股票简称:金健米业

股票代码:600127

二、会计数据和业务数据摘要

1、本年度实现的利润构成(单位:人民币元)

项目	金额	备注
利润总额	83,962,187.28	说明:
净利润	60,499,721.98	扣除非经常性损益的项目
扣除非经营性损益后的净利润	58,400,120.62	金额为:98年新股申购冻结
主营业务利润	136,368,044.36	资金利息:2,099,601.36元.
其他业务利润	4,199,691.09	
营业利润	73,082,383.62	
投资收益	10,700,000.00	
补贴收入	0.00	
营业外收支净额	179,803.66	
经营活动产生的现金流量净额	19,884,348.57	
现金及现金等价物净增加额	62,203,138.02	

2、截止报告期末公司前三年主要会计数据和财务指标(单位:人民币元)

项目	2000年	1999年	1998年	
			调整后	调整前
主营业务收入	703,456,084.78	510,579,398.57	529,890,22.54	529,890,022.54
净利润	60,499,721.98	55,518,276.02	48,116,971.11	48,291,711.76
总资产	979,552,634.94	700,640,457.32	592,801,388.32	609,573,512.48
股东权益	548,522,033.27	500,772,311.29	452,754,035.27	469,526,159.43
每股收益(元/股)	0.237	0.218	0.321	0.322
加权每股收益(元/股)	0.237	0.333	0.361	0.362
扣除非经营性损益后的每股收益	0.229	0.187	0.309	0.307
每股经营活动产生的现金流量净额	0.078	0.360	0.206	0.206
每股净资产	2.151	1.964	3.018	3.13
调整后的每股净资产	2.048	1.929	2.972	3.074
净资产收益率(%)	11.029	11.087	10.628	10.29
加权净资产收益率(%)	11.394	11.703	13.806	13.37

注:财务指标计算公式:每股收益=净利润/报告期末普通股股份总数

加权每股收益=净利润/(期初股本数×年初至转增股本除权月份数+转增股本后股本数×除权月下一月份至年末的月份数)/12 净资产收益率=净利润/报告期末股东权益×100%每股净资产=报告期末股东权益/报告期末普通股股份总数

调整后每股净资产=报告期末股东权益-三年以上的应收款项净额-待摊费用-待处理(流动、固定)资产净损失-开办费长期待摊费用-住房周转金负数余额]/报告期末普通股股份总数

3、根据中国证监会发布的《公开发行证券公司信息披露编报规则》第9号通知精神,公司2000年按全面摊薄法和加权平均法计算的净资产收益率及每股收益:

报告期利润	净资产收益率(%)		每股收益	
	全面摊薄	加权平均	全面摊薄	加权平均
主营业务利润	24.86	25.68	0.53	0.53
营业利润	13.32	13.76	0.29	0.29
净利润	11.03	11.39	0.237	0.237
扣除非经常性损益后净利润	10.65	11.00	0.229	0.229

4 、股东权益变化及其原因:

项目	年初数	本年增加	本年减少	期末数	变动原因
股本	255,000,000.00	0	0	255,000,000.00	
资本公积	175,334,720.10	0	0	175,334,720.1	
盈余公积	20,551,571.99	12,304,154.96	0	16,951,863.36	净利润提取
其中:法定公益金	9,751,786.11	6,152,077.48	0	15,903,863.59	净利润提取
未分配利润	9,886,019.2	60,499,721.98	25,054,154.96	85,331,586.22	增加:本年度净利润转入.减少:分配股利
合计	500,772,311.29	72,803,876.94	25,054,154.96	548,522,033.27	

三、股东情况介绍

1.报告期末公司股东总数:截止2000年12月31日,公司股东总数为24,175户。

2.截止2000年12月31日,公司前十名股东持股情况

股东名称	持股数(股)	所占比例
1.常德粮油	170,000,000	66.67%
2.张忠豪	351,893	0.14%
3.杨思学	299,100	0.12%
4.田国翠	255,206	0.10%
5.余晒月	244,500	0.10%
6.张景根	223,382	0.09%
7.辜亮辉	223,257	0.09%
8.张建军	223,000	0.09%
9.谢利彬	215,900	0.08%
10.袁永玲	215,900	0.08%

上述前10名股东之间不存在关联关系。

3.常德市粮油总公司是本公司持股10%以上的国有法人股东,法人代表:车世炎,经营范围:主要经营粮油及制品、饲料及饲料原料、农副产品。

公司持股5%以上的股东所持有的本公司股份没有质押和被冻结的情况。

4.报告期内,公司控股股东无变更。

四、股东大会简介

(一)1999年度第二次临时股东大会公司

1999年度第二次股东大会召开通知刊登于1999年12月11日《中国证券报》、《上海证券报》。大会于2000年1月10日在公司十楼会议室召开。到会股东及股东代表14人,代表股份170,129,620股,占本公司总股本的66.72%。会议审议通过了以下议案:

1.《组建"黑龙江金健北方现代农业有限责任公司"的议案》

2.《原扩建年产5万吨优质精米工程项目异地实施的议案》

此次临时股东大会决议公告刊登于2000年1月11日《中国证券报》、《上海证券报》。

(二)1999年年度股东大会公司

1999年度股东大会于2000年5月29日在公司十楼会议室召开。到会股东及股东代表11人,代表股份170,127,670股,占本公司总股本的66.72%。会议审议通过了以下议案:

1.《1999年度董事会工作报告》

2.《1999年度监事会工作报告》

3.《1999年度财务报告》

4.《1999年度利润分配方案》

本次股东大会决议公告刊登于2000年5月9日《中国证券报》、《上海证券报》。

(三)2000年第一次临时股东大会公司

2000年度第一次临时股东大会于2000年9月16日在公司十楼会议室召开。到会股东及股东代表12人,代表股份170,122,752股,占本公司总股本的66.71%。会议审议通过了以下议案:

1.《公募增发A股不超过5000万股的议案》;

2.《本次公募增发募集资金投资项目的有关议案》;

3.《授权董事会决定本次公募增发A股的发行价格发行数量和发行方式的议案》;

4.《授权董事会全权办理本次公募增发有关事宜的议案》;

5.《授权董事会在本次公募增发后对公司章程的有关条款进行修改的议案》;

6.《本次公募增发后上年度未分配利润由新老股东共享的议案》;

7.《有关本次公募增发的决议有限期为一年的议案》;

8.《关于前次募集资金使用情况的说明》;

本次临时股东大会决议公告刊登于2000年9月19日《中国证券报》、《上海证券报》。

(四)2000年第二次临时股东大会公司

2000年度第二次临时股东大会召开通知刊登于2000年9月20日《中国证券报》、《上海证券报》。大会于2000年10月20日在湖南常德市金海大酒店七楼会议室召开。到会股东及股东代表8人,代表股份170,100,300股,占本公司总股本的66.71%。会议审议通过了以下决议:

1.同意车世炎先生因工作需要辞去董事职务;

2.选举孙庆杰先生为董事;

3.修改公司章程的议案;

4.增选艾丰先生为独立董事;

5.增选刘更另先生为独立董事;

本次临时股东大会决议公告刊登于2000年10月21日《中国证券报》、《上海证券报》。

五、董事会报告

(一)公司经营情况

1、公司所处行业及地位

本公司属粮油、食品及现代农业开发的综合型企业,是我国粮食系统第一家上市公司。公司组建三年以来,依托国家良好的政策环境和资本市场的支持,采取农、工、科、贸一体化的经营模式,实施科技兴司战略和品牌战略,致力于农业产业化建设和优质粮油食品的深度开发,为促进了我国农业结构调整和农民增产增收做出了积极贡献,公司自身也获得了迅猛发展,成为全国农业产业化重点龙头企业、中国食品工业优秀企业和国家水稻工程优质米生产示范基地,建成了我国目前规模最大、技术设备最先进的精米加工企业,通过了ISO9002质量体系认证,6个主导产品全部获得"中国绿色食品"A级认证证书。公司拥有的"金健"品牌是我国优质粮油市场的知名品牌,"中国绿色食品博览会"评定的畅销品牌。"金健"系列优质大米是湖南省的"十大名优农副产品"和"消费者信得过产品"。"金健珍珠米"、"金健天然营养油"和"万家炊高级烹调油"均系湖南省名牌产品、中国粮食行业协会推荐产品,以及中国国际贸易促进委员会和法国科技质量监督评价委员会联合评定的"向欧盟市场推荐产品"。

2、主营业务范围及经营状况

公司主要经营业务范围为:开发、生产销售优质粮油及制品、农副产品、新型食品、油脂化工产品、优质稻种子,经营宾馆餐饮和公司自产产品及技术设备进出口业务。

2000年,公司董事会着眼于企业的长远发展,以经济效益为中心,探索科学、规范、高效的企业管理体制,加大科技创新、市场拓展、品牌创建的投入,积极调整产业结构和资本结构,推进产业升级,努力为公司的持续、快速、健康发展夯实基础。

管理方面,公司进一步健全了法人治理结构,加强了制度化和规范化管理,强化了目标管理责任制,提高了生产质量管理水平。聘请国务院发展研究中心和中国农科院专家为公司进行了管理模式和发展战略的系统研究,确定了把公司建设成为国际知名、国内一流高科技农业产业集团的发展战略目标。

科研方面，公司筹建了科研中心，创立了博士后科研工作站，与湖南水稻研究所、无锡轻工大学等机构和院校组建了联合研究中心，科技创新机制日趋完善，科研项目全面丰收。由公司承担的国家五九科技攻关项目"99NKY1002-3 保鲜方便米粉"和"99NKY1002-4 补血(降血脂)营养米片"通过国家级鉴定，分别达到国际先进水平和国内领先水平，该项目的建设工程已基本完成，即将投产。"米糠营养保健油"和"心血康胶囊"通过了卫生部的检测，获得了保健食品生产许可，已开始进行项目建设。公司与湖南水稻所联合繁育的"超泰米---金健 3 号(优丰 162)"试种成功并通过了全国农业及水稻专家的现场评议，为增强公司高档优质大米的国际竞争力提供了品源保障。

市场拓展和品牌创建方面，公司在全国范围内开展了大规模的广告宣传和市场推介，创建了以连锁经营和电子商务相结合的"乐米乐"家庭营销服务网络，在全国 20 多个省、市、自治区建立了营销网点，并把产品打入了港澳地区和周边国家。公司产品市场份额和品牌知名度迅速提高，零售价格比市场上同类产品每公斤高出 0.2-0.6 元，仍供不应求。

农业产业化建设方面，公司成功地推广了"超泰米---金健 3 号"等 15 个优质稻新品种，优质粮油基地达 100 多万亩，辐射 6 个省的 80 多个乡镇(农场)，扩建了东北无公害生态农业基地和海南热带经济作物基地。公司总结出了"科技作动力，利益为纽带，公司加农户，企业联基地"的农业产业化经营模式，被中央电视台、《经济日报》等全国各大媒体大力推广，公司也作为全国农业产业化建设的典型被国家农业部、财政部、中国证监会等 8 部委评定为"全国农业产业化重点龙头企业"。

通过一系列卓有成效地工作，以及首次募集资金建设项目的效益初步显现，公司 2000 年经营业绩稳步增长，实现主营业务收入 70346 万元，利润总额 8396 万元，净利润 6050 万元，分别比去年增长 37.78%，32.07%，8.97%。主要构成情况如下：

全年优质大米完成销售收入 28881 万元，占主营业务收入的 41%；油脂化工产品完成销售收入 25109 万元，占主营业务收入的 35.7%；面制品完成销售收入 5521 万元，占主营业务收入的 7.9%。3、经营中出现的问题与困难及解决方案近几年来，随着我国相对过剩的买方市场形成和加入 WTO 步伐的加快，农业和粮食产业结构性矛盾日益突出，导致了粮油产品积压严重，价格持续下滑，市场竞争逐年加剧，给公司主导产品的销售带来了很大压力。由于农业和粮油产业属国家基础性产业，进入门槛低，同业竞争十分激烈，市场竞争秩序不规范，使公司面临更为严峻的市场形势。同时，公司主要产品的原料对自然环境和气候条件依赖程度较大，而且我国农业生产是小规模的分散经营，生产方式和技术水平落后，造成了原料质量不稳定，给公司的生产经营带来了不利的影响。

面对诸多困难，公司从战略和战术两方面着手，采取积极的措施：

(1)加大科研开发力度，大力引进人才，广泛开展产、学、研合作，运用现代生物技术、基因技术、信息技术对农副产品进行深加工转化，调整产业结构，延长农业的产业链条，推动产业升级。

(2)全力塑造品牌，提高品牌的美誉度和文化品味，以品牌战略为核心开拓市场，健全营销网络，重点发展中高档优质产品、绿色、无公害产品和功能化、特色化产品，根据不同的区域市场和季节性消费习惯，采取灵活的产品、价格和分销策略，提高市场占有率。

(3)扩大生产规模，迅速做大做强主业，创造规模效益，同时积极开展资本运营，向相关高技术、高收益、高成长性行业拓展，多元化发展，提高公司抵御市场和行业风险的能力。

(4)加强生产质量管理，严格执行质量管理体系，积极采用新工艺、新流程、新技术挖掘内部潜力，节能降耗，提高生产效率，降低生产成本。加强优质粮油基地服务和管理，与基层农科部门合作，对基地的原料生产进行技术指导，改善基地生产设施条件，增强抵御自然灾害的能力，提高原料质量和稳定性。

(二)公司财务状况　　单位：元

项目	本期末或本期	上年末或上年同期	增减幅度(%)	变动主要原因
总资产	979,552,634.94	702,597,749.26	39.42	股东权益及负债增加
应收款项	120,075,205.02	95,382,089.53	25.90	经营业务扩大所致
存货	252,222,676.99	191,585,544.97	31.65	季节性收购扩大所致
固定资产	299,908,714.32	181,817,291.11	64.95	精米工程预转固定资产所致
长期负债	13,853,054.06	7,029,867.66	97.06	银行借款增加
股东权益	548,522,033.27	500,772,311.29	9.53	报告期净利润转入
主营业务利润	136,368,044.36	87,888,070.36	55.16	经营业务增长
净利润	60,499,721.98	55,518,276.02	8.97	经营业务扩大所致

(三)公司投资情况

1、前次募股资金使用情况

(1)招股说明书承诺事项及变更情况

1998 年招股说明书承诺事项如下：

(单位：万元)

投资项目	计划总投资	计划投产时间
(1)投资控股常德市米业公司技改扩建年产 10 万吨精米工程	8,000	1999 年
(2)投资控股常德市饲料公司技改扩建年产 18 万吨饲料工程	7,930	1999 年
(3)年处理 3 万吨菜籽油精炼深加工及化工工程	8,337	1999 年
(4)扩建年产 5 万吨精米工程	5,878	1999 年
合计	30,145	

之后，公司分别经 1998 年 12 月 21 日、2000 年 1 月 10 日临时股东大会决议，上述项目变更为：

(单位：万元)

投资项目	计划投资总额	说明
(1)金健粮食工业城	16,000	其中：流动资金 4,000 万元
(2)年处理 3 万吨菜籽油精炼深加工及化工工程	8,337	
(3)投资控股金健北方现代农业开发有限责任公司	600	
合计	24,937	

(2)前次募集资金的实际使用情况表(单位：人民币万元)

投资项目	实际投入额	完工程度	说明
(1)金健粮食工业城	15,861	已竣工投产	其中：流动资金 4,000 万元
(2)年处理 3 万吨菜籽油精炼深加工及化工工程	8,400	已部分投产	
(3)投资控股金健北方现代农业开发有限责任公司	600	未完工	
合计	24,861		

2、非募集资金使用情况

投资组建湖南乐米乐家庭营销股份有限公司。经公司首届董事会第十七次会议审议通过，公司决定以自有资金 590 万元投资组建湖南家庭营销股份有限公司，占该公司 59%的股份。新公司立足湖南，面向全国，采用全新的家庭网络营销模式，为广大居民提供方便、快捷的服务，此项目已在报告期内投入，运作良好。

(四)宏观政策变化对公司的影响

1、2000 年 10 月，公司被农业部、财政部、中国证监会、国家税务总局等八部委评定为"农业产业化国家重点龙头企业"，将获得商业信贷、财政税收、基地建设、原料采购、设备引进、产品出口等多方面的优惠政策。

2、经湖南省人民政府湘政函[1998]3 号文件批准，我公司所得税先按 33%计征，再按 18%返还给企业。根据财政部有关规定，本政策执行至 2001 年 12 月 31 日，并且其返还部分应于收到时，冲减所得税。

(五)新年度业务发展计划

公司通过三年的快速发展，已经在管理、品牌、技术创新和产业化建设等方面打下了良好的基础，增发新股又为公司发展注入了新的动力，使公司具备了开展第二次创业的条件。因此，公司将在新的一年里，深化内部管理体制改革，彻底理顺内部关系，建立适应公司发展的新型管理模式，同时加快品牌扩张、规模扩张和高科技项目建设，培养新的利润增长点，全面推进产业升级。2000 年公司将抓好以下几项重点工作：

1、大力推进"超泰米"工程，提高农业产业化经营水平。公司将加大优质稻品种开发的投入，积极推进"超泰米"工程，争取繁育出 3-5 个"超泰米"品种，增强公司产品的国际竞争力。同时，加强对优质粮油基地的技术指导和扶持，在全国建立 150 万亩优质粮油基地，促进基地农民增产增收，理顺农业产业化各个环节的关系，使销售、加工、收储、种植、研究等各个环节在市场的引导下形成高效的运作体系。

2、继续加大科研开发力度，以技术创新推动产业升级。以粮油及其副产品的深加工和综合利用为重点，调整产品结构，增强高附加值产品的比重，重点推广"保鲜方便米粉"和"米糠保健营养油"两个高科技含量的新产品。加强与国内各知名学府、科研机构的合作，广泛引进高层次专业人才和高新技术项目，建好企业博士后科研工作站，创建国家级企业技术中心。

3、积极推进资本运作，加快新项目建设。以提高产品科技含量，增强企业盈利能力为标准，对公司增发募股的 5 大项目进行整体规划，加快高收益、高成长、高科技项目的建设。采取品牌输出、资本输出、管理与技术输出相结合的方式实施资本运作，提高公司资源的利用率和资产的收益率，推进规模扩张和产业升级，增强企业核心竞争力。

4、扩展市场销售网络，增强"金健"品牌的竞争优势。公司将在规范区域分销体系和整合现有网点资源的基础上，建立华东、华南、华中、华北、东北、西南、西北七大销售中心，使营销网络覆盖全国大部分地区，并积极拓展国际市场，全面提高"金健"产品的市场占有率。推广"乐米乐"家庭营销服务网络，以电子化、网络化的物流配送和优质、便捷的服务提高"金健"品牌的知名度和美誉度。

5、探索新型管理模式，提高企业经营管理素质。主要从三个方面着手：一是进一步理顺内部关系，精简机构，强化对分公司和控股子公司的目标责任管理；二是完善法人治理结构，建立科学、高效、规范的投资决策体系、审计监察体系和经营管理指挥体系；三是以人为本，大力引进各类人才，培育企业文化，增强企业凝聚力和竞争力。

(六)董事会日常工作情况

1、报告期内董事会的会议情况及会议内容 2000 年度，公司共召开了八次董事会，会议情况、内容及决议如下：

(1)2000 年 1 月 18 日，在常德金海四楼会议室召开了首届十八次董事会，会议同意增聘任宝岩先生为公司副总经理；推举金健北方现代农业开发有限责任公司董事和经理人选；推举乐米乐家庭营销股份有限公司董事与经理人选；同时，讨论安排了在建工程的有关事宜。

(2)2000 年 3 月 21 日，在公司十楼会议室召开了首届十九次董事会，会议审议并通过了《1999 年年度报告》、《关于计提四项资产准备的议案》、《1999 年度利润分配方案》，并决定于 2000 年 4 月 29 日召开 1999 年度股东大会并审议有关事项。此内容已于 2000 年 3 月 24 日在《中国证券报》和《上海证券报》上予以披露。

(3)2000 年 5 月 13 日，在公司十楼会议室召开了首届二十次董事会，会议听取并讨论了公司内部改革的进展情况；修订了公司部分管理制度；确定了管理人员薪酬原则。

(4)2000 年 8 月 7 日，在公司十楼会议室召开了首届二十一次董事会，会议审议并通过了《关于申请公募增发 A 股的议案》、《关于公募增发募集资金用途的议案》、《关于公募增发 A 股募集资金计划投资项目可行性的议案》、《本次公募增发后上年度未分配利润由新老股东共享的议案》和《关于召开 2000 年第一次临时股东大会的议案》。此内容已于 2000 年 8 月 8 日在《中国证券报》和《上海证券报》上予以披露。

(5)2000 年 8 月 19 日，在公司十楼会议室召开了首届二十二次董事会，会议审议并通过了《2000 年度中期报告》及摘要。此内容已于 2000 年 8 月 22 日在《中国证券报》和《上海证券报》上予以披露。

(6)2000 年 9 月 14 日，在公司十楼会议室召开了首届二十三次董事会，会议讨论并通过了如下决议：同意车世炎先生辞去公司董事长的申请，一致同意原副董事长郑治文出任公司董事长。此内容已于 2000 年 9 月 16 日在《中国证券报》和《上海证券报》上予以披露。

(7)2000 年 9 月 18 日，在公司十楼会议室召开了首届二十四次董事会，会议审议并通过了：鉴于车世炎先生因工作需要辞去董事职务，提名孙庆杰先生为继任董事候选人；修改公司章程，将公司章程第九十三条"董事会由七名董事组成"修改为"董事会由九名董事组成"；进一步完善法人治理结构，决定增选两名独立董事，提名艾丰先生和刘更另先生为独立董事候选人；审议通过了本公司与第一大股东常德市粮油总公司 2000 年 9 月 15 日签署的《农副产品购销合同》；决定于 2000 年 10 月 20 日召开 2000 年第二次临时股东大会。此内容已于 2000 年 9 月 20 日在《中国证券报》和《上海证券报》上予以披露。

(8)2000 年 9 月 26 日，在公司十楼会议室召开了首届二十五次董事会。会议决定与广东巨星影业有限公司合资成立"湖南金健文化传媒有限公司"。此内容已于 2000 年 9 月 29 日在《中国证券报》和《上海证券报》上予以披露。

2、董事会对股东大会决议的执行情况

根据公司 2000 年第一次临时股东大会有关增发新股的决议，公司董事会安排办理公募增发的各项事宜。2000 年 9 月 28 日，公募增发申请材料报送到中国证监会。2000 年 12 月 22 日，公司增发不超过 5000 万 A 股方案经中国证券监督管理委员会证监公司字 [2000]229 号文批准。2000 年 12 月 29 日，刊登招股文件。2001 年 1 月 9 日，增发新股发行完毕。2001 年 2 月 6 日，本次增发网上发行股上市流通。增发成功后，董事会根据授权，对公司章程有关注册资本等内容进行了修改。

(七)公司管理层及员工情况

1、董事、监事及高级管理人员姓名

姓名	性别	年龄	任期起止日期 起	止	持股数 期初	期末	报酬(元)	职务
郑治文	男	39	1998.4.22	2001.4.22	15,300	15,300	46800	董事长兼总经理
孙圣斌	男	38	1998.4.22	2001.4.22	15,300	15,300	42600	董事兼常务副总
吴远海	男	46	1998.4.22	2001.4.22	15,300	15,300	37800	董事兼副总
印生阶	男	54	1998.4.22	2001.4.22	11,900	11,900	37800	董事
刘丛友	男	36	1998.4.22	2001.4.22	11,900	11,900	37800	董事、董秘、副总
周定贵	男	37	1998.4.22	2001.4.22	11,900	11,900	33600	董事
孙庆杰	男	31	2000.10.20	2001.4.22	0	0	100000	董事
刘更另	男	71	2000.10.20	2001.4.22	0	0	9600	独立董事
艾丰	男	62	2000.10.20	2001.4.22	0	0	9600	独立董事
钟儒敏	男	49	1998.4.22	2001.4.22	15,300	15,300	46800	监事会主席
黎军	男	33	1998.4.22	2001.4.22	9,520	9,520	29600	监事
林峰	女	36	1998.4.22	2001.4.22	5,950	5,950	29600	监事
任宝岩	男	39	2000.1.18	2001.4.22	0	0	37800	副总经理

报告期内车世炎先生因工作原因提出辞职，2000 年 10 月 20 日股东大会决议同意其离任，选举孙庆杰先生为公司董事，增选刘更另先生、艾丰先生为公司独立董事。

2、公司员工情况

公司在册员工为 1,776 人，其中大专及以上学历的 395 人，占 22%。行政管理人员 292 人，占 16%，财务人员 65 人，占 4%，销售人员 203 人，占 12%，技术人员 131 人，占 7%，生产人员 549 人，占 31%，其他 536 人，占 30%。

(八)2000 年度利润分配和资本公积金转增股本预案

公司 2000 年度共实现净利润 60,499,721.98 元，按 10%的比例提取法定公积金和法定公益金，加上年度未分配利润 49,886,019.20 元，本年度可供股东分配利润为 98,081,586.22 元。公司董事会提议，以 2000 年 12 月 31 日的总股本 255000000 股为基数，每 10 股送 2 股派 0.5 元(含税)，以资本公积金每10股转增3股。该预案需经公司2000年度股东大会审议通过后实施.

(九)2001年度利润分配政策预测公司

2001年度拟进行一次利润分配,分配主要采取派发现金形式,2000年度末未分配利润用于2001年度股利分配的比例为10%-30%,2001年度实现净利润用于分配的比例为10%-30%。本公司董事会保留根据实际情况对该分配政策进行适当调整的权利。

六、监事会报告

本报告期内,公司监事会根据《公司法》和《公司章程》认真履行监督职责,对公司经营和管理进行了必要的监督和质询,并列席了历次董事会。本年度公司监事会共召开了三次会议,第一次会议审议通过了1999年监事会工作报告和1999年度公司财务决算报告;第二次会议审议通过了公司2000年中期报告;第三次会议审议通过了公司前次募集资金使用情况的报告。监事会认为:

1、本年度公司依法经营,规范运作,决策程序合法,现任董事、经理执行公司职务时没有发现违反法律法规、公司章程或损害公司利益的行为。

2、监事会对公司财务情况进行了检查,并认为会计师事务所出具的审计报告真实地反映了公司的财务状况和经营成果。

3、报告期内公司没有发现内幕交易和损害股东的权益或造成公司资产流失的情况。

七、重要事项

1、报告期内公司无重大诉讼、仲裁事项。

2、报告期内公司、公司董事及高级管理人员无受监管部门处罚的情况。

3、报告期内公司无控股股东变更、总经理变更和解聘、新聘、董事会秘书情况,公司部分董事改选和增选情况见股东大会简介和董事会报告。

4、报告期内公司没有收购及出售资产、吸收合并事项。

5、报告期内重大关联交易事项:

(1)关联交易形式:常德市粮油总公司向本公司提供土地使用权,供公司生产经营使用,另外本公司向常德市粮油总公司销售粮油。

(2)定价政策:根据市场价格双方协商订价,并签订了关联协议。

(3)购销商品交易:本公司每年向常德市粮油总公司上交土地使用权租金130万元,2000年度向常德市粮油总公司销售二级菜油1300吨,金额6,110,000.00元;销售菜粕16800吨,金额12,520,000.00元。合计金额1863万元。

(4)股权转让交易:本公司将原投资于金鼎锅炉厂的股份本期按帐面价值800000.00元转让给常德市粮油总公司。6、公司与控股股东在人员、资产、财务上的"三分开"情况。本公司与控股股东在人员、资产、财务上做到了"三分开"。

人员方面,本公司在劳动、人事及工资管理方面建立了独立的管理体系;公司总经理、副总经理等高级管理人员均在公司领取报酬,没有在股东单位担任职务。

资产方面,本公司具有独立的生产系统、辅助生产系统和配套设施;拥有独立的工业产权、商标、非专利技术等无形资产;拥有独立的采购和销售系统。

财务方面,本公司设立了独立的财会部门,建立了独立的会计核算体系和财务管理制度,在银行独立开户。

7、报告期内公司未发生重大托管、承包、租赁其他公司资产或其他公司托管、承包、租赁本公司资产的事项。

8、报告期内公司继续聘任湖南开元有限责任公司会计师事务所为公司财务审计机构。

9、报告期内公司各项业务合同履行情况正常,无重大合同纠纷发生。

10、报告期内公司名称和股票简称没有变更。

11、报告期内,公司及持股5%以上的股东未在指定的报纸和网站上披露过承诺事项。

八、财务会计报告

1、审计报告

开元所(2001)股审字第046号

湖南金健米业股份有限公司全体股东:

我们接受委托,审计了贵公司2000年12月31日母公司及合并资产负债表、2000年度母公司及合并利润及利润分配表和母公司及合并现金流量表。这些会计报表由贵公司负责,我们的责任是对这些会计报表发表审计意见。我们的审计是依据中国注册会计师独立审计准则进行的。在审计过程中,我们结合贵公司的实际情况,实施了包括抽查会计记录等我们认为必要的审计程序。

我们认为,上述会计报表符合《企业会计准则》和《股份有限公司会计制度》的有关规定,在所有重大方面公允地反映了贵公司2000年12月31日的财务状况和2000年度的经营成果及现金流量情况,会计处理方法的选用遵循了一贯性原则。

湖南开元有限责任会计师事务所　　中国注册会计师:曹国强

湖南　长沙　　中国注册会计师:毛育晖

二〇〇一年四月十七日

2.会计报表(附后)

3.会计报表附注会计报表附注

附注一、公司概况

湖南金健米业股份有限公司(以下简称本公司),系1998年1月12日经湖南省人民政府湘政函(1998)2号文件批准,由常德市粮油总公司作为独家发起人,以其下属深圳潇湘米业公司、常德植物油公司、常德市面粉公司、常德市金海实业公司、临澧合口油脂化工厂经评估确认后的净资产折为10,000万股设立的股份有限公司。1998年3月29日,经中国证监会证监发(1998)39号和证监发(1998)40号文件批准,公司向社会公开发行人民币普通股A股5,000万股,合计总股本15,000万股。1999年10月8日,公司通过一九九九年临时股东大会决议,以98年底股本15000万股为基数,向全体股东实施每10股送2股红股,转增5股,至此公司总股本为25500万股。

公司营业执照注册号:4300001000021,注册资本25,500万元。经营范围:开发、生产、销售粮油及制品、饲料及饲料原料、新型食品、食品包装材料、生产经营常规优质稻种子,提供旅游服务。

附注二、重要会计政策

1、执行会计制度

本公司执行《股份有限公司会计制度》。

2、会计年度

本公司会计年度为公历年度,即公历每年1月1日至12月31日止。

3、记帐本位币

本公司以人民币为记帐本位币。

4、记帐基础和计价原则

本公司以权责发生制为记帐基础,以历史成本为计价原则。

5、外币业务核算方法

本公司对发生的所有外币业务均按业务发生当日中国人民银行公布的外汇市场汇率(中间价)折合为人民币记帐,月份终了,将各种外币帐户的余额按月末市场汇率折合为人民币金额,该金额与帐面人民币金额之差作为汇兑损益,分别下列情况处理:

(1)筹建期间发生的汇兑损益,计入开办费;

(2)与购建固定资产有关的借款产生的汇兑损益,在固定资产交付使用前计入该项固定资产成本;

(3)除上述情况外,汇兑损益均计入当期损益。

6、合并报表的编制方法

本公司按照财政部《合并会计报表暂行规定》及其补充规定,将本公司拥有过半数以上(不含半数)权益性资本的被投资企业和被本公司实际控制的其他企业,纳入合并会计报表范围。本期纳入合并会计报表的控股子公司有海南金健热带农业开发有限责任公司、湖南金健药业有限责任公司、湖南乐米乐家庭营销股份有限公司、黑龙江金健北方现代农业开发有限责任公司和湖南金健建筑有限责任公司。本合并会计报表期初数系按母公司和海南金健热带农业开发有限责任公司、湖南金健药业有限责任公司两个子公司会计报表合并编制。

7、现金等价物的确定标准

现金等价物是指本公司持有的期限短(不超过3个月)、流动性强、易于转换为已知金额现金、价值变动风险很小的投资。

8、坏帐损失的核算方法

(1)坏帐损失及坏帐准备的核算

本公司采用备抵法核算坏帐损失,本公司的应收款项(包括应收帐款和其他应收款)按帐龄分析法计提坏帐准备,坏帐准备计提比例如下:

帐龄	计提比例
1年以内	7%
1-2年	10%
2-3年	20%
3年以上	30%

(2)坏帐的确认标准

债务人破产或者死亡,以其破产财产或遗产清偿后仍无法收回;

债务人逾期未履行其偿债义务,且具有明显特征表明无法收回;

9、存货的核算方法

(1)存货包括原材料、包装物、产成品、低值易耗品等。

(2)存货均按实际成本入帐,除低值易耗品外,存货发出采用加权平均法。

(3)低值易耗品的摊销采用五五摊销法,于领用和报废时各摊销50%。

(4)本公司存货采用成本与可变现净值孰低计提存货跌价准备,即按单个存货项目的成本高于其可变现净值的差额提取。

10、短期投资的核算方法

本公司短期投资按取得投资的实际购入价或确认的成本计价,投资转让或到期兑付时,按转让所得或兑付款与成本的差额确认投资收益。

本公司短期投资采用期末成本与市价孰低法,按市价低于成本的金额计提短期投资跌价准备。

11、长期投资核算方法

(1)长期股权投资:

本公司长期股权投资按投资时支付的价款或确定的价值记帐。对投资额占被投资单位有表决权资本总额20%以下或虽投资占20%或20%以上,但不具有重大影响的,采用成本法核算;对投资额占被投资单位有表决权资本总额20%以上或虽投资不足20%但有重大影响的,采用权益法核算。

(2)长期债券投资:

发生时以实际支付的全部价款,扣除税金和手续费等各项费用的成本入帐,所支付的税金和手续费等各项费用直接计入当期损益,并根据权责发生制原则确认长期债权投资的收益,债券投资的溢价或折价在存续期内采用直线法摊销。

(3)股权投资差额:

本公司股权投资成本与应享有被投资单位所有者权益份额的差额,作为股权投资差额处理。股权投资差额的摊销期限,合同规定了投资期限的,按投资期限摊销;合同未规定投资期限的,股权投资差额借方余额,按不超过10年(含10年)的期限摊销;股权投资差额贷方余额,按不低于10年(含10年)的期限摊销。

(4)长期投资减值准备的确认标准为:

对于有市价的长期投资,出现以下迹象之一的,即应计提长期投资减值准备:

①市价持续2年低于帐面价值;

②该项投资暂停交易一年;

③被投资单位当年发生严重亏损;

④被投资单位持续2年发生亏损;

⑤被投资单位进行清理整顿、清算或出现其他不能持续经营的迹象。

对于无市价的长期投资,出现以下迹象之一的,即应计提长期投资减值准备:

①政治或法律环境出现了不利于被投资单位的重大变化;

②被投资单位所供应的商品或提供的劳务不能适应市场需求的变化,从而导致被投资单位财务状况发生严重恶化;

③被投资单位的财务状况,现金流量发生严重恶化,如进行清理整顿、清算,被投资单位的所有权益为负数等。

(5)长期投资减值准备提取方法:

本公司对长期投资项目采取逐项计提的方法计提长期投资减值准备。即由于市价持续下跌或经营状况恶化等原因导致其可收回价值低于长期投资帐面价值的,按预计可收回金额低于长期投资帐面价值的差额计提长期投资减值准备,已确认损失的长期投资的帐面价值又得以恢复的,应在原已确认的投资损失的范围内转回。

12、固定资产的计价与折旧

(1)固定资产的标准及计价

①使用年限在1年以上的生产经营用房屋建筑物、机器设备、运输设备及其他设备;

②单位价值在2000元以上,使用年限在2年以上非生产经营用设备和物品,作为固定资产核算;

③固定资产按历史成本计价。

(2)折旧

本公司固定资产折旧采用直线法,预计净残值率5%。各类固定资产折旧年限、折旧率如下表:

固定资产类别	预计使用年限	年折旧率
1、房屋建筑物	40	2.375%
2、机器设备	14	6.79%
3、电子设备	51	9%
4、运输工具	12	7.92%
5、其他	5	19%

13、在建工程的核算

(1)在建工程按实际成本计价,当工程完工并交付使用时按工程竣工决算结转为固定资产,若工程虽已完工,但尚未办理竣工决算,则于交付使用时估价预转固定资产,待办理竣工决算后再行调整。

(2)用借款购建固定资产,其发生的借款费用,在固定资产交付使用之前,计入购建固定资产的成本;固定资产交付使用后发生的,计入当期损益。

14、无形资产计价及摊销方法

(1)无形资产的计价

①土地使用权,按评估价值或实际支付价款入帐;

②商标权、专利技术等其他无形资产,购入或按法律程序申请取得的各种商标权、专有技术,按实际支付的价款入帐;投资转入的商标权、专有技术等,按合同约定或评估确认的价值入帐。

(2)无形资产的摊销方法

①土地使用权按土地使用期限平均摊销;

②商标、专有技术等无形资产按使用期限或投资协议期限平均摊销。

15、开办费的摊销方法

本公司按五年平均摊销。

16、长期待摊费用及摊销方法

本公司长期待摊费用系公司已经支出，受益期在一年以上的除开办费以外的其他各项费用，根据受益期限平均摊销。

17、收入实现的确认

本公司在已将商品所有权上的重要风险和报酬转移给买方，公司不再对该商品实施继续管理权和 实际控制权，相关的收入已经收到或已取得了收款证据，并且与销售该商品有关的成本能够可靠地计量时，确认收入的实现。18、所得税的会计处理方法本公司所得税的会计处理采用应付税款法。

附注三、税项

1、增值税：

粮食、食用油的销售缴纳增值税，适用税率为13%，其生产的副产品（或联产品）及材料销售缴纳增值税，适用税率为17%。

根据财政部、国家税务总局财税字（1999）198号文件的规定：对政府储备食用植物油销售继续免征增值税。

2、营业税：

饮食服务收入缴纳营业税，适用税率为5%。

3、城建税：

以增值税、营业税额为计征基础，金健米业合口油脂化工厂城建税税率为5%，其他单位为7%。

4、所得税

经湖南省人民政府湘政函（1998）3号文件批准，公司所得税先按33%计征，再按18%返还给企业。根据财政部有关规定，本政策执行至2001年12月31日，并且其返还部分应于实际收到时，冲减所得税。

附注四、控股子公司

附注五、会计报表项目注释

附注六、关联方关系及其交易

附注七、或有事项、承诺事项

本公司未发现重大或有事项和财务承诺事项。

附注八、期后事项

（1）根据本公司2000年9月16日召开的临时股东大会决议并经中国证监会证监公司字[2000]229号文件批准，本公司于2001年1月4日向社会公众增发新股5000万股，募集资金805,000,000.00元，增发新股后本公司注册资本（股本）变更为30,500万股。

（2）根据本公司2001年召开的第二十六次董事会决议，通过如下2000年利润分配预案：以本公司2000年12月31日的总股本255000000股为基数，每10股送2股派0.5元（含税），以资本公积金每10股转增3股。本公司以据实调整了会计报表的有关项目。

九、公司的其他有关资料

1、公司首次注册日期：1998年4月27日注册地址：常德市武陵大道37号

2、公司企业法人营业执照注册号：4300001000021

3、公司税务登记号码：湘字430702216013630

4、公司未流通股票的托管机构名称：上海证券中央登记结算公司。

5、公司报告期内证券主承销机构名称：湘财证券有限责任公司。

6、公司聘请的会计师事务所：湖南省开元有限责任会计师事务所。

办公地点：湖南省长沙市芙蓉中路490号

十、备查文件

1、载有董事长亲笔签名的年度报告正本。

2、载有法定代表人、财务负责人、会计机构负责人签名并盖章的会计报表。

3、载有会计师事务所盖章，注册会计师签名并盖章的审计报告原件。

4、报告期内在中国证监会指定报纸上公开披露过的所有公司文件的正本及公告的原稿。

湖南金健米业股份有限公司董事会

二〇〇一年四月二十五日

合并资产负债表

2000年12月31日

编制单位：湖南金健米业股份有限公司　　　　金额单位：人民币元

资产	年初数	年末数
流动资产：		
货币资金	23163845.15	85366983.17
短期投资		
减：短期投资跌价准备		
短期投资净额		
应收票据	3000000	
应收股利	4300000	14300000
应收利息		
应收帐款	82389966.09	87859488.38
其它应收款	22679505.72	44434769.33
减：坏帐准备	9687382.28	12219052.69
应收帐款净额	95382089.53	120075205.02
预付帐款	39948224.7	49438400.93
应收补贴款	2409071.02	
存货	191585544.97	252222676.99
减：存货跌价准备	4633797	2161698.69
存货净额	186951747.97	250060978.3
待摊费用	1014656.87	3470291.22
流动资产合计	356169635.24	522711858.64
长期投资：		
长期股权投资	55210000	54959528
长期债权投资	8760	8760
其它长期投资		
长期投资合计	55218760	54968288
减：长期投资减值准备	700000	
长期投资净额	54518760	54968288
其中：合并价差		
股权投资差额		
固定资产：		
固定资产原值	181817291.11	299908714.32
减：累计折旧	41855189.07	52536634.96
固定资产净值	139962102.04	247372079.36
工程物资	139665.6	139665.6
在建工程	143087640.66	118098642.76
固定资产清理		111547
待处理固定资产净损失		
固定资产合计	283189408.3	365721934.72
无形及其它资产：		
无形资产	3590000	23737676.54
开办费	2398652.86	3508689.46
长期待摊费用	2731292.86	8904187.58
其它长期资产		
无形资产及其它资产合计	8719945.72	36150553.58
递延税项：		
递延税款借项		
资产总计：		
资产总计	702597749.26	979552634.94
流动负债：		
短期借款	115246825	134096825
应付票据	10000000	
应付帐款	15504764.48	35517812.91
预收帐款	2858252.98	4570353.71
代销商品款		
应付工资	2580158.89	1942402.23
应付福利费	788210	1678041.58
应付股利		12750000
应付税金	6018399.07	18437498.89
其它应交款	84080.4	197646.02
其它应付款	39696646.66	37384880.72
应付短期债券		
预提费用	318232.83	860251.76
一年内到期的长期负债		160000000
流动负债合计	193095570.31	407435712.82
长期负债：		
长期借款	7000000	17000000
应付债券		
长期应付款		
住房周转金	29867.66	-3146945.94
其它长期负债		
长期负债合计	7029867.66	13853054.06
递延税项：		
递延税项贷款		
负债合计：		
负债合计	200125437.97	421288766.88
少数股东权益：		
少数股东权益	1700000	9741834.79
股东权益：		
股本	255000000	255000000
资本公积金	175334720.1	175334720.1
盈余公积	20551571.99	32855726.95
其中：公益金	9751786.11	15903863.59
未确认的外资损失		
未分配利润	49886019.2	85331586.22
外币报表折算差额		
股东权益合计	500772311.29	548522033.27
负债和股东权益总计：		
负债和股东权益总计	702597749.26	979552634.94

合并利润及利润分配表

2000年度

编制单位：湖南金健米业股份有限公司　　　　金额单位：人民币元

项目	上年数	本年数
一、主营业务收入	510579398.57	703456084.78
减：折扣与折让	49505.7	235030.64
主营业务收入净额	510529892.87	703221054.14
减：主营业务成本	421537343.12	564796884.27
主营业务税金及附加	1104479.39	2056125.51
二、主营业务利润	87888070.36	136368044.36
加：其他业务利润	1869039.24	4199691.09
减：存货跌价损失	339570.89	-2472098.31
营业费用	15247133.38	27743171.54
管理费用	21624178.09	34672461.89
财务费用	1634018.14	7541816.71
三、营业利润	50912209.1	73082383.62
加：投资收益	3660000	10700000
期货损益		
补贴收入	7795422.52	
营业外收入	2184301.77	2238373.56
以前年度损益调整		
减：营业外支出	979843.96	2058569.9
分给外单位利润		
四、利润总额	63572089.43	83962187.28
减：所得税	8053813.41	23620630.51
少数股东损益		-158165.21
五、净利润	55518276.02	60499721.98
加：年初未分配利润	42971398.38	49886019.2
六、可供分配的利润	98489674.4	110385741.18
减：提取法定盈余公积金	5551827.6	6152077.48
提取法定公益金	5551827.6	6152077.48
提取职工奖励福利基金		
七、可供股东分配的利润	87386019.2	98081586.22
减：应付优先股股利		
提取任意盈余公积金		
应付普通股股利	37500000	12750000
转作股本的普通股股利		
八、未分配利润	49886019.2	85331586.22

江苏省工艺品进出口集团股份有限公司

一、公司简介

(一)公司法定中文名称:江苏省工艺品进出口集团股份有限公司
法定英文名称:JIANGSU ARTS & CRAFTS IMP./EXP. GROUP CORPORATION 缩写:JSAC
(二)公司法定代表人:刘绥芝　(三)公司董事会秘书:姜琳
联系地址:江苏省南京市中华路 50 号弘业大厦
联系电话:(025)2308738,2301288-7908　传真:(025)2307117
电子信箱:jianglin@artall.coms.cn
(四)公司注册地址及办公地址为:江苏省南京市中华路 50 号　邮政编码:210001
互联网网址:http://www.jsac.com　电子信箱:jsacgrp@public1.ptt.js.cn　jsacgrp@Artall.com
(五)公司信息披露的报纸为:《中国证券报》、《上海证券报》
登载公司年报的国际互联网网址:http://www.sse.com.cn
公司年报备置地点:公司证券部
(六)公司股票上市交易所:上海证券交易所　股票简称:江苏工艺　股票代码:600128

二、会计数据和业务数据摘要

(一)公司本年度实现的利润总额及构成(单位:元)

利润总额	63,959,537.06
净利润	44,239,155.74
扣除非经常性损益后的净利润	41,515,212.92
主营业务利润	133,314,725.05
其他业务利润	9,086,014.04
营业利润	46,001,803.04
投资收益	8,927,453.46
补贴收入	6,834,596.08
营业外收支净额	2,195,684,06
经营活动产生的现金流量净额	75,191,825.64
现金及现金等价物净增加额	56,123,559.82

注:本年度公司非经常性损益构成如下:(单位:元)

项目	金额
营业外收入	3,249,922.52
其中申购:冻结资金利息收入	3,087,014.15
减:营业外支出中(捐赠支出)	45,294.05

合计(3,249,922.52-45,294.05)*0.85=2,723,934.20

(二)主要会计数据和财务指标:

项目	2000 年	1999 年	1998 年
1、主营业务收入(万元)	143,205.51	122,175.11	107,861.84
2、净利润(万元)	4,423.92	4,597.96	4,207.41
3、总资产(万元)	82,525.87	70,088.66	71,342.36
4、股东权益(万元)	55,630.20	43,421.34	41,852.06
5、每股收益(元)	0.22	0.40	0.36
(加权)	0.23	0.40	0.36
(扣除非经常性损益后)	0.21	0.35	0.33
6、每股净资产(元)	2.79	3.73	3.59
7、调整后每股净资产(元)	2.63	3.50	3.56
8、每股经营活动产生的现金流量净额(元)	0.37	0.46	0.02
9、净资产收益率%	7.95	10.59	10.05
(加权)	8.99	10.59	10.05
(扣除非经常性损益后)	7.46	9.29	9.18

(三)根据《公开发行证券公司信息披露编报规则》第 9 号,公司 2000 年度净资产收益率和每股收益具体如下:

报告期利润	净资产收益率(%)		每股收益(元)	
	全面摊薄	加权平均	全面摊薄	加权平均
主营业务利润	23.96	27.09	0.66	0.70
营业利润	8.27	9.35	0.23	0.24
净利润	7.95	8.99	0.22	0.23
扣除非经常性损益后的净利润	7.46	8.44	0.21	0.22

三、股本变动及股东情况

(一)股本变动情况

1、股本结构(截止 1999 年 12 月 31 日,单位:股)

	期初数	本次变动增减(+,-)			小计	期末数
(1)尚未流通股份						
A、发起人股份	65,212,500	1,956,400	36,236,365		38,192,765	103,405,265
其中:国家拥有股份	65,212,500	1,956,400	36,236,365		38,192,765	103,405,265
B、募集法人股份	14,238,000	0	7,681,135		7,681,135	21,919,135
C、内部职工股份	2,037,000	611,100		-2,648,100	-2,037,000	0
未上市流通股份合计	81,487,500	2,567,500	43,917,500	-2648,100	43,836900	125,324,400
(2)已上市流通股份合计						
1、人民币普通股	35,000,000	10,500,000	25,975,000	2,648,100	39,123,100	74123100
已上市流通股份合计	35,000,000	10,500,000	25,975,000	2,648,100	39,123,100	74,123,100
(3)股份总数	116,487,500	13,067,500	69,892,500		82,960,000	199,447,500

(二)股东情况　1、截止 2000 年 12 月 29 日,公司股东共 8928 户,其中:国家股股东 1 户,社会法人股股东 17 户,社会公众股股东 8910 户。

2、公司前十名股东的持股情况

股东名称	持股数量(股)	持股比例(%)	持股性质
(1)江苏弘业国际集团有限公司	103,405,265	51.85	国家股
(2)南方证券	7,551,595	3.79	流通股
(3)中国烟草总公司江苏省公司	3,386,859	1.70	国有法人股
(4)江苏省丝绸进出口集团股份有限公司	3,078,963	1.54	国有法人股
(5)开元基金	2,599,619	1.30	流通股
(6)鼎信实业	2,006,329	1.01	流通股
(7)国通证券有限公司	1,751,930	0.88	国有法人股
(8)江苏省东晟燃料有限公司	1,539,481	0.77	国有法人股
(9)江苏汇鸿国际集团针棉织品进出口集团股份有限公司	1,539,481	0.77	国有法人股
(10)江苏省舜天国际集团服装进出口集团股份有限公司	1,539,481	0.77	国有法人股

重庆太极实业(集团)股份有限公司

一、公司简介

(一)公司法定中文名称:重庆太极实业(集团)股份有限公司
公司法定英文名称:CHONGQING TAIJI INDUSTRY (GROUP)CO.,LTD
(二)公司注册地址:重庆市涪陵区建设路 68 号
公司办公地址:重庆市涪陵区建设路 68 号　邮政编码:408000
公司国际互联网网址:http://www.taiji.com　公司电子信箱:taijia@public.cta.cq.cn
(三)公司法定代表人:白礼西
(四)公司董事会秘书:夏雪
联系地址:重庆市涪陵区建设路 68 号
电话:023-72800072　传真:023-72800072　电子信箱:taijib@public.cta.cq.cn
(五)公司指定信息披露报纸名称:《中国证券报》、《上海证券报》
登载公司年度报告的中国证监会指定国际互联网网址:http://www.sse.com.cn
公司年度报告备置地点:公司证券部
(六)公司股票上市交易所:上海证券交易所
股票简称:太极集团　股票代码:600129

二、会计数据和业务数据摘要

(一)公司本年度主要会计数据(单位:人民币元)

利润总额	83,735,078.10
净利润	58,653,124.97
扣除非经常性损益后的净利润	53,707,749.56
主营业务利润	539,919,700.06
其他业务利润	6,564,333.42
营业利润	78,110,411.38
投资收益	679,291.31
补贴收入营业外收支净额	4,945,375.41
经营活动产生的现金流量净额	35,148,854.78
现金及现金等价物净增加额	-93,995,221.28

注:扣除的非经常性损益项目和涉及金额(单位:人民币元)

项目	涉及金额
补贴收入营业外收入	5,634,721.56
其中:无效申购资金利息	1,341,677.47
营业外支出	689,346.15
扣除的非经常性损益的净利润	4,945,375.41

(二)报告期末公司前三年主要会计数据和财务指标;

项目	2000 年度	1999 年度	1998 年度	
			调整前	调整后
主营业务收入(万元)	119,736.31	100,511.76	97,441.93	97,430.60
净利润(万元)	5,865.31	7,533.87	11,885.78	9,069.50
总资产(万元)	197,157.79	181,277.65	160,621.04	155,248.12
股东权益(万元)	97,497.71	71,574.21	72,205.88	67,783.10
全面摊薄每股收益(元/股)	0.232	0.322	0.508	0.388
加权平均每股收益(元/股)	0.237	0.322	0.322	0.388
扣除非经常性损益后的每股收益(元/股)	0.213	0.188	0.422	0.302
每股净资产(元/股)	3.86	3.06	3.09	2.90
调整后的每股净资产(元/股)	3.42	2.77	2.99	
每股经营活动产生的现金流量净额(元/股)	0.14	0.72	0.98	
摊薄净资产收益率(%)	6.02	10.53	16.46	13.38
加权净资产收益率(%)	6.67	10.89	16.77	13.67
扣除非经常性损益后加权净资产收益率%	6.12	6.34	13.39	10.64

根据中国证监会《公开发行证券公司信息披露编报规则第 9 号》的要求计算的净资产收益率和每股收益如下:

报告期利润	2000 年度				1999 年度			
	净资产收益率(%)		每股收益(元)		净资产收益率(%)		每股收益(元)	
	全面摊薄	加权平均	全面摊薄	加权平均	全面摊薄	加权平均	全面摊薄	加权平均
主营业务利润	55.38	61.36	2.137	2.178	57.36	59.32	1.755	1.755
营业利润	8.01	8.88	0.309	0.315	12.14	12.55	0.371	0.371
净利润	6.02	6.67	0.232	0.237	10.53	10.89	0.322	0.322
扣除非经常性损益后的净利润	5.51	6.12	0.213	0.217	8.67	6.34	0.188	0.188

三、股本变动及股东情况介绍

(一)、股东情况介绍;

1、报告期末股东总数:截止 2000 年 12 月 31 日,公司股东共 7,329 户。

2、报告期末本公司前 10 名股东持股情况:

股东名称	年末持股数量(股)	占总股本比例(%)
(1)太极集团有限公司	147,789,600	58.51
(2)希兰生物	16,555,080	6.55
(3)通济公司	12,847,320	5.09
(4)汉盛基金	3,000,186	1.19
(5)同益基金	1,263,075	0.50
(6)赵西杰	1,078,052	0.43
(7)邓仲芬	879,158	0.35
(8)何多学	863,079	0.34
(9)泰和基金	649,570	0.26
(10)汉博基金	600,077	0.24

注:汉盛基金、汉博基金同属一个管理公司

宁波波导股份有限公司

一、公司简介

1、公司法定中文名称:宁波波导股份有限公司
公司法定英文名称:NINGBO BIRD Co.,Ltd.
2、公司注册地址:浙江省奉化市城山路99号
公司办公地址:浙江省奉化市城山路99号　　邮政编码:315500
公司国际互联网网址:http://www.chinabird.com　　公司Email:cbird@public.cnptt.zj.cn
3、公司法定代表人:余红艺
4、公司董事会秘书:马思甜　　公司董事会证券事务代表:赵勤攻
联系地址:浙江省奉化市城山路99号
电话:0574-8918855　　传真:0574-8929054　　Email:birdzq@sina.com
5、公司选定的信息披露报纸:《中国证券报》、《上海证券报》
中国证监会指定国际互联网网址:http://www.sse.com.cn
公司年期报告备置地点:公司证券部
6、公司股票上市交易所:上海证券交易所　　股票简称:波导股份　　股票代码:600130

二、会计数据和业务数据摘要

1、本年度主要利润指标情况(单位:人民币元)

项目	2000年
利润总额	60,164,998.19
净利润	44,012,096.80
扣除非经常性损益后的净利润	31,823,380.72
主营业务利润	296,583,126.24
其他业务利润	306,154.98
营业利润	44,382,733.11
投资收益	8,147,901.60
补贴收入	8,307,000.00
经营活动产生的现金流量净额	-152,948,826.80
现金及现金等价物净增加额	225,916,576.18

注:扣除的非经营性损益项目和涉及金额:
(1)营业外收入:1,824,383.07元
(2)营业外支出:2,497,019.59元
(3)补贴收入:8,307,000.00元
(4)委托理财收益:6,100,000.00元
(5)长期股权投资差额摊销:-130,494.34元
(6)被投资公司股权转让收益:-1,415,153.06元
以上项目涉及金额合计:12,188,716.08元

2、公司近三年财务指标:

指标项目	2000年	1999年	1998年	
			调整前	调整后
主营业务收入	934,856,754.02	429339436.36	309,744,243.86	207,922,426.06
净利润	44,012,096.80	48109295.08	48,106,158.57	45,699,255.99
总资产	1,229,757,396.99	496798961.07	459,852,060.70	360,085,580.47
股东权益(不含少数股东权益)	806,311,954.65	154222797.09	154,219,660.58	111,113,502.01
每股收益(摊薄)	0.275	0.40	0.40	1.26
每股净资产(摊薄)	5.04	1.285	1.285	3.06
调整后的每股净资产(摊薄)	4.91	1.19	1.19	2.98
每股经营活动产生的现金流量净额	-0.96	-0.38	-0.62	1.43
净资产收益率(%)	5.46	31.19	31.19	41.13

按中国证监会[公开发行证券公司信息披露编报规则(第9号)]要求计算的净资产收益率及每股收益:

报告期利润	净资产收益率(%)		每股收益(元/股)	
	全面摊薄	加权平均	全面摊薄	加权平均
主营业务利润	36.78	58.33	1.85	2.12
营业利润	5.5	9.09	0.28	0.32
净利润	5.46	9.01	0.275	0.31
扣除非经常性损益后的利润	3.95	6.6	0.20	0.23

三、股本变动及股东情况介绍

1、股本变动情况(截止到2000年12月31日)

因报告期内,本公司向社会公众发行了人民币普通股4000万股,故总股本总量增加了4000万股。

股份类别	期初数	本次变动增减(+,-)	小计	期末数
(一)未上市流通股份				
1、发起人股份 其中:境内法人持有股份	120,000,000			120,000,000
2、法人配售股		6,500,000	6,500,000	6,500,000
尚未流通股份合计	120,000,000	6,500,000	6,500,000	126,500,000
(二)已流通股份				
1、人民币普通股		33,500,000	33,500,000	33,500,000
4、其他已流通股份合计		33,500,000	33,500,000	33,500,000
(三)股份合计	120,000,000	40,000,000	40,000,000	160,000,000

3、股东情况(1) 截止到2000年12月31日,公司股东总数为37432户。

(2) 截止到2000年12月31日,公司前10名股东持股情况:

股东名称	持股数量(股)	占总股本比例(%)
宁波电子信息集团有限公司	54,000,000	33.75
奉化波导科技发展有限公司	52,800,000	33.00
奉化市大桥镇资产经营总公司	6,070,000	3.795
宁波市工业投资有限责任公司	6,036,000	3.7725
深圳南星电子有限公司	3,500,000	2.1875
江苏省技术进出口公司	2,000,000	1.25
中国电子进出口宁波公司	1,092,000	0.6825
北京海富邦技术发展有限公司	1,000,000	0.625
基金安信	558,347	0.349
基金安顺	363,500	0.227

四川岷江水利电力股份有限公司

一、公司简介

1、公司名称:四川岷江水利电力股份有限公司
英文名称:Sichuan Minjiang Hydropower Co.,Ltd.
2、公司法定代表人:龙功才
3、公司董事会秘书:蒲和翔
董事会证券事务代表:龙嘉玲
联系地址:成都市温哥华广场15楼H座
联系电话:028—7731485　　传真:028—7764010
4、公司注册地址:四川省汶川县下索桥
公司办公地址:四川省汶川县下索桥　　邮政编码:623007
5、信息披露报纸:《中国证券报》、《上海证券报》
中国证监会指定的国际互联网网址:http://www.sse.com.cn
年报备置地点:成都市温哥华广场15楼H座公司证券部
6、股票上市交易所:上海证券交易所
股票简称:岷江水电股票代码:600131

二、会计数据和业务数据摘要

(一)、本年度利润总额及其构成(单位:元)

项目	金额
利润总额	37,995,523.67
净利润	30,352,264.29
扣除非经常性损益后的净利润	28,485,150.65
主营业务利润	63,139,561.15
其他业务利润	1,898,880.22
营业利润	31,342,667.45
投资收益	1,108,280.05
补贴收入	
营业外收支净额	5,544,576.17
经营活动产生的现金流量净额	39,086,810.01
现金及现金等价物净增额	109,142,641.36

注:扣除非经常性损益涉及的项目:公司1998年发行社会公众股回收的冻结申购资金利息1,867,113.64元。

(二)、主要会计数据和财务指标　　单位:元

项目	2000年	1999年	1998年	
			追溯调整后	追溯调整前
主营业务收入	106,753,516.30	101,574,588.72	92,232,343.97	92,232,343.97
净利润	30,352,264.29	43,471,913.73	38,908,384.92	41,391,766.87
总资产	1,218,472,747.99	811,875,605.77	588,135,051.12	590,618,433.08
股东权益(不含少数股东权益)	383,946,172.72	408,289,672.83	364,968,800.54	375,048,816.44
每股收益(摊薄	0.11	0.159	0.256	0.272
每股收益(加权)	0.11	0.16		0.291
扣除非经常性损益后的每股收益	0.104	0.152	0.244	0.262
每股净资产	1.50	1.49	2.40	2.468
调整后每股净资产	1.50	1.49	2.40	2.464
每股经营活动产生的现金流量净额	0.14	0.16	0.09	
净资产收益率	6.92%	10.65%	10.66%	11.04%

报告期利润	净资产收益率(%)				每股收益			
	全面摊薄		加权平均		全面摊薄		加权平均	
	1999年	2000年	1999年	2000年	1999年	2000年	1999年	2000年
主营业务利润	15.35	15.35	16.20	14.91	0.23	0.23	0.23	0.23
营业利润	10.90	7.62	11.50	7.40	0.16	0.11	0.16	0.11
净利润	10.65	7.38	11.24	7.17	0.16	0.11	0.16	0.11
扣除非经常性损益后净利润	10.19	5.91	10.76	5.74	0.15	0.09	0.15	0.09

注:主要财务指标计算公式:
1、每股收益=净利润/年度末普通股股份总数
2、每股净资产=年度末股东权益/年度末普通股股份总数
3、调整后每股净资产=(年度末股东权益-三年以上的应收款项净额-待摊费用-待处理(流动、固定)资产净损失-开办费-长期待摊费用-住房周转金负数余额)/年度末普通股股份总数　　4、每股经营活动产生的现金流量净额=经营活动产生的现金流量净额/年度末普通股股份总数
5、净资产收益率=净利润/年度末股东权益×100%

三、股东情况介绍

股东情况介绍

1、截止报告期末,持有本公司股份的股东总户数为54811户,其中内部职工股股东1064*户。

2、前10名股东持股情况　　单位:股

名次	股东单位名称	持股数	持股比例	备注
1	阿坝州水利资产经营公司	84,843,000	31.02	国家股
2	水利部经济局	59,400,000	21.72	国家股
3	下庄电厂	24,888,600	9.10	国有法人股
4	阿坝州信托投资公司	9,900,000	3.62	法人股
5	鹏信经贸	9,900,000	3.62	法人股
6	四川省中小型电力实业开发公司	1980000	0.72	法人股
7	甘堡电厂	1,980,000	0.72	法人股
8	阿坝州马尔康电厂	990,000	0.36	法人股
9	阿坝州岷山机械厂	990,000	0.36	法人股
10	阿坝州牧业机械厂	594,000	0.22	法人股

3、持股10%以上的股东情况

①、阿坝州水利资产经营公司:该公司是阿坝州财政局为管理本公司国有股而设立的资产经营公司,法人代表:朱华勇;

②、水利部经济局:该局是受国家水利部的委托管理国有水利资产的事业单位,法人代表:王文珂。

4、报告期内公司控股股东没发生变化。

重庆啤酒股份有限公司

一、公司简介

1、公司法定中文名称:重庆啤酒股份有限公司
公司英文名称:CHONG QING BREWERY CO.LTD
2、公司法定代表人:华正兴
3、公司董事会秘书:苏甫玉
董事会证券事务代表:蒋晋辉
联系地址:重庆市九龙坡区石桥铺石杨路 16 号
电话:023-68629476
传真:023-68629476
电子信箱:a18054@cta.cq.cn
4、公司注册及办公地址:重庆市九龙坡区石桥铺石杨路 16 号
邮编:400039
E-mail: a18054@cta.cq.cn
5、公司选定的信息披露报纸为《中国证券报》、《上海证券报》、《证券时报》。
登载公司年度报告的中国证监会指定国际互联网网址为 http://www.sse.com.cn
公司年度报告备置地点:公司证券部
6、公司股票上市地:上海证券交易所
股票简称:重庆啤酒
股票代码:600132

二、会计数据和业务数据摘要

(一) 公司本年度实现利润情况　　金额单位:人民币元

项目	2000 年度
利润总额	52,615,316.28
净利润	44,793,640.50
扣除非经常性损益后的净利润	42,938,404.77
主营业务利润	111,381,027.21
其他业务利润	511,155.15
营业利润	45,669,795.09
投资收益	4,206,995.52
补贴收入	
营业外收支净额	2,738,525.67
经营活动产生的现金流量净额	87,194,415.33
现金及现金等价物净增加额	87,882,468.83

注:扣除的非经常性损益项目和涉及金额:营业外收支净额 2,738,525.67,其中:新股申购冻结资金利息本年摊销数 3,051,193.67,合并价差摊销-555,895.40。

(二)截止报告期末公司前三年主要会计数据和财务指标

项目	2000 年	1999 年	1998 年 调整前	1998 年 调整后
主营业务收入(元)	338,155,546.77	305,230,176.32	288,367,246.86	288,367,246.86
净利润(元)	44,793,640.50	41,757,858.88	64,171,952.65	55,111,033.85
总资产(元)	1,253,859,328.49	899,586,530.35	793,900,396.20	766,629,656.54
股东权益(元)	609,762,066.24	599,142,825.74	507,144,109.37	483,867,898.54
每股收益(元)	0.262	0.244	0.409	0.351
加权平均每股收益(元)	0.262	0.258	0.409	0.351
扣除非经常性损益后的每股收益(元)	0.251	0.227	0.389	0.332
每股净资产(元)	3.57	3.51	3.23	3.08
调整后的每股净资产(元)	3.55	3.50	3.19	3.04
净资产收益率(%)	7.35	6.97	12.65	11.39
调整后的净资产收益率(%)	7.39	6.98	12.81	11.54
每股经营活动产生的现金流量净额(元)	0.510	0.366	0.198	

(三)利润表附表

报告期利润	净资产收益率(%) 全面摊薄	净资产收益率(%) 加权平均	每股收益(元) 全面摊薄	每股收益(元) 加权平均
主营业务利润	18.27	17.92	0.652	0.652
营业利润	7.49	7.35	0.267	0.267
净利润	7.35	7.21	0.262	0.262
扣除非经常性损益后的净利润	7.04	6.91	0.251	0.251

三、股本变动及主要股东持股情况

(一)股东情况介绍
1 、报告期末股东总数
报告期末股东总数为 25543 人。
2、前 10 名股东持股情况
截至 2000 年 12 月 31 日,公司前十名股东持股情况如下:

股东名称	期末持股数	持股比例(%)	性质
(1)、重庆啤酒(集团)有限责任公司	92,365,000	54.06	未流通股份
(2)、银源实业	8,037,500	4.70	未流通股份
(3)、申银万国证券股份有限公司	4,100,340	2.40	流通股份
(4)、金星啤酒	2,882,500	1.69	未流通股份
(5)、南京证券	1,980,000	1.16	流通股份
(6)、渝宏副食	617,500	0.36	未流通股份
(7)、重庆国投	507,000	0.30	未流通股份
(8)、汉盛基金	500,872	0.29	流通股份
(9)、金陵华泰	500,000	0.29	流通股份
(10)、孙毅强	439,754	0.26	流通股份

本公司前十大股东之间无关联关系。
3、持有本公司股份 5%以上的股东所持股份未发生质押、冻结情况。
(二)持有本公司股份 10%以上的股东情况
重庆啤酒(集团)有限责任公司持股数 92,365,000 股,占总股本比例 54.06(%),法定代表人:华正兴, 经营范围:制造、销售啤酒及原料;啤酒设备及啤酒用包装;印刷品;非酒精饮料;房地产开发;啤酒技术服务。

武汉东湖高新集团股份有限公司

一、公司简介

1 、公司的法定中文名称:武汉东湖高新集团股份有限公司
英文名称:WUHAN EAST LAKE HIGH TECHNOLOGY GROUP CO.,LTD. 缩写:ELHT
2 、公司法定代表人:黄立平　3 、公司董事会秘书:舒春萍
联系地址:武汉市洪山区关东科技工业园东湖高新大楼五楼
联系电话:027-87561433　传真:027-87561866　电子信箱:dhgx@public.wh.hb.cn
4 、公司注册及办公地址:武汉市洪山区关东科技工业园东湖高新大楼　邮编:430074
公司国际互联网网址:www.elht.com.cn.　电子信箱:dhgx@public.wh.hb.cn
5 、信息披露报纸名称:《上海证券报》
年度报告登载网址:www.sse.com.cn　年度报告备置地点:东湖高新大楼五楼公司证券部
6 、公司股票上市地:上海证券交易所　股票简称:东湖高新　证券代码:600133

二、会计数据和业务数据摘要

1 、本年度主要利润指标情况:(金额单位:人民币元)

1 、利润总额:	60,934,618.20
2 、净利润:	49,832,639.79
3 、扣除非经常性损益后的净利润:	42,574,825.64
4 、主营业务利润:	117,173,653.61
5 、其他业务利润:	3,490,420.75
6 、营业利润:	44,436,816.60
7 、投资收益:	18,215,185.47
8 、补贴收入:	2,432,585.12
9 、营业外收支净额:	-4,149,968.99
10、经营活动产生的现金流量净额:	-191,421,061.18
11、现金及现金等价物净增加额:	95,474,225.30

注:扣除非经常性损益项目及涉及金额(金额单位:人民币元)

(1)资产处置损益	8,648,332.26
(2)新股申购冻结资金利息	447,383.17
(3)合并价差摊入	-338,173.18
(4)其他	-218,937.37
(5)合计	8,549,604.88

2 、截止报告期末公司前三年主要会计数据和财务指标:(单位:人民币元)

	指标项目	2000.12.31	1999.12.31	1998.12.31 调整后	1998.12.31 调整前
1	主营业务收入(元)	348,204,399.73	263,764,433.61	229,322,267.05	229,322,267.05
2	净利润(元)	49,832,639.79	39,469,315.97	41,796,989.25	42,477,720.53
3	总资产(元)	1,516,046,174.56	1,030,102,717.03	791,386,370.53	791,386,370.53
4	股东权益(元)	614,012,716.49	362,729,335.70	357,664,559.77	364,413,941.08
5	每股收益(元/股)	0.1808	0.1542	0.2612	0.2655
6	扣除非经常性损益后的每股收益(元/股)	0.1545	0.1346	0.2390	0.2433
7	每股收益(元/股)(加权)	0.1910	0.1542	0.2726	0.2770
8	每股净资产(元/股)	2.2280	1.4169	2.2354	2.2776
9	调整后的每股净资产(元/股)	2.1610	1.3880	2.2103	2.2525
10	每股经营活动产生的现金流量净额	-0.6946	-0.03	-0.3411	-0.3411
11	净资产收益率(%)	8.12	10.88	11.69	11.66
12	净资产收益率(%)(加权)	12.26	11.98	13.43	13.64

利润分配表附表

报告期利润	净资产收益率% 全面摊薄	净资产收益率% 加权平均	每股收益 全面摊薄	每股收益 加权平均
主营业务利润	19.08	26.63	0.43	0.45
营业利润	7.24	11.01	0.16	0.17
净利润	8.12	12.26	0.18	0.19
扣除非经常性损益后的净利润	6.93	10.57	0.15	0.16

三、股东情况介绍

(1)截止 2000 年 12 月 31 日,公司股东总户数为 57321 户,其中:法人股股东 5 户,流通股股东 57316 户。

(2)公司前十名股东持股情况:　单位:股

股东名称	股份增减	期末持有数	比例%	股份类别
红桃开集团股份有限公司	0	74,240,000	26.94	法人股
武汉东湖新技术开发区发展总公司	392,200	65,774,600	23.87	法人股
武汉城市综合开发集团有限公司	0	23,961,600	8.69	法人股
武汉庙山实业发展总公司	0	17,817,600	6.47	法人股
武汉建银房地产开发公司	0	10,598,400	3.85	法人股
张振	217,001	217,001	0.08	流通股
陈一滨	217,000	217,000	0.08	流通股
兴和基金	207,341	207,341	0.08	流通股
李杰	200,000	200,000	0.08	流通股
张杰	195,800	195,800	0.07	流通股

注:报告期内公司第二名股东持有的股份增加是因公司 2000 年实施了配股方案,其余股东所持股份增加是二级市场行为。

经查,持有公司 5%以上的法人股东红桃开集团股份有限公司将其持有的本公司 7424 万股法人股中的 3200 万股质押给中国工商银行武汉市洪山支行,质押期限为 2000 年 12 月 19 日至 2002 年 12 月 19 日,质押股份占公司总股本的 11.6%,其余法人股东武汉东湖新技术开发区发展总公司、武汉城市综合开发集团有限公司、武汉庙山实业发展总公司所持股份未发生质押、冻结等情况。 公司第 1 —5 名股东无关联关系, 其余第 6 —10 位为流通股股东, 公司未知其关联关系。

(3)持股 10%以上股份的法人股东简介 :红桃开集团股份有限公司,成立于 1994 年 6 月,法定代表人谢圣明,注册资本人民币 16000 万元。主要从事生物、化工、机械、电子、纺织、新材料、办公自动化等技术及产品的开发、研制、技术服务及咨询;开发产品的销售;房地产开发、商品房销售、广告策划与代理;组织红桃开生血剂的制造及销售。武 汉东湖新技术开发区发展总公司,成立于 1991 年 2 月,法定代表人赵家新,注册资本人民币 12256 万元。主要从事高新技术产品的研制、开发、生产、技术咨询、服务;开发产品的销售;经济信息工程咨询;钢材、机电产品、建材等的零售兼批发。

乐凯胶片股份有限公司

一、公司简介

1、公司法定中文名称:乐凯胶片股份有限公司
法定英文名称:Lucky Film Co., Ltd
2、公司注册地址:河北省保定国家高新技术产业开发区公司
办公地址:河北省保定市建设南路 1 号　　邮政编码:071054
公司国际互联网网址:http://www.luckyfilm.com.cn
公司电子信箱:office@luckyfilm.com.cn
3、公司法定代表人:杜昌焘
4、公司董事会秘书:李建新　　联系地址:河北省保定市建设南路 1 号
电话:0312-3227901-2899　　传真:0312-3217937　　Email:stock@luckyfilm.com.cn
5、公司选定的信息披露报纸:《中国证券报》、《上海证券报》
中国证监会指定国际互联网网址:http://www.sse.com.cn
公司年度报告备置地点:公司证券部
6、公司股票上市交易所:上海证券交易所
股票简称:乐凯胶片　　股票代码:600135

二、主要财务数据和指标

1.公司本年度主要会计数据:(单位:人民币元)

利润总额:	255307 531.61
净利润:	215459 117.61
扣除非经常性损益后的净利润:	210804 803.29
主营业务利润:	333213 828.92
其他业务利润:	108262.04
营业利润:	230282 549.95
投资收益:	20370 667.34
补贴收入:	0.00
营业外收支净额:	4654 314.32
经营活动产生的现金流量净额:	299131 560.47
现金及现金等价物净增加额:	-29015 728.63

说明:扣除的非经常性损益项目及金额:

股票发行锁定资金利息收入	5029394.34
处理坏帐收益	11.62
处置固定资产净损失	375091.64

2.公司前三年的主要会计数据和财务指标:(单位:人民币元)

项目	2000 年度	1999 年度	1998 年度	
			调整前	调整后
主营业务收入	758946559.94	619531564.01	386072372.81	386072372.81
净利润	215459117.61	160105503.69	70185847.81	64410777.56
扣除非经常性损益后的净利润	210804803.29	155861619.00	65191121.03	59416050.78
总资产	1109844884.68	893775681.76	847498765.90	
股东权益	967503163.97	837544046.36	687642086.15	
每股收益(摊薄)	0.756	0.843	0.369	0.339
每股收益(加权)	0.756	0.843	0.369	0.339
扣除非经常性损益后的每股收益	0.740	0.820	0.343	0.313
每股净资产	3.395	4.408	3.62	3.565
调整后的每股净资产	3.385	4.372	3.57	3.519
每股经营活动产生的现金流量净额	1.050	1.356	-0.508	
净资产收益率(%)(摊薄)	22.27	19.12	10.21	9.51
净资产收益率(%)(加权)	22.79	21.19	12.30	11.35

利润表附表

报告期利润	净资产收益率(%)		每股收益(元)	
	全面摊薄	加权平均	全面摊薄	加权平均
主营业务利润	34.44	35.25	1.169	1.169
营业利润	23.80	24.36	0.808	0.808
净利润	22.27	22.79	0.756	0.756
扣除非经常性损益后的净利润	21.79	22.30	0.740	0.74

注:主要财务指标计算公式:每股收益=净利润÷年度末普通股股份总额每股净资产=年度末股东权益÷年度末普通股股份总额

3.报告期股东权益变动情况:(单位:人民币元)

项目	股本	资本公积	盈余公积	法定公益金	未分配利润	股东权益合计
期初数	190000000	427456238.34	22008780.80	11004390.40	187074636.82	837544046.36
本期增加	95000000	0.00	22172950.69	11086475.34	215459117.61	343718543.64
本期减少	0.00	95000000.00	0.00	0.00	118759426.03	213759426.03
期末数	285000000	332456238.34	44181731.49	22090865.74	283774328.40	967503163.97

变动原因赢利提取赢利提取

三、股本变动和主要股东持股情况

1、主要股东持股情况(截至 2000 年 12 月 31 日)

名次	股东名称	持股数(万股)	占总股本%
1	中国乐凯胶片集团公司	18000	63.16
2	裕隆基金	1120	3.93
3	裕阳基金	1090	3.83
4	证大投资	149	0.52
5	开元基金	79	0.27
6	于洪	59	0.21
7	永能开采	56	0.20
8	中船财务	39	0.14
9	古闯	38	0.13
10	邱喜才 38	38	0.13

说明:持有公司 5%以上股份的股东为中国乐凯胶片集团公司。中国乐凯胶片集团公司为本公司发起人,报告期内股本由 12000 万股增加到 18000 万股。裕隆基金和裕阳基金同属博时基金管理有限公司。上述公司所持本公司股份未作质押和冻结,其他前 10 名股东之间公司未知其有何关联关系。

武汉道博股份有限公司

(一)公司简介

1、公司法定中文名称:武汉道博股份有限公司　　缩写:道博股份
公司法定英文名称:WUHAN DOUBLE CO.,LTD　　缩写:DOUBLE
2、公司法定代表人:杨真先生
3、公司董事会秘书:吴小林先生
联系地址:湖北省武汉市汉口中山大道 818 号佳丽广场 45 层
电　　话:027--82702848　　传　　真:027—82702818
董事会电子信箱:dbboard@public.wh.hb.cn
4、公司注册地址:湖北省武汉经济技术开发区Ⅲ--5 号地块
公司办公地址:湖北省武汉市汉口中山大道 818 号佳丽广场 45 层
邮政编码:430020
公司国际互联网网址:http//www.china-double.com
公司电子信箱:double@public.wh.hb.cn
5、公司选定信息披露报刊名称:《中国证券报》《上海证券报》
中国证监会指定登载公司年度报告的国际互联网网址:http//www.sse.com.cn
公司年度报告备置地点:公司董事会秘书办公室
6、公司股票上市交易所:上海证券交易所
股票简称:道博股份
股票代码:600136

(二)公司数据和业务数据摘要

1、利润情况

公司本年度实现利润总额 24,390,475.34 元,其中净利润 20,277,516.01 元,扣除非经营性损益后的净利润 15,265,131.22 元,主营业务利润 95,988,653.70 元,其他业务利润 5100.53 元,营业利润 19,378,090.55 元,投资收益 1,355,033.49 元,补贴收入 2,237,207.00 元,营业外收支净额 1,420,144.30 元,经营活动产生的现金流量净额 42,844,080.77 元,现金及现金等价物净增加额 139,859,943.62 元。

2、公司前三年主要会计数据和财务指标(单位:人民币元)

项目	2000.12.31	1999.12.31	1998.12.31	
			调整后	调整前
主营业务收入	192,367,648.71	144,600,129.13	100,366,070.23	100,366,070.23
净利润	20,277,516.01	30,220,521.20	17,579,239.48	17,558,104.80
总资产	724,784,536.61	474,426,346.48	388,979,766.72	396,128,538.53
股东权益	420,841,968.50	283,562,129.58	262,841,608.38	268,688,907.14
每股收益	0.19	0.318	0.185	0.19
每股收益(加权)	0.21	0.194	0.21	
每股净资产	4.03	2.99	2.77	2.83
每股净资产(加权)	2.91	2.96		
调整后每股净资产	3.94	2.91	2.72	2.73
每股经营活动产生的现金流量净额	0.41	0.031	-0.58	
净资产收益率(%)	4.82	10.66	6.69	6.53
净资产收益率(%)(加权)	6.03	11.06	7.54	7.35
扣除非经常性损益后每股收益	0.11	0.279	0.018	0.031

按中国证监会发布的《公开发行证券公司信息披露编报规则》第 9 号的要求计算的净资产收益率及每股收益

报告期利润	净资产收益率% 2000		1999		每股收益(元/股) 2000		1999	
	全面摊薄	加权平均	全面摊薄	加权平均	全面摊薄	加权平均	全面摊薄	加权平均
主营业务利润	22.81	28.55	31.32	31.95	0.92	0.98	0.93	0.93
营业利润	4.60	5.76	10.23	10.44	0.19	0.20	0.31	0.31
净利润	4.82	6.03	10.66	10.87	0.19	0.21	0.32	0.32
扣除非经常性损益后的净利润	2.63	3.29	9.36	9.55	0.11	0.11	0.28	0.28

说明:2000 年非经常性损益系武汉经济技术开发区财政局返还增值税 2,237,207.00 元,投资收益 1,355,033.49 元,营业外收支净额 1,420,144.30 元。

1999 年非经常性损益系武汉经济技术开发区财政局返还增值税 1,650,069.00 元, 营业外收支净额 2,031,452.86 元。

1998 年非经常性损益系武汉经济技术开发区财政局返还增值税及所得税 13,731,498.97 元,营业外收支净额 2,177,538.77 元。

注: 主要财务指标计算方法每股净资产=年度末股东权益/年度末普通股股份总数调整后的每股净资产=(年度末股东权益-三年以上的应收款项净额-待处理(流动、固定)资产净损失-开办费-长期待摊费用-住房周转金负数余额)/年度末普通股股份总数每股经营活动产生的现金流量净额=经营活动产生的现金流量/年度末普通股股份总数

(三)股本变动及股东情况

(1)报告期末公司股东总数为共 15723 户。
(2)报告期末公司主要股东持股情况股东名称

股东名称	持股数(股)	年内股份增减(股)	占总股本比例(%)
①中国国际钢铁投资公司	22,000,000	+3,000,000	21.06
②海南汇华科技投资有限公司	18,612,000		17.82
③海南合信实业有限公司	8,800,000		8.43
④武汉远州工贸发展有限公司	6,108,000	+708,000	5.85
⑤天蒙羊绒有限公司	2,000,000		1.91
⑥武汉银峰综合开发公司	1,800,000		1.72
⑦深圳安达投资发展公司	1,200,000		1.149
⑧武汉福来斯商贸公司	1,200,000		1.149
⑨武汉经济技术开发区发展总公司	1,200,000		1.149
⑩光大证券有限责任公司	1,090,221	+1,090,221	1.04

说明:

中国国际钢铁投资公司与天蒙羊绒有限公司间存在关联关系。中国国际钢铁投资公司是天蒙羊绒有限公司第一大股东,直接和间接持有其 89.98%的股份。本公司其它股东之间无关联关系。本公司前 9 名股东所持股份均为未上市流通股。光大证券有限责任公司所持 1,090,221 股中,114,145 股为上市流通股,976,076 股为未上市流通股。

四川长江包装纸业股份有限公司

一、公司简介

1、公司法定中文名称:四川长江包装纸业股份有限公司
英 文名称:SICHUAN CHANGJIANG PACKAGINGPAPER CO.LTD
英 文缩写名称:SCPP
2 、公司法定代表人:陈 瑜
3 、公司董事会秘书:傅相林 授权代表:赖晓钢
电 话:0831-3601339 传真:0831-3601339
电 子信箱:ybcjbz@yb-public.sc.cninfo.net
4 、公司注册地址:四川省宜宾市马鞍石
公 司办公地址:四川省宜宾市马鞍石 邮 政编码:644004
公 司国际互联网网址:http://www.cjpp.com
电 子信箱:ybcjbz@yb-public.sc.cninfo.net
5 、公司信息披露报纸名称:上海证券报
登 载公司年度报告国际互联网网址:www.sse.com.cn
公 司年度报告备置地点:四川长江包装纸业股份有限公司证券部
6 、公司股票上市地:上海证券交易所
股 票简称:ST 包装 股 票代码:600137

二、会计资料和业务资料

1 、本年度利润总额及构成(单位:元)
利润总额: 16,225,538.95
其中:净利润 16,048,876.49
扣除非经常性损益后的净利润
-32,162,149.53
主营业务利润 -3,280,895.54
其它业务利润 3,091,521.83
营业利润 -32,065,842.04
投资收益 48,033,507.31
补贴收入 --
营业外收支净额 257,873.68
经 营活动产生的现金流量净额
5,805,323.19
现 金及现金等价物净增加额
3,463,219.15

注:扣除的非经常性损益项目和涉及金额:投资收益 48,000,000.00 元,营业外收入 316,397.29 元,营业外支出 58,523.61 元,股权投资差额摊销 46,847.66 元。

2 、截止报告年度末公司前三年的主要会计数据和财务指标

序号	项 目	单位	2000 年	1999 年 调整前	1999 年 调整后	1998 年
1	主营业务收入	元	132,637,370.68	89,079,097.73	89,079,097.73	123,994,661.70
2	净利润	元	16,048,876.49	-45,031,201.83	-44,405,434.64	-4,580,480.93
3	总资产	元	571,034,004.98	309,950,843.35	312,288,552.00	311,479,406.98
4	股东权益(不含少数股东权益)	元	166,093,125.93	20,298,488.31	18,704,838.62	65,642,010.68
5	每股收益(加权)	元/股	0.264	-0.742	-0.731	-0.075
6	扣除非经常性损益后的每股收益	元/股	-0.530	-0.745	-0.732	-0.189
7	每股净资产	元/股	2.736	0.334	0.308	1.081
8	调整后每股净资产	元/股	2.489	0.184	0.158	0.697
9	净资产收益率	%	9.66	-221.85	-237.40	-6.98
10	每股经营活动产生的现金流量净额	元/股	0.096	-0.05	-0.05	-0.35

报告期利润	净资产收益率(%) 全面摊薄	净资产收益率(%) 加权平均	每股收益(元) 全面摊薄	每股收益(元) 加权平均
主营业务利润	-1.98	-12.20	-0.054	-0.054
营业利润	-19.31	-119.23	-0.528	-0.528
净利润	9.66	59.67	0.264	0.264
扣除非经常性损益后的净利润	-19.36	-119.58	-0.530	-0.530

三、股东情况介绍

1 、股票发行与上市情况

经中国证券监督管理委员会证监发字 (1997)518 号文审核批准和上海证券交易所上证上(98)字第 016 号文审核通过,本公司股票于 1998 年 4 月 16 日在上海证券交易所挂牌交易,总股本 50,592,740 股,国家和法人持有股份 36,092,740 股,可流通股份 14,500,000 股。

1998 年 8 月 19 日公司实施 1997 年度利润分配方案,向全体股东每 10 股送 2 股,公司股份总数增至 60,711,288 股,其中已流通股份增至 17,400,000 股。

2 、股东情况介绍

(1)截止 2000 年 12 月 31 日,本公司股东人数 6775 人,其中国家股股东 1 名,法人股股东 7 名,社会公众股股东 6767 名。

(2)前十名股东持股情况

名 称	年末持股数(股)	占总股本比例(%)	股份性质
四川省国有资产投资管理有限责任公司	34,671,288	57.11	国家股
鸿飞基金	2,400,000	3.95	法人股
深圳有色金属财务有限公司	1,200,000	1.98	法人股
深圳中投信息咨询中心	1,200,000	1.98	法人股
深圳能源投资股份有限公司	1,200,000	1.98	法人股
德阳金路财务顾问公司	1,200,000	1.98	法人股
旭能投资	1,200,000	1.98	法人股
四川省长江木业总公司	240,000	0.40	法人股
牟光明	120,000	0.20	公众股
张坚	120,000	0.20	公众股

a.四川省国有资产投资管理有限责任公司代表国家持有股份。

b.根据中国证监会证监基金(2000)字 31 号文由原蓝天基金规范更名为鸿飞证券投资基金,简称鸿飞基金,其持有公司法人股已由宝盈基金管理公司(筹)的股东单位共同出资置换,尚待办理过户手续。

中青旅控股股份有限公司

一、公司简介

(一)公司法定中文名称:中青旅控股股份有限公司
公司法定英文名称:CHINA CYTS TOURS HOLDING CO., LTD
公司英文名称缩写:CYTS
(二)公司法定代表人:张骏
(三)公司董事会秘书:张立军
联系地址:北京市东交民巷丙 23 号
联系电话:(010)65243388-2210,2211
传真:(010)65282284
电子信箱:zhqb@cyts.com.cn
(四)公司注册地址:北京市海淀区知春路 128 号泛亚大厦八层
公司办公地址:北京市东交民巷丙 23 号
邮政编码:100006
电子信箱:zhqb@cyts.com.cn
(五)公司选定的信息披露报纸:《中国证券报》、《上海证券报》
登载公司年度报告的中国证监会指定国际互联网网址:www.sse.com.cn
公司年度报告备置地点:北京市东交民巷丙 23 号中国青旅大厦本公司证券部
(六)股票上市地:上海证券交易所
股票简称:青旅控股
股票代码:600138

二、会计数据和业务数据摘要

(一)本年度会计数据摘要(单位:人民币元)利润总额: 143565692.96
净利润: 120249859.64
扣除非经常性损益后的净利润:
120081447.40
主营业务利润:
221867913.79
其他业务利润:4400120.94
营业利润: 102237796.08
投资收益: 39200911.47
营业外收支净额:
2126985.41
经营活动产生的现金流量净额:
34938365.69
现金及现金等价物净增加额:
45671242.99

注:扣除的非经常性损益项目和涉及金额:
营业外收入 4958477.75
合并价差摊销 84872.61
营业外支出 -2831492.34
收回长期投资损失
-886126.89
其他 -1157318.89

(二)近三年主要会计数据和财务指标(合并报表)

项目	2000 年	1999 年	1998 年 (追溯调整后)
主营业务收入(万元)	102658.36	84448.33	58210.91
净利润(万元)	12024.99	11086.78	7759.609
总资产(万元)	166426.17	116860.7	85699.5
股东权益(万元)	101627.97	65020.99	57723.2
每股收益(元/股)	0.4504	0.4619	0.3233
加权每股收益(元/股)	0.474	0.4619	0.3233
扣除非经常性损益后的每股收益(元/股)	0.4497	0.445	0.305
每股净资产(元/股)	3.806	2.709	2.405
调整后的每股净资产(元/股)	3.662	2.605	2.355
每股经营活动产生的现金流量净额	0.131	0.139	0.002
净资产收益率(%)	11.83	17.05	13.44
加权净资产收益率(%)	14.33	17.05	13.44

另,根据中国证监会《公开发行证券公司信息披露编报规则--第九号》的要求,计算公司 2000 年度的利润指标如下:

报告期利润	净资产收益率(%) 全面摊薄	净资产收益率(%) 加权平均	每股收益(元) 全面摊薄	每股收益(元) 加权平均
主营业务利润	21.83	26.45	0.831	0.875
营业利润	10.06	12.19	0.383	0.403
净利润	11.83	14.33	0.450	0.474
扣除非经常损益后的净利润	11.81	14.32	0.449	0.473

三、股东情况介绍

1、报告期末本公司共有 25316 名股东。

2、本公司主要股东及持股数(前 10 名):

股东名称	年末持股数(股)	占总股本比例(%)
1. 中国青年旅行社总社	69,078,948	25.87
2. 苏州太湖国家旅游度假区发展集团公司	34,539,473	12.94
3. 嘉事堂药业有限责任公司	21,710,526	8.13
4. 北京创格科技集团	19,736,842	7.39
5 汉盛基金	9,948,006	3.73
6 汉兴基金	9,514,873	3.56
7 广西青联	4,934,211	1.85
8 安信基金	4,000,000	1.50
9 安顺基金	2,150,000	0.81
10 汤应凤	780,000	0.29

鼎天科技股份有限公司

一、公司简介

1、公司法定名称：鼎天科技股份有限公司
英文名称：DINGTIAN SCIENCE&TECHNOLOGY Inc.
2、法定代表人：陈亚平
3、董事会秘书：黄晓君　　授权代表：胡兵
联系地址：成都市高新区高朋东路3号
电话：028-5181012　　传真：028-5181740
4、注册及办公地址：四川省德阳市华山北路114号　　邮政编码：618000
公司国际互联网网址：http://www.dingtian.com.cn
E-mail：s-tech@dingtian.com.cn
5、信息披露报纸名称：《上海证券报》和《中国证券报》
登载年报的国际互联网网址：http://www.sse.com.cn
年报置备地点：公司证券部
6、股票上市交易所：上海证券交易所
股票简称：鼎天科技　　股票代码：600139

二、会计数据和业务数据摘要

1、报告期内主要会计数据(单位：元)

利润总额：	16,882,660.11
净利润：	13,556,978.65
扣除非经常性损益后的净利润：	9,598,404.64
主营业务利润：	41,616,333.80
其他业务利润：	1,290,871.93
营业利润：	11,021,438.34
投资收益：	1,902,647.76
补贴收入：	5,135,700.00
营业外收支净额：	-1,177,125.99
经营活动产生的现金流量净额：	7,263,056.48
现金及现金等价物净增加额：	28,861,059.62

注：扣除非经营性损益项目和涉及金额：

补贴收入：	5,135,700.00
营业外收支净额：	-1,177,125.99
合计	3,958,574.01

2、主要财务指标

项目	2000年度	99年度	98年度 调整前	98年度 调整后
主营业务收入	209,024,624.50	104,853,968.65	180,609,521.55	179,724,989.55
净利润	13,556,978.65	15,934,987.11	19,167,477.84	12,966,403.37
总资产	530,289,813.60	424,272,447.72	407,048,781.56	389,315,330.12
股东权益	169,973,902.70	164,017,944.05	173,936,351.81	156,202,900.37
每股收益(摊薄)	0.18	0.21	0.25	0.17
(加权)	0.18	0.21	0.25	0.17
每股净资产	2.24	2.16	2.29	2.05
调整后每股净资产	2.07	2.12	2.01	1.79
每股经营活动产生的现金流量净额	0.10	0.10	0.24	0.24
净资产收益率(摊薄)	7.98	9.72	11.02	8.30
(加权)	7.94	9.71	11.02	8.30

注：因鼎天微电有限公司属临时控制，报告期内未合并其报表，年初数及上年同期数已作相应调整，财务指标均作了重新计算。

3、按照中国证监会《公开发行证券公司信息披露编报规则(第九号)》计算的数据

报告期利润	净资产收益率		每股收益	
	全面摊薄	加权平均	全面摊薄	加权平均
主营业务利润	24.48	24.37	0.55	0.55
营业利润	6.48	6.45	0.14	0.14
净利润	7.98	7.94	0.18	0.18
扣除非经常性损益后净利润	5.65	5.62	0.13	0.13

三、股本变动及股东情况

股东情况介绍
(1)报告期末，股东总数为11,062户。
(2)持有本公司5%以上(含5%)股份的股东情况

股东名称或姓名	年末持股数量	占总股本的比例(%)
四川鼎天(集团)有限公司	46,610,200	61.32
向虎	190,000	0.25
曹青鹏	185,000	0.24
吴德才	170,000	0.22
魏艳艳	165,000	0.22
郭泽恩	160,000	0.21
赵慧媚	160,000	0.21
汪劲松	150,000	0.20
韩文武	148,400	0.20
叶瑞光	144,000	0.19

公司前十位股东之间不存在关联关系，也无所持股份发生质押或冻结情况。
(3)持股10%(含10%)以上的法人股东情况
持有本公司10%(含10%)以上股份的法人股东为四川鼎天(集团)有限公司，其法人代表为陈汉春；该公司主营三大核心业务：多媒体高速信息网络系统集成、多媒体数字产品研发生产、多媒体应用软件出版发行。

四、股东大会简介

1、1999年12月29日，公司在《上海证券报》和《中国证券报》上刊登了关于召开1999年度第一次临时股东大会的公告。并于2000年1月30日在成都市高新区高朋东路3号三楼会议室召开了本次临时股东大会。会议由董事会负责召集，董事长陈亚平先生主持。列席会议的股东及公司高级管理人员共22名。代表股份48,390,600股，占公司总股本的63.66%，符合《公司法》及公司章程的规定。本次临时股东大会的决议公告刊登在2000年2月15日的《上海证券报》和《中国证券报》上。

湖北兴发化工集团股份有限公司

一、公司简介

1、公司法定中文名称：湖北兴发化工集团股份有限公司
英文名称：Hubei Xingfa Chemicals Group Co.Ltd
2、公司法定代表人：丁祥先
3、公司董事会秘书：孙卫东
联系地址：湖北省兴山县高阳镇民主街99号
邮政编码：443700
电话：0717-2527033　　0717-2527022
传真：0717-2522917
电子邮箱：swd169@21cn.com
4、公司注册地址：湖北省兴山县峡口镇平邑口公司
办公地址：湖北省兴山县高阳镇
邮政编码：443700
公司互联网网址：http://www.xingfachem.com/
5、公司选定的信息披露指定报刊：《上海证券报》、《中国证券报》
中国证监会指定国际互联网网址：http://www.sse.com.cn/
公司年度报告备置地点：公司董事会办公室
6、股票上市交易所：上海证券交易所
股票简称：兴发集团　　股票代码：600141

二、会计数据和业务数据摘要

(一)公司本年度主要利润指标：(单位：人民币元)
1、利润总额：31,413,953.67
2、净利润：26,628,567.95
3、扣除非经常性损益后的净利润：25,638,399.29
4、主营业务利润：78,561,940.57
5、其他业务利润：934,494.42
6、营业利润：31,182,185.01
7、投资收益：---
8、补贴收入：1,000,000.00
9、营业外收支净额：-768,231.34
10、经营活动产生的现金流量净额：92,169,781.06
11、现金及现金等价物净增加额：-162,803,030.47
注：扣除的非经常性损益项目和涉及金额：990,168.66
(1)其它业务利润：758,400.00
(2)补贴收入：1,000,000.00
(3)营业外收收支净额：-768,231.34
(二)利润分配表附表

报告期利润	1999年度 净资产收益率% 全面摊薄	1999年度 净资产收益率% 加权平均	1999年度 每股收益 全面摊薄	1999年度 每股收益 加权平均	2000年度 净资产收益率% 全面摊薄	2000年度 净资产收益率% 加权平均	2000年度 每股收益 全面摊薄	2000年度 每股收益 加权平均
主营业务利润	13.33	17.19	0.32	0.36	19.90	19.76	0.49	0.49
营业利润	5.27	6.80	0.13	0.14	7.90	7.84	0.19	0.19
净利润	6.85	8.84	0.16	0.19	6.74	6.70	0.17	0.17
扣除非经常性损益后的净利润	4.21	5.44	0.10	0.11	6.49	6.45	0.16	0.16

(三)截止报告期末公司前三年主要会计数据和财务指标

项目	2000年度	1999年度	1998年度
主营业务收入(元)	273,442,223.41	195,109,627.39	232,640,683.05
净利润(元)	26,628,567.95	26,348,387.63	33,248,541.83
总资产(元)	671,307,408.79	684,162,115.84	339,560,653.58
股东权益(元)	394,852,220.96	384,223,653.01	194,452,677.57
每股收益(全面摊薄)(元/股)	0.17	0.16	0.28
加权每股收益(元/股)	0.17	0.19	0.28
扣除非经营性损益后的每股收益(元/股)	0.16	0.11	0.25
每股净资产(元/股)	2.47	2.40	1.62
调整后的每股净资产(元/股)	2.47	2.39	1.20
每股经营活动产生的现金流量净额：	0.58	-0.03	0.05
净资产收益率%	6.74	6.85	17.10
加权平均净资产收益率%：	6.70	8.84	18.67

(四)报告期内股东权益变动情况及变化原因：(千元)

项目	股本	资本公积	盈余公积	法定盈余公积	未分配利润	股东权益
期初数	160000	173,479	20,214	13,476	30,530	384,224
本期增加			3,994	2,663	26,628	30,622
本期减少					19,994	19,994
期末数	160000	173,479	24,208	16,139	37,164	394,852

变动原因见会计报表附注。

三、股本变动及股东情况

1、报告期末，本公司股东总数为17406户，其中发起人股东3户，国家股和法人股股东7户，社会公众股东17396户。
2、截止2000年12月29日，公司前10名股东持股情况：

股东名称	年末持股数量	持股比例(%)
(1)兴山县化工总厂	4878万股	30.49
(2)兴山天星水电集团专业公司	3386万股	21.16
(3)宜昌市夷陵国有资产经营公司	1500万股	9.38
(4)宜昌汇友电子科技有限公司	1000万股	6.25
(5)兴山县黄粮镇高岚河电业有限公司	1000万股	6.25
(6)湖北双环化工集团有限责任公司	100万股	0.63
(7)中国商品出口基地湖北公司	66万股	0.41
(8)宜昌葛洲坝矿产品开发公司	30万股	0.19
(9)左子煞	27.56万股	0.17
(10)金鼎基金	27.16万股	0.17

注：(1)本公司前10名股东之间不存在关联交易。

重庆四维瓷业股份有限公司

一、公司简介

1 、公司的法定中、英文名称及缩写。
公 司的法定中文名称:重庆四维瓷业股份有限公司
公 司的法定英文名称:CHONG QING SWELL CERAMICS INDUSTRY CO.,LTD
2 、公司法定代表人:陈宗云
3 、公司董事会秘书及其授权代表的姓名、联系地址、电话、传真、电子信箱。
公 司董事会秘书:乔昌志　　联 系地址:重庆四维瓷业股份有限公司
电话:023-47881756　023-68820484　　传真:023-47881756 023-68820484
电 子信箱:cg@swellbath.com
4 、公司注册地址,公司办公地址及其邮政编码,公司国际互联网网址、电子信箱。
公 司注册地址:重庆市江津油溪镇
公 司办公地址:重庆市江津油溪镇　邮 政编码:402285
互联网网址:http://www.swellbath .com　　电 子信箱 E-mail:chuantao@public.cta.cq.cn
5 、公司选定的信息披露报纸名称,登载公司年度报告的中国证监会指定国际互联网网址,公司年度报告备置地点。
公 司选定的信息披露报纸名称:中国证券报,上海证券报
登 载公司年度报告的中国证监会指定国际互联网网址:http://www.sse.com.cn
公司年度报告备置地点:重庆四维瓷业股份有限公司董秘办公室
6 、公司股票上市交易所、股票简称和股票代码。
公 司股票上市交易所:上海证券交易所
股 票简称:四维瓷业　　股 票代码:600145

二、会计数据和业务数据摘要

1 、公司本年度实现的利润总额、净利润、扣除非经常性损益后的净利润、主营业务利润、其他业务利润、营业利润、投资收益、补贴收入、营业外收支净额、经营活动产生的现金流量净额、现金及现金等价物净增加额。

公司本年度实现的利润总额(元):	41828850.01
净利润(元):	36090173.86
扣除非经常性损益后的净利润(元):	33424075.23
主营业务利润(元):	82633257.17
其他业务利润(元):	11889.68
营业利润(元):	29573224.97
投资收益(元):	9589526.41
补贴收入(元):	1004520.92
营业外收支净额(元):	1661577.71
经营活动产生的现金流量净额(元):	37903944.33
现金及现金等价物净增加额(元):	80498441.16

注:非经常性损益是指公司正常经营损益之外的、一次性或偶发性损益,本次扣除非经常性损益后的净利润 33424075.23 元是从净利润中扣除了公司发行新股所获申购资金利息 4025293.33 元,公司所得科技开发项目补助经费及增值税返还等补贴收入 1004520.92 元及营业外支出 2363730.27 元所得.

2 、截至报告期末公司前三年的主要会计数据和财务指标。(单位:元)
调 整后:

项目	2000	1999	1998
主营业务收入	198397702.49	168704714.17	127210352.25
净利润	36090173.86	22714600.79	8348936.17
总资产	600806861.08	504781856.79	328342613.80
股东权益(不含少数股东权)	338433172.73	308905498.87	117187026.82
每股收益 ((摊薄)	0.26	0.18	0.10
每股收益(加权)	0.26	0.24	0.10
每股净资产	2.46	2.47	1.46
调整后的每股净资产	2.44	2.43	1.42
每股经营活动产生的现金流量净额	0.28	0.41	--0.09
净资产收益率(%)(摊薄)	10.66	7.35	7.12
净资产收益率(%)(加权)	11.04	12.23	

3.报告期利润
净资产收益率每股收益

	全面摊薄	加权平均	全面摊薄	加权平均
主营业务利润	24.4%	25.28%	0.60	0.60
营业利润	8.76%	9.05%	0.21	0.21
净利润	10.66%	11.04%	0.26	0.26
扣除非经常性损益后的净利润	9.87%	10.22%	0.24	0.24

三、股本变动及股东情况。

1 、股东情况介绍
(1)报告期末股东总数:截止 2000 年 12 月 29 日公司登记在册的股东总数为 6947 名。
(2)前 10 名股东的持股情况。

股东名称	年初持股量	年度内增减情况	年末持股数量	股份质押或冻结情况	备注
四川陶瓷厂	70655586.00	7065559.00	77721145.00	无	国家股
重庆万吉	6722600.00	672260.00	7394860.00	无	社会法人股
广汉输气	1344520.00	134452.00	1478972.00	无	社会法人股
重庆天和	941164.00	94116.00	1035280.00	无	社会法人股
叶连玲			435050.00	无	流通股
方平			381502.00	无	流通股
成都干道	336130.00	33613.00	369743.00	无	国有法人股
江峰			364619.00	无	流通股
张晓春			355495.00	无	流通股
周小仙			351010.00	无	流通股

注:1 、发起人期末持股量增加是由于公司 2000 年中期实施了 10 股送 1 股派 0.25 元的利润分配方案所致;
2 、报告期内持有本公司 10%股份以上的法人股东是四川陶瓷厂,其基本情况如下:
单位名称:四川陶瓷厂持有股份:77721145 股占公司总股本的 56.52%　法人代表:程必森
经营范围:主营 普通陶瓷用品制造,工业陶瓷制造,复合材料浴缸制造;灰沙砖,(四级)水泥预制构件制造销售。兼 营 销售装饰材料,五金配件,厨房设备。

宁夏大元化工股份有限公司

(一)、公司简介

1、公司法定中文名称:宁夏大元化工股份有限公司
公司法定英文名称:NINGXIA DAYUAN CHEMICAL CO., LTD.
2、公司法定代表人:焦学义
3、公司董事会秘书:张洪斌　　公司授权代表:常忠
联系地址:宁夏银川市新市区文昌南路
电话:0951-2060021-6427、6168　　传真:0951-2060029
4、公司注册地址:宁夏银川市新市区文昌南路
公司办公地址:宁夏银川市新市区文昌南路　　邮政编码:750021
公司国际互联网网址:http://www.china-dayuan.com　　电子信箱:dyzqb@nx.nxinfo.gov.cn
5、公司选定的信息披露报纸名称:《上海证券报》、《中国证券报》
登载公司年度报告的中国证监会指定国际互联网网址:http://www.sse.com.cn
公司年度报告备置地点:公司证券部
6、公司股票上市交易所:上海证券交易所　　股票简称:大元股份　　股票代码:600146

(二)、会计数据和业务数据摘要

1、本年度主要利润指标情况(单位:人民币元):

利润总额:	8,826,570.30
净利润:	6,896,192.13
扣除非经常性损益后的净利润:	6,786,394.20
主营业务利润:	53,620,677.76
其他业务利润:	1,184,535.62
营业利润:	7,348,381.08
投资收益:	2,961,777.78
补贴收入:	
营业外收支净额:	-1,483,588.56
经营活动产生的现金流量净额:	-52,751,718.80
现金及现金等价物净增加额:	-91,499,567.11

注:扣除的非经常性损益项目和涉及金额(单位人民币元):
1)资产处置损益(处置固定资产报废损失):57,145.50
2)出售固定资产收益 166,943.43
2、截至报告期末公司前三年主要会计数据和财务指标:(单位:人民币元)

项目	2000 年	1999 年	1998 年
主营业务收入	1,334,224,066.57	765,293,705.88	865,242,207.04
净利润	6,896,192.13	20,949,937.16	31,128,823.34
总资产	1,003,313,891.82	802,139,467.12	469,223,420.53
股东权益(不含少数股东权益)	462,873,936.86	455,977,744.73	145,784,776.35
每股收益	0.03	0.105	0.222
每股收益(按月平均加权法计算)	0.03	0.123	0.222
扣除非经常性损益后的每股收益	0.03	0.007	0.222
每股净资产	2.31	2.28	1.04
调整后的每股净资产	2.30	2.25	1.03
每股经营活动产生的现金流量净额	-0.26	0.078	
净资产收益率%	1.50	4.59	21.35

3、利润分配表附表

报告期利润	净资产收益率%				每股收益(元/股)			
	2000 年		1999 年		2000 年		1999 年	
	全面摊薄	加权平均	全面摊薄	加权平均	全面摊薄	加权平均	全面摊薄	加权平均
主营业务利润	11.58	11.67	9.38	27.37	0.27	0.27	0.21	0.31
营业利润	1.59	1.60	0.94	2.74	0.04	0.04	0.02	0.03
净利润	1.49	1.50	4.59	13.41	0.03	0.03	0.10	0.15
扣除非经常性损益后净利润	1.47	1.48	0.31	0.90	0.03	0.03	0.01	0.01

注:计算公式
全面摊薄净资产收益率=报告期利润÷期末净资产
全面摊薄每股收益=报告期利润÷期末股份总数
加权平均净资产收益率=报告期利润÷(期初净资产+报告期净利润÷2+报告期发行新股或债转股等新增净资产×新增净资产下一月份起至报告期期末的月份数÷报告期月份数-报告期回购或现金分红等减少净资产×减少净资产下一月份起至报告期期末的月份数÷报告期月份数)
4444 加权平均每股收益=报告期利润÷(期初股份总数+报告期因公积金转增或股票股利分配等增加股份数+报告期因发行新股或债转股等增加股份数×增加股份下一月份起至报告期期末的月份数÷报告期月份数-报告期因回购或缩股等减少股份数×减少股份下一月份起至报告期期末的月份数÷报告期月份数)

(三)、股东情况介绍

(1)报告期末公司股东总数为 28689 户。
(2)报告期末公司主要股东持股情况

序号	股东名称	持股数(股)	占总股本比例(%)
1	宁夏大元炼油化工有限责任公司	140000000	70
2	张良	453100	/
3	王相义	401612	/
4	肖喜宁	382760	/
5	杨学刚	308000	/
6	彦庆忱	265500	/
7	欧阳斌	245000	/
8	徐丽波	236500	/
9	于娜	208200	/
10	修悦	197228	/

注:　持股 5%以上的法人股东宁夏大元炼油化工有限责任公司本年度内无股份增减变动情况其所持股份也无质押或冻结等情况。
第 2—10 名股东为流通股股东。

长春一东离合器股份有限公司

长春一东离合器股份有限公司 2000 年年度报告摘要

重要提示：本公司董事会保证本报告所载资料不存在任何虚假记载、误导性陈述或者重大遗漏，并对其内容的真实性、准确性和完整性负个别及连带责任。

（一）公司简介

1、公司名称（中文）：长春一东离合器股份有限公司
（英文）：Changchun Yidong Clutch Co.,Ltd
2、公司法定代表人：刘兴德
3、公司董事会秘书：王有年
联系地址：长春市朝阳区繁荣路 17-1 号
电话：0431 —5173591　传真：0431 —5174234
电子信箱：ccyidong @public.cc.jl.cn
4、公司注册地址：长春市朝阳区繁荣路 17-1 号
公司办公地址：长春市朝阳区繁荣路 17-1 号　邮政编码：130012
电子信箱：ccyidong@public.cc.jl.cn
5、公司指定信息披露报纸：上海证券报
中国证监会指定登载公司年报的国际互联网网址：http://www.sse.com.cn
公司年度报告备置地点：公司证券部
6、公司股票上市交易所：上海证券交易所
股票简称：离合器　股票代码：600148

（二）会计数据和业务数据摘要

1 、公司本年度实现会计数据　单位：人民币元

利润总额	13,599,400.81
净利润	11,503,815.95
扣除非经常性损益后的净利润	11,128,990.97
主营业务利润	42,263,812.81
其他业务利润	908,110.43
营业利润	13,259,279.97
投资收益	600,000.00
补贴收入	98,000.00
营业外收支净额	(357,879.16)
经营活动产生的现金流量净额	24,557,819.33
现金及现金等价物净增加额	(20,201,686.10)

注："扣除非经常性损益后的净利润"指标扣除项目为：短期投资（债券投资）收益 600,000.00 元，营业外支出(处理固定资产净损失)157,373.65 元及营业外支出(罚款支出)67,801.37 元。

2 、公司最近三年主要会计数据和财务指标　单位：元

项目	2000 年度	99 年度	98 年度	
			调整后	调整前
主营业务收入	153,994,416.09	160,896,787.17	118,918,605.96	118,918,605.96
净利润	11,503,815.95	41,246,065.38	14,254,567.16	18,657,359.23
总资产	320,303,097.03	343,851,128.18	276,281,744.65	278,040,095.55
股东权益	193,422,685.55	195,387,181.86	176,590,116.48	180,992,908.55
每股收益（摊薄）	0.085	0.55	0.19	0.25
每股收益（加权）	0.085	0.55	0.21	0.27
每股净资产	1.44	2.61	2.36	2.42
调整后的每股净资产	1.36	2.50	2.28	2.33
每股经营活动产生的现金流量净额	0.18	-0.04	-0.05	-0.05
净资产收益率（摊薄）	5.95%	21.11%	8.07%	10.31%
净资产收益率（加权）	5.72%	20.91%	10.52%	13.55%

注：资产负债表日后至报告披露日期间，公司实施了配股，总股本增至 141,516,450 股（详见会计报表附注九），以此股本计算的摊薄及加权每股收益均为 0.081 元。

3 、利润表附表

报告期利润	净资产收益率（%）		每股收益（元）	
	全面摊薄	加权平均	全面摊薄	加权平均
主营业务利润	21.85	21.01	0.314	0.314
营业利润	6.86	6.59	0.098	0.098
净利润	5.95	5.72	0.085	0.085
扣除非经常性损益后的净利润	5.75	5.53	0.083	0.083

注：净资产收益率和每股收益的计算公式按中国证监会《公开发行证券公司信息披露编报规则第 9 号》规定的方法进行计算。

全面摊薄净资产收益率=报告期利润÷期末净资产

全面摊薄每股收益=报告期利润÷期末股本总额

加权平均净资产收益率(ROE)=P ÷(E0+NP ÷2+Ei ×Mi−Ej ×Mj ÷M0)

其中：P 为报告期利润，NP 为报告期净利润；E0 为期初净资产；Ei 为报告期发行新股或债转股等新增净资产；Ej 为报告期回购或现金分红等减少净资产；M0 为报告期月份数；Mi 为新增净资产下一月份起至报告期期末的月份数；Mj 为减少净资产月份起至报告期期末的月份数。

加权平均每股收益(EPS)=P ÷(S0+S1+Si ×Mi ÷M0−Sj ×Mj ÷M0)

其中：P 为报告期利润；S0 为期初股份总数；S1 为报告期因公积金转增股本或股票股利分配等增加股份数；Si 为报告期因发行新股或债转股等增加股份数；Sj 为报告期因回购或缩股等减少股份数；M0 为报告期月份数；Mi 为增加股份下一月份起至报告期期末的月份数；Mj 为减少股份下一月份起至报告期期末的月份数。

4 、股东权益变动情况　单位：元

项目	股本	资本公积	盈余公积	法定公益金	未分配利润	股东权益合计
期初数	74830000	96605241.20	5550063.26	2775031.63	15626845.77	195387181.86
本期增加	59864000	1087.74	1150381.60	575190.80	11503815.95	73094476.09
本期减少	-	59864000.00	-	15194972.40	75058972.40	
期末数	134694000	36742328.94	6700444.86	3350222.43	11935689.32	193422685.55

变动原因：(1)报告期内实施资本公积金转增股本方案，以 99 年底总股本 7483 万股每 10 股转增 8 股；(2)股权投资溢价；(3)本年提取法定盈余公积金、公益金及预分配利润。

（三）股本变动及股东情况

(1)截止 2000 年 12 月 31 日，本公司股东总数为 32,999 户。

(2)本公司前 10 名股东持股情况

股东名称	年末持股数量（股）	持股比例（%）	持股种类
①吉林东光集团有限公司	60,351,381	44.80	未上市流通的国家法人股
②中国第一汽车集团公司	38,342,619	28.47	未上市流通的国家法人股
③杨燕	220,100	0.163	上市流通股
④周宇光	133,382	0.099	上市流通股
⑤刘丽	132,100	0.098	上市流通股
⑥薄再友	110,000	0.082	上市流通股
⑦魏燕	100,000	0.074	上市流通股
⑧张树来	88,340	0.066	上市流通股
⑨徐之伟	87,100	0.065	上市流通股
⑩周则春	79,200	0.059	上市流通股
合　计	99,644,222	73.976	

报告期内因公司实施资本公积金转增股本方案，以上两家股东所持股份分别增加 26,822,836 股和 17,041,164 股，持股比例不变，其所持股份没有发生质押和冻结情况。

据我公司所知情况，公司前 10 名股东之间不存在关联关系。

(3)持有本公司 10%以上（含 10%）股份的股东情况

（四）股东大会简介

报告期内，公司共召开四次股东大会（年会一次，临时股东大会三次）。

1、1999 年度股东大会于 2000 年 2 月 28 日举行。召开本次股东大会的公告刊登于 2000 年 1 月 27 日的《上海证券报》。本次股东大会决议公告刊登于 2000 年 2 月 29 日的《上海证券报》。

2、2000 年第一次临时股东大会于 2000 年 3 月 30 日在公司召开。召开本次大会的通知刊登于 2000 年 2 月 29 日《上海证券报》。本次股东大会决议公告刊登于 2000 年 3 月 31 日的《上海证券报》。

3 、2000 年第二次临时股东大会于 2000 年 8 月 25 日举行。召开本次股东大会的公告刊登于 2000 年 7 月 25 日的《上海证券报》。本 次股东大会决议公告刊登于 2000 年 8 月 26 日的《上海证券报》。

4 、2000 年第三次临时股东大会于 2000 年 12 月 8 日举行。召开本次股东大会的公告刊登于 2000 年 11 月 7 日的《上海证券报》。本次股东大会决议公告刊登于 2000 年 12 月 9 日的《上海证券报》。

（五）董事会报告

1 、公司经营情况

(1)公司所处行业以及公司在本行业中的地位

公司属汽车离合器制造行业。是政府扶植的汽车零部件重点企业，汽车离合器的专业生产厂商。公司离合器产品系列、生产规模、销售收入、利润水平居全国同行业之前列。据《2000 年度中国汽车工业年鉴》统计：我公司在"全国汽车工业利税总额前 100 名企业"排名中，名列第 74 位，在汽车离合器行业中名列第一。在"全国汽车产销量同类产品比较表"离合器总成生产企业产销量栏目中名列第二。由中国质量管理协会授予"全国质量效益型企业（1999 年）"称号，是汽车离合器行业中唯一的一家。

(2)公司主营业务的范围及其经营状况

公司主营业务范围包括：生产和销售重、中、客、轻、轿、微等各种型号的汽车离合器，农用车离合器。

公司 2000 年度共生产各种汽车离合器盖总成 462,201 套，销售 428,091 套，产销率 92.62%；生产各种汽车离合器从动盘总成 578,068 套，销售 570,964 套，产销率 98.77%。本年度公司实现主营业务收入 15,399.44 万元，比上年减少 690.24 万元；实现主营业务利润 4,226.38 万元，比上年减少 1529.14 万元；实现净利润 1150.38 万元，比上年减少 2974.23 万元。利润下降原因主要有：一是主营业务利润下降，主要原因有：①钢材油料及动力等成本上升，使制造成本上升 530 万元；②地方及本公司的工资政策变动，使工资及附加支出增加 560 万元；③新增固定资产使折旧支出增加 137 万元；④由于销售价格下降使毛利减少 374 万元。

(3)在经营中出现的问题与困难及解决方案

存在问题与困难：

①由于市场竞争激烈，特别是备品市场几乎进入恶性竞争状态，直接导致产品较大幅度降价，影响公司整体收益水平。

②离合器产品市场秩序混乱，假冒一东品牌的伪劣产品充斥市场，低价倾销，影响公司品牌信誉，挤占市场份额。

③配套厂家因种种原因拖欠货款，应收帐款居较高水平，制约了公司资金运用效果。

采取对策：

①针对降价带来的效益滑坡，公司应从降低成本入手，2001 年对全部产品成本进行一次明细分析，找出可以降低的重点，深度挖潜；同时建立赔偿责任制度，将责任落实到个人，以经济手段促进费用的降低和质量的提高。

②面对假冒伪劣产品，主动出击，运用行政与法律手段，加大对其打击力度，保护市场，采取多种技术手段提高产品防伪鉴别能力。继续保持与提高产品质量，以质量与服务对抗假冒伪劣。

③销售回款问题一直为公司所重视，2000 年度备品市场基本实现了款到发货，回款的重点要放在主机配套厂家，2000 年调整了货款回收的相关政策办法，以多种方式回款，取得良好效果，2001 年应在此基础上总结经验，加大力度，并继续执行配套厂家欠款限额供货标准，严格控制资金风险。

2 、公司财务状况

(1)财务状况变动

项目	2000 年（元）	1999 年（元）	增减（%）
总资产	320,303,097.03	343,851,128.18	(6.85)
长期负债	42,000,000.00	50,113,581.10	(16.19)
股东权益	193,422,685.55	195,387,181.86	(1.01)
主营业务利润	42,263,812.81	57,555,168.55	(26.57)
净利润	11,503,815.95	41,246,065.38	(72.11)

(2)变动原因：

总资产减少主要原因：年内支付 99 年度股利 2244.9 万元。

长期负债减少主要原因：一年内到期的长期负债重分类为流动负债。

股东权益减少主要原因：2000 年度分配股利数额高于净利润。

主营业务利润减少主要原因：产品降价，成本上升，主营业务收入减少。

净利润减少主要原因：1999 年度公司其他业务利润较高，2000 年度其他业务利润中无非经常性收益，以及主营业务利润的减少。

邢台轧辊股份有限公司

邢台轧辊股份有限公司2000年年度报告摘要

重要提示：本公司董事会保证本报告所载资料不存在任何虚假记载、误导性陈述或者重大遗漏，并对其内容的真实性、准确性和完整性负个别及连带责任。

一、公司简介

1、公司法定中文名称：邢台轧辊股份有限公司
公司法定英文名称：XINGTAI MILL ROLL CO., LTD.
英文缩写：XTMC
2、公司法定代表人：赵建鹏
3、公司董事会秘书：靳电入
联系地址：河北省邢台市新兴西路1号
联系电话：(0319)2023911—5168
传　　真：(0319)2022061
电子信箱：xtmcs@fm365.com
4、公司注册地址：河北省邢台市新兴西路1号
公司办公地址：河北省邢台市新兴西路1号
邮政编码：054025
国际互联网网址：http://www.xtzhagun.com.cn
电子信箱：xtmmc@xt-user.he.cninfo.net
5、公司选定的信息披露报纸：《中国证券报》
登载公司年报的中国证监会指定国际互连网网址：http://www.sse.com.cn
公司年度报告备置地点：公司董事会办公室
6、公司股票上市交易所：上海证券交易所
股票简称：邢台轧辊
股票代码：600149

二、会计数据和业务数据摘要

1、本年度主要利润指标情况(单位：元)

利润总额：	38505623.19
净利润：	32252795.89
扣除非经常性损益后的净利润	31593643.61
主营业务利润	67669780.06
其他业务利润	1209217.83
营业利润	32655504.22
投资收益	5190967.49
补贴收入	0.00
营业外收支净额	659151.48
经营活动产生的现金流量净额	-6785582.24
现金及现金等价物净增加额	38082935.53

注：扣除的非经常性损益的项目和涉及金额：
(1) 处置固定资产盈亏净收益：2025932.61元
(2) 债务重组净损失：-1268573.21元
(3) 其它支出：-98207.92元

2、近三年主要会计数据和财务指标(单位：元)

指标项目	2000年	1999年	1998年 调整前
主营业务收入	381890232.14	369144454.98	386090693.98
净利润	32252795.89	42447311.36	41691882.54
总资产	956735661.31	868253219.88	629158685.54
股东权益	523643520.03	491390724.14	215508245.51
每股收益(摊薄)	0.19	0.25	0.33
每股收益(加权)	0.19	0.30	0.33
扣除非经常性损益后的每股收益	0.19	0.16	0.27
每股净资产	3.08	2.89	1.73
调整后的每股净资产	3.05	2.87	1.71
每股经营活动产生的现金流量净额	-0.04	-0.38	0.22
净资产收益率(%)(摊薄)	6.16	8.64	19.35
净资产收益率(%)(加权)	6.36	13.59	--

注：主要财务指标的计算公式如下：
每股收益=净利润/年度末普通股股份总数
每股净资产=年度末股东权益/年度末普通股股份总数
调整后的每股净资产=(年度末股东权益-三年以上的应收款项净额-待摊费用-待处理(流动、固定)资产净损失-开办费-长期待摊费用-住房周转金负数余额)/年度末普通股股份总数
每股经营活动产生的现金流量净额=经营活动产生的现金流量净额/年度末普通股股份总数
净资产收益率=净利润/年度末股东权益 *100%

3、利润表附表

报告期利润	净资产收益率(%) 全面摊薄	加权平均	每股收益(元/股) 全面摊薄	加权平均
主营业务利润	12.92	13.33	0.40	0.40
营业利润	6.24	6.43	0.19	0.19
净利润	6.16	6.36	0.19	0.19
扣除非经常性损益后的净利润	6.03	6.23	0.19	0.19

4、报告期内股东权益变动情况及原因

项目	股本	资本公积	盈余公积	法定公益金
期初数	169800000	222775163.54	29966242.63	9988747.55
本期增加	--	--	4837919.39	1612639.80
期末数	169800000	222775163.54	34804162.02	11601387.35

项目	未分配利润	股东权益合计
期初数	68849317.97	491390724.14
本期增加	27414876.50	32252795.89
期末数	96264194.47	523643520.03

变动主要原因：
盈余公积金增加是因为按本期实现利润计提了盈余公积金。
法定公益金增加是因为按本期实现利润计提了法定公益金。
未分配利润增加是因为本期实现利润计提两金后未进行分配。
股东权益增加是因为本期实现净利润。

三、股本变动及股东情况

(一)股本变动情况
1、公司股份变动情况表　　数量单位：股

	本次变动前	本年变动增减	本次变动后
一、未上市流通股份			
1、发起人股份	97,600,000		97,600,000
其中：国家拥有股份	97,600,000		97,600,000
2、募集法人股	3,200,000		3,200,000
3、内部职工股	24,000,000		24,000,000
4、优先股或其他			
未上市流通股份合计	124,800,000		124,800,000
二、已上市流通股份			
1、境内上市的人民币	45,000,000		45,000,000
已上市流通股份合计	45,000,000		45,000,000
三、股份总数	169,800,000		169,800,000

2、股票发行与上市情况
(1)1999年7月28日，中国证监会以证监发行字[1999]92号文批复同意本公司向社会公开发行4500万股人民币普通股股票(A股)。8月4日，本公司在上海证券交易所通过"上网定价发行"方式向社会公开发行4500万股A股，发行价格为5.48元/股。10月14日，公司4500万股A股股票在上海证券交易所挂牌上市。
(2)公司于1999年8月4日在上海证券交易所"上网定价"发行4500万股社会公众股，总股本由12480万股增加到16980万股。
(3)1993年3月20日经河北省体改委批准，公司向公司内部职工发行3000万股内部职工股股票，发行价格为1元/股(1995年缩股后为2400万股，1.25元/股)。目前，公司内部职工股全部在上海证券中央登记结算公司托管，自公司首次公开发行股票期满3年后上市流通。
(二)股东情况介绍
1、报告期末，公司股东总数为28831户。
2、前十名股东持股情况(截止2000年12月31日)

名次	股东名称	持股数量(股)	占总股本比例(%)
1	邢台机械轧辊(集团)有限公司	97,600,000	57.48
2	邢台顺达实业公司	3,200,000	1.89
3	景博基金	551,216	0.32
4	杨建兵	296,900	0.17
5	邹　腾	290,000	0.17
6	陈小勤	269,038	0.16
7	张鸿毓	243,000	0.14
8	刘书川	203,098	0.12
9	石省伟	194,700	0.11
10	李辅清	182,400	0.11

(1)邢台机械轧辊(集团)有限公司为唯一持有本公司股份5%以上的股东，所持本公司股票9760万股，年度内无增减变动情况，也无质押或冻结的情况。
(2)公司前十名股东中，邢台机械轧辊(集团)有限公司、邢台顺达实业公司所持股份为非上市流通股份，其中邢台机械轧辊(集团)有限公司代表国家持有股份。第3-10位为流通股股东。
3、邢台机械轧辊(集团)有限公司代表国家持有本公司股份9760万股，占股份总数的57.48%，法定代表人：赵建鹏；经营范围：主营：各类轧辊、机械及备件的设计制造；钢锭、锻件、钢坯、钢材的制造与经销；工程设计、建筑安装及设备修理；自营：委托代理进出口经贸业务、技术咨询、技术协作、技术转让、计算机管理信息系统的开发及软、硬件经销；二类容器金属结构件制造；房地产开发经营；兼营：汽车营运、汽车修理、仓储、工具制造及经销、商业物资购销、饮食服务、劳务协作。
4、报告期内公司控股股东无变更情况。

四、股东大会简介

(一)、报告期内召开的年度股东大会和临时股东大会的有关情况
报告期内公司共召开二次股东大会，分别是1999年度股东大会和2000年临时股东大会。情况如下：
1、公司1999年度股东大会于2000年6月19日在河北省邢台市新兴西路1号公司本部五楼会议室召开。股东及股东代表21人出席了会议，代表股权101207840股，占公司总股份的59.60%，符合《公司法》和公司章程的规定。公司的董事、监事及其他高级管理人员参加了会议。会议审议并以记名投票表决方式通过了如下决议：
(1)、审议批准了董事会工作报告；
(2)、审议批准了监事会工作报告；
(3)、审议批准了公司1999年度财务决算方案；
(4)、审议批准了公司1999年度利润分配方案；
(5)、审议批准了聘任河北华安会计师事务所有限公司为公司2000年审计机构的议案。
此次股东大会的召开公告和决议公告分别刊登于2000年5月16日和2000年6月20日的《中国证券报》和《上海证券报》。
2、公司2000年临时股东大会于2000年12月18日在河北省邢台市新兴西路1号公司本部五楼会议室召开。股东及股东代表20人出席了会议，代表股权101077600股，占公司总股份的59.53%，符合《公司法》和公司章程的规定。公司的董事、监事及其他高级管理人员参加了会议。会议审议并以记名投票方式通过了如下决议：
(1)、审议通过了《公司董事会换届选举议案》
(2)、审议通过了《公司监事会换届选举议案》
此次股东大会的召开公告和决议公告分别刊登于2000年11月14日和2000年12月19日的《中国证券报》和《上海证券报》。

沪东重机股份有限公司

一、公司简介

1、公司法定中文名称：沪东重机股份有限公司
公司法定英文名称：Hudong Heavy Machinery CO.,LTD.
公司英文名称缩写：HHM
2、公司法定代表人：杨家丰
3、公司董事会秘书：王惠梁、林勤国
联系地址：上海市浦东大道2791号
电话：(021)58461891　　传真：(021)38710103
电子信箱：stock@hhm.com.cn
4、公司注册地址：上海市浦东大道2851号
公司办公地址：上海市浦东大道2851号
邮政编码：200129　　公司国际互联网网址：http://www.hhm.com.cn
电子信箱：stock@hhm.com.cn
5、公司选定的信息披露报纸名称：《中国证券报》、《上海证券报》
登载公司年度报告的中国证监会指定国际互联网网址：http://www.sse.com.cn
公司年度报告备置地点：上海市浦东大道2791号股民接待室
6、公司股票上市交易所：上海证券交易所
股票简称：沪东重机　　股票代码：600150

二、会计数据和业务数据摘要

1、本年度主要会计数据：(单位：人民币元)

利润总额	-46,566,740.98
其中：主营业务利润	63,405,480.79
其他业务利润	1,240,453.00
营业利润	-55,074,195.42
投资收益	4,750,750.57
补贴收入	4,002,000.00
营业外收支净额	-245,296.13
净利润	-46,665,615.70
扣除非经常性损益后的净利润	-50,422,319.57
经营活动产生的现金流量净额	140,057,285.66
现金及现金等价物净增加额	56,509,416.65

注：扣除的非经常性损益项目和涉及金额：
补贴收入项目：

a.铸件增值税先征后返	343,000.00
b.新产品增值税先征后返	3,659,000.00
c.营业外收支净额	-245,296.13
以上项目涉及金额：	3,756,703.87

2、公司近三年主要会计数据和财务指标：(单位：人民币元)

项目	2000年度	1999年度	1998年度
主营业务收入	722,811,838.45	547,668,028.65	719,061,067.46
净利润	-46,665,615.70	-29,191,979.72	26,912,897.01
总资产	1,273,351,240.14	1,202,012,851.68	1,165,666,072.59
股东权益	461,354,890.82	508,020,506.52	537,212,486.24
每股收益(摊薄)	-0.193	-0.121	0.123
每股收益(按月平均加权法计算)	-0.193	-0.121	0.137
扣除非经常性损益后的每股收益	-0.209	-0.120	0.125
每股净资产	1.91	2.10	2.45
调整后的每股净资产	1.79	2.06	2.42
每股经营活动产生的现金流量净额	0.58	0.11	-0.417
摊薄净资产收益率(%)	-10.11	-5.75	5.01
加权平均净资产收益率(%)	-9.63	-5.59	5.99

3、利润表附表：

报告期利润	净资产收益率(%)		每股收益(元)	
	全面摊薄	加权平均	全面摊薄	加权平均
主营业务利润	13.74	13.08	0.263	0.263
营业利润	-11.94	-11.36	-0.228	-0.228
净利润	-10.11	-9.63	-0.193	-0.193
扣除非经常性损益后的净利润	-10.93	-10.40	-0.209	-0.209

三、股东情况介绍

1、报告期末本公司股东总数为39908户。

2、持有本公司5%以上股份的股东只有本公司发起人沪东造船厂与上海船厂，其所持股份为国有法人股，全部属未上市流通股份。其中沪东造船厂持有122841180股；上海船厂持有41651940股。

公司前十名股东持股情况如下：

股东名称	持股数(股)	占总股本比例(%)
(1)沪东造船厂	122841180	50.87
(2)上海船厂	41651940	17.25
(3)娇向红	760000	0.31
(4)黄文和	451400	0.19
(5)兴华基金	368160	0.15
(6)黄培均	279740	0.12
(7)林付兰	230000	0.10
(8)刘亚	228000	0.09
(9)郑茂彬	219500	0.09
(10)刘继愚	200400	0.08

以上持股5%以上的国有法人股股东所持股份均无质押和冻结等情况。本公司未知以上(3)-(10)股东之间的关联关系。

上海航天汽车机电股份有限公司

(一)公司简介

1. 公司的法定中、英文名称及缩写公司
法定中文名称：上海航天汽车机电股份有限公司
公司法定英文名称：SHANGHAI AEROSPACE AUTOMOBILE ELECTROMECHANICAL CO., LTD　　英文缩写：SAAE
2. 公司法定代表人：赵元昌
3. 公司董事会秘书：瞿建华公司董事会秘书　　授权人：王慧莉
联系地址：上海浦东新区商城路660号10楼
电话：021-58783212　　传真：021-58784116　　电子信箱：saae@shanghai.cngb.com
4. 公司注册地址：上海市浦东新区榕桥路661号　　邮政编码：201206
公司办公地址：上海市浦东新区榕桥路661号　　邮政编码：201206
公司国际互联网网址：http://www.saae-ch.com
电子信箱：saae@shanghai.cngb.com
5.公司选定的信息披露报纸名称：《中国证券报》、《上海证券报》
登载公司年度报告的中国证监会指定国际
互联网网址：http://www.sse.com.cn
公司年度报告备置地点：上海浦东新区商城路660号1011室
6.公司股票上市交易所：上海证券交易所
股票简称：航天机电　　股票代码：600151

(二)会计数据和业务数据摘要

1.本年度利润总额及构成(单位：人民币元)

利润总额	206,637,164.91
净利润	146,017,506.84
扣除非经常性损益后的净利润	130,438,543.39
主营业务利润	273,051,814.65
其他业务利润	3,159,393.40
营业利润	127,016,932.82
投资收益	63,212,813.07
补贴收入	16,235,931.29
营业外收支净额	171,487.73
经营活动产生的现金流量净额	149,598,865.20
现金及现金等价物净增加额	352,578,678.15

2. 公司近三年主要会计数据及财务指标(万元)

	2000	1999	1998 调整前	1998 调整后
主营业务收入	96,471.25	82,040.87	70,214.84	70,214.84
净利润	14,601.75	11,549.52	11,054.67	10,492.09
总资产	209,523.00	155,939.37	132,429.34	131,649.00
股东权益	115,635.31	77,004.70	74,349.71	73,376.69
每股收益(摊薄)(元)	0.50	0.43	0.41	0.39
每股收益(加权)(元)	0.54	0.43	0.45	0.43
扣除非经营损益后的每股收益(摊薄)(元)	0.45	0.39	0.37	0.35
扣除非经营损益后的每股收益(加权)(元)	0.48	0.39	0.42	0.39
每股净资产(元)	3.95	2.83	2.73	2.70
调整后的每股净资产(元)	3.69	2.55	2.58	2.54
每股经营活动产生的现金流量净额(元)	0.51	0.27	0.83	
净资产收益率%(摊薄)	12.63	15.00	14.87	14.30
净资产收益率%(加权)	17.32	14.59	19.02	18.14
扣除非常性损益后的净资产收益率%	11.28	13.86	13.66	13.07

3. 利润分配表附表报告期利润

	净资产收益率(%)		每股收益(元/股)	
	全面摊薄	加权平均	全面摊薄	加权平均
主营业务利润	23.61	32.39	0.93	1.00
营业利润	10.98	15.07	0.43	0.47
净利润	12.63	17.32	0.50	0.54
扣除非经常性损益后的净利润	11.28	15.47	0.45	0.48

注：扣除的非经常性损益项目和涉及金额：(元)

扣除项目	涉及金额
(1)补贴收入	16,235,931.29
(2)营业外收支净额	171,487.73
(3)股权投资差额摊销	-828,455.57
合计：	15,578,963.45

(三)股本变动及股东情况

1.报告期末公司股东总数为14543户。
2.报告期末公司主要股东持股情况

股东名称	年末持股数量(万股)	占总股本比例(%)
上海航天工业总公司	17116.91	58.539
上海新光电讯厂	1591.38	5.442
上海舒乐电器厂	1571.75	5.375
富而立	674.11	2.305
振泰实业	488.33	1.670
深新中泰	302.66	1.035
泰阳实业	212.92	0.728
上海仪表厂	119.96	0.410
国泰君安	66.73	0.228
唐发增	56.55	0.193

其中：上海航天工业总公司、上海新光电讯厂、上海舒乐电器总厂及上海仪表厂为本公司的发起人股东。其所持有公司的股份均未质押或冻结。

宁波维科精华集团股份有限公司

一、公司简介

(一)公司法定中文名称:宁波维科精华集团股份有限公司
公司法定英文名称:NINGBO VEKEN ELITE GROUP CO.,LTD
英文名称缩写:VEKEN ELITE
(二)公司法定代表人:何承命
(三)公司董事会秘书:聂林鸿
联系地址:浙江省宁波市和义路99号
联系电话:0574—7341480　　传真:0574—7253691
(四)公司注册地址:浙江省宁波市和义路99号
董事会办公地址:浙江省宁波市和义路99号　　公司邮政编码:315000
公司国际互联网网址:http//www.veken.com　　公司电子信箱:veken-elite@nbtex.com.cn
(五)公司指定信息披露报纸:《上海证券报》、《中国证券报》
登载公司年度报告的国际互联网网址:http//www.sse.com.cn
年度报告备置地点:公司董事会秘书处(宁波市和义路99号)
(六)公司股票上市交易所:上海证券交易所
股票简称:维科精华　　股票代码:600152

二、主要财务数据和指标

(一)本年度利润总额、净利润及其构成　单位:元人民币

项目	2000年度
利润总额	59,159,880.62
净利润	49,763,246.62
扣除非经营性损益后的净利润	44,615,263.66
主营业务利润	158,162,167.95
其他业务利润	5,189,983.34
营业利润	60,105,148.41
投资收益	-652,714.86
补贴收入	3,058,086.15
营业外收入	3,355,105.58
营业外支出	6,705,744.66
经营活动产生的现金流量净额	60,460,315.28
现金及现金等价物净增加额	-33,181,274.02

注:非经营性损益的项目及金额:
1、申购资金冻结利息收入的摊销2,089,896.80元;
2、流转税返回153,346.33元;
3、出口商贴息款1,776,739.82元;
4、技改贴息资金1,128,000.00元。

(二)截止报告期末公司前三年的主要会计数据和财务指标:

	2000年	1999年	1998年
主营业务收入(万元)	130332	56135	39446
净利润(万元)	4976	5132	4072
总资产(万元)	86311	79472	56670
股东权益(万元)	57022	38683	33738
股东收益(元)	0.1695	0.3768	0.299
每股加权收益(元)	0.1781	0.3768	0.34
扣除非经营性收益后每股收益(元)	0.1520	0.19	0.28
每股净资产(元)	1.943	2.84	2.48
调整后的每股净资产(元)	1.916	2.80	2.51
每股经营活动产生的现金流量净额(元)	0.206	0.38	0.30
净资产收益率(%)	8.73	13.27	11.52

利润表附表　　单位:元

报告期利润	净资产收益率		每股收益	
	全面摊薄	加权平均	全面摊薄	加权平均
主营业务利润	27.82%	34.36%	0.5404	0.5677
营业利润	10.54%	13.06%	0.2048	0.2151
净利润	8.726%	10.81%	0.1695	0.1781
扣除非经营性损益后的利润	7.825%	9.69%	0.1520	0.1597

三、股本变动及股东情况

(一)报告期内股本变动情况
报告期内公司股份数较上年末增加,系由于公司于2000年4月实施1999年度分红方案、9月实施了配股方案所致。
(二)股东情况介绍
1、截止2000年12月31日,本公司股东总数85108户。
2、公司前十名持股股东情况
单位:万股

股东名称	年度内股份变动	期末持股数	占股本比例	变动原因及类型	是否质押或冻结
1 宁波维科集团股份有限公司	4690.46	8716.92	29.70%	送配股	否
2 宁波市工业投资有限责任公司	2437.5	4875.00	16.61%	送股	否
3 宁波纺织(控股)集团有限公司	900.00	1800.00	6.31%	送股	否
4 宁波成功信息股份有限公司	520.00	780.00	2.66%	送股	否
5 南京帝豪房地产开发公司	386.00	772.00	2.63%	送股	否
6 南方房产	428	428.00	1.46%	法人股转让	否
7 宁波钢铁总厂	130.00	260.00	0.89%	送股	否
8 杭州天目药业股份有限公司	130.00	260.00	0.89%	送股	否
9 甬税银盛	260.00	260.00	0.89%	法人股转让	否
10 中华企业	100.00	100.00	0.34%	法人股转让	否

注:其中第3大股东是第1大股东的控股股东。
3、持股10%以上股东情况
(1)、宁波维科集团股份有限公司是本公司的控股股东,法定代表人何承命,主要经营范围:纺织品、服装、床上用品、家纺制品、房地产开发及进出口业务等。
(2)、宁波市工业投资有限责任公司,法定代表人於保福,经营范围:工业企业搬迁、技术改造、新产品开发投资、担保及技术咨询服务。

厦门建发股份有限公司

一、公司简介

1、公司名称:厦门建发股份有限公司
英文名称及缩写:XIAMEN C&D INC.
2、法定代表人:王宪榕　　3、董事会秘书:林茂
联系地址:　厦门市鹭江道52号海滨大厦七楼
联系电话:　0592-2132319　　传真:0592-2132319
4、注册地址:厦门市鹭江道海滨大厦六楼
办公地址:厦门市鹭江道海滨大厦七楼
邮政编码:361001　电子信箱:xcdc@public.xm.fj.cn　　公司网址:http://www.chinacdc.com
5、信息披露报刊:《中国证券报》、《上海证券报》及《证券时报》
登载中国证监会指定国际互联网址:http://www.sse.com.cn
年度报告备置地点:厦门市鹭江道52号海滨大厦七楼证券部
6、股票上市地:上海证券交易所
股票简称:厦门建发　　股票代码:600153

二、会计数据和业务数据摘要

1、本年度主要会计数据　　单位:人民币元

利润总额	121,978,883.24
净利润	103,280,999.79
扣除非经常性损益后的净利润	116,743,144.83
主营业务利润	256,314,531.30
其他业务利润	32,736,120.80
营业利润	108,725,127.99
投资收益	12,655,119.36
补贴收入	0
营业外收支净额	598,635.89
经营活动产生的现金流量净额	56,248,093.35
现金及现金等价物净增加额	198,571,251.73

注:扣除非经常性损益项目和涉及金额:
(1)、合并价差摊销:　-7,737,384.40
(2)、长期股权投资差额摊销　:　-6,428,153.53
(3)、长期投资股权转让收益:　104,757.00
(4)、营业外收支净额:　598,635.89
2、公司近三年主要会计数据和财务指标
(1)、主要财务数据:

项目	2000年末	1999年末		1998年末	
		调整前	调整后	调整前	调整后
主营业务收入(元)	5148818388.48	3399,476,942.32	3399,476,942.32	2147,951,120.73	2,147,951,120.73
净利润(元))	103280,999.79	122,368,020.87	112,724,734.46	92,782,596.18	75,239,009.86
总资产(元)	3305020862.88	2011,259046.24	2003103,342.27	954,830,160.01	931,700,572.92
股东权益(元)	1379802372.85	710,498,816.67	705,594,036.95	608115,074.06	586578,017.70
每股收益(元)	0.35	0.51	0.47	0.50	0.41
扣除非经常性后的每股收益(元)	0.39	0.46	0.42	0.43	0.33
每股净资产(元)	4.66	2.95	2.93	3.29	3.17
调整后每股净资产(元)	4.63	2.86	2.84	3.25	3.12
每股经营活动产生的现金净流量(元)	0.19	0.83	0.83	0.51	0.51
净资产收益率(%)	7.49	17.22	15.96	15.26	12.83

注:上表98年指标是以总股本18,500万股计算,99年指标是以总股本24,050万股计算,2000年指标是以总股本29,600万股计算。
(2)、利润表附表:

报告期利润	净资产收益率(%)		每股收益(元/股)	
	全面摊薄	加权平均	全面摊薄	加权平均
主营业务利润	18.58	26.23	0.87	0.99
营业利润	7.88	11.13	0.37	0.42
净利润	7.49	10.57	0.35	0.40
扣除非经常性损益后的净利润	8.46	11.95	0.39	0.45

三、股东情况介绍

1、股东数量:截止2000年12月31日,公司股东总数为25,215户。
2、主要股东持股情况(前10名):

股东名称	持股数量(股)	比例(%)
厦门建发集团有限公司	216,000,000	72.97
欣奇实业	2,282,123	0.77
泰和基金	1,865,752	0.63
兆阳公司	1,859,801	0.63
兆基服饰	1,230,674	0.42
欣华置业	966,697	0.33
周斌	959,993	0.32
厦门证券	902,100	0.30
李丹	713,718	0.24
李长武	683,854	0.23

备注:以上各股东间无关联关系。
3、本报告期内,建发集团系唯一持股5%以上的法人股东,其所持本公司的股份本年度未发生执行中的质押或冻结事项。

河北宝硕股份有限公司

一、公司简介

1、公司法定中文名称：河北宝硕股份有限公司
法定英文名称：HEBEI BAOSHUO CO.,LTD
2、公司法定代表人：周山
3、公司董事会秘书：何胜利
联系电话：(0312)31096079　传真：(0312)3109605　电子信箱：shl_he@baoshuo.com.cn
联系地址：河北省保定国家高新技术产业开发区朝阳北路 175 号　（邮编：071051）
4、公司注册地址：河北省保定国家高新技术产业开发区朝阳北路 176 号
公司办公地址：河北省保定国家高新技术产业开发区朝阳北路 175 号　（邮编：071051）
公司国际互联网址：http://www.baoshuo.com.cn,
公司电子信箱：baoshuo@baoshuo.com.cn
5、公司选定的信息披露报纸名称：《中国证券报》、《上海证券报》登载公司年度报告的中国证监会指定国际互联网址：http://www.sse.com.cn
公司年度报告备置地点：公司规划及证券部
6、公司股票上市交易所：上海证券交易所
股票简称：宝硕股份　股票代码：600155

二、会计数据和业务数据摘要

1、公司本年度实现利润情况(单位：人民币元)

利润总额	109,987,232.67
净利润	82,890,657.04
扣除非经常性损益后的净利润	83,104,676.80
主营业务利润	194,032,482.26
其他业务利润	5,522,303.86
营业利润	110,201,252.43
投资收益	405,865.72
补贴收入	4,730.76
营业外收支净额	-624,616.24
经营活动产生的现金流量净额	147,109,528.48
现金及现金等价物净增加额	113,991,075.22

注：扣除的非经常性损益项目和涉及金额：

(1)营业外收支净额项目	-624,616.24
①处理固定资产净收益	137,508.56
②其他净收入	170,444.68
(2)补贴收入项目	4,730.76
出口贴息	4,730.76
(3)合并价差摊销	405,865.72
(4)以上项目涉及金额	214,019.76

2、截止 2000 年末，公司前三年主要会计数据和财务指标(单位：人民币元)

指标项目	2000 年	1999 年	1998 年 调整后	1998 年 调整前
主营业务收入	1,052,410,285.84	864,482,928.77	553,018,449.37	553,777,518.39
净利润	82,890,657.04	85,669,569.38	56,468,678.84	58,528,728.42
总资产	1,795,682,261.81	404,975,388.02	1077673,691.81	1,081,697,585.14
股东权益 (不含少数股东权益)	824,223,168.23	594,447,838.35	509,778,268.97	511,237,189.21
每股收益加权平均	0.319	0.428	0.323	0.334
全面摊薄	0.301	0.428	0.282	0.293
扣除非经常性损益后的每股收益(摊薄)	0.302	0.408	0.273	0.2849
每股净资产	2.997	2.977	2.549	2.5609
调整后的每股净资产	2.941	2.922	2.506	2.5109
每股经营活动产生的现金流量净额：	0.535	0.404	0.269	0.2699
净资产收益率(%)(摊薄)	10.06	14.39	11.08	11.45

注：(1)主要财务指标计算方法：每股收益=净利润/年度末普通股股份总数每股净资产=年度末股东权益/年度末普通股股份总数

调整后的每股净资产=[年度末股东权益-三年以上的应收款项净额-待摊费用-待处理（流动、固定)资产净损失-开办费-长期待摊费用—住房周转金负数余额]/年度末普通股股份总数

每股经营活动产生的现金流量净额=经营活动产生的现金流量净额/年度末普通股股份总数净资产收益率=净利润/年度末股东权益×100%,,,,

注：根据中国证监会《公开发行证券公司信息披露编号细则(第九号)》要求计算的利润数据如下：

报告期利润	净资产收益率(%)		每股收益(元)	
	全面摊薄	加权平均	全面摊薄	加权平均
主营业务利润	23.54	30.47	0.706	0.746
营业利润	13.37	17.30	0.401	0.424
净利润	10.06	13.02	0.301	0.319
扣除非经常性损益后的净利润	10.08	13.05	0.302	0.320

三、股本变动及股东情况

1、截止 2000 年 12 月 31 日，公司股东总数为 12,299 户，其中：国家股股东 1 户，社会公众股股东 12,298 户。

2、前 10 名股东持股情况

名次	股东名称	持股数量(股)	占总股本比例(%)	股份性质
1	河北宝硕集团有限公司	195,000,000	70.91	国家股
2	中祺物管	2,583,756	0.94	社会公众股
3	中寰房产	2,499,948	0.91	社会公众股
4	康庄餐饮	2,204,934	0.80	社会公众股
5	富阳工程	2,111,888	0.77	社会公众股
6	赛达置业	1,729,489	0.63	社会公众股
7	东方证券	1,600,896	0.58	社会公众股
8	臧兵	1,249,825	0.45	社会公众股
9	蒋小建	1,151,292	0.42	社会公众股
10	方国琴	1,067,981	0.39	社会公众股

说明：(1)河北宝硕集团有限公司代表国家持有股份；

湖南华升益鑫泰股份有限公司

一、公司简介

1、公司法定中文名称：湖南华升益鑫泰股份有限公司
公司法定英文名称：Hunan Huasheng Yixintai Co.,Ltd
英文缩写：HSYXT
2、公司法定代表人：刘郁文
3、公司董事会秘书：郝利民
联系地址：湖南省长沙市芙蓉南路 257 号华升大厦七楼
电话：0731-5215526
传真：0731-5217081
电子信箱：hnyxt@public.cs.hn.cn
4、公司注册地址：湖南省长沙市建湘南路 131 号
公司办公地址：湖南省长沙市芙蓉南路 257 号华升大厦七楼
邮政编码：410015
5、公司选定的信息披露报纸名称：《上海证券报》
登载公司年度报告的中国证监会指定国际互联网网址：http//www.sse.com.cn
公司年报报告备置地点：公司董事会秘书办公室
6、公司股票上市交易所：上海证券交易所
股票简称：益鑫泰股票代码：600156

二、会计数据和业务数据摘要

(一)本年度主要利润指标情况(单位：人民币元)

利润总额：	87,515,134.80
净利润：	77,248,849.41
扣除非经常性损益后的净利润：	71,834,168.61
主营业务利润：	108,203,868.07
其它业务利润：	6,592,017.82
营业利润：	51,009,958.59
投资收益：	38,800,402.68
补贴收入：	
营业外收支净额：	2,295,227.27
经营活动产生的现金流量净额：	200,372,177.26
现金及现金等价物净增加额：	215,938,128.01

注：扣除的非经常性损益项目和涉及金额：
投资收益(委托投资收益)　8665,439.97
营业外收入 109,435.191111 营业外支出 2404,662.46

(二)截至报告期末公司前三年主要会计数据和财务指标(单位：人民币元)

项目	2000 年	1999 年	1998 年 (调整前)	1998 年 (调整后)
主营业务收入	830,612,964.97	902,546,451.82	803,830,193.99	803,830,193.99
净利润	77,248,849.41	100,998,265.34	100,969,729.83	74,518,772.14
总资产	1,520,360,602.71	1,300,845,637.38	1,317,355,891.36	1,280,837,065.83
股东权益	1,187,118,788.48	951,864,340.99	886,858,458.62	850,866,075.65
每股收益(摊薄)	0.1760	0.2443	0.3175	0.2343
每股收益(加权)	0.1831	0.2762	0.3522	0.2600
每股净资产	2.70	2.30	2.79	2.68
调整后的每股净资产	2.70	2.29	2.76	2.65
每股经营活动产生的现金流量净额	0.46	0.32	-0.20	-0.20
净资产收益率(摊薄)	6.51%	10.61%	11.39%	8.76%
净资产收益率(加权)	7.25%	10.61%	14.62%	10.79%

注：主要财务指标计算方式每股收益=净利润/年度末普通股股份总数每股净资产=年度末股东权益/年度末普通股股份总数

调整后的每股净资产=(年度末股东权益—三年以上的应收款项净额—待摊费用—待处理(流动、固定)资产净损失—开办费—长期待摊费用—住房周转金负数余额)/年度末普通股股份总数

每股经营活动产生的现金流量净额=经营活动产生的现金流量净/年度末普通股股份总数

净资产收益率=净利润/年度末股东权益×100%

(三)报告期内股东权益变动情况

项目	股本	资本公积金	盈余公积	法定公益金	未分配利润	股东权益合计
期初数	413400000.00	404288728.79	24896341.83	8,298,780.61	109,374,835.76	951,959,906.38
本期增加	25500,000.00	198245032.69	12611308.00	4203,769.33	77,248,849.41	313,605,190.10
本期减少	-	-	-	-	78,446,308.00	78,446,308.00
期末	438900000.00	602533761.48	37507649.83	12502549.94	108,177,377.17	1187118788.48

变动原因：1、实施 1999 年度配股方案；以 1998 年末总股本为基数，10 股配 3 股，配股价 9 元，共计配售社会公众股 2550 万股。

2、从本年净利润中提出 10%的法定盈余公积金和 5%的法定公益金。

3、未分配利润期初数较上年增加 95,565.39 元，原因系根据税务检查结证通知，进行追溯调整。

4、根据董事会 2000 年度利润分配预案，每 10 股派现金 1.5 元(含税)。

三、股本变动及股东情况

1、报告期末本公司股东总数为 89833 户。

2、报告期末主要股东持股情况：

序号	股东名称	持股数(股)	占总股本比例(%)
①	湖南华升工贸进出口(集团)公司	291200000	66.35
②	益阳市财源建设投资有限公司	7150000	1.63
③	中国服装集团公司	4550000	1.04
④	周孟生	1005675	0.23
⑤	联合证券	819093	0.19
⑥	郭才顺	660928	0.15
⑦	田永成	370020	0.08
⑧	兴和基金	282630	0.06
⑨	王治峰	257000	0.06
⑩	袁永成	203639	0.05

3、持有本公司 5%以上(含 5%)股份的股东年度内所持股份没有增减变化，也无质押和冻结情况。

4、公司前三位股东为国有法人股股东和境内法人股股东，其间不存在关联关系，第四位至第十位为流通股股东，本公司未知其之间是否存在关联关系。

泰安鲁润股份有限公司

一、公司简介

1、公司的法定中、英文名称及缩写
公司法定名称:泰安鲁润股份有限
公司英文名称:TAIAN LURUN CO.,LTD　　英文缩写:TALRCL
2、公司法定代表人:郭松峰
3、公司董事会秘书及其联系地址、电话、传真、电子信箱
董事会秘书:尚福平
联系地址:山东省泰安市青年路 111 号 泰安鲁润股份有限公司董事会
办公室电话:0538-8201817　　传真:0538-8226885
电子信箱:Lrgfdb@public.taptt.sd.cn
4、公司注册地址、公司办公地址及其邮政编码、公司国际互联网网址、电子信箱
公司注册地址:山东省泰安市青年路 111 号公司
办公地址:山东省泰安市青年路 111 号　　邮政编码:271000
公司国际互联网网址:http://www.lurungufen.com
公司电子信箱:Lrgf@ public.taptt.sd.cn
5、公司法定的信息披露报纸名称、登载公司年度报告的中国证监会指定国际互联网网址、公司年度报告备置地点
公司法定的信息披露报纸:上海证券报、中国证券报
登载公司年度报告的中国证监会指定国际互联网网址: http://www.sse.com.cn
公司年度报告备置地点:泰安鲁润股份有限公司董事会办公室
6、公司股票上市交易所、股票简称和股票代码
公司股票上市地:上海证券交易所
股票简称:鲁润股份　　股票代码:600157

二、会计数据和业务数据摘要

(一)本年度实现利润及其构成:

1、利润总额:	39,805,632.08 元
其中:主营业务利润	70,243,478.69 元
其他业务利润	965,076.42 元
营业利润	34,819,648.01 元
投资收益	1,336,882.19 元
补贴收入	3,000,000.00 元
营业外收支净额	649,101.88 元
2、净利润	32,774,456.08 元
扣除非经常性损益后的净利润	32,774,456.08 元
3、经营活动产生的现金流量净额	24,695,039.40 元
现金及现金等价物净增加额	−41,180,324.47 元

(二)截至报告期末公司前三年的主要会计数据及财务指标:(单位:人民币元)

1、主要会计数据和财务指标:

项目/年度	2000 年 12 月 31 日	1999 年 12 月 31 日	1998 年 12 月 31 日	
			调整后	调整前
主营业务收入(元)	411,315,387.53	574,920,147.07	370,301,207.54	370,301,207.54
净利润(元)	32,774,456.08	80,102,892.62	49,670,622.86	52,108,137.28
总资产(元)	737,502,744.01	644,332,348.97	425,663,177.99	432,290,728.83
股东权益(不含少数股东权益)	270,947,566.04	237,692,045.26	157,589,954.88	164,117,505.72
每股收益(元/股)	0.1923	0.85	0.52	0.55
每股净资产(元/股)	1.59	2.51	1.66	1.73
调整后的每股净资产(元)	1.56	2.50	1.66	1.73
每股经营活动产生的现金流量净额:	0.145	0.93	0.10	0.11
净资产收益率(%)	12.10	33.70	31.52	31.75
扣除非经常性损益后的每股收益(元/股)	0.1923	0.85	0.52	0.55

2、其他业务主要数据:

项目	2000 年度	1999 年度	1998 年度
油品销售量(吨)	86,222	124,738	104,404
装饰工程量(mO2)	67,600	79,631	44,123
房地产开发总量(mO2)	14,490	183,200	42,000
水泥(吨)	166,347	160,725	

(三)按中国证券监督管理委员会《公开发行证券公司信息披露编报规则》(第九号)要求计算的净资产收益率及每股收益

报告期利润	净资产收益率(%)		每股收益(元)	
	全面摊薄	加权平均	全面摊薄	加权平均
主营业务利润	25.93	27.59	0.4121	0.4121
营业利润	12.85	13.68	0.2043	0.2043
净利润	12.10	12.87	0.1923	0.1923
扣除非经常性损益后的净利润	12.10	12.87	0.1923	0.1923

三、股东情况介绍

1、股东总数。至本年度末,公司股东总数为 57,747 户。其中:国家股东 1 户,法人股股东 3 户,其他为社会公众股股东。

2、前 10 名最大股东:

股东户名	持股数(股)	本年度内股份增减变动情况	股份性质
泰安鲁浩贸易公司	76,791,730	45.05	法人股份
山东童海集团公司	17,250,000	10.12	法人股份
泰安市国有资产管理局	11,016,000	6.46	国家股份
日照市岚山黄海紫菜厂	1,830,000	1.07	法人股份
刘锦峰	240,480	0.14	上市流通股份
董富	217,100	0.13	上市流通股份
宋月园	206,000	0.12	上市流通股份
刘章怡	167,800	0.10	上市流通股份
李青	167,700	0.10	上市流通股份
廖叶松	157,061	0.09	上市流通股份

中体产业股份有限公司

一、公司简介

(一)公司中文名称:中体产业股份有限公司
英文名称:CHINA SPORTS INDUSTRY CO., LTD.　　英文缩写:CSIC
(二)公司法定代表人:魏纪中
(三)公司董事会秘书及授权代表董事会秘书:郑玉春
联系电话:(010)65536158
授权代表:王戊一　　联系电话:(010)65514150
公司咨询服务机构:公司证券部
联系地址:北京市朝阳区朝外大街 225 号
联系电话:(010)65536158　　联系传真:(010)65515338
(四)公司注册地址:天津市新技术产业园区武清开发区三号路
办公地址:北京市朝阳区朝外大街 225 号　　邮政编码:100020
公司国际互联网网址:http://www.sport158.com
公司电子信箱:csic@sport158.com
(五)公司选定的信息披露报纸为:《中国证券报》、《上海证券报》
中国证监会指定的登载公司年度报告的国际互联网网址:http://www.sse.com.cn.
公司网址:http://www.sport158.com
公司年度报告置备地点:董事会秘书处(公司证券部)
(六)公司股票上市地:上海证券交易所　　股票简称:中体产业　　股票代码:600158

二、会计数据和业务数据摘要

(一)本年度主要会计数据(单位:人民币元)

利润总额	57,836,511.56
净利润	59,725,885.78
扣除非经常性损益后净利润	54,041,591.59
主营业务利润	130,082,324.57
其他业务利润	1,826,375.31
营业利润	44,452,843.91
投资收益	7,699,373.46
营业外收支净额	5,684,294.19
经营活动产生的现金流量净额	73,264,639.19
现金及现金等价物净增加额	59,168,723.70

(二)近三年主要会计数据和财务指标

指标项目	2000 年	1999 年	1998 年	
			调整前	调整后
1. 主营业务收入(元)	205,146,511.22	165,845,617.75	161,686,391.17	161,686,391.17
2. 净利润(元)	59,725,885.78	55,012,140.12	50,806,906.80	49,304,048.37
3. 总资产(元)	1,113,243,014.88	844,031,066.65	808,505,404.25	806,834,693.03
4. 股东权益(元)	804,845,140.65	521,446,054.88	476,936,773.18	475,433,914.76
5. 每股收益(元/股)	0.31	0.31	0.28	0.27
6. 扣除非正常性损益的每股收益(元)	0.28	0.20	0.23	0.22
7. 每股净资产(元/股)	4.12	2.90	2.65	2.64
8. 调整后每股净资产(元/股)	4.02	2.79	2.57	2.56
9. 每股经营活动产生的现金净流量	0.38	0.0017	−0.14	−0.14
10.净资产收益率(%)	7.42	10.55	10.65	10.37

(三)资产收益率和每股收益指标

报告期利润	净资产收益率(%)		每股收益(元)	
	全面摊薄	加权平均	全面摊薄	加权平均
主营业务利润	16.16	21.08	0.6667	0.7078
营业利润	5.52	7.20	0.2278	0.2419
净利润	7.42	9.68	0.3061	0.3250
扣除非经常性损益后的净利润	6.71	8.76	0.2770	0.2941

三、股本变动及股东情况

(一)股本变动情况

1、股本变动情况表数量　　单位:万股

项目	初数	配股增加	期末数	持股比例(%)
1)尚未流通股份				
发起人股份				
其中:				
国有法人股	13,500	161.4	13,661.4	70.01
尚未流通股份合计	13,500	161.4	13,661.4	70.01
2)已流通股份				
境内上市的人民币普通股	4,500	1,350	5,850	29.99
已流通股份合计	4,500	1,350	5,850	29.99
3)股份总数	18,000	1,511.4	19,511.4	100

(二)股东情况介绍

1、截止到 2000 年 12 月 31 日,公司在册股东 28025 户

2、公司前 10 名股东持股情况:

序号	股东名称	持股数量(股)	持股比例	股份类别
1	国家体育总局体育基金筹集中心	78,320,000	40.01%	国有法人
2	沈阳房产实业有限公司	43,344,000	22.21%	国有法人
3	国家体育总局体育彩票管理中心	7,150,000	3.66%	国有法人
4	中华全国体育基金会	7,150,000	3.66%	国有法人
5	同盛基金	5,261,924	2.70%	社会公众
6	同益基金	4,275,285	2.19%	社会公众
7	兴华基金	3,500,000	1.79%	社会公众
8	国家体育总局体育器材装备中心	650,000	0.33%	国有法人
9	王志祥	347,746	0.18%	社会公众
10	胡福生	290,000	0.15%	社会公众

持有本公司 5%以上股份的股东为:国家体育总局体育基金筹集中心,年末持股数为 78,320,000 股,持股占总股本的 40.01%;沈阳房产实业有限公司,年末持股数为 43,344,000 股,持股占总股本的 22.21%。两股东所持股份均未发生质押或冻结事项。

内蒙古宁城老窖股份有限公司

一 、公司简介

1、公司的法定中文名称:内蒙古宁城老窖股份有限公司
公司的英文名称:NINGCHENG LAOJIAO COMPANY LIMITED
2、公司法定代表人:马德海先生
3、公司注册地址:内蒙古自治区宁城县八里罕镇
邮政编码:024231
公司国际互联网网址:http://www.nclj.com.cn
电子信箱:nclj@public.hh.nm.cn
4、公司董事会秘书:邢风轶先生
联系地址:内蒙古宁城县八里罕镇宁城老窖股份有限公司证券部
电话:0476-4800807 4800135-8378
传真:0476-4800131
电子信箱:ncljzq@public.hh.nm.cn
5、公司选定的信息披露报纸名称:中国证券报、上海证券报
6、登载公司年度报告的中国证监会指定国际互联网网址:http://www.sse.com.cn
7、公司年度报告备置地点:董事会秘书处
8、公司股票上市交易所:上海证券交易所
股票简称:宁城老窖
股票代码:600159

二 、会计数据和业务数据摘要

1 、公司本年度利润总额、净利润及其构成(单位:人民币元)

	2000 年度合并数	2000 年度母公司数
利润总额:	52,618,164.29	52,618,164.29
净利润:	43,724,437.17	43,724,437.17
扣除非经常性损益后的净利润:	32,849,338.05	32,677,714.96
主营业务利润:	80,360,827.49	-18,738,753.12
其他业务利润:	585,472.53	585,472.53
营业利润:	21,123,737.52	-34,735,700.35
投资收益:		55,687,814.78
补帖收入:	23,000,000.00	23,000,000.00
营业外收支净额:	8,494,426.77	8,666,049.86
经营活动产生的现金流量净额:	-32,220,466.75	-33,800,352.28
现金及现金等价物净增加额:	-13,221,428.81	-17,056,197.64

注:扣除的非经常性损益项目包括:营业外收入 9,283,348.63 元,营业外支出 788,921.86 元,98 年公司新股申购冻结资金利息 2,380,672.35 元。

2 、截止报告期末前三年的主要会计数据和财务指标

项 目	2000 年	1999 年	1998 年 调整后	1998 年 调整前
主营业务收入	265,461,545.01	286,858,143.53	286,858,143.53	323,219,193.53
净利润	43,724,437.17	61,384,772.97	62,896,534.89	46,186,119.65
总资产	757,133,386.25	654,799,475.97	655,752,395.44	622,774,204.78
股东权益	641,329,076.63	597,604,639.46	600,069,320.85	537,172,785.96
每股净资产	3.08	2.87	2.88	3.50
调整后的每股净资产	3.07	2.82	2.83	3.46
每股经营活动产生的现金流量净额	-0.15	0.35	0.35	
每股收益(摊薄)	0.21	0.295	0.3024	0.43
每股收益(加权)	0.21	0.33	0.34	0.46
每股收益(配股后)	0.197			
扣除非经常损益后的每股收益:	0.16	0.24	0.26	0.43
净资产收益率	6.82	10.27	10.48	12.28
净资产收益率(加权)	7.04	9.25	9.73	

根据中国证监会发布的<<编报规则第 9 号>>要求计算的数据

报告期利润	净资产收益率(%) 全面摊薄	净资产收益率(%) 加权平均	每股收益 全面摊薄	每股收益 加权平均
主营业务利润	12.53	12.94	0.39	0.39
营业利润	3.29	3.4	0.10	0.10
净利润	6.82	7.04	0.21	0.21
扣除非经常损益后的净利润	5.12	5.30	0.16	0.16

三、股东情况介绍

1)报告期末公司股东总数为 7864 户。
2)公司前十名股东持股情况:

序号	股东名称	年末持股数(股)	占总股本比例(%)
1	宁城县国有资产管理局	156000000	75%
2	王玲	579410	0.28%
3	王培宜	482465	0.23%
4	万荣实业	368197	0.18%
5	王丽俊	361720	0.17%
6	南通物资	330500	0.16%
7	张林	264500	0.13%
8	郝身峰	255922	0.12%
9	张卫红	253200	0.12%
10	焦淑英	243200	0.12%

注:(1)第 1 名股东为国家股持股单位,其持股数量在本年度未发生变化,在本年度未有质押、冻结等情况。

(2)上述 10 名股东之间、股东与公司之间不存在关联关系;

(3)公司实施配股后的股本结构情况:

公司于 2001 年 3 月 13 日已实施了配股,即以 98 年上市总股本 16000 万股为基数,按 10:3 的比例配售。配股后股本结构如下,公司总股本为 22180 万股,其中国家股为 15780 万股,社会公众股为 6400 万股。

浙江巨化股份有限公司

一、公司简介

1、公司法定中文名称:浙江巨化股份有限公司
公司中文名称缩写:巨化股份
公司法定英文名称:ZHEJIANG JUHUA CO.,LTD.
公司英文名称缩写:ZJJH
2、公司法定代表人:刘奇
3、公司董事会秘书:余洁敏
联系电话:(0570)3091688
传真:(0570)3091777
电子信箱:YJM@Juhua.com.cn
4、公司注册地址:浙江省衢州市柯城区
公司办公地址:浙江省衢州市巨化集团公司内
邮政编码:324004
公司国际互联网网址:http://www.jhgf.com.cn
公司电子信箱:ZJP@Juhua.com.cn
5、选定的信息披露报纸:中国证券报、上海证券报
登载公司年报的国际互联网网址:http://www.sse.com.cn
年度报告备置地点:公司证券部
6、公司股票上市交易所:上海证券交易所
股票简称:巨化股份
股票代码:600160

二、会计数据和业务数据摘要

1、公司本年度实现利润情况(合并报表) 单位:元

	2000 年度
利润总额	154,966,257.08
净利润	109,570,000.52
扣除非经常性损益后的净利润	115,523,423.83
主营业务利润	318,205,448.24
其它业务利润	1,811,732.18
营业利润	132,725,622.93
投资收益	29,663,574.37
补贴收入	26,553.78
营业外收支净额	-7,449,494.00
经营活动产生的现金流量净额	306,665,816.27
现金及现金等价物净增加额	118,557,122.29

注:扣除非经常性损益包括:固定资产处置净收益-7,274,719.95 元,股权差额摊销 1,321,296.64 元,共计-5,953,423.31 元。

2、公司前三年主要会计数据和财务指标(合并报表)单位:元

项目	2000 年	1999 年	1998 年 调整后	1998 年 调整前
主营业务收入	1,235,379,872.02	1,121,870,106.04	1,025,363,573.81	1,025,363,573.81
净利润	109,570,000.52	113,080,068.79	95,708,751.39	102,262,760.82
总资产	1,870,609,717.24	1,479,003,037.25	1,330,714,915.29	1,337,615,576.67
股东权益	978,973,063.10	954,223,062.58	849,512,580.05	856,066,589.48
每股收益(摊薄)	0.321	0.332	0.309	0.33
每股收益(加权)	0.321	0.347	0.354	0.38
扣除非经常性损益后的每股收益	0.339	0.316	0.291	0.32
每股经营活动产生的现金流量净额	0.90	0.96	0.32	0.32
每股净资产(摊薄)	2.87	2.82	2.74	2.76
调整后每股净资产	2.82	2.75	2.43	2.45
净资产收益率(%)	11.20	11.75	11.27	11.95

注 1: 上述指标计算涉及股份总数时,2000 年按总股本 34,100 万计算,1999 年按总股本 34,100 万股计算,1998 年按总股本 31,000 万股计算。

注 2:2000 年度执行财政部财会(2000)3 号、浙政发(1998)69 号文件精神,公司按 33%计提所得税,并由同级财政返还 18%,实际所得税赋为 15%。2000 年度共计应返还所得税 1581.20 万元,其中 1307.16 万元因未在 2000 年 12 月 31 日前返回而未计入 2000 年度净利润。

三、股东情况介绍

1、报告期末公司股东总数 71515 户。
2、前 10 名股东为:

名次股东名称	年末持股数量(股)	占总股本(%)
①巨化集团公司	253,000,000	74.19
②张书风	236,300	0.70
③兴和基金	193,640	0.57
④姜学伟	160,000	0.47
⑤崇明农机	130,100	0.38
⑥叶琼	126,040	0.37
⑦秦怡	120,000	0.35
⑧四川省金	105,500	0.31
⑨开元基金	100,000	0.29
⑩江浩	100,000	0.29

注:报告期内控股股东仍为巨化集团公司,年末持有本公司股份为 25,300 万股,占公司总股本的 74.19%。所持股份为国有法人股,未流通,也无质押和冻结情况。

北京天坛生物制品股份有限公司

一、公司简介

1、公司法定中文名称:北京天坛生物制品股份有限公司

公司法定英文名称:BEIJING TIANTAN (BIOLOGICAL PRODUCTSCORPORATION (LIMITED 公司英文名称缩写:BTBP

2、公司法定代表人:倪道明先生

3、公司董事会秘书:张翼先生

联系地址:北京市朝阳区三间房南里四号

联系电话:010—65772354 010—65772357 010—65724045

传真:010—65792747

4、公司注册地址:北京市海淀区紫竹院南路十七号公司

办公地址:北京市朝阳区三间房南里四号 邮政编码:100024

公司网址:http://www.btbp.gm.net.cn

5、公司选定的信息披露报纸名称:《中国证券报》、《上海证券报》

登载公司年度报告的中国证监会指定国际互联网网址:http://www.sse.com.cn

公司年度报告备置地点:本公司证券部

6、公司股票上市地:上海证券交易所

股票简称:天坛生物 股票代码:600161

二、会计数据和业务数据摘要

(一)、本年度会计数据摘要(单位:元)

1、利润总额:	47,374,656.85
2、净利润:	37,919,886.45
3、扣除非经常性损益后的净利润:	36,247,247.97
4、主营业务利润:	87,708,741.83
5、其他业务利润:	992.70
6、营业利润:	44,075,239.13
7、投资收益:	1,626,779.24
8、补贴收入:	0.00
9、营业外收支净额:	1,672,638.48
10、经营活动产生的现金流量净额:	47,903,911.74
11、现金及现金等价物净增加额:	-38,144,482.85

注:扣除的非经常性损益项目和涉及金额:

处理固定资产净损失: 943,919.14

(二)、前三年主要会计数据及财务指标

指标项目	2000 年	1999 年	1998 年 调整前	1998 年 调整后
1.主营业务收入(元)	137,577,474.83	137,496,607.87	105,917,417.82	105,917,417.82
2.净利润(元)	37,919,886.45	43,164,582.29	33,575,892.60	30,451,113.09
3.总资产(元)	445,983,962.33	439,547,398.86	378,343,586.59	375,218,807.08
4.股东权益(元)(不含少数股东权益)	278,728,641.08	279,226,602.97	265,798,951.85	262,674,172.34
5.每股收益(元/股)	0.1975	0.22	0.28	0.25
6.每股净资产(元/股)	1.45	1.45	2.21	2.19
7.调整后的每股净资产(元/股)	1.44	1.45	2.21	2.19
8.每股经营活动产生的现金流量净额(元/股)	0.25	0.22	0.20	0.20
9.净资产收益率(%)	13.60	15.46	12.63	11.59
按月平均加权法计算的每股收益(元/股)	0.1975	0.22	0.28	0.25
扣除非经常性损益后的每股收益(元/股)	0.1888	0.22	0.27	0.24

计算公式:

1、每股收益=净利润/年度末普通股股份总数

2、每股净资产=年度末股东权益/年度末普通股股份总数

3、调整后的每股净资产=(年度末股东权益-三年以上的应收款项净额-待摊费用-待处理(流动、固定)资产净损失-开办费-长期待摊费用一住房周转金负数余额)/年度末普通股股份总数

4、每股经营活动产生的现金流量净额=经营活动产生的现金流量净额/年度末普通股股份总额

5、净资产收益率=净利润/年度末股东权益×100%

(三)、新增财务指标

报告期利润	净资产收益率 全面摊薄	净资产收益率 加权平均	每股收益 全面摊薄	每股收益 加权平均
1.主营业务利润	31.47%	29.41%	0.4568	0.4568
2.营业利润	15.81%	14.78%	0.2296	0.2296
3.净利润	13.60%	12.72%	0.1975	0.1975
4.扣除非经常性损益后的净利润	13.01%	12.16%	0.1888	0.1888。

三、股东情况介绍

一、报告期末股本总数:截至 2000 年 12 月 31 日登记在册的鼓动总数为 34648 户。

二、公司前 10 名股东持股情况如下:

股东名称	年末持股数量	占总股本比例(%)
北京生物	144,000,000	75
普惠基金	602,647	0.307
景福基金	540,445	0.281
裕阳基金	502,555	0.262
浦文龙	345,500	0.180
中技招标	300,050	0.156
深花商场	166,000	0.086
林冬铭	140,000	0.073
泰达科技	136,000	0.071
鑫达铜材	132,000	0.069

前十名股东之间不存在关联关系。所持股份无质押、冻结情况。

三、持股 10%(含 10%)以上的法人股东情况

北京生物制品研究所为本公司第一大股东,持有本公司股份的 75%,属国有法人股,法定代表人:倪道明。经营范围:制造疫苗、菌苗、类毒素、抗毒素、诊断用品、新生物制品。

山东临沂工程机械股份有限公司

一 、公司简介

(一)、公司法定中文名称:山东临沂工程机械股份有限公司

英文名称:Shandong Linyi Engineering Machinery Stock Co.,Ltd

英文缩写:SLEM

(二)、公司法定代表人:王志中

(三)、公司董事会秘书:高树建

董 事会证券事务代表:徐洁

联 系地址:山东省临沂市金雀山路 17 号

电 话:0539-8308809

传 真:0539-8109193

电 子信箱:gsj162@yeah.net

(四)、公司注册地址:山东省临沂市金雀山路 17 号

公 司办公地址:山东省临沂市金雀山路 17 号

邮 政编码:276004

公 司国际互联网网址:http://www.sdlg.com

公 司电子信箱:lingong@ly-public.sd.cninfo.net

(五)、公司选定的信息披露报纸:《上海证券报》

登 载公司年度报告的中国证监会指定国际互联网网址:http://www.sse.com.cn

公 司年度报告备置地点:山东省临沂市金雀山路 17 号公司证券部

(六)、公司股票上市交易所:上海证券交易所

股 票简称:山东临工

股 票代码:600162

二 、会计数据和业务数据摘要

(一)、本年度实现利润情况(单位:人民币元)

项 目	2000 年度
利润总额	28,329,080.82
净利润	26,560,058.28
扣除非经常性损益后的净利润	26,560,058.28
主营业务利润	93,116,437.75
其他业务利润	1,176,031.31
营业利润	22,351,404.07
投资收益	5,069,580.20
补贴收入	
营业外收支净额	908,096.55
经营活动产生的现金流量净额	53,089,809.77
现金及现金等价物净增加额	185,488,928.05

(二)、前三年主要会计数据和财务指标(单位:人民币元)

项 目	2000 年度	1999 年度 调整后	1998 年度 调整前	1998 年度 调整后
主营业务收入	443,017,786.00	391,915,519.50	226,802,270.65	226,802,270.65
净利润	26,560,058.28	40,194,961.18	32,209,594.25	28,793,139.39
总资产	1,214,413,856.55	721,110,190.39	554,518,003.87	542,898,150.80
股东权益(不含少数股东权益)	595,874,405.87	394,885,347.60	363,219,317.99	51,599,464.92
每股收益	0.15	0.27	0.24	0.21
按月平均加权法计算的每股收益	0.17	0.28	0.26	0.24
扣除非经常性损益后的每股收益	0.15	0.25	0.22	0.19
每股净资产	3.39	2.63	2.66	2.58
调整后的每股净资产	3.33	2.59	2.64	2.55
每股经营活动产生的现金流量净额	0.30	-0.17	-0.06	-0.06
净资产收益率(%)	4.46	10.18	8.87	8.19

注:1998 年年末总股本为 13,650 万股,1999 年年末总股本为 15,015 万股,2000 年年末总股本为 17,589 万股。

(三)、利润表附表:

报告期利润	净资产收益率(%) 全面摊薄	净资产收益率(%) 加权平均	每股收益(元) 全面摊薄	每股收益(元) 加权平均
主营业务利润	15.63	20.81	0.53	0.59
营业利润	3.75	4.99	0.13	0.14
净利润	4.46	5.93	0.15	0.17
扣除非经常性损益后的净利润	4.46	5.93	0.15	0.17

三、股本变动及股东情况

(二)、股东情况介绍

1.报告期末公司股东总数为 41556 户。

2.报告期末公司前 10 名股东持股情况

股 东 名 称	年末持股数(股)	占总股本比例(%)
①山东工程机械集团有限公司	65,950,000	37.50
②广发证券	2,236,926	1.27
③泰和基金	1,272,703	0.72
④临沂工程机械厂配件中心	1,210,000	0.69
⑤临沂友谊宾馆	1,210,000	0.69
⑥汲波	584,360	0.33
⑦王炜	440,440	0.25
⑧张爱云	420,000	0.24
⑨李若启	420,000	0.24
⑩韩玉英	420,000	0.24

注:①代表国家持有本公司股份的是山东工程机械集团有限公司,持股数由年初的 6325 万股增至年末的 6595 万股,是因公司实施了 2000 年度配股方案所致。所持股份无质押或冻结情况。

② 前 10 名股东中,第①名股东所持股份为未上市流通的国有法人股;第②名股东所持股份中已上市流通股份 208,908 股,未上市流通股份(内部职工股)2,028,018 股;第③名股东所持股份为已上市流通股份;第④、⑤名股东所持股份为未上市流通的社会法人股;其余股东所持股份均为未上市流通的内部职工股。

③ 前 10 名股东之间不存在关联关系。

福建省南纸股份有限公司

一、公司简介

1 、公司中文名称：福建省南纸股份有限公司
公司英文名称：Nanzhi Co.,Ltd.,Fujian　　缩 写：FJNZ
2 、公司法定代表人：黄国英
公 司 总 经 理：陈守勤
3 、公司董事会秘书：李公然　　公 司证券事务代表：李永和
联 系地址：福建省南平市滨江北路 177 号
福 建省南纸股份有限公司证券部
联 系电话：0599 —8808806
传 真：0599 —8801260
电 子信箱：stock@nanping-paper.com
4 、公司注册办公地址：福建省南平市滨江北路 177 号
公 司邮政编码：353000
公 司国际互联网网址：http://www.nanping-paper.com
5 、公司信息披露报纸名称：《上海证券报》、《中国证券报》
公 司登载年度报告的国际互联网网址：http://www.sse.com.cn
公 司年度报告备置地点：公司证券部
6 、公司股票上市交易所：上海证券交易所
股 票简称：福建南纸　　股 票代码：600163

二、会计数据和业务数据摘要

1 、公司本年度利润总额及构成(合并报表)单位：人民币元

利润总额	81,646,859.38
净利润	69,153,202.04
扣除非经常性损益后净利润	68,202,329.95
主营业务利润	200,731,361.19
其他业务利润	79,480,120.38
投资收益	934,207.15
营业外收支净额	1,232,531.85
经营活动产生的现金流量净额	131,164,927.76
现金及现金等价物净增加额	–65,191,713.37

公 司非经常性损益项目扣除所得税的影响所涉及净利润的是：
(1)营业外收支净额：1,047,652.07 元；
(2)股权投资差额摊销：96,779.98 元。

2 、近三年主要会计数据和财务指标(单位：人民币元)

指标项目	2000 年度	1999 年度		1998 年度	
		调整后	调整前	调整后	调整前
主营业务收入	954,019,938.07	456,803,607.01	456,803,607.01	452,495,574.47	452,495,574.47
净利润	69,153,202.04	73,613,009.29	84,113,009.29	54,360,800.04	76,875,228.90
总资产	2,481,079,933.23	2,099,138,391.07	2,124,138,391.07	1,478,707,544.78	1,501,225,297.95
股东权益	1,091,510,143.95	738,713,368.70	763,713,368.70	692,708,359.41	715,222,788.27
每股收益摊薄	0.23	0.27	0.30	0.20	0.28
加权	0.24	0.27	0.30	0.22	0.31
每股净资产	3.57	2.66	2.75	2.49	2.57
调整后的每股净资产	3.55	2.64	2.73	2.48	2.56
每股经营活动产生的现金流量净额	0.43	0.41	0.41	–0.07	–0.07
净资产收益率(%)					
摊薄	6.34	9.97	11.01	7.85	10.75
加权	7.95	10.09	11.43	9.95	14.22
扣除非经常性损益后的每股收益	0.22	0.23	0.23	0.19	0.22

说 明：根据财政部财会[2001] 17 号文“关于贯彻实施《企业会计制度》有关政策衔接问题的规定”公司计提固定资产减值准备，并采用追溯调整法进行会计处理，调整了报告期期初留存收益及相关项目的期初数，因此，上述指标分调整前、调整后列示。

3 、利润表附表

报告期利润	净资产收益率(%)		每股收益(元)	
	全面摊薄	加权平均	全面摊薄	加权平均
主营业务利润	18.39	23.07	0.66	0.70
营业利润	7.28	9.14	0.26	0.28
净利润	6.34	7.95	0.23	0.24
扣除非经常性损益后的净利润	6.25	7.84	0.22	0.24

三、股东情况介绍

(1)报告期末股东总数
截止 2000 年 12 月 31 日，本公司股东总数为 48419 户。
(2)前十名股东情况如下
持 有本公司 5%以上股份的股东 1 户为公司发起人福建省轻纺工业总公司，持有本公司国家股 21494.664 万股，占公司总股本的 70.26 %，法定代表人：梁模，经营范围：授权国有资产投资、控股。年度内所持股份未发生变动，也没有质押或冻结情况。

股东名称	持股数(股)	占总股本比例(%)
①福建省轻纺工业总公司	214946640	70.26
②海通证券	6224230	2.03
③金泰基金	4292636	1.40
④周荣芳	827195	0.27
⑤北京证券	678560	0.22
⑥周永森	404965	0.13
⑦赵宇	400000	0.13
⑧张瑞祥	316000	0.10
⑨邓峰光	230000	0.08
⑩赵枢权	222600	0.07

宁夏恒力钢丝绳股份有限公司

一、公司简介

(一)、公司名称：宁夏恒力钢丝绳股份有限公司
公 司法定英文名称：NING XIA HENG LI STEEL WIRE ROPE CO.LTD 缩写：NSWRC
(二)、公司注册地址：宁夏石嘴山市石嘴山区河滨街
公 司办公地址：宁夏石嘴山市石嘴山区河滨街
邮 政编码：753202　　电 子信箱：nxhl@public.yc.nx.cn　　公司网址：http://www.hengli.com.cn
(三)、公司法定代表人：李礼善
(四)、公司董事会秘书：朱公录　　公司证券事务代表：卓青峰
联 系地址：宁夏石嘴山市石嘴山区河滨街
电 话：(0952)3671226 (0952)3671394　　传 真：(0952)3671799
(五)、公司选定的中国证监会指定报纸名称：《上海证券报》
中 国证监会指定的国际互联网网址：http://www.sse.com.cn
公 司年度报告备置地点：公司证券部
(六)、股票上市交易所：上海证券交易所
股票简称：宁夏恒力　　股票代码：600165

二、会计数据和业务数据摘要

(一)、公司本年度会计数据 单位：人民币元

项 目	2000 年
利润总额	68806320.55
净利润	50235936.67
扣除非经常性损益后的净利润	47795352.86
主营业务利润	84492513.31
其他业务利润	3131692.91
营业利润	53458753.69
投资收益	9473667.72
补贴收入	2440583.81
营业外收支净额	3433315.33
经营活动产生的现金流量净额	134167453.14
现金及现金等价物净增加额	69070140.72

(二)、公司近三年的主要会计数据和财务指标 单位：人民币元

项 目	2000 年	1999 年	1998 年	
			调 整后	调 整前
主营收入	336526549.51	236704860.69	229744435.64	229744435.64
主营利润	84492513.31	64660848.91	49691281.68	49691281.68
净利润	50235936.67	43664507.48	47688081.21	40050318.58
总资产	778592720.28	35627619.96	513916065.12	522415329.13
股东权益	435860761.91	415218601.85	371925437.35	380424701.36
每股收益	0.219	0.204	0.357	0.300
每股收益(加权)	0.231	0.273	0.409	0.344
扣除非经常性损益后的每股收益	0.208	0.200	0.304	0.246
扣除非经常性损益后的每股收益(加权)	0.220	0.266	0.348	0.282
每股净资产	1.90	1.94	2.78	2.79
调整后的每股净资产	1.87	1.92	–0.17	2.84
每股经营活动产生的现金净流量	0.58	–0.18	12.8	–0.17
净资产收益率%	11.53	10.5	12.8	10.5

注：主要财务指标的计算公式如下：
每 股收益=净利润/年度末普通股股份总数
每 股净资产=年度末股东权益/年度末普通股股份总数
净 资产收益率=净利润/年度末股东权益×100%
调 整后的每股净资产=(年度末股东权益–三年以上的应收款项净额–待摊费用–待处理（流动、固定)资产净损失–开办费–长期待摊费用–住房周转金负数余额)/年度末普通股股份总数
每 股经营活动产生的现金流量净额=经营活动产生的现金流量净额/年度末普通股股份总数。

2001 年 3 月完成 2000 年度配股工作，总股本增至 25120 万股，按此股本计算，每股收益为 0.174 元。

报 告期利润	净资产收益率(%)		每股收益(元)	
	全面摊薄	加权平均	全面摊薄	加权平均
主营业务利润	19.39	19.15	0.368	0.388
营业利润	12.26	12.12	0.233	0.246
净利润	11.53	11.39	0.219	0.231
扣除非经营损益后的净利润	10.96	10.84	0.208	0.220

三、股东情况介绍

1 、本公司报告期末股东总数为 13651 户，国家股股东 1 户，法人股股东 5 户，社会公众股股东 13645 户。

2 、本公司前 10 名大股东持股情况(至年度末)

序号 股东名称	持股数量(万股)	占总股本比例(%)
(1)宁夏恒力钢铁集团有限公司	13200	57.49
(2)荣成市邱家镇资产经营中心	816	3.55
(3)宁夏大元炼油化工有限责任公司	480	2.09
(4)酒泉钢铁公司	160	0.69
(5)太西集团有限公司	160	0.69
(6)宁夏有色金属冶炼厂	160	0.69
(7)曾宣英	40.01	0.17
(8)盛隆公司	29.98	0.13
(9)徐启先	28.06	0.12
(10)肖金华	25.78	0.11

说 明：持有 5%以上股份的股东所持股无质押或冻结情况，前十名股东不存在关联关系。

3 、持有本公司 10%以上(含 10%)股份的股东情况
宁 夏恒力钢铁集团有限公司，系本公司母公司，持有 13200 万股，占总股本 57.49%，法定代表人李礼善，经营范围为授权的国有资产经营及小型钢材。

4 、报告期内控股股东无变更，披露相关信息的指定报纸为《上海证券报》。

北汽福田车辆股份有限公司

一、公司简介

1、公司法定中文名称:北汽福田车辆股份有限公司
英文名称:BEI QI FU TIAN VEHICLE CO.,LTD
2、公司法定代表人:安庆衡
总经理:王金玉
3、公司董事会秘书:龚敏
电话/传真:010-80717180
联系地址:北京市昌平区沙河镇沙阳路
E-Mail信箱:ZHENGQUANBU@FUTIAN.COM.CN
4、公司注册地址:北京市昌平区沙河镇沙阳路
公司办公地址:北京市昌平区沙河镇沙阳路
邮编:102206
公司国际互联网网址:http://www.futian.com.cn
公司电子信箱:ftzjlb@public3.bat.net.cn
5、公司选定的信息披露报刊为:《上海证券报》、《中国证券报》
登载公司年度报告的中国证监会指定国际互联网网址:http://www.sse.com.cn.
公司年度报告备置地点:公司金融证券部
6、公司股票上市交易所:上海证券交易所
股票简称:福田股份　股票代码:600166

二、会计数据和业务数据摘要

1、本年度主要会计数据(单位:人民币元):

项目	2000年
利润总额	85184262.11
净利润	90759218.64
扣除非经常性损益后的净利润	46979966.79
主营业务利润	345419700.73
其他业务利润	10208989.85
营业利润	33679259.93
投资收益	31490993.34
补贴收入	15895333.76
营业外收支净额	4118675.08
经营活动产生的现金流量净额	5004882.60
现金及现金等价物净增加额	106946962.78

注:扣除非经常性损益项目及金额

项目	金额
投资收益	31490993.34
补贴收入	15895333.76
营业外收支净额	4118675.08

2、前三年主要会计数据和财务指标(单位:人民币元):

项目	2000年度	1999年度	1998年度	
		调整后	调整前	调整后
主营业务收入	3321947106.22	3102921166.56	2186286902.43	2186286902.43
净利润	90759218.64	101575627.37	76085719.17	74012346.81
总资产	2657499612.79	1782191050.46	1349634203.10	1343071845.32
股东权益(不含少数股东权益)	92626868.32	607389800.60	553490746.20	547408311.16
每股收益(摊薄)	0.3236	0.4025	0.39	0.38
按月平均加权法计算每股收益	0.3468	0.4983	0.44	0.43
扣除非经常性损益后的每股收益	0.1675	0.3437	0.36	0.29
每股净资产	3.30	2.41	2.85	2.81
调整后的每股净资产	3.06	2.08	2.62	2.62
每股经营活动产生的现金流量净额	0.02	0.56	1.15	1.15
净资产收益率(%)(摊薄)	9.80	16.72	13.75	13.52

3、利润表附表:

报告期利润	净资产收益率(%)		每股收益(元)	
	全面摊薄	加权平均	全面摊薄	加权平均
主营业务利润	37.29	46.40	1.23	1.32
营业利润	3.64	4.52	0.12	0.13
净利润	9.80	12.19	0.32	0.35
扣除非经常性损益后的净利润	5.07	6.31	0.17	0.18

三、股本变动及股东情况

1、股东情况介绍
(1)报告期末公司股东总数为55056户。
(2)报告期末公司前10名股东持股情况

序号	股东名称	年末持股数(股)	占总股本比例(%)
1	北京汽车摩托车联合制造公司	130461000	46.52
2	常柴股份有限公司	20500000	7.31
3	江苏武进柴油机厂	9750000	3.48
4	山东莱动内燃机有限公司	7100000	2.53
5	上海拖拉机内燃机有限公司	3200000	1.14
6	丹东曙光车桥股份有限公司	2900000	1.03
7	上柴扬动股份有限公司	2600000	0.93
8	安徽全柴集团有限公司	1375000	0.49
9	山东诸城渔业机械股份有限公司	1300000	0.46
10	河南省农业机械总公司	1040000	0.37

注:①代表国家持有本公司股份的是:北京汽车摩托车联合制造公司、江苏武进柴油机厂、山东莱动内燃机有限公司、上海拖拉机内燃机公司、安徽省全柴集团有限公司、河南省农业机械总公司。

②持股5%以上(含5%)股份的股东所持股份没有发生质押、冻结等情况。

沈阳黎明服装股份有限公司

一、公司简介

1、公司名称:沈阳黎明服装股份有限公司
英文名称:SHEN YANG DAWN GARMENTS CO.,LTD
2、法定代表:王宏明
3、董事会秘书:聂晶
联系地址:辽宁省沈阳市皇姑区昆山中路十号
联系电话:024-86842901
传真:024-86242272
电子信箱:stone@dawn-garments.com.cn
4、公司注册地址:辽宁省沈阳市皇姑区昆山中路十号
公司办公地址:辽宁省沈阳市皇姑区昆山中路十号
邮政编码:110032
国际互联网址:http://www.dawn-garments.com.cn
5、信息披露报纸:《中国证券报》、《上海证券报》
登载公司年度报告的中国证监会指定的国际互联网网址:
http://www.sse.com.cn
公司年度报告备置地点:公司证券部
6、公司股票上市交易所:上海证券交易所
股票简称:黎明股份
股票代码:600167

二、会计数据和业务数据摘要

1、本年度主要会计数据和业务数据摘要　单位:人民币元

项目	2000年度实现数
利润总额	−28,739,875.86
净利润	−34,420,065.40
扣除非经营性损益后的净利润	−37,682,740.10
主营业务利润	35,269,585.84
其他业务利润	559,553.90
营业利润	−32,002,550.56
投资收益	1,555,245.11
补贴收入	0
营业外收支净额	1,707,429.59
经营活动产生的现金流量净额	−20,000,133.30
现金及现金等价物净增加额	−27,512,684.04

2、公司近三年主要会计数据和财务指标　单位:人民币元

项目	2000年	1999年		1998年
		调整前	调整后	
主营业务收入	288,121,391.06	409,425,599.07	256,654,941.65	373,340,323.40
净利润	−34,420,065.40	35,408,419.30	−22,092,554.43	23,052,172.40
总资产	704,649,226.05	817,620,282.41	722,999,232.86	488,951,264.34
股东权益	449,483,151.96	561,062,793.23	486,935,263.07	189,256,375.09
扣除非经营性损益	−0.1983	0.1457	−0.1231	
后的每股收益每股收益	−0.1812	0.1864	−0.1163	0.1213
每股净资产	2.37	2.95	2.56	1.00
调整后的每股净资产	2.23	2.92	2.54	0.98
每股经营活动产生的现金流量净额	−0.11	0.11	0.11	
净资产收益率	−7.66%	6.31%	−4.54%	12.18%

3、按照中国证监会《公开发行证券信息披露编报规则(第9号)》要求计算2000年报告期利润的净资产收益率和每股收益。

报告期利润	净资产收益率(%)		每股收益(元)	
	全面摊薄	加权平均	全面摊薄	加权平均
主营业务利润	7.847	7.509	0.186	0.186
营业利润	−7.120	−6.813	−0.168	−0.168
净利润	−7.658	−7.328	−0.181	−0.181
扣除非经营性损益后的净利润	−8.280	−7.924	−0.196	−0.196

主要财务指标计算公式如下:
* 全面摊薄净资产收益率=报告期利润/期末净资产
* 全面摊薄每股收益=报告期利润/期末股份总数
加权平均净资产收益率(ROE)=P/(EO+NP/2+EI×MI/MO−EJ×MJ/MO)
其中:P为报告期利润;NP为报告期净利润;EO为期初净资产;EI为报告期发行新股或债转股等新增净资产;EJ为报告期回购或现金分红等减少净资产;MO为报告期月份数;MI为新增资产下一月份起至报告期期末的月份数;MJ为减少净资产下一月份起至报告期期末的月份数。
加权平均每股收益(EPS)=P/(S0+S1+SI×MI/MO−SJ×MJ/MO)

三、股东情况介绍

1、报告期末股东总数26530户(其中国有股股东1户,社会公众股股东26529户)。
2、前10名股东持股情况

股东名称	持股数量	持股比(%)
1)沈阳黎明服装集团公司	120,000,000	63.16
2)兴科基金	1,256,338	0.67
3)徐沛鑫	501,650	0.27
4)中亿科技	295,000	0.16
5)王利明	277,750	0.15
6)陈林芬	235,890	0.13
7)张怀志	224,000	0.12
8)游克玉	205,300	0.11
9)王雪松	200,000	0.11
10)万建华	181,416	0.1

注:沈阳黎明服装集团公司持有国有股12000万系尚未流通国有股份,是本公司独家发起人,其持有的股份无质押或冻结情况,与其他前9名流通股股东之间不存在关联关系。

武汉三镇实业控股股份有限公司

一、公司简介

(一)、公司法定中文名称:武汉三镇实业控股股份有限公司
公司法定英文名称:WUHAN SANZHEN INDUSTRY HOLDING CO.,LTD
(二)、公司法定代表人:谢连和
(三)、公司董事会秘书及其授权人:曾牧 李丹
联系地址:武汉市发展大道东方商都5楼
电 话:(027)85600546 传真:(027)85877108
电子信箱:E-mail:whkonggu@public.wh.hb.cn
(四)、公司注册地址:武汉经济技术开发区联发大厦
公司办公地址:武汉市发展大道东方商都5 楼 邮政编码:430023
公司电子信箱:E-mail:whkonggu@public.wh.hb.cn 国际互联网网址:http://www.whkg.com.cn
(五)、公司信息披露报刊名称:《上海证券报》
登载公司年报的中国证监会指定国际互联网网址:http://www.sse.com.cn
公司年度报告备置地点:公司董事会办公室
(六)、公司股票上市交易所:上海证券交易所
公司股票简称:武汉控股 公司股票代码:600168

二、会计数据和业务数据摘要

(一)、本年度主要会计数据

利润总额	168,186,905.90
净利润	147,698,360.88
扣除非经营性损益后的净利润	128,621,078.74
主营业务利润	124,450,207.43
其他业务利润	
营业利润	119,262,490.63
投资收益	30,409,373.64
补贴收入	19,636,051.36
营业外收支净额	-1,121,009.73
经营活动产生的现金流量净额	148,158,693.48
现金及现金等价物净增加额	69,592,593.20

注扣除的非经常性损益项目系指:
1、补贴收入:19,636,051.36 元;
2、固定资产清理:-4,818,600.30 元;
3、冻结资金利息:4,259,831.08 元。

(二)、主要会计数据和财务指标

项目	2000 年度	1999 年度	1998 年度(调整前)	1998 年度(调整后)
主营业务收入(元)	235,110,058.22	241,102,922.96	256,534,081.08	256,534,081.08
净利润(元)	147,698,360.88	170,145,783.92	159,529,334.05	159,597,553.48
总资产(元)	1,568,430,592.24	1,229,627,201.62	1,046,906,790.87	1,044,377,243.23
股东权益(元)	1,295,934,774.06	1,045,024,694.64	979,408,458.36	976,878,910.72
每股收益(全面摊薄)	0.3348	0.4170	0.4692	0.4694
(加权平均)	0.3548	0.4170	0.5119	0.5121
扣除非经常性损益后每股收益				
(全面摊薄)	0.2916	0.2659	0.4567	0.4569
(加权平均)	0.3090	0.2659	0.4982	0.4984
每股净资产(元)	2.9376	2.5613	2.8806	2.8732
调整后每股净资产(元)	2.9337	2.5567	2.8736	2.8663
每股经营活动产生的现金净流量	0.3358	0.4384	0.3323	0.3323
净资产收益率(%)				
(全面摊薄)	11.40	16.28	16.29	16.34
(加权平均)	12.31	16.02	20.59	20.66

注 1:本报告期股本自 9 月以后按 44,115 万股计算,上年同期股本数按 40,800 万股计算。
注 2:主要财务指标的计算公式如下:
每股净资产=报告期末股东权益/报告期末普通股股份总数
调整后每股净资产=(报告期末股东权益-三年以上应收帐款-待摊费用-待处理(流动、固定)资产净
损失-开办费-长期待摊费用)/报告期末普通股股份总数
每股经营活动产生的现金净流量=经营活动产生的现金净流量/年度末普通股股份总数
(三)利润表附表:
2000 年度

报告期利润	净资产收益率 全面摊薄	净资产收益率 加权平均	每股收益 全面摊薄	每股收益 加权平均
主营业务利润	0.0960	0.1037	0.2821	0.2990
营业利润	0.0920	0.0994	0.2703	0.2865
净利润	0.1140	0.1231	0.3348	0.3548
扣除非经常性损益后的净利润	0.0992	0.1072	0.2916	0.3090

三、股本变动及股东情况

(一)、股东情况介绍:
1、报告期末股东总数:截止 2000 年 12 月 31 日,公司股东总数为 65433 户。
2、公司前十名股东情况:
1 、报告期末股东总数:截止 2000 年 12 月 31 日,公司股东总数为 65433 户。
2 、公司前十名股东持股情况:

序号	股东名称	年末持股(股)	持股比例(%)	年初持股(股)	持股比例(%)
1	武汉三镇基建公司	313,650,000	71.1	306,000,000	75
2	金鑫基金	3,101,618	0.70	0	
3	中信证券	2,225,761	0.50	1,379,886	0.34
4	同盛基金	1,700,000	0.39	846,542	0.21
5	同益基金	1,200,000	0.27	0	
6	钱凤兰	749,375	0.17	1,749,500	0.43
7	泰和基金	603,343	0.14	1,349,474	0.33
8	万海涛	525,000	0.12	0	
9	兴华基金	392,068	0.09	0	
10	易启英	375,000	0.09	0	

太原重工股份有限公司

(一)公司简介

1、公司的法定中文名称:太原重工股份有限公司
公司的法定英文名称:TAIYUAN HEAVY INDUSTRY CO.,LTD. 英文缩写:TYHI
2、公司法定代表人:王国正
3、公司董事会秘书:李迎魁
联系地址:太原市万柏林区玉河街 53 号
电话:0351-6361154 传真:0351-6362554
4、公司注册地址:太原高新技术产业开发区
公司办公地址:太原市万柏林区玉河街 53 号
邮政编码:030024 公司电子信箱:tyhi@public.ty.sx.cn
5、公司选定的信息披露报纸:《上海证券报》和《中国证券报》登载公司年度报告的国际互联网网址:http://www.sse.com.cn
公司年度报告备置地点:公司证券部
6、公司股票上市交易所:上海证券交易所
股票简称:太原重工 股票代码:600169

(二)会计数据和业务数据摘要

1、本年度利润总额及其构成 单位:元

利润总额	51,412,380.59
净利润	52,370,907.75
扣除非经常性损益后的净利润	43,303,013.35
主营业务利润	92,456,203.22
其他业务利润	8,872,499.68
营业利润	47,013,604.73
投资收益	151,061.99
补贴收入	2,100,000.00
营业外收支净额	2,147,713.87
经营活动产生的现金流量净额	-20,122,365.91
现金及现金等价物净增加额	129,152,399.87

注:扣除的非经常性损益包括,资产处置损益 2,776,342.00 元,分摊的新股申购冻结资金利息 6,075,394.39 元。

2、截至 1999 年末公司前三年的主要会计数据和财务指标 单位:元

	2000 年	1999 年	1998 年 调整前	1998 年 调整后
主营业务收入	543,782,454.61	425,616,745.24	396,351,918.60	396,351,918.60
净利润	52,370,907.75	70,326,965.23	62,424,708.11	61,504,628.70
总资产	1,484,849,753.24	1,090,296,867.54	894,891,120.67	891,863,591.38
股东权益	869,027,051.85	686,521,316.85	620,121,880.91	617,094,351.62
每股收益	0.14	0.202	0.27	0.265
扣除非经常性损益后的每股收益	0.12	0.176		
每股净资产	2.335	1.972	2.67	2.66
调整后的每股净资产	2.299	1.963	2.66	2.65
净资产收益率(%)	6.026	10.244	10.07	9.97
每股经营活动产生的现金流量净额	-0.054	-0.096	-0.160	-0.160

3、根据中国证监会《公开发行证券公司信息披露编报规则》第 9 号,公司 2000 年按全面摊薄法和加权平均法计算的净资产收益率及每股收益

报告期利润	净资产收益率(%) 全面摊薄	净资产收益率(%) 加权平均	每股收益(元) 全面摊薄	每股收益(元) 加权平均
主营业务利润	10.64	12.76	0.2484	0.2640
营业利润	5.41	6.49	0.163	0.1343
净利润	6.03	7.23	0.1407	0.1496
扣除非经常损益后的净利润	4.98	5.98	0.1164	0.1237

(三)股东情况介绍

1、报告期末股东总数为 93876 户。
2、持有本公司 5%以上(含 5%)股份的股东情况:报告期末,太原重型机械(集团)有限公司持有 169,314,210 股,本期无变动,占公司总股本的 45.50%;山西大同齿轮集团有限责任公司持有 47,158,215 股,本期无变动,占公司总股本的 12.67%。太原重型机械(集团)有限公司、山西大同齿轮集团有限责任公司持有的本公司股份报告期内未发生质押或冻结的情况。
3、主要股东持股情况:

股东名称	年末持股数量(股)	占总股本的比例
①太原重型机械(集团)有限公司	169,314,210	45.50%
②山西大同齿轮集团有限责任公司	47,158,215	12.67%
③山西省经贸资产经营有限责任公司(国家股)	11,700,000	3.14%
④寰岛中安	1,008,964	0.27%
⑤孟凡侠	480,000	0.13%
⑥张静	441,720	0.12%
⑦宋家桢	219,600	0.06%
⑧兴和基金	214,841	0.06%
⑨陈华平	201,354	0.05%
⑩郑美权	180,000	0.05%

上述股东之间无关联关系。

(四)股东大会简介

报告期内召开了公司 1999 年度股东大会。公司 1999 年度股东大会于 2000 年 5 月 26 日上午在太原太重宾馆召开,出席会议股东 3 人,代表股份 228172425 股,占公司总股本的 65.53 %,符合《公司法》和公司章程的规定,经大会审议,并经逐项投票表决通过如下决议:
1、通过董事会工作报告;
2、通过监事会工作报告;
3、通过公司 1999 年度报告;
4、通过 1999 年度不进行利润分配,也不进行资本公积金转增股本的利润分配方案;
5、通过 2000 年配股预案;
6、通过公司 2000 年配股募集资金投资项目及可行性的议案;

上海建工股份有限公司

一、公司简介

(一)公司法定中文名称:上海建工股份有限公司
公司法定英文名称:SHANGHAI CONSTRUCTION CO. ,LTD
(二)公司法定代表人:蒋志权
(三)公司董事会秘书:尤卫平 董事会证券事务代表:吴正明 电话:(021)68872178
传真:(021)58795500 联系地址:上海市浦东新区福山路33号 邮政编码:200120
(四)公司注册地址:上海市浦东新区浦东大道710号 邮政编码:200120
公司办公地址:上海市浦东新区福山路33号 邮政编码:200002
(五)公司选定的信息披露报纸名称:《上海证券报》、《中国证券报》
登载公司年度报告的中国证监会指定国际互联网网址:http://www.sse.com.cn
(六)公司年度报告备置地点:公司证券部
(七)股票上市地:上海证券交易所 股票简称:上海建工 股票代码:600170

二、会计数据和业务数据摘要

(一)本年度利润总额及其构成(单位:人民币元)

项目	2000年	1999年	增长比例(%)
利润总额:	266,000,277	240,087,715	10.79
净利润:	226,275,363	203,744,125	11.06
扣除非经常性损益后的净利润	224,603,134	202,433,107	10.95
主营业务利润:	444,020,471	425,096,148	4.45
其它业务利润:	21,024,352	10,851,612	93.74
营业利润	205,226,051	236,557,845	-13.24
投资收益:	61,985,457	5,102,312	1114.85
补贴收入:			
营业外收支净额	-1,211,231	-1,572,442	-22.97
经营活动产生的现金流量净额	-290,485,386	-55,855,497	420.07
现金及现金等价物净增加额:	-514,980,661	-340,647,152	51.18

(二)前三年主要会计数据及财务指标(单位:人民币元)

序号	项目	2000年	1999年
1	主营业务收入	7,767,287,555	7,461,314,909
2	净利润	226,275,363	203,744,125
3	总资产	5,126,238,153	5,056,504,058
4	股东权益	2,069,713,185	1,910,562,822
5	每股收益(摊薄)	0.42	0.38
6	加权平均每股收益	0.42	0.38
7	扣除非经营损益后的每股收益	0.42	0.38
8	每股净资产	3.85	3.56
9	调整后每股净资产	3.83	3.54
10	净资产收益率摊薄	10.93	10.66
11	净利润的加权净资产收益率%	11.18	10.63
12	扣除非经营损益后的净利润的加权净资产收益率%	11.10	10.56
13	每股经营活动产生的现金流量净额	-0.54	-0.10

注2: 主要会计数据及财务指标计算方法:
每股收益=净利润/年度末普通股股份总数
每股净资产=年度末股东权益/年度末普通股股份总数
净资产收益率=净利润/年度末股东权益×100%
调整后每股净资产=(年度末股东权益-三年以上的应收款项-待摊费用-待处理(流动、固定)资产净损失-开办费-长期待摊费用-住房周转金负数余额)/年度末普通股股份总数
每股经营活动产生的现金流量净额=经营活动产生的现金流量净额/年度末普通股股份总数。
净利润的加权净资产收益率%=报告期利润/(期初净资产+报告期净利润/2)
加权平均每股收益=报告期利润/(期初股份总数+期末股份总数)/2
注3:会计估计变更。本公司坏帐损失核算采用备抵法,按期末应收款项余额之回 收性计提。管理层在提取结算及质量风险保证金准备的基础上根据本公司及其附属子公司以往的经验,债务单位的实际财务情况和现金流量情况及其他相关信息评估期末应收款项余额的可回收性提取专项坏帐准备。本公司2000年度工程款支付期加长,应收款数额增加,本公司管理层认为应对剩余应收帐款及其他应收款按该余额的5%提取坏帐准备,以反映应收款项的实际可回收性。该估计变更已减少2000年度净利润约为人民币3,128万元。

三、股本变动及股东情况

(一)股本变动情况
1.股票发行与上市情况
1998年6月1日公司通过上海证券交易所向社会公众发行人民币普通股13,500万 股,另有公司职工股1,500万股,总共15,000万股。每股发行价6.67元。1998年6月23日,公司发行的13,500万股人民币普通股在上海证券交易所上市。1998年12月23 日,公司职工股1,500万股在上海证券交易所上市,原托管机构为上海证券中央登记结算中心。
2.股东情况介绍 报告期末股东总数为77,170户。
(二)主要股东持股情况
截止2000年12月31日,本公司前十名大股东持股情况如下:

股 东 名 称	现持股数(股)	占总股本(%)
上海建工(集团)总公司	387,000,000	72.07
海通证券	20,770,250	3.87
太博特	1,323,138	0.25
曲振春	601,500	0.11
王登明	574,094	0.11
崔东	531,700	0.10
李士芳	469,506	0.09
张授授	440,574	0.08
李雪勤	429,828	0.08

公司与以上第2至10名股东之间不存在关联交易关系,与第一大股东的关联交易 详见财务报告。

上海贝岭股份有限公司

一、公司简介

1、公司中文名称:上海贝岭股份有限公司
英文名称:SHANGHAI BELLING CO., LTD.
2、公司法定代表人:张文义
3、公司董事会秘书:董倩
联系地址:上海市宜山路810号
联系电话:021-64850700×157
传真: 021-64854424
电子信箱:blоffice@belling.com.cn
4、公司注册地址:上海市漕河泾开发区宜山路810号
公司办公地址:上海市漕河泾开发区宜山路810号
公司邮政编码:200233
公司网址:http://www.belling.com.cn
公司电子信箱:bloffice@belling.com.cn
5、公司选定的信息披露报纸:《上海证券报》、《中国证券报》、《证券时报》
中国证监会指定登载公司年度报告的国际互联网网址:http://www.sse.com.cn
年度报告备置地点:公司董事会办公室
6、股票上市地:上海证券交易所
股票简称:上海贝岭
股票代码:600171

二、会计数据和业务数据摘要

1. 公司本年度利润总额及构成(单位:人民币元)

利润总额	186,311,686.40
净利润	172,163,750.44
扣除非经常性损益的净利润	167,602,877.37
主营业务利润	259,053,073.10
其它业务利润	473,133.97
营业利润	151,983,769.48
投资收益	31,864,893.22
补贴收入	98,685.00
营业外收支净额	2,364,338.70
经营活动产生的现金流量净额	262,348,373.64
现金及现金等价物净增加额	80,432,643.49

注:扣除的非经常性损益项目和涉及金额共计:4,560,873.07元,其中:无效申购利息摊销为4,462,188.07元。

2.前三年主要主要财务数据和指标

指标栏目	2000年度	1999年度	1998年度 调整后	1998年度 调整前
主营业务收入(元)	792,384,575.75	406,698,469.10	376,317,758.69	381,877,920.36
净利润(元)	172,163,750.44	141,389,937.35	121,295,693.16	133,700,046.02
每股收益(元)(摊薄)	0.40	0.33	0.36	0.40
每股收益(元)(加权)	0.40	0.33	0.48	0.53
扣除非经常性损益后的每股收益(元)(摊薄)	0.39	0.27	0.28	0.32
每股经营活动产生的现金净流量净额(元)	0.60	0.21	0.64	0.64

	2000年12月31日	1999年12月31日	1998年12月31日	1998年12月31日
总资产(元)	1,461,129,804.08	1,267,643,005.89	1,227,563,866.91	1,282,504,356.21
股东权益(元)	1,201,459,763.78	1,103,054,695.58	1,026,829,858.23	1,046,374,358.80
每股净资产(元)	2.77	2.54	3.07	3.13
调整后每股净资产(元)	2.75	2.52	3.04	3.11
净资产收益率(摊薄)	14.33%	12.82%	11.81%	12.78%
净资产收益率(加权)	14.48%	12.88%	22.85%	24.89%

3.本年度利润表附表

报告期利润	净资产收益率(%) 全面摊薄	净资产收益率(%) 加权平均	每股收益(元) 全面摊薄	每股收益(元) 加权平均
主营业务利润	21.56	21.78	0.60	0.60
营业利润	12.65	12.78	0.35	0.35
净利润	14.33	14.48	0.40	0.40
扣除非经常性损益后的利润	13.95	14.09	0.39	0.39

三、股东情况介绍

1、本报告期末,公司股东总数为91,572户。
2、前十名股东持股情况(2000年12月31日)

名称	持股数量(股)	占总股本比例(%)
上海华虹(集团)有限公司	167,060,400	38.45
上海贝尔有限公司	111,373,600	25.64
景福基金	6,109,411	1.41
同盛基金	4,051,605	0.93
汉兴基金	2,500,080	0.58
皓玉科技	2,398,905	0.55
金泰基金	2,078,474	0.48
汉盛基金	2,014,066	0.46
金鑫基金	1,833,609	0.42
汪国华	1,341,342	0.31

说明:上海华虹(集团)有限公司持有我公司股份为国家股。上海贝尔有限公司持有我公司股份为法人股。以上两股东持有的本公司股票没有质押、冻结情况。公司前10名股东之间不存在关联关系。

河南黄河旋风股份有限公司

一、公司简介

1 、公司法定中文名称:河南黄河旋风股份有限公司

公司法定英文名称:HENAN HUANGHE XUANFENG CO.,LTD　　英文缩写:(HHXF)

2 、公司法定代表人:乔金岭

3 、公司董事会秘书:李建中

联系地址:河南省长葛市人民路 200 号

电话:0374-6165530 传真:0374-6128688

授权代表:张乔宏　　电话:0374 ?132809 传真:0374-9128688

4 、公司注册及办公地址:河南省长葛市人民路 200 号　　P.C.:461500

公司网址:HTTP://WWW.XUANFENG.COM.CN　　E-mail:LIJZ@371.NET

5 、公司选定的信息披露报刊为:《上海证券报》

登载公司年度报告的中国证监会指定国际互联网网址: HTTP://WWW.SSE.COM.CN

公司年度报告备置地点:公司证券部

地址:河南省长葛市人民路 200 号

6 、公司股票上市交易所:上海证券交易所

股票简称:黄河旋风　　股票代码:600172

二、会计数据和业务数据摘要

(一)本年度利润总额及构成(单位:人民币元)

利润总额	60,582,784.37
净利润	48,878,789.30
扣除非经常性损益后的净利润	45,228,150.15
主营业务利润	99,409,372.19
其它业务利润	5,682,740.48
营业利润	59,516,016.83
投资收益	-4,800,000.00
补贴收入	
营业外收支净额	5,866,767.54
经营活动产生的现金流量净额	22,399,533.17
现金及现金等价物净增加额	12,487,969.66

注:扣除的非经常性损益项目和涉及金额(单位:人民币元)

项目	金　额
发行股票申购资金利息收入	2,303,366.86
清理固定资产净收益	807,204.04
无需支付的破产债务结转	665,366.04
处理固定资产损失	-125,297.79

(二)公司前三年主要会计数据和财务指标(单位:人民币元)

追溯调整后:

指标项目	2000 年度	1999 年度	1998 年度
主营业务收	318,939,205.39	232,815,877.71	177,450,261.61
净利润	48,878,789.30	73,764,579.39	39,747,360.03
总资产	692,034,112.71	519,432,009.51	416,934,194.17
股东权益	437,272,147.12	415,193,357.82	341,428,778.44
每股收益(摊薄)	0.20	0.302	0.326
每股净资产(摊薄)	1.79	1.70	2.80
调整后每股净资产(摊薄)	1.78	1.68	2.77
每股经营活动产生的现金流量净额(摊薄)	0.09	0.22	0.307
净资产收益率(%)(摊薄)	11.18%	17.77%	11.64%

注: 公司 2000 年度配股工作已于 2001 年 2 月全部完成, 总股本由 24400 万股变为 26800 万股,变化后的每股收益为 0.182 元。

(三)按照中国证监会《公开发行证券公司信息批露编报规则(第 9 号)》计算的数据(2000 年度)

报告期利润	净资产收益率(%)		每股收益(元)	
	全面摊薄	加权平均	全面摊薄	加权平均
主营业务利润	22.73%	22.61%	0.41	0.41
营业利润	13.61%	13.54%	0.24	0.24
净利润	11.18%	11.12%	0.20	0.20
扣除非经常性损益后的净利润	10.34%	10.29%	0.19	0.19

三、股东情况介绍

1 、报告期末,公司股东总数为 50869 户。

2 、主要股东持股情况

报告期末,本公司前 10 名大股东持股情况如下:　　单位:股

股东名称	年初持股	本年增加	年末持股	占总股本(%)
黄河集团公司	111,520,000	0	111,520,000	45.70
日本 ODK 公司	41,000,000	0	41,000,000	16.80
郑州三磨研究所	8,200,000	0	8,200,000	3.36
长葛市树脂磨具厂	1,640,000	0	1,640,000	0.67
长葛市星星电子制品厂	1,640,000	0	1,640,000	0.67
东方证券	6,220,000	-5,420,000	800,000	0.33
中经泰	0	439,900	439,900	0.18
刘小株	0	430,000	430,000	0.18
赵金	0	426,400	426,400	0.17
吴春芳	0	365,807	365,807	0.15

注 1:公司前 10 名股东之间不存在关联方关系。

注 2:日本 ODK 公司所持的股份为外资股。

3 、持有本公司 10% 以上的法人股东情况

① 河南黄河实业集团股份有限公司,法人代表乔金岭先生。该公司经营范围:生产销售电子、机电、特种车辆、冶金粉末、激光焊切机、建筑装修机械。

报告期内河南黄河实业集团股份有限公司所持股份没有发生质押、冻结等情况。

②日本 ODK 公司,法人代表金井敏彦先生。该公司经营范围:生产销售 i.金刚石及 CBN 工具(砂轮、金刚石锯片、磨具、滚轮、修整工具、拉丝模等),ii.机械类产品(磨床、拉模具加工机、滚轮驱动装置、石材加工装置等),iii.陶瓷精密加工。

牡丹江水泥股份有限公司

一、公司简介

(一)、公司法定中文名称:牡丹江水泥股份有限公司

公司英文名称:MUDANJIANG CEMENT CO.,LTD.

(二)、公司法定代表人:王奎廷

(三)、公司董事会秘书:陈根祥　证券事务代表: 张友波

联系地址:牡丹江市西安区温春镇

电话:0453—6497558　传真:6497515

(四)、公司注册地址及办公地址:黑龙江省牡丹江市温春镇公司大楼

邮政编码:157041　公司电子信箱:zjxueyi@public.md.hl.cn

(五)、公司信息披露报纸名称:上海证券报

登载公司年度报告的中国证监会指定国际互联网网址:

HTTP://WWW.SSE.COM.CN

公司年度报告备置地点:公司证券部

(六)、公司股票上市交易所:上海证券交易所　　股票简称:牡丹江　股票代码:600173

二、会计数据和业务数据摘要

(一)、本年度主要利润指标　　(单位:人民币元)

1、利润总额	68,664,836.38
2、净利润	58,365,110.92
3、扣除非经营性损益后的净利润	57,973,132.22
4、主营业务利润	117,817,961.02
5、其他业务利润	2,642,893.86
6、营业利润	68,272,857.68
7、投资收益	–
8、补贴收入	–
9、营业外收支净额	391,978.70
10、经营活动产生的现金流量净额	3,239,131.04
11、现金及现金等价物净增加额	-64,996,373.16

注:扣除非经常性损益的项目涉及金额:营业外收入 535,298.07 元,主要是无法支付的应付款项 531,248.07 元。

(二)、截止报告期末公司前三年主要会计数据和财务指标　(单位:人民币元)

项目	2000 年	1999 年	1998 年
1、主营业务收入	413,814,830.75	396,331,405.36	389,143,829.17
2、净利润	58,365,110.92	53,838,665.03	54,805,261.69
3、总资产	962,598,323.56	902,133,985.98	567,067,274.91
4、股东权益	629,970,040.61	613,004,929.69	265,172,956.83
5、每股收益	0.254	0.234	0.365
6、每股收益(加权平均)	0.254	0.256	0.365
7、扣除非经常性损益后的每股收益	0.252	0.208	0.365
8、每股净资产	2.74	2.67	1.77
9、调整后的每股净资产	2.73	2.66	1.76
10、每股经营活动产生的现金流量净额	0.069	0.014	0.306
11、净资产收益率(%)	9.26	8.78	20.67

报告期利润	净资产收益率(%)		每股收益(元)	
	全面摊薄	加权平均	全面摊薄	加权平均
主营业务利润	18.70	18.35	0.512	0.512
营业利润	10.84	10.63	0.297	0.297
净利润	9.26	9.09	0.254	0.254
扣除非经常性损益后的净利润	9.20	9.03	0.252	0.252

(三)、本年度股东权益变动情况及原因　　(单位:人民币元)

项目	股本(万股)	资本公积	盈余公积	法定公益金
期初数	230,000,000	272,143,983.39	38,906,516.93	12,968,838.97
本期增加	–	–	8,754,766.63	2,918,255.54
本期减少	–	–	–	–
期末数	230,000,000	272,143,983.39	47,661,283.56	15,887,094.51

项目	未分配利润	股东权益合计
期初数	71,954,429.37	613,004,929.69
本期增加	49,610,344.29	58,365,110.92
本期减少	41,400,000.00	41,400,000.00
期末数	80,164,773.66	629,970,040.61

变动原因:盈余公积金和法定公益金的增加是本年度利润提取数额,未分配利润的增加是由于本年度利润增加所致。

三、股本变动及股东情况

(一)、股本变动情况

(二)、股东情况介绍

1、报告期末公司股东户数为 57,862 户。

2、公司前十名股东

名次	股东名称	报告期末持股数量(股)
(1)	牡丹江水泥集团有限责任公司	122,109,500
(2)	牡丹江水泥集团社会福利编织厂	2,000,000
(3)	黑龙江省交通物资公司	1,000,000
(4)	黑龙江省达华经济贸易公司	1,000,000
(5)	兴华基金	749,840
(6)	哈尔滨市物资建材总公司	500,000
(7)	黑龙江省友联经贸公司	500,000
(8)	哈尔滨恒森建材有限公司	300,000
(9)	阎钦	300,000
(10)	胡中青	250,200

海南宝华实业股份有限公司

(一)公司简介

1、公司法定中文名称:海南宝华实业股份有限公司
公司法定英文名称:HAINAN BAOHUA INDUSTRY SHARE CO.,LTD
2、公司法定代表人:李发增
3、公司董事会秘书:周冀
联系地址:海南省海口市滨海大道 69 号六层
联系电话:0898-8536699 转 6633　　传真:0898-8538942
电子信箱:zhouji70@263.net
4、公司注册地址:海南省海口市滨海大道 69 号六层
公司办公地址:海南省海口市滨海大道 69 号六层　　邮政编码:570105
公司国际互联网网址:http://www.baohua.com　　电子信箱:baohua@t-h-g.com.cn
5、公司选定的信息披露报纸名称:《中国证券报》、《上海证券报》
登载公司年度报告的中国证监会指定国际互联网网址:http://www.sse.com.cn
公司年度报告备置地点:公司证券部
6、公司股票上市地:上海证券交易所
股票简称:宝华实业　　股票代码:600175

(二)会计数据和业务数据摘要

1、本年度实现利润及主要现金流量指标(单位:元)
利润总额　20,295,748.79
净利润　18,902,753.15
扣除非经常性损益后的净利润　19,126,271.05
主营业务利润　44,269,242.95
其他业务利润　-302,275.00
营业利润　-710,611.17
投资收益　20,921,699.66
补贴收入　-
营业外收支净额　84,660.30
经营活动产生的现金流量净额　23,035,733.98
现金及现金等价物净增加额　-89,711,999.88

2、截止报告期末公司前三年主要会计数据和财务指标(单位:元)

指标项目	2000 年	1999 年		1998 年	
		调整前	调整后	调整前	调整后
主营业务收入	70,779,424.96	133,605,797.15	133,605,797.15	117,798,157.30	117,798,157.30
净利润	18,902,753.15	33,489,762.82	63,198,587.04	32,296,014.29	26,063,319.53
总资产	648,324,977.28	669,840,833.87	665,062,959.98	544,204,446.80	503,095,095.23
股东权益	421,469,132.85	408,154,253.59	402,566,379.70	237,921,943.44	196,455,265.40
每股收益(元/每股)	0.177	0.628	1.185	0.807	0.652
扣除非经常性损益后的每股收益	0.179	0.600	1.157	0.807	0.652
每股净资产(元/每股)	3.95	7.65	7.55	5.95	4.91
调整后的每股净资产	3.80	7.31	7.17	5.43	4.39
每股经营活动产生的现金流量净额	0.22	-0.68	-0.68	0.13	0.13
净资产收益率(%)	4.48	8.21	15.70	13.57	13.27

3、根据中国证监会发布的《公开发行证券公司信息披露编报规则》9 号通知,公司按全面摊薄法和加权平均法计算的净资产收益及每股收益:

	净资产收益率%		每股收益(元)	
	全面摊薄	加权平均	全面摊薄	加权平均
主营业务利润	10.50	10.74	0.415	0.415
营业利润	-0.17	-0.17	-0.007	-0.007
净利润	4.48	4.59	0.177	0.177
扣除非经常性损益后的净利润	4.54	4.64	0.179	0.179

注:(1)扣除的非经常性损益的项目和涉及金额:
①按五年分摊 1999 年发行新股申购冻结资金利息,本年度摊入额 977,340.48 元。
②公司 93 年购得土地一块,在 2000 年获得海南省政府认可并颁发的换地权益书,与原土地使用权帐面价值差额 1,200,858.38 元,转为损失。

(三)股本变动和股东情况

1、报告期末公司股东总数为 15688 户。
2、报告期内公司主要股东持股情况

股东名称	持股数量(股)	占总股本比例(%)
①北京天鸿集团公司	32140000	30.13
②皓年有限公司	10310000	9.66
③北京宝信实业发展公司	10310000	9.66
④北京宝星服务中心	8300000	7.78
⑤京华房产有限公司	3860000	3.62
⑥北京房屋建筑设计院	540000	0.51
⑦北京宝华饭店	540000	0.51
⑧孟现常	334350	0.31
⑨吴琴珠	242600	0.23
⑩张志高	224790	0.21

注:①前十名股东中第 1 名与第 2、4、5 名股东之间存在关联关系。
②持有本公司股份 5%以上的股东,报告期内因公司按每 10 股转增 10 股比例实施资本公积转增方案,其所持股份较期初数增加一倍。持有本公司股份 5%以上的股东股份无质押或冻结情况。
③北京天鸿集团公司是唯一持有公司 10%以上股份的法人股东。天鸿集团法定代表人李发增,主要经营国内外房地产开发、出租、出售、收购、房地产金融、房地产业务咨询、工程勘察设计、工程承发包、装饰等业务。

中国化学建材股份有限公司

一、公司简介

1、公司法定中文名称:中国化学建材股份有限公司　　公司简称:中国化建
英文名称:CHINA CHEMICAL BUILDING MATERIALS CO.,LTD. 缩写:CCBM
2、公司法定代表人:朱祖华
3、公司董事会秘书:党育　　证券事务代表:平泱
联系地址:北京市海淀区紫竹院南路 2 号
联系电话:010-68434863,010-88411072-816
传真:010-88411072-828　　电子信箱:ccbm@public.bta.net.cn
4、公司注册地址:北京市海淀区紫竹院南路 2 号
公司办公地址:北京市海淀区紫竹院南路 2 号
邮政编码:100044　　电子信箱:ccbm@public.bta.net.cn
5、公司选定的信息披露报纸:《中国证券报》、《上海证券报》
登载公司年度报告的中国证监会指定国际互联网网址:http://www.sse.com.cn
公司年度报告备置地点:董事会办公室
6、股票上市交易所:上海证券交易所
股票简称:中国化建　　股票代码:600176

二、会计数据和业务数据摘要

1、本年度利润总额及其构成:(单位:人民币元)

项目	本年度合并报表
利润总额:	66,651,702.75
净利润:	46,516,655.78
扣除非经常性损益后的净利润:	30,393,824.16
主营业务利润:	116,670,270.58
其他业务利润:	1,895,797.20
营业利润:	56,780,353.41
投资收益:	7,549,355.72
补贴收入:	--
营业外收支净额:	2,321,993.62
经营活动产生的现金流量净额:	101,651,693.34
现金及现金等价物净增加额:	65,954,409.41

注:扣除的非经常性损益项目和涉及金额
(1)补贴收入(一次性贴息):
13,152,968.18
(2)新股申购冻结资金利息转入营业外收入:
2,969,863.44
以上项目涉及金额为:16,122,831.62

2、截止报告期末公司前三年的主要会计数据和财务指标(单位:人民币元)

项目	2000 年	1999 年	1998 年	
			调整后	调整前
主营业务收入	371,880,074.22	369,546,406.46	316,337,518.72	316,337,518.72
净利润	46,516,655.78	27,892,058.31	36,045,867.56	36,661,200.84
总资产	1,243,117,228.71	1093516,091.04	783,087,954.04	787,088,555.63
股东权益(不含少数股东权益)	488,438,676.30	466,032,861.81	228,111,198.99	231,496,991.18
每股收益全面摊薄	0.2090	0.1328	0.2574	0.2618
加权平均	0.2090	0.1406	--	--
扣除非经常性损益后的每股收益				
全面摊薄	0.1365	--	--	--
加权平均	0.1365	0.0713	--	--
每股净资产(全面摊薄)	2.194	2.209	1.629	1.6535
调整后的每股净资产	2.003	2.173	1.58	1.619
每股经营活动产生的现金流量净额	0.457	-0.379	--	--
净资产收益率(%全面摊薄	9.52	6.012	15.8	15.836
加权平均	9.63	--	--	--
扣除非经常性损益后的净资产收益率(%)(加权平均)	6.29	3.23	--	--

3、净资产收益率和每股收益系列指标(单位:人民币元)

报告期利润	净资产收益率(%)		每股收益(元/股)	
	全面摊薄	加权平均	全面摊薄	加权平均
主营业务利润	23.89	24.16	0.52	0.52
营业利润	11.63	11.76	0.26	0.26
净利润	9.52	9.63	0.21	0.21
扣除非经常性损益后的利润	6.22	6.29	0.14	0.14

三、股东情况介绍

1、报告期末股东总数
截至 2000 年 12 月 31 日,公司股东总数为 29942 户
2、截至 2000 年 12 月 31 日,前十名股东持股情况如下:

股东名称	年末持股数(股)	占总股本比例	是否上市流通
中国新型建筑材料(集团)公司	84111000	37.79%	否
浙江振石股份有限公司	49555000	22.26%	否
金鑫基金	9827143	4.41%	是
江苏永联集团公司	9434000	4.24%	否
中国建筑材料及设备进出口公司	5300000	2.38%	否
中建对外公司	470040	0.21%	是
蒋五英	318106	0.143%	是
吴义银	314028	0.141%	是
上海天投公司	305326	0.137%	是
张淑云	279906	0.126%	是

雅戈尔集团股份有限公司

一、公司简介

1、公司的法定中文名称:雅戈尔集团股份有限公司
公司的法定英文名称:YOUNGOR GROUP CO., LTD　　英文缩写:YOUNGOR
2、公司法定代表人:李如成　　3、公司董事会秘书:林燕
联系地址:浙江宁波鄞县大道西段2号　　联系电话:0574-7425136
传真:0574-7425390　　E-mail:ystockdp@pub.nb.zj.cninfo.net
4、公司注册地址:浙江宁波雅戈尔大道1号
公司办公地址:浙江宁波鄞县大道西段2号C座
邮政编码:315153
5、公司指定信息披露的报纸:《中国证券报》、《上海证券报》、《证券时报》
中国证监会指定登载公司年度报告的网址:http://www.sse.com.cn
公司年度报告备置地点:公司证券部
6、公司股票上市交易所:上海证券交易所
股票简称:雅戈尔　　股票代码:600177

二、会计数据和业务数据摘要

1、利润总额　323,921,671.79元
净利润　290,650,117.25元
扣除非经常性损益后的净利润　286,891,175.22元
主营业务利润　682,384,268.07元
其他业务利润　2,111,280.19元
营业利润　224,488,268.63元
投资收益　40,470,144.24元
补贴收入　55,491,875.50元
营业外收支净额　3,471,383.42元
经营活动产生的现金流量净额　211,940,898.67元
现金及现金等价物净增加额　144,747,866.20元

注:"扣除非经常性损益后的净利润"中扣除项目:1998年公司公开发行社会公众股新股未中签申购资金冻结利息应计入本年度净利润3,758,942.03元。

2、主要会计数据和财务指标(合并报表)　　单位:元

会计数据和财务指标	2000	1999	1998 调整后	1998 调整前
主营业务收入	1,437,739,642.57	1,040,912,020.47	1,016,291,083.76	785,869,643.44
净利润	290,650,117.25	194,168,749.20	193,755,874.99	134,981,850.05
总资产	2,445,708,041.92	1,585,527,045.44	1,569,498,568.08	1285014,971.05
股东权益(不含少数股东权益)	1,642,497,374.85	1,060,044,924.77	1,060,044,924.77	950,053,387.29
每股收益	0.5116	0.7524	0.7508	0.6799
加权平均每股收益	0.5256	0.7524	0.7508	0.8840
扣除非经常性损益后的每股收益	0.5050	0.7378	0.7362	0.6610
每股净资产	2.8912	4.1075	4.1075	4.7857
调整后的每股净资产	2.8845	4.0922	4.0922	4.7642
每股经营活动产生的现金流量净额	0.3731	1.2978	1.2978	0.5011
净资产收益率	17.70%	18.32%	18.28%	14.21%
加权平均净资产收益率	21.22%	18.54%	18.51%	31.05%

3、净资产收益率和每股收益系列指标(根据中国证监会《编报规则第9号》编制)

报告期利润	净资产收益率		每股收益(元)	
	全面摊薄	加权平均	全面摊薄	加权平均
主营业务利润	41.55%	49.82%	1.2012	1.2341
营业利润	13.67%	16.39%	0.3952	0.4060
净利润	17.70%	21.22%	0.5116	0.5256
扣除非经营性损益后的净利润	17.47%	20.95%	0.5050	0.5188

4、其它业务数据和指标

业务指标		2000	1999	1998	1997
市场综合占有率	西服	11.6%(第一名)	10.2%(第二名)	6.8%(第二名)	6.5%(第二名)
	衬衫	14.1%(第一名)	15.9%(第一名)	10.6%(第一名)	12.7%(第一名)
主营业务收入较上年增长		38.12%	29.32%	54.68%	53.04%
净利润较上年增长百分比		49.69%	43.54%	29.93%	9.99%

注:市场综合占有率资料来源于国内贸易部商业信息中心,均为按月平均计算。

三、股东情况

1、报告期末股东总数:95,716户
2、前10名股东持股情况

股东名称	持股数(万股)	持股比例(%)	说明
宁波盛达发展公司	16,849.97	29.66	未上市流通股份
宁波青春服装厂	11,817.87	20.80	未上市流通股份
鄞县石矸镇资产经营投资公司	4,333.09	7.63	未上市流通股份
鄞县青春职工持股会	1,299.93	2.29	未上市流通股份
安信证券投资基金	880.00	1.55	已上市流通股份
同益证券投资基金	852.00	1.50	已上市流通股份
安顺证券投资基金	730.15	1.29	已上市流通股份
同盛证券投资基金	512.18	0.90	已上市流通股份
金鑫证券投资基金	360.12	0.63	已上市流通股份
申银万国	100.08	0.18	已上市流通股份

注:(1)前三名股东持股超过5%,本年度分别增加股数8,424.98万股、5,908.93万股和2,166.54万股,系实施2000年中期公积金每10股转增10股所致。鄞县石镇资产经营投资公司期末所持股份中4,123.09万股已质押给宁波市商业银行明州支行,到期日为2001年5月24日。其他持股5%(含5%)以上的法人股股东所持股份无质押、冻结情况。
(2)前10名股东中没有代表国家持有股份的单位和外资股东。
(3)前10名股东中,安信证券投资基金与安顺证券投资基金同属于华安基金管理公司而有关联关系,同盛基金与同益基金因同属于长盛基金管理公司而有关联关系,其他股东之间无关联关系。

哈尔滨东安汽车动力股份有限公司

(一) 公司简介

1、公司中文名称:哈尔滨东安汽车动力股份有限公司
公司英文名称:HARBIN DONGAN AUTO ENGINE CO., LTD
公司英文名称缩写:DAAE
2、法 定 代 表 人:须桐兴
3、公司董事会秘书:姜俊奇
联系地址:哈尔滨市平房区保国街51号
电　话:(0451)6528172 6528173
传　真:(0451)6505502
4、公司注册地址:哈尔滨市南岗区高新技术产业开发区36号楼
邮　编:150036
公司办公地址:哈尔滨市平房区保国街51号
邮　编:150066
电子信箱:dadlzqb@163.net
5、公司选定的信息批露报纸为《上海证券报》,登载公司年度报告的中国证监会指定的国际互联网网址为http://www.sse.com.cn 公司年度报告备置地点:公司证券部
6、公司股票上市地:上海证券交易所
股票简称:东安动力
股票代码:600178

(二) 会计数据和业务数据摘要

1、本年度主要会计数据
(单位:人民币元)

利润总额:	162,632,569.74
净利润:	139,940,825.25
扣除非经常性损益后的净利润:	136,407,745.35
主营业务利润:	361,584,429.71
其他业务利润:	1,181,111.34
营业利润:	167,583,725.39
投资收益:	-
补贴收入:	-
营业外收支净额:	-4,951,155.65
经营活动产生的现金流量净额:	269,190,683.71
现金及现金等价物净增加额:	-33,496,150.72

注:扣除的非经常性损益项目和涉及金额:
新股申购冻结资金利息:　3,533,079.90

2、截止报告期末公司前三年主要会计数据和财务指标　　单位:人民币元

项 目	2000年度	1999年度	1998年度 调整前	1998年度 调整后
主营业务收入	1,558,327,329.61	1,239,784,648.10	1,250,309,335.04	1,250,309,335.04
净利润	139,940,825.25	130,992,506.66	139,404,789.52	122,915,513.76
总资产	1,714,358,424.72	1,602,678,220.18	1,506,877,952.31	1,490,388,676.55
股东权益	1,100,601,280.07	1,066,285,454.82	1,058,170,847.92	1,041,681,572.16
每股收益	0.3312	0.31	0.43	0.38
--加权平均	0.3312	0.31	0.43	0.38
--扣除非经常性收益后	0.3229	0.30	0.43	0.38
每股净资产	2.6050	2.52	3.26	3.21
调整后的每股净资产	2.6006	2.50	3.22	3.17
每股经营活动产生的现金净流量	0.6371	0.61	0.02	0.02
净资产收益率(%)	12.71%	12.3%	13.2%	11.8%

(三) 股本变动及股东情况

1、股本变动情况
(1)根据上海证券登记有限公司提供的数据,截止2000年12月30日,本公司股东总数为77426户
(2)持本公司5%以上(含5%)股份的股东只有一家,股东名称是哈尔滨东安发动机(集团)有限公司,是公司国有法人股股东,所持股份无质押和冻结情况,且本年度内所持股份未发生过增减变动。

截止2000年12月30日公司前10名股东持股情况

股东名称或姓名	年末持股数(股)	持股比例(%)
(1)哈尔滨东安发动机(集团)有限公司	315900000	74.77
(2)兴和基金	238626	0.06
(3)扬兆芳	175200	0.04
(4)孔毅	167300	0.04
(5)巩立远	135000	0.03
(6)张国利	120000	0.03
(7)郑永忠	116800	0.03
(8)权正波	112800	0.03
(9)钱条员	110630	0.03
(10)王秀莲	109094	0.03

注:哈尔滨东安发动机(集团)有限公司与其他前9名股东之间不存在关联关系。公司前十名股东中的第2--10位为流通股股东,本公司未知其之间的关联关系。

(四) 股东大会简介

1、公司股东大会的通知、召集、召开情况
本年度公司共召开两次股东大会。
(1)公司于1999年12月7日在上海证券报刊登了《公司一届九次董事会决议公告暨召开2000年第一次临时股东大会的通知》的公告。并于2000年1月9日上午9时在东安科技楼会议室召开了公司2000年第一次临时股东大会。参加会议股东及股东代表共13人,代表股份316732406股,占公司总股份数的74.97%。
(2)公司于2000年4月1日在上海证券报刊登了《公司一届七次董事会会议决议公告暨召开年度股东大会的通知》的公告。并于2000年5月3日上午9时在东安技术中心会议室召开了公司1999年度股东大会。参加会议股东及股东代表共17人,代表股份315972664股,占公司总股份数的74.79%。

黑龙江黑化股份有限公司

黑龙江黑化股份有限公司2000年年度报告摘要

重要提示:本公司董事会保证报告所载资料不存在任何虚假记载、误导性陈述或者重大遗漏,并对其内容的真实性、准确性和完整性负个别及连带责任。

武汉众环会计师事务所为本公司出具了有保留意见的审计报告,本公司董事会、监事会对相关事项亦有详细说明,特提醒投资者注意阅读。

一、公司简介

1、公司法定名称:

中文:黑龙江黑化股份有限公司

英文:HeiLongJiang HeiHua Co.,Ltd

英文缩写:HH

2、公司法定代表人:阎树忠

3、公司董事会秘书:王宏伟

联系电话:0452-6817411

联系地址:黑龙江黑化股份有限公司证券部

联系电话:0452-6817998

传真:0452-6817998

4、注册地址:黑龙江省齐齐哈尔市富拉尔基区向阳大街2号

办公地址:黑龙江省齐齐哈尔市富拉尔基区向阳大街2号

邮政编码:161041

公司电子信箱:E-mail:HHGF@163.net

5、信息披露报刊名称:中国证券报 上海证券报

登载公司年度报告的中国证监会指定的国际互联网网址:http://www.sse.com.cn

公司年度报告备置地点:公司证券部

6、公司股票上市地:上海证券交易所

公司股票简称:黑化股份

公司股票代码:600179

二、会计数据和业务数据摘要

1、公司2000年度主要会计数据及业务数据:(单位:人民币元)

项目	金额
利润总额	42,300,543.14
净利润	20,127,044.80
扣除非经营性损益后的净利润	7,095,057.98
主营业务利润	78,940,802.57
其他业务利润	17,043,674.67
营业利润	40,612,948.55
投资收益	
补贴收入	
营业外收支净额	1,687,594.59
经营活动产生的现金流量净额	-236,283,944.41
现金及现金等价物净增加额	-64,866,502.28

注:扣除的非经常性损益共14,589,307.98元,包括:

(1)营业外收入2,633,343.48元。其中无法支付的款项14,547.01元;冻结资金利息2,618,796.47元。

(2)营业外支出945,748.89元。其中固定资产清理损失233,000.00元,税收罚款252.09元,滞纳金712,496.80元。

(3)资金占用费收入12,901,713.39元。

2、近三年主要会计数据和财务指标

项目	2000年	1999年	1998年	
			调整前	调整后
主营业务收入(元)	1,071,368,004.24	778,814,533.39	823,559,924.21	737,112,006.85
净利润(元)				
总资产(元)	20,127,044.80	50,872,551.11	11,182,512.20	39,171,614.92
总资产(元)	1,739,381,265.66	2,073,589,105.86	1,321,478,654.57	1,742,186,449.13
股东权益(元)	793,404,970.52	825,538,343.88	783,177,925.72	774,665,792.77
每股收益(元)(摊薄)	0.061	0.154	0.03	0.12
每股收益(元)(加权)	0.061	0.154	0.03	0.14
每股收益(扣除非经营性损益后)	0.021	0.097	0.018	0.11
每股净资产(元)(摊薄)	2.40	2.50	2.37	2.41
每股净资产(元)(加权)	2.40	2.50	2.37	1.35
调整后每股净资产(元)	2.35	2.49	2.36	2.35
每股经营活动产生的现金流量净额	-0.71	-0.435	-0.435	0.074
净资产收益率(%)(摊薄)	2.54	6.16	1.42	5.06
净资产收益率(%)(加权)	2.54	6.16	1.42	8.55

按照中国证监会[公开发行证券公司信息披露编报规则(第9号)]要求计算的净资产收益率及每股收益:

项目	报告期利润	净资产收益率(%)		每股收益(元)	
		全面摊薄	加权平均	全面摊薄	加权平均
主营业务利润	78,940,802.57	9.95	9.95	0.24	0.24
营业利润	40,612,948.55	5.12	5.12	0.12	0.12
净利润	20,127,044.80	2.54	2.54	0.06	0.06
扣除非经常性损益后的净利润	7,095,057.98	0.89	0.89	0.02	0.02

注1:其中2000年度总股本按33,000万股计算;

1999年度总股本按33,000万股计算;

1998年度总股本按33,000万股计算;

注2:财务指标计算公式如下:

每股收益=净利润/年度末普通股股份总数

每股净资产=年度末股东权益/年度末普通股股份总数

净资产收益率=净利润/年度末股东权益×100%

调整后每股净资产=(年度末股东权益-三年以上的应收款项-待摊费用-待处理(流动、固定)资产净损失-开办费-长期待摊费用-住房周转金负数余额)/年度末普通股股份总数

每股经营活动产生的现金流量净额=经营活动产生的现金流量净额/年度末普通股股份总数

净资产收益率=净利润/年度末股东权益×100%

加权平均每股收益=P÷(SO+S1+SI×MI÷MO-SJ×MJ÷MO)

P为报告期利润;SO为期初股份总数;S1为报告期因公积金转增股本或股票股利分配等增加股份数;SI为报告期因发行新股或债转股等增加股份数;SJ为报告期因回购或缩股等减少股份数;MO为报告期月份数;MI为增加股份下一月份起至报告期期末的月份数;MJ为减少股份下一月份起至报告期期末的月份数。

加权平均净资产收益率=P÷(EO+NP÷2+EI×MI÷MO-EJ×MJ÷MO)

P为报告期利润;NP为报告期净利润;EO为期初净资产;EI为报告期发行新股或债转股等新
增净资产;EJ为报告期回购或现金分红等减少净资产;MO为报告期月份数;MI为新增净资产下一月份起至报告期期末的月份数;MJ为减少净资产下一月份起至报告期期末的月份数。

3、报告期内股东权益变动情况表 单位:元

项目	股本	资本公积	盈余公积	法定公益金	未分配利润	股东权益合计
期初数	330,000,000	387,179,868.75	9,899,708.54	3,299,902.84	56,098,348.43	783,177,925.72
本期增加	--	--	3,019,056.72	1,006,352.24	20,127,044.80	10,227,044.80
本期减少	--	--			12,919,056.72	
期末数	330,000,000	387,179,868.75	12,918,765.26	4,306,255.08	63,306,336.51	793,404,970.52

变动原因说明:(1)盈余公积和法定公益金增加是按净利润10%、5%计提所致;(2)未分配利润增加是本年度实现净利润增加所致,减少系计提盈余公积和法定公益金及应付股息所致;(3)股东权益合计增加是利润增加所致。

三、股本变动及股东情况

1、股本变动情况

(1)股份变动情况表 数量单位:股

项目	期初数	配股	送股	公积金转股	增发	其他	小计	期末数
		本次变动增减(+、-)						
一、尚未流通股份								
1、发起人股份	230,000,000							230,000,000
其中:国家持有股份	230,000,000							230,000,000
尚未流通股份合计	230,000,000							230,000,000
二、已流通股份								
1、境内上市的人民币普通股	100,000,000							100,000,000
已流通股份合计	100,000,000							100,000,000
三、股份总数	330,000,000							330,000,000

(2)股票发行与上市情况

股票发行情况:

1998年6月经中国证券监督管理委员会证监发[1998]241号和证监发[1998]242号批准,同意本公司向社会公众公开发行人民币普通股(A股)10000万股,每股面值1元,发行价为3.91元。

1998年9月22日"黑化股份"在上海证券交易所"上网定价"发行人民币9000万股,其中向兴华、裕阳、开元、安信、金泰五只基金共配售股票1500万股,向社会公众发行7500万股,同时向黑龙江黑化股份有限公司(筹)职工配售公司职工股1000万股。

股票上市情况:

1998年11月4日,经上海证券交易所批准,黑龙江黑化股份有限公司向社会公众公开发行的7500万A股在上海证券交易所上市。按照有关规定,向兴华、裕阳、开元、安信、金泰五只基金配售的1500万A股,已于1999年1月4日上市流通;向公司职工配售的1000万公司职工股,已于1999年5月4日上市流通。

报告期内公司股份总额及结构未发生变动。

2、股东情况介绍

(1)报告期末股东总数65,552户。

(2)报告期末本公司前十名股东持股情况

名次	股东名称	所持股数(股)	占总股本比例(%)
1	黑化集团	230,000,000	69.70
2	社会帮困	450,000	0.136
3	邹智慧	250,000	0.076
4	庚红	190,350	0.058
5	兴和基金	186,383	0.056
6	文妙珍	170,000	0.052
7	朱国云	129,200	0.039
8	徐美英	127,100	0.0385
9	王蕾	126,200	0.038
10	邱兆麟	116,995	0.035

A、公司前十名股东之间不存在关联交易

B、持有本公司5%(含5%)以上股份的股东为黑龙江黑化集团有限公司,所持股份为国有法人股。其股份没有增减变动、冻结或质押的情况。

(3)持有股份10%(含10%)以上的法人股东为黑龙江黑化集团有限公司。

公司的法定代表人:阎树忠

公司的经营范围:氯碱产品;石油加工产品,炭黑,双氧水,二.三酸,可膨胀石墨,氢氧化钠试剂,阳聚剂、发泡剂等化工产品;按外贸部所批商品目录进行进出口业务,压力容器设计、制造,商标印制。

山东九发食用菌股份有限公司

山东九发食用菌股份有限公司2000年度报告

重要提示　本公司董事会保证本报告所载资料不存在任何虚假记载、误导性陈述或者重大遗漏,并对其内容的真实性、准确性和完整性负个别及连带责任。

一.公司简介

1.公司的法定中文名称:山东九发食用菌股份有限公司
公司的法定英文名称:SHANDONG JIUFA EDIBLE FUNGUS CO.,LTD.　缩写:S D J F
2.公司法定代表人:蒋绍庆
3.公司董事会秘书:徐波　证券事务代表:高增欣
联系地址:山东省烟台市南大街9号金都大厦28层
联系电话:0535-6623880　传真:0535-6623798
4.公司注册地址:山东省烟台市胜利路201-209号十楼　邮政编码:264001
网址:www.china- jiufa.com　E-mail:jiufa@public.ytptt.sd.cn
5.公司选定的信息披露报纸:上海证券报、中国证券报
登载公司年报的指定网址:http://www.sse.com.cn
公司年度报告备置地点:本公司证券部
6.公司股票上市交易所:上海证券交易所　股票简称:九发股份　股票代码:600180

二.会计数据和业务数据摘要

1.本年度主要利润指标情况:(单位:人民币元)

项目	2000年度实现数
利润总额	72,277,807.13
净利润	64,789,928.29
扣除非经营性损益后的净利润	64,789,928.29
主营业务利润	89,085,295.55
其它业务利润	7,613,907.99
投资收益	2,597,043.77
补贴收入	0.00
营业外收支净额	-111,374.28
经营活动产生的现金流量净额	22,259,166.45
现金及现金等价物净增加额	277,767,731.52

2.截止2000年末,公司前三年主要会计数据和财务指标(单位:人民币元)

项目	2000年	1999年
主营业务收入	351,476,523.20	277,295,497.11
净利润	64,789,928.29	62,448,627.90
总资产	936,105,054.82	573,325,774.67
股东权益	746,388,818.38	410,000,093.73
每股收益(元/股)(摊薄)	0.3098	0.3280
(元/股)(加权)	0.384	0.3280
每股净资产(元)	3.57	2.15
调整后的每股净资产	3.51	2.08
净资产收益率(%)(摊薄)	8.68	15.23
(%)(加权)	14.04	15.23
每股经营活动产生的现金流量净额(元/股)	0.106	0.024

项目	1998年调整前	1998年调整后
主营业务收入	149,269,477.18	149,269,477.18
净利润	55,136,174.42	49,512,687.07
总资产	411,398,486.16	405,774,998.81
股东权益	354,537,676.97	348,914,189.62
每股收益(元/股)(摊薄)	0.4633	0.4161
(元/股)(加权)	0.535	0.4804
每股净资产(元)	2.98	2.93
调整后的每股净资产	2.976	2.93
净资产收益率(%)(摊薄)	15.55	14.19
(%)(加权)	22.81	20.48
每股经营活动产生的现金流量净额(元/股)	-0.24	-0.24

1998年按股本11,900万股计算,1999年按股本19,040万股计算,2000年按配股后的20,915.84万股计算。

注:主要财务指标的计算方法
每股收益=净利润/年度末普通股股份总数
每股净资产=年度末股东权益/年度末普通股股份总数
净资产收益率=净利润/年度末股东权益×100%
调整后的每股净资产=(年度末股东权益-三年以上的应收款项净额-待摊费用-待处理(流动、固定)资产净损失-开办费-长期待摊费用-住房周转金负数余额)/年度末普通股股份总数
每股经营活动产生的现金流量净额=经营活动产生的现金流量净额/年度末普通股股份总数

3.利润表附表(单位:人民币元)

项目	报告期利润(元)	净资产收益率(%)全面摊薄	净资产收益率(%)加权平均	每股收益(元)全面摊薄	每股收益(元)加权平均
主营业务利润	89,085,295.55	11.94	19.09	0.4259	0.4641
营业利润	69,792,137.64	9.35	14.95	0.3337	0.3636
净利润	64,789,928.29	8.68	13.88	0.3098	0.3375
扣除非经常性损益后的净利润	64,789,928.29	8.68	13.88	0.3098	0.3375

注:净资产收益率和每股收益的计算公式按中国证监会《公开发行证券公司信息披露编报规则第9号》规定的方法进行计算。

4.报告期内股东权益变动情况　单位:人民币元

项目	股本	资本公积	盈余公积
期初数	190,400,000.00	135,033,166.66	11,196,131.49
本期增加	18,758,400.00	273,756,236.36	6,478,992.83
本期减少			
期末数	209,158,400.00	408,789,403.02	17,675,124.32

项目	法定公益金	未分配利润	股东权益合计
期初数	5,598,065.76	67,772,729.82	410,000,093.73
本期增加	3,239,496.41	55,071,439.05	
本期减少		20,915,840.00	
期末数	8,837,562.17	101,928,328.87	746,388,818.38

变动原因:
(1)股本增加:2000年配股所致。
(2)盈余公积:从净利润中提取增加。　法定公益金:从净利润中提取增加。
(3)资本公积:本期增加数系配股时股本溢价所致。
(4)未分配利润:本期增加数系本年度净利润增加所致,本期减少数系按本年度净利润提取盈余公积及预告分配现金股利所致。

三.股本变动及股东情况

1.股票发行与上市情况
①山东九发食用菌股份有限公司经中国证券监督管理委员会证监发字[1998]147号和[1998]148号文批准,于1998年6月8日通过上海证券交易所采取"上网定价"公开发行社会公众股3200万股(含内部职工股320万股),每股发行价5.20元。发行完成后于1998年7月3日在上海证券交易所挂牌交易。内部职工股320万股于1999年1月4日上市流通。其中高管人员持有的股票按有关规定在任职其间暂时冻结。
②报告期内公司实施了99年度股东大会通过的配股方案,其中法人股股东认购配股339.84万股,配售给流通股股东1536万股。
2.股东情况介绍
(1)至报告期末股东总数21017名。
(2)至报告期末,本公司前十名股东持股情况如下:

序号 股东名称	持股数量(万股)	占总股本比例(%)
(一)山东九发集团公司	11667.84	55.78
(二)中国乡镇企业总公司	2592.00	12.40
(三)美卓经贸	614.40	2.94
(四)科远投资	360.71	1.72
(五)闻顺商贸	206.71	0.99
(六)江苏星盛	141.72	0.68
(七)管锦艳	102.30	0.49
(八)沈继峰	97.28	0.47
(九)王绍魁	95.36	0.46
(十)王绍都	94.20	0.45

持本公司股份5%以上的国有法人股股东山东九发集团公司和中国乡镇企业总公司因本公司2000年度实施10配3股的方案,其股份分别增加339.84万股和0股,年末持股数量分别为11667.84万股和2592万股,所持股份无质押或冻结的情况。其余股东持有的股份为流通股。第1、2股东之间不存在关联关系,其余8位股东未知有否关联关系。

四.股东大会简介

报告期内召开一次股东大会,会议由山东省牟平区公证处公证。
1. 股东大会的通知、召集、召开情况
山东九发食用菌股份有限公司于2000年3月10日在《上海证券报》和《中国证券报》刊登关于召开公司1999年度股东大会的通知。大会于2000年4月10日在烟台市本公司会议室举行,出席会议的股东代表8人,代表股份13934.37万股,占总股本的73.18%。
2. 会议以记名投票表决方式通过以下决议:
①99年度董事会工作报告;
②99年度监事会工作报告;
③99年度总经理业务报告;
④99年度财务决算报告及2000年度财务预算报告;
⑤99年度利润分配方案及资本公积转增股本方案;
⑥公司关于提取各项资产减值准备和核销损失处理的内部控制制度;
⑦公司关于前次募集资金使用及效益情况的说明;
⑧公司2000年度增资配股方案;
⑨公司关于更换董事成员的议案。
该次股东大会决议公告于2000年4月11日刊登在《上海证券报》和《中国证券报》。
3.本年度更换董事、监事的情况
股东大会选举更换了两名董事,同意陈萌山、姜培兴同志因工作原因不再担任本公司董事,增补周德禹、王龙同志为公司董事。

五.董事会报告

1. 公司经营情况
(1)公司所处的行业及地位
本公司系亚洲地区最大的食用菌科研、生产、加工、出口基地,公司被国务院发展研究中心市场经济研究院[中最字]0173号认定为中国最大食用菌工厂化生产基地。97年被山东省科委[鲁科高字]1997第221号认定为高新技术企业。同行业第一家获得ISO9002质量体系认证。2000年经八部委联合发布农经发[2000]10号《关于公布农业产业化国家重点龙头企业名单的通知》,公司被认定为农业产业化国家重点龙头企业。除了食用菌之外,公司在未来的重点发展方向是生物制药行业,公司从98年开始涉足生物制药领域,并取得一定的发展。
(2)公司主营业务的范围及其经营状况
本公司是集食用菌、罐头、水产品、蔬菜、保健品、生物制药、生物有机肥及包装物料生产及销售和国家允许范围内自营进出口的综合性企业。其中食用菌产业是公司的主导产业,公司通过自建、联营、收购等多种形式来扩大产量,提高效益,全年实现销售收入19,202.80万元和利润6,196.23万元。公司初期在生物制药上的投资已带来200多万元的收益,以后要继续加大在生物制药领域的投入,使公司的主业朝着食用菌和生物制药两业并举的方向发展。复合肥项目为国家重点扶持的废弃物充分利用的产业,国家给予多方面的优惠政策,使公司取得了良好的经济和社会效益。进出口公司克服了各种不利因素和困难,基本实现了年初计划,取得了良好效益。
(3)公司主要全资附属企业及控股子公司的经营情况及业绩
复合肥分公司在新一届领导班子的带领下,上下一心,解决了各项技术难题,努力拓展销售市场,本年度实现销售收入4216.54万元,净利润1680.54万元。

昆明云大科技产业股份有限公司

昆明云大科技产业股份有限公司2000年年度报告摘要

一、公司简介

1、公司中文名称：昆明云大科技产业股份有限公司

英文名称：Kunming Yunda Science & Technology Industry Co.,Ltd.

2、公司法定代表人：付文明

3、公司信息披露人员：

董事会秘书：洪芳　董事会证券事务代表：邓志民

联系地址：昆明市国家高新技术产业开发区科医路59号

联系电话：0871—8315883 传真：0871—8315072

电子信箱：wujun@public.km.yn.cn

4、公司注册地址：昆明市国家高新技术产业开发区科医路

办公地址：昆明市国家高新技术产业开发区科医路59号

邮政编码：650106

国际互联网网址：http://www.yunda-120.chem.com.cn

E-Mail:ydstmail@public.km.yn.cn

选定的信息披露报纸名称：《中国证券报》、《上海证券报》、《证券时报》

登载年报的中国证监会指定国际互联网网址：http://www.sse.com.cn

5、公司年报备置地点：公司董事长办公室

6、公司股票上市交易所：上海证券交易所

股票简称：云大科技　股票代码：600181

二、会计数据和业务数据摘要

1、2000年主要会计数据(单位：元)

利润总额：	85,176,894.29
净利润：	67,539,623.32
扣除非经常性损益的净利润	64,199,140.37
主营业务利润：	185,812,964.13
其他业务利润：	938,794.04
营业利润	56,591,235.93
投资收益：	16,059,059.48
补贴收入：	9,524,584.37
营业外收支净额：	3,002,014.51
经营活动产生的现金流量净额：	-641,887.42
现金及现金等价物净增加额：	235,040,567.13

说明："扣除非经常性损益后的净利润"指标中所扣除的项目和金额是：摊销发行股票时冻结的认购资金利息3,821,806.08元，财政奖励63,300元，政府返还手续费800元，收违约金1,000元，收赔款43,073.86元。

2、前三年的主要会计数据和财务指标指标　单位：

项目	2000年度	1999年度		1998年度	
		调整前	调整后	调整前	调整后
主营业务收入(万元)	24,515.65	14,414.33	14,414.33	9,102.33	9,102.33
净利润(万元)	6,753.96	5,271.23	5,281.23	4,517.78	4,484.13
总资产(万元)	134,799.66	83,488.35	83,488.35	56,360.81	56,327.16
股东权益(不含少数股东权益)(万元)	92,337.89	54,975.93	54,980.40	49,738.04	49,704.39
每股收益(元)	0.39	0.37	0.37	0.32	0.32
每股收益(按月平均加权法计算)(元)	0.45		0.37	0.45	0.44
扣除非经常性损益后的每股收益(元)	0.37	0.35	0.35	0.30	0.29
每股净资产(元)	5.30	3.89	3.90	3.53	3.53
调整后的每股净资产(元)	4.40	3.02	3.01	3.61	3.61
净资产收益率(%)	7.31	9.59	9.61	9.08	9.02
每股经营活动产生的现金流量净额(元)	0	0.21	0.21	0.16	0.16

三、股东情况介绍

(1)截止2000年12月31日，股东总数16674户。

(2)公司前十名股东名单如下：

股东名称	年末持股数(股)	持股比例(%)
1、云南大学科工贸总公司	36,465,552	20.95
2、云南龙泰农业资源开发有限公司	15,539,040	8.93
3、云南省农垦供销公司	15,200,460	8.73
4、深圳蛇口大赢工贸有限公司	11,672,100	6.71
5、深圳市捷发信息咨询服务有限公司	8,277,390	4.76
6、泰然科技	4,442,837	2.55
7、云南正通经贸有限责任公司	2,913,570	1.67
8、汉博基金	897,046	0.52
9、张茜茜	702,349	0.40
10、汉鼎基金	504,359	0.29

说明：

①前10名股东中，第1-5名及第7名股东为未上市流通股股东，第6名及第8-10名股东为流通股股东。

②前10名股东之间不存在关联关系。

③持股5%以上的法人股股东分别是：云南大学科工贸总公司、云南龙泰农业资源开发有限公司、云南省农垦供销公司、深圳蛇口大赢工贸有限公司。

a、持股5%以上的法人股股东所持股份未发生质押、冻结等情况。

b、报告期内股份增减变动情况：　单位：股

股东名称	年初持股数	送股增加	配股增加	年末持股数
云南大学科工贸总公司	32,270,400	3,227,040	968,112	36,465,552
云南龙泰农业资源开发有限公司	14,126,400	1,412,640	0	15,539,040
云南省农垦供销公司	13,818,600	1,381,860	0	15,200,460
深圳蛇口大赢工贸有限公司	10,611,000	1,061,100	0	11,672,100

c、年度内公司及持股5%以上股东未在指定报纸和网站上披露过承诺事项。

四、股东大会简介

1、报告期内召开的股东大会情况：

报告期内共召开股东大会两次。

①1999年度股东大会于2000年4月25日召开，有关决议刊登在2000年4月26日《中国证券报》、《上海证券报》、《证券时报》上。

②2000年度第一次临时股东大会于2000年7月27日召开，有关决议刊登在2000年7月28日《中国证券报》、《上海证券报》、《证券时报》上。

五、董事会报告

1、公司经营情况

(1)公司所处行业及地位

公司多年来致力于生物及化学技术领域的开拓，在多年发展高科技农化产品的同时积极向医药行业拓展。主营产品新型高效植物生长调节剂云大-120及其系列产品属国家级高新技术产品，公司拥有自主知识产权，在芸苔素内酯类物质的研究开发方面处于国内、国际领先水平，并建有国际上最大的芸苔素内酯类物质合成生产线，产品市场占有率全国排名第一。(国家芸苔素内酯类产品技术研究推广中心及农业部全国农业技术推广服务中心云大—120全国推广协作网确认)

(2)公司主营业务的范围及其经营状况

①主要经营范围为：植物生长调节剂及生物制品的生产、开发、销售；化工产品及原料的生产经营；农业机械、农药生产、经营；农业生产资料经营；新技术在农业上的应用；农副产品、林产品的代购、代销；农业技术培训等。经营本企业和企业成员企业自产的植物生长调节剂、农药、肥料等生化制品、中成药及生物药品、农产品、加工食品、环保产品、旅游工艺品及技术的出口业务；经营本企业生产、科研所需原辅材料、机械设备、仪器仪表、零配件及相关技术进口业务。

②业务经营状况

目前，公司利润主要来源于云大—120及其系列产品的生产、经营以及其它农资产品经营业务。2000年，公司积极调整、优化资源配置，坚持市场和研发两手抓，加快"千县万点工程"建设和公司自主技术创新体系的建设，着手构建"哑铃型"的现代企业结构。同时，公司以生物及化学技术为中心，突出主业优势，积极优化、调整辅业，公司科研、销售、生产和管理诸多方面都取得了可喜的成绩，如克服农资市场不景气的不利影响，积极经营国内外知名农药厂家产品；并积极创造条件，成功介入生物医药行业；于年度内成功实施完成2000年度配股方案；进一步完善和优化法人治理结构等等。

报告期内，公司各项经济指标较1999年有所增长，实现主营业务收入245,156,459.91万元，较99年增长70.08%；实现净利润67,539,623.32万元，较99年增长27.89%；公司股票每股收益摊薄后达到0.39元。

(3)在经营中出现的问题与困难及解决方案

①产品单一2000年公司在新产品品种的多元化方面有了较大的发展，但相对于公司全国性、国际化的定位，产品单一的问题尤显突出，特别是中国加入WTO以后，产品单一将进一步加大市场风险。

对策：a、建成长效云大-120系列产品工业化生产线，经营国内外知名品牌农药迅速增加，开发线虫生防制剂等微生物农药产品和微肥产品，成功介入医药领域；

b、加大研发投入，实施配股项目，投入9192.58万元募集资金建设两个"研发中心"；

c、加快主营产品复配制剂的开发，迅速增加产品品种。

②税收优惠政策取消云大科技控股子公司昆明云大科技产业销售有限公司全面负责公司产品的销售工作，该公司从2001年起，所得税率将由现行的15%调整为33%。

对策：a、加强管理，努力降低生产及管理成本；b、迅速推进以技术服务为依托的"千县万点工程"，快速提高营销能力，降低销售成本；c、积极争取有关政策的支持。

③辅业中的酒店和市政项目影响公司整体业绩公司控股的昆明佳新大酒店，因99昆明世博会期间大量的酒店相继开业，造成行业竞争异常激烈，销售额和利润率都处在较低水平，受此影响，佳新酒店亏损较大，严重拖累了公司整体业绩；而市政工程公司则因属于传统产业，盈利能力不高，且不是云大科技作为高科技公司的主体优势所在。

对策：强化主业，调整辅业，有所为有所不为，优化公司资源，调整产业结构，积极创造条件，引进行业强者，逐渐以托管、股权转让等积极稳妥的方式退出旅游和市政产业。

2、公司财务状况

报告期内主要指标与上年相比的变动原因：

指标名称	2000年	1999年	增长比率%
总资产(元)	1,347,996,617.23	834,883,510.08	61.46%
长期负债(元)	63,106,797.16	32,928,603.24	91.65%
股东权益(元)	923,378,892.50	549,803,965.18	67.95%
主营业务利润(元)	185,812,964.13	116,756,398.03	59.15%
净利润(元)	67,539,623.32	52,812,257.56	27.89%

说明：

报告期内，公司总资产为1,347,996,617.23元，比去年同期增加61.46%，主要是因为配股增加货币资金3.1亿元及并表范围增加所致；长期负债为63,106,797.16元，比去年同期增加91.65%，主要是因为新增7年期银行贷款3,000万元；股东权益为923,378,892.50元，比去年同期增加67.95%，主要是因为配股增加股东权益3.1亿元及利润增加；主营业务利润为185,812,964.13比去年同期增加59.15%，净利润为67,539,623.32比去年同期增加27.89%，主要是因为a、业务扩大，期间费用增加；b、并表范围增加，新增六家子公司纳入合并报表范围，使费用增加；c、销售公司所得税率由15%调整为33%，致使税负增加，减少利润。

3、公司投资情况

(1)报告期内公司于12月27日实施完成2000年度配股方案，实际募集资金共计31,308.5304万元。募集资金拟投入使用项目分别是"千县万点工程"二期工程、云大科技天然药物研究开发中心和云大科技微生物研究开发中心。截止到报告期末，三个项目暂未实施。

(2)报告期之前募集资金的使用延续到本年度的资金运用情况

①公司1998年8月27日发行股票后，募集资金37100万元，其使用情况见下表：

项目名称	预计投资额(万元)	实际投资额(万元)	投资进度(%)
长效云大—120	4,852.47	4,852.47	100
保山小粒咖啡种植	3,666.87	3,666.87	100
动物饲料加工	4,757.90	560	11.8
城郊高效农业	4,983.19	3,066.50	61.54
种子工程	4,890.00	3,943.67	80.65
"千县万点工程"一期工程	14,247.56	14,247.56	100
合计	37,397.99	30,337.07	81.12

注 1：公司 1998 年募集资金 37,100 万元，募集资金使用进度为 81.77%。

注 2：募集资金 371,000,000 元，按计划进度已投入使用 303,370,693.57 元，尚未使用 67,629,306.43 元。

注 3：千县万点工程一期预计投资 142,475,600.00 元，实际投资 234,035,401.73 元，将二期工程提前投入 91,559,801.73 元，由配股资金解决。

注 4：保山咖啡种植预计投入 36,668,700.00 元，实际投入 36,683,100.86 元，超投 14,400.86 元，由自有资金解决。

②截止 2000 年 12 月 31 日募集资金使用情况：

长效云大-120 项目：计划投资 4,852.47 万元，至报告期末实际投资 4,852.47 万元，已完成计划总投资额的 100%，建设进度超过预期进度，已提前完成全部投资额。该项目已建成年产 50 公斤原药工业化生产线及 1000 吨制剂包装生产线，产品质量保证体系已获国际质量 ISO9001 认证。长效云大—120 原药及制剂的生产许可证及农药登记材料已通过初审，目前已报国家有关部门审批，预计 2001 年上半年可完成全部申报手续并正式生产、销售。

保山小粒咖啡种植项目：计划投资 3,666.87 万元，至报告期末实际投资 3,668.31 万元，已完成计划投资额的 100%，建设进度超过预期进度，已提前完成全部投资额。该项目已累计完成 2000 亩小粒咖啡的定植工作，其中 1030 亩进入投产期；复合种植同步进行的其它热区经济作物已完成定植 450 余亩。水利工程已完成并投入使用；安装完并运行的部分咖啡滴灌工程，对云南省高效农业的建设和发展起到了积极有效的示范作用。目前"新建年产 1800 吨咖啡豆初加工示范项目"已进入组织实施阶段。

动物饲料项目：计划投资 4,757.90 万元，至报告期末实际投资 560 万元，已完成计划投资额的 11.8%，建设进度低于预期进度。该项目进展比较缓慢的原因是草场征用手续复杂，合作中协调难度大；该类产品的社会平均利润率进一步下降。现根据情况暂缓投入。

城郊高效农业项目：计划投资 4,983.19 万元，至报告期末实际投资 3,066.5 万元，已完成计划投资额的 61.54%，建设进度低于预期进度。该项目已购地 60 亩建设种苗基地和科研基地；进行新产品的开发，完成了相关产品登记手续，在北京拓展了 100 多家经销点；并开始积极组织云南高档花卉（如兰花）在美国的出口贸易。该项目投资缓慢主要是因为一方面项目审批手续比预计复杂，另一方面合作伙伴发生了变化。

种子工程项目：计划投资 4,890 万元，至报告期末实际投资 3,943.67 万元，已完成计划投资额的 80.65%，建设进度基本达到预期进度。该项目已完成现有种子、化肥和农药的储运工作；完成 5000 亩杂交玉米品种的推广示范工作以及 8000 亩新品种种植，并在全国率先完成春、夏、秋、冬四季制种，特用玉米等的冬季制种开发已初见成效。同时完成了二十多个蔬菜新特品种的引进、开发，现已投入试种。

"千县万点工程"一期工程项目：计划投资 14,247.56 万元，至报告期末实际投资 14,247.56 万元，已完成一期计划投资额的 100%，项目进展迅速，建设进度超过预期进度。报告期内项目组织构架基本建成，物流系统建设初见成效，建成并开通了以提供农业信息为主的电子商务网，上海、深圳两个生产基地建设顺利，累计实施完成 400 多个重点县的营销网点建设；同时，实施"以服务带动销售"营销策略，扶持了数千个农资零售网点。目前，覆盖全国的营销网络已初具规模，产品代理亦取得一定成果。报告期内产品销售回款难的状况得到一定改善，全年销售收入较上年提高 70.08%，实施效果良好。

公司 1998 年 8 月 27 日发行股票共募集资金 37,100 万元，实际投资至报告期末累计使用募集资金 30,337.07 万元，尚未使用 6,762.93 万元，其中 2000 万用于购买国债，剩余 4,762.93 存银行。

(3)非募集资金投资的重大项目情况说明

①昆明佳新大酒店报告期内因昆明酒店行业在世博会后供大于求，竞相降价竞争，该酒店虽积极采取措施推出特色服务，大幅度提高客房入住率，使下半年经营状况得到一定改善，但 2000 年仍亏损 1464 万元，我公司按股权比例承担 878.4 万元。

②云南市政基础设施建设有限公司报告期内努力推进以"分质分流"管道直饮水供水改造为重点的城市基础设施建设，实现利润 2.3 万元。目前该公司正积极探索集"供水、排水、节水"为一体的"立体水务"，推出对住房生活污水进行处理的中水系统，并开始进入实施阶段。

③根据广发证券有限责任公司利润分配方案，2000 年度公司取得投资收益 1,599.29 万元。

5、新年度的业务发展计划

大力加大科研力度，建设好自主研发体系，提升"千县万点"功能，进一步发挥其效益，以高科技农化制品和医药保健品为拳头产品，面向市场，树立以生物及化学技术为支撑、生物资源开发为重点的高科技企业形象。

(1)加强科研开发力度，按计划实施配股项目中的"云大科技天然药物研究开发中心"和"云大科技微生物资源研究开发中心"建设，合作共建好云南大学药学院、云南省工业微生物发酵工程重点实验室，托管建设好云南省天然药物中心，筹建办好云大科技博士后工作站，尽快完善公司自主研发体系。

具体研发工作将主要从以下几方面展开：

①以自主研发为主，发展以高效调节剂、生物农药、复合微肥为主的绿色产品；②重点开发心血管类及其它天然药物；③利用好云南丰富生物资源，进行保健品及功能食品开发；

(2)实施"千县万点"二期工程建设，提升营销网络的功能，进一步发挥其效益，保障主营业务不断增长。

(3)以花卉产业开发为龙头，将已启动的城郊高效农业项目、种子项目、草食动物饲料项目的开发，归并为一个大的高效农业项目进行综合开发；

(4)本着有所为有所不为的思想，进一步强化主业，调整辅业，优化公司资源，调整产业结构，积极创造条件，引进行业强者，通过委托管理、股权转让或换股等方式，逐渐以积极和稳妥的方式退出旅游和市政产业。

(5)灵活应用多种资本运营方式，发挥"千县万点"网络优势，收购、兼并一批农药、医药企业，快速实现产业扩张，进一步强化主营业务。

6、董事会日常工作情况

(1)报告期内董事会会议召开时间，重要决议及刊登的信息披露报纸及披露日期。

①公司董事会会议于 2000 年 3 月 22 日召开，审议并通过如下决议及议案：

a、审议 99 年度董事会工作报告；

b、审议 99 年度总经理业务报告；

c、审议 99 年度报告；

d、审议 99 年财务报告；

e、审议 99 年公司利润分配预案；

f、审议《关于计提四项资产减值准备金及损失处理的内部控制制度》的议案。

g、关于续聘云南同舟会计师事务所的议案。该会议决议公告刊登在 2000 年 3 月 25 日《上海证券报》、《中国证券报》、《证券时报》上。

②公司临时董事会会议于 2000 年 3 月 30 日和 4 月 3 日以通讯方式召开，审议并通过了为控股子公司昆明云大科技产业销售有限公司提供贷款担保的决议，金额共计 8000 万元。截至报告期末，实际实施 7000 万元。

③公司董事会会议于 2000 年 5 月 18 日召开，会议对以下议题进行了讨论和研究：

a、对照中国证券监督管理委员会证监发【1999】12 号文要求，对公司 2000 年度配股资格进行检查；

b、讨论《公司 2000 年度配股预案》；

c、讨论经理班子提出的"提高管理水平，优化管理结构"的建议；

d、审议通过《关于成立国际业务部的报告》。

④公司董事会会议于 2000 年 6 月 23 日召开，审议并通过以下决议及议案：

a、审议通过关于更换总会计师的提案；

b、审议通过关于向中信银行广州分行花园支行贷款的议案；

c、董事会根据中国证券监督管理委员会证监发[1999]12 号文《关于上市公司配股工作有关问题的通知》要求，对公司 2000 年度配股资格进行了认真检查，认为本公司符合现行规定的配股条件，具备配股资格；

d、审议通过《公司 2000 年度配股预案》；

e、审议通过《公司 2000 年度配股募集资金的投向及可行性报告》；

f、审议通过《前次募集资金使用情况的说明》。该会议决议公告刊登在 2000 年 6 月 27 日《上海证券报》、《中国证券报》、《证券时报》上。

⑤公司董事会会议于 2000 年 7 月 31 日召开，审议并通过以下决议：

a、审议通过公司 2000 年中期报告及中期报告摘要；

b、审议通过公司 2000 年中期利润分配预案。该会议决议公告刊登在 2000 年 8 月 2 日《上海证券报》、《中国证券报》、《证券时报》上。

⑥公司临时董事会会议于 2000 年 9 月 11 日召开，审议并通过《董事会关于前次募集资金使用情况的说明》。

⑦公司临时董事会会议于 2000 年 10 月 10 日以通讯方式召开，审议并通过以下议案：

a、审议通过《关于受让云南文山特安呐制药有限公司 15%股权的议案》；

b、审议通过更换证券事务代表议案。

⑧公司董事会会议于 2000 年 12 月 28 日召开，会议对以下议案进行了讨论、研究：

a、审议通过董事会下设各委员会负责人提名案；

b、审议通过关于聘任高级管理人员的请示；

c、审议通过机构设置方案；

d、讨论职级岗位工资调整方案。

(2)董事会对股东大会决议的执行情况

①根据 2000 年 4 月 25 日 1999 年度股东大会决议通过的《99 年度利润分配方案》，公司于 5 月 31 日实施完成向全体股东每 10 股送 1 股，同时，每 10 股派发现金 0.5 元(含税)的利润分配方案。

②根据 2000 年 7 月 27 日 2000 年度第一次临时股东大会决议通过的 2000 年度配股预案，董事会根据股东大会的授权，在决议有效期内全权办理完成与本次配股有关的事宜，并于 12 月 27 日实施完成 2000 年配股方案。

7、董事、监事及高级管理人员

姓名	性别	年龄	职务	任期	年初持股	年度内增加	年末持股
付文明	男	40 岁	董事长	1998.9-2001.9	8,000 股	3,200 股	11,200 股
陈云海	男	38 岁	副董事长、总经理	1998.9-2001.9	7,000 股	2,800 股	9,800 股
郑介甫	男	42 岁	副董事长	1998.9-2001.9	5,000 股	2,000 股	7,000 股
李良	男	36 岁	董事、副总经理	1998.9-2001.9	6,000 股	2,400 股	8,400 股
李志航	男	47 岁	董事	1998.9-2001.9	6,000 股	2,400 股	8,400 股
陈醒群	男	53 岁	董事	1998.9-2001.9	6,000 股	2,400 股	8,400 股
蔡霓	女	46 岁	董事	1998.9-2001.9	5,000 股	2,000 股	7,000 股
张艳华	女	39 岁	董事	1998.9-2001.9	2,000 股	800 股	2,800 股
李丽萍	女	44 岁	董事	1998.9-2001.9	6,000 股	2,400 股	8,400 股
严辉	男	31 岁	董事	1999.11-2001.9	6,000 股	2,400 股	8,400 股
戴晓畅	男	38 岁	董事	1999.11-2001.9	0	0	0
江连国	男	37 岁	监事会主席	1998.9-2001.	2,000 股	800 股	2,800 股
陈平	男	50 岁	监事	1998.9-2001.9	6,000 股	2,400 股	8,400 股
史荣善	男	51 岁	监事	1998.9-2001.9	6,000 股	2,400 股	8,400 股
马亚教	男	36 岁	监事	1999.11-2001.9	6,000 股	2,400 股	8,400 股
张洪彬	男	37 岁	监事	1999.11-2001.9	0	0	0
张仕强	男	38 岁	副总经理	2000.4-2001.9	0	0	0
洪芳	女	32 岁	董事会秘书	1999.10-2001.9	0	0	0
李一平	女	51 岁	总会计师	2000.6-2001.9	0	0	0

注：董事、监事及高管人员持股增加是因为年度内公司实施了送股及配股方案。

年度报酬总额(包括工资、福利等收入)为 80.72 万元。其中 5-7 万元有 6 人，7-9 万元有 3 人，9-12 万元有 2 人。

不在本公司领取报酬的董事、监事及高级管理人员有郑介甫、陈醒群、蔡霓、张艳华、戴晓畅、江连国、陈平、张洪彬等八人。

①a 报告期内无离任董事、监事。

b 高级管理人员离任情况：

经 2000 年 12 月 28 日董事会会议研究，同意董事长提名，聘任严辉担任发展及投资委员会主任，聘任李志航担任内审委员会主任。两人不再担任公司副总经理。

②a.报告期内公司董事会秘书未发生变动。

b.2000 年 4 月，经总经理提名，聘任张仕强担任公司副总经理。经 2000 年 6 月 23 日董事会会议研究，审议通过关于更换总会计师的提案，公司副总经理严辉不再兼任总会计师，聘任李一平担任总会计师。

8、本次利润分配预案、公积金转增股本预案

经审计，公司 2000 年实现净利润 67,539,623.32 元，按 10%提取法定公积金 10,345,101.23 元、按 5%提取公益金 5,172,550.61 元后，公司帐面尚有未分配利润 108,292,976.61 元、资本公积 605,244,030.75 元。为保障经营资金充足，支持企业主业发展壮大，董事会提议拟不进行现金分红。

鉴于公司自上市以来经营业绩取得较大幅度的增长，2000 年度配股的顺利完成，亦得益于广大股东特别是流通股股东的大力支持。为股东谋取最大利益是董事会的责任，因此公司考虑在不影响正常经营活动的条件下，以资本公积转增股本的形式给予股东最大回报，即以 2000 年末总股本 17406.8112 万股为基数按 1:1(10 股转增 10 股)的比例，以资本公积转增股本。转增后，帐面资本公积尚余 431,175,918.75 元。

本次公积金转增股本预案尚需提交 2000 年度股东大会审议通过。

按中国证券监督管理委员会的要求，并体现公司信息披露工作所严格遵循的公开、公正、公平的原则，本着对股东投资负责的态度，公司董事会对 2001 年度的利润分配政策作出如下计划：

(1)2001 年度利润分配拟实施一次，实施时间为年终；

(2)拟实施方式为派发现金股利；

(3)拟派发的现金股利约为不低于公司 2001 年度末可供分配利润的 30%，其中，2001 年度当年实现之利润及以前年度滚存之未分配利润按同比例派发现金股利；

(4)上述 2001 年度利润分配政策为预计方案，公司董事会保留根据公司实际情况对该政策进行调整的权利。

六、监事会报告

1、监事会会议召开情况本年度共召开三次监事会会议：

(1)、公司监事会会议于 2000 年 3 月 22 日召开，审议通过了《99 年监事会报告》、《99 年度财务报告》和《99 年公司利润分配预案》；

该会议决议公告刊登在 2000 年 3 月 25 日《中国证券报》、《上海证券报》、《证券时报》上。

(2)、公司监事会会议于 2000 年 6 月 23 日召开，审议通过了《2000 年度配股预案》；

(3)、公司监事会会议于 2000 年 7 月 31 日召开，审议通过了公司 2000 年中期报告及中期报告摘要。该会议决议公告刊登在 2000 年 8 月 2 日《中国证券报》、《上海证券报》、《证券时报》上。

2、对以下事项发表独立意见

(1)监事会全体成员本着对公司和全体股东负责的精神，认真地履行了股东大会授予的监督职能。列席了2000年度召开的董事会会议，出席了股东大会，并对会议中讨论的问题充分发表了意见，召开监事会对重要议案进行了审议。同时，对公司的董事、经理执行公司职务进行了监督。

监事会认为：董事会所作的重大决策程序是合法的，公司的运作是严格按内部管理制度操作的，未发现公司的董事、经理执行公司职务时有违反法律、法规或公司章程的行为。

(2)根据天一会计师事务所有限责任公司出具的天一审字(2001)第(5)—004号《审计报告》，监事会认为：公司2000年的财务核算体制是合理的，会计事项的处理、全年报表的编制及公司执行的会计制度符合《企业会计准则》和《股份制企业会计制度》要求，财务报告真实反映了公司的财务状况和经营成果。

(3)关于募集资金的使用情况

公司2000年度配股方案在报告期内进展顺利，配股资金已于12月28日全部到位，扣除发行费用，实际募集资金31,308.5304万元。截至2000年12月31日，配股募集资金还未启用，但公司已筹资启动本次配股项目。

(4)关联交易问题本年度未发生关联交易。

(5)天一会计师事务所有限责任公司为本公司年度报告出具了无保留意见的审计报告。

七、重要事项

1、本年度公司无重大诉讼、仲裁事项。

2、本年度未发生公司、公司董事及高管人员受监管部门处罚的情况。

3、报告期内未出现控股股东变更，董事会换届、改选或半数以上成员变动及公司总经理变更情况；亦未发生解聘或新聘董事会秘书的情况。

4、报告期内公司无收购及出售资产、吸收合并等事项。

5、重大关联交易事项

(1)本期没有因购销商品、提供劳务以及资产、股权转让而发生的关联交易。

(2)公司与关联方存在的债权、债务往来、担保等事项：

①1999年12月公司为保山云大咖啡产业有限责任公司600万贷款提供担保。

②2000年4月公司为昆明云大科技销售有限责任公司7000万流动资金的贷款提供担保。

③2000年6月公司为昆明云大科技销售有限责任公司2500万流动资金的贷款提供担保。

④2000年11月云南沪滇投资发展股份有限公司为公司1000万流动资金的贷款提供担保。

⑤2000年11月公司为云南沪滇投资发展股份有限公司3000万固定资金的贷款提供担保(股份公司担保、水费收费权质押)。

⑥2000年11月公司以所持广发证券有限责任公司股权质押，办理流动资金贷款6500万元。

⑦2000年12月昆明云大科技销售有限责任公司为公司6000万流动资金的贷款提供担保。

⑧2000年12月公司为云南市政基础设施建设有限公司500万流动资金的贷款提供担保。

注1：股份公司提供担保仅限于为下属控股子公司。

2：上述担保贷款均已在合并报表内反映为公司负债。无合并报表负债外的担保事项。

6、本公司与控股股东人员独立、资产完整、财务独立：

(1)公司在劳动、人事及工资管理等方面独立；经理、副经理等高级管理人员在公司领取薪酬。

(2)公司拥有独立的生产系统、辅助生产系统和配套设施；拥有工业产权、商标、非专利技术等无形资产；拥有独立的采购系统；拥有子公司昆明云大科技产业销售有限公司99%股权(销售系统)。

(3)公司设有独立的财会部门，建立了独立的会计核算体系和财务管理制度；独立在银行开户。

7、本期未发生托管、承包、租赁其他公司资产或其他公司托管、承包、租赁本公司资产的事项。

8、本年度聘请的云南同舟会计师事务所已加入天一会计师事务所有限责任公司，现已更名为天一会计师事务所有限责任公司分所。

9、其它重大合同(含担保等)及其履行情况除上述关联交易项下披露事项外，公司无其它重大事项发生。

10、本年度公司未发生更改名称或股票简称的情况。

八、财务会计报告

本公司2000年度财务报告经天一会计师事务所有限责任公司中国注册会计师鲍琼、杨海峰审计，并出具了无保留意见的审计报告。审计报告文号为：天一审字(2001)第(5)-004号。

(会计报表附后)

会计报表附注

(一)公司主要会计政策、会计估计和合并会计报表的编制方法

1.外币业务核算方法

本公司会计年度涉及外币的经济业务，按业务实际发生日当日汇率折合为人民币记帐，月末将外币帐户余额按期末汇率进行调整，其差额列入当期损益。

2.坏帐核算方法

(1)坏帐确认标准：

A.债务人破产或死亡，以其破产财产或者遗产清偿后，仍然不能收回的应收帐款；

B.债务人逾期未履行偿债义务超过三年仍然不能收回的应收帐款。

(2)本公司的坏帐核算采用备抵法，坏帐准备按年末应收款项的帐龄确定，具体计提比例如下：

A.一年以内(含一年)的，按该部分余额的0.3%计提；

B.1—2年的，按该部分余额的2%计提；

C.2—3年的，按该部分余额的5%计提；

D.3年以上的，按该部分余额的20%计提；

E.有确凿证据表明不能收回的款项余额，按100%计提。

3.短期投资核算方法

短期投资指本公司购入的随时变现并且持有时间不准备超过一年的投资，包括股票投资、债券投资等。

短期投资在取得时以实际成本计价；即实际支付的价款扣除已宣告发放的现金股利或利息，在年度终了按单项法以成本与市价孰低计价，并按单项分类将市价低于成本的金额计提短期投资跌价准备。

4.长期投资核算方法

(1)长期股权投资

A、股票投资

本公司以货币资金购买股票的，按实际支付的金额计入成本，实际支付的款项中若含有已宣告未发放的股利，则按实际支付的金额扣除已宣告发放的股利后的净额作为投资成本。公司以实物或无形资产折价入股的，按协议、合同约定的价值或资产评估后确定的价值作为成本。

B、股权投资差额

本公司对采用权益法核算的长期股权投资，若取得时的成本与本投资单位所有者权益中所占的份额有差异以及对长期股权投资核算由成本法改为权益法时，投资成本与享有被投资公司所有者份额的差额，则设置"股权投资差额"明细科目核算。若被投资公司有经营期限的，该差额按被投资公司剩余经营期限平均摊销；若被投资公司无经营期限，该差额按10年平均摊销，计入当期损益。

C、其他股权投资

本公司以货币资金投资的，按实际支付金额计入成本；以非现金资产取得的长期股权投资，以公允价值确定。

D、收入确认方法

采用成本法核算的，在被投资公司宣告发放现金股利时确认投资收益；采用权益法核算的，在每会计期末按分享或分担的被投资公司实现的净利润或发生的净亏损的份额，确认投资收益或投资损失，并调整长期股权投资的帐面价值。

对于股票投资和其他股权投资，本公司对持有被投资公司有表决权资本总额20%以下，或持有被投资公司有表决权资本总额20%或以上，但不具有重大影响时，按成本法核算；对持有被投资公司有表决权资本总额20%或以上，或不足20%但有重大影响时，按权益法核算；本公司对持有被投资公司有表决权资本总额50%以上，或不超过50%但具有实际控制权的子公司按权益法核算并合并会计报表。

(2)长期债权投资

按实际支付的价款扣除支付的税金、手续费等相关费用，以及支付的自发行日至购入日止的已到期尚未领取的利息作为实际成本，实际成本与债券票面价值的差额，作为溢价或折价；债券的溢价或折价，在债券存续期间内于确认相关债券利息收入时摊销，摊销方法为直线法。

收益确认方法是：债券投资按期计算应计利息，计算的债券投资利息收入，经调整债券溢价或折价摊销后的金额确认为当期投资收益，其他债券投资按期计算的应收利息确认为当期投资收益。

(3)长期投资减值准备

年度终了，如由于市价持续下跌或被投资单位经营状况恶化等原因导致其可收回金额低于帐面价值且该降低价值在可预计的未来期间内不可恢复，本公司以可收回金额低于长期投资帐面价值的差额作为长期投资减值准备。

本公司目前长期投资的被投资单位生产经营均处于正常状况，本年度不存在长期投资减值损失，故未计提长期投资减值准备。

5.固定资产计价和折旧方法

(1)本公司固定资产标准为：使用期限在一年以上，单位价值在2000元以上的实物资产；

(2)固定资产按历史成本计价；

(3)固定资产折旧采用直线法计提，并按各类固定资产原值和估计使用年限扣除净残值(残值率为5%)确定年折旧率。分类折旧率如下：

类别	年限	折旧率
房屋、建筑物	10年-30年	9.5%-3.17%
机器设备	5年-15年	19%-6.3%
电子设备	5年-6年	19%-15.83%
运输设备	5年-7年	19%-13.57%
其他设备	5年-10年	19%-9.5%

6.收入确认原则

(1)商品销售，公司已将商品所有权上的重要风险和报酬转移给买方，公司不再对该商品实施继续管理权和实际控制权，相关的收入已经收到或取得了收款的证据，并且与销售该商品有关的成本能够可靠地计量时，确认营业收入的实现；

(2)提供劳务(不包括长期合同)，按照完工百分比法确认相关的劳务收入。如提供的劳务合同在同一年度内开始并完成的，在完成劳务时确认营业收入的实现。

7.所得税的会计处理方法本公司所得税的会计处理采用应付税款法。

8.合并会计报表编制方法

(1)合并范围

A.本公司拥有其过半数以上(不包括半数)权益性资本的下属企业；

B.本公司虽拥有其过半数以上权益性资本的下属企业，但由于该企业未发生实际的经营活动，故不纳入合并范围。

(2)按照财政部财会字(95)第11号文《关于印发(合并会计报表暂行规定)的通知》的要求，在合并会计报表时对下列事项进行了抵销：

A.本公司权益性投资与下属并表企业所有者权益中有关的部份；

B.本公司与下属并表公司之间的债权与债务项目；

C.本公司与下属并表公司之间未实现的内部销售。

(3)本公司下属并表单位包括：

单位名称	投资额	投资比例
昆明云大科技产业销售有限公司	4950万元	99%
保山云大咖啡产业有限责任公司	3076.8万元	95.4%
云南市政基础设施建设有限公司	680万元	87.18%
云南佳新实业有限公司	3000万元	60%
上海云大科技产业有限公司	270万元	90%
深圳云大科技产业有限公司	240万元	80%
广州兴明智公司	49.6万元	99.2%
北京云大中天农业科技有限公司	300万元	60%
云大科技种业公司	1999万元	99.95%
云南沪滇投资发展股份有限公司	1056万元	45.13%

(4)本年度合并范围较99年度增加广州兴明智公司、北京云大中天农业科技有限公司、云南沪滇投资公司、云大科技种业公司、上海云大科技产业有限公司、深圳云大科技产业有限公司。

(二)控股子公司及合营企业

子公司全称	注册资本	经营范围	本公司投资额	占权益比例(%)	是否纳入合并范围
昆明云大科技产业销售有限公司	50,000,000.00	生物与化学及化工产品等公司	49500000.00	99%	是
保山云大咖啡产业有限责任公司	3,000,000.00	咖啡、农产品种植、经营	30768000.00	95.4%	是
云南市政基础设施建设有限公司	7,800,000.00	城市供水及相关的技术服务	6800,000.00	87.18%	是
云南佳新实业有限公司	50,000,000.00	酒店业、旅游业的投资等	30000000.00	60%	是
广州兴明智市场顾问策划公司	500,000.00	市场管理策划，商品信息咨询服务等	496,000.00	99.2%	是
昆明云大种业有限公司	20,000,000.00	农作物种子的科研开发及生产、加工、销售等	19990000.00	99.95%	是
上海云大科技产业有限公司	3,000,000.00	植物生长调节剂的生产、开发、销售	2700000.00	90%	是
深圳市云大科技产业有限公司	3,000,000.00	植物生长调节剂及生物制品的生产、开发、销售	2400000.00	80%	是
北京云大中天农业科技有限公司	5,000,000.00	种植和销售自产的花卉	3000000.00	60%	是
云南沪滇投资是发展股份有限公司	23,400,000.00	工农业项目、基础设施	10560000.00	42.13%	
云大科技海外发展有限责任公司	70万美元		70万美元	100%	否

(三)或有事项

公司除前款所述为其子公司借款提供担保外,无其他或有事项。

(四)承诺事项本公司无重大承诺事项。

(五)其他重要事项

1.本公司对保山云大咖啡产业有限责任公司的长期投资 3076.8 万元,已超过本公司在该公司注册资本 300 万元中应占的份额 153 万元,另一投资方未按相应比例投入,按投资协议规定应办理相应的验资及变更手续,目前正在办理当中。

2.本公司持有广发证券公司 3.83%股权质押取得 6500 万元流动资金贷款。

3.原预付给昆明建华集团购土地款 500 万元,由于建华集团未能办理该土地的过户手续,公司已向法院申请支付令生效,目前已进入执行阶段。

4.中报披露应收帐款 15,143,238.68 元涉及诉讼事项,因与欠款单位交涉,对方已 承诺偿还债务,且已支付部分款项,故未提起诉讼。

5.本公司借予云南汇光公司的借款 54 万元(以该公司对云南沪滇投资发展股份有 限公司的股权质押),由于对方不能按协议归还,按协议规定,该公司对云南沪滇投资发展股份有限公司的股权归本公司所有,该公司已书面承诺放弃对云南沪滇投资发展股 份有限公司自成立以来的所有权益,但目前尚未办理相应的股权转移手续。本次合并云南沪滇投资发展股份有限公司的会计报表时,已将此部分权益并入。

6.本公司持有的深圳市睿隽投资有限公司的股权本年度已转让,转让价格为本公 司的投资成本,转让款项已收到。

7. 本公司对昆明锦绣诺力园艺有限责任公司的长期投资 2350 万元,因该公司为中外合资企业,审批过程较长,故经合作方协商,同意本公司放弃对该公司的投资活动。本公司已将原投资款中的 1100 万元作为预付货款,用于购买花卉、种苗;1250 万元转作购地款,现所购土地已办完相关的产权转移手续。

九、其它有关资料

1、公司首次注册登记日期:1998 年 9 月 16 日

公司首次注册登记地点:昆明市高新技术产业开发区科医路

2、企业法人营业执照注册号:5300001007264

3、税务登记号码:530112713400303

4、报告期内证券主承销机构名称:广发证券有限责任公司

5、聘请的会计师事务所名称:天一会计师事务所有限责任公司

办公地址:北京市金融街投资广场 18 层

十、备查文件目录

1、载有法定代表人、总会计师、会计主管人员签名并盖章的会计报表。

2、载有会计师事务所盖章、注册会计师签名并盖章的审计报告正本。

3、报告期内在中国证监会指定报纸上公开披露过的所有公司文件的正本及公告 的原稿。

昆明云大科技产业股份有限公司董事会 2001 年 1 月 20 日

合并资产负债表 2000 年 12 月 31 日

编制单位:昆明云大科技产业股份有限公司 金额单位:人民币元

资 产	2000 年 12 月 31 日	1999 年 12 月 31 日
流动资产:		
货币资金	472668634.56	237628067.43
短期投资	20000000.00	
减:短期投资跌价准备		
短期投资净额	20000000.00	
应收票据		
应收股利	8642863.46	
应收利息		
其它应收款	74384804.72	31558955.49
应收帐款	148700254.43	60938727.57
减:坏帐准备	18529139.94	6242419.47
应收帐款净额	204555919.21	86255263.59
预付帐款	100307428.18	24405311.13
应收补贴款		
存货	66064626.51	61611644.58
减:存货跌价准备		
存货净额	66064626.51	61611644.58
待摊费用	10006040.27	972705.28
待处理流动资产净损失	231644.21	47563.98
一年内到期的长期债权投资		
其他流动资产		
流动资产合计	882477156.40	410914555.99
长期投资:		
长期股权投资	74307800.00	134692800.00
长期债权投资		
长期投资合计	74307800.00	134692800.00
减:长期投资减值准备		
长期投资净额	74307800.00	134692800.00
合并价差:		
合并价差		
固定资产:		
固定资产原价	181539804.94	145410857.56
减:累计折旧	26845540.61	11321424.96
固定资产净值	154694261.33	134089432.60
工程物资		
在建工程	56215385.73	8168911.79
固定资产清理		
待处理固定资产净损失		
固定资产合计	210909647.06	142258344.39
无形资产及其他资产:		
无形资产	41272673.76	30478478.48
开办费	9857779.22	9301359.49
长期待摊费用	129171560.79	107237971.73
其他长期资产		542408.83
无形资产及其他资产合计	180302013.77	147017809.70
递延税项:		
递延税款借项		
资产总计	1347996617.23	834883510.08
负债及股东权益项目		
流动负债:		
短期借款	235000000.00	177000000.00
应付票据		
应付帐款	11587315.31	15249839.01
预收帐款	2325043.02	714692.37
代销商品款		
应付工资	1490562.75	811835.08
应付福利费	5836738.04	4496462.05
应付股利	1075863.32	772023.32
应交税金	28278102.51	12792483.03
其他应交款	328569.30	54194.12
其他应付款	48252982.13	16041103.74
预提费用	490174.78	420735.00
一年内到期的长期负债		
其他流动负债		
流动负债合计	334665351.16	228353367.72
长期负债:		
长期借款	50000000.00	16000000.00
应付债券		
长期应付款	13106797.16	16928603.24
住房周转金		
其他长期负债		
长期负债合计	63106797.16	32928603.24
递延税项:		
递延税款贷项		
负债合计	397772148.32	261281970.96
少数股东权益	26845576.41	23797573.94
股东权益:		
股本	174068112.00	141000000.00
资本公积	605244030.75	311126838.75
盈余公积	35773773.14	20256121.30
其中:公益金	14453572.71	9281022.10
未分配利润	108292976.61	77421005.13
股东权益合计	923378892.50	549803965.18
负债及股东权益总计	1347996617.33	834883510.08

母公司资产负债表

2000 年 12 月 31 日

编制单位:昆明云大科技产业股份有限公司 金额单位:人民币元

资 产	2000 年 12 月 31 日	1999 年 12 月 31 日
流动资产:		
货币资金	382717449.78	169764184.52
短期投资	20000000.00	
减:短期投资跌价准备		
短期投资净额	20000000.00	
应收票据		
应收股利	8642863.46	
应收利息		
其它应收款	280684846.45	98541976.88
应收帐款	43564631.47	52006471.38
减:坏帐准备	14001866.55	1392931.38
应收帐款净额	310247611.37	149155516.88
预付帐款	82618374.64	24239258.26
应收补贴款		
存货	25823559.94	16969777.97
减:存货跌价准备		
存货净额	25823559.94	16969777.97
待摊费用	34249.98	
待处理流动资产净损失	75649.92	
一年内到期的长期债权投资		
其他流动资产		
流动资产合计	830159759.09	360128737.63
长期投资:		
长期股权投资	231638637.26	235352968.38
长期债权投资		
长期投资合计	231638637.26	235352968.38
减:长期投资减值准备		
长期投资净额	231638637.26	235352968.38
合并价差:		
合并价差		
固定资产:		
固定资产原价	46565988.65	39711300.42
减:累计折旧	11164698.85	6944716.53
固定资产净值	35401289.80	32766583.89
工程物资		
在建工程	5717434.08	6283575.44
固定资产清理		
待处理固定资产净损失		
固定资产合计	41118723.88	39050159.33
无形资产及其他资产:		
无形资产	34340238.28	24637662.56
开办费	382794.92	455639.56
长期待摊费用		
其他长期资产		
无形资产及其他资产合计	34623033.02	103266001.01
递延税项:		
递延税款借项		
资产总计	1137540153.43	737797866.35
负债及股东权益项目		
流动负债:		
短期借款	135000000.00	132000000.00
应付票据		
应付帐款	3802164.87	1438998.09
预收帐款		

代销商品款		
应付工资	842778.37	811835.08
应付福利费	3547086.14	3185343.06
应付股利	303840.00	
应交税金	18692147.00	6969901.23
其他应交款	281846.38	49119.37
其他应付款	4208647.84	6967835.48
预提费用	50400.00	68400.00
一年内到期的长期负债		
其他流动负债		
流动负债合计	166728910.60	151491432.31
长期负债:		
长期借款	10000000.00	10000000.00
应付债券		
长期应付款	10606797.16	14428603.24
住房周转金		
其他长期负债		
长期负债合计	20606797.16	24428603.24
递延税项:		
递延税款贷项		
负债合计	187335707.76	175920035.55
少数股东权益		
股东权益:		
股本	174068112.00	141000000.00
资本公积	605244030.75	311126838.75
盈余公积	28806345.44	16462648.81
其中:公益金	9602115.15	5487549.61
未分配利润	142085957.48	93288343.24
股东权益合计	950204445.67	561877830.80
负债及股东权益总计	1137540153.43	737797866.35

现金流量表

2000 年度

编制单位:昆明云大科技产业股份有限公司　　金额单位:人民币元

项目	合并数	母公司
一.经营活动产生的现金流量:		
销售商品,提供劳务收到的现金	206824622.34	153983207.00
收取的租金		
收到的增值税销项税额和退回的增值税款		
收到的除增值税以外的其他税费返还		
收到的其他与经营活动有关的现金	37900131.44	20482162.25
现金流入小计	244724753.78	174465369.25
购买商品,接受劳务支付的现金	71249143.85	28952729.91
经营租赁所支付的现金	2948358.03	
支付给职工以及为职工支付的现金	26384203.64	9296065.96
实际交纳的增值税款	7503102.98	6550706.42
支付的所得税款	14935623.92	8172416.20
支付的除增值税,所得税以外的其他税费	4251244.60	3164518.36
支付的其他与经营活动有关的现金	118094964.18	115268815.45
现金流出小计	245366641.20	171405252.30
经营活动产生的现金流量净额	-641887.42	3060116.95
二.投资活动产生的现金流量:		
收回投资所收到的现金	300000.00	
分得股利或利润所收到的现金	7355628.48	7355628.48
取得债券利息收入所收到的现金		
处置固定资产,无形资产和其他长期资产而收回的现金净额		
收到的其他与投资活动有关的现金	269747.70	
现金流入小计	7925376.18	7355628.48
购建固定资产,无形资产和其他长期资产所支付的现金	115095128.91	8961153.14
权益性投资所支付的现金	57260000.00	56660000.00
债权性投资所支付的现金	20000000.00	20000000.00
支付的其他与投资活动有关的现金	24742.00	
现金流出小计	192379870.91	95621153.14
投资活动产生的现金流量净额	-184454494.73	-88265524.66
三.筹资活动产生的现金流量:		
吸收权益性投资所收到的现金	351948656.85	313085304.00
发行债券所收到的现金		
借款所收到的现金	273000000.00	135000000.00
收到的其他与筹资活动有关的现金		
现金流入小计	624948656.85	448085304.00
偿还债务所支付的现金	181000000.00	132000000.00
发生筹资费用所支付的现金		
分配股利或利润所支付的现金	6746160.00	6746160.00
偿还利息所支付的现金	17049032.17	11164071.03
融资租赁所支付的现金		
减少注册资本所支付的现金		
支付的其他与筹资活动有关的现金	16515.40	16400.00
现金流出小计	204811707.57	149926631.03
筹资活动产生的现金流量净额	420136949.28	298158672.97
四.汇率变动对现金的影响		
五.现金及现金等价物净增加额	235040567.13	212953265.26
补充资料		
1.不涉及现金收支的投资和筹资活动:		
以固定资产偿还债务		
以投资偿还债务		
以固定资产进行长期投资		
以存货偿还债务		
融资租赁固定资产		
2.将净利润调节为经营活动的现金流量:		
净利润	67539623.32	82291310.87
加:少数股东损益	-4906135.13	
加:计提的坏帐准备或转销的坏帐	16399878.22	12608935.17
固定资产折旧	15709517.43	4218982.32
无形资产摊销	909421.77	879881.44
待摊费用的摊销	18895450.74	658869.02
处置固定资产,无形资产和其他长期资产的损失(减:收益)		
固定资产报废损失		1445.55
财务费用	15825249.57	10869341.23
投资损失(减:收益)	-16059059.48	-26169160.82
递延税款贷项(减:借项)		
存货的减少(减:增加)	-4452981.93	-8853781.07
经营性应收项目的减少(减:增加)	-156489493.00	-21080146.04
经营性应付项目的增加(减:减少)	47399328.94	11647703.57
增值税增加净额(减减少)		
其他	-1412687.87	35986735.71
经营活动产生的现金流量净额	-641887.42	3060116.95
3.现金及现金等价物净增加情况:		
货币资金的期末余额	472668634.56	382717449.78
减:货币资金的期初余额	237628067.43	169764184.52
现金等价物的期末余额		
减:现金等价物的期初余额		
现金及现金等价物净增加额	235040567.13	212953265.26

合并利润及利润分配表

2000 年度

编制单位:昆明云大科技产业股份有限公司　　金额单位:人民币元

项目	2000 年度	1999 年度
一、主营业务收入	245156459.91	144143334.41
减:销售折扣与折让		
主营业务收入净额	245156459.91	144143334.41
减:主营业务成本	56422763.84	25877442.84
主营业务税金及附加	2920731.94	1509493.54
二、主营业务利润	185812964.13	116756398.03
加:其他业务利润	938794.04	4655.68
减:存货跌价损失		
营业费用	50699507.00	25785347.20
管理费用	63635765.67	30525587.65
财务费用	15825249.57	2594611.46
三、营业利润	56591235.93	57855507.40
加:投资收益	16059059.48	
补贴收入	9524584.37	5919937.14
营业外收入	3929979.94	4214984.20
减:营业外支出	927965.43	503385.88
四、利润总额	85176894.29	67487042.86
减:所得税(15%)	22543406.10	16185098.62
减:少数股东损益	-4906135.13	-1510313.32
五、净利润	67539623.32	52812257.56
加:年初未分配利润	77421005.13	36545350.25
盈余公积金转入		
六、可供分配的利润	144960628.45	89357607.81
减:提取法定盈余公积	10345101.23	6492926.85
提取法定公益金	5172550.61	5443675.83
七、可供股东分配的利润	129442976.61	77421005.13
减:应付优先股股利		
提取任意盈余公积		
应付普通股股利	7050000.00	
转作股利的普通股股利	14100000.00	
八、未分配利润	108292976.16	77421005.13

母公司利润及利润分配表

2000 年度

编制单位:昆明云大科技产业股份有限公司　　金额单位:人民币元

项目	2000 年度	1999 年度
一、主营业务收入	128848145.25	61958584.48
减:销售折扣与折让		
主营业务收入净额	128848145.25	61958584.48
减:主营业务成本	17983112.03	16600476.02
主营业务税金及附加	1304318.90	519018.21
二、主营业务利润	109560714.32	44839090.25
加:其他业务利润	231.88	4655.68
减:存货跌价损失		
营业费用	258336.78	58527.52
管理费用	32681769.84	16301116.29
财务费用	10879538.49	306105.07
三、营业利润	65741301.09	28177997.05
加:投资收益	26169160.82	40510075.84
补贴收入		
营业外收入	3822956.08	3822096.08
减:营业外支出	544955.72	491381.73
四、利润总额	95178462.27	72018787.24
减:所得税(15%)	12887151.40	7089518.74
减:少数股东损益		
五、净利润	82291310.87	64929268.50
加:年初未分配利润	93288343.24	38098465.03
盈余公积金转入		
六、可供分配的利润	175579654.11	103027733.53
减:提取法定盈余公积	8229131.09	6492926.85
提取法定公益金	4114565.54	3246463.44
七、可供股东分配的利润	163235957.48	93288343.24
减:应付优先股股利		
提取任意盈余公积		
应付普通股股利	7050000.00	
转作股利的普通股股利	14100000.00	
八、未分配利润	142085957.48	93288343.24

桦林轮胎股份有限公司

一 公司简介

(一)公司法定中文名称:桦林轮胎股份有限公司
公司法定英文名称:HUALIN TYRE CO.,LTD.
(二)公司法定代表人:孙玉生
(三)公司董事会秘书:张玉臣
联系地址:黑龙江省牡丹江市桦林轮胎股份有限公司
电话:(0453)6306948　　传真:(0453)6304100
电子信箱:wyg00@163.com
(四)公司注册地址:黑龙江省牡丹江市桦林镇
公司办公地址:黑龙江省牡丹江市桦林镇　　邮政编码:157032
公司国际互联网网址:http://www.hualintyre.com
电子信箱:webmaster@hualintyre.com
(五)公司选定的信息披露报纸名称:《上海证券报》
登载公司年度报告的中国证监会指定国际互联网网址:http://www.sse.com.cn
公司年度报告备置地点:公司证券投资部
(六)公司股票上市交易所:上海证券交易所
股票简称:桦林轮胎　　股票代码:600182

二 会计数据和业务数据摘要

(一)本年度主要利润指标情况(单位:元)

利润总额	3,741,117
净利润	3,179,950
扣除非经常性损益后的净利润	-4,086,160
主营业务利润	93,800,172
其他业务利润	3,044,800
营业利润	-5,199,724
投资收益	82,220
补贴收入	5,770,000
营业外收支净额	3,088,620
经营活动产生的现金流量净额	-28,011,559
现金及现金等价物净增加额	-109,301,495

注:扣除的非经常性损益项目和涉及金额:

(1)补贴收入	5,770,000
(2)处理固定资产收益	-27,331
(3)股票申购冻结资金利息	1,523,441

(二)近三年主要会计数据和财务指标 ((单位:元)

指标项目	2000 年	1999 年	调整后 1998 年	调整前 1998 年
主营业务收入	712,993,416	705,190,775	938,229,943	938,229,9430
净利润	3,179,950	21,654,518	58,788,065	67,682,873
总资产	2,000,493,583	1,877,855,011	1,303,317,456	1,319,682,809
股东权益	800,890,935	797,710,985	423,623,203	433,638,593
每股收益	0.009	0.064	0.267	0.307
每股收益(加权)	0.009	0.072	0.267	0.307
扣除非经常性损益后的每股收益	-0.012	0.026	0.267	0.307
每股净资产	2.356	2.346	1.926	1.971
调整后的每股净资产	2.323	2.312	1.857	1.902
每股经营活动产生的现金流量净额	-0.082	-0.256		
净资产收益率(%)	0.397	2.715	13.877	15.608

(三)利润表附表

报告期利润	净资产收益率		每股收益	
	全面摊薄	加权平均	全面摊薄	加权平均
主营业务利润	0.117	0.117	0.275	0.275
营业利润	-0.006	-0.006	-0.015	-0.015
净利润	0.004	0.004	0.009	0.009
扣除非经常性损益后的净利润	-0.005	-0.005	-0.012	-0.012

三股东情况介绍

1 、报告期末公司股东总数为 60,684 户。
2 、报告期末公司主要股东持股情况

股东名称	股份类别	期末持股数(股)	占总股本比例(%)	本期股份增减(股)
(1)、桦林集团有限责任公司	发起法人股	151,070,000	44.43	0
(2)、黑龙江省国际信托投资公司	法人股	5,200,000	1.53	0
(3)、黑龙江省火电第一工程公司	法人股	3,000,000	0.88	0
(4)、牡丹江市财政资产投资经营公司	法人股	2,500,000	0.74	0
(5)、牡丹江建设房地产投资开发公司	法人股	2,000,000	0.59	0
(6)、黑龙江省龙桦联营经销公司	发起法人股	1,000,000	0.29	0
(7)、桦林集团实业公司	法人股	800,000	0.24	0
(8)、平顶山信	流通股	751,950	0.22	+751,950
(9)、鹏达轮胎	法人股	670,000	0.19	0
(10)、曾幼花	流通股	634,900	0.19	+634,900

注:1)桦林集团有限责任公司为国有法人股股东,其持有的 151,070,000 股法人股已于 1999 年 8 月 24 日质押给中信实业银行,质押期限:1999 年 8 月 24 日?002 年 8 月 19 日。

2)报告期内公司前十名股东中,桦林集团有限责任公司为公司控股股东,黑龙江省龙桦联营经销公司为公司控股股东的参股公司,桦林集团实业公司为公司控股股东的全资子公司。

3 、持股 10%以上法人股东情况

桦林集团有限责任公司 法定代表人 孙玉生

经营范围:制造销售轮胎、橡胶制品、橡塑制品、化工原料(不含化学危险品)、橡胶助剂、橡胶电器,机械设备设计,技术转让,科技咨询服务,设备租赁,建筑材料,管理所属房地产业,公路运输业,商业,旅游开发业,发电,供水,本企业生产的各种轮胎、橡胶制品及相关技术的出口业务,本企业生产所需原辅材料、机械设备、仪器、仪表及相关技术的进出口业务。

4 、报告期内公司控股股东未发生变更。

广东生益科技股份有限公司

(一)公司简介

1、公司法定中文名称:广东生益科技股份有限公司
英文名称:GUANGDONG SHENGYI SCI?TECH CO.,LTD.
英文名称缩写:SYL
2、公司法定代表人:李锦
3、公司董事会秘书:温世龙
联系地址:广东省东莞市万江工业区
联系电话:(0769)2271828 转 8225
传　真:(0769)2271854
4、公司注册地址及办公地址:广东省东莞市万江工业区
邮政编码:523039
电子信箱:syzjb@pub.dgnet.gd.cn
5、公司选定《中国证券报》、《上海证券报》和《证券时报》披露信息,
公司年报登载于 http://www.sse.com.cn 网站,
公司年度报告备置点:广东生益科技股份有限公司证券部。
6、公司股票上市交易所:上海证券交易所
股票简称:生益科技
股票代码:600183

(二)会计数据和业务数据摘要

1、本年利润总额及其构成

利润总额:	233974697.77 元
净利润:	214499246.07 元
扣除非经常性损益后的净利润:	212038009.31 元
主营业务利润:	268464376.54 元
其它业务利润:	4074313.20 元
营业利润:	193134240.79 元
投资收益:	38379220.22 元
补贴收入:	——
营业外收支净额:	2461236.76 元
经营活动产生的现金流量净额:	130496177.09 元
现金及现金等价物净增加额:	-34777918.53 元

注:"扣除非经常性损益后的净利润"中扣除项目及金额:减营业外收支净额 2461236.76 元

报告期利润	净资产收益率		每股收益	
	全面摊薄	加权平均	全面摊薄	加权平均
主营业务利润	28.47	33.32	0.5470	0.5470
营业利润	20.48	23.97	0.3935	0.3935
净利润	22.75	26.62	0.4371	0.4371
非经常性损益后的净利润	22.48	26.32	0.4320	0.4320

2、主要会计数据和财务指标比较

指标项目	2000.12.31	比上期增减(%)	1999.12.31	1998.12.31 调整后	1998.12.31 调整前
主营业务收入(元)	988693270.77	27.77	773799948.26	566206988.86	566206988.86
净利润(元)	214499246.07	69.48	126559447.60	72827397.64	72964391.86
总资产(元)	1475797157.67	19.21	1237934346.05	118698587.47	120671723.76
股东权益(元) (不含少数股东权益)	943038204.81	35.02	698443670.00	696215472.40	698188608.69
每股收益(元)摊薄	0.4371	13.00	0.3868	0.2226	0.223
加权	0.4371	13.00	0.3868	0.2765	0.277
扣除非经常性损益后的每股收益(元)	0.4320	7.14	0.4032	0.2150	0.2154
每股净资产(元)	1.9215	-9.99	2.1347	2.1279	2.1339
调整后的每股净资产(元)	1.9158	-9.93	2.1269	2.1195	2.1255
每股经营活动产生的现金流量净额(元)	0.2659	138.61	-0.6887	1.0405	1.0405
净资产收益率(%) 摊薄	22.75	25.55	18.12	10.46	10.45
加权	26.62	46.91	18.12	12.17	12.19

(三)股本变动及股东情况

1、股本变动情况

(1) 截止 2000 年 12 月 31 日止,持有本公司股份的股东总户数为 9404 户,其中内部职工股股东 601 户。

(2) 持有本公司股份前 10 名股东的持股情况(截止 2000 年 12 月 31 日)

名次	股东名称	持股数(股)	占总股本(%)	备注
1	东莞市电子工业总公司	127854844	26.05	国有股
2	香港伟华电子有限公司	127157733	25.91	外资股
3	广东省外贸开发公司	52510313	10.70	国有股
4	开发工会	14689687	2.99	
5	生益工会	4423595	0.90	
6	广东联发	1171875	0.24	
7	倪强	1023306	0.21	
8	兄联毛织	1012500	0.21	
9	冠洋电子	965325	0.19	
10	东电力局	937500	0.19	

本公司发起人东莞市电子工业总公司因本公司实施送、转股方案, 在报告期内持股由 85236563 股增加到 127854844 股;利用所持 6400 万股向银行质押贷款。

本公司发起人香港伟华电子有限公司因本公司实施送、转股方案, 在报告期内持股由 84771822 股增加到 127157733 股。

本公司发起人广东省外贸开发公司因本公司实施送、转股方案,及依据广东省财政厅"粤财办[2000]45 号"文批复分拆, 在报告期内其持股由 44800000 股调整为 52510313 股;利用所持 5251.03 万股向银行质押贷款。

前 10 名股东之间不存在关联关系。

西安海星现代科技股份有限公司

西安海星现代科技股份有限公司2000年度报告摘要

重要提示：本公司董事会保证本报告所载资料不存在任何虚假记载、误导性陈述或者重大遗漏，并对其内容的真实性、准确性和完整性负个别及连带责任。本年度报告摘要摘自年度报告，投资者欲了解详细内容，应阅读年度报告。

一、公司简介

1、公司法定名称：西安海星现代科技股份有限公司 简称：海星科技

英文名称：XI'AN SEASTAR MODERN-TECH CO.,LTD.

简称：SEASTAR MODERN-TECH

2、公司法定代表人：荣海

3、公司董事会秘书：仇胜萍

证券事务代表：于晓东

联系地址：西安市西新街甲字3号海星智能大厦2层 电话：029-7274643

传真：029-7286470

电子信箱：QSP@mail.seastar.com.cn

4、公司注册地址：陕西省西安市高新技术产业开发区

公司办公地址：西安市西新街甲字3号海星智能大厦2层

邮政编码：710004

公司网址：http://www.seastar.net.cn 电子信箱：ZQB@mail.seastar.com.cn

5、公司选定的信息披露报纸名称：《中国证券报》、《上海证券报》

登载公司年度报告的国际互联网网址：http://www.sse.com.cn

公司年度报告备置地点：公司证券部

6、公司股票上市交易所：上海证券交易所

股票简称：海星科技 股票代码：600185

二、会计数据和业务数据摘要

1、本年度利润总额及相关指标如下(单位：人民币元)

利润总额	22,159,880.94
净利润	20,055,624.62
扣除非经常性损益后的净利润	21,127,627.80
主营业务利润	49,626,292.58
其他业务利润	8,440,572.35
营业利润	22,135,359.76
投资收益	425,344.15
补贴收入	
营业外收支净额	-400,822.97
经营活动产生的现金流量净额	23,920,050.68
现金及现金等价物净增加额	-104,085,861.14

注：扣除的非经常性损益项目和涉及金额：股权投资差额摊销860357.24元、罚款支出430880.84元、其他营业外支出54927.02元、其他营业外收入84984.89元。

2、公司前三年主要会计数据和财务指标(单位：人民币元)

项目	2000年	1999年	1998年 调整前	1998年 调整后
主营业务收入	405,114,317.72	483,864,333.28	480,702,107.84	480,702,107.84
净利润	20,055,624.62	42,318,509.06	39,087,861.99	37,266,758.33
总资产	808,050,541.46	878,987,606.28	388,772,288.02	379,548,496.38
股东权益	492,490,292.22	484,314,667.60	143,170,418.21	134,940,876.22
每股收益(摊薄)	0.1013	0.2137	0.3007	0.2867
每股收益(加权)	0.1013	0.2494	0.3007	0.2867
扣除非经常性损益后每股收益(摊薄)	0.1067	0.1702	0.3007	0.2867
扣除非经常性损益后每股收益(加权)	0.1067	0.1987	0.3007	0.2867
每股净资产	2.4873	2.4460	1.101	1.038
调整后的每股净资产	2.4697	2.4219	1.093	1.03
每股经营活动产生的现金流量净额	0.1208	-0.4304	-0.0622	-0.0622
净资产收益率(摊薄)	4.07%	8.74%	27.30%	27.62%
净资产收益率(加权)	4.06%	12.62%	26.12%	26.19%

3、利润表附表：

报告期利润	净资产收益率 全面摊薄	净资产收益率 加权平均	每股收益(元) 全面摊薄	每股收益(元) 加权平均
主营业务利润	10.08%	9.75%	0.2506	0.2506
营业利润	4.49%	4.47%	0.1118	0.1118
净利润	4.07%	4.06%	0.1013	0.1013
扣除非经常性损益后的净利润	4.29%	4.27%	0.1067	0.1067

4、报告期内股东权益变动情况

项目	股本	资本公积	盈余公积	法定公益金
期初数	198,000,000	239,092,028.36	10,487,584.37	5,243,792.17
本期增加数	0	0	3,543,535.64	1,771,767.82
本期减少数	0	0	0	0
期末数	198,000,000	239,092,028.36	14,031,120.01	7,015,559.99

续上表：

项目	未分配利润	股东权益合计
期初数	31,491,262.70	484,314,667.60
本期增加数	20,055,624.62	25,370,928.08
本期减少数	17,195,303.46	17,195,303.46
期末数	34,351,583.86	492,490,292.22

变动原因：

1)、盈余公积、法定公益金系按本年度实现净利润10%、5%计提法定公积金、法定公益金所致；

2)、未分配利润本年增加数系本年度实现净利润20,055,624.62元形成，本年减少数为按规定比例计提公积金、公益金5,315,303.46元、应付普通股股利1188万元。

三、股本变动及股东情况

1、股东变动情况

(1)股本变动情况表 数量单位：万股

	本次变动前	本次变动增减(+-) 配股	送股	公积金转股	新发	其它	小计	本次变动后
一. 尚未流通股份								
1、境内法人持有股份	13000							13000
2、内部职工股								
3、其他								
尚未流通股份合计	13000							13000
二. 已流通股份								
1、境内上市人民币普通股	6800							6800
2、境内上市外资股								
3、境外上市外资股								
已流通股份合计	6800							6800
三. 股份总数	19800							19800

(2)股票发行与上市情况

A、本公司股票均为人民币普通股，经中国证监会"证监发字[1999]53号文件批准，于1999年5月26日以"上网定价"发行方式第一次公开发行社会公众股6800万股，每股发行价格4.68元，其中，社会公众持有的6120万股于99年6月11日在上海证交所上市交易，向基金配售的680万股于99年8月11日起开始交易。

B、报告期内未有送股、转增股本等情况。

2、股东情况介绍

(1)至报告期末，本公司股东总数为56288户。

(2)前十名股东持股情况如下表：

序号	股东名称	期末持股数量(股)	占总股本比例
1.	西安海星科技实业(集团)有限公司	62,875,000	31.25%
2.	北京阜康对外贸易公司	36,275,250	18.32%
3.	西安飞机工业(集团)有限责任公司	10,000,000	5.05%
4.	陕西省技术进步投资有限责任公司	10,000,000	5.05%
5.	西安海惠计算机公司	6,000,000	3.03%
6.	同盛基金	2,400,900	1.21%
7.	西安协同软件股份有限公司	2,000,000	1.01%
8.	西安交通大学	1,500,000	0.76%
9.	新乡经协	1,349,750	0.68%
10.	同益基金	203,850	0.10%

说明：A.公司持股5%以上股东分别为：西安海星科技实业(集团)有限公司、北京阜康对外贸易公司、西安飞机工业(集团)有限责任公司、陕西省技术进步投资有限责任公司。报告期西安海星科技实业(集团)公司为了建立现代企业制度、完善法人治理结构，根据国家有关规定改制为有限责任公司，现企业名称变为西安海星科技实业(集团)有限公司。

B.报告期末西安海星科技实业(集团)有限公司所持股份中3200万股质押于光大银行西安分行；报告期内北京阜康对外贸易公司所持股份减少1,349,750股(占公司总股本的0.68%)，系被河南省新乡中级法院以经济纠纷判决并划转过户给新乡经协公司，北京阜康对外贸易公司已向最高人民法院提起申诉。

C.前十名股东中，同盛、同益基金持有的股份为已上市流通股份，其余8家股东持有的是未上市法人股。

D.前十名股东中，同盛基金、同益基金同为长盛基金管理有限公司管理的证券投资基金，其余股东之间不存在关联关系。

四、股东大会简介

报告期内公司召开二次股东大会。2000年6月28日公司召开了1999年度股东大会，决议公告刊登于2000年6月29日的《中国证券报》、《上海证券报》；2000年8月29日公司召开2000年度第一次临时股东大会，决议公告刊登于2000年8月30日的《中国证券报》、《上海证券报》。

五、董事会报告

(一)公司经营情况

1、公司所处的行业及在本行业中的地位

公司所处行业为计算机信息行业，业务领域横跨计算机软件开发、系统集成、自主品牌硬件生产和国外品牌计算机软硬件产品的分销代理及技术服务，自有知识产权信息产品的开发以及投资生物制药行业。

2、公司主营业务的经营状况

2000年本公司实施"稳步调整传统业务，强化自有品牌，大力发展软件和系统集成业务，寻求新的利润增长点"等策略，全面进行业务整合与产业转型。公司以前主要业务收入来自国际品牌计算机产品的代理业务，针对代理产品利润持续走低，代理成本日益增加的现状与趋势，公司适时减少了代理产品，决定公司总部不再以总分销商名义分销康柏计算机低端产品。本年度代理销售收入为10700万元，占公司总销售收入的26.4%，有了大幅度下降。面对严峻的市场形式，公司进一步加强自有品牌的硬件产品开发生产力度，本年度自有品牌销售3万台，实现收入15800万元，占公司总销售收入的39%。同时加大软件和系统集成业务投入，增加利润来源，通过努力，实现销售收入14000万元，营业利润达1572万元，展现了良好的发展势头，开发出"金剑"审计软件、小区智能化管理软件等市场急需的产品，承接了广州保利智能化小区、陕西省政务大厅、上海四季酒店等大型系统集成工程项目。报告期公司通过收购郑州海星邦和生物制药有限公司45%股权进军生物制药领域，当年取得45万元投资收益，为公司未来发展奠定良好的基础。

2000年由于IT行业竞争更加激烈，利润率不断下降，使得公司经营成本和费用加大，加之本公司业务结构调整，募集资金投入项目正处于建设期，原主营业务中的代理品牌销售减少等因素的影响，对公司经营业绩造成影响。公司报告期完成主营业务收入405,114,317.72元，完成净利润20,055,624.62元，每股收益0.1013元，净资产收益率4.07%(全面摊薄)。

3、在经营中出现的问题与困难及解决方案

2000年国内计算机硬件市场竞争更趋激烈，销售费用上升，行业利润全面下降。对此公司进行了充分考虑，随着国内经济的发展，计算机市场会不断扩大，需求也趋于个性化，本公司将与国际一流计算机公司合作，开发适销品种，改善营销渠道，在各地营销网的基础商，广泛扩大代理商队伍，力求使本公司电脑销量提升到10万台/年的水平，以规模促进效益的提高。同时加大对软件和系统集成业务的投入，使其成为收入和利润的重要来源。积极扶持生物制药产业的发展，使其成为公司发展的一个重要方向。

河南莲花味精股份有限公司

河南莲花味精股份有限公司2000年年度报告摘要

重要提示:本公司董事会保证本报告所载资料不存在任何重大遗漏、虚假陈述或严重误导,并对其内容的真实性、准确性和完整性负个别及连带责任。

一、公司简介

1、公司法定中、英文名称
中文名称:河南莲花味精股份有限公司
英文名称:Henan Lianhua Gourmet Powder Co.Ltd.
2、公司法定代表人:李怀清
3、公司董事会秘书:李国俭
董事会证券事务代表:谢清喜
联系地址:河南省项城市莲花大道18号
电话:0394-42986660394-4298889
传真:0394-4298899
董事会秘书电子信箱:liguojian@371.net
4、注册地址:河南省项城市莲花大道18号
办公地址:河南省项城市莲花大道18号
邮政编码:466200
公司互联网址:http://www.chinalianhua.com
公司电子信箱:hlwjjt@public2.zz.ha.cn
5、选定的信息披露报纸:《上海证券报》、《中国证券报》
公司指定信息披露的国际互联网网址:http://www.sse.com.cn
年报备置地点:河南莲花味精股份有限公司证券部
地址:河南省项城市莲花大道18号
电话:0394-42986660394-4298889
6、股票上市交易所:上海证券交易所
股票简称:莲花味精
股票代码:600186

二、会计数据和业务数据摘要

1、公司本年度实现利润情况(单位:人民币元)

项目	2000年	1999年	增长比例(%)
利润总额:	233,772,502.53	230,658,534.78	1.35
净利润:	171,820,687.55	168,567,976.86	1.93
扣除非经常性损益后的净利润:	169,796,380.48	126,568,825.42	34.16
主营业务利润:	356,906,979.34	250,400,292.05	42.53
其他业务利润:	9,451,133.31	4,381,101.19	115.72
营业利润:	236,296,482.14	177,328,978.26	33.25
投资收益:	-4,548,286.68	11,330,405.08	-140.14
补贴收入:	0	41,854,375.39	0
营业外收支净额:	2,024,307.07	144,776.05	1298.23
经营活动产生的现金流量净额:	89,054,736.35	162,029,118.82	-45.03
现金及现金等价物净增加额:	192,873,510.63	-166,238,297.86	216.02

注:扣除非经常性损益后的净利润系从净利润中扣除了营业外收支净额2,024,307.07元。

本年度公司非经常性损益构成如下(单位:元)

项目	金额
营业外收支净额	2,024,307.07

2、截止报告期末公司前三年主要会计数据和财务指标(单位:人民币元)

项目	2000年度	1999年度	1998年度 调整前	1998年度 调整后
主营业务收入	1,310,420,579.65	1,253,467,253.63	1,246,718,251.90	1,246,718,251.90
净利润	171,820,687.55	168,567,976.86	120,325,089,18	100,490,251.46
总资产	3,101,705,633.68	2,518,917,125.39	1,770,309,202.61	1,737,607,982.74
股东权益(不含少数股东权益)	1,447,213,913.39	1,275,393,225.84	1,139,526,468.85	1,106,825,248.98
每股收益(全面摊薄)	0.2864	0.2809	0.40	0.33
每股收益(加权平均)	0.2864	0.3746	0.48	0.40
扣除非经常性损益后的每股收益	0.2830	0.2109	0.22	0.15
每股净资产	2.4120	2.1257	3.80	3.69
调整后每股净资产	2.3878	2.05	3.77	3.69
每股经营活动产生的现金流量净额	0.1484	0.27	-0.2948	-0.29
净资产收益率(%)	11.87	13.22	10.65	9.07

注:①按照中国证监会《公开发行证券公司信息披露编报规则(第9号)》要求计算的利润数据如下:

报告期利润	净资产收益率(%) 全面摊薄	净资产收益率(%) 加权平均	每股收益(元) 全面摊薄	每股收益(元) 加权平均
主营业务利润	24.66	26.22	0.5948	0.5948
营业利润	16.33	17.36	0.3938	0.3938
净利润	11.87	12.62	0.2864	0.2864
扣除非经常性损益后的净利润	10.50	11.17	0.2533	0.2533

②2000年度和1999年度总股本按60000万股计算,1998年度总股本按30000万股计算。

③"应收款项"包括应收帐款、其他应收款、预付帐款、应收股利、应收利息、应收补贴款。

④财务指标计算公式如下:

每股收益=净利润/年度末普通股股份总数

每股净资产=年度末股东权益/年度末普通股股份总数调整后的每股净资产=(年度末股东权益-三年以上应收款项净额-待摊费用-待处理(流动、固定)资产净损失-开办费-长期待摊费用-住房周转金负数余额)/年度末普通股股份总数

每股经营活动产生的现金流量净额=经营活动产生的现金流量净额/年度末普通股股份总数

净资产收益率=净利润/年度末股东权益×100%

加权平均每股收益=净利润/(期初股本总数+报告期内因公积金转赠股本或股票股利分配等增加股份数+(报告期因发行新股或债转股配股等增加股份数×增加股份下一月份起至报告期期末的月份数/报告期月份数)-报告期因回购或缩股等减少的股份×减少月份下一月份起至报告期期末的月初数/报告期月份数]

加权平均净资产收益率=净利润/(期初净资产+(净利润/2)+报告期发行新股或债转股等新增净资产×新增净资产日下一月份至报告期末的月份数/12]

⑤报告期后公司完成增发8000万股新股的工作,由于增发导致公司的总股本变动,若按增发后的总股本全面摊薄计算,公司2000年度每股收益是0.2527元。

3、报告期内股东权益变动情况(单位:人民币元)

项目	股本	资本公积	盈余公积	其中法定公益金	未分配利润	股东权益合计
期初数	600000000	444371877.94	38409542.85	12,803,180.95	192,611,805.05	1275,393,225.84
本期增加			25588968.75	8,529,656.25	146,231,718.80	171,820,687.55
本期减少						
期末数	600000,000	444371877.94	63998,511.60	21332,837.20	338843,523.85	1,447,213,913.39
变动原因			本年提取	本年提取	本期利润增加	本期利润增加

三、股本变动及股东情况

1、股本变动情况

报告期内公司股本和股本结构发生如下变化

公司股份变动情况表 (数量单位:股)

项目	本次变动前	配股	送股	公积金转股	增发	其他	小计	本次变动后 期末数
一. 尚末流通股份								
1.发起人股份	400,000,000.00							400,000,000.00
其中:国家持有股份	400,000,000.00							400,000,000.00
尚末流通股份合计	400,000,000.00							400,000,000.00
二、已流通股份								
1人民币普通股(A股)	200,000,000.00							200,000,000.00
已上市流通股份合计	200,000,000.00							200,000,000.00
三、股份总数	600,000,000.00							600,000,000.00

(2)股票发行与上市情况

A:报告期内公司没有实施现金红利分配预案和送红股及公积金转增方案。

B:2000年12月20日,公司增发不超过8000万股A股方案经中国证券监督管理委员会证监公司字[2000]217号文批准,2000年12月28日公司在《中国证券报》、《上海证券报》、《证券时报》上刊登招股文件。2001年1月5日网上向社会公众股股东(新老股东)、网下向证券投资基金增发询价申购日,2001年1月16日,增发募股资金全部到公司的资金专户,增发工作结束。本次增发共募集资金75600万元,扣除承销费等其他费用,实际募集资金净额73000万元。本次增发的8000万股已经于2001年2月14日全部上市流通。详情请参见2001年1月10日《河南莲花味精股份有限公司公募增发A股申购情况及发行价格确定公告》和2001年2月10日《河南莲花味精股份有限公司股份变动及增发股份上市公告》(《中国证券报》、《上海证券报》和《证券时报》)。

2、股东情况介绍

(1)报告期末股东总数为108621人,其中国家股股东1户,社会公众股股东108620户。

(2)截止2000年12月31日,公司前十名股东持股情况

股东名称	持股数量(股)	持股比例%
河南莲花味精集团有限责任公司(国家股)	400,000,000	66.6667
大鹏证券	3,566,744	0.5944
张永祥	1,060,000	0.1767
张英明	532,142	0.0887
张克宽	531,100	0.0885
科技投资	500,000	0.0833
伟仁公司	498,111	0.0830
黄志凯	480,000	0.0800
庄庆南	450,000	0.0750
扬子工会	400,000	0.0667

注:①公司前10名股东之间不存在关联关系;

②河南莲花味精集团有限责任公司系代表国家持有股份的单位,其他股东均是社会公众股东。

③持股10%以上的法人股股东只有河南莲花味精集团有限责任公司,法定代表人为李怀清,经营范围为:副食品(不含棉、烟、茧)、保健品(不含药品)、皮革及制品、饲料、机械设备、仪器仪表及零配件。持有股份未作任何抵押、质押,也无冻结情况。

④报告期内控股股东没有发生变更情况。

四、股东大会简介

本报告期内公司共召开二次股东大会,具体会议事项如下:

1、2000年4月25日召开1999年度股东大会,审议表决通过了《1999年度董事会工作报告》、《1999年度监事会工作报告》、《1999年度总经理业务报告》、《公司1999年度报告及年度报告摘要》、《公司1999年度财务决算和利润分配方案》、《关于计提四项资产减值准备及损失处理的内部控制制度》、《关于修改公司章程的议案》、《关于变更部分募集资金使用计划的议案》、《关于投资河南漯河至周口(豫皖界)高速公路的议案》、《关于收购项城热电厂的议案》共十项决议,公告刊登于2000年4月26日《上海证券报》。

2、2000年9月11日召开2000年临时股东大会,审议表决通过了《公司董事会关于公司公募增发不超过8000万股A的议案》、《公司董事会关于公司前次募集资金使用情况说明的议案》共两项决议,公告刊登于2000年9月12日《上海证券报》。

五、董事会报告

一、公司经营情况

上市以来,公司不断加强科研开发力度,积极与相关科研院所开展合作,在项目建设和技术改造中大量应用新技术、新工艺,公司渐由"资源密集型"向"技术密集型"过渡。2000年公司正式被国家科学技术部火炬高技术产业开发中心认定为"国家重点高新技术企业"。

1、公司所处的行业及地位

公司属于食品行业,主要产品是味精及其副产品、饲料等;其中味精产销量排名居全国第一位,是中国最大的味精生产和出口基地,产品销售遍布全国除台湾地区以外的省、市、自治区,并出口东南亚、非洲、欧洲等国家和地区。

2、公司主营业务的范围及其经营情况

本公司的经营范围是:味精和调味品的生产与销售;热力、电力的生产与销售;生物工程的科研与开发;环保产品、氨基酸、饲料的生产及销售。2000年完成主营业务收入1,310,420,579.65元,比去年同期增加4.54%;实现净利润171,820,687.55元,比去年同期增加1.93%。

3、公司主要全资附属企业、附属企业及控股子公司经营业绩(单位:元)

公司名称	总资产	主营业务收入	净利润	权益比例
河南项城佳能热电有限公司	441,501,068.91	196,047,852.15	14,104,323.92	100%
河南莲花生物工程有限公司	目前尚处于试运营阶段,没有产生经济效益			95%

4、经营中出现的问题与困难及解决方案

公司经营面临的主要问题是国内市场趋于饱和,行业竞争加剧,同时由于生产味精的原料玉米价格首次出现收购价高于保护价的现象,再加上国内成品油和化工原料价格的不断上调,增加了公司生产味精的原料成本。公司面对原料价格上涨和市场上味精价格下降的不利局面,采取积极的措施紧紧围绕"质量、成本、安全、效益"的主题,通过深化改革,深挖内部潜力,细化各项考核,加强内部管理,在产品方面综合利用国内外先进的生物发酵技术降低生产成本,确保了公司经营业绩的稳步提高。同时,公司在收购河南项城佳能热电有限公司实现热电联供、降低动力成本的基础上,积极引进国外先进的生物发酵技术,为实施原料替代(用小麦代替玉米)做好前期准备工作。随着增发新股募股资金的到位,2001年将是实施原料替代的关键一年,募股项目逐步得到实施,为公司带来新的利润增长点。

二、公司财务状况

1、财务状况分析

项目	2000年末	1999年末	比上年增长(%)	主要原因
总资产	3,101,705,633.68	2,518,917,125.39	23.14	利润增长借款增加
长期负债	603,943,450.00	328,132,797.00	84.05	借款增加
股东权益	1,447,213,913.39	1,275,393,225.84	13.48	利润增长
主营业务利润	356,906,979.34	250,400,292.05	42.53	主营收入增加
净利润	171,820,687.55	168,567,976.86	1.93	主营收入增加

2、本报告期内亚太集团会计师事务所出具了无保留意见审计报告。

三、公司投资情况

1、前次募股资金使用情况

公司于1998年6月15日发行10000万元A股,实际募集资金总额6.8亿元,截止1999年12月31日共投入资金52739.15万元;截止2000年12月31日累计共投入资金60403.21万元。本报告期内前期募集资金项目投资情况如下(单位:万元)

项目名称	承诺投资额	年初投资额	本年度增加	累计投资	额建设阶段
年产4万吨谷氨酸钠生产线技术改造	15,830	7,915	5,869.41	13,784.41	完工90%
利用玉米废渣生产高纤维全价饲料技改	11,714	6,000		6,000	建设阶段
水、电、汽技改配套工程	6,580	507.65	844.18	1,351.83	建设阶段
投资漯周界高速公路项目	27,800		14000	14000	建设阶段

说明:投资漯周界高速公路项目,公司共需投资2.78亿元,目前已经投资1.4亿元(系变更前期募集资金项目资金),在本次增发新股中公司董事会已经承诺不再变更增发募股项目进行漯周界高速公路的投资。目前剩余的1.38亿元资金来源具体是:其中1亿元由已获得的国债转贷资金解决,其余3800万元由莲花味精自筹解决。

报告期内,尚有前次募股资金三大项目没有完成,各项目募集资金使用情况:

(1)年产4万吨谷氨酸钠生产线技术改造项目

该项目系采用新工艺,其技术含量高,可以提高公司设备的利用率,降低生产成本,进一步扩大公司的味精生产能力,提高产品的市场占有率,具有显著的经济效益和社会效益。项目改造过程中利用募集资金投资新增的固定资产主要有:中和设备,脱色设备,结晶分离设备等。目前该项目已完成工作量90%以上,使产量增加3万多吨,对于大幅降低成本,提高经济效益,起到了积极作用。

(2)利用玉米废渣生产高纤维全价饲料技术改造项目

该项目旨在利用味精生产过程中产生的废渣,采用国外的先进工艺技术,生产高纤维全价饲料。该项目技改投资增加的主要设备有:喷雾干燥设备,接收及储存设备,粉碎系统,配料混合系统等。

(3)兼并汤阴玉米厂并实施技改投资

公司已按照募集资金使用计划,兼并了汤阴玉米厂,水、电、汽技改配套工程是本次技术改造的一部分。兼并后,更名为河南莲花生物工程有限公司。公司以市场为导向调整了原汤阴玉米厂的产品结构,投资改建了淀粉、发酵、葡萄糖车间和水、电、汽配套工程等,目前该项目处于试运营阶段,2000年度尚没有产生经济效益。

(4)投资漯周界高速公路项目

河南漯河至周口(豫皖界)高速公路经国家计划委员会计司基础函(1999)146号批复确认,属国家重点支持的基础设施建设项目,符合国家的产业政策。该项目不仅为我省中部地区提供一条与华东经济结合发展的快速便捷的通道,同时对加强地区综合运力是不可少的,可以大大改变莲花味精的交通运输状况,对于莲花味精实施下一步的发展战略和市场开发将具有极其深远的意义。一期工程(漯河至周口)将于2001年10月通车。

(5)截止2000年末,公司未使用的募集资金为7,597.93万元,用于补充公司流动资金。

2、其他投资情况

本报告期内,公司根据市场和中国加入WTO步伐的加快,从企业的长远发展和投资者的角度考虑,在增发项目资金尚未到位之前,公司董事会决定利用长期借款资金进行增发项目的前期准备资金的投资,截止2000年底,共计进行约1463万元前期投资,大体项目投资情况如下(详见会计附注):

引进国际CX—O法谷氨酸提取工艺技术改造工程	362万元	长期借款
采用国际下番连续结晶工艺技术改造工程	243万元	长期借款
年产20万吨小麦淀粉技术改造工程(替代玉米)	130万元	长期借款
建设年产10万吨淀粉专用面粉生产线	597万元	长期借款
牛胚胎移植高技术产业化工程	131万元	长期借款
合计	1463万元	长期借款

四、新年度的业务发展计划

2001年是我国第十个五年计划的第一年,也是我国即将加入WTO的一年,公司将在年初完成增发新股的各项工作,积极实施公司技术改造和市场销售网络建设,同时实施生态农业产业化战略,利用周边地区传统的养牛优势建立公司良种肉牛和良种奶牛示范基地,培养公司新的利润增长点。

2001年公司将重点做好以下几件事,

1、加强市场销售网络建设,准备利用增发募股资金大力发展末端销售基本户,同时利用现代网络信息技术对传统的销售方式进行变革,建设莲花味精的销售网、国际贸易网和采购网。到2000年底,,公司直接或间接控制的销售网点有80,000多家,计划在两年的时间内将销售网点增加到200,000家,同时建立45个配送中心,在全国范围内拥有100个配送中心,形成较完善的市场销售网络。投资4000万元建设莲花购销网络工程,实现物流、资金流、信息流和控制流的较完善结合。

2、扩大味精出口,实施大出口战略。公司近年来味精出口迅速增长,本年度在1999年出口味精8000吨的基础上,出口味精13000多吨,创汇1700多万美元,公司被外经贸部评为全国发酵行业出口创汇大户。公司计划制定2001年出口味精30000吨的任务,从而打开广阔的国外市场。

3、继续加大科研开发力度,用高新技术通览企业发展全局。根据国家经贸委技术[2000]87号通知,莲花味精企业技术中心被国家经贸委等四部委审定为第七批享受优惠政策的国家级企业技术中心;2000年7月24日,公司被国家科学技术部火炬高技术产业中心认定为"国家火炬计划重点高新技术企业"。这表明公司在科研开发方面已取得了重大进步。充分发挥莲花味精国家级企业技术中心的科研开发优势,加强与重点科研院所的合作,利用现代生物工程技术和遗传工程技术,改造公司的味精产业、面粉产业和良种肉牛、奶牛产业,提高公司产品的科技含量和附加值;

4、强化品牌意识,增强"莲花"品牌的市场竞争优势。公司注重质量管理,按照ISO9002国际标准组织生产经营,健全质量保证体系,公司通过全国质量认证复审,完成了出口产品卫生证书核证工作,获得了2000年"全国质量管理奖",被评为"中国食品工业优秀企业"。2000年据北京名牌资产评估事务所公布,莲花商标品牌价值34.89亿元,位居中国最有价值品牌第19位。

5、加重资本运作的力度,加快增发募股项目的投资建设。公司继续严格按照国家有关法律、法规和证券管理部门的要求,强化公司的基础管理工作,进一步完善公司的法人治理结构,保证真实、准确、完整地做好公司的信息披露工作。公司积极实施资本运作,对公司拥有的资源进行战略重组,高效利用,提高公司资产的收益率;公司董事会和管理层将依照招股文件认真实施三大类11个项目的投资情况,争取尽快产生经济效益,回报广大投资者。

五、董事会日常工作情况

报告期内,公司董事会共召开四次董事会会议:

(1)公司第一届董事会第四次会议于2000年1月26日召开,会议审议通过如下决议:

①、审议通过了《关于变更部分募集资金使用计划的议案》

②、通过了《关于投资河南漯河至周口(豫皖界)高速公路的议案》此次董事会决议公告刊登于2000年1月27日的《上海证券报》。

(2)公司第一届董事会第五次会议于2000年3月23日召开,会议审议通过如下决议:

①、审议通过了《董事会工作报告》。

②、审议通过了《公司1999年度总经理业务报告》。

③、通过了《关于计提四项资产减值准备金及损失处理的内部控制制度的议案》。

④、通过了《公司1999年度报告及年度报告摘要》

⑤、审议通过了《公司1999年度财务决算和1999年度利润分配方案》

⑥、通过了《关于实施生态农业产业化发展战略的决议》

⑦、审议通过了《加强生物工程技术等高新技术研究开发的决议》

⑧、审议通过了《关于修改公司章程的决议》

⑨、审议通过了《关于召开1999年度股东大会的决议》

此次董事会决议公告刊登于2000年3月23日的《上海证券报》。

(3)、公司第一届董事会第六次会议于2000年7月27日召开,会议审议通过如下决议:

①、审议通过了《公司2000年中期报告及中期报告摘要》。

②、审议通过了《董事会议事规则》

此次董事会决议公告刊登于2000年7月28日的《上海证券报》。

(4)、公司第一届董事会第七次会议于2000年8月11日召开,会议审议通过如下决议:

①审议通过了《公司公募增发不超过8000万股A股的议案》

②审议通过了《公司前次募集资金使用情况说明的议案》

③通过了《关于召开2000年度临时股东大会的通知的议案》

此次董事会决议公告刊登于2000年8月12日的《上海证券报》。

七、公司管理层及员工情况

1、现任董事、监事及高级管理人员情况

姓名	职务	年初持股	年末持股	性别	年龄	任期(年)	年度报酬(元)
李怀清	董事长	20,000	20,000	男	61	2001年7月	不受薪
申志勇	副董事长、总经理	20,000	20,000	男	49	2001年7月	100,000
闫汝杏	副董事长、常务副总经理	10,000	10,000	男	51	2001年7月	50,000
陈振国	副董事长	10,000	10,000	男	61	2001年7月	60,000
高军	董事	10,000	10,000	男	57	2001年7月	60,000
高显林	董事	0	0	男	42	2001年7月	不受薪
杨立	董事	0	0	男	36	2001年7月	不受薪
祝田山	董事	10,000	10,000	男	38	2001年7月	不受薪
付泳	董事副总经理	10,000	10,000	男	42	2001年7月	60,000
张丙堂	董事副总经理	10,000	10,000	男	46	2001年7月	60,000
李素苹	董事	10,000	10,000	女	36	2001年7月	50,000
李国俭	董事会秘书	0	0	男	34	2001年7月	60,000
史克龙	财务总监	0	0	男	40		30,000
田连芳	监事长	10,000	10,000	男	55	2001年7月	60,000
王太林	监事	2,000	2,000	男	45	2001年7月	30,000
刘成忠	监事	10,000	10,000	男	43	2001年7月	不受薪
聂本忠	监事	10,000	10,000	男	59	2001年7月	不受薪
霍晓亭	监事	2,000	2,000	男	48	2001年7月	50,000
王连登	副总经理	10,000	10,000	男	54	2001年7月	60,000
田维英	副总经理	10,000	10,000	女	49	2001年7月	60,000
石清友	副总经理	10,000	10,000	男	50	2001年7月	60,000
任孝伦	副总经理	10,000	10,000	男	60	2001年7月	60,000
张震副	总经理	10,000	10,000	男	45	2001年7月	60,000

说明:(1)报告期内,董事、监事及高级管理人员持股数量没有发生变动。

(2)以上部分董事、监事及高级管理人员的年度报酬总额约为92万元。其中,10万元以上年度报酬数额区间内有1人,10-5万元年度报酬数额区间内有14人,5万元以下年度报酬数额区间内有2人。

(3)董事长李怀清,董事高显林、杨立、祝田山,监事刘成忠、聂本忠不在公司领取报酬。

2、公司员工的数量、专业构成、教育程度及退休职工人数情况。

截止报告期末公司有员工共计8694人。其中生产人员8081人,销售人员283人,技术人员1729人,财务人员57人,行政人员48人,具有大专以上学历人员占总员工人数的5.06%。

八、本年度利润分配预案

本公司2000年度实现净利润171,820,687.55元,提取10%法定公积金17,059,312.50元,提取5%的公益金8,529,656.25元,加上上年度转入本年度的调整后的可分配利润192,611,805.05元,至此年末可供分配利润为 338,843,523.85。目前公司正在进行较大规模的技术改造和新项目投资，为保持公司的可持续发展，公司本年度不进行利润分配和公积金转增股本。

以上利润分配预案将提交股东大会审议通过

九、预计 2001 年度的利润分配政策

公司 2001 年度实现的净利润用于股利分配的比例约为不低于 20%，公司本年度末分配利润用于 2001 年度股利分配的比例为不高于 20%，2001 年度的股利分配将采取派发现金红利或送红股的形式，派发现金红利的比例不低于 40%。具体利润分配预案由董事会根据实际情况确定，董事会并可根据公司经营情况和发展情况作出相应的调整。

十、其他报告事项

本公司选定的信息披露报纸为《上海证券报》、《中国证券报》。

六、监事会报告

1、监事会会议召开情况

报告期内公司监事会共召开二次会议。

(1)2000 年 3 月 23 日会议，审议通过了《1999 年度监事会工作报告》、《公司 1999 年度报告及摘要》、《公司财务决算报告》。

(2)2000 年 7 月 27 日会议，审议通过了《公司 2000 年度中期报告及中期报告摘要》、《监事会议事规则》。

1、监事会独立意见

A、监事会在本年度依照国家有关法律法规和《公司法》及《公司章程》所赋予的职权，依法对公司、董事会及高级管理人员进行了监督和核查，公司没有违法运作现象，董事、经理执行公司职务时没有违反法律、法规、公司章程和损害公司利益的行为。

B、公司监事会对公司财务结构和财务状况及有关业务进行了认真细致的检查。认为：河南郑州亚太(集团)会计师事务所出具了无保留意见审计报告真实反映了公司截止 2000 年 12 月 31 日的财务状况和经营成果。

C、公司监事会确认：报告期内，公司未发生收购、出售资产、内幕交易和损害股东利益以及造成公司资产流失的现象。

D、公司监事会确认：2000 年度，公司关联交易严格按照商业原则和市场价格为基础进行，坚持公开、公平、公正的原则，没有发现有损害本公司利益的行为。

七、重大事项

1、报告期内公司没有重大诉讼、仲裁事项。

2、报告期内公司董事及高级管理人员无受监管部门处罚的情况。

2、报告期内控股股东无变更事项

3、报告期内公司无出售资产吸收合并事项

5、重大关联交易事项

本公司同关联企业之间依照市场价格进行公平交易，具体的关联交易情况详见财务报表附注。

6、公司与控股股东在人员、资产、财务上的"三分开"情况。本公司相对于控股股东做到人员独立、资产完整和财务独立，实现与控股东在人员、资产、财务上的"三分开"。

①人员方面，公司与控股股东在劳动、人事、及工资管理方面各自独立，控股股东在公司担任董事职务，不在公司领取薪酬。

②资产方面，公司拥有独立的生产系统、辅助生产系统和配套设施；公司独立拥有工业产权、商标、非专利技术等无形资产；公司独立拥有采购和销售系统。

③财务方面，公司独立拥有财会部门，并建立了独立的会计核算体系和财务管理制度；公司独立在银行开户。

7、报告期内本公司未发生重大托管、承包、租赁其他公司资产或其他公司托管、承包、租赁上市公司资产的事项。

8、聘任、改聘、解聘会计师事务所情况

本期公司继续聘请河南郑州亚太集团会计师事务所负责本公司的审计工作。

9、其他重大合同及其履行情况

报告期内公司无担保、抵押、委托经营、租赁经营等重大合同的签订。

10、报告期内公司没有更改名称及股票简称。

八、财务会计报告

1、审计报告

审计报告　　　　亚会审字(2001)6 号

河南莲花味精股份有限公司：

我们接受委托，审计了贵公司 2000 年 12 月 31 日的资产负债表和合并资产负债表、2000 年度的利润及利润分配表和合并利润及利润分配表、2000 年度的现金流量表和合并现金流量表。这些会计报表由贵公司负责，我们的责任是对这些会计报表发表审计意见。我们的审计是依据《中国注册会计师独立审计准则》进行的。在审计过程中，我们结合贵公司的实际情况，实施了包括抽查会计记录等我们认为必要的审计程序。

我们认为，上述会计报表符合《企业会计准则》和《股份有限公司会计制度》的有关规定，在所有重大方面公允地反映了贵公司 2000 年 12 月 31 日的财务状况及 2000 年度的经营成果和 2000 年度的现金流量情况，会计处理方法的选用遵循了一贯性原则。

亚太集团会计师事务所有限公司　　　　中国注册会计师：谢玉敏

中国.北京　　　　中国注册会计师：党惠如

2、会计报表(附后)

3、会计报表附注

会计报表附注

一、公司简介

河南莲花味精股份有限公司(以下简称本公司)是经河南省人民政府豫股批字[1998]19 号文批准，由河南莲花味精集团有限公司(以下简称莲花集团)独家发起并向社会公开募集股份而设立的股份有限公司。本公司成立于 1998 年 7 月，位于河南省项城市莲花大道 18 号，于 1998 年 8 月在上交所上市。本公司注册登记号：豫工商企 4100001004314；注册资本：人民币 60,000 万元；经营范围：味精及相关副产品的生产及销售；热力、电力供应。

二、公司主要会计政策、会计估计和合并会计报表的编制方法

1、会计制度：《股份有限公司会计制度》及其补充规定。

2、会计年度：公历年制，即 1 月 1 日至 12 月 31 日。

3、记账本位币：人民币。

4、记账基础和计价原则：记账基础"权责发生制"；计价原则"历史成本"。

5、外币业务核算方法：外币发生按当月月初市场汇率折合成本位币记账；每月终了，按月末市场汇率一次调整，汇兑损益记入财务费用；汇兑损益与购建固定资产有关的予以资本化，无关的属于筹建期间的计入开办费，属于生产经营期间的计入当期财务费用。

6、现金等价物的确认标准：持有期限短，流动性强，易于转换成已知金额现金，价值变动风险很小的投资。

7、坏账核算方法：本公司对因债务人破产或死亡，以其破产财产或遗产清偿后仍无法收回的应收款项(包括应收账款和其他应收款，下同)和因债务人逾期未履行其清偿义务，而且具有明显特征表明无法收回的应收款项确认为坏账损失。

坏账损失采用备抵法核算，原按本公司除关联方外的应收款项余额的 5%计提。根据河南莲花味精股份有限公司董事会文件，坏帐准备的提取方法自 2000 年 12 月 1 日起变更为，按除有确凿依据证明不需计提坏帐准备的应收款项余额外的 5%计提。

8、存货核算方法：

(1)存货的分类：存货分为原材料、在产品、产成品、低值易耗品、包装物等。

(2)存货的取得采用实际成本计价，存货的发出采用加权平均法计算。生产用低值易耗品于领用时采用一次摊销法摊销，非生产用低值易耗品于领用时采用五五摊销法摊销。

(3)存货期末计价采用历史成本与可变现净值孰低法，期末对存货进行单项比较，按可变现净值低于历史成本的金额计提存货跌价准备。

9、短期投资核算方法：本公司短期投资按取得投资时的实际购入或确定的成本计价，投资转让或到期兑付时确认投资收益。

短期投资采用期末成本与市价孰低法计价，按市价低于成本的金额计提短期投资跌价准备。

10、长期投资核算方法：

(1)长期股权投资：投资时按实际支付的价款或确定的价值记账；公司对外投资占被投资单位表决权资本总额的 20%以下的采用成本法核算，20%以上的采用权益法核算。

(2)长期债权投资：按实际成本入账，按收益期确认投资收益。

(3)长期股权投资差额的摊销方法：对河南莲花味之素有限公司的股权投资差额自 1998 年 1 月 1 日起按 46 年平均摊销；对河南省项城佳能热电有限责任公司的股权投资差额自 1999 年 1 月 1 日起按 50 年平均摊销。

(4)本公司对被投资单位由于市价持续下降或经营状况恶化等原因导致其可收回金额低于长期股权投资账面价值，并且这种降低的价值在可预计的未来期间内不可能恢复时，按可收回金额低于长期股权投资账面价值的差额计提长期投资减值准备，预计的长期投资减值损失计入当期损益。

11、固定资产计价及折旧方法：本公司以下资产确认为固定资产：使用期限超过一年的房屋、建筑物、机器、机械、运输工具，及其它与生产经营有关的设备、器具、工具，或单位价值在 2000 元以上，并且使用期限超过二年的、不属于生产经营主要设备的物品。固定资产以实际成本计价。固定资产折旧采用直线法分类计算，按月提取，提取方法如下：

固定资产类别	估计经济使用年限	残值率(%)	年折旧率(%)
房屋建筑物	20–35	3	2.77–4.85
通用设备	10–15	3	6.46–9.70
专用设备	13–18	3	5.38–7.46
运输工具	5–10	3	9.70–19.40
其他	5–10	3	9.70–19.40

12、在建工程核算方法：按实际支出确认在建工程；工程借款利息及汇兑损失，在固定资产尚未交付使用之前发生的，计入在建工程，之后的计入当期损益；工程完工交付使用时，确认为固定资产。

13、无形资产计价和摊销方法：

购入或自行创造并按法律程序申请取得的各种无形资产，按实际支出数确认，在受益期内按照直线法平均摊销。

14、开办费：自公司开始生产经营当月起，按 5 年平均摊销。

15、长期待摊费用：按预计受益期间平均摊销。

16、收入确认原则：

(1)销售商品：股份公司销售商品的收入在股份公司已将商品所有权上的主要风险和报酬转移给购货方，股份公司没有保留通常与所有权相联系的继续管理权，也没有对已售出的商品实施控制，并且与交易相关的经济利益能够流入公司，与销售该商品相关的收入和成本能够可靠地计量时，予以确认；

(2)提供劳务：股份公司提供劳务如劳务在同一会计年度内开始并完成，在完成劳务时确认收入；如劳务的开始和完成分属不同的会计年度，且提供劳务的结果能够可靠估计的情况下，在资产负债表日按完工百分比法确认相关的劳务收入；

(3)他人使用本企业资产：他人使用本企业资产，在与交易相关的经济利益能够流入企业，且收入的金额能够可靠地计量时，收入予以确认。

17、所得税的会计处理：采用应付税款法核算所得税。

18、合并会计报表的编制方法：

(1)合并范围确认原则：股份公司对其他单位投资如拥有其半数以上(不包括半数) 的权益性资本，或拥有的权益性资本虽然不足半数以上，但具有实质性控制权，则该单位纳入本公司合并范围；

(2)合并所采用的会计方法：按照财政部《合并会计报表暂行规定》及其补充规定执行。

19、会计估计变更

本公司坏账损失采用备抵法核算，原按本公司除关联方外的应收款项余额的 5%计提。根据河南莲花味精股份有限公司董事会文件，坏帐准备的提取方法自 2000 年 12 月 1 日起变更为，按除有确凿依据证明不需计提坏帐准备的应收款项余额的 5%计提。本期期末本公司提取关联方欠款坏帐准备 2,644,650.02 元，本公司全资子公司河南省项城佳能热电有限责任公司提取关联方欠款坏帐准备 4,617,140.71 元。

三.税项：

1、增值税：味精、电力为 17%，饲料、热力 13%；

2、城建税及教育费附加：城建税税率为流转税额的 7%；教育费附加为流转税额的 3%；

3、所得税：所得税税率为 33%。本公司原执行河南省人民政府豫政文[1997]244 号文件，享受实行照章纳税，财政返还，实际税负为 15%的所得税优惠政策。2000 年上半年按照国务院国发(2000)2 号文件停止执行所得税先征后返优惠政策。现按照财政部(2000)99 号文件，继续执行先征后返的所得税优惠政策到 2001 年 12 月 31 日止。

四、控股子公司及合营企业

(1)本公司拥有 50%以上权益性资本的子公司的概况如下：

公司名称	注册地点	注册资本	投资金额	所占权益比例	经营范围
河南省项城佳能热电有限责任公司	河南省项城市	12000 万元	12958 万元	100%	热力、电力供应
河南莲花生物工程有限公司	河南省汤阴县	3000 万元	2850 万元	95%	生产、销售谷氨酸及相关副产品

(2)2000 年度合并报表范围：本公司对河南省项城佳能热电有限责任公司 2001 年度会计报表予以合并；河南莲花生物工程有限公司截止 2000 年 12 月 31 日尚处于试生产阶段，未纳入本公司本期合并报表范围。

五、分行业资料　　　　单位：万元

行业	营业收入		营业成本		营业毛利	
	上期数	本期数	上期数	本期数	上期数	本期数
味精	118,919	117,468	95,281	85,584	23,638	31,884
电力、热力	7,335	19,605	5,264	14,854	2,071	4,751
公司内相互抵减	1,979	6,031	1,979	6,031		
合计	124,275	131,042	98,566	94,407	25,709	36,635

六、关联方关系及其交易

1、关联方关系

(1)、存在控制关系的关联方情况

A、存在控制关系的关联方

关联企业名称	注册地址	主营业务	与本公司的关系	经济性质	法人代表
河南莲花味精集团有限公司	项城市莲花大道	味精、副食品	控股母公司	国有	李怀清
河南省项城佳能热	项城市	热力、电力供应	全资子公司	有限公司	郭宝亮

电有限责任公司	工业路				
河南莲花生物工程有限公司	河南省汤阴县	谷氨酸及相关副产品	占其95%股权	有限公司	李怀清

B、存在控制关系的关联方注册资本及变化

关联企业名称	期初数	本期增加数	本期减少数	期末数
河南莲花味精集团有限公司	550,000,000			550,000,000
河南省项城佳能热电有限责任公司	120,000,000			120,000,000
河南莲花生物工程有限公司	30,000,000			30,000,000

C、存在控制关系的关联方所持股份及其变化

企业名称　股份变化	期初数	期末数
河南莲花味精集团有限公司	66.67%	66.67%
河南省项城佳能热电有限责任公司	100.00%	100.00%
河南莲花生物工程有限公司	95.00%	95.00%

(2)、不存在控制关系的关联方情况

关联企业名称	注册地址	主营业务	与股份公司的关系	经济性质
河南莲花味之素有限公司	项城市水新路北段西侧	谷氨酸、味精	占其49%股权	中外合资
河南省漯周界高速公路有限责任公司	周口市八一路理	修建、经营、管高等级公路	占其32%股权	有限公司
周口莲花金水装潢有限公司	项城市莲花大道北段	味精包装袋	同一母公司	中外合资
河南莲花味精集团化塑编织袋厂	项城市莲花大道中段	编织袋	同一母公司	国有企业
河南莲花味精集团纸箱厂	项城市莲花大道北段	包装纸箱	同一母公司	国有企业
杞县莲花周杞味精有限公司	河南省开封市杞县	麸酸	同一母公司	有限公司
武汉周东莲花味精有限公司市	湖北省武汉东西湖	麸酸	同一母公司	有限公司
河南莲花味精集团液氨分厂	项城市莲花大道北段	液氨	同一母公司	有限公司

2、关联方交易　单位:元

项目	本期数	上期数	交易价格
销售货物:			
河南莲花味之素有限公司	94,116,852.32	100,436,627.26	市价
河南莲花味精集团有限公司	34,236,971.45	25,326,239.73	市价
河南莲花味精集团进出口公司	75,810,783.47		市价
河南莲花味精集团液氨分厂	37,092,928.95	14,211,713.03	市价
其他企业	1,902,122.80	328,135.00	市价
采购货物:			
河南莲花味之素有限公司	207,549,590.55	126450,862.21	市价
河南莲花味精集团有限公司	2,585,375.86	49,081,873.28	市价
河南莲花味精集团进出口公司	9,350,332.13		市价
河南莲花味精集团液氨分厂	53,774,902.95	16,110,837.23	市价
其他企业	101,437,733.12	88,031,499.70	市价

3、关联方应收应付款项余额

关联方应收应付款项　单位:元

关联单位	科目	期初数	科目	期末数
河南莲花味之素有限公司	其他应收款	28,700,720.34	预付帐款	28,354,944.86
			应收帐款	9,799,220.00
河南莲花味精集团液氨分厂	其他应收款	19,033,694.28	预付帐款	6,940,891.18
河南莲花味精集团有限公司	其他应收款	61,568,812.57	其他应付款	16,543,951.79
河南莲花味精集团进出口公司	其他应收款	1,474,149.58	其他应付款	3,068,571.90
			预付帐款	135,647,632.86
河南莲花集团纸箱厂	其他应付款	14,825,404.77	应付帐款	4,121,480.97
武汉周东莲花味精有限公司	其他应付款	2,252,762.00	预付帐款	7.852,699.60
周口莲花金水装潢有限公司	其他应收款	10261,018.68	预付帐款	9,315,583.72
河南莲花味精化塑编织袋厂	其他应收款	3,026,572.57	应付帐款	634,713.29
杞县莲花周杞味精有限公司	其他应收款	33,528.21	预付帐款	3,090,317.49
河南莲花生物工程有限公司	其他应收款	44,308,943.95	其他应收款	52,893,000.31
河南省漯周界高速公路有限责任公司			其他应收款	106,800,000.00

4.其他应披露的事项:

(1)按照本公司与莲花集团签定的《污水处理协议》,本公司的水处理厂交由莲花集团环保部门管理使用,股份公司生产过程中产生的废水委托莲花集团综合处理利用,除上述设备的折旧由本公司承担外,本公司每生产1吨味精支付莲花集团水处理费50元。2000年度本公司支付莲花集团污水处理费4,570,201.00元。

(2)按照本公司与莲花集团签定的《饲料生产设备租赁协议》,2000年度本公司收取设备租赁费8,000,000.00元。

(3)根据本公司与河南莲花味之素有限责任公司(以下简称味之素)签定的《费用分摊协议》,本公司2000年度分摊给味之素销售费用14,533,049.76元。

(4)按照本公司与莲花集团签定的《费用分摊协议》,本公司2000年度收取集团供水服务费3,418,803.42元。

(5)根据本公司与莲花集团签定的协议,2000年度本公司向莲花集团收取了资金使用费334万元。

七、或有事项

本公司无需披露的重大或有事项。

八、承诺事项

本公司无需披露的重大承诺事项。

九、期后事项

截止2001年1月16日,本公司公募增发8000万股A股股票所募集资金73,821万元已到位并业经亚太集团会计师事务所亚会验字(2001)18号验证。

十、资产负债表日后的非调整事项

本公司无需披露的资产负债表日后的非调整事项。

十一、其他重要事项

1、2000年9月11日本公司临时股东大会通过了公募增发不超过8,000万股A股股票的议案,该议案于2000年12月20日本公司经中国证券监督管理委员会证监公司字[2000]217号文件批准。

2、根据财政部2000年7月4日财会(2000)3号《股份有限公司税收返还等有关会计处理规定》的通知,本公司下半年收到的17,806,457.44元所得税返还冲减了本年"所得税"科目。

河南莲花味精股份有限公司

2001年3月22日

合并资产负债表

编制单位:河南莲花味精股份有限公司　单位:(RMB)元

资产	1999-12-31	2000-12-31
流动资产:		
货币资金	294053630.46	486927141.09
短期投资		
减:短期投资跌价准备		
短期投资净额		
应收票据	32362063.17	147301532.15
应收股利		
应收利息		
应收帐款	433619067.64	588601889.78
其它应收款	333790036.72	106269136.23
减:坏帐准备	23513437.69	34153621.96
应收帐款净额	743895666.67	660717404.05
预付帐款	61720752.06	307722434.43
应收补贴款	23406342.56	
存货	188881121.11	151005157.79
减:存货跌价准备		
存货净额	188881121.11	151005157.79
待摊费用	14991774.51	10148323
待处理流动资产净损失		1503205.83
一年内到期的长期债权投资		
其它流动资产		
流动资产合计	1359311350.54	1765325198.34
长期投资:		
长期股权投资	196576965.34	321626409.79
长期债权投资		
其它长期投资		
长期投资合计	196576965.34	321626409.79
减:长期投资减值准备	12438050.05	12438050.05
长期投资净额	184138915.29	309188359.74
其中:合并价差	6769986.06	-423460.71
股权投资差额		
固定资产:		
固定资产原值	1228532077.98	1320929762.43
减:累计折旧	331136329	419992694.19
固定资产净值	897395748.98	900937068.24
工程物资		526456.9
在建工程	32782303.49	81663913.32
固定资产清理	90575.35	133881.52
待处理固定资产净损失		
固定资产合计	930268627.82	983261319.98
无形及其它资产:		
无形资产	45198231.74	43930755.62
开办费		
长期待摊费用		
其它长期资产		
无形资产及其它资产合计	45198231.74	43930755.62
递延税项:		
递延税款借项		
资产总计:		
资产总计	2518917125.39	3101705633.68
流动负债:		
短期借款	160480000	245423959.05
应付票据	42300000	66500000
应付帐款	318500359.88	283162595.4
预收帐款	42883149.56	45843777.46
代销商品款		
应付工资		6820801.71
应付福利费	31755411.88	37316761.67
应付股利		
应付税金	23477091.66	14169137.65
其它应交款	52519.88	-534374.6
其它应付款	195344124.52	150800445.28
应付短期债券		
预提费用	5899975.17	6817254.67
一年内到期的长期负债	94698470	194227912
其它流动负债		
职工奖励及福利基金		
流动负债合计	915391102.55	1050548270.29
长期负债:		
长期借款	328132797	603943450
应付债券		
长期应付款		
住房周转金		
其它长期负债		
长期负债合计	328132797	603943450
递延税项:		
递延税项贷款		
负债合计:		
负债合计	1243523899.55	1654491720.29
少数股东权益:		
少数股东权益		
股东权益:		
股本	600000000	600000000
资本公积金	444371877.94	444371877.94
盈余公积	38409542.85	63998511.6
其中:公益金	12803180.95	21332837.2
未确认的外资损失		

未分配利润	192611805.05	338843523.85
外币报表折算差额		
股东权益合计	1275393225.84	1447213913.39
负债和股东权益总计:		
负债和股东权益总计	2518917125.39	3101705633.68

合并现金流量表

编制单位:河南莲花味精股份有限公司　2000年度　单位:(RMB)元

项目	金额
一、经营活动产生的现金流量:	
销售商品、提供劳务收到的现金	890329637.39
收取的租金	8055877.2
收到的增值税销项税款和退回的增值税款	
收到的除增值税以外的其它税费返还	41212800
收到的其它与经营活动有关的现金	296784864.01
经营活动产生的现金流入小计	1236383178.6
购买商品、接受劳务支付的现金	804191762.07
经营租赁所支付的现金	
支付给职工以及为职工支付的现金	91929832.92
支付的增值税款	101229766.61
支付的所得税款	81815647.77
支付的除增值税、所得税以外的其它税费	15282311.59
支付的其它与经营活动有关的现金	52879121.29
经营活动产生的现金流出小计	1147328442.25
经营活动产生的现金流量净额	89054736.35
二、投资活动产生的现金流量:	
收回投资所收到的现金	
分得股利或利润所收到的现金	
取得债券利息收入所收到的现金	
处置固定资产、无形资产和其它长期资产而收回的现金净额	120000
收到的其它与投资活动有关的现金	
投资活动产生的现金流入小计	120000
购建固定资产、无形资产和其它长期资产所支付的现金	284111469.42
权益性投资所支付的现金	30000000
债权性投资所支付的现金	
支付的其它与投资活动有关的现金	21034257.04
投资活动产生的现金流出小计	335145726.46
投资活动产生的现金流量净额	-335025726.46
三、筹资活动产生的现金流量:	
吸收权益性投资所收到的现金	
其中:子公司吸收少数股东权益性投资收到的现金	
发行债券所收到的现金	
借款所收到的现金	845482000
收到的其它与筹资活动有关的现金	
筹资活动产生的现金流入小计	845482000
偿还债务所支付的现金	355659945.95
发生筹资费用所支付的现金	
分配股利或利润所支付的现金	
其中:子公司支付少数股东的股利	
偿付利息所支付的现金	50977553.31
融资租赁所支付的现金	
减少注册资本所支付的现金	
其中:子公司依法减资支付给少数股东的现金	
支付的其它与筹资活动有关的现金	
筹资活动产生的现金流出小计	406637499.26
筹资活动产生的现金流量净额	438844500.74
四、汇率变动对现金的影响:	
汇率变动对现金的影响	
五、现金及现金等价物净增加额:	
现金及现金等价物净增加额	192873510.63
附注:	
1、不涉及现金收支的投资和筹资活动:	
以固定资产偿还债务	
以投资偿还债务	
以固定资产进行长期投资	
以存货偿还债务	
融资租赁固定资产	
2、将净利润调节为经营活动的现金流量:	
净利润	171820687.55
加:少数股东损益	
购并利润	
计提的坏帐准备或转销的坏帐	10640184.27
固定资产折旧	82140670.12
无形资产及其他资产摊销	1267476.12
待摊费用的减少(减增加)	4619663.53
预提费用的增加(减减少)	917279.5
处置无形资产、固定资产和其它长期资产的损失(减收益)	272338.24
固定资产报废损失	
财务费用	50853877.43
投资损失(减收益)	4548286.68
递延税款贷项(减借项)	
存货的减少(减增加)	37875963.32
经营性应收项目的减少(减增加)	-198529202.69
经营性应付项目的增加(减减少)	-77372487.72
增值税增加净额	
其它	
经营活动产生的现金流量净额	89054736.35
3、现金及现金等价物净值增加情况:	
货币资金的期末余额	486927141.09
减:货币资金的期初余额	294053630.46
现金等价物的期末余额	
减:现金等价物的期初余额	
现金及现金等价物净增加额	192873510.63

合并利润及利润分配表

编制单位:河南莲花味精股份有限公司　单位:(RMB)元

项目	1999年度	2000年度
一、主营业务收入	1253467253.63	1310420579.65
减:折扣与折让	10713325.71	
主营业务收入净额	1242753927.92	1310420579.65
减:主营业务成本	985661480.63	944068607.74
主营业务税金及附加	6692155.24	9444992.57
二、主营业务利润	250400292.05	356906979.34
加:其他业务利润	4381101.19	9451133.31
减:存货跌价损失		
营业费用	45256375.13	50411669.51
管理费用	21021954.08	37000628.54
财务费用	11174085.77	42649332.46
三、营业利润	177328978.26	236296482.14
加:投资收益	11330405.08	-4548286.68
期货损益		
补贴收入	41854375.39	
营业外收入	1740532.79	3591207.47
以前年度损益调整		
减:营业外支出	1595756.74	1566900.4
分给外单位利润		
四、利润总额	230658534.78	233772502.53
减:所得税	62090557.92	61951814.98
少数股东损益		
职工奖励及福利基金		
购并利润		
加:未确认的投资损失		
所得税返还		
五、净利润	168567976.86	171820687.55
加:年初未分配利润	109309790.64	192611805.05
盈余公积转入数		
年初未分配利润调整		
减少注册资本减少的未分配利润		
外币报表折算差额		
减:股份公司成立前利润分配		
六、可供分配的利润	277877767.5	364432492.6
减:提取法定盈余公积金	16843974.97	17059312.5
提取法定公益金	8421987.48	8529656.25
提取职工奖励福利基金		
七、可供股东分配的利润	252611805.05	338843523.85
减:应付优先股股利		
提取任意盈余公积金		
应付普通股股利		
转作股本的普通股股利	60000000	
八、未分配利润	192611805.05	338843523.85

黑龙江黑龙股份有限公司

黑龙江黑龙股份有限公司2000年年度报告摘要

重要提示：本公司董事会保证本报告所载资料不存在任何虚假记载、误导性陈述或者重大遗漏，并对其内容的真实性、准确性和完整性负个别及连带责任。本年度报告摘要摘自年度报告，投资者欲了解详细内容，应阅读年度报告。

一、公司简介

1、公司中文名称：黑龙江黑龙股份有限公司

英文名称：HEILONGJIANG BLACK DRAGON CO.,LTD　　缩写：H.BDC

2、公司法定代表人：张伟东

3、公司董事会秘书：程德惠

联系地址：黑龙江省齐齐哈尔市龙沙区长青路27号

邮政编码：161005

电话：(0452)2816277　　传真：(0452)2816277

公司董秘授权代表：石大勇

联系地址：黑龙江省齐齐哈尔市龙沙区长青路27号

邮政编码：161005

电话：(0452)2816277(0452)2817931-2925

传真：(0452)2816277

4、公司注册地址及办公地址：黑龙江省齐齐哈尔市龙沙区长青路27号

邮政编码：161005

5、公司信息披露报纸名称：《中国证券报》、《上海证券报》

公司年报登载互联网址：http://www.sse.com.cn

公司年度报告置备地点：公司证券部

地址：黑龙江省齐齐哈尔市龙沙区长青路27号

电话：(0452)2816277

(0452)2817931-2925

6、公司股票上市地：上海证券交易所

股票简称：黑龙股份　　股票代码：600187

二、会计数据和业务数据摘要

1、本年度主要利润指标情况(单位：人民币元)

利润总额：	96,606,899.26
净利润	68,742,972.74
扣除非经常性损益后的净利润	50,551,605.91
主营业务利润	110,866,014.40
其他业务利润	270,954.06
营业利润	78,415,532.43
补贴收入	15,153,840.24
营业外收支净额	3,037,526.59
经营活动产生的现金流量净额	28,744,065.41
现金及现金等价物净增加额	26,095,532.76

注：扣除的非经常性损益包括补贴收入和营业外收支净额。

2、截止报告期末公司前三年的主要会计数据及财务指标(人民币元)

项目/年度	2000年12月31日	1999年12月31日	1998年12月31日 调整前	1998年12月31日 调整后
主营业务收入	437,541,325.42	363,915,566.27	400,583,292.78	400,583,292.78
净利润	68,742,972.74	58,658,088.53	57,416,694.75	38,988,796.84
总资产	1,856,487,667.35	966,360,617.22	921,521,040.45	899,226,956.14
股东权益(不含少数股东权益)	757,595,544.88	529,403,565.47	510,524,181.22	490,745,476.94
每股收益(摊薄)	0.32	0.29	0.29	0.20
每股收益(加权)	0.32	0.29	0.36	0.20
加权每股收益(扣除非经常性损益)	0.23	0.21	0.24	0.14
每股净资产	3.47	2.65	2.55	2.45
调整后的每股净资产	3.46	2.57	2.53	2.37
每股经营活动产生的现金流量净额	0.09	0.12	–0.18	–0.18
净资产收益率(摊薄)	9.07%	11.08%	11.25%	7.36%
净资产收益率(加权)	11.72%	11.28%	19.57%	7.94%
加权净资产收益率(扣除非经常损益)	8.62%	8.4%	7.7%	9.3%

按照中国证监会《公开发行证券公司信息披露编报规则（第9号）》要求计算的利润数据：

(单位：人民币元)

报告期利润	净资产收益率 全面摊薄	净资产收益率 加权平均	每股收益 全面摊薄	每股收益 加权平均
主营业务利润	0.1463	0.1891	0.5082	0.5146
营业利润	0.1035	0.1337	0.3595	0.3640
净利润	0.0907	0.1172	0.3151	0.3191
扣除非经营性损益后的净利润	0.0667	0.0862	0.2317	0.2346

三、股东情况介绍

1、截止2000年12月31日，本公司共有股东1927人，2、本公司前十名股东持股情况

股东名称	持有股份(股)	持股比例
(1)黑龙集团公司	153,150,000	70.21%
(2)任兆昌	1,240583	0.569%
(3)史云飞	1175396	0.539%
(4)艾显钦	893850	0.410%
(5)郑瑛	840538	0.385%
(6)左开娥	817,520	0.375%
(7)徐爱林	813,410	0.373%
(8)王冬生	808,440	0.371%
(9)李梅薇	807,310	0.370%
(10)陆华珠	806,753	0.370%

注：公司前十名股东中，第2-10位为流通股东，本公司未知其关联关系。黑龙集团公司代表国家持股。

3、黑龙集团公司是黑龙股份有限公司的独家发起人，代表国家持股，截止2000年12月31日，持有本公司股份153,150,000股，占总股本的70.21%。其所持股份年末未有变动，也无质押和冻结。

4、报告期内无控股股东发生变更情况，仍为黑龙集团公司。

四、股东大会简介

报告期内，公司共召开四次股东大会，分别为1999年年度股东大会、2000年第一次至第三次临时股东大会。

(一)1999年年度股东大会

黑龙江黑龙股份有限公司1999年度股东大会，于2000年3月30日在公司五楼会议室召开，《会议通知》通过1999年2月26日《中国证券报》、《上海证券报》予以公告。出席股东及股东代理人12人，持有本公司股份150,604,470股，占公司股份总数的75.30%，符合《公司法》和《公司章程》的规定。董事会、监事会全体成员和高级管理人员列席了本次会议。会议审议通过了如下议案：

1、通过了《公司1999年度董事会工作报告》。

2、通过了《公司1999年度总经理业务报告》。

3、通过了《公司第一届监事会1999年度工作报告》。

4、通过了《公司1999年度财务决算报告》。

5、通过了《公司1999年度利润分配预案》。

6、通过了《公司1999年度报告》正文和摘要。

7、通过了《公司关于调整胶印新闻纸技改项目建设规模的议案》。

8、逐项通过了《公司2000年配股方案》。

9、通过了《2000年配股募集资金使用的可行性分析的议案》。

10、通过了《公司关于前次募集资金使用及效益情况的说明》。

11、通过了《关于调整公司董事报酬的议案》。

12、通过了《公司监事会变更监事会成员的议案》。

此次股东大会决议公告刊登在2000年3月31日的《中国证券报》、《上海证券报》。

(二)2000年第一次临时股东大会

公司2000年第一次临时股东大会于2000年6月23日10:00时，在公司五楼会议室召开，《会议通知》通过2000年5月23日《中国证券报》、《上海证券报》予以公告。出席会议股东及股东代理人11名，持股15,109万股，占公司总股本的75.55%，符合《公司法》及《公司章程》的有关规定。公司董事、监事及高级管理人员列席了会议。经过表决，审议通过了《关于将本公司在合资公司中拥有的75%股权转让给黑龙集团公司的议案》。

此次临时股东大会决议公告刊登在2000年6月24日的《中国证券报》、《上海证券报》。　　(三)2000年第二次临时股东大会

公司2000年第二次临时股东大会，于2000年9月11日在公司五楼会议室召开，《会议通知》通过2000年8月11日《中国证券报》、《上海证券报》予以公告。出席会议股东及股东代理人9名，持股150,000,000股，占公司总股本的75%，符合《公司法》及《公司章程》的有关规定。公司董事、监事及高级管理人员列席了会议。经过表决，审议通过了《关于增加公司进出口权业务的议案》。

此次股东大会决议公告刊登在2000年9月12日的《中国证券报》、《上海证券报》。

(四)2000年第三次临时股东大会

黑龙江黑龙股份有限公司2000年度第三次临时股东大会于2000年12月18日在公司五楼会议室召开，《会议通知》通过2000年11月17日《中国证券报》、《上海证券报》予以公告。会议实到股东及股东代理人9人，代表公司股份15315万股，占公司总股份21815万股的70.21%，符合《公司法》及《公司章程》的有关规定，监事会全体成员及高级管理人员列席了会议。经会议表决，审议通过了《关于修改公司章程的议案》。

按照《公司法》及《公司章程》的有关规定，对《公司章程》相应条款进行修订。本次股东大会授权公司董事会全权办理相关事项。此次股东大会决议公告刊登在2000年12月19日的《中国证券报》、《上海证券报》。本报告期内，公司无更换董事情况。公司1999年年度股东大会审议通过了《公司监事会变更监事会成员的议案》。因工作变动，赵敏、高萍辞去监事职务，增补崔启伟、刘颖为公司监事会监事。

五、董事会报告

(一)公司经营情况

1、公司主营业务的范围及其经营情况

本公司属轻工业类制浆造纸业和运动器材业，主要从事新闻纸和冰雪运动器材的生产与销售及相关进出口业务。主要产品品种有低定量胶印新闻纸、高强度高白度胶印新闻纸、普通胶印新闻纸、速滑冰刀、速滑冰刀鞋、花样冰刀、花样冰刀鞋、冰球冰刀、冰球冰刀鞋、轮滑及滑板等。2000年度，实现主营业务收入426,324,449.18元，利润总额96,525,013.18元，净资产收益率8.8%，每股净资产3.47元/股，每股收益0.32元。

其中，纸业部分：完成主营业务收入412,021,439.65元，利润98,941,183.45元。按销售额排名列全国第五位(全国九大新闻纸厂家信息交流材料)。

冰雪运动器材部分：本公司是国内及世界冰雪运动器材产品综合配套生产能力最大企业。报告期内完成主营业务收入14,303,009.53元，实现主营业务利润3,676,478.82元。按销售额排名列全国第一位。

2、控股子公司经营情况及业绩

本公司拥有65%股权的子公司齐齐哈尔冰刀工业有限公司，系中外合资企业，外方投资者为日本SSS冰刀株式会社。冰刀工业有限公司主要从事各种冰刀的生产和销售，报告期内完成主营业务收入11,216,876.24元，实现主营业务利润2,429,075.49元。

3、在经营中出现的问题与困难及解决方案

随着我国及国际新闻出版事业的不断发展，新闻纸需求结构发生了较大的变化，市场竞争不断加剧，主要原材料价格上涨。国际冰雪运动器材产品一直处于疲软状态。为了公司的长远发展，维护广大投资者的利益，公司2000年明确了"以加快技术改造、努力实现产品升级换代为重点，进一步加强管理，降低原材料采购成本，提高产品质量，优化产品结构"的生产经营工作方针。公司根据市场变化情况，审时度势，果断提出调整胶印新闻纸技改项目建设规模，对市场前景暂不明朗的冰雪技改项目展缓实施，确保了重点项目建设的顺利实施。在产品结构调整上，对产品质量不稳定的老系统实行关停，加大胶印新闻纸生产力度，以提高产品档次，全面实施品牌战略，既提高了产品质量，又确保了产量。同时，不断开发非冰上体育用品，积极开展促销工作，全面提高企业经济效益，较圆满地完成了公司生产经营目标。

兖州煤业股份有限公司

兖州煤业股份有限公司2000年年度报告摘要

重要提示:本公司董事会保证本报告所载资料不存在任何虚假记载、误导性陈述或者重大遗漏,并对其内容的真实性、准确性和完整性负个别及连带责任。

一、公司简介

1、法定中文名称:兖州煤业股份有限公司

法定英文名称:Yanzhou Coal Mining Company Limited

2、法定代表人:赵经彻

3、授权代表: 罗太炎 陈广水 董事会秘书:陈广水

联系地址: 山东省邹城市凫山路40号 兖州煤业股份有限公司董事会秘书处

电话:0537-5383310 传真:0537-5383311 E-mail:yzc@yanzhoucoal.com.cn

4、注册地址:山东省邹城市凫山路40号 办公地址:山东省邹城市凫山路40号

邮政编码:273500 网址:http://www.yanzhoucoal.com.cn

E-mail:yzc@yanzhoucoal.com.cn

5、信息披露报纸名称:《中国证券报》、《上海证券报》、香港《文汇报》、香港《南华早报》

年度报告登载网址:http://www.sse.com.cn

年度报告备置地点:兖州煤业股份有限公司董事会秘书处

6、A股—上市地点:上海证券交易所 股票代码:600188 股票简称:兖州煤业

H股—上市地点:香港联合交易所有限公司 股票代码:1171

ADR—上市地点:纽约股票交易所 股票简称:YZC

二、会计数据和业务数据摘要

(一)公司本年度的主要会计数据与业务数据摘要 单位:千元

利润总额	1,059,789
净利润	764,182
扣除非经常性损益后的净利润	775,774
主营业务利润	2,745,877
其他业务利润	27,559
营业利润	1,071,382
投资收益	-
补贴收入	189
营业外收支净额	-11,781
经营活动产生的现金流量净额	1,075,186
现金及现金等价物净增加额	327,067

注:扣除的非经常性损益包括:补贴收入189千元和营业外收入、支出净额-11,781千元。

(二)按境内外两种会计准则计算净利润差异

公司聘用德勤·关黄陈方会计师行(香港)和沪江德勤会计师事务所(上海)对2000年度财务报表分别按国际会计准则和中国会计准则进行了审计。经审计的按国际会计准则计算的净利润为748,360千元,按中国会计准则计算的净利润为764,182千元,两者差额为15,822千元。其差异调节表见财务报告附注41。

(三)前三年主要会计数据及财务指标

项 目	单位	2000年	1999年	1998年
主营业务收入	千元	4,780,581	4,069,515	4,333,226
净利润	千元	764,182	780,861	753,840
扣除新股申购冻结资金利息的净利润	千元	764,182	780,861	745,516
总资产	千元	8,438,444	7,828,999	7,363,602
股东权益	千元	6,827,138	6,284,356	5,573,121
每股收益(摊薄)	元/股	0.29	0.30	0.29
每股收益(加权)	元/股	0.29	0.30	0.33
扣除新股申购冻结资金利息的每股收益(摊薄)	元/股	0.29	0.30	0.29
利息的每股收益扣除新股申购冻结资金(加权)	元/股	0.29	0.30	0.33
每股净资产(摊薄)	元/股	2.63	2.42	2.14
调整后的每股净资产	元/股	2.56	2.26	2.13
每股经营活动产生的现金流量净额	元/股	0.41	0.37	0.59
净资产收益率(摊薄)	%	11.19	12.43	13.53
净资产收益率(加权)	%	11.46	12.43	16.65

公司于2001年1月3日成功增发了1亿股A股,增发后的股本由26亿股增加为27亿股。若按增发后股本计算,公司2000年度每股收益为0.28元。

㈣净资产收益率和每股收益指标

报告期利润	净资产收益率(%)		每股收益(元/股)	
	全面摊薄	加权平均	全面摊薄	加权平均
主营业务利润	40.22	41.19	1.06	1.06
营业利润	15.69	16.07	0.41	0.41
净利润	11.19	11.46	0.29	0.29
扣除非经常性损益后的净利润	11.36	11.64	0.30	0.30

附注:主要财务指标计算方法

(1)每股净资产=年度末股东权益÷年度末普通股股份总数

(2)调整后的每股净资产=(年度末股东权益-三年以上的应收款项净额-待摊费用-待处理(流动、固定)资产净损失-开办费-长期待摊费用-住房周转金负数余额)÷年度末普通股股份总数

(3)每股经营活动产生的现金流量净额=经营活动产生的现金流量净额/年度末普通股股份总数

㈤报告期股东权益变动情况

项 目	股本(千元)	资本公积(千元)	盈余公积(千元)	其中:法定公益金(千元)	未分配利润(千元)	合计(千元)
期初数	2,600,000	2,526,229	252,319	84,106	905,808	6,284,356
本期增加	—	—	114,627	38,209	428,155	542,782
本期减少	—	—	—	—	—	—
期末数	2,600,000	2,526,229	366,946	122,315	1,333,963	6,827,138
变动原因	—	—	净利润提取	净利润提取	实现利润所致	

三、股本变动及股东情况

(一)股本变动情况

1、股本变动情况表

数量单位:股 每股面值:人民币1元

	本次变动前	本次变动增减(+,-)	本次变动后
一、未上市流通股份			
1、发起人股份	1,670,000,000	—	1,670,000,000
其中:国有法人股	1,670,000,000	—	1,670,000,000
2、高级管理人员持股	221,000	—	221,000
未上市流通股份合计	1,670,221,000	—	1,670,221,000
二、已上市流通股份			
1、A股	79,779,000	—	79,779,000
2、H股	850,000,000	—	850,000,000
已上市流通股份合计	929,779,000	—	929,779,000
三、股份总数	2,600,000,000	—	2,600,000,000

2、股票发行与上市情况

(1)股票发行情况

本公司于1998年3月30日向香港、美国及国际投资者发售H股820,000,000股,随后于4月16日行使超额配售权,加发30,000,000H股。1998年6月8日本公司在上海证券交易所通过上网定价发行,发行A股80,000,000股(包含8,000,000股公司职工股)。发行情况见下表。

	H 股	A 股
面值	1.00元人民币/股	1.00元人民币/股
发行股数	850,000,000股	80,000,000股
发行价	2.44港元/股	3.37元人民币/股
上市日期地点	美国存托证券于1998年3月31日在纽约股票交易所上市 H股于1998年4月1日在香港联交所上市	1998年7月1日在上海证券交易所上市
获准上市数量	850,000,000股	72,000,000股
售股所得款	20.37亿元人民币	2.57亿元人民币

(二)股东情况介绍

1、报告期末股东数量

截至2000年12月31日止,本公司股东数量如下:

类 别	股东数量
国有法人股	1
A 股	46,154
H 股	177
合 计	46,332

2、公司前十大股东持股情况

股东名称	持股数(股)于2000年12月31日	占总股本百分比	持股类别
兖矿集团有限公司	1,670,000,000	64.23	国有法人股
香港中央结算(代理人)有限公司	847,648,000	32.60	H股
兴和基金	988,392	0.04	A股
李相清	581,100	0.02	A股
孙静	557,800	0.02	A股
张宏	359,801	0.01	A股
西南证券	350,200	0.01	A股
康立坤	350,000	0.01	A股
朱先元	301,800	0.01	A股
李菊华	292,200	0.01	A股
总 计	2,521,429,293	96.98	

报告期内兖矿集团有限公司持股16.7亿股,没有变化,所持股份没有抵押或冻结情况。

香港中央结算(代理人)有限公司作为本公司H股的结算公司,以代理人身份持有本公司股票。

3、持股10%以上的法人股东情况

兖矿集团有限公司2000年12月31日持有本公司股份16.7亿股,占本公司总股本的64.23%。兖矿集团有限公司是本公司的发起人,主营煤炭生产、建筑建材、化工、机械加工等。

法定代表人:赵经彻。

香港中央结算(代理人)有限公司于2000年12月31日持有本公司股份847,648,000股H股,占本公司总股本的32.60%。香港中央结算(代理人)有限公司是中央结算及交收系统成员,为客户进行证券登记及托管业务。

四、股东大会简介

㈠1999年度股东周年大会

本公司于2000年4月18日在境内外刊登1999年度股东周年大会会议通知,并向境外所有在册股东发出股东周年大会书面会议通知。2000年6月16日,在公司总部召开了1999年度股东周年大会。出席会议的股东和授权代理人共代表有表决权股份1,790,233,000股,占公司总股本的68.86%。

会议批准公司1999年度董事会报告、监事会报告、经审计的财务报告、利润分配方案;批准公司1999年度末期股息派发方案,授权董事会向股东派发末期股息;确定了本公司董事及监事2000年度酬金;批准续聘德勤·关黄陈方会计师行和沪江德勤会计师事务所分别为公司国际和国内核数师,授权董事会决定其酬金;授权董事会决定相关期间内是否增资发行内资股、境外上市外资股,并于发行后修改公司章程;会议通报了济宁三号煤矿建设进展情况。

1999年度股东周年大会会议决议公告,于2000年6月17日分别刊登在境内的《上海证券报》、《中国证券报》,境外的《香港经济日报》、《南华早报》。

㈡2000年度第一次临时股东大会

本公司于2000年8月7日在境内外刊登2000年度第一次临时股东大会会议通知,并向境外所有在册股东发出书面临时股东大会会议通知。2000年9月22日,在公司总部召开了2000年度第一次临时股东大会。出席会议的股东和授权代理人持有公司股份1,814,337,907股,占公司总

股本的 69.78%。

会议批准公司与兖矿集团有限公司签署的《济三矿项目收购协议》；批准公司收购济宁三号煤矿后有关关联交易的议案；批准公司增发 10,000 万股 A 股；批准增发 A 股募集资金净额全部用于收购济宁三号煤矿；授权董事会在本次股东大会审议通过的定价方式范围内，决定发行对象、发行价格、发行方式及其它相关事宜；批准 A 股增发完成后，新老股东共享发行当年的滚存利润；授权董事会在增发 A 股工作完成后，对公司章程作出相应修改，以反映 A 股增发完成后，公司新的股本结构；授权董事会全权办理本次增发 A 股的其它一切事宜；授权董事会授予主承销商行使 15%的超额配售选择权，若全额行使超额配售选择权，则发行总额最多可达 11,500 万股；批准有关增发 A 股的决议有效期为临时股东大会决议做出后一年内；批准关于公司前次募集资金使用情况的说明及沪江德勤会计师事务所关于前次募集资金使用情况的专项报告。

2000 年度第一次临时股东周年大会会议决议公告，于 2000 年 9 月 25 日分别刊登在境内的《上海证券报》、《中国证券报》，境外的《香港经济日报》、《南华早报》。

五、董事会报告

本公司于 1998 年分别在香港联合交易所、纽约股票交易所和上海证券交易所上市。2001 年 1 月 3 日成功增发 10,000 万股 A 股。

2000 年被上海证券交易所主办的《上市公司》杂志评为中国“《上市公司》50 强”第 10 名；被《亚洲货币》杂志评为“中国最佳管理公司”第四名。

1、公司经营情况

(1)公司所处的行业及地位

兖州煤业股份有限公司是于 1997 年 9 月 25 日由兖矿集团有限公司(母公司)独家发起成立的境内外上市公司。

2000 年，本公司实现净利润 764,182 千元，是中国盈利最好的煤矿企业；生产原煤 2,746 万吨，是中国最大的煤炭生产商；销售煤炭 2,652 万吨，其中出口煤炭 1,008 万吨，约占全国煤炭出口量的 17%，是中国最大的煤炭出口企业之一。2000 年出口创汇 2.8 亿美元。

(2)公司主营业务的范围及其经营状况

本公司的主营业务为煤炭开采、洗选加工及销售。

2000 年，公司主营业务收入 4,780,581 千元，与 1999 年相比增加 711,066 千元或 17.5%。主营业务收入占 2000 年全部销售收入总额的 90.3%。

主营业务利润完成 2,745,877 千元，与 1999 年相比增长 422,713 千元或 18.2%。

(3)在经营中出现的问题与困难及解决方案

2000 年国内外煤炭市场供需矛盾得到缓解，但市场竞争依然激烈。煤炭价格于 2000 年出现拐点，上半年止跌，下半年小幅回升。

2000 年上半年公司平均煤炭价格止住跌势，由 1999 年下半年的 171.53 元/吨，回升至 172.64 元/吨，但仍与上年同期相比下跌了 8.3%。2000 年下半年继续回升至 187.07 元/吨。公司全年平均煤炭价格为 180.30 元/吨，与 1999 年相比吨煤上升 0.22 元，升幅为 0.1%。其中国内平均煤炭价格下跌了 1.9%，出口平均煤炭价格下跌了 8.8%。平均煤炭价格上升的主要原因是销售品种结构影响。

公司抓住煤炭市场转暖的有利时机，2000 年着重实施了开拓国内外目标市场、增加国内外销量，实施收购优质资产的战略；⑴依靠先进的技术和设备，进一步提高劳动效率。全年生产原煤 2,746 万吨，在 1999 年增长 16.0%的基础上又增长了 14.4%；⑵通过进一步完善上海、青岛、广东、日照、济南五个煤炭销售分部的建设，增加国内沿海电力用户的销售，全年销售煤炭 2,652 万吨，与 1999 年相比上升了 17.3%。⑶以质量信誉为保证，增加煤炭出口，全年出口煤炭 1,008 万吨，较 1999 年增长了 62.6%。⑷2001 年年初成功收购济宁三号煤矿并增发 1 亿股 A 股。在煤炭市场逐步好转的环境下，由于收购济宁三号煤矿，将使本公司年生产潜力增长 800 万吨以上，实现了公司核心业务的壮大。

2000 年公司继续实施依靠先进采煤技术和优质管理提高劳动效率、减少费用支出的措施，使公司单位销售成本由 1999 年的 74.3 元/吨下降至 73.9 元/吨。

由于公司直接通过铁路销往南方地区的运输紧张，公司采用港转方式造成公司运输费用和国内港转煤费用增加。公司 2000 年度出口煤炭大幅增加也使出口港转煤费用大幅上升。2000 年公司营业费用与上年同期相比增长了 62.7%，影响税后利润减少了 301,780 千元。但由于公司下半年抓住煤价回升的有利时机，克服了 2000 年上半年煤炭价格平均下跌 8.3%对公司业绩的不利影响，采取了扩大产销量和降低成本的措施使公司 2000 年继续保持了高盈利。2000 年公司实现净利润 764,182 千元，公司继续保持了中国盈利最好的煤炭企业地位。

	2000 年		1999 年		1998 年	
	实际	同比增减(增+减-)	实际	同比增减(增+减-)	实际	同比增减(增+减-)
产量(万吨)	2,745	14.4%	2,400	16.0%	2,069	22.6%
销量(万吨)	2,652	17.3%	2,260	11.4%	2,028	33.9%
平均价格(元/吨)	180.30	0.1%	180.08	-15.7%	213.65	-13.2%
单位销售成本(元/吨)	73.9	-0.5%	74.3	-25.0%	99.1	-4.9%
净利润(亿元)	7.64	-2.1%	7.81	3.6%	7.54	2.1%

2、公司财务状况

(1)公司财务状况

年末总资产为 8,438,444 千元，与年初相比增加 609,445 千元或 7.8%。增加的主要原因是公司生产经营活动实现了资产增值。

年末负债总额为 1,611,306 千元，与年初相比增加 66,663 千元或 4.3%。主要原因是应付帐款和预收帐款增加所致。

年末股东权益总额为 6,827,138 千元，与年初相比增加 542,782 千元或 8.6%。增加的原因是：①提取的法定公积金和公益金使盈余公积增加 114,627 千元；②未分配利润增加 428,155 千元。

主营业务利润完成 2,745,876 千元，与 1999 年相比增加 422,712 千元或 18.2%。主要原因是由于公司主营业务成本增长幅度小于销售收入增长幅度，主营业务利润实现增长。

2000 年，公司实现净利润 764,182 千元，同比降低 16,679 千元或 2.1%。

(2)本年度德勤·关黄陈方会计师行(香港)和沪江德勤会计师事务所(上海)对本公司的年度审计出具了标准无保留意见的审计报告。

3、经营环境变化对公司影响

(1)中国加入世界贸易组织对公司影响

中国加入世贸有利于本公司获得煤炭出口自营权，增强公司盈利能力。

中国加入世贸将增加本公司煤炭出口机会，使本公司更多地参与国际竞争。由于拥有国际领先的采煤技术以及优质管理、高质量的产品与服务，本公司在国际煤炭市场中拥有良好的信誉。本公司依靠优越的地理位置、低成本和较低的运输成本将在国际煤炭市场竞争中占据有利地位。

中国 2000 年进口煤炭约 202 万吨，与中国煤炭消费相比极少。中国加入世贸后，不会加剧国内煤炭市场竞争。

(2)煤炭监管环境影响

中国政府自 1998 年以来实施的关井压产、限产压库政策以及鼓励煤炭出口政策已显现成效：到 2000 年底全国累计已关闭小煤窑 4.73 万处，压减产量 3.48 亿吨。煤炭社会库存由 1998 年的 2 亿吨下降至 2000 年末的 1.4 亿吨。2000 年全国累计生产原煤 9.5 亿吨，同比减少 7,226 万吨，减幅为 7.1%；出口煤炭 5,884 万吨，同比增长了 49.8%。国内煤炭生产总量已得到有效控制，国内煤炭市场的供应量逐渐减少，对缓解国内煤炭供需矛盾起到了积极的作用。

2001 年中国政府将继续采取控制煤炭生产总量，鼓励煤炭出口的措施；全国原煤产量将控制在 9.5 亿吨以内，出口目标由 2000 年的 5,884 万吨提高到 6,300 万吨以上。国内能源结构的调整和有利于煤炭企业的各项措施将会进一步对煤炭供需关系产生积极作用，拉动煤炭价格上扬，有利于提升公司的业绩。

(3)市场环境变化对公司的影响

中国政府规划未来五年经济年均增长在 7%左右，经济的增长将带动能源需求的增加。煤炭在能源中处于基础地位，在一次性能源中，煤炭的消费量占 67%以上。由于石油大量进口以及石油价格动荡，中国政府将进一步提高煤炭在能源中的主导地位。

中国政府对煤炭行业的宏观调控政策将继续对国内煤炭供求产生积极作用。

2001 年国内煤炭市场供需关系平稳，部分地区、部分煤炭品种供应紧张。

国际煤炭市场也正朝着有利于公司的方向发展。过去几年过低的煤炭价格严重损害了国际煤炭生产商的利益，导致周期性投资和开发的削减。石油价格的高位振荡促进了能源结构调整，致使对煤炭需求增加。石油价格上涨，导致海运费提高，提高了公司及其他中国煤矿在东亚市场的竞争力。国际煤炭行业正进入一个剧烈的由分散向集中的整合时期，澳大利亚煤矿大规模的收购与兼并扩大了煤炭公司的规模与影响力。国际煤炭价格已出现回升，澳大利亚 BJ 现货指数已由 2000 年 3 月份的 20.9 美元/吨上升至 2001 年 4 月初的 34.1 美元/吨。

本公司董事会相信，2001 年国内外煤炭市场需求将进一步增加，煤炭价格稳步上升，本公司在国内外市场的竞争力增强。

(4)收购济宁三号煤矿对公司业绩影响

2001 年年初公司成功收购了济宁三号煤矿。这是一次战略性收购，完成这次收购提高了公司规模效益，巩固了公司作为中国最大煤炭生产商的地位，在满足市场对产品需求和潜在效益上，比竞争对手更具有优势。收购是在煤价从低谷逐步回升时进行的。该煤矿在 2001 年第一季度生产原煤炭 132 万吨，在收购当年即可达产并贡献利润。

4、新年度的业务发展计划

2001 年本公司取得了令人满意的订单。公司已签订了 3,320 万吨的销售合同或意向书，比 2000 年公司煤炭销量增加 668 万吨或 25.2%。国内煤炭销售价格第一季度比去年平均上涨约 10 元/吨或 8%。公司全年出口煤炭将达到 1,320 万吨以上，公司向日本出口煤炭将首次突破 1,000 万吨，已签订合同价格较 2000 年上升了 5.52 美元/吨或约 19.3%。

2001 年本公司将着重实施四大经营策略：一、提高产量、增加销量，重点增加往中国沿海地区电力用户的销售；扩大煤炭出口，尤其是日本、韩国和台湾地区的电力用户和使用冶炼顶吹煤的钢铁公司。二、充分利用自身优势，从提高投资回报率出发，寻求在国内外收购优质资产，壮大主营业务能力。三、进一步巩固、完善综采放顶煤技术，提高技术含量和效率。四、探索煤炭洁净技术。本公司将探索采用购买、合作等方式引进煤炭洁净技术，将煤炭加工成适用于发电、化工、运输等洁净能源。本公司已注意到煤炭洁净技术十分复杂，将根据实际情况采取适当行动。

2001 年本公司将采取以下措施控制经营成本：一、精简职工队伍；二、依靠先进的采煤技术，提高煤炭产量以降低单位固定成本，减少材料、电力费用投入；三、推动掘进支护和辅助运输改革，增强煤巷锚网化程度，提高生产效率；四、加强内部管理，开展节支降耗活动。

2001 年公司将出现煤炭价格上升、销量增加、业绩明显提高的良好形势。

5、董事会日常工作情况

(1)报告期内本公司召开三次董事会会议

2000 年 4 月 17 日，本公司召开第一届第十一次董事会会议，审议通过了公司 1999 年度报告；审议通过 1999 年度经审计的财务报告、利润分配预案、末期股息派发预案，提交 1999 年度股东周年大会批准；确认公司 1999 年度关联交易；决定召开 1999 年度股东周年大会。

2000 年 8 月 4 日，本公司召开第一届第十二次董事会会议，审议通过了公司收购兖矿集团有限公司济宁三号煤矿的有关议案、增发 A 股有关议案、决定召开 2000 年度第一次临时股东大会。

2000 年 8 月 18 日，公司召开第一届第十三次董事会会议，审议通过了公司 2000 年度中期报告和中期利润分配预案。

(2)董事会对股东大会决议的执行情况

本报告期内，公司董事会充分行使股东大会授予权利，严格按照公司《章程》和《公司法》赋予的职权履行了职责，股东大会的决议全部付诸实施。

根据 1999 年度股东周年大会决议，实施了 1999 年度利润分配方案，向公司股东派发了 1999 年度末期股息，决定并支付了会计师酬金。

根据 2000 年度第一次临时股东大会决议授权，公司董事会于 2001 年 1 月增资发行 10,000 万股 A 股、从兖矿集团有限公司收购了济宁三号煤矿。

6、公司管理层及员工情况

(1)董事、监事、高级管理人员

公司现任董事、监事、高级管理人员情况

姓名	性别	年龄	职务	期初持股量	期末持股量	变化原因
赵经彻	男	64	董事长	10000	10000	无变化
杨德玉	男	52	执行董事及总经理	10000	10000	无变化
杜铭山	男	58	执行董事	10000	10000	无变化
罗太炎	男	60	执行董事	10000	10000	无变化
肖立方	男	62	执行董事及财务总监	10000	10000	无变化
王邦君	男	56	董事	10000	10000	无变化
莫立崎	男	56	董事	10000	10000	无变化
刘玉彬	男	59	董事	10000	10000	无变化
吴则智	男	59	董事	10000	10000	无变化
陈永阁	男	59	董事	10000	10000	无变化
马厚亮	男	43	董事	10000	10000	无变化
许天恩	男	52	董事	10000	10000	无变化
杨家纯	男	46	董事	10000	10000	无变化
管维立	男	58	独立非执行董事	-	—	无变化
罗坚明	男	52	独立非执行董事	-	—	无变化
孟宪昌	男	53	监事会主席	10000	10000	无变化
肖述章	男	57	监事	10000	10000	无变化
钱秀兰	女	55	监事	10000	10000	无变化
徐新民	男	61	监事	10000	10000	无变化
周鸿彬	男	58	监事	10000	10000	无变化
孔　青	男	48	副总经理	10000	10000	无变化
张兴祖	男	52	副总经理	10000	10000	无变化
范国强	男	62	总工程师	10000	10000	无变化
吴玉祥	男	39	财务部经理	10000	10000	无变化
陈广水	男	35	董事会秘书	1000	1000	无变化

2000 年度公司董事、监事、高级管理人员的酬金总额为 110 万元，其中：

3 万元以下 8 人；

3 万元-5 万元 1 人；

5 万元以上 16 人。

报告期内公司没有董事、监事离任，没有聘任或解聘公司经理、董事会秘书。

(2)员工情况

于 2000 年 12 月 31 日，本公司共有员工 20,176 人。其中生产人员 15,616 人，工程技术人员 610 人，管理人员 1,650 人，其他辅助人员 2,300 人。

7、本次利润分配预案

董事会建议就截至 2000 年 12 月 31 日止本公司年度利润分配预案如下：

人民币千元

净利润	764,182
年初未分配利润	905,808
提取法定公积金	76,418
提取法定公益金	38,209
可供分配利润	1,555,363
应付股利	221,400
未分配利润	1,333,963

本公司本年度向全体股东派发股息 221,400 千元(含税),公司共有普通股 27 亿股,每 10 股派发现金股息 0.82 元(含税)。

以上董事会建议利润分配预案,将提请 2000 年度股东周年大会审议批准。

8、2001 年利润分配政策

本公司坚持长期的利润分配及股利发放政策。2001 年将分配利润一次,利润分配顺序为:提取 10%法定公积金;提取 5%法定公益金;经股东大会决议,提取任意公积金;支付普通股股利。本公司 2001 年度将分配末期股利一次,分配股利总额为 2001 年度扣除法定储备后净收益的约 35%,全部以现金形式分配。本公司本年度未分配利润不用于下年度利润分配。经临时股东大会批准,本公司可以发放特别股息。

董事长　赵经彻　2001 年 4 月 20 日

六、监事会报告书

2000 年兖州煤业股份有限公司监事会共召开两次会议:

2000 年 4 月 17 日在公司总部召开会议,通过了 1999 年度监事会报告。

2000 年 8 月 21 日在公司总部召开会议,通过了 2000 年中期监事会报告。

在本报告期内,全体监事按照公司法和公司章程的有关规定,认真履行监督职能,维护公司利益,维护股东利益,遵照诚信原则谨慎地、积极努力地开展工作。对本公司的生产经营、技术改造和公司的发展规划等独立发表了自己的意见和建议,对决策的指导思想及作出的具体决策是否符合国家法律法规、公司章程和股东大会决议及股东的利益等进行了有效的监督。

监事会认为:

1、在本报告期内,本公司严格按照公司法、证券法、公司章程、国家有关法律法规及境内外监管机构的要求,本着维护股东利益和立足长远发展的基本原则规范运作,董事会决策程序合法;按照规定建立健全了各项内控制度;董事会及其高级管理人员认真遵守诚信原则,真诚地以公司最大利益为出发点行事,忠诚履行法律、法规、公司章程所赋予的职责和权利。认真贯彻落实股东大会和董事会的各项决议,严格按照国内外上市公司要求规范运作。在本报告期内,本公司未发现有违反法律、法规及公司章程的行为和损害公司利益的行为,也未发生重大诉讼事项。

2、报告期内,沪江德勤会计师事务所和德勤·关黄陈方会计师行均出具标准无保留意见的财务报告等有关资料。监事会认为,公司财务报告内容准确、真实、客观地反映了本公司的财务状况和经营成果。本公司实现的业绩是真实的,各项费用支出基本合理,各项提留符合法律、法规和公司章程的规定,并正确遵守了财务制度和会计制度,符合相关法规的规定。

3、报告期内,本公司和母公司及其附属各公司之间的关联交易符合有关规定,未发现内幕交易,也未发现损害公司权益或造成公司资产流失的行为。

4、审议确认,本公司 2000 年 8 月 4 日与母公司签订了《济三矿项目收购协议》,该协议经独立董事委员会审议批准,并于 2000 年 9 月 22 日经独立股东批准。按照《济三矿项目收购协议》,经对济宁三号煤矿流动资产调整后,至 2000 年 12 月 31 日济宁三号煤矿收购价为人民币 24.51 亿元。济宁三号煤矿采矿权价款人民币 1.32 亿元。

本公司于 2001 年 1 月 1 日收购了济宁三号煤矿。本公司已用自有资金和增发 A 股净收入支付了部分价款,完全符合协议规定。

5、审议确认,2000 年 8 月 4 日本公司董事会建议发行最多 10,000 万股新 A 股,并于 2000 年 9 月 22 日经股东大会批准生效。2000 年 12 月 21 日中国证券监督管理委员会批准本公司增发 10,000 万股 A 股,2001 年 1 月 3 日本公司 10,000 万股 A 股成功发行,发行价为人民币 10 元/股。经沪江德勤会计师事务所验资报告确认,本次增发 10,000 万股 A 股募集资金净额为 9.61 亿元。募集资金净额全部支付了收购济宁三号煤矿价款,符合募集资金用途,也符合本公司《济三矿项目收购协议》。

监事会主席　孟宪昌　2001 年 4 月 20 日

七、重要事项

1、重大合同

本公司 2000 年 8 月 4 日与兖矿集团有限公司签订了《济三矿项目收购协议》,详情请见"收购济宁三号煤矿"一节。除本文披露者外,本公司于本年度内概无重大合同。

2、重大诉讼、仲裁事项　本年度公司无重大诉讼、仲裁事项。

3、本年度公司、公司董事及高级管理人员没有受到监管部门处罚。

4、本年度公司控股股东、公司董事、监事、高级管理人员没有变化。

5、本年度公司没有出售资产、吸收合并事项。

6、收购济宁三号煤矿　2000 年 8 月 4 日,本公司与母公司签订了《济三矿项目收购协议》,该协议经独立董事委员会审议批准,并于 2000 年 9 月 22 日经独立股东批准。

按照《济三矿项目收购协议》,本公司于 2001 年 1 月 1 日收购了济宁三号煤矿,收购价款为人民币 24.51 亿元,本公司已用自有资金人民币 2.44 亿元和增发 A 股净收入人民币 9.61 亿元支付了部分价款。剩余价款将于 2001 年 12 月 31 日前和 2002 年 12 月 31 日前分两期等额无息支付。

济宁三号煤矿采矿权价款人民币 1.32 亿元,本公司将从 2001 年起分 10 年向母公司等额无息支付。济宁三号煤矿于 2000 年 12 月 28 日正式投入商业生产。该煤矿建设工程获得全国煤炭建设质量奖。

7、增发 10,000 万股 A 股　2000 年 12 月 21 日中国证券监督管理委员会核准本公司增发 10,000 万股 A 股。2001 年 1 月 3 日本公司 10,000 万股 A 股成功发行,发行价为人民币 10 元/股。经沪江德勤会计事务所行验资报告确认,本次增发 10,000 万股 A 股募集资金净额为人民币 9.61 亿元。募集资金净额全部支付了收购济宁三号煤矿价款。

增发 10,000 万股 A 股后,本公司股本由 26 亿股增加为 27 亿股。

8、关联交易

公司的关联方主要是兖矿集团有限公司(母公司)。截至 2000 年 12 月 31 日止年度内,公司发生的 3,000 万元以上或占本公司经审计的净资产值 5%以上或占本期净利润 10%以上的关联方为母公司。关联交易内容如下:

(1)根据与母公司签署的协议,公司向母公司支付退休统筹金及医疗福利金 247,828 千元;

(2)根据与母公司签署的协议,由母公司下属机构向公司提供维修、运输、房产等服务并收取费用合计 395,842 千元;

(3)与母公司发生应收款项合计金额 308,125 千元;发生应付款项金额合计 430,066 千元。

本公司关联交易详情参见会计报表附注 38。

9、"三分开"执行情况

本公司所属人员的劳动、人事及工资管理完全独立。公司总经理、副总经理等高级管理人员不担任母公司重要职务。本公司总经理、副总经理等高级管理人员在本公司领取薪酬。

本公司拥有独立的生产系统、辅助生产系统和配套设施,独立拥有采购和销售系统。本公司独立拥有工业产权、商标等无形资产。

本公司设立了独立财务部门,有独立的会计核算体系和财务管理制度,独立开设银行账户。

10、会计师

2000 年度,德勤·关黄陈方会计师行(香港执业会计师)仍继续担任本公司的境外会计师,而沪江德勤会计师事务所(中国(香港除外)注册会计师)仍作为本公司境内会计师。公司董事会建议在 2000 年度股东周年大会上批准续聘德勤·关黄陈方会计师行及沪江德勤会计师事务所为本公司 2001 年度境外及境内会计师。

八、经审计的财务会计报告

兖州煤业股份有限公司 2000 年度审计报告　　德师报(审)字(01)P0332 号

兖州煤业股份有限公司全体股东:

我们接受委托,审计了贵公司 2000 年 12 月 31 日的资产负债表及该年度的利润及利润分配表和现金流量表。这些会计报表由贵公司负责,我们的责任是对这些会计报表发表审计意见。我们的审计是依据中国注册会计师独立审计准则进行的。在审计过程中,我们结合贵公司实际情况,实施了包括抽查会计记录等我们认为必要的审计程序。

我们认为,上述会计报表符合《企业会计准则》和《股份有限公司会计制度》的有关规定,在所有重大方面公允地反映了贵公司 2000 年 12 月 31 日的财务状况及 2000 年度的经营成果和现金流量,会计处理方法的选用遵循了一贯性原则。

沪江德勤会计师事务所　　中国注册会计师顾红雨　柳伟敏　2001 年 4 月 20 日

1、概况

兖州煤业股份有限公司为一家在中华人民共和国成立的股份有限公司,系由兖矿集团有限公司("兖矿集团")发起重组而成。公司成立于 1997 年 9 月 25 日,并于 1997 年 10 月 1 日正式开始运作。公司发行的 A 股、H 股及美国存托股票分别在中国上海、香港及美国纽约上市。公司主要从事煤炭采选及销售。

公司注册资本人民币 260,000 万元,设置总股本 260,000 万股,每股面值按人民币 1 元计,总股本为人民币 260,000 万元。其中国有法人股为人民币 167,000 万元,占总股本的 64.23%;境外募集 H 股及美国存托股为人民币 85,000 万元,占总股本的 32.69%;境内社会募集 A 股为人民币 8,000 万元,占总股本的 3.08%。

2、公司主要会计政策和会计估计

会计制度　会计报表系按《企业会计准则》及《股份有限公司会计制度》编制。

会计年度　会计年度为公历年度即每年 1 月 1 日至 12 月 31 日。

记帐本位币　公司采用人民币为记帐本位币。

记帐基础和计价原则　公司采用权责发生制为记帐基础,以历史成本为计价原则。

外币业务核算　发生外币业务时,外币金额按业务发生当时市场汇价中间价折算,外币帐户的年末外币金额按年末市场汇价中间价折算为人民币金额。外币汇兑损益均计入当期的财务费用。

现金等价物　现金等价物为从购买日起三个月内到期,流动性强,易于转换为已知金额现金,价值变动风险很小的投资。

坏帐核算

(1)坏帐确认的标准

因债务人破产,依照法律程序清偿后,确定无法收回的应收款项;因债务人死亡,既无遗产可供清偿,又无义务承担人,确定无法收回的应收款项;因债务人逾期未履行偿债义务,并且具有明显特征表明无法收回的应收款项。

(2)坏帐损失的核算方法　采用备抵法,按帐龄分析法计提坏帐准备。

坏帐准备计提比例是根据公司以往的经验,债务单位的实际财务状况和现金流量的情况以及其他相关信息合理地估计。

存货　存货按取得时的历史成本计价,历史成本包括为生产商品和提供劳务所发生的直接材料、直接人工及直接费用以及按一定比例分配计入的为生产商品和提供劳务所发生的各项间接费用。存货主要分为原材料和产成品等。存货发出时,采用加权平均法核算。

存货跌价准备

期末存货可变现净值低于成本时,应提取存货跌价准备。存货跌价准备按单个存货项目的成本高于其可变现净值的差额提取。可变现净值为预期售价减去最终制成产品所需的未来生产成本及有关推广、销售费用。

固定资产及折旧

固定资产包括使用期限超过一年的房屋、建筑物、机器、机械、运输工具及其他与生产经营有关的设备、器具、工具等;不属于生产经营的主要设备,但单位价值在人民币 2,000 元以上,并且使用期限超过两年的物品。

固定资产以历史成本或重组时评估值计价。除矿井建筑物折旧根据(89)财工字第 302 号文件规定,按原料煤产量每吨 2.5 元计提折旧外,其他均从其投入使用的次月起采用直线法提取折旧。估计残值为原值的 3%。各类固定资产的折旧年限和年折旧率如下:

	折旧年限	年折旧率
房屋建筑物	15 至 30 年	3.23–6.47%
机器设备	5 至 15 年	6.47–19.40%
运输设备	6 至 9 年	10.78–16.17%

在建工程

在建工程按成本价或重估时的评估价值核算,成本价包括在建期间发生的各项工程支出、与工程有关的借款利息、其他相关费用等。在建工程应在完工交付使用后结转为固定资产。

无形资产

无形资产按取得时实际支付的价款入帐或重组时评估值入帐。场地使用权从取得土地使用权证起,按其可使用年限 50 年平均摊销。

长期待摊费用

长期待摊费用按受益期平均摊销。

主营业务收入

商品销售,公司已将商品所有权上的重要风险和报酬转移给买方,并不再对该商品实施继续管理权和实际控制权,相关收入已取得或收到了收款权利时,确认营业收入的实现。

他人使用本企业资产,以与交易相关的经济利益能够流入企业、收入的金额能够可靠地计量时,确认他人使用本企业资产收入的实现。

所得税

所得税按应付税款法核算。

计算所得税支出所依据的纳税所得额系根据有关税法规定对本年度会计所得额作出相应调整后得出。

退税收入

退税收入以实际已收及已经确定但尚未收到的金额计入本年度损益。

3、税项

增值税

按煤产品销售收入的 13%和其他销售收入的 17%计算销项税,并按抵扣进项税后的余额缴纳。

资源税

按实际销售的原煤吨数及洗煤产品领用原煤吨数之和乘以人民币 1.2 元缴纳。

城市建设维护税

按应纳增值税额的 7%缴纳。

教育费附加

按应缴增值税额的 3%缴纳。

所得税

按 33%缴纳国家所得税及地方所得税。

公司与兖矿集团公司合并缴纳所得税和增值税已获得其主管税务部门的批准。

4、货币资金

年末数　　年初数

	人民币元	人民币元
现金	988,713	281,797
银行存款	843,652,343	517,281,438
其他货币资金	113,311	123,739
	844,754,367	517,686,974

货币资金比年初增加63%，主要原因是：本年度公司的销售收入较上年度上升17%，导致经营活动产生的现金流量上升，使货币资金有较大幅度增长。

5、应收帐款

应收帐款帐龄分析如下：

帐龄	年末数		
	金额		坏帐准备
	人民币元	比例(%)	人民币元
1年以内	761,896,434	80	20,658,276
1至2年	178,003,305	19	53,400,992
2至3年	10,262,340	1	5,131,170
3年以上	7,853,781	-	7,853,781
合计	958,015,860	100	87,044,219

帐龄	年初数		
	金额		坏帐准备
	人民币元	比例(%)	人民币元
1年以内	715,458,951	82	27,692,800
1至2年	126,527,276	14	37,958,183
2至3年	18,750,850	2	9,375,425
3年以上	12,490,272	2	12,490,272
合计	873,227,349	100	87,516,680

欠款金额前五名情况如下：

单位名称	所欠金额	欠款时间	欠款原因
	人民币元		
中国煤炭工业进出口总公司	194,381,046	1年以内	货款
兖矿集团	51,058,471	1年以内	货款
宝山钢铁(集团)公司物资贸易公司	24,155,221	1年以内	货款
山东鲁能电力燃料有限公司邹城分公司	21,966,004	1年以内	货款
江苏振华经贸公司	21,946,004	1年以内	货款
	313,506,746		

应收帐款余额中持有公司5%以上股份的股东欠款情况见附注38。

由于下半年出口销售增长较多，与中国煤炭工业进出口总公司结算货款上升，导致应收帐款在年末大幅上升。

6、其他应收款

	年末数	年初数
	人民币元	人民币元
应收关联公司款	239,928,198	182,340,475
代垫运杂费	28,091,492	80,562,947
应收物资材料款	64,645,149	43,747,859
其他	158,736,384	73,949,115
	491,401,223	380,600,396

其他应收款帐龄分析如下：

帐龄	年末数		
	金额		坏帐准备
	人民币元	比例(%)	人民币元
1年以内	438,917,633	89	-
1至2年	47,023,212	10	-
2至3年	4,760,378	1	-
3年以上	700,000	-	-
合计	491,401,223	100	-

帐龄	年初数		
	金额		坏帐准备
	人民币元	比例(%)	人民币元
1年以内	307,839,357	81	-
1至2年	63,588,914	17	-
2至3年	7,597,734	2	-
3年以上	1,574,391	-	-
合计	380,600,396	100	-

公司帐龄超过2年以上的余额主要为购置钢材等材料的包装物押金，由于公司滚动使用，故尚未与供应商进行结算。

欠款金额前五名情况如下：

单位名称	所欠金额	欠款时间	欠款原因
	人民币元		
兖矿集团	239,928,198	1年以内	代垫济宁三号煤矿设备款
济宁兖煤化纤公司	49,713,591	1年以内	材料销售款
兖州市大庆汽车运输公司	3,610,000	1年以内	代垫运费
福瑞沃国际公司	1,807,597	1年以内	代垫运费
中煤第六十八工程处	1,140,185	1年以内	材料销售款
合计	296,199,571		

其他应收款余额中持有公司5%以上股份的股东欠款情况见附注38。

7、预付帐款

预付帐款帐龄分析如下：

帐龄	年末数		年初数	
	人民币元	%	人民币元	%
1年以内	54,020,831	85	95,682,679	85
1至2年	6,081,519	10	10,665,108	10
2至3年	2,526,199	4	4,260,602	4
3年以上	1,229,919	1	1,379,068	1
合计	63,858,468	100	111,987,457	100

公司帐龄超过2年以上的余额主要为当时为购置备件及材料的预付款项，由于数额较小，公司暂未与供应商结算。

欠款金额前五名情况如下：

单位名称	所欠金额	欠款时间	欠款原因
	人民币元		
兖矿集团	17,137,999	1年以内	预付设备款
哈尔滨重型机器厂	2,458,000	1年以内	预付设备款
济南发电设备厂	1,750,000	1年以内	预付设备款
舞阳钢铁有限责任公司	1,364,407	1年以内	预付设备款
济宁市任城区讯捷建安队	1,209,776	1年以内	预付工程款
	23,920,182		

预付帐款余额中持有公司5%以上股份的股东欠款情况见附注38。

预付帐款比年初减少34%，主要原因是：预付设备款按期结算及资产购置量下降，造成预付款项大量下降。

8、应收补贴款

应收补贴款为应收煤炭出口的退税收入。公司煤炭出口的出口退税计算方式为"先征后退"。该款项为按相关文件规定计算公司应收回的增值税款。

9、存货

	年末数		年初数	
	金额	跌价准备	金额	跌价准备
	人民币元	人民币元	人民币元	人民币元
原材料	215,516,407	-	213,269,980	-
产成品	47,385,480	-	97,179,581	-
	262,901,887	-	310,449,561	-

10、待摊费用

类别	年初数	本年增加	本年摊销
	人民币元	人民币元	人民币元
土地塌陷费(参见附注41)	44,261,155	222,109,560	(145,032,892)
港口运费	34,678,505	1,097,209,313	(1,101,927,374)
其他	-	4,771,883	-
	78,939,660	1,324,090,756	(1,246,960,266)

类别	年末数
	人民币元
土地塌陷费(参见附注41)	121,337,823
港口运费	29,960,444
其他	4,771,883
	156,070,150

11、固定资产及累计折旧

	房屋建筑物	矿井建筑物	机器设备
	人民币元	人民币元	人民币元
原值			
年初余额	1,439,928,404	2,498,284,787	4,191,974,202
本年购置	1,864,159	-	7,777,034
本年在建工程转入	83,288,980	55,465,288	627,758,000
本年减少	(7,349,598)	-	(229,521,151)
年末余额	1,517,731,945	2,553,750,075	4,597,988,085
累计折旧			
年初余额	445,654,806	1,050,436,101	1,944,889,077
本年计提额	66,067,412	68,640,625	362,910,482
本年转出额	(2,385,220)	-	(210,244,267)
年末余额	509,336,998	1,119,076,726	2,097,555,292
净值			
年初余额	994,273,598	1,447,848,686	2,247,085,125
年末余额	1,008,394,947	1,434,673,349	2,500,432,793

	运输设备	合计
	人民币元	人民币元
原值		
年初余额	78,855,292	8,209,042,685
本年购置	3,364,116	13,005,309
本年在建工程转入	6,190,220	772,702,488
本年减少	(1,322,883)	(238,193,632)
年末余额	87,086,745	8,756,556,850
累计折旧		
年初余额	61,682,953	3,502,662,937
本年计提额	10,371,219	507,989,738
本年转出额	(1,227,009)	(213,856,496)
年末余额	70,827,163	3,796,796,179
净值		
年初余额	17,172,339	4,706,379,748
年末余额	16,259,582	4,959,760,671

12、工程物资

类别	年末数	年初数
	人民币元	人民币元
工程用材料	4,651,893	12,788,004

九、公司的其他有关资料

1、公司于1997年9月25日在山东省工商行政管理局注册为一家股份有限公司。

1、公司企业法人营业执照注册号为3700001801102-1。

3、公司税务登记号为370883166122374。

4、公司未流通股的托管机构为上海证券中央登记结算公司。

5、公司境内会计师是沪江德勤会计师事务所。

办公地址：中国上海市黄浦路99号上海滩国际大厦16楼。

公司境外会计师是德勤·关黄陈方会计师行。

办公地址：香港干诺道中111号永安中心26楼。

十、备查文件目录

㈠载有法定代表人、主管会计工作负责人、会计主管人员签名并盖章的会计报表。

㈡载有会计师事务所盖章、注册会计师签名并盖章的审计报告原件。

㈢报告期内在中国证监会指定报纸上公开披露过的所有公司文件的正本及公告的原稿。

㈣在其它证券市场公布的年度报告。

兖州煤业股份有限公司董事会

2001年4月23日

吉林森林工业股份有限公司

一、公司简介

1、公司名称(中文):吉林森林工业股份有限公司
(英文):JiLin Forest Industry Co.,Ltd
2、公司法定代表人:宋文和
3、公司董事会秘书:李伟明
联系地址:吉林省长春市人民大街114号
电话:0431-8912969 传真:0431-8930595
邮政编码:130021
4、公司注册地址:长春高新技术产业开发区公司
办公地址:吉林省长春市人民大街114号公司
国际互联网网址:www.forestindustry.com.cn
电子信箱:zgjlsgjt@public.cc.jl.cn
5、公司选定的信息披露报纸:中国证券报、上海证券报
登载公司年度报告的中国证监会指定国际互联网网址:http://www.sse.com.cn
公司年度报告备置地点:公司证券部
6、公司股票上市交易所:上海证券交易所
股票简称:吉林森工 股票代码:600189

二、会计数据和业务数据摘要

1、本年度实现的利润情况(单位:元)

利润总额	123,121,568.04
净利润	104,571,332.41
扣除非经常性损益后的净利润	102,581,652.98
主营业务利润	165,119,220.52
其他业务利润	3,783,078.23
营业利润	100,388,558.80
投资收益	18,141,507.21
补贴收入	6,831,761.31
营业外收支净额	-2,240,259.28
经营活动产生的现金流量净额	70,295,606.69
现金及现金等价物净增加额	122,879,850.15

注:扣除非经常性损益项目及金额:
固定资产处置损益:1,989,679.432

截至报告期末公司前三年的主要会计数据和财务指标(单位:元)

项目	2000年	1999年	1998年	
			调整前	调整后
主营业务收入	543,580,608.77	433,674,670.07	353,116,312.15	353,116,312.15
净利润	104,571,332.41	97,982,595.78	91,803,675.21	84,327,365.82
总资产	1,660,678,949.12	1,068,905,178.35	991,729,395.76	984,253,086.31
股东权益	1,157,078,324.97	893,771,482.87	836,533,460.84	829,057,151.39
每股收益	0.34	0.34	0.32	0.30
加权平均每股收益	0.37	0.34	0.42	0.30
扣除非经常性损益的每股收益	0.33	0.33	0.30	0.27
每股净资产	3.73	3.14	2.94	2.91
调整后的每股净资产	3.56	2.98	2.78	2.76
每股经营活动产生的现金流量净额	0.23	0.16	0.20	0.20
净资产收益率(%	)9.04	10.96	10.97	10.17
净资产收益率(加权%)	11.05	10.96	13.49	12.46

3、利润表附表

报告期利润	净资产收益率(%)		每股收益	
	全面摊薄	加权平均	全面摊薄	加权平均
主营业务利润	14.27	17.45	0.53	0.58
营业利润	8.68	10.61	0.32	0.35
净利润	9.04	11.05	0.34	0.37
扣除非经常性损益后的净利润	8.87	10.84	0.33	0.36

三、股东情况介绍

1、本报告期末股东总数为39,124名。
2、前10名股东情况(单位:股)

序号	股东名称	持股数量	持股比例	股份性质
1	中国吉林森林工业(集团)总公司	200,000,000	64.4%	国有法人股
2	泰和基金	1,010,348	0.33%	流通股
3	单同祥	630,712	0.20%	流通股
4	刘银满	585,500	0.19%	流通股
5	刘世金	432,400	0.14%	流通股
6	景福基金	430,977	0.14%	流通股
7	詹欣暴	379,682	0.12%	流通股
8	朱荣平	364,744	0.12%	流通股
9	董明福	344,300	0.11%	流通股
10	尹亚娟	331,749	0.11%	流通股

注:本年度控股股东所持股份无质押情况。

四、股东大会简介

1、2000年4月25日,公司在《中国证券报》、《上海证券报》刊登了召开1999年度股东大会的公告。2000年6月8日在公司会议室召开了股东大会。出席本次股东大会的股东及授权代表共计40人,代表股份200,016,700股,占公司总股本的70.2%,符合《公司法》和《公司章程》的有关规定,会议合法有效。

会议审议并逐项表决通过了如下决议:《董事会工作报告》、《监事会工作报告》、《业务工作报告》、《财务决算报告》、《利润分配方案》、《2000年增资配股方案》。

会议决议公告于2000年6月9日刊登在《中国证券报》、《上海证券报》。

2、2000年6月10日,公司在《中国证券报》、《上海证券报》刊登了召开2000年度第一次临时股东大会的公告。2000年7月12日在公司会议室召开了临时股东大会。出席会议股东及授权代表共6人,代表股份200,004,000股,占总股本的70.2%,符合《公司法》及《公司章程》的规定。

会议审议并通过了《调整董事议案》和《增补监事议案》。会议决议公告于2000年7月20日刊登在《中国证券报》、《上海证券报》。

锦州港股份有限公司

一、公司简介

1、法定名称:中文:锦州港股份有限公司
简称:锦州港英文:JINZHOU PORTCO.,LTD 缩写:JZP
2、法定代表人:张宏伟
3、董事会秘书:于剑平 电话:86-416-3586372 传真:86-416-3582841
电子信箱:JZCJHGA@MAIL.JZPTT.LN.CN 证券事务代表:高鸿敏
电话:86-416-3586462 传真:86-416-3582841
电子信箱:JZCJHGA@MAIL.JZPTT.LN.CN
4、注册地址:锦州经济技术开发区锦港大街一段1号
办公地址:锦州经济技术开发区锦港大街一段1号 邮政编码:121007
公司网址:HTTP://WWW.JINZHOUPORT.COM
电子信箱:JZCJHGA@MAIL.JZPTT.LN.CN
5、公司信息披露刊:《中国证券报》、《上海证券报》、香港《南华早报》
证监会指定网址:HTTP://WWW.SSE.COM.CN
公司年报备置地点:本公司董事会秘书处
6、股票上市交易所:上海证券交易所
股票简称和股票代码:
A股:锦州港 600190 B股:锦港B股 900952

二、会计数据和业务数据摘要

(一)本年度利润总额及其构成(单位:人民币元)

利润总额	108,859,742
净利润	90,827,451
扣除非经常性损益后的净利润	90,696,512
主营业务利润	166,266,624
其他业务利润	1,289,984
营业利润	108,728,803
投资收益	40,569
补贴收入	-
营业外收支净额	90,370
经营活动产生的现金流量净额	176,608,597
现金及现金等价物净增加额	23,178,366
按国际会计准则计算的净利润	92,208,232

注:扣除非经常性损益后的净利润是指扣除了本年度资产处置净收益90,370元和合并价差摊入额40,569元后的净利润。

(二)近三年主要会计数据和财务指标:	2000年	1999年	1998年
主营业务收入(万元)	30,411.7	31,610.2	26,020.5
净利润(万元)	9,082.7	14,726.2	11,606.6
总资产(万元)	228,801.8	205,309.8	166,935.6
股东权益(万元)	135,785.5	133,012.8	94,886.6
每股净资产(摊薄)(元)	2.15	2.11	1.66
调整后的每股净资产(元)	2.09	2.07	1.64
每股经营活动产生的现金流量净额(元)	0.28	0.29	0.24
每股收益	0.14	0.23	0.20
净资产收益率	6.7	11.1	12.2

根据中国证监会关于发布《公开发行证券公司信息披露编报规则》第9号通知精神,公司2000年按全面摊薄法和加权平均法计算的净资产收益率和每股收益

报告期利润	净资产收益率%		每股收益(元)	
	全面摊薄	加权平均	全面摊薄	加权平均
主营业务利润	12.2	12.1	0.26	0.26
营业利润	8.0	7.9	0.17	0.17
净利润	6.7	6.6	0.14	0.14
扣除非经营性损益后的净利润	6.7	6.6	0.14	0.14

三、股东情况介绍

1、截至报告期末最后一个交易日,公司股东总数101454人。
2、截至报告期末最后一个交易日,公司前10名股东情况如下:

股东名称	持股数量(股)	股票种类	持股比例(%)
(1)东方集团股份有限公司	171210000	法人股	27.13
(2)锦州港务局	105000000	国家股	16.64
(3)锦州石油化工公司	35000000	法人股	5.55
(4)辽宁省投资集团公司	27000000	法人股	4.28
(5)广东广发证券公司	21177000	B股	3.36
(6)锦西炼油化工总厂	10000000	法人股	1.58
(7)锦州石化工程公司	9800000	法人股	1.55
(8)中国石油国际事业锦州公司	5850000	法人股	0.93
(9)辽宁省建设投资公司	3020000	法人股	0.48
(10)CHASE LDN S/A NEWTON MANAGED FUND(GTI14240)	2000000	B股	0.32

说明:(1)1999年9月,东方集团股份有限公司协议受让本公司原第一大股东东方集团实业股份有限公司持有的本公司法人股15,400万股、收购东方集团财务有限责任公司和东方国际经济技术合作公司持有的本公司法人股各860.5万股,已于2000年8月2日完成过户登记。

(2)东方集团股份有限公司于2000年8月16日以其持有的本公司1亿股(占本公司总股本的15.85%)法人股股份作为质押,向中国光大银行黑龙江分行新阳支行办理贷款,质押期限4年。东方集团股份有限公司于2000年8月18日在《上海证券报》公告。

(3)锦州石化工程公司、中国石化国际事业锦州公司为锦州石油化工公司全资子公司。

(4)锦州港务局于1999年3月将所持国家股协议转让给锦州石化公司500万股,目前过户登记手续正在办理中。

3、持有本公司10%以上股份的法人股东情况:

(1)东方集团股份有限公司持有本公司法人股17121万股,占本公司已发行股份的27.13%,为本公司之最大股东,其法定代表人为张宏伟先生。经营范围:经济技术合作,对外工程承包,劳务输出;房地产开发销售,物业管理;高科技产品开发、生产、销售;连锁经营建筑材料;资本经营,产权交易及重组;港口基础设施建设及运输等。

(2)锦州港务局持有本公司10500万股国家股,占本公司已发行股份的16.64%,为本公司第二大股东,其法定代表人为白纯波先生。经营范围包括:港口营运、经济开发、外轮代理、外轮理货、工业、商业、服务业开发经营。

包头华资实业股份有限公司

包头华资实业股份有限公司2000年年度报告摘要

重要提示 本公司董事会保证本报告所载资料不存在任何虚假记载、误导性陈述或者重大遗漏，并对其内容的真实性、准确性和完整性负个别及连带责任。

公司年度财务会计报告已经大连华连会计师事务所审计并出具无保留意见的审计报告。

一、公司简介

1、公司法定中文名称：包头华资实业股份有限公司

公司法定英文名称：BAOTOU HUAZI INDUSTRY CO.,LTD

2、公司注册地址：内蒙古自治区包头市国家稀土高新技术产业开发区

公司办公地址：包头华资实业股份有限公司 邮政编码：014030

公司网址：www.huazi.com.cn E—mail：hzsyzqb@public.hh.nm.cn

3、公司法定代表人：钟锡华

4、公司董事会秘书：肖军 联系电话：0472—4192200

传真：0472—4193504 联系地址：包头华资实业股份有限公司

董事会证券事务代表：李志文 联系电话：0472—4190473

传真：0472—4193504 E—mail：hzsyzqb@public.hh.nm.cn

5、公司选定的中国证监会指定报纸：中国证券报、上海证券报

中国证监会指定国际互联网网址：http://www.sse.com.cn

公司年度报告备置地点：公司证券部

6、公司股票上市地：上海证券交易所

股票简称：华资实业 股票代码：600191

二、会计数据和业务数据摘要

1、本年度主要利润指标及现金流量状况：(单位：人民币元)

利润总额	89,606,414.44
净利润	72,593,293.19
扣除非经常性损益后的净利润	70,688,093.65
主营业务利润	135,968,572.97
其他业务利润	843,698.63
营业利润	87,031,301.22
投资收益	264,600.00
补贴收入	
营业外收支净额	2,310,513.22
经营活动产生的现金流量净额	102,539,272.22
现金及现金等价物净增加额	257,564,283.50

※本年度非经营性损益项目系营业外收入2,241,411.22元。

2、公司前三年主要会计数据及财务指标 单位：人民币元

项 目	2000年度	1999年度
主营业务收入	616,088,409.30	340,696,790.01
净利润	72,593,293.19	55,052,818.26
总资产	1,274,380,551.53	759,740,961.41
股东权益	988,456,238.16	602,023,265.84
摊薄每股收益	0.28	0.23
加权平均每股收益	0.30	0.23
扣除非经常性损益后的每股收益	0.27	0.22
每股净资产	3.75	2.51
调整后的每股净资产	3.71	2.30
每股经营活动产生的现金流量净额	0.39	-0.61
摊薄净资产收益率(%)	7.34	9.14
加权平均净资产收益率(%)	10.04	

项 目	1998年度
主营业务收入	292,322,675.91
净利润	47,016,575.85
总资产	682,294,067.62
股东权益	544,537,484.64
摊薄每股收益	0.20
加权平均每股收益	0.25
扣除非经常性损益后的每股收益	0.15
每股净资产	2.27
调整后的每股净资产	2.25
每股经营活动产生的现金流量净额	0.02
摊薄净资产收益率(%)	8.63
加权平均净资产收益率(%)	

注：按照中国证监会《公开发行证券公司信息披露编报规则(第9号)》要求计算的净资产收益率和每股收益如下：

净资产收益率(%)

项目	全面摊薄		加权平均		
	2000年	1999年	2000年	1999年	2000年
主营业务利润	13.76	17.75	18.80	17.75	0.52
营业利润	8.81	11.56	12.03	11.56	0.33
净利润	7.34	9.14	10.04	9.14	0.28
扣除非经常性损益后的净利润	7.17	8.86	9.79	8.86	0.27

每股收益(元/股)

项目	全面摊薄	加权平均	
	1999年	2000年	1999年
主营业务利润	0.45	0.55	0.45
营业利润	0.29	0.35	0.29
净利润	0.23	0.30	0.23
扣除非经常性损益后的净利润	0.22	0.29	0.22

说明：(1)主要财务指标计算方法：

①每股净资产= 年度末股东权益÷年度末普通股股份总数

②调整后的每股净资产=(年度末股东权益-三年以上的应收款项净额-待摊费用-待处理(流动、固定)资产净损失-开办费-长期待摊费用-住房周转金负数余额)÷年度末普通股股份总数

③每股经营活动产生的现金流量净额=经营活动产生的现金流量净额÷年度末普通股股份总数

④全面摊薄净资产收益率=报告期利润÷期末净资产

⑤全面摊薄每股收益=报告期利润÷期末股份总数

⑥加权平均净资产收益率=报告期利润÷(期初净资产+报告期净利润÷2+报告期发行新股或债转股等新增净资产×新增净资产下一月份起至报告期期末的月份数÷报告期月份数-报告期回购或现金分红等减少净资产×减少净资产下一月份起至报告期期末的月份数÷报告期月份数)

⑦加权平均每股收益=报告期利润÷(期初股份总数+报告期因公积金转增股本或股票股利分配等增加股份数+报告期因发行新股或债转股等增加股份数×增加股份下一月份起至报告期期末的月份数÷报告期月份数-报告期因回购或缩股等减少股份数×减少股份下一月份起至报告期期末的月份数÷报告期月份数)

(2)公司2000年末总股本为263,550,000股，1999年末、1998年末总股本为240,000,000股。

(3)公司2000年6月末总股本为240,000,000股。

(4)扣除的非经常性损益所涉及的项目及金额

1998年新股申购冻结资金利息摊销2,241,411.22元，按15%上交所得税后影响净利润1,905,199.54元。

(5)表中所列数据均系考虑了会计政策变更、会计估计变更或会计差错更正后追溯调整而得的数据。

3、报告期内股东权益变动情况： 单位：元

项 目	股本总数	资本公积	盈余公积
期初数	240,000,000.00	283,953,871.73	10,206,939.42
本期增加	23,550,000.00	316,644,679.13	7,400,576.90
本期减少			
期末数	263,550,000.00	600,598,550.86	17,607,516.32

项 目	法定公益金	未分配利润	股东权益合计
期初数	5,103,469.71	62,758,984.98	602,023,265.84
本期增加	3,700,288.45	61,492,427.84	412,787,972.32
本期减少		26,355,000.00	26,355,000.00
期末数	8,803,758.16	97,896,412.82	988,456,238.16

变动原因：(1)股本增加主要是本年度实施配股所致。

(2)资本公积增加主要是本年度实施配股，股本溢价增加所致。

(3)盈余公积增加主要是本年度实现利润，按规定提取“两金”所致。

(4)未分配利润增加系本年实现利润所致。

三、股本变动及股东情况

1、股本变动情况

股票发行与上市情况：

①公司于1998年11月2日向社会公众公开发行A股股票7,000万股，每股发行价4.30元；1998年12月10日，“华资实业”A股5,600万股在上海证券交易所挂牌上市。

②1999年3月8日，向证券投资基金配售的700万股上市流通。

③1999年6月10日，公司职工股700万股上市流通。

④2000年9月，公司以1999年末的总股本24,000万股为基数，按每10股配售3股的比例向全体股东实施配股，配股价为15元/股，实际配售股票2,355万股，(其中法人股部分为255万股，流通股部分为2,100万股)。股权登记日：2000年9月6日；除权基准日：2000年9月7日；获配股份中可流通社会公众股上市日：2000年10月11日。配股后，公司股本总额增至26,355万股。

2、股东情况介绍

(1)截止2000年12月29日，本公司股东总数为40,469户。

(2)公司前十名股东情况

序号	股东名称	持股数量(股)	所占比例(%)
①	包头草原糖业(集团)有限责任公司	99,849,813	37.89
②	包头市创业经济技术开发公司	55,839,312	21.19
③	包头市北普实业有限公司	16,860,875	6.39
④	浙江证券	5,254,835	2.00
⑤	山证总部	3,885,441	1.48
⑥	深金达盛	2,021,850	0.77
⑦	鹏利达	775,854	0.29
⑧	甘元生	767,800	0.29
⑨	武元芳	690,000	0.26
⑩	马高发	689,000	0.26

说明：

(1)包头草原糖业(集团)有限责任公司持有股份为国有法人股份，包头市创业经济技术开发公司、包头市北普实业有限公司持有股份为法人股份。

(2)持股10%以上的法人股股东：

本公司发起人包头草原糖业集团有限责任公司持有本公司37.89%的国有法人股股份，是本公司相对控股股东，法定代表人：王晓慧。经营范围：面粉、饲料加工、进出口业务、加工贸易、授权范围内国有资产的经营管理、机械制造、安装、高科技开发应用、汽车运输、种植业、养殖业、塑料编织袋、复合肥、炉渣砖、二氧化碳的生产、销售，物业管理。

包头市创业经济技术开发公司持有本公司21.19%的法人股股份，法定代表人：付刚。经营范围：食品加工、技术咨询、引进资金开发高科技项目、计算机软件及外围设备配件等。

(3)本公司最大股东在报告期内没有变更。

(4)持股5%以上的法人股东所持股份在报告期内未发生质押、冻结等情况。

(5)报告期内，持有公司5%以上股份的股东中，包头草原糖业集团有限责任公司所持股份增加1,475,613股，包头市创业经济技术开发公司所持股份增加825,212股，包头市北普实业有限公司所持股份增加249,175股。增加原因为公司在报告期内实施了2000年度配股方案。

(6)公司2000年度配股由山东证券有限责任公司余额包销，配股结束后成为前10名大股东。

四、股东大会简介

报告期内公司召开的年度股东大会和临时股东大会的有关情况：

1、1999年度股东大会基本情况

本公司召开1999年度股东大会的通知刊登在2000年3月4日的《中国证券报》和《上海证券报》上，召开股东大会的股权登记日为2000年3月31日。

公司1999年度股东大会于2000年4月6日在公司职工之家二楼会议厅召开，出席会议的股东及股东代理人共计13人，代表有表决权股份17,012.59万股，占公司股份总数的70.88%，符合《公司法》及《公司章程》的有关规定。会议以记名投票方式逐项表决，通过了如下决议：

(1)1999年度董事会工作报告。

(2)1999年度监事会工作报告。

(3)1999年度利润分配预案。

(4)公司前次募集资金使用情况的说明。

(5)公司2000年增资配股预案。

(6)公司配股募集资金投向的可行性报告。

(7)续聘大连华连会计师事务所的议案。

(8)公司2000年经营发展规划。

公司1999年度股东大会决议公告刊登于2000年4月7日的《中国证券报》和《上海证券报》上。

2、2000年度第一次临时股东大会情况

本公司召开2000年度第一次临时股东大会的通知刊登于2000年4月29日的《中国证券报》和《上海证券报》上，召开股东大会的股权登记日为2000年5月25日。

公司2000年度第一次临时股东大会于2000年5月30日在公司职工之家二楼会议厅召开，出席会议的股东及股东代理人共计13人，代表有表决权的股份17,012.34万股，占本公司股份总数的70.88%，符合《公司法》及《公司章程》的有关规定。公司聘请了北京市嘉源律师事务所具有证券从业资格的贺伟平律师出席并见证了本次股东大会的各项内容，出具了法律意见书。会议以记名投票方式逐项表决，通过了如下决议：

(1)肖建华先生辞去公司副董事长、董事职务的议案。

(2)刘德选先生辞去公司董事职务的议案。

(3)增补张世潮先生为公司董事的议案。

(4)增补汤峰先生为公司董事的议案。

(5)对公司2000年度配股募集资金用途进行适当调整的议案。

(6)调整后的配股募集资金投向可行性的议案。

(7)关于原乌兰浩特制糖厂两项技术改造项目由新设的华资雪峰糖业有限公司用自有资金组织实施的议案。

公司2000年度第一次临时股东大会决议公告刊登在2000年5月31日的《中国证券报》和《上海证券报》上。

3、2000年度第二次临时股东大会基本情况

本公司召开2000年度第二次临时股东大会的通知刊登于2000年11月28日的《中国证券报》和《上海证券报》上，召开股东大会的股权登记日为2000年12月26日。

公司2000年度第二次临时股东大会于2000年12月29日在公司总部二楼会议室召开，出席会议的股东及股东代理人共计13人，代表有表决权的股份17,271.30万股，占本公司股份总数的65.53%，符合《公司法》及《公司章程》的有关规定。公司聘请了内蒙古建中律师事务所具有证券从业资格的宋建中律师、刘怀宽律师出席并见证了本次股东大会的各项内容，出具了法律意见书。会议以记名投票方式逐项表决，通过了如下决议：

(1)公司出资20,000万元收购南昌科瑞集团有限公司持有的华厦银行10,000万股股权的议案。

(2)公司调整部分配股募集资金用途的议案。

(3)公司修改《公司章程》的议案。

公司2000年度第二次临时股东大会决议公告刊登在12月30日《中国证券报》和《上海证券报》上。

五、董事会报告

1、公司报告期内主要经营情况：

(1)公司主营业务范围

公司主营业务为甜菜制糖业和电子业，主要产品包括"草原"牌优级白砂糖、精制绵白糖、幼砂精糖、无硫糖、颗粒粕和"包唐"牌食用酒精、"BY"牌石英晶体谐振器等电子元器件，计算机的研制、推广应用，软件开发，计算机软硬件及外围设备，计算机配件，以及糖机设备的制造与销售等，其中"草原"牌优级白砂糖、颗粒粕和"BY"牌石英晶体谐振器均获得国家级新产品殊荣。目前，公司产品已全部通过了ISO9002质量标准体系认证。

(2)公司主营业务经营状况

本报告期，公司全体员工在董事会正确领导下，各方面工作都取得了好成绩。2000年公司共计完成主营业务收入61,608.84万元，实现利润8,960.64万元，净利润7,259.33万元。其中：

行业	主营业务收入	所占比例	主营业务利润	所占比例
制糖业	379,020,206.24	61.52%	87,514,144.03	64.36%
电子业	237,068,203.06	38.48%	48,454,428.94	35.64%

(3)公司主要全资附属企业及控股子公司的经营情况及业绩

按照公司董事会提出的稳步发展主业，积极向高科技领域进军的思路，通过不断加大对高科技产业投资的力度，优化公司产品结构，以实现不断提高企业抗风险能力，不断壮大公司实力的发展目标，分别投资组建了包头华资数码科技有限公司和华资伟业科技控股有限公司。作为公司向高科技领域进军迈出的重要步骤，这两个子公司的组建无疑具有十分重要的意义。目前，这两个高科技子公司运营状况良好。

包头华资数码科技有限公司是我公司向高科领域进军迈出的重要一步。包头华资数码科技有限公司主要负责实施公司配股项目中的"磁盘阵列柜项目"。磁盘阵列柜的总投资为4,217万元，其核心部分是RAID控制器，通过软件开发、组织生产和测试等步骤完成其生产过程，目前已投入2,800万元。公司成立以来，积极实施配股项目，努力开拓市场，认真组织生产，为公司今后生产经营广阔空间的拓展创造了一个良好开端。到目前已发展成为集磁盘阵列、计算机网络工程与通讯工程、硬件的研制、开发、生产、销售、售后服务及软件开发和全方位、多层次的系统集成、网络设计等服务为一体的专业技术型高科技公司。华资数码的成立对于推动地区政府、企业及个人上网，帮助西部地区迎接知识经济的挑战，实现政府和企业的网上战略，以及推进东西部资源整合、促进地区传统企业产业结构调整，实现企业产业结构的升级，为地区经济的跨越式发展等方面提供了新的生产力工具。华资数码以高素质的员工，高品质的产品，高效率的管理，使华资数码科技有限公司以崭新的面貌立足于包头。

华资伟业科技控股有限公司主要负责实施公司配股项目中的"年产1,500套管理软件开发项目"。管理软件项目的总投资为4,600万元，其产品为VERP企业管理软件和政府管理软件。VERP管理软件目前主要用于企业的经营决策分析；政府管理系统软件就是通过运行平台和开发平台，将政府机构的行政管理和日常事务都通过设定好的程序在网上实施，对于转变政府职能、廉政建设、社会和经济效益的发展都具有良好的推动作用。报告期已投入2,800万元。华资伟业是公司进军软件产业的主要力量之一。作为母公司的核心软件企业，华资伟业以软件开发、技术开发、技术咨询、培训、互联网服务、计算机配件及外围设备、安装为主业，以人才和技术为依托，致力于科技成果产业化及企、事业信息化建设，为金融、医疗保险、建筑、外贸等领域的行业客户提供整体解决方案与信息系统集成，帮助客户改变传统业务模式等。

内蒙古华资雪峰糖业有限责任公司是我公司于1999年收购破产后的乌兰浩特制糖厂整体资产而新设的子公司。2000年度是该公司设立后的第二年，也是按上市公司模式运作，真正实现管理体制创新的第一年。报告期内，该公司不断强化经营管理工作，努力探索现代企业管理模式，生产上狠抓技术创新，继续抓住产品质量，以降低成本为准绳，以提高经济效益为目的，以经济杠杆管理经济为手段，实现了经营管理的科学化和规范化，较好地完成了各项生产任务。

公司所属的电子仪器分公司克服市场竞争激烈、原材料价格上涨等诸多困难，始终坚持质量第一、信誉第一、技术领先的经营策略，深挖内部潜力，积极推进技术进步，不断引进高科技，使公司的技术水平始终保持在行业的前列，被内蒙古自治区科委认定为自治区高新技术企业。本年度，电子仪器分公司以优异的产品质量，以全方位的经营思路，努力开拓市场，取得了良好的经营业绩。

2、公司财务状况

2000年度，公司在规范财务管理的基础上，继续加强资金管理、信用管理和投资管理，保证了募集资金按计划有效的使用，进一步保护了公司广大投资者的利益。公司全年的财务状况分析如下：

(1) 主要会计指标(调整后的合并报表)： 单位：元

会计指标	报告期数据	上年度数据	本期增减(+、-)
总资产	1,274,380,551.53	759,740,961.41	514,639,590.12
长期负债	5,482,822.46	12,344,233.68	-6,861,411.22
股东权益	988,456,238.16	602,023,265.84	386,432,972.32
主营业务利润	135,968,572.97	108,647,858.13	27,320,714.84
净利润	72,593,293.19	55,052,818.26	17,540,474.93

变动原因：

①总资产增加，主要是报告期内实施配股，募集资金到位以及实现利润所致。

②长期负债减少，主要是部分长期借款已归还，部分转到一年内到期的长期负债，以及本年摊销长期应付款中的新股申购冻结资金利息所致。

③股东权益增加，主要是报告期内实施配股及实现利润所致。

④主营业务利润增加，主要是新设子公司实现利润所致。

⑤净利润增加，主要是新设子公司实现利润所致。

(2)本年度会计师事务所为本公司出具了无保留意见的审计报告。

3、公司投资情况

(1)招股募集资金使用情况

本公司经中国证监会批准，于1998年11月2日以上网定价发行方式向社会公开发行A股股票7,000万股，每股发行价4.30元。扣除发行费用后，实际募集资金28,612万元。公司严格按照《招股说明书》承诺的项目进行投资，截止到2000年末期，共计投入23,817.49万元，尚未使用的募集资金全部存放在银行。募集资金使用情况如下：(单位：元)

序号	项目	承诺投资额(万元)	建设期(年)	1998年投资额
1	甜菜基地产业化开发建设项目	10,000	3	
2	制糖系统综合技术改造项目	10,000	3	2,463,915.80
3	回收治理酒精糟液生产甜菜专用复合肥项目	2,000	1.5	
4	新建年产15万吨配合饲料工程项目	1,700	2	
5	乌兰浩特制糖厂日处理甜菜1500吨技术改造	4,200	2	
6	乌兰浩特制糖厂颗粒粕生产线技术改造项目	1,000	0.5	

序号	项目	1999年投资额	2000年投资额	项目进度(%)
1	甜菜基地产业化开发建设项目	93,443,975.83	2,741,251.04	85.12
2	制糖系统综合技术改造项目	71,760,546.83	7,040,309.16	68.95
3	回收治理酒精糟液生产甜菜专用复合肥项目		6,851,810.82	24.74
4	新建年产15万吨配合饲料工程项目		1,873,087.19	6.25
5	乌兰浩特制糖厂日处理甜菜1500吨技术改造	42,000,000.00		100
6	乌兰浩特制糖厂颗粒粕生产线技术改造项目	10,000,000.00		100

说明：

①甜菜基地产业化开发建设项目

甜菜基地产业化开发建设项目是集科研、加工、基础设施等为一体的综合性项目。到2000年底公司共计投入96,185,226.87元，建成了甜菜原种、良种繁育基地；科技服务体系也随着原料区各旗县65个综合技术服务站的建立而逐步完善；公司聘用全国著名土肥、植保、病毒专家及多年奋战在甜菜科研部门的知名专家教授12人，做为公司原料工作的顾问，深入原料区和当地农业技术推广部门的科技人员一起，给糖农传授甜菜科学种植、管理方面的新技术、新要求及先进农机具的使用方法；同时公司还选派专业技术人员担任原料区科技服务站站长，使公司在甜菜种植方面的科技服务工作能有效辐射广大原料区。对购置的部分土地进行改造和基础设施配套，建设高产示范田，示范田建设初步安排设计四期农业开发，兼顾当前，着眼长远，实行沟、渠、路、林、田、花草全面配套，以市场为导向，以效益为中心，以科技为动力，全面采用上标准、上档次、上水平的机械化操作，真正在全区起到科技示范、典型引路的作用。农机化方面，继去年春季投入使用150多台穴播机后，又推广使用了230台地膜点播机，200台挖松机，20台纸筒育苗墩土机，20台中耕施肥机，以及其他如旋耕机、甜菜综合起收机、圆盘耙、翻转犁、自动喷药机等大型高效农机具，这些农机具的推广、使用，对于改善和提高我国农业种植水平和提高公司效益，都具有极大的推动作用。

②制糖系统综合技术改造项目

制糖系统综合技术改造项目是为进一步提高公司生产技术装备水平和产品质量及生产能力的综合性项目。报告期上半年甜菜糖生产结束后，又进行了原糖及一级糖加工业务，即将购入的原糖(粗糖)及一级糖加工成精制绵白糖、幼砂精糖销售，解决了季节性生产企业停产期间设备、人员的闲置问题，是对公司业务及效益非常重要的补充。

原糖加工结束后，公司立即组织施工力量按计划进行制糖系统综合技术改造，技改工作正在有条不紊地进行。三砂离子交换脱色系统、干燥冷却系统、1300离心机、一砂原料电子监控系统、物料输送监控系统等设备安装、石灰窑、连浸及车间内部改造、冷凝水回收系统、流送水回收系统等改造都已开始进行，部分完工的工段在生产中已收到了良好的效果。到2000年底，共计投入81,264,771.79元，项目仍在进行中。

③回收酒精糟液生产甜菜专用复合肥项目

本项目属三废治理、废物回收利用的环保项目，此项目已被自治区环保局和包头市列为重点建设项目。今年公司积极组织施工力量，加快酒精糟液回收项目的建设速度，目前本项目的第一期工程已经完工并开始进入试运行，且运行效果良好。到2000年底，已投入6,851,810.82元，项目仍在进行中。

④新建年产15万吨配合饲料工程

本项目是针对内蒙古地区牧业发达，对饲料需求巨大，而同时饲料原料又十分丰富的特点，充分利用公司制糖生产过程中的废丝、废蜜等辅助材料，以玉米、麸皮、豆饼等为原料加工生产高精全价配合饲料。报告期内完成了"草粕"及其他几种饲料的试制开发工作。到2000年底，共计投入1,873,087.19元，项目仍在进行中。

(2)配股募集资金使用情况

本公司经中国证监会批准，于2000年9月份顺利实施了配股方案，实际配售股份总数23,550,000股，每股配股价格15元，扣除发行费用后，实际募集资金340,194,679.13元已全部到位，由大连信义会计师事务所验资并出具了大信会验字[2000]45号验资报告。公司按照《配股说明书》承诺的项目进行投资，截止到2000年末，公司共计使用募集资金180,876,785.48元，尚未投入的配股募集资金共计159,317,893.65元全部存放在银行。配股募集资金使用情况如下：（单位：元）

序号	项目	承诺投资额(万元)	建设期
1	蔗糖深加工项目	5,301	2年
2	热电站改扩建工程项目	4,804	2年
3	玉米生物工程项目	9,253	3年
4	年产200万台计算机开关电源工程项目	4,880	1年
5	年产1500套管理软件开发项目	4,600	1年
6	年产3000套磁盘阵列柜项目	4,217	1年
7	筹建国家级企业研发技术中心	2,800	2年

序号	项目	2000年度投资额(元)	项目进度(%)
1	蔗糖深加工项目	4,730,500.00	8.92
2	热电站改扩建工程项目	18,801,170.48	39.14
3	玉米生物工程项目	92,530,000.00	100.00
4	年产200万台计算机开关电源工程项目	—	—
5	年产1500套管理软件开发项目	32,000,000.00	69.57
6	年产3000套磁盘阵列柜项目	28,000,000.00	66.40
7	筹建国家级企业研发技术中心	4,815,115.00	17.20

说明：

①投资5,301万元，进行蔗糖深加工项目；

蔗糖深加工项目主要建设内容是应用生物技术，以工业化方式生产低聚果糖和强化蔗糖。本项目总投资5,301万元，建设期2年。截止到2000年末，共计投入4,730,500元，项目仍在进行中。

②投资4,804万元，进行热电站改扩建工程项目；

我公司制糖工艺属热电联产，同时热电站还向全公司提供热能和电力，故其对生产影响极大。进行热电站改扩建工程项目主要是为使自备热电站在热电联产、以热定电、提高能源利用率、改善环境、提高经济效益诸方面发挥作用。本项目总投资4,804万元，建设期2年。截止到2000年末，共计投入18,801,170.48元，项目仍在进行中。

③投资9,253万元，新上玉米生物工程项目；

新上玉米生物工程项目总投资9,253万元，建设期3年。为了尽早使配股募集资金产生效益，实现股东利益的最大化，结合公司实际情况，经2000年11月26日召开的公司第一届第十四次董事会会议认真研究，决定暂缓实施玉米生物工程项目，而将原定用于投资玉米生物工程项目的配股募集资金9,253万元，调整为用来收购南昌科瑞集团有限公司持有的华夏银行10,000万股股权的部分资金。

④投资4,880万元，新建年产200万台计算机开关电源工程项目；

计算机开关电源是计算机最重要的硬件之一。随着国内外计算机及其相关产业的发展，这一行业在成为全球最大的一个科技产业之一的同时，其竞争的程度也日益激烈。本项目总投资4,880万元，建设期1年。配股募集资金到位后，公司本着对股东负责的精神，对该项目的市场再次进行了调研，认为这个行业在不久的将来的竞争将异常激烈，利润水平也会下降。鉴于此，公司决定暂缓实施该项目。

⑤投资4,600万元，进行管理软件开发项目；

本项目产品为VERP企业管理软件和政府管理软件。VERP管理软件目前主要用于企业的经营决策分析；政府管理系统软件就是通过运行平台和开发平台，将政府机构的行政管理和日常事务都通过设定好的程序在网上实施，对于转变政府职能、廉政建设、社会和经济效益的发展都具有良好的推动作用。截止到2000年末，共计投入32,000,000元，项目仍在进行中。

⑥投资4,217万元，新建年产3000套磁盘阵列柜项目；

磁盘阵列柜的核心部分是RAID控制器，通过软件开发、组织生产和测试等步骤完成其生产过程。近年来，各中小行业特别是飞速发展的网站将成为双机系统的用户群。市场前景比较广阔。本项目总投资4,217万元，建设期1年。截止到2000年末，共计投入28,000,000元，项目仍在进行中。

⑦投资2,800万元，筹建国家级企业技术研发中心；

企业技术研发中心下设甜菜科研所(基地)、新产品新技术开发研究所、工程咨询评估监理部、市场营销研发部、人才培训管理部，项目完成后，力争使企业技术进步贡献率达到40%。该项目总投资2,800万元，建设期2年。截止到2000年末，共计投入4,815,115元，项目仍在进行中。

4、生产经营环境及宏观政策、法规等的变化对公司的影响

西部大开发战略及国家产业结构调整政策的制订和实施，对于推动我国的经济发展以及国家产业结构的调整将会起到极其重要的作用。我公司作为内蒙古自治区重点企业，将在西部大开发及产业结构调整中充分发挥龙头带动作用，与西部共同发展，再创辉煌。

A、电子业将充分利用国家优惠政策，抓住时机，争取以最快的速度发展自己。

(1)为了将西部地区建成一个经济繁荣、社会进步、生活安定、民族团结、山川秀美的新西部，国务院制定了实施西部大开发的若干政策措施。其中《吸引人才和发展科技教育的政策》中非常重要的一条就是"发挥科技主导作用，加大各类科技计划经费向西部地区倾斜支持力度，逐步提高科技资金用于西部地区的数额"。如此机遇，为我公司以磁盘阵列及计算机研制开发、系统集成、网络服务为主的包头华资数码科技有限公司的发展创造了良好的条件。

(2)2000年6月16日，国家经贸委、国家计委、国家外经委经济合作部以三部委名义发布第18号令《中西部地区外商投资优势产业目录》，分别列出了中西部地区的优势产业，其中"以新型电子元器件开发制造等领域为重点，鼓励外商进行投资"政策的颁布实施为我公司以高精电子元器件生产为主的电子仪器分公司提供了广阔的发展空间。

(3)为推动我国软件产业和集成电路产业的发展，增强信息产业创新能力和国际竞争力，带动传统产业改造和产品升级换代，进一步促进国民经济持续、快速、健康发展，国家制订了《鼓励软件产业和集成电路产业发展的若干政策》。这一政策的颁布实施，也给软件开发子公司华资伟业科技发展有限公司创造了良好的发展机会。

B、制糖业将抓住国家产业结构调整的契机，迅速发展壮大自己。

(1)1999年底，中央将制糖行业列为结构调整的一个重点行业。报告期内，全国共关闭了152家糖厂，内蒙的19家只保留了4家。辽宁、吉林、河北等省均整体退出制糖行业。结构调整后，全国糖料面积减少近500万亩，食糖产量减少了200万吨，国家又严格控制走私糖，国内食糖市场供应产生缺口。本公司作为行业排头兵，抓住国家产业结构调整的契机，加快技术改造、加强管理，降低成本，提高竞争力，为中国制糖工业做出更大的贡献。

(2)为保护人民身体健康，国家出台了一系列政策，决定关停部分糖精厂，压缩糖精生产能力，限制糖精在食品中的使用范围。2000年6月，国家经贸委、财政部、对外贸易经济合作部、卫生部、国家质量技术监督局、国家工商行政管理局、海关总署联合下发了《关于加强糖精生产销售使用管理的规定》，今后我国将对糖精的生产销售实行计划管理，以全面控制糖精的生产能力、生产总量、内销量，切实规范糖精的生产销售使用管理。2000年开始，糖精厂将由14家压至5家，糖精的产量也将由39,000吨压缩到3,000吨。这样，糖精等化学合成甜味剂对食糖市场的冲击和挤占将得到有效的缓解和遏制，对保护和发展制糖工业有巨大的意义。我公司一定会以优秀的产品质量和完善的售后服务，甜蜜亿万民众，回报广大股东和社会。

5、新年度业务发展计划

2001年，我公司将继往开来，充分利用国家实施西部大开发战略这一历史性的机遇，按照新年度生产经营发展目标，在着力抓好投资项目的同时，抓市场，抓管理，以提高经济效益为中心，促进公司的稳定、持续发展，力争公司的主营业务收入和净利润再上一个新台阶。

(1)近年来，随着人民生活水平的不断提高，食糖消费需求多样化、功能化的发展趋势日益明显。在国家产业政策的导向下，国内食糖行业结构调整加快，许多中小糖厂纷纷关停并转。针对制糖行业的发展现状，公司将突出主业的优势，做大、做好制糖业这块"蛋糕"。

(2)切实抓好发行及配股募集资金的运用，通过调整产业结构及产品的升级换代，尽快发挥企业巨大的综合效益。

(3)以提高企业运营效率为目标，进一步深化企业内部改革，理顺关系，不断提高经济效益。

(4)按照建立现代企业制度的要求，进一步强化管理，坚持在制度创新上下功夫，实现管理水平质的飞跃。

(5)狠抓经营，巩固现有产品的经济效益，切实以市场为导向，以科技为先导，以消费者为中心，抓好各项工作，进一步规范管理，完善各岗位、各环节的功能，形成一整套科学的管理体系。

(6)扩展经营范围，在充分发挥公司无形资产优势的同时，积极拓展新的领域，确保公司效益的稳定、持续增长。

6、董事会日常工作情况

(1)报告期内董事会的会议情况及决议内容

2000年度公司董事会共召开7次会议：

①2000年3月1日，公司召开第一届董事会第八次会议，审议通过了《1999年度董事会工作报告》、《1999年年度报告及年度报告摘要》、《1999年度总经理工作报告》、《1999年度利润分配预案》、《关于前次募集资金使用情况的说明》、《公司2000年度增资配股的预案》、《本次配股募集资金投向的可行性报告》、《续聘大连信义会计师事务所的议案》、《公司2000年经营发展规划》、《2000年4月6日召开公司1999年度股东大会》等项议案。此次会议决议公告刊登于2000年3月4日的《中国证券报》和《上海证券报》上。

②2000年3月25日，公司召开第一届董事会第九次会议，审议通过与明天控股有限公司共同出资设立"包头华资数码科技有限公司"，其中公司出资800万元人民币，占其注册资本的80%。该公司经营范围包括计算机的研制、推广应用、计算机软硬件及外围设备、计算机配件、电子元器件、通讯器材、办公设备等。此次会议决议公告刊登于2000年3月28日的《中国证券报》和《上海证券报》上。

③2000年4月28日，公司召开第一届董事会第十次会议，审议通过了《调整公司董事会成员及公司经理》、《聘任汤峰先生为公司总经理》、《公司于2000年5月30日召开本公司2000年度第一次临时股东大会》等项议案。此次会议决议公告刊登于2000年4月29日的《中国证券报》和《上海证券报》上。

④2000年5月19日，公司召开第一届董事会第十一次会议，审议通过了《包头华资实业股份有限公司与明天控股公司共同出资设立"华资科技控股有限公司"》、《由本公司出资2000万元，对包头华资数码科技有限公司进行追加投资》、《由包头华资数码科技有限公司出资，在北京、广州设立子公司》等项议案。此次会议决议公告，刊登于2000年5月23日的《中国证券报》和《上海证券报》上。

⑤2000年7月15日，公司召开第一届董事会第十二次会议，审议通过了公司《2000年度中期报告》、《2000年度中期报告摘要》、《2000年中期分配预案》等。

⑥2000年8月2日，公司召开第一届董事会第十三次会议，审议通过了公司出资人民币60万元，参股北京融汇中糖电子商务有限公司，占其注册资本的2%。此次会议决议公告，刊登于2000年8月5日的《中国证券报》和《上海证券报》上。

⑦2000年11月26日，公司召开第一届董事会第十四次会议，审议通过了《公司出资20000万元人民币，收购南昌科瑞集团有限公司持有的华厦银行10000万股股权》、《调整部分配股募集资金用途》、《修改〈公司章程〉》、《决定于2000年12月29日召开本公司2000年度第二次临时股东大会》等项议案。此次会议决议公告，刊登于2000年11月28日的《中国证券报》和《上海证券报》上。

(2)董事会对股东大会决议的执行情况

报告期内，公司董事会勤勉经营，认真执行了股东大会的各项决议：

公司2000年度配股方案于2000年8月17日获中国证券监督管理委员会证监公司字[2000]131号文核准通过，并于2000年9月实施。配股股权登记日为2000年9月6日，除权日为2000年9月7日，配股缴款起止日为2000年9月7日至2000年9月20日。2000年10月11日，公司获配股份中可流通的社会公众股部分共计2100万股上市交易，配股工作顺利结束。

7、公司管理层及员工情况

(1)董事、监事、高级管理人员

姓名	职务	年龄	任期	年初持股数
钟锡华先生	董事长	63	1999.9~2001.11	0.00
李刚先生	常务副董事长	55	1998.11~2001.11	14,500.00
肖军先生	副董事长、董秘	42	1998.11~2001.11	13,000.00
汤峰先生	董事、总经理	30	2000.5~2001.11	0.00
张世潮先生	董事、总会计师	37	2000.5~2001.11	0.00
张雪雁女士	董事	32	1998.11~2001.11	11,100.00
孙大睿先生	董事	29	1998.11~2001.11	0.00
李植先生	监事会主席	53	1998.11~2001.11	10,000.00
吕玉杰先生	监事	41	1998.11~2001.11	13,000.00
程东胜先生	监事	31	1998.11~2001.11	20,500.00
霍俊生先生	监事	47	1998.11~2001.11	2,400.00
王惠女士	监事	26	1998.11~2001.11	12,000.00
魏锁军先生	副总经理	53	1998.11~2001.11	13,000.00
赵凤梧先生	副总经理	52	1998.11~2001.11	13,000.00
尚明久先生	副总经理	45	1998.11~2001.11	13,000.00
合计				135,500.00

姓名	年末持股数	增减变动	年度报酬(元)
钟锡华先生	0.00		0.00
李刚先生	18,850.00	4,350.00	15,436.60
肖军先生	16,900.00	3,900.00	12,688.58
汤峰先生	0.00	0.00	14,862.71
张世潮先生	0.00	0.00	11,874.10
张雪雁女士	14,430.00		3,330.00
孙大睿先生	0.00		0.00
李植先生	13,000.00	3,000.00	13,459.86
吕玉杰先生	16,900.00	3,900.00	12,233.60
程东胜先生	26,650.00		6,150.00
霍俊生先生	3,120.00	720.00	14,153.00
王惠女士	15,600.00		3,600.00
魏锁军先生	16,900.00	3,900.00	14,688.82
赵凤梧先生	16,900.00	3,900.00	13,092.32
尚明久先生	16,900.00	3,900.00	13,277.34
合计	176,150.00	40,650.00	41,058.48

说明：①公司董事、监事及高级管理人员所持股份增加是因为公司报告期内实施配股方案所至，全部按规定申报锁定。

②公司董事、监事、高级管理人员年度报酬在1万元~1.6万元之间。其中：钟锡华、孙大睿、张雪雁、程东胜、王惠不在公司领取报酬。

③2000 年 4 月 28 日，公司第一届董事会第十次会议审议通过肖建华先生辞去公司董事及总经理职务，聘任汤峰先生为总经理。

④2000 年 4 月 28 日，公司第一届董事会第十次会议审议通过刘德选先生辞去公司董事及副总经理职务。

⑤2000 年 5 月 30 日，公司 2000 年度第一次临时股东大会审议通过，同意肖建华先生、刘德选先生辞去公司董事职务，选举张世潮先生、汤峰先生为公司董事。

(2)公司员工情况

公司现有员工 2,382 人，平均年龄 33.6 岁，构成如下：

①职工专业结构

专业结构	人数	所占比例(%)
生产人员	1,292	54.23
销售人员	254	10.66
技术人员	569	23.89
财务人员	145	6.08
行政人员	122	5.14

②职工专业技术人员构成

专业技术构成	人数	所占比例(%)
高级职称人员	73	3.08
中级职称人员	295	12.37
初级职称人员	591	24.83

③职工文化程度

文化程度	人数	所占比例(%)
大专及以上	661	27.76
中专技校	1,101	46.21
初中及以下	620	26.03

8、公司分配政策

(1)2000 年度利润分配预案

经大连华连会计师事务所有限公司审计确认，公司 2000 年实现净利润 72,593,293.19 元，按规定提取 10%的法定盈余公积金，5%法定公益金，母、子公司共计提法定公积金 7,400,576.90 元，提取法定公益金 3,700,288.45 元，加上年初未分配的利润 62,758,984.98 元，可供股东分配的利润为 124,251,412.82 元。根据公司第一届董事会第十六次会议决议，2000 年度利润分配预案为：以公司 2000 年度末总股本 263,550,000 股为基数，向全体股东每 10 股派发现金 1.00 元(含税)，共分配利润 26,355,000 元，余额结转下一年度。

此预案需经公司 2000 年度股东大会审议通过后实施。

(2)公司 2001 年度利润分配政策

公司本着对全体股东负责任的态度，以实现公司利益和股东利益最大化为目标，坚持多角度经营，多元化发展，提出 2001 年度公司分配政策如下：

公司拟在 2001 年度分配利润一次，公司 2001 年度实现净利润用于股利分配的比例不低于 10%，公司 2000 年度未分配利润用于股利分配的比例约为 10%~30%，上述股利分配将以现金方式为主，比例不低于 30%。

以上 2001 年利润分配政策在实施时，由董事会根据公司盈利情况和发展状况提出具体或修正分配预案，提交股东大会审议通过。董事会保留根据公司发展和盈利情况对其作出调整的权利。

9、其他报告事项

公司披露信息报纸继续选定《中国证券报》和《上海证券报》。

六、监事会报告

1、报告期内监事会工作情况

报告期内，公司监事会共计召开 3 次会议：

(1)2000 年 2 月 18 日，公司召开第一届监事会第五次会议，审议通过了《包头华资实业股份有限公司关于计提各项资产减值准备和损失处理的内部控制制度》。

(2)2000 年 3 月 1 日，公司召开第一届监事会第六次会议，审议通过了《1999 年度董事会工作报告》、《1999 年度监事会工作报告》、《1999 年度总经理工作报告》、《1999 年年度报告》和《年度报告摘要》、董事会《关于前次募集资金使用情况的说明》等项议案。此次会议决议公告刊登于 2000 年 3 月 4 日的《中国证券报》和《上海证券报》上。

(3)2000 年 7 月 15 日，公司召开第一届监事会第七次会议，审议通过了公司《2000 年度中期报告》、《2000 年度中期报告摘要》。此次会议决议公告刊登于 2000 年 7 月 18 日的《中国证券报》和《上海证券报》上。

2、监事会独立意见

(1)公司依法运作情况

报告期内，公司监事会对公司依法运作情况进行了全程监督，认为公司的决策程序合法；公司已建立起较为健全有效的内部控制制度；公司董事及高级管理人员在执行公司职务时均能廉洁守法，尽职尽责，无违反法律、法规、公司章程或损害公司利益的行为。

(2) 检查公司财务的情况

经认真审查，公司监事会认为公司财务报告真实反映了公司财务状况和经营成果，大连华连会计师事务所为本公司出具了无保留意见的审计报告客观公正。

(3)公司最近一次募集资金使用情况

报告期内，公司 2000 年度配股募集资金已按计划开始实施，其中：投资 5,301 万元，进行蔗糖深加工项目已投入 4,730,500 元，项目仍在进行中；投资 4,804 万元，进行热电站改扩建工程项目已投入 18,801,170.48 元，项目仍在进行中；投资 4,880 万元，新建年产 200 万台计算机开关电源工程项目由于市场变化暂缓实施；投资 4,600 万元，进行管理软件开发项目已投入 32,000,000 元，项目仍在进行中；投资 4,217 万元，新建年产 3000 套磁盘阵列柜项目已投入 28,000,000 元，项目仍在进行中；投资 2,800 万元，筹建国家级企业技术研发中心已投入 4,815,115 元，项目仍在进行中。

投资 9,253 万元，新上玉米生物工程项目：为了尽早使配股募集资金产生效益，实现股东利益的最大化，结合公司实际情况，经 2000 年 11 月 26 日召开的公司第一届第十四次董事会会议认真研究，决定暂缓实施玉米生物工程项目，而将原定用于投资玉米生物工程项目的配股募集资金 9,253 万元，调整为用来收购南昌科瑞集团有限公司持有的华夏银行 10,000 万股股权的部分资金。此项议案已获 2000 年 12 月 29 日召开的公司第二次临时股东大会审议通过，变更程序合法有效。

(4) 告期内公司无收购、出售资产行为。

(5)报告期内公司无任何重大关联交易事项。

(6)报告期内，大连华连会计师事务所为公司出具了无保留意见的审计报告。

七、重要事项

1、报告期公司无重大诉讼、仲裁事项。

2、报告期公司、公司董事及高级管理人员未受到监管部门处罚等情况。

3、报告内公司控股股东没有变更；公司董事会没有换届或半数以上成员变动；公司未解聘、新聘董事会秘书等情况。

2000 年 4 月 28 日，公司第一届董事会第十次会议审议通过，同意肖建华先生辞去公司董事及总经理职务，聘任汤峰先生为总经理。此次会议决议公告刊登于 2000 年 4 月 29 日的《中国证券报》和《上海证券报》上。

2000 年 4 月 28 日，公司第一届董事会第十次会议审议通过，同意刘德选先生辞去公司董事及副总经理职务。此次会议决议公告刊登于 2000 年 4 月 29 日的《中国证券报》和《上海证券报》上。

2000 年 5 月 30 日，公司 2000 年度第一次临时股东大会审议通过，选举张世潮先生、汤峰先生为公司董事。此次会议决议公告刊登于 2000 年 5 月 31 日的《中国证券报》和《上海证券报》上。

4、报告期内公司没有收购、兼并及资产重组事项。

5、报告期内公司无重大关联交易事项。

6、报告期内，我公司严格按照中国证监会"关于上市公司与控股股东在人员、资产、财务上三分开"的要求，在中国证监会呼和浩特证券监管特派员办事处的指导和帮助下，在人员、资产、财务上严格实行三分开，真正做到了人员独立、资产完整和财务独立。

(1)人员方面：公司在劳动、人事及工资管理方面完全独立。公司高级管理人员未有在股东单位担任职务现象。

(2)资产方面：公司拥有独立的生产系统、辅助生产系统及配套设施。公司的采购和销售系统由股份公司独立拥有。公司拥有自己的工业产权、商标、非专利技术等无形资产。

(3)财务方面：公司设立独立的财务部门，建立了独立的会计核算体系和财务管理制度，建立了完善的内部控制制度，独立在银行开立帐户。

7、本报告期内公司未发生托管、承包、租赁其他公司资产或其他公司托管、承包、租赁本公司资产的事项。

8、本报告期公司续聘大连华连会计师事务所担任本公司的财务审计工作。

报告期内，大连信义会计师事务所与大连正元会计师事务所采取新设合并方式，成立大连华连会计师事务所，公司董事会决定继续聘任新设的大连华连会计师事务所担任本公司的财务报告审计工作。

9、本报告期内公司未发生其他重大合同事项。

10、本报告期内公司未发生对外担保事项。

11、本报告期内公司并未更改名称或股票简称事项。

12、本报告期内公司未发生《证券法》第六十二条、《股票条例》第六十条和《信息细则》第十七条所列举的重大事件，以及公司董事会判断为重大事件的事项。

八、财务会计报告

1、会计报表：(附后)

2、会计报表附注：(附后)

3、审计报告：　　　　华连审内字[2001]98 号

包头华资实业股份有限公司全体股东：

我们接受委托，审计了贵公司 2000 年 12 月 31 日的资产负债表和合并资产负债表，2000 年度利润及利润分配表和合并利润及利润分配表以及现金流量表和合并现金流量表。这些会计报表由贵公司负责，我们的责任是对这些会计报表发表审计意见。我们的审计是依据《中国注册会计师独立审计准则》进行的。在审计过程中，我们结合贵公司实际情况，实施了包括抽查会计记录等我们认为必要的审计程序。

我们认为，上述会计报表符合《企业会计准则》和《股份有限公司会计制度》的规定，在所有重大方面公允地反映了贵公司 2000 年 12 月 31 日的财务状况及 2000 年度经营成果和现金流量情况，会计处理方法的选用遵循了一贯性原则。

大连华连会计师事务所有限公司　　　　中国注册会计师：李　宜　邹文哲

会计报表附注

(一)公司简介

包头华资实业股份有限公司(以下简称公司)于 1998 年 7 月 29 日经内蒙古自治区人民政府内政股批字[1998]15 号文批准，由包头草原糖业(集团)有限责任公司作为主发起人与包头创业经济技术开发公司、包头市北普实业有限公司共同发起，采取社会募集方式设立的股份有限公司。经中国证券监督管理委员会证监发字[1998]276、277 号文批准，向社会公众发行 A 股股票 7000 万股，公司于 1998 年 11 月 30 日经内蒙古自治区工商行政管理局批准成立，注册号为 1500001004170，法定代表人钟锡华，公司注册资本为人民币 24,000 万元。1998 年 12 月 10 日公司股票在上海证券交易所正式挂牌交易。上市后，公司股本 24,000 万元，其中：国家股 9,837.42 万元，法人股 7,162.58 万元，社会公众股 7,000 万元。2000 年经中国证券监督管理委员会以证监公司字(2000)131 号文批准配股增资 2,355 万元。配股后公司的股本为 26,355 万元，其中国家股 9,984.98 万元，法人股 7,270.02 万元，社会公众股 9,100 万元。公司经营范围主要为生产、销售：糖、食用酒精、颗粒粕、电子元器件、计算机的研制、生产、推广应用、软件开发，计算机软硬件及外围设备，计算机配件、信息产业、电子高新技术产业、制糖机械设备。

2000 年主营业务收入 61,608.84 万元，比上年增长 80.83%，实现利润总额 8,960.64 万元，比上年增长 17.55%。

1999 年 11 月 4 日公司与内蒙古科右前旗人民政府签订了收购标的为原乌兰浩特糖厂破产裁定后的全部资产，出资总额为人民币 5,201.33 万元。将收购企业更名为内蒙古华资雪峰糖业有限责任公司。

2000 年上半年公司与北京明天控股有限公司共同出资设立包头华资数码科技有限公司和华资伟业科技控股有限公司。

(二)主要会计政策、会计估计和合并会计报表的编制方法

1、执行的会计制度：公司执行《股份有限公司会计制度》及其补充规定。自 2001 年 1 月 1 日起本公司执行《企业会计制度》。

2、会计年度：自公历 1 月 1 日起至 12 月 31 日止。

3、记帐本位币：人民币。

4、记帐基础和计价原则：以权责发生制为记帐基础，以历史成本为计价原则。

5、外币业务核算方法：外币业务发生时，按当日市场汇价折合人民币记帐，期末外币帐户余额按中国人民银行公布的市场汇价折合人民币进行调整，产生的差额作为汇兑损益计入当期损益。

6、现金等价物的确认标准：公司以持有期限在三个月内，流动性强，易于转换为已知金额现金、价值变动风险很小的投资确定为现金等价物。

7、坏帐核算方法：

(1)、坏帐确认的标准：因债务人破产或者死亡，以其破产财产或者遗产清偿后，确实不能收回的；或因债务人逾期未履行偿债义务超过三年的款项；

(2)、坏帐损失采用备抵法核算，除与关联方发生的应收款项不提坏帐准备外，按帐龄分析法计提。提取比例为：逾期 1 年(含 1 年，以下类推)以内的，按其余额的 5%计提；逾期 1-2 年的，按其余额的 10%计提；逾期 2-3 年的，按其余额的 30%计提；逾期 3 年以上的，按其余额的 50%计提。

8、存货核算方法：

(1)、存货分类：本公司存货分为原材料、包装物、低值易耗品、在产品、自制半成品、库存商品；

(2)、存货计价：原材料、包装物、低值易耗品采用计划成本核算，按月调整计划成本与实际成本的差异，将计划成本调整为实际成本；在产品和库存商品采用实际成本核算，发出以加权平均法计价；低值易耗品领用时一次性摊销；

(3)、期末存货按成本与可变现净值孰低计价，并按存货的单个项目计提相关跌价准备，存货跌价准备计入当期损益。

9、短期投资核算方法：

(1)、短期投资的计价方法：取得短期投资时支付的全部价款、包括税金、手续费等相关内容，但不包括实际价款中包含的已宣告发放而尚未领取的现金股利和自发行日至取得日止的分期付息债券利息；

(2)、短期投资收益的核算方法：短期投资持有期间所获得的现金股利利息，除取得时已记入应收项目的现金股利或利息外，以实际收到时作为投资成本的收回，冲减短期投资的帐面价值。处置时按收到的处置收入与短期投资帐面价值的差额确认为投资收益；

(3)、短期投资采用成本与市价孰低计价，短期投资跌价准备按单项投资成本高于市价的差额提取。

10、长期投资核算方法：

(1)、长期股权投资：

A、长期股权投资计价：按投资时实际支付的全部价款，包括相关税费入帐。

对本公司拥有被投资单位股权比例在20%以下的按成本法核算；股权比例在20%(不含20%)至50%按权益法核算；股权比例在50%(不含50%)以上的合并会计报表。

B、长期投资收益的核算方法：

采用成本法核算的公司，在被投资单位宣告发放现金股利时，计入投资收益； 采用权益法核算的公司，中期期末或年度终了，按分享或分担的被投资单位实现的净利润或净亏损的份额，计入投资收益；

C、股权投资差额的摊销：合同或协议规定了投资期的，按投资期限平均摊销；合同或协议没有规定投资期限的，按10年平均摊销。

(2)、长期债权投资：按实际支付价款扣除支付的税金、手续费等各项附加费用，以及实际支付的分期付息价款中包含的已到期尚未领取的债券利息后的余额作为实际成本记帐，长期债权投资按期计提利息，扣除债券投资溢价或折价摊销后的余额并计入当期投资收益。

长期债券溢价和折价的摊销方法，在存续期内采用直线法摊销。

(3)、长期投资减值准备的核算方法：如被投资单位由于市价持续下跌或经营状况恶化等原因导致可收回金额低于帐面价值，且这种降低的价值在可预见的未来期间内不可能恢复时，按可收回金额低于长期投资帐面价值的差额计提减值准备。

11、固定资产计价和折旧方法：

(1)、固定资产标准为使用年限超过一年的房屋建筑物、机器、机械、运输工具以及其他与生产、经营有关的设备、器具、工具等。单位价值在2000元以上，并且使用年限超过两年的，不属于生产、经营主要的物品，也应作为固定资产。

(2)、固定资产计价：按实际成本计价；

(3)、固定资产折旧采用直线法，残值率为3%。固定资产分类、预计使用年限及折旧率如下：

资产类别	预计使用年限	年折旧率	预计残值率
房屋及建筑物	10–40	9.7%--2.43%	3%
机器设备	7–22	13.86%--4.41%	3%
动力设备	11–30	8.82%--3.23%	3%
运输设备	6–12	16.17%--8.08%	3%
其他设备	5–12	19.4%--8.08%	3%

* 制糖企业是季节性生产企业，根据包头市财政局包财工企字(1994)第77号文批复："根据制糖行业特点，对制糖、酒精、干粕、动力四个车间的固定资产年折旧按制糖生产期(当年10月至次年2月)分摊，其他部门的固定资产折旧按全年平均分摊"。

(4)、根据财政部财会[2000]25号文关于印发《企业会计制度》的通知，本公司从2001年1月1日起执行《企业会计制度》，公司原未计提固定资产减值准备，现根据《企业会计制度》的规定如果企业的固定资产实质上已经发生了减值，应当计提减值准备。对存在下列情况之一的固定资产，应当全额计提减值准备：

A、长期闲置不用，在可预见的未来不会使用，且已无转让价值的固定资产；

B、由于技术进步等原因，已不可使用的固定资产；

C、虽然固定资产尚可使用，但使用后产生大量不合格品的固定资产；

D、已遭毁损，以至于不再具有使用价值和转让价值的固定资产；

E、其他实质上已经不能再给企业带来经济利益的固定资产。

根据财政部财会[2001]17号《关于贯彻实施〈企业会计制度〉有关政策衔接问题的规定》按2000年12月31日帐面固定资产和累计折旧金额作为追溯调整的基础，对发生的固定资产减值损失采用追溯调整法，调整2000年度会计报表相关项目的期初数或上年实际数。该调整对本公司财务状况和经营成果的影响详见会计政策变更事项说明。

12、在建工程的核算方法：

(1)、在建工程采用实际成本核算，工程完工交付使用且办理竣工验收手续时，按实际支出成本转入固定资产。尚未办理竣工决算，但已交付使用的固定资产，按暂估价入帐，待决算后进行帐面价值调整。在建工程借款所发生的利息在交付使用前计入工程成本，交付使用后，计入当期财务费用。

(2)、在建工程减值准备：在建工程预计发生减值时，如长期停建并且预计在3年内不会重新开工的在建工程，计提在建工程减值准备。

13、长期待摊费用摊销方法：长期待摊费用按受益期摊销。

14、无形资产核算方法：

(1)、无形资产计价和摊销方法：本公司的无形资产按实际成本计价，采用直线法摊销。其中：土地使用权按20年摊销。

(2)、无形资产减值准备：无形资产的帐面价值超过可收回金额的部分确认为减值准备。

15、收入确认原则：

(1)主营业务收入：在商品所有权上的重要风险和报酬转移给买方，公司不再对该商品实施继续管理权和实际控制权，相关的收入已经收到或取得了收款的证据，并且与销售该商品有关的成本能够可靠地计量时，确认营业收入的实现。

(2)、在提供的劳务已完成，并且相关的收入已经收到或取得了收款证据时确认劳务收入的实现。

16、所得税的会计处理方法：采用应付税款法。

17、合并会计报表的编制方法：

公司按照财政部财工字(1995)11号文件及其补充文件的规定编制合并会计报表。

(1)、占有被投资单位权益性资本50%以上，或虽然不足50%，但拥有该单位实质控制权的被投资单位纳入合并报表范围。

(2)、在合并过程中，对投资、内部往来及内部交易中的重复事项进行了抵销。

18、会计政策变更事项说明：

(1)、根据财政部财会[2000]25号文关于印发《企业会计制度》的通知，本公司从2001年1月1日起执行《企业会计制度》，公司原未计提固定资产减值准备，现根据《企业会计制度》的规定如果企业的固定资产实质上已经发生了减值，应当计提减值准备。对存在下列情况之一的固定资产，应当全额计提减值准备：

A、长期闲置不用，在可预见的未来不会使用，且已无转让价值的固定资产。

B、由于技术进步等原因，已不可使用的固定资产。

C、虽然固定资产尚可使用，但使用后产生大量不合格品的固定资产。

D、已遭毁损，以至于不再具有使用价值和转让价值的固定资产。

E、其他实质上已经不能再给企业带来经济利益的固定资产。

(2)、上述会计政策变更已采用了追溯调整法，调整了期初留存收益及相关相同的期初数，利润及利润分配表的上年数栏，已按调整后的数字填列。上述会计政策变更的累积影响数9,768,106.81元。由于会计政策变更，调减了2000年初(全是1999年度)留存收益9,768,106.81元，其中：未分配利润调减了8,302,890.79元，盈余公积调减了1,465,216.02元。

(三)税项

1、增值税，销项税按销售额17%税率。应纳税额=当期销项税额–当期进项税额；

2、消费税，按酒精销售收入5%计缴；

3、营业税，按其他业务收入3%–5%计缴；

4、城建税，按流转税额7%计缴；

5、教育费附加，按流转税额3%计缴；

6、所得税，根据内蒙古自治区人民政府内政发[1997]45号文《内蒙古自治区人民政府批转财政厅、地税局关于征收上市发行股票的股份制企业所得税问题报告的通知》："我区凡经批准上市发行股票的股份制企业，从股票上市之日起，一律给予三年减按15%税率征收企业所得税照顾"。

包头华资数码科技有限公司经包头市人民政府批复，享受包头国家稀土高新技术产业开发区优惠政策，新建区内企业一律执行减按15%所得税税率。高新技术企业自投产之日起五年内所交的所得税税款，由财政返还给企业，第六年至第十年减按15%的税率所交的税款，由财政50%返还给企业。

华资雪峰糖业有限责任公司经兴安盟地方税务局兴地税政(2000)268号文批复：华资雪峰糖业有限责任公司从2000年1月1日起，享受九五期间最后一年减按15%税率征收企业所得税照顾。

(四)控股子公司及合营企业

(五)会计报表主要项目注释

1、货币资金：

项目	期初数	期末数
现金	2,891.90	358,476.29
银行存款	75,387,797.26	337,596,496.37
合计	75,390,689.16	337,954,972.66

银行存款中外币存款

外币种类	外币金额	汇率	折人民币金额
美元	171,190.46	8.2781	1,417,131.74
日元	165.00	0.072342	11.95
合计			1,417,143.69

注：货币资金期末数较期初数增加348.27%，主要是2000年实施配股，募集资金到位所致。

2、应收票据：

出票单位	出票日期	到期日	金额	备注
廊坊中糖储运贸易公司	2000.10.13	2001.4.13	5,000,000.00	
湖北广济药业股份有限公司	2000.8.9	2001.2.8	200,000.00	已兑现
合计			5,200,000.00	

3、应收帐款：

帐龄	期初数			期末数		
	金额	比例(%)	坏帐准备	金额	比例(%)	坏帐准备
1年以内	36,175,043.70	87.94	1,808,752.18	25,504,175.71	83.64	1,275,383.94
1—2年	2,784,135.62	6.77	211,320.05	1,792,016.31	5.88	179,201.63
2—3年	760,070.30	1.85	228,021.09	1,829,232.17	6.00	548,769.65
3年以上	1,417,258.73	3.44	708,629.37	1,367,012.75	4.48	683,506.38
合计	41,136,508.35	100	2,956,722.69	30,492,436.94	100	2,686,861.60

注：(1)、应收帐款中无持有本公司5%以上股份的股东单位欠款。

(2)、欠款金额前五名单位：

单位名称	欠款金额	欠款时间	欠款原因
保定市糖酒公司	6,768,000.00	1年以内	货款未收回
代伯光	3,177,208.00	1年以内	货款未收回
北京德力有限公司	2,640,000.00	1年以内	货款未收回
香港丰创公司	1,459,596.08	1年以内	货款未收回
韩国布邦公司	1,125,465.64	1年以内	货款未收回

4、其他应收款：

帐龄	期初数			期末数
	金额	比例(%)	坏帐准备	金额
1年以内	5,420,741.34	40.11	286,008.28	18,539,000.53
1—2年	4,975,041.15	36.81	306,908.29	2,269,617.26
2—3年	860,835.50	6.37	258,250.65	1,690,737.45
3年以上	2,256,578.86	16.71	1,128,289.43	2,838,680.43
合计	13,513,196.85	100	1,979,456.65	25,338,035.67

帐龄	比例(%)	坏帐准备
1年以内	73.17	720,972.03
1—2年	8.96	226,961.73
2—3年	6.67	507,221.24
3年以上	11.20	1,419,340.21
合计	100	2,874,495.21

注：(1)、其他应收款中无持有本公司5%以上股份的股东单位欠款。

(2)、其他应收款期末数较期初增长87.51%，主要是新设两个子公司增加6,164,733.28元所致。

(3)、其他应收款一年以内18,539,000.53元中有应收出口退税款4,875,136.39元不提坏帐准备。

单位名称	欠款金额	欠款时间	欠款原因
包头市国家税务局	4,875,136.39	1年以内	出口应退增值税
通辽粮库	843,970.65	1年以内	代垫费用
北京明天高软科技公司	700,000.00	1年以内	代垫费用
包头综合企业公司	333,133.23	1年以内	代垫费用
包头华资企业营销公司	243,049.17	1年以内	代垫费用

九、公司的其他有关资料

1、公司首次注册或变更注册登记日期、地点

1998年11月30日，公司在内蒙古自治区工商行政管理局正式注册登记成立。

2000年9月，公司注册地址变更为包头市国家稀土高新技术产业开发区；公司又实施了2000年度配股方案，注册资本增至26355万元。经2000年12月29日公司2000年度第二次临时股东大会审议通过，公司将上述有关内容在内蒙古自治区工商行政管理局变更登记。

2、本公司法人营业执照注册号：1500001004170

3、本公司税务登记号码：150240701462216

4、公司未流通股票托管机构：上海证券中央登记结算公司

5、报告期内，公司配股主承销证券公司为：山东证券有限责任公司

6、报告期担任公司审计的会计师事务所：大连华连会计师事务所有限公司

会计师事务所办公地址：辽宁省大连市中山区长江路12号海港大厦26层

十、备查文件

1、载有董事长亲笔签名的年度报告文本；

2、载有法定代表人、总会计师、会计机构负责人签名并盖章的会计报表；

3、载有会计师事务所盖章、注册会计师亲笔签字并盖章的审计报告正本；

4、报告期内在中国证监会指定报刊上公开披露过的所有公司文件的正本及公告的原稿；

5、经股东大会审议通过的公司章程。

包头华资实业股份有限公司董事会

董事长(签名)：钟锡华

兰州长城电工股份有限公司

一、公司简介

1、公司法定中文名称：兰州长城电工股份有限公司
公司法定英文名称：LANZHOU GREAT WALL ELECTRICAL CO.,LTD.
英文缩写：GWE
2、公司法定代表人：杨书昌
3、公司董事会秘书：何世民
联系地址：甘肃省兰州市农民巷 125 号
电话：0931-8415001-2422　　传真：0931-8414606
公司董事会证券事务代表：穆成利
电话：0931-8415001-2658　　（联系地址与传真同董秘）
4、公司注册地址：甘肃省兰州市农民巷 125 号
公司办公地址：甘肃省兰州市农民巷 125 号　　邮政编码：730000
公司国际互联网网址：WWW.LZ-GWE.COM
公司电子信箱：Lzgwe@public.lz.gs.cn
5、公司选定的信息披露报纸名称：《上海证券报》、《证券时报》
登载公司年度报告的中国证监会指定国际互联网网址：http://www.sse.com.cn;
公司年度报告备置地点：公司证券部
6、公司股票上市交易所：上海证券交易所
股票简称：长城电工　　股票代码：600192

二、会计数据和业务数据摘要

1、本年度主要财务指标情况（单位：人民币元）

利润总额：	56,117,477.96
净利润：	48,745,589.55
扣除非经常性损益后的净利润：	47,357,915.89
主营业务利润：	199,160,101.03
其他业务利润：	4,004,997.78
营业利润：	48,506,029.96
投资收益：	6,223,774.34
补贴收入：	
营业外收支净额：	31,387,673.66
经营活动产生的现金流量净额：	13,356,881.95
现金及现金等价物净增加额：	293,600,407.02

注：扣除的非经常性损益项目和涉及金额：营业外损益：1,387,673.66 元.

2、截止报告期末公司前三年的主要会计数据和财务指标（单位：人民币元）

项　目	2000 年	1999 年 调整后	1998 年 调整前	1998 年 调整后
主营业务收入	689,537,457.67	705,386,243.69	621,107,905.18	621,107,905.18
净利润	48,745,589.55	101,739,638.16	85,181,236.75	80,586,816.01
总资产	1,887,083,831.72	1,361,596,359.74	1,404,587,983.97	1,386,611.439.06
股东权益（不含少数股东权益）	1,094,336,092.34	849,275,260.68	824,512,167.37	806,535,622.52
每股收益（摊薄）	0.1521	0.3449	0.2887	0.2732
每股收益（加权）	0.1595	0.3449	0.3632	0.3436
扣除非经常性损益后的每股收益	0.1478	0.2748	0.2887	0.2732
每股净资产	3.4145	2.8789	2.7950	2.734
调整后的每股净资产	3.4036	2.8712	2.7873	2.726
每股经营活动产生的现金流量净额	0.0417	0.1346	–0.0201	–0.0201
净资产收益摊薄（%）	4.45%	11.98%	10.33%	9.99%
净资产收益率加权（%）	5.10%	11.87%	10.33%	9.99%

注：2000 年年末的普通股总数为 320,500,000 股，1999 年年末的普通股总数为 295,000,000 股，1998 年年末的普通股总数为 295,000,000 股。

3、利润表附表

报告期利润	净资产收益（%）全面摊薄	净资产收益（%）加权平均	每股收益（元）全面摊薄	每股收益（元）加权平均
主营业务利润	18.20%	20.84%	0.6214	0.6516
营业利润	4.43%	5.08%	0.1513	0.1587
净利润	4.45%	5.10%	0.1521	0.1595
扣除非经常性损益后的净利润	4.33%	4.96%	0.1478	0.1550

三、股东情况介绍

1、报告期末公司股东总数为 80295 户
2、报告期末前十名股东持股情况：

姓　名	持股股数（股）	占总股本比例（%）
1 甘肃长城电工集团有限责任公司	210,000,000	65.52
2 安信基金	2,409,130	0.75
3 张立伟	222,830	0.07
4 三蝶呢绒	199,960	0.06
5 兴和基金	191,812	0.06
6 方　云	180,723	0.056
7 莫　海	152,400	0.05
8 罗勤岸	130,000	0.041
9 相美英	124,100	0.038
10 张金秀	118,300	0.037

注：1 持有公司 5%以上（含 5%）股份的股东所持股份未发生质押或冻结情况；
2 前 10 名股东之间不存在关联关系。
(3)持股 10%（含 10%）以上的法人股东情况：
甘肃长城电工集团有限责任公司
法定代表人：杨书昌
经营范围：电器机械及器材、电工专用设备、仪器仪表、净化水设备及配件、模具的生产加工、批发、零售、电器机械及器材试验、技术开发服务。
(4)报告期内控股股东无变更。公司或持有 5%以上股东没有在指定报纸和网站上承诺事项。

厦门大洋发展股份有限公司

一、公司简介

1、公司法定中文名称：厦门大洋发展股份有限公司
公司英文名称：Xiamen Dayang Development Co.,LTD.缩写：XDDC
2、公司法定代表人：陈榕生
3、公司董事会秘书：李晓玲　　公司董事会证券事务代表：吴振忠
联系地址：厦门市建业路 18 号 8F　　电话：0592-5311857,5311831　传真：0592-5311955
4、公司注册地址：厦门市杏林区苑亭路 89 号
公司办公地址：厦门市建业路 18 号阳明楼 8-9 层
邮政编码：361012　　公司电子信箱：dayang @public.xm.fj.cn
5、公司信息披露报刊名称：《上海证券报》
登载公司年度报告的中国证监会指定国际互联网网址：http://www.sse.com.cn
公司年度报告备置地点：公司证券部
6、公司股票上市交易所：上海证券交易所　股票简称：厦门大洋　股票代码：600193

二、会计数据和业务数据摘要

（一）本年度主要会计数据：（单位：人民币元）

1、利润总额：	34,567,362.56
2、净利润：	25,742,987.53
3、扣除非经常性损益后的净利润：	24,776,341.92
4、主营业务利润：	30,497,306.81
5、其他业务利润：	3,275,445.22
6、营业利润：	29,902,561.71
7、投资收益：	1,488,761.90
8、补贴收入：	85,752.00
9、营业外收支净额：	3,090,287.05
10、经营活动产生的现金流量净额：	22,480,867.03
11、现金及现金等价物净增加额：	21,358,757.50

注：扣除非经常性损益的项目和涉及金额：

①	补贴收入：	85,752.00
②	新股申购冻结资金利息：	2,883,008.44
③	合并价差摊入：	-2,209,393.44
④	纳税奖励金：	358,800.00
⑤	固定资产清理收益：	133,641.68
⑥	其他营业外收入：	18,005.60
⑦	罚款支出：	141,303.68
⑧	固定资产清理损失：	145,188.54
⑨	其它支出：	16,676.45

（二）截止报告期末公司前三年的主要会计数据和财务指标：（单位：人民币元）

项目	2000 年度	1999 年度 调整前	1999 年度 调整后	1998 年度 调整前	1998 年度 调整后
1 主营业务收入	188,266,049.33	302,791,644.50	262,736,397.77	275,734,256.73	275,734,256.73
2 净利润	25,742,987.53	23,281,191.36	20,057,275.85	26,276,225.78	17,743,996.04
3 总资产	544,365,427.92	496,622,314.70	442,730,907.64	251,063,445.24	241,328,666.49
4 股东权益（不含少数股东权益）	255,929,204.35	235,562,893.53	238,918,397.42	82,256,533.91	73,724,304.17
5 每股收益（摊薄）	0.307	0.277	0.239	0.431	0.291
6 每股收益（加权平均）	0.307	0.305	0.263	0.431	0.291
7 扣除非经常性损益后的每股收益（摊薄）	0.295	0.266	0.228	0.432	0.291
8 扣除非经营性损益后的每股收益（加权）	0.295	0.293	0.251	0.432	0.291
9 每股净资产	3.05	2.81	2.85	1.35	1.21
10 调整后的每股净资产	3.05	2.73	2.84	1.29	1.05
11 每股经营活动产生的现金流量净额	0.268	–0.45	–0.45	–0.14	–0.1412
净资产收益率（摊薄）%	10.06	9.88	8.40	31.94	24.07
13 净资产收益率（加权平均）%	10.24	12.82	11.09	38.01	27.36

（三）根据中国证监会关于发布《公开发行证券公司信息披露编报规则》第 9 号通知精神，公司 2000 年按全面摊薄法和加权平均法计算的净资产收益率及每股收益：

报告期利润	净资产收益率% 全面摊薄	净资产收益率% 加权平均	每股收益 全面摊薄	每股收益 加权平均
主营业务利润	11.92	12.13	0.363	0.363
营业利润	11.68	11.89	0.356	0.356
净利润	10.06	10.24	0.307	0.307
扣除非经营性损益后的净利润	9.68	9.85	0.295	0.295

三、股本变动及股东情况

1、报告期末股东总数为：7866 户 其中未流通法人股股东 5 户，流通股股东 7861 户。
2、(1)持有本公司 5%以上的股东：① 厦门特贸有限公司：持有公司股份 16,242,030 股，占公司总股本的 19.36%，报告期内没有增减变动情况。② 厦门大洋集团股份有限公司：持有公司股份 14,165,340 股，占公司总股本的 16.88%，报告期内没有增减变动情况。 ③ 厦门百汇兴投资有限公司：持有公司股份 13,769,490 股，占公司总股本的 16.41%，报告期内没有增减变动情况。④ 厦门赛博科技有限公司：持有公司股份 13,678,140 股，占公司总股本的 16.30%，报告期内没有增减变动情况。
(2)前十名股东持股况如下：

名次	股东名称	持股数（股）	占股本比例（%）
1	厦门特贸有限公司	16242030	19.36
2	厦门大洋集团股份有限公司	14165340	16.88
3	厦门百汇兴投资有限公司	13769490	16.41
4	厦门赛博科技有限公司	13678140	16.30
5	厦门海洋三所科技开发公司	3045000	3.63
6	欣华置业	514377	0.61
7	兆基服饰	315822	0.38
8	张佩军	311710	0.37
9	鲁桂华	255000	0.3
10	潘吉明	224059	0.27

中牧实业股份有限公司

一、公司简介

1、公司中文全称:中牧实业股份有限公司　　中文简称:中牧股份
英文全称:China Animal Husbandry Industry Co.,Ltd.　　英文简称:CAHIC
2、公司法定代表人:区仲生先生
3、公司董事会秘书:王平先生
公司董事会证券事务代表:胡启毅先生
联系地址:北京市丰台区莲花池西里8号新华保险大厦12层
电话:010—63903388—1206,63903308　　传真:010—63903308,63903320
电子信箱:huqiyi@sohu.com
4、公司注册地址:北京市丰台区科学城10D地块2号楼
公司办公地址:北京市丰台区莲花池西里8号新华保险大厦11、12层
邮政编码:100073
公司电子信箱:CAHIC@cenpok.net
5、公司信息披露报纸:《上海证券报》、《中国证券报》
登载公司年度报告的国际互联网网址:http://www.sse.com.cn
公司年度报告备置地点:北京市丰台区莲花池西里8号新华保险大厦12层1206室,中牧实业股份有限公司董事会秘书处
6、公司股票上市地:上海证券交易所
股票简称:中牧股份　　股票代码:600195

二、会计数据和业务数据摘要

(一)本年度利润总额构成及现金流量:(单位:人民币元)

栏目	2000年度母公司数	2000年合并数
利润总额	90,883,924.78	91,371,679.66
净利润	90,669,832.24	90,399,467.99
扣除非经常性损益后的净利润	88,771,335.86	88,227,987.28
主营业务利润	205,633,967.15	213,489,377.10
其它业务利润	66,409.91	444,409.91
营业利润	84,240,270.11	89,125,006.64
投资收益	4,745,158.29	75,192.31
补贴收入	1,090,544.17	1,416,416.94
营业外收支净额	807,952.21	755,063.77
经营活动产生的现金流量净额	188,613,152.09	180,117,176.01
现金及现金等价物净增加额	-18,058,428.56	37,771,128.87

本年度非经常性损益项目

项目	母公司	合并
补贴收入	1,090,544.17	1,416,416.94
营业外收入	4,398,857.49	4,469,628.24
营业外支出	3,590,905.28	3,714,564.47
合计	1,898,496.38	2,171,480.71

(二)公司前三年主要会计数据及财务指标

栏目	2000年度	1999年度	1998年度	
	合并	合并	调整后	调整前
主营业务收入(元)	1437,079,343.17	842,528,195.20	582899,163.55	582,899,163.55
净利润(元)	90399,467.99	87,296,467.17	58881,759.13	63,808,697.17
总资产(元)	1,422,374,396.77	1,036,569,112.23	944511138.22	961,160,159.87
股东权益	802,680,789.00	788,692,095.50	711881452.26	728,530,473.91
摊薄每股收益	0.23	0.22	0.23	0.25
按月平均加权法计算的每股收益	0.23	0.30	0.32	0.34
扣除非经常性损益后的每股收益	0.23	0.30	0.20	0.21
每股净资产	2.06	2.02	2.74	0.28
调整后的每股净资产	1.98	1.96	2.68	2.74
每股经营活动产生的现金流量净额	0.46	-0.42	0.00	0.00
摊薄净资产收益率	11.26	11.07	8.27	8.67
加权净资产收益率	10.84			

附表:

报告期利润	净资产收益率		每股收益	
	全面摊薄	加权平均	全面摊薄	加权平均
主营业务利润	26.60	25.60	0.55	0.55
营业利润	11.10	10.69	0.23	0.23
净利润	11.26	10.84	0.23	0.23
扣除非经常性损益后的净利润	10.99	10.58	0.23	0.23

三、股东情况介绍

1、截止2000年12月31日,公司在上海证券中央登记结算公司登记的股东共有79598户,持股39,000万股,其中国有法人股股东1个,持股27,000万股;社会公众股股东79597户,持股12,000万股。

2、公司主要股东持股情况(截止2000年12月31日)

股东名称	期末持股数(股)	期内增减	占总股本比例%
中国牧工商(集团)总公司	270,000,000		69.23
刘书贞	1,555,275		0.40
海南华糖	1,350,000	420,000	0.35
金辉	550,000	550,000	0.14
郭亚民	300,000	300,000	0.08
钱咸有	243,200	243,200	0.06
葛光瑞	230,000	230,000	0.06
兴和基金	220,271	220,271	0.06
关珍珍	216,000	216,000	0.05
朱吉荣	195,000	195,000	0.05

说明:

上述公司股东中,中国牧工商(集团)总公司所持股份全部属于未上市流通的国有法人股;其他股东所持股份均是已上市流通的人民币普通股,增减是各自在股票市场买卖所至。报告期内,中国牧工商(集团)总公司所持股份未被冻结或质押。

上海复星实业股份有限公司

一、公司简介

1、公司法定中文名称:上海复星实业股份有限公司
公司英文名称:SHANGHAI FORTUNE INDUSTRIALJOINT-STOCK CO.,LTD. 缩写:SFIC
2、公司法定代表人:郭广昌
3、公司董事会秘书:秦学棠
联系地址:上海市宜山路1289号
联络电话:021-64958682　传真:021-64953655
电子信箱:fxdmb@public6.sta.net.cn
4、公司注册地址:上海市曹杨路510号九楼　　邮政编码:200063
公司办公地址:上海市宜山路1289号　　邮政编码:200233
公司国际互联网网址:http://www.sh-fortune.com
公司电子信箱:fxdmb@public6.sta.net.cn
5、公司选定的信息披露报纸:上海证券报、中国证券报
登载公司年度报告的国际互联网网址:http://www.sse.com.cn
公司年度报告备置地点:上海市宜山路1289号
6、公司股票上市交易所:上海证券交易所　股票简称:复星实业　股票代码:600196

二、会计数据和业务数据摘要

1、本年度利润总额及构成:(合并报表)(单位:元)

利润总额	151,444,040.10
净利润	128,515,536.10
扣除非经常性损益后的净利润	122,390,866.15
主营业务利润	262,022,936.44
其他业务利润	9,309,155.91
营业利润	106,148,365.50
投资收益	35,748,985.01
补贴收入	5,527,503.06
营业外收支净额	4,019,186.53
经营活动产生的现金流量净额	138,427,512.17
现金及现金等价物净增加额	161,210,781.57
注:扣除非经常性损益的项目、涉及金额补贴收入	5,527,503.06
合并价差摊销	-4,113,148.79
冻结申购资金利息收入摊销	4,710,315.68

2、主要会计数据和财务指标:(合并报表)(单位:元)

项目	2000年度	1999年度	1998年度		
			调整后	调整前	
(1)主营业务收入	579,520,794.44	487,028,019.52	442,451,367.72	340,396,567.44	
(2)净利润	128,515,536.10	92,509,589.71	92,156,899.95	61,663,029.41	
(3)总资产	1571101,771.22	914,286,546.99	858,231,182.83	640,268,718.62	
(4)股东权益(不含少数股东权益)	1145524,486.84	604,228,217.79	604,495,922.70	512,236,935.68	
(5)每股收益(元/股)	0.437	0.409	0.408	0.409	按月平均加权
	0.461	0.409	0.408	0.491	扣除非经常性损益
	0.417	0.399	0.381	0.3858	
(6)每股净资产	3.90	2.673	2.674	3.399	
(7)调整后的每股净资产(元/股)	3.817	2.60	2.613	3.297	
(8)每股经营活动产生的现金流量净额	0.471	0.169	0.169	0.442	
(9)净资产收益率(%)	11.22%	15.31%	15.245%	12.038%	

注:①根据财政部财会字(1999)49号文件规定:"原未包括在合并范围内的子公司,因增加投资比例等原因而纳入合并会计报表合并范围内的,应调整合并会计报表的年初数"。

因报告期内公司增加对长征公司的投资比例,合并报表范围增加了长征公司,所以调整合并报表99年度财务数据。

②利润表附表:

报告期利润	净资产收益率		每股收益	
	全面摊薄	加权平均	全面摊薄	加权平均
主营业务利润	22.87%	32.22%	0.892	0.94
营业利润	9.27%	13.05%	0.361	0.381
净利润	11.22%	15.80%	0.437	0.461
扣除非经常性损益后的净利润	10.68%	15.05%	0.417	0.439

三、股东情况介绍

(一)、截止2000年12月31日,在上海证券中央登记结算公司登记在册的公司股东共有58129人。

(二)、持有本公司5%以上(含5%)股份的股东:

股东	期初持股数	派送红股增加	期末持股数	持股比例
上海复星高科技(集团)有限公司	14281.77万股	2856.354万股	17138.124万股	58.34%

本年度内股份没有质押和冻结。

(三)、公司持股前十名股东情况如下:

股东	持股数(万股)	持股比例(%)	性质
上海复星高科技(集团)有限公司	17138.124	58.34	发起人法人股
上海广信科技发展公司	616.284	2.09	发起人法人股
兴华基金	530.0	1.8	人民币普通股
北京财政	188.7765	0.64	人民币普通股
上海申新实业(集团)有限公司	170.388	0.58	发起人法人股
上海西大堂科技投资发展有限公司	170.388	0.58	发起人法人股
龙轴股份	129.8376	0.44	人民币普通股
有源综合	118.4956	0.40	人民币普通股
福建兴业	77.5	0.26	人民币普通股
川化股份	52.1455	0.18	人民币普通股

上海广信科技发展公司为上海复星高科技(集团)有限公司的股东,存在关联关系。

新疆伊力特实业股份有限公司

一.公司简介

1.公司法定中文名称:新疆伊力特实业股份有限公司
公 司法定英文名称:XINGJIANG YILITE INDUSTRY CO.,LTD.
公 司英文名称缩写:Y L T
2.公司法定代表人:徐勇辉先生
3.公司董事会秘书:侯宇洲先生
联 系地址:新疆伊宁市胜利街 98 号伊力特大酒店 404 室
电 话:(0999)8028819 5266475 传 真:(0999)8028819 5266014
4.公司注册地址:新疆新源县肖尔布拉克
公 司办公地址:新疆新源县肖尔布拉克 邮政编码:835811
电 子信箱:YLTGF-YN@xj.cninfo.net
5.公司选定的信息披露报纸名称:《上海证券报》
登 载公司年度报告的中国证监会指定的国际互联网网址:http://www.sse.com.cn
公 司年度报告备置地点:公司证券部
6.公司股票上市交易所:上海证券交易所
股票简称:伊力特 股票代码:600197

二.会计数据和业务数据

(一)本年度利润及构成 (单位:人民币元)

利润总额:	93,718,187.63
净利润:	74,522,333.41
扣除非经常性损益后的净利润:	74,193,343.89
主营业务利润:	149,069,222.33
其他业务利润:	-178,365.43
营业利润:	63,304,459.02
投资收益:	30,084,739.09
补贴收入:	-
营业外收支净额:	328,989.52
经营活动产生的现金流量净额:	-14,802,436.92
现金及现金等价物净增加额:	-153,704,586.05

注:扣除的非经常性损益项目和涉及金额
(1)营业外收支净额项目

a.处理固定资产净收益:	-1,760,433.54
b.罚款支出:	5,000.00
c.新股无效申购资金冻结利息:	1,970,000.00
d.其他净收入:	124,423.06
(2)补贴收入项目:	-
(3)以上项目涉及金额:	328,989.52

(二)公司前三年主要会计数据和财务指标 ((单位:人民币元)

项目	2000 年度	1999 年度	1998 年度	
			调整后	调整前
主营业务收入	353,391,080.86	422,387,187.23	402191793.83	402191793.83
净利润	74,522,333.43	66991128.01	59170274.57	59235457.56
总资产	955,565,468.68	973029053.90	420250175.68	420496231.33
股东权益(不含少数股东权益)	696,787,012.58	666364679.17	198541428.98	198787484.63
每股收益	0.34	0.304	0.407	0.407
按月加权每股收益	0.34	0.379	0.407	0.407
扣除非经常性损益后的每股收益	0.34	0.31	0.415	0.415
每股净资产	3.16	3.02	1.36	1.37
调整后的每股净资产	3.16	3.02	1.36	1.37
每股经营活动产生的现金流量净额	0.67	0.408	0.726	0.726
摊簿净资产收益率%	10.7	10.05	29.8	29.7

(三)报告期内股东权益变动情况 ((单位:人民币元)

项目	股本	资本公积	盈余公积	法定公益金	未分配利润	股东权益合计
期初数	220500.00	422542737.69	6699112.80	6699112.80	9923715.88	666364679.17
本期增加	-	-	7452233.34	7452233.34	15517866.73	30422333.41
本期减少						
期末数	220500.00	422542737.69	14151346.14	14151346.14	25441582.61	696787012.58

变 动原因:盈余公积和法定公益金增加是因为公司在报告期内提取了法定公积金和法定公益金,未分配利润增加是因为公司在报告期内对红利没有全部分配完。

三.股东情况介绍

1.报告期末股东总数 46,576 户。
2.报告期末前 10 名股东持股情况。
报 告期末前 10 名股东持股情况表

名次	股东名称	报告期末持股数(股)	持股比例(%)	约定持股期限起止时间
1	新疆伊犁酿酒总厂	132,500,000	60.09	公司成立之日起三年内不得转让
2	四川省德阳市黄许印刷厂	5,000,000	2.27	公司成立之日起三年内不得转让
3	新疆副食(集团)有限责任公司	3,500,000	1.59	公司成立之日起三年内不得转让
4	新疆生产建设兵团投资中心	2,000,000	0.91	公司成立之日起三年内不得转让
5	伊犁糖烟酒有限责任公司	1,500,000	0.68	公司成立之日起三年内不得转让
6	泰和基金	1,003,355	0.46	
7	南方证券有限公司	1,000,000	0.45	公司成立之日起三年内不得转让
8	长江证券	400,000	0.18	
9	新证联合	330,000	0.15	
10	武海东	206,000	0.09	

说 明:
1.公司主发起人股东新疆伊犁酿酒总厂所持股份性质为国有法人股,所持股份无质押和冻结情况。法定代表人为袁国军先生,经营范围:白酒酿造。
2.发起人股东新疆生产建设兵团投资中心所持股份性质为国家股。
3.前 10 名股东中,第 1 、2 、3 、4 、5 、7 名股东为公司发起人,第 6 、8 、9 、10 名股东与公司没有关联关系;新疆副食(集团)有限责任公司、伊犁糖烟酒有限责任公司为公司主营产品经销商;南方证券有限公司为公司主承销商及上市推荐人。

大唐电信科技股份有限公司

一、公司简介

(一)公司法定中、英文名称及缩写
1、中文名称:大唐电信科技股份有限公司 简称:大唐电信
2、英文名称:DATANG TELECOM TECHNOLOGY CO.,LTD
ABBREVIATION:DATANG TELECOM
(二)公司法定代表人:周寰
(三)公司董事会秘书及授权代表的姓名、联系地址、电话、传真、电子信箱
1、公司董事会秘书:姜涌
2、公司董事会秘书授权代表人:付景林、陈苒
3、联系地址:北京海淀区学院路 40 号
4、电话:0086-10-62303607 5、传真:0086-10-62303607
6、电子信箱:jy@dt-mail.com cr@dt-mail.com
(四)公司注册地址、办公地址、邮政编码及电子信箱
1、公司注册地:北京海淀新技术开发试验区
2、公司办公地址:北京海淀区学院路 40 号 3、公司邮政编码:100083
4、公司国际互联网网址:http://www.dtt.com.cn 公司电子信箱:dttgf@catt.ac.cn.
(五)公司选定的信息披露报纸名称、登载公司年度报告的中国证监会指定国际互联网网制址,公司年度报告备置地点
1、信息披露报纸:《中国证券报》、《上海证券报》
2、登载公司年度报告的证监会指定的国际互联网网址:http://www.sse.com.cn
3、年度报告备置地点:公司投资管理部办公室
(六)公司股票上市交易所、股票简称和股票代码
1、上市交易所:上海证券交易所
2、股票简称:大唐电信 股票代码:600198

二、会计数据和业务数据摘要

(一)利润情况:

1、利润总额:	216,788,841.97 元
2、净利润:	178,439,756.90 元
3、扣除非经常性损益后的净利润:	164,457,680.68 元
4、主营业务利润:	566,957,312.13 元
5、其他业务利润:	4,342,086.21 元
6、营业利润:	192,419,082.75 元
7、投资收益:	10,315,989.72 元
8、补贴收入:	10,834,317.83 元
9、营业外收支净额:	3,219,451.67 元
10、经营活动产生的现金流量净额:	-311431,613.53 元
11、现金及现金等价物净增加额:	200,173,642.58 元

注:非经常性损益的项目有补贴收入 10,834,317.83 元,营业外收入 5,059,370.13 元(含冻结资金利息摊入 4,560,000.00 元),营业外支出 1,839,918.46 元,合并价差摊销-71,693.28 元。
(二)截至报告期末公司前三年的主要会计数据及财务指标:单位:元

项目	2000 年	1999 年		1998 年	
		调整后	调整前	调整后	调整前
主营业务收入	2,397,623,846.86	1,088,745,130.71	1,088,745,130.71	903,816,883.29	903816883.29
净利润	178,439,756.90	124,937,105.94	126,308,453.64	98,761,154.64	109871,741.39
总资产	4,627,043,526.06	2,514,297,404.71	2,514,297,404.71	1801232,142.93	1811620178.72
股东权益	2,124,670,320.63	1,167,598,235.55	1,168,969,583.25	1,020660945.56	1031771532.31
每股收益	0.406	0.399	0.404	0.316	0.351
每股收益(加权平均)	0.425	0.399	0.404	0.446	0.496
每股收益(扣除非经常性损益)	0.375	0.380	0.385	0.290	0.320
每股净资产	4.84	3.73	3.73	3.26	3.29
调整后的每股净资产	4.57	3.70	3.71	3.23	3.27
每股经营活动产生的现金流量净额	-0.71	-0.68	-0.68	-0.43	-0.43
净资产收益率(%)	8.40	10.70	10.81	9.68	10.65
净资产收益率(%加权平均)	11.17	11.42	11.54	18.87	20.77

(三)按照中国证监会《公开发行证券公司信息披露编报规则(第 9 号)》要求计算的利润数据:

报告期利润	净资产收益率		每股收益	
	全面摊薄	加权平均	全面摊薄	加权平均
主营业务利润	26.68%	35.49%	1.292	1.349
营业利润	9.06%	12.04%	0.438	0.458
净利润	8.40%	11.17%	0.406	0.425
扣除非经常性损益后的净利润	7.74%	10.29%	0.375	0.391

三、股本变动及股东情况

(一)股东情况介绍
1、股东数量:截止 2000 年 12 月 31 日,公司股东总数为 50857 户。
2、报告期末持有本公司股份前 10 名股东的持股情况如下:

股东名称	期初股数(万股)	期末股数(万股)	占总股本比例(%)	持股性质
电信科学技术研究院	13134	16973.2493	38.67	国有法人股
信息产业部电信十所	2721	3461.3998	7.88	国有法人股
ITTI 公司	2646	3365.9919	7.67	境外法人股
西安高科(集团)公司	794	1010.0520	2.30	国有法人股
汉兴基金		771.1945	1.76	社会公众股
安信基金	782	667.4208	1.52	社会公众股
北京凯腾飞信息技术有限公司	521	662.7672	1.51	社会法人股
陕西国际信托投资公司	508	646.2297	1.47	社会法人股
金泰基金		644.2366	1.47	社会公众股
汉盛基金		580.3191	1.32	社会公众股
合计	21106	28782.86	65.63	

(1)股东关联关系:本公司第二大股东信息产业部电信十所行政关系上隶属于公司第一大股东信息产业部电信科学技术研究院。

安徽金牛实业股份有限公司

安徽金牛实业股份有限公司2000年年度报告摘要

重要提示：本公司董事会保证本报告所载资料不存在任何重大遗漏、虚假陈述或者严重误，并对其内容的真实性、准确性和完整性负个别及连带责任。

本年度报告摘要摘自年度报告，投资者欲了解详细内容，应阅读年度报告。

一、公司简介

1、公司法定中文名称：安徽金牛实业股份有限公司

公司法定英文名称：ANHUI GOLDEN CATTLE CO.,LTD　　缩写：AGCC

2、公司法定代表人：锁炳勋先生

3、公司董事会秘书：陈学会先生　　联系地址：安徽省阜阳市莲花路15号

电话：0558-2212836转2279　　传真：0558-2212666

电子信箱：gscxh@gold-seed.com　　授权代表：朱火生先生

联系地址：安徽省阜阳市莲花路15号　　电话：0558-2212836 传真：0558-2212666

4、公司注册地址：安徽省阜阳市河滨路302号

公司办公地址：安徽省阜阳市莲花路15号　　邮政编码：236018

公司国际互联网网址：http://www.gold-seed.com

公司电子信箱：gsgfb@gold-seed.com

5、公司选定的信息披露报纸名称：《上海证券报》、《中国证券报》和《证券时报》

登载公司年度报告的中国证监会指定国际互联网网址：http://www.sse.com.cn

公司年度报告备置地点：公司证券部

6、公司股票上市交易所：上海证券交易所　　股票简称：金牛实业　　股票代码：600199

二、会计数据和业务数据摘要

1、本年度主要利润指标情况(单位：人民币元)

项　目	金　额
利润总额：	111,635,151.70
净利润：	81,527,490.76
扣除非经常性损益后的净利润：	76,977,584.42
主营业务利润：	151,972,593.59
其他业务利润：	4,543,489.71
营业利润：	106,635,109.61
补贴收入：	1,140,000.00
营业外收支净额：	3,860,357.09
经营活动产生的现金流量净额：	-168,931,776.10
现金及现金等价物净增加额：	-125,081,701.16

注：扣除的非经常性损益的项目和涉及金额：

(1)财政贴息收入：　1,140,000.00元

(2)申购资金利息收入：　3,338,440.70元

(3)处理固定资产净收益　71,465.64元

2、截止报告期末公司前三年主要会计数据和财务指标(单位：人民币元)

主要指标	2000年	1999年	1998年	
			调整前	调整后
主营业务收入	638395445.98	691738178.39	548840690.45	548840690.45
净利润	81527490.76	95088507.08	62949235.18	52991216.57
总资产	1413526222.76	1232292026.25	1008500376.05	989724381.15
股东权益(不含少数股东权益)	725561328.32	674724890.34	607865770.39	589136383.26
每股收益	0.25	0.50	0.33	0.28
每股收益(按月平均加权法)	0.25	0.50		
扣除非经常性损益后的每股收益	0.24	0.47	0.32	0.27
每股净资产	2.25	3.55	3.20	3.10
调整后的每股净资产	2.24	3.53	3.16	3.08
每股经营活动产生的现金流量净额	-0.52	0.22	-0.21	
净资产收益率	11.24	14.09	10.36	8.99

利润表附表如下：

报告期利润	净资产收益率(%)		每股收益(元/股)	
	全面摊薄	加权平均	全面摊薄	加权平均
主营业务利润	20.95	21.24	0.47	0.47
营业利润	14.70	14.90	0.33	0.33
净利润	11.24	11.39	0.25	0.25
扣除非经常性损益后的净利润	10.55	10.70	0.24	0.24

3、报告期内股东权益变动情况　　单位：人民币元

项目	股本	资本公积	盈余公积	法定公益金	未分配利润	股东权益合计
期初数	190000000	360217121.04	13400776.91	6700388.46	104406603.93	674724890.34
本期增加	133000000	737000.00	8152749.08	4076374.54	82399437.98	228365561.60
本期减少		950000.00			82529123.62	177529123.62
期末数	323000000	265954121.04	21553525.99	10776763.00	104276918.29	725561328.32

变动原因：

1、未分配利润增加是实现利润所致，减少是因为实施送股、分配红利及债务重组追溯调整所致；

2、本期资本公积金减少系公司实施资本公积每10股转增5股所致；

3、股本增加是因为本年度实施利润每10股送2股，资本公积每10股转增5股所致；

4、盈余公积金与法定公益金增加系按公司章程从当年净利润中提取所致。

三、股本变动及股东情况

截至2000年12月31日，本公司股东共62216户。

1、前10名股东为：

序号	股东名称	期末数(股)	持股比例
(1)	安徽金种子集团有限公司	212500000	65.79%
(2)	梁　桦	1157000	0.36%
(3)	魏为香	807400	0.25%
(4)	周仁兰	806630	0.25%
(5)	邓顺元	806000	0.25%
(6)	陈秋燕	795749	0.25%
(7)	韩克勇	735000	0.23%
(8)	陈　浩	722108	0.22%
(9)	庄华丽	712300	0.22%
(10)	王雪英	704786	0.22%

2、持股5%(含5%)以上的法人股股东所持股份未发生质押、冻结等情况。前10名股东之间不存在关联关系。

3、持股10%以上的法人股股东简介

安徽金种子集团有限公司持有本公司65.79%的股份，是本公司第一大股东。该公司法定代表人为锁炳勋先生。公司经营范围为制革及皮革制品、玻璃制品、饲料、饮料、二氧化碳、塑料制品、纸制品、金属包装物品的制造、销售，畜牧饲养、屠宰及肉类加工、销售，政府授权的资本经营，实业投资。

四、股东大会简介

1、2000年1月18日，公司1999年度第二次临时股东大会如期召开。经大会审议并逐项投票表决，通过了"关于不实施投资扩建年屠宰12万头黄牛，加工2.4万吨高档牛肉项目，拟变更为买断安徽荷金来肉牛集团有限公司肉牛屠宰生产线及相应配套设施等资产十年经营权的议案"；"关于部分董事变动的议案"；"关于授权董事会行使3000万元以下投资项目审批权及设立安徽金太阳药业有限公司的议案"。此次股东大会决议公告刊登于2000年1月19日《上海证券报》、《中国证券报》。

2、2000年5月26日，公司1999年度股东大会如期召开。会议审议通过了"公司1999年度董事会工作报告、监事会工作报告、年度报告及摘要、财务决算及预算报告、利润分配方案"；"关于提取各项资产减值准备和损失处理的内部控制制度的报告"；"关于与上海市计划生育科学研究所签订合作研制开发抗肿瘤疫苗CP1协议书"等议案。此次股东大会决议公告刊登于2000年5月27日《上海证券报》、《中国证券报》。

3、2000年8月27日公司2000年度第一次临时股东大会如期召开。会议审议通过了"前次募集资金使用情况说明"；"2000年度中期报告及摘要、利润分配预案"；"2000年度实施配股预案"；"关于公司2000年配股募集资金投向可行性报告"；"关于调整公司董事及修改《公司章程》部分条款的议案"。此次股东大会决议公告刊登于2000年8月28日《上海证券报》、《中国证券报》、《证券时报》。

4、报告期内经公司1999年度第二次临时股东大会审议通过免去牛运凤先生、吴家保先生董事职务，增补朱火生先生、杨印宝先生为公司董事；2000年度第一次临时股东大会审议通过同意公司董事苗贺清先生因工作变动，辞去公司董事职务，同意增补薛斌先生先生为公司董事。监事无变动。

五、董事会报告

(一)、公司经营情况

2000年是公司实现持续发展的关键一年。一年来，公司坚持"巩固提高白酒业、发展调整黄牛业、做实做强啤酒业、投资拓展高新业"的"四业"发展战略，在做实做强传统产业的同时，积极推进传统产业科技化改造，从而实现产品结构调整和产业升级。公司在管理创新、市场创新、人力资源开发、资本运营、资产重组等方面都有了较大突破和发展。经安徽华普会计师事务所审计确认，2000年，公司实现主营业务收入638,395,445.98元，净利润81,527,490.76元。

1、公司所处的行业及其在本行业的地位

公司属于农业板块中农、牧加工行业。目前已形成黄牛育肥、饲料生产、屠宰及肉制品、制革及革制品、内脏器官深加工及生化制药的黄牛开发产业化。是目前国内黄牛产业开发链最长、规模最大的企业之一。其中牛皮革、牛肉及白酒均位居全国同行业前列。

2、公司主营业务的范围及其生产经营管理情况

(1)公司主营业务范围

本公司主要从事黄牛产业开发(饲料、黄牛养殖、屠宰、肉食加工、制革及利用牛内脏进行生化制药)；白酒、啤酒及配套包装产品的生产经营；高科技产业之电子商务、光电产品、生物工程等。

(2)占公司主营业务收入或主营业务利润10%以上的行业为酒类和黄牛产业。酒类主要为金种子酿酒分公司"金种子"、"种子"两个品牌及金太阳啤酒公司的"太阳"牌啤酒在市场上销售较好所致；黄牛产业主要为饲料、育肥、屠宰加工、制革及其内脏加工所产生的收入。

3、在经营中出现的问题与困难及解决方案

(1)加入WTO带来的影响。本公司主要从事黄牛产业开发和饮料酒生产销售，加入WTO对公司不仅没有负影响，反而为公司提供了发展的机遇。同时公司将积极拓展高新技术产业，全力推进传统产业科技化改造，不断提高产品的科技含量，增强竞争力；

(2)人才缺乏，压力较大。公司坚持人是生产力的第一要素、第一资源的原则，实施跨世纪人才战略，继续引进人才、开发人才、培养人才、用好人才、储备人才。

(3)市场拓展、维护、巩固、发展仍是经营工作的重点。公司将以市场为导向，以效益为目的，强化管理，增强企业综合竞争力。

(4)高科技改造传统产业还不够。加大科技投入，增强自身科研开发能力；引进技术，引进大脑，帮助企业加快科技化改造进程，增强综合实力，增强竞争力。

(5)继续深化各项改革，全面推进管理进步，实现运作规范，管理科学。

(二)公司财务状况

(1)报告期内本公司总资产、长期负债、股东权益、主营业务利润及净利润的变动情况：

指　标	年初数(万元)	年末数(万元)	变动幅度	变动原因
总资产	123229	141353	14.70%	应收款项和存货增加
长期负债	1688	1268	-24.88%	摊销股票发行冻结资金利息收入
股东权益	67472	72561	7.54%	盈余公积和转增股本增加
主营业务利润	14857	15197	2.28%	
净利润	9509	8153	-14.26%	所得税增加所致

(2)本公司财务会计报告，经安徽华普会计师事务所审计，并出具了无保留意见的审计报告。

(三)公司投资情况

1、发行募集资金使用情况

本公司于1998年7月2日发行6500万股A股股票，扣除发行费用，实际募集资金35490万元，已严格按《招股说明书》承诺(项目变更均按法定程序进行)在1999年末全部投资完毕(包括变更的项目)。

2、配股募集资金投资情况：本公司2000年度实施了配股。本次配股共募集资金28080万元，其中，非货币资金3521.04万元，货币资金24558.96万元，实际募集货币资金24103.19万元。

江 苏 吴 中 实 业 股 份 有 限 公 司

江苏吴中实业股份有限公司2000年年度报告摘要

一、公司简介

1、公司法定中文名称:江苏吴中实业股份有限公司
2、公司法定英文名称:Jiangsu Wuzhong Industrial CO.,LTD　缩写:Jiangsu Wuzhong
3、公司注册地址:江苏省苏州市人民南路73号
办公地址:江苏省苏州市吴县市城区宝带东路388号
4、公司法定代表人:赵唯一先生
5、公司董事会秘书:金建平先生　6、董事会秘书授权代表:朱菊芳小姐
7、联系电话:0512—5272131、5618665　8、传真:0512—5270086　9、邮编:215128
10、公司信息披露报纸名称:中国证券报、上海证券报
11、公司年度报告登载的中国证监会指定互联网网站:http://www.sse.com.cn
12、公司年度报告备置地点:公司董秘办公室
13、公司股票上市地:上海证券交易所　股票简称:江苏吴中　股票代码:600200

二、会计数据和业务数据摘要

1、公司二000年度主要会计数据

项目	金额(人民币元)
(1)利润总额	56497962.48
(2)净利润	47961776.79
(3)扣除非经常性损益后的净利润	42975814.09
(4)主营业务利润	87513206.30
(5)其他业务利润	5448491.24
(6)营业利润	47651021.76
(7)投资收益	2934006.43
(8)补贴收入	1450197.00
(9)营业外收支净额	4462737.29
(10)经营活动产生的现金流量净额	78786379.28
(11)现金及现金等价物净增加额	-74236448.22

注:非经常性损益是指公司正常经营损益之外的一次性或偶发性损益,本公司扣除的非经常性损益项目:(1)新股无效申购冻结资金利息本期分摊数4433280.84元;(2)资产处理损益-17639.37元;(3)补贴收入1450197.00元,合计非经常性损益5865838.47元,影响净利润4985962.70元。

2、公司前三年主要会计数据和财务指标:(金额:人民币元)

项目	2000年	1999年	1998年	
			调整前	调整后
(1)主营业务收入	414244143.09	301403056.15	304802893.25	304802893.25
(2)净利润	47961776.79	34585884.89	31431123.75	29173708.08
(3)总资产	695181124.06	616384747.00	335940077.70	325077908.30
(4)股东权益(不含少数股东权益)	435698314.20	396947266.31	122717999.92	111855830.52
(5)每股收益(摊薄计算)	0.359	0.259	0.629	0.583
每股收益(加权平均)	0.359	0.273	0.629	0.583
扣除非经常性损益后的每股收益(摊薄计算)	0.322	0.231	0.612	0.567
(6)每股净资产	3.261	2.97	2.454	2.237
(7)调整后的每股净资产	3.087	2.861	2.275	2.097
(8)每股经营活动产生的现金流量净额	0.590	-0.041	0.266	0.266
(9)净资产收益率(%)(摊薄计算)	11.01	8.71	25.61	26.08

说明:"调整后"栏为公司1999年根据财政部财会字(1999)35号及(1999)49号文的有关规定变更资产减值准备计提方法,采用追溯调整法调整坏帐准备、存货跌价准备后的数据。

按照中国证监会公开发行证券公司信息披露编报规则(第9号)要求,计算的2000年净资产收益率和每股收益。

报告期利润	净资产收益率(%)		每股收益(元)	
	全面摊薄	加权平均	全面摊薄	加权平均
主营业务利润	20.09	20.79	0.655	0.655
营业利润	10.94	11.32	0.357	0.357
净利润	11.01	11.39	0.359	0.359
扣除非经常性损益后的净利润	9.86	10.21	0.322	0.322

计算公式:净资产收益率(全面摊薄)=报告期利润÷期末净资产

每股收益(全面摊薄)=报告期利润÷期末股份总数

每股收益(加权平均)=报告期利润/(期初股本数+报告期因公积金转增股本或股票股利分配等增加股份数+报告期因发行新股或债转股等增加股份数×增加股份下一月份起至报告期期末的月份数÷12-报告期因回购或缩股等减少股份数×减少股份下一月份起至报告期期末的月份数÷12)

净资产收益率(加权平均)=报告期利润/(期初净资产+报告期净利润÷2+报告期发行新股或债转股等新增净资产×新增净资产下一月份起至报告期期末的月份数÷12-报告期回购或现金分红等减少净资产×减少净资产下一月份起至报告期期末的月份数÷12)

3、报告期内股东权益变动情况(单位:人民币元)

项目	股本	资本公积	盈余公积	其中:法定公益金	未分配利润	股东权益合计
期初数	133600000	182770550.90	73918995.44	6173932.09	6657719.97	396947266.31
本期增加	--	1479918.78	9228865.80	3074523.47	47961776.79	58670561.37
本期减少	--	--	--	--	19919513.48	19919513.48
期末数	133600000	184250469.68	83147861.24	9248455.56	34699983.28	435698314.20

变动原因:

(1)资本公积增加原因系全资企业苏州长征制药厂对外投资的资产评估增值。

(2)盈余公积增加原因系公司利润分配提取。

(3)法定公益金增加原因系公司利润分配增加。

(4)未分配利润变动原因系本年实现净利润增加、利润分配减少。

三、股本变动及股东情况

1、报告期末股东总数9873户

2、主要股东持股情况

(1)持有本公司5%以上(含5%)股份的股东持股情况如下:

股东名称	期初持股数(股)	本期增加	本期减少	期末持股数(股)
江苏吴中集团公司	51408000	--	--	51408000
中信澳大利亚公司	10992000	--	--	10992000

上述两单位所持本公司股份报告期内无质押、冻结情况。

(2)截止2000年12月31日,公司前十名股东持股情况如下:

股东名称	期末持股数量(股)	占总股本比例(%)
1、江苏吴中集团公司	51408000	38.48
2、中信澳大利亚公司	10992000	8.23
3、上海海能实业公司	6400000	4.79
4、吴县市吴中饭店	4800000	3.59
5、吴县市通海物资贸易公司	2800000	2.10
6、江苏吴中集团万利发展公司	1600000	1.19
7、王润生	765260	0.57
8、詹用生	665255	0.50
9、吴家元	661337	0.50
10、谢冬	613120	0.46

注1:江苏吴中集团万利发展公司系江苏吴中集团公司全资企业。

注2:中信澳大利亚公司系外资股东。

注3:第1—6名股东所持股份为未上市流通股份,7—10名股东所持股份为已上市流通股份。

四、股东大会简介

公司2000年召开一次股东大会年会和二次临时股东大会。

一、公司1999年度股东大会于2000年4月20日召开,会议逐项表决通过以下决定:

1、《一九九九年度董事会工作报告》　2、《一九九九年度监事会报告》

3、《一九九九年度报告和报告摘要》　4、《一九九九年度分配方案》

5、选举产生新一届董事会成员

6、选举产生新一届监事会成员该股东大会决议公告于2000年4月21日的《中国证券报》和《上海证券报》。

二、公司2000年第一次临时股东大会于2000年9月6日召开,会议逐项表决通过以下决定:

1、《二000年中期报告及报告摘要》　2、《二000年中期分配方案》

本次中期不进行分配,也不进行公积金转增股本。

3、收购苏州长征制药厂　4、《调整部分募集资金投向项目的方案》

5、更换部分董事　6、增加经营范围及公司章程作相应修改的议案

该临时股东大会决议公告于2000年9月7日的《中国证券报》和《上海证券报》。

三、公司2000年第二次临时股东大会于2000年11月6日召开,会议表决通过了公司改聘上海立信长江会计师事务所有限公司为公司审计机的决议。

该临时股东大会决议公告于2000年11月7日的《中国证券报》和《上海证券报》。

五、董事会报告

(一)公司经营情况

1、公司所处行业及在本行业中的地位

公司主营业务有服装和医药两块,分属服装行业和医药行业,其中服装主要从事"365"牌学生装、休闲装、"吴中"牌休闲装及其他各类针织、梭织服装生产销售,医药主要从事各种原料药、输液剂、注射剂、冻干粉针、胶囊、片剂、口服液等各种抗生素类、维生素类、止血类普通药品和G-CSF(重组人粒细胞集落刺激因子)等生物药品生产、销售。

经江苏服装协会统计,公司获99年江苏服装行业"销售前十强"和"利税前十强"单位称号;经中国服装协会统计,公司获99年全国服装行业销售利税百强企业;2000年,公司生产的"365"牌服装获第二届江苏国际服装节交易会金奖以及江苏省消费者满意产品金奖

公司所属全资企业苏州第六制药厂99年度销售收入列江苏省医药工业企业第26位(资料来源:江苏省医药局统计资料)。

2、公司主营业务的范围及其经营状况

公司主营业务范围:服装、工艺美术品(金银制品除外)、不锈钢制品、照相器材、皮革及制品的制造和销售,国内贸易(国家有专项规定的办理许可证后经营),房地产开发、经营。原料药、输液剂、注射剂、冻干针剂、片剂、硬胶囊剂、栓剂制造、销售(限指定的分支机构领取许可证后经营)。本公司自产的服装、绣什品、床上用品、工艺美术品、不锈钢制品、药品、原料药、箱包、皮革及制品出口业务,本公司生产、科研所需的原辅材料、机械设备、仪器仪表、零配件进出口业务。

2000年,公司依靠社会各界和全体股东的支持,在董事会和经理层的领导下,提倡制度创新、市场创新、技术创新,通过全体员工努力,加强管理、深化结构调整,取得了一定的成绩。

(1)全年实现主营业务收入41424.41万元,主营业务利润8751.32万元,主营业务收入比上年增长37.44%,主营业务利润比上年增长39.49%,主要原因为公司服装和药品均比上年销售增长。

分行业资料:

类别	主营业务收入		主营业务成本		主营业务毛利	
	2000年	1999年	2000年	1999年	2000年	1999年
服装	253615086.04	190304788.40	203646806.68	150662295.00	49968279.36	39642493.40
药品	158004569.58	111098267.75	118988716.79	85698005.45	39015852.79	25400262.30
其他	2624487.47	--	2005861.38	--	618626.09	--
合计	414244143.09	301403056.15	324641384.85	236360300.45	89602758.24	65042755.70

(2)占主营业务收入或主营业务利润10%以上的业务经营活动,其所属行业及主要产品介绍:服装类产品中主要是"365"学生装、休闲装、各种针织、梭织外销服装;医药类产品中主要是六药厂的普药洁霉素、丁胺针剂(硫酸阿米卡星)、孢二磷注射液、辅霉A粉针、丁胺原料药、卡络磺钠,长征制药厂的氧氟沙星、芙璐星(氟罗沙星)注射液和中凯公司生物药品G-CSF。

3、报告期内公司经营中出现的问题与困难及解决方案

随着市场竞争的日趋激烈,以及我国加入WTO的临近,企业的产品品牌和科技含量在竞争中更加得到体现,为此公司提出了技术创新、制度创新、市场创新的战略,一方面加大力度内抓质量与管理,引进激励机制,健全公司管理制度,服装生产实施ISO9002质量管理体系,医药生产进行GMP认证;外抓市场,加强"365"内销服装和医药营销网络的建设,制定科学的营销政策;另一方面加大科技投入,开发高科技普药和生物药品,培育公司新的增长点。

4、报告期内公司未作利润预测。

(二)公司财务状况

1、主要指标分析(单位人民币元)

项目　　2000年　　1999年

总资产	695181124.06	616384747.00
长期负债	19433280.88	28866561.72
股东权益	435698314.20	396947266.31
主营业务利润	87513206.30	63649591.41
净利润	47961776.79	34585884.89

说明：公司总资产增加的主要原因是公司主营业务增加及盈利；

长期负债变动的原因是全资子公司苏州第六制药厂归还部分长期借款及公司摊销冻结资金利息；

股东权益增加的主要原因是公司实现利润；

主营业务利润增加的主要原因是公司主营业务收入增加；

净利润增加的主要原因公司主营业务利润增加引起。

2、对会计师事务所出具的审计报告说明

上海立信长江会计师事务所为公司2000年年度财务报表出具了标准无保留意见的审计报告。

（三）公司投资情况

截止2000年12月31日，公司对外长期投资总额18942.09万元，比上年末增加9103.89万元，增加比例92.54%。本报告期内公司投资主要是继续做好前次募集资金的使用，即完成公司服装板块生产"365"床上用品项目的投资、投资1600万元收购江苏共创软件有限公司的教育资源网站80%的股份、全资收购苏州长征制药厂、与江苏省药物研究所共同组建江苏吴中苏药医药开发有限公司（公司占51%）并另注入1400万元用于技术合作开发。

另外，公司从战略目标考虑，利用非募集资金与其它单位共同投资设立了江苏兴业高新技术风险投资管理有限公司（公司占76%股权）和江苏吴中进出口有限公司（公司占90%股权）。

1、前次募集资金的使用情况说明

前次募集资金到位后，公司本着对投资者利益负责，坚持持续健康快速发展的战略，按照公司招股说明书的项目计划组织实施，充分做好市场调研，慎重投资，截止二000年十二月三十一日，公司前次募集资金25047.44万元已全部投入使用，部分项目的变更业经二000年九月六日的公司临时股东大会通过。具体情况说明如下：

（1）、招股说明书拟定的募集资金用途

项目	承诺投资额(万元)	投资时间(年)
①、生产重组人粒细胞集落刺激因子项目	4903.00	1999-2000
②、生产重组血小板生长因子项目	4952.00	2000
③、年产10000十亿硫酸丁胺卡那霉素原料及5000万瓶粉针技术改造工程的还贷项目	2728.00	1999
④、生产注射用卡络磺钠冻干粉针及原料项目	3530.00	1999-2000.1
⑤、生产"365"学生装面料项目	2989.00	1999
⑥、生产"365"学生床上用品项目	2611.00	1999
⑦、补充流动资金	3334.44	
合计	25047.44	

注：上表1、2项目由公司控股子公司苏州中凯生物药业有限公司（公司占90%股权）实施，第3、4项目由全资企业苏州第六制药厂实施。

（2）、根据市场环境、投资环境的变化，本着对股东负责的原则，公司经过充分市场调研、广泛征求意见后于二000年按照法定程序经公司二000年第一次临时股东大会决议通过对招股说明书计划的部分项目（生产重组血小板生长因子项目、生产"365"学生装面料项目）作了变更。

①截止二000年十二月三十一日，前次募集资金实际使用情况如下表（单位：万元）：

项目名称	变更后计划投资金额	实际投资金额	投入期间
硫酸丁胺卡那霉素原料及粉针技改工程还贷项目	2728.00万元	2728.00万元	1999年
生产卡络磺钠冻干粉针及原料药项目	2120.70万元	2120.70万元	1999年
生产"365"学生床上用品项目	2611.00万元	2423.65万元	1999-2000年
生产重组人粒细胞集落刺激因子项目	5208.19万元	5208.19万元	1999年
生产重组血小板生长因子项目	1242.03万元	1242.03万元	2000年
江苏共创软件有限公司教育资源网站	1600.00万元	1600.00万元	2000年
江苏吴中苏药医药业开发有限责任公司	1706.00万元	1706.00万元	2000年
全资收购苏州长征制药厂	2379.54万元	2379.54万元	2000年
补充流动资金	5451.98万元	5639.33万元	
合计	25047.44万元	25047.44万元	

注：上述江苏共创软件有限公司教育资源网站、江苏吴中苏药医药开发有限责任公司、全资收购苏州长征制药厂为项目变更后的募集资金投向。

②、关于变更招股说明书计划中部分募集资金投资项目的具体说明：

A、变更项目及变更原因

生产重组血小板生长因子项目：血小板生长因子（TPO）产品在美国已进行到Ⅱ期临床，但由于基础研究工作不尽完善，在适应临床范围及剂量上尚未完全明确，致美国FDA没有通过，目前临床验证暂时停止。

"365"学生装面料项目："365"学生装面料项目因近年来学生装面料市场发展较快，已呈现品种开发多、竞争激烈的买方市场。公司生产学生系列着装直接从面料市场采购已不再面临品种单一、无法满足需求、价格回旋余地少的局面，因此该项目设计预期的优势已不再具备。

为充分维护广大投资者的利益，将募股资金用于更好的项目，产生更高效益，有利于公司持续发展战略，公司决定放弃上述血小板生长因子和"365"学生装面料两项项目，已投在血小板生长因子项目上的前期基础设施款1242.03万元用于以后新的基因生物工程项目。对已完成的招股说明书中承诺项目按实际使用资金情况调整资金投入计划，将拟用于该两个变更项目的资金及其他已实施项目的节余资金转投新项目，即投资2379.54万元收购苏州长征制药厂，投资1600万元收购教育资源网站（www.3jiax.com），投资306万元与江苏省药物研究所共同设立江苏吴中苏药医药开发有限责任公司（本公司占51%），公司同时另投入1400万元与该研发公司共同进行技术合作开发，余下资金补充新项目所需流动资金。

B、变更程序及相关信息披露

公司二000年八月二日召开了三届董事会二次会议，会议审议并通过了关于变更部分募集资金投向的决议。该决议公告于二000年八月三日《中国证券报》、《上海证券报》。

公司二000年九月六日召开了二000年度第一次临时股东大会，会议审议并通过了公司董事会提交的调整部分募集资金投向项目的方案，该决议公告于二000年九月七日《中国证券报》、《上海证券报》。

其它相关信息公告：二000年二月二十二日董事会公告以1600万元收购江苏共创软件有限公司教育资源网站80%的股份；二000年四月二十四董事会公告投资306万元组建江苏吴中苏药医药开发有限公司，并投入1400万元用于新药开发；二000年八月三日董事会公告以2379.54万元整体收购苏州长征制药厂。

2、前次募集资金投资项目完成情况及效果

截止二000年十二月三十一日，上述投资项目已全部完成，具体完成情况及效果说明如下：

（1）、硫酸丁胺卡那霉素原料及粉针技改工程还贷项目：公司根据该项目贷款到期期限，至二000年十二月三十一日已全部陆续归还。项目已于一九九九年下半年开始正常批量生产并销售，当年实现销售收入321.67万元，净利润6.95万元；二000年实现销售收入1897.22万元，净利润124.03万元，累计实现销售2218.89万元，净利润130.98万元。

（2）、生产注射用卡络磺钠冻干粉针及原料药项目：由于公司在募集资金到位前为了项目的正常实施，公司贷款部分资金启动该项目，故该项目于一九九九年下半年全部竣工并提前投入生产，当年实现销售收入404.56万元，净利润65.29万元；二000年实现销售收入694.99万元，净利润217.85万元，累计实现销售1099.55万元，净利润283.14万元。

（3）、生产"365"学生床上用品项目：公司按该项目的特点及产品市场需求情况，并根据公司整个服装板块布局分批投入资金用于扩大规模，截止二000年十二月三十一日已全部完工并投产，该项目计划投资2611万元，实际投资2423.65万元，节约资金用于补充公司流动资金，该项目二000年实现销售收入774.10万元，净利润62.99万元。

（4）、生产重组人粒细胞集落刺激因子项目：公司根据该项目的需要在募集资金到位前已贷款部分资金启动建设，故此项目提前完成并获得生产批文。一九九九年六月进入正常生产经营期，当年实现销售收入1557.54万元，净利润587.90万元；二000年实现销售收入1760.12万元，净利润657.00万元，累计实现销售3317.66万元，净利润1244.90万元。

（5）、生产重组血小板生长因子项目，该项目已经公司2000年第一次临时股东大会通过作变更，已投在该项目上的前期基础设施款1242.03万元用于以后新的基因生物工程项目，

（6）、教育资源网站项目：该项目已于2000年6月以贷款方式进行投入，经2000年9月6日临时股东大会审议通过以募股资金投入该项目后，以变更后的募股资金偿还了前期贷款，公司占此网站的收益权80%。目前在筹办制作软件资料中，尚未产生效益。

（7）、江苏吴中苏药医药开发有限责任公司：该项目已于2000年6月以贷款方式进行投入，经2000年9月6日临时股东大会审议通过以募股资金投入该项目后，以变更后的募股资金偿还了前期贷款。该公司主要从事高科技新药的研发，科研成果优先提供给本公司使用和优先受让，有利于公司发展高科技药业的战略。该公司运作半年多来，已开发了几个一、二类新药，目前正在进一步研究中。

（8）、全资收购苏州长征制药厂项目，二000年九月六日公司临时股东大会审议通过了该收购方案，该厂2000年9-12月实现销售收入825.51万元，净利润233.56万元。

综上所述，公司前次募集资金的项目投向符合公司招股说明书及有关股东大会决议，项目的变更符合法定程序，这些项目完成投产后，取得了较好的效果，对公司今后业绩的提高和调整产业结构、凸现主业向高科技方向发展奠定了基础。

3、报告期内非募集资金投资情况

（1）、公司于2000年7月受让个人股东持有苏州正达医药公司的43万元股权，并对该公司增资扩股，增资扩股后公司持283万元股权，持股比例为94.33%。该公司目前正进行市场营销网络重整，报告期内尚未有较好的收益。

（2）2000年9月公司投资3800万元与吴县市东吴产业开发有限公司共同设立江苏兴业高新技术风险投资管理有限公司。该公司注册资金5000万元，公司占76%。该公司主要从事以生物基因工程为重点并涉及计算机软件和网络等高科技产业的投资管理。该公司目前进行市场调研分析工作，尚未有正式项目投资。

（3）2000年12月，公司投资720万元与吴县市吴中工艺服装厂共同投资设立江苏吴中进出口有限公司。该公司注册资金800万元，公司占90%。该公司主要从事自营和代理各类商品及技术的进出口业务（国家限制除外），经营来料加工和"三来一补"业务，经营对销贸易和转口贸易，本报告期内尚未产生效益。

（四）生产经营环境及宏观政策影响

随着我国加入WTO的临近，纺织品出口配额的逐步取消，公司主业之一服装产品的外销市场环境将得到进一步改善。

加入WTO对公司另一主业医药行业来说是机遇和挑战同存，国外大公司的开发研究和产品质量优势明显，对产品附加值较低的抗生素制剂类产品冲击较大，同时价格大幅下降的进口药品也使国外产品极具竞争力，但医药行业是涉及一个行业严格的技术标准和非处方药销售问题的行业，国外产品在进入国内市场时存在行业技术壁垒的限制，使国内企业有较大生存和发展空间，生物医药和高科技普药类企业处于一个不断发展的新兴行业。

报告期内国家实行的医疗改革一定程度上影响了公司药品的盈利水平。

（五）2001年业务发展计划

2001年公司以经济效益为中心，继续倡导市场创新、技术创新、制度创新三大主题，以持续快速健康发展为主旋律，把结构调整、突现主业、深化改革作为主线，主要重点工作如下：

1、继续抓好2000年完成的新项目、新产品生产和销售；

2、做好高科技项目和产品可行性研究，力争年内完成配股；

3、继续加大对高科技项目和产品的投入（主要是中西药及生物药产品），抓好产业布局和行业结构调整；

4、继续做好"365"牌学生装新款系列的开发，加大"365"学生装和休闲装的宣传、市场调研力度，健全服装纺织类产品的营销网络；

5、加快推进医药产品营销资源的整合和市场的开拓；

6、进一步强化股东大会、董事会、监事会的职能，建立和完善现代企业管理和运行机制；

7、深化以成本管理为中心的科学有效规范的现代财务管理体系，提高公司的经济运行质量和水平；

8、持之以恒抓质量，严格执行ISO9002质量体系和GMP要求；

9、进一步完善公司的分配激励机制，提高公司的凝聚力，提倡团结、互助、进取的吴中团队精神；

10、实施人才梯队建设和储备计划，合理有效配置人力资源，加强各层次的职业培训和自身建设；

（六）董事会日常工作情况

1、报告期内董事会的会议情况及决议内容

报告期内公司董事会共召开四次董事会会议：

(1) 公司第二届董事会第九次会议于二000年三月十五日召开，会议以逐项审议、举手表决方式一致通过如下决议：

①、公司年度工作报告

②、公司有关资金减值准备计提方法

③、公司"四项准备"计提及其损失处理内部控制制度

④、公司1999年度报告和报告摘要

⑤、公司关于年度分配议案

公司1999年全年实现净利润34585884.89元，年初未分配利润-6056314.49元，按10%提取法定盈余公积金4004566.95元，按5%提取法定公益金2002283.48元，可供股东分配利润22522719.97元，其中上半年实现部分已实施利润分配每10股送红股1.9股方案，共计送出15865000.00元，余下未分配利润6657719.97元，为保证公司长远发展和稳定增长，且99年中期已实施分配及转增股本方案，因此，拟不再进行年度股利分配，也不进行资本公积金转增股本。

⑥、关于换届选举公司董事的议案⑦、决定召开1999年度股东大会；

该决议公告于2000年3月16日的《中国证券报》和《上海证券报》。

（2）、公司第三届董事会第一次会议于2000年4月20日召开，会议逐项审议并一致通过如下决议：

①、选举赵唯一先生为公司董事长；姚建林先生、夏建平先生为副董事长。

②、聘任赵唯一先生为公司总经理。

③、聘任金建平先生为公司董事会秘书。

该决议公告于2000年4月21日的《中国证券报》和《上海证券报》。

(3)公司第三届董事会第二次会议于2000年8月2日召开，审议并一致通过如下决议：

①、同意公司2000年度上半年工作报告

②、同意公司二000年中期报告及报告摘要

③、同意公司中期分配议案

中期不进行分配，也不进行公积金转增股本。

④、同意公司收购苏州长征制药厂议案

⑤、同意公司调整部分募集资金投向项目的决议

⑥、同意更换部分董事的议案

因工作变化的原因，刘冰、徐伟良先生不再担任公司董事，根据委派股东单位的意见同意由戴景明、唐勤华先生接任。

⑦、关于增加经营范围及公司章程作相应修改的议案

根据江苏省外经委(2000)苏经贸字第498号批文，在公司进出口的经营范围中增加出口本企业自产的箱包、皮革及其制品业务，因此，公司章程第十二条公司经营范围条目作相应修改。

⑧、决定召开2000年度第一次临时股东大会；

该决议公告于2000年8月3日的《中国证券报》和《上海证券报》。

(4)、公司第三届董事会第三次会议于2000年9月28日召开，与会董事审议并一致通过了如下决议：

①、决定改聘上海立信长江会计师事务所有限公司为本公司审计机构。

②、决定召开2000年度第二次临时股东大会

该决议公告于2000年9月29日的《中国证券报》和《上海证券报》。

2、董事会执行股东大会决议情况

(1)、1999年度公司股东大会通过了公司1999年度不再进行年度股利分配，也不进行资本公积金转增股本的方案；2000年公司第一次临时股东大会通过了2000中期公司不进行利润分配也不进行公积金转增股本的方案。本报告期内，公司未进行股利分配及公积金转增股本。

(2)、2000年公司第一次临时股东大会通过报告期内增加经营范围及公司章程作相应修改的方案：根据江苏省外经委(2000)苏经贸字第498号批文，在公司进出口的经营范围中增加出口本企业自产的箱包、皮革及其制品业务；公司章程十二条公司经营范围作相应修改，此变更事项公司已于2000年6月2日在江苏省工商行政管理局办妥，公司章程也作了相应修改并备案。

(七)公司董事、监事、高级管理人员情况

姓名	职务	性别	年龄	任期(年)	年初数	持股数(股) 增/减(+/-)	期末数
赵唯一	董事长、总经理	男	46	2000.4.20-2003.4.20	30400		30400
姚建林	副董事长副总经理	男	44	2000.4.20-2003.4.20	30400		30400
夏建平	副董事长、副总经理	男	45	2000.4.20-2003.4.20	30400		30400
钟慎政	董事	男	52	2000.4.20-2003.4.20	22400		22400
沈斌	董事	男	43	2000.4.20-2003.4.20	22400		22400
许益峰	董事	男	46	2000.4.20-2003.4.20	22400		22400
朱燕	董事	女	39	2000.4.20-2003.4.20	22400		22400
杨伍官	董事、财务部经理	男	51	2000.4.20-2003.4.20	22400		22400
金建平	董事、董秘	男	38	2000.4.20-2003.4.20	22400		22400
戴景明	董事	男	39	2000.4.20-2003.4.20	0		0
唐勤华	董事	男	42	2000.4.20-2003.4.20	0		0
沈永荣	董事	男	51	2000.4.20-2003.4.20	7200		7200
魏兴发	监事、监事会主席	男	51	2000.4.20-2003.4.20	30400		30400
张祥荣	监事	男	48	2000.4.20-2003.4.20	22400		22400
罗勤	监事	男	45	2000.4.20-2003.4.20	10400		10400
徐连男	监事(职工代表)	男	49	2000.4.20-2003.4.20	6400		6400
许佩娟	监事(职工代表)	女	37	2000.4.20-2003.4.20	3200		3200

说明：公司董事、监事、高级管理人员年度报酬情况：

(1)以上人员在公司领取报酬的有12人，总额110万元。

报酬区间	人数
2—5万	5
5—10万	1
10—20万	6

(2)不在公司领取报酬的董事、监事、高级管理人员：董事戴景明、唐勤华，监事魏兴发、张祥荣、罗勤。

(3)报告期内公司董事、监事、高级管理人员离任情况：刘冰、徐伟良因工作变动原因不再担任董事，经股东单位提名由戴景明、唐勤华接任，并经2000年第一次临时股东大会审议通过，其他董事、监事、高级管理人员无变动情况。

(4)报告期内公司经理、董事会秘书无变更。

(八)公司董事会拟定的二000年度利润分配预案及资本公积转增股本预案

1、公司二000年度实现净利润47961776.79元，年初未分配利润6657719.97元，按10%提取法定盈余公积金6154342.33元，按5%提取法定公益金3074523.47元，下属中外合作企业按中外合作企业财务制度规定提取职工奖福基金2647.68元，可供股东分配利润45387983.28元，董事会决议以二000年年末股本13360万股为基数向全体股东按每10股送2股及派现0.80元（含税），计分配普通股股利37408000.00元，余下未分配利润结转下年度；

2、截止二000年十二月三十一日公司资本公积余额184250469.68元，公司拟以二000年年末股本数为基数向全体股东以资本公积金每10股转增3股，转增后公司资本公积金余额144170469.68元。

3、本次送股及转增股本后，公司总股本为20040万股。该预案需经公司股东大会审议批准。

(九)公司董事会拟定的二00一年年度利润分配计划

1、二00一年公司分配利润一次；

2、二00一年实现净利润用于股利分配的比例不低于45%，公司二000年度未分配利润用于下一年度股利分配的比例不低于45%；

3、二00一年度的股利分配采用送红股和派发现金方式，其中，现金股利分配的比例不低于20%；具体分配方法将根据公司当时实际情况再定。

(十)公司信息披露指定报纸《上海证券报》、《中国证券报》。

(十一)其他

(1)、2000年12月公司投资720万元与吴县市吴中工艺服装厂共同投资设立江苏吴中进出口有限公司，该公司注册资本800万元。

(2)、公司在报告期内被江苏省科技厅评定为"江苏省高新技术企业"。

(3)、控股孙公司苏州长征-欣凯制药有限公司注射剂(小容量)、片剂车间于2001年1月通过了国家级GMP认证，公司产品质量管理又上了一个新台阶。

六、监事会报告

(一)报告期内公司监事会共召开三次监事会会议。

1、公司第二届监事会第三次会议于2000年3月15日召开，形成如下决议：

(1)、通过1999年年度监事会工作报告

(2)、同意公司1999年年度工作报告

(3)、同意董事会关于"四项准备"计提及其损失处理内部控制制度的议案

(4)、同意董事会关于有关资产减值准备计提方法的议案

(5)、同意公司1999年年度报告和报告摘要

(6)、同意公司1999年年度分配预案

(7)、因公司第二届监事会任期已满，根据公司章程的规定，决定1999年度股东大会进行换届选举(其中两名监事人选由职工代表大会推举产生)。

该决议公告于2000年3月16日的《中国证券报》和《上海证券报》。

2、公司第三届监事会第一次会议于2000年4月20日召开，会议以无记名投票的方式选举魏兴发先生为公司监事会主席。

该决议公告于2000年4月21日的《中国证券报》和《上海证券报》。

3、公司第三届监事会第二次会议于二000年八月二日召开，会议讨论并形成如下决议：

(1)、同意公司董事会2000年中期工作报告

(2)、同意公司2000年中期报告及报告摘要

(3)、同意公司2000年中期分配议案

(4)、同意关于公司收购苏州长征制药厂议案

(5)、同意关于公司调整部分募集资金投向项目议案

(6)、同意公司增加经营范围及公司章程作相应修改的议案该决议公告于2000年8月3日的《中国证券报》和《上海证券报》。

(二)通过积极开展工作，监事会认为：

(1)、没有发现公司存在违法经营问题，公司决策程序合法，内部控制制度逐步健全；

(2)、公司董事、经理执行公司职务时无违反法律、法规、公司章程或损害公司利益的行为；

(3)、公司2000年度财务报表经上海立信长江会计师事务所有限公司审计，并出具无保留意见和无解释性说明的审计报告，财务报告真实反映了公司的财务状况和经营成果；

(4)、公司1999年3月发行股票3350万股，扣除发行费用，实际募集资金净额25047.44万元，资金实际投入项目符合招股说明书承诺及公司股东大会项目变更决议，项目变更符合法定程序；

(5)、公司报告期内按2000年1月1日苏州长征制药厂净资产评估值向江苏吴中集团公司全资收购该厂，交易价格合理，未发现内幕交易及损害部分股东利益或造成公司资产流失现象。

(6)、公司发生的关联交易无损害本公司利益，交易按公平原则执行；(7)、公司经过一年的努力，2000年实现利润总额5649.80万元，净利润4796.18万元，分别比上年增长39.70%和38.67%。

七、重要事项

(一)本年度公司无重大诉讼、仲裁事项；

(二)报告期内公司、公司董事及高级管理人员无受监管部门处罚情况；

(三)报告期内公司控股股东无变更，为江苏吴中集团公司；报告期内公司董事会换届选举，2000年4月20日公司股东大会年会选举产生的新一届董事会成员与上年无变动，因工作变化原因，2000年9月6日临时股东大会决议同意刘冰、徐伟良不再任董事，由戴景明、唐勤华接任；报告期内公司总经理、董事会秘书无变更；

(四)报告期内公司重大收购及出售资产、吸收、合并事项

1、重大收购事项：公司2000年9月6日第一次临时股东大会决议通过向江苏吴中集团公司收购其所属的苏州长征制药厂全部经营性净资产，收购价格为2000年1月1日评估价，计2379.54万元；该厂是一家技术创新、产品开发成绩显著的制药企业，创建于1966年，主要从事注射液、片剂、口服液的生产销售，从1992-1998年先后开发研制国家级新药氧氟沙星注射液、芙璐星注射液等药品，产品填补省内空白10个，填补国内空白2个，获得国家专利2个，获得国家颁发的专利证书的氧氟沙星注射液自95年生产投放市场以来已累计创利950万元；芙璐星新药99年获准生产，仅半年时间即实现利税477万元。2000年该厂被江苏省科技厅认定为省高新技术企业，目前该厂还拥有1只国家一类新药莱氟米特的生产批文号（由其子公司长征-欣凯制药有限公司组织生产）；该厂的加入有利于公司进一步提高公司药业板块的产品档次和盈利能力，报告期内该厂实现利润总额271.66万元，占本公司利润总额的4.67%；

2、报告期内公司没有发生重大出售资产、吸收、合并事项。

(五)重大关联事项

公司与关联方之间存在销售货物、资产(股权)转让、债权债务及业务合作、担保等其他关联交易。

有关各方的关联关系：

关联方名称	与本企业关系
江苏吴中集团公司	本公司控股公司
江苏吴中集团销售公司	同一母公司控制
吴县市东吴照相器材厂	同一母公司控制
吴县市东吴产业开发公司	同一母公司控制
吴县市车坊教育服装厂	同一母公司控制

1、销售货物

关联方名称	销售项目	金额(元)	占同类交易额比例
江苏吴中集团公司	服装	10599708.38	4.18%

2、资产、股权转让事项

经公司2000年第二次临时股东大会审议通过，公司于2000年9月6日收购江苏吴中集团公司所属苏州长征制药厂全部经营性净资产，转让价为2000年1月1日净资产评估价，苏州长征制药厂1999年12月31日的帐面总资产2846.43万元、负债总额1260.89万元、净资产1597.59万元，2000年1月1日总资产评估值3640.43万元、负债评估值1260.89万元、净资产评估值2379.54万元，即本公司受让价2379.54万元，公司以现金方式结算；

3、关联方债权、债务事项

项目	关联方名称	金额(元)	形成原因
应收帐款	江苏吴中集团销售公司	1103903.94	销售货物、对方资金周转困难
其他应收款	吴县市车坊教育服装厂	832434.19	暂垫款
其他应付款	江苏吴中集团公司	3063177.63	暂垫款

4、其他

公司与江苏吴中集团公司所属吴县市东吴产业开发公司进行房地产合作业务，取得合作收入1905236.40元。

公司服装板块综合楼委托吴县市东吴产业开发公司代建，2000年12月竣工启用，决算价格11688421.00元。尚余约700万元办公区部分尚未竣工。

江苏吴中集团公司为本公司向银行取得人民币借款3765万元提供担保。

本公司向江苏吴中集团及其下属公司收取资金占用费244.45万元，月利率6‰—8‰。

公司关联交易按市场公平原则，无任何损害公司和股东利益影响。

(六)公司三分开情况：

1、公司设立专门的机构负责劳动、人事及工资管理。公司总经理、副总经理等高级管理人员在公司领取薪酬，除董事长在股东单位暂时兼任法定代表人外，其他高级管理人员未在股东单位担任重要职务；

2、公司资产完整。公司拥有独立的生产系统、辅助生产系统和配套设施；除"吴中"商标外公司目前使用的工业产权、商标、非专利技术由公司拥有，"吴中"商标用于公司内销休闲类服装服饰，此商标由吴中集团无偿提供本公司使用；公司拥有独立的采购和销售系统；

3、公司财务独立。公司设立独立的财务部门，并建立了独立的会计核算体系和财务管理制度，公司银行账户独立。

(七)公司或持股5%以上股东在指定报纸和网站上披露的承诺事项履行情况

1、公司关于前次募股资金投向承诺：资金实际投入项目符合招股说明书承诺及公司2000年9月6日临时股东大会关于部分项目变更的决议，该些项目报告期内已全部完成；

2、持股5%以上股东无承诺事项。

(八)报告期内公司未有发生托管、承包、租赁其他公司资产及其他公司托管、承包、租赁本公司资产事项；

(九)报告期内公司聘任的会计师事务所经2000年第二次临时股东大会决议变更为上海立信长江会计师事务所有限公司；

（十）重大合同（担保、抵押）事项

（1）、报告期内公司所属全资企业苏州第六制药厂与江苏省吴县市石灰氮厂共同为吴县化肥厂借款1700万元提供担保事项继续存在，根据一九九八年一月一日公司收购苏州第六制药厂的补充协议约定，因该项贷款而导致苏州第六制药厂损失的，由吴县市国有资产管理局承担由此而引起的一切责任。

（2）、1999年度公司以部分财产向银行作价抵押贷款2435万元，以200万美元定期存款取得临时性贷款200万美元，美元贷款已于2000年1月17日以到期的定期存款归还，抵押贷款也于本报告期内到期归还，抵押关系已不存在；

（3）、截止2000年12月31日，公司为下属单位银行借款3634万元提供担保，其中全资企业苏州第六制药厂3534万元，全资企业苏州长征制药厂50万元，控股子公司苏州正达医药公司50万元。

（十一）报告期内未更改公司名称及股票简称；

（十二）其他重要事项

1、2000年2月公司与江苏共创软件有限公司协商达成协议，公司以1600万元人民币收购江苏共创软件有限公司教育资源网站（www.3JIAX.COM）80%的股份。

该事项2000年2月22日公告于《中国证券报》、《上海证券报》。

2、2000年4月公司与江苏省药物研究所友好协商，共同投资成立"江苏吴中药业研发中心有限责任公司"，公司注册资本为600万元，其中公司以现金投入306万元，占注册资本比例的51%；江苏省药物研究所出资240万元，占注册资本比例的40%；职工出资54万元，占注册资本比例的9%，本公司另投入该研发公司1400万元用于新产品开发，科研成果由本公司优先使用、优先受让。

该事项2000年4月24日公告于《中国证券报》、《上海证券报》。该新公司正式定名为"江苏吴中苏药医药开发有限责任公司"，成立时间2000年6月。

3、2000年7月公司受让苏州正达医药公司个人股东43万元人民币的股权，并对该公司增资扩股。增资扩股后，公司持283万股，占94.3%。

该事项2000年7月4日公告于《中国证券报》、《上海证券报》。

4、2000年9月经合作双方友好协商，本公司与吴县市东吴产业开发有限公司共同投资设立江苏兴业高新技术风险投资管理有限公司，该公司注册资金5000万元，其中本公司投资3800万元，占总股份的76%，吴县市东吴产业开发有限公司投资1200万元，占总股份的24%。该公司主要从事以生物基因工程为重点并涉及计算机软件和网络等高科技产业的投资管理。

该事项2000年9月4日公告于《中国证券报》、《上海证券报》。该公司成立时间为2000年9月。

5、公司自2000年12月25日起迁往新址办公。新址通讯地址：江苏省吴县市城区宝带东路388号，邮政编码：215128，董秘室联系电话：0512—5272131 5618665，传真：0512—5270086。

该事项2000年12月25日公告于《中国证券报》、《上海证券报》。

6、2001年2月20日，公司（甲方）为加快实施发展以生物制药为重点的发展战略，与中国人民解放军第二军医大学南京军医学院（乙方）签署协议，共同开发治疗肿瘤的血管生成抑制剂（针剂和基因治疗）系列新药，包括重组人内皮抑素针剂、转人内皮抑素基因双歧杆菌冻干粉针剂、人内皮抑素基因治疗研究、重组人内皮抑素透皮吸收剂等。开发计划从2001年度开始实施至2004年获试生产文号、新药证书。协议明确合作开发项目一旦获取新药证书，甲方有优先受让权；对已获批准的乙方专利和已申请但尚未获批准的专利，甲方有无偿使用权。协议签订后一月之内由甲方一次性支付乙方一百万元作为该项目前期研发补偿费。为确保该开发计划及其他基因药物项目研发计划的实施，甲方拟用以后配股资金出资4000万元，注册成立一个从事生物基因医药开发研究的企业。

该事项2001年2月21日公告于《中国证券报》、《上海证券报》

八、财务会计报告

1、审计报告

审计报告

信长会师报字（2001）第10258号

江苏吴中实业股份有限公司全体股东：

我们接受委托，审计了贵公司2000年12月31日母公司及合并的资产负债表、2000年度母公司及合并的利润及利润分配表和现金流量表。这些会计报表由贵公司负责，我们的责任是对这些会计报表发表审计意见。我们的审计是依据中国注册会计师独立审计准则进行的。在审计过程中，我们结合贵公司实际情况，实施了包括抽查会计记录等我们认为必要的审计程序。

我们认为，上述会计报表符合《企业会计准则》和《股份有限公司会计制度》的有关规定，在所有重大方面公允地反映了贵公司2000年12月31日的财务状况及2000年度的经营成果和现金流量情况，会计处理方法的选用遵循了一贯性原则。

上海立信长江会计师事务所有限公司　　中国注册会计师　　朱建第、钱志昂

地址：中国·上海

南京东路61号4楼　　二OO一年二月二十七日

2、会计报表（附后）

3、会计报表附注

一、公司简介

江苏吴中实业股份有限公司（以下简称"本公司"或"公司"）系于1994年4月14日经江苏省体改委苏体改生[1994]114号文件批复，由江苏吴中集团公司等五家企业法人共同发起，以定向募集方式设立的股份制企业。1999年3月经中国证券会证监发行字[1999]25号文件批准，采用"上网定价"方式，通过上海证券交易所公开发行普通股A股3,350万股，1999年4月1日在上海证券交易所上市交易。

本公司经营范围：服装、工艺美术品（金银制品除外）、不锈钢制品、照相器材、皮革及制品的制造、销售，国内贸易（国家有专项规定的办理许可证后经营），房地产开发、经营。原料药、输液剂、冻干针剂、片剂、硬胶囊剂、栓剂制造、销售（限指定的分支机构领取许可证后经营）。自产的服装、绣什品、床上用品、工艺美术品、不锈钢制品、药品、原料药、箱包、皮革及制品出口业务，生产、科研所需的原辅材料、机械设备、仪器仪表、零配件进口业务。

二、公司主要会计政策、会计估计和合并会计报表编制方法

（一）会计年度：自公历1月1日起至12月31日止。

（二）记帐本位币：人民币。

（三）执行的会计制度：《股份有限公司会计制度》。

（四）记帐基础和计价原则：记帐基础为权责发生制，计价遵循历史成本原则。

三、税项：

（一）增值税：税率为17%；

（二）营业税：税率为5%；

（三）城市维护建设税：按应交流转税额的7%计算缴纳；

（四）教育费附加：按应交流转税额的4%计算缴纳；

（五）所得税：按33%税率计算缴纳。

本公司原为普教性校办企业，根据财政部、国家税务总局财税字（94）001号文规定并经江苏省地方税务局认定，公司上市前享受免征企业所得税优惠。1998年6月16日经江苏省苏政复[1998]58号文批复，公司上市后先按国家法定税率33%缴纳企业所得税，再由地方财政返还18%，公司实际税负15%，按财政部财税[2000]99号文优惠政策保留至2001年12月31日。

注1：本公司自营出口收入应交增值税实行先征后退，退税率为17%。

注2：苏州中凯生物药业有限公司经税务主管部门批复，按财政部、国家税务总局财税字（94）004号文件，其生物制品按简易办法依照6%征收率计算缴纳增值税；

注3：苏州第六制药厂城市维护建设税税率为5%。

四、控股子公司及合营企业：

至2000年12月31日本公司控股子公司和合营企业情况如下：

公司名称	注册地	法定代表人	经营范围	注册资本	持股比例	是否合并
苏州第六制药厂	吴县市	夏建平	原料药、片剂、针剂、输液胶囊剂、栓剂等	730.5万元	100%	是
苏州长征制药厂	苏州市	阎政	注射液、片剂、口服液制造	609万元	100%	是
苏州中凯生物药业有限公司	吴县市	钟慎政	注射剂、冻干针剂的生产销售及技术服务	6,280万元	90%	是
苏州正达医药公司	苏州市	马玲	滋补保健品，卫生用品，化工原料（非危险品），玻璃仪器，百货，血制品，生物制品	300万元	94.33%	是
江苏吴中苏药医药开发有限公司	南京市	赵唯一	中西药品、保健品、化工产品的研制、开发、技术服务、销售（不含药品）	600万元	51%	是
江苏兴业高新技术风险投资管理有限公司	苏州市	赵唯一	高新技术企业投资开发、企业购并重组策划、企业资产投资管理、经济活动策划和咨询服务	5,000万元	76%	注
江苏吴中进出口有限公司	苏州市	姚建林	自营和代理各类商品及技术的进出口业务（国家限制除外）；经营进料加工和"三来一补"业务；经营对销贸易和转口贸易	800万元	90%	注
苏州长征–欣凯制药有限公司	苏州市	阎政	一类新药"爱若华（来氟米特片剂）"、四类新药"芙璐星"以及各类注射液、片剂、口服液、及其他药品开发、研制、生产及销售	102万美元	70.59%	是

因公司本年新增控股子公司苏州长征制药厂、苏州长征–欣凯制药有限公司、苏州正达医药公司、江苏吴中苏药医药开发有限公司，故将上述子公司纳入本期合并报表范围。

注：该两公司的资产总额、销售收入、本期净利润额合计比例均在财政部财会二字（1996）2号《关于合并会计报表合并范围请示的复函》文件的规定10%以内，且对合并报表无重大影响，因此未予以合并。

五、会计报表主要项目注释：

七、分行业资料：

行业	主营业务收入		主营业务成本	
	1999年	2000年	1999年	2000年
服装	190,304,788.40	253,615,086.04	150,662,295.00	203,646,806.68
药品	111,098,267.75	158,004,569.58	85,698,005.45	118,988,716.79
其他	---	2,624,487.47	---	2,005,861.38
公司内行业间相互抵减	---	---	---	---
合计	301,403,056.15	414,244,143.09	236,360,300.45	324,641,384.85

八、关联方关系及其关联交易：

九、或有事项：

（一）本公司全资企业苏州第六制药厂与江苏省吴县石灰氮厂共同为吴县市化肥厂1,700万元银行借款提供担保。根据"关于收购第六制药厂的补充协议"约定，因该项担保而导致苏州第六制药厂损失的，吴县市国有资产管理局承担由此而引起的一切责任。

（二）本公司为全资企业苏州第六制药厂3,534万元银行借款提供担保。

（三）本公司为全资企业苏州长征制药厂50万元银行借款提供担保。

（四）本公司为控股企业苏州正达医药公司50万元银行借款提供担保。

十、承诺事项：

截止2000年12月31日，本公司无重大承诺事项。

十一、资产负债表日后事项中的非调整事项：

公司无资产负债表日后事项中的非调整事项。

十二、债务重组事项：

公司本年度未发生债务重组事项。

十三、其他重大事项：

（一）公司于2000年2月与江苏共创软件有限公司签署协议共同建设教育资源网站（www.3jiax.com），公司投资1,600万元，享受该网站80%的收益权，该项目合作期限为12年，期满后公司收回本金，网站所有权归江苏共创软件有限公司。投资款已于2000年6月全部支付。该网站尚在建设中，本年尚未正式运营。

（二）公司于2000年6月与江苏省药物研究所共同投资设立江苏吴中苏药医药开发有限公司，其中公司投资306万元，持股比例51%。公司另投入1,400万元用于新产品前期研究开发费用，公司享有该公司研制产品的优先受让权。

（三）公司于2000年7月受让个人股东持有苏州正达医药公司的43万股权，并对该公司增资扩股，增资扩股后公司持有283万股，持股比例为94.33%。

（四）公司于2000年9月与吴县市东吴产业开发有限公司共同投资设立江苏兴业高新技术风险投资管理有限公司，其中公司投资3,800万元，持股比例为76%。

（五）公司于2000年12月与吴县市吴中工艺服装厂共同投资设立江苏吴中进出口有限公司，其中公司投资720万元，持股比例为90%。

（六）公司2000年9月6日临时股东大会通过前次募股资金投向部分项目变更的决议。

九、其他有关资料

1、公司首次注册时间为1994年6月28日，注册地为江苏省吴县工商行政管理局，1996年12月31日按照国家法规对股份制企业的要求，对股份公司进行重新规范，并在江苏省工商行政管理局办理了工商登记手续。

2、公司法人营业执照注册号：3200001103424　　3、公司税务登记号为：320586134792998

4、公司未流通股票的托管机构：上海证券中央登记结算公司

5、公司聘请的会计师事务所：上海立信长江会计师事务所有限公司

办公地点：上海市南京东路61号

十、备查文件目录

1、载有公司法定代表人、主管会计负责人及会计机构负责人签名并盖章的会计报表

2、载有会计师事务所盖章、注册会计师签名并盖章的审计报告原件

3、报告期内在中国证监会指定报纸上公开披露过的所有公司文件的正本及公告的原稿公司备查文件完整，存放于公司董秘室。

江苏吴中实业股份有限公司董事会

二OO一年二月二十七日

内蒙古金宇集团股份有限公司

一 、公司简介

(一)公司法定中文名称:内蒙古金宇集团股份有限公司
公司英文名称:INNER MONGOLIA JINYU GROUP CO.,LTD.
公司英文名称缩写:JINYU GROUP
(二)公司法定代表人:张*宇
(三)公司董事会秘书:李树剑
董事会证券事务代表:姚艳霞
联系地址:内蒙古呼和浩特市诺和木勒大街 26 号
内蒙古金宇集团股份有限公司证券部
联系电话:(0471)5972266 转 259
传真:(0471)5972931
公司董事会秘书电子信箱:lisj@jinyu.com.cn
授权代表人电子信箱:yaoyanxia@china.com
(四)公司注册地址:内蒙古呼和浩特市诺和木勒大街 26 号
公司办公地址:内蒙古呼和浩特市诺和木勒大街 26 号
邮政编码:010020
公司网址:http://www.jinyu.com.cn
公司电子信箱:info@jinyu.com.cn
(五)公司选定信息披露报纸名称:《上海证券报》
公司年报指定披露网址:http://www.sse.com.cn
公司年度报告备置地点:公司证券部
(六)公司股票上市交易所:上海证券交易所
股票简称:金宇集团
股票代码:600201

二 、会计数据和业务数据摘要

(一)公司本年度经营业绩(单位:人民币元)

利润总额	30,409,575.03
净利润	25,901,190.16
扣除非经常性损益后的净利润	12,108,531.57

注:非经常性损益是指公司正常经营损益之外的、一次性或偶发性损益。本期扣除非经常性损益项目为——a 转让无形资产及不动产 474,639.07;b 羊绒合作经营分利 5,000,000.00;c 营业外收支净额 8,318,019.52 。

主营业务利润	33,753,109.51
其他业务利润	6,403,087.36
营业利润	16,540,436.19
投资收益	5,551,119.32
补贴收入	——
营业外收支净额	8,318,019.52
经营活动产生的现金流量净额	97,799,408.25
现金及现金等价物净增加额	29,066,948.58

(二)报告期末公司前三年的主要会计数据和财务指标

1 、前三年主要会计数据(单位:人民币元)

	2000 年	1999 年	1998 年调整前	1998 年调整后
主营业务收入	196,735,283.33	165,621,503.34	155,127,144.44	155,127,144.44
净利润	25,901,190.16	29,481,679.56	22,891,627.23	21,506,285.86
总资产	571,090,678.44	475,718,399.04	439,722,473.71	432,546,285.62
股东权益(不含少数股东权益)	343,553,615.76	331,488,357.60	333,060,401.80	326,248,007.37

2 、主要财务指标(单位:人民币元)

项 目	2000 年	1999 年	1998 年调整前	1998 年调整后
每股收益(元/股)	0.267	0.314	0.236	0.221
按月平均加权每股收益	0.267	0.314	0.236	0.221
扣除非经常性损益后每股收益	0.1248	0.314	0.236	0.221
每股净资产(元/股)	3.54	3.43	3.43	3.36
调整后的每股净资产	3.44	3.36	3.38	3.32
每股经营活动产生的现金流量净额	1.008	-0.32	-0.368	-0.368
净资产收益率(%)	7.539	9.17	6.87	6.59

2001 年 1 月公司因实施配股,股本增至 10921.325 万股,股本变动后的每股收益为:0.237 元/股

(三)利润表附表

报告期利润	净资产收益率(%)		每股收益(元)	
	全面摊薄	加权平均	全面摊薄	加权平均
主营业务利润	9.82	9.82	0.348	0.348
营业利润	4.81	4.81	0.171	0.171
净利润	7.54	7.54	0.267	0.267
扣除非经常性损益后的净利润	2.93	2.93	0.125	0.125

三、股东情况介绍

1 、本报告期末股东总数为 19746 户。

2 、本报告期末公司前十名股东持股情况:

股东名称	持有股数(万股)	持股比例(%)	持有股份性质
呼市国有资产管理局	2,000	20.62	国家股
内蒙古农牧药业有限责任公司	1,680	17.32	法人股
呼市立鑫实业开发公司	700	7.22	法人股
深圳市艾韬投资有限公司	400	4.12	法人股
深圳市置信实业有限公司	300	3.09	法人股
呼市信托投资公司	250	2.58	法人股
普丰基金	246.3356	2.54	流通股
普惠基金	218.8097	2.26	流通股
内蒙古华荣实业有限公司	200	2.06	法人股
内蒙古证券有限责任公司	100	1.03	法人股
呼市春发物资有限责任公司	100	1.03	法人股

本报告期内,内蒙古农牧药业有限责任公司协议受让原内蒙古第一毛纺织厂持有的 1000 万股法人股。

报告期内 5%以上股东所持股份无质押、无冻结。

哈尔滨空调股份有限公司

(一)公司简介

1、公司的法定中、英文名称及缩写。
公司的法定中文名称:哈尔滨空调股份有限公司 缩写:哈空调
公司的法定英文名称:Harbin Air Conditioning Co. Ltd.
2、公司法定代表人:高延生
3、公司董事会秘书:王作海 联系地址:哈尔滨市道里区友谊路 193 号
电话:0451-4644521 传真:0451-4676205
4、公司注册地址:哈尔滨市南岗区高新技术产业开发区嵩山路 26 号楼 邮政编码:150036
公司办公地址:哈尔滨市道里区友谊路 193 号 邮政编码:150018
公司国际互联网网址:hac.com.cn 电子信箱:hac@hac.com.cn
5、公司选定的信息披露报纸名称:《上海证券报》
登载公司年度报告的中国证监会指定国际互联网网址:www.sse.com.cn
公司年度报告备置地点:公司证券办公室
6、公司股票上市交易所:上海证券交易所 股票简称:哈空调 股票代码:600202

(二)会计数据和业务数据摘要

公司 2000 年度实现的利润情况(单位:元)

利润总额:	65,883,654.12
净利润:	56,484,937.67
扣除非经常性损益后的净利润:	46,581,070.00
扣除的项目及金额:(1)投资收益:	1,141,544.45
(2)补贴收入:	9,164,629.86
(3)营业外收入:	217,958.63
(4)营业外支出:	620,265.27
主营业务利润:	75,730,327.61
其他业务利润:	84,914.52
营业利润:	55,979,786.45
投资收益:	1,141,544.45
补贴收入:	9,164,629.86
营业外收支净额:	-402,306.64
经营活动产生的现金流量净额:	921,609.98
现金及现金等价物净增加额:	6,703,182.60

2、截至报告期末公司前三年的主要会计数据和财务指标

	2000 年	1999 年
主营业务收入(万元)	19,132.92	13,271.10
净利润(万元)	5,648.49	2,953.13
总资产(万元)	56,160.71	48,531.74
股东权益(不含少数股东权益)(万元)	33,353.35	29,938.78
每股收益(元/股)	0.5057	0.2644
加权平均每股收益(元/股)	0.5057	0.2904
每股净资产(元/股)	2.9861	2.6804
调整后的每股净资产(元/股)	2.9853	2.6717
每股经营活动产生的现金流量净额(元)	0.0083	-0.1848
净资产收益率(%)	16.94	9.86

	1998 年	
	调整前	调整后
主营业务收入(万元)	16,661.75	16,661.75
净利润(万元)	3,344.21	1,607.23
总资产(万元)	29,646.59	26,755.26
股东权益(不含少数股东权益)(万元)	12,352.4	9,461.07
每股收益(元/股)	0.4093	0.1967
加权平均每股收益(元/股)	0.4093	0.1967
每股净资产(元/股)	1.5120	1.1581
调整后的每股净资产(元/股)	1.4845	1.1306
每股经营活动产生的现金流量净额(元)	0.1217	
净资产收益率(%)	27.07	16.99

利润及利润分配表附表

报告期利润	净资产收益率(%)	
	全面摊薄	加权平均
主营业务利润	22.71	23.11
营业利润	16.78	17.09
净利润	16.94	17.24
扣除非经常性损益后的净利润	13.97	14.22

报告期利润	每股收益(元)	
	全面摊薄	加权平均
主营业务利润	0.6780	0.6780
营业利润	0.5012	0.5012
净利润	0.5057	0.5057
扣除非经常性损益后的净利润	0.4170	0.4170

(三)股本变动及股东情况

1、股本变动情况

(1)报告期末公司股东总数为 5198 户

(2)报告期末公司主要股东持股情况

序号	股东名称	持股数量(股)
1	哈尔滨金工资产经营有限责任公司	65888000
2	广证公司	1095051
3	李忠	355120
4	刘亚东	353900
5	郑君昌	346300
6	增城证券	303800
7	郑红艳	300000
8	银信投资	261900
9	刘俊华	190970
10	苏七一	190912

福建福日电子股份有限公司

福建福日电子股份有限公司2000年年度报告摘要

重要提示：本公司董事会保证本报告所载资料不存在任何虚假记载、误导性陈述或者重大遗漏，并对其内容的真实性、准确性和完整性负个别及连带责任。本年度报告摘要摘自年度报告，投资者欲了解详细内容，应阅读年度报告。

一、公司简介

(一)公司法定中文名称：福建福日电子股份有限公司
公司法定英文名称：FUJIAN FURI ELECTRONICS CO., LTD. 缩写：FFEC
(二)公司法定代表人：李运武
(三)公司董事会秘书：卞志航
联系地址：福州市五一北路169号
电话：0591-3315984、3318998　　传真：0591-3319978　　电子信箱：zhihang007@163.net
(四)公司注册地址：福州市马尾区快安大道M9511厂房
公司办公地址：福州市五一北路169号　　邮政编码：350005
公司国际互联网网址：http://www.furistock.com　　公司电子信箱：furielec@pub3.fz.fj.cn
(五)公司信息披露报纸名称：《上海证券报》
登载公司年度报告的国际互联网网址：http://www.sse.com.cn
公司年度报告备置地点：公司证券部
(六)公司股票上市地：上海证券交易所　　股票简称：福日股份　　股票代码：600203

二、会计数据和业务数据摘要

(一)公司本年度实现利润情况(单位：人民币元)

利润总额	65,514,616.40
净利润	59,124,402.64
扣除非经常性损益后的净利润	35,073,268.56
主营业务利润	57,174,157.09
其他业务利润	15,576,702.65
营业利润	11,944,405.51
投资收益	49,748,611.12
补贴收入	2,061,507.20
营业外收支净额	1,760,091.97
经营活动产生的现金流量净额	52,555,792.38
现金及现金等价物净增加额	-45,938,259.11

注：扣除的非经常性损益项目和涉及金额：
1、新股申购冻结资金利息净收益1,889,648.29元；
2、转让福建福强精密印制线路板有限公司股权所得净收益4,178,399.97元；
3、营业外非经常性收支的净支出446,314.63元；
4、福建福日信息家电有限公司转让福建超大集团有限公司股权所得净收益18,426,700.45元。

(二)公司近三年主要会计数据和财务指标(合并)(单位：人民币元)

指标	2000年	1999年		1998年	
		(调整后)	(调整前)	(调整后)	(调整前)
主营业务收入	592,556,928.73	707,506,040.42	914,036,205.82	959,843,574.85	872,954,579.72
净利润	59,124,402.64	42,814,403.66	42,746,351.36	46,892,122.86	50,180,816.96
总资产	1,346,237,125.36	1,257,021147.00	1651407,337.34	1185,170,713.48	1139,359,965.75
股东权益	581,083,565.14	551,820,391.58	551,483,402.82	247,551,835.35	280,830,898.56
每股收益(摊薄)	0.231	0.167	0.167	0.25	0.27
每股收益(加权)	0.231	0.184	0.183	0.25	0.27
扣除非经常性损益后的每股收益	0.137	0.137	0.136	0.25	0.27
每股净资产	2.27	2.15	2.15	1.33	1.51
调整后的每股净资产	2.23	2.14	1.95	1.03	1.21
每股经营活动产生的现金流量净额	0.205	0.09	0.09		
净资产收益率(摊薄)	10.17%	7.76%	7.75%	18.94%	17.87%
净资产收益率(加权)	10.17%	9.07%	9.07%	15.41%	16.40%
扣除非经常性损益后的加权净资产收益率	6.03%	6.75%	6.74%	15.41%	16.40%

按中国证监会《公开发行证券公司信息披露编报规则(第9号)》要求，计算2000年报告期的净资产收益率和每股收益如下：

报告期利润	净资产收益率(%)		每股收益(元)	
	全面摊薄	加权平均	全面摊薄	加权平均
主营业务利润	9.84%	9.83%	0.223	0.223
营业利润	2.06%	2.05%	0.047	0.047
净利润	10.17%	10.17%	0.231	0.231
扣除非经常性损益后的净利润	6.04%	6.03%	0.137	0.137

三、股东情况介绍

(一)报告期末股东总数

截止2000年12月31日，公司股东总数为26,299户，其中未流通国家股股东1户，流通股股东26,298户。

(二)前十名股东持股情况

股东名称	年末持股数(股)	占总股本比例(%)
(1)福建福日集团公司	186,400,000	72.70
(2)裕阳基金	4,309,584	1.68
(3)李德利	690,000	0.27
(4)鄞荣群	469,100	0.18
(5)二一世纪	430,300	0.17
(6)杨淑珍	339,600	0.13
(7)李德芹	290,364	0.11
(8)朱凡芝	290,000	0.11
(9)何铁伟	270,000	0.11
(10)陈江茂	270,000	0.11

注：①福建福日集团公司代表国家持有本公司股票18,640万股，占公司股本总额的72.70%，属发起人股份。

②公司未发现前10名股东之间存在关联关系。

③报告期内，持有本公司5%以上股份的法人股东福建福日集团公司所持股份没有发生变动，也没有发生质押或冻结的情况。

四、股东大会简介

报告期内，公司召开了1999年度股东大会和2000年度第一次、第二次临时股东大会。

1、2000年5月20日，公司在《中国证券报》、《上海证券报》上发出关于召开公司1999年度股东大会的公告。2000年6月21日，在福州福日大厦召开了公司1999年度股东大会，出席会议的股东代表所持股份数为18,640万股，占公司股份总额的72.70%。会议审议通过了：(1)公司1999年度董事会工作报告；(2)公司1999年度监事会工作报告；(3)公司1999年年度报告及其摘要；(4)公司1999年度财务决算报告；(5)公司1999年度利润分配方案；(6)公司2000年度财务预算报告；(7)关于续聘福建华兴有限责任会计师事务所为公司2000年度财务审计机构的议案。

本次股东大会由福州闽天律师事务所律师王凌、刘世海先生到会见证。股东大会的决议公告刊登于2000年6月22日的《中国证券报》、《上海证券报》上。

2、2000年11月24日，公司在《中国证券报》、《上海证券报》上发出关于召开公司2000年度第一次临时股东大会的公告。2000年12月25日，在福州福日大厦召开了公司2000年度第一次临时股东大会，出席会议的股东代表所持股份数为190,711,084股，占公司股份总额的74.38%。会议审议通过了：(1)关于公司资产置换的方案；(2)关于修改公司章程的议案；(3)关于调整公司部分董事的议案；同意杨立胜、赖明东、黄金定先生因工作关系变动辞去公司董事职务，选举钱江、邓鸣、钟官和先生为公司董事；(4)关于调整公司部分监事的议案；同意丛东民先生、吴小英女士因工作关系变动辞去公司监事职务，选举郑需、曹建先生为公司监事；(5)关于授权董事会签署单笔人民币1亿元以内对外担保文件的议案。

本次股东大会由福州闽天律师事务所律师唐亚飞、王凌先生到会见证。股东大会的决议公告刊登于2000年12月26日的《中国证券报》、《上海证券报》上。

3、2000年11月29日，公司在《中国证券报》、《上海证券报》上发出关于召开公司2000年度第二次临时股东大会的公告。2000年12月30日，在福州福日大厦召开了公司2000年度第二次临时股东大会，出席会议的股东代表所持股份数为190,711,084股，占公司股份总额的74.38%。会议审议通过了关于改变公司募集资金投向的议案：

(1)同意对以下募集资金投向项目进行变更：①多媒体彩电技改项目3,923万元；②数字化彩电技改项目3,907万元；③兼并福建半导体器件厂并注资项目2,000万元；④开发生产双面及多层精密印制线路板项目2,450万元。

(2)同意将变更的募集资金投入以下新项目：①氮化镓基高亮度发光材料与发光器件产业化示范工程项目，投入资金4,000万元；②收购福建优泰电子有限公司50%股权并增资项目，投入资金4,200万元；③加强营销网络建设项目，投入资金3,000万元；④补充公司生产流动资金1,250万元。

本次股东大会由福州闽天律师事务所律师王凌先生到会见证。股东大会的决议公告刊登于2001年1月3日的《中国证券报》、《上海证券报》上。

五、董事会报告

(一)公司经营情况

1、公司所处行业及经营范围、经营状况

公司属电子信息行业，主营范围为：多媒体电子信息产品，电子计算机及配件，电子产品及通讯设备，家用电器，电子元器件的制造、销售；经营本企业和成员企业产品及相关技术的进出口业务等。

报告期内，公司实现主营业务收入592,556,928.73元，其中：电子整机类产品实现销售收入369,228,331.28元，占62.31%；基础元器件类实现销售收入130,579,276.64元，占22.04%。公司实现主营业务利润57,174,157.09元。其中：电子整机类产品实现利润21,595,090.79元，占37.77%；IT软、硬件类产品实现利润16,300,719.34元，占28.51%；基础元器件类产品实现利润7,444,450.15元，占13.02%；光学产品类产品实现利润6,284,751.67元，占10.99%。

报告期内，公司针对原有主业彩电业价格竞争日益白热化的不利局面，适时明确了"调整产业结构、促进产业升级、提高资产质量、增强发展后劲"的发展方向，在控股股东福建福日集团公司的大力支持下，进行了大规模的资产置换，初步实现了由传统家电业向电子信息产业的战略转型，为企业的可持续稳定发展奠定了坚实的基础。

2000年，公司重点开展了以下几方面的工作：

(1)积极进行企业产业结构的战略性调整。通过与控股股东福建福日集团公司进行了总额达11,805.56万元的资产置换和收购福建优泰电子有限公司50%股权，使公司产业结构发生了巨大变化，实力和形象得到明显提升。

(2)不断加大对高新技术项目的投入，培育新的效益增长点。一是与中科院半导体研究所达成合作协议，进行国家高技术新材料领域重点项目"氮化镓基高亮度发光材料与发光器件产业化示范工程项目"的产业化投资，公司第一期将投入资金4,000万元。二是与香港梅捷科技有限公司合作，首期投入5,000万元进行超薄型笔记本电脑的研发与制造。目前，公司的"福日东升"牌超薄型笔记本电脑已上市销售。

(3)继续规范和完善企业管理机制，增强了企业的可持续发展能力。一是加大了对参控股企业生产经营活动的监管力度。通过制定《关于规范对全资、控股、参股企业的管理办法》、《对派出产权代表的管理办法》、《参控股企业经营者目标责任制考核办法》等管理制度，规范和完善了企业内部的绩效考评和激励约束机制，有效地对参控股企业的资产管理、财务管理、生产经营管理活动实施监管。二是在复旦大学东方管理研究中心的协助下，对公司的组织架构、管理模式、未来发展战略与策略进行了综合研究与对策。三是在全国范围内陆续择优聘用数十名管理、技术专业人才，进一步改善了公司的人力资源结构。

山东铝业股份有限公司

山东铝业股份有限公司2000年报摘要

本公司董事会保证本报告所载资料不存在任何虚假记载、误导性陈述或者重大遗漏，并对其内容的真实性、准确性和完整性负个别及连带责任。本年度报告摘要摘自年度报告，投资者欲了解详细内容，应阅读年度报告。

中兴宇会计师事务所为本公司出具了有解释性说明的审计报告，本公司董事会、监事会对相关事项亦有详细说明，请投资者注意阅读。 2000年2月19日

一、公司简介

1、公司名称：山东铝业股份有限公司

公司法定英文名称：SHANDONG ALUMINIUM INDUSTRY CO.,LTD

2、公司法定代表人：梁中秀

3、公司董事会秘书：王国忠

联系地址：山东省淄博市山东铝业股份有限公司董秘室

电话：0533-2943467 0533-2930136

董事会证券事务代表：毕卫光

联系地址：山东省淄博市山东铝业股份有限公司证券部

联系电话：0533-2943467 0533-2943291

传真：0533-2985999

4、公司注册地址：山东省淄博市淄博高新技术产业开发区柳泉路北首

公司办公地址：山东省淄博市淄博高新技术产业开发区柳泉路北首

邮政编码：255086

公司国际互联网网址：http://www.sd-al.com

电子信箱：w.k.c518@zb-public.sd.cninfo.net

5、公司选定的信息披露报纸：中国证券报、上海证券报

登载公司中期报告的国际互联网网址：http://www.sse.com.cn

公司年度报告备置地点：山东省淄博市张店区五公里路1号山东铝业股份有限公司董秘室

6、公司股票上市地：上海证券交易所

股票简称：山东铝业 股票代码：600205

二、会计数据和业务数据摘要

1、本年度主要利润指标情况(单位：人民币元)

1、利润总额 507440719.41

2、净利润 421632844.69

3、扣除非经常性损益后的净利润 435501122.63

4、主营业务利润 789590839.75

5、其他业务利润 72585512.74

6、营业利润 523756340.51

7、投资收益

8、补贴收入

9、营业外收支净额-16315621.10

10、经常活动产生的现金流量净额 225348576.24

11、现金及现金等价物净增加额 56492514.41

注：扣除的非经常性损益项目和涉及金额

营业外收入 97328.00

废旧物资收入 97328.00

营业外支出 16412949.10

(1)债务重组损失 69154.00

(2)农业赔款 138239.40

(3)固定资产报废损失 16205555.70

营业外收支净额 -16315621.10

2、截至报告期末公司前三年主要会计数据和财务指标(单位:人民币元)：

项目	2000年	1999年	1998年 调整前	1998年 调整后
1、主营业务收入	2,585,274,263.79	1,688,007,522.83	1,468,948,593.41	1,468,948,593.41
2、净利润	421,632,844.69	155,331,363.69	129,896,110.33	131,030,676.43
3、总资产	2,461,594,059.66	1,676,444,007.45	1,034,905,458.09	1,022,853,664.13
4、股东权益(不含少数股东权益)	1,245,216,390.30	1,103,583,545.61	347,432,028.21	335,380,234.25
5、每股收益	0.753	0.277	0.325	0.328
6、每股收益(加权)	0.753	0.324	0.325	0.328
7、每股收益(扣除非经常性损益)	0.778	0.275	0.325	0.325
8、每股净资产	2.22	1.97	1	0.965
9、调整后每股净资产	2.20	1.92		
10、每股经营活动产生的现金流量净额	0.40	-0.45		
11、净资产收益率	33.86	14.08	37.39	39.07
12、净资产收益率加权	32.08	18.23	37.39	39.07

利润表附表

报告期利润	净资产收益率(%) 全面摊薄	净资产收益率(%) 加权平均	每股收益(元) 全面摊薄	每股收益(元) 加权平均
主营业务利润	63.41	60.07	1.410	1.410
营业利润	42.06	39.85	0.935	0.935
净利润	33.86	32.08	0.753	0.753

三、股东情况介绍

(1)报告期末股东总数111641户。

(2)至报告期末公司前10名股东持股情况

股东名称	持股数(股)	占总股本比例(%)
山东铝业公司	400000000	71.43
金象铝业	940661	0.17
龚惠祥	796000	0.14
海通太原	695000	0.12
叶萍	675106	0.12
付文沛	400000	0.07
兴和基金	316286	0.06
邓家祥	254158	0.05
杨英	233000	0.04
罗嫩林	230000	0.04

持股5%以上的股东只有山东铝业公司，共持有40000万股，占总股本的71.43%，其所持股份代表国家持有，在报告期内无增减变动和质押、冻结情况。

四、股东大会简介

(一)、报告期内召开了1999年度股东大会和2000年临时股东大会，有关情况披露如下：

1、1999年度股东大会2000年3月28日，公司在《中国证券报》、《上海证券报》分别刊发了召开1999年度股东大会的公告，公告主要内容如下：

(1)、会议时间：2000年4月28日上午9时

(2)、会议地点：淄博市山铝宾馆后楼二楼会议室

(3)、会议主要议题

①、审议公司1999年年度报告；

②、审议公司1999年度董事会报告；

③、审议公司1999年度监事会报告；

④、审议公司1999年度财务决算报告及2000年财务预算报告；

⑤、审议公司1999年度利润分配预案；

⑥、其它提交股东大会审议的事项。会议于2000年4月28日在淄博市山铝宾馆后楼二楼会议室召开，由山东铝业股份有限公司董事会召集、组织。本次会议共有11名出资人(受托人)出席，代表股份415,157,207股，占公司总股本的74.14%，符合《公司法》及公司章程规定的比例，会议召开合法有效。公司董事、监事和高级管理人员出席了会议。本次大会由山东省淄博市公证处公证。经大会审议，会议以投票表决的方式，通过了如下决议：

①、山东铝业股份有限公司1999年度报告；

②、山东铝业股份有限公司1999年度董事会报告；

③、山东铝业股份有限公司1999年度监事会报告；

④、山东铝业股份有限公司1999年财务决算及2000年财务预算报告；

⑤、山东铝业股份有限公司1999年度利润分配预案；

⑥、关于收购母体代建在建工程的议案。

会议决议公告分别刊登于2000年4月29日的《中国证券报》和《上海证券报》。

2、2000年临时股东大会2000年11月25日，公司在《中国证券报》、《上海证券报》分别刊发了召开2000年临时股东大会的公告，公告主要内容如下：

(1)、会议时间及地点会议时间：2000年12月25日上午9:00会议地点：淄博市山铝宾馆后楼二楼会议室

(2)、会议议题

①、审议《关于拜尔法氧化铝技术改造项目等五个募股资金投资项目的实施情况的报告》；

②、逐项审议《关于放弃投资赤泥粉煤灰空心砖生产线等四个募股资金投资项目的议案》的各项议题；

③、审议《关于用剩余募集资金补充流动资金的议案》；

④、审议《关于聘请公司财务审计机构的议案》；

⑤、审议《关于提取技术开发费的议案》。

会议于2000年12月25日在淄博市山铝宾馆后楼二楼会议室召开。出席会议的有表决权的股东或者受托人共8人，代表股份400,006,900股，占公司总股本的71.43%，符合《公司法》及公司章程的规定，会议召开合法有效。公司董事、监事和高级管理人员出席了会议。本次临时股东大会聘请了有证券从业资格的中银律师事务所唐金龙律师进行现场见证，并出具了法律意见书。经大会审议，会议以投票表决的方式，通过了如下决议：

①、关于拜尔法氧化铝技术改造项目等五个募股资金投资项目的实施情况的报告；

②、关于放弃投资赤泥粉煤灰空心砖生产线等四个募股资金投资项目的议案；

③、关于用剩余募集资金补充流动资金的议案；

④、关于提取技术开发费的议案；

⑤、关于聘请公司财务审计机构的议案：聘请中兴宇会计师事务所有限责任公司为公司财务审计机构。会议决议公告分别刊登于2000年12月26日《中国证券报》和《上海证券报》。

五、董事会报告

1、公司经营情况

(1)公司所处行业及在行业中的地位本公司是我国主要的氧化铝、电解铝生产企业之一，现有23种主要产品，涵盖氧化铝及化学品氧化铝、电解铝、铝型材、碳素制品、金属镓五大类产品，广泛应用于冶金化工、石油化工、陶瓷、电子电力、建筑、交通、农业生产、人民生活和国防科技等领域。产品远销美国、日本、俄罗斯等国家，在国内外拥有较稳定的市场。

(2)公司主营业务范围及其经营状况经营范围：氧化铝、氢氧化铝、多品种氧化铝、金属镓、电解铝、铝合金、铝制品、碳素制品的生产、销售。2000年，公司氧化铝及化学品氧化铝、电解铝、碳素制品等主要产品产量均创历史最好水平。全年共生产氧化铝及化学品氧化铝73.308万吨；电解铝5.314万吨；铝型材5268吨；阳极糊3.553万吨；金属镓5016千克。本年度实现销售收入25.85亿元，利润总额5.07亿元，净利润4.22亿元。

①报告期内公司主营业务收入、主营业务利润构成情况(按产品)

产品名称	主营业务收入(元)	主营业务利润(元)
冶金级氧化铝	1603722765.97	569665604.79
铝锭	618834179.43	74379724.25
化学品氧化铝	187586132.99	49968117.02

②占公司主营业务收入或主营业务利润总额10%以上的产品主要为冶金级氧化铝和铝锭。

主要工作

①抓住机遇，勇于突破，生产经营再创历史新水平。充分发挥公司氧化铝厂等优良资产的生产、效益龙头带动作用，实现了氧化铝及化学品氧化铝等主体盈利产品的稳产高产；各生产科研单位通过狠抓成本管理，增产增效，有效推动了公司生产经营管理水平和企业整体盈利能力的持续提高。

②强化管理创新和公司规范化运作，探索实施资本化运营。一是各生产单位结合实际，深入开展了以创建标准化工厂和指标创新为主要内容的基础管理创新活动，促进了工艺指标达标，设备达产。二是实现了财务集中统一管理，组建了供销公司与物资公司，减少了同控股股东间的关联性交

易。三是加强营销工作，严格产品营销和原燃物料采购合同化管理与监督，抓住全年市场好、销售旺的有利时机，跟踪客户进行售后服务，占据了市场份额，取得了较高的销售价格，同时把住采购价格关和质量关，减少了物资采购环节的漏洞。四是争取落实了国家高新技术产业开发区内高新技术企业的有关优惠政策，自2000年1月1日起，公司享受15%的优惠税率交纳企业所得税。五是通过了ISO9001和ISO9002质量体系认证，进一步夯实了公司的管理基础。六是积极筹划、参与国家证券市场投资，年内作为一般法人成功参与了"兰州铝业"法人股配售。

③实施科技创新战略，加大科技投入力度，创建公司高科技园，开拓新的经济增长点。2000年公司将科技创新作为企业"生命线"，坚持向科技要效益，依靠科技求发展，大力推进了重点工程和重点技术改造项目的建设实施。烧结法氧化铝配料工序改造、间接加热连续脱硅节能技术改造、电解阳极糊生产线改造、第二赤泥堆建设、老南组多套管连续脱硅投产、氧化铝厂特种氧化铝生产线净化工程及多品种老生产线改造和新线建设等项目已顺利实施。创建高科技园，旨在实施科技创新、管理创新战略，筑巢引凤，广纳人才，塑造高新技术企业新形象。高科技园建设已列入淄博市"三〇"工程。

④稳步推进公司内部改革，不断完善各项运行机制。一是以人事制度为突破口，本着精简、高效的原则，精减了部分管理机构和岗位，实施全员竞争上岗、优胜劣汰；实行专业技术职务评聘分开，提高专业技术队伍素质；加大管理与技术要素在收入分配中的比例，实行绩效挂钩考核奖励。二是不断完善内部运行机制，初步形成领导干部责任指标考核体系、审计监察体系、专责制管理考核体系，建立永久追诉制度等十大管理体系，进一步促进了公司管理体制改革创新。

(3)公司在生产经营中遇到的困难及解决办法由于公司主导产品氧化铝市场价格年内出现一定波动，原燃物料价格上涨，较大影响了公司全年效益。为此，在保证主导产品稳产高产的同时，抢抓机遇，加大营销力度，多方位积极开拓产品市场，使主要产品保持了较高的销售水平，同时加强了指标优化、低成本管理和产品产业结构调整，加大高附加值产品开发生产力度，使全年效益增长有了坚实保障。

2、公司财务状况说明

项目	2000年(元)	1999年(元)	增减(%)
总资产	2461594059.66	1676444007.45	46.83
长期负债	70000000.00	14600000.00	379.45
股东权益	1245216390.30	1103583545.61	12.83
主营业务利润	789590839.75	385940404.81	104.59
净利润	421632844.69	155331363.69	171.44

总资产增加系本年度经营规模扩大和投资增加所致。长期负债增加系本年度增加借款。股东权益增加系当年利润增加所致。利润增加主要是主营业务效益提高。

3、公司投资情况

(1)募集资金项目使用情况

序号	项目名称	原计划投资额(万元)	实际投资总额(万元)	其中：募股资金投入额(万元)	备注
1	拜尔法氧化铝技术改造项目	19764	29564	19764	完成
2	多品种氧化铝技术改造项目	19456	16525	16525	完成
3	氧化铝焙烧工序节能技改	4730	10089	4730	完成
4	间接加热连续脱硅节能技改	4900	4900	4900	完成
5	烧结法氧化铝配料工序技改	4954	4954	4954	完成
6	补充流动资金		3113	3113	完成
7	合计	53804	69145	53986	完成

①拜尔法氧化铝技术改造项目该项目经国家经贸委国经贸改[1996]853号文批准，计划投资19764万元，计划竣工后新增产能9万吨/年，发电2.1亿kWh/年，供汽100万吨/年，计划年增效益4905万元。报告期内已全部建成投产，投资额29564万元，其中：利用自筹资金投资9800万元，新增氧化铝产能11万吨/年，发电2.1亿kWh/年，供汽100万吨/年。2000年创税前利润9288万元。

②多品种氧化铝技术改造项目该项目经国家经贸委国经贸改(1995)845号文批准建设，计划投资19456万元，计划竣工后新增多品种氧化铝10.5万吨/年，其中：玛瑙填料及其它填料3.5万吨，拟薄水铝石2万吨，4A沸石2万吨，高温氧化铝3万吨，计划年增效益2140万元。报告期内现已全部完成，投资达16525万元，新增多品种氧化铝产能10.5万吨/年。2000年创税前利润700万元。

③氧化铝焙烧工序节能技术改造项目该项目经原中国有色金属工业总公司中色计字(1996)0180号文批准，计划投资4730万元，预计年创效益1567万元。项目建成实际投资10089万元，使焙烧氧化铝产量由原计划的50万吨/年提高到62万吨/年，而油耗降低55kg/t-Ao，该项目实施后2000年创税前利润3350万元。

④间接加热连续脱硅节能技术改造项目该项目经国家经贸委国经贸改[1996]555号文批准，原计划投资4900万元。年节约蒸汽76万吨，年创效益1195万元。现本项目已全部完成，实际投资4900万元，2000年节约蒸汽40万吨，创税前利润1080万元。

⑤烧结法氧化铝配料工序技术改造项目该项目通过增加工业电视装置、电脑皮带秤等现代化仪器装备和先进的模糊逻辑控制技术，对整个供料、配料、磨制、调配工序实行自动控制，稳定配料指标。项目计划投资4954万元。目前该项目投资建成，投资4954万元。该项目对优化氧化铝配料系统，稳定氧化铝生产工艺条件，提高氧化铝质量具有重要作用。2000年创税前利润170万元。

⑥经公司第一届第八次董事会审议，并经2000年临时股东大会审议表决通过，将剩余募股资金3,113万元用于补充流动资金，已于2000年完成全部投入，并产生了良好的经济效益。

上述五个项目的实际投资66032万元，比计划投资总额53804万元超12228万元，其中募股资金投入53986万元，超额部分公司以自筹资金投入。

报告期内，公司放弃了四项募集资金项目。2000年11月24日公司董事会通过了《关于放弃投资赤泥粉煤灰空心砖生产线等四个募股资金投资项目》的议案，并披露于2000年11月25日的《中国证券报》和《上海证券报》。公司于2000年12月25日召开临时股东大会通过上述议案。具体情况披露于2000年12月26日的《中国证券报》和《上海证券报》。放弃原因如下：

①、放弃投资赤泥粉煤灰空心砖生产线项目该项目主要以氧化铝和热电生产的工业废渣为原料加工生产赤泥粉煤灰空心砖，是目前普遍使用的黏土砖的替代产品，具有良好社会效益和环境效益。项目投资总额4285万元。但经公司进一步论证，受设备选型等因素的影响，该项目工业废渣砖的生产成本明显高于黏土砖，同时，目前禁止生产和使用黏土砖政策执行的不充分，从而在市场竞争中，工业废渣砖将处于不利局面，在短期内尚不能有效替代黏土砖，因此该项目投资的客观环境尚不具备。

②、放弃投资自备热电厂技术改造项目公司原计划利用募集资金投资自备热电厂技术改造项目，解决公司生产的供热问题，计划投资总额4877万元，但由于受国家有关政策的影响，征用耕地作为灰渣堆放地以及供水系统的水资源问题尚未落实，不具备项目投资的客观条件。

③、放弃投资热电联产节能工程项目公司原计划利用募股资金投资热电联产节能改造项目，主要出发点在于，由于山东地区电价不断上涨，造成公司用电成本大幅度增加。1999年8月18日国家有色金属工业局文件，国色行字[1999]422号关于转发《国家计委、财政部关于降低电解铝等有色金属企业用电费及免征有关政府性基金的通知》的通知，"从今年6月1日起，降低年生产能力在5万吨以上的电解铝企业的生产用电价格，3年内免征城市公用事业附加"。据此公司用电价格由1997年的0.447元/千瓦时降至0.302元/千瓦时，从而用电成本在公司生产成本中的比重大幅度下降，原计划投资该项目的必要性已不具备。

④、放弃投资控股镇江铝加工有限责任公司(筹)项目根据中国证监会证监发[1997]13号文、证监发[1998]8号文的精神，公司在招股说明书中承诺，计划用部分募集资金以控股方式兼并镇江铝加工有限责任公司(筹)。公司与华东铝加工厂于1998年6月22日签署了《关于组建镇江铝加工有限责任公司的协议》。根据协议，华东铝加工厂以分离出来的生产经营性净资产(铝加工部分)作为出资（该部分资产以中庆会计师事务所出具的《资产评估报告》并经国有资产管理部门确认后为准)，占49%股权，公司以募集资金11778.31万元投入，占51%的股权。公司投入的资金主要用于铝板带冷轧生产线扩建工程和铝板带高速薄规格连铸轧生产线技术改造项目。公司募集资金到位后，对华东铝加工厂进行了投资可行性及发展前景的进一步考察，发现华东铝加工厂拟用于合资的资产存在所有权举证上的限制，失去了对外投资的权利。为保护全体股东的利益，公司董事会审议通过了放弃投资控股镇江铝加工有限责任公司的有关议案。

(2)非募集资金使用情况本年我公司为提高公司装备水平，加大了技术改造力度，同时为了实现公司的可持续发展，扩建了第二赤泥堆场及第二粉煤灰堆场。

①赤泥过滤机改造：为提高公司技术装备水平，降低成本，公司投资406.12万元将四台28平方米赤泥过滤机改造成40平方米赤泥过滤机。

②φ18米赤泥洗涤沉降槽：为进一步从赤泥回收碱，投资309.44万元新建一台φ18米赤泥洗涤沉降槽。

③氧化铝厂重油库改造：为稳定生产需要，公司对重油库进行技术改造，现已完成投资620.56万元，新建4台容量为2000立方米的油罐。

④研究院特种高温氧化铝生产线：为提高产品的附加值，公司新建成一条年产160吨/年电工填料生产线，已完成投资99.55万元。

⑤阳极糊扩产改造：投资425.63万元，形成1.5万吨碳块的生产能力，满足公司预焙槽生产需要，较外购降低了成本。

⑥3#熟料窑电收尘：为了减少环境污染，减少熟料损失，公司投资149.66万元对3#熟料窑电收尘进行改造。

⑦第二赤泥堆场：公司投资6274.72万元，建成15.81万平方米的赤泥堆放面积，确保氧化铝生产的可持续发展和安全生产。

⑧第二粉煤灰堆场：公司投资412.42万元，扩建第二粉煤灰堆场，保证了自备电厂的安全正常运行。

4、生产经营环境及宏观政策、法规对公司的影响

(1)我国加入WTO在即，公司亦于年内通过了ISO9001和ISO9002质量体系认证，为进一步融入国际市场开启了大门。

(2)受国际市场影响，公司主导产品氧化铝、铝锭价格走出了一轮较好行情，下半年价格出现回调，目前已稳定在合理价位。

5、公司2001年生产经营计划及措施公司2001年计划生产氧化铝及化学品氧化铝73万吨；电解铝5.4万吨；铝型材4800吨；金属镓5000千克；碳素制品4.5万吨。具体措施如下：

①充分应对加入WTO后对公司的各种影响，扬长避短，抓好以氧化铝、电解铝等主导产品为重点的产品生产、销售工作，通过狠抓技术改造、指标创新，努力提高产量，降低各项成本，增强企业市场应变能力。

②坚持规范化运作和管理继续创新，继续加大资本运营和市场操作力度。一是进一步完善公司决策机制、营销机制、投资机制、监督机制和考核机制，加大监控力度。二是强化基础管理建设和专业标准化管理，继续搞好营销合同化管理和财务集中统一管理，提高资金周转率。三是进一步改革完善公司人事、分配、激励制度，抓好人才建设，建立健全适合本公司特点的人才选拔、任用、考核、监督机制，为企业发展构筑坚实的人才后盾。四是在公司通过ISO9001和ISO9002质量体系认证，获取了产品质量国际多边互认的基础上，进一步提高公司质量体系运行水平；五是在进行充分的市场调研前提下，继续积极参与资本市场运营，开辟公司新的利润增长点。

③进一步加快技术创新步伐，利用高新技术改造传统产业，抓好选精矿烧结法氧化铝技术改造、电解预焙槽改造等重点技术革新、改造等项目的建设实施任务，加快化学品氧化铝、金属镓化合物等高技术含量、高附加值产品的开发生产，大力发展高新技术非铝产业，通过实施高新技术产业化战略，增加企业发展后劲，为公司市场竞争能力和整体盈利水平的提高创造有利条件。

④加快公司高新技术成果产业化进程，重点抓好公司高科技园建设。从建立公司科技试验基地和高科技实体聚集地的角度出发，做好高科技园的长期发展规划工作和近期建设，进一步促进公司产业结构的调整和多元化经营目标的实现。

6、董事会日常工作情况

(1)报告期内董事会会议情况及决议内容报告期内公司共召开五次董事会，具体召开时间、地点和决议内容如下：

①首届董事会四次会议于2000年2月14日在公司会议室召开。会议应到董事15人，实到董事14人，符合《公司法》及《公司章程》的有关规定，监事会成员列席会议。会议以举手表决的方式形成如下决议：

a、同意李选民先生因年龄原因，不再担任公司副董事长职务；

b、选举刘兴亮先生担任公司常务副董事长职务、刘庆科先生担任公司副董事长职务；

c、通过了公司关于计提资产减值四项准备的议案；

d、通过公司资产减值四项准备内部控制制度；

e、通过了调整固定资产折旧年限的议案。会议决议全文刊登于2000年2月16日的《中国证券报》和《上海证券报》。

②首届董事会五次会议于2000年3月24日在公司会议室召开。会议应到董事15名，实到14名，符合《公司法》及《公司章程》的有关规定。监事会成员及部分高级管理人员列席了会议，会议通过如下议案：

a、公司一九九九年年度报告及摘要；

b、董事会工作报告；

c、经理1999年度工作报告及2000年工作意见；

d、公司1999年度决算报告及2000年预算报告；

e、公司1999年度利润分配预案；

f、关于召开1999年度股东大会的议案。会议决议公告刊登于2000年3月28日的《中国证券报》和《上海证券报》。

③首届董事会六次会议于2000年4月17日在公司会议室召开。会议应到董事15人，实到10人，符合《公司法》和《公司章程》的有关规定，监事会成员列席了会议。会议以临时提案的方式向1999年度股东大会提交《关于收购母体代建在建工程的提案》。本提案已经1999年度股东大会审议并通过，刊登于2000年4月29日的《中国证券报》和《上海证券报》。

④首届董事会七次会议于2000年7月14日在公司会议室召开。会议应到董事15人，实到13人，符合《公司法》及《公司章程》的有关规定。监事会成员列席了会议，会议审议并通过了《山东铝业股份有限公司2000年度中期报告》。

会议决议公告刊登于2000年7月18日的《中国证券报》和《上海证券报》。

⑤首届董事会八次会议于2000年11月24日在公司会议室召开。会议应到董事15人，实到13人，符合《公司法》及《公司章程》的有关规定。监事会成员列席了会议，会议通过了以下议案：

a、关于拜尔法氧化铝技术改造项目等五个募股资金投资项目的实施情况的报告；

b、关于放弃投资赤泥粉煤灰空心砖生产线等四个募股资金投资项目的议案；

c、关于用剩余募集资金补充流动资金的议案；

d、关于提取技术开发费的议案；

e、关于聘请公司财务审计机构的议案。会议决议公告刊登于2000年11月25日《中国证券报》和《上海证券报》。

(2)报告期内利润分配情况：以1999年末的总股本56000万股为基数，向全体股东每10股派送现金红利1.5元(含税)，股权登记日为2000年5月19日，除息交易日为2000年5月22日。

7、董事、监事、高级管理人员

姓名	职务	性别	年龄	任期起止日期	持股数量	年度报酬总额
梁中秀	董事长	男	57	1999--2002	0	不在本公司领取
刘兴亮	常务副董事长					

·		男	40	1999--2002	0	不在本公司领取
刘庆科	副董事长	男	55	1999--2002	0	不在本公司领取
李选民	董事	男	61	1999--2002	0	不在本公司领取
罗安	董事	男	60	1999--2002	0	不在本公司领取
彭春英	董事	男	55	1999--2002	0	不在本公司领取
高祀胜	董事	男	54	1999--2002	0	不在本公司领取
宋文清	董事	男	50	1999--2002	0	不在本公司领取
冯长森	董事	男	55	1999--2002	0	不在本公司领取
林志祥	董事	男	59	1999--2002	0	不在本公司领取
徐玉柱	董事	男	52	1999--2002	0	不在本公司领取
周光蔚	董事	男	54	1999--2002	0	不在本公司领取
金永静	董事	男	41	1999--2002	0	不在本公司领取
王再云	董事兼经理	男	38	1999--2002	0	30195.70 元
高贵超	董事	男	35	1999--2002	0	不在本公司领取
刘云鹏	监事	男	53	1999--2002	0	不在本公司领取
陈宗生	监事	男	52	1999--2002	0	31981.70 元
郑都然	监事	男	45	1999--2002	0	不在本公司领取
曹永旗	监事	男	43	1999--2002	0	35557.30 元
孙昭贵	监事	男	51	1999--2002	0	不在本公司领取
张目盛	监事	男	48	1999--2002	0	不在本公司领取
赵玉琴	监事	女	46	1999--2002	0	26244.31 元
王国忠	董事会秘书	男	40	1999--2002	0	27321.00 元
刘春干	副经理	男	59	1999--2002	0	32338.20 元
毛新和	总会计师	男	53	1999--2002	0	27687.10 元
陶英君	总经济师	男	37	1999--2002	0	26422.80 元

在本公司领取薪金的董事、监事、高管人员中,年度报酬数额 25000 元至 30000 元之间的有 4 人;30000 元至 35000 元之间的有 3 人;35000 元至 40000 元之间的有 1 人。

报告期内无董事、监事及高管人员离任情况。

8、本次利润分配预案经中兴宇会计师事务所审计,2000 年公司实现税后利润为 421,632,844.69 元(按全面摊薄法计算每股利润为 0.753 元),加上年初未分配利润 37,787,634.27 元,可供分配的利润为 459,420,478.96 元。根据公司章程的有关规定,提取 10%的法定盈余公积金为 42,163,284.47 元,提取 5%的法定公益金为 21,081,642.23 元,本年实际可供股东分配利润 396,175,552.26 元。董事会提议以 2000 年末的总股本 560,000,000 为基数,向全体股东每 10 股派送现金红利 5.00 元(含税),计 280,000,000.00 元,尚余未分配利润 116,175,552.26 元,结转下一年度分配。

此方案尚需提交股东大会审议通过。2001 年度利润分配政策:公司 2001 年度利润拟分配一次;实现的净利润用于股利分配的比例不低于 50%;公司 2000 年度未分配利润用于下一年度的分配比例不低于 50%;2001 年度利润分配采取派现金形式。2001 年度利润分配政策为预计方案,具体方法届时将根据公司的实际情况拟定。

六、监事会报告

(一)、报告期内信息披露情况

1、2000 年 3 月 24 日第一届监事会第二次会议决议公告,会议审议通过了《公司 1999 年度监事会工作报告》并形成五项决议,在 2000 年 3 月 28 日《中国证券报》和《上海证券报》上刊登披露。

2、监事会就董事会对北京中洲会计师事务所有限公司对本公司 1999 年度会计报表的审计报告中有关三项解释内容进行监督的补充公告,在 2000 年 4 月 1 日《中国证券报》和《上海证券报》上刊登披露。

3、2000 年 7 月 14 日第一届监事会第三次会议决议公告,会议审议通过了公司 2000 年中期报告及摘要。在 2000 年 7 月 18 日《中国证券报》和《上海证券报》上刊登披露。

4、2000 年 11 月 24 日第一届监事会第四次会议决议公告,会议审议并一致通过了五项议案。在 2000 年 11 月 25 日《中国证券报》和《上海证券报》上刊登披露。

(二)、公司依法运作情况公司监事会列席了报告期内的每次董事会,对公司依法进行生产经营运作情况进行了全过程监督,监事会认为:

1、2000 年度公司在各股东的关怀和支持下,通过全体员工的勤奋努力,按照《公司法》和公司章程依法运作,生产经营决策程序合法,理顺内外部各种关系,逐步建立完善的法人治理结构和内部控制制度,通过落实"建机制、稳生产、保技改、降成本、拓市场、增效益、加快发展"的工作方针,较好地完成了全年的各项生产经营目标任务。

2、报告期内公司董事会各位董事、经理认真执行公司职务职责,以公司利益为出发点,严格遵守法律、法规和公司章程,维护本公司利益和股东权益。

(三)、检查公司财务情况监事会对提交 2000 年度股东大会审议的财务决算报告和 2000 年度审计报告进行了审阅,监事会认为:公司财务决算报告全面、真实、正确地反映了财务状况和经营成果;公司年度经营业绩已经中兴宇会计师事务所审核,并出具了有解释性说明的审计报告,该审计报告实事求是,客观公正。公司技术开发费计提办法已经 2000 年临时股东大会审议通过,该项会计政策的实施使公司技术开发资金得到保障。

(四)、前次募集资金投入情况监事会对报告期内前次募集资金 53986 万元使用情况进行了监督,具体情况如下:

1、报告期内投入公司技术改造和节能技术改造项目 50873 万元。其中:拜尔法氧化铝技术改造项目 19764 万元、多品种氧化铝技术改造项目 16525 万元、氧化铝焙烧工序节能技改 4730 万元、间接加热连续脱硅节能技改 4900 万元、烧结法氧化铝配料工序技改 4954 万元。

2、根据 2000 年临时股东大会审议通过的议案,将前次募集资金用于补充流动资金 3113 万元。

3、报告期内,公司董事会通过了《关于放弃投资赤泥粉煤灰空心砖生产线、自备热电厂技术改造、热电联产节能和控股镇江铝加工厂有限责任公司(筹)等四个募投资金投资项目》的议案。

监事会认为:公司根据国家政策、市场环境发生变化的客观现实,采取有效措施变更募集资金投向,有利于公司利益和股东权益,投资项目变更程序合法,符合市场变化对公司的发展要求。

(五)、资产收购、出售情况报告期内,经公司 1999 年度股东大会审议通过《关于收购母体代建在建工程》的议案,财务帐务处理已反映在公司中期报告中。监事会认为:以上收购的母体代建在建工程,交易价格合理,不存在内幕交易和损害股东的权益或造成公司资产流失行为。

(六)、关联交易情况

公司按照控股股东人事、资产、财务三分开独立规范运作,原材物料采购供应、产品销售自主经营,在生产技术管理方面存在相互交叉任职情况。监事会认为:规范运作情况良好,关联交易按公允的市场行情定价,无发现异常高于或低于正常销售或采购价格的情况和损害本上市公司利益的行为。

七、重要事项

1、本年度公司无重大诉讼、仲裁事项。

2、报告期内公司、公司董事及高级管理人员认真依法履行职责,没有发生任何受监管部门处罚的事件。

3、报告期内控股股东没有发生变更,公司由第一次股东大会选举的全体董事均无变动。

4、公司收购及出售资产、吸收合并事项。根据 2000 年 4 月 28 日山东铝业股份有限公司股东大会通过的"关于收购母体代建在建工程"的议案,本公司委托北京中瑞华会计师事务所对上述母体代建的在建工程进行了评估,评估值为:435448697.03 元,本公司按评估值进行了收购。收购后,本公司固定资产增加了 435448697.03 元。拜尔法氧化铝技术改造项目等多项代建在建工程,项目投资效益明显,实现了边投资边见效,2000 年全年实现效益约 1.5 亿元,随着投资加大和逐步达产,生产和经营将出现更加良好的态势。

5、重大关联交易事项

(1)股份公司向关联方购买货物、劳务关联

单位名称	交易内容	交易价格(元)	交易金额(元)	占本年度购货百分比
山东铝业公司	铝矿石	162.72	177626000.70	100%
山东铝业公司	进口矿石	289.61	15618768.00	15.06%
山东铝业公司	石灰石	25.99	22567172.05	100%
山东铝业公司	电	0.33	404543989.36	100%
山东铝业公司	水	0.41	36708087.14	100%
山东铝业公司	汽	60.00	177190140.00	100%
山东铝业公司	材料		456486260.37	100%
山东铝业公司	备件		86528587.60	100%
山东铝业公司	运杂费		19429722.14	92.61%
山东铝业公司	计量费		311822.48	11.62%
山东铝业公司	代理费		47329981.27	100%
山东铝业公司	租赁费		4825540.02	100%
山东铝业公司	进口氧化铝	2179.49	13076923.08	100%
山东铝业公司	富矿熟料	886.21	86698324.15	100%
山东铝业公司	工程		182159410.14	
山东铝业公司	检修费		20645677.17	13.03%
小计			1751746405.67	
淄博圣业科工贸公司	计量费		2372220.28	88.38%
山铝运输部劳服	运杂费		1551105.78	7.39%
淄博施美公司	工程		9914570.00	1.27%
淄博智诚监理公司	工程		3074054.50	0.39%
淄博凯鹏高科公司	工程		4908505.00	0.63%
山铝设计院	工程		5163410.00	0.66%
淄博万成工贸公司	工程		7505762.06	1.00%
山铝第二工程公司	工程		13879244.94	1.77%
淄博万成工贸公司	检修费		47650564.79	30.07%
山铝第二工程公司	检修费		9616679.90	6.07%
鲁中贸易装饰公司	检修费		6556545.23	4.14%
淄博万众实业公司	检修费		8901027.44	5.62%
淄博施美公司	检修费		12486574.39	7.88%

(2)股份公司向关联方销售货物

3)股份公司向关联方收购资产关联

单位名称	交易内容	资产的帐面价值(元)	评估价值(元)	收购价格(元)
山东铝业公司	拜尔法技改	177,641,803.48	178,482,516.26	178,482,516.26
山东铝业公司	印度矿试验	434,220.00	485,884.76	485,884.76
山东铝业公司	多品种氧化铝	41,536,660.26	31,982,023.53	31,982,023.53
山东铝业公司	连续脱硅	8,457,096.12	8,737,865.72	8,737,865.72
山东铝业公司	二铝苛化流程	66,500.00	86,240.80	86,240.80
山东铝业公司	氢铝过滤机	3,390,533.37	3,397,290.82	3,397,290.82
山东铝业公司	30 米 2 板式散热器	48,316.01	49,916.78	49,916.78
山东铝业公司	多品种氧化铝改造	151,614.29	156,182.72	156,182.72
山东铝业公司	氧化铝皮带秤	39,702.75	39,702.75	39,702.75
山东铝业公司	二铝矿场污水回收	181,604.52	182,570.48	182,570.48
山东铝业公司	电厂 3# 机组	289,700.00	325,447.00	325,447.00
山东铝业公司	地下油库卸油装置	389,795.30	389,795.30	389,795.30
山东铝业公司	氧化铝石灰厂扩建	346,817.39	339,881.00	339,881.00
山东铝业公司	焙烧炉	87,576,133.51	84,951,224.37	84,951,224.37
山东铝业公司	拜尔法一期(二铝)	75,261,259.43	71,092,002.20	71,092,002.20
山东铝业公司	自备电厂技术改造	54,250,427.09	54,750,152.54	54,750,152.54
小计		450,062,183.52	435,448,697.03	435,448,697.03

6、公司控股股东在人员、资产、财务上三分开情况:公司的资产及财务独立。根据公司 1999 年年度报告的承诺,公司销售和物资供应已于 2000 年 10 月 31 日实现自主销售和采购供应。由于控股股东山东铝业公司正值整体改制阶段,在生产技术管理部门有交叉任职情况。

7、租赁其他公司资产情况本公司所占用的土地使用权的处置方式,经国土资源部国土资函[1999]168 号文批准,采用租赁的方式,本公司与山东铝业公司签订土地租赁协议,根据土地租赁协议,本公司租赁山东铝业公司的土地共计 945737.93 平方米,土地租赁费为每平方米 5 元/年,上述租用土地租金每年共计 4728689.65 元,本公司于每一年度的年底向山东铝业公司缴纳。

8、聘任、解聘会计师事务所情况 1999 年 6 月 18 日山东铝业股份有限公司创立大会暨第一次股东大会聘请中洲会计师事务所为公司财务审计机构,聘期已于 2000 年 6 月 17 日届满,根据《上市公司股东大会规范意见》第十八条和《山东铝业股份有限公司章程》第一百五十四条之规定,经 2000 年 12 月 25 日的公司临时股东大会审议,决定聘请中兴宇会计师事务所有限责任公司为公司财务审计机构。

9、除本报告涉及的合同外,报告期内公司未签订其它重大合同,无重大担保情况发生。

10、报告期内公司名称及股票简称没有更改。

八、财务会计报告

1、审计报告(中兴宇审字(2001)第 2010 号)

山东铝业股份有限公司全体股东:

我们接受委托,审计了贵公司 2000 年 12 月 31 日的资产负债表、2000 年度的利润表及利润分配表和现金流量表。这些会计报表由贵公司负责,我们的责任是对这些会计报表发表审计意见。我们的审计是依据《中国注册会计师独立审计准则》进行的。在审计过程中,我们结合贵公司实际情况,实施了包括抽查会计记录等我们认为必要的审计程序。

我们认为,上述会计报表符合《企业会计准则》和《股份有限公司会计制度》的有关规定,在所有重大方面公允地反映了贵公司 2000 年 12 月 31 日的财务状况、2000 年度的经营成果以及 2000 年度的现金流量情况,会计处理方法的选用遵循了一贯性原则。

此外,我们注意到,经贵公司临时股东会决议,从 2000 年起公司每年按年销售收入超额累进计提法计提技术开发费。本年计提未使用的技术开发费余额为 3387 万元,结转下年使用。具体情况详见附注二第 17 项 。

中兴宇会计师事务所有限责任公司　　中国注册会计师　芦　玲

中国　北京　　　　　　　　　　　　中国注册会计师　梁晓燕

2001 年 2 月 19 日

2、会计报表(附后)

3、会计报表附注(附后)

会计报表附注

一、公司简介

山东铝业股份有限公司(以下简称"本公司")是经山东省人民政府鲁政字(1998)151 号文批准，以山东铝业公司作为独家发起人以募集方式设立的。公司经中国证监会证监发行字(1999)61 号文批准，于 1999 年 6 月 7 日公开发行社会公众股股票 1.6 亿股。募集资金到位后，公司于 1999 年 6 月 18 日办理工商注册登记，6 月 30 日在上海证券交易所上市交易。

公司注册地：山东省淄博市高新技术产业开发区。注册资本：伍亿陆仟万元。经营范围：氧化铝、氢氧化铝、多品种氧化铝、金属镓、电解铝、铝合金、铝制品、碳素制品的生产、销售。经营概况：本公司是我国主要的氧化铝、电解铝生产企业之一，公司下属的单位有：氧化铝厂、第二氧化铝厂、电解铝厂、铝加工厂、热电厂、研究院等六个单位，生产的 23 种主要产品，涵盖氧化铝及化学品氧化铝、电解铝、铝型材、碳素制品、金属镓五大类产品。本公司产品广泛用于冶金化工、石油化工、陶瓷、电子电力、建筑、交通、农业生产、人民生活和国防科技等领域。

二、公司主要会计政策、会计估计

1. 会计制度本公司执财政部颁布的《企业会计准则》、《股份有限公司会计制度》及其补充规定。

2.会计年度本公司采用公历年制，即公历每年 1 月 1 日起至 12 月 31 日止为一个会计年度。

3.记账本位币本公司以人民币为记账本位币。

4.记账基础和计价原则本公司以权责发生制为记账基础，资产以历史成本为计价原则。

5.外币业务核算方法外币经济业务按发生日市场汇价折合人民币记账，期末对外币性项目余额按期末市场汇价进行调整，因汇价变动发生的差额，作为汇兑损益，计入财务费用。本公司目前无外币业务。

6.现金等价物的确定标准现金等价物指企业持有的期限在三个月内、流动性强、易于转换为已知金额的现金、价值变动风险很小的投资。

7.坏账核算方法确认坏账损失的标准为：有确凿证据表明该项应收款项不能收回或收回的可能性不大，如因债务人死亡或债务单位破产，资不抵债，现金流量严重不足，发生严重自然灾害导致停产而在短期无法偿付债务，以及其他足以证明应收款项发生损失或愈期三年以上的经公司董事会批准核销的应收款项。

对坏账损失采用备抵法核算，按应收款项年末余额的 5%计提。

8.存货核算方法本公司的存货分为原材料、产成品、在产品、备品备件、委托加工材料、包装物、低值易耗品等。存货按实际成本计价，发出采用后进先出法核算。存货的保管按永续盘存制度管理。生产成本在完工产品和在产品之间按约当产量法结转。低值易耗品在领用时采用一次摊销法摊销。本公司对存货计提跌价准备。在期末对存货清查后，如有存货遭受毁损、全部或部分陈旧过时或销售价格低于成本时，按单个存货项目的成本高于其可变现净值的差额，计提存货跌价准备。

9.短期投资核算方法短期投资按实际支付的价款扣除已宣告发放但未领取的现金股利或利息入帐。在处置时按所收到的处置收入与帐面价值的差额确认为当期投资损益。

短期投资于期末按帐面成本与市价孰低计价。按类别比较短期投资的帐面成本与市价，以市价低于帐面成本的部份计提短期投资跌价准备。

10.长期投资的核算方法本公司对外长期股权投资，按投资时实际支付的价款或确定的价值记账。本公司投资占被投资单位有表决权资产总额 20%以下的，或虽投资占 20%或 20%以上，但不具有重大影响，采用成本法核算；公司投资占被投资单位有表决权资产总额 20%以上或虽投资不足 20%但具有重大影响的，采用权益法核算。股权投资差额在年度终了分期平均摊销，计入损益。股权投资差额的摊销期限，合同规定了投资期限的，按投资期限摊销；没有规定投资期限的按 10 年平均摊销。

本公司长期债权投资按实际支付的价款扣除经纪人佣金、税金、手续费等附加费用及自发行日起至购入债券日止的应计利息后的余额作为实际成本入账，按权责发生制原则确认其损益。

本公司对长期投资计提减值准备。期末长期投资由于市价持续下跌或被投资单位经营状况变化，导致其可收回金额低于投资的账面价值，按可收回金额低于账面价值的差额，作为长期投资减值准备。

11.固定资产计价和折旧方法

(1)固定资产标准：使用期限在一年以上的房屋建筑物、机械设备、运输工具等资产以及单位价值在 2000 元以上、使用期限在两年以上的非生产经营用设备和物品。

(2)固定资产计价

A.购入的固定资产，按实际支付的买价、包装费、运输费、安装成本、交纳的有关税金等记账；

B.自行建造的固定资产，按建造过程中实际发生的全部支出记账；

C.投资者投入的固定资产，按评估确认的价值记账；

D.融资租入的固定资产，按租赁协议确定的设备价款、发生的运输费、途中保险费、安装调试费等支出记账；

E.在原有固定资产的基础上进行改建、扩建的，按原固定资产的价值，加上由于改建、扩建而发生的支出，减改建、扩建过程上发生的变价收入记账；

F.盘盈的固定资产，按重置完全价值记账；

G.接受捐赠的固定资产，按同类资产的市场价值加相关实际费用记账。

(3)固定资产折旧：采用直线法，按分类折旧率计算折旧，不留残值。各类固定的年折旧率如下：

固定资产类别	使用年限(年)	年折旧率(%)
房屋及建筑物	15--35	6.67-2.86
机械设备	10--25	10.00-4.00
运输设备	10	10
办公设备	9	1.11

12.在建工程的核算方法

在建工程按实际成本计价，其成本包括直接建筑成本、外购待安装设备成本、设备安装费用及在建期间发生的应资本化的利息和汇兑损益。

利息资本化方法：在建工程在工程开工之日起至工程竣工交付使用之日止发生的借款利息计入在建工程成本工程完工并交付使用时，将在建工程转为固定资产。

13.无形资产计价及摊销方法

(1)无形资产的计价购入的无形资产按取得时实际成本入账；股东投入的无形资产按评估确认的价值入账；自行开发并按法律程序申请取得的无形资产按依法取得时发生的注册费、聘请律师费入账；开发过程中发生的费用，计入当期损益。

(2)无形资产摊销方法无形资产摊销采用分期平均摊销法。

14.开办费、长期待摊费用的摊销方法

开办费从开始生产经营的当月起，按 5 年平均摊销。长期待摊费用是已经支出，摊销期在 1 年以上的除开办费以外的其他各项费用，按 5 年平均摊销。

15.收入确认原则

四、会计报表主要项目注释(单位：人民币元)

1.货币资金

项目	期初数	期末数
现金	34,753.57	37,257.68
银行存款	105,447,864.27	159,775,874.57
其他货币资金		2,162,000.00
合计	105,482,617.84	161,975,132.25

本期比上期增加较大的主要原因是由于本年度销售收入增长较大，且现金回笼情况较好。

2.短期投资和短期投资跌价准备

项目	期初数	期末数	投资金额	跌价准备
股票投资	0	3,840,000.000	3,840,000.00	0
合计	0	3,840,000.00	3,840,000.00	0

股票投资为本公司申购的上市公司(兰州铝业)流通股股票 50 万股。

3.应收票据

期初数	期末数
49,760,507.00	196,370,344.85

其中，贴现票据如下：

出票单位	出票日期	到期日	金额	备注
抚顺铝厂(富华)	2000.07.31	2001.01.15	5,000,000.00	已承兑
阳泉铝厂	2000.07.20	2001.01.20	5,000,000.00	已承兑
丛林集团	2000.07.28	2001.01.27	6,000,000.00	已承兑
合计			16,000,000.00	

本期较上期变动较大的主要原因是：本年主营业务收入增长很快，部分销售采用了票据结算方式。

4.应收帐款

账龄	期初数			期末数		
	金额	比例(%)	坏帐准备	金额	比例(%)	坏帐准备
一年以内	97,544,575.52	55.68	4,877,228.78	63,424,502.17	54.77	3,171,225.11
一至二年	34,293,347.24	19.57	1,714,667.36	13,244,096.71	8.33	662,204.84
二至三年	21,814,345.94	12.45	1,090,717.30	26,559,944.47	16.50	1,327,997.22
三年以上	21,547,246.32	12.30	1,077,362.32	31,004,250.68	20.40	22500,749.67
合计	175,199,515.02	100.00	8,759,975.76	134232,794.03	100.00	27662,176.84

欠款金额前五名的单位名称

	金额	发生时间	原因
濉溪铝厂	11,051,807.14	2000 年	货款
合肥铝厂	9,804,297.24	2000 年	货款
萍乡铝厂	8,702,098.21	1998 年	货款
淄博华加化学制品公司	7,089,556.50	2000 年	货款
山东鲁西铝厂	6,063,670.56	2000 年	货款

本项目无应收持本公司 5%(含 5%)以上股份的股东单位欠款。

本项坏帐准备按年末余额的 5%计提，对帐龄较长的部分客户提取了特别准备。

5.其他应收款

账龄	期初数			期末数		
	金额	比例(%)	坏帐准备	金额	比例(%)	坏帐准备
一年以内	495,043,939.49	99.82	24,752,196.97	45,001,862.05	70.22	159,557.85
一至二年	456,684.47	0.09	22,834.22	18,662,267.69	29.12	66,188.98
二至三年	88,339.05	0.02	4,416.95	186,348.28	0.29	9,317.41
三年以上	362,941.83	0.07	18,147.09	234,511.46	0.37	11,725.57
合计	495,951,904.84	100.00	24,797,595.23	64,084,989.48	100.00	246,789.81

欠款金额前五名的单位名称

	金额	发生时间	原因
山东铝业公司	53,665,057.68	2000 年	往来款
淄博万成工贸有限公司	1,783,566.98	2000 年	材料款
山东恒成机械制造厂	1,714,951.83	2000 年	修理费
山东省八三厂	670,912.00	2000 年	加工费
山铝股份铝加工厂劳服公司	500,000.00	2000 年	担保连带赔款

本期较上期减少较大是由于本年 6 月收购了山东铝业公司的固定资产及在建工程，减少了对山东铝业公司的应收款。

本项目有应收持本公司 5%(含 5%)以上股份的股东单位欠款，如上所列。本项坏帐准备是在扣除关联往来余额的基础上按 5%的比例计提。

6.预付账款

7.存货及存货跌价准备

8.固定资产及累计折旧

9.工程物资

类别	期初余额	期末余额
工程物资	29,600.00	8,613,541.00
合计	29,600.00	8,613,541.00

10.在建工程

11.开办费

项目	原值	期初数	本期增加	本期摊销	期末数
开办费	4,945,166.59	4,533,067.79		989,028.00	3,544,039.79

12.短期借款

借款类别	期初数	期末数	备注
抵押借款			
担保借款		10,000,000.00	
信用借款	180,000,000.00	81,840,000.00	
合计	180,000,000.00	91,840,000.00	

13.应付账款

期初数	期末数
156,692,855.95	387,079,044.46

金额前五名的单位名称

	金额	发生时间	原因
山东铝业公司	244,624,891.49	2000 年	工程及材料采购款
山东海化股份公司	26,378,955.02	1999 年	材料款
北京焦化厂	13,569,296.67	1999 年	材料款
山铝第二工程公司	13,293,426.00	2000 年	工程款
淄博万成工贸公司	5,820,045.52	2000 年	材料款

本期较上期增加较大的主要原因是由于本年应付工程款及库存原材料增加所致。

本项目有欠持本公司 5%(含 5%)以上股份的股东单位的款项，如上所列。

14.预收账款

期初数	期末数
65,519,841.48	72,588,866.89

金额前五名的单位名称

	金额	发生时间	原因
上海金象铝业公司	16,999,094.04	2000 年	货款
南平铝厂	5,763,014.08	2000 年	货款
阳泉铝业公司	4,370,545.91	2000 年	货款

延吉铝厂	4,341,566.13	2000 年	货款
淄博二铝厂	3,840,983.90	2000 年	货款

本项目无欠持本公司 5%(含 5%)以上股份的股东单位的款项。

15.应付工资

期初数	期末数
5,253,372.22	109,088,894.53

本期余额较上期增加较大的主要原因是：本公司根据中国铝业公司及山东铝业公司关于工效挂钩的文件所计提而尚未支付的工资。

16.应付股利

股东名称	欠付金额	原因
山东铝业公司	200,000,000.00	尚未支付
社会公众股股东	64,000,000.00	尚未支付
合计	264,000,000.00	

根据本公司董事会决议通过的 2000 年利润分配预案，本年度以 2000 年末的总股本 560,000,000 股为基数，向全体股东每 10 股派送现金 5 元。

17.应交税金

项目	期初数	期末数
应交增值税	13,330,378.96	16,784,281.06
应交城建税	519,512.09	1,213,899.39
房产税	0	629,838.81
车船使用税	0	11,487.50
印花税	904,758.87	625,853.56
应交企业所得税	-3,139,792.26	67,668,082.46
代扣个人所得税	4,800,000.00	16,000,000.00
合计	16,414,857.66	102,933,442.78

本期较上期变动较大，主要是由于本年销售情况良好，利润大幅度增长，所得税增加较大。

18.预提

费用类别	期初数	期末数	结存余额的原因
修理费	3,792,912.71		
科技开发费		33,874,996.91	未使用完
合计	3,792,912.71	33,874,996.91	

本期较上期变动较大，主要是由于按本公司临时股东会决议预提的技术开发费未使用完。

19.其他应付款

21.长期借款

24.盈余公积

项目	期初数	本期增加数	本期减少数	期末数
法定盈余公积金	14,327,956.97	42,163,284.47		56,491,241.44
法定公益金	7,163,978.49	21,081,642.23		28,245,620.72
任意盈余公积金				0
合计	21,491,935.46	63,244,926.70		84,736,862.16

本期增加数为按本年净利润的 10%、5%计提的法定盈余公积和公益金。

25.未分配利润

项目	期初数	期末数
期初未分配利润	-12,051,793.96	37,787,634.27
加：本年度净利润	155,331,363.69	421,632,844.69
加：期初未分配利润调增(减)数		
减：本公司提取法定盈余公积金	14,327,956.97	42,163,284.47
本公司提取法定公益金	7,163,978.49	21,081,642.23
本年度拟分配现金股利	84,000,000.00	280,000,000.00
年末未分配利润	37,787,634.27	116,175,552.26

26.其他业务利润

上年发生数	本年发生数
43,143,647.19	72,585,512.74

类别	上年数 收入	支出	利润	本年数 收入	支出	利润
二氧化碳	3,373,700.00	3,406,391.34	-32,691.34	3,705,020.00	3,705,020.00	
压缩风	3,715,800.00	3,749,959.12	-34,159.12	4,018,120.00	4,018,120.00	
浓缩赤泥	349,526.28	5,941.95	343,584.33			
动力电	24,953,056.00	15595,660.00	9,357,396.00	120934,969.90	55,841,302.81	65,093,667.09
转供电	119214,901.48	90909,826.68	28305,074.80			
蒸汽	1,995,136.00	1,642,687.55	352,448.45	98,850,799.50	91,774,960.42	7,075,839.08
转供汽	98,587,634.50	92,351310.56	6,236,323.94			
原材料			0	29,369,074.28	28208,897.24	1,160,177.04
废料	4,453,327.23	5,490,675.03	-1037,347.80	1,841,354.38	1,737,355.53	103,998.85
运输包装	2,226,939.26	2,571,326.21	-344,386.95	5,740,449.99	6,588,619.31	-848,169.32
其他	833,746.47	836,341.59	-2,595.12			
合计	259703,767.22	216560120.03	43143,647.19	264459,788.05	191,874,275.31	72585,512.74

本期较上期变动较大是由于本年 4# 机组全面竣工，使自备电厂发电能力有了较大增长，发电量增加。

27.财务费用

项目	上年发生数	本年发生数
利息支出	45,805,153.73	13,684,541.47
减：利息收入	1,441,102.23	1,315,471.55
合计	44,364,051.50	12,369,069.92

本期较上期变动较大是由于本年短期借款减少。

28.营业外收入

上年发生数	本年发生数
3,802,776.80	97,328.00

29.营业外支出

上年发生数	本年发生数
1,713,164.02	16,412,949.10

项目	上年发生数	本年发生数
赔偿款	149,009.40	
处理固定资产净损失	1,564,154.62	16,412,949.10
合计	1,713,164.02	16,412,949.10

30.支付的其他与经营活动有关的现金

支付的其他与经营活动有关的现金 115,589,445.88 元。其中：

(1)管理费用 44,921,674.83 元

(2)营业费用 70,667,771.05 元

31.支付的其他与筹资活动有关的现金

支付的其他与经营活动有关的现金 0 元。

32.支付的其他与投资活动有关的现金

支付的其他与经营活动有关的现金 0 元。

五、关联方关系及其交易

六、或有事项截止 2000 年 12 月 31 日本公司无或有事项。

七、承诺事项截止 2000 年 12 月 31 日本公司无承诺事项。

八、其它重要事项

1.从 2000 年 11 月起公司建立了独立的供销系统；

2.2000 年 6 月公司收购了山东铝业公司经北京中瑞华会计师事务所评估并经财政部确认的固定资产和在建工程，评估基准日为 2000 年 3 月 31 日，评估价值为 435,448,697.03 元，以评估值为收购价格。

山东铝业股份有限公司

2000 年 2 月 18 日

资产负债表

编制单位：山东铝业股份有限公司　　单位：人民币元

资产	年初数	年末数
流动资产：		
货币资金	105482617.84	161975132.25
短期投资		3840000
减：短期投资跌价准备		
短期投资净额		3840000
应收票据	49760507	196370344.85
应收股利		
应收利息		
应收帐款	175199515.02	134232794.03
其它应收款	495951904.84	64084989.48
减：坏帐准备	33557570.99	27908966.65
应收帐款净额	637593848.87	170408816.86
预付帐款	9732239.84	280570260.02
应收补贴款		
存货	178630970.1	297593426.01

利润及利润分配表

编制单位：山东铝业股份有限公司　　单位：人民币元

项目	上年数	本年数
一、主营业务收入	1688007522.83	2585274263.79
减：折扣与折让		
主营业务收入净额	1688007522.83	2585274263.79
减：主营业务成本	1289817979.5	1773218796.63
主营业务税金及附加	12249138.52	22464627.41
二、主营业务利润	385940404.81	789590839.75
加：其他业务利润	43143647.19	72585512.74
减：存货跌价损失	4987795.08	1978028.87
营业费用	31055300.92	70667771.05
管理费用	111257284.98	253405142.14
财务费用	44364051.5	12369069.92
三、营业利润	237419619.52	523756340.51
加：投资收益		
期货损益		
补贴收入		
营业外收入	3802776.8	97328
以前年度损益调整		
减：营业外支出	1713164.02	16412949.1
分给外单位利润		
四、利润总额	239509232.3	507440719.41
减：所得税	84177868.61	85807874.72
少数股东损益		
职工奖励及福利基金		
购并利润		
加：未确认的投资损失		
所得税返还		
五、净利润	155331363.69	421632844.69
加：年初未分配利润	-12051793.96	37787634.27
盈余公积转入数		
年初未分配利润调整		
减少注册资本减少的未分配利润		
外币报表折算差额		
减：股份公司成立前利润分配		
六、可供分配的利润	143279569.73	459420478.96
减：提取法定盈余公积金	14327956.97	42163284.47
提取法定公益金	7163978.49	21081642.23
提取职工奖励福利基金		
七、可供股东分配的利润	121787634.27	396175552.26
减：应付优先股股利		
提取任意盈余公积金		
应付普通股股利	84000000	280000000
转作股本的普通股股利		
八、未分配利润	37787634.27	116175552.26

有研半导体材料股份有限公司

有研半导体材料股份有限公司2000年年度报告摘要

重要提示：本公司董事会保证本报告所载资料不存在任何虚假记载、误导性陈述或者重大遗漏，并对其内容的真实性、准确性和完整性负个别及连带责任。本年度报告摘要摘自年度报告，投资者欲了解详细内容，应阅读年度报告。

一　公司简介

(一)公司法定中文名称：有研半导体材料股份有限公司　中文简称：有研硅股

公司法定英文名称：GRINM SEMICONDUCTOR MATERIALS CO.,LTD. 缩写：GRITEK

(二)公司法定代表人：屠海令

(三)公司董事会秘书：陶森　联系人：陶森

联系地址：北京市新街口外大街2号　电话(Tel)：010-62355380

传真(Fax)：010-62355381　电子信箱：taosen@ gritek.com.cn

(四)公司注册地址：北京市海淀区北三环中路43号

公司办公地址：北京市新街口外大街2号　邮政编码：100088

公司互联网网址：http://www.gritek.com.cn 公司电子邮箱：taosen @ gritek.com.cn

(五)公司选定信息披露报纸：《中国证券报》《上海证券报》《证券时报》

公司年度报告登载互联网网址：http://www.sse.com.cn

公司年度报告备置地点：北京市新街口外大街2号有研半导体材料股份有限公司

(六)公司股票上市交易所：上海证券交易所

股票简称：有研硅股　　股票代码：600206

二、会计数据和业务数据摘要

(一)本年度主要利润指标情况：(单位：人民币元)

利润总额	36,248,904.98
净利润	44,670,897.22
扣除非经常性损益后的净利润	21,674,436.26
主营业务利润	30,772,490.33
其他业务利润	678,363.57
营业利润	19,747,732.85
投资收益	11,957,451.50
补贴收入	200,000.00
营业外收支净额	4,343,720.63
经营活动产生的现金流量净额	18,851,546.32
现金及现金等价物净增加额	-88,657,120.58

注：扣除非经常性损益项目和涉及的金额：

(1)新股申购冻结资金利息：按五年分摊无效申购资金利息本期摊入额为3,412,977.06元

(2)母公司根据国家税务总局国税函[2000]258号文规定，从1999年至2003年底止，5年内免征企业所得税，免征1999年所得税11,043,673.77元

(3)合并价差摊入为-684,575.72元

(4)固定资产盘盈1,028,193.95元，盘亏-153,808.10元

(5)转让子公司10%股权收益为8,350,000.00元

(二)公司近三年主要会计数据和财务指标：

项　目	2000年	1999年	1998年
主营业务收入：元	119,183,217.74	77,760,513.80	170,837,823.00
净利润：元	44,670,897.22	49,850,998.59	40,847,534.57
总资产：元	747,176,141.02	792,067,305.23	220,789,530.80
股东权益：元	690,408,960.25	677,009,186.59	124,125,360.76
每股收益：元	0.31	0.34	0.51
每股净资产：元	4.76	4.67	1.55
调整后的每股净资产：元	4.74	4.67	1.55
每股经营活动产生的现金流量净额：元	0.13	-0.19	
净资产收益率：%	6.47	7.36	32.91
加权平均的每股收益：元	0.31	0.36	0.51
扣除非经常性损益后的每股收益：元	0.15	0.32	0.51

(三)按照《公开发行证券公司信息披露编报规则》第9号通知要求计算的利润数据：

	净资产收益率(%)		每股收益(元)	
	全面摊薄	加权平均	全面摊薄	加权平均
主营业务利润	4.46	4.40	0.21	0.21
营业利润	2.86	2.82	0.14	0.14
净利润	6.47	6.39	0.31	0.31
扣除非经常性损益后净利润	3.14	3.10	0.15	0.15

三、股本变动及主要股东持股情况介绍

(一)截止2000年12月29日，本公司股东总数为54262户。其中未流通法人股股东1户，流通股股东54261户。

前10名股东持股情况如下：

	股东名称	持股数(股)	占总股本比例(%)
1	北京有色金属研究总院	80000000	55.17
2	申银万国	865899	0.60
3	景博基金	800700	0.55
4	熊成勇	301500	0.21
5	景福基金	240450	0.16
6	巫网生	220000	0.15
7	朱国华	217100	0.15
8	景阳基金	212980	0.15
9	苗德全	175600	0.12
10	任福弟	150020	0.10

除景博、景福、景阳基金同属大成基金管理公司外，前10名股东之间不存在关联关系。

本公司国有法人股东北京有色金属研究总院为全民所有制企业，经营范围是：金属、稀有、稀土、贵金属材料及合金材料、五金、化工、交电、精细化工原料及产品、电池及储能材料、电讯器材、医疗器械、机械电子产品、环保设备、自动化设备的生产、研制、销售；信息网络工程的开发；技术转让、技术咨询、技术服务；承接金属及制品分析测试；自有房屋和设备的租赁；本院及直属企业研制开发的技术和生产的科技产品的出口；本院及直属企业科研和生产所需的技术、原辅材料、机械设备、仪器仪表、零备件的进口业务；承办本院及直属企业对外合资经营、合作生产及"三来一补"业务；经贸部批准的其他商品的进出口业务。法定代表人为屠海令。

北京有色金属研究总院所持80000000股无质押或冻结情况。

四、股东大会简介

报告期内共召开股东大会两次。

1、2000年1月21日，公司召开2000年第一次临时股东大会。会议审议通过了关于增加公司经营范围及相应修改公司章程的议案和关于授权公司董事会行使不超过5000万元投资决策权的议案。会议决议公告分别刊登在2000年1月22日的《中国证券报》、《上海证券报》、《证券时报》。

2、1999年度股东大会于2000年5月18日在公司会议室召开。与会股东6人，代表股份82066466股，占总股本14500万股的56.60%，符合《公司法》和《公司章程》的规定，会议审议通过如下决议：

(1)审议通过1999年度董事会报告

(2)审议通过1999年度监事会报告

(3)审议通过1999年度利润分配预案

(4)审议通过关于更换部分监事的预案

同意苏小平先生、陈勇刚先生因工作变动辞去监事职务，选举张国虎先生、李清女士为第一届监事会监事。

会议决议公告分别刊登在2000年5月19日的《中国证券报》、《上海证券报》、《证券时报》。

五、董事会报告

(一)公司本年度经营情况

1、公司所处的行业：公司所处行业为半导体材料行业。半导体材料是电子信息产业发展的基础材料，广泛应用于集成电路、电力电子器件、光电子器件的生产。为鼓励软件和集成电路产业的发展，国务院于2000年出台了《鼓励软件产业和集成电路产业发展的若干政策》，将集成电路及其材料(半导体硅片)列为国家重点支持的产业。随着公司募股资金投资项目的陆续建成，公司主导产品大直径硅单晶抛光片在生产技术和生产规模上已达到国际先进水平，在国内继续保持领先地位。

2、公司主营业务的范围及其经营情况：

主营业务范围：单晶硅、锗、化合物半导体材料及相关电子材料的研究、开发、生产和销售；相关技术开发、技术转让和技术咨询服务；本企业和成员企业自产产品及技术出口业务；本企业和成员企业生产所需的原辅材料、仪器仪表、机械设备、零配件及技术的进口业务；进料加工和"三来一补"业务。

2000年，公司坚持"质量为本、技术创新、操作规范、顾客至上"的经营理念，以经济效益为中心，深化企业改革，进一步完善和优化法人治理结构，积极开拓国际市场，实现主营业务收入11918万元，主营业务利润3077万元。

3.目前公司全资附属企业及控股子公司有3个，经营情况如下：

公司名称	控股比例(%)	主营业务收入(万元)	主营业务利润(万元)
北京金鑫半导体材料有限公司	50	10,800,738.27	1,736,548.09
国瑞电子材料有限责任公司	85	11,588,301.71	5,090,053.20
北京国晶辉红外光学科技有限公司	75	19,739,547.92	5,650,169.82

4.经营中出现的问题与困难及解决方案

2000年，国际半导体材料市场竞争依然十分激烈，半导体硅片价格仍未走出低谷，而且对6、8英寸硅单晶抛光片的参数要求越来越高；原材料价格的上涨对公司的利润率影响较大。

针对以上问题和困难，公司在积极开拓市场的同时，充分发挥自身科研实力强的优势，加大新产品开发的力度，开拓了新的领域，提高了市场竞争力，保持了公司在同行业中的领先地位。针对原材料价格上涨造成的影响，公司努力开拓原材料供应渠道和协作网络，同时引入竞争机制，力争把影响降到最低。

为了尽快达到国际市场对大直径硅单晶抛光片的参数要求，公司在2000年初及时作出决策，对直径5、6英寸硅单晶抛光片抛光和超净清洗工艺项目及大直径硅单晶抛光片产业化项目进行了调整，通过超净厂房和抛光、清洗设备的升级，使公司5、6英寸抛光片的加工参数得到较大提高，同时也具备了大规模加工8英寸抛光片的能力。

(二)公司财务状况

指标名称	2000年(万元)	1999年(万元)	增减比率
总资产	74,717.61	79,206.73	-5.67%
长期负债	1,025.39	1,373.39	-25.34%
股东权益	69,040.90	67,700.92	1.98%
主营业务利润	3,077.25	5,007.47	-38.55%
净利润	4,467.09	4,985.10	-10.39%

从上述指标看，报告期内公司的财务状况保持良好的态势。具体增减情况说明如下：

(1)总资产比1999年减少5.67%，主要原因是子公司北京金鑫半导体材料有限公司2001年到期清算，不在合并会计报表合并范围之内；

(2)长期负债比1999年减少25.34%，主要原因是按五年分摊无效申购资金利息本期摊入额为341.3万元；

(3)股东权益比1999年增加1.98%，主要原因是本年度净利润增加4467.09万元；

(4)主营业务利润比1999年减少38.55%，主要原因是硅片价格下降和主营业务成本增加所致；

(5)净利润比1999年减少10.39%，主要原因是主营业务利润减少所致。

(三)公司投资情况

公司于1999年1月21日发行6500万人民币普通股，每股价格8.54元，扣除发行新股费用后实际募集资金54,150万元，截止报告期末具体投资情况如下：

1、募集资金使用情况　　单位：万元

序号	承诺募集资金投资项目	承诺投资额	实际投资额	备注
1	4、5英寸区熔硅单晶生产线技术改造项目	4995.0	4787.1	已完成
2	6英寸轻掺杂直拉硅单晶生产线技术改造项目	4873.8	4774.5	完成95%
3	5、6英寸重掺杂直拉硅单晶生产线技术改造项目	4873.8	5032.6	完成98%
4	直径6英寸线切割硅片生产线技术改造项目	4994.0	5819.9	完成98%
5	5、6英寸硅单晶抛光片抛光和超净清洗工艺项目	4996.0	5044.1	完成98%
6	大直径硅单晶抛光片产业化项目	2135.0	3157.5	完成90%
7	水平砷化镓抛光片生产厂项目	4998.0	3325.0	完成80%

河南安彩高科股份有限公司

河南安彩高科股份有限公司2000年年度报告摘要

本公司董事会保证本报告所载资料不存在任何虚假记载、误导性陈述或者重大遗漏，并对其内容的真实性、准确性和完整性负个别及连带责任。本年度报告摘要摘自年度报告，投资者欲了解详细内容，应阅读年度报告。

一、公司简介

1、公司法定中文名称：河南安彩高科股份有限公司
公司中文名称缩写：安彩高科
公司法定英文名称：HENAN ANCAI HI-TECH Co.,LTD
公司英文名称缩写：ACHT
2、公司法定代表人：李留恩
3、董事会秘书：许应中
联系地址：河南省安阳市中州路南段
电话：0372-3932916-2533、2249
传真：0372-3938035
电子信箱：acht@public.ayptt.ha.cn
董事会证券事务代表：刘一
4、公司注册地址：中国河南省郑州高新技术产业开发区金梭路19号
邮政编码：450001
公司办公地址：河南省安阳市中州路南段
邮政编码：455000
公司国际互连网网址：http://www.ancaigroup.com.cn
公司电子信箱：acht@public.ayptt.ha.cn
5、公司选定的信息披露报纸：《中国证券报》、《上海证券报》
登载公司年度报告的中国证监会指定国际互联网网址：http://www.sse.com.cn
公司年度报告备置地点：河南省安阳市中州路南段安彩高科证券部
6、公司股票上市交易所：上海证券交易所
股票简称：安彩高科
股票代码：600207

二、主要会计资料

1、本年度效益情况：(单位：元)

利润总额	649,129,657.89
净利润	528,071,719.93
扣除非经常性损益后的净利润	382,802,053.69
主营业务利润	915,386,857.81
其他业务利润	48,328,567.53
营业利润	645,725,388.16
投资收益	5,350,481.86
补贴收入0营业外收支净额	-1,946,212.13
经营活动产生的现金流量净额	471,364,521.33
现金及现金等价物净增加额	259,968,731.96

注："扣除非经常性损益后的净利润"中非经常性损益项目为：公司2000年度所得税返还145,269,666.24元。

2、前三年主要会计数据和财务指标：

项目	2000年	1999年	1998年	
			调整后	调整前
主营业务收入	2,106,586,602.73	965,675,771.52	730,846,887.33	730,846,887.33
净利润	528,071,719.93	220,812,711.19	122,988,270.70	130,168,715.42
总资产	3,201,564,246.64	2,737,729,493.08	966,695,200.58	966,695,200.58
股东权益	2,130,982,958.14	1,822,911,238.21	412,699,288.93	419,879,733.65
每股收益(摊薄)(元/股)	1.2002	0.5018	0.473	0.5006
每股净资产(元/股)	4.843	4.143	1.5873	1.61
调整后每股净资产(元/股)	4.788	4.058	3.7087	1.61
每股经营活动产生现金流量净额	1.071	0.027	0.0482	0.0482
净资产收益率	24.78%	12.11%	29.80%	31%

3、新增财务指标：

	净资产收益率		每股收益	
报告期利润	全面摊薄	加权平均	全面摊薄	加权平均
主营业务利润	42.96%	43.86%	2.0804	2.0804
营业利润	30.30%	30.94%	1.4676	1.4676
净利润	24.78%	25.30%	1.2002	1.2002
扣除非经常性损益后的净利润	17.96%	18.34%	0.8700	0.8700

4、本年度股东权益变动情况：

项目	期初数	本期增加	本期减少	期末数
股本	440,000,000.00	-	-	440,000,000.00
资本公积	1,231,985,488.65	-	-	1,231,985,488.65
盈余公积	35,838,862.44	237,632,273.97		273,471,136.41
法定公益金	11,946,287.48	26,403,586.00		38,349,873.48
未分配利润	115,086,887.12	70,439,445.96		185,526,333.08
股东权益合计	1822,911,238.21	308,071,719.93		2,130,982,958.14

股东权益变动情况说明：

(1) 盈余公积增加237,632,273.97元，主要是因为本公司本年度从净利润528,071,719.93元中计提了10%的法定公积金52,807,171.99元和5%的法定公益金26,403,586.00元以及30%的任意盈余公积金158,421,515.98元。

(2) 未分配利润增加，主要是因为本公司本年度未分配利润有所节余。截止2000年12月31日，公司尚有未分配利润185,526,333.08元。

三、股本变动及股东情况介绍

1、股本变动情况

(1)股份变动情况如下表：数量单位：万股

	本次变动前	本次变动增减(+,-)						本次变动后
		配股	送股	公积金转股	增发	其他	小计	
一、未上市流通股份								
1、发起人股份	260,000,000	0	0	0	0	0	0	260,000,000
其中：国家持有股份	0	0	0	0	0	0	0	0
境内法人持有股份	260,000,000	0	0	0	0	0	0	260,000,000
其他	0	0	0	0	0	0	0	0
2、募集法人股份	0	0	0	0	0	0	0	0
3、内部职工股	0	0	0	0	0	0	0	0
4、优先股或其他	0	0	0	0	0	0	0	0
其中：转配股	0	0	0	0	0	0	0	0
未上市流通股份合计	260,000,000	0	0	0	0	0	0	0
二、已上市流通股份								
1、人民币普通股	180000,000	0	0	0	0	0	0	0
2、境内上市的外资股	0	0	0	0	0	0	0	0
3、境外上市的外资股	0	0	0	0	0	0	0	0
4、其他	0	0	0	0	0	0	0	0
已上市流通股份合计	180,000,000	0	0	0	0	0	0	180,000,00
三、股份总数	440,000,000	0	0	0	0	0	0	440,000,000

(2)股票发行与上市情况

①股票发行：截止到报告期末为止，本公司共进行了两次股票发行，如下表所示：

种类	发行日期	发行价格	发行数量	上市日期	上市数量
法人股	1998/9/17	1.66元	26,000万股	----	----
人民币普通股	1999/6/21	7.20元	18,000万股	1999/7/14	18,000万股

②股本结构变动报告期内，本公司股本结构没有发生变动。

③本公司无内部职工股。

2、股东情况介绍

(1)报告期末股东总数为21934户

(2)前10名股东持股情况

股东名称	年末持股数(股)	占总股本的比例(%)
①河南安阳彩色显像管玻壳有限公司	259,160,000	58.90
②南方证券	3,023,231	0.69
③邯钢实业	2,700,764	0.61
④济电工会	2,686,202	0.61
⑤天发投资	2,373,479	0.54
⑥医疗器械	2,104,800	0.48
⑦上陆金贸	1,903,978	0.43
⑧天安数码	1,728,589	0.39
⑨糖果制品	1,323,500	0.30
⑩谢益村	1,260,374	0.29

以上股东中河南安阳彩色显像管玻壳有限公司(以下简称"安玻公司")持有的股份为国有法人股，其所持股份在本年度内没有增减变化，未发生质押或冻结情况，其余股份为社会公众股。

前十名股东之间无关联关系。

(3)安玻公司持有本公司58.90%的股份(国有法人股)，其法人代表为李留恩先生，目前主要从事彩电玻壳的生产和销售。

四、股东大会简介

2000年度，本公司共召开了1次股东大会，具体情况如下：

1、2000年4月6日公司刊登董事会公告，决定于2000年5月9日上午在公司多功能厅大会议室召开1999年度股东大会。2000年5月9日上午1999年度股东大会如期召开，出席本次大会的股东或股东代表共8名，代表股份260655400股，占股份总数的59.24%，本次大会的召开符合公司法、公司章程以及有关法律、法规的规定。

2、根据公司法、公司章程以及有关法律、法规的规定，本次大会经过有效表决，通过了以下决议：

(1)、审议通过了公司1999年度董事会工作报告；
(2)、审议通过了公司1999年度监事会工作报告；
(3)、审议通过了公司1999年年度报告；
(4)、审议通过了公司1999年度财务决算方案和2000年度财务预算方案；
(5)、审议通过了公司1999年度利润分配预案；
(6)、审议通过了公司《关于提取各项资产减值准备及内部控制制度的议案》；
(7)、审议通过了修改公司章程的议案；
(8)、审议通过了公司募集资金使用情况的报告；
(9)、审议通过了《关于组建安彩科技风险投资公司的方案》(草案)的报告；
(10)、审议通过了《不再实施电子玻璃管项目和紧凑型节能灯项目》的报告；
(11)、审议通过了《关于继续聘任亚太(集团)会计师事务所作为本公司的财务审计机构的议案》；
(12)、审议通过了调整董事的议案；
(13)、审议通过了公司《高级管理人员股权激励机制实施细则(草案)》的议案；
(14)、审议通过了授权董事会有权利决定不超过公司净资产20%的风险投资和对外提供不超过公司净资产30%的担保或抵押的议案。

上述决议公告刊登在2000年5月11日的《中国证券报》、《上海证券报》上。

3、在本次股东年会上，经控股股东安玻公司的提议，股东大会同意谢世安先生辞去公司董事职务，补选程三昌先生为公司董事。

五、董事会报告

1、公司经营情况

(1)公司所属的行业及行业地位本公司主要从事彩色显像管玻壳和终端显示器用显示管玻壳的生产和销售以及新型显示技术的研究、开发等业务，属显示器件产业中的基础元器件行业。随着以国际互联网和电子通讯为代表的信息时代的到来，信息显示技术必将得到快速发展，广播电视、监视器和计算机及其他终端显示构成了信息显示最重要的应用领域，显示器件产业必将形成一个

具有更为广阔市场前景的高技术产业。

目前,本公司拥有全国唯一的电子玻璃技术及模具研究开发中心,可年产彩玻 1500 万套,在国内彩玻行业中是唯一具有自主开发能力、生产能力最大、科研开发能力最强的彩色玻壳生产企业,也是全国高新技术重点企业。进入新世纪本公司将力争为中国显示器件产业的发展做出自己的应有贡献。

(2)公司主营业务的范围及经营状况①公司主营业务范围及产品销售结构报告期内本公司主营业务主要是 21″、25″、29″彩玻的生产和销售,全部属于电子行业基础元器件类,主要供应全国各大型彩色显像管企业,并远销韩国、印度以及东南亚和欧洲地区。但随着电子玻璃技术及模具开发中心的完全建成,本公司的科研能力得到进一步加强,未来几年将会继续向技术更先进、附加值更高的 34″及其以上大屏幕、纯平彩玻和平板显示领域方向拓展,生产和销售更趋于全球化。预计未来几年上述新产品的生产和销售将会在主营业务中占有一定的比重,本公司的主营业务的生产和销售结构将更为稳健、合理,成长性和抗风险能力也将得到进一步加强。

按产品分析本公司主营业务收入的构成为:(单位:人民币万元)

产品规格	主营业务收入	占主营业务收入的比例	主营业务利润	占主营业务利润的比例
14″-20″	22565	10.71%	8842	9.66%
21″	71700	34.03%	29635	32.37%
25″	66489	31.56%	24024	26.25%
29″	49905	23.70%	29038	31.72%

与去年相比 25″和 29″彩玻所实现的主营业务收入和主营业务利润所占的比重有了较大幅度提高,主要是在 1999 年底本公司生产 29″彩玻的增资扩产项目顺利投产和收购了安玻公司两条 25″玻锥生产线并将产品投放市场所致。

②公司 2000 年度的经营状况

信息社会的飞速发展使得全球对显示器件的需求增长很快,彩玻的市场需求也因此而得到了快速增长,本公司的主要产品 21″、25″及 29″彩玻供不应求。为了抓住这一市场机遇,公司“以人为本”大力开展管理创新和技术创新,及时调整产品结构,努力增加产品的产销量,在满足国内市场供应的同时,积极开发国际市场,全年共实现产品销售收入 210659 万元,与 1999 年相比增加了 118%,实现净利润 52807 万元,与 1999 年相比增加了 139%,直接或间接出口创汇 4254 万美元,与 1999 年相比增加了 370%,取得了突出的经营业绩。

(3)2000 年公司经营中面临的主要问题

2000 年由于供需矛盾十分突出,本公司产品远远满足不了国内国际用户需要,特别是 34″及其以上大屏幕彩玻、纯平彩玻和 17″及其以上显示管彩玻等新产品尚不能供应市场,如何迅速提高产品的产量和质量,抓住当前市场机遇将产品投放市场,以及如何迅速开发出未来市场需求的产品,调整产品结构以适应未来市场的变化成为 2000 年公司经营中面临的主要问题。对此公司采取了几项措施:一是努力提高管理和技术创新水平,通过提高产品产量和质量以及劳动生产率来提高产品的市场竞争能力,从而达到满足市场需求,扩大市场占有率的目的;二是通过开展国际合作与交流,引进消化吸收国外先进技术,加大科研投入等方式,建立起公司强有力的技术支撑平台,为新产品的开发奠定坚实的基础;三是加大新产品开发的力度,尽快开发出 34″以上大屏幕彩玻和纯平彩玻,迅速占领国内国际市场。

4、公司财务状况　　单位:万元

项目	2000 年	1999 年	±%
总资产	320,156	273,773	16.94
长期负债	0	0	0
存货	24,802	37,613	-34.06
固定资产	193,233	190,077	1.66
股东权益	213,098	182,291	16.90
主营业务利润	91,539	39,355	132.60
净利润	52,807	22,081	139.15

由于 1999 年四季度本公司增资扩产项目、屏锥生产线挖潜改造项目和收购安玻公司两条锥生产线项目顺利投产,生产规模扩大;报告期内国内国际市场环境良好,产品良品率提高,销量猛增,主营业务收入大幅度增长,从而使总资产、固定资产、股东权益、主营业务利润、净利润有较大幅度增长。又因库存产成品减少、储备物资管理得当,使年末存货较去年底有较大减少。

3、公司投资情况

(1)1999 年募集资金延续到 2000 年的使用情况经 1999 年度股东年会批准,显示器件玻璃模具技术研究开发中心项目由计划投资 1970 万元增加到 5390 万元。继 1999 年投资 1310 万元后,本年度公司继续向该项目投资,计划投资额为 4080 万元,实际投资额为 1204 万元,尚余资金 2876 万元,本公司董事会将向 2000 年股东年会提议将剩余资金留待下一年度继续投资。本项目投资增加的原因是因为公司根据市场需要加大新产品开发的力度,增加科研经费所致。目前该项目在公司开发 34″以上大屏幕彩玻和纯平彩玻以及提高模具质量和效率方面发挥了重要作用。

(2)对外投资的重大项目

①2000 年 8 月 7 日,本公司联合四川久远集团有限公司、中国电子企业协会、中国科学院计算技术研究所在北京市中关村科技园区共同注册成立了北京安彩科技风险投资有限公司,注册资本 2 亿元,本公司占 98%的股权比例,将致力于高新技术产业的风险投资事业。

②2000 年 11 月 29 日,本公司与北京京鹏宏志科技有限公司签署协议,计划向其投资 2991 万元,将占该公司增资后 70%的股权比例,并将北京京鹏宏志公司更名为“北京安彩星通科技有限公司”,主要从事全球卫星定位系统的研究、开发和运营以及移动数据、资讯、网络运营等电信增值服务业务。

4、经营环境的变化对公司可能造成的影响 2000 年我国彩电行业经营业绩下滑,部分彩电品种库存积压,已波及到处于其上游的彩管和彩玻行业。但由于报告期内公司采取了“占领国际市场,稳定国内市场”的有力举措,使出口创汇较上年度增长了 370%,销售收入较上年度增长了 118%,取得了较好的经济效益。本公司 2001 年度拟采取如下措施以继续应对经营环境的变化:

①提高产品质量,降低生产成本,以质量和价格取胜,提高产品的市场竞争能力;

②努力开拓国际市场,使公司的产品销售融入较为稳定的全球市场一体化当中;

③不断提高技术创新能力,加大科技投入,积极开发符合市场需求的新产品,进一步扩大国内外市场占有率,力争取得更好的经营业绩。

5、新年度的业务发展计划 2001 年,本公司计划主要在以下几个方面进行业务发展:

(1)继续深化“以人为本”的企业改革,推进管理创新和技术创新,在提高效率、提高质量和降低成本方面狠下功夫,在质量、价格、供应等方面提高产品市场竞争能力和市场占有率;

(2)继续加大科研投入,完成对显示器件玻璃模具技术研究开发中心项目的投资,进一步加强新产品开发力度,加快产品结构调整和升级换代步伐,满足未来市场需求;

(3)继续扩大生产规模,加速产业整合,增强公司驾驭市场的能力,巩固公司在行业中的优势地位,提高公司在行业中的影响力和号召力;

(4)充分利用北京安彩高科风险投资公司其他发起人在高新技术领域方面的优势,培育一些具有广阔市场前景和巨大发展潜力的高科技项目,并在条件具备时将成熟的项目推向国内外资本市场;(5)完成对全球卫星定位系统(GPS)项目的投资,为其能够迅速在全国范围内构建统一的信息网络平台、尽快占领市场、确立在该行业的龙头地位提供强有力的支持与保障。

6、董事会的日常工作情况

(1)报告期内董事会的会议情况及决议内容

①2000 年 4 月 5 日,本公司召开第一届董事会第七次会议,会议决议内容为:审议通过了公司 1999 年度利润分配预案;审议通过了《关于提取各项资产减值准备及内部控制制度》的议案;审议通过了修改公司章程的决议草案,即变更公司住所及修改公司经营范围;审议通过了《关于组建安彩科技风险投资公司的方案》(草案);决定不再实施电子玻璃管项目和紧凑型节能灯项目;续聘亚太集团会计师事务;同意谢世安先生辞去本公司董事和副董事长职务,并推选程三昌先生为公司董事候选人;提议股东大会授权董事会有权利决定不超过公司净资产 20%的风险投资和对外提供不超过公司净资产 30%的担保或抵押。

②2000 年 7 月 13 日,本公司召开第一届董事会第八次会议,会议决议内容为:通过了 2000 年度中期报告,决定 2000 年中期不分配利润,资本公积金不转增股本;选举董事程三昌为公司的副董事长;审议并通过了投资全球卫星定位系统(GPS)的项目报告。

③2000 年 11 月 29 日,本公司召开第一届董事会第九次会议,会议决议内容为:拟向北京京鹏宏志科技有限公司投资 2991 万元,占其增资后股权比例的 70%,并将公司更名为北京安彩星通科技有限公司,从事经营全球卫星定位系统的研究、开发和运营以及移动数据、资讯、网络运营等电信增值服务业务。

(2)报告期内董事会执行股东大会的情况根据 2000 年 5 月 9 日公司股东年会的批准和授权,公司于 2000 年 6 月 22 日向全体股东每 10 股派现金 2 元(含税);公司于 2000 年 7 月 4 日起注册地址变更为“郑州高新技术产业开发区金梭路 19 号”;公司于 2000 年 8 月 7 日与四川久远集团有限公司、中国电子企业协会、中国科学院计算技术研究所在北京市中关村科技园共同注册成立了北京安彩科技风险投资有限公司。

7、公司管理层及员工情况

(1)董事、监事、高级管理人员

1)公司董事、监事、高级管理人员名单及任职期间、持股数:

姓名	性别	年龄	职务	任职起止日期	期初持股	期末持股	期内增减
李留恩	男	59	董事长	1998/9--2001/9	0	0	0
马永智	男	59	副董事长	1998/9--2001/9	0	0	0
程三昌	男	59	副董事长	2000/7--2003/7	0	0	0
周子正	男	63	董事	1998/9--2001/9	0	0	0
蔡健德	男	57	董事、总经理	1998/9--2001/9	0	0	0
赵文明	男	34	董事	1998/9--2001/9	0	0	0
陈志刚	男	37	董事、副总经理	1998/9--2001/9	0	0	0
王玉庆	男	55	董事	1998/9--2001/9	0	0	0
苗惠民	男	48	董事	1998/9--2001/9	0	0	0
贾伟	男	36	董事	1998/9--2001/9	0	0	0
王作方	男	54	董事	1998/9--2001/9	0	0	0
李碧	男	61	监事会主席	1998/9--2001/9	0	0	0
郑肇基	男	58	监事	1998/9--2001/9	0	0	0
钟国斋	男	54	监事	1998/9--2001/9	0	0	0
许应中	男	56	董事会秘书	1998/9--2001/9	0	0	0

2)公司董事、监事、高级管理人员的报酬情况

报酬区间(人民币元)	人数
0----80,000	6
80,000----100,000	8
100,000---150,000	----
150,000---200,000	----
200,000---300,000	----
300,000---500,000	----

除副董事长程三昌先生外,本公司其余的董事、监事和高级管理人员均在公司领取报酬。

(2)公司员工的情况本公司现有职工 3,603 人,其构成情况如下表所示:

	人数	比例(%)
按专业构成分类		
生产人员	2,646	73.44
销售人员	16	0.45
技术人员	683	18.95
财务人员	10	0.28
行政人员	248	6.88
按技术水平分类		
高级职称	139	3.86
中级职称	812	22.54
初级职称	1,944	53.96
其他	708	19.64
按文化程度分类		
本科及本科以上	951	26.39
大专	927	25.73
中专	1,305	36.22
技校	224	6.22
高中及高中以下	196	5.44
按年龄层次分类		
56 岁以上	29	0.80
46~55 岁	221	6.13
36~45 岁	416	11.55
26~35 岁	1,980	54.95
25 岁以下	957	26.57

8、本年度利润分配预案及预计下年度利润分配政策。

(1)经亚太集团会计师事务所审计,本公司 2000 年度实现净利润 528,071,719.93 元。根据公司章程的规定,按净利润的 10%提取法定盈余公积金 52,807,171.99 元、按净利润的 5%提取法定公益金 26,403,586.00 元、按净利润的 30%提取任意盈余公积金 158,421,515.98 元后,加上上年度结转的未分配利润 115,086,887.12 元,本年度实际可供股东分配的利润为 405,526,333.08 元。根据公司第一届第十次董事会决议,本年度利润分配拟以 2000 年末股份总数 440,000,000 股为基数,向全体股东按每 10 股派发现金红利 5 元(含税),共计派发现金 220,000,000 元,剩余 185,526,333.08 元结转下一年度,本期不用资本公积金转增股本。以上分配预案提请本公司 2000 年度股东大会审议表决。

(2)本公司预计 2001 年度利润分配政策为:利润分配一次;用于股利分配的比例不低于当年实现的净利润的 30%;2000 年度末结转的未分配利润用于下一年度股利分配的比例不低于 20%;分配主要采用派发现金的形式,现金股息约占股利分配的 100%;具体分配办法将根据公司当时实际情况而定。

9、《中国证券报》、《上海证券报》是本公司指定的信息披露报纸。

六、监事会报告

1、报告期内监事会的工作情况

(1)2000 年 4 月 5 日公司召开了第一届监事会第四次会议,会议应到监事 3 人,实到 2 人,监事会主席李碧先生主持会议,会议审议并通过了《1999 年度监事会工作报告》,形成如下决议:

①认为公司1999年的经营管理严格按照国家有关法律法规和公司章程进行，决策程序合法，建立了完善的内部控制制度，公司的董事、总经理及其他高级管理人员执行公司公务时无违反法律、法规、公司章程、损害公司利益的行为；

②认为公司的财务报告真实反映了公司1999年的财务状况和经营成果，亚太集团会计师事务所出具的审计意见是客观、公允的；

③认为公司于1999年6月发行股票所募集资金实际投入项目与承诺投入项目一致；

④认为公司1999年度的关联交易严格按照关联交易协议执行是公允、公正的，没有损害交易双方中任何一方的利益；

⑤认为公司董事会关于本年度实际盈利比盈利预测高出41%的解释是符合1999年公司经营实际情况；

⑥认为公司根据国家有关政策，建立了计提各项资产减值准备的内部控制制度，并经董事会逐项审议通过后正式实施，其有关核销和计提资产减值准备的决议程序合法，依据充分；

⑦认为公司高级管理人员股权激励机制实施细则（草案）是切实可行的，符合企业的进一步发展；

⑧对本公司1999年度努力奋斗所争取的经营业绩和成果表示满意；对本公司管理层推行的一系列机制改革感到满意；并坚信本公司有良好的发展前景。

(2)2000年7月13日，公司第一届监事会第五次会议召开。应到监事3人，实到2人，监事郑肇基先生、钟国斋先生出席了会议，监事会主席李碧先生因故委托监事郑肇基先生代为出席并主持会议，符合公司《章程》之规定。会议审议并通过了公司2000年度中期报告，形成如下决议：

①认为公司的中期报告真实反映了公司的经营状况，亚太（集团）会计师事务所出具的审计意见是客观、公允的；

②认为公司报告期内的关联交易严格按照关联交易协议执行是公允、公正的，没有损害交易双方中任何一方的利益

③认为公司中期利润分配方案是切合公司实际情况的；

④认为公司投资全球卫星定位系统(GPS)决策程序合法，项目具有良好的发展前景。

2、监事会对公司2000年度经营状况进行监督的意见

①本监事会认为公司2000年的经营管理严格按照国家有关法律法规和公司章程进行，决策程序合法，建立了完善的内部控制制度，公司的董事、总经理及其他高级管理人员执行公司公务时无违反法律、法规、公司章程、损害公司利益的行为；

②本监事会经过审查，认为公司的财务报告真实反映了公司2000年的财务状况和经营成果，亚太会计事务所出具的审计意见是客观、公允的；

③本监事会经过审查，认为公司于1999年6月发行股票所募集资金实际投入项目与承诺投入项目一致；停止实施的两个项目得到了有关监管部门的批准，程序合法。

④本监事会经过审查，认为公司2000年度的关联交易严格按照关联交易协议执行，是公允、公正的，没有损害交易双方中任何一方的利益。

⑤本监事会经过认真审查，认为根据《公司高级管理人员股权激励机制实施细则》制定的激励分配方案符合规定，程序合法。

七、重要事项

1、重大诉讼、仲裁事项本年度公司没有重大诉讼、仲裁事项。

2、报告期内公司、公司董事及高级管理人员没有受监管部门处罚。

3、报告期内公司控股股东没有变更，公司董事会没有换届改选，公司总经理、董事会秘书没有变更。

4、报告期内，公司没有收购及资产出售情况。

5、重大关联交易事项为维护本公司全体股东的利益，本公司的控股股东安玻公司在《放弃竞争和利益冲突的承诺函》中作出了以下承诺：安玻公司与本公司发生的无法避免的关联交易必须按正常的商业条件进行，安玻公司不得要求或接受本公司给予任何优于在一项市场公平交易中的第三者给予的条件。主要的关联方交易如下：

(1)、1998年10月9日，本公司与安玻公司签订了《综合服务协议》，1999年4月23日签订《关联交易协议之补充修改协议》。依照协议，安玻公司向本公司提供相应的辅助性生产服务及生活后勤服务，对辅助性生产服务按公平的市场价格收费。主要有：报告期内购买安玻公司燃料动力，交易价格按成本价，累计交易金额292,320,619.56元，以货币性资金方式结算。

(2)、购入安玻公司固定资产35,973,179.08元，交易价格按帐面值购买，以货币性资金方式结算。

(3)、购买安玻公司原材料99,100,011.51元，交易价格按成本价购买，以货币性资金方式结算。

(4)、出售给安玻公司原材料259,676,656.37元，交易价格成本价出售，以货币性资金方式结算。

以上交易，双方均不产生交易收益。

(5)、安玻公司委托安彩高科加工配套出口产品136,447,647.11元，交易价格按协议价格购买，取得加工收益47,567,156.00元。

6、公司与控股股东之间的"三分开"情况本公司从改制始就按照中国证监会的有关规定，实行了人员、资产、财务方面的三分开，有关情况如下：

(1)在人员方面，本公司在劳动、人事及工资管理等方面是独立的；经理、副经理等高级管理人员是在本公司领取薪金，在股东单位不担任重要职务；

(2)在资产方面，本公司拥有独立的生产系统、辅助生产系统和配套设施，其动力供应和运输由安玻公司提供，本公司已与安玻公司就此签定了《综合服务协议》和《关联交易协议之补充修改协议》，并严格按照此协议有偿使用；工业产权、商标、非专利技术等无形资产由本公司拥有；本公司拥有独立的采购和销售系统；

(3)在财务方面，本公司设立了独立的财务部门，并建立了独立的会计核算体系和财务管理制度；独立在银行开户，独立按章纳税。

7、承诺事项本公司的控股股东安玻公司于1999年6月16日在《中国证券报》、《上海证券报》和《证券时报》上刊登的《招股说明书概要》中承诺"安玻公司在经营业务中，将不利用对本公司的控股地位转移利润或从事其他行为来损害本公司及众多小股东的利益；不以任何方式直接或间接地进行或参与与本公司相竞争的任何其他业务活动；与本公司发生的无法避免的关联交易必须按正常的商业条件进行，安玻公司不得要求或接受本公司给予任何优于在一项市场公平交易中的第三者给予的条件；安玻公司充分尊重本公司的独立法人实体地位，保证本公司独立经营、自主决策。在本公司召开股东大会和董事会期间，将按法定程序切实保障中小股东的利益"。

报告期内，安玻公司严格履行了上述承诺义务，没有任何损害本公司及中小股东利益的行为。

8、根据本公司申请，河南省财政厅下发豫财税政[2001]03号文件批准同意对本公司企业所得税继续实行先按33%法定税率征收，再返还18%的优惠政策止2001年12月31日。

9、报告期内，本公司续聘亚太集团会计师事务所为本公司审计单位。

10、本公司在报告期内未向任何一家单位提供担保。

11、报告期内公司没有改名，股票简称仍为"安彩高科"。

八、财务会计报告

1、审计报告

审计报告

亚会审字(2001)9号

河南安彩高科股份有限公司全体股东：

我们接受委托，审计了贵公司2000年12月31日的资产负债表和合并资产负债表、2000年度的利润及利润分配表和合并利润及利润分配表以及现金流量表和合并现金流量表。上述会计报表由贵公司负责，我们的责任是对上述会计报表发表审计意见。我们的审计是依据《中国注册会计师独立审计准则》进行的。在审计过程中，我们结合贵公司实际情况，实施了包括抽查会计记录等我们认为必要的审计程序。

我们认为，上述会计报表符合《企业会计准则》和《股份有限公司会计制度》的有关规定，在所有重大方面公允地反映了贵公司2000年12月31日的财务状况及2000年度的经营成果和现金流量情况，会计处理方法的选用遵循了一贯性原则。

亚太集团会计师事务所有限公司

中国注册会计师：王红奎

中国·北京　　中国注册会计师：郭德功

二零零一年二月二十六日

2、会计报表（附后）

3、会计报表附注

一、公司简介

河南安彩高科股份有限公司（以下简称"本公司"）是经河南省人民政府以豫股批字(1998)36号文批准，由河南安阳彩色显像管玻壳有限公司（以下简称"安玻公司"）、安阳利浦简仓工程有限公司、河南省安阳荧迪化工有限责任公司、安阳市文峰研磨材料厂、河南安阳彩色显像管玻壳有限公司实业开发公司五家共同发起，以发起设立方式，于1998年9月21日成立的股份有限公司，其时总股本为26000万股。1999年6月本公司经中国证监会批准，通过上海证券交易所发行社会公众股18000万股，总股本扩大为44000万股。

本公司股票代码：600207。

注册登记号：豫工商企4100001004435

注册资本：人民币44000万元

经营范围：生产、销售彩色显像管玻壳、彩色显示器玻壳、研究开发电子特种玻璃新产品。

公司注册地：中国河南省郑州高新技术产业开发区金梭路19号

二、公司主要会计政策、会计估计和合并会计报表的编制方法

1. 会计制度：本公司执行《股份有限公司会计制度》及其补充规定。

2. 会计年度：本公司会计年度为公历年度，即元月一日至十二月三十一日。

3. 记账本位币：本公司以人民币(RMB)为记账本位币。

4. 记账基础和计价原则：本公司采用权责发生制为记账基础，资产计价遵循历史成本原则。

四、控股子公司及合营企业

截止至2000年12月31日，本公司所控制的子公司及合营企业情况如下：

被投资单位名称	经营范围	注册资本	投资额	持股比例
北京安彩科技风险投资有限公司	高新技术产业投资风险投资咨询	200,000,000	196,000,000	98%

说明：根据亚太集团会计师事务所有限公司亚会验字(2000)第103号验资报告，对北京安彩科技风险投资有限公司的投资为196,000,000.00元，工商登记时间为2000年8月2日，工商注册登记机关北京市工商行政管理局。

五、合并会计报表主要项目注释

1、货币资金：

项目	期初数	期末数
现金	2,163.68	156,678.38
银行存款	252,858,719.97	512,672,937.23
其他货币资金		
合计	252,860,883.65	512,829,615.61

说明：

(1)、银行存款中美元户余额为8,708,271.88元，期末外币汇率为8.2781，折合人民币72,087,945.45元。

(2)、货币资金期末数比期初数增加1.03倍，主要是销售收入增加所致。

2、短期投资：

项目	期初数		期末数	
	投资金额	跌价准备	投资金额	跌价准备
股票投资	15,829,297.50		18,297,322.88	
其他投资				
合计	15,829,297.50		18,297,322.88	

3、应收票据：

截止2000年12月31日应收票据余额707,548,149.53元，其中商业承兑汇票188,364,816.62元，银行承兑汇票519,183,332.91元。

本期尚未到期质押的应收票据共计196,000,000.00元，其中：商业承兑汇票71,000,000.00元，银行承兑汇票125,000,000.00元。另外，本期尚未到期贴现的应收票据合计39,500,000.00元，全部为商业承兑汇票。

(1)、本期尚未到期贴现的应收票据情况如下：

出票单位	出票日期	到期日期	票面金额	备注
华飞彩色显示器有限公司	2000.10.25	2001.04.25	9,900,000.00	商业承兑汇票
华飞彩色显示器有限公司	2000.10.25	2001.04.25	9,900,000.00	商业承兑汇票
华飞彩色显示器有限公司	2000.10.25	2001.04.25	9,900,000.00	商业承兑汇票
华飞彩色显示器有限公司	2000.10.25	2001.04.25	9,800,000.00	商业承兑汇票
贴现的应收票据合计			39,500,000.00	

(2)、本期尚未到期质押的应收票据情况如下：

出票单位	出票日期	到期日期	票面金额	备注
华飞彩色显示器有限公司	2000.07.25	2001.01.25	9,000,000.00	商业承兑汇票
华飞彩色显示器有限公司	2000.07.25	2001.01.25	8,000,000.00	商业承兑汇票
华飞彩色显示器有限公司	2000.07.25	2001.01.25	9,000,000.00	商业承兑汇票
广东福地科技股份有限公司	2000.07.27	2001.01.25	10,000,000.00	银行承兑汇票
广东福地科技股份有限公司	2000.07.27	2001.01.25	10,000,000.00	银行承兑汇票
乐金曙光电子有限公司	2000.07.26	2001.01.25	5,000,000.00	银行承兑汇票
乐金曙光电子有限公司	2000.07.26	2001.01.25	5,000,000.00	银行承兑汇票
乐金曙光电子有限公司	2000.07.26	2001.01.26	5,000,000.00	银行承兑汇票
乐金曙光电子有限公司	2000.07.28	2001.01.27	5,000,000.00	银行承兑汇票
乐金曙光电子有限公司	2000.07.28	2001.01.27	5,000,000.00	银行承兑汇票
康佳集团股份有限公司	2000.08.07	2001.02.04	5,000,000.00	银行承兑汇票
康佳集团股份有限公司	2000.08.07	2001.02.04	5,000,000.00	银行承兑汇票
康佳集团股份有限公司	2000.08.07	2001.02.04	5,000,000.00	银行承兑汇票
南京熊猫电子股份有限公司	2000.08.11	2001.02.11	5,000,000.00	银行承兑汇票
南京熊猫电子股份有限公司	2000.08.11	2001.02.11	5,000,000.00	银行承兑汇票
南京熊猫电子股份有限公司	2000.08.11	2001.02.11	5,000,000.00	银行承兑汇票
康佳集团股份有限公司	2000.08.18	2001.02.18	5,000,000.00	银行承兑汇票
康佳集团股份有限公司	2000.08.18	2001.02.18	5,000,000.00	银行承兑汇票
康佳集团股份有限公司	2000.08.18	2001.02.18	5,000,000.00	银行承兑汇票
康佳集团股份有限公司	2000.08.18	2001.02.18	5,000,000.00	银行承兑汇票
华飞彩色显示器有限公司	2000.08.25	2001.02.25	9,000,000.00	商业承兑汇票
华飞彩色显示器有限公司	2000.08.25	2001.02.25	9,000,000.00	商业承兑汇票

华飞彩色显示器有限公司	2000.08.25	2001.02.25	9,000,000.00	商业承兑汇票
华飞彩色显示器有限公司	2000.08.25	2001.02.25	9,000,000.00	商业承兑汇票
华飞彩色显示器有限公司	2000.08.25	2001.02.25	9,000,000.00	商业承兑汇票
乐金曙光电子有限公司	2000.08.29	2001.02.25	5,000,000.00	银行承兑汇票
乐金曙光电子有限公司	2000.08.29	2001.02.25	5,000,000.00	银行承兑汇票
乐金曙光电子有限公司	2000.08.28	2001.02.26	5,000,000.00	银行承兑汇票
乐金曙光电子有限公司	2000.08.29	2001.02.26	5,000,000.00	银行承兑汇票
乐金曙光电子有限公司	2000.08.29	2001.02.26	5,000,000.00	银行承兑汇票
乐金曙光电子有限公司	2000.08.28	2001.02.27	5,000,000.00	银行承兑汇票
质押的应收票据合计			196,000,000.00	

4、应收账款：

(1)、账龄分析

账龄	期初数			期末数		
	金额	占比例	坏账准备	金额	占比例	坏账准备
一年以内	195,622,295.84	100%	9,781,114.79	429,597,498.24	100%	16,657,514.78
合计	195,622,295.84	100%	9,781,114.79	429,597,498.24	100%	16,657,514.78

说明：由于销售规模扩大应收账款相应增加。

(2)、应收账款余额中欠款金额前五名的单位：

单位名称	欠款金额	欠款时间	欠款原因
上海永新彩色显像管有限公司	128,682,626.18	一年以内	货款
华飞彩色显示器有限公司	120,803,631.58	一年以内	货款
乐金曙光电子有限公司	67,680,070.82	一年以内	货款
印度(郝特兰)	19,068,689.44	一年以内	货款
广东福地科技股份有限公司	18,247,651.23	一年以内	货款

(3)、应收账款中无持本公司5%(含5%)以上股份的股东单位的欠款。

5、其他应收款：

(1)、账龄分析

账龄	期初数			期末数		
	金额	占比例	坏账准备	金额	占比例	坏账准备
一年以内	24,304,181.83	100%	859,409.09	159,517,244.39	100%	638,762.27
合计	24,304,181.83	100%	859,409.09	159,517,244.39	100%	638,762.27

(2)、其他应收款余额中欠款金额前五名的单位：

单位名称	欠款金额	欠款时间	欠款原因
应返还的所得税 *	85,239,666.24	一年以内	应返还所得税
特华有限公司	60,000,000.00	一年以内	预付定金
广东粤京安移动资讯有限公司	6,500,000.00	一年以内	预付定金
北京京鹏宏志科技有限公司	1,500,000.00	一年以内	预付投资款
公司备用金	2,327,495.38	一年以内	备用金

(3)、其他应收款中无持本公司5%(含5%)以上股份的股东单位的欠款。其他应收款中包括应返还给本公司的企业所得税，2000年应返还企业所得税145,269,666.24元，已收到返还款60,030,000.00元，尚有85,239,666.24元未返还。

6、预付账款：

(1)、账龄分析

账龄	期初数		期末数	
	金额	比例(%)	金额	比例(%)
一年以内	4,537,820.51	95.27	23,871,329.70	98.49
一至两年			367,179.92	1.51
三年以上	225,145.51	4.73		
合计	4,762,966.02	100.00	24,238,509.62	100.00

说明：预付账款期末数比期初数增加的原因主要是本年预付材料款增加。

(2)、本项目中无持本公司5%(含5%)以上股份的股东单位的欠款。

(3)、预付账款余额中欠款金额前五名的单位：

单位名称	欠款金额	账龄	欠款原因
日本住友商事株式会社	4,450,477.11	一年以内	材料款
日本帝国电器公司	3,146,625.63	一年以内	材料款
德国飞利浦	1,722,600.00	一年以内	设备款
安津电子玻璃有限公司	1,500,000.00	一年以内	材料款
(广州)武汉秀珀化工有限公司	1,280,000.00	一年以内	维修工程款

7、存货及存货跌价准备：

项目	期初数		期末数	
	金额	跌价准备	金额	跌价准备
在途物资	27,576,241.86		14,380,846.61	
原材料	141,098,606.42	7,054,930.32	86,719,780.85	6,657,982.32
产成品	183,855,209.29		140,700,600.25	
自制半成品	4,122,652.93		2,438,357.20	
委托加工物资	19,473,354.26		3,780,318.47	
合计	376,126,064.76	7,054,930.32	248,019,903.38	6,657,982.32

说明：期末存货采用成本与可变现净值孰低法计价，按单项存货计提存货跌价准备，原材料库存减少是由于部分原材料采用零库存管理所致。

8、待摊费用：

项目	期初数	本期增加	本期减少	期末数
财产保险费	2,310,052.00	7,093,545.60	6,363,650.00	3,039,947.60
合计	2,310,052.00	7,093,545.60	6,363,650.00	3,039,947.60

9、固定资产及累计折旧：

固定资产类别	期初数	本期增加	本期减少	期末数
固定资产原值				
房屋建筑物	137,901,503.94	4,540,773.21		142,442,277.15
机器设备	1,402,494,608.21	38,488,322.98	13,647,487.49	1,427,335,443.70
电子设备	49,040,169.38	1,373,969.81	21,093.00	50,393,046.19
运输设备	237,364.13	325,382.46		562,746.59
其他设备	175,964,474.35	920,200.00	422,292.03	176,462,382.32
固定资产增值 *	135134,589.50			135,134,589.50
小计	1,900,772,709.51	45,648,648.46	14,090,872.52	1,932,330,485.45
累计折旧				
房屋建筑物	27,783,703.72	6,646,457.22		34,430,160.94
机器设备	530,250,348.60	134,931,534.14	10,723,308.83	654,458,573.91
电子设备	27,293,206.80	4,594,969.38	14,606.87	31,873,569.31
运输设备	213,627.72			213,627.72
其他设备	51,489,007.91	32,724,830.27	372,321.03	83,841,517.15
固定资产增值	25,940,718.83	12,479,299.56		38,420,018.39
小计	662,970,613.58	191,377,090.57	11,110,236.73	843,237,467.42
固定资产净值	1237,802,095.93			1,089,093,018.03

*公司设立时，对主发起人安玻公司投入本公司的资产按评估确认的价值调整了1998年9月30日的账面价值，其中固定资产评估增值124,792,995.11元，固定资产增值部分按10年计提折旧，每年计提固定资产折旧1248万元。

10、工程物资：

项目	期初数	本期增加	本期减少	期末数
国内设备	3,921,510.05		246,520.39	3,674,989.66
国外设备	8,140,621.87		3,211,168.12	4,929,453.75
预制桩	283,922.46		229,690.08	54,232.38
合计	12,346,054.38		3,687,378.59	8,658,675.79

11、在建工程：

项目	期初数	本期增加	本期转入固定资产数	其他减少	期末数
建筑工程	756,770.44	3,784,002.77	4,540,773.21		-
安装工程	3,012,976.83	17,090,397.36	19,631,600.68		471,773.51
预付工程价款	251,509.01	5,491,452.46		5,742,961.47	-
合计	4,021,256.28	26,365,852.59	24,172,373.89	5,742,961.47	471,773.51

说明：

(1)、本期增加的在建工程和转入固定资产的在建工程，主要是锥屏改造工程。

(2)、在建工程本期无资本化利息。

12、开办费：

类别	期初数	本期增加	本期摊销	期末数
开办费	34,868,737.90	1,082,488.23	11,867,559.70	24,083,666.43

13、短期借款：

借款类别	期初数	期末数	备注
担保借款	420,000,000.00	170,000,000.00	
合计	420,000,000.00	170,000,000.00	

14、应付票据：

(1)、本项目2000年12月31日余额比1999年12月31日增加128,573,648.93元，增幅65.10%，主要是因为本年生产规模扩大所需原材料增加及结算方式多采用应付票据。

(2)、本项目中无欠持本公司5%(含5%)以上股份的股东单位的款项。

15、应付账款：

账龄	期初数	期末数
一年以内	70,039,012.42	138,272,303.01

(1)、本项目期末数比期初数增加68,233,290.59元，增幅97%，主要是因为本年所需原材料增加所致。

(2)、本项目中无欠持本公司5%(含5%)以上股份的股东单位的款项。

16、应付福利费：截止2000年12月31日应付福利费余额34,913,365.06元，比期初数下降35.63%，下降的主要原因是应付福利费中包括公司改制设立时从主发起人安玻公司分来的职工奖励基金37,570,000元，根据本公司董事会决议以及职工代表团联席会议决议，将其划转给本公司的母公司安玻公司，由其统一办理职工集体福利事业。

17、应付股利：根据本公司第一届董事会十次会议决议提请股东大会批准的2000年度利润分配预案为向全体股东分配现金股利220,000,000.00元(含税)。

18、应交税金：

项目	期初数	期末数
增值税	10,721,048.91	4,160,990.06
企业所得税 *	53,534,663.63	96,350,107.86
城市维护建设税	2,823,217.72	2,387,692.50
其他	1,526,245.90	18,076,466.17
合计	68,605,176.16	120,975,256.59

*应交企业所得税按33%的税率计算。

19、其他应付款：

(1)、本项目期末数比期初数增加15,329,536.15元，其中包括应付股权激励基金13,060,000.00元。

(2)、本项目中无欠持本公司5%(含5%)以上股份的股东单位的款项。

20、预提费用：

项目	期初数	期末数
借款利息	3,398,011.60	5,940,932.83

21、股本：

项目	本次变动前	本次变动增减(+,-)					
		配股	送股	公积金转股	增发	其他	合计
一、未上市流通股份							
1、发起人股份	260,000,000						260,000,000
其中：国家持有股份	-						-
境内法人持有股份	260,000,000						260,000,000
境外法人持有股份	-						-
其他	-						-
2、募集法人股份	-						-
3、内部职工股	-						-
4、优先股或其他	-						-
其中：转配股	-						-
未上市流通股份合计	260,000,000						260,000,000
二、已上市流通股份	-						-
人民币普通股	180,000,000						180,000,000
境内上市的外资股	-						-
境外上市的外资股	-						-
其他	-						-
已上市流通股份合计	180,000,000						180,000,000
三、股份总数	440,000,000						440,000,000

22、资本公积：

项目	期初数	本期增加	本期减少	期末数
股本溢价	1,231,985,488.65			1,231,985,488.65

23、盈余公积：

项目	期初数	本期增加	本期减少	期末数
法定盈余公积	23,892,574.96	52,807,171.99		76,699,746.95
法定公益金	11,946,287.48	26,403,586.00		38,349,873.48
提取任意盈余公积 *		158,421,515.98		158,421,515.98
合计	35,838,862.44	237,632,273.97		273,471,136.41

*根据本公司章程和董事会第一届十次会议关于利润分配的预案，按本年度净利润的30%提取任意盈余公积金158,421,515.98元。

24、未分配利润：

项目	比例	2000年
本年净利润		528,071,719.93

加:年初未分配利润		115,086,887.12
可供分配的利润		643,158,607.05
减:提取法定盈余公积	10%	52,807,171.99
提取法定公益金	5%	26,403,586.00
可供股东分配的利润		563,947,849.06
减:提取任意盈余公积	30%	158,421,515.98
应付普通股股利		220,000,000.00
期末未分配利润		185,526,333.08

25、其他业务利润:

项目	2000年度	1999年度
其他业务收入:		
材料销售	143,405,366.56	118,013,799.26
工业性劳务	6,830,000.00	1,780,000.00
其他	137,367,209.51	437,183.02
合计	287,602,576.07	120,230,982.28
其他业务支出:		
材料销售	143,405,366.56	118,012,721.21
工业性劳务	6,830,000.00	1,780,000.00
其他	89,038,641.98	38,983.08
合计	239,274,008.54	119,831,704.29
其他业务利润	48,328,567.53	399,277.99

说明:2000年度其他业务利润比1999年度同期增加的主要原因是为安玻公司加工出口商品收取的加工费收入。

26、管理费用:

2000年度管理费用比1999年度增加135,832,815.90元,主要是由于:

(1)、随着本公司经营规模的扩大及管理人员编制增加以及经济效益大幅度提高,造成工资性费用大幅度增加;

(2)、支付研究开发费48,339,924.07元;

(3)、根据1999年度股东年会决议,按不高于本年净利润的3%提取股权激励基金13,060,000.00元。

27、财务费用:

项目	2000年度	1999年度
利息支出	41,365,963.77	25,012,704.05
减:利息收入	3,613,170.47	8,592,084.55
利息净支出	37,752,793.30	16,420,619.50
汇兑损失	518,255.84	856,742.63
减:汇兑收益	741,781.90	
汇兑净损益	−223,526.06	856,742.63
其他	341,005.12	198,400.04
合计	37,870,272.36	17,475,762.17

28、投资收益:2000年度投资收益5,350,481.86元,全部为短期投资收益。

29、所得税:

项目	2000年度
会计利润	649,129,657.89
应纳税所得额	807,053,701.28
差额	157,924,043.39
其中:纳税调整增加	157,924,043.39
纳税调整减少所得税	121,058,055.19

*2000年度所得税按实际税负15%计算。

30、支付的其他与经营活动有关的现金主要项目:

项目	现金流量
本公司职工借款	5,669,141.34
宣传费、邮资费和印刷费	4,199,481.65
办公房租费	450,000.00
会务费	878,940.19
审计费	800,000.00
交通费和交际费	436,236.96
职工差旅费	506,314.74

31、支付的其他与筹资活动有关的现金主要项目:

项目	现金流量
支付的企业住房公积金	11,372,493.00
对外现金捐赠	1,837,820.00
广告和宣传费	470,283.00
评估费	204,000.00

六、母公司会计报表主要项目注释

1、货币资金:

项目	期初数	期末数
现金	2,163.68	7,740.32
银行存款	252,858,719.97	358,818,283.45
合计	252,860,883.65	358,826,023.77

2、长期投资:

(1)、长期投资的类别:

项目	期初数	本期增加	本期减少	期末数
长期股权投资	196,000,000.00		5,744.49	195,994,255.51

(2)、长期股权投资明细:

被投资单位名称	投资期限	投资金额	占被投资单位注册资本比例	备注
北京安彩科技风险投资有限公司	50年	196,000,000	98%	详见附注四

3、主营业务收入:

项目	2000年度	1999年度
国内销售玻屏	1,077,526,646.46	530,865,664.54
国内销售玻锥	812,408,851.64	434,810,106.98
出口销售玻屏	110,956,174.24	
出口销售玻锥	105,694,930.39	
合计	2,106,586,602.73	965,675,771.52

4、主营业务成本:

项目	2000年度	1999年度
国内销售玻屏	626,552,786.27	301,821,909.16
国内销售玻锥	411,256,607.38	263,817,122.47
出口销售玻屏	69,300,161.50	
出口销售玻锥	65,449,481.14	
合计	1,172,559,036.29	565,639,031.63

七、关联方关系及其交易

1、存在控制关系的关联方:

关联单位	注册地址	主营业务	与本公司关系	经济性质	法人代表
安玻公司	安阳市中州路南段	产销彩色显像管玻屏、玻锥	本公司发起人	合资	李留恩
北京安彩科技风险投资公司	北京市海淀区白石桥路理工科技大厦1301室	高新技术产业投资;风险投资咨询	子公司	合资	李留恩

2、存在控制关系的关联方注册资本及其变化:

关联单位	期初数	本期增加	本期减少	期末数
安玻公司	648,090,000.00			648,090,000.00
北京安彩科技风险投资公司	200,000,000.00			200,000,000.00

3、存在控制关系的关联方所持本公司股份及其变化:

关联单位	期初数	比例(%)	本期增加	本期减少	期末数	比例(%)
安玻公司	259,160,000.00	58.90			259,160,000.00	58.90

4、不存在控制关系的关联方:

关联单位	与本公司关系
河南省新乡安玻化工材料厂	同一母公司
安彩集团成都电子玻璃有限公司	同一母公司
安玻实业开发公司同一母公司彩玻宾馆	同一母公司
文峰研磨材料厂	同一母公司
安彩集团安津电子玻璃有限公司	同一母公司

5、存在控制关系的关联方交易:为维护本公司全体股东的利益,本公司的控股股东安玻公司在《放弃竞争和利益冲突的承诺函》中作出了以下承诺:安玻公司与本公司发生的无法避免的关联交易必须按正常的商业条件进行,安玻公司不得要求或接受本公司给予任何优于在一项市场公平交易中的第三者给予的条件。主要的关联方交易如下:

(1)1998年10月9日,本公司与安玻公司签订了《综合服务协议》,1999年4月23日签订《关联交易协议之补充修改协议》。依照协议,2000年安玻公司向本公司提供相应的辅助性生产服务及生活后勤服务,对辅助性生产服务按公平的市场价格收费。主要有:

A、能源动力供应:安玻公司向本公司提供包括生产及生活所需的水、电、气等能源动力产品及服务,其费用292,320,619.56元,占本公司2000年外购的100%。

B、运输服务:2000年安玻公司向本公司提供本公司在生产过程中所需的运输服务,其费用29,002,818.94元,占本公司2000年外购的100%。

C、2000年本公司向安玻公司提供模具、零备件的供应及其检修服务7,991,100.00元。

D、2000年本公司向安玻公司支付仓库租赁费885,720.00元。以上服务定价顺序:采用国家统一定价;无国家定价的,参照同类国内同行业或河南省、安阳市其他单位收取的市场价格,具体市场价格经双方协商确定;无上述价格的,按提供服务一方的实际成本确定服务价格。采用该标准的,单位成本价每年增长幅度不得超过河南省或安阳市政府统计部门公布的上一年平均物价上涨指数的5%。

(2)、本公司向安玻公司租赁两条锥生产线和模具中心的厂房,2000年付给安玻公司租金人民币280万元。

(3)、本公司向安玻公司有偿租用土地使用权,面积为32,928.59平方米,2000年本公司向安玻公司支付土地使用费10.8万元。

(4)、2000年本公司向安玻公司采购材料99,100,011.51元(成本价)。

(5)、2000年本公司向安玻公司销售材料259,676,656.37元(成本价)。

(6)、2000年本公司从安玻公司购入固定资产35,973,179.08元(账面值)。

(7)、2000年本公司向安玻公司出售固定资产6,496,869.62元(账面值)。

6、关联单位往来款项余额:

往来项目	关联单位	金额	占该项目比例	经济内容
其他应收款	安彩集团成都电子玻璃有限公司	1,908,750.00	1.20%	主要为销售材料款
预付账款	安彩集团成都电子玻璃有限公司	1,500,000.00	6.20%	预付采购材料款
预付账款	新乡安玻化工材料厂	1,022,000.00	4.20%	预付采购材料款
应付账款	安玻实业开发公司	2,909,350.04	2.10%	采购材料款
应付账款	彩玻宾馆	2,397,904.09	1.73%	应付服务费

八、或有事项或承诺事项本公司没有应披露而未披露的或有事项。

九、资产负债表日后事项

本公司2000年度实现净利润528,071,719.93元。根据公司章程的规定,按净利润的10%提取法定盈余公积金52,807,171.99元、按净利润的5%提取法定公益金26,403,586.00元、按净利润的30%提取任意盈余公积金158,421,515.98元后,加上上年度结转的未分配利润115,086,887.12元,本年度实际可供股东分配的利润为405,526,333.08元。根据公司第一届第十次董事会决议,本年度利润分配拟以2000年末股本总数440,000,000股为基数,向全体股东按每10股派发现金红利5元(含税),共计派发现金220,000,000元,剩余185,526,333.08元结转下一年度。以上分配预案提请本公司2000年度股东大会审议表决。

九、公司的其它有关资料

1、公司首次注册或变更注册登记日期、地点:

公司于1998年9月21日在河南省工商行政管理局办理了首次注册登记

公司于2000年7月4日在河南省工商行政管理局办理了变更注册登记

2、法人营业执照注册号:4100001004435;

3、税务登记号:41051170678656X;

4、未流通股票的托管机构:上海证券中央登记结算公司;

5、公司1999年股票发行主承销商:中国东方信托投资公司;

6、公司聘请的会计师事务所:亚太集团会计事务所;

办公地址:河南省郑州市红专路84号实力大厦

十、备查文件

1、载有法定代表人、财务部长、主管会计签名并盖章的本公司会计报表;

2、载有会计师事务所、注册会计师签名并盖章的本公司审计报告原件;

3、本公司第一届董事会第十次会议决议原件及在《中国证券报》、《上海证券报》上刊登的原稿。

河南安彩高科股份有限公司

2001年2月28日

中宝戴梦得投资股份有限公司

一、公司简介

(一)、公司的法定中文名称:中宝戴梦得投资股份有限公司

公司的法定英文名称:SINO-DIAMENDGEMS&JEWELLERY INVESTMENT CO.,LTD.

(二)、公司法定代表人:李荣

(三)、公司董事会秘书:钱春 地址:浙江省嘉兴市禾兴路366号戴梦得大厦七楼

北京西城区金融大街23号平安大厦11层 联系电话:0573-2093599

传真:05732-2093599;010-66214186 电子信箱:sinodiamend@china-diamend.com

公司证券事务代表:高磊 联系地址:浙江嘉兴禾兴路366号戴梦得大厦七楼联系电话及传真:0573-2093599

(四)、公司注册地址:浙江嘉兴禾兴路366号 邮编:314000

公司办公地址:浙江省嘉兴市禾兴路366号戴梦得大厦

北京西城区金融大街23号平安大厦11层 邮编:100032

电子信箱:sinodiamend@china-diamend.com 网址:http://www.sino-diamend.com

(五)、公司信息披露报纸:《中国证券报》

登载公司年报的中国证监会指定国际互联网网址:http://www.sse.com.cn

年度报告备置地点:浙江嘉兴禾兴路366号戴梦得大厦七楼公司证券部

(六)公司股票上市地:上海证券交易所 股票简称:戴梦得 股票代码:600208

二、会计数据和业务数据摘要

(一)、本年度实现利润情况(单位:元)

利润总额	73,538,504.51
净利润	45,390,857.75
扣除非经常性损益后的净利润	37,331,323.79
主营业务利润	97,633,716.65
其它业务利润	-1,162,433.80
营业利润	-51,391,114.11
投资收益	59,870,084.66
补贴收入	57,982,619.95
营业外收支净额	7,076,914.01
经营活动产生的现金流量净额	185,949,908.75
现金及现金等价物净增加额	187,847,625.15

扣除非经常性损益项目如下(单位:人民币元):

8,059,533.96

a、资产处置损益	6,107,125.21
b、补贴收入	982,619.95
c、罚金	158,588.46
d、其他	811,200.34

(二)、截止报告期末前三年的主要会计数据和财务指标:

指标项目	2000年	1999年	1998年 调整后	1998年 调整前
主营业务收入	1,155,888,937.52	668,382,343.66	614,367,883.60	608,689,830.70
净利润	45,390,857.75	54,895,039.83	20,042,035.55	33,748,219.94
总资产	2,226,028,633.72	1,181,276,382.44	712,488,166.01	731,675,298.78
股东权益(不含少数股东权益)	578,363,698.00	563,306,787.54	179,738,633.57	204,496,921.87
每股收益(摊薄)	0.22	0.26	0.14	0.23
(加权)	0.22	0.31		
扣除非常性损益后的每股收益	0.18	0.16	0.14	0.23
每股净资产	2.77	2.69	1.25	1.42
调整后的每股净资产	2.64	2.63	1.19	1.18
每股经营活动产生的现金流量净额	0.89	0.43	-0.34	-0.34

注:主要财务指标的计算方法每股收益=净利润/年度末普通股股份总数每股净资产=年度末股东权益/年度末普通股股份总数

调整后的每股净资产=(年度末股东权益—三年以上的应收款项净额—待摊费用—待处理(流动、固定)资产净损失—开办费—长期待摊费用—住房财转金负数余额)/年度末普通股股份总数

每股经营活动产生的现金流量净额=经营活动产生的现金流量净额/年度末普通股股份总数净资产收益率=净利润/年度末股东权益×100%

(三)净资产收益率和每股收益

报告期利润	净资产收益率(%) 全面摊薄	净资产收益率(%) 加权平均	每股收益(元) 全面摊薄	每股收益(元) 加权平均
主营业务利润	16.88	16.66	0.47	0.47
营业利润	-8.89	-8.77	-0.25	-0.25
净利润	7.85	7.75	0.22	0.22
扣除非经常性损益后净利润	6.45	6.37	0.18	0.18

注:计算公式依据中国证监会《公开发行证券公司信息披露编报规则(第9号)》通知。

三、股本变动和主要股东持股情况

(一)、股本变动情况(数量单位:万股)

(二)、股东情况介绍

1、截止2000年12月31日,公司股东总数37841户。

2、公司前十名股东持股情况:

股东名称	年度内股份增减变动	年末持股数(万股)	占总股份比例(%)
(1)中国地矿宝石总公司	0	2300	11.01
(2)戴梦得实业发展有限公司	0	1600	7.66
(3)浙江新湖集团股份有限公司	0	1500	7.18
(4)嘉兴商业集团股(集团)有限公司	0	1433.9761	6.86
(5)上海涌金实业有限公司	0	677.0261	3.24
(6)浙江省商业集团公司	0	642.25	3.08
(7)深圳东海潮投资发展有限公司	0	525	2.52
(8)浙江省钱江生物化学股份有限公司	0	315	1.51
(9)湖南省成功企业集团有限公司	0	210	1.01
(10)浙江天杭实业有限公司	0	208	0.99

注:A、上述股东中代表国家持股的是嘉兴商业集团控股(集团)公司,中国地矿宝石总公司所持股份为国有法人股,其余均为社会法人股。

罗顿发展股份有限公司

一、公司简介

(一)公司法定中文名称:罗顿发展股份有限公司

中文缩写:罗顿发展公司

法定英文名称:LAWTON DEVELOPMENT CO.,LTD.

英文缩写:LAWTON DEVELOPMENT

(二)公司法定代表人:李维先生

(三)公司董事会秘书及授权代表:韦胜杭先生、韦钟先生

联系地址:海南省海口市人民大道68号

电话:(0898)6258868

传真:(0898)6254868

邮政编码:570208

电子信箱:golden@public.hk.hi.cn

(四)公司注册地址及办公地址:海南省海口市人民大道68号

邮政编码:570208

公司国际互联网网址:http://www.lawtonfz.com.cn

公司电子信箱:golden@public.hk.hi.cn

(五)公司选定的信息披露报纸名称:上海证券报

登载公司年度报告的中国证监会指定国际互联网网址:

http://www.sse.com.cn

年度报告备置地点:公司年度报告备置于公司办公地址,以供股东及投资者查询。

(六)公司股票上市交易所、股票简称和股票代码:

公司股票上市交易所:上海证券交易所

股票简称:罗顿发展

股票代码:600209

二、会计数据及业务数据摘要

(一)公司本年度实现的利润总额	78,369,178.59元
其中:净利润	61,657,043.70元
扣除非经常性损益后的净利润	61,388,898.68元
主营业务利润	104,975,473.24元
营业利润	76,485,076.48元
投资收益	1,467,616.58元
营业外收支净额	416,485.53元
经营活动产生的现金流量净额	31,993,969.71元
现金及现金等价物净增加额	191,965,351.14元

扣除的非经常性损益项目计268,145.02元,其中,合并价差摊销-143,084.98元,固定资产处置收益411,230.00元。

(二)公司前三年主要会计数据和财务指标:

项目	2000年	1999年	1998年 调整前	1998年 调整后
主营业务收入(元)	343,665,907.52	189,030,946.00	153,764,471.81	153,764,471.81
净利润	61,657,043.70	50,007,110.75	45,092,686.69	45,407,051.17
总资产	918,011,393.70	656,382,279.57	374,491,710.54	362,898,906.67
股东权益(元)(不含少数股东权益)	532,100,786.18	485,177,608.98	138,402,207.68	130,091,158.66
每股收益(元)	0.2615	0.3182	0.4208	0.4237
每股收益(加权)	0.2942	0.3360	0.4637	0.4669
扣除非经常性损益后的每股收益(元)	0.2604	0.2460	0.4208	
0.4237 每股净资产	2.2571	3.0871	1.2915	1.2140
调整后的每股净资产	2.2502	3.0764	1.2861	1.2085
每股经营活动产生的现金流量净额(元)	0.1357	-0.1149	-0.3482	-0.3482
净资产收益率	11.591	0.313	2.583	4.90

注:调整前为未计提四项准备数据;调整后为提取四项准备数据。

三、股东情况

1、报告期末股东总数为8415户。其中,未流通法人股股东5户,流通股股东8410户。

2、报告期末,本公司前10名股东持股情况列示如下: 单位:万股

股东名称	期初数	期末数	占总股本比例(%)
(1)海南黄金海岸集团有限公司	7008.3453	10512.5179	44.59
(2)海口金海岸罗顿国际旅业发展有限公司	2143.2249	3214.8374	13.64
(3)海口黄金海岸技术产业投资有限公司	814.4254	1221.638	15.18
(4)海口国能物业发展有限公司	535.8062	803.7093	3.41
(5)普丰基金	0	438.9820	1.86
(6)裕隆基金	0	431.7428	1.83
(7)海南大宇实业有限公司	214.3225	321.4837	1.36
(8)国信证券	37.9100	284.9025	1.21
(9)兴安基金	0	254.4350	1.08
(10)普惠基金	94.4400	146.1280	0.62

注:1、前10名股东中集团公司和旅业公司存在关联关系;

2、持有本公司5%(含5%)以上股份的股东情况:持有本公司5%(含5%)以上股份的股东情况如重要事项(十)所述。报告期内,上述三公司所持有的股份于2000年8月23日质押给了中国光大银行海口支行,质押期限为2000年8月31至2001年5月30日。

四、股东大会简介

(一)1999年年度股东大会:

1、2000年3月6日,在《上海证券报》和《中国证券报》刊登了召开公司一届九次董事会决议公告暨召开1999年年度股东大会的公告。

2、2000年4月8日上午,公司1999年年度股东大会在海口市人民大道68号公司本部举行。

3、公司1999年年度股东大会决议公告于2000年4月11日在《上海证券报》和《中国证券报》上刊登。

上海紫江企业集团股份有限公司

一、公司简介

(一)公司法定中文名称:上海紫江企业集团股份有限公司
公司法定英文名称:SHANGHAI ZI JIANG ENTERPRISE GROUP CO.,LTD
公司英文名称缩写:ZJQY
(二)公司法定代表人:郭峰
(三)公司董事会秘书:高军
证券事务代表: 黄冰 联系电话:(021)64921636 转 602
联系地址:上海市沪闵路 5481 号 传真:(021)64981861
(四)公司注册及办公地址:上海市沪闵路 5481 号 邮编:201100
电子信箱:zjqy@zijiangqy.com 公司网址:http://www.zijiangqy.com
(五)公司信息披露报纸:上海证券报、中国证券报、证券时报
登载公司年度报告的国际互联网网址:http://www.sse.com.cn
年度报告备置地点:上海沪闵路 5481 号公司证券部
(六)公司股票上市地:上海证券交易所 股票简称:紫江企业 股票代码:600210

二、会计数据和业务数据摘要

(一)本年度主要利润指标(单位:人民币元)

利润总额	194,194,628.67
净利润	151,579,634.79
扣除非经常损益后的净利润(注)	148,107,633.19
主营业务利润	238,654,856.79
其他业务利润	5,239,162.99
营业利润	151,308,154.21
投资收益	40,008,606.93
补贴收入	1,978,829.39
营业外收支净额	899,038.14
经营活动产生的现金流量净额	229,779,586.98
现金及现金等价物净增加额	-68,456,046.75

注:"扣除非经常损益后的净利润"一栏中扣除的项目如下:

新股申购冻结资金利息本期摊销额为 969,061.37 元;赔偿及罚款收入 524 , 110.84 元;补贴收入 1,978,829.39 元;以上金额合计为 3,472,001.60 元。

(二)截止报告期末公司前三年主要会计数据及财务指标(单位:人民币元)

财务指标名称	2000 年	1999 年	1998 年
主营业务收入	802,524,387.11	591,552,888.42	363,414,033.82
净利润	151,579,634.79	120,576,414.51	82,659,423.02
总资产	2,169,256,270.39	1,688,105,718.87	802,539,720.40
股东权益	968,705,837.36	914,146,202.57	238,140,119.50
(不含少数股东权益)			
每股收益(摊薄)	0.469	0.373	0.52
每股收益(加权)	0.469	0.44	0.52
扣除非经常性损益后的每股收益	0.458	0.37	
每股净资产	2.995	2.83	1.48
调整后的每股净资产	2.95	2.80	1.43
每股经营活动产生的现金流量净额	0.71	0.39	0.56
净资产收益率	15.65%	13.19%	34.71%

注 1:1998 年度股本按 160,705,107 股,1999、2000 年度股本按 32340 万股计算

注 2:以上数据和指标均按合并会计报表数填列、计算

注 3:根据中国证监会《公开发行证券公司信息披露编号细则(第 9 号)》要求计算的利润数据如下:

报告期利润	净资产收益率		每股收益	
	全面摊薄	加权平均	全面摊薄	加权平均
主营业务利润	24.64%	25.79%	0.738	0.738
营业利润	15.62%	16.35%	0.468	0.467
净利润	15.65%	16.38%	0.469	0.469
扣除非经常性损益后的净利润	15.29%	16.01%	0.458	0.458

三、股东情况介绍

(一)报告期末股东总数:30160

(二)公司前十位股东情况:

名次	股东名称	年末持股数	占总股份比例(%)
1	紫江集团	152337600	47.11
2	王申氏达投资(香港)有限公司	84632000	26.17
3	同振贸易	798573	0.25
4	李阿巧	785349	0.24
5	王祯长	528000	0.16
6	伊思丽	476800	0.15
7	华都企业	476800	0.15
8	紫都置业	476800	0.15
9	林观英	339735	0.11
10	马余龙	312600	0.10

上述股东中除紫江集团、王申氏达投资(香港)有限公司、伊思丽、华都企业及紫都置业所持股份未上市流通外,其余均为流通股。

报告期内,持有公司 5%以上股份的股东没有增减变化,也未有冻结或质押的情况。

四、股东大会简介

本报告期内,公司共召开三次股东大会,通过 12 个决议。

1、公司第二次(暨九九年年度)股东大会于 2000 年 3 月 29 日在上海市延安西路 2000 号召开,出席会议股东及股东代理人 357 名,代表股份 239,150,473 股,占有表决权总股份的 73.95%。会议审议并通过了如下事项:

(1) 1999 年度董事会工作报告
(2) 1999 年度监事会工作报告
(3) 1999 年度财务决算及 2000 年度财务预算报告
(4) 1999 年度利润分配预案
(5) 关于修改公司章程部分条款的议案
(6) 关于聘任 2000 年度会计师事务所的议案

上述决议内容刊登在 2000 年 3 月 30 日的《中国证券报》、《上海证券报》及《证券时报》上。

西藏诺迪康药业股份有限公司

一、公司简介

1、公司法定名称:中文:西藏诺迪康药业股份有限公司
英文:TIBET RHODIOLA PHARMACEUTICAL HOLDING CO.
2、公司法定代表人:陈达彬先生
3、公司董事会秘书:高自力先生 联系地址:(1)拉萨市北京中路 93 号
联系电话:(0891)6837756 联系传真:(0891)6837749
(2)成都市中新街 49 号锦贸大厦 18 楼 联系电话:(028)66539156656600-265
联系传真:(028)6653915 电子信箱:security@tibetndk.com
4、公司注册地址:拉萨市宇拓路 71 号公司办公地址:
(1)拉萨市北京中路 93 号 邮政编码:850000
(2)成都市中新街 49 号锦贸大厦 18 楼 邮政编码:610016
公司电子信箱:master@tibetndk.com
5、公司选定的信息披露报纸:《中国证券报》、《上海证券报》
登载公司年度报告的中国证监会指定国际互联网址:http://www.sse.com.cn
公司年度报告备查地点:公司证券部
6、公司股票上市交易所:上海证券交易所 股票简称:西藏药业 股票代码:600211

二、会计数据和业务数据摘要

1、公司本年度主要会计数据(单位:人民币元)

	2000 度	1999 度	同比+—%
利润总额	35,947,831.65	37,376,680.50	-3.82
净利润	35,721,759.76	33,074,986.57	8.00
扣除非经常性损益后的净利润	33,457,834.37	31,087,899.88	7.62
主营业务利润	69,263,116.49	66,939,171.61	3.47
其他业务利润	2,857,171.98	980,135.67	191.51
营业利润	34,399,469.10	32,317,780.33	6.44
投资收益	-810,000.00		
补贴收入		3,839,690.07	-100
营业外收支净额	2,358,362.55	1,219,210.10	93.43
经营活动产生的现金流量净额	20,555,027.96	2,246,631.42	814.93
现金及现金等价物增加额	-97,962,970.94	158,928,436.28	-161.64

注:扣除的非经常性损益项目和涉及金额:系分摊发行新股申购冻结资金利息增加的利润。2000 年度为 2,263,925.39 元,1999 年度为 1,987,086.69 元。

2、公司前三年主要会计数据和财务指标(单位:人民币元)

指标项目	2000 年度	1999 年度	1998 年度(调整后)	1998 年度(调整前)
主营业务收入	83,122,877.26	82,966,800.82	78,114,399.80	78,114,399.80
净利润	35,721,759.76	33,074,986.57	28,688,991.15	31,929,644.40
总资产	528,360,907.24	436,441,044.86	168,311,127.60	172,656,099.59
股东权益	401,043,937.24	389,708,661.48	96,633,674,91	100,978,646.90
每股收益(摊薄)	0.29	0.27	0.37	0.41
每股收益(加权)	0.29	0.34	0.37	0.41
扣除非经常性损益后的每股收益	0.273	0.254	0.37	0.41
每股净资产	3.27	3.18	1.25	1.30
调整后的每股净资产	3.18	3.12	1.23	1.29
每股经营活动产生的现金流量净额	0.168	0.02	0.16	0.16
净资产收益率	8.91	8.49	29.69	31.62
扣除非经常损益后净资产收益率(%)	8.34	7.98	29.69	31.62

3、本年度利润表附表

报告期利润	净资产收益率(%)		每股收益	
	全面摊薄	加权平均	全面摊薄	加权平均
主营业务利润	17.27	16.53	0.565	0.565
营业利润	8.58	8.21	0.28	0.28
净利润	8.91	8.53	0.29	0.29
扣除非经常性损益后的净利润	8.34	7.99	0.273	0.273

注:①2000 年度、1999 年度 7--12 月总股本按 122600 万股计算,1999 年度 1--6 月、1998 年度总股本按 7760 万股计算。

②主要财务指标计算方法:

每股收益=净利润/年度末普通股股份总数

每股净资产=年度末股东权益/年度末普通股股份总数

调整后的每股净资产=[年度末股东权益-三年以上的应收款净额-待摊费用-待处理(流动、固定)资产净损失-开办费-长期待摊费用-住房周转金负数余额]/年度末普通股股份总数

三、股本变动及股东情况

(一)股本变动情况

(二)股东情况介绍 1、报告期末股东总数 28070 户

2、前 10 名股东持股情况

股东名称	年末持股数(股)	占总股东(%)
(1) 西藏华西药业(集团)有限公司	69920000	57.03
(2) 西藏自治区藏药厂	3840000	3.13
(3) 汉盛基金	2000459	1.63
(4) 西藏自治区科技开发中心	1920000	1.57
(5) 汉兴基金	1703575	1.39
(6) 西藏科龙建材有限责任公司	1280000	1.04
(7) 泰和基金	739915	0.60
(8) 西藏科光太阳能工程技术有限责任公司	640000	0.52
(9) 天发投资	613168	0.50
(10)王化伦	211700	0.17

本公司前十名股东中第一、第二、第四、第六、第八名股东为发起人股东,其所持股份均为国有法人股。西藏华西药业(集团)有限公司持有本公司股份超过 5%。该公司在本报告年度内无股份增减变动,所持股份无质押,或冻结情况发生。

3、西藏华西药业(集团)有限公司在拉萨注册,法定代表人:陈达彬先生;其经营范围:藏药天然药物制剂、医疗器械、卫生保健品;出口业务:藏药、中成药、保健食品;进口:西藏产品、原料药、保健食品、医疗器械、保健用品、化妆品。

山东江泉实业股份有限公司

一、公司介绍

1、公司的法定中文名称：山东江泉实业股份有限公司
公司的英文名称：SHAN DONG JIANG QUAN INDUSTRY CO.,LTD.
英文名称缩写：JQSY
2、公司的法定代表人：王廷江
3、公司的董事会秘书及授权代表：厉建仁　王廷宝
联系地址：山东省临沂市罗庄区罗庄镇工业街东段
联系电话：0539--8246243
传真：0539--8241427
电子信箱：ljr@jiang-quan.com
4、公司的注册地址：山东省临沂市罗庄区罗庄镇龙潭路东
公司办公地址：山东省临沂市罗庄区罗庄镇工业街东段
邮政编码：276017
互联网址：http://www.jiang-quan.com
电子信箱：info@jiang-quan.com
5、公司的信息披露报纸：《中国证券报》、《上海证券报》
公司年报指定互联网址：http://www.sse.com.cn
公司年度报告备置地点：山东江泉实业股份有限公司证券部
6、公司股票上市交易所：上海证券交易所
股票简称：江泉实业
股票代码：600212

二、会计数据与业务数据摘要

1、本年度实现利润情况(单位：人民币元)

栏目	2000 年度
利润总额	125,281,155.57
净利润	87,468,698.39
扣除非经营性损益后的净利润	68,850,253.83
主营业务利润	130,622,163.11
其他业务利润	5,581,312.29
营业利润	106,662,711.01
投资收益	17,503.10
补贴收入	16,992,155.17
营业外收支净额	1,087,662.00
经营活动产生的现金流量净额	–40,119,756.24
现金及现金等价物净增加额	28,172051.87

注：非经营性损益包括投资收益 17,503.10 元、补贴收入 16,992,155.17 元、营业外收支净额 1,087,662.00 元、以前年度损益调整 521,124.29 元。

2、截至报告期末公司前三年主要会计数据和财务指标(单位：人民币元)

项目	2000 年	1999 年	1998 年
主营业务收入	799,303,223.59	533,942,778.15	416,696,469.61
净利润	87,468,698.39	76,193,994.07	44,102,464.68
总资产	1,105,654,506.04	981,621,871.82	593,544,245.34
股东权益(不含少数股东收益)	856,972,463.62	813,385,104.36	418,551,110.29
每股收益	0.40	0.348	0.269
每股净资产	3.91	3.71	2.55
调整后的每股净资产	3.88	3.65	2.48
每股经营活动产生的现金流量净额	–0.18	0.14	0.05
净资产收益率	10.2%	9.36%	10.54%

三、股本变动及股本情况

1、报告期末公司股东总数为 50991 户。
2、报告期末主要股东持股情况

	股东名称	持股数(万股)	占总股本比例(%)
1	山东华盛集团总公司	4480	20.45
2	山东省沂滨水泥厂	3936	17.97
3	山东罗庄集团总公司	1082	4.94
4	宝泉实业	550	2.51
5	陈修军	82	0.37
6	王秀英	82	0.37
7	王廷洲	80	0.37
8	岳西美	75	0.34
9	韩红	67.24	0.31
10	沈庆云	60	0.27

注：①前十名股东之间不存在关联关系。
②持有 5%以上股份的股东山东华盛集团总公司受让山东罗庄集团总公司所持 1480 万股法人股，其他未有变动。山东罗庄集团总公司因为下属企业担保承担连带责任，被山东省济南市中级法院冻结 1082 万股法人股。

四、股东大会简介

本年度股东大会情况：
1、山东江泉实业股份有限公司 1999 年度股东大会于 2000 年 5 月 28 日召开，经股东大会投票表决，通过了如下决议：
(1)审议并通过了《公司 1999 年度董事会工作报告》；
(2)审议并通过了《公司 1999 年度监事会工作报告》；
(3)审议并通过了《公司 1999 年度财务决算与 2000 年财务预算报告》；
(4)审议并通过了《1999 年度利润分配预案》。
(5)审议并通过了《修改公司章程的议案》。
(6)审议并通过了《变更募集资金投向的议案》。大会决议公告于 2000 年 5 月 30 日分别刊登于《上海证券报》和《中国证券报》。
2、山东江泉实业股份有限公司 2000 年度第一次临时股东大会于 2000 年 9 月 16 日召开，经临时股东大会投票表决，通过了如下决议：
(1)审议通过了选举王文光先生、于孝燕女士为公司董事议案和选举左洪涛先生、宋庆德先生为公司监事的议案。
(2)审议通过了出售沂滨水泥分公司资产的议案。大会决议公告于 2000 年 9 月 19 日刊登于《上海证券报》、《中国证券报》。

扬州亚星客车股份有限公司

一、公司简介

1　、公司法定中文名称：扬州亚星客车股份有限公司
公司英文名称：YANGZHOU YAXING MOTOR COACH CO.,LTD.缩写：YXMC
2、公司注册及办公地址：扬州市经济开发区扬子江中路 188 号
邮政编码：225009
公司国际互联网网址：http://www.yaxing.com
公司电子信箱：yz.yxmc@public.yz.js.cn
3、公司法定代表人：翟祝平
4、董事会秘书：张榕森
董事会证券事务代表：平长春
联系地址：扬州市经济开发区扬子江中路 188 号
联系电话：0514-7850400　、7882999-8120
传真：0514-7852329　　电子信箱：yz.yxmc@public.yz.js.cn
5、公司指定信息披露报纸：上海证券报
中国证监会指定国际互联网网址：http://www.sse.com.cn
公司中期报告备置地点：公司证券投资部
6、公司股票上市交易所：上海证券交易所
股票简称：亚星客车　股票代码：600213

二、会计数据和业务数据摘要

1、本年度利润总额及构成(单位：人民币万元)

利润总额	6735.92
其中：净利润	5452.84
扣除非经常性损益后的净利润	3825.94
主营业务利润	11949.54
其他业务利润	421.11
营业利润	6080.73
投资收益	1337.58
补贴收入	
营业外收支净额	–682.38
经营活动产生的现金流量净额	24536.95
现金及现金等价物净增加额	16667.52

注：扣除非经常性损益的项目为新股申购无效冻结资金利息 130 万元；股权投资收益 1337 万元；资金占用费 875 万元；合同违约金收入 40 万元；固定资产报废净损失–192 万元；一次性质量罚款–180 万元。

利润表附表：

报告期利润	净资产收益率(%)		每股收益(元/股)	
	全面摊薄	加权平均	全面摊薄	加权平均
主营业务利润	19.58%	19.54%	0.63	0.63
营业利润	9.97%	9.95%	0.32	0.32
净利润	8.94%	8.92%	0.29	0.29
扣除非经常性损益后的净利润	6.27%	6.26%	0.20	0.20

2、截止报告期末公司前三年主要会计数据及财务指标

指标项目	单位	2000 年度	1999 年度	1998 年度	
				调整前	调整后
主营业务收入	万元	91603.92	104058.98	89609.52	89609.52
净利润	万元	5452.84	5904.24	5027.54	4773.05
总资产	万元	116526.71	107235.67	67659.03	66555.39
股东权益	万元	61019.81	58416.98	20413.74	19310.09
全面摊薄每股收益	元	0.29	0.311	0.387	0.367
加权平均每股收益	元	0.29	0.361	0.387	0.367
扣除非经常性损益后的每股收益	元	0.20	0.305	0.387	0.367
每股净资产	元	3.21	3.07	1.57	1.49
调整后每股净资产	元	3.16	3.04	1.54	1.46
每股经营活动产生的现金净流量	元	1.29	–0.02	0.40	0.40
净资产收益率	%	8.94	10.11	24.63	24.72

三、股东情况介绍

(1)截止本报告期末股东总数为 40,323 户。
(2)本公司前 10 名大股东持股情况：

名次	股东名称	年度内增减	年末持股数(股)	占总股本比例	股权性质
1	亚星集团	0	128,572,500	67.67%	国家股
2	江扬船舶	0	428,200	0.23%	法人股
3	华钧	+370,000	370,000	0.20%	流通股
4	扬农集团	0	356,900	0.19%	法人股
5	扬州开发	0	356,900	0.19%	法人股
6	宋自庆	+287,918	287,918	0.15%	流通股
7	扬州冶金	0	285,500	0.15%	法人股
8	邓勇	+180,000	180,000	0.10%	流通股
9	王长虎	+170,000	170,000	0.09%	流通股
10	南京大明	+169,806	169,806	0.09%	流通股

注：持股 5%以上股份的股东所持有的股份没有发生质押、冻结等情况。前 10 名股东之间不存在关联关系。

四、股东大会简介

报告期内本公司共召开两次股东大会。
1、公司于 2000 年 5 月 18 日在扬州市新世纪大酒店召开了 1999 年度股东大会，与会股东及授权代表 12 人，代表股份 129,794,900 股，占公司总股本的 68.31%。会议通过了如下议案：《公司 1999 年度董事会工作报告》、《公司 1999 年度监事会工作报告》、《公司 1999 年度财务报告》、《公司 1999 年度利润分配方案》、《关于修改公司章程部分条款的议案》、《关于续聘江苏天衡会计师事务所为公司审计机构的议案》、《关于变更部分董事的议案》。本次股东大会决议公告刊登在 2000 年 5 月 19 日的《上海证券报》上。

长春经济技术开发区开发建设(集团)股份有限公司

一、公司简介

1、公司法定中文名称:长春经济技术开发区开发建设(集团)股份有限公司
公司法定英文名称:Changchun Economic & Technical Development Zone, Development and Construction(Group) Co., Ltd.
2、公司注册及办公地址:吉林省长春市自由大路118号　邮政编码:130031
电子信箱:ccjk@mail .cetdz.com.cn
3、公司法定代表人:江才
4、公司董事会秘书:杨永学　董事会证券事务代表:卢春
联系地址:吉林省长春市自由大路118号
联系电话:0431-4644225　传真电话:0431-4630035
5、公司信息披露报纸名称:《上海证券报》
登载公司年度报告的中国证监会指定国际互联网网址:　http://www. sse. com. cn
公司年度报告备置地点:公司证券部
6、公司股票上市的交易所:上海证券交易所
股票简称:长春经开　股票代码:600215

二、会计数据和业务数据摘要

1、本年度主要利润指标情况(单位:人民币元)

本年度实现的利润总额:	195,515,542.99
净利润:	142,617,629.66
扣除非经常性损益后的净利润:	139,640,599.47
主营业务利润:	243,813,646.01
其它业务利润:	582,804.17
营业利润:	191,472,093.02
投资收益:	3,870,000.00
补贴收入:	8,590,033.54
营业外收支净额:	-8,416,583.57
经营活动产生的现金流量净额:	- 199,000,978.30
现金及现金等价物净增加额:	-195,748,163.34

注:扣除的非经常性损益项目和涉及金额:财政补贴8,590,033.54元,应扣除的营业外收支净额-8,232,982.97元,债券利息3,870,000.00元。

2、截至报告期末公司前三年的主要会计数据和财务指标:(单位:人民币元)

项目	2000年	1999年	1998年 调整前	1998年 调整后
主营业务收入	677,105,635.34	573,552,707.41	469,879,070.96	469,879,070.96
净利润	142,617,629.66	142,578,273.52	126,389,622.96	121,109,013.62
总资产	2,156,444,691.61	1,797,187,093.36	987,333,599.82	965,279,967.47
股东权益(不含少数股东权益)	1,482,975,572.20	1,383,689,142.54	567,129,412.36	545,052,087.77
每股收益	0.47	0.56	0.70	0.67
每股收益(按月平均加权法计算)	0.47	0.70	0.70	0.67
每股净资产	4.85	5.43	3.15	3.03
调整后的每股净资产	4.81	5.26	2.98	2.89
每股经营活动产生的现金流量净额	-0.6503	-1.5143	-0.0662	-0.0662
净资产收益率(%)(全面摊薄)	9.62	10.30	22.30	22.22
净资产收益率(%)(加权平均		9.85	16.81	

3、报告期利润表附表

报告期利润	净资产收益率(%) 全面摊薄	净资产收益率(%) 加权平均	每股收益 全面摊薄	每股收益 加权平均
主营业务利润	16.44	16.84	0.80	0.80
营业利润	12.91	13.23	0.63	0.63
净利润	9.62	9.85	0.47	0.47
扣除非经常性损益后的净利润	9.42	9.65	0.46	0.46

注:本公司主要财务指标计算公式按照公开发行证券公司信息披露编报规则第9号文执行。具体公式如下:
全面摊薄净资产收益率=报告期利润÷期末净资产
全面摊薄每股收益=报告期利润÷期末股份总数
加权平均净资产收益率(ROE)的计算公式如下:

$$ROE=\frac{P}{E0+NP\div2+E_i\times Mi\div Mo-Ej\times Mj\div Mo}$$

其中:P为报告期利润;NP为报告期净利润;E0为期初净资产;E i为报告期发行新股或债转股等新增净资产;Ej为报告期回购或现金分红等减少净资产;Mo为报告期月份数;Mi为新增净资产下一月份起至报告期期末的月份数;Mj为减少净资产下一月份起至报告期期末的月份数。

三、股本变动及股东情况

股东情况介绍
(1)截至2000年12月31日止,公司股东总数为78,818户。
(2)公司前十名股东持股情况

姓名	期末持股数(股)	占总股本比例%
长春经济技术开发区财政局(国有股)	140,640,000	45.96
巨化进出	860,840	0.28
景福基金	840,184	0.27
汉兴基金	804,341	0.26
大庆厦华	758,980	0.25
景宏基金	514,660	0.17
郗　伟	511,440	0.17
太化集团	445,000	0.15
贺　靖	360,000	0.12
凌钢集团	286,000	0.09

注:①前十名股东之间不存在关联关系。
②国有股权由长春市国有资产管理局授权长春经济技术开发区财政局持有。
③报告期内拟实施国有股权划转工作
即长春经济技术开发区财政局将其持有的占本公司股本总额45.96%的国家股14064万股,无偿划转给长春经济技术开发区创业投资控股有限公司,本次股权划转需经国家财政部门批准后实施。上述内容已在2000年11月30日的《上海证券报》上披露。

浙江医药股份有限公司

一、公司简介

1、公司法定中文名称:浙江医药股份有限公司公司
法定英文名称:ZHEJIANG MEDICINE Co., Ltd.　公司英文名称缩写:ZMC
2、公司法定代表人:金彪
3、公司董事会秘书:张国钧　证券事务代表:俞祝军、张正义
联系地址:浙江省杭州市中河路司马渡巷60号　联系电话:(0571)7213883
传真:(0571)7213883　电子信箱:zmc3@mail.hz.zj.cn
4、公司注册及办公地址:浙江省杭州市中河路司马渡巷60号　邮政编码:310003
公司国际互联网网址:http://www.Chinazmc.com　公司电子信箱:zmc@hz.col.com.cn
5、公司选定的信息披露报纸:中国证券报、上海证券报
登载公司年度报告的中国证监会指定国际互联网网址:http://www.sse.com.cn
公司年度报告备置地点:浙江医药股份有限公司证券部
6、公司股票上市交易所:上海证券交易所　股票简称:浙江医药　股票代码:600216

二、会计数据和业务数据摘要

1、公司本年度主要利润指标情况(金额单位:人民币元)

利润总额	22,949,343.73
净利润	20,703,835.10
扣除非经常性损益后的净利润	13,229,240.82
主营业务利润	273,413,302.96
其他业务利润	12,939,776.27
营业利润	3,582,979.87
投资收益	16,939,626.92
补贴收入	170,794.00
营业外收支净额	2,255,942.94
经营活动产生现金流量净额	9,832,974.68
现金及现金等价物净增加额	-289,826,122.70

注:"扣除非经常性损益后的净利润"中扣除非经常性损益为:
①股权转让收益:　4,415,629.04万元;
②冻结资金利息收入:　4,922,187.92元;
③固定资产清理收入　-1,863,222.68元

2、公司前三年主要会计数据和财务指标　金额单位:人民币元

指标名称	2000年度	1999年度	1998年度 调整前	1998年度 调整后
主营业务收入	1,077,563,498.49	1,189,985,763.15	1,093,012,178.30	1,093,012,178.30
净利润	20,703,835.10	33,225,878.77	39,270,384.58	35,774,664.10
总资产	1,436,634,421.42	1,713,303,482.69	1,131,477,130.49	1,105,632,572.66
股东权益	633,753,119.10	612,799,284.00	342,400,288.74	316,556,693.16
每股收益(摊薄)	0.069	0.144	0.227	0.207
每股收益(加权	0.069	0.173	0.227	0.207
扣除非经常性损益后的每股收益	0.044	0.123	0.227	0.207
每股净资产	2.112	2.655	1.98	1.83
调整后每股净资产	1.980	2.405	1.67	1.55
每股经营活动产生的现金流量净额	0.033	-0.225	0.334	0.334
净资产收益率	3.27%	5.42%	11.47%	11.30%

3、净资产收益率及每股收益指标分析附表

报告期利润	净资产收益率(%) 全面摊薄	净资产收益率(%) 加权平均	每股收益(元) 全面摊薄	每股收益(元) 加权平均
主营业务利润	43.14	43.88	0.9113	0.9113
营业利润	0.57	0.57	0.0119	0.0119
净利润	3.27	3.32	0.0690	0.0690
扣除非经常性	2.09	2.12	0.0441	0.0441

全面摊薄净资产收益率和每股收益的计算公式如下:
全面摊薄净资产收益率=报告期利润÷期末净资产
全面摊薄每股收益=报告期利润÷期末股份总数
加权平均净资产收益率(ROE)的计算公式如下:
ROE=P/(E0+NP÷2+Ei×Mi÷M0-Ej×Mj÷M0)
其中:P为报告期利润;NP为报告期净利润;E0为期初净资产;Ei为报告期发行新股或债转股等新增净资产;Ej为报告期回购或现金分红等减少净资产;M0为报告期月份数;Mi为新增净资产下一月份起至报告期期末的月份数;Mj为减少净资产下一月份起至报告期期末的月份数。
加权平均每股收益(EPS)的计算公式如下:
EPS=P/(S0+S1+Si×Mi÷M0-Sj×Mj÷M0)
其中:P为报告期利润;S0为期初股份总数;S1为报告期因公积金转增股本或股票股利分配等增加股份数;Si为报告期因发行新股或债转股等增加股份数;Sj为报告期因回购或缩股等减少股份数;M0为报告期月份数;Mi为增加股份下一月份起至报告期期末的月份数;Mj为减少股份下一月份起至报告期期末的月份数。

三、股本变动及股东情况

(一)股本变动情况
(二)股东情况介绍　1、截止2000年12月31日,公司股东共有11454人。
2、前十名股东持股情况

股东名称	持股数量(股)	持股比例(%)
01、新昌县国有工业总公司(国有法人股)	88,976,680	29.65
02、国投药业投资有限公司	64,871,727	21.62
03、仙居制药厂职工技协	9,375,750	3.12
04、浙江省国有资产管理局(国家股)	7,899,949	2.63
05、仙居县资产经营公司(国有法人股)	7,402,283	2.48
06、金昌实业发展有限公司	7,210,091	2.40
07、浙江省信托投资公司台州办事处	6,320,738	2.11
08、上海天迪投资有限公司	5,468,018	1.82
09、清华紫光科技创新投资有限公司(流通股)	4,799,124	1.60
10、浙江省经济建设投资公司	4,213,825	1.40

公司前十名股东不存在关联关系。持有本公司股份5%(含5%)以上股东为新昌县国有工业总公司、国投药业投资有限公司,其所持公司股份均无质押和冻结情况。

陕西秦岭水泥股份有限公司

一、公司简介

1.法定中文名称:陕西秦岭水泥股份有限公司
公司法定英文名称:Shaanxi QinLing Cement Co.,ltd　缩写:QLCC
2.法定代表人:祁华山
3.董事会秘书:韩保平　证券事务代表:王建平　联系地址:陕西省耀县县城东郊
电话:0919—6231630 6233344　传真:0919—6233344
电子信箱:hbp@qinling.comwjp@qinling.com
4.注册地址:陕西省耀县县城东郊公司
办公地址:陕西省耀县县城东郊　邮政编码:727100
公司国际互联网网址:http://www.qinling.Com　电子信箱:Webmaster @qinling.Com
5.公司选定的信息披露报纸名称:《中国证券报》、《上海证券报》
登载公司年度报告的中国证监会指定国际互联网网址:http://www.sse.com.cn
公司年度报告备置地点:本公司投资证券处
6.股票上市交易所:上海证券交易所　股票名称:秦岭水泥　股票代码:600217

二、会计数据和业务数据摘要

1.公司二OOO年度各项会计数据:(单位:元)

利润总额:	72906934.24
净利润:	61943016.32
扣除非经常性损益后的净利润:	61521207.42
主营业务利润:	163868250.64
其他业务利润:	177592.85
营业利润:	72100045.34
投资收益:	385080.00
补贴收入:	0.00
营业外收支净额:	421808.90
经营活动产生的现金流量净额:	33982526.41
现金及现金等价物净增加额:	−218932459.78

备注:扣除的非经常性损益项目和涉及金额
扣除的非经常性损益项目
营业外收入:
①新股发行申购冻结资金利息,金额 924187.55 元。
②罚款收入等,金额　38321.85 元。
营业外支出:捐赠支出等,金额　540700.50 元。

2.截止本报告期末公司前三年的主要会计数据和财务指标

财务指标	2000 年	1999 年	1998 年 调整前	1998 年 调整后
主营业务收入(元)	396371283.84	248390806.16	230413229.60	230413229.60
净利润(元)	61943016.32	56755993.08	49680626.66	49226171.81
总资产(元)	989491208.81	841640502.04	363627862.42	357792116.82
股东权益(元)	663542990.69	611444974.37	190548154.39	184712408.79
每股收益(元/股)	0.30	0.27	0.364	0.361
每股收益(按月加权平均)(元/股)	0.3	0.37	0.374	0.371
每股收益(扣除非经营性损益)(元)	0.30	0.27	0.364	0.361
每股净资产(元)3.21	2.96	1.40	1.35	
调整后每股净资产(元)	3.16	2.93	1.38	1.34
每股经营活动产生现金流量净额(元)	0.16	0.14		
净资产收益率(%)	9.34	9.28	26.07	26.65

备注:⑴、按照中国证监会《公开发行证券公司信息披露编报规则(第 9 号)》要求计算的利润数据:

	报告期利润	净资产收益率 全面摊薄	净资产收益率 加权平均	每股收益 全面摊薄	每股收益 加权平均
主营业务利润	163868250.64	24.70	26.14	0.79	0.79
营业利润	72100045.34	10.87	11.50	0.35	0.35
净利润	61943016.32	9.34	9.88	0.30	0.30
扣除非经常性损益后的净利润	61521207.42	9.27	9.81	0.30	0.30

⑵、主要财务指标计算方法:
全面摊薄每股收益=报告期利润/年度末普通股股份总数
每股净资产=年度末股东权益/年度末普通股股份总数
调整后的每股净资产=(年度末股东权益-三年以上的应收款项净额-待摊费用-待处理(流动、固定)资产净损失-开办费-长期待摊费用-住房周转金负数余额)/年度末普通股股份总数全面摊薄净资产收益率=报告期利润/年度末股东权益×100%O:
每股经营活动产生的现金流量净额=经营活动产生的现金流量净额/年度末普通股股份总数加权平均净资产收益率(ROE)的计算公式如下:

$$ROE = P/(E0 + NP \div 2 + Ei \times Mi \div M0 - Ej \times Mj \div M0)$$

其中:P 为报告期利润;NP 为报告期净利润;E0 为期初净资产;Ei 为报告期发行新股或债转股等新增净资产;Ej 为报告期回购或现金分红等减少净资产;M0 为报告期月份数;Mi 为新增净资产下一月份起至报告期期末的月份数;Mj 为减少净资产下一月份起至报告期期末的月份数。

三、股本变动及股东情况

1.截止 2000 年末,公司股东总数为 13490 户。
2.前 10 名股东持股情况:

	持股数(万股)	占总股本比例	股份性质
陕西省耀县水泥厂	8000	38.74	国有法人股
陕西省耀县水泥厂劳司	3400	16.46	社会法人股
礼泉县袁家集团公司	1150	5.57	社会法人股
中国建筑材料西北公司	600	2.90	社会法人股
建行铜川房地产公司	400	1.90	社会法人股
陕西铜鑫科技开发公司	100	0.48	社会法人股
吴德祥	80.994	0.39	社会法人股
曹桂花	44.297	0.215	社会公众股
肖荣升	42.94	0.207	社会公众股
涂利民	42.42	0.205	社会公众股

注:①陕西省耀县水泥厂劳动服务公司是隶属与陕西省耀县水泥厂的集体所有制企业。
②报告期内,原公司股东陕西省建筑材料总公司,将所持 100 万股法人股协议转让给陕西省耀县水泥厂劳动服务公司,上述股权转让已在上海证券中央登记结算公司办理了股权过户手续。

安徽全柴动力股份有限公司

(一)公司简介

1、公司法定中文名称:安徽全柴动力股份有限公司
公司法定英文名称:ANHUI QUANCHAI ENGINE CO.,LTD
英文缩写:QCEC
2、公司法定代表人:肖正海
3、公司董事会秘书:(暂缺)
证券事务代表:马国友
联系地址:安徽省全椒县襄河镇建设东路 70 号
电话:(0550)5018888 转 2289
传真:(0550)5011156、5015888
电子信箱:maguoyou@21cn.com
4、公司注册地址及办公地址:安徽省全椒县襄河镇建设东路 70 号
邮政编码:239500
国际互联网网址:http://www.quanchai.com.cn
电子信箱:quanchai@email.mei.net.cn
5、公司选定的信息披露报纸名称:《上海证券报》、《证券时报》
登载公司年度报告的中国证监会指定国际互联网网址:
http://www.sse.com.cn
公司年度报告备置地点:公司证券部
6、公司股票上市交易所:上海证券交易所
股票简称:全柴动力
股票代码:600218

(二)会计数据和业务数据摘要

1、本年度利润情况(单位:人民币元)

利润总额	62,490,374.87
净利润	53,223,208.53
扣除非经常性损益后的净利润	54,330,298.45
主营业务利润	85,777,030.02
其他业务利润	2,781,135.11
营业利润	49,987,121.05
投资收益	13,610,343.74
补贴收入	---
营业外收支净额	−1,107,089.92
经营活动产生的现金流量净额	−21,938,066.85
现金及现金等价物净增加额	−158,669,450.64

注:扣除的非经常性损益项目和涉及金额:
营业外收入:256,436.94 元;营业外支出:1,363,526.86 元。
2、公司前三年主要会计数据和财务指标:(单位:人民币元)

项目	2000 年	1999 年	1998 年(调整后)
主营业务收入	418,383,828.69	460,280,273.09	501,686,880.35
净利润	53,223,208.53	106,920,797.29	48,924,957.87
总资产	908,675,218.66	954,104,803.04	845,017,206.42
股东权益(不含少数股东权益)	645306,494.17	631,083,285.64	562,963,089.05
每股收益	0.205	0.411	0.245
扣除非经常性损益后的每股收益	0.209	0.370	0.228
每股净资产	2.482	2.427	2.815
调整后的每股净资产	2.473	2.404	2.809
每股经营活动产生的现金流量净额	−0.084	0.214	0.030
净资产收益率%	8.25	16.94	8.69

注:1998 年调整后的主要会计数据和财务指标系根据财政部财会字 (1999)35 号文、49 号文的有关规定,改变会计政策,进行追溯调整所致。

(三) 股东情况介绍

1、报告期末公司股东总数为 63011 户。
2、报告期末公司主要股东持股情况:

股东名称	持股数(股)	占总股本比例(%)
1.全柴集团	182000000	70.00
2.侯云峰	151010	0.06
3.鼎惠公司	150000	0.06
4.兴和基金	146847	0.06
5.李伟	136984	0.05
6.陈瑞盛	129000	0.05
7.桑建萍	122450	0.05
8.梁坚荣	118970	0.05
9.方丽妹	110000	0.04
10.吴珊	100000	0.04

注(1)安徽全柴集团有限公司为公司国家股股东，其所持股份无质押和冻结情况。
(2)公司前十位股东中第 2–10 位为流通股股东,本公司未知其关联关系。
(3)安徽全柴集团有限公司法定代表人为肖正海,经营范围为:内燃机。与内燃机配套的农机产品、农用汽车、数控机床、仪器仪表、机械、电子产品、办公自动化设备、工程机械、制造销售。备品备件、劳保用品。生产科研所需的原辅材料、相关的技术进出口业务。
(4)报告期内无控股股东变更情况。

(四)股东大会简介

1、2000 年 1 月 17 日,公司召开了 2000 年度第一次临时股东大会。此次股东大会决议公告刊登于 2000 年 1 月 18 日的《上海证券报》、《证券时报》。
2、2000 年 4 月 8 日，公司召开了 1999 年度股东大会。此次股东大会决议公告刊登于 2000 年 4 月 11 日的《上海证券报》、《证券时报》。
3、2000 年 11 月 30 日,公司召开了 2000 年度第二次临时股东大会。此次股东大会决议公告刊登于 2000 年 12 月 1 日的《上海证券报》、《证券时报》。

山东南山实业股份有限公司

(一)公司简介

1 、公司法定中文名称:山东南山实业股份有限公司
公司法定英文名称:SHANDONG NANSHAN INDUSTRY&COMMERCE CO.,LTD.
2 、公司注册地址:山东省龙口市东江镇
公司办公地址:山东省龙口市东江镇
邮政编码:265718
公司国际互联网网址:http://www.nanshan.com.cn
电子信箱:nanshan@public.ytptt.sd.cn
3 、公司法定代表人:宋建波
4 、公司董事会秘书:寇煜
公司董事会证券事务代表:王艳丽、陈爱君
联系地址:山东省龙口市东江镇前宋村
电话:0535-8616188
传真:0535-8616188
电子信箱:nanshan@public.ytptt.sd.cn
5 、公司选定的信息披露报纸名称:《上海证券报》
登载公司年度报告的中国证监会指定国际互联网网址:http://www.sse.com.cn
公司年度报告备置地点:公司证券部
6 、公司股票上市交易所:上海证券交易所
股票简称:南山实业
股票代码:600219

(二)会计数据和业务数据摘要

1 、本年度主要利润指标情况(单位:人民币元)

利润总额:	163,102,762.64
净利润:	138,637,348.24
扣除非经常性损益后的净利润:	136,496,062.07
主营业务利润:	207,275,615.39
其他业务利润:	7,578,330.93
营业利润:	160,961,476.47
营业外收支净额:	2,141,286.17
经营活动产生的现金流量净额:	158,499,418.13
现金及现金等价物净增加额:	-586,303,522.84

注:扣除非经常性损益项目和涉及金额:
2,141,286.17
其 中:(1)罚款收入 471,391.28
(2)固定资产清理收入 1,572,788.51
(3)其他 97,106.38

2 、截至报告期末公司前三年主要会计数据和财务指标:(单位:人民币元)

项目	2000 年度	1999 年度	1998 年度(调整后)
主营业务收入	928,022,386.45	745,934,334.89	669,617,686.42
净利润	138,637,348.24	100,548,993.81	90,954,405.29
总资产	1,608,537,215.62	1,572,473.529.19	887,749,271.41
股东权益	1,219,316,182.68	1,119,228,834.44	331,026,070.31
每股收益	0.5394	0.39	0.50
每股收益(加权平均)	0.5394	0.50	——
扣除非经常损益后的每股收益	0.5311	0.37	——
每股净资产	4.744	4.35	1.82
调整后每股净资产	4.744	4.35	1.82
每股经营活动产生的现金流量净额	0.6167	0.15	0.19
净资产收益率(%)	11.37	8.98	27.48

利润表附表

报告期利润	净资产收益率(%)		每股收益	
	全面摊薄	加权平均	全面摊薄	加权平均
主营业务利润	17.00	17.44	0.8065	0.8065
营业利润	13.20	13.54	0.6232	0.6232
净利润	11.37	11.66	0.5394	0.5394
扣除非经常性损益后的利润	11.19	11.48	0.5311	0.5311

3 、报告期内股东权益变动情况(单位:人民币元)

项目	股本	资本公积	法定公积金	法定公益金	未分配利润	股东权益合计
期初数	257,00 万	707,326,577.32	46,290,408.25	23,145,204.13	85,466,644.74	1,119,228,834.44
本期增加	——	——	13,863,734.83	6,931,867.41	79,291,746.00	100,087,348.24
本期减少	——	——	——	——	38,550,000.00	38,550,000.00
期末数	257,00 万	707,326,577.32	60,154,143.08	30,077,071.54	164758,390.74	1,219,316,182.68
变动原因			本期提取增加	本期提取增加	经营产生利润	本期利润增加

(三)股本变动及主要股东持股情况

(1)截止 2000 年 12 月 31 日公司股东总数为 57292 户。
(2)公司主要股东持股情况

股东名称	持股数(股)	占总股本比例(%)
南山集团公司	122,000,000	47.471
卞玉环	1,497,500	0.583
周锐华	1,493,996	0.581
周杏英	1,490,600	0.580
林德英	1,200,000	0.467
王祖宽	1,085,713	0.422
王文训	1,046,792	0.407
王国友	1,000,000	0.389
王淑兰	671,800	0.261
王善凛	576,900	0.224

① 报告期内,持股 5%以上股东所持股份未发生增减变动,也未有所持股份质押或冻结的情况。

江苏阳光股份有限公司

一、公司简介

公司的法定中文名称: 江苏阳光股份有限公司
中文缩写:江苏阳光
公司的法定英文名称:JIANGSU SUNSHINE CO.,LTD.
英文缩写:JSSS
公司的法定代表人:陈丽芬女士
公司董事会秘书:陈浩先生
联系地址: 江苏省江阴市新桥镇
电话: 0510-6121888
传真:0510-6121888
电子信箱:chss@163.net
公司注册地址及办公地址: 江苏省江阴市新桥镇马嘶桥
邮政编码:214426
公司国际互联网网址:http://www.jssunshine.com
电子信箱:sunsh@pubicl.wx.js.cn
公司指定信息披露报纸:《上海证券报》
登载公司年度报告的国际互联网网址:http://www.sse.com.cn
公司年度报告置备地点:公司证券部
公司股票上市地点:上海证券交易所
股票简称:江苏阳光
股票代码:600220

二、会计数据和业务数据摘要

(一)公司本年度主要会计数据(单位:人民币元)

项目	2000 年度	1999 年度	同比+-%
利润总额	143067462.08	138050618.76	3.63
净利润	119693603.45	114959379.36	4.12
扣除非经常性损益后的净利润	119693603.45	110822478.08	8.00
主营业务利润	179288844.31	175942684.85	1.90
其他业务利润	177502.99	1699986.00	-89.56
营业利润	144517446.18	135300068.24	6.81
投资收益	-43572.64		
补贴收入			
营业外收支净额	-1406411.46	2750550.52	
经营活动产生的现金流量净额	101932490.24	100404880.82	1.52
现金及现金等价物净增加额	-577915058.57	738744863.25	

(二)公司前三年的主要会计数据和财务指标(单位:人民币元)

项目	2000 年度	1999 年度	1998 年度	
			调整后	调整前
主营业务收入	509213149.52	521884563.66	538309388.01	538309388.01
净利润	119693603.45	114959379.36	70669164.04	71715844.64
总资产	1320181312.84	1237605937.80	404460188.37	408003802.21
股东权益	1170832812.13	1066758291.28	132469610.91	136013224.75
每股收益(摊薄)	0.38	0.63	0.62	0.63
每股收益(加权)	0.48	0.84	0.72	0.73
扣除非经常性损益后的每股收益	0.38	0.60		
每股净资产	3.75	5.81	1.16	1.20
调整后的每股净资产	3.75	5.80		
每股经营活动产生的现金流量净额	0.33	0.55	0.63	0.63
净资产收益率%	10.22	10.78	53.35	52.73

注:1、2000 年度总股本按 312381652 股计算,1999 年度总股本按 183753913 股计算,1998 年度总股本按 113753913 股计算。

三、股本变动及股东情况

(一)股本变动情况
(二)股东情况介绍
1、报告期末股东总数为 64190 户。
2、主要股东持股情况(截止 2000 年 12 月 31 日)

股东名称	持股数量(股)	占总股本(%)	备注
江苏阳光集团公司	151079415	48.36	法人股
江阴市新桥精毛纺厂	12086354	3.87	法人股
江阴市空调除尘设备厂	12086354	3.87	法人股
江阴市石油机械厂	12086354	3.87	法人股
江阴市郁青时装厂	6043175	1.93	法人股
佳信天地	1625306	0.53	流通股
鑫亚公司	807855	0.26	流通股
中证地坛	506810	0.16	流通股
阙静	459680	0.15	流通股
刘书文	433000	0.14	流通股

注:
(1)报告期内持股 5%以上的股东为江苏阳光集团公司,由于年度内实施了每 10 股送 2 股转增 5 股的利润分配方案,其持股数由年初的 88870244 股增加至 151079415 股,所持股份仍占本公司的 48.36%。
(2)本公司控股股东江苏阳光集团公司以其所持有的本公司发起人法人股 6500 万股(占总股本的 20.81%),就江苏阳光集团取得的财政贴息贷款,向中国工商银行无锡分行提供了质押担保。质押期限为:2000 年 10 月 30 日至 2004 年 12 月 20 日。
(3)公司前五名法人股股东无任何关联关系,后五年流通股股东未知其关联关系。
3、持股 10%以上法人股东简介
截止 2000 年 12 月 31 日, 江苏阳光集团公司持有公司 48.36%的股份, 法定代表人陆克平先生。
主要经营范围:呢绒、毛纱、针织绒、绒线、羊毛衫、服装、针织品、纺织机械及配件、砖瓦、染整、洗毛制造、加工,出口企业生产的全毛花呢、混纺呢绒、全毛毛纱、针织绒及服装、混纺毛纱及针织绒,进口企业所需的原辅材料、机械设备、仪器仪表、零配件、销售纺织原料。
4、报告期内控股股东未发生变更。

海南航空股份有限公司

一、公司简介

(一)、公司中文名称:海南航空股份有限公司
公司英文名称:Hainan Airlines Co.,Ltd.　英文缩写:HNA
(二)、公司法定代表人:陈峰
(三)、公司董事会秘书及证券事务代表姓名、联系方式
公司董事会秘书:张尚辉
电子信箱:sh_zhang@hnair.com
董事会证券事务代表:柏彦
电子信箱:baiyan@hnair.com
联系地址:海口市海秀路 29 号海航发展大厦
电话:0898-6722714　传真:0898-6748191
(四)、公司注册地址:海南省海口市机场西路 168 号
公司办公地址:海南省海口市海秀路 29 号海航发展大厦　邮政编码:570206
公司国际互联网网址:http://www.hnair.com
公司电子信箱:webmaster@hnair.com
(五)、公司选定的信息披露报纸:《中国证券报》、《上海证券报》、《香港文汇报》
登载公司年报的国际互联网网址:http://www.sse.com.cn
公司年度报告备置地点:海南航空股份有限公司证券业务部
(六)、公司股票上市交易地点:上海证券交易所
股票简称:海南航空　股票代码:600221
股票简称:海航 B 股　股票代码:900945

二、会计数据和业务数据摘要

(一)公司本年度会计数据和业务数据:

利润总额(元):	185,807,107
净利润(元):	163,515,837
扣除非经常性损益后的净利润(元):	122,156,858
主营业务利润(元):	609,818,314
其他业务利润(元):	27,632,419
营业利润(元):	140,770,358
投资收益(元):	25,271,929
补贴收入(元):	0
营业外收支净额(元):	19,764,819
经营活动产生的现金流量净额(元):	224,334,622
现金及现金等价物净增加额(元):	63,586,561

注:扣除非正常性损益项目包括我司转让金鹿公务机股权而发生的投资收益 1300 万元,转让持有的酒店集团股权而发生的投资收益 900 万元,扣除我司处理美多飞机发生的固定资产清理净收益 2065 万元。

按国际会计准则对中国法定帐户的综合股东应占溢利所作的调整。

二〇〇〇年十二月三十一日

	综合股东应占溢利 人民币千元	综合资产净值 人民币千元
根据中国审计帐目所列报	163,516	2,189,173
国际会计准则及其他调整增加固定资产折旧费用	(12,936)	(35,960)
冲销高价周转件摊销费用	45,422	125,928
增加融资租赁利息	(1,838)	(185,873)
减少在建工程利息资本化金额	-	(4,263)
增加坏帐准备	-	(5,000)
飞机大修之预提费用	(41,315)	(90,125)
减少高价周转件出售之溢利	-	(6,822)
冲销长期待摊费用	-	(8,196)
采纳国际会计准则第 37 条之影响	8,967	20,336
采纳国际会计准则第 38 条之影响	(27,113)	(96,528)
递延税项之影响	5,946	12,888
其他	4,952	249
国际会计准则及其他调整后所列报	145,601	1,915,807

三、股东情况介绍

(一)报告期末股东总数 126919 人。
(二)前十名股东持股情况

	单位	持股数(股)	占总股本比例(%)
1	American Aviation LDC(非流通外资股东)	108,043,201	14.80
2	海南琪兴实业投资有限公司	56,337,747	7.71
3	海航控股(集团)有限公司	53,412,696	7.31
4	中国光大(集团)总公司	33,207,818	4.55
5	海南省国有资产管理委员会办公室	17,289,355	2.37
6	NAITO SECURITIES CO.,LTD(外资股东)	8,556,896	1.17
7	HAINAN AMERICAN CO.,LTD(外资股东)	8,418,510	1.15
8	WARDLEY JAMES CAPEL FAR EAST LTD(外资股东)	7,358,040	1.01
9	中国国际旅行总社	6,480,000	0.89
10	交通银行海南省分行	6,480,000	0.89

注 1:前 10 名股东中除海南琪兴实业投资有限公司持有 3,207,039 流通 A 股,NAITO SECURITIES CO.,LTD 、HAINAN AMERICAN CO.,LTD 、WARDLEY JAMES CAPEL FAR EAST LTD 持有股份为 B 股外,其它均为未上市流通股份。

注 2:2000 年 5 月 30 日中安基金大连海珍品(香港)有限公司将其持有法人股 925 万股转让给海航控股(集团)有限公司。2000 年 7 月 12 日海南海航飞机维修有限公司将其持有法人股 1120 万股转让给海航控股(集团)有限公司,海南省航空进出口贸易公司将其持有法人股 274 万股转让给海航控股(集团)有限公司。2000 年 12 月 27 日海南祥云实业开发有限公司将其持有法人股 2836.7496 万股转让给海航控股(集团)有限公司。

注 3:海航控股(集团)有限公司现已更名为海航集团有限公司。

(三)持股 10%以上法人股股东情况简介:American Aviation LDC

经营范围:开展投资业务,并且以公司或任何被指定人的名义,获得和持有由世界任何地方的政府、主权统治者、委托人、公共机构或最高当局、独立管辖当局、市级或地方当局发行或担保的股份、债券、借款股份、票据等证券。

(四)报告期内公司控股股东未发生变更。

河南竹林众生制药股份有限公司

一、公司简介

1、公司法定中文名称:河南竹林众生制药股份有限公司
公司法定英文名称:HENAN JOYLINE&JOYSUN PHARMACEUTICAL STOCK CO.,LTD.
缩写:JOYSUN
2、公司法定代表人:赵庆新
3、公司董事会秘书:孙学智　证券事务代表:王宁
联系地址:河南省郑州市高新技术产业开发区金梭路 8 号
电话:0371-7982194　传真:0371-7982194　电子信箱:sunxz@371.net
4、公司注册地址:河南省郑州市高新技术产业开发区金梭路 8 号
公司办公地址:河南省郑州市高新技术产业开发区金梭路 8 号　邮政编码:450001
公司国际互联网网址:http://www.joysun.com　电子信箱:joysun@www.joysun.com
5、公司选定的信息披露报纸名称:《中国证券报》、《上海证券报》
登载公司年度报告的中国证监会指定国际互联网网址:http://www.sse.com.cn
公司年度报告备置地点:公司证券部
6、公司股票上市交易所:上海证券交易所　股票简称:众生制药　股票代码:600222

二、会计数据和业务数据摘要

1、本年度主要利润指标情况(单位:人民币元)

利润总额	50,821,568.15
净利润	42,874,029.85
扣除非经常性损益后的净利润(注)	37,537,791.79
主营业务利润	84,270,775.35
其他业务利润	20,989.91
营业利润	45,485,330.09
投资收益补贴收入	3,600,000.00
营业外收支净额	1,736,238.06
经营活动产生的现金流量净额	875,358.04
现金及现金等价物增加额	-117,109,726.06

注:扣除非经常性损益项目和涉及金额:新股申购冻结资金利息共计 4,801,409.2 元,分五年摊销,本期摊销额为 960,000.00 元;补贴收入 3,600,000.00 元;转让资产收益 776,238.06 元;非经常性损益总计金额为 5,336,238.06 元。

2、截至报告期末公司前三年主要会计数据和财务指标:(单位:人民币元)

项目	2000 年	1999 年	1998 年调整后	1998 年调整前
主营业务收入	139,922,588.09	167,561,070.41	136,717,673.78	136,717,673.78
净利润(元)	42,874,029.85	38,440,870.57	22,247,445.75	32,187,787.60
总资产(元)	572,856,553.53	552,672,820.92	309,694,585.60	319,634,927.45
股东权益(元)(不含少数股东权益)	410,407,060.38	401,569,340.53	144,903,469.96	154,843,811.81
每股收益(元/股)	0.315	0.28	0.22	0.32
每股收益(元/股)(按月平均加权法计算)	0.315	0.34	0.22	0.32
扣除非经常性损益后的每股收益	0.28	0.24		
每股净资产(元/股)	3.01	2.95	1.43	1.53
调整后的每股净资产	3.00	2.94	1.41	1.51
每股经营活动产生的现金流量净额	0.01	0.73	0.28	0.28
净资产收益率	10.45	9.57	15.35	20.79

注:2000 年、1999 年总股本按 136,145,240 股计算,1998 年总股本按 101,145,240 股计算。

3、报告期内股东权益变动情况:

项目	股本	资本公积	盈余公积	法定公益金	未分配利润
期初数	136,145,240	226,572,960.00	7,688,174.12	3,844,087.06	31,162,966.41
本期增加	--	--	8,574,805.98	4,287,402.99	42,874,029.85
本期减少	--	--	--	--	42,611,115.98
期末数	136,145,240	226,572,960.00	16,262,980.10	8,131,490.05	31,425,880.28

续上表:

项目	股东权益合计
期初数	401,569,340.53
本期增加	8,837,719.85
本期减少	--
期末数	410,407,060.38

变动原因:①盈余公积、法定公益金变动原因:根据公司董事会 2000 年度利润分配预案,从本年度净利润中提取 10%的法定盈余公积;提取 10%的法定公益金。

②未分配利润变动原因:根据公司董事会 2000 年度利润分配预案以及本年度经营所产生的净利润。

③股东权益变动原因:因为资本公积增加和未分配利润增加。

三、股东情况介绍

(1)报告期末公司股东总数为 23348 户。
(2)报告期末公司前十名股东持股情况

股东名称	持股数量(股)	占总股本比例(%)
众生集团	99,955,240	73.42
社会帮困	400,000	0.29
竹林耐材	350,000	0.26
智益投资	350,000	0.26
仙竹洗涤	350,000	0.26
张发知	276,930	0.203
梁学华	272,200	0.20
同益基金	267,359	0.196
新华包装	140,000	0.10
金通投资	127,475	0.094

注:①郑州众生实业集团有限公司为公司国有法人股股东,其所持股份无质押和冻结。
②公司前十名股东中第 3、4、5、9 位为公司发起人股东,不存在关联关系。
③公司前十名股东中第 2、6、7、8、10 位为流通股东,本公司未知其关联关系。
(3)持有本公司 5%以上股份的股东情况:
郑州众生实业集团有限公司法定代表人为赵明恩,经营范围:生产、销售固体制剂、房地产开发、装饰装修工程、餐饮业等。
(4)报告期内无控股股东变更情况。

山东万杰高科技股份有限公司

(一)公司简介

1、公司法定中文名称:山东万杰高科技股份有限公司
英文名称:Shandong Wanjie High-Tech Co.,Ltd.
英文缩写:WJHT
2、公司法定代表人:孙启玉
3、公司董事会秘书:孙峰
联系地址:山东省淄博市博山经济技术开发区万杰高科技股份有限公司
电话:0533-4651082,0533-4650813
传真:0533-4650151
电子信箱:sunfeng@wanjie.com
4、公司注册地址及办公地址:山东省淄博市博山经济技术开发区
邮政编码:255213
公司国际互联网网址:www.wanjie.com
电子信箱:wanjie@wanjie.com
5、公司选定的信息披露报纸名称:《上海证券报》、《中国证券报》
登载公司年度报告的中国证监会指定国际互联网网址:www.sse.com.cn
公司年报备置地点:公司证券部
6、公司股票上市交易所:上海证券交易所
股票简称:万杰高科　股票代码:600223

(二)会计数据和业务数据摘要

1、本年度主要会计指标(单位:人民币元)

利润总额	187,801,272.88
净利润	147,001,321.19
扣除非经常性损益后的净利润	132,490,221.15
主营业务利润	198,184,363.81
其他业务利润	8,192,368.96
营业利润	173,057,573.43
投资收益	2,502,063.00
补贴收入	12,009,037.04
营业外收支净额	232,599.41
经营活动产生的现金流量净额	166,445,340.61
现金及现金等价物净增加额	-461,683,846.58

注:2000年非经常性损益系投资收益2,502,063.00元,补贴收入12,009,037.04元。

2、近三年主要会计数据和财务指标　(单位:人民币元)

	2000年	1999年	1998年 调整前	1998年 调整后
主营业务收入	761,963,023.11	546,295,399.31	277,532,718.19	277,532,718.19
净利润	147,001,321.19	135,624,483.35	60,255,181.19	58,542,005.52
总资产	2,170,017,127.35	1,769,079,111.90	887,204,322.87	884,290,487.94
股东权益(不含少数股东权益)	1,588,579,549.29	1,602,453,228.10	738,107,879.68	735,194,044.75
每股收益摊薄	0.27	0.33	0.37	0.365
每股收益加权	0.31	0.38	0.46	0.458
扣除非经常性损益后的每股收益摊薄	0.25	0.30	0.37	0.365
每股收益加权	0.28	0.35	0.46	0.458
每股净资产	2.96	3.88	2.44	2.43
调整后的每股净资产	2.95	3.88	2.44	2.43
每股经营活动产生的现金流量净额	0.31	0.14	50.14	0.14
每股收益摊薄	9.25%	8.46%	15.19%	15.02%
每股收益加权	8.77%	11.60%	15.19%	15.02%

注:公司1998年末总股本为30,250万股;1999年末总股本为41,250万股;2000末总股本为53,625万股。

根据中国证监会《公开发行证券公司信息披露编报规则(第9号)》要求计算的数据:

	净资产收益率 全面摊薄	净资产收益率 加权平均	每股收益(元/股) 全面摊薄	每股收益(元/股) 加权平均
主营业务利润	12.48%	11.83%	0.37	0.42
营业利润	10.89%	10.33%	0.32	0.36
净利润	9.25%	8.77%	0.27	0.31
扣除非经常性损益后的净利润	8.34%	7.91%	0.25	0.28

(三)股东情况介绍

1、报告期末股东总数为120,284人。

2、持有公司5%以上(含5%)股份的股东是万杰集团公司,报告期内因本公司实施1999年度利润分配方案,致使其所持法人股股份由原来的22,445万股,增至29,178.5万股,占公司总股本的54.41%。报告期内股份无质押或冻结情况。

公司前10名股东持股情况(截止2000年12月31日)

股东名称	持股数(股)	持股比例(%)	股份类型
万杰集团公司	291,785,000	54.41	法人股
博山万通达总公司建筑安装公司	19,500,000	3.64	法人股
淄博第五棉纺织厂	5,590,000	1.04	法人股
基金兴汉	2,600,117	0.48	流通股
山东淄博万通达工业技术研究所	2,340,000	0.44	法人股
淄博岜山染料化工厂	2,340,000	0.44	法人股
淄博市博山毛巾厂	2,340,000	0.44	法人股
基金安信	1,225,900	0.23	流通股
祁崇焕	1,027,780	0.19	流通股
周清	1,014,566	0.19	流通股

其中前10名股东中的第2、3、5、6、7名股东均为第一大股东万杰集团公司的子公司;第4、8、9、10名股东为流通股股东,本公司未知其之间的关联关系。

福建天香集团股份有限公司

一、公司简介

1、公司法定中文名称:福建天香集团股份有限公司
公司法定英文名称:FuJian TianXiang Group Co.,Ltd.
2、公司法定代表人:陈海遂
3、公司董事会秘书:吴唐青　授权代表:兰瑞光
联系地址:福州杨桥路中闽大厦B栋七楼　电话:0591-7525343　传真:0591-7545948
4、公司注册地址:　福建福清镜洋工业区
公司办公地点:　福州杨桥路中闽大厦B栋七楼　邮政编码:350001
网　址:Heep://tiangxiang.con.cn　电子信箱:fjtxjt@163.net
5、公司选定的信息披露报纸名称:《上海证券报》、《中国证券报》、《证券时报》。
登载公司年度报告的中国证监会指定国际互联网网址:http://www.sse.com. cn
公司年度报告备置地点:福建福州杨桥路中闽大厦B栋七楼
6、公司股票上市交易所:上海证券交易　股票简称:天香集团　股票代码:600225

二、会计数据和业务数据摘要

(一)本年度主要利润指标(单位:人民币元)

利润总额	42,917,419.42
净利润	33,009,670.38
扣除非经营性损益后的净利润	27,468,914.74
主营业务利润	65,445,140.54
其他业务利润	405,588.75
营业利润	29,846,748.95
投资收益	6,939,772.67
补贴收入	70,000.00
营业外收支净额	6,060,897.80
经营活动产生的现金流量净额	5,772,018.11
现金及现金等价物净增加额	-109,699,454.18

注:扣除非经常损益的项目为:1、股票投资收入6,515,060.87元;2、募集申购资金利息收入2,854,964.19元;3、补贴收入70,000.00元;4、营业外收入中非经常性损益250,752.76元;5、营业外支出1,420,993.28元。合计8,269,784. 54 元。扣除所得税后影响5,540,755.64元。

(二)截至报告期末公司前三年的主要会计数据和财务指标
(单位:人民币元)

项目	2000年	1999年(调整后)	1998年(调整后)
主营业务收入	370,277,920.89	334,319,928.18	363,181,511.91
净利润	33,009,670.38	24,695,426.76	21,435,021.98
总资产	926,305,794.85	837,095,578.73	402,872,906.32
股东权益(不含少数股东权益)	401,725,753.19	375,355,794.81	133,640,691.80
全面摊薄后的每股收益	0.246	0.184	0.24
按月平均加权法计算的每股收益	0.246	0.252	0.23
每股净资产	2.998	2.801	1.50
调整后的每股净资产	2.899	2.735	1.45
每股经营活动产生的现金流量净额	0.043	-0.756	
全面摊薄后的净资产收益率	8.22%	6.58%	16.04%
加权平均净资产收益率	8.42%		
扣除非经营性损益后的每股收益	0.20	0.152	0.23

	净资产收益率 全面摊簿	净资产收益率 加权平均	每股收益 全面摊簿	每股收益 加权平均
主营业务利润	0.16	0.17	0.49	0.49
营业利润	0.07	0.08	0.22	0.22
净利润	0.08	0.08	0.25	0.25
扣除非经常性损益后的净利润	0.07	0.07	0.20	0.20

注:1、各种财务指标的计算公式如下:
每股收益=净利润/年度末普通股股份总数
每股净资产=年度末股东权益/年度末普通股股份总数
调整后的每股净资产=(年度末股东权益-三年以上的应收款项净额-待摊费用-待处理(流动、固定)资产净损失-开办费-长期待摊费用-住房周转金负数余额)/年度末普通股股份总数每股经营活动产生的现金流量净额=经营活动产生的现金流量净额/年度末普通股股份总数净资产收益率=净利润/年度末股东权益×100%
2、"应收款项"包括应收账款、其他应收款预付账款、应收股利、应收利息、应收补贴款。

三、股东情况介绍

1、报告期末,持有本公司股份的股东总数为16458户。
2、前名股东持股情况(截止至2000年12月31日)

名次	股东名称	年末持股数(股)	占总股本比例%
1	福建华通置业有限公司	26800000	20
2	华通国际招商集团股份有限公司	17580000	13.12
3	福清市国有资产营运投资有限公司	11800000	8.8
4	厦门中润实业集团有限公司	9605770	7.17
5	福清市粮食经济开发总公司	4388730	3.27
6	福建华兴信托投资公司	3000000	2.24
7	太化集团	1718000	1.2
8	同盛基金	1250218	0.9
9	同益基金	1200000	0.9
10	福建宏裕粮食开发公司	1000000	0.75

注:(1)截止报告期末,第一名股东分别以2380万股和300万股股份用于向福建兴业银行和中行福建省分行质押贷款;第二名股东分别以所持958万股和800万股股份质押给交通银行福州分行和中行福建省分行,作为福建华通置业有限公司借款担保。
(2)第一名股东为第二名股东控股子公司。
(3)持股10%以上的法人股东:A 福建华通置业有限公司持公司股份占公司总股本的20%,法人代表姜东溟,注册地点:福州,经营:商贸、房地产。B 华通国际招商集团股份有限公司持公司股份占公司总股本13.12%,法人代表:高扬瑜,注册地点:厦门,经营:项目投资、企业兼并、资产重组及管理、旅游、汽车客货运输、房地产商贸。

浙江升华拜克生物股份有限公司

一、公司简介

1、公司法定中文名称：浙江升华拜克生物股份有限公司
公司英文名称：ZHEJIANG SHENGHUA BIOK BIOLOGY CO.,LTD.
2、公司法定代表：夏士林
3、公司董事会秘书：陈俊标　联系地址：浙江省德清县钟管工业区
电话：0572-8402738　传真：0572-8402738　电子信箱：junbchen@21cn.com
4、公司注册地址：浙江省湖州市经济技术开发区
公司办公地址：浙江省德清县钟管工业区　邮编：313220
公司互联网址：http://www.biok.com.　公司电子信箱：600226@biok.com.
5、公司选定的信息披露报纸：《中国证券报》、《上海证券报》
登载公司年度报告的互联网址：http://www.sse.com.cn
公司年度报告置备地点：公司证券部
6、公司股票上市交易所：上海证券交易所　公司股票简称：升华拜克股票代码：600226

二、会计数据和业务数据摘要

1、本年度主要会计数据和业务数据(单位：元)

项目	2000 年
利润总额	62,431,573.47
净利润	60,911,141.59
扣除非经常性损益后的净利润	56,979,587.26
主营业务利润	82,850,355.40
其他业务利润	312,747.85
营业利润	55,093,231.04
投资收益	3,406,788.10
补贴收入	2,154,791.61
营业外收支净额	1,776,762.72
经营活动产生的现金流量净额	47,140,941.36
现金及现金等价物净增加额	-56,976,875.21

注：扣除非经常性损益后的净利润中扣除了补贴收入 2,154,791.61 元，营业外收入 1,816,722.73 元，加上营业外支出 39,960.01 元。

2、近三年主要会计数据和财务指标(单位：万元)

项目	2000 年	1999 年	1998 年调整前	1998 年调整后
主营业务收入	204,578,945.41	116,387,651.03	115,442,034.69	115,442,034.69
净利润	60,911,141.59	34,313,765.24	35,581,927.06	35,071,315.27
总资产	551,410,238.73	437,139,280.48	161,039,515.89	158,449,781.31
股东权益	440,100,271.14	399,543,477.05	77,184,264.20	74,982,989.81
每股收益(摊簿)	0.346	0.312	0.474	0.467
每股收益(加权)	0.481	0.372	0.828	0.816
扣除非经常性损益后的每股收益	0.324	0.309	0.491	0.485
每股净资产	2.50	3.631	1.009	0.999
调整后每股净资产	2.50	3.617	1.009	0.982
每股经营活动产生的现金流量净额	0.268	0.262	0.418	0.418
净资产收益率(%)	13.84%	8.59%	46.10%	46.77%

3、报告期内股东权益变动情况

项目	股本	资本公积金	盈余公积	法定公益金
期初数	110,023,500.00	266,249,072.00	6,977,637.82	2,325,879.27
本期增加	55,011,750.00		9,136,671.24	3,045,557.08
本期减少	55,011,750.00			
期末数	176,037,600.00	211,237,322.00	16,114,309.06	5,371,436.35

续上表：

项目	未分配利润	股东权益合计
期初数	16,293,267.23	399,543,477.05
本期增加	20,417,772.85	40,556,794.09
本期减少		
期末数	36,711,040.08	440,100,271.14

变动原因：

(1)股本增加是由于 2000 年 9 月 28 日经股东大会批准，实施每 10 股送 1 股红股和以资本公积金每 10 股转增 5 股所致。

(2)资本公积金减少是由于 2000 年 9 月 28 日经股东大会批准实施以资本公积金每 10 股转增 5 股所致。

(3)盈余公积金增加是因为按规定从本年度分配利润中提取 10%法定公积金。(4)法定公益金增加是因为按规定从本年度分配利润中提取 5%法定公益金。(5)股东权益增加是因为本年度实现的净利润，增加了盈余公积金和未分配利润所致。

三、股东情况

1、股东情况介绍

(1) 截止 2000 年 12 月 31 日，公司股东总数为 5327 户，公司无内部职工股或公司职工股。

(2)前十名股东持股情况：

股东名称	年末持股数(万股)	年内股份增减情况	持股股份比例(%)	性质
升华(集团)公司	9658.224		54.8646	法人股
源裕投资有限公司	1302.416		7.4	外资法人
股浙江省科技风险投资公司	480.144		2.730	法人股
浙江泛美发展有限公司	322.896		1.83	法人股
浙江名策投资有限公司	240.08		1.36	法人股
南方证券	79.349	+79.349	0.45	流通股
天发投资	73.724	+73.724	0.419	流通股
天安数码	65.826	+65.826	0.374	流通股
孙振河	59.228	+59.228	0.336	流通股
徐雁	58.406	+58.406	0.332	流通股

前十名股东无关联关系(3)持公司股份 5%以上法人股东情况

升华(集团)公司，法人代表：夏士林。经营范围：酶制剂、生物制品、畜用药制造，火力发电，以及油墨、彩印复合塑料包装，出口国家规定商品，出口本企业自产的氧化铁；经销化工产品、装饰材料等.其持有浙江升华拜克生物股份有限公司的股份无质押。

贵州赤天化股份有限公司

(一)公司简介

1、公司名称：贵州赤天化股份有限公司
英文名称：GUIZHOU CHITIANHUA CORP.
2、法定代表人：李大学
3、董事会秘书：杨呈祥　通讯地址：贵州省赤水市化工路
贵州省贵阳市延安中路 88 号 6 楼　邮编：564707　550001
电话：0852-2878874 、2878859　传真：0852-2878332
电子信箱：chth@chitianhua.com
授权代表：王保青　通讯地址：贵州省贵阳市新天大道火炬大厦 3 楼
邮编：550001　电话：0851-6840828 、5813068　传真：0851-5813068
电子信箱：chth_gy@chitianhua.com
授权代表：梅 君
通讯地址：贵州省赤水市化工路
邮编：564707
电话：0852-2878874
传真：0852-2878332
电子信箱：chth@chitianhua.com
5、公司选定的信息披露报纸名称：《中国证券报》、《上海证券报》；
登载公司年度报告的中国证监会指定国际互联网网址：HTTP://WWW.SSE.COM.CN；
公司年度报告备查地点：贵州省贵阳市新天大道火炬大厦 3 楼；
公司主页：HTTP://WWW.CHITIANHUA.COM 。
6、上市交易所：上海证券交易所
股票简称：赤天化
股票代码：600227

(二)会计数据和业务数据摘要

1 、本年度主要效益指标情况(单位：人民币元)

利润总额	76,740,318.18
净利润	65,133,301.76
扣除非经常性损益后的净利润	61,412,932.04
主营业务利润	72,400,955.25
其他业务利润	1,203,153.28
营业利润	42,903,932.32
投资收益	29,459,480.31
补贴收入	0.00
营业外收支净额	4,376,905.55
经营活动产生的现金流量净额	701,704.63
现金及现金等价物净增加额	-238,255,369.10

注：扣除的非经常性损益项目及涉及金额：
(1)冻结新股申购资金利息　4,389,403.73 元。
(2)固定资产报废损失　--12498.18 元。
(3)合 计　4,376,905.55 元。

2 、截至报告期末公司前三年的主要会计数据和财务指标：　单 位：人民币元

项 目	2000 年	1999 年	1998 年
主营业务收入	600,867,609.35	598,795,988.58	621,798,850.39
净利润	65,133,301.76	55,685,048.02	46,785,755.18
总资产	843,264,825.04	789,463,119.69	314,653,911.01
股东权益	700,607,647.37	677,974,345.61	151,264,522.71
每股收益(摊薄)	0.383	0.328	0.468
每股收益(加权)	0.383	0.557	0.468
扣除非经常性损益后的每股收益	0.361	0.328	0.481
每股净资产	4.12	3.99	1.51
调整后每股净资产	4.12	3.99	1.51
每股经营活动产生的现金流量净额	0.004	0.37	0.57
净资产收益率(%)(摊薄)	9.30	8.21	30.93
净资产收益率(%)(加权)	9.17	29.06	40.96

3 、报告期利润表附表

报告期利润	净资产收益率		每股收益	
	全面摊薄	加权平均	全面摊薄	加权平均
主营业务利润	10.33%	10.19%	0.426	0.426
营业利润	6.12%	6.04%	0.252	0.252
净利润	9.30%	9.17%	0.383	0.383
扣除非经常性损益后的净利润	8.77%	8.64%	0.361	0.361

注：主要财务指标计算方法：

调整后每股净资产=[年度末股东权益-三年以上的应收款项净额-待摊费用-待处理(流动、固定)资产净损失-开办费-长期待摊费用-住房周转金负数余额])/年度末普通股股份总数

每股经营活动产生的现金流量净额=经营活动产生的现金流量净额/年度末普通股股份总数

全面摊薄净资产收益率=报告期利润÷期末净资产

全面摊薄每股收益=报告期利润÷期末股份总数

(三) 、股东情况介绍

1、报告期末公司股东总数为 43479 户。

2、报告期末公司主要股东持股情况

序号	股东名称	股份类别	持股数量(万股)	持股比例
1	贵州赤天化集团有限责任公司	国有法人股	9708.12	57.11%
2	贵州赤天化集团有限责任公司工会	法人股	221.88	1.31%
3	同盛基金		47.19	0.28%
4	金鑫基金		47.19	0.28%
5	天元基金		44.00	0.26%
6	大隆电子	法人股	40.00	0.24%
7	泰和基金		31.46	0.19%
8	新锦竹木	法人股	20.00	0.12%
9	王云之		17.50	0.10%
10	李钢		17.25	0.10%

贵州赤天化集团有限责任公司、贵州赤天化集团有限责任公司工会、贵州大隆电子有限公司和贵州新锦竹木制品有限公司是公司发起人股东，其余为公司流通股东

江西昌九化工股份有限公司

一、公司简介

(一)公司中文名称:江西昌九化工股份有限公司　　缩写:昌九股份
公司英文名称:JiangXi ChangJiu Chemical Industry Co.,Ltd.　　缩写:CJCL
(二)公司法定代表人:肖建国
(三)公司董事会秘书:谌晓华
联系地址:江西省南昌市北京东路98号华赣大厦五楼
电话:0791—8300796　　传真:0791—8300796
(四)公司注册地址:南昌市高新区高新一路创业大厦
公司办公地址:南昌市北京东路98号华赣大厦五楼
邮编:330029
电子信箱:jxcjgf@public.nc.jx.cn
(五)公司选定的信息披露报纸:《中国证券报》、《上海证券报》
登载公司年度报告的中国证监会指定国际互联网网址:Http://www.sse.com.cn
公司年报备置地点:公司证券部
(六)公司股票上市地:上海证券交易所
股票简称:昌九股份　　股票代码:600228

二、会计数据和业务数据摘要

(一)本年度利润总额及构成(单位:人民币元)

项目	2000年度
利润总额	16,758,615.51
净利润	15,679,393.30
扣除非经常性损益后的净利润	15,600,343.61
主营业务利润	21,040,951.77
其它业务利润	1,179,792.88
营业利润	4,502,305.89
投资收益	12,177,259.93
补贴收入	1,295,000.00
营业外收支净额	-1,215,950.31
经营活动产生的现金流量净额	-8,950,192.44
现金及现金等价物净增加额	-54,349,282.15

注:扣除的非经营性损益项目和涉及金额
补贴收入:　1,295,000.00
营业外收支净额:　-1,215,950.31

(二)公司前三年主要会计数据及财务指标

项目	2000年度	1999年度	1998年度 调整后	1998年度 调整前
主营业务收入(元)	233,494,139.62	248,255,135.02	347,311,332.13	347,311,332.13
净利润(元)	15,679,393.30	9,576,018.30	25,432,243.93	30,558,988.23
总资产(元)	743,120,839.70	712,190,460.16	361,705,534.61	371,149,029.46
股东权益(元)	450,592,185.50	443,912,792.20	177,507,743.50	188,643,715.05
每股收益(元/股)	0.09	0.053	0.212	0.255
每股收益(扣除非经营性损益)(元/股)	0.09	0.007		
每股净资产(元/股)	2.50	2.466	1.479	1.572
调整后的每股净资产(元/股)	2.46	2.44	1.476	1.565
每股经营活动产生的现金流量净额(元)	-0.05	-0.12		
净资产收益率(%)	3.48	2.16	14.33	16.20

(三)按照中国证监会《公开发行证券公司信息披露编报规则<第9号>》要求计算的利润数据(利润表附表):(单位:人民币元)

报告期利润	净资产收益率(%) 全面摊薄	净资产收益率(%) 加权平均	每股收益(元/股) 全面摊薄	每股收益(元/股) 加权平均
主营业务利润	4.67	4.66	0.117	0.117
营业利润	1	1.00	0.025	0.025
净利润	3.48	3.47	0.09	0.09
扣除非经常性损益后的净利润	3.46	3.45	0.09	0.09

三、股本变动及股东情况

(一)股本变动情况
1、报告期末股东总数为4804户。
2、截止2000年12月31日止,公司前10名股东的持股情况如下:

序号	股东名称	拥有股数(股)	持股比例(%)
1	江西昌九化工集团有限公司	120,000,000	66.67
2	贾建兴	361,750	0.20
3	王玉珍	319,150	0.18
4	定虎	310,000	0.17
5	高福源	295,100	0.16
6	孙庆红	286,950	0.16
7	王凤祥	276,159	0.15
8	许锦文	275,300	0.15
9	杨木秀	269,999	0.15
10	郭国强	267,800	0.15

注:(1)持有本公司5%以上股份的股东所持股份无增减变动、质押或冻结的情况;
(2)以上公司前10名股东不存在关联关系。
3、持股10%以上法人股东情况法人股东名称:江西昌九化工集团有限公司法人代表:杜喜学经营范围:向企业投资及利用外资、资产经营,化工产品、机械、电子设备的生产与销售,技术开发与咨询以及综合技术服务等(以上项目国家有专项规定的除外)。
4、报告期内控股股东的法人代表变更为杜喜学先生,其它情况及相关信息未发生变动。

青岛碱业股份有限公司

(一)公司简介

1、公司的法定中文名称:青岛碱业股份有限公司
公司的法定英文名称:QINGDAO SODA ASH INDUSTRIAL COMPANY LTD.
2、公司注册地址:山东省青岛市四流北路78号
公司办公地址:山东省青岛市四流北路78号
邮政编码:266043
公司电子信箱:xxzx@qdjy.com
3、公司法定代表人:刘毓源
4、公司董事会秘书:丁肇远
公司证券事务代表:邹怀基
联系地址:青岛市四流北路78号
联系电话:0532-4822574　传真:0532-4815402
公司证券部电子信箱:zhengquan@qdjy.com
5、公司选定的信息披露报纸:《中国证券报》、《上海证券报》
登载公司年度报告的中国证监会指定国际互联网网址:http//www.sse.com.cn
公司年度报告备置地点:青岛碱业股份有限公司证券部
6、公司股票上市交易所:上海证券交易所
股票简称:青岛碱业　　股票代码:600229

二、会计数据和业务数据摘要

1、本年度主要利润指标情况(单位:人民币元)

利润总额	77,136,933.60
净利润	64,757,362.26
扣除非经常性损益后的净利润	51,218,365.38
主营业务利润	177,396,953.53
其他业务利润	3,556,087.02
营业利润	74,327,213.40
投资收益	2,620,944.17
补贴收入	0.00
营业外收支净额	188,776.03
经营活动产生的现金流量净额	129,539,046.90
现金及现金等价物净增加额	74,000,740.25

注:非经常性损益包括:资产处置损失2,241,999.45元,新股申购冻结资金利息2,430,775.48元,所得税返还13,350,220.85元。

2、公司前三年主要会计数据和财务指标(单位:元)

项目	2000年	1999年	1998年
主营业务收入	787,921,055.11	613,217,866.62	517,392,243.28
净利润	64,757,362.26	52,367,783.66	41,831,808.85
总资产	1,542,977,943.38	1,300,542,847.38	695,826,610.79
股东权益(不含少数股东权益)	864,828,207.98	542,224,885.89	333,555,360.68
每股收益(元/股)(摊薄)	0.22	0.26	0.29
(元/股)(加权)	0.23	0.29	0.29
扣除非经常性损益后每股收益(摊薄)	0.17	0.20	0.22
每股净资产	2.93	2.64	2.31
调整后每股净资产	2.91	2.48	2.28
每股经营活动产生的现金流量净额	0.44	0.39	
净资产收益率%(%)[摊薄]	7.49	9.66	12.54
(%)[加权]	7.66	11.61	13.40
扣除新股中的冻结资金利息净利润	62,326,586.78	52,367,783.66	41,831,808.85
扣除新股中的冻结资金利息每股收益	0.21	0.26	0.29

注:主要财务指标计算公式如下:
每股收益=净利润/报告期末普通股股份总额
净资产收益率=净利润/报告期末股东权益×100%
每股净资产=报告期末股东权益/报告期末普通股股份总数
调整后的每股净资产=[报告期末股东权益-3年以上的应收款项净额-待摊费用、待处理(流动、固定)资产净损失-开办费-长期待摊费用-住房周转金负数余额]/报告期末普通股股份总数

3、利润表附注

报告期利润	净资产收益率% 全面摊薄	净资产收益率% 加权平均	每股收益(元) 全面摊薄	每股收益(元) 加权平均
1、主营业务利润	20.51%	20.98%	0.60	0.63
2、营业利润	8.59%	8.79%	0.25	0.27
3、净利润	7.49%	7.66%	0.22	0.23
4、扣除非经营性损益后的净利润	5.92%	6.06%	0.17	0.18

三、股东情况

(1)本公司期末股东总数为75670户(全部为A股股东)。
(2)主要股东持股情况(前十名股东):

股东名称	持股数(股)	比例(%)
青岛凯联(集团)有限责任公司	141745756	48.03
青岛天柱化工(集团)有限公司	27304348	9.25
青岛天柱化工机械厂	652174	0.22
金鑫基金	596000	0.20
青岛天柱橡胶厂	434782	0.15
泰和基金	395500	0.13
青岛天柱煤气公司	304348	0.10
青岛财信资产经营有限责任公司	281489	0.09
章一拯	249635	0.08
景博基金	198000	0.07

注:(1)青岛天柱化工(集团)有限公司持有的27304348股为本公司法人股,青岛天柱化工机械厂持有的652174股为本公司法人股与本公司有一定关联关系。除此之外,其它股东之间无关联关系。
(2)持股5%(含5%)以上的法人股东所持股份报告期内未发生质押、冻结等情况。
(3)持股10%以上的法人股东情况介绍:青岛凯联(集团)有限责任公司是本公司第一大股东,其所持股份为未上市流通股份,本报告期内所持股数未发生变化。
(4)报告期内控股股东情况无变更。

河北沧州大化股份有限公司

河北沧州大化股份有限公司2000年度报告摘要

重要提示：本公司董事会保证本报告所载资料不存在任何虚假记载、误导性陈述或者重大遗漏，并对其真实性、准确性、完整性负个别的和连带的责任。

公司本年度财务会计报告已经河北华安会计师事务所有限公司审计并出具无保留意见的审计报告。

一、公司简介

（一）公司法定中文名称：河北沧州大化股份有限公司

公司法定英文名称：HEBEI CANGZHOU DAHUA CO.LTD

（二）公司法定代表人：杨立

（三）公司董事会秘书：王路

联系地址：河北省沧州市北环中路66号

联系电话：0317-3025065

传真：0317-3025065

E-mail地址：zcb@mail.czdh.com.cn

（四）公司注册地址：河北省沧州市北环中路66号

办公地址：河北省沧州市北环中路66号沧州大化办公楼

邮政编码：061000

公司国际互联网网址：http://www.czdh.com.cn

E-mail地址：czdh@mail.czdh.com.cn

（五）公司选定的信息披露报纸：《中国证券报》、《上海证券报》

中国证监会指定刊登公司年度报告的国际互联网网址：http://www.sse.com.cn

公司年度报告备置地点：公司资产经营办公室

（六）公司股票上市交易所：上海证券交易所

股票简称：沧州大化

股票代码：600230

二、会计数据和业务数据摘要

（一）本年度主要利润指标及现金流量情况：（单位：人民币元）

利润总额	56353471.82
净利润	49930470.99
扣除非经常性损益后的净利润	40122898.45
主营业务利润	55979224.71
其他业务利润	704670.85
营业利润	34592136.22
投资收益	11953763.06
补贴收入	0.00
营业外收支净额	9807572.54
经营活动产生的现金流量净额	20440540.21
现金及现金等价物净增加额	-15693265.20

（二）前三年主要会计数据和财务指标

1、主要会计数据和财务指标

项目	2000年	1999年	1998年
主营业务收入（元）	541871648.09	600952212.65	604365774.19
净利润（元）	49930470.99	67698117.77	71529995.29
总资产（元）	859595757.22	579526974.58	535046033.21
股东权益（元）	664596299.08	290904113.20	275512722.74
摊薄每股收益（元）	0.19	0.38	0.40
加权每股收益（元）	0.22	0.38	0.40
每股净资产（元）	2.56	1.62	1.54
调整后每股净资产（元）	2.56	1.58	1.53
每股经营活动产生的现金流量净额（元）	0.079	0.213	
净资产收益率（%）	7.51	23.27	25.96
加权净资产收益率（%）	9.23	21.88	24.93

2、利润表附表

报告期利润	净资产收益率		每股收益（元）	
	全面摊薄%	加权平均%	全面摊薄	加权平均
主营业务利润	8.59	10.35	0.22	0.24
营业利润	5.31	6.39	0.13	0.15
净利润	7.51	9.23	0.19	0.21
扣除非经营性损益后的净利润	6.04	7.42	0.15	0.17

注：扣除的非经常性损益项目和涉及金额：违约金收入20000元，冻结资金利息收入9789522.54元，罚款支出1950元。

3、主要财务指标的计算方法

（1）摊薄每股收益=净利润/报告期末普通股股份总数；

（2）净资产收益率=净利润/报告期末股东权益；

（3）每股净资产=报告期末股东权益/报告期末普通股股份总数；

（4）调整后的每股净资产=（报告期末股东权益-三年以上应收款项-待摊费用-待处理（流动、固定）资产净损失-开办费-长期待摊费用-住房周转金负数余额）/报告期末普通股股份总数；

（5）每股经营活动产生的现金流量净额=经营活动产生的现金流量净额/报告期末普通股股份总数；

（三）报告期主要股东权益变动情况（单位：元）

项目	股本（股）	资本公积	盈余公积	法定公益金	未分配利润
期初数	179331620	96563180.80	15009312.40	7504656.20	0.00
本期增加	80000000	257583838.71	9130551.38	4993047.10	26977795.79
本期减少				855542.82	
期末数	259331620	354147019.51	24139863.78	11642160.48	26977795.79

续上表：

项目	股东权益合计
期初数	290904113.20
本期增加	374547728.70
本期减少	855542.82
期末数	664596299.08

变动原因：

股本增加系报告期内发行新股所致；

资本公积增加系报告期内溢价发行新股所致；

盈余公积增加系报告期内实现利润，提取盈余公积所致；

法定公益金增加系报告期内实现利润，提取法定公益金所致，减少系根据财企[2000]295号文弥补住房周转金余额所致；

未分配利润增加系报告期内实现利润所致。

三、股本变动及股东情况

（一）股本变动情况

1.公司股份变动情况表（数量单位：股）

	期初数	本次变动增减(+,-) 送股	公积金转股	其他	小计	期末数
一.尚未上市流通股份						
1.发起人股份						
其中:国家拥有股份	178031620.00					178031620.00
境内法人持有股份	1300000.00					1300000.00
尚未流通股份合计	179331620.00					179331620.00
二.已流通股份						
1.境内上市的人民币普通股				80000000.00	80000000.00	80000000.00
已流通股份合计				80000000.00	80000000.00	80000000.00
三.股份总数	179331620.00			80000000.00	80000000.00	259331620.00

2.股票的发行与上市情况

经河北省人民政府冀股办[1998]46号文批准，本公司于1998年9月24日发起设立，总共向五家发起人股东发行了17933.162万股股票，面值1元人民币，发行价1.538元人民币，三年内不能转让。

经中国证券监督管理委员会证监发行字[2000]21号文批准，本公司已于2000年3月17日至3月18日以上网定价和向二级市场投资者配售相结合的方式成功地向社会公众公开发行了人民币普通股8000万股，其中上网定价发行3200万股，向二级市场投资者配售3200万股，向证券投资基金配售1600万股，每股面值1.00元，每股发行价4.42元人民币。4月6日，本公司上网定价发行的3200万股、向二级市场投资者配售的3200万股和向证券投资基金配售的1600万股的50%（即800万股），共计7200万股在上海证券交易所挂牌交易。根据有关规定，向证券投资基金配售的1600万股的其余50%（即800万股），自配售之日起6个月后可上市流通。本次发行后，总股本由17933.162万股增加到25933.162万股。

报告期内公司没有因送股、转赠股本、配股、增发新股、吸收合并、可转换公司债券转换、减资、内部职工股上市或其他原因引起公司股份总数及结构的变动。

（二）主要股东持股情况

前十名股东持股情况（截止2000年12月31日）

名次	股东名称	持股数量（股）	占总股本比例（%）
1	河北沧州大化集团有限责任公司	178,031,620	68.65
2	北京证券	9,333,813	3.59
3	丁矿梅	851,100	0.32
4	刘兰兰	762,241	0.29
5	邹亨德	606,300	0.23
6	罗安国	605,971	0.23
7	朱盈桥	586,100	0.22
8	王茂盛	581,690	0.22
9	景福基金	475,000	0.18
10	金鑫基金	475,000	0.18

（1）河北沧州大化集团有限责任公司（以下简称"集团公司"）是唯一持有本公司股份5%以上的股东，所持本公司股票17803.162万股，报告期内无增减变动情况，也无质押或冻结的情况。

（2）A.前十名股东之间不存在关联关系。

B.报告期内公司控股股东无变更情况。

四、股东大会简介

报告期内，公司召开了1999年度股东大会和两次临时股东大会。

（一）第一次临时股东大会：

2000年1月16日，公司第一次临时股东大会在公司办公楼二楼会议室召开，会议通过以下议案：

1.《募股资金运用可行性分析报告》修改草案；

2.《关于修改对TDI公司投资计划》的报告。

（二）1999年度股东大会：

2000年3月14日，公司1999年度股东大会在公司办公楼五楼会议室召开，会议通过以下议案：

1.《公司1999年度董事会工作报告》；

2.《公司1999年度监事会工作报告》；

3.《公司1999年度财务决算报告》；

4.《公司1999年度利润分配预案》；

5.《公司2000年经营计划和投资方案》；

6.《关于聘用河北华安会计师事务所有限公司为本公司2000年度会计审计机构的议案》；

7.《关于建立计提资产减值准备内控制度的报告》。

（三）第二次临时股东大会：

2000年11月13日，公司第二次临时股东大会在沧州大化宾馆二楼大会议室召开，会议通过以下议案：

1.《河北沧州大化股份有限责任公司关于调整对TDI项目投资方式的报告》；

2.本公司与河北沧州大化集团有限公司签署的《股权转让协议》；

凌源钢铁股份有限公司

凌源钢铁股份有限公司二 000 年年度报告摘要

本公司董事会保证本报告所载资料不存在任何虚假记载、误导性陈述或者重大遗漏，并对其内容的真实性、准确性和完整性负个别及连带责任。

一、公司简介

1、公司法定中文名称：凌源钢铁股份有限公司
　公司法定英文名称：Lingyuan Iron & Steel Co.,Ltd.
2、公司法定代表人：高益荣
3、公司董事会秘书：何东生
　联系地址：辽宁省凌源市钢铁路 3 号
　凌源钢铁股份有限公司证券部
　电话：0421-6834429　传真：0421-6831910
　电子信箱：hds@lggf.com.cn
4、公司注册地址：辽宁省凌源市钢铁路 3 号
　办公地址：辽宁省凌源市钢铁路 3 号　邮政编码：122500
　公司国际互联网网址：http://www.lgjt.com.cn
　电子信箱：lgwjch@online.ln.cn
5、公司选定的信息披露报纸：《中国证券报》
　登载公司年度报告的国际互联网网址：http://www.sse.com.cn
　公司年度报告备置地点：凌源钢铁股份有限公司证券部
6、公司股票上市交易所：上海证券交易所
　股票简称：凌钢股份　　股票代码：600231

二、会计数据和业务数据摘要

（一）本年度主要利润指标　　　　单位：人民币元

项　　目	金　　额
利润总额	213,414,100.06
净利润	141,072,698.02
扣除非经常性损益后的净利润	141,294,736.65
主营业务利润	294,375,619.46
其他业务利润	2,723,769.47
营业利润	213,737,292.33
投资收益	0
补贴收入	0
营业外收支净额	-323,192.27
经营活动产生的现金流量净额	63,359,956.42
现金及现金等价物净增加额	177,120,595.18

注：①扣除的非经常性损益项目和所涉及的金额：处置固定资产净损失（税后）-3,487,080.55 元，新股申购冻结资金利息收入(税后)3,265,041.92 元。

②公司 2000 年企业所得税按 33%税率计缴，由同级财政返还 18%，据财政部财会[2000]3 号文规定，待实际收到返回的所得税时，再冲减当期的所得税费用。因此，返还 18%未体现在报告期。

（二）截止报告期末公司前三年的主要会计数据和财务指标

单位：人民币元

指标名称	2000 年 1-12 月份	1999 年 1-12 月份
主营业务收入	1,594,192,423.59	1,314,611,503.07
净利润	141,072,698.02	109,570,116.49
总资产	1,537,570,571.02	856,140,822.65
股东权益	1,153,547,958.76	518,956,811.82
每股收益(全面摊薄)	0.46	0.52
每股收益(加权平均)	0.51	0.52
扣除非经常性损益后的每股收益(全面摊薄)	0.46	0.52
扣除非经常性损益后的每股收益(加权平均)	0.51	0.52
每股净资产	3.72	2.47
调整后的每股净资产	3.58	2.43
每股经营活动产生的现金流量净额	0.20	0.96
净资产收益率(全面摊薄)(%)	12.23	21.11
净资产收益率(加权平均)(%)	15.67	23.11

注：①报告期末至摘要披露日，公司股本未发生变化。

②主要指标计算公式如下：

每股收益=净利润/年度末普通股股份总数

每股净资产=年度末股东权益/年度末普通股股份总数

调整后的每股净资产=(年度末股东权益—三年以上的应收款项净额—待摊费用—待处理（流动、固定)资产净损失—开办费—长期待摊费用—住房周转金负数余额)/年度末普通股股份总数。

每股经营活动产生的现金流量净额=经营活动产生的现金流量净额/年度末普通股股份总数。

净资产收益率=净利润/年度末股东权益×100%

（三）报告期利润表附表

报告期利润	净资产收益率(%) 全面摊薄	净资产收益率(%) 加权平均	每股收益(元) 全面摊薄	每股收益(元) 加权平均
主营业务利润	25.52	32.70	0.95	1.06
营业利润	18.53	23.74	0.69	0.77
净利润	12.23	15.67	0.46	0.51
扣除非经常性损益后的净利润	12.25	15.69	0.46	0.51

注：①全面摊薄净资产收益率和每股收益的计算公式如下：

全面摊薄净资产收益率=报告期利润÷期末净资产

全面摊薄每股收益=报告期利润÷期末股份总数

②加权平均净资产收益率(ROE)的计算公式如下：

$$ROE=\frac{P}{E0+NP\div2+Ei\times Mi\div M0-Ej\times Mj\div M0}$$

其中：P 为报告期利润；NP 为报告期净利润；E0 为期初净资产；Ei 为报告期发行新股或债转股等新增净资产；Ej 为报告期回购或现金分红等减少净资产；M0 为报告期月份数；Mi　为新增净资产下一月份起至报告期期末的月份数；Mj 减少净资产下一月份起至报告期期末的月份数。

③加权平均每股收益(EPS)的计算公式如下：

$$EPS=\frac{P}{S0+S1+Si\times Mi\div M0-Sj\times Mj\div M0}$$

其中：P 为报告期利润；S0 为期初股份总数；S1 为报告期因公积金转增股本或股票股利分配等增加股份数；Si 为报告期因发行新股或债转股等增加股份数；Sj 为报告期因回购或缩股等减少股份数；M0 为报告期月份数；Mi 为增加股份下一月份起至报告期期末的月份数；Mj 为减少股份下一月份起至报告期期末的月份数。

（四）本报告期内股东权益变动情况　　　　单位：人民币万元

项目	股本	资本公积	盈余公积	法定公益金	未分配利润	股东权益合计
期初数	21000	21000	6365	3183	347	51895
本期增加	10000	44002	1411	705	7342	63460
本期减少	-	-	-	-	-	-
期末数	31000	65002	7776	3888	7689	115355

变动原因：

1.报告期内公司发行 10000 万股新股，增加股本 10000 万元；

2.本年度公司发行新股溢价增加资本公积金；

3.本年度实现净利润计提增加盈余公积和法定公益金；

4.本年度利润增加使未分配利润增加。

三、股本变动及股东情况

（一）股本变动情况

1、股份变动情况表　　　　数量单位：股

项　　目	本次变动前	发行新股增加	本次变动后
一、未上市流通股份			
Ⅰ、发起人股份	178,500,000		178,500,000
其中：国家持有股份	178,500,000		178,500,000
2、募集法人股份	5,000,000		5,000,000
3、内部职工股	26,500,000		26,500,000
未上市流通股份合计	210,000,000		210,000,000
二、已上市流通股份			
1、人民币普通股		100,000,000	100,000,000
其中：向基金配售股份		20,000,000	20,000,000
已上市流通股份合计		100,000,000	100,000,000
三、股份总数	210,000,000	100,000,000	310,000,000

2、股票发行与上市情况

（1）前三年历次股票发行与上市情况

2000 年 4 月 4 日，经中国证监会证监发行字[2000]31 号文批准，公司于 2000 年 4 月 7 日--13 日在上海证券交易所公开发行人民币普通股 10000 万股，每股面值 1.00 元，发行价每股 5.58 元。其中向一般投资者上网定价发行 4000 万股，向上交所二级市场投资者配售 4000 万股，向证券投资基金配售 2000 万股。经上海证券交易所上证上字[2000]15 号文《上市通知书》批准，于 2000 年 5 月 11 日在上海证券交易所挂牌交易，首次上市流通股本为上网定价发行的 4000 万股、向上交所二级市场投资者配售的 4000 万股和向证券投资基金配售的 2000 万股的 50%（即 1000 万股），共计 9000 万股；向证券投资基金配售的其余 50%（即 1000 万股）于 2000 年 10 月 9 日上市流通。

（2）本报告期内公司无送股、转增股本、配股、增发新股、吸收合并、可转换公司债券转股、减资、内部职工股或公司职工股上市等原因引起的公司股份总数及结构的变动。

（3）内部职工股情况

公司于 1994 年创立时，以每股 1.00 元的价格发行内部职工股 5300 万股。1998 年 12 月，公司按 1:0.5 的比例缩股，内部职工股变为 2650 万股。本年度内部职工股未上市流通。

（二）股东情况介绍

1、报告期末，本公司股东总数为 77233 户，其中内部职工股股东 13687 户。

2、前十名股东持股情况（单位：股）

名次	股东名称	期末持股数	占总股本比例(%)
1	凌源钢铁集团有限责任公司	178,500,000	57.58
2	侯英福	675,160	0.22
3	景宏基金	585,100	0.19
4	金鑫基金	500,000	0.16
5	凌源铁矿	500,000	0.16
6	朝阳市一建	500,000	0.16
7	阿克苏民用器材	500,000	0.16
8	陈长庚	415,651	0.13
9	黄瑞华	362,000	0.12
10	周彤	356,900	0.12

说明：（1）持有公司 5%以上股份的股东为凌源钢铁集团有限责任公司。报告期内凌源钢铁集团有限责任公司股份没有增减变动情况，也没有发生质押、冻结等情况。

（2）凌源钢铁集团有限责任公司代表国家持有股份。

（3）前 10 名股东中，公司第一大股东凌源钢铁集团有限责任公司与其他股东之间不存在关联关系，未知其他股东之间的关联关系。

3、公司无持股 10%以上的法人股东。

4、报告期内控股股东未发生变化。

四、股东大会简介

（一）年度股东大会简介

2000 年 2 月 27 日，公司董事会发出了"凌源钢铁股份有限公司关于召开一九九九年年度股东大会的通知"。

2000 年 3 月 28 日下午 1 时 30 分，公司一九九九年度股东大会在凌钢宾馆三楼大会议室召开。出席会议的股东及股东代理人共 112 名，代表有表决权的股份 19530 万股，占公司总股本的 93%，符合《公司法》及《公司章程》的规定。

大会审议并通过了如下事项：

1、审议通过了 1999 年度董事会工作报告；

2、审议通过了 1999 年度财务决算暨 2000 年度财务预算报告；

3、审议通过了 1999 年度监事会工作报告；

4、审议通过了 1999 年度利润分配方案：

公司 1999 年度实现税后净利润 109,570,116.49 元，提取 10%法定公积金 10,957,011.65 元,5%法定公益金 5,478,505.83 元,当年可供股东分配的利润为 93,134,599.01 元,加上上年度结转未分配利润-5,661,308.97 元,实际可供股东分配的利润为 87,473,290.04 元。公司以 1999 年末总股本 21,000 万股为基数,向全体股东按每 10 股派发现金 4.00 元进行分配(含税),共计派发现金 8400 万元,尚余可供股东分配的利润为 3,473,290.04 元。

公司股票发行后,新老股东将共同享有本公司 2000 年 1 月 1 日至公司股票发行前实现的利润和以前年度结存的未分配利润。

5、审议通过了"关于续聘辽宁东方会计师事务所"的议案。

(二)选举、更换公司董事、监事情况

报告期内公司没有选举或更换董事和监事。

五、董事会报告

(一)公司经营情况

1、公司所处行业及在本行业中的地位

公司属于钢铁行业,是国家重点大中型钢铁生产企业之一。

2、公司主营业务范围及其经营状况

主营业务的范围:生产、经营、开发冶金产品(含副产品)。现主要产品:热轧中宽带钢,螺纹钢,圆钢,圆、矩型焊接钢管,连铸钢坯。

经营状况:2000 年,公司产铁 73.9 万吨,钢 78.3 万吨,商品坯材总量 87.3 万吨，分别比上年增长 9.2%、13.5%和 9.6%,均超额完成全年计划并创历史最高水平。公司累计实现主营业务收入 15.9 亿元,比上年增长 21.27%;产销率 100.05%;回款率 100%;实现主营业务利润 2.9 亿元,净利润 1.4 亿元,分别比上年增长 64.45%和 28.75%。

3、经营中出现的问题与困难及解决方案

2000 年公司遇到的主要问题和困难:一是国家对钢铁生产实施总量控制，虽然钢材价格回升,但市场竞争仍然很激烈;二是能源、动力、上游产品涨价,工资性费用增高,对公司的效益有一定影响;三是公司产品结构不尽合理,制约了市场竞争力。

针对以上问题和困难,公司采取了以下对策：

(1)狠抓技术进步,开展技术攻关,促使技术经济指标上台阶。方坯和板坯连铸机经高效化改造后,能力提高 40%以上;溅渣护炉工艺的采用使转炉炉龄比上年提高近一倍;吨钢铁水消耗比上年下降 33kg/t。公司方坯连铸机高效技术改造攻关和短流程喷煤新工艺获辽宁省 2000 年科技进步奖。

(2)强化质量管理,进一步规范、完善了内部质量合同,降废减损,钢和钢材均完成了废品、不良品比上年降低 10%的目标。产品实物质量得到提高，螺纹钢通过国家建材检测中心质量检查,2001 年 3 月经国家质量技术监督局认定为国家免检产品。公司质量体系通过了中国方圆认证委员会年度审查。2000 年 10 月,被国家质量技术监督局授予全国质量管理先进企业称号。

(3)以提高企业的市场竞争力为目标,大力调整产品结构、开发新产品,提高效益。下半年中宽热带生产线收购后,生产带钢 17 万吨,比计划提高 23%,小型材、焊管分别比上年增产 14.7%和 27.8%,初级产品连铸坯在主营业务收入中的比重由 45.71%降到 28.26%。新产品开发又有新突破,重点开发了转炉 20# 无缝管坯钢、10# 优质中宽带钢、冷弯槽钢,试制了不锈钢/碳钢复合板和焊接钢管等。

(4)继续强化"模拟市场核算,实行成本否决",完善成本管理体系,推行班组核算日清日结,分厂内部工段班组间产品劳务有价转移，劳动报酬与成果紧密挂钩。可比产品总成本比上年降低 1.06%;财务管理强化资金约束机制,推进全面预算管理,提高了资金运作效率。

(5)技改工程坚持贯彻"一保三限"方针和项目经理责任制、工程监理制等激励、约束机制。按规范要求对物资、设备采购、工程建设等实行招标。

(6)努力开拓市场搞好营销,在中国第一条高速电气化铁路—秦沈客运专线建筑钢材招标采购中,公司中标 90%,全部供货无一次质量异议;在北京、长春、西安增设了经销机构,强化了对周边市场和区域市场的控制力度。

(7)深化三项制度改革,在学习借鉴许继等先进企业经验基础上,中层干部实行了公开竞聘,人数减少了 20%。在全员业绩考核中坚持了末位淘汰制。

4、公司招股说明书预测 2000 年度利润总额 13504 万元,实际报告期为 21341 万元,超过盈利预测 58%。主要原因是价格提高、产品结构调整和产量增长，使主营业务收入比预测水平提高 15.1%,主营业务利润比预测水平提高 55.5%。

(二)公司财务状况　　　　(单位:万元)

指标项目	2000 年	1999 年	增加数额	增加比例(%)
总资产	153757	85614	68143	79.59
长期负债	9200	2900	6300	217.24
股东权益	115355	51896	63459	122.28
主营业务利润	29438	17901	11537	64.45
净利润	14107	10957	3150	28.75

说明:(1)总资产年末比年初增加 68143 万元。主要原因是新股发行和收购了中宽热带生产线。

(2)长期负债年末比年初增加 6300 万元。主要原因是增加了技改贷款和收购中宽热带生产线带入负债。

(3)股东权益年末比年初增加 63459 万元。主要原因是新股发行和年终按规定提取"两金"和未分配利润增加。

(4)主营业务利润比上年增加 11537 万元。主要原因是售价提高、产品结构调整、销量增加和收购中宽热带生产线后增利。

(5)净利润比上年增加 3150 万元,增长幅度低于主营业务利润,主要原因是执行财政部财会[2000]3 号文,所得税先征后返,返回的 18%待实际收到时冲减所得税费用,未体现在报告期。

(三)公司投资情况

1、募集资金使用情况

2000 年 4 月 7 日,本公司经中国证监会证监发行字[2000]31 号文批准,以每股 5.58 元向社会公开发行人民币普通股 10000 万股,募集资金 55800 万元,扣除发行费用后,实际募集资金 54000 万元。募集资金实际使用情况如下：　　单位:万元

项目名称	计划投资总额	实际投入资金
1、收购 880mm 中宽热轧带钢生产线	12267	12267
2、对中宽热带生产线进行完善性改造	4500	217
3、收购 φ508mm 钢管生产线并补充流动资金、偿还债务和完善改造	10000	0
4、建设 2 号板坯连铸机	8468	3038
5、建设炉外精炼装置	3387	292
6、380m3 高炉改造	13706	13672
7、补充流动资金 、偿还技改贷款	5290	2390
合　　计	57618	31876

项目名称	计划支出募集资金	本年实际支出募集资金
1、收购 880mm 中宽热轧带钢生产线	12267	12267
2、对中宽热带生产线进行完善性改造	4500	217
3、收购 φ508mm 钢管生产线并补充流动资金、偿还债务和完善改造	10000	0
4、建设 2 号板坯连铸机	4850	0
5、建设炉外精炼装置	3387	292
6、380m3 高炉改造	13706	13672
7、补充流动资金 、偿还技改贷款	5290	2390
合　　计	54000	28838

(1)收购凌钢集团 880mm 中宽热轧带钢生产线,承诺投资总额 12267 万元,该项目以 2000 年 6 月 30 日为收购基准日,于报告期内已完成收购,并于 2000 年 8 月 28 日在《中国证券报》进行了公告。该项目实际支付募集资金 122,670,080.80 元,与招股说明书承诺投资额一致。该生产线占用土地 52228.5m2,由凌钢集团公司租赁给本公司使用,年租金 8.88 万元。该项目收购后生产带钢 17 万吨,新增利润 2500 万元以上,超过了预期的经济效益。

(2)对收购后的中宽热带生产线进行完善性改造,承诺投资 4500 万元。已投入 217 万元,占总投资的 4.8%,预计 2001 年内完成。

(3)收购凌钢集团锦西钢管公司 φ508mm 钢管生产线并补充流动资金、偿还债务和完善改造项目,承诺投资总额 10000 万元。本年度内没有实施,主要是严格做到"三分开"、处理好关联交易比原来预想的要复杂。

(4)建设 2 号板坯连铸机项目,承诺投资总额 4850 万元。该项目是 1996 年批准的项目,原设计为全弧型连铸机。为适应技术进步、提高产品质量、开发优质钢种的要求,现将改为直弧型板坯连铸机,年产量由 26.5 万吨提高到 40 万吨,变更后计划投资额 8468 万元,投资不足部分贷款解决。该项目已投入 3038 万元,占总投资的 35.9%,预计 2001 年 6 月建成投产。

(5)建设炉外精炼装置项目,承诺投资总额 3387 万元。已投入 292 万元,占总投资的 8.62%。预计该项目将于 2001 年年底建成投产。

(6)380m3 高炉改造项目,承诺投资总额 13706 万元。已投入 13672 万元,完成总投资的 99%。主体工程已于 2001 年 1 月 6 日建成投产,将促进公司主营业务收入的增加。

(7)补充流动资金、偿还技改贷款项目,承诺投资总额 5290 万元,已投入 2390 万元,占总投资的 45.2%。

2、非募集资金投资的重大项目情况

1265.55 万元用于投资参股中国光大银行 649 万股,尚未正式办理出资手续。

(四)生产经营环境以及宏观政策、法规发生重大变化的影响

根据财政部财税[2000]99 号文件规定,并经辽宁省财政厅辽财企函字[2001]3 号文件确认,公司企业所得税先按 33%的法定税率征收再返还 18%的优惠政策,允许保留到 2001 年 12 月 31 日。

(五)2001 年的业务发展计划

"十五"期间公司发展的总体思路是:"立足钢铁,把主业做强;发展资本运营和多元化经营,把企业做大"。2001 年工作方针是在"坚持二四三,推进三三三"的基础上,以技术创新推动产品、工艺结构的调整,以深化分配制度改革促进机制的转变,通过科学管理、系统优化促使生产水平上台阶,实现跨越式发展。计划全年商品坯材总量 95 万吨,主营业务收入 18.5 亿元,产销率 100%、回款率 100% 。工作重点是：

1、开发新品种、完善新工艺,提高技术创新能力。开发新Ⅲ级螺纹钢、45# 优质碳素钢、工业链条钢;增加深冲用钢、汽车大梁板钢两个钢种的储备。完善溅渣护炉、钢包在线烘烤和降低吨钢铁水消耗技术,提高轧钢热送热装钢坯比例,节能降耗。新建 1# 高炉喷煤设施,提高喷煤节焦水平。加强与东北大学、鞍山钢铁学院、北京钢铁研究总院、国家连铸中心等高校和科研院所的合作与交流。

2、搞好改造工程项目达产达效和原有系统的挖潜配套,使整个生产过程实现系统优化,以高效率赢得高效益。重点是 1# 高炉改造后、2# 板坯建成后的达产。根据市场需求和效益优先原则调整钢材品种结构。

3、推进管理创新,努力降低成本,要继续深化以班组核算、"日清日结"为重点的模拟市场机制。继续强化财务、质量、设备、现场四项管理。

4、推动以岗位工资为主体的分配制度改革,根据劳动效果适度拉大分配差距,更好体现按劳分配效率优先和兼顾公平的原则。建立"科技贡献奖",调动工程技术人员积极性,提高大学生待遇,吸引人才。建立健全全员竞争上岗,末位淘汰制度。

5、继续贯彻"稳固周边,拓展边缘、培育区域、抓大工程项目、打入重点行业"的市场营销战略,积极参与西部大开发,开辟新的市场空间。

6、积极探索资本运营和开发有一定科技含量的非钢产业。

(六)董事会日常工作情况

1、董事会会议情况及决议内容

报告期内董事会共召开七次会议：

(1)董事会 2000 年第一次会议于 1 月 10 日在公司办公楼三楼会议室召开。会议审议并通过了 1999 年度利润分配预案。

①1999 年实现利润计提所得税、"两金"后,本年度可供股东分配的利润额 9313 万元。

②按追溯调整法计提以前年度存货跌价准备、坏帐准备后,本年年初未分配利润为-566 万元。

③调整后本年度可供股东分配的利润额 8747 万元,拟按每股 0.40 元派发红利,应付股利 8400 万元,未分配利润为 347 万元。

(2)董事会 2000 年第二次会议于 2 月 26 日在公司办公楼三楼会议室召开。会议审议并通过了如下决议：

①公司股票发行后,新老股东将共同享有本公司 2000 年 1 月 1 日至公司股票发行前实现的利润和以前年度结存的未分配利润;

②公司续聘辽宁东方会计师事务所进行会计报表审计、净资产验证及其它相关的咨询服务等业务。

(3)董事会 2000 年第三次会议于 7 月 17 日在公司办公楼三楼会议室召开。会议审议并通过了聘任林学敏女士为公司总会计师的决议。

本次会议决议刊登在 2000 年 7 月 20 日的《中国证券报》。

(4)董事会 2000 年第四次会议于 7 月 25 日在公司办公楼三楼会议室召开。会议审议并通过了 2000 年中期报告的决议。

本次会议决议刊登在 2000 年 7 月 28 日的《中国证券报》。

(5)董事会 2000 年第五次会议于 9 月 1 日在公司办公楼三楼会议室召开。会议审议并通过了如下决议：

根据开拓市场、多种经营的需要,决定与凌源钢铁集团有限责任公司共同出资设立北京凌钢供销有限公司。本公司出资 20 万元,占注册资本的 40%。

(6)董事会 2000 年第六次会议于 11 月 1 日在公司办公楼三楼会议室召开。会议审议并通过了如下决议：

公司申请投资参股中国光大银行,作为法人股股东,如获批准,本公司将以自有资金投资 2145 万元,折 1100 万股。

本次会议决议刊登在 2000 年 11 月 2 日的《中国证券报》。

(7)董事会 2000 年第七次会议于 11 月 16 日在公司办公楼三楼会议室召开。会议审议并通过了如下决议：

在第一大股东清华紫光股份有限公司也适当增资的前提下，本公司将申请投资参股清华紫光科技创新投资有限公司,如获批准,将以自有资金认购 2000 万股,每股认购价不超过 1.2 元,总投资不超过 2400 万元。

本次会议决议刊登在 2000 年 11 月 18 日的《中国证券报》。

2、董事会对股东大会决议的执行情况

(1)董事会按照公司 1999 年度股东大会决议,于 2000 年 5 月 10 日实施了"1999 年度利润分配方案"，即以 1999 年末总股本 21,000 万股为基数，向全体股东按每 10 股派发现金红利 4.00 元

(含税)。

(2)董事会按照公司1999年度股东大会决议,续聘辽宁东方会计师事务所为公司进行会计报表审计、净资产验证及其它相关的咨询服务等业务。

(七)公司管理层及员工情况

1、董事、监事、高级管理人员

姓名	职务	性别	年龄	任期起止日期	持股数	是否领薪
高益荣	董事长	男	59	1996.5-	45000	否
苑成德	副董事长	男	51	1994.4-	45000	否
吴志先	副董事长	男	56	1996.5-	45000	否
郭瑞芹	董事	女	54	1994.4-	35000	否
张振勇	董事、经理	男	40	1999.4-	44000	是
金国钧	董事	男	59	1996.5-	32000	否
丁永生	董事	男	55	1996.5-	32000	否
郝志强	董事	男	42	1996.5-	33250	否
盖全臣	监事会主席	男	49	1994.4-	35000	否
于福柱	监事	男	52	1994.4-	14000	否
徐晓光	监事	男	51	1994.4-	5000	否
高忠贵	监事	男	50	1994.4-	2500	否
邹海泉	监事	男	48	1994.4-	5500	否
王克明	监事	男	47	1999.4-	4000	否
李玉芝	监事	女	49	1999.4-	2500	否
孙铁茂	副经理	男	39	1999.5-	10000	是
李庆文	副经理	男	39	1999.5-	7500	是
林学敏	总会计师	女	50	2000.7-	4500	是
何东生	董事会秘书	男	46	1999.5-	10000	是

公司董事、监事、高管人员年初、年末持股数没有变化,经理等5名高级管理人员均在公司领取报酬,年度报酬总额26.7万元。年度报酬8~9万元的1人;5~6万元的1人;4~5万元的2人,3~4万元的1人。

公司在报告期内没有离任的董事、监事及高级管理人员。

报告期内,公司没有发生聘任或解聘公司经理、董事会秘书的情况。

2、公司员工情况

公司现有职工3505人,其中:生产人员2971人,销售人员140人,工程技术人员219人,管理人员140人,财务人员35人。公司退休职工418人。

公司职工157人具有大学本科及以上学历,301人具有大专学历,161人具有中专学历。40人具有高级职称,201人具有中级职称。

(八)本次利润分配预案及2001年利润分配政策

1、本次利润分配预案

公司2000年度实现税后净利润141,072,698.02元,提取10%法定公积金14,107,269.80元、5%法定公益金7,053,634.90元,当年可供股东分配的利润为119,911,793.32元,加上上年度结转的未分配利润3,473,290.04元,实际可供股东分配的利润为123,385,083.36元。本次年终分配拟以总股本31000万股为基数,每10股派发现金股利1.50元(含税),计46,500,000.00元,余额76,885,083.00元转入下一年度。

2、2001年利润分配政策

(1)公司于2001年结束后进行一次利润分配;

(2)公司2001年度实现净利润用于股利分配的比例不少于10%;

(3)公司本年度未分配利润用于下一年度股利分配的比例不少于10%;

(4)利润分配形式主要采用现金派发形式;

(5)上述利润分配政策系预计方案,董事会将视具体情况进行调整。

(九)本报告期内公司信息披露的报纸仍为《中国证券报》。

六、监事会报告

二000年,监事会按照《公司章程》和股东赋予的权力,围绕落实和执行上次股东大会决议,维护股东权益,对公司经营决策等方面开展监督工作。年内召开了两次监事会会议。监事会2000年第一次会议,于2000年2月26日在公司办公楼三楼会议室召开,会议审议通过了公司1999年度财务决算和利润分配预案、1999年监事会工作报告。监事会2000年第二次会议,于2000年7月25日在公司办公楼三楼会议室召开,会议审议通过了公司2000年中期报告。

监事列席了各次董事会会议,对董事会的经营决策实施了监督。

1、加强对公司依法运作情况的监督检查。监事会认为,董事、经理等高级管理人员能够认真执行各项法规、制度和股东大会的各项决议,恪尽职守,勤奋工作,圆满的完成了上年度股东大会确定的各项指标。没有发现公司董事会决策不合法的问题,没有发现董事、经理等高级管理人员执行公司职务时违反法律、法规和《公司章程》的行为,没有发现董事、经理有损害公司利益的行为。

2、辽宁天健会计师事务所有限公司对公司二000年财务状况进行了审计,出具了无保留意见审计报告;监事会审核了经会计师事务所审计的公司会计报告,认为真实地反映了公司的财务状况和经营成果,会计处理符合《企业会计准则》和《股份公司会计制度》规定;审核了公司利润分配预案,认为符合《公司章程》及有关规定。

3、公司在报告期内公开发行股票募集资金全部到位,扣除发行费用,实际募集资金5.4亿元。审核了募集资金的使用情况,没有发现资金实际投入项目与承诺投入项目不一致的问题。

4、对公司的经营活动进行了监督检查,没有发现收购、出售资产交易价格不合理、内幕交易和损害股东权益或造成资产流失的问题,在关联交易中体现了公平的原则。

5、公司报告期利润总额超过招股说明书披露的盈利预测58%,主要是价格提高、产品结构调整和产销量增加所致,监事会同意董事会对该事项的说明。

2001年,监事会将进一步加强自身建设,健全工作制度,明确工作责任,更好地履行监督职能,切实维护全体股东的利益。

七、重要事项

(一)报告期内公司无重大诉讼、仲裁事项。

(二)报告期内公司、公司董事及高级管理人员无受监管部门处罚的情况。

(三)报告期内公司无控股股东变更、公司董事会换届、改选或半数以上成员变动、公司总经理变更以及解聘、新聘董事会秘书的情况。

(四)报告期内公司按照2000年4月5日在《上海证券报》、《中国证券报》上刊登的《招股说明书概要》中所披露的投资项目,以2000年6月30日为基准日,以12267万元募集资金收购了凌钢集团公司880mm中宽热轧带钢生产线。

(五)重大关联交易事项

1、购销商品、提供劳务发生的关联交易。

报告期内,公司与凌源钢铁集团有限责任公司互有提供原材料及服务等关联交易,重大交易情况列示如下:　(单位:万元)

关联方	交易内容	交易金额
凌源钢铁集团有限责任公司	购原料	71705
	购材料	30613
	购热力及电	15009
	接受劳务	1079
	出售产品	43970
	出售材料	12359
凌钢集团汽车运输有限责任公司	接受劳务	1013
凌钢集团实业有限责任公司	接受劳务	2446
	出售产品	1801
凌钢集团冶金建筑安装有限责任公司	接受劳务	479
凌钢集团机械制造有限责任公司	接受劳务	455
	出售产品	311
凌源钢铁公司沈阳销售中心	出售产品	5963
凌源钢铁公司锦州经济开发区经营部	出售产品	3835
凌钢物资综合开发公司	出售产品	3438
大连经济技术开发区凌钢物资综合经销部	出售产品	1973
北京凌钢供销有限公司	出售产品	1338
凌钢集团锦西钢管有限责任公司	出售产品	2790

重大关联交易价量列示如下:

①公司向关联方采购货物

关联方	项目	交易量(吨)	交易价格(元)	金额(万元)	占同类交易的比例(%)
凌源钢铁集团有限责任公司	球团矿	595411	285.95	17026	100
	烧结矿	748726	284.43	21297	100
	热轧带钢	118912	1796.00	21357	50.29
	焦炭	447065	404.15	18068	100
	电	177872889Kwh	0.37	6581	96.88
	蒸汽	327196Gj	20.00	654	85.72

②公司向关联方出售产品

关联方	项目	交易量(吨)	交易价格(元)	金额(万元)	占同类交易的比例(%)
凌源钢铁集团有限责任公司	热轧钢坯	123473	1606.32	19834	97.81
	板　坯	154024	1425.79	21961	98.24
	中宽带	7142	2000.14	1429	4.66
	生　铁	207	938.69	19	29.17
凌源钢铁公司沈阳销售中心	钢材	28837		5731	6.15
凌源钢铁公司锦州经济开发区经营部	钢材	17601		3459	3.71
大连经济技术开发区凌钢物资综合经销部	钢材	9932		1973	2.12
凌钢集团锦西钢管有限责任公司	钢材	13158		2790	2.99
凌钢物资综合开发公司	钢材	15596		3135	3.36
凌钢集团实业有限责任公司	钢材	1665		328	0.35
北京凌钢供销有限公司	钢材	7031		1338	1.44

公司与凌钢集团公司签署了《综合服务协议》。协议有效期15年(1999年--2013年)。协议规定双方提供服务的定价原则为①有国家定价的,适用国家定价;②无国家定价,首先适用市场价格;③无国家及市场价格,双方以成本加费用定价;④特殊服务双方协商定价。结算方式:按月结算。

本公司的管理后勤服务,按国家定价或市场价格向凌钢集团及所属子公司支付费用,按月结算或年末结算。

本公司与凌钢集团公司签署了《土地使用权租赁协议》,依据协议取得本公司生产经营所需土地324064.5m2的15年使用权(包括已收购的中宽热带生产线占用的土地52228.5m2)。本公司每年向凌钢集团公司缴纳土地使用权租金55.22万元。

"菱圆"、"华凌"商标,已由凌钢集团公司无偿转让给本公司,并经国家工商行政管理局批准。

2、报告期内,公司未发生股权转让事项。

3、报告期末,公司与凌钢集团公司及凌钢集团控股的子公司因购进原材料、销售产品形成应收及预付帐款14483.9万元,应付及预收帐款605.1万元,均属正常业务往来。

公司与参股子公司北京凌钢供销有限公司因销售产品形成应收帐款910万元,属正常业务往来。

凌钢集团公司为本公司4500万元长期借款提供担保。

4、其他重大关联交易

报告期内无其他重大关联交易。

(六)公司与控股股东之间人员独立、资产完整、财务独立。

1、公司在劳动、人事及工资管理方面独立;经理等5名高级管理人员均在本公司领取薪酬;经理在公司的第一大股东凌源钢铁集团有限责任公司中任董事职务,副经理及其他高级管理人员均未在股东单位任职。

2、公司拥有独立的生产系统,但由于工序的相关性,公司与集团公司在生产管理系统有交叉情况;拥有自己的工业产权、商标、非专利技术等无形资产;拥有独立的采购和销售系统。

3、公司设有独立的财务部,具有独立的会计核算体系和财务管理制度;具有独立的银行帐户。

(七)公司或持股5%以上股东未在指定报纸和网站上披露过承诺事项。

(八)公司无托管、承包、租赁其他公司资产或其他公司托管、承包、租赁公司资产的事项。

(九)报告期内公司未改聘会计师事务所,但聘任的辽宁东方会计师事务所已更名为辽宁天健会计师事务所有限公司。

(十)公司无其它重大合同事项。公司上市前为凌钢集团公司出具的贷款担保在报告期已全部解除。

(十一)报告期内未更改公司名称和股票简称。

(十二)报告期内公司注册资本由21000万元变更为31000万元。

(十三)其他重大事项

1、公司计划投资2145万元参股中国光大银行,该事项刊登在2000年11月2日的《中国证券报》。实际投入1265.55万元,折649万股,因尚未收到正式出资手续,未作公告。

2、公司计划投资2400万元投资参股清华紫光科技创新投资有限公司,该事项刊登在2000年11月18日的《中国证券报》;公司2001年2月实际投资2400万元,折"紫光科创"注册资本2000万元,该事项刊登在2001年2月6日《中国证券报》。

八、财务会计报告

(一)审计报告(附后)

(二)会计报表(附后)

(三)会计报表附注(附后)

九、公司的其他有关资料

1、公司于1994年5月4日在朝阳市工商局首次登记注册。1999年1月12日、2000年4月15日,公司先后两次在朝阳市工商局变更登记注册。

2、企业法人营业执照注册号:2113001110055

3、税务登记号码:21138212320998X

4、公司未流通股票的托管机构:上海证券中央登记结算公司

5、公司报告期内证券主承销商为南方证券有限公司

6、公司聘请的会计师事务所：辽宁东方会计师事务所，现已更名为辽宁天健会计师事务所有限公司

地址：沈阳市和平区南京北街103号

十、备查文件目录

1、经公司法定代表人、总会计师、会计机构负责人亲笔签名并盖章的会计报表；

2、经会计师事务所盖章、注册会计师签名并盖章的审计报告原件；

3、本报告期内在中国证监会指定报纸上公开披露过的所有公司文件的正本及公告的原稿。

凌源钢铁股份有限公司董事会

2001年3月25日

审计报告

凌源钢铁股份有限公司全体股东：

我们接受委托，审计了贵公司2000年12月31日资产负债表、2000年度利润及利润分配表和现金流量表。这些会计报表由贵公司负责，我们的责任是对这些会计报表发表审计意见。我们的审计是依据《中国注册会计师独立审计准则》进行的。在审计过程，我们结合贵公司的实际情况，实施了包括抽查会计记录等我们认为必要的审计程序。

我们认为，上述会计报表符合《企业会计准则》和《股份有限公司会计制度》的有关规定，在所有重大方面公允地反映了贵公司2000年12月31日的财务状况及2000年度的经营成果和现金流量情况，会计处理方法的选用遵循了一贯性原则。

辽宁天健会计师事务所有限公司

会计报表附注

1、公司简介

凌源钢铁股份有限公司(以下简称公司)是经辽宁省体改委辽体改发[1993]第154号文件批准，于1994年5月4日由原凌源钢铁公司(1997年12月29日改制为凌源钢铁集团有限责任公司)独家发起，以定向募集方式设立的股份有限公司。公司设立时，股本为42,000万股，其中国家股35,700万股，占股本总额的85%；社会法人股1,000万股，占股本总额的2.38%；内部职工股5,300万股，占股本总额的12.62%。1998年经辽宁省人民政府辽政[1998]129号文件批准，公司股本按1:0.5同比例缩股，股本总额变更为21,000万股，原股本结构不变。经中国证监会发行字[2000]31号文件批准，2000年4月7日–13日公司在上海证券交易所采用上网定价和向二级市场投资者配售相结合的方式发行人民币普通股(A股)共10000万股，发行后公司总股本为31000万股，其中国家股17850万股，占总股本的比例为57.58%，社会法人股500万股，占总股本的比例为1.61%，内部职工股2650万股，占总股本的比例为8.55%，社会公众股10000万股，占总股本的比例为32.26%。

公司经营范围：钢铁产品及副产品。

2、公司主要会计政策、会计估计和合并会计报表的编制方法：

(1)会计制度：

本公司执行《股份有限公司会计制度》及其补充规定 。

(2)会计年度：

本公司以公历一月一日至十二月三十一日为一个会计年度。

(3)记帐本位币：

本公司以人民币为记帐本位币。

(4)记帐基础和计价原则：

本公司以权责发生制为记帐基础，采用复式借贷记帐法记帐，以实际成本为计价原则。

(5)本公司没有涉及外币的业务。

(6)本公司不涉及外币会计报表。

(7)现金等价物的确定标准：现金等价物是指公司持有的期限短、流动性强、易于转换为已知金额现金、价值变动风险很小的投资。

(8)坏帐核算方法：

公司采用备抵法核算坏帐损失，按应收帐款期末余额的6%计提坏帐准备，并采取个别确认法确定坏帐损失；根据其他应收款未有坏帐风险的实际情况，暂不计提坏帐准备。

坏帐确认标准为：

①因债务人破产或者死亡，以其破产财产或者遗产清偿后，仍然不能收回的应收帐款；

②因债务人逾期未履行偿债义务超过三年确实不能收回的应收帐款。

(9)存货核算方法：

公司的存货分为原材料、低值易耗品、委托加工材料、在产品、自制半成品、产成品、委托加工产品七大类。存货按实际成本计价。材料日常采用计划成本核算，月末计算结转材料成本差异(大宗原、燃料按个别差异率、一般材料按类别计算综合差异率)；自制半成品、产成品采用先进先出法；低值易耗品采用一次摊销法。期末存货按成本与可变现净值孰低计价，并将存货成本高于可变现净值的差额计提存货跌价准备。

(10)长期投资核算方法：

①长期股权投资：按投资时实际支付的价款或价值记帐。

公司对其他单位的投资占该单位表决权资本总额20%以上，或虽投资不足20%但有重大影响的，采用权益法核算，投资额占被投资企业表决权资本50%以上的采用权益法核算，并合并会计报表。公司对其他单位的投资占该单位表决权资本总额20%以下，或虽然对其他单位的投资占该单位表决权资本总额20%或20%以上但不具有重大影响的，采用成本法核算。

②长期股权投资差额的摊销：合同规定了投资期限的按投资期限摊销、没有规定投资期限的按10年摊销。

(11)固定资产计价和折旧方法：

①固定资产的标准：指使用期限超过一年的房屋、建筑物、机器、机械、运输工具以及其他与生产、经营有关的设备器具、工具等。不属于生产、经营主要设备的物品，单位价值在2,000元以上，并且使用期限超过两年的，也作为固定资产。

②固定资产的分类：房屋建筑物、机器设备、运输工具、其他设备。

③固定资产的计价：按取得时的实际成本计价。

④固定资产折旧：公司采用平均年限法，按分类折旧率提取折旧，残值率为5%。

各类固定资产折旧年限和折旧率如下：

项　目	使用年限	年折旧率(%)
房屋建筑物	25–40	3.80–2.38
机器设备	12–15	7.92–6.33
运输工具	12	7.92
其他设备	14	6.79

(12)在建工程核算方法：

在建工程是指正在购建或改造之中的房屋建筑物、设备及其它固定资产。在建工程采用实际成本核算。用于工程的借款发生的利息，在固定资产尚未竣工决算交付使用之前发生的，计入在建固定资产的成本，固定资产竣工决算交付使用后发生的，计入当期损益。

公司以工程完工办理竣工决算或实际交付使用时，作为确定固定资产的时点。

(13)收入确认原则：

以已将商品所有权上的重要风险和报酬转移给购货方，公司不再对该商品实施继续管理权和实际控制权，相关的收入已经收到或取得了收款的证据，并且与销售该商品有关的成本能够可靠地计量时，确认营业收入的实现。

(14)所得税的会计处理方法：

本公司所得税会计处理采用应付税款法。

(15)利润分配：本公司税后利润按如下顺序分配：

①弥补以前年度亏损。

②提取10%法定盈余公积金(当该项公积金达到注册资本的50%时，不再提取)。

③提取5%法定公益金。

④经股东会议决议提取任意盈余公积金。

⑤分配股东股利。

3、税项：

(1)流转税：根据《中华人民共和国增值税暂行条例》公司须缴纳增值税，增值税税率为17%、13%，并按应缴纳增值税额的7%、3%、1%分别计缴城市维护建设税、教育费附加、地方教育费。

(2)企业所得税：根据辽宁省人民政府辽政[1999]110号文件之规定，公司2000年按33%的税率计缴，由同级财政按18%返还，待实际收到返还的所得税时，冲减收到当期的所得税费用。

(3)其他税项：包括房产税、车船使用税、印花税等，按国家有关规定计缴。

4、本公司没有子公司及合营企业，故不编制合并会计报表。

5、会计报表主要项目注释：

(1)货币资金：截止2000年12月31日货币资金余额258,554,392.89元，其明细项目列示如下：

项　目	期初数	期末数
现　金	17,251.25	13,997.71
银行存款	81,374,571.98	258,409,552.88
其他货币资金	41,974.48	130,842.30
合　计	81,433,797.71	258,554,392.89

本帐户余额期末数比期初数上升了2.18倍，系本期发行新股人民币普通股(A股)1亿股募集资金到位及销售收入增长、流动资金周转加速所致。

(2)应收票据：

期初数	期末数
61,692,961.55	115,869,009.12

期末余额比期初余额上升了87.82%，主要原因是本期销售情况较好，销售收入增加所致。

期末应收票据明细表　　金额单位：万元

出票单位	金额	出票日
衡水市京华焊管总厂	1047.552399	2000.07.07–2000.12.23
北京凌钢物资经销有限公司	910	2000.10.13–2000.12.12
四川彭山李志钢管有限公司	760	2000.07.18–2000.12.13
沈阳北台线材有限公司	600	2000.06.30–2000.08.04
福建泉州国光工贸有限公司	550	2000.11.30–2000.12.23
静海县物资再生利用公司	550	2000.07.31–2000.09.21
天津市银泽制管有限公司	500	2000.08.03–2000.12.06
北京京北辽松物资贸易有限公司	500	2000.11.28
北京京华四方金属有限责任公司	500	2000.08.22
河南光达集团南阳钢管有限公司	490	2000.12.28
天津ASP钢管有限公司	403.43844	2000.08.08–2000.11.17
杭州重型钢管有限公司	350	2000.12.01–2000.12.26
其他(共46笔)	4425.910073	2000.07.06–2000.12.27
合　　计	11586.900912	

(3)应收帐款

帐龄	期初数			期末数		
	金　额	比例(%)	坏帐准备	金　额	比例(%)	坏帐准备
1年以内	36,208,500.86	27.62	2,172,510.06	24,780,900.17	25.28	1,486,854.01
1~2年	32,419,657.91	24.73	1,945,179.47	6,961,001.39	7.10	417,660.08
2~3年	54,236,188.90	41.38	3,254,171.33	24,507,236.76	25.01	1,470,434.21
3年以上	8,218,029.39	6.27	493,081.76	41,761,822.20	42.61	2,505,709.33
合　计	131,082,377.06	100.00	7,864,942.62	98,010,960.52	100.00	5,880,657.63

欠款金额前五名明细如下

单位名称	品种	时间	金额
凌钢集团锦西钢管有限公司	带钢	2000年	11,886,926.99
大庆石油管理局物资装备总公司	焊管	2000年	3,432,608.88
铁五局秦沈物资办事处	钢材	2000年	2,485,644.92
凌源轧钢厂	钢材	1998年	2,042,406.78
天津峰隆带钢有限公司	钢材	1998年	1,911,349.55
合　　计			21,758,937.12

本帐户余额中无持有本公司5%以上股份的股东欠款。

(4)其他应收款

帐龄	期初数	期末数
1年以内	5,870,195.47	2,104,620.00

本帐户余额期末数比期初数下降了64.15%，系公司收回欠款所致。本帐户余额主要为差旅费借款和垫付职工水电费等，均属正常结算期间的应收款项，无发生坏帐的可能，根据以上实际情况，公司决定，对其他应收款暂不计提坏帐准备。

期末本帐户余额中无持有本公司5%以上股份的股东欠款。

(5)预付帐款

帐龄	期初数		期末数	
	金　额	比例(%)	金　额	比例(%)
1年以内	39,583,260.10	99.85	153,280,427.45	98.26
1~2年	5,785.00	0.02	2,880,000.00	1.74
2~3年	--	--	--	
3年以上	52,301.93	0.13	--	
合　计	39,641,347.03	100.00	156,160,427.45	100

预付金额前五名明细如下

单位名称	金额	时间	原因
凌源钢铁集团有限责任公司	124,533,135.19	2000.12	预付货款
宝钢集团常州冶金机械厂	5,200,000.00	2000.10	预付2#板坯设备款
西安冶金机械厂	3,190,610.70	2000.11	预付1#高炉设备款
鞍钢自动化设备成套有限公司	2,880,000.00	1999.11	预付1#高炉设备款
唐山国峰钢铁有限公司	2,309,827.94	2000.12	预付钢材款
合计	138,113,573.83		

本帐户期末余额比期初上升2.94倍，主要是期末预付持有本公司57.58%股份的股东—凌源钢铁集团有限责任公司烧结矿、球团矿、焦炭等主要原材料的价款124,533,135.19元。

浙江金鹰股份有限公司

浙江金鹰股份有限公司2000年度报告摘要

重要提示:本董事会保证本报告所载资料不存在任何虚假记载、误导性陈述或者重大遗漏,并对其内容的真实性、准确性和完整性负个别及连带责任。本年度报告摘要摘自年度报告,投资者欲了解详细内容,应阅读年度报告。

(一)公司简介

1.公司法定中文名称:浙江金鹰股份有限公司

公司法定英文名称:Zhejiang Golden Eagle Co., Ltd.

公司法定代表人:傅国定　　2.公司董事会秘书:焦康涛

联系地址:浙江省舟山市定海区小沙镇

联系电话:0580-8021228　　传真:0580-8020228

电子信箱:8021228@ mail.zsptt.zj.cn

3.公司注册及办公地址:浙江省舟山市定海区小沙镇

邮政编码:316051　　公司电子信箱:gecl @ mail.zsptt.zj.cn

4.公司选定的信息披露报纸名称:中国证券报、上海证券报

登载公司年度报告的中国证监会指定国际互联网网址:http://www.sse.com.cn

公司年度报告备置地点:浙江金鹰股份有限公司证券部

公司股票上市交易所:上海证券交易所

股票简称:金鹰股份　　股票代码:600232

(二)会计数据和业务数据摘要

1、公司本年度主要利润指标情况:(单位:人民币元,合并报表)

利润总额	62219931.93
净利润	48617568.28
扣除非经常性损益后的净利润	46253627.23
主营业务利润	82054740.43
其它业务利润	1045064.92
营业利润	60011632.00
投资收益	-23819.00
补贴收入	1333090.00
营业外收支净额	899028.93
经营活动产生的现金流量净额	58549933.78
现金及现金等价物净增加额	115695545.62

注:非经常性损益是指公司正常经营损益之外的、一次性或偶发性损益,本公司扣除的非经常性损益有:资产处置损益、补贴收入、新股申购冻结资金利息等。具体扣除项目和涉及金额:2363941.05元

1、处理固定资产净损失	-78114.48元
2、财政补助收入等	1333090.00元
3、新股申购冻结资金的利息收入	1143564.53元
4、长期股权投资差额摊销	-34599.00元

2、截止报告期末,公司前三年的主要会计数据和财务指标(单位:人民币元)

项目	2000年	1999年	1998年 调整前	1998年 调整后
主营业务收入	571462350.80	461359222.12	375073833.85	375073833.85
净利润	48617568.28	40147415.67	31856656.62	31856656.62
总资产	716912459.25	478747506.69	463067179.92	463067179.92
股东权益	401673516.68	145688328.58	125463512.77	125463512.77
每股收益(全面摊薄)	0.2888元/股	0.3255元/股	0.2583元/股	0.2583元/股
每股收益(加权平均)	0.3170元/股			
扣除非经常性损益后的每股收益(加权平均)	0.3016元/股			0.2395元/股
每股净资产	2.3860元/股	1.1811元/股	1.0172元/股	
调整后每股净资产	2.3227元/股	1.1206元/股	0.9886元/股	
每股经营活动产生的现金流量净额	0.348元/股	0.2249元/股	0.0771元/股	
净资产收益率(%)	12.10%	27.56%	25.39%	

注:每股收益、每股净资产、调整后的每股净资产、每股经营活动产生的现金流量净额和净资产收益率等财务指标的计算公式如下:

(1)全面摊薄的财务指标计算方法

每股收益=净利润/年度末普通股股份总数

每股净资产=年度末股东权益/年度末普通股股份总数

调整后的每股净资产=(年度末股东权益-三年以上的应收款项净额-待摊费用-待处理(流动、固定)资产净损失-开办费-长期待摊费用-住房周转金负数余额)/年度末普通股股份总数

每股经营活动产生的现金流量净额=经营活动产生的现金流量净额/年度末普通股股份总数

净资产收益率=净利润/年度末股东权益×100%

(2)加权平均的财务指标计算方法

每股收益=净利润÷[期末普通股股份总额÷(1+配股比例或增发新股比例)+期末普通股股份总额÷(1+配股比例或增发新股比例)×配股比例或增发新股比例×缴款结束日下一月份至期末的月份数÷12]

3.按中国证监会[公开发行证券公司信息披露编报规则(第9号)]要求计算的净资产收益率及每股收益

报告期利润	净资产收益率(%) 全面摊薄	净资产收益率(%) 加权平均	每股收益(元/股) 全面摊薄	每股收益(元/股) 加权平均
主营业务利润	20.43%	25.44%	0.4874	0.5351
营业利润	14.94%	18.61%	0.3565	0.3913
净利润	12.10%	15.08%	0.2888	0.3170
扣除非经常性损益后的净利润	11.52%	14.34%	0.2748	0.3016

注:(1)全面摊薄净资产收益率和每股收益的计算公式如下:

全面摊薄净资产收益率=报告期利润÷期末净资产

全面摊薄每股收益=报告期利润÷期末股份总数

(2)加权平均净资产收益率(ROE)的计算公式如下:

$ROE=P/(E0+NP\div 2+Ei\times Mi\div M0-Ej\times Mj\div M0)$

其中:P为报告期利润;NP为报告期净利润;E0为期初净资产;Ei为报告期发行新股或债转股等新增净资产;Ej为报告期回购或现金分红等减少净资产;M0为报告期月份数;Mi为新增净资产下一月份起至报告期期末的月份数;Mj为减少净资产下一月份起至报告期期末的月份数。

(3)加权平均每股收益(EPS)的计算公式如下:

$EPS=P/(S0+S1+Si\times Mi\div M0-Sj\times Mj\div M0)$

其中:P为报告期利润;S0为期初股份总数;S1为报告期因公积金转增股本或股票股利分配等增加股份数;Si为报告期因发行新股或债转股等增加股份数;Sj为报告期因回购或缩股等减少股份数;M0为报告期月份数;Mi为增加股份下一月份起至报告期期末的月份数;Mj为减少股份下一月份起至报告期期末的月份数。

4、报告期内股东权益变动情况及变化原因:

项目	股本(股)	资本公积(元)	盈余公积(元)	法定公益金(元)	未分配利润(元)	股东权益合计(元)
期初数	123347600.00	1627135.94	20713592.64	6904530.88	0	145688328.58
本期增加	45000000.00	183770587.90	6831764.77	2277254.92	48617568.28	284219920.95
本期减少					28234732.85	
期末数	168347600.00	185397723.84	27545357.41	9181785.80	20382835.43	401673516.68

变动原因:1、发行新股;2、发放股利

(三)股本变动及股东情况

1、股本变动情况

(1)股份变动情况表

	本次变动前	本年增减变动情况(+、-) 配股	送股	公积金持股	增发	其他	小计	本次变动后
一、未上市流通股份								
1、发起人股份:								
其中:国家持有股份								
境内法人持有股份	123347600							123347600
未上市流通股份合计	123347600							123347600
二、已上市流通股份								
1、人民币普通股					45000000		45000000	45000000
4、其他已上市流通股份合计					45000000		45000000	45000000
三、股份总数	123347600				45000000		45000000	168347600

(2)股票发行与上市情况

①2000年4月10日经中国证券监督管理委员会证监发行字(2000)34号文批准,本公司4500万股社会公众股于2000年4月14日上网发行2250万股和2000年4月15日进行二级市场投资者配售2250万股,发行价格每股人民币5.28元。《招股说明书》刊登于2000年4月12日的《中国证券报》、《上海证券报》。

经上海证券交易所批准,本公司4500万A股股票于2000年6月2日在上海证券交易所挂牌并上市交易。《上市公告书》刊登于2000年5月27日的《上海证券报》。

②本报告期公司发行4500万A股,发行前股本总额123347600元,发行后股本总额168347600元,社会公众股45000000元,占总股本的26.21%。

③本公司无内部职工股。

2、股东情况介绍

(1)报告期末股东总数17753户。

(2)报告期末公司主要股东持股情况:

名次	股东名称	持股数(股)	占总股本比例(%)	股份性质
①	金鹰集团	114157600	67.81	社会法人股
②	小沙实业	7000000	4.16	社会法人股
③	舟山制衣	1525000	0.91	社会法人股
④	万向投资	1000000	0.59	A股流通股
⑤	灵讯通讯	1000000	0.59	A股流通股
⑥	同益基金	820000	0.49	A股流通股
⑦	定海绢纺	665000	0.40	国有法人股
⑧	同盛基金	330000	0.20	A股流通股
⑨	中茂实业	271550	0.16	A股流通股
⑩	周菊妹	203400	0.12	A股流通股

注:前十名股东中金鹰集团、小沙实业、舟山制衣、定海绢纺均为公司发行人股东。

前十名股东不存在关联关系。

(3)报告期内控股股东无变更,所持股份无质押或冻结情况。

(四)股东大会简介

1、股东大会的通知、召集、召开及通过决议情况:

(1)公司第八次股东大会于2000年3月9日在本公司三楼会议室召开,会议由董事长傅国定先生主持,以记名投票方式通过了《1999年度董事会工作报告》、《1999年度财务决算报告和2000年度财务预算报告》、《1999年监事会工作报告》、《1999年的利润分配方案》,批准了《浙江金鹰股份有限公司关于实施提取各项减值准备的暂行办法》,并批准了公司董事会关于四项计提的报告。

(2)公司第九次股东大会(临时)由董事会于2000年6月28日在本公司三楼会议室召开,以记名投票表决方式选举产生了公司第三届董事会、第三届监事会。

本次股东大会通知以公告形式于2000年5月25日在《中国证券报》、《上海证券报》上发布,股东大会决议公告刊登在2000年6月29日《中国证券报》、《上海证券报》上。

(五)董事会报告

1、公司经营情况

(1)本公司所处的行业以及公司在本行业中的地位。

本公司是我国纺织机械行业及绢、麻纺行业的重点骨干企业。本公司纺织机械经营规模和综合经济指标居全国百家重点骨干企业第二位,绢纺为全国最大规模企业,亚麻纺规模位于全国第二。(资料来源:中国纺机工业协会信息、中国丝绸工业协会、中国麻纺工业协会统计信息)

大连大杨创世股份有限公司

大连大杨创世股份有限公司2000年年度报告摘要

重要提示：本公司董事会保证本报告所载资料不存在任何虚假记载、误导性陈述或者重大遗漏，并对其内容的真实性和完整性负个别及连带责任。

一、公司简介

（一）公司法定中英文名称：

1 、中文名称：大连大杨创世股份有限公司

2 、英文名称：DALIAN DAYANG TRENDS SHARE CO.,LTD

（二）公司法定代表人：石祥麟

（三）公司董事会秘书姓名、联系地址、电话、传真及电子信箱：

公 司董事会秘书：孙长丽　　联 系电话：0411 --7610778

联 系地址：大连经济技术开发区哈尔滨路23 号

传 真：0411 --7613354　　电 子信箱：dayang@mail.dlptt.ln.cn

（四）公司注册地址、办公地址、邮政编码及电子信箱：

1 、注册地址：辽宁省大连市杨树房经济开发小区

2 、邮政编码：116215

3 、公司办公地址：大连经济技术开发区哈尔滨路23 号

4 、邮政编码：116600

5 、公司国际互联网网址：http://www.dayang.net

6 、公司电子信箱：dayang@mail.dlptt.ln.cn

（五）公司选定的信息披露报纸名称，登载公司年度报告的中国证监会指定国际互联网网址：

1 、信息披露报纸名称：《中国证券报》《上海证券报》

2 、中国证监会指定国际互联网网址：

http://www.sse.com.cn

3 、公司年度报告备置地点：大连经济技术开发区哈尔滨路23 号公司证券部

（六）公司股票上市交易所、股票简称及证券代码：

1 、上市交易所：上海证券交易所

2 、股票简称：大连创世　　3 、股票代码：600233

二、会计数据和业务数据

（一）利润情况：金额：元

项目	2000 年度	1999 年度	比例(%)
利润总额	47648216.37	43611657.56	9.26
净利润	29674037.82	27163357.40	9.24
扣除非经常性损益后的净利润	24280025.74	26262039.98	-7.55
主营业务利润	49620063.45	52609752.56	-5.68
其他业务利润	3508908.06	6629010.16	-47.07
营业利润	33178594.11	39871531.58	-16.79
投资收益	7765778.92	-2741352.21	383.28
补贴收入	6000000.00	3349639.59	79.12
营业外收支净额	703843.34	3131838.60	-77.53
经营活动产生的现金流量净额	-13356923.47	80135970.01	-116.67
现金及现金等价物净增加额	138179856.04	13345049.36	935.445

报 告期内非经常性损益涉及的项目和金额：

(1)补贴收入：6000000 元

(2)冻结募集资金利息收入：1844643.47 元

(3)股权投资差额：2450631.39

（二）前三年主要会计数据和财务指标（单位：元）

序号	项目	2000 年	1999 年	1998 年
1	主营业务收入	288800491.20	235565854.93	272329378.02
2	净利润	29674037.82	27163357.40	20393442.58
3	总资产	539781279.77	256782520.51	285006043.68
4	股东权益	398409345.73	120581574.74	108632296.72
5	每股收益	0.27	0.36	0.27
6	每股收益（加权平均）	0.30	0.36	0.27
7	每股收益（扣除非经常性损益）	0.22	0.35	0.26
8	每股净资产	3.62	1.61	1.45
9	调整后的每股净资产	3.58	1.57	1.28
10	每股经营活动产生的现金流量净额	-0.12	1.07	0.36
11	净资产收益率(%)	7.45	22.53	18.77

三、股本变动和股东情况

（一）股本变动情况

1 、公司股份变动情况表 单位：股

项目	本次变动前	变动增减(+,-) 配股	送股	公积金转赠	增发	其他	小计	本次变动后
一、未上市流通股份								
1 、发起人股份	60000000							60000000
其中：								
国家持有股份								
境内法人持有股份	60000000							60000000
境外法人持有股份								
其他								
2 、募集法人股份								
3 、内部职工股	15000000							15000000
优先股或其他								
其中：转配股								
未上市流通股份合计	75000000							75000000
二、已上市流通股份								
1 、人民币普通股							35000000	35000000
2 、境内上市的外资股								
3 、境外上市的外资股								
4 、其他								
已上市流通股份合计							35000000	35000000
三、股份总数	75000000						35000000	110000000

2 、股票发行与上市情况：

A 、公司于2000 年4 月24 日利用上海证券交易所股票发行系统以上网定价的方式向社会公众公开发行人民币普通股3500 万股，并于2000 年6 月8 日上市交易。

B 、公司的1500 万内部职工股为1992 年发行，发行价格每股1 元，发行数量3000 万股，后公司于1997 年进行对等分立，另外1500 万股进入大杨集团有限责任公司的控股子公司大连华普有限公司职工持股会。

（二）主要股东持股情况：

1 、报告期内股东总数为26947 户。

2 、报告期内大杨集团有限责任公司（原大杨企业集团公司）是唯一持有本公司5%以上（含5%）股份的股东。报告年度内，其所持公司股份未发生变化，年末持股数量仍为6000 万股，且未发生所持公司股份的质押或冻结情况。大杨集团有限责任公司的法定代表人是李桂莲，公司主要经营范围是：服装制造；机械、化工、电子产品加工、制造；纺织印染；商业贸易；进出口贸易（以上均在许可范围内）。

3 、公司前10 名股东持股情况：

股东名称	持股数量	占总股本比例(%)
大杨集团有限责任公司	60000000	54.545
兴华基金	512893	0.466
刘小平	271200	0.247
朱福均	182000	0.165
王万秀	162700	0.148
安光福	157700	0.143
朱泰都	157110	0.143
刘丽英	148000	0.135
朱世坤	133800	0.122
陈长盛	132900	0.121

说 明：

公 司未发现前10 名股东存在关联关系。

四、股东大会简介

（一）股东大会的通知、召集、召开情况；

2000 年度，公司共召开三次股东大会，具体说明如下：

1 、2000 年2 月28 日在公司三楼会议室召开了2000 年第一次临时股东大会，公司当时尚未发行社会公众股，因此会议通知在《大连日报》上予以公告，说明了会议召开的时间、地点、审议事项及其他有关事项。会议由董事长石祥麟先生主持。会议通过如下决议：

（1）、同意李桂莲和王丽华两名董事因工作原因辞去董事职务；同意刘里里因工作原因辞去监事的职务；以记名投票的方式，选举通过新的董事高克冰、蔡祥池及监事潘启辉(2)、审议通过了天华会计师事务所天华审字2000(172)号《审计报告》和天华审字2000(173)号《盈利预测审核报告》。

（3）、审议通过了《关于1999 年利润分配和2000 年本次股票发行前净利润处理方案（草案）的报告》。

2 、2000 年6 月29 日在公司三楼会议室召开第九次股东大会（1999 年度股东大会），会议通知于2000 年5 月26 日在《中国证券报》及《上海证券报》上予以刊登公告，说明了会议召开的时间、地点、审议事项及其他有关事项，会议由董事长石祥麟先生主持。会议通过了如下决议：

（1）、审议通过了《1999 年度董事会工作报告》；

（2）、审议通过了《1999 年度监事会工作报告》；

（3）、审议通过了《1999 年度财务决算报告和2000 年财务预算报告》；

（4）、审议通过了《公司章程》；

（5）、审议通过了《关于授权公司董事会进行短期投资的提案》。

本 次大会经大连刘宝有律师事务所王丽英律师进行现场见证，并出具了法律意见书。

本 次股东大会会议决议分别刊登在6 月30 日《中国证券报》及《上海证券报》上。

3 、2000 年10 月26 日在公司三楼会议室召开2000 年第二次临时股东大会，会议通知于2000 年9 月14 日在《中国证券报》及《上海证券报》上予以刊登，公告说明了会议召开的时间、地点、审议事项及其他有关事项。会议由董事长石祥麟先生主持。会议审议通过了《关于聘用北京京都会计师事务所为公司审计机构的提案》。

本次大会经大连刘宝有律师事务所王丽英律师进行现场见证，并出具了法律意见书。

会议决议于2000 年10 月27 日刊登在《中国证券报》及《上海证券报》上。

五、董事会报告

（一）、公司经营情况

1 、公司所处行业及其地位

公 司属于服装行业，主要从事中高档男西服、女时装和运动装、职业装、学生装等服装的生产、销售及其它业务。本公司是国内率先将自己品牌打入国际市场的生产厂家。公司年生产能力350 万件（套）服装，是国内最大的服装生产企业之一。

2 、公司主营业务范围及经营状况

（1）公司主营业务是服装制造、服装洗水、包装制品、服饰辅料制造、商业贸易（不含专项审批）及进出口贸易（许可范围内）。

2000 年，公司在面临国内外市场竞争加剧的情况下，通过开拓市场、强化管理、降低成本，基本实现了生产经营的总体目标。全年生产服装 322 万件，实现主营业务收入28880.04 万元，实现主营业务利润4962.01 万元。

（2）公司主营业务收入均为服装加工及销售收入，占主营业务收入10%以上的品种有西服、风衣、夹克衫、工作服、运动装等。

（3）公司控股子公司的经营状况：

公司名称

注册资本　　控股比例(%)　　销售收入　利润总额

（万元）（万元）

大连经济技术开发区兴华服装有限公司	1142.65 万元	64.47	3345	135
大连经济技术开发区华星服装有限公司	1800 万元	65	5722	271
大连大通服装有限公司	260 万美元	51	9772	469
大连洋尔特服装有限公司	4300 万元	75	2629	375
大连华琦时装有限公司	156 万美元	62	441	5
大连贸大时装有限公司	430 万元	70	1777	412
大连万里川服装有限公司	500 万元	50	1269	346

3、在经营中出现的问题与困难及解决方案

公司的主要客户在日本，而日本客户的产品交货期比较集中，致使公司在旺季时加班加点，而淡季时生产能力过剩。这就影响了公司业绩的增长。为了解决这一矛盾，公司在稳定日本客户的同时，积极开辟欧美和韩国市场，发展欧洲新客户，改善了服装出口的市场格局，实现了经营业绩的稳步增长。同时强化市场营销，扩展国内市场，大大提高了国内市场的份额。

（二）、公司财务状况

公司财务状况及变动的主要原因：(单位：元）

1、总资产：本年增加 28299.88 万元，主要是公司发行股票募集资金及公司盈利所致。

2、长期负债：本年减少 2.21 万元，系公司本年根据有关政策调整了“住房周转金”科目的核算方式所致。

3、股东权益：本年增加 27883.16 万元主要因为公司发行股票，增加了股本和资本公积所致。

4、主营业务利润：本年减少 298.97 万元，主要是因为主营业务毛利率下降所致。

5、净利润：本年增加 251.07 万元，主要是因为投资收益及补贴收入增加所致。

（三）、公司投资情况

1、报告期内，公司于 2000 年 4 月 24 日发行 A 股股票 3500 万股，扣除发行费用，募集资金 2.695 亿元。

公司严格按照《招股说明书》中披露的内容，将募集资金用于创立中国服装世界名牌工程和生产线改造项目：

(1)、服装联销网络系统：投资 2953449.53 元用于市场调研、开发和建店工程。

(2)、服装配送中心：投资 17852332.00 元用于建购物流仓库，该仓库主要用于服装仓储 及配置。

(3)、服装研究设计中心：投资 549630.82 元进行服装设计中心的建立和发展，设置六大职能部门，初步设立已经成型。

(4)、计算机中心：投资 2345300.50 元进行公司财务、生产销售等多个环节的计算机信息集成系统建设。

(5)高档女时装技改项目：投资 20290000.00 元引进 317 台服装特种设备，组成高档女装生产线，并相应进行了土建工程改造。

(6)西服生产线改造项目：投资 30946363.95 元进行大连洋尔特服装有限公司西服生产线改造项目，改造裁剪和定型等设备，配置服装 CAD 设计系统，配置面料预整理设备等。

以上项目共使用配套流动资金 1670 万元。

综上，本报告期内募集资金共使用 91637076.80 元，基本符合《招股说明书》中募集资金年度投资计划。

2、报告期内非募集资金的投资情况

经公司 2000 年第二次董事会审议通过，投资 399.90 万元参股北京沃华生物科技股份有限公司，占该公司总股份的 10%。

（四）、生产环境及宏观政策、法规变化对本公司的影响

中国加入 WTO 后将会逐渐取消纺织品出口配额限制，这将有利于公司扩展欧美市场。且公司的产品价格和劳动力成本拥有优势，具有与国外厂商竞争的能力。同时，由于进口关税的降低，有利于公司引进先进设备，有利于公司降低进口材料成本。因此，在中国加入 WTO 后，将有利于公司进一步开拓国内外市场，扩大出口，参与国际竞争。但同时，加入 WTO 后，国际品牌服装将加快进入中国市场的步伐，使国内市场竞争加剧。为此，公司将加快品牌战略的实施，以优势的民族品牌与国内外品牌相抗衡。

（五）、二〇〇一年业务发展计划

1、加快推行现代营销方式，进一步拓宽市场。继续实施“内外并举”的市场开发战略，加大力度开发欧美市场；在国内市场要加快推行现代营销方式，强化市场需求信息调研。

2、推进技术创新，优化产品开发。加强以设计中心为基础的“研、产、销一体化”的技术创新，加强设计师队伍建设，增强产品在国内外市场中的竞争优势，加速实施“名牌工程”。

3、加强项目进度，促进产业升级，增强发展后劲。年内将加速进行服装联销网络的建设及服装配送中心的功能拓展，西服生产线改造项目和高档女时装技改项目要在本年内完工。

4、务实和创新管理，提高公司整体盈利能力。一是按照决策科学、管理严格和生产经营畅通的要求，健全公司内部的激励机制和约束机制；二是强化成本费用管理，完善成本费用控制体系，努力降本增效；三是运用电脑信息网络等现代化管理手段，以实现公司的信息流、物流、资金流的集成和优化运行，推进管理创新；四是按 ISO9001 质量认证标准和质量体系持续有效运行。

5、探索资本运作的途径，落实“三个转变”的发展思路，进一步深化分配制度和用人制度的改革，充分调动全员工作积极性，寻求新的效益增长点，以增强公司整体竞争实力。

（六）、董事会日常工作情况

1、报告期内董事会共召开五次会议，主要情况如下：

(1)、2000 年 1 月 18 日召开 2000 年第一次董事会，一致通过如下决议：

确定以 3%的比例计提应收帐款和其他应收款的坏账准备金；

确定 1998 年的存货跌价准备为 395530.00 元，1999 年的存货跌价准备为 762530.66 元。

同意李桂莲和王丽华两名董事因工作原因辞去董事职务的申请；

审议通过提交 2000 年第一次临时股东大会审议的公司董事、监事候选人名单；

审议通过了《召开大连大杨创世股份有限公司 2000 年第一次临时股东大会的提案》和议程。

(2)、2000 年 5 月 24 日召开 2000 年第二次董事会，一致通过如下决议：

审议通过了《大连大杨创世股份有限公司一九九九年度董事会工作报告》；

审议通过了《大连大杨创世股份有限公司一九九九年度财务决算和二〇〇〇年财务预算的报告》；

审议通过了《公司高级管理人员年度报酬的议案》；

通过《公司章程》；

通过公司短期投资的议案，公司投资 399.90 万元参股北京沃华生物科技股份有限公司；

审议通过了《召开大连大杨创世股份有限公司一九九九年度股东大会的提案》和议程。

(3)、2000 年 7 月 25 日召开 2000 年第三次董事会，一致形成如下决议：

通过本公司 2000 年中期报告全文及摘要。

(4)、2000 年 9 月 13 日召开 2000 年第四次董事会，一致通过如下决议：

审议通过了《关于聘用北京京都会计师事务所为公司常年审计机构的提案》，并提请公司 2000 年第二次临时股东大会审议；

审议通过了《关于聘用刘文献为公司常务副总经理及决定其年度报酬的提案》；

审议通过了《关于大连大杨创世股份有限公司更名并相应修改公司章程的提案》，此提案将提请公司 2000 年第二次临时股东大会审议；

审议《关于召开公司 2000 年第二次临时股东大会的提案》。

(5)、2000 年 10 月 26 日召开 2000 年第五次董事会，一致通过如下决议：

将公司在上海证券交易所挂牌股票的简称由“大杨创世”改为“大连创世”。

2、董事会对股东大会决议的执行情况：

(1)、关于股东大会授权公司董事会净资产 10%以下(含)的资产重组、投资、融资权限的情况：

董事会严格按照股东大会授予的权限按法定程序进行决策，无任何越权现象。

(2)、根据股东大会决议，经大连市工商局批准，已经修改公司章程；

(3)、股东大会上董事会工作报告中对 2000 年的主要生产经营指标计划已经基本完成。

（七）、董事、监事、高级管理人员及员工情况

姓名	职务	性别	年龄	任期起至时间	持股数
石祥麟	董事长兼总经理	男	55	1999.5– 2002.5	99500
李玉江	副董事长兼副总经理	男	46	1999.5– 2002.5	4700
蔡祥池	董事	男	51	2000.2– 2002.5	7600
胡冬梅	董事	女	27	1999.5– 2002.5	2500
姜久文	董事	男	41	1999.5– 2002.5	2500
高克冰	董事	男	35	2000.2– 2002.5	7850
赵丙贤	独立董事	男	38	1999.5– 2002.5	0
李峰	监事会召集人	男	31	1999.5– 2002.5	2500
潘启辉	监事	男	34	2000.2– 2002.5	0
盖丽军	监事	女	43	1999.5– 2002.5	2350
刘文献	常务副总经理	男	37	2000.9– 2002.5	0
刘喜民	财务总监	男	48	1999.5– 2002.5	4750
孙长丽	董事会秘书	女	31	1999.5– 2002.5	2500

1、上述人员在本年度报告期内所持股份未发生变化，报酬在 2 万元–4 万元的有 2 人，在 4 万–6 万元的有 5 人，在 6 万–8 万元的有 3 人。在 8 万–10 万元的有 1 人。在 100 万元以上的有 1 人。(独立董事赵丙贤不在本公司领取报酬。)

2、报告期内，董事、监事及高级管理人员离任情况说明：

董事长李桂莲因上市公司与母公司人员三分开的问题，辞去公司董事职务，董事王丽华和监事会召集人刘里里因工作变动原因，辞去二人职务。

3、公司员工构成情况：

公司 2000 年末有在册员工 3152 人，其中生产人员 2693 人，营销人员 126 人，技术人员 179 人，财务人员 58 人，行政人员 96 人。

（八）、本次利润分配预案

1、本年利润分配预案：

经北京京都会计师事务所审计，2000 年公司净利润为 29674037.82 元，按净利润 10%提取法定公积金 2967403.78 元，按净利润的 5%提取法定公益金 1483701.89 元，加上上年结转未分配利润 8269055.62 元，本次可供股东分配利润 37943093.44 元。

董事会提议以 2000 年总股本 11000 万股为基数，向全体股东按每 10 股派现金股利 2.00 元(含税)，可分配利润支出总额为 22000000.00 元，剩余 11491987.77 元结转下年度。

以上分配预案将提交公司第十次股东大会审议。

2、预计 2001 年利润分配政策

(1)、公司拟在 2001 年结束后分配利润一次

(2)、公司下一年度实现净利润用于股利分配的比例约 20 %左右；

(3)公司本年度未分配利润用于下一年度股利的分配比例约为 10%左右；

(4)分配主要要采用派现形式，现金股息约占股利分配的 50 %以上，具体分配办法根据公司当时情况再定。

（九）、其他报告事项：无。

六 监事会报告

（一）、会议情况：

1、列席公司董事会会议 5 次，内容见“董事会日常工作情况”。

2、出席公司第九次股东大会和 2000 年第一、第二次临时股东大会，参与审议了公司的经营管理和重大决策。

3、召开监事会会议五次：

(1)2000 年 1 月 18 日，召开了 2000 年第一次监事会会议，会议内容为：

选举新的监事候选人，并提请公司 2000 年第一次临时股东大会审议；

学习“关于上市公司做好各项资产减值准备等有关事项的通知”；

听取财务部报告 1999 年公司财务情况。

(2)2000 年 2 月 28 日，召开 2000 年第二次监事会会议，会议内容为选举李峰为监事会召集人；

(3)、2000 年 7 月 25 日，召开 2000 年第三次监事会会议，会议内容为：

审议通过了《大连大杨创世股份有限公司 2000 年度中期报告》；

(4)2000 年 8 月 3 日，召开 2000 年第三次监事会会议，会议内容为：

学习《上海证券交易所股票上市规则》；

听取了财务部 2000 年上半年工作报告；

检查了公司董事、监事及高级管理人员履行职务、执行法律法规等方面的情况。

(5)、2000 年 9 月 10 日，召开 2000 年第五次监事会会议，会议内容为：

对公司拟聘请的常年审计机构--北京京都会计师事务所的情况进行了了解；

对公司三个下属子公司经理交接情况进行审计。

（二）、监事会对公司依法运作情况的意见：

1、公司能严格按照《公司法》、《证券法》、《上海证券交易所股票上市规则》及其他有关法律、法规及制度规范运作，公司无违法违规事件发生。

2、报告期内公司董事会按照股东大会的决议要求，确实履行了各项决议，其决策程序符合《公司法》及《公司章程》的各项规定，行使职权符合股东大会的授权。

3、公司最近一次募集资金是在 2000 年完成的，使用情况已经在年度报告有关内容中披露。

4、公司其他有关的关联交易是公平的，未损害公司利益。

5、公司的经营决策合理，管理制度规范，并建立了良好的内控体系，积极有效地防范了公司在经营、管理和财务等方面的风险。

6、公司董事会及公司高级管理人员在执行公司职务时，均认真贯彻执行公司章程和股东大会精神，忠于职守，廉洁奉公，为公司的发展尽职尽责。监事会在监督监察中未发现上述人员有违犯法律、法规及《公司章程》或损害公司利益的行为。

（三）、检查公司财务情况

监事会通过查阅公司的财务资料，审查财务收支情况，认为：

报告期内公司财务状况良好，财务资料符合《股份有限公司会计制度》及国家和公司的有关规定，客观公正地反映了公司的财务状况和经营成果。监事会对北京京都会计师事物所为公司出具的《2000 年度审计报告》没有异议.

七、重要事项

（一）、报告期内公司无重大诉讼、仲裁事项。

（二）、报告期内公司董事及高级管理人员均未受监管部门处罚。

（三）、报告期内公司董事、监事、总经理、高级管理人员及控股股东变动情况见本报告中股东情况、股东大会情况和董事会会议情况介绍。

（四）、报告期内本公司无收购资产及吸收合并等事项。

（五）、重大关联交易事项：

公司曾借款 5000 万元给大杨综合服务部，该公司为大杨集团有限责任公司的全资子公司，根据双方签定的协议，该借款已于报告期内一次性归还，并按银行同期贷款利率支付了资金占用费。

(六)、上市公司与控股股东在人员、资产、财务上"三分开"情况:

1 、在人员方面,公司在劳动、人事及工资管理等方面实行独立。总经理、副总经理及公司高级管理人员均在本公司领取报酬,未在控股股东单位领取报酬和担任重要职务。

2 、在资产方面,本公司拥有独立的贸易体系、生产体系、销售体系及相关配套设施,产品使用商标已经由大杨集团有限责任公司无偿转让给本公司。

3 、在财务方面,本公司设有独立的财务部门,并建立了独立的会计核算系统和财务管理制度,在银行独立开设帐户。

(七)、报告期内,经公司 2000 年第二次临时股东大会审议,聘请北京京都会计师事务所为公司常年审计机构,与发行期间合作的北京天华会计师事务所已经完成所签署的业务合同。

(八)、报告期内公司发行股票简称由"大杨创世"改为"大连创世"。

(九)、报告期内公司无重大合同(含担保)。

八、公司的其他有关资料

1 、公司变更注册登记日期、地点:

公 司于 2000 年 5 月 16 日,因发行股票总股本变动,在大连市工商行政管理局重新注册登记。

2 、企业法人营业执照注册号:6-20652102001102480

3 、税务登记号码:210282241269799

4 、公司未流通股票的托管机构名称:上海证券中央登记结算公司

5 、公司聘请的会计师事务所名称、办公地点:

会 计师事务所名称:北京京都会计师事务所

办 公地址:北京市建国门外大街 22 号赛特广场 5 层

九、备查文件

1 、载有董事长亲笔签名的年度报告文本。

2 、载有法定代表人、财务总监、会计主管人员亲笔签名并盖章的会计报表。

3 、载有会计师事务所盖章、注册会计师签名并盖章的审计报告原件。

4 、报告期内在中国证监会指定报刊上公开披露过的所有公司文件的正本及公告原稿。

5 、公司章程

上 述所有备查文件齐全完整地置放于公司证券部供股东查阅。

大连大杨创世股份有限公司

2000 年 2 月 14 日

资产负债表

编制单位:大连大杨创世股份有限公司　　单位:(人民币)元

	期初数		期末数	
	合并	母公司	合并	母公司
流动资产:				
货币资金	81593688.11	19634051.12	219773544.15	163958066.5
短期投资			51020880.8	442777
减:短期投资跌价准备			2772097.96	
短期投资净额			48248782.84	442777
应收票据				
应收股利		3571339.85		4500418.57
应收利息				
应收帐款	26849808.8	11144581.63	48479244.08	29684250.13
其它应收款	16606250.76	16237022.33	50085464.6	79510894.34
减:坏帐准备	1278760.33	796526.66	2656582.52	924442.97
应收帐款净额	42177299.23	26585077.3	95908126.16	108270701.5
预付帐款	1450411.74	774985.1	1361680.8	313721.18
应收补贴款				
存货	46562899.83	8003069.76	42409231.3	6046743.07
减:存货跌价准备	762530.66	762530.66	850611.63	526667.95
存货净额	45800369.17	7240539.1	41558619.67	5520075.12
待摊费用	1072983.93	365333.54	1638186.94	516226.04
待处理流动资产净损失				
一年内到期的长期债权投资				
其它流动资产				
流动资产合计	172094752.18	58171326.01	408488940.56	283521985.91
长期投资:				
长期股权投资	19607359.93	84188589.61	21155728.54	117781358.41
长期债权投资	20000	20000	12000	12000
其它长期投资				
长期投资合计	19627359.93	84208589.61	21167728.54	117793358.41
减:长期投资减值准备				
长期投资净额	19627359.93	84208589.61	21167728.54	117793358.41
其中:合并价差				
股权投资差额				
固定资产:				
固定资产原值	114162748.33	34498362.53	167203438.17	55252218.94
减:累计折旧	52806410.41	14455874.6	61018803.69	16501624.88
固定资产净值	61356337.92	20042487.93	106184634.48	38750594.06
工程物资				
在建工程	1842929.3	1352929.3	509440	19440
固定资产清理				
待处理固定资产净损失				
固定资产合计	63199267.22	21395417.23	106694074.48	38770034.06
无形及其它资产:				
无形资产	1148000		1064000	
开办费				
长期待摊费用	713141.18	295076.85	2366536.19	1752499.89
其它长期资产				
无形资产及其它资产合计	1861141.18	295076.85	3430536.19	1752499.89
递延税项:				
递延税款借项				
资产总计:				
资产总计	256782520.51	164070409.7	539781279.77	441837878.27
流动负债:				
短期借款	9000000		3000000	
应付票据				
应付帐款	25897791.97	3113232.54	22859986.02	4788287.19
预收帐款	871254.48	870934.48	224157.6	224157.69
代销商品款				
应付工资	1590458.6	496718	6355817.46	885891.1
应付福利费	10340356.51	7559289.35	10734329.97	7199854.75
应付股利	22841301.73	15000000	23340440.68	22000000
应付税金	8898256.33	7983730.36	12120347.34	4145536.88
其它应交款	119838.75	119838.75	35950.68	35950.68
其它应付款	12887793.88	7215009.13	10018249.61	3838263.92
应付短期债券				
预提费用	1162242	1107944		
一年内到期的长期负债				
其它流动负债				
职工奖励及福利基金				
流动负债合计	93609294.25	43466696.61	88689279.36	43117942.21
长期负债:				
长期借款				
应付债券				
长期应付款				
住房周转金	22138.35	22138.35		
其它长期负债				
长期负债合计	22138.35	22138.35		
递延税项:				
递延税项贷款	310590.33	310590.33		
负债合计:				
负债合计	93631432.6	43488834.96	88999869.69	43428532.54
少数股东权益:				
少数股东权益	42569513.17		52372064.35	
股东权益:				
股本	75000000	75000000	110000000	110000000
资本公积金	5012995.42	5012995.42	240166728.59	240166728.59
盈余公积	40724388.17	32299523.7	46844702.8	36750629.37
其中:公益金	10766507.9	10766507.9	12250209.79	12250209.79
未确认的外资损失				
未分配利润	-155808.85	8269055.62	1397914.34	11491987.77
外币报表折算差额				
股东权益合计	120581574.74	120581574.74	398409345.73	398409345.73
负债和股东权益总计:				
负债和股东权益总计	256782520.51	164070409.7	539781279.77	441837878.27

现金流量表

编制单位:大连大杨创世股份有限公司　　单位:(人民币)元

2000 年度

	合并	母公司
一、经营活动产生的现金流量:		
销售商品、提供劳务收到的现金	271169322.09	34489894.54
收取的租金	1573040	1573040
收到的增值税销项税款和退回的增值税款		
收到的除增值税以外的其它税费返还	3161808.78	713142.74
收到的其它与经营活动有关的现金	127713116.3	67992357.42
经营活动产生的现金流入小计	403617287.17	104768434.7
购买商品、接受劳务支付的现金	214048704.51	34552596.25
经营租赁所支付的现金	914819.2	864819.2
支付给职工以及为职工支付的现金	14280828.56	6782587.99
支付的增值税款	9604860.59	1717581.17
支付的所得税款	17137551.11	14168161.38
支付的除增值税、所得税以外的其它税费	1932210.18	1652587.99
支付的其它与经营活动有关的现金	159055236.49	114456432.72
经营活动产生的现金流出小计	416974210.64	174194766.7
经营活动产生的现金流量净额	-13356923.47	-69426332
二、投资活动产生的现金流量:		
收回投资所收到的现金	8000	8000
分得股利或利润所收到的现金		3973771.41
取得债券利息收入所收到的现金		
处置固定资产、无形资产和其它长期资产而收回的现金净额	5000	
收到的其它与投资活动有关的现金	12988508.25	819268.13
投资活动产生的现金流入小计	13001508.25	4801039.54
购建固定资产、无形资产和其它长期资产所支付的现金	53215073.15	19812905.91
权益性投资所支付的现金	3999000	28449000
债权性投资所支付的现金		
支付的其它与投资活动有关的现金	51020880.8	442777
投资活动产生的现金流出小计	108234953.95	48704682.91
投资活动产生的现金流量净额	-95233445.7	-43903643.37
三、筹资活动产生的现金流量:		
吸收权益性投资所收到的现金	271740000	271740000
其中:子公司吸收少数股东权益性投资收到的现金		
发行债券所收到的现金		
借款所收到的现金	5500000	
收到的其它与筹资活动有关的现金	4843452.49	4574404.05

筹资活动产生的现金流入小计	282083452.49	276314404.05
偿还债务所支付的现金	11500000	
发生筹资费用所支付的现金	3660413.3	3660413.3
分配股利或利润所支付的现金	19579377.4	15000000
其中：子公司支付少数股东的股利		
偿付利息所支付的现金	573436.58	
融资租赁所支付的现金		
减少注册资本所支付的现金		
其中：子公司依法减资支付给少数股东的现金		
支付的其它与筹资活动有关的现金		
筹资活动产生的现金流出小计	35313227.28	18660413.3
筹资活动产生的现金流量净额	246770225.21	257653990.75
四、汇率变动对现金的影响：		
汇率变动对现金的影响		
五、现金及现金等价物净增加额：		
现金及现金等价物净增加额	138179856.04	144324015.38
附注：		
1、不涉及现金收支的投资和筹资活动：		
以固定资产偿还债务		
以投资偿还债务		
以固定资产进行长期投资		
以存货偿还债务		
融资租赁固定资产		
2、将净利润调节为经营活动的现金流量：		
净利润	29674037.82	29674037.82
加：少数股东损益	6377523.84	
购并利润		
计提的坏帐准备或转销的坏帐	1377822.19	127916.31
固定资产折旧	8212393.28	2045750.28
无形资产及其他资产摊销	687607.24	497005.96
待摊费用的减少(减增加)	-565203.01	-150892.5
预提费用的增加(减减少)	-1162242	-1107944
处置无形资产、固定资产和其它长期资产的损失(减收益)	18009.89	
固定资产报废损失		
财务费用	-2399898.19	-4513120.38
投资损失(减收益)	-7765778.92	-8434611.99
递延税款贷项(减借项)		
存货的减少(减增加)	4241749.5	1720463.98
经营性应收项目的减少(减增加)	-51472680.11	-82024146.83
经营性应付项目的增加(减减少)	-580265	-7260790.65
增值税增加净额		
其它		
经营活动产生的现金流量净额	-13356923.47	-69426332
3、现金及现金等价物净值增加情况：		
货币资金的期末余额	219773544.15	163958066.5
减：货币资金的期初余额	81593688.11	19634051.12
现金等价物的期末余额		
减：现金等价物的期初余额		
现金及现金等价物净增加额	138179856.04	144324015.38

利润及利润分配表

编制单位：大连大杨创世股份有限公司　　单位：(人民币)元

	上期数		本期数	
	合并	母公司	合并	母公司
一、主营业务收入	235565854.93	47149067.57	288800491.2	67986264.06
减：折扣与折让				
主营业务收入净额	235565854.93	47149067.57	288800491.2	67986264.06
减：主营业务成本	182653028.75	23628356.12	238822801.29	48024964.7
主营业务税金及附加	303073.62	303073.62	357626.46	357626.46
二、主营业务利润	52609752.56	23217637.83	49620063.45	19603672.9
加：其他业务利润	6629010.16	8996943.23	3508908.06	8450662.27
减：存货跌价损失	367000.66	367000.66	89007.47	-234936.21
营业费用	7047027.01	722237.38	6254726.02	2352947.91
管理费用	9981551.11	3922777.29	16006542.1	7692067.83
财务费用	1971652.36	-99981.85	-2399898.19	-4513120.38
三、营业利润	39871531.58	27302547.58	33178594.11	22757376.02
加：投资收益	-2741352.21	5215068.18	7765778.92	8520478.58
期货损益				
补贴收入	3349639.59	3349639.59	6000000	6000000
营业外收入	3141882	501210.89	1376180.77	385803.45
以前年度损益调整				
减：营业外支出	10043.4	44579.92	672337.43	27952.45
分给外单位利润				
四、利润总额	43611657.56	36323886.32	47648216.37	37635705.6
减：所得税	11048772.62	9160528.92	11682521.31	7961667.78
少数股东损益	5399527.54		6291657.24	
职工奖励及福利基金				
购并利润				
加：未确认的投资损失				
所得税返还				
五、净利润	27163357.4	27163357.4	29674037.82	29674037.82
加：年初未分配利润	-7335124.61	151037.09	-155808.85	8269055.62
盈余公积转入数				
年初未分配利润调整				
减少注册资本减少的未分配利润				
外币报表折算差额				
减：股份公司成立前利润分配				
六、可供分配的利润	19828232.79	27314394.49	29518228.97	37943093.44
减：提取法定盈余公积金	4984041.64	4045338.87	4636612.74	2967403.78
提取法定公益金			1483701.89	1483701.89
提取职工奖励福利基金				
七、可供股东分配的利润	14844191.15	23269055.62	23397914.34	33491987.77
减：应付优先股股利				
提取任意盈余公积金				
应付普通股股利	15000000	15000000	22000000	22000000
转作股本的普通股股利				
八、未分配利润	-155808.85	8269055.62	1397914.34	11491987.77

太原天龙集团股份有限公司

一、公司简介

1 、公司法定中文名称:太原天龙集团股份有限公司
公 司英文名称:TAI YUAN TIANLONG GROUP CO.LTD
2 、公司法定代表人:田根牛
3 、公司董事会秘书:宋逸清
授权代表:王宏
联系地址:太原市迎泽大街 291 号天龙大厦 14 楼 A 室
联系电话:0351 —4040922
传真:0351-–4810073
4 、公司注册地址:太原市迎泽大街 291 号
公司办公地址:太原市迎泽大街 291 号
邮政编码:030001
电子信箱:tianlongtl615 @sina.com
5 、公司选定信息披露报纸:《中国证券报》
登载公司年度报告的中国证监会指定国际互联网网址:http://www.sse.com.cn
公司年度报告备置地址:太原市迎泽大街 291 号天龙集团证券部
6 、股票上市交易所:上海证券交易所
股票简称:天龙集团
股票代码:600234

二、会计数据和业务数据摘要

(一)本公司年度实现的利润构成及现金流量　　单位:人民币元

项 目	金 额
利润总额	24,039,376.76
净利润	19,499,342.59
扣除非经常性损益后的净利润	17,252,489.45
主营业务利润	70,903,781.69
其他业务利润	2,622,661.28
营业利润	20,712,479.39
投资收益	124,799.09
补贴收入	
营业外收支净额	3,202,098.28
经营活动产生的现金流量净额	6,804,095.62
现金及现金等价物净增加额	120,252,806.13

(二)截止报告期末公司前三年主要会计数据和财务指标　　单位:人民币元

	2000 年	1999 年	1998 年
主营业务收入	422,677,443.61	448,531,013.59	381,213,072.91
净利润	19,499,342.59	18,558,381.13	11,348,471.05
总资产	449,307,335.70	335,791,370.94	322,806,333.78
股东权益(不含少数股东权益)	307,108,896.12	146,399,253.51	135,504,072.38
每股收益(元/股)	0.21	0.29	0.18
每股净资产(元/股)	3.27	2.29	2.12
调整后每股净资产	3.13	2.05	1.93
每股经营活动产生的现金流量净额	0.07	0.41	0.02
净资产收益率(%)	6.35	12.68	8.38
扣除非经常性损益后的每股收益	0.18	0.29	0.18

(三)根据中国证监会关于发布《公开发行证券公司信息披露编报规则》第 9 号通知精神,公司 2000 年按全面摊薄法和加权平均法计算的净资产收益率及每股收益:

报告期利润	净资产收益率(%)		每股收益(元)	
	全面摊薄	加权平均	全面摊薄	加权平均
主营业务利润	23.09	28.49	0.76	0.87
营业利润	6.74	8.32	0.22	0.25
净利润	6.35	7.83	0.21	0.24
扣除非经常性损益后净利润	5.62	6.93	0.18	0.21

注:1 扣除的非经常性损益的项目及金额:2000 年新股申购冻结资 金利息净额 2643356.63 。

2 、主要财务指标的计算方法

全 面摊薄每股收益=报告期利润/期末股份总数

加 权平均每股收益=报告期利润/(期初股份总数+报告期因公积金转赠股本或股票股利分配等增加股份数+报告期因发行新股或债转股等增加股份数 * 增加股份下一月份起至报告期末的月份数/报告期月份数-报告期因回购或缩股等减少股份数 * 减少股份下一月起至报告期期末的月份数/报告期月份数)

每 股净资产=年度末股东权益/年度末普通股股份总数

每 股经营活动产生的现金流量净额=经营活动产生的现金流量净额/期末普通股股份总数

三、股本变动及股东情况

一 、股本变动情况

二 、股东情况介绍

(一)本年度末公司股东总数为 29718 户,其中国家股 1 户,法人股东 16 户,公众股东 29701 户。

(二)公司前十名股东持股情况:

股东名称	持有股数(单位:股)	占总股本比例
1 、太原市国有资产管理局	33860000	36.07%
2 、华康信托	16274300	17.34%
3 、天龙集团	2867050	3.05%
4 、兴华基金	500939	0.53%
5 、五矿贵稀	300000	0.32%
6 、海通太原	205364	0.22%
7 、景阳基金	199914	0.21%
8 、赵延松	140000	0.15%
9 、安徽粮油	113394	0.12%
10 、邵金发	101000	0.11%

(三)本公司第二大股东山西华康信托有限公司已被清算,其持有本公司股票 1627.43 万股,占本公司总股本的 17.34 %,已被山西省高级人民法院冻结。冻结日期为 2000 年 8 月 7 日至 2001 年 8 月 6 日。

民丰特种纸股份有限公司

一、公司简介

(一)公司的法定中、英文名称及缩写
1、中文名称:民丰特种纸股份有限公司
2、英文名称:MINFENG SPECIAL PAPER CO.LTD.　英文名称缩写:MFSP
(二)公司法定代表人:吕士林
(三)公司董事会秘书及证券事务代表姓名、联系地址、电话、传真、电子信箱
1、董事会秘书:郑健　2、董事会证券事务代表:谢贵兴
3、联系地址:浙江省嘉兴市用里街 70 号民丰特种纸股份有限公司证券部
4、电话:2070391
5、传真:0573-2070391　6、电子信箱:mfzqb@mail.jxptt.com.cn
(四)公司注册地址、办公地址、邮政编码、公司国际互联网网址、电子信箱
1、注册地址及办公地址:浙江省嘉兴市用里街 70 号　2、邮政编码:314000
3、公司国际互联网网址:http://www.cnmfsp.com　4、电子信箱:mfzqb@mail.jxptt.com.cn
(五)公司选定的信息披露报纸名称,登载公司年度报告的中国证监会指定的国际互联网网址,公司年度报告备置地点
1、信息披露报纸名称:《中国证券报》、《上海证券报》
2、中国证监会指定的国际互联网网址:http://www.sse.com.cn
3、年度报告备置地点:公司证券部
(六)公司股票上市交易所、股票简称和股票代码
1、上市交易所:上海证券交易所　2、股票简称:民丰特纸　3、股票代码:600235

二、会计数据和业务数据摘要

(一)2000 年度公司主要利润指标情况(单位:人民币元)

项目	金额
利润总额	46885679.20
净利润	44376538.53
扣除非经常性损益后的净利润	41298387.27
主营业务利润	70460257.00
其他业务利润	5581858.11
营业利润	37223017.16
投资收益	10904079.58
补贴收入	2619076.17
营业外收支净额	-3860493.71
经营活动产生的现金流量净额	46003557.07
现金及现金等价物净增加额	175058689.67

注:扣除非经常性损益项目及金额:归还财政贷款补贴收入 2175000 元,无效申购冻结资金利息 459075.09 元,用里街市政拆迁补贴 444076.17 元。

(二)截止报告期末公司前三年主要会计数据和财务指标(单位:人民币元)

项目	2000 年度	1999 年度	1998 年度
主营业务收入	313912065.68	280218065.56	249086607.59
净利润	44376538.53	42006779.54	40675175.96
总资产	945344310.86	579754033.56	435205693.15
股东权益	538605047.05	201631286.64	193774507.10
每股收益(摊薄)	0.2507	0.3361	0.3254
每股收益(加权)	0.2857		
每股收益(扣除非经常性损益后)	0.2333	0.3291	0.3254
每股净资产	3.0430	1.6131	1.5502
调整后的每股净资产	3.0153	1.5802	1.5212
每股经营活动产生的现金流量净额	0.2599	0.4513	-0.0318
净资产收益率(摊薄)	8.2392%	20.8335%	20.9910%
净资产收益率(加权)	10.8238%	19.5132%	

(三)利润表附表

报告期利润	净资产收益率		每股收益	
	全面摊薄	加权平均	全面摊薄	加权平均
主营业务利润	13.0820%	17.1859%	0.3981	0.4536
营业利润	6.9110%	9.0790%	0.2103	0.2396
净利润	8.2392%	10.8238%	0.2507	0.2857
扣除非经常性损益后的净利润	7.6677%	10.0731%	0.2333	0.2659

(四)报告期内股东权益变动情况(单位:人民币元)

项目	股本	资本公积	盈余公积	法定公益金	未分配利润	股东权益合计
期初数	125000000	68162873.63	5118301.93	2559150.97	790960.11	201631286.64
本期增加	52000000	267147221.88	4437653.85	2218826.93	11170057.75	336973760.41
本期减少期末数	177000000	335310095.51	9555955.78	4777977.90	11961017.86	538605047.05
变动原因	股票发行	股票溢价发行	当年利润提取	当年利润提取		

三、股本变动及股东情况

(一)股本变动情况

(二)主要股东持股情况

1、报告期末股东总数为 37610 户。

2、报告期内民丰集团公司是唯一持有本公司 5%以上(含 5%)股份的股东。报告年度内,其所持公司股份未发生变化,年末持有股份数量仍为 12390 万股,其所持公司股份无质押或冻结的情况。民丰集团公司的法定代表人是商人龙,主要经营范围是:纸浆、纸和纸制品制造,水泥制造,按国家对外经济贸易部批准范围从事进出口业务。

3、公司前十名股东持股情况:

股东名称	持股数量(股)	占总股本比例(%)	是否上市流通
民丰集团公司	123900000	70	否
浙江中百	650000	0.367	否
泰和基金	410170	0.232	是
东证芷江	324550	0.183	是
景福基金	307628	0.174	是
天元基金	307628	0.174	是
普丰基金	307628	0.174	是
裕隆基金	307628	0.174	是
同盛基金	307627	0.174	是
金鑫基金	307627	0.174	是

说明:(1)公司未发现前十名股东之间存在关联关系。

广西桂冠电力股份有限公司

广西桂冠电力股份有限公司 2000 年年度报告摘要

本公司董事会保证本报告所载资料不存在任何虚假记载、误导性陈述或者重大遗漏,并对其内容的真实性、准确性和完整性负个别及连带责任。

一、公司简介

1、公司法定中文名称:广西桂冠电力股份有限公司
英文名称:GUANGXI GUIGUAN ELECTRIC POWER CO., LTD. 缩写:GGEP
2、公司法定代表人:赵建国
3、公司董事会秘书:张云
4、公司联系地址:中国广西南宁市民主路望仙坡一里 3 号 电话:0771-5636271
传真:0771-5620664 公司互联网网址:http://www.ggep.com.cn
公司电子信箱:ggep@ggep.com.cn
5、公司注册地址:中国广西南宁市民主路望仙坡一里 3 号
公司办公地址:中国广西南宁市民主路望仙坡一里 3 号 邮政编码:530023
6、公司信息披露指定报纸名称:《中国证券报》、《上海证券报》
刊载公司年报的中国证监会指定的国际互联网网址:hppt://www.sse.com.cn
公司年度报告备置地点:南宁市民主路望仙坡一里 3 号
7、公司股票上市交易所:上海证券交易所 股票简称:桂冠电力 股票代码:600236

二、会计数据和业务数据摘要

(一)、2000 年度会计数据和业务数据摘要

项目	金额(单位:万元)
利润总额	35139.18
净利润	23562.65
扣除非经常性损益后的净利润	23297.37
主营业务利润	40690.75
其他业务利润	10.19
营业利润	34928.25
投资收益	143.52
补贴收入	0.00
营业外收支净额	67.40
经营活动产生的现金流量净额	35651.18
现金及现金等价物净增加额	40093.66

注:扣除非经常性损益的项目有:新股申购冻结资金利息摊销,金额为 265.28 万元。

(二)、1998 年至 2000 年的会计数据和业务数据摘要

项目	2000 年	1999 年
主营业务收入(单位:万元)	64718.36	62492.05
净利润(单位:万元)	23562.65	22400.06
总资产(单位:万元)	294622.49	272519.89
股东权益(不含少数股东权益)(单位:万元)	235795.62	165804.47
每股净资产(单位:元)	3.49	2.93
调整后的每股净资产(单位:元)	3.48	2.91
每股经营活动产生的现金流量净额(单位:元).	0.53	0.77

净资产收益率和每股收益指标

报告期利润	2000 年度 净资产收益率(%)		2000 年度 每股收益		1999 年度 净资产收益率(%)		1999 年度 每股收益	
	全面摊薄	加权平均	全面摊薄	加权平均	全面摊薄	加权平均	全面摊薄	加权平均
主营业务利润	17.26	19.42	0.603	0.628	25.37	27.18	0.744	0.668
营业利润	14.81	16.67	0.517	0.539	20.32	21.76	0.596	0.535
净利润	9.99	11.25	0.348	0.364	13.51	14.47	0.396	0.356
扣除非经常性损益后的净利润	9.88	11.12	0.345	0.359	13.51	14.47	0.396	0.356

主要财务指标计算方法和过程:

(三)、2000 年股东权益变动情况:(单位:元)

项目	股本	资本公积	盈余公积	法定公益金
期初数	565363033	953357216.99	94611227.57	42304501.92
本期增加	110000000	577555012.01	23296863.52	11648431.76
本期减少				25246677.46
期末数	675363033	1530912229.00	117908091.09	28706256.22
变动原因	发新股	股票溢价	年度计提	*

项目	未分配利润	股东权益合计
期初数	2408675.06	1658044654.54
本期增加	235626507.50	958126814.79
本期减少	232729568.21	257976245.67
期末数	5305614.35	2358195223.66

变动原因:增加法定公益金是由于年度计提;减少法定公益金原因有:A、根据桂办发(98)39 号文调整企业补充养老金 2056475.47 元,B、按财政部住房改革财务处理规定冲销住房周转金负数 23190201.99 元。执行会计政策不一致所产生的累计差异。

三、股本变动及股东情况

(一)、股本变动情况

1、股本变动情况表 (数量单位:股)

项目	本次变动前	本次变动增减(+、-) 配送转等	增发	小计	本次变动后
一、未上市流通股					
1、发起人股份	493802967				493802967
其中:国有法人股	362537300				362537300
国家股	131265667				131265667
2、募集法人股	38226733				38226733
3、内部职工股	33333333				33333333
4、优先股或其他					
其中:战略投资者			48000000	48000000	48000000
未上市流通股合计	565363033				613363033
二、已上市流通股					
1、人民币普通股			62000000	62000000	62000000
已上市流通股合计			62000000	62000000	62000000
三、股份总数	565363033		110000000	110000000	675363033

2、股票发行与上市情况

(1)、经中国证券监督管理委员会批准,本公司于 2000 年 3 月 7 日向国内社会公众公开发行人民币普通股 11000 万股,发行价格为每股 6.41 元;其中通过上海证券交易所上网发行 4000 万股、向证券投资基金配售 2200 万股及向战略投资者配售 4800 万股。通过上海证券交易所上网发行的 4000 万股社会公众股及向证券投资基金配售的其中 1100 万股, 共计 5100 万股于 2000 年 3 月 23 日上市,向证券投资基金配售的其余 1100 万股于 2000 年 9 月 25 日上市流通,截止 2000 年 12 月 31 日,公司上市流通的股票总额为 6200 万股。另向战略投资者配售的 4800 万股将在股票上市之日起两年后上市流通。

(2)、报告期内,公司由于增发新股使股本结构发生变动,详细情况见下表:

股本类别	变动前股本结构 股数(股)	比例(%)	变动后股本结构 股数(股)	比例(%)
1、发起人股	493,802,967	87.34	493,802,967	73.12
其中:国有法人股	362,537,300	64.12	362,537,300	53.68
国家股	131,265,667	23.22	131,265,667	19.44
2、募集法人股	38,226,733	6.76	38,226,733	5.66
3、内部职工股	33,333,333	5.90	33,333,333	4.94
4、社会流通股			110,000,000	16.28
总计	565,363,033	100.00	675,363,033	100.00

(3)、公司现尚有 1993 年发行的内部职工股 33,333,333 股未流通。缩股后折算发行价为每股 3.15 元,发行数量为 33,333,333 股。

(二)、股东情况

1、2000 年 12 月 31 日公司股东总数为 90,725 户。

2、2000 年 12 月 31 日公司前十名股东持股情况:

股东名称	报告期持股数	占总股本%	流通股份	未流通股份	备注
① 广西电力有限公司	362537300	53.68	0.00	362537300	国有法人
② 广西开发投资有限责任公司	131265667	19.44	0.00	131265667	国家
③ 中国华电电站装备工程公司	8250000	1.22	0.00	8250000	公众
④ 黑龙江省华富发电有限公司	4430000	0.66	0.00	4430000	公众
⑤ 江苏省江海粮油贸易有限公司	4430000	0.66	0.00	4430000	公众
⑥ 黑龙江省华富电力投资有限公司	4430000	0.66	0.00	4430000	公众
⑦ 广西壮族自治区水电工程局	3846633	0.57	0.00	3846633	募集法人
⑧ 广西铝业开发投资股份有限公司	3000000	0.44	0.00	3000000	公众
⑨ 广西送变电建设公司	2801000	0.41	0.00	2801000	募集法人
⑩ 广西岩滩水电站工程建设公司	2766667	0.41	0.00	2766667	募集法人
前十名股东所持股份合计	527757267	78.15	0.00	527757267	-

注 1:中国华电电站装备工程公司、黑龙江省华富发电有限公司、黑龙江省华富电力投资有限公司 、江苏省江海粮油贸易有限公司、广西铝业开发投资股份有限公司等五家企业为战略投资者新股配售,其约定持股时间自 2000 年 3 月 23 日起至 2002 年 3 月 23 日止。

注 2:在前十名股东中,广西电力有限公司与广西送变电建设公司、广西岩滩水电站工程建设公司有关联关系,广西开发投资有限责任公司与广西铝业开发投资股份有限公司有关联关系。广西送变电建设公司和广西岩滩水电站工程建设公司是广西电力有限公司的全资子公司, 广西开发投资有限责任公司是广西铝业开发投资股份有限公司的控股公司。

持股 5%以上(含 5%)的股东所持股份未发生质押、冻结等情况。

3、持股 10%(含 10%)以上的法人股东情况

(1)、广西电力有限公司

法定代表人:赵建国

经营范围:电力建设、生产,电网经营、电力购销、电力投资、电力修配,电力方面咨询服务,物资购销(除国家特殊规定外)等。

(2)、广西开发投资有限责任公司

法定代表人:黄名汉

经营范围:为自治区建设项目筹措资金,开展经营性、开发性投资业务;房地产开发,建设项目评估、咨询服务;国内商业及物资贸易(国家有专项规定除外);经济技术合作等。

4、报告期内控股股东没有变更。

四、股东大会简介

1、广西桂冠电力股份有限公司于 2000 年 6 月 15 日在公司召开了第十八次股东大会。出席会议的股东及代表共(4)人,代表股份(495183934)股,占公司有表决权总股份的(73.32%),符合《中华人民共和国公司法》和《公司章程》的有关规定,大会以记名投票的方式审议通过了以下事项:

公司 1999 年度董事会工作报告。

公司 1999 年度监事会工作报告。

公司 1999 年度财务决算利润分配方案及 2000 年度财务预算报告。

关于修改公司章程的报告。

关于更换董事的报告。

关于续聘大华会计师事务所有限公司的报告。

有关本次股东大会决议刊登于 2000 年 6 月 16 日的《中国证券报》和《上海证券报》上。

2.广西桂冠电力股份有限公司于 2000 年 12 月 18 日在公司召开了第十九次(临时)股东大会。出席会议的股东及代表共(2)人,代表股份(493,802,967)股,占公司总股份的(73.12%),符合《中华人民共和国公司法》和《公司章程》的有关规定,大会以记名投票的方式审议通过了关于更换董事的报告。

有关本次股东大会决议刊登于 2000 年 12 月 19 日的《中国证券报》和《上海证券报》上。

五、董事会报告

(一)、公司 2000 年度经营情况

1、公司所属行业为电力行业。水力发电是本公司的主营业务。公司拥有红水河上大化水力发电厂和百龙滩水力发电厂。公司总装机容量为 620MW,产品全部向广西电网销售。公司的销售电量占广西电网总销售量的 10%左右。

公司在资产方面,拥有独立的生产系统、辅助生产系统和配套设施;拥有独立的工业产权、商标、非专利技术等无形资产。

2、公司主营业务范围及其经营情况

本公司主营业务是水力发电,主营业务收入占公司全部收入的99%以上。在做好水力发电的同时,公司还适当参与其他相关产业和高新技术产业的发展。

2000年度公司狠抓安全生产,抓住经济恢复的有利时机多发电、多售电,降低消耗,使公司的经营业绩保持了稳定。公司全年完成售电量29.45亿千瓦时,同比增长17.66%;完成销售收入64718.36万元,同比增长3.56%;实现利税总额47985.22万元,同比增长4.78%。实现净利润23562.65万元,同比增长5.19%。由于公司的上网电价自2000年7月1日起下调,使得公司的销售收入增长水平和利税增长水平没有能与售电量增长水平保持同步。

3、附属企业及控股子公司的经营情况

(1)、2000年公司所属的控股子公司,广西桂冠水电开发有限公司和广西桂冠水电发展有限公司所属投资项目仍由母公司代管,子公司的项目收入、成本、税金及利润全由母公司承担。

(2)、公司投资1200万元的控股子公司,广西火炬高科技有限责任公司于2000年12月25日成立,公司占股份60%。

4、经营中存在的问题及解决办法

电价问题是影响公司2000年下半年经营业绩的主要原因。根据广西壮族自治区物价局桂价字[2000]276号和桂价字[2000]277号文,本公司自2000年7月1日起执行新的上网电价。大化水电厂和百龙滩水电厂新的上网电价分别比原上网电价下降了37.8元/兆瓦时和46.53元/兆瓦时。针对电价下调情况,公司采取了以下措施:

(1)、节约成本和费用,降低消耗;

(2)、确保安全生产,多发电多售电。

(二)、公司的财务状况

1、公司设立独立的财务部门,并建立了独立的会计核算体系和财务管理制度,有独立的银行账户。

2、公司总资产、长期负债、股东权益、主营业务利润和净利润增减变动分析

(1)、总资产

报告期末公司总资产294622.49万元,比去年同期增加22102.6万元,主要原因是:2000年3月公司发行11000万股普通股;公司经营获利。

(2)、长期负债

报告期末公司的长期负债24559.22万元,同比减少1744.9万元,主要原因是按期归还进口设备贷款本金。

(3)、股东权益

报告期末公司股东权益235795.62万元,同比增加69991.14万元,主要原因是:2000年3月公司发行11000万股普通股和计提盈余公积。

(4)、主营业务利润

报告期末公司主营业务利润40690.75万元,同比减少1380.42万元,主要原因是:2000年7月1日起公司上网电价下调。

(5)、净利润

报告期末公司净利润23562.65万元,同比增加1162.59万元,主要原因是:财务费用减少。

3、会计师事务所出具了无保留的审计意见。

(三)、公司投资情况:

1、募股资金投资情况

(1)、募股资金投资情况表

项 目	募股资金承诺投资	2000年度		2001年度
		投资计划	实际投资	投资计划
百龙滩电站收尾工程及还贷	63980万元	60049万元	63980万元	3931万元
大化电厂技改工程	4990万元	4990万元	4990万元	0
合计	68970万元	65039万元	68970万元	3931万元

项 目	实际投资	项目完成程度(%)
百龙滩电站收尾工程及还贷	0	95以上
大化电厂技改工程	0	100
合计	0	

(2)、募股资金投资情况说明

2000年百龙滩电站收尾工程实际投资额比计划增加3931万元,主要原因是百龙滩电站收尾工程进度加快。公司的募股资金严格按《招股说明书》的承诺投向①弥补百龙滩水电站工程资金缺口,主要用于百龙滩水电站的收尾工程以及偿还前期投资中的部分贷款;②大化水电厂一台机组增容技术改造。百龙滩电站收尾工程尚缺部份资金,公司贷款解决。以上两个项目:百龙滩水电站的收尾工程,截至2000年底已基本完工,6台机组已全部发电,发电量创历史最高水平,预计该工程竣工决算将于2001年上半年完成;大化水电厂一台机组的增容技术改造项目,按计划于2000年5月完成,并投入运行,单机新增发电容量1.4万千瓦,增容幅度为14%。

2、非募股资金投资情况

(1)、经公司董事会同意,2000年12月25日,公司投资1200万元人民币(占本公司净资产值的0.50%),与广西火炬高科技发展公司合作,成立"广西火炬高科技有限责任公司",公司占股份60%。该控股公司注册资金2000万元,主要从事软件开发,系统集成,高新技术产品研究、开发与销售。

(2)、经公司董事会同意,2000年12月26日,与广西开发投资有限责任公司等五家企业联合投资,成立"广西百色银海铝业有限责任公司",公司占股份30%,一期工程出资额5132.4万元人民币(占本公司净资产值的2.18%)。该公司注册资本1亿元人民币,总投资68431万元人民币,其中资本金17108万元人民币,主要从事铝业开发生产。

(3)、经公司董事会同意,公司计划出资开发总装机容量600MW的恶滩水电站扩建工程。该工程项目曾作为公司发展规划中的重点项目列入2000年3月披露的《招股说明书》中。该项目已于2000年12月29日获广西壮族自治区人民政府的批复,同意本公司与广西开发投资有限责任公司合作开发。

(四)、宏观政策对公司生产经营的影响

1、随着国家西部开发和"西电东送"战略的实施,一方面国家投资重点、优惠政策将向西部地区倾斜;另一方面一批重点项目、重点工程的开工将拉动地方经济的发展。预计广西的用电需求量将超过全国的平均水平,这对公司的电量销售提供了广阔的市场。

2、2000年7月1日广西壮族自治区物价局分别以桂价格字[2000]276号和桂价格字[2000]277号文对我公司的大化水电厂和百龙滩电水电厂的上网电价进行调整,公司两电厂的上网电价从2000年7月1日起分别执行216.56元/兆瓦时和335.00元/兆瓦时,新电价分别比上年电价下降了37.8元/兆瓦时和46.53元/兆瓦时。该项调价政策将对公司2001年的主营业务收入产生一定的影响。

3、水电建设项目投资大、回收期长,这将会对公司近期的投资收益产生一定的影响。

(五)、2001年发展计划

2001年是国家"十五"计划的第一年,党中央、国务院西部大开发、西电东送战略的实施为桂冠电力提供了良好的发展机遇,公司将以发展为主题,以经济效益为中心,以安全生产为基础,以改革和科技进步为动力,继续坚持"以电为主,多元发展"的方向,具体发展计划如下:

1、生产经营发展计划

(1)、狠抓安全生产,确保按计划完成生产任务。2001年计划完成销售电量26.25亿千瓦时,计划实现销售收入57444万元。

(2)、强化以财务管理为中心的企业管理理念。进一步规范会计核算,建立以预算为基础、以资金管理为中心的财务收支模式,全面实现预算管理和成本控制。

(3)、加强内部管理,使达标创一流工作落到实处。建立健全内部管理制度,深化改革用人、分配制度,在高管层试行年薪制,以减人增效、目标责任制为突破口,全面推进达标创一流工作。

(4)、争取以增发新股或其它融资方式进行融资,以满足公司扩大资产规模方面的资金需求。

(5)、抓好非电力投资项目的投资管理工作,依法加强对参股、控股公司的管理。

(6)、完善法人治理结构,实现规范运作、科学管理。通过弘扬企业文化全面提高员工素质,建立人才激励机制,培养一批素质高、善经营、过得硬的复合型人才。

2、投资发展计划

2001年,公司将抓住西部大开发、西电东送的大好时机,争取新上一批电源建设、技改及基建项目:

(1)、新建电源项目:恶滩等红水河流域水电站及长洲水电站建设项目。

着重抓好恶滩水电站扩建工程项目,组建以项目法人为主体的有限责任公司。该工程装机容量600MW,概算总投资36.9亿元,其中资本金7.38亿元,公司计划出资3.84亿元,占股比52%。工程计划于2001年11月主体工程开工,2004年第一台机组发电,争取2005年全部机组投产。

(2)、技改项目:大化水电厂及合山电厂技改工程。

大化水电厂增容技术改造项目。大化水电厂第三台机组增容技术改造项目于2000年10月开始,计划于2001年4月底完成,单机净增发电机组容量1.4万千瓦,增容幅度14%。大化水电厂第四台机组的增容技术改造工作将于2001年10月开始,计划于2002年5月投产。工程将于2002年全部完工。

组建"广西合山发电有限责任公司",合作建设广西合山电厂改扩建工程2×30万千瓦机组。该项目总投资198235万元,其中资本金20%,公司计划出资占股比50%。工程计划于2001年底开工建设,2003年底第一台机组发电,2004年上半年全部建成投产。

(3)、基建项目:百龙滩水电厂的收尾工程,竣工决算及大化、百龙滩两电厂的通航建筑物建设项目等。

百龙滩电厂的收尾工程,竣工决算计划于2001年上半年完成。

大化、百龙滩两电厂的通航建筑物建设项目。项目计划于2001年内开工建设,预计总投资约3.5亿元人民币,工期3年,工程建成后将产生巨大的社会效益。

(六)、董事会日常工作情况

1、报告期内董事会的会议情况及其决议内容:

(1)、2000年4月27日召开三届三次会议,审议通过了以下决议:

公司1999年度董事会工作报告及公司股票发行上市情况的说明;

公司1999年度总经理业务报告;

公司1999年度财务决算、利润分配方案及2000年度财务预算报告;

修改《公司章程》的决议;

董事会更换董事决议,原任董事余长明同志因工作变动,辞去董事职务,拟更换张云同志为公司董事;

续聘大华会计师事务所有限公司为担任公司2000年度审计工作的会计师事务所决议;

召开第十八次股东大会决议。

有关本次董事会的详细情况刊登于2000年4月29日的《中国证券报》和《上海证券报》。

(2)、2000年7月28日召开三届四次会议,审议通过了以下决议:

公司2000年中期总经理业务报告;

公司2000年中期报告及摘要;

设立额度为150万元的董事会基金决议;

原则同意出资1200万元,占股比60%,投资设立广西火炬高科技有限责任公司。

有关本次董事会的部分情况刊登于2000年8月1日的《中国证券报》和《上海证券报》。

(3)、2000年11月16日召开三届五次会议,审议通过了以下决议:

更换董事的决议,原任董事马远马录、李锦文、钟培祯、罗体承等同志由于工作变动,不再担任董事职务,拟更换赵建国、卓伟光、杨璐、沈冰等同志为公司董事;

原则同意公司投资百色铝厂项目;

同意公司投资开发恶滩水电站扩建工程项目;

召开第十九次(临时)股东大会的决议。

有关本次董事会的详细情况刊登于2000年11月17日的《中国证券报》和《上海证券报》。

(4)、2000年12月18日召开三届六次会议,审议通过了以下决议:

选举赵建国同志任公司董事会董事长职务。马远马录同志由于工作变动,不再担任公司董事会董事长职务;

公司投资广西百色银海铝业有限责任公司,占股份30%,一期工程实际出资额5132.4万元人民币。

有关本次董事会的详细情况刊登于2000年12月19日的《中国证券报》和《上海证券报》。

2、公司董事会对股东大会决议执行情况

(1)、1999年度股东大会通过的董事会工作报告中所确定的2000年度的主要生产经营指标基本完成;

(2)、董事会已根据1999年度股东大会通过的利润分配方案,完成了利润分配的各项工作。

(3)、董事会根据1999年度股东大会通过《关于修改公司章程的报告》,已完成了大化电厂的更名手续;董事会严格按照《公司章程》规定的"在总金额不超过最近一期经审计的公司财务报表标明的净资产20%的范围内,决定公司的风险投资、资产抵押及其他担保事项"进行运作。

(七)、公司管理层及员工情况

1、董事、监事及高级管理人员情况

第三届董事会、监事会成员经公司第十七次股东大会选举产生,高级管理人员经公司三届一次会议聘任,任期为三年,自1999年6月至2002年6月。

(1)、现任董事、监事、高级管理人员有关情况如下:

姓名	性别	出生年月	职务	年初持股	本年增减	年末持股	变动原因
赵建国	男	1958.9	董事长	0	0	0	
陈咏辉	男	1945.10	常务副董事长、总经理	0	0	0	
沈悌	男	1945.12	副董事长	0	0	0	
谢正经	男	1942.8	董事	0	0	0	
胡建东	男	1963.9	董事	0	0	0	
李一平	男	1955.11	董事	1933	0	1933	
杨长宇	男	1945.9	董事	667	0	667	
龙先进	男	1952.10	董事	3033	0	3033	
卓伟光	男	1960.11	董事	0	0	0	
杨璐	女	1956.7	董事	0	0	0	
沈冰	女	1952.6	董事	0	0	0	
张云	女	1963.11	董事、董事会秘书	0	0	0	
黄鉴波	男	1949.4	董事	0	0	0	
潘渊泽	男	1942.2	董事、副总经理	0	0	0	

白华	女	1969.3	董事	3000	0	3000
黄进平	男	1953.1	监事会主席	0	0	0
卢国栋	男	1952.12	监事	1067	0	1067
胡雷冰	男	1962.1	监事	0	0	0
黄汉艺	男	1969.2	监事	733	0	733
黄新喜	男	1962.9	监事	0	0	0
谢丽英	女	1958.9	副总经理	0	0	0
蒋健平	男	1958.4	副总经理	667	0	667
王传楚	男	1961.6	总会计师	667	0	667

公司董事、监事及高级管理人员年度报酬总额为416077.22元,,报酬在5–8万元之间6人,报酬在3–4万元之间2人。不在公司领取报酬的有赵建国、沈悌、谢正经、胡建东、李一平、杨长宇、龙先进、卓伟光、杨璐、沈冰、黄鉴波、白华、黄进平、卢国栋和胡雷冰等15人。

(2)、董事、监事及高级管理人员变动情况

2000年6月15日,公司召开第十八次股东大会,原任董事余长明同志因工作变动,不再担任公司董事职务,选举张云同志为公司董事。

2000年12月18日,公司召开第十九次(临时)股东大会,原任董事马远▮、李锦文、钟培贞、罗体承等4位同志因工作变动,不再担任公司董事职务,选举赵建国、卓伟光、杨璐和沈冰等4位同志为公司董事。

2、公司员工情况

2000年公司职工总人数为:792人。其劳动分工构成如下:

项目	生产人员	技术人员	财务人员	行政人员
数量	265	431	15	81

公司职工受教育程度构成如下:

项目	硕士以上	本科	大专	中专	技工	初中
数量	7	99	170	190	244	82

报告期末离退休职工107人,已全部在社会保险领取退休养老金。

(八)、公司分配预案

1、2000年度分配预案

经公司董事会决议,本年度采取现金分红方式。根据《招股说明书》的约定,其中:2000年3月新增1.1亿股社会公众股股东每10股派现金2.51元(含税),老股东(新股发行前的股东)每10股派现金3.01元(含税)。

2、2001年度预计分配政策

经公司董事会决议,2001年实现净利润的20%左右用于现金分配,分配一次。

六、监事会报告

(一)、监事会工作情况

本年度监事会依照《公司法》和《公司章程》的规定,本着对全体股东负责的精神,认真履行有关法律、法规所赋予的职责,积极开展工作。

1、年度内曾委托由广西电力有限公司和广西开发投资有限责任公司两大股东财务和审计人员组成的检查小组对公司的财务状况、重大项目的投资、经营情况和重大合同的执行情况进行了检查,核实了公司的财务状况和经营成果。

2、年度内监事会共召开了两次会议,并列席了公司各次董事会会议,发表意见或建议。

(1)、2000年4月27日召开了三届监事会第二次会议,审议通过了《1999年度监事会工作报告》,并形成了决议,决议内容刊登在2000年4月29日《中国证券报》、《上海证券报》。

(2)、2000年7月28日召开了三届监事会第三次会议,会议审议通过了《公司2000年中期报告正文和摘要》,并形成了会议决议,会议决议内容刊登在2000年8月1日《中国证券报》、《上海证券报》。

(二)、监事会对公司运作意见如下:

1、公司依法运作情况

监事会根据国家有关法律、法规,对公司股东大会、董事会的召开程序、决议事项,董事会对股东大会决议的执行情况,公司高级管理人员履行职务情况及公司管理制度等进行了监督,本监事会认为董事会的工作是认真负责的,积极实施公司发展目标,公司的经营决策是科学合理的;未发现有违反法律、法规和公司章程或损害公司和股东利益的行为。

2、检查公司财务情况

2000年度,监事会审阅分析了公司每月、半年和年度财务报告,及时了解掌握公司经营及财务状况。公司有独立的银行账号和独立的财务核算系统,公司的财产独立完整,并严格执行上市公司的制度和规定,财务收支清楚,各项费用支出合理。公司的财务决算报告已经大华会计师事务所有限公司审计,并出具了无保留意见的审计报告。监事会认为大华会计师事务所有限公司的审计结论是实事求是的,监事会没有不同意见。

3、公司募集资金实际投入与董事会承诺投入项目执行情况

2000年度,公司董事会及经理班子有效地执行股东大会的各项决策,对募集资金的投向严格按照《招股说明书》的承诺,使百龙滩水电站收尾工程建设和大化电厂一台机组增容技改项目按时完成。同时,公司根据百龙滩水电站收尾工程的建设进度加快的需要,调整了2000年百龙滩水电站收尾工程的投资额,将其计划2001年投入的募集资金3931万元提前在2000年下半年投入。

4、本年度内无收购、出售资产的行为,也没有任何高级管理人员或掌握公司内幕信息人员进行内幕交易行为,无损害股东权益或造成公司资产流失行为。

5、本年度公司在信息披露方面及时准确,定期报告和重大事项的临时公告均按照规定及时全面的履行了信息披露义务,没有出现信息滞后或内幕交易行为。

6、公司的关联交易情况。

公司的关联交易主要是与大股东广西电力有限公司的电力产品销售关系。公司与关联方签订《售电合同》,在平等互利的基础上,规定了双方的义务,根据电表记录,以广西物价局确定的价格进行结算,此项关联交易是公平的,没有损害股东的利益。

七、重要事项

(一)、重大诉讼仲裁事项

公司本年度无重大诉讼、仲裁事项

(二)、公司在报告期内的董事及高级管理人员没有受到监管部门处罚情况。

(三)、公司在报告期内的控股股东和总经理未变更,董事会未到换届期,少量董事更换情况已在第五部份董事会报告中说明。

(四)、公司在报告期内无重大收购、吸收合并及出售资产事项。

(五)、关联交易情况

1、商品销售发生的关联交易

(1)、关联交易方:广西电力有限公司

(2)、关联交易内容:公司向广西电力有限公司电网售电

(3)、关联交易的定价原则:依据广西壮族自治区物价局确定的价格

(4)、交易价格:

2000年1月1日至2000年6月30日:大化水电厂电力销售价为254.36元/兆瓦时;百龙滩水电厂电力销售价为381.53元/兆瓦时。

2000年7月1日至2000年12月31日:大化水电厂电力销售价为216.56元/兆瓦时;百龙滩水电厂电力销售价为335.00元/兆瓦时。以上价格均为含税价。

(5)、交易额:64718.63万元,占同类交易金额的100%。

(6)、结算方式:依据双方签订的《购电合同》,在用户不欠电费及新电还本付息加价没有缺口的情况下,乙方在每月收到抄表单扣除甲方使用乙方电量电费后,30天内向甲方支付电费。若存在欠费或有缺口,甲方需按比例负担欠费或加价缺口金额。乙方对应付的款项在支付到期日未能全部支付给甲方的,乙方应对未付金额部分支付利息,利息按中国人民银行公布的同期贷款利率计算。

(7)、此项关联交易在最终用户欠费量大的情况下,对公司的资金周转有一定影响。

在电网国家统一经营的情况下,公司今后仍将与广西电力有限公司发生此类关联交易。

2、公司无资产、股权转让发生的关联交易。

3、债权、债务往来等关联事项

项目	关联方名称	金额(元)	原因
应收帐款	广西电力有限公司	201,103,457.23	用户欠费
其他应收款	广西电力有限公司	30,797,713.07	预付工程款
其他应付款	广西电力有限公司	17,811,424.25	未付住房损失和租赁费

(六)、公司与控股股东广西电力有限公司在人员、资产、财务上的情况

1、在人员上公司与大股东已完全分开,公司现有在册员工792人,专职在公司服务不参与大股东工作。

2、在资产上,公司拥有独立完整的生产系统和辅助生产系统,拥有独立的工业产权等,生产系统和辅助生产系统与大股东完全分开。

3、在财务上,拥有独立的会计核算体系,拥有独立的银行帐号和独立的会计账册。

(七)、经公司第十八次股东大会通过,继续聘任大华会计师事务所有限公司为公司审计机构,聘期一年。

(八)、报告期内无重大担保事项。

(九)、报告期内重大合同。

1、《售电合同》已执行完毕。合同销售电量26.25亿千瓦时,实际销售电量29.45亿千瓦时。

2、《资产委托管理合同》已执行完毕。委托资产10500万元和收益143.52万元已收回。

3、投资合同已执行完毕或正在执行中。

(1)、投资广西火炬高科技有限责任公司1200万元,占股比60%,已执行完毕。

(2)、投资广西百色银海铝业有限责任公司5132.4万元,占股比30%,已投资900万元,执行中。

(3)、投资广西桂冠物业有限责任公司220万元,占股比25%,已执行完毕。

(十)、报告期内其他重大事件

1、2000年3月1日刊登《招股意向书》,见《中国证券报》、《上海证券报》和《证券时报》。

2、2000年3月3日刊登《招股说明书概要》,见《中国证券报》、《上海证券报》和《证券时报》。

3、2000年3月16日变更公司营业执照。

4、2000年3月18日刊登《股票上市公告书》,见《中国证券报》、《上海证券报》和《证券时报》。

5、2000年6月15日召开1999年度股东大会。见《中国证券报》和《上海证券报》。

八、财务会计报告

(一)、审计报告

审计报告(华业字[2001]第567号)

广西桂冠电力股份有限公司全体股东:

我们接受委托,审计了 贵公司2000年12月31日资产负债表和合并资产负债表、2000年度的利润及利润分配表和合并利润及利润分配表以及现金流量表和合并现金流量表。这些会计报表由 贵公司负责,我们的责任是对这些会计报表发表审计意见。我们的审计是根据中国注册会计师独立审计准则进行的。在审计过程中我们结合

贵公司的实际情况,实施了包括抽查会计记录等我们认为必要的审计程序。

我们认为,上述会计报表符合《企业会计准则》和《股份有限公司会计制度》的有关规定,在所有重大方面公允地反映了 贵公司2000年12月31日的财务状况及2000年度经营成果和现金流量情况,会计处理方法的选用遵循了一贯性原则。

大华会计师事务所有限公司

中国注册会计师:曹培青 吕秋萍

2001年2月10日

(二)、会计报表(附后)

(三)、会计报表附注

1、公司基本情况

(1). 公司为于1992年8月12日经广西壮族自治区经济体制改革委员会以桂体改股字(1992)6号文批准设立的定向募集股份有限公司。经1998年4月3日第十四次(临时)股东大会决议并报经中国证券监督管理委员会以证监发行字[2000]14号文批准,向社会公众公开发行境内上市内资股(A股)股票110,000,000股,每股面值1元,溢价发行,每股发行价格为6.41元。2000年12月25日由广西壮族自治区工商行政管理局颁换企业发法人营业执照,注册号4500001000755。现法定代表人为赵建国,现公司注册资本为675,363,033.00元,业经大华会计师事务所有限公司验证并出具华业字(2000)第431号验资报告。

公司经济性质:股份制(上市),所属行业:电力工业。

经营范围:开发建设和管理水电站、火电厂和输变电工程,独资、联营开办与公司主营有关的项目,电力金融方面的经济技术咨询,兴办宾馆、饮食、娱乐业、日用百货、通用机械、电子产品、电子器材的销售。

(2). 主要产品:水电。

(3). 生产经营的概况:公司拥有大化水电站(4×10万千瓦)和百龙滩水电站(6×3.2万千瓦)。公司2000年度上网电量2,945,066.76兆瓦时,2000年末合并资产总额为人民币294,622,4991.71元,合并净资产为人民币2,369,453,772.50元,2000年度合并利润总额为人民币355,825,458.47元,合并净利润为人民币238,597,084.99元。

2、公司主要会计政策、会计估计和合并会计报表的编制方法

(1).会计制度:

公司执行《股份有限公司会计制度》及其补充规定。

(2).会计年度:

自公历1月1日至12月31日。

(3). 记帐本位币:人民币。

(4). 记帐基础:权责发生制;计价原则:历史成本。

(5). 外币业务核算方法:

会计年度内涉及外币的经济业务,按发生当月月初中国人民银行公布的市场汇价(中间价)折合人民币入帐。月末将外币帐户中的外币余额按月末市场汇价(中间价)进行调整,发生的差额(损益),与购建固定资产有关的予以资本化,属于筹建期间的计入开办费,属于生产经营期的计入当期费用。

(6). 坏帐的核算方法:

坏帐的确认标准:

因债务人破产或死亡,以其破产财产或遗产清偿后,仍不能收回的应收款项;

因债务人逾期未履行偿债义务并且具有明显特征表明无法收回的应收款项。

以上确实不能收回的应收款项,报经董事会批准后作为坏帐。

坏帐损失核算采用备抵法。坏帐准备的计提范围为应收款项(包括应收帐款和其他应收款);坏帐准备的计提方法为:按年末应收款项余额的3.5%计提。

(7). 存货核算方法:

存货分类为:修理用备品备件和低值易耗品。

各种存货按取得时的实际成本记帐;存货日常核算采用计划成本,月末按上月材料成本差异

率,将发出存货的计划成本调整为实际成本。低值易耗品按一次摊销法摊销。

年终提取存货跌价准备。其确认标准为:年末,如由于存货遭受毁损、全部或部分陈旧过时或销售价格低于成本等原因,使存货成本不可回收的部分,提取存货跌价准备。存货跌价准备按照单个存货项目的成本高于其可变现净值的差额提取。

(8). 短期投资核算方法:

根据《企业会计准则-投资》规定,短期投资以实际支付的全部价款(包括税金、手续费和相关费用)扣除已宣告发放但未领取的现金股利(或已到期尚未领取的债券利息)入帐;在处置时,按所收到的处置收入与短期投资帐面价值的差额确认为当期投资损益。短期投资在年终按成本与市价孰低法计价,市价低于成本的部分确认为跌价准备。具体计提方法为:按单项投资计算并确定所计提的跌价损失准备,并计入当期损益。

(9). 长期投资核算方法:

长期债券投资的计价及收益确认方法:按取得时实际支付的全部价款(扣除支付的税金、手续费等各项附加费用)扣除实际支付的分期付息债券价款中包含的已到期尚未领取的债券利息后的余额作为实际成本记帐,并按权责发生制原则按期计提利息,并计入投资收益;

长期债券投资溢价和折价的摊销方法:在债券购入后至到期日止的期间内按直线法,于确认相关债券利息收入的同时摊销;

长期股权投资计价和收益确认方法:长期股权投资包括股票投资和其他股权投资。长期股权投资,按投资时支付的全部价款入帐。投资企业对被投资单位无控制、无共同控制或者无重大影响的,长期股权投资采用成本法核算;投资企业对被投资单位具有控制、共同控制或者重大影响的,长期股权投资采用权益法核算;

对外长期股权投资采用权益法核算时,其取得成本与其在被投资单位所有者权益中所占份额之间的差额,计入长期股权投资差额,并按10年平均摊销计入损益。

长期投资减值准备的提取方法:公司本年度未发生被投资单位可收回金额低于长期股权投资帐面价值的事项,故未计提长期投资减值准备。

(10).固定资产计价和折旧方法:

固定资产标准为:①使用期限超过一年的房屋、建筑物、机器、机械、运输工具以及其他与生产、经营有关的设备、器具、工具等;②单位价值在2,000元以上,并且使用期限超过两年的,不属于生产、经营主要设备的物品;

固定资产分类为:房屋建筑物、通用设备、专用设备、运输设备、其他设备;

固定资产计价:按实际成本或确定的价值计价;

固定资产折旧采用直线法平均计算,并按各类固定资产的原值和估计的经济使用年限扣除残值(原值的3%)制定其折旧率。固定资产各类折旧率如下:

资产类别	估计的经济使用年限	年折旧率	预计残值率
房屋建筑物	15~45年	2.16%~6.47%	3%
通用设备	4~10年	9.70%~24.25%	3%
专用设备	12~18年	5.39%~8.08%	3%
运输设备	6~10年	9.70%~16.17%	3%
其他设备	4~8年	12.12%~24.25%	3%

(11).在建工程核算方法:

在建工程按实际发生的支出入帐,并在完工交付使用时,按工程的实际成本确认为固定资产;在建工程借款所发生的利息支出在交付使用前计入工程成本,交付使用后,计入当期财务费用。

(12).无形资产计价和摊销方法:

土地使用权:按评估确认价值入帐,从1994年起按50年平均摊销。

(13).开办费和长期待摊费用摊销方法:

按受益期限平均摊销。

(14). 收入确认原则:

销售商品:公司已将商品所有权上的重要风险和报酬转移给买方,公司不再对该商品实施管理权和实际控制权,相关的收入已经收到或取得了收款的证据,并且与销售该商品相关的成本能够可靠地计量时,确认营业收入的实现。

提供劳务:在同一年度内开始并完成的,在劳务已经提供,收到价款或取得收取价款的证据时,确认劳务收入。按完工百分比法,在劳务合同的总收入、劳务的完成程度能够可靠地确定,与交易相关的价款能够流入,已经发生的成本和完成劳务将要发生的成本能够可靠地计量时,确认劳务收入。

他人使用公司资产:利息收入,按使用现金的时间和适用利率计算确定;发生的使用费收入按有关合同或协议规定的收费时间和方法计算确定。上述收入的确定并应同时满足:①与交易相关的经济利益能够流入公司,②收入的金额能够可靠地计量。

九、公司其它有关资料

1、公司首次登记注册日期:1992年9月4日

公司最近一次变更登记的日期:2000年12月25日

2、企业法人营业执照注册号:4500001000755

3、税务登记号码:450100198224236

4、公司聘请的会计师事务所:大华会计师事务所有限公司

5、公司未流通股票的托管机构:上海中央登记结算公司

6、公司报告期内证券主承销机构:南方证券有限公司

十、备查文件

1、载有法定代表人、总会计师、会计经办人签名并盖章的会计报表。

2、载有会计师事务所盖章、注册会计师签名并盖章的审计报告正本。

3、报告期内在《中国证券报》、《上海证券报》披露过的公司文件正本及公告原稿。

4、载有董事长签字的年度报告正本。

资产负债表　　单位:(人民币)元

资产	期末数 合并
流动资金:	
货币资金	514,003,058.81
其他应收款	98,326,821.34
减:坏帐准备	10,480,059.75
应收款项净额	288,950,218.82
预付帐款	247,773.30
存货	7,353,728.05
减:存货跌价准备(含工程亏损准备)	4,598,872.31
存货净额	2,754,855.74
待摊费用	2,249,669.64
流动资产合计	808,205,576.31
长期投资:	
长期股权投资	23,312,000.00
长期债权投资	1,037,800.00
长期投资合计	24,349,800.00
长期投资净额	24,349,800.00
固定资产:	
固定资产原价	2,723,812,094.55
减:累计折旧	656,989,728.40
固定资产净值	2,066,822,366.15
工程物资	791,059.33
在建工程	38,809,360.38
固定资产清理	132,310.03
固定资产合计	2,106,555,095.89
无形资产及其他资产:	
无形资产	8,564,052.00
开办费	-1,495,527.30
长期待摊费用	45,994.81
无形资产及其他资产合计	7,114,519.51
递延税项:	
资产总计	2,946,224,991.71
流动负债:	
短期借款	30,000,000.00
应付帐款	1,947.50
应付工资	3,210,700.98
应付福利费	741,435.20
应付股利	198,408,292.84
应交税金	17,349,007.39
其他应交款	73,579.42
其他应付款	48,698,992.55
预提费用	4,549,010.30
流动负债合计	303,032,966.18
长期负债:	
其他长期负债	245,592,170.73
长期负债合计	245,592,170.73
递延税项:	
负债合计	548,625,136.91
少数股东权益(合并报表填列)	39,404,631.14
股东权益:	
股本	675,363,033.00
资本公积	1,530,912,229.00
盈余公积	146,614,347.31
其中:公益金	28,706,256.22
未分配利润(未弥补亏损以"-"号表示)	5,305,614.35
股东权益合计	2,358,195,223.66
负债和股东权益总计	2,946,224,991.71

利润及利润分配表　单位:(人民币)元

项目	本期数 合并
一、主营业务收入	647,183,609.19
减:销售折让	-
主营业务收入净额	647,183,609.19
减:主营业务成本	231,248,798.98
主营业务税金及附加	9,027,325.17
二、主营业务利润(亏损以"-"号填列)	406,907,485.04
加:其他业务利润(亏损以"-"号填列)	101,922.10
减:存货跌价损失	4,598,872.31
营业费用	-
管理费用	22,315,154.88
财务费用	30,812,880.91
三、营业利润(亏损以"-"号填列)	349,282,499.04
加:投资收益(损失以"-"号填列)	1,435,249.23
补贴收入	
营业外收入	2,697,740.19
减:营业外支出	2,023,727.64
减:以前年度损益调整	
四、利润总额(亏损总额以"-"号填列)	351,391,760.82
减:所得税	120,815,796.16
减:少数股东损益(合并报表填列、亏损以"-"号填列)	-5,050,542.84
加:未确认的投资损失(合并报表填列)	-
五、净利润(净亏损以"-"号填列)	235,626,507.50
加:年初未分配利润(未弥补亏损以"-"号填列)	2,408,675.06
减:减少注册资本减少的未分配利润	-
盈余公积转入	-
六、可供分配的利润(亏损以"-"号填列)	238,035,182.56
减:提取法定盈余公积金	23,296,863.52
减:提取法定公益金	11,648,431.76
职工奖福基金(子公司为外商投资企业,合并报表填列)	-
七、可供股东分配的利润(亏损以"-"号填列)	203,089,887.28
减:应付优先股股利	-
提取任意盈余公积	-
应付普通股股利	197,784,272.93
转作股本的普通股股利	-
八、未分配利润(未弥补亏损以"-"号填列)	5,305,614.35
附注:非常项目:	
1.出售处置部门或被投资单位	-
2.自然灾害发生的损失	-
3.会计政策更改	-
4.其他	-

报告期利润	净资产收益率 全面摊薄
主营业务利润	17.26
营业利润	14.81
净利润	9.99
扣除非经常性损益后的净利润	9.88

安徽铜峰电子股份有限公司

安徽铜峰电子股份有限公司 2000 年度报告摘要

本公司董事会保证本报告所载资料不存在任何虚假记载、误导性陈述或者重大遗漏，并对其内容的真实性、准确性和完整性负个别及连带责任。安徽华普会计师事务所为我公司出具了标准无保留的审计报告。

一、公司简介

1、公司法定中英文名称及中英文简称
公司法定中文名称：安徽铜峰电子股份有限公司
公司中文简称：铜峰电子
公司法定英文名称：ANHUI TONGFENG ELECTRONICS COMPANY LIMITED
公司英文简称：TFE
2、公司法定代表人：陈升斌
3、公司董事会秘书：周小平
董事会证券事务代表：周小平
联系地址：安徽省铜陵市石城路 168 号铜峰电子董事会秘书处
联系电话：0562-2819178
传真：0562-2831965
电子信箱：tfzhouxp@mail.ahwhptt.net.cn
4、公司注册地址：安徽省铜陵市石城路 168 号
公司办公地址：安徽省铜陵市石城路 168 号
邮政编码：244000
公司国际互联网网址：http\ \ www.tfe.com.cn
电子信箱：ahtfe@mail.ahwhptt.net.cn
5、公司选定的信息披露报纸名称：上海证券报
登载公司年度报告的中国证监会指定国际互联网网址：
http\ \ www.sse.com.cn
公司年度报告备置点：公司董事会秘书处
6、公司股票上市交易所：上海交易所
股票简称：铜峰电子
股票代码：600237

二 、会计数据和业务数据摘要

1、本年度公司主要利润指标情况（单位：人民币元）

利润总额	34,022,939.02
净利润	27,264,791.26
扣除非经常性损益后的净利润	21,320,573.52
主营业务利润	55,305,438.58
其他业务利润	922,784.65
营业利润	28,078,721.28
投资收益	2,625,000.00
补贴收入	2,615,000.00
营业外收支净额	704,217.74
经营活动产生的现金流量净额	4,390,313.99
现金及现金等价物净增加额	71,078,145.60

注：扣除的非经常性损益项目和涉及金额：

A、补贴收入（增值税返还）	2,615,000.00
B、营业外收支净额：	704,217.74
a、罚款收支净额	172,609.92
b、新股发行冻结无效申购资金利息摊销	483274.49
c 、其他	48,333.33
C 、投资收益（利用募股项目间隙资金投资债券收益）	2,625,000.00

2、截止报告期末公司前三年的主要会计数据和财务指标（单位：人民币元）

项目	2000 年 调整后	1999 年 调整后	1998 调整后
主营业务收入	176,845,803.15	147,632,975.62	114,290,023.35
净利润	27,264,791.26	23,528,972.63	21,205,167.74
总资产	658,131,049.15	355,771,242.53	318,259,569.07
股东权益	429,957,038.92	121,195,272.23	97,666,299.60
每股收益（全面摊薄）	0.27	0.39	0.35
每股收益（扣除非经常损益）	0.21	0.33	0.33
每股收益（加权摊薄）	0.34	0.39	0.35
每股净资产	4.30	2.02	1.63
调整后的每股净资产	4.28	1.97	1.59
每股经营活动产生的现金流量净额	0.04	0.81	-0.16
净资产收益率（全面摊薄%）	6.34	19.41	21.71
净资产收益率（加权摊薄%）	9.59	19.41	21.71

注：主要财务指标计算方法：
每 股收益（全面摊薄）=净利润/年度末普通股股份总数
每股收益 （加权摊薄）=净利润/（增发前的股本总数+增发股本总数 *（12-增发月份的下月月数）/12）
每股净资产=年末股东权益/年度末普通股股份总数
调整后的每股净资产=（年度末股东权益-三年以上的应收款项净额-待摊费用-待处理（流动、固定）资产
净损失-开办费-长期待摊费用-住房周转金负数余额）/年度末普通股股份总数。
每股经营活动产生的现金流量净额=经营活动产生的现金流量净额/年度末普通股股份总数。
净资产权益率（全面摊薄）=净利润/年度末股东权益×100%
净资产权益率（加权摊薄）=净利润/（年度末股东权益-募集资金净量+募集资金净量 *（12-募集月份的下月月数）/12）×100%

3、报告期内股东权益变动情况

项目	股本	资本公积	盈余公积	法定公益金	未分配利润	股东权益合计
期初数	60000000.00	--190,985.67	31,811,169.75	3,069,312.90	29,575,088.15	121,195,272.23
本期增	40000000.00	251496975.43	4,411,621.67	1,380,530.06	22,853,169.59	318,761,766.69
本期减少					10000000.00	10,000,000.00
期末数	100000000.00	251305989.76	36,222,791.42	4,449,842.96	42,428,257.74	429,957,038.92

变动原因：盈余公积和法定公益金变动是由于本年度利润提取所致；
未分配利润的变动是因为本年度利润增加及利润分配所致。

4、按照中国证监会《公司发行证券公司信息披露编报规则（第 9 号）》要求计算的相关指标：

报告期利润	净资产收益率(%)		每股收益(元/股)	
	全面摊薄	加权平均	全面摊薄	加权平均
主营业务利润	12.86	19.46	0.55	0.69
营业利润	6.53	9.88	0.28	0.35
净利润	6.34	9.59	0.27	0.34
扣除非经常性损益后的净利润	4.96	7.50	0.21	0.27

三 、股本变动及股东情况

（1）报告期末公司股东总数为 27890 户。
（2）公司前十名股东持股情况：（单位：股）

序号	股东名称	年末持股数	所占总股本的比例(%)	是否上市流通
1	安徽铜峰电子（集团）公司	46,098,000	46.10	否
2	铜陵市国有资产运营中心	7,200,000	7.20	否
3	中国新时代控股（集团）公司	6,000,000	6.00	否
4	景博基金	1,832,321	1.83	是
5	景福基金	1,520,640	1.52	是
6	天元基金	1,173,283	1.17	是
7	金鼎基金	590,279	0.59	是
8	中电安徽	498,000	0.50	否
9	景宏基金	410,889	0.41	是
10	裕阳基金	327,800	0.33	是

注：
1）报告期内安徽铜峰电子（集团）公司、铜陵市国有资产运营中心、中国新时代控股（集团）公司所持股份未发生增减变动情况，也未有质押和冻结情况。
2）铜陵市国有资产运营中心为公司国家股股东。
3）本公司与前十名股东之间不存在重大关联交易，只与安徽铜峰电子（集团）公司在市场的原则下，存在少量的关联交易。
（4）报告期内本公司无控股股东变更情况。

四 、股东大会简介

1、2000 年 6 月 30 日，由董事长陈升斌先生召集，在本公司多功能厅召开了 1999 年度股东大会。会议共审议通过 12 项议案：
（1）审议通过《董事会工作报告》；
（2）审议通过《监事会工作报告》；
（3）审议通过《总经理业务报告》；
（4）审议通过《1999 年财务决算报告》；
（5）审议通过《四项减值准备金计提方案》；
（6）审议通过《1999 年利润分配方案》；
（7）审议通过修改公司章程第九十三条和一百三十五条；
（8）审议通过陈升斌、程荣顺、马永新、常荣卿、贺师德、王守信、王晓云、戴先平、徐印琪、李立、姜灏为公司董事，组成公司第二届董事会；
（9）审议通过方雅君、严永旺、章双贤、何铁、钱玉胜为公司监事，组成公司第二届监事会；
（10）审议通过聘请安徽华普会计师事务所为公司审计师，聘请安泰律师事务所为见证律师；
（11）审议通过修改公司章程第十一条；
（12）审议通过修改公司章程第一百六十八条。
该次会议决议刊登于 2000 年 7 月 1 日的《上海证券报》。
2、2000 年 10 月 20 日，由董事长陈升斌先生召集，在本公司多功能厅召开了 2000 年度第一次临时股东大会，会议共审议通过了 2 项议案：
（1）审议通过了《2000 年安徽铜峰电子股份有限公司年薪制方案》；
（2）审议通过了《安徽铜峰电子股份有限公司董事会费用方案》。
该次会议决议刊登于 2000 年 10 月 21 日的《上海证券报》。
3、报告期内，公司董事会、监事会换届选举，董事会成员未发生变更，监事会成员除监事汤志超更换为章双贤，其他监事均无变化。

五、董事会报告

1、公司经营情况
（1）本公司属新型电子元器件及其相关产品行业，经济效益一直位于同行业前列。
（2）公司主营业务范围及经营状况
1）公司目前主营业务为薄膜电容器及其相关材料的研究、开发、生产、销售。按照产品分析：

	主营业务收入	主营业务毛利
* 光膜	69,193,061.77	36,128,652.78
镀膜	45,988,862.73	5,747,706.25
电容器	54,894,290.81	12,982,156.23
其他	6,769,587.84	1,449,697.33
合计	176,845,803.15	56,308,212.59

* 注：按合并会计报表计算光膜产品销售毛利率为 52.21%，是由于合并会计报表内部销售抵减的原因造成的，合并前的光膜产品销售毛利率为 33.37%。
2）本公司主营业务为薄膜电容器及其相关材料的研究、开发、生产、销售和科技成果转让等，其中主营产品完成情况：全年完成光膜 3322 吨，同比增长 31.3%；直流电容器 13075 万只，同比增长 26.7%；完成交流电容器 9924 万微法，同比增长 56.6%。
公司 2000 年获得首届"安徽省质量管理奖"，公司生产的薄膜电容器产品获得"安徽省质量信得过产品"称号。
（3）公司无全资附属企业，公司控股子公司为铜陵威斯康电子材料有限公司，该公司主要从事电容器用金属化薄膜和延伸产品的研制、加工、生产和销售。全年完成金属化镀膜 1254 吨，比去年增长 36.5%，完成金属化膜切膜 280 吨。
（4）经营中出现的问题和困难：随着薄膜电容器市场的扩大以及电子整机价格的降低，公司面临着单位产品的毛利率下降，对公司的整体效益产生了一定的影响。
解决方案：公司将抓住薄膜电容器市场扩大的机遇，提高现有产品的生产规模，降低单位产品的固定成本；努力挖潜，节能降耗，减人增效，降低单位产品的变动成本。

海 南 椰 岛 股 份 有 限 公 司

海南椰岛股份有限公司2000年年度报告摘要

重要提示：本公司董事会保证本报告所载资料不存在任何虚假记载、误导性陈述或者重大遗漏，并对其内容的真实性、准确性和完整性负个别及连带责任。本年度报告摘要摘自年度报告正本，投资者欲了解详细内容，应阅读年度报告正本。五洲联合会计师事务所海口齐盛分所为本公司出具了标准无保留意见的审计报告。

一、公司简介

1、公司法定中英文名称及中英文简称

公司法定中文名称：海南椰岛股份有限公司　中文简称：海南椰岛

英文名称：HAINAN YEDAO COMPANY LIMITED　英文简称：HAINAN YEDAO CO.,LTD.

2、公司注册地、办公地址及其邮政编码，公司国际互联网网址、电子信箱

公司注册地：海南省海口市龙华路43号

公司办公地址：海南省海口市世界贸易中心F楼1101房　邮政编码：570125

公司国际互联网网址：http:\\www.yedao.com　公司电子信箱：hnydlgj@hg.cninfo.net

3、公司法定代表人　公司法定代表人：张春昌

4、公司董事会秘书姓名、联系地址、电话、传真、电子信箱　公司董事会秘书：王光新

联系地址：海南省海口市世界贸易中心F楼1101房　联系电话：0898-8520319

传真：0898-8520851　电子信箱：hnydlgj@hg.cninfo.net

5、公司选定的中国证监会指定报纸：《中国证券报》、《上海证券报》

公司选定的中国证监会指定国际互联网网址：http\\www.sse.com.cn

公司2000年中期报告备置点：海南椰岛证券部

6、公司股票上市地：上海证券交易所　股票简称：海南椰岛　股票代码：600238

二、主要财务数据和指标

1、本年度主要会计数据(合并报表数据)　单位：(元)

项目	2000年
(1)利润总额	38,233,400.82
(2)净利润	32,740,917.09
(3)扣除非经常性损益后的净利润	24,812,190.08
(4)主营业务利润	94,250,920.44
(5)其他业务利润	
(6)营业利润	19,952,183.78
(8)补贴收入	10,352,490.03
(9)营业外收支净额	-1,652,122.99
(10)经营活动产生的现金流量净额	36,229,607.92
(11)现金及现金等价物净增加额	42,451,926.40

注：扣除非经常性损益的项目和涉及金额为：1、投资收益：9,580,850

2、营业外收支净额：-1,652,122.99

2、公司近三年主要会计数据和财务指标　单位：(元)

项目	2000年	1999年	1998年
(1)主营业务收入	209,251,242.43	115,236,926.11	97,473,220.21
(2)净利润	32,740,917.09	24,798,719.82	22,627,293.70
(3)总资产	595,022,728.39	472,987,773.61	265,689,366.33
(4)股东权益	373,914,244.56	351,133,327.47	138,896,703.35
(5)每股收益(摊薄)	0.20	0.15	0.20
(6)每股收益(加权)	0.20	0.19	0.20
(7)扣除非经常性损益后的每股收益(摊薄)	0.15	0.16	0.17
(8)扣除非经常性损益后的每股收益(加权)	0.15	0.20	0.17
(9)每股净资产	2.25	2.12	1.20
(10)调整后的每股净资产	2.24	2.11	1.14
(11)每股经营活动产生的现金流量净额	0.22	-0.60	0.06
(12)净资产收益率(摊薄)	8.76%	7.06%	16.29%
(13)净资产收益率(加权)	8.91%	12.42%	12.37%
(14)扣除非经常性损益后的加权净资产收益率	6.75%	13.05%	10.98%

利润表附表：

项目	利润(元)	净资产收益率		每股收益(元)	
		全面摊薄	加权平均	全面摊薄	加权平均
主营业务利润	94,250,920.44	25.21%	25.65%	0.57	0.57
营业利润	19,952,183.78	5.34%	5.43%	0.12	0.12
净利润	32,740,917.09	8.76%	8.91%	0.20	0.20
扣除非经常性损益后的净利润	24,812,190.08	6.64%	6.75%	0.15	0.15

3、报告期内股东权益变动情况　单位：(元)

项目	股本	资本公积	盈余公积	其中:法定公益金	未分配利润
期初	166,000,000.00	152,032,105.70	14,138,449.36	4,712,816.46	18,962,772.41
本期增加			5,313,724.13	1,771,241.38	17,467,192.96
本期减少					
期末	166,000,000.00	152,032,105.70	19,452,173.49	6,484,057.84	36,429,965.37

续上表：

项目	股东权益合计
期初	351,133,327.47
本期增加	22,780,917.09
本期减少	
期末	373,914,244.56

注：变动原因：2000年度实现利润计提盈余公积。

三、股本变动情况及主要股东持股情况

1、报告期内本公司共有股东29355户，其中国家股股东1户，发起法人股股东4户，内部职工股股东3322户。

2、公司前十名股东情况

序号　股份类别	期末持股数量(万股)	比例(%)
(1)海口市国有资产经营有限公司国家股	4639	27.95
(2)贵阳神采广告有限公司法人股	760	4.58
(3)上海新理益投资管理有限公司法人股	694.46	4.18
(4)海口金利隆实业公司法人股	587.99	3.54
(5)海南金椰城工艺陶瓷有限公司法人股	300	1.81
(6)海南华侨投资股份有限公司法人股	250	1.51
(7)海口市社会保障局法人股	180	1.08
(8)深圳市慧能(集团)有限公司法人股	150	0.90
(9)新海达公司法人股	140	0.84
(10)海口市劳动就业管理局法人股	100	0.60

注：(1)持股5%(含5%)以上的股东为海口市国有资产经营有限公司，持有国家股4639万股。

(2)海口市国有资产经营有限公司所持有的国家股中的2000万股于1999年2月9日和1999年5月27日因质押而被冻结到2002年4月28日为止。

(3)海南华侨投资股份有限公司所持有的250万股法人股于1999年9月1日因质押而被冻结。(4)本公司前10名股东之间并不存在关联关系。

四、股东大会简介

报告期内本公司于2000年6月13日召开了1999年度股东大会。会议审议并表决通过了如下议案：1、董事会工作报告。2、监事会工作报告。3、公司1999年度财务决算报告。4、公司1999年利润分配预案。5、李天敏辞去董事，吴坤铭、张小立辞去监事。股东大会决议公告刊登于2000年6月14日的《中国证券报》和《上海证券报》。海南信达律师事务所关于股东大会的法律意见书也同时披露。

五、董事会报告

(一)公司经营情况

1、公司主营业务范围、在行业中的地位及报告期内经营状况

公司主营业务范围为药酒、饮料、医疗保健品、营养食品的生产与销售，属酒类行业。公司主导产品椰岛鹿龟酒在保健酒类产值、税利均排在第一位，市场占有率在20%以上；公司生产的海口大曲在海南省白酒行业中排名第一。报告期内经营状况良好，业绩稳步增长。

2、经营中出现的问题及解决方案

经营中出现的主要问题是市场环境恶劣，假冒伪劣产品严重冲击市场。2001年公司将依托政府整顿经济环境、打击假冒伪劣的大背景，依法治理，成立5-10人的专业打假队伍，配套专职法律人员，配备侦察所需的设备及交通工具，对假冒伪劣产品实施打击。

(二)公司财务状况　单位：(元)

项目	2000年度	1999年度	增减量	增减原因
总资产	595,022,728.39	472,987,773.61	122,034,954.78	负债及所有者权益增加
长期负债	6,703,860.33	8,532,185.87	-1,828,325.54	摊销股票发行无效申购利息收入
所有者权益	373,914,244.56	351,133,327.47	22,780,917.09	实现净利润
主营业务利润	94,250,920.44	44,474,087.27	49,776,883.17	销售收入增加
净利润	32,740,917.09	24,789,719.82	7,951,197.27	经营业务利润增加

(三)公司投资情况 1、募集资金使用情况

我公司于1999年9月20日公开发行5000万股人民币普通股，每股面值1元，发行价4.10元，实际可运用资金19375万元。按照招股说明书规定的用途，用于本公司的技术改造项目，现将截止至2000年12月31日募集资金使用情况说明如下：

(1)投资完成情况对比　单位：万元

序号	项目名称	计划投入	实际投入	完成百分比
1	2万吨鹿龟酒技改	9583	9583	100%
2	1万吨热带果酒技改	7498	617	8.23%
3	5千吨发酵酒技改	4733	4034	85.23%

(2)募集资金使用情况说明：

(a) 2万吨鹿龟酒技改项目已于2000年完成，实际总投资共9583万元。2000年新增销售收入共约7000万元。

(b) 5千吨发酵清酒技改项目因旧厂房改造和新建主体工程，截止2000年底完成85.23%，所余部份将于2001年内完成。

(c) 1万吨热带果酒项目因厂址选择几经变化，截止2000年底完成8.23%，将于2001年内完成该项目。

(d) 招股说明书中，原计划投资3000吨烤鱼片、鱼粉技改项目，因实际募集资金不足，已经2001年2月9日临时股东大会表决通过取消该项目并已公告。2、其他投资情况本报告期内无其他投资情况。

(四)公司生产经营环境

公司主营保健酒行业属于成长性行业，随着人们保健意识的加强，和中国人口结构的变化，公司未来的发展将有着更为广阔的市场空间。企业注册于海南省经济特区，政府对企业重视和支持经营环境宽松，政策优惠。

(五)2001年业务发展计划

1、2001年计划主营业务销售收入3亿元人民币，利润4000万元。

2、继续开拓市场和扩大市场占有率，2001年公司将集中人力、财力开拓湖北省、江西省市场，争取当年投入，当年见效，使市场占有率由2000年的20%提高至30%以上。

3、继续抓好技术改造项目，力争早投产，早产生效益。

(1)完成澄迈老城椰岛工业园建设项目，争取2001年底建成投产。

(2)控股年产5万吨食用酒精的椰林酒精厂项目，2001年内完成。

(3)收购四川省川源酒厂项目技改力争2001年底完成，达到年产1000吨发酵酒的生产规模。

4、2001年公司将加强企业的现代化和规范化管理。聘请专业咨询机构对企业进行薪酬福利设计和绩效评定，对物料管理、人力资源管理、财务管理、实现电脑化管理、加强对市场和销售队伍的集约化管理；成立华东、中南两大销售中心。

(六)董事会日常工作情况

1、报告期内公司董事会共召开三次会议

(1)2000年3月29日召开本年度第一次董事会会议，审议并通过了以下议案：

(a)1999年度财务决算

(b)1999年度利润分配预案

(c)关于"四项资产减值准备及损失处理的内部控制制度"

(d)1999年年度报告及摘要

(e)关于李天敏辞去董事的议案

(2)2000 年 8 月 10 日召开第二次董事会会议,审议并通过了以下议案:

(a)2000 年中期报告及摘要

(b)2000 年中期不进行利润分配,资本公积金不转增股本

(3)2000 年 12 月 29 日召开第三次董事会会议,审议并通过了以下议案:

(a)关于修改公司章程

(b)关于取消年产 3000 吨烤鱼片、鱼粉技改项目

(c)关于沈泉浩辞去董事的议案

(d)关于召开 2001 年第一次临时股东大会

2、报告期内,本公司董事会严格贯彻执行股东大会决议,积极落实股东大会审议通过的议案,对股东大会依据《公司法》和本公司章程规定的授权事项依法行使职权,并未发生逾越权限和违反《公司法》和本公司章程规定的行为和现象。

(七)公司管理层及员工情况

1、公司现任董事、监事及高级管理人员情况

序号	姓名	性别	年龄	现任职务	任期起止日期	年初和年末持有股数	股份增减变动量及原因	年度报酬总额
1	张春昌	男	48 岁	董事长、总经理	1993.3	5000	无变动	6-10 万
2	张德安	男	55 岁	董事、副总经理	1993.3	3000	无变动	3-6 万
3	黎炎君	男	51 岁	董事、副总经理	1997.10	5000	无变动	3-6 万
4	符策干	男	43 岁	董事、副总经理	1993.3	5000	无变动	3-6 万
5	沈泉浩	男	37 岁	董事	1997.10	0	无变动	1-3 万
6	梁滨	男	47 岁	董事	1993.3	2000	无变动	1-3 万
7	谢德全	男	47 岁	董事、总经理助理	1997.10	0	无变动	3-6 万
8	王光新	男	57 岁	董事兼董事会秘书	1997.10	2000	无变动	3-6 万
9	李树春	男	45 岁	监事	1999.11	0	无变动	1-2 万
10	梁耀	男	50 岁	副总经理	1999.11	0	无变动	3-6 万
11	蒋献瑜	男	44 岁	副总经理	1999.11	0	无变动	3-6 万
12	刘建国	男	44 岁	财务总监	1999.11	0	无变动	3-6 万

2、截止 2000 年 12 月 31 日,本公司共有职工 499 人(不含离退休人员),离退休人员共计 201 人。职工专业结构为:

A、人员构成

	数量(人)	占职工总数比例(%)
生产人员	345	71.63
销售人员	30	7.14
技术人员	50	10.20
财务人员	18	3.68
行政人员	56	7.35
合计	499	100.00

B、专业技术结构

专业技术职称	数量(人)	占职工总数比例(%)
高级职称	7	1.43
中级职称	12	1.63
初级职称	45	8.57
合计	64	11.63

C、职工学历结构

学历	数量(人)	占职工总数比例(%)
大专以上	60	10.61
中专	24	4.69
合计	84	15.30

D、职工年龄结构

年龄	数量(人)	占职工总数比例(%)
35 岁以下	301	60.20
35-45 岁	78	15.92
45 岁以上	120	23.88
合计	499	100.00

(八)本年度利润分配预案

本公司 2000 年度实现净利润 32,740,917.09 元,按 10%计提法定盈余公积 3,542,482.75 元,按 5%计提法定公益金 1,771,241.38,加上年初未分配利润 18,962,772.41 元,可供分配利润为 46,389,965.37 元。派息方案为:按公司 2000 年末总股本 166,000,000 股为基数,每 10 股派发现金股利 0.60 元(含税),共派发现金 9,960,000.00 元,剩余未分配利润 36,429,965.37 元,结转以后年度分配。本公司 2000 年不进行公积金转增股本。

(九)下年度分配政策

公司拟在 2001 年度结束后派发股利一次;2000 年度转入未分配利润的 30%及 2001 年实现利润的 15%用于派发股利;派发股利为现金股利,不送红股。公司董事会可根据当时实际情况适当调整预分政策。

(十)其他事项

公司选定的信息披露报纸为《中国证券报》和《上海证券报》。

六、监事会报告

2000 年度,本公司监事会本着对股东负责的原则,依照《公司法》和本公司章程的规定、忠诚履行职责,依法维护公司和公司股东的各项权益,对公司规范运作、重要投资、董事及高级管理人员履行指责情况等事项进行了监督和审查。

1、监事会工作情况

(1)本公司监事会于 2000 年 3 月 29 日召开 2000 年第一次监事会,审议并通过了如下决议:

(a)1999 年度监事会工作报告

(b)董事会制订的《公司四项资产减值准备及损失处理的内部控制制度》。

(2)监事会于 2000 年 5 月 11 日召开 2000 年第二次监事会,会议通过由股东大会选出的监事吴坤铭、张小立辞去监事的请求,并决定于下次股东大会补选两位监事,并对监事候选人进行酝酿。2000 年 6 月 13 日股东大会投票表决同意二位辞去监事。

(3)2000 年 8 月 10 日,监事会召集人李树春参加董事会议,代表监事会审议了 2000 年中期报告及摘要,表示同意该报告及摘要。

(4)2000 年 12 月 24 日,监事会提名李健、赵国平为监事候选人并公告。

(5)2001 年 2 月 9 日,经临时股东大会选举李健、赵国平为本公司监事会监事并公告。

2、公司依法运作情况:监事会认为,本公司管理制度健全,内部控制机制完善。公司董事、经理及其他高级管理人员在执行公司职务时亦无违反法律、法规、公司章程或损害公司利益的行为。公司在人员、资产和财务三方面与控股股东严格分开,生产正常、经营稳定、运作规范。

3、检查公司财务状况:公司 2000 年度财务报告真实反映了公司财务状况和经营成果,五洲联合会计师事务所海口齐盛分所对此出具了标准无保留意见审计报告。

4、募集资金使用情况:监事会认为,报告期内本公司募集资金投向严格按照招股说明书中的承诺进行。

5、关联交易情况:监事会认为,在报告期内,本公司生产经营方面没有需要披露的关联交易事项。

七、重要事项

1、报告期内无重大诉讼、仲裁事项;1997 年 7 月海口市中级人民法院移交司法机关查处的山西太原彩虹九姑娘贸易有限公司拖欠本公司货款一案仍在调查过程中;

2、报告期内无公司、公司董事及高级管理人员受监管部门处罚情况;

3、报告期内公司无重大收购及出售资产、吸收合并事项;

4、报告期内控股股东未变更,公司总经理、董事会秘书无变更;2000 年 6 月 13 日股东大会审议并表决通过了李天敏辞去董事、吴坤铭、张小立辞去监事的议案;

5、经中国证监会批准,本公司股票于 2000 年 1 月 20 日在上海证券交易所挂牌上市,股票代码 600238;

6、报告期内公司无重大关联交易事项;

7、本公司与控股股东海口市国有资产经营有限公司在人员、资产、财务上相互分开、相互独立;

(1)在人员方面,公司在劳动、人事及工资管理等方面独立;总经理、副总经理等高级管理人员均在本公司领取薪酬,未在股东单位担任职务;

(2)在资产方面,公司拥有独立的生产系统、辅助生产系统和配套设施;工业产权、非专利技术等无形资产由公司直接拥有,采购和销售系统由公司独立拥有;

(3)在财务方面,公司设立独立的财会部门,并建立了独立的会计核算体系和财务管理制度;独立在银行开户。

8、报告期内,公司无重大对外担保事项;

9、报告期内,继续聘任海口齐盛会计师事务所为审计单位;由于合并,该所现已更名为五洲联合会计师事务所海口齐盛分所。

10、报告期内,公司没有更改名称或股票简称。

八、财务会计报告

(一)会计报表(见附表)。

(二)会计报表附注

附注 1　公司简介

海南椰岛股份有限公司(以下简称本公司)系于 1993 年 3 月 27 日经海南省股份制试点领导小组琼股字(1993)13 号文批准由海南海口椰岛饮料公司、海口市房地产投资开发公司、中国工商银行海口市分行劳动服务公司、中国工商银行海南信托投资公司、海南省金融实业发展公司作为发起人、以定向募集方式设立的股份有限公司。1999 年 9 月 8 日经中国证监会证监发行字(1999)119 号文件批复,本公司公开发行流通 A 股 5,000 万股,发行价每股人民币 4.10 元,注册资本由原来的 11,600 万元增至 16,600 万元。2000 年 1 月 20 日,经上海证券交易所上证上交[2000]第 3 号文件批复,本公司发行的流通 A 股在上海证券交易所正式挂牌交易,证券代码:600238。营业执照号:4600001005483;法定代表人:张春昌;注册地:海口市龙华路 43 号。

本公司经营范围:主营药酒、含酒精饮料、啤酒、不含酒精饮料、医疗保健品、营养食品的生产销售。兼营房地产开发、室内外装饰装修;餐饮、住宿服务;粮酒食品、副食品、发酵制品、服装、鞋帽、化妆品、洗涤用品、日用百货、五金工具、钢材、建筑材料、装饰材料、工程机械、食品机械、保健制品的销售。

附注 2 公司主要会计政策、会计估计和合并会计报表的编制方法

附注 3 税项

3.1 增值税:以销项税额扣除当期允许抵扣的进项税额的差额计算缴纳;

3.2 消费税:

白酒、大曲酒:　　　　按销售收入的 15%计征;

三椰春酒、米酒、鹿龟酒、配制酒:　按销售收入的 10%计征;

本公司按提取的税金减去可抵扣的购进原料已交纳的消费税计算应纳税额;

3.3 营业税:以营业额的 5%计算缴纳;

3.4 城市维护建设税:以应纳增值税额、消费税额和营业税额的 7%计算缴纳;

3.5 教育费附加:以应纳增值税额、消费税额和营业税额的 3%计算缴纳;

3.6 企业所得税:

海南地区:以应纳税所得额的 15%计算缴纳;

其他地区:以应纳税所得额的 33%计算缴纳。

附注 4 控股子公司及合营企业

4.1 纳入合并报表范围的子公司:

公司名称	注册资本	投资金额	所占权益	经营范围
海口黄酒酿造有限公司	RMB1,800,000.00	RMB1,800,000.00	100%	配制酒生产
海口市华美保健用品公司	RMB300,000.00	RMB300,000.00	100%	瓦楞纸、包装物生产
海南椰岛神特饮料有限公司	USD1,500,000.00	USD600,000.00	40%	饮料生产、销售
中山市椰岛饮料有限公司	RMB17,500,000.00	RMB13,000,000.00	74.29%	饮料生产、销售
北海椰岛房地产开发公司	RMB14,500,000.00	RMB14,500,000.00	100%	房地产开发、销售
重庆椰岛房地产开发公司	RMB5,000,000.00	RMB5,000,000.00	100%	房地产开发、销售
四川邛崃川源酒业有限公司	RMB5,000,000.00	RMB4,500,000.00	90%	酒类产品、组织调剂酿酒原辅材料

注 1:本公司虽拥有海南椰岛神特饮料有限公司 40%的股份,但对海南椰岛神特饮料有限公司拥有实际控制权,因此纳入合并报表范围。

注 2:合并范围变更:本年度合并报表范围增加了四川邛崃川源酒业有限公司,本公司对其直接拥有 90%,通过全资子公司海口黄酒酿造有限公司间接拥有 10%,合计拥有 100%。

4.2 无未纳入合并报表范围的子公司。

附注 5 合并会计报表主要项目注释

5.1 货币资金

项目	1999.12.31			2000.12.31		
	原币	汇率	人民币	原币	汇率	人民币
现金			973,867.09			439,869.41
银行存款-人民币			93,381,803.09			136,391,308.14
银行存款-美元	9,707.89	8.2793	80,374.53	6,860.70	8.2781	56,793.56
合计			94,436,044.71			136,887,971.11

5.2 短期投资和短期投资跌价准备

	1999.12.31		2000.12.31	
项目	投资金额	跌价准备	投资金额	跌价准备
股票投资	-	-	349,540.00	-
合计	-	-	349,540.00	-

注:本公司股票投资系投资珠江建设法人股,期末市价高于成本,未发生跌价。

5.3 应收帐款

5.3.1 账龄分析

	1999.12.31			2000.12.31		
帐龄	金额	比例	坏帐准备	金额	比例	坏帐准备

1年以内	101,078,789.19	76.66%	2,108,537.64	114,055,239.27	66.89%	2,281,104.79
1-2年	26,767,940.51	20.30%	2,676,794.05	25,813,295.56	15.14%	2,581,329.55
2-3年	3,133,226.28	2.38%	939,967.88	26,688,961.00	15.65%	8,006,688.30
3年以上	872,270.95	0.66%	436,135.47	3,962,216.28	2.32%	1,981,108.14
合计	131,852,226.93	100%	6,161,435.04	170,519,712.11	100%	14,850,230.78

5.3.4 应收帐款期末数比期初数增加38,667,485.18元,主要原因系本年销售额增加,应收销货款相应增加。

5.3.5 截止2001年3月12日止,已收回货款近1.9亿元。

5.4 其他应收款

5.4.1 账龄分析

帐龄	1999.12.31 金额	比例	坏帐准备	2000.12.31 金额	比例	坏帐准备
1年以内	49,938,671.75	91.67%	1,000,126.91	24,245,900.49	72.81%	482,666.33
1-2年	3,207,399.80	5.89%	320,739.98	6,318,229.35	18.97%	631,822.94
2-3年	949,713.38	1.74%	284,914.01	1,492,763.38	4.48%	447,829.01
3年以上	380,120.33	0.70%	190,060.16	1,244,470.57	3.74%	622,235.29
合计	54,475,905.26	100%	1,795,841.06	33,301,363.79	100%	2,184,553.57

5.5 预付账款

5.5.1 账龄分析

账龄	1999.12.31 金额	比例	2000.12.31 金额	比例
1年以内	34,526,090.29	90.41%	9,835,447.90	87.65%
1-2年	2,700,100.00	7.07%	593,703.41	5.29%
2-3年	155,804.22	0.41%	–	–
3年以上	807,066.10	2.11%	791,803.32	7.06%
合计	38,189,060.61	100%	11,220,954.63	100%

5.5.2 欠款前五名的单位情况

单位名称	所欠金额	欠款时间	欠款原因
海南金椰林酒业有限公司	6,483,580.00	1年以内	材料款
海南销售中心	1,911,244.67	1年以内	广告
费梁昌标	769,469.60	3年以上	货款
化州乐岭玻璃厂	293,088.38	1年以内	货款
海南糖厂经销部	69,000.00	1年以内	货款

5.5.3 无持有本公司5%(含5%)以上股份的股东单位欠款。

5.5.4 预付账款期末数比期初数减少26,968,105.98元,主要原因系收到所购货物。

5.6 存货及存货跌价准备

项目	1999.12.31 金额	存货跌价准备	2000.12.31 金额	存货跌价准备
原材料	8,493,446.58	98,724.77	8,857,489.46	164,616.04
包装物	8,303,319.17	673,635.18	12,563,071.64	589,901.02
在产品	499,075.23	–	1,371,939.29	–
半成品	470,370.47	–	–	–
产成品	10,737,956.91	81,109.08	66,974,651.85	–
低值易耗品	322,407.11	108.51	346,845.40	274,673.46
开发成本	16,419,015.44	9,431,495.83	16,419,015.44	9,431,495.83
合计	45,245,590.91	10,285,073.37	106,533,013.08	10,460,686.35

注:存货期末数比期初数增加61,287,422.17元,主要原因系本年产销量比上年有较大幅度增加,库存量相应增加。

5.7 待摊费用

项目	1999.12.31	本期增加	本期减少	2000.12.31
酒窖整修	–	226,990.04	–	226,990.04
合计	–	226,990.04	–	226,990.04

5.8 长期投资

5.8.1 投资数额

项目	1999.12.31 金额	减值准备	本期增加	本期减少	2000.12.31 金额	减值准备
长期股权投资	190,000.00	–	4,870,000.00	–	5,060,000.00	–
合计	190,000.00	–	4,870,000.00	–	5,060,000.00	–

5.8.2 长期股权投资

被投资单位名称	投资期限	投资金额	占被投资单位注册资本比例	本期权益增减数	累计权益增减数	减值准备
南京椰宁工业发展公司	1993年起	190,000.00	19%	–	–	–
威海紫薇生物科技有限公司	2000年起	2,070,000.00	25%	–	–	–
海南椰卉股份有限公司	2000年起	2,800,000.00	18.64%	–	–	–
合计		5,060,000.00				

注:长期投资期末数比期初数增加主要原因系本年度新增对威海紫薇生物科技有限公司、海南椰卉股份有限公司的投资。

5.9 固定资产及累计折旧

固定资产原值

类别	1999.12.31	本期增加	本期减少	2000.12.31
房屋及建筑物	33,193,795.52	24,472,689.44	17,610,630.36	40,055,851.60
机器设备	41,524,036.39	6,102,588.77	965,313.45	46,661,311.71
运输设备	5,663,320.19	6,390,995.50	4,568,454.19	7,485,861.50
工具器具	1,307,789.34	1,061,899.98	552,506.98	1,817,182.34
合计	81,688,941.44	38,028,170.69	23,696,904.98	96,020,207.15

累计折旧

类别	1999.12.31	本期增加	本期减少	2000.12.31
房屋及建筑物	4,634,743.49	1,969,459.50	1,760,384.44	4,843,818.55
机器设备	11,322,501.82	2,149,042.44	150,799.71	13,320,744.55
运输设备	1,672,413.78	1,958,561.11	1,419,124.95	2,211,849.94
工具器具	439,747.71	265,753.02	121,775.56	583,725.17
合计	18,069,406.80	6,342,816.07	3,452,084.66	20,960,138.21
固定资产净值	63,619,534.64			75,060,068.94

5.10 固定资产减值准备

类别	1999.12.31	本期增加	本期减少	2000.12.31
房屋及建筑物	1,536,853.27	583,129.65	--	2,119,982.92
机器设备	--	782,575.66	--	782,575.58
合计	1,536,853.27	1,365,705.31	--	2,902,558.58

注:固定资产减值准备系资产负债表日后事项调整数(详见附注10),固定资产减值准备根据期末可收回金额低于账面价值的差额计提。

5.11 在建工程

工程名称	1999.12.31	本期增加	本期减少	本期转入固定资产
2万吨鹿龟酒技改项目	10,804,056.09	11,293,822.98		10,736,976.42
5000吨清酒项目		14,360,110.61		
1万吨果酒项目		6,170,000.00		
新建厂房		2,585,186.74		
厂房设备	6,543,844.57		2,162,037.48	
湖北大厦	1,215,642.86			
露天酒库		83,400.00		
地下酒库		74,486.12		
其他	1,301,688.47	567,478.04	592,156.75	
合计	19,865,231.99	35,134,484.49	2,754,194.23	10,736,976.42

续上表:

工程名称	2000.12.31	资金来源	工程进度
2万吨鹿龟酒技改项目	11,360,902.65	募股	92%
5000吨清酒项目	14,360,110.61	募股	85%
1万吨果酒项目	6,170,000.00	募股	5%
新建厂房	2,585,186.74	自筹	
厂房设备	4,381,807.09	自筹	停建
湖北大厦	1,215,642.86	自筹	停建
露天酒库	83,400.00	自筹	90%
地下酒库	74,486.12	自筹	92%
其他	1,277,009.76	自筹	
合计	41,508,545.83		

注1:本公司在建工程无利息资本化情况;

注2:在建工程期末数比期初数增加30,866,341.07元,主要原因系本年增加年产2万吨鹿龟酒、年产5000吨发酵清酒工程和1万吨果酒等项目。

5.12 无形资产

类别	原始金额	1999.12.31	本期增加	本期转出
龙华路土地使用权	39,935,900.00	32,877,387.30		498,144.96
儋州那大土地使用权	3,751,000.00	3,731,000.00		82,000.00
中山土地使用权	3,921,400.00	3,457,224.00		78,576.00
国贸中心土地使用权	1,617,229.24	1,154,197.60	463,031.94	8,625.00
海口滨濂村土地使用权	4,281,354.57	3,976,417.28		61,162.20
邛崃川源土地使用权限	800,000.00		800,000.00	
川源商标使用权	260,130.00		260,130.00	
山兰玉液商标权	155,500.00		155,500.00	14,809.52
商标使用权	71,150.80	23,717.12		10,164.36
合计	54,793,664.61	45,219,943.30	1,678,661.94	753,482.04

续上表:

类别	本期摊销	2000.12.31	剩余摊销期限	购入方式
龙华路土地使用权		32,379,242.34	62年	购入
儋州那大土地使用权		3,649,000.00	44年	偿债
中山土地使用权		3,378,648.00	44年	购入
国贸中心土地使用权		1,608,604.54	62年2个月	购入
海口滨濂村土地使用权		3,915,255.08	64年	购入
邛崃川源土地使用权限		800,000.00	50年	购入
川源商标使用权		260,130.00	5年	购入
山兰玉液商标权		140,690.48	6年4个月	购入
商标使用权		13,552.76	1年4个月	购入
合计		46,145,123.20		

5.13 无形资产减值准备

类别	1999.12.31	本期增加	本期减少	2000.12.31
海口滨濂村土地使用权	404,817.28	2,048,375.72	--	2,453,193.00
合计	404,817.28	2,048,375.72	--	2,453,193.00

注:无形资产减值准备系资产负债表日后事项调整数(详见附注10),无形资产减值准备根据期末可收回金额低于账面价值的差额计提。

5.14 开办费

项目	1999.12.31	本期增加	本期减少	2000.12.31
开办费	78,255.28	557,141.89	78,255.28	557,141.89
合计	78,255.28	557,141.89	78,255.28	557,141.89

5.15 短期借款

借款类别	1999.12.31	2000.12.31
抵押借款	41,500,000.00	40,000,000.00
质押借款	–	30,000,000.00
信用借款	–	35,000,000.00
合计	41,500,000.00	105,000,000.00

注:短期借款期末数比期初数增加63,500,000.00元,主要原因系本年增加贷款。

5.16 应付帐款

1999.12.31	2000.12.31
22,877,125.56	63,081,832.71

5.16.1 无欠持本公司5%(含5%)以上股份的股东单位的款项。

5.16.2 应付账款期末数比期初数增加40,204,707.15元,主要原因系本年购货量增加,应付货款相应增加。

5.17 预收账款

1999.12.31	2000.12.31
155,563.54	94,393.13

注:无欠持本公司5%(含5%)以上股份的股东单位的款项。

5.18 其他应付款

1999.12.31	2000.12.31
6,494,225.56	8,065,872.04

注:无欠持本公司5%(含5%)以上股份的股东单位的款项。

5.19 应付股利

项目	1999.12.31	2000.12.31
国家股	13,917,000.00	2,783,400.00
一般法人	11,018,819.00	5,380,907.00
个人股	2,334,905.50	6,574,905.50
合计	27,270,724.50	14,739,212.50

注:应付股利期末数比期初数减少12,531,512.00元,主要原因系本年支付股利。

5.20 应交税金

税种	1999.12.31	2000.12.31
增值税	693,608.48	-168,269.56

营业税	528,195.33	368,660.38
消费税	5,941,480.71	8,230,177.57
城建税	567,061.28	646,321.32
企业所得税	-2,987,132.18	2,536,551.77
个人所得税	174,583.71	221,022.72
合计	4,917,797.33	11,834,464.20

5.21 预提费用

项目	1999.12.31	2000.12.31
大修费	380.848.68	-
广告费	47,961.15	-
利息	106,920.00	181,362.50
合计	535,729.83	181,362.50

5.22 其他长期负债

项目	1999.12.31	本期增加	本期减少	2000.12.31
利息收入	8,532,185.87		1,828,325.54	6,703,860.33
合计	8,532,185.87		1,828,325.54	6,703,860.33

注:股票发行无效申购利息收入按5年平均摊销计入营业外收入。

5.23 股本(单位:万股)

1、股本变动情况　　数量单位:万股

	期初数	本期变动增减(+、-) 发行新股	送配股	公积金转股	小计	期末数
一、尚未流通股份						
1、发起人股份	5899					5899
其中:国家拥有的股份	4639					4639
境内法人持有股份	1260					
2、募集法人股	3301					3301
3、内部职工股	2400					2400
尚未上市流通股份	11600					11600
二、已流通股份						
1、境内上市人民币普通股	5000					5000
4、其他已流通股份合计	5000					5000
三、股份总额	16600					16600

5.24 资本公积

项目	1999.12.31	本期增加数	本期减少数	2000.12.31
股本溢价	143,750,502.49	-	-	143,750,502.49
资产评估增值	8,281,603.21	-	-	8,281,603.21
合计	152,032,105.70	-	-	152,032,105.70

5.25 盈余公积:

项目	1999.12.31	本期增加数	本期减少数	2000.12.31
法定盈余公积	9,425,632.90	3,542,482.75	-	12,968,115.65
公益金	4,712,816.46	1,771,241.38	-	6,484,057.84
合计	14,138,449.36	5,313,724.13	-	19,452,173.49

5.26 未分配利润:

项目	
本期净利润	32,740,917.09
加:调整前年初未分配利润	26,520,973.29
加:年初未分配利润调整数(-)	7,558,200.88
调整后年初未分配利润	18,962,772.41
可供分配利润	51,703,689.50
减:提取法定公积金	3,542,482.75
提取法定公益金	1,771,241.38
可供股东分配的利润	46,389,965.37
减:应付优先股股利	
提取任意盈余公积	
应付普通股股利	9,960,000.00
年末未分配利润	36,429,965.37

注:(1)年初未分配利润调整(-)5,907,780.91元,系本公司根据财政部财企(2000)295号文《关于企业住房制度改革中有关财务处理问题的通知》,将本年度住房周转金余额调整期初未分配利润;

(2)年初未分配利润调整(-)1,650,419.97元,系资产负债表日后事项调整数(详见附注10)。

5.27 主营业务收入、主营业务成本

项目	主营业务收入 1999年度	2000年度	主营业务成本 1999年度	2000年度
酒类	110,722,376.19	208,247,997.61	53,871,454.61	87,486,084.12
饮料	4,514,549.92	1,003,244.82	5,151,823.95	5,930,796.52
合计	115,236,926.11	209,251,242.43	59,023,278.56	93,416,880.64

续上表:

项目	营业毛利 1999年度	2000年度
酒类	56,850,921.58	120,761,913.49
饮料	-637,274.03	-4,927,551.70
合计	56,213,647.55	115,834,361.79

5.28 财务费用

类别	1999年度	2000年度
利息支出	4,115,073.49	4,418,852.03
减:利息收入	304,768.12	686,381.45
汇兑损失	23,291.93	18.11
减:汇兑收益		
金融机构手续费	7,862.93	39,571.85
合计	3,841,460.23	3,772,060.54

5.29 投资收益

项目	1999年度	2000年度
其他投资收益	-	9,580,850.00
合计	-	9,580,850.00

注:其他投资收益本年比上年增加9,580,850.00元,主要原因系本年度理财投资收益。

5.30 补贴收入

项目	1999年度	2000年度
地产地销增值税返还	8,793,006.28	10,352,490.03
合计	8,793,006.28	10,352,490.03

注:补贴收入本年比上年同期增加1,559,483.75元,主要原因系本年比上年增加了销售收入。

5.31 营业外收入

项目	1999年度	2000年度
利息收入	614,275.84	1,828,325.54
债务重组	260,000.00	-
滞纳金收入	-	320,300.00
其他	277,339.71	124,410.15
合计	1,151,615.55	2,273,035.69

注:营业外收入-利息收入主要系股票发行申购无效部分的锁定资金利息收入摊销。

5.32 营业外支出

项目	1999年度	2000年度
计提的固定资产减值准备	1,536,853.27	1,365,705.31
计提的无形资产减值准备		2,048,375.72
赔偿支出	-	395,875.00
清理固定资产损失	625,005.08	80,702.65
赞助款	176,480.00	34,500.00
罚款	38,507.41	-
其他	36,201.40	-
合计	2,413,047.16	3,925,158.68

5.33 支付的其他与经营活动有关的现金51,290,680.86元,其中数额较大的项目如下:

广告费	36,959,863.64
运费	3,178,776.31
办公费	1,854,529.14
修理费	1,399,144.05
保险费	1,298,563.62
差旅费	1,244,055.56
开办费	557,141.89

附注7 关联方及其交易

7.1 存在控制关系的关联方

7.2 存在控制关系的关联方的注册资本及其变动

企业名称	1999.12.31	本期增加	本期减少	2000.12.31
海口市国有资产经营有限公司	30,000,000.00	-	-	30,000,000.00
海口黄酒酿造有限公司	1,800,000.00	-	-	1,800 000.00
海口市华美保健用品公司	300,000.00	-	-	300,000.00
海南椰岛神特饮料有限公司	150万美元	-	-	150万美元
中山市椰岛饮料有限公司	17,500,000.00	-	-	17,500,000.00
北海椰岛房地产开发公司	14,500,000.00	-	-	14,500,000.00
重庆椰岛房地产开发公司	5,000,000.00	-	-	5,000,000.00
四川邛崃川源酒业有限公司	-	5,000,000.00	-	5,000,000.00

7.3 存在控制关系的关联方所持股份或权益及其变化

7.4 不存在控制关系的关联方关系的性质

关联方名称	与本公司关系
威海紫薇生物科技有限公司	联营企业

7.5 关键管理人员报酬:

2000年度支付给关键管理人员的报酬为人民币546,000.00元,1999年为人民币479,200.00元。

附注8 承诺事项

本公司无应披露而未披露的重大承诺事项。

附注9 或有事项

9.1 本公司在1996年4月26日向海口市中级人民法院提起民事诉讼,要求山西太原彩虹九姑娘贸易有限公司支付拖欠的货款本息合计8,296,975.47元,其中本金6,763,501.56元,山西汽车制造厂承担连带清偿责任。海口市中级人民法院于1997年7月14日将案件移交司法机关查处,目前该案仍在调查取证过程中。

附注10 资产负债表日后事项

10.1 应予调整的资产负债表日后事项

根据财政部财会(2001)17号文件《贯彻实施〈企业会计制度〉有关政策衔接问题的规定》,本公司自2001年1月1日起执行《企业会计制度》,并按《企业会计制度》的规定计提固定资产、在建工程、无形资产的减值准备。

上述事项已按有关规定调整了期初留收益和相关报表项目的期初数。该调整事项的累积影响数为5,355,751.58元,其中,固定资产计价方法变更累积影响数为2,902,558.58元,无形资产计价方法变更累积影响数为2,453,193.00元。相应调减2000年净利润3,414,081.03元,调减1999年净利润1,536,853.27元,调减1999年前净利润404,817.28元;调减未分配利润4,620,991.94元,调减盈余公积734,759.64元;调减2000年利润及利润分配表上年数栏的年初未分配利润344,094.69元。

10.2 应予披露的资产负债表的日后事项

本公司无应予披露而未披露的资产负债表日后事项。

附注11 其他事项

本公司全资子公司重庆椰岛房地产开发公司与重庆银泰物业发展有限公司签订《关于以房产抵偿转让费的协议》,重庆椰岛房地产开发公司系债权方,重庆银泰物业发展有限公司系债务方,此协议已执行,有关房产登记手续正在办理之中。

九、公司的其他有关资料

1、公司首次注册登记日期、地点:1993年3月27日在海南省工商行政管理局注册登记,1999年11月15日在原注册登记机关变更注册登记。

2、企业法人营业执照注册号:4600001005483

3、税务登记号码:460100284077383

4、公司未流通股票的托管机构名称:海南省证券交易中心

5、公司聘请的会计师事务所名称:五洲联合会计师事务所海口齐盛分所

十、备查文件目录

1、载有董事长亲笔签名的年度报告正本;

2、载有法定代表人、总会计师、会计主管人员亲笔签名并盖章的会计报表;

3、载有会计师事务所盖章、注册会计师亲笔签字并盖章的审计报告正本;

4、报告期内在《上海证券报》或《中国证券报》上披露的所有文件的正文和公告原稿。

海南椰岛股份有限公司董事会

2001年4月15日

云南红河光明股份有限公司

云南红河光明股份有限公司 2000 年度报告摘要

本公司董事会保证本报告所载资料不存在任何虚假记载、误导性陈述或者重大遗漏,并对其内容的真实性、准确性和完整性负个别及连带责任。本报告摘自年度报告正文,投资者欲了解详细情况请参阅年度报告正文。

一、公司简介

1、公司法定中文名称:云南红河光明股份有限公司　　缩写:红河光明
公司法定英文名称:YUNNAN HONGHE GUANGMING CO., LTD.　缩写:HHGM
2、公司法定代表人:王铨先生
3、公司董事会秘书:马宇鹏先生
联系地址:云南省开远市市西南路 120 号
电话:0873-7123420 传真:0873-7122528
证券事务代表:徐晖先生
联系地址:云南省开远市市西南路 120 号
电话:0873-7123420 传真:0873-7122528
4、公司注册地址:云南省开远市市西南路 120 号
公司办公地址:云南省开远市市西南路 120 号　　邮政编码:661600
公司国际互联网网址:http://www.hhguangming.com.cn
电子信箱:hhgm@hhguangming.com.cn
5、公司选定的信息披露报纸名称:《上海证券报》
登载公司年度报告的中国证监会指定国际互联网网址:http://www.sse.com.cn
公司年度报告备置地点:公司证券办
6、公司股票上市交易所:上海证券交易所
股票简称:红河光明　　股票代码:600239

二、会计数据和业务数据摘要

1、本年度主要利润指标情况(单位:人民币元)

利润总额:	29,127,273.49
净利润:	21,068,962.10
扣除非经常性损益后的净利润:	16,192,178.32
主营业务利润:	24,369,575.35
其它业务利润:	5,348,360.01
营业利润:	22,049,175.31
投资收益:	1,548,560.89
补贴收入:	4,846,878.74
营业外收支净额:	682,658.55
经营活动产生的现金流量净额:	20,712,072.98
现金及现金等价物净增加额:	-23,367,929.97

注:扣除的非经常性损益项目和涉及金额:4,876,783.78

A、营业外收支净额项目:	686,502.70
新股申购冻结资金利息收入:	686,502.70
B、其它业务净收入项目:	4,190,281.08
托管费收入:	4,190,281.08

2、截止报告期末公司前三年主要会计数据和财务指标:(单位:人民币元)

项目	2000 年	1999 年		1998 年
		调整后	调整前	调整后
主营业务收入	56443700.60	40152495.95	48941181.22	48941181.22
净利润	21068962.10	11139240.49	11503250.17	11543830.90
总资产	214802346.81	188745921.29	83352316.76	80100788.50
股东权益	184893030.22	168880668.12	58162272.94	54849451.63
每股收益	0.417	0.22	0.38	0.38
每股净资产	3.66	3.34	1.90	1.79
调整后的每股净资产	3.60	3.29	1.83	1.72
每股经营活动产生的现金流量净额	0.41	0.16	0.69	0.61
净资产收益率(%)	11.40	6.60	19.78	21.05

三、股东情况介绍

(1)报告期末公司股东总数 3959 户。
(2)公司前十名股东持股情况:(单位:股)

股东名称	年末持股数	占总股本比例	是否上市流通
①开远市国有资产管理局	9912000	19.6%	否
②驻昆解放军化肥厂	7600000	15.0%	否
③开远市建筑安装经营公司	5235000	10.3%	否
④云南省小龙潭煤矿	1800000	3.55%	否
⑤开远市市乡企业开发公司	600000	1.18%	否
⑥开远市恒虹经贸公司	331000	0.65%	否
⑦张微微	297827	0.58%	是
⑧陆季生	238000	0.47%	是
⑨中技招标	220000	0.43%	是
⑩童保姑	175450	0.34%	是

注:①报告期内开远市国有资产管理局、驻昆解放军化肥厂、开远市建筑安装经营公司所持股份未发生增减变动情况,也未有质押或冻结情况。
②开远市国有资产管理局为公司国家股股东。
③公司前十名股东中的第 7、8、9、10 位为流通股股东,本公司未知其之间是否存在关联关系。

四、股东大会简介

1、2000 年 5 月 20 日,公司召开 1999 年度股东大会。审议通过了 1999 年年度报告及其摘要、利润分配议案;财务结算报告;计提各项资产减值准备议案;推迟兼并开远市果酒厂议案;授权董事会对净资产 40%以内规模的项目实施投资决策权,并相应修改公司章程有关条款等决议。该次会议决议刊登于 2000 年 5 月 23 日的《上海证券报》。

2、2000 年 12 月 29 日,公司召开 2000 年第一次临时股东大会,审议通过《云南红河光明股份有限公司关于变更募股资金投向的报告》,同意变更募股资金 4267.5 万元,加上自筹资金 132.5 万元,共 4400 万元,由公司转为再投资云南光明印楝产业开发股份有限公司,从事印楝树的种植与印楝素的加工。该决议刊登于 2000 年 12 月 30 日的《上海证券报》。

3、报告期内公司未有更换董事、监事情况。

五、董事会报告

1、公司经营情况
(1)公司属轻工酿酒(啤酒)行业,经济效益一直列本省同行业之首。
(2)公司主营业务的范围及经营状况
①目前,公司的主营业务为啤酒等的生产与销售。
按照产品分析:

	主营业务收入	主营业务毛利
光明啤酒	RMB41,520,280.06	RMB24,163,397.98
红河啤酒	RMB 5,816,477.24	RMB 3,379,018.32
农用薄膜	RMB 6,070,149.21	RMB 2,197,929.35

②本公司主营业务为啤酒,兼营农用薄膜的生产经营。其中:红河啤酒、光明牌啤酒系采用进口麦芽、啤酒花、当地优质大米和天然含锶矿泉水精心酿造而成,自 90 年云南省开展评选"消费者喜爱商品"活动以来,红河、光明啤酒次次荣获云南省"消费者喜爱商品"称号,红河啤酒、光明啤酒均有 10 度、12 度两个系列,并采用瓶装、易拉罐装、桶装鲜啤等包装形式销售,以内销为主,兼有部份出口;"白浪牌" 农用薄膜于 1989 年、1990 年两次获得云南省轻工厅组织的质量行评第一名和 1990 年获"云南省优质产品"称号,现按以销定产、随行就市组织生产经营。今年公司啤酒销量在省内和边贸出口(特别对缅甸)均有一定增长,农膜产销也好于往年。

(3)公司无全资附属企业,公司的控股子公司为云南光明印楝产业开发股份有限公司,该公司主要从事印楝树的种植和印楝素的加工、开发,由于系 2000 年 8 月新近设立(2000 年 12 月变更企业类型、注册资本等),目前正处于筹备运作及市场前期开发阶段,主要工作是建立了四个种苗基地,已培育印楝种苗近二千万株,因未到种植季节,只发生费用,尚未产生经济效益。

(4)在经营中出现的问题与困难:云南省内啤酒市场呈诸候割据势态,报告期内省内有两家啤酒厂继续扩大生产规模,另有一个年产五万吨啤酒厂正在新建中,省内啤酒生产能力严重过剩,省内外各种品牌的啤酒为占领市场,各种促销手段层出不穷,市场竞争日趋激烈,对越南的出口,因受其国家限制啤酒进口政策的影响,出口量增加不大,因此整个市场情况将对公司啤酒产业可持续发展产生一定程度的影响。

解决方案:针对云南省内啤酒生产能力过剩的现状,为谋求最佳投资效益,以盈利为目的,避免盲目投资带来的经营风险,本着实事求是、稳健经营的原则,公司审慎决定,变更调整部份投资项目,把公司啤酒年生产能力由三万吨改十万吨的目标确定为五万吨,考虑销售成本费用,适当收缩、放弃部份不产生经济效益的边远销售网点和市场,确定重点销售地区,集中公司人、财、物力做好主要市场的营销工作,守住传统市场,扩大对外出口,提高产品档次,积极开拓有发展潜力的新市场,特别是缅甸、老挝等东南亚市场,保持公司在云南啤酒生产企业中低投资、低成本、低负债、高效益的核心竞争力,同时,加强管理,研究开发适应市场需求的新产品,增加产品科技含量和附加值,加速产业升级和产品结构的调整,以积极稳健的态度迎接市场竞争;抓住国家西部大开发、退耕还林和天然保护林工程实施的历史性机遇,充分利用云南得天独厚的自然资源条件,变更部份募股资金,投资云南光明印楝产业开发股份有限公司,参与云南省生物资源创新项目——印楝产业的种植、研究与开发,使公司的产业结构逐步由单一传统的啤酒、葡萄酒产业增加到具有高科技含量的新兴生物产业——生物(印楝)农药、生物(印楝)制药、生物(印楝)日化品等产品上。通过印楝产业的开发,建立公司新的利润增长点,完善云南光明印楝产业开发股份有限公司的法人治理结构,确保公司的可持续发展。

2、公司财务状况
(1)财务状况

项目	2000 年(元)	1999 年(元)	增减(%)
总资产	214,802,346.81	188,745,921.29	+13.81
长期负债	2,422,950.72	3,230,600.96	-25.00
股东权益	184,893,030.22	168,880,668.12	+9.48
主营业务利润	24,369,575.35	13,226,084.00	+84.25
净利润	21,068,962.10	11,139,240.49	+89.14

主要原因:主营业务利润及净利润增加,主要原因是公司先期投入的广告宣传和销售策略对公司的销售起了积极的推动作用,销量增加,同时,通过实施技改项目,啤酒质量显著改善,公司主导产品红河啤酒在市场的知名度提高,销售价格上升,成本下降。

(2)会计师事务所出具的审计报告无解释性说明、保留意见、拒绝表示意见和否定意见情况。
3、公司投资情况
(1)募集资金投资情况
①承诺项目和实际投资情况

项目名称	承诺投资	实际投资	尚需继续投资
新增发酵能力技改工程	2898 万元	498.20 万元	0
新增啤酒灌装生产线技改工程	2650 万元	2228.40 万元	421.6 万元
环保及"三废"治理工程	847 万元	327.80 万元	0
干葡萄酒生产线技改工程	2700 万元	979.36 万元	1720.64 万元
销售网点建设	1720 万元	371.51 万元	0

公司实际募集资金为 10288.3 万元,承诺投资为 10815 万元(其中 526.7 万元为自有资金),按原承诺项目投资后的剩余募股资金 4267.5 万元,已全部投入云南光明印楝产业开发股份有限公司,从事印楝树的种植与印楝素的加工、开发。

②本公司实际投资项目已有部份变更。其中:
A、未变更部份:
原承诺投资项目新增发酵能力技改工程已投资 498.20 万元, 主要用于购置发酵工序中的过滤设备,该设备已于 2000 年 8 月投入运行,极大地提高了啤酒质量,延长了啤酒的保质期,本项目尚余承诺投资资金 2399.8 万元,该资金已由股东会决议变更投向,从事印楝树的种植与印楝素的加工、开发;新增啤酒灌装生产线技改工程已投入 2228.4 万元,用于购置灌装生产线和进口贴标机,贴标机已投入运行,对提高啤酒的包装质量和档次取到了显著的作用,使啤酒销量比 1999 年有较大幅度增长,该项目尚余 421.6 万元投资,将在 2001 年内完成;环保及"三废"治理工程项目已投资 327.80 万元,用于污水、烟尘治理技改及周边环境治理,2000 年 12 月 24 日该环保工程通过了云南省环保部门的验收,环保效益显著,美化了厂区环境。本项目剩余的承诺投资资金 519.2 万元,已由公司股东会决议变更投向, 从事印楝树的种植与印楝素的加工开发; 干葡萄酒生产线技改工程项目已投入 979.36 万元,该项目一期工程已于 2000 年 7 月竣工,通过实施该工程,果酒厂已初步具备年产 4000 吨干葡萄酒的能力,2000 年果酒厂亏损 7.03 万元,与 1999 年度亏损 547.65 万元相比减亏 540.62 万元,上缴税金比 1999 年增长近 90%,经济效益明显,目前,该项目二期工程按计划正在筹建中,预计总投资 1720.64 万元,于 2001 年 10 月竣工;销售网点建设项目已投资 371.51 万元,主要用于全省各销售点的购房、房租及设施费用,其中公司出资 21 万元,于 2000 年 8 月 15 日与其它四个发起人共同

设立了云南红河光明销售有限公司,公司先期投入的营销广告和销售费用,使2000年下半年的销售额比1999年同期有较大增长,全年销售额则比1999年增长了21.5%,本项目尚剩余的承诺投资资金1348.5万元已由公司股东大会决议变更投向,从事印楝树的种植与印楝素的加工开发。

B.已变更部份:公司于2000年12月29日召开临时股东大会,决定变更剩余募股资金4267.5万元的投向,转为再投资云南光明印楝产业开发股份有限公司,该决议已在2000年12月30日的《上海证券报》上刊登披露。目前,该项目正在筹备运作之中,尚未产生效益。

(2)报告期内,2000年8月和12月,公司分别以非募集资金306万元和132.5万元投入云南光明印楝产业开发股份有限公司,因投资周期较短,目前尚未产生效益。

4、生产经营环境及政策法规变化对公司的影响。

(1)中国加入世界贸易组织将对公司未来生产经营产生的重大影响。作为与啤酒生产为主业的企业,中国加入WTO将使我公司面临巨大的机遇和挑战,具体体现在:

①根据有关统计,2000年我国啤酒总产量已经超过2000万吨,表明我国啤酒产量已进入世界前列,总体增长量势必萎缩,所以啤酒产业面临新的结构调整,将对我公司生产经营产生影响。

②由于啤酒科技水平的飞速发展,啤酒企业的内部调整加快,增强了竞争力,国外啤酒企业受地域、交通运输和消费习惯的影响,大面积夺取中低档啤酒市场已不可能,而且高档啤酒市场是很有限的。结合市场情况,根据成本核算和效益分析,我公司将啤酒年生产能力定位在五万吨是很适中的,这样就可充分发挥上市公司的优势,凭借优良的资本结构和企业管理经验,稳固现有销售市场,努力开拓新的市场,做到小而精、优质高效,使啤酒产销利润率继续保持云南省同行业第一名,另外,还可在资本市场上有所作为,化解入世的不利影响。

③中国加入WTO后,生产啤酒的主要原料麦芽、酒花采用优质优价的进口货,可提高啤酒出酒率及内在质量,并使公司生产成本下降,同时,啤酒系地产地销为主的产品,利用国家建设二连浩特至云南河口高速公路及云南省创建全国旅游大省的契机,我公司凭借健全的销售网络和良好的服务,完全能够确保争创利润所需的市场份额。

④2000年下半年以来,东南亚经济危机有所缓解,并且随着全球经济一体化的发展趋势,东南亚周边国家也相继会加入WTO,各国经济的复苏和关税降低也会促进我公司产品的边贸出口。

⑤为适应国家西部大开发和天然林保护工程的实施,公司经过审慎研究,于2000年12月29日由股东大会决议投资云南光明印楝产业开发股份有限公司4400万元,加上先期投入的306万元,总投资达4706万元(占该公司总股本94.12%),从事印楝树的种植和印楝素的加工开发,一方面为公司走出单一产品经营模式、确立新的利润增长点打下了基础,另一方面也为造福社会、产业报国作出了应有的贡献。

(2)国家对西部大开发的一系列优惠政策,将极大地促进公司的改革和发展,为公司创造较为优越的生产经营环境,使公司发展有了新的政策性支持。

(3)按云南省人民政府云政复(1998)117号文,公司继续执行先征33%所得税、由财政返还18%、实际执行15%所得税至2001年12月31日的政策,为公司获得更好的经济效益提供了保障。

5、新年度业务发展计划。巩固现有产品营销效益,适时完成干红葡萄酒生产线项目二期技改工程和啤酒灌装线技改工程,在传统产业上确定年产五万吨啤酒、四千吨干葡萄酒为公司的发展目标;在时机条件成熟时,完成对开远果酒厂的正式兼并;公司将重点抓紧好印楝产业的建设和开发,即根据云南省人民政府生物资源创新办《云南省新兴生物资源重点产业发展规划和政策意见》和省林业厅有关退耕还林、实施天然林保护工程规划的精神,按照云南光明印楝产业开发股份有限公司的发展战略,从2001年起,用三年的时间,在云南省金沙江流域、红河流域、南盘江流域等干热河谷地区建立100万亩印楝种植基地,实现改善这些地区生态环境、增加农民收入、确立公司在我国印楝产业开发中龙头地位的发展目标,同时建设年产60吨印楝素干粉加工厂,并设立新思维、开放式的印楝开发研究院,采取多种形式,吸纳和团结国内外有志印楝产业开发的科技人员,加强该研究院与国内大专院校、科研院所各种形式的合作,加强与澳大利亚、德国、印度等国的印楝研究及技术协作,三个项目齐头并进,以原料绝对供给为保障,以印楝研究院科研开发创新能力为支撑,以独立自主的知识产权为核心竞争力,逐步研制开发、生产销售印楝天然植物药、天然无公害生物农药、印楝日化产品,形成印楝产业链和企业群体,大力发展印楝产业,为我公司进入生物资源的开发,为退耕还林、防止金沙江、红河流域水土流失、保持生态环境和农民扶贫作出自己的贡献,为公司经济效益持续增长打牢基础。同时不排除通过其它方式壮大公司实力,向规模化发展的可能。

6、董事会日常工作情况。

(1)报告期内董事会的会议情况及决议内容。

①2000年4月14日,公司召开三届三次董事会会议,审议通过1999年度董事会工作报告、年度报告及其摘要、利润分配预案、财务结算报告、计提各项资产减值准备方案、续聘云南同舟会计师事务所有限公司为公司财务审计机构、计提各项资产减值准备和损失处理的内部控制制度、推迟兼并开远市果酒厂方案、授权董事会对净资产40%以内规模的项目实施投资决策权,并相应修改公司章程有关条款的报告。该决议刊登于2000年4月19日的《上海证券报》。

②2000年7月12日,公司召开三届四次董事会会议,审议通过公司2000年中期报告及其摘要,该决议刊登于2000年7月15日的《上海证券报》。

③2000年8月28日,公司召开三届五次董事会会议,审议通过本公司出资21万元与其它四名股东共同设立云南红河光明销售有限责任公司、本公司出资306万元与另外四名股东共同设立云南光明印楝产业开发有限责任公司的议案。该决议刊登于2000年8月30日的《上海证券报》。

④2000年10月28日,公司召开三届六次董事会会议。审议通过《云南红河光明股份有限公司关于变更募集资金投向的报告》、同意本公司的控股子公司云南光明印楝产业开发有限公司将企业类型变更为股份有限公司,并改在昆明国家级高新技术开发区注册,变更后该公司总股本5000万股,其中本公司持股4706万股,占94.12%;;聘任张仕发、马宇鹏先生为副总经理;决定于2000年12月29日召开本年度第一次临时股东大会。该决议刊登于2000年11月29日的《上海证券报》。

(2)董事会对股东大会的执行情况。

按照2000年5月20日召开的1999年年度股东大会的决议,公司董事会实施了1999年度公司利润分配方案、计提各项资产减值准备议案、推迟兼并开远市果酒厂议案、对公司净资产40%以内的项目投资决策并相应修改公司《章程》有关条款、续聘云南同舟会计师事务所有限公司为公司财务审计机构等内容。按照2000年12月29日召开的2000年第一次临时股东大会决议,公司董事会实施了变更募股资金4267.5万元,加上自筹资金132.5万元,共4400万元,由公司转为再投资云南光明印楝产业开发股份有限公司的内容。

7、董事、监事及高级管理人员

姓名	性别	年龄	职务	任期起止日期	年初持股数(股)	年末持股数(股)
王　铨	男	56岁	董事长 兼总经理	1999.01 –2002.01	13150	13150
陈　伟	男	46岁	董事	1999.01 –2002.01		
王　磊	男	34岁	董事	1999.01 –2002.01		
周长华	男	48岁	董事	1999.01 –2002.01		
马宇鹏	男	36岁	董事兼董秘(副总经理)	1999.01 –2002.01		
刘　强	男	46岁	董事	1999.01 –2002.01	39300	39300
方　建	男	51岁	董事	1999.01 –2002.01		
杨万成	男	56岁	监事 会召集人	1999.01 –2002.01	39300	39300
胡志林	男	47岁	监事	1999.01 –2002.01		
徐　晖	男	31岁	监事	1999.01 –2002.01	11650	11650
罗超杰	男	38岁	监事	1999.01 –2002.01	9000	9000
赵兴德	男	39岁	监事	1999.01 –2002.01		
张仕发	男	48岁	副总经理	2000.11 –2002.01	40500	40500

说明:以上部份董事、监事及高级管理人员的年度报酬总额约为100000元,其中:13000–15000元年度报酬期间内领取报酬的董事三名、副总经理一名,15000–18000元年度报酬期间领取报酬的董事一名,9000–11000元年度报酬期间领取报酬的监事一名,11000–13000元年度报酬期间领取报酬的监事一名。陈伟、王磊、周长华、胡志林、罗超杰、赵兴德不在公司领取报酬。

在报告期内,公司无董事、监事、高级管理人员离任情况,也无聘任或解聘董事会秘书情况。

8、本次利润分配预案和资本公积金转增股本预案:2000年度公司实现净利润21,068,962.10元,提取10%的法定盈余公积金2,106,896.21元,提取10%的法定公益金2,106,896.21元,提取10%任意盈余公积金2,106,896.21元,本年度可供股东分配的利润为14,748,273.47元,加上上年末分配利润18,120,776.25元后,累计未分配利润为32,869,049.72元。考虑到公司年末变更部份募股资金投向,来年啤酒和印楝产业齐头并进、共同发展的实际,为了集中有限的资金,创造更大的效益,本次年终分配拟每10股送红股4股派1元(含税),另每10股用资本公积金转增1股,即税后实际分配为每10股送4股转增1股。

六、监事会报告

2000年4月14日,公司召开三届二次监事会会议,审议通过1999年度监事会工作报告、年度报告及其摘要、计提各项资产减值准备方案及内部控制制度。该会议决议刊登于2000年4月19日的《上海证券报》。

2000年7月12日,公司召开三届三次监事会会议,审议通过2000年中期报告全文及摘要,该会议决议刊登于2000年7月15日的《上海证券报》。

1、公司监事会认为:公司决策程序合法,有完善的内部控制制度,董事、经理执行职务时,无违反法律、法规、公司章程和损害公司利益的行为。

2、公司监事会认为:公司财务报告真实地反映了公司的财务状况和经营成果,会计师事务所出具的审计意见也公允地反映了公司截止1999年12月31日的财务状况。

3、公司监事会确认:公司募股资金实际投入项目和承诺投资项目是一致的,但实际投资金额少于承诺投资金额4267.5万元,该剩余募股资金已经2000年12月29日召开的2000年第一次临时股东大会决议变更投向,转而再投资云南光明印楝产业开发股份有限公司,变更程序合法。

4、公司监事会确认:报告期内,公司未发生收购、出售资产、内幕交易和损害股东权益以及造成公司资产流失的现象。

5、公司监事会确认:报告期内公司无重大关联交易事项。

6、公司监事会确认:会计师事务所未出具有解释性说明、保留意见、拒绝表示意见或否定意见的审计报告。

七、重要事项

1、本年度公司无重大诉讼、仲裁事项。

2、报告期内,公司、公司董事及高级管理人员无受监管部门处罚情况。

3、报告期内,公司控股股东无变更情况,公司无总经理变更、解聘或新聘董事会秘书情况。

4、报告期内,公司无收购、出售资产及吸收合并情况。

5、重大关联交易事项。报告期内公司无重大关联交易事项。

6、公司与控股股东在人员、资产、财务上的"三分开"情况。

报告期内,公司没有母体公司,且与控股股东人员独立,公司在劳动、人事及工资管理方面完全独立,公司经理、副经理等高级管理人员均在本公司领取薪酬,未在股东单位担任职务;在资产完整方面,公司拥有独立的生产系统、辅助生产系统和配套设施,除"光明牌"啤酒商标仍由上海华光啤酒厂授权使用外(商标使用许可合同期限至2004年界满)外,公司拥有完全独立的工业产权、非专利技术等无形资产,公司独立拥有"滇泉牌"红河啤酒商标、"白浪牌"农膜商标、"三色牌"涂料商标,公司的采购和销售系统均系独立拥有;在财务独立方面,公司设立了独立的财会部门,建立了独立的会计核算体系和财务管理制度,独立在银行开户。

7、报告期内,受开远市人民政府委托,公司继续托管开远市果酒厂,公司与开远市人民政府以减亏财政补贴包干方式签订了委托经营协议,协议规定:以1999年度开远市果酒厂亏损547.65万元为参考,确定2000年年度对果酒厂的利润考核基数为–500万元,减亏部份由市财政作为托管费收入给公司。2000年果酒厂实际亏损7.03万元,公司以托管费形式获得492.97万元的收入。

8、报告期内,公司继续聘用天一会计师事务所有限责任公司(系原云南同舟会计师事务所有限公司,于2000年10月19日变更名称而来)负责公司审计工作。

9、报告期内,公司签订的干葡萄酒生产技改一期工程主要设备合同已于2000年8月履行完毕;公司签订的污水及"三废"治理工程合同,全部设备及配套设施总金额336.09万元,该工程已于2000年12月全部履行完毕,达到了国家排放标准,并通过环保部门验收;公司签订了1000吨麦芽采购合同,合同总金额275万元,该合同正在履行中。

10、报告期内,公司无更改公司名称或股票简称的情况。

11、报告期内,公司发生的相关《证券法》第六十二条、《股票条例》第六十条和《信息细则》第十七条所列举的重大事件:

(1)公司按照2000年5月20日股东大会决议,修改公司章程部份条款,并已向工商登记管理机关备案。该事项已在2000年5月23日的《上海证券报》上刊登披露。

(2)公司签订了污水及"三废"治理工程合同、1000吨麦芽采购合同及干红葡萄酒发酵罐制作合同。

(3)2000年11月28日,公司董事会聘任张仕发、马宇鹏先生为副总经理。该事项已在2000年11月29日的《上海证券报》上刊登披露。

八、财务会计报告

1、审计报告

本公司2000年财务报告经天一会计师事务所有限责任公司中国注册会计师魏勇、杨海峰审计,并出具了无保留意见的审计报告[天一审字(2000)第(5)–001号]

2、会计报表(见附件)

九、公司的其它有关资料

1、公司首次注册登记日期是1993年1月,地址为开远市;首次变更注册登记日期为1995年3月,地址为开远市;最近一次变更注册登记日期为1999年9月10日,地址为开远市。

2、公司的企业法人营业执照注册号为:5300001002428

3、公司的税务登记号码为:532502217923535

4、公司未流通股票的托管机构为上海证券中央登记结算公司。

5、报告期内,公司聘请云南千和律师事务所担任常年法律顾问;

6、公司聘请的会计师事务所是天一会计师事务所有限责任公司(系原云南同舟会计师事务所有限公司),其办公地址为:北京市西城区金融街27号投资广场A座1804。

云南红河光明股份有限公司董事会　　2001年1月14日

资产负债表　　2000年12月31日

编制单位:云南红河光明股份有限公司　　单位:人民币元

项　目	2000/12/31	1999/12/31
流动资产:		
货币资金	31282461.11	54650391.08
短期投资	15997069.90	30035092.95
减:短期投资跌价准备		
短期投资净额	15997069.90	30035092.95
应收票据		

应收股利		
应收利息		
应收帐款	6066720.34	6348302.47
其他应收款	10873759.03	7492818.22
减:坏帐准备	887174.36	923760.69
应收帐款净额	16053305.01	12917360.00
预付货款	22664183.21	26101719.83
应收补贴款	3853276.87	471131.16
存货	19989394.44	19780572.46
减:存货变现损失	1257455.40	1435304.17
存货净额	18731939.04	18345268.29
待摊费用	409388.80	497097.13
待处理流动资产净损失	125727.03	
一年内到期的长期债券投资		
其他流动资产		
流动资产合计	109117350.97	143018060.44
长期投资:		
长期股权投资	47277406.14	
长期债权投资		
长期投资合计	47277406.14	
减:减值准备		
长期投资净额	47277406.14	
固定资产:		
固定资产原价	63993897.23	63956757.87
减:累计折旧	27267419.92	21954963.35
固定资产净值	36726477.31	42001794.52
工程物资		
在建工程	18060342.36	107626.47
固定资产清理		
待处理固定资产损失		
固定资产合计	54786819.67	42109420.99
无形及其他资产		
无形资产	1569875.07	1605554.07
开办费	328984.42	416712.98
长期待摊费用	1721910.54	1596172.81
其他长期资产		
无形及其他资产合计	3620770.03	3618439.86
递延税项:		
递延税款借项		
资产总计	214802346.81	188745921.29
流动负债:		
短期借款	13000000.00	11000000.00
应付票据		
应付帐款	1885171.37	1812804.42
预收帐款	7563.30	516967.68
代销商品款		
应付工资		
应付福利费	-307183.83	-265436.72
应付股利	5056600.00	
应交税金	4853727.90	682699.72
其他应交款	23970.11	8813.49
其他应付款	2920412.77	2878803.62
预提费用	46104.25	
一年内到期的长期负债		
其他流动负债		
流动负债合计	27486365.87	16634652.21
长期负债:		
长期借款		
应付债券		
长期应付款	2422950.72	3230600.96
住房周转金		
其他长期负债		
长期负债合计	2422950.72	3230600.96
递延税项:		
递延税款贷项		
负债合计	29909316.59	19865253.17
少数股权及权益		
股东权益:		
股本	50566000.00	50566000.00
资本公积金	82891976.00	82891976.00
盈余公积金	23622604.50	17301915.87
其中:公益金	5851925.02	3745028.81
未分配利润	27812449.72	18120776.25
股东权益合计	184893030.22	168880668.12
负债及股东权益合计	214802346.81	188745921.29

利润及利润分配表　2000 年 1-12 月

编制单位:云南红河光明股份有限公司　单位:人民币元

项　目	2000 年度	1999 年度
一、主营业务收入	56443700.60	40152495.95
减:折扣与折让		
主营业务收入净额	56443700.60	40152495.95
减:主营业务成本	25757399.48	21500416.86
营业税金及附加	6316725.77	5425995.09
二、主营业务利润	24369575.35	13226084.00
加:其他业务利润	5348360.01	1322303.49
减:存货跌价损失	-177848.77	-141882.28
营业费用(销售费用)	4711989.97	4501055.85
管理费用	3583362.95	1529656.93
财务费用	-448744.10	-94533.17
三、营业利润	22049175.31	8754090.16
加:投资收益	1548560.89	89508.95
补贴收入	4846878.74	3932447.64
营业外收入	836520.14	1447848.50
减:营业外支出	153861.59	5484.10
四、利润总额	29127273.49	14218411.15
减:应交所得税	8058311.39	3079170.66
少数股权		
五、净利润	21068962.10	11139240.49
加:年初未分配利润	18120776.25	10323307.91
盈余公积转入		
六、可分配利润	39189738.35	21462548.40
减:提取法定盈余公积	2106896.21	1113924.05
提取公益金	2106896.21	1113924.05
七、可供股东分配的利润	34975945.93	19234700.30
减:已分配优先股股利		
提取任意公积	2106896.21	1113924.05
已分配普通股股利	5056600.00	
转作股本的普通股股利		
八、未分配利润	27812449.72	18120776.25

现金流量表　2000 年度

编制单位:云南红河光明股份有限公司　单位:人民币元

项　目	金额
一、经营活动产生的现金流量:	
销售商品、提供劳务收到的现金	65526100.57
收取的租金	
收到的增值税销项税额和退回的增值税款	
收到的除增值税以上的其他税费返还	1394475.48
收到的其他与经营活动有关的现金	5084837.44
现金流入小计	72005413.49
购买商品、接受劳务支付的现金	22928294.14
经营租赁所支付的现金	
支付给职工以及为职工支付的现金	3488774.23
支付的增值税款	5618459.66
支付的所得税款	4568993.17
支付的除增值税、所得税以外的其他税费	6100078.01
支付的其他与经营活动有关的现金	8588741.30
现金流出小计	51293340.51
经营活动产生的现金流量净额	20712072.98
二、投资活动产生的现金流量:	
收回投资所收到的现金	31812023.05
分得股利或利润所收到的现金	
取得债券利息收入所收到的现金	1541154.75
处置固定资产、无形资产和其他长期资产而收回	3040.00
收到的其他与投资活动有关的现金	869908.50
现金流入小计	34226126.30
购建固定资产、无形资产和其他长期资产所支付	14223627.25
权益性投资所支付的现金	47270000.00
债权性投资所支付的现金	17774000.00
支付的其他与投资活动有关的现金	
现金流出小计	79267627.25
投资活动产生的现金流量净额	-45041500.95
三、筹资活动产生的现金流量:	
吸收权益性投资所收到的现金	
发行债券所收到的现金	
借款所收到的现金	13000000.00
收到的其他与筹资活动有关的现金	
现金流入小计	13000000.00
偿还债务所支付的现金	11000000.00
发生筹资费用所支付的现金	
分配股利或利润所支付的现金	
偿付利息所支付的现金	1038502.00
融资租赁所支付的现金	
减少注册资本所支付的现金	
支付的其他与筹资活动有关的现金	
现金流出小计	12038502.00
筹资活动产生的现金流量净额	961498.00
四、汇率变动对现金的影响	
五、现金及现金等价物净增加额	-23367929.97
附注:	
1、不涉及现金收支的投资和筹资活动:	
2、将净利润调节为经营活动的现金流量:	
净利润	21068962.10
加:计提的坏帐准备或转销的坏帐	-36586.33
固定资产折旧	5150866.90
无形资产及其他资产摊销	35679.00
处置固定资产、无形资产和其他长期资产的	13133.00
固定资产报废损失	
财务费用	-448744.10
投资损失(减收益)	-1548560.89
存货的减少(减增加)	-208821.98
经营性应收项目的减少(减增加)	-6990908.77
经营性应付项目的增加(减减少)	3796088.37
增值税增加净额(减减少)	
其他	-119034.32
经营活动产生的现金流量净额	20712072.98
3、现金及现金等价物净增加情况:	
货币资金的期末余额	31282461.11
减:货币资金的期初余额	54650391.08
现金等价物的期末余额	
减:现金等价物的期初余额	
现金及现金等价物净增加额	-23367929.97

内蒙古仕奇实业股份有限公司

内蒙古仕奇实业股份有限公司2000年年度报告摘要

重要提示：本公司董事会保证本报告所载资料不存在任何虚假记载、误导性陈述或者重大遗漏，并对其内容的真实性、准确性和完整性负个别及连带责任。本年度报告摘要摘自年度报告，投资者欲了解详细内容，应阅读年度报告。

一、公司简介

1、公司法定中文名称：内蒙古仕奇实业股份有限公司

英文名称：INNER MONGOLIA SHIQI INDUSTRIAL CO.,LTD

2、公司法定代表人：于志辉

3、公司董事会秘书：刘海峰

联系地址：内蒙古呼和浩特市诺和木勒大街54号

联系电话：0471-5920334

传真：0471-5920337

4、公司注册地址及办公地址：内蒙古呼和浩特市诺和木勒大街54号

邮政编码：010020

电子信箱：SUIXUEJUN@SOHU.COM

5、公司选定《中国证券报》、《上海证券报》披露信息，公司年报登载于 http://www.sse.com.cn 网站，公司年度报告备置点：内蒙古仕奇实业股份有限公司证券部

6、公司股票上市交易所：上海证券交易所

股票简称：仕奇实业　　股票代码：600240

二、会计数据和业务数据摘要

（一）、本年度会计数据摘要

利润总额：	59400240.48 元
净利润：	45292972.12 元
扣除非经常性损益后的净利润：	45695285.14 元
主营业务利润：	89068677.05 元
其他业务利润：	938806.92 元
营业利润：	54809725.29 元
投资收益：	-2528130.96 元
补贴收入：	5000000.00 元
营业外收支净额：	2118646.15 元
经营活动产生的现金流量净额：	63591888.11 元
现金及现金等价物净增加额：	451785411.61 元

注："扣除非经常性损益后的净利润"中扣除项目及金额：

本年度发行新股无效申购冻结资金利息摊销：2125817.94 元；股权投资差额摊销：-2528130.96 元。

2、前三年主要会计数据和财务指标比较

指标项目	2000.12.31	比上期增减(%)	1999.12.31	1998.12.31
主营业务收入(元)	232617886.12	15.21	201900136.78	201868931.38
净利润(元)	45292972.12	29.85	34881877.39	29989901.78
总资产(元)	1012645651.97	157.01	394011144.24	373863285.51
股东权益(元)(不含少数股东权益)	746401969.29	434.44	139660557.73	130439369.03
每股收益(元)摊薄	0.2588	-25.80	0.3488	0.2990
加权	0.3294	-5.56	0.3488	0.2990
每股净资产(元)	4.27	205.00	1.40	1.30
调整后的每股净资产(元)	4.22	217.29	1.33	1.28
每股经营活动产生的现金流量净额(元)	0.363	11.69	0.325	
净资产收益率(%)摊薄	6.07	-75.70	24.98	22.99
加权	9.98	-51.60	20.62	

注：以上指标计算涉及股份总数时，2000年末按175000000股计算，1999年、1998年按100000000股计算；

3、新增财务指标

报告期利润	净资产收益率 全面摊薄	净资产收益率 加权平均	每股收益 全面摊薄	每股收益 加权平均
主营业务利润	11.93%	19.63%	0.5090	0.6478
营业利润	7.34%	12.08%	0.3132	0.3986
净利润	6.07%	9.98%	0.2588	0.3294
扣除非经常性损益后的净利润	6.12%	10.23%	0.2611	0.3377

4、报告期内股东权益变动情况

单位：元

项目	期初数	本期增加	本期减少	期末数
股本	100000000.00	75000000.00		175000000.00
资本公积	30048847.78	507791769.77		537840617.55
盈余公积	4196767.60	4494964.18		8691731.78
法定公益金	4196767.60	4494964.18		8691731.78
未分配利润	1218174.75	14959713.43		16177888.18
股东权益合计	139660557.73	606741411.56		746401969.29

变动原因：

1）、股本：本年发行新股7500万股；

2）、资本公积：本年发行新股超面值缴入部分和有效申购冻结资金利息扣除发行费用后的金额计入；

3）、盈余公积、法定公益金：分别按本年度净利润的10%提取；

4）、未分配利润：本年度实现的净利润扣除提取的盈余公积、法定公益金及向全体股东支付现金股利后的金额计入。

三、股本变动及股东情况介绍

1、股本变动情况

a）根据中国证监会证监发行字[2000]58号文件，2000年5月25日至5月29日采取向法人配售和对一般投资者上网发行相结合的方式，发行人民币普通股7500万股，其中向证券投资基金配售1500万股，向法人配售2000万股，5月26日，向一般投资者上网发行4000万股。

b）2000年6月28日，仕奇实业股票在上海证券交易所挂牌交易，本次上市流通的股数为4750万股，向法人配售的2000万股和向证券投资基金配售的750万股于2000年12月28日在上交所挂牌交易。

2、股东情况介绍

（1）、截止2000年12月31日止，持有本公司股份的股东总户数为48897户。

（2）、持有本公司股份前10名股东的持股情况（截止2000年12月31日）

名次	股东名称	持股数(股)	占总股本(%)
1	内蒙古仕奇集团有限责任公司	98462116	56.26%
2	泰和基金	586178	0.33%
3	兴和基金	507025	0.29%
4	景福基金	439634	0.25%
5	金鑫基金	439634	0.25%
6	天元基金	439634	0.25%
7	裕隆基金	439634	0.25%
8	安顺基金	439634	0.25%
9	汉兴基金	439634	0.25%
10	同盛基金	439634	0.25%

注：本公司没有发现前十名股东之间存在关联关系，所持股份无质押、冻结情况。

3、内蒙古仕奇集团为本公司第一大股东，持有本公司56.26%的股份，属国有法人股。法定代表人：葛健。经营范围：羊毛加工、纺织、服装生产销售及原辅材料的研制开发，纺织、服装技术开发、技术转让、项目投资。所持股份无质押、冻结情况。

4、本报告期内公司控股股东没有发生变更情况。

四、股东大会简介

2000年度，公司共召开二次股东大会，具体说明如下：

1、2000年4月22日召开了2000年第一次临时股东大会，会议通过如下决议：

同意葛健先生辞去公司董事长及董事职务，同意增补蒿慧敏女士为公司董事；

2、2000年5月18日召开了1999年度股东大会，通过如下决议：

审议通过了《1999年度董事会工作报告》；

审议通过了《1999年度监事会工作报告》；

审议通过了《1999年度财务决算报告和2000年财务预算报告》；

五、董事会报告

1、公司经营情况

（1）、公司所处的行业及其地位

公司属于服装行业，主要从事仕奇牌中高档西装，仕奇牌精纺面料的生产销售，精梳羊毛毛条的生产业务。公司目前拥有年产中高档西装30万套的生产能力，是我国重要的服装生产加工企业之一，产品70%左右内销，30%左右销往日本市场，在日本市场的占有率为1%左右。

（2）、公司主营业务范围及经营情况

a）公司主营业务是中高档西装、服装、精纺面料、精梳羊毛毛条、化纤条的生产、销售及研制开发，自营进出口贸易。2000年，公司面对国内外市场的激烈竞争，以市场为导向，强化产品质量，努力降低成本、降低消耗、加强内部管理，基本实现了年初制定的生产经营目标。全年生产西装19.83万套，实现主营业务收入23262万元，实现主营业务利润8907万元，净利润4529万元，实现了2000年盈利预测的95%。

b）公司的全部销售收入均为主营业务收入

c）公司控股子公司的经营情况：

公司名称	注册资本	控股比例	销售收入	利润总额
内蒙古青松制衣有限责任公司	8,455,403	51%	55,166,042.33	1390503.76
内蒙古青鸟毛纺织有限责任公司	30,054,300	51%	15,425,759.71	-1003852.53

说明：青鸟毛纺织有限责任公司亏损的原因：开工不足所致

(3)、在经营中出现的问题与困难及解决办法

因公司生产精梳羊毛毛条、精纺面料、西装，形成了一条龙的产业链条，主要面对市场的产品为西装，产品生产周期较长，结构单一，服装品种调整的速度慢。为改变此种情况，使各类产品能充分满足市场需求，公司将产业链中的每一环节均推向市场，使原来仅有的一只触角变为三只触角，逐步解决了这一问题，同时增强了上游产品企业的市场竞争意识，锻炼了公司整体的市场适应能力。

2、公司财务状况

公司财务状况及变动的主要原因

(1)、总资产：101265万元，本年增加61864万元。主要是因为发行新股募集资金及公司盈利产生。

(2)、长期负债：1123万元，本年增加203万元。主要是因为本年度发行新股无效申购冻结资金利息尚未摊销部分计入，筹建期间汇兑损益补亏、支付职工宿舍楼工程款转出。

(3)、股东权益：74640万元，本年增加60674万元。主要是因为本年度发行新股增加了股本与资本公积金。

(4)、主营业务利润：8907万元，本年增加1126万元。主要是因为本年度增加销售收入、降低成本所致。

(5)、净利润：4529万元，本年增加1041万元。主要是因为主营业务利润增加和利息收入增加所致。

3、公司投资情况

(1)、报告期内，公司于2000年5月25日至5月29日发行人民币普通股(A股)7500万股，扣除发行费用，募集资金582677244.4万元。公司严格按照《招股说明书》中披露的内容，对相应项目进行了投入(见下表)，本报告期内，募集资金共使用171755472元，基本符合《招股说明书》中募集资金年度使用计划。

工程名称	批准文号	资金来源	项目进度	期末数
毛条土建改造	国经贸改[1998]25号	自筹、募集	10%	6,126,086.64
西装生产线	国经贸改[1998]24号	募集	40%	98,349,592.36
毛纺改造	国经贸改[1998]25号	募集		67,279,793.00
合计				171,755,472.00

辽宁时代服装进出口股份有限公司

一、公司简介

1.公司法定中文名称:辽宁时代服装进出口股份有限公司
公司英文名称:LIAONING TIMES GARMENTS I/E INC.
公司法定代表人:范晓远　公司董事会秘书:邹明刚
联系地址:大连市中山区港湾街7号时代大厦　电话:0411-27983179
传真:0411-2798000　电子信箱:600241 times @sina.com
2.公司注册地址:大连市中山区港湾街7号
公司办公地址:大连市中山区港湾街7号时代大厦　邮政编码:116001
公司国际互联网网址:http:www.global.com/lntimes.co.
公司电子信箱:lntime @ mail.dlptt.ln.cn
3.公司选定的信息披露报纸名称:《中国证券报》、《上海证券报》
刊载公司年度报告的中国证监会指定国际互联网网址:http:www.sse.com.cn
4.公司股票上市交易所:上海证券交易所
股票简称:辽宁时代　股票代码:600241

二、会计数据和业务数据摘要

(一)公司本年度利润总额及构成:(单位:元,合并报表)

1.利润总额:	47,734,896.23
2.净利润:	31,617,665.51
3.扣除非经营性损益后的净利润:	31,719,206.87
4.主营业务利润:	88,987,478.90
5.其他业务利润:	1,039,919.39
6.营业利润:	48,940,720.97
7.投资收益:	-391,854.16
8.补贴收入:	
9.营业外收支净额:	-813,970.58
10.经常活动产生的现金流量净额:	56,349,219.59
11.现金及现金等价物净增加额:	186,824,181.92

注:扣除的非经常性损益项目和涉及金额:

(1)贴息收入:	1,104,283.38
(2)新股申购冻结资金利息:	267,484.44
(3)合并价差摊入:	-391,854.16
(4)捐赠支出:	1,000,000.00
(5)固定资产清理支出等:	81,455.02
合计:	101,541.36

(二)截止报告期末公司前三年主要会计数据和财务指标(单位:人民币元)

项目	2000年	1999年	1998年
主营业务收入:	1,033,812,437.32	914,068,595.61	1,063,573,045.71
净利润:	31,617,665.51	29,512,054.25	29,284,913.12
总资产:	617,069,314.91	291,836,406.18	269,639,012.64
股东权益(不含少数股东权益):	346,936,349.85	121,705,384.34	93,531,020.51
每股收益(摊薄):	0.2983	0.3883	0.3853
每股收益(加权):	0.4028	0.3883	0.3853
每股净资产:	3.2730	1.6014	1.2307
调整后的每股净资产:	3.2712	1.6007	1.2298
每股经营活动产生的现金流量净额:	0.5316	0.6506	
净资产收益率(%,摊薄):	9.11	24.25	31.31
净资产收益率(%,加权):	20.46	24.25	31.31

(三)利润分配表附表(单位:人民币元)

报告期利润		净资产收益率(%)		每股收益(元)	
		摊薄	加权	摊薄	加权
主营业务利润	88,987,478.90	25.65	57.59	0.8395	1.1336
营业利润	48,940,720.97	14.11	31.67	0.4617	0.6234
净利润	31,617,665.51	9.11	20.46	0.2983	0.4028
扣除非经常性损益后净利润	31,719,206.87	9.14	20.53	0.2992	0.4041

(四)股东权益变动情况:(单位:人民币元)

项目	期初数	本期增加	本期减少	期末数
股本	76,000,000.00	30,000,000.00	-----	106,000,000.00
资本公积	36,713,330.09	174,213,300.00	-----	210,926,630.09
盈余公积	4,426,808.14	4,707,604.06	-----	9,134,412.20
法定公益金	1,475,602.71	1,569,201.35	-----	3,044,804.06
未分配利润	4,565,246.11	26,910,061.45	10,600,000.00	20,875,307.56
股东权益合计	121,705,384.34	235,830,965.51	10,600,000.00	346,936,349.85

变动原因:1.股本增加系公司于2000年11月6日发行3000万股人民币普通股股票所致;
2.资本公积增加系公司以每股7.02元发行新股,超出面值部分转入资本公积所致;
3.盈余公积、法定公益金增加部分系因公司年度盈利按规定提取所致;
4.未分配利润增加为本年度利润留存大于分配所致;
5.股东权益增加系公司本年度发行新股及本年度盈利留存所致。

三、股东情况介绍

1.报告期末股东总数截止2000年12月29日公司股东总数29,656户。
2.公司前10名股东持股情况(单位:股)
截止2000年12月31日公司前10名股东持股情况如下:

序号	股东名称	持股数	占股本比例(%)
1	辽宁时代集团有限责任公司	70,000,000	66.04
2	辽宁万恒集团有限公司	3,000,000	2.83
3	辽宁省机械进出口公司	1,000,000	0.94
4	辽宁省纺织品进出口公司	1,000,000	0.94
5	中粮辽宁粮油进出口公司	1,000,000	0.94
6	程忠明	134,100	0.13
7	裕隆基金	100,000	0.09
8	同盛基金	97,000	0.09
9	陈传本	70,000	0.07
10	陈莲清	69,900	0.07

说明:本公司前10名股东之间不存在关联关系。
3.持有本公司股份10%以上股东情况

广东华龙集团股份有限公司

一、公司简介

(一)公司中文名称:广东华龙集团股份有限公司
公司英文名称:GUANGDONG HUALONG GROUPS LIMITED COMPANY
(二)公司法定代表人:岑长篇
(三)公司董事会秘书:王晓
联系地址:广东省阳江市上坑路七号之一
电话:0662—3235645
传真:0662—3221747
电子信箱:00242@sina.com
(四)公司注册地址:广东省阳江市上坑路七号之一
公司办公地址:广东省阳江市上坑路七号之一　邮政编码:529500
电子信箱:gdhualong@sina.com
(五)公司选定的信息披露报纸:《中国证券报》、《上海证券报》
登载年报的中国证监会指定国际互联网网址:http://www.see.com.cn
公司年报备置地点:公司证券部
(六)公司股票上市交易所:上海证券交易所
股票简称:华龙集团　股票代码:600242

二、会计数据和业务数据摘要

(一)本年度主要会计数据(单位:元)

项目	金额
利润总额	32,647,948.02
净利润	26,307,165.21
扣除非经营性损益后的净利润	23,099,557.45
主营业务利润	35,015,747.54
其他业务利润	5,263,583.13
营业利润	27,924,700.94
投资收益	1,515,639.32
补贴收入	550,000.00
营业外收支净额	2,657,607.76
经营活动产生的现金流量净额	55,815,882.83
现金及现金等价物净增加额	144,775,502.25

注:扣除的非经常性损益项目系指:

1、补贴收入:	550,000.00
2、冻结资金利息:	2,769,701.02

(二)主要会计数据和财务指标

项目	2000年度	1999年度
主营业务收入(元)	102,257,241.13	90,920,967.67
净利润(元)	26,307,165.21	27,382,862.41
总资产(元)	707,734,323.96	298,072,848.18
股东权益(元)	525,525,196.42	169,938,031.21
每股收益		
(全面摊薄)	0.133	0.228
(加权平均)	0.194	0.228
每股净资产(元)	3.02	1.19
每股经营活动产生的现金净流量	0.32	0.30
净资产收益率(%)		
(全面摊薄)	4.48	15.29
(加权平均)	10.97	16.64

(三)利润表附表

2000年度

报告期利润	净资产收益率		每股收益	
	全面摊薄	加权平均	全面摊薄	加权平均
主营业务利润	6.80	16.63	20.1	29.4
营业利润	5.42	13.26	16.0	23.5
净利润	5.11	12.50	15.1	22.1
扣除非经常性损益后的净利润	0.0448	10.97	13.3	19.4

1999年度

报告期利润	净资产收益率		每股收益	
	全面摊薄	加权平均	全面摊薄	加权平均
主营业务利润	20.73	22.57	30.9	30.9
营业利润	15.99	17.41	23.8	23.8
净利润	16.11	17.54	24.0	24.0
扣除非经常性损益后的净利润	15.29	16.64	22.8	22.8

三、股本变动及股东情况介绍

(一)股本变动情况
(二)报告期末股东总数:44483人。
(三)报告期末前10名股东持股情况

股东名称	持股数量	持股性质	持股比例%
1 阳江市长发实业公司	30145956	国有法人股	17.32
2 阳江市金岛实业开发公司	10052481	一般法人股	5.78
3 四川省永成电子系统有限公司	4020000	定向法人股	2.31
4 深圳合力达装饰有限公司	3500000	定向法人股	2.01
5 茂名市茂南区南方公司	1500000	定向法人股	0.86
6 阳东县合山城建开发公司	1320000	定向法人股	0.76
7 阳江市东田科技开发有限公司	1260000	定向法人股	0.72
8 珠海市珠澳旅游出租汽车有限公司	1250000	定向法人股	0.72
9 阳东县合山化工助剂厂	1212000	定向法人股	0.70
10 成都英伟商贸公司	1000000	定向法人股	0.57

(四)报告期内,阳江市长发实业公司、阳江市金岛实业开发公司、阳江市龙江冷冻厂所持股份未发生增减变动情况,也未发生质押或冻结情况,且其相互间不存在关联关系。
(五)阳江市长发实业公司为本公司的国有法人股股东。

青海华鼎实业股份有限公司

一、公司简介

1 、公司法定名称:青海华鼎实业股份有限公司
公司英文名称:QingHai HuaDing Industrial CO.,LTD.
2 、公司法定代表人:于世光
3 、公司董事会秘书:刘文忠　授权代表:马新萍
联系地址:青海省西宁市南川东路 21 号　邮政编码:810021
电话:(0971)6258124　传真:(0971)6258774　电子信箱:liuwzhd@21cn.com
4 、公司注册地址:青海省西宁市柴达木西路 101 号
邮政编码:810018　电子信箱:qhhdsyoffice@china.com
5 、公司选定的信息披露报纸名称:《上海证券报》
登载年度报告的中国证监会指定网址:http://www.ssc.com.cn
公司年度报告备置地点:青海省西宁市南川东路 21 号青海华鼎证券部
6 、公司股票上市的交易所:上海证券交易所　股票简称:青海华鼎　股票代码:600243

二、会计数据和业务数据摘要

(一)公司本年度实现的利润构成及现金流量(单位:人民币元)

序号	项目	金额
1	利润总额	26,800,178.21
2	净利润	18,826,692.70
3	扣除非经常性损益后的净利润	17,443,151.65
4	主营业务利润	61,832,077.13
5	其他业务利润	460,398.62
6	营业利润	25,066,058.14
7	投资收益	150.00
8	营业外收支净额	1,733,970.07
9	经营活动产生的现金流量净额	-76,781,016.19
10	现金及现金等价物净增加额	156,914,466.65

(二)截止报告期末公司前三年主要会计数据和财务指标(单位人民币元)

序	会计数据和财务指标名称	2000 年	1999 年	1998 年
1	主营业务收入	221,722,703.90	201,565,863.36	204,912,147.94
2	净利润	18,826,692.70	15,884,803.75	13,966,551.88
3	总资产	656,271,492.03	420,861,463.87	400,403,141.42
4	股东权益(不含少数股东权益)	395,402,913.50	146,890,220.80	146,462,083.52
5	每股收益(元/股)	0.12	0.16	0.14
6	每股净资产(元/股)	2.52	1.45	1.44
7	调整后的每股净资产(元/股)	2.47	1.29	
8	每股经营活动产生的现金流量净额(元/股)	-0.45	0.25	
9	净资产收益率(%)	4.76	10.81	9.54
10	扣除非经常性损益后的每股收	0.11	0.16	
11	加权净资产收益率(%)	10.70	10.29	9.54
12	扣除非经常性损益后的加权净资产收益率(%)	9.91	10.32	

(三)根据中国证监会关于发布《公开发行证券公司信息披露编报规则》第 9 号通知精神,公司 2000 年按全面摊薄法和加权平均法计算的净资产收益率及每股收益:

报告期利润	净资产收益率(%)		每股收益(元)	
	全面摊薄	加权平均	全面摊薄	加权平均
主营业务利润	15.64	35.14	0.39	0.58
营业利润	6.34	14.24	0.16	0.24
净利润	4.76	10.70	0.12	0.18
扣除非经常性损益后净利润	4.41	9.91	0.11	0.16

注 1 、扣除的非经常性损益的项目及金额:1)处理固定资产净收益-112569.30 元;2)2000 年股票发行冻结申购资金利息当年摊销额 1676989.16 元;3)前两项对所得税的影响 180851.81 元。以上扣除影响净利润额计 1383541.05 元。注 2 、主要财务指标的计算方法:

(四)报告期内股东权益变动情况(单位:人民币元):

项目	期初数	本期增加	本期减少	期末数
股本	101,600,000.00	55,000,000.00		156,600,000.00
资本公积	47,442,012.80	180,950,000.00		228,392,012.80
盈余公积	3,237,656.40	2,824,003.91		6,061,660.31
其中:公益金	1,079,218.80	941,334.64		2,020,553.31
未分配利润	-5,389,448.40	9,738,688.79		4,349,240.39
合计	146,890,220.80	248,512,692.70		395,402,913.50

变动原因:

1 、股本 2000 年 11 月向社会公开发行人民币普通股股票,增加股本 55,000,000.00 元。

2 、资本公积 55,000,000.00 股流通股溢价 180,950,000.00 元。

3 、盈余公积 2000 年度利润分配增加 2,824,003.91 元,其中法定盈余公积增加 1,882,669.27 元,法定公益金增加 941,334.64 元。

4 、未分配利润 2000 年度增加 9,738,688.79 元,为利润分配剩余。

三、股本变动及股东情况

(一)股本变动情况

(二)报告期末公司股东情况介绍

1 、报告期末公司股东总数 11272 户。

2 、公司前 10 大股东持股情况

序号	股东名称	持股数量(股)	占总股本比例(%)
1	青海重型机床厂	50000000	31.93%
2	广东万鼎企业集团有限公司	49720000	31.75%
3	番禺市万鸣实业有限公司	1200000	0.77%
4	开元基金	957698	0.61%
5	彭真英	425400	0.27%
6	陈家川	408000	0.26%
7	姜正贵	401000	0.26%
8	刘贤金	369800	0.24%
9	陈甬光	365000	0.23%
10	朱章群	333600	0.21%

公司前十名股东中,前 3 名青海重型机床厂、广东万鼎企业集团有限公司、番禺市万鸣实业有限公司是发起人股东,所持股份暂不流通;第 4-10 名为流通股股东,未知其关联关系。

北京先锋粮农实业股份有限公司

一、公司简介

1、公司法定中文名称:北京先锋粮农实业股份有限公司
法定英文名称:BEIJING PIONEER FOOD & AGRICULTURE CO., LTD
2、公司法定代表人:段玉顺先生
3、公司董事会秘书:程晓日希先生　联系地址:北京市西城区赵登禹路 277 号先锋商务楼
电话:(010)66128936　传真:(010)66128935　电子信箱:chengxiaoxi@pioneer-bj.com.cn
公司董事会证券事务代表:于琛先生
联系地址:北京市西城区赵登禹路 277 号先锋商务写字楼　电话:(010)66128972 转 201
传真:(010)66128935　电子信箱:yuchen@pioneer-bj.com.cn
4、公司注册地址:北京市海淀区苏州街 29 号
办公地址:北京市西城区赵登禹路 277 号先锋商务楼　邮政编码:100034
电子信箱:webmaster@pioneer-bj.com.cn
5、公司选定的信息披露报纸名称:中国证券报、上海证券报
登载公司年度报告的中国证监会指定国际互联网网址:www.sse.com.cn
公司年度报告备置地点:北京市西城区赵登禹路 277 号先锋商务楼 501 室
6、公司股票上市交易所:上海证券交易所　股票简称:先锋股份　股票代码:600246

二、会计数据和业务数据摘要

(一)本年度主要利润指标(单位:人民币元)

项目		2000 年 12 月 31 日
1.	利润总额	22928820.04
2.	净利润	18067594.82
3.	扣除非经常性损益后的净利润	17759109.64
4.	主营业务利润	25774088.34
5.	其它业务利润	5436242.59
6.	营业利润	14119081.88
7.	投资收益	8511635.04
8.	补贴收入	
9.	营业外收支净额	298103.12
10.	经营活动产生的现金流量净额	13516395.81
11.	现金及现金等价物净增加额	205709898.18

注:扣除非经常性损益后的净利润为扣除了本次股票发行过程中冻结的申购资金利息报告期内应分摊的部分 272767.5 元。

根据中国证监会关于发布《公开发行证券公司信息披露编报规则》第 9 号通知的要求,公司报告期每股收益和净资产收益率指标如下表所示:

报告期利润	净资产收益率(%)		每股收益(元)	
	全面摊薄	加权平均	全面摊薄	加权平均
主营业务利润	8.59	17.89	0.28	0.37
营业利润	4.71	9.80	0.15	0.20
净利润	6.02	12.54	0.20	0.26
扣除非经常性损益后的净利润	5.92	12.33	0.19	0.26

(二)截至报告期末公司前三年的主要会计数据和财务指标(单位:人民币元)

项目	2000 年	1999 年	1998 年
1.营业务收入	189469844.47	121134247.00	102494817.6
2.净利润	18067594.82	19495953.77	20224899.72
3.总资产	414643962.00	202304189.35	133350689.25
4.股东权益	292606690.88	86092266.06	80288240.75
5.每股收益	0.1964	0.3145	0.3262
6.按月平均加权计算的每股收益	0.2600		
7.扣除非经常性收益后的每股收益	0.1930	0.3060	0.2555
8.每股净资产	3.1805	1.3886	1.2950
9.调整后的每股净资产	3.1521	1.3427	1.2376
10.每股经营活动产生的现金流量净额	0.1469	0.1872	
11.净资产收益率(%)	6.0232	19.5381	20.1216

(三)报告期内股东权益变动情况。(单位:人民币元)

项目	股本(万股)	资本公积	盈余公积	法定公益金	未分配利润	股东权益合计
期初数	620	19017872.99	1949595.38	974797.69	2150000	86092266.06
本期增加	3000	165806830.00	1806759.48	903379.74	18067594.82	216584564.04
本期减少					10070139.22	10070139.22
期末数	9200	184824702.99	3756354.86	1878177.43	10147455.6	292606690.88

变动原因发行新股

三、股本变动及股东情况

(一)股本变动情况:

(二)股东情况介绍

1.截止 2000 年 12 月 31 日,公司股东总数为 21056 户。

2. 截止 2000 年 12 月 31 日,公司前 10 名股东持股情况如下表所示:

序号	股东名称	持股数	持股比例(%)
1	北京顺通实业公司	19430000	21.12
2	山东邹平西王实业有限公司	15660000	17.02
3	延吉吉辰经济发展有限责任公司	12810000	13.92
4	山东邹平粮油实业公司	10920000	11.87
5	中国建筑第一工程局第五建筑公司	3180000	3.46
6	医促会	611794	0.66
7	智通达	276025	0.30
8	王秀云	185000	0.20
9	宋丽	120000	0.13
10	中技上海	115000	0.125

注:(1)报告期内,持有本公司 5%以上股份的股东的持股数量未发生变化,所持股份未被质押或冻结。

(2)报告期内,公司第一大股东未发生变化。

(3)报告期内,公司前 5 名股东为公司发起人股东,不存在关联关系。第 6 至第 10 名股东为流通股股东,公司未知其关联关系。

吉林物华(集团)股份有限公司

一、公司简介

1、 公司法定中文名称:吉林物华(集团)股份有限公司
中文缩写:物华集团
公司英文名称:JILIN WUHUA GROUP CO.,LTD
英文缩写:WUHUA GROUP
2、 公司法定代表人:张玉琦
3、公司董事会秘书:高观生
联系地址:吉林省吉林市怀德街 29 号 邮政编码:132001
联系电话:(0432)2455888-2058
传真:(0432)2452677
电子信箱:Ggs@chinawh.com
4、 公司注册地址:吉林省吉林市怀德街 29 号
公司办公地址:吉林省吉林市怀德街 29 号 邮政编码:132001
公司国际互联网地址: http://www.chinawh.com
公司电子信箱 :600247@chinawh.com
5、公司选定的信息披露报纸:上海证券报
公司登载年度报告的国际互联网网址:Http://www.sse.com.cn
公司年度报告备置地点:公司董事会秘书处
6、公司股票上市交易所:上海证券交易所
股票简称:物华股份 股票代码:600247

二、会计数据和业务数据摘要

1、公司本年度主要会计数据。
公司本年度主要利润指标情况 (单位:人民币元)

利润总额:	20,796,064.43
净利润:	17,494,537.71
扣除非经常性损益的净利润:	17,523,605.72
主营业务利润:	44,156,417.49
其它业务利润:	1,789,926.66
营业利润:	20,825,242.77
投资收益:	-110.33
补贴收入:	144,600.93
营业外收支净额:	-173,668.94
经营活动产生的现金流量净额:	8,338,328.10
现金及现金等价物净增加额:	147,665,477.03

注:扣除非经常性损益后的净利润指从净利润中扣除公司报告期内正常经营损益之外的、一次性或偶发性损益。"非经常性损益"的构成为 1、营业外收支净额-173,668.94 元。其中:资产处置损失 510,805.40 元;车辆事故损失 8503.12 元;捐赠支出 2,728 元;罚款支出 136,935.26 元;其它支出 670.12 元;新股无效申购冻结利息 367,152 元,清理银行未达形成收入 10,820.96 元;其它收入 108,000 元。2、补贴收入 144,600.93 元。

2、公司近三年主要会计数据和财务指标。
主要会计数据与财务指标 (单位:人民币元)

项 目	2000 年
主营业务收入	119,810,226.88
净利润	17,494,537.71
总资产	428,812,581.93
股东权益	321,725,984.26
每股收益(全面摊薄)	0.16
每股收益(加权平均)	0.22
扣除非经常性损益后的每股收益	0.16
每股净资产	2.92
调整后的每股净资产	2.82
净资产收益率(全面摊薄)	5.44
加权平均净资产收益率	9.44
每股经营活动产生的现金流量净额(全面摊薄)	0.08

项 目	1999 年 调整后	1999 年 调整前
主营业务收入	82,707,353.40	82,707,353.40
净利润	17,159,548.19	18,829,264.54
总资产	281,630,072.91	283,594,445.09
股东权益	150,035,446.55	151,705,162.90
每股收益(全面摊薄)	0.23	0.25
每股收益(加权平均)	0.23	0.25
扣除非经常性损益后的每股收益	0.23	0.25
每股净资产	2.00	2.02
调整后的每股净资产	1.84	1.86
净资产收益率(全面摊薄)	11.44	12.41
加权平均净资产收益率	11.41	12.37
每股经营活动产生的现金流量净额(全面摊薄)	0.01	0.01

三、股东情况介绍

(1)报告期末股东总数 27700 户。
(2)前十名股东持股情况。

	股东名称	持 股 数
1	中国再生资源开发公司	26,250,000
2	吉林市物资回收利用总公司	13,730,000
3	哈尔滨物资调剂贸易中心	9,000,000
4	哈尔滨供销物资集团公司	7,920,000
5	吉林市供销合作社联合社	6,000,000
6	吴墀衍	370,000
7	吴祖坤	370,000
8	刘福秀	333,800
9	苗华仁	310,000
10	童瑞英	260,000

杨凌秦丰农业科技股份有限公司

一、公司简介

1、公司法定中文名称:杨凌秦丰农业科技股份有限公司
公司法定英文名称: YANGLING QINGFENG AGRI.SCI.&TEC.CO.,LTD.
2、公司法定代表人:庄 峰
3、公司董事会秘书:薛慎民
联系地址:西安经济技术开发区凤城二路 6 号
电话:(029)6522826 传真:(029)6522826
4、公司注册地址:杨凌农业高新技术产业示范区西农路六号
公司办公地址:西安经济技术开发区凤城二路 6 号 邮编:710016
Http://www.qinfeng—agri.com Email:qfzykj@pub.xaonline.com
5、公司选定的信息披露报纸为《上海证券报》
公司年度报告登载的互联网网址:http://www.sse.com.cn
公司年度报告备置地点:西安经济技术开发区凤城二路 6 号秦丰大厦
6、公司股票上市地:上海证券交易所
股票简称:秦丰农业 股票代码:600248

二、会计数据和业务数据摘要

1、本年度主要利润指标(单位:人民币元)

利润总额:	31,448,738.10
净利润:	31,150,246.13
扣除非经常性损益后的净利润:	28,447,669.83
主营业务利润:	53,077,282.06
其他业务利润:	1,995,546.12
营业利润:	28,708,578.37
投资收益:	37,583.43
补贴收入:-	
营业外收支净额:	2,702,576.30
经营活动产生的现金流量净额:	31,480.93
现金及现金等价物净增加额	222,176,331.32

注:扣除非经营性损益涉及的项目及金额
补贴收入:-
营业外收支净额: 2,702,576.30
说明:"扣除非经常性损益后的净利润"中扣除项目为社会公众股认购资金冻结利息,金额为 1,588,540.43 元,无法支付的应付款收入 39,254.00 元,其他净收入 1,178,689.30 元;罚款支出 1,300.00 元,转商损失及赔偿损失 98,107.58 元,处理固定资产净损失 4,499.85 元。

2、截止报告期末公司前三年主要会计数据及财务指标(合并数)单位:元

项目	2000 年	1999 年	1998 年
主营业务收入	164,196,755.12	152,672,238.29	121,072,174.13
净利润	31,150,246.13	29,067,478.50	25,224,321.50
总资产	591,274,506.40	238,237,626.42	198,334,893.23
股东权益	496,553,565.07	115,872,553.53	107,010,075.03
(不含少数股东权益)每股收益(摊薄)	0.24	0.36	0.31
每股收益(加权)	0.29	0.36	0.31
每股净资产	3.85	1.43	1.32
净资产收益率(%)(摊薄)	6.27	25.09	23.57
净资产收益率(%)(加权)	8.90	30.48	51.15
调整后的每股净资产	3.63	1.43	1.32
每股经营活动产生的现金流量净额	0.0007		
扣除非常性损益后的每股收益	0.22		

注 1:以 2000 年 12 月 31 日公司 12882 万股股本为计算依据;
注 2:以上数据和指标均按合并会计报表数填列、计算。

3、利润表附表

报告期利润	净资产收益率(%) 全面摊薄	净资产收益率(%) 加权平均	每股收益(元) 全面摊薄	每股收益(元) 加权平均
主营业务利润	10.69	15.01	0.41	0.49
营业利润	5.78	8.12	0.22	0.26
净利润	6.27	8.81	0.24	0.29
扣除非经常性损益后的净利润	5.73	8.05	0.22	0.26

4、股东权益变动情况(单位:元)

项目	期初数	本期增加	本期减少	期末数
股本	80,820,000.00	48,000,000.00	--	128,820,000.00
资本公积	26,957,474.75	301,530,765.41	--	328,488,240.16
盈余公积	6,849,818.08	4,746,071.42	--	11,595,889.50
法定公益金	1,944,341.95	1,582,023.81	--	3,526,365.76
未分配利润	1,245,260.70	26,404,174.71	--	27,649,435.41
股东权益合计	115,872,553.53	380,681,011.54	--	496,553,565.07

三、股东情况介绍

(1)报告期末股东总数
截止 2000 年 12 月 31 日止,公司股东总数为 16060 户。
(2)公司前 10 名股东持股情况:

名次	股东名称	年末持股数(股)	占总股本比例(%)
1	陕西省种业集团有限责任公司	47080000	36.55
2	杨凌现代农业开发有限公司	17990000	13.97
3	陕西嘉业科工贸有限公司	8250000	6.39
4	陕西省投资公司	4500000	3.49
5	开元基金	4000000	3.11
6	西北农业大学农业科技发展公司	2250000	1.75
7	中国科学院西北植物研究所科飞农业科技开发中心	750000	0.58
8	王春奇	404531	0.31
9	金元基金	378780	0.29
10	田金兰	346210	0.27

说明:(1)持股 5%(含 5%)以上的法人股股东所持股份未发生抵押、冻结等情况;
(2)前十名股东之间不存在关联关系。

南京纺织品进出口股份有限公司

南京纺织品进出口股份有限公司2000年年度报告摘要

重要提示：本公司董事会保证本报告所载资料不存在任何虚假记载、误导性陈述或者重大遗漏，并对其内容的真实性、准确性和完整性负个别及连带责任。

一、公司简介

(一)公司法定名称： 中文：南京纺织品进出口股份有限公司
英文：NANJING TEXTILES IMP/EXP CORP.,LTD.
(二)公司法定代表人：单晓钟
(三)公司董事会秘书：丁杰 ； 授权代表：侯蕾 联系地址：南京市云南北路77号十六楼
联系电话：025-3306789 传真：025-3300518 电子信箱：djnj@jlonline.com.com
(四)公司注册地址：南京市鼓楼区云南北路77号
公司办公地址：南京市鼓楼区云南北路77号 邮政编码：210009
公司互联网网址：http://www.nantex.com.cn 电子信箱：nantex@public1.ptt.js.cn
(五)公司选定的信息披露报纸：《上海证券报》
刊载公司年度报告的中国证监会指定国际互联网网址： http://www.sse.com.cn
公司年度报告备置地点：公司董事会秘书办公室
(六)公司股票上市交易所：上海证券交易所 股票简称：南纺股份 股票代码：600250

二、会计数据和业务数据摘要

(一)公司本年度主要利润指标情况(单位：元)

1.利润总额：	58,810,971.72
2.净利润：	38,223,063.38
3.扣除非经常性损益后的净利润：	29,709,232.83
4.主营业务利润：	216,052,538.44
5.其他业务利润：	2,272,269.35
6.营业利润：	50,147,217.88
7.投资收益：	149,923.29
8.补贴收入：	8,267,700.00
9.营业外收支净额：	246,130.55
10.经营活动产生的现金流量净额：	35,986,438.96
11.现金及现金等价物净增加额：	38,397,182.63

注：扣除的非经常性损益项目和涉及金额
补贴收入： 8,267,700.00
营业外收入： 1,954,518.17
营业外支出： 1,708,387.62

(二)公司近三年主要会计数据和财务指标：

序号	指标项目	2000年	1999年
1	主营业务收入	2,516,712,707.32	1,829,278,531.39
2	净利润	38,223,063.38	30,341,844.24
3	总资产	667,655,028.03	579,803,068.14
4	股东权益	182,787,302.87	178,785,647.59
5	每股收益	0.49	0.39
6	每股净资产	2.35	2.30
7	调整后的每股净资产	2.11	1.24
8	每股经营活动产生的现金流量净额	0.46	-0.32
9	净资产收益率(%)	20.91	16.97

注：主要财务指标的计算方法
每股收益=净利润/年度末普通股股份总数
每股净资产=年度末股东权益/年度末普通股股份总数
调整后的每股净资产=(年度末股东权益-三年以上的应收款项净额-待摊费用-待处理(流动、固定)资产净损失-开办费-长期待摊费用-住房周转金负数余额)/年度末普通股股份总数
每股经营活动产生的现金流量净额=经营活动产生的现金流量净额/年度末普通股股份总数
净资产收益率=净利润/年度末股东权益×100%

(三)按照中国证监会《公开发行证券公司信息披露规则》第九号要求计算的利润表附表：

	净资产收益率(%)		每股收益(元/股)	
	全面摊薄	加权平均	全面摊薄	加权平均
主营业务利润	118.20	109.17	2.78	2.78
营业利润	27.43	25.34	0.65	0.65
净利润	20.91	19.31	0.49	0.49
扣除非经常性损益后的净利润	16.25	15.01	0.38	0.38

注：1.全面摊薄净资产收益率=报告期利润/期末净资产
2.全面摊薄每股收益=报告期利润/期末股份总数
3.加权平均净资产收益率(ROE)的计算公式如下：
$ROE=P/(E0+NP/2+Ei\times Mi/M0-Ej\times Mj/M0)$
其中：P为报告期利润；NP为报告期净利润；E0为期初净资产；Ei为当期发行新股或债转股等新增净资产；Ej为当期回购或现金分红等减少净资产；M0为报告期月份数；Mi为新增净资产下一月份至报告期期末的月份数；Mj为减少净资产下一月份至报告期期末的月份数。
4.加权平均每股收益(EPS)的计算公式如下：
$EPS=P/(S0+S1+Si\times Mi/M0-Sj\times Mj/M0)$
其中：P为报告期利润；S0为期初股份总数；S1为因公积金转增股本或股票股利分配等增加股份数；Si为当期因发行新股或债转股等增加股份数；Sj为当期因回购或缩股等减少股份数；M0为报告期月份数；Mi为自增加股份下一月份至报告期期末的月份数；Mj为自减少股份下一月份至报告期期末的月份数。

(四)报告期末股东权益变动情况及变动原因(单位：万元)

项目	股本	资本公积	盈余公积	法定公益金	未分配利润	股东权益合计
期初数	7,766.28	0	5,232.23	1,689.13	4,880.05	17,878.56
本期增加	0	0	1,146.69	382.23	0	1,146.69
本期减少	0	0	0	0	746.52	746.52
期末数	7,766.28	0	6,378.92	2,071.36	4,133.53	18,278.73
变动数	0	0	1,146.69	382.23	-746.52	400.17

变动原因：1.盈余公积：本年度按规定提取盈余公积1146.69万元；
2.法定公益金：本年度按规定提取法定公益金382.23万元；
3. 未分配利润：2000年9月底，根据财政部财企字[2000]295号文将住房周转金借方余额768.88万元冲减未分配利润，上年度未分配利润4880.05万元，本年度净利润3822.31万元，在提取盈余公积、法定公益金后可供股东分配利润为7169.02万元，再提取任意盈余公积382.23万元，扣除应付普通股股利2653.26万元，年末未分配利润余额4133.53万元。

(五)股票发行与上市情况

2001年1月10日，中国证监会以证监发行字[2001]7号文批复同意本公司利用上海证券交易所交易系统，采用上网定价发行方式向社会公开发行人民币普通股股票5500万股。2001年1月18日，2001年3月1日，本公司在《上海证券报》、《中国证券报》、《证券时报》分别刊登了公司《招股说明书》和《上市公告书》。2001年2月5日，本公司股票在上交所上网发行，发行价格8.12元/股，发行数量5500万股，扣除发行费用2315.21万元后共募集资金42344.79万元。2001年3月6日，经上证所同意，公开发行的5500万股普通股股票在上海证券交易所挂牌上市交易。上市后，公司总股本由7766.28万变更为13266.28万。

三、股本变动及股东情况

(一) 股本变动情况
1.股份变动情况
(1)股份变动情况表 数量单位：股

	本次变动前	配股	送股	公积金转股	增发	其他	小计	本次变动后
一、未上市流通股份								
1.发起人股份	62,362,800							62,362,800
其中：国家持有股份	62,362,800							62,362,800
2.募集法人股份	13,358,400							13,358,400
3.内部职工股	1,941,600							1,941,600
未上市流通股份合计	77,662,800							77,662,800
二、已上市流通股份								
已上市流通股份合计								
三、股份总数	77,662,800							77,662,800

(2)股票发行与上市情况

①2001年1月10日，中国证监会以证监发行字[2001]7号文批复同意本公司利用上海证券交易所交易系统，采用上网定价发行方式向社会公开发行人民币普通股股票5500万股。2001年1月18日，2001年3月1日，本公司在《上海证券报》、《中国证券报》、《证券时报》分别刊登了公司《招股说明书》和《上市公告书》。2001年2月5日，本公司股票在上交所上网发行，发行价格8.12元/股，发行数量5500万股，扣除发行费用2315.21万元后共募集资金42344.79万元。2001年3月6日，经上证所同意，公开发行的5500万股普通股股票在上海证券交易所挂牌上市交易。

②公司内部职工股情况

本公司于1994年5月按面值募集内部职工股500万股，1997年4月和1998年4月公司分别按10：8和10：7的比例转增股本后，内部职工股变为1530万股，1999年7月，经南京市经济体制改革委员会以宁体改综字[1999]63号文《关于同意南京纺织品内部职工股部分转为社会法人股的批复》批准，公司1335.84万股内部职工股转让给社会法人，转让后，公司内部职工股总数变为194.16万股，根据有关政策法规规定，本公司194.16万内部职工股自本次股票发行之日起满三年后可上市流通。

(二)股东情况介绍

1.报告期末股东总数302户。

2.前十名股东持股情况

股东名称	持股数	持股比例(%)
南京市国有资产经营(控股)有限公司	62,362,800	80.30
南京商厦股份有限公司	7,358,400	9.47
南京斯亚实业有限公司	3,000,000	3.86
中国外运江苏公司	2,000,000	2.58
江苏工艺品进出口集团股份有限公司	1,000,000	1.29
单晓钟	13,520	0.017
胡海鸽	13,520	0.017
张钟灵	13,520	0.017
徐先民	13,520	0.017
杨京城	11,255	0.014

说明：(1)本公司前十名股东之间不存在关联关系

(2)持有公司5%以上(含5%)股份的股东为南京市国有资产经营(控股)有限公司和南京商厦股份有限公司。年内持股数量均未发生增减变动情况，年末持股数量为62,362,800股和7,358,400股，所持股份无质押和冻结。

(3)持有公司10%以上(含10%)股份的股东为南京市国有资产经营(控股)有限公司。南京市国有资产经营(控股)有限公司，法定代表人周发亮先生，经营范围为：对授权的股份有限公司、有限责任公司、现代企业制度试点单位的国有资产实行产权管理和经营；国有资产产权界定、转让、收购、投资、参股、控股。南京市国有资产经营(控股)有限公司代表国家持有股份。

(4)报告期内公司控股股东未发生变更。

四、股东大会简介

(一)2000年5月20日公司召开了1999年度股东大会，与会股东及股东代理人共计21人，代表股份6506万股，占公司股份总额的83.77%，符合《公司法》、《证券法》及《公司章程》的关于召开股东大会的规定。会议由董事长单晓钟先生主持，逐条审议并通过以下决议：

1、审议通过了1999年度董事会工作报告。
2、审议通过了1999年度监事会工作报告。
3、审议通过公司《2000年度向社会公开发行5500万A股股票的议案》。
4、选举产生了公司第三届董事会。
5、选举产生了公司第三届监事会。
6、审议通过《授权公司董事会全权办理本次A股发行的一切事宜的议案》。
7、审议通过公司1999年度财务报告、利润分配方案和新股发行后新股东何时享受公司利润的议案。
8、审议通过公司提取四项准备金的会计政策变更和具体提取办法，以及根据该政策对公司以前年度经营业绩调整的情况说明的议案。
9、通过公司2000年度发行A股募集资金投向的议案。
10、审议通过公司章程修改草案。

11、审议通过《关于聘请南京永华会计师事务所担任本公司财务审计的会计师事务所的议案》。

12、审议通过公司有关关联交易协议的议案。

(二)2000年6月22日上午9:30在本公司403会议室召开了2000年度第一次临时股东大会,出席会议股东15人,代表股份6551.59万股,占公司股份总额的84.34%,符合《公司法》、《证券法》和《公司章程》关于召开股东大会的规定。会议由董事长单晓钟先生主持,审议通过《关于公司以前年度滚存的未分配利润及2000年1月1日以后产生的利润由公司新老股东共享的议案》。

(三)2000年10月26日下午2:00在本公司403会议室召开2000年度第二次临时股东大会,出席会议股东20名,代表股份6610.18万股,占公司股份总额的85.11%,符合《公司法》、《证券法》和《公司章程》关于召开股东大会的规定。会议由单晓钟董事长主持,审议并通过以下决议:

1.为进一步体现稳健性原则,加强应收帐款管理力度,决定提高坏帐准备计提比例。

2.经本人申请,同意张钟灵、徐先民、唐建国、樊晔、杨春生、李瑞萍不再担任董事职务。

3.大会选举周发亮、陈山、张世雄、赵万龙、王林、张二震担任董事职务。

(四)选举、更换公司董事、监事情况

2000年5月20日,公司1999年度股东大会选举产生了公司第三届董事会和第三届监事会。2000年10月26日,2000年度第二次临时股东大会对第三届董事会进行了调整。

公司第三届董事会成员是:单晓钟、胡海鸽、杨京城、韩勇、王勇、周发亮、陈山、张世雄、赵万龙、王林、张二震。

经换届选举离任的董事为:张钟灵、徐先民;新增的董事为:韩勇、王勇、周发亮、陈山、张世雄、赵万龙、王林、张二震。

公司第三届监事会成员为:王敏、张建、周国庆。

经换届选举离任的监事为:唐建国、韩勇;新增的监事为王敏、张建、周国庆。

五、董事会报告

(一)公司经营情况

1.公司所处的行业以及公司在本行业中的地位

本公司系外经贸企业,现已在国际市场建立了相当规模的销售网络,出口商品遍及70多个国家和地区,与700多家国外客户、1400多家国内生产协作定点货源厂保持着良好的业务往来。公司连续8年跻身全国进出口总额最大的500家企业行列,连续8年出口创汇位居南京市第一,曾先后获得"全国对外经贸最佳创汇企业"、"全国对外经贸优秀企业"、"全国外经贸质量效益型先进企业"、"江苏省进出口创汇优秀企业"等多种荣誉称号。1999年公司在全国出口额最大的200家企业中排名第90位。根据海关统计,1999年公司列全国服装、纺织品出口额第17名(这一排名包括生产企业及外商投资企业)。2000年公司进出口总额为30859万元,在江苏省名列第七,在全国出口额最大的企业中排名尚待公布。

2、公司主营业务的范围及其经营状况

公司主要经营纺织、丝绸、针织、服装、机电设备、化工原料、轻工产品等产品的进出口业务及对外劳务合作业务和对外派遣工程、生产及服务行业的劳务人员(不含海员)。

出口从不同地区来看,本年度对东盟、日本的出口有较大增长。2000年我公司对东盟出口1355.60万美元,较99年增长63.72%;对日本出口6356.13万美元,增长47.45%;对欧盟出口6782.34万美元,增长19.27%;对美加地区出口6024.01万美元,增长35.78%;

从主要产品的经营情况来看,纺织品初级产品2000年出口7710.17万美元,较99年增长54.62%;丝织品2000年出口2330.93万美元,较99年增长43.04%;服装2000年出口14015.38万美元,较99年增长21.42%;新开发产品中迅速增长的有箱包及鞋帽出口104.96万美元,增长58.89%;日用杂品出口110.88万美元,增长287.96%;化工原料出口628.06万美元,增长332.73%;西成药出口502.54万美元,增长306.03%;电信设备及器材出口144.66万美元,增长575.35%。

本年度实现主营业务收入251671.27万元,比去年同期增长37.58%;主营业务利润21605.25万元,比去年同期增长20.60%;净利润3822.31万元,比去年同期增长25.97%。

盈利水平大幅上升首先是我公司多年来坚持"以规模求发展,以规模保效益、促效益、增效益"的经营指导思想所带来的成果;其次,2000年我们在业务上不断创新的同时,也在机制上不断创新,进一步完善了股东大会、董事会、监事会三位一体的决策、执行、监督的法人治理结构,通过加强企业的规范管理和科学运作,我们在提高盈利水平的同时也圆满地完成了上市筹备工作。

3、在经营中出现的问题与困难及解决方案

随着中国加入世界贸易组织(WTO)的临近,政府对外贸专业公司的保护政策越来越少,再加上国家对服装出口占优势的30%品种实行配额招标,2000年公司面对配额数量减少,配额招标成本的增加,日趋激烈的市场竞争等一系列不利因素,我们充分发挥自身优势,采取主动出击的策略:

(1)千方百计抓好市场开拓。全年共派出56批贸易小组奔赴40多个国家和地区加强促销;

(2)充分利用各种形式的交易会及互联网寻找新客户;

(3)不断适应国际市场商品流行趋势,积极开发新款式、新面料和新品种,对巩固老顾客,开发新客户起到积极的促进作用;

(4)大力调整出口商品结构,主动适应市场变化,坚持"以质取胜"、"科技兴贸",不断提高产品质量和档次;

(5)大力调整贸易方式,积极开展加工贸易;

(6)在做精、做专主营品种的同时,大力培植新的出口增长点。

通过以上多种措施,2000年我公司主要经济指标与去年同期相比,均有较大幅度增长。

(二)公司财务状况

项目	2000年(元)	1999年(元)	增减(%)
资产总额	667,655,028.03	579,803,068.14	15.15
长期负债	0	-9,512,060.51	-
股东权益	182,787,302.87	178,785,647.59	2.24
主营业务利润	216,052,538.44	179,142,854.05	20.60
净利润	38,223,063.38	30,341,844.24	25.97

变动原因:

1. 总资产增加主要是流动资产中货币资金的增加和国家退税资金不到位使应收出口退税增加所致;

2. 长期负债减少是因为根据财政部财企字[2000]295号文将本年"住房周转金"科目余额转入了"利润分配-未分配利润"科目;

3. 股东权益和净利润增加是2000年盈利所致;

4. 主营业务利润增加是因为今年我公司出口规模进一步扩大,主营业务收入大幅增长所致。

(三)公司投资情况

1、报告期内无募集资金。

2、报告期内非募集资金投资情况

2000年,公司对外投资280万元。其中:

(1)投资100万元参与组建了淮阴朗诗制衣有限公司。该公司主营服装制造业务,本公司所占权益比例为62.50%;

(2)投资90万元参与组建了南京六朝服装有限公司。该公司主营服装制造业务,本公司所占权益比例为90.00%;

(3)投资90万元参与组建了南京美联服装设计制作有限公司,该公司主营服装设计和制造业,本公司所占权益比例为90.00%。

(四)2001年度业务发展计划

1、2001年工作的指导思想

公司将紧紧抓住我国加入世贸组织和公司上市的难得契机,把加快发展作为最根本和迫切的任务,以机制创新为企业发展动力,以提高管理质量为首要目标,以市场需求为决策导向,以科技进步为开发重点,以资本运营为扩张途径,以市场细分、成本控制和结构调整为提高效益的手段,争取以优异成绩实现新纪元第一年的开门红,为十五期间的工作实施打下坚实的基础。

2、2001年的工作重点

(1)坚持以人为本,加快企业内部经营机制的转换,建立完整、科学、高效的决策管理体制,以经济效益为中心,千方百计扩大出口。要继续实施"市场多元化"、"以质取胜"和"科技兴贸"的经营方针,不断开发新产品、新市场、新客户,要在深度开发美国、日本、欧盟等传统主销市场的同时,大力开发南美、中东和非洲、东欧等新兴市场,同时加快外经业务发展,积极探索跨国经营新领域,加强对外经济合作,大力发展境外带料加工贸易,把发展境外加工贸易、海外工程承包及劳务输出作为增加创汇创利的新途径。

(2)抓好公司募集资金的使用,加快市场前景好、科技含量高、效益突出的项目实施工作,保证公司"贸、工、科"一体化战略目标的实现。同时,加快资本运营的力度,充分利用公司外向度高、信誉好的特点,积极与国内外优势企业开展全方位、多形式的合作,以资本为纽带,以产业化为方向,使公司步入主业突出、多头并举的良性发展轨道。

(3)完善以成本管理和风险控制为核心的管理系统,重点抓好资金的使用和调配、应收款和资金占用的控制以及高风险业务和投资项目的管理,继续加大以建立现代企业制度为目标的企业改革,重视企业发展战略的研究,拟定好"十五"战略发展计划,增强企业的核心竞争能力。

(4)进一步完善企业的激励机制,加快人才的引进、开发和培育,建立起一支素质高、多元化,结构层次分明的员工队伍,同时努力丰富和发展企业文化,创造良好的工作氛围,保证企业充满生机和活力。

(四)董事会日常工作情况

1、报告期内董事会召开两次会议,主要情况如下:

(1)第二届董事会第四次会议于2000年1月3日在公司召开,会议审议并通过1999年度总经理工作报告和2000年度工作安排。

(2)第三届董事会第一次会议于2000年5月21日在公司召开,会议审议并通过了《关于聘任丁杰同志为第三届董事会秘书的决议》。

2、公司董事会对股东大会决议的执行情况:

董事会按照2000年度召开的股东大会决议,认真履行了职责,各项议案均得以实施。

(五)公司管理层及员工情况

1、董事、监事、高级管理人员

姓名	职务	性别	年龄	任期	年初持股数	年末持股数
单晓钟	董事长、总经理	男	50	2000.5-2003.5	13520	13520
胡海鸽	副董事长、副总经理	女	48	2000.5-2003.5	13520	13520
杨京城	董事、副总经理	女	43	2000.5-2003.5	11255	11255
韩勇	董事	男	32	2000.5-2003.5	11255	11255
王勇	董事	男	33	2000.5-2003.5	11255	11255
周发亮	董事	男	52	2000.5-2003.5	0	0
陈山	董事	男	41	2000.5-2003.5	0	0
张世雄	董事	男	34	2000.5-2003.5	0	0
赵万龙	董事	男	36	2000.5-2003.5	0	0
王林	董事	男	41	2000.5-2003.5	0	0
张二震	董事	男	47	2000.5-2003.5	0	0
王敏	监事	女	46	2000.5-2003.5	11255	11255
张建	监事	男	44	2000.5-2003.5	11255	11255
周国庆	监事	男	45	2000.5-2003.5	7764	7764
张钟灵	副总经理	男	54	2000.5-2003.5	13520	13520
徐先民	副总经理	男	54	2000.5-2003.5	13520	13520
丁杰	董事会秘书	男	29	2000.5-2003.5	7764	7764

Shupming　　说明:(1)公司董事、监事、高级管理人员,在本公司领取报酬的有11人,年度薪金总额为102.5万元,其中年报酬10-12万元的有5人,7-8万元的有6人。

(2)不在公司领取报酬的有董事周发亮先生、陈山先生、张世雄先生、赵万龙先生、王林先生、张二震先生。

(3)报告期内董事、监事及高级管理人员变动情况:

①2000年5月20日,公司1999年度股东大会选举产生了公司第三届董事会和第三届监事会。2000年10月26日,2000年度第二次临时股东大会对第三届董事会进行了调整:

离任的董事为:张钟灵、徐先民,离任原因为换届选举。

离任的监事为:唐建国、韩勇,离任原因为换届选举。

②2000年5月21日,公司第三届董事会第一次会议决定聘任丁杰为董事会秘书。

2、公司职工情况

截止2000年12月31日,本公司在册员工278人(其中管理人员46人,业务人员209人,其他人员23人),大专及大专以上学历员工220人,大专以下学历员工58人,离退休职工23人。

(六) 本次利润分配预案

2000年公司实现利润58810971.72元,净利润38223063.38元,根据《公司章程》规定,税后利润分配比例如下:

1.取10%的法定盈余公积金,计3822306.34元;

2.提取10%的法定公益金,计3822306.34元;

3.提取10%的任意盈余公积金,计3822306.34元;

本年度可供分配的利润为26756144.36元,加上年初未分配利润48800535.37元,减去住房周转金7688848.10元(注释一),可供股东分配的利润为67867831.63元。

经公司第三届董事会第二次会议研究决定,2000年度利润分配预案为:拟以2001年3月末总股本13266.28万股为基数,每10股派发现金红利2元(含税),计26532560.00元,剩余41335271.63元结转以后年度分配。

此预案须经股东大会审议通过后方可实施

注释一:根据财政部财企字[2000]295号《关于企业住房周转制度改革中有关财务处理问题的通知》以及财政部财会[2001]5号《企业住房制度改革中有关会计处理的规定》,公司购买职工住房投入的资金与按房改政策的售房收入的差额,计入住房周转金,直接冲减公司的期初未分配利润,计7688848.10元。

(七)2001年度利润分配政策

1、本公司拟在2001年进行一次利润分配;

2、公司2001年度实现净利润用于股利分配的比例为10-30%,公司2000年度未分配利润用于下一年度股利分配的比例为10-30%;

3、2001年度的分配方式将采取派发现金与送红股相结合的方式,现金股息占股利分配的比例不低于20%;

4、董事会根据2001年实际经营情况保留分配方案的权利。

六、监事会报告

(一)监事会会议情况:

2000年度,公司监事会根据《公司法》及《公司章程》的规定,本着对全体股东负责的精神,认真履行有关法律、法规所赋予的职责,努力开展工作。

本年度公司监事会于2000年5月21日在公司402会议室召开,全体监事出席了会议,会议由王敏女士主持,(1)会议推举王敏女士担任监事会召集人,(2)审议通过《1999年度监事会报告》。

(二)公司依法运作情况。

2000年度，公司监事会根据国家有关法律、法规，对公司股东大会、董事会的召开程序、决议事项、董事会对股东大会决议的执行情况、公司高级管理人员的执行职务情况及公司管理制度等进行了监督，认为本届董事会的工作认真负责，按照股东大会的决议要求，履行了各项决议，其决策程序符合《公司法》及《公司章程》的有关规定；公司依法运作，经营决策科学合理，经营状况良好，2000年各项工作均取得新的突破，实现超常规发展；公司建立了良好的内部控制制度体系，有效地防范了经营管理风险；公司董事及经理层等高级管理人员在执行公司职务时未发现有违反法律、法规、《公司章程》或损害公司利益的行为。

（三）检查公司财务的情况。

南京永华会计师事务所对公司2000年度财务会计报告进行了审计并出具了无保留意见的审计报告，监事会认为，该审计报告真实反映了公司的财务状况和经营成果。

（四）公司没有发生收购及出售资产、吸收合并事项；无内幕交易；没有损害股东权益或造成公司资产流失。

（五）监事会对本年度有关重大关联交易进行了认真的检查和审核，认为公司在报告期内发生的重大关联交易公平、合理，无损害上市公司利益的情况。

七、重要事项

（一）本年度公司无重大诉讼、仲裁事项。

（二）本年度公司、公司董事及高级管理人员无受监管部门处罚情况。

（三）本年度公司控股股东没有变更。

2000年5月，公司第二届董事会任期届满，5月20日，1999年度股东大会选举产生了第三届董事会，2000年10月26日，2000年度第二次临时股东大会对第三届董事会进行了调整，调整后公司董事会成员为11人，其中5人为内部董事，6人为外部董事。

2000年5月21日，公司第三届董事会第一次会议决定聘任丁杰为董事会秘书。

（四）本年度公司没有发生收购及出售资产、吸收合并事项。

（五）重大关联交易事项

1.本年度公司与不存在控制关系的关联方（具体关系请参照"财务会计报告"之附注6）发生采购业务21,135,172.03元，占同类交易金额的0.96%，价格与同期市场价持平。

2.关联方债权、债务事项列示如下：

项目	关联方名称	余额（元）	项目明细
其他应收款	南京六朝服装有限公司	100,000.00	往来款
其他应收款	淮阴朗诗制衣有限公司	1,700,000.00	往来款
预付帐款	南京金斯服装有限公司	3,845,483.34	货款
预付帐款	南京六朝服装有限公司	1,005,477.28	货款
其他应付款	南京市国有资产经营（控股）公司	13,371,670.69	借款

（六）公司与控股股东在人员、资产、财务上明确分开：

1、在人员方面，公司在劳动、人事及工资管理等方面实行独立，公司总经理、副总经理等高级管理人员均在本公司领取薪酬，未在控股股东单位担任重要职务。

2、在资产方面，本公司拥有独立的进出口业务所需的采购、储运、外销体系，公司拥有自己的商标。

3、在财务方面，本公司设有独立的财务部门，并建立了独立的会计核算体系和财务管理制度，设有独立的银行帐户。

（七）2000年5月20日，1999年度股东大会审议通过《关于聘请南京永华会计师事务所担任本公司财务审计的会计师事务所的议案》。

（八）其他重大合同（含担保等）及其履行情况

截止2000年12月31日，公司分别与华夏银行南京分行、中国银行江苏省分行、交通银行南京分行、中国建设银行江苏省分行、中信实业银行南京分行、南京市商业银行和光大银行南京分行签定了短期借款合同，共计19份，借款金额总计27200万元。借款期限全部在一年以内。

（九）其他重大事项

本年度进行了董事会换届选举，离任董事为：徐先民、张钟灵，新增董事为：韩勇、王勇、周发亮、陈山、张世雄、赵万龙、王林、张二震。

八、财务会计报告

（一）审计报告　宁永会二审字(2001)038号

南京纺织品进出口股份有限公司全体股东：

我们接受委托，对贵公司2000年12月31日的资产负债表及2000年度的利润及利润分配表、现金流量表进行了审计。这些会计报表由贵公司负责，我们的责任是对这些会计报表发表审计意见。我们的审计是依据《中国注册会计师独立审计准则》进行的。在审计过程中，我们实施了包括抽查会计记录等我们认为必要的审计程序。

我们认为，上述会计报表符合《企业会计准则》和《股份有限公司会计制度》及有关规定，在所有重大方面公允地反映了贵公司2000年12月31日的财务状况和2000年的经营成果以及现金流量情况。会计处理方法的选用符合一贯性原则。

南京永华会计师事务所有限公司　　中国注册会计师　伍　敏　杜文俊

中国南京　　二OO一年四月十六日

1、公司一般情况：

南京纺织品进出口股份有限公司的前身是南京市纺织品进出口公司，公司是于1988年经国家外经贸部批准的专业性外贸公司，1994年5月经南京市经济体制改革委员会宁体改字(1994)277号文批准，公司在整体改制的基础上以定向募集方式设立股份有限公司。经过二次公积金转增股本，公司现注册资本7,766.28万元，注册号：3201001010095。本公司2001年经中国证监会证监发行字[2001]7号文核准于2001年2月5日按8.12元/股价格公开发行人民币普通股5500万股，经上海证券交易所上证上字(2001)26号文同意，于2001年3月6日在该所挂牌上市交易。发行后公司股本总额13,266.28万股，注册号为3201001010095。

公司经营范围：纺织品出口、代理出口业务；三来一补；承办中外合资；经营合作生产业务；经营国家放开经营的其他商品进出口业务。

2、公司主要会计政策、会计估计和合并会计报表的编制方法：

(1)会计制度　公司执行《股份有限公司会计制度》及其补充规定。

(2)会计年度　公司会计年度自公历1月1日起至12月31日止。

(3)记帐原则和计价基础　公司以权责发生制为记帐原则，以历史成本价为计价基础。

(4)记帐本位币和外币核算方法　公司以人民币为记帐本位币。

外币帐户按中国人民银行外汇管理局公布的月初汇率折合人民币记帐，并于期末按银行中间价（或比价）进行调整，调整的差额按照不同对象分别列入相应的科目。

(5)现金等价物的确定　现金等价物是指企业持有的期限短（一般是指从购买日起三个月内到期）、流动性强、易于转换为已知金额的现金，价值变动风险很小的投资。

(6)坏帐核算方法

坏帐确认标准：凡因债务人破产，依照法律清偿后确实无法收回的应收款项；因债务人死亡，既无遗产可供清偿，又无义务承担人，确实无法收回的应收款项，按公司管理权限，由董事会或股东大会批准，列作坏帐的应收款项。

坏帐准备的核算：采用备抵法核算，公司根据99年度股东会的决议，于中期期末或年度终了按期末应收款项的不同帐龄分别计提坏帐准备。各帐龄段的提取比例如下（1999年以前）：

帐　龄	坏帐准备提取比例
1年以内	–
1~2年	2.50%
2~3年	5.00%
3~4年	10.00%
4~5年	15.00%
5年以上	20.00%

对于有确凿证据表明该应收款项不能收回，或收回可能性不大（如债务单位破产、资不抵债、现金流量严重不足、发生严重的自然灾害等导致停产而短时间内无法偿付债务的、以及其他足以证明应收款项可能发生损失的证据）全额计提坏帐准备。但其中对虽满足上述条件而计划对应收款项进行债务重组，或以其他方式进行重组的；与关联方发生的应收款项，特别是母子公司交易或事项产生的应收款项，不全额提取坏帐准备。

根据2000年10月26日召开股东大会决定，进一步提高坏帐准备计提比例，从2000年1月1日起，各帐龄段计提比例如下：

1年以内	3.00%
1~2年	10.00%
2~3年	20.00%
3~4年	50.00%
4~5年	80.00%
5年以上	100.00%

坏帐损失的核算：公司对于不能收回的应收款项，应查明原因，追究责任。对于确实无法收回的应收款项，经董事会或股东大会审核批准后，作为坏帐损失，冲销提取的坏帐准备。

(7)存货核算方法

本公司的存货主要包括：材料物资、代购代销商品、库存出口商品、库存进口商品、待运和发出商品。存货的购进采用实际成本法；存货发出以进仓单号为依据按个别认定法；低值易耗品采用一次摊销法摊销。

本公司于中期期末和年度终了按单个存货项目的成本低于其可变现净值的差额计提存货跌价准备。

(8)长期投资核算方法

①长期股权投资：公司长期股权投资按投资时实际支付的全部价款（包括税金、手续费等相关费用），或放弃非现金资产的公允价值或取得长期股权投资的公允价值计价。投资占被投资企业有表决权资本总额20%以下及虽占20%或20%以上但不具有重大影响的采用成本法核算，根据被投资企业宣告分派的股权投资后实现的利润或现金股利确认投资收益；投资占被投资企业有表决权资本总额20%以上且具有重大影响的按权益法核算，在取得股权投资后，按应享有或分担的被投资企业自股权投资后实现的净利润或发生的净亏损的份额（扣除法规或企业章程规定不属于投资企业的净利润的部分后的金额）计算调整投资的帐面价值，并确认为应享有或应分担的当期投资损益。被投资企业除净损益以外的所有者权益的其他变动，根据具体情况调整投资的具体价值。公司采用权益法核算的长期股权投资，若投资时的投资成本与应享有被投资单位取得时所有者权益份额的差额，计作股权投资差额，按约定的投资期限或10年期平均摊销，计入损益。

②长期债权投资：公司长期债权投资按投资时支付的全部价款（包括税金、手续费等相关费用，但不包含已到期尚未领取的利息）计价，在债券持有期间，按期计提的利息收入经采用直线法调整溢价和折价后的金额，确认为当期投资收益；处置或到期收回债权投资，按实际取得的价款与帐面价值的差额计入投资损益。

③长期投资减值准备：公司对长期投资中如果存在因市价持续下跌或被投资单位经营状况变化等原因导致可收回金额低于投资的帐面价值的，则在中期期末或年度终了时，按其差额计提长期投资减值准备。

(9)固定资产及其折旧

固定资产是指使用期限超过一年的房屋、建筑物、机器、机械、运输工具以及其他与生产经营有关的设备、器具、工具等或虽不属于生产、经营主要设备的物品，单位价值在2,000元以上，且使用年限在二年以上的。评估入帐的固定资产按重置成本计价，其他均按实际成本计价。

固定资产折旧方法：根据固定资产原值、扣除残值按预计使用年限，采用直线法分类计提。

固定资产的分类、经济使用年限、年折旧率列示如下：

类别	折旧年限	残值率	年折旧率
房屋及建筑物	20年	5%	4.75%
通用设备	5年	3%	19.40%
运输设备	5年	3%	19.40%

(10)在建工程

在建工程采用实际成本核算。在固定资产尚未交付前发生的工程借款利息和有关费用计入在建工程。交付使用但尚未办理竣工决算先估价入固定资产，待完工验收并办理好竣工决算时正式转为固定资产。

(11)无形资产计价和摊销方法

无形资产按取得时实际成本计价，在其受益期限内平均摊销，不能确定受益期限的按10年摊销。

(12)开办费

开办费按实际成本计价，按五年的期限平均摊销。

(13)长期待摊费用及其摊销

长期待摊费用按实际成本计价，在其受益期限内平均摊销。

(14)收入确认的标准

公司已将商品所有权上的重要风险和报酬转移给买方，并不再对商品实施继续管理权和实际控制权，相关的收入已经收到或取得了收款的证据，并与交易相关的经济利益能够流入公司，相应的成本能够可靠地计量，即确认营业收入的实现。

(15)借款费用的核算

借款所发生的利息支出等费用，属于筹建期间的记入开办费，属于与购建固定资产有关的，在固定资产尚未交付使用之前发生的，记入相关固定资产的购建成本，属于经营期间的，记入财务费用。

(16)所得税的处理方法

企业所得税采用应付税款法核算。

(17)合并报表的编制方法及范围

①合并会计报表编制方法

根据财政部财会字(1995)11号文《关于印发〈合并会计报表暂行规定〉的通知》和财政部财会(二)字(1996)2号文《关于合并会计报表合并范围请示的复函》等文件的规定，以本公司和纳入合并范围的子公司的会计报表以及其他有关资料为依据，合并编制而成。合并时：

a、子公司提供给母公司、子公司提供给子公司以及母公司提供给子公司的产品和服务等，在合并时将母子公司、子子公司之间的营业收入分别与营业成本、费用、存货相抵销。

b、长期投资和投资收益与子公司所有者权益相抵销。

c、内部往来相互抵销。

d、母子公司采用不同会计政策而产生的差异，根据重要性原则决定是否调整。

②合并范围

本公司对其他单位投资占该单位有表决权资本总额50%以上，或虽占该单位资本总额不足50%但具有实质控制权的，编制合并会计报表。

(18)利润分配

根据公司章程规定，公司缴纳所得税后的净利润按下列顺序进行分配：

①弥补亏损；

②提取10%的法定盈余公积，当法定盈余公积金达到注册资本的50%时可不再提取；

③提取5%~10%的公益金；

④经股东大会同意提取任意公积金；

⑤支付普通股股利。

具体分配方案由董事会提出分配预案，经股东大会审议决定。

(19)会计政策、会计估计的变更

根据财政部《股份有限公司会计制度有关会计处理问题补充规定》(财会字[1999]35号)，公司董事会决议从1999年1月1日起计提坏帐准备、短期投资跌价准备、存货跌价准备以及长期投资减值准备，且作为会计政策变更。同时根据2000年10月26日召开股东大会决定，从2000年1月1日起进一步提高坏帐计提比例，如上"6、坏帐核算方法"所述，作为会计估计变更，按照财政部财会字(1998)28号《企业会计准则—会计政策、会计估计变更和会计差错更正》文件处理。

3、报表编制

截止2000年12月31日，公司有四个控股子公司，因该子公司资产等规模较小，根据财政部财会(二)字(1996)2号文《关于合并会计报表合并范围请示的复函》，本期未纳入合并会计报表范围。

南京金瑞织造有限公司	南京六合	纺织品、针织品、服装
淮阴朗诗制衣有限公司	淮阴	服装制造
南京六朝服装有限公司	南京	服装
南京美联服装设计制作有限公司	南京	服装设计、制造

南京金瑞织造有限公司	400万元	3,600,000.00	90.00%
淮阴朗诗制衣有限公司	160万元	1,000,000.00	62.50%
南京六朝服装有限公司	100万元	900,000.00	90.00%
南京美联服装设计制作有限公司	100万元	900,000.00	90.00%

4、税项

(1)企业所得税　企业所得税税率为33%。

(2)流转税及附加

流转税及附加主要为增值税、营业税、城市维护建设税及教育费附加。本公司被认定为增值税一般纳税人，内销销项税率17%，出口商品销项税实行零税率，同时按国家规定的出口退税率享受出口退税政策；营业税按代购代销手续费收入的5%计缴；城市维护建设税按应纳流转税税额的7%计缴；教育费附加按应纳流转税税额的3%计缴，地方教育费附加按应纳流转税税额的1%计缴。

(3)其他税项　其他税项包括房产税、车船使用税、印花税等，依据税务有关规定计缴。

5、主要会计报表科目注释　下列项目无特殊说明，单位为人民币元

(1)货币资金　2000.12.31　1999.12.31

项目	原币	汇率	人民币	原币
现　金			42,216.81	
银行存款			116,243,007.32	
其中:美元	3,758,299.04	8.2781	31,112,099.53	2,011,932.87
日元	3,821,770.00	0.7234	275,446.43	
合　计			116,285,224.13	

项目	汇率	人民币
现　金		9,545.64
银行存款		77,878,495.86
其中:美元	8.2793	16,632,447.84
日元		
合　计		77,888,041.50

说明：2000年12月31日余额比1999年12月31日余额增加49.30%，主要为销售收入大幅增长，资金回笼加快而致。

(2)应收帐款

帐　龄	2000.12.31 金额	比重	坏帐准备	1999.12.31 金额	比重	坏帐准备
1年以内	127,127,578.16	72.15%	3,813,827.34	243,863,370.21	80.47%	-
1~2年	36,474,108.82	20.70%	3,647,410.88	33,139,114.52	10.93%	828,477.86
2~3年	9,291,709.74	5.27%	1,858,341.95	4,724,095.64	1.56%	236,204.78
3~4年	2,797,159.06	1.59%	1,398,579.53	4,729,602.72	1.56%	472,960.27
4~5年	-	-	-	16,607,179.28	5.48%	2,491,076.93
5年以上	508,463.62	0.29%	508,463.62	-	-	-
合　计	176,199,019.40	100.00%	11,226,623.32	303,063,362.37	100.00%	4,028,719.84

说明：①2000年12月31日余额比1999年12月31日余额减少41.86%，主要因为加大应收帐款的回笼以及部分属于预付款性质的往来转入预付帐款核算(详见预付帐款附注)。

②无持有本公司5%以上(含5%)有表决权的股份的股东欠款

③欠款金额前五名

广州永银公司	13,373,564.15	1~2年	货款
银铃集团公司	7,500,656.41	2~3年	货款
深圳罗兰公司	7,300,645.47	1年以内	货款
广州明华天聘公司	6,584,755.06	1年以内	货款
日本金陵株式会社	4,988,093.40	1年以内	货款

(3)其他应收款

1年以内	15,774,026.80	59.59%	473,220.81	14,598,263.28
1~2年	8,456,553.50	31.95%	845,655.35	14,474,553.50
2~3年	2,055,344.13	7.76%	411,068.83	24,642,868.28
3~4年	184,536.79	0.70%	92,268.40	304,536.79
4~5年	-	-	-	133,840.62
5年以上	-	-	-	605,570.89
合　计	26,470,461.22	100.00%	1,822,213.39	54,759,633.36

1年以内	26.66%	-
1~2年	26.43%	361,863.84
2~3年	45.00%	1,232,143.41
3~4年	0.56%	30,453.68
4~5年	0.24%	20,076.09
5年以上	1.11%	121,114.18
合　计	100.00%	1,765,651.20

说明：

①无持有本公司5%以上(含5%)有表决权的股份的股东欠款。

②欠款金额前五名

欠款单位	借款金额	欠款时间	备注
南京市对外贸易公司	5,571,577.10	1~2年	借款
南京斯亚实业有限公司	4,149,899.00	1年以内	代垫款
中国纺织商会	2,929,852.73	1年以内	应退配额招标款
斐济服装厂	2,404,879.30	*	代垫款
南京高新经纬电气公司	2,000,000.00	1年以内	借款

*其中帐龄1年以内1,104,673.10元，1~2年510,816.40元，2~3年789,389.30元。

(4)预付帐款

1年以内	96,807,066.36	-
1~2年	-	-
2~3年	-	-
3~4年	-	-
4~5年	-	-
5年以上	-	-
合　计	96,807,066.36	-

说明：

①公司原先未设预付帐款科目，而是将所有预付帐款放在应收帐款借方核算，为更加准确地反映应收帐款的实际情况，本期将预付款性质的往来款转入预付帐款核算，导致了预付帐款的增加。

②无预付持有本公司5%以上(含5%)有表决权的股份的股东款。

③预付款金额前五名

预付款单位	借款金额	欠款时间	备注
深圳市粤海公司	7,500,656.41	1年以内	货款

预付款单位	借款金额	欠款时间	备注
锦州女儿河纺织厂	5,739,029.25	1年以内	货款
重庆华诚第一棉纺织厂	5,385,539.75	1年以内	货款
南京汉桑实业有限公司	5,258,754.08	1年以内	货款
四川省纺织集团有限公司达州	4,555,394.13	1年以内	货款

(5)应收出口退税

2000.12.31	1999.12.31
143,196,217.57	27,749,110.18

说明：2000年12月31日余额比1999年12月31日余额增加416.04%，主要为2000年8月以来的应收出口退税，因国家的退税资金紧张而未能及时收到。

(7)待摊费用

上市费用	1,075,935.06	3,389,720.20	-	4,465,655.26
配 额 费	44,552,171.98	9,962,795.01	41,627,016.76	12,887,950.23
保 险 费	99,946.00	-	99,946.00	-
合　计	45,728,053.04	13,352,515.21	41,726,962.76	17,353,605.49

(8)长期投资

①类别

项　目	1999.12.31	本期增加	本期减少	2000.12.31
长期股权投资	7,830,507.00	2,662,162.81	-	10,492,669.81
合　计	7,830,507.00	2,662,162.81	-	10,492,669.81

②长期股权投资

A.按成本法核算的股票投资

被投资公司名称	股份性质	股票数量	占被投资单位注册资本比例
交通银行	法人股	347006股	
新街口百货商店股份公司	法人股	15万股	
江苏沪宁高速公路股份有限公司	法人股	13万股	
江苏工艺品进出口股份有限公司	法人股	100万股	
合计			

被投资公司名称	投资金额	减值准备	备注
交通银行	420,000.00	-	
新街口百货商店股份公司	298,000.00	-	
江苏沪宁高速公路股份有限公司	234,000.00	-	
江苏工艺品进出口股份有限公司	3,000,000.00	-	
合计	3,952,000.00	-	

B.其他股权投资：

a.按权益法核算的其他股权投资

被投资单位名称	占注册资本比例	投资起止期	初始投资额
南京金瑞织造有限公司	90%	1998.6~2018.6	3,600,000.00
淮阴朗诗制衣有限公司	62.5%	2000.4~2050.12	1,000,000.00
南京六朝服装有限公司	90%	2000.7~2010.7	900,000.00
南京美联服装设计制作有限公司	90%	2000.2~2020.2	900,000.00
合计			

被投资单位名称	本期权益增减额	累计权益投资金额增减额	减值准备	备注
南京金瑞织造有限公司			3,600,000.00	-
淮阴朗诗制衣有限公司			1,000,000.00	-
南京六朝服装有限公司	-109,850.48	-109,850.48	790,149.52	-
南京美联服装设计制作有限公司	-27,986.71	-27,986.71	872,013.29	-
合计	-137,837.19	-137,837.19	6,262,162.81	-

说明：南京金瑞织造有限公司与淮阴朗诗制衣有限公司尚未正式投入经营。

b.按成本法核算的其他股权投资

被投资单位名称	占被投资单位注册资本的比例	投资起止期	投资金额	减值准备	备注
南京斯亚实业有限公司	5%	1992.9~2007.9	278,507.00		

(9)固定资产

九、公司其他有关资料

(一)公司首次登记注册的日期为：1978年1月12日

地点：南京市中山东路378号

最近一次变更登记日期为：2000年5月26日

地点：南京市鼓楼区云南北路77号

(二)企业法人营业执照注册号：3201001010095

(三)税务登记号：320106134967428

(四)公司未流通股票的托管机构：南京证券登记公司

(五)公司聘请的会计师事务所名称：南京永华会计师事务所有限公司；办公地址：南京市中山北路26号新晨国际大厦

十、备查文件

(一)载有公司法定代表人、财务负责人签名并盖章的会计报表；

(二)载有会计师事务所盖章、注册会计师签名并盖章的审计报告原件；

(三)载有董事长签字的年度报告正本。

南京纺织品进出口股份有限公司

2001年4月16日

广西梧州中恒集团股份有限公司

一、公司简介

1、公司名称:广西梧州中恒集团股份有限公司
英文名称:Guangxi Wuzhou Zhongheng Group CO.,LTD.
2、法定代表人:尹梅克
3、董事会秘书:李澄宇　联系地址:广西梧州市蝶山一路3号
电话:0774-5830828　传真:0774-5830900 0774-5833090
4、公司注册地址:广西梧州市蝶山一路3号　公司办公地址:广西梧州市蝶山一路3号
邮政编码:543002　公司电子信箱:zhongheng@wz-zhongheng.com
5、公司选定信息披露报纸:《中国证券报》、《上海证券报》。
年度报告备置地点:本公司证券投资部
登载公司年度报告的中国证监会指定国际互联网网址:www.sse.com.cn
6、公司股票上市交易所:上海证券交易所　股票简称:中恒集团　股票代码:600252

二、会计数据和业务数据摘要

1、本年度主要会计数据(单位:人民币元)

项目	金额
利润总额:	32,389,019.35
净利润	27,859,197.33
扣除非经常性损益后的净利润	23,720,115.90
主营业务利润	45,302,676.41
其他业务利润	2,193,804.27
营业利润	22,645,102.71
投资收益	5,604,835.21
补贴收入	0
营业外收支净额	4,139,081.43
经营活动产生的现金流量净额	-17,438,018.77
现金及现金等价物净增加额	173,478,441.27

注:扣除的非经营性损益项目涉及金额 4,139,081.433333
(1)新股申购冻结资金利息　4,248,174.31
(2)其他非经常性损益　-109,092.88

2、公司前三年的主要会计数据和财务指标(单位:人民币元)

项目	2000年	1999年	1998年
主营业务收入	153,929,233.21	138,332,951.03	137,286,856.04
净利润	27,859,197.33	31,009,075.39	25,320,377.46
总资产	584,269,857.11	329,385,214.09	350,739,009.69
股东权益(不含少数股东权益)	367,905,005.09	141,430,301.89	150,590,026.50
每股收益(全面摊薄)	0.22	0.38	0.31
每股收益(加权平均)	0.31	0.38	0.31
扣除非经营性损益后每股收益(全面摊薄)	0.19	0.28	0.31
扣除非经营性损益后每股收益(加权平均)	0.27	0.28	0.31
每股净资产	2.90	1.73	1.84
调整后每股净资产	2.88	1.71	1.83
每股经营活动产生的现金净流量	-0.14	0.64	0.41
净资产收益率%(全面摊薄)	7.57	21.93	16.81
净资产收益率%(加权平均)	14.45	18.67	18.36

注:主要财务指标计算公式
A.每股收益(全面摊薄)=净利润/年度末普通股股份总数
B.每股净资产=年度末股东权益/年度末普通股股份总数
C.净资产收益率=净利润/年度末股东权益×100%
D.调整后的每股净资产=[年度末股东权益-三年以上的应收款项-待摊费用-待处理(流动、固定)资产净损失-开办费-长期待摊费用]/年度末普通股股份总数
E.每股经营活动产生的现金流量净额=经营活动产生的现金流量净额/年度末普通股股份总数
3、按中国证监会《公开发行证券公司信息披露编报规则(第9号)》要求计算的利润数据:

报告期利润	净资产收益率%		每股收益(元)	
	全面摊薄	加权平均	全面摊薄	加权平均
主营业务利润	12.31	23.5	0.36	0.51
营业利润	6.16	11.75	0.18	0.25
净利润	7.57	14.45	0.22	0.31
扣除非经常性损益后的净利润	6.45	12.30	0.19	0.27

(1)全面摊薄净资产收益率和每股收益的计算公式如下:
全面摊薄净资产收益率=报告期利润÷期末净资产全面摊薄每股收益=报告期末利润÷期末股份总数
(2)加权平均净资产收益率(ROE)的计算公式如下:ROE = P ÷(Eo+ NP÷2 + Ei×Mi÷Mo-Ej×Mj÷Mo)
其中:P为报告期利润;NP为报告期净利润;Eo为期初净资产;Ei为报告期发行新股或债转股等新增净资产;Ej为报告期回购或现金分红等减少净资产;Mo为报告期月份数;Mi为新增净资产下一月份至报告期末的月份数;Mj为减少净资产下一月份起至报告期期末的月份数。
(3)加权平均每股收益(EPS)的计算公式如下:EPS = P÷(So+Sl+Si×Mi÷Mo-Sj×Mj÷Mo)

三、股本变动及股东情况

1、股本变动情况
2、股东情况
(1)报告期内股东总数截止2000年12月29日,本公司股东总数:44670户。
(2)截止2000年12月29日公司前十名股东的持股情况。

股东名称	期初数(万股)	期末数(万股)	占有比例(%)	持股性质
梧州市国有资产管理局	4988	4988	39.36	国家股
梧州市地产发展公司	726	726	5.73	法人股
广西梧州恒宝贸易有限责任公司	500	500	3.95	法人股
梧州市住宅配套服务公司	451.81	451.81	3.57	法人股
广西梧州融兴贸易有限公司	200	200	1.58	法人股
中房集团柳州房地产开发公司	77.5	77.5	0.61	法人股
兴华基金	0	60.3	0.48	流通股
钟哲光	37.5	37.5	0.30	内部职工股
彭敏	35	35	0.28	内部职工股
梧州市建筑设计院	30	30	0.24	法人股

注:(1)公司第一大股东梧州市国有资产管理局持有的国家股无变动。

河南天方药业股份有限公司

一、公司简介

1、公司中文名称:河南天方药业股份有限公司
公司英文名称:HENAN TOPFOND $+&PHARMACEUTICAL CO.,LTD.
2、公司法定代表人:崔晓峰
3、公司总经理:张文学
4、公司董事会秘书:梁耀武
联系地址:河南省驻马店市光明路2号
电话:0396-3813379　传真:0396-3815761
5、公司注册地址:河南省驻马店市光明路2号
公司办公地址:河南省驻马店市光明路2号　邮政编码:463003
公司电子信箱:info @ topfond.com
公司国际互联网网址:http://www.Topfond.com
6、公司选定信息披露报纸名称:《中国证券报》、《上海证券报》
登载公司年度报告的国际互联网网址:http//www. sse.com.cn
公司年度报告备置地点:公司证券部
7、公司股票上市交易所:上海证券交易所
股票简称:天方药业　股票代码:600253

二、会计数据和业务数据摘要

1、公司本年度主要利润指标情况:　金额单位:元

项目	金额
利润总额:	63,879,320.44
净利润:	41,998,473.02
扣除非经常性损益后的净利润:	35,273,385.31
主营业务利润:	123,712,289.39
其他业务利润:	512,915.56
营业利润:	57,154,232.73
投资收益:	
补贴收入:	6,285,661.20
营业外收支净额:	439,426.51
经营活动产生的现金流量净额:	31,816,585.94
现金及现金等价物净增加额:	439,890,904.39

注:扣除的非经常性损益项目及金额:营业外收支净额439,426.51元,补贴收入6,285,661.20元。
2、截止报告期末公司前二年的主要会计数据和财务指标:　金额单位:元

项目	2000年	1999年
主营业务收入	366,971,458.27	329,864,273.20
净利润	41,998,473.02	38,906,266.72
总资产	1,120,712,176.64	639,419,361.68
股东权益	695,221,296.74	225,984,461.22
每股收益(摊薄)	0.2000	0.2594
每股收益(加权)	0.2800	0.2594
扣除非经常性损益后的每股收益(加权)	0.2352	0.1819
每股净资产	3.3106	1.5066
调整后的每股净资产	3.3040	1.5026
每股经营活动产生的现金流量净额	0.1515	0.0877
净资产收益率	6.04%	17.22%

利润表附表:

报告期利润	净资产收益率		每股收益	
	全面摊薄	加权平均	全面摊薄	加权平均
主营业务利润	17.79%	50.09%	0.5891	0.8247
营业利润	8.22%	23.14%	0.2722	0.3810
净利润	6.04%	17.00%	0.2000	0.2800
扣除非经常性损益后的净利润	5.07%	14.28%	0.1680	0.2352

主要财务指标的计算公式如下:
(1)全面摊薄净资产收益率=报告期利润÷期末净资产
(2)全面摊薄每股收益=报告期利润÷期末股份总数
(3)加权平均净资产收益率(ROE)的计算公式如下:

$$ROE=\frac{P}{EO+NP\div2+Ei\times Mi\div MO-Ej\times Mj\div MO}$$

其中:P为报告期利润;NP为报告期净利润;EO为期初净资产;Ei为报告期发行新股或债转股等新增净资产;Ej为报告期回购或现金分红等减少净资产;MO为报告期月份数;Mi为新增净资产下一月份起至报告期期末的月份数;Mj为减少净资产下一月份起至报告期期末的月份数。

三、股本变动及股东情况

(一)股本变动情况
(二)股东情况介绍
1、截止2000年12月31日,公司股东数24,209户
2、公司前十名股东持股情况:

股东名称	持股数量(股)	占总股本比例(%)	股份性质
河南省天方药业集团公司	149,360,819	71.12	国有法人股
天元基金	7,053,599	3.36	公众股
成大股份	790,400	0.38	公众股
四川久盛	299,490	0.14	公众股
同益基金	239,640	0.11	公众股
裕泽基金	214,000	0.102	公众股
陈月兰	204,600	0.097	公众股
贾保卫	189,800	0.09	公众股
第一造纸	187,102	0.089	国有法人股
赵振祥	186,800	0.089	公众股

注:①、持有公司5%以上的公司法人股东河南省天方药业集团公司,所持股份尚未上市流通,年度内无质押或冻结情况。
②、公司前十名股东中第1、9位为公司发起人股东,不存在关联关系。
③公司前十名股东中第2、3、4、5、6、7、8、10位为流通股股东,本公司未知其关联关系。

安徽鑫科新材料股份有限公司

一、公司简介

(一)公司法定中文名称:安徽鑫科新材料股份有限公司
公司法定英文名称:ANHUI XINKE NEW MATERIALS CO.,LTD.
(二)公司法定代表人:鲁良儒先生
(三)公司董事会秘书及证券事务代表的姓名、联系地址、电话、传真:
董事会秘书:江斌先生 证券事务代表:宋志刚先生
联系电话:(0553)5847323 、5847423 传真:(0553)5847423
联系地址:安徽省芜湖市经济技术开发区珠江路23号 邮政编码:241009
(四)公司注册地址、办公地址
公司注册地址:安徽省芜湖市经济技术开发区珠江路23号 邮政编码:241009
公司办公地址:安徽省芜湖市经济技术开发区珠江路23号 邮政编码:241009
公司电子信箱:jb@ahxinke.com 公司互联网网址:http://www.ahxinke.com.cn
(五)公司选定的信息披露报纸名称:《上海证券报》
登载公司年度报告的中国证监会指定国际互联网网址为:http://www.sse.com.cn
公司年度报告备置地点:公司董事会办公室
公司年度报告备置于公司办公地址,以供股东及投资者查询。
(六)公司股票上市交易所、股票简称和股票代码
公司股票上市交易所:上海证券交易所
股票简称:鑫科材料股票代码:600255

二、会计数据和业务数据摘要

根据安徽华普会计师事务所按中国会计准则审计的本公司主要会计数据和业务数据摘要如下:
(一)公司本年度主要利润指标情况((单位:人民币元)

利润总额	33,223,320.46
净利润	27,862,732.99
扣除非经常性损益后的净利润	27,128,611.05
主营业务利润	75,111,218.13
其他业务利润	3,338,428.12
营业利润	29,965,701.96
投资收益	-258,512.86
补贴收入	2,393,945.63
营业外收支净额	1,122,185.73
经营活动产生的现金流量净额	19,423,225.51
现金及现金等价物净增加额	360,254,158.78
注扣除的非经常性损益包括:	
1、投资收益(国债投资跌价准备):	-258,512.86
2、营业外收支净额:	1,122,185.73
(1)申购资金冻结利息收入	1,139,574.89
(2)处理固定资产损益净额	20,662.68
(3)罚款收支净额	24,621.33
(4)其他支出	62,673.17

(二)截止报告期末公司前三年的主要会计数据和财务指标(单位:人民币元)

项目	2000年	1999年 调整后	1998年 调整后
主营业务收入	715,987,611.32	508,808,236.09	400,212,159.35
净利润	27,862,732.99	30,576,006.95	21,863,992.48
总资产	672,813,937.25	282,746,889.39	231,313,448.38
股东权益	457,100,669.40	105,432,262.83	100,573,758.60
每股收益(全面摊薄)	0.293	0.47	0.34
扣除非经常性损益后的每股收益	0.286	0.47	0.34
每股收益(加权平均)	0.41	0.47	0.34
每股净资产	4.81	1.62	1.55
调整后每股净资产	4.79		
每股经营活动产生的现金流量净额	0.20	0.08	0.12
净资产收益率(全面摊薄%)	6.10	29.00	21.74
净资产收益率(加权平均%)	18.83	29.00	21.74

注:1、2000年度总股本按95,000,000股计算,1999年度、1998年度总股本按65,000,000股计算。
2、主要财务指标计算公式如下:
每股收益=净利润/年度末总股本
每股净资产=年度末股东权益/年度末总股本
调整后的每股净资产=[年度末股东权益-三年以上的应收帐款项-待摊费用-待处理(流动、固定)资产净损失-开办费-长期待摊费用-住房周转金负数余额]/年度末股份总数
每股经营活动产生的现金流量净额=经营活动产生的现金流量净额/年度末总股本净 资产收益率=净利润/年度末股东权益X100%

三、股本变动及股东情况

(一)股本变动情况
(二)股东情况介绍
1、报告期末公司股东总数为32361户。
2、公司前十名股东持股情况

序号	股东名称	期末持股数(股)	占总股本比例(%)	备注
1	芜湖恒鑫铜业集团有限公司	49,176,305	51.76	法人股
2	合肥工大复合材料高新技术开发有限公司	7,560,452	7.96	法人股
3	芜湖市鸠江工业投资有限责任公司	3,554,024	3.74	法人股
4	南方证券	2,711,544	2.85	流通股
5	安徽省冶金科学研究所	2,418,513	2.55	法人股
6	芜湖市建设投资有限公司	2,290,706	2.41	法人股
7	王保华	188,900	0.20	流通股
8	叶成祖	170,000	0.18	流通股
9	姜强海	140,400	0.15	流通股
10	林钟灵	130,500	0.14	流通股

(1)持有公司总股本5%以上的法人股东所持股份在报告期内无增减变化、无质押或冻结情况;
(2)公司法人股股东之间无任何关联关系,其他流通股股东本公司未知其关联关系;
(3)报告期内公司控股股东未发生变化,仍为芜湖恒鑫铜业集团有限公司,其持股数未变,但由于公司报告期内发行新股,其持股比例由75.66%下降为51.76%。

新疆广汇石材股份有限公司

一 、公司简介

1 、公司法定中文名称:新疆广汇石材股份有限公司
公司英文名称:XINJIANG GUANGHUI STONE CO.,LTD
2 、公司法定代表人:孙广信
3 、董事会秘书:闫金生 董事会证券事务代表:王玉琴
联系地址:新疆维吾尔自治区乌鲁木齐市新华南路68号广汇大厦14楼(公司证券部)
电 话:(0991)2851134 2869999-5617 传 真:(0991)2851134
4 、公司注册地址:新疆维吾尔自治区乌鲁木齐经济技术开发区上海路6号
公司办公地址:新疆维吾尔自治区乌鲁木齐经济技术开发区上海路6号
邮政编码:830026 国际互联网网址:http://www.guanghui.com
公司电子信箱:ghsc@163.net
5 、公司信息披露报纸名称:《上海证券报》
登载年度报告的中国证监会指定国际互联网网址:http://www.sse.com.cn
公司2000年度报告备置地点:新疆维吾尔自治区乌鲁木齐新华南路68号广汇大厦14楼公司证券部
6 、公司股票上市地:上海证券交易所 股票简称:广汇股份 股票代码:600256

二 、会计数据和业务数据摘要

(一)利润情况
1 、利润总额:176,155,363元
2 、净利润:147,905,251元
3 、扣除非经常性损益后的净利润:145,593,638元
非经常性损益总额为2,311,613元,其中:固定资产清理收益100,728元,罚款收入9,183元,发行新股冻结申购资金利息2,079,423元
4 、主营业务利润:193,410,748元
5 、其他业务利润:2,950,742元
6 、营业利润:158,189,152元
7 、投资收益:16,066,188元
8 、补贴收入:0元
9 、营业外收支净额:1,900,023元
10 、经营活动产生的现金流量净额:-35,091,915元
11 、现金及现金等价物净增加额:295,325,513元
(二)前三年的主要会计数据和财务指标 单位:元

项 目	2000年	1999年	1998年
1、主营业务收入	719,925,211	147,857,646	127,036,211
2、净利润	147,905,251	34,288,280	35,312,709
3、总资产	1,116,625,738	323,011,658	288,484,855
4、股东权益	601,648,530	137,212,361	131,811,184
5、每股收益	0.418	0.27	0.28
6、每股净资产	1.70	1.081	1.038
7、调整后的每股净资产	1.678	1.04	-
8、每股经营活动产生的现金流量净额	-0.099	0.569	-
9、净资产收益率(%)	24.583	24.989	26.79

(三)利润表附表 单位:元

报告期利润	净资产收益率(%) 全面摊薄	净资产收益率(%) 加权平均	每股收益 全面摊薄	每股收益 加权平均
主营业务利润	32.15	45.81	0.547	0.574
营业利润	26.29	37.47	0.447	0.469
净利润	24.58	35.03	0.418	0.439
扣除非长性损益后的净利润	21.60	30.78	0.367	0.385

三、股东情况介绍

1 、截止2000年12月31日,公司股东总数为9168 户。
2 、公司前十名股东持股情况:

股东名称(姓名)	期初数(股)	期末数(股)	持股比例(%)	持股性质
新疆广汇企业(集团)有限责任公司	79738678	159477356	45.08	法人股
富高利建筑材料有限公司	34133838	68267676	19.30	境外法人股
新疆维吾尔自治区技术改造投资公司	5075664	10151328	2.87	国有法人股
新疆维吾尔自治区哈密地区国有资产投资经营有限公司	2537832	5075664	1.43	国有法人股
新疆棉花企业(集团)公司亚西亚新技术开发公司	2537832	5075664	1.43	国有法人股
托里县花岗岩资源开发总公司	1903374	3806748	1.08	国有法人股
大商交服		2369692	0.67	社会流通股
北京中咨兰德工程技术开发公司	964376	1928752	0.55	国有法人股
蒋氏		1792492	0.51	社会流通股
陈怡兰		1106003	0.31	社会流通股

注:A 、报告期内,本公司持股5%以上的股东所持股份未发生质押、冻结的情况。
B 、本公司前10 名股东之间不存在任何关联关系。

四 、股东大会简介

(一)1999年度股东大会
2000年3月1日,公司董事会向七名发起人股东发出了关于召开1999年度股东大会的通知,说明了会议召开的时间、地点、审议事项及其他有关事宜。2000年4月6日,股东大会如期在公司二楼会议室召开,会议由董事长孙广信先生主持,审议通过了:
1 、董事会工作报告;
2 、监事会工作报告;
3 、总经理工作报告;
4 、公司1999年度财务决算报告;
5 、公司2000年度生产经营计划及主要财务指标;
6 、公司1999年利润分配方案;
7 、续聘天健会计师事务所为公司2000年度审计机构;
8 、授权董事会有权决定不超过公司净资产10%数额的对外投资决策权;
9 、公司增加注册资本并对《章程》作相应修改。
由于公司当时尚未上市,此次股东大会决议未公告。

湖南洞庭水殖股份有限公司

一、公司简介

1、公司法定中文名称:湖南洞庭水殖股份有限公司
公司法定英文名称:HUNAN DONGTING AQUACULTURE CO.,LTD.
公司法定名称汉语拼音编写:DTSZ
2、公司法定代表人:罗祖亮
3、公司董事会秘书:黄新元
联系地址:湖南省常德市人民中路358号华都大酒店6层
电话:0736-7223888转3688
传真:0736-7266736
公司电子信箱:DTSZ@163.net
4、公司注册地址:湖南省常德市人民中路358号
公司办公地址:湖南省常德市人民路358号华都大酒店6-7层
邮政编码:415000
公司国际互联网网址:http://www.Dongting-Aquaculture.com.cn
公司电子信箱:DTSZ@163.net
5、公司信息披露报纸名称:《中国证券报》、《上海证券报》
登载年报的国际互联网网址:http://www.sse.com.cn
公司年度报告备置地点:董事会办公室
6、公司股票上市交易所:上海证券交易所
公司股票简称:洞庭水殖　公司股票代码:600257

二、会计数据和业务数据摘要

(一)、本年度主要利润指标情况(单位:人民币元)

利润总额	26,460,720.63
净利润	24,452,854.72
扣除非经常性损益后的净利润	20,989,413.93
主营业务利润	40,932,348.29
其他业务利润	149,952.45
营业利润	22,997,279.84
投资收益	-103,437.02
补贴收入	2,300,000.00
营业外收支净额	1,266,877.81
经营活动产生的现金流量净额	3,785,010.78
现金及现金等价物净增加额	290,543,863.800000

说明:"扣除非经常性损益后的净利润"其扣除项目为:补贴收入2,300,000元,合并价差摊入-103,437.02元,营业外收支净额1,266,877.81元(含新股发行冻结无效申购资金利息1,499,549.59元)。

(二)、截止报告期末本公司前三年的主要会计数据和财务指标(单位:人民币元)

项目	2000年	1999年	1998年
主营业务收入	74,635,241.77	36,007,471.05	23,231,500.77
净利润	24,452,854.72	12,589,508.15	9,639,217.67
总资产	482,474,727.30	125,305,439.47	112,605,758.48
股东权益(不含少数股东权益)	405,233,219.03	52,628,017.59	48,385,506.97
每股收益(摊薄)	0.335	0.382	0.292
每股收益(加权)	0.393	0.382	0.292
扣除非经常性损益后的每股收益	0.288	0.368	0.229
每股净资产	5.551	1.595	1.466
调整后的每股净资产	5.429	1.356	1.311
每股经营活动产生的现金流量净额	0.052	0.246	
净资产收益率(%)	6.034	23.92	19.92
加权平均净资产收益率(%)	9.519	24.93	25.940000

注:主要财务指标的计算方法:
①每股收益=净利润/报告期末普通股股份总数
②每股净资产=报告期末股东权益/报告期末普通股股份总数
③调整后每股净资产=(报告期末股东权益-三年以上的应收款项净额-待摊费用-待处理(流动、固定)资产净损失-开办费-长期待摊费用-住房周转金负数余额)/报告期末普通股股份总数
④每股经营活动产生的现金流量净额=经营活动产生的现金流量净额/年度末普通股股份总数
⑤净资产收益率=净利润/报告期末股东权益×100%
⑥加权平均每股收益=净利润/[期末普通股股份总数/(1+当期发行新股比例)+期末普通股股份总数/(1+当期发行新股比例)×当期发行新股比例×缴款结束日下一月份至期末的月份数/12]
⑦加权平均净资产收益率=净利润/[(期初净资产+期末净资产)/2+当期发行新股新增净资产×(自缴款结束日下一月份至报告期末的月份数-6)/12]

按照中国证监会《公开发行证券公司信息披露编报规则(第9号)》要求计算的利润数据:

	报告期利润	净资产收益率 全面摊薄	净资产收益率 加权平均	每股收益 全面摊薄	每股收益 加权平均
主营业务利润	40,932,348.29	10.10	15.71	0.561	0.727
营业利润	22,997,279.84	5.68	8.83	0.315	0.408
净利润	24,452,854.72	6.03	9.39	0.335	0.434
扣除非经常性损益后的利润	20,989,413.93	5.18	8.06	0.288	0.373

三、股本变动及股东情况

(一)股本变动情况公司股份变动情况
(二)股东情况介绍
1、报告期末,公司股东总数为27833户。
2、公司前十名股东持股情况如下:

序号	股东名称(姓名)	持股数(股)	占总股本比例(%)
1	常德市国有资产管理局	15,906,000	21.79
2	常德泓鑫水殖有限公司	9,372,000	12.84
3	安乡县水产养殖总场	6,600,000	9.04
4	常德桥南市场开发总公司	660,000	0.90
5	中国水产科学研究院	462,000	0.63
6	景阳基金	428,232	0.58
7	信隆房产	407,000	0.55
8	安庆华茂	353,721	0.48
9	曾令创	165,000	0.23
10	中山歧源	162,000	0.22

北京首都旅游股份有限公司

一、公司简介

(一)公司中文名称:北京首都旅游股份有限公司
公司英文名称:BEIJING CAPITAL TOURISM CO.,LTD　缩写:BCTCO.,LTD
(二)公司注册地址:北京市西城区复兴门内大街51号(民族饭店四层)
公司办公地址:北京市西城区复兴门内大街51号(民族饭店四层)
邮政编码:100031 公司网址:www. bct 2000. com　电子信箱:stock@bct2000.com
(三)公司法定代表人:刘毅
(四)公司董事会秘书:王志强　董事会证券事务代表:段中鹏
联系地址:北京市西城区复兴门内大街51号(民族饭店四层证券部)
联系电话:(010)66014466—446　传真电话:(010)66019471
王志强电子信箱: wzhq@bct2000.com　段中鹏电子信箱: dzpxx@sohu.com
(五)公司信息披露的报纸名称:《中国证券报》、《上海证券报》;
登载年度报告的中国证监会指定国际互联网网址:http://www.sse.com.cn/;
公司年期报告备置地点:本公司证券部。
(六)公司股票上市地:上海证券交易所　股票简称:首旅股份　股票代码:600258

二、会计数据和业务数据摘要

(一)本年度会计数据摘要(单位:人民币元)

利润总额:	87,490,308.35
净利润:	55,263,805.82
扣除非经常性损益后的净利润:	47,861,492.84
主营业务利润:	292,756,906.11
其他业务利润:	
营业利润:	68,691,704.25
投资收益:	11,359,882.30
补贴收入:	
营业外收支净额:	7,438,721.80
经营活动产生的现金流量净额:	53,102,840.67
现金及现金等价物净增加额:	135,851,575.61

(二)近三年主要会计数据和财务指标(合并报表) 追溯调整后:

项目	2000年	1999年	1998年
主营业务收入(元)	749,706,594.11	412,259,810.37	388,788,412.59
净利润(元)	55,263,805.82	51,133,987.43	41,116,882.75
总资产(元)	1,112,324,404.68	705,513,685.25	608,765,466.45
股东权益(元)	681,206,092.92	264,917,030.23	252,593,207.60
每股收益(元/股)	0.24	0.32	0.25
(加权)	0.27	0.32	0.25
扣除非经常性损益后的每股收益(元/股)	0.21		
每股净资产(元/股)	2.94	1.64	1.57
调整后的每股净资产(元/股)	2.85	1.55	
每股经营活动产生的现金流量净额(元/股)	0.23	0.40	
净资产收益率(%)	8.11%	19.30%	16.28%

注:1、主要财务指标计算方法:每股收益=净利润/年度末普通股份总数
每股净资产=年度末股东权益/年度末普通股股份总数
调整后的每股净资产=(年度末股东权益-三年以上的应收款项净额-待摊费用-待处理(流动、固定)资产净损失-开办费-长期待摊费用-住房周转金负数余额)/年度末普通股股份总数
每股经营活动产生的现金流量净额=经营活动产生的现金流量净额/年度末普通股股份总数
净资产收益率=净利润/年度末股东权益×100%
(三)根据中国证监会关于发布《公开发行证券公司信息披露编报规则》第9号通知精神,公司2000年按全面摊薄和加权平均法计算的净资产收益率及每股收益。

报告期内利润	净资产收益率(%) 全面摊薄	净资产收益率(%) 加权平均	每股收益(元) 全面摊薄	每股收益(元) 加权平均
主营业务利润	42.98	55.78	1.27	1.45
营业利润	10.08	13.09	0.30	0.34
净利润	8.11	10.53	0.24	0.27
扣除非经常性损益后的净利润	7.03	9.12	0.21	0.24

注:主要财务指标的计算公式如下:
每股收益=净利润/本年度末普通股股份总数
每股收益(加权平均)=P/(S0+S1+Si*Mi/M0-Sj*Mj/M0)其中:P为报告期利润;S0为期初股份总数;S1为报告期因公积金转增股本或股票股利分配等增加股份数;Si为报告期内因发行新股或债转股等增加股份数;Sj为报告期因回购或缩股等减少股份数;M0为报告期月份数;Mi为增加股份下一月份起至报告期期末的月份数;Mj为减少股份下一月份起至报告期末的月份数。
每股净资产=本年度末股东权益/本年度末普通股股份总数净资产收益率(加权平均)=P/(E0+NP/2+Ei*Mi/M0-Ej*Mj/M0)其中:P为报告期利润;NP为报告期净利润;E0为期初净资产;Ei为报告期发行新股或债转股等新增净资产;Ej为报告期回购或现金分红等减少净资产;M0为报告期月份数;Mi为新增净资产下一月份起至报告期期末的月份数;Mj为减少净资产下一月份起至报告期末的月份数。

三、股本变动及股东情况

1、股份变动情况表股本结构数量
2、股东情况介绍
(1)报告期末内本公司共有16,893名股东。
(2)本公司主要股东及持股股数(前十名) 单位:万股

序号	股东名称	期初持股数	本期增减(+、-)	期末持股数	战略投资者持股
1	北京首都旅游集团有限责任公司	16000		16000	国有法人股
2	北京王府井百货(集团)股份有限公司	220	0	220	2000.5.11至
3	中国经济技术投资担保有限公司	220	0	220	2001.11.11
4	上海汽车股份有限公司	220	0	220	
5	北京锦绣大地农业股份有限公司	220	0	220	
6	桂林旅游发展总公司	220	0	220	
7	北京首创股份有限公司	220	0	220	
8	新世纪国际租赁有限公司	220	0	220	
9	北京知金科技有限公司	220	0	220	
10	中机电投资有限公司	220	0	220	

注:(1)报告期内本公司控股股东未发生变更。
(2)报告期内本公司持股5%以上的股东未发生质押、冻结情况。

海南兴业聚酯股份有限公司

海南兴业聚酯股份有限公司2000年度报告摘要

重要提示:本公司董事会保证本报告所载资料不存在任何重大遗漏、虚假陈述或者严重误导,并对其内容的真实性、准确性和完整性负个别及连带责任。

一、公司简介

(一)公司名称
中文名称:海南兴业聚酯股份有限公司
英文名称:HAINAN XINGYE POLYESTER.CO.,Ltd.
(二)公司地址
公司注册及办公地址:海南省海口市港澳工业区兴业路19号
邮政编码:570314　　电子信箱:xineu@ public. hk.hi.cn
(三)法定代表人:刘连琏
(四)董事会秘书:欧大潭　　联系地址:海南省海口市港澳工业区兴业路19号
联系电话:0898-8669470　　传真:0898-8664045
电子信箱:xineu@ public.hk.hi.cn
(五)公司选定的中国证监会指定报纸名称:中国证券报、上海证券报
中国证监会指定的互联网网址:http://www.sse.com.cn/
本公司中期报告置备于公司办公住所:海南省海口市港澳工业区兴业路19号
(六)公司股票上市交易所:上海证券交易所
股票简称:兴业聚酯　　股票代码:600259

二、会计数据及业务数据摘要

(一)本年度利润总额及构成(单位:人民币元,合并报表)

利润总额	48,502,387.32
净利润	44,012,993.87
扣除非经常性损益后的净利润	31,543,682.01
主营业务利润	106,218,138.46
其他业务利润-----投资收益-----补贴收入	11,919,311.86
营业外收支净额	550,000.00
营业利润	36,033,075.46
经营活动产生的现金流量净额	113,042,210.34
现金及现金等价物净增加额	305,664,710.14

(二)截止报告年度末公司前三年的主要会计数据及财务指标(单位:人民币元)

序号	栏目	2000年度	1999年度	1998年度
1	主营业务收入	615,965,025.94	487,443,082.86	367,208,479.09
2	净利润	44,012,993.87	39,104,463.36	15,659,884.34
3	总资产	1,348,838,367.12	1,020,822,822.25	884,907,596.98
4	股东权益	586,211,797.61	249,365,706.74	213,814,639.25
5	每股经营活动产生的现金流量净额	0.53	0.745	-0.049
6	每股收益(摊薄)	0.206	0.273	0.109
7	每股收益(加权)	0.239	0.273	0.109
8	扣除非经常性损益后的每股收益	0.15	0.186	0.08
9	每股净资产	2.75	1.74	1.49
10	调整后的每股净资产	2.66	1.63	1.35
11	净资产收益率(%)	7.51	15.68	7.32

说明:主要财务指标计算公式如下:
每股收益=净利润÷年度末普通股股份总数
每股净资产=年度末股东权益÷年度末普通股股份总数
调整后的每股净资产=(年度末股东权益-三年以上的应收款项净额-待摊费用-处理(流动、固定)资产净损失-开办费-长期待摊费用-住房周转金负数余额)÷年度末普通股股份总数
每股经营活动产生的现金流量净额=经营活动产生的现金流量净额÷年度末普通股股份总数
净资产收益率=净利润÷年度末股东权益×100%说明:
扣除非经常性损益项目和涉及金额:
1、补贴收入11,919,311.86元。
2、营业外收支净额550,000.00元。
(二)报告期内股东权益变动情况

项目	股本	资本公积	盈余公积	法定公益金
期初数	143,400,000.00	25,320,602.50	14,774,652.36	5,300,829.18
本期增加	70,000,000.00	227,101,097.00	6,471,279.81	2,157,093.27
本期减少	----	----	----	----
期末数	213,400,000.00	252,421,699.50	21,245,932.17	7,457,922.45

续上表:

项目	未分配利润	股东权益合计
期初数	65,870,451.88	249,365,706.74
本期增加	37,541,714.06	341,114,090.87
本期减少	4,268,000.00	4,268,000.00
期末数	99,144,165.94	586,211,797.61

三、股本变动及主要股东持股情况

(一)股本变动情况
1、股份变动情况表　　数量单位:股

	期初数	本次变动增减(+、-) 向社会公开发行股份	小计	期末数
(1)未上市流通股份				
①发起人股份	118800000			118800000
其中:国家持有股份境内法人持有股份	118800000			118800000
境外法人持有股份				
②募集法人股			37366100	
③内部职工股	24600000			24600000
④其他		+21366100	21366100	21366100
其中:转配股未上市流通股份合计	143400000	21366100	21366100	164766100
(2)已上市流通股份				
①人民币普通股		+48633900	48633900	48633900
②境内上市的外资股				
③境外上市的外资股				
④其他				
已上市流通股份合计		48633900	48633900	48633900
(3)股份总数	143400000	70000000	70000000	213400000

2、股票发行与上市情况
(1)在本报告期内,经中国证监会证监发行字[2000]39号文核准,本公司于2000年4月20日至2000年5月8日成功向社会公开发行人民币普通股7000万股,截止2000年12月31日,已有48633900股普通股在上海证券交易所挂牌交易,其中,向一般投资者上网发行3100万股及向证券投资基金配售的1400万股的50%(700 万股),合计3800万股于2000年5月25日在上海证券交易所挂牌交易;向一般法人投资者配售的363.39万股于2000年8月25日在上海证券交易所上市交易;向证券投资基金配售的1400万股中的50%(700万股)于2000年11月25日在上海证券交易所上市交易。
(2)根据海南省股份制试点领导小组办公室琼股办函[1992]30号文批准,我公司于1992年11月4日以内部募集方式发行股票14340万股,其中内部职工股为2460万股,每股面值人民币1元,此次发行的内部职工股现未上市交易。
(二)、股东情况介绍
1、截止2000年12月31日,股东总数为40286户。
2、前10名股东情况

股东名称	2000年12月31日持股数(万股)	占总股本比例(%)
海南省纺织工业总公司	7128	33.40
港澳国际海南投资有限公司	2000	9.37
中国东方资产管理公司海口办事处	1600	7.50
海南华顺实业公司	1008	4.72
中技海南实业公司	144	0.67
上海共富	75.495	0.35
灵山发展	75.495	0.35
海口昌亿	75.495	0.35
轧三制钢	75.495	0.35
无锡春华	75.495	0.35

(1)在本报告期内,持有公司5% 以上股份的股东海南省纺织工业总公司被法院冻结其所持有的"兴业聚酯"7000万股法人股;持有公司5%以上股份的股东港澳国际海南投资有限公司被法院冻结其所持有的"兴业聚酯"2000万股法人股;持有公司5%以上股份的股东港澳国际海南投资有限公司将其所持有的"兴业聚酯"3600万股法人股中的1600万股转让给中国东方资产管理公司海口办事处;第6至10 名股东因配售而成为公司的战略投资者,其持股时间约定为2000年5月25日至2002年5月25日。
(2)公司前10名股东之间不存在关联关系。
(3)持有公司10%以上法人股股东情况:
海南省纺织工业总公司持有"兴业聚酯"7128万股法人股,占总股本的33.40%;公司法定代表人:许江;经营范围:棉、毛、麻、丝绸、化纤服装、鞋帽、辅助材料、纺织机械设备、纺织原材料、纺织建筑材料调拨等。

四、股东大会简介

(一)本年度股东大会的通知、召集、召开情况本报告期内召开一次股东大会,即1999年年度股东大会,具体内容及摘要如下:
我公司于2000年5月31日在《上海证券报》上刊登了《海南兴业聚酯股份有限公司第二届董事会第七次会议决议公告及召开1999年年度股东大会的通知》,于2000年6月30日上午在公司一楼会议室召开公司1999年年度股东大会,公司董事长刘连琏主持会议,股东及股东代表共7人参加本次大会,持有股份11941.72万股,占公司有表决权总股份21340万股的55.96%,符合《公司法》及本公司章程有关规定。会议对各项工作报告及议案进行了认真审议,并以记名投票方式逐项表决通过了以下决议:
1、审议通过了公司董事会1999年年度工作报告
2、审议通过了公司监事会1999年年度工作报告
3、审议通过了公司1999年年度财务决算方案及2000年年度财务预算方案
4、审议通过了公司1999年年度利润分配预案。具体是:
根据深圳中天会计师事务所出具的股审报字[2000]第D005号《审计报告》,本公司1999年度实现净利润为人民币39,104,463.36元,扣除按10%提取法定盈余公积金3,902,111元,按5%提取法定公益金1,951,055.5元,1999年年末可供股东分配的利润为人民币69,423,847.75元。本公司董事会拟对上述利润暂不分配,滚存至下年度分配,由新老股东共同享有,并按同股同权、同股同利的原则进行分配。
5、审议通过了公司章程草案
6、选举刘连琏、许江、李庆普、职富学、黎平、王建国、张澄光为公司第三届董事会董事。
7、选举夏以濂、张豫嘉、蒙理清、王东郊、云沐为公司第三届监事会监事。
8、审议通过了续聘深圳中天会计师事务所的议案
(二)股东大会决议披露情况
本届股东大会决议公告于2000年7月1日刊登于《上海证券报》。

五、董事会报告

(一)生产经营情况
1、公司所处的行业及地位
公司主要从事聚酯切片及FDY长丝的生产及销售。属纺织工业化学纤维行业,主要产品是半消光长丝级聚酯切片、聚酯熔体直接纺FDY长丝。兴业聚酯是海南省的高新技术企业(2000年10月31日海南省科学技术厅琼科[2000]227号文批准确定),也是海南省支柱产业--纺织化纤工业的龙头企业。其工业总产值、销售收入、利税总额和净利润均在海南纺织化纤工业中名列第一;2000年12月29日,海南省海口地方税务局地税发[2000]422号文批准我公司按新办企业享受"免二减三"企业所得税期满后,可继续给予三年(2001年至2003年)减半征收企业所得税优惠政策。据中国纺织工业协会2001年1月24日有关资料,在全国纺织工业化学纤维行业年销售收入前100名企业名单中,海南兴业聚酯股份有限公司的排序为:销售收入第38名,利税总额为28名,利润总额第25名。
2、公司主营业务范围及其经营状况
公司的主营业务范围是:聚酯切片及化纤、纺织原料及成品的生产及销售等。本报告期内公司紧紧围绕经济效益这一中心,内抓管理,外拓市场,生产经营状况良好,全年完成主营业务收入61596.5万元,同比增长26.37%;主营业务利润10621.8万元;同比增长0.48%。

湖北凯乐新材料科技股份有限公司

湖北凯乐新材料科技股份有限公司2000年年度报告摘要

本公司董事会保证本报告所载资料不存在任何虚假记载、误导性陈述或者重大遗漏，并对其内容的真实性、准确性和完整性负个别及连带责任。本摘要摘自2000年年报正文，投资者欲了解公司的详细情况，请查阅公司年度报告正文。

一、公司简介

(一)公司法定中、英文名称及缩写：

1、中文名称：湖北凯乐新材料科技股份有限公司

2、英文名称：HUBEI KAILE NEW MATERIAL SCIENCE AND TECHNOLOGY CO. LTD.

3、英文名称缩写：KAILE SCIENCE AND TECHNOLOGY

(二)公司法定代表人：朱弟雄

(三)公司董事会秘书及证券事务代表的姓名、联系地址、电话、传真：

1、董事会秘书：陈杰

2、董事会证券事务代表：王政　罗忠杰

3、联系地址：湖北省公安县斗湖堤镇城关

4、联系电话：0716-5224433　0716-5237491

5、传　真：0716-5224433

(四)公司注册地址、办公地址、邮政编码及电子信箱：

1、注册及办公地址：湖北省公安县斗湖堤镇城关

2、邮政编码：434300

3、国际互联网网址：http://www.kailegroup.com

4、电子信箱：kaile@kailegroup.com

(五)公司选定的信息披露报纸名称、登载公司年度报告的中国证监会指定国际互联网网址、公司年度报告备置地点：

1、信息披露报纸名称：《中国证券报》、《上海证券报》、《证券时报》

2、中国证监会指定的国际互联网网址：http://www.sse.com.cn

3、年度报告备置地点：公司证券部

(六)公司股票上市交易所、股票简称和股票代码：

1、上市交易所：上海证券交易所

2、股票简称：凯乐股份

3、股票代码：600260

二、会计数据及业务数据摘要

(一) 本年度主要利润指标情况(单位：人民币元)

项　目	金　额
利润总额	79,312,488.54
净利润	67,824,330.20
扣除非经常性损益后的净利润	61,880,006.81
主营业务利润	94,469,396.63
营业利润	72,689,905.15
投资收益	678,260.00
补贴收入	2,500,000.00
营业外收支净额	3,444,323.39
经营活动产生的现金流量净额	93,893,662.92
现金及现金等价物净增加额	438,770,063.47

注：2000年元至12月扣除的非经常性损益和涉及金额：

1、营业外收支净额3,444,323.39元，其中新股申购冻结资金利息收入2,742 ,659.65元。

2、补贴收入2,500,000.00元。

(二)截止报告期末公司前三年主要会计数据和财务指标(单位：人民币元)

项　目	2000	1999	1998
主营业务收入(元)	306,580,836.02	261,286,672.96	173,674,899.24
净利润(元)	67,824,330.20	54,324,008.76	36,441,787.16
总资产(元)	1,046,150,433.55	381,410,721.20	272,242,219.34
股东权益(元)	794,651,493.32	239,707,120.24	185,383,111.48
每股收益(元/股)	0.39	0.45	0.30
净资产收益率(%)	8.54	22.66	19.66
每股净资产(元/股)	4.52	1.98	1.53
调整后的每股净资产(元/股)	4.51	1.97	1.53
每股经营活动产生的现金流量净额(元/股)	0.53	0.44	0.26

注：1、按月平均加权法计算的每股收益：0.46元/股。

2、扣除非经常性损益后的每股收益：0.37元/股。

三、股本变动和主要股东持股情况

(一) 股本变动情况

1、股本变动情况表(单位：万股)

项目	期初数	本次变动增减(+,-) 发行新股	配股	送股	其他	小计	期末数
一、尚未流通股份							
1、发起人股份	9,670.4				-600	-600	9,070.4
其中：国家持有股份	1,500						1,500
境内法人持有股份	8,170.4				-600	-600	7,570.4
2、募集法人股份					600	600	600
3、内部职工股	2,417.6						2,417.6
4、优先股或其他							
未上市流通股份合计	12,088						12,088
二、已上市流通股份							
1、境内上市人民币普通股	5,500				5,500	5,500	
已上市流通股份合计	5,500					5,500	
三、股份总数	12,088	5,500				5,500	17,588

2、股票发行及上市情况

(1) 2000年6月7日，经中国证券监督管理委员会证监发行字[2000]70号文件核准，公司获准向社会公开发行人民币普通股(A股)5,500万股，每股发行价格为9.48元。本次发行采用向法人投资者网下竞价配售和对一般投资者上网定价发行相结合的方式，其中向社会公众上网发行2,750万股，向一般法人投资者配售2,750万股，发行后公司股本总额为17,588万股。

(2) 2000年6月，经上海证券交易所上证上字[2000]43号文件核准，公司向社会公众发行的2,750万股人民币普通股获准于2000年7月6日在上海证券交易所上市交易，公司向一般法人投资者配售的2,750万股人民币普通股获准于2000年10月9日在上海证券交易所上市交易。

(3) 公司1993年2月经湖北省体改委以鄂改生[1993]40号文批准以定向募集方式发行内部职工股604.4万股，发行价格为1.00元/股，经过数次送配后，截止报告期末止，现有内部职工股2,417.6万股。根据国家有关规定，内部职工股在新股发行上市届满三年后方可上市流通。

(二) 股东情况介绍

1、报告期末公司股东总数17,427户。

2、公司前十名股东持股情况(单位：股)

序号	股东名称	年末持股数	占总股本比例(%)	是否上市流通
1	荆州市科达商贸投资有限公司	75,704,000	43.04	否
2	公安县国资局	15,000,000	8.53	否
3	湖北长证投资有限公司	6,000,000	3.41	否
4	金泰基金	2,585,925	1.47	是
5	景博基金	2,165,618	1.23	是
6	景阳基金	1,853,824	1.05	是
7	外贸信托	1,647,561	0.94	是
8	开元基金	1,155,790	0.66	是
9	景福基金	1,109,970	0.63	是
10	普丰基金	686,470	0.39	是

以上股东之间无关联关系。

(1) 荆州市科达商贸投资有限公司(公安县凯乐塑管厂)为本公司主要发起人，与其他股东不存在关联关系。

(2) 公安县国资局为公司国有股股东。

(3) 公司前十名股东中的第4至10位为流通股股东。

3、持股10%以上的法人股东简介

公司持股10%以上的股东为荆州市科达商贸投资有限公司，持有7,570.4万股，占总股本的43.04%。

荆州市科达商贸投资有限公司法定代表人：邝永华。

荆州市科达商贸投资有限公司经营范围：商贸信息咨询服务、技术引进、开发，化工原料批发、零售，建筑材料零售。

报告期内，公司控股股东未发生变化，其名称由"公安县凯乐塑管厂"变更为"荆州市科达商贸投资有限公司"，已于2001年1月17日在《中国证券报》、《上海证券报》、《证券时报》上予以公告。该公司于2000年3月3日以每股人民币2.50元的价格转让湖北长证投资有限公司法人股600万股(上市前转让，未公告)；2000年10月受让湖北金安纺织集团股份有限公司法人股48万股，受让湖北荆州纸业股份有限公司法人股32万股(未达到公告数量，未公告)，至此其持股数由期初的8,090.4万股，减至报告期末的7,570.4万股，其所持股份无质押或冻结情况。

四、股东大会简介

(一) 2000年8月28日，公司召开2000年第二次临时股东大会。审议通过了关于公司更名和增改经营范围的议案；修改公司章程的议案；董事、监事及高级管理人员年薪制实施办法的议案。该次会议刊登于2000年8月29日的《中国证券报》、《上海证券报》、《证券时报》上。

(二) 报告期内没有更换董事、监事情况。

五、董事会报告

(一) 公司经营情况

1、公司所处行业及公司在本行业的地位

公司属轻工塑料制品业，面对竞争激烈的外部市场，公司员工紧紧围绕2000年度生产经营计划，弘扬凯乐"团结自强、拼搏坚强、奉献图强"的三强精神，齐心协力、奋发向上，取得了优良的业绩。特别是土工格栅、硅芯管等高科技产品的迅速扩张，成功占领了电信、高速公路等建设领域，在2000年的全国塑料综合经济效益排名中名列前茅。

2、公司主营业务的范围及经营状况

公司主要从事塑料硬管及管件、软管、管材、塑料零件及塑料土工合成材料、网络光缆护套材料、新型建材装饰材料的制造、销售；兼营对外投资。是中科院和科技部认定的"高新技术企业"。

3、公司主营业务经营情况

公司2000年度共完成主营业务收入30,658万元，同比增长17%；实现主营业务利润9,446.9万元，同比增长11.4%。

(1) 公司主导产品PVC波纹管、PVC塑料管、PVC装饰板，报告期内共完成营业收入21,138.9万元，占主营业务收入的69%，同比增长10%。

(2) 公司高科技产品塑料土工合成材料(PE板材)完成营业收入5,517.4万元，占主营业务收入的18%，同比增长88.1%。

(3) 公司2000年9月新开发的缠绕管(HDPE管材)经过一个多月的试生产运行，投放市场两个多月以来，前景十分看好，目前已投入批量生产。报告期内实现营业收入1,289万元，占主营业务收入的4.2%。

(4) 2000年，公司紧跟信息产业迅猛发展形势，大力进行新产品开发，重点开发了宽带网络工程所需新产品高密度聚乙烯硅芯管。经过近两个月的市场调查、调试生产，已经拿出了质量高、用户满意的产品。公司拟在2001年投入批量生产。从市场情况分析预测，高密度聚乙烯硅芯管将成为公司2001年新的利润增长点。

4、在经营中出现的问题及解决方案

(1) 针对激烈竞争的市场环境，公司以市场为导向，强化全员市场经济观念的转变，精心打造凯乐品牌，从产品质量、售后服务、外观包装等方面入手，以质取胜。

(2) 针对原辅材料涨价因素，一是强化财务管理，加强监督约束机制；二是以成本、技术、质量为核心，抓好生产成本控制；三是抓好原辅材料采购的供应工作，利用公司规模优势，实行原辅材料采购招标制；四是针对上游产品涨价的实际情况，将公司产品提价销售，有效地克服了原材料涨价因素，产品盈利水平稳步提高；五是调整产品结构，开发技术含量高的高科技品种，减少盈利水平低、费用成本高等产品的生产和销售。

(二) 公司财务状况

项目	2000年	1999年	增减%
总资产	1,046,150,433.55	381,410,721.20	174.28

流动负债	241,498,940.23	97,620,399.14	147.39
长期负债	10,000,000.00	44,083,201.82	-77.32
股东权益	794,651,493.32	239,707,120.24	231.51
主营业务利润	94,469,396.63	84,782,979.64	11.43
净利润	67,824,330.20	54,324,008.76	24.85

报告期内,公司因发行股票使公司总资产及股东权益成倍增长。同时,因公司生产规模扩大,应付款增幅较大。

(三) 公司投资情况

公司于2000年7月6日,采用向法人投资者网下竞价配售和对一般投资者上网定价发行相结合的方式募集资金504,708,042.88元(已扣除发行费用)。截止报告期末止具体使用情况如下:(单位:人民币万元)

承诺募集资金投资项目	承诺投资额	实际投资额	投资进度(%)	备注
单向拉伸土工格栅项目	4,980	4,405	88.5	已完工,正在决算验收
双向拉伸土工格栅项目	4,990	1,991	39.9	按计划实施
大口径硬聚氯乙烯管材、管件技改工程	16,963	6,344	37.4	按计划实施
铝塑复合管和铝塑复合板材引进工程	19,451	暂未投入	-	拟变更
PVC缠绕管材技改项目	4,006	2,673	66.7	已完工,正在决算验收

1、单向拉伸土工格栅项目。计划总投入4,980万元,其中固定资产投入4,473 万元,流动资金投入507万元,目前该项目已全部完工,实际固定资产投入4,405万元,正在进行竣工决算验收,预计该项目可节约固定资产投入68万元。

2、双向拉伸土工格栅项目。计划总投入4,990万元,该项目报告期末已投入1, 991万元,完成项目总投入的39.9%,正在按计划实施。

3、大口径硬聚氯乙烯管材、管件技改工程项目。计划总投入16,963万元。该项目已投入6,344万元,完成项目计划的37.4%。目前,该项目的部分设备已投入生产,预计2001年8月该工程可全部完工,完工后的大口径管材项目可年新增利润过1亿元。

4、铝塑复合管和铝塑复合板材引进工程项目。该项目总投入19,451万元。根据目前我国建筑、装饰材料市场形势的变化,公司董事会拟对该项目进行变更。用市场前景良好的高密度聚乙烯硅芯管和PP-R管材项目替代铝塑复合管和铝塑复合板引进项目。因此,该项目暂未投入。

5、PVC缠绕管材技改项目。计划总投入4,006万元,报告期内已投入2,673 万元,完成项目计划的66.7%,该项目固定资产投入已完工,正在决算验收。所属产品HDPE塑管投放市场前景看好,预计完工后的PVC缠绕管工程项目将成为公司 2001 年新的盈利增长点。

(四) 生产环境及宏观政策、法规变化对本公司的影响

1、公司塑料制品广泛用于邮电、通讯、基础建设、高速公路、铁路、农田灌溉及人畜饮水等方面。目前,国家西部开发中的基础建设,邮电通讯业的迅猛发展及东西北地区的农田灌溉使我公司产品市场前景十分广阔。

2、根据国家财政部财税[2000]99号文件精神及湖北省财政厅鄂财税发[2000]1373号文件,公司在2001年12月31日前仍可享受所得税先征33%再返还18 %(实征15%)的优惠政策,有利于公司盈利水平的持续提高。

3、根据湖北省鄂经贸电[2001]8号文件精神,对高电耗企业给予优价供电,使公司生产成品降低,竞争能力大大增强。

(五) 二00一年业务发展规划

针对塑料行业的发展现状,公司董事会拟定2001年的工作方针是"以生产经营为载体,以资本营运为纽带,以西部开发为契机,优化产品结构和资本结构,开拓凯乐更大的生存与发展空间"。具体完成和落实下列工作:

1、加速项目工程进度,争取项目工程早完工早出效益。

2、加快HDPE硅芯管、LDPE子管、PP-R管产品的开发步伐,优化产品结构,提高高科技产品市场占有份额,增强公司整体竞争力。

3、抓好以成本、技术、质量为核心的生产管理,夯实凯乐基础管理。

4、抓好网络通讯、交通建设、农田灌溉为主要市场的产品营销工作,精心打造凯乐品牌,拓展市场空间。

5、广泛寻找与国际、国内产业资本合作机会,以资本营运为纽带,充分利用加盟其他高科技企业的科技优势、投资专业和知识优势、人才和资源优势,盘活公司存量资产,优化资本结构。

(六)董事会日常工作情况

1、报告期内董事会的会议情况及决议内容

(1) 在2000年3月3日公司召开的第三届第八次董事会会议上,董事长朱弟雄先生向全体参会董事通报了公司第一大股东荆州市科达商贸投资有限公司(公安县凯乐塑管厂)向湖北长证投资有限公司转让600万法人股,转让价每股2.50 元人民币事宜。

(2) 2000年7月11日,公司召开第三届十次董事会会议,审议通过了同意许平先生因工作需要辞去董事会秘书职务,聘任董事陈杰先生兼任董事会秘书职务;同意聘任董事杨克华先生任副总经理职务;公司证券咨询电话进行了调整。该决议刊登于2000年7月14日的《中国证券报》、《上海证券报》上。

(3) 2000年7月22日,公司召开第三届十一次董事会会议,审议通过关于变更公司名称和增改经营范围的议案;修改公司章程的议案;董事、监事及高级管理人员年薪制实施办法的议案;召开2000年第二次临时股东大会的议案。该决议刊登于2000年7月25日的《中国证券报》、《上海证券报》上。

(4) 2000年8月11日,公司召开第三届十二次董事会会议,审议通过2000 年中期报告正文及摘要;公司发起设立北京超智洪科技股份有限公司的议案。该决议刊登于2000年8月26日的《中国证券报》、《上海证券报》、《证券时报》上。

2、董事会对股东大会的执行情况

根据2000年第二次临时股东大会决议,公司董事会认真履行自己的职责,全面落实股东大会决议,按法定程序进行决策,无任何越权现象。

(1) 根据股东大会决议,进行工商注册登记,公司名称由"湖北省凯乐塑料管材(集团)股份有限公司"变更为"湖北凯乐新材料科技股份有限公司"。

(2) 根据股东大会决议,经营范围增改为:塑料硬管及管件、软管、管材、塑料零件及塑料土工合成材料、网络光缆护套材料、新型建材装饰材料的制造、销售;兼营对外投资。

(3) 根据股东大会决议,已修改公司章程。

(4) 股东大会通过的《董事会、监事会及高级管理人员年薪制实施办法》的提案正在实施。

(5) 公司发起设立的北京超智洪科技股份有限公司的议案正在实施。

(6) 聘任董事杨克华先生为副总经理,聘任董事陈杰先生兼任董事会秘书,免去许平先生董事会秘书职务已实施。

(七)公司管理层及员工情况

1、公司董事、监事、高级管理人员情况

姓名	性别	年龄	职务	任期起止日期	年初持股数(股)
朱弟雄	男	45	董事长	1999.06-2002.06	64,000
王 政	男	42	副董事长	1999.06-2002.06	18,000
朱复华	男	64	副董事长	1999.06-2002.06	0
王明元	男	60	董事兼总经理	1999.06-2002.06	5,000
周新林	男	42	董事	1999.06-2002.06	8,000
邹祖学	男	34	董事	1999.06-2002.06	0
潘文富	男	53	董事	1999.06-2002.06	8,000
杨克华	男	36	董事、副总经理	1999.06-2002.06	8,000
陈 杰	男	39	董事兼董秘	1999.06-2002.06	8,000
胡章学	男	39	董事	1999.06-2002.06	8,000
华银远	男	58	董事	1999.06-2002.06	8,000
高家菊	女	46	监事会召集人	1999.06-2002.06	8,000
张启爽	男	36	监事	1999.06-2002.06	8,000
邹 勇	男	42	监事	1999.06-2002.06	8,000
宗大全	男	36	监事	1999.06-2002.06	8,000
刘先平	男	36	监事	1999.06-2002.06	8,000
杨宏林	男	38	副总经理	1999.06-2002.06	8,000
姚长青	男	36	副总经理	1999.06-2002.06	8,000
苏中全	男	37	总会计师	1999.06-2002.06	14,000
刘莲春	女	38	总经理助理兼财务部长	1999.06-2002.06	2,000
合计					207,000

续上表:

姓名	性别	年末持股数(股)	年度报酬总额(元)
朱弟雄	男	64,000	36,200
王 政	男	18,000	30,900
朱复华	男	0	不在本公司领取报酬
王明元	男	5,000	24,900
周新林	男	8,000	24,900
邹祖学	男	0	24,900
潘文富	男	8,000	24,900
杨克华	男	8,000	24,900
陈 杰	男	8,000	24,900
胡章学	男	8,000	24,900
华银远	男	8,000	24,900
高家菊	女	8,000	24,900
张启爽	男	8,000	24,900
邹 勇	男	8,000	24,100
宗大全	男	8,000	24,100
刘先平	男	8,000	23,700
杨宏林	男	8,000	24,900
姚长青	男	8,000	24,900
苏中全	男	14,000	24,100
刘莲春	女	2,000	23,700
合计		207,000	485,600

2、报告期内公司董事、监事及高级管理人员工资总额为485,600元。 其中朱复华先生不在本公司领取报酬;年度报酬在1至3万元的有17人,3万元以上的有2人。

3、报告期内,许平先生因工作需要辞去董事会秘书职务;聘任董事陈杰先生兼任董事会秘书;经总经理提名,聘任董事杨克华先生任副总经理职务。

4、公司员工的数量、专业构成、教育程度及退休职工人数情况

公司职工总人数为1,566人,其中生产人员955人,销售人员95 人, 技术人员 295人,财务人员45人,行政人员64人,退休职工65人;大专以上学历的有398人,中专学历的有1,017人,高中以下文化程度的有151人。

(八)本次利润分配预案和资本公积金转增股本预案

1、利润分配预案

经中勤万信会计师事务所有限公司审计,公司2000年度实现利润总额79, 312 ,488.54元,税后利润67,824,330.20元, 提取10%的法定盈余公积金6,782,432.99 元, 提取5%的法定公益金3, 391,216.51元,加上年结转未分配利润75,391,602.21 元,本次可供分配的利润133,042,282.91元。

董事会提议以2000年总股本17,588万股为基数,向全体股东派现0.10元/ 股(含税),总计可分配利润支出17,588,000元,剩余115,454,282.91元,结转下年度,股利分配时间预计在2001年6月底以前。

2、资本公积金转增股本的预案

经董事会讨论决定,报告期末的资本公积467,840,042.88元结转下年,不进行资本公积转增股本。

3、2001年利润分配政策

(1) 公司拟对2001年度利润分配一次。

(2) 公司历年未分配利润在本年度结束后,股利分配的比例为50%左右。

(3) 公司本年度用于分配的利润占本年度实现净利润的20%左右。

(4) 分配采取送红股或派现金形式。

(5) 上述分配政策为预计方案,具体分配方案董事会届时将根据公司实际情况确定,公司董事会保留根据实际情况对该政策进行调整的权力。

六、监事会报告

(一)监事会会议召开情况

2000年8月11日,公司召开三届一次监事会会议,审议通过了2000 年中期报告正文及摘要。该会议决议刊登于2000年8月16日的《中国证券报》、《上海证券报》、《证券时报》上。

(二)监事会独立意见

1、报告期内,公司监事会依照国家有关法律、法规和《公司章程》,对公司股东大会、董事会的召开程序、决议事项、董事会对股东大会的执行情况及公司管理制度等进行了监督,认为:公司决策程序合法,有完善的内部控制制度,董事、经理及高级管理人员履行职责时,无违反法律、法规、公司章程和损害公司利益的行为。

2、公司监事会对公司财务结构和财务状况及有关业务进行了认真、细致的检查。认为:会计师事务所出具的审计意见公允地反映了公司截止2000年12月31日的财务状况和经营成果。

3、公司监事会对公司股票发行所募集资金的使用情况进行了检查。确认:公司募投资金实际投入项目与承诺投入项目一致,没有挤占和挪用项目资金的情况。

4、公司监事会确认:报告期内,公司未发生收购、出售资产、内幕交易和损害股东权益以及造成公司资产流失的现象。

5、公司监事会确认:报告期内公司重大关联交易事项都以商业原则和市场价格为基础,坚持公开、公平、公正的原则,没有发现有损于公司及股东利益的行为。

七、重要事项

(一) 报告期内公司无重大诉讼、仲裁事项。

(二) 报告期内公司、公司董事、监事及高级管理人员未有受监管部门处罚情况。

(三) 报告期内,控股股东无变更情况。

(四) 报告期内解聘许平先生董事会秘书职务, 聘任陈杰董事兼任董事会秘书,聘任杨克华先生为公司副总经理。

(五) 报告期内,公司无出售资产、吸收合并事项。

(六) 报告期内,公司没有发生托管、承包、租赁其他公司资产或其他公司托管、承包、租赁公司资产的重要事项。

（七） 重大关联交易事项：公司与荆州市科达商贸投资有限公司（公安县凯乐塑管厂）于1999年7月12日签订《商标使用许可合同》，公安县凯乐塑管厂将拥有的"凯乐牌"注册商标无偿提供给本公司使用，并承诺在商标有效期届满（2008 年3月9日）后，放弃续展注册，由本公司提出申请注册。

（八） 本公司与控股股东在运作过程中，在资产、人员、财务方面严格遵照证监会提出的"三分开"原则，实现了人员独立，资产完整，财务独立。

1、人员方面：本公司在劳动、人事及工资管理等方面实行独立。经理、副经理及高级管理人员均在公司领取报酬，未在控股股东单位领取报酬及担任重要职务。

2、资产方面：本公司建立了独立的生产体系、辅助生产系统和配套设施、工业产权、商标、非专利技术等无形资产；拥有完整的采购和销售系统。

3、财务方面：本公司设有独立的财务部门，并建立了独立的会计核算系统和财务管理制度，并在银行开设独立的账户。

（九） 报告期内公司财务审计机构未变更，该机构名称现已由"湖北万信有限责任会计师事务所"变更为"中勤万信会计师事务所有限公司"。

（十） 公司2000年度与CNC签订1.5亿元的产品销售合同正在执行中；与GTO签订的5,000万元的产品销售合同正在执行中。报告期内公司无其他担保、抵押等重大合同（含担保）。

（十一）报告期内，公司名称由"湖北省凯乐塑料管材（集团）股份有限公司" 变更为"湖北凯乐新材料科技股份有限公司"。公司经营范围变更为：塑料硬管及管件、软管、管材、塑料零件及塑料土工合成材料、网络光缆护套材料、新型建材装饰材料的制造、销售；兼营对外投资。公司股票简称及代码未变更。

八、财务报告

（一）审计报告

公司本年度财务报告已经中勤万信会计师事务所有限公司注册会计师王永新、李光初审计并出具了无保留意见的审计报告（勤信审字[2001]第004号）。

（二）会计报表（附后）

1、资产负债表

2、利润及利润分配表

3、现金流量表

（三）会计报表附注

1、公司基本情况

湖北凯乐新材料科技股份有限公司原名为湖北省凯乐塑料管材（集团）股份有限公司，是于1993年2月经湖北省体改委以鄂改生[1993]40号文批准，由湖北省荆州地区塑料管材厂、湖北省荆州板纸厂、湖北省公安纺纱厂、公安县国资局作为发起人，以定向募集方式设立的股份有限公司，设立时公司股本总额为3,022 万元。 1994年公司按10:2.5的比例向全体股东送股，股本增至3,777.50万股。1996 年公司实施10送7配3的增资扩股方案，送配股后股本增至7,555.00万股。1996 年12月23 日经湖北省体改委以鄂体改[1996]361号文批复同意，公司根据《中华人民共和国公司法》及其有关法规和国务院国发[1995]17号文件的规定予以规范。1998年公司实施10送3配3方案，送配股后股本总额12,088万元，其中：国家股1,500万股，占总股本的12.4%，法人股8170.4万股，占总股本的67.6%，内部职工个人股2417.6 万股，占总股本的20%。2000年6月7日，经中国证券监督管理委员会证监发行字 [2000]70号文件核准，湖北省凯乐塑料管材（集团）股份有限公司获准向社会公开发行人民币普通股（A股）5,500万股，每股发行价格为9.48元。本次发行采用向法人投资者网下竞价配售和对一般投资者上网定价发行相结合的方式，其中向社会公众上网发行2,750万股，向一般法人投资者配售2,750万股。发行后公司股本总额为 17,588万股。2000年6月，经上海证券交易所上证上字[2000]43号文件核准，公司向社会公众发行的2,750万股人民币普通股获准于2000年7月6 日在上海证券交易所上市交易，公司向一般法人投资者配售的2,750万股人民币普通股获准于2000年 10 月9日在上海证券交易所上市交易。2000年9月，经公司临时股东大会决议和湖北省工商行政管理局批准，湖北省凯乐塑料管材（集团）股份有限公司更名为湖北凯乐新材料科技股份有限公司。

营业执照注册号：4200001000106

注册资本：壹亿柒仟伍佰捌拾捌万元

注册地址：湖北省公安县斗湖堤镇

法定代表人：朱弟雄

成立日期：1993年2月28日

企业类型：上市股份有限公司

登记机关：湖北省工商行政管理局

经营范围：塑料硬管及管件、软管、管材、塑料零件及塑料土工合成材料、网络光缆护套材料、新型建材装饰材料的制造、销售。

2、公司采用的主要会计政策、会计估计和会计报表的编制方法

（1）会计制度：公司执行《企业会计准则》和《股份有限公司会计制度》。

（2）会计年度：采用公历制，即从1月1 日起至12月31日止为一个会计年度。

（3） 记帐本位币：公司以人民币为记帐本位币。

（4） 记帐基础和计价原则

以权责发生制为记帐基础，以历史成本为计价原则。

（5）外币业务核算方法

公司发生的外币经济业务按其发生时中国人民银行外汇管理局公布的当月1 日基准汇价折合为人民币记帐，并于资产负债表日按基准汇价进行调整，由此产生的汇兑损益除应进行资本化外，计入当期财务费用。

（6）现金等价物的确认标准

公司持有的期限短、流动性强、易于转换为已知金额现金，且价值变动风险很小的投资确认为现金等价物，包括从购买日起三个月内到期的在证券市场上可流通的短期债券投资。

（7）坏帐准备核算方法

1）坏帐的确认标准为：因债务人破产或者死亡，以其破产财产或者遗产清偿后，仍然不能收回的应收帐款、其他应收款；因债务人逾期未履行偿债义务超过三年且无充分证据表明能收回的应收帐款、其他应收款。

2）坏帐损失采用"备抵法"核算。根据财政部财会字[1999]35号《关于印发〈股份有限公司会计制度有关会计处理补充规定〉的通知》的要求，对应收款项（包括其他应收款和应收帐款），根据债务单位的财务状况、现金流量等情况，按帐龄分析法计提坏帐准备，确认为当期损益。坏帐准备计提比例如下：

帐龄	计提比例
1年以内	5%
1-2年	10%
2-3年	30%
3年以上	50%

（8）存货核算方法

1）公司存货主要包括：原材料、低值易耗品、在产品、库存商品、发出商品等。

2）原材料、库存商品按实际成本计价，发出采用加权平均法。

3）低值易耗品按实际成本计价，采用五五摊销法。

4）期末存货按成本与可变现净值孰低计价，并按单个存货项目的成本高于其可变现净值的差额计提存货跌价准备。

（9）短期投资核算方法

1）短期投资发生时按实际成本计价。

2）期末短期投资按成本与市价孰低计价，并按投资总体计提短期投资跌价准备。

（10）长期投资核算方法

1）长期债券投资的计价及收益确认方法：公司购入长期债券按实际支付价款（包括支付的税金、手续费等各项附加费），扣除支付的自发行日起至购入债券止的应计利息后的余额作为实际成本，实际成本与债券面值的差额作为溢价或折价；债券的溢价或折价在债券的存续期内确认相关债券利息收入时采用直线法摊销；按权责发生制原则计算应计利息。

2）长期股权投资的计价及收益确认方法：公司对外股权投资按投资时实际支付的价款或确定的价值记帐。对公司持股比例在20%以下或虽持股比例在20%或20 %以上，但不具有重大影响的企业，其投资按成本法核算；持股比例在20%以上或虽持股在20%或20%以下，但具有重大影响的企业，其投资按权益法核算。

3）公司采用权益法核算长期股权投资时，产生的股权投资差额按10年摊销。

4）公司对长期投资的帐面价值定期地逐项进行检查，当由于市价持续下跌或被投资单位经营状况变化等原因导致其可收回金额低于投资的帐面价值，将可收回金额低于长期投资帐面价值的差额，首先冲抵该项投资的资本公积准备项目，不足部分确认为当期投资损失。已确认损失的长期投资的价值又得以恢复，在原已确认的投资损失的数额内转回。

（11）固定资产计价及折旧方法

1）公司固定资产标准为使用年限在一年以上，单位价值在2,000 元以上的房屋及建筑物、机器设备、运输工具、其他设备。

2）固定资产原价按购建时的实际成本计价，评估确认后的固定资产按重置完全价值计价。用借款购建的固定资产发生的借款利息支出，在固定资产交付使用前，计入所购建固定资产成本。

3）公司固定资产折旧采用直线法，按分类折旧率计提固定资产折旧。

固定资产类别	年分类折旧率(%)
房屋及建筑物	2.76
机器设备	6.60
运输工具	14.40
其　他	9.36

（12）在建工程核算方法

在建工程指正在兴建、待安装或改造之中的房屋及建筑物、设备、其他固定资产及购置费用尚未归集完整待验收的运输设备。在建工程在完工或达到设定用途交付使用时，按实际发生的全部支出转入固定资产等进行核算。

为购建固定资产发生的借款利息在固定资产交付使用前予以利息资本化。

（13）无形资产计价及摊销方法

无形资产系土地使用权，按50年期限采用直线法平均摊销。

（14）收入的确认原则

1）销售商品：销售商品的收入，在下列条件均满足时确认：

a、企业已将商品所有权上的重要风险和报酬转移给购货方；

b、企业即没有保留通常与所有权相联系的继续管理权，也没有对已售出的商品实施控制；

c、与交易相关的经济利益能够流入企业；

d、相关的收入和成本能够可靠地计量。

2）提供劳务：劳务收入的确认如下：

a、在同一会计年度内开始并完成的劳务，在完成劳务时确认收入；

b、劳务的开始和完成分属不同的会计年度，在提供劳务交易的结果能够可靠估计的情况下，企业在资产负债表日按完工百分比法确认相关的劳务收入；

c、在提供劳务交易的结果不能可靠估计的情况下，企业在在资产负债表日按已经发生并预计能够补偿的劳务成本金额确认收入，并按相关金额结转成本；如预计已经发生的劳务成本不能得到补偿，则不确认收入，已经发生的成本确认为当期费用。

3）他人使用本企业资产：他人使用本企业资产而发生的收入包括利息收入和使用费收入，利息收入和使用费收入在如下条件均满足时确认：

a、与交易相关的经济利益能够流入企业；

b、收入的金额能够可靠地计量。

利息收入和使用费收入按下列方法确定：

c、利息收入按他人使用本企业现金的时间和适用利率计算确定；

d、使用费收入按有关合同或协议规定的收费时间和方法计算确定。

（15）所得税的会计处理方法

所得税会计处理采用应付税款法。

（16）利润分配

公司税后利润按以下顺序及比例进行分配：

1）弥补以前年度亏损；

2）提取法定盈余公积金10%；

3）提取法定公益金5%；

4）提取任意盈余公积（提取比例由股东大会决定）；

5）分配股利（依据公司章程，由公司股东大会决定分配方案）。

（17）会计估计变更

2000年公司根据生产经营的实际情况及企业管理的特点以及财务核算与管理的相应要求，对固定资产折旧的会计核算从2000年1月1日起作了如下会计变更：

公司对计提固定资产折旧原采用直线法，按分类折旧率计提固定资产折旧。各类固定资产折旧计提比例具体如下：

固定资产类别	估计经济使用年限	预计残值率(%)	年折旧率(%)
房屋及建筑物	30-40年	5	2.38--3.17
机器设备	12-18年	5	5.28--7.92
运输工具	8-14年	5	6.79-11.88
其　他	5-10年	5	9.50-19.00

现改为：

公司对计提固定资产折旧采用直线法，按分类折旧率计提固定资产折旧。各类固定资产折旧的计提比例具体如下：

固定资产类别	年分类折旧率(%)
房屋及建筑物	2.76
机器设备	6.60
运输工具	14.40
其　他	9.36

上述会计估计变更已采用未来适用法进行了会计处理，上述会计估计变更对本年度会计报表的影响为本年度多计提固定资产折旧193,571.49元。

3、税项

（1）增值税及其附税

公司产品增值税销项税率为17%。城市建设维护税依应缴纳的流转税计征5%，教育费附加依应缴的流转税计征3%，堤防费依应缴的流转税计征2%。

（2）所得税

根据国务院国发[2000]2 号〈国务院关于纠正地方自行制定税收先征后返政策的通知〉、财政部财税[2000]99号〈关于进一步认真贯彻落实国务院关于纠正地方自行制定税收先征后返政策的通知〉的通知〉、湖北省财政厅鄂财税发[2000]1373 号〈省财政厅转发财政部〈关于进一步认真贯彻落实国务院关于纠正地方自行制定税收先征后返政策的通知〉的通知〉和湖北省公安县人民政府公政函[1996] 16 号批复文件、湖北省人民政府鄂政函[1999]115号文件，公司所得税先按33 %征收，

由县财政局返还 18%给企业，实际所得税税负为 15%。上述所得税先征后返政策，执行到 2001 年 12 月 31 日。

(3)其他税项

其他税项包括房产税、车船使用税、印花税、土地使用税等均依据国家税收法规及地方有关税收政策计征。

九、公司其他有关资料

(一)公司首次注册登记日期、地点：

1、公司首次注册登记日期：1993 年 2 月 28 日

2、公司变更注册登记日期：2000 年 9 月 5 日

3、首次和变更登记地点：湖北省工商行政管理局

(二)企业法人营业执照注册号：4200001000106

(三)税务登记号码：421022181966380

(四)公司未流通股票的托管机构名称：上海证券中央登记托管公司

(五)公司报告期内证券主承销机构名称：长江证券有限责任公司

(六)公司聘请的会计师事务所名称、办公地点

会计师事务所名称：中勤万信会计师事务所有限公司

办公地点：湖北省武汉市武昌区东湖路 7 号

十、备查文件目录

(一)载有法定代表人、财务负责人、会计经办人员签名并盖章的会计报表。

(二)载有会计师事务所盖章、注册会计师签名并盖章的审计报告正本。

(三)报告期内在中国证监会指定报纸上公开披露过的所有公司文件的正本及公告的原稿。

(四)公司章程。

(五)载有董事长亲笔签署的年度报告正文。

上述备查文件在中国证监会、证券交易所要求提供时和股东依据法规或公司章程要求查阅时，本公司及时提供。

湖北凯乐新材料科技股份有限公司董事会

二 00 一年二月十二日

资产负债表

编制单位：湖北凯乐新材料科技股份有限公司　　单位：人民币元

资产	1999 年 12 月 31 日	2000 年 12 月 31 日
流动资产：		
货币资金	37501840.34	476271903.81
短期投资		
减：短期投资跌价准备		
短期投资净额		
应收票据		300000
应收股利		
应收利息		
应收帐款	41489661.01	48932922.81
其它应收款	3213348.03	4130599.82
减：坏帐准备	3095285.92	2967508.45
应收帐款净额	41607723.12	50096014.18
预付帐款	4174584.94	35534596.99
应收补贴款		
存货	40497485.36	90562052.76
减：存货跌价准备		
存货净额	40497485.36	90562052.76
待摊费用	1235087.6	
待处理流动资产净损失		
一年内到期的长期债权投资	5782	5782
其它流动资产		
流动资产合计	125022503.36	652770349.74
长期投资：		
长期股权投资	22000000	22450000
长期债权投资		
其它长期投资		
长期投资合计	22000000	22450000
减：长期投资减值准备		
长期投资净额	22000000	22450000
其中：合并价差		
股权投资差额		
固定资产：		
固定资产原值	240658311.59	256755827.38
减：累计折旧	37033581.94	50821178.29
固定资产净值	203624729.65	205934649.09
工程物资		
在建工程	21085988.19	155532934.72
固定资产清理		
待处理固定资产净损失		
固定资产合计	224710717.84	361467583.81
无形及其它资产：		
无形资产	9677500	9462500
开办费		
长期待摊费用		
其它长期资产		
无形资产及其它资产合计	9677500	9462500
递延税项：		
递延税款借项		
资产总计：		
资产总计	381410721.2	1046150433.55
流动负债：		
短期借款	43775000	4825200
应付票据	33854080	156929033
应付帐款	7147480.03	13632353.16
预收帐款	4143324.02	3412499.86
代销商品款		
应付工资	104343.25	1078243.44
应付福利费	530474.26	741950.55
应付股利		17588000
应付税金	3987649.13	1987690.73
其它应交款		-107814.42
其它应付款	3457903.95	13273119.34
应付短期债券		
预提费用	620144.5	58664.57
一年内到期的长期负债		28080000
其它流动负债		
职工奖励及福利基金		
流动负债合计	97620399.14	241498940.23
长期负债：		
长期借款	44083201.82	10000000
应付债券		
长期应付款		
住房周转金		
其它长期负债		
长期负债合计	44083201.82	10000000
递延税项：		
递延税项贷款		
负债合计：		
负债合计	141703600.96	251498940.23
少数股东权益：		
少数股东权益		
股东权益：		
股本	120880000	175880000
资本公积金	18132000	467840042.88
盈余公积	25303518.03	35477167.53
其中：公益金	8434506	11825722.51
未确认的外资损失		
未分配利润	75391602.21	115454282.91
外币报表折算差额		
股东权益合计	239707120.24	794651493.32
负债和股东权益总计：		
负债和股东权益总计	381410721.2	1046150433.55

利润及利润分配表

编制单位：湖北凯乐新材料科技股份有限公司　　单位：人民币元

项目	1999 年度	2000 年度
一、主营业务收入	261286672.96	306580836.02
减：折扣与折让		
主营业务收入净额	261286672.96	306580836.02
减：主营业务成本	174602517.21	210657068.23
主营业务税金及附加	1901176.11	1454371.16
二、主营业务利润	84782979.64	94469396.63
加：其他业务利润	39808	
减：存货跌价损失		
营业费用	11778193.86	14356655.14
管理费用	6297953.19	7057192.56
财务费用	4262137.92	365643.78
三、营业利润	62484502.67	72689905.15
加：投资收益		678260
期货损益		
补贴收入	1000000	2500000
营业外收入	551235.56	3444323.39
以前年度损益调整		
减：营业外支出	101.2	
分给外单位利润		
四、利润总额	64035637.03	79312488.54
减：所得税	9711628.27	11488158.34
少数股东损益		
职工奖励及福利基金		
购并利润		
加：未确认的投资损失		
所得税返还		
五、净利润	54324008.76	67824330.2
加：年初未分配利润	29216194.76	75391602.21
盈余公积转入数		
年初未分配利润调整		
减少注册资本减少的未分配利润		
外币报表折算差额		
减：股份公司成立前利润分配		
六、可供分配的利润	83540203.52	143215932.41
减：提取法定盈余公积金	5432400.88	6782432.99
提取法定公益金	2716200.43	3391216.51
提取职工奖励福利基金		
七、可供股东分配的利润	75391602.21	133042282.91
减：应付优先股股利		
提取任意盈余公积金		
应付普通股股利		17588000
转作股本的普通股股利		
八、未分配利润	75391602.21	115454282.91

浙江阳光集团股份有限公司

公司简介

(一)公司法定中、英文名称及缩写
1、中文名称:浙江阳光集团股份有限公司 缩写:浙江阳光
2、英文名称:ZHEJIANG YANKON GROUP CO.,LTD
(二)公司注册地址、办公地址、邮政编码及网址
1、注册地址:浙江省上虞市凤山路129号
2、办公地址:浙江省上虞市凤山路129号阳光大厦
3、邮政编码:312300 4、公司网址:www.yankon.com
(三)公司法定代表人:陈森洁
(四)公司董事会秘书及证券事务代表姓名、联系方式:
1、公司董事会秘书:徐国荣 2、董事会证券事务代表:张吉
3、联系地址:浙江省上虞市凤山路129号
4、联系电话:(0575)2027721 5、传真:(0575)2027720
6、电子信箱:xgr@yankon.com
(五)公司选定的中国证监会指定报纸名称:《中国证券报》《上海证券报》
中国证监会指定的国际互联网网址:http://www.sse.com.cn
公司年度报告备置地点:浙江阳光集团股份有限公司董事会办公室
(六)公司股票上市交易所:上海证券交易所
股票简称:浙江阳光 股票代码:600261

会计数据和业务数据摘要

(一)本年度公司主要经营数据: 单位:人民币元

项目	2000年
1、利润总额	55576641.91
2、净利润	46617569.13
3、扣除非经营性损益后的净利润	34041541.73
4、主营业务利润	94878570.75
5、其他业务利润	-565183.31
6、营业利润	56608143.84
7、投资收益	526027.40
8、补贴收入	
9、营业外收支净额	-1557529.38
10、经营活动产生的现金流量净额	28489613.56
11、现金及现金等价物净增加额	177184937.37
其中,非经营性损益总额	12576027.40
其中,会计政策变更影响	12050000.00
投资收益	526027.40

(二)前三年主要会计数据和财务指标: 单位:人民币元

序号	项目	2000年	1999年	1998年
1	总资产	666744363.28	291771381.66	242391883.88
2	应收账款	71271739.45	54352346.40	47101563.73
3	存货	75261388.94	45084580.21	32839146.17
4	长期负债	15000000.00	50000000.00	28600000.00
5	主营业务利润	94878570.75	57318903.17	44710992.94
6	净利润	46617569.13	22788130.66	18046860.10
7	股东权益	489841540.03	87139970.90	82647040.34
8	每股收益	0.38	0.27	0.22
9	每股收益(加权平均)	0.47	0.27	0.22
10	每股收益(扣除非经营性收益)	0.28	0.27	0.19
11	每股净资产	3.98	1.05	0.99
12	调整后的每股净资产	3.89	0.98	0.92
13	每股经营活动产生的现金流量净额	0.23	0.18	0.18
14	净资产收益率	9.52%	26.15%	21.84%
15	净资产收益率(加权平均)	17.66%	23.13%	19.69%

3、本年度内股东权益的变动情况:

项目	股本	资本公积	盈余公积	公益金	未分配利润	股东权益
年初数	83160000.00	0.43	9444634.08	4722317.04	-5464663.61	87139970.90
本期增加	40000000.00	328400000.00	9323513.82	4661756.91	37294055.31	415017569.13
本期减少	12316000.00	12316000.00				
年末数	123160000.00	328400000.43	18768147.90	9384073.95	19513391.70	489841540.03

变动原因:(1)股本增加,为本公司于6月30日、7月1日以上网定价发行和向二级市场配售方式公开 发行人民币普通股4000万股。
(2)资本公积增加,为本公司发行股票,股本溢价所致。
(3)盈余公积及公益金增加,为公司本年度利润分配提取所致。
(4)未分配利润增加,为本年度利润未分配留存所致。
(5)股东权益增加,为公司本年度发行新股及本年度利润未分配留存所致。

股本变动及股东情况

(一)股东持股情况
1、截止2000年12月31日,公司股东总数为26338户。
2、报告期末,公司前十名股东持股情况:

序号	股东名称	期末股份数	比例(%)
1	浙江省上虞市阳光创业投资有限公司	53122600	43.13
2	浙江省上虞市沥东镇集体资产经营公司	11625800	9.44
3	陈森洁	7434600	6.04
4	叶建庆	2461500	2.00
5	陈尧良	2461500	2.00
6	陈吉庭	2461500	2.00
7	李汉军	2062400	1.67
8	李峰	989600	0.80
9	安莉	657713	0.53
10	吴国明	540500	0.44

说明:(1)原控股股东上虞市通利实业发展有限公司已于2000年9月13日更名为上虞市阳光创业投资有限公司,该事项已于2000年9月14日《上海证券报》上刊登披露。
(2)公司前十名股东不存在关联关系。

内蒙古北方重型汽车股份有限公司

一、公司简介

(一)公司法定中文名称:内蒙古北方重型汽车股份有限公司
公司英文名称:Inner Mongolia Northhauler Joint Sock Co.,Ltd.
(二)公司法定代表人:周宝亮
(三)董事会秘书:张勇 董事会秘书授权代表:赵军
联系地址:内蒙古北方重型汽车股份有限公司证券部
电话:(0472)3331144 传真:(0472)3335742 3335330
电子信箱:nhlzq2@public.nm.cninfo.net
(四)公司注册地址:内蒙古自治区包头稀土高新技术产业开发区
公司办公地址:内蒙古自治区包头市青山区 邮政编码:014030
公司国际互联网网址:http://www.chinanhl.com
公司电子信箱:nhllc@public.hh.nm.cn
(五)公司信息批露报纸名称:上海证券报、中国证券报
登载年度报告的中国证监会指定国际互联网网址:http://www.sse.com.cn
公司年度报告置备地点:公司证券部
(六)公司股票上市地:上海证券交易所
股票简称:北方股份 股票代码:600262

二、会计数据和业务数据摘要

(一)2000年主要会计数据:(单位:人民币元)

利润总额	40,644,728.67
净利润	33,738,816.14
扣除非经常性损益后的净利润	30,559,416.15
主营业务利润	82,726,742.06
其他业务利润	331,830.60
营业利润	37,531,545.52
投资收益	-133,223.20
补贴收入营业外收支净额	3,246,406.35
经营活动产生的现金流量净额	-143,901,605.00
现金及现金等价物净增加额	172,115,344.66

说明:(1)扣除的非经常性损益项目和涉及金额:发行新股冻结资金利息收入3,624,424.98元人民币。(2)处理固定资产收益144,975.01元。(3)赞助费支出590,000元。
(二)前2年的主要会计数据和财务指标:(单位:人民币元)

指标项目	2000年度	1999年度
主营业务收入	234,642,058.22	267,657,310.55
净利润	33,738,816.14	39,125,459.72
总资产	784,392,477.60	377,863,595.45
股东权益	559,098,043.88	120,129,227.74
(不含少数股东权益)每股收益	0.199	0.340
每股收益(按月平均加权法计算)	0.237	0.340
扣除非经常性损益后的每股收益	0.180	0.242
每股净资产	3.289	1.045
调整后的每股净资产	3.254	1.039
每股经营活动产生的现金流量净额	0.846	1.011
净资产收益率(%)	6.04%	32.57%
净资产收益率(加权%)	9.47%	32.35%

注:主要财务指标计算公式:1、每股收益=净利润/年度末普通股股份总数
2、每股净资产=年度末股东权益/年度末普通股股份总数
3、调整后的每股净资产=(年度末股东权益-三年以上的应收款项净额-待摊费用-待处理(流动、固定)资产净损失-开办费-长期待摊费用-住房周转金负数余额)/年度末普通股股份总数
4、每股经营活动产生的现金流量净额=经营活动产生的现金流量净额/年度末普通股股份总数
(三)报告期内股东权益变动情况(单位:人民币元)

项目	股本	资本公积	盈余公积	法定公益金	未分配利润	股东权益合计
期初数	115000000		5129227.74	2564613.87		120129227.74
本期增加	55000000	370630000.00	10121644.83	3373881.61		438968816.14
本期减少						
期末数	170000000	370630000.00	15250872.57	5938040.48	3217171.31	559098043.88

变动原因:1、股本变动是因为公司发行新股所致。
2、资本公积金增加是因为公司发行新股溢价所致。
3、盈余公积金和法定公益金增加是因为年度利润计提所致。
4、未分配利润增加是因为本年度利润分配剩余所致。
(四)公司2000年度盈利预计实现净利润3,842万元,实际完成3,373.88万元,完成盈利预计的87.81%,原因是出口香港的25台车的合同未实现。

三、股本变动及股东情况

(一)报告期末公司股东总数34561户。其中,未流通法人股股东5户。
(二)报告期末公司前十大股东持股情况如下:

股东名称(姓名)	持股数(股)	持股比例(%)	
内蒙古北方重工业集团有限公司	71070000	41.8	国家持有股份
特雷克斯设备有限公司	42780000	25.1	境外法人持有股份
包头华中实业总公司	460000	0.27	境内法人持有股份
包头市盛华工贸有限责任公司	345000	0.20	境内法人持有股份
包头市华隆综合企业有限责任公司	345000	0.20	境内法人持有股份
大来物业	250000	0.15	
江兵	250000	0.15	
裘毅	221300	0.13	
王建平	219600	0.13	
秦齐	215686	0.13	

说明:(1)公司前五大股东为公司发起人,未流通股股东。除此之外的所有股东为流通股股东。
(2)报告期内,本公司持股5%(含5%)以上的股东所持股份未发生增减变动及质押、冻结情况。
(3)公司与前两名股东内蒙古北方重工业集团有限公司和特雷克斯设备有限公司存在关联关系。公司与内蒙古北方重工业集团有限公司在原材料供应、零部件加工服务、动力供应以及公安保卫、公用道路方面存在关联关系,双方就这些关联交易签订有相应的合同,并依照国家物价管理部门规定的价格和当地市场价格执行。公司与特雷克斯设备有限公司在技术转让、原材料供应方面存在关联关系,并签有相应的转让协议和合同,特雷克斯设备有限公司按照国际市场同类产品的价格水平向本公司提供关重件。

路桥集团国际建设股份有限公司

一、公司简介

1、公司法定中文名称：路桥集团国际建设股份有限公司
公司法定英文名称：CRBC INTERNATIONAL Co.,LTD.
2、公司法定代表人：马国栋
3、公司董事会秘书：蔺成新
联系地址：北京东城区东中街9号东环广场A座写字楼八层
邮编：100027
联系电话：010-64182079
传真：010-64182080
电子信箱：lcx@crbcint.com
4、公司注册地址：北京海淀区北太平庄路甲1号
公司办公地址：北京东城区东中街9号东环广场A座写字楼八层
邮编：100027
公司国际互联网网址：http://www.crbcint.com
电子信箱：int@crbcint.com
5、公司选定的信息披露报纸名称：《中国证券报》、《上海证券报》
刊登公司年度报告的国际互联网网址：http://www.sse.com.cn
公司年度报告备置地点：公司董事会秘书处
6、公司股票上市交易所：上海证券交易所
股票简称：路桥建设
股票代码：600263

二、会计数据和业务数据摘要

1、本年度利润总额及构成（金额单位：人民币元）：

利润总额	89,620,895.86
净利润	81,031,233.78
扣除非经常性损益后的净利润	74,381,450.62
主营业务利润	178,288,979.23
其他业务利润	6,915,156.35
营业利润	86,677,290.71
投资收益	(108,424.06)
补贴收入	--
营业外收支净额	3,052,029.21
经营活动产生的现金流量净额	(22,197,583.23)
现金及现金等价物净增加额	862,902,194.43

*扣除非经常性损益项目为：申购冻结资金利息3,706,178.01元、合并价差摊入-108,424.06元、营业外收支3,052,029.21元，合计6,649,783.16元。

2、公司前三年主要会计数据和财务指标（金额单位：人民币元）：

项目/年度	2000年度	1999年度	1998年度	
			调整前	调整后
主营业务收入	1,685,640,793.43	1,570,208,687.45	1,477,648,691.80	1,477,648,691.80
净利润	81,031,233.78	75,929,543.76	52,598,087.82	52,537,396.63
总资产	2,748,790,181.71	1,654,218,209.10	1,379,531,917.89	1,378,306,535.93
每股收益（摊薄）	0.199	0.259	0.179	0.179
每股收益（加权）	0.238	0.259	0.179	0.179
每股净资产	3.394	1.798	1.388	1.388
调整后每股净资产	3.348	1.750	1.345	1.345
每股经营活动产生的现金流量净额	(0.054)	0.128	0.255	0.255
净资产收益率	5.85%	14.41%	12.92%	12.91%
加权平均净资产收益率	8.94%	14.41%	12.92%	12.91%
全面摊薄净资产收益率	5.85%	14.41%	12.92%	12.91%
扣除非经常性损益后的净利润的加权净资产收益率	8.20%	14.19%	12.49%	12.48%

3、按照中国证监会《公开发行证券公司信息披露编报规则第9号?净资产收益率和每股收益的计算及披露》要求计算的利润表附表：

项目 名称	报告期利润（元）	净资产收益率（%）		每股收益（元/股）	
		全面摊薄	加权平均	全面摊薄	加权平均
主营业务利润	178,288,979.23	12.87%	19.66%	0.437	0.523
营业利润	86,677,290.71	6.26%	9.56%	0.212	0.254
净利润	81,031,233.78	5.85%	8.94%	0.199	0.238
扣除非经常性损益后的净利润	74,381,450.62	5.37%	8.20%	0.182	0.218

三、股本变动及股东情况

1、股本变动情况
2、股东情况介绍
（1）本报告期末股东总数为49,760户。
（2）本报告期末公司前10名股东持股情况：

股东名称	年度内股份变动	期末持股数	持股比例	变动原因及类型
1、中国路桥（集团）总公司	0	291,508,010	71.42%	法人股
2、京津塘高速公路北京市公司	10,000,000	10,000,000	2.45%	战略配售
3、中国港湾（集团）总公司	10,000,000	10,000,000	2.45%	战略配售
4、万向集团公司	7,000,000	7,000,000	1.71%	战略配售
5、景福基金	3,500,000	3,500,000	0.86%	基金配售
6、普惠基金	3,000,000	3,000,000	0.74%	基金配售
7、兴华基金	3,000,000	3,000,000	0.74%	基金配售
8、金鑫基金	2,500,000	2,500,000	0.61%	基金配售
9、同智基金	2,001,500	2,001,500	0.49%	基金配售
10、景博基金	2,000,000	2,000,000	0.49%	基金配售

本公司配售的战略投资者共持有本公司流通股股票2900万股，约定持有时间为1年，约定持股期间为2000年7月25日至2001年7月25日，具体上市流通日期以本公司公告为准。

（3）持有10%以上的法人股东情况：

中国路桥（集团）总公司：法定代表人：周纪昌。注册资金：38,832万元。注册地点：北京市。经营范围：国内外公路、桥梁、机场、港口、隧道、给水、排水及其他土木工程建设项目总承包。

云南景谷林业股份有限公司

一、公司简介

1、公司法定中文名称：云南景谷林业股份有限公司
公司英文名称：YUNNAN JINGGU FORESTRY CO.,LTD
2、公司法定代表人：任向前
3、公司董事会秘书：邱海涛
董事会证券事务代表：高伟
联系地址：云南省景谷傣族彝族自治县振兴路83号
联系电话：0879-5226908
传真：0879-5223881
电子信箱：dmb@ynjgly.com
4、公司注册地址：云南省景谷傣族彝族自治县振兴路83号
邮政编码：666400
公司办公地址：云南省景谷傣族彝族自治县振兴路83号
公司国际互联网网址：www.ynjgly.com
电子信箱：dsh@ynjgly.com
5、公司选定的信息披露报纸名称：《中国证券报》、《上海证券报》
登载公司年度报告的中国证监会指定国际互联网网址：http://www.sse.com.cn
公司年度报告备置地点：公司证券部
6、公司股票上市交易所：上海证券交易所
股票简称：景谷林业
股票代码：600265

二、会计资料和业务资料摘要

1、本年度利润总额　　单位：元

利润总额	30,512,961.45
净利润	25,482,692.89
扣除非经常性损益后的净利润	18,810,987.77
主营业务利润	53,062,291.95
其它业务利润	3,234,675.43
营业利润	25,001,519.51
投资收益	
补贴收入	3,992,420.60
营业外收支净额	1,519,021.34
经营活动产生的现金流量净额	27,086,721.60
现金及现金等价物净增加额	97,108,734.60

2、截止报告期末公司前三年的主要会计资料和财务指标　　单位：元

项目	2000年	1999年	1998年
主营业务收入	154,344,817.16	161,613,400.73	174,696,587.13
净利润	25,482,692.89	21,135,094.31	17,897,437.01
总资产	514,888,901.22	287,562,906.89	238,155,658.19
股东权益	309,119,299.70	100,336,606.81	72,149,120.81
每股收益	0.24	0.33	0.28
加权平均每股收益	0.31	0.33	0.28
扣除非经常性损益的每股收益	0.19	0.24	0.19
每股净资产	2.94	1.54	1.11
调整后的每股净资产	2.83	1.46	0.92
每股经营活动产生的现金流量净额	0.26	0.21	0.01
净资产收益率(%)	8.24	21.06	24.81
净资产收益率(加权%)	13.09	21.06	24.81

3、利润表附表

报告期利润	净资产收益率(%)		每股收益	
	全面摊薄	加权平均	全面摊薄	加权平均
主营业务利润	17.17	27.25	0.51	0.65
营业利润	8.09	12.84	0.24	0.31
净利润	8.24	13.09	0.24	0.31
扣除非经常性损益后的净利润	6.46	10.26	0.19	0.24

4、股东权益变动情况　　单位：元

项目	股本	资本公积	盈余公积	其中:法定公益金
期初数	65,000,000.00	32,166,342.65	3,170,264.16	1,056,754.72
本期增加	40,000,000.00	155,900,000.00	3,822,403.94	1,274,134.65
本期减少				
期末数	105,000,000.00	188,066,342.65	6,992,668.10	2,330,889.37

续上表：

项目	未分配利润	股东权益合计
期初数		100,336,606.81
本期增加	9,060,288.95	208,782,692.89
本期减少		
期末数	9,060,288.95	309,119,299.70

变动原因：①股本和资本公积增加系本年度公司发行新股所致；
②盈余公积增加系本年度公司按净利润的15%计提所致。

三、股东情况介绍

1、股东变动情况报告期末股东总数为33676户。
2、本公司前十名股东持股情况　　单位：股

股东名称	年初持股数量	期末持股数量	占总股本(%)	股份性质
景谷林业企业总公司	61,320,000	61,320,000	58.40	国家股
景谷县电力公司	1,338,200	1,338,200	1.27	发起人国有法人股
景谷泰裕公司	1,338,200	1,338,200	1.27	发起人社会法人股
景谷县投资公司	669,100	669,100	0.64	发起人国有法人股
普惠基金	0	377,000	0.359	社会公众股
景谷县糖业公司	334,500	334,500	0.318	发起人国有法人股
余永明	0	198,881	0.189	社会公众股
陈炳望	0	164,480	0.156	社会公众股
吴震	0	164,000	0.156	社会公众股
张治萍	0	153575	0.146	社会公众股

北京城建股份有限公司

北京城建股份有限公司2000年年度报告摘要

重要提示：本公司董事会保证本报告所载资料不存在任何虚假记载、误导性陈述或者重大遗漏，并对其内容的真实性、准确性和完整性负个别及连带责任。本年度报告摘要摘自年度报告，投资者欲了解详细内容，应阅读年度报告。

一、公司简介

（一）公司名称中文名称：北京城建股份有限公司
英文名称：BEIJING URBAN CONSTRUCTION CO.,LTD
英文缩写：BUCG
（二）公司法定代表人：佟永贵
（三）公司董事会秘书：杨运成
联系地址：北京市海淀区学院南路62号
联系电话：(010)62255511转3621
(010)62260806
传真：(010)62223073
电子信箱：gfyyc@mail.bucg.com
（四）公司注册地址：北京市海淀区学院南路62号
公司办公地址：北京市海淀区学院南路62号
邮政编码：100081
公司国际互联网网址：http://www.bucg.com
电子信箱：gfbucg@mail.bucg.com
（五）信息披露报纸名称：《中国证券报》、《上海证券报》
登载公司年度报告的中国证监会指定国际互连网网址：http://www.sse.com.cn
公司年度报告备置地点：北京市海淀区学院南路62号北京城建股份有限公司投资证券部
（六）公司股票上市地：上海证券交易所
股票简称：北京城建
股票代码：600266

二、会计数据和业务数据摘要

（一）本年度主要利润指标情况（单位：人民币元）

利润总额	276,432,299.40
净利润	147,292,599.20
扣除非经常性损益后的净利润	144,763,443.32
主营业务利润	891,061,367.91
其他业务利润	13,745,025.45
营业利润	266,200,533.93
投资收益	7,702,599.69
补贴收入	-
营业外收支净额	2,529,165.88
经营活动产生的现金流量净额	-206,613,031.82
现金及现金等价物净增加额	-263,887,903.39

注：扣除的非经常性损益项目和涉及的金额

处置固定资产净收入	-1,107,917.06
无效申购资金利息收入	3,132,494.20
其他收入	504,588.74
以上项目涉及金额合计	2,529,165.88

（二）截止报告期末公司前三年主要会计数据和财务指标（单位：人民币元）

追溯调整后：

项目	2000年	1999年	1998年
主营业务收入	7,208,431,645.37	5,875,553,264.49	4,889,862,845.64
净利润	147,292,599.20	133,518,293.48	130,889,592.10
总资产	6,739,376,855.33	4,521,362,620.88	3,084,232,647.81
股东权益	1,439,956,505.59	1,510,245,787.84	1,381,816,978.05
每股收益(摊薄)	0.3682	0.3338	0.3272
每股收益(按月平均加权)	0.3682	0.3338	-
扣除非经常性损益后的每股收益	0.3619	0.3260	-
每股净资产	3.5999	3.7756	3.4545
调整后的每股净资产	3.5364	3.7658	3.4371
每股经营活动产生的现金流量净额	-0.5165	-0.2098	-0.5461
净资产收益率(%)	10.23	8.84	9.47

追溯调整前：

项目	1999年	1998年
主营业务收入	5,875,553,264.49	4,889,862,845.64
净利润	174,521,508.93	149,768,689.33
总资产	4,567,455,320.02	3,124,673,397.69
股东权益	1,556,338,486.98	1,422,257,727.93
每股收益(摊薄)	0.4363	0.3744
每股收益(按月平均加权)	0.4363	0.4992
扣除非经常性损益后的每股收益	0.4285	-
每股净资产	3.8908	3.5556
调整后的每股净资产	3.8811	3.5382
每股经营活动产生的现金流量净额	-0.2098	-0.5461
净资产收益率(%)	11.21	10.53

（三）根据中国证监会发布的《公开发行证券公司信息披露编报规则（第9号）》通知精神，公司2000年按全面摊薄法和加权平均法计算的净资产收益率及每股收益。

	净资产收益率(%)		每股收益(元)	
报告期利润	全面摊薄	加权平均	全面摊薄	加权平均
主营业务利润	61.88	56.88	2.2277	2.2277
营业利润	18.49	16.99	0.6655	0.6655
净利润	10.23	9.40	0.3682	0.3682
扣除非经常性损益后的净利润	10.05	9.24	0.3619	0.3619

注：主要财务指标计算方法：

全面摊薄每股收益=报告期利润/期末股份总数加权平均每股收益=报告期利润/（期初股份总数+报告期因公积金转增股本或股票股利分配等增加股份数+报告期因发行新股或债转股等增加股份数＊增加股份下一月份起至报告期期末的月份数/报告期月份数-报告期因回购或缩股等减少股份数＊减少股份下一月份起至报告期期末的月份数/报告期月份数）

每股净资产=年度末股东权益/年度末普通股股份总数全面摊薄

净资产收益率=报告期利润/期末净资产加权平均净资产收益率=报告期利润/（期初净资产+报告期净利润/2+报告期发行新股或债转股等新增净资产＊新增净资产下一月份起至报告期末的月份数/报告期月份数-报告期回购或现金分红等减少净资产＊减少净资产下一月份起至报告期末的月份数/报告期月份数）

调整后的每股净资产=（年度末股东权益-三年以上的应收款项净额-待摊费用-待处理（流动、固定）资产净损失-开办费-长期待摊费用-住房周转金负数余额）/年度末普通股股份总数

每股经营活动产生的现金流量净额=经营活动产生的现金流量净额/年度末普通股股份总数

（四）报告期内股东权益变动情况（单位：人民币元）

项目	股本	资本公积	盈余公积	法定公益金	未分配利润	股东权益合计
期初数	400,000,000	872,489,038.60	35,663,512.40	11,887,837.48	185,916,686.29	1494,069,237.29
本期增加			34867199.65	12,775,700.11	147,292,599.20	182159798.85
本期减少		1,405,330.90			234,867,199.65	236272530.55
期末数	400,000,000	871,083,707.70	70,530,712.05	24,663,537.59	98,342,085.84	1439,956505.59
变动原因		部分公司评估减值	本年提取	本年提取		

三、股东情况介绍

（一）截止2000年12月31日，公司在上海证券中央登记结算公司登记的股东共计22531户。

（二）公司主要股东持股情况（前十名股东）

股东名称	持股数量(万股)	占总股本(%)
北京城建集团有限责任公司	30,000.00	75.00
同益基金	388.00	0.97
金鑫基金	237.10	0.59
张秀群	90.39	0.23
黄德金	75.34	0.19
曹剑	70.62	0.18
王洪利	69.26	0.17
新证联合	64.65	0.16
郭志宏	60.00	0.15
武海东	59.00	0.15

说明：前十名股东之间不存在关联关系。

（三）持股5%以上的法人股股东简介北京城建集团有限责任公司持有国有法人股股份，为本公司最大股东，持股总额为30000万股，占公司总股本40000万股的75%。

报告期内北京城建集团有限责任公司所持股份未发生增减变动，也未将其持有的股份进行质押。

四、股东大会简介

（一）公司股东大会召开情况报告期内，公司共召开两次股东大会：

1、2000年4月11日在公司本部以通讯方式召开了2000年第一次临时股东大会，会议通过了以下议案：

（1）《受让北京城建四建设工程有限责任公司持有北京港源建筑装饰工程有限公司股权的议案》；

（2）《关于北京城建锅炉管道安装公司改制方案的议案》。此次临时股东大会决议刊登于2000年4月12日的《中国证券报》、《上海证券报》上。

2、2000年6月16日上午在北京城建股份有限公司南四楼会议室召开了1999年年度股东大会，会议通过了以下议案：

（1）1999年度董事会工作报告；
（2）1999年年度利润分配预案的议案；
（3）1999年财务决算报告和2000年财务预算报告；
（4）关于锅炉管道公司改制方案设定股本金1200万元的说明；
（5）关于提请股东大会授权董事会对外抵押、担保的议案；
（6）关于提请股东大会授权董事会进行非风险投资的议案；
（7）关于变更房屋租赁协议的议案；
（8）关于继续聘任北京京都会计师事务所有限责任公司为公司审计机构的议案；
（9）关于前次募集资金使用情况的说明；
（10）经逐项审议表决，通过关于公司2000年增资配股预案；
（11）关于公司2000年配股募集资金使用的可行性报告。该次股东大会决议刊登在2000年6月17日的《中国证券报》、《上海证券报》上。

五、董事会报告

（一）公司经营情况

1、公司所处的行业及公司在本行业中的地位

公司所处的行业是建筑业。2000年公司开复工面积及施工产值位居北京地区建筑企业之首。在北京地区开复工面积865.2万平方米，占北京地区总开复工面积(6995.9万平方米)的12.4%，比去年增长2.5%；在北京地区竣工面积242.5万平方米，占北京地区总竣工面积(2358.2万平方米)的10.3%，比去年增长3.2%。

2、公司主营业务的范围及其经营状况

公司主营业务是工业与民用、能源、交通、市政、地铁、公共建筑建设项目工程总承包。报告期内，公司抓住国家加大基础设施建设投资的历史机遇，特别是以西部大开发和北京申办奥运会为契机，努力开拓建设市场，经营成果显著。完成主营业务收入7,208,431,645.37元，比去年增长22.69%；完成主营业务利润891,061,367.91元，比去年增长30.44%。

2000年，公司承担着包括国家大剧院在内的一批重点工程建设项目，经过科学组织和严格管理，进展顺利。中华世纪坛、远洋大厦工程等如期完工。大运会运动员公寓、国际俱乐部等工程达到计划形象进度。2000年公司承担了北京四环路、公路一环、西广路、京开路、西外大街改造等一批市政道路工程，其中北四环路合同段已经完工，实现通车，其他合同段正加紧施工，为加快首都城市建设和申奥创造条件。公司继续扩大高速公路施工规模，承担了辽宁锦沈、锦朝、海盘高速公路、河南三灵高速公路、安徽合肥至徐州高速公路等合同段施工任务，高速公路施工总里程达到288公里，施工进度和质量获得良好社会评价。在西部建设市场，继承接西安南郊水厂施工后，公司又在陕西、青海、宁夏等省承接了鑫源科工贸大厦、西宁邮电大厦、宁夏武警总队办公楼等工程。目前，公司主营业务拓展到北京、上海、山东、辽宁、黑龙江、河北、河南、广东、陕西、青海、宁夏、重庆等十余个省

市。

公司积极加强自身建设，将贯彻国际质量标准落实到工程建设的全过程，重视环境保护，强化安全生产，创造工程精品。在公司及所属子公司全部通过ISO9000族质量体系认证的基础上，公司已有8个子公司通过了ISO14001环境管理体系认证，并有北京城建二建设工程有限公司和城建四建设工程有限公司在全国建筑业率先通过OHS18000职业安全卫生管理体系认证。2000年竣工工程优良品率和获奖工程数量均比去年有所增加。竣工工程质量合格率100%，优良品率达到68.61%。有51项工程获得北京市市级以上优质工程奖，占北京市市级以上优质工程总数的16%，居北京地区建筑企业之首，其中市"长城杯"工程14项，市优工程19项，市结构"长城杯"工程9项，市优质结构工程2项，市优秀装饰工程3项。首都机场新航站楼工程获国家"鲁班奖"，安华发展大厦、月坛大厦南座、北京水泥厂3项工程获国家优质工程银质奖。

公司积极完善现代企业制度，对所属子公司进行改制。北京市第一城市建设工程公司等九家企业完成改制，由全资子公司改为多元股权的控股子公司，建立起规范的法人治理结构，推动了企业经营机制转换。公司共出资25782.11万元，占改制公司注册资本金总额57.8%；职工持股会和自然人出资18798.90万元，占改制公司注册资本金总额42.2%。另外，公司对原改制企业北京城建地铁地基市政工程有限公司、北京城建四建设工程有限责任公司、北京城建长城装饰工程有限责任公司、北京城建东方工程有限责任公司四家公司进行资产重组和股本结构调整，公司转让部分股权给四家公司的经营者和高级管理人员出资持有。

报告期内，考虑公司长远发展，公司还对资产置换、国有股减持等问题进行了探讨，寻求新世纪公司加快发展的新途径。

3、公司在经营中遇到的问题与困难及解决方案

报告期内，公司在经营中遇到的问题仍旧突出地表现为工程款拖欠严重。公司采取在内部层层签订清欠责任状限期催收的办法，调动各方面积极因素，致力于这个问题的解决，防止不良债权的形成。此举在报告期内取得了一定成效。

（二）公司财务状况（单位：人民币元）

项目	2000年度	1999年度	增减(%)
总资产	6,739,376,855.33	4,521,362,620.88	49.06
长期负债	876,264,988.40	491,739,408.46	78.20
股东权益	1,439,956,505.59	1,510,245,787.84	–4.65
主营业务利润	891,061,367.91	683,106,020.73	30.44
净利润	147,292,599.20	133,518,293.48	10.32

说明：上述指标比上年增减变动的原因详见审计报告附注6第(34)项。

（三）公司投资情况

1、本公司于报告期内完成了将下属九家全资子公司改制成为多元股权的控股子公司；受让了北京城建集团有限责任公司持有的北京城建四建设工程有限责任公司等四家公司的部分股权，并将其部分股权分别转让给四家公司的高级管理人员后，由原来的相对控股达到绝对控股。具体投资情况如下表：

序号	被投资公司名称	经营范围	注册资本金（万元）	公司出资（万元）	占股权比例(%)
1	北京城建一建设工程有限公司	承担各类工业与民用建设项目的建筑施工等	6000	3412	56.87
2	北京城建二建设工程有限公司	承担各类工业与民用建设项目的建筑施工等	6000	3585	59.75
3	北京城建三建设工程有限公司	承担各类市政、公路和桥梁、隧道工程等	6000	3372.5	56.21
4	北京城建五建设工程有限公司	承担各类工业与民用建设项目的建筑施工等	6000	3527	58.78
5	北京城建七建设工程有限公司	承担各类工业与民用建设项目的建筑施工等	4500	2941	65.36
6	北京城建亚泰建设工程有限公司	承担工业与民用建筑；城市道路、市政管道工程等	4500	2349.3	52.21
7	北京城建八道桥工程有限公司	承担各级公路工程和隧道工程的施工等	6000	3324	55.40
8	北京城建九建设安装工程有限公司	承担各类型工业建设项目的设备、线路、管道、仪表等装置的安装等	4500	2637.3	58.61
9	北京市城建锅炉管道安装有限公司	锅炉、管道安装、修理；销售锅炉配件、五金、交电	1200	634	52.83
10	北京城建四建设工程有限责任公司	承担各类工业与民用建设项目的建筑施工等	6055.6	3533.36	58.35
11	北京城建长城装饰工程有限责任公司	装饰工程设计、施工；销售建筑材料、民用建材等	1000	510	51
12	北京城建地铁地基市政工程有限公司	地铁工程、地基基础工程、管道涵管及市政工程施工等	1338	959.4	71.7
13	北京城建六建设工程有限公司(原城建东方工程有限责任公司)	承包建筑、市政工程施工；建筑材料、机械电器设备、化工燃料的技术开发等	500.63	263.23	52.58

2、使用募集资金投资项目进展及收益情况：

本公司前次发行股票实际募集资金829,000,000元，截止2000年4月30日已全部完成募集资金的投入，对《招股说明书》所披露的项目及经1999年度第二次临时股东大会审议通过后变更的项目进行了投资，同时，对于变更募集资金投资项目，公司严格按要求履行了规定程序并及时进行了披露。募集资金实际投资项目进展及收益情况如下：

(1)投资198,000,000元建设来广营市政拆迁住宅小区一期工程。随着加大成品房的销售力度，报告期内实现收益15,840,000.00元。

(2)投资12,000,000元改建"耐泰安"建筑材料生产线项目，其中股权投资10,000,000元，其他投资2,000,000元。目前该项目已经全部建成，由于刚开始试生产，报告期内尚未产生收益。

(3) 投资280,000,000元参与发起设立北京科技园建设股份有限公司项目，占总股本的17.17%。该项投资按照成本法核算，且该公司尚未制定2000年利润分配方案，故在报告期内不能体现投资收益。

(4)公司使用募集资金39,982,000元受让北京城建集团有限责任公司持有的北京城建地铁地基市政工程有限公司、北京城建四建设工程有限责任公司、北京城建长城装饰工程有限责任公司、北京城建东方工程有限责任公司四家公司的股权。报告期内为公司新增利润10,587,642.26元。

(5)投资237,090,000元购置地铁盾构、建筑施工设备和高速公路施工设备，增强了公司的工程承揽和竞标能力。其中公司通过技贸结合的方式投入募集资金50,000,000元引进的地铁盾构成套施工设备(包括技术)，在2000年10月动工的"北京地铁五号线"项目的施工中，发挥了重要作用，从很大程度上减少了因地上、地下大量的拆迁中断交通所造成的经济损失，同时由于使用该设备，不需降水施工，还有效地保护了地下水资源。2000年公司通过设备租赁，实现收益1,829,923.09元(扣除设备折旧后的实际收入)。

(6)公司使用募集资金补充流动资金61,910,000元。注：募集资金延用到2000年使用的共计350,482,000元，分别投入以下项目：

①2000年4月17日向北京科技园建设股份有限公司入资224,000,000元(1999年11月11日已入资56,000,000元)；

②使用募集资金39,982,000元受让北京城建集团有限责任公司持有的北京城建地铁地基市政工程有限公司等四家公司的股权。

③追加投资86,500,000元购置地铁盾构和高速公路施工设备。

3、非募集资金投资情况

(1)1999年非募集资金投资项目进展及收益情况①投资127,400,000元参股国信证券有限公司，报告期内实现1999年度收益1,728,200.00元，因该项投资按照成本法核算，且该公司尚未制定2000年利润分配方案，故在报告期内不能体现2000年度投资收益。

②投资1,000,000元参与发起设立北京城建科鹏爆破工程有限责任公司，目前该公司运转正常，报告期内实现收益20,958.79元。

③投资200,000元参与发起设立北京城建美尔广告公司，报告期内实现收益30,244.34 元。

(2)2000年非募集资金投资项目进展及收益情况

①投资参与发起设立北京城建东华房地产开发有限责任公司，该公司注册资本金50,000,000元，本公司出资15,000,000元，占总股本的30%。公司主要进行北京市东城区"香河园"危旧房改造和城市建设，可极大改善该地区及周边地区居民的居住环境，缓解交通拥挤状况。本公司投资该项目将产生良好的经济效益和社会效益。目前该项目正处于前期规划、立项、报批阶段，报告期内尚未产生收益。

②投资参与发起设立北京城建国际工程有限责任公司。该公司注册资本金50,000,000元，本公司出资10,000,000元，占总股本的20%。该公司主要从事生产经营中所需的进出口业务，承包本行业的国际工程等。本公司投资该项目，可间接获得承揽国外工程的资质。目前，该公司处于创建初期，报告期内尚未产生收益。

③出资102万美元受让北京城建四建设工程有限责任公司持有的北京港源建筑装饰工程有限公司51%的股权。报告期内实现收益2,934,650.13 元。

④投资参与发起设立深圳市国信证券网络有限公司。该公司注册资本金50,000,000元，本公司出资1,000,000元，占注册资本的2%，主要从事网站及其应用、提供网络服务、数据库并进行网络业投资。

（四）经营环境及宏观政策影响

1、由于会计政策变更，即财政部财会[2000]3号文"关于印发《股份有限公司税收返还等有关会计政策处理规定》的通知"，影响2000年净利润少实现31,424,277.35元。

2、由于公司内部改制，以及收购北京城建四建设工程有限责任公司、北京城建长城装饰工程有限责任公司、北京城建地铁地基市政工程有限公司、北京城建东方工程有限责任公司四家公司股权，造成公司规模扩大，财务决算编制、合并会计报表等方面发生重大变化，公司总资产、总负债的俱增，影响了公司利润总额、净利润指标以及其他财务指标。

（五）2001年的业务发展计划进入新世纪，公司将进入新的发展阶段。面临着"十五"期间国家在经济领域实行全局性结构调整，推动我国产业结构向高级化发展的经济形势，面临着我国加入WTO后将日益形成的国内竞争国际化、国际竞争国内化的市场竞争形势，顺应世界经济发展资金向收益高产业流动、产业向低成本区域转移的客观规律，公司将着重研究和解决关系企业发展的战略性、全局性问题，寻求新的竞争优势，全面提升公司整体素质，实现产业结构升级。

在新年度里，公司承担的国家大剧院、中关村西区、世界大学生运动会公寓等一批工程项目，将按计划科学组织施工，保证实现阶段目标，实现预期收益。中关村西区工程是我国中关村科技园区建设的重要组成部分，将建成高科技商务中心区。同时，考虑公司长远发展，将资产置换工作列入重要议事日程，做好各项准备工作，制定资产置换方案，经股东大会批准后组织实施。这次置换具有全局性、战略性特点，将置出与施工有关的全部资产，置入有良好发展前景、流动性好的房地产开发业务和资产。

资产置换后，公司产业定位将转为以房地产业为主业，以金融和高科技为两翼，初步实现产业结构升级。公司将开发建设北苑家园、大柳树、西三旗等项目。这些项目地理位置优越，具有良好发展前景，将给公司带来良好回报。与此同时，积极寻求新的开发项目。在投资参股国信证券的基础上，继续探讨对银行业、证券公司、投资管理公司及开放式基金投资的可能性，扩大在金融领域投资份额。在投资北京赛迪时代信息产业股份有限公司的基础上，加强与著名高校、科研院所及公司的合作，借助其人才资源和品牌优势，通过创业投资形式，扩大在信息业、生物制药领域的投资，获取收益，回报股东。

公司将形成产权管理为主，自营业务为辅的管理模式。在法人治理结构上，设立若干个专业委员会，引进独立董事。探索股权激励为主的多元激励方式。视《公司法》修改情况，探索通过回购、配售等途径减持国有股，实现公司股东多元化和国际化。

房地产业是国民经济先导产业。国民经济发展为房地产业提供了发展的宽广舞台。我们有理由相信，公司将呈现全新的面貌，翻开公司发展新的一页，给股东带来更加丰厚的回报。

（六）董事会日常工作情况

1、报告期内董事会的决议情况及决议内容2000年公司共召开了九次董事会，具体情况如下：

(1)2000年1月27日，公司召开了一届十二次董事会，会议审议并通过了《关于参与发起设立北京城建东华房地产开发有限责任公司的议案》、《关于向北京城建东华房地产开发有限责任公司推荐董、监事的议案》、《关于向北京城建国际经济合作有限责任公司推荐董事的议案》、《关于向北京城建九建设安装工程有限责任公司推荐董事的议案》和《关于股份公司工资分配改革的议案》。经上海证券交易所上市部同意，此次会议决议未公告。

(2)2000年3月10日，公司召开了一届十三次董事会，会议审议并通过了《关于计提和核销资产减值准备的通知》、《关于受让北京城建四建设工程有限责任公司持有北京港源建筑装饰工程有限公司股权的议案》、《关于北京城建锅炉管道安装公司改制方案的议案》、《关于参与证券市场投资的建议》和《关于召开2000年第一次临时股东大会(通讯方式)的议案》。此次会议决议公告刊登于2000年3月11日的《中国证券报》、《上海证券报》上。

(3)2000年4月4日，公司召开了一届十四次董事会，会议审议并通过了《董事会工作报告》、《总经理工作报告》、《2000年生产经营计划》、《1999年年度报告和年度报告摘要》、《关于1999年年度利润分配预案的议案》、《1999年财务决算报告和2000年财务预算报告》、《关于锅炉管道公司改制方案设定股本金1200万元的说明》和《关于变更"房屋租赁协议"的议案》。此次会议决议公告刊登于2000年4月6日的《中国证券报》、《上海证券报》上。

(4)2000年5月12日，公司召开了一届十五次董事会，会议审议并通过了《关于提请股东大会授权董事会对外抵押、担保的议案》、《关于提请股东大会授权董事会进行非风险投资的议案》、《关于变更房屋租赁协议的议案》、《关于继续聘任北京京都会计师事务所有限责任公司为公司审计机构的议案》、《关于前次募集资金使用情况的说明》、《关于公司2000年增资配股预案》、《关于公司2000年配股募集资金使用情况的可行性报告》、《关于召开1999年年度股东大会的议案》和《关于向六家公司推荐董事、监事的意见》。会议决议公告刊登于2000年5月16日的《中国证券报》、《上海证券报》上。

(5)2000年7月18日，公司召开了一届十六次董事会，会议审议并通过了《关于北京城建股份有限公司增加机构的议案》、《关于北京城建股份有限公司证券管理办法的议案》和《关于向北京城建四建设工程有限责任公司推荐董、监事的议案》。经上海证券交易所上市部同意，此次会议决议未公告。

(6)2000年7月19日，公司召开了一届十七次董事会，会议审议并通过了《关于向城建四等四家有限责任公司高级管理人员转让部分出资的议案》。经上海证券交易所上市部同意，此次会议决议未公告。

(7)2000年8月8日，公司召开了一届十八次董事会，会议审议通过了《北京城建股份有限公司2000年中期报告及其摘要》和《北京城建股份有限公司2000年中期利润分配方案》。此次会议决议公告刊登于2000年8月10日的《中国证券报》、《上海证券报》上。

(8)2000年8月21日，公司召开了一届十九次董事会，会议审议并通过了《关于参与发起设立北京京密高速公路发展有限责任公司的情况汇报》、《关于推荐陈代华任三公司副董事长、总经理的议案》和《关于推荐卢桂菊任四公司董事、总会计师的议案》。经上海证券交易所上市部同意，此次会议决议未公告。

(9)2000年10月25日，公司召开了一届二十次董事会，会议审议并通过了《关于1999年经营

者年薪制考核结果的有关说明》、《关于1999年度股份公司高层管理人员考核兑现的意见》、《北京城建股份有限公司2000年企业经营者年薪制实施办法和2000年企业等级确定的有关说明》、《关于转发〈关于印发北京城建集团工资改革基本原则和2000年工资总额管理办法的通知〉的通知》、和《关于推荐关云峰先生为北京城建耐泰安新型建材有限责任公司董事、总经理的议案》。经上海证券交易所上市部同意,此次会议决议未公告。

2、关于公司2000年增资配股工作情况的说明根据公司1999年年度股东大会审议通过的增资配股决议,公司在2000年的配股工作中做了认真充分的准备,但在2000年10月25日发审会上,发审委认为公司投资3250万元与北京大学共同发起设立北大建业生物工程有限责任公司项目前景预测的依据不足,对相关经营风险提示不充分,配股申请未获通过;随后虽然公司又对配股材料进行了认真的修改,并请国家卫生部艾滋病预防与控制中心对该项目的可行性进行了认证,该中心出具了项目可行性的书面报告,但在2000年11月29日的发审会复审中仍然未获通过。

(七)公司管理层及员工情况 1、董事、监事及高级管理人员

姓名	职务	性别	年龄	任期起止日期	年初持股数量	年末持股数量	年度内股份增减变化的原因	年度报酬总额(元)
佟永贵	董事长	男	60	1998 12~2001 12				不在本公司领取报酬
马于明	副董事长	男	59	1998 12~2001 12				不在本公司领取报酬
郁志桐	副董事长	男	57	1998 12~2001 12				不在本公司领取报酬
王亚忠	董事	男	49	1998 12~2001 12				不在本公司领取报酬
王立平	董事	女	42	1998 12~2001 12				不在本公司领取报酬
崔玉春	董事	男	57	1998 12~2001 12				不在本公司领取报酬
赵广义	董事、总经理	男	47	1998 12~2001 12				142404
严复民	董事	男	56	1998 12~2001 12				137568
王秉云	董事	男	59	1998 12~2001 12				113880
崔正涛	监事长	男	57	1999 10~2001 12				125664
付士明	监事	男	57	1999 10~2001 12				119808
汤舒畅	监事	男	40	1999 10~2001 12				不在本公司领取报酬
张修尧	监事	男	48	1998 12~2001 12				不在本公司领取报酬
孙树林	监事	男	59	1998 12~2001 12				不在本公司领取报酬
谭晓春	副总经理	男	49	1998 12~2001 12				113520
李文	副总经理	男	46	1998 12~2001 12				113472
周维顺	总会计师	男	46	1998 12~2001 12				110712
杨运成	董事会秘书	男	45	1998 12~2001 12				110904

说明:本公司有6名董事、3名监事不在本公司领取报酬;在公司领取报酬的董事、监事及高级管理人员共9人,其中:110000元-120000元6人,120000元-130000元1人,130000元-140000元1人,140000元-150000元1人。

2、公司员工情况截止2000年12月31日,公司各类人员总数:15790人,其中,各类管理专业技术人员7984人,占总数50.56%,各类生产人员7806人,占总数49.44%。退休职工667人。

(八)本次利润分配预案或资本公积金转增股本预案

1、2000年利润分配方案和资本公积金转增股本预案

经北京京都会计师事务所有限责任公司审计确认,公司2000年度实现净利润147,292,599.20元,按10%提取法定公积金14,729,259.92元,按5%提取公益金7,364,629.96元,加上年初未分配利润185,916,686.29元,总共可供分配利润311,115,395.61元。

本年度利润分配预案为:以2000年末总股本400,000,000股为基数,每10股派发现金5元(含税),预计支付红利200,000,000元,尚余111,115,395.61元,结转下一次分配。用资本公积每10股转增5股。此分配预案须提交股东大会通过后实施。

2、预计2001年利润分配政策

(1)公司预计2001年度分配利润一次;

(2)2001年实现净利润用于分配的比例不少于30%;本年度未分配利润用于下年度股利分配的比例不低于30%;

(3)2001年利润分配主要采取送红股或送红股与派现相结合的形式,其中,现金股息占股利分配的比例为50%。

2001年利润分配政策为预计方案,董事会根据公司2001年实际经营情况保留对该政策进行调整的权利。

(九)其他报告事项报告期内,公司选定的信息披露报纸为《中国证券报》、《上海证券报》,没有变更。

六、监事会报告

(一)报告期内监事会的会议情况报告期内,监事会共召开两次会议。

1、2000年4月4日公司召开了一届四次监事会,会议审议通过了《1999年年度财务决算报告》、《1999年年度监事会工作报告》和《1999年年度报告和年度报告摘要》。该次会议决议公告刊登于2000年4月6日的《中国证券报》、《上海证券报》上。

2、2000年8月8日,公司召开了一届五次监事会,会议审议通过了《2000年中期报告及其摘要》。该次会议决议公告刊登于2000年8月10日的《中国证券报》、《上海证券报》上。

(二)监事会对本公司2000年度各项工作的意见

1、2000年公司按照《公司法》和国家关于上市公司的政策规定以及本公司章程,依法经营,决策程序合法。董事、总经理能认真履行法律、法规及公司章程所赋予的职责和权力,未发现有违反法律、法规、公司章程和损害公司利益的行为。

2、本次年度报告由北京京都会计师事务所有限责任公司审计,出具了无保留意见审计报告,审计报告真实地反映了公司财务状况和经营成果。

3、公司前次募集资金实际投入和承诺项目以及根据股东大会决议作出的投资变更项目,变更的程序、手续合法,对公司的经营发展有利。

4、报告期内,公司发生下列收购、出售资产交易:

(1)本公司原持有北京城建四建设工程有限责任公司36%的股权。2000年4月公司受让北京城建集团有限责任公司持有的该公司24%的股权,2000年7月向该公司高管人员转让1.65%的股权,现本公司共持有该公司58.35%的股权;

(2)本公司原持有北京城建地铁地基市政工程有限公司40%的股权。2000年4月公司受让北京城建集团有限责任公司持有的该公司38.43%的股权,2000年7月向该公司高管人员转让6.73%的股权,现本公司共持有该公司71.7%的股权;

(3)本公司原持有北京城建长城装饰工程有限责任公司31%的股权。2000年4月公司受让北京城建集团有限责任公司持有的该公司29%的股权,2000年7月向该公司高管人员转让9%的股权,现本公司共持有该公司51%的股权;

(4)本公司原持有北京城建东方工程有限责任公司33.8%的股权。2000年4月公司受让北京城建集团有限责任公司持有的该公司32.76%的股权,2000年7月向该公司高管人员转让13.98%的股权,现本公司共持有该公司52.58%的股权;

受让上述四家公司股权,本公司共出资39,982,000元。

(5)以货币资金102万美元受让北京城建四建设工程有限责任公司持有北京港源建筑装饰工程有限公司51%的股权。

公司监事会认为,公司收购、出售资产交易价格合理,没有发现内幕交易,没有损害股东的权益或造成公司资产流失。

5、报告期内,公司发生的重大关联交易有4项。经审查,合同条款是公正、公平的。交易按正常的市场价格进行,无任何高于或低于正常售价的情况。未发现有损害公司利益的行为。

七、重要事项

(一)重大诉讼、仲裁事项

1、1999年年报中披露的3项重大诉讼及仲裁事项正在执行,没有变化。

2、2000年度重大诉讼与仲裁

(1)北京城建一建设工程有限公司向北京市仲裁委员会提出仲裁申请,要求被申请人北京世华房地产开发有限公司支付工程款及利息34,330,034元,北京市仲裁委已于2000年9月25日作出裁决,裁决北京世华房地产开发有限公司支付工程款及利息34,330,034元,现该案正在申请强制执行阶段。

(2)北京城建一建设工程有限公司向北京市仲裁委员会提出仲裁申请,要求被申请人北京北新房屋开发经营公司支付工程款及利息32,090,000元,北京市仲裁委已于2000年9月18日作出裁决,裁决北京北新房屋开发经营公司支付工程款及利息38,000,000元,现该案正在申请强制执行阶段。

(二)报告期内,公司、公司董事及高级管理人员无受监管部门处罚情况。

(三)报告期内,公司控股股东无变更,公司董事会无换届或半数以上人员变动。

(四)报告期内,公司发生下列收购、出售资产交易:

1、本公司原持有北京城建四建设工程有限责任公司36%的股权。2000年4月公司受让北京城建集团有限责任公司持有的该公司24%的股权,2000年7月向该公司高管人员转让1.65%的股权,现本公司共持有该公司58.35%的股权;

2、本公司原持有北京城建地铁地基市政工程有限公司40%的股权。2000年4月公司受让北京城建集团有限责任公司持有的该公司38.43%的股权,2000年7月向该公司高管人员转让6.73%的股权,现本公司共持有该公司71.7%的股权;

3、本公司原持有北京城建长城装饰工程有限责任公司31%的股权。2000年4月公司受让北京城建集团有限责任公司持有的该公司29%的股权,2000年7月向该公司高管人员转让9%的股权,现本公司共持有该公司51%的股权;

4、本公司原持有北京城建东方工程有限责任公司33.8%的股权。2000年4月公司受让北京城建集团有限责任公司持有的该32.76%的股权,2000年7月向该公司高管人员转让13.98%的股权,现本公司共持有该公司52.58%的股权;

5、以货币资金102万美元受让北京城建四建设工程有限责任公司持有北京港源建筑装饰工程有限公司51%的股权。

通过受让上述五项股权,报告期内使公司增加收益13,522,292.39元。

(五)重大关联交易事项

1、与存在控制关系关联方的关联交易

(1)综合服务报告期内,北京城建集团有限责任公司为本公司代办劳务输出、生产经营中所需的进出口业务,承包本行业的国际工程和境内国际招标工程,承接或自行开发建设工程交由本公司分包。本公司按照《综合服务协议》支付56,867,500元综合服务费。

(2)担保北京城建集团有限责任公司为本公司830,000,000元长期借款、790,000,000元短期借款提供担保。

(3)受让股权报告期内,本公司使用募集资金39,982,000元受让北京城建集团有限责任公司持有的北京城建地铁地基市政工程有限公司等四家公司股权。

2、与不存在控制关系关联方的关联交易报告期内,本公司向北京城建亚东混凝土有限责任公司采购货物30,780,605.08元,是以正常的市场价格进行交易的。

(六)公司与控股股东在人员、资产、财务上的"三分开"情况

本公司的控股股东为北京城建集团有限责任公司(以下简称"集团公司")。

1、在人员方面:本公司在劳动、人事及工资方面完全独立;本公司经理、副经理等高级管理人员都在本公司领取薪酬;集团公司派出董事参与公司董事会经营决策;本公司高级管理人员未在集团公司担任任何职务;公司人员与集团公司已完全分离,人员完全独立。

2、在资产方面:公司拥有独立的生产系统及配套设施,公司的采购和施工管理体系由公司独立拥有。

3、在财务方面:本公司设立独立的财会部门,并建立了独立的会计核算体系和财务管理制度,独立在银行开户。

(七)报告期内,公司托管、承包、租赁事项。报告期内,公司根据生产经营需要向北京城建集团有限责任公司租赁仓库、办公用房,按照租赁协议,本年度共支付租金2,462.64万元。

(八)报告期内,公司继续聘用北京京都会计师事务所负责公司的审计工作。

(九)重大合同

1、1999年年报披露的重大施工合同的履行情况除北京城建四建设工程有限责任公司与北京香海会展房地产开发有限公司签订的北京科技会展中心1#、2#、3#楼工程合同已履行完毕,正在办理结算外,其它合同所定项目正在施工中。

2、2000年中报中披露的七个重大合同均正在实施,无变化。

3、2000年下半年新签订的重大施工合同

(1)北京城建一建设工程有限公司与北京星城置业有限公司签订星城广厦基础工程,合同造价77,938,000元,合同工期自2000年9月30日至2001年8月15日。

(2)北京城建一建设工程有限公司与北京电子城有限责任公司签订电子城5#、6#厂房工程,合同造价62,704,000元,合同工期自2000年10月30日至2002年6月5日。

(3)北京城建二建设工程有限公司与北京城市开发集团有限责任公司新永安分公司签订通惠家园E区1#、2#D区15#、16#、17#、18#、19#工程,合同造价69,570,000元,合同工期自2000年8月31日至2002年1月16日,正在施工。

(4)北京城建四建设工程有限责任公司与北京浩鸿房地产开发有限公司签订浩鸿园住宅E、F座工程,合同造价104,315,856元,合同工期自2000年8月15日至2002年9月4日。

(5)北京城建四建设工程有限责任公司与北京金致达房地产开发有限公司签订嘉润花园A、B座楼工程,合同造价99,745,487元,合同工期自2000年8月15日至2002年1月30日。

(6)北京城建五建设工程有限公司与北京金地世纪缘房地产开发有限公司签订潘家园小区2#住宅楼工程,合同造价69,910,000元,合同工期自2000年8月1日至2002年8月15日,现工程正在施工。

(7)北京城建八道桥工程有限公司与首都公路发展有限公司签订公路一环A1段工程,合同造价107,877,728元,合同工期自2000年11月18日至2001年7月15日。

(8)北京城建股份有限公司与北京公联公路联络线有限责任公司签订西外大街3#标工程,合同造价60,000,000元,合同工期自2000年11月19日至2001年8月。

5、担保、委托合同

(1)2000年中报中披露的三个担保合同仍在履行期内,无变化。

(2)2000年公司为子公司提供的担保:本公司为北京城建四建设工程有限责任公司向建行交通银行北京东单支行贷款3000万元提供担保,期限2000年12月18日至2001年10月26日。

(十)公司报告期内无更改名称或股票简称的情况。

(十一)报告期内,公司无其他重大事项。

八、财务会计报告

(一)审计报告　　　　审计报告

北京京都审字(2001)第0518号

北京城建股份有限公司全体股东:

我们接受委托,审计了北京城建股份有限公司(以下简称贵公司)二000年十二月三十一日公司及合并资产负债表、二000年度公司及合并利润表和利润分配表、二000年度公司及合并现金流量表。这些会计报表由贵公司负责,我们的责任是对这些会计报表发表审计意见。我们的审计是根

据《中国注册会计师独立审计准则》进行的。在审计过程中，我们结合贵公司实际情况，实施了包括抽查会计记录等我们认为必要的审计程序。

我们认为，上述会计报表的编制符合《企业会计准则》和《股份有限公司会计制度》的有关规定，在所有重大方面公允地反映了贵公司二000年十二月三十一日的财务状况及二000年度的经营成果和现金流量情况，会计处理方法的选用遵循了一贯性原则。

北京京都会计师事务所有限责任公司　　中国注册会计师郑建　关黎明

九、公司的其他有关资料

1、公司于1998年12月30日在北京市工商行政管理局注册登记；
2、公司的企业法人营业执照注册号为：11520059(5-5)；
3、公司的税务登记号码为：地税京字110108633715698号
4、公司未流通国有法人股股票的托管机构名称：北京证券登记有限公司；
5、公司聘请的会计师事务所名称：北京京都会计师事务所有限责任公司
地址：北京市朝阳区建外大街2号赛特广场五层

十、备查文件

1、载有董事长亲笔签名并盖章的年度报告正文；
2、载有法定代表人、总会计师、会计主管人员亲笔签名并盖章的财务报告；
3、载有会计师事务所盖章、注册会计师亲笔签名并盖章的审计报告；
4、报告期内在《中国证券报》、《上海证券报》刊登的公司有关公告正本；
5、公司章程。

北京城建股份有限公司董事会
2001年3月22日

资产负债表

编制单位：北京城建股份有限公司　单位：人民币元

资产	2000年度(合并)	2000年度(母公司)
流动资产：		
货币资金	670694519.05	258407677.35
短期投资	30000000	30000000
减：短期投资跌价准备		
短期投资净额	30000000	30000000
应收票据	400000	
应收股利		47159293.08
应收利息		
应收帐款	2625309682.4	139360713.29
其它应收款	448203941.07	1759343546.31
减：坏帐准备	170195142.77	13108990.39
应收帐款净额	2903318480.7	1885595269.21
预付帐款	189841788.57	38705986.69
应收补贴款		
存货	1741353757.27	105163069.25
减：存货跌价准备		
存货净额	1741353757.27	105163069.25
待摊费用	1244261.7	
待处理流动资产净损失		
一年内到期的长期债权投资		
其它流动资产		
流动资产合计	5536852807.29	2365031295.58
长期投资：		
长期股权投资	656656877.35	1007252236.78
长期债权投资	530000	
其它长期投资	2350022.88	
长期投资合计	659536900.23	1007252236.78
减：长期投资减值准备		
长期投资净额	659536900.23	1007252236.78
其中：合并价差	2350022.88	
股权投资差额		
固定资产：		
固定资产原值	834293455.39	223092545.35
减：累计折旧	384388058.58	58467492.88
固定资产净值	449905396.81	164625052.47
工程物资		
在建工程		
固定资产清理		
待处理固定资产净损失		
固定资产合计	449905396.81	164625052.47
无形及其它资产：		
无形资产	30936992.7	
开办费	3029947.72	
长期待摊费用	3229317.08	
其它长期资产	55885493.5	879585.39
无形资产及其它资产合计	93081751	879585.39
递延税项：		
递延税款借项		
资产总计：		
资产总计	6739376855.33	3537788170.22
流动负债：		
短期借款	1503710000	750000000
应付票据	72400000	
应付帐款	895121048.72	97026225.56
预收帐款	232021484.47	36397912.56
代销商品款		
应付工资	41174005.34	5748876.16
应付福利费	61884826.16	3018023.26
应付股利	200000000	200000000
应付税金	688750498.76	26716393.29
其它应交款	15069914.1	290709.76
其它应付款	374141752.33	172368535.64
应付短期债券		
预提费用	12280360.91	
一年内到期的长期负债		
其它流动负债		
职工奖励及福利基金		
流动负债合计	4096553890.79	1291566676.23
长期负债：		
长期借款	870000000	800000000
应付债券		
长期应付款		
住房周转金		
其它长期负债	6264988.4	6264988.4
长期负债合计	876264988.4	806264988.4
递延税项：		
递延税项贷款		
负债合计：		
负债合计	4972818879.19	2097831664.63
少数股东权益：		
少数股东权益	326601470.55	
股东权益：		
股本	400000000	400000000
资本公积金	871083707.7	871083707.7
盈余公积	70530712.05	57757402.28
其中：公益金	24663537.59	19252467.44
未确认的外资损失		
未分配利润	98342085.84	111115395.61
外币报表折算差额		
股东权益合计	1439956505.59	1439956505.59
负债和股东权益总计：		
负债和股东权益总计	6739376855.33	3537788170.22

利润及利润分配表

编制单位：北京城建股份有限公司　单位：人民币元

项目	2000年度(合并)	2000年度(母公司)
一、主营业务收入	7208431645.37	1623270346.69
减：折扣与折让		
主营业务收入净额	7208431645.37	1623270346.69
减：主营业务成本	6125663377.68	1392926890.12
主营业务税金及附加	191706899.78	43137264.21
二、主营业务利润	891061367.91	187206192.36
加：其他业务利润	13745025.45	2442418.74
减：存货跌价损失		
营业费用		
管理费用	550132530.2	120315913.93
财务费用	88473329.23	-3905962.66
三、营业利润	266200533.93	73238659.83
加：投资收益	7702599.69	76558470.01
期货损益		
补贴收入		
营业外收入	6051572.45	3799239.89
以前年度损益调整		
减：营业外支出	3522406.57	394100.67
分给外单位利润		
四、利润总额	276432299.5	153202269.06
减：所得税	77834591.8	5909669.86
少数股东损益	51305108.5	
职工奖励及福利基金		
购并利润		
加：未确认的投资损失		
所得税返还		
五、净利润	147292599.2	147292599.2
加：年初未分配利润	185916686.29	185916686.29
盈余公积转入数		
年初未分配利润调整		
减少注册资本减少的未分配利润		
外币报表折算差额		
减：股份公司成立前利润分配		
六、可供分配的利润	333209285.49	333209285.49
减：提取法定盈余公积金	22091499.54	14729259.92
提取法定公益金	12775700.11	7364629.96
提取职工奖励福利基金		
七、可供股东分配的利润	298342085.84	311115395.61
减：应付优先股股利		
提取任意盈余公积金		
应付普通股股利	200000000	200000000
转作股本的普通股股利		
八、未分配利润	98342085.84	111115395.61

浙 江 海 正 药 业 股 份 有 限 公 司

浙江海正药业股份有限公司 2000 年年度报告摘要

本公司董事会保证本报告所载资料不存在任何虚假记载、误导性陈述或者重大遗漏,并对其内容的真实性、准确性和完整性负个别及连带责任。浙江海正药业股份有限公司董事会

一、公司简介

1、公司法定中文名称:浙江海正药业股份有限公司

公司法定英文名称:ZHEJIANG HISUN PHARMACEUTICAL CO.,LTD 缩写:HISUN

2、公司法定代表人:白 骅 先生

3、公司董事会秘书:王若松 先生 董事会证券事务代表:张薇 女士

联系地址:浙江省杭州市华浙广场 1 号 19 层 B 座 邮政编码:310006

电话:(0571)5278141 传真:(0571)5270053 电子信箱:zw600267@mail.hz.zj.cn

4、公司注册地址:浙江省台州市椒江区外沙路 46 号

公司办公地址:浙江省台州市椒江区外沙路 46 号 邮政编码:318000

公司驻杭州办事处:浙江省杭州市华浙广场 19 层 邮政编码:310006

公司国际互联网网址:http://www.china-hisun.com 电子信箱:zw600267@mail.hz.zj.cn

5、公司选定的信息披露报纸名称:《中国证券报》、《上海证券报》

登载公司年度报告的中国证监会指定互联网网址:http://www.sse.com.cn

公司年度报告备置地点:公司证券投资部

6、公司股票上市交易所:上海证券交易所 股票简称:海正药业 股票代码:600267

二、会计数据和业务数据摘要

1.公司报告期主要利润指标情况(单位:人民币元)

项目	2000 年
利润总额	63,652,306.52
净利润	55,781,600.40
扣除非经常性损益后的净利润	53,481,389.86
主营业务利润	206,721,433.43
其他业务利润	232,440.30
营业利润	64,856,142.19
投资收益	-3,164,369.21
补贴收入	1,046,215.00
营业外收支净额	914,318.54
经营活动产生的现金流量净额	55,698,173.02
现金及现金等价物净增加额	172,037,758.77

注:"扣除非经常性损益后的净利润"中的非经常性损益涉及的项目:

①投资收益中股权投资差额摊销:-99,469.57 元;

②补贴收入中科技三项费拨款:1,000,000.00 元;

③营业外收入:1,970,945.55 元;

④营业外支出扣除水利基金:571,265.44 元。

2.公司主要会计数据和财务指标(单位:人民币元)

指标	2000 年
主营业务收入	518,004,030.49
净利润	55,781,600.40
总资产	1,206,907,935.47
股东权益(不含少数股东权益)	743,927,133.82
每股收益(摊薄)	0.3576
每股收益(加权)	0.4205
扣除非经常性损益后的每股收益	0.3428
每股净资产	4.7688
调整后的每股净资产	4.7451
每股经营活动产生的现金流量净额	0.3570
净资产收益率(摊薄)(%)	7.50
净资产收益率(加权)(%)	12.28

3.利润分配表附表(单位:人民币元)

报告期利润	净资产收益率(%)		每股收益	加权平均
主营业务利润	27.79	45.50	1.3251	1.5582
营业利润	8.72	14.28	0.4157	0.4889
净利润	7.50	12.28	0.3576	0.420
扣除非经常性损益后的净利润	7.19	11.77	0.3428	0.40315
扣除非经常性损益后的净利润				

注:(1)以上数据根据公司合并会计报表数据填列或计算后填列。

3.报告期内股东权益变动情况(单位:万元)

项目	股本	资本公积金	盈余公积金	法定公益金
期初数	11600	5171.77	1761.52	897.13
本期增加	4000	42893.78	1113.05	556.53
本期减少	0	0	0	0
期末数	15600	48065.55	2874.57	1453.66

项目	未分配利润	股东权益合计
期初数	4947.49	23480.78
本期增加	5578.16	53584.99
本期减少	2673.05	2673.05
期末数	7852.60	74392.72

变动原因:(1)股本增加:为公司于 2000 年 7 月 7-8 日以上网定价发行和向二级市场投资者配售的方式公开发行人民币普通股 4000 万股;

(2)资本公积金增加:是公司发行股票,股本溢价及收到中央补助款所致;

(3)盈余公积金及公益金增加:是根据本年度公司董事会利润分配预案进行相应计提的结果;

(4)未分配利润变化,因本年度公司利润分配预案所致;

(5)股东权益增加,为公司本年度发行新股及未分配利润留存所致。

三、股本变动及股东情况介绍

(一)股本变动情况

1.股本变动情况(数量单位:股)

项目	本期变动前	本期增减变动(+,-) 配股	送公积金转股	增发	小计	本期变动后
(一)未上市流通股份						
1.发起人股份						
国家拥有股份	86671600					86671600
境内法人持有股份	27828400					27828400
外资法人持有股份	1500000					1500000
尚未流通股份合计	116000000					116000000
(二)已上市流通股份						
1.境内上市的人民币普通股				40000000	40000000	40000000
已流通股份合计				40000000	40000000	40000000
(三)股份总数	116000000			40000000	40000000	156000000

2.股票发行与上市情况

①本公司是 1998 年 2 月经浙江省人民政府浙政发[1998]12 号文批准,以浙江海正集团有限公司为主要发起人,联合国投药业投资有限公司、三龙投资(中国)有限公司、国家医药管理局四川抗菌素工业研究所、国家医药管理局上海医药工业研究院、中国药科大学、浙江英特药业有限责任公司及上海复星朝晖药业有限公司等七家单位共同发起设立的股份有限公司。公司设立时总股本为 11,600 万股。

②2000 年 7 月 7-8 日,本公司经中国证监会证监发字[2000]92 号文批准,采用上网定价和对二级市场配售的方式向社会公开发行人民币普通股(A 股)4000 万股,发行价格 11.83 元/股。2000 年 7 月 25 日,经上交所上证上字[2000]52 号《上市通知书》批准同意公司公开发行的 4000 万 A 股在上交所上市交易。本次发行后公司总股本增至 15,600 万股。

③公司股份中不含内部职工股。

(二)股东情况介绍

1.截止 2000 年 12 月 31 日,公司股东共有 10,756 户。

2.公司前十名股东持股情况(单位:股)

序号	股东名称	年末持股数量	增减变动情况	年度内股份占股本比例(%)	股权性质
1	浙江海正集团有限公司	86,671,600	0	55.56	国家股
2	国投药业投资有限公司	25,328,400	0	16.24	国有法人股
3	金元基金	2,452,805	+2,452,805	1.57	公众股
4	天元基金	2,168,052	+2,168,052	1.39	公众股
5	隆元基金	1,624,192	+1,624,192	1.04	公众股
6	三龙投资(中国)有限公司	1,500,000	0	0.96	外资法人股
7	同盛基金	982,000	+982,000	0.63	公众股
8	景福基金	640,000	+640,000	0.41	公众股
9	开元基金	573,714	+573,714	0.37	公众股
10	国家医药管理局上海医药工业研究院	500,000	0	0.32	国有法人股

持股 5%以上的股东为浙江海正集团公司、国投药业投资有限公司,本报告期内其所持股份均无增减变化,也无质押或冻结情况。其中浙江海正集团公司代表国家持有股份,三龙投资(中国)有限公司为外资法人股东。公司第 1、2、6、10 名股东为发起人股东,不存在关联关系;金元基金、天元基金、隆元基金、开元基金同属于一个基金管理公司。

3.持股 10%(含 10%)以上的公司股东情况介绍

(1)浙江海正集团公司 法定代表人:白骅

经营范围:化学原料药、化学中间体、医药制剂、生物制药、中成药、中药制剂、医药辅料(以上五类仅限于片剂、胶囊剂、粉针剂、口服液四种品种)的生产、开发、销售;本企业自产的化学原料药、化学药制剂、合成樟脑的出口;本企业生产、科研所需的原辅材料、机械设备、仪器仪表、零配件的进口。

(2)国投药业投资有限公司 法定代表人:周益成

经营范围:主要从事医疗器械制造业、医药制造业等领域的投资开发以及与上述业务有关的技术咨询、技术转让、信息服务等。

4.报告期内公司控股股东无变更情况。

四、股东大会简介

本报告期内公司共召开一次股东大会,即公司第三届股东大会。本次会议有关情况如下:

公司在 2000 年 1 月 24 日召开的一届五次董事会上通过了召开第三届股东大会的决议,并于 1 月 25 日发出会议通知。2000 年 3 月 2 日上午,第三届股东大会在浙江省台州市椒江区公司会议室召开,公司董事、监事列席了本次会议,出席会议的股东及其代表共 8 人,代表股份 116,000,000 股,占公司总股本的 100%。经与会股东及代表的审议,以记名投票的方式通过了如下决议:

(1)关于批准一九九九年度公司投资计划执行情况及二○○○投资计划的决议;

(2)关于同意一九九九年度公司财务决算及二○○○年度财务预算;

(3)关于批准一九九九年度公司股利分配方案的决议;(4)一九九九年度公司董事会工作报告;

(5)一九九九年度公司监事会工作报告; (6)关于批准董事会工作规定的决议;

(7)关于批准监事会工作规定的决议。

本次股东大会无否决的决议。

五、董事会报告

报告期内,公司董事会认真遵守《公司法》和《公司章程》,恪尽职守,进一步强化公司管理、加大科技投入、拓展营销渠道,很好的完成了生产经营目标,为公司的长远发展奠定了坚实的基础。

1.公司经营情况

(1)公司所处行业以及公司在行业中的地位

本公司属医药制造业,是我国最大的定点抗生素抗肿瘤药物生产基地和化学原料生产出口企业之一,1999 年被中国科学院和科技部认定为高新技术企业,公司承担了多项国家火炬项目和"863"攻关项目。针对医药行业日益激烈的市场竞争,公司坚持以科技兴企、机制创新为指导思想,紧密围绕"安全、高产、优质、低耗"八字工作方针,使公司的科研、生产、销售都上了一个新台阶,各项经济技术指标在同行业中处于较好水平。

(2)公司主营业务范围及其经营状况

①目前公司的主营业务为:化学原料药,化学中间体,医药制剂、生物制药,中成药、中药制剂、医药辅料(以上五类仅限于片剂、胶囊剂、粉针剂、口服液四种品种)的生产、开发、销售。公司主要产品分为抗肿瘤、抗寄生虫、心血管系统药及抗感染药等四大系列,并主要供应出口。

②公司十分重视质量管理和各项认证工作,继阿霉素、柔红霉素等 5 个产品通过美国 FDA 认证后,氟苷(脱氧氟尿苷)于 2001 年 2 月也获得了美国 FDA 证书;2000 年阿霉素获得了欧共体 COS 注册,取得了进入欧共体国家的通行证;同年公司 ISO9002 质量管理体系复检工作顺利完成,

冻干粉针剂车间通过了国家 GMP 验收。这为公司今后的市场开拓是十分有利的。

③公司以"抓重点品种的优质高产、抓大产品的高产低耗"为思路，面对公司部分产品售价的大幅下滑，其产销量仍继续大幅增长。

④公司十分重视新产品的研制开发，为增加技术储备，获取长期的经济利益，仅 2000 年公司新产品开发投入就达到 4760 万元，占母公司全年销售收入的 11.8%，开发剂型的领域向纵深发展，涉及了抗肿瘤药、心血管系统药、抗真菌药、抗病毒药、抗抑郁症药、偏头痛药、抗哮喘药、降血糖药、食品添加剂等领域。现已有 4 个产品获得新药证书，11 个品种完成临床。还有数十个品种正在申报之中。

在公司管理层的正确领导和全体员工的不懈努力下，公司的经营管理取得了良好的成绩，2000 年共实现主营业务收入 518,004,030.49 元、主营业务利润 206,721,433.43 元、净利润 55,781,600.40 元，分别比去年增长了 44.73%、20.59%、12.79%。净利润完成 2000 年度发行新股时赢利预测 4513 万元的 124%，主要是由于预测时所得税按 33%计算，而 2000 年度实际按 15%的税负计缴。凭借过硬的产品质量，公司产品 70%以上远销海外，深受广大客户信赖。

a.主营业务收入及主营业务利润构成情况：

主要品种	销售收入（万元）	占主营业务收入比重(%)
抗寄生虫药	141,389,761.97	27.30
抗肿瘤药	120,235,120.00	23.21
心血管系统药	108,206,246.00	20.89
抗感染药	33,375,298.00	6.44
其他药品	114,797,604.52	22.16
合计	518,004,030.49	100.00

b.主要产品构成及完成情况

抗寄生虫药——今年公司实现销售收入 14,138.98 万元，比去年同期下降 2.32%，主要是由于市场上生产厂家众多，产品竞争日益激烈，导致产品售价大幅下滑。

抗肿瘤原料药——本公司主导产品，大部分供应出口， 2000 年共计实现销售收入 12,023.51 万元，比去年同期增长 15.64%，这是由于公司加强了该类产品的销售力度，市场占有率有所提高。

心血管系统药——本公司重点发展方向，市场前景广阔，销售利润率高，2000 年实现销售收入 10,820.62 万元，比去年同期增长 45.64%，主要是因为公司以市场为导向，对该类产品进行深加工，提高了该类产品的销售收入。

抗感染药——今年公司共实现销售收入 3,337.53 万元，比去年同期下降 4.34%，主要是由于市场竞争激烈，产品价格下降幅度较大，虽然公司产品销售量增加，但价格下降幅度超过销量的增加，导致产品销售收入有所下降。

其他药品——系本公司子公司浙江医药工业有限公司销售其他类药品的收入。

(3)公司控股子公司及合营企业的经营情况

① 浙江华尔得制药有限公司

浙江华尔得制药有限公司成立于 1991 年 12 月，注册资本 55 万美元，主营盐酸金霉素、化工原料及中间体的生产、销售。本公司持有其 60%的股权，该公司的外方股东——香港好得利洋行持有其 40%的股权。2000 年实现销售收入 10,175,375.48 元，利润总额-1,908,741.05 元。

② 浙江省医药工业有限公司

该公司是本公司与浙江英特药业有限责任公司、浙江海正集团有限公司工会和浙江省医药工业公司工会(由于浙江省医药工业公司于 1998 年与其他三家企业合并重组为浙江英特药业有限责任公司，浙江省医药工业公司工会的法人资格应予以取消，其所持股份已全部转让给了浙江省医药工业有限公司工会)共同出资组建的有限责任公司，成立于 1999 年 11 月 30 日，注册资本 2200 万元。其中，本公司出资 902 万元，占注册资本的 41%。该公司主营化学原料药及其制剂，抗生素、精神类药品、保健药品、中成药等药品的销售。该公司 2000 年实现销售收入 166,666,035.66 元，利润总额 3,233,983.69 元，净利润 2,043,491.48 元。

(4)经营中出现的问题和困难及解决方案。

问题和困难：

医药市场的竞争日益激烈，公司部分产品特别是驱虫类、抗感染类药物的售价大幅下滑，因此原有产品结构有待调整；医药行业本身是高风险高投入的行业，特别是新药开发周期长、费用高，企业面临较大的新产品开发风险；加入 WTO 后，公司与国外发达国家在医药研究和开发水平上存在明显差距，这将对公司构成一定冲击。

面临激烈的市场竞争，公司主要采取以下对策：

①公司本着"生产一代、研究一代、储备一代"的目标，将积极优化产品结构，开发新产品，促进老产品增产降耗，保持较强的竞争力；依托雄厚的技术力量，加快了新产品研制开发和报批；在继续开拓国外市场的同时，扩大内销市场的开发，同时改革内部销售奖励政策，加强营销队伍的建设。

②利用加入 WTO 的契机，在保持原有产品外销优势的同时，加强与国外公司的合作以进一步开拓国际市场。一方面加强非专利市场的开发，另一方面还打算与国际研究机构合作进行医药前端的开发研究。

2.公司财务状况

(1)报告期内公司财务状况(单位：万元)

财务指标	2000 年	1999 年	同比增减(±%)
资产总额	1,206,907,935.47	672,120,215.60	79.57
长期负债	217,232,577.07	197,211,026.86	10.15
股东权益(不含少数股东权益)	743,927,133.82	234,807,755.81	216.82
主营业务利润	206,721,433.43	171,427,763.67	20.59
净利润	55,781,600.40	49,456,631.01	12.79

(2)报告期内公司总资产、长期负债、股东权益、主营业务利润、净利润比上年的增减变动情况及主要原因

1)总资产及股东权益增加是由于本公司发行新股及经营盈利所致；

2)长期负债增加是公司银行长期借款增加所致；

3)主营业务利润和净利润增加是由于公司提倡技术进步、努力控制成本，使公司产品销售保持持续增长以及强化管理增收节支所致。

(3)浙江天健会计师事务所为本公司出具了无保留意见的审计报告。

3.报告期内公司投资情况

(1)募集资金使用情况说明

1)2000 年 7 月公司公开发行 4000 万股社会公众股，发行价每股 11.83 元，共募集资金 47,320 万元，扣除发行费用 1,341 万元，实际募集资金 45,979 万元，报告期已按原计划投入 23,598.81 万元，截止到报告期末，募集资金所实际投入的项目与招股说明书承诺投资项目一致。

2)截止 2000 年 12 月 31 日，募集资金的运用情况如下：

①年产 5 吨富表甲氨基阿维菌素项目，富表甲氨基阿维菌素是一种高效生物源杀虫剂，具有杀虫效果好、安全系数高、持效时间长、保护生态环境等优点，属国家一类生物农药，被化工部列为国家重点科技攻关项目。本项目被列入 1999 年国家重点技术改造项目，项目计划投资 10,438.50 万元，报告期内实际投入 1,959.99 万元，现已进入土建施工阶段。

②1000 吨/年 D-对羟基苯甘氨酸技改项目，本项目建成后可达 1000 吨/年的生产能力。计划投资为 7,172.00 万元，报告期内实际投入 6,534.00 万元，比预计投资总额节约 717 万元，现已完工验收。

③300kg/年盐酸柔红霉素项目，盐酸柔红霉素(简称"柔红霉素")是抗肿瘤原料药，亦是生产盐酸阿霉素(以下简称"阿霉素")、盐酸表阿霉素极其重要的中间体，柔红霉素工程项目计划投资 2,921.36 万元，报告期内实际投入 2,642.00 万元，现已完工投产。

④100kg/年盐酸阿霉素项目，盐酸阿霉素(简称"阿霉素")被联合国世界卫生组织(WHO)推荐为抗肿瘤化疗基本药物，是国际公认的王牌抗肿瘤药，本公司阿霉素获得了美国 FDA 认证。项目计划投资 2,269.39 万元，报告期内实际投入 1,376.00 万元，现已项目主体工程已完工。

⑤引进 600 万支/年抗肿瘤制剂关键设备技改项目。本公司的抗肿瘤药物多为原料药，以出口为主，而制剂产量小，主要在国内市场销售，本项目的建成可使公司充分发挥在抗肿瘤药生产方面的优势，大力发展制剂深加工，提高产品的附加值，进而替代进口品并出口国外市场。本项目计划投资为 3,214.75 万元，实际投入金额为 3,124.69 万元，现引进的设备已经安装完成，投入试生产。

⑥抗肿瘤制剂生产线配套工程技改项目，本项目与引进年产 600 万支抗肿瘤制剂关键设备技改项目配套，新建符合 GMP 要求的抗肿瘤制剂冻干车间，总建筑面积 9263 平方米，车间内部布局、工序设置、洁净度等方面均符合 GMP 要求。本项目计划投资 2,904.68 万元，报告期内实际投入 2,907.92 万元，该车间于 2000 年下半年通过 GMP 验收，现已投入试生产。

⑦引进抗肿瘤药物关键生产设备项目。表阿霉素是肿瘤治疗基本药物，其生产工艺复杂，生产设备要求高，生产技术难度大，目前国外仅意大利一厂家生产。项目计划投资 2,998.59 万元，报告期内实际投入 2,965.17 万元，现已完工。

⑧浙江省医药高新技术研究开发中心项目。该项目是产学研高度结合的医药研究开发基地，中心项目的主要研究方向：(1)新产品的工业化技术研究开发；(2)新工艺、新技术、新装备在本公司及其他医药企业的创新应用，为国家重点建设项目和企业技术改造提供"交钥匙工程"；(3)为中、小医药企业提供公共技术服务，转移技术成果，推进本行业的技术进步。本项目计划投资 4,963.24 万元，报告期内实际投入 903.29 万元，现研究中心(B 区)、中试基地(C 区)已结顶，质检综合服务楼(A 区)建设至第三层。

⑨中药提取及制剂车间技改项目。本项目利用公司原有场地进行技术改造，采用先进工艺设备，发展天然药物生产，开发高技术、多剂型、多品种的天然药物，本项目计划投资 2,958 万元，报告期内实际投资额为 1,032.15 万元，目前前处理车间、提取车间已完成结顶。

⑩固体制剂车间技改项目。本公司现有产品结构以原料药为主，制剂产品的生产规模和设备水平都有待提高，为了进一步调整公司的产品结构，形成从原料药到制剂一条龙的格局，本项目对公司原有场地进行技术改造，并从国外引进关键制剂生产设备，建成一个符合 GMP 要求的固体制剂车间，达到年产片剂 3 亿片(平均片重 250mg/片)，胶囊 1 亿粒(平均粒重 250mg/粒)的生产能力。本项目计划投资 2,995 万元(含用汇 150 万美元)，实际投入 153.60 万元，现正进行项目前期工作。

报告期内以上募集资金项目投入总额为 23,598.81 万元，余额全部存于银行。

(2)其他投资情况

①二期污水处理项目，随着公司的发展，污水量日益增多。为了保护环境，达到增产减污要求，公司需在现有厂区内建设一套 2000t/d 处理规模的污水设施，使公司的污水经过综合处理，达到国家排放标准。本项目主要包含了生化处理工程、沼汽收集发电系统和臭氧氧化处理系统三部份。项目由浙经贸改[2000]36 号文批准，总投资 1466 万元，工行贷款 1000 万元，其余 466 万元由企业自筹。现已投入资金 1,138 万元，土建已完工。

②精制车间移地改造项目，已由台计经技[1997]322 号文批准，并经椒计经技[1999]213 号文批准调整后的可行性研究报告。该项目主要将老厂内的精制车间搬迁到外沙新厂区进行移地改造，配套土建面积 4945 平方米。截止 2000 年末累计投入资金 1,477.73 万元，现土建已完成，部分设备已到货正进行安装。

4.经营环境、宏观政策法规对公司产生的重大影响

加入 WTO 后，国外产品大量进入我国市场，医药企业将面临更加激烈的市场竞争；由于国家会加强知识产权的保护，仿制将受到限制，这将对公司的生产经营产生一定的影响。

5.2001 年度业务发展计划

2001 年是新世纪的起步之年，也是公司"十五"规划的开局之年，公司将继续本着市场优先、效益优先的原则，坚持科技兴企、机制创新、接轨国际的指导思想，开拓进取、团结一致，在新的年度里着重做好以下几方面工作：

(1)公司将在保持原料药生产稳定增长的同时，加大制剂产品的研制和开发力度，拓展内销市场，增大内销比例，提高产品利润水平。

(2)强化质量意识，要彻底从生产导向转向市场导向，以质量效益导向取代产值速度导向。狠抓美国 FDA、欧洲 EDMF 及欧共体 COS 注册，拓展外销市场；密切关注国内医药体制改革，针对国家对医药企业提出的要求，本公司冻干粉针剂车间已于 2000 年 11 月通过了国家 GMP 验收，2001 年争取完成头孢类原料药、抗肿瘤原料药、口服制剂三个 GMP 认证。

(3)进一步完善公司研究发展体制，充分利用自有的技术研发力量，加速产品的产业化进程；加大技术改造力度，大规模地引进关键设备和关键技术，以现代化的装备嫁接改造现有工艺技术，降低各种原辅料的单耗，从而降低生产成本。

(4)以人为本，继续坚持引进各类高级管理人才和科研开发人才，加强在职员工的培训教育；为支持和激发创新的热情，通过不断摸索逐步建立起一套精简、高效、激励研发、多出成果、公司发展个人受益的双赢运营体制。

(5)公司已拥有了原料药国际市场的通行证—FDA 证书，制剂内销市场通行证—GMP 证书，今年公司还要争取获取"绿色通行证"—ISO14001 国际环境管理体系认证证书，切实做好 400T/D 污水站的运行维护工作和 2000T/D 污水站的调试工作。

(6)积极开展资本运作，盘活存量资产，培育优良资产。合理利用国外资本，引进先进的工艺技术和设备，使公司走向国际化经营的道路，实现与国际接轨，提高企业的综合实力。今年要加强与西班牙、美国等公司的产品与资本合作。

6.董事会日常工作情况

(1)董事会会议情况及决议内容

本报告期内，公司董事会共召开五次董事会会议，其会议情况及决议内容如下：

①2000 年度董事会临时会议于 2000 年 1 月 18 日召开，会议审议并通过了如下决议：

1、同意吴建平先生辞去公司副总经理职务的决议；

2、同意聘任蔡时红先生担任财务负责人的决议。

②公司一届五次董事会于 2000 年 1 月 24 日召开，会议审议并通过了如下决议：

1、一九九九年度总经理工作报告；

2、一九九九年度公司投资计划执行情况及二〇〇〇年度投资计划的报告；

3、关于公司坏账准备金等计提办法的决议；

4、一九九九年度公司财务决算及二〇〇〇年度财务预算报告；

5、一九九九年度公司股利分配预案；

6、公司总经理工作细则；

7、同意杨彩琴女士辞去公司副总经理职务的报告；

8、1999 年度董事会工作报告；

9、董事会工作规定；

10、同意召集第三届股东大会。

③二〇〇〇年度董事会第二次临时会议于 2000 年 5 月 20 日召开，会议审议并通过了如下决议：

1、同意注销下属的全资附属企业——台州药物研究所的法人资格；

2、同意原上海复星朝晖制药厂持有的公司 50 万股股份由上海复星朝晖药业有限公司承继持有的决议；

3、同意在公司发行 A 股完成后，将前述股东变化事项提请股东大会审议批准的决议；

4、同意麦锦荣先生辞去公司副总经理职务的报告。

④二〇〇〇年度董事会第三次临时会议于 2000 年 7 月 18 日召开，会议审议并通过了如下决议：

1、关于公司章程修改预案的决议；

2、关于同意将该预案提交股东大会审议的决议。

(2)董事会对股东大会决议的执行情况

报告期内,公司董事会严格遵守《公司法》及《公司章程》的规定,认真执行股东大会的决议,具体情况如下:

①1999年9月7日召开的1999年度临时股东大会通过了公司转为社会募集公司并增资发行人民币普通股(A股)股票的决议,并授权董事会全权办理有关手续。公司董事会依照此决议,积极进行相关工作,经中国证监会证监发字[2000]92号文批准,于2000年7月公开发行了4000万股人民币普通股,每股发行价11.83元,共计募集资金47,320万元,扣除发行费用后,实际募集资金45,979万元,本次募集资金已全部到位。

②2000年3月2日公司第三届股东大会通过了1999年度利润分配方案为:以99年末总股本为基数,每10股分配现金0.80元,共计分配利润928万元,此方案已实施。

7.公司管理层及员工情况

(1) 董事、监事、高级管理人员

①现任公司董事、监事及高级管理人员情况介绍

姓名	性别	年龄	职务	任期起止日期	年初持股数	年末持股数
白骅	男	54	董事长、总经理	1998.2–2001.2	0	0
贺兴夏	男	61	副董事长	1998.2–2001.2	0	0
徐阿堂	男	53	副董事长、副总经理	1998.2–2001.2	0	0
陶正利	男	46	董事、副总经理	1998.2–2001.2	0	0
蔡时红	男	41	董事、副总经理	1998.2–2001.2	0	0
金红日	男	41	董事	1998.2–2001.2	0	0
喻舜兵	男	38	董事	1998.2–2001.2	0	0
刘伟	男	32	董事	1998.2–2001.2	0	0
孔众	男	38	董事	1998.2–2001.2	0	0
陈曾湘	男	62	董事	1998.2–2001.2	0	0
黄成龙	男	64	董事	1998.2–2001.2	0	0
吴晓明	男	47	董事	1998.2–2001.2	0	0
张万年	男	54	董事	1998.2–2001.2	0	0
缪伟民	男	48	董事	1998.2–2001.2	0	0
王若松	男	37	董事、董事会秘书	1998.2–2001.2	0	0
李如生	男	55	监事会召集人	1998.2–2001.2	0	0
张云明	男	53	监事	1998.2–2001.2	0	0
林剑秋	男	34	监事	1998.2–2001.2	0	0
王玲萍	女	44	监事	1998.2–2001.2	0	0
金小法	男	47	监事	1998.2–2001.2	0	0
石兰	女	34	监事		0	0
孟书豪	男	31	监事	1998.2–2001.2	0	0
许雷	男	40	副总经理		0	0
周令闻	男	38	副总经理		0	0

报告期内公司董事、监事、高级管理人员未持有本公司股份;年度在公司领取的报酬总额为279万元。其中:年薪10万元以下的3人,10–20万元的3人,20–30万元的8人,不在公司领取报酬的有:贺兴夏、刘伟、孔众、陈曾湘、黄成龙、吴晓明、张万年、缪伟民、石兰、孟书豪。

②报告期内离任的董事、监事、高管人员及离任原因

报告期内,杨彩琴女士因退休原因,经公司一届五次董事会决议同意其辞去公司副总经理的职务。

吴建平先生因工作变动,经2000年董事会第一次临时会议决议同意其辞去公司副总经理职务;麦锦荣先生因工作变动,经2000年董事会第二次临时会议决议同意其辞去公司副总经理职务。

叶茉莉女士因工作变动辞去公司监事职务,经公司第一届五次监事会讨论同意其辞职,并向股东大会推荐三龙(中国)投资有限公司的石兰小姐为本公司监事会监事。本事项有待股东大会批准。

③报告期内,根据2000年第一次临时董事会决议,公司聘任蔡时红先生为财务负责人。

(2)公司员工情况

目前公司员工总数1833人,其中生产人员1024人,销售人员24人,技术人员607人,财务和会计人员41人,行政人员137人。公司员工中大学及以上学历362人,高中专715人,初中及以下756人。公司现有退休职工150人。

8.2000年利润分配和资本公积金转增股本预案及下一年度利润分配预计

(1)2000年度利润分配预案:

经浙江天健会计师事务所审计,本公司2000年度实现净利润55,781,600.40元,根据公司章程规定,提取10%的法定盈余公积金5,565,263.71元,提取10%的法定公益金5,565,263.71元,加上公司上年度未分配利润49,474,873.71元,本年度可供股东分配的利润为94,125,946.69元。经董事会提议,以2000年末总股本15600万股为基数,向全体股东每10股派送红股3股,派现金1元(含税),总计可分配利润支出总额为62,400,000.00元,剩余31,725,946.69元结转下年度。

(2)公积金转增股本预案:

公司2000年末有资本公积金480,655,503.36元,董事会提议本次按2000年末公司总股本15600万股为基数,向全体股东以每10股转增3股,实施后尚余资本公积金433,855,503.36元结转下一年度。

以上分配和转增预案需提交2000年度股东大会审议通过后实施。

(3)预计2001年利润分配政策:

①公司拟在2001年结束后分配利润一次;

②公司下一年度实现利润用于股利分配的比例不低于10%;

③公司本年度未分配利润用于下一年度股利的分配比例不低于10%;

④公司将采用派现金或派送红股的方式,其中现金股息占股利分配的比例为10%左右。

上述分配政策将根据公司实际情况而进行调整。

9.其他事项

本年度公司董事会选定的信息披露报刊为:《中国证券报》、《上海证券报》。

六、监事会报告

(一)本报告期内,公司监事会共召开两次会议,会议情况及决议如下:

(1)2000年1月24日召开一届四次监事会会议,会议通过了如下决议:

1、一九九九年度监事会工作报告; 2、批准进一步深化监事会工作的建议的决议;

3、批准监事会工作规定的决议。

(2)2000年8月15日召开一届监事会第五次会议,审议并通过了如下决议:

1、公司二〇〇〇年中期报告; 2、公司二〇〇〇年中期报告摘要;

3、二〇〇〇年中期利润分配方案; 4、关于公司监事会成员换选的决议。

七、重要事项

(一)本年度公司无重大仲裁、诉讼事项。

(二)报告期内公司董事及高级管理人员没有受到监管部门处罚的情况。

(三)报告期内公司控股股东未发生变更,公司董事会未进行换届,公司总经理、董事会秘书未变更。

(四)报告期内公司无收购及出售资产、吸收合并事项。

(五)报告期内公司关联交易事项

浙江海正集团有限公司是我公司第一大控股股东,报告期末我公司应收集团公司13,121,903.24元系我公司2000年12月为其垫付土地款,利息按每月4.65‰计算,本息已于2001年3月还清。

(六)本公司与控股股东在人员、资产、财务上实行严格的三分开,保持了人员、财务独立,资产完整。

①在人员方面,公司在劳动、人事及工资管理等方面完全独立,有独立的人力资源管理机构和相应的人事管理制度;本公司经理、副经理等高级管理人员在本公司领取薪酬。

②在资产方面,公司拥有独立的生产系统、辅助生产系统和配套设施;拥有自主的工业产权、商标和非专利技术等无形资产,根据1999年9月与浙江海正集团有限公司签署的《商标转让协议》,本公司无偿获得"海鸥"、"海药"及"海正"牌商标的所有权;拥有独立的采购和销售系统,本公司拥有自营进出口权。

③在财务方面,公司设了专门的财务部,负责本公司的财会工作;并建立了独立的会计核算体系和财务管理制度;公司已在银行独立开户。

(七)报告期内,公司无托管、承包、租赁其他公司资产或其他公司托管、承包、租赁本公司资产的事项。

(八)报告期内,公司继续聘任浙江天健会计师事务所为公司审计单位。

(九)公司或持股5%以上股东承诺事项履行情况。1998年2月,在公司成立之初,主要发起人之一的第一大股东浙江海正集团有限公司与本公司签署了不竞争承诺协议,本报告期内浙江海正集团有限公司未有直接或间接从事或参与在商业上对本公司有竞争的业务及活动,未有直接或间接对本公司开展有竞争或可能构成竞争的业务、活动或拥有实体的权益,没有利用其大股东的地位损害股份公司和中小股东的利益,严格履行了该协议规定。

本公司未有其他持股5%以上股东的承诺事项。

(十)报告期内公司无重大合同(含担保)事项。(十一)报告期内公司没有变更股票简称及代码。

(十二)期后事项:

1)本公司于2001年1月2日以通讯方式召开了第一次临时董事会,会议审议并通过了关于聘任周令闻先生为副总经理、王家成为总经理助理的决议。

2)本公司于2001年1月31日以通讯方式召开了第二次临时董事会,会议审议并通过了关于投资设立杭州海健医药科技发展有限公司的决议。本次会议决议公告登载于2001年2月6日的《中国证券报》和《上海证券报》。

(十三)其他事项:公司承担的"九五"国家重点科技攻关计划专题"酶法制备7ACA产业化技术研究"通过国家药品监督管理局组织的专家验收,并鉴定为科研成果。

八、财务会计报告

(一)审计报告

审 计 报 告

浙天会审[2001]第371号

浙江海正药业股份有限公司全体股东:

我们接受委托,审计了贵公司2000年12月31日的资产负债表和合并资产负债表,2000年度的利润及利润分配表和合并利润及利润分配表,以及2000年度的现金流量表和合并现金流量表。这些会计报表由贵公司负责,我们的责任是对这些会计报表发表审计意见。我们的审计是依据中国注册会计师独立审计准则进行的。在审计过程中,我们结合贵公司实际情况,实施了包括抽查会计记录等我们认为必要的审计程序。

我们认为,上述会计报表符合《企业会计准则》和《股份有限公司会计制度》的有关规定,在所有重大方面公允地反映了贵公司2000年12月31日的财务状况及2000年度经营成果和现金流量,会计处理方法的选用遵循了一贯性原则。

浙江天健会计师事务所有限公司　　中国注册会计师　　陈　翔

中国·杭州　　中国注册会计师　　沈维华

报告日期:2001年2月28日

(二)会计报表(见附表)

(三)会计报表附注

一、公司简介

浙江海正药业股份有限公司(以下简称"本公司"或"公司")系根据浙江省人民政府浙政发[1998]12号文《关于设立浙江海正药业股份有限公司的批复》于1998年2月正式成立。1998年2月11日,取得浙江省工商行政管理局颁发的14294705–6号企业法人营业执照。2000年7月3日公司经中国证券监督管理委员会证监发行字[2000]92号文核准和上海证券交易所同意,公司于2000年7月7日采用上网定价发行方式向社会公开发行A股股票2,000万股,于2000年7月8日向二级市场投资者配售方式发行A股股票2,000万股,共计发行A股股票4,000万股,公开募集后股本总额为15,600万元,其中境内法人持有股份11,450万股,境外法人持有股份150万股,社会公众持有股份4,000万股,2000年7月17日公司取得浙江省工商行政管理局颁发的变更后3300001001409(2/2)号企业法人营业执照,注册资本15,600万元。经上海证券交易所上证上字[2000]52号文同意,公司发行的社会公众股4,000万股从2000年7月25日起上市交易。

本公司属医药化工行业,主要经营范围为:化学原料药,化学中间体,医药制剂、生物制药,中成药、中药制剂、医药辅料(以上五类仅限于片剂、胶囊剂、粉针剂、口服液四种品种)的生产、开发、销售;本企业自产的化学原料药、化学药制剂、合成樟脑的出口;本企业生产科研所需的原辅材料、机械设备、仪器仪表、零配件的进口。

二、公司主要会计政策、会计估计和合并会计报表的编制方法

三、税(费)项

四、控股子公司及合营企业

(一) 纳入合并范围的控股子公司

公司名称	注册地址	注册资本
浙江华尔得制药有限公司	台州市椒江区	USD 550,000.00
浙江省医药工业有限公司	杭州市	22,000,000.00

公司名称	经营范围	投资额	拥有权益比例
浙江华尔得制药有限公司	医药化工原料等	USD 330,000.00	60.00%
浙江省医药工业有限公司	化学原料药等销售	9,020,000.00	41.00%[注]

[注]:本公司系该公司的第一大股东,该公司董事会成员共5人,本公司占3人,董事长即本公司董事长。因本公司对其具有实质性控制权,故按公司会计政策规定纳入合并会计报表范围。

(二) 合并报表范围发生变更的内容和原因

公司全资子公司台州药物研究所成立后一直未正常营业,经台州市工商行政管理局椒江区分局核准于2000年6月2日注销企业法人营业执照,本年不再纳入合并报表范围。

五、利润分配

根据2001年3月27日本公司一届七次董事会通过的《关于2000年度利润分配预案》的决议,本年度按实现的净利润提取10%的法定公积金,提取10%的法定公益金,向全体股东每10股送红3股,以资本公积金每10股转增3股,每10股派发现金股利1元(含税),剩余累计未分配利润78,525,946.69元滚存至下年。该利润分配预案尚待公司股东大会审议通过。

八、分行业资料

九、关联方关系及其交易

十、或有事项

(一) 截至2000年12月31日,本公司存在下列诉讼事项:

1. 本公司诉无锡支西恩制药有限公司归还货款1,330,000.00元纠纷一案,2000年11月25日经江苏省无锡市郊区人民法院[2000]锡郊经初字第699号民事判决书判决,本公司胜诉,尚未执

行。

2. 本公司诉浙江春光生化有限公司归还货款327,680.00元纠纷一案,2000年11月7日经浙江省嘉善县人民法院[2000]善经初字第422号民事判决书判决,本公司胜诉,尚未执行。

3. 本公司诉青岛威林经贸有限公司归还货款208,000.00元纠纷一案,2000年11月3日经青岛市市南区人民法院[2000]南法经初字第10427号民事裁定书裁定,因对方单位办公场所长期无人办公,法院无法直接送达诉讼文书,本公司的起诉被驳回。

4. 泰兴市化学建材对外贸易有限责任公司诉本公司买卖合同违约纠纷一案,2000年11月8日经江苏省泰兴市人民法院[2000]泰经初字第658号民事判决书判决,本公司败诉,需支付对方违约金35,000.00元,尚未执行。

5. 本公司诉无锡市中欣物资贸易公司归还货款313,000.00元一案,2000年12月6日经江苏省无锡市崇安区人民法院[2000]崇初经字第459号民事判决书判决,本公司胜诉,尚未执行。

十一、重大承诺事项

十二、资产负债表日后事项中的非调整事项

(一) 截至2000年12月31日,本公司"住房周转金"科目的贷方余额为193,179.31元,根据财政部财会[2001]5号文的有关规定将在2001年度进行会计处理。

(二) 根据本公司一届七次董事会决议和本公司与控股股东浙江海正集团有限公司签订的《项目转让协议书》,以2001年2月28日为基准日,本公司拟将原募集资金使用项目浙江省医药高新技术研究开发中心项目和中药提取及制剂车间项目转让给浙江海正集团有限公司。公司原承诺上述两个项目投入募集资金分别为4,963.24万元和2,958万元,合计7,921.24万元。截至上述转让基准日,该两个项目业经浙江天健资产评估有限公司评估,并出具浙天评报字[2001]第44号资产评估报告,确认价值为27,855,082.00元,双方约定协议转让价格为27,855,082.00元。该关联交易事项尚需经公司股东大会审议批准。

(三) 根据2001年3月27日本公司一届七次董事会通过的《关于2000年度利润分配预案》的决议,向全体股东每10股送红股3股,以资本公积金每10股转增3股。该利润分配预案尚待公司股东大会审议通过。

十三、其他重要事项

(一) 2000年7月3日公司经中国证券监督管理委员会证监发行字[2000]92号文核准,并经上海证券交易所同意,由主承销商广发证券有限责任公司通过上海证券交易所系统,于2000年7月7日采用上网定价发行方式向社会公开发行A股股票2,000万股,于2000年7月8日向二级市场投资者配售方式发行A股股票2,000万股,共计发行A股股票4,000万股,每股面值1元,每股发行价格11.83元,实际募集资金473,200,000.00元,扣除发行费用13,401,741.89元后为459,798,258.11元。其中股本40,000,000.00元,资本公积419,798,258.11元。公开募集后股本达到15,600万元,业经浙江天健会计师事务所验证并出具浙天会验[2000]第106号验资报告。

(二) 本公司在建工程中富表工程项目位于岩头厂区,根据本公司与岩头工业开发区管理委员会签订的《椒江区岩头工业开发区企业建设用地协议书》,该项目实际征地700亩。截至2000年12月31日,本公司已预付土地款31,793,042.00元,待工程进度达到30%时办理土地使用权证。

(三) 根据本公司与关联方浙江海正化工股份有限公司签订的《仓库工程委托管理协议》,由于本公司基建任务繁重、管理人手不足,本公司委托浙江海正化工股份有限公司对位于外沙路46号现厂区对面的四幢原料仓库工程进行管理。截至2000年12月31日,上述仓库工程已基本完工投入使用,本公司已收回,并暂估计入固定资产。

(四) 为确保本公司的发展后劲,今年技术开发、技术受让、新产品试制等进行了大量投入,本年度共计投入47,594,528.92元,占本部管理费用的48.43%。其中本年度对新产品试制情况进行了清理,结转在产品3,155,588.26元,产成品3,239,565.74元,共计6,395,154.00元,计入了管理费用。

(五) 根据财政部财税[2000]99号文的规定,公司经台州市椒江区国家税务局同意2000年度企业所得税先按法定税率33%计缴,再返还18%(实征15%),按实际税负15%计缴,本年公司实际应计缴所得税7,334,437.37元。

九、公司的其他有关资料

(1)公司首次注册登记日期:1998年2月11日

公司变更登记日期:2000年7月17日

注册地点:浙江省台州市椒江区外沙路46号

(2)公司企业法人营业执照注册号为:3300001001409

(3)税务登记号:331002704676287

(4)公司报告期内发行新股主承销商机构名称:广发证券有限责任公司

(5)公司未流通股票的托管机构名称:上海证券中央登记结算公司

(6)公司聘请的会计师事务所名称:浙江天健会计师事务所办公地址:浙江省杭州市体育场路423号

十、备查文件目录

(1)载有法定代表人、财务负责人、会计经办人员签名并盖章的公司会计报表。

(2)载有会计师事务所盖章、注册会计师签名并盖章的审计报告原件。

(3)报告期内在中国证监会指定报纸上公开披露过的所有公司文件正本及公告的原稿。

(4)在其他证券市场公布的年度报告。

浙江海正药业股份有限公司董事会

2001年3月29日

董事长签名:白骅

资产负债表　单位:(人民币)元

资产	期末数 合并
流动资金:	
货币资金	205,649,479.43
短期投资	97,960,329.64
减:短期投资跌价准备	3,064,899.64
短期投资净额	94,895,430.00
应收票据	1,010,000.00
应收帐款	113,674,837.46
其他应收款	20,407,976.59
减:坏帐准备	11,759,944.80
应收款项净额	122,322,869.25
预付帐款	39,481,721.98
应收补贴款	3,224,959.04
存货	131,441,233.40
减:存货跌价准备(含工程亏损准备)	1,831,137.13
存货净额	129,610,096.27
待摊费用	1,059,452.78
流动资产合计	597,254,008.75
长期投资:	
长期股权投资	712,865.26
合并价差	
长期投资合计	712,865.26
长期投资净额	712,865.26
其中:合并价差(贷差以"-"号表示合并报表填列)	712,865.26
固定资产:	
固定资产原价	526,421,103.84
减:累计折旧	99,918,045.55
减:固定资产减值准备	
固定资产净值	426,503,058.29
工程物资	2,420,465.71
在建工程	129,068,666.04
固定资产合计	557,992,190.04
无形资产及其他资产:	
无形资产	48,970,974.99
开办费	1,417,491.41
长期待摊费用	560,405.02
无形资产及其他资产合计	50,948,871.42
递延税项:	
资产总计	1,206,907,935.47
流动负债:	
短期借款	34,000,000.00
应付票据	5,000,000.00
应付帐款	64,234,726.99
预收帐款	6,587,690.75
应付工资	30,015,099.94
应付福利费	17,530,616.37
应付股利	15,840,000.00
应交税金	6,945,491.80
其他应交款	444,283.40
其他应付款	23,309,196.01
预提费用	12,867,936.47
一年内到期的长期负债	15,000,000.00
预计负债	
流动负债合计	231,775,041.73
长期负债:	
长期借款	204,419,673.15
长期应付款	6,000,000.00
住房周转金	193,179.31
其他长期负债	6,619,724.61
长期负债合计	217,232,577.07
递延税项:	
负债合计	449,007,618.80
少数股东权益(合并报表填列)	13,973,182.85
股东权益:	
股本	156,000,000.00
资本公积	480,655,503.36
盈余公积	28,745,683.77
其中:公益金	14,536,549.35
调整期初未分配利润	
未分配利润(未弥补亏损以"-"号表示)	78,525,946.69
股东权益合计	743,927,133.82
负债和股东权益总计	1,206,907,935.47

利润及利润分配表　单位:(人民币)元

项目	本期数 合并
一、主营业务收入	518,004,030.49
主营业务收入净额	518,004,030.49
减:主营业务成本	307,671,418.70
主营业务税金及附加	3,611,178.36
二、主营业务利润(亏损以"-"号填列)	206,721,433.43
加:其他业务利润(亏损以"-"号填列)	232,440.30
减:存货跌价损失	1,395,852.02
营业费用	26,209,153.10
管理费用	105,631,959.66
财务费用	8,860,766.76
三、营业利润(亏损以"-"号填列)	64,856,142.19
加:投资收益(损失以"-"号填列)	-3,164,369.21
补贴收入	1,046,215.00
营业外收入	1,970,945.55
减:营业外支出	1,056,627.01
四、利润总额(亏损总额以"-"号填列)	63,652,306.52
减:所得税	8,566,127.52
减:少数股东损益(合并报表填列、亏损以"-"号填列)	-695,421.40
减:购买日前净利润	
五、净利润(净亏损以"-"号填列)	55,781,600.40
加:年初未分配利润(未弥补亏损以"-"号填列)	49,474,873.71
1999年1-4月利润	
六、可供分配的利润(亏损以"-"号填列)	105,256,474.11
减:提取法定盈余公积金	5,565,263.71
减:提取法定公益金	5,565,263.71
七、可供股东分配的利润(亏损以"-"号填列)	94,125,946.69
应付普通股股利	15,600,000.00
转作股本的普通股股利	
八、未分配利润(未弥补亏损以"-"号填列)	78,525,946.69

附注:非常项目:

报告期利润	净资产收益率 全面摊薄
主营业务利润	27.79
营业利润	8.72
净利润	7.50
扣除非经常性损益后的净利润	7.19

国电南京自动化股份有限公司

一、公司简介

1.公司法定中文名称:国电南京自动化股份有限公司
公司英文名称:Guodian Nanjing Automation Co.,LTD 名称缩写:SAC
2.公司法定代表人:江自生
3.公司信息披露机构:证券部　董事会秘书:邹峰　授权代表:肖宁
联系电话:025-3410173025-3418700-3020　传真:025-3418700-3021
联系地址:江苏南京市新模范马路38号综合楼五层
4.公司注册地址:江苏南京市江宁高新技术开发区中新路
公司办公地址:江苏南京市新模范马路38号　邮政编码:210003
公司国际互联网网址:http://www.sac-china.com 电子信箱:s_dept@sac-china.com
5.公司信息披露的报刊为《中国证券报》、《上海证券报》
登载公司年度报告的中国证监会指定的国际互联网网址:http://www.sse.com.cn
公司年报备置地点:江苏南京市新模范马路38号　综合楼五层证券部
6.公司股票上市地:上海证券交易所　股票简称:国电南自　股票代码:600268

二、会计数据和业务数据摘要

1.利润情况(单位:元,合并报表)

(1)利润总额:	50609831.62
(2)净利润:	47358791.56
(3)扣除非经营性损益后的净利润:	47437322.08
(4)主营业务利润:	121763788.60
(5)其他业务利润:	3231040.65
(6)营业利润:	46794812.70
(7)投资收益:	3974769.16
(8)补贴收入:	0.00
(9)营业外收支净额:	-159750.24
(10)经营活动产生的现金净流量:	-44102327.06
(11)现金及现金等价物净增加额:	-59352807.74

注:非经常性损益的项目有营业外收入6300.00元,营业外支出27104.57元。

2.截至报告期末公司前三年的主要会计数据及财务指标:　单位:元

项目	2000年	1999年	1998年 调整后	1998年 调整前
主营业务收入	419168899.76	381533670.26	315136258.67	315136258.67
净利润	47358791.56	33556161.90	32402355.31	35145683.63
总资产	765504116.64	645247098.60	343793504.25	356060346.37
股东权益	452443172.58	428684381.02	85438420.25	97705262.37
每股收益	0.401	0.284	0.415	0.451
每股收益(加权平均)	0.401	0.367	0.415	0.451
每股收益(扣除非经营性损益)	0.402	0.258	0.415	0.451
每股净资产	3.83	3.63	1.10	1.25
调整后的每股净资产	3.73	3.57	1.02	1.17
每股经营活动产生的现金流量净额	-0.37	-0.30		
净资产收益率(%)	10.47	7.83	37.92	35.97
净资产收益率(%加权平均)	10.47	18.32	37.92	35.97

3.按照中国证监会《公开发行证券公司信息披露编报规则(第九号)》要求计算的利润数据:

报告期利润	净资产收益率 全面摊薄	净资产收益率 加权平均	每股收益 全面摊薄	每股收益 加权平均
主营业务利润	26.91%	26.92%	1.032	1.032
营业利润	10.34%	10.34%	0.397	0.397
净利润	10.47%	10.47%	0.401	0.401
扣除非经常性损益后的净利润	10.48%	10.49%	0.402	0.402

主要财务指标的计算公式如下:

全面摊薄每股收益=报告期利润/期末股份总数

加权平均每股收益=报告期利润/(期初股份总额+报告期因公积金转增股本或股利分配等增加股份数+报告期因发行新股或债转股等增加股份数×增加股份下一月份起至报告期期末的月份数/报告期月份数—报告期因回购或缩股等减少股份数×减少股份下一月份起至报告期期末的月份数/报告期月份数)

全面摊薄净资产收益率=报告期利润/期末净资产

加权平均净资产收益率=报告期利润/(期初净资产+报告期净利润/2+报告期发行新股或债转股等新增净资产×新增净资产下一月份起至报告期期末的月份数/报告期月份数—报告期回购或现金分红等减少净资产×减少净资产下一月份起至报告期期末的月份数/报告期月份数)

每股净资产=年度末股东权益/年度末普通股股份总数

根据国家财政部财评字[1998]256号文关于对资产评估结果的确认以及财政部财管字[1999]162号文关于公司国有股权管理方案的批复,公司原大股东南自总厂以11381.89万元净资产,按68.53%的折股比例,折为7800万股国有法人股,加上公司1999年发行的4000万股A股,公司总股本为11800万元。本公司1998年财务指标中股本按7800万元计算,1998年会计报表部分仍按公司改制前的数据列示。

三、股本变动及股东情况

(一) 股本变动情况
(二) 股东情况介绍:
1.截止本报告期末股东总数为36089户
2.前十名股东情况

名次	股东名称	年末持股数(股)	占总股本百分比
1	国家电力公司南京电力自动化设备总厂	78000000	66.101%
2	广东证券	289782	0.246%
3	浙江博联	139687	0.118%
4	杜伟东	128450	0.109%
5	关景德	100000	0.085%
6	王振文	97500	0.083%
7	朱荣忠	97300	0.082%
8	袁群	96000	0.081%
9	郑松坚	93796	0.079%
10	刘金龙	90000	0.076%

注:(1) 公司前10名股东之间不存在关联关系。

江西赣粤高速公路股份有限公司

一、公司简介

1.公司法定中文名称:江西赣粤高速公路股份有限公司
公司法定英文名称:Jiangxi Ganyue Expressway CO.,LTD.
2.法定代表人:夏增与　公司总经理:吴绍明
3.董事会秘书:熊长水
联系地址:南昌市北京西路69号省府大院西二路12号
联系电话:证券投资部:0791-6234872　电子信箱:Xiongcsh @163.net
4.公司注册地址:南昌市北京西路69号省府大院西二路12号
公司办公地址:南昌市北京西路69号省府大院西二路12号　邮政编码:330046
公司国际互联网网址:http://www.jxexpressway.com　电子信箱:Mail@jxexpressway.com
5.公司选定的信息披露报刊:《上海证券报》、《证券时报》
登载年度报告的国际互联网网址:http://www.sse.com.cn
年度报告备置地点:公司证券投资部
6.股票上市交易所:上海证券交易所　股票简称:赣粤高速　股票代码:600269

二、财务数据和业务数据摘要

1、本年度主要利润指标　(单位:元)

利润总额	264075579.06
净利润	176075711.37
扣除非经常性损益后的净利润*	163957028.21
主营业务利润	198479114.76
其他业务利润	0
营业利润	189633531.77
投资收益	8664513.77
补贴收入	59846913.10
营业外收支净额	5930620.42
经营活动产生的现金流量净额	82658140.70
现金及现金等价物净增加额	200656828.28

注:扣除非经常性损益项目和涉及金额:
(1) 新股申购冻结资金的利息6025741.01元;
(2) 投资收益6188062.74元
(3) 路损赔偿收支净额-95120.59元

2.公司近三年主要会计数据及财务指标　(单位:元)

财务指标	2000年	1999年	1998年
主营业务收入	283169110. 00	235293508. 00	224442103.00
净利润	176075711. 37	166836018. 39	156003769.65
总资产	3979439799. 13	1726282715. 49	1705666923.42
股东权益(不含少数股东权益)	2524454884. 24	1197215612. 87	1170878594.48
每股收益(摊薄)	0.499	0.716	0.206
每股收益(加权)	0.559	0.410	0.206
扣除非经常性损益的每股收益	0.464	0.716	0.206
每股净资产	7.15	5.14	1.55
调整后的每股净资产	7.15	5.14	1.54
每股经营活动产生的现金流量净额	0.28	0.86	0.23
净资产收益率(摊薄)(%)	6.97	13.93	13.32
净资产收益率(加权)(%)	8.18	13.38	15.67

3.报告期利润表附表

2000年度利润	净资产收益率(%) 全面摊薄	净资产收益率(%) 加权平均	每股收益(元) 全面摊薄	每股收益(元) 加权平均
主营业务利润	7.86	9.22	0.562	0.630
营业利润	7.51	8.81	0.537	0.602
净利润	6.97	8.18	0.499	0.559
扣除非经常性损益后的净利润	6.49	7.62	0.464	0.520

注:利润表附表的利润数据是按照中国证监会《公开发行证券公司信息披露编报规则(第9号)》要求计算的。

4.报告期内股东权益变动情况:　单位:元

项目	期初数	本期增加	本期减少	期末数
股本	233000000	120000000		353000000
资本公积	921081000.65	1179423560		2100504560.65
法定公积金	27499792.06	17971721.28		45471513.34
法定公益金	14323204.54	8985860.65		23309065.19
未分配利润	1311615.62	176075711.37	175217581.93	2169745.06
股东权益合计	1197215612.87	1502456853.30	175217581.93	2524454884.24

说明:(1)经中国证监会核准,公司于2000年4月11日至4月25日向社会公开发行12000万股A股,本年度内公司股本增加12000 A股;

(2)报告期内公司资本公积增加1179423560元,系发行股票溢价所致;

(3)盈余公积增加26957581.93万元,为本年度实现净利润提取的法定盈余公积金、公益金所致;

(4)未分配利润2169745.06元,为本年度未分配利润。

三、股本变动及股东情况

1.报告期末股东总数:本公司报告期末股东总数为58433户。
2.公司前十名股东持股情况　(截止2000年12月31日)

名次	股东名称	期末持股数(股)	期末持股比例(%)
1	江西高速公路投资发展(控股)有限公司	231764033	65.656
2	赣能股份	5000000	1.416
3	科投中心	2000000	0.567
4	龙江永泰	2000000	0.567
5	国资公司	2000000	0.567
6	南通颖川	2000000	0.567
7	景宏基金	1246339	0.353
8	闽东能源	1100000	0.312
9	新润房产	1000000	0.283
9	安泰科技	1000000	0.283
9	浙江粮食	1000000	0.283
9	清华泰豪	1000000	0.283
9	中纺	1000000	0.283

中 外 运 空 运 发 展 股 份 有 限 公 司

中外运空运发展股份有限公司2000年年度报告摘要

一、公司简介

1.公司中文名称:中外运空运发展股份有限公司
公司英文名称:Sinotrans Air Transportation Development Co. Ltd.
2.公司法定代表人:张斌
3.公司信息披露人员: 董事会秘书:周波 董事会证券事务代表:张欣
联系地址:北京市海淀区西三环北路21号久凌大厦
联系电话:010-68405635 传真:010-68405629 电子信箱:stock@sinoair.com
4.公司注册地址:北京市海淀区西三环北路21号久凌大厦
办公地址:北京市海淀区西三环北路21号久凌大厦
邮政编码:100089 电子信箱:stock@sinoair.com
5.选定的信息披露报纸名称:《中国证券报》、《上海证券报》
登载公司年度报告的中国证监会指定国际互联网网址:http://www.sse.com.cn
公司年报备置地点:公司董事会秘书办公室
6.公司股票上市交易所:上海证券交易所 股票简称:外运发展 股票代码:600270

二、会计数据和业务数据摘要

1.2000年主要会计数据(单位:元)

项目	金额
利润总额	367611071.64
净利润	180390833.44
扣除非经常性损益的净利润	173181629.78
主营业务利润	520351870.16
项目金额其他业务利润	7618464.13
营业利润	346987433.91
投资收益	16741500.10
补贴收入	0.00
营业外收支净额	3882137.63
经营活动产生的现金流量净额	260373238.90
现金及现金等价物净增加额	956067756.76

2.前三年的主要会计数据和财务指标 单位:元

指标项目	2000年度	1999年度	1998年度
主营业务收入	1045690746.34	785788620.93	646746944.15
净利润	180390833.44	161858454.64	136812984.16
总资产	1991581965.13	895663249.64	740842110.08
股东权益(不含少数股东权益)	1382122802.43	335636103.49	278237222.50
每股收益(摊薄)	0.65	0.78	0.00
每股收益(加权)	0.87	0.78	0.00
每股净资产(摊薄)	4.99	1.62	0.00
调整后的每股净资产	4.80	1.43	0.00
扣除非经常性损益后的每股收益	0.62	0.78	0.00
每股经营活动产生的现金流量净额	0.94	0.79	0.00
净资产收益率(%)	13.05	48.22	0.00

3.利润表附表 2000年度

报告期利润	净资产收益率		每股收益	
	全面摊薄	加权平均	全面摊薄	加权平均
主营业务利润	37.65%	136.09%	1.88	2.51
营业利润	25.11%	90.75%	1.25	1.67
净利润	13.05%	47.18%	0.65	0.87
扣除非经常损益后净利润	12.53%	45.29%	0.62	0.84

三、股本变动及股东情况

1.截止2000年12月31日股东总数51796户。
2.公司前十名股东名单如下:

股东名称	期初持股数	期末持股数	占总股本比例(%)
中国对外贸易运输(集团)总公司	195000000	195000000	70.36
中国机械进出口(集团)有限公司	9000000	9000000	3.24
海通证券	0	5440321	1.96
同盛基金	0	4000000	1.44
北京首都旅游股份有限公司	2000000	2000000	0.72
同益基金	0	1059000	0.38
裕泽基金	0	810000	0.29
北京市农工商联合总公司	660000	660000	0.24
九龙电力	0	552593	0.20
北京海诚电讯技术有限公司	500000	500000	0.18
兴科基金	0	500000	0.18
西南证券	0	500000	0.18

说明:
①前10名股东中并列第10名股东为北京海诚电讯技术有限公司、兴科基金、西南证券;第1、2、5、8名股东及第10名的北京海诚电讯技术有限公司为未上市流通股股东第3、4、6、7、9、10名股东为流通股股东。②前10名股东之间不存在关联关系。③持股5%以上的法人股股东是:中国对外贸易运输(集团)总公司。

四、股东大会简介

1.报告期内召开的股东大会情况:报告期内共召开股东大会两次。
①本公司于2000年3月17日召开2000年第一次临时股东大会。经审议表决会议通过了如下决议:
a.审议通过了《关于申请公开发行社会公众股股票上市交易的议案》;
b.审议通过了《关于授权公司董事会办理申请公开发行股票有关事宜的议案》;
c.审议通过了《关于股利分配的议案》自1999年11月1日起至股票发行之月期间的利润由老股东享有公开发行之次月起的利润由新老股东共享;
d.审议通过了《关于募集资金投向的议案》同意以下项目作为本次发行上市募集资金运用的项目:
a)中外运北京空港物流中心建设项目;
b)收购北京空港快件监管中心;
c)上海浦东国际机场物流中心建设项目;
d)国内物流配送系统建设项目;
e)综合物流信息网络系统建设项目;
f)收购集团公司下属省市公司的空运资产项目;
g)补充流动资金项目。(关联股东中国对外贸易运输(集团)总公司回避);
e.审议通过了《关于财务四项计提的议案》同意按5%的比例计提应收帐款及其他应收呆帐准备;
f.审议通过了《关于资产置换的议案》同意中国对外贸易运输(集团)总公司以中外运华南空运有限公司等六家空运资产及北京天竺空港土地使用权置换原中国对外贸易运输(集团)总公司投入的其中外运-天地快件有限公司的股权(关联股东中国对外贸易运输(集团)总公司回避);
g.审议通过了《关于设立华南等六家分公司的议案》(关联股东中国对外贸易运输(集团)总公司回避);
h.审议通过了《关于公司章程修改案的议案》按照《上市公司章程指引》对章程进行了修改增加了有关股票的条款。
②本公司于2000年9月29日召开2000年度第二次临时股东大会。经审议表决会议通过了如下决议:
a.审议通过了《关于利润分配的议案》同意自1999年11月1日至2000年6月30日之间的利润由公司老股东持有从2000年7月1日起利润由公司新老股东共享;
b.审议通过了《关于董事变更的议案》同意董事吴东明辞去本公司董事的申请同意补选刘学德为本公司新董事;
c.审议通过了《关于发行授权的议案》。
2.报告期内公司董事发生变动监事未发生变动。
经2000年第二次临时股东大会通过同意董事吴东明先生辞去本公司董事的申请;同意补选刘学德先生为本公司董事。

五、董事会报告

1.公司经营情况
(1)公司所处行业及地位
公司所处的行业是物流运输行业具体涉及国际航空货运代理业、国际航空快递业、国内物流综合服务业。公司在上述三项细分行业中占有不同的地位。国际航空货运代理业务是由公司自营的部分体现的公司在我国该行业中处在相对领先的地位是各大航空货运口岸业务规模最大的货运代理之一但由于该行业进入壁垒较低竞争激烈公司在我国国际航空货运代理总体市场所占的份额还未达到主导保持在10%以下。国际航空快递业务主要是通过公司的控股合资公司经营体现的公司在该行业中占有主导地位保持着市场领导者的地位总体占有我国国际航空快递市场接近50%的份额。国内物流综合服务是一个新兴的业务内容涵盖广泛的行业相关市场正处于开发整合阶段公司的经营战略是着力于本项业务的培育、开发。
(2)公司主营业务的范围及其经营状况
①主要经营范围为:
承办空运进出口货物的国际运输代理业务包括:揽货、分拨、订舱、包机、仓储、中转、物流服务、集装箱拼装拆箱、结算运杂费、报关、报验、保险、相关的短途运输服务及咨询业务;经营国际快递(不含私人信函)业务;与以上业务相关的咨询、服务、展览、技术交流;资产管理;实业投资。
②业务经营状况
本年度公司的主营业务保持了平稳增长的势头2000年全年货运代理总量进口56482吨出口26895吨国内货运6004吨快件代理总量进口2798615票出口3468024票。2000年公司主营业务收入(含中外运-敦豪合并报表)比去年同期增长259902125元净利润180390833.44元比去年同期增长11.45%。
(3)公司主要全资附属企业及控股子公司的经营情况及业绩

	注册资本	投资额	持股比例	报告期内主营业务收入	报告期内实现利润
中外运-敦豪国际航空快件有限公司	1030万美元	515万美元	50%	615526108.72元	170550871.29元
中外运-欧西爱斯国际快递有限公司	112万美元	56万美元	50%	51094166.86元	18630899.79元
华捷国际运输代理有限公司	120万美元	60万美元	50%	149014677.24元	1522496.34元
金鹰国际货运代理有限公司	124万美元	24.8万美元	20%	129867296.82元	2560351.21元

(4)在经营中出现的问题与困难及解决方案
①如何把发行后的资金优势转化为主营业务中的竞争优势,进一步扩大市场份额,开拓新的相关业务领域,提高公司持续发展能力的问题。
②强化公司区域三级管理,提高公司总部和各分公司之间的业务、财务、信息调度指挥的效率,并以之提高公司在全国范围内的整体竞争力。
③进一步完善公司物流操作设施及其相配套的信息操作系统,提升公司的物流操作能力和操作水平,并以之大力开拓各目标细分市场的物流服务对象。
2.公司财务状况
(1)公司财务状况

项目	2000年12月31日	1999年12月31日	增长比例(%)
总资产	1,991,581,965.13	895,663,249.64	122.36%
长期负债	11,929,782.06		0
股东权益	1,382,122,802.43	335,636,103.49	311.79%
主营业务利润	520,351,870.16	431,291,106.14	20.65%
净利润	180,390,833.44	161,858,454.64	11.45%

(2)增减变动原因
①报告期内总资产和股东权益较上期增幅较大的主要原因是本年度发行社会公众股7,000万股募集资金到位所致。
②公司其他长期负债2000年12月31日的余额为11,929,782.06元,系公司股票发行冻结申购资金利息款。2000年11月30日经中国证监会批准,公司发行社会公众股7,000万股,共回收社会投资者无效申购资金利息14,912,227.58元,公司从2000年起分5年转入营业外收入,本期转入2,982,445.52元。
3.公司投资情况
(1)报告期内募集资金使用情况

公司于 2000 年 11 月 30 日以每股 14.30 元的发行价发行人民币普通股 7000 万股，实际募集资金 976,000,000.00 元。截止报告期末实际投入 89,472,354.00 元，余额存入银行。具体情况如下：

项目名称	投资金额(万元)	实际投入金额(万元)	完成进度
北京空港物流中心	15,344	42	0.28%
中外运上海浦东国际机场物流中心	19,800	1,000	5.05%
收购集团公司下属省市公司的空运资产	5,395	0	
综合物流配送系统	16,615	0	
综合物流信息网络系统	13,726	1,680	12.24%
收购北京空港快件监管中心	6,090	5,845	95.98%
补充流动资金	20,630	380	1.84%

(2)报告期内公司无非募集资金投资项目。4.生产经营环境、宏观政策、法规变化对公司生产经营和财务状况的影响

①国际货物运输代理行业与宏观经济环境密切相关，特别是对外贸易环境，如果 2001 年世界经济及国内经济条件发生大的变化，公司经营将相应受到影响。在世界范围看，以美国为代表的世界经济的增长速度、东南亚经济危机的恢复都将直接影响我国外贸的增长速度，因此，国际经济的不确定因素将直接影响公司的发展速度。

②2000 年以来，经济增长速度加快，宏观经济政策的调整为内需扩张提供了良好的基础，将带动国内消费的增长，根据国务院发展中心预测，2001 年我国进口将保持 20%的增长，我国出口的增长速度将达到 10%。国内产业结构的升级，外商投资的恢复性增长对进口推动很大。

③中国即将进入 WTO，公司面临的机遇大于挑战

随着中国加入 WTO 进程的加快，国际货运代理行业将逐步全面开放，面临国际知名货运代理企业的进入，本公司已在企业改制的过程中逐步转换经营机制，实现管理的科学化、制度化，并通过在资本市场进行融资，利用募集资金，建立起国内一流，具有国际水平的服务设施和经营网络，提高公司的信息技术水平。通过市场开发和整合，形成规模经营。公司将以雄厚的实力和先进的机制，在与国际同行对手的竞争中保持有利地位。同时借助本公司与众多国际知名货运代理企业长期合作的经验与信誉，与它们保持或建立互利的战略合作关系，在共同成长中达到双赢的目标。中国加入 WTO 以后国内市场将进一步对外开放，在产品的分销权、物流服务和电子商务方面放松对外资的限制，外国企业可在国内开设独资货运代理企业，或采用收购方式控股中国物流服务企业。在各种贸易壁垒逐渐弱化的市场条件下，公司将面临国际竞争对手新的挑战。

5.新年度业务发展规划

①在国际空运代理市场进一步扩大市场占有率和货运总量，在此基础上发展对内、对外的拓展延伸服务，即以航空公司的国际航线为依托，提供在海外和国内两端延伸的门到门服务。充分利用加入 WTO 后，国外航空公司能够直接进入运输市场的机遇，将公司的服务建立在以市场为导向的基础上，拓展优质服务，获得规模效益。

②在国际航空快递市场，支持下属国际快递合资公司，完善国内网络、扩展服务地域，进而巩固并扩大其市场领先地位；同时公司要加强与其他主要代理合作伙伴的合作，充分利用民用航空市场开放的机遇，扩大快递代理业务。

③公司将按照募集资金投项，完善国内网络，在全国绝大多数省市设立分公司，加强物流配套设施建设，完善物流信息系统，全面提升公司的综合物流服务能力，从而开发物流目标市场的大客户，发展个性化的物流服务，挖掘客户的潜在需求。在发展物流业务的经营策略方面，公司把物流市场占有率作为首要目标，给予物流业务发展一定的政策倾斜，迅速扩大营业额、占领市场。

6.董事会日常工作情况

(1)报告期内董事会的会议情况及决议内容。

2000 年度本公司董事会共召开五次会议。

①2000 年 2 月 1 日第一届第三次董事会会议在公司会议室召开，应到董事 9 人，实到 7 人，书面授权委托 2 人，1 名监事列席会议，符合《公司法》及公司章程的有关规定。会议审议并通过如下议案及决议：

a.《关于发行股票的议案》；

b.《关于发行授权的议案》；

c.《关于股利分配的议案》；

d.《关于募集资金投向的议案》；

e.《关于公司财务四项计提问题的议案》；

f.《关于资产置换的议案》；

g.《关于设立华南等六家分公司的议案》；

h.《关于公司章程修改的议案》。

②2000 年 4 月 9 日第一届第四次董事会会议在公司会议室召开，应到董事 9 人，实到 5 人，1 名监事列席会议，符合《公司法》及公司章程的有关规定。会议审议并通过了关于承继中外运华北空运有限公司持有的中外运空港物流有限公司出资权益的议案及决议。

③2000 年 5 月 22 日第一届第五次董事会会议在公司会议室召开，应到董事 9 人，实到 5 人，1 名监事列席会议，符合《公司法》及公司章程的有关规定。会议审议并通过了关于设立广州经济技术开发区营业部等四个营业部的议案和决议。

④2000 年 8 月 15 日第一届第六次董事会会议在公司会议室召开，应到董事 9 人，实到 9 人，1 名监事列席会议，符合《公司法》及公司章程的有关规定。会议审议并通过以下议案及决议：

a.《关于尹建华先生申请辞去总经理职务的议案》；

b.《关于聘任总经理及常务副总经理的议案》。

⑤2000 年 8 月 28 日第一届第七次董事会会议在公司会议室召开，应到董事 9 人，实到 9 人，1 名监事列席会议，符合《公司法》及公司章程的有关规定。会议审议并通过以下议案及决议：

a.《关于利润分配的议案》；

b.《关于董事变更的议案》；

c.《关于发行授权的议案》。

(2)董事会对股东大会决议的执行情况：

本报告期内，公司召开的 2000 年第一次临时股东大会和 2000 年第二次临时股东大会所通过的议案及决议均由董事会或经理层具体负责实施落实。

7.公司管理层及员工情况

(1)董事、监事及高级管理人员

姓名	性别	年龄	职务	任期	年初持股	年度内增加	年末持股
张斌	男	44	董事长	1999.10-2002.10	0	0	0
刘学德	男	49	董事、总经理	2000.9-2003.9	0	0	0
苏玉民	男	43	董事	1999.10-2002.10	0	0	0
刘毅	男	40	董事	1999.10-2002.10	0	0	0
尹建华	男	45	董事、常务副总	1999.10-2002.10	0	0	0
刘洪苓	女	46	董事	1999.10-2002.10	0	0	0
虞健民	男	35	董事	1999.10-2002.10	0	0	0
张葵	女	38	董事、财务总监	1999.10-2002.10	0	0	0
曹晓东	女	49	董事	1999.10-2002.10	0	0	0
潘德源	男	51	监事	1999.10-2002.10	0	0	0
甄江苏	女	51	监事	1999.10-2002.10	0	0	0
郝文宁	男	29	监事	1999.10-2002.10	0	0	0
王坚	男	35	副总经理		0	0	0
高伟	男	34	副总经理		0	0	0
唐志兰	女	35	副总经理		0	0	0
张晨梅	女	35	副总经理		0	0	0
周波	男	29	董事会秘书		0	0	0

注：

度报酬总额(包括工资、福利等收入)为 694776.00 元。其中 7 万元以上有 1 人，6 万-7 万元的有 6 人，5 万-6 万元的有 1 人，5 万元以下的有 2 人。

公司董事：苏玉民、刘毅、刘洪苓、虞健民不在本公司领取报酬；公司监事：潘德源、甄江苏不在本公司领取报酬。

①报告期内董事离任情况：经 2000 年 9 月 29 日 2000 年第二次临时股东大会研究，同意董事吴东明先生辞去本公司董事的申请，同意补选刘学德先生为本公司董事。

②报告期内高级管理人员离任情况：经 2000 年 8 月 15 日第一届第七次董事会会议研究，同意尹建华辞去总经理职务，聘任刘学德为本公司总经理，聘任尹建华为本公司常务副总经理。

③报告期内监事未发生变动。

(2)公司人员情况

公司现有员工总数为 1843 人，其中业务人员 820 人，管理人员 504 人，销售人员 87 人，辅助人员 124 人，临时工 308 人。

按学历分，大专以上有 679 人，占员工总数的 36.84%，其中研究生以上学历的有 14 人；大学本科以上学历的有 240 人，公司有 21 名退休职工，3 名退职人员。

8.本次利润分配预案、公积金转增股本预案

(1)第一届董事会第八次会议提出 2000 年度分配预案：根据 2000 年第二次临时股东大会决议，1999 年 11 月 1 日至 2000 年 6 月 30 日之间的利润由老股东享有，20007 月 1 日起的利润由新、老股东分享。本公司 2000 年 7 月 1 日至 12 月 31 日实现净利润 100,943,481.41 元，按 10%比例提取法定公积金 10,094,348.14 元，按 5%比例提取法定公益金 5,047,174.07 元。可供股东分配的利润为 85,801,959.19 元。本次年终分配拟以每 10 股派现金股利人民币壹元(含税)，总计派发现金 27,716,000 元，每 10 股派送壹股红股，剩余利润作为未分配利润留存。说明：以上分配预案尚需经 2000 年度股东大会审议通过。

(2)下一年度利润分配政策：

公司拟在 2001 年度进行一次利润分配；公司在 2001 年度实现净利润中可供分配的利润用于股利分配的比例不低于 40%；公司 2000 年累计未分配利润用于 2001 年度股利分配的比例不低于 40%；分配主要采用现金形式，占股利分配的 50 %以上。

说明：以上 2001 年利润分配政策在实施时，需要董事会提出预案并提交大会审议通过才能正式实施，董事会保留根据公司发展和盈利情况对其作出调整的权利。

9.其他报告事项：本报告期内公司选定《中国证券报》、《上海证券报》作为公司指定信息披露刊物。

六、监事会报告

1.本年度未召开监事会会议，列席董事会五次。

2.监事会依照《公司法》和公司章程履行职责情况。

(1)对董事会的重大决策和经营行为进行监督：监事会全体成员本着对公司和全体股东负责的精神，认真地履行了股东大会授予的监督职能。列席了 2000 年度历次董事会会议及重要的总经理办公会议，出席了股东大会，并对会议中讨论的问题充分发表了意见。对公司的经营规划、投资决策、重要人事安排、董事会行使授权情况进行了必要的参与和监督。监事会认为本年度公司能严格按照《公司法》、《证券法》、《上海证券交易所股票上市规则》及其他有关法律、法规及制度规范运作，公司的经营班子团结进取，廉洁自律，恪尽职守，科学决策，合法经营，未发生明显投资失误，经营作风稳健，经营业绩好。

(2)对公司董事会成员及高级管理人员的经营管理行为进行监督：

董事会成员及公司全体高级管理人员忠于职守，未发现违反法律、法规、公司章程或损害公司利益的行为发生。

(3)对公司的财务管理情况进行监督：

公司财务制度严明，操作规范，未发现违反财务制度和侵害股东权益的现象。根据中天信会计师事务所有限责任公司出具的中天信会审字(2001)第(059)号《审计报告》，监事会认为：公司 2000 年的财务核算体制是合理的，会计事项的处理、全年报表的编制及公司执行的会计制度符合《企业会计准则》和《股份制企业会计制度》要求，财务报告真实反映了公司的财务状况和经营成果。

(4)对募股资金使用情况进行监督：公司最近一次募集资金是在 2000 年完成的，使用情况已经在年度报告有关内容中披露。

(5)对公司关联交易进行监督：

公司与关联企业之间的关联交易，遵照公平、公正的市场原则进行，在本年度无任何高于或低于正常售价的情况。公司有关关联交易明细详见《审计报告》中会计报表附注(八)关联方关系及其交易。

七、重要事项

1.本年度公司无重大诉讼、仲裁事项。

2.本年度无公司董事及高管人员受监管部门处罚的情况。

3.报告期内控股股东未发生变更，公司董事会成员发生变动，公司总经理发生变更，董事会秘书未发生变更。

董事会成员、总经理发生变更详情见第四章董事会报告 7(1)①②内容。

4.报告期内公司收购及出售资产、吸收合并等事项：

本公司与中国对外贸易运输(集团)总公司于 2000 年 2 月 20 日签署《资产置换协议》，中国对外贸易运输(集团)总公司将下属中外运华南空运有限公司、中外运西北空运有限公司、深圳市中外运航空货运代理公司、中国航空货运代理公司杭州公司、中国外运山东公司空运部、中国外运江苏公司空运部的资产及北京天竺空港的部分土地使用权作为投入，置换原投入的中外运-天地快件有限公司的中方股权，涉及金额 5,189.89 万元。

5.报告期内重大关联交易事项：

(1)购销商品、提供劳务发生的关联交易：

①本公司与中国对外贸易运输(集团)总公司于 1999 年 12 月 30 日签署了《关于在快件业务方面实行统一结算的协议书》，由本公司统一负责集团公司下属有关公司的快件业务结算。报告期内，本公司对集团公司下属有关公司的快件业务结算金额，应收 2,424,832.00 元，应付 4,754,821.18 元；

②本公司与中国对外贸易运输(集团)总公司于 2000 年 4 月 10 日签署了《综合服务协议》，由集团公司按照统一的政策和市场价格向本公司提供职工住房（主要为未参加房改而以租赁方式使用的住房和本公司职工使用的集团公司及其下属企业单身宿舍）、信息技术服务方面的服务，涉及金额 480 万元；

(2)资产、股权转让发生的关联交易：

①本公司与中国对外贸易运输(集团)总公司及下属有关省市公司于 2000 年 3 月签署了《房屋租赁合同》，按照本公司成立前原公司的租赁价格继续租赁该房屋，以解决办公用房，涉及金额 1,168,560 元/年，2000 年全年租金已付清；

②本公司与中国对外贸易运输(集团)总公司于 2000 年 2 月 20 日签署《资产置换协议》，中国对外贸易运 输(集团)总公司将下属中外运华南空运有限公司、中外运西北空运有限公司、深圳市中外运航空货运代理公司、中国航空货运代理公司杭州公司、中国外运山东公司空运部、中国外运江苏公司空运部的资产及北京天竺空港的部分土地使用权作为投入，置换原投入的中外运-天地快件有限公司的中方股权，涉及金额 5,189.89 万元。置换后，华南空运等六家分公司进入本公司，使本公司业务网络的覆盖面扩大，为今后开展国内物流业务创造了条件。该协议现已履行完毕；

③本公司与中国对外贸易运输(集团)总公司于 2000 年 3 月 20 日签署《资产收购协议书》，约

定本公司在公开发行股票后，以部分募集资金收购集团公司下属的其他从事空运业务的公司的资产，涉及金额5395万元。

(3)公司与关联方存在的债权、债务往来、担保等事项：(详见《审计报告》中"会计报表附注"第(八)关联方关系及其交易)

(4)其他重大关联交易：

本公司与中国对外贸易运输(集团)总公司于2000年4月签署了《商标使用许可合同》，由股份公司无偿使用集团公司注册号为779072的"SINOTRANS"商标。该合同有效期五年，同时规定给予本公司无偿使用许可。

6.本公司与控股股东人员独立、资产完整、财务独立：

(1)公司在劳动、人事及工资管理等方面独立；经理、副经理等高级管理人员在公司领取薪酬。

(2)公司拥有独立的生产系统、辅助生产系统和配套设施；拥有工业产权、商标、非专利技术等无形资产；拥有独立的采购系统。

(3)公司设有独立的财会部门，建立了独立的会计核算体系和财务管理制度；独立在银行开户。

7.本期末发生托管、承包、租赁其他公司资产或其他公司托管、承包、租赁本公司资产的事项。

8.本年度聘请中天信会计师事务所有限责任公司。

9.其它重大合同(含担保等)及其履行情况：(1)持股5%以上股东在本公司招股说明书中披露的承诺事项：

有关中外运-天地快件有限公司与本公司间存在一定程度的同业竞争事项。中国对外贸易运输(集团)总公司正在与外方谈判，降低其在天地公司中的权益比例，并放弃对天地公司的控制权。除上述关联交易项下披露事项外，公司无其它重大事项发生。

(2)本公司在招股说明书中披露的承诺事项：

①本公司承诺在上市后继续加强对分公司的财务、人员进行统一管理，对利用募集资金所收购的空运公司，将取消其法人地位，并参照现存分公司统一管理其财务和人员。

公司先后制订了《中外运空运发展股份有限公司财务管理办法》、《内部审计工作规定》、《预算管理办法》、《资金管理权限暂行规定》、《中外运空运发展股份有限公司资金管理办法》、《银行存款管理制度》等一系列财务规章制度，对资金实行集中管理，并对分公司的财务经理采取公司本部委派制度。

②目前，原中外运华东空运有限公司、中外运西南空运有限公司、中外运东北空运有限公司、中外运西北空运有限公司、中国航空货运代理公司杭州公司均在当地工商行政管理部门完成了企业注销手续，原中外运华南空运有限公司、深圳市中外运航空货运代理公司、中外运华北空运有限公司、中国航空货运代理公司在当地工商行政管理部门的注销手续正在办理当中。

③本公司与中国对外贸易运输(集团)总公司签署了《避免同业竞争协议》，集团公司不再新设从事与本公司有相同或类似业务的子公司、分公司等经营性机构；对集团公司现有的与股份公司有可能产生业务重叠、交叉并对股份公司产生影响的公司，同意在本公司公开发行股票后，以募集资金进行收购，以消除可能出现的同业竞争；现阶段将由股份公司对集团公司所属的与本公司有相同或类似业务的子公司的经营活动进行统一协调，减少可能出现的同业竞争。10.本年度公司未发生更改名称或股票简称的情况。

八、财务会计报告

一、审计报告　　　　　　中天信会审字(2001)第059号

中外运空运发展股份有限公司全体股东：

我们接受委托，审计了贵公司2000年12月31日的母公司资产负债表和合并资产负债表，2000年1–12月的母公司利润及利润分配表和合并利润及利润分配表，2000年1–12月的母公司现金流量表和合并现金流量表。这些会计报表由贵公司负责，我们的责任是对这些会计报表发表审计意见。我们的审计是依据《中国注册会计师独立审计准则》进行的。在审计过程中，我们结合贵公司的实际情况，实施了包括抽查会计记录等我们认为必要的审计程序。

我们认为，贵公司上述会计报表的编制符合《企业会计准则》和《股份有限公司会计制度》的有关规定，在所有重大方面公允地反映了贵公司2000年12月31日的财务状况和2000年1–12月的经营成果以及2000年1–12月的现金流量情况，会计处理方法的选用遵循了一贯性原则。

中天信会计师事务所有限责任公司　　中国注册会计师：郑卫军

地址：北京市西城区金融大街35号　　中国注册会计师：李毅

国际企业大厦A座1202室

邮政编码：100032

联系电话：(010)88091221　　二〇〇一年三月二十六日

二、会计报表附注

(一)公司基本情况

中外运空运发展股份有限公司(以下简称"公司"或"本公司")系经中华人民共和国国家经济贸易委员会"国经贸企改[1999]939号"文批准，由中国对外贸易运输(集团)总公司(以下简称"中外运总公司")作为主要发起人，联合中国机械进出口(集团)有限公司、北京首都旅游股份有限公司、北京市农工商联合总公司和北京海诚电讯技术有限公司，以发起设立方式设立的股份有限公司。本公司于1999年10月11日在国家工商行政管理局注册登记成立，注册资本为人民币20,716万元。2000年11月30日，经中国证券监督管理委员会批准，本公司在上海证券交易所向社会公众公开发行人民币普通股7,000万股。本次公开募股后，总股本增至27,716万股，公司于2000年12月在国家工商行政管理局进行了变更登记。

本公司的经营范围：承办空运进出口货物的国际运输代理业务，包括：揽货、分拨、订舱、包机、仓储、中转、物流服务、集装箱拼装拆箱、结算运杂费、报关、报验、保险、相关的短途运输服务及咨询业务；经营国际快递(不含私人信函)业务；与以上业务相关的咨询、服务、展览、技术交流；资产管理；实业投资。

(二)公司的主要会计政策、会计估计和合并会计报表的编制方法

1.存在控制关系的子公司及合资企业的基本情况如下：

公司名称	注册资本	经营范围	本公司投资额	所占比例
中外运-敦豪国际航空快件有限公司	1030万美元	货运代理与航空快递	15万美元	50%
上海华服商贸有限公司	110万元人民币	服务代理	100万元人民币	90%

中外运-敦豪国际航空快件有限公司是1986年6月设立的中外合资企业，中外双方各占股权的50%。董事会成员6名，其中本公司派出的董事3人，董事长由本公司派出人员担任，其副总经理、财务部经理和人事部经理均为本公司委派，在全国24家分公司的经理和主要管理人员也均为本公司委派。因此，本公司虽只占50%的股权，但对其具有实质控制权。根据财政部"关于印发《合并会计报表暂行规定》的通知"(财会字[1995]11号)的有关规定，本公司将其纳入合并会计报表的范围，合并期间为2000年1月1日至2000年12月31日。

2.未纳入合并报表范围的控股子公司的情况

上海华服商贸有限公司年末资产总额、年度销售收入及净利润在本公司中所占比例均在10%以下，根据财政部会计司"关于合并会计报表合并范围请示的复函"(财会二字[1996]2号)的规定，遵循重要性原则，未纳入合并会计报表范围。

(五)合并会计报表主要项目注释

1、货币资金　　　　单位：人民币元

项目	1999.12.31	2000.12.3
1.现金	1,142,390.94	877,991.91
银行存款	394,285,466.81	1,338,638,505.80
其中：1、人民币	312,876,713.58	1,156,376,598.29
2、美元	9,680,533.71	21,244,940.38
折合汇率	8.2793	8.2781
折合人民币	80,148,042.74	175,867,740.94
3、港币	1,183,432.36	6,028,820.07
折合汇率	1.0653	1.0606
折合人民币	1,260,710.49	6,394,166.57
其他货币资金	165,305.20	12,144,422.00
合计	395,593,162.95	1,351,660,919.71

货币资金2000年12月31日余额比1999年12月31日余额增加较多，主要原因是本年度发行社会公众股7000万股募集资金到位所致。其他货币资金年末余额12,144,422.00元，主要为并表单位中外运-敦豪公司的在途货币资金。

2、应收票据　　　　单位：人民币元

出票单位	出票日期	到期日	金额
上海工艺品进出口公司	2000.12.28	2001.2.28	160,097.70
上海工艺品进出口公司	2000.11.30	2001.1.30	103,995.20
上海工艺品进出口公司	2000.10.31	2000.12.31	121,025.00
东方之宝塑胶公司	2000.12.28	2001.1.15	3,090.00
海狮体育用品公司	2000.12.28	2001.1.10	58,191.00
合计			446,398.90

截止2000年12月31日，公司应收票据均未进行贴现或抵押到期。

7、待摊费用截至2000年12月31日待摊费用情况如下：　　单位：人民币元

类别	1999.12.31	本期增加	本期摊销	2000.12.31
房租及财保费用	2,795,877.14	18,236,688.42	18,307,027.53	2,725,538.03
保险费	287,615.39	342,265.52	409,348.57	220,532.34
广告宣传费	458,882.40	4,576,690.45	4,087,156.64	948,416.21
印刷费	24,916.25	14,039.80	24,131.05	14,825.00
办公用品	644,337.22	241,832.45	782,084.08	104,085.59
律师顾问费	0.00	30,000.00	30,000.00	0.00
汽车费用	1,476,177.40	3,163,494.06	3,479,692.27	1,159,979.19
设备费用	249,359.36	3,312,074.26	2,851,781.67	709,651.95
其他	560,446.87	2,889,468.47	2,351,750.38	1,098,164.96
合计	6,497,612.03	32,806,553.43	32,322,972.19	6,981,193.27

8、长期股权投资　　　　单位：人民币元

项目	期初数		本期增加	本期减少	期末数	
	金额	减值准备			金额	减值准备
长期股权投资	98,994,171.68	0.00	14,905,370.90	50,174,070.79	63,725,471.79	0.00
长期债权投资	0.00	0.00	0.00	0.00	0.00	0.00
合计	98,994,171.68	0.00	14,905,370.90	50,174,070.79	63,725,471.79	0.00

截至2000年12月31日长期股权投资情况如下　　单位：人民币元

被投资单位名称	投资期限	投资比例	投资金额	2000.12.31	减值准备
中外运欧西爱斯国际快递有限公司	15年	50%	50万美元	21,445,222.52	0.00
华捷国际运输代理有限公司	20年	50%	60万美元	9,483,230.37	0.00
华力环球运输有限公司	20年	20%	30万美元	7,831,305.94	0.00
金鹰国际货运代理有限公司	20年	20%	24.8万美元	14,782,641.78	0.00
上海华服商贸有限公司	10年	90%	100万人民币	1,084,741.36	0.00
中外运空港物流有限公司	10年	44%	440万人民币	4,400,000.00	0.00
杭州经济技术经贸外运有限公司	10年	40%	20万人民币	302,222.99	0.00
北京中外运国际旅行社有限公司	20年	50%	100万人民币	974,256.93	0.00
北京友和报关有限公司	15年	10%	20万人民币	200,000.00	0.00
股权投资差额				3,221,849.90	0.00
合计				63,725,471.79	0.00

鉴于报表审核期间各被投资单位的收益水平和财务状况均好于长期股权投资的帐面金额，故不计提相应的长期投资减值准备。

公司长期股权投资差额情况如下：　　单位：人民币元

被投资单位名称	初始金额	摊销期限	本期摊销额	2000.12.31
中外运敦豪国际航空快件有限公司	3,456,473.25	10年	345,647.32	3,110,825.93
中外运欧西爱斯国际快递有限公司	15,580.79	10年	1,558.08	14,022.71
华捷国际运输代理有限公司	–8,547.30	10年	–854.74	–7,692.56
华力环球运输有限公司	0.00	10年	0.00	0.00
金鹰国际货运代理有限公司	115,215.36	10年	11,521.54	103,693.82
上海华服商贸有限公司	1,000.00	10年	0.00	1,000.00
中外运天地快件有限公司	882,668.02	10年	882,668.02	0.00
合计	4,462,390.12		1,240,540.22	3,221,849.90

长期股权投资差额是上述合资公司的资产评估增值差额。

9、固定资产及累计折旧公司2000年1月1日–2000年12月31日固定资产及累计折旧的情况如下：　　单位：人民币元

固定资产原值	1999.12.31	本期增加	本期减少	2000.12.31
房屋建筑物	31,878,628.37	1,027,632.24	535,063.00	32,371,197.61
机器设备	69,086,169.08	41,207,380.72	11,402,150.71	98,891,399.09
运输工具	115,911,167.51	47,864,950.09	16,282,299.26	147,493,818.34
其他	9,009,025.72	9,654,007.17	6,360,717.19	12,302,315.70
合计	225,884,990.68	99,753,970.22	34,580,230.16	291,058,730.74
累计折旧	1999.12.31	本期增加	本期减少	2000.12.31
房屋建筑物	8,895,486.62	1,564,136.16	115,129.14	10,344,493.64
机器设备	30,211,033.03	17,876,978.44	6,724,066.75	41,363,944.72
运输工具	64,800,158.43	31,483,434.21	11,187,395.50	85,096,197.14
其他	7,652,365.74	3,393,273.52	4,759,408.85	6,286,230.41
合计	111,559,043.82	54,317,822.33	22,786,000.24	143,090,865.91
固定资产净值	114,325,946.86			147,967,864.83

公司报表审核期间的固定资产中无融资租入的固定资产及固定资产用于抵押、担保的情况。本期固定资产增加99,753,970.22元，其中在建工程完工结转固定资产1,719,366.00元。

10、在建工程2000年1月1日–2000年12月31日在建工程的情况如下：　单位：人民币元

工程名称	2000.12.31	本期增加	本期减少	1999.12.31	完工进度	资金来源
电脑网络	0.00	0.00	1,719,366.00	1,719,366.00	100%	自筹
合计	0.00	0.00	1,719,366.00	1,719,366.00		

13、长期待摊费用　　　　单位：人民币元

类别	1999.12.31	本期增加额	本期摊销额	2000.12.31
电脑软件	34,994.00	3,621,022.07	240,803.00	3,415,213.07
房租预付款	5,409,205.86	4,692,915.26	591,905.88	9,510,215.24
房屋装修费	25,281,979.86	11,814,978.34	12,441,700.28	24,655,257.92
电话费押金	0.00	177,408.75	49,876.24	127,532.51
通讯设施	0.00	2,369,992.57	404,153.36	1,965,839.21
合计	30,726,179.72	22,676,316.99	13,728,438.76	39,674,057.95

公司房屋装修费用主要是中外运-敦豪国际航空快件有限公司下属分公司及母公司的分公司发生的装修费用，按照受益年限平均摊销。

14、应付帐款　截止至 2000 年 12 月 31 日，公司应付帐款余额 150,191,748.39 元，其中无持有本公司 5%以上股份的股东单位的款项。

15、预收帐款　截止至 2000 年 12 月 31 日，公司预收帐款余额 40,361,295.35 元，其中无持有本公司 5%以上股份的股东单位的款项。

16、应付股利　　单位：人民币元

项目	1999.12.31	2000.12.31
中国对外贸易运输(集团)总公司	81,378,809.74	92,136,903.98
敦豪国际航空快件有限公司	67,359,029.71	0.00
中国机械进出口(集团)有限公司	0.00	4,673,550.89
北京首都旅游股份有限公司	0.00	1,042,780.42
北京市农工商联合总公司	0.00	344,695.79
北京海诚电讯技术有限公司	0.00	258,521.85
社会公众股	0.00	7,001,061.60
合计	148,737,839.45	105,457,514.53

17、应交税金　　单位：人民币元

税种	1999.12.31	2000.12.31
营业税	3,241,165.08	5,731,110.26
城建税	75,364.89	179,743.35
企业所得税	28,722,728.00	26,845,094.42
个人所得税	542,461.14	734,178.97
其他地方税	0.00	581,259.75
房产税	0.00	277.02
合计	32,581,719.11	34,071,663.77

18、其他应付款

截止 2000 年 12 月 31 日，公司其他应付款 50,210,276.60 元，其中有持有本公司 5%以上股份的股东单位中外运总公司的款项 5,239,105.41 元。

19、预提费用　　单位：人民币元

类别	1999.12.31	2000.12.31
办公用房租赁费	548,642.00	1,012,000.50
租金	0.00	275,000.00
汽车修理费	0.00	1,250.00
水电费	50,000.00	197,927.03
审计费	0.00	271,637.99
其他	625,082.32	1,682,166.74
合计	1,223,724.32	3,439,982.26

20、其他长期负债

公司其他长期负债 2000 年 12 月 31 日的余额为 11,929,782.06 元，系公司股票发行冻结申购资金利息款。2000 年 11 月 30 日经中国证监会批准，公司发行社会公众股 7,000 万股，共回收社会投资者无效申购资金利息 14,912,227.58 元，公司从 2000 年起分 5 年转入营业外收入，本期转入 2,982,445.52 元。

21、递延税款　　单位：人民币元

类别	1999.12.31	2000.12.31
评估增值应交所得税	2,775,368.11	1,526,730.06
合计	2,775,368.11	1,526,730.06

23、资本公积　　单位：人民币元

项目	1999.12.31	本期增加数	本期减少数	2000.12.31
股本溢价	98,477,872.70	910,351,492.19	0.00	1,008,829,364.89
其他资本公积金转入	0.00	693,613.72	0.00	693,613.72
资产评估增值准备	2,645,706.90	0	0.00	2,645,706.90
长期股权投资准备	2,989,131.38	0	591,387.57	2,397,743.81
接受捐赠准备	0.00	206,000.00	0.00	206,000.00
有效申购冻结利息	0.00	82,582.50	0.00	82,582.50
合计	104,112,710.98	911,333,688.41	591,387.57	1,014,855,011.82

本年度资本公积增加较多，主要为公开发行社会公众股 7000 万股所产生的股本溢价。

24、盈余公积　　单位：人民币元

项目	1999.12.31	本期增加数	本期减少数	2000.12.31
法定盈余公积	3,308,804.27	18,039,083.34	0.00	21,347,887.61
法定公益金	1,654,402.14	9,019,541.67	0.00	10,673,943.81
合计	4,963,206.41	27,058,625.01	0.00	32,021,831.42

25、未分配利润　　单位：人民币元

未分配利润变动情况	1999.12.31	2000.12.31
年初未分配利润	-8,724,650.21	19,400,186.10
加：本年度净利润	161,858,454.64	180,390,833.44
减：提取法定盈余公积	3,308,804.27	18,039,083.34
提取法定公益金	1,654,402.14	9,019,541.67
减：分配的普通股股利	128,770,411.92	114,646,435.34
转作股本的普通股股利	0.00	0.00
年末未分配利润	19,400,186.10	58,085,959.19

根据公司 2000 年 9 月 29 日第二次临时股东大会决议，公司 1999 年 11 月 1 日至 2000 年 6 月 30 日之间的利润由本公司老股东持有，共计分配普通股股利 86,930,435.34 元；从 2000 年 7 月 1 日起利润由本公司新老股东共享。

根据公司 2001 年 3 月 26 日董事会第一届第八次会议决议的 2000 年度分配预案，本年度拟实施以 2000 年末总股本 277,160,000.00 股为基数，每 10 股派发现金股利壹元(含税)，总计派发现金 27,716,000.00 元，每 10 股派送壹股红股，剩余利润作为未分配利润留存。该决议尚待股东大会确认。

26、财务费用　　单位：人民币元

项目	1999 年度	2000 年度
利息支出	698,050.00	27,202.09
减：利息收入	5,268,613.39	7,257,121.90
汇兑损失	271,630.99	342,372.64
减：汇兑收益	674,822.04	1,587,590.29
其他	329,631.74	509,728.56
合计	-4,644,122.70	-7,965,408.90

(六)母公司主要会计报表项目注释

3、主营业务收入按主营业务类别分别列示主营业务收入如下表：　　单位：人民币元

类别	1999 年度	2000 年度
货运代理收入	126,860,505.45	270,045,468.67
快件收入	63,372,326.34	133,455,757.04
其他收入	23,429,917.48	26,663,411.91
合计	213,662,749.27	430,164,637.62

4、主营业务成本按主营业务类别分别列示主营业务成本如下表：　　单位：人民币元

类别	1999 年度	2000 年度
货运代理成本	78,668,787.77	191,101,298.18
快件成本	33,557,017.57	67,868,329.96
其他成本	15,414,423.97	10,337,311.66
合计	127,640,229.31	269,306,939.80

5、投资收益　　单位：人民币元

被投资单位名称	1999 年度	000 年度	备注
中外运天地快件有限公司	15,656,905.66	0.00	权益法
中外运欧西爱斯快递公司	3,619,443.55	9,315,449.89	权益法
华力环球运输有限公司	1,037,854.31	1,664,400.43	权益法
华捷国际运输代理有限公司	2,433,060.53	761,248.17	权益法
金鹰国际货运代理有限公司	6,643,981.47	5,120,610.24	权益法
上海华服商贸有限公司	200,237.11	177,933.55	权益法
中外运敦豪航空快件公司	88,765,292.54	85,275,435.65	权益法
杭州经济技术经贸外运有限公司	0.00	19,351.57	权益法
北京中外运国际旅行社有限公司	0.00	-25,743.07	权益法
股权投资差额摊销	0.00	-357,872.20	
合计	118,356,775.17	101,950,814.23	

(八)关联方关系及其交易

6、重大关联交易事项

(1)货运业务

1)货运出口业务：中国对外贸易运输(集团)总公司下属各省、市公司需通过本公司中转出口货物，由本公司负责安排出运，按照市场价格收取运费和服务费。

2)货运进口业务：国外代理通过本公司中转进口至国内各省、市外运公司之货物，由本公司收取口岸操作劳务费，对于运费到付货物，由本公司委托有关省、市外运公司收取到付运费。

(2)快件业务

本公司与中外运总公司已于 1999 年 12 月 30 日签署了《关于在快件业务方面实行统一结算的协议书》，由本公司根据统一标准，负责整个外运集团的快件结算。

1)快件出口业务：各省、市外运公司通过本公司中转出口之国际快件，由本公司负责集货、制单、报关、出运，本公司向内地各省、市外运公司收取出口快件费，并与国外各快件公司结算国际段网络费用，与航空公司结算一程国际段运费。

2)快件进口业务：本公司与国外各快件公司签订协议，国外进口快件经本公司中转至各地省、市外运公司，各地省、市外运公司负责目的地快件派送，并由本公司支付目的地派送费。

(3)房屋租赁

本公司分别与中国对外贸易运输(集团)总公司及其下属省、市公司中国外运大连公司、中国外运上海公司、中国外运钱塘公司、中国外运金陵公司、中国外运上海储运公司、中国外运华南公司、中国外运江苏公司及中国外运深圳公司签订了房屋租赁协议，具体情况如下：

单位：人民币元

出租人	年租金
中国对外贸易运输(集团)总公司	3,436,560.00
中国外运大连公司	300,000.00
中国外运上海公司	3,209,098.98
中国外运钱塘公司	1,545,646.86
中国外运金陵公司	463,846.51
中国外运上海储运公司	570,000.00
中国外运江苏公司	642,600.00
中国外运深圳公司	246,900.00
合计	10,414,652.35

(4)综合服务　本公司与中外运总公司已于 2000 年 4 月 10 日签署了《综合服务协议书》，由中外运总公司根据统一的政策和价格向本公司提供职工住房、信息技术服务等。本年度向中外运总公司支付综合服务费 4,800,000 元。

(5)商标使用　本公司与中外运总公司已于 2000 年 4 月份签署了《商标使用许可合同》，由股份公司无偿使用中外运总公司注册号为 779072 的"SINOTRANS"的商标。该合同有效期 5 年，同时规定给予本公司永久性的无偿许可。

(6)资产置换　本公司与中外运总公司已于 2000 年 2 月 20 日签署了《资产置换协议》，由中外运总公司将其下属有关公司资产及部分土地使用权，置换原投入的在中外运-天地快件有限公司的股权。该协议已履行完毕。

(7)资产收购　本公司与中外运总公司已于 2000 年 3 月 20 日签署了《资产收购协议》，本公司拟以募集资金的一部分收购中外运总公司现有的可能与本公司产生同业竞争的公司的资产。

(九)或有事项　截止 2000 年 12 月 31 日，公司不存在应披露的重大或有事项。

(十)承诺事项　截止 2000 年 12 月 31 日，公司不存在应披露的重大承诺事项。

(十一)资产负债表日后事项中的非调整事项

公司无需要说明的资产负债表日后事项中的非调整事项。

(十二)其他重要事项说明

1.利润表附表

报告期利润	2000 年度 净资产收益率 全面摊薄	净资产收益率 加权平均	每股收益 全面摊薄	每股收益 加权平均
主营业务利润	37.65%	136.09%	1.88	2.51
营业利润	25.11%	90.75%	1.25	1.67
净利润	13.05%	47.18%	0.65	0.87
扣除非经常损益后净利润	12.53%	45.29%	0.62	0.84

2.无其他需要说明的重要事项

中外运空运发展股份有限公司

二〇〇一年二月二十八日

九、其它有关资料

1.公司首次注册登记日期：1999 年 10 月 11 日

公司首次注册登记地点：北京市西三环北路 21 号久凌大厦

2.企业法人营业执照注册号：1000001003241

3.税务登记号码：110108710925323

4.报告期内证券主承销机构名称：中信证券股份有限公司

5.聘请的会计师事务所名称：中天信会计师事务所有限责任公司

办公地址：北京市西城区金融大街 35 号国际企业大厦 A 座 1202

十、备查文件目录

1.载有法定代表人、总会计师、会计主管人员签名并盖章的会计报表。

2.载有会计师事务所盖章、注册会计师签名并盖章的审计报告正本。

3.报告期内在中国证监会指定报纸上公开披露过的所有公司文件的正本及公告的原稿。

4.有公司董事长签名的年报正本。

中外运空运发展股份有限公司董事会

2001 年 3 月 26 日

中外运空运发展股份有限公司2001中期报告

本公司董事会保证本报告所载资料不存在任何虚假记载、误导性陈述或者重大遗漏,并对其内容的真实性、准确性和完整性负个别及连带责任。公司中期财务会计报告未经审计。

(一)公司简介

1.公司的法定中文名称:中外运空运发展股份有限公司
公司法定英文名称:Sinotrans Air Transportation Development Co.,Ltd.
2.公司注册地址:北京市西三环北路21号久凌大厦
办公地址:北京市西三环北路21号久凌大厦　邮政编码:100089
电子信箱:stock@sinoair.com
3.公司法定代表人:张斌
4.公司董事会秘书:周波　董事会证券事务代表:张欣
联系地址:北京市西三环北路21号久凌大厦
联系电话:010-68405635　联系传真:010-68405629
电子信箱:stock@sinoair.com
5.公司选定的信息披露报纸名称:《中国证券报》、《上海证券报》
登载公司中期报告的中国证监会指定国际互联网网址:http://www.sse.com.cn
公司中期报告备置地点:公司证券部
6.公司股票上市交易所:上海证券交易所
股票简称:外运发展　股票代码:600270

(二)主要财务数据和指标

1.报告期内主要财务数据和指标:　单位:元

项目	2001年6月30日	2000年6月30日
净利润	123,911,608.57	79,447,352.03
扣除非经常性损益的净利润	123,531,928.46	78,698,248.58
每股收益	0.41	0.38
净资产收益率%	8.25	24.21
总资产	1,997,191,700.38	966,891,478.08
资产负债率(%)	16.64	52.61
股东权益(不含少数股东权益)	1,501,372,946.82	328,153,020.19
每股净资产	4.92	1.58
调整后的每股净资产	4.71	1.31
每股经营活动产生的现金流量净额	0.59	0.79

项目	2000年12月31日
净利润	180,390,833.44
扣除非经常性损益的净利润	173,181,629.78
每股收益	0.65
净资产收益率%	13.10
总资产	1,986,920,500.95
资产负债率(%)	21.97
股东权益(不含少数股东权益)	1,377,461,338.25
每股净资产	4.97
调整后的每股净资产	4.78
每股经营活动产生的现金流量净额	0.94

注:
(1)非经常性损益的项目:单位:元

项目	金额
营业外收入	379,680.11

(2)主要财务指标计算公式如下:
每股收益=净利润/报告期末普通股股份总数
净资产收益率=净利润/报告期末股东权益?00%
每股净资产=报告期末股东权益/报告期末普通股股份总数
调整后每股净资产=(报告期末股东权益-三年以上的应收款项-待摊费用-待处理(流动、固定)资产净损失-开办费-长期待摊费用-住房周转金负数余额)/报告期末普通股股份总数
2.报告期利润表附表

报告期利润	净资产收益率		每股收益	
	全面摊薄	加权平均	全面摊薄	加权平均
主营业务利润	22.31%	23.27%	1.10	1.10
营业利润	16.48%	17.19%	0.81	0.81
净利润	8.25%	8.61%	0.4064	0.4064
扣除非经常损益后净利润	8.23%	8.58%	0.4052	0.4052

(三)股本变动和主要股东持股情况

1.股本变动情况　单位:股

	期初数	本次变动增减(+、-)						期末数
		配股	送股	公积金转股	增发	其他	小计	
一、未上市流通股份								
1.发起人股份	207,160,000		20,716,000				20,716,000	227,876,000
其中:								
国家持有股份								
境内法人持有股	207,160,000		20,716,000				20,716,000	227,876,000
境外法人持有股								
其他								
2.募集法人股								
3.高管持股								
4.优先股或其他								
其中转配股								
未上市流通股份合计	207,160,000		20,716,000					227,876,000
二、已流通股份								
1.人民币普通股	70,000,000		7,000,000				7,000,000	77,000,000
2.境内上市的外资股								
3.境外上市的外资股								
4.其他								
已上市流通股份合计	70,000,000		7,000,000				7,000,000	77,000,000
三、股份总数	277,160,000		27,716,000				27,716,000	304,876,000

变动原因:公司在报告期内实施2000年度利润分配方案,以2000年末公司总股本277,160,000股为基数,每10股派送红股1股。新增可流通红股7,000,000股于2001年6月1日上市流通。
2.主要股东持股情况:

单位:股

序号	股东名称	期初持股数	期末持股数
1	中国对外贸易运输(集团)总公司	195,000,000	214,500,000
2	中国机械进出口(集团)有限公司	9,000,000	9,900,000
3	同盛基金	4,000,000	6,628,143
4	海通证券	5,440,321	6,268,309
5	安信基金	0	2,540,726
6	首都旅游	2,000,000	2,200,000
7	同益基金	1,059,000	1,191,690
8	开元基金	124,000	975,085
9	裕阳基金	126,000	916,105
10	兴科基金	500,000	737,455

注:(1).第3名同盛基金与第7名同益基金都属于长盛基金管理公司。
(2).本报告期内持股5%以上的法人股东所持股份未发生质押、冻结等情况。

(四)经营情况的回顾与展望

1.公司报告期内主要经营情况
(1)公司主营业务的范围及其经营状况:
①主要经营范围:承办进出口货物的国际航空货运代理业务,包括:揽货、分拨、订舱、包机、仓储、中转、货物集散及物流业务、集装箱拼装拆箱、结算运杂费、报关、报验、保险、多式联运、过境运输、展品运输、国内航空货运,以及相关的短途运输服务及业务,国内客货运输,经营国际快递(不含私人信函)业务,包括:报关、报检、保险、仓储、分拨、短途运输业务及相关运输和咨询服务。经营实业投资及股权管理,承办中外合资经营、合作生产等业务。兼营与主营业务相关的广告咨询、服务、展览和技术交流等业务。
②业务经营状况:
本报告期内公司的主营业务保持了平稳增长的势头,2001年1-6月货运代理总量,进口30,075吨,出口12,611吨,国内货运9,267吨,快件代理总量,进口1,575,710票,出口2,088,479票。2001年1-6月公司实现主营业务收入(含中外运-敦豪合并报表)576,221,627.54元,比去年同期增长16.20%;实现净利润123,911,608.57元,比去年同期增长55.97%。
(2)本报告期内无对公司利润产生重大影响的其他业务经营活动;
2.公司投资情况
(1)募集资金使用情况

项目名称	投资金额(万元)	2000年度实际投入金额(万元)
北京空港物流中心	15,344	42
中外运上海浦东国际机场物流中心	19,800	1,000
收购集团公司下属省市公司的空运资产	5,395	0
综合物流配送系统	16,615	0
综合物流信息网络系统	13,726	1,680
收购北京空港快件监管中心	6,090	5,845
补充流动资金	20,630	380
合计	97,600	8,947

项目名称	报告期内实际投入金额(万元)	完成进度
北京空港物流中心	124.91	1.09%
中外运上海浦东国际机场物流中心	2,000	15.15%
收购集团公司下属省市公司的空运资产	0	0
综合物流配送系统	0	0
综合物流信息网络系统	204.88	13.73%
收购北京空港快件监管中心	0	95.98%
补充流动资金	0	1.84%
合计	2,574.79	11.81%

(2)报告期内无非募集资金的投资。
3.公司财务状况

单位:人民币元

项　目	2001年6月30日	去年同期(或期末)	增长比例(%)
存货	1,994,974.46	1,076,684.96	85.29
主营业务利润	334,959,943.57	238,184,801.28	40.63
净利润	123,911,608.57	79,447,352.03	55.97

变动原因:

①存货增长的主要原因是由于中外运—敦豪公司待摊销的低值易耗品。因股份公司财务制度规定低值易耗品在领用时一次计入损益，所以不计提减值准备。

②主营业务利润增长的主要原因是由于公司系统内快件业务量增加。

③净利润增长的主要原因，一是由于主营业务利润增长(已说明)，二是由于银行存款利息收入增加，其具体原因是未使用的募集资金存入银行而产生。

4.下半年计划

(1)公司针对宏观经济环境的变化和国家有关政策的要求所要着重进行的工作：

①完成经营管理结构调整,完善各项科学的管理控制体系；

②创新经营思路，开拓服务领域；

③制订市场规划，深入市场细分，扩大市场份额；

④逐步形成个人价值实现与企业利益高度统一的企业文化。

(2)公司针对上半年生产经营过程中存在的问题拟采取的措施和对策：

在上半年国家进出口贸易量下降的前提下，公司经营规模和效益虽有所提升，但大量管理先进、实力雄厚的跨国物流企业逐步进入中国市场，公司强烈感觉到来自各方的竞争与压力。公司在下半年拟重点抓好以下几项工作：

①完善空运业务网络的资源整合，提升核心竞争力。

尽快完成24家分公司设立的工作，根据公司制订的区域三级治理方案，加大对全国6个区域34家分公司的整体业务调控、市场规划，规范公司各级组织的市场行为，加强区域内的规模优势，使公司真正成为一个高效的整体。

②搭建高效的信息平台

信息平台的搭建是优化公司资源配置、完善标准化操作、实施客户化战略、科学管理决策的根本前提。公司要在短期内解决物理网络规划建设和操作系统应用两方面的问题，使其成为业务操作的真正支持。

③标准化产品和客户化服务相结合实现规模经营

在操作平台和业务流程标准化的基础上，推出中外运空运品牌的国际货运标准化产品，以价格优势和服务优势重新组合各大口岸的国际空运"零售"市场。充分发挥空运业务整体经营的特点，先整合区域货量，集中采购运力，进而整合全国的运力需求。同时根据市场特点，推广国际、国内的包机、包舱等业务，通过规模经营降低成本，进一步获得竞争优势；另一方面，针对大客户的需求，量身订做解决方案，在标准化操作平台之上，延伸出个性化的增值服务。

④稀缺性资源的投资

依托集团的资源优势，争取、利用有关政府资源，投资建设具有战略意义的稀缺性基础设施，如快件监管中心、开发区公共保税库、高技术仓库、物流分拨中心等。以占有稀缺性资源的优势弥补与国际竞争对手相比其他方面的不足，作为与外资公司竞争或合作的资本。

⑤逐步形成个人价值实现与企业利益高度统一的企业文化

不断完善人事、财务、资产三级治理制度，实行收支分开的新型预算体系，采用综合效绩评价体系充分调动和发挥员工积极性，形成个人价值实现和企业利益高度统一的企业文化。

(五)重要事项

1.公司2001中期利润分配、公积金转增股本预案：

公司中期不进行利润分配，也不进行公积金转增股本。

2.公司2000年度利润分配方案及执行情况：

经2001年5月9日公司2000年度股东大会决议通过，公司以27,716万股为基数，按每10股派送现金红利人民币1.00元(含税)，按每10股派送红股1股(每股面值1元)，共计分配利润55,432,000元。公司董事会按规定于2001年5月25日在《上海证券报》和《中国证券报》上刊登了关于实施2000年度利润分配方案的公告。

3.本报告期内公司无重大诉讼、仲裁事项；

4.本报告期内公司无收购兼并、资产重组事项；

5.本报告期内重大关联交易事项：

(1)购销商品、提供劳务发生的关联交易：

①空运货运代理业务、快件业务：中国对外贸易运输(集团)总公司下属各省、市公司需通过本公司出运或转运进出口货物；本公司统一负责中国对外贸易运输(集团)总公司下属有关公司的快件业务结算(内容详见财务会计报告附注)。

②本公司与中国对外贸易运输（集团）总公司已于2000年4月10日签署了《综合服务协议书》，由中国对外贸易运输(集团)总公司根据统一的政策和价格向本公司提供职工住房、信息技术服务等(内容详见财务会计报告附注)。

(2)资产、股权转让发生的关联交易：

本公司分别与中国对外贸易运输(集团)总公司及其下属省、市公司签订房屋租赁协议(内容详见财务会计报告附注)。

(3)公司与关联方存在债权、债务往来等事项：

(内容详见财务会计报告附注"七.关联方关系及其交易")

(4)其他重大关联交易：

本公司与中国对外贸易运输(集团)总公司已于2000年4月份签署了《商标使用许可合同》，由股份公司无偿使用中国对外贸易运输(集团)总公司注册号为779072的"SINOTRANS"的商标。该合同有效期5年，同时规定给予本公司永久性的无偿许可。

6.本报告期内公司与控股股东在人员、资产、财务上均实现"三分开"；

7.本报告期内无重大托管、承包、租赁事项；

8.本报告期内续聘中天信会计师事务所有限责任公司；

9.其他重大合同及其履行情况：

本公司在招股说明书当中承诺事项：

原深圳市中外运航空货运代理公司、中外运华北空运有限公司已按规定在当地工商行政管理部门办理了注销手续；原中外运华南空运有限公司、中国航空货运代理公司的注销手续正在办理当中。

10.本报告期内公司没有对外提供担保；

11.本报告期内无变更名称或股票简称的情况。

(六)财务会计报告

本公司中期财务会计报告未经审计。

一.中外运空运发展股份有限公司 2001年中期会计报表

一.会计报表

编制单位:中外运空运发展股份有限公司

(一)母公司资产负债表

资　产	2001年6月30日	2000年12月31日
流动资产：		
货币资金	1,158,546,737.30	1,173,147,021.62
短期投资	0.00	0.00
应收票据	0.00	0.00
应收股利	2,392,033.36	2,392,033.36
应收利息	0.00	0.00
应收帐款	92,769,146.73	111,047,185.16
其他应收款	31,624,600.28	18,035,202.03
预付帐款	104,722,873.71	90,028,791.01
应收补贴款	0.00	0.00
存货	168,651.87	36,832.80
待摊费用	3,433,566.07	1,268,485.02
一年内到期长期债权投资	0.00	0.00
其他流动资产	0.00	0.00
流动资产合计	1,393,657,609.32	1,395,955,551.00
长期投资：		
长期股权投资	227,462,979.80	235,755,164.06
长期债权投资	0.00	0.00
长期投资合计	227,462,979.80	235,755,164.06
固定资产：		
固定资产原价	91,912,854.35	81,582,031.39
减：累计折旧	42,209,788.54	37,459,728.54
固定资产净值	49,703,065.81	44,122,302.85
减：固定资产减值准备		0.00
固定资产净额	49,703,065.81	44,122,302.85
工程物资	0.00	0.00
在建工程	289,396.00	0.00
固定资产清理	36,500.72	7,905.39
固定资产合计	50,028,962.53	44,130,208.24
无形资产及其他资产：		
无形资产	27,428,233.17	27,710,998.46
长期待摊费用	14,436,611.45	14,583,581.18
其他长期资产	-1,297,091.52	-1,297,091.52
无形资产及其他资产合计	40,567,753.10	40,997,488.12
递延税项：		
递延税款借项	0.00	0.00
资产总计	1,711,717,304.75	1,716,838,411.42
流动负债：		
短期借款	0.00	0.00
应付票据	0.00	0.00
应付帐款	114,779,880.92	132,814,565.74
预收帐款	34,524,718.80	38,544,288.59
应付工资	9,542,757.34	6,018,566.83
应付福利费	7,849,231.07	7,413,816.71
应付股利	1,216,000.00	105,457,514.53
应交税金	16,997,653.90	9,497,177.99
其他应交款	148,572.16	125,013.25
其他应付款	10,084,977.51	24,211,973.17
预提费用	1,556,691.18	1,837,644.24
预计负债	0.00	0.00
一年内到期的长期负债	0.00	0.00
其他流动负债	0.00	0.00
流动负债合计	196,700,482.88	325,920,561.05
长期负债：		
长期借款	0.00	0.00
应付债券	0.00	0.00
长期应付款	0.00	0.00
专项应付款	0.00	0.00
其他长期负债	11,929,782.06	11,929,782.06
长期负债合计	11,929,782.06	11,929,782.06
递延税项：		
递延税款贷项	1,714,092.99	1,526,730.06
负债合计	210,344,357.93	339,377,073.17
少数股东权益	0.00	0.00
所有者权益(或股东权益)：		
实收资本(或股本)	304,876,000.00	277,160,000.00
减：已归还投资	0.00	0.00
实收资本(或股本)净额	304,876,000.00	277,160,000.00
资本公积	1,014,855,011.82	1,014,855,011.82
盈余公积	51,122,810.99	32,021,831.42
其中：法定公益金	17,040,937.00	10,673,943.81
未分配利润	130,519,124.01	53,424,495.01
所有者权益(或股东权益)合计	1,501,372,946.82	1,377,461,338.25
负债和所有者权益(或股东权益)总计	1,711,717,304.75	1,716,838,411.42

(三)合并资产负债表

编制单位:中外运空运发展股份有限公司　　金额单位:人民币元

资　产	2001年6月30日	2000年12月31日
流动资产：		
货币资金	1,300,644,328.45	1,351,660,919.71
短期投资	0.00	0.00
应收票据	530,512.80	446,398.90
应收股利	2,392,033.36	2,392,033.36
应收利息	0.00	0.00
应收帐款	170,489,969.59	182,979,929.79
其他应收款	99,026,963.04	62,480,204.60
预付帐款	106,873,595.02	100,458,669.60
应收补贴款	0.00	0.00
存货	1,994,974.46	1,076,684.96
待摊费用	11,010,335.63	6,981,193.27
一年内到期长期债权投资	0.00	0.00
其他流动资产	0.00	0.00
流动资产合计	1,692,962,712.35	1,708,476,034.19
长期投资：		
长期股权投资	64,130,190.09	63,076,926.03
长期债权投资	0.00	0.00
长期投资合计	64,130,190.09	63,076,926.03
固定资产：		
固定资产原价	319,980,178.42	291,058,730.74
减：累计折旧	156,753,662.54	143,090,865.91
固定资产净值	163,226,515.88	147,967,864.83

减:固定资产减值准备	0.00	0.00
固定资产净额	163,226,515.88	147,967,864.83
工程物资	0.00	0.00
在建工程	289,396.00	0.00
固定资产清理	-13,543.28	14,619.49
固定资产合计	163,502,368.60	147,982,484.32
无形资产及其他资产:		
无形资产	27,428,233.17	27,710,998.46
长期待摊费用	50,465,287.69	39,674,057.95
其他长期资产	-1,297,091.52	0.00
无形资产及其他资产合计	76,596,429.34	67,385,056.41
递延税项:		
递延税款借项	0.00	0.00
资产总计	1,997,191,700.38	1,986,920,500.95
流动负债:		
短期借款	0.00	0.00
应付票据	0.00	0.00
应付帐款	139,253,045.88	150,191,748.39
预收帐款	36,945,927.00	40,361,295.35
应付工资	12,691,792.44	9,006,532.91
应付福利费	35,591,754.18	30,260,385.50
应付股利	1,216,000.00	105,457,514.53
应交税金	40,909,478.91	34,071,663.77
其他应交款	148,572.16	125,013.25
其他应付款	45,077,643.94	50,210,276.60
预提费用	6,807,874.30	3,439,982.26
预计负债	0.00	0.00
一年内到期的长期负债	0.00	0.00
其他流动负债	0.00	0.00
流动负债合计	318,642,088.81	423,124,412.56
长期负债:		
长期借款	0.00	0.00
应付债券	0.00	0.00
长期应付款		0.00
专项应付款	0.00	0.00
其他长期负债	11,929,782.06	11,929,782.06
长期负债合计	11,929,782.06	11,929,782.06
递延税项:		
递延税款贷项	1,714,092.99	1,526,730.06
负债合计	332,285,963.86	436,580,924.68
少数股东权益	163,532,789.70	172,878,238.02
所有者权益(或股东权益):		
实收资本(或股本)	304,876,000.00	277,160,000.00
减:已归还投资	0.00	0.00
实收资本(或股本)净额	304,876,000.00	277,160,000.00
资本公积	1,014,855,011.82	1,014,855,011.82
盈余公积	51,122,810.99	32,021,831.42
其中:法定公益金	17,040,937.00	10,673,943.81
未分配利润	130,519,124.01	53,424,495.01
所有者权益(或股东权益)合计	1,501,372,946.82	1,377,461,338.25
负债和所有者权益(或股东权益)总计	1,997,191,700.38	1,986,920,500.95

(四)合并利润及利润分配表

编制单位:中外运空运发展股份有限公司　　金额单位:人民币元

项　目	2001 年 1-6 月
一、主营业务收入	576,221,627.54
减:主营业务成本	220,049,917.35
主营业务税金及附加	21,211,766.62
二、主营业务利润(亏损以"-"号填列)	334,959,943.57
加:其他业务利润(亏损以"-"号填列)	5,225,263.88
营业费用	0.00
管理费用	100,916,885.76
财务费用	-8,187,940.81
三、营业利润(亏损以"-"号填列)	247,456,262.50
加:投资收益(损失以"-"号填列)	6,652,079.94
补贴收入	0.00
营业外收入	379,680.11
减:营业外支出	2,715,725.84
四、利润总额(亏损总额以"-"号填列)	251,772,296.71
减:所得税	61,103,478.22
减:少数股东损益	53,788,119.97
减:职工福利及奖励基金	12,733,750.29
减:当地外运协作费	235,339.66
五、净利润(净亏损以"-"号填列)	123,911,608.57
加:年初未分配利润	53,424,495.01
其他转入	0.00
六、可供分配的利润	177,336,103.58
减:提取法定盈余公积金	12,733,986.38
提取法定公益金	6,366,993.19
提取职工奖励及福利基金	0.00
提取储备基金	0.00
提取企业发展基金	0.00
利润归还投资	0.00
七、可供股东分配的利润	158,235,124.01
减:应付优先股股利	0.00
提取任意盈余公积	0.00
应付普通股股利	0.00
转作资本(股本)的普通股股利	27,716,000.00
八、未分配利润	130,519,124.01

二、会计报表附注

(一)公司基本情况

中外运空运发展股份有限公司(以下简称"公司"或"本公司")系经中华人民共和国国家经济贸易委员会"国经贸企改[1999]939 号"文批准,由中国对外贸易运输(集团)总公司(以下简称"中外运总公司")作为主要发起人,联合中国机械进出口(集团)有限公司、北京首都旅游股份有限公司、北京市农工商联合总公司和北京海诚电讯技术有限公司,以发起设立方式设立的股份有限公司。本公司于 1999 年 10 月 11 日在国家工商行政管理局注册登记,注册资本为人民币 20,716 万元。

根据"证监发行字(2000)156 号"文件,经中国证券监督管理委员会批准,2000 年 11 月 30 日,公司在上海证券交易所向社会公众公开发行人民币普通股 7,000 万股,发行价为 14.30 元/股。本次公开募股后,公司总股本为 27,716 万股。

2001 年 5 月 9 日,公司召开的 2000 年年度股东大会,会议通过公司 2000 年度利润分配方案向全体股东派送红股的决议,即每 10 股派送壹股红利,总计送红股 27,716,000 股。公司因实施 2000 年度利润分配方案向全体股东派送红股 27,716,000 股,申请增加注册资本人民币 27,716,000 元,变更后的注册资本为人民币 304,876,000 元。公司注册资本工商变更手续正在办理之中。

公司法定地址是北京市海淀区西三环北路 21 号久凌大厦;法定代表人:张斌 。

(二)公司的重要会计政策、会计估计及其变更情况、变更原因及其对财务状况和经营成果的影响和合并会计报表的编制方法

(三)税项

(四)控股子公司及合资公司

1、存在控制关系的子公司及合资公司的基本情况如下:

公司名称	注册资本	经营范围
中外运-敦豪国际航空快件有限公司	1300 万美元	货运代理与航空快递
上海华服商贸有限公司	111 万元人民币	服务代理

公司名称	本公司投资额	所占权益比例
中外运-敦豪国际航空快件有限公司	650 万美元	50%
上海华服商贸有限公司	90 万元人民币	90%

2、未纳入合并报表范围的控股子公司的情况

上海华服商贸有限公司年末资产总额、年度销售收入及净利润在本公司中所占比例均在 10% 以下,根据财政部会计司"关于合并会计报表合并范围请示的复函"(财会二字[1996]2 号)的规定,遵循重要性原则,未纳入合并会计报表范围。

(五)合并会计报表主要项目注释

帐 龄	金 额	比例	坏帐准备	金 额
一年以内	97,074,614.17	93.13%	4,853,730.71	52,976,404.59
一年至二年	5,834,957.14	5.60%	291,747.86	6,397,977.68
二年至三年	168,324.81	0.16%	8,416.24	1,272,654.15
三年以上	1,161,012.34	1.11%	58,050.62	5,121,600.00
合 计	104,238,908.46	100.00%	5,211,945.42	65,768,636.42

5、重大关联交易事项

(1)空运货运业务

1)空运货运出口业务:中国对外贸易运输(集团)总公司下属各省、市公司需通过本公司中转出口货物,由本公司负责安排出运,按照市场价格收取运费和服务费。

2)空运货运进口业务:国外代理通过本公司中转进口至国内各省、市外运公司之货物,由本公司收取口岸操作劳务费,对于运费到付货物,由本公司委托有关省、市外运公司收取到付运费。

(2)快件业务

本公司与中外运总公司已于 1999 年 12 月 30 日签署了《关于在快件业务方面实行统一结算的协议书》,由本公司根据统一标准,负责整个外运集团的快件结算。

1)快件出口业务:各省、市外运公司通过本公司中转出口之国际快件,由本公司负责集货、制单、报关、出运,本公司向内地各省、市外运公司收取出口快件费,并与国外各快件公司结算国际段网络费用,与航空公司结算一程国际段运费。

2)快件进口业务:本公司与国外各快件公司签订协议,国外进口快件经本公司中转至各地省、市外运公司,各地省、市外运公司负责目的地快件派送,并由本公司支付目的地派送费。

(3)房屋租赁

本公司分别与中国对外贸易运输(集团)总公司及其下属省、市公司中国外运大连公司、中国外运上海公司、中国外运钱塘公司、中国外运金陵公司、中国外运上海储运公司、中国外运江苏公司及中国外运深圳公司签订了房屋租赁协议,具体情况如下:　　单位:人民币元

出 租 人	年 租 金
中国对外贸易运输(集团)总公司	3,436,560.00
中国外运大连公司	300,000.00
中国外运上海公司	3,209,098.98
中国外运钱塘公司	1,545,646.86
中国外运金陵公司	463,846.51
中国外运上海储运公司	570,000.00
中国外运江苏公司	642,600.00
中国外运深圳公司	246,900.00
合 计	10,414,652.35

(4)综合服务

本公司与中外运总公司已于 2000 年 4 月 10 日签署了《综合服务协议书》,由中外运总公司根据统一的政策和价格向本公司提供职工住房、信息技术服务等。

(5)商标使用

本公司与中外运总公司已于 2000 年 4 月份签署了《商标使用许可合同》,由股份公司无偿使用中外运总公司注册号为 779072 的"SINOTRANS"的商标。该合同有效期 5 年,同时规定给予本公司永久性的无偿许可。

(八)或有事项

截止至 2001 年 6 月 30 日,公司不存在应披露的重大或有事项。

(九)承诺事项

截止至 2001 年 6 月 30 日,公司不存在应披露的重大承诺事项。

(十)资产负债表日后事项中的非调整事项

公司无需要说明的资产负债表日后事项中的非调整事项。

(十一)其他重要事项说明

公司无需要说明的其他重要事项。

中外运空运发展股份有限公司

二〇〇一年八月十三日

(七)备查文件目录

1.载有董事长亲笔签名的中期报告文本;

2.载有法定代表人、财务总监、会计机构负责人签名并盖章的会计报表;

3. 报告期内在《中国证券报》、《上海证券报》上公开披露过的所有公司文件的正本及公告原稿;　　4.公司章程。

中外运空运发展股份有限公司董事会

董事长:张斌

二〇〇一年八月十三日

上海开开实业股份有限公司

一、公司简介

1 、公司法定中文名称:上海开开实业股份有限公司
公司英文名称:SHANGHAI KAIKAI INDUSTRY COMPANY LIMITED　缩写:SHKK
2 、公司法定代表人:江玉森　联系电话:86-21-62128598　传 真:86-21-62125575
3 、公司信息披露机构:董事会秘书室　董事会秘书:徐笑白
联系电话:86-21-62127558　传 真:86-21-62125575
联系地址:上海市万航渡路 888 号 24 层(开开广场)
4 、公司注册地址:上海市万航渡路 888 号 24 层
公司注册英文地址:888 Wan Hang DU Road,Shanghai China
公司办公地址:上海市万航渡路 888 号 24 层　公司邮政编码:200042
http://www.e-kaikai.com. 电子信箱:kai kaidm@public3.sta.net.cn.2
5 、公司信息披露的报刊为《上海证券报》、《香港文汇报》。
登载公司年度报告的中国证监会指定的国际互联网网址: http://www.sse.com.cn
公司年度报告备置地点:上海市万航渡路 888 号 24 层
6 、公司股票上市地:上海证券交易所　A 股:开开实业　股票代码:600272
B 股:开开 B 股　股票代码:900943

二、会计数据和业务数据摘要

1 、本年度利润总额及构成 (单位:元 合并报表)

利润总额	37,054,342.93
净利润	29,598,131.63
扣除非经常性损益后的净利润	29,537,972.15
主营业务利润	98,541,626.24
其他业务利润	26,339,569.49
营业利润	32,068,514.56
投资收益	2,451,733.92
补贴收入	2,447,973.78
营业外收支净额	86,120.67
经营活动产生的现金流量净额	193,183,533.50
现金及现金等价物净增加额	42,074,119.113

净利润差异及说明
按中国会计准则审计净利润为(千元)　29,598
按国际会计准则审计净利润为(千元)　30,638
按国际会计准则对净利润及净资产进行调整之影响如下:

	2000 年净利润 千元人民币	2000 年 12 月 31 日净资产 千元人民币
根据中国会计准则列示	29,598	436,149
国际准则调整:		
评估商誉及其摊销费用	1,040	-2,079
根据国际会计准则列示	30,638	434,070

注:扣除非经常性收益的项目是:包括处理固定资产损益 33,624.52 元及无法支付应付款转入 26,534.96 元,合计 60,159.48 元。

2 、截止报告年度末公司前三年的主要会计数据及财务指标

指标项目	2000 年	1999 年	1998 年
主营业务收入(元)	575,200,781	390,526,500	367,984,242
净利润(元)	29,598,132	26,460,663	27,001,241
总资产(元)	1,015,476,157	966,024,884	1,011,793,573
股东权益(不含少数股东权益)(元)	436,149,182	425,170,411	418,509,748
每股收益(元/股)	0.149	0.134	0.136
每股净资产(元/股)	2.203	2.147	2.114
调整后每股净资产(元/股)	2.113	2.058	2.071
每股经营活动产生的现金流量净额(元/股)	0.976	0.156	(0.050)
净资产收益率(%)	6.786	6.224	6.452
净利润的加权每股收益(元/股)	0.149	0.134	0.136
净利润的加权净资产收益率(%)	6.727	6.129	6.694
扣除非经常性损益后的每股收益(元)	0.149	0.121	0.1364
扣除非经常性损益后的净利润的加权净资产收益率(%)	6.714	5.567	6.694

三、介绍股东情况

1 、股东情况简介
(1)截止 2000 年 12 月 31 日股东总数为 6645 户。其中内部职工股股东 3585 户。
(2)报告期末公司前 10 名股东持股情况:

股东名称	持股数(万股)	占股本比例(%)
国家股	8009.02	40.45
申银万国 APS 投资管理公司	536.28	4.42
中国石化上海石油零售分公司	450.00	2.27
上海华凯贸易发展有限公司	450.00	2.27
上海东方明珠股份有限公司	300.00	1.52
上海金兴贸易发展中心	300.00	1.52
HKSBCSB A/C THE NORTHERN TRUST CO S/A GOVERNMENT OF SINGAPORE INV. CORPORATION	248.40	1.25
CAO,QIUHE	138.33	0.70
孙莉敏	123.35	0.62
江延东	108.77	0.55

(3)上述主要股东中持有本公司 5%以上股份的股东情况
上海开开(集团)有限公司代表国家持有本公司股份 8009.02 万股,占总股本的 40.45%。所持股份没有质押过。法定代表人:江玉森,经营范围:衬衫,羊毛衫,针棉织品,服装鞋帽,日用百货,皮革用品,纺织面料,家用电器,视听器材,工艺品(除专项规定),制冷设备,收费停车场(配建),化工原料(除危险品),化工产品,自营和代理经外经贸部核准的公司进出口商品目录内商品的进出口业务(国家限定公司经营或禁止进出口的商品及技术除外),经营进料加工和"三来一补"业务,经营对销贸易和转口贸易。

湖北武昌鱼股份有限公司

一、公司简介

1、公司法定中文名称:湖北武昌鱼股份有限公司
公司法定英文名称:Hubei Wuchangyu CO.,LTD.
2、公司注册地址:鄂州市鄂城区南浦南路特一号
公司办公地址:鄂州市鄂城区南浦南路特一号
邮政编码:436000
公司国际互联网网址:http://www.wuchangyu.com.cn
电子信箱:wcy_ez@ez-mail.hb.cninfo.net
3、公司法定代表人:傅小安
4、公司董事会秘书:熊国胜　公司董事会证券事务代表:李强
联系地址:鄂州市鄂城区南浦南路特一号
电话:0711-3200331,3200330　传真:0711-3223366-2707
电子信箱:wcy_ez@ez-mail.hb.cninfo.net
5、公司选定的信息披露报纸名称:《上海证券报》
登载公司年度报告的中国证监会指定国际互联网网址:
http://www.sse.com.cn
公司年度报告备置地点:公司证券部
6、公司股票上市交易所:上海证券交易所
股票简称:武昌鱼　股票代码:600275

二、会计数据和业务数据摘要

1、本年度主要利润指标情况(单位:人民币元)

利润总额:	81,611,369.15
净 利 润:	68,359,689.57
扣除非经常性损益后的净利润:	52,812,568.38
主营业务利润:	53,510,978.54
其他业务利润:	41,874,021.82
营业利润:	66,064,247.96
补贴收入:	10,350,000.00
营业外收支净额:	5,197,121.19
经营活动产生的现金流量净额:	-63,666,461.37
现金及现金等价物净增加额:	309,566,016.20
说明:除非经常性损益项目和涉及金额:	15,547,121.19
补贴收入	10,350,000.00
营业外收入	5,542,281.27
营业外支出	345,160.08

2、截至报告期末公司前三年主要会计数据和财务指标:(单位:人民币元)

项目	2000 年度	1999 年度	1998 年度
主营业务收入	112,300,055.15	109,578,578.09	85,910,104.62
净利润	68,359,689.57	57,318,749.31	47,509,337.22
总资产	878,096,947.07	322,412,632.53	258,270,590.40
股东权益(不含少数股东权益)	729,583,246.54	200,598,410.97	161,735,105.01
每股收益(摊薄)	0.2795	0.3283	0.2721
(加权)	0.3454	0.4925	0.2721
每股净资产	2.9830	1.1490	0.9264
调整后的每股净资产	2.9797	1.1344	0.9083
每股经营活动产生的现金流量净额	-0.2603	0.1995	
净资产收益率(%)	9.37	28.57	29.37
扣除非经常性损益后的每股收益(摊薄)	0.2159	0.2861	0.2360
(加权)	0.2668	0.4292	0.2360

注:主要财务指标的计算公式如下:
① 每股收益=净利润/年度末普通股股份总数
② 加权每股收益=净利润/[(利润分配及资本公积转增前普通股股份总数×8+利润分配及资本公积转增后普通股股份总数×4)/12]
③ 扣除非经营性损益后的每股收益=(净利润-非经常性损益)/年度末普通股股份

3、根据中国证监会关于《公开发行证券公司信息披露编报规则》第 9 号通知精神,报告期按全面摊薄法和加权平均法计算的净资产收益率及每股收益:

报告期利润	净资产收益率% 全面摊薄	净资产收益率% 加权平均	每股收益(元/股) 全面摊薄	每股收益(元/股) 加权平均
主营业务利润	7.33	13.61	0.2188	0.2704
营业利润	9.06	16.80	0.2701	0.3338
净利润	9.37	17.38	0.2795	0.3454
扣除非经常性损失后的净利润	7.24	13.43	0.2159	0.2668

三、股东情况介绍

(1)截止 2000 年 12 月 31 日公司股东总数为 64696 户。
(2)公司主要股东持股情况

股东名称	年末持股数量(股)	年度内股份增减变动情况(股)(±)	占总股本的比例(%)
湖北鄂州武昌鱼集团有限责任公司	168,000,000		68.69
鄂州市建设投资公司	2,723,100		1.11
湖北凤凰山庄股份有限公司	1,815,400		0.74
湖北辰隆经济开发公司	1,361,600		0.56
鄂州市市场开发服务中心	680,800		0.28
张泽芝	230,599		0.09
中冠装饰	221,400		0.09
舟山信托	211,000		0.09
邵莲菊	210,000		0.09
天元基金	155,000		0.06

① 报告期内,持股 5%以上股东所持股份未发生增减变动,也未有所持股份质押或冻结的情况。
② 公司未发现前十名股东之间存在任何关联关系。
(3)公司控股股东为湖北鄂州武昌鱼集团有限责任公司,法定代表人:傅小安。经营范围为:食品加工、粮食、油料、棉花种植、饮料制造;销售日用百货、五金、交电、化工产品、纺织品、针织品、服装、鞋帽、食品、饮料、烟、住宿、饮食服务;科技服务。

江 苏 恒 瑞 医 药 股 份 有 限 公 司

江苏恒瑞医药股份有限公司 2000 年年度报告摘要

本公司董事会保证本报告所载资料不存在任何虚假记载、误导性陈述或者重大遗漏，并对其内容的真实性、准确性和完整性负个别及连带责任。

一、公司简介

1 、公司法定中文名称：江苏恒瑞医药股份有限公司

英文名称：JIANGSU HENGRUI MEDICINE CO.,LTD.　缩写：HR

2 、公司法定代表人：孙飘扬

3 、公司董事会秘书：陈学民　地址：连云港市新浦人民东路 145 号　电话：0518 -5457194

传 真：0518 -5452340　电子信箱：cxm@hengruipharm.com

4 、公司注册地址：连云港市经济技术开发区黄河路 38 号　邮政编码：222007

公司办公地址：连云港市新浦区人民东路 145 号　邮政编码：222002

公司网址：http://www.hengruipharm.com　电子信箱：hr@hengruipharm.com

5 、公司选定的信息披露报纸：上海证券报

登载公司年度报告的中国证监会指定国际互联网网址：http ://www.sse.com.cn

公司年度报告备置地点：江苏恒瑞医药股份有限公司董秘办

6 、公司股票上市交易所：上海证券交易所　股票简称：恒瑞医药　股票代码：600276

二、会计数据和业务数据摘要

1 、公司本年度主要利润指标情况(金额单位：人民币元)

利润总额：	81,887,217.07
净 利 润：	65,271,386.36.5
扣除非经常性损益后的净利润：	57,032,302.16
主营业务利润：	253,003,621.41
其他业务利润：	4,054,609.98
营业利润：	74,217,491.08
投资收益：	-865,935.79
补贴收入：	2,117,458.15
营业外收支净额：	6,418,203.63
经营活动产生的现金流量净额：	19,605,766.42
现金及现金等价物净增加额：	274,681,257.77

注：非经常性损益涉及的项目和金额：

(1)营业外收入：　8809888.76 元

①扣除本次新股发行过程中冻结的无效申购资金利息报告期内分摊的部分 7,665,340.66 元；

②罚款、赔款收入：　147675.57 元；

③无法支付的应付款项：175963.85 元；

④捐赠收入：　4000 元；

⑤固定资产清理收入：　344487.64 元；

⑥其它收入：　472421.04 元；

(2)营业外支出：　570804.56 元

①固定资产清理损失：　245253.80 元；

②捐赠支出：　285888.00 元；

③罚款支出：　39662.76 元；

2 、截止报告期末公司前三年的主要会计数据和财务指标　金额单位：人民币元

指标名称	2000 年	1999 年	1998 年
主营业务收入	48,4707,192.06	413,929,931.49	363,792,258.93
净利润	65,271,386.36	51,332,467.70	43,229,968.32
总资产	986,273,264.76	463,707,546.17	365,524,357.77
股东权益(不含少数股东权益)	670,432,577.19	160,429,672.90	139,737,705.20
每股收益(全面摊薄)	0.491	0.553	0.698
每股收益(加权平均)	0.635	0.553	0.698
扣除非经营性损益后的每股收益	0.429	0.553	0.698
每股净资产	5.047	1.728	2.257
调整后的每股净资产	5.008	1.627	2.089
每股经营活动产生的现金流量净额	0.148	0.365	0.293
净资产收益率%(全面摊薄)	9.74	32.00	30.94
净资产收益率%(加权平均)	21.07	38.09	37.31

3 、报告期利润表附表

报告期利润	净资产收益率%		每股收益	
	全面摊薄	加权平均	全面摊薄	加权平均
主营业务利润	37.74	81.69	1.904	2.460
营业利润	11.07	23.96	0.559	0.722
净利润	9.74	21.07	0.491	0.635
扣除非经营性损益后的净利润	8.51	18.60	0.434	0.560

注：①以上数据根据公司合并会计报表数填列数填列或计算后填列。

②报告期末至摘要披露日，公司股本未发生变化。

3 、报告期内股东权益变动情况

项目	股本	资本公积	盈余公积	法定公益金	未分配利润	股东权益合计
期初数	92850000	3,892,793.38	14,019,799.36	14,019,799.36	27,024,264.73	151,806,656.83
本期增加	40000000	426,639,534.00	7,032,824.64	7,032,824.64	51,205,737.08	531,910,920.36
本期减少	-	-	-	-	13,285,000.00	13,285,000.00
期末数	132850000	430,532,327.38	21,052,624.00	21,052,624.00	64,945,001.81	670,432,577.19

变动原因：①股本变动是因为本年度公司向社会公开发行了 4000 万社会公众股；②资本公积变动主要是因为新股发行价格超过面值形成的溢价收入。③盈余公积金和法定公益金变动是因为母公司和控股子公司按税后利润 10%提取后按权益法核算合并所致。④未分配利润增加是因为公司本年度实现的净利润，减少是根据公司董事会分配预案进行利润分配所致。

三、股本变动及股东情况

(一)股本变动情况

1 、股份变动情况表　数量单位：股

	本次变动前	配股	送股	公积金转股	增发	转(受)让	小计	本次变动后
一、未上市流通股份								
1、发起人股份	92850000							92850000
其中：国家持有股份	67815000					+1475	+1475	82565000
境内法人持有股份	25035000					-1475	-1475	10285000
未上市流通股份合计	92850000							92850000
二、已上市流通股份								
1 、人民币普通股					40000000		40000000	40000000
2 已上市流通股份合计					40000000			40000000
三、股份总数	92850000						40000000	132850000

2 、股票发行与上市情况

本公司是 1997 年 2 月经江苏省人民政府苏政复[1997] 19 号文批准，由连云港市医药工业公司作为主要发起人，联合中国医药工业公司、连云港市医药工业公司工会、连云港市医药采购供应站、连云港康缘制药有限公司共同发起设立的股份有限公司。公司设立时总股本 6190 万股。

1998 年 12 月经江苏省人民政府批准，连云港市医药工业公司改制为连云港恒瑞集团有限公司并被授权为国有资产投资主体，继续持有股份公司国有股股份。

根据江苏省国有资产管理局苏国资企[1999] 39 号文，公司股权结构如下：

股东名称	持股数量(万股)	持股比例(%)	股权性质
连云港恒瑞集团有限公司	4521	73.04	国家股
连云港恒瑞集团有限公司工会	1000	16.16	法人股
中国医药工业公司	619	10.00	国有法人股
连云港市医药采购供应站	30	0.48	国有法人股
连云港康缘制药有限公司	20	0.32	法人股
合　计	6190	100	

1999 年 5 月 5 日，公司 98 年度股东大会审议通过了公司 1998 年利润分配方案，决定 1998 年分配普通股股利为每 10 股派发红股 5 股，剩余利润结转下一年度分配。本次送股后，公司总股本增至 9285 万股。

2000 年 4 月 28 日，为了进一步规范公司股权结构，连云港恒瑞集团有限公司工会将持有的本公司 1500 万股，分别转让给连云港恒瑞集团有限公司 1475 万股、转让给连云港圣发包装工业有限公司 25 万股，转让价格均为 1.73 元/股。股权转让后，连云港恒瑞集团有限公司工会不再持有本公司股份。公司股票发行前，股份公司股本结构如下：

股东名称	持股数量(万股)	持股比例(%)	股权性质
连云港恒瑞集团有限公司	8256.5	88.93	国家股
中国医药工业公司	928.5	10.00	国有法人股
连云港市医药采购供应站	45	0.48	国有法人股
连云港康缘制药有限公司	30	0.32	法人股
连云港圣发包装工业有限公司	25	0.27	法人股
合计	9285	100	

2000 年 9 月 7 日，经中国证券监督管理委员会证监发行字[2000]122 号文核准，向社会公开发行了人民币普通股 4000 万股(A 股)，面值 1 元/股，发行价 11.98 元/股。经上海证券交易所上证上字[2000]第 79 号文批准，公司 4000 万股社会公众股于 2000 年 10 月 18 日在上海证券交易所上市。发行后总股本为 13285 万股，其股权结构如下：1

股份类型	股数(万股)	所占比例(%)
发起人股	9285	69.89
社会公众股	4000	30.11
总股本	13285	100

(二)公司股东情况介绍

1 、截止 2000 年 12 月 31 日，公司股东总数为 12390 户。

2 、截止 2000 年 12 月 31 日，公司前十名股东持股情况(单位：股)

序号	股东名称	期初持股数	期末持股数量	占总股本比例(%)	持股性质
1	连云港恒瑞集团有限公司	67815000	82565000	62.15	国家股
2	中国医药工业公司	9285000	9285000	6.99	国有法人股
3	安信基金		3065546	2.31	公众股
4	安顺基金		1606872	1.21	公众股
5	景福基金		1098000	0.84	公众股
6	国信证券		1051620	0.79	公众股
7	天元基金		1043374	0.78	公众股
8	兴华基金		1000000	0.75	公众股
9	同益基金		829707	0.62	公众股
10	景阳基金		698037	0.52	公众股

注：安信基金和安顺基金、景福基金和景阳基金分别同属于一个基金管理公司。

3 、持有本公司 5 %以上股份的股东情况

①连云港恒瑞集团有限公司所持有的公司股份为国家股，年初持有公司股份 67,815,000 股，年末持有公司股份 82,565,000 股，占公司总股本的 62.15 %。该公司法定代表人：徐维钰，经营范围：政府授权范围内的国有资产、控股、参股子公司中股权属于集团公司的国有资产和政府授权的其它国有资产的管理营运。所持股份没有质押或冻结的情况。

②中国医药工业公司持有公司股份 9,285,000 股，占公司总股本的 6.99%，本年度内持有股份数没有变动。该公司法定代表人：张明禹，经营范围：化学 11 原料药、医药中间体、饲料添加剂、食品添加剂、饮料、药用化妆品、药品包装材料的组织生产和销售；医药工业生产所需仪器、设备的销售；中成药、西药制剂的批发；自营或代理除国家另行规定外商品和技术的进出口业务等。该公司所持有股份没有质押或冻结的情况。

4 、报告期内本公司无控股股东变更情况。

四、股东大会简介

(一)1999 年股东大会

公司于 2000 年 3 月 16 日以传真形式发出了关于召开公司 1999 年年度股东大会的通知。2000 年 4 月 16 日上午在本公司三楼会议室召开了 1999 年年度股东大会，出席会议的股东及股东代表 5 人，代表股份 9285 万股，占公司总股本的 100 %，会议程序符合《公司法》和本公司章程的有关规定。经大会审议和表决通过了以下决议：

1 、审议通过了公司《1999 年度董事会工作报告和2000 年工作计划》；

2 、审议通过了公司《1999 年度监事会工作报告》；

3 、审议通过了公司《1999 年度财务决算报告》及公司《1999 年度利润分配预案》；

经江苏苏亚金诚会计师事务所审计确认，1999 年度公司实现净利润为 51,332,467.70 元，提取 10 %的法定公积金 5,735,940.91 元，提取 10 %的法定公益金 5,735,940.91 元，1999 年度可供分配利润 39,860,585.88 元，加上历年留存，可向股东分配的未分配利润共 66,287,780.80 元。

经公司董事会一届七次会议审议通过 1999 年度利润分配预案是：1999 年度分配普通股利为每股派发现金股利 0.33 元，余下可分配利润结转下一年度。

4 、审议通过了公司四项准备计提政策。

(二)2000 年第一次临时股东大会

公司于 1999 年 12 月 10 日以传真形式发出了关于召开 2000 年第一次临时股东大会的通知，2000 年 1 月 10 日上午大会在公司三楼会议室召开。出席会议的股东及股东代表 5 人，代表股份 9285 万股，占公司总股本的 100 %，符合《公司法》和本公司章程的有关规定。经大会审议和表决通过了以下决议：

1 、鉴于公司向社会公开发行股票项目进展顺利，预计 2000 年可望完成发行上市工作，成为上市公司。会议决定通过《江苏恒瑞医药股份有限公司章程》(草案)，使之更加符合《上市公司章程指引》的要求，待公司上市后正式实施。

2 、会议决定公司 1999 年度利润分配后的所余滚存利润及其今后年度所产生的利润由现有股东和本次公开发行股票后所产生的股东共同享有。

(三)2000 年第二次临时股东大会

公司于 2000 年 2 月 1 日以传真形式发出了关于召开 2000 年第二次临时股东大会的通知，2000 年 3 月 1 日上午大会在公司三楼会议室召开。出席会议的股东及股东代表 5 人，代表股份 9285 万股，占公司总股本的 100 %，会议程序符合《公司法》和本公司章程的有关规定。经大会审议和表决通过了以下决议：1 、选举产生新一届董事会成员；2 、选举产生新一届监事会成员。

(四)2000 年第三次临时股东大会

公司于 2000 年 5 月 12 日以传真形式发出了关于召开 2000 年第三次临时股东大会的通知，2000 年 6 月 15 日上午大会在公司三楼会议室召开。出席会议的股东及股东代表 5 人，代表股份 9285 万股，占公司总股本的 100 %，会议程序符合《公司法》和本公司章程的有关规定。经大会审议和表决通过了以下决议：

1 、决定将一九九九年六月二十日临时股东大会通过的决议向社会公众发行的 6000 万股人民币普通股减少为 5000 万股，每股面值一元，发行价格以证券主管部门的核准为准。

2 、决定将一九九九年六月二十日临时股东大会通过的发行股票募集资金投资项目的决议进行调整。会议决议，投资项目调整后，公司本次发行股票所募资金投资于如下项目：

①抗肿瘤药等国家级新药制剂技术改造项目　②省级企业技术中心技术改造项目

③国家二类新药来曲唑原料药生产线技术改造项目

④药品包装用纸/铝/塑复合膜袋技术改造项目　⑤药用铝塑复合易撕膜技术改造项目

⑥铝塑复合软管技术改造项目　⑦粘合剂技术改造项目

⑧药用复合成型材料技术改造项目　⑨凹印制版生产线技术改造项目

⑩建立公司国内营销网络

3 、授权董事会具体负责向社会公众发行 5000 万股人民币普通股的工作。

(五)2000 年第四次临时股东大会

公司于 2000 年 7 月 20 日以传真形式发出了关于召开 2000 年第四次临时股东大会的通知，2000 年 8 月 21 日上午大会在公司三楼会议室召开。出席会议的股东及股东代表 5 人，代表股份 9285 万股，占公司总股本的 100 %，会议程序符合《公司法》和本公司章程的有关规定。经大会审议和表决通过了以下决议：

1 、决定将二 000 年六月十五日临时股东大会通过的决议向社会公众发行的 5000 万股人民币普通股减少为 4000 万股，每股面值一元，发行价格以证券主管部门的核准为准。

2 、决定二 000 年六月十五日临时股东大会通过的发行股票募集资金投资项目不变。

3 、授权董事会具体负责向社会公众发行 4000 万股人民币普通股的工作。

(五)报告期内选举、更换公司董事、监事情况

报告期内由于公司第一届董事会和监事会任期届满，于 2000 年 3 月 1 日召开了第二次临时股东大会，选举产生了公司第二届董事会和监事会。新一届董事会由孙飘扬、李永安、王述东、周启群、徐根华五人组成，新一届监事会由周锡富、徐金官、汪广汉、陈洪民、崔健五人组成。

五、董事会报告

2000 年，在世界经济一体化潮流的推动下，跨国制药公司的购并活动高潮迭起，医药高新技术领域的竞争日趋白热化。与此同时，国内医药行业又处在深化改革的大背景之中?D?D 药品价格、生产和流通机制整顿，医疗保障体制改革，国家对药品监管力度加大，市场约束机制进一步增强；国内不少有实力的企业集团通过实施战略调整，开始涉足医药行业，企业外部经营环境正发生着深刻的变化，这一切给公司提出了更高、更严的要求。在过去的一年里，公司在董事会的领导下，在全体员工的努力下，紧紧围绕“结构调整，产业升级”的总体要求，坚持科技与体制创新，加大技改力度，不断提高产品质量；针对市场变化，适时调整经营方针，完善科学的市场管理体系，强化销售策略，拓宽销售渠道，企业经济总量不断增大，圆满的完成了年初制订的经营目标。

(一)公司经营情况

1 、公司所处的行业以及公司在本行业中的地位。

公司属医药行业。本公司是国家重点的抗肿瘤药物生产基地，抗肿瘤药销量在国内名列前茅，同时也是国家定点的麻醉药品生产主要厂家之一，96 年被卫生部、国家医药局确定为我国参加国际麻管组织交流的窗口。公司是江苏省重点扶持的六个医药企业之一，是省政府授予的技术进步先进企业和省环保局授予的省环境保护先进单位，全国医药行业优秀企业，被科技部确定为国家重点高新技术企业，2000 年被江苏省人事厅、江苏省经济贸易委员会批准建立博士后技术创新中心。公司主要经济技术指标、经济效益综合指标在全国医药企业中排名靠前。

2 、公司主营业务范围及及经营状况

公司主要从事化学原料药及片剂、针剂、胶囊、粉针等西药制剂的开发、制造和销售；药用 SP 复合膜、PTP 铝箔的制造和销售。

(1)主营业务收入和利润情况

本年度主营业务收入完成 48471 万元，比去年同期 41393 万元增长 17.1%；主营业务利润完成 25300 万元，比去年同期 19351 万元增长 30.74%；利润总额 8189 万元，比去年同期 6271 万元增长 30.59%。

(2)公司主营业务收入的构成

	主要产品	销售收入（万元）	占公司主营业务收入的比重
l	抗肿瘤药品	13328	27.5%
l	麻醉镇痛药品	2290	4.7%
l	抗感染类药品	10144	20.9%
l	其他药品	6783	14.0%
l	药用包装材料	15926	32.9%
合计		48471	100%

3 、公司主要全资附属企业及控股子公司的经营情况及业绩

连云港中金医药包装有限公司是本公司持有 95%股份的控股子公司。该公司拥有从日本引进了具有九十年代国际先进水平的药用 PTP 铝箔及 SP 软包装材料生产线，建成了两个符合 GMP 规范要求的生产工厂，是目前国内医药包装行业规模最大、设施最先进的企业，1993 年被国家经贸委等六部委认定为国家大型二类企业。1998 年通过 ISO9002 质量体系认证，2000 年被科技部认定为国家重点高新技术企业。主要产品 PTP 铝箔和 SP 复合膜被认定为江苏省名牌产品，并荣获国家医药局优质产品称号。目前，药用 PTP 和 SP 的生产量全国最大，国内市场占有率 30%以上，并批量出口。该公司 2000 年主营业务收入 15926 万元，利润总额 839 万元，净利润 532 万元。

4 、在经营中出现的问题与困难及解决方案

随着我国医疗体制改革的逐步深化，药品降价、药品招标采购制度的推行，医药行业的市场竞争日趋激烈；同时，随着中国加入 WTO 的临近，也给公司的发展提出新的挑战。针对上述问题和困难，公司主要采取了以下对策：

①顺应医药体制改革要求，不断强化市场，调整营销策略。

2000 年，随着国家各项医疗配套措施的出台及药品招标采购制度的普遍推广，药品销售面临巨大挑战。为了抢占市场制高点，扩大市场占有率，公司根据市场变化情况，不断调整工作思路和营销策略，取得了比较好的效果。一是加强销售队伍建设，细分目标市场。首先，公司健全了遍及全国的销售网络，完善了办事处、大区销售经理、销售公司三级销售网络，构筑了以“重点城市为基础辐射周边，从中心城市渗透到县城”的销售战略；其次，由于公司新产品品种较多，原有的销售体系无力经营过多的品种，为了使每一种新产品都能产生良好的经济效益，公司合理的调整了产品经营布局，成立了新药销售二公司。一年中新增销售人员 70 余人，积极开拓市场，已初步打开局面。二是加强临床宣传推广工作。除了继续采用媒体宣传和临床推广外，还成立了市场部，对一些重点品种派出专业人员或聘请专家教授，到一些城市和医院进行学术推广，为新药销售提供及时可靠的技术支持和临床依据。三是在经济较好的大中城市选择产品代理商，拓宽销售渠道。上海办事处对贝莱(盐酸氨溴索)尝试开发了委托总经销的模式，销售实绩明显。四是加强内部管理与考核，根据市场变化规律和销售部门的实际情况，公司制订了一套行之有效的管理制度。完善新药内勤管理，严格对开发费用的审核，在所有办事处都设立了专职会计，制订了严格的会计制度；成立督察室，设立督导会计，强化审计职能，完善监督机制，减少了销售中的违法违纪现象；建立计算机销售网络系统，通过网络系统完成销售的发货、财务、信息管理等工作，提高了效率，降低了成本。目前，公司已经有 14 个办事处进行了试点联网，效果良好。

②深化科研协作机制，推动产品创新工作。

随着医药行业在国际和国内两个市场竞争愈加激烈，开发高新技术含量的新药，已成为企业相互竞争的焦点。对此，公司把新产品开发作为一项关系到企业生存和发展的关键来抓。一方面，公司在加强自身科研能力的同时，注重与科研院所建立长期合作关系，分别与中国医学科学院药物所共建 COX-2 酶抑制剂创新实验室，与中国医学科学院生物技术研究所共建喹诺酮类抗生素创新实验室，与中国药科大学共建大环内酯类抗生素创新实验室，变过去的单纯产品转让为成果共享、利益共享的合作关系，既加快了新产品开发又促进了人才培养。另一方面，公司充分发挥科技与人才优势，加大植物药研究力度，力争在植物药领域占有一席之地，目前已有 2 个具有领先水平的中药产品正在报批临床。截止 2000 年 12 月底，公司共获得 11 个国家新药证书，其中二类新药证书 4 个，分别为奥沙利铂原料及注射用奥沙利铂(四类新药)、盐酸拓朴替康原料及注射用盐酸拓朴替康(二类新药)、脱氧氟尿苷原料及胶囊(四类新药)、厄贝沙坦原料及片剂(二类新药)、亚叶酸钙片(四类新药)、亚叶酸钙注射液(四类新药)、苯佐卡因糊剂(四类新药)。另外，已获新药证书的盐酸氨溴索原料及制剂、来曲唑原料及制剂分别被国家经贸委和国家科委认定为国家重点新产品，来曲唑原料及制剂被列入国家科委火炬项目计划，奥沙利铂原料及制剂被列入江苏省星火项目计划，盐酸氨溴索原药及制剂被列入江苏省火炬项目计划。

③抓好 GMP 认证工作。根据国家药监局对 GMP 认证的的进度要求，公司成立了专门的 GMP 认证办公室，由一名领导直接负责此项工作，通过完善和提高车间软硬件建设，加强对员工的培训教育，2000 年下半年分别通过了片剂、小容量注射剂、粉针剂和冻干粉针的 GMP 认证，为企业的发展奠定了基础。

(二)公司财务状况

1 、公司财务状况　单位：元

项目	2000 年	1999 年	增减(%)
总资产	986,273,264.76	463,707,546.17	+112.69
长期负债	123,807,867.92	36,699,210.91	+237.58
股东权益(不含少数股东权益)	670,432,577.19	160,429,672.90	+317.90
主营业务利润	253,003,621.41	193,512,209.86	+30.74
净利润	65,271,386.36	51,332,467.70	+27.15

财务指标变动情况主要原因：

①总资产及股东权益的增加主要是因为发行新股、经营盈利所致。

②长期负债的增加是因为公司增加银行长期借款所致。

③主营业务利润和净利润的增加是因为公司调整产品结构、拓展销售市场、调整营销策略所致。

2 、公司的财务会计报表经江苏苏亚金诚会计师事务所审计，出具了无保留意见的审计报告。

(三)公司投资情况

1 、募集资金运用情况

公司于 2000 年 9 月以每股 11.98 元的发行价发行人民币普通股 4000 万股，实募资金 46660 万元，截止报告期末，募集资金实际投入的项目与招股说明书承诺项目一致，实际投入 11073 万元，余额存于银行及购买变现性强的债券。具体情况如下：

①抗肿瘤药等国家级新药制剂项目技改项目

该项目计划总投资 15414 万元，其中固定资产投资 12814 万元，铺底流动资金 2600 万元。报告期内募集资金投入 6390 万元，其中抗肿瘤冻干粉针车间和无菌分装粉针车间已竣工(包括设备安装)，并通过了国家 GMP 认证。针剂车间引进的 1 条安瓿/西林瓶洗、灌、封联动生产线(德国 BOSCH 公司)，1 条安瓿/西林瓶托盘联动包装线(意大利马可西尼公司)已签约，预计 2001 年 9 月到港，2002 年上半年全部竣工投产。

②省级企业技术中心技改项目

该项目总投资 2456 万元。报告期内募集资金投入 1900 万元，科研大楼和中试车间已竣工，主要仪器设备已安装完毕，预计年内可完成。

③药品包装用纸/铝/塑复合膜袋技改项目

该项目总投资 3185 万元，其中固定资产投资 2700 万元，铺底流动资金 485 万元。报告期内募集资金投入 183 万元，完成了场地回填、厂房委托设计以及干法复合机、柔版印刷机等引进设备的招标、国外考察、合同签约等工作，预计年内主体工程完工，2002 年上半年竣工投产。

④药用铝塑复合易撕膜技改项目该项目总投资 4361 万元，其中固定资产投资 3946 万元，铺底流动资金 415 万元。2000 年完成了挤出复合机等引进设备的招标、考察及合同的签约，报告期内该项目募集资金尚未投入，预计 2002 年上半年投产。

⑤铝塑复合软管技改项目

该项目总投资 4615 万元，其中固定资产投资 4103 万元，铺底流动资金 512 万元。2000 年完成了制管机等引进设备的招标、考察及合同的签约，报告期内该项目募集资金尚未投入，预计 2002 年上半年投产。

⑥粘合剂技改项目

该项目总投资 2783 万元，其中固定资产投资 2463 万元，铺底流动资金 320 万元。报告期内该项目募集资金尚未投入，预计年内竣工投产。

⑦药用复合成型材料技改项目

该项目总投资 4550 万元，其中固定资产投资 4020 万元，铺底流动资金 530 万元。2000 年完成了凹板印刷机等引进设备的招标、考察及合同的签约，报告期内该项目募集资金尚未投入，预计

2002 年上半年投产。

⑧国家二类新药来曲唑原料药生产线技改项目

该项目总投资 3306 万元，其中固定资产投资 2882 万元，铺底流动资金 424 万元。报告期内该项目募集资金尚未投入，预计年内竣工投产。

⑨凹印制版生产线技改项目

该项目总投资 1170 万元，其中固定资产 956 万元，铺底流动资金 214 万元。报告期内该项目募集资金尚未投入，预计 2002 年完工。

⑩建立国内营销网络项目

该项目总投资 2595 万元。截止 2000 年底，该项目募集资金投入 2600 万元，主要用于购住宅楼、租写字楼、办公设备及销售网络的联网等。该项目的完成，对公司的销售将起到很大的促进作用。

2 、报告期内无非募集资金投资项目。

(四)经营环境、宏观政策对公司未来经营产生的影响

1 、我国即将加入 WTO ，一方面强化知识产权执法力度，另一方面将调低药品进口关税，医药市场的竞争将更加激烈。目前公司开发了较多的国家级新药，将使公司近几年内受益，且在价格上具有较大的竞争优势。从长远看，公司应加快技术创新能力的建设，尽快拥有自主知识产权的产品，积极参与国际市场的竞争。

2 、国家各项医改配套措施出台和药品招标采购制度的普遍实行，市场竞争更加激烈。公司一方面继续调整产品结构，加快开发高附加值、高利润的新产品，并加大新药销售力度。另一方面，对产品进行工艺改进，进一步提高产品质量，降低产品生产成本，增强市场竞争能力。

(五)新年度的业务发展计划

2001 年，是医药市场的竞争愈加激烈的一年，也是公司面临新的发展机遇的一年，公司将凭借股票上市带来的机遇，加速企业的发展。在新的一年里，公司将以产权和产品为纽带，以市场为导向，完善科研体系，突出创新工作，拓宽研究领域，强化质量管理，调整销售战略，扩大总量增长，把公司建设成为科技先导型、质量品种效益型的现代化医药大型企业。

1 、面对加入 WTO 的挑战，公司将继续抓好科技创新工作

公司将继续强化情报信息网的建设，加强与国外同行的交流，准确把握医药领域发展的趋势，为科研与生产提供决策依据。在保持现有科技和产品优势的同时，逐步拓宽研究领域，确立新的研究方向，在关节炎、糖尿病等治疗领域用药取得进展，并加大植物药的开发力度，力争 2001 年有二个植物药进入临床。在与大专院校加强合作共建实验室的同时，公司将在上海等地建立自己的创新研究基地，吸纳高层次科研人员，以事新化合物和新剂型的创新研究工作。
此外，要做好布托啡诺、吡格列酮、雷洛昔芬等已进入临床研究的药品报批工作，力争 2001 年获得新药证书及生产批件。

2 、面对国内同行业竞争日趋激烈的严峻局面以及医疗体制改革、药品采购招标制度所带来的新形势，公司将采取多种灵活有效的措施，加大营销力度首先，加强新品投放市场的开发力度，确保新产品能快速占领市场，并加快产品与剂型的更新换代，提高产品的附加值。其次，调整销售布局，增加单位品种的销售量，使每个新产品的销售潜力充分发挥出来。对两个新药销售公司，按药品的药理作用进行销售定位，把现有的产品做好、做精，尤其是对过
去销售力度不大的品种要加大销售力度，保持和提高产品市场占有率。第三，加强品牌宣传工作。公司将对贝莱等药品进行广告宣传，扩大产品和公司的知名度。此外，将加强学术推广活动，组织或参加相关医学专题会议或产品介绍会议，从多方面提升公司的品牌和形象。第四，进一步完善计算机销售网络系统的建设，力争在物流和客户配送方面有所突破，争取在所有办事处实行网络销售配送，并逐步和企业内部的原材料采购、生产计划、制造等环节有机的联
系起来，降低运营成本，提高资源利用率。

3 、加大技术改造力度，强化车间和产品认证工作

公司在 2001 年将对招股说明书中披露的投资项目按计划进行实施，力争绝 21 大多数在年内完工。同时将进行小针剂的国家 GMP 认证工作以及异环磷酰胺等原料药的 FDA 认证工作。
4 、审慎进行资本运作，循序渐进地实施和完成对外资本扩张在资本运作方面，公司将坚持审慎的原则，坚持成熟一个，发展一个，确立求强而不贪大的原则，确保资本运作的有效性，有效增加投资收益，推动企业做强做大。

(六)董事会日常工作情况

1 、报告期内董事会的会议情况及决议内容

①公司于 2000 年 1 月 21 日召开了董事会一届七次会议，会议审议通过的决议如下：公司 1999 年度董事会工作报告和 2000 年工作计划；公司 1999 年度财务决算报告和 1999 年度利润分配预案；公司“存货跌价准备、短期投资跌价准备、长期投资减值准备、坏帐准备计提”四项准备计提政策。

②公司于 2000 年 2 月 1 日召开了董事会一届八次会议，会议审议通过了董事会换届选举的决议。公司第一大股东连云港恒瑞集团有限公司推选孙飘扬、李永安、周启群、徐根华四人，公司第二大股东中国医药工业公司推荐王述东一人为公司第二届董事会成员候选人。

③公司于 2000 年 3 月 1 日召开了董事会二届一次会议，会议审议通过的决议如下：选举孙飘扬先生为公司董事长；选举李永安先生为公司副董事长；聘任李永安先生为公司总经理；根据总经理提名，聘任周启群先生、徐根华先生为公司副总经理，孙杰平先生为公司财务总监；根据董事长提名，聘任陈学民先生为公司董事会秘书；聘任陈永江先生为公司副总工程师。

④公司于 2000 年 5 月 12 日召开了董事会二届二次会议，会议审议通过的决议如下：将一九九九年六月二十日临时股东大会通过的决议向社会公众发行的 6000 万股人民币普通股减少为 5000 万股，每股面值一元，发行价格以证券主管部门的批准为准；将一九九九年六月二十日临时股东大会通过的发行股票募集资金投资项目的决议进行调整。投资项目调整后，公司本次发行股票所募资金投资于如下项目：抗肿瘤药等国家级新药制剂技术改造项目；省级企业技
术中心技术改造项目；国家二类新药来曲唑原料药生产线技术改造项目；药品包装用纸/铝/塑复合膜袋技术改造项目；药用铝塑复合易撕膜技术改造项目；22 铝塑复合软管技术改造项目；粘合剂技术改造项目；药用复合成型材料技术改造项目；凹印制版生产线技术改造项目；建立公司国内营销网络。

⑤公司于 2000 年 7 月 20 日召开了董事会二届三次会议，会议审议通过的决议如下：将二 000 年六月十五日临时股东大会通过的决议向社会公众发行的 5000 万股人民币普通股减少为 4000 万股，每股面值一元，发行价格以证券主管部门的批准为准；决定二 000 年六月十五日临时股东大会通过的发行股票募集资金投资项目不变。

上述会议的召开均在公司上市之前，故未予公告。

2 、董事会对股东大会决议的执行情况

①按照 2000 年 4 月 16 日召开的 1999 年度股东大会的决议，公司董事会实施了 1999 年度公司利润分配议案、计提各项资产减值准备议案。

②2000 年 8 月 21 日临时股东大会授权公司董事会办理公司向社会公开发行 4000 万股人民币普通股事宜，公司董事会在完成了股票发行的各项准备工作之后，获中国证券监督管理委员会核准，于 2000 年 9 月 7 日以每股 11.98 元的价格成功发行了 4000 万股社会公众股，募集资金总量为 47920 万元。

(七)公司管理层及员工情况

1 、董事、监事、高级管理人员

①现任公司董事、监事、高级管理人员情况介绍

姓名	职务	性别	年龄	任期	年初持股数	年末持股数
孙飘扬	董事长	男	43	2000.3 –2003.3	0	0
李永安	副董事长 总经理	男	44	2000.3 –2003.3	0	0
周启群	董事 副总经理	男	57	2000.3 –2003.3	0	0
徐根华	董事 副总经理	男	39	2000.3 –2003.3	0	0
王述东	董事	男	39	2000.3 –2003.3	0	0
周锡富	监事长	男	49	2000.3 –2003.3	0	0
徐金官	监事	男	38	2000.3 –2003.3	0	0
汪广汉	监事	男	38	2000.3 –2003.3	0	0
陈洪民	监事	女	46	2000.3 –2003.3	0	0
崔健	监事	男	31	2000.3 –2003.3	0	0
陈永江	副总工程师	男	37	2000.3 –2003.3	0	0
陈学民	董事会秘书	男	33	2000.3 –2003.3	0	0
孙杰平	财务总监	男	31	2000.3 –2003.3	0	0

②现任本公司董事、监事、高级管理人员年度报酬情况

本年度公司董事、监事、高级管理人员年度报酬：3 –5 万元的 4 人，6 –8 万元的 3 人，15 –25 万元的 3 人。王述东、周锡富、汪广汉不在公司领取报酬。

③报告期内，公司没有董事、监事、高级管理人员离任。

④聘任或解聘公司经理、董事会秘书的情况。

公司董事会二届一次会议聘任李永安先生为公司总经理，并根据李永安先生的提名聘任周启群先生、徐根华先生为公司副总经理，聘任陈学民先生为公司董事会秘书。

2 、公司员工的数量、专业构成

报告期内公司共有员工 1544 人，其中生产人员 677 人，销售人员 450 人，研究及技术人员 218 人，财务人员 42 人，行政人员 137 人，其它人员 20 人。以上人员中本科及以上学历 239 人，大专学历 340 人。公司现有离退休职工 101 人。

(八)本次利润分配预案或资本公积金转增股本预案

1 、利润分配预案

经江苏苏亚金诚会计师事务所审计，公司 2000 年度实现净利润 65,271,386.36 元，加上历年留存的 27,024,264.73 元，本次可供分配的利润为 92,295,651.09 元；母公司和控股子公司分别提取 10%法定公积金和 10%法定公益金，按权益法核算合并提取的法定公积为 7,032,824.64 元，法定公益金为 7,032,824.64 元，本次可供股东分配利润共 78,230,001.81 元。

董事会提议以 2000 年总股本 13285 万股为基数，向全体股东按每 10 股派现金 1 元(含税)，每 10 股派送红股 3 股，总计可分配利润支出总额为 53,140,000 元，剩余 25,090,001.81 元结转下年度。

2 、公积金转增股本预案

公司 2000 年末有资本公积金 430,532,327.38 元，董事会提议本次按 2000 年末总股本 13285 万股为基数向全体股东以每 10 股转增 3 股，若实施后尚余资本公积金 390,677,327.38 元结转下年度。

以上分配和转增预案需提交 2000 年度股东大会审议通过后实施。

3 、预计 2001 年利润分配政策

①公司拟在 2001 年结束后分配利润一次；

②公司下一年度实现净利润用于股利分配的比例不低于 15 %；

③公司本年度未分配利润用于下一年度股利的分配比例不低于 15 %；

④分配将采用派现金或派现金和送红股相结合的方式，其中现金股息约占股利分配的比例不低于 15 %。

⑤上述 2001 年度利润分配政策为预计方案，公司董事会保留根据公司实际情况对该政策进行调整的权利。

(九)其它报告事项

1 、公司本年度信息披露报纸为《中国证券报》、《上海证券报》。

2 、本年度公司聘任的审计机构为江苏苏亚金诚会计师事务所，没有变更。

六、监事会报告

(一)报告期内监事会会议情况及决议内容

报告期内公司监事会共召开 3 次会议，会议的主要内容和决议摘要如下：

1 、2000 年 1 月 21 日，公司监事会召开会议，会议审议并通过如下事项：

公司 1999 年度董事会工作报告和 2000 年工作计划；公司 1999 年度监事会工作报告；公司 1999 年度财务决算报告和 1999 年度利润分配预案；公司“存货跌价准备、短期投资跌价准备、长期投资减价准备、坏帐准备计提”四项准备计提政策。

2 、2000 年 2 月 1 日，公司监事会召开会议，会议审议通过了监事会换届 25 选举的决议。由连云港恒瑞集团有限公司推荐并经公司确认周锡富、汪广汉、徐金官为公司第二届监事会股东代表候选人，职工代表监事两名由公司职工代表大会选举产生。

3 、2000 年 3 月 1 日，根据股东大会和公司职代表会选举产生了公司第二届监事会，新一届监事会由周锡富、徐金官、汪广汉、陈洪民、崔健五人组成。3 月 1 日第二届监事会召开第一次全体会议，选举周锡富先生为监事会召集人。

(二)监事会对公司依法运作情况的意见

①公司依法运作情况：2000 年度公司董事会按照股东大会的决议要求，切实履行了各项决议，其决策程序符合《公司法》和《公司章程》的有关规定。公司董事、高级管理人员在履行职责和行使职权时，以公司利益为出发点，没有违反法律、法规、公司章程的行为，也没有损害公司利益的行为。

②检查公司财务情况：公司监事会认为，报告期内江苏苏亚金诚会计师事务所出具的审计报告真实地反映了公司的财务状况和经营成果

③公司本次发行股票募集的资金正在按承诺投入项目按计划实施，没有发生变更。

④公司在报告期内无其它重大收购、出售资产的事项。

⑤公司与控股股东连云港恒瑞集团有限公司之间人员独立、资产完整、财务独立。公司与控股股东之间在土地租赁、综合服务等方面签订的关联交易均体现了公平原则，没有发生损害公司利益的情况。

七、重要事项

(一)本年度公司无重大诉讼、仲裁事项。

(二)报告期内，公司董事、监事及高级管理人员没有受监管部门处罚的情况。

(三)报告期内，公司控股股东没有发生变化。2000 年 3 月 1 日，公司召开 2000 年度第二次临时股东大会，选举并产生了公司新一届董事会、监事会，2000 年 3 月 1 日公司召开第二届董事会一次全体会议，续聘李永安先生为公司总经理，续聘陈学民先生为公司董事会秘书。

(四)报告期内，公司没有发生收购及出售资产、吸收合并事项。26

(五)报告期内，公司无重大关联交易事项。

(六)公司与控股股东在人员、资产、财务上的“三分开”情况

1 、在人员方面，公司在劳动、人事及工资管理方面均保持独立，经理、副经理等高级管理人员均在公司领取薪酬。

2 、在资产方面，公司拥有独立的生产系统、辅助生产系统和配套设施，工业产权、商标、非专利技术等无形资产均由本公司拥有，本公司拥有独立的采购和销售系统。

3 、在财务方面，公司设有独立的财务部门，并建立了独立的会计核算系统和财务管理制度，并在银行独立开户。

(七)报告期内公司未改变聘任的会计师事务所。

(八)报告期内公司无其它重大合同(含担保)。

(九)报告期内无更改公司名称和股票简称的情况。

(十)承诺事项

2000 年 10 月 9 日，公司股票上市前夕，公司第一大股东承诺在公司上市后的一年内不转让其所持有的股份，报告期内没有违背承诺。

（十一）其它重大事项

2000 年 9 月 27 日，股票成功发行后公司进行了工商变更登记，注册资本由原来的 9285 万元变更为 13285 万元。

八、财务会计报告

（一）审计报告

以下是江苏苏亚金诚会计师事务所苏亚金审字[2001]第 41 号审计报告。

江苏恒瑞医药股份有限公司全体股东：

我们接受委托，审计了贵公司 2000 年 12 月 31 日的资产负债表及合并资产负债表，2000 年度的利润表及利润分配表与合并利润表及利润分配表，2000 年度现金流量表及合并现金流量表。这些会计报表由贵公司负责，我们的责任是对这些会计报表发表审计意见。我们的审计是依据中国注册会计师独立审计准则进行的。在审计过程中，我们结合贵公司的实际情况，实施了包括抽查会计记录等我们认为必要的审计程序。

我们认为，上述会计报表符合《企业会计准则》和《股份有限公司会计制度》的有关规定，在所有重大方面公允地反映了贵公司 2000 年 12 月 31 日的财务状况和 2000 年度的经营成果及现金流量情况，会计处理方法的选用遵循了一贯性原则。

江苏苏亚金诚会计师事务所有限公司　　中国注册会计师：闫建康

中国.江苏.连云港　　中国注册会计师：季作云

2000 年 2 月 23 日

（二）会计报表

九、公司的其它有关资料

（一）公司首次注册登记日期：1997 年 4 月 28 日

变更注册登记日期：2000 年 9 月 27 日

注册地点：连云港市经济技术开发区黄河路 38 号

（二）企业法人营业执照注册号：3200001103574

（三）税务登记号码：32070470404786X

（四）公司未流通股票的托管机构：上海证券中央登记结算公司

（五）公司报告期内证券主承销机构：华夏证券有限公司

（六）公司聘请的会计师事务所名称：江苏苏亚金诚会计师事务所

办公地址：连云港市新浦海昌南路 21 号

十、备查文件目录

（一）载有董事长亲自签名的年度报告正本。

（二）载有法定代表人、主管会计工作负责人、会计机构负责人签名并盖章的会计报表。

（三）载有会计师事务所盖章、注册会计师签名并盖章的审计报告原件。

（四）报告期内在中国证监会指定报纸上公开披露过的所有公司文件的正本及公告的原稿。

江苏恒瑞医药股份有限公司

2001 年 2 月 27 日

资产负债表

编制单位：江苏恒瑞医药股份有限公司　2000.12.31　单位：人民币元

资产	期初数		期末数	
	合并	母公司	合并	母公司
流动资产：				
货币资金	85178478.65	76479487.91	359859736.42	334057851.18
短期投资			124930517.19	124930517.19
减：短期投资跌价准备			1181715.79	1181715.79
短期投资净额			123748801.4	123748801.4
应收票据			1029200	
应收股利				
应收利息				
应收帐款	133659371.94	75922279.49	149247750.27	90191648.98
其它应收款	37353369.84	43846569.28	58703476.53	77810607.62
减：坏帐准备	12148195.83	7633910.3	12638585.2	8113301.56
应收帐款净额	158864545.95	112134938.47	195312641.6	159888955.04
预付帐款	10311121.82	10069905.37	8600604.23	8309540.52
应收补贴款	1113589.38		918583.41	
存货	76253879.44	52618198.7	97379234.35	62365325.47
减：存货跌价准备	1097800	137800	1159930.49	33177.57
存货净额	75156079.44	52480398.7	96219303.86	62332147.9
待摊费用				
待处理流动资产净损失				
一年内到期的长期债权投资				
其它流动资产				
流动资产合计	330623815.24	251164730.45	785688870.92	688337296.04
长期投资：				
长期股权投资	1566743.77	40917318.5	1566743.77	41426490.52
长期债权投资	23000		1000	
其它长期投资				
长期投资合计	1589743.77	40917318.5	1567743.77	41426490.52
减：长期投资减值准备				
长期投资净额	1589743.77	40917318.5	1567743.77	41426490.52
其中：合并价差				
股权投资差额				
固定资产：				
固定资产原值	195888038.85	55228557.87	221959465.76	74821398.16
减：累计折旧	81441378.81	14639006.05	95543207.09	18598713.82
固定资产净值	114446660.04	40589551.82	126416258.67	56222684.34
工程物资				
在建工程	14204860.45	14104508.45	68750524.73	66915884.62
固定资产清理				
待处理固定资产净损失				
固定资产合计	128651520.49	54694060.27	195166783.4	123138568.96
无形及其它资产：				
无形资产				
开办费				
长期待摊费用	2842466.67	883666.67	3849866.67	763166.67
其它长期资产				
无形资产及其它资产合计	2842466.67	883666.67	3849866.67	763166.67
递延税项：				
递延税款借项				
资产总计：				
资产总计	463707546.17	347659775.89	986273264.76	853665522.19
流动负债：				
短期借款	119390000	70410000	59880000	29800000
应付票据	3000000		3000000	
应付帐款	49861833.58	31475794.45	40591372.33	20886763.9
预收帐款	10808072.41	2273682.93	9269054.19	1645448.99
代销商品款				
应付工资	9336903.22	5181085.12	9713842.91	5558024.81
应付福利费	2254886.23	2059275.81	2015064.69	2097290.65
应付股利	16893254.19	16893254.19	13285000	13285000
应付税金	18740886.16	16064221.43	28658393.07	24000277.62
其它应交款	3154442.48	2006431.16	2436897.81	1679156.7
其它应付款	13530669.63	3711859.19	18648681.66	12449626.33
应付短期债券				
预提费用			400000	
一年内到期的长期负债	17500000	6500000	2000000	
其它流动负债				
职工奖励及福利基金				
流动负债合计	264470947.9	156575604.28	189898306.66	111401589
长期负债：				
长期借款	41180000	31180000	120800000	69800000
应付债券				
长期应付款				
住房周转金	-4480789.09	-525501.29		
其它长期负债			3007867.92	2031356
长期负债合计	36699210.91	30654498.71	123807867.92	71831356
递延税项：				
递延税项贷款				
负债合计：				
负债合计	301170158.81	187230102.99	313706174.58	183232945
少数股东权益：				
少数股东权益	2107714.46		2134512.99	
股东权益：				
股本	92850000	92850000	132850000	132850000
资本公积金	3892793.38	3892793.38	430532327.38	430532327.38
盈余公积	28039598.72	25055475.9	42105248	38109753.18
其中：公益金	14019799.36	12527737.95	21052624	19054876.59
未确认的外资损失				
未分配利润	35647280.8	38631403.62	64945001.81	68940496.63
外币报表折算差额				
股东权益合计	160429672.9	160429672.9	670432577.19	670432577.19
负债和股东权益总计：				
负债和股东权益总计	463707546.17	347659775.89	986273264.76	853665522.19

利润及利润分配表

编制单位：江苏恒瑞医药股份有限公司　2000.12.31　单位：人民币元

项目	上年数		本年累计数	
	合并	母公司	合并	母公司
一、主营业务收入	413929931.49	277470516.11	484707192.06	325450395.15
减：折扣与折让				
主营业务收入净额	413929931.49	277470516.11	484707192.06	325450395.15
减：主营业务成本	216243934.26	115564710.01	226709346.5	102690461.67
主营业务税金及附加	4173787.37	3410227.78	4994224.15	4235052.35
二、主营业务利润	193512209.86	158495578.32	253003621.41	218524881.13
加：其他业务利润	533047.68	-13778.72	4054609.98	426188.57
减：存货跌价损失	317800	37800	62130.49	-104622.43
营业费用	66931168.63	58300915.09	111794602.27	99354515.09
管理费用	57801713.97	41118710.43	65038217.59	49952449.91
财务费用	6737560.36	2284751.58	5945789.96	2462363.96
三、营业利润	62257014.58	56739622.5	74217491.08	67286363.17
加：投资收益	303750	6330691.37	-865935.79	4115144.22
期货损益				
补贴收入	1072516.23		2117458.15	984124.74
营业外收入	840952.67		8809888.76	7943505.36
以前年度损益调整				
减：营业外支出	1763244.58	1420588.77	2391685.13	1776454.24
分给外单位利润				
四、利润总额	62710988.9	61649725.1	81887217.07	78552683.25
减：所得税	11061313.76	10317257.4	16349680.18	13281296.89
少数股东损益	317207.44		266150.53	
职工奖励及福利基金				
购并利润				
加：未确认的投资损失				
所得税返还				
五、净利润	51332467.7	51332467.7	65271386.36	65271386.36
加：年初未分配利润	57377194.92	59155929.46	27024264.73	30008387.55
盈余公积转入数				
年初未分配利润调整				
减少注册资本减少的未分配利润				
外币报表折算差额				
减：股份公司成立前利润分配				
六、可供分配的利润	108709662.62	110488397.16	92295651.09	95279773.91
减：提取法定盈余公积金	5735940.91	5133246.77	7032824.64	6527138.64
提取法定公益金	5735940.91	5133246.77	7032824.64	6527138.64
提取职工奖励福利基金				
七、可供股东分配的利润	97237780.8	100221903.62	78230001.81	82225496.63
减：应付优先股股利				
提取任意盈余公积金				
应付普通股股利	30640500	30640500	13285000	13285000
转作股本的普通股股利	30950000	30950000		
八、未分配利润	35647280.8	38631403.62	64945001.81	68940496.63

内蒙古亿利科技实业股份有限公司

内蒙古亿利科技实业股份有限公司2000年年度报告摘要

本公司董事会保证本报告所载资料不存在任何虚假记载、误导性陈述或者重大遗漏,并对其内容的真实性、准确性和完整性负个别及连带责任。

一、公司简介

公司法定中文名称:内蒙古亿利科技实业股份有限公司
中文缩写:亿利科技
公司英文名称:Inner Mongolia YiLi Science and Technology 4%Indus-try Co., Ltd.
英文缩写:YLKJ
公司法定代表人:王文彪先生
公司董事会秘书:王景晟先生
证券事务代表:闫树春先生
联系地址:内蒙古东胜市伊金霍洛西街30号
联系电话:0477-8335343　　传真:0477-8328413
公司注册地址和办公地址:内蒙古东胜市伊金霍洛西街30号
邮政编码:017000
公司国际互联网网址:http://www.eli.com.cn
电子信箱:yilicor@public.hh.nm.cn
公司指定信息披露报纸:《中国证券报》、《上海证券报》
登载公司年度报告的国际互联网网址:http://www.sse.com.cn
年度报告备置地点:公司证券部
公司股票上市交易所:上海证券交易所
公司股票简称:亿利科技　　公司股票代码:600277

二、会计数据和业务数据摘要

1、公司本年度会计数据
单位:人民币元

利润总额	45,511,375.43
净利润	35,555,801.02
扣除非经常性损益后的净利润	34,382,015.82
主营业务利润	68,476,057.06
其他业务利润	1,396,332.88
营业利润	42,957,903.14
投资收益	0
补贴收入	0
营业外收支净额	2,553,472.29
经营活动产生的现金流量净额	-22,211,208.70
现金及现金等价物净增加额	417,277,705.04

2、公司近三年财务指标
单位:人民币元

指标项目	2000年度	1999年度
主营业务收入	208,700,774.10	182,159,655.37
净利润	35,555,801.02	31,867,906.61
总资产	944,906,839.23	398,385,257.86
股东权益	705,875,657.47	175,952,010.89
每股收益(全面摊薄)	0.225	0.319
每股收益(加权平均)	0.286	0.319
扣除非经常性损益后的每股收益	0.218	0.319
每股净资产	4.468	1.743
净资产收益率(%)(全面摊薄)	5.04	8
净资产收益率%(加权平均)	8.87	10.61
调整后的每股净资产	4.123	1.743
每股经营活动产生的现金流量净额	-0.14	

3、根据中国证监会关于发布《公开发行证券公司信息披露编报规则》第9号通知精神,公司2000年按全面摊薄法和加权平均法计算的净资产收益率和每股收益

报告期利润	净资产收益率%		每股收益(元)	
	全面摊薄	加权平均	全面摊薄	加权平均
主营业务利润	9.7	17.08	0.433	0.551
营业利润	6.09	10.71	0.272	0.346
净利润	5.04	8.87	0.225	0.286
扣除非经常性损益后净利润	4.87	8.58	0.218	0.277

4、公司2000年度盈利预测本年度预计实现净利润3,598.95万元,实际完成3,555.58万元,完成98.8%,基本完成了盈利预测。

三、股份变动及股东情况

1、股东情况介绍
(1)截止2000年12月29日,公司股东总数为45,931户。
(2)前十名股东持股情况表(单位:股)

序号	股东姓名	年末持股	占股本比例%	股份性质
1	内蒙古伊克昭盟亿利集团公司	97,371,000	61.6272	国有法人股
2	景宏基金	1,544,345	0.9774	公众股
3	杭锦旗金田农业开发有限公司	986,000	0.6241	法人股
4	卢蓓华	784,500	0.4965	公众股
5	伊克昭盟崇金泓塑料制品有限公司	657,000	0.4158	法人股
6	伊克昭盟富强建筑安装有限公司	657,000	0.4158	法人股
7	隆元基金	429,800	0.2720	公众股
8	伊克昭盟亿通煤化有限责任公司	329,000	0.2082	法人股
9	葛洪	220,000	0.1392	公众股
10	管凤英	216,236	0.1369	公众股

在以上股东中,内蒙古亿利集团公司是公司控股股东。
前十名股东不存在任何关联关系。
公司董事、监事、高级管理人员没有持有本公司股票的情况。
本公司无内部职工股,无转配股。

(3)持股5%以上法人股东情况
截止报告期末,持有本公司5%以上的股东为内蒙古亿利集团公司,持有本公司国有法人股61.6272%,合计97,371,000股,报告期内,该公司所持股份没有发生变动,也没有任何质押情况和其他任何法律争议。
(4)报告期内控股股东没有发生变化。

四、股东大会简介

二000年六月二十八日内蒙古亿利科技实业股份有限公司在东胜市伊金霍洛西街30号公司会议室召开了一九九九年度股东大会。会议应到股东代表5人,实到5人,代表股份10000万股,占公司总股本的100%。公司全体董事参加了会议,全体监事和高级管理人员列席了会议。会议由公司董事长王文彪先生主持。会议以投票表决的方式通过了如下事项:
1、会议以10000万票同意,以0票反对,0票弃权,通过了《一九九九年董事会工作报告》。
2、会议以10000万票同意,以0票反对,0票弃权,通过了《一九九九年监事会工作报告》。
3、会议以10000万票同意,以0票反对,0票弃权,通过了《一九九九年年度报告》。
4、会议以10000万票同意,以0票反对,0票弃权,通过了《财务决算报告》和《二000年财务预算方案》。
5、会议以10000万票同意,以0票反对,0票弃权,通过了《二000年年度利润分配方案》。
6、会议以10000万票同意,以0票反对,0票弃权,通过了《关于公司向社会公开发行人民币普通股并在上海证券交易所上市交易的议案》。
7、股东大会授权董事会全权办理公司股票发行上市的一切事宜。
8、会议授权董事会对《超临界CO2萃取蛋黄卵磷脂项目》进行调研和可行性研究报告的编制工作,一并办理项目的立项审批工作。

五、董事会报告

(一)公司经营情况
本公司属基础化工行业。
本公司主要从事无机化学品、医药产品科技开发和生产、销售,经营本企业自产产品及相关技术的出口业务;开采泥炭矿、腐植酸系列产品的研发与销售。
2000年,公司依照"无机盐化工为基础,科技制药为龙头,生物农肥开发为重点"的"两翼一体"发展战略,励精图治,求真务实,全面推进公司向技术集约型企业迈进。
本年度公司实现主营业务收入2.09万元,同比上期增长了15%;实现利润6847.6万元,同比增长了21%;净利润3555.6万元,同比增长了12%;基本完成了年初的计划任务。
公司于2月份召开了技术创新大会,就技术创新在公司未来发展的地位和作用,进行了深入的研讨。同时集中技术骨干加强现有生产设备的技术改造,加大科技投入力度,加速科技成果转化。
全力以赴抓好药业分公司的GMP改造工作,以推动科技制药工业园区的建设。
继续加大力度催收货款,进一步完善销售政策、制定适应市场的激励措施,充分发挥各地销售网点的集散能力,提高产品的市场占有率。
公司在完善技术市场的同时,不断进行市场网络工程建设,组建了进出口分公司,以进一步开拓国际市场。
进一步建立严格的质量保证体系,完善内部质量管理制度,采取"卡两头促中间"、推广"比价管理"和"亚星经验"等措施,降低产品成本,提高产品质量;公司的硫化钠系列产品获得ISO9002国际质量体系认证。
随着国家西部大开发战略的实施,我国加入WTO的进程加快,董事会充分认识到公司所面临的大好机遇,全面强化内部管理,加大营销力度,增效挖潜,以使全年生产经营计划得以保障。
全面实施公司的人才发展战略,采取培养、引进、高薪聘请等多种方式,建立一支素质较高、能力较强、德才兼备的员工队伍,以适应新的挑战。
全面开展职工业务培训工作。建立了职工培训中心,对广大职工进行业务素质教育,并聘请北京大学知名教授讲学,进一步提升公司员工的业务能力。
2000年7月4日公司成功发行人民币普通股5800万股,并在上海证券交易所挂牌上市;开辟了公司资本运营的新渠道。
公司利用募集资金完成了对伊盟亿利医药公司的收购,及超细硫酸钡、低铁硫化钠技改项目的一期工程;并认真作好其他投资项目的实施准备工作。
(二)、公司财务状况
单位:人民币元

名称	2000年	1999年	增减量	同比+/-%
总资产	944,906,839.23	398,385,257.86	546,521,581.37	137
长期负债	21,518,500.80	64,070,000.00	-42,551,499.2	-66
股东权益	705,875,657.47	17,592,010.89	688,283,646.58	39
主营业务利润	68,476,057.06	56,737,844.31	11,738,212.75	21
净利润	35,555,801.02	31,867,906.61	3,687,894.41	11

2、增减变动原因
①总资产增加主要是新股发行股本溢价所致;
②长期负债减少主要是到期归还银行借款所致;
③股东权益增加主要是股本增加公积金增加所致;
(三)、公司投资情况
(1)、关于募集资金的使用情况
公司于2000年7月4日成功的向社会公开发行5,800万社会公众股,实募资金497,270,000元人民币,资金到位后,投资以下项目:单位:(万元)

项目名称	计划总投资	年度计划投资额	实际投资额
1、应用四元相图从盐湖卤水中分离盐碱硝技改项目	6,364	3,824	0
2、超细硫酸钡、低铁硫化钠技改项目	6,539	4,359	2,286
3、层状结晶硅酸钠技改项目	6,810	5,310	0
4、甘草系列产品综合开发技改项目	7,259	5,295	0
5、收购亿利医药公司	5,219	5,219	
6、超临界CO2萃取蛋黄卵磷脂项目	16,170	6,000	0
7、补充流动资金	1,330	1,330	
合计	49,727	31,517	8835

超临界CO2萃取蛋黄卵磷脂项目正在报国家计划委员会审批之中;收购亿利医药公司已经完成,公司拟将医药公司的组织管理结构和医药市场销售策略进行重新整合,完善现代企业机制;超细硫酸钡、低铁硫化钠技改项目一期工程已经完成;其他项目正在项目前期的实施准备之中。剩余募集资金40,892万元存于银行。

东方国际创业股份有限公司

东方国际创业股份有限公司2000年年度报告摘要

本公司董事会保证本报告所载资料不存在任何虚假记载、误导性陈述或者重大遗漏，并对其内容的真实性、准确性和完整性负个别及连带责任。

一、公司简介

1.公司法定中、英文名称及缩写

中文名称：东方国际创业股份有限公司

英文名称：ORIENT INTERNATIONAL ENTERPRISE,LTD.

英文名称缩写：OIE

2.公司法定代表人：王祖康

3.公司董事会秘书：黄大瑜

联系地址：上海市娄山关路85号A座

电话：021-62785521

传真：021-62784020

电子信箱：garments@public.sta.net.cn

公司董事会秘书授权代表：朱蓓

电话：021-62785535

传真：021-62785535

4.公司注册地址：上海市浦东新区陆家嘴路166号

公司办公地址：上海市娄山关路85号A座

邮政码：200336

公司国际互联网网址：http://www.oie.com.cn

公司电子信箱：garments@public.sta.net.cn

5.公司选定的信息披露报刊为《上海证券报》。

登载公司年度报告的中国证监会指定国际互联网网址：http://www.sse.com.cn

公司年度报告备置地点：上海市娄山关路85号A座

6.公司股票上市交易所：上海证券交易所

股票简称：东方创业

股票代码：600278

二、会计数据和业务数据摘要

1.本年度会计数据摘要（单位：人民币元）

利润总额：	138,233,568.52
净利润：	98,247,378.61
扣除非经常性损益后的净利润：	95,528,689.42
主营业务利润：	428,199,261.54
其他业务利润：	14,745,859.98
营业利润：	106,888,910.40
投资收益：	27,791,191.30
补贴收入：	2,281,005.38
营业外收支净额：	1,272,461.44
经营活动产生的现金流量净额：	14,473,737.44
现金及现金等价物净增加额：	118,071,469.32

注：扣除的非经常性损益项目和涉及净利润金额：

补贴收入：	2,281,005.38
新股冻结资金利息收入：	1,361,635.83
处理固定资产净损失：	585,851.98
合并价差摊入：	-338,100.04

2.①近三年主要会计数据和财务指标（合并报表）

项目	2000年	1999年	1998年
主营业务收入（元）	2,779,714,071.78	2,096,710,712.93	2,096,770,980.58
净利润（元）	98,247,378.61	76,206,830.45	52,479,258.18
总资产（元）	2,090,053,522.34	1,738,307,352.20	1,230,228,953.96
股东权益（元）	935,304,205.39	412,189,557.78	371,739,777.28
每股收益（元/股）	0.307	0.32	0.22
扣除非经常性损益后的每股收益	0.299	0.30	0.22
加权每股收益（元/股）	0.351	0.32	0.22
每股净资产（元/股）	2.92	1.72	1.55
调整后的每股净资产（元/股）	2.69	1.32	1.37
每股经营活动产生的现金流量净额	0.045	0.57	-
净资产收益率（%）	10.50%	18.49%	14.12%
加权净资产收益率（%）	13.98%	18.49%	13.07%

② 按照中国证监会《公开发行证券公司信息披露编报规则（第9号）》要求计算的利润数据：

报告期利润（元）		净资产收益率		每股收益（元/股）	
		全面摊薄	加权平均	全面摊薄	加权平均
主营利润	428,199,261.54	45.78%	60.93%	1.338	1.529
营业利润	106,888,910.40	11.43%	15.21%	0.334	0.382
净利润	98,247,378.61	10.50%	13.98%	0.307	0.351
扣除非经常性损益后的净利润	95,528,689.42	10.21%	13.59%	0.299	0.341

主要财务指标计算公式：

每股收益=净利润/年度末普通股股份总数

每股净资产=年度末股东权益/年度末普通股股份总数

调整后的每股净资产=（年度末股东权益-三年以上的应收款项净额-待摊费用-待处理（流动、固定）资产净损失-开办费-长期待摊费用-住房周转金负数余额）/年度末普通股股份总数

每股经营活动产生的现金流量净额=经营活动产生的现金流量净额/年度末普通股股份总数

净资产收益率=净利润/年度末股东权益×100%。

3.报告期内股东权益变动情况及变动原因（单位：元）

项目	股本	资本公积	盈余公积	法定公益金	未分配利润	股东权益合计
期初数	240,000,000	132,922,642.51	16,050,866.42	5,584,404.77	23,216,068.85	412,189,577.78
本期增加	80,000,000	402,920,000.00	25,425,128.82	6,011,308.47	14,769,498.79	523,114,627.61
本期减少	-	-	-	-	-	-
期末数	320,000,000	535,842,642.51	41,475,995.24	11595,713.24	37,985,567.64	935,304,205.39
变动原因：	发行新股	股本溢价	按规定提取	按规定提取	本年新增利润盈利留存	发行新股

三、股本变动及股东情况

1.股本变动情况

(1)股份变动情况表　　数量单位：股

	本次变动前	本次变动增减(+,-)公开发行	本次变动后
一、未上市流通股份			
1、发起人股份	240000000		
其中：			
国家拥有股份	236,890,500		236,890,500
境内法人持有股份	3,109,500		3,109,500
2、战略投资者配售股份		+40,000,000	40,000,000
未上市流通股份合计	240,000,000		280,000,000
二、已流通股份			
人民币普通股		+40,000,000	40,000,000
已上市流通股份合计			40,000,000
三、股份总数	240,000,000	+80,000,000	320,000,000

(2)股票发行与上市情况

① 本公司股票发行经中国证监会证监发行字[2000]73号文核准，股票上市申请经上海证券交易所上证上[2000]45号《上市通知书》批准。

股票种类：人民币普通股

发行日期：2000年6月16日至6月30日

发行价格：6.25元/股

发行数量：8000万股（其中4000万股为战略投资者配售股份，自上市日起一年后流通。）

上市日期：2000年7月12日

准上市数量：4000万股

② 本公司没有内部职工股。

2.股东情况介绍

(1)截止本报告期末公司股东总数为35735户。

(2)前十名股东情况

名次 股东名称	年末持股数（股）	占总股本%
(1)东方国际（集团）有限公司	236,890,500	74.03
(2)上海港务局	8,000,000	2.50
(3)申达集团公司	8,000,000	2.50
(4)上海杨浦工贸（集团）有限公司	6,000,000	1.88
(5)江苏舜天国际集团服装进出口股份有限公司	5,000,000	1.56
(6)浙江东方集团控股有限公司	5,000,000	1.56
(7)中国粮油食品进出口（集团）有限公司	5,000,000	1.56
(8)上海龙头股份有限公司	3,000,000	0.94
(9)东方国际集团上海市丝绸进出口有限公司	650,000	0.20
(10)东方国际集团上海市纺织品进出口有限公司	650,000	0.20

说明：① 上述前10名股东中，东方国际（集团）有限公司和东方国际集团上海市丝绸进出口有限公司、东方国际集团上海市纺织品进出口有限公司之间存在关联关系。

② 持有公司5%以上（含5%）股份的股东为东方国际（集团）有限公司。东方国际（集团）有限公司年内持股数量未发生增减变动情况，年末持股数量为236,890,500股，所持股份无质押和冻结。

③ 战略投资者上海港务局、申达集团公司、上海杨浦工贸（集团）有限公司、江苏舜天国际集团服装进出口股份有限公司、浙江东方集团控股有限公司、中国粮油食品进出口（集团）有限公司、上海龙头股份有限公司因新股配售成为前10名股东。持股时间不少于1年，起始日期为2000年7月12日。

④ 东方国际（集团）有限公司所持236,890,500股代表国家持有股份。

(3)持有公司10%以上（含10%）股份的股东为东方国际（集团）有限公司。东方国际（集团）有限公司，法定代表人王祖康先生，经营范围为：经营和代理纺织品、服装等商品的进出口业务；承办中外合资经营、合作生产、三来一补业务；经营技术进出口业务和轻纺、服装行业的国外工程承包业务、境内国际招标工程、对外派遣各类劳务人员；承办国际货运代理业务。

四、股东大会简介

1.2000年1月19日公司召开了2000年临时股东大会，通过了以下决议：

(1)同意调整有关A股发行募集资金投向项目；

(2)同意通过《关于会计政策中计提四项准备的方法》和修正后的《东方国际创业股份有限公司会计政策》；

(3)同意有关债务合并及相关转帐协议。

2.2000年4月24日公司召开了1999年度股东大会，通过了以下决议：

(1)同意1999年度财务决算方案和2000年财务预算；

(2)同意2000年公司经营者分配方案；

(3)同意《关于请求取消增加发行额度专项收购国有资产的说明》。

以上二次会议召开时公司还未上市，因此没有在证监会指定报纸上披露。

3.2000年9月12日董事会在《上海证券报》刊登召开临时股东大会公告。2000年10月14日公司召开临时股东大会，大会通过了以下决议：

(1)批准关于修改公司章程的议案；

(2)批准《东方国际创业股份有限公司经营者群体及主要业务骨干激励方案》；

(3)批准关于变更董事会成员的议案。

此次临时股东大会决议刊登于2000年10月17日《上海证券报》。

五、董事会报告

1.公司经营情况

(1)本公司系外经贸企业，自营和代理商品、技术进出口业务，生物医药化工产品的开发、生产、销售，国际货代和服务贸易。1999年，公司列上海市进出口额最大企业第10位，出口额最大企业第5位（名次由上海市外经贸委排定并发布）。

(2)公司主营业务的范围及其经营状况

公司主营业务为服装、医药化工和国际货代。本年度实现主营业务收入 27.80 亿元,比去年同期增长 32.57%;主营业务利润 4.28 亿元,比去年同期增长 15%;净利润 0.98 亿元,比去年同期增长 28.95%

(3)在经营中出现的问题及解决方案

随着中国加入世界贸易组织(WTO)的临近,政府对外贸专业公司的保护政策越来越少,2000 年公司面对配额数量减少,配额招标成本的增加,日趋激烈的市场竞争等一系列不利因素,董事会紧紧围绕公司经营发展战略及当年的经营目标,开拓进取,努力拼搏,采取了积极的对策和措施:

① 克服进出口主业面临的不利因素,扬长避短,确保效益;

努力提高配额使用含金量,加强配额管理、优化服务质量,做好客户资源的开发和调整;根据市场需求及时调整产品结构、提高产品附加值;奋力拓展新的业务和市场,寻找新的利润增长点。

② 探索新的经营模式,实行工贸结合;

为了对应加入世界贸易组织后的风险,公司在经营模式上进行了创新,建立了三家工贸结合的企业。以工贸结合的整体优势争取外贸资源,加强实业支持,推行产、供、销一体化。

③ 规范业务操作程序,实行 ISO9002 质量体系制度,并顺利通过评审,成为达标企业;

④ 探索经营者群体和业务骨干激励机制,提高公司凝聚力和员工工作积极性,提升公司的整体核心竞争能力;

⑤ 严格规范财务管理,健全财务制度;

规范财务管理体制、健全财务管理制度,符合上市公司规范化要求,使企业得以健康运作。本年度公司狠抓退税核销进度,加快资金周转速度,进一步加强外汇核销工作,严格按照预算控制各项费用的发生,杜绝不必要的开支。

⑥ 进一步推进和实施品牌战略,实施品牌中心的功能定位,加强品牌开拓、企划、设计、信息收集研究、发布。

2.公司财务状况

公司财务指标的增减变动(单位:元)

项目	2000 年	1999 年	增减变动
资产总额	2,090,053,522.34	1,738,307,352.20	351,746,170.14
长期负债	9,303,864.91	36,927,788.39	-27,623,923.48
股东权益	935,304,205.39	412,189,577.78	523,114,627.61
主营业务利润	428,199,261.54	371,203,829.42	56,995,432.12
净利润	98,247,378.61	76,206,830.45	22,040,548.16

变动原因:

资产总额增加:报告期内公司股票发行所获募股资金到位及净利润尚未分配。

长期负债减少:主要由于摊销待转销汇兑损益。

股东权益增加:报告期内公司股票发行所获募股资金到位及净利润尚未分配。

主营业务利润增加:出口增加,销售收入同比增长 32.57%。

3.公司投资情况

(1)报告期内募集资金使用情况(单位:万元)

2000 年公司发行新股募集资金 48,289 万元,具截止到本报告期,实际投入资金 26,130.77 万元,占总募股资金的 54.11%,具体使用情况如下(万元):

项目 名称	计划投资	实际投资
1 、年产 10 万套高档西服生产线	2,990	869.39
2 、年产 100 万件女装生产线	2,990	
3 、成立东方创业时装设计中心	2,920	
4 、年产 20 吨 B-胸腺嘧啶项目	2,990	
5 、年产 10 吨 5-氟尿苷	2,800	
6 、投资江阴申鹏包装材料有限公司项目	10,426	2,000
7 、投资参股上海鲲鹏投资发展有限公司	1,180	1,268.83
8 、增量投资上海佳达国际货运有限公司	623	622.55
9 、增量投资上海经贸国际货运实业公司	1,900	1,900
10 、补充流动资金	19,470	19,470
总计	48,289	26,130.77

投资项目进展情况说明:

① 年产 10 万套高档西服生产线的项目。该项目 2000 年度公司首期投资 869.39 万人民币和美国 KENVIN,INC.(投入 105 万美元,折合人民币 869.39 万)在上海外高桥保税区合资设立"上海东方凯文服装有限公司"。生产设备已基本到位,公司进入试运行阶段。我公司将根据公司的运行情况决定追加投资。

② 年产 100 万件女装生产线的项目。该项目正处于筹备之中。

③ 成立东方创业时装设计中心的项目。该项目处于筹备之中。

④ 年产 20 吨 B-胸腺嘧啶项目和年产 10 吨 5-氟尿苷项目。由于市场条件已发生了较大的变化,我公司正在进一步考察论证。

⑤ 投资江阴申鹏包装材料有限公司项目。为降低公司跨行业跨地区投资的经营风险,充分发挥合作方的经营优势,确保本公司募集资金的有效使用,经过与有关项目合作方的友好协商,我公司决定对该项目的投资减少至 2000 万元,占该公司注册资本的 8%。剩余资金中 1,556.2 万元拟投入公司控股公司上海高南制衣有限公司的厂区扩容和新建 90 万件出口衬衫流水线工程,其余暂作流动资金。

⑥ 投资参股上海鲲鹏投资发展有限公司的项目。我公司受让东方国际(集团)有限公司所持有的上海鲲鹏投资发展有限公司 15%的股权。资金已全部到位,目前正在办理法律手续。

⑦ 增量投资上海佳达国际货运有限公司的项目。2000 年度公司出资 622.57 万增量投资该项目,资金已到位。

⑧ 增量投资上海经贸国际货运实业公司的项目。2000 年度公司增加投资 1,900 万,资金已到位。

⑨ 已补充公司流动资金 19,470 万元,募股资金的到位一定程度上保证了公司正常生产经营所需的流动资金。

(2)报告期内自有资金投资情况

① 组建上海瑞恒企业发展有限公司。公司出资 225 万人民币与上海康润电器有限公司等投资设立上海瑞恒企业发展有限公司,占注册资本 75%。

② 参股上海华创信息技术进出口有限公司。公司出资 300 万人民币与上海华东电脑股份有限公司 组建华创信息技术进出口公司,占注册资本 30%。

③ 参股华安证券有限责任公司。经充分的考察论证,公司决定以自有资金投资 9500 万元参股华安证券有限责任公司 9500 万股,该公司注册资本 17.05 亿人民币,公司占 5.87%。

4.2001 年业务发展计划

2001 年公司将聘请专业咨询机构,对公司中长期的发展进行战略性定位和规划,抓住全球经济一体化,中国即将加入世贸组织以及公司性质转变为上市公司的三大背景,紧紧围绕"重铸企业核心竞争优势"这一中心来展开研讨,制定规划和分阶段目标,在具体规划上要突出战略上的前瞻性。

2001 年公司将进一步加强管理、加大改革力度、深化体制转变,以生产高质量的产品,达到先进的技术水平,实施品牌战略,推行高效规范的管理模式,建设稳固的国际国内市场和营销网络,树立坚定的团队精神这六个方面为指导性思路,在 2001 年做好以下十个方面工作。

(1)加强工贸结合的力度,体现工贸结合优势;

(2)点面结合,大力推进和实施品牌战略;

(3)加强与客户的合作交流,巩固发展客户资源;

(4)用好配额资源,充分挖掘配额含金量;

(5)调整海外发展战略,充实海外企业,建设成为外销业务的"前沿阵地";

(6)继续加大投资管理力度;

(7)"巩固完善、深化内涵、突出时效",进一步将国际质量体系标准向深度和广度推进;

(8)在办公方式、贸易方式上进行数字化革新,充分利用现代高科技手段带来的优势;

(9)加强对员工的业务培训工作,建设优秀的企业文化,全面提高劳动生产效率和企业的整体素质;

(10)建立健全激励机制,调动工作积极性,增强企业的市场竞争力。

5.董事会日常工作情况

(1)报告期内董事会会议的召开时间、重要决议及其刊登的信息披露报纸及日期

2000 年度公司共召开了六次董事会。会议情况及决议如下:

① 第一届董事会第六次会议于 2000 年 4 月 6 日在公司召开,会议审议并通过以下决议:

A.同意总经理工作报告;

B.同意 1999 年度财务决算方案和 2000 年财务预算;

C.同意 2000 年公司经营者分配方案;

D.同意《关于请求取消增加发行额度专项收购国有资产的说明》。

② 第一届董事会第七次会议于 2000 年 7 月 4 日在公司召开,会议审议并通过如下决议:

A.同意总经理作的《公司发行工作总结》;

B.同意向上海证券交易所申请公司社会公众股上市;

C.同意公司变更注册资本为 32000 万元及企业类型为上市公司。

③ 第一届董事会第八次会议于 2000 年 7 月 11 日在公司召开,会议审议并通过公司总经理作的《上市工作情况汇报》。

以上会议召开时公司还未上市,因此没有在证监会指定报纸上披露。

④ 公司第一届董事会第九次会议于 2000 年 8 月 21 日在公司召开。会议审议并通过如下决议:

A.同意公司变更注册地址;

B.同意 2000 年度中期报告及其摘要;

C.同意《东方国际创业股份有限公司经营者群体及主要业务骨干激励方案》;

D.同意《东方国际创业股份有限公司对外投资决策暂行办法》暨成立东方国际创业股份有限公司投资决策委员会的提案。

该事项刊登在 2000 年 8 月 25 日《上海证券报》。

⑤ 公司第一届董事会第十次会议于 2000 年 10 月 27 日在公司召开。会议审议并通过如下决议:

A.聘任宾亚华先生为公司财务总监;

B.聘任黄大瑜先生为董事会秘书,原董事会秘书李维平先生不再担任此职务。

该事项刊登在 2000 年 10 月 31 日《上海证券报》。

⑥ 公司第一届董事会第十一次会议于 2000 年 12 月 5 日在公司召开。会议审议并通过如下决议:

A.关于参股华安证券有限责任公司的议案;

B.关于投资组建东方震旦药业有限公司的议案;

C.关于续聘大华会计师事务所的议案

该事项刊登在 2000 年 12 月 8 日《上海证券报》。

(2)董事会对股东大会决议执行情况

董事会按照 2000 年度召开的股东大会决议,认真履行了职责,各项议案均得以实施。

6.公司管理层及员工情况

(1)董事、监事、高级管理人员情况

姓名	职务	性别	年龄	任期
王祖康	董事长	男	63	1998 年 10 月至 2001 年 10 月
汪 阳	副董事长	男	56	1998 年 10 月至 2001 年 10 月
王龙坤	副董事长	男	55	1998 年 10 月至 2001 年 10 月
陈成尧	董事 总经理	男	48	1998 年 10 月至 2001 年 10 月
方国良	董事 副总经理	男	54	1998 年 10 月至 2001 年 10 月
陶 洪	董事 副总经理	男	44	1998 年 10 月至 2001 年 10 月
朱建民	董事 副总经理	男	46	1998 年 10 月至 2001 年 10 月
徐建新	董事	男	45	2000 年 10 月至 2001 年 10 月
王 佳	董事	女	36	1999 年 7 月至 2001 年 10 月
陈鹏生	独立董事	男	67	2000 年 10 月至 2001 年 10 月
孙 铮	独立董事	男	43	2000 年 10 月至 2001 年 10 月
倪鸿福	监事会主席	男	67	1998 年 10 月至 2001 年 10 月
陈苏明	监事	男	55	1998 年 10 月至 2001 年 10 月
陆朴鸣	监事	男	51	1998 年 10 月至 2001 年 10 月
陈 骅	监事	男	46	1999 年 5 月至 2001 年 10 月
吴 彪	监事	男	47	1999 年 5 月至 2001 年 10 月
朱陶伟	副总经理	男	47	1998 年 10 月至 2001 年 10 月
宾亚华	财务总监	男	47	2000 年 10 月至 2001 年 10 月
黄大瑜	董事会秘书	男	45	2000 年 10 月至 2001 年 10 月

说明:① 以上董事、监事、高级管理人员均未持股。

② 以上董事、监事、高级管理人员中,王祖康、汪阳、王龙坤、徐建新、陈鹏生、孙铮、倪鸿福、陈苏明、陆朴鸣、陈骅、吴彪、宾亚华 12 人不在公司领取报酬;其余人员年度报酬总额在 15 万至 20 万的有 1 人;20 至 25 万的有 6 人。

③ 在报告期内,因公司股权结构发生变化,徐伟民、万国光、蒋明明、答朝宗、刘建伟不再担任董事职务。

④ 在报告期内,因工作原因李维平不再担任董事会秘书,公司聘任黄大瑜为董事会秘书。

(2)公司职工情况

截止 2000 年 12 月 31 日,本公司在册员工总计 475 人(其中管理人员 85 人,生产、销售、技术人员 337 人,财务人员 37 人,其它人员 16 人),大专以上学历 261,大专以下学历 214 人。退休职工 34 人。

7.本次利润分配和公积金转增股本预案及下年度利润分配政策

① 经大华会计师事务所有限公司审计,母公司 2000 年度实现利润总额 128,241,939.05 元,净利润 98,214,227.61 元,按 10%提取法定公积金 9,821,422.76 元,按 5%提取法定公益金 4,910,711.38 元,按 5%提取任意盈余公积 4,910,711.38 元,根据 2000 年 10 月 14 日临时股东大会通过的《东方国际创业股份有限公司经营者群体及主要业务骨干激励方案》,提取经营者群体及业务骨干奖励金 6,819,600 元后,加上上年末分配利润 27,239,188.29 元,可供股东分配的利润 98,990,970.38 元。拟向全体股东每 10 股派发现金股利 1.6 元(含税),共计为 51,200,000 元,余额 47,790,970.38 元,结转 2001 年度分配。

此分配预案须提交股东大会审议通过。

② 预计 2001 年度本公司分配利润 1 次;2001 年度实现净利润用于股利分配不低于 30%;2000 年度未分配利润用于 2001 年度股利分配的比例不低于 30%;分配方式主要采取派发现金的形式;现金股息占股利分配的比例不低于 50%。公司董事会可视公司实际情况对该分配政策进行调整。

8.报告期内未变更指定信息披露报纸。

六 、监事会报告

1.本年度共召开监事会会议二次：

(1)一届三次会议于2000 年4 月6 日召开，审议通过总经理1999 年工作总结和2000 年工作规划、1999 年财务决算和2000 年财务预算。本次会议召开时公司还未上市，因此没有在证监会指定报纸上披露。

(2)一届四次会议于2000 年8 月21 日召开，审议通过将公司注册地址由娄山关路85 号变更为上海市浦东新区陆家嘴路166 号、《东方国际创业股份有限公司2000 年度中期报告》及摘要、《东方国际创业股份有限公司经营者群体及主要业务骨干激励方案》、《东方国际创业股份有限公司对外投资决策暂行办法》。本次会议决议刊登在2000 年8 月25 日《上海证券报》

2.依照《公司法》及《公司章程》赋予的职责，本着对全体股东负责，维护全体所有者权益的宗旨，2000 年度监事会成员主要在以下几个方面开展了监督工作，并就监督结果发表意见如下：

(1)公司严格依照《公司法》、《证券法》及国家有关的法律、法规运作规范，决策程序合法，内部控制制度比较完善。公司董事、经理执行公司职务时无违反法律、法规、公司章程或损害公司利益的行为。

(2)公司经营业绩已经大华会计师事务所有限公司审计。2000 年度资产负债表、利润及利润分配表、现金流量表等也已经大华会计师事务所有限公司审计并出具无保留意见审计报告，真实反映了公司的财务状况和经营成果。

(3)公司关联交易公平，没有损害本公司的利益。

七 、重要事项

1.本年度公司重大诉讼、仲裁事项

2000 年10 月11 日，对于本公司诉智利Montana Sport S.A.和Commercial Avalancha S.A.经济纠纷，经中国国际经济贸易仲裁委员会上海分会仲裁庭终局裁决，处理结果如下：被申请人支付货款1,029,219.90 美元以及延付利息1439.19 美元，并承担仲裁费265,600 元人民币。

2.本年度公司、公司董事及高级管理人员未发生受监管部门处罚的情况。

3.本年度公司控股股东没有变化；原公司董事徐伟民、万国光、蒋明明、答朝宗、刘建伟因公司股权结构发生变化，不再担任董事职务，增补徐建新、陈鹏生、孙铮为公司董事；总经理未发生变更；原公司董事会秘书李维平因工作原因不再担任该职务，公司聘请黄大瑜为董事会秘书。

4.本年度公司未发生收购及出售资产、吸收合并事项。

5.本年度公司重大关联交易。

(1)本年度应付帐款中应付东方国际(集团)有限公司22,184,201.97 元系公司下属公司东方国际集团上海荣恒国际贸易有限公司向其支付的房款。

(2)公司出租所属东方国际大厦给东方国际(集团)有限公司使用，应收房款3,848,723.52 元。

(3)公司出租所属东方国际大厦给上海嘉盟实业有限公司使用，应收房款1,736,111.16 元。

6.公司与股东在资产、人员、财务上的"三分开"的情况：

(1)在人员方面，公司在劳动、人事及工资管理等方面独立；总经理、副总经理等高级管理人员在公司领取薪酬，并在股东单位不担任职务。

(2)在资产方面，公司拥有独立的生产系统、辅助生产系统和配套设施；公司与控股股东东方国际(集团)有限公司于1998 年12 月1 日签订了《商标无偿使用许可协议》，无偿使用部分控股股东的商标；其它商标、工业产权、非专利技术等无形资产由公司独立拥有；采购和销售系统由公司独立拥有。

(3)在财务方面，公司设立独立的财会部门，并建立了独立的会计核算体系和财务管理制度；独立在银行开户。

7.本年度公司无托管、承包、租赁其他公司资产或其他公司托管、承包本公司资产的事项。

8.本年度公司继续聘任大华会计师事务所有限公司负责公司审计工作。

9.本年度公司担保事项：为东方国际创业浦东服装进出口有限公司(系本公司的控股子公司)向交通银行上海分行担保1000 万元，担保期限2000 年4 月至2001 年4 月。

10.本年度公司未更改名称或股票简称。

11.本年度公司及持股5%以上股东东方国际(集团)有限公司未在指定报纸和网站上披露承诺事项。

12.根据沪财企一[2000] 361 号文以及沪财四发[2001] 10 号文，我公司自2000 年9 月1 日起至2002 年12 月31 日止享有上海市浦东新区内资企业税收政策，减按15%的税率缴纳企业所得税。

八 、财务会计报告

1.审计报告

公司财务报告经大华会计师事务所中国注册会计师曹培青，曹勤审计并出上人标准无保留意见的审计报告(华业字(2001)第346 号)。

2.会计报表(附后)

九 、公司的其他有关材料

1.公司首次注册登记日期：1998 年11 月18 日

2.企业法人营业执照注册号：3100001005620

3.税务登记号：地税沪字310044132212080，国税沪字310044132212080

4.公司未流通股票的托管机构名称：上海证券中央登记结算公司

5.公司报告期内证券主承销机构名称：中信证券股份有限公司

6.公司聘请的会计师事务所名称、办公地址：大华会计师事务所有限公司

十 、备查文件目录

1.载有企业负责人、财务负责人、会计主管人员签名并盖章的会计报表。

2.载有会计事务所盖章、注册会计师签名并盖章的审计报告原件。

3.报告期内中国证监会指定报刊上公开披露过的所有公司文件的正本及公告原稿。

资产负债表

编制单位:东方国际创业股份有限公司　　2000 年12 月31 日　　金额单位:元

资产	2000 年度(合并)	2000 年度(母公司)
流动资产：		
货币资金	507488371.81	405723558.27
短期投资	115373615	107342580
短期投资净额	115373615	107342580
应收票据	3900000	
应收股利		2138331.7
应收帐款	370587060.04	265643976.32
其它应收款	47590831.36	28785978.31
减：坏帐准备	42910703.37	32801474.91
应收帐款净额	375267188.03	261628479.72
预付帐款	51840107.59	40451788.05
应收补贴款	142602377.27	103668719.58
存货	128768896.14	91262075.86
减：存货跌价准备	15969763.39	14033358.85
存货净额	112799132.75	77228717.01
待摊费用	51459459.99	43028997.02
流动资产合计	1360730252.44	1041211171.35
长期投资：		
长期股权投资	268018849.21	393588868.93
长期债权投资	1231450	1225900
长期投资合计	269250299.21	394814768.93
减：长期投资减值准备	2050000	
长期投资净额	267200299.21	394814768.93
其中：合并价差	4668507.9	
股权投资差额	1932295.54	1932295.54
固定资产：		
固定资产原值	526591025.19	316507530.79
减：累计折旧	106523101.79	42031990.77
固定资产净值	420067923.4	274475540.02
在建工程	11980161.55	
固定资产合计	432048084.95	274475540.02
无形及其它资产：		
无形资产	19924259.57	1304620.8
开办费	6815	
长期待摊费用	10143811.17	4796245.8
无形资产及其它资产合计	30074885.74	6100866.6
递延税项：		
资产总计：		
资产总计	2090053522.34	1716602346.9
流动负债：		
短期借款	394510000	300000000
应付帐款	438733950.68	314877582
预收帐款	81926627.39	59827103.03
应付工资	7830437.9	
应付福利费	15795137.75	7785138.8
应付股利	53851278.44	51745153.05
应付税金	453484.93	4469359.32
其它应交款	629819.29	41311.14
其它应付款	69773822.66	32046322.77
预提费用	757972.37	608290
流动负债合计	1064262531.41	771400260.11
长期负债：		
其它长期负债	9303864.91	9897881.4
长期负债合计	9303864.91	9897881.4
递延税项：		
负债合计：		
负债合计	1073566396.32	781298141.51
少数股东权益：		
少数股东权益	81182920.63	
股东权益：		
股本	320000000	320000000
资本公积金	535842642.51	535842642.51
盈余公积	41475995.24	31670592.5
其中：公益金	11595713.24	8919960.38
未分配利润	37985567.64	47790970.38
股东权益合计	935304205.39	935304205.39
负债和股东权益总计：		
负债和股东权益总计	2090053522.34	1716602346.9

利润及利润分配表

编制单位:东方国际创业股份有限公司　　2000 年度　　金额单位:元

项目	2000 年度(合并)	2000 年度(母公司)
一、主营业务收入	2779714071.78	1887041401.77
减：折扣与折让		
主营业务收入净额	2779714071.78	1887041401.77
减：主营业务成本	2348532503.73	1551115571.1
主营业务税金及附加	2982306.51	
二、主营业务利润	428199261.54	335925830.67
加：其他业务利润	14745859.98	9110755.66
减：存货跌价损失	2736161.54	882260
营业费用	247790998.67	210894844.38
管理费用	88702576.57	41901672.15
财务费用	-3173525.66	1192750.88
三、营业利润	106888910.4	90165058.92
加：投资收益	27791191.3	35961511.71
期货损益		
补贴收入	2281005.38	671197.36
营业外收入	2102020.32	1454872.77
以前年度损益调整		
减：营业外支出	829558.88	10701.71
分给外单位利润		
四、利润总额	138233568.52	128241939.05
减：所得税	34905994.71	30027711.44
少数股东损益	5080195.2	
五、净利润	98247378.61	98214227.61
加：年初未分配利润	23216068.85	27239188.29
盈余公积转入数		
年初未分配利润调整		
减少注册资本减少的未分配利润		
六、可供分配的利润	121463447.46	125453415.9
减：提取法定盈余公积金	13694432.34	9821422.76
提取法定公益金	6011308.47	4910711.38
提取职工奖励福利基金	33151	
七、可供股东分配的利润	101724555.65	110721281.76
减：应付优先股股利		
提取任意盈余公积金	5719388.01	4910711.38
应付普通股股利	58019600	58019600
转作股本的普通股股利		
八、未分配利润	37985567.64	47790970.38

东方国际创业股份有限公司上市公告书

本公司董事会保证本上市公告书所载资料不存在任何重大遗漏、虚假陈述、或者严重误导,并对其内容的真实性、准确性和完整性负个别及连带责任。

上海证券交易所对本公司股票上市及有关事项的审查,均不构成对本公司的任何保证。

本公司董事会提醒广大投资者注意, 凡本公告书未涉及的有关内容请投资者查阅2000年6月23日刊登于《上海证券报》、《中国证券报》和《证券时报》的东方国际创业股份有限公司招股说明书概要。

一、要　览

股票简称:“东方创业”
证券代码:600278
总股本:32,000万股
可流通股本:8,000万股
本次上市流通股本:4,000万股
上市地点:上海证券交易所
上市时间:2000年7月12日
登记机构:上海证券中央登记结算公司

二、绪　言

本上市公告书是根据《中华人民共和国公司法》、《中华人民共和国证券法》、《股票发行与交易管理暂行条例》、《公开发行股票公司信息披露实施细则》和《上海证券交易所股票上市规则》等国家有关法律、法规之规定,并按照中国证券监督管理委员会制定的公开发行股票公司信息披露的内容与格式准则第七号《上市公告的内容与格式(试行)》而编制,旨在向投资者提供有关东方国际创业股份有限公司(以下简称本公司)和本次股票上市的有关情况。

经中国证监会证监发行字[2000]73号文核准,本公司已于2000年6月16日至6月30日成功地向社会公开发行了每股面值1.00元的人民币普通股8000万股,每股发行价人民币6.25元。其中向战略投资者配售4000万股,向一般投资者上网定价发行4000万股。

经上海证券交易所上证上[2000]45号《上市通知书》批准,本公司向一般投资者上网定价发行的4000万股社会公众股,将于2000年7月12日在上海证券交易所挂牌交易,股票简称“东方创业”,股票代码“600278”。向战略投资者配售的4000万股A股,自本次上市一年后申请上市交易。

本公司已于2000年6月23日分别在《上海证券报》、《中国证券报》和《证券时报》上刊登了《招股说明书概要》,距今不足六个月,故与其重复的内容在此不再陈述。

本公司董事会及全体董事已批准本上市公告书,确信其中不存在任何虚假记载、误导性陈述或重大遗漏,并对其内容的真实性、准确性和完整性负个别及连带责任。

三、公司概况

(一)主要发起人简介

(1)东方国际(集团)有限公司

集团公司是经国家外经贸部和上海市人民政府批准,于1994年11月注册成立的大型外贸企业集团(国有独资公司),注册资本8亿元,注册地址为上海市高邮路44弄1号,法定代表人王祖康,集团公司经营范围为:经营和代理纺织品、服装等商品的进出口业务;承办中外合资经营、合作生产、三来一补业务;经营技术进出口业务和轻纺、服装行业的国外工程承包业务、境内国际招标工程、对外派遣各类劳务人员;承办国际货运代理业务。

集团公司组建多年以来,规模日益扩大,改革与发展取得了一定成效。1997年3月,经国务院批准,集团公司成为全国两家综合商社试点单位之一,同时被列为全国120家大型企业集团试点之一,是唯一进入该试点的地方外贸企业集团,目前,集团公司业务范围已涵盖了外贸、内贸、货运、房地产、工业生产、服务贸易和对外经济合作等领域,经营产品已从纺织品和服装逐步向轻工、机电、化工、高科技等领域伸展,初步实现了从单一的专营外贸公司向多功能的综合商社转变,总体实力和功能明显增强,1999年出口额全国第一,进出口额全国排名第五,并已形成了完整的出口生产加工基地和服务体系,经营出口商品5000多个大类品种,国内外注册商标95个,1994年被上海市政府授权为国有资产经营主体。

股份公司是集团的核心骨干企业。股份公司集中了集团总资产的五分之一以上,且该部分资产均为集团公司的优质资产。股份公司的职工人数仅占集团总人数的10%,出口规模的五分之一,其创造利润占集团利润总额的60%左右。

(2)东方国际集团上海市丝绸进出口有限公司

丝绸公司成立于1982年4月15日,系国有独资公司,现注册资本5,933万元,注册地址上海市吴兴路283号,法定代表人徐伟民先生。丝绸公司主要经营丝、绸及其织品的进出口业务。

(3)东方国际集团上海市纺织品进出口有限公司

纺织品公司成立于1982年4月5日,系国有独资公司,现注册资本3,016万元,注册地址上海市四平路200号盛泰国际大厦,法定代表人万国光先生。纺织品公司主要经营呢绒、纺织疋头、棉、毛纱进出口业务。

(4)东方国际集团上海市针织品进出口有限公司

针织品公司成立于1984年9月25日,系国有独资公司,现注册资本5,436万元,注册地址上海市北苏州路1040号,法定代表人钟伟民先生。针织品公司主要经营棉、毛针织品进出口业务。

(5)东方国际集团上海市家用纺织品进出口有限公司

家用纺织品公司成立于1984年9月7日,系国有独资公司,现注册资本4,120万元,注册地址上海市四平路210号,法定代表人贺静仪女士。家纺公司主要经营毛、浴巾、床上用品、家用纺织品进出口业务。

(6)东方国际集团上海市对外贸易有限公司

对外贸易公司成立于1988年1月1日,系国有独资公司,现注册资本2,084万元,注册地址上海市娄山关路85号,法定代表人刘建伟先生。对外贸易公司主要从事各种商品的进口代理业务和非纺织品的出口业务。

(二)公司历史沿革

本公司是经上海市人民政府沪府体改审(1998)072号《关于同意设立东方国际创业股份有限公司的批复》批准设立,由东方国际(集团)有限公司、东方国际集团上海市丝绸进出口有限公司、东方国际集团上海市纺织品进出口有限公司、东方国际集团上海市针织品进出口有限公司、东方国际集团上海市家用纺织品进出口有限公司、东方国际集团上海市对外贸易有限公司六家股东采取发起设立方式设立的。其中主要发起人东方国际集团有限公司将其下属上海市服装进出口司主要从事对外进出口业务的生产经营性资产及经贸货运公司60%股权、荣恒贸易公司39.14%股权所代表的净资产经评估后折股投入股份公司,该部分资产已经上海会计师事务所上会师报字[98]第0260号评估并经上海市资产评审中心沪评[1998]513号文确认,净资产总额为36,444.69万元;其他五家发起人则均以现金形折股投入股份公司,该部分现金总计人民币478.38万元。各发起人出资资产经上海市国有资产管理办公室沪国资产[1998]241号文批复同意按1:0.65的折股比例折为本公司股本,股本总计240,000,000股。

本次8000万A股公开发行后,公司股本总额增至32,000万元,本公司已于2000年7月5日在上海市工商行政管理局依法办理了变更登记手续, 注册号为3100001005620。

四、股票发行及承销

(一)本次股票公开发行情况

发行方式:向法人投资者配售和向一般投资者上网定价发行相结合
发行日期:2000年6月16日至6月30日
公开发行数量:8,000万股
其中:向一般投资者上网定价发行4,000万股
向战略投资者配售4,000万股
发行价格:人民币6.25元/股
募集资金总额:48,289万元(已扣除有关发行费用)
中签率0.18718908%
本次发行有效申购户数为1,241,213户
持有1000股以上(含1000股)的户数:39232户
发行费用总额:1,711万元
每股发行费用:0.214元
发行市盈率: 21.04倍(加权平均)　24.04倍(全面摊薄)

(二)股票承销

本次公开发行的社会公众股共计8,000万股,其中向一般投资者上网定价发行的4,000万股已被投资者全额认购;向战略投资者配售的4,000 万股也被投资者全额认购。

(三)验资报告　　华业字(2000)第1009号

东方国际创业股份有限公司:

我们接受委托,对贵公司向社会公众募集股份而增加的股本及相关的资产、负债的真实性和合法性进行审验。我们按照《中国注册会计师独立审计实务公告第1号–验资》的规定,根据贵公司的具体情况实施了我们认为必要的审验程序。贵公司的责任是提供真实、合法、完整的验资资料,保护资产的安全、完整;我们的责任是在对上述资料进行审验的基础上出具真实、合法的验资报告。

贵公司经一九九九年度第一次(临时)股东大会决议通过并报经中国证监会批准向社会公众公开发行人民币普通股。本次股票发行数量80,000,000股,每股面值1元,溢价发行,发行价为每股人民币6.25元,委托中信证券股份有限公司承销,应募集股款为人民币500,000,000.00元,扣除承销费用11,755,200元后,实际募集股款为人民币488,244,800元,经过我们审验,截至2000年7月3日止,承销机构已缴入募集的股款人民币肆亿捌仟捌佰贰拾肆万肆仟捌佰元整(¥488,244,800.00)。其中股本80,000,000.00元,资本公积408,244,800.00元,与缴入股款相关的资产总额为人民币488,244,800.00元,均为货币资金。

附件:1、变更前后注册资本、实收资本对照表;
2、验资事项说明;
3、验资证明表。

大华会计师事务所有限公司　　中国注册会计师
汪阳
曹勤
中国.上海.昆山路146号　　2000年7月3日

(四)募集资金到位情况

2000年6月30日,经中信证券股份有限公司解入中信实业银行上海分行08678082600031517帐号东方国际创业股份有限公司帐户股款人民币250,000,000.00元。2000年7月3日,经中信证券股份有限公司解入中信实业银行上海分行08678082600031517帐号东方国际创业股份有限公司帐户股款人民币238,244,800.00元。其中股本80,000,000.00元,资本公积408,244,800元(已扣除承销费用11,755,200元)。

五、董事、监事及高级管理人员简介和持股情况

(一)董事、监事及高级管理人员简介

1、董事

王祖康先生:62岁,大专学历,高级经济师,曾任哈尔滨电机厂技术员,国家经委企业管理局干部,国家计委华东经济调查组组员,上海市计委处长、副主任,上海市外经贸委常务副主任、主任等职。现任股份公司董事长、集团公司董事长。

汪阳先生:55岁,大专学历,高级经济师,曾任上海市宝钢总厂外事处翻译,上海化工局科技情报所编辑,上海市投资信托公司科长,日本野村研究所上海市信托投资公司联合咨询事务所所长,上海市对外服务公司副经理、总经理,上海市外经贸委副主任等职。现任股份公司副董事长、集团公司副董事长、总裁。

王龙坤先生:54岁,大专学历,高级国际商务师,曾任上海市服装进出口公司副科长、副总经理、总经理兼党委副书记等职。现任股份公司副董事长、集团公司副总裁。

陈成尧先生:47岁,大学学历,高级经济师,曾任上海市家用纺织品进出口公司副科长、科长,副总经理,东方国际集团事业发展部部长等职。现任股份公司总经理。

方国良先生:53岁,大专学历,高级经济师,曾任上海市丝绸进出口公司副科长、部门经理、襄理、副总经理,东方国际集团财务部部长,东方国际集团上海市服装进出口有限公司总经理、党委书记等职。现任股份公司副总经理、党委书记。

陶　洪先生:43岁,大专学历,国际商务师,曾任上海市朝阳农场汽车标件厂副厂长,上海农场管理局工业处生产科副科长,上海市外经贸委主任科员、副处长,上海经贸投资开发公司副总经理,东方国际集团上海荣恒国际贸易公司总经理等职。现任股份公司副总经理、东方国际集团上海荣恒国际贸易公司董事长。

朱建民先生:45岁,大专学历,国际商务师,曾任云南东风农场九分场党委副书记,上海外贸仓储公司副总经理,上海经贸国际货运实业有限公司总经理兼党委副书记等职。现任股份公司副总经理、上海经贸国际货运实业有限公司董事长。

徐伟民先生:43岁,大学学历,高级国际商务师,曾任上海市丝绸进出口公司业务员、外销员、科长等职。现任东方国际集团上海市丝绸进出口有限公司总经理。

万国光先生:45岁,大学学历,高级国际商务师,曾任中共中央直属西苑机关助理员,上海市委机关助理员,上海市丝绸进出口公司科长、襄理、副总经理兼浦东公司总经理等职。现任东方国际集团上海市纺织品进出口有限公司总经理。

蒋明明先生:43岁,大专学历,高级国际商务师,曾任上海市服装进出口公司副科长,上海市针织品进出口公司科长、襄理兼浦东公司总经理等职。现任东方国际集团上海市针织品进出口有限公司总经理。

答朝宗先生:46岁,大专学历,高级国际商务师,曾任上海市家用纺织品进出口公司副科长,常驻美国纽约家纺国际有限公司总经理,上海市家用纺织品进出口公司襄理、副总经理等职。现任东方国际集团上海市家用纺织品进出口有限公司总经理。

刘建伟先生:46岁,大学学历,高级国际商务师,曾任机械部第八研究所技术员,无锡钟表总厂助理工程师,中国海洋直升机上海公司副总经理,上海市航空进出口公司总经理等职。现任东方国际集团上海市对外贸易有限公司总经理。

王　佳女士:35岁,大学学历,高级国际商务师,曾任上海市服装进出口公司副科长、科长,东方国际集团上海市服装进出口有限公司党委书记助理等职。现任股份公司党委副书记兼工会主席。

2、监事

倪鸿福先生:66岁,曾任中共上海市东郊区委宣传部副部长,中共川沙县委副书记、书记,崇明县委书记,中共上海市委农村工作委员会书记,上海市副市长,中共上海市委副书记,上海市人民检察院检察长等职。现任股份公司监事长。

陈苏明先生:54 岁,大专学历,高级政工师,曾任上海市纺织品进出口公司副科长、党委副书记、纪委书记,上海市外经贸委纪委副书记、书记等职。现任东方国际集团有限公司党委副书记兼工会主席。

陆朴鸣先生:50 岁,大学学历,高级经济师,曾任上海黄浦无线电元件厂党支部副书记,厂长,上海向阳无线电元件厂厂长,中共上海市委组织部干教处副处长、处长、经济干部处处长等职。现任东方国际(集团)有限公司纪委书记兼人力资源部部长和组织部部长。

陈　骅先生:45 岁,大专学历,助理经济师,曾任职于上海市家用纺织品进出口公司,东方国际集团上海荣恒国际贸易有限公司。现任股份公司工会副主席,系公司职工代表。

吴　彪先生:46 岁,大专学历,曾在经贸部拉美贸易中心、上海外贸储运公司箱运部工作。目前系股份公司职工代表。

3、其他高级管理人员

朱陶伟先生:46 岁,大专学历,国际商务师,曾任上海市服装进出口公司科长、副总经理等职。现任股份公司副总经理。

李维平先生:60 岁,大学学历,高级国际商务师,曾任上海市服装进出口公司科员、副科长、科长、经理办公室主任等职。现任股份公司董事会秘书兼总经理办公室主任。

李苏华先生:40 岁,大学学历,高级会计师,曾任上海市服装进出口公司财务科副科长、科长等职。现为股份公司财务负责人。

(二)本公司董事、监事及高级管理人员持股情况

上述公司董事、监事及高级管理人员均未持有本公司股票。

六、公司设立

本公司是经上海市人民政府沪府体改审(1998)072 号《关于同意设立东方国际创业股份有限公司的批复》批准设立,由东方国际(集团)有限公司、东方国际集团上海市丝绸进出口有限公司、东方国际集团上海市纺织品进出口有限公司、东方国际集团上海市针织品进出口有限公司、东方国际集团上海市家用纺织品进出口有限公司、东方国际集团上海市对外贸易有限公司六家股东共同发起,采取发起设立方式设立的。其中主要发起人东方国际集团有限公司将其下属上海市服装进出口公司主要从事对外进出口业务的生产经营性资产及经贸货运公司 60%股权、荣恒贸易公司 39.14%股权所代表的净资产经评估后折股投入股份公司,该部分资产已经上海会计师事务所上会师报字[98]第 0260 号评估并经上海市资产评审中心沪评[1998]513 号文确认,净资产总额为 36,444.69 万元;其他五家发起人则均以现金形折股投入股份公司,该部分现金总计人民币 478.38 万元。各发起人出资资产经上海市国有资产管理办公室沪国资产 [1998]241 号文批复同意按 1:0.65 的折股比例折为本公司股本,股本总计 240,000,000 股。

经中国证监会证监发行字[2000] 73 号文批准,本公司已于 2000 年 6 月 16 日至 6 月 30 日成功发行了每股面值 1.00 元的人民币普通股 8000 万股,每股发行价人民币 6.25 元。其中向战略投资者配售 4000 万股,向一般投资者上网定价发行 4000 万股。本次募集资金已全部到位,本次 8000 万 A 股公开发行后,公司股本总额增至 32,000 万元,本公司已于 2000 年 7 月 5 日在上海市工商行政管理局依法办理股本变更登记,注册号为 3100001005620。

公司于 1999 年 5 月 28 日召开了 1999 年度第一次临时股东大会,会议通过了"同意申请发行 A 股并申请在上海证券交易所上市交易"的决议"。

公司注册资金:32,000 万元

变更注册时间:2000 年 7 月 5 日

注册地址:上海市娄山关路 85 号

营业执照注册号码:3100001005620

七、关联企业及交易

1、关联企业:

(1) 东方国际(集团)有限公司

集团公司是经国家外经贸部和上海市人民政府批准,于 1994 年 11 月注册成立的大型外贸企业集团(国有独资公司),注册资本 8 亿元,注册地址为上海市高邮路 44 弄 1 号,法定代表人王祖康。集团公司现持有股份公司 74.03%的股权。

(2) 东方国际集团上海荣恒国际贸易有限公司

该公司成立于 1992 年 12 月,注册资本 3500 万元,注册地址上海市浦东新区乳山路 202 号,法定代表人陶洪。该公司主要经营三类产品的进出口、"三来一补"、实业投资开发、商业批发(包括生产资料)零售及经营咨询服务等业务。股份公司现持有其 62%的股权。

(3) 上海经贸国际货运实业有限公司

该公司是经国家外经贸部批准,拥有中国民航总局批准的国际航空销售代理权的国际货运代理企业,成立于 1992 年 6 月,注册资本 3,000 万元,注册地址上海市浦东南路 2162 号,法定代表人朱建民。该公司主要经营海、陆、空国际货运代理业务和国际航空快件业务,接受进出口货物订舱、报关、报验、拼装拆箱、仓储、中转、进口保税、集卡运输及国际多式联运业务。股份公司现持有其 60%的股权。

(4) 东方国际创业浦东服装进出口有限公司

该公司成立于 1992 年 7 月,注册资本 1,136.5 万元,注册地址上海市浦东新区东园三村 335 号 1001 室,法定代表人陈成尧。该公司主要经营阿拉伯袍裤和服装,纺织品出口和服装、服装面料、纺织品进口业务。股份公司现持有其 88%的股权。

(5) 东方国际创业闵行服装实业有限公司

该公司成立于 1982 年 12 月,注册资本 2,005 万元, 注册地址上海市闵行区剑川路 388 号,法定代表人王龙坤。 该公司主要经营服装和原辅材料内销及其自产服装的出口业务。股份公司现持有其 90%的股权。

(6) 东方国际创业白鹤服装实业有限公司

该公司成立于 1989 年 10 月,注册资本 560 万元, 注册地址上海市青浦县白鹤镇盈东街 68 号,法定代表人方国良。该公司主要经营服装、服装水洗、原辅材料销售及自产服装出口。股份公司现持有其 69.1%的股权。

(7) 上海高南制衣有限公司

该公司成立于 1993 年 9 月, 注册资本 957 万元, 注册地址上海市浦东新区东沟镇行南路 501 号,法定代表人陈成尧。该公司主要经营服装及其面、辅料的生产销售。股份公司现持有其 64.09%的股权。

(8) 上海嘉利服装辅料有限公司

该公司成立于 1994 年 2 月,注册资本 165 万美元,注册地址上海市青浦县小蒸镇工业小区,法定代表人王龙坤。该公司主要经营喷胶棉、仿丝棉、松棉、软棉的生产销售。股份公司现持有其 70%的股权。

(9) 上海东展西服有限公司

该公司成立于 1989 年 10 月, 注册资本 320 万元, 注册地址上海市南汇县康桥工业区沪南路 1011 号,法定代表人朱陶伟。该公司主要经营服装、服饰及辅料制造加工批发零售业务。股份公司现持有其 35%的股权。

(10) 上海东堡制衣有限公司

该公司成立于 1981 年 6 月,注册资本 487 万元,注册地址上海市闵行区周鲁线康桥车站,法定代表人吴秀宝。该公司主要经营自产产品和相关技术的出口业务。股份公司现持有其 33.02%的股权。

(11) 上海丝金时装有限公司

该公司成立于 1989 年 1 月, 注册资本 28000 万日元, 注册地址上海市北桥镇闵行区沪闵路 1871 号,法定代表人王龙坤。该公司主要经营以女装为主的各种高级时装、绣花品、服饰品的生产和销售。股份公司现持有其 25%的股权。

(12) 上海东方丝绸时装有限公司

该公司成立于 1993 年 9 月, 注册资本 370 万元, 注册地址上海市浦东新区六团镇普陀路 465 号, 法定代表人朱水福。该公司主要经营丝绸服装和化纤服装的生产和销售。股份公司现持有其 16%的股权。

(13) 上海东利制衣有限公司

该公司成立于 1999 年 9 月,注册资本 577 万元,注册地址上海市南汇县东海镇盐朝路 865 号,法定代表人周林飞。该公司主要经营服装、服饰制品的生产销售。股份公司现持有其 10%的股权。

(14) 上海恩瓦德时装有限公司

该公司成立于 1995 年 7 月,注册资本 150 万美元,注册地址上海市北苏州路 1040 号 3 楼,法定代表人朱陶伟。该公司主要从事中高档男装西服的生产销售。股份公司现持有其 33%的股权。

(15) 上海市六团丝绸时装有限公司

该公司成立于 1993 年 10 月,注册资本 143 万元, 注册地址浦东新区川六公路 2299 号,法定代表人杨卫明。该公司主要经营丝绸时装的生产销售。股份公司现持有其 16%的股权。

(16) 上海金豪时装有限公司

该公司成立于 1989 年 9 月,注册资本 80 万美元,注册地址上海市金山区廊下镇建设路 2 号,法定代表人王龙坤。该公司主要生产销售各类高级服装及服饰。 股份公司现持有其 25%的股权。

(17) 上海交大学子科技创业有限公司

该公司成立于 1999 年 12 月,注册资本 80 万元,注册地址虹桥路 333 号 612A 号室,法定代表人刘可新。该公司主要从事学生科技成果的孵化和创业投资管理咨询等服务。股份公司现持有其 18.75%的股权。

2、关联交易及协议

公司与其关联企业的全部交易均按一般及公平商业条款进行,具体如下:

(1) 1998 年 12 月 1 日,公司与集团公司签订了《非竞争协议》。根据协议, 集团公司不得经营任何竞争业务或投资、计划投资于任何竞争业务的企业,亦有义务促使其关联企业(股份公司除外)不生产、开发任何竞争业务或投资于任何竞争业务的企业。

(2) 根据公司与集团公司于 98 年 12 月 1 日签订的《商标无偿使用许可协议》,集团公司许可本公司无偿使用其拥有的"第一"、"枫叶"牌等商标直至商标注册有效期届满日。

此外,集团公司承诺,上述商标注册有效期届满后,将由集团公司履行其续展手续,并与股份公司续签《商标无偿使用许可协议》,许可股份公司继续无偿独占使用。

集团公司许可股份公司无偿使用的商标罗列如下:第一 FIRST、玫瑰 ROSE 、熊猫 PANDA、枫叶 MAPLE LEAF、鹅(图形)、鹦鹉牌 Cockatoo、锦标 Champion、星牌 Star、春风 SPRING BREEZE、曙光 DAWN、红蕾 Red Bud 、银燕 AGRENT SWALLOW、乐乐 Le Le、宝宝牌 Bo Bo、郁金香 Tulip、金链 GOLDEN CHAIN 、森林 FOREST、RACER、TRUERAN、可乐 KOOL、火花 Spark、蓝翔 LAN XIANG、SEAL、航标 BUOY、红玫瑰 RED ROSE、L'ANTI-CHER、图案(司标)、RAINBOW(花体字)。

(3) 1998 年 12 月 1 日,公司与集团公司、嘉盟实业签订了《综合服务协议》,股份公司、集团公司与嘉盟实业按照市场经济原则为对方提供办公场所、仓储、运输等综合服务。

(4) 租赁合同

a. 股份公司与东方集团就东方国际大厦 22、23 层签署了《东方国际大厦租赁合同》。根据该合同, 东方集团向股份公司租用位于上海市娄山关路 85 号东方国际大厦 A 座 22 楼、23 楼的房屋,作为办公用途。该部分房屋总面积 2,546.6893 平方米,租赁价格为每月 15.21 美元/平方米,租赁期限自 2000 年 1 月 1 日至 2000 年 12 月 31 日止。

b. 股份公司与嘉盟公司就东方国际大厦 8、9 层签署了《东方国际大厦租赁合同》。根据该合同,嘉盟公司向股份公司租用位于上海市娄山关路 85 号东方国际大厦 A 座 8 楼 、9 楼层的房屋, 作为办公用途。该部分房屋总面积 1,148.91 平方米, 租赁价格为每月 15.21 美元/平方米, 租赁期限自 2000 年 1 月 1 日至 2000 年 12 月 31 日止。

c. 股份公司与浦东公司就东园三村 335 号 9、10、11 层签署了《上海市房屋租赁合同》。根据该合同,浦东公司向股份公司租用位于上海市东园三村 9 楼、10 楼和 11 楼层的房屋,作为办公用途。该部分房屋总面积 1,585.02 平方米, 租赁价格为每月 24.33 元/平方米, 租赁期限自 2000 年 1 月 1 日至 2000 年 12 月 31 日止。

(5) 股权转让协议

a. 根据股份公司与嘉盟实业关于上海市服装进出口公司白鹤服装厂、上海嘉利服装辅料有限公司、上海市服装进出口公司闵行基地公司、上海市服装进出口公司高南制衣联营厂、上海恩瓦德时装有限公司的《股权转让协议》,股份公司以上述五家企业经上海市中华会计师事务所有限公司评估并经上海市资产评审中心确认的 1999 年 7 月 31 日净资产为基础的协议价格, 于 1999 年 9 月收购了嘉盟实业所持有上述企业的股权。收购价格分别为:

上海市服装进出口公司白鹤服装厂:8,568,442.50 元人民币;

上海嘉利服装辅料有限公司:12,472,863.77 元人民币;

上海市服装进出口公司闵行基地公司:19,394,210.34 元人民币;

上海市服装进出口公司高南制衣联营厂:5,270,126.00 元人民币;

上海恩瓦德时装有限公司:5,688,360.00 元人民币。

b. 股份公司将利用发行所募资金向集团公司收购其所持有的上海鲲鹏投资发展有限公司 15%的股权,一旦实施将构成关联交易。收购价格经双方协商确定为 1,180 万元。

(6) 增资协议

股份公司拟利用发行所募资金投资 622.57 万元人民币参股上海佳达国际货运有限公司, 对其实施增资,项目实施后股份公司占佳达公司 35.32%的股份; 股份公司还拟利用发行募集资金对经贸货运增量投资 1,900 万元人民币,增资后的股权比例按经贸货运评估后的净资产为基础,经各方另行协商确定。该两项目一旦实施,亦将构成关联交易。

(7) 与子公司的关联交易

目前,股份公司与下属服装生产企业之间存在产品和原料方面的关联交易,双方均按市场原则进行操作,属正常交易行为。

集团公司承诺,中国加入世界贸易组织,取消配额限制和放开经营范围以后,为提高集团的总体运行质量,增强集团在国际贸易中的竞争实力和扩大经营规模,确保股份公司的规模和效益,集团公司将对各全资子公司按照专业分工实行必要的资产重组和业务重组, 避免集团内部产生的同业竞争,确保东方国际创业股份有限公司的规范运作和健康发展,切实保护股份公司及其中小股东的合法权益;

八、股本结构及大股东持股情况

(一)本次上市前本公司的股本结构:

	股数(万股)	占总股本比例
尚未流通股份		
国家股	23,689.05	74.03%
国有法人股	310.95	0.97%
战略投资者	4000.00	12.5%
可流通股份		
境内上市人民币普通股	4000.00	12.5%
总股本	32,000.00	100.00%

(二)公司前十名股东持股数量及持股比例:

序号	股东单位	持股数量(万股)	比例(%)
1、	东方国际(集团)有限公司	23689.05	74.03

2、申达集团公司	800	2.5
3、上海港务局	800	2.5
4、上海杨浦工贸(集团)有限公司	600	1.875
5、江苏舜天国际集团服装进出口股份有限公司	500	1.5625
6、浙江东方集团控股有限公司	500	1.5625
7、中国粮油食品进出口(集团)有限公司	500	1.5625
8、上海龙头股份有限公司	300	0.9375
9、东方国际集团上海市丝绸进出口有限公司	65	0.203
10、东方国际集团上海市纺织品进出口有限公司	65	0.203

九、公司财务会计资料

本公司截止 1999 年 12 月 31 日的财务状况,已于 2000 年 6 月 23 日分别在《上海证券报》、《中国证券报》和《证券时报》上刊登的《招股说明书概要》中进行了详细的披露。因公告的时间较短,重复的内容在此不再赘述。本公告只公布财务报表和主要财务指标,欲了解详细内容,请查阅上述报纸或至公告的《招股说明书》查阅地点查阅。

* 主要财务指标

财务指标	1999.12.31	1998.12.31	1997.12.31
流动比率	1.001	1.095	1.115
速动比率	0.856	0.962	0.864
资产负债率(%)	63.69	67.07	66.57
应收帐款周转率(次)	5.91	5.60	7.29
存货周转率(次)	12.32	13.08	9.79
净资产收益率(%)	18.49	14.12	11.40
每股收益(元)	0.318	0.219	0.173
营运资金(元)	1,126,983.83	74,476,464.68	83,347,673.75

公司近三年资产的流动性指标变动范围较小,盈利能力指标呈逐年上升趋势,营运资金金额近三年呈下降状态,总体上公司各项财务指标保持较为正常水平。

* 会计报表主要项目注释

(一)合并会计报表主要项目注释:

1、货币资金 1999 年 12 月 31 日余额为人民币 389,416,902.49 元。

2、短期投资 1999 年 12 月 31 日余额为人民币 2,132,820.00 元。

3、应收票据 1999 年 12 月 31 日余额为人民币 28,587,002.00 元。

4、应收帐款 1999 年 12 月 31 日余额为人民币 354,691,438.50 元。

5、预付帐款 1999 年 12 月 31 日余额为人民币 83,993,992.76 元。

6、应收补贴款 1999 年 12 月 31 日余额为人民币 51,342,637.26 元,其中应收出口退税为人民币 49,099,928.26 元,应收出口财政补贴款 2,242,709.00 元。

7、其他应收款 1999 年 12 月 31 日余额为人民币 90,211,980.48 元。

8、存货 1999 年 12 月 31 日余额为人民币 188,076,116.46 元,存货跌价准备为人民币 13,151,098.85 元。

9、待摊费用 1999 年 12 月 31 日余额为人民币 64,460,198.39 元。

10、长期投资 1999 年 12 月 31 日余额为人民币 73,019,201.13 元。

11、固定资产及累计折旧 1999 年 12 月 31 日余额分别为人民币 506,599,032.18 元和 84,872,993.07 元。

12、在建工程 1999 年 12 月 31 日余额为人民币 695,488.55 元,系子公司上海经贸国际货运实业有限公司的办公用房人民币 595,488.55 元和东方国际创业白鹤服装实业有限公司的厂房装修预付款人民币 100,000.00 元。

13、无形资产 1999 年 12 月 31 日余额为人民币 18,983,472.26 元,取得方式均为购入。

14、开办费 1999 年 12 月 31 日余额为人民币 1,304,362.51 元。

15、长期待摊费用 1999 年 12 月 31 日余额为人民币 12,904,289.68 元。

16、短期借款 1999 年 12 月 31 日余额为人民币 426,170,000.00 元。

17、应付票据 1999 年 12 月 31 日的余额为人民币 38,347,155.66 元,均为应付富士通(上海)有限公司(商业承兑汇票),截至审计基准日止,无到期尚未偿付的应付票据。

18、应付帐款 1999 年 12 月 31 日余额为人民币 469,003,720.74 元,其中无应付给持本公司 5%(含 5%)以上股份的股东单位的款项。

19、预收帐款 1999 年 12 月 31 日为人民币 88,549,211.82 元,其中无预收持本公司 5%(含 5%)以上股份的股东单位的款项。

20、应付股利 1999 年 12 月 31 日余额为人民币 46,568,749.60 元。

21、应交税金 1999 年 12 月 31 日余额为人民币-4,215,665.58 元。

22、其他应付款 1999 年 12 月 31 日余额为人民币 111,797,730.96 元,其他应付给持本公司 5%(含 5%)以上股份的股东单位的款项人民币 22,184,201.97 元,其明细情况在本附注八反映。

23、预提费用 1999 年 12 月 31 日余额为人民币 1,424,527.17 元。

24、住房周转金 1999 年 12 月 31 日余额为人民币-2,641,039.54 元。

25、其他长期负债 1999 年 12 月 31 日余额为人民币 39,568,827.93 元,均系尚未摊销完的待转销汇兑收益。

26、股本 1999 年 12 月 31 日余额为人民币 240,000,000.00 元,每股面值 1.00 元。

27、资本公积 1999 年 12 月 31 日余额为人民币 132,992,642.51 元。

28、盈余公积 1999 年 12 月 31 日余额为人民币 16,050,866.42 元。

29、未分配利润 1999 年 12 月 31 日余额为人民币 23,216,068.85 元。

30、产品销售税金及附加 1999 年度、1998 年度和 1997 年度发生额分别为人民币 2,753,107.22 元、2,600,523.04 元和 2,782,975.12 元。

31、财务费用 1999 年度、1998 年度和 1997 年度发生额分别为人民币-3,091,972.09 元、4,438,690.05 元和 12,204,257.07 元。

32、其他业务利润 1999 年度、1998 年度和 1997 年度发生额分别为人民币 4,866,333.75 元、869,841.03 元和 3,251,693.62 元。

33、营业外收入 1999 年度、1998 年度和 1997 年度发生额分别为人民币 2,049,540.99 元、260,881.99 元和 3,097,380.10 元。

34、营业外支出 1999 年度、1998 年度和 1997 年度发生额分别为人民币 1,084,766.80 元、1,335,920.72 元和 404,341.55 元。

35、投资收益 1999 年度、1998 年度和 1997 年度发生额分别为人民币 13,216,957.03 元、4,854,584.48 元和 4,169,576.34 元。

36、补贴收入 1999 年度为人民币 3,764,134.00 元,系出口财政补贴收入。

37、所得税 1999 年度、1998 年度和 1997 年度发生额分别为人民币 31,530,223.42 元、21,254,499.20 元和 22,218,720.78 元。所得税税率股份公司为 33%,上海经贸国际货运实业有限公司为 15%,东方国际创业浦东服装进出口有限公司为 15%,东方国际集团上海荣恒国际贸易有限公司为 15%,其他合并公司按实际税赋缴纳。

* 会计报表

十、董事会上市承诺

本公司董事会将严格遵守《中华人民共和国公司法》、《中华人民共和国证券法》、《股票发行与交易管理暂行条例》、《公开发行股票公司信息披露实施细则》和《上海证券交易所股票上市规则(2000 年修订)》等国家法律、法规的规定,
并自股票上市之日起作出如下承诺:

1、按照法律、法规的规定程序和要求披露重大的信息、并接受证券主管机关、上海证券交易所的监督管理。

2、及时、真实、准确的公布中期报告和年度报告,并备置于规定场所供投资者查阅。

3、本公司董事、监事、高级管理人员如发生人事变动或持本公司股票发生变化时,在报告证券主管机关、上海证券交易所的同时向投资者公布。

4、在任何公共传播媒介中出现的消息可能对本公司股票的市场价格产生误导性影响时,本公司知悉后将及时对该消息予以公开澄清。

5、本公司董事、监事、高级管理人员将认真听取社会公众的意见和批评,不利用已获得的内幕消息和其他不正当手段直接或间接从事股票买卖活动。

6、本公司没有无记录负债。

依据 2000 年 5 月 1 日起实施的《上海证券交易所股票上市规则(二 000 年修订本)》,本公司全体董事、监事将按照有关规定,在本公司股票上市后两个月内签署《董事(监事)声明及承诺书》并送达上海证券交易所备案。

十一、重要事项揭示

1、2000 年年度盈利预测

根据业经注册会计师审计的前 3 个年度的实际经营业绩并按 2000 年度的经营计划、固定资产折旧以及费用支出等情况编制的公司盈利预测结果:2000 年度合并利润总额为人民币 13,110 万元,扣除所得税人民币 3,906 万元及少数股东损益人民币 876 万元,净利润为人民币 8,328 万元。

2、预计本公司公开发行后首次股利分配的时间为 2001 年上半年。经公司 1999 年度第一次临时股东大会决议通过,本次发行后社会公众股股东和发起人股东共享本公司 1999 年 9 月 30 日后的滚存利润。

除招股说明书已披露事项以外,公司无其它应披露而未披露的重要事项。

十二、备查文件目录

1、招股说明书
2、审计报告、财务报表及附注
3、验资报告
4、资产评估报告
5、盈利预测审核报告
6、中国证监会核准本公司公开发行股票的文件
7、上海证券交易所上市通知书
8、公司章程
9、营业执照
10、其它备查文件

十三、咨询机构

1、发行人
名称:东方国际创业股份有限公司　　法定代表人:王祖康
注册地址:上海市娄山关路 85 号　　联系电话:021 62785381
传真:021 62785384　　联系人:李维平

2、上市推荐人
名称:南方证券有限公司　　法定代表人:沈沛
注册地址:深圳市罗湖区嘉宾路 4028 号太平洋商贸大厦 20-28 层
联系地址:上海市南京西路 580 号南证大厦 49 层
联系电话:021 52340808 转
传真:021 52340280　　联系人:赵渊、王丌

3、上市推荐人
名称:中信证券股份有限公司　　法定代表人:常振明
注册地址:深圳市罗湖区湖贝路 1030 号海龙王大厦
联系地址:江苏省南京市中山北路 26 号新晨国际大厦 20 层
联系电话:025 6630890　　传真:025 3303876
联系人:王常青、赵丽峰、郑卫峰、王吟秋、甘舒宁、吴建春

东方国际创业股份有限公司
2000 年 7 月 7 日

合并利润及利润分配表

编制单位:东方国际创业股份有限公司　　金额单位:人民币元

项目	1999 年	1998 年	1997 年
一、主营业务收入	2096710712.93	2096770980.58	291491208.47
减:折扣与折让	1124671.99		
主营业务收入净额	2095586040.94	2096770980.58	2391491208.47
减:主营业务成本	1721629104.30	1872628750.57	2157200085.14
主营业务税金及附加	2753107.22	2600523.04	2782975.12
二、主营业务利润(亏损以"-"号填列)	371203829.42	221541706.97	231508148.21
加:其他业务利润(亏损以"-"号填列)	4866333.75	869841.03	3251693.62
减:存货跌价损失	2059822.85	505616.00	505616.00
营业费用	197361221.39	86957361.82	80235548.11
管理费用	86053126.43	56250602.68	79282486.21
财务费用	-3091972.09	4438690.05	12204257.07
三、营业利润(亏损以"-"号填列)	93687964.59	74259277.45	62531934.44
加:投资收益(损失以"-"号填列)	13216957.03	4854584.48	4169576.34
补贴收入	3764134.00		
营业外收入	2049540.99	260881.99	3097380.10
减:营业外支出	1084766.80	1335920.72	404341.55
四、利润总额(亏损总额以"-"号填列)	111633829.81	78038823.20	69394549.33
减:所得税	31530223.42	21254499.20	22218720.78
减:少数股东权益	3896775.94	4305065.82	5626531.88
五、净利润(净亏损以"-"号填列)	76206830.45	52479258.18	1549296.67
六、可供分配的利润	76206830.45	52479258.18	
减:提取法定盈余公积	9136155.51	946782.04	
提取法定公益金	4972630.76	611774.01	
职工奖福基金	23175.33		
七、可供股东分配的利润	62074868.85	50920702.13	
提取任意盈余公积	0.00	383524.00	
应付普通股股利	38858800.00	50537178.03	
八、未分配利润	23216068.85		

重 庆 港 九 股 份 有 限 公 司

重庆港九股份有限公司2000年年度报告摘要

本公司董事会保证本报告所载资料不存在任何虚假记载、误导性陈述或者重大遗漏,并对其内容的真实性、准确性和完整性负个别及连带责任。

本摘要摘自年度报告,投资者欲了解详细情况,请阅读年度报告。

一、公司简介

1 、公司法定中文名称:重庆港九股份有限公司

公司法定中文缩写:重庆港九

公司法定英文名称:CHONGQING GANGJIU CO.,LTD

公司法定英文缩写:CQGJ

2 、公司法定代表人:张延礼先生

3 、公司董事会秘书:李毓坚先生

联系电话:023-63725685

传真:023-63801564

电子信箱:LUYUJ@CQGJ.COM.CN

4 、公司注册地址:重庆市九龙坡区盘龙镇盘龙五村113-13号

邮政编码:400051

公司办公地址:重庆市渝中区朝千路3号

邮政编码:400011

公司国际互联网网址:HTTP://WWW.CQGJ.COM.CN

公司电子信箱:CQGJ@CQGJ.COM.CN5 、公司选定的信息披露报纸:《上海证券报》

登 载公司年度报告的中国证监会指定国际互联网网址:

HTTP://WWW.SSE.COM.CN

公司年度报告备置地点:本公司董事会办公室

6 、公司股票上市交易所:上海证券交易所

股票简称:重庆港九 股票代码:600279

二、会计数据和业务数据摘要

1 、公司本年度主要利润指标情况(金额单位:人民币元)

利润总额:47,814,427.70

净利润:47,814,427.70

扣除非经常性损益后的净利润:42,221,199.68

主营业务利润:33,911,676.53

其他业务利润:11,651,270.39

营业利润:30,657,580.44

投资收益:11,563,619.24

补贴收入:3,000,000.00

营业外收支净额:2,593,228.02

经营活动产生的现金流量净额:13,315,234.82

现金及现金等价物净增加额:255,309,464.83

注:非经常性损益涉及的项目和金额:

(1)营业外收入:2,675,822.56元

① 本次新股发行过程中冻结的无效申购资金利息报告期内分摊的部分2,582,115.37元;

② 能源补贴金 :60,000.00元;

③ 罚款收入:18,835.62元;

④ 处理固定资产净收益:8,371.57元;

⑤ 无法支付的款项:3,500.00元;

⑥ 其它收入:3,000.00元;

(2)营业外支出:82,594.54元

①非常损失:2,230.66元

②其他支出:80,363.88元.

(3)补贴收入:3,000,000.00元

重港口管理局对公司支付的定额港务补贴300万元。

2 、截止报告期末公司前三年的主要会计数据和财务指标(金额单位:人民币元)

指标名称	2000年	1999年	1998年
净利润	47,814,427.70	32,015,002.68	18,730,110.99
总资产	814,517,115.58	214,328,631.91	121,701,664.41
股东权益(不含少数股东权益)	709,333,137.25	168,441,735.93	102,847,785.28
每股收益(全面摊薄)	0.209	0.2248	0.1799
每股收益(加权平均)	0.268	0.2248	0.1799
扣除非经常性损益后的每股收益	0.185	0.2219	0.1793
每股净资产	3.109	1.183	1.00
调整后的每股净资产	3.067	1.138	1.00
每股经营活动产生的现金流量净额	0.058	0.172	
净资产收益率%(全面摊薄)	6.74	19.01	18.21
净资产收益率%(加权平均)	11.74	19.01	18.21

3 、报告期利润表附表

报告期利润	净资产收益率(%)		每股收益(元)	
	全面摊薄	加权平均	全面摊薄	加权平均
主营业务利润	4.78	8.33	0.148	0.190
营业利润	4.32	7.53	0.134	0.172
净利润	6.74	11.74	0.209	0.268
扣除非经常性损益后的净利润	5.95	10.37	0.185	0.237

4 、报告期内股东权益变动情况

项目	股本(股)	资本公积	盈余公积	其中:法定公益金	未分配利润	股东权益合计
期初数	142390960	12455097.35	13595678.58	1538490.11	–	168441735.93
本期增加	86000000	429916069.62	20584111.15	2390721.39	4391220.55	540891401.32
本期减少						
期末数	228390960	442371166.97	34179789.73	3929211.50	4391220.55	709333137.25

变动原因:

①股本增加是因为本年度公司向社会公开发行了8600万社会公众股;

② 资本公积增加主要是因为新股发行价格超过面值形成的溢价收入。

③ 盈余公积金和法定公益金增加是因为按税后利润15%提取以及提取任意盈余公积金后核算所致。

④ 未分配利润增加系公司本年度实现净利润所致。

三、股本变动及股东情况

(一)股本变动情况

1 、股份变动情况表

数量单位:股

	本次变动前	本次变动增减(+,-)					本次变动后
		配股	送股	公积金转股	增发	小计	
一 、未上市流通股份							
1、发起人股份	142390960						142390960
其中:国家持有股份							
境内法人持有股份	142390960						142390960
境外法人持有股份							
其他							
2 、募集法人股份							
3 、内部职工股							
4 、优先股或其他							
其中:转配股							
未上市流通股份合计	142390960						142390960
二 、已上市流通股份							
1、人民币普通股					86000000	86000000	86000000
2 、境内上市的外资股							
3 、境外上市的外资股							
4 、其他							
已上市流通股份合计					86000000	86000000	86000000
三、股份总数	142390960					86000000	228390960

2 、股票发行与上市情况

本公司是1999年1月经重庆市人民政府[[1998]156号文批准,由重庆港口管理局、重庆铁路分局、成都铁路局、重庆长江轮船公司、张家港港务局共同发起设立的股份有限公司。公司设立时总股本142,390,960股。公司股权结构如下:

股东名称	持股数量(万股)	持股比例(%)	股权性质
重庆港口管理局	140,000,000	98.321	国有法人股
重庆铁路分局	919,600	0.646	国有法人股
成都铁路局	735,680	0.516	国有法人股
重庆长江轮船公司	459,800	0.323	国有法人股
张家港港务局	275,880	0.194	国有法人股
合计	142,390,960	100.00	

经中国证券监督管理委员会证监发行字[2000]101号文批准,本公司已于2000年7月14日至7月15日以上网定价和向二级市场投资者配售相结合的方式向社会公开发行了人民币普通股8600万股,其中上网定价发行4300万股,向二级市场投资者配售4300万股,每股发行价6.18元人民币。7月31日,本公司此次发行的8600万流通股在上海证券交易所正式挂牌交易。发行后总股本为228,390,960股,其股权结构如下:

股份类型	股数(股)	所占比例(%)
发起人股	142,390,960	62.35
社会公众股	86,000,000	37.65
总股本	228,390,960	100.00

(二)公司股东情况介绍

1 、截止2000年12月31日,公司股东总数为63131户。

2 、截止2000年12月31日,公司前十名股东持股情况(单位:股)

序号	股东名称	持股数量	占总股本比例(%)	持股性质
1	重庆港口管理局	140000000	61.298	国有法人股
2	巨化进出	1286613	0.563	流通股
3	凌钢集团	1223608	0.535	流通股
4	太化集团	1099950	0.482	流通股
5	重庆铁路分局	919600	0.403	国有法人股
6	成都铁路局	735680	0.322	国有法人股
7	大庆石化	501636	0.220	流通股
8	重庆长江轮船公司	459800	0.201	国有法人股
9	利胜商贸	411749	0.180	流通股
10	张家港港务局	275880	0.121	国有法人股

上述股东之间不存在关联关系。

3 、持有本公司5%以上股份的股东情况

重庆港口管理局所持有的公司股份为国家法人股,2000年初持有公司股份140,000,000股,年末持有公司股份140,000,000股,占公司总股本的61.298%。该公司法定代表人:王国光,经营范围:代办客货运输,汽车货运,内河货运,装卸搬运货物,物资、商品储存;为本系统组织供应计划外钢材,有色金属,船用机电产品,化工原料,橡胶制品。计划外煤炭,航道港口水工工程,民用、工业、公共建筑工程,旅游服务,机械船舶制造及修理,批发及零售日用百货,建筑五金等,其所持股份没有质押或冻结的情况。

4 、报告期内本公司无控股股东变更情况。

5 、报告期内公司没有因送股、转增股本、配股、增发新股、吸收合并、可转换公司债券转换、减资、内部职工股上市或其他原因引起公司股份总数及结构的变动。

四、股东大会简介

报告期内共召开一次年度股东大会。

公司于2000年1月14日以传真形式发出了关于召开公司1999年度股东大会的通知。公司于2000年2月14日上午在公司会议室召开了1999年年度股东大会,重庆港口管理局、成都铁路局、重庆铁路分局、重庆长江轮船公司、张家港港务局等五家发起人股东及股东代表5人出席了会议,代表股份142,390,960股,占总股本的100%,公司董事会、监事会成员及高级管理人员出席了会议,会议程序符合《公司法》和本公司章程的有关规定。经大会会议审议和表决通过了以下决议:

1.公司1999年度董事会工作报告;

2.公司1999年度监事会工作报告;

3.公司2000年度投资计划;

南京中央商场股份有限公司

南京中央商场股份有限公司2000年年度报告摘要

本公司董事会保证本报告所载资料不存在任何虚假记载、误导性陈述或者重大遗漏，并对其内容的真实性、准确性和完整性负个别及连带责任。本年度报告摘要摘自年度报告，投资者欲了解详细内容，应阅读年度报告。

一、公司简介

1、公司法定中文名称：南京中央商场股份有限公司
公司法定英文名称：NANJING CENTRAL EMPORIUM STOCKS CO., LTD.
英文名称缩写：NJZS
2、公司法定代表人：彭正志
3、公司董事会秘书：陶华
公司董事会秘书授权代表：官国宝
联系地址：南京市中山南路79号
电话：025-4717725
传真：025-4722766
电子信箱：zyscth@public1.ptt.js.cn
4、公司注册地址：江苏省南京市中山南路79号
公司办公地址：江苏省南京市中山南路79号
邮政编码：210005
公司国际互联网网址：http://www.njzs.com.cn/
公司电子信箱：zyscth@public1.ptt.js.cn
5、公司选定的信息披露报刊：《中国证券报》和《上海证券报》
登载公司年度报告的中国证监会指定国际互联网网址：http://www.sse.com.cn/
公司年度报告备置地点：公司证券投资部
6.公司股票上市交易所：上海证券交易所
股票简称：南京中商
股票代码：600280

二、会计数据和业务数据摘要

1、本年度会计数据摘要(单位：人民币元)
利润总额：31,290,250.98
净利润：26,596,713.33
扣除非经常性损益后的净利润：25,542,027.11
主营业务利润：99,792,768.57
其他业务利润：4285,367.47
营业利润：30,115,316.32
投资收益：279,904.44
补贴收入：-
营业外收支净额：895030.22
经营活动产生的现金流量净额：47,206,039.66
现金及现金等价物净增加额：65,001,811.09
注：扣除的非经常性损益项目和涉及金额：
①新股发行无效申购冻结资金利息本期分摊数1468820.78元；
②收取违约金10570元；
③债权债务清理净收益388278.27元；
④资产清理净损失等营业外支出812982.83元。

2、公司前三年主要会计数据和财务指标(单位：元)

项目	2000年	1999年	1998年
主营业务收入	686,171,698.64	779,136,859.84	755,192,303.34
净利润	26,596,713.33	28,023,852.15	6,339,689.95
总资产	792,899,493.09	506,949,806.77	690,862,081.48
股东权益	418,409,800.96	204,385,958.11	196,817,746.08
全面摊薄每股收益	0.22	0.32	0.07
加权平均每股收益	0.28	0.32	0.07
扣除非经常性损益每股收益	0.21	0.33	0.09
每股净资产	3.45	2.37	2.28
调整后的每股净资产	3.34	2.25	
每股经营活动产生的现金流量净额	0.39	1.79	-
全面摊薄净资产收益率	6.36	13.71	3.22
加权平均净资产收益率	9.82	12.83	3.27

主要财务指标计算公式：
每股收益=净利润/年度末普通股股份总数
每股净资产=年度末股东权益/年度末普通股股份总数
调整后的每股净资产=(年度末股东权益-三年以上的应收款项净额-待摊费用-待处理(流动、固定)资产净损失-开办费-长期待摊费用-住房周转金负数余额)/年度末普通股股份总数
每股经营活动产生的现金流量净额=经营活动产生的现金流量净额/年度末普通股股份总数
净资产收益率=净利润/年度末股东权益×100%。

3、利润分配表附表

报告期利润	净资产收益率(%)		每股收益(元/股)	
	全面摊薄	加权平均(ROE)	全面摊薄	加权平均(EPS)
主营业务利润	23.85	36.86	0.82	1.05
营业利润	7.20	11.12	0.25	0.32
净利润	6.36	9.82	0.22	0.28
扣除非经常性损益后的净利润	6.10	9.43	0.21	0.27

财务指标计算公式：
1)全面摊薄净资产收益率和每股收益的计算公式如下：
全面摊薄净资产收益率=报告期利润/期末净资产
全面摊薄每股收益=报告期利润/期末股份总数
2)加权平均净资产收益率(ROE)的计算公式如下：
ROE =P/(E0+NP÷2+Ei×Mi/M0-Ej×Mj/M0)
其中：P为报告期利润；NP为报告期净利润；E0为期初净资产；Ei为报告期发行新股或债转股等新增净资产；Ej为报告期回购或现金分红等减少净资产；M0为报告期月份数；Mi为新增净资产下一月份起至报告期期末的月份数；Mj为减少净资产下一月份起至报告期期末的月份数。
3)加权平均每股收益(EPS)的计算公式如下：
EPS =P/(S0+S1+Si×Mi/M0-Sj×Mj/M0)
其中：P为报告期利润；S0为期初股份总数；S1为报告期因公积金转增股本或股票股利分配等增加股份数；Si为报告期因发行新股或债转股等增加股份数；Sj为报告期因回购或缩股等减少股份数；M0为报告期月份数；Mi为增加股份下一月份起至报告期期末的月份数；Mj为减少股份下一月份起至报告期期末的月份数。

4、报告期内股东权益变动情况及变动原因(单位：元)

项目	股本	资本公积	盈余公积	其中:法定公益金
期初数	86,260,873	24,256,045.23	56,640,500.59	14,996,068.07
本期增加	35,000,000	177,300,000.00	5,319,342.66	2,659,671.33
本期减少	-	-	-	-
期末数	121,260,873	201,556,045.23	61,959,843.25	17,655,739.40
变动原因	发行3500万新股数	发行溢价	本年利润提取	本年利润提取

项目	未分配利润	非经常性项目收益调整	股东权益合计
期初数	37,228,539.29	-	204,385,958.11
本期增加	26,596,713.33	-	238,896,713.33
本期减少	30,192,213.14	-	24,872,870.48
期末数	33,633,039.48	-	418,409,800.96
变动原因	本年利润转入和利润分配	-	发行新股募集资金到位及未分配利润增加

三、股本变动及股东情况

(一)股本变动情况
1、股份变动情况表

数量单位：股

	本次变动前	本次变动增减(+,-)	本次变动后
一、未上市流通股份			
1、发起人股份	32,624,289	0	32,624,289
其中:国家持有股份	32,624,289	0	32,624,289
境内法人持有股份	0	0	0
境外法人持有股份	0	0	0
其他	0	0	0
2、募集法人股	31,680,000	0	31,680,000
3、社会法人持有股份	16,000,000		16,000,000
4、内部职工股	5,956,584	0	5,956,584
未上市流通股份合计	86,260,873	0	86,260,873
二、已流通股份			
1、人民币普通股	0	+35,000,000	35,000,000
2、境内上市的外资股	0		0
3、境外上市的外资股	0		0
4、其他	0		0
已上市流通股合计	0	+35,000,000	35,000,000
三、股份总额	86,260,973		121,260,873

注：本次股份变动系2000年9月6日发行新股35,000,000股。

2、公司股票发行与上市情况
①本公司股票发行经中国证监会证监发字[2000]113号文核准于2000年9月6日以“上网定价发行”方式发行人民币普通股3500万股，每股发行价格为6.36元，并于2000年9月26日在上海证券交易挂牌上市，上市流通股份3500万股。
②本公司内部职工股为5,956,584股。
(二)股东情况介绍
1、本报告期末股东总数为27171户。
2、截至本报告期末止，本公司前10名股东的持股情况

股东名称	年末持股数(股)	占总股本(%)
(1)南京市国有资产经营(控股)有限公司	32624300	26.90
(2)南京斯威特新技术创业有限责任公司	16000000	13.19
(3)深圳市深宝实业股份有限公司	3628956	2.99
(4)河北证券公司北京业务部	2423980	2.00
(5)中农信北京证券业务部	1198146	0.99
(6)王岩	1143200	0.94
(7)南京交通银行信贷处	1064800	0.88
(8)北京市杰诺仕有限责任公司	637320	0.53
(9)三星典当	525420	0.43
(10)华立康贸	518337	0.43

说明：
①南京市国有资产经营(控股)有限公司代表国家持有本公司国家股股份。
②南京斯威特新技术创业有限责任公司持有本公司非流通社会法人股股份。
③持有公司5%以上(含5%)股份的股东为南京市国有资产经营(控股)有限公司和南京斯威特新技术创业有限责任公司，其年内持股数量未发生增减变动情况，所持股份无质押和冻结。
④前十名最大股东之间无关联关系。
3、持股10%以上股东情况介绍：
①南京市国有资产经营(控股)有限公司
法定代表人：周发亮
经营范围：对授权的股份有限公司、有限责任公司、现代企业制度试点单位的国有资产实行产权管理和经营；国有资产产权界定、转让、收购、投资、参股、控股。
②南京斯威特新技术创业有限责任公司
法定代表人：刁龙
经营范围：电子技术、机械、化工技术；通讯、电力、地壤仪器高新技术(研制、生产、销售)；建筑材料销售；本企业自产的微波、光环通讯设备、电子线载波机、电信业务系列产品、检伪点钞机、晶海水族箱系列产品、计算机系统、多媒体通讯集成系统出口(国家组织统一联合经营的出口商品除外)；本企业生产、科研所需的原辅材料、机械设备。仪器仪表及零配件进口(国家实行核定公司经营的进口商品除外)。
4、报告期内公司控股股东无变更，仍为南京市国有资产经营(控股)有限公司。

四、股东大会简介

本报告期内召开了1999年度股东大会和一次临时股东大会。

(一)、一九九九年年度股东大会

公司于2000年12月4日上午,在南京市中山陵四方城2号国际会议中心召开1999年年度股东大会。出席会议的股东及股东代理人45人,代表公司股权数5868.61万股,占公司总股份的48.40%,符合公司法和公司章程的规定,大会由公司董事长彭正志先生主持。有关召开本次股东大会的通知公告刊登在2000年11月2日的《中国证券报》、《上海证券报》上。

本次股东大会审议并通过了以下决议:

1、公司1999年度董事会工作报告;

2、公司1999年度监事会工作报告;

3、公司1999年度利润分配预案。

以上决议经江苏泰和律师事务所马群律师现场见证并出具法律意见书,南京市公证处公证员发表了公证意见。会议决议公告刊登在2000年12月5日的《中国证券报》、《上海证券报》上。

(二)、二000年第一次临时股东大会

公司于2000年12月8日上午在南京市中山陵四方城2号国际会议中心召开2000年第一次临时股东大会。出席会议的股东46人,代表公司股份数6059.38万股,占公司有表决权股份总数的49.97%,符合公司法和公司章程的规定。大会由公司董事长彭正志先生主持。有关召开本次股东大会的通知公告刊登在2000年11月4日的《中国证券报》、《上海证券报》上。

本次股东大会审议并通过以下决议:

1、关于"办理本次资产抵押贷款决议";

2、关于"续聘会计师事务所的决议";

3、关于"调整董事会成员议案";

4、关于"调整公司监事议案";

5、关于"修改并确定本公司章程议案"。

以上决议经江苏泰和律师事务所马群律师现场见证并出具法律意见书,南京市公证处公证员发表了公证意见。会议决议公告刊登在2000年12月9日的《中国证券报》、《上海证券报》上。

五、董事会报告

(一)、公司经营情况

1、公司所处行业及本公司在行业中的地位

本公司是一家以零售商业为主的大型综合性商业企业,具有六十五年的发展历史,是江苏省单体营业面积最大的商业企业,也是全国著名大型综合性商业企业之一。企业经济效益一直保持良好的势头,主要经济指标在江苏省同行业中处于领先地位。

2、公司主营业务经营范围及经营状况

本公司主营业务主要是百货、食品、针织服装、五金交电化工等商品的零售、批发、自营和代理商业系统进出口业务,承办进料加工和三来一补业务,开发外销贸易和转让贸易,科技及高科技产品的开发、生产、销售等。

报告期内主营业务收入构成情况如下:

商品零售收入(元)	595,614,925.76
商品批发收入(元)	86,072,157.49
产品销售收入(元)	4,484,615.39
合计	686,171,698.64

因2000年8,9月份商场新营业楼全面装修,停业两个月,使实际营业期限减少,加之自动化控制公司项目未能正常运营,造成2000年年度主营业务收入比1999年下降11.93%。

公司2000年所做的主要工作:

(1)加强组织策划,实现三件大事

公司在1999年-2001年三年发展规划中,明确提出:实现三件大事是三年发展规划中的重要举措。在公司董事会的正确领导和精心组织下,公司在本年度中顺利地完成了三件大事,即:与南京金城集团共同投资组建中央金城仓储式超市、完成老营业楼改造扩建工程、实现A股的发行与上市。三件大事的完成为公司跨世纪发展奠定了坚实的基础。

(2)建立新型业态,中央商场全新开业

公司利用一、二期工程改造和三期工程扩建的契机,采取全封闭形式停业装修,对商场营业设施、购物环境、营业功能、商品类别、服务项目等各项系统工程进行了重新构造,使一个原传统型的百货商场转变为一个全新的现代购物中心,并于10月1日全新开业。

(3)加强主营业务管理,提高经营能力

一是广泛采用总经销、总代理和买断经营等新型经销方式,提高商品档次和适销率,扩大市场幅射率。二是大力实施品牌经营,加大宣传力度,积极引导消费;三是加强售后服务,增强企业信誉度。

(4)强化管理措施,提高经济运行质量

公司强调以财务管理为中心,强化会计核算的规范性、费用支出的控制性、资金使用的安全性,制定了一系列的管理规定,从严实施监督、检查和考核办法,使企业各项成本费用得到了有效控制,资金的安全性得到了可靠的保障。

(5)深化企业改革,建立高效的运行机制

①公司按照现代企业制度的要求,重新设置了企业的内部组织机构,使之更加规范、合理,能够高效运转。

②加强用人制度改革。公司利用新楼开业的契机,输入新型管理理念,对所有中层管理者,根据岗位标准和工作业绩进行了重新聘任,做到能上能下,提高了中层管理者的素质和整体工作能力。

③实行分配制度改革。公司按照岗位职责和工作业绩,进行了绩效挂钩考核,拉开收入差距,端掉大锅饭,激发了广大员工的工作热情和责任心。

3、公司主要全资附属企业及控股子公司的经营情况及业绩

	注册资本(万元)	股权比例(%)	主营业务范围	主营收入(元)	主营业务利润(元)
南京中央珠宝首饰有限公司	100	99.00	销售、批发	81,867.30	81,507.09
南京中央商业批发有限责任公司	100	95.00	销售、批发	919,331.55	40,371.83
南京张霓实业有限公司	108	91.67	咨询服务	466,858.52	59,086.32
南京亚飞(中央商场)汽车销售有限公司	100	99.00	销售、批发	1,443,165.24	76,408.94
南京中央针织服饰有限责任公司	241	51.04	销售、批发	1,000,951.52	93,623.89

4、公司存在的问题、困难及解决方案

本报告期内,零售商业继续呈现市场疲软、消费无热点的特点,加之新兴商业企业迅速增加,新型业态不断涌现,市场竞争更加激烈。公司由于实施一、二期改造方案,全封闭停业装修两个月,使实际营业期限减少,加之自动化控制公司项目未能正常运营,使公司当年盈利预测的实现受到很大制约。针对上述存在问题,公司一方面加大营销策划的力度,成功地开展了"告别老楼停业大酬宾"和"中央商场全新开业"二次促销活动,增加销售收入近1个亿。在此期间,日销售额最高达到1450万元,创造了公司历史之最。另一方面,公司强化内部管理,减少支出,控制"跑、冒、滴、漏",使报告期内毛利水平略有上升,费用率进一步下降,最大限度地降低了因上述原因造成的经济损失。

5、公司利润实现数低于盈利预测数的原因说明

根据南京永华会计师事务所宁永四审字(2000)100号盈利预测审核报告,预计本公司2000年实现利润总额3,600万元,实际本公司2000年实现利润总额3,129万元,利润实现数低于预测数13%,造成这一差异的原因是:

(1)2000年8,9月份商场新营业楼全面装修,停业两个月,造成这两个月销售收入比去年同期大幅减少;同时商场对库存商品进行了清理,对有问题商品削价清库,使得2000年8,9月份销售毛利率下降8个点。

(2)公司变电站监控系统及变电站微机保护测控系统的生产虽经努力,但未能正常运营,造成该产品销售收入和毛利额分别比盈利预测数减少2552万元和794万元。

(二)公司财务状况(单位:元)

指标报告	期末数	上年期末数	较上期增减	增减原因
总资产	792,899,493.09	506,949,806.77	285,949,686.32	发行新股
长期负债	-2,790,129.85	14,871,177.59	-17,661,307.44	住房周转金转出
股东权益	418,409,800.96	204,385,958.11	214,023,842.85	发行新股本年利润
主营业务利润	99,792,768.57	106,368,372.12	-6,757,603.55	主营业务收入减少
净利润	26,596,713.33	28,023,852.15	-1,427,138.82	

(三)公司投资情况

1、报告期内,本公司对外投资总额比去年增加了678万元,增加比例达76%,主要是由于本公司与南京金城集团合资创办南京中央金城仓储超市有限责任公司。本公司共投资675万元,拥有该公司45%股权。该公司主要经营百货类、食品类、家用电器类、电讯电子类商品。

2、报告期内募集资金使用情况说明

本公司于2000年9月26日完成股票发行及上市工作,扣除发行费用,本次实际募集资金为21230万元。对于招股说明书承诺的投资项目,公司截止本报告期期末,已实际投入资金11962万元,占募集资金总数的56.34%。

项目名称	计划投资(万元)	实际投资(万元)	完成比例
①老营业楼拆复建工程	3000	3000	100%
②营业楼改造一、二期工程	3000	2232	74.40%
③年产2000套SCS-2000变电站计算机监控系统项目	2500	0	0
④年产1000套SPC-100分布式变电站微机保护测控系统	3000	0	0
⑤大型仓储式超市项目	3000	0	0
⑥补充流动资金	6730	6730	100%
合计	21230	11962	56.34%

3、募集资金投资项目进展情况说明

(1)老营业楼拆复建工程项目:计划投资3000万元。本报告期内,针对该项目的募集资金已全部投入,工程顺利完成并于2000年10月1日交付使用。

(2)一、二期工程统一改造项目:计划投资3000万元。本报告期内,针对该项目的募集资金已投入2232万元,该项目已于2000年10月1日交付使用。截止本报告期期末,以上两个项目已增加销售收入7000万元,增加利润477万元。

(3)年产2000套SCS-2000变电站计算机监控系统项目:计划投资2500万元,其中本年度投资1950万元,预计2004年全部达产。由于生产该产品有严格的技术要求,加之未能成功办理入网许可证过户手续,公司本着审慎稳健的原则未对该项目进行投资。

(4)年产1000套SPC-100分布式变电站微机保护测控系统工程:计划投资3000万元,其中本年度计划投资2235万元,预计2004年全部达产。公司对该项目进一步考察后,认为目前生产和销售该产品的条件还不成熟,本着稳健的原则和对广大股民负责的态度,本年度未对该项目进行投资。

(5)大型仓储式超市项目:预计该项目总投资3000万元。该项目在实施操作时,遇政策变化,原选址方案,不符合市政府关于城市商业网点规划有关政策中"不在城区范围内新建大型仓储式超市"的要求,原投资计划无法实施,截止报告期末,公司尚未对该项目投资。

(6)补充企业流动资金:计划投资6730万元,本期已全部投入,缓解了公司新楼开业所需的营运资金的紧缺状况,同时也降低了财务费用。

4、报告期内非募集资金的投资情况:

根据南京市建委、计委的批复,同意本公司三期老楼改建工程建筑面积扩建为32092平方米,工程总概算追加到11121万元。因此,截止报告期末,公司用非募集资金增加投入7490万元。该工程已完工并于2000年10月1日交付使用。

除此之外,公司没有实施其他投资项目。对于暂未投入的资金9268万元,公司本着安全、增效的原则,用于购买国债和银行存款。

(四)2001年度业务发展计划

2001年是新世纪的第一年,也是"十五"计划的第一年,开好头对公司发展具有至关重要的作用。公司在全面完成三件大事之后,企业的竞争能力大大提高。但另一方面,中国入世在即和国内以连锁经营为代表的新型商业业态的发展以及新街口地区空前激烈的市场竞争形势,又给企业经营提出了新的课题。

公司2001年工作指导思想是:以提高经济效益为中心,以加强企业管理、提高经济运行质量为重点,资产经营、资本经营双管齐下,全力推进各项改革,增创公司跨世纪发展的新优势。这一思想将具体体现在以下三个方面:

1、调整经营结构,创新经营方式

(1)认真研究市场需求,重新调整市场定位,确定更为合理的商品经营结构,在经营面积和市口上进一步向品牌商品、热点商品和高效益商品倾斜。

(2)实行进销分离。公司将借鉴国内外先进经验,以部门为单位,实施"买手业主导型"的进销分离改革。

(3)强化营销策划。公司将努力突破价格战的围城,强化营销策划,大胆探索和运用新型营销业态,采取灵活多样的营销手段,使公司的促销活动具备超前性、针对性、导向性、计划性的特点。

2、强化资本运营,提高资产质量

公司将立足资本市场,拓展融资功能,并采取投资、合资、控股、参股等方式组成多种形式的经济联合体,优化资产结构,使低效益的生产要素向高效益方向流动。

3、实行制度创新,激发企业活力

(1)公司将完善法人治理结构,建立现代企业制度,依照《公司法》、《证券法》等法律法规及《公司章程》规范上市公司的运作程序,制定、完善《股东大会规则》、《董事会议事规则》、《经理层工作细则》等制度,公司监事会将完善《监事会议事规则》,形成各负其责、有效制衡、协调运作的法人治理结构。

(2)改革用人用工制度和收入分配制度,通过公开招聘、竞争上岗、实行岗位绩效工资制等多种手段,造就一支既开拓进取又踏实稳健的高素质员工队伍。

(3)加强管理制度建设。公司将树立"制度大于一切"的现代管理理念,进一步规范和完善财务管理制度、资产管理制度、营销管理制度、人力资源管理制度,形成全面、系统的现代企业制度,构造监控到位、工作高效的规范的管理体系。

(五)董事会日常工作情况

1、本报告期内公司董事会召开了六次会议,具体情况如下

(1)、董事会于2000年2月24日上午9:00在公司营业大楼八楼会议室召开第三次会议。会议应到董事7人,实到董事5人。应列席会议监事3人,实到2人。鉴于唐大龙先生因工作变动原因离任,全体董事一致同意解除其担任的公司副总经理职务,同时聘请赵新国先生担任本公司副总经理。

(2)、董事会于 2000 年 6 月 2 日上午 9:00 在公司营业大楼八楼会议室召开第四次会议。会议应到董事 7 人,实到董事 6 人,应列席会议监事 3 人,实到 2 人。会议审议并通过了如下决议:

决定对公司工会购回的因柜台交易流失在外的职工股 105740 股及原内部购回的 25572 股,共计 131312 股,按照《内部职工持股管理规定》,在为公司作出一定贡献的现任中高层管理人员和市级以上劳动模范人员中进行认购,认购价格为每股 3 元(即柜台购回价格)。

(3)、董事会于 2000 年 6 月 12 日上午 9:00 在公司营业大楼八楼会议室召开第五次会议。会议应到董事 7 人,实到董事 7 人,应列席会议监事 3 人,实到 2 人。会议审议并通过了如下决议:

根据国家经济贸易委员会的意见,公司本次募集资金不再投资于中商商业信息产业公司年产 5000 台自动售货机项目,其它募集资金投资项目不变。

鉴于三期工程即将建成,公司将成为大型现代化购物中心,为扩大营业面积,增加经营品种、经营项目和服务功能,需要增加流动资金,故本次募集所筹资金除投资于五个获批项目外,其它用于补充流动资金。

(4)、董事会于 2000 年 9 月 14 日上午 9:00 在公司营业大楼八楼会议室召开第六次会议。应到董事 7 人,实到董事 6 人。应列席会议监事 3 人,实到 2 人。会议审议并通过了如下决议:

经中国证监会核准,本公司已于 9 月 1 日至 9 月 6 日顺利完成发行社会公众股(A 股)3500 万股的工作。本次股票发行前公司总股本为 8626.09 万股,发行后增加到 12126.09 万股,为此公司董事会一致通过将依法办理注册资本变更手续。

(5)、董事会于 2000 年 10 月 30 日上午 9:00 在南京市丰富路 140 号中央大酒店四楼会议室召开第七次会议。应到会董事 7 人,实到 7 人,应列席会议监事 3 人,实到 2 人。会议审议并通过了如下决议:

1)审议通过了董事会工作报告;

2)审议通过了总经理工作报告;

3)审议通过了 1999 年度利润分配预案,具体如下:

公司 1999 年度实现净利润 28023852.15 元,董事会决定按 10%的比例分别提取法定公积金 2802385.22 元,法定公益金 2802385.22 元,任意盈余公积金 2802385.22 元,留存利润 19616696.49 元暂不作分配,转入下一会计年度。

4)审议通过了关于召开 1999 年年度股东大会的议案。

以上决议公告刊登于 2000 年 11 月 1 日的《上海证券报》、《中国证券报》上。

(6)、董事会于 2000 年 11 月 2 日上午 9:00 在南京市丰富路 140 号中央大酒店四楼会议室召开第八次会议。应到会董事 7 人,实到 6 人,应列席会议监事 3 人,实到 2 人。会议审议并通过了如下决议:

1)决定用公司所拥有之土地使用权、房产所有权等作为向银行申请贷款的资产抵押,本次抵押资产总额不超过壹亿贰仟万元。

2)决定继续聘请永华会计师事务所为公司 2000 年度财务报表审计单位。

3)原公司董事李国强先生因工作变动原因,申请辞去董事职务,董事会提议由管黎华先生接替担任董事,同时提议增补杨学萍女士、陶华女士为公司董事。

4)通过了关于修改并确定本公司章程的议案。

5)审议通过了南京中央商场股份有限公司关于召开 2000 年第一次临时股东大会的议案。

以上决议公告刊登于 2000 年 11 月 4 日的《上海证券报》、《中国证券报》上。

2、董事会对股东大会决议的执行情况

公司董事会严格按照股东大会的决议,认真履行职责,很好地完成了股东大会既定任务。

(六)公司管理层及员工情况

1、董事、监事、高级管理人员情况

姓名	职务	性别	年龄	任期	期初持股	期末持股
彭正志	董事长、党委书记	男	57	1999 年 5 月至 2002 年 5 月	4752	9752
胡晓军	副董事长、总经理	男	43	同上	4752	9752
李军副	董事长	男	54	同上	4752	9752
阎永平	董事、常务副总经理	男	46	同上	3564	8665
陶华	董事、副总经理、董事会秘书	女	46	同上	3564	8165
张霓	董事、工会主席	女	50	同上	4165	8165
管黎华	董事	男	46	同上	0	0
朱蓉晖	董事	女	39	同上	0	0
杨学萍	董事	女	36	同上	0	0
张仁富	监事会主席、党委副书记	男	50	同上	4165	8165
陈进	监事	女	47	同上	0	0
罗凌	监事	女	29	同上	0	0
龚秀华	副总经理	女	49	同上	4165	8165
王均	副总经理	男	48	同上	3564	8165
赵新国	副总经理	男	51	2000 年 2 月至 2002 年 5 月	0	4000
王大伦	副总经理	男	43	同上	3564	8165
黄金才	总经理助理	男	49	同上	3564	8165

说明:

2000 年 6 月 2 日,公司董事会通过关于职工股分配的决议:对公司工会购回的因柜台交易流失在外的职工股 105740 股及原内部购回的 25572 股,共计 131312 股,按照《内部职工持股管理规定》,在为公司作出一定贡献的现任中高层管理人员和市级以上劳动模范人员中进行认购,认购价格为每股 3 元(即柜台购回价格)。经过本次分配后,公司部分董事、监事及高级管理人员持股数量有所增加。

2、公司现任董事、监事及高级管理人员年度报酬情况

在公司领取报酬的现任董事、监事及高级管理人员 2000 年度总收入为 115 万元,其中:年收入 10 万元至 12 万元的有 3 人;年收入 8 万元至 10 万元的有 8 人;年收入 7 万元的有 1 人;年收入 3 万元的有 1 人。董事朱蓉晖、管黎华、杨学萍,监事陈进未在公司领取报酬。

3、报告期内董事、监事变动情况说明

(1)原公司董事李国强先生、监事张荣远先生、监事于丽华女士,因工作变动原因,辞去其担任的董(监)事职务。

(2)公司 2000 年第一次临时股东大会以记名投票表决方式选举管黎华先生、杨学萍女士、陶华女士为公司董事会董事。选举陈进女士为公司监事会监事。

(3)公司职工代表大会选举罗凌女士以职工代表身份接替于丽华女士出任监事会监事。

4、公司员工情况

截止 2000 年 12 月 31 日,公司共有员工 2455 人,其中:营业员 1783 人,占职工总数的 72.63 %;普通管理人员 126 人,占职工总数的 5.13 %;中、高级管理人员 166 人,占职工总数的 6.76 %;其他人员 380 人,占职工总数的 15.48 %。上述人员中具有本科以上学历的 70 人,占职工总数的 2.85%;具有大专以上学历的 474 人,占职工总数的 19.31%;具有高中及中专以上学历的 1669 人,占职工总数的 67.98%;具有高级职称的 14 人,占职工总数的 0.57%;具有中级职称的 82 人,占职工总数的 3.3%;具有初级职称的 289 人,占职工总数的 11.77%;公司目前有退休职工 934 人,离休干部 18 人。

(七)公司 2000 年年度利润分配预案:

经南京永华会计师事务所审计,公司 2000 年度实现净利润 26596713.33 元,分别按净利润的 10% 提取法定盈余公积 2659671.33 元、法定公益金 2659671.33 元,其余 21277370.67 元加期初未分配利润 37228539.29 元,实际可供股东分配的利润为 58505909.96 元。具体分配方案如下:

(1)根据本公司 1999 年 11 月 29 日召开的 1999 年度第二次临时股东大会决议:截止 1998 年底未分配利润由公司在 STAQ 系统流通法人股停止交易之日(即 1999 年 9 月 9 日)登记在册的股东享有,并以现金方式分配。董事会决定将 1998 年末结余的未分配利润以公司当时的股本总数 86260873 股为基数,按每 10 股派发现金红利 2.04 元(含税),共计 17597218.09 元,分配给上述股东,至此,上述股东应享有的 1998 年末结余的未分配利润已全部分配完毕。

(2)董事会提议以 2000 年 12 月 31 日公司总股本 121260873 股为基数,按每 10 股派发现金红利 0.60 元(含税),共计 7275652.39 元,分配给全体股东。尚余 33633039.48 元,结转下一会计年度。此项分配方案需经公司 2000 年年度股东大会审议通过后方可实施。

(八)预计公司 2001 年度利润分配政策:

1、公司 2001 年度利润分配次数拟不少于一次;

2、在公司 2001 年度实现的净利润中,用于股利分配的比例不低于 30%,2000 年度未分配利润用于 2001 年度股利分配的比例为零;

3、公司 2001 年度股利分配主要采取派发现金红利的形式,现金股利占股利分配的 30%以上。

上述分配方案为预计方案,公司董事会保留根据公司实际情况对股利分配政策进行调整的权力。

(九)报告期内公司选定《中国证券报》和《上海证券报》为刊登公司公告和其它需要披露信息的报刊

六、监事会报告

2000 年度,公司监事会根据《公司法》及其他有关法律、法规、规章和《公司章程》的规定,本着对全体股东负责的精神,认真履行有关法律、法规赋予的职责,积极有效的开展工作,对公司依法运作情况和公司高级管理人员履行职务情况进行了监督,对公司财务进行了检查。

1、监事会会议情况

本年度,公司监事会共召开 2 次会议,通过以下决议:

(1)公司监事会 1999 年度工作报告;

(2)公司 1999 年度利润分配预案;

(3)公司 1999 年度报告及摘要;

(4)接受监事张荣远先生因工作变动原因提出的辞职申请,推荐陈进女士担任公司监事会监事。

此外,还列(出)席了公司召开的各次董事会。

2、监事会独立意见

(1)公司依法运作情况。报告期内,公司董事会切实履行股东大会的各项决议,决策程序符合《公司法》及《公司章程》的有关规定;公司建立了良好的内部控制制度体系,有效防止了经营管理风险;公司董事及经理层等高级管理人员在执行公司职务时未发现有违反法律、法规、公司章程或损害公司利益的行为。

(2)检查公司财务的情况。南京永华会计师事务所对公司 2000 年度财务报告出具了标准无保留意见的审计报告,监事会认为该审计报告真实地反映了公司的财务状况和经营成果。公司本期利润实现数较利润预测数低 13%,主要原因为两个月的停业装修改造造成销售减少,年产 2000 套 SCS-2000 变电站计算机监控系统、年产 1000 套 SPC-100 分布式变电站微机保护测控系统未能如期产生效益,监事会认为,本期利润实现数的减少是合理的,无损害股东利益的因素存在。

(3)公司 2000 年募集资金投资的 6 个项目,经监事会审查,针对补充企业流动资金、老营业楼拆复建工程的募集资金 9730 万元已全部投入;一、二期工程营业楼统一改造工程的募集资金 3000 万元已投入 2232 万元,剩余的 768 万元将在 2001 年继续投入;大型仓储式超市因原选址方案不符合市政府关于商业网点规划的有关政策中"不在城区范围内新建大型仓储式超市"的要求,年产 2000 套 SCS-2000 变电站计算机监控系统、年产 1000 套 SPC-100 分布式变电站微机保护测控系统因入网许可证未能办理过户手续等原因,公司董事会决定本年度不投入 8500 万元募集资金,暂时闲置的资金用于购买国债和存入银行,监事会认为此项决定符合稳健原则,维护了公司和股东的利益。

(4)报告期内,公司无收购、出售资产的事项。

(5)报告期内,公司无重大关联交易,与下属控股公司及股东南京斯威特新技术创业有限责任公司之间的少量关联交易,均以市场原则进行,交易公平,未损害公司及股东的利益。

七、重要事项

1、本年度无重大诉讼、仲裁事项。

2、本年度内公司、公司董事及高级管理人员没有受监管部门处罚的情况。

3、报告期内没有发生公司控股股东变更、公司董事会换届、改选或半数以上成员变动的情况;总经理没有变更,董事会秘书未发生变更。

4、报告期内公司没有发生收购重组、出售资产、吸收合并事项。

5、报告期内关联交易事项:报告期内本公司与控股子公司之间除部分资金往来,收取一定资金使用费外无重大关联交易事项。

报告期内,自动化分公司的原材料是向股东南京斯威特新技术创业有限公司购买,该原材料采购以市场价为原则,公平交易,截止报告期末,累计购进原材料 184 万元。

6、报告期内公司与控股股东在人员、资产、财务上的"三分开"情况:

公司的控股股东为南京市国有资产经营(控股)有限公司。

(1)在人员方面,本公司在劳动、人事及工资管理等方面均独立运作;公司董事长、总经理、副总经理等高级管理人员均在本公司领取薪酬;均不在本公司股东单位担任职务。

(2)在资产方面,本公司拥有独立的营业场所和配套设施以及非专利技术等无形资产,采购、销售系统均为本公司独立拥有和运转。

(3)在财务方面,公司财务完全独立,设立独立的财务部门,建立了独立完整的会计核算体系和财务管理制度;拥有独立的银行帐户。

7、本年度公司没有发生重大的托管、承包、租赁其他公司资产,也没有发生被其他公司托管、承包、租赁本公司资产的重大事项。

8、本公司聘任南京永华会计师事务所为本公司年度报告审计单位。

9、其它重大合同(含担保等)及其履行情况:

截止 2000 年 12 月 31 日,公司与南京工商银行签定了为南京交家电(集团)公司流动资金贷款贰仟万元的担保合同,担保期限,自 2000 年 10 月 23 日至 2001 年 4 月 20 日,报告期内担保合同尚未到期。

10、本公司在报告期内没有更改名称或股票简称的情况。

11、其它重大事项:

(1)本公司及持股 5%以上的股东是南京市国有资产经营(控股)有限公司和南京斯威特新技术创业有限责任公司,均在 2000 年 8 月 25 日《中国证券报》、《上海证券报》、南京中央商场招股说明书上关于避免同业竞争的承诺。截止报告期末,本公司未发现以上两股东违反承诺事项。

(2)本公司于 2000 年 12 月 8 日召开了 2000 年第一次临时股东大会,审议通过了办理本次资产抵押贷款议案:用公司所拥有之土地使用权、房产所有权等作为本次向银行申请贷款的资产抵押,抵押资产总额不超过 12000 万元。该决议刊登于 2000 年 12 月 9 日《中国证券报》和《上海证券报》。截止本报告期末尚未实施。

(3)本公司于 2000 年 12 月 8 日召开了 2000 年第一次临时股东大会,审议通过了修改《公司章

程》第九十七条,授权公司"董事会有权决定不超过公司净资产35%的对外投资及相关事宜"。该决议刊登于2000年12月9日《中国证券报》和《上海证券报》。

八、财务会计报告

(一)审计报告: 审计报告 宁永会四审字(2001)073号

南京中央商场股份有限公司全体股东:

我们接受委托,审计了南京中央商场股份有限公司(以下称:贵公司)的2000年12月31日的资产负债表,2000年度利润及利润分配表以及2000年度现金流量表。这些会计报表由贵公司负责,我们的责任是对这些会计报表发表审计意见。我们的审计是依据中国注册会计师独立审计准则进行的。在审计过程中,我们结合贵公司的实际情况,实施了包括抽查会计记录等我们认为必要的审计程序。

我们认为,上述会计报表符合《企业会计准则》和《股份有限公司会计制度》及国家有关法律法规的规定,在所有重大方面公允地反映了贵公司2000年12月31日的财务状况和2000年度的经营成果以及2000年度的现金流量情况,会计处理方法的选用遵循了一惯性原则。

南京永华会计师事务所有限公司　　中国注册会计师:杜文俊

中国注册会计师:王　龙

中国·南京　　2001年4月16日

(二)财务报表(附后)

(三)会计报表附注

南京中央商场股份有限公司会计报表附注

附注1、主要会计政策、会计估计和会计报表的编制方法

本公司报表所载会计信息系根据本公司的会计政策编制。本公司的会计政策系根据《企业会计准则》和《股份有限公司会计制度》及其补充规定等制定、修改。自1999年1月1日起施行。

1、会计年度:本公司采用公历制,即从公历一月一日至十二月三十一日为一个会计年度。

2、记帐本位币:本公司以人民币为记帐本位币。

3、记帐原则和计价基础:本公司以权责发生制为记帐原则,以历史成本为计价基础。

4、外币业务核算方法:

本公司外币业务发生时,以发生时的市场汇率折算为记账本位币;期末按照期末市场汇率折算的记账本位币与原账面记账本位币的差额作为汇兑损益,分别情况处理:①筹集期间发生的汇兑损益计入开办费;②与购建固定资产有关的借款产生的汇兑损益在固定资产交付使用前计入该项固定资产成本;③其他情况下,汇兑损益计入财务费用。

5、合并会计报表的编制方法:

本公司根据财政部财会字(1995)11号《关于印发〈合并会计报表暂行规定〉的通知》和财会二字(1996)2号《关于合并报表范围请示的复函》等文件的规定,以公司本部和纳入合并范围的子公司的会计报表以及其他有关资料为依据,合并各项目数额编制而成。合并时,公司的重大内部交易和资金往来均相互抵销。如果子公司会计政策与母公司不一致,按母公司会计政策进行调整,但对差异较小不予调整。

6、现金等价物的确定:

本公司现金等价物为本公司持有的期限短、流动性强、易于转换为已知金额的现金、价值变动风险很小的投资。

7、坏账核算方法:

(1)坏账损失的核算方法:公司的坏账损失采用备抵法核算,于期末时的应收款项(包括应收账款和其应收款)提取坏账准备。

(2)坏账的确认标准:凡因债务人破产,依照法律清偿程序清偿后确实无法收回的应收款;债务人死亡,既无遗产可供清偿,又无义务承担人,确实无法收回的应收款;债务人逾期三年未能履行偿债义务,经本公司董事会决议和主管财政机关审核认可后列作坏账的应收款。

(3)坏账准备的计提方法和计提标准:按当期期末应收款经分析后余额的6%计提坏账准备。对回收有困难的应收款项,结合经验和实际情况相应专项计提坏账准备。

8、存货的核算方法:

(1)本公司商业库存商品实行售价核算,进销差价分柜组按存销比例进行分摊;制造业生产的产品实行加权平均法核算。

(2)材料物资的购入、领用、发出按实际成本核算。

(3)低值易耗品,购入时按实际进价成本核算,领用时按金额在200元以上、200元以下的不同情况分别采用"五五摊销法"和"一次摊销法"摊销。

(4)公司按期末自营存货价值的3‰计提商品削价准备金,同时于年终用个别认定法按成本与可变现净值孰低计提存货跌价准备。

9、短期投资核算方法:

(1)本公司按实际支付的价款扣除其中包含的已宣告发放的现金股利及利息计价,于被投资单位宣告发放现金股利或收到利息时确认投资收益;债券和股票的买卖,按实际收到的卖出价款与购入时实际支付的成本之间的差额确认投资收益。

(2)短期投资跌价准备的确认、计提方法:公司用个别认定法于年终按成本与市价孰低原则计提短期投资跌价准备。

10、长期投资核算方法:

(1)长期股权投资:

A、按投资时实际支付的价款或确定的价值入账。

B、公司按投资占被投资单位有表决权资本总额的比重分别采用不同的处理方法。投资占被投资单位有表决权资本总额20%或20%以上,或虽投资不足20%但有重大影响的采用权益法核算;投资占被投资单位有表决权资本总额在20%以下,或投资占被投资单位有表决权资本总额20%或20%以上,但不具有重大影响的采用成本法核算;投资占被投资单位有表决权资本总额在50%以上或虽不足50%,但对被投资单位有实际控制权的编制合并会计报表。

(2)长期债权投资:债券投资按购买时实际支付的价款确认入账价值。实际成本与债券票面价值的差额,作为溢价或折价;债券的溢价或折价在债券存续期内采用直线法摊销和确认相关的利息收入。

(3)长期投资减值准备确认、计提方法:本公司长期投资对由于市价持续下跌或被投资单位经营状况恶化等原因导致可收回的现金低于账面价值,并且这种降低的价值在可预计的未来期间不可能恢复,将可收回的金额低于账面价值差额采用个别认定法计提长期投资减值准备。

11、固定资产计价及折旧核算方法:

(1)固定资产计价标准:单位价值2000元以上(含2000元),使用年限一年以上的房屋建筑物,设备,运输工具以及其他与生产经营有关的设备、工具等属于固定资产。

(2)固定资产入账价值按取得时的实际成本计价。

附注2、税项

1、流转税:

(1)增值税:商品销售销项税税率为17%、13%,

(2)营业税:服务收入按营业收入的5%计交营业税,

(3)消费税:按应税商品销售收入的5%计交消费税。

2、城建税及教育费附加:

(1)按应交增值税、营业税、消费税额的7%计交城市维护建设税,

(2)按应交增值税、营业税、消费税额的3%计交教育费附加,

(3)按应交增值税、营业税、消费税额的1%计交地方教育费附加。

3、所得税:按应税所得额的33%计算交纳,由市财政返还已交纳的18%,实际税负为15%。

附注3、控股子公司

截止2000年12月31日,本公司的控股子公司情况如下:

控股子公司名称	投资金额(万元)	注册资本(万元)	所占权益比例(%)
南京中央珠宝首饰有限公司	99	100	99.00
南京中央商业批发有限责任公司	95	100	95.00
南京张霓实业有限公司	99	108	91.67
南京亚飞(中央商场)汽车销售有限公司	99	100	99.00
南京中央针织服饰有限责任公司	123	241	51.04

附注4、关联交易事项

(一)关联方

1、存在控制关系的关联方

企业名称	注册资本(万元)	持股比例	法定代表人	与本公司主要业务
南京中央珠宝首饰有限公司	100	99.00	王钧	资金往来
南京中央商业批发有限责任公司	100	95.00	胡晓军	资金往来、代理服务
南京张霓实业有限公司	108	91.67	张霓	资金往来
南京亚飞(中央商场)汽车销售有限公司	100	99.00	胡晓军	资金往来
南京中央针织服饰有限责任公司	241	51.04	阎永平	资金往来

2、存在被控制关系的关联方

企业名称	注册地点	注册资本(万元)	持股比例	法定代表人	与本公司主要业务
南京市国有资产经营(控股)有限公司			26.90%	周发亮	无
南京斯威特新技术创业有限公司			13.19%	刁龙	提供原材料

3、存在非控制关系的关联方

企业名称	注册资本(万元)	持股比例	法定代表人	与本公司的关系
南京中央金城仓储超市有限责任公司	1500万元	45%	王志鼎	非控股子公司

4、其他关联关系

企业名称	注册资本(万元)	法定代表人	与本公司的关系
南京新街口百货商店股份有限公司	23,020.82	黄树森	同是南京市国有资产经营(控股)有限公司的子公司
南京商厦股份有限公司	2,964.60	廖建生	同是南京市国有资产经营(控股)有限公司的子公司

(二)关联交易事项

1、本公司与控股子公司、其他子公司之间除部分资金往来,收取一定资金使用费外无重大关联交易事项。

2、本公司1999年10月从股东南京斯威特新技术创业有限公司购买的生产"变电站自动化监控系统"的相关资产组成的自动化分公司的原材料由股东南京斯威特新技术创业有限公司提供。

(三)关联企业往来

公司名称	金额	款项性质
南京张霓实业有限公司	1,000,000.00	向子公司借款
南京亚飞(中央商场)汽车销售有限公司	461,823.40	向子公司借款
南京中央商业批发有限责任公司	2,824,063.38	子公司借款
南京中央珠宝首饰有限公司	200,000.00	子公司借款
南京中央针织服饰有限公司	500,600.00	向子公司借款

附注5、或有事项

报告期内,本公司为南京交家电(集团)公司流动资金贷款提供担保,担保金额2000万元人民币。担保期为2000年10月23日至2001年4月20日。

附注6、重大事项

1、2000年9月,经中国证监会证监发行字(2000)第113号文核准,发行社会公众股(A股)3500万股,募集资金净额为21230万元,增发后,股本为12126.09万股。

2、2000年12月8日,经2000年第一次临时股东大会通过,为解决公司日常营运资金为目的,用公司所拥有的土地使用权、房产所有等作为本次向银行申请贷款的资产抵押,抵押资产总额不超过12000万元,目前暂未实施。

3、2000年12月8日,经2000年第一次临时股东大会通过,修改《公司章程》第九十七条,授权公司"董事会有权决定不超过公司净资产35%的对外投资及相关事宜"。

附注7、承诺事项

本公司本报告期无对外应披露而未披露的重大承诺事项。

附注8、期后事项

1、2001年1月16日,经本公司第三届董事会第九次会议决议,同意本公司与南京交家电(集团)总公司依照对等原则,互为对方向银行借款及签署承兑汇票提供担保。担保期限为自2001年1月16日至2002年12月31日。在担保期内,互为担保的最高总额度为人民币5000万元整(含本数)。

2、2001年3月27日本公司股东南京斯威特新技术创业有限公司将期持有的本公司的16000000股中的13932204股以协议价转让给南京中天投资发展有限公司。转让后,南京斯威特新技术创业有限公司持有本公司的股份数占公司总股份的比重由13.19%变更为1.70%;南京中天投资发展有限公司持有本公司的股份数占公司总股份的比重为11.49%。

3、2001年4月2日本公司与南京斯威特新技术创业有限公司就退还资产事宜签订协议,将1999年10月购入的与变电站综合自动化系统相关的资产(含五个保护)以4000万元价款退还给南京斯威特新技术创业有限公司。有关事宜按合同约定,于本协议签订后30日内完成。

九、公司的其他有关资料

1、公司于2000年9月18日,向南京市工商行政管理局变更注册登记;地址:南京市白下区中山南路79号;

2、本公司法人营业执照注册号:3201001002436;

3、本公司税务登记号:3201103134881640;

4、本公司未流通股票的托管机构为上海证券中央登记结算公司;

5、本公司聘请的会计师事务所为南京永华会计师事务所,其办公地址为南京市中山北路26号新晨国际大厦8-10楼。

十、备查文件目录

1、载有公司董事长亲笔签署的年度报告正本;

2、载有法定代表人、主管会计工作负责人、会计机构负责人签名并盖章的会计报表;

3、载有会计师事务所盖章、注册会计师签名并盖章的审计报告原件;

4、报告期内在《中国证券报》和《上海证券报》披露过的公司所有文件正本及公告原件;

5、《公司章程》。

南京中央商场股份有限公司董事会

二00一年四月十八日

太原化工股份有限公司

太原化工股份有限公司2000年年度报告摘要

重要提示：本公司董事会保证本报告所载资料不存在任何虚假记载、误导性陈述或者重大遗漏，并对其内容的真实性、准确性和完整性负个别及连带责任。

一、公司简介

1、公司法定中文名称：太原化工股份有限公司

公司法定英文名称：Taiyuan Chemical Industry Co.,Ltd.　英文缩写：TCICL

2、公司法定代表人：余乾元

3、公司董事会秘书：吴洪山

联系地址：太原市晋源区义井东街50号

电话：0351-6074825　0351-6071436　传真：0351-6071261

电子信箱：THGF@public ty.sx.cn

4、公司注册地址：山西省太原市学府西街高科技园区Ⅵ-5区

公司办公地址：太原市晋源区义井东街50号　邮编：030021

公司国际互联网网址：www.THGF.com.cn

电子信箱：THGF@public ty.sx.cn

5、公司信息披露报刊名称：《中国证券报》、《上海证券报》

登载公司年度报告的中国证监会指定国际互联网网址：www.sse.com.cn

公司年度报告备置地点：公司董事会秘书处

6、公司股票上市交易所：上海证券交易所

股票简称：太化股份　股票代码：600281

二、会计数据和业务数据摘要

（一）本年度实现利润总额及构成情况（单位：人民币元）

项目	金额
利润总额	70,194,059.16
净利润	46,278,382.74
扣除非经营性损益后的净利润	41,623,480.88
主营业务利润	150,976,557.95
其他业务利润	420,508.70
营业利润	65,472,277.71
投资收益	66,879.59
补贴收入营业外收支净额	4,654,901.86
经营活动产生的现金流量净额	-64,374,787.45
现金及现金等价物增加额	357,114,480.71

注：扣除的非经常性损益项目和涉及金额

1、营业外收入：	6,314,300.10
其中：冻结资金利息收入	6,153,609.11
处理固定资产净收益	111,100.63
2、营业外支出：	1,659,398.24
其中：处理固定资产净损失	461,341.36
罚款支出	486,433.71

（二）近三年主要会计数据和财务指标（单位：人民币元）

项目	2000年	1999年	1998年
主营业务收入	785,448,247.86	709,373,766.42	726,831,501.97
净利润	46,278,382.74	38,319,256.88	39,020,241.76
总资产	1,774,181,242.47	1,095,393,553.98	937,112,762.89
股东权益（不含少数股东权益）	979,565,256.75	397,262,534.12	260,198,713.77
每股收益（全面摊薄）	0.129	0.151	0.154
每股收益（加权平均元/股）	0.165	0.151	0.154
扣除非经营性损益后的每股收益（加权）	0.149	0.151	0.154
每股净资产（元/股）	2.729	1.565	1.025
调整后的每股净资产（元/股）	2.665	1.444	0.885
每股经营活动产生的现金流量净额（元/股）	-0.179		
净资产收益率（%）（全面摊薄）	4.72	9.65	15.00
净资产收益率（%）（加权平均）	8.27	13.72	15.30

注：主要财务指标计算公式如下

每股收益=净利润/报告期末普通股股份总数

净资产收益率=净利润/报告期末股东权益×100%

每股净资产=报告期末股东权益/报告期末普通股股份总数

调整后的每股净资产=（报告期末股东权益-三年以上的应收款项净额-待摊费用、待处理（流动、固定）资产净损失-开办费-长期待摊费用-住房周转金负数余额）/报告期末普通股股份总数

（三）利润表附表（单位：人民币元）

报告期利润	净资产收益率		每股收益	
	全面摊薄	加权平均	全面摊薄	加权平均
主营业务利润	15.41	26.97	0.421	0.539
营业利润	6.68	11.70	0.182	0.234
净利润	4.72	8.27	0.129	0.165
扣除非经常性损益后的净利润	4.25	7.44	0.116	0.149

注：计算公式

全面摊薄净资产收益率=报告期利润/期末净资产

全面摊薄每股收益=报告期利润/期末股份总数

加权平均净资产收益率=报告期利润÷（期初净资产+报告期净利润÷2+报告期发行新股或债转股净资产×新增净资产下一月份起至报告期期末的月份数÷报告期月份数-报告期回购或现金分红等减少净资产×减少净资产下一月份起至报告期期末的月份数÷报告期月份数）

加权平均每股收益=报告期利润÷（期初股份总数+报告期因公积金转增或股票股利分配等增加股份数+报告期因发行新股或债转股等增加股份数×增加股份下一月份起至报告期期末数月份数÷报告期月份-报告期因回购或缩股等减少股份数×减少股份下一月份起至报告期期末的月份数÷报告期月份数）

（四）股东权益变动情况及原因（单位：人民币元）

项目	股本	资本公积	盈余公积	法定公益金
期初数	253,906,000	136,370,363.98	5,929,160.49	1,976,386.82
本期增加	105,000,000	452,558,699.89	7,621,788.39	2,540,596.14
本期减少				
期末数	358,906,000	588,929,063.87	13,550,948.88	4,516,982.96

续上表：

项目	未分配利润	股东权益合计
期初数	1,057,009.65	397,262,534.12
本期增加	38,656,594.35	603,837,082.63
本期减少	21,534,360.00	21,534,360.00
期末数	18,179,244	979,565,256.75

变动原因：

1、股本增加是由于公司2000年9月增发新股所致；

2、资本公积增加是由于增发新股溢价；

3、盈余公积金和法定公益金的增加是由于报告期内按规定比例所提取；

4、未分配利润增加是因为经营活动所产生利润的增加（已扣"两金"）；

5、未分配利润减少是本年度实施了每10股派发现金红利0.60元（含税）的利润分配政策。

三、股东情况介绍

（一）本报告期末公司股东总数为66680户；

（二）公司前10名股东持股情况：

股东名称	期末持股数（股）	占总股本(%)
①太化集团	248,376,000	69.204
②山西永兴	3,252,900	0.906
③同盛基金	2,000,000	0.557
④景福基金	1,000,000	0.279
⑤太原中都	975,900	0.272
⑥太原双凯	975,900	0.272
⑦北京财政	760,500	0.212
⑧黄国辉	680,220	0.190
⑨杨燕	578,807	0.161
⑩武海东	565,000	0.157

注：

(1)持有本公司5%（含5%）以上的法人股东所持股份未发生抵押、冻结等情况。

(2)太原化学工业集团有限公司（简称：太化集团）代表国家持有股份248,376,000股。

(3)以上股东间无关联关系。

（三）持有本公司10%（含10%）以上股份股东的情况：太化集团是公司的控股公司，其所持股份为未上市流通股份，本报告期内所持股数未发生变化。

（四）报告期内控股股东情况无变更。

四、股东大会简介

报告期内公司召开两次股东大会。

（一）2000年2月29日太原化工股份有限公司在本公司三楼会议室召开了第一次股东大会。会议应到股东代表5人，实到股东代表5人，代表股份25390.6万股，占公司总股本100%。公司全体董事、监事及高级管理人员参加了会议。会议由董事长余乾元先生主持，出席大会的股东代表以记名投票方式审议通过如下内容：

1、1999年董事会工作报告；

2、1999年监事会工作报告；

3、关于公司向社会公开发行A股股票的决议；

4、聘请沈阳华伦会计师事务所为本公司年度财务审计机构；

5、关于《公司章程》修改的议案；

6、关于批准公司上市后募集资金投向可行性分析议案；

7、关于公司经营范围调整说明的议案。

（二）本公司于2000年5月10日在公司会议室召开临时股东大会，应到股东代表5人，实到5人，代表股份25390.6万股，占总股本100%，全体董事、监事参加了会议。会议通过如下议案内容：

1、1999年度财务决算方案；

2、利润分配方案，发行新股后从2000年1月1日起到募集资金到位期间的利润由全体新老股东共享；

3、募集资金投入项目由11项调整为6项。调整后的6个项目见2000年9月21日《中国证券报》、《上海证券报》和《证券时报》刊登的《招股说明书概要》。

五、董事会报告

（一）公司经营情况

1、公司所处行业及公司在本行业中的地位

本公司属综合性煤化工行业的省科技型企业，控股股东太化集团有限公司为全国512户重点企业，山西省煤化工的支柱企业，本年度被评为山西省优秀企业。公司"吕梁山"牌铂金网获国家金奖，市场占有情况为全国第一；"汾河"牌氯碱产品占全省第一。公司精细化工产品和高新技术产品有21种，主要经济技术指标在同行业企业中名列前茅。

2、公司主营业务的范围及其经营情况

报告期内公司主营业务完成情况：　单位：万元

项目	主营业务收入	占比例%	主营业务利润	占比例%
硝铵	17676.80	22.51	4097.46	27.14
甲醇	4508.84	5.74	228.79	1.52
丙钠	2439.78	3.11	16.56	0.11
氯碱系列	15532.93	19.78	4434.44	29.37
环苯有机系列	5953.38	7.58	776.63	5.14
PVC系列	5855.40	7.45	1445.61	9.58
焦炭及深加工	16037.61	20.42	1208.60	8.01
铂网	2762.08	3.52	697.04	4.62

本公司主要生产经营硝铵、甲醇、PVC、甲胺、芳胺、碱系列产品和焦炭、焦油及苯加工、铂网等60多种产品。硝铵、铂网系列、氯碱系列、焦炭及深加工的精细化工产品等为我公司主营业务。由于受国家经济政策拉动和国际石油市场价格上涨的影响，煤化工产品市场趋好，同时，公司加大营销改革力度，狠抓生产管理、产品开发和经济核算等，使2000年的实际经济效益要比预测的效益好。本公司2000年的销售收入完成为78544.82万元，实现利润7019.4万元。所得税按33%计算为2248.98万元，净利润4627.84万元，高于2000年4403万元利润预测，资产负债率从61.74%下降到43.34%。

南 京 钢 铁 股 份 有 限 公 司

南京钢铁股份有限公司 2000 年年度报告

重要提示：本公司董事会保证本报告所载资料不存在任何虚假记载、误导性陈述或者重大遗漏，并对其内容的真实性、准确性和完整性负个别及连带责任。

一、公司简介

(一)公司中文名称：南京钢铁股份有限公司
公司英文名称：Nanjing Iron&Steel Co.,Ltd.
(二)公司法定代表人：肖同友
(三)公司董事会秘书：徐林
联系地址：江苏省南京市大厂区卸甲甸
电话：025--7052160
传真：025-7052184
电子信箱：ngxulin@eastday.com
(四)公司注册地址：江苏省南京市大厂区卸甲甸
公司办公地址：江苏省南京市大厂区卸甲甸
邮政编码：210035
公司互联网网址：http://www.njgtgf.com
电子信箱：nggf@njsteel.com.cn
(五)公司选定的信息披露报纸：《中国证券报》、《上海证券报》
登载年报的中国证监会指定国际互联网网址：http://www.sse.com.cn
公司年报备置地点：公司证券部
(六)公司股票上市交易所：上海证券交易所
股票简称：南钢股份　　股票代码：600282

二、会计数据和业务数据摘要

(一)公司本年度主要会计数据(单位：元)

利润总额	267,870,032.50
净利润	208,960,651.34
扣除非经常性损益后的净利润	203,223,438.06
主营业务利润	471,701,882.85
其他业务利润	355,788.45
营业利润	262,107,126.82
营业外收支净额	5,762,905.68
经营活动产生的现金流量净额	466,237,733.88
现金及现金等价物净增加额	579,048,334.92
扣除的非经常性损益项目和涉及金额：	5,737,213.28
新股申购冻结资金利息	5,737,213.28
财政返还所得税	54,003,039.17

报告期利润	净资产收益率(%) 全面摊薄	净资产收益率(%) 加权平均	每股收益(人民币元/股) 全面摊薄	每股收益(人民币元/股) 加权平均
主营业务利润	31.29	53.79	1.12	1.43
营业利润	17.38	29.89	0.62	0.79
净利润	13.86	23.83	0.50	0.63
扣除非经常性损益后的净利润	13.48	23.18	0.48	0.62

(二)截止报告年度末公司主要会计数据和财务指标
追溯调整后(单位：人民币元)

指标项目	2000 年	1999 年
主营业务收入	3,389,775,529.32	2,693,517,579.35
净利润	208,960,651.34	147,682,263.81
总资产	2,594,778,231.27	1,821,735,818.82
股东权益	1,507,739,717.02	582,929,406.11
每股收益	0.50	0.49
每股收益(加权)	0.63	0.49
扣除非经常性损益后的每股收益	0.48	0.49
每股净资产	3.59	1.94
调整后的每股净资产	3.56	1.90
每股经营活动产生的现金流量净额		
净资产收益率(%)	13.86	25.33
净资产收益率(加权)(%)	23.83	28.32

[注]：1、主要财务指标计算方法：
每股收益=净利润/年度末普通股股份总数
每股净资产=年度末股东权益/年度末普通股股份总数
调整后的每股净资产=(年度末股东权益-三年以上的应收款项净额-待摊费用-待处理(流动、固定)资产净损失-开办费-长期待摊费用-住房周转金负数余额)/年度末普通股股份总数
每股经营活动产生的现金流量净额=经营活动产生的现金流量净额/年度末普通股股份总数
净资产收益率=净利润/年末股东权益＊100%加权平均净资产收益率(ROE)的计算公式

$$EPS=\frac{P}{S0+S1+Si\times Mi\div M0-Sj\times Mj\div M0}$$

其中：P 为报告期利润；NP 为报告期净利润；E0 为期初净资产；Ei 为报告期发行新股或债转股等新增净资产；Ej 为报告期回购或现金分红等减少净资产；M0 为报告期月份数；Mi 为新增净资产下一月份起至报告期期末的月份数；Mj 为减少净资产下一月份起至报告期期末的月份数。

加权平均每股收益(EPS)的计算公式如下：

$$EPS=\frac{P}{S0+S1+Si\times Mi\div M0-Sj\times Mj\div M0}$$

其中：P 为报告期利润；S0 为期初股份总数；S1 为报告期因公积金转增股本或股票股利分配等增加股份数；Si 为报告期因发行新股或债转股等增加股份数；Sj 为报告期因回购或缩股等减少股份数；M0 为报告期月份数；Mi 为增加股份下一月份起至报告期期末的月份数；Mj 为减少股份下一月份起至报告期期末的月份数。

2、需要说明的是：因公司变更会计估计、调整固定资产计提折旧年限，公司本期利润总额减少 30,447,836.06 元。

(三)报告期内股东权益变动情况　(单位：元)

项目	股本	资本公积	盈余公积	其中：法定公益金
期初数	3 亿元	159,930,600.00	22,152,339.57	7,384,113.19
本期增加	1.2 亿元	637,849,659.57	52,240,162.83	10,448,032.57
本期减少				
期末数	4.2 亿元	797,780,259.57	74,392,502.40	17,832,145.76

项目	未分配利润	股东权益合计
期初数	100,846,466.54	582,929,406.11
本期增加	114,720,488.51	924,810,310.91
本期减少		
期末数	215,566,955.05	1,507,739,717.02

变动原因：
1、股本增加系公司于 2000 年 9 月 1 日、9 月 2 日发行 12000 万股人民币普通股票所致；
2、资本公积增加系公司以每股 6.46 元发行新股，溢价部分转入资本公积所致；
3、盈余公积、法定公益金增加部分系因公司年度盈利按规定提取所致；
4、未分配利润变动系公司本期未分配利润留存所致；
5、股东权益增加系公司本年度发行新股及本年盈利留存所致。

三、股本变动及股东情况

(一)股本变动情况
1、股份变动情况表(截止 2000 年 12 月 31 日)
公司股份变动情况表　　数量单位：百万股

	本次变动前	本次变动增减(+,-)						本次变动后
		配股	送股	公积金转股	增发	其它	小计	
一、未上市流通股份								
1、发起人股份	300							300
其中：国家拥有股份	298							298
境内法人持有股份	2							2
未上市流通股份合计	300							300
二、已流通股份								
1.人民币普通股	0					120	120	120
已上市流通股份合计	0					120	120	120
三、股份总数	300							420

2、股票发行与上市情况
(1)公司设立情况
本公司是经江苏省人民政府苏政复[1999]23 号文批准，由南京钢铁集团有限公司作为主发起人，联合中国第二十冶金建设公司、冶金工业部北京钢铁设计研究总院、中国冶金进出口公司江苏公司、江苏省冶金物资供销公司等四家企业共同发起设立的。公司成立于 1999 年 3 月 18 日，注册号为 200001104431。
(2)股票发行、上市情况
经中国证券监督管理委员会证监发行字 [2000]112 号文核准，本公司以每股 6.46 元的价格于 2000 年 9 月 1 日至 2000 年 9 月 2 日采用向二级市场投资者配售和上网定价发行相结合的方式在上海证券交易所发行 12,000 万股人民币普通股。其中，对一般投资者上网定价发行 6,000 万股，向二级市场投资者配售 6,000 万股。2000 年 9 月 19 日，上述 12,000 万股人民币普通股在上海证券交易所挂牌交易。
(二)股东情况介绍
1、报告期末股东总数：87,619 户
2、报告期末前 10 名股东持股情况

股东名称	持股数量	持股性质	持股比例%
(1) 南京钢铁集团有限公司	298,000,000	国有股	70.95
(2) 黑龙江省贸粮油	637,819	社会公众股	0.15
(3) 中国冶金进出口江苏公司	500,000	国有法人股	0.12
(4) 冶金工业部北京钢铁设计总院	500,000	国有法人股	0.12
(5) 中国第二十冶金建设公司	500,000	国有法人股	0.12
(6) 江苏省冶金物资供销公司	500,000	国有法人股	0.12
(7) 陈琼	400,000	社会公众股	0.10
(8) 兴和基金	237,214	社会公众股	0.06
(9) 宏兴电子	200,000	社会公众股	0.05
(10)税莉	196,000	社会公众股	0.05

3、报告期内，南京钢铁集团有限公司、中国冶金进出口江苏公司、冶金工业部北京钢铁设计总院和中国第二十冶金建设公司所持股份未发生增减变动情况，也未发生质押或冻结情况，且其相互间不存在关联关系。
4、公司前十大股东中，第二、七、八、九和第十大股东为流通股股东，本公司未知其之间是否存在关联关系。
5、南京钢铁集团有限公司为本公司的国有股股东，也为本公司的控股股东，法人代表为肖同友。其经营范围：矿石采选，黑色、有色冶炼，钢材轧制，焦炭及副产品，耐火材料、建筑材料、普通机械制造，气瓶检测及冲装。经营自产品及技术的出口业务；经营生产所需原辅材料、机械设备、零部件及技术的进口业务；开展对外合资经营、合作生产及“三来一补”业务。技术咨询服务。工程设计，机电产品修理等。报告期内其所持本公司股份无增减变动情况。
6、报告期内，公司控股股东未发生变化。

四、股东大会简介

本公司于报告期内共召开股东大会三次，即 1999 年度股东大会、2000 年第一次临时股东大会和 2000 年第二次临时股东大会。
(一)1999 年度股东大会
公司 1999 年度股东大会于 2000 年 3 月 11 日在南钢宾馆召开。出席会议的股东和代理人共 5 名，代表股份 30,000 股，占公司有表决权股份总额的 100%，符合《中华人民共和国公司法》及国家有关法律、法规的规定。会议以记名投票表决方式审议通过了以下报告和议案：
1、1999 年度董事会报告；

2、1999 年度监事会报告；

3、1999 年度财务决算报告和 2000 年度财务预算报告；

4、1999 年度利润分配方案；

5、公司增资发行股票并授权董事会全权办理有关发行上市事宜的议案；

6、公司本次增资发行股票股利分配政策的议案；

7、关于公司募集资金投向的议案；

8、关于续聘江苏天衡会计师事务所为 2000 年度公司财务审计机构的议案；

9、关于董事变更的议案；

10、关于修改公司章程的议案。

本次会议同意戴登元、吴小江、王经民、王俊杰先生因工作变动等原因辞去公司董事职务；选举徐德华、应文禄、郎秋燕、董广龙先生为公司董事。

(二)临时股东大会

1、2000 年第一次临时股东大会

公司 2000 年度第一次临时股东大会于 2000 年 5 月 30 日在南钢宾馆召开。出席会议的股东代表 5 名，代表股份 30,000 万股，占公司有表决权股份总额的 100%，符合《中华人民共和国公司法》及国家有关法律、法规的规定。会议以记名投票表决方式审议通过了关于调整公司本次增资发行股票股利分配政策的议案。

2、2000 年第二次临时股东大会

公司 2000 年度第二次临时股东大会于 2000 年 8 月 31 日在上海紫金山大酒店召开。出席会议股东代表 5 名，代表股份 30,000 万股，占公司有表决权股份总额的 100%，符合《中华人民共和国公司法》及国家有关法律、法规的规定。会议以记名投票表决方式审议通过了以下议案：

(1)关于公司股票在上海证券交易所上市的议案；

(2)关于《公司章程(修订稿)》的议案。

五、董事会报告

(一)公司经营情况

1、公司所处行业及其在本行业中的地位

钢铁是经济发展、人民生活和国防建设最重要的基础原材料之一。公司所处钢铁行业一直是我国国民经济的支柱产业。我国钢铁工业正在进行以总量调控为重点的结构性调整，并在国家扩大内需、拉动经济增长的政策推动下，得到稳定发展。公司控股股东南京钢铁集团有限公司是国家重点扶持的 512 家企业之一，公司为其最大子公司，亦是江苏省最大的钢铁类上市公司。据国家冶金工业局信息研究中心统计，南钢 2000 年在全行业收入统计的 79 家大中型企业中，钢和钢材产量排序分别列第 21 位和第 18 位。

2、公司主营业务范围及经营状况

(1)公司主要从事黑色金属冶炼及压延加工，钢材、钢坯及其他金属销售。产品主要有中板、钢带、螺纹钢和圆钢等。其中，优质钢带、普通中厚板和船用钢板等获国家冶金产品实物质量"金杯奖"，A、B 级船用钢板获中、美、英、法、德、挪、日、韩国等八个国家船级社认证，AH32、AH36 高强度船用板获中、美、英、法、德、挪、日本等七个国家船级社扩大认证。

(2)2000 年公司生产经营取得了丰硕的成果。全年产钢 146.61 万吨，比上年增长 6.70%；产生铁 169.66 万吨，同比增长 13.11%；产钢材 109.32 万吨，同比增长 23.25%。实现主营业务收入 33.90 亿元，同比增长 25.85%；实现利税总额 2.68 亿元，同比增长 51.32%，净利润 2.09 亿元，同比增长 41.50%，均创历史最好水平。年末总资产 25.95 亿元，净资产 15.08 亿元。

(3)占公司主营业务收入 10% 以上的产品为钢坯和钢材，钢坯所占比例为 20.47%、钢材所占比例为 71.61%。

3、生产经营中出现的问题及解决方案

2000 年，一方面国家扩大内需，实行积极的财政政策，市场由冷转暖；另一方面国内钢材生产能力过剩，控制总量力度加大，部分钢铁上游产品价格上涨。在钢材市场竞争日益激烈的形势下，公司坚持以经济效益为中心，依靠科技进步和技术创新，加快结构调整步伐，全面提升品种、质量和销售服务水平，增强企业市场竞争能力。

(1)优化品种结构，提高产品质量。围绕市场需求，优先保证船板、容器板、锅炉板和优带等适销对路产品的生产。积极与高校合作，努力开发高附加值产品。研制开发了 T10 工具钢，AH32、AH36 高强度船用钢板等成份要求高、工艺难度大、市场前景好的新产品，提高了公司产品的市场竞争能力。对钢材产品生产线所建立的质量保证体系进行了内部质量审核，确保其有效运行。通过严格工艺纪律，加强质量考核，强化过程控制，开展提高定尺率、成材率和降废减损质量攻关活动，产品实物质量稳步提高。

(2)精心组织生产，实现产销衔接。克服了品种变化多、质量要求高、生产组织难度大的困难，在认真地履行合同、维护企业良好信誉的同时，打出了高产水平。公司积极组织产品出口和"以产顶进"工作，出口钢材 4.22 万吨，生产"以产顶进"钢材 10.80 万吨，产量增加部分符合国家控制总量的宏观调控政策要求。

(3)完善销售体制，调整销售策略。密切关注市场动态，及时了解国家宏观政策及市场需求变化以指导生产。大力开发新市场，增加直销、自销量，积极参加省内重点工程的材料招标，成功打入润扬大桥、省粮库工程等重大项目。先后与无锡华特、徐工集团等 20 多家大型企业建立直接供货关系。定期召开价格分析会，适时调整价格，优化资源配置，有力促进了效益的增长。建立结算新体系，实现"数据化"管理，改善了经销服务质量。2000 年产销率为 100.10%、资金回笼率为 100%。

(4)实施效益系统工程，不断提高管理水平。以"整体效益最大化，系统优化、分级控制、动态调整"为原则的效益系统工程保证了公司持续稳定健康发展，效益增长点不断挖掘，效益流失点不断堵塞。

(5)加大资本经营力度，扩展公司发展思路。成功发行 12,000 万股普通股股票，募集资金 7 亿多元，为公司的长远发展打下了基础，以自有资金参股江苏省软件产业股份有限公司及恒泰保险经纪有限公司，迈出了介入新兴产业的步伐。

4、报告期内，本公司实现利润总额 267,870,032.50 元，实现净利润 208,960,651.34 元，分别比《招股说明书》披露的盈利预测高出 16.58%和 62.49%。造成较大差异的原因是：

(1)公司在严格执行国家控制钢铁产品产量的前提下积极扩大出口和生产"以产顶进"钢材，产品产销量增加，国内钢材市场需求增加，钢材产品售价上升，公司主营业务收入比上年增长 25.85%。

(2)根据财政部财税[2000]99 号文件和江苏省财政厅苏财税[2000]62 号文件精神，公司本期继续执行先按 33%税率缴纳所得税，财政再给予 18%的返还，实际税负 15% 的所得税政策 （盈利预测则按 33%税率计算所得税）。公司 2000 年度共计收到所得税返还 54,003,039.17 元，全部计入净利润。

(二)公司财务状况

公司财务指标的增减变动(单位：万元)

项目	2000 年	1999 年	增减变动
资产总额	259,477.82	182,173.58	77,304.24
长期负债	13,800.00	54,638.32	–40,838.32
股东权益	150773.97	58292.94	92,481.03
主营业务利润	47170.19	35022.14	12148.05
净利润	20896.07	14768.23	6127.84

注：变动原因说明

资产总额增加：①报告期内公司股票发行成功所获得的募集资金到位；

②报告期产生的利润尚未分配。

长期负债减少：①公司用自有资金偿还长期借款；

股东权益增加：①报告期内公司股票发行成功所获得的募集资金到位；

②报告期产生的利润尚未分配。

主营业务利润增加：①产品产销量增加，主营业务收入同比增长 25.85%；

②钢材市场回暖，公司产品售价上升。

(三)公司投资情况

1、募集资金运用项目投资情况

公司于 2000 年 9 月 1、2 日向社会公开发行 12,000 万股普通股股票，扣除发行费用后，共募集资金 75,520 万元。

报告期内募集资金运用项目投资情况说明：

(1)棒材厂一火成材改造原定 2001 年实施。根据该厂主体生产设备的实际运行情况，提前到本年度进行不停产改造。同时，考虑到国内同类型生产线的装备档次提升很快，为适应形势发展需要，改造内容也作了较大改动。主要为：①将半连续轧制改为国内先进成熟的全连续轧制生产工艺；②实现连铸坯热装热送；③新建的加热炉改用蓄热式节能炉型；④增加了冷床、空压站、水处理设施的改造；⑤扩建厂房。经报国家经贸委批准授权，江苏省计划与经济委员会以苏计经计发(2000)552 号文重新批准了该项目的可行性研究报告，确定项目全部固定资产投资为 7,593 万元(招股说明书披露的原苏计经计发(1996)1719 号文为 4,900 万元)。此外，用于该项目外部运输、公辅配套设施建设的资金预计在 1,500 万元。整个工程可望于 2001 年二季度竣工投产。公司第一届七次董事会已就追加该项目投资形成决议。建成后，可实现年产 30 万吨圆钢、螺纹钢。每年新增销售收入 23,500 万元，新增利润 2,160 万元，分别比招股说明书披露的原计划增长 50.15%和 142.97%。该项目在建设期，已投入募股资金 3,945.21 万元，目前尚未产生效益。

(2)根据在《招股说明书》中所作出的承诺，2000 年 12 月 23 日，公司以募集资金 10,616.93 万元收购南京钢铁集团有限公司带钢厂。收购资产交割日为 2000 年 11 月 30 日。报告期内该项投资新增收益 279.94 万元。

(3)补充生产经营流动资金 5,002 万元。

(4)偿还银行贷款 8,500 万元。

(5)上述投入募集资金 28,064.14 万元，尚未投入的募集资金 47,455.86 万元存于本公司银行帐户。

2、非募集资金投资项目：

(1)2000 年 12 月 19 日以公司自有资金出资 1,584 万元，参与发起设立江苏省软件产业股份有限公司，占其注册资金的 8%，为该公司第三大股东。该公司主要从事建设和管理江苏软件园，招商引资，为进园企业和人员提供技术支持和咨询服务，开展投资和风险投资业务，组建并管理创业投资基金，开发和生产软件及相关产品，开展软件和集成电路产品及设备的经销和贸易等业务。该项投资发生于报告期末，本年度公司未获收益。

(2)2000 年 12 月 27 日，公司以自有资金 100 万元出资参股恒泰保险经纪有限公司，占其注册资金的 3.33%。该公司主要从事产险和再保险业务。该项投资发生于报告期末，本年度公司未获收益。

(四)环境政策变化情况

报告期内，在国家扩大内需，拉动经济增长力度加大的同时，钢铁行业贯彻"控制总量、调整结构、提高效益"的方针，有效地改善了市场供求关系，为本公司公平地参与市场竞争创造了有利条件。国内钢材市场价格总体上升，特别是 4 月份以后，公司主要产品中板、钢带、螺纹钢和圆钢等品种的销售价格均有不同程度提高，对公司生产经营产生了积极影响。

2001 年国家对钢铁企业继续"控制总量、调整结构、加强管理、提高竞争力"的方针。钢铁行业虽面临各种压力，但又具有较多的发展机遇和优势。国民经济仍将保持较高的发展速度，国家继续实施积极的财政政策，以政府投资带动社会投资和消费增长，加快西部开发，上马西气东输、南水北调、青藏铁路等大型工程。这些都有利于钢铁工业的进一步发展，同时也对钢铁工业提出了更高的要求。从内部看，通过几年来不懈努力，公司已具有一定的资金优势、装备优势、产品优势和成本优势，加之地处经济发达的长江三角洲，市场容量大、运输方便，都为公司不断适应激烈的市场竞争打下了坚实的基础。

根据财政部财税[2000]99 号和江苏省财政厅苏财税[2000]62 号文精神，公司先按 33%的法定税率缴纳，财政再给予 18%的返还，实际税负 15%。公司 2000 年度按实际收到的所得税返还款冲抵所得税。该政策执行到 2001 年 12 月 31 日。

(五)新年度发展计划

公司 2001 年业务发展的指导思想：继续坚持"以人为本、科技领先、开拓创新、争创一流"的企业宗旨和"一业为主、多种经营、低成本、高效益、整体持续发展"的经营方针，以市场为导向，以经济效益为中心，以科技进步为动力，以现代管理为依托，加大技术创新、管理创新和制度创新的力度，全面提高企业管理水平、技术进步水平和产品质量水平，增强市场竞争能力，重视募集资金投资项目的实施，保持钢铁主业稳定发展，积极拓展多元化经营，努力使公司发展再上新台阶。

1、公司 2001 年生产经营主要目标：

主要产品产量：钢 150 万吨，生铁 168 万吨，钢材 115 万吨(其中，出口钢材 3 万吨、生产"以产顶进"钢材 18.50 万吨)；

主营业务收入：34.60 亿元。

2、2001 年生产经营主要措施：

(1)大力开发新品，优化产品结构。加强与高校、科研院所的课题合作，提高品种开发能力；着力开发科技含量高、市场前景好的品种钢，尤其是加大锅炉板、压力容器板、桥梁板、高强度船板和优质钢带的开发力度，不断提高公司产品档次；努力提高产品质量，满足用户深加工需求。2001 年公司高附加值产品生产目标：钢 43 万吨、钢材 45 万吨。

(2)引进德国巴登公司经验，深化效益系统工程。学习引进巴登经验，系统提高企业科学管理水平；瞄准行业先进指标，抓好对标挖潜和"超三赶一"工作，加强成本管理，强化大宗原燃料管理、节能降耗和招(议)标采购工作，积极推进科技进步，全面提高企业各项经济技术指标，增强企业竞争能力。

(3)加强营销工作，保持产销率和资金回笼率 100%。充分发挥本企业六大销售公司的自销和直销作用，提高直销比例；根据国内市场变化，合理划分品种区域，努力实现资源配置效益最大化、价格效益最大化、高附加值产品效益最大化；高度重视"以产顶进"和出口工作，积极开拓国际市场。2001 年"以产顶进"和出口目标分别为 18.50 万吨和 3 万吨。

(六)董事会日常工作情况

1、报告期内董事会召开情况及决议内容

报告期内，公司共召开五次董事会。

(1)公司第一届董事会于 2000 年 1 月 26 日在南钢宾馆召开了第五次会议，审议通过了如下报告和决议：

①1999 年度总经理工作报告；

②关于公司资产减值准备提取和核销规程的议案；

③1999 年度利润分配预案；

④关于公司增资发行计划的预案；

⑤关于公司本次发行股票股利分配政策的预案；

⑥关于募集资金投向的预案；

⑦关于续聘江苏天衡会计师事务所为公司 2000 年度财务审计机构的事项的预案；

⑧关于公司董事变更的预案；

⑨关于聘免公司高级管理人员的议案；

⑩关于修订《总经理工作细则》的议案。

(2)公司第一届董事会于 2000 年 2 月 24 日在公司三楼会议室召开 2000 年第一次临时会议。审议通过了以下决议：

①关于实行工效挂钩考核方案的议案；

②关于增加大修项目和追加有关大修项目费用的议案。

·

(3)公司第一届董事会于2000年4月29日在南钢宾馆召开第六次会议,审议通过了以下决议:

①关于本次增资发行股票股利分配政策调整的预案;

②关于变更公司营业执照营业期限的议案;

③关于召开公司2000年度第一次临时股东大会的议案。

(4)公司第一届董事会于2000年8月25日在南钢宾馆召开第七次会议。审议通过了以下决议:

①关于公司股票在上海证券交易所上市的预案;

②关于《公司章程(修订稿)》的预案;

③关于公司固定资产折旧计提办法的议案;

④关于追加棒材改造项目投资的议案。

(5)公司第一届董事会于2000年12月19日在南钢宾馆召开第八次会议,审议通过了以自有资金1584万元出资参与发起设立江苏省软件产业股份有限公司的议案。本次董事会决议公告已于2000年12月20日在公司指定报刊《中国证券报》和《上海证券报》上刊登。

2、董事会对股东大会决议的执行情况

报告期内,董事会按照股东大会的决议和授权,认真履行职责。

(1)经江苏省工商行政管理局核准,已修改了公司章程,并办理了工商登记变更事宜。

(2)2000年12月20日,公司与南京钢铁集团有限公司签署了《南京钢铁股份有限公司正式收购南京钢铁集团有限公司带钢厂的协议》,公司已于2000年12月23日用募集资金10,616.93万元支付了收购价款。

(七)高管及员工情况

1、董事、监事、高级管理人员情况

姓名	性别	年龄	职务	任期
肖同友	男	54	董事长	1999.3.16-2002.3.15
杨思明	男	48	董事	1999.3.16-2002.3.15
赵永和	男	54	董事兼总经理	1999.3.16-2002.3.15
杨振和	男	52	董事	1999.3.16-2002.3.15
陶　魄	男	43	董事兼副总经理	1999.3.16-2002.3.15
徐德华	男	52	董事	2000.3.11-2002.3.15
郎秋燕	男	52	董事	2000.3.11-2002.3.15
董广龙	男	48	董事	2000.3.11-2002.3.15
应文禄	男	36	董事兼总会计师	2000.3.11-2002.3.15
吕庆明	男	47	监事会主席	1999.3.16-2002.3.15
郭必龙	男	51	职工代表监事	1999.6.6-2002.3.15
王永玉	男	47	职工代表监事	1999.6.6-2002.3.15
潘长根	男	52	监事	1999.3.16-2002.3.15
刘中豪	男	40	监事	1999.3.16-2002.3.15
秦　勇	男	39	副总经理	2000.1.26-2002.3.15
朱金宝	男	36	副总经理	2000.1.26-2002.3.15
徐　林	男	37	董事会秘书	1999.3.16-2002.3.15

以上董事、监事、高级管理人员至报告期末均未持有本公司股票。

报告期内董事、监事、高级管理人员发生变动情况:

2000年3月11日,公司1999年度股东大会接受王俊杰先生因年龄原因辞去董事的请求,戴登元、吴小江、王经民先生因工作变动原因辞去董事的请求,免去其董事职务;选举徐德华、应文禄、郎秋燕、董广龙先生为公司董事。

公司第一届董事会于2000年1月26日在南钢宾馆召开了第五次会议,根据总经理赵永和先生提名,董事会聘任秦勇、朱金宝先生为公司副总经理。财务负责人更名为总会计师,聘任应文禄先生为总会计师。免去徐德华、张龙、庄建志先生的总经理助理职务。

报告期内无解聘公司董事会秘书情况。

公司董事、监事和高管人员年度报酬总额约为42万元。其中,2至3万元的2人、3至4万元的3人、4至5万元的3人 、6至7万元的2人 。肖同友、杨思明、杨振和、徐德华、吕庆明、潘长根、刘中豪不在公司领取报酬。

2、公司员工数量、专业构成、教育程度及退休人员情况

截止报告期末,公司共有在册职工6,629 人。其中:生产人员5,760人、销售人员24人、技术人员377人、财务人员42人、管理人员426人。公司员工中,大专以上占员工总数的13.12%、受过高中(含中技)教育以上的职工占职工总数的 60 %。 具有高级职称的36人、中级职称的291人。截止报告期末,本公司共有退休职工344人。

(八)利润分配预案

1、2000年度利润分配预案

经江苏天衡会计师事务所有限公司天衡审字(2001)157号审计报告,公司本年度实现净利润208,960,651.34元。根据《公司法》和《公司章程》的规定,拟按以下方案进行分配:

(1) 按本期实现净利润的10%提取法定盈余公积金20,896,065.13元、5%提取公益金10,448,032.57元、

10%提取的任意盈余公积金20896065.13元。

(2)提取三金后,本次可供全体股东分配的利润为 156,720,488.51元,加上年初转入的未分配利润为 100,846,466.54元,本次累计可供全体股东分配的利润为257,566,955.05 元。 公司拟以2000年12月31日的总股本42000万股为基数, 向全体股东按每10股送2股派现金红利1元(含税)进行分配,共计分配股利

126,000,000.00元, 余额131,566,955.05元全部转入下年度。上述分配预案尚需股东大会批准。

2、预计2001年度利润分配政策

本公司拟在2001年度财务决算后进行利润分配一次。2000年度转入的未分配利润用于2001年度股利分配的比例不低于30%,2001年度实现的净利润在当年度的分配比例不低于30%,分配将采用派发现金或送红股或派发现金和送红股相结合的分配形式,现金股息不低于股利分配的30%,具体分配办法将依届时实际情况确定。

(九)其它报告事项

公司选定《中国证券报》和《上海证券报》为信息披露报刊。

六、监事会报告

(一)监事会工作情况

报告期内公司监事会共召开了二次会议

1、公司第一届监事会二次会议于2000年元月26日在南钢宾馆召开。全体监事出席,会议审议并通过如下报告和决议:

(1)1999年度监事会报告;

(2)1999年度总经理工作报告;

(3)关于资产减值准备提取和核销规程的议案;

(4)1999年度利润分配预案;

(5)公司增资发行计划的议案;

(6)公司本次股票发行股利分配政策的议案;

(7)公司募集资金投向的议案;

(8)关于续聘江苏天衡会计师事务所为2000年度财务审计机构的议案。

2、公司第一届监事会第三次会议于2000年8月21日在南钢宾馆召开,全体监事出席会议。会议按照公司管理标准,认真学习了议事规则,并就公司股票公开发行后加强监事会的工作进行了讨论,一致认为应加强对公司财务人员和高级管理人员的监督。

报告期内,监事会成员依照法律、法规和公司章程的规定列席了公司1999年度股东大会、2000年第一次临时股东大会、2000年第二次临时股东大会和报告期内历次董事会。

(二)监事会的独立意见

1、公司依法运作情况

公司监事会对公司依法运作情况进行了监督。报告期内,公司按照国家有关法律、法规和公司章程的规定开展各项工作,决策程序合法,并已建立了较为完善的内部控制制度。公司董事、经理廉洁自律、恪尽职守,为公司健康发展付出了大量艰辛的劳动,执行职务时没有违反法律、法规及公司章程,没有损害公司利益。

2、检查公司的财务状况

监事会对公司的财务管理制度和财务部门的岗位责任制进行了检查,认为公司的财务制度健全,执行有效。通过对财务报告的核查,认为公司2000年度财务结构合理、财务状况良好,年度财务会计报告真实地反映了公司的财务状况和经营成果。江苏天衡会计师事务所有限公司已对本公司出具了无保留意见的审计报告。

3、对募集资金使用情况的监督

公司2000年发行新股募集资金实际投入项目与招股说明书承诺投资项目及股东大会决议相符, 未变更投向。

4、关于公司关联交易

本公司与南京钢铁集团有限公司签订了《生铁钢坯销售合同》等协议及相关补充协议,经监事会核查,公司关联交易公平公允、交易价格合理,没有损害公司和股东利益。

5、资产收购情况

本年度公司按照招股说明书募集资金投向的承诺收购了南京钢铁集团有限公司带钢厂。监事会认为,在收购带钢厂过程中交易程序合法,价格合理,未发现内幕交易,未发现有损害股东权益或造成公司资产流失的行为。

6、专项说明

报告期内,公司实现利润总额267,870,032.50元,实现净利润208,960,651.34元,分别比盈利预测数高出16.58%和62.49%。监事会同意董事会对该差异的专项说明。江苏天衡会计师事务所有限公司对报告期的利润预测与利润实现数均进行审计,并出具了无保留意见的审计报告。

七、重要事项

(一)报告期内公司无重大诉讼、仲裁事项。

(二)报告期内公司、公司董事及高级管理人员均未发生受监管部门处罚的情况。

(三)报告期内公司控股股东、董事、监事和高级管理人员变动情况:

1、报告期内,控股股东未发生变更。

2、2000年3月11日,公司1999年度股东大会接受王俊杰先生因年龄原因辞去董事的请求,戴登元、吴小江、王经民先生因工作变动原因辞去董事的请求,免去其董事职务;选举徐德华、应文禄、郎秋燕、董广龙先生为公司董事。

3、公司第一届董事会于2000年1月26日在南钢宾馆召开了第五次会议,根据总经理赵永和先生提名,董事会聘任秦勇、朱金宝为本公司副总经理。财务负责人更名为总会计师,聘任应文禄先生为总会计师。免去徐德华、张龙、庄建志先生的总经理助理职务。

(四)报告期内公司收购南京钢铁集团有限公司带钢厂的情况:

2000年8月30日,本公司在《中国证券报》、《上海证券报》和《证券时报》上刊登的《招股说明书概要》对本公司拟收购南京钢铁集团有限公司带钢厂进行了披露。2000年12月19日,本公司与南钢集团公司签署了《南京钢铁股份有限公司正式收购南京钢铁集团有限公司带钢厂的协议》。本次收购后,原南钢集团公司带钢厂所属人员、资产、财务等全部移交本公司。带钢厂作为本公司下属厂管理。本次收购将减少本公司与南钢集团公司的关联交易,进一步增强本公司的盈利能力。南京钢铁股份有限公司关于正式收购南京钢铁集团有限公司带钢厂的公告已于2000年12月20日刊登在《中国证券报》和《上海证券报》上。收购南京钢铁集团有限公司带钢厂所涉款项本公司已于2000年12月23日以募集资金10,616.93万元支付给南京钢铁集团有限公司。

本公司报告期内无出售资产、吸收合并事项。

(五) 重大关联交易事项

南京钢铁集团有限公司为公司控股股东。

公司收购南京钢铁集团有限公司带钢厂属于重大关联交易,详见2000年8月30日刊登于《中国证券报》、《上海证券报》和《证券时报》的《南京钢铁股份有限公司招股说明书概要》及2000年12月20日在《中国证券报》和《上海证券报》刊登的《南京钢铁股份有限公司关于正式收购南京钢铁集团有限公司带钢厂的公告》。

公司与南京钢铁集团有限公司及其控股子公司之间的其他重大关联交易为属于正常生产经营范围的销售或购买商品、接受劳务和资产租赁等。其中销售或购买商品157,932.86万元,接受劳务27,063.51万元,资产租赁1,048.85万元。上述关联交易依据已在《招股说明书》中披露的有关合同协议及其补充协议执行。详见财务报告附注。

公司及股东的利益没有因上述关联交易而受损害。

(六)上市公司与控股股东在人员、资产、财务上的"三分开"情况:

除控股股东人员出任本公司部分董事和监事外,公司与控股股东南京钢铁集团有限公司做到了人员、资产、财务上的"三分开"。公司具有规范健全的组织结构和法人治理结构。公司总经理、副总经理等高级管理人员均在本公司领取薪酬,未在股东单位担任重要职务。公司专设人事部,劳动、人事及工资管理完全独立。公司具有完整的法人资产,拥有独立的生产系统。部分辅助生产系统和配套设施归南京钢铁集团有限公司所有,双方依据已经签定并经律师见证的有关合同进行交易。公司拥有相应的土地使用权和商标等无形资产。公司拥有独立的采购和销售系统。公司与控股股东不存在同业竞争。公司设有独立的财务部门,建立了独立的财务核算体系、财务会计制度和管理制度,公司独立开设帐户、独立纳税。

(七)报告期内公司无托管、承包、租赁其他公司资产或其他公司托管、承包、租赁本公司资产的事项。

(八) 报告期内公司续聘江苏天衡会计师事务所为公司审计会计师事务所。

(九) 其他重大合同及其履行情况

报告期内除关联交易中与南京钢铁集团有限公司签订的有关合同外,本公司无其他重大合同(含担保等)。

(十)报告期内公司未更改公司名称或股票简称。

(十一)其他事项

1、经中国证券监督管理委员会证监发行字[2000]112号文核准,公司于2000年9月1日至9月2日在上海证券交易所发行人民币普通股12,000万股,发行后,公司已于2000年9月12日在江苏省工商行政管理局变更了工商注册登记。注册登记号为:3200001104431。本公司注册资本由30,000万元变更为42,000万元。

2、公司以自有资金1584万元投资江苏省软件产业股份有限公司。详细情况披露于2000年12月20日的《中国证券报》和《上海证券报》。

3、公司以募集资金10616.93万元收购南京钢铁集团有限公司带钢厂。 详细情况披露于2000年12月20日的《中国证券报》和《上海证券报》。

4、2000年3月11日,公司1999年度股东大会接受王俊杰先生因年龄原因辞去董事的请求和戴登元、吴小江、王经民先生因工作变动原因辞去董事的请求,免去其董事职务;选举徐德华、应文禄、郎秋燕、董广龙先生为公司董事。

5、根据财政部财税[2000]99号文和江苏省财政厅财税[2000]62号文规定,公司先按33%税率

缴纳,财政再给予18%的返还,实际税负15%。公司2000年度按实际收到的所得税返还款冲减所得税。

(十二)承诺事项的办理情况

1、本公司控股股东南京钢铁集团有限公司承诺,自公司社会公众股股票上市之日起一年不转让其持有的本公司股份。

2、本公司控股股东南京钢铁集团有限公司承诺,不利用其在股份公司的控股股东地位损害股份公司及股份公司其他股东的正当权益。

3、本公司控股股东南京钢铁集团有限公司及其控股子公司南京金腾钢铁有限公司承诺,不从事与本公司经营的业务实际构成竞争的任何业务。

4、本公司承诺在A股发行、募集资金到位后,收购南京钢铁集团有限公司所属带钢厂。

上述承诺事项刊登于《招股说明书》,在报告期内有关各方严格履行了上述承诺事项。

八、财务会计报告

(一)审计报告

审　计　报　告

天衡审字(2001)157号

南京钢铁股份有限公司全体股东:

我们接受委托,审计了贵公司2000年12月31日的资产负债表及2000年度利润及利润分配表和2000年度现金流量表。这些会计报表由贵公司负责,我们的责任是对这些会计报表发表审计意见。我们的审计是依据中国注册会计师独立审计准则进行的。在审计过程中,我们结合贵公司实际情况,实施了包括抽查会计记录等我们认为必要的审计程序。

我们认为,上述会计报表符合《企业会计准则》和《股份有限公司会计制度》的有关规定,在所有重大方面公允地反映了贵公司2000年12月31日的财务状况及2000年度经营成果和现金流量情况,会计处理方法的选用遵循了一贯性原则。

江苏天衡会计师事务所有限公司　　　中国注册会计师:虞丽新

中国注册会计师:孙伟

中国·南京　　　2001年3月6日

(二)会计报表(见附表)

(三)会计报表附注

九、公司的其他有关资料

(一)公司首次注册登记日期:1999年3月18日;

注册地址:江苏省南京市卸甲甸;

变更注册登记日期为: 2000年9月12日;

变更登记注册地址:江苏省南京市卸甲甸;

(二)企业法人营业注册号:3200001104431;

(三)企业税务登记号码:320112714085405;

(四)公司未流通股票的托管机构名称:上海证券中央登记结算公司;

(五)公司报告期内证券主承销机构:华泰证券有限责任公司 ;

(六)公司聘请的会计师事务所:天衡会计师事务所;

办公地点:江苏省南京市正洪街18号东宇大厦8楼。

十、备查文件

(一)载有公司法定代表人、财务负责人、会计经办人员亲笔签名并盖章的会计报表;

(二)载有天衡会计师事务所盖章、注册会计师亲笔签名并盖章的审计报告正本;

(三)《二○○○年年度报告》正本;

(四)报告期内在中国证监会指定报纸上公开披露过的所有公司文件的正本及公告原文。

二○○一年三月八日

审　计　报　告

天衡审字(2001)157号

南京钢铁股份有限公司全体股东:

我们接受委托,审计了贵公司2000年12月31日的资产负债表及2000年度利润及利润分配表和2000年度现金流量表。这些会计报表由贵公司负责,我们的责任是对这些会计报表发表审计意见。我们的审计是依据中国注册会计师独立审计准则进行的。在审计过程中,我们结合贵公司实际情况,实施了包括抽查会计记录等我们认为必要的审计程序。

我们认为,上述会计报表符合《企业会计准则》和《股份有限公司会计制度》的有关规定,在所有重大方面公允地反映了贵公司2000年12月31日的财务状况及2000年度经营成果和现金流量情况,会计处理方法的选用遵循了一贯性原则。

江苏天衡会计师事务所有限公司　　　中国注册会计师:虞丽新

中国注册会计师:孙伟

中国·南京

2001年3月6日

南京钢铁股份有限公司

会计报表附注

一、公司简介

南京钢铁股份有限公司(以下简称公司)是经江苏省人民政府苏政复[1999]23号文批准,由南京钢铁集团有限公司(以下简称集团公司)作为主要发起人,联合中国第二十冶金建设公司、冶金工业部北京钢铁设计研究总院、中国冶金进出口江苏公司、江苏省冶金物资供销公司共同发起设立的股份有限公司。公司成立于1999年3月18日。2000年8月22日经中国证券监督管理委员会批准,公司向社会公开发行股票,并于2000年9月19日在上海证券交易所挂牌交易。

公司经营范围:黑色金属冶炼及压延加工,钢材、钢坯及其他金属材料销售。

公司注册资本:4.2亿元人民币,企业法人营业执照号3200001104431。

二、公司主要会计政策、会计估计及其变更

1、会计制度:执行《股份有限公司会计制度》。

2、会计年度:以公历一月一日起至十二月三十一日止为一个会计年度。

3、记帐本位币:人民币。

4、记帐基础和计价原则:以权责发生制为记帐基础;以历史成本为计价原则。

5、外币业务核算方法:对所发生的非记帐本位币经济业务,均采用业务发生日的市场汇价折合为记帐本位币记帐,期末外币帐户余额按当日中国人民银行公布的基准汇价进行调整,除为工程项目而筹措的外币借款折算差额,在固定资产尚未交付使用前计入在建固定资产的成本外,其余均计入当期损益。

6、现金等价物的确定标准:系指公司持有的期限短、流动性强、易于转换为已知金额现金、价值变动风险很小的投资。

7、坏帐核算方法:

(1)坏帐确认的标准为:

A、债务人破产或死亡,以其破产财产或者遗产清偿后仍无法收回;

B、债务人逾期未履行其偿债义务,并且具有明显特征表明无法收回。

(2)坏帐损失的核算采用备抵法,坏帐准备按应收款项(包括应收帐款和其他应收款)期末余额的帐龄分析计提,公司根据债务单位实际财务状况,现金流量情况等确定的坏帐准备计提比例如下:

帐　　龄	坏帐准备比率(%)
一年以内	6
一至二年	10
二至三年	30
三至四年	50
四至五年	80
五年以上	100

8、存货核算方法:

(1)公司存货包括:原材料、在产品、产成品、低值易耗品;

(2)原材料采用计划成本核算,按月结转材料实际成本与计划成本的差异,将发出材料的计划成本调整为实际成本;产成品发出采用加权平均法核算;低值易耗品除渣盘、轧辊按工作量法摊销外,其他均采用领用时一次摊销法。

(3)存货跌价准备的确认标准和计提方法:期末存货按成本与可变现净值孰低计价,按单个存货项目的成本与其可变现净值的差额计提存货跌价准备。

9、长期投资核算方法:

(1)长期股权投资:

A、按投资时实际支付的价款或确定的价值记帐;

B、公司对其他单位的投资占该单位有表决权资本总额20%以下,或对其他单位的投资虽占该单位有表决权资本总额20%或20%以上,但不具有重大影响,采用成本法核算;公司对其他单位投资占该单位有表决权资本总额20%或20%以上,或虽投资不足20%,但有重大影响,采用权益法核算;公司对其他单位的投资占该单位有表决权资本总额50%以上(不含50%),或虽投资不超过50%,但具有实质控制权的,编制合并会计报表。

C、采用权益法核算的长期股权投资,取得时的成本与其在被投资单位所有者权益中所占有的份额的差额,在"股权投资差额"核算,并在年度终了分期平均摊销,计入损益。摊销期限,如合同规定了投资期限的,按投资期限摊销,没有规定投资期限的,按十年平均摊销。

(2)长期债权投资:

A、债券投资:按实际支付的价款扣除支付的税金和手续费等各项附加费用,以及支付的分期付息债券自发行起至购入债券止的应计利息后的余额作为实际成本记帐;实际成本与债券面值的差额,作为溢价或折价,在债券存续期内采用直线法摊销;债券投资按期计算应计利息,应计利息减债券投资溢价(或加折价)摊销额后的金额,计入当期投资收益。

B、其他债权投资:按实际支付的价款入帐;按期计算应计利息,计入当期投资收益。

(3)长期投资减值准备的确认标准和计提方法:公司对被投资单位由于市价持续下跌或被投资单位经营状况恶化等原因导致其可收回金额低于帐面价值,且这种降低的价值在可预计的未来期间内不可能恢复时,按可收回金额低于长期投资帐面价值的差额,计提长期投资减值准备。

10、▮固定资产计价和折旧方法:

(1)固定资产按实际成本计价,公司改制设立时发起人投入的固定资产按评估确认值计价;

(2)固定资产标准为单位价值在2000元以上,并且使用年限超过一年的房屋、建筑物、机器设备、运输工具以及其他与生产、经营有关的设备、器具、工具等;

(3)固定资产折旧采用直线法,并按固定资产预计使用年限和预计5%的净残值率确定其分类折旧率如下:

固定资产类别	折旧年限(年)	年折旧率
房屋建筑物	8-35	11.88%-2.71%
专用设备	9-30	10.56%-3.17%
通用设备	4-18	23.75%-5.28%

11、在建工程核算方法:在建工程核算为建造或修理固定资产而进行的各项建筑和安装工程,包括固定资产新建工程、改扩建工程、大修工程等所发生的实际支出,以及改扩建工程等转入的固定资产净值。用借款进行的工程所发生的利息和汇兑损益,在固定资产尚未交付使用之前发生的,计入在建工程成本。公司以工程完工资产交付使用时作为确认固定资产的时点。

12、开办费、长期待摊费用的摊销方法:开办费按五年平均摊销;长期待摊费用按其受益期平均摊销。

13、收入确认原则:销售商品,以商品所有权上的重要风险和报酬转移给买方,公司不再对该商品实施继续管理权和实际控制权,相关的收入已经收到或取得了收款的证据,并且与销售该商品有关的成本能够可靠地计量时,确认营业收入的实现。

提供劳务收入的确认:以劳务总收入和总成本能够可靠计量,与交易相关的经济利益能够流入企业,在劳务的完成程度能够可靠地确定时确认劳务收入实现。

14、所得税的会计处理方法:所得税的会计处理采用应付税款法。

15、会计估计的变更:

为适应科学技术的进步,结合固定资产使用现状,经公司董事会决定,自2000年1月1日起对固定资产折旧年限进行以下变更:

固定资产类别	变更前 折旧年限(年)	变更前 年折旧率	变更后 折旧年限(年)	变更后 年折旧率
房屋建筑物	9-40	10.56%-2.38%	8-35	11.88%-2.71%
专用设备	12-32.5	7.92%-2.92%	9-30	10.56%-3.17%
通用设备	6.5-21.5	14.61%-4.42%	4-18	23.75%-5.28%

公司因固定资产折旧年限的变更,使本期利润总额相应减少30,447,836.06元。

三、税项

1、增值税:煤气、水渣税率为13%,其他产品税率为17%;

2、企业所得税:根据江苏省财政厅苏财税[2000]62号文,公司先按33%税率缴纳,财政再给予18%的返还,实际税负15%。公司2000年度按实际收到的所得税返还款冲减所得税。

3、地方税及附加:

(1)城市维护建设税:按实际缴纳流转税额的7%缴纳;

(2)教育费附加:按实际缴纳流转税额的4%缴纳。

四、控股子公司及合营企业

公司暂无控股子公司及合营企业。

五、会计报表主要项目注释

(如无特别说明,以下货币单位均为人民币元)

1、货币资金:截止2000年12月31日货币资金余额728,022,641.25元,其主要情况列示如下:

项　目	币别	期初数	期末数
现　金	人民币	10,898.57	7,512.98
银行存款	人民币	115,963,407.77	420,466,952.50
其他货币资金	人民币	33,000,000.00	307,548,175.77
合　计		148,974,306.34	728,022,641.25

货币资金较年初数增长388.69%,其主要原因为:公司本期公开发行12000万社会公众股,所募资金按计划尚未投出的部份增加期末货币资金。

2、应收票据:截止2000年12月31日应收票据余额80,640,675.91元,其主要情况列示如下:

(1)截止2000年12月31日应收票据余额中银行承兑汇票金额为74,640,675.91元,商业承兑汇票金额为

6,000,000.00元;

(2)本帐户期末余额中无抵押及应收持公司5%以上股份的股东单位的票据。

3、应收帐款:截止2000年12月31日应收帐款余额356,827,163.41元,其主要情况列示如下:

(1)帐龄分析:

帐龄	期初数 金额	期初数 比例	期初数 坏帐准备	期末数 金额	期末数 比例	期末数 坏帐准备

一年以内	390,079,955.83	87.11%	23,404,797.35	281,209,761.55	78.81%	16,872,585.78
一至二年	37,657,525.93	8.41%	3,765,752.59	51,720,494.99	14.49%	5,172,049.50
二至三年	3,299,618.93	0.74%	989,885.68	18,653,893.99	5.23%	5,596,168.20
三至四年	16,767,931.43	3.74%	8,383,965.72	5,243,012.88	1.47%	2,621,506.44
合　计	447,805,032.12	100.00%	36,544,401.34	356,827,163.41	100.00%	30,262,309.83

(2)本帐户余额中无应收持公司5%以上股份的股东单位款项；

(3)应收帐款中欠款金额前五名的往来单位情况：

单位名称	金　额	欠款时间	欠款原因
南京长城物资贸易公司	44,652,109.75	一年以内	赊销货款
南京苏盐贸易发展公司	31,845,203.56	一年以内	赊销货款
常州金鑫实业有限公司	24,637,568.78	一年以内	赊销货款
无锡景宏国际金属制造有限公司	23,066,751.32	一至二年	赊销货款
浙江诸暨金属材料公司	20,005,694.76	一年以内	赊销货款

4、其他应收款：截止2000年12月31日其他应收款余额20,416,519.12元，其主要情况列示如下：

(1)帐龄分析：

帐　龄	期初数 金　额	比　例	坏帐准备	期末数 金　额	比　例	坏帐准备
一年以内	3,638,656.72	85.84%	218,319.40	17,790,429.76	87.14%	1,067,425.79
一至二年	305,262.27	7.20%	30,526.23	2,355,361.49	11.54%	235,536.15
二至三年	211,425.31	4.99%	63,427.60	24,739.55	0.12%	7,421.87
三至四年	56,453.50	1.33%	28,226.75	209,229.52	1.02%	104,614.76
四至五年	27,125.07	0.64%	21,700.06	25,368.00	0.12%	20,294.40
五年以上	–	–	–	11,390.80	0.06%	11,390.80
合　计	4,238,922.87	100.00%	362,200.04	20,416,519.12	100.00%	1,446,683.76

(2)本帐户余额中无应收持公司5%以上股份的股东单位的款项

(3)其他应收款中欠款金额前五名的往来单位情况：

单　位　名　称	金　额	欠款时间	欠款原因
应收出口退税	13,639,716.04	一至二年	应退未退税金
韦岗铁矿	4,400,000.00	一年以内	资金往来
备用金	477,588.49	一年以内	
李日顶	98,000.00	一至二年	住院费借款
张茂华	55,833.83	一年以内	住院费借款

5、预付帐款：截止2000年12月31日预付帐款余额108,746,602.63元，其主要情况列示如下：

(1) 帐龄分析：

帐　龄	期初数 金　额	比　例	期末数 金　额	比　例
一年以内	54,726,142.46	100.00%	98,981,488.85	91.02%
一至二年	–	–	9,765,113.78	8.98%
合　计	54,726,142.46	100.00%	108,746,602.63	100.00%

(2)本帐户余额中无预付持公司5%以上股份的股东单位的款项。

(3)预付帐款中欠款金额前五名的往来单位情况：

单　位　名　称	金　额	欠款时间	欠款原因
均懋国际贸易(上海)有限公司	10,300,000.00	一年以内	原料款
山西新临钢钢铁有限公司	7,760,000.00	一年以内	原料款
河津太兴焦化公司	4,135,531.24	一年以内	原料款
南京钢铁集团经销公司	4,103,254.11	一年以内	原料款
江苏冶金物资供销公司	4,000,000.00	一年以内	原料款

6、存货：截止2000年12月31日存货余额418,961,172.68元，存货跌价准备10,566,917.78元，存货净额408,394,254.90元，其明细项目列示如下：

项　目	期初数 金　额	跌价准备	期末数 金　额	跌价准备
原材料	239,596,486.54	7,148,292.75	300,675,815.25	8,779,503.47
在途物资	8,025,522.52	–	6,283,489.49	–
低值易耗品	9,309,747.08	–	16,652,504.88	–
在产品	22,639,973.67	–	50,627,555.43	–
产成品	35,870,673.68	1,415,294.28	44,321,807.63	1,787,414.31
合　计	315,442,403.49	8,563,587.03	418,961,172.68	10,566,917.78

存货跌价准备计提的依据为：按2000年12月31日帐面实存的存货，采用单项比较法对各期末存货的成本与可变现净值进行比较，按可变现净值低于成本的差额计提。可变现净值以在正常生产经营过程中，以预计售价减去预计完工成本和销售所必需的预计税费后的净值确定。

存货较年初数增长32.82%，其主要原因为：公司本期收购带钢厂后生产规模扩大，产量增加，相关存货项目都相应增加。

7、待摊费用：截止2000年12月31日待摊费用余额6,167,112.03元，其明细情况列示如下：

项　目	期初数	本期增加数	本期摊销数	期末数
渣　盘	135,059.80	1,043,593.00	720,000.00	458,652.80
轧　辊	4,422,676.82	9,277,851.15	7,992,068.74	5,708,459.23
合　计	4,557,736.62	10,321,444.15	8,712,068.74	6,167,112.03

8、长期投资：截止2000年12月31日长期投资余额16,840,000.00元，其主要情况列示如下：

(1)本期增减变动情况：

项　目	期初数 金　额	减值准备	本期增加 (注)	本期减少	期末数 金额	减值准备
长期股权投资	–	–	16,840,000.00	–	16,840,000.00	–
长期债权投资	–	–	–	–	–	–
合　计	–	–	16,840,000.00	–	16,840,000.00	–

(注)根据公司与江苏省国际信托投资公司、南京熊猫电子股份有限公司等签订的《出资协议书》，公司与上述公司共同出资设立江苏省软件产业股份有限公司，公司出资1,584万元，占被投资单位注册资本的8%。根据公司与江苏国有资产经营有限公司、中国东方航空江苏有限公司等签订的《出资协议书》，公司与上述公司共同出资设立恒泰保险经纪有限公司，公司出资100万元，占被投资单位注册资本的3.33%。

(2)其他股权投资主要情况：

被投资单位名称	投资期限	投资金额	投资比例
江苏省软件产业股份有限公司	无	15,840,000.00	8.00%
恒泰保险经纪有限公司	无	1,000,000.00	3.33%
合　计		16,840,000.00	

9、固定资产及累计折旧：截止2000年12月31日固定资产原值1,552,199,317.90元，累计折旧

747,570,106.74元，固定资产净值　804,629,211.16元，2000年度固定资产及累计折旧增减变动情况列示如下：

项　目	期初数	本期增加(注)	本期减少	期末数
原　值				
房屋及建筑物	336,224,180.38	29,887,091.00		366,111,271.38
专用设备	819,537,492.76	87,752,111.00		907,289,603.76
通用设备	275,749,124.92	3,082,977.84	33,660.00	278,798,442.76
合　计	1,431,510,798.06	120,722,179.84	33,660.00	1,552,199,317.90
累计折旧				
房屋及建筑物	113,510,447.71	26,221,642.95		139,732,090.66
专用设备	345,267,071.65	120,935,606.47		466,202,678.12
通用设备	125,994,408.69	15,657,716.97	16,787.70	141,635,337.96
合　计	584,771,928.05	162,814,966.39	16,787.70	747,570,106.74
净　值	846,738,870.01			804,629,211.16

(注)根据相关协议，公司本期收购南京钢铁集团有限公司所属的带钢厂，其中收购固定资产分类明细情况如下：

项　目	固定资产原值	累计折旧
房屋及建筑物	29,887,091.00	9,168,185.00
专用设备	86,241,615.00	19,295,444.00
通用设备	674,660.00	328,766.00
合　计	116,803,366.00	28,792,395.00

10、在建工程：截止2000年12月31日在建工程余额94,121,823.65元，其主要情况列示如下：

工程名称	期初数	本期增加	本期减少 转入固定资产	其他
棒材"一火成材"改造	25,342,485.51	58,668,645.85	–	–
其中：资本化利息	2,081,700.00	2,477,325.00	–	–
其　他	2,722,151.75	7,410,980.54	22,440.00	–
合　计	28,064,637.26	66,079,626.39	22,440.00	–
其中：资本化利息金额	2,081,700.00	2,477,325.00	–	–

工程名称	期末数	资金来源	工程进度
棒材"一火成材"改造	84,011,131.36	募股与自筹	91%
其中：资本化利息	4,559,025.00		
其　他	10,110,692.29	自　筹	
合　计	94,121,823.65		
其中：资本化利息金额	4,559,025.00		

11、长期待摊费用：截止2000年12月31日长期待摊费用余额1,681,220.80元，其明细情况列示如下：

类　别	原始金额	期初数	本期增加(注)	本期摊销	期末数
水电增容费	1,800,000.00	–	1,800,000.00	118,779.20	1,681,220.80
合　计	1,800,000.00	–	1,800,000.00	118,779.20	1,681,220.80

(注)根据相关协议，公司本期收购南京钢铁集团有限公司所属的带钢厂，其中含水电增容费180万元。

12、短期借款：截止2000年12月31日短期借款余额150,000,000.00元，其明细情况列示如下：

借款类别	期　初　数	期　末　数
担保借款	185,000,000.00	150,000,000.00
合　计	185,000,000.00	150,000,000.00

13、应付帐款：截止2000年12月31日应付帐款余额354,874,984.86元，本帐户期末余额中应付持公司5%以上股份的股东单位的款项列示如下：

单位名称	金　额	欠款原因
南京钢铁集团有限公司	27,099,559.49	购　货　款

14、预收帐款：截止2000年12月31日预收帐款余额57,382,526.96元，本帐户期末余额中无预收持公司5%以上股份的股东单位的款项。

15、应付股利：截止2000年12月31日应付股利余额　42,000,000.00元，其明细情况列示如下：

股　东　名　称	金　额	欠付原因
南京钢铁集团有限公司	29,800,000.00	尚未支付的本期红利
其他法人股股东	200,000.00	尚未支付的本期红利
社会公众股股东	12,000,000.00	尚未支付的本期红利
合　计	42,000,000.00	

16、应交税金：截止2000年12月31日应交税金余额38,119,328.29元，其明细项目列示如下：

税　种	期　初　数	期　末　数
企业所得税	18,534,299.60	13,691,527.08
增　值　税	30,142,381.79	16,016,238.47
营　业　税	202.47	147.90
房　产　税	491,618.47	366,281.66
印　花　税	62,011.26	169,286.03
城市维护建设税	5,127,234.86	7,875,847.15
合　计	54,357,748.45	38,119,328.29

17、其他应付款：截止2000年12月31日其他应付款余额　85,976,145.40元，本帐户期末余额中无应付持公司5%以上股份的股东单位的款项。

18、预提费用：截止2000年12月31日预提费用余额1,243,578.22元，其明细情况列示如下：

项　目	期　初　数	期　末　数
预提利息	1,668,000.00	277,762.70
其　他	712,460.52	965,815.52
合　计	2,380,460.52	1,243,578.22

19、一年内到期的长期负债：截止2000年12月31日一年内到期的长期负债余额20,000,000.00元，其明细情况列示如下：

项　目	期　初　数	期　末　数
担保借款	10,000,000.00	20,000,000.00
抵押借款	–	–
合　计	10,000,000.00	20,000,000.00

20、长期借款：截止2000年12月31日长期借款余额138,000,000.00元，其明细情况列示如下：

贷款单位	金　额	借款期限	年利率	借款条件
建行大厂支行	48,000,000.00	1997.08-2002.08	6.03%	担　保
工行南京分行	10,000,000.00	1997.08-2002.08	6.03%	担　保
工行南京分行	21,000,000.00	1997.12-2002.10	6.03%	担　保
工行南京分行	19,000,000.00	1997.12-2002.11	6.03%	担　保
工行南京分行	15,000,000.00	1998.07-2002.11	6.03%	担　保
工行南京分行	10,000,000.00	1998.07-2003.04	6.03%	担　保
工行南京分行	15,000,000.00	1998.07-2003.07	6.03%	担　保
合　计	138,000,000.00			

长期借款较年初数下降73.10%，其主要原因为：本期公司经营活动产生的现金流量净额增加较大，提前归还借款。

钱江水利开发股份有限公司

钱江水利开发股份有限公司2000年年度报告摘要

重要提示：本公司董事会保证本报告所载资料不存在任何虚假记载、误导性陈述或者重大遗漏，并对其内容的真实性、准确性和完整性负个别及连带责任。本年度报告摘要摘自年度报告，投资者欲了解详细内容，应阅读年度报告。

一、公司简介

1、公司的法定中文名称、英文名称和英文缩写
中文名称：钱江水利开发股份有限公司
英文名称：QIANJIANG WATER RESOURCES DEVELOPMENT CO.,LTD
英文缩写：QJSL
2、公司法定代表人：王猛照
3、公司董事会秘书及证券事务代表的姓名、联系地址、电话、传真、电子信箱
董事会秘书：王林江　　授权代表：贾庆洲
联系电话：(0571)8822250　　传真：(0571)8822251
联系地址：浙江省杭州市天目山路166号投资大厦
4、公司注册地址、办公地址、邮政编码及电子信箱
公司注册地址及办公地址：浙江省杭州市天目山路166号投资大厦
邮政编码：310007　　公司电子信箱：qjwrj@ public.hz.zj.cn
5、公司选定的信息披露报纸、登载公司年度报告的中国证监会指定国际互联网网址、公司年度报告备置地点
信息披露报纸名称：《上海证券报》、《证券时报》
登记公司年度报告的中国证监会指定的国际互联网网址：http://www.sse.com.cn
公司年度报告备置地点：公司证券部
6、公司股票上市交易所、股票简称和股票代码
公司股票上市交易所：上海证券交易所
股票简称：钱江水利　　股票代码：600283

二、会计数据和业务数据摘要

1、主要会计数据(单位：人民币元)

利润总额	62,570,698.11
净利润	45,363,044.76
扣除非经常性损益后的净利润	44,885,838.00
主营业务利润	84,885,222.12
其它业务利润	-
营业利润	50,735,529.52
投资收益	11,449,656.74
补贴收入	190,000.00
营业外收支净额	195,511.85
经营活动产生的现金流量净额	-62,632,270.86
现金及现金等价物净增加额	611,649,393.60

注：扣除的非经常性损益项目及涉及金额：营业外收入467,061.50元(其中冻结新股申购资金利息466,509.50元)，补贴收入190,000.00元，营业外支出（除水利基金91,694.91元）179,854.74元。

2、截止报告期末公司前三年的主要会计数据和财务指标　　单位：人民币元

1 主要财务数据

指标项目	2000年	1999年	1998年
主营业务收入	145,952,839.17	155,223,415.88	145,099,191.65
净利润	45,363,044.76	61,656,399.95	56,201,407.49
总资产	1,351,817,912.77	560,916,864.95	481,335,329.86
股东权益	844,195,354.60	311,431,272.34	313,856,943.71
每股收益(摊薄)	0.1590	0.3078	0.2806
每股收益(加权)	0.2047	0.3078	0.2806
扣除非正常性损益后的每股收益	0.1573	0.3174	0.2918
每股净资产(元/股)	2.9587	1.5546	1.5669
调整后的每股净资产(元/股)	2.4155	1.5023	1.5328
每股经营活动产生的现金流量净额(元/股)	-0.2195	0.354	-0.117
净资产收益率(摊薄)(%)	5.3735	19.80	17.91
净资产收益率(加权)(%)	9.9488	19.80	17.91

2 利润分配表附表

报告期利润	净资产收益率(%)		每股收益(元/股)	
	全面摊薄	加权平均	全面摊薄	加权平均
主营业务利润	10.0552	18.616	0.2975	0.3831
营业利润	6.0099	11.1271	0.17718	0.2290
净利润	5.3735	9.9488	0.1590	0.2047
扣除非经常性损益后的净利润	5.3170	9.8442	0.1573	0.2026

注：主要财务指标计算方法
每股收益=净利润/年度末普通股股份总数
每股净资产=年度末股东权益/年度末普通股股份总数
调整后的每股净资产=（年度末股东权益-三年以上的应收款项净额-待摊费用-待处理（流动、固定）资产净损失-开办费-长期待摊费用-住房周转金负数余额）/年度末普通股股份总额
每股经营活动产生的现金流量净额=经营活动产生的现金流量净额/年度末普通股股份总数
净资产收益率=净利润/年度末股东权益×100%
全面摊薄净资产收益率=报告期利润÷期末净资产
加权平均净资产收益率(ROE)=P÷(Eo+NP÷2+Ei×Mi÷Mo-Ej×Mj÷Mo)
其中P为报告期利润；NP为报告期净利润；Eo为期初净资产；Ei为报告期发行新股或债转股等新增净资产；Ej为报告期回购或现金分红等减少净资产；Mo为报告期月份数；Mi为新增净资产下一月份起至报告期期末的月份数；Mj为减少净资产下一月份起至报告期期末的月份数。
全面摊薄每股收益=报告期利润÷期末股份总数
加权平均每股收益(EPS)=P÷(So+S1+Si×Mi÷Mo-Sj×Mj÷Mo)
其中P为报告期利润；So为期初股份总数；S1为报告期因公积金转增股本或股票股利分配等增加股份数；Si为报告期发行新股或债转股等增加股份数；Sj为报告期因回购或缩股等减少股份数；Mo为报告期月份数；Mi为增加股份下一月份起至报告期期末的月份数；Mj为减少净资产下一月份起至报告期期末的月份数。

三、股本变动及股东情况

1、股本变动情况
(1)股份变动情况　　单位：万股

	期初数	本次变动增减(+、-) 发行新股	配股	送股	其它	小计	期末数
一、未上市流通股份							
1、发起人股份	20033						20033
其中：							
国家持有股份	6033						6033
境内法人持有股份	13967						13967
发起自然人股份	33						33
未上市流通股份合计	20033						20033
二、已上市流通股份							
境内上市人民币普通股		8500				8500	8500
已上市流通股份合计		8500				8500	8500
三、股份总数	20033	8500				8500	28533

(2)股票发行与上市情况
经中国证券监督管理委员会证监发行字[2000]127号文批准，本公司于2000年9月15日、9月16日通过上海证券交易系统，以上网定价和向二级市场投资者配售相结合的发行方式成功向社会公众公开发行每股面值1.00元人民币的普通股8500万股，每股发行价6.00元，经上海证券交易所沪证上[2000]80号《上市通知》批准，于2000年10月18日在上海证券交易所上市，可流通股8500万股。

2、股东情况介绍
(1)报告期末股东总数65175户
(2)年末主要股东持股情况　　单位：股

股东名称	已上市流通	未上市流通	持股比例(%)
水利部综合开发管理中心		60330000	21.14
浙水投资		57670000	20.21
浙江水电		43990000	15.42
嵊州水电		38010000	13.32
泰和基金	1000000		0.35
隆元基金	870607		0.31
凌钢集团	550100		0.19
李国祥		330000	0.12
王素英	329000		0.12
合力其汗	256000		0.09

(3)持本公司10%以上股份的股东本年度内其所持股份均无增减变动，其所持公司股份也无质押和冻结情况。第1-4位、第8位股东之间不存在关联关系，第5、6、7、9、10位股东未知有否关联关系。

水利部综合开发管理中心为代表国家持有股份的单位，持股比例为21.14%，机构类型为事业法人。

浙江省水利水电建设投资总公司持股比例为20.21%，为本公司的第二大股东，法定代表人：高志瑞，经营范围：水利水电建设、供水、围垦项目的投资、开发及投资开发产品经营，水利、水电科技成果的开发、引进、转让、推广；工程咨询服务，建筑装饰材料以及水利系统企业产品的销售，水利水电建设所需的原材料、机电设备，涉水土地开发。

浙江省水电实业公司持股比例为15.42%，为本公司第三大股东。法定代表人：叶舟，经营范围：水利资源的开发，与开发业务相关的咨询服务，设备配套、技术推广，业务培训。

嵊州市水电开发有限公司持股比例13.32%，为本公司第四大股东。法定代表人：李国祥，经营范围：水利、水电、供水项目投资开发、新产品开发，技术咨询、钢材、建材、五金交电、化工产品、日用百货的销售。

四、股东大会简介

1.报告期内召开一次1999年年度股东大会。

1999年年度股东大会于2000年3月27日在杭州天目山路166号公司10楼会议室召开，出席大会的股东及股东代表6人，代表股份20033万股，占总股本的100%，会议以记名投票方式审议通过以下内容：

(1)1999年度公司董事会工作报告
(2)1999年度公司监事会工作报告
(3)1999年度利润分配方案：经浙江天健会计师事务所审计，1999年共实现利润61,656,399.95元，按照公司章程规定，分别提取10%法定公积金6,165,640.00元，提取5%法定公益金3,082,820.00元；另外，按照财政部[1999]35号和49号文件的有关要求，采用追溯调整法，调整1999年期初留成收益8,273,916.93元(未分配利润调减了8,273,916.93元)；余下可供分配的利润为44,134,023.02元，由老股东享有。
(4)1999年度财务决算报告和2000年度财务预算方案
(5)通过关于公司四项准备计提的会计处理方法
(6)通过公司聘请会计师事务所事项，同意续聘浙江天健会计师事务所为本公司指定的会计师事务所。

股东大会没有被否决的议案、决议。
2、报告期内没有选举，更换公司董事、监事情况。

五、董事会报告

1、公司经营情况
(1)公司所处的行业及在本行业中的地位
本公司主要从事水力发电、供水业务，属公用事业类水资源开发行业。公司下属安吉、东阳、嵊州、天台、仙居、松阳、龙泉、庆元、开化、赤山埠等十个分公司，拥有电站28座，总装机容量18万，水厂一座，设计制水能力15万立方米/日。公司作为浙江省水利系统龙头骨干企业，浙江省最大的小水电企业，致力于水资源的综合开发利用。

河南羚锐制药股份有限公司

河南羚锐制药股份有限公司2000年年度报告摘要

本公司董事会保证本报告所载资料不存在任何虚假记载、误导性陈述或者重大遗漏,并对其内容的真实性、准确性和完整性负个别及连带责任。

河南羚锐制药股份有限公司董事会

一、公司简介

(一)公司法定中、英文名称及缩写:

1、中文名称:河南羚锐制药股份有限公司

2、英文名称:Henan Lingrui Pharmaceutical Co.,Ltd.

3、英文名称缩写:LRGF

(二)公司法定代表人:熊维政

(三)公司董事会秘书及证券事务代表的姓名、联系地址、电话、传真、电子信箱:

1、董事会秘书:程剑军

2、董事会证券事务代表:陈燕

3、联系地址:河南省新县向阳路232号

4、联系电话:0397-2981650

5、传真:0397-2987888

6、电子信箱:cheng.jj@163.net

(四)公司注册地址、公司办公地址及其邮政编码、公司国际互联网网址及电子信箱:

1、公司注册地址及办公地址:河南省新县向阳路232号

2、邮政编码:465550

3、公司国际互联网网址:http://www.lingrui.com

4、电子信箱:info@lingrui.com

(五)公司选定的信息披露报纸名称,登载公司年度报告的中国证监会指定国际互联网网址,公司年度报告备置地点:

1、信息披露报纸名称:《上海证券报》

2、证监会指定的国际互联网网址:http://www.sse.com.cn

3、年度报告备置地点:公司董事会办公室

(六)公司股票上市交易所、股票简称和股票代码:

1、上市交易所:上海证券交易所

2、股票简称:羚锐股份

3、股票代码:600285

二、会计数据和业务数据摘要

(一)本年度主要利润指标情况:(单位:人民币元)

1.利润总额:	30,918,130.35
2.净利润:	25,836,159.26
3.扣除非经常性损益后的净利润:	24,144,014.55
4.主营业务利润:	99,356,602.84
5.其他业务利润:	-118,392.38
6.营业利润:	29,335,973.04
7.投资收益:	0
8.补贴收入:	0
9.营业外收支净额:	1,582,157.31
10.经营活动产生的现金流量净额:	3,663,311.98
11.现金及现金等价物净增加额:	282,340,801.08
注:扣除的非经常性损益项目和涉及的总额:	1,692,144.71
(1)营业外收支净额项目:	1,170,415.01
新股申购冻结资金利息收入:	1,170,415.01
(2)其他业务净收入项目:	521,729.70

12、净资产收益率和每股收益的计算及说明

按照中国证监会《公开发行证券公司信息披露编报规则(第9号)》要求计算2000年报告期利润的净资产收益率和每股收益:

报告期利润		净资产收益率		每股收益	
		全面摊薄	加权平均	全面摊薄	加权平均
主营业务利润	99,356,602.84	24.32%	63.98%	0.9900	1.4121
营业利润	29,335,973.04	7.18%	18.89%	0.2923	0.4169
净利润	25,836,159.26	6.33%	16.64%	0.2574	0.3672
扣除非经常性损益后的净利润	24,144,014.55	5.91%	15.55%	0.2406	0.3431

(二)截止报告期末前三年主要会计数据和财务指标(单位:人民币元)

序号	项目	2000年度	1999年度	1998年度
1	主营业务收入	130,734,521.66	103,979,019.72	108,020,062.00
2	净利润	25,836,159.26	21,764,951.64	23,954,742.35
3	总资产	514,793,914.96	175,023,127.74	125,632,628.49
4	股东权益	408,464,048.90	62,300,088.30	49,854,215.97
5	每股收益	0.2574	0.36	0.40
6	每股收益(加权平均)	0.3672	0.36	0.40
7	每股收益(扣除非经常性损益)	0.2406	0.36	0.34
8	每股净资产	4.07	1.03	0.83
9	调整后的每股净资产	4.05	1.0012	--
10	每股经营活动产生的现金流量净额	0.0365	0.0233	--
11	净资产收益率(%)	6.33	34.93	48.05
12	加权净资产收益率(%)	16.64	35.87	--

注:主要财务指标的计算公式如下:

每股收益=净利润/年度末普通股份总额

每股净资产=年度末股东权益/年度末普通股份总额

调整后每股净资产=(年度末股东权益-三年以上的应收款项净额-待摊费用-待处理(流动、固定)资产净损失-开办费-长期待摊费用-住房周转金负数余额)/年度末普通股份总额

每股经营活动产生的现金流量净额=经营活动产生的现金流量净额/年度末普通股股份总额

净资产收益率=净资产/年度末股东权益×100%

三、股东情况介绍

1、本公司报告期末股东总数为36080户。

2、前10名股东持股情况表(单位:股)

股东名称	年末持股数	占总股本比例(%)	是否上市流通
信阳羚羊山制药厂	19013400	18.95%	否
河南信阳信生制药有限公司	15090000	15.04%	否
香港锐星企业公司	12494520	12.45%	否
信阳市建设投资总公司	6639600	6.61%	否
新县鑫源贸易有限公司	6036000	6.01%	否
张军兵	1086480	1.08%	否
东方证券	455718	0.45%	是
福建兴业	266350	0.27%	是
陈新舟	174600	0.17%	是
江运英	173200	0.17%	是

注:(1)持有本公司5%股份的股东所持有的股份在本年度内无增减变化,无质压或冻结情况;

(2)前十名股东之间不存在关联关系;

(3)信阳羚羊山制药厂、信阳市建设投资总公司持有的股份为国有法人股,河南信阳信生制药有限公司、新县鑫源贸易有限公司持有的股份为法人股,香港锐星企业公司持有的股份为外资法人股,张军兵持有的股份为个人股;

(4)在以上股东中,信阳羚羊山制药厂是公司第一大股东。

鉴于信阳市建设投资总公司转让了其持有的河南信阳信生制药有限责任公司的全部股权,因此,目前公司的第一大股东为信阳羚羊山制药厂。

该事项已于2001年2月8日在《上海证券报》披露。

四、股东大会简介

本报告期内召开了一次股东大会

本公司于2000年4月8日召开了1999年度股东大会,会议审议通过如下决议:

1、《1999年度董事会工作报告》

2、《1999年度监事会工作报告》

3、《1999年度财务决算报告》

4、《1999年度利润分配报告》

5、《调整公司监事的报告》

五、董事会报告

(一)公司经营情况

1、公司所处的行业及地位

本公司属于中药行业,公司自成立以来,已先后被评为"河南省高新技术企业"、"全国中药系统先进企业"、"全国优秀医药企业"和"全国精神文明建设先进单位"。

2、报告期内公司主营业务的范围及经营情况

主营:中药硬膏剂、冲剂、搽剂、片剂、胶囊剂的生产和销售。主导产品为骨质增生一贴灵、通络祛痛膏、壮骨麝香止痛膏、参芪降糖胶囊、胃疼宁片、青石冲剂、培元通脑胶囊等。

2000年本公司主导产品实际产量及销售额见下表:(金额单位:万元)

产品名称	2000年实际产量	2000年销售收入
骨质增生一贴灵	712万袋	8613.23
壮骨麝香止痛膏	792万袋	836.29
参芪降糖胶囊	781万粒	341.48
胃疼宁片	2120万片	872.50
其他	-	2410.05
合计	-	13073.45

(二)公司财务状况

1、公司财务状况及增减变动的原因(单位:人民币元)

	2000年	1999年
总资产	514,793,914.96	175,023,127.74
长期负债	41,595,810.12	15,988,648.34
股东权益	408,464,048.90	62,300,088.30
主营业务利润	99,356,602.84	80,968,427.33
净利润	25,836,159.26	21,764,951.64

原因说明:

(1)总资产增加,主要原因为报告期内公开发行股票所致;

(2)长期负债增加,主要原因为银行的长期借款增加和发行股票冻结申购资金的利息分5年计入公司的营业外收入;

(3)股东权益增加,主要原因为报告期内公开发行股票所致;

(4)主营业务利润增加,主要原因为报告期内行业形势较好,公司通过自身努力扩大了产品销售所致;

(5)净利润增加,主要原因为报告期主营业务利润增加所致。

2、天一会计师事务所有限责任公司出具了无保留意见的审计报告。

(三)公司投资情况

1、报告期内募集资金投资情况(单位:人民币万元)

项目名称	项目总投资额	承诺投资	实际投资	尚需继续投资
年产2.6亿贴硬膏剂及GMP改造项目	4960	3325	1757	3203
年产2000万瓶搽剂产品及GMP改造项目	4280	2980	132	4148
胃疼宁片、复方拳参片片剂及GMP改造项目	4998	3078	0	4998
技术中心项目	4980	2400	81	4899
银杏系列产品技改项目	4860	3059	0	4860
扩建年产5亿粒咳宁胶囊、参芪降糖胶囊车间	3372	3088	0	3372
总计	27450	17930	1972	25478

以上募集资金投资项目均未达到计划进度，主要原因为本公司于 2000 年 9 月 14 日通过上海证券交易所交易系统发行股票，项目实施时间较短。

以上募集资金投资项目如果正常实施，将预计在 2001 –2002 年度产生收益。

2 、报告期内非募集资金投资情况

2000 年 11 月，公司以非募集资金投入组建河南羚锐商城制药有限公司，公司注册资本为 500 万元，主营业务为生产经营口服液、片剂、散剂。本公司投资 350 万元，占该公司总股份的 70%。因投资周期较短，目前尚未产生效益。

(四)我国加入 WTO 后对公司未来经营的影响及对策

我国正在积极争取早日加入 WTO，并且一直在进行包括调整关税在内的积极的准备工作。加入 WTO 后，进口产品的关税可能降低，国外同类产品或具有同种功效的替代产品将较容易进入国内市场，从而加剧了产品的市场竞争，从而影响公司产品的市场占有率和新产品的市场推广，给公司的产品销售带来一定风险。

针对加入 WTO 的风险，本公司将根据发展规划的要求，采取一定措施，降低生产成本，强化市场销售，加强新产品的研究，以不断提高和加强本公司产品的比较优势，从而主动地参与国际竞争。

(五)2001 年度的业务发展计划

1 、巩固和扩大现有产品的市场份额，积极推出新产品，加强对产品品牌的建设；

2 、巩固和扩大公司的营销网络，并积极探索新的销售模式；

3 、积极推进募集资金投资项目的建设；

4 、积极开展资本运营，以收购、兼并等方式实现公司的低成本扩张；

5 、加快技术开发和技术改造的步伐，增加公司产品的技术含量和附加值；

6 、加强员工队伍的建设，提高员工的科学文化知识和业务水平，同时，注重对人才的引进。

(六)董事会日常工作情况

1 、报告期内董事会的决议情况及决议内容

(1)本公司于 2000 年 3 月 6 日召开了第一届第四次董事会，审议并通过如下决议：《1999 年度董事会工作报告》、《1999 年度财务决算报告》和《1999 年度利润分配报告》。

(2)本公司于 2000 年 12 月 28 日召开了第一届第五次董事会，审议并通过如下决议：《调整公司高级管理人员的议案》。该决议已刊登于 2000 年 12 月 29 日的《上海证券报》上。

2 、董事会对股东大会决议的执行情况

按照 2000 年 4 月 8 日召开的 1999 年度股东大会的决议，公司董事会实施了公司利润分配方案等。

(七)公司管理层及员工情况

1 、现任董事、监事、高级管理人员的情况

姓名	性别	年龄	职务	任期起止日期	年初持股数(股)	年末持股数(股)
熊维政	男	45 岁	董事长	1999 年度–2001 年度	0	0
张军兵	男	46 岁	董事(副总经理)	1999 年度–2001 年度	108.648	108.648
吕正贵	男	41 岁	董事	1999 年度–2001 年度	0	0
王文春	男	64 岁	董事	1999 年度–2001 年度	0	0
张军东	男	49 岁	董事	1999 年度–2001 年度	0	0
杨义厚	男	42 岁	董事(副总经理)	1999 年度–2001 年度	0	0
汪鹏程	男	38 岁	董事	1999 年度–2001 年度	0	0
程剑军	男	40 岁	董事(董事会秘书)	1999 年度–2001 年度	0	0
付滢	女	38 岁	董事	1999 年度–2001 年度	0	0
李福康	男	46 岁	监事(监事会主席)	1999 年度–2001 年度	0	0
余向红	男	28 岁	监事	2000 年度–2001 年度	0	0
裴长德	男	28 岁	监事	1999 年度–2001 年度	0	0
杨振兴	男	38 岁	监事	1999 年度–2001 年度	0	0
罗炎	女	30 岁	监事	1999 年度–2001 年度	0	0
程红	女	42 岁	监事	1999 年度–2001 年度	0	0
闵志浩	男	31 岁	总经理	1999 年度–2001 年度	0	0
汪鹏程	男	38 岁	副总经理	1999 年度–2000 年度	0	0
常征	男	46 岁	副总经理	1999 年度–2000 年度	0	0

说明：

报告期内董事、监事和高级管理人员的年度报酬总额为 185 万元，其中：

在 20 万元以上年度报酬期间内领取报酬的有 2 名；

在 10 万元--20 万元年度报酬期间内领取报酬的有 6 名；

在 3 万元--10 万元年度报酬期间内领取报酬的有 1 名；

在 1 万元以下年度报酬期间内领取报酬的有 9 名。

报告期内离任的董事、监事及高级管理人员情况：

(1)报告期内无离任的董事；

(2)洪中先原生辞去公司监事职务，增选余向红先生担任公司监事职务，其他监事无变化；

(3)汪鹏程先生、常征先生辞去了公司副总经理职务，2001 年度不再担任公司副总经理，其他高级高级管理人员无变化。

报告期内聘任公司经理、董事会秘书情况：

(1)报告期内聘任了陈世全先生、范金池先生为公司 2001 年度副总经理；

(2)报告期内董事会秘书无变化。

2 、公司员工数量、专业构成和教育程度等情况

本公司现有职工 680 人，其中管理人员 65 人，财务人员 16 人，销售人员 230 人，技术人员 95 人，生产工人 274 人。按年龄及教育程度分类如下：

按职工年龄分类：

年龄	30 岁以下	30 岁到 50 岁	50 岁以上
人数	586	88	6

按职工教育程度分类：

学历	大中专以下	大中专以上
人数	512	168

本公司根据业务发展的需要，常年对员工进行定期或不定期培训。公司实行全员劳动合同制。职工工资、福利、劳动保护按国家和地方政府有关规定执行，职工社会保险按照国家劳动保险有关文件规定，参加社会养老保险统筹，实行企业和个人共同负担。本公司目前无退休职工，将来退休的职工退休金由社会保险机构统筹支付。

(八)本次利润分配预案或资本公积金转增股本预案

1 、利润分配预案

经天一会计师事务所有限责任公司审计，公司 2000 年度实现利润总额 30,918,130.35 元，净利润 25,836,159.26 元。分别提取 10%法定公积金 2,583,615.93 元，提取 5%法定公益金 1,291,807.96 元。加上期初未分配利润 184,507.86 元，本次可供股东分配利润 22,145,243.23 元。

经公司董事会第一届第六次会议审议并通过如下分配预案：以 2000 年末总股本 100,360,000 股为基数，向全体股东按每 10 股派现金红利 1.00 元（含税），本次分配共派发现金红利 10,036,000.00 元，剩余 12,109,243.23 元结转下一年度。本年度不送红股，也不进行资本公积金转增股本。

2 、预计 2001 年度利润分配政策

(1)公司拟在 2001 年会计年度结束后分配利润一次；

(2)公司下一年度实现净利润用于股利分配的比例约为 30%–60%；

(3)公司本年度未分配利润用于下一年度股利的分配比例不低于 10%；

(4)分配采用派发现金红利和送红股相结合的形式，现金红利与红股的比例为 30%–60%。

具体分配办法将根据公司当时实际情况确定。

(九)其他报告事项

所得税优惠

根据财政部(2000)98 号文件精神，经河南省财政厅豫财税政[2001]5 号文批复，同意 2000 年度及 2001 年度公司企业所得税继续享受先按 33%法定税率征收再返还 18%的优惠的政策，从 2002 年 1 月 1 日起照章纳税。

六、监事会报告

本公司监事会共有六人组成，监事会设主席一名(监事会召集人)。2000 年度，本届监事会依照《公司法》、《证券法》和《公司章程》赋予的权利，积极履行有关职责，认真开展监督工作。2000 年 4 月 8 日在公司三楼会议室列席董事会并召开了监事会第一届第二次会议，审议并通过了公司《1999 年度财务决算报告》、《1999 年度监事会工作报告》和《调整公司监事的报告》。2000 年 12 月 28 日在公司三楼会议室列席董事会并召开了监事会第一届第三次会议，审议并通过了公司《监事会工作规则》和《监事会工作标准》。

公司监事会对公司依法运作情况的意见：

(一)报告期内公司严格按照国家法律、法规和公司章程的规定运作，公司决策程序合法，已建立了完善的内部控制制度。公司董事、经理执行公司职务时没有违反法律、法规、公司章程或损坏公司利益的行为。

(二)通过检查审议，监事会认为天一会计师事务所有限责任公司出具的审计意见及所涉事项作出的评价，是真实的、客观的，公允地反映了公司的财务状况和经营成果。

(三)公司上市募集资金投资项目，正按照招股说明书中的披露进行。

监事会将恪尽职守，努力提高自身素质，加大监管力度，保护公司的合法权益，保护股东的利益。

七、重要事项

(一)本年度公司无重大诉讼、仲裁事项。

(二)报告期内公司、公司董事及高级管理人员没有受监管部门处罚的情况。

(三)报告期内公司董事、监事、总经理、高级管理人员及控股股东变动情况见本报告中股东情况、股东大会情况和董事会会议情况介绍。

(四)本公司及持股 5%以上股东未在指定报纸和网站上披露任何承诺事项。

(五)上市公司与控股股东在人员、资产、财务上的“三分开”情况

本公司与控股股东信阳羚羊山制药厂之间已实现资产完整、财务独立、人员独立。具体情况如下：

1 、本公司在劳动、人事及工资管理等方面独立。总经理、副经理等高级管理人员在本公司领取薪酬，在股东单位无任职。

2 、本公司资产独立，拥有独立的生产系统、辅助生产系统和配套设施；工业产权、商标、非专利技术等无形资产均由本公司拥有；本公司拥有独立的采购和销售系统。

3 、在财务方面，本公司设有独立的财务部门，并建立了独立的会计核算系统和财务管理制度，并在银行独立开户。

(六)聘任、解聘会计师事务所情况

本年度公司继续聘请天一会计师事务所有限责任公司(原河南华为会计师事务所)为公司的审计机构。

(七)报告期内公司无其他重大合同(含担保)。

(八)公司报告期内未改变名称和股票简称。

八、财务会计报告

(一)审计报告　　　　　　审 计 报 告　　天一审字(2001)第 3–08 号

河南羚锐制药股份有限公司全体股东：

我们接受委托，审计了贵公司 2000 年 12 月 31 日的资产负债表，2000 年度的利润及利润分配表和现金流量表。这些会计报表由贵公司负责，我们的责任是对这些会计报表发表审计意见。我们的审计是依据《中国注册会计师独立审计准则》进行的。在审计过程中，我们结合贵公司的实际情况，实施了包括抽查会计记录等我们认为必要的审计程序。

我们认为，贵公司上述会计报表符合《企业会计准则》和《股份有限公司会计制度》的有关规定，在所有重大方面公允地反映了贵公司 2000 年 12 月 31 日的财务状况及 2000 年度的经营成果及现金流量情况，会计处理方法的选用遵循了一贯性原则。

天一会计师事务所有限责任公司　　　　中国注册会计师：胡丽娟

中国注册会计师：朱晓琳

中国.北京　　　　报告日期:2001 年 2 月 19 日

(二)会计报表

(见附件)

(三)会计报表附注

1 、外币业务核算方法：发生外币业务按当日市场汇价折合成人民币记帐，期末将外币帐户按市场汇价进行调整，与原帐面差额记入当期财务费用。

2 、坏帐的核算方法：

(1)确认坏帐损失的标准：凡因债务人破产，依照法律清偿程序后仍无法收回；或因债务人死亡，既无遗产可清偿，又无义务承担人，确实无法收回；或因债务人逾期未能履行偿债义务，经法定程序审核批准，该等应收款项列为坏帐损失。

(2)坏帐损失的核算方法：按应收款项帐龄分析法计提坏帐准备；同时，根据债务单位的财务状况、现金流量等情况对个别欠款计提特别坏帐准备。规定的具体提取比例如下：1 年以内的，按期末余额的 5%计提；1–2 年的，按期末余额 10%计提；2–3 年的，按期末余额的 20%计提；3–4 年的，按期末余额的 40%计提；4–5 年的，按期末余额的 80%计提；5 年以上的，按期末余额的 100%计提。

3 、存货及存货跌价准备的核算方法：

(1)本公司存货主要包括原材料、自制半成品、在产品、产成品和低值易耗品五类。各类存货的取得均以实际成本计价，包括买价、运费、入库前的挑选整理费等。除低值易耗品外，其余存货的发出以加权平均法核算。低值易耗品的发出采用个别计价法，并于领用时一次摊销。

(2)本公司存货实行永续盘存制。

(3)存货跌价准备：按成本与可变现净值孰低计提存货跌价准备。对存货遭受损毁、陈旧过时及销售价格低于成本等原因造成的成本高于可变现净值的部分，根据对单个存货帐龄、周转使用等情况的分析按单个存货项目的成本高于可变现净值的差额提取存货跌价准备。

4 、长期投资的核算方法

(1)长期股权投资：

a.本公司拥有被投资单位的投资占该单位有表决权资本总额的 20%以上或虽不足 20%但有重大影响，采用权益法核算，反之采用成本法核算。

b.本公司拥有被投资单位的投资占该单位有表决权资本总额的 50%以上或虽不足 50%但具有实质控制权时，采用权益法核算，并合并会计报表。

c.长期股权投资采用权益法核算时,其取得成本与被投资单位所有者权益中所占份额之间的差额,计入长期股权投资差额,并在合同规定的投资期限内平均摊销计入当期损益,没有规定年限的,借方、贷方差额均按10 年摊销计入当期损益。

(2)长期债权投资:

a.按取得时实际支付的全部价款扣除支付的税金、手续费等各项附加费用以及实际支付价款中包含的已到期但尚未领取的债券利息后的余额作为实际成本入帐,并按权责发生制原则按期计提利息,计入投资收益。

b.长期债权投资溢价和折价的摊销方法:在债券购入后至到期日的期间内采用直线法,于确认相关债券利息收入的同时摊销。

(3)长期投资减值准备:

公司在所持股票或债券的市价持续下跌或被投资单位经营状况恶化等原因导致其可收回金额低于帐面价值,并且这种降低的价值在可预计的未来期间内不可能恢复,则将可收回金额低于长期投资帐面价值的差额按单项投资计提长期投资减值准备。

5 、固定资产及其累计折旧的核算方法:

(1)固定资产的标准为使用年限超过一年的房屋、建筑物、机器、机械、运输工具以及其它与生产经营有关的设备、器具、工具等;不属于生产经营主要设备的物品,单位价值在2000 元以上,并且使用年限超过两年的,也作为固定资产。

(2)固定资产按实际成本计价。

(3)固定资产折旧方法采用平均年限法(直线法),按各类固定资产的原值、预计经济使用年限和预计净残值率(原值的5%)确定折旧率,各类固定资产的折旧率如下:

类别	预计经济使用年限(年)	年折旧率(%)
房屋及建筑物	30--40	3.17-2.38
机器设备	10--15	9.50-6.33
运输工具	6--12	15.83-7.92
其它设备	4--10	23.75-9.50

6 、收入的确认原则:

本公司已将商品所有权上的重要风险和报酬转移给买方,不再对该商品实施继续管理权和实际控制权,相关的收入已经收到或取得了收款的证据,并且与销售该商品有关的成本能够可靠地计量时,确认营业收入的实现。

7 、所得税的会计处理方法:采用应付税款法进行核算。

8 、合并会计报表编制方法

根据财政部《合并会计报表暂行规定》进行编制合并会计报表,即:以公司本部和纳入合并范围的各单位会计报表以及其他有关资料为合并依据,合并各项目数额编制而成,合并时内部交易和资金往来均相互抵销,少数股东权益单独计列。由于子公司河南羚锐商城制药有限公司2000 年11 月28 日成立,尚未正式投产,本次没有列入合并报表范围。本会计报表是将新县公司总部和信阳分公司报表各项目数额简单汇总并抵销内部销售、资金往来后编制而成。

9 、税项:

(1)增值税:增值税销项税率为17%,按扣除进项税额的余额缴纳。

(2)所得税:根据河南省人民政府豫政文[1999] 205 号文《关于河南羚锐制药股份有限公司所得税政策的批复》,本公司所得税自1999 年1 月1 日起实行照章纳税、财政返还、实际税赋15%的政策。根据河南新县人民政府新政文(2000)4 号《关于河南羚锐制药股份有限公司所得税政策的批复》,本公司所得税仍按15%缴纳。

(3)城建税及教育费附加:本公司改制前系生产性外商投资企业,根据《中华人民共和国城市建设维护税暂行条例》规定,1995 年至2000 年上述税种暂不缴纳。

(4)其它税种:按税务部门的有关规定执行。

10 、会计政策变更的影响

根据财政部财企(2000)295 号文《关于企业住房制度改革中有关财务处理问题的通知》的有关规定,取消住房周转金管理制度后,对现有住房周转金余额255,374.19 元调整期初未分配利润,并对上年度会计报表相关项目数据进行了调整,此会计政策变更影响2000 年度期初未分配利润增加184,507.86 元,盈余公积增加32,560.20 元,所得税增加38,306.13 元。

11 、控股子公司及合营企业

子公司名称	注册资本	本公司出资	法定代表人	本公司出资比例	主营业务	投资时间
河南羚锐商城制药有限公司	500 万	350 万	熊维政	70%	口服液等	2000 年11 月

12、或有事项:

公 司截止审计报告日无重大或有事项。

13 、承诺事项:

公司截止审计报告日无需要披露的重大承诺事项。

14 、期后事项:

1 、2000 年12 月15 日经河南省 财政厅豫财税政[2001] 5 号文批复,2000 年度本公司所得税继续执行[1999] 205 号文,该文执行至2001 年12 月31 日止。

2 、截止2001 年2 月19 日,应付票据中有225 万元银行承兑汇票到期,并已支付。

九、公司的其他有关资料

(一)公司首次注册或变更注册登记日期、地点:

公司于1999 年6 月18 日,由河南羚锐制药有限公司变更为河南羚锐制药股份有限公司,并在河南省工商行政管理局办理了变更注册登记。

(二)企业法人营业执照注册号:4100001004818-1/1

(三)税务登记号码:413029614402696

(四)公司未流通股票的托管机构名称:上海证券中央结算登记公司

(五)公司报告期内证券主承销机构的名称:华夏证券有限公司

(六)公司聘请的会计师事务所名称、办公地点:

会计师事务所名称:天一会计师事务所有限责任公司

办公地址:北京西城区金融大厅27 号A 座1804 号

十、备查文件目录

(一)载有法定代表人、主管会计工作负责人签名并盖章的会计报表。

(三)载有会计师事务所盖章、注册会计师签名并盖章的审计报告原件。

(三)报告期内在中国证监会指定报纸上公开披露过的所有公司文件的正本及公告的原稿。

河南羚锐制药股份有限公司

二零零一年二月二十日

资产负债表

编制单位:河南羚锐制药股份有限公司　　单位:人民币元

资产	1999.12.31	2000.12.31
流动资产:		
货币资金	32829615.85	315170416.93
短期投资		
减:短期投资跌价准备		
短期投资净额		
应收票据		
应收股利		
应收利息		
应收帐款	52894393.06	60921410.75
其它应收款	14723667.12	16749686.84
减:坏帐准备	5065762.7	6631386.71
应收帐款净额	62552297.48	71039710.88
预付帐款	3228168.58	8048905.25
应收补贴款		
存货	28604917.48	33360393.38
减:存货跌价准备	323599.64	1029752.46
存货净额	28281317.84	32330640.92
待摊费用		16864.2
待处理流动资产净损失		128704.47
一年内到期的长期债权投资		
其它流动资产		
流动资产合计	126891399.75	426735242.65
长期投资:		
长期股权投资		3500000
长期债权投资		
其它长期投资		
长期投资合计		3500000
减:长期投资减值准备		
长期投资净额		3500000
其中:合并价差		
股权投资差额		
固定资产:		
固定资产原值	43672005.45	52961757.55
减:累计折旧	7789656.33	10059880.84
固定资产净值	35882349.12	42901876.71
工程物资		
在建工程	1186274.31	28055617.17
固定资产清理		
待处理固定资产净损失		
固定资产合计	37068623.43	70957493.88
无形及其它资产:		
无形资产	11063104.56	13601178.43
开办费		
长期待摊费用		
其它长期资产		
无形资产及其它资产合计	11063104.56	13601178.43
递延税项:		
递延税款借项		
资产总计:		
资产总计	175023127.74	514793914.96
流动负债:		
短期借款	47387000	20000000
应付票据	1300000	4550000
应付帐款	18412402.25	9083602.28
预收帐款	180550.82	3842875.67
代销商品款		
应付工资	1854107.09	1712230.92
应付福利费	2275158.39	1674197.14
应付股利	9719079.31	
应付税金	4225240.69	5693559.83
其它应交款		
其它应付款	11380852.55	8037897.92
应付短期债券		
预提费用		139692.18
一年内到期的长期负债		10000000
其它流动负债		
职工奖励及福利基金		
流动负债合计	96734391.1	64734055.94
长期负债:		
长期借款	15300000	25000000
应付债券		
长期应付款		16595810.12
住房周转金	688648.34	
其它长期负债		
长期负债合计	15988648.34	41595810.12
递延税项:		
递延税项贷款		
负债合计:		
负债合计	112723039.44	106329866.06
少数股东权益:		
少数股东权益		
股东权益:		
股本	60360000	100360000
资本公积金	7888.59	280335689.93
盈余公积	1747691.85	5623115.74
其中:公益金	582563.95	1874371.91
未确认的外资损失		
未分配利润	184507.86	22145243.23
外币报表折算差额		
股东权益合计	62300088.3	408464048.9
负债和股东权益总计:		
负债和股东权益总计	175023127.74	514793914.96

利润及利润分配表

编制单位:河南羚锐制药股份有限公司　　单位:人民币元

项目	1999 年度	2000 年度
一、主营业务收入	103979019.72	130734521.66
减:折扣与折让		
主营业务收入净额	103979019.72	130734521.66
减:主营业务成本	23010592.39	31377918.82

主营业务税金及附加		
二、主营业务利润	80968427.33	99356602.84
加：其他业务利润	-142620.43	-118392.38
减：存货跌价损失	156218.13	706152.82
营业费用	33721680.49	47511024.8
管理费用	16798894.27	18528044.12
财务费用	3755514.95	3157015.68
三、营业利润	26393499.06	29335973.04
加：投资收益		
期货损益		
补贴收入		
营业外收入	343305.84	2659884.01
以前年度损益调整		
减：营业外支出	443175.46	1077726.7
分给外单位利润		
四、利润总额	26293629.44	30918130.35
减：所得税	4528677.8	5081971.09
少数股东损益		
职工奖励及福利基金		
购并利润		
加：未确认的投资损失		
所得税返还		
五、净利润	21764951.64	25836159.26
加：年初未分配利润	37696175.81	184507.86
盈余公积转入数		
年初未分配利润调整		
减少注册资本减少的未分配利润		
外币报表折算差额		
减：股份公司成立前利润分配	47809848.43	
六、可供分配的利润	11651279.02	26020667.12
减：提取法定盈余公积金	1165127.9	2583615.93
提取法定公益金	582563.95	1291807.96
提取职工奖励福利基金		
七、可供股东分配的利润	9903587.17	22145243.23
减：应付优先股股利		
提取任意盈余公积金		
应付普通股股利	9719079.31	
转作股本的普通股股利		
八、未分配利润	184507.86	22145243.23

现金流量表

2000 年度

编制单位：河南羚锐制药股份有限公司　　　　单位：人民币元

项目	金额
一、经营活动产生的现金流量：	
销售商品、提供劳务收到的现金	133954885.36
收取的租金	5840
收到的增值税销项税款和退回的增值税款	
收到的除增值税以外的其它税费返还	
收到的其它与经营活动有关的现金	381272.97
经营活动产生的现金流入小计	134341998.33
购买商品、接受劳务支付的现金	34674174.09
经营租赁所支付的现金	338026
支付给职工以及为职工支付的现金	13165153.08
支付的增值税款	14820183.25
支付的所得税款	6285347.56
支付的除增值税、所得税以外的其它税费	49592.59
支付的其它与经营活动有关的现金	61346209.78
经营活动产生的现金流出小计	130678686.35
经营活动产生的现金流量净额	3663311.98
二、投资活动产生的现金流量：	
收回投资所收到的现金	
分得股利或利润所收到的现金	
取得债券利息收入所收到的现金	
处置固定资产、无形资产和其它长期资产而收回的现金净额	1015768.35
收到的其它与投资活动有关的现金	
投资活动产生的现金流入小计	1015768.35
购建固定资产、无形资产和其它长期资产所支付的现金	37756552.02
权益性投资所支付的现金	3500000
债权性投资所支付的现金	
支付的其它与投资活动有关的现金	
投资活动产生的现金流出小计	41256552.02
投资活动产生的现金流量净额	-40240783.67
三、筹资活动产生的现金流量：	
吸收权益性投资所收到的现金	320327801.34
其中：子公司吸收少数股东权益性投资收到的现金	
发行债券所收到的现金	
借款所收到的现金	147839900
收到的其它与筹资活动有关的现金	18985135.83
筹资活动产生的现金流入小计	487152837.17
偿还债务所支付的现金	155526900
发生筹资费用所支付的现金	1872.2
分配股利或利润所支付的现金	8319015.28
其中：子公司支付少数股东的股利	
偿付利息所支付的现金	4389008.75
融资租赁所支付的现金	
减少注册资本所支付的现金	
其中：子公司依法减资支付给少数股东的现金	
支付的其它与筹资活动有关的现金	
筹资活动产生的现金流出小计	168236796.23
筹资活动产生的现金流量净额	318916040.94
四、汇率变动对现金的影响：	
汇率变动对现金的影响	2231.83
五、现金及现金等价物净增加额：	
现金及现金等价物净增加额	282340801.08

附注：

1、不涉及现金收支的投资和筹资活动：	
以固定资产偿还债务	
以投资偿还债务	
以固定资产进行长期投资	
以存货偿还债务	
融资租赁固定资产	
2、将净利润调节为经营活动的现金流量：	
净利润	25836159.26
加：少数股东损益	
购并利润	
计提的坏帐准备或转销的坏帐	1565624.01
固定资产折旧	542130.08
无形资产及其他资产摊销	660741.37
待摊费用的减少(减增加)	
预提费用的增加(减减少)	
处置无形资产、固定资产和其它长期资产的损失(减收益)	231275.26
固定资产报废损失	
财务费用	3157015.68
投资损失(减收益)	
递延税款贷项(减借项)	
存货的减少(减增加)	-4049323.08
经营性应收项目的减少(减增加)	-15324810.24
经营性应付项目的增加(减减少)	-7052803.17
增值税增加净额	
其它	-2608850.01
经营活动产生的现金流量净额	3663311.98
3、现金及现金等价物净值增加情况：	
货币资金的期末余额	315170416.93
减：货币资金的期初余额	32829615.85
现金等价物的期末余额	
减：现金等价物的期初余额	
现金及现金等价物净增加额	282340801.08

湖南国光瓷业集团股份有限公司

湖南国光瓷业集团股份有限公司2000年年度报告摘要

重要提示：本公司董事会保证本报告所载资料不存在任何虚假记载、误导性陈述或者重大遗漏，并对其内容的真实性、准确性和完整性负个别及连带责任。本年度报告摘要摘自年度报告，投资者欲了解详细内容，应阅读年度报告。

一、公司简介

1、公司法定中文名称：湖南国光瓷业集团股份有限公司
公司法定英文名称：HuNan GuoGuang Ceramic Group CO.,LTD.
2、公司法定代表人：费明仪先生
3、公司董事会秘书：段军先生
董事会证券事务代表：唐治先生
联系地址：湖南省醴陵市花园庵270号
电话：0733-3247688
传真：0733-3247684
电子信箱：hngg@mail.zz.hn.cn
4、公司注册地址：株洲市高新技术产业开发区创业服务中心A1栋3层公司
办公地址：湖南省醴陵市花园庵270号
邮政编码：412200
公司国际互联网网址：http://www.guoguang-ceramic.com
电子信箱：hngg@mail.zz.hn.cn
5、公司选定的信息披露报纸名称：《上海证券报》、《中国证券报》
登载公司年度报告的中国证监会指定国际互联网网址：http://www.sse.com.cn
公司年度报告备置地点：公司证券部
6、公司股票上市交易所：上海证券交易所
股票简称：国光瓷业
股票代码：600286

二、会计数据和业务数据摘要

1、本年度主要利润指标情况：(单位：人民币元)

利润总额	32,455,951.16
净利润	28,535,981.49
扣除非经常性损益后的净利润	26,277,751.40
主营业务利润	80,769,828.07
其它业务利润	1,369,906.58
营业利润	24,963,964.85
投资收益	5,233,756.22
营业外收支净额	2,258,230.09
经营活动产生的现金流量净额	46,865,578.85
现金及现金等价物净增加额	39,440,730.95

扣除非经常性损益项目如下(单位：人民币元)

a、新股冻结资金利息	1,844,752.60
b、出售固定资产清理收益	224,927.44
c、债务重组收益等	245,230.20
d、罚没收入等	16,517.50
e、罚款支出、非常损失等	73,197.65

2、截止报告期末公司前三年主要会计数据和财务指标(单位：人民币元)

指标项目	2000年	1999年	1998年	
			调整后	调整前
主营业务收入	248,638,579.88	182,286,776.33	145,080,117.44	145,080,117.44
净利润	28,535,981.49	21,032,272.64	12,271,097.01	17,498,025.07
总资产	734,303,202.97	619,940,846.50	329,201,114.20	352,742,922.32
股东权益(不含少数股东权益)	357,498,090.18	338,462,108.69	130,795,101.39	152,900,898.89
每股收益摊薄	0.30	0.2214	0.2045	0.2916
加权	0.30	0.3059	0.2045	0.2916
每股净资产	3.76	3.5628	2.1779	2.5483
调整后的每股净资产	3.73	3.4837	2.1407	2.5092
每股经营活动产生的现金流量净额	0.49	-0.1256	-0.5719	-0.5719
净资产收益率(%)摊薄	7.98	6.21	9.38	11.44
加权	8.20	11.19	9.49	11.70
扣除非经常性损益后的每股收益	0.2766	0.2187	0.1979	0.2851

注：每股收益、每股净资产、每股经营活动产生的现金流量净额、净资产收益率的计算均遵循《公开发行股票公司信息披露的内容与格式准则第二号<年度报告的内容与格式>(1999年修订稿)》确定的计算公式。

利润表附表

报告期利润	净资产收益率		每股收益	
	全面摊薄	加权平均	全面摊薄	加权平均
主营业务利润	22.59%	22.90%	0.85	0.85
营业利润	6.98%	7.08%	0.26	0.26
净利润	7.98%	8.09%	0.30	0.30
扣除非经常性损益后的净利润	7.35%	7.45%	0.2766	0.2766

注：净资产收益率和每股收益的全面摊薄和加权平均计算均遵循《公开发行证券公司信息披露编报规则(第9号)》所确定的计算公式。

3、年内股东权益变动情况及原因：(单位：元)

项目	股本	资本公积	盈余公积	法定公益金	未分配利润	股东权益合计
期初数	95000000	190,446,820.32	8,546,683.20	4,294,598.96	40,174,006.21	338,462,108.69
本期增加			3,133,960.34	1,566,980.17	28,535,981.49	33,236,922.00
本期减少					14,200,940.51	14,200,940.51
期末数	95000000	190446820.32	11680,643.54	5,861,579.13	54,509,047.19	357,498,090.18

三、股东情况介绍

(1)报告期末股东总数

截至本报告期末公司股东总数为21868户，其中流通股13514户，未流通个人股8326户，法人股27户，国家股1户。

(2)主要股东持股情况(前十名股东) (数量单位：股)

序号	股东名称	持股数(股)	占总股本比例	股东性质(%)
1	株洲市国有资产管理局	30000000	31.58	国家股
2	同盛基金	761000	0.80	流通股
3	湘财质押	500000	0.53	流通股
4	群仪投资	450000	0.47	法人股
5	方平	250000	0.26	个人股
6	杨定一	250000	0.26	个人股
7	醴陵兴业	246700	0.26	法人股
8	汪飞虹	244500	0.26	个人股
9	湖南轻进	200000	0.21	法人股
10	刘鼎忠	200000	0.21	个人股
11	醴陵东岸	182400	0.19	法人股
12	肖丽云	181600	0.19	个人股

注：①公司第一大股东株洲市国有资产管理局，法定代表人：黄仲娥。该局于2000年9月5日与上海鸿仪投资发展有限公司达成转让2700万股国家股的意向，于2000年9月21日与上海鸿仪投资发展有限公司草签了股权转让协议，拟将其持有的本公司国家股2700万股转让给上海鸿仪投资发展有限公司，股权转让过户手续正在办理之中。本公司已于2000年9月7日和2000年9月26日在《中国证券报》和《上海证券报》上予以公告。

②公司个人股2760万股系柜台交易过的个人股，暂未上市流通。根据国务院办公厅国办发[1998]10号文件《国务院办公厅转发证监会关于清理整顿场外非法股票交易方案的通知》的精神，该部分个人股可以在2002年12月9日以后上市流通。

四、股东大会简介

报告期内，本公司共召开了三次股东大会，分别为1999年度股东大会年会，2000年第一次临时股东大会，2000年第二次临时股东大会。

1、公司于2000年5月18日分别在《中国证券报》和《上海证券报》上刊登了召开1999年年度股东大会的公告。2000年6月26日，公司1999年年度股东大会如期召开。股东大会决议公告已于2000年6月27日在《中国证券报》和《上海证券报》上刊登。

2、公司于2000年9月19日在《上海证券报》上刊登了关于召开2000年第一次临时股东大会的公告。2000年10月20日，公司临时股东大会如期召开。股东大会决议公告已于2000年10月21日在《中国证券报》和《上海证券报》上刊登。

3、公司于2000年11月25日分别在《中国证券报》和《上海证券报》上刊登了关于召开2000年第二次临时股东大会的公告。2000年12月26日，股东大会如期召开。股东大会决议公告已于2000年12月27日在《中国证券报》和《上海证券报》上刊登。

报告期内，公司股东大会没有被否决的议案。

五、董事会报告

1、公司经营情况：

(1)公司所处行业和地位

公司以日用陶瓷制造业为主业，产品销往美国、加拿大、东南亚、中东各国等五十几个国家和地区，内销方面以高级宾馆瓷、成套瓷、礼品瓷为主要产品，尤以生产毛主席、周总理等领导人生前专用瓷、中国政府赠送克林顿等外国元首礼品瓷而闻名，销售网络遍及全国各大城市。

据中国陶瓷协会2000年1—9月日用陶瓷信息通报统计显示，公司的工业总产值、产量、销售收入、出口创汇和利润总额在全国同行业排名前列。

(2)公司主营业务的范围及其经营状况

公司主营业务范围：日用瓷、工艺瓷、建筑瓷、卫生瓷、耐火材料、纸箱、瓷用花纸制造、销售；自营本企业生产的产品出口和本企业所需的物质设备的进口业务；杂件印刷；陶瓷技术服务。

①报告期内主营业务收入及利润构成情况2000年总裁层带领公司上下，紧紧围绕董事会确定的工作主线，依靠科技进步，巩固开拓市场，强化内部管理，进行内部整合，建立并完善了公司人才引进机制、潜能激活机制，充分发挥各管理层的市场开拓、技术开发、资本运营、内部控制等四个主要核心功能，圆满完成公司2000年度预定工作目标。

公司2000年度实现主营业务收入24863.86万元，主营业务利润8076.98万元，利润总额3245.60万元，净利润2853.60万元，分别比去年同期增长36.40%、27.91%、31.71%、35.68%；经营活动产生的现金流量净额为4686.56万元，一举扭转了近年来经营活动产生的现金流量净额为负数的局面；实现0.30元/股的经营业绩，比去年增长35.68%。

②占公司主营业务收入或利润10%以上的业务活动，所属行业及主要产品介绍：

公司主营业务活动主要有日用陶瓷、电瓷电器、建筑陶瓷、特种陶瓷和包装印刷的生产经营，因每类产品都品种繁多，故无单一产品在报告期内其业务收入或利润达到主营业务的10%。

(3)、公司主要全资附属企业及控股子公司经营业绩(单位：元)

	总资产	主营业务收入	净利润	股东权益
火炬公司	174,353,210.07	64,731,837.17	3,828,953.72	100,037,176.20
建陶公司	42,879,674.38	15,874,945.94	-1,182,064.91	1,899,073.96
华光公司	16,921,639.36	9,261,604.62	-977,802.92	8,381,868.29

注：①国光建陶公司的建筑陶瓷部分实现主营业务收入12,872,841.84元，利润544,944.64元；②上海国光瓷业有限公司因年末才设立，尚未开展正常生产经营活动。

(4)、在经营中出现的问题与困难及解决方案

①在经营中出现的问题与困难

主导产品市场竞争日趋激烈，与此同时部分原辅材料价格仍在上升，给公司的生产经营带来负面影响。

②解决方案

a、完善公司营销中心结构系统，规范营销管理，促进营销工作系统化、科学化；

b、调整产品结构，开发钢化瓷、高档瓷、新骨玉瓷和新象牙瓷，扩大礼品瓷生产规模，提高产品档次和科技含量；

c、全面推行ISO9000质量标准，将公司质量管理工作推上正常化、规范化轨道；

d、建立和完善物流体系，促进物流管理专业化，降低采购成本，提高资金利用率；

e、加强营销、产、物流系统的协调，根据销售及合理库存量来组织生产，减少存货，加速资金周

江苏舜天国际集团服装进出口股份有限公司

江苏舜天国际集团服装进出口股份有限公司2000年年度报告摘要

重要提示：本公司董事会保证本报告所载资料不存在任何虚假记载、误导性陈述或者重大遗漏，并对其内容的真实性、准确性和完整性负个别及连带责任。本年度报告摘要摘自年度报告，投资者欲了解详细内容，应阅读年度报告。江苏舜天国际集团服装进出口股份有限公司董事会

一、公司简介

（一）公司的法定中文名称：江苏舜天国际集团服装进出口股份有限

公司英文名称：STIG JIANGSU GARMENTS IMP & EXP. CORP., LTD.

（二）公司法定代表人：董启彬

（三）公司董事会秘书：杨青峰　联系地址：南京市建邺路98号舜天大厦

电话：025--4201882　传真：025--4201927　电子信箱：y.qingfeng@163.net

（四）公司注册地址：南京市建邺路98号

公司办公地址：南京市建邺路98号舜天大厦　邮政编码：210004

公司网址：http://www.jsgmt.com　电子信箱：webmaster@jsgmt.com

（五）公司选定的信息披露报纸：《中国证券报》、《上海证券报》

登载公司年报的中国证监会指定国际互联网网址：http://www.sse.com.cn

公司年度报告备置地点：南京市建邺路98号舜天大厦

（六）公司股票上市交易所：上海证券交易所　股票简称：江苏舜天　股票代码：600287

二、会计数据和业务数据摘要

（一）公司本年度业务数据摘要（单位：人民币元）

利润总额：	146,197,597.93
净利润：	90,699,027.72
扣除非经常性损益后的净利润：	81,554,201.09
主营业务利润：	349,239,496.12
其他业务利润：	7,409,407.24
营业利润：	137,397,671.72
投资收益：	1,106,097.96
补贴收入：	6,458,983.53
营业外收支净额：	1,234,844.72
经营活动产生的现金流量净额：	62,427,056.76
现金及现金等价物净增加额：	311,667,158.99

注：非经常性损益项目及金额（单位：人民币元）

补贴收入：	6,458,983.53
冻结资金利息：	2,729,647.67
合并价差摊入：	-43,804.57
总额：	9,144,826.63

（二）截止报告期末公司前三年主要会计数据和财务指标（单位：人民币元）

项目	2000年	1999年	1998年
主营业务收入	2,482,840,514.92	1,873,537,447.67	1,618,762,825.12
净利润	90,699,027.72	70,772,704.16	48,626,117.11
总资产	1,391,158,060.05	864,680,964.65	685,113,699.44
股东权益(不含少数股东权益)	724,931,850.69	225,572,238.64	190,514,208.51
每股收益	0.5939	0.6278	0.4314
每股净资产	4.7466	2.001	1.6901
调整后的每股净资产	4.2276	1.4773	1.4976
每股经营活动产生的现金流量净额	0.4088	0.4166	0.4774
净资产收益率(%)	12.5114%	31.3747%	25.5236%

（三）利润表附表（单位：人民币元）

报告期利润	净资产收益率(%)		每股收益(元)	
	全面摊簿	加权平均	全面摊簿	加权平均
主营业务利润	48.1755%	93.5893%	2.2867	2.8457
营业利润	18.9532%	36.8199%	0.8996	1.1195
净利润	12.5114%	24.3056%	0.5939	0.7390
扣除非经常性损益后的净利润	11.2499%	21.8549%	0.5340	0.6645

（四）报告期内公司股东权益变动情况及变动原因（单位：人民币元）

项目	股本	资本公积	盈余公积	法定公益金	未分配利润
期初数	112,725,900	51,345,833.01	60,314,662.72	27,299,588.32	2,777,518.50
本期增加	40,000,000	368,999,000.54	1,007,390.72	503,695.36	90,699,027.72
本期减少	0	0	0	0	1,323,901.92
期末数	152,725,900	420,344,833.55	61,322,053.44	27,803,283.68	92,152,644.30

续上表：

项目	股东权益合计
期初数	225,572,238.64
本期增加	499,676,123.25
本期减少	316,511.20
期末数	724,931,850.69

变动原因：

(1)股本增加系公司于2000年8月14日发行4,000万股人民币普通股股票所致；

(2)资本公积增加系公司以每股10.56元发行新股，超出面值部分转入资本公积所致；

(3)盈余公积、法定公益金增加部分系因公司年度盈利按规定提取所致；

(4)未分配利润变动系子公司利润分配和本年度母公司利润未分配留存所致；

(5)股东权益增加系公司本年度发行新股及本年度盈利留存所致。

三、股东情况介绍

（一）本公司报告期期末股东总数为39034户。

（二）前10名股东持股情况表（单位：股）

序号	持股者单位或姓名	期初持股数	期末持股数	占总股本比重(%)	持股性质
1	江苏舜天国际集团有限公司	92,225,900	92,225,900	60.39	国家股
2	江苏省纺织品进出口集团股份有限公司	3,581,900	3,581,900	2.35	法人股
3	江苏航空产业集团有限责任公司	2,000,000	2,000,000	1.31	法人股
4	中国外运江苏公司	1,900,000	1,900,000	1.24	法人股
5	江苏省轻工业品进出口集团股份有限公司	1,500,000	1,500,000	0.98	法人股
6	江苏汇鸿国际集团有限公司	1,000,000	1,000,000	0.65	法人股
7	广东省纺织品进出口集团公司	1,000,000	1,000,000	0.65	法人股
8	江苏省国际经贸实业总公司	1,000,000	1,000,000	0.65	法人股
9	江苏省工艺品进出口集团股份有限公司	1,000,000	1,000,000	0.65	法人股
10	江苏省丝绸进出口集团股份有限公司	800,000	800,000	0.52	法人股

注：前十名股东之间不存在关联关系。

（三）持有本公司股份10%以上股东情况

江苏舜天国际集团有限公司作为国有资产授权投资主体，持有本公司国家股9222.59万股，占本公司股本总额的60.39%，是本公司的控股股东。报告期内，该公司所持股份没有发生增减变动，亦未有任何质押情况或其他法律纠纷。

四、股东大会简介

（一）股东大会情况报告期内，公司召开了两次股东大会。

1、1999年度股东大会2000年2月19日，公司分别以送达方式向国家股股东、以传真方式向法人股股东、以公告方式向内部职工股股东发出了关于召开1999年度股东大会的通知，说明了会议召开的时间、地点、审议事项及其他有关事项。2000年3月2日，1999年度股东大会在南京市建邺路98号舜天大厦三楼会议室召开，公司董事、监事和其他高级管理人员列席了本次大会，会议由公司董事长董启彬先生主持，出席大会的股东及股东代理人共计126人，代表股份11102.59万股，占公司股份总额的98.49%，会议以记名投票方式通过了如下决议：

(1)1999年度董事会工作报告；

(2)1999年度监事会工作报告；

(3)关于公司向社会公众公开发行A股股票议案；

(4)1999年度财务决算及利润分配方案；

(5)关于发行新股后新股东享受从发行当月起以后的利润分配的议案；

(6)关于公司根据财政部规定提取四项准备金的会计政策变更和具体提取办法的议案，以及根据该政策对公司以前年度经营业绩进行的追溯调整；

(7)关于公司募集资金投资计划和投资项目的可行性分析议案；

(8)关于公司章程的修改草案；

(9)关于续聘江苏天衡会计师事务所有限公司为公司2000年度财务审计的会计师事务所的议案；

(10)关于股份公司与集团公司之间签署关联交易协议的议案。

2、2000年第一次临时股东大会

2000年5月11日，公司分别以送达、传真和公告形式向国家股股东、法人股股东和内部职工股股东发出了关于召开2000年第一次临时股东大会的通知，说明了会议召开的时间、地点、审议事项及其他有关事项。2000年6月5日，临时股东大会在南京市建邺路98号舜天大厦三楼会议室召开，公司董事、监事和其他高级管理人员列席了会议，会议由公司董事长董启彬先生主持，出席会议的股东及股东代理人共计86人，代表股份10154.28万股，占公司股份总额的90.08%，会议以投票表决方式通过了如下决议：

(1)关于发行新股后新股东享受自2000年1月1日以后的滚存利润分配的议案；

(2)关于免去祝纪莲女士监事职务的议案。

（二）选举、更换公司董事、监事情况

因工作变动等原因，公司2000年第一次临时股东大会和职工代表大会通过了调整公司监事的议案，祝纪莲女士和杨青峰先生辞去公司监事职务。

五、董事会报告

（一）公司经营情况

1、公司所处行业及其地位本公司是江苏省外贸行业的骨干企业，2000年进出口总额38,950.80万美元，名列江苏省级外贸企业第1名（根据海关统计）。

2、公司主营业务的范围及其经营情况

(1)公司主营各类服装、面料、辅料及相关的纺织产品的进出口贸易。

(2)报告期内据海关统计，公司实现进出口额38,950.80万美元，比上年同期增长30.78%。其中：出口30,344.80万美元，比上年同期增长23.63%；进口8,606万美元，比上年同期增长64.28%。全年实现净利润9,069.90万元，比上年同期增长28.16%，主营业务利润34,923.95万元，比上年同期增长18.04%。

3、在经营中出现的问题与困难及解决方案2000年是公司面临较大经营压力的一年，纺织品配额继续大幅削减，配额招标价格不断攀高，出口市场竞争日益激烈，面临这些严峻挑战，公司董事会紧紧围绕公司发展战略及当年的经营方案，坚持结构调整与加快发展齐抓并进的指导思想，及时研究对策，采取有效措施，确保规模效益再上新台阶。

(1)继续深化产品结构调整，坚持贸工、贸技结合，实施以质取胜和多元化经营战略，积极调高调优产品结构和档次，继续加大西服、风衣、休闲套装的发展力度，在开发新产品和改进加工技术等方面下功夫，促进产品由数量型向质量效益型转变，有效地提高了产品档次和技术含量，增加了附加值。同时积极发展非服装类产品出口，培育新的增长点，新产品出口比重不断增加，有力推动了公司出口业务的全面发展。

(2)优化客户队伍，调整市场结构，不断开拓新市场，重点发展资信好、营销能力强的客户。并加大了东欧、南美等新兴市场的开发力度，收到了较好的成效。

(3)加快内部改革改制步伐，不断完善激励机制。公司按照年度经营目标，层层落实，明确责任，同时完善核算体系和考核办法，把经济责任和奖优罚劣相结合，有效地促进了规模与效益的同步增长。

对全资生产企业和控股子公司，今年加大了改革改制力度并积极推行ISO9000质量管理体系认证工作，进一步提高了产品质量管理水平。报告期内，各直属企业均较好地完成了年度目标，经过努力，舜天西服厂在实施ISO9002体系基础上，又顺利通过了ISO14001环境管理体系认证，金坛服装厂亦通过了ISO9002质量管理体系认证，企业运行朝着健康、良性循环的方向发展。

(4)加大资本经营力度，成功发行4000万普通股股票，募集资金4亿余元，为公司的长远发展奠定了基础。同时公司投资参股华安证券有限责任公司，开始了向金融领域的渗透。

(5)完善管理制度，着重以财务管理为核心，开源节流，减少库存，降低成本，不断提高管理水平，并注重内部挖潜，提高资产运营质量。

4、报告期内，本公司实现净利润90,699,027.72元，比盈利预测数高出73.94%，造成较大差异的原因包括以下几方面：

(1)由于国内外经济形势好转和国家对外贸出口的鼓励，出口大幅增加，销售收入比上年同期

增长 32.52%。

(2)通过调整商品结构和客户队伍,增加了对百货商零售商的出口,提高了卖价和销售利润率。

(3)报告期内,国家为鼓励出口,对一般贸易给予一美元 0.03 元人民币的出口贴息。而在进行盈利预测时,该政策尚未确定,基于稳健性的考虑,未将该部分补贴收入 645.90 万元纳入预测。

(二)公司财务情况公司财务指标的增减变动(单位:万元)

项目	2000 年	1999 年	增减变动
资产总额	139,115.81	86,468.10	52,647.71
长期负债	–5,683.38	–4,469.36	–1,214.02
股东权益	72,493.19	22,557.22	49,935.97
主营业务利润	34,923.95	29,586.55	5,337.40
净利润	9,069.90	7,077.27	1,992.63

注:变动原因说明资产总额增加:①报告期内公司股票发行成功所获得的募股资金到位;

②报告期内产生的净利润尚未分配;

长期负债减少:①待摊销冻结资金利息所得 1,091.86 万元;

②出售公房差额支出 2,305.89 万元;

股东权益增加:①报告期内公司股票发行成功所获得的募股资金到位;

②报告期内产生的净利润尚未分配;

主营业务利润增加:出口大幅增加,销售收入同比增长 32.52%。

(三)公司投资情况

1、募集资金投资项目

本公司于 2000 年 8 月 14 日向社会公开发行 A 股股票 4000 万股,扣除发行费用后,共募集资金 40,896 万元。由于实际发行时间比计划发行时间推迟近半年,资金到位时间较迟,故报告期实际投资项目与计划投资项目存在较大差异。

募集资金运用计划表:

序号	项目	本公司投资总额(万元)	原计划 2000 资额(万元)	2000 年实际投资额(万元)
1	引进程控吊挂传输式高档西服生产线技改项目	2989(需配套流动资金 800)	3389	
2	组建苏港合资江苏舜达针织制品有限(本公司持股 46%)	3054.4	2290.8	2284.95
3	引进高档风衣生产线技改项目	2961(需配套流动资 2500 金 500)		
4	建设舜天服饰研究开发中心项目	2984(需配套流动资 2984 金 300)		
5	组建江苏舜天远大土工合成材料有限公司(本公司持股 85%)	5950	5950	
6	组建江苏舜天太平洋纺织有限公司(本公司持股 70%),实施大提花新型面料生产线改造项目。	2542.26	2542.26	
7	组建苏港合资江苏舜天女时装有限公司(本公司持股 75%),建成高档女时装生产线项目。	4980		
8	补充营运资金,用于深度开发国外市场,扩大出口规模 1.深度开发北美市场、增加对北美地区大型百货连锁商店直接出口	3000	2000	
	2.扩大对俄罗斯等国服装、面料及辅料出口规模	2000	1000	
合计		32060.66	27636.06	5284.95

注:剩余 8835.34 万元用于补充流动资金。

报告期内投资的项目说明如下:

(1)投资组建江苏舜达针织制品有限公司,本公司持股 46%,计划投资总额 3,054.4 万元,报告期计划投资 2,290.8 万元,报告期实际投资 2,284.95 万元,由于以美元方式出资,存在汇率差异,因而在报告期,计划投资与实际投资金额可视为一致。至报告期末该公司已经正常运营。该公司组建时间较晚,尚未产生效益。

(2)补充流动资金 2000 万元,用于深度开发北美市场。北美地区一直是本公司服装产品出口的重要市场,但长期以来,主要以向国外进口商、中间商出口,或通过香港转口贸易为主要方式,向国外百货商、零售商直接出口数量较少,报告期内,本公司把扩大与北美地区的直接贸易作为一项重要工作来抓。直接贸易可减少中间环节,降低交易成本,提高经济效益,但需占用大量流动资金,为此,报告期内公司补充流动资金约 2000 万元,用于扩大直接贸易。2000 年度,本公司对北美地区的直接出口额增加 2000 余万美元,实现利润较上年增加近 300 万元。

(3)投资 1000 万元用于扩大对东欧地区服装、面料及辅料出口报告期内,公司在俄罗斯圣彼得堡市开设了两家"ACME"专卖店,第三家也将于 2001 年 3 月开业,"ACME"专卖店的开设,带动了本公司自有品牌的出口,报告期内以"ACME"品牌在俄罗斯出口的服装达到 50 万美元。

营运资金的补充也带动了对俄罗斯、东欧国家市场的深度开发,2000 年向该地区的出口额达到了 400 万美元,较 1999 年的 200 万美元翻了一翻,实现利润 50 万人民币,其中新增利润 20 万人民币。

以上项目共投入募集资金 5284.95 万元,尚未投入的募集资金存于本公司的银行帐户。

2、非募股资金投资项目

(1)2000 年 6 月,公司投资 3125 万元,认购东方创业股份有限公司新股发行时的战略投资者法人配售股份,持有该公司战略投资者股份 500 万股,锁定期一年。

(2)2000 年 12 月 13 日,公司投资 5000 万元参股华安证券有限责任公司,占总股本的 2.94%。该公司成立于 2000 年 12 月 18 日,注册资本 17 亿元,该公司主要从事证券承销、买卖及经纪等业务,该投资发生于报告期末,本年度公司未从该投资项目获得收益。

(3)2000 年 12 月 15 日,公司投资 100 万元参股恒泰保险经纪公司,占总股本的 3.33%。该公司注册资本 3000 万元,主要经营保险经纪业务。此项投资发生于报告期末,本年度公司未从该投资项目获得收益。

(四)生产经营环境以及宏观政策、法规变化对本公司的影响

距离中国加入世界贸易组织的时间越来越近,2001 年外贸企业面临国内、国外两个市场的竞争也越发激烈,本公司作为主营纺织服装产品的外贸类上市公司,既面临着严峻的挑战,同时也将迎来较多的发展机遇。加入 WTO,对公司总体来说,利大于弊。

严峻考验在于随着配额的逐步减少,来自民营企业、外资企业的竞争压力日益加剧,传统的公司形态和经营方式受到挑战。为尽快适应国际市场变化,本公司早几年便已未雨绸缪,通过改革改制、兴办实业以及实施募股资金项目,来培育坚强的实业基础,并不断巩固和开拓市场空间,以增强核心竞争能力。

发展机遇在于与国外同类企业相比,本公司从事的纺织服装行业在原材料和劳动力成本方面具有一定优势,并且加入 WTO,有利于突破原有部分国外市场的贸易壁垒,扩大市场份额;与国内同类企业相比,本公司拥有较为完善的国际销售网络和客户队伍,拥有一批熟悉贸易规则和国际惯例的专业人才,有利于在竞争中凸显优势。

(五)公司新年度的业务发展计划

2001 年,公司业务发展的指导思想是:面向国内国外两个市场,以效益为中心,继续深化改革,突出主营业务,努力扩大出口,谋求商品经营与资本经营同步发展,重视募股资金投向的实施,不断培育新的经济增长点,努力争取公司发展再上新台阶。

2001 年,公司的经营目标是:全年销售总额 26 亿元人民币,实现各项业务稳定发展。进出口目标为 41100 万美元,其中:出口 32500 万美元,进口 8600 万美元。经济效益好于 2000 年。

1、强化主业,千方百计扩大进出口业务,不断提高经济效益。面对全球经济一体化,我们将着力研究我国即将加入 WTO 给我司带来的机遇与挑战,认清形势,明确目标,制定对策。坚持深度开发欧洲、美国、日本、加拿大等主销市场与南美、非洲、中东等新兴市场相结合的策略,提高国际市场的覆盖面和占有率。积极巩固和发展一批资信好、营销能力强的客户,并在产品结构、产品质量上下功夫,增加产品的技术含量和附加值,实现进出口业务新的增长。

2、抓好企业管理,加强产销结合,促进生产基地的良好发展。一是生产企业在明确产品定位、定向发展、专业化生产的基础上,不断更新改造、引进技术,扩展生产能力,保证质量,密切与出口业务部门的合作,保证为出口提供适销的优质产品;二是深化企业内部改革,转变观念,加快改制步伐,建立完善内部管理机制和激励机制。为企业的发展注入新的活力;三是要在发展生产的同时,不断提高经济效益。

3、科学决策投资项目,做好资本经营,谋求新发展。我们将围绕进出口业务这个主业,抓紧项目的实施工作,拟成立投资委员会,贯彻积极慎重、稳步发展的原则,增加投资项目决策的科学性,减少投资风险。对已投资的项目做好跟踪管理。对尚未实施的项目,要抓紧科学论证和调研工作,积极寻求技术含量高、有发展潜力的项目,培育新的利润增长点。

4、积极实施"走出去"战略。充分利用公司在人才、信息、市场、生产、资金等方面的比较优势,到海外兴办实业,带动国内原辅材料出口,形成多渠道、多元化出口局面,进一步拓展国外市场的空间。

5、加快品牌战略的实施工作。"舜天"品牌已被国家外经贸部正式确定为"第二批重点支持和发展的名牌出口商品",我们将以此为契机,加强市场调研,充实高水平的打样设计人员,瞄准市场,不断推出适销对路的样展品,来扩大出口以及增加国内销售业务,实现两个市场、两种资源的合理配置和共同发展。

(六)董事会日常工作情况

1、报告期内董事会会议的召开时间及重要决议

报告期内,公司共召开了五次董事会。

(1)第三届董事会第二次会议于 2000 年 2 月 19 日召开,会议审议并通过如下决议:

1) 董事会议事规则; 2) 总经理工作细则; 3) 总经理 1999 年度工作报告;

4) 董事会 1999 年度工作报告; 5) 1999 年度财务决算及利润分配预案;

6)关于根据财政部规定,提取四项准备金的会计政策变更和具体提取办法的议案,以及根据该政策对公司以前年度经营业绩进行的追溯调整;

7) 公司向社会公众公开发行 4000 万 A 股股票议案;

8) 关于募集资金投资计划和投资项目的可行性分析议案; 9) 公司章程修改草案;

10) 关于续聘江苏天衡会计师事务所有限公司为公司 2000 年度财务审计会计师事务所的议案;

11) 关于股份公司与集团公司之间签署的关联交易协议;

12) 确定 1999 年度股东大会召开时间、地点及审议事项等。

(2)第三届董事会第三次会议于 2000 年 5 月 10 日召开,会议审议并通过了公司提交中国证监会审核的有关申请发行 4000 万 A 股的说明性文件。

(3)第三届董事会第四次会议于 2000 年 8 月 23 日召开,会议审议并通过了关于公司发行 4000 万新股申请在上海证交所上市的有关决议。

(4)第三届董事会第五次会议于 2000 年 11 月 15 日召开,会议审议并通过如下决议:

1) 关于聘任杨青峰先生为董事会秘书的决议;

2) 关于职工工资总额管理办法变更的决议。

(5)第三届董事会第六次会议于 2000 年 12 月 13 日召开,会议审议并通过了如下决议:

1) 关于以自有资金 5000 万元投资华安证券有限责任公司的决议;

2) 关于受让江苏舜天国际集团机械进出口股份有限公司持有的江苏舜天国际集团国内贸易公司 20%股权的议案。

该决议刊登于 2000 年 12 月 14 日《上海证券报》。

2、董事会对股东大会决议的执行情况

2000 年度公司董事会执行了股东大会的全部决议,并完成了 4000 万 A 股的发行与上市工作和相关的修改公司章程、办理工商登记变更事宜,同时也实施了 1999 年度的每 10 股派现 3.00 元的利润分配方案。

(七)董事、监事、高级管理人员

姓名	性别	年龄	职务	年初持股数	年末持股数
董启彬	男	46	董事长	16273	16273
成俊	男	42	副董事长、总经理	12207	12207
曹怀娥	女	44	董事、党委书记	12207	12207
金国钧	男	41	董事、副总经理	12207	12207
范从来	男	38	独立董事	0	0
白金良	男	54	监事会主席	6103	6103
周治年	女	52	监事	12206	12206
刘爱民	男	45	监事	6103	6103
余丽行	女	48	监事	9155	9155
芦肖伟	男	42	监事	9155	9155
安同良	男	33	独立监事	0	0
李晓俊	女	50	副总经理	12207	12207
曹小建	男	48	副总经理	12207	12207
龚建人	男	39	副总经理	12207	12207
魏庆文	男	32	财务部经理	9155	9155
杨青峰	男	27	董事会秘书	3560	3560

注:①董事、监事、高级管理人员本年度报酬总额约为 80 万元,其中年度报酬数额在 9 万元至 12 万元的有 6 人,6 万元至 9 万元的有 3 人。

②其中董事长董启彬先生、监事会主席白金良先生、独立董事范从来先生、独立监事安同良先生、监事周治年女士、监事刘爱民先生、监事芦肖伟先生未在公司领取报酬。

③报告期内,因工作变动离任的董事、监事、高级管理人员有:祝纪莲女士、杨青峰先生辞去公司监事职务。

(八)利润分配预案

1、2000 年度利润分配预案公司 2000 年度会计报表已通过江苏天衡会计师事务所审计验证,审计调整后,利润总额为 121,450,524.42 元,税后净利润为 88,060,362.22 元。依据《公司法》及《公司章程》规定,拟按以下方案进行分配:

(1)提取 10%法定盈余公积金 8,806,036.22 元。

(2)提取 10%公益金 8,806,036.22 元。

(3)提取两金后剩余利润 70,448,289.78 元,上年度剩余未分配利润 991,199.22 元,2000 年度可供股东分配的利润为 71,439,489.00 元。公司拟以 2000 年末总股本 15272.59 万股为基数,向全体股东按每 10 股送 1 股派现 3.60 元(含税)进行分配,共计分配股利 70,253,914.00 元。

(4)分配后的剩余利润 1,185,575.00 元转入下年未分配利润。需要说明的是,2000 年 8 月公司发行新股后的新股东享受 2000 年全年的利润分配。

2、预计 2001 年度利润分配政策根据公司 2001 年度经营情况的预测,董事会拟在 2001 年度财务决算后进行利润分配一次。2000 年度的未分配利润用于 2001 年度股利分配的比例不低于 30%,2001 年度实现的净利润在当年度的分配比例不低于 30%,分配将采用派现金和送红股的形式,现金股息不低于股利分配的 30%,具体分配办法将以届时实际情况确定。

(九)其他报告事项

本公司选定的信息披露报刊为《中国证券报》、《上海证券报》。

六、监事会报告

2000年度，公司监事会严格遵守《公司法》、《公司章程》及相关的法律法规，忠实履行职责，依法监督董事会执行股东大会的有关决议，并对公司日常的财务、经营活动进行了监督检查，切实有效地发挥了应有的作用，维护了公司和广大股东的合法权益，保证了公司的规范运作。

（一）监事会召开会议情况

报告期内，监事会共召开了三次会议，列席了两次董事会会议。

1、公司第三届监事会第二次会议于2000年2月19日在公司会议室召开，会议审议通过了1999年度监事会工作报告和监事会议事规则。

2、公司第三届监事会第三次会议于2000年5月20日在公司会议室召开，会议审议了祝纪莲女士、杨青峰先生辞去公司监事职务的议案。

3、公司第三届监事会第四次会议于2000年9月13日在公司会议室召开，与会监事认真学习了上海证券交易所《股票上市规则》。

（二）监事会的独立意见

1、公司依法运作情况监事会认为，2000年度公司严格执行《公司法》和《公司章程》的有关规定，依法经营，科学决策，建立健全了较为完善的内部控制制度。董事会的工作是认真负责和卓有成效的，董事、监事和高级管理人员在执行职务时未出现违反国家法律法规、公司章程或损害公司及股东利益的行为。

2、检查公司财务状况公司监事会对公司的财务状况进行了检查，认为公司2000年度财务结构合理，财务状况良好。年度财务报告能够真实准确的反映公司的财务状况和经营成果。江苏天衡会计师事务所有限公司对本公司出具了无保留意见的审计报告。

3、募集资金使用情况公司2000年向社会公开发行4000万A股，募集资金已投资项目与招股说明书计划投资项目一致，投资回报较好。

4、关联交易情况公司2000年度进行的关联交易公平公允，交易价格合理，没有损害公司及非关联股东的利益。

5、关于报告期内利润实现数高于利润预测数73.94%的专项说明报告期内，本公司实现净利润90,699,027.72元，比盈利预测数高出73.94%。监事会同意董事会对该差异的专项说明，江苏天衡会计师事务所有限公司对公司报告期的利润实现数与利润预测数均进行了审计，并出具了无保留意见的审计报告。

七、重要事项

（一）报告期内，公司无重大诉讼、仲裁事项。

（二）报告期内，公司董事及高级管理人员无受监管部门处罚的情况。

（三）报告期内，公司控股股东未发生变更，公司董事会未进行换届，公司总经理未变更，公司聘任杨青峰先生为公司董事会秘书。

（四）承诺事项：

1、本公司控股股东江苏舜天国际集团有限公司承诺，自公司社会公众股股票上市之日起一年内不转让其持有的本公司股份。

2、本公司控股股东江苏舜天国际集团有限公司承诺，不利用大股东地位牟取不当利益，不损坏本公司和本公司其他股东的合法权益，不从事与本公司业务相同或相近的服装进出口业务。

上述承诺事项刊登于《招股说明书》，在报告期内，控股股东严格履行了上述承诺事项。

（五）报告期内收购及出售资产、吸收合并事项：

为加强国内市场的开发能力，本公司于2000年12月13日以1,774,343.39元的价格，通过协议方式收购江苏舜天国际集团国内贸易公司20%的股份，从而成为江苏舜天国际集团国内贸易公司的第一大股东，共持有其50%的股份。

该事项已于2000年12月14日刊登在《上海证券报》。

（六）关联交易事项：

本公司是由原江苏省服装进出口（集团）公司整体改制而成，拥有独立、完整的经营系统，独立面向市场，并以公平、公正的市场原则从事与其他经济单位的经济交往活动。

本公司与集团公司及其他关联方之间仍存在一些正常的业务往来和关联交易，各项关联交易均遵循公平、诚信的原则，以市场公认的合理价格和条件进行，保证本公司和中小股东的权益不受侵害。本公司与集团公司已就有关关联交易签订了协议。具体内容如下：

1、本公司与集团公司共同在江苏省南京市舜天大厦办公，其中本公司拥有4-20层，集团公司拥有1-3层和21-26层，舜天大厦的综合管理和服务由本公司承担。实行有偿服务，本公司已就舜天大厦的综合管理和服务与集团公司签署了《大楼综合管理服务协议》，协议规定：综合服务管理的价格以不高于南京市通常的有关服务价格标准为原则，每月每平方米6元。此外，电话费按实际成本如实计算，电费、水费、空调费按对大楼产权的比例分摊。上述费用于当年7月15日和12月31日前分二次付清。

2、本公司与集团公司下属响水服装厂、赣榆服装厂、丹阳服装厂及与本公司子公司南京江大服饰有限公司有委托加工业务关系。为规范委托加工关系，依照等价有偿、平等互利的原则，本公司与上述4家企业分别签订了《委托加工合同》，主要内容有：加工价格按上述企业当地市场通常的服装价格和本公司服装出口/销售价格的33%孰低的原则；加工费每季度结算一次，于每个季度结束后7个工作日支付。

（七）公司与控股股东在人员、资产、财务上的"三分开"情况：

1、人员方面：本公司董事长由控股股东单位法定代表人董启彬先生兼任，除此以外，本公司与控股股东之间在劳动、人事及工资管理等方面均是独立的；总经理、副总经理等高级管理人员均在本公司领取薪酬，未在股东单位担任重要职务。

2、资产方面：本公司拥有独立的生产系统、辅助生产系统和配套设施；拥有相应的土地使用权、商标等无形资产；本公司的采购和销售系统由本公司独立拥有。

3、财务方面：本公司设立了独立的财务部门，并建立了独立的会计核算体系和财务管理制度，独立在银行开户。

（八）报告期内公司无重大托管、承包、租赁事项。

（九）报告期内，本公司续聘江苏天衡会计师事务所有限公司为财务审计机构。

（十）报告期内，本公司无重大合同及担保事项。

（十一）报告期内，本公司未更改公司名称及股票简称。

（十二）其它重要事项：根据江苏省财政厅苏财税(2000)62号文的规定，公司2000年度按33%所得税率计缴所得税，再给予18%的财政返还，根据财务处理有关规定，上述返还的所得税在收到年度冲减所得税，2000年度公司尚未收到此部分所得税返还。

八、财务会计报告

（一）审计报告　　审计报告　　天衡审字(2001)132号

江苏舜天国际集团服装进出口股份有限公司全体股东：

我们接受委托，审计了贵公司2000年12月31日母公司及合并资产负债表、2000年度母公司及合并利润及利润分配表和2000年度母公司及合并现金流量表。这些会计报表由贵公司负责，我们的责任是对这些会计报表发表审计意见。我们的审计是依据中国注册会计师独立审计准则进行的。在审计过程中，我们结合贵公司的实际情况，实施了包括抽查会计记录等我们认为必要的审计程序。

我们认为，上述会计报表符合《企业会计准则》和《股份有限公司会计制度》的有关规定，在所有重大方面公允地反映了贵公司2000年12月31日的财务状况和2000年度经营成果及2000年度现金流量情况，会计处理方法的选用遵循了一贯性原则。

江苏天衡会计师事务所有限公司　　中国注册会计师：余瑞玉

中国·南京

2001年2月24日　　中国注册会计师：郭澳

（二）会计报表(见附表)

（三）会计报表附注

合并会计报表附注

一、公司主要会计政策、会计估计和合并会计报表的编制方法

二、税项

三、控股子公司及合营企业

四、合并会计报表主要项目注释（以下货币单位除特别注明外，均为人民币元）

1、货币资金：截止2000年12月31日货币资金余额493,264,283.09元，其明细项目列示如下：

项目	期初数	期末数
现金	135,883.91	362,931.50
银行存款-人民币	94,078,154.01	202,832,563.96
银行存款-外币注	187,178,262.86	290,068,787.63
其他货币资金	204,823.32	
合计	181,597,124.10	493,264,283.09

注1：外币存款有关情况列示如下：

币种	期初数		
	原币金额	折算汇率	人民币金额
美元	10,527,935.86	8.2807	87,178,262.86
欧元			
港币			
德国马克			
合计			

续上表：

币种	期末数			
	原币金额		折算汇率	人民币金额
美元	34,551,160.05	注2	8.2781	286,016,896.38
欧元	346,287.41		7.6966	2,665,235.68
港币	130,874.35		1.0606	138,896.95
德国马克	317,076.29		3.9352	1,247,758.62
合计	87,178,262.86			290,068,787.63

注2：其中900万美元已作为质押物向中国银行江苏省分行贷款人民币7,200万元，期限一年。

货币资金期末数较期初数增长171.62%的主要原因是，公司2000年8月14日公开发行4000万股社会公众股，所募集的资金大部分尚未使用，使得货币资金期末存量增加。

2、短期投资：截止2000年12月31日短期投资余额6,968,950.10元，其主要情况列示如下：

项目	期初数		期末数	
	投资金额	市价	投资金额	市价
股票投资				
其中：未上市	38,800.00		968,950.10	
已上市	281,000.00	435,530.00		
其他投资			6,000,000.00	注
合计	319,800.00		6,968,950.10	

注：系公司全资子公司江苏舜天国际集团服装进出口无锡公司委托国通证券有限公司南京营业部的投资款，期限从2000年6月30日至2001年6月30日止，年收益率10%。

3、应收帐款：截止2000年12月31日应收帐款余额201,041,331.11元，其主要情况列示如下：

（1）帐龄分析：

帐龄	期初数		期末数	
	金额	比例	金额	比例
1年以内	170,176,846.71	95.33%	183,937,480.89	91.49%
1--2年	757,784.26	0.42%	14,552,811.25	7.24%
2--3年	2,659,756.56	1.49%	512,201.95	0.25%
3--4年	4,133,832.49	2.32%	797,881.18	0.40%
4--5年	768,539.21	0.43%	521,205.10	0.26%
5年以上	22,109.49	0.01%	719,750.74	0.36%
合计	178,518,868.72	100.00%	201,041,331.11	100.00%

（2）本帐户余额中无应收持有公司5%(含5%)以上股份的股东单位的款项。

（3）其中欠款额最大的五家往来单位明细列示如下：

项目	金额	款项性质
北京维根制衣有限公司	12,848,889.11	货款
南通开发区诚业纺织品公司	11,400,798.83	货款
南京方奕服装有限公司	3,100,000.00	货款
南京奥派有限公司	2,601,833.25	货款
江苏天有贸易公司	2,617,143.35	货款

4、其他应收款：截止2000年12月31日其他应收款余额41,534,027.11元，其主要情况列示如下：

（1）帐龄分析：

帐龄	期初数		期末数	
	金额	比例	金额	比例
1年以内	50,892,665.92	80.60%	24,398,377.30	58.74%
1--2年	2,671,033.43	4.23%	8,093,145.10	19.49%
2--3年	1,008,485.00	1.60%	589,987.58	1.42%
3--4年	5,974,144.90	9.46%	995,336.78	2.40%
4--5年	1,071,770.97	1.70%	4,913,575.28	11.83%
5年以上	1,523,587.51	2.41%	2,543,605.07	6.12%
合计	63,141,687.73	100.00%	41,534,027.11	100.00%

（2）本帐户余额中应收持有公司5%(含5%)以上股份的股东单位的款项情况列示如下：

单位	金额	款项性质
江苏舜天国际集团有限公司	2,236,094.22	资金往来

（3）主要往来单位明细项目列示如下：

项目	金额	款项性质
香港新立基公司	5,600,000.00	代垫款
南京舜天大酒楼有限公司	4,010,311.66	借款
太平洋保险公司	2,000,000.00	暂存款
江苏舜天国际集团赣榆服装厂	1,510,908.00	借款及资金往来
南京江大服饰有限公司	1,240,496.71	借款及资金往来
江都丝绸总厂	737,268.08	担保扣款

（4）其他应收款期末数较期初数下降34.22%的主要原因：2000年公司减少了南京新资源国际金属有限公司因代理出口占用的资金2600万元。

5、坏帐准备：截止2000年12月31日坏帐准备余额21,519,834.50元，其分项计提情况列示如下：

项目	期初数	期末数
应收帐款提取准备	12,086,404.83	12,341,471.17
其他应收款提取准备	8,482,358.88	9,178,363.33
合计	20,568,763.71	21,519,834.50

6、预付帐款：截止 2000 年 12 月 31 日预付帐款余额 42,697,104.82 元，其主要情况列示如下：

(1)帐龄分析：

帐龄	期初数		期末数	
	金额	比例	金额	比例
1 年以内	55,728,225.32	95.06%	41,963,817.66	98.28%
1-2 年	1,584,954.98	2.70%	460,990.80	1.08%
2--3 年	796,982.70	1.36%	26,400.92	0.06%
3 年以上	514,945.20	0.88%	245,895.44	0.58%
合计	58,625,108.20	100.00%	42,697,104.82	100.00%

(2)本帐户余额中无预付持有公司 5%(含 5%)以上股份的股东单位的款项。

(3)其中预付金额最大的五家单位明细项目列示如下：

项目	金额	款项性质
江苏中贸发进出口股份有限公司	3,450,050.00	购货款
南通华昌国际贸易有限公司	1,835,476.96	购货款
张家港新丰纺织制衣有限公司	1,771,092.50	购货款
淮阴市服装厂	1,371,843.89	购货款
南京金帆制衣有限公司	1,303,016.00	购货款

7、应收出口退税：截止 2000 年 12 月 31 日应收出口退税余额 145,840,156.13 元，均为尚未退回的出口商品进项税。

应收出口退税期末数较期初数增长 168.32%的主要原因是：公司 2000 年度出口规模有较大幅度的增长，出口退税额相应增加较多；同时，2000 年下半年国家放慢出口退税速度。上述因素使得期末数较期初数有较大幅度的增长。

8、存货：截止 2000 年 12 月 31 日存货余额 123,663,970.20 元，其明细项目列示如下：

项目	期初数		期末数	
	金额	跌价准备	金额	跌价准备
原材料	13,515,016.45		29,131,916.62	
在产品	2,058,697.94		6,765,960.15	
产成品	4,073,826.57		6,341,195.68	
库存商品	69,119,927.08		81,376,171.70	
低值易耗品	41,485.34		48,726.05	
合计	88,808,953.38		123,663,970.20 注	

注：截止 2000 年 12 月 31 日存货均为正常周转所需，其可变现净值高于帐面成本，不需计提跌价准备。存货期末数较期初数增长 39.25%的主要原因：2000 年度公司生产经营规模较上年度有较大幅度的增长，与生产经营相关的原材料、库存商品储备量增加，使得存货期末数较期初数有较大增长。

9、长期股权投资：截止 2000 年 12 月 31 日长期股权投资余额 129,113,047.41 元，其有关情况如下：

(1)其明细项目列示如下：

项目	期初数	本期增加	本期减少	期末数
股票投资	10,608,160.00	31,250,000.00	3,200,000.00	38,658,160.00 注 1
其他投资	33,660,424.74	56,444,026.13	–	90,104,450.87 注 2
股权投资差额	394,241.11	–	43,804.57	350,436.54 注 3
合计	44,662,825.85	87,694,026.13	3,243,804.57	129,113,047.41 注 4

注 1：股票投资明细项目列示如下

项目	金额	持有股份	股份性质
交通银行	1,338,160.00	1,000,000	社会法人股
浙江中大股份有限公司	510,000.00	360,000	社会法人股
江苏南通纺织品进出口股份有限公司	700,000.00	700,000	社会法人股
江苏省轻工业品进出口股份有限公司	1,500,000.00	583,333	社会法人股
东方创业股份有限公司	31,250,000.00	5,000,000	社会公众股
江苏省工艺品进出口股份有限公司	3,000,000.00	1,000,000	社会法人股
江苏宁沪高速公路股份有限公司	360,000.00	300,000	社会法人股
合计	38,658,160.00		

*：系作为战略投资者认购该公司发行的社会公众股，约定持有期限 1 年以上。

注 2：其他投资明细项目列示如下

项目	投资比例	原始投资额	累计权益法核算	余额
南京苏服服装有限公司	51.00%	950,836.78	1,713.36	952,550.14
南京舜都服饰有限公司	51.00%	510,000.00	831.02	510,831.02
江苏捷达电子商务有限公司	50.00%	250,000.00	–48,168.93	201,831.07
南京欧星时装有限公司	49.00%	405,597.50		405,597.50*
南京舜达针织制品有限公司	46.00%	22,849,488.00		22,849,488.00**
南京江大服饰有限公司	41.87%	5,204,399.13	828,481.95	6,032,881.08
江苏舜天国际旅行社有限公司	40.00%	600,000.00	142,038.98	742,038.98
徐州舜服对外贸易有限公司	40.00%	200,000.00	1,659.99	201,659.99
南京豪舰贸易有限公司	30.56%	220,000.00		220,000.00
南京苏绵服装有限公司	25.00%	2,880,600.00	56,887.81	2,937,487.81
常州溢达服装有限公司	11.20%	3,699,585.28		3,699,585.28
南京舜天大酒楼有限公司	5.00%	290,500.00		290,500.00
恒泰保险经纪有限公司	3.33%	1,000,000.00		1,000,000.00
华安证券有限责任公司	2.94%	50,000,000.00		50,000,000.00
江都市金仝城市信用合作社		60,000.00		60,000.00
合计		89,121,006.69	983,444.18	90,104,450.87

*：目前仍处于筹建期，未按权益法核算。

**：系合作经营企业，公司与港方出资者–丽达贸易公司签订了委托经营协议以及利润分配协议。根据协议，公司不参与企业经营管理，自 2001 年起每年给公司固定分利。

注 3：股权投资差额系 1999 年 1 月收购无锡舜雨服装有限公司 49%股权形成，原值 438,045.68 元，自 1999 年 1 月起分十年摊销，本期已摊 43,804.57 元，累计摊销 87,609.14，摊余金额 350,436.54 元。

(2)截止 2000 年 12 月 31 日长期股权投资单位经营状况良好，近期内不会出现可收回金额低于帐面价值的情况，不需计提长期投资减值准备。

(3)长期股权投资期末数较期初数增长 189.08%的主要原因是：本期新增对华安证券有限公司、东方创业股份有限公司以及南京舜达针织制品有限公司的投资。

10、固定资产及累计折旧：截止 2000 年 12 月 31 日固定资产原值 269,888,319.53 元，累计折旧 63,818,826.20 元，固定资产净值 206,069,493.33 元，其主要情况列示如下：

(1)其明细情况列示如下：

A、固定资产原值本年度增减变动情况如下：

项目	期初数	本期增加	本期减少	期末数
房屋建筑物	187,821,550.17	38,663,840.62	29,728,346.98	196,757,043.81
运输设备	15,439,561.81	2,934,826.00	367,319.94	18,007,067.87
机器设备	40,307,255.32	5,176,132.12	293,683.66	45,189,703.78
办公设备	8,849,964.23	1,471,148.97	386,609.13	9,934,504.07
土地	4,500,000.00		4,500,000.00	注
合计	256,918,331.53	48,245,947.71	35,275,959.71	269,888,319.53

注：土地 450 万元，系 1995 年两个全资企业江都友谊服装厂、金坛服装厂清产核资入帐的土地价值，上述土地已办理了出让手续，转入无形资产。

B、累计折旧本年度增减变动情况如下：

项目	期初数	本期增加	本期减少	期末数
房屋建筑物	22,834,680.43	9,700,315.84	2,262,941.43	30,272,054.84
运输设备	7,173,846.23	2,172,688.49	239,705.68	9,106,829.04
机器设备	14,547,464.07	3,870,806.23	188,631.77	18,229,638.53
办公设备	5,171,077.11	1,400,198.02	360,971.34	6,210,303.79
合计	49,727,067.84	17,144,008.58	3,052,250.22	63,818,826.20

(2)固定资产期末无抵押、担保的情况。

六、关联方关系及其交易

(一)存在控制关系的关联方情况

企业名称：江苏舜天国际集团有限公司

住所：南京市建邺路 98 号

注册资本：44,241 万元。

主营业务范围：自营和代理除国家组织统一联合经营的 16 种出口商品和国家实行核定公司经营的 14 种进口商品以外的其他商品及技术的进出口业务，经营或代理国家组织统一联合经营的 16 种出口商品和国家实行核定公司经营的 14 种进口商品按有关规定另行申请核批；承办中外合资经营、合作生产业务；开展"三来一补"业务。国内贸易(国家有专项规定的办理审批手续后经营)，仓储，公路运输，房地产开发，室内外装饰，咨询服务。

与本企业关系：母公司，持有公司 81.81%股份。

经济性质：有限责任公司(国有独资)

法定代表人：董启彬

七、或有事项　截止资产负债表日公司无需要披露的重大或有事项。

八、承诺事项　截止资产负债表日公司无需要披露承诺的事项。

九、其他重大事项

1、2001 年 2 月 23 日公司第三届七次董事会《关于 2000 年度利润分配预案》的决议如下，2000 年度实现的净利润(母公司)88,060,362.22 元，提取 10%法定公积金计 8,806,036.22 元，提取 10%法定公益金 8,806,036.22 元，加以前年度未分配利润 991,199.22 元，可供股东分配利润为 71,439,489.00 元，以 2000 年末股本为基数，每 10 股送 1 股，并按每 10 股分配现金股利 3.60 元(含税)，剩余未分配利润转入下年度分配。

2、根据江苏省财政厅苏财税(2000)62 号文的规定，公司 2000 年度按 33%所得税率计缴所得税，再给予 18%的财政返还，根据财务处理有关规定，上述返还的所得税在收到年度冲减所得税，2000 年度公司尚未收到此部分所得税返还。

十、资产负债表日后非调整事项

根据财政部财企(2000)295 号、财政部财企(2000)878 号及财政部财会(2001)5 号文的有关规定，公司取消住房周转金管理制度，住房周转金 2000 年末余额中的房改损失–69,221,506.92 元(其中：母公司房改损失–64,776,207.36 元)已在 2001 年 2 月调整年初未分配利润，上述调整须经股东大会批准后冲销有关权益科目。

江苏舜天国际集团服装进出口股份有限公司

2001 年 2 月 28 日

利润及利润分配表

编制单位：江苏舜天国际集团服装进出口股份有限公司　　单位：人民币元

项目	1999 年度		2000 年度	
	合并	母公司	合并	母公司
一、主营业务收入	1873537447.67	1149445489.66	2482840514.92	1205029495.3
减：折扣与折让				
主营业务收入净额	1873537447.67	1149445489.66	2482840514.92	1205029495.3
减：主营业务成本	1577169102.03	887568543.48	2132609077.78	938513304.31
主营业务税金及附加	502817.15	42602.32	991941.02	63052.22
二、主营业务利润	295865528.49	261834343.86	349239496.12	266453138.77
加：其他业务利润	2434658.74	1498746.52	7409407.24	4184337.5
减：存货跌价损失				
营业费用	160591113.13	154475241.63	141627572.85	116216379.5
管理费用	42748306.81	24557908.49	72830967.84	50561700.52
财务费用	–6360404.85	–7985327.6	4792690.95	3855505.59
三、营业利润	101321172.14	92285267.86	137397671.72	100003890.66
加：投资收益	–40669.32	–220119.76	1106097.96	14689493.64
期货损益				
补贴收入	3073619.08	2516636	6458983.53	5167744
营业外收入	1211395.27	28271.22	4171220.8	3567266.38
以前年度损益调整				
减：营业外支出	3149443.18	1727732.81	2936376.08	1977870.26
分给外单位利润				
四、利润总额	102416073.99	92882322.51	146197597.93	121450524.42
减：所得税	27723492.34	23298208.05	45323894.58	33390162.2
少数股东损益	5511553.08		10909724.03	
职工奖励及福利基金				
购并利润				
加：未确认的投资损失	1591675.59		735048.4	
所得税返还				
五、净利润	70772704.16	69584114.46	90699027.72	88060362.22
加：年初未分配利润	–19032851.1	–20858322.36	2777518.5	991199.22
盈余公积转入数				
年初未分配利润调整				
减少注册资本减少的未分 配利润				
外币报表折算差额				
减：股份公司成立前利润分配				
六、可供分配的利润	51739853.06	48725792.1	93476546.22	89051561.44
减：提取法定盈余公积金	7419668.06	6958411.44	9309731.58	8806036.22
提取法定公益金	7419668.06	6958411.44	9309731.58	8806036.22
提取职工奖励福利基金	305228.44		316511.2	
七、可供股东分配的利润	36595288.5	34808969.22	74540571.86	71439489
减：应付优先股股利				
提取任意盈余公积金				
应付普通股股利	33817770	33817770	54981324	54981324
转作股本的普通股股利				
八、未分配利润	2777518.5	991199.22	19559247.86	16458165

大恒新纪元科技股份有限公司

一、公司简介

1、公司法定中文名称大恒新纪元科技股份有限公司
公司法定英文名称及缩写:Daheng New Epoch Technology,Inc. 缩写:DHKJ
2、公司注册地址:北京市海淀区中关村大街22号中科大厦十一层
公司办公及通讯地址:北京市海淀区中关村大街22号中科大厦十一层
邮政编码:100080
公司因特网网址:http://www.dhxjy.com.cn
投资者可以通过上述网址取得公司年报及其它有关信息
3、公司法定代表人 张家林
4、公司咨询服务机构 董事会秘书处 电话:010-62628443
传真:010-62628384
电子信箱:newepoch@public2.bta.net.cn
董事会秘书:严宏深 董事会证券事务代表:潘裕民
5、公司选定的信息披露报纸名称中国证券报、上海证券报
刊登公司年报的中国证监会指定的因特网址:http://www.see.com.cn
公司年度报告置备地点:
北京市海淀区中关村大街22号中科大厦十一层
公司董事会秘书处:
北京市海淀区中关村大街22号中科大厦十一层
6、股票上市交易所上海证券交易所
股票简称:大恒科技
股票代码:600288

二、会计数据和业务数据摘要

(一)2000年度公司主要经营指标(单位:人民币元)

1、利润总额	63,871,460.23
2、净利润	38,527,630.40
3、扣除非经常性损益后的净利润	33,302,867.41
4、主营业务利润	141,887,579.20
5、其他业务利润	11,386,995.27
6、营业利润	55,131,764.19
7、投资收益	3,514,933.05
8、补贴收入	573,300.32
9、营业外收支净额	4,651,462.67
10、经营活动产生的现金流量净额	44,952,524.82
11、现金及现金等价物净增加额	426,903,921.63

说明:"扣除非经常性损益后的净利润"扣除的项目及金额如下:

项目	涉及金额(元)
补贴收入	573,300.32
营业外收入	4,967,967.37
营业外支出	361,504.70

(二)截止2000年末,公司前三年主要会计数据和财务指标

项目	2000年	比上年增长	1999年	1998年
1、主营业务收入(万元)	1,188,361,116.14	45.20%	818,448,321.65	324,476,882
2、净利润(万元)	38,527,630.40	31.46%	29,307,799.39	19,364,816
3、总资产(万元)	1,222,858,446.02	79.09%	682,809,768.36	326,989,146
4、股东权益(万元)(不含少数股东权益)	641,220,566.81	267.91%	179,617,029.00	150,309,230
5、每股收益(元/股)				
--(全面摊簿)	0.28	-15.15%	0.33	0.22
--(加权平均)	0.41	24.24%	0.33	0.22
--扣除非经常性损益	0.24	-25.00%	0.32	0.21
6、每股净资产(元)	4.58	129.00%	2.00	1.67
7、调整后的每股净资产(元)	4.52	145.26%	1.90	1.67
8、净资产收益率(%)				
--全面摊簿	6.01%	-64.28%	16.32%	12.88%
--加权平均	16.37%	-7.88%	17.77%	21.35%
9、每股经营活动产生的现金流量净额(元/股)		0.32		

(三)按照中国证监会《公开发行证券公司信息披露编报规则(第9号)》要求计算的利润数据:

	报告期利润(元)	净资产收益率(%)		每股收益(元/股)	
		全面摊簿	加权平均	全面摊簿	加权平均
1、主营业务利润	141,887,579.20	21.47%	49.43%	1.01	1.51
2、营业利润	55,131,764.19	8.34%	22.63%	0.39	0.59
3、净利润	38,527,630.40	6.01%	16.37%	0.28	0.41
4、扣除非经常性损益后的净利润	33,302,867.41	5.04%	14.31%	0.24	0.35

注:每股收益和净资产收益率按照《公开发行证券公司信息披露编报规则(第9号)》方法计算。

三、股本情况介绍

1、截止2000年末,公司股东总数为49,472户。
2、报告期内,控股股东中国新纪元有限公司占公司总股本42.86%,持有本公司股份60,000,000股。3、前十名股东持股情况

序号 股东名称	年末持股数量(股)	占总股本百分比
1、中国新纪元有限公司	60,000,000	42.86
2、中国汽车贸易天津公司	12,000,000	8.57
3、中国机电设备总公司	6,000,000	4.29
4、中国基建物资总公司	6,000,000	4.29
5、中国机电设备成套服务中心	6,000,000	4.29
6、天元基金	914,000	0.65
7、刘伟	336,770	0.24
8、金元基金	306,254	0.22
9、隆元基金	275,370	0.20
10、李雁	255,399	0.18

注:(1)报告期末,我公司前十名股东中前五名为国有法人股股东,2000年未发生股份变动,无质押或冻结的情况;其余为社会公众股股东,其所持股份的增减变化系二级市场买卖所致。

哈尔滨亿阳信通股份有限公司

一、公司简介

(一)、公司法定中、英文名称及缩写
1.中文名称:哈尔滨亿阳信通股份有限公司 简称:亿阳信通
2.英文名称:Bright Oceans Inter-Telecom Corporation
(二)、公司法定代表人:邓伟
(三)、公司董事会秘书及授权代表的姓名、联系地址、电话、传真、电子信箱:
1.公司董事会秘书:郭士斌
2.联系地址:北京中关村海淀南路19号、哈尔滨高新技术产业开发区1号楼
3.电话:010-82666789、0451-2326789 4.传真:010-82666332、0451-2320579
5.电子信箱:gsb@boco.com.cn
(四)、公司注册地址、办公地址、邮政编码及电子信箱:
1.公司注册地:哈尔滨高新技术产业开发区1号楼
2.公司办公地址:北京中关村海淀南路19号、哈尔滨高新技术产业开发区1号楼
3.公司邮政编码:北京100080、哈尔滨150036 4.公司互联网址:http://www.boco.com.cn
5.公司电子信箱:gsb@boco.com.cn
(五)、公司选定的信息披露报纸名称、登载公司年度报告的中国证监会指定国际互联网网制址,公司年度报告备置地点:
1.信息披露报纸:《中国证券报》 2.证监会指定的国际互联网网址:http://www.sse.com.cn
3.年度报告备置地点:公司投资发展部办公室
(六)、公司股票上市交易所、股票简称和股票代码:
1.上市交易所:上海证券交易所 2.股票简称:亿阳信通 股票代码:600289

二、会计数据和业务数据摘要

(一)、利润情况:

1.利润总额:	79,586,586.47元
2.净利润:	61,918,861.29元
3.扣除非经常性损益后的净利润:	58,092,628.24元
4.主营业务利润:	130,181,302.19元
5.其他业务利润:	430,225.09元
6.营业利润:	75,162,591.12元
7.投资收益:	597,762.30元
8.营业外收支净额:	3,826,233.05元
9.经营活动产生的现金流量净额:	-196,649,675.93元
10.现金及现金等价物净增加额:	174,541,972.25元

注:非经常性损益的项目有营业外收入6,095,734.96元(含冻结资金利息摊入6,074,071.03元),营业外支出2,269,501.91元。

(二)、公司前三年的主要会计数据及财务指标: 单位:元

项目	2000年	1999年	1998年
主营业务收入	473,634,284.82	248,749,791.52	144,441,767.51
净利润	61,918,861.29	43,622,190.78	28,136,680.51
总资产	1,387,167,919.11	340,270,935.73	197,391,888.60
股东权益	851,018,905.65	94,488,243.90	73,190,033.98
全面摊薄每股收益	0.585	0.662	0.427
加权平均每股收益	0.646	0.662	0.427
全面摊薄净资产收益率	7.28%	46.17%	38.44%
加权平均净资产收益率	8.94%	45.92%	32.93%
每股净资产	8.04	1.43	1.11
调整后的每股净资产	8.00	1.42	1.10
每股经营活动产生的现金流量净额	-1.86	0.13	0.49

(三)、按照中国证监会《公开发行证券公司信息披露编报规则(第9号)》要求计算的利润数据:

报告期利润	净资产收益率		每股收益	
	全面摊薄	加权平均	全面摊薄	加权平均
主营业务利润	15.30%	17.91%	1.229	1.358
营业利润	8.83%	10.75%	0.710	0.784
净利润	7.28%	8.94%	0.585	0.646
扣除非经常性损益后的净利润	6.83%	8.41%	0.549	0.606

主要财务指标的计算公式如下:
1)全面摊薄每股收益=报告期利润/期末股份总数
2)加权平均每股收益=报告期利润/(期初股份总数+报告期因公积金转增股本或股利分配等增加股份数+报告期因发行新股或债转股等增加股份数×增加股份下一月份起至报告期期末的月份数/报告期月份数-报告期因回购或缩股等减少股份数×减少股份下一月份起至报告期期末的月份数/报告期月份数)
3)全面摊薄净资产收益率=报告期利润/期末净资产
4)加权平均净资产收益率=报告期利润/(期初净资产+报告期净利润/2+报告期发行新股或债转股等新增净资产×新增净资产下一月份起至报告期期末的月份数/报告期月份数-报告期回购或现金分红等减少净资产×减少净资产下一月起至报告期期末的月份数/报告期月份数)
5)每股净资产=年度末股东权益/年度末普通股股份总数

三、股本变动及股东情况

(一)、股本变动情况:
(二)、股东情况介绍:
1.股东数量:截止2000年12月31日,公司股东总数为29,737户。
2.报告期末持有本公司股份前10名股东的持股情况如下:单位:万股

股东名称	期初股数	期末股数	占总股本比例(%)	持股性质
亿阳集团有限公司	5,144.0400	5,144.0400	48.58	法人股
哈尔滨市光大电脑有限公司	722.4800	722.4800	6.82	法人股
哈尔滨现代设备安装有限公司	375.6900	375.6900	3.55	法人股
北京市北邮通信技术公司	202.2900	202.2900	1.91	法人股
裕隆基金	171.0033		1.61	公众股
景宏基金	168.9918		1.60	公众股
北京北邮新大科技开发公司*	144.5000	144.5000	1.36	法人股
普惠基金	137.3228		1.30	公众股
裕元基金	131.0408		1.24	公众股
景博基金	125.9180		1.19	公众股
合计	6,589.0000	7,323.2767	69.16	公众股

* 系原"北京邮电学院科技开发公司"更名。

苏 福 马 股 份 有 限 公 司

苏福马股份有限公司2000年年度报告摘要

重要提示:本公司董事会保证本报告所载资料不存在任何虚假记载、误导性陈述或者重大遗漏,并对其内容的真实性、准确性和完整性负个别及连带责任。

一、公司简介

1.公司法定中文名称:苏福马股份有限公司
公司法定英文名称:SUFOMA CO., LTD. 英文名称缩写:SUFOMA
2.公司法定代表人:葛仁优
3.公司董事会秘书:胡其新 公司董事会秘书授权代表:李猛
联系地址:苏州市西大营门57号 电话:0512—7524718
传真:0512—7534072 电子信箱:sufoma@pub.sz.jsinfo.net
4.公司注册地址:江苏省苏州市新区何山花园8幢103室
公司办公地址:江苏省苏州市西大营门57号 邮政编码:215003
公司网址:http://www.sufoma.com 电子信箱:sufoma@pub.sz.jsinfo.net
5.公司选定的信息披露报刊:《中国证券报》和《上海证券报》
登载公司年度报告的中国证监会指定国际互联网网址:http://www.sse.com.cn
6.公司股票上市交易所:上海证券交易所 股票简称:苏福马 股票代码:600290

二、会计数据和业务数据摘要

1.本年度会计数据摘要(单位:人民币元)

利润总额:	15,668,252.94
净 利 润:	15,668,252.94
扣除非经常性损益后的净利润:	13,971,513.20
主营业务利润:	39,211,969.66
其他业务利润:	1,465,056.20
营业利润:	14,071,118.33
投资收益:	-99,605.13
补贴收入:	-
营业外收支净额:	1,696,739.74
经营活动产生的现金流量净额:	22,208,523.63
现金及现金等价物净增加额:	136,400,611.45

注:扣除的非经常性损益项目和涉及金额(税后收益)是指:

新股发行无效申购冻结资金利息本期分摊数:	1,355,686.86
处理固定资产净收入 :	-55,883.51
合同赔偿收入	459,000.00
防洪保安基金支出	-80,000.00
其他净收入	17,936.39

2.截至报告期末公司前三年主要会计数据和财务指标(单位:元)

项 目	2000年	1999年
主营业务收入	158,617,720.55	116,244,295.00
净利润	15,668,252.94	10,036,778.85
总资产	374,926,752.07	242,428,301.09
股东权益	212,831,415.64	78,251,282.70
每股收益(摊薄)	0.19	0.19
每股收益(按月平均加权)	0.27	0.19
每股收益(扣除非经常性损益)	0.17	0.17
每股净资产	2.56	1.48
调整后的每股净资产	2.52	1.41
每股经营活动产生的现金流量净额	0.27	0.20
净资产收益率(摊薄)	7.36	12.83
净资产收益率(加权平均)	14.42	13.71

主要财务指标计算公式:
每股收益(摊薄)=净利润/年度末普通股股份总数
扣除非经常性损益后的每股收益(摊薄)=扣除非经常性损益后的净利润/年末普通股股份总数
每股净资产=年度末股东权益/年度末普通股股份总数
调整后的每股净资产=(年度末股东权益-三年以上的应收款项净额-待摊费用-待处理(流动、固定)资产净损失-开办费-长期待摊费用-住房周转金负数余额)/年度末普通股股份总数
每股经营活动产生的现金流量净额=经营活动产生的现金流量净额/年度末普通股股份总数
净资产收益率=净利润/年度末股东权益×100%。

3.利润分配表附表

报告期利润	净资产收益率(%)		每股收益(元/股)	
	全面摊薄	加权平均(ROE)	全面摊薄	加权平均
主营业务利润	18.42	36.08	0.47	0.68
营业利润	6.61	12.95	0.17	0.24
净利润	7.36	14.42	0.19	0.27
扣除非经常性损益后的净利润	6.56	12.86	0.17	0.24

财务指标计算公式:
1)全面摊薄净资产收益率和每股收益的计算公式如下:
全面摊薄净资产收益率=报告期利润/期末净资产
全面摊薄每股收益=报告期利润/期末股份总数
2)加权平均净资产收益率(ROE)的计算公式如下:
ROE =P/(E0+NP÷2+Ei×Mi/M0-Ej×Mj/M0)
其中:P为报告期利润;NP为报告期净利润;E0为期初净资产;Ei为报告期发行新股或债转股等新增净资产;Ej为报告期回购或现金分红等减少净资产;M0为报告期月份数;Mi为新增净资产下一月份起至报告期期末的月份数;Mj为减少净资产下一月份起至报告期期末的月份数。

4.报告期内股东权益变动情况及变动原因(单位:元)

项 目	股 本	资本公积	盈余公积	其中:法定公益金
期初数	53,000,000	15,214,503.85	1,505,516.83	501,838.94
本期增加	30,000,000	105,511,880.00	2,350,237.94	783,412.65
本期减少	-	-	-	-
期末数	83,000,000	120,726,383.85	3,855,754.77	1,285,251.59
变动原因	发行3000万新股	发行溢价、新股有效申购冻结	本年利润提取数	本年利润提取数

项 目	未分配利润	资金利息	非经常性项目收益调整
期初数	8,531,262.02		
本期增加	15,668,285.94		
本期减少	18,950,270.94		
期末数	5,249,277.02		
变动原因	本年利润转入和利润分配	本年摊销	

项 目	股东权益合计
期初数	78,251,282.10
本期增加	134,580,132.94
本期减少	-
期末数	212,831,415.64
变动原因	

三、股本变动及股东情况

(一)股本变动情况
1.股份变动情况表

数量单位:股

	本次变动前	本次变动增减(+,-)	本次变动后
一、未上市流通股份			
发起人股份	53,000,000	0	53,000,000
其中:国有法人持有股份	49,923,235	0	49,923,235
境内法人持有股份	3,076,765	0	3,076,765
未上市流通股份合计	53,000,000	0	53,000,000
二、已流通股份			
人民币普通股	0	+30,000,000	30,000,000
已上市流通股份合计	0		
三、股份总数	53,000,000	+30,000,000	83,000,000

注:本次股份变动系2000年10月16日发行新股30,000,000股。
2.公司发行与上市情况
①本公司股票发行经中国证监会证监发行字[2000]136号文核准于2000年10月16日以"上网定价发行"方式发行人民币普通股3000万股,每股发行价格为4.80元,并于2000年11月6日在上海证券交易所挂牌上市,上市流通股份3000万股。
②本公司没有内部职工股。
(二)股东情况介绍
1.股东总数:截至2000年12月29日,公司共有股东29196户。
2.前十名股东情况

股东名称	年末持股数(股)	占总股本(%)
(1)苏州林业机械厂	49534755	59.68
(2)吴江电子仪器厂	1227598	1.48
(3)吴县市黄桥林机配套厂	776961	0.94
(4)吴县市冷作二厂	683726	0.82
(5)普惠基金	450001	0.54
(6)吴县市环境保护设备厂	388480	0.47
(7)中国林业机械广州公司	388480	0.47
(8)社会帮困	200000	0.24
(9)公友奎	141800	0.17
(10)钱永吉	125050	0.15

说明:
①上述前10名股东中,苏州林业机械厂与中国林业机械广州公司存在关联关系,即均为中国福马林业机械集团有限公司的全资子公司。
②上述(1)、(2)、(3)、(4)、(6)、(7)为发起人持有的非流通股,(5)、(8)、(9)、(10)股东持有流通股。持有公司5%以上(含5%)股份的股东为苏州林业机械厂,其年内持股数量未发生增减变动情况,所持股份无质押和冻结。
3.持股10%以上股东情况介绍:
苏州林业机械厂系公司的发起人股东,持有公司49534755股,占总股本的59.68%。
法定代表人:吴培国
经营范围:主营林业机械及其它机械设备制造与出口,本企业生产、科研所需的原材料进口;兼营机械设备、仪器仪表零配件的进口,主机配套电控及配件生产、销售、安装服务、多种车辆(不含小轿车)的销售。
4.报告期内公司控股股东无变更,仍为苏州林业机械厂。

四、股东大会简介

公司在报告期内召开了2次股东大会,具体情况如下:
1.公司于2000年4月8日在苏州召开了1999年股东年会,出席会议股东(或股东代理人)6人,代表股份5300万股,占公司总股本的100%(发行新股前),会议表决通过了如下决议:
(1)同意公司1999年度董事会工作报告; (2)同意公司1999年度监事会工作报告;
(3)同意公司1999年度财务决算报告; (4)同意公司2000年度财务预算报告。
由于该次股东年会召开时公司未发行上市,故未将通知和决议进行公告。
2.公司于2000年12月25日在苏州召开了2000年度第一次临时股东大会,出席会议股东(或股东代理人)6人,代表股份52223200股,占公司总股本的62.92%,会议表决通过了如下决议:
(1)同意关于出让在中外合资小松常林铸造有限公司全部股权的议案;
(2)同意关于确认董事会处理公司章程规定限额内对外投资的议案。
有关该次股东大会通知刊登于2000年10月22日《中国证券报》和《上海证券报》,股东大会决议公告刊登于2000年12月26日《中国证券报》和《上海证券报》。
报告期内,公司董事朱振良因退休离职、富雯里因工作调离辞去董事职务。

五、董事会报告

(一)公司经营情况
1.公司主要经营业务为人造板机械、木工机械和中小马力多缸柴油机的开发、制造及销售,分属林业专业设备制造业和内燃机制造业,报告期内,公司主营业务收入比上年增长36.45%,其中人造板机械、木工机械产品约占全部营业收入的84.48%,柴油机约占15.25%。据中国林业机械协会的不完全统计,公司的主导产品宽带定厚砂光机组、卧式浸渍干燥生产线、单板干燥机、快速贴面生产线的市场占有率仍居国内行业前列,销售量分别比上年增长68.80%、168.54%、24.90%、72.16%,四大类主导产品的综合技术水平仍保持了国内的领先水平,柴油机的生产销售由于公司内部产品

结构调整，比去年下降12.64%，市场份额也有所下降。

2、2000年是公司股票公开发行上市的第一年，根据股东大会要求，公司在董事会的领导下，顺应宏观经济的发展趋势和市场需求，抓住机遇，勇于开拓，加速开发，贯彻"四加强、两提高"的方针，坚持上市公司的规范运作，调动各方面的积极因素，各项经济指标比上年明显增长。

3、公司在经营中出现的问题与困难及解决方案：

2000年公司生产经营工作面临的主要问题与困难是，主营业务市场竞争仍很激烈，部分原材料、能源价格上升不同程度地影响了公司的业绩。为此，公司在分析掌握市场形势和自身能力的基础上，相应采取了以下针对性的措施：

(1)对主导产品根据市场优势的差异程度和供求比例采取了差别的价格调整幅度，通过适当降低单位售价，改善服务，提高付款比例条件等办法来提高市场份额、利润总额和回笼货款总量，取得了销售收入、利润、货款回笼等主要指标比上年较快增长的成绩。

(2)针对市场需求的变化趋势，抓紧创新产品和改进换代型产品开发和上市推介工作，完成9项新品开发设计，其中3种当年试制生产并实现销售，形成了新的市场亮点。

(3)认真制定和落实各项降本增效措施，完善内部控制制度，贯彻成本预控和采购审价办法，切实建立分级分岗的预算控制和成本责任制度，基本形成了公司的效益保障体系。

(二)公司财务状况

指　标	报告期末数	上年期末数	较上期增减
总资产	374,926,752.07	242,428,301.09	+132,498,450.98
长期负债	5,000,000.00	23,000,000.00	−18,000,000.00
股东权益	212,831,415.64	78,251,282.70	+134,580,013.00
主营业务利润	39,211,969.66	37,106,300.89	+2,105,668.77
净利润	15,668,252.94	10,036,778.85	+5,631,474.09

指　标	增减原因
总资产	发行新股
长期负债	发行前债务重组
股东权益	发行新股
主营业务利润	主营业务收入增长
净利润	主业增长税收减免

(三)公司投资情况

公司报告期内对外投资额比去年减少23,444,855.43万元，减少幅度达96%，原因在于公司全部出让中外合资小松常林铸造有限公司实际拥有的全部股权，收回对外投资24,444,855.43万元，报告期内公司以非募集资金投资国林竹藤科技有限责任公司100万元，持股比例为11.26%。

1、报告期内募集资金使用情况(单位：万元)

2000年公司发行新股募集资金13550万元，实际到位时间为2000年10月22日，截止到本报告期，实际投入资金2480万元，占总募股资金的18.30%，暂时闲置的资金11,070万元，公司严格按照招股书的承诺，本着安全、有效的原则，用于银行存款和购买国债。

项 目 名 称	计划投资	实际投资
1、新型人造板表面装饰设备制造项目	4,800	17
2、木工机械制造项目	3,900	513
3、人造板干燥设备制造技术改造项目	2,900	
4、补充流动资金	1,950	1,950
合　　计	13,550	2,480

募集资金投资项目进展情况说明：

①新型人造板表面装饰设备制造项目，计划总投资4,800万元，其中2000年投入340万元，本期实际投入17万元，主要由于期间内募集资金实际到位时间较原计划要晚，剩余的4,783万元主要用于银行存款。鉴于本期投入数量较少且处于建设期，故未产生收益。

②木工机械制造项目，计划总投资3,900万元，其中2000年投入470万元，本期实际投入513万元，主要由于期间内募集资金实际到位时间较原计划要晚，剩余的3,430万元主要用于银行存款。鉴于本期投入数量较少且处于建设期，故未产生收益。

③人造板干燥设备制造技术改造项目，计划总投资2,900万元，其中2000年投入480万元，本期尚未投入，主要由于期间内募集资金实际到位时间较原计划要晚，项目资金2,900万元主要用于银行存款。鉴于本期尚未投入，故未产生收益。

④补充流动资金，计划总投资1,950万元，本期已经全部投入，直接缓解了公司的生产运营资金的紧缺程度，降低了公司的财务费用。

2、报告期内非募集资金的投资情况

报告期内公司以非募集资金投资国林竹藤科技有限责任公司100万元，持股比例为11.26%，该公司主要经营竹藤产品、林产品、合成材料及制品、竹藤加工机械生产、销售等业务。公司于2000年2月投入资金100万元，由于该公司新近筹建，本期未有分红收益。

(四)本报告期内，公司生产经营环境及宏观政策的变化主要是，根据财政部、国家税务总局[94]财税字第001号文件规定，经苏州市国家税务局苏国税所函(2000)058号文件批准，按照新办的高新技术企业优惠政策免征2000年度所得税，这项优惠政策对公司本期的财务指标和经营成果产生积极影响。

(五)2001年业务发展计划

1、继续抓好现有主营产品项目的经营，争取主营业务收入比上年增长14%左右。

2001年公司将进一步抓住主营业务市场回升的机遇，通过提升主导产品的竞争优势和改进营销等一系列措施，继续保持国内行业市场的相应份额，加强内部资源的整合，以适应市场变化快，交货周期短的特点，计划实现销售收入1.805亿元。

2、加快三项募集资金投资项目的实施进度，完成计划要求的工程进度，争取部分投资项目投入使用，发挥效益。

公司将按照招股书承诺的新型人造板表面装饰设备制造、木工机械制造、人造板干燥设备制造技术改造等三个募集资金投资项目加紧实施，全面展开本公司在苏州新区何山路的建设项目，按照依据有关程序认真作好项目招标、实施、监督、验收等工作，落实项目责任，并且根据公司经营业务轻重缓急的情况，加快急用项目的实施，优化投资结构，节约费用。

3、切实作好新型建材设备产品和农作物秸秆人造板项目的市场推介工作，逐步形成公司新的利润增长点。

在充分市场调研和前期工作的基础上，公司将着力作好新型建材——水泥刨花板生产线成套项目产品的市场推介和江苏句容农作物秸秆人造板合资项目的实施，充分利用国家在环保政策、产业政策方面优先支持的有利条件，以建立示范窗口为契机，加速市场推广，同时加强配套工艺和延伸产品的开发，以适应不同用户的需要，从而形成"十五"期间的新增长点。

4、根据公司主业比较集中的特点，探索一业为主、多元发展，优先向下游行业扩展的发展路子。

为规避主业相对集中在某一行业可能产生的风险，公司将依据自身的实力和外部合作的条件，探索走出单一行业经营的发展路子。2001年将首先在技术优势明显的下游行业——新型人造板表面装饰材料生产方面进行试点，积累经验，逐步扩大投入，其次公司将选择高科技领域和风险投资领域，在保证风险有效控制的前提下，进行少量介入性投资，以获取一定的非主业收入，并以此为起点探索今后新经济时代发展所需的各种资源。

(六)董事会日常工作情况

1、报告期内董事会会议情况及决议内容

2000年度公司共召开了4次董事会会议：

①公司于2000年3月5日召开了2000年度第一次董事会会议，会议应到董事9名，参加表决9名，审议并通过以下决议：

(1)同意总经理工作报告；

(2)同意公司1999年度董事会工作报告；

(3)同意公司1999年度财务决算报告和利润分配方案；

(4)同意公司2000年度财务预算报告。

②公司于2000年8月7日召开了2000年度第二次董事会会议，会议应到董事9名，参加表决9名，审议并通过以下决议：

(1)同意董事会下半年工作计划；

(2)同意争取尽快完成公司股票发行上市的议案。

③公司于2000年9月20日召开了董事会临时会议，会议应到董事9名，参加表决9名，审议并通过以下决议：

同意聘任杨小星为公司副总经理。

④公司于2000年11月20日召开了2000年度第三次董事会会议，会议应到董事7名，参加表决7名，审议并通过以下决议：

(1)同意关于出让在中外合资小松常林铸造有限公司全部股权的议案；

(2)同意公司投资参股江苏句容农作物秸秆人造板有限公司(筹)的议案；

(3)同意公司董事朱振良因退休离职、富雯里因工作调离辞去董事职务的申请；

(4)同意召开2000年度临时股东大会。

2、报告期内董事会对股东大会决议的执行情况

①公司董事会按照1999年度股东年会的决议，执行2000年度财务预算方案。

②公司董事会执行1999年度5月7日临时股东大会的决议，顺利完成3000万元A股的发行上市，并完成《公司章程》(修改案)向国家工商行政管理局的备案工作。

③董事会按照2000年度第一次股东大会授权董事会处理公司章程规定限额内对外投资的决议，投资参股江苏句容农作物秸秆人造板有限公司(筹)，已完成签约工作。

(七)公司管理层及员工情况

1、董事、监事、高级管理人员情况

姓　名	职　务	性　别	年　龄	任　期
葛仁优	董事长	男	59	1998年12月至2001年12月
岳群飞	董事、总经理	男	39	同上
庞　辉	董事	男	47	同上
孙　锐	董事	女	47	同上
唐　琮	董事、副总经理	男	56	同上
施　琦	董事、总会计师	男	52	同上
张建东	董事	男	41	同上
汪文锐	监事会召集人	男	50	同上
罗会恒	监事	男	34	同上
宋六奇	监事	男	48	同上
陈　洁	监事	女	38	同上
孙东生	监事	男	57	同上
章　炬	副总经理	男	44	同上
胡其新	董事会秘书	男	50	同上
杨小星	副总经理	男	44	2000年10月至2001年12月

说明：①以上董事、监事、高级管理人员均未持有本公司股票。

②以上董事、监事、高级管理人员中，在本公司领取报酬的有11人，年度报酬总额为32.023万元，其中2-2.5万元，1人；2.5-3万元，7人；3-4万元，3人。不在公司领取报酬的董事为庞辉、孙锐，监事为罗会恒、宋六奇。

③在报告期内，公司董事、总经济师朱振良因退休离职，董事富雯里因工作调离辞去公司职务，其余董事、监事、高级管理人员未发生变更。

④在报告期内，董事会增聘杨小星为公司副总经理。

2、公司职工情况

①职工人数

截止2000年12月31日，本公司在册员工总计683人。

②专业构成

专业类别	人数	占员工比例(%)
管理人员	70	10.25
生产、销售、技术人员	511	74.82
财务人员	16	2.3
其他人员	86	12.59
合　计	683	100.00

③教育程度

学历类别	人数	占员工比例(%)
大学以上	76	11.13
大专	84	12.30
高中、中专	269	39.38
初中及初中以下	254	37.19
合　计	683	100.00

④离退休职工情况

公司目前有退休职工62人，退休人员的医疗、养老等社会保险福利由公司按国家有关规定统一办理。

(八)本次利润分配和公积金转增股本预案

公司2000年度实现净利润15,668,252.94元，提取10%法定盈余公积金1,566,825.29元，提取5%法定公益金783,412.65元，当年实现可供股东分配利润13,318,015.00元，加上年初未分配利润8,531,262.02元，本年末实际可供股东分配利润21,849,277.02元。

根据发行前1999年5月7日临时股东大会决议及招股书承诺，公司自成立之日至本年股票公开发行股权登记日的滚存利润由新老股东共享。

公司董事会通过2000年度利润分配预案，向全体股东每10股派发现金红利2元(含税)，共计分配股利16,600,000元，余额5,249,277.02元，结转2001年度分配，本年度不进行派送红股，也不进行资本公积金转增股本。此分配预案须提交股东大会审议通过。

(九)2001年利润分配政策

公司2001年度的利润分配政策如下：

1、公司在2001年度结束后进行一次利润分配；

2、公司2001年度实现净利润用于股利分配的比例不少于50%；

3、公司2000年末未分配利润用于2001年度股利分配的比例不少于40%；

4、公司2001年度利润分配现金股利不少于50%；

5、公司2001年分配政策为预计方案，董事会保留根据公司实际情况对该分配预案进行适当调整的权利。

(十)报告期内未变更指定信息披露报纸，仍为《中国证券报》与《上海证券报》。

六、监事会报告

1、报告期内，公司监事会成员积极开展工作，认真履行职责。2000年度监事会成员列席了公司全部股东大会和董事会会议，并召开了一次监事会会议。

2、2000年3月5日下午，公司监事会召开会议，对公司1999年度财务决算、生产经营状况、新股发行申请等工作给予了充分的肯定，对公司董事会及经理班子的工作表示肯定，认为董事会1999年度的工作报告是符合实际的。

3、监事会认为：

(1)报告期内没有发现公司存在任何违法经营问题,公司决策程序合法,内部控制制度比较稳健,特别是公司在报告期内实施了采购申价、存货及预算控制责任制度,对于降本增效起到了明显效果。

(2)公司董事、经理执行公司职务时无违反法律、法规、公司章程或损害公司利益的行为,也未受到行政主管部门及证券监管部门的处罚。

(3)公司年度财务报表经江苏公证会计师事务所有限公司审计(即原公司聘请的苏州天辰会计师事务所有限公司),并出具了无保留意见和无解释说明的审计报告,财务报告真实反映了公司的财务状况和经营成果。

(4)公司2000年10月16日成功发行人民币A股3000万股,扣除发行费用,实际募集资金13,550万元,资金投向与招股说明书一致,未发生变更。发行新股专项费用850万元经天辰会计师事务所审核通过,并出具了审核报告。

(5)公司发生的少量关联交易未损害公司及中小股东的合法权益,交易行为均按公平合理的市场定价原则进行。

(6)公司经过全年努力,主营业务收入比上年增长36.5%,实现利润总额1566.83万元,比上年增长24.6%,与2000年盈利预测基本无差异。

七、重要事项

1、本年度无重大诉讼、仲裁事项。

1999年中国国际经济贸易促进委员会对外经济贸易仲裁委员会所作出的(99)贸仲裁字第0193号裁决书,关于捷克进口机床质量问题裁决捷克公司支付本公司115964美元和人民币448223.20元的事项,本公司已于2000年通过代理商中国机床总公司向捷克管辖法院申请执行,捷克管辖法院已经受理。

2、报告期内公司、公司董事及高级管理人员无受监管部门处罚情况。

3、报告期内公司控股股东无变更,仍为苏州林业机械厂,报告期内公司董事会未发生换届、改选及半数以上成员变动情况;报告期内总经理、董事会秘书无变更。

4、报告期内公司无重大收购、吸收、合并事项。

根据与日本国小松制作所株式会社签订协议,将本公司持有的中外合资小松常林铸造有限公司14%的股权按原投资额294万美元转让给对方,转让款项已于2000年12月末到帐。该转让事项经2000年12月25日召开的临时股东大会表决通过。

5、关联事项

本公司报告期内发生的关联事项有：

(1)公司与苏州林业机械厂(控股股东)发生的关联交易

依据公司与苏州林业机械厂签订《土地使用租赁合同》,(自1999年1月1日至2002年1月1日)和《综合服务协议》(2000年1月1日至2000年12月31日),两项协议与上年的内容相同。本公司已于2000年10月在公开披露的招股书中予以说明。

公司本年度向苏州林业机械厂销售人造板机械1834188.03元,按照公司统一出厂价销售,占同类交易金额的1.36%,结算方式现金,该项关联交易对公司利润的影响程度极小,属临时性交易。

为解决本公司股东苏州林业机械厂及其下属公司欠本公司款项,规范本公司运作,公司在新股发行前2000年7月与苏州林业机械厂及其下属公司苏州市福马物资公司、苏州福马设备成套有限公司签订协议,由苏州林业机械厂受让原由其发起设立时转入本公司的短期借款和长期借款26000000元并承担该借款2000年1-6月已付利息760950元,同时受让本公司对苏州市福马物资公司新区经营部债权4262400元和对苏州福马设备成套有限公司债权3000000元,上述本公司的银行债务转移已得到银行债权人的确认。

(2)公司与苏州林业机电厂(同一母公司)的关联交易

公司本年度累计向苏州林业机电厂采购原材料6828868.74元(主要为专用配套件),按照市场价格进行采购,占同类交易总额的6.2%,该项关联交易对公司利润的影响程度极小,该项关联交易主要是公司根据产品经营需要进行专用配套件的订购和选购。

(3)公司与苏州福马设备成套有限公司(同一母公司)的关联交易

公司本年度累计向苏州福马设备成套有限公司采购原材料5401709.40元(主要是配套单机和该公司适销的库存产品)销售产品4623405.47元(主要是该公司组织成套选用本公司产品)以上交易按照市场价格进行采购和销售分别占同类交易金额的4.9%、2.9%,该项关联交易对公司利润的影响程度极小,该项关联交易无必然性和持续性的内在关系。

(4)担保:中国福马林业机械集团有限公司(拥有苏州林业机械厂100%股权)为本公司取得农业银行苏州分行25000000元借款提供担保。

以上关联交易,公司均按市场公平原则定价执行,不存在任何损害公司和中小股东合法权益的情况。

6、公司与股东在资产、人员、财务上"三分开"情况：

(1)在人员方面,公司在劳动、人事及工资管理等方面完全独立;总经理、副总经理等高级管理人员均在上市公司领取薪酬,在股东单位均无任何职务。

(2)在资产方面,公司拥有独立的生产系统、辅助生产系统和配套设施;工业产权、商标、非专利技术等无形资产均由公司拥有;公司的采购和销售系统由公司独立拥有。

(3)在财务方面,公司设立独立的财会部门,并建立了独立的会计核算体系和财务管理制度;独立在银行开户。

7、报告期内无其他公司托管、承包、租赁本公司资产的事项,也无本公司托管、承包租赁其他公司资产的事项。

8、报告期内公司聘任的审计机构无变更,仍为苏州天辰会计师事务所有限公司(现根据江苏省财政厅苏财协[2000]65号文,合并新设为江苏公证会计师事务所有限公司);

9、报告期内公司无重大合同(含担保)事项。

10、报告期内公司未更改名称和股票简称。

11、报告期内公司及5%以上股东苏州林业机械厂未在指定报纸和网站上披露承诺事项。

12、根据财政部、国家税务总局[94]财税字第001号文件规定,经苏州市国家税务局苏国税所函(2000)058文件批准,按照新办的高新技术企业优惠政策免征2000年度企业所得税。

八、财务会计报告

(一)审计报告

公司本年度财务报告已经江苏公证会计师事务所有限公司注册会计师刘勇、李刚审计,并出具了无保留意见审计报告。《苏公S[2001]A051号》。

(二)会计报表(附后)

1、资产负债表;

2、利润及利润分配表;

3、现金流量表。

(三)会计报表附注九、公司的其他有关资料

1、公司首次注册登记日期:1998年12月31日,最近一次变更日期:2001年1月5日,注册地:江苏省苏州市新区何山花园8幢103室。

2、企业法人营业执照注册号:1000001003105

3、税务登记号码:地税苏字320591713248305,国税苏字320508713248305。

4、公司未流通股票的托管机构名称:上海证券中央登记结算公司。

5、公司报告期证券主承销商机构名称:南方证券有限公司。

6、公司聘请的会计师事务所名称:江苏公证会计师事务有限公司;苏州分部办公地址:江苏省苏州市临顿路210号。

九、备查文件目录

1、载有企业负责人、财务负责人、会计主管人员签名并盖章的会计报表;

2、载有会计师事务所盖章、注册会计师签名并盖章的审计报告原件;

3、报告期内《中国证券报》、《上海证券报》上披露的年度报告、及临时报告的正本及公告的原稿。

苏福马股份有限公司董事会

二00一年三月九日

审 计 报 告

苏公S[2001]A051号

苏福马股份有限公司全体股东：

我们接受委托,审计了贵公司2000年12月31日资产负债表、2000年度利润及利润分配表和2000年度现金流量表。这些会计报表由贵公司负责,我们的责任是对这些会计报表发表审计意见。我们的审计是依据《中国注册会计师独立审计准则》进行的。在审计过程中,我们结合贵公司的实际情况,实施了包括抽查会计记录等我们认为必要的审计程序。

我们认为,上述会计报表符合《企业会计准则》和《股份有限公司会计制度》的有关规定,在所有重大方面公允地反映了贵公司2000年12月31日财务状况及2000年度经营度成果和2000年度现金流量情况,会计处理方法的选用遵循了一贯性原则。

江苏公证会计师事务所有限公司　　　　中国注册会计师

刘勇　　李刚

中　国　　苏　州　　　　二〇〇一年二月二十八日

苏福马股份有限公司

会计报表附注

(2000年度)

一、公司简介苏福马股份有限公司(以下简称"本公司"或"公司")系经"国家经贸委国经贸企改[1998]825号"文件批准,由主发起人苏州林业机械厂在改制的基础上联合吴江电子仪器厂、吴县市黄桥林机配套厂、吴县市冷作二厂、吴县市环境保护设备厂、中国林业机械广州公司共同发起设立的股份有限公司。本公司于1998年12月31日在国家工商行政管理局注册登记(注册号1000001003105)。公司原注册资本5300万元,2000年10月9日经中国证券会证监发行字[2000]136号文件批准,向社会公开发行人民币普通股3000万股,变更后股本总额为8300万股,注册资本变更为8300万元。

本公司经营范围:林业机械、木工机械、人造板机械、柴油发动机及其他机械设备的制造、销售;主机配套电控及配件生产、销售、安装服务;各种车辆(不含小轿车)的销售。

公司主要会计政策、会计估计　　1.会计制度

公司执行《股份有限公司会计制度》及其补充规定。

2.会计年度

以公历1月1日至12月31日为一个会计年度。

3.记帐本位币

记帐本位币为人民币。

4.记帐基础和计价原则

以权责发生制为记帐基础,以历史成本为计价原则。

5.外币业务核算方法

外币业务以业务发生当日中国人民银行公布的外汇市场汇价(中间价)折合本位币入帐,期末外币计价的帐户余额按期末外汇市场汇价(中间价)进行调整,与原帐面差额除用于购建固定资产在购建期内予以资本化外,均作为汇兑损益计入当期财务费用。

6.现金等价物的确定标准

持有期限短(一般指从购买日起三个月内到期)、流动性强、易于转换为已知金额现金、价值变动风险很小的投资确定为现金等价物。

7.短期投资核算方法

(1)短期投资计价方法:按取得短期投资时支付的全部价款,包括税金、手续费等相关费用入帐,但不包括已宣告而尚未领取的现金股利和已到期但尚未领取的利息。

(2)短期投资收益确认方法:待投资转让或到期兑付时确认投资收益并计入当期损益。

(3)短期投资跌价准备的确认标准及计提方法：

a、短期投资跌价准备的确认标准:公司期末根据短期投资的市价低于成本的差额确认短期投资跌价准备。

b、短期投资跌价准备的计提方法:按投资类别的成本与市价孰低法计提。

8.坏帐核算方法

(1)坏帐确认标准:债务人破产或死亡,以其破产财产或遗产清偿后仍不能收回的,或因债务人逾期未履行其偿债义务三年以上,且具有明显特征表明无法收回的款项确认为坏帐损失。

(2)坏帐损失核算方法:采用备抵法核算。对期末应收款(包括应收帐款和其他应收款)按帐龄分析法计提坏帐准备,期末与期初坏帐准备的差额计入当期损益。坏帐准备计提比例如下：

一年以内	5%
一至二年	10%
二至三年	20%
三年以上	40%

9.存货核算方法

(1)存货分类:本公司存货包括在生产经营过程中为销售或耗用而储备的原材料、燃料、包装物、低值易耗品、在产品、产成品等;

(2)存货计价:材料日常核算按计划成本入库,按月加权平均结转实际成本与计划成本的差异。产成品发出采用加权平均法,低值易耗品领用后采用一次摊销法;

(3)存货跌价准备:存货跌价准备按单个存货项目的成本高于其可变现净值的差额提取,期末存货跌价准备与期初存货跌价准备的差额计入当期损益。

10.长期投资核算方法

(1)长期股权投资:按投资时实际支付的价款或确定的价值记帐。对其他单位的投资占该单位有表决权资本总额20%或20%以上,或虽投资不足20%但有重大影响的采用权益法核算。股权投资差额在合同规定的投资期限内平均摊销,无投资期限的按十年平均摊销。

(2)长期债权投资:以实际支付的价款扣除支付的税金、手续费等各项附加费用以及自发行日至债券购入日的应计利息后的余额记帐。债券持有期应计利息计入当期投资收益。溢价或折价在债券存续期间按直线法予以摊销。

(3)长期投资减值准备:本公司对被投资企业由于市价持续下跌或经营情况恶化等原因,导致其可收回金额低于长期投资的帐面价值,并且这种降低在可预计的未来期间不可能恢复时,按可收回金额低于长期投资帐面的差额提取长期投资减值准备,计入当期损益。

11.固定资产计价和折旧方法

(1)固定资产标准:按使用期限一年以上的房屋建筑物、机器设备、运输工具以及与其他生产经营有关的设备、器具、工具等确定。不属于生产经营的主要设备等,单位价值在2000元以上,使用期限超过两年的也确定为固定资产。

(2)固定资产计价:固定资产按实际成本计价。

(3)固定资产折旧:采用直线法分类计算。

各类固定资产净残值率、使用期限、年折旧率如下：

类别	净残值率(%)	使用期限(年)	年折旧率(%)
房屋建筑物	4	20-35	4.80-2.74
机器设备	4	9-16	10.67-6.00
运输设备	4	9	10.67

12.在建工程核算方法

(1）在建工程按实际成本计价，在办理竣工决算交付使用手续后转入固定资产。

(2）为购建固定资产而发生的长期借款利息和外币借款折算差额在工程竣工决算交付使用前计入在建工程，竣工决算交付使用后计入财务费用。

13.无形资产计价和摊销方法

(1）无形资产计价：按取得时的实际成本计价。

(2）摊销方法：在受益期限内平均摊销。不能确定受益期限的按十年平均摊销。

14.长期待摊费用摊销方法

按受益期摊销，不能确定受益期的按十年摊销。

15.收入确认原则

(1）商品销售：在商品所有权上的重要风险和报酬转移给买方，公司不再对该商品实施继续管理权和实际控制权，相关的收入已经收到或取得了收款的证据，并且与销售该商品有关的成本能够可靠的计量，确认营业收入的实现。

(2)提供劳务（不包括长期合同）：年度内完成的按完成日确认劳务收入，跨年度完成的按完工百分比确认相关的劳务收入。

(3)他人使用公司资产而发生的收入：他人使用公司资产发生的利息收入，按使用现金的时间和适用利率计算确定。发生的使用费收入按有关合同或协议确定的收费时间和方法计算确定。上述收入的确定并应同时满足：①与交易相关的经济利益能够流入公司；②收入的金额能够可靠地计量。

16.所得税的会计处理方法

采用应付税款法。

17.利润分配

按本公司章程规定：

(1)弥补以前年度亏损；

(2)提取法定公积金 10%；

(3)提取法定公益金 5%；

(4)提取任意公积金；

(5)分配股东股利。

三、税项　1.增值税：税率为 17%；

2.营业税：税率为 5%；

3.城市维护建设税：按应交流转税额的 7%计算缴纳；

4.教育费附加：按应交流转税额的 4%计算缴纳；

5.所得税：本公司经江苏省科委认定为高新技术企业，根据财政部、国家税务总局[94]财税字第 001 号文件规定，经苏州市国家税务局苏国税所函（2000）058 号文件批准按照新办的高新技术企业优惠政策免征 2000 年度企业所得税。

公司名称	注册地	注册资本
国林竹藤科技有限责任公司	北京市	888 万元

公司名称	主营业务	投资金额
国林竹藤科技有限责任公司	竹藤产品、林产品、合成材料及制品、竹藤加工机械生产、销售	100 万元

公司名称	持股比例
国林竹藤科技有限责任公司	11.26%

五、会计报表主要项目注释（单位：人民币元）1.货币资金

项　目	1999.12.31	2000.12.31
现金	5230.74	464.24
银行存款	13213322.75	149618700.70
合　计	13218553.49	149619164.94

货币资金期末数比期初数增加 136400611.45 元，增长 1031.89%，主要为本公司本年发行 3000 万股社会公众股。

本公司银行存款中包括 2000 万元定期存款（2000.12.25–2001.3.25），该存款已作为公司取得农业银行苏州分行 2000 万元借款的质押物。

2. 短期投资

	1999.12.31		2000.12.31	
项　目	金　额	跌价准备	金　额	跌价准备
债券投资（国债）	—	—	24999198.72	99605.13

3.应收票据

2000 年 12 月 31 日明细如下：

出票单位	出票日	到期日	金　额	备　注
厦门华联电子有限公司	2000.9.14	2001.3.13	200000.00	银行承兑汇票
哈尔滨航天风华科技股份公司	2000.9.22	2001.3.22	150000.00	银行承兑汇票
南阳市华侨友谊有限公司	2000.10.11	2001.4.11	100000.00	银行承兑汇票
郯城县鲁南供销公司	2000.10.13	2001.4.13	100000.00	银行承兑汇票
常熟市林业机械厂	2000.11.24	2001.5.24	580000.00	银行承兑汇票
东风汽车股份有限公司	2000.7.11	2001.1.11	700000.00	银行承兑汇票
四川东华机械厂	2000.8.3	2001.2.2	836000.00	银行承兑汇票
蓬莱环球木业有限公司	2000.11.13	2001.5.13	534000.00	银行承兑汇票
滁州春州办公设备有限公司	2000.9.22	2001.3.20	437500.00	银行承兑汇票
合　计			3637500.00	

应收票据期末比期初增长 504.73%，主要原因为销售增加所致。

4.应收帐款

(1)帐龄及坏帐准备

	1999.12.31			2000.12.31		
帐　龄	金额	比例%	坏帐准备	金额	比例%	坏帐准备
1 年以内	50842829.96	77.73	2542141.49	36198636.17	61.20	1809931.81
1–2 年	8566583.58	13.10	856658.36	11915525.73	20.15	1191552.57
2–3 年	3894916.41	5.95	778983.28	5551205.77	9.38	1110241.15
3 年以上	2105108.74	3.22	842043.50	5486880.87	9.27	2194752.35
合　计	65409438.69	100	5019826.63	59152248.54	100.0	6306477.88

(2)应收帐款期末无持有公司 5%以上股份的股东欠款。

(3) 2000 年 12 月 31 日应收帐款前五名如下：

单位名称	金　额	帐　龄	欠款原因
福建省龙江工业有限公司	3118842.62	1–2 年	销货款
宁波汽车制造厂	2188015.00	1–2 年	销货款
苏州福马设备成套有限公司	2908071.40	1 年以内	销货款
上海福亚装饰材料有限公司	1930000.00	1 年以内	销货款
林机公司广州公司	1347826.88	1 年以内	销货款

5.其他应收款

(1)帐龄及坏帐准备

	期初数			期末数		
帐　龄	金额	比例%	坏帐准备	金额	比例%	坏帐准备
1 年以内	15646966.33	87.00	358267.84	17683402.87	90.71	347920.14
1–2 年	549768.15	3.06	54976.82	1111921.09	5.70	111192.11
2–3 年	599112.76	3.33	119822.55	1032.50	0.01	206.50
3 年以上	1189921.09	6.61	475968.44	698112.76	3.58	279245.10
合　计	17985768.33	100	1009035.65	19494469.22	100.00	738563.85

(2)其他应收款期末持有本公司 5%以上股份的股东欠款：

苏州林业机械厂　5626425.62

(3)2000 年 12 月 31 日其他应收款前五名如下：

单位名称	金　额	帐　龄	欠款原因
光大银行苏州分行	10725000.00	1 年以内	暂付款
苏州林业机械厂	5626425.62	1 年以内	垫付款
贵州世达发动机公司	1072421.09	3 年以上	预付款
苏州房改办基金中心	578112.76	3 年以上	未清算
北林饭店	286087.14	1 年以内	垫付款

6.预付帐款

(1)2000 年 12 月 31 日预付帐款 3953649.08 元，主要预付帐款如下：

单位名称	金　额	帐　龄	欠款原因
华盛自控机械工程公司	266880.00	1 年以内	预付材料款
临汾天马煤机公司	225211.25	1 年以内	预付材料款
林业局机关服务局	250000.00	1–2 年	预付材料款
哈尔滨林机所	240000.00	1–2 年	预付材料款
江苏舜天国际集团机械进出口公司	225516.25	1 年以内	预付材料款

(2)预付帐款期末无持有公司 5%以上股份股东的款项。

7.存货

	1999.12.31		2000.12.31	
项　目	金　额	跌价准备	金　额	跌价准备
原材料	13123128.44	1174910.02	13916233.32	732097.27
在产品	16513160.25	140882.39	14816421.85	100250.64
产成品	13435242.96	3480069.27	21033227.92	3727548.83
外购商品	1460039.98	123675.21	1970154.43	170374.06
合　计	44531571.63	4919536.89	51736037.52	4730270.80

8.待摊费用

类　别	1999.12.31	本期增加	本期转出	2000.12.31
1994 年期初存货已扣待摊税金	1546086.22	—	1546086.22	–

上述待摊销费用是本公司主发起人苏州林业机械厂根据资产评估确认结果转入，该待摊税金应由苏州林业机械厂承担，故仍划转苏州林业机械厂。

9.长期股权投资

被投资单位名称	1999.12.31	本期增加	本期减少
小松常林铸造有限公司	24444131.24	–	24444131.24
国林竹藤科技有限责任公司	–	1000000.00	–
合　计	24444131.24	1000000.00	24444131.24

被投资单位名称	2000.12.31	股权比例
小松常林铸造有限公司	–	
国林竹藤科技有限责任公司	1000000.00	11.26%
合　计	1000000.00	

根据本公司与日本国株式会社小松制作所签定的股权转让协议，本公司已将持有的小松常林铸造有限公司 14%股权按原投资额转让给日本国株式会社小松制作所。

10.固定资产及折旧

类　别	1999.12.31	本期增加	本期减少	2000.12.31
原值：				
房屋建筑物	33986202.37	61651.53	—	34047853.90
机器设备	72763740.13	5383464.34	143160.00	78004044.47
运输设备	1591152.00	860106.00	174000.00	2277258.00
合　计	108341094.50	6305221.87	317160.00	114329156.37
累计折旧：				
房屋建筑物	13875420.24	753478.99	—	14628899.23
机器设备	26930030.41	6136287.88	104390.61	32961927.68
运输设备	766353.87	153876.51	87885.88	832344.50
合　计	41571804.52	7043643.38	192276.49	48423171.41
净　值：	66769289.98			65905984.96

本年固定资产原值增加数中由在建工程转入数为 5137296.24 元。

固定资产抵押借款：

全部房产 45541.17M2 抵押给中国工商银行苏州分行，取得 37000000 元借款。

11.在建工程

项目名称	1 999.12.31	本期增加	本期减少	2000.12.31
预付土地出让金	7834610.00	–	7834610.00	–
数显龙门铣床	4590644.71	–	4590644.71	–
数控万能磨床	1704022.00	–	–	1704022.00
电脑设备	–	210694.00	210694.00	–
卫生所改造	–	61651.53	61651.53	–
烘　箱	–	3000.00	3000.00	–
面包车	–	271306.00	271306.00	–
合　计	14129276.71	546651.53	12971906.24	1704022.00

项目名称	资金来源	进　度
预付土地出让金	贷款	100%
数显龙门铣床	贷款	
数控万能磨床	贷款	95%
电脑设备	自筹	
卫生所改造	自筹	
烘　箱	自筹	
面包车		
合　计		

根据苏州新区规划需要，苏州新区高新技术产业股份有限公司于 2000 年 5 月与本公司签订合同，将本公司原拟购买的土地 100 亩置换为苏州新区何山路以北、金枫运河以西 34.2 亩土地，并退还原预付款差价 2696032 元。

在建工程期末比期初减少 87.94%，主要原因是工程完工转入固定资产及无形资产所致。

内蒙古西卓子山草原水泥股份有限公司

一、公司简介

1、公司指定中文名称:内蒙古西卓子山草原水泥股份有限公司
2、公司法定代表人:蒋本华
3、公司董事会秘书:白雪峰　　授权代表:谢圣正
联系地址:内蒙古乌海市　　电话:0473—4663855
传真:0473—4663855　　电子信箱:xzzssnc@email.nm.cninfo.net
4、公司注册地址:内蒙古乌海市公司
办公地址:内蒙古乌海市海南区　邮政编码:016032
5、公司选定的信息披露报纸名称:中国证券报、上海证券报
登载公司年度报告的中国证监会指定国际互联网网址:http://www.sse.com.cn
公司年度报告备置地点:公司证券部
6、公司股票上市地:上海证券交易所
股票简称:西水股份　股票代码:600291

二、会计数据和业务数据摘要

(一)本年度实现利润总额及构成情况(单位:人民币元)

项目	金额
利润总额	44,818,637.60
净利润	32,543,640.28
扣除非经营性损益后的净利润	28,460,025.03
主营业务利润	86,772,342.33
营业利润	40,735,022.35
投资收益	-250,146.36
补贴收入	0.00
营业外收支净额	4,333,761.61
经营活动产生的现金流量净额	-32,532,622.13
现金及现金等价物净增加额	156,368,500.30
扣除的非经常性损益项目和涉及金额	4,083,615.25

注:扣除的非经常性损益是指营业外收支净额4333761.61元及资产处置收益-250146.36元。

利润表附表

报告期利润率	净资产收益率(%)		每股收益(人民币/股)	
	全面摊薄	加权平均	全面摊薄	加权平均
主营业务利润	16.04	26.54	0.54	0.69
营业利润	7.53	12.46	0.25	0.33
净利润	6.01	9.95	0.20	0.26
扣除非经常性损益后的净利润	5.26	8.71	0.18	0.23

(二)近三年主要会计数据的财务指标(单位:人民币元)

项目	2000年	1999年	1998年
主营业务收入	176,039,765.65	145,981,375.23	142,904,532.85
净利润	32,543,640.28	20,891,175.31	13,585,737.30
总资产	815,269,517.92	422,728,166.68	359,932,748.59
股东权益	541,081,200.27	157,887,559.99	136,996,384.68
每股收益	0.20元/股	0.21元/股	0.14元/股
每股收益(加权)	0.26元/股	0.21元/股	0.14元/股
扣除非经营性益后的	0.18元/股	0.18元/股	0.11元/股
每股收益每股净资产	3.38元/股	1.58元/股	1.37元/股
调整后的每股净资产	3.28元/股	1.45元/股	1.19元/股
每股经营活动产生的现金流量	-0.20元/股	-0.05元/股	-0.16元/股
净额净资产收益率(%)	6.01	13.23	9.91
净资产收益率(加权%)	9.95	14.17	13.54

(三)报告期内股东权益变动情况(单位:元)

项目	股本	资本公积	盈余公积	其中:法定公益金	未分配利润	股东权益合计
期初数	100000000.00	50933970.78	1390717.84	695358.92	5562871.37	157887559.99
本期增加	60000000.00	306650000.00	7602477.50	3801238.75	24941162.78	32543640.28
本期减少	0.00	0.00	0.00	0.00	16000000.00	16000000.00
期末数	160000000.00	357583970.78	8993195.34	4496597.67	14504034.15	541081200.27

变动原因:

1、年度内股本增加系发行社会公众股所致;

2、年度内资本公积增加系发行社会公众股所致;

3、年度内盈余公积、公益金增加是本年度从净利润中计提所致;

4、年度内未分配利润增加是本年度实现净利润所致,年度内未分配利润减少是本年度利润分配预案拟以2000年末总股本为基数,每10股分派现金红利1元(含税)所致。

三、股东情况介绍

1、股票发行情况

根据中国证监会证监发行字[2000]97号文的批准,公司于2000年7月18日在上海证券交易所向全体投资者发行人民币普通股A股股票6000万股,并于7月31日在上证所挂牌交易。

2、股东情况介绍截止2000年12月31日,公司股东总数为46367户

3、公司前十名股东情况

名次	股东名称	持股数(万股)	持股比例(%)
1	乌海市国有资产管理局	5326	33.29
2	内蒙古乌海西卓子山第三产业开发公司	2253	14.08
3	内蒙古乌海西卓子山建筑安装公司	1447	9.04
4	北京新天地互动多媒体技术有限公司	941	5.88
5	张伟	40.54	0.25
6	乌海市工业设计研究所	33	0.21
7	日信集团	21.923	0.14
8	黄薇	19.8	0.12
9	陆丽珠	18.902	0.118
10	李金兰	15.3	0.096

注:1、公司前四名股东及第六名股东所持股份为未上市流通的国家股和社会法人股,占股份总数的62.5%,其持有的本公司股票无质押、冻结或转让情况;

2、本公司前十名股东之间不存在关联关系;

重庆九龙电力股份有限公司

(一)公司简介

1、公司中文名称:重庆九龙电力股份有限公司　缩写:九龙电力
公司英文名称:CHONGQING JIULONG ELECTRIC POWER CO.,LTD　缩写:JLEP
2、法定代表人:叶明
3、公司董事会秘书:张奇　联系地址:重庆市九龙坡区渝州路37号
电话:(023)68637303　传真:(023)68635244
4、公司注册地址:重庆市高新技术产业开发区九龙园区盘龙村113号　邮政编码:400051
公司办公地址:重庆市九龙坡区渝州路37号　邮政编码:400041
公司网址:http://www.jiulon.com　电子信箱:cqjl@jiulon.com
5、公司选定的信息披露报纸为:《中国证券报》、《证券时报》、《上海证券报》,
登载公司年度报告的中国证监会指定的国际互联网网址为:http://www.sse.com.cn,
公司年度报告备置地点:重庆市九龙坡区渝州路37号。
6、公司股票上市交易所:上海证券交易所　股票简称:九龙电力　股票代码:600292

(二) 会计数据和业务数据摘要

1、本年度主要会计数据

利润总额:	86,121,082.23元
净利润:	73,202,919.90元
扣除非经常性损益后的净利润:	71,848,505.99元
主营业务利润:	109,481,567.02元
其他业务利润:	0.00元
营业利润:	86,350,729.46元
投资收益:	-1,584,061.14元
补贴收入:	0.00元
营业外收支净额:	1,354,413.91元
经营活动产生的现金流量净额:	43,406,297.03元
现金及现金等价物净增加额:	282,914,732.88元

注:扣除的非经常性损益项目和涉及金额:

(1)营业外收入:	2,037,822.22元
(2)营业外支出:	683,408.31元

2、截止报告期末公司前三年主要会计数据和财务指标　单位:人民币元

项目	2000年度	1999年度	1998年度
主营业务收入	277,518,124.82	302,925,335.65	294,741,640.71
净利润	73,202,919.90	69,213,251.86	58,240,864.90
总资产	1,039,404,023.02	607,097,428.19	718,395,657.40
股东权益	756,367,855.07	194,922,900.39	128,927,148.53
每股收益(元/股)	0.438	0.645	0.543
——加权平均(元/股)	0.624	0.645	0.543
扣除非经常性损益后每股收益	0.430	0.643	0.543
每股净资产(元/股)	4.52	1.82	1.20
调整后的每股净资产(元/股)	4.52	1.81	1.18
每股经营活动产生的现金流量净额(元/股)	0.26	1.82	1.12
净资产收益率(%)	9.68	35.51	45.17
——加权(%)	22.99	42.32	56.53

注:主要财务指标计算公式

a. 每股收益=净利润/年度末普通股股份总数

b. 每股净资产=年度末股东权益/年度末普通股股份总数

c. 净资产收益率=净利润/年度末股东权益×100%

d. 调整后的每股净资产=[年度末股东权益-三年以上的应收款项净额-待摊费用-待处理(流动、固定)资产净损失-开办费-长期待摊费用-住房周转金负数金额]/年度末普通股股份总数

e. 每股经营活动产生的现金流量净额=经营活动产生的现金流量净额/年度末普通股股份总数

f. 加权平均每股收益=报告期利润/(期初股份总数+报告期因公积金转增股本或股票股利分配等增加股份数+报告期因发行新股或债转股等增加股份数×增加股份下一月份起至报告期末的月份数÷报告期月份数-报告期因回购或缩股等减少股份数×减少股份下一月份起至报告期末的月份数÷报告期月份数)

g. 加权平均净资产收益率=报告期利润/(期初净资产+报告期净利润÷2+报告期因发行新股或债转股等新增净资产×新增净资产下一月份起至报告期末的月份数÷报告期月份数-报告期因回购或现金分红等减少净资产×减少净资产下一月份起至报告期末的月份数÷报告期月份数)

3、按照中国证监会《公开发行证券公司信息披露编报规则第9号》要求计算的利润数据:

报告期利润	净资产收益率(%)		每股收益(元)	
	全面摊薄	加权平均	全面摊薄	加权平均
主营业务利润	14.47	34.38	0.655	0.934
营业利润	11.42	27.11	0.516	0.736
净利润	9.68	22.99	0.438	0.624
扣除非经常性损益后的净利润	9.50	22.56	0.430	0.613

注:每股收益和净资产收益率按照《公开发行证券公司信息披露编报规则第9号》方法计算。

(三)股东情况介绍

1、报告期末股东总数

截止2000年12月29日公司股东总数为45388户。

2、公司前10名股东持股情况

截止2000年12月31日公司前10名股东持股情况

股东名称或姓名	年末持股数(股)	持股比例(%)
1、重庆市电力公司	44291000	26.48
2、重庆市建设投资公司	30000000	17.94
3、重庆拓源实业有限公司	18081000	10.81
4、松藻矿务局	3000000	1.79
5、重庆煤炭工业公司	2000000	1.20
6、南桐矿务局	2000000	1.20
7、天府矿务局	2000000	1.20
8、重庆铁路投资开发有限责任公司	2000000	1.20
9、重庆珞电实业有限责任公司	2000000	1.20
10、天元基金	1181030	0.71

湖北三峡新型建材股份有限公司

湖北三峡新型建材股份有限公司2000年年度报告摘要

本公司董事会保证本报告所载资料不存在任何虚假记载、误导性陈述或者重大遗漏，并对其内容的真实性、准确性和完整性负个别及连带责任。中勤万信会计师事务所(原湖北万信会计师事务所)为本公司出具了无保留意见的审计报告。

一、公司简介

(一)公司法定中文名称：湖北三峡新型建材股份有限公司
英文名称：Hubei Sanxia New Building Material Co.Ltd
(二)公司法定代表人：吕宗林
(三)公司董事会秘书：张光春　授权代表：张金奎
联系地址：湖北省当阳市经济技术开发区
联系电话：0717-3280108　传真：0717-8934018　电子信箱：SXZGC@163.net
(四)公司注册地址：湖北省当阳市经济技术开发区
公司办公地址：湖北省当阳市经济技术开发区
电子信箱：DYSXXZ@163.net　邮政编码：444105
(五)公司选定的信息披露报纸：《上海证券报》、《中国证券报》
证监会指定的公司登载年度报告的国际互联网网址：http://www.sse.com.cn
(六)公司股票上市交易所：上海证券交易所　股票简称：三峡新材　股票代码：600293

二、会计数据和业务数据摘要

(一)二000年度主要利润指标情况：(单位：人民币元)

项目	金额
1、利润总额：	71,636,490.68
2、净利润：	43,766,618.11
3、扣除非经常性损益后的净利润：	40,189,770.06
4、主营业务利润：	125,658,303.16
5、其他业务利润：	-183,282.62
6、营业利润：	67,564,642.63
7、投资收益：	2,733,100.00
8、补贴收入：	2,569,679.75
9、营业外收支净额：	-1,230,931.70
10、经营活动产生的现金流量净额：	25,273,946.54
11、现金及现金等价物净增加额：	368,545,921.15

扣除的非经常性损益科目及金额为：补贴收入2,569,679.75元、营业外收支净额-1,230,931.70元，股权处置收益2,238,100.00元，合计金额3,576,847.95元。

(二)主要会计数据和财务指标

指标项目	2000年	1999年
1、主营业务收入(元)	402,314,204.77	327,098,837.94
2、净利润(元)	43,766,618.11	46,892,181.69
3、总资产(元)	1,297,126,039.82	695,892,724.29
4、股东权益(元)	722,658,213.32	249,161,001.48
5、每股收益(元/股)	0.2074	0.30
6、加权平均每股收益(元/股)	0.2578	0.30
7、扣除非经常性损益后的每股收益(元/股)	0.1905	0.30
8、每股净资产(元/股)	3.4249	1.60
9、调整后的每股净资产(元/股)	3.4080	1.60
10、每股经营活动产生的现金流量净额(元/股)	0.1198	0.25
11、净资产收益率(%)	6.06	18.82

扣除的非经常性损益科目为补贴收入、营业外收支净额、股权处置收益，涉及金额3,576,847.95元。

(三)按中国证监会《公开发行证券公司信息披露编报规则(第9号)》要求计算的利润数据

项目	数额(元)	净资产收益率(%)		每股收益(元/股)	
		全面摊薄	加权平均	全面摊薄	加权平均
1、主营业务利润	125,658,303.16	17.39	32.89	0.5955	0.7403
2、营业利润	67,564,642.63	9.35	17.68	0.3202	0.3980
3、净利润	43,766,618.11	6.06	11.45	0.2074	0.2578
4、扣除非经常性损益后的净利润	40,189,770.06	5.56	10.52	0.1905	0.2368

以上计算公式如下：
(1)全面摊薄净资产收益率=报告期利润÷期末净资产
(2)全面摊薄每股收益=报告期利润÷期末股份总数
(3)ROE=P÷(E0+NP÷2+Ei×Mi÷M0-Ej×Mj÷M0)
注：P为报告期利润；NP为报告期净利润；E0为期初净资产；Ei为报告期发行新股或债转股新增净资产；Ej为报告期回购或现金分红等减少的净资产；M0为报告期月份数；Mi为新增净资产下一月份起至报告期期末的月份数；Mj为减少净资产下一月份起至报告期期末的月份数。
(4)ESP=P÷(S0+S1+Si×Mi÷M0-Sj×Mj÷M0)
注：P为报告期利润；S0为期初股本总数；S1为报告期因公积金转增股本或股票股利分配等增加股份数；Si为报告期因发行新股或债转股等增加股份数；Sj为报告期因回购或缩股等减少股份数；M0为报告期月份数；Mi为增加股份下一月份起至报告期期末的月份数；Mj为减少股份下一月份起至报告期期末的月份数。

(四)报告期内股东权益变动情况及其原因说明(单位：人民币元)

项目	股本	资本公积	盈余公积	法定公益金
期初数	156,000,000	50,400,000.00	24,016,528.30	12,008,264.15
本期增加	55,000,000	385,280,593.73	4,358,680.09	2,179,340.04
本期减少				
期末数	211,000,000	435,680,593.73	28,375,208.39	14,187,604.19

项目	未分配利润	股东权益合计
期初数	6,736,209.03	249,161,001.48
本期增加	43,766,618.11	473,497,211.84
本期减少		
期末数	33,414,807.01	722,658,213.32

变动原因的说明：
1、股本变化的原因：股本总额比上年增加5,500万股，系本公司2000年8月份向社会公开发行股票所致。
2、资本公积变化的原因：资本公积比上年增加385,280,593.73元，系本公司公开发行股票的溢价所致。
3、盈余公积变化的原因：盈余公积比上年增加4,358,680.09元，系本公司根据公司章程提取盈余公积金所致。
4、法定公益金变化的原因：法定公益金比上年增加2,179,340.04元，系本公司根据公司章程提取法定公益金所致。
5、未分配利润变化的原因：未分配利润比上年增加43,766,618.11元，系本公司报告期利润增加所致。

三、股本变动及股东情况

(一)股份变动情况
1、股份变动情况表(数量单位：万股)

	本次变动前	本次变动增减(+,-)						本次变动后
		配股	送股	公积金转股	增发	其他	小计	
一、未上市流通股份								
1、发起人股份	9298.9							9298.9
其中：国家持有股份	9298.9							9298.9
境内法人持有股份	2375.1							2375.1
2、募集法人股份	3493.1							3493.1
3、内部职工股	2808							2808
未上市流通股份合计	12792							12792
二、已上市流通股份								
1、人民币普通股						5500	5500	5500
已上市流通股份合计						5500	5500	5500
三、股份总数	15600					5500	5500	21100

2、股票发行与上市情况
经中国证券监督管理委员会以证监发行字[2000]115号文核准，本公司于2000年8月28日通过上海证券交易所交易系统以上网定价方式公开发行人民币普通股(A股)5,500万股，本次发行的股票每股面值为人民币1元，发行价格8.30元/股。2000年9月19日，公司公开发行的5,500万A股股票在上海证券交易所公开上市交易。
3、内部职工股情况
1993年3月8日，经湖北省体改委鄂改[1993]190号文批准，公司以定向募集方式，按每股1.18元人民币发行内部职工股2160万股；1996年3月20日，经湖北省体改委鄂体改[1996]61号文件批准，公司按10:3的比例实施增资扩股，每股发行价为1.80元人民币，至此公司内部职工股增至2808万股。
(二)股东情况介绍
1、本公司报告期末股东总数为30255户。
2、前10名股东持股情况表(单位：万股)

股东名称	年末持股数	占总股本比例(%)	是否上市流通
当阳市国资局	6923.8	32.81	否
湖北应城石膏矿	2206.1	10.46	否
武汉市建材工业总公司	2028	9.61	否
湖北荆玻(集团)玻璃总厂	780	3.70	否
国家建材局蚌埠玻璃工业设计研究院	195	0.92	否
中国核工业总公司第二二建设公司	195	0.92	否
当阳电力联营公司	169	0.80	否
福建土木开发总公司	130	0.62	否
湖北双环化工集团有限公司	100	0.47	否
林燕青	79.4	0.31	是

注：(1)持有本公司5%股份的股东所持有的股份在本年度内无增减变化，无质压或冻结情况；
(2)前十名股东之间不存在关联关系；
(3)本公司第二大股东湖北应城石膏矿将所持公司2206.1万股发起人法人股中的2000万股转让给海南宗宜达实业投资有限公司，该事项已于2000年12月28日在《上海证券报》公告，股权过户手续于2001年元月11日完成。
3、持有本公司5%以上(含5%)法人股东情况
当阳市国资局持有本公司6923.8万股，占公司总股本的32.81%，为本公司控股股东，其所持股份授权宜昌当玻集团有限责任公司管理。宜昌当玻集团有限责任公司注册资本1.2531亿元人民币，法定代表人：吕宗林，该公司主营浮法玻璃及玻璃深加工产品的生产、销售；与建材行业相关的科研、设计、开发；设备制造、安装；经营本企业自产产品及技术的出口业务等。
湖北应城石膏矿持有本公司2206.1万股，占公司总股本的10.46%，为本公司的第二大股东，该公司注册资本7010.5万元人民币，法定代表人：曾凡斌，主营石膏采掘、石膏粉加工。
武汉市建材工业总公司持有本公司2028万股，占公司总股本的9.61%，为本公司第三大股东。
4、报告期内公司控股股东未发生变化。

四、股东大会简介

(一)本年度股东大会简介
本公司于2000年5月19日召开了1999年度股东大会，出席本次股东大会的股东代表共26人，代表股份数14040万股，占公司总股本的90%。会议以记名投票方式审议通过如下决议：
1、审议并通过了1999年度董事会工作报告；
2、审议并通过了1999年度监事会工作报告；
3、审议并通过了1999年度财务决算报告；
4、审议并通过了2000年度财务预算报告；
5、审议并通过了1999年度利润分配预案，同意1999年度每10股派发现金红利2元(含税)；
6、审议并通过了继续进行公开发行5500万人民币普通股并上市的工作议案；
7、审议并通过了1999年度滚存利润由新老股东共享的议案。
(二)报告期内公司董事、监事变化情况
报告期内公司董事、监事未发生变化。

五、董事会报告

(一)公司经营情况

1 、公司所处的行业及公司在本行业中的地位

公司主营平板玻璃及玻璃深加工制品、石膏及制品的生产和销售,属建材行业。公司是湖北省最大的平板玻璃及玻璃深加工生产企业,目前已形成年产平板玻璃 512 万重箱,其中浮法玻璃 280 万重箱,玻璃深加工制品 40 万平方米的生产能力。

公司生产的浮法玻璃在湖北市场的占有率达到 43%(湖北省建材行业管理办公室)。

2 、公司主营业务的范围及经营情况

公司主营业务范围为平板玻璃及玻璃制品、石膏及制品的生产和销售,新型建材的研制、开发与生产销售,其他建材及非金属矿产品销售。

本公司 2000 年实现主营业务收入 402,314,204.77 元,实现主营业务利润 125,658,303.13 元,实现净利润 43,766,618.10 元,比盈利预测的 44,540,000.00 元下降了 1.78%。

2000 年公司主要产品销售情况如下:(单位:人民币元)

品名	销售收入
浮法兰玻	193,949,590.38
钢化玻璃	7,851,820.15
装饰玻璃	16,340,170.94
平板玻璃	116,813,797.09
瓶子	14,200,825.26
纤维石膏板	35,143,236.61
石膏及石膏粉	17,948,754.91

3 、公司主要子公司的经营情况

公司名称	投资额(万元)	占公司资本比例(%)	本年度收益(万元)
湖北江峡玻璃有限公司	2683.20	70.00	844.59
湖北新光建材有限公司	1032.00	69.60	223.12
湖北三宝石膏制品有限公司	2918.84	70.86	38.36
湖北三环墙体材料有限公司	1591.67	59.15	-1.20
宜昌当玻硅矿有限责任公司	1941.89	93.36	81.58

4 、在经营中出现的问题与困难及解决方案

公司 2000 年虽然取得了一定的成绩,但经营中也存在困难,主要有:(1)市场同类产品竞争更加激烈;(2)产品成本受原辅料特别是重油的市场价格波动较大。对此,公司做了大量有效的工作,首先,调整营销策略,以质量、服务取胜;其次,严格成本控制,特别是购进成本,加强内部审计监督。通过以上措施,公司较好地完成了各项经济指标。

(二) 公司财务状况

1 、公司财务状况及增减变动的原因(单位:人民币元)

	2000 年	1999 年
总资产	1,297,126,039.82	695,892,734.29
长期负债	243,722,151.82	252,409,310.93
股东权益	722,658,213.32	249,161,001.48
主营业务利润	125,658,303.16	91,935,658.10
净利润	43,766,618.11	46,892,081.69

原因说明:

(1)总资产增加,主要原因为报告期内公开发行股票所致;

(2)长期负债减少,主要原因为归还银行已到期的长期借款所致;

(3)股东权益增加,主要原因为报告期内公开发行股票所致;

(4)主营业务利润增加,主要原因为报告期内行业形势较好,公司通过自身努力扩大了产品销售所致;

(5) 净利润减少,主要原因为报告期内其他业务利润减少所致。

2 、中勤万信会计师事务所(原湖北万信会计师事务所)出具了无保留意见的审计报告。

(三)公司投资情况

1 、报告期内募集资金投资情况

报告期内,公司公开发行人民币普通股 5,500 万股,募集资金 45,650 万元,扣除发行费用 1,817 万元,实际可运用资金 43,833 万元。募集资金使用情况如下:

(单位:人民币万元)

项目名称	项目总投资	承诺投资	实际投资
1 年产 500 万平方米石膏纤维板生产线扩建项目	9995	9995	0
2 年产 10 万吨石膏粉生产线技改项目	4950	4950	0
3 年产 65 万平方米玻璃深加工生产线技改项目	4723	4723	2360
4 年产 6000 吨玻璃微珠生产线技改项目	1726	1726	0
5 年产 58 万平方米槽型玻璃生产线技改项目	3300	3300	0
6 年产 100 万平方米镀膜玻璃生产线技改项目	4938	4938	0
7 年产 20 万平方米矿渣微晶玻璃生产线技改项目	4556	4556	0
兼并宜昌市鑫海建筑陶瓷厂	2800	2800	0
补充流动资金	6845	6845	3820
合计	43833	43833	6180

除年产 65 万平方米玻璃深加工生产线技改项目和补充流动资金外,以上募集资金投资项目均未达到计划进度,主要原因为本公司于 2000 年 8 月 28 日通过上海证券交易所交易系统发行股票,由于募集资金到位时间较晚,致使项目实施时间较短。未投入使用的募集资金存放于银行。

以上募集资金投资项目如果正常实施,预计将在 2001 —2002 年度产生收益。

2 、报告期内非募集资金投资情况

报告期内未发生非募集资金投资情况

(四)我国加入 WTO 后对公司未来经营的影响及对策

加入 WTO 后,国内市场将更加对外开放,随着进口产品的关税降低,国外同类产品或具有同种功效的替代产品将较容易进入国内市场,从而加剧了产品的市场竞争,影响公司产品的市场占有率和新产品的市场推广,给公司的产品销售带来一定风险。针对加入 WTO 的风险,本公司将根据发展规划的要求,通过降低生产成本,调整产品结构,强化市场营销,加强新产品的研究开发,不断提高和加强本公司产品的比较优势,从而主动地参与国际竞争。

(五)2001 年度的业务发展计划

1 、强化对在建项目的管理,使募集资金尽快产生效益。

2 、坚持以营销为中心,以市场为导向,实行积极灵活的营销策略,促进公司主导产品的销售增长。

3 、依靠科技进步,加强全面质量管理,提高技术创新能力,优化产品结构,全面保证市场需要。

4 、强化内部运行管理,加强财务会计和审计管理,促进公司生产经营规范化管理。

(六)董事会日常工作情况

一、报告期内董事会的会议情况及决议内容

(1)2000 年 1 月 8 日,公司第三届董事会第二次会议在公司会议室召开,会议审议并通过了如下决议:

1 、1999 年度董事会工作报告;

2 、1999 年度财务决算报告;

3 、1999 年度利润分配报告;

4 、公司股票发行与上市的工作报告;

5 、1999 年度滚存利润由新老股东共享的议案。

(2)2000 年 6 月 6 日,公司第三届董事会第三次会议在公司会议室召开,会议审议并通过了《关于补充修改后的公司 2000 年度公开发行股票申报材料》的议案。

(3)2000 年 8 月 24 日,公司在二楼会议室召开董事会临时会议,会议审议并通过了《关于投资 1540 万元购买集团公司新建的浮法玻璃生产线配套设施的议案》。

二、董事会对股东大会决议的执行情况

在报告期内,公司董事会认真执行了股东大会的各项决议,及时地完成了股东大会交办的各项工作,实施了 1999 年度利润分配,圆满完成了股东大会授权董事会全权办理的股票发行和上市工作。

(七)公司管理层及员工情况

1 、 董事、监事及高级管理人员

姓名	性别	年龄	职务	任期起止	年初持股数(股)	年末持股数(股)
吕宗林	男	52 岁	董事长	1999 年度-2002 年度	5000	5000
杨震	男	47 岁	董事总经理	1999 年度-2002 年度	1000	1000
徐麟	男	31 岁	副总	1999 年度-2002 年度	2000	2000
曾凡斌	男	48 岁	董事	1999 年度-2002 年度	0	0
吴良国	男	37 岁	董事	1999 年度-2002 年度	0	0
何立威	男	37 岁	董事	1999 年度-2002 年度	500	500
万里	男	38 岁	副总	1999 年度-2002 年度	1000	1000
尹红	男	35 岁	副总	1999 年度-2002 年度	1000	1000
易乔木	男	36 岁	董事	1999 年度-2002 年度	0	0
成六生	男	25 岁	董事	1999 年度-2002 年度	0	0
朱志文	男	37 岁	董事	1999 年度-2002 年度	0	0
张光春	男	37 岁	董秘	1999 年度-2002 年度	1000	2300
李照明	男	55 岁	监事会主席	1999 年度-2002 年度	2000	2000
尹德泉	男	47 岁	监事	1999 年度-2002 年度	1500	1500
艾道新	男	50 岁	监事	1999 年度-2002 年度	0	0
欧阳玉	女	35 岁	监事	1999 年度-2002 年度	0	0
卢志保	男	37 岁	监事	1999 年度-2002 年度	2000	2000
罗晓光	男	34 岁	副总经理	1999 年度-2002 年度	2000	2000
代小明	男	36 岁	副总经理	1999 年度-2002 年度	1500	1500
张烈学	男	41 岁	总会计师	1999 年度-2002 年度	2000	2000

(1)报告期内,公司董事、监事、高级管理人员的年度报酬总额为 23.8 万元,其中领取年度薪酬在 20000—30000 元之间的 8 人,10000—20000 元之间的 3 人。曾凡斌、吴良国、何立威、成六生、朱志文、艾道新、欧阳玉、代小明未在公司领取年度薪酬。

(2)报告期内,公司董事会秘书张光春先生年初持股 1000 股,年末持股 2300 股,其原因是张光春先生于 2000 年 9 月 20 日买入公司流通股 1300 股,该股份已按上交所有关规定予以冻结。

(3)报告期内无离任的董事、监事及高级管理人员。

(4)报告期内董事会秘书无变化。

2 、公司员工数量、专业构成和教育程度等情况

本公司现有职工 3563 人,其中销售人员 180 人,技术人员 185 人,财务人员 56 人,管理人员 507 人。上述人员中中专学历者的 880 人,大专学历者 462 人,本科学历者 166 人,硕士研究生学历者 8 人。

本公司根据业务发展的需要,常年对员工进行定期或不定期培训。公司实行全员劳动合同制。职工工资、福利按国家和地方政府有关规定执行,职工社会保险按照国家劳动保险有关文件规定,参加社会养老保险统筹,实行企业和个人共同负担。本公司现有退休职工 48 人。

(八)本次利润分配预案或资本公积金转增股本预案

1 、利润分配预案

经中勤万信会计事务所(原湖北万信会计师事务所)审计,公司 2000 年度实现利润总额 71,636,490.68 元,净利润 43,766,618.11 元。提取 10%法定公积金 4,358,680.09 元,提取 5%法定公益金 2,179,340.04 元。加期初未分配利润 6,736,209.03 元,本次可供股东分配的利润为 43,964,807.01 元。

经公司董事会第三届第四次会议审议并通过如下分配预案:以 2000 年末总股本 211,000,000 股为基数,向全体股东按每 10 股派现金红利 0.50 元(含税),本次分配共派发现金红利 10,550,000.00 元,剩余 33,414,807.01 元结转下一年度用于公司发展。本年度不送红股,也不进行资本公积金转增股本。

2 、预计 2001 年度利润分配政策

(1)公司拟在 2001 年结束后分配利润一次;

(2)公司下一年度实现净利润用于股利分配的比例约为 40%;

(3)公司本年度未分配利润用于下一年度股利的分配比例不低于 10%;

(4)分配采用派发现金红利和送红股相结合的形式。其中现金红利不低于 20%。

上述利润分配方案为预计方案,公司董事会保留根据公司实际情况对该政策进行调整的权利。

(九)其他报告事项

1 、所得税优惠

根据财政部财税[2000]99 号文件规定,依据湖北省财政厅鄂政[1998]78 号文批复,自 2000 年 10 月份以后及 2001 年度,公司所得税继续享受先按 33%法定税率征收再返还 18%的优惠的政策。

2 、湖北省高新技术企业认证

根据湖北省科技厅鄂科高[2000]31 号文,本公司被认定为湖北省高新技术企业,认定登记号 QW—0012080。

六、监事会报告

1 、监事会会议情况

2000 年 3 月 6 日,公司第三届监事会第二次会议在公司会议室召开,审议并通过了以下方案

(1) 审议通过了 1999 年度董事会、总经理工作报告;

(2) 审议通过了 1999 年度公司财务决算报告;

(3) 审议通过了 1999 年度利润分配方案;

(4) 审议通过了 1999 年度监事会工作报告。

在报告期内,监事会成员参加了公司董事会召开的历次会议,在每次会议上根据会议议题和监督职责发表了意见。

2 、公司依法运行情况

(1)公司监事会根据《公司法》和《公司章程》赋予的职责,对公司股东大会、董事会的召开程序、决议事项,董事会对股东大会决议的执行情况,公司董事及高级管理人员的执行职务情况进行了监督和检查,认为公司董事会的工作是认真负责的,公司的经营决策是科学合理的。公司董事及高级管理人员能严格依照《公司法》、《证券法》和《公司章程》进行规范运作。

(2)报告期内,公司公开发行 5,500 万 A 股所募资金实际投资项目与承诺投资项目一致。

(3)监事会认为中勤万信会计师事务所(原湖北万信会计师事务所)出具的无保留意见的财务审计报告真实地反映了公司的财务状况和经营成果。

(4)监事会通过监督检查,没有发现公司董事及高级管理人员在执行职务时有违反法律、法规、《公司章程》或损害股东、损害公司利益的行为。

(5)监事会通过监督检查,认为公司与控股股东之间的少许关联交易是依照市场公平原则进行的,没有损害公司的利益。

七、重要事项

1、报告期内公司无重大诉讼、仲裁事项。

2、报告期内公司、公司董事及高级管理人员未有受监管部门处罚的情况发生。

3、报告期内公司董事、监事、总经理、高级管理人员及控股股东未发生变化。

4、持有公司5%以上股份的公司第二大股东湖北应城石膏矿将其持有公司2206.1万股中的2000万股转让给海南宗宜达实业投资有限公司,该事项刊登于2000年12月28日《上海证券报》上,股权变更于2001年元月11日完成。

5、报告期内公司"三分开"情况

本公司与控股股东当阳市国资局授权管理单位宜昌当玻集团有限责任公司之间已实现资产完整、财务独立、人员独立。具体情况如下:

(1)本公司在劳动、人事及工资管理等方面独立。总经理、副经理等高级管理人员在本公司领取薪酬,未在股东单位担任重要职务。

(2)在资产方面,公司拥有独立的生产系统、辅助生产系统和配套设施;工业产权、商标、非专利技术等无形资产由公司拥有;本公司拥有独立的采购和销售系统。

(3)在财务方面,本公司设立独立的财务部门,并建立了独立的会计核算体系和财务管理制度,独立在银行开户。

6、 重大关联交易事项

报告期内公司未发生重大关联交易。

7、报告期内公司无托管、承包、租赁其他公司资产或其他公司托管、承包、租赁本公司资产的事项。

8、聘任、解聘会计师事务所情况

报告期内未发生解聘会计师事务所情况,中勤万信会计师事务所(原湖北万信会计师事务所)为公司2000年度财务报告审计机构。

9、报告期内公司未发生应披露的重大合同,未发生对外担保事项。

10、公司报告期内没有更改名称和股票简称。

八、财务会计报告

公司财务报告经中勤万信会计师事务所(原湖北万信会计师事务所)中国注册会计师郭有珍、辛正义审计并出具了无保留意见的审计报告。

审 计 报 告

勤信审字[2001]018号

湖北三峡新型建材股份有限公司全体股东:

我们接受委托,审计了贵公司2000年12月31日的资产负债表,2000年度的利润及利润分配表和现金流量表。这些会计报表由贵公司负责,我们的责任是对这些会计报表发表审计意见。我们的审计是依据《中国注册会计师独立审计准则》进行的。在审计过程中,我们结合贵公司实际情况,实施了包括抽查会计记录等我们认为必要的审计程序。

我们认为,上述会计报表符合《企业会计准则》和《股份有限公司会计制度》的有关规定,在所有重大方面公允地反映了贵公司2000年12月31日的财务状况和2000年度的经营成果及现金流量情况,会计处理方法的选用遵循了一贯性原则。

中勤万信会计师事务所有限公司　　　中国注册会计师: 郭有珍 帅正义

中国 北京　　　　　　　　　　　　报告日期:2001年3月29日

会计报表附注

一、 公司基本情况

湖北三峡新型建材股份有限公司原名湖北三峡玻璃股份有限公司,是1993年3月经湖北省体改委鄂体改[1993]190号文批准,由湖北省当阳玻璃厂、湖北应城石膏矿、当阳电力联营公司共同发起,以定向募集方式设立的股份有限公司。公司设立时股本总额为12000万元。其中:发起人持股7153万股,占总股本的59.61%(国家股5326万股,占总股本的44.38%,法人股1827万股,占总股本的15.23%),募集法人股2687万股,占总股本的22.39%,内部职工股2160万股,占总股本的18%。

1996年3月,经湖北省体改委鄂体改[1996]61号文批准,公司按每10股配3股实施增资扩股方案,增资扩股后,公司总股本为15600万股。1996年12月,公司根据国务院国发[1995]17号文件的要求,依据《中华人民共和国公司法》及其他有关法规的规定予以规范,并经湖北省体改委审查验收,湖北省体改委以鄂体改[1996]309号文批复,确认公司为募集设立的股份有限公司。1997年3月31日,湖北省体改委以鄂体改[1997]649号文批复,同意公司名称变更为湖北三峡新型建材股份有限公司。2000年8月22日经中国证券监督管理委员会证监发字[2000]115号文批准,于8月28日—9月4日上网定价发行5500万股, 总股本21100万股, 其中: 国有股6923.8万股, 法人股5868.2万股,内部职工股2808万股,社会公众股5500万股,并于9月19日经上海证券交易所上证上字[2000]71号文批准在上海证券交易所上市交易。

营业执照注册号:4200001000025

注册资本:贰亿壹仟壹佰万元

注册地址:湖北省当阳市经济开发区

法定代表人:吕宗林

经营范围:石膏及制品、玻璃及玻璃深加工制品等新型建材的生产和销售及非金属矿产品销售,新型建材的科研与开发。

二、公司采用的主要会计政策、会计估计和会计报表的编制方法

1、会计制度:公司执行《企业会计准则》、《股份有限公司会计制度》。

2、会计年度:采用公历制,即从1月1日起至12月31日止为一个会计年度。

3、记帐本位币:公司以人民币为记帐本位币。

4、记帐基础和计价原则

以权责发生制为记帐基础,以历史成本为计价原则。

5、外币业务核算方法

公司发生的外币经济业务按其发生时国家外汇管理局公布的当月1日基准汇价折合为人民币记帐,并于资产负债表日按基准汇价进行调整,由此产生的汇兑损益除应进行资本化外,计入当期财务费用。

6、现金等价物的确认标准

公司持有的期限短、流动性强、易于转换为已知金额现金,且价值变动风险很小的投资确认为现金等价物。包括从购买日起三个月内到期的在证券市场上可流通的短期债券投资。

7、坏帐核算方法

(1)坏帐的确认标准为:因债务人破产或者死亡,以其破产或者遗产清偿后,仍然不能收回的应收帐款;因债务人逾期未履行偿债义务超过三年且无充分证据表明能收回的应收帐款。

(2)公司采用备抵法核算坏帐准备,按应收帐款和其他应收款期末余额的5%计提坏帐准备。

8、存货核算方法

(1) 公司存货主要包括:原材料、包装物、低值易耗品、在产品、库存商品。

(2) 原材料、库存商品按实际成本计价,发出采用加权平均法。

(3) 低值易耗品按实际成本计价,采用一次摊销法。

(4)期末公司按成本与可变现净值孰低计价,并按单个存货项目的成本高于其可变现净值的差额提取存货跌价损失准备。

9、短期投资核算方法

(1)短期投资除取得时已记入应收项目的现金股利或利息外,当期实际收到的股利或利息作为投资成本的收回,冲减投资的帐面价值。

(2)期末公司按短期投资的成本与市价孰低原则核算,并按单项投资计算并确定计提的跌价损失准备。

10、长期投资核算方法

(1)长期债券投资的计价及收益确认方法:公司购入长期债券按实际支付价款包括税金、手续费等各项附加费为投资成本。实际成本扣除相关费用及债券发行日至购买日止的应收利息与债券面值的差额作为溢价或折价;债券的溢价或折价在债券的存续期内确认相关债券利息收入时采用直线法摊销;按权责发生制原则计算应计利息。计算的债券投资利息收入,经调整债券投资溢价或折价摊销额后的金额,确认为当期投资收益。

(2)长期股权投资的计价及收益确认方法:公司对外股权投资按投资时实际支付的价款或确定的价值记帐。对公司持股比例在20%以下或虽持股比例在20%或20%以上,但不具有重大影响的企业,其投资按成本法核算;持股比例在20%以上或虽持股在20%或20%以下,但具有重大影响的企业,其投资按权益法核算。其中超过50%以上权益性资本或拥有实际管理控制权时,编制合并会计报表。被投资单位除净损益以外的所有者权益的其他变动,根据具体情况调整投资的帐面价值。

(3)期末公司对长期投资的帐面价值逐项进行检查,当由于市价持续下跌或被投资单位经营状况变化原因导致可收回金额低于投资的帐面价值,将可收回金额低于长期投资帐面价值的差额,首先是冲抵该项投资的资本公积准备项目,不足部分确认为当期投资损失。已确认损失的长期投资的价值又得以恢复,在原已确认的投资损失的数额内转回。

11、固定资产计价及折旧方法

(1)公司固定资产标准为使用年限在一年以上,单位价值在2,000元以上的房屋及建筑物、机器设备、运输工具、其他设备。

(2)固定资产原价按购建时的实际成本计价,评估确认后的固定资产按重置完全价值计价。用借款购建的固定资产发生的借款利息支出,在固定资产交付使用前,计入所购建固定资产成本。

(3)公司固定资产折旧采用直线法

固定资产类别	估计经济使用年限	预计残值率(%)	年折旧率(%)
房屋及建筑物	25–40年	4	3.84%—2.40%
机器设备	12–18年	4	8.00%—5.33%
运输工具	5–12年	4	19.20%–8.00%
其 他	6–12年	4	16.00%–8.00%

12、在建工程核算方法

在建工程指正在兴建、待安装或改造之中的房屋及建筑物、设备、其他固定资产及购置费用尚未归集完整待验收的运输工具。在建工程在完工或达到设定用途交付使用时,按实际发生的全部支出转入固定资产等进行核算。

为购建固定资产发生的借款利息在固定资产交付使用前予以利息资本化。

13、开办费、长期待摊费用的摊销方法

开办费按5年期限平均摊销,长期待摊费用在受益期内平均摊销。

14、无形资产计价及摊销方法

无形资产包括土地使用权和专有技术,土地使用权按50年期限采用直线法平均摊销(其中:湖北三环墙体材料有限公司的土地使用权按受益期平均摊销),专有技术按10年期限采用直线法平均摊销。

15、借款费用的核算

为购建固定资产发生的借款利息和有关费用以及外币借款的汇兑差额, 在固定资产尚未交付使用前,计入固定资产价值,在此之后发生的借款利息和有关费用及外币借款的汇兑差额,计入当期损益。为筹集生产经营所需资金而发生的利息净支出、汇兑净损失、金融机构手续费以及其他相关费用,直接计入当期损益。

16、应付债券的核算

公司发行债券,按实际收到的金额入帐;实际收到的金额与票面金额的差额记入债券溢价或债券折价,并在债券存续期间按直线法分期摊销。债券分期计提的利息与溢价、折价摊销额分情况计入固定资产价值或当期损益。

17、收入的确认原则

销售商品,以商品所有权上的重要风险和报酬转移给买方,公司不再对该商品实施继续管理权和实际控制权,相关的收入已经收到或取得了收款的凭据,并且与销售该商品有关的成本能够可靠的计量时,确认收入的实现。

18、所得税的会计处理方法

所得税的会计处理采用应付税款法。

19、利润分配

公司税后利润按以下顺序及比例进行分配:

(1)弥补以前年度亏损;

(2)提取法定盈余公积10%;

(3)提取法定公益金5%;

(4)提取任意盈余公积(提取比例由公司股东大会决定);

(5)分配股利(依据公司章程,由公司股东大会决定分配方案)。

三、税项

1、增值税销项税率为17%(矿产品为13%),附加的城建税按实际缴纳的流转税计征7%,教育费附加按实际缴纳的流转税计征3%。堤防费按销售收入的1‰上交,地方教育发展费及平抑副食品基金均按销售收入的1‰上交。

2、所得税

根据财政部财税字[2000]99号文以及湖北省人民政府鄂政函[1998]78号文,公司自股票发行上市,企业所得税按33%税率缴纳由地方财政返还18%。

2000年起公司所属子公司,除湖北三环墙体材料有限公司所得税享受"两免三减半"优惠政策,即1997年度、1998年度所得税全免,1999年度、2000年度应交地方所得税3%全免,应上交国家所得税30%减半征收,实际税赋15%外,均执行33%的税率。

3、其他税项包括房产税、车船使用税等依据有关税法计征。

四、会计报表项目注释

五、关联方关系及其交易

(一)存在控制关系的关联方

公 司 全 称	注册地址	注册资本(万元)
宜昌当玻集团有限责任公司	当阳经济技术开发区	12,531.00
湖北江峡玻璃有限公司	武汉市武昌区张家湾	3,833.20
湖北三环墙体材料有限公司	孝感市北京路东段	4,727.70
宜昌当玻硅矿有限责任公司	当阳市玉泉岩屋庙村	2,080.00
湖北新光建材有限公司	荆门市沙洋县后港镇	1482.00
湖北三宝石膏制品有限公司	应城市城北李河	4118.84

公 司 全 称	与本公司关系	经济性质
宜昌当玻集团有限责任公司	控制方	有限责任公司
湖北江峡玻璃有限公司	控股子公司	有限责任公司
湖北三环墙体材料有限公司	控股子公司	中外合作经营
宜昌当玻硅矿有限责任公司	控股子公司	有限责任公司
湖北新光建材有限公司	控股子公司	有限责任公司
湖北三宝石膏制品有限公司	控股子公司	有限责任公司

(二)存在控制关系的关联方的注册资本及其变化(单位:万元)

公司名称	期初数	本年增加数	本年减少数	期末数

宜昌当玻集团有限责任公司	12,531.00	---	---	12,531.00
湖北江峡玻璃有限公司	---	3,833.20	---	3,833.20
湖北三宝石膏制品有限公司	---	4,118.84	---	4,118.84
湖北新光建材有限公司	---	1,482.00	---	1,482.00
湖北三环墙体材料有限公司	4,727.70	---	---	4,727.70
宜昌当玻硅矿有限责任公司	2,080.00	---	---	2,080.00

注:宜昌当玻集团有限公司依照省政府办公厅鄂政办函[1996]109号文,经营管理国家股股权

(三)存在控制关系的关联方所持股份或权益及其变化(单位:万元)

公司名称	期初数		本年增加数	
	金额	%	金额	%
当阳市国资局	6,923.80	44.38	---	---
湖北江峡玻璃有限公司	3267.30	100.00	---	---
湖北新光建材有限公司	---	---	1032.00–	69.60
湖北三宝石膏制品有限公司	---	---	2918.84	70.86
湖北三环墙体材料有限公司	1,591.67	59.15	---	---
宜昌当玻硅矿有限责任公司	1,941.89	93.36	---	---

公司名称	本年减少数		期末数	
	金额	%	金额	%
当阳市国资局	---	---	6,923.80	44.38
湖北江峡玻璃有限公司	930.00	30.00	2683.20	70.00
湖北新光建材有限公司	---	---	1032.00	69.60
湖北三宝石膏制品有限公司	---	---	2918.84	70.86
湖北三环墙体材料有限公司	---	---	1,591.67	59.15
宜昌当玻硅矿有限责任公司	---	---	1,941.89	93.36

(四)不存在控制关系的关联方

公司名称	与本公司关系	持股比例(%)	经济性质
湖北应城石膏矿	本公司股东	10.455	国有
武汉市建材工业总公司	本公司股东	9.611	国有
湖北荆玻(集团)玻璃总厂	本公司股东	3.697	国有
国家建材局蚌埠玻璃工业设计研究院	本公司股东	0.924	国有
中国核工业总公司第二二建设公司	本公司股东	0.924	国有
当阳电力联营公司	本公司股东	0.80	国有

七、截至2000年12月31日止,宜昌当玻集团有限责任公司为湖北三峡新型建材股份有限公司控股子公司湖北江峡玻璃有限公司500万提供担保贷款。为控股子公司湖北三环墙体材料有限公司30万贷款提供担保。

八、期后事项、

原公司第二大股东湖北应城石膏矿(以下简称应膏)于2000年12月27日与海南宗宜达实业投资有限公司(以下简称宗宜达公司)签定了股权转让协议,宗宜达公司以每股人民币3.36元的价格受让应膏持有公司法人股2000万股,并于2001年1月11日正式办理转让和过户手续,至此宗宜达公司持股比例达9.48%。

九、承诺事项、或有事项

截至审计报告日止,公司不存在应予披露而未披露的期后事项。

截至审计报告日止,公司不存在对外债务担保等承诺事项。

截至审计报告日止,公司不存在应予披露而未披露的未决诉讼、索赔、税务纠纷、应收票据等将来可能损害公司利益的或有损失。

九、其他有关资料

(一)公司首次注册时间:1993年3月26日

注册地点:湖北省当阳市经济技术开发区

注册资本:12,000万元

变更注册登记情况

(1)、1997年1月15日,变更注册资本登记,变更后的注册资本为15,600万元。

(2)、1997年4月28日,变更名称登记,公司变更为现名。

(3)、2000年9月5日,变更注册资本登记,变更后的注册资本为21,100万元。

(二)营业执照注册号:4200001000025G000

(三)税务登记号码:420582182793748

(四)公司未流通股票的托管机构名称:上海证券中央结算登记公司

(五)公司聘请的会计事务所名称:中勤万信会计师事务所(原湖北万信会计师事务所)

办公地址:湖北省武汉市武昌东湖路7-8号

十、备查文件目录

(一)载有法定代表人、财务负责人签名并盖章的会计报表。

(二)载有会计师事务所盖章、注册会计师签名并盖章的审计报告原件。

(三)报告期内在中国证监会指定报纸上公开披露过的所有公司文件的正本及公告的原稿。

(四)载有公司董事长亲笔签署的年度报告正文。

湖北三峡新型建材股份有限公司董事会

2001年3月30日

资产负债表　单位:(人民币)元

资产	期末数 合并
流动资金:	
货币资金	389,782,722.94
应收票据	2,100,000.00
应收帐款	40,773,800.92
其他应收款	106,968,923.45
减:坏帐准备	7,387,136.22
应收款项净额	140,355,588.15
预付帐款	22,173,602.32
存货	106,540,914.98
减:存货跌价准备(含工程亏损准备)	1,532,326.94
存货净额	105,008,588.04
待摊费用	112,477.19
流动资产合计	659,532,978.64
长期投资:	
长期债权投资	50,495,000.00
长期投资合计	50,495,000.00
长期投资净额	50,495,000.0
固定资产:	
固定资产原价	673,103,891.62
减:累计折旧	138,659,306.52
固定资产净值	534,444,585.10
在建工程	27,194,683.32
固定资产清理	−6,612.00
固定资产合计	561,632,656.42
无形资产及其他资产:	
无形资产	22,013,832.54
开办费	104,288.26
长期待摊费用	3,347,283.96
无形资产及其他资产合计	25,465,404.76
递延税项:	
资产总计	1,297,126,039.82
流动负债:	
短期借款	96,705,000.00
应付票据	19,600,000.00
应付帐款	22,439,441.45
预收帐款	12,056,589.13
应付工资	1,515,706.45
应付福利费	101,131.36
应付股利	13,676,041.99
应交税金	31,599,608.91
其他应交款	1,103,715.24
其他应付款	63,720,409.63
预提费用	24,756,152.72
流动负债合计	287,273,796.88
长期负债:	
长期借款	240,434,287.15
住房周转金	3,287,864.67
长期负债合计	243,722,151.82
递延税项:	
递延税款贷项	960,740.20
负债合计	531,956,688.90
少数股东权益(合并报表填列)	42,511,137.60
股东权益:	
股本	211,000,000.00
资本公积	435,680,593.73
盈余公积	42,562,812.58
其中:公益金	14,187,604.19
未定义项9	
未分配利润(未弥补亏损以"–"号表示)	33,414,807.01
股东权益合计	722,658,213.32
负债和股东权益总计	1,297,126,039.82

利润及利润分配表　单位:(人民币)元

项目	本期数 合并
一、主营业务收入	402,314,204.77
减:销售折让	–
主营业务收入净额	402,314,204.77
减:主营业务成本	273,698,607.48
主营业务税金及附加	2,957,294.13
二、主营业务利润(亏损以"–"号填列)	125,658,303.16
加:其他业务利润(亏损以"–"号填列)	−183,282.62
减:存货跌价损失	1,532,326.94
营业费用	9,711,880.54
管理费用	26,884,879.82
财务费用	19,781,290.61
三、营业利润(亏损以"–"号填列)	67,564,642.63
加:投资收益(损失以"–"号填列)	2,733,100.00
补贴收入	2,569,679.75
营业外收入	2,075,263.19
减:营业外支出	3,306,194.89
四、利润总额(亏损总额以"–"号填列)	71,636,490.68
减:所得税	23,068,159.32
减:少数股东损益(合并报表填列、亏损以"–"号填列)	4,801,713.25
加:未确认的投资损失(合并报表填列)	–
减:职工福利及奖励基金	
五、净利润(净亏损以"–"号填列)	43,766,618.11
加:年初未分配利润(未弥补亏损以"–"号填列)	6,736,209.03
减:减少注册资本减少的未分配利润	–
盈余公积转入	–
六、可供分配的利润(亏损以"–"号填列)	50,502,827.14
减:提取法定盈余公积金	4,358,680.09
减:提取法定公益金	2,179,340.04
职工奖福基金(子公司为外商投资企业,合并报表填列)	–
七、可供股东分配的利润(亏损以"–"号填列)	43,964,807.01
减:应付优先股股利	–
提取任意盈余公积	–
应付普通股股利	10,550,000.00
转作股本的普通股股利	–
提取长期激励基金	
八、未分配利润(未弥补亏损以"–"号填列)	33,414,807.01
附注:非常项目:	
1.出售处置部门或被投资单位	–
2.自然灾害发生的损失	–
3.会计政策更改	–
4.其他	–

报告期利润	净资产收益率 全面摊薄
主营业务利润	17.39
营业利润	9.35
净利润	6.06
扣除非经常性损益后的净利润	5.56

内蒙古鄂尔多斯羊绒制品股份有限公司

内蒙古鄂尔多斯羊绒制品股份有限公司A股招股意向书

本公司全体董事保证本招股意向书的内容真实、准确、完整。国家证券监督管理机构对本次发行股票所作出的任何决定,均不表明其对发行人所公开发行的股票的价值或者投资人的收益作出实质性判断或者保证。任何与之相反的声明均属虚假不实陈述。

公司名称:内蒙古鄂尔多斯羊绒制品股份有限公司
注册地址:内蒙古东胜市达拉特南路102号
发行股票类型:人民币普通股
每股面值:人民币1.00元
公开发行的股票数量:不超过8000万股,最终发行量根据最终确定的发行价格和本次增发投资项目资金需求量确定,并将在发行公告中公告
发行对象:社会公众投资者
发行方式:本次发行采取对证券投资基金网下累计投标询价并定价与对公众投资者上网定价发行相结合的方法
发行日期:2001年3月14日-2001年4月2日;
招股意向书查询网址:http://www.sse.com.cn(上海证券交易所网址)
主承销商及上市推荐人:南方证券有限公司
公司聘请的律师事务所:竞天公诚律师事务所
本招股意向书签署日期:2001年3月13日
(人民币普通股)不超过80,000,000股
主承销商:南方证券有限公司　　上市推荐人:南方证券有限公司
股票简称:鄂尔多斯　　股票代码:600295
上市证券交易所:上海证券交易所

一、绪言

本招股意向书根据《中华人民共和国公司法》、《中华人民共和国证券法》、《股票发行与交易管理暂行条例》、《上市公司向社会公开募集股份暂行办法》、《上市公司向社会公开募集股份操作指引(试行)》和《公开发行股票公司信息披露实施细则(试行)》等国家有关法律、法规和文件的要求编写。

本公司董事会全体成员已批准本招股意向书,确信本招股意向书中不存在任何重大遗漏或者误导,并对其内容的真实性、准确性、完整性负个别和连带的责任。

本次公开发行的股票是根据本招股意向书所载明的资料申请发行的。除本公司董事会和主承销商外,没有委托授权任何其他人提供未在本招股意向书中列载的信息和对本招股意向书作任何解释或者说明。

本次公募增发新股已获中国证券监督管理委员会证监公司字[2001]24号文批准。

二、释义

在本招股意向书中,除非文义另有所指,下列简称具有以下特定涵义:

公司、本公司、发行人:指内蒙古鄂尔多斯羊绒制品股份有限公司集团公司:指内蒙古鄂尔多斯羊绒集团公司A股:指本公司本次增发的每股面值为1.00元之记名式人民币普通股B股:指本公司发行的可流通的境内上市外资股增发新股:指根据本招股意向书及将于近期刊登的发行公告,向境内符合资格的投资者发行的不超过8,000万股A股
元:指人民币元
自治区、内蒙古:指内蒙古自治区
主承销商、上市推荐人:指南方证券有限公司(简称南方证券)
承销团:指由南方证券有限公司组织的,参与本次股票承销的各家证券经营机构
证监会、中国证监会:指中国证券监督管理委员会
上交所:指上海证券交易所
WTO、世贸:指世界贸易组织
公司法:指《中华人民共和国公司法》
证券法:指《中华人民共和国证券法》

三、本次发行的有关机构

1、上市交易所:上海证券交易所
地　　址:上海市浦东南路528号　　法定代表人:朱从玖
2、发行人:内蒙古鄂尔多斯羊绒制品股份有限公司
地　　址:内蒙古东胜市达拉特南路102号
法定代表人:王林祥
电　　话:0477-8346294　　传　　真:0477-8345373　　联 系 人:李成君
3、主承销商:南方证券有限公司
地　　址:深圳市嘉宾路4028号太平洋商贸大厦20-28层　　法定代表人:沈 沛
电　　话:0755-2138225、2138339　　传　　真:0755-2138029
联 系 人:罗 鹏　吕锦山　何 明　胡旭方　王 凯
4、分销商:国信证券有限责任公司
地址:深圳市罗湖区红岭中路1012号国信证券大厦16-26层　　法定代表人:李南峰
电话:0755-2130835-2041　　传真:0755-2130620　　联系人:刘 辉
5、分销商:华泰证券有限责任公司
地　　址:南京市中山东路90号　　法定代表人:张开辉
电　　话:025-4457777-969　　传　　真:025-4579944　　联 系 人:王园园
6、分销商:西南证券有限责任公司
地　　址:重庆市渝中区临江支路2号合景国际大厦A幢　　法定代表人:张引
电　　话:021-64458367　　传　　真:021-64458367　　联 系 人:袁 璐
7、分销商:平安证券有限责任公司
地　　址:深圳市福田区八卦岭八卦三路平安大厦　　法定代表人:马明哲
电　　话:0755-2262888-3628　　传　　真:0755-2400862　　联 系 人:赵穗红
8、分销商:长城证券有限责任公司
地址:深圳市福田区深南大道6008号特区报业大厦16-17层　　法定代表人:李仁杰
电　　话:0755-3516283　　传　　真:0755-3516266　　联 系 人:刘碧芸
9、分销商:深圳经济特区证券公司
地　　址:深圳市福田区彩田南路证券大厦21楼　　法定代表人:王一楠
电　　话:0755-3379333　　传　　真:0755-2890006　　联 系 人:刘文宁
10、发行人会计师:普华永道中天会计师事务所有限公司
地址:上海市浦东新区沈家弄325号　　电话:021-63863388
传真:021-63863300　　联系人:周忠惠　王 笑
11、发行人律师:竞天公诚律师事务所
地址:北京朝阳门外大街20号联合大厦11,15层　　电话:010-65882200
传真:010-65882211　　联系人:张绪生　赵 洋
12、主承销商律师:中伦金通律师事务所
地址:北京建国门外东环南路2号北京招商局大厦12层
电话:010-65681188　　传真:010-65681838　　联系人:张学兵　刘育琳
13、股份登记机构:上海证券中央登记结算公司
地址:上海市浦东浦建路727号　　法定代表人:王迪彬

四、本次发行的方案

1、股票种类:记名式人民币普通股(A股)
2、面值:每股面值人民币1.00元
3、发行数量:拟发行不超过8,000万股,最终发行量根据最终确定的发行价格和本次增发投资项目资金需求量确定
4、定价方法和发行方式

本次发行采用对证券投资基金网下累计投标询价并定价与对公众投资者上网定价发行相结合的方法,具体分两步进行:第一步,刊登招股意向书,在确定的发行价格底限以上向证券投资基金网下累计投标询价,并根据实际申购簿记结果确定最终发行价格和最终发行数量。主承销商和发行人根据经济附加值指标(EVA)、类比估值法以及市盈率法等定价模型确定发行价格区间,并采用网下对证券投资基金累计投标询价的方式来确定最终发行价格,本次发行价格底限为13元/股(全面摊薄市盈率27.31倍),不设预约申购上限,指导价格上限为18元/股(全面摊薄市盈率37.82倍,该指导上限价格仅供参考,不具法律约束力)。第二步,按确定的价格对公众投资者上网定价发行,然后根据网下和网上的有效申购情况确定统一的认购比例。证券投资基金和公众投资者均按同一确定价格进行申购。

5、预计募集资金总额(含发行费用):约10亿元
6、发行对象:在上交所开立人民币普通股(A股)股票帐户的中华人民共和国境内自然人、法人和证券投资基金(国家法律、法规禁止的购买者除外)。

五、承　销

1、承销方式:本次发行采用余额包销的方式,由南方证券有限公司牵头组成的承销团包销剩余股票。
2、承销期:2001年3月14日开始至2001年4月2日止。
3、承销机构及承销量

承销机构	承销量(万股)	占发行总额比例(%)
南方证券有限公司	1,200	15
国信证券有限责任公司	1,200	15
华泰证券有限责任公司	1,120	14
西南证券有限责任公司	1,120	14
平安证券有限责任公司	1,120	14
长城证券有限责任公司	1,120	14
深圳经济特区证券公司	1,120	14
合计	8,000	100

4、发行费用

本次股票发行费用总计约人民币3,106万元,其中:承销费:2,200万元,上市推荐费用:80万元,注册会计师费:151万元,律师费:50万元,公关公司费用:100万元,路演推介费用:150万元,上网发行费用:295万元,其它费用:80万元,合计:约人民币3,106万元

六、风险因素与对策

投资者在评价本公司本次发售的股票时,除本招股意向书提供的其它资料外,应特别认真地考虑下述各项风险因素。

(一)风险因素
1、经营风险
(1)原材料供应风险
(2)对主要客户的依赖
(3)产品外销的限制
(4)经营业务过度集中的风险
(5)产品生产技术状况及品种更新的风险
(6)融资能力的局限性
(7)外汇风险
2、行业风险
(1)产业政策的限制
(2)环保因素的限制
(3)对自然资源的依赖风险
(4)行业内部竞争风险
3、市场风险
(1)商业周期的影响
(2)市场需求结构变化的风险
4、政策性风险
5、加入WTO的风险
6、股市风险
7、项目投资风险
(二)主要风险对策
1、经营风险的对策
(1)针对原料供应的风险

内蒙古自治区是我国优质羊绒产地之一,宁夏、新疆等周边地区也是国内重要的羊绒产地,且交通十分便利。到目前为止,本公司的原料供应从未出现过困难。针对我国西北地区环境恶化造成山羊数量减少的现状,本公司将加强与有关科研院所的合作,培育高产绒山羊品种,改良饲草料基地,提高羊绒原料的单产量,降低自然环境恶化对羊绒产量的影响。同时,本公司将进一步巩固与现有的羊绒供应商业已形成的长期合作关系,同时积极拓宽原料采购渠道,合理调剂原料储备,从而减小因原料价格波动或供应短缺带来的影响。

(2)针对对主要客户依赖的风险

本公司在进一步加强与现有国内外主要客户良好合作关系的同时,将积极开辟新的市场,寻求新的合作伙伴,健全和扩大销售网络,尽可能减少对主要客户的依赖。

(3)针对产品生产技术状况及品种更新的风险

本公司将进一步加强信息调研，及时掌握国际上羊绒制品先进生产技术动态，加大人力、财力、物力的投入，努力完善和提高本公司生产技术，加快产品的升级换代。

(4)针对经营业务过度集中的风险

本公司在积极发展主营业务的基础上将逐步开拓其他产业，寻求新的利润增长点，走多元化发展的道路，以分散单一经营的风险，提高公司的综合经济实力，增强本公司抗风险的能力。

(5)针对产品外销风险

本公司获得的出口配额在全国羊绒行业名列前茅。本公司将利用多种渠道争取更多的出口配额，同时将加强对不受配额限制的日本等国的出口。目前我国正积极争取加入世界贸易组织，这也将有利于本公司产品的出口。

(6)针对融资能力风险

本公司是银行贷款"AAA"信用单位，本公司将努力保持目前与银行间的良好合作关系，在资金运作上制定严密的计划，做好资金管理，加强销售货款回笼工作，保证公司资金的正常运作。同时，本公司将以此次股票发行上市为契机，充分利用资本市场的融资功能，开辟新的融资渠道。

(7)针对外汇风险

本公司一方面将关注国家外汇政策的变化，研究汇率变化的趋势；另一方面加强对贸易对象的资信调查，选择资信程度较高的海外客商作为交易伙伴，采用风险较低的结算方式，选用硬通货币作为交易货币，规避汇率风险。

2、行业风险的对策

(1)针对产业政策风险

本公司主要生产中、高档羊绒制品，旨在充分提高羊绒制品的附加价值，走羊绒精加工、深加工之路。"鄂尔多斯"品牌在羊绒行业中享有很高的知名度，"鄂尔多斯"牌羊绒制品是国家外经贸部首批重点支持和发展的名牌出口商品之一，因此，国家对羊绒行业产业政策的调整对本公司的影响相对较低。

3、市场风险的对策

(1)针对商业周期的影响

针对羊绒制品销售存在一定的季节性差异，本公司一方面提高生产效率，降低生产成本，提高集中供货能力，从而增加销售旺季的销货量；另一方面妥善处理内外销关系，在内销淡季生产外销产品，达到生产的平衡，以抵消商业周期的影响，同时积极开发新产品，通过产品的多元化来有效增加销售淡季的销货量，并延长产品旺销期。

(2)针对市场需求结构变化的风险

本公司将加强市场调研，提高对市场需求变化预测的准确性，及时调整产品结构，提高产品档次和技术含量，顺应羊绒制品市场需求的发展趋势。

七、本次募集资金的使用计划

(一)公司本次增发A股拟发行不超过8000万股，经测算发行价格在每股人民币13-18元之间，募集资金量在人民币10亿元左右，经公司2000年9月20日召开的本年度第一次临时股东大会批准，公司本次增发所募集资金计划主要用于下述项目：

项目名称	计划投资总额	立项批准文件
引进35台德国斯托尔全自动电脑编织横机项目	2170万元	内蒙古自治区发展计划委员会文件内计工字[2000]660号
引进45台(细针)德国斯托尔全自动电脑编织横机项目	2792万元	内蒙古自治区发展计划委员会文件内计工字[2000]1246号
高支羊绒制品织造及后整理设备技术改造项目	13906万元	国家经济贸易委员会文件国经贸投资[2000]271号
精纺高支纱及机织、针织可机洗高档系列产品工业性实验项目	6000万元	国家经济贸易委员会文件国经贸技术[2000]598号
国内外市场营销网络建设项目	10000万元	
科研开发基地建设项目	4996万元	内蒙古自治区发展计划委员会文件内计工字[2000]656号
年产200吨精纺羊绒高支纱技术改造项目	4955万元	内蒙古自治区发展计划委员会文件内计工字[2000]667号
年产320吨粗纺羊绒高支纱技术改造项目	4990万元	内蒙古自治区发展计划委员会文件内计工字[2000]663号
绒山羊改良及草牧场建设试点项目	2900万元	内蒙古自治区发展计划委员会文件内计农字[2000]1240号

其余资金作为正常营运资金，主要用于收购羊绒原料。

(二)募集资金使用项目情况介绍

公司本次增发A股募集资金主要用于投入技改项目、市场营销网络建设、科研基地建设、山羊改良及草牧场建设试点项目及收购羊绒原料等，以提高企业综合经营能力和竞争力，增强企业可持续发展的后劲，增加产品附加值，扩大国内外市场占有率，实现以科技为先导的规模经济效益和以环保为中心的社会效益。这些项目经过公司董事会深思熟虑后提出并经国家有关专家进行科学认证，项目投资符合国家产业政策，并能给公司带来良好的效益：

1、引进德国斯托尔电脑横机80台技改项目

公司计划投资4,962万元，用一年的时间，引进德国斯托尔电脑横机80台(其中细针横机45台，其他横机35台)，生产高附加值高档轻薄型羊绒时装产品30万件(提花、绞花等羊绒时装衫13万件，高支轻薄型羊绒衫17万件)，预计年新增营业收入13,748万元，利润总额2,410万元，净利润2,048万元，投资收益率41.27 %，实现税金795万元。

2、高支羊绒制品织造及后整理设备技术改造项目

公司计划投资13,906万元，用一年时间引进国际、国内高技术水平生产设备252台套，对现有部分分梳、纺纱、后整理设备进行技术改造，形成年产高支轻薄型羊绒衫25万件、轻薄型羊绒披肩10万条、高支轻薄型羊绒面料30万米的能力。预计年新增营业收入10,564万元，利润总额3,118万元，净利润2,089万元，投资收益率22.42%，实现税金1,850万元。

3、精纺高支纱及机织、针织可机洗高档系列产品工业性实验项目

公司计划投资6,000万元，用一年时间引进国际高技术设备255台套，形成年产精纺高支纱100吨，轻薄型羊绒衫25万件，电子提花披肩、围巾2.75万条，衬衫、内衣1.5万件的能力，预计年营业收入可增加13,723万元，利润总额2,812万元，净利润2,390万元，净资产收益率39.83%。

4、国内外市场营销网络建设项目

公司计划用两年的时间投资10,000万元，在国内新建150家专卖店(厅)、国外新建20家直销店，预计年新增营业收入(销售环节新增收入)21,173万元，利润1,308万元，投资收益率13.08%。

5、科研开发基地建设项目

为了强化科研和产品开发能力，不断增加新产品，公司计划投资4,996万元，主要用于科研开发基地建设，增强公司技术创新和产品创新能力。预计年可加工羊绒纱40吨，营业收入1040万元，净利润345万元，投资收益率6.91%，实现税金185万元。此举主要目的是为增强企业发展后劲和企业产品的市场竞争能力，间接经济效益不可估量。

6、年产200吨精纺羊绒高支纱生产线改造项目

为了进行产品结构调整，提高产品的科技含量和附加值，增强产品的竞争力和市场占有率，公司拟投资4,955万元，用两年时间压缩普通粗纺羊绒纱的产量，增产精纺羊绒高支纱200吨。预计年可实现来料加工收入3,400万元(不含税)，利润总额2,188万元，净利润1,466万元，投资收益率44.16%，实现税金722万元。

7、年产320吨粗纺羊绒高支纱生产线改造项目

为了进行羊绒纺纱结构的调整，致力于羊绒衫、羊绒围巾等粗纺产品的精做，公司拟投资4,990万元，用一年时间主要用于对羊绒纺纱设备的更新换代，调整低支数的普通羊绒纱的产品结构，实现年产粗纺高支羊绒纱320吨，预计年可实现销售收入35,200万元，利润总额1,944万元，投资收益率38.96%，实现税金792万元。

8、绒山羊改良及草牧场建设试点项目

为了增加羊绒原料的单产量，改良饲草料基地，改善草原生态环境，促进山羊养殖向科学化、产业化发展，公司拟投资2,900万元，用一年的时间建立种山羊改良基地和饲草料基地，两项预计可实现营业收入1,284万元，利润总额139万元，净利润118万元，投资收益率4.07%。

9、其余资金用于收购羊绒原料及其他正常营运周转。

八、前次募集资金使用情况的说明

(一)前次募集资金的数额和资金到位时间

内蒙古鄂尔多斯羊绒制品股份有限公司经中华人民共和国国务院证券委员会于1997年4月18日签发的证委发[1997]19号文的批准，通过上海证券交易所向社会公开发行每股面值为人民币1元的B股普通股股票，共计10,000万股，以溢价发行，发行价格为每股美元0.83元，总值为美元8,300万元。截至1997年5月14日止，承销机构在扣除境内外发生的发行费用计美元539.5万元后，实际缴入公司募股款美元7,760.5万元为前次增发B股的募集资金，按汇率1美元兑换人民币8.2825元计算，折合人民币计64,277万元。

(二)前次募集资金的使用用途

根据招股说明书所载前次募集资金的使用用途如下：

1、约美元260万元(相当于人民币2,153万元，汇率同上)用作对内蒙古东建羊绒制品有限公司、内蒙古东昌羊绒制品有限公司、内蒙古三虎羊绒制品有限公司、内蒙古东冠羊绒制品有限公司和内蒙古东昱羊绒制品有限公司的权益投资。

2、约美元600万元(相当于人民币4,970万元，汇率同上)用于从国外引进羊绒制品生产设备及技术。

3、约美元1,400万元(相当于人民币11,596万元，汇率同上)用于扩建本集团的原料示范基地及12家原料收购点。

4、发售B股所得的净收益未作上述用途的部分，董事会拟将其中部分用作减少短期银行贷款，其余作为营运资金或存作短期存款。

九、股利分配政策

1、本公司实行同股同利的分配政策，按股东持有的股份的比例进行分配，各类普通股享有同等权益。在每个会计年度结束后的六个月内，由本公司董事会根据该会计年度的经营业绩和未来的生产经营计划提出股利分配方案后，经股东大会批准后予以执行。

根据本公司章程规定，公司税后利润具体分配顺序和比例如下：

(1)弥补上一年度的亏损；

(2)提取法定公积金10%；

(3)提取法定公益金10%；

(4)提取任意公积金；

(5)支付普通股股利。

当公司法定公积金累计额达到公司注册资本的50%时，可以不再提取。提取法定公积金、公益金后，是否提取任意公积金及提取比例由股东大会决定。

2、本公司股利分配采取现金或股票的形式，原则上每年派发一次年度股利，年度股利将于次年6月或之前派发。如公司分别按中国会计准则和国际会计准则编制的财务会计报告显示的公司税后利润数字有差别，利润分配方案须按数字较低者制定。公司股利以人民币计算，A股现金股利以人民币支付，境内上市外资股(B股)现金股利，根据股东大会作出决议日的下一个营业日中国人民银行公布的美元现汇兑人民币中间价兑换为美元派发。本公司在向股东分配股利时，由本公司按照国家有关个人所得税的法律法规代扣、代缴个人所得税。

3、本公司2000年9月20日召开的2000年度第一次临时股东大会审议通过了关于增发A股之前未分配利润的处置方案：

(1)董事会通过确定增发A股后最近一次股东大会的最后交易日来确定享有参与分配增发A股之前滚存的未分配利润资格的B股股东。

(2)本次增资发行后产生的A股股东不享受本次发行前公司滚存的未分配利润。增资发行A股前的可供股东分配的利润由B股股东和国有法人股股东享有。自本次A股增发募集资金到位当月(包括当月)起，本公司产生的利润由B股股东、国有法人股股东和A股股东共享。

4、本公司董事会于2001年2月28日召开的2001年度第一次会议审议通过了2000年度利润分配预案：每股按人民币0.36元(含税)分红。本利润分配预案尚需提交股东大会审议。

十、发行人基本情况

(一)公司名称：内蒙古鄂尔多斯羊绒制品股份有限公司

英文名称：INNER MONGOLIA EERDUOSI CASHMERE PRODUCTS CO.,LTD.

(二)成立日期：1995年10月15日

(三)注册地址：内蒙古自治区东胜市达拉特南路102号

(四)发行人历史情况介绍

本公司的前身为伊克昭盟羊绒衫厂，1980年获伊克昭盟经济委员会批准成立，并以补偿贸易方式从日本引进生产设备及技术组建。本公司成立后，隶属于伊克昭盟政府直属的纺织公司管理。

为扩展生产规模，本公司于1986年-1987年再次以补偿贸易方式从日本引进技术设备。

1988年，本公司获内蒙古自治区经济贸易厅批准取得自营进出口权。

1989年经有关政府部门批准，本公司与伊克昭盟纺织公司正式分立，成为伊克昭盟政府属下的一家独立的全民所有制企业，全面获得自主经营权。

1992年本公司从国外引进设备进行了又一次较大规模的技术更新改造。同年12月，"鄂尔多斯"商标被内蒙古自治区工商局和内蒙古自治区消费者协会评选为"内蒙古自治区著名商标"。

1993年9月经有关政府部门批准，本公司更名内蒙古鄂尔多斯羊绒衫厂。

1994年，本公司被国家统计局列入1993年利税总额全国行业十强企业。1995年本公司被国家统计局列入中国行业百强企业。

1995年4月，内蒙古自治区经济体制改革委员会批准本公司改组为股份有限公司，新成立的公司名称为内蒙古鄂尔多斯羊绒制品股份有限公司。

1995年9月25日，本公司经上海证券管理办公室批准，发行110,000,000股B股。同年本公司进入全国500家进出口额最大工业企业行列。

1996年本公司在美国设立3家直接挂"鄂尔多斯"商标进行销售的产品专卖店。

1997年5月，本公司增发B股100,000,000股。同年11月，本公司获得了由中国进出口商品质量认证中心颁布的ISO9001质量体系认证证书。

1999年，"鄂尔多斯"商标被国家工商局认定为中国驰名商标。同年4月，"鄂尔多斯"产品被国家外经贸部列入首批重点支持和发展的名牌出口商品名单。同年12月，"鄂尔多斯"品牌经北京名牌资产评估事务所评估价值27.55亿元。

(五)本公司组织结构

本公司按照《中华人民共和国公司法》的规定，已设立股东大会、董事会、监事会、总经理及有关

生产经营管理机构,具体组织结构和内部管理结构见附图1和附图2。

(六)主要股东及其他关联企业的基本情况

1、主要股东情况

(1)内蒙古鄂尔多斯羊绒集团公司:

内蒙古鄂尔多斯羊绒集团公司代表国家持有本公司国有法人股22,600万股,占本公司总股本的51.83%。内蒙古鄂尔多斯羊绒集团公司的经营范围是:主营羊绒、羊毛、驼绒、驼毛及其制品、呢绒精纺面料、服装、建筑材料、电子元件、矿泉水、供热、供电、供水、加工、销售、酒店、饮食。兼营娱乐旅游服务、传呼通讯服务。

(七)本公司经营范围和主要业务

本公司经营范围:生产销售无毛绒、羊绒纱、羊绒衫等羊绒制品,相关技术咨询服务。

本公司的主要业务为生产及销售羊绒制品。本公司从事原绒收购、选绒、洗绒、分梳、染色、纺纱、编织到后整理的一整套全面垂直综合业务。本公司最主要的产品类别包括无毛绒、羊绒纱及羊绒服装(包括大衣、羊绒衫及配件如围巾、帽和手套)。董事相信,本公司是中国最大的羊绒制品生产企业。截至2000年12月31日,本公司形成年生产无毛绒1000吨,羊绒纱1200吨,羊绒衫300万件的生产能力。

本公司用于生产过程的最主要原材料为原绒,平均约占各类产品生产成本80%左右。本公司位于内蒙古自治区,为国内最主要的产绒区。

由于原绒产量稀少,因此本公司非常重视与供应商的关系。尤应指出,本公司经在内蒙古和其他省区设立了十二个原绒收购点,以便发展与供应商的关系,确保得到原绒供应的数量及质量。供应商主要为内蒙古的牧民、供销社及土畜产公司。此外,本公司亦有向其他省份采购原绒。目前,本公司年采购原绒约3000吨。

本公司的无毛绒产品主要以"KVSS"牌商标销售,羊绒服装在国内及国外销售则分别以"鄂尔多斯"牌商标及客户之商标销售。本公司生产的羊绒纱主要用作公司羊绒服装的生产原料,亦有部分销售予公司属下其他从事羊绒制品生产的企业。

截止目前,本公司出口销售约占当年总销售额的40%。主要海外市场包括日本、美国、欧洲及中国香港等。而国内销售则通过本公司设于全国多个城市的专卖店直接售予顾客,或批发予当地的经销商。本公司截止2000年12月31日在全国共设有专卖店372家、专卖厅539家、加盟客户237家,辐射50多个大中城市,鄂尔多斯羊绒衫的销售面覆盖全国。

董事深信,本公司有效的质量控制和产品开发能力,将成为本公司日后发展的关键因素。本公司采用严格的质量控制程序,而职工则要对任何未能符合商定的质量指标负责。本公司的研究与发展职责是专注于研究开发高科技、高附加值产品,发展原料示范基地,培育新的经济增长点,走可持续发展的道路。

(八)公司主要产品、生产能力及市场销售

1、主要产品

本公司的主要产品为无毛绒、羊绒纱、羊绒衫。其中,羊绒衫作为成品销售,无毛绒、羊绒纱主要作为下游工序所需原料而供本公司使用。

2、生产能力

截止2000年12月31日,公司资产规模:总资产为340,163万元,净资产156,244万元,固定资产69,553万元。公司现有生产规模:69台选绒洗绒设备,24台分梳设备,8台纺纱设备,1080台编织设备,486台后整理设备,公司主要设备从日本、德国、意大利等国家引进,公司设有具有全套先进仪器的设备的新技术新产品开发中心,公司现有生产能力为:年生产无毛绒1000吨,羊绒纱1200吨,羊绒衫300万件。

3、销售方式

本公司的主导产品是羊绒服装,国内销售羊绒服装主要通过自己建立的专卖店、专卖厅(柜)进行销售,国外销售羊绒服装主要通过自己建立的专卖店和办事处进行销售。

4、主要市场情况

本公司产品60%内销,40%出口,出口市场主要有美国、日本、欧盟等30多个国家和地区。

羊绒制品出口情况

国家或地区	1999年度销售额	比例	国家或地区	2000年度销售额	比例
亚洲	13130万元	25%	日本	20195万元	25%
美洲	21008万元	40%	美国	32313万元	40%
欧洲	15156万元	29%	欧洲	24234万元	30%
其它地区	3226万元	6%	其它地区	4039万元	5%
合计	52520万元	100%	合计	80781万元	100%

随着人们对羊绒制品优点的逐步认识,国内外消费者对羊绒制品的购买数量逐年增加,为此,本公司进一步分析市场,拓展市场,开发生产适销对路的新产品,以满足不同地域、不同层次消费者的需求。

(九)主要原材料的供应和自然资源的耗用情况

(十)职 工情况

1、职工专业构成

专业	人数	比例
生产人员	3939	76.63%
销售人员	550	10.70%
管理人员	376	7.32%
技术人员	213	4.14%
其他	62	1.21%
合计	5140	100%

(十一)无形资产

1、无形资产价值及使用期限

类别	2000年12月31日(人民币元)	剩余摊销期限
"鄂尔多斯"商标	38,273,438	15
"KVSS"商标	15,035,729	15
土地使用权	6,033,524	44
软件使用权	730,418	4
合计	60,073,109	

2、商标

本公司自成立以来,一贯十分注重品牌形象和商标注册。本公司注册的"KVSS"牌无毛绒是世界羊绒界公认的"中国一号无毛绒","鄂尔多斯"商标被国家工商局评定为"中国驰名商标"。1999年,经北京名牌资产评估公司评估,"鄂尔多斯"商标的无形资产价值为人民币27.55亿元。1997年11月,本公司通过了中国进出口商品质量认证中心的ISO9001质量认证。

鄂尔多斯羊绒制品股份有限公司商标国外注册一览表

商标名称	注册国别(地区)	核定使用商品或服务项目
KVSS	新西兰、泰国、澳大利亚、香港、台湾、韩国	羊毛、羊绒、山羊毛
鄂尔多斯	韩国、澳大利亚、香港、英国、美国、日本、墨西哥、新西兰、德国、法国、意大利、蒙古、瑞士	围巾、大衣、夹克、西服、领带、披肩、衬衣、儿童服装、游泳衣、民族服装、手套、鞋、针织衣服
CKF	德国、法国、意大利、蒙古、瑞士、美国、日本、香港	无毛绒、羊绒(纤维纺织原料)

(十二)新产品、新项目的研究开发情况

(十三)投资项目、技术改造与产品更新

(十四)国家政策和规章对生产经营的影响

(十五)近三年来公司重大事项对财务状况和经营状况的影响

(十六)关联交易

(十七)同业竞争的处理

根据本公司与集团公司于2000年9月20日签订的《不竞争承诺协议》,集团公司作为本公司的最大股东,承诺将不在中国境内外,直接或间接从事或参与任何在商业上对本公司有竞争的业务及活动,不直接或间接对本公司开展有竞争或可能构成竞争的业务、活动或拥有实体的权益。

十一、股本结构

(一)注册资本

本公司目前的注册资本为43,600万元,本次发行成功后的注册资本为不超过51,600万元。

(二)股本结构

1、本次发行前本公司的股本结构如下:

股份类别	股份数量(股)	占总股本比例
国有法人股:	226,000,000	51.83%
B股	210,000,000	48.17%
合计	436,000,000	100%

2、本次发行成功后(按发行A股股份总数8000万股计),本公司的股本结构如下:

股份类别	股份数量(股)	占总股本比例
国有法人股:	226,000,000	43.80%
B股	210,000,000	40.70%
A股	80,000,000	15.50%
合计	516,000,000	100%

十二、发行人的主要会计资料

(一)会计报表主要数据

主要财务数据: 单位:人民币元

	2000年	1999年	1998年
资产总额	3,401,631,873	2,451,021,740	2,670,164,227
负债总额	1,640,318,952	770,689,661	1,009,443,318
股东权益	1,562,444,253	1,513,005,064	1,492,780,009
主营业务收入	1,821,818,156	1,479,731,279	1,152,383,914
主营业务利润	664,841,802	427,276,437	393,536,179
营业利润	323,137,025	176,393,326	156,494,893
利润总额	320,291,179	180,527,181	163,517,965
净利润	206,399,189	111,785,055	84,997,114

(二)公司最近三年年度财务报告刊登的报刊名称及刊登时间:

公告时间	公告内容	所载报刊名称
1999年4月22日	内蒙古鄂尔多斯羊绒制品股份有限公司1998年年度报告	《上海证券报》《香港商报》《南华早报》
2000年4月18日	内蒙古鄂尔多斯羊绒制品股份有限公司1999年年度报告	《上海证券报》《香港商报》《南华早报》
2001年3月2日	内蒙古鄂尔多斯羊绒制品股份有限公司2000年年度报告	《上海证券报》《香港商报》《南华早报》

(三)其他信息

过去三个会计年度本公司一些主要财务指标及营运资金数据如下:

主要财务指标	2000年	1999年	1998年
流动比率	1.74	2.57	2.25
速动比率	0.39	1.00	1.00
资产负债率	48.22%	31.44	37.80
应收账款周转率	7.73	3.78	2.50
存货周转率	0.68	0.86	0.58
净资产收益率(%)	13.21%	7.39	5.69
每股净利润(元)	0.47	0.26	0.19

(四)财务分析

1998年到2000年的三年中,本公司资产总额总体呈现出"V"字型发展趋势。1998年资产总额267,017万元,1999年下降为245,102万元,2000年资产总额上升为340,163万元。1999年资产与1998年比较,总体呈现出下降趋势,下降主要表现为应收款项的下降,短期借款、应付帐款等流动负债需求也同步下降,。2000年资产总额与1999年比较,总体呈现出增加趋势,增加主要表现为存货和固定资产的增加。从1998年开始到1999年两年的经营期间,受国内外经济不景气的影响,公司经济效益处于低谷期间。这两年,公司总体上减少了存货和应收帐款的占用量,节约的资金用以归还大量银行贷款,盘活了营运资金,降低了资产负债率,增加了流动比率,进一步减少了财务风险。2000年,随着羊绒产品销售市场的升温,产品的产销量大幅增加,公司为保证下一年度生产经营的顺利运营,增加原料和再加工半成品的储备量。同时公司为进一步拓展经营规模,增加固定资产投资。

1998年和1999年,公司经营处于低谷。即使如此,公司的主营业务收入仍然保持着较大幅度的增长,1998年公司实现主营业务收入115,238万元,1999年公司实现主营业务收入147,973万元,比1998年增长28%。2000年,公司产品销售在1999年基础上大幅度增加,全年实现主营业务收入182,182万元,比1999年增长23%,实现净利润20,640万元,实现了近三年来经营业绩的飞跃。

由于近年来出口产品价格低落,导致公司产品出口处于微利经营的局面,而经营利润的实现主要依靠内销产品来完成,其中主要产品利润占利润总额的95%以上。公司董事认为,目前出口产品的价格正在攀升,预计产品出口的经营局面将有所改善。

十三、盈利预测

内蒙古鄂尔多斯羊绒制品股份有限公司2001年的盈利预测为净利润24,546万元人民币。以下资料摘自普华永道中天会计师事务所为本次发行出具的普华永道审字(2001)第538号盈利预测审核报告。

盈利预测审核报告

普华永道审字(2001)第538号

内蒙古鄂尔多斯羊绒制品股份有限公司全体股东:

我们接受委托,对贵公司和贵集团(贵公司及其子公司)2001年度盈利预测所依据的基本假设,选用的会计政策及其编制基础进行了审核。合理编制并充分披露该盈利预测是贵公司董事会的责任,我们的责任是对盈利预测发表审核意见。我们的审核是根据《中国注册会计师独立审计实务公告第4号-盈利预测审核》进行的。在审核过程中,我们根据贵公司编制盈利预测的具体情况实施了我们认为必要的审核程序。

我们认为,上述盈利预测是按贵公司确定的编制基础编制的,所依据的基本假设已适当披露,并无证据显示假设不合理;所选用的会计政策在所有重大方面与本所已审计的贵公司和贵集团(贵公司及其子公司)2000年度的会计报表所采用的会计政策相符。

普华永道中天会计师事务所有限公司

注册会计师 周忠惠 王笑

中 国 上 海

2001年2月28日

本盈利预测报告的编制遵循了谨慎性原则，但盈利预测所依据的各种假设具有不确定性，投资者进行投资决策时不应过分依赖该项资料。

(一)　盈利预测编制基准

本盈利预测的编制基准是根据内蒙古鄂尔多斯羊绒制品股份有限公司(以下简称"本公司")及其子公司(以下与本公司统称为"本集团")以2000年度之会计报表编制中所确定的企业组织结构及经审计的经营结果以及对2001年度的企业经营市场及环境分析而作出。编制盈利预测所依据的会计政策与本公司及本集团2000年度之会计报表中所采纳之会计政策在所有重大方面均相符。

(二)盈利预测基本假设

1、本集团遵循的中央及地方现行的政策、法律、法规以及所处的政治、经济状况将无重大变化；

2、本集团所从事的行业布局及产品市场状况将无重大变化；

3、预测期内本集团的经营活动不受到资源短缺或成本严重变动的不利影响；

4、本集团的生产、销售以及产品的定价政策将无重大变化；

5、本集团不会受重大或有负债的影响而导致营业成本的增长；

6、无严重的通货膨胀发生；

7、国家现行的赋税基准及税率政策将无重大变化；

8、现行银行利率及汇率将无重大变化；

9、未出现不可抗力因素或任何非经常性项目的重大不利影响；

10、本集团于2001年6月底前完成A股发行工作。

内蒙古鄂尔多斯羊绒制品股份有限公司

2001年度盈利预测

合并利润表

单位：人民币千元

项　　目	2001年预测数	2000年已审实现数
一、主营业务收入（说明1）	2,311,730	1,821,818
减：主营业务成本（说明1）	(1,672,804)	(1,181,669)
主营业务税金及附加	(5,800)	(5,001)
二、主营业务利润	633,126	635,148
加：其他业务利润	15,000	16,051
减：营业费用（说明2）	(195,500)	(187,003)
管理费用（说明3）	(79,433)	(86,626)
财务费用（说明4）	(31,088)	(54,432)
三、营业利润	342,105	323,138
加：投资收益		2
补贴收入		
营业外收入		6,076
减：营业外支出		(8,924)
四、利润总额	342,105	320,292
减：所得税（说明5）	(54,560)	(63,168)
少数股东损益	(42,087)	(50,725)
五、净利润	245,458	206,399

内蒙古鄂尔多斯羊绒制品股份有限公司

2001年度盈利预测

(三)盈利预测说明

1、主营业务收入、主营业务成本

合并：	营业务收入		主营业务成本		主营业务毛利率	
	2001年预测数	2000年实际数	2001年预测数	2000年实际数	2001年预测数	2000年实际数
	人民币千元	人民币千元	人民币千元	人民币千元	%	%
内销	1,177,200	1,009,007	765,180	594,738	35	41
出口	1,134,530	812,811	907,624	586,931	20	28
合计	2,311,730	1,821,818	1,672,804	1,181,669	28	35

十四、公司发展规划

(一)发行人的生产经营发展战略

本公司是中国羊绒纺织行业最具竞争实力的企业，面对国家当前产业政策和西部大开发战略的实施，以及中国加入世界贸易组织带来的无限商机，公司以"立民族志气，创世界名牌"为宗旨，以"产业报国"为己任，按照"质量、品种、效益"原则，将适时进行产品结构调整，开发及应用羊绒制品生产的新材料、新技术、新工艺，提高技术设备装备水平，增加产品的科技含量和提高产品附加值，以适应市场需求，从整体上提高公司在国际市场的竞争能力，争创世界名牌，实现"鄂尔多斯温暖全世界"的目标。

(二)发行人的发展目标和规模

本公司将进一步调整产品结构，实施品牌经营战略，发挥本公司的名牌优势，市场营销网络优势、技术优势和资金优势，在不扩大公司现有生产能力的基础上，充分利用全国现有的羊绒制品加工企业的生产能力，通过虚拟扩张，达到扩大销售量、销售收入和利税水平的目标，推动中国羊绒业的经济增长。

公司产品结构调整后，将开发高档次、精品化的新产品和高科技含量、高附加值的产品，要作到质量最好、价格最高。

公司将加强国内、国际营销网点建设增加国内外专卖店数量，在各销售网点之间，销售网点与销售中心之间，实现配货系统、营销系统、财务系统的计算机联网，建立国内外第一流的物流管理网络。同时，完成销售中心、技术开发部门、生产工厂三者之间的计算机网络信息化建设，建立高效灵敏的信息反馈渠道。

(三)发行人的市场发展计划

1、高档次、高质量的羊绒制品是公司今后生产的主导产品，以保证公司在未来的竞争中立于不败之地，同时公司将积极引导市场竞争，以保护中国民族羊绒工业的利益。

2、国际、国内羊绒制品市场需求仍然较大，市场需求结构不断变化，公司将积极调整产品结构，改善花色品种，以满足国内外市场的需求。

3、羊绒制品仍有较大的利润空间。目前，中国羊绒制品市场尚处于成长期，特别是在品种、花色、技术含量、文化品位等方面仍需要进一步完善和改进。随着中国加入世界贸易组织的临近，中国羊绒制品将面临更广阔的国际市场，在国际市场的销售价格仍会有一定幅度的增长。公司通过实施产品结构调整和技术改造等措施，将进一步提高羊绒制品的生产技术和工艺水平，增加产品的花色、品种、款式，努力取得产品在国际市场上空间利润。

(四)发行人的销售计划

2001年，公司计划生产无毛绒1000吨，羊绒纱1200吨(其中精纺羊绒纱100吨)，羊绒衫340万件(其中精纺羊绒衫30万件)，计划全年实现销售收入231,173万元，净利润24,546万元，出口创汇12,000万美元。

(五)发行人的生产经营计划

本公司要充分利用自己的技术优势、资金优势、市场营销网络优势、品牌优势，通过产品结构调整和技术改造，以不断提高产品档次和文化内涵，扩大国际市场占有率和出口创汇额，提高企业效益，增强国际竞争力为目标，为发展中国羊绒事业做出自己的贡献。

(六)发行人的固定资产投资计划及设备更新计划

公司计划利用A股募集资金，引进先进设备，淘汰现有落后设备。引进羊绒精纺设备，以适应高档精纺羊绒服装生产的需要，继续引进先进的STOLL电脑编织横机，淘汰手动编织机，减轻工人劳动强度，提高劳动生产率。还要引进部分后整理设备以提高羊绒制品的绒面丰满度、手感及感观效果。引进检验、检测和试化验设备仪器，进一步扩充技术中心的整体装备，使技术中心以雄厚的技术力量为公司的羊绒及其新产品研究开发发挥重大的作用。

(七)发行人的人员扩充计划

公司在未来的发展中将把"人才资源"放到重要位置。作为公司发展的一项重要工作。首先，公司将和全国的一些重点院校结成"手拉手"合作单位，一方面，这些院校的学生毕业后公司可以择优录用；另一方面，这些院校可以为公司代培员工。其次，公司还计划建立一个博士后研究基地，为纺织、服装设计、生物工程、遗传学等专业的博士后提供资金、实验仪器、设备，让这些专家有优越的条件进行研究，为公司的发展、为中国羊绒行业乃至生物工程及生态发展做出更大的贡献。同时，公司每年还将及时地招聘公司所需的各类人才

(八)发行人的资金筹措和运用计划

详见本招股说明书正文第七章"本次募集资金的使用计划"。

十五、重要合同及重大诉讼事项

(一)重要合同

1、2001年2月1日，公司与工商银行伊克昭盟支行签订了期限为一年金额为2483.31万元人民币的短期借款合同，据此，发行人应于2002年1月30日前偿还上述借款。

2、2000年6月8日，公司与工商银行伊克昭盟支行签订了期限为十一个月金额为1062万元人民币的短期借款合同，据此，发行人应于2001年5月26日前偿还上述借款。

3、2000年8月11日，公司与工商银行伊克昭盟支行签订了期限为一年金额为500万元人民币的短期借款合同，据此，发行人应于2001年8月11日前偿还上述借款。

4、2001年1月19日，公司与工商银行伊克昭盟支行签订了期限一年金额为4000万元人民币的短期借款合同，据此，发行人应于2002年1月18日前偿还上述借款。

5、2000年7月5日，公司与工商银行伊克昭盟支行签订了期限为十一个月金额为89万元人民币的短期借款合同，据此，发行人应于2001年6月4日前偿还上述借款。

6、2000年11月16日，公司与中国工商银行总行签订了期限为一年金额为5000万元人民币的短期借款合同，据此，发行人应于2001年11月15日前偿还上述借款。

(二)公司不存在针对公司的资产尚未了结的诉讼、仲裁及行政处罚，也不存在其他可能针对公司的重大诉讼、仲裁及行政处罚。

十六、与本次发行有关的中介机构的意见

1、发行人律师出具的法律意见书的结论性意见

竞天公诚律师事务所认为：发行人本次公募增发股份在发行及上市的主体资格、实质条件等方面符合有关法律及中国证监会对向社会公开募集股份的条件和要求。

2、主承销商出具的尽职调查报告的结论性意见

经过对公司的尽职调查，南方证券有限公司认为：公司本次增发符合《公司法》、《证券法》、《上市公司向社会公开募集股份暂行办法》等有关法律法规的规定，公司增资发行招股意向书涉及的内容真实、准确、完整，具备增发资格。

3、注册会计师就发行人内部控制制度的完整性、合理性和有效性出具的管理建议书的结论性意见

普华永道中天会计师事务所认为：公司及其子公司已基本建立了与业务复杂程度相一致的且能够为会计报表在所有重大方面的公允表达提供合理保证的内部控制制度，且该内部控制制度能被广泛地遵循。

十七、董事会成员及承销团成员签署意见

本公司董事会成员及主承销商南方证券有限公司已分别批准本招股意向书，确认本招股意向书不存在任何虚假、重大遗漏或者严重误导性陈述，并愿就其真实性、准确性、完整性负个别和连带的责任。

南方证券有限公司

附录

一、股东大会关于本次发行的决议(摘要)

公司于2000年8月19日在《上海证券报》、《香港商报》、《南华早报》上刊登关于召开2000年度第一次临时股东大会的通知及会议议案，该次股东大会于2000年9月20日在北京鄂尔多斯大厦三楼会议室召开，出席会议的股东及股东代表共9人，代表股份数236,996,700万股，占公司股份总额54.4%，符合《公司法》及《公司章程》的有关规定。大会以书面记名表决方式逐项审议表决通过了《内蒙古鄂尔多斯羊绒制品股份有限公司2000年第一次临时股东大会审议关于增发A股的议案》。

此次临时股东大会的决议于2000年9月22日刊登在《上海证券报》、《香港商报》、《南华早报》上。

二、公司章程修改内容简介

本公司《公司章程》已按中国证监会《上市公司章程指引》进行了修订，并于1998年5月26日召开的1997年度股东大会上通过了关于修改《公司章程》的议案。

2000年9月20日，公司2000年第一次临时股东大会通过授权公司董事会在本次增发A股完成后修改《公司章程》有关条款的决议。

备查文件

1、修改后的公司章程正本

2、发行人近三年的年度报告正本

3、中国证监会核准发行的文件

4、承销协议

5、前次募集资金运用情况的专项报告

6、法律意见书

7、主承销商律师的验证笔录

8、注册会计师的管理建议书

9、公司近三年审计报告、会计报表及附注

10、盈利预测

11、重要合同

查阅期间：本次股票发行期

查阅地点：内蒙古鄂尔多斯羊绒制品股份有限公司

南方证券有限公司　　上海证券交易所

内蒙古鄂尔多斯羊绒制品股份有限公司

二00一年三月十四日

江苏恒瑞医药股份有限公司

公司是1997年2月经江苏省人民政府苏政复[1997]19号文批准，由连云港市医药工业公司作为主要发起人，联合中国医药工业公司、连云港市医药工业公司工会、连云港市医药采购供应站、连云港康缘制药有限公司共同发起设立的股份有限公司。1998年12月经江苏省人民政府批准，连云港市医药工业公司改制为连云港恒瑞集团有限公司并被授权为国有资产投资主体，继续持有股份公司国有股股份。主要股东有连云港恒瑞集团有限公司、中国医药工业公司。

公司属医药行业，是国家重点的抗肿瘤药物生产基地，抗肿瘤药销量在国内名列前茅，同时也是国家定点的麻醉药品生产主要厂家之一，1996年被卫生部、国家医药局确定为我国参加国际麻管组织交流的窗口。公司是江苏省重点扶持的六个医药企业之一，是省政府授予的技术进步先进企业和省环保局授予的省环境保护先进单位，全国医药行业优秀企业，被科技部确定为国家重点高新技术企业，2000年被江苏省人事厅、江苏省经济贸易委员会批准建立博士后技术创新中心。公司主要经济技术指标、经济效益综合指标在全国医药企业中排名靠前。

公司主要从事化学原料药及片剂、针剂、胶囊、粉针等西药制剂的开发、制造和销售；药用SP复合膜、PTP铝箔的制造和销售。2000年度公司主营业务收入完成48471万元，比上年同期41393万元增长17.1%；主营业务利润完成25300万元，比上年同期19351万元增长30.74%；利润总额8189万元，比上年同期6271万元增长30.59%。

随着医药行业在国际和国内两个市场竞争愈加激烈，开发高新技术含量的新药，已成为企业相互竞争的焦点。对此，公司把新产品开发作为一项关系到企业生存和发展的关键来抓。一方面，公司在加强自身科研能力的同时，注重与科研院所建立长期合作关系，分别与中国医学科学院药物所共建COX-2酶抑制剂创新实验室，与中国医学科学院生物技术研究所共建喹诺酮类抗生素创新实验室，与中国药科大学共建大环内酯类抗生素创新实验室，变过去的单纯产品转让为成果共享、利益共享的合作关系，既加快了新产品开发又促进了人才培养。另一方面，公司充分发挥科技与人才优势，加大植物药研究力度，力争在植物药领域占有一席之地。另外，已获新药证书的盐酸氨溴索原料及制剂、来曲唑原料及制剂分别被国家经贸委和国家科委认定为国家重点新产品，来曲唑原料及制剂被列入国家科委火炬项目计划，奥沙利铂原料及制剂被列入江苏省星火项目计划，盐酸氨溴索原药及制剂被列入江苏省火炬项目计划。

股票简称：恒瑞医药　股票代码：600276

公司法定代表人：孙飘扬
公司董事会秘书：陈学民
联系地址：连云港市新浦人民东路145号
电话：(0518)5457194
传真：(0518)5452340
邮政编码：222002
电子信箱：cxm@hengruipharm.com
公司网址：http://www.hengruipharm.com

贵州盘江精煤股份有限公司

中国大西南川、滇、黔接壤的“攀西六盘水地区”是能源、矿产资源和生物资源富集的一块宝地。其中煤炭储量就居江南第一。该地区在中国地图上呈倒三角形，人们形象地称之为资源富集的“金三角”。贵州盘江精煤股份有限公司位于贵州省红果经济开发区内，是这个资源富集的“金三角”下的一颗明珠。

贵州盘江精煤股份有限公司是经贵州人民政府批准，由盘江煤电(集团)有限责任公司作为主发起人，联合中国煤炭工业进出口集团公司、贵阳特殊钢有限责任公司、福建省煤炭工业(集团)有限责任公司、贵州省煤矿设计研究院、中煤工程设计咨询集团重庆设计研究院、防城港务局、贵州煤炭实业总公司等七家企业，在建立长期稳定的战略合作关系的基础上，采取发起设立的方式于1999年10月29日成功组建，并经中国证监会批准，于今年4月成功发行12000万股(人民币普通股)的股份有限公司。公司总股本为37130万股，占总股本的32.32%。

贵州盘江精煤股份有限公司是集原煤开采，选洗精煤、特殊加工煤、焦炭销售、煤炭附产品深加工为一体的经营实体。现有员工7483人，其中生产人员6442人，工程技术人员156人，销售人员204人，管理人员509人，其他人员172人。截止2000年12月31日，公司总资产为730513336.90元，净资产389031468.90元，销售收入470349552.56元，利润总额74120340.64元。

盘江矿区煤炭储量丰富，而且易于开发。煤炭远景储量为383亿吨；在勘探深度500米内，地质储量95亿吨，为云南省的54%，四川省的1.1倍，广西区的4.3倍，尤其是盘江的炼焦煤资源，占贵州省炼焦煤总储量的52.87%。煤田地质界权威人士认为：“六盘水是华南最大的煤仓”。可以说，盘江则是这个大煤仓的主仓，被誉为“江南煤都”。矿区地质条件较好，煤层赋存稳定，属缓倾斜煤层，构造比较简单，埋藏浅，易开发，适宜发展机械化，建设高产高效的大型和特大型矿井。矿区还拥有金、银、锌、铅、汞、镁、锑、镍、钴、钼等金属矿藏和大理石、石膏、石灰岩、硅石等非金属矿藏，并有丰富的煤层气资源，综合开发的条件十分优越，是资源丰富的一块宝地。

法定代表人：郑华
董事会秘书：伍正斌
公司住所：贵州省六盘水市红果经济开发区
联系电话：0858－3700327
传真：0858－3700328
电子信箱：pjwzb@163.com

股票简称：盘江股份　股票代码：600395

盘江矿区煤种齐全，有气、肥、焦、瘦、贫煤和无烟煤。煤质优良，低灰、低硫、微磷、发热量高。煤层灰分4.8-32%，全硫含量小于0.5%，挥发分为25-37%，发热量25.1百万焦耳/公斤。其中肥煤和1/3焦煤属稀缺煤种。

公司交通运输条件便利，地理位置得天独厚。公司交通运输十分便利，南昆铁路红威支线，盘西支线及320国道贯穿矿区南北，公司各生产矿井和选煤厂均设有铁路专用线，与铁路大动脉直接相连，正在修建的水柏铁路和株六复线即将竣工，届时将使公司的交通运输更为便利；地理位置得天独厚，其所处的周边省区如四川、重庆、云南、湖南、广东、广西、海南等均为缺煤省，江南仅贵州为煤炭净调出省，盘江是贵州省的大型煤炭企业，产品运达上述省区运距较短，竞争优势明显。

公司生产工艺成熟领先，部分设备已达到国际或国内领先水平。公司主要进行煤炭的洗选加工，工艺流程为跳汰、浮选联合流程。工艺技术特点表现为简化工艺流程、与其他工艺如跳汰工艺、联合洗选工艺相比，该工艺具有分选下限低、适应性强、分选精度高、带煤损失小、易于实现自动控制等优势。其中：选煤工艺系统、三产品重介旋流器及筛分破碎机等已达到国际领先水平；重介系统过程、浮选系统过程自动控制，浮选机、干燥机、脱介筛、离心机、渣浆泵及计量系统等均已达到国内领先水平。尤其是公司所属的老屋基选煤厂具备国内一流的洗选工艺。该厂采用大型、高效全重介选煤简化流程新工艺及设备。其中，大型无压给料产品重介质旋流器(3NWX1200/850)是目前世界上直径最大的旋流器，不脱泥入选、直接磁选、单一低密度悬浮一次分选出精煤、中煤、矸石三个产品，此项新工艺对传统洗选工艺是一个突破性进步。其自动控制系统也位于同行业前列。

目前公司生产的煤炭产品主要供攀钢、黔桂发电、广西建设燃料、柳钢、贵阳煤气气源厂、广钢、水钢、涟钢、昆钢、江西新余钢铁、湘潭钢铁等公司，远销全国10个省、自治区，还出口韩国、日本、印度、台湾等国家和地区。

新疆天宏纸业股份有限公司是经新疆维吾尔自治区人民政府新政函［1999］191号文批准，由新疆石河子造纸厂为主要发起人，以其与造纸相关的生产经营性资产入股，新疆教育出版社等四家法人单位以货币资金入股，采用发起方式设立的股份有限公司，公司于1999年12月30日在新疆维吾尔自治区工商行政管理局登记设立，注册资本5016万元。公司主发起人新疆石河子造纸厂投入的经营性资产包括：造纸一分厂、造纸二分厂、制浆分厂、机电分厂、纸品加工分厂、原料分厂、东泉农场的生产经营性净资产，天宏商贸城分公司、武汉分公司、兰州分公司、广州分公司、乌鲁木齐分公司、南京分公司、成都分公司、石河子分公司以及其在控股子公司北京博天峰纸业有限责任公司、上海博峰纸业有限责任公司、深圳新石纸业有限公司的权益等。

截止2000年12月31日，公司总资产达到24877万元，净资产9344.4万元，实现销售收入14730.4万元，净利润1276.6万元，经新疆维吾尔自治区轻工业行业管理办公室统计证明，2000年在新疆造纸行业中利税指标排名第一，产品在新疆文化用纸市场占有率50%左右。

2001年6月15日公司在上海证券交易所发行成功，每股面值1元，发行价格5.80元，6月21日在新疆维吾尔自治区工商行政管理局变更了注册登记，注册资本变更为8016万元，本次发行共冻结资金2100多亿元，募集资金1.74亿元，6月28日在上海证券交易所鸣锣上市。股票简称“新疆天宏”，股票代码600419，股本总额8016万股，可流通股本3000万股。

1

2

3

1. 新疆生产建设兵团副司令员朱鉴凡（左三）、新疆生产建设兵团农八师师长、石河子市市长宋志国（左二）、新疆天宏董事长李国民（左一）、新疆天宏党委书记王玉柱（左四）

2. 新疆生产建设兵团农八师师长、石河子市市长宋志国与新疆天宏董事长李国民为公司股票鸣锣上市

3. 上证所领导向新疆天宏董事长李国民先生赠送纪念品

注册资本：8016万元

成立日期：1999年12月30日

法人代表(董事长)：李国民

总经理：赵云忠

董秘：王巧玲

所属行业：造纸及纸制品业

经营范围：造纸，纸制品及纸料加工、销售，化工产品（有毒除外）、印刷物资的销售，机械加工，物业管理，造纸原料的开发。

公司董事长：李国民

新疆天宏纸业股份有限公司

XINJIANG TIANHONG PAPERMAKING CO.,LTD

XINJIANG TIANHONG PAPERMAKING CO.,LTD

地址：新疆石河子市西三路

邮政编码：832009

联系电话：(0993)2515661-5555

2511714

传真：(0993)2515661-2001

电子邮件：fzq63@263.net

FUJIAN EXPRESSWAY DEV

福建发展高速公路股份有限公司(简称：福建高速)是于1999年6月28日以泉厦高速公路为主体资产进行改制设立的。经中国证监会核准，福建高速于2000年1月5日以上网定价方式成功发行了人民币普通股20000万股，每股面值人民币1元。经上海证券交易所批准，这部分股票于2001年2月9日起在上海证券交易所挂牌交易，股票简称“福建高速”，股票代码“600033”。目前，福建高速总股本68500万元，经营范围为：投资开发、建设、经营公路；机械设备租赁，咨询服务；工业生产资料，百货，建筑材料，五金、交电、化工等。

福建高速的主要业务是从事泉州至厦门高速公路的收费经营与管理。泉厦高速公路于1997年12月建成通车，是福建省的第一条高速公路，是交通部规划在2002年前全面建成的国家沿海主干道的一部分，被交通部列为“八五”期间第一批公路建设重点项目。泉厦高速公路起于泉州市西福，止于厦门市官林头，全长81.898公里，为全封闭双向四车道的收费高速公路，设计行车速度为120公里/小时，通行能力为6.4万辆/日标准小客车。

福建高速在此次股票发行后，将进入一个崭新的成长阶段。在市场发展上，福建高速将积极开展资本运

福建发展高速公路股份有限公司

LOPMENT CO. LTD

地址：福建省福州市杨桥东路118号宏杨新城2座　　邮编：350001

电话：0591-7612847　　传真：0591-7601476

董事长：唐建辉

总经理：熊向荣

作，充分利用资本市场的筹资功能，通过收购兼并、投资开发等形式，逐步将福建省范围内的其他高速公路纳入公司经营范围，提高福建高速的整体运营水平，在高速公路统一管理中实现效率最优化，收益最大化。在人本管理上，福建高速将采取多种形式提高员工的业务技能和整体素质，同时引进高层次的管理、财务、投资专业人才，改善公司的人力资源结构，提升公司的经营管理水准。同时，公司着力于建立科学、高效的管理体系，使管理资产效益最大化，促进公司高速公路主业的投资建设和产业扩张，并充分利用福建沿海经济区位优势，促进海峡两岸“三通”，加快建设海峡西岸繁荣带，使公司逐步朝着主业突出、管理规范、经营稳健、业绩优良的现代化企业集团方向发展。

公司董事长：陈华森

公司总部大门

潍坊亚星化学股份

潍坊亚星化学股份有限公司（简称亚星化学）是国有控股公司，其控股股东潍坊亚星集团有限公司是全国520家重点企业。亚星化学是由规范的有限责任公司依法整体改制而设立，具有完整的企业资产，独立的经营机制，规范的法人治理结构。

亚星化学是一家以研制和生产经营新型化学材料为主业的高新技术企业。具有以下几个特点：

亚星化学经营世界最先进的新型氯化聚乙烯（CPE）化学弹性体材料。CPE是目前世界上不可缺少的新型高分子弹性体材料，广泛应用于制造新型化学建材、家电外壳、轿车零件、高级电线电缆等，1990年，亚星化学引进世界上最先进的德国赫司特公司的技术和设备，建成了国内首套生产装置，经过十年不断消化吸收和国产化改造，产能已达到年产2.5万吨，居亚洲首位、世界第二。

亚星化学拥有世界最先进的专项技术。1994年，亚星独家买断了德国赫司特公司的CPE弹性体材料专项技术，整体收购了该公司的CPE制造装置，成为目前世界上唯一拥有这一先进技术的公司，具备了无限研发、扩大生产能力的条件，必将发展成为世界CPE弹性体材料领域的杰出代表。

亚星化学的科学管理模式被国家经贸委认定，并号召向全国推广。亚星创立了以财务管理为中心，以全面预算控制为重点的企业运行新机制，在此基础上创立了购销比价管理新模式，挖掘了蕴藏在“暗处”的交易利益，实现了企业利润最大化。亚星的这一管理模式受到了国家经贸委的充分认定，已向全国进行了推广，并产生了巨大的经济效益和社会效益。

亚星化学进军绿色环保产业，为推动国民经济可持续发展做贡献。1995年亚星化学采用日本三菱重工的先进技术和设备建成了锅炉烟气湿法脱硫装置，脱硫率达85%以上，该装置被国家计委认定为国内工业锅炉首套建成也

司主导产品氯化聚乙烯（CPE）化学
单性体材料生产装置主控室

公司主导产品氯化聚乙烯（CPE）化学弹性体材料生产装置氯化岗位

公司采用日本三菱重工技术、设备建成的锅炉烟气湿法脱硫装置一角，该装置为国内同类工业锅炉首套建成也是效果最好的示范装置

有限公司

是脱硫效果最好的示范装置之一。目前，亚星化学正与日本三菱重工进行合作，以现有示范装置为基础，全面实现排烟脱硫装置国产化，以达到在全国范围推广之目的，亚星将大步迈入发展绿色环保技术和设备的新兴领域。

亚星化学已成为中国发展氯化聚合物新材料的领头羊。经过多年发展，亚星先后建成了国内规模最大、技术含量最高的含氯聚合物研究开发基地，拥有自己的研究中心和工程技术公司。同时，还培养造就了一支在国内外居一流水平的技术设计和工程建设队伍，有自主设计、自主开发建设大型化学装置的能力。目前，亚星化学已研制成功CPE弹性体新材料十余种，并全部投入生产；此外还完成国家级科研项目7个，这些新型化学材料填补了国内空白。

亚星化学追求与用户共同发展，建立的国际化的高效营销服务网络已辐射全球。亚星化学以满足用户的需求为经营宗旨，走出了一条与合作伙伴共同发展的全球合作之路。先后协同美国、德国、韩国的著名公司和专家，共同试制和开发了符合世界不同用户需求的新型化学材料，目前正在为美国的轿车工业、德国的电气工业、韩国的塑料工业等世界五百强跨国公司提供优质的弹性体新材料。亚星的营销服务网络遍布国内几十个大中城市，并在美国、德国、韩国等发达国家设立了营销网点，形成了中心开花，辐射全球的营销服务网络。目前，亚星CPE弹性体材料在全世界市场上的占有率已达18%，在国内市场的占有率达40%，雄居榜首。

亚星化学的绩优成长性一目了然。亚星化学已连续多年保持了速度、效益每年两位数的增长。在全球经济一体化的大潮中，亚星化学已拥有世界最先进的生产装置，具备国际竞争力的核心技术和研发能力、现代化的科学管理方法、一流的人才队伍、全球化的合作手段，必将逐步发展成为世界规模最大的氯化聚合物新材料研发、生产基地之一。亚星化学将不断创造世界一流的化学新材料，为振兴我国民族化学工业做出更大的贡献。

① 位于昆明国家高新技术产业开发区的云大科技办公大楼

② 公司董事长：付文明

③ 先进的生产设备为高科技产品推向市场提供了有力保障

④ 公司总经理：陈云海

⑤ 良好的企业形象，图为云大科技的彩车在中国昆明国际花卉节上

YUN

昆明云大科技产业股份有限公司是以自主研发体系为主，云南大学等多家科研院所为技术依托，以科研成果产业化为中心，科工贸一体化的专业型集团公司。其前身是于1992年成立的云南大学南亚生物化工厂。公司于1998年9月经整体改制在上海证券交易所挂牌上市(股票简称“云大科技”，股票代码为：600181)。

公司在昆明国家高新技术产业开发区建立了以生化制品为主的，拥有100亩现代化产业园区的科研、生产基地。至2000年底，总资产达13.5亿元；公司员工总数2358人，平均年龄29.2岁，大专以上学历员工总数的70.6%。

主营产品“云大-120”新型高效植物生长调节剂属国家科技成果重点推广应用项目，1996年被评定为国家级新产品，其合成工艺属国家发明专利。目前已在国内主要农业区多种作物上累计推广了近三亿亩，创造了显著的经济效益和社会效益。

公司多年来致力于生物及化学技术领域的开拓，在多年发展高科技农化产品的同时，积极向医药行业和花卉产业拓展。目前，一方面积极进行植物生长调节剂的深入研究，保持在该领域内的世界领先地位；另一方面利用现代生物手段对天然药用动植物资源进行深入研究和开发利用，改造传统制药产业。

公司近年来整合优势资源，基本完成了“一个基地、三个支点、两个触角”的构架，即以昆明为生产、研发“基地”；以北京、上海、深圳为信息传播、技术研究和人才储备的三大“支点”；以美国、澳大利亚为跟踪世界科学最新动态，拓展海外市场的两大“触角”的企业创新体系布局。同时，通过资本运营，建立了以农资营销和医药营销为主的、遍及全国的销售网络。

昆明云大科技产业股份有限公司

4

5

多年来，云大科技“一手抓市场，一手抓研发”，市场和研发两个轮子齐头并进。公司产品通过我们的网络到达消费终端，研发则为我们的后续产品源源不断地供给市场提供了必要保障。公司在昆明成立了云南大学药学院，专门针对云南得天独厚的生物资源优势进行深层次的生物资源开发，同时还在深圳、北京、上海，甚至在美国和澳大利亚也都相继建立了研发基地。自主研发基地的建立，就形成了开发式地与国内外大型研发机构进行深层交流与沟通的格局，为公司立足于国际性竞争创造了丰厚的条件。同时，公司还提出在全国的一千个重点县建立上万个营销网点的宏伟构想，即“千县万点”网络工程及营销服务体系，目前，已经在全国的四百个重点县建立了四千个营销网点，该体系的推进，为公司系列产品快捷、有效、顺畅地直达市场终端创造了十分有利的条件。

2000年公司各项经济指标均较1999年有所增长，主营业务收入较99年增长了70.08%，净利润较99年增长27.89%。

经过数年的发展，公司目前形成了农化、医药保健品和花卉三个产业链，每个产业链内部还有很多产品链。农化方面主要是以云大-120为核心的调节剂、高附加值的专用微肥和生物农药；医药保健品主要是围绕三七为主的治疗药和保健药、疫苗类产品和人类基因产品开发等；花卉产业主要有花卉拍卖中心、以温带花卉为主的高档花卉进出口基地。

随着公司产业结构的不断调整、完善，产品结构的不断丰富、优化，昆明云大科技产业股份有限公司必定会迈上一个更高的起点，为国家，为社会作更大的贡献。

汉商集团

是一个集商业、旅游、外贸于一体，
多元化、多业态、现代化大型商业上市公司。

汉商外景

公司董事长、总经理：张宪华

商场内景

汉商集团是一个集商业、旅游、外贸于一体，多元化、多业态、现代化大型商业上市公司。在激烈的市场竞争中，公司以党的十五大精神和邓小平理论为指导，充分发挥党组织的政治核心作用，全心全意依靠职工办企业，做好企业改革发展新形势下的思想政治工作，坚持两个文明一起抓，形成了商品力、形象力、经营力、文化力〞四力并重〞的经营理念和〞严、细、实、新〞的管理特色，探索出〞专业公司·大连锁〞的独特的企业经营管理模式，构筑起〞立足武汉、辐射全省、走向全国、开拓海外〞的〞四环推进〞发展格局。

汉商集团现拥有汉阳商场、汉商女之都、21购物中心、天合商场和正在筹建的汉商国际会展中心五大百货零售店以及汉商美国直销店，零售营业面积达15万平方米。

汉阳商场系公司本部所在地，位于汉阳钟家村繁华的闹市中心，22层汉商大厦和原12层主楼气势雄伟、相

武汉市汉商集团

股份有限公司

的商场内景

二十一世纪购物中心、武汉家具城

映生辉。汉商女之都是全国规模最大的女性用品专业店和武汉首家专业百货店，是江汉路步行街上最亮丽的风景线。汉商21购物中心是一座欧美风格的集购物、娱乐、休闲、餐饮于一体的大型现代化购物天堂，是武汉首家“销品茂”（大型购物中心）。正在筹建的“汉商国际会展购物中心”开设在武汉市新的标志性建筑—武汉展览馆内。以“品牌经营，展览贸易，广场文化”为特色，将建成一个展示国际国内精品的博览城。

公司按照“专业公司·大连锁”的发展模式，通过联合、租赁、兼并、收购等方式，积极渗透，广伸触角，广泛布点，大力开办汉商连锁超市。现已开办了汉商超市北城店、汉商超市赵家条店和汉商超市天合店。公司在旅游胜地咸宁温泉地区投资兴建“咸宁温泉山庄”，开设沐浴舫和度假别墅区等发展项目。在武汉市近郊的南湖风景旅游开发区内，拟建造了一个集“食、住、行、旅、娱”于一体的多功能综合型度假村—“汉商千步滩度假村”，是武汉市市民休闲度假的理想去处。

创建中国毛纺绿色硅谷

公司外貌

公司董事长：叶惠丽

公司生产车间

凯诺科技股份有限公司位于江苏省江阴市新桥镇，创办于1997年1月，是国家科技部火炬计划中心认定的全国毛纺行业第一家国家重点高新技术企业，是全国毛纺行业唯一通过“双高”认证的高新技术企业，同时又是国家纺工局和国家经贸委评定的“以产顶进”的面料生产企业。公司注册资本9670.083万元，职工人数2300余名，其中，大专以上文化程度的占到职工总数的40%，具有中、高级职称的占到10%以上。具有400万米精纺呢绒和30万套高档服装的年生产能力。

公司目前拥有多套当今国际先进的织造、染整、服装加工及检测设备，并从国外引进了高速阔幅剑杆织机、功能化后整理及成套智能化服装加工等国际一流的生产设备。公司在毛纺行业中率先通过ISO9002国际质量体系认证和ISO14001环境管理体系认证，目前正在组织进行ISO9001:2000标准的转换论证工作。公司并全面导入CIS企业形象识别系统，采用CIMS信息管理应用工程，应用高新技术改造传统产业。

公司通过技术创新，营造自己的核心竞争能力，瞄准世界毛纺前沿技术，加大与国际毛纺研究机构和国内高等院校以及毛纺技术科研所的合作力度，形成了产学研一体化的自主创新格局，保持了公司技术创新的行业主导地位，花色品种时尚的领导地位和混纺产品的销售垄断地位。公司依托东华大学、上海毛麻研究所等大学和科研院所，通过产、学、研相结合，建立了自主开发的技术创新机制，组建了公司技术中心，下设毛纺研究所、高新技术产品开发部、服装研究所、检测中心、机电一体化研究室、计算机管理中心等部门，并成立了公司科技协会。采用新材料、应用新技术、运用新工艺、开发新功能，生产出了防水、防污、防缩和抗皱、抗菌、抗静电、抗起球等绿色环保功能型产品，在复合型、功能型、环保型、轻薄型面料的开发上取得显著成绩，产品形成了12大系列3000多个花色品种。其中16只高新产品和7项技术先后获国家级和省级新产品、新技术奖，并蝉联全国毛纺新产品评比五连冠，高新技术产品在销售中的贡献率已高达85%左右。

公司董事长叶惠丽了解产品情况

公司在应用天然染料开发研制绿色环保功能型产品方面取得了重大突破。2000年底，公司技术中心采用植物染料等天然染料研制开发的面料新品—高支天素丽和高级舒力呢同时通过省级鉴定。据专家介绍，这两只新产品均属国内首创，达国内领先、国际先进水平。这两只面料新品除具有抗静电、除菌和保健等功能外，达到了环保染色的各项指标，符合人们穿着“回归自然”的要求，并具有止痒、防腐、抗霉等保健功能，是真正意义上的绿色环保功能型面料。产品批量生产投放市场后，经上海、江苏等地客户、消费者使用后反映，产品手感滑糯，弹性好，光泽充足，有清凉感，特别适于作内衣及套装，符合国内外精纺毛料高支轻薄化、功能多样化的要求，以及目前国际上倡导的环保型天然面料的需求，是21世纪国际市场上倡导的绿色环保产品，具有极为广阔的国际市场前景。

凯诺科技

公司外貌

公司总经理：赵国英

公司生产车间

营销体系现代化是公司发展的重点目标任务，通过进驻一流城市的一流商场，抢占国内外市场的制高点，构建辐射国内外市场的营销网络，促进了高新产品产业化、市场化。公司积极实施全球化经营战略，采取国际本土化的经营策略。目前，公司已在国内大中城市的名店和名商场开设了50多家专卖店，并且已在美国纽约、法国巴黎、意大利米兰、日本东京、新加坡、韩国、中国香港等国家和地区开设了信息站，开展国际业务以及跟踪世界毛纺前沿最新技术。外向经济已由原来单一的原料和设备引进转变为输出产品和品牌的双向循环，产品先后出口到美国、法国、意大利、日本、香港等世界主要市场，通过锤炼使公司在信息、技术、营销方面的国际化程度越来越高，参与全球化竞争的能力也越来越强，为跨国经营奠定了良好的基础。

抢占市场制高点关键是要构筑企业自己的人才高地。为进一步充实企业科技队伍，公司目前正在加快实施“千百十”人才工程，即培养、引进1000个大专以上各类管理人才，选择100人作为中坚力量，选拔10人培养成重量级的专家大师。去年以来，公司先后与同济大学、复旦大学联手，在国内毛纺业率先开办了两期MBA班，投入巨资为自己培养高层复合型经营管理人才及经济管理人才。公司计划在今后几年内，通过“内培+外聘”的形式，使公司拥有1000名大专以上文化程度的员工，籍以提高员工队伍的整体素质。为此，公司与南京大学、沙州工学院联合开办了大专班，对在岗员工进行培训。同时又举办了财会大专班、服装裁剪班等专业培训班，进一步提高相关岗位员工的业务能力。企业通过成批引进、成批培训、成批使用这种模式来强化人才的培养机制，让适合人才在适合时间到适合的岗位，做到用人定位正确。同时，通过各种有效途径在公司中推行全员学习、全过程学习、全面学习的培训计划，员工受训率达100%，从而有效地开发了人力资源。

公司生产车间

目前，公司正以市场为先导，以多功能高档精纺呢绒为主干，以品牌服装为龙头，瞄准国际毛纺行业的前沿技术，依靠技术创新强化技术改造，加快推动高新技术产品成果的产业化、市场化、国际化，在“精、高、强、优、特”上做文章，使公司在高新技术产品方面形成自己的核心竞争力，早日建成中国毛纺业的绿色“硅谷”，从而为提升中国毛纺产品在国际市场的品牌形象和产业地位奠定坚实基础。今后三年将是公司新世纪创业和企业快速裂变的三年。为此，公司确立了未来3年内的发展总目标和市场规划，在生产规模上，高档精纺呢绒的生产能力将扩大到1000万米，同时将形成50万套高档西服的生产能力。在国际市场的拓展上，未来3年，公司将新设10家境外销售分公司，在全球范围内增设品牌专卖店600家，进一步提高公司产品的国际市场占有率。同时，三年内要在行业内确立“三个地位”，“营造三个特色”，“三个地位”：即要成为素质最好的企业，建立最有魅力的高新工业园区，创造最有价值的品牌；三个特色：即形象国际化、管理个性化、文化多元化。

青海白唇鹿股份有限公司

青海白唇鹿股份有限公司的前身是青海第一毛纺厂，始建于1944年，是国内首家研制、开发和生产牦牛绒衫产品的企业，也是青海省建厂最早、效益最好的毛纺骨干企业，为国有中型一档企业。1998年8月28日经青海省人民政府批准，青海第一毛纺厂联合西宁大十字百货商店、上海振鲁实业有限公司、西宁特殊钢(集团)有限责任公司及青海省集体工业物资供销处共同发起设立了青海白唇鹿股份有限公司。经中国证券监督管理委员会核准，公司2001年4月向社会公开发行人民币普通股股票3500万股，是青海省毛纺行业唯一的上市公司。公司注册资本11000万元。

青海白唇鹿股份有限公司生产的牛绒衫以其制作精细，质轻防蛀、绒面丰厚、手感细腻、保暖性好等特点，深受广大消费者欢迎和认可。为此，"白唇鹿"牌牛绒衫被定为全国旅游商品定点产品，被中华商标协会确定为全国首批"有志争创中华驰名商标大中型企业"，同时还获得青海省优秀产品一等奖，全国95消费者信得过产品，96年全国消费者首选精品及青海省科技成果优秀项目一等奖等荣誉称号。

1997年被中国纺织总会评为全国纺织行业质量效益型企业。

公司注重新产品的开发和研制，加大产品结构调整力度，形成了以牛绒精纺面料、薄型牛绒衫为主导的多元化产品结构，具有较高技术含量和附加值的新产品已成为公司新的

公司办公大楼

公司深圳专卖厅

公司董事长：黄贤优

公司总经理：李冬生

利润增长点。其中，新型"牦牛绒"高级服装面料被评为2000年度国家级新产品，列入国家经贸委2000年度国家级重点新产品试产项目计划，是国内唯一进入该计划的牛绒面料生产厂家，代表了牛绒资源开发的新方向。

多年来，公司始终坚持以新产品、新技术开发为突破口，从调整产品结构入手，不断提高产品档次；坚持以市场为导向，以销售为龙头，形成较为可行的营销方针和销售体系。同时，公司依托本省丰富的绒毛资源，不断采用新工艺、新技术、新设备，经济效益不断提高。1995—2000年，公司连续六年被评为青海省上缴利税先进企业。

公司位于青海省西宁市。青海省是我国四大牧区之一，由于其特殊的地理位置，蕴藏着丰富的牦牛绒资源。青藏高原年产牦牛绒占世界牦牛绒总量的90%以上，丰富的资源优势为公司提供了大展宏图的天地。公司将通过对牦牛绒资源的深度开发和综合利用，建立从原材料供应到产品深加工及后整理一条龙的生产体系，开发和生产出更多的市场需要、大众喜爱的"白唇鹿"品牌牦牛绒产品。我们相信，通过科技优势与资源优势的结合，通过公司广大员工的辛勤劳动，牦牛绒产品会真正成为镶在软黄金上的一颗明珠，"白唇鹿"的明天会更加美好。

公司车间

湖南金健米业股份有限公司

HUNANJINJIAN

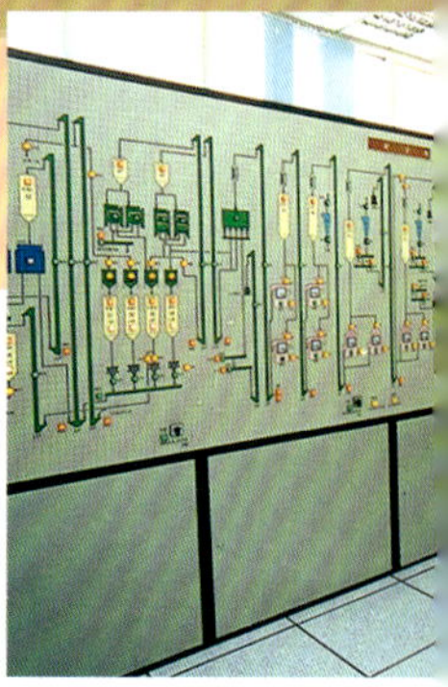

金健米业品牌战略研讨会

公司成果鉴定会

湖南金健米业股份有限公司是我国粮食系统第一家上市企业。公司由常德市粮油总公司独家发起，于1998年4月以募集方式设立。公司以农业产业化经营为发展方向，坚持农、科、工、贸一体化经营管理模式，以优质粮油深度开发和新型健康食品研制为经营主业，经营范围同时涵盖医药、建筑、网络营销以及文化传媒等多层领域，通过实施〝金健〞品牌战略，取得了良好的经营业绩和社会效益。

2000年公司被国家八部委确定为国家农业产业化龙头企业，创立了〝科技作动力，利益作纽带，公司加农户，企业联基地〞的经营管理模式。公司具备年产精米15万吨的生产能力，是我国目前规模最大、技术最先进的精米加工企业，并逐渐发展成为中国优质大米加工行业中最具影响力的主导产品金健珍珠强身米〞、〝金健高级菜子烹调油〞、〝万家

公司董事长：郑冶文

MIYE

中国精米加工第一屏”之称的
粮食工业城自动控制系统

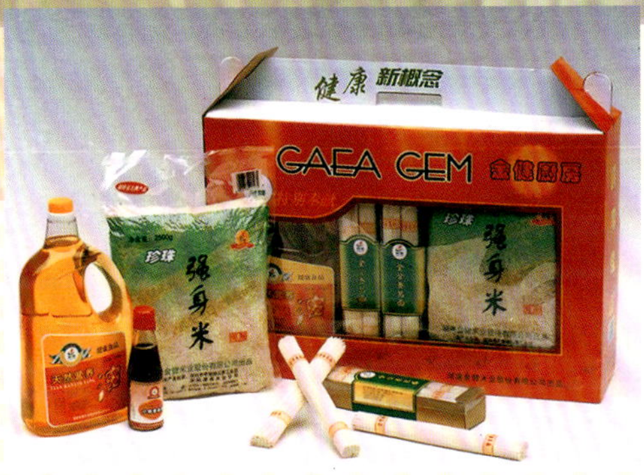

公司产品系列

炊高级烹调油”均系湖南省名牌产品及中国美食营养委员会和中国粮食行业协会指定的推荐产品，其中“金健”牌大米被湖南省政府评为“1999年度湖南省十大名优农产品”，在珠江三角洲已与泰国香米平分秋色，并打入港澳市场，深受广大消费者青睐。公司的营销网络覆盖了北京、上海、广西、广东、陕西、四川、重庆、湖南等省市自治区。

公司总股本30500万股，其中国有法人股17000万股，社会公众股13500万股。公司将利用资本市场的契机，加速金健米业基础产业结构升级换代，提高高附加值和高科技含量产品所占比例，促使公司主导产业向高科技保健食品和高附加值产业方向转变，进一步推动金健米业快速稳定发展。

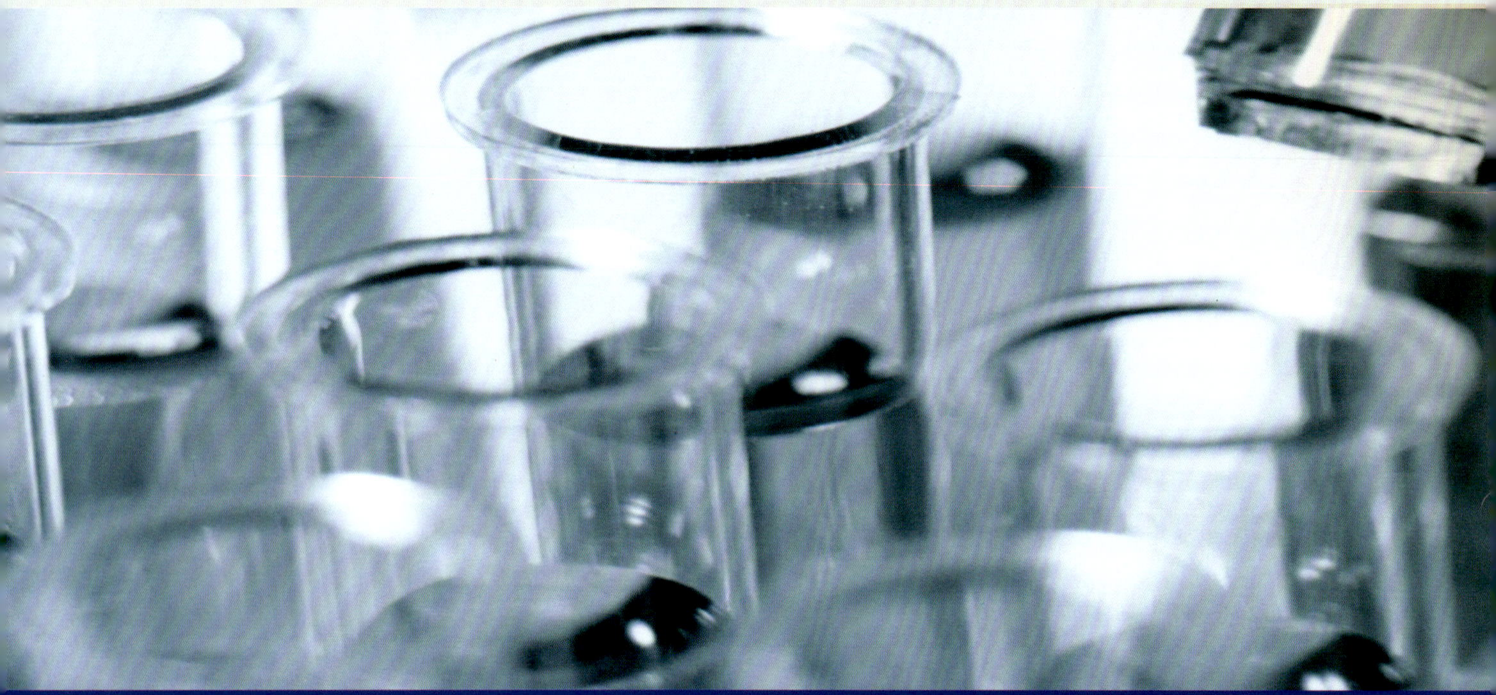

LINGRUI

河南羚锐制药

公司董事长、党委书记：熊维政

公司总经理：闵志浩

公司董事长熊维政

熊维政，男，1956年8月出生，中共党员，副主任药师。1978年7月毕业于河南中医学院中药系，先后任新县药检所所长、河南信阳羚羊山制药厂厂长、河南羚锐制药有限公司总经理、中共新县县委常委，现任河南羚锐制药股份有限公司董事长、党委书记，新县人大常委会副主任，河南省政协委员。2000年，当选为全国劳动模范和享受政府特殊津贴专家。多年来，以发展民族药业，振兴山区经济为己任，致力于国药开发和企业管理，使企业由弱到强，创立了羚锐发展模式，撰写了多篇药品研发和企业管理论文。

股份有限公司

河南羚锐制药股份有限公司是以中药生产为主的国家大型二类企业，位于大别山腹地的全国生态环境示范县—新县。公司现有膏剂、片剂、颗粒剂、胶囊剂、口服液等6个剂型近百个产品，其中胃疼宁片、青石冲剂、复方拳参片为国家中药保护品种，通络祛痛膏等产品为河南省名牌商品，参芪降糖胶囊等3个产品为河南省高新技术产品，1个产品获国家金奖，1个产品获省级发明银奖。生产设备和检测仪器均达到国内一流水平，还建立了计算机管理信息系统，并拥有独立的药物研究机构和遍及全国、辐射海外的营销网络。公司的橡胶膏剂车间和口服固体剂车间已通过国家GMP认证，各项生产工艺和生产技术在同行业中均处于领先水平，综合经济效益进入全国中药工业前50强。2000年10月，公司4000万人民币普通股(A股)在上海证券交易所上市，公司资产达5亿多元。公司的“羚锐”牌商标现为河南省著名商标，正在申报中国驰名商标。

近年来，公司先后被评为“河南省高新技术企业”、“全国中药系统先进集体”、“全国医药优秀企业”、“国家火炬计划重点高新技术企业”、“全国精神文明建设工作先进单位”和“全国先进基层党组织”。

公司董事长熊维政与
中共中央政治局委员李长春合影

河南省委书记陈奎元来公司视察工作，
熊维政董事长向其介绍公司产品

公司厂区外景

主导产品之一国家三类新药通络祛痛膏

主导产品之一骨质增生一贴灵

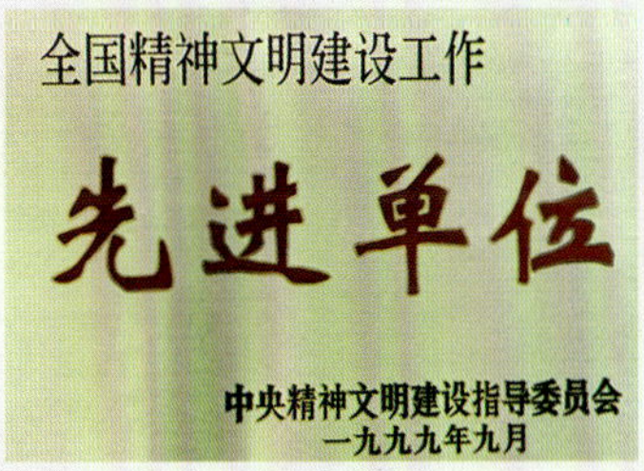

1999年，公司被中央文明委授予
“全国精神文明建设工作先进单位”荣誉称号

公司董事长：王维平

公司总经理：李健中

广西五洲
股份

GUANGXI W

广西五洲交通股份有限公司（简称五洲交通）是广西首家以交通基础设施投资经营为主业的重点骨干企业，获中国证监会核准，于2000年12月公开发行上市。总股本44200万股，其中国家股2480万股，国有法人股31520万股，内部职工股2200万股，公众流通股8000万股。

得天独厚的区位优势是五洲交通赖以发展的强大后盾。广西北接云、贵、川、渝，南临北部湾，具有沿海、沿江、沿边三位一体的区位优势，是我国大西南地区出海及前往华南地区的必经要地。在中央"要充分发挥广西作为西南地区出海通道的作用"的号召下，广西的交通事业得到了迅猛的发展。五洲交通在西南出海大通道的建设中曾参与了桂林至柳州、钦州至防城港高速公路的投资并取得了良好的经济效益。本次发行所募集的资金收购的广西境内的金城江至宜州汽车专用一级公路是国家重点支持建设的云、贵、川、渝通往两广的必经要道，地位重要。

优良的路桥资产是获取良好、稳定收益的基本保证。五洲交通目前拥有柳王高速公路小平阳至王灵段（平王路）、南宁至梧州公路部分路段以及柳州静兰大桥，截止2000年末资产总额达140844万元。优良的资产带来了可观的经济效益：2000年主营业务收入为13503万元，利润总额为12515万元，净利润为8296万元。公司从1992年末成立至今，每年均向股东提供比较丰厚的投资回报。

团结求实、高效创新、规范运作、稳健经营自始至终是五洲交通发展壮大的经营理念。五洲交通十分重视员工队伍的建设，坚持人员精干、素质精良的标准。目前公司拥有员工499人，在人员年龄、教育程度、技术结构等方面构成较为合理。经营上坚持科学决策，通过现代化设备和强有力的管理措施，加强对收费站的管理，严格控制成本。同时，强化对路桥设施的日常维修、养护及检查，小修、中修及大

公司股票上市仪式

广西交通厅领导、公司董事、监事等在公司股票上市仪式上合影

交通
有限公司

HOU COMMUNICATION

修委托专业养护队伍进行，保证了路桥资产的完好和路面交通的畅通。拥有实力雄厚、管理先进的股东单位和国家优惠政策扶持是五洲交通进一步发展的优势所在。公司是从事交通基础设施投资、经营的广西首家高等级公路类上市公司，得到了各级政府在政策、税收及物价方面的大力扶持。公司的前五大股东有广西区高速公路管理局、华建交通经济开发中心、广西区公路管理局、广西民族经济发展资金管理局、广西区公路运输管理局。其中华建交通经济开发中心是招商集团的子公司，是财政部、交通部确定的对中央投资交通基础设施形成的经营性资产和相应权益的管理者，具有丰富的管理经验。其余4家股东均是广西交通、运输和民族经济发展的实力单位。公司借鉴大股东的先进管理经验和人才资源，获取更强有力的竞争优势。

五洲交通作为西南出海大通道的交通龙头企业，正以其独特的区位优势、优良资产和积极进取的精神，在西部交通大建设大发展中秣马厉兵，大展宏图。

公司董事长：王春鸣

公司总经理：李秦生

从芬兰引进的钢化玻璃生产线

从美国引进的镀膜玻璃生产线

四川国栋建设股份有限公司原名四川锦秀皮革股份有限公司，于1993年2月2日经四川省体改委批准，由绵阳市制革厂、四川国栋真空镀膜公司、成都市蜀都建设工程公司、广汉市明胶厂、绵阳市蓝鹰高蛋白厂五家企业为发起人，并向公司职工配售内部职工股，以募集方式设立的定向募集股份有限公司。1993年5月22日，本公司在绵阳市工商行政管理局注册成立，注册资本6280.2万元。

经中国证券监督管理委员会核准，本公司于2001年3月16日成功发行人民币普通股7000万股，并于2001年5月24日起在上海证券交易所挂牌交易。公司注册资本金17520万元。

公司自创立以来，始终坚持“以科技为先导、改革为动力、管理为基础、质量求发展”的经营方针，按照以高科技产业为主导地位，通过低投入、高产出、低成本、高效益的方式，走出了一条可持续发展的道路。本公司目前从事的主要业务是镀膜玻璃、中空玻璃和钢化玻璃等玻璃深加工业务的生产、销售以及从事工业与民用建筑施工，兼幕墙、装饰、市政、消防、路桥、水利工程施工。本次发行完成后，本公司将利用募集资金投资于生产设施，从而将公司主要业务拓展至秸秆中密度人造板及平弯夹胶玻璃的生产与销售。

1998年本公司被成都市经委确定为成都市重点工业企业；被四川省人民政府办公厅、四川省经贸会等单位评定为1998年度四川省非金属矿物制品工业企业最大市场占有份额首强。1999年被四川省科学技术委员会等单位认定为高新技术企业；被四川省计委、经贸委、统计局等单位认定为高新科技产业型企业及高速增长型企业；被四川省经贸委列入1999年度省列扩张型企业。2000年5月本公司获ISO9002质量体系认证。本公

四川国栋建设股份有限公司

股票简称：国栋建设　　股票代码：600321
法定代表人：王春鸣
地址：四川省成都市双流板桥
电话：（028）5805811　　传真：（028）5804146
电子邮箱：guodong@chengdunet.com

大利引进的中空玻璃生产线

司生产的“国栋”牌镀膜玻璃从94年以来连续多年被省政府评为工业产品金奖；98年被省政府评为“98用户满意产品特别奖”；99年“国栋牌”镀膜、钢化、中空玻璃荣获省政府“99四川名优特新博览会金奖产品”、“四川省名牌产品”等称号。98年被省建材产品检测中心认证为质量连续多年稳定合格产品“荣誉证书”。本公司还曾荣获“全国质量无投诉企业”、“著名商标”、“十佳营销企业”等荣誉。

公司董事长　王春鸣先生，50岁，大专学历，高级工程师。历任双流县黄水建筑公司第三工程处处长、双流县黄水建筑公司副总经理、四川国栋建筑工程公司总经理、四川国栋镀膜有限公司董事长。现任四川国栋建设股份有限公司董事长，四川国栋建设集团有限公司董事长兼党委书记。王春鸣先生是第十二及十三届成都市人大代表，曾荣获全国优秀乡镇企业家、四川省优秀乡镇企业家、成都市优秀企业家、双流县科技拔尖人才等称号。现任中国真空学会理事、镀膜专业委员会理事、中国中空玻璃专委会常务理事、四川省玻陶协会副理事长、成都市建筑协会副会长。

公司副董事长兼总经理　李秦生先生，54岁，大专学历。历任四川省交通厅汽车修理厂生产调度员、成都市第一技工学校实习厂厂长、总务行政处主任、副校长，1994年开始任本公司副董事长兼副总经理。1999年7月至今任本公司副董事长兼总经理。

董事长上海交通大学党委书记王宗光教授

总经理上海交通大学副校长许晓鸣教授

上海交大南洋股份有限公司

股票简称：交大南洋

股票代码：600661

地址：上海番禺路667号

邮编：200030

上海交大南洋股份有限公司总部

上海交大南洋股份有限公司是由上海交通大学发起组建，于1993年6月在上海证券交易所挂牌交易的上市公司。公司具有股份1.45亿元，总资产5.1亿元，拥有全资、控股、参股、中外合资等17家企业。公司依拖上海交大雄厚的科技、人才、信息、成果优势，确立以信息技术、绿色能源和教育为主导产业并达到规模经营的新一轮发展目标，使交大南洋跃上新的台阶。

董事长：叶继革

股票代码：600568　股票简称：潜江制药

湖北潜江制药股份有限公司

惟一的国家眼科用药生产基地
中国最大的眼科用药生产厂家国家级重点高新技术企业
通过科技部和中科院的双高认证

湖北潜江制药股份有限公司位于美丽的江汉平原中国明星市—潜江城区，是中国眼科药业和湖北省21世纪第一家上市公司，是国家重点扶持的高新技术企业国家唯一的眼科用药生产基地。公司现有资产总额4.6亿元，职工666人，其中，中、高级职称84人，大中专以上学历453人。

公司主要生产经营滴眼剂、针剂、片剂、冻干剂、胶囊剂、颗粒剂、化学原料药等七大剂型150多个品种品规，产品以其抗病毒、抗菌消炎、杭过敏、保健性特征而广泛地应用于医疗领域。

公司拥有4幢符合国家GMP要求的现代化厂房和国内领先水平的滴眼液自动生产线，在全国建有二十多个销售办事处，建立了较为完善的营销网络；晶牌滴眼液系列产品的产销量及市场占有率在全国同行业位居第一；阿昔洛韦系列产品、色甘酸钠原料药及其系列产品在全国同行业产销量名列前茅；阿奇霉素颗粒剂作为最新杭菌消炎用药，在全国率先开发上市，并荣获湖北省工业精品名牌金奖；新产品瑞珠滴眼液达到国际先进水平，荣获国家重点新产品证书，成为企业新的利润增长点。

公司建有内部电脑局域网，初步实现了办公自动化、财会电算化、管理网络化，为企业融入国际信息化大潮，开辟电子商务，奠定了坚实基础。

公司一直把抢占科技制高点作为兴企之本，把持续创新作为发展壮大之路。公司建立了技术力量雄厚的研究开发中心，与中国药科大学、武汉大学等10余家科研所进行长期合作，常年聘请30多位国内著名专家、教授进行技术创新的论证和指导实施工作，建立了一套科学的从调研到开发生产，快速运转、良性循环的科技创新体系，致力于瞄准国际医药科技的最前沿来开发新产品，每年均推出3—4个国家级新药，现已取得新药证书的新药达18个，形成了系列化和规模化生产。

公司在董事长叶继革和公司领导班子的率领下，通过依靠科技励精图治，8年之中，企业资产增长了125倍，利税增长了75.6倍，实现了企业发展的巨大突破。公司1995年被国务院发展研究中心评定为“中国最大眼科用药生产厂家”，并被纳入《中华之最荣誉大典》；1997年4月被湖北省科委认定为“湖北省高新技术企业”；1997年9月被湖北省统计局信息中心综合评定为全省同行业第一名；1999年4月被国家科技部火炬中心评定为“1999年重点高新技术企业”；1999年10月和12月，分别通过国家科技部和中国科学院高新技术企业认证；2001年4月23日，公司3500万股A股在上交所成功地上网发行，5月18日在上海证券交易所挂牌上市，潜江制药迈入了生产经营、资本营运两翼齐飞的高速发展时期。

公司将继续发扬“团结、务实、创优、创新”的企业精神，继续保持眼科用药、高新技术和上市公司独具的诸多优势，以医药制剂发展为主业，以眼科用药为主要特色，以扩充原料药生产规模为基础，以抗病毒、抗菌药物及生物制药为发展方向，秉承“在专业领域做大做精做强”的理念，致力于在生产、经营管理体系与国际规范全面接轨，把公司建设成为世界知名的眼科用药生产基地、一个现代化的大型企业。

公司董事长兼总经理：汤玉祥先生

郑州宇通客车股份有限公司(以下简称宇通公司)是1993年在郑州客车厂的基础上成立的一家股份制公司。1997年5月，公司股票在上海证券交易所挂牌上市，宇通公司成为首家上市的大客车生产企业。1998年10月28日，"九五"技改工程全面竣工并投产，达到8000辆整车和4000辆客车专用底盘的年生产能力，宇通公司成为国内和亚洲生产规模最大，工艺技术条件最先进的大中型客车生产基地。1999年6月，在郑州宇通客车股份有限公司的基础上成立了郑州宇通集团有限责任公司。

至2000年末，郑州宇通客车股份有限公司总股份13672.3661万股，正式员工2020余人，公司经营状况良好，总资产约14亿元，中国工商银行对公司信用等级评定为AAA级，中国企业形象认定委员会认定为AAA级企业。宇通公司的领导班子是一个富有活力的集体，经理层平均年龄46岁，均为大专以上文化程度。宇通公司生产厂区位于郑州市南郊，距市中心6.3公里，东临107国道和京深高速公路，距郑州国际机场仅30公里。厂区占地面积45万平方米，建筑面积20万平方米。工厂的工艺技术设计广泛吸纳了国内外先进客车生产厂家之长，为生产高品质的客车奠定了坚实的基础。

宇通公司的发展，是全体员工共同努力长期不懈奋斗得来的：公司主要经济技术指标连续6年突破企业历史记录，经济效益大幅增长。1993年企业净资产为1200万元，客车年产量为700辆，2000年企业净资产为8.6亿元，增长为原来的70倍，产量为8886辆，为原来的12.7倍；主营业务收入1993年为6108万元，2000年达到121657万元，为1993年的20倍；利润总额1993年为21万元，2000年末达到10539万元，为1993年的500倍。2000年末，宇通公司客车销量达到同行业第一位，销售收入、利润总额也名列前茅。其中：中型客车产销量占全行业的25%。

太原狮头水泥股份

公司董事长、总经理：邓守信

太原狮头水泥股份有限公司是经山西省人民政府批准，由太原狮头集团有限公司作为主发起人，联合山西省经贸资产经营有限责任公司等四家单位共同发起设立的股份有限公司。

公司成立于1999年2月28日，注册资本为15000万元。主要从事水泥、熟料、商品混凝土的生产及销售，现已形成通用水泥135万吨、特种水泥15万吨、商品混凝土30万立方米的生产规模，是目前山西省太原市及周边地区最大的水泥生产企业和中国最大的特种水泥生产基地。

公司主发起人太原狮头集团公司的前身原太原水泥厂是1934年建厂的山西省第一家水泥厂，同时也是全国水泥工业新产品、新技术和新材料的实验基地，我国第一台旋风预热器窑和烧煤窑外分解炉就是在这里诞生的。

公司主机设备大多为具有90年代先进工艺水平的国产设备，生产的通用水泥主要品种有矿渣及普通32.5、42.5、52.5各种型号及其早强水泥，并已通过中国水泥房建材料产品质量体系认证中心的质量体系认证，产品深受广大用户的欢迎。朔黄铁路、引黄工程、太原飞机场、原太高速公路等国家和省级重点工程均采用了公司的产品，在我国中西部地区享有很高的声誉和较大的影响，在山西省起着主导整个水泥市场的龙头作用。

近年来随着市场经济的发展，水泥作为最终产品的观念发生了潜移默化的改变，市场需要的商品是混凝土，是水泥制品，公司在该领域的巨大成功为公司的高成长性提供了有力保障。公司把水泥生产和混凝土业务有效整合，实行上下游同时发展的经营战略，有效地实现了低风险高回报的经营目标。保证了公司收入和利润水平的持续、稳定发展。

公司的控股子公司阳泉狮头特种水泥生产企业，年生产能力15万吨，具有十多年硫铝酸盐特种水泥生产经验。产品覆盖全国27个省、市、自治区，并出口到日本、韩国和欧洲。

公司办公楼

企峰混凝土分公司

3 号窑熟料生产线

散装水泥库

有限公司

一个团结高效率的班子是企业兴衰的关键。狮头股份的领导班子是一个团结、务实、富有战斗力与凝聚力的集体。在队伍建设上，长期以来，形成了良好的用人机制。通过每年两次定期召开的民主生活会，上至董事长、总经理，下至副总经理一级，人人从各自从事和分管的工作中找差距，班子成员面对面讲缺点，每次生活会既充满“火药味”，又体现了团结和谐的气氛；既减少了同志们的相互误会，又增强了大家团结进取的精神；在用人上采取多换思想少换人的做法，只要符合公司用人条件就尽量启用，使每个新成员很快能和公司融为一体，形成合力；末尾淘汰制是公司领导班子永葆战斗力的法宝，对成绩平平，群众评议不合格者，无论那一级领导一律下台，使领导层形成了危机感。这个班子的平均年龄只有43岁，但就是这样一个班子，带领公司取得了一个又一个骄人的成绩，利税总额多年来稳步增长，多年位居太原市市属企业榜着。同时，经过近四年的努力，终于迎来了公司股票发行上市，成为我国在核准制下成功发行的第一批上市公司。

2001年8月1日，狮头股份在上海证券交易所成功发行新股，并于8月24日挂牌上市，此次发行公司共募集资金5.4亿元，将分别投向通用水泥、特种水泥和新型墙体材料三大类共6个项目，项目全部竣工投产后，公司将形成通用水泥200万吨、特种水泥25万吨、新型建筑材料25万立方米的生产能力，其中42.5级以上高等级水泥和特种水泥在水泥总产量中的比重分别达35%和25%。到2003年公司将达到年销售收入5.7亿元，利润1.6亿元。

4号窑熟料生产线

4号窑

公司是由全兴集团以其核心资产—四川成都全兴酒业有限公司为主体，在原四川制药股份有限公司的基础上，通过国家股授权经营、资产置换和整体注入等方式，历经两年多实质性重组和整合规范，依照法定程序变更名称的沪市上市公司。

主营范围：生产销售抗生素原料药及各种制剂产品、生产销售酒类产品、生产销售生物材料及其制品。

兼营范围：销售医药原辅材料、化工原料、包装材料、其他医药产品、医药器械、设备、保健药品；货物运输；汽车修理；医药工程设计、施工、安装；一、二类压力容器设计、制造；科技开发；咨询服务；出口本企业自产的盐酸四环素、青霉素钾、钠盐及青霉素工业盐、利福平、6一氨基青霉烷酸、7一氨基脱乙酰氧基头孢烷酸、头孢氨苄、头孢拉啶、氨苄青霉素、羟氨苄青霉素等；进口本企业生产、科研所需原材料、机械设备、仪器、仪表及零配件。

截至2001年6月31日，公司注册资本为407532453元，总资产为168056万元，所有者权益为80597万元。目前本公司实际从事的主要业务为酒类产品的生产销售，并通过投资、控股参股的形式介入抗生素原料药和各种制剂产品、生物材料及其制品的生产经营。现有控股子公司有成都全兴销售公司(股权比例为99.5%)、成都水井坊有限公司(股权比例为95%)、成都水井坊营销有限公司（股

QUAN XING

四川全兴股份有限公司

权比例为95%)、四川制药股份有限公司（股权比例为50.58%）和成都太合生物材料有限公司(股权比例为75%)。

公司主要产品为国家名酒“全兴大曲”及其系列酒和“水井坊”高档精品系列酒近60个品种的白酒。本公司白酒产量1998年、1999年和2000年分别约为4.66万吨、5.41万吨和5.01万吨，其中名酒产量三年平均约占总产量的29%。公司控股子公司四川制药以抗生素原料药和制剂产品的产销为主，共有50多个产品，主要品种为青霉素、盐酸四环素、阿莫西林、利福平、已酰螺旋霉素、氨苄西林等。就大类划分而言，2000年度原料药产量为1823吨，制剂类中粉针产量为0.5亿支、胶囊2.2亿粒、片剂3亿片。公司酒类产品主要销售地区有四川、重庆、河南、山东、陕西、黑龙江、吉林、辽宁等，市场遍布全国各地。公司药业控股子公司四川制药，其产品销售遍布全国各地，制剂产品以西南、西北地区为主。同时积极参与国际市场的竞争，外销市场已由原来的欧美、日本、泰国扩大到印度、加拿大、台湾、马来西亚、新加坡、越南等国家和地区。

公司主营为酒类产品的生产、销售，上半年实现主营收入62431.6万元(合并数)，净利润13098.7万元。2001年上半年公司加大了产品结构调整力度，下大力气推出质量更佳、包装更精美、防伪性能更高的精制全兴大曲以取代老方瓶全兴大曲，并采取更适应市

公司法定代表人：杨肇基　董事会秘书：张宗俊　地址：成都市人民中路二段68号全兴大厦

股票简称：全兴股份　股票代码：600779

家级文物保护单位—水井街酒坊遗址

中国名酒——全兴大曲

中国白酒第一坊——水井坊

场变化的营销策略，促进主导产品全面升级换代的顺利完成。自今年三月停止生产、供应老方瓶全兴大曲以来，精制全兴大曲已逐步被消费者、经销商所接受，销量稳步上升。公司加大了规范全兴系列产品的市场营销管理工作力度，对经销品种进行了有效的规范和整顿，使之与“全兴”品牌的运作合拍，步入了良性发展的轨道。公司适应税收政策调整，进一步优化结构，在主导产品升级换代成功的基础上，相继推出了“全兴特曲”、“国兴”酒等中高档新产品，形成了公司新的利润增长点。

公司控股的成都水井坊公司，继去年“水井坊”高档精品酒成功推出后，今年进一步健全和完善了水井坊酒市场监控措施和维护手段。针对“水井坊”酒新型、优质、高档、个性化消费等特质，从基础酒的生产工艺到产成品的全过程都逐步加以调整和完善，使每一生产环节、细节都做到精品化，从而使“水井坊”产品质量控制程序基本达到零缺陷。水井坊酒已在香港、澳门、广东、四川、北京、上海等地具备了较高的知名度和美誉度。尽管目前正处于白酒的销售淡季，水井坊酒的销售却呈现出节节攀升的态势，并获得海内外众多消费者的广泛好评和赞誉，其市场前景良好。

继2000年“水井街酒坊遗址”被国家文物局评为“1999年全国十大考古新发现”之一，并被载入世界吉尼斯纪录之“最古老的酿酒作坊”之后，2001年6月“水井街酒坊遗址”又被国务院列为“全国重点文物保护单位”(详见中证报、上证报2001年7月20日公告)，“水井坊1号菌”的研究已获成都市科技进步奖。上述成果将极大地提升“水井坊”精品酒的历史、文化、科技含量和经济价值，从而对“水井坊”品牌和产品产生积极、重要的影响。

公司控股的四川制药股份有限公司，今年1—6月实现主营收入1.9亿元，比去年同期增长8.6%，实现利润比去年同期增长3.36倍。出口创汇966万美元，其中自营出口创汇468万美元，比去年同期增长78%；产品产销率达105%。该公司坚持“产品盈利最大化”的原则，抓住青霉素市场回升的机遇，多次扩产青霉素，及时满足了国内外青霉素市场需求迅速增大的要求，实现了规模效益，为公司上半年的生产经营发生根本性转变起到了决定性作用。

全兴股份为了加快实现跨世纪的产业创新发展战略，大力拓展以生物医学材料、生物基因工程为重点的高科技、高成长的现代生物技术产业，加快向现代生物工程进军的步伐。为此，公司经中国证监会证监公司字〔2001〕86号文和财政部财企便函〔2001〕63号文批准，2001年9月6日成功地向社会发行了4026万股A股(新股发行3660万股，国有股存量发行366万股)，本次增发的发行价格为每股11.06元人民币。本次增发共计募集资金44527.56万元，发行后公司总股本444132453.00元，总资产2008958370.75元，净资产1103636405.06元。

子公司成都太合生物材料有限公司厂景

四川全兴股份有限公司厂景

子公司四川制药股份有限公司

电话：(028) 6252847　传真：(028) 6252847　邮编：610031　电子信箱：quanxing@mail.sc.cninfo.net

公司董事长：史济春　公司经理：李存牢

安阳钢铁股

份有限公司

公司厂区夜景

公司高速线材轧机

公司厂区一角

公司中板厂中板轧机

安阳钢铁股份有限公司是安钢集团公司最大的子公司，集炼焦、烧结、冶炼、轧材及科研开发为一体，可生产中厚板、薄板、高速线材、无缝钢管、中小型材等30多个品种、2000多个规格的钢材产品以及炼焦化工产品。主要产品性能稳定，质量上乘，多次被评为国家及省部级优质产品，广泛应用于国防、汽车、交通、机械建筑等行业，畅销全国，远销欧洲、东南亚和港澳地区，深受国内外用户好评，享有极高声誉。

安钢股份公司具有雄厚的经济实力，是中国第13大钢，并进入世界产钢100强之列。截至2000年底，拥有资产总额50.89亿元，其中固定资产原值44.51亿元，资产负债率52.66%。主要技术装备100t电炉、高线、2.8m中板、260轧机具有国际或国内先进水平。主要产品生产线均通过ISO9002质量体系认证，60%以上产品质量达到国际先进水平。2000年，完成生铁211万吨、钢243万吨、钢材210万吨，实现销售收入52.64亿元，实现利税7.41亿元。今年上半年，实现销售收入31.18亿元，实现利税6.10亿元，其中利润3.59亿元，继续保持行业先进水平。

安钢股份公司具有较强的技术研发实力，始终坚持科技兴企战略，全力推进企业技术创新。拥有专业技术人员3599人，其中高级技术职称313人，中级1288人，占职工总数的20%。严格按国家要求提取技术开发费，不断增加技术投入，1999年投入7293万元，2000年投入1.11亿元。拥有省级认定的技术中心，"九五"期间共开发15大类、41个新品种，完成技术创新课题156项，其中获国家科技进步奖1项，获省部级科技进步奖11项，市、厅级科技进步奖85项，专利权34项。

安钢股份公司具有持续的管理创新能力，坚持向管理要质量，向管理要效益。"八五"期间，以系统论为指导，实施整体优化，探索出了"系统挖潜、内涵发展"的集约经营管理模式，在冶金行业内产生较大影响。进入"九五"，坚持企业管理以财务管理为中心，财务管理以资金管理为中心的指导思想，全力推进低成本战略。按照"扩大自营、规范联营、发展直供、推广买断"的经营指导思想，构建营销网络，增强销售的控制力，产销率和货款回收率持续实现100%。

"十五"期间，安钢股份公司将突破常规，奋力求强，加快结构调整步伐，实现工艺装备的大型化、现代化和产品的升级换代，培育新的核心能力。"十五"末，将形成资产100亿元、年产钢300万吨的规模，为广大股民带来丰厚的投资回报。

黄省身董事长

赵新庆总经理

西安標準工業股份有限公司

XIAN TYPICAL INDUSTRIES CO.,LTD.

標準股份

XIAN TYPICAL I

办公地址：西安市太白南路一号

电话：(029)8216040　邮编：710068　传真：(029)8216045

西安标准工业股份有限公司临潼生产基地

表行业先进水平的零件加工中心

生产现场全面推广整理、整顿、清扫、清洁、素养的“5S”管理

引进全套美国、日本设备，从事工业缝纫机关键零件——伞齿轮生产

电脑控制高速平缝机装配线一角

西安标准工业股份有限公司注册资本为人民币319009804元，其前身上海惠工铁工厂，创建于1946年，是中国缝制设备制造业中的骨干企业之一。1971年内迁至陕西临潼，历经陕西缝纫机厂、中国标准缝纫机公司、中国标准缝纫机(集团)公司、中国标准缝纫机集团有限公司等发展阶段，1999年5月，以中国标准缝纫机集团有限公司为主发起人发起设立并成立西安标准工业股份有限公司。2000年11月23日，公司向社会公开发行人民币普通股股票4500万股，同年12月13日在上海证券交易所上市交易。

公司主要经营系列工业缝纫机，特种工业缝纫机，机电一体化产品，机械设备的研制、开发、生产及销售；高新技术产业的投资开发；信息咨询服务等。公司生产的“标准”牌系列产品先后荣获机械制造领域的最高奖—国家银质奖等50多个部、省级以上奖项。1997年，标准公司通过了ISO9001国际质量体系认证和CE安全认证。1997-1999年公司盈利水平连续三年排在全国同行业之首。1999年标准公司荣获全国“五一劳动奖状”，并被陕西省科委认定为高新技术企业。2001年8月29日，公司生产的“标准牌”系列工业缝纫机以优异稳定的质量获得了西安市著名商标。目前，公司发展势头十分强劲，依据中国缝纫机协会2000年度数据统计，占公司产量93%的高速平缝机产、销量分别为行业总量的37.26%和36.41%，位居同行业前列，同时实现主营业务收入5.75亿元，实现利润总额8580.88万元。2001年中期公司实现主营业务收入3.13亿元，实现利润总额5050.78万元。

董事长：刘光兴

高级经济师。曾任天津市机械工业管理局办公室主任、局体改办主任、局长助理、副局长、天津市机电工业总公司总经济师。

董事兼总经理：乔慕森

工商管理硕士，高级经济师。曾任天津岛津液压有限公司董事、副总经理、液压集团副总经理、常务副总经理。

TJHC

天津特精液压股份有限公司

TIANJIN TEJING HYDRAULIC CO.,LTD

公司董事长刘光兴在接受媒体采访

法定代表人：刘光兴
董事会秘书：梁岩
地址：天津市南开区三纬路63号
邮编：300100
电话：(022)27376321　27370555
传真：(022)27384371　27373004
电子邮箱：tjhc@tianjin.cngb.com

股票简称：特精股份　股票代码：600468

www.hyd-machchina.com

经天津市人民政府批准，本公司由天津液压机械（集团）有限公司作为主发起人，联合天津泰鑫实业开发有限公司、天津市机械工业物资总公司、天津经纬集团投资公司、天津市静海县通达工业公司四家发起人，在对天津液压机械（集团）有限公司部分改制的基础上，于1999年9月23日共同发起设立。2001年5月23日，经中国证监会核准，本公司向社会公众发行了3000万股人民币普通股（A股）股票，本次发行后，本公司总股本为11000万股。

公司经营范围：液压、气动元件、机床设备、铸件的制造；机械零件加工；刀具、量具、夹具、辅具、模具的制造及加工；机床电器设备修理；机械工艺及咨询服务；汽车运输；经营本企业生产所需的原辅材料、仪器仪表、机械设备、零配件及技术的进口业务（国家限定公司经营和国家禁止进出口的商品及技术除外）；经营进料加工和“三来一补”业务（以上范围内国家有专营专项规定的按规定办理）。

本公司主要产品为液压元件，产品水平国内领先，包括：齿轮泵、液压阀、液压缸、柱塞泵、齿轮马达及各种主机液压系统。公司目前生产的主要产品大部分处于成长期和成熟期，部分产品正在培育期。“八五”以来开发的新产品达到国际九十年代水平。公司在产的高新技术产品共有齿轮泵和多路阀2大类、14个品种和规格的产品，其中：SGP1型齿轮泵、改进型DF40型多路阀、GFC多路阀、DYT电动液压源、DSGOS型齿轮泵和MSV04型多路阀为国家级新产品，2000年4月，经天津新技术产业园区管理委员会认证，本公司被认定为高新技术企业。公司拥有自营进出口权、通过了ISO9001质量体系认证。

公司董事长兼总经理：陈鸿允先生

公司董事、监事、高级管理人员

公司总部所在地
—五羊新城广场

证券简称：东华实业　　证券代码：600393
公司地址：广州市寺右新马路111-115号五羊新城广场30楼　　邮编：510600
电话：(020)87393888　　传真：87371634

广州东华实业股份有限公司是综合性的投资管理型股份制企业集团，主营房地产开发业务，兼营物业管理、工程监理、金融、饮食服务、农贸市场、通信服务等领域的投资经营。公司下属全资、控股企业7家，参股企业4家，与外商合作、合资企业7家。公司前身为“东山区引进外资住宅建设指挥部”，创立于1979年，是全国最早引进外资开发房地产和对住宅小区实施专业管理的企业。1988年底改组为股份公司，成为广州市首家向社会公开发行股票的股份制试点企业，公司流通股股票于2001年3月19日在上海证券交易所上市。

22年来，公司秉承“推动城市建设，助民安居乐业”的宗旨，先后开发和建设了广州东湖新村、花园新村、湖滨苑、五羊村、五羊新城广场、健力宝大厦、龙湖大厦、东悦居、益丰花园等小区、商厦，为社会提供了100多万平方米各类型的优质物业，创造出显著的经济效益、社会效益和环境效益。公司摸索出“统一规划，综合开发，配套建设，管理服务一条龙”的“东华模式”，得到建设部的肯定并在全国加以推广。

1988年以来，公司经营稳健，资信卓越，先后获“全国房地产行业先进单位”、“AAA特等信用单位”、“省、市优良样板工程”、“广州市文明单位”等一系列荣誉称号，其中“五羊村”小区在1992年被评为“全国模范文明住宅小区”(第一名)，“龙湖大厦”被评为2000年广州市十大明星楼盘之一。近几年公司已形成了可持续发展的态势—1999年度和2000年度的主营收入分别为1.74亿元和2.43亿元，主营利润分别为1.12亿元和1.27亿元，每股收益分别为0.483元和0.523元，总资产分别为6.53亿元和7.12亿元。公司2001年8月再次通过了国家建设部评定，获得“国家一级房地产开发企业”资质证书；公司控股的物业管理公司，继1998年7月成为广州地区首家通过ISO9002物业管理质量国际、国内双认证的企业后，2001年6月获首批全国物业管理一级企业资质。公司2001年11月实施送股后，总股本为2亿股，其中国家股14000万股，占70%，法人股473.62股，占2.37%，流通股5526.28万股，占27.63%。

公司将秉持“同心、奋拓、求实、超前”的企业精神，发扬东华品牌优势，继续以房地产为主业，提供设计超前、服务一流、质量过硬、技术领先的房地产品，以资产经营为纽带，大力发展物业管理、餐饮娱乐、农贸、通信服务等业务，实施多业并举。公司将通过集约化、规模化经营，提升公司的综合竞争力，以优良业绩回报广大股东。

广州东华实业股份有限公司

GUANGZHOU DONGHUA

东华物业管理公司外接物业管理小区—广州领事馆区

公司正在开发建设的高级商住楼—德政中(德悦居)商住楼

公司正在开发建设的高级商住楼—荣庆大厦二期

公司已开发的小区—东湖新村

公司正在开发建设的五羊新城高级商住楼—嘉盛大厦

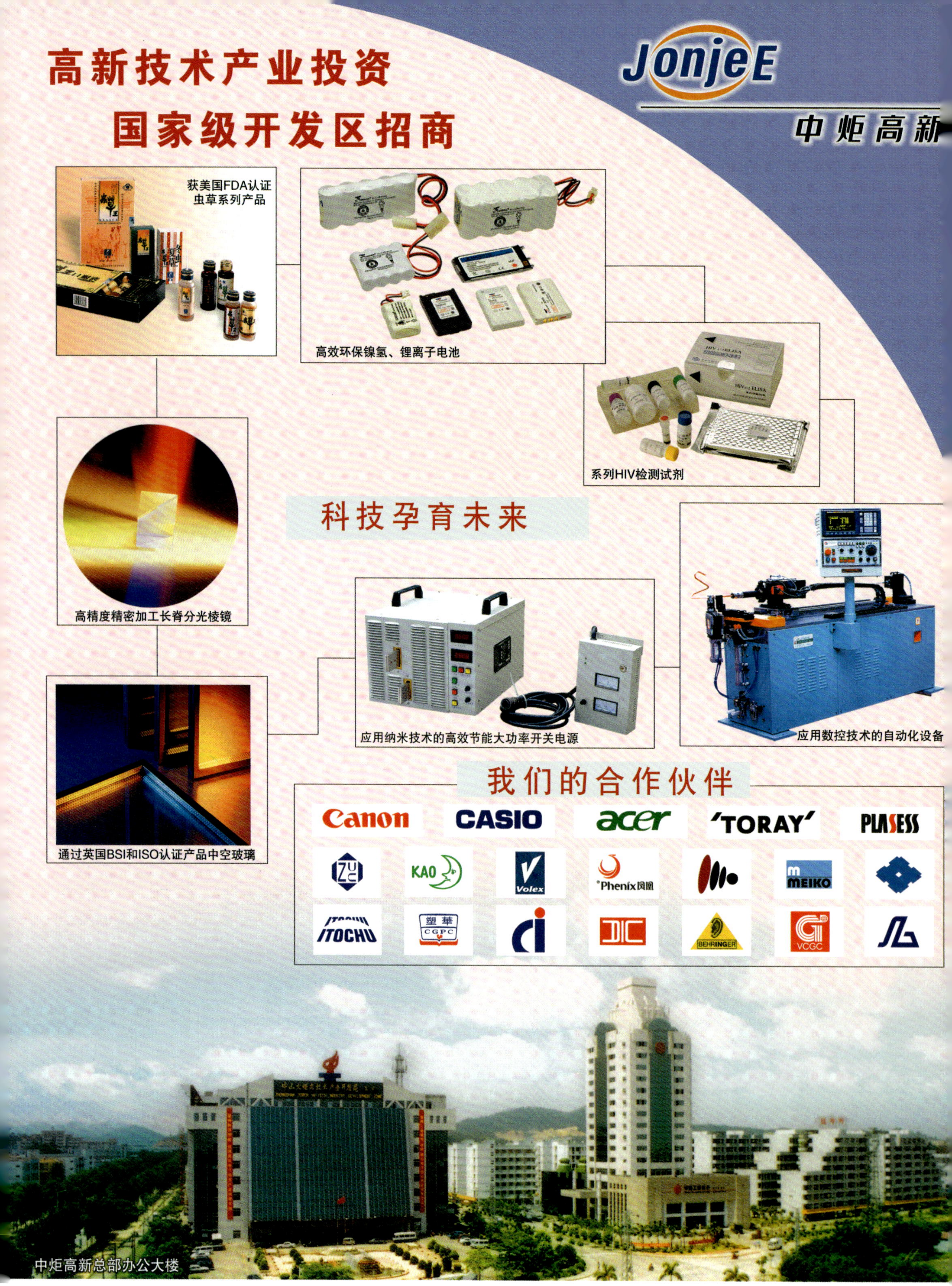
高新技术产业投资
国家级开发区招商
JonjeE
中炬高新
获美国FDA认证
虫草系列产品
高效环保镍氢、锂离子电池
系列HIV检测试剂
科技孕育未来
高精度精密加工长脊分光棱镜
应用纳米技术的高效节能大功率开关电源
应用数控技术的自动化设备
通过英国BSI和ISO认证产品中空玻璃
我们的合作伙伴
Canon
CASIO
acer
'TORAY'
KAO
Volex
Phenix凤凰
MEIKO
ITOCHU
塑華
CGPC
BEHRINGER
VCGC
中炬高新总部办公大楼

股票简称：中炬高新　股票代码：600872

中炬高新技术实业（集团）股份有限公司

JONJEE NI-TECH INDUSTRIAL & COMMERCIAL HOLDING CO.,LTD

中山火炬高新技术产业开发区是首批获准的国家级高新技术产业开发区，也是国家体改委和国家科委正式批准的推行综合试点改革的5家国家级开发区之一，本公司是开发区内的主体企业，主要从事高新技术产品的研制、开发、制造，基础设施建设，招商引资及贸易和服务业的综合性企业。1998年被列入全国66家重点高新技术企业（集团）的行列。

近年来，本公司通过与国内大专院校、科研机构合作，以全资、控股、参股等方式办起了22家高新技术企业，实施了国家"863"计划一项，国家级、省级火炬计划项目45项，占中山市高新技术企业及项目的70%，初步形成了新能源、建材、通讯电子、机电一体化及生物制药等高新技术产业群，成为中山市工业立市、科技兴市的重点支柱企业。今后，本公司仍将坚持重点发展高新技术产业投资的主业方向，突出培养重点科技企业和重点产品，提高产销量，扩大规模，同时通过强化资本经营、提高经济效益。

公司董事长：杨启昭

公司总经理：李林楷

广东榕泰实业股份有限公司是1997年12月经广东省人民政府办公厅粤办函[1997]683号文和广东省体改委粤体改[1997]133号文批准，由广东榕泰高级瓷具有限公司和揭阳市兴盛化工原料有限公司作为主要发起人，联合广东榕泰制药有限公司、揭阳市鸿凯贸易发展公司、揭阳市益科电子器材公司共同发起设立，于1997年12月25日注册登记成立的股份有限公司，公司总股本16000万股，其中流通股4000万股。

公司是国家重点高新技术企业，主要从事ML复合新材料及其制品、甲醛及其辅产品的生产和销售；高分子材料的研究。经营本企业自产产品及技术的出口业务，本企业所需的原辅材料、仪器仪表、机械设备、零配件及技术的进口业务，进料加工和“三来一补”业务。公司成立后，确立高分子新材料的开发生产作为企业发展的主攻方向，并成功开发出具有自主知识产权的新一代树脂基功能复合材料—ML复合新材料，现已形成年产ML复合新材料2.3万吨的实际生产能力。2000年，ML复合新材料被国家科技部、国家税务总局、中国对外贸易经济合作部、国家质量技术监督局和国家环保总局评定为国家重点新产品。公司拟投资建设的年产6万吨ML复合新材料项目已被国家科技部列为2000年国家级重点火炬计划项目。

凌源钢铁股份有限公司

LING YUAN GANG TIE GU FEN YOU XIAN GONG S

董事长：高益荣先生

公司是1993年由凌源钢铁集团有限责任公司作为发起人，将其优良资产改组，以定向募集方式设立的有限公司。2000年4月7日，向社会公开发行10000万股，并于2000年5月11日在上海证券交易所上市挂牌交易。现公司总股本31000万股。

公司发起人凌源钢铁集团有限公司是集采矿、冶铁、轧钢于一体的钢铁联合企业，是国务院重点支持的520户企业之一。"九五"以来先后被国家授予五一劳奖状、全国企业现代化管理创新成果奖、全国百户企业管理杰出贡献奖和全国精神文明建设先进单位、全国先进党委等荣誉称号。

"九五"期间，公司围绕结构化和产品升级，进行总体改造，形成了转炉钢全连铸—热送热装—连轧先进的工艺流程，并通过不断的管理创新、体制创新和技术创新，建立了"按质论价、按利计奖"、"日清日结"，"一保三限"等一套现代管理方法，形成了适应市场经济要求的内部激励、竞争、制约机制和具有自身特点的企业文化，促进了增长方式转变和经济效益提高。

生产高精度、高质量的产品，追求行业领先水平，确保用户满意和市场信誉是公司的宗旨。公司是全国质量冶金系统首批通过ISO9002产品质量认证企业和全国质量管理先进企业。主要产品有中宽热轧带钢，螺纹钢，圆钢，焊接钢管，连铸钢坯。其中螺纹钢是国家免检产品。公司钢材广泛应用在秦沈高速铁路、京沈高速公路等国家重点工程。产品覆盖28个省、市、自治区，出口美国、日本、韩国以及东南亚等国家和地区。

发展资本运营，进军高科技产业，是公司重要发展战略。2000年公司先后参股清华紫光科创公司和中国光大银行，将经营触角伸展到高科技企业和金融产业。

"十五"期间，为实现新世纪更大发展，公司将集资源、科技、管理、市场等众多优势，做精钢铁主业，发展资本运营和非钢产业，把企业做强做大，以优良业绩回报广大股东。

地址：辽宁省凌源市钢铁路3号　　电话：0421—6834429　传真：0421—6831910
电子信箱：lgwjch@online.ln.cn　　网址：http://www.lgjt.com.cn

兰州铝业股份有限公司

一、公司简介

1、公司法定中文名称:兰州铝业股份有限公司
公司法定英文名称:LANZHOU ALUMINIUM CO.,LTD
2、公司注册地址:兰州市城关区东岗西路316号
公司办公地址:兰州市西固区山丹街375号　邮政编码:730060
公司国际互联网网址:http://www.lzalco.com
电子信箱:LZLC@public.lz.gs.cn
3、法定代表人:冯诗伟
4、董事会秘书:李智勇
联系地址:甘肃省兰州市西固区山丹街375号
联系电话:(0931)7567057 (0931)7558888　传真:(0931)7558888
5、公司选定的信息披露报纸名称:中国证券报、上海证券报
登载公司年度报告的国际互联网网址:hppt//www.sse.com.cn
公司年度报告备置地点:甘肃省兰州市西固区山丹街375号兰州铝业股份有限公司证券部
6、公司股票上市交易所:上海证券交易所
股票简称:兰州铝业　股票代码:600296

二、会计数据和业务数据摘要

(一)本年主要财务数据指标(单位:人民币元)

利润总额	116,622,865.60
净利润	98,096,304.27
扣除非经常损益后的净利润	82,870,972.93
主营业务利润	188,924,946.80
其他业务利润	3,025,855.74
营业利润	102,836,040.96
投资收益	13,171,726.80
营业外收支净额	615,097.84
经营活动产生的现金流量净额	70,521,324.36
现金及现金等价物净增加额	565,213,056.53
注:扣除的非经常性损益和涉及金额	15,225,331.34

(二)截止报告期末公司近三年主要会计数据和财务指标(单位:人民币元)

项目	2000年	1999年	1998年
主营业务收入	1,246,195,441.15	1,025,536,274.32	971,011,847.88
净利润	98,096,304.27	71,082,695.86	4,280,598.61
总资产	2,025,978,318.23	831,998,635.96	694,272,470.42
股东权益	1,139,704,040.68	279,196,760.41	191,061,034.13
每股收益(摊薄)	0.333	0.384	0.023
(加权)	0.409	0.384	0.023
扣除非经常性损益后的每股收益	0.281	0.375	0.023
每股净资产	3.863	1.509	1.033
调整后的每股净资产	3.853	1.488	1.013
每股经营活动产生的现金流量净额	0.239	0.448	-
净资产收益率(%)(摊薄)	8.61	25.46	2.24
(加权)	13.23	25.46	2.24

(三)利润分配表附表

	报告期利润	净资产收益率		每股收益	
		全面摊薄	加权平均	全面摊薄	加权平均
主营业务利润	188,924,946.80	16.58%	25.49%	0.64	0.79
营业利润	102,836,040.96	9.02%	13.87%	0.35	0.43
净利润	98,096,304.27	8.61%	13.23%	0.33	0.41
扣除非经常性损益后的净利润	82,870,972.93	7.27%	11.18%	0.28	0.35

注:主要财务指标计算方法:
1、每股收益=净利润/报告期末普通股股份总数
2、净资产收益率=净利润/报告期末股东权益×100%
3、每股净资产=报告期末股东权益/报告期末普通股股份总数
4、调整后每股净资产=(报告期末股东权益-三年以上应收款项-待摊费用-待处理(流动、固定)资产净损失-开办费-长期待摊费用-住房周转金负数余额)/报告期末普通股股份总数
5、全面摊薄净资产收益率=报告期利润/期末净资产
6、全面摊薄每股收益=报告期利润/期末股份总数
7、加权平均净资产收益率

$$ROE=\frac{P}{E0+NP\div 2+Ei\times Mi\div M0-Ej\times Mj\div M0}$$

其中:P为报告期利润;NP为报告期净利润;E0为期初净资产;Ei为报告期发行新股或债转股等新增净资产;Ej为报告期回购或现金分红等减少净资产;M0为报告期月份数;Mi为新增净资产下一月份起至报告期期末的月份数;Mj为减少净资产下一月份起至报告期期末的月份数。

三、股本变动及股东情况

(一)股本变动情况
(二)股东情况介绍
1、截止2000年12月31日,公司股东总数为57250户。
2、截止2000年12月31日,公司前10名股东持股情况如下:

序号	股东名称	持股数(万股)	变动原因	持股比例	持股时间
1	兰州铝厂	17688.203		59.96%	
2	甘肃省电力公司	1200	战略投资者配售	4.07%	2000.7.13-2001.7.13
3	山西铝厂	800	战略投资者配售	2.71%	2000.7.13-2001.7.13
4	兰州经济信息咨询公司	706.3		2.39%	
5	同益基金	150	一般法人配售	0.51%	2000.7.19-2001.1.19
6	景福基金	100	一般法人配售	0.34%	2000.7.19-2001.1.19
7	同盛基金	100	一般法人配售	0.34%	2000.7.19-2001.1.19
8	普丰基金	100	一般法人配售	0.34%	2000.7.19-2001.1.19
9	富裕基金	100	一般法人配售	0.34%	2000.7.19-2001.1.19
10	景宏基金	100	一般法人配售	0.34%	2000.7.19-2001.1.19

注:①持股5%以上的股东只有兰州铝厂,是本公司的控股股东。报告期内因本公司发行11000万股人民币普通股,使该厂所持股份由发行前的95.61%减少到发行后的59.96%,其所持股份为发起人股,在报告期内未有任何质押冻结情况。
②报告期内本公司控股股东未发生变更。

大连美罗药业股份有限公司

一、公司简介

(一)公司法定中文名称:大连美罗药业股份有限公司
公司法定英文名称:DALIAN MERRO PHARMACEUTICAL CO.,LTD
英文名称缩写:MERRO PHARMACEUTICAL
(二)公司法定代表人:张成海
(三)公司董事会秘书:唐大勇
董事会证券事务代表:李春永
联系地址:大连市中山区中山路112号
电话:0411-3686666-655
传真:0411-3686363
电子信箱:lchyong@163.net
(四)公司注册地址:大连高新技术产业园区七贤岭敬贤街29号
公司办公地址:大连市中山区中山路112号
邮政编码:116001
公司国际互联网网址:www.merro.com.cn
电子信箱:merro@mail.dlptt.ln.cn
(五)公司选定的信息披露报纸名称:中国证券报
登载公司年度报告的国际互联网网址:www.sse.com.cn
公司年度报告备置地点:大连市中山区中山路112号华都酒店655房间
(六)公司股票上市交易所:上海证券交易所
股票简称:美罗药业
股票代码:600297

二、会计数据和业务数据摘要

(一)本年主要利润指标(单位:人民币元)

项目	2000年12月31日
1、利润总额	33,066,229.46
2、净利润	28,924,076.09
3、扣除非经常性损益后的净利润	25,639,737.42
4、主营业务利润	99,062,160.81
5、其他业务利润	83,572.23
6、营业利润	28,084,604.75
7、投资收益	45,664.27
8、补贴收入	
9、营业外收支净额	4935,960.24
10、经营活动产生的现金流量净额	60,959,441.10
11、现金及现金等价物净增加额	394,916,468.15

注:扣除非经常性损益的净利润为扣除了本次股票发行过程中的冻结的无效申购资金利息报告期内分摊的部分3,284,338.67元。

(二)截至报告期末公司前三年的主要会计数据和财务指标(单位:人民币元)

项目	2000年	1999年	1998年 调整后
1、主营业务收入	567,742,495.72	436,150,962.70	401,836,103.41
2、净利润	28,924,076.09	17,249,983.81	12,251,945.27
3、总资产	834,126,239.09	370,635,760,69	375,241,322.37
4、股东权益	506,856,904.91	113,682,488.82	107,174,442.63
5、每股收益	0.25	0.23	
6、按月平均加权法计算的每股收益	0.35	0.23	
7、扣除非经常性损益后的每股收益	0.22	0.23	
8、每股净资产	4.41	1.52	
9、调整后的每股净资产	4.34	1.47	
10、每股经营活动产生的现金流量净额	0.53		
11、净资产收益率(%)	5.71	15.17	11.43

三、股本变动及股东情况

(一)股本变动情况
1、股份变动情况:
2、股票发行与上市情况
1999年7月30日,经大连市人民政府大政[1999]115号文批准,由大连医药集团有限公司联合大连凯飞化学股份有限公司、大连金斯曼医药科技开发有限公司、大连德生医疗器械有限公司和大连唐兴汽车维修有限公司共同发起设立大连美罗药业股份有限公司,注册股本7500万股,每股面值1.00元人民币。2000年10月12日,经中国证券监督管理委员会证监发行字[2000]132号文件核准,股份公司以每股9.80元的发行价格向社会公开发行人民币普通股4,000万股,并于2000年11月16日获准在上海证券交易所上市交易。
(二)股东情况介绍
1、截止2000年12月31日,公司股东总数为47,350户。
2、截止2000年12月31日,公司的前10名股东持股情况如下:

序号	股东名称	持股数	持股比例
1	大连医药集团有限公司	72,900,000	63.39%
2	大连凯飞化学股份有限公司	1,020,000	0.89%
3	大连金斯曼医药科技开发有限公司	600,000	0.52%
4	大连德生医疗器械有限公司	360,000	0.31%
5	普华基金	299,999	0.26%
6	曹振玲	132,100	0.12%
7	大连唐兴汽车维修有限公司	120,000	0.10%
8	刘来花	93,920	0.08%
9	开元基金	90,000	0.08%
10	裕隆基金	88,000	0.08%

注:
(1)第三大股东和第四大股东的法人代表为同一人。
(2)大连医药集团有限公司是本公司的控股公司,其经营范围为药品制造、药品销售、酒店、运输等,法人代表为张成海。
(3)报告期内公司控股股东未发生变化。

湖北安琪酵母股份有限公司

湖北安琪酵母股份有限公司2000年度报告

重要提示：本公司董事会保证本报告所载资料不存在任何虚假记载、误导性陈述或者重大遗漏，并对其内容的真实性、准确性和完整性负个别及连带责任。本年度报告摘要摘自年度报告，投资者欲了解详细内容，应阅读年度报告。

一.公司简介

1.公司法定中文名称：湖北安琪酵母股份有限公司公司
法定英文名称：HUBEI ANGEL YEAST CO.,LTD
2.公司法定代表人：俞学锋
3.公司负责信息披露事务人员
董事会秘书：周帮俊
授权代表：胡杨
联系电话：(0717)6352865
联系传真：(0717)6352865
联系地址：湖北省宜昌市中南路24号
4.公司注册地址：湖北省宜昌市中南路24号
办公地址：湖北省宜昌市中南路24号
邮政编码：443003 公司网址：HTTP://WWW.ANGEL.COM.CN
5.信息披露报刊名称：《中国证券报》、《上海证券报》
登载公司年报网址：HTTP://WWW.SSE.COM.CN
公司年报备置地点：公司证券部
6.公司上市地点：上海证券交易所
股票简称：安琪酵母 股票代码：600298

二.会计数据和业务数据摘要

(一)公司本年度主要利润指标情况

序号	项目	金额(元)
1	利润总额：	47,558,226.79
2	净利润：	41,544,606.11
3	扣除非经常性损益后的净利润：	30,569,646.86
4	主营业务利润：	80,118,849.82
5	其它业务利润：	167,304.38
6	营业利润：	45,850,846.14
7	投资收益：	-165,692.86
8	补贴收入：	
9	营业外收支净额：	1,873,073.51
10	经营活动产生的现金流量净额：	28,603,407.79
11	现金及现金等价物净增加额：	315,187,919.98

注：扣除非经常性损益后的净利润(30,569,646.86)=净利润(41,544,606.11元) - 所得税返还(9,720,000元) - 税后营业外收入(1,324,272.08元) + 税后营业外支出(69,312.83元)。

(二)截止报告期末公司前三年主要会计数据和财务指标(单位：元)

项目	2000年		1999年		1998年	
	全面摊薄	加权平均	全面摊薄	加权平均	全面摊薄	加权平均
1、主营业务收入	184,038,896.19		153,345,535.71		137,958,114.89	
2、净利润	41,544,606.11		36,012,258.01		30,778,602.00	
3、总资产	618,660,843.31		218,375,822.79		205,721,760.27	
4、股东权益	544,705,598.43		115,909,688.82		105,069,630.81	
5、每股收益	0.3062	0.3697	0.3576	0.3576	0.3056	0.3056
6、扣除非经常性损益的每股收益	0.2253	0.2721	0.2426	0.2426	0.2043	0.3056
7、每股净资产	4.0140		1.1510		1.0434	
8、调整后的每股净资产	3.9655		1.1505		1.0398	
9、每股经营活动中产生的现金流量净额	0.2108		0.4789		0.3656	
10、净资产收益率(%)	7.6270	15.3704	31.0692	31.0692	29.2935	29.2935

注:利润表附表见后附财务报表。

三.股本变动及股东情况

(一)股本变动情况

1、股份变动情况表(数量单位：万股)

	期初数	本次变动增减(+,-)						期末数
		配股	送股	公积金转增	增发	其他	小计	
一、未上市流通股份								
1、发起人股份	10,070							10,070
其中：国家持有股份	7,970							7,970
境内法人持有	2,100							2,100
未上市流通股份合计	10,070							10,070
二、已上市流通股方法								
1、人民币普通股	3,500							3,500
2、境内上市的外资股								
3、境外上市的外资股								
4、其他已上市流通股份合计	3,500							3,500
三、股份总数	10,0703,500			13,570				

2、股票发行与上市情况

(1)1998年3月25日，经湖北省体改委鄂体改[1998]34号文批准，湖北安琪生物集团有限公司以主要发起人，发起设立本公司，设立股本为10070万股；

(2)2000年8月3日，经中国证监会证监发行字[2000]105号文批准，公司向社会公众公开发行每股面值1.00元的人民币普通股3500万股，每股发行价格为11.88元；(3)2000年8月18日，经上海证券交易所上证上字[2000]第62号文批准，公司人民币普通股3500万股在上海证券交易所挂牌上市交易。

(二)股东情况介绍

1.截止到2000年12月31日，本公司有股东28945户，其中，发起人股东5户，现任董事、监事及高级管理人员持股数为零股。

2.前10名股东情况如下：

序号	股东名称	年末持股数(股)	持股比例(%)
1	湖北安琪生物集团有限公司	69,200,000	50.99
2	宜昌先锋科技发展有限公司	20,000,000	14.74
3	宜昌西陵酒业有限公司	10,000,000	7.37
4	同益基金	1,038,299	0.77
5	贵州润丰(集团)实业有限公司	1,000,000	0.74
6	景博基金	736,000	0.54
7	景福基金	727,904	0.54
8	宜昌溢美堂调味品有限公司	500,000	0.37
9	陈军	369,994	0.27
10	福建华福	272,515	0.20

说明：(1)持有5%(含5%)以上的法人股股东所持股份本年度未发生质押、冻结情况。

(2)第1,3,8大股东为国有法人股东，第2,5大股东为一般法人股东，其他为社会流通股股东。

(3)第3和第8大股东均为第1大股东的控股子公司，前10名股东中的其他股东，本公司未知其之间的关联关系。

3.持股比例10%以上股东情况介绍：

(1)湖北安琪生物集团有限公司

法定代表人：俞学锋

经营范围：生物制品、食品添加剂、酒类、奶制品、调味品、粮食制品的生产和销售；生化产品的研制、开发；生化设备加工及工程安装；生化自控仪表及电气微机工程的安装调试；汽车货运服务；经营公司及直属企业研制开发的技术和生产的科技产品的出口业务；经营本公司及其直属企业科研和生产所需的技术，原辅材料、机械设备、仪器仪表零配件的进口业务；经营公司及其直属企业的进料加工和“三来一补”业务。

所持股份质押情况：所持股份无质押。

(2)宜昌先锋科技发展有限公司

法定代表人：薛飞

经营范围：生物技术的研制、开发及其成果的转化、咨询服务；生化设备的加工及工程安装；生化自控仪表及微机工程安装、调试；计算机软件开发等。

所持股份质押情况：所持股份无质押。

4.控股股东变更情况报告期内公司控股股东无变更情况。

四.股东大会简介

报告期内公司共计召开2次股东大会

(一)报告期内本公司召开了1999年年度股东大会

1、2000年2月1日，本公司就1999年度股东大会召开的时间、主要议程和出席人员，向公司全体五名法人股东发出书面通知。

2、2000年3月5日，公司召开一九九九年度股东大会，出席会议的股东代表共五人，代表公司股份10,070万股，占公司股份总数的100%，符合《公司法》和《公司章程》的有关规定。经大会审议和表决通过了如下决议：

(1)公司董事会1999年度工作报告；
(2)公司监事会1999年度工作报告；
(3)公司总经理1999年度工作报告；
(4)公司1999年度财务工作报告；
(5)公司1999年度利润分配方案；
(6)增补姚娟同志为公司董事的议案；
(7)增加公司进出口经营范围的议案；
(8)修改公司章程的方案。

(二)报告期内本公司召开了2000年临时股东大会

1、2000年5月5日，本公司就2000年临时股东大会召开的时间、主要议程和出席人员，向公司全体五名法人股东发出书面通知。

2、2000年6月10日，公司召开2000年临时股东大会，出席会议的股东或其委托代表共五人，代表公司股份10070万股，占公司股份总额的100%，符合《公司法》和《公司章程》的有关规定。经大会审议和表决通过了如下决议：

①监事会任免议案。

②通过董事会提交的将本次申请公开发行社会公众A股4000万股改为3500万股，并相应修改公司章程中有关发行流通股及发行后总股本条款的议案。

报告期内本公司董事会经1999年度股东大会选举，增补了姚娟为公司董事。监事会发生较大变化。因工作需要，2000年6月10日，公司临时股东大会同意原公司监事陈蓉、王悉山、吴朝晖辞去监事职务，并选举产生股东代表李成群为监事，公司职工代表大会推举代榕、刘忠诚为公司监事。至此，公司监事会由董恩学、李成群、代榕、刘忠诚四人组成，董恩学为公司监事会主席。

五.董事会报告

(一)公司经营情况

1.公司所处的行业及公司在行业中的地位：本公司是以生产酵母及其深加工产品为主的高科技企业，属生物发酵工程产业。目前，公司具有年产10,000吨高活性干酵母的生产能力，在国内市场的占有率为30%，居全国同行业首位。

2.公司主营业务的范围及其经营状况公司主营业务范围：酵母及深加工产品、生物制品、食品添加剂、豆制品、奶制品、调味品、粮食制品的生产、销售。

公司的主要产品有高活性干酵母系列、酵母味素、特种酵母系列。

(1)按照行业分析(单位：万元)

项目	主营业务收入	主营业务利润
酵母	18,403.89	8011.88

(2)按照产品分析(单位：万元)

项目	主营业务收入	主营业务利润
高活性干酵母	17,694.45	7914.13
其他	709.44	97.75
合计	18,403.89	8011.88

3、本公司无全资附属企业及控股子公司。

4、在经营中出现的问题与困难及解决方案

(1)针对公司上市后资产规模急剧放大，管理难度显剧增加的新形势，公司强调要加强内部管理，引入网络和信息平台，搞好管理制度化建设。

(2)针对激烈竞争的市场环境，公司以市场为导向，强化全体员工“一切以市场为中心”的观念，精心打造安琪品牌，不断开发国内市场，积极拓展国际市场。

星辰化工新材料股份有限公司

星辰化工新材料股份有限公司2000年年度报告

重要提示:本公司董事会保证本报告所载资料不存在任何虚假记载、误导陈述或者重大遗漏,并对其内容的真实性、准确性和完整性负个别及连带责任。

一、公司简介

1.公司名称:星辰化工新材料股份有限公司

英文名称:XING CHEN NEW CHEMICAL MATERIAL CO.,LTD.

2.公司法定代表人:刘宪秋

3.公司董事会秘书:王晓东 董事会证券事务代表:刘佳 电话:010-82070614

联系地址:北京市海淀区花园东路30号花园商务会馆 传真:010-82070735

4.公司注册地址:北京市海淀区海淀路19-1号 邮政编码:100080

公司办公地址:北京市海淀区花园东路30号 邮政编码:100083

公司电子信箱:XCHG@163BJ.COM

5.公司选定的信息披露报纸名称:《上海证券报》

登载公司年度报告的中国证监会指定国际互联网网址:http://www.sse.com.cn

6.公司股票上市交易所:上海证券交易所 股票简称:星新材料 股票代码:600299

二、会计数据和业务数据摘要

1.本年度会计数据摘要 单位:人民币(元)

利润总额	72,652,029.84
净利润	61,615,773.82
扣除非经常性损益后的净利润	53,045,736.74
主营业务利润	84,283,738.32
其他业务利润	2,414,745.83
营业利润	64,081,992.76
投资收益	--
补贴收入	--
营业外收支净额	8,570,037.08
经营活动产生的现金流量净额	-255,340,588.94
现金及现金等价物净增加额	84,582,795.08

2.公司近三年主要会计数据和财务指标:

项目	单位	2000年	1999年	1998年
主营业务收入	万元	42,795	42,111	29,517
净利润	万元	6,162	6,145	3,505
总资产	万元	122,288	49,091	40,555
股东权益	万元	76,430	22,210	20,088
每股收益	元	0.26	0.38	0.22
扣除非经营损益后的每股收益	元	0.22	0.38	0.22
每股净资产	元	3.18	1.39	1.26
调整后每股净资产	元	3.16	1.34	1.21
每股经营活动产生的现金流量净额	元	-1.06	0.46	---
净资产收益率	%	8.06	27.67	17.45

3.利润表附表:

报告期利润	净资产收益率(%)		每股收益(元)	
	全面摊薄	加权平均	全面摊薄	加权平均
主营业务利润	11.03	13.54	0.35	0.38
营业利润	8.38	10.30	0.27	0.29
净利润	8.06	9.90	0.26	0.28
扣除非经常性损益后的净利润	6.94	8.52	0.22	0.24

注①以上数据经广东正中珠江会计师事务所有限公司中国注册会计师审计;

4.报告期内股东权益变动情况及变动原因(单位:万元)

项目	股本	资本公积	盈余公积	法定公益金	未分配利润	股东权益合计
期初数	16,000	5,288.31	614.51	307.26	--	22,210.08
本期增加	8,000	41,258.40	616.16	308.08	6,161.58	56,344.22
本期减少	--	--	--	--	2,124.24	2,124.24
期末数	24,000	46,546.71	1,230.67	615.34	4,037.34	76,430.06

变动原因:

①股本增加是由于本年度内发行股票所致;

②资本公积增加是由于本年度内发行股票后股本溢价所致;

③盈余公积和法定公益金增加是由于按本年度实现利润提取所致;

④未分配利润增加是由于本年度实现利润所致;

⑤未分配利润减少是由于本年度进行利润分配所致。

三、股本变动及股东情况

1.2000公司股本变动情况

(1)、股本变动情况表:

数量单位:万股

项目	本次变动前	新股发行	配股	送股	公积金转股	增发	其他	小计	本次变动后
(一)、未上市流通股份									
1.发起人股份	16,000								16,000
其中:国家持有股份									
境内法人持有股份	16,000								16,000
未上市流通股份合计	16,000								16,000
(二)、已上市流通股份									
1.人民币普通股		8,000						8,000	8,000
已上市流通股份合计		8,000						8,000	8,000
(三)股份总数	16,000	8,000						8,000	24,000

(2)、股票发行与上市情况

①经中国证监会证监发行字(2000)13号文批准,公司于2000年3月31日及4月1日利用上海证券交易所系统以上网定价与二级市场投资者配售相结合的方式向社会公开发行人民币普通股8000万股(其中包括向基金配售1600万股),股票名称"星新材料",每股面值1元,发行价格6.41元/股,股票于2000年4月20日在上交所挂牌交易,上市流通7200万股,按照有关规定,剩余800万股向基金配售的股份自配售之日起半年后方可上市流通。

②剩余800万股向基金配售的股份于2000年10月20日上市流通,共计流通股为8000万股。

2.股东情况介绍

(1)截止2000年12月31日,公司股东总数为51433户。

(2)报告期末公司前十名股东持股情况

名次	股东名称	持股数(股)	持股比例(%)
1	中国蓝星化学清洗总公司	150980964	62.91
2	北京橡胶研究院	2254759	0.94
3	连云港研究院	2254759	0.94
4	合成材料研究院	2254759	0.94
5	长风机器厂	2254759	0.94
6	安顺基金	1835050	0.76
7	普惠基金	1707800	0.71
8	安信基金	1425750	0.59
9	景宏基金	1079718	0.45
10	南方证券	796508	0.33

注:①前十名股东中,1-5名为发起人股东,由于国家的科研体制改革,原化学工业部下属科研院所均进行了企业化改制,国家将化学工业部连云港设计研究院、化学工业部合成材料研究院等六家国家部委直属的科研院所划归中国蓝星化学清洗总公司管理,因此第3名和第4名股东目前在管理关系上隶属于第1名股东即中国蓝星化学清洗总公司,除此之外发起人股东之间没有其他关联关系,6-10名为社会公众股东,本公司未知其关联关系。控股股东所持本公司股票无质押、冻结情况;

②持股5%以上(含5%)的法人股东为中国蓝星化学清洗总公司,是本公司的绝对控股股东,报告期末持有股份150980964股,其所持股份没有发生质押、冻结等情况。

(3)报告期内控股股东情况介绍:

报告期内控股股东为中国蓝星化学清洗总公司。 法人代表:任建新

注册地点:北京市朝阳区北土城西路9号

经营范围:研究、开发化学清洗、防腐和精细化工产品;推广转让技术,承揽国内外各种清洗业务;中小型化工、石油、石油化工工程的施工;自动化工程设计、应用、服务;酒、茶、保健饮品的生产销售;经营本企业自产产品及相关技术的出口业务(国家组织统一联合经营的16种出口商品除外);本企业生产、科研所需的原辅材料、机械设备、仪器仪表、零配件及相关技术的进口业务(国家实行核定公司经营的14种进口商品除外);本企业的进料加工和"三来一补"业务;公路工程施工。兼营:咨询服务,房屋出租。

(4)报告期内控股股东无变更情况。

四.股东大会简介

本报告期内公司共召开了一次股东大会。

1、公司于2000年5月26日在《上海证券报》刊登了2000年6月28日召开1999年度股东大会的公告。

2000年6月28日下午2时,在公司会议室召开了1999年度股东大会。出席会议股东2人,代表股份150988964股,占公司股本总额的62.91%,符合《公司法》和公司章程的有关规定,大会审议并以投票表决方式通过了以下议项:

(1)通过1999年度董事会工作报告; (2)通过1999年度监事会工作报告;

(3)通过1999年度财务决算报告和2000年财务预算报告;

(4)通过《星辰化工新材料股份有限公司章程》;

(5)通过聘请广东正中会计师事务所有限公司为公司2000年度财务审计机构的决议;

(6)通过关于授权董事会行使5000万元以下(含5000万元)投资权限的决议;

(7)通过1999年度利润分配方案。

公司截止1999年12月31日共实现净利润61,451,278.69元,提取10%法定盈余公积金6,145,127.87元,提取5%法定公益金3,072563.93元后可供股东分配的利润为52,233,586.89元,经公司第一届第六次董事会研究决定:截止1999年12月31日的利润由公司的老股东享有,并全部分配,自2000年1月1日后产生的利润由公司新老股东共享。

2、公司1999年度股东大会决议及律师出具的法律意见书刊登于2000年6月29日的《上海证券报》。

3、选举、更换公司董事、监事情况

报告期内,公司董事、监事无变更。

五、董事会报告

1.公司经营情况

(1)公司所处行业及公司在本行业中的地位

公司是我国化工新材料四大材料体系中有机硅、工程塑料两大体系中的大型骨干生产企业,目前拥有我国最大的2万吨/年有机硅单体合成装置;拥有国内最大的1万吨/年双酚A生产装置和生产规模占全国第二位的8000吨/年环氧树脂生产装置;拥有国内第一套连续法生产5000吨/年PBT树脂生产装置。生产经营品种上百种,大部分产品属于国民经济发展急需的化工新材料。公司已成为目前国内最大的有机硅、双酚A和特种环氧树脂等产品的化工新材料生产基地。

(2)公司主营业务的范围及其经营状况

公司主营业务的范围为有机硅单体及相关产品的研制、生产、销售;双酚A及环氧树脂系列产品的生产与销售;PBT树脂及深加工产品的生产与销售。2000年公司的有机硅系列产品的生产保持了连续、稳定和安全运行,系列产品的产量和销售情况都完成得较为理想,与去年相比都有不同程度的提高,特别是由于利用募集资金建设并投产的2万吨/年有机硅装置技改项目及6000吨/年八甲基环四硅氧烷项目给公司带来较好的经济效益;而另一方面由于上半年国际石化行业原材料价格的上涨,使公司双酚A产品的生产一度出现了产品成本与销售价格倒挂的局面,导致经济效益滑坡,直至下半年随着产品售价的逐渐回升、原材料价格的逐渐回落,此局面才得以扭转。并且公司对此采取了系列措施,包括通过"比价采购、费用限额、成本挂钩"和建设"油改煤"节能项目等有效地降低了成本,并通过进口苯酚等低价原材料进行内销等多创其他业务利润的方式抑制了双酚A产品利润的下滑。

①报告期内公司主营业务收入、主营业务利润的构成情况(单位:元)

产品类别	主营业务收入	主营业务利润
有机硅	215,741,894.46	51,448,624.90

双酚 A	30,168,002.76	7,701,674.83
环氧树脂类	105,792,997.77	8,877,157.39
PBT 树脂	9,727,679.62	1,816,257.27

② 占公司主营业务收入或主营业务利润总额 10%以上的产品主要为有机硅、环氧树脂系列产品。其中有机硅材料是一种新型高分子化工材料，由于其具有良好的耐高低温特性，广泛应用于建筑涂料、纺织整理剂、电子电气的涂敷和封装材料、汽车和机械工业的特殊密封材料等领域；环氧树脂系列产品属于精细化工产品，广泛应用于电子、医药、通讯、建筑等许多领域。

（3）报告期内公司控股子公司经营情况与业绩

报告期内，公司按照《招股说明书》所披露项目投资 9600 万元拥有南通星辰合成材料有限公司 69.18%的股权，该公司于 2000 年 8 月 21 日成立，注册资本人民币 13877 万元，主营工程塑料生产销售，技术咨询经纪。2000 年全年实现主营业务收入 1271 万元，实现利润 5.4 万元。

(4)公司在经营中出现的问题与困难及解决方案

2000 年度由于受到宏观环境改变和市场竞争加剧的影响，公司新材料体系中的另一主要产品双酚 A 和环氧树脂系列的生产和销售都受到了不同程度地冲击，使公司全年的生产经营遇到了一些困难。在这种情况下，公司将市场变化与公司实际经营情况相结合，制定了一系列对策，从控制成本的角度出发，采取了灵活多变的经营方式，使由宏观环境改变和市场竞争加剧给公司带来的损失减小到最少。具体情况如下：

① 公司在生产经营中出现的问题与困难

A、国内环氧树脂的竞争激烈程度加剧。近年来中国环氧树脂需求量一直保持高速增长，但与此同时供应量也在以很高的速度增长。2000 年我国环氧树脂市场竞争愈演愈烈，国外公司产品大量涌入国内市场，而国内厂家也纷纷扩大生产规模，这就使公司面临两个难题：一方面，需要提高产品技术含量，在高档产品市场上与外国公司竞争；另一方面，生产成本也需要进一步降低以获取中低档产品更多的市场份额。

B、双酚 A 市场则面临着更为严峻的挑战。2000 年年初，由于国际原油价格的上涨，造成双酚 A 生产所需的主要原材料苯酚、丙酮价格创出历年来新高，而与此同时国外环氧级的双酚 A 又大量涌入中国市场，造成双酚 A 售价回落，使双酚 A 自年初就面临投入产出失衡的局面，直到下半年原料价格才有所回落，产品售价才有所回升，使形势得以扭转，但是综合全年情况来看，双酚 A 的产量及销售较往年都出现了小幅度的下滑现象。

② 公司对此采取的解决方案

A、针对公司的环氧树脂在市场竞争中出现的两个难题，公司结合实际情况加紧制定了三个解决办法：一是加快对环保型环氧树脂的研制与开发，从根本上解决技术上落后于国外公司的状况；二是加强工艺革新力度，使现有装置尽快实现生产的提质降耗，降低装置运行和环保处理费用。在保住原有市场份额的前提下，追求效益的最大化；三是扩大现有装置生产规模，从而进一步降低成本，争取最大限度的赢利。

B、针对双酚 A 所面临的比较严峻的形势，公司制定了较为全面的解决办法，使之得到了非常有效的缓解。具体办法有：一是充分利用进口渠道，巧妙利用时间差及价格差，积极组织进口苯酚等低价原材料进行内销；二是以"比价采购"为手段，组织供应低价原材料，在采购上实行进口原料与国产原料相结合的方法，仅此一项全年节约原材料成本支出就接近 500 万元；三是建设节能项目，公司在 2000 年利用非募集资金投入建设了"油改煤"项目，以此来降低产品的能耗成本，此项目预计在 2001 年年初正式运行，届时可使蒸汽成本由 143 元/吨降为 87 元/吨。

2.公司财务状况(单位：元)

①主要财务会计指标及变动情况

项目	2000 年 12 月 31 日	1999 年 12 月 31 日	增减(%)
总资产	1,222,883,477.56	490,913,555.17	149.10
长期负债	50,000,000.00	--	100.00
股东权益	764,300,572.03	222,100,798.21	244.12
主营业务利润	84,283,738.32	81,150,962.31	3.86
净利润	61,615,773.82	61,451,278.69	0.27

②变动的主要原因：

总资产增加系报告期内发行人民币普通股 8000 万股所致；

长期负债增加系报告期内流动资金贷款所致；

股东权益增加系报告期内发行人民币普通股 8000 万股所致。

3.公司投资情况

（1）募集资金使用情况

公司在 2000 年 3 月 31 日及 4 月 1 日向社会公开发行人民币普通股 8000 万股，扣除有关发行费用后，共募集资金 49285.4 万元。本次募集资金共用于建设九个项目，具体使用情况如下：

① 2 万吨/年有机硅装置技改项目　该项目计划投入 4840 万元，实际已经投入 4840 万元，目前已基本建成并达产，本年度新增销售收入 1173 万元，利润为 176 万元。

②3 万吨/年双酚 A 扩建工程　该项目计划投入 19731 万元，项目建设期为 2 年。目前，该项目的前期准备工作已基本完成，其中引进部分已经与外商（日本千代田公司）草签了合同，但仍需取得国家外经贸部的批准。前期土建投入资金 3253 万元，并预付部分项目技术及设备进口定金。

③6000 吨/年八甲基环四硅氧烷项目　该项目计划投入 4984 万元，实际投入 4984 万元，目前已经基本完工并投产，本年度新增销售收入 502 万元，利润为 150 万元。

④1800 吨/年甲基三乙氧基硅烷项目　该项目计划投入 4845 万元，由于该项目建成后将消耗本公司的有机硅单体，使我公司对外销售的有机硅单体减少，为维护本公司有机硅单体的市场份额，公司决定该项目暂缓建设，待公司有机硅单体再次扩大规模后投入建设，因此该项目年底前没有投入资金。

⑤3000 吨/年聚醚改性硅油项目　该项目计划投入 4686 万元，项目建设期为 1 年，目前项目已经完成 50%，实际投入资金 1130 万元。

⑥4000 吨/年室温硫化硅橡胶项目　该项目计划投入 4535 万元，项目建设期为 1 年，目前项目已经完成 50%，实际投入资金 1532 万元。

⑦3000 吨/年高温硫化硅橡胶项目　该项目计划投入 4799 万元，由于与上述第 4 个项目情况相似，故亦未实际投入资金启动。

⑧2000 吨/年氨基硅油项目　该项目计划投入 4877 万元，项目建设期为 1 年，目前项目已经完成 50%，实际投入资金 1394 万元。

⑨组建和发展南通合成材料有限责任公司

计划投入 9600 万元，公司实际已经出资 9600 万组建南通星辰合成材料有限责任公司，占该公司股权的 69.18%，中国蓝星化学清洗总公司以所属的南通合成材料厂的生产经营性资产 4277 万元出资，占该公司股权的 30.82%，目前所投资金主要用于 10000 吨/年 PBT 技改项目，项目建设期约为 2 年，目前项目已经完成 50%。

（2）非募股资金使用情况

报告期内公司非募股资金重大投资项目为"油改煤"项目，该项目计划总投资 4000 万元，截止 2000 年 12 月 31 日，公司已经实际投入 3702 万元，项目已经基本建成，目前正在办理竣工手续。该项目主要建设内容：停运原 2 台燃油锅炉及 1500KW 发电机组，新增 2 台 35T/H 燃煤锅炉，并配备 3000KW 发电机组。预计 2001 年 3 月份实现满负荷并网发电，届时可有效降低成本，充分发挥效益。

4、生产经营环境以及宏观政策、法规变化：

（1）随着中国加入世界贸易组织(WTO)的步伐加快，我们与具有世界先进化工新材料生产水平的公司的差距凸显，主要表现为规模小，综合利用水平低，产品品种少，公司将加强与国外厂家的经验交流，努力学习和引进先进的管理经验和技术，加快新技术的开发和产品的升级，抓住机遇，迎接挑战，尽可能快地缩短与世界先进水平的差距。

（2）国家宣布原油价格与国际接轨后，原油价格的剧烈波动对公司的生产经营产生了不小的影响：因年初原油价格上涨导致公司主要产品原材料价格上涨，使公司的生产经营受到了一定程度的影响，造成了公司双酚 A 产品盈利能力的下降，随着下半年产品售价的逐渐回升和公司抗风险能力的增强，此不良影响已得以逐渐缓解，并得到控制。

5.新年度发展计划

新的一年里，公司将坚持以化工新材料产品的开发、生产与销售为主业，按照"务实生产、稳健经营、加速发展"的经营发展战略，通过技改、扩建等手段，加速实现规模经济，壮大公司实力，以满足国民经济发展对化工新材料的需求。公司将重点做好以下工作：

（1）进一步做好公司的规范运作，完善公司的法人治理结构。

① 进一步完善和规范内部管理体制，建立和健全各项基本管理制度，并结合公司的发展在实践中不断地完善。加强财务监督，强化风险意识，堵塞经营漏洞，使管理更加科学、高效、精确，从而提高公司整体管理水平。

② 完善法人治理结构，根据对上市公司的各项要求，通过加强董、监事和高管人员的培训，增强规范运作的自觉性，从而完善董事会、监事会议事规则及程序，总经理工作细则和公司各项基本管理制度建立起权责明确、相互制衡，精干高效的法人治理结构。

(2)精心施工，确保募集资金使用项目的技改和扩建的顺利实施，加强投资项目的全程跟踪管理和监督，搞好设备选型和配套技术的引进及消化吸收，加快施工进度，尽早达产见效，以期早日为公司带来新的利润增长点，从而实现规模经济。

(3)抓好市场开拓与营销工作。

① 加强市场调研，掌握市场规律的脉搏，紧紧围绕主业，加大市场营销的广度和深度，使市场细分化，采取以市场为导向，确定产品销售价格的方法，靠价格优势增强公司的市场竞争力，并进一步扩大市场占有率。

② 加强销售力量，选择既懂技术、工艺、又懂核算的人员充实销售队伍，加强培训，提高素质，进一步完善行之有效的销售激励政策，调动营销人员的积极性。

③ 密切跟踪原料市场的变化，超前预测价格走势，把握时机，进行比价采购，降低原料成本。

④ 建立快速反应机制，以客户需求为标准，严格内控质量标准，确保产品质量稳定提高。

(4)努力增收节支，继续抓好以"比价采购、费用限额、倒逼成本"等手段进行的成本控制，努力克服因市场波动给公司带来的经营损失，提高公司的抗风险竞争能力。

(5)加快人力资源的开发，把人才的培养，视为企业的"生命线"、"营业线"和"企业竞争力之源"。

① 着重开发和引进以下人才：具有现代营销理念，熟悉生产工艺和市场业务的高级营销人才；掌握现代管理知识的复合型高级管理人才；熟悉新产品开发流程，锐意进取的高级科研人才；具有丰富实践经验的高级技师；精通国际贸易业务，经验丰富的高级外贸人才；精通法律法规，熟悉政策的党群高级人才。

② 建立科学合理的激励机制和研发流程。全面提高科研人员的基本待遇，建立选拔和淘汰制度，以科技创新体等为主要形式，将企业投资、技术人员利益及科研技术进步结合在一起，促使科研成果迅速转化为生产力及效益。

6.董事会日常工作情况

（1）报告期内，董事会会议情况及决议内容

本年度公司董事会共召开四次会议。

A、董事会于 2000 年 1 月 15 日在公司会议室召开第一届第五次会议。会议形成如下决议：审议通过了公司利润分配方案

B、董事会于 2000 年 5 月 24 日召开第一届第六次会议。会议形成如下决议：

①审议通过了《1999 年度董事会工作报告》；

②审议通过了《1999 年度财务决算和 2000 年度财务预算报告》；

③审议通过了《星辰化工新材料股份有限公司章程》；

④审议通过了《关于计提四项资产减值准备及损失核销的内部控制制度的方案》；

⑤审议通过了《关于聘请广东正中会计师事务所的方案》；

⑥审议通过了《关于授权董事会行使 5000 万元以下(含 5000 万元)投资权限的方案》；

⑦审议通过了《关于公司利润分配的预案》；

⑧审议通过了《关于召开 1999 年度股东大会的方案》。

本次决议的公告刊登在 2000 年 5 月 26 日《上海证券报》

C、董事会于 2000 年 7 月 23 日召开第一届第七次董事会。会议形成如下决议：

①审议通过了《公司 2000 年中期报告及中期报告摘要》；

②审议通过了《公司 2000 年中期利润分配方案》。

本次决议的公告刊登在 2000 年 7 月 26 日《上海证券报》

D、董事会于 2000 年 8 月 24 日召开第一届第八次董事会。会议形成如下决议：

审议通过了《关于投资组建南通星辰合成材料有限公司的决议》。

本次决议的公告刊登在 2000 年 8 月 26 日《上海证券报》

（2）董事会对股东大会决议的执行情况：

根据公司 1999 年度股东大会决议，公司截止 1999 年 12 月 31 日共实现净利润 61,451,278.69 元，提取 10%法定盈余公积金 6,145,127.87 元，提取 5%法定公益金 3,072563.93 元后可供股东分配的利润为 52,233,586.89 元，此利润由公司的老股东享有，并全部分配，自 2000 年 1 月 1 日后产生的利润由公司新老股东共享。上述利润方案已如期实施。

7.公司管理层及员工情况

(1)董事、监事、高级管理人员

姓名	职务	年龄	性别	任期	持股情况
刘宪秋	董事长	59	男	3	未持有公司股票
谢先知	副董事长	48	男	3	未持有公司股票
季　刚	副董事长	53	男	3	未持有公司股票
郭云钊	董　事	34	男	3	未持有公司股票
杨成勇	董事兼总经理	38	男	3	未持有公司股票
周传敏	董事兼副总经理	31	男	3	未持有公司股票
郭驯宙	董事兼副总经理	38	男	3	未持有公司股票
朱炼钢	董事兼副总经理	42	男	3	未持有公司股票
蔡朋发	副总经理	38	男	3	未持有公司股票
王晓东	董事兼董事会秘书	30	男	3	未持有公司股票
宋海强	监事会主席	35	男	3	未持有公司股票
陆韶华	监　事	44	男	3	未持有公司股票
李惠军	监　事	43	男	3	未持有公司股票
王祥德	财务总监	30	男	3	未持有公司股票

注：以上董、监事及高级管理人员中郭云钊未在公司领取报酬，其余十三人均在公司领取报酬，年度报酬总额 49 万元，其中年报酬在 5 万至 10 万区间的有 2 人；3 万至 5 万区间的有 3 人；在 3 万元以下的有 9 人。报告期内公司董、监事无离任情况。

（3）公司员工的数量、专业构成、教育程度及退休职工人数情况：

截止 2000 年 12 月 31 日，公司在岗职工 1830 人，其中管理人员 87 人，生产人员 1334 人，技术人员 203 人，销售人员 187 人，财务人员 19 人，其中大专以上 438 人，占职工总数的 23.93%，中专以上 1159 人，占职工总数的 63.33%。

8.本次利润分配预案及 2001 年利润分配政策

（1）本次利润分配预案

经广东正中会计师事务所有限责任公司审计，2000 年度公司共实现净利润 61,615,773.82 元，提取 10%法定公积金 6,161,577.38 元，提取 5%法定公益金 3,080,788.69 元后，本年度可供分配的利润 52,373,407.75 元。经董事会讨论提议 2000 年度利润分配方案为：以 2000 年末总股本 24000

万股为基数，向全体股东每10股派发现金红利0.5元(含税)，可分配利润共计支出12,000,000.00元，剩余40,373,407.75元转入下一年度分配。该预案需经股东大会审议通过后方可实施。

（2）2001年度利润分配政策

公司2001年度利润拟分配一次；实现净利润用于股利分配的比例不低于30%；公司2000年度未分配利润用于下一年度的分配比例不低于15%；2001年度利润分配采取派发现金红利形式。2001年度利润分配政策为预计方案，具体方法届时将根据公司的实际情况拟订。

9.其他报告事项：

报告期内无需披露的其他业务事项。

六、监事会报告

1.监事会会议情况

报告期内公司监事会共召开二次会议。

(1)公司监事会于2000年5月24日召开了第一届第四次会议。会议形成如下决议：

①审议通过了《1999年度监事会工作报告》；

②审议通过了《星辰化工新材料股份有限公司章程》；

③审议通过了《1999年度财务决算和2000年度财务预算报告》；

④审议通过了公司拟定的《关于计提四项资产减值准备及损失核销的内部控制制度》。

(2)公司监事会于2000年7月23日召开了第一届第五次会议。会议形成如下决议：

审议通过了《公司2000年中期报告及中期报告摘要》。

2、公司依法运作情况

监事会列席了报告期内的每次董事会，对公司依法进行生产经营运作情况进行了全过程监督，监事会认为：

（1）2000年度公司在各股东的关怀和支持下，通过全体职工的勤奋工作，按照《公司法》和公司章程依法运作，生产经营决策程序合法，逐步建立完善的法人治理结构和内部控制制度，通过"快销满回，比价采购，费用限额，成本控制"的经营方针，较好地克服了因市场因素给公司带来的不利影响，基本完成了生产经营目标任务。

（2）报告期内公司董事会各位董事、经理认真执行公司职务职责，以公司利益为出发点，严格遵守法律、法规和公司章程，维护本公司利益和股东权益。

3、检查公司财务状况

监事会对提交2000年度股东大会审议的财务决算报告和2000年度审计报告进行了审阅，监事会认为：公司财务决算报告全面、真实、正确地反映了财务状况和经营成果；公司年度经营业绩已经广东正中会计师事务所审核，并出具了标准无保留意见的审计报告，该审计报告实事求是、客观公正。

4、前次募集资金投入情况

公司于报告期内发行人民币普通股所募集资金和所承诺投资项目一致，而1800吨/年甲基三乙氧基硅烷项目和3000吨/年高温硫化硅橡胶项目因要消耗公司的主要产品有机硅单体而暂时没有启动，监事会认为董事会这一举措是合理正确的，符合公司的经济利益。

5、检查关联交易情况

报告期内，监事会对公司的关联交易情况进行了全程监督，认为公司的关联交易定价合理，程序规范，交易方均能够正常履行有关协议合同，不存在内幕交易情况，也没有损害公司利益和股东利益的行为。

七、重要事项

1.报告期内，公司无重大诉讼、仲裁事项。

2.报告期内，公司、公司董事及高级管理人员无受监管部门处罚的情况。

3.报告期内，公司无控股股东变更，董事会改选，董事长、总经理变更的情况。

4.报告期内公司没有收购兼并、资产重组事项。

5.重大关联交易事项

(1)关联方关系 A、存在控制关系的关联方

企业名称	注册地址	主营业务	与本公司的关系
中国蓝星化学清洗总公司	北京市朝阳区北土城西路9号	专业化清洗	母公司

企业名称	经济性质或类型	注册资本	法定代表人
中国蓝星化学清洗总公司	全民所有制	人民币一亿一千万元	任建新

企业名称	与本公司的关系
无锡石化总厂	与本公司同一母公司
蓝星星火化工厂	与本公司同一母公司
南通合成材料厂	与本公司同一母公司

(2)关联方交易情况 A、采购货物

单位名称	2000年度	占销货(%)
中国蓝星化学清洗总公司	-	-
蓝星星火化工厂	44,674,597.97	10.44
无锡石化总厂	35,292,966.01	8.25

B、销售货物

单位名称	2000年度	占销货(%)
中国蓝星化学清洗总公司	24,920,906.84	5.82
蓝星星火化工厂	35,035,123.35	8.19
无锡石化总厂	1,303,800.00	0.3

C、提供能源

a. 蓝星星火化工厂本期为公司提供电力、自来水、蒸汽等能源，合计金额人民币56,198,380.76元，其定价均以本期市场价格为基础。

b. 无锡石化总厂本期为公司提供电力电力、自来水、蒸汽等能源，合计金额人民币13,514,551.16元，其定价均以本期市场价格为基础。

D、关联方应收应付款项余额

单位名称	项目	期末余额	备注
中国蓝星化学清洗总公司	应收帐款	6,944,966.16	货款
	预付帐款	316,152.50	购货款
	其他应收款	58,885,194.85	往来款
无锡石化总厂	其他应收款	20,000,000.00	往来款
蓝星星火化工厂	其他应收款	30,603,932.88	往来款
	预付帐款	634,616.38	购货款
南通合成材料厂	其他应收款	51,759,296.69	往来款

(3)本公司与关联方的交易均以公平交易为原则，以市场价格作为交易的基础，以合同的方式明确各方的权利和义务，运作符合常规，不损害公司和关联方的利益。

6、公司与控股股东在人员、资产、财务上的"三分开"情况。

(1)在人员分开方面，公司在劳动、人事及工资管理等方面实行独立，经理、副经理及其他高级管理人员均在本公司领取报酬，未在控股股东单位领取报酬、担任重要职务。

(2)在资产分开方面，本公司拥有独立的生产系统、辅助生产系统和配套设施，拥有工业产权和非专利技术。本公司拥有独立的销售系统。

(3)在财务分开方面，本公司设立了独立的财会部门，并建立了独立的会计核算体系和财务管理制度，独立在银行开户。

7.报告期内公司续聘广东正中会计师事务所有限责任公司为本公司2000年度的审计机构。

8.重大合同

公司根据生产和经营的需要，同公司的控股公司中国蓝星化学清洗总公司签定了两项综合服务协议，并很好地履行了协议内容，具体协议内容如下：

(1)《综合服务协议》(一)，系公司与中国蓝星化学清洗总公司于1999年8月31日签定，蓝星总公司以其所属的星火厂为公司提供能源供应、运输、设备安装、房屋维修、后勤和通讯等有偿服务以及蓝星总公司向公司提供部分原材料和购买部分产品；

(2)《综合服务协议》(二)，系公司与中国蓝星化学清洗总公司于1999年8月31日签定，蓝星总公司以其所属的无锡厂为公司提供能源供应、消防、保安、绿化、排污、道路许可、后勤和通讯等有偿服务以及蓝星总公司向公司提供部分原材料和购买部分产品。

9、公司向外提供担保情况。

本公司与中国建设银行南通分行签定《保证合同》(合同号为AC430-2000019号)，合同商定本公司为控股公司子南通星辰合成材料有限公司提供30,000,000.00元短期借款额度担保。本次担保的主债权最高限额为依据本公司与中国建设银行南通分行自2000年9月5日至2002年9月5日期间签订的所有借款合同项下的借款本金之和不超过人民币30,000,000.00元，履行期限自每个借款合同生效之日起至该借款合同约定的借款期限届满为止。

10、报告期内未更改公司名称或股票简称。

八、财务会计报告

审 计 报 告

广会所审字(2001)第81466号

星辰化工新材料股份有限公司全体股东：

我们接受委托，审计了贵公司2000年12月31日的资产负债表及合并资产负债表、2000年度的利润及利润分配表与合并利润及利润分配表以及2000年度现金流量表与合并现金流量表。这些会计报表由贵公司负责，我们的责任是对这些会计报表发表审计意见。我们的审计是依据《中国注册会计师独立审计准则》进行的。在审计过程中，我们结合贵公司实际情况，实施了包括抽查会计记录等我们认为必要的审计程序。

我们认为，上述会计报表符合《企业会计准则》和《股份有限公司会计制度》的有关规定，在所有重大方面公允地反映了贵公司2000年12月31日的财务状况及2000年度的经营成果以及2000年度的现金流量，会计处理方法的选用遵循了一贯性原则。

广东正中珠江会计师事务所　　　　中国注册会计师：吉争雄

中国注册会计师：杨文蔚

中国　　广州　　　　二〇〇一年三月二十二日

九、公司的其他有关资料

1. 公司首次注册登记日期：1999年5月31日

注册地址：北京市海淀区海淀路19-1号

办公地址：北京市海淀区花园东路30号花园商务会馆

2.工商登记号码：1000001003201

3.税务登记号码：110108710924494

4.公司未上市股票的托管机构：上海证券登记结算公司

5.公司报告期内证券主承销机构名称：国通证券有限责任公司

6、公司聘请的审计机构：广东正中珠江会计师事务所有限责任公司(原广东正中会计师事务所)

办公地址：广州市东风东路555号27楼

十、备查文件

1.载有董事长亲笔签署的年度报告正本；

2.载有公司法定代表人、财务负责人、会计经办人员签名并盖章的会计报表；

3、载有会计师事务所盖章、注册会计师亲笔签名并盖章的审计报告正本；

4.报告期内在中国证监会指定报刊上公开披露过的公司文件正本和公告原稿。

星辰化工新材料股份有限公司董事会

董事长：

审 计 报 告

广会所审字(2001)第81466号

星辰化工新材料股份有限公司全体股东：

我们接受委托，审计了贵公司2000年12月31日的资产负债表及合并资产负债表、2000年度的利润及利润分配表与合并利润及利润分配表以及2000年度现金流量表与合并现金流量表。这些会计报表由贵公司负责，我们的责任是对这些会计报表发表审计意见。我们的审计是依据《中国注册会计师独立审计准则》进行的。在审计过程中，我们结合贵公司实际情况，实施了包括抽查会计记录等我们认为必要的审计程序。

我们认为，上述会计报表符合《企业会计准则》和《股份有限公司会计制度》的有关规定，在所有重大方面公允地反映了贵公司2000年12月31日的财务状况及2000年度的经营成果以及2000年度的现金流量，会计处理方法的选用遵循了一贯性原则。

广东正中珠江会计师事务所　　　　中国注册会计师：吉争雄

中国注册会计师：杨文蔚

中国　　广州　　　　二〇〇一年三月二十二日

会 计 报 表 附 注

一、公司简介

1、基本情况：星辰化工新材料股份有限公司(以下简称"公司")是中国蓝星化学清洗总公司(以下简称"总公司")作为主要发起人，将其所属的星火化工厂的部分经营性净资产、无锡树脂厂的全部经营性净资产评估折价入股，以发起方式设立的股份公司。公司于1999年5月31日取得企业法人营业执照，注册号为1000001003201。

2、本公司的经营范围：有机硅单体及相关产品的研制、生产、销售；化学合成材料、化工产品的开发、生产、销售。

3、本公司注册地址：北京市海淀区海淀路19-1号。

4、本公司通过上海证券交易所，以上网定价和向二级市场投资者配售的方式，于2000年3月31日和4月1日发行人民币普通A股8000万股，并于2000年4月20日在上海证券交易所挂牌上市交易。同时公司变更了营业执照，注册资本变更为人民币贰亿肆仟万元。

二、公司主要会计政策、会计估计和合并会计报表的编制方法

1、会计制度

本公司执行《企业会计准则》和《股份有限公司会计制度》。

2、会计期间

本公司会计年度自公历1月1日起至12月31日止。

3、记帐本位币

本公司以人民币作为记帐本位币。

4、记帐基础和计价原则

以权责发生制作为记帐基础，以历史成本为计价原则。

5、现金等价物的确定标准

现金等价物是指企业持有的期限短(一般是指从购买日起3个月内到期)、流动性强，易于转换为已知金额现金、价值变动风险很小的投资。

6、坏帐核算方法

坏帐确认标准如下：

(1) 债务人破产或死亡，以其破产财产或遗产清偿后仍无法收回；

(2) 债务人逾期未履行其清偿义务，且具有明显特征表明无法收回。

本公司坏帐核算采用备抵法，按期末应收款项的帐龄分析法计提，并计入当期损益。坏帐准备计提的比例列示如下：

账　　龄	坏账计提比例
1年以内	0.5%
1-2年以内	5%
2-3年以内	10%
3年以上	30%

如有确凿证据表明应收款项不能收回，或收回可能性较小，则加大坏帐准备计提比例，直至达100%。

7、存货核算方法.

存货采用永续盘存制，日常核算按实际成本计价，存货的领用和发出按加权平均法计价。低值易耗品于领用时一次摊销。

本公司存货期末采用帐面成本与可变现净值孰低计价，按个别存货帐面成本高于市价的部分确定计提存货跌价准备。

8、长期投资核算方法

(1)、长期债权投资

债权投资按实际支付金额计入成本，实际支付款项中含有已到期尚未领取利息的，按照扣除该利息后的差额计价；溢价或折价在长期债权存续期间内按直线法予以摊销；收益按成本法计入当期损益。

(2)、长期股权投资

A、计价及收益确认方法

长期股权投资按实际支付的价款或确定的价值记账，对投资额占被投资单位资本总额超过50%的，以权益法核算并合并会计报表；投资额占被投资单位资本总额超过20%，不足50%的以权益法核算；投资额占被投资单位资本总额不足20%的以成本法核算。

B、股权投资差额

对采用权益法核算的被投资单位，若长期投资取得时的成本与在被投资单位所有者权益中所占的份额有差额以及对长期股权投资由成本法改为权益法时，投资成本与享有被投资公司所有者权益份额的差额计入股权投资差额明细科目。股权投资差额的摊销期限，合同规定投资期限的，按合同规定的投资期限摊销；合同没有规定投资期限的，借方差额按不超过10年的期限摊销，贷方差额按不低于10年的期限摊销。

(3)、长期投资减值准备

期末由于市价持续下跌或被投资单位经营状况恶化等原因，导致长期投资可收回金额低于账面价值，按可收回金额低于长期投资账面价值的差额提取长期投资减值准备。

9、固定资产计价及折旧方法

固定资产按实际成本计价。

固定资产的标准为使用年限在一年以上的房屋建筑物、机器设备、运输工具及其他与生产经营有关的设备、器具、工具等；不属于生产经营主要设备的物品，单位价值在2000元以上，并且使用期限超过两年的。

固定资产折旧方法采用平均年限法，其分类、估计使用年限、预计残值率和年折旧率如下：

类　别	估计使用年限	预计残值率	年折旧率
房屋建筑物	30—50	3%	1.94%—3.23%
机器设备	10—15	3%	6.47%—9.70%
运输工具	10—15	3%	6.47%—9.70%
办公设备及其他	10	3%	9.70%

10、在建工程核算方法

在建工程指购建中的厂房、设备及其他固定资产，按实际成本计价。该项成本包括直接建筑成本、设备成本和建筑、安装期间的其他直接费用，以及于兴建、安装及测试期间的有关借款利息支出。在建工程于实际交付使用之时结转为固定资产。

11、长期待摊费用核算方法　均按形成时发生的实际成本计价，并采用直线法平均摊销，摊销年限为5年。

12、收入确认原则　销售商品：公司已将商品所有权上的重要风险和报酬转移给买方，公司不再对该商品实施管理权和实际控制权，相关的收入已经收到或取得了收款的证据，并且与销售该商品相关的成本能够可靠地计量时，确认营业收入的实现。

提供劳务：在同一年度内开始并完成的，在劳务已经提供，收到价款或取得索取价款的证据时，确认劳务收入。

13、所得税的会计处理方法　本公司采用应付税款法。

14、合并会计报表的编制方法

A.合并范围的确定原则

本公司将直接或间接控制的子公司纳入合并会计报表的合并范围，并按财政部财会二字(1996)2号文《关于合并报表合并范围请示的函》执行，本报告期纳入合并范围的子公司为南通星辰合成材料有限公司，本公司对其投资占其权益性投资的比例为69.18%。

三、税项

四、利润分配

六、会计报表主要项目注释

七、关联方关系及其交易

八、或有事项

本公司与中国建设银行南通分行签定《保证合同》(合同号为AC430-2000019号)，合同商定本公司为下属子公司南通星辰合成材料有限公司提供30,000,000.00元短期借款担保。本次担保的主债权最高限额为依据本公司与中国建设银行南通分行自2000年9月5日至2002年9月5日期间签订的所有借款合同项下的借款本金之和不超过人民币30,000,000.00元，履行期限自每个借款合同生效之日起至该借款合同约定的借款期限届满为止。

九、承诺事项　本公司无需披露的重大承诺事项。

十、资产负债表日后的非调整事项　本公司无需披露的重大资产负债表日后的非调整事项。

十一、债务重组事项　本公司无需披露的重大债务重组事项。

十二、其他重要事项

1. 根据2001年3月22日本公司第一届第九次董事会决议，本公司2000年度利润分配预案为：以2000年12月31日的总股本24,000万股为基数，向全体股东每十股派发现金股利人民币0.5元(含税)。上述预案须提交2000年度股东大会审议通过方可实施。

2.除上述事项外，本公司无需披露的其他重要事项。

资产负债表　单位：(人民币)元

资产	期末数 合并
流动资金：	
货币资金	117,236,396.46
应收票据	1,368,000.00
应收帐款	145,331,808.76
其他应收款	333,658,612.95
减：坏帐准备	3,690,627.22
应收款项净额	475,299,794.49
预付帐款	28,698,218.99
存货	117,601,339.42
其中：工程施工	-
存货净额	117,601,339.42
待摊费用	126,324.37
流动资产合计	740,330,073.73
长期投资：	
固定资产原价	417,926,518.63
减：累计折旧	142,091,486.22
固定资产净值	275,835,032.41
工程物资	2,955,721.93
在建工程	189,541,138.66
固定资产合计	468,331,893.00
无形资产及其他资产：	
无形资产	8,592,048.25
长期待摊费用	5,629,462.58
无形资产及其他资产合计	14,221,510.83
递延税项：	
资产总计	1,222,883,477.56
流动负债：	
短期借款	194,920,000.00
应付票据	22,352,000.00
应付帐款	41,890,073.65
预收帐款	42,862,474.49
应付工资	1,013,157.06
应付福利费	686,615.02
应付股利	12,000,000.00
应交税金	26,188,408.07
其他应交款	241,188.91
其他应付款	23,651,649.80
流动负债合计	365,805,567.00
长期负债：	
长期借款	50,000,000.00
长期负债合计	50,000,000.00
递延税项：	
负债合计	415,805,567.00
少数股东权益(合并报表填列)	42,777,338.53
股东权益：	
股本	240,000,000.00
资本公积	465,467,106.41
盈余公积	18,460,057.87
其中：公益金	6,153,352.62
未分配利润(未弥补亏损以"-"号表示)	40,373,407.75
股东权益合计	764,300,572.03
负债和股东权益总计	1,222,883,477.56

利润及利润分配表

单位：(人民币)元

项目	本期数 合并
一、主营业务收入	427,947,352.48
减：销售折让	-
主营业务收入净额	427,947,352.48
减：主营业务成本	343,126,977.13
主营业务税金及附加	536,637.03
二、主营业务利润(亏损以"-"号填列)	84,283,738.32
加：其他业务利润(亏损以"-"号填列)	2,414,745.83
减：存货跌价损失	-
营业费用	6,452,942.07
管理费用	13,118,672.28
财务费用	3,044,877.04
三、营业利润(亏损以"-"号填列)	64,081,992.76
加：投资收益(损失以"-"号填列)	-
补贴收入	-
营业外收入	9,301,075.88
减：营业外支出	731,038.80
四、利润总额(亏损总额以"-"号填列)	72,652,029.84
减：所得税	11,030,361.83
减：少数股东损益(合并报表填列、亏损以"-"号填列)	5,894.19
加：未确认的投资损失(合并报表填列)	-
加：所得税返还	
五、净利润(净亏损以"-"号填列)	61,615,773.82
加：年初未分配利润(未弥补亏损以"-"号填列)	-
减：减少注册资本减少的未分配利润	-
盈余公积转入	
六、可供分配的利润(亏损以"-"号填列)	61,615,773.82
减：提取法定盈余公积金	6,161,577.38
减：提取法定公益金	3,080,788.69
职工奖福基金(子公司为外商投资企业，合并报表填列)	-
七、可供股东分配的利润(亏损以"-"号填列)	52,373,407.75
减：应付优先股股利	-
提取任意盈余公积	-
应付普通股股利	12,000,000.00
转作股本的普通股股利	-
八、未分配利润(未弥补亏损以"-"号填列)	40,373,407.75
附注：非常项目：	
1.出售处置部门或被投资单位	-
2.自然灾害发生的损失	-
3.会计政策更改	-
4.其他	-
营业利润	8.38
净利润	8.06
扣除非经常性损益后的净利润	6.94

徐州维维食品饮料股份有限公司

徐州维维食品饮料股份有限公司2000年年度报告摘要

重要提示:本公司董事会保证本报告所载资料不存在任何虚假记载、误导性陈述或者重大遗漏,并对其内容的真实性、准确性和完整性负个别及连带责任。

本年度报告摘要摘自年度报告,投资者欲了解详细内容,应阅读年度报告。

一、公司简介

1、公司的法定中、英文名称及缩写

法定中文名称:徐州维维食品饮料股份有限公司

法定英文名称:XuZhou VV Food&Beverage Co.,Ltd.

公司中文名称缩写:维维股份

公司英文名称缩写:VVFB

2、公司法定代表人:崔桂亮

3、公司董事会秘书:丁金礼

授权代表:李平

联系地址:江苏省徐州市城南开发区维维集团总部

联系电话:0516-3290169

传真:0516-2704888

电子信箱地址:vvgroup99@sina.com

4、公司注册地址:江苏省徐州市建国东路205号

公司办公地址:江苏省徐州市城南开发区维维集团总部

邮编:221111　　公司电子信箱:vvzjb@21cn.com

5、公司选定的信息披露报纸名称:《中国证券报》、《上海证券报》

登载年度报告的国际互联网网址:http://www.sse.com.cn

公司年度报告备置地点:公司证券部

6、公司股票上市交易所:上海证券交易所

股票简称:维维股份　　股票代码:600300

二、会计数据和业务数据摘要

1、2000年主要会计数据(单位:元)

利润总额　155,054,985.29

净利润　118,593,137.60

扣除非经常性损益后的净利润　111,681,214.98

主营业务利润　164,341,522.01

其它业务利润　96,881,216.03

营业利润　150,321,451.93

投资收益　1,051,610.74

补贴收入营业外收支净额　3,681,922.62

经营活动产生的现金流量净额　93,252,854.49

现金及现金等价物净增加额　573,622,550.49

非经常性损益项目说明:

(1) 新股申购冻结资金利息　2,720,318.88元

(2) 所得税返还　3,230,000.00元

(3) 5年以上未支付款项　1,257,153.76元

(4) 罚款收入　4,830.00元

(5) 处置资产损失　257,336.12元

(6) 罚款支出　19,043.90元

(7) 赞助支出　24,000.00元

2、前三年主要会计数据和财务指标:

项目	2000年	1999年	1998年
主营业务收入(元)	928,256,689.78	917,507,135.89	1,181,448,798.53
净利润(元)	118,593,137.60	109,589,676.49	105,153,702.68
总资产(元)	1,607,020,677.97	707,086,773.62	730,388,871.63
股东权益(元)	1,261,136,653.96	246,438,451.48	230,000,000.00
每股收益(元)	0.36	0.48	0.54
每股净资产(元)	3.82	1.07	1.18
调整后的每股净资产(元)	3.75	0.99	1.11
每股经营活动产生的现金流量净额(元)	0.28	0.22	
净资产收益率(%)	9.4	44.47	45.72
加权平均的每股收益(元)	0.42	0.52	0.54
加权平均的净资产收益率(%)	14.76	38.48	47.67
扣除非经常性损益后的每股收益(元)	0.34	0.30	0.54
扣除非经常性损益后的加权净资产收益率(%)	13.9	24.08	47.88

利润表附表:

净资产收益率和每股收益:

报告期利润	净资产收益率(%)		每股收益(元)	
	全面摊薄	加权平均	全面摊薄	加权平均
主营业务利润	13.03	20.46	0.50	0.59
营业利润	11.92	18.71	0.46	0.54
净利润	9.40	14.76	0.36	0.42
扣除非经营性损益后的净利润	8.86	13.90	0.34	0.40

注:主要财务指标的计算公式如下:全面摊薄净资产收益率和每股收益的计算公式如下:

全面摊薄净资产收益率= 报告期利润÷期末净资产全面摊薄

每股收益= 报告期利润÷期末股份总数

加权平均净资产收益率(ROE)的计算公式如下:

ROE = P/Eo+NP÷2+Ei×Mi÷Mo-Ej×Mj÷Mo9999

其中:P为报告期利润;NP为报告期净利润;Eo为期初净资产;Ei为报告期发行新股或债转股等新增净资产;Ej为报告期回购或现金分红等减少净资产;Mo为报告期月份数;Mi为新增净资产下一月份起至报告期期末的月份数;Mj为减少净资产下一月份起至报告期期末的月份数。

加权平均每股收益(EPS)的计算公式如下:

EPS = P/So+S1+Si×Mi÷Mo-Sj×Mj÷Mo9999

其中:P为报告期利润;So为期初股份总数;S1为报告期因公积金转赠股本或股票股利分配等增加股份数;Si为报告期发行新股或债转股等增加股份数;Sj为报告期因回购或缩股等减少股份数;Mo为报告期月份数;Mi为增加股份下一月份起至报告期期末的月份数;Mj为减少股份下一月份起至报告期期末的月份数。

每股收益=净利润/年度末普通股股数每股净资产=年度末股东权益/年度末普通股股数净资产收益率=净利润/年度末股东权益X100%9999

调整后的每股净资产=(年度末股东权益-三年以上的应收款项净额-待摊费用-待处理(流动、固定)资产净损失-开办费用-长期待摊费用-住房周转金负数余额)/ 年度末普通股股数

每股净资产= 年度末股东权益/年度末普通股股份总数

每股经营活动产生的现金流量净额= 经营活动产生的现金流量净额/年度末普通股股份总数

3、股东权益变动情况:

项目	股本	资本公积	盈余公积	法定公益金	未分配利润	股东权益合计
期初数	230000000		10958967.65	5479483.83		246438451.48
本期增加	100000000	895105064.88	11859313.76	5929656.88	1804166.96	1014698202.48
本期减少						
期末数	330000000	895105064.88	22818281.41	11409140.71	1804166.96	1261136653.96
变动原因	发行新股	发行新股溢价	按净利润10%提取法定盈余	按净利润5%提公益金		

三、股东情况介绍

1、2000年末本公司的股东总数::26509户。

2、主要股东持股情况

股东单位	持股情况	持股比例	备注
1.维维集团股份有限公司	14664.80	44.44	
2.五丰食品(中国)有限公司	8280	25.09	境外法人股
3.甘肃亚盛盐化工业集团有限责任公司	800	2.42	
4.中国牧工商(集团)总公司	700	2.12	
5.北京金翰元科贸有限公司	500	1.52	
6.上海中路(集团)有限公司	500	1.52	
7.徐州宏利食品有限公司	400	1.21	
8.徐州鑫宇经贸有限公司	300	0.91	
9.兰州高技术产业开发区技术交易所	300	0.91	
10. 密山金源油脂油料有限责任公司	300	0.91	

说明:A、前10名股东之间不存在关联关系。

B、第3至10位股东为战略投资者,按有关规定,其中第4位股东持股期限为2000年6月5日至2001年3月30日,其余战略投资者持股期限为2000年6月5日至2000年12月30日。

(3)持股5%以上的法人股东情况

持股5%以上的股东分别是:维维集团股份有限公司、五丰食品(中国)有限公司。持股5%以上的法人股股东股份未发生质押、冻结等情况。报告期内持有股份没有发生增减变化。

四、股东大会简介

1、股东大会的通知、召集、召开情况:本年度内召开了一次股东大会。

徐州维维食品饮料股份有限公司第二次(1999年度)股东大会于2000年5月20日上午在北京恒基中心召开,出席本次会议的股东代表5人,代表股份23000万股,占总股本的100%,符合《公司法》和《公司章程》的有关规定。

会议通过了以下决议:

(1)1999年度董事会工作报告;

(2)1999年度监事会工作报告;

(3)1999年度财务决算报告;

(4)2000年度财务预算报告;

(5)1999年利润分配方案。

经大华会计师事务所审计,本公司1999年度实现利润109589676.49元,按《公司章程》规定,按10%提取法定公积金10958967.65元,按5%提取法定公益金5479483.83元,可供股东分配的利润为93151225.01元,以1999年总股本23000万元为基数,向每股派发现金红利0.405元,共派发现金红利总额为93151225.01元。

(6)批准了董事会提出的待公司股票发行后,授权公司董事会办理公司营业执照变更登记的相关事宜及章程条款中有关股本总额、股本结构等相关条款作相应调整的议案。2、选举、更换公司董事、监事情况:报告期内没有发生选举、更换公司董事、监事的情况

五、董事会报告

(一)公司经营情况

1、公司所处的行业及地位公司从成立以来主要从事软饮料的生产和销售,属食品行业。

经过几年不断地发展,公司在产品质量、价格、形象、品牌等方面,确立了竞争优势。1997年8月,公司被江苏省人民政府确定为省贸工农一体化省级重点龙头企业。1997年11月,维维豆奶粉被中国绿色食品发展中心认定为绿色食品。1997年12月,豆奶系列产品通过了中国方圆标志认证委员会质量认证中心的ISO9002质量体系认证(认可注册号为SC19)。1999年1月,"维维"商标被国家工商局商标局认定为驰名商标。2000年9月,公司被国家轻工业局批准为国家豆奶生产示范企业。

2、公司主营业务的范围及其经营状况

(1)主要经营范围为:研究、开发、生产食品、饮料系列产品及相关产品,销售自产产品。

(2)主营业务经营状况

报告期内,公司实现主营业务销售收入92825.67万元,比上年增长1.2%;实现利润总额15505.5万元,比上年增长27.1%;实现净利润11859.3万元,比上年增长8.2%,完成年度计划的114.5%。由于公司加大了管理力度,经济效益稳步增长,同时,公司调整了生产方式及生产结构,狠抓目标成本管理,公司在2000年度加强内部管理,在应收帐款的管理、销售环节的疏理、用车制度的改革和管理人员的调整等方面进行了改革和加强,取得了明显的成效。因此公司主营业务利润比去年增加了5643万元,其他业务利润比去年减少了2933万元,管理费用比去年减少了2325万

元,财务费用比去年减少了1062万元。公司股票每股收益摊薄后达到0.36元。

公司主要产品的经营情况如下:

2000年完成主产品豆奶粉系列产品7.3万吨,完成销售额92627万元。公司主要经营指标均完成了预定的计划。

2000年,在业务经营中公司重点抓了以下几方面工作:

①加大了销售管理和市场开发力度,对全国营销管理体系进行了调整,完善了市场承包责任制,加大新产品研发力度和市场开拓,企业的内部管理趋于完善。进一步完善和优化法人治理结构。部份上市募集资金项目下半年投资胜利完成。

②报告期内,公司面对较为激烈的市场竞争,突出抓好销售,开拓农村市场,保持了生产经营的稳定运行。

③2000年,公司全体员工在董事会的领导下,继续坚持以经济效益为中心,抓住机遇、团结拼搏,全面完成了2000年的经营计划目标,实现了规模与效益的同步增长。公司努力扩大经营规模,进一步巩固、扩大豆奶系列产品的市场地位;公司在液体饮料等产品上取得新进展。

3、经营中发现的问题及解决方案

当今世界经济发展的全球化,科技革命的迅猛发展,给传统食品饮料产业带来了冲击,市场竞争激烈。为提高公司产品在国际、国内市场的竞争能力,公司采取的主要措施有:

①加大市场的促销力度,提高营销人员的素质,加强营销管理,巩固和提高市场占有率。

②坚持目标成本管理,以管理和科技进步来降低生产成本和各项期间费用。

③加快技术创新和发展的步伐,积极推进新产品的开发和新技术的应用。

(二)公司财务状况

1、财务状况: 金额单位:元

指标项目	2000年	1999年	增减比率
总资产(元)	1,607,020,677.97	707,086,773.62	127.27%
长期负债(元)	13,601,594.57		
股东权益(元)	1261,136,653.96	246,438,451.48	411.75%
主营业务利润(元)	164,341,522.01	107,932,719.99	52.26%
净利润(元)	118,593,137.60	109,589,676.49	8.22%

2、主要指标增减变动的主要原因

(1) 总资产:本年增加899,933,904.35元,主要是公司发行新股募集资金及公司盈利;

(2) 长期负债:新股申购冻结资金利息;

(3) 股东权益:本年增加1,014,698,202.48,主要因为公司发行股票,增加股本和资本公积。

(4) 主营业务利润:本年增加56,434,453.27万元,主要是因为公司调整了生产结构和方式,狠抓目标成本管理,降低了主营业务成本。

(5) 净利润:本年增加9,003,461.11元,主要原因是本年度产品销售较好;实行目标成本管理,加强了对生产成本的控制;精简了管理机构,提高了工作效率,改革了用车制度,从而使车辆费用、坏帐费用、存货损失等管理费用及销售费用大大降低。

(三)公司投资情况

1、募集资金投资项目在报告期内的进展情况

报告期内公司于2000年6月30日完成股票发行及上市工作。实际募集资金9.95亿元。募集资金拟投资的项目分别为:豆奶粉生产线技术改造、精品豆奶粉生产线建设、合资兴办徐州维维乳业有限公司、合资兴办徐州维维农牧业有限公司、合资兴办徐州维维麦片有限公司、苗猪及瘦肉猪养殖基地、华北配送中心、华东配送中心、西南配送中心及配套流动资金。

2、报告期内募集资金的使用情况

公司2000年6月7日发行股票后实际募集资金9.95亿元,到2000年12月31日募集资金使用情况:

项目名称	计划投资额(万元)	实际完成投资额(万元)	投资进度(%)
豆奶粉生产技术改造	2950	2252	76
精品豆奶粉生产线	2920		
生猪养殖基地	2980		
合资兴办徐州维维乳业有限公司	18646.5	18602	100%
合资兴办徐州维维农牧业有限公司	18646.5		
合资兴办徐州维维麦片有限公司	18646.5		
华北配送中心	2950		
华东配送中心	2857		
西南配送中心	2440		
配套流动资金	8000	2000	25
补充流动资金	18463.5	18463.5	100
合计	99500	41317.5	41.5

注①:实际投资额与计划投资额之间的小额差异由外汇折算导致。投资项目建设情况的说明:

(1)豆奶粉生产线技术改造项目:计划投资2950万元,其中:固定资产投资1450万元,流动资金1500万元,在2000年12月31日止完成固定资产投资752万元,其中:自动包装设备投资224万元、烘干塔设备改造投资144万元、喷码防伪车间改造投资356万元、其他附属设备投资28万元,配套流动资金1500万元。固定资产投资完成52%。2001年将继续该项目的建设,预计2001年完成该项目投资任务。

(2)计划投资2920万元的精品豆奶粉生产线项目和计划投资2980万元的生猪养殖是基地建设项目,公司本着审慎稳健的投资原则,对该等项目正在进行进一步地考察和落实,到目前尚未投入。

(3)合资兴办徐州维维乳业有限公司,计划投资18646.5万元,2000年以增资扩股的形式向徐州维维乳业有限公司投资17102万元,使徐州维维乳业有限公司注册资本由2000万元人民币增至2999万美元,其中:本公司占注册资本的75%,折合人民币18602万元,外方香港晓荣企业有限公司占注册资本的25%,以现汇750万美元出资。主要从事食品饮料的生产、销售;奶牛养殖和鲜奶销售。公司注册地设在铜山县伊庄镇工业区。

徐州维维乳业有限公司2000年投资420万元建设了一条日产60吨的塑瓶奶生产线现已投入生产。酸奶系列饮料、袋装奶系列饮料的项目建设,计划2001年上半年完成。

截止报告日,徐州维维乳业有限公司已经完成利润3715.53万元。

(4)合资兴办徐州维维农牧业有限公司,计划投资18646.5万元。该项目建设地点正在考察之中,本公司计划在2001年投资建设。

(5)合资兴办徐州维维麦片有限公司,计划投资18646.5万元,该项目目前正在积极筹备之中,本公司计划2001年投资。

(6)销售网络建设计划投资8247万元建设华北配送中心、华东配送中心及西南配送中心,因本公司2000年对全国营销网络及销售组织管理体系进行了调整,本年度没有投资,公司计划2001年投资建设。

(7)报告期内补充本公司流动资金18463.5万元;补充徐州维维乳业有限公司配套流动资金2000万元。

(四)2001年度的业务发展计划

公司将进一步完善企业的内部管理,抓好新产品开发、市场开拓和投资项目建设等重点工作,力争取得更好的业绩,2001年将重点作好以下工作:

1、全力抓好在建项目的进度和新建项目的落实,争取早日投产,创造经济效益,增加新的利润增长点。

2、坚持科技兴企,以自身开发为主,吸收引进国内国际先进技术,紧跟世界食品发展的步伐,以市场为导向,加快高技术含量、高附加值产品的开发。2001年积极抓好重点产品豆奶粉系列产品的更新换代、液体乳品系列饮料的开发。

3、进一步完善市场网络体系,向边远地区和农村渗透,巩固主产品豆奶粉系列产品的国内市场占有率,加大新产品的宣传力度,提高新产品的市场占有率。2001年度重点抓好液体乳品系列饮料的市场开发。

4、加强生产现场管理,严格执行ISO9002质量体系标准,加大各项指标的考核力度,根据市场需求,调整产品结构,使开发的新产品能够尽快投放市场,形成批量生产。力争2001年完成ISO90002000版的换版工作。

5、抓好企业的资金管理、成本管理,挖掘企业的内部潜力,最大限度的降低产品成本及费用,提高经济效益。

6、深化企业内部改革,进一步完善内部管理和内部分配制度,做好中层以上管理干部的考核,完善企业内部承包,鼓励创新和改革。

7、完善各类科技人才的培训、引进和激励机制,将人才重点放在营销、科研开发及管理部门,以提高企业的技术含量和综合管理水平。

(五)董事会日常工作

1、报告期内董事会的会议情况及决议内容

①2000年1月13日第一届董事会第五次会议在北京恒基中心召开,应到董事5人,实到5人,符合《公司法》和《公司章程》的规定。会议审议并通知过如下议案及决议:

a、审议并通过了公司财务制度补充规定即:关于短期投资跌价准备、坏帐准备、有货跌价准备、长期投资减值准备的计题方法;

b、审议并通过了1999年度利润分配方案和2000年利润分配原则的议案;

c、审议并通过了2000年度财务预算及盈利预利的议案;d、审议并通过了股票上市所募集资金投资项目的议案;

e、审议并通过了更换公司股票上市主承销商的议案;f、审议并通过了更换董事会秘书的事宜。

②2000年2月12日召开第一届董事会第六次电话传真会议。全体董事参加了会议,符合《公司法》及《公司章程》的规定,会议审议并通过了关于投资建设全国营销网络的议案。

③2000年2月22日召开第一届董事会第七次电话传真会议。全体董事参加了会议。符合《公司法》及《公司章程》的规定。会议审议并通过了关于投资设立中外合作经营乳业有限公司的议案。

④2000年5月19日北京恒基中心12楼召开第一届董事会第八次会议。全体董事参加了会议,符合《公司法》及公司章程的有关规定。会议审议并通过了如下决议:

a、审议本公司发行A股股票招股说明书及其概要;

b、审议1999年度的利润分配;

c、审议董事会1999年度工作报告;

d、审议公司1999年度财务决算报告;

e、审议公司2000年度财务预算报告;

f、审议关于提请股东大会授权董事会待股票上市发行后办理公司营业执照变更登记的相关事宜及公司章程中有关股本总额、股本结构等相关条款作相应调整的议案。

⑤2000年7月20日在北京恒基中心12楼召开第一届董事会第九次会议。全体董事参加了会议。符合

《公司法》及公司章程的有关规定,全体监事、部份高级管理人员参加了会议。会议审议并通过了如下决议:

a、审议并通过了本公司2000年中期报告及摘要;

b、审议并通过了本公司上半年利润不分配不转增的议案;

c、审议并通过了作为本公司公开披露信息的报纸及披露信息的网址的事宜。

2、董事会对股东大会决议的执行情况

①2000年5月20日1999年度(第二次)股东大会决议通过了1999年度利润分配方案。公司于2000年6月26日前执行完毕。

②授权公司董事会,待公司股票发行后,办理营业执照变更登记的相关事宜及公司章程条件中有关股本总额、股本结构等相关条款作相应的调整。根据股东大会的授权于2000年9月底之前完成了外商投资企业批准证书和企业法人营业执照的变更手续。同时对公司章程中的有关条款作了相应的调整,董事会于2000年6月底前完成了本公司股票发行上市工作。

(六)公司管理层及员工情况

董事、监事及其他高级管理人员

姓名	性别	年龄	职务	任期起止日期	年初持股数(股)	年末持股(股)
崔桂亮	男	39	董事长	1999.8-2002.9	0	0
陈树林	男	47	副董事长	1999.8-2002.9	0	0
魏伯玲	男	50	董事	1999.8-2002.9	0	0
李福增	男	55	董事	1999.8-2002.9	0	0
曹荣开	男	39	董事副总经理	1999.8-2002.9	0	0
杨启典	男	43	监事监事召集人	1999.8-2002.9	0	0
郭晋清	女	36	监事	1999.8-2002.9	0	0
刘莉	女	38	监事	1999.8-2002.9	0	0
胡云峰	男	39	总经理	1999.8-2002.9	0	0
丁金礼	男	39	总经济师	2000.1-2002.9	0	0
			董事会秘书			
汤国华	男	39	副总经理	2000.1-2002.9	0	0
张明洋	男	40	总会计师	2000.1-2002.9	0	0
			财务部部长			
吴爱民	男	31	财务总监	1999.11-2002.9	0	0

1、公司现有董事、监事、高级管理人员年度报酬情况

(1)在本年度领取报酬人员情况(包括工资、奖金及福利等收入)。

①年度报酬总额在20-30万元人民币的有董事长1人;

②年度报酬总额在10-20万元人民币的有董事1人、高级管理人员2人;

③年度报酬总额在5-10万元人民币的有监事1人,高级管理人员3人。

(2)不在公司领取报酬的董事、监事的有:陈树林、李福增、魏伯玲、杨启典、郭晋清5人。

(3)报告期内,无董事、监事离任。

(4)报告期内经董事长提名,经过第一届董事会第五次会议通过由丁金礼先生担任本公司的董事会秘书。

(七)2000年度的利润分配预案

经审计,公司2000年度实现净利润118593137.60元,按《公司法》及《公司章程》的规定,按10%提取法定公积金11859313.76元,,按5%提取公益金5929656.88元后,可供股东分配的利润为100804166.96元,公司拟按2000年末总股本33000万股为基数,每股派发现金红利0.30元(社会公众股含个人所得税)计派发现金红利99000000元。尚余未分配利润1804166.96元,结转下年度,不进行资本公积金转增股本及送红股。

本次利润分配预案需提交2000年度股东大会审议通过。

根据中国证券监督管理委员会的规定及上海证券交易所信息披露工作的要求,按照公开、公正、公平的原则,本着对股东投资负责的态度,公司董事会对2001年度的利润分配政策作出如下预计:

(1)2001年度利润分配拟实施一次,实施时间为2002年上半年;

(2)拟实施方法为派发现金股利;

(A)拟派发的现金股利约为不低于公司2001年度可供股东分配利润的30%,其中:2001年度当

年实现的利润及以前年度留存的未分配利润按同期比例派发现金股利。

(B)上述 2001 年度利润分配政策为预计方案,公司董事会保留根据公司实际情况进行调整的权利。

(八)、其他报告事项:无

六、监事会报告

(一)召开监事会会议的情况本年度一共召开了二次监事会的会议。

1、2000 年 5 月 19 日,在北京恒基中心召开了公司第一届监事会第二次会议,议题主要是审议《1999 年度监事会工作报告》。

2、2000 年 7 月 20 日,在北京恒基中心召开了公司第一届监事会第三次会议,议题主要是审议《2000 年度中期报告及摘要》。

(二)独立意见 2000

年度公司监事会根据国家有关法律法规及《公司章程》所赋予的各项指责,认真开展工作。列席了公司董事会会议,对董事会、经理履行职权,执行股东大会决议等情况进行了监督。

监事会认为:

(1)大华会计师事务有限公司对公司出具的无保留意见的《2000 年度审计报告》及公司 2000 年度财务报告,真实、客观、准确地反映了公司的财务状况和经营效果。

(2)监事会根据国家有关规定,对公司计提资产减值准备制度及执行情况进行了监督,认为其程序是合法的,依据充分。

(3)对公司重大关联交易严格按照国家有关规定办理,公平交易、合理、合法,未有内幕交易和损害部分股东权益或造成公司资产流失的行为。

(4)公司决策程序合法,内部控制制度较为完善,公司董事、监事及高级管理人员在经营管理中依法工作,未发生有违反法律、法规、公司章程或损害公司利益的行为。

(5)报告期内公司完成了股票发行上市工作,募集资金 2000 年 6 月中旬全部到位,扣除发行费用,实际募集资金 9.95 亿元。到报告期末使用募集资金 41362 万元,完成 2000 年度投资计划的 62%,募集资金已实际投入的项目与招股说明书承诺项目基本一致。

七、重要事项

1、本年度公司无重大诉讼、仲裁事项。

2、本年度内公司、公司董事及高级管理人员没有受监管部门处罚的现象。

3、报告期内没有发生公司控股股东变更、公司董事会换届、改选或半数以上成员变动的情况、公司总经理没有变更,新聘了董事会秘书。

4、报告期内无收购、出售资产、吸收合并等事项。

5、重大关联交易

(1)采购货物本公司各年度向关联方收购产品的有关明细资料如下(单位:元)

99 年度	2000 年度
645549801.37	534292065.29

本公司向关联方收购产品的价格由双方协议决定。各年度本公司向关联方收购产品的价格与市价基本一致。

(2)销售货物本公司各年度向关联方销售原、辅材料有关明细资料如下(单位:元)

99 年度	2000 年度
176033187.93	149202967.38

本公司销售给关联企业的原、辅材料价格由双方协议决定

(3)向协作厂收取无形资产使用费

99 年度	2000 年度
97885697.49	68758590.93

6、上市公司与控股股东在人员、资产、财务上的"三分开"情况:

①人员方面。本公司在劳动人事及工资管理等方面完全独立。

②资产方面。本公司拥有独立的生产系统、辅助生产系统和配套设施;本公司的采购和销售系统均由本公司独立拥有和运转。

③财务方面。本公司设立了独立的财务会计职能部门,建立了独立的较完善的会计核算体系和财务管理制度,独立的银行帐号,独立纳税。

7、本年度没有发生重大的托管、承包、租赁其它公司资产,也没有发生被其他公司托管、承包、租赁本公司资产的重大事项。

8、本公司续聘大华会计师事务所有限公司为我司年度报告的审计单位。

9、报告期内无重大担保合同。

10、报告期内本公司没有更改名称或股票简称的情况。

11、本公司及持股 5%以上的股东维维股份有限公司和五丰食品(中国)有限公司未曾在指定报纸和网站上披露任何承诺事项。

12、其它重大事项:向战略投资者配售的股份 4200 万股自 2001 年元月 4 日起上市交易,同时本公司的流通股份为 9200 万股。2000 年 12 月 30 日刊登在《中国证券报》和《上海证券报》。

八、财务会计报告

一、审计报告

审计报告

华业字(2001)第 708 号

徐州维维食品饮料股份有限公司全体股东:

我们接受委托,审计了贵公司 2000 年 12 月 31 日资产负债表、2000 年度的利润及利润分配表和现金流量表。这些会计报表由贵公司负责,我们的责任是对这些会计报表发表审计意见。我们的审计是根据中国注册会计师独立审计准则进行的。在审计过程中我们结合贵公司的实际情况,实施了包括抽查会计记录等我们认为必要的审计程序。

我们认为,上述会计报表符合《企业会计准则》和《股份有限公司会计制度》的有关规定,在所有重大方面公允地反映了贵公司 2000 年 12 月 31 日的财务状况及 2000 年度经营成果和现金流量情况,会计处理方法的选用遵循了一贯性原则。

大华会计师事务所有限公司　　中国注册会计师:陆永炜　陆国豪

中国·上海市昆山路 146 号　　2001 年 4 月 4 日

二、会计报表(附后)

1、负债表;

2、利润及利润分配表;

3、现金流量表。

三、会计报表附注

(一)公司基本情况

1、公司于 1999 年 7 月 18 日经中华人民共和国对外贸易经济合作部以(1999)外经贸资二函字第 409 号文批准由徐州维维食品饮料有限公司改制而成。2000 年 5 月 24 日,经中国证券监督管理委员会以证监发行字[2000]63 号文批准,本公司向社会公众公开发行每股为人民币 1.00 元的境内上市内资股(A 股)股票 1 亿股,其中向社会公众发行的 5,000 万股已于 2000 年 6 月 30 日上市交易,其余向战略投资者发行的 5,000 万股分别于 2001 年 1 月 4 日、2001 年 3 月 30 日上市交易。2000 年 9 月 27 日由中华人民共和国国家工商行政管理局换发"企股苏总字第 000226 号"企业法人营业执照,现法定代表人为崔桂亮。现公司注册资本为人民币 33,000 万元,业经大华会计师事务所有限公司验证并出具华业字(2000)第 959 号验资报告。

公司经济性质:中外合资股份有限公司。所属行业:食品制造业。经营范围:食品、饮料的制造,销售自产产品。

2. 主要产品:维维豆奶系列产品。

3. 生产经营情况:面对激烈的市场竞争,公司本年度加大宣传力度,采取多种促销措施,积极拓展市场,保证了生产经营的平稳运行。本年度,公司实现主营业务收入 92,826 万元,与去年相比增长 1.19%。

(二)公司主要会计政策、会计估计和合并会计报表的编制方法

1、会计制度本公司及下属子公司执行《股份有限公司会计制度》及其补充规定。

2、会计年度自公历 1 月 1 日至 12 月 31 日。

3、记帐本位币:人民币

4、记帐基础:权责发生制;计价原则:历史成本。

5、外币业务核算方法:

会计年度内涉及外币的经济业务,按发生当月月初中国人民银行公布的市场汇价(中间价)折合人民币入帐。月末将外币帐户中的外币余额按月末市场汇价(中间价)进行调整,发生的差额(损益),与购建固定资产有关的予以资本化,属于筹建期间的计入开办费,属于生产经营期的计入当期费用。

6、现金等价物的确定标准:

母公司及子公司持有的期限短、流动性强、易于转换为已知金额现金,价值变动风险很小的投资,确认为现金等价物。公司本年度无现金等价物。

7、坏帐的核算方法坏帐的确认标准:

(1)因债务人破产或死亡,以其破产财产或遗产清偿后,仍不能收回的应收帐款;

(2) 因债务人逾期未履行偿债义务并且具有明显特征表明无法收回的应收帐款。以上确实不能收回的应收款项,报经董事会批准后作为坏帐转销。坏帐损失核算方法采用备抵法,应收帐款坏帐准备按帐龄分析法计提(五年以上按 100%,4–5 年按 70%,3–4 年按 50%,2–3 年按 20%,1–2 年按 8%,1 年以下按 3%),其他应收款坏帐准备计提方法与应收帐款相同。

8、存货核算方法

各种存货按取得时的实际成本记帐;存货日常核算采用实际成本核算,存货发出采用先进先出法计价。低值易耗品和包装物按领用时一次摊销法摊销。期末存货按成本与可变现净值孰低计价,并按单个存货项目提取存货跌价准备计入当期损益。

9、短期投资核算方法:

根据《企业会计准则–投资》规定,短期投资以实际支付的全部价款(包括税金、手续费和相关费用)扣除已宣告发放但未领取的现金股利(或已到期尚未领取的债券利息)入帐;在处置时,按所收到的处置收入与短期投资帐面价值的差额确认为当期投资损益。短期投资在年终按成本与市价孰低法计价,市价低于成本的部分确认为跌价准备。具体计提方法为:按投资总体计算并确定所计提的跌价损失准备,并计入当期损益。

10、长期投资核算方法:

(1)长期债券投资的计价及收益确认方法:按取得时实际支付的全部价款(扣除支付的税金、手续费等各项附加费用)扣除实际支付的分期付息债券价款中包含的已到期尚未领取的债券利息后的余额作为实际成本记帐,并按权责发生制原则按期计提利息,并计入投资收益。

(2)长期债券投资溢价和折价的摊销方法:在债券购入后至到期日止的期间内按直线法,于确认相关债券利息收入的同时摊销。

(3)长期股权投资计价和收益确认方法:长期股权投资包括股票投资和其他股权投资。长期股权投资,按投资时支付的全部价款或所放弃的非现金资产的公允价值入帐,

本公司对被投资单位无控制、无共同控制或者无重大影响的,长期股权投资采用成本法核算;投资企业对被投资单位具有控制、共同控制或者重大影响的,长期股权投资采用权益法核算。

(4)对外长期股权投资采用权益法核算时,其取得成本与其在被投资单位所有者权益中所占份额之间的差额,计入长期股权投资差额,并按投资期限平均摊销计入损益,未规定投资期限的,按照 10 年平均摊销计入损益。

(5)长期投资减值准备的提取方法:采用逐项计提的方法。本公司对被投资单位由于市价持续下跌或被投资单位经营情况变化等原因,导致其可收回价值低于长期股权投资帐面价值,并且这种降低的价值在可预计的将来期间内不能恢复时,按可收回金额低于长期股权投资帐面价值的差额,计提长期投资减值准备,计入当年度损益类。

11、固定资产计价和折旧方法

(1)固定资产标准为:

①使用期限超过一年的房屋、建筑物、机器、机械、运输工具以及其他与生产、经营有关的设备、器具、工具等;

②单位价值在 2,000 元以上,并且使用期超过两年的,不属于生产、经营主要设备的物品。

(2)固定资产分类为:房屋建筑物、机器设备、运输设备、其他设备。

(3)固定资产计价:按实际成本或确定的价值计价。

(4)固定资产折旧采用直线法平均计算,并按各类固定资产的原值和估计的经济使用年限扣除残值(原值的 4%)制定其折旧率。固定资产各类折旧率如下:

资产类别	估计的经济使用年限	年折旧率	预计残值率
房屋建筑物	40 年	2.40%	4%
机器设备	10 年	9.60%	4%
运输设备	10 年	9.60%	4%
其他设备	5 年	19.20%	4%

12、在建工程核算方法:

在建工程按实际发生的支出入帐,并在完工交付使用时,按工程的实际成本确认为固定资产;在建工程借款所发生的利息支出在交付使用前计入工程成本,交付使用后,计入当期财务费用。

13、无形资产计价和摊销方法:

(1) 母公司土地使用权按评估确认价值计价,并自受益月份起按土地出让年限平均摊销,从 1994 年起按 50 年摊销;

(2)乳业公司土地使用权按经营年限平均摊销,从 2000 年起按 10 年摊销。

(3)商标使用权按评估确认价值计价,并按项目受益期平均摊销,从 1995 年起按 40 年摊销;

14、开办费和长期待摊费用摊销方法:

(1)子公司开办费按 5 年平均摊销;

(2)电力增容费从 1995 年起按 10 年摊销;

(3)车辆租赁费从 1995 年起按 10 年摊销。

15、收入确认原则

销售商品:公司已将商品所有权上的重要风险和报酬转移给买方,公司不再对该商品实施管理权和实际控制权,相关的收入已经收到或取得了收款的证据,并且与销售该商品相关的成本能够可靠地计量时,确认营业收入的实现。

提供劳务:在劳务已经提供,收到价款或取得收取价款的证据时,确认劳务收入。

他人使用本公司资产:利息收入,按使用现金的时间和适用利率计算确定;发生的使用费收入按有关合同或协议规定的收费时间和方法计算确定。上述收入的确定并应同时满足:

①与交易相关的经济利益能够流入公司,

②收入的金额能够可靠地计量。

16. 所得税的会计处理方法:采用应付税款法。

17、合并会计报表编制方法:

合并会计报表的合并范围及所采用的会计方法:根据财政部财会字(1995)11 号《关于印发〈合并会计报表暂行规定〉的通知》和财会二字(96)2 号《关于合并报表合并范围请示的复函》等文件的规定,以公司本部和纳入合并范围的子公司本年度的会计报表以及其他有关资料为依据,合并各项目数额编制而成。合并时,公司的重大内部交易和资金往来均相互抵消。

本公司在编制合并会计报表时，对原按外商投资企业会计制度和行业会计制度编制的2000年度会计报表，已按《股份有限公司会计制度》及其有关补充规定的规定进行了调整及重新表述。

18、会计政策、会计估计或合并范围的变更：

(1)本年度公司会计政策、会计估计无变更。

(2)合并范围的变更：本年新增投资徐州维维乳业有限公司，纳入合并范围。

(三)税项

本公司适用的税种与税率。

税种	税率	计税基数
所得税	33%	应纳税所得额
增值税	13%，17%	按销项税额扣除当期允许抵扣的进项税额后的差额
营业税	5%	营业额
房产税	1.2%	房屋原值的70%
教育费附加	1%	应纳营业税额、增值税额

公司2000年6月上市后，根据财政部［2000］99号文件享受所得税采用先征后返的优惠政策，2000年公司取得第三季度所得税返还323万元。

(四)控股子公司及合营企业

(1)公司所控制的境内外所有子公司情况以及公司合并报表的合并范围：

被投资单位全称	注册地址	经营范围	经济性质	法定代表人	注册资本	实际投资额	母公司持股比例	是否合并
徐州维维乳业有限公司	徐州市铜山县伊庄镇工业区	食品、饮料的生产销售；奶牛养殖和鲜奶销售	中外合资	崔桂亮	美元2999万	18602万人民币	75%	是
徐州鲜禾种猪养殖有限公司	徐州市铜山县伊庄	种猪、商品猪每繁殖与销售；畜禽屠宰，肉或肉制品，畜禽副产品加工，制造、销售，有机肥料，饲料及饲料添加剂制造销售。	有限责任公司	崔桂亮	人民币500万元	人民币450万元	90%	是

(五)分行业资料收入占主营业务收入10%(含10%)以上的行业的营业收入、营业成本和营业毛利情况如下：

行业	营业收入		营业成本		营业毛利	
	上年数	本年数	上年数	本年数	上年数	本年数
①食品行业	917357966.19	1028031073.79	809016248.23	863234811.18	108,341,717.96	164,796,262.61
②畜牧业	149,169.70	2,054,401.55	123518.45	2,040,953.28	25,651.25	13,448.27
公司内行业间相互抵减		101,828,785.56		101,828,785.56		
合计	917507135.89	928256689.78	809139766.68	763446978.90	108,367,369.21	164,809,710.88

(六)关联方关系及其交易的披露

1、存在控制关系的关联方情况

1、存在控制关系的关联方情况

(1)存在控制关系的关联方

企业名称	注册地址	主营业务	与本企业关系	经济性质或类型	法定代表人
维维集团股份有限公司	江苏省徐州市	食品生产	投资人	股份有限公司	杨启典
GIANT HARVEST LIMITED	Road Town Tortola British Virgin Islands		投资人	有限责任公司	陈树林
徐州金元实业发展有限责任公司	徐州铜山新区	粮油食品饮料加工销售	投资人 注2	有限公司	庞政堂
江苏维维康泰尔食品有限公司	徐州生产	销售豆奶粉	注1	中外合资	崔桂亮
徐州康利食品有限公司	徐州市铜山县茅村梁山村	生产销售豆奶粉	注2	合资经营(台资)	刘林超
铜山县单集豆奶粉厂	徐州单集生产	销售豆奶粉	注2	集体所有制	陈伯宜
新沂市东盛经济实业总公司	市府东路60号	生产销售豆奶粉	注2	联营经济	田传发
铜山联维食品厂	徐州张集生产	销售豆奶粉	注2	集体所有制	崔桂华
徐州市鹿庄豆奶粉厂	徐州贾汪生产	销售豆奶粉	注2	集体所有制	胡庭新
铜山县潘塘豆奶粉厂	徐州沟北头	生产销售豆奶粉	注2	集体所有制	曹广均
徐州市九里区临黄豆奶粉厂	徐州拾屯镇	生产销售豆奶粉	注2	集体企业	祁文士
徐州金维食品有限公司加工厂	徐州贾汪区工商路142号生产	销售豆奶粉	注2	集体所有制	王爱侠
密山市龙维豆奶制品有限责任公司	密山镇光复街460号	生产销售豆奶粉	注2	有限公司	成善庆
江苏省华康保健食品总厂	金湖县五村	生产销售豆奶粉	注2	全民所有制	戴迎春
扬州江都市乳品厂有限公司	江都市汇都镇淮扬路	生产销售豆奶粉	注2	国有经济	汤志华
扬州市飞鸿电材厂	江都市小纪镇	兼营生产销售乳制品	注2	集体所有制	高相明
徐州东方豆奶粉厂	徐州青山泉白集村	生产销售豆奶粉	注2	集体所有制	许庆华
徐州宏利食品有限公司	徐州市铜山县新区	生产销售食品饮料	注2	中外合资	刘振宇
徐州市苏北食品厂	徐州下淀区乡赵庄村		注2	集体所有制	宋田友
陕西宝新食品有限公司	宝鸡市韩家崖109号	生产销售豆制品及其它食品	注2	中外合资	薛建毅
海门市版纸厂	海门平山摆渡村	兼营生产销售豆奶粉	注2	集体所有制	陆健康
睢宁县副食品工贸公司	睢宁县城	生产销售豆奶粉	注2	集体所有制	郭加彬
徐州鲜禾种猪养殖有限公司	徐州市铜山县伊庄乡	种猪、商品猪养殖与销售	控股子公司	有限公司	崔桂亮
徐州市贾汪区耿集豆奶粉厂	耿集张庄	生产销售豆奶粉	注2	集体所有制	李崇光
徐州维维乳业有限公司	铜山县伊庄镇工业区	生产销售豆奶粉	控股子公司	中外合资有限公司	崔桂亮
铜山棠张包装箱厂	徐州铜山县棠张乡	生产纸箱	承包经营	集体所有制	崔桂亮

注1：公司中方投资人为维维集团股份有限公司，公司产品全部由徐州维维食品饮料股份有限公司收购。

注2：徐州维维食品饮料股份有限公司就豆奶粉生产事宜与这些企业(以下称协作厂)签订合作协议。按合作协议规定，徐州维维食品饮料股份有限公司分别以协议价向这些企业提供生产豆奶粉的原、辅材料、包装物并收购生产的豆奶粉，并按协议规定的方法向这些企业计收无形资产使用费。徐州维维食品饮料股份有限公司虽未持有这些企业的股份，但对这些企业行使一定程度的生产和销售的控制权。

(2)存在控制关系的关联方的注册资本及其变化

企业名称	1999.12.31	2000.12.31
维维集团股份有限公司	16,108.02万元	16,108.02万元

(3)存在控制关系的关联方所持股份及其变化

企业名称	1999年末数		2000年末	
	金额	%	金额	%
维维集团股份有限公司	14,664.8万股	63.76	14,664.8万股	44.44
GIANT HARVEST LIMITED	8,280.0万股	36.00	8,280.0万股	25.09

(4)存在控制关系的关联方交易

a.采购货物

本公司各年度向关联方收购产品的有关明细资料如下(单位：元)：

1999年度	2000年度
645,549,801.37	534,292,065.29

本公司向关联方收购产品的价格由双方协议决定。各年度本公司向关联方收购产品的价格与市价基本一致。

b.销售货物本公司各年度向关联方销售原、辅材料有关明细资料如下(单位：元)：

1999年度	2000年度
176,033,187.93	149,202,967.38

本公司销售给关联企业的原、辅材料价格由双方协议决定。

c.向协作厂收取无形资产使用费

1999年度	2000年度
97,885,697.49	68,758,590.73

d.承包经营棠张纸箱厂分利

1999年度	2000年度
536,142.24	4,404,164.62

e.关联方应收、应付款项余额

项目	年末余额		占全部应收(付)款项余额的比重(%)	
	1999年	2000年	1999年	2000年
应收帐款：	71,736,763.31	54,505,294.61	53.40	53.13
应付帐款：	39,109,605.64	58,639,628.34	60.76	52.76

f.关联方其他应收、应付款余额

项目	年末余额		占全部其他应收(付)款项余额的比重(%)	
	1999年	2000年	1999年	2000年
其他应收款				
代垫款项	8,504,066.90	0.00	28.29	0.00
维维集团股份有限公司	0.00	5,560,917.26	0.00	7.76
其他应付款				
维维集团股份有限公司	0.00	2,220,000.00	0.00	4.23

g.其他关联交易：

徐州维维食品饮料股份有限公司下属控股子公司徐州维维乳业有限公司2000年度借款给维维集团股份有限公司人民币116,000,000.00元，本金已于2000年末收回，并确认利息收入2,755,350.00元。

(七)或有事项无担保、抵押情况和票据贴现情况。

(八)承诺事项无需披露的承诺事项。

(九)资产负债表日后事项中的非调整事项无资产负债表日后事项中的非调整事项。

(十)其他重要事项

公司自2001年1月1日起执行《企业会计制度》，根据财政部财会字(2001)17号的规定，由于会计政策变更应予追溯调的会计事项，公司将在年报披露后认真学习《企业会计制度》，结合公司实际情况对应采用追溯调整部分予以追溯调整，如该调整事项对公司的财务状况和经营成果发生重大影响的将予另行公告。

九、备查文件

1、载有法定代表人崔桂亮、会计机构负责人张明洋会计经办人员签名并盖章的会计报表。

2、载有大华会计师事务所盖章，注册会计师陆永炜、陆国豪签名并盖章的审计报告原件。

3、2000年度内在《上海证券报》、《中国证券报》上公开披露过的所有公司文件的正本及公告的原稿。

4、载有董事长崔桂亮亲笔签名的年度报告正本。

徐州维维食品饮料股份有限公司董事会

二〇〇一年四月五日

南 宁 化 工 股 份 有 限 公 司

南宁化工股份有限公司2000年年度报告摘要

重要提示：本公司董事会保证本报告所载资料不存在任何虚假记载、误导性陈述或者重大遗漏，并对其内容的真实性、准确性和完整性负个别及连带责任。

一、公司简介

(一)公司的法定中、英文名称及缩写 中文名称：南宁化工股份有限公司

公司法定英文名称：Nanning Chemical Industry Co.,Ltd 缩写：N C I

(二)公司法定代表人：曾代宏

(三)公司董事会秘书及授权代表 董事会秘书：高友志 电话：0771-4835135

传真：0771-4821093 授权代表：陈劲 戴素霞 电话：0771-4821093

传真：0771-4821093 联系地址：广西南宁市亭洪路80号

(四)公司注册地址：广西南宁市亭洪路80号

公司办公地址：广西南宁市亭洪路80号 邮政编码：530031

公司国际互联网网址：http://www.nh.com.cn 公司电子信箱：nh@nn.col.com.cn

(五)公司选定的报纸名称：《上海证券报》

登载公司年度报告的国际互联网网址：http://www.sse.com.cn

公司年度报告备置地点：公司证券部(南宁市亭洪路80号)

(六)公司股票上市交易所：上海证券交易所 股票简称：南化股份 股票代码：600301

二、会计数据与业务数据摘要

(一)公司本年度实现：(单位：人民币元)

利润总额	47,554,638.87
净利润	40,214,976.42
扣除非经常性损益后的净利润	39,334,071.03
主营业务利润	103,784,258.73
其它业务利润	1,058,534.91
营业利润	46,667,652.46
投资收益	6,081.02
补贴收入	
营业外收支净额	880,905.39
经营活动产生现金流量净额	35,255,620.42
现金及现金等价物净增加额	107,328,069.75

报告期利润	净资产收益率(%)		每股收益	
	全面摊薄	加权平均	全面摊薄	加权平均
主营业务利润	19.87	29.97	0.56	0.71
营业利润	8.94	13.48	0.25	0.32
净利润	7.70	11.61	0.22	0.28
扣除非经常性损益后的净利润	7.53	11.36	0.21	0.27

说明：非经常性损益是营业外收入1,460,635.50元减去营业外支出579,730.00元为880,905.39元。

(二)截止报告期末公司前三年的主要会计数据和财务指标：(单位：人民币元)

序号 项目	2000年	1999年	1998年(调整后)
1.主营业务收入	462,610,075.14	283,236,364.17	286,772,526.44
2.净利润	40,214,976.42	20,289,110.16	12,089,455.96
3.总资产	674,796,783.70	517,266,025.22	534,747,082.15
4.股东权益	522,290,083.55	169,994,558.53	163,625,414.95
5.每股收益(摊薄)	0.22	0.181	0.108
6.每股收益(加权)	0.28	0.181	0.108
7.扣除非经常性损益后的每股收益(加权)	0.27	0.181	0.108
8.每股净资产	2.83	1.514	1.458
9.调整后的每股净资产	2.83	1.514	1.458
10.每股经营活动产生的现金流量净额	0.191	-0.096	-0.647
11.净资产收益率(%)	7.70	11.94	7.4
12.净资产收益率(加权%)	11.61	11.98	8.13

(三)报告期内股东权益变化情况((单位：人民币元)

项目	股本	资本公积	盈余公积	法定公益金	未分配利润	股东权益合计
期初数	112257795	60446519.82	2325223.26	775074.42	16621.23	175046159.31
本期增加	72448292	253051264.52	6032246.46	2010748.82	15712121.26	347043924.24
本期减少	-	-	-	-	-	-
期末数	184706087	313497784.34	8357469.72	2785823.24	15728742.49	522290083.55

变动原因：由于公司在2000年6月发行人民币普通股4000万股及可转换公司债券转股，增加股本72,448,292股；发股和可转换公司债券转股溢价部分增加资本公积253,051,264元；按2000年净利润分别提取10%法定公积金4,021,497.64元，5%法定公益金2,010,748.82元后，当年可供股东分配利润34,182,729.96元，加上上年结转未分配利润16,621.23元，本次可供股东分配利润34,199,351.19元，应付普通股股利18,470,608.70元，未分配利润15,728,742.49元结转下一会计年度。

三、股本变动及股东情况介绍

(一)公司股本变动情况

1、股本变动情况表((数量单位：股)

	本次变动前	本次变动增减(+,-) 增发	转债转股	本次变动后
尚 未流通股份				
(1)发起人股份	112,257,795			112,257,795
其中：				
国家拥有股份				
境内法人持有股	112,257,795			112,257,795
外资法人持有股份				
(2)募集法人股				
(3)内部职工股				
(4)优先股或其他				
未流通股份合计	112,257,795			112,257,795
已上市流通股份				
(1)人民币普通股		40,000,000	32,448,292	72,448,292
(2)境内上市的外资股				
(3)境外上市的外资股				
(4)其他				
已上市流通股份合计		40,000,000	32,448,292	72,448,292
股份总数	112,257,795	40,000,000	32,448,292	184,706,087

(二)股票发行与上市情况

公司于2000年6月16、17日在上海证券交易所分别以上网定价发行和向二级市场配售的方式发行人民币普通股4,000万股，发行价格为4.65元/股，发行完成后于2000年7月12日上市流通。从公司股票上市流通之日起，公司可转换公司债券便可自愿转成公司股票，转股价为4.56元，转股简称"南债转股"，申购代码"181001"。

截止2000年12月31日，公司总股本为184,706,087股，其中境内法人未流通股112,257,795股，占60.78%；社会公众流通股72,448,292股，占39.22%。

(三)股东情况介绍

1、报告期末公司股东总数为55151户。其中境内法人股股东5户，社会公众股股东55146户。

2、报告期末公司前十名股东持股情况

名次 股东名称	持股数量(股)	占总股数比例(%)
(1)南宁化工集团有限公司	110,762,795	59.97
(2)南宁统一综合服务有限责任公司	650,000	0.35
(3)东海职介	474,000	0.26
(4)周伟彬	470,000	0.25
(5)邕宁县纸业有限公司	325,000	0.18
(6)南宁味精厂	325,000	0.18
(7)吕顺民	300,000	0.16
(8)苏顺坤	270,000	0.15
(9)广西赖氨酸厂	195,000	0.11
(10)纪赐漂	185,800	0.10

注：a.以上前10名股东中第(1)、(2)、(9)名为国有法人股股东，第(5)、(6)名为法人股股东，所持有的股份均为未上市流通股；其余股东持有的股份均为上市流通股股份，前10名股东不存在关联交易。

b、持股5%(含5%)以上股东为南宁化工集团有限公司，是本公司控股股东；公司法定代表人甘仲伶，主营业务是氯碱化学工业及其系列产品和木薯综合利用产品的开发。该公司其年初持有本公司股份11,076.28万股，报告期内未有增减；所持股份无质押和冻结。

C、本报告期内公司的控股股东没有发生变更。

四、股东大会简介

本报告期内公司召开了四次股东大会：

(一)1999年年度股东大会

2000年3月30日上午，公司1999年年度股东大会在公司大接待室召开，本次股东大会的决议刊登在2000年3月31日的《上海证券报》和《中国证券报》。

本次股东大会到会股东和股东代表共5人，代表股份112,257,795股，占总股本的100%，大会通过了如下决议：

1 通过公司1999年年度工作报告；

2 通过公司1999年年度董事会工作报告；

3 通过公司1999年年度监事会工作报告；

4 通过公司1999年年度财务决算报告；

5 文件精神，制定的公司董事、监事报酬方案；

6 公司1999年年度利润分配方案。

(二)2000年第一次临时股东大会

2000年1月18日召开，参加大会的股东及股东代表共5人，代表股份数为112,257,795股，占公司总股份数的100%，本次股东大会的决议刊登在2000年1月19日的《上海证券报》和《中国证券报》。

审议通过了本公司拟向社会公开发行人民币A股股票的议案；通过授权公司董事会按照有关规定办理A股发行事宜的议案；审议通过修改《公司章程》的议案；审议通过董事变更的议案，董事区振泰、潘四生因退休辞去董事职务，任南化集团副总经理谢正旭、本公司总经理助理董亚彬为董事。

(三)2000年第二次临时股东大会

2000年5月22日上午，公司2000年度第二次临时股东大会在公司小会议室召开，本次股东大会的决议刊登在2000年5月23日的《上海证券报》。

本次股东大会到会股东和股东代表共5人，代表股份112,257,795股，占总股本的100%，大会通过了如下决议：

根据财政部财会字(1999)35号文的有关规定，决定将原会计政策变更追溯调整对本公司正式成立以前资产净值的影响数计7,040,893.48元作为未弥补的亏损，先由1998年度净利润加以弥补，其余未弥补的影响数计9,836,184.24元，滚存由1999年度的净利润加以弥补，再将1999年度剩余可供股东分配利润8,884,987.30元向全体发起人股东进行分配，因此，本公司1999年度的利润分配方案由原来的每10股派发1.24元修改为每10股派发0.79元。对原已将上述影响数7,040,893.48元调入资本公积的处理予以转回。

(四)2000年第三次临时股东大会

2000年12月28日上午，公司2000年度第三次临时股东大会在南化大厦影剧院召开，本次股东大会的决议刊登在2000年12月29日的《上海证券报》和《中国证券报》。

本次股东大会到会股东和股东代表共5人，代表股份112,257,795股，占总股本的60.78%，大会通过了如下决议：

1.通过关于变更部分募集资金投向的议案：

募集资金计划项目"对广西南宁化学制药有限责任公司增资4,000万元，建年产5,000吨六元醇项目及年产1,000吨针剂山梨醇项目"其中3,600万元变更为"购买深圳市国人通信有限公司14.52%的股权"成为该公司第三大股东；400万元(自筹710万元)变更用于"受让深圳市建材集团有限公司所持深圳市汉德胜化工有限公司37%的股权"。

2.通过以下关联协议：

a.本公司向南宁化工集团有限公司提供"电气仪表维护、维修服务协议"；

b.南宁化工集团有限公司向本公司提供"生产协作和生活服务协议"补充协议；

西安标准工业股份有限公司

西安标准工业股份有限公司2000年年度报告摘要

重要提示：本公司董事会保证本报告所载资料不存在任何虚假记载、误导性陈述或者重大遗漏，并对其内容的真实性、准确性和完整性负个别及连带责任。

一、公司简介

1、公司法定中文名称：西安标准工业股份有限公司
公司法定英文名称：Xian typical industries co., ltd.
2、公司法定代表人：黄省身先生
公司董事会秘书及授权代表：李剑萍女士
联系地址：西安市高新技术产业开发区高新路42号金融大厦九层　电话：(029)8313626
传真：(029)8329701　邮政编码：710075　电子信箱：leejp@sina.com.cn
3、公司注册地址及办公地址：西安市高新技术产业开发区高新路42号金融大厦九层
邮政编码：710075　网址:http//:www.typical.com.cn　E-mail:typical@chinatypical.com
4、公司选定的信息披露报纸名称：中国证券报、上海证券报
登载公司年度报告的中国证监会指定国际互联网网址：http://www.sse.com.cn
年度报告置备地点：公司年度报告置备于公司办公地址，以供股东及投资者查询。
5、公司股票上市交易所、股票简称和股票代码：
公司股票上市交易所：上海证券交易所　股票简称：标准股份　股票代码：600302

二、会计数据及业务数据摘要

（一）公司本年度实现的

利润总额	85,808,793.39 元
其中：净利润	60,727,021.59 元
扣除非经营型损益后的净利润	56,286,235.10 元
主营业务利润	187,631,611.77 元
营业利润	81,253,340.57 元
投资收益	75,086.33 元
营业外收支净额	4,440,786.49 元
经营活动产生的现金流量净额	78,129,451.13 元
现金及现金等价物净增加额	418,979,902.08 元

注：扣除的非经常性损益项目计4,440,786.49元，其中，营业外收支净额4,440,786.49元.

（二）公司前三年主要会计数据和财务指标：（单位：元）

项目	2000年	1999年	1998年
主营业务收入	574,834,762.25	339,090,799.76	286,037,894.52
净利润	60,727,021.59	24,732,386.11	16,282,508.42
总资产	914,866,890.00	426,213,877.15	390,469,378.04
股东权益	589,116,174.83	168,052,859.32	145,641,735.78
每股收益(摊薄)	0.381	0.21	0.14
每股收益(加权)	0.514	-	-
扣除非经常损益后的每股收益(摊薄)	0.353	0.21	0.14
每股净资产	3.69	1.46	1.27
调整后的每股净资产	3.68	1.41	1.21
每股经营活动产生的现金流量净额	0.49	-	-
净资产收益率%	10.31	14.72	11.18

报告期内利润指标说明事项

项目	净资产收益率(%)		每股收益(元/股)	
	摊薄	加权	摊薄	加权
主营业务利润	31.85	94.19	1.176	1.587
营业利润	13.79	40.79	0.509	0.687
净利润	10.31	30.49	0.381	0.514
扣除非经常损益后的每股收益	9.55	28.25	0.353	0.476

注：①主要财务指标计算方法：

全面摊薄每股收益=报告期利润/期末股份总数

加权平均每股收益(EPS)=P/(So+S1+Si*Mi/Mo-Sj*Mj/Mo)；其中：P为报告期间利润；So为期初股份总数；S1为报告期因公积金转增股本或股票股利分配等增加股份数；Si为报告期因发行新股或债转股等增加股份数；Sj为报告期因回购或缩股等减少股份数；MO为报告期月份数；Mi为增加股份下一月份起至报告期期末的月份数；Mj为减少股份下一月份起至报告期期末的月份。

调整后的每股净资产=(年度末股东权益-三年以上的应收账项净额-待摊费用-待处理(流动、固定)资产净损失-开办费-长期摊费用-住房周转金负数余额)/年度末普通股股份总数。

每股经营活动产生的现金流量净额=经营活动产生的现金流量净额/年度末普通股股份总数。

全面摊薄净资产收益率=报告期利润/期末净资产

加权平均净资产收益率（ROE)=P/(Eo+NP/2+Ei*Mi/Mo-Ej*Mj/Mo)；其中：P为报告期利润；NP为报告期净利润；Eo为期初净资产；Ei为报告期发行新股或债转股等新增净资产；Ej为报告期回购或现金分红等减少净资产；Mo为报告期月份数；Mi为新增净资产下一月份起至报告期期末的月份数；Mj为减少净资产下一月份起至报告期期末的月份数。

（三）报告期内股东权益变动情　　况单位：人民币元

项目	股本	资本公积	盈余公积	法定公益金
期初数	114,504,902	49,073,531.47	5,021,236.56	836,872.36
本期增加	45,000,000	347,614,000.00	18,218,106.48	2,598,080.40
本期减少				
期末数	159,504,902	396,687,531.47	23,239,343.04	3,434,953.16
变动原因	发行社公众股	增发溢价	按照本年利润提取	本年利润转增

续上表：

项目	未分配利润	股东权益合计
期初数	-546,810.71	168,052,859.32
本期增加	10,231,209.03	421,063,315.51
本期减少		
期末数	9,684,398.32	589,116,174.83

三、股本变动及股东情况

（一）股本变动情况（截至2000年12月31日）

1. 股份变动情况表　　数量单位:股

	本次变动前	配股	送股	公积金转股	其他	小计	本次变动后
一.未上市流通股份							
1.发起人股份	114,504,902						114,504,902
其中:国家持有股份	98,031,350						98,031,350
境内法人持有股份	16,473,552						16,473,552
境外法人持有股份							
其他							
2.募集法人股							
3.内部职工股							
4.优先股或其他							
其中:转配股							
未上市流通股合计	114,504,902						114,504,902
二.已流通股份							
1.人民币普通股	45,000,000						45,000,000
2.境内上市外资股							
3.境外上市外资股							
4.其他已上市流通股合计	45,000,000						45,000,000
三.股份总数	159,504,902						159,504,902

2.股票发行与上市情况：2000年11月23日本公司以每股人民币9.07元的价格通过上海证券交易所系统发行境内上市的人民币普通股4500万股。并于2000年12月13日在上海证券交易所上市交易。

3.报告期内公司股份总数及结构变动情况：

2000年11月23日，公司4500万股人民币普通股发行成功后，公司未有公积金转赠、送股、配股等股份变动。

（二）股东情况介绍

1.报告期末股东总数为22632户。其中，未流通股东5户，流通股东22627户。

2.报告期末，本公司前10名股东持股情况列示如下：　　单位：万股

	股东名称	期初数	期末数	占总股本比例(%)
1.	中国标准缝纫机集团有限公司	9803.1350	9803.1350	61.46
2.	吴江市菀坪镇工业公司	1367.3552	1367.3552	8.57
3.	国泰君安		192.7415	1.21
4.	陕西信托投资公司	175.0000	175.0000	1.10
5.	西安市临潼区新丰缝纫机零件厂	70.0000	70.0000	0.44
6.	陕证五路		48.5500	0.30
7.	振泰实业		39.5801	0.25
8.	庆安集团	35.0000	35.0000	0.22
9.	陕西证券		30.5000	0.19
10.	李玉清		22.7700	0.14

注：前十名股东中中国标准缝纫机集团有限公司和本公司存在关联关系.

3.报告期末，持有本公司5%(含5%)以上股东情况：

中国标准缝纫机集团有限公司：

该公司为国有独资有限责任公司，系本公司之控股母公司。依据西安市国有资产管理局市国资企发(1998)229号文件，该公司被授权持有本公司之国家股98,031,350股。该公司之经营范围为：缝制设备、机械设备的研制、生产、销售；服装、箱包的生产、销售；分支机构进行进出口业务；三来一补业务、运输、印刷、娱乐、饮食与住宿服务业务。

吴江市菀坪镇工业公司：

该公司为集体企业，本公司之发起人之一。其经营范围为：批发、零售、采购；钢材、煤炭、化纤丝、装潢材料；制造、销售工业缝纫机、化纤布、丝绸面料、服装。该公司持有本公司之控股子公司-标准缝纫机菀坪机械有限公司10%的股权。

4.报告期内，本公司控股股东没有发生变更，持股10%以上的股东情况如下：

中国标准缝纫机集团有限公司

经营范围：缝制设备、机械设备的研制、生产、销售；服装、箱包的生产、销售；分支机构进行进出口业务；三来一补业务、运输、印刷、娱乐、饮食与住宿服务业务。

四、股东大会简介

1.2000年3月9日，公司通过专人送达、传真等形式通知股东，经2000年3月7日第一届董事会第二次会议决议于2000年4月9日召开1999年年度股东大会。

2.2000年4月9日上午9:00，公司1999年年度股东大会在西安市临潼区公司会议室举行。出席会议的股东代表及授权的股东代表共五人，所持股份为114,504,902股，占公司总股份的比例为100%。

3.该次会议均以114,504,902票通过了以下事项：关于西安标准工业股份有限公司发行人民币A种股票并上市的决议；关于西安标准工业股份有限公司公开发行股票募集资金运用的决议；关于西安标准工业股份有限公司有关关联交易协议的决议；关于西安标准工业股份有限公司董事会对外投资及抵押、担保权限的决议；关于西安标准工业股份有限公司股东大会议事规则的决议；关于《1999年财务决算报告》的决议；关于《1999年利润分配方案》的决议；关于《董事会1999年年度报告》的决议；关于《监事会1999年年度报告》的决议；关于《1999年年度报告》的决议；关于聘请希格玛会计师事务所的决议。

五、董事会报告

（一）公司经营情况

1.公司所处的行业及公司在本行业中的地位

本公司主营标准牌工业缝纫机的研制、开发、生产和销售，是我国缝制设备制造行业的骨干企业，生产规模、经济效益、技术水平和管理水平在行业中均处于领先地位。

依据中国缝纫机协会2000年度数据统计，占公司产量93%的高速平缝机产、销量分别为行业总量的37.26%和36.41%，位居同行业第一；高速包缝、高速绷缝机的销量分别占同行业的4.9%和22.06%。

2. 公司主营业务范围及其经营情况公司目前主营业务依然保持100%的缝制设备生产与经营。

在报告期内，公司共计生产标准牌工业缝纫机315,619台架，实现销售298,906台架；实现主营业务收入57,483.5万元，比上年增长69.52%；主营业务利润18,763.2万元，比上年增长109%；营业利润8,125.3万元，比上年增长114.2%；净利润6,072.7万元，比上年增长145.5%。

3.报告期内公司盈利预测完成情况 2000 年 11 月 23 日，公司发行 4500 万流通股，经西安希格玛有限责任公司会计师事务所希会审字（2000）305 号审计，2000 年预测净利润为 51,421,620.84 元。2000 年 12 月 27 日，公司在《中国证券报》上刊登所得税率变更公告，按照 15%的所得税率计算，2000 年度公司盈利预测为 61,292,094.10 元。2000 年年度财务报告经西安希格玛有限责任会计师事务所希会审字(2001)305 号审计，实现净利润 60,727,021.59 元，差异率为-0.92%。

依据审计报告，公司 2000 年度已经完成其预测。

4.公司经营中出现的问题与困难及解决办法

2000 年，随着国家加入 WTO 的临近，国内市场需求迅速扩大，公司的产品产量曾经出现过供不应求的情况，对此，公司迅速扩大生产规模，并加快了高技术含量的产品的研制与开发。

人才是企业发展的根本，随着公司规模的扩大和技术水平的提高，公司的人力资源已经不能适应公司迅速发展的需要。针对这一现状公司制订了人才培养和人才引进计划，采取外引内培、广纳人才的办法，为公司的可持续发展提供了强有力的保障。

（二）公司财务状况

1.公司财务状况　　单位：人民币元

项目	2000 年 12 月 31 日	1999 年 12 月 31 日	增长比例%
总资产	914,866,890.00	426,213,877.15	114.65
长期负债	40,100,000.00	21,304,066.08	88.23
股东权益	589,116,174.83	168,052,859.32	250.55
主营业务利润	187,631,611.77	89,776,296.81	109.00
净利润	60,727,021.59	24,732,386.11	145.54

2.增减变动原因总资产增加的主要原因是公开发行股票股东权益增加，同时负债有所增长所致。长期负债增加的主要原因是向工商银行临潼区支行贷款 1980 万所致。股东权益增加的主要原因是溢价发行股票所致。主营业务利润和净利润增加的主要原因是主营业务收入增加所致。

（三）公司投资情况

1.发行上市募集资金使用情况

2000 年 11 月 23 日，公开发行股票募集资金共计 39,261.4 万元，由于时间原因，依据招股说明书内容，公司正在进行准备工作，在报告期内，资金尚未动用。

2.其他投资情况

2000 年 6 月 26 日，依据董事会授权，对控股子公司标准缝纫机菀坪机械有限公司之参股苏州市菀坪缝制设备有限责任公司的股权，用现金形式进行转让。依据原始投资，转让价格为人民币 30 万元。

2000 年 6 月 26 日，依据董事会授权，对参股中国标准缝纫机张家港零件厂的股权，用现金形式进行转让。依据原始投资，转让价格为人民币 10 万元。

2000 年 5 月 18 日，依据公司章程及董事会授权，公司和第一大股东中国标准缝纫机集团有限公司之全资子公司西安恒泰机械设备有限责任公司签订了《厂房设备租赁协议书》，并在此基础上筹建了公司装配一分厂，扩大高速平缝机生产量，以满足市场需求。双方依据公正公允的原则，协议租金为 5000 元/月，协议租赁期为 2000 年 5 月 18 日至 2001 年 5 月 18 日。

（四）生产经营环境变化对公司生产经营的影响

预计在 2001 年度，随着中国加入 WTO，中国的服装、鞋帽、箱包的出口及国内加工业务量的增加，将继续对本公司的生产经营产生有利影响。

（五）新年度的业务发展规划

1.加大高新技术在新产品上的应用，完成新型包缝机、GK32500、GK32700、曲折缝纫机的开发，并在绷缝机、包缝机等机种上增加高新技术含量；

2.扩大计算机应用范围，在 CIMS 一期工程完成的基础上，实现机壳及其它重要零件的数控变成自动化，并将计算机分析功能反映用于新产品的开发和老产品的完善上；

3.尽快完善电脑平缝机系列，提高电脑控制平缝机的产品质量，扩大电脑配套范围；

4.加强对老产品的改进与完善工作；

5.加强对公司员工的综合素质的培养；

6.继续优化管理结构，降低成本，拓展市场，再创新高。

（六）董事会日常工作情况

1. 报告期内董事会会议情况及决议内容

2000 年度本公司董事会共召开了四次会议，会议的召开、表决均符合《公司法》、《证券法》、《公司章程》以及证券主管部门的要求。2000 年 3 月 7 日，本公司召开了第一届董事会第二次会议。经出席会议的董事审议表决，一致通过以下决议：

《公开发行股票募集资金运用可行性方案》；《公开发行人民币 A 种股票并上市的可行性方案》；提请股东大会审议授权董事会对外投资及抵押、担保权限；有关关联交易协议；提请股东大会审议《公司章程修正案》；董事会议事规则；1999 年度公司决算预案；公司 1999 年度董事会报告；公司 1999 年年度报告及年度报告摘要；公司 1999 年度利润分配预案；聘请西安希格玛有限责任会计师事务所的预案；总经理工作报告；公司管理机构设置及管理职责；基本管理制度；聘任李剑萍女士为公司董事会秘书；聘任李广晖先生为公司财务负责人；聘任翁锡明、朱培颙、赵新庆、张建斌、燕社有先生为公司副总经理；《2000 年工作计划》；《总经理工作规则》；总经理授权权限。

2000 年 4 月 10 日，公司召开第一届董事会第三次会议。经出席会议的董事审议表决，一致通过以下决议：

选举赵新庆先生为公司总经理。

2000 年 6 月 10 日，公司召开第一届董事会第四次会议。经出席会议的董事审议表决，一致通过以下决议：

公开发行股票招股说明书；公开发行股票募集资金运用方案；提取新产品技术开发费；关于技改项目贷款的决议。2000 年 8 月 28 日，公司召开第一届董事会第五次会议。经出席会议的董事审议表决，一致通过以下决议：2000 年度中期报告；2000 年度利润分配预案；2000 年年度中期利润不分配的决议；董事长所做关于公司申请发行股票并上市工作进展情况的报告；2000 年下半年度生产计划；2001 年经营计划大纲及财务预算大纲；2000 年度和 2001 年度盈利预测；投资参股交通银行的决议。

2.董事会对股东大会决议的执行情况

公司董事会严格执行了股东大会各项决议，具体情况如下：

根据 1999 年年度股东大会决议，董事会具体实施了申请公司发行人民币 A 种股票并上市的工作，2000 年 11 月 23 日公司经中国证监会核准后通过上海证券交易所交易系统公开发行 4500 万流通股，并于 12 月 13 日在上海证券交易所上市交易；

依据股东大会决议，董事会和关联企业签订了相关的关联交易协议；

依据股东大会决议，董事会对 1999 年利润进行了分配。

（七）公司管理层及员工情况

1. 董事、监事、高级管理人员

公司董事、监事及高级管理人员持股情况

姓名	职务	年初持股数	年末持股数	持股原因	年龄	职务任期
黄省身先生	董事长	0	0	未持股	49	董事长三年
沙强先生	董事	0	0	未持股	43	董事三年
朱培先生	董事	0	0	未持股	48	董事三年
金晖先生	董事	0	0	未持股	37	董事三年
朱朝晖先生	董事	0	0	未持股	46	董事三年
唐成元先生	监事会召集人	0	0	未持股	49	监事会召集人三年
杨继荣先生	监事	0	0	未持股	50	监事三年
李秀云女士	监事	0	0	未持股	45	监事三年
高振明先生	监事	0	0	未持股	38	监事三年
蒋宝安先生	监事	0	0	未持股	43	监事三年
赵新庆先生	总经理	0	0	未持股	41	总经理三年
翁锡明先生	副总经理	0	0	未持股	49	副总经理三年
张建斌先生	副总经理	0	0	未持股	48	副总经理三年
燕社有先生	副总经理	0	0	未持股	43	副总经理三年
李剑萍女士	董事会秘书	0	0	未持股	32	董事会秘书
李广晖先生	财务负责人	0	0	未持股	31	财务负责人三年

公司董事、监事及高级管理人员年度报酬情况

报酬区间（人民币元）	人数
2.5 万~2.0 万	1
2.0 万~1.7 万	4
1.7 万~1.5 万	3
1.5 万~1.0 万	3

注：未在本公司领取报酬的董事、监事有：沙强、金晖、杨继荣、李秀云、唐成元。

2.公司员工数量和专业素质情况

截至 2000 年 12 月 31 日，本公司在册员工人数 1659 人，其中 35 岁以下员工约占总人数的 57%；690 人具有中专以上文化程度（577 人具有大专学历，107 人具有大学本科学历，4 人具有研究生学历，2 人具有硕士、博士学位），占员工总数的 41.59%；具有中高级职称的为 181 人，占员工总数的 11%。

（八）2000 年度利润分配预案和 2001 年度利润分配政策

1.公司本年度实现净利润 60,727,021.59 元，提取法定盈余公积金 6,072,702.16 元，提取法定公益金 3,036,351.08 元，加上年初未分配利润-923,536.39 元，可供分配利润为 50,694,431.96 元。根据第一届董事会第五次会议关于 2000 年度利润分配方案的预案，按本年度净利润的 15%提取任意盈余公积金 9,109,053.24 元；以 2000 年 12 月 31 日的股本为基数，按 10 派 2 元（含税）的方案派发现金股利 31,900,980.40 元，期末未分配利润 9,684,398.32 元结转以后年度分配。

2.预计 2001 年度结束后分配利润 1 次；预计 2001 年度实现净利润用于股利分配的比例不低于 10%；2000 年度未分配利润用于 2001 年度的股利分配比例不低于 10%；2001 年度利润分配采用现金或送股形式，其中现金分配的股利不低于该次分配的 10%。

（九）其他报告事项

本报告期内公司选定《中国证券报》、《上海证券报》作为公司指定信息披露刊物。

六、监事会工作报告

2000 年，本公司监事会按照《公司法》和《公司章程》授予的职权，对公司本年度经营情况忠实履行了监督职能，认真维护了股东的权益。本监事会参加了公司 1999 年度股东大会。并派有关监事列席了公司第一届董事会第二、三、四、五次会议。监事会在报告期内召开了一次监事会会议，并对公司财务、执行股东大会决议情况、经营决策、依法运作情况、董事、经理及高级管理人员的经营行为、关联交易等情况进行了认真检查和监督。

（一）监事会召开情况

2000 年 3 月 7 日，公司召开第一届监事会第二次会议。经出席会议的监事审议表决，一致通过以下决议：

1.《监事会 1999 年度工作报告》并提交 1999 年度股东大会审议；

2.《西安标准工业股份有限公司监事会议事规则》。

（二）对于本公司运作情况，监事会认为：

1.2000 年度本公司董事会按照股东大会的决议，认真履行了各项决议，出色地完成了股东大会的相关决定。其决策符合《中华人民共和国公司法》和公司章程的有关规定，本公司董事、总经理及高级管理人员在执行职务、行使职权时没有违反法律、法规、公司章程及损害公司和股东权益的行为。

2. 本年度财务报告经西安希格玛有限责任会计师事务所审计并出具了无保留意见的审计报告，监事会认为该报告真实、客观、准确地反映了公司的财务状况和经营成果。

3.报告期内公司进行的关联交易决策符合《中华人民共和国公司法》和《上海证券交易所股票上市规则》中的信息披露规则和其他有关规则，交易公平公允，没有损害公司及非关联股东的利益，没有造成公司资产的流失。

4.本公司在人员、资产、财务方面严格遵守《中华人民共和国公司法》和公司章程以及国家有关法律法规的规定，与控股股东实行了三分开。

5.报告期内，依据股东大会有关决议，公司发行人民币 A 种股票 4500 万股，募集资金 3.9 亿元，并于 12 月 13 日在上海证券交易所上市交易。目前，董事会正在进行投资的前期准备工作。募集资金使用方案未进行变更。

七、重要事项

（一）本年度公司无重大诉讼、仲裁事项。

（二）报告期内公司、公司董事及高级管理人员无受监管部门处罚情况。

（三）报告期内公司控股股东没有发生变更、公司董事会、监事会成员没有发生变动；2000 年 4 月 10 日，公司第一届董事会第三次会议审议通过聘请赵新庆先生为公司总经理；2000 年 3 月 7 日，公司第一届董事会第二次会议审议通过聘请李剑萍女士为公司董事会秘书。

（四）报告期内无收购兼并、资产重组事项。

（五）报告期内重大关联交易事项：

1.2000 年 6 月 26 日，依据 1999 年度股东大会决议，公司和第一大股东中国标准缝纫机集团有限公司签订了《水、电、汽及机修保障协议》、《商标转让协议书》、《土地租赁合同》、《综合服务协议书》。

2.2000 年 5 月 18 日，依据公司章程及董事会授权，公司和第一大股东中国标准缝纫机集团有限公司之全资子公司西安恒泰机械设备有限责任公司签订了《厂房设备租赁协议书》，并在此基础上筹建了公司装配一分厂，扩大高速平缝机生产量，以满足市场需求。

3.2000 年 6 月 26 日，依据董事会授权，公司对控股子公司标准缝纫机菀坪机械有限公司之参股苏州市菀坪缝制设备有限责任公司的股权，用现金形式转让给公司第二大股东吴江市菀坪镇工业公司。依据原始投资，转让价格为人民币 30 万元。

4. 2000 年 6 月 26 日，依据董事会授权，公司对参股中国标准缝纫机张家港零件厂的股权，用现金形式进行转让给第一大股东中国标准缝纫机集团有限公司。依据原始投资，转让价格为人民币 10 万元。

（六）本公司与控股股东在人员、资产、财务上完全分开，相对于本公司控股股东人员独立、资产完整、财务独立。

1.在人员方面，本公司在劳动、人事及工资管理等方面完全独立。总经理、副总经理等高级管理人员在本公司领取薪酬，高管人员均不在股东单位任职；

2.在资产方面，本公司拥有独立的产、供、销体系，拥有独立的辅助生产系统和配套设施；工业产权、商标、非专利技术等无形资产已经完全无偿进入本公司；

3.在财务方面，本公司任命独立的财务负责人，设立了独立的财会部门，建立了独立的会计核算体系和财务管理制度，开立了银行户头。

（七）报告期内续聘西安希格玛有限责任会计师事务所为财务审计机构，没有变动。

（八）报告期内公司无重大担保、抵押事项。

（九）由于公司发行人民币 A 种股票 4500 万股，依据公司法，2000 年 11 月 30 日，公司在西安市工商局变更营业执照及章程。

（十）无需要披露的其他重大事项。

八、财务报告

一、审计报告：

希会审字(2001)305号

审计报告

西安标准工业股份有限公司全体股东：

我们接受委托，审计了贵公司2000年12月31日的资产负债表和合并资产负债表，2000年度的利润及利润分配表和合并利润及利润分配表，2000年度的现金流量表和合并现金流量表。这些会计报表由贵公司负责，我们的责任是对这些会计报表发表审计意见。我们的审计是依据《中国注册会计师独立审计准则》进行的。在审计过程中，我们结合贵公司的实际情况，实施了包括抽查会计记录等我们认为必要的审计程序。

我们认为，上述会计报表符合《企业会计准则》和《股份有限公司会计制度》的有关规定，在所有重大方面公允地反映了贵公司2000年12月31日的财务状况及2000年度的经营成果和2000年度的现金流量情况，会计处理方法的选用遵循了一贯性原则。

附送件： 1、2000年12月31日资产负债表及合并资产负债表；

2、2000年度利润及利润分配表及合并利润及利润分配表；

3、2000年度现金流量表及合并现金流量表； 4、会计报表附注。

西安希格玛有限责任会计师事务所 中国注册会计师：陆跃明 ：邱程红

西安标准工业股份有限公司会计报表附注

一、公司简介

西安标准工业股份有限公司(以下简称"公司")前身为上海惠工铁工厂，创建于1946年，是中国缝制设备制造业中的骨干企业之一。1971年内迁至陕西临潼，更名为"陕西缝纫机厂"。1981年，根据国家经济体制改革和发展生产的需要，成立了中国标准缝纫机公司。1989年，在发展横向经济联合的基础上组建了中国标准缝纫机(集团)公司。1997年10月，根据建立现代企业制度的需要，进行了规范的公司制改制，更名为"中国标准缝纫机集团有限公司"。1999年5月7日，经西安市人民政府市政函(1999)23号文批准，以中国标准缝纫机集团有限公司为主要发起人，联合吴江市菀坪镇工业公司等4家发起人，共同发起设立西安标准工业股份有限公司。1999年5月28日，公司在西安市工商行政管理局注册登记成立。经中国证券监督管理委员会证监发行字[2000]154号文核准，公司通过上海证券交易所交易系统，采用上网定价发行方式向社会公开发行人民币普通股股票4500万股。

公司注册资本为人民币159,504,902元，注册地址：西安市高新技术产业开发区金融大厦九层，营业执照号码：61010014004401/2。公司主要经营系列工业缝纫机，特种工业缝纫机，机电一体化产品，机械设备的研制、开发、生产及销售，高新技术产业的投资开发，信息咨询服务等。

二、会计报表的编制基础

公司按照《股份有限公司会计制度》的有关规定编制会计报表，利润表的上年同期数中，公司设立以前的部分系依照组建股份有限公司方案确定的结构为前提，以报告期实际存在的公司架构为基础，根据资产、债务和人员重组方案，对原公司损益类有关项目剥离后，按《股份有限公司会计制度》作必要的调整编制而成。

三、主要会计政策、会计估计和会计报表编制方法

1、会计年度：以公历1月1日至12月31日为一个会计年度。

2、记帐本位币：人民币。

3、会计制度：公司执行《股份有限公司会计制度》及相关规定。

4、记帐基础和计价原则：以权责发生制为记帐基础，以历史成本为计价原则。

5、现金等价物的确认标准：指公司持有的时间短、流动性强、易于转化为已知金额现金、价值变动风险很小的投资。

6、外币业务的折算：外币业务按发生时的市场汇率折算为人民币入帐；年末外币银行存款等外币帐户按年末市场汇率进行调整，发生的汇兑损益属于资本性支出的，计入资产价值；属于收益性支出的，列入当期损益。

7、短期投资核算方法：短期投资包括购入能随时变现并且持有时间不超过一年(含一年)的股票、债券投资，按成本与市价孰低法计价，按投资总额计提跌价准备。计提方法是，中期期末或年度终了，将股票、债券投资的市价与其帐面成本进行比较，如果市价低于成本的，按差额计提短期投资跌价准备。公司处置短期投资时，按实际收到的价款扣除短期投资的实际成本、已计未领取的现金股利、利息后的差额，确认投资收益。

8、坏帐损失的核算方法：符合下列条件的应收帐款，确认为坏帐：①因债务人破产或者死亡，以其破产财产或者遗产清偿后，仍然不能收回的；②因债务人逾期未履行偿债义务超过三年仍然不能收回的。坏帐损失的核算采用备抵法。公司根据债务单位的财务状况和现金流量等情况，按期末应收帐款和其他应收款余额，采用帐龄分析法计提坏帐准备金，规定的提取比例为：1年以内的，按5%计提；1-2年的，按10%计提；2-3年的，按30%计提；3年以上的，按50%计提。

9、存货计价方法：各项存货按取得时的实际成本记帐。原材料、包装材料、低值易耗品、在产品及自制半成品、外购商品采用计划成本核算，月末调整为实际成本。产成品入库时按实际成本计价，发出时按月末一次加权平均法核算。包装材料、低值易耗品于领用时一次摊销。生产成本在完工产品和在产品之间的分配采用定额比例法。公司按存货年末可变现净值低于帐面成本的差额计提存货跌价损失准备。

10、长期股权投资核算方法：公司对外股权投资按投资时实际支付的价款或确定的价值记帐。

公司对其他单位的投资占该单位有表决权资本总额的20%或20%以上，或虽投资比例不足20%但有重大影响的，采用权益法核算；公司对其他单位的投资占该单位有表决权资本总额20%以下的，或虽投资比例超过20%但不具有重大影响的，采用成本法核算。公司对其他单位的投资占该单位有表决权资本总额50%以上的，或虽不足50%但具有实质性控制权的，编制合并会计报表；公司对其他单位的投资占该单位有表决权资本总额50%以上，但不具有实质性控制权，或出现其他特殊情况时，不编制合并会计报表。

长期股权投资取得时的成本与其在被投资单位所有者权益中所占份额之间的差额，列作"股权投资差额"，在规定的投资期限内平均摊销。

公司对被投资单位经营状况恶化等原因导致长期投资可收回金额低于帐面价值时，按其差额计提长期投资减值准备。

11、长期债权投资核算方法：

债券投资：按实际支付的价款扣除支付的税金和手续费等各项附加费用，以及支付的自发行起至购入债券止的应计利息后的余额作为实际成本记帐。实际成本与债券面值的差额，作为溢价或折价，在债券存续期内采用直线法摊销。债券投资按期计算应计利息，应计利息减债券投资溢价(或加折价)摊销额后的余额，计入当期投资收益。

其他债权投资：按实际支付的价款记帐；按期计算应计利息，列入当期投资收益。

12、固定资产计价和折旧方法：

固定资产的标准：使用期限在一年以上的房屋建筑物、机器设备、运输工具，以及其他与生产经营相关的设备、器具、工具等劳动资料列为固定资产。

固定资产计价：各类固定资产按取得时的实际成本计价，公司改制设立时发起人投入的经评估确认的固定资产按重置完全价值计价。

固定资产折旧：公司按直线法采用分类折旧率计提固定资产折旧，预计使用年限、预计净残值率和折旧率如下：

	预计使用年限	预计净残值率(%)	预计年折旧率(%)
通用设备	8-14	3-4	6.93-12.00
专用设备	8-14	3-4	6.93-12.00
房屋建筑物	20-30	3-4	3.23-4.80
运输设备	5-12	3-4	8.08-19.20

13、在建工程核算方法：公司固定资产新建工程、改扩建工程、大修理工程等按所发生的实际支出列入在建工程。用借款进行的工程发生的借款利息和汇兑损益，在固定资产交付使用前，计入在建工程成本。各项在建工程按办理竣工验收手续，并交付使用后，确认为固定资产。

14、无形资产及其摊销：无形资产按实际成本计价，并按受益年限采用直线法摊销。

15、开办费、长期待摊费用摊销方法：开办费按5年的期限摊销；长期待摊费用按受益期限摊销。摊销方法为直线法。

16、收入确认原则：本公司商品销售以将商品所有权上的重要风险和报酬转移给买方，不再对该商品实施继续管理权和实际控制权，相关的收入已经收到或取得了收款的证据，并且与销售该商品有关的成本能够可靠地计量时，确认营业收入的实现。本公司提供劳务以将相关的收入已经收到或取得了收款的证据，并且与劳务有关的成本能可靠计量时，确认营业收入的实现。

17、税项：

增值税：执行17%的税率。

城建税：本公司按应缴流转税的7%计缴，下属控股公司标准缝纫机菀坪机械有限公司、吴江市菀坪铸件有限责任公司、吴江市菀坪缝纫机有限责任公司按应缴流转税的5%计缴。

教育费附加：本公司按应缴流转税的3%计缴，下属控股公司标准缝纫机菀坪机械有限公司、吴江市菀坪铸件有限责任公司、吴江市菀坪缝纫机有限责任公司按营业收入的0.75%计缴。

水利建设基金：公司按营业收入的0.8‰计缴，下属控股公司标准缝纫机菀坪机械有限公司、吴江市菀坪铸件有限责任公司、吴江市菀坪缝纫机有限责任公司按当地政府规定的标准缴纳。

企业所得税：本公司1999年5月28日在西安市高新技术产业开发区注册成立，1999年8月23日被陕西省科学技术委员会认定为高新技术企业，认定号为SX-10013。根据财政部、国家税务总局(94)001号文件规定，经西安市地方税务局高新技术产业开发区分局市地税高开发(2000)30号文件批准，从2000年1月1日起，按15%的税率计缴企业所得税。1999年12月31日之前，按33%的税率计缴企业所得税。下属控股公司标准缝纫机菀坪机械有限公司、吴江市菀坪铸件有限公司、吴江市菀坪缝纫机有限公司按33%的税率计缴企业所得税。

18、所得税的会计处理：采用应付税款法。

19、利润分配方案：根据公司章程规定，公司实现利润在缴纳所得税后按下列顺序分配：弥补以前年度亏损；提取10%的法定盈余公积金；提取5%的法定公益金；任意盈余公积金的提取由股东大会决定；向股东分配股利。

20、合并会计报表编制方法： 编制基础：公司按照财政部财会字(1995)11号文《合并会计报表暂行规定》编制合并会计报表。

合并范围：对持有表决权资本50%以上的子公司纳入合并报表。

合并方法：以本公司纳入合并范围的子公司的会计报表为依据，依照母公司理论将本公司与子公司相互间的投资、往来、存货购销等内部交易及其未实现利润抵销后逐项合并。

纳入合并范围的子公司情况：

公司(企业)名称	注册资本	持股比例	业务性质
标准缝纫机菀坪机械有限公司	48,834,100.00	90%	中厚料工业缝纫机
吴江市菀坪铸件有限公司	4,980,000.00	90%	工业缝纫机机壳铸造
吴江市菀坪缝纫机有限公司	3,800,000.00	55%	工业缝纫机及配件

四、合并会计报表主要项目注释

除另有指明者外，期初数指1999年12月31日数据，期末数指2000年12月31日数据，金额单位为人民币元。

1、货币资金

项目	期初数	期末数
现金	599,697.96	657,535.20
银行存款	69,149,796.11	450,087,299.33
其他货币资金	6,521,062.46	44,505,624.08
合计	76,270,556.53	495,250,458.61

公司本期产品持续旺销，应收帐款回款速度加快，期末经营活动的现金流量增幅较大；加之公司本年度新股发行的影响，货币资金较期初大幅增加。

2、应收票据

出票单位	出票日期	到期日	期初数	期末数	票据种类	备注
肥城市服装厂	1999-07-20	1999-12-21	200,000.00		银行承兑汇票	
济宁市百货大楼	1999-11-08	2000-05-04	100,000.00		银行承兑汇票	
湖州市统艺童装产业开发公司	2000-12-11	2001-03-10		500,000.00	银行承兑汇票	
合计			300,000.00	500,000.00		

3、应收帐款

帐龄	期初数			期末数		
	金额	比例%	坏帐准备	金额	比例%	坏帐准备
1年以内	96,683,995.45	97.15	4,834,199.77	96,546,799.89	93.55	5,148,917.07
1-2年	1,298,284.80	1.30	129,828.48	5,611,463.82	5.44	561,146.38
2-3年	1,540,362.80	1.55	462,108.84	439,465.61	0.43	131,839.69
3年以上				609,701.55	0.59	304,850.78
合计	99,522,643.05	100.00	5,426,137.09	103,207,430.87	100.00	6,146,753.92

应收帐款中无应收持有本公司5%以上有表决权股份的股东之款项。

4、其他应收款

帐龄	期初数			期末数		
	金额	比例(%)	坏帐准备	金额	比例(%)	坏帐准备
1年以下	7,752,293.70	93.22	387,614.69	48,157,547.82	99.28	557,945.87
1-2年	478,087.25	5.75	47,808.73	349,048.11	3.32	34,904.81
2-3年				85,600.00	1.03	25,680.00
3年以上						
合计	8,315,980.95	100.00	461,103.41	48,506,595.93	100.00	592,850.68

其他应收款中截止1999年12月31日应收本公司第一大股东---中国标准缝纫机集团有限公司款项为1,314,702.52元，截止2000年12月31日为41,738,264.00元，上述款项已于2001年3月26日归还3,800万元。除此之外，无其他应收持有本公司5%以上有表决权股份的股东之款项。

5、预付帐款

帐龄	期初数		期末数	
	金额	比例(%)	金额	比例(%)
1年以	23,174,935.71	96.37	9,283,203.03	92.71
1-2年	375,284.26	1.56	106,289.85	1.06
2-3年	498,409.74	2.07	142,076.79	1.42
3年以上			481,052.19	4.81
合计	24,048,629.71	100.00	10,012,621.86	100.00

预付帐款中无预付持有本公司5%以上有表决权股份的股东之款项。

6、存货

项目	期初数	期末数
原材料	24,382,946.46	32,224,895.90
低值易耗品	960,629.63	1,443,083.15
包装材料	180,083.34	265,111.14
在产品及自制半成品	14,284,290.47	11,933,773.80
产成品	55,094,565.82	66,216,084.70

外购商品	1,818,310.28	1,879,467.71
合计	96,720,826.00	113,962,416.40

本期末公司未发生存货可变现净值低于帐面成本的情形，故不需计提存货跌价损失准备。

7、待摊费用

项目	期初数	本期增加数	本期减少数	期末数
期初存货已征税款	5,560,083.97		5,535,244.03	24,839.94
财产保险费	49,160.51	302,696.99	288,615.47	63,242.03
西安高新开发区办公楼装修费			500,000.00	500,000.00
车辆保险费	17,312.40		17,312.40	
其他		1,881,741.97	1,152,018.97	729,723.00
合计	5,626,556.88	2,684,438.96	7,493,190.87	817,804.97

8、长期股权投资

被投资单位名称

投资比例 期初数 期末数 核算方法 备注

张家港市兆丰标准工业缝纫机零件厂 954,022.29 成本法 注1

中国标准缝纫机集团张家港市零件厂 21.74% 112,959.81 注2

交通银行西安分行 2,110,240.00 21,110,240.00 成本法

苏州市菀坪缝制设备有限公司 20% 299,748.36 注3

合计 3,476,970.46 21,110,240.00

注1：根据发起人协议和资产重组方案，中国标准缝纫机集团有限公司将其所持张家港市兆丰标准工业缝纫机零件厂的股权954,022.29元投入本公司。其后，由于中国标准缝纫机集团有限公司与联营对方张家港缝纫机厂的联营合同届满，双方无意继续联营办厂。为保障本公司权益，经与中国标准缝纫机集团有限公司协商一致，其已按投入价值购回该等股权。

注2：出于本公司战略投资的考虑，本公司与中国标准缝纫机集团有限公司、中国标准缝纫机张家港市零件厂于2000年7月26日签订了股权转让协议。协议规定，本公司将所持有的中国标准缝纫机张家港市零件厂21.74%的股权按帐面原始投资价值10万元转让给中国标准缝纫机集团有限公司。

注3：本公司下属控股子公司标准缝纫机菀坪机械有限公司根据企业经营发展的需要，于2000年7月26日将所持有的苏州市菀坪缝制设备有限公司20%的股权按帐面原始投资价值30万元转让给该公司的另一股东江苏省吴江市菀坪镇工业公司。

通过对所属投资单位财务状况及经营前景的合理判断，本公司尚未出现计提长期投资减值准备的情形，故未计提长期投资减值准备。

9、长期债权投资

项目	面值	期限	期初数	期末数	备注
陕西省电力建设债券	900,000.00	1987.10.23–2002.10.23	90,000.00	90,000.00	不计息
合计			90,000.00	90,000.00	

10、固定资产及累计折旧

固定资产原价

项目	期初数	本期增加	本期减少	期末数	备注
房屋建筑物	57,990,428.15	2,135,418.94	945,470.12	59,180,376.97	
通用设备	154,034,459.02	15,665,978.03	783,123.04	168,917,314.01	
专用设备	33,943,890.25	1,184,860.37		35,128,750.62	
运输工具	5,938,226.06	2,172,918.41	141,114.28	7,970,030.19	
合计	251,907,003.48	21,159,175.75	1,869,707.44	271,196,471.79	

累计折旧

项目	期初数	本期增加	本期减少	期末数	备注
房屋建筑物	24,842,613.20	2,212,145.27	22,617.85	27,032,140.62	
通用设备	98,537,127.73	9,770,636.02	584,006.80	107,723,756.95	
专用设备	15,809,972.23	2,756,438.02	7,338.75	18,559,071.50	
运输工具	3,587,443.85	687,281.43	111,376.54	4,163,348.74	
合计	142,777,157.01	15,426,500.74	725,339.94	157,478,317.81	
固定资产净值	109,129,846.47			113,718,153.98	

11、在建工程

项目	期初数	本期增加数	本期减少数	期末数	资金来源	完工程度
MH–500卧式综合切削	17,299.81	6,632,643.67	6,611,795.41	38,148.07	自筹	90%
加工中心等设备CIMS工程及其他	1,056,332.90	7,340,784.66	5,586,505.82	2,810,611.74	自筹	80%
双加项目	982,857.60	2,840,415.62	3,445,751.73	377,521.49	自筹、贷款	70%
双加项目预付款	1,757,208.96	906,556.34	2,227,206.00	436,559.30		
CIMS及其他	3,426,844.10	14,582,673.19	8,282,751.83	9,726,765.46		
项目预付款						
合计	7,240,543.37	32,303,073.38	26,154,010.79	13,389,606.06		

在建工程本期转入固定资产数为15,644,052.96元。

五、母公司会计报表主要项目注释

六、关联关系及其交易

(一)存在控制关系的关联方

1、存在控制关系的关联方关系

企业名称	注册地址	主营业务	与本公司关系	经济性质
A	西安临潼区	缝制设备、机械设备的研制、生产、销售	母公司	国有
B	江苏吴江菀坪镇	中后料工业缝纫机	子公司	有限责任公司
C	江苏吴江菀坪镇	缝纫机机壳铸造	子公司	有限责任公司
D	江苏吴江菀坪镇	缝纫机机投及零件	子公司	有限责任公司

A：中国标准缝纫机集团有限公司

B：标准缝纫机菀坪机械有限公司

C.吴江十万泋铸件有限公司

D：吴江市菀坪缝纫机有限公司

2、存在控制关系的关联方的注册资本及其变化

企业名称	期初数	本期增加数	本期减少数	期末数
A	150,000,000.00			150,000,000.00
B	48,834,100.00			48,834,100.00
C	4,980,000.00			4,980,000.00
D	3,800,000.00			3,800,000.00

3、存在控制关系的关联方所持股份或权益及变动情况

企业名称	期初数		本期增加数		本期减少数		期末数	
	金额	%	金额	%	金额	%	金额	%
中国标准缝纫机集团有限公司	98,031,350.00	85.61					98,031,350.00	61.46
标准缝纫机菀坪机械有限公司	43,950,690.00	90.00					43,950,690.00	90.00
吴江市菀坪铸件有限公司	4,482,000.00	90.00					4,482,000.00	90.00
吴江市菀坪缝纫机有限公司	2,090,000.00	55.00					2,090,000.00	55.00

(二)不存在控制关系的关联方

企业名称	注册地	主营业务	与本公司关系	性质
西安标准缝纫机进出口公司	西安市	工业缝纫机出口	同受母公司控制	国有
西安兄弟标准工业有限公司	西安市	工业缝纫机生产销售	母公司之参股公司	中外合资
中国标准缝纫机公司开源缝制设备厂	西安市临潼区	工业缝纫机配套	同受母公司控制	联营
中国标准缝纫机公司利达公司	西安市临潼区	工业缝纫机配套	同受母公司控制	联营

(三)关联交易事项

1、交易价格关联交易的价格由关联方按照市场原则协商确定。

2、关联交易的应收应付项目余额

(1)应收帐款

企业名称	2000年12月31日	1999年12月31日
西安标准缝纫机进出口公司	37,819,540.24	32,202,543.24
西安兄弟标准工业有限公司	11,134,222.94	20,229,271.39

(2)预付帐款

企业名称	2000年12月31日	1999年12月31日
中国标准缝纫机公司开源缝制设备厂	234,036.29	350,198.22

(3)其他应收款

企业名称	2000年12月31日	1999年12月31日
中国标准缝纫机集团有限公司	41,738,264.00	1,314,702.52

3、关联交易的业务量

(1)销售货物

企业名称	2000年1–12月	1999年1–12月
西安标准缝纫机进出口公司	53,638,702.17	16,032,684.78
西安兄弟标准工业有限公司	129,652,490.14	73,745,754.31

(2)购买货物

企业名称	2000年1–12月	1999年1–12月
中国标准缝纫机公司开源缝制设备厂	1,391,959.07	1,227,927.85
中国标准缝纫机公司利达公司	3,879,475.59	4,076,057.00

(3)水电汽暖供应

	2000年1–12月	1999年6–12月
中国标准缝纫机集团有限公司	2,150,799.74	732,921.15

水、电、汽暖供应根据本公司与中国标准缝纫机集团有限公司签订的《水、电、汽及机修保障协议》规定的价格结算。

(4)支付土地租赁费

	2000年1–12月	1999年6–12月
中国标准缝纫机集团有限公司	90,817.15	52,976.67

土地租赁费根据本公司与中国标准缝纫机集团有限公司签订的《土地租赁合同书》规定的价格结算。

(5)接受后勤综合服务

	2000年1–12月	1999年6–12月
中国标准缝纫机集团有限公司	565,657.81	605,000.00

后勤综合服务费根据本公司与中国标准缝纫机集团有限公司签订的《综合服务协议》规定的价格结算。

(6)其他

1、根据发起人协议和资产重组方案，中国标准缝纫机集团有限公司将其所持张家港市兆丰标准工业缝纫机零件厂的股权954,022.29元投入本公司。其后，由于中国标准缝纫机集团有限公司与联营对方张家港缝纫机厂的联营合同届满，双方无意继续联营办厂。为保障本公司权益，经与中国标准缝纫机集团有限公司协商一致，其已按投入价值购回该等股权。

2、出于战略投资的考虑，本公司与中国标准缝纫机集团有限公司、中国标准缝纫机张家港市零件厂于2000年7月26日签订了股权转让协议。协议规定，本公司将所持有的中国标准缝纫机张家港市零件厂21.74%的股权按帐面原始投资价值10万元转让给中国标准缝纫机集团有限公司。

七、或有事项

1999年8月12日本公司与中国工商银行临潼区支行签订《最高额抵押合同》，以主要固定资产作为抵押物，抵押金额为10,568万元，获取该行流动资金贷款7,266万元。

截止2000年12月31日，本公司未向任何单位提供担保，亦不存在诉讼事项。

八、其他重要事项

1、本年度公开发行股票情况：2000年11月16日，经中国证券监督管理委员会证监发行字(2000)154号文核准，并经上海证券交易所同意，本公司通过上海证券交易所交易系统于2000年11月23日采用上网定价发行方式向社会公开发行人民币普通股股票4500万股，发行价格为每股9.07元。本次发行实际募集股款408,150,000元，扣除发行费用后，募集资金净额为392,614,000元，其中：股本45,000,000元，资本公积347,614,000元。本次公开发行有股本变动情况已经西安希格玛有限责任会计师事务所希会验字(2000)第555号验资报告验证确认。

2、所得税政策的变化情况：本公司1999年8月23日被陕西省科学技术委员会认定为高新技术企业，根据财政部、国家税务总局《关于企业所得税若干优惠政策的通知》([94]财税字第001号)规定，经西安市地方税务局高新技术产业开发区分局市地税高开发(2000)30号文批准，从2000年1月1日起，按15%的税率征收企业所得税。公司已于2000年12月27日在《中国证券报》就上述政策的变更情况进行了公告。

九、公司的其他有关资料

(一)公司变更注册时间和地址：

公司于2000年11月30日在西安市工商行政管理局办理了变更登记。注册资金由人民币114,504,902元变更为人民币159,504,902元。

报告期内，公司注册地址未作变更。

(二)企业法人营业执照注册号：6101001400440–1/2

(三)税务登记号码：610113628001682

(四)公司未流通股票的托管机构名称：上海证券中央登记结算公司

(五)公司聘请的会计师事务所名称、办公地：

西安希格玛有限责任会计师事务所

西安市太白北路320号

十、备查文件

(一)载有法定代表人、财务负责人、会计主管人员签名并盖章的会计报表；

(二)载有会计师事务所盖章、注册会计师签名并盖章的审计报告原件；

(三)报告期内在中国证监会指定报纸上公开披露过的所有公司文件正本及公告原稿；

(四)载有董事长亲笔签名的年度报告正文。

西安标准工业股份有限公司

二00一年四月四日

丹东曙光车桥股份有限公司

丹东曙光车桥股份有限公司2000年年度报告摘要

本公司董事会保证本报告所载资料不存在任何虚假记载、误导性陈述或者重大遗漏，并对其内容的真实性、准确性和完整性负个别及连带责任。

一、公司简介

1、公司名称：丹东曙光车桥股份有限公司
英文名称：DANDONG SHUGUANG VEHICLE AXLE COMPANY LIMITED
2、公司法定代表人：李进巅
3、公司董事会秘书：那涛
联系地址：丹东市振安区燕窝街300号
电话：0415-4146825
传真：0415-4142821
E-Mail信箱：natao_sg@sina.com
4、公司注册地址：丹东市元宝区燕窝街300号
公司办公地址：丹东市振安区燕窝街300号
邮政编码：118001
公司国际互连网地址：www.chinasgaxle.com
E-Mail信箱：sg@mail.ddptt.ln.cn
5、公司选定的信息披露报纸名称：《中国证券报》
登载公司年度报告的中国证监会指定国际互联网网址：http://www.sse.com.cn
6、公司股票上市地：上海证券交易所
股票简称：曙光股份
股票代码：600303

二、会计数据和业务数据摘要

1、本年度利润总额及构成（2000年度合并）（单位：人民币元）

利润总额	50,219,034.11
净利润	31,598,783.19
扣除非经常性损益后的净利润	26,089,294.96
主营业务利润	94,623,280.58
其他业务利润	1,069,234.76
营业利润	43,817,900.60
投资收益补贴收入	125,177.11
营业外收支净额	6,275,956.40
经营活动产生的现金流量净额	44,218,182.60
现金及现金等价物净增加额	347,452,511.83

说明：扣除的非经常性损益项目及金额为：
1、补贴收入：125,177.112
冻结资金利息：5,384,311.12

2、截止报告年度公司前两年的主要会计数据和财务指标

项目	1999年度	2000年度
主营业收入（元）	181,146,861.22	352,871,716.11
净利润（元）	17,496,175.20	31,598,783.19
总资产（元）	281,661,827.40	807,533,478.44
股东权益（元）	78,214,803.32	430,002,626.51
每股收益（元/股）（摊薄）	0.35	0.35
（加权）0.39	0.63	

项目	1999年度	2000年度
扣除非经常性损益后的每股收益（元/股）（摊薄）	0.35	0.29
（加权）	0.39	0.52
每股净资产（元/股）	1.56	4.78
调整后的每股净资产（元/股）	1.41	4.73
每股经营活动产生的现金流量净额（元/股）	0.72	0.49
净资产收益率（%）（摊薄）	25.82%	33.61%
（加权）	27.7%	53.25%

注：主要财务指标的计算方法
每股收益=净利润/年度末普通股股份总数
每股净资产=年度末股东权益/年度末普通股股份总数
调整后的每股净资产=（年度末股东权益-三年以上的应收款项净额-待摊费用-待处理（流动、固定）资产净损失-开办费-长期待摊费用-住房周转金负数余额）/年度末普通股股份总数
每股经营活动产生的现金流量净额=经营活动产生的现金流量净额/年度末普通股股份总数
净资产收益率=净利润/年度末股东权益×100%
净资产收益率和每股收益的计算及披露

报告期利润	净资产收益率		每股收益	
	全面摊薄	加权平均	全面摊薄	加权平均
主营业务利润	22.01%	100.65%	1.05	1.89
营业利润	10.19%	46.61%	0.49	0.88
净利润	7.35%	33.61%	0.35	0.63
扣除非经常性损益后的净利润	6.07%	27.75%	0.29	0.52

一、全面摊薄净资产收益率和每股收益的计算公式如下：
全面摊薄净资产收益率=报告期利润÷期末净资产
全面摊薄每股收益=报告期利润÷期末股份总数
二、加权平均净资产收益率（ROE）的计算公式如下：

$$ROE=\frac{P}{EO+NP\div2+Ei\times Mi\div MO-Ej\times Mj\div MO}$$

其中：P为报告期利润；NP为报告期净利润；Eo为期初净资产；Ei为报告期发行新股或债转股等新增净资产；Ej为报告期回购或现金分红等减少净资产；Mo为报告期月份数；Mi为新增净资产下一月份起至报告期期末的月份数；Mj为减少净资产下一月份起至报告期期末的月份数。
三、加权平均每股收益（EPS）的计算公式如下：

$$EPS=\frac{P}{SO+S1+Si\times Mi\div Mo-Sj\times Mj\div MO}$$

其中：P为报告期利润；So为期初股份总数；S1为报告期因公积转增股本或股票股利分配等增加股份数；Si为报告期因发行新股或债转股等增加股份数；Sj为报告期因回购或缩股等减少股份数；Mo为报告期月份数；Mi为增加股份下一月份起至报告期期末的月份数；Mj为减少股份下一月份起至报告期期末的月份数。

3、报告期内股东权益变动情况（单位：人民币元）

项目	股本	资本公积	盈余公积	法定公益金
期初数	50,000,000	1,803,875.38	5,452,929.43	3,590,583.99
本期增加	40,000,000	298,189,040.00	4,111,118.29	2,055,559.14
本期减少				
期末数	90,000,000	299,992,915.38	9,564,047.72	5,646,143.13

续上表：

项目	未分配利润	股东权益合计
期初数	17,367,414.52	78,214,803.32
本期增加	25,432,105.76	369,787,823.19
本期减少	18,000,000.00	18,000,000.00
期末数	24,799,520.28	430,002,626.51

变动原因：
股本及资本公积变动原因：2000年末公司在上海证券交易所发行4000万股境内上市的人民币普通股，共募集资金（扣除发行费用）338,160,000元。其中，4000万元进入股本，298,160,000元进入资本公积。
盈余公积及法定公益金变动原因：2000年按实现的净利润提取，盈余公积按净利润10%提取公益金按净利润5%提取。

三、股本变动及股东情况

1.截止2000年12月31日，公司股东总数21029户
2. 报告期末公司主要股东持股情况：

股东名称	年初持股	年末持股	占总股本
丹东曙光车桥总厂	38,750,000	38,750,000	43.06%
泰和基金		3,402,019	3.78%
同益基金		1,611,578	1.79%
吉莘		1,288,133	1.43%
安徽证券		1,218,600	1.35%
范磊		1,102,050	1.22%
范正宇		542,632	0.60%
郑怀洪		458,380	0.51%
兴华基金		415,800	0.46%
吴尚		300,000	0.33%

注：前十名股东不存在关联关系。持有本公司5%以上股份的股东为丹东曙光车桥总厂，年度内持有股份无变动，也无质押或冻结情况。

四、股东大会简介

1、2000年5月27日，公司2000年第一次临时股东大会在公司会议室召开。出席本次会议的股东6人，代表股份38765000股，占公司总股本的78%。会议审议并通过了以下事项：
（1）审议通过了1999年度实现利润分配的议案
本次大会否决了1999年9月10日临时股东大会做出的该项决议。改为从1999年1月1日开始，公司实现的利润由发行前的原有股东和发行后的社会公众股股东共享。
（2）审议通过了关于发行股票后第一个盈利年度派发股利的议案公司将在发行股票后第一个盈利年度派发一次股利，发放时间为6月底以前。
2、选举、更换公司董事、监事情况本报告期内，公司董事、监事无变动。

五、董事会报告

1. 公司的经营情况
（1）公司所处行业及公司在本行业中的地位本公司是为整车生产厂配套的汽车零配件企业，属于机械制造业中的汽车零部件制造业。
公司现年产轻型汽车车桥10万根以上，根据国家机械工业局信息中心统计，从1997年以来，连续四年产销量在国内同行业中排名第一，国内市场占有率18.1%，其中以"1020独立悬挂4×2、4×4"型为代表水平的车桥，奠定了企业在同行业中处于龙头的位置。公司是国家重点扶持的汽车零部件生产企业，"九五"技术改造项目被列入"双加"工程，公司自主开发的SG1020型车桥被列入一九九八年国家级火炬计划，SG2310系列车桥被评为1999年辽宁省新产品金奖。中国车桥行业协会评价我们综合实力和技术水平处于同行业领先地位。
（2）公司主营业务的范围及其经营状况
公司主要生产汽车前后桥、汽车底盘、汽车零部件制造、加工、汽车修理。（设分支销售汽车及零部件）
2000年度公司实现销售收入35,287万元，利润总数5,023.1万元。其中车桥全年销售120,434只，较99年增长18.8%，实现销售收入219,837,828元，实现利润38,676,411元。
2. 公司财务状况
公司财务指标的增减变动 （单位：万元）

项目	2000年	1999年	增减变动
资产总额	80,753.3	28,166.1	52,587.2
长期负债	7,932.7	2,948.7	4,984
股东权益	43,000.2	7,821.4	35,178.6
主营业务利润	9,462.3	4,055.4	5,406.9
净利润	3,159.8	1,749.6	1,410.2

注：变动原因说明
资产总额增加：
①报告期内公司股票发行成功募股资金到位
②99年10月28日公司与河南汽车制动器厂共同出资组建河南省汽车制动器有限责任公司，由于当时公司并没有控制财务和经营政策，所以99年公司未将其纳入合并报表范围。2000年1月公司派出常务副总和财务总监，取得了实际控制权，故从2000年1月，公司将其纳入合并报表。

长期负债增加:公司将河南省汽车制动器有限责任公司纳入合并报表范围,增加了长期借款。

股东权益增加:

①报告期内公司股票发行成功,募股资金到位。

②报告期内产生的净利润尚未分配。

主营业务利润增加:①产品销售市场好,销售收入增长较大。

②公司将河南省汽车制动器有限责任公司纳入合并报表范围,增加销售收入及投资收益。

3. 公司投资情况 2000 年 11 月,公司与北汽福田车辆股份有限公司签定投资协议书,共同出资设立北京鑫融兴业投资咨询有限公司,注册资金 60 万元,公司出资 10 万元,占注册资本的 16.67%。

4. 中国加入世界贸易组织(WTO)将对公司未来经营产生的重大影响

加入 WTO 后,国外汽车厂家从战略上将可能加速在中国本地化生产的进程。汽车零部件全球采购、模块供应已成为当今发展的主要趋势。中国是世界上劳动力成本低的地区之一,对于汽车零部件这种既是资金技术密集型又是劳动力密集型的产业,中国具有巨大的竞争潜力。只要我们能够充分运用当今世界先进技术和设备,中国的车桥行业不仅能满足中国市场需求,而且应该有能力走向世界,面向更广阔的国际市场。所以,公司一方面加强研究,依据国际汽车业朝着"节能环保、经济高效"方向发展的新要求,适时地调整产品结构,跟上国际汽车业发展的步伐。另一方面增强信心,变挑战为机遇。世界汽车工业发展的趋势是技术含量越来越高,销售价格越来越低。为解决这一关键性的矛盾,世界各大汽车生产厂商实行全球化采购和模块化装配,从全世界选购质优价廉的零配件。公司将抓住加入 WTO 的契机,利用 WTO 最重要的原则—非歧视性原则(即成员国之间不得有差别或歧视性待遇),变挑战为机遇,利用我国相对丰富、廉价的人力资源和其他资源,生产优质廉价的汽车零配件(目前,从国外进口的本公司同类产品在扣除税费及运输费用后,其价格仍然高于本公司同类产品价格 50%以上;即使关税大幅下调,公司产品仍有较大的价格优势)参与国际采购,与世界大型汽车生产企业形成互补之势,在竞争中求生存求发展。再有,充分利用加入 WTO 以后的保护期,加快引进与改造步伐,加快合资合作步伐,进一步提高产品档次,降低产品成本,生产出性能价格比较高的具有国际竞争力的产品,适应整车生产厂更高的要求。

5. 新年度的业务发展计划

2001 年,公司将按照稳健跳跃的原则,围绕"三足鼎立"的产业框架(车桥和零部件、资本运作、高新技术),在巩固和发展车桥优势产业的基础上,积极开展资本运作,开发高新技术产业。

公司将在新年度中采取如下措施:

1)在车桥方面,贯彻"抓大带小"、"居高临下"、"稳老开新"三大策略,充分发挥公司产品开发优势,不断适应主机配套的迅速发展,以抢占主机配套市场,提高市场占有份额。同时瞄准国际市场,开发其它零部件产品。

2)利用上市公司的优势,对国内一些汽车零部件厂家过剩的生产能力进行重组,盘活存量资产,迅速形成规模经营。

3)积极在北美、东亚寻求具有先进产品、先进技术、先进管理的大公司进行合资合作,进一步改造现有的设备和工艺,共同开发国际国内两个市场,提高曙光公司产品、技术、管理水平和国际竞争能力。

6. 董事会日常工作情况

a) 报告期内董事会共召开了四次会议,召开情况及决议内容如下:

①2000 年 1 月 10-12 日公司三届二次董事会,以通讯方式表决通过了山东荣成曙光齿轮有限责任公司车桥齿轮生产线技术改造项目议案。

②2000 年 2 月 18 日,在公司会议室召开三届三次董事会议。审议通过了总经理工作报告;1999 年财务决算报告;2000 年财务预算报告;2000 年总经理、专职副总经理年薪制及奖励办法;对上市工作有突出贡献人员奖励报告;对社会董事、监事实行年度工作补贴的提案;汽车螺旋伞齿轮技术改造项目修正方案。

③2000 年 4 月 27 日,公司三届四次董事会以通讯方式表决通过了申请增加 4000 万元银行贷款的议案;关于增加长期投资的议案;关于对 1999 年度实现利润分配的议案;关于发行股票后第一个盈利年度派发股利的议案。

④2000 年 9 月 26 日,公司三届五次董事会以通讯的方式表决通过了关于聘任李小乔、韩宝铭同志为公司副总经理的议案。

b) 董事会对股东大会决议的执行情况。2000 年 12 月 11 日,在上交所以网上定价的方式成功发行 4000 万股 A 股股票,12 月 26 日,在上交所挂牌上市。

7. 公司管理层及员工情况

(1)董事、监事、高级管理人员

姓名	性别	年龄	现任职务	任期起止日期	年初持股数	年末持股数
李进巅	男	53	董事长兼总经理	99.9-2002.9	12500	12500
陈少云	女	48	董事,副总经理	99.9-2002.9	6250	6250
李德武	男	46	董事,副总经理	99.9-2002.9	10000	10000
张雨田	男	56	董事,副总经理	99.9-2002.9	6875	6875
曹安斌	男	40	董事,副总经理	99.9-2002.9	2500	2500
梁文郁	男	49	董事	99.9-2002.9	6250	6250
李海阳	男	28	董事	99.9-2002.9	25000	25000
王世渝	男	42	独立董事	99.9-2002.9		
方之昭	男	71	独立董事	99.9-2002.9		
齐湘泉	男	44	独立董事	99.9-2002.9		
张大壮	男	60	独立董事	99.9-2002.9		
王永林	男	50	监事会召集人	99.9-2002.9	2500	2500
于增才	男	46	监事	99.9-2002.9		
孙永军	男	31	监事	99.9-2002.9		
那涛	男	35	董事会秘书			

①现任董事、监事和高级管理人员的年度报酬总额是:人民币 373127 元

报酬区间(人民币/年)人数 6 万元———10 万元 3 人 3 万元———6 万元 3 人 3 万元以下 4 人未在本公司领取报酬的董事:王世渝、方之昭、齐湘泉、李海阳、张大壮。

②报告期内无离任董事、监事、高级管理人员情况。

③报告期内无聘任或解聘公司总经理、董事会秘书情况。

(2)公司员工的数量、专业结构、教育程度及退休职工情况。

截止 2000 年 12 月 31 日,公司在册职工 732 人,其中生产人员 458 人、销售人员 42 人、技术人员 70 人、财务人员 6 人,行政人员 156 人,本科以上学历的有 77 人,大专学历的有 69 人。现有退休职工 30 人。

8. 本次利润分配方案:

根据中兴宇会计师事务所审计,公司 2000 年度实现净利润 31,598,783.19 元,根据公司章程规定:计提 10%的法定盈余公积金 3,159,878.31 元,计提 5%法定公益金 1,579,939.16 元,加以前年度剩余未分配利润 17,834,667.08 元,2000 年可供股东分配利润为 44,693,632.79 元。经董事会研究,提出以下分配方案:

以 2000 年总股本 9000 万股为基数,用未分配利润派送现金,每 10 股派送 2 元(含税)共派送现金 1,800 万元(含税);用资本公积金转增股本,每 10 股转增 8 股,转增后股本总数为 16,200 万股。

该分配方案,需经公司 2000 年度股东大会审议通过后执行。

2001 年度分配政策

公司拟在 2001 年度结束后分配利润一次;本年度结转的未分配利润用于下年度分配的比例在 25%左右;公司下年度实现净利润拟用于股利利润分配的比例为 30%以上;利润分配方式为派发现金的比例不低于 50%。具体分配方法根据公司当时实际情况确定。

9. 报告期内,公司选定信息披露报纸无变更。

六、监事会报告

2000 年,公司监事会根据《公司法》和《公司章程》的规定,切实履行职责,对公司的发展规划、重大项目投资、公司的财务状况和公司董事、经理执行职务的行为进行了监督,保证了公司健康有序的发展。

公司三届二次监事会议于 2000 年 2 月 17 日在公司会议室召开。会议审议通过了《监事会 1999 年工作报告》。

监事们列席了公司本年度历次董事会,参加了股东大会。

监事会对有关事项的说明:

一、公司的经营管理依法运作,决策程序与决策内容是符合规定的,是合法的;公司董事、经理执行公司职务时,无违反法律、法规、公司章程或损害公司利益的行为。

二、公司财务运行稳妥正常,能够按照股份公司财务制度规范操作,公司的各项财务报表所列数据均真实可靠,北京中兴宇会计师事务所有限责任公司出具了无保留意见的审计报告,实事求是地反映了公司财务状况和经营成果。

三、本公司进行的关联交易,在交易内容、价格、数据方面均坚持公开、公平、公正的原则,没有损害本公司利益。

七、重要事项

1、本年度内公司无重大诉讼、仲裁事项。对美国柏利莱机械公司的执行案件于 2000 年 12 月 1 日在美国申请执行,此案尚在执行中。

2001 年 2 月 19 日,公司起诉诸城市商务股份有限公司,标的额 708 万元。

2、本年度内公司、公司董事及高级管理人员无受监管部门处罚的情况。

3、本年度内无控股股东变更、公司董事会换届、改选或半数以上成员变动,公司总经理无变更,公司无解聘、新聘董事会秘书的情况。

4、本年度内公司无收购及出售资产、吸收合并事项。

5、重大关联交易事项

(1)土地使用权

公司与丹东曙光车桥总厂签订土地使用权租赁合同,承租位于丹东市元宝区燕窝路 300 号共 44,622.82 平米土地,租期 50 年,双方按照市场公允价确定公司每年支付租金人民币 258,000.00 元,租金按年结算。

(2)房产租赁

1999 年公司与丹东汽车改装厂签订房产租赁合同,出租位于丹东市元宝燕窝街 300 号厂房一处给丹东汽车改装厂,总面积为 11,426.4 平米,首期租赁期限为 10 年,租金每年为 190 万元人民币(含水电汽费),租金按年结算。

(3)提供担保

2000 年 12 月 31 日公司短期借款余额中 2,000,000.00 元由丹东汽车改装厂提供担保;短期借款中 3,600,000.00 元、一年内到期的长期借款中 2,000,000.00 元及长期借款中 3,000,000.00 由河南省汽车制动器总厂提供担保。

(4)销售产品

1999 年公司与丹东汽车改装厂签订长期供应合同,公司向丹东汽车改装厂提供车桥类产品,双方按同类产品市场价格进行结算。1999 年度及 2000 年度交易金额分别为 3,864,557.61 元、3,617,305.06 元。

本年度内,公司无其他重大关联交易事项。

6、公司与控股股东在人员、资产、财务方面的"三分开"情况。

(1)在人员方面,本公司在劳动、人事及工资管理方面实行独立管理。总经理、副总经理等高级管理人员均在本公司领取报酬,并且未在控股股东单位领取报酬和担任重要职务。

(2)在资产方面,本公司拥有独立完整的生产系统和配套设施。

(3)在财务方面,本公司设有独立的财务部门,并建立了独立的财务会计核算系统和财务管理制度,并在银行独立开设帐户。

7、本年度内公司无托管、承包、租赁其他公司资产或其他公司托管、承包、租赁公司资产的事项。

8、本年度,公司聘任北京中兴宇会计师事务所有限责任公司负责公司的审计工作。

9、本年度内公司无更改名称或股票简称及代码情况。

八、财务会计报告

审计报告

中兴宇审字(2001)1016 号

丹东曙光车桥股份有限公司全体股东:

我们接受委托,审计了贵公司 2000 年 12 月 31 日的资产负债表和合并资产负债表、2000 年度利润及利润分配表和合并利润及利润分配表以及 2000 年度现金流量表和合并现金流量表。这些会计报表由贵公司,我们的责任是对这些会计报表发表审计意见。我们的审计是依据中国注册会计师独立审计准则进行的。在审计过程中,我们结合贵公司实际情况,实施了包括抽查会计记录等我们认为必要的审计程序。

我们认为,上述会计报表符合《企业会计准则》和《股份有限公司会计制度》的有关规定,在所有重大方面公允地反映了贵公司 2000 年 12 月 31 日的财务状况及 2000 年度的经营成果和现金流量情况,会计处理方法的选用遵循了一惯性原则。

中兴宇会计师事务所　　中国注册会计师　树新
有限责任公司　　中国注册会计师　于兴波
中国·北京　　2001 年 2 月 17 日

丹东曙光车桥股份有限公司
会计报表附注

一)、公司简介

丹东曙光车桥股份有限公司(以下简称公司)设立于 1993 年 3 月 2 日。公司的主发起人丹东曙光车桥总厂创办于 1984 年,为市属集体企业。1993 年 3 月,经辽宁省体改委辽体改发[1993]5 号《关于丹东曙光车桥总厂改组为股份有限公司的批复》批准,丹东曙光车桥总厂与其余发起人,采取定向募集方式设立了丹东曙光车桥股份有限公司。2000 年 12 月,经中国证券监督管理委员会批准,在上海证券交易所公开发行境内上市普通股 4000 万股。公司的注册地址为:辽宁省丹东市元宝区燕窝街 300 号。经营范围包括:汽车前后桥、汽车零部件制造、加工;汽车修理。公司是目前国内最大的专业化轻型汽车车桥生产厂家。

公司的总股本为 9,000 万股,其中:法人股 3,875 万股,占股本总额的 43.06%;内部职工股 1,125 万股,占股本总额的比例为 12.5%;社会公众股 4,000 万股,占股本总额的 44.44%。

二)、公司主要会计政策、会计估计和合并会计报表的编制方法

1.会计制度公司执行《股份有限公司会计制度》。

2.会计年度公司以公历每年 1 月 1 日至 12 月 31 日为一个会计年度。

3.记帐原则及会计计价基础公司以权责发生制为计价基础,采用历史成本为记帐原则。

4.记帐本位币及外币业务核算方法

公司发生的非记帐本位币经济业务,均采用业务发生当月 1 日的外汇市场中间汇价折合为人民币记帐,报表日对外币货币性资产、债权和债务按当日外汇市场中间汇价进行调整,差额中除与购建固定资产等有关的金额在固定资产交付日前计入购建固定资产成本外,其余均计入当期损

益。

5.现金等价物的确认

公司根据《企业会计准则———现金流量表》的规定,对持有时间不超过三个月、流动性强、可随时变现为已知金额的现金、价值变动风险小的短期投资,确认为现金等价物。

6.坏帐核算方法

公司采用备抵法为坏帐核算方法,采用帐龄分析法对期末应收款项(包括应收帐款和其他应收款)余额计提坏帐准备金。坏帐准备计提比例如下:

帐龄	计提比例
一年以内	1%
一至二年	10%
二至三年	15%
三年以上	20%

公司对三个月以上的应收帐款实行跟踪收款,故一年以内的应收帐款风险较小,按1%计提坏帐准备。确认坏账损失的标准为,有确凿证据表明该项应收款项不能收回或收回的可能性不大,如因债务人死亡或债务单位破产,资不抵债,现金流量严重不足,发生严重自然灾害导致停产而在短期无法偿付债务,以及其他足以证明应收款项发生损失和债务人逾期未履行偿债义务,超过三年以上确实不能收回的应收款项。

7.存货核算方法

公司存货包括库存材料、在产品、产成品、低值易耗品等。原材料的购入和领用采用计划价格核算,实际价格与计划价格的差异按月摊销到有关用料科目;产成品入库按实际成本计价,发出产品采用加权平均法计算销售成本;低值易耗品领用采用五五摊销法核算。

存货跌价准备的确认及计提方法:由于存货遭受毁损、全部或部分陈旧过时和销售价格低于成本等原因造成的存货不可收回的部分,期末采用帐面成本与市价孰低计价原则,按单个存货项目的成本高于可变现净值的差额,采用备抵法计提存货跌价准备。

8.长期投资核算方法

(1)长期股权投资

a 公司在长期股权投资取得时,按实际支付的全部价款计价,但实际支付的全部价款中包含的已宣告而尚未领取的现金股利不计入长期股权投资成本;

b 公司在放弃非现金资产(不含股权)而取得的长期股权投资时,投资成本以放弃的非现金资产的公允价值确定;

c 公司在短期投资划转为长期股权投资时,按其投资成本与市价孰低确定长期股权投资成本;

d 公司对其他单位投资占该单位有表决权资本总额20%或20%以上,或虽投资不足20%但对被投资单位有重大影响,采用权益法核算;公司对其他单位的投资占该单位有表决权资本总额20%以下,或虽占20%或20%以上,但不具有重大影响,采用成本法核算;公司对其他单位的投资占该单位有表决权资本总额50%以上(不含50%)的,采用权益法核算并纳入合并会计报表范围;

e 公司长期股权投资差额在规定的投资期限内平均摊销;

f 公司处置长期股权投资时,投资的帐面价值与实际取得收入的差额确认为当期投资损益。

(2)长期债权投资

a 公司在长期债权投资取得时,按实际支付的全部价款计价,但实际支付的全部价款中包含的已宣告而尚未领取的利息不计入长期债权投资成本;

b 公司债券投资溢折价在购入后至到期前的期间内在确认债券利息收入时采用直线法摊销;

c 公司处置长期债权投资时,投资的帐面价值与实际取得收入的差额确认为当期投资损益。

(3)长期投资减值准备:公司长期投资减值准备采用逐项计提的方法,期末由于市价持续下跌或投资单位经营情况恶劣等原因,导致长期投资可收回金额低于帐面价值,按可收回金额低于长期投资帐面价值的差额提取长期投资减值准备。公司本年度未发生被投资单位可收回金额低于长期投资帐面价值的情况,所以未计提长期投资减值准备。

10. 固定资产核算方法

(1)公司固定资产标准为使用年限在一年以上的经营性资产,或不属于生产经营主要设备的物品,单位价值在2000元以上,并且使用年限超过两年的资产。固定资产按购建时的实际成本计价。

三)、税项公司适用的税种及税率如下:

(1)增值税

按产品销售收入的17%计算销项税,应缴增值税为公司销项税额抵扣进项税额的余额。

根据凤政发[1998]7号《关于给凤城市曙光汽车半轴有限责任公司优惠政策的规定》,公司所属控股子公司凤城市曙光汽车半轴有限责任公司增值税采用先征后退的方法,返还增值税25%部分的40%用于企业自身发展。

(2)营业税

按房屋租赁收入的5%计缴营业税。

(3)城市维护建设税

公司及所属控股子公司(除河南省汽车制动器有限责任公司及凤城市曙光汽车半轴有限责任公司外)按增值税和营业税应纳税额的7%计缴城市维护建设税。

河南省汽车制动器有限责任公司和凤城市曙光汽车半轴有限责任公司按增值税和营业税应纳税额的5%计缴城市维护建设税;

(4)教育费附加和地方教育费附加:

教育费附加按应交增值税、营业税的3%计缴。

公司及控股子公司凤城市曙光汽车半轴有限责任公司根据辽地税行[1999]223号和丹地税行[1999]188号文件,按应交增值税、营业税的1%计缴地方教育费附加。

(5)所得税

根据辽宁省人民政府辽政发[1999]221号《关于丹东曙光车桥股份有限公司企业所得税问题的批复》文件,公司自1999年1月1日起,按33%税率缴纳企业所得税,由地方财政返还18%。

根据辽宁省地方税务局辽地税所[2000]288号《关于丹东曙光车桥股份有限公司"九五"车桥技术改造项目国产设备投资抵免企业所得税的批复》文件,2000年收到地方财政返还99年所得税949,912.64元,2000年所得税2,280,000.00元。

根据凤政发[1998]7号《关于给凤城市曙光汽车半轴有限责任公司优惠政策的规定》,公司所属控股子公司凤城市曙光汽车半轴有限责任公司所得税实行先征后退,实际交纳所得税100%返还。

四)、利润分配

公司税后利润按照《公司法》和股东大会决议进行分配,顺序如下:

(1)弥补上一年度亏损;

(2)提取法定盈余公积金10%;

(3)提取法定公益金5%;

(4)提取任意盈余公积金;

(5)分配股东股利。

五)、控股子公司及合营企业

被投资单位全称	经营范围	注册资本(人民币元)	公司投资额(人民币元)	公司持股比例	是否合并
凤城市曙光汽车半轴有限责任公司	汽车半轴	500,000.00	400,000.00	80%	是
诸城市曙光车桥有限责任公司	车桥	9,412,000.00	5,412,000.00	57.5%	是
河南省汽车制动器有限责任公司	汽车制动器	30,000,000.00	37,327,500.00	51%	是
山东荣城曙光齿轮有限责任公司	齿轮	18,000,000.00	12,060,000.00	67%	是

六)、关联方关系及其交易

1、存在控制关系的关联方情况

(1)存在控制关系的关联方

企业名称	注册地址	主营业务	与本企业关系	经济性质或类型	法定代表人
丹东曙光车桥总厂	辽宁省丹东市元宝区燕窝街300号	制造加工汽车前后桥及通用零部件	主发起人	集体	王永林

(2)存在控制关系的关联方的注册资本及其变化　　单位:人民币元

企业名称	1999年12月31日	本期增加	本期减少	2000年12月31日
丹东曙光车桥总厂	36,000,000.00	–	–	36,000,000.00

(3)存在控制关系的关联方所持股份或权益及其变化　　单位:人民币元

企业名称	期初数		本期增加		本期减少		期末数	
	金额	比例(%)	金额	比例(%)	金额	比例(%)	金额	比例(%)
丹东曙光车桥总厂	38,750,000.00	77.50	–	–	–	–	38,750,000.00	43.06

2、不存在控制关系的关联方关系的性质

企业名称	与本企业关系
河南省汽车制动器总厂	公司控股子公司河南省汽车制动器有限责任公司的股东
丹东汽车改装厂	与公司同一母公司

3、关联方交易

本公司与关联方之间一切交易均按照国家有关规定和市场上公平合理的价格进行结算。

1)关联事项

(5)土地使用权

公司与丹东曙光车桥总厂签订土地使用权租赁合同,承租位于丹东市元宝区燕窝路300号共44,622.82平米土地,租期50年,双方按照市场公允价确定公司每年支付租金人民币258,000.00元,租金按年结算。

(6)房产租赁

1999年公司与丹东汽车改装厂签订房产租赁合同,出租位于丹东市元宝燕窝街300号厂房一处给丹东汽车改装厂,总面积为11,426.4平米,首期租赁期限为10年,租金每年为190万元人民币(含水电汽费),租金按年结算。

(7)提供担保

2000年12月31日公司短期借款余额中2,000,000.00元由丹东汽车改装厂提供担保;短期借款中3,600,000.00元、一年内到期的长期借款中2,000,000.00元及长期借款中3,000,000.00由河南省汽车制动器总厂提供担保。

(8)销售产品

1999年公司与丹东汽车改装厂签订长期供应合同,公司向丹东汽车改装厂提供车桥类产品,双方按同类产品市场价格进行结算。1999年度及2000年度交易金额分别为3,864,557.61元、3,617,305.06元。

2)关联方应收应付款项余额　　单位:人民币元

	关联方	2000年12月31日	1999年12月31日
应收帐款	丹东汽车改装厂	9,870.00	
其他应收款	丹东汽车改装厂	1,554,468.96	872,483.61
其他应收款	丹东曙光车桥总厂	1,622,901.52	
其他应付款	河南省汽车制动器总厂	9,342,340.43	13,556,364.99
其他应付款	丹东曙光车桥总厂	16,311,871.70	

七)、或有事项

其他应收款中应收美国柏利莱机械公司款3,043,038.91元,为1996年公司与美国柏利莱公司签订协议,共同投资筹建合资公司,由于美国柏利莱公司在出资期限内没有出资,并将公司汇付购置设备款据为己有,拒不返还。对此,公司于1997年1月7日向中国国际经济贸易仲裁委员会提请仲裁。1997年12月3日,中国国际经济贸易仲裁委员会作出终局裁决,裁决美国柏利莱机械公司违约,返还、赔偿公司款项共计美元435,257.00元和人民币385,700.00元。1998年6月9日,柏利莱公司向北京市第二中级人民法院提出撤消仲裁申请,北京市第二中级人民法院于1998年11月13日依法驳回了柏利莱的请求。1999年4月26日,公司申请北京市第一中级人民法院执行。由于执行效果不理想,公司已在美国申请执行,此案目前正在执行中。

八)、承诺事项

截止至2000年12月31日,公司无需披露的重大承诺事项。

九)、资产负债表日后事项

1、公司截止至本报告日到期的应收票据及应付票据已全部兑现或支付。

2、住房周转金期末余额-3,710,336.54元,公司将按财政部财会(2001)5号文的规定经2000年度股东大会批准后于2001年度进行处理。

3、根据2001年3月27日第次董事会利润分配预案,公司拟以2000年12月31日总股本数9000万股为基数,每10股分配现金红利2元(含税),以资本公积转增股本8股,此预分方案尚需经2000年度股东大会审议通过。

十)、其它重要事项

丹东曙光车桥总厂持有丹东曙光车桥股份有限公司3875万股法人股,总厂将其持有的公司3000万股法人股质押给中信实业银行沈阳分行。质押期自2001年3月19日至2002年5月1日。上述质押已在上海证券中央登记公司办理质押登记。

九、公司的其他有关资料

1、公司首次注册登记日期、地点:1993年3月2日,丹东市

2、企业法人营业执照注册号:2106001110977

3、税务登记号码:国税二字210602120109772号

4、公司未流通股票的托管机构名称:上海证券中央登记结算公司

5、公司报告期内证券主承销机构:国泰君安证券股份有限公司

6、公司聘请的会计师事务所名称、办公地址:中兴宇会计师事务所有限责任公司,北京市西城区长安街88号"北京首都时代广场"办公大楼8层818室

十、备查文件目录

1、载有法定代表人、财务负责人、会计经办人员签名并盖章的会计报表。

2、载有会计师事务所盖章、注册会计师签名并盖章的审计报告原件。

丹东曙光车桥股份有限公司

2001年3月30日

江苏恒顺醋业股份有限公司

一、公司简介

(一)公司法定名称:江苏恒顺醋业股份有限公司
jiangsu hengshun vinegar-industry co.,ltd.
(二)公司法定代表人:叶有伟
(三)公司董事会秘书:王明法　电话:0511-5233758　传真:0511-5230209
联系地址:江苏镇江市中山西路84号　E-MAIL:wmf88@sina.com.cn
(四)公司注册地址:江苏省镇江市中山西路84号公司
邮政编码:212004　公司因特网址:http://www.zjhengshun.com
(五)公司选定的信息披露报纸:《中国证券报》、《上海证券报》
刊登公司年报的中国证监会指定的因特网址:http://www.sse.com.cn
(六)公司股票上市交易所:上海证券交易所　股票简称:恒顺醋业股票代码:600305
(七)公司年度报告置备地点:江苏省镇江市中山西路84号

二、会计数据和业务数据摘要

(一)公司本年度主要会计数据和业务数据(单位:人民币元)

利润总额	26,817,761.28
净利润	17,602,131.58
扣除非经常性损益后的净利润	17,733,001.65
主营业务利润	55,160,111.81
营业利润	27,687,770.31
投资收益	
补贴收入	
营业外收支净额	-870,009.03
经营活动产生的现金流量净额	27,489,216.89
现金及现金等价物净增加值	1,008,272.94

扣除非经常性损益项目包括:减"营业外收入1,100.00元",加"营业外支出中除综合基金外的项目131,970.07"。

(二)截止报告期末公司前三年主要会计数据和财务指标(单位:人民币万元)

项目\年份	2000年	1999年度	1998年度
主营业务收入	14,311.21	12,618.47	10,810.63
税后利润	1,760.21	2,113.49	1,898.90
总资产	19,340.67	19,117.82	19,267.45
股东权益	9,958.21	8,938.78	8,302.02
每股收益(元)	0.202	0.24	0.41
每股净资产(元)	1.1427	1.0257	1.8111
调整后的每股净资产(元)	1.1261	1.0124	1.7877
每股经营活动产生的现金流量净额(元)	0.3154	0.1882	0.2356
净资产收益率%	17.68	23.64	22.87

(三)根据中国证监会关于《公开发行证券公司信息披露编报规则》第9号通知精神,公司2000年按全面摊薄和加权平均法计算的净资产收益率及每股收益

报告期利润	净资产收益率(%)		每股收益(元)	
	全面摊薄	加权平均	全面摊薄	加权平均
主营业务利润	55.39	58.76	0.633	0.633
营业利润	27.80	29.50	0.318	0.318
净利润	17.68	18.75	0.202	0.202
扣除非经常性损益后的净利润	17.81	18.89	0.203	0.203

(四)按下表列示报告期内股东权益变动情况,并逐项说明变化原因(单位:万元)

项目	股本	资本公积	盈余公积	未分配利润	股东权益
期初数	8,715	0	138.15	85.63	8,938.78
本期增加	0	0	264.03	1,760.21	2,024.24
本期减少	0	0	-	1,004.81	1,004.81
期末数	8,715	0	402.18	841.03	9,958.21

* 股东权益增加的原因是公司新增利润所致。

三、股本变动及股东情况

(一)股本变动情况
1、股本变动情况表:截止2000年12月31日股本余额87,150,000.00元,本年度股份类别及其增减变动情况列示如下:　(单位:万股)

股份类别	期初数	期末数	持股比例
发起人股份	8,715	8,715	100
江苏恒顺集团有限公司	7,843.50	7,843.50	90.00
镇江市牛奶公司	217.875	217.875	2.50
镇江广玉兰宾馆	217.875	217.875	2.50
镇江市豆制品厂	217.875	217.875	2.50
镇江生宝药业有限责任公司	217.875	217.875	2.50
内部职工股			
未上市流通股份合计	8,715	8,715	100
股份总数	8,715	8,715	100

2、股票发行与上市情况:公司4000万A股发行招股说明书于2000年12月30日在证监会指定的三大证券类报纸登载,于2001年1月5日正式发行,2001年2月6日在上海证券交易所挂牌上市。

(二)股东情况介绍
1、报告期内股份未发生增减变动的情况、年末所持股份未发生质押或冻结的情况。
2、持股10%(含10%)以上的法人股东一家,即江苏恒顺集团有限公司,持有公司(发行前)90%的股份。法人代表人:叶有伟;
经营范围:食醋、酱菜、酱油、色酒、调味系列产品的生产、销售、出口;包装材料的生产销售。食品食醋机械产品的销售;技术咨询、服务;本企业生产科研所需的原辅材料机械设备、仪器仪表、零配件的进口。

四、股东大会简介

2000年度公司共召开一次股东大会年会和二次临时股东大会
(一)本公司一九九九年度股东大会于二〇〇〇年二月十七日召开,
1、审议通过了《公司1999年度董事会工作报告》。
2、审议通过了《公司1999年度监事会工作报告》。
3、审议通过公司1999年度利润分配方案。
4、审议决定公司申请公开发行A股5000万股的相关事宜。

沈阳商业城股份有限公司

一、公司简介

1、公司法定中文名称:沈阳商业城股份有限公司
公司英文名称:Shen Yang Commercial City Co.,Ltd
2、公司法定代表人(董事长):张殿华
3、公司董事会秘书:张黎明　办公电话:024—24865838　传真:024—24848007
地址:沈阳市沈河区中街路212号　邮政编码:110011　电子信箱:Sycgf@e-syc.com.cn
4、公司注册地址:沈阳市沈河区中街路212号
公司注册英文地址:No.212-214 Zhongjie Road shenhe District. Shenyang. China
公司办公地址:沈阳市沈河区中街路212号　邮政编码:110011
公司网址:www.e-syc.com.cn　电子信箱:Sycgf@e-syc.com.cn
5、公司信息披露的报刊为《中国证券报》、《上海证券报》
登载公司年度报告的中国证监会指定的国际互联网,网址:www.sse.com.cn
公司年度报告备置地点:沈阳市沈河区中街路212号(公司证券处办公地)
6、公司股票上市交易所:上海证券交易所　股票简称:商业城　股票代码:600306

二、会计数据和业务数据摘要

1、本年度主要财务数据列示:
利润总额:39,833,930.81元
净利润:26,474,252.57元
扣除非经常性损益后的净利润:27,166,422.55元
主营业务利润:122,940,713.14元
其他业务利润:8,301,278.22元
营业利润:40,864,120.34元
投资收益:2900元
补贴收入:—
营业外收入净额:-1,033,089.53元
经营活动产生的现金流量净额:70,152,030.54元
现金及现金等价物净增加额:333,502,040.62
注:本年度新股申购冻结资金利息从2001年始按三年平均摊销。
2、截至报告期末公司前三年的主要会计数据及财务指标(金额单位:元)

序号	项目	2000年	1999年	1998年(模拟)
1	主营业务收入	836,476,031.86	821,386,706.54	890,409,582.36
2	净利润	26,474,252.57	18,425,724.26	17,535,032.87
3	总资产	694,129,652.71	321,853,120.70	425,114,944.12
4	股东权益(不含少数股东权益)	393,201,197.61	118,455,470.23	130,876,456.25
5	每股收益(摊薄)	0.19	0.24	0.23
6	每股收益(加权平均)	0.31	0.24	0.23
7	扣除非经常性损益后的每股收益	0.20	0.24	0.23
8	每股净资产	2.87	1.57	1.74
9	调整后的每股净资产	2.81	1.58	1.69
10	每股经营活动产生的现金流量净额	0.51	0.03(8-12月)	-
11	净资产收益率%	6.73	15.55	13.4
12	净资产收益率(加权平均)%	17.54	15.7	14.57

注:本公司于1999年7月26日设立,以上1998年和1999年的数据中除1999年每股现金流量净额为8—12月的实际完成情况外,其余均为模拟数据。
3、报告期内股东权益变动情况(金额单位:元)

项目	股本	资本公积	盈余公积	法定公益金	未分配利润
期初数	75,000,000	37,587,699.72	993,245.97	331,081.99	4,874,524.54
本期增加	62,029,937	209,136,595.81	5,238,100.8	1,185,363.46	30,107,620.41
本期减少	-	-	-	-	31,766,526.64
期末数	137,029,937	246,724,295.53	6,231,346.77	1,516,445.45	3,215,618.31

续上表:

项目	股东权益合计
期初数	118,455,470.23
本期增加	306,512,254.02
本期减少	31,766,526.64
期末数	393,201,197.61

变动原因　吸收合并铁百增加17,029,937股,发行45,000,000股。
4、公司按全面摊薄法和加权平均法计算的净资产收益率及每股收益。

报告期利润	净资产收益率		每股收益(元)	
	全面摊薄	加权平均	全面摊薄	加权平均
主营业务利润	31.27%	81.47%	0.90	1.42
营业利润	10.39%	27.08%	0.30	0.47
净利润	6.73%	17.54%	0.19	0.31
扣除非经常性损益后的净利润	6.91%	18%	0.20	0.31

三、股东情况介绍

(1)截止报告期末股东总数为:23460户。
(2)前10名股东情况

名称	年度末持股数(股)	占总股份比例(%)
沈阳商业城(集团)	73,667,700	53.76
沈阳市商业国有资产经营有限责任公司	12,275,000	8.96
北京证券	2,581,754	1.88
兴华基金	633,000	0.46
李寿兰	597,935	0.44
易安投资	430,000	0.31
汉兴基金	424,000	0.31
廖中华	416,200	0.30
周文米	375,000	0.27
沈阳市联营公司	333,075	0.24

持股5%以上股东情况说明
沈阳市商业国有资产经营有限责任公司持有本公司国家股12,275,000股,未上市流通。其股份无质押、冻结情况。
(3)持股10%以上法人股东简介
沈阳商业城(集团)为本公司控股股东,持有本公司73,667,700股国有法人股,未上市流通。

甘肃酒钢集团宏兴钢铁股份有限公司

甘肃酒钢集团宏兴钢铁股份有限公司2000年年度报告摘要

重要提示:本公司董事会保证本报告所载资料不存在任何虚假记载、误导性陈述或者重大遗漏,并对其内容的真实性、准确性和完整性负个别及连带责任。

一、公司简介

1.公司法定中文名称:甘肃酒钢集团宏兴钢铁股份有限公司
英文名称:Gan Su Jiu Steel Group Hong Xing Iron & Steel Co,Ltd 缩写:GSJSGHXIS
2.公司法定代表人:马鸿烈
3.公司董事会秘书:刘延齐　授权代表:姜　力地址:甘肃省嘉峪关市雄关东路12号
联系电话:(0937)6715510　传真:(0937)6715507　电子信箱:shqtbjl@china.com
4.公司注册及办公地址:甘肃省嘉峪关市雄关东路12号　邮政编码:735100
公司电子信箱:jghxgf@sina.com
5.公司选定的信息披露报纸:《中国证券报》、《上海证券报》、《证券时报》
登载年报的国际互联网网址:http://www.sse.com.cn
公司年度报告备置地点:公司证券投资部
6.公司股票上市交易所:上海证券交易所　股票简称:酒钢宏兴　股票代码:600307

二、会计数据和业务数据摘要

(一)公司本年度主要利润指标情况(金额单位:人民币元)

项　目	2000年度
主营业务利润	353,423,783.36
其他业务利润	21,102,809.96
营业利润	255,153,766.60
投资收益	---
补贴收入	---
营业外收支净额	5,430,273.99
利润总额	260,584,040.59
净利润	173,923,910.60
扣除非经常性损益后的净利润	168,493,636.61
经营活动产生的现金流量净额	224,998,178.75
现金及现金等价物净增加额	1,135,165,434.78

注:"扣除非经常性损益后的净利润"中扣除非经常性损益计 5,430,273.99 元(含税):①新股申购冻结资金利息收入 4,302,889.08 元;②处理无法支付的应收帐款 1,697,543.20 元;③捐款支出 521,504.46 元;④罚款收支净额(支出):2500 元;⑤处理固定资产净损失:46,153.83 元。

(二)公司前三年主要会计数据和财务指标:　　金额单位:人民币元

指标名称	2000年度	1999年度
主营业务收入	3,122,791,235.85	2,929,262,839.94
净利润	173,923,910.60	142,554,558.50
总资产	3,012,543,942.68	1,870,468,696.07
股东权益	1,952,441,416.28	824,906,657.73
每股收益(加权)	0.33	0.27
每股收益(摊薄)	0.24	0.27
扣除非经常性损益后的每股收益(加权)	0.32	0.23
扣除非经常性损益后的每股收益(摊薄)	0.23	0.23
每股净资产	2.68	1.56
调整后每股净资产	2.58	1.56
每股经营活动产生的现金流量净额	0.31	0.14
净资产收益率(加权)	19.07	17.64
净资产收益率(摊薄)	8.90	17.28
扣除非经常性损益后的净资产收益率(加权)	18.48	15.31
扣除非经常性损益后的净资产收益率(摊薄)	8.63	15.00

(1)公司本年度的主要会计数据和财务指标:

项　目	2000年度	1999年度
1、主营业务利润	353,423,783.36	301,168,272.80
2、营业利润	255,153,766.60	165,754,027.10
3、净利润	173,923,910.60	142,554,558.50
4、期初净资产	824,906,657.73	736,754,119.15
5、期末净资产	1,952,441,416.28	824,906,657.73
6、扣除非经常性损益后的净利润	168,493,636.61	123,700,515.89
7、期初股份总数	528,000,000.00	528,000,000.00
8、期末股份总数	728,000,000.00	528,000,000.00

(2)计算公式:

(3)公司1999年和2000年的净资产收益率和每股收益指标如下:

报告期利润	2000年度				1999年度			
	净资产收益率%		每股收益		净资产收益率%		每股收益	
	全面摊薄	加权平均	全面摊薄	加权平均	全面摊薄	加权平均	全面摊薄	加权平均
主营业务利润	18.10	38.76	0.49	0.67	36.51	37.27	0.57	0.57
营业利润	13.07	27.98	0.35	0.48	20.09	20.51	0.31	0.31
净利润	8.90	19.07	0.24	0.33	17.28	17.64	0.27	0.27
扣除非经常性损益后的净利润	8.63	18.48	0.23	0.32	15.00	15.31	0.23	0.23

其中,非经营性损益项目及金额为:

项　目	2000年度	1999年度
补贴收入		18,854,042.61
营业外收支净额	5,430,273.99	
合　计	5,430,273.99	18,854,042.61

(三)股东权益变动情况

报告期内股东权益变动情况表　　单位:人民币元

项目	股本	资本公积	盈余公积
期初数	528,000,000	281,971,333.75	8,903,297.91
本期增加	200,000,000	870,090,847.95	17,392,391.06
本期减少			
期末数	728,000,000	1152,062,181.70	26,295,688.97
变动原因	股票发行	股本溢价	按规定提取

项目	法定公益金	未分配利润	股东权益合计
期初数	4,451,648.95	1,580,377.12	824,906,657.73
本期增加	17,392,391.06	22,659,128.48	1,127,534,758.55
本期减少			
期末数	21,844,040.01	24,239,505.60	1,952,441,416.28
变动原因	按规定提取	分配后留存	

三、股本变动及股东情况

(一)公司股本变动情况

1、、股票发行与上市情况

甘肃酒钢集团宏兴钢铁股份有限公司(以下简称公司)是 1999 年 4 月 14 日经甘肃省人民政府甘政函[1999]21 号文件批准,由酒泉钢铁(集团)有限责任公司作为主发起人联合兰州铁路局、甘肃省电力公司、金川有色金属公司、西北永新化工股份有限公司五家发起人以发起方式设立的股份有限公司。其中主发起人酒泉钢铁(集团)有限公司将其所属炼铁厂、炼钢厂、二轧厂的经营性资产折价入股,其余四家以现金方式入股。

2000 年 11 月 27 日经中国证券监督管理委员会证监发字[2000]157 号文批准,向社会公开发行人民币普通股 20000 万股,面值 1 元/股,发行价 5.50 元/股。经上海证券交易所[2000]109 号文同意,公司社会公众股 20000 万股于 2000 年 12 月 20 日在上海证券交易所挂牌上市。

(二)股东情况介绍

1、截止 2000 年 12 月 29 日,公司股东为 107996 人,其中国有法人股股东 5 人,社会公众股 107991 人。

2、公司前 10 名股东持股情况:

序号	股东名称	持股数(股)	持股性质	比例(%)
1	酒泉钢铁集团有限责任公司	515,000,000	国有法人股	70.74
2	兰州铁路局	5,000,000	国有法人股	0.69
3	甘肃省电力公司	5,000,000	国有法人股	0.69
4	金川有色金属公司	2,500,000	国有法人股	0.34
5	苗国华	1,293,231	社会公众股	0.18
6	海通证券	1,246,200	社会公众股	0.17
7	刘学良	1,045,900	社会公众股	0.14
8	方国华	1,000,080	社会公众股	0.14
9	金鑫基金	785,000	社会公众股	0.11
10	海通证券	650,000	社会公众股	0.09

公司前十名股东不存在关联关系,持有本公司股份 5%以上(含 5%)以上法人股股东只有酒泉钢铁(集团)有限责任公司一家,本年度内其所持股份无增减变动情况。

3、酒泉钢铁(集团)有限责任公司为国有法人股持股单位,系本公司的母公司,持有本公司股票 51500 万股,占 70.74%。

该公司法定代表人:马鸿烈

经营范围:钢铁冶炼、钢材轧制、金属制品加工、冶金炉料生产、机电产品制造及维修;建筑施工、公路运输,水、暖、电、煤气生产、供应,科研、技术转让、设计、检测,房地产开发,咨询服务,进出口贸易,技术培训、劳务输出、饮食服务、食品加工、医疗卫生、娱乐、广告、广播电视、印刷;农副产品、物资仓储、商务代理、园林绿化、矿产品(不含贵稀有金属矿)、建筑材料、计算机、仪表、仪器、计量衡器具、化工、橡胶制品、花卉等。

该公司所持股份无质押或冻结情况。

4、报告期内,公司控股股东未发生变化。

四、股东大会简介

1、本公司 2000 年度共召开股东大会 1 次(1999 年度股东年会),临时股东大会 2 次。

2、2000 年 3 月 28 日上午九时,本公司 1999 年度股东年会在甘肃省兰州市酒钢大厦八楼会议室召开,出席会议股东及其股东代表共 7 人,代表股份数 52800 万股,占公司总股本的 100%,符合公司章程的有关规定。

股东大会通过的决议:

大会以记名表决的方式逐项表决通过了以下报告和议案:

(1)审议通过了《1999 年度董事会工作报告》;
(2)审议通过了《1999 年度监事会工作报告》;
(3)审议通过了《关于续聘甘肃五联会计师事务所为本公司 2000 年度审计机构的方案》;
(4)审议通过了《1999 年度财务决算报告》;
(5)审议通过了《2000 年度财务预算报告》;
(6)审议通过了《1999 年度利润分配方案》;
(7)审议通过了《关于调整股票发行方案及募集资金投向的报告》。

3、2000 年 5 月 11 日上午九时,本公司 2000 年第一次临时股东大会在嘉峪关市酒钢综合办公大楼 B303 会议室召开,出席会议股东及其股东代表共 7 人,代表股份数 52800 万股,占公司总股本的 100%,符合公司章程的有关规定。

第一次临时股东大会通过的决议:

(1)审议通过了《关于修改公司章程的议案》;
(2)审议通过了《提请临时股东大会批准公司以公开发行股票进行增资扩股,并授权董事会负责股票发行和在股票发行后修改公司章程及变更公司工商注册登记等相关事宜的议案》;
(3)审议通过了《关于增补周幼方先生为第一届董事会董事的提案》;
(4)审议通过了《关于修改股票发行方案及募集资金投向的议案》。

6、2000 年 9 月 28 日上午九时,本公司 2000 年第二次临时股东大会在嘉峪关市酒钢综合办公大楼 B303 会议室召开,出席会议股东及其股东代表共 7 人,代表股份数 52800 万股,占公司总股本的 100%,符合公司章程的有关规定。

第二次临时股东大会通过的决议:

(1)审议通过了《关于公司股票发行前年度末分配利润及当年实现利润分配方案》;

(2)审议通过了《关于收购酒钢集团公司中板厂的议案》。

五、董事会报告

(一)公司经营情况

1、公司所处行业及其地位

公司所处冶金行业。钢铁工业属我国国民经济的传统基础产业,在国民经济中占有相当重要的地位。我国钢铁工业正从钢铁大国向钢铁强国发展,目前正在进行结构性的调整,逐步实现经济增长方式的转变。在我国国民经济持续稳定增长的形势下,在国家实施西部大开发政策等扩大内需政策的拉动下,钢铁行业在"控制总量、调整结构、提高效益"中获得了相应的发展。公司地处西北,随着西部大开发战略的实施,将会以更快的速度向前发展。

公司属全国冶金行业大中型企业之一,是西北地区最大的钢铁类上市公司。公司技术装备先进,产品性能优良。主要产品炼钢生铁、铸造生铁、连铸方坯和板坯、各种型号高速线材均通过了GBT19002—IS09002 质量体系认证。其中普通低碳钢无扭控冷热轧盘条质量达到国际同类产品先进水平,高线系列产品获得"陇货精品"称号,普通高线获国家冶金局实物质量"金杯奖",ER70S—6CO2 气体保护焊丝钢高线盘条被认定为"国家重点新产品",其它产品分别获省、部优质产品称号。产品广泛用于国内建筑及金属制品行业,部分产品还远销印度、日本、韩国等国家和台湾地区,深受用户好评,主要经济指标在全国重点大中型企业中属中上水平,经济效益综合指标处在全国冶金行业中前列。

2、公司主要业务范围及其经营状况

(1)公司主要从事钢、铁及其压延产品的生产和销售,最终产品主要有建筑用钢材和工业用钢材。

(2)主营业务收入构成:2000 年度主营业务收入为 3,122,791,235.85 元,其中线材 1,242,543,586.20 元,占 39.79%,钢坯 1,880,247,649.65 元,占 60.21%。

(3)2000 年公司紧紧围绕生产经营、技术改造、发展和完善现代企业制度三条主线,生产经营呈现强劲增长势头,主要产品产量再创历史新纪录。

①主要产品产量指标全面完成

2000 年全公司完成生铁 187.22 万吨,为年计划的 104.01%,同比增长 4.55%;转炉钢 195.01 万吨,为年计划的 102.64%,同比增长 5.40%;高速线材 56.56 万吨,为年计划的 108.77%,同比增长 6.98%。

②经济效益明显提高

全年实现主营业务收入 3,122,791,235.85 元,实现净利润 173,923,910.60 元,产销率和货币回笼率分别达到 104.65%和 98.72%。

3、报告期内公司在经营中存在的问题:一是结构调整和营销工作与市场的需求不同步;二是部分经济指标的潜力还没有充分挖掘出来。

公司采取了以下对策:一是根据市场需求,调整产品结构;二是以成本为中心,推行标准成本,降耗与节支并举,以质量为核心,稳定提高与品种开发双管齐下,以产量为基础,向管理和过程控制要效益;三是强化市场营销,在大力开拓市场的同时,及时把握产品市场价位。

(二)公司财务状况

公司财务状况 (金额单位:人民币元)

项 目	2000 年	1999 年	增减(+,-)
总资产	3,023,245,754.61	1,870,468,696.07	+1,152,777,058.54
长期负债	452,130,000.00	385,250,000.00	+66,880,000.00
股东权益	1,952,441,416.28	824,906,657.73	+1,127534,758.55
主营业务利润	353,423,783.36	301,168,272.80	+52,255,510.56
净利润	173,923,910.60	142,554,558.50	+31,369,352.10

财务指标变动情况主要原因:

1、资产总额增加的主要原因是 2000 年 11 月 30 日酒钢集团宏兴钢铁股份有限公司公开发行 20,000 万股社会公众股,募集资金 110,000 万元人民币致使货币资金中的银行存款增加。

2、长期负债增加是因为长期借款比年初增加了 66,880,000 元人民币。是由于一年内到期的长期负债报告期末比期初减少 138,180,000 元所致,其中 71,300,000.00 元人民币归还借款,66,880,000 元到期重签转贷合同,由流动借款转入长期借款项目下。

3、股东权益增加,其中:由于发行社会公众股增加人民币 200,000,000 元;股本溢价 870,000,000 元,冻结资金利息 90,847.95 元;按公司章程提取盈余公积金、公益金计 34,784,782.12 元;按公司章程规定的利润分配顺序进行利润分配后,企业的留存利润增加 22,659,128.48 元。

4、主营业务利润增加的原因主要是 2000 年钢材产品销售价格回升。

(三)公司投资情况

(1)2000 年度国家对钢铁工业继续实行控制总量、调整结构、提高效益的政策。经公司慎重考虑,决定占用生产流动资金提前对 2 号高炉进行技术改造,即募股项目中的 2 号高炉本体技术改造项目和 2 号高炉热风炉及煤气回收系统改造项目,预计共投资 9270 万元,当年完成投资 3651 万元。占用的生产流动资金待股票发行上市后,用募集资金补充。

(2)公司于 2000 年 4 月投资上海酒钢大酒店,投资金额 100 万元。考虑到公司成立不到一年,正筹备上市,为集中精力搞好生产经营,经 2000 年 11 月 27 日公司经理办公会议决定,将上海酒钢大酒店以原价转让给酒钢集团公司,双方签订了《投资转让协议》,该转让已于 11 月 28 日完成。

截止报告期末,公司无其它对外投资。

(四)公司生产经营环境及宏观政策发生重大变化 的影响

1、国家宏观政策对公司的影响

报告期内国家实施西部大开发战略,带动了西部经济的发展,其辐射对地处西北的我公司的发展起到了积极的促进作用,钢铁企业面临的不仅仅是国内市场的竞争,还有国际市场的激烈竞争。面对外部环境的变化和挑战,虽面临各种压力,但又具有较多的发展机遇和优势。国家将继续实施向西部倾斜的政策,这从宏观上给公司的发展创造了机遇。

2、钢铁行业宏观调控政策对公司的影响

报告期内国家对钢铁工业继续实行总量控制,限产压库的方针。国家对钢铁工业实行总量的控制不是不要发展,而是要把发展的重点从规模数量转向提高品种质量和经济效益上来,主要是压缩大企业长线产品的生产,限制小高炉、小电炉、小转炉、小轧机等五小企业的低质量产品的生产,规范有序的行业环境,有利于公司公平地参与市场竞争。由于公司产品有相当一部分用于出口和"以产顶进",产品有稳定的用户和良好的信誉,国家的现行政策对公司是非常有益的。

3、公司的生产技术优势

从公司内部看,一方面通过几年来的努力和资本积累,公司具有一定的资金优势、装备优势和成本优势;另一方面,公司利用高速线材产品的质量优势,生产高碳钢、焊丝钢、高棉钢等高附加值产品使产品的附加值不断提高,销售逐步扩大,使产品的市场优势进一步拓展。

4、钢材价格回升对公司的影响

报告期内国家出台的一系列宏观调控政策已见成效,同时受国际市场钢材价格变动和我国扩大内需的影响,国内钢材价格出现了恢复性上升,特别是进入四月份以来,公司主要产品的市场销售价格均有一定幅度的增长,年度内利润由于受高炉大修的影响出现了一些波动,但最终的增长幅度仍在预测水平以上,公司的生产经营成果达到了计划目标。

(五)2001 年度业务发展计划

1、认真贯彻"以成本为中心,以降耗为重点,以品种、质量求生存,以效益求发展,为用户提供优质产品和服务。"的指导方针,以效益为中心,以科学管理为基础,以结构调整为重点,以技术进步和深化改革为动力,在搞好生产经营的同时,加大资本运营力度,以钢铁主业为依托,向高科技新材料领域扩展,开辟新的利润增长点,实现可持续发展。

2、生铁产量 205 万吨,转炉钢 203 万吨(其中方坯 133 万吨、板坯 70 万吨),线材 54 万吨,(生产"以产顶进"钢材 15 万吨,折算钢产量 17 万吨,国内销钢量达到 185 万吨的限产计划。)实现销售收入 40.29 亿元,利润 1.84 亿元。

3、努力开拓市场,搞好产品营销工作。

充分利用我公司在西北地区的信誉、经验、营销渠道和地理优势,用现有资源实现效益最大化,进一步调整营销策略,完善现有销售方式,拓展新的销售渠道,以优质产品赢得更大的市场份额;通过贯彻质量管理标准,建立质量保证体系,强化售后服务,及时处理用户质量异议,使产品质量管理进一步提高;强化储运管理,降低储运成本,提高销售利润,抓好产销衔接,最终实现全年产销率大于 100%的营销目标。

(六)董事会日常工作情况

1、报告期内董事会会议情况及决议内容

(1)董事长提议并召集,2000 年 2 月 24 日在酒钢综合办公大楼 B303 会议室召开了第一届董事会第三次会议,应到董事 6 名,实到 6 名,5 名监事列席了会议,会议由董事长马鸿烈先生主持,会议一致通过了如下决议:

①审议通过了《公司四项准备金计提方案》;

②审议通过了《公司固定资产折旧计提方案》;

③审议通过了《关于聘请会计师事务所的议案》;

④审议通过了《1999 年度财务决算报告》;

⑤审议通过了《2000 年度财务预报告》;

⑥审议通过了《1999 年度利润分配方案》;

⑦审议通过了《1999 年度董事会工作报告》;

⑧审议通过了《1999 年度报告》;

⑨审议通过了《2000 年度投资计划》;

⑩审议通过了关于调整股票发行方案及募集资金投向的报告。

大会提请召开 1999 年度股东大会,会议地点:兰州市酒钢大厦;

时间:2000 年 3 月 28 日。

(2)董事长提议并召集,2000 年 4 月 10 日下午四时在酒钢综合办公大楼 B303 会议室召开了第一届董事会第四次会议,应到董事 6 名,实到董事 5 名,5 名监事列席了会议,会议由董事长马鸿烈先生主持,会议一致通过了如下决议:

①审议通过了《修改公司章程的议案》;

②审议通过了《董事会议事规则》;

③审议通过了提请临时股东大会批准公司以公开发行股票进行增资扩股,并授权董事会负责股票发行和在股票发行后修改公司章程及变更公司工商注册登记等相关事宜的议案;

④审议通过了增补周幼方先生为第一届董事会董事议案;

⑤审议通过了《关于修改股票发行方案及募集资金投向的议案》。

(3)董事长提议并召集,2000 年 8 月 28 日在酒钢综合办公大楼 B303 会议室召开了第一届董事会第五次会议,应到董事 7 名,实到 7 名,5 名监事列席了会议,会议由董事长马鸿烈先生主持,会议审议并通过如下决议:

①审议通过了《关于公司股票发行前年度未分配利润及当年实现利润分配方案》;

②审议通过了《关于宏兴股份公司与酒钢集团公司有关业务往来的规定》。

(4)董事长提议并召集,2000 年 9 月 16 日在公司综合办公大楼 B303 会议室召开了第一届董事会第一次临时会议,应到董事 7 名,实到 7 名,5 名监事列席了会议,会议由董事长马鸿烈先生主持,会议讨论了中国证券监督管理委员会《关于甘肃酒钢集团宏兴钢铁股份有限公司股票发行正式申报材料的反馈意见》。

(七)公司管理层及员工情况

(1)公司董事、监事、高级管理人员

姓名	性别	年龄	职务
马鸿烈	男	56	董事长
王汝林	男	68	独立董事
吴立本	男	59	董事
虞海燕	男	39	董事/总经理
周幼方	男	58	董事
刘惠东	男	48	董事/副总经理
孙光明	男	45	董事/财务总监
刘延齐	男	58	董事会秘书
胡绍祥	男	55	监事会召集人
邱平笃	男	45	监事
秦治庚	男	45	监事
孔哲	男	37	监事
姬树高	男	54	监事

报告期内公司董事、监事、高级管理人员未持公司股份;在公司领取报酬的董事、监事和高级管理人员共有 7 人,年度报酬总额为 271,825.7 元,其数额的分布区域(万元)为:

区域	2–3	3–4	4–5	5–6
人数	2	2	2	1

报告期内无离任的董事、监事、高级管理人员。

(1)公司员工情况

截止 2000 年 12 月 31 日公司拥有员工 2989 人;其中高中及高中以上学历 2813 人,占员工总数的 94.1%(拥有高级职称者 9 人,中级职称者 138 人,初级职称者 578 人)。按照专业构成分类,工程技术人员 575 人,财务人员 26 人,营销人员 83 人,行政管理人员 77 人,生产工人 2202 人。

(一)本年度利润分配预案

1、2000 年度利润分配预案

经五联联合会计师事务所审计,公司 2000 年度实现净利润 173,923,910.60 元,按照 10%的比例提取盈余公积金 17,392,391.06 元,按照 10%的比例提取公益金 17,392,391.06 元后,加年初未分配利润 1,580,377.12 元,实际可供股东分配的利润额为 140,719,505.60 元(每股 0.1933 元)。本年度以每股 0.16 元的现金分配方式向股东分配股利 116,480,000 元(含税)。剩余 24,239,505.60 元留做以后年度分配。

以上利润分配预案须经 2000 年年度股东大会审议通过后实施。

2、预计 2001 年度利润分配政策

(1)公司拟在 2001 年度分配利润一次;

(2)公司 2001 年度实现净利润用于股利分配的比例不低于 20%;公司 2000 年度未分配利润结转 2001 年度,用于 2001 年度股利分配的比例不低于 20%;

(3)分配将采用现金或送红股的形式,现金股息占股利分配的比例不低于 50%。

六、监事会报告

(一)监事会会议情况

本年度公司监事会共召开二次会议。

1、公司第一届监事会第二次会议于 2000 年 2 月 25 日在酒钢综合办公大楼 C204 会议室召开,全体监事出席了会议,审议并通过了如下事项:

(1)审议通过了《1999 年度财务决算报告》;

(2)审议通过了《2000 年度财务预算报告》;

(3)审议通过了《1999 年度利润分配方案》;

(4)审议通过了《1999 年度年度报告》。

2、公司第一届监事会第三次会议于 2000 年 12 月 29 日在酒钢综合办公大楼 C204 会议室召开，全体监事出席了会议，会议听取了财务总监孙光明先生关于公司股票上市情况汇报和2000 年公司的生产经营情况。

(二)监事会报告事项

监事会全体成员按照法律、法规和公司章程的规定，列席了各次董事会会议，并参加了公司2000 年度股东大会，监事会就下列有关事项发表如下意见：

1、公司依法运作情况，监事会认为，公司董事会严格按照国家有关法律、法规和公司章程的规定，开展各项工作，认真履行股东大会各项决议，决策程序合法。公司本着积极而又审慎的经营态度，建立和完善了公司内部各项管理制度。公司董事、经理廉洁自律、恪尽职守，为完成年度各项计划付出了大量艰辛的劳动，作出了较大贡献。在执行职务时能够严格按照法律、法规、公司章程的规定进行。

2、检查公司的财务状况。监事会认为 2000 年度五联联合会计师事务所对公司出具了无保留意见的审计报告，意见正确，实事求是。该报告真实反映公司的财务状况和经营成果。

3、对募集资金使用情况进行监督，公司股票于 2000 年 11 月 30 日上网发行，募集资金于 2000年12 月 6 日注入公司帐户。

4、关于公司的关联交易。本公司与酒泉钢铁(集团)有限责任公司签订的《产品供应和综合服务协议》及相关补充协议，本监事会审议公司关联交易遵守公平、公正的原则，所有协议均按市场价格执行，未发现有损害股东利益或造成公司资产流失的情况发生。

5、本年度公司未发生收购兼并资产重组行为和资产出售事项。

6、甘肃五联会计师事务所对本公司出具了无保留意见的审计报告。

七、重要事项

(一)报告期内公司无重大诉讼、仲裁事项。

(二)报告期内公司、公司董事及高级管理人员无受监管部门处罚的情况。

(三) 报告期内公司无控股股东、董事会成员、总经理发生变动情况：

(四)报告期内公司无收购及出售资产、吸收合并事项。

(五)重大关联交易事项

存在控制关系的关联方为持有本公司国有法人股 70.74%的持股单位酒泉钢铁(集团)有限责任公司，其注册资本 171165 万元，持有公司股份 515000000 股，截止本期期末没有变动。

本公司与酒泉钢铁(集团)有限责任公司签订了《产品供应和综合服务协议》，按照公平、合理、等价、有偿的原则，酒泉钢铁(集团)有限责任公司向本公司提供原料和材料、能源、动力及生产生活服务等产品和劳务；本公司向酒泉钢铁(集团)有限责任公司提供钢坯等产品，负责为其代销商品等。

(1)采购货物

本公司本期向酒泉钢铁(集团)有限责任公司采购货物 2,333,428,617.69 元，主要货物明细如下：

项目	金额(元)
烧结矿	1,274,891,463.38
焦碳	403,906,511.50
辅助材料	370,681,161.67
备品备件	67,912,819.50
动力产品	216,036,661.64

(2)接受劳务：酒泉钢铁(集团)有限责任公司本期向本公司提供劳务、综合服务等项目共计10,858,994.82 元，主要项目为：工程施工、设备检修、公共设施服务、住宅及物业、职工子弟教育、食堂、浴室、医院等。

(3)销售产品：本公司本期向酒泉钢铁(集团)有限责任公司销售产品 1,661,666,021.66 元，占本公司本年销售收入的 53.21 %。

(4)代销产品：本公司与酒泉钢铁(集团)有限责任公司签订了《产品代销协议》，本公司本期为酒泉钢铁(集团)有限责任公司代销产品 2,152,008,947.72 元，与该类销售相配比的销售费用 54,556,792.90 元，酒泉钢铁(集团)有限责任公司承担。

(六)报告期内，本公司做到了与控股股东在人员、资产、财务上的"三分开"，即相对控股股东人员独立、资产完整、财务独立。

(七)报告期内，本公司未发生托管、承包、租赁其他公司资产或其他公司托管、承包、租赁本公司资产的事项。

(八)报告期内，公司聘任甘肃五联会计师事务所负责公司的审计工作。

(九)报告期内公司无其他重大合同(含担保)事项。

(十)报告期内公司无更改名称或股票简称的情况。

八、财务会计报告

(一) 审计报告

五联联合会计师事务所有限公司

五联审字(2001)第 1003 号

审计报告

甘肃酒钢集团宏兴钢铁股份有限公司全体股东：

我们接受委托，审计了贵公司 2000 年 12 月 31 日的资产负债表和 2000 年度的利润及利润分配表和现金流量表。这些会计报表由贵公司负责，我们的责任是对这些会计报表发表审计意见。我们的审计是依据《中国注册会计师独立审计准则》进行的。在审计过程中，我们结合贵公司的实际情况，实施了包括抽查会计记录等我们认为必要的审计程序。

我们认为上述会计报表符合《企业会计准则》、《股份有限公司会计制度》及其补充规定的有关规定，在所有重大方面公允地反映了贵公司 2000 年 12 月 31 日的财务状况及 2000 年度的经营成果和现金流量情况，会计处理方法的选用遵循了一贯性原则。

五联联合会计师事务所有限公司　　中国注册会计师：惠全红

中国　兰州　　中国注册会计师：赵　燕

庆阳路 258 号国贸大厦五楼　　二○○一年三月二十三日

(二)会计报表

1、资产负债表(附后)

2、利润及利润分配表(附后)

3、现金流量表(附后)

(1)会计报表附注

会 计 报 表 附 注

会计期间：2000 年度　　货币单位：人民币元

一、公司概况

甘肃酒钢集团宏兴钢铁股份有限公司(以下简称"公司")是一九九九年四月十四日经甘肃省人民政府甘政函[1999]21 号文批准，由酒泉钢铁(集团)有限责任公司做为主发起人联合兰州铁路局、甘肃省电力公司、金川有色金属公司、西北永新化工股份有限公司等五家发起人以发起方式设立的股份有限公司。其中主发起人酒泉钢铁(集团)有限责任公司以其所属炼铁厂、炼钢厂、二轧厂、销售处等单位的生产经营性资产折价入股，其余四家以现金方式入股。

公司于一九九九年四月十七日在兰州召开创立大会，并于同年四月二十一日在甘肃省工商行政管理局登记注册，营业执照号码：6200001050681，注册资本 52,800 万元，法定代表人：马鸿烈，住所：甘肃省嘉峪关市雄关东路 12 号，经营范围：钢铁压延加工、金属制品的生产、批发零售及科技开发、服务等。

经中国证券监督管理委员会证监发行字[2000]157 号文批准，公司于二○○○年十一月三十日向社会公众公开发行人民币普通股 20,000 万股(每股面值 1 元)。公司注册资本和总股本均变更为 72,800 万元。

二、主要会计政策

1、会计年度

采用公历年度，即自每年 1 月 1 日起至 12 月 31 日止。

2、会计制度

公司执行《股份有限公司会计制度》及其补充规定。

3、记账本位币

以人民币为记账本位币

4、外币业务核算方法

外币业务按业务发生时的市场汇价(中间价)折合为人民币记账，期末外币账户余额按期末市场汇价(中间价)进行调整，所产生的汇兑损益属于资本性支出的计入相关资产的价值，属于收益性支出的计入当期损益。

5、记账基础与计价原则

以权责发生制为记账基础，以历史成本为计价原则，对存货期末采用"成本与可变现净值孰低的原则"计价。

6、现金等价物的确定标准

以持有期限短(一般是指从购买日起三个月内到期)、流动性强、易于转换为已知金额现金、价值变动风险很小的短期投资为现金等价物。

7、坏账损失核算方法

(1)、公司对应收款项坏账的确认标准为：

a.因债务人破产或死亡，以其破产财产或遗产清偿后，确实不能收回的应收款项；

b.因债务人逾期未履行偿债义务并且具有明显特征表明无法收回的应收款项。

(2)、坏账损失采用备抵法核算。坏账准备的计提范围为应收账款和其他应收款。根据财务制度的相关规定和公司董事会决议，坏账准备按账龄分析法计提，其中：

账龄	计提比例
1 年以内	1%
1 至 2 年	5%
2 至 3 年	20%
3 至 4 年	30%
4 年以上	40%

8、存货核算方法

(1)、公司存货主要包括原材料、产成品、在产品、低值易耗品、委托加工物资、物资采购；

(2)、除备件采用计划成本核算外，其他各类存货按实际成本计价；

(3)、原材料、产成品的发出、领用采用加权平均法结转成本；

(4)、低值易耗品、包装物采用一次摊销法摊销；

(5)、存货期末按成本与可变现净值孰低法计价，存货跌价准备按单个存货项目的可变现净值低于其成本的差额提取。

9、短期投资核算方法：

(1)采用成本法核算，在收到被投资单位支付的股利或利息时视为投资成本的回收，冲减投资的账面价值，转让投资时按实际获取的转让价款与账面成本的差额确认投资损益。

(2)短期投资期末按成本与市价孰低法计价。

短期投资跌价准备：中期期末或年度终了，将股票、债券等短期

投资的市价与其账面成本进行比较，并依账面成本与市价孰低法计提短期投资跌价准备

10、长期投资核算方法

a、长期股权投资：按投资时实际支付的价款或确定的价值入账。对被投资单位的投资占该单位50%以上股权或占有股权不足 50%但对其拥有实际控股权者按权益法核算，并合并会计报表；对被投资单位的投资占该投资单位 20%以上至 50%股权或占有股权不足 20%但具有重大影响者按权益法核算；对被投资单位的投资占该投资单位 20%以下股权或占有股权超过 20%但不具有重大影响者按成本法核算。

b、长期债权投资：以实际支付的价款包括支付的税金、手续费等各项附加费用，扣除自发行日至债券购入日的应计利息后的余额作为实际成本记账。溢价或折价在债券持有期间内，按直线法予以摊销。

根据财政部(1999)35 号文件精神，公司董事会决议，公司对被投资单位由于市价持续下跌或经营状况恶化等原因导致其可收回金额低于长期股权投资的账面价值，并且这种降低的价值在可预计的未来期间内不可能恢复时，按可收回金额低于长期投资账面价值计提长期投资减值准备。预计的长期投资减值跌价损失计入当年度损益类账户。

11、固定资产及其折旧政策

(1)、固定资产标准：

a.使用年限在一年以上的房屋、建筑物、机器、设备、器具、工具等资产；

b.不属于生产经营的主要设备，单位价值在 2000 元以上，并且使用期限超过两年的物品。

(2)、固定资产计价方法

a、购入的固定资产，以实际支付的买价、包装费、运输费、安装成本、交纳的有关税金等计价；

b、自行建造的固定资产，按照建造过程中实际发生的全部支出计价；

c、投资者投入的固定资产，按照评估确认的原价入账；

d、在原有固定资产基础上进行改建、扩建的，按原有固定资产的价值，加上由于改建、扩建而发生的支出，减改建、扩建过程中发生的变价收入计价；

e、盘盈的固定资产，按重置完全价值计价；

f、接受捐赠的固定资产，按同类资产的市场价格，或根据所提供的有关凭证计价；接受捐赠固定资产所发生的各项费用，计入固定资产价值。

(3)、固定资产折旧采用平均年限法计提，并按各类固定资产的原值、估计使用年限和扣除必要的残值，制定其折旧率，其分类折旧率如下：

资产类别	预计使用年限	残值率	年折旧率
房屋建筑物	30 年	5%	3.17%
构筑物	30 年	5%	3.17%
管道沟槽	30 年	5%	3.17%
机器设备	12 年-15 年	5%	7.9%--6.3%
运输设备	5 年- 7 年	5%	19%--13.57%

12、在建工程核算方法

在建工程按各项工程实际发生的支出核算。在建筑期或安装期内为该工程所发生的借款利息支出计入该工程成本，在工程完工验收合格交付使用的当月转入固定资产。

13、开办费、长期待摊费用摊销方法

公司开办时发生的小额费用，采用一次摊销法摊销。

长期待摊费用以实际发生额核算，按项目收益期分期平均摊销。

14、销售收入确认的原则

A、销售商品的收入，在下列条件均能满足时确认收入：

a、商品所有权上的重要风险和报酬已转移给购货方；

b、公司既没有保留通常与所有权相联系的继续管理权，也没有对该商品实施实际控制权；

c、与交易相关的经济利益能够流入公司；

d、相关的收入和成本能够可靠的计量时。

B、提供劳务的收入，在下列条件均能满足时确认收入：

a、 劳务总收入和总成本能够可靠的计量；

b、 与交易相关的经济利益能够流入公司；

c、 劳务的完成程度能够可靠的确定。

15、所得税的会计处理方法

所得税的会计处理采用应付税款法。

16、合并会计报表范围

本公司对拥有被投资单位 50%以上股权的长期股权投资采用权益法核算并编制合并会计报表。

三、税项

1、增值税:按照《增值税暂行条例》计算销项税额(税率为 17%),符合规定的进项税额从销项税额中抵扣;

2、营业税:按应税收入的 5%缴纳;

3、城市维护建设税:按照应交流转税额的 7%计算交纳;

4、教育费附加:按照应交流转税额的 3%计算交纳;

5、印花税:按照税务局核定的标准交纳;

6、所得税:按照甘肃省财政厅甘财工发(1997)第 149 号文,公司的所得税采取先征后返,即按照 33%的税率计算交纳,由省财政返还 18 个百分点,实际税负为 15%。本年度公司按照 33%的税率计提所得税,所得税返还收到后冲减收到当期的所得税,不再列为补贴收入。

7、个人所得税:员工个人所得税由公司代扣代缴。公司向个人股东派发现金股利由公司代扣代缴 20%的个人所得税。

四、会计报表主要项目注释

1、货币资金

项目	2000 年 12 月 31 日(RMB)	1999 年 12 月 31 日(RMB)
现金	8,880.91	10,481.94
银行存款	1,217,697,502.37	82,530,466.56
合计	1,217,706,383.28	82,540,948.50

期末比期初增加幅度较大,主要是公司于 2000 年 11 月 30 日向社会公众发行人民币普通股 20000 万股所致。

2、应收票据

公司应收票据截止 2000 年 12 月 31 日余额为 146,671,660.15 元。

(1)、按照签发银行划分

签发银行	工行	建行	中行
12 月份到期	1,460,000.00	5,500,000.00	2,017,760.00
1 月份到期	11,538,000.00	4,200,000.00	2,797,000.00
2 月份到期	8,307,389.00	4,835,250.25	7,355,007.50
3 月份到期	3,350,000.00	4,500,000.00	6,824,200.00
4 月份到期	1,850,000.00	2,700,000.00	3,480,000.00
以后到期	8,230,000.00	6,500,000.00	14,539,000.00
合计	34,735,389.00	28,235,250.00	37,012,967.50

签发银行	农行	其他行	合计
12 月份到期	2,800,000.00	4,060,000.00	15,837,760.00
1 月份到期	2,202,039.00	2,659,000.00	23,396,039.00
2 月份到期	6,050,408.00	4,270,000.00	30,818,054.75
3 月份到期	4,440,000.00	9,743,606.40	28,857,806.40
4 月份到期	3,878,000.00	2,300,000.00	14,208,000.00
以后到期	2,585,000.00	1,700,000.00	33,554,000.00
合计	21,955,447.00	24,732,606.40	146,671,660.15

12 月份到期的票据已提交银行兑付。

(2)、签发金额前六位的单位:

签发单位	金额	票号
		00421002
宝鸡东岭物资有限责任公司	10,000,000.00	00421005
嘉峪关市宁远物资机电有限责任公司	4,000,000.00	00044005
锦州锦泰金属工业有限公司	4,000,000.00	00580103
重庆二轻工业供销总公司	3,900,000.00	00177220
广汉市华夏实业有限公司	3,800,000.00	00060006
酒泉市大明化工建材有限责任公司	3,000,000.00	00047256

签发单位	到期日期	备注
	2001.5.13	两张票据,金额均为
宝鸡东岭物资有限责任公司	2001.5.14	5,000,000.00 元
嘉峪关市宁远物资机电有限责任公司	2001.5.23	由酒钢集团成都经销部背书转让
锦州锦泰金属工业有限公司	2001.2.22	由酒钢集团兰州经销部背书转让
重庆二轻工业供销总公司	2001.5.12	由甘肃省万达实业公司背书转让
广汉市华夏实业有限公司	2001.3.03	由酒钢集团成都经销部背书转让
酒泉市大明化工建材有限责任公司	2001.2.20	由嘉峪关市长城发展有限责任公司背书转让

(3)、应收票据均无贴现、抵押的情况。

(4)、持有公司 5%(含 5%)以上股份的股东单位甘肃酒钢(集团)有限公司所属各经销部欠款为 35,498,000.00 元。

3、应收账款

21、资本公积

项目	期初数	本期增加	本期减少	期末数
股本溢价	281,971,333.75	870,090,847.95		1,152,062,181.70

说明:期初数系根据甘国资企发[1999]第 10 号文《关于酒泉钢铁(集团)发起设立甘肃酒钢集团宏兴钢铁股份有限公司国有股权管理有关问题的批复》对发起人投入的净资产及现金按 65.19%折股形成的。本期增加系公司于 2000 年 11 月 30 日向社会公众发行人民币普通股 20000 万股形成的股本溢价。

22、盈余公积

项目	期初数	本期增加	本期减少	期末数
法定盈余公积	8,903,297.91	17,392,391.06		26,295,688.97
法定公益金	4,451,648.95	17,392,391.06		21,844,040.01
合计	13,354,946.86	34,491,464.56		48,139,728.98

23、未分配利润

项目	2000 年 12 月 31 日	1999 年 12 月 13 日
年初未分配利润	1,580,377.12	-1,203,734.16
加:本年净利润	173,923,910.60	142,554,558.50
减:分配给主发起人的利		53,521,579.51
减:提取法定盈余公积金	17,392,391.06	8,903,297.91
减:提取法定公益金	17,392,391.06	4,451,648.95
减:已分配普通股股利	116,480,000.00	72,893,920.85
年末未分配利润	24,239,505.60	1,580,377.12

24、主营业务收入、主营业务成本

	2000 年度		1999 年
项目	主营业务收入	主营业务成本	主营业务收入
线材	1,242,543,586.20	1,032,328,944.74	1,254,376,848.71
钢坯	1,880,247,649.65	1,723,382,039.95	1,674,885,991.23
合计	3,122,791,235.85	2,755,710,984.69	2,929,262,839.94

25、主营业务税金及附加

项目	2000 年度	1999 年度
城市维护建设税	9,816,039.55	8,358,138.43
教育费附加	3,840,428.25	3,582,059.33
合计	13,656,467.80	11,940,197.76

26、其他业务利润

(1)、其他业务收入

项目	2000 年度	1999 年度
代销手续费收入	54,556,792.90	18,120,358.00
材料销售收入	244,268,970.39	147,454,099.77
合计	298,825,763.29	165,574,457.77

(2)、其他业务支出

项目	2000 年度	1999 年度
代销手续成本	30,495,791.11	9,060,179.00
代销税金及附加	3,000,623.61	996,619.69
材料销售成本	244,226,538.63	146,967,948.63
合计	285,205,408.87	157,024,747.32

(3)、其他业务利润

项目	2000 年度	1999 年度
代销利润	21,060,378.18	8,063,559.31
材料销售利润	42,431.76	486,151.14
合计	21,102,809.94	8,549,710.45

27、营业费用

营业费用本年度较上年度下降 44.5%,主要系因公司自 2000 年 5 月起建材类产品由包到运费一票结算方式改为出厂价结算方式,运费由购买方承担,故运输费用大幅下降所致。

28、管理费用

管理费用本年度较上年度上升 53%,主要原因如下:

(1)本公司为改善办公条件和设施、为高线改造增加科研投入以及为配合股票发行和上市开展各项活动增加费用所致;

(2)由于本年度应收款项增加,故计提坏账准备也相应增加。

29、财务费用

项目	2000 年度	1999 年度
利息支出	49,156,244.05	58,856,388.10
减:利息收入	2,741,791.66	777,181.15
利息净支出	46,414,452.39	58,079,206.95
手续费	8,935.78	3,597.32
合计	46,423,388.17	58,082,804.27

说明:由于以前贷款陆续到期,新增贷款利率较低,本年募集资金到位,利息收入增加导致本年财务费用较上年下降。

30、营业外收入

项目	2000 年度	1999 年度
罚款收入	500.00	
无效申购冻结资金利息	4,302,889.08	
处理无法支付的应付账款	1,697,543.20	
合计	6,000,932.28	

31、营业外支出

项目	2000 年度	1999 年度
罚款支出	3,000.00	
捐赠支出	521,504.46	
处理固定资产净损失	46,153.83	
合计	570,658.29	

六、关联方关系及其交易的披露

1、与公司存在关联关系的主要单位如下:

企业名称	经济性质	与公司关系	法定代表人	注册地
酒泉钢铁<集团>有限公司	全民	控股	马鸿烈	嘉峪关市

企业名称	注册资本	持股比例	营业范围
酒泉钢铁<集团>有限公司	171,165 万	70.74%	钢铁制品

七、期后事项

截止审计报告日,公司无重大期后事项。

八、或有事项

截止审计报告日,公司无重大经济担保、财务承诺和其他或有事项。

九、其他重要事项

1、本公司本年度的管理费用中,控股股东酒泉钢铁集团公司拨入 25,764,117.43 元,系本公司上市前集团公司代垫的部分费用和 2000 年度集团整体发生的管理费用分摊。

2、经本公司 2000 年 11 月 19 日经理办公会议决定,将本公司持有的上海酒钢大酒店 50%的股权,以 100 万元的投资成本出售给主发起人酒泉钢铁(集团)有限责任公司。

甘肃酒钢集团宏兴钢铁股份有限公司 二〇〇一年三月 二十三 日

九、公司的其他有关资料

(一)公司首次注册日期:1999 年 4 月 21 日

变更注册日期:2000 年 12 月 11 日

(二)公司法人营业执照注册号:6200001050681

(三)税务登记号码:620200710375659

(四)公司未流通股票的托管机构名称:上海证券中央结算登记公司

(五)公司证券主承销机构名称:广发证券有限责任公司

(六)公司聘请的会计师事务所名称:五联联合会计师事务所

办公地点:甘肃省兰州市

十、备查文件目录

(一)载有法定代表人、主管会计工作负责人(如设置总会计师,须为总会计师)、会计机构负责人(会计主管人员)签名并盖章的会计报表。

(二)载有会计师事务所盖章、注册会计师签名并盖章的审计报告原件。

(三)报告期内在中国证监会指定报纸上公开披露过的所有公司文件的正本及公告的原稿。

以上备查文件如中国证监会、证券交易所要求提供或股东依据法规或公司章程要求查阅,公司将及时提供。

山东华泰纸业股份有限公司

一、公司简介

(一)公司的法定中文名称:山东华泰纸业股份有限公司
　公司中文缩写:山东华泰
公司的法定英文名称:Shandong Huatai Paper Co.,Ltd.
公司英文缩写:SDHT
(二)公司法定代表人:李建华
(三)公司董事会秘书:李刚　联系地址:山东省东营市广饶县大王镇
联系电话:0546-6871957　传真:0546-6871957
电子信箱:li gang_HTGF@china.com
(四)授权代表:田居龙
联系地址:山东省东营市广饶县大王镇
联系电话:0546-6888889　传真:0546-6888018
电子信箱:cio@huatai.com
(五)公司注册地址:山东省东营市广饶县大王镇
公司办公地址:山东省东营市广饶县大王镇　邮政编码:257335
公司网址:http://www.huatai.com
电子信箱:htltd @ huatai.com
(六)公司选定的信息披露报纸:《上海证券报》、《中国证券报》
登载公司年度报告的中国证监会指定国际互联网网址:http://www.sse.com.cn
公司年度报告备置地点:本公司证券部
(七)公司股票上市交易所:上海证券交易所
股票简称:华泰股份
股票代码:600308

二、会计数据和业务数据摘要

(一)本年度主要利润指标情况(单位:人民币元)

1、利润总额	120,920,998.39
2、净利润	87,821,948.37
3、扣除非经营性损益的净利润	82,176,571.98
4、主营业务利润	179,173,856.74
5、其他业务利润	2,090,673.61
6、营业利润	115,275,622.00
7、投资收益	2,097,309.56
8、补贴收入	
9、营业外收支净额	3,548,066.83
10、经营活动产生的现金流量净额	37,584,556.18
11、现金及现金等价物净增加额	1,001,640,188.50

备注:

扣除非经营性损益的净利润的扣减项目:国债回购收益 2,035,509.56 元,无效申购资金利息收入 3,580,968.33 元,固定资产清理净收入 180,508.41 元,其他收入 853,552.67 元,其他支出 1,005,162.58 元。

(二)近三年主要会计数据及财务指标(单位:人民币元)

项目	2000 年	1999 年	1998 年
主营业务收入	626,176,819.82	504,940,783.29	388,295,124.07
净利润	87,821,948.37	70,408,879.08	63,593,692.76
总资产	2,371,376,196.79	971,365,716.86	736,239,578.06
股东权益(不含少数股东权益)	1,357,021,666.94	269,924,888.42	251,154,983.41
每股收益(摊薄)(元/股)	0.46	0.69	0.62
每股收益(加权)(元/股)	0.70	0.69	0.62
每股收益(扣除非经营性损益)	0.43	0.67	0.47
每股净资产(元/股)	7.05	2.63	2.45
调整后每股净资产(元/股)	7.04	2.61	2.41
每股经营活动产生的现金流量净额	0.20	0.97	--
净资产收益率(摊薄)(%)	6.47	26.08	25.32
净资产收益率(加权)(%)	15.19	26.08	25.32

(三)按中国证监会信息披露编报规则(第 9 号)要求计算的数据

报告期利润	净资产收益率(%)		每股收益	
	全面摊薄	加权平均	全面摊薄	加权平均
主营业务利润	13.20	30.99	0.93	1.43
营业利润	8.49	19.94	0.60	0.92
净利润	6.47	15.19	0.46	0.70
扣除非经营性损益后的净利润	6.06	14.21	0.43	0.66

以上计算公式如下:
1、全面摊薄净资产收益率=报告期利润/期末净资产
2、全面摊薄每股收益=报告期利润/期末股份总数
3、加权平均净资产收益率(ROE)的计算公式如下:

$$ROE=\frac{P}{Eo+NP\div 2+Ei\times Mi\div Mo-Ej\times Mj\div Mo}$$

其中:P 为报告期利润;NP 为报告期净利润;Eo 为期初净资产;Ei 为报告期发行新股或债转股等新增净资产;Ej 为报告期回购或现金分红等减少净资产;Mo 为报告期月份数;Mi 为新增净资产下一月份起至报告期期末的月份数;Mj 为减少净资产下一月份起至报告期期末的月份数。

三、股本变动及股东情况介绍

(一)股本变动情况
(二)报告期末股东情况
截止 2000 年 12 月 31 日,持有本公司股票的股东总人数为 78292 户。
(三)主要股东持股情况(前十名和持股 5%以上股东)

	股东名称	持股数	占总股本比例(%)
1	华泰集团有限公司	76,823,308	39.91
2	王敏鸿	198,000	0.10
3	赵友善	174,760	0.09
4	社会帮困	170,000	0.09
5	张宜玉	170,000	0.09
6	周其宁	159,429	0.08
7	泰和基金	152,000	

烟台万华聚氨酯股份有限公司

一、公司简介

1、公司名称:
公司法定中文名称:烟台万华聚氨酯股份有限公司
公司法定英文名称:Yantai Wanhua Polyurethane Co.,Ltd.
2、公司法定代表人:李建奎
3、公司董事会秘书:郭兴田　电话:0535-6837888 转 537　授权代表人:张道辉
联系地址:烟台市幸福南路 7 号　电话:0535-6837888 转 537;0535-6837894
传真:0535-6837894　电子信箱:stock@ytpu.com
4、公司注册地址:烟台市幸福南路 7 号　公司办公地址:烟台市幸福南路 7 号
　邮政编码:264002　公司国际互联网网址:http://www.ytpu.com
电子信箱:stock@ytpu.com
5、公司信息披露报纸名称:中国证券报、上海证券报
登载公司年报的国际互联网网址:http://www.sse.com.cn
公司年度报告备置地点:公司证券部
6、公司股票上市交易所:上海证券交易所　股票简称:烟台万华　股票代码:600309

二、会计数据和业务数据摘要

1、公司本年度主要利润指标情况(金额单位:人民币元)

1)、利润总额:	60,256,120.61
2)、净利润:	49,803,512.36
3)、扣除非经常性损益后的净利润:	52,974,406.92
4)、主营业务利润:	111,068,404.86
5)、其他业务利润:	857,106.07
6)、营业利润:	63,448,967.59
7)、投资收益:	0.00
8)、补贴收入:	2,529,000.00
9)、营业外收支净额:	-5,721,846.98
10)、经营活动产生的现金流量净额:	84,086,054.37
11) 、现金及现金等价物净增加额:	409,125,302.98

注:扣除的非经常性损益项目和涉及金额营业外收入中新股申购冻结资金利息:3,645,694.36 元营业外支出中处理固定资产净损失 9,345,588.92 元新产品增值税返还补贴收入 2,529,000.00 元

2、截至报告期末公司前三年的主要会计数据和财务指标(金额单位:人民币元)

项目	2000 年	1999 年	1998 年	
			调整前	调整后
1、主营业务收入	344,853,089.67	210,406,102.94	180,697,101.69	180,697,101.69
2、净利润	49,803,512.36	26,280,076.58	21,356,745.77	20,703,040.58
3、总资产	757,607,653.79	258,737,758.28	197,988,914.28	197,335,209.09
4、股东权益(不含少数股东权益)	601,069,866.59	128,306,554.23	123,050,538.91	122,396,833.72
5、每股收益	0.42	0.33	0.27	0.26
6、每股收益(加权)	0.62	0.33	0.27	0.26
7、每股收益(扣除非经常性损益)	0.44	0.28	0.27	0.26
8、每股净资产	5.01	1.60	1.54	1.53
9、调整后的每股净资产	5.01	1.60	1.54	1.53
10、每股经营活动产生的现金流量净额	0.70	0.68		
11、净资产收益率(%)	8.29	20.48	17.36	16.91
12、净资产收益率(加权)	32.51	19.39	26.47	25.76

注:主要财务指标的计算公式:每股收益=净利润/年度末普通股股份总数
每股净资产=年度末股东权益/年度末普通股股份总数
净资产收益率=净利润/年度末股东权益×100%
调整后的每股净资产=(年度末股东权益-三年以上的应收款项净额-待摊费用-待处理(流动、固定)资产净损失-开办费-长期待摊费用-住房周转金负数余额)/年度末普通股股份总数。
每股经营活动产生的现金流量净额=经营活动产生的现金流量净额/年度末普通股股份总数。
全面摊薄净资产收益率=报告期利润/期末净资产全面摊薄每股收益=报告期利润/期末股份总数
加权平均净资产收益率=当期净利润/(期初净资产+当期净利润/2+当期发行新股新增净资产*自发行新股下一月至报告期末的月份数/12-当期分红减少的净资产*减少净资产下一月份起至报告期末的月份数/12)*100%
加权平均每股收益=当期净利润/(期初普通股股份总数+报告期增加股份数*增加股份下一月份起至报告期末的月份数/12-当期减少股份数*减少股份下一月份起至报告期末的月份数/12)*100%

3、利润表附表

报告期利润	净资产收益率(%)		每股收益(元)	
	全面摊薄	加权平均	全面摊薄	加权平均
主营业务利润	18.48	72.50	0.93	1.39
营业利润	10.56	41.41	0.53	0.79
净利润	8.29	32.51	0.42	0.62
扣除非经常性损益后的净利润	8.81	34.58	0.44	0.66

三、股本变动及股东情况

1、股本变动情况
2、股东情况介绍
(1)报告期末股东总数为 37009 户,其中发起人 5 户,社会公众股 37004 户。
(2)持有本公司 5%以上(含 5%)股份的股东烟台万华合成革集团有限公司,年度内持有股份数量未发生变动,年末持股数量为 7,460 万股,所持股份无质押或冻结情况。
公司期末前 10 名股东持股情况

股东名称	持有股数(股)	占总股本的比例	股权性质
1、烟台万华合成革集团有限公司	74,600,000	62.167%	发起人股
2、烟台东方电子信息产业集团有限公司	2,000,000	1.667%	发起人股
3、烟台冰轮股份有限公司	2,000,000	1.667%	发起人股
4、烟台氨纶集团有限公司	1,000,000	0.833%	发起人股
5、汉盛基金	641,000	0.534%	社会公众股
6、安顺基金	499,000	0.416%	社会公众股
7、红塔兴业投资有限公司	400,000	0.333%	发起人股
8、普丰基金	193,000	0.161%	社会公众股
9、同益基金	174,000	0.145%	社会公众股
10、景宏基金	133,000	0.111%	社会公众股

公司前 10 名股东之间不存在关联关系。

广 西 桂 东 电 力 股 份 有 限 公 司

广西桂东电力股份有限公司股票上市公告书暨2000年度财务报告

本公司董事会保证本上市公告书所载资料不存在重大遗漏、虚假陈述或者严重误导,并对其内容的真实性、准确性和完整性负个别及连带责任。

上海证券交易所对本公司股票上市及有关事项的审查,均不构成对本公司的任何保证。本公司董事会提醒广大投资者注意,凡本公告书中未涉及的有关内容,请投资者查阅2001年1月10日刊登在《中国证券报》、《证券时报》和《上海证券报》的《广西桂东电力股份有限公司招股说明书(概要)》。

一、要 览

股票简称:桂东电力 股票代码:600310 股票总额:15675万股 可流通股本:4500万股

本次可流通股本:4500万股 上市地点:上海证券交易所 上市日期:2001年2月28日

股份登记机构:上海证券中央登记结算公司

上市推荐人:海通证券有限公司 国泰君安证券股份有限公司

二、绪 言

广西桂东电力股份有限公司(以下简称"本公司")股票上市公告书是依据《中华人民共和国公司法》、《中华人民共和国证券法》、《股票发行与交易管理暂行条例》、《公开发行股票公司信息披露实施细则》及《上海证券交易所上市规则》等有关法律、法规的规定而编制,旨在向投资者提供有关本公司和本次股票上市的基本情况。

本公司的股票发行经中国证券监督管理委员会证监发行字[2001]4号文核准通过,于2001年1月12日以上网定价方式向社会公众成功发行了每股面值1.00元的人民币普通股4500万股。经上海证券交易所上证上字(2001)23号《上市通知书》批准,本公司上网定价发行的4500万股社会公众股将于2001年2月28日(星期三)在上海证券交易所挂牌交易,股票简称"桂东电力",股票代码"600310"。

本公司《招股说明书概要》刊登于2001年1月10日的《中国证券报》、《证券时报》和《上海证券报》上,距本公告书公布时间不足6个月,故依据规定对已公布过的内容在此不在重复,敬请投资者查阅本公司《招股说明书概要》。

本公司董事会已批准本上市公告书,确信其中不存在任何重大遗漏、虚假陈述或严重误导,并对其真实性、准确性、完整性负个别和连带责任。

三、公司概况

(一)概况公司名称:广西桂东电力股份有限公司

英文名称:Guang Xi Gui Dong Electric Power Co., Ltd.

注册地址:广西壮族自治区贺州市平安西路12号。 注册资本:15675万元

法定代表人:温昌伟

成立日期:1998年12月4日于广西壮族自治区工商局注册成立。 公司所属行业:电力行业

本公司经营范围:发电、供电,电力投资开发,供水,交通建设及其基础设施开发。

联系人:刘世盛、陆培军 联系电话:(0774)5297796、5297881 传真:(0774)5283343

(二)历史沿革

本公司是1998年11月18日经广西壮族自治区人民政府桂政函[1998]114号文批准,由广西贺州地区电业公司(以下简称"贺州电业公司")、广西那板水力发电厂、广西贺州供电股份有限公司、广西昭平县电力公司、钟山县电力公司和富川瑶族自治县电力公司六家企业共同发起设立的股份有限公司,1998年12月4日在广西壮族自治区工商局注册成立。

主发起人贺州电业公司前身为1974年元月成立的广西梧州地区供电公司。

1974年9月,广西梧州地区最大的水电厂-合面狮水电厂建成投产。1976年6月,广西壮族自治区人民政府决定将合面狮水电厂、龟石水电厂(即龟石水管处)与梧州地区供电公司组成统一独立的地方电网,标志着广西梧州地区地方电网形成。1989年,广西梧州地区电业公司投资兴建中胜火力发电厂及参股投资兴建昭平水力发电厂。1997年4月,国务院批准调整梧州地市行政区域而成立贺州地区,梧州地区电业公司更名为"贺州地区电业公司"。

贺州电业公司作为主要发起人,以1998年9月30日为基准日,以其下辖与发、供电相关的合面狮水电厂、中胜火电厂、供电公司的主要经营性净资产经评估后17036万元(经财政部财评字[1998]245号文确认)投入本公司,按65.01%折股比率折为国家股11075万股,占本公司总股本的99.11%,该股份由广西贺州地区行署委托贺州电业公司持有;其非经营性资产和少部分承担社会职能的生产性资产继续保留在贺州电业公司。其它五家发起人分别以现金出资,按相同折股比例65.01%共折为法人股100万股,占总股本的0.89%。本公司设立时的股权处置方案已经广西壮族自治区国有资产管理局桂国资企字(1998)47号文批准。

本公司设立后,国务院于1999年5月下发了国办发[1999]44号文,规定5万千瓦以下小火电机组必须限期关停。由于本公司下属的中胜火电厂两台2.5万千瓦发电机组属文件规定的关闭对象,为避免风险,本公司于2000年6月30日已将中胜火电厂的整体资产及负债转让给贺州电业公司。

经中国证券监督管理委员会证监发行字[2001]4号文批准,2001年1月12日本公司以上网定价发行的方式在上海证券交易所向社会公众成功发行了4500万人民币普通股(A股)股票。本次发行成功后,本公司已于2001年2月7日在广西壮族自治区工商行政管理局依法办理了工商变更登记手续,公司注册资本变更为15675万元人民币,工商执照注册号为(企)4500001000166。

四、股票发行与承销

(一)本次股票公开发行

发行数量:4500万股 发行价格:8.80元/股 发行市盈率:35.2倍(全面摊薄)

发行时间:2001年1月12日 发行方式:上网定价 发行中签率:0.32809949%

超额认购倍数:304.7856 上网发行有效申购户数:1113113户

上网发行有效申购股数:13715352000股 持有1000股以上(含1000股)的户数:39263户

募集资金总额(未扣除发行费用):39600万元 实际募集资金总额:37845万元

发行费用:1755万元 每股发行费用:0.39元

(二)股票承销

本次上网定价发行的4500万股社会公众股已全部由社会公众认购,承销团无余额包销。

(三)验资报告(摘自鄂信验字(2001)字第2号)

验资报告 鄂信验字(2001)字第2号

广西桂东电力股份有限公司全体股东:

我们接受委托,对桂东电力股份有限公司截止2001年1月20日变更前后的实收资本的真实性和合法性进行了审验。在审验过程中,我们按照《独立审计实务公告第1号-验资》的要求,实施了必要的审验程序。桂东电力股份有限公司的责任是提供真实、合法、完整的验资资料,保护资产的安全、完整,我们的责任是按照《独立审计实务公告第1号-验资》的要求,出具真实、合法的验资报告。

桂东电力股份有限公司变更前的注册资本为人民币111,750,000.00元,变更后的注册资本为156,750,000.00元。根据我们的审验,截止2001年1月20日,桂东电力股份有限公司增加投入资本为378,450,000.00元,其中增加股本45,000,000.00元,增加资本公积333,450,000.00元。与上述投入资本相对应的资产全部是货币资金。

附件一、变更前后注册资本对照表

附件二、验资事项说明

一、变更前后基本情况

广西桂东电力股份有限公司(以下简称"公司")是经广西壮族自治区人民政府桂政函[1998]114号批准,以发起方式设立的股份有限公司。成立时,注册资本11,175万元。

2001年1月9日,经中国证券监督管理委员会证监发行字[2001]4号文批准,同意公司发行社会公众股A股股票4,500万股。

二、注册资本的变更情况

公司发行社会公众股之前的股本为11,175万元,其中:广西贺州地区电业公司持股11,075万股,占总股本的99.105%;广西那板水力发电厂持股40万股,占总股本的0.359%;广西贺州供电股份有限公司持股15万股,占总股本0.134%的;广西昭平县电力公司持股15万股,占总股本的0.134%;广西钟山县电力公司持股15万股,占总股本的0.134%;广西富川瑶族自治县电力公司持股15万股,占总股本的0.134%。

2001年1月9日,经中国证券监督管理委员会证监发行字[2001]4号文批准,同意公司发行社会公众股A股股票4,500万股。2001年1月12日、公司社会公众股在上海证券交易所发行,每股发行价为8.80元。发行完成后共募集资金39,600万元,扣除承销费792万元和上网发行等费用152.5万元后,公司共收到募集资金38,655.5万元。扣除公司已支付的其他发行费用810.5万元后,共计增加投入资本37,845万元,其中:增加股本4,500万元,增加资本公积金33,345万元。

发行后公司总股本为15,675万股,其中:广西贺州地区电业公司持股11,075万股,占总股本的70.654%;广西那板水力发电厂持股40万股,占总股本的0.255%;广西贺州供电股份有限公司持股15万股,占总股本0.096%的;广西昭平县电力公司持股15万股,占总股本的0.096%;广西钟山县电力公司持股15万股,占总股本的0.096%;广西富川瑶族自治县电力公司持股15万股,占总股本的0.096%。社会公众股股东持有4,500万股,占总股本的28.707%。

三、其他说明事项

1.本次验资仅对验资报告日增加的注册资本和投入资本进行验证,未对验资报告日前后的资产、负债进行验证。

2.申购资金冻结有效(无效)资金利息尚未到位,未作会计处理。

募集资金入帐情况:

入帐时间:2001年1月18日 入帐金额:人民币1.3亿

入帐帐号:0980141004958(广西桂东电力股份有限公司人民币帐户)

开户银行:交通银行广西南宁分行营业部 入帐金额:人民币1.68555亿

入帐帐号:4506474082610028968(广西桂东电力股份有限公司人民币帐户)

开户银行:中国建设银行广西贺州市支行 入帐金额:人民币0.88亿

入帐帐号:2722210016238(广西桂东电力股份有限公司人民币帐户)

开户银行:中国工商银行广西贺州市支行

湖北大信会计师事务有限公司 中国注册会计师 韩志娟

中国·武汉 中国注册会计师 蔡瑜

2001年1月20日

五、董事、监事及高级管理人员简历及持股情况

(一)公司董事、监事和高级管理人员简历

1.董事会成员

温昌伟先生,董事长兼总经理,50岁,大学文化,经济师。曾任贺州电业公司办公室主任、企管办主任、总经理、党委副书记,梧州大酒店党总支书记兼副总经理、总经理、董事长等职。现任本公司董事长兼总经理。曾荣获全国劳动模范、全国水利经济先进工作者、广西劳动模范、广西优秀经理等荣誉称号,并先后数次获贺州地区优秀管理者和优秀经理称号,具有丰富的企业经营管理经验。

朱尚遥先生,副董事长,60岁,大学文化,高级经济师,先后任原梧州地区卫生局医政科长、副局长,贺州地区人民医院副院长,贺县县委书记,昭平水电站工程指挥部副指挥长,贺州电业公司副总经理、总经理兼党委副书记、党委书记,广西桂能电力有限责任公司董事长。现任本公司副董事长。曾多次荣获广西及贺州地区优秀管理者、优秀经理称号。

刘世盛先生,副董事长兼副总经理、董事会秘书,43岁,大学文化,高级工程师,曾任合面狮水电厂生产技术科电气专职技术员、检修车间主任、生产技术副厂长、厂长兼党委副书记。现任本公司副董事长兼副总经理及董事会秘书。曾数次荣获贺州地区和广西企业管理先进工作者、优秀厂长称号。

邹永煜先生,董事、副总经理,52岁,大专文化,高级工程师,先后任广西钟山县小水电公司副所长、副经理、钟山县电力公司经理、贺州电业公司副总经理。现任本公司董事、副总经理。曾荣获贺州地区优秀企业管理者称号。

邱道良先生,董事、副总经理,54岁,大学文化,高级工程师,先后任钟山县小水电公司副经理、经理、贺州电业公司办公室主任、副总经理。现任本公司董事、副总经理。曾荣获广西区安全生产先进工作者、贺州地区优秀管理者称号。

李志荣先生,董事,52岁,大专文化,政工师,先后任玉林军分区北流县中队副指导员,北流县武装部、贺县武装部干事、参谋,贺州电业公司保卫干事、党委办公室主任、党委副书记、工会主席。现任贺州电业公司法定代表人和本公司董事。

刘小驹先生,董事,50岁,中专文化,工程师,曾任合面狮水电厂车间主任、厂长助理、企业管理办公室主任、副厂长,龟石电厂厂长兼党委书记,广东省肇庆市贺江电力开发总公司副总经理。现任本公司董事、项目开发部经理。

刘华芳先生,董事,42岁,大专文化,工程师,曾任贺州电业公司供电所副所长、贺州电业公司工会主席。现任本公司董事,桂能电力公司总经理兼昭平水电厂党总支书记、厂长。

陈其中先生,董事,36岁,大学文化,工程师,曾任贺州电业公司电试所所长,桂能电力公司昭平水电厂副厂长、贺州电业公司中胜火电厂总工程师室副主任、贺州电业公司总工程师室副主任、本公司生产技术部副经理,现任本公司董事、合面狮水电厂厂长。

2.监事会成员

文小秋先生,监事会主席,49岁,大专文化,政工师,曾任合面狮水电厂行政科科长、办公室副主任、主任、副厂长、党委书记。现任本公司监事会主席、贺州电业公司党委副书记。

侯果雄先生,监事会副主席,52岁,大专文化,工程师,曾任合面狮水电厂运行车间支部书记、检修车间主任、副厂长。现任本公司监事会副主席、昭平水电厂副厂长。

欧阳次铭先生,监事,47岁,大专文化,会计师,曾任贺州电业公司财务科长、总会计师室主任。现任本公司监事(职工代表)。

何应保先生，监事，50岁，高中文化，助理工程师，曾任合面獅水电厂运行车间副值长、值长、检修车间二次班班长、主任、生产技术科科长、副厂长。现任本公司监事(职工代表)。

詹建松先生，监事，46岁，中专文化，工程师，曾任广西那板水电厂水工分场支部书记、副主任、主任，广西那板水电厂技术员、副厂长和法定代表人。现任广西那板水电厂副厂长、法定代表人和本公司监事。

3、高级管理人员

苏虹女士，财务部经理，37岁，大专文化，会计师，曾任贺州电业公司中胜火电厂财务科长，贺州电业公司总会计师室副主任。现任本公司财务部经理。

(二)董事、监事和高级管理人员持股情况本公司董事、监事及高级管理人员均未持有本公司股票。

六、公司设立

本公司是1998年11月18日经广西壮族自治区人民政府桂政函[1998]114号文批准，由贺州电业公司、广西那板水力发电厂、广西贺州供电股份有限公司、广西昭平县电力公司、钟山县电力公司和富川瑶族自治县电力公司六家企业共同发起设立的股份有限公司，1998年12月4日在广西壮族自治区工商局注册成立。

经中国证券监督管理委员会证监发行字[2001]4号文批准，2001年1月12日本公司以上网定价发行的方式在上海证券交易所向社会公众成功发行了4500万人民币普通股(A股)股票。本次发行成功后，本公司已于2001年2月7日在广西壮族自治区工商行政管理局依法办理了工商变更登记手续，公司注册资本变更为15675万元人民币，工商执照注册号码为(企)4500001000166。

七、关联企业和关联交易

(一)关联方及关联关系

本公司的关联企业包括：

1、贺州电业公司

该公司法人代表由李志荣先生担任。贺州电业公司在本次股票公开发行前，持有本公司99.11%的股份，在4500万社会公众股公开发行后，将持有本公司70.65%的股份，是本公司的控股股东。贺州电业公司为本公司提供医疗、学校、食堂、运输等后勤服务及向本公司出租经营所需土地。

龟石水管处，是贺州电业公司属下单位，主要以灌溉、防洪为主，发电为辅，其少部分电力进入本公司供电网络。

中胜火电厂，是贺州电业公司属下单位，从事火力发电业务，为调峰机组，其所发电力由本公司购买。

2、广西桂能电力有限责任公司

母公司的子公司，母公司持有其71.09%的股份，法人代表由本公司副董事长朱尚遥先生兼任。其注册资本1280万元，主体资产为昭平水电厂，其生产电力由本公司购买。本公司发行A股后，将以部分募集资金控股兼并该公司。

3、广西梧州地区广源股份有限公司

母公司的子公司，母公司持有其38.80%的股份，相对控股，法人代表由本公司副董事长朱尚遥先生兼任。其注册资本3865万元，主体资产为广西梧州大酒店。

本公司向贺州电业公司属下龟石水管处、中胜火电厂及贺州电业公司控股的桂能电力公司购买电力，该种电力买卖是依存于本公司电网的售电最终实现的，只存在电力买卖关系，引发本公司与贺州电业公司之间同业竞争的可能性不大。因为本公司业务经营的核心是由发电业务与供电业务组成的地方电网业务，进入本公司经营电网的电力除有本公司自有电力生产企业外，还有其它电力生产企业(包括电网区域内的其它电力生产企业)提供的电力。根据《中华人民共和国电力法》的规定，电网企业应当接受电力生产企业的并网售电。由于本公司拥有并经营地方电网，而贺州电业公司属下龟石水管处、中胜火电厂和桂能电力公司自身没有独立的供电营业区域和供电网架，其生产的电力必须而且只能依赖于本公司的供电网络才能实现其电力销售。贺州电业公司已与本公司签定了并网购售电协议，协议规定贺州电业公司下属电厂(含控股企业)生产的电力上本公司电网，由本公司销售。

贺州电业公司属下龟石水管处、中胜火电厂及贺州电业公司控股的桂能电力公司向本公司出售电力，对本公司经营有不同程度的影响。龟石水管处主要功能为防洪和灌溉，其水电装机容量只有1.6万千瓦，进入本公司供电网络的电量非常小。中胜火电厂为调峰机组，在近期是本公司水力发电不足时或调峰时的必要电力补充，根据国家有关政策规定，将予以关闭。桂能电力公司经营的昭平水电厂经营潜力巨大，本公司拟以部分募集资金控股兼并，将成为本公司重要的利润来源。本公司将在今后适当时机继续增持对桂能电力公司的权益。

主要关联交易和相关协议：

1、向贺州电业公司购买电力

(1)向贺州电业公司购买属下龟石水管处30%的电力

因龟石水管处进入本公司电网的电量极少，而与本公司关联程度较低。根据广西梧州地区行署1991年7号文，龟石水管处目前生产电力的70%要供给广西富川县，由该县自行调配，其余30%由本公司供电网络统一调配。2000年，龟石水管处发电量4477.38万千瓦时，而进入本公司供电网络的电量只占本公司电网售电量的0.31%。

本公司已与贺州电业公司就购买龟石水管处所发电力签订了《并网购售电协议》，其电价按政府物价部门核准的价格进行交易。

(2)向贺州电业公司购买属下中胜火电厂生产的电力

中胜火电厂装机容量为5万千瓦，2000年的发电量3.4亿千瓦时。该电厂所发电力全部通过本公司电网销售，进入本公司供电网络的电量占本公司电网售电量的23.21%。

本公司已与贺州电业公司就购买中胜火电厂所发电力签订了《并网购售电协议》，其电价按政府物价部门核准的价格进行交易。

2、向桂能电力公司购买电力

桂能电力公司所属昭平水电厂装机容量6.3万千瓦，2000年发电量2.63亿千瓦时。该电厂所发电力全部通过本公司电网销售，进入本公司供电网络的电量占本公司电网售电量的18.56%。本公司已与桂能电力公司签订《并网购售电协议》，其电价按双方协商、并由政府物价部门核准的价格进行交易和支付购电费。

3、向贺州电业公司租用土地

本公司目前使用的部分土地需向主发起人贺州电业公司租赁使用，租赁土地面积18038.6平方米，每年租金36,077元人民币。本公司已就此与主发起人签订了《土地租赁协议》。

4、贺州电业公司为本公司提供后勤服务本公司有偿享受主发起人的学校、幼儿园、职工食堂、医务所等提供的各项服务，本公司与主发起人签订了《综合服务协议》。

5、与贺州电业公司的借款担保关系

截止2000年12月31日，主发起人为本公司提供了总金额4700万元的银行贷款担保，长期借款担保的最后期限为2002年1月。

6、与贺州电业公司及其子公司的应收、应付款项关系

截止2000年12月31日，本公司对贺州电业公司有415,069.27元的其他应收款，对中胜火电厂、龟石水管处、桂能电力公司分别有329,845.10元、282,240.67元、1,211,082.37元的应付帐款。

7、拟受让贺州电业公司对桂能电力公司的增资认缴权

本公司拟受让主发起人贺州电业公司对其持有子公司桂能电力公司71.09%股权的增资认缴权，支付转让金一元人民币。

八、股本结构及大股东持股情况

(一)本公司上市前的股本结构

项目	数量(万股)	占总股本的(%)
发起人股	11,175	71.29
其中：国家股	11,075	70.65
法人股	100	0.64
社会公众股A股	4,500	28.71
合计	15,675	100.00

(二)前十名股东持股数及持股比例

股东	股份(万股)	比例(%)
贺州电业公司	11075	70.65
广西那板水力发电厂	40	0.255
安顺基金	21.5	0.137
国通证券	17.4	0.111
广西贺州供电股份公司	15	0.096
广西昭平县电力公司	15	0.096
钟山县电力公司	15	0.096
富川瑶族自治县电力公司	15	0.096
国信证券	14.7	0.094
华宝证券	14.4	0.092

九、公司财务会计资料

审计报告

鄂信审字(2001)第0039号

广西桂东电力股份有限公司全体股东：

我们接受委托，审计了广西桂东电力股份有限公司2000年12月31日的资产负债表和2000年度的利润表及2000年度的利润分配表、2000年度的现金流量表。这些会计报表由贵公司负责，我们的责任是对这些会计报表发表审计意见。我们的审计是依据《中国注册会计师独立审计准则》进行的。在审计过程中，我们结合贵公司实际情况，实施了包括抽查会计记录等我们认为必要的审计程序。

我们认为，上述会计报表符合《企业会计准则》和《股份有限公司会计制度》的有关规定，在所有重大方面公允地反映了贵公司2000年12月31日的财务状况和2000年度经营成果及现金流量情况，会计处理方法的选用遵循了一贯性原则。

湖北大信会计师事务有限公司　　　　中国注册会计师 韩志娟　蔡瑜

会计报表附注

一、公司的基本情况

广西桂东电力股份有限公司(以下简称"公司")是经广西壮族自治区人民政府桂政函[1998]114号批准设立，由广西贺州地区电业公司、广西那板水力发电厂、广西贺州供电股份有限公司、广西昭平县电力公司、广西钟山县电力公司和广西富川瑶族自治县电力公司六家企业共同发起设立的股份有限公司。公司注册资本11,175万元，公司住所：广西贺州市平安西路12号；法定代表人：温昌伟；经营范围：主营发电、供电、电力投资开发、供水、交通建设及其基础设施开发；注册登记号4500001000166。

2001年1月9日，公司获中国证券监督管理委员会证监发行字[2001]4号文批准，于2001年1月12日在上海证券交易所发行普通股股票4,500万股。

二、公司采用的主要会计政策

四、会计报表主要项目注释

资产负债表主要项目注释

1、货币资金

项目	1999年12月31日余额(元)	2000年12月31日余额(元)
现金	10,752.13	7,924.55
银行存款	37,960,002.37	33,323,798.16
合计	37,970,754.50	33,331,722.71

2、应收票据

出票单位	出票日期	到期日	金额(元)
广西贺纸有限责任公司	2000.11.22	2001.5.22	500,000.00

3、应收帐款

(1)帐龄分析

帐龄	1999年12月31日余额		2000年12月31日余额	
	金额(元)	比例(%)	金额(元)	比例(%)
1年以内	58,697,529.37	81.22	79,633,342.39	85.62
1-2年	12,110,634.54	16.76	11,917,401.50	12.81
2-3年	1,463,150.96	2.02	1,462,932.30	1.57
合计	72,271,314.87	100	93,013,676.19	100

(2)欠款金额前五名单位明细情况如下

单位名称	金额(元)	欠款时间	欠款原因
广西岑溪市电力公司	11,460,679.64	1年内	电费款
广西藤县电力公司	9,729,222.56	1年内	电费款
广西星光企业集团公司	7,775,561.98	1年内和1-2年	电费款
广西西湾矿务局	7,563,972.66	1年内和1-2年	电费款
广东罗定市供电局	6,319,536.20	1年内	电费款

注：应收帐款中无持公司5%(含5%)以上股份的股东单位欠款。

4、其他应收款

(1)帐龄分析

帐龄	1999年12月31日余额		2000年12月31日余额	
	金额(元)	比例(%)	金额(元)	比例(%)
1年以内	2,443,661.28	43.42	6,666,733.35	66.13
1-2年	3,184,181.65	56.58	2,001,817.33	19.85
2-3年			1,413,236.08	14.02
合计	5,627,842.93	100.00	10,081,786.76	100.00

(2)欠款金额前五名单位明细情况如下：

单位名称	金额(元)	欠款时间	欠款原因
上市筹备费用	4,138,267.40	1年内和1-2年、2-3年	预付中介机构款和相关费用
进项税暂估	3,291,150.38	1年内	进项税暂估
广西贺州地区电业公司	415,069.27	1年内	代垫款
合面狮铁合金厂	236,145.98	1年内	价让材料款
库区基金相关税费	150,959.46	1年内	代垫款

(3)其他应收款中持公司5%(含5%)以上股份的股东单位所欠款项：

单位名称	金额(元)	欠款时间	欠款原因
广西贺州地区电业公司	415,069.27	一年内	代垫款

(4)变动幅度超过30%的原因说明

2000年12月31日较1999年12月31日增加79.14%，主要原因系进项税暂估增加所致。

5、坏帐准备

帐龄	计提比例(%)	1999年12月31日余额		2000年12月31日余额	
		应收款项(元)	坏帐准备金(元)	应收款项(元)	坏帐准备金(元)

1 年以内	561,141,190.65	3,057,059.53	83,093,856.09	4,154,692.81
1-2 年	1015,294,816.19	1,529,481.62	13,919,218.83	1,391,921.88
2-3 年	301,463,150.96	438,945.29	2,876,168.38	862,850.51
合计	77,899,157.80	5,025,486.44	99,889,243.30	6,409465.20

6、预付帐款

(1)帐龄分析

帐龄	1999 年 12 月 31 日		2000 年 12 月 31 日	
	金额(元)	比例(%)	金额(元)	比例(%)
1 年以内	642,149.97	99.70	6,418,697.34	91.57
1-2 年	1,940.00	0.30	591,200.00	8.43
合计	644,089.97	100	7,009,897.34	100

(2) 欠款金额前五名单位明细情况如下

单位名称	金额(元)	欠款时间	欠款原因
贺州地区送变电工程有限责任公司	5,889,215.00	1 年内	预付工程款
沈阳铸造厂	550,000.00	1 年内	预付设备款
广西水电工程局	140,000.00	1 年内	预付设备款
天津发电设备机电分厂	95,000.00	1 年内	预付设备款
太原机器厂机电经营部	90,000.00	1 年内	预付设备款

注:(1) 预付帐款中无持公司 5%(含 5%)以上股份的股东单位欠款

(2) 2000 年预付帐款比 1999 年增加 6,365,807.37 元，主要原因是公司 2000 年预付新建和技术改造输变电线路工程款所致。

7、存货及存货跌价准备

项目	1999 年 12 月 31 日余额		2000 年 12 月 31 日余额	
	金额(元)	跌价准备(元)	金额(元)	跌价准备(元)
原材料	7,177,757.19			
备品备件	1,462,890.52	360,487.18	1,796,810.05	79,744.62
低值易耗品	175,190.49	6,327.03	119,305.26	69,222.50
合计	8,815,838.20	366,814.21	1,916,115.31	148,967.12

注:变动幅度超过 30%的原因说明:

2000 年 12 月 31 日较 1999 年 12 月 31 日减少 6,899,722.89 元，减幅 78.27%，主要原因系公司出售中胜火力发电厂，引起存货减少。

8、固定资产及累计折旧

(1)固定资产

类别	1999 年 12 月 31 日余额(元)	本期增加(元)	本期减少(元)	2000 年 12 月 31 日余额(元)
房屋及建筑物	174,150,437.79		57,424,596.39	116,725,841.40
机器设备	213,551,510.46	621,316.57	92,321,364.48	121,851,462.55
运输设备	11,495,211.00	1,767,765.20	5,735,311.00	7,527,665.20
电子仪器、仪表	3,361,410.00	319,910.50	18,400.00	3,662,920.50
输变电设备	109,418,481.04	1,075,425.32	459,694.59	110,034,211.77
其他设备	4,556,460.95	1,006,871.84	32,000.00	5,531,332.79
合计	516,533,511.24	4,791,289.43	155,991,366.46	365,333,434.21

(2)累计折旧

类别	1999 年 12 月 31 日余额(元)	本期增加(元)	本期减少(元)	2000 年 12 月 31 日余额(元)
房屋及建筑物	77,037,236.89	3,360,797.23	16,533,084.94	63,864,949.18
机器设备	133,497,590.64	8,005,071.09	44,373,613.18	97,129,048.55
运输设备	4,701,956.73	746,624.93	2,927,322.18	2,521,259.48
电子仪器、仪表	1,075,031.86	188,357.34	14,211.48	1,249,177.72
输变电设备	44,947,988.50	3,543,355.99	10,134.63	48,481,209.86
其他设备	1,726,153.68	524,729.15	29,614.01	2,221,268.82
合计	262,985,958.30	16,368,935.73	63,887,980.42	215,466,913.61
净值	253,547,552.94			149,866,520.60

注:(1) 固定资产及累计折旧 2000 年 12 月 31 日比 1999 年 12 月 31 日分别减少 155,991,366.46 元和 63,887,980.42 元，其主要原因是公司将中胜火电厂全部资产有偿转让给贺州地区电业公司所致，其中:转让固定资产 153,912,938.87 元，其相应的累计折旧 62,921,466.58 元。(2) 固定资产无抵押担保情况。

9、在建工程

名称	1999 年 12 月 31 日余额(元)	本期增加(元)	本期转入固定资产数(元)	本期转入其他数(元)	2000 年 12 月 31 日余额(元)	款项来源	工程进度
近区变电站技改	313,710.73		313,710.73			自筹资金	100
电脑网络工程		351,472.37	351,472.37			自筹资金	100
发电机空气冷却器改造		369,702.34	185,564.75		184,137.59	自筹资金	504
# 机调速器改造		315,599.65			315,599.65	自筹资金	70
八羊 I 线改造工程		231,690.82	231,690.82			自筹资金	100
发电机微机保护		526,168.42			526,168.42	自筹资金	40
运输设备		2,173,238.20	2,173,238.20			自筹资金	
其他工程	825152.01	1,083,756.49	282,421.10	516,429.16	1110058.24	自筹资金	
合计	1176624.38	5013866.65	3,538,097.97	516,429.16	2,135,963.90	自筹资金	

注:在建工程本期发生额中无资本化利息。

10、短期借款

借款类别	到期日(年.月.日)	2000 年 12 月 31 日余额(元)	年利率(%)
担保借款:			
中行贺州支行	2001.3.6.	2,000,000.00	6.435
交行南宁分行	2001.4.1	10,000,000.00	6.435
合计		12,000,000.00	

注:以上贷款均由贺州地区电业公司提供担保。

11、应付帐款

(1) 帐龄分析

帐龄	1999 年 12 月 31 日余额		2000 年 12 月 31 日余额	
	金额(元)	比例(%)	金额(元)	比例(%)
1 年以内	28,074,974.41	100	5,371,761.46	100
合计	28,074,974.41	100	5,371,761.46	100

注:变动幅度超过 30%的原因:主要在于公司本年度归还应付外购电费款所致.

(2) 主要客户明细情况如下:

客户名称	金额(元)	款项性质
广西梧州供电局	3,473,691.44	购电款
广西桂能昭平水电厂	1,211,082.37	购电款

(3) 欠持本公司 5%(含 5%)以上股份的股东单位款项见附注五

12、应付股利

股东名称	1999 年 12 月 31 日余额(元)	2000 年 12 月 31 日余额(元)
广西贺州地区电业公司	41,744,267.00	38,764,398.75
广西那板水力发电厂	155,840.76	144,716.25
广西贺州供电股份有限公司	54,754.87	50,846.25
广西昭平县电力公司	54,754.87	50,846.25
广西钟山县电力公司	54,754.87	50,846.25
广西富川瑶族自治县电力公司	54,754.87	50,846.25
合计	42,119,127.24	39,112,500.00

注:1999 年 11 月 9 日公司临时股东大会决议，如公司 2000 年股票发行成功，1999 年度利润由发起人股东享有，2000 年 1 月 1 日以后的利润由新老股东共享。

公司普通股股票获证监会批准上市发行时间为 2001 年 1 月，因此，根据公司 2001 年 2 月 13 日召开的一届十次董事会决议，公司 2000 年度所实现的可供股东分配的利润按每 10 股派发 3.5 元的比例，以现金方式分配给原发起人股东。

五、关联方关系及其交易

(一) 关联方关系

1、存在控制关系的关联方

企业名称	注册地址	主营业务	与本企业的关系	经济性质	法定代表人	注册资本(万元)
广西贺州地区电业公司	贺州市八步镇平安西路 12 号	水力电力供应、管理	母公司	国有	李志荣	3284

2、存在控制关系的关联方所持股份变化

企业名称	1999 年 12 月 31 日(万元)	本期增加(万元)	本期减少(万元)	2000 年 12 月 31 日(万元)
广西贺州地区电业公司	11075			

3、不存在控制关系的关联方

企业名称	与本企业关系
广西桂能电力有限公司	同一母公司
广源股份有限公司	同一母公司

(二) 关联方交易

1、购买电力。本公司向关联方购买电力，明细资料如下:

企业名称	2000 年度		1999 年度	
	金额(元)	占外购电比例(%)	金额(元)	占外购电比例(%)
广西桂能电力有限责任公司	52,035,476.60	20.93	50,249,805.40	31.64
广西贺州地区电业公司中胜火电厂	43,700,722.31	17.54		
广西贺州地区电业公司龟石水管处	765,882.86	0.31	2,442,702.06	1.54

注:(1) 公司向广西贺州地区电业公司龟石水管处购买电力，依据贺州地区物价局贺地价(1997)8 号文。具体购电价(含税)为:丰水期 0.135 元/千瓦时，枯水期 0.18 元/千瓦时。

(2) 2000 年 6 月 25 日,公司与广西贺州地区电业公司签订协议,2000 年 6 月 30 日以后,公司将向贺州地区电业公司中胜火电厂购买电力,依据双方签订的协议,并经贺州地区物价局批准的价格执行,购电价格(含税)为:0.30 元/千瓦时(2000 年 7 月 1 日至 2001 年 6 月 30 日)

(3) 公司向广西桂能电力有限责任公司购买电力，依据双方签定的协议，并经贺州地区物价局批准的价格执行。公司 1-6 月平均购电价(含税)为 0.25 元/千瓦时，7-9 月公司根据经贺州地区物价局价格调整补充通知，对购电价格作出调整，调整后全年平均购电价(含税)为 0.2433 元/每千瓦时。

2、关联方应收应付款项余额

报表项目:应付帐款

项目	1999 年 12 月 31 日(元)	2000 年 12 月 31 日(元)	款项性质
广西桂能电力有限责任公司	375,605.77	1,211,082.37	购电款
广西贺州地区电业公司中胜火电厂		329845.10	购电款
广西贺州地区电业公司龟石水利管理处	381,445.82	282,240.67	购电款

3、其他关联方交易

(1) 2000 年 6 月经贺州地区国有资产管理局批准、公司股东大会决议，公司与贺州地区电业公司签订《资产转让协议》，以 2000 年 4 月 30 日为基准日，中胜火电厂的帐面净资产 38,029,888.78 元，评估后的净资产 36,089,282.22 元，转让给贺州地区电业公司。双方约定资产评估日至资产交接日中胜火力发电厂产生的利润由公司享有，并且中胜火力发电厂资产发生正常的变化应对价格做相应的调整。2000 年 6 月 30 日中胜火力发电厂帐面净资产 36,708,998.13 元，双方成交价为 34,768,391.57 元。公司已于 2000 年 6 月 30 日与广西贺州地区电业公司办理完资产交接手续，并且全额收到 34,768,391.57 元现金价款。

(2) 公司与广西贺州地区电业公司签订了《土地租赁协议》，租赁广西贺州地区电业公司土地面积为 18038.6 平方米，年租金为 36077 元。

(3) 公司与广西贺州地区电业公司签订了《服务协议》，广西贺州地区电业公司为本公司提供职工医务室、学校、幼儿园、职工食堂等综合服务，上述服务价格按下列原则确定:

A、有市场价格的，依市场价格;

B、有国家或行政部门定价的，从该定价。

双方就服务项目及价格每年审定一次，每年年底结算。

2000 年 6 月公司转让中胜火力发电厂后，与广西贺州地区电业公司重新核定了 2000 年的结算价格。

综合服务明细资料如下:

年份	2000 年度	1999 年度	结算方式
服务项目	金额	金额	
医务室	13.6 万元	12.5 万元	按年结算
幼儿教育	9 万元	8.4 万元	按年结算
中、小学教育	67 万元	63.3 万元	按年结算
职工食堂	35.4 万元	35.8 万元	按年结算
合计	125 万元	120 万元	

(4) 公司长、短期借款 4700 万元全部由贺州地区电业公司提供担保，长期借款担保的最后期限为 2002 年 1 月。

(5) 公司与广西贺州地区电业公司于 2000 年 6 月 25 日签订了《广西贺州地区电业公司向广西桂东电力股份有限公司转让广西桂能电力有限责任公司增资认缴权协议书》，双方约定:公司一旦向社会公众发行股票并在交易所上市，一年内广西贺州地区电业公司须将其持有广西桂能电力有限责任公司 71.09%股权的增资认缴权转让给公司，转让金为人民币一元。

六、或有事项、承诺事项

公司截止报告日期没有需要披露影响会计报表阅读的或有事项、承诺事项。

七、期后事项

(1) 公司于 2001 年 1 月 9 日获中国证券监督管理委员会证监发行字 [2001]4 号文批准，于 2001 年 1 月 12 日在上海交易所发行人民币普通股 4500 万股。

(2) 公司于 2001 年 2 月 12 日召开一届十次董事会会议，该次董事会审议通过如下决议:

A、公司 2000 年度可供股东分配利润以 2000 年 12 月 31 日的总股本 11175 万股为基数，每 10 股派发现金 3.5 元，剩余未分配利润结转下一年度。

B、公司拟在 2001 年度进行一次利润分配，2001 年度实现净利润用于股利分配的比例为 50%左右，采取送股或派发现金等形式。

C、通过了投资参股广西证券有限公司的议案,具体投资参股金额、比例待定。

十、董事会上市承诺

本公司董事会将严格遵守《中华人民共和国公司法》、《中国人民共和国证券法》、《股票发行与交易管理暂行条例》、《公开发行股票公司信息披露实施细则》和《上海证券交易所股票上市规则》等有关法律、法规规定,并自股票上市之日起作出如下承诺:

1、按照法律、法规的规定程序和要求披露重大信息,并接受证券主管机关、上海证券交易所的监督管理;

2、及时准确地公布中期报告和年度报告,并置于规定场所供股东查阅;

3、本公司董事、监事及高级管理人员如发生人事变动或持本公司股票发生变化时,在报告证券主管机关、上海证券交易所的同时向投资者公布;

4、在任何公众传播媒介出现的消息可能对公司股票的市场价格产生误导性影响时,本公司知悉后将及时对消息进行公开澄清;

5、本公司董事、监事及高级管理人员将听取社会公众的意见与批评,不利用已获得的内幕消息和其他不正当手段直接或间接从事股票买卖活动;

6、本公司没有无记录负债。依据《上海证券交易所股票上市规则》,本公司全体董事、监事将按照有关规定,在本公司股票上市后两个月内签署《董事(监事)声明及承诺书》并送达上海证券交易所备案。

十一、重要事项提示

1、依据广西壮族自治区人民政府桂政函[1998]60 号文《关于广西桂东电力股份有限公司企业所得税有关问题的批复》规定:公司成立之日起 3 年内,按 33%法定税率缴纳所得税后,再由贺州地区财政返还 18%。2002 年以后,公司将不再享受该项优惠政策,按 33%计算缴纳所得税。

2、公司于 2001 年 2 月 12 日召开一届十次董事会会议,该次董事会审议通过如下决议,以下决议有待于股东大会通过:

A、公司 2000 年度可供股东分配利润以 2000 年 12 月 31 日的总股本 11175 万股为基数,每 10 股派发现金 3.5 元,剩余未分配利润结转下一年度。

B、公司拟在 2001 年度进行一次利润分配,2001 年度实现净利润用于股利分配的比例为 50%左右,采取送股或派发现金等形式。

3、根据本公司《招股说明书》中披露:本公司本次公开发行股票后,社会公众股股东与发起人同股同权,共享发行上市当年度年度利润。本公司预计首次股利分配的日期在 2001 年第二季度。具体分配时间由公司股东大会决定。

4、本公司第一大股东广西贺州地区电业公司向上交所郑重承诺,自桂东电力股票上市之日起 12 个月内不转让其持有的发起人股份,也不由上市公司回购其持有的股份。

5、截止本上市公告书刊登之日,本公司没有尚未了结的重大诉讼、仲裁或行政处罚案件,公司董事、监事和高级管理人员亦未受到任何刑事起诉。

6、除本公司招股说明书及其概要和本上市公告书披露的事项外,本公司没有其他应披露而未披露的重要事项。

十二、备查文件目录

1、招股说明书　2、上海证券交易所上市通知书　3、审计报告、财务报表及附注
4、资产评估报告　5、法律意见书　6、验资报告　7、公司章程　8、公司营业执照
9、中国证监会批准本公司公开发行股票的文件　10、其他文件

十三、咨询机构

1.发行人:广西桂东电力股份有限公司
住所:广西壮族自治区贺州市平安西路 12 号
法定代表人:温昌伟
电话:0774-5297796、5297881　传真:0774-5283343　联系人:刘世盛、陆培军
2.上市推荐人:海通证券有限公司　法定住所:上海市唐山路 218 号
法定代表人:王开国　联系地址:上海市淮海中路 138 号
联系电话:021-63756385　联系传真:021-63756458　联系人:陈旭华、林新正
国泰君安证券股份有限公司　法定住所:上海市浦东新区商城路 618 号良友大厦
法定代表人:金建栋　联系地址:深圳市春风路 2008 号
联系电话:0755-2175560　联系传真:0755-2296188　联系人:于吉鑫、顾显波

广西桂东电力股份有限公司
2001 年 2 月 12 日

资产负债表

编制单位:广西桂东电力股份有限公司　单位:人民币元

资产	1997 年 12 月 31 日	1998 年 12 月 31 日	1999 年 12 月 31 日	2000 年 12 月 31 日
流动资产:				
货币资金	10539478.82	17735067.56	37970754.5	33331722.71
短期投资	70000			
减:短期投资跌价准备				
短期投资净额	70000			
应收票据				500000
应收帐款	42791967.17	54874093.65	72271314.87	93013676.19
其它应收款	12206628.99	12956235.13	5627842.93	10081786.76
减:坏帐准备	2749929.81	3464673.99	5025486.44	6409465.2
应收帐款净额	52248666.35	64365654.79	72873671.36	96685997.75
预付帐款	562445.85	884014.33	644089.97	7009897.34
应收补贴款			465936	
存货	6566828.08	4562931.41	8815838.2	1916115.31
减:存货跌价准备			366814.21	148967.12
存货净额	6566828.08	4562931.41	8449023.99	1767148.19
待摊费用	743729.94			
待处理流动资产净损失				
一年内到期的长期债权投资				
其它流动资产				
流动资产合计	70731149.04	87547668.09	120403475.82	139294765.99
固定资产:				
固定资产原值	357893597.98	506183768.8	516533511.24	365333434.21
减:累计折旧	130203266.1	243622799.82	262985958.3	215466913.61
固定资产净值	227690331.88	262560968.98	253547552.94	149866520.6
工程物资				
在建工程	1787422.97	2502111.37	1176624.38	2135963.9
固定资产清理				
待处理固定资产净损失				
固定资产合计	229477754.85	265063080.35	254724177.32	152002484.5
资产总计:				
资产总计	300208903.89	352610748.44	375127653.14	291297250.49
流动负债:				
短期借款	44170000	70700000	68700000	12000000
应付帐款	28395443.13	31768315.81	28074974.41	5371761.46
应付工资	630399.22	1766215.16		
应付福利费	-235461.37	739490.43	233036.73	43909.92
应付股利			42119127.24	\ 39112500
应付税金	9503540.12	11101809.19	14437846.42	9846448.68
其它应交款	1064330.96	1843921.84	1193743.23	84786.77
其它应付款	17079316.42	10774305.25	3911584.51	3020786.99
预提费用		57817.88	63964	21450
一年内到期的长期负债	37431000	14000000		15063525
其它流动负债				
职工奖励及福利基金				
流动负债合计	138038568.48	142751875.56	158734276.54	84565168.82
长期负债:				
长期借款	39858357.58	35015263.66	37062125	20000000
长期负债合计	39858357.58	35015263.66	37062125	20000000
负债合计:				
负债合计	177896926.06	177767139.22	195796401.54	104565168.82
少数股东权益:				
少数股东权益				
股东权益:				
股本		111750000	111750000	111750000
资本公积金		60148464.44	60148464.44	60148464.44
盈余公积		441771.72	7432787.16	14409786.67
其中:公益金		147257.24	2477595.72	4803262.22
未确认的外资损失				
未分配利润		2503373.06		423830.56
外币报表折算差额				
股东权益合计	122311977.83	174843609.22	179331251.6	186732081.67
负债和股东权益总计:				
负债和股东权益总计	300208903.89	352610748.44	375127653.14	291297250.49

利润及利润分配表

编制单位:广西桂东电力股份有限公司　单位:人民币元

项目	1997 年度	1998 年度	1999 年度	2000 年度
一、主营业务收入	201866485.64	249770702.87	339147063.67	400136833.92
减:折扣与折让				
主营业务收入净额	201866485.64	249770702.87	339147063.67	400136833.92
减:主营业务成本	127301188.45	170102130.94	257584440.85	317526831.53
主营业务税金及附加	1412821.38	1772341.95	1911449.96	2020533.71
二、主营业务利润	73152475.81	77896229.98	79651172.86	80589468.68
加:其他业务利润				-5347.54
减:存货跌价损失			366814.21	6261.36
营业费用	119631.46	207430	456285	813074.51
管理费用	9376612.49	13405914.08	15510601.97	16566702.64
财务费用	14833880.19	12971676.8	8440464.84	4936291.92
三、营业利润	48822351.67	51311209.1	54877006.84	58261790.71
加:补贴收入			10365936	
营业外收入	1667848.14	333023.04	459908.15	370946.99
以前年度损益调整				
减:营业外支出	523033.37	294053.02	91865.36	2279510.26
分给外单位利润				
四、利润总额	49967166.44	51350179.12	65610985.63	56353227.44
减:所得税	9008749.67	10001038.46	19004216.01	9839897.37
五、净利润	40958416.77	41349140.66	46606769.62	46513330.07
加:年初未分配利润		-2749929.81	2503373.06	
减:股份公司成立前利润分配				
六、可供分配的利润		2945144.78	49110142.68	46513330.07
减:提取法定盈余公积金		294514.48	4660676.96	4651333.01
提取法定公积金		147257.24	2330338.48	2325666.5
提取职工奖励福利基金				
七、可供股东分配的利润		2503373.06	42119127.24	39536330.56
减:应付优先股股利				
提取任意盈余公积金				
应付普通股股利			42119127.24	39112500
转作股本的普通股股利				
八、未分配利润		2503373.06		423830.56

主要财务指标:

单位:人民币元

项目	2000 年	1999 年	1998 年
主营业务收入(元)	400136833.92	339147063.67	249770702.87
净利润(元)	46513330.07	46606769.62	41349140.66
总资产(元)	291297250.49	375127653.14	352610748.44
股东权益(元)	186732081.67	179331251.60	174843609.22
每股收益(元/股)	0.4162	0.4171	0.37
加权(元/股)	0.4162	0.4171	0.37
扣除大量经常性损益后的每股收益(元/股)	0.43	0.4171	0.37
每股净资产(元/股)	1.67	1.60	1.56
调整后的每股净资产(元/股)	1.67	1.60	1.56
每股经营活动产生的现金流量净额(元/股)	0.29	0.46	0.27
净资产收益率(%)	24.91	25.99	23.47
加权(%)	25.41	26.08	

注:主要财务指标计算公式:

每股收益=净利润/年度末普通股份总数

每股净资产=年度末股东权益/年度末普通股股份总数

每股经营活动产生的现金流量=经营活动产生的现金流量净额/年度末普通股股份总数

净资产收益率=净利润/年度末股东权益×100%

调整后的每股净资产=[年度末股东权益-三年以上的应收款项净额-待摊费用-待处理(流支、固定)资产净损失-开办费-长期待摊费用-住房周转金负数余额]/年度末普通股股份总数

加权平均每股收益=当期净利润/期末普通股股份总数

加权平均净资产收益率=当期净利润/[(期初净资产+期末净资产/2]

甘肃荣华实业(集团)股份有限公司

甘肃荣华实业(集团)股份有限公司上市公告书

上市推荐人　国通证券有限责任公司
光大证券有限责任公司
中国银河证券有限责任公司

★股票简称:荣华实业
★股票代码:600311
★上市日期:2001年6月26日
★上市地点:上海证券交易所
★股本总额:200,000,000元
★可流通股本:80,000,000元
★本次上市流通股本:80,000,000元
★股份登记机构:上海证券中央登记结算公司

重要提示

本公司董事会保证上市公告书的真实性、准确性、完整性,全体董事承诺上市公告书不存在虚假记载、误导性陈述或重大遗漏,并承担个别和连带的法律责任。

根据《公司法》、《证券法》等有关法律、法规的规定,本公司董事、高级管理人员已依法履行诚信和勤勉尽责的义务和责任。

上海证券交易所、中国证监会、其他政府机关对本公司股票上市及有关事项的意见,均不表明对本公司的任何保证。

本公司提醒广大投资者注意,凡本上市公告书未涉及的有关内容,请投资者查阅2001年5月25日刊载于《中国证券报》、《上海证券报》、《证券时报》的本公司招股说明书摘要,及刊载于上海证券交易所网站(http://www.sse.com.cn)的本公司招股说明书全文。

一、概览

股票简称:　荣华实业
股票代码:　600311
股本总额:　200,000,000元
可流通股本:　80,000,000元
本次上市流通股本:　80,000,000元
上市地点:　上海证券交易所
上市日期:　2001年6月26日
股份登记机构:　上海证券中央登记结算公司
上市推荐人:　国通证券有限责任公司
光大证券有限责任公司
中国银河证券有限责任公司

本公司公开发行股票前股东所持股份的流通限制及期限:根据国家现有法律、法规规定和中国证监会证监发行字[2001]32号《关于核准甘肃荣华实业(集团)股份有限公司公开发行股票的通知》,本公司的国有法人股和其他法人股暂不上市流通。

本公司公开发行股票前最大股东--甘肃省武威淀粉厂承诺:自本公司股票上市之日起12个月内,不转让所持有本公司的股份,也不由本公司回购该部分股份。

二、绪言

甘肃荣华实业(集团)股份有限公司(以下简称"本公司")上市公告书是根据《中华人民共和国公司法》、《中国人民共和国证券法》、《股票发行与交易管理暂行条例》、《公开发行股票公司信息披露实施细则》和《上海证券交易所股票上市规则》等有关法律、法规的规定,按照中国证券监督管理委员会制定的《公开发行证券的公司信息披露内容与格式准则第7号-股票上市公告书》而编制。

经中国证券监督管理委员会证监发行字[2001]32号文核准,本公司已于2001年5月30日成功地采取上网定价发行方式向社会公开发行了每股面值1.00元的人民币普通股8000万股,每股发行价为8.60元。

经上海证券交易所上证上字[2001]92号《上市通知书》同意,本公司8000万股社会公众股将于2001年6月26日起在上海证券交易所挂牌交易,股票简称"荣华实业",股票代码为600311。

本公司已于2001年5月25日分别在《中国证券报》、《上海证券报》、《证券时报》上刊登了《招股说明书概要》。招股说明书正文及其附注材料可以在上海证券交易所网站(http://www.sse.com.cn)查询。招股说明书及其引用的财务资料距今不足六个月,与其重复的内容不再重述,敬请投资者查阅上述内容。

三、公司概况

(一)本公司基本情况

1、法定名称:甘肃荣华实业(集团)股份有限公司
英文名称:GANSU RONGHUA INDUSTRY GROUP CO.,LTD.
2、注册资本金:200,000,000元
3、法定代表人:张严德
4、住所:　甘肃省武威市东关街荣华路1号(733000)
成立日期:　1998年11月12日
5、经营范围:　淀粉及其副产品、饲料、包装材料、塑料制品的生产、批发零售,建筑材料、农副产品的批发零售(不含粮食批发)、农业种植、养殖;本企业及成员企业自产产品及相关技术的出口;本企业生产、科研所需的原辅材料、机械设备、仪器仪表、零部件及相关技术的进口、本企业的进料加工和"三来一补"(均不含国家限制和禁止的项目);玉米收购。
6、所属行业:　粮食及饲料加工业
7、电话:(0935)2292183
传真:(0935)2292328
8、董事会秘书:刘永

(二)本公司历史沿革

本公司是经甘肃省人民政府甘政函[1998]71号文批准,由甘肃省武威淀粉厂作为主发起人,联合甘肃省武威荣华工贸总公司、甘肃省武威塑料农膜厂、甘肃宜发投资发展有限公司和甘肃省武威饴糖厂共同发起设立,于1998年11月12日在甘肃省工商行政管理局注册成立的股份有限公司,注册资本12000万元。

主发起人甘肃省武威淀粉厂以其所属的淀粉分厂经评估后的生产经营性净资产7384万元作为出资,甘肃省武威荣华工贸总公司以所属的荣华淀粉厂(非独立法人)经评估后的生产经营性净资产5083万元作为出资,甘肃省武威塑料农膜厂以农膜分厂经评估后的生产经营性净资产5077万元作为出资,甘肃宜发投资发展有限公司和甘肃武威饴糖厂分别以现金500万元和417万元作为出资,发起人投入股份公司净资产总计18461万元,按1:0.65的比例分别折合4800万股、3305万股、3300万股、325万股和270万股,分别占总股本12000万股的40.00%、27.53%、27.50%、2.71%和2.26%。

经中国证监会"证监发行字[2001]32号"文核准,2001年5月30日本公司在上海证券交易所以上网定价方式向社会公众发行了8000万股人民币普通股(A股)股票,每股面值1.00元,每股发行价8.60元,本次发行后,本公司总股本为20000万股,并已于2001年6月8日在甘肃省工商行政管理局变更了注册登记,注册资本变更为20000万元。

(三)本公司主要经营情况

1、竞争优劣势及面临的主要竞争状况

本公司已具备年产20万吨玉米淀粉的生产能力,是西部地区最大的玉米淀粉生产企业,本公司生产淀粉具有独到的优势:

A、原料优势:本公司所在地西北河西走廊是全国著名的商品粮基地,其玉米资源丰富、具备玉米品质和价格优势,为淀粉生产提供了源源不断的加工原料。

B、能源优势:利用西北地区丰富和廉价的电力、煤炭供应条件,可降低能源消耗成本。

C、地域优势:全国较大型的淀粉生产企业大都集中在山东、吉林、河北等东部地区,同行业争原料、争市场的现象比较激烈。而西部地区与我公司淀粉生产规模相当的生产企业几乎没有,便于我公司充分发挥规模优势。

本公司目前尚存在产品市场集中在西部、对国内其他地区以及对产品出口方面投入销售力量不足的竞争劣势。

2、主要财务指标。

项目指标	2000年	1999年	1998年
1.资产负债率(%)	45.54	50.43	42.92
2.流动比率	1.12	0.93	0.91
3.速动比率	0.22	0.41	0.48
4.应收帐款周转率	19.69	19.00	15.03
5.存货周转率	4.81	6.49	9.94
6.无形资产占总资产的比例(%)	0	0	0
7.无形资产占净资产的比例(%)	0	0	0
8.研究与开发费用占主营业务收入比例(%)	-	-	-
9.每股净资产	1.81	1.66	1.54
10.净资产收益率(摊薄、%)	20.26	19.41	12.96
11.每股净收益(摊薄、元)	0.367	0.323	0.200
12.每股经营活动的现金流量	0.46	0.03	-

注:作为淀粉生产型企业,本公司采用的是通用技术,未单设研究开发部门,也未单列有关经费,故没有研究与开发费用占主营业务收入比例的指标数据。

上表中的净资产收益率和每股收益是根据报告期净利润,按照全面摊薄法计算出来的。根据中国证监会《公开发行证券公司信息披露编报规则(第九号)》要求,报告期全面摊薄和加权平均的净资产收益率、每股净收益计算分析如下:

2000年	净资产收益率%		每股收益(元/股)	
	全面摊薄	加权平均	全面摊薄	加权平均
主营业务利润	43.10	42.25	0.781	0.781
营业利润	30.25	29.65	0.548	0.548
净利润	20.26	19.86	0.367	0.367
扣除非经常性损益后的净利润	20.27	19.87	0.367	0.367

3、主要知识产权、特许经营权和非专利技术情况

在知识产权方面,本公司目前仅在商标使用方面涉及。正在办理权属变更手续的"荣兴"牌商标注册有效期至2007年4月20日;已得到国家工商行政管理局的核准转让通知的"兰达"牌商标注册有效期至2005年12月20日。

本公司不存在特许经营情况,也无非专利技术。

4、享有的财政税收优惠政策。

本公司目前所得税方面不享有优惠政策。在增值税方面,农膜收入按《中华人民共和国增值税暂行条例实施细则》免征增值税;淀粉副产品按财政部、国家税务总局(1998)78号文规定免征增值税。

四、股票发行与股本结构

(一)本次上市股票的公开发行

1、发行日期:　2001年5月30日
2、发行数量:　80,000,000股
3、股票发行价格:8.60元
4、募集资金总额:688,000,000元(含发行费用)
5、发行方式:　上网定价发行
6、发行费用总额及项目　20,300,000元,包括承销费用、审计费、资产评估费用、土地评估费用、律师费用、上网发行手续费、审核费。
7、每股发行费用:　0.25元
8、中签率:　0.17634905%
9、有效申购户数:　1,914,342户
10、有效申购股数:　45,364,576,000股
11、持1000股以上(含1000股)的户数:　66687户
12、发行市盈率:　34.13(全面摊薄)

(二)股票承销情况

本公司于2001年5月30日公开发行的人民币普通股80,000,000股由社会公众及合格的机构投资者全额认购,承销团成员无余额包销。

(三)验资报告

验资报告

甘肃荣华实业(集团)股份有限公司全体股东:

我们接受委托,对甘肃荣华实业(集团)股份有限公司截止2001年6月7日止的股本变更情况

的真实性和合法性进行了审验。在审验过程中,我们按照《独立审计实务公告第1号-验资》的要求,实施了必要的审验程序。甘肃荣华实业(集团)股份有限公司的责任是提供真实、合法、完整的验资资料,保护资产的安全、完整。我们的责任是按照《独立审计实务公告第1号-验资》的要求,出具真实合法的验资报告。

甘肃荣华实业(集团)股份有限公司变更前的注册资本为人民币120,000,000元,股本为120,000,000元。已由甘肃会计师事务所甘会验字[1998]第036号验资报告予以验证。甘肃荣华实业(集团)股份有限公司变更后的注册资本为人民币200,000,000元,股本为200,000,000元。根据我们的审验,截至2001年6月7日止,甘肃荣华实业(集团)股份有限公司增加的投入资本为667,700,000元,变更后的投入资本总额为捌亿伍仟贰佰叁拾壹万壹仟壹佰伍拾玖元伍角贰分(852,311,159.52元),其中实收资本为人民币200,000,000元,资本公积652,311,159.52元。

五联联合会计师事务所有限公司　　中国注册会计师:赵　燕

中国注册会计师:刘志文

民主东路249号甘肃移动通讯大厦五层　　二00一年六月七日

(四)募集资金入帐情况:

入帐时间:　2001年6月7日

入帐金额:　667,700,00元

入帐帐号:　0160158069

开户银行:　交通银行兰州分行

(五)本次股票上市前股权结构和股东持股情况

1、本公司本次上市前的股本结构

股份类别	股份数量(股)	占总股本的比例(%)
(1)尚未流通股份:		
发起人股份	120,000,000	60.00
其中:国家持有股份	0	0
国有法人持有股份	48,000,000	24.00
境内法人持有股份	72,000,000	36.00
境外法人持有股份	0	0
(2)可流通股份:		
境内上市人民币普通股:	80,000,000	40.00
境内上市外资股	0	0
境外上市外资股	0	0
(3)总股本	200,000,000	100.00

2、本次上市前,本公司前十名股东持股数及比例

序号	股东名称	持股数量(万股)	持股比例(%)
1	甘肃省武威淀粉厂	4800	24.00
2	甘肃省武威荣华工贸总公司	3305	16.52
3	甘肃省武威塑料农膜厂	3300	16.50
4	甘肃宜发投资发展有限公司	325	1.63
5	甘肃省武威饴糖厂	270	1.35
6	中信证券	33.2	0.415
7	兴和基金	29.2	0.365
8	国信证券	28.9	0.361
9	广发证券	26.1	0.326
10	同盛基金	20.5	0.256

五、董事、监事、高级管理人员及核心技术人员

(一)董事、监事、高级管理人员和核心技术人员简介

1、董事

张严德,男,现年40岁,中共党员,高中文化,经济师。历获"全国乡镇企业家"、"全国优秀青年乡镇企业家"、"全国乡镇企业科技进步先进工作者"、"全国劳动模范"、"优秀共产党员"、"全国农业科技先进工作者"等荣誉称号,系中国青年乡镇企业家协会常务理事、中国淀粉工业协会理事、甘肃省九届人大代表,具有丰富的企业经营管理经验,曾任甘肃省武威荣华工贸总公司总经理。现任本公司董事长。

严新林,男,现年43岁,中共党员,大专文化,会计师。曾先后在甘肃省武威县财政局、武威市政府办公室、武威市国有资产管理局工作,后调入甘肃省武威淀粉厂任厂长。曾获"甘肃省劳动模范"、"全国劳动模范"荣誉称号。现任甘肃省武威淀粉厂厂长、本公司副董事长。

孙效东,男,现年46岁,中共党员,大专文化,工程师。曾在甘肃省武威市六中任教,并在甘肃省武威汽车配件厂先后担任企业管理办公室主任、副厂长等职,后调入甘肃省武威淀粉厂任副厂长。现任甘肃省武威淀粉厂副厂长,本公司董事。

卢万发,男,现年51岁,中共党员,中专文化,工程师。曾先后在甘肃省武威县二轻局、武威市乡镇企业局建筑工程公司工作,后调入甘肃省武威饴糖厂任厂长。曾获"甘肃省优秀企业家"荣誉称号。现任甘肃省武威饴糖厂厂长,本公司董事。

严其林,男,现年46岁,中共党员,中专文化。曾在甘肃省武威县高坝中学任教,并先后担任甘肃省武威县高坝乡人民政府办公室主任、经委主任,后调入甘肃省武威塑料农膜厂,先后担任副厂长、厂长等职。现任甘肃省武威塑料农膜厂厂长,本公司董事。

张百生,男,现年47岁,中共党员,中专文化。于1973年入伍,复员后分配至甘肃省武威县高坝乡人民政府任武装干事、经委副主任等职,后调入甘肃省武威塑料农膜厂担任副厂长。现任甘肃省武威塑料农膜厂副厂长,本公司董事。

赵承杰,男,现年51岁,中共党员,中专文化。曾先后在武威市农电站、武威市乡镇企业管理局工作,后调入甘肃省武威饴糖厂任副厂长。现任甘肃省武威饴糖厂副厂长,本公司董事。

王宝玉,男,现年43岁,中共党员,大学文化。现任甘肃宜发投资发展有限公司总经理,本公司董事。

杜建萍,女,现年31岁,中共党员,大学文化,会计师。毕业后分配到甘肃省武威荣华工贸总公司先后担任会计、财务处长等职。现任本公司董事、财务总监。

2、监事

杨天保,男,现年51岁,中共党员,中专文化。1970年入伍,复员后分配至甘肃省武威县广播局工作。曾任甘肃省武威县乡镇企业管理局党组书记,后调入甘肃省武威荣华工贸总公司任党委书记。现任本公司监事会主席、党委书记。

查金堂,男,现年46岁,中共党员,高中文化。1972年入伍,复员后转业至甘肃省武威县司法局工作,后调入甘肃省武威荣华工贸总公司任党委副书记兼法律事务部主任。现任本公司监事。

杨　智,男,现年47岁,中共党员,高中文化。曾先后担任甘肃省武威县工会办公室干事、武威县财政局农场场长等职,后调入甘肃省武威淀粉厂任办公室主任。现任本公司监事、工会主席。

杨廷学,男,现年51岁,中共党员,中专文化。曾先后担任甘肃省武威县高坝人民公社办公室干事、公社会计、高坝镇人民政府经管站站长等职,后调入甘肃省武威塑料农膜厂任财务处处长。现任本公司监事、监察审计部部长。

秦永伟,男,现年39岁,中共党员,高中文化。曾先后担任武警甘肃总队武威支队警通班班长、天祝中队司务长、支队军人服务部经理等职,复员后分配至甘肃省武威淀粉厂任保卫处处长。现任本公司监事。

3、高级管理人员

黄元德,男,现年45岁,中共党员,大学文化,经济师。曾先后担任国营武威县九墩农场副场长、场长、国营武威市复合彩印厂厂长等职,后调入甘肃省武威淀粉厂任副厂长,曾荣获"甘肃省优秀企业家"称号,具有丰富的企业经营管理经验。现任本公司总经理。

朱生平,男,现年33岁,中共党员,大专文化。毕业后分配至甘肃省武威市财政局工作,后调入甘肃省武威淀粉厂任生产技术处处长。现任本公司副总经理兼生产技术部部长、技术负责人。

刘　永,男,现年34岁,中共党员,大专文化。毕业后分配至甘肃省武威市人事局工作,后调入甘肃省武威淀粉厂任办公室副主任。现任本公司副总经理兼董事会秘书。

刘国伟,男,现年35岁,中共党员,大专文化。毕业后分配至甘肃省武威市高坝镇人民政府工作,后调入甘肃省武威塑料农膜厂任供应处处长。现任本公司副总经理兼办公室主任。

明俊年,男,现年38岁,中共党员,大专文化。毕业后分配至甘肃省武威市高坝镇人民政府任农经干事,后调入甘肃省武威塑料农膜厂任销售处处长。现任本公司副总经理兼供应部部长。

朱生祯,男,现年39岁,中共党员,大专文化。毕业后分配至甘肃省武威市乡镇企业管理局工作,后调入甘肃省武威荣华工贸总公司任销售处处长。现任本公司副总经理兼销售部部长。

李　辉,男,现年31岁,中共党员,大学文化。毕业后分配至甘肃省武威市人事局工作,后调入甘肃省武威荣华工贸总公司任人事劳资处处长。现任本公司副总经理兼人事劳资部部长。

杜建萍,简历同前。

4、核心技术人员

朱生平,简历同前。

(二)公司董事、监事、高级管理人员和核心技术人员持股情况

截止到本上市公告书签署之日,本公司的董事、监事、高级管理人员、技术负责人及核心技术人员不存在以个人持股、家属持股或法人持股的形式持有本公司股份的情况,也不存在持有本公司关联企业股份的情况。

(三)认股权设置和行使情况

截止到本上市公告书签署之日,本公司尚未设置认股权。

六、同业竞争与关联交易

(一)同业竞争情况

在改制过程中,本公司发起人已将与玉米淀粉和农膜生产相关的全部资产作为出资投入。本公司运行至今,五家发起人不存在与本公司从事相同、相似业务的情况。

五家发起人已分别作出承诺,发起人及其所控制的企业今后将不会直接或间接地从事与本公司经营范围相同或相似的业务,如果存在潜在同业竞争的可能,则将有关业务以委托经营、出售等方式来避免,以维护本公司的利益。

(二)关联方和关联关系

根据中国证监会证监发[2001]41号文规定的范围,本公司目前存在的关联方及关联关系如下:

1、关联方

名称	与股份公司关系
甘肃省武威淀粉厂	发起股东
甘肃省武威荣华工贸总公司	发起股东
甘肃省武威塑料农膜厂	发起股东
甘肃宜发投资发展有限公司	发起股东
甘肃省武威饴糖厂	发起股东
甘肃省武威包装材料厂	发起股东甘肃省武威塑料农膜厂的全资附属企业

2、关联关系

A、股权关系

在关联方中,本公司与五家发起人存在股权关系。甘肃省武威淀粉厂、甘肃省武威荣华工贸总公司、甘肃省武威塑料农膜厂、甘肃宜发投资发展有限公司、甘肃省武威饴糖厂分别持有本公司40%、27.53%、27.50%、2.71%、2.26%的股权。五家发起人按照公司法、公司章程的有关规定享有依照其所持有的股份份额行使表决权、获得股利和其他形式的利益分配等股东权利,并承担相应的股东义务。

B、人事关系

在董事会9名董事中,有2名(包括副董事长)来自甘肃省武威淀粉厂,2名(包括董事长)来自甘肃省武威荣华工贸总公司,2名来自甘肃省武威塑料农膜厂,2名来自甘肃省武威饴糖厂,1名来自甘肃宜发投资发展有限公司。除来自甘肃省武威荣华工贸总公司的2名董事现已不在原单位任职外,其余董事皆在原单位担任职务。因此五家发起人可以通过相关董事在董事会中发挥作用,进而对本公司决策产生影响。

C、商业利益关系

本公司因向甘肃省武威荣华工贸总公司采购水、电、汽及运输服务、向其销售胚芽、向甘肃省武威包装材料厂采购包装袋与两家关联方存在商业利益关系。因本公司的水、电、汽及运输服务、包装袋全部由两关联方提供,胚芽也基本上销售给甘肃省武威荣华工贸总公司,因此两关联方有通过商业交易在产品供销数量、时间、质量、价格等方面对本公司施加影响。

(三)关于关联交易

2000年本公司与关联方在产品采购、销售、土地使用权租赁、商标转让等方面存在关联交易,具体如下所示:

1、采购业务

1998年11月15日,本公司与甘肃省武威荣华工贸总公司、甘肃省武威淀粉厂签订了《综合服务协议》,协议有效期5年。根据协议,由甘肃省武威荣华工贸总公司所属的供电所、热电厂、运输公司为本公司提供生产用电、用水、用汽以及运输服务,由甘肃省武威淀粉厂所属的诊所为本公司提供职工医疗服务。

2000年度由甘肃省武威荣华工贸总公司提供运输服务的金额为224,758.10元,供电总金额为35,509,030元,供汽总金额为314,430.86元,供水总金额为1,953,079元。

2000年1月10日,本公司与甘肃省武威包装材料厂签订了《产品采购合同》。自合同生效之日起一年内,公司向甘肃省武威包装材料厂采购淀粉编织袋600万条,单价1.20元。2000年度包装袋采购总金额为8,110,326元。

2、销售业务

1999年11月20日,本公司与甘肃省武威荣华工贸总公司签订了《产品销售合同》。根据合同,自合同生效之日起一年内,本公司向甘肃省武威荣华工贸总公司销售玉米胚芽15000吨,每吨单价为2800元。2000年度销售总金额为58,178,882.00元。

3、土地使用权租赁

1998年11月20日,甘肃省武威荣华工贸总公司、甘肃省武威塑料农膜厂与本公司签署了《〈国有土地使用权租赁合同〉转让协议》,将其分别与甘肃省武威市土地管理局签订的(98)001、(98)002号《国有土地使用权租赁合同》转让给本公司,两合同中约定的承租人的全部权利、义务均由本公司承继,并由本公司向甘肃省武威市土地管理局支付租金。合同约定由本公司租赁使用甘肃省武威市的四宗土地总面积共计170338平方米,租期十年,年租金合计35.8万元人民币。

4、商标许可使用与转让

A、1998年11月16日,本公司与甘肃省武威淀粉厂签订了《注册商标许可使用合同》,由甘肃省武威淀粉厂将其拥有的"荣兴"牌(商标注册证第984122号,核准使用商品第1类,用于工业淀粉)无偿许可给公司使用。2000年4月25日,本公司与甘肃省武威淀粉厂签订了《注册商标转让合同》。根据合同,甘肃省武威淀粉厂将"荣兴"牌注册商标无偿转让给公司,并且在转让协议约定的商标转让权属变更手续办理完结之前,许可本公司继续无偿使用"荣兴"牌注册商标。

B、1998年11月16日,本公司与甘肃省武威包装材料厂签订了《注册商标许可使用合同》,甘肃省武威包装材料厂将其拥有的"兰达"牌(商标注册证第801389号,核准使用商品第17类,用于非包装用塑料膜、塑料管)注册商标无偿许可给公司使用。2000年4月25日,本公司与甘肃省武威包装材料厂的签订了《注册商标转让合同》。根据合同,甘肃省武威包装材料厂将"兰达"牌注册商标无偿转让给本公司,并且在转让协议约定的商标转让权属变更手续办理完结之前,许可本公司继续

无偿使用“兰达”牌注册商标。

五家发起人已分别作出承诺，发起人及其所控制的企业对于今后可能与本公司发生的关联交易，将按照公平合理、平等互利、等价有偿的原则进行；与本公司存在关联交易的发起人还就已分别签署的关联交易协议的公平性、合法性、有效性作出承诺，并承诺将严格履行协议。

七、财务会计资料

公司聘请的审计机构五联联合会计师事务所有限公司对本公司2000年12月31日以前的三年的会计期间报表进行了审计，并出具了标准无保留意见的审计报告。

本公司截止2000年12月31日的财务会计资料，已于2001年5月25日分别在《中国证券报》、《上海证券报》、《证券时报》上刊登的《招股说明书概要》中进行了详细披露，因尚未超出招股说明书有效期限，故相同的内容在此不再重复。欲了解本公司经审计的财务报表及主要财务指标的详细内容，敬请投资者查阅上述报纸或在公告的《招股说明书》查阅地查阅。

(一)财务报表

1、最近三年的简要利润表　　单位：人民币元

项　　目	2000年度	1999年	1998年度
一、主营业务收入	425,126,201.97	391,576,237.90	261,441,744.35
主营业务收入净额	425,126,201.97	391,576,237.90	261,441,744.35
减：主营业务成本	330,202,316.46	320,285,311.22	206,650,747.61
主营业务税金及附加	1,247,298.44	982,801.33	556,825.86
二、主营业务利润	93,676,587.07	70,308,125.35	54,234,170.88
加：其他业务利润			423,775.90
减：存货跌价损失	−154,788.49	−995,194.71	982,539.61
销售费用	10,147,137.50	7,818,827.96	5,017,229.31
管理费用	10,342,850.30	7,355,901.30	3,086,538.40
财务费用	7,597,459.15	10,311,431.71	20,451,525.81
三、营业利润	65,743,928.61	45,817,159.09	25,120,113.65
营业外收入			135,727.00
减：营业外支出	6,000.00		2,650.00
四、利润总额	65,737,928.61	45,817,159.09	25,253,190.65
减：所得税	21,695,496.44	7,050,417.85	1,280,144.66
五、净利润	44,042,432.17	38,766,741.24	23,973,045.99

2、最近三年的简要资产负债表　　单位：人民币元

资　　产	2000年12月31日	1999年12月31日	1998年12月31日
流动资产：			
货币资金	266,444.35	5,672,713.63	24,932,504.51
应收帐款	17,665,053.26	25,504,265.96	15,713,156.60
其他应收款	431,009.59	3,316,303.56	366,303.56
减：坏帐准备	1,092,827.02	1,855,575.42	1,090,022.59
应收款项净额	17,003,235.83	26,964,994.10	14,989,437.57
预付帐款	945,225.33	18,358,574.20	168,031.41
存　货	74,031,059.68	63,209,941.77	35,487,082.88
减：存货跌价准备	35,668.74	190,457.23	1,185,651.94
存货净额	73,995,390.94	63,019,484.54	34,301,430.94
待摊费用			498,446.40
流动资产合计	92,210,296.45	114,015,766.47	74,889,850.83
固定资产：			
固定资产原价	248,852,532.56	248,849,232.56	248,849,232.56
减：累计折旧	40,695,129.07	29,906,798.01	19,098,358.33
固定资产净值	208,157,403.49	218,942,434.55	229,750,874.23
在建工程	79,335,898.10	50,000,000.00	
待处理固定资产净损失			
固定资产合计	287,493,301.59	268,942,434.55	229,750,874.23
无形及其他资产：			
无形资产	18,596,406.57	18,985,987.96	19,375,569.36
开办费	755,341.86	944,177.34	
无形及其他资产合计	19,351,748.43	19,930,165.30	19,375,569.36
资 产 总 计	399,055,346.47	402,888,366.32	324,016,294.42
负债及股东权益	2000年12月31日	1999年12月31日	1998年12月31日
流动负债：			
短期借款		60,000,000.00	45,027,612.00
应付票据			6,000,000.00
应付帐款	1,605,656.29	28,135,262.94	19,157,195.01
预收帐款	3,971,200.26	2,520,002.28	7,930,719.70
应付工资	1,032,968.31	5,583.84	401,907.69
应付福利费	186,683.90	99,297.22	199,939.65
应付股利	26,400,000.00	24,000,000.00	
应交税金	1,944,948.68	4,114,268.29	1,446,023.14
其他未交款	53,319.56	509,046.22	230,495.72
其他应付款	5,717,957.41	3,226,321.35	1,111,002.05
预提费用	157,650.00	27,720.00	630,988.00
一年内到期的长期负债	41,581,599.48		
流动负债合计	82,651,983.89	122,637,502.14	82,135,882.96
长期负债：			
长期借款	99,059,622.56	80,549,556.33	56,945,844.85
长期负债合计	99,059,622.56	80,549,556.33	56,945,844.85
负 债 合 计	181,711,606.45	203,187,058.47	139,081,727.81
股东权益：			
股　本	120,000,000.00	120,000,000.00	120,000,000.00
资本公积	64,611,159.52	64,611,159.52	64,611,159.52
盈余公积	13,107,913.18	6,501,548.35	686,537.17
其中：公益金	4,369,304.40	2,167,182.79	228,845.73
未分配利润	19,624,667.32	8,588,599.98	−363,130.08
股东权益合计	217,343,740.02	199,701,307.85	184,934,566.61
负债及股东权益合计	399,055,346.47	402,888,366.32	324,016,294.42

3、最近一年的简要现金流量表　　单位：人民币元

项　　目	2000年度
一、经营活动产生的现金流量	
销售商品、提供劳务收到的现金	477,609,655.97
收到的其他与经营活动有关的现金	196,995.40
现金流入小计	477,806,651.37
购买商品、接受劳务支付的现金	356,246,416.30
支付给职工及为职工支付的现金	12,755,714.21
实际交纳的增值税款	13,366,443.29
支付的所得税款	24,662,963.23
支付的除增值税、所得税以外的其他税费	4,209,953.13
支付的其他与经营活动有关的现金	11,258,021.15
现金流出小计	422,499,511.31
经营活动产生的现金流量净额	55,307,140.06
二、投资活动产生的现金流量	
现金流入小计	-
购建固定资产、无形资产和其他长期资产所支付的现金	25,884,838.10
现金流出小计	25,884,838.10
投资活动产生的现金流量净额	−25,884,838.10
三、筹资活动产生的现金流量	
现金流入小计	
分配股利或利润所支付现金	24,000,000.00
偿还利息所支付的现金	10,828,571.24
现金流出小计	34,828,571.24
筹资活动产生的现金流量净额	−34,828,571.24
四、汇率变动对现金的影响	
五、现金及现金等价物净增加额	−5,406,269.28

(二)主要项目附注

1、主营业务

本公司主营业务收入占销售收入的100%。1998、1999和2000年主营业务收入分别为261,441,744.35元、391,576,237.90元和425,126,201.97元，同比增幅分别为49.78%和8.57%。2000年主营业务收入继续增长但增幅减缓的主要原因是受市场状况的影响，主要产品玉米淀粉的平均销售价格和农膜的销量下降，而同时本公司的玉米淀粉及其副产品的销量有较大增长，且副产品的价格保持了相对稳定。

1998、1999和2000年主营业务利润分别为54,234,170.88元、70,308,125.35元和93,676,587.07元，同比增幅分别为29.64%和33.24%。本公司主营业务成本主要为原材料玉米的采购成本。2000年主营业务利润的增幅高于1999年，一方面是因为原材料玉米的采购价格下降，另一方面是因为通过加强管理和改善工艺降低了材料和能源耗用，提高了产品的综合收率，因而在产销量大幅增长的同时，主营业务成本的增幅较小，保持了较高的毛利率(1998、1999和2000年的毛利率分别为20.74%、17.96%和22.04%)。

2、资产情况

截止2000年12月31日，本公司资产总额为399,055,346.47元，包括流动资产92,210,296.45元、固定资产287,493,301.59元以及无形及其他资产19,351,748.43元，分示如下：

(1)流动资产

截止2000年12月31日，本公司流动资产主要包括应收帐款和存货。其金额分别占流动资产的19.16%和80.29%。

1999和2000年末应收帐款的余额分别为25,504,265.96元和17,665,053.26元，同比减少7,839,212.70元，减幅达30.74%，2000年12月31日应收帐款构成中一年以内的应收帐款金额为17,663,717.68元，占99.99%，对主要股东甘肃省武威荣华工贸总公司有一笔144,659.10元的应收货款。

1999和2000年末存货的余额分别为63,209,941.77元和74,031,059.68元，同比增长10,821,117.91元，增幅达17.12%。2000年12月31日本公司存货构成中原材料占68.11%，产成品占31.63%。其中：原材料玉米数量为2.7572万吨，金额2,173.96万元，占存货期末数的29.37%，以月消耗3.3万吨计，属正常储备；原材料线型聚乙烯数量为0.29万吨，金额2,402.37万元，占存货期末数的32.45%；产成品农膜数量为0.26万吨，金额2,302.83万元，占存货期末数的31.11%。农膜原材料和产成品存货水平较高的主要原因是2000年底考虑到农膜原材料将在一段时期内持续上涨，结合农膜生产销售的季节性和市场情况，适当增加了储备。

(2)主要固定资产

本公司主要固定资产为房屋建筑物及机器设备。固定资产折旧采用平均年限法计提，并根据现代管理的需要，按资产类别、估计的经济使用年限和预计残值对固定资产进行了分类，确定的分类折旧率如下：

类　别	使用年限	年折旧率	残值率
房屋建筑物	40年	2.38%	5%
机器设备	15年	6.33%	5%

截至2000年12月31日，本公司主要固定资产情况如下：

单位：人民币元

项目	原值	累计折旧	净值
房屋建筑物	126,579,992.05	11,719,732.19	114,860,259.86
机器设备	122,272,540.51	28,975,396.88	93,297,143.63
总计	248,852,532.56	40,695,129.07	208,157,403.49

房屋建筑物2000年折旧额为3,006,274.80元，机器设备2000年折旧额为7,782,056.26元。从表中计算可知，本公司房屋建筑物平均成新度在90%以上，而机器设备的平均成新度在76%以上，主要固定资产的使用状况良好。

(3)主要对外投资情况

截止2000年12月31日，本公司无对外投资。

(4)有形资产净值

截止2000年12月31日，本公司的有形资产净值为379,703,598.04元。

有形资产净值=总资产−无形资产−待摊费用−长期待摊费用

(5)主要无形资产情况

截止2000年12月31日，本公司帐面反映的无形资产为土地使用权，其原始金额为19,479,069.36元，2000年的摊销额为389,581.39元，帐面期末余额为18,596,406.57元，占净资产的8.57%，剩余摊销年限为48年。

3、负债情况

截至2000年12月31日，本公司负债总额为181,711,606.45元，其中流动负债82,651,983.89元，长期负债99,059,622.56元。截至2000年12月31日，本公司的主要债项包括应付股利、其他应付款、一年内到期的长期负债和长期借款。

(1)应付股利

2000年12月31日应付股利余额为26,400,000.00元，系根据本公司董事会提出的2000年度利润分配议案形成的债项。该分配议案以得到本公司2000年度股东大会的批准，并已于2001年3月底实施。因此，截止本招股说明书签署日，此债项已不存在。

(2)其他应付款

2000年12月31日的其他应付款余额为5,717,957.41元，其中一年以内的占71.40%，二至三年的占28.60%。无应付持有公司5%(含5%)以上股份的股东单位的款项。

(3)一年内到期的长期负债

借款单位	币种	金额(元)	月利率(‰)	期限	借款条件
武威地区建行	RMB	41,581,599.48	5.3625	1999.12.24-2001.12.23	抵押

(4)长期借款

借款单位	币种	金额(元	月利率(‰)	期限	借款条件
武威市信用联社	RMB	39,059,622.56	6.900	2000.12.31-2002.12.30	抵押

武威市信用联社	RMB	15,000,000.00	6.900	2000.12.24-2002.12.23	抵押
武威市信用联社	RMB	20,000,000.00	6.300	2000.12.24-2002.12.23	抵押
武威地区农行	RMB	25,000,000.00	6.3375	2000.12.29-2002.12.28	抵押
合计		99,059,622.56			

(5)对关联企业负债

截止2000年12月31日,本公司尚有对关联企业甘肃省武威荣华工贸总公司和甘肃省武威包装材料厂的应付帐款合计480,707.50元。其中对甘肃省武威荣华工贸总公司的应付帐款金额为474,391.90元,性质为应付电费;对甘肃省武威包装材料厂的应付帐款金额为6,315.60元,性质为应付货款。

(6)主要合同承诺

A、2001年1月20日,本公司与甘肃省武威包装材料厂签订了《产品采购合同》,双方约定从2000年2月1日起,公司向甘肃省武威包装材料厂采购淀粉编织袋840万条、蛋白粉编织袋40万条,糊精编织袋125万条,单价1.20元。

B、2001年2月6日,本公司与武威市粮食局签订了《农副产品购销合同》,本公司向甘肃省武威市粮食局采购生产淀粉所需的原料玉米140,000,000公斤,采购价每公斤0.91元人民币,在2001年7月底之前完成。双方还就玉米质量、交货方式、结算方式等问题作了具体约定。

C、1998年11月15日,本公司与甘肃省武威荣华工贸总公司、甘肃省武威淀粉厂签订了《综合服务合同》,由甘肃省武威荣华工贸总公司所属的供电所、热电厂、运输公司为公司提供生产用电、用水、用汽以及运输服务,由甘肃省武威淀粉厂所属的诊所为公司提供职工医疗服务。服务期限五年,由公司根据实际发生数量按国家标准或地区标准或市场价格向两家发起人支付服务费。

除上述债项外,本公司无任何其他公司债、内部人员或关联企业负债、或有负债等债项。

4、股东权益情况

(1)股本

2000年12月31日本公司股本余额为120,000,000.00元,近三年未发生变动。

(2)资本公积

2000年12月31日本公司资本公积余额为64,611,159.52元,近三年未发生变动。资本公积系根据甘肃省经济体制改革委员会甘体改函字(1998)033号文对发起人投入的净资产按1.538:1的比例折股所形成的股本溢价。

(3)盈余公积

项　　目	2000年12月31日	1999年12月31日	1998年12月31日
法定盈余公积	8,738,608.78	4,334,365.56	457,691.44
任意盈余公积	-	-	-
公益金	4,369,304.40	2,167,182.79	228,845.73
合　　计	13,107,913.18	6,501,548.35	686,537.17

根据1998年度、1999年度和2000年度股东大会关于利润分配方案的决议,三年来对会计期间实现的净利润本公司均按10%提取法定盈余公积、按5%的比例提取法定公益金,其中1998年的法定盈余公积和公益金是以公司成立日(1998年11月12日)至1998年12月31日形成的利润为基数提取的。

(4)未分配利润

项　　目	2000年12月31日	1999年12月31日	1998年12月31日
年初未分配利润	8,588,599.98	-363,130.08	-
加:本期净利润	44,042,432.17	38,766,741.24	2,599,081.62
加:本期净利润调增(减)数	-	-	1,977,832.94
加:年初未分配利润调增(减)数		-	-4,253,507.47
减:提取法定盈余公积	4,404,243.22	3,876,674.12	457,691.44
减:提取法定公益金	2,202,121.61	1,938,337.06	228,845.73
减:提取任意盈余公积	-	-	-
减:已分配普通股股利	26,400,000.00	24,000,000.00	-
期末未分配利润	19,624,667.32	8,588,599.98	-363,130.08

根据财政部财会字(1999)35号文《关于印发[股份有限公司会计制度有关会计处理问题补充规定]的通知》的有关规定和本公司董事会决议,本公司1999年1月1日起变更部分会计政策,并对相应科目进行了追溯调整,因而导致了上述本期净利润调增(减)数及年初未分配利润调增(减)数的发生。

5、现金流量情况

2000年度本公司经营活动产生的现金流量为55,307,140.06元,现金流入流出情况良好;投资活动产生的现金流量为-25,884,838.10元,主要为高级玉米精炼油生产线项目和麦芽糊精生产线项目在建工程购建固定资产所致;筹资活动产生的现金流量为-34,828,571.24元,系2000年3月份支付现金股利24,000,000.00元和全年支付利息10,828,571.24元所致;现金及现金等价物净增加额为-5,406,269.28元。现金流量结构基本合理。2000年没有发生不涉及现金收支的重大投资和筹资活动。

(三)主要财务指标

详见"三、公司概况"的"本公司主要经营情况"部分的"主要财务指标"内容。

(四)盈利预测

五联联合会计师事务所有限公司对本公司编制的2001年度盈利预测报告进行了审核,并出具了无保留意见的审核报告。现对本公司盈利预测报告摘录如下:

盈利预测表

项　　目	2000年已审定数	2001年预测数	增长率(%)
一.主营业务收入	425,126,202	531,090,900	24.93
主营业务收入净额	425,126,202	531,090,900	24.93
减:主营业务成本	330,202,316	417,162,592	26.34
营业税金及附加	1,247,298	1,768,594	41.79
二.主营业务利润	93,676,587	112,159,713	19.73
减:存货跌价准备	-154,788		
销售费用	10,147,138	12,728,000	25.43
管理费用	10,342,850	15,067,374	45.68
财务费用	7,597,459	9,235,709	21.56
三.营业利润	65,743,929	75,128,630	14.27
减:营业外支出	6,000		
四.利润总额	65,737,929	75,128,630	14.29
减:所得税	21,695,496	24,792,448	14.27
五.净利润	44,042,432	50,336,182	14.29

2001年预计利润总额7,512.86万元,与2000年相比增加938.47万元,增长14.29%,净利润5033.62万元,与2000年相比增加629.38万元,增长14.29%(所得税按33%计)。

八、其他重要事项

(一)本公司于2001年3月15日召开了2000年度股东大会,一致审议通过2000年度董事会工作报告、监事会工作报告、总经理工作报告、财务预算报告;经回避表决,审议通过了本公司与甘肃省武威荣华工贸总公司、甘肃省武威淀粉厂签定的《综合服务协议》的全部条款,审议通过了本公司与甘肃省武威荣华工贸总公司签定的《产品销售合同》的全部条款,审议通过了本公司与甘肃省武威塑料农膜厂签定的《产品采购合同》的全部条款,并且认为上述关联交易是公允的,不存在损害其它股东利益的情形; 审议通过2000年利润分配修正议案:将2000年度可供分配的利润为46,024,667.32元,对现股东每10股派发现金0.22元,共计分配现金红利26,400,000元,余额由新老股东共享。自2001年1月1日起至本次股票发行前所产生的净利润由新老股东共享。

(二)本次股票发行后,本公司将在2002年6月30日前进行上市后的第一次利润分配。

(三)本公司发行前后每股净资产分别是1.81元和4.43元。

(四)根据《上海证券交易所股票上市规则》公司第一大股东甘肃省武威淀粉厂已向上海证券交易所承诺,自本公司股票上市之日起12个月内,第一大股东不转让其持有的本公司股份,也不由上市公司回购其持有的股份。

(五)除招股说明书概要及和本公告书已披露事项外,本公司无其他应披露而未披露的重大事项。

九、董事会上市承诺

本公司董事会将严格遵守《中华人民共和国公司法》、《中华人民共和国证券法》、《股票发行与交易管理暂行条例》、《公开发行股票公司信息披露实施细则》和《上海证券交易所股票上市规则》等国家有关法律、法规的规定,承诺自本公司股票上市之日起作到:

(一)承诺真实、准确、完整、公允和及时地公布定期报告,披露所有对投资者有重大影响的信息,并接受中国证监会、上海证券交易所的监督管理;

(二)承诺本公司在知悉可能对股票价格产生误导性影响的任何公共传播媒介中出现的消息后,将及时予以公开澄清;

(三)本公司董事、监事、高级管理人员及核心技术人员将认真听取社会公众的意见和批评,不利用已获得的内幕消息和其他不正当手段直接或间接从事本公司股票的买卖活动;

(四)本公司没有无记录的负债。

十、上市推荐人及其意见

(一)推荐人有关情况

上市推荐人　国通证券有限责任公司
法定代表人:万建华
法定地址:　深圳市福田区深南中路34号华强佳和大厦东座8-11楼
电话:　(0755)3677403
传真:　(0755)3796489
联系人:　刘蕴华、程浩

上市推荐人　光大证券有限责任公司
法定代表人:王明权
法定地址:　上海市浦东新区浦东南路528号上海证券大厦
电话:　(010)68561514
传真:　(010)68561008
联系人:　崔伟

上市推荐人　中国银河证券有限责任公司
法定代表人:朱利
法定地址:　北京市西城区复兴门内大街158号
电话:　(021)65468898
传真:　(021)65465486
联系人:　王力钢

(二)推荐人的推荐意见

本公司约请的上市推荐人国通证券有限责任公司、光大证券有限责任公司、中国银河证券有限责任公司认为本公司股票符合上市条件,已向上海证券交易所出具正式的《股票上市推荐书》。

作为本公司的上市推荐人,国通证券有限责任公司、光大证券有限责任公司、中国银河证券有限责任公司认为,本公司的章程符合《中华人民共和国公司法》、《中国人民共和国证券法》、《上市公司章程指引》、《上海证券交易所股票上市规则》(2000年修订本)等有关法律、法规和中国证监会的规定;本公司本次发行股票符合《中华人民共和国公司法》、《中华人民共和国证券法》、《股票发行与管理暂行条例》和《上海证券交易所股票上市规则》(2000年修订本)等法律、法规的有关规定,已具备了上市条件;除本次公开发行、上市的《招股说明书》和《上市公告书》所载事项之外,本公司不存在其他需要说明的重要事项和存在的问题;本公司的董事了解法律、法规、上海证券交易所上市规则及股票上市协议规定的董事的义务与责任;本公司建立健全了法人治理结构,制定了严格的信息披露制度与保密制度。三家上市推荐人已对上市文件所载的资料进行了核实,确保上市文件真实、准确、完整,符合规定要求;三家上市推荐人保证本公司的上市申请材料、上市公告书没有虚假、严重误导性陈述或者重大遗漏,保证对其承担连带责任,并保证不利用在上市过程中获得的内幕信息进行内幕交易,为自己或他人谋取利益。

甘肃荣华实业(集团)股份公司
2001年6月20日

河 南 平 高 电 气 股 份 有 限 公 司

河南平高电气股份有限公司股票上市公告书暨2000年度财务报告

本公司董事会保证本上市公告书所载内容不存在任何重大遗漏、虚假陈述或者严重误导，对其内容的真实性、准确性和完整性负个别的及连带责任。

一、要 览

股票简称：平高电气　股票代码：600312　股本总额：18350万股　可流通股本：6000万股

本次上市流通股本：6000万股　上市地点：上海证券交易所　上市日期：2001年2月21日

股票登记机构：上海证券中央登记结算公司　上市推荐人：兴业证券股份有限公司

二、绪 言

本上市公告书是根据《中华人民共和国公司法》、《中华人民共和国证券法》、《股票发行与交易管理暂行条例》、《公开发行股票公司信息披露实施细则》和《上海证券交易所股票上市规则》(2000年修订本)等国家有关法律、法规的规定，并按照中国证券监督管理委员会制定的公开发行股票公司信息披露的内容与格式准则第七号《上市公告书的内容与格式(试行)》而编制，旨在向投资者提供有关河南平高电气股份有限公司(以下称本公司)和本次股票上市的有关情况。

经中国证券监督管理委员会证监发行字[2001]8号文批准，本公司已于2001年1月15日在上海证券交易所以上网定价方式向社会公众成功发行了每股面值1.00的人民币普通股（A股)6000万股，每股发行价人民币12.45元。

经上海证券交易所上证上字[2001]20号《上市通知书》批准，本公司6000万A股股票将于2001年2月21日在上海证券交易所上市挂牌交易，股票简称“平高电气”，股票代码“600312”。本公司总股本18350万股，可流通股本6000万股，可流通股本6000万股。

本公司已于2001年1月11日分别在《中国证券报》、《上海证券报》、《证券时报》上刊登了《招股说明书概要》，距今不足6个月，故与其相重复的内容在此不再重述，敬请投资者查阅本公司的《招股说明书概要》。

本公司董事会及全体董事已批准上市公告书，确信本公告书不存在任何重大遗漏或者误导，并对其真实性、准确性、完整性负个别的和连带的责任。

三、公司概况

1、基本情况　公司名称：河南平高电气股份有限公司

英文名称：Henan Pinggao Electric Co.,ltd.　注册资本：18350万元

法定代表人：张炳文

公司成立时间：1999年7月12日

公司经营范围：制造、销售高压开关设备、控制设备及其配件(按国家有关规定)；技术服务，咨询服务。

所属行业：输变电设备公司

注册地址：河南省平顶山市南环东路22号　联系电话：0375-3804064 联系人：刘伟、程占彪

2、公司历史沿革

1998年12月我国三大高压开关设备制造商之一，国家大型一类企业---平顶山天鹰集团有限责任公司以主营业务资产为主体联合南昌科瑞集团有限公司、北京亚太世纪科技发展有限责任公司、北京瑞泽网络销售有限责任公司、平顶山天鹰投资咨询有限责任公司5家发起人发起设立平顶山平高电气有限责任公司，1999年6月经河南省人民政府豫股批字[1999]12号文批准，整体变更为河南平高电气股份有限公司。

经中国证监会证监发行字[2001]8号文核准，本公司于2001年1月15日通过上海证券交易所系统，以上网定价方式成功地向社会公众公开发行每股面值1.00元人民币的普通股6,000万股。本次发行后公司总股本为18,350万股。2001年2月，本公司在河南省工商行政管理局重新注册登记，注册资金18,350万元，工商执照注册号码为：豫工商企4100001004822。

四、股票发行及承销

1、本次发行情况　发行方式：上网定价　发行时间：2001年1月15日

发行数量：6,000万股　发行价格：12.45元/股

募集资金总额：72,787万元(已扣除发行费用)

发行情况：本次上网定价发行6,000万股人民币普通股，经上海证券交易所主机系统和上海大华会计师事务所有限公司验资，本次股票发行有效申购户数224,734户，有效申购股数为5,000,615,000股，超额认购倍数为83.3436倍，中签率为1.19985242%。

持有1000股(含1000股)以上的股东数：53,928户

发行费用总额：1913万元　每股发行费用：0.32元

发行市盈率：40.16倍(按1999年每股收益0.31元计算)

2、股票承销　本次公开发行的6,000万股社会公众股，获得超额认购，承销团无余额包销

3、验资报告　验资报告

深华验字(2001)第009号

河南平高电气股份有限公司董事会：

我们接受委托，对贵公司截至2001年1月20日止的股本变更情况的真实性和合法性进行了审验。在审验过程中，我们按照《独立审计实务公告第1号-验资》的要求，实施了必要的审验程序。贵公司的责任是提供真实、合法、完整的验资资料，保护资产的安全、完整，我们的责任是按照《独立审计实务公告第1号-验资》的要求，出具真实、合法的验资报告。

贵公司变更前的股本为人民币壹亿贰仟叁佰伍拾万元(RMB123,500,000.00)。本次向社会公开发行新股陆仟万股(60,000,000.00)，每股面值1元，共增加股本陆仟万元(RMB60,000,000.00)变更后贵公司股本为人民币壹亿捌仟叁佰伍拾万元(RMB183,500,000.00)。根据我们的审验，截至2001年1月20日止，贵公司已收到向社会公开募集资金柒亿叁仟壹佰叁拾捌万伍仟贰佰元(RMB731,385,200.00)(已扣除承销费13,000,000.00元，上网发行费2,614,800.00元)，其中陆仟万元(RMB60,000,000.00)增加股本，陆亿陆仟柒佰捌拾柒万元(RMB667,870,000.00)增加资本公积，其余叁佰伍拾壹万伍仟贰佰元(RMB3,515,200.00)为发行费用。

要说明的是，由于验资业务的局限性和时效性，本验资报告只能合理保证贵公司投资者在报告日出资的到位情况，不应被视为是对贵公司日后偿债能力或持续经营等能力作出的保证。根据与贵公司的约定，本验资报告仅作贵公司变更登记之用，由于本报告书使用不当而造成贵公司或任何第三方的损失，与本所无关。

深圳大华天诚会计师事务所　中国注册会计师：邬建辉 李秉心

中国　深圳　2001年2月1日

募集资入帐情况：　入帐时间：2001年1月19日　入帐金额：人民币731,385,200.00元

入帐帐号：8920516002036(河南平高电气股份有限公司人民币帐户)

开户银行：广东发展银行郑州黄河路支行

五、董事、监事及高级管理人员简历及持股情况

1、董事会成员简介：

张炳文：公司董事长兼总经理，男，现年58岁，本科学历，高级工程师。1966年毕业于清华大学电机系高电压技术专业，历任工程师、平顶山市经贸委副主任、平顶山高压开关厂厂长、曾任天鹰集团公司董事长、总经理。

张万欣：公司副董事长，男，现年70岁，研究员、高级工程师、教授，毕业于清华大学，曾任中国石化总公司副总经理，国务院发展研究中心副主任，(美国)中美捷通公司董事长兼总裁。清华大学兼职教授(博士生导师)。

郑跃文：公司副董事长，男，现年38岁，金融学博士，现任全国工商联常委，科瑞集团公司执行总裁。

韩海林：公司董事，男，现年47岁，大专学历，工程师。历任平顶山高压开关厂设计员、党委办公室主任、厂长助理、副厂长等职。1996年后任天鹰集团公司董事，副总经理、总经理。

任晓剑：公司董事，男，现年42岁，经济学硕士，高级经济师。曾在中国农业银行总行国际部任职，并先后在瑞典、香港等国外金融机构留学任职，现任北京亚太世纪科技发展有限责任公司董事长。

庞铁军：公司董事，男，现年53岁，高级注册咨询师，大专学历，会计师。历任平顶山高压开关厂会计、财务处长、副总会计师、总会计师、天鹰集团公司总会计师等职，现任公司财务总监。

范小清：公司董事，男，现年34岁，硕士，中国注册会计师，曾任南昌大学讲师、华商集团国际有限公司副总经理，现任北京亚太世纪科技发展有限责任公司副总经理。

2、监事会成员简介：

程爱莲：公司监事会主席，女，现年48岁，一九七八年毕业于清华大学光学仪器专业，高级政工师。(该监事系职工代表选举产生)。

郭梓林：公司监事，男，现年43岁，大专学历，历任江西省建总公司团委书记、江西新元技术开发公司董事长、科瑞集团副总裁。

陆乘驯：公司监事，男，现年55岁，大专学历，会计师，历任江西桑海企业集团财务处长、长江农业开发有限公司总会计师。

3、其他高级管理人员简介：

刘功群：公司副总经理，男，现年52岁，中专学历，经济师。历任平顶山高压开关厂劳资处长、副总经济师、天鹰集团员工部部长、副总经济师。

查伟晨：公司副总经理，男，现年40岁，工业经济硕士，1989年毕业于复旦大学管理学院，历任江西财经大学副教授、南昌瑞伦电气设备制造公司副总经理、总经理。

王普庆：公司总工程师，男，现年39岁，本科学历，高级工程师，历任平顶山高压开关厂主任工程师、天鹰集团工艺处处长、总工艺师。

刘伟：公司董事会秘书兼证券部部长。男，现年41岁，本科学历，高级经济师，第三、四、五届平顶山市政协委员，民建平顶山市委委员，历任平顶山高压开关厂主任科员、副处长、天鹰集团综合管理部副部长。

截止到本上市公告签署之日，本公司董事、监事和高级管理人员均未持有本公司股票。

六、公司设立

1998年12月我国三大高压开关设备制造商之一，国家大型一类企业---平顶山天鹰集团有限责任公司以主营业务资产为主体联合南昌科瑞集团有限公司、北京亚太世纪科技发展有限责任公司、北京瑞泽网络销售有限责任公司、平顶山天鹰投资咨询有限责任公司5家发起人发起设立平顶山平高电气有限责任公司，1999年6月经河南省人民政府豫股批字[1999]12号文批准，整体变更为河南平高电气股份有限公司。

经中国证监会证监发行字[2001]8号文核准，本公司于2001年1月15日通过上海证券交易所系统，以上网定价方式成功地向社会公众公开发行每股面值1.00元人民币的普通股6,000万股。本次发行后公司总股本为18,350万股。2001年2月，本公司在河南省工商行政管理局重新注册登记，注册资金18,350万元，公司注册地址：河南省平顶山市南环东路22号，公司法定代表人：张炳文，公司营业执照号：豫工商企4100001004822

七、关联企业及关联交易

(一)关联企业

①本公司股东：　平顶山天鹰集团有限责任公司　南昌科瑞集团有限公司

北京亚太世纪科技发展有限责任公司　北京瑞泽网络销售有限责任公司

平顶山天鹰投资咨询有限责任公司

②同一母公司所属子公司

a、平顶山天鹰电器开关有限责任公司：1998年9月30日成立，法人代表：李文海，注册资本为862万元，主营业务为高低压电器及开关配件、中低压阀门、产品包装、黑色铸件、农业机械制造、销售等。

b、平顶山天鹰电控设备有限责任公司：1998年9月30日成立，法人代表：李文海，注册资本为111.7万元，主营业务为电器控制设备、电器设备元件及其他输配电仪器仪表等。

c、平顶山天鹰通用电器有限责任公司：1998年9月30日成立，法人代表：李文海，注册资本为160万元，主营业务为电器设备、密封圈、绝缘件、冷冲件制造等。

d、平顶山天鹰铸造有限责任公司：1998年9月30日成立，法人代表：韩海林，注册资本为224万元，主营业务为铸件制造、金属材料焊接、木模具制造等。

e、平顶山天鹰工模具有限责任公司：1998年9月30日成立，法人代表：杨成汉，注册资本为320万元，主营业务为工模具及其他工具制造、计量器具制造、机电加工、锻件制造、热处理等。

f、平顶山天鹰运输有限责任公司：1998年9月30日成立，法人代表：韩海林，注册资本为147.5万元，主营业务为汽车维修和运输装卸服务等。

g、平顶山天鹰机械动力有限公司：1999年3月23日成立，法人代表：李文海，注册资本为554万元，主营业务为机械动力设备研制、安装、调试、改造、维修；机械加工，机电产品研制、生产、销售等。

(二)关联交易

(1)关联交易中定价办法的说明：

目前签定的关联交易合同主要有两种：

A、股份公司向集团子公司提供原材料供应服务；

B、集团及子公司向股份公司提供配套半成品(如工模具、铸造等)、辅助产品服务(如机械动力、汽车运输等)及进出口服务；

对A种情况采取成本加成法定价

即：价格=成本+税金+利润(利润限定为5%-10%之间)

对B种情况区别不同形式对待：

①在市场中有同类产品供应时，股份公司采取比价招标方式，即：在同等质量情况下，价格低和服务好者中标，集团公司及其子公司与其他供应商是平等的；

②市场上没有同类产品，股份公司只能向集团公司及其子公司购买时，采取成本加成法定价

即:价格=材料定额+工时费用定额+税金+利润

材料定额和工时定额依照原机械部颁布的《材料定额和工时定额制定办法》执行,利润率在5%-10%之间。

(2)关联交易协议:

①《运输服务协议》 本公司与平顶山天鹰运输有限责任公司于1999年7月16日签署,该协议有效期至2004年7月16日止。根据协议,在同等条件下,平顶山天鹰运输有限责任公司可优先为本公司提供汽车运输方面的相关服务,包括原材料运输、产品运输等,运输公司按照该等运输服务的市场价向股份公司收取服务费;

②《能源动力供应协议》本公司与平顶山天鹰机械动力有限公司于1999年7月16日签署,根据该协议,平顶山天鹰机械动力有限公司为本公司提供蒸汽、气体、电力、生产用水等动力供应服务,本公司按实际耗用量在国家规定的价格区间内向平顶山天鹰机械动力有限公司支付动力费用;

③《工模具供应协议》 本公司与平顶山天鹰工模具有限责任公司于1999年7月16日签署,该协议有效期至2004年7月16日止。根据该协议,在同等条件下工模具公司可优先向股份公司提供工模具方面的相关服务,股份公司应对提供的上述劳务向工模具公司支付费用。费用按如下方式进行:A:股份公司采购的工模具在社会上有同类产品时,采用招标法采购,工模具公司如中标,则双方按中标价结算;B:股份公司向工模具公司预定的产品,价格按成本加成法结算,结算价格=材料定额+工时费用定额+税金+利润(利润率由双方按不同的规格核定在5%-10%之间);

④《铸造服务协议》 本公司与平顶山天鹰铸造有限责任公司于1999年7月16日签署,根据协议,平顶山天鹰铸造有限责任公司可优先为本公司提供铸造方面的相关服务,股份公司应向铸造公司支付费用,费用的计算方法是:价格=材料定额+工时费用定额+税金+利润(利润率由双方按照不同的产品和服务核定,控制在5%-10%之间)。

⑤《销售协议》 本公司与平顶山天鹰电器开关有限责任公司于1999年7月16日签署,根据该协议,在同等条件下,平顶山天鹰电器开关有限责任公司为本公司提供自制半成品,并参照市场价格确定合同价格,该价格不得明显高于或低于平顶山天鹰电器开关有限责任公司向其他客户提供的价格。

⑥《原材料供应协议》

A、本公司与平顶山天鹰工模具有限责任公司于1999年7月16日签署,根据该协议,股份公司为工模具公司提供生产所需钢材及其它原材料的供应服务。股份公司向工模具公司提供的原材料的定价方法为成本加成法(价格=成本+税金+利润,利润率由双方按不同的原材料核定,控制在5%-10%之间)。

B、本公司与平顶山天鹰铸造有限责任公司于1999年7月16日签署,根据协议,股份公司向铸造公司提供生产所需的钢材和有色金属等原材料。向铸造公司提供的原材料价格的定价方法为成本加成法(价格=成本+税金+利润,利润率由双方按不同的原料核定,控制在5%-10%之间)。

C、本公司与平顶山天鹰电控设备有限责任公司、平顶山天鹰通用电器有限责任公司、平顶山天鹰电器开关有限责任公司于1999年7月16日分别签署,根据该协议,本公司为平顶山天鹰电控设备有限责任公司、平顶山天鹰通用电器有限责任公司、平顶山天鹰电器开关有限责任公司提供消耗性材料;股份公司向上述公司提供的消耗性材料价格的定价方法为成本加成法(价格=成本+税金+利润,利润率由双方按不同的原料核定,控制在5%-10%之间)。

⑦《进出口代理协议》 本公司与天鹰集团于1999年7月16日签署,根据该协议,天鹰集团代理本公司的进出口业务,并根据协议规定的收费标准向本公司收取每一笔进出口业务的佣金。

⑧《商标转让协议》 本公司与平顶山天鹰集团有限责任公司于2000年11月15日签署,天鹰集团将"平高"牌商标无偿转让本公司,双方同意尽快向商标局交送《转让注册商标申请书》,由本公司办理商标转让的申请手续;

⑨《土地租赁合同》 本公司与平顶山天鹰集团有限责任公司于1999年7月16日签署,租期四十五年,本公司所使用的土地采用租赁方式,向天鹰集团租用土地共243840.19平方米,年租金3元/平方米,731520.57元/年,本公司于每月25日前向天鹰集团支付。五年后可根据市场变化情况对年租金作相应调整;

⑩《不竞争承诺协议》 双方已于1999年7月16日出具《不竞争承诺协议》,平顶山天鹰集团有限责任公司承诺在其作为本公司控股股东期间,将不从事任何可能导致与股份公司相竞争的业务活动,同时承诺如将来设立子公司,其子公司亦不会从事任何可能导致与股份公司相竞争的业务活动。

八、股本结构及大股东持股情况

(一)本公司上市前的股本结构

股份类别	股份数(万股)	占总股本比例(%)
未流通股份	12350	67.30
其中:法人股	12350	67.30
可流通股份	6000	32.70
总股份	18350	100

(二)本次发行后,本公司前十位股东所持股数及比例

股东名称	持股数(万股)	占总股本比例(%)
平顶山天鹰集团有限责任公司	4878.25	26.58
南昌科瑞集团	4322.5	23.56
北京亚太世纪科技发展有限责任公司	2964	16.15
北京瑞泽网络销售有限责任公司	123.5	0.67
平顶山天鹰投资咨询有限责任公司	61.75	0.34
同益基金	24.2	0.13
普丰基金	18.2	0.10
裕隆基金	11.3	0.06
普惠基金	9.5	0.05
裕阳基金	3.7	0.02

九、公司财务会计资料

本公司截止2000年6月30日的财务状况,已于2001年1月11日在《中国证券报》、《上海证券报》和《证券时报》刊登的《招股说明书概要》中进行了详细的披露。鉴于上次披露与本公告间隔时间已超过六个月,本公告将详细公布经深圳大华天诚会计师事务所审计的我公司2000年度审计报告及会计附注、前二年及2000年度财务报表。

审计报告

深华(2001)股审字第010号

河南平高电气股份有限公司全体股东:

我们接受委托,审计了河南平高电气股份有限公司2000年12月31日、1999年12月31日、1998年12月31日的资产负债表及2000年度、1999年度利润及利润分配表、1998年度、1997年度的利润表及2000年度、1999年度现金流量表。这些会计报表由河南平高电气股份有限公司负责,我们的责任是对这些会计报表发表审计意见。我们的审计是依据《中国注册会计师独立审计准则》进行的。在审计过程中,我们结合河南平高电气股份有限公司的实际情况,实施了包括抽查会计记录、审核有关证据等我们认为必要的审计程序。

我们认为,上述会计报表符合中华人民共和国《企业会计准则》和《股份有限公司会计制度》等的有关规定,在所有重大方面公允地反映了河南平高电气股份有限公司2000年12月31日、1999年12月31日、1998年12月31日的财务状况及2000年度、1999年度、1998年度、1997年度的经营成果及2000年度、1999年度现金流动情况,会计处理方法的选用遵循了一贯性原则。

深圳大华天诚会计师事务所　　中国注册会计师:邬建辉 李秉心

2001年2月11日

(后附附注系会计报表的组成部分)

河南平高电气股份有限公司

会计报表附注

附注1. 公司简介

本公司前身为平顶山平高电气有限责任公司,系经平顶山经济体制改革委员会以平体改[1998]45号文批准,于1998年12月14成立的。平顶山天鹰集团有限责任公司以剥离后的净资产4,740万元作为投资,其余四家股东投资7,260万元,公司注册资本人民币120,000,000.00元。1999年4月平顶山平高电气有限责任公司以当期利润3,500,000.00元转增资本,增资后注册资本123,500,000.00元。1999年6月15日,经河南省人民政府以豫股批[1999]12号文批准,平顶山平高电气有限责任公司于1999年7月12日变更为河南平高电气股份有限公司。本公司领取豫工商企410000004822号企业法人营业执照,注册资本人民币123,500,000.00元。

本公司经营范围:制造、销售高压开关设备、控制设备及其配件(按国家有关规定);技术服务、咨询服务。

附注2.会计报表编制的基准

本公司是在发起人之一平顶山天鹰集团有限责任公司经剥离调整后形成的独立、完整的供、产、销系统上建立的,供、产、销系统所必需的经营性资产及负债进入本公司。本公司成立后,作为企业法人独立运作。

本公司假定现在的结构三年前已存在,会计报表按报告期各年假定存在的公司架构编制。

本公司2000年度及1999年度的会计报表根据公司经营的实际情况编制;1998年12月31日的资产负债表根据原平顶山平高电气有限责任公司会计报表编制;编制1998年度利润表、1997年度会计报表时,假定现时的结构已存在,对改组的主体部分进行相关资产、负债和损益的界定后,按照《股份有限公司会计制度》的规定,根据改制前企业完整的帐簿记录X分析编制报表。划分资产负债表项目时,将现存的独立的供、产、销系统所必需的资产和负债划归本公司;划分利润表项目时,将进入本公司的经营业务所实现的收入及与这些收入相配比的成本、费用划归本公司。

附注3.主要会计政策、会计估计

(1)本公司执行《企业会计准则》和《股份有限公司会计制度》。股份制改组前执行《工业企业会计制度》,已按照《股份有限公司会计制度》对相关项目进行归口调整。

(2)会计期间:

本公司采用公历年度为会计期间,即自每年元月一日至十二月三十一日为一个会计期间。

(3)记帐基础和计价原则:

本公司采用权责发生制记帐基础,资产计价原则采用历史成本法。 (4)外币业务核算方法:本公司以人民币为记帐本位币,会计年度涉及外币的经济业务,采用1月1日市场汇价折合人民币记帐,期末对货币性项目按期末汇率进行调整,所产生的汇兑损益列入当期损益。

(5)现金等价物的确认标准:

现金等价物是指公司持有的期限短、流动性强、易于转换为已知金额现金且价值变动风险很小的投资。

(6)短期投资跌价准备:

年末按投资项目总体的市价低于其帐面成本的差价提取短期投资跌价准备。

(7)坏帐核算:

本公司坏帐核算采用备抵法。按应收帐款、其他应收款期末余额的一定比例提取坏帐准备:帐龄在1年以内的,提取2%;帐龄1-2年的,提取5%;帐龄2-3年的,提取20%;帐龄3年以上的,提取50%。

本公司确认坏帐的标准是:

a. 因债务人破产或死亡,以其破产财产或遗产清偿后,仍然不能收回的应收款项。

b. 因债务人逾期未履行偿债义务,且有明显特征表明无法收回的应收款项。

(8)存货计价及跌价准备的核算方法:

本公司存货主要包括:原材料、产成品、自制半成品、在产品、低值易耗品、包装物等。

各类存货的购入与发出按计划成本核算,每年对各类存货的计划价格进行调整。

生产成本按产品品种分批归集、结转;低值易耗品采用一次摊销法摊销。年度末按单个类别存货的可变现净值低于帐面成本的差额提取存货跌价准备。

(9)长期投资及长期投资减值准备:

长期债权投资:购买时按实际支付金额计入成本,债券投资收益按票面所表明的利率分年计算;溢价或折价购入的长期债券,其溢价或折价部分在债券到期以前,分期计入投资收益。

长期股权投资:按实际支付的价款或确定的价值记帐。投资额占被投资单位权益性资本总额不足20%的,以成本法核算;20%或20%以上的以权益法核算。

对长期债券投资、长期股票投资、其他投资提取减值准备,年度末按单个投资项目的可收回金额低于长期投资帐面价值的差额提取。

(10)固定资产及累计折旧:

a.本公司使用年限在一年以上的房屋建筑物、机器设备以及不属于主要生产经营设备的使用年限在二年以上且单位价值2000元以上的资产归入固定资产。

b.固定资产按历史成本计价,惟96年天鹰集团有限责任公司改组成立时业已存在的固定资产按当时的评估价值入帐。

c.固定资产折旧采用直线法计算,对每一类固定资产在规定的使用年限内制定一个折旧率,各类固定资产折旧率如下:

资产类别	年折旧率
房屋建筑物	3.36%
动力设备	6.60%
机器设备	7.20%
运输工具	16.32%
其他设备	11.04%

(11)在建工程:

在建工程是指兴建中的营业用房与设备及其他固定资产,包括直接建筑及安装成本,以及于兴建、安装及测试期间发生的有关借款利息支出及外汇汇兑损益,在建工程在完工并交付使用时,按实际发生的全部支出转入固定资产核算。

(12)借款费用

用借款进行的工程发生的借款利息,在固定资产尚未竣工结算交付使用之前发生的,计入在建固定资产成本,在固定资产竣工结算交付使用后发生的,计入当期损益。

(13)收入确认原则:

商品销售收入:本公司以商品所有权上的主要风险和报酬转移给购货方;本公司既没有保留通常与所有权相联系的继续管理权,也没有对已出售的商品实施控制;与交易相关的经济利益能够流入本公司;相关的收入和成本能够可靠的计量确认商品销售收入的实现。

(14)所得税核算方法:

所得税核算采用应付税款法。

(15)会计政策、会计估计的变更:

本公司坏帐准备原按应收帐款期末余额的3‰计提,短期投资、长期投资和存货原期末不计提短期投资跌价准备、长期投资减值准备和存货跌价准备。现按照《股份有限公司会计制度》的规定和财政部财会字[1999]35号文的有关要求,从1999年1月1日起对上述会计政策会计估计变更如下:坏帐准备按应收帐款、其他应收款期末余额的一定比例提取,具体方法为:帐龄在1年以内的,提取2%,帐龄1-2年的,提取5%,帐龄2-3年的,提取20%,帐龄3年以上的,提取50%;短期投资期末计提短期投资跌价准备;长期投资期末计提长期投资减值准备,存货期末计提存货跌价准备。本报告期期末短期投资和长期投资的余额为零,故未计提短期投资跌价准备和长期投资减值准备,

期末存货成本低于可变现净值，未计提存货跌价准备。对计提坏帐准备的会计政策的变更采用追溯调整法，调整了相关科目的期初数。上述会计政策变更的累计影响数为2,245,303.18元，根据公司1998年的利润分配方案，公司成立前(1998年12月14日)的利润由原股东享有，并已全额现金分配。公司成立后至1998年12月31日所实现的利润，由于较难确认，经公司董事会、股东会同意，由原股东享有，并已全额现金分配。故本次会计政策变更的累计影响数2,245,303.18元，由原股东天鹰集团有限公司承担。

(16)利润分配情况

根据本公司一届五次董事会决议，2000年度利润暂不分配。

根据本公司2000年度临时股东大会决议，本公司2000年度以前的利润全部由老股东享有。

附注4.税项：

1. 增值税税率为17%；
2. 城市维护建设税为流转税额的7%；
3. 企业所得税税率为33%。

附注5.控股公司及合营公司

项目	注册地	注册资本	持股比例	经营范围
河南平高东芝高压开关有限公司	平顶山	1250万美元	50%	制造、销售高压开关设备

河南平高东芝高压开关有限公司尚处于筹建期，尚未正式营业，故尚未纳入合并报表范围。

附注6.会计报表主要项目注释(除特殊说明外，以人民币元表述)

注释18.股本

注释19.资本公积

项目	1998.12.31	1999年增加	1999.12.31	2000.12.31
股本溢价	---	1,415.54	1,415.54	1,415.54

* 股本溢价1999年增加1,415.54元，系1999年1-3日净利润3,501,415.59元转增股本(见注释18)3,500,000.00元的溢余部分，根据原公司股东会决议，转作资本公积。

注释20.盈余公积

项目	1999.12.31	本期增加	本期减少	2000.12.31
法定盈余公积	3,828,702.90	4,747,773.68	---	8,576,476.58
公益金	3,828,702.90	4,747,773.68	---	8,576,476.58
合计	7,657,405.80	9,495,547.36	---	17,152,953.16

** 盈余公积本年增加数，系根据公司章程规定按2000年度净利润的10%分别提取法定盈余公积金和公益金。

注释21.未分配利润

项目	2000年度	1999年度
期初未分配利润	24,390,560.35	---
加：本年净利润	47,477,736.79	35,549,381.69
减：提取法定盈余公积金	4,747,773.68	3,828,702.90
提取公益金	4,747,773.68	3,828,702.90
利润转增股本	---	3,500,000.00
转作资本公积金	---	1,415.54
期末未分配利润	62,372,749.78	24,390,560.35

注释22.主营业务收入

项目	2000年度	1999年度	1998年度	1997年度
高压开关销售	464,229,561.89	510,318,347.13	403,303,087.76	345,853,430.42
半成品及劳务销售	36,234,736.15	---	---	---
合计	500,464,298.04	510,318,347.61	403,303,087.76	345,853,430.42

注释23.主营业务税金及附加

税种	2000年度	1999年度	1998年度	1997年度
城市维护建设税	1,795,228.95	621,598.43	2,087,133.22	1,849,968.84
教育费附加	769,383.83	266,399.32	899,702.37	774,711.76
合计	2,564,612.78	887,997.75	2,986,835.59	2,624,680.60

* 1999年度营业税金及附加发生额较小，主要是因为1999年度缴纳增值税比较少。平顶山平高电气有限责任公司成立，天鹰集团有限责任公司将存货转移过来，应税务机关的要求开出了增值税发票，本公司取得大量可抵扣进项税额，当年缴纳的增值税减少。

注释24.其他业务利润　2000年度

其他业务类别	其他业务收入	其他业务成本	利润
材料销售	38,018,404.11	34,233,306.87	3,785,097.24
运输业务收入	1,023,708.48	1,020,337.54	3,370.94
返修收入	321,948.13	315,356.81	6,591.32
技术转让费	10,000,000.00	500,000.00	9,500,000.00
技术咨询费	2,000,000.00	100,000.00	1,900,000.00
加工收入等	---	---	---
合计	51,364,060.72	36,169,001.22	15,195,059.50

续上表：　1999年度

其他业务类别	其他业务收入	其他业务成本	利润
材料销售	62,034,972.97	62,002,950.64	32,022.33
运输业务收入			
返修收入	147,194.58	126,892.08	20,302.50
技术转让费			
技术咨询费			
加工收入等	2,869,673.55	2,452,826.97	416,846.58
合计	65,051,841.10	64,582,669.69	469,171.41

1998年度

其他业务类别	其他业务收入	其他业务成本	利润
材料销售	50,838,653.62	50,011,643.82	827,009.80

续上表：　1997年度

其他业务类别	其他业务收入	其他业务成本	利润
材料销售	47,974,453.00	48,903,755.52	(929,302.52)

注释25.财务费用

项目	2000年度	1999年度	1998年度	1997年度
利息支出	11,786,458.39	14,435,302.97	23,991,860.16	31,501,308.65
减：利息收入	76,546.13	67,112.13	145,787.20	67,192.00
汇兑损益	7,256.21	---	---	---
减：汇兑收益	---	---	899,058.81	3,278,862.89
其他	22,023.45	281,977.00	159,612.50	165,266.30
合计	11,739,191.92	14,650,167.84	23,106,626.65	28,320,520.06

注释26. 营业外收入

收入项目	2000年度	1999年度
罚款收入	---	275,682.72
处理固定资产净收益	1,819,129.94	---
合计	1,819,129.94	275,682.72

注释27. 营业外支出

支出项目	2000年度	1999年度
罚款、赔偿金	14,369.52	843,370.28
捐赠支出	125,000.00	112,084.16
其他	137,150.26	3,434.50
合计	276,519.78	958,888.94

注释28. 所得税

项目	2000年度	1999年度	1998年度	1997年度
会计利润	71,730,855.55	54,052,595.67	44,040,191.36	29,551,253.57
加：纳税调整增加项目	1,763,443.73	2,992,118.68	---	---
减：纳税调整减少项目	---	143,765.77	---	---
应纳税所得额	73,494,299.28	56,900,948.58	44,040,191.36	29,551,253.57
法定税率	33%	33%	33%	33%
所得税	24,253,118.76	18,777,313.03	14,533,263.15	9,751,913.68

* 1998、1997两年所得税直接根据应纳税所得额乘以法定税率33%得出。

注释29. 销售商品、提供劳务收到的现金

本公司现金流量表中，"提供商品、提供劳务收到的现金"一项除包含主营业务收入收到的现金外，还包含其他业务收入收到的现金。

附注7. 关联方关系及其交易

1. 关联方关系

(1)存在控制关系的关联公司

关联公司名称	与本公司关系	公司类型	法人代表	注册地	注册资本
平顶山天鹰集团有限责任公司	本公司股东	国有企业	张炳文	平顶山市	22963万元

(2)不存在控制关系的关联公司

关联公司名称	与本公司关系
平顶山天鹰工模具有限责任公司	本公司母公司的子公司
平顶山天鹰电控设备有限责任公司	本公司母公司的子公司
平顶山天鹰通用电器有限责任公司	本公司母公司的子公司
平顶山天鹰电器开关有限责任公司	本公司母公司的子公司
平顶山天鹰机械动力有限公司	本公司母公司的子公司
平顶山天鹰运输有限责任公司	本公司母公司的子公司
平顶山天鹰铸造有限责任公司	本公司母公司的子公司
平顶山天鹰中压电器有限责任公司	本公司母公司的子公司
平顶山爱迪生电力系统有限责任公司	本公司母公司的子公司
平顶山平光实业有限责任公司	本公司母公司的子公司

2. 关联公司交易

(1)支付平顶山天鹰集团有限责任公司土地租赁用费。

本公司与天鹰集团签定《土地租赁合同》，根据合同规定，每年支付天鹰集团土地租用费731,520.57元。

公司名称	交易内容	2000年度	1999年度
平顶山天鹰集团有限责任公司	土地租用费	731,520.57	670,560.45

(2)本公司向天鹰集团各子公司提供原材料供应服务。销售原材料定价采用成本加成法，利润限定为5%-10%之间。

公司名称	交易内容	2000年度	1999年度
平顶山通用电器有限责任公司	购买原材料	1,453,013.42	6,045,965.39
平顶山天鹰电控设备有限责任公司	购买原材料	7,721,330.61	9,086,971.51
平顶山天鹰电器开关有限责任公司	购买原材料	20,489,263.43	27,584,165.76
平顶山天鹰铸造有限责任公司	购买原材料	3,455,821.68	4,097,070.45
平顶山天鹰工模具有限责任公司	购买原材料	1,356,217.02	2,593,126.70

(3)天鹰集团及子公司向本公司提供配套半成品、辅助产品服务及进出口服务。定价原则分两种形式：第一，市场上有同类产品时，采取比价招标方式选择供应商，不考虑是否关联公司；第二，市场上没有同类产品时，交易价格采取成本加成法，利润限定为5%-10%之间。

公司名称	交易内容	2000年度	1999年度
平顶山天鹰机械动力有限公司	提供动力	1,467,133.61	7,756,931.91
平顶山天鹰运输有限责任公司	提供运输服务	5,698,469.82	10,845,404.95
平顶山天鹰铸造有限责任公司	提供铸造服务	3,499,540.69	4,223,109.77
平顶山天鹰工模具有限责任公司	制作工模具	5,041,720.78	873,225.02
平顶山天鹰集团有限责任公司	代理进出口	---	23,913,360.00
平顶山天鹰电器开关有限责任公司	销售自制半成品	2,878,221.37	7,673,841.16
平顶山天鹰电器开关有限责任公司	销售自制半成品	3,541,805.49	---

(4)关键管理人员报酬

3.关联公司往来

往来项目	关联公司名称	经济内容
其他应收款	平顶山天鹰电器开关有限责任公司	销售材料及零件
其他应收款	平顶山天鹰机械动力有限公司	销售材料及零件
其他应收款	平顶山天鹰通用电器有限责任公司	销售材料及零件
其他应收款	平顶山平光实业有限责任公司	销售材料及零件
其他应收款	平顶山爱迪生电力系统有限责任公司	销售材料及零件
其他应收款	平顶山天鹰电控设备有限责任公司	销售材料及零件
其他应收款	平顶山天鹰中压电器有限责任公司	销售材料及零件
其他应收款	平顶山天鹰铸造有限责任公司	销售材料及零件
其他应收款	平顶山天鹰运输有限责任公司	暂借款
其他应付款	平顶山天鹰集团有限责任公司	借款
其他应收款	平顶山天鹰运输有限责任公司	暂借款
其他应付款	平顶山天鹰电控设备有限责任公司	暂借款

续上表：

往来项目	2000.12.31	1999.12.31
其他应收款	---	2,215,385.22
其他应收款	2,505,925.64	2,006,181.48
其他应收款	3,466,493.55	1,430,275.03
其他应收款	18,609.49	1,196,643.11
其他应收款	652,855.48	597,392.62
其他应收款	---	576,446.78
其他应收款	574,099.77	529,752.05
其他应收款	1,923,985.49	---
其他应收款	3,056,974.63	2,100,000.00
其他应付款	13,942,555.41	6,182,246.40
其他应收款	3,056,974.63	2,100,000.00
其他应付款	5,645,331.36	---

附注8.或有事项

本公司无需披露的重大或有事项。

附注9.重大承诺事项

本公司无需披露的重大承诺事项。

附注10.资产负债表日后非调整事项

经中国证券监督管理委员会以证监发行字[2001]8 号文批准，本公司于 2001 年 1 月 11 日向社会公开发行人民币普通股 6000 万股，每股定价 12.45 元，扣除发行费用后，共募集资金 727,870,000.00 元。2001 年 1 月 20 日，本公司已收到募集资金款 731,385,200.00 元，其中含部分发行费用 3,515,200.00 元。

附注 11.其他重要事项

1.利润分配情况

本公司 1999 年度利润分配除提取盈余公积、公益金外，另分配 3,500,000.00 元，系转作各发起人的股本，未对各发起人分配股利。

本公司 2000 年度利润暂不分配。

2.报告期内原企业连续盈利。

附注 12.会计报表年初数调整

本年度对 1999 年度会计报表进行了调整，主要是 2000 年度补缴 1999 年度所得税 2,737,553.67 元，对 1999 年度会计报表进行了调整。

附注 13.主要财务指标

主要财务指标	2000.12.31	1999 年	1998 年
流动比率	0.99	1.00	1.06
速动比率	0.63	0.65	0.56
资产负债率	64.88%	68.16%	73.42%
应收帐款周转率	3.04	3.55	3.59
存货周转率	3.09	3.11	2.38
全面摊薄净资产收益率	23.38%	22.85%	24.59%
加权平均净资产收益率	26.48%	25.80%	---
全面摊薄每股收益(元)	0.38	0.29	0.24
加权平均每股收益(元)	0.38	0.29	---
主营业务利润	128,685,618.28	132,618,021.58	132,497,258.38
营业利润	70,188,245.39	55,009,900.94	44,040,191.36
净利润	47,477,736.79	35,549,381.69	29,506,928.21
扣除非经常损益后的净利润	45,658,606.85	35,273,698.97	29,506,928.21

十、董事会上市承诺

本公司董事会将严格遵守《中华人民共和国公司法》、《中华人民共和国证券法》、《股票发行与交易管理暂行条例》、《公开发行股票公司信息披露实施细则》、《上海证券交易所股票上市规则》及国家有关法律、法规，并自本公司股票上市之日起，作出如下承诺：

1、按照法律、法规的规定程序和要求披露重大信息，自觉接受证券主管机关、上海证券交易所的监督管理；

2、及时、真实、准确地公布中期报告和年度报告，并置于规定场所供投资者公众查阅；

3、本公司董事、监事及高级管理人员如发生人事变动时，在报告证券主管机关、证券交易所的同时向投资者公布；

4、在任何公共传播媒介中出现的消息可能对本公司股票的市场价格产生误导性影响时，本公司知悉后将及时对该消息予以公布澄清；

5、本公司董事、监事及高级管理人员将认真听取社会公众的意见和批评，不利用已获得的内幕消息和其他不正当手段直接或间接从事股票买卖；

6、本公司没有无记录负债。

7、本公司董事会及各位董事保证不就任何未经主管机关审阅的可能影响股价变动的重大信息私自或公开发表意见。

8、依据 2000 年 5 月 1 日起实施的《上海证券交易所股票上市规则(2000 年修订本)》，本公司全体董事、监事将按照有关规定，在本公司股票上市后两个月内签署《董事(监事)声明及承诺书》并送达上海证券交易所备案。

十一、重要事项揭示

1、根据《公司法》第一百三十七条的规定，发行人、主承销商和发行人律师认为公司经过改制后 1998 年、1999 年、2000 年的实际运行，每年的净资产收益率均在 23%以上，均高于 1998 年、1999 年、2000 年同期的一年期银行存款利率。对 2001 年的整体业绩，本公司认为不会低于 2000 年的业绩。公司的经营稳健，外部环境正常，业务稳定。到目前为止，还没有足以影响本公司 2001 年业绩下滑的因素出现。

2、根据本公司《招股说明书》披露：本次公开发行股票后，新股东不享受本公司以前年度滚存未分配利润；预计本公司首次股利分配时间在公司上市后第一个盈利年度结束后六个月内，具体实施时间由本公司的股东大会决定。

3、本公司本次发行前发行前每股净资产：1.33 元，发行后每股净资产：4.86 元。

4、根据《上海证券交易所股票上市规则》公司第一大股东平顶山天鹰集团有限责任公司已向上海证券交易所承诺，自发行人股票上市之日起 12 个月内不转让其持有的发行人股份，也不由上市公司回购其持有的股份。

5、本公司目前按 33%的所得税率计征所得税。

6、截止本公司上市公告书刊登之日，本公司和本公司董事、监事和高级管理人员无任何重大诉讼事项。

7、经上海证券交易所上证上字[2001]20 号文批准，本公司通过上海证券交易所交易系统上网定价发行的 6000 万股人民币普通股（A 股）将于 2001 年 2 月 21 日起在上海证券交易所挂牌交易。

8、除本公司招股说明书及概要和上市公告批露的事项外，本公司没有其他应披露而未披露的重要事项。

十二、备查文件目录

1、招股说明书　2、上海证券交易所上市通知书　3、中国证监会证监发行字[2001]8 号文
4、审计报告、财务报表及附注　5、验资报告　6、法律意见书
7、公司股东大会决议、董事会决议　8、公司营业执照　9、公司章程　10、其他备查文件

十三、咨询机构

1、发行人：河南平高电气股份有限公司
地址：河南省平顶山市南环东路 22 号　电话：(0375)3804064
传真：(0375)3887040　联系人：刘伟、程占彪

2、上市推荐人：兴业证券股份有限公司
地址：福州市湖东路 99 号标力大厦北京市西城区赵登禹路 277 号先锋写字楼
电话：(010)66511919　传真：(010)66511460　联系人：柏尚然、匙芳、勾春卫

河南平高电气股份有限公司

2001.2.13

河南平高电气股份有限公司资产负债表　单位：人民币元

资产	1998.12.31	1999.12.31	2000.12.31
流动资产：			
货币资金	5551819.92	5242724.09	23019513.96
短期投资			
减：短期投资跌价准备			
应收帐款	141586358.96	194983938.8	189732136.62
其它应收款	7503330.9	13183133.39	25758789.61
减：坏帐准备	2831727.18	4173871.44	4943606.56
应收帐款净额	146257962.68	203993200.75	210547319.67
存货	133830052.61	108605947.67	130666080.27
减：存货跌价准备			
存货净额	133830052.61	108605947.67	130666080.27
待摊费用	650233.23	499146.81	781083.91
流动资产合计	286290068.44	318341019.32	365013997.81
长期投资：			
长期股权投资			51735624.97
长期投资合计			51735624.97
减：长期投资减值准备			
长期投资净额			51735624.97
固定资产：			
固定资产原值	219261123.08	233344826.34	239755274.11
减：累计折旧	56680488.38	67817344.27	80152635.35
固定资产净值	162580634.7	165527482.07	159602638.76
工程物资			
在建工程	2654610.3	5528629.54	1671022.96
固定资产清理		-877910.99	10428
待处理固定资产净损失			
固定资产合计	165235245	170178200.62	161284089.72
资产总计：			
资产总计	451525313.44	488519219.94	578033712.5
流动负债：			
短期借款	90840000	93750000	35750000
应付票据	2500000		21000000
应付帐款	152021304.29	150185984.95	207763700.36
预收帐款			
代销商品款			
应付工资	5692602.1	5692602.1	6532134.29
应付福利费	6983218.49	7569023.88	6860791.91
应付股利			
应付税金	6006510.29	7459661.95	9970060.57
其它应交款	675444.11	589891.89	-10101.85
其它应付款	6036234.16	6296183.43	32040008.74
应付短期债券			
预提费用		656490.05	
一年内到期的长期负债		47470000	48300000
其它流动负债			
职工奖励及福利基金			
流动负债合计	270755313.44	319669838.25	368206594.02
长期负债：			
长期借款	60770000	13300000	6800000
长期负债合计	60770000	13300000	6800000
负债合计：			
负债合计	331525313.44	332969838.25	375006594.02
少数股东权益：			
少数股东权益			
股东权益：			
股本	120000000	123500000	123500000
资本公积金		1415.54	1415.54
盈余公积		7657405.8	17152953.16
其中：公益金		3828702.9	8576476.58
未确认的外资损失			
未分配利润		24390560.35	62372749.78
外币报表折算差额			
股东权益合计	120000000	155549381.69	203027118.48
负债和股东权益总计：			
负债和股东权益总计	451525313.44	488519219.94	578033712.5

河南平高电气股份有限公司

利润及利润分配表　单位：人民币元

项目	1999 年度	2000 年度
一、主营业务收入	510318347.13	500464298.04
减：折扣与折让		
主营业务收入净额	510318347.13	500464298.04
减：主营业务成本	376812327.8	369214066.98
主营业务税金及附加	887997.75	2564612.78
二、主营业务利润	132618021.58	128685618.28
加：其他业务利润	469171.41	15195059.5
减：存货跌价损失		
营业费用	26897738.71	30602878.8
管理费用	36529385.5	31350361.67
财务费用	14650167.84	11739191.92
三、营业利润	55009900.94	70188245.39
加：营业外收入	275682.72	1819129.94
以前年度损益调整		
减：营业外支出	958888.94	276519.78
分给外单位利润		
四、利润总额	54326694.72	71730855.55
减：所得税	18777313.03	24253118.76
五、净利润	35549381.69	47477736.79
加：年初未分配利润		24390560.35
六、可供分配的利润	35549381.69	71868297.14
减：提取法定盈余公积金	3828702.9	4747773.68
提取法定公益金	3828702.9	4747773.68
提取职工奖励福利基金		
七、可供股东分配的利润	27891975.89	62372749.78
减：转作股本的普通股股利	3500000	
八、未分配利润	24390560.35	62372749.78

中垦农业资源开发股份有限公司

中垦农业资源开发股份有限公司2000年年度报告摘要

重要提示：本公司董事会保证本报告所载资料不存在任何虚假记载、误导性陈述或者重大遗漏，并对其内容的真实性、准确性和完整性负个别及连带责任。

一、公司简介

(一)公司法定中文名称：中垦农业资源开发股份有限公司

公司法定英文名称：ZHONGKEN AGRICULTURAL RESOURCE DEVELOPMENT CO.,LTD.

英文缩写：ZARD

(二)公司法定代表人：李润福

(三)公司董事会秘书：陈建政　联系地址：北京市西城区月坛北街2号月坛大厦C501

联系电话：(010)68083255-59转　传真：(010)68083262

(四)公司注册地址：北京市丰台区科学城10D地块2号楼

公司办公地址：北京市西城区月坛北街2号月坛大厦C501　邮政编码：100045

(五)公司选定的信息披露报纸：《上海证券报》、《中国证券报》

登载公司年度报告的中国证监会指定国际互联网网址：http://www.sse.com.cn

公司年度报告备置地点：中垦农业资源开发股份有限公司证券部

(六)公司股票上市交易所：上海证券交易所　股票简称：中农资源　股票代码：600313

二、会计数据和业务数据摘要

(一)本年度利润总额及构成(合并报表数据)　金额单位：人民币元

利润总额	28,518,048.50
净利润	20,270,035.63
扣除非经营性损益后的净利润	16,306,181.03
主营业务利润	89,765,042.58
其他业务利润	986,671.30
营业利润	24,554,193.90
投资收益-补贴收入	2,595,810.78
营业外收支净额	1,368,043.82
经营活动产生的现金流量净额	-114,060,881.06
现金及现金等价物净增加额	496,742,744.34

注：非经常性损益项目和涉及金额指补贴收入2,595,810.78元和营业外收支净额1,368,043.82元。

(二)主要会计数据和财务指标　金额单位：人民币元

指标项目	2000年	1999年	1998年(调整后)
主营业务收入	1,666,899,079.28	1,367,267,463.85	1,293,075,114.16
净利润	20,270,035.63	29,978,437.45	42,900,999.62
总资产	1,344,929,394.90	788,265,680.94	635,572,337.77
股东权益(不含少数股东权益)	749,985,644.23	251,425,608.60	194,627,522.60
每股收益(摊薄)	0.0804	0.1741	0.2491
每股收益(加权)	0.1177	0.1741	0.2491
扣除非经常性损益后每股收益(摊薄)	0.0647	0.1695	0.2517
扣除非经常性损益后每股收益(加权)	0.0947	0.1695	0.2517
每股净资产	2.9738	1.4601	1.1302
调整后的每股净资产	2.9080	1.4500	1.0600
每股经营活动产生的现金流量净额	-0.4523	-	-
净资产收益率(%)	2.70	11.92	22.04
净资产收益率加权(%)	7.80	14.30	22.01

利润分配表附表　金额单位：人民币元

报告期利润	净资产收益率(%)		每股收益(元)	
	全面摊薄	加权平均	全面摊薄	加权平均
主营业务利润	11.97	34.54	0.3559	0.5213
营业利润	3.27	9.54	0.0974	0.1426
净利润	2.70	7.80	0.0804	0.1177
扣除非经常损益后的利润	2.17	6.27	0.0647	0.0947

(三)报告期内股东权益变动情况　金额单位：人民币元

项目	股本	资本公积	盈余公积	法定公益金	未分配利润	权益合计
期初数	172,200,000.00	73,794,048.38	5,431,560.22	1,810,520.08	0	251,425,608.60
本期增加	80,000,000.00	408290,000.00	5,408,676.46	1,802,892.15	4,861,359.17	498,560,035.63
本期减少						
期末数	252,200,000.00	482084,048.38	10,840,236.68	3,613,412.23	4,861,359.17	749,985,644.23

报告期内股东权益各项变化原因说明：

1.股本增加8000万元，系本公司2000年12月22日上网公开发行了每股面值1.00元的人民币普通股股票8000万股所致。

2．资本公积增加408,290,000.00元，系本公司2000年12月22日上网公开发行股票溢价所致。

3.盈余公积增加5,408,676.46元，系本期提取法定盈余公积金3,605,784.31元和法定公益金1,802,892.15元所致。

4.未分配利润增加4,861,359.17元，系本期净利润在提取法定盈余公积金、法定公益金，以及分配10,000,000元股利后的余额。

三、股东情况

(一)截止报告期末，公司股东总数为65540户。

(二)前十名持股股东情况：

股东名称	持股数量	持股比例
1、中国农垦(集团)总公司	100,100,000	39.69
2、江苏省农垦集团有限公司	71,050,000	28.17
3、同盛基金	587,000	0.23
4、中国水果与蔬菜有限公司	350,000	0.14
5、江苏大圣集团有限公司	350,000	0.14
6、天津开发区兴业房地产投资有限公司	350,000	0.14
7、同益基金	334,000	0.13
8、裕隆基金	272,000	0.11
9、天元基金	265,000	0.11
10、兴和基金	138,000	0.05

注：1)本公司前1-2名及4-6名股东所持有的均为未上市流通的发起人股份，其余股东持有的为已上市流通股份。

2)江苏大圣集团有限公司是江苏省农垦集团有限公司持股60%的控股子公司，存在关联关系，其他股东未知其有关联关系。

(三)持股5%以上股东情况

1]持有公司10%以上的法人股东中国农垦(集团)总公司期末持有100,100,000股，持股比例为39.69%。该公司法定代表人：魏淑琪，经营范围为：承包本行业国外工程和境内外资工程、组织农垦系统企业的生产、农垦企事业单位所需商品的计划内供应和计划外销售、农垦系统及联营企业生产产品的销售等。报告期内其所持本公司股份无质押、冻结等情况。

2]持有公司10%以上的法人股东江苏省农垦集团有限公司期末持有70,150,000股，持股比例为28.17%。该公司法定代表人：徐鸣，经营范围为：江苏省政府授权范围内的国有资产管理。报告期内其所持本公司股份无质押、冻结等情况。

(四)报告期内本公司控股股东未发生变更。

四、股东大会简介

报告期内，公司召开了1999年年度股东大会和两次临时股东大会。

(一)1999年年度股东大会

公司99年度股东年会于2000年6月15日在山东潍纺富华大酒店召开，本次股东大会出席股东及代理人5名，共代表股份17220万股，占股份公司总股份100%，会议由董事长魏淑琪主持，符合《公司法》及《公司章程》有关规定。

与会股东代表认真审议了相关议案，经表决以17220万股赞成，0股反对，0股弃权的表决结果形成如下决议：

1.1999年度董事会工作报告

2.1999年度监事会工作报告

3.1999年度财务决算和2000年财务预算

4.1999年度利润分配预案

5.聘请北京兴华会计师事务所有限责任公司为2000年度会计审计机构

6.2000年种子预约生产协议

(二)2000年第一次临时股东大会

中垦农业资源开发股份有限公司二○○○年度第一次临时股东大会，于二○○○年八月十五日在北京召开，此次会议由股份公司董事会召集并由董事长魏淑琪主持。董事、监事及公司高级管理人员出席了会议，股东及股东代表5人，代表股份17220万股，占所有股东所持公司股份的100%，符合《中华人民共和国公司法》及《公司章程》的有关规定。

与会股东代表认真审议了有关议案，经表决以17220万股赞成，0股反对，0股弃权的表决结果形成如下决议：

1．同意中垦农业资源开发股份有限公司采取增资方式向社会公众公开发行股票并上市，本次发行规模为8000万股，发行价格为6.30元人民币，发行规模、发行价格及发行方式以主管部门最终核定的数额、价格及发行方式为准。本次所发行的股票均为记名式人民币普通股股票(A股)，每股面值人民币1.00元，由承销团包销。

2．同意董事会通过的《公司章程(修订草案)》，并授权董事会按照证监会的有关最新政策、意见要求全权处理公开发行股票及上市的有关事项，包括但不限于根据要求和发行后实际情况修改《公司章程》、签定本次投资项目有关重大合同等。本次决议有效期为一年。

3．本公司股利分配的一般政策

4.2000年1-6月利润分配预案公司2000年1-6月共实现利润14,139,188.87元，可供分配利润为14,139,188.87元，提取法定盈余公积金1,413,918.89元，提取公益金706,959.45元，向全体股东派发现金股利12,018,310.53元，平均每股派发现金红利0.0697元。

5．同意公司将本次公开发行股票募集的资金，全部投入到30万吨种子加工项目、农作物原种基地项目、种子销售中心项目、广西剑麻产业化项目、中垦鸵鸟产业化项目、天然香料加工项目等六个项目，并同意该些项目的可行性分析报告。本次募集资金按上述排列顺序用于项目投资。同时，授权董事会按照证监会有关政策及意见全权办理有关本次募集资金投资项目事宜，包括但不限于增减项目、签署相关合同等。上述投资项目及可行性报告以证监会核准的为准。

(三)2000年第二次临时股东大会

中垦农业资源开发股份有限公司二○○○年度第二次临时股东大会，于二○○○年十二月十一日在北京召开，此次会议由股份公司董事会召集并由董事长李润福主持。董事、监事及公司高级管理人员出席了会议，股东及股东代表5人，代表股份17220万股，占所有股东所持公司股份的100%，符合《中华人民共和国公司法》及《公司章程》的有关规定。

与会股东代表认真审议了相关议案，经表决以17220万股赞成，0股反对，0股弃权的表决结果形成如下决议：

(1)选举张海波先生为独立董事。

(2)调整1999年度利润分配方案

公司1999年共实现净利润(合并报表)29,978,437.45元，在提取10%法定公积金3,569,498.67元、5%法定公益金1,784,749.34元后可供股东分配的利润16,724,632.36元。公司1999年利润分配预案为：以1999年12月31日公司总股本17220万股为基数，将1999年度实现的可供股东分配的利润按各股东的持股比例分配给全体股东，分配股利以后，本公司无剩余未分配利润。

(3)调整2000年1-6月份利润分配方案

公司2000年上半年共实现净利润(合并报表)13,770,753.74元，在提取10%法定公积金1,395,468.04元、5%法定公益金697,734.02元后可供股东分配的利润11,677,551.68元。公司2000年上半年利润分配预案为：以2000年6月30日公司总股本17220万股为基数，将2000年上半年实现的可供股东分配的利润10,000,000元按各股东的持股比例分配给全体股东，分配股利以后，本公司剩余未分配利润为1,677,551.68元，由股票发行后公司全体在册股东共享。

五、董事会报告

(一)公司经营情况

1.公司所处的行业及在行业中的地位

本公司是以农作物种子选育加工、化肥等农资和农副产品贸易及特色农业为主的高新技术企业，从产业划分上属农业，是国家重点支持的产业。本公司下设6个专业农科所，是全国商品种子量最大的生产企业，2000年自育、引进开发新品种、新组合70余个，加工销售一级商品种子9.69万吨，其中投入市场开发的新品种约占销售总量的25%-30%，主要品种麦种、稻种在江苏省市场的占有率达50%以上，棉花种、大豆种、牧草种在江苏省的市场占有率位居第一、玉米在江苏省的市场占有率位居第二。在农资和农副产品贸易方面，本公司控股85%的华垦物资有限公司是全国农垦系统最大的农资供应单位和全国前十大农资贸易公司。

上海家化联合股份有限公司

上海家化联合股份有限公司股票上市公告书暨2000年度财务报告

本公司董事会保证本上市公告书所载资料不存在任何重大遗漏、虚假陈述或者严重误导；并对其内容的真实性、准确性、完整性负个别及连带责任。

一、要 览

股票简称：上海家化　股票代码：600315　股本总额：27000万股　可流通股本：8000万股
本次上市流通股本：8000万股　上市地点：上海证券交易所　上市日期：2001年3月15日
股份登记机构：上海证券中央登记结算公司　上市推荐人：联合证券有限责任公司

二、绪 言

上海家化联合股份有限公司（以下简称"本公司"或"公司"）股票上市公告书是根据《中华人民共和国公司法》、《中华人民共和国证券法》、《股票发行与交易管理暂行条例》、《公开发行股票公司信息披露实施细则》及《上海证券交易所股票上市规则》等国家有关法律、法规的规定，并按照中国证券监督管理委员会制定的公开发行股票公司信息披露的内容与格式准则第七号《上市公告书的内容与格式（试行）》而编制，旨在向投资者提供有关本公司的基本情况和本次股票上市的有关资料。

经中国证券监督管理委员会证监发行字[2001]20号文核准，本公司于2001年2月20日以上网定价方式向社会公众成功发行了每股面值1.00元的人民币普通股8000万股，每股发行价9.18人民币元。经上海证券交易所上证上字[2001]29号《上市通知书》批准，本公司上网定价发行的8000万股人民币普通股将于2001年3月15日（星期四）在上海证券交易所挂牌交易，股票简称"上海家化"，股票代码"600315"。本公司总股本27000万股，其中流通股本8000万股。

本公司的《招股说明书概要》刊登于2001年2月15日的《中国证券报》和《上海证券报》上，距今不足6个月，故依照有关规定，本上市公告书与其重复的内容不再赘述，敬请广大投资者查阅本公司的《招股说明书概要》。

本公司董事会已审议批准本上市公告书，确信其中不存在任何重大遗漏、虚假陈述或严重误导，并对其真实性、准确性、完整性负个别及连带责任。

三、公司概况

（一）概况

1、公司名称：上海家化联合股份有限公司　英文：SHANGHAI JAHWA UNITED CO.,LTD.

2、注册资金：27000万元

3、法定代表人：葛文耀

4、成立日期：1999年10月18日

5、经营范围：开发和生产日用化学制品原辅材料、包装容器；开发和生产日用化学制品、香精、化妆品用具、清凉油、蜡制品、洁厕剂、消毒清洁液剂、杀虫剂、蚊香（固体、液体）、驱杀昆虫用电器装置、美容美发服务并生产有关器具，日用化学品及化妆品技术服务；销售公司自产产品。

6、所属行业：化妆品行业

7、注册地址：上海市保定路527号　联系电话：021-65456400

（二）历史沿革

本公司是1999年10月经上海市人民政府沪府体改审（1999）019号、上海市外资委沪外资委批字（99）第1147号文批准，由上海家化（集团）有限公司（以下简称"家化集团"）、上实日用化学品控股有限公司（以下简称"上实日化"）、上海工业投资（集团）有限公司（以下简称"上海工投"）、福建恒安（集团）有限公司（以下简称"福建恒安"）、上海广虹（集团）公司（以下简称"广虹集团"）、上海惠盛实业有限公司（以下简称"惠盛实业"）等六家原上海家化有限公司（以下简称"家化有限"）的股东以所持家化有限的权益作为出资，将上海家化有限公司整体变更而成的股份有限公司，整体变更时以经具有证券从业资格的大华会计师事务所审计的家化有限1999年6月30日之帐面净资产值287494708.66元折合为本公司的股本28749万元，剩余的4708.66元记入本公司的资本公积金。

2000年7月26日，经公司1999年度临时股东大会决议通过，并经上海市外国投资工作委员会沪外资委批字（99）第1440号文、上海市经济体制改革办公室沪体改批字（2000）第008号文批准，公司在原股本28749万元基础上按照1:0.6609进行同比例调整股本，调整后公司总股本变更为19000万元，原股本与调整后股本的差额9749万元列入公司资本公积金。

经中国证券监督管理委员会证监发行字[2001]20号文批准，2001年2月20日本公司以上网定价发行的方式在上海证券交易所向社会公众成功发行了8000万股人民币普通股（A股）股票。本次发行后，本公司于2001年3月7日在上海市工商行政管理局依法办理了工商变更登记手续，公司注册资本变更为27000万元人民币，工商执照注册号码为企股沪总副字第021074号（市局）。

四、股票发行及承销

（一）本次股票公开发行　发行价格：9.18元/股　公开发行数量：8000万股

发行方式：上网定价　募集资金总额：73440万元（未扣除发行费用）　中签率：0.2431006%

有效申购户数：1402095户　持有1000股以上（含1000股）的户数：76683户

发行费用总额：2178万元　每股发行费用：0.27元

发行市盈率：34.28倍（全面摊薄）　32.59倍（加权）

（二）股票承销本次上网定价发行之8000万股已全部被社会公众认购，承销团无余额包销。

（三）验资报告　验资报告

信会师报字（2001）第10250号

上海家化联合股份有限公司：

我们接受委托，对上海家化联合股份有限公司截至2001年2月26日止注册资本、投入资本变更情况的真实性和合法性进行了审验。在审验过程中，我们按照《独立审计实务公告第1号---验资》的要求，实施了必要的审验程序。上海家化联合股份有限公司的责任是提供真实、合法、完整的验资资料，保护资产的安全、完整，我们的责任是按照《独立审计实务公告第1号--验资》的要求，出具真实、合法的验资报告。

上海家化联合股份有限公司变更前的注册资本和投入资本均为人民币19,000万元，上海家化联合股份有限公司变更后的注册资本为人民币27,000万元。根据我们的审验，截至2001年2月26日止，上海家化联合股份有限公司由股东增加投入资本人民币8,000万元，变更后的所有者权益为人民币1,026,826,989.39元，其中股本为人民币270,000,000.00元，资本公积为人民币730,124,051.65元，盈余公积为6,426,613.16元，未分配利润为人民币20,276,324.58元。与上述变更后投入资本总额相关的资产总额为人民币1,388,817,940.32元，负债总额为人民币361,990,950.93元。

上海立信长江会计师事务所有限公司　中国注册会计师　戴定毅　黄晔

五、董事、监事及高级管理人员简介及持股情况

（一）公司董事、监事及高级管理人员简介

1、董事会成员

葛文耀：男，53岁，硕士，高级经济师。历任上海家用化学品厂厂长，上海庄臣有限公司副总经理。曾任上海家化联合公司、上海家化有限公司、上海家化（集团）有限公司董事长、总经理。连续三年荣获上海市优秀企业家、上海市优秀企业经营者称号，1999被上海市政府研究室聘为上海市决策咨询研究专家。现任上海家化（集团）有限公司副董事长、本公司董事长，同时担任中国香化协会副理事长、中华商标协会副会长、上海财经大学及上海交通大学的兼职教授、上海市政府经济研究中心企业顾问团顾问、上海市经营者资质评价中心评审专家、上海市企业经营管理研究会副会长等职。

厉伟达：男，53岁，本科学历。历任上海实业公司企发部副总经理，上海实业投资有限公司总经理。现任上海实业控股有限公司副行政总裁、本公司副董事长。

陆芝青：女，43岁，硕士，高级经济师。历任上海轻工控股集团公司市场处处长，上海日化（集团）有限公司总经理。现任上海家化（集团）有限公司副总经理、本公司董事。

刘玉亮：男，39岁，博士。历任上海长海医院主治医师、副教授，上海家化有限公司副总经理。现任上海家化（集团）有限公司副总经理、本公司董事。

周启英：男，53岁，硕士，高级经济师。曾任上海庄臣有限公司销售总监、上海家化（集团）有限公司副总经理。现任本公司董事、总经理。

邹健庄：男，54岁，本科学历，高级经济师。历任上海市牛奶公司总经理，上海市农业投资总公司总经理。现为上海实业控股有限公司上海代表处代表、本公司董事。

季建忠：男，44岁，本科学历，高级会计师。曾任浦东钢铁集团有限公司财务处处长。现任香港上实控股有限公司上海代表处财务总监、本公司董事。

冯祖新：男，46岁，大学学历，经济师。历任上海市经济委员会信息中心副主任、主任。1997年8月起任上海市工业投资公司副总经理、总经理，现任上海工业投资（集团）有限公司副总裁、本公司董事。

杨荣春：男，52岁，本科学历，工程师。曾任福建晋江通用厂技术员。现任福建恒安集团有限公司副总裁、本公司董事。

陆淑华：女，49岁，中专学历，助理会计师。历任上海永盈食品有限公司总经理；上海瀚殷实业公司总经理。现为上海惠盛实业有限公司董事长、本公司董事。

冯：女，33岁，硕士。曾任山一证券驻上海交易所首席交易员及研究员，联合证券有限责任公司投资银行总部高级经理，上海家化（集团）有限公司投资部总监。现任本公司董事兼董事会秘书。

2、监事会成员

徐志毅：男，63岁，大专学历，教授级高级工程师、研究员。历任上海电缆厂厂长，上海电机公司总经理，上海电线电缆（集团）公司总经理，上海机电局局长，上海市经济委员会主任。曾被评为上海市优秀企业家、劳动模范、全国质量管理优秀工作者。徐志毅先生是第八届全国人大代表，第九届全国政协委员。现任上海工业投资（集团）有限公司董事长、本公司监事长。

蒋本孚：男，54岁，大专学历，会计师。历任康华南方（集团）公司财务部经理，中国技术进出口总公司南方公司副总经理。现为上海实业控股有限公司上海代表处代表、本公司监事。

吴英华：女，44岁，硕士，审计师。曾任上海跃进铝制品厂财务，上海造纸公司华丽铜板纸厂审计师。现任上海家化（集团）有限公司总审计师、本公司监事。

黄阅：女，29岁，硕士，工程师。曾任上海家化有限公司科研部助研员、团委书记，现任上海家化联合股份有限公司科研美容部副经理、本公司监事。

张宝娣：女，37岁，大专学历，助理政工师。曾任上海明星化妆品厂团委副书记，副厂长、上海家用化学品厂团委书记、上海家化房地产开发经营公司主任。现任上海家化股份有限公司工会副主席。

3、高级管理人员

徐南伟：男，48岁，硕士，高级经济师。历任上海家用化学品厂办公室主任，上海庄臣有限公司人事行政部总监，上海家化联合公司人事行政部总监，上海家化有限公司工会主席、党委副书记、副总经理。现任本公司副总经理。

路至伟：男，45岁，硕士，高级经济师。历任苏州自行车厂厂长、副董事长，苏州轻工业局副局长，苏州国际经济发展控股公司常务副总经理。现任本公司副总经理。

宣平：男，47岁，大专学历，经济师。历任上海蓬帆沙发厂厂长、上海庄臣有限公司副总监，上海斯米克华洁纸业公司副总经理。现任本公司副总经理。

赵兰萍：女，47岁，硕士，高级会计师。1969年参加工作，历任上海三十棉纺厂副科长，上海二纺织印染公司财务副科长，上海家化联合公司财务总监。现任本公司财务总监。

（二）公司董事、监事及高级管理人员持股情况

本公司董事、监事均未持有本公司股票，高级管理人员除赵兰萍女士持有1000股本公司股票外，其他高级管理人员未持有本公司股票。

六、公司设立

本公司是经上海市人民政府沪府体改审（1999）019号、上海市外资委沪外资委批字（99）第1147号文批准，由家化集团、上实日化、上海工投、福建恒安、广虹集团、惠盛实业等六家家化有限的股东以所持家化有限的权益作为出资，将上海家化有限公司整体变更而成的股份有限公司，1999年10月18日在上海市工商行政管理局注册成立，公司成立时的注册资本为人民币28749万元。

2000年7月26日，经公司1999年度临时股东大会决议通过，并经上海市外国投资工作委员会沪外资委批字（99）第1440号文、上海市经济体制改革办公室沪体改批字（2000）第008号文批准，公司在原股本28749万元基础上按照1:0.6609进行同比例调整股本，调整后公司总股本变更为19000万元，原股本与调整后股本的差额9749万元列入公司资本公积金。

经中国证券监督管理委员会证监发行字[2001]20号文件核准，2001年2月20日本公司以上网定价方式在上海证券交易所向社会公众成功发行了8,000万股社会公众股。本次发行后，本公司于2001年3月7日在上海市工商行政管理局依法办理了工商变更登记手续，公司注册资本变更为27000万元，工商执照注册号码为企股沪总副字第021074号（市局）。

七、关联企业及关联交易

（一）关联企业

1、存在控制关系的关联企业

[1]控制本公司的关联方

企业名称	主营业务	与本公司关系	经济性质或类型	法定代表人
上海家化（集团）有限公司	日用化学品及原辅材料、香料、香精等	本公司并列第一大股东，持有本公司40%的股权	国有独资	张立平
上实日用化学品控股有限公司	投资、控股	本公司并列第一大股东，持有本公司40%的股权	境外公司	卓福民

[2]本公司控股的关联方

被投资单位	全称经营范围	注册资本	本公司	备注

		（万元）	所占投资比例	
上海家化有限公司经营部	日用化学品、化妆品用具	910	100%	全资子公司
上海露美美容总院	美容、美发	3	100%	全资子公司
上海家化销售有限公司	日用化学品、化妆品用品	10,000	99.83%	控股子公司
上海家化商销有限公司	日用化学品、杀虫剂	2,500	98.28%	控股子公司
上海家化全塑管制品有限公司	全塑管包装用品制造加工	1,450	82.76%	控股子公司
露美美容院	美容美发、化妆品、美容技术咨询	150	99.98%	控股子公司
大连上海家化有限公司	化妆品生产、销售等	1,200	99.98%	控股子公司
成都上海家化有限公司	生产、销售化妆品等	800	99.99%	控股子公司
海南上海家化有限公司	日用化学制品及原辅材料生产销售	209	99.95%	控股子公司
上海家安日用化学品公司	生产光亮剂、消毒剂、润滑剂等	USD52	50%	控股子公司
苏州广生堂化妆品有限公司	生产销售护肤、护发、美容用品	USD75	45%	控股子公司
海口海家商贸有限公司	美发美容及技术培训、日用化学	50	99.94%	
济南上海家化销售有限公司	日用化学品、日用百货	250	99.67%	
南京上海家化销售有限公司	日用化学品、日用百货、蜡制品	250	99.67%	
吉林省上海家化销售有限公司	化妆品、百货用品	100	99.67%	
上海家化哈尔滨销售有限公司	日用化妆品	100	99.67%	
郑州上海家化销售有限公司	日用化学品、百货	200	99.67%	
苏州上海家化销售 有限公司	日用化学用品、日用品、百货	220	99.63%	
天津上海家化销售有限公司	百货批发兼零售	200	99.67%	
合肥上海家化销售有限公司	日用化学品销售	180	99.66%	
徐州上海家化销售有限公司	日用化学品、日用百货	100	99.67%	
北京上海家化销售有限公司	销售百货、日用杂品	500	99.52%	
陕西上海家化销售有限公司	化妆品、日用百货销售	140	99.74%	
芜湖上海家化销售有限公司	日用化学品、日用百货蜡染制品等	170	99.65%	
青岛上海家化销售有限公司	日用化学品、日用百货	250	99.73%	
厦门上海家化销售有限公司	日用化学品、日用百货	150	99.67%	
大连上海家化销售有限公司	日用化学品、百货批发兼零售	100	99.67%	
无锡上海家化销售有限公司	日用化学品、日用百货	180	99.52%	
南昌上海家化销售有限公司	日用化学品、日用百货	100	99.59%	
上海家用化学品厂经营部	大连分部经销化妆品、洗涤百货	100	99.67%	
上海家化大连有限公司	沈阳经营部日用化学品、百货	45	100%	
成都上海家化经营部	日用化学品、日用百货	100	99.83%	
昆明上海家化经营部	日用化学品、日用百货	80	99.83%	
杭州上海家化经营部	日用化学品、日用百货、杀虫剂	200	99.83%	
武汉市江汉区家化化妆品	经营部化妆品	150	99.83%	
上海家化清洁用品销售有限公司	日用化学品、杀虫剂、化工原料	50	50.12%	

2、不存在控制关系的关联企业

公司全称	与发行人关系	经济性质
上海霞飞日化有限公司	同一控股股东	有限公司
海南霖碧矿泉水饮料有限公司	同一控股股东	有限公司
上海汉殷药业有限公司	同一控股股东	有限公司
上海嘉华精细化工有限公司	同一控股股东	有限公司
上海孔雀香精香料有限公司	同一控股股东	有限公司
上海家盛餐饮饰品有限公司	同一控股股东	有限公司
上海佳诚实业有限公司	同一控股股东	有限公司
上海家化房地产开发经营公司	同一控股股东	有限公司
上海精艺建筑装饰有限公司	同一控股股东	有限公司
上海市日用化学工业研究所	同一控股股东	企业法人

（二）关联交易

公司具有自身独立的科研和供产销体系，在研究开发、原料采购、生产制造、产品销售等方面与大股东---上海家化（集团）有限公司之间不存在经常性的关联交易。

公司与大股东在商标使用方面存在如下关联交易：

根据公司与上海家化（集团）有限公司所签署的《商标与名称使用许可合同---补充合同》的规定，上海家化（集团）有限公司向本公司无偿转让57件商标、标志和标识，具体转让工作目前已经完成。另外，根据上海家化（集团）有限公司出具的《承诺书》及《补充承诺》，上海家化（集团）有限公司承诺将其余442件商标（含境外注册商标40件）、"上海家化"及"JAHWA"（英文）名称或其组合永久地、无偿地许可发行人使用，并承诺自《承诺书》出具之日起一年内，将上述除上海家化（集团）有限公司现仍使用的11件"上海家化"及"JAH-WA"（英文）名称或其组合及37件已停止使用待期满后自动失效的商标外的394件商标（含40件境外注册商标）无偿转让给发行人，并办理完毕相关手续，同时补充承诺在向发行人转让上述商标之前，将不许可任何第三方以任何方式使用上述商标。目前，有关转让工作正在进行之中。

（三）避免同业竞争的承诺

本公司的并列大股东之一----上海家化（集团）有限公司下属控股公司上海霞飞日化有限公司从事与本公司营业执照上所列经营范围存在竞争关系的业务，上海家化（集团）有限公司已出函承诺，将尽快出让上海霞飞日化有限公司的股权（该股权已于2000年12月29日在上海技术产权交易所转让交割完毕，营业执照变更尚在办理之中），并保证自承诺书出具日起该公司及其下属全资、控股子企业将不从事与本公司竞争的业务。

本公司的并列大股东之一----上实日用化学品控股有限公司承诺，该公司及该公司其他下属企业目前不存在与本公司相同或类似业务，并保证自承诺书出具日起，该公司及其他下属企业将不从事与本公司竞争的业务。

八、股本结构及大股东持股情况

（一）本公司上市前的股本结构

股份类别	数量（万股）	占总股本的比例（%）
尚未流通股份	19000	70.37
其中：国有法人股	8996.5	33.32
发起法人股	2403.5	8.90
境外发起法人股	7600	28.15
本次可流通股份		
社会公众股A股	8000	29.63
合计	27000	100

（二）上市前本公司前十名股东持股情况

	股东名称	持股数量（万股）	持股比例（%）
1	上海家化（集团）有限公司	7600	28.15
2	上实日用化学品控股有限公司	7600	28.15
3	上海工业投资（集团）有限公司	1396.5	5.17
4	福建恒安集团有限公司	1248.3	4.62
5	上海广虹（集团）有限公司	661.2	2.45
6	上海惠盛实业有限公司	494	1.83
7	景福基金	30.6	0.11
8	兴和基金	23.1	0.09
9	泰和基金	21.9	0.08
10	裕隆基金	21.7	0.08

九、公司财务会计资料

本公司截止2000年7月31日的财务状况，已于2001年2月15日分别在《中国证券报》和《上海证券报》上刊登的《招股说明书概要》中进行了详细披露。鉴于上次披露财务资料审计截止日与本公告间隔时间已超过六个月，本公告将详细公布经上海立信长江会计师事务所有限公司审计的我公司2000年度审计报告及会计报表附注、前二年及2000年度财务报表。

主要财务指标

项目	2000年	1999年	1998年
1、主营业务收入（元）	1,192,036,852.25	1,082,865,772.29	982,009,491.25
2、净利润（元）	57,264,018.51	35,510,667.55	26,392,780.11
3、总资产（元）	804,868,885.22	872,106,352.48	887,594,154.50
4、股东权益（不含少数股东权益）	304,923,843.36	263,989,975.32	228,462,592.30
5、每股收益（元/股）	0.30	0.12	
6、每股收益（加权）（元/股）	0.25	0.12	
7、每股收益（扣除非经营性损益）	0.30	0.14	
8、每股净资产（元/股）	1.60	0.92	
9、调整后每股净资产（元/股）	1.50	0.83	
10、每股经营活动产生现金流量净额	0.79	0.35	
11、经营活动产生净现金流量（元）	150,035,803.48	99,444,443.47	
12、净资产收益率（%）	18.78	13.45	11.55
13、净资产收益率（%）（加权）	20.13	14.42	12.15

注：主要财务指标计算公式：

每股收益=净利润/年度末普通股股份总数

每股净资产=年度末股东权益/年度末普通股股份总额

净资产收益率=净利润/年度末股东权益×100%

每股净资产=年度末股东权益/年度末普通股股份总数

调整后的每股净资产=（年度末股东权益-三年以上的应收款项净额-待摊费用-待处理（流动、固定）资产净损失-开办费-长期待摊费用-住房周转金负数余额）/年度末普通股股份总数

每股经营活动产生的现金流量净额=经营活动产生的现金流量净额/年度末普通股股份总数

加权平均每股收益=当期净利润/期末普通股股份总数

加权平均净资产收益率=当期净利润/[（期初净资产+期末净资产）/2]

审计报告

信长会师报字（2001）第10251号

上海家化联合股份有限公司全体股东：

我们接受委托，审计了贵公司1998年12月31日、1999年12月31日、2000年12月31日母公司及合并的资产负债表及1998年度、1999年度、2000年度母公司及合并的利润及利润分配表和1999年度、2000年度母公司及合并的现金流量表。这些会计报表由贵公司负责，我们的责任是对这些会计报表发表审计意见。我们的审计是依据中国注册会计师独立审计准则进行的。在审计过程中，我们结合贵公司实际情况，实施了包括抽查会计记录等我们认为必要的审计程序。

我们认为，上述会计报表符合《企业会计准则》和《股份有限公司会计制度》的有关规定，在所有重大方面公允地反映了贵公司1998年12月31日、1999年12月31日、2000年12月31日的财务状况和1998年度、1999年度、2000年度经营成果及1999年度、2000年度现金流量情况，会计处理方法的选用遵循了一贯性原则。

本报告附送资料：

一、上海家化联合股份有限公司1998年12月31日、1999年12月31日、2000年12月31日母公司及合并的资产负债表；

二、上海家化联合股份有限公司1998年度、1999年度、2000年度母公司及合并的利润及利润分配表；

三、上海家化联合股份有限公司1999年度和2000年度母公司及合并的现金流量表；

四、上海家化联合股份有限公司会计报表附注。

上海立信长江会计师事务所有限公司　　中国注册会计师　戴定毅　黄晔

一、公司简介：

上海家化联合股份有限公司前身系上海家化有限公司，1999年10月18日经上海市人民政府以沪府体改审（1999）019号"关于同意设立上海家化联合股份有限公司的批复"批准，公司转制成为上海家化联合股份有限公司，由原投资方上实日用化学品控股有限公司、上海家化（集团）有限公司、上海工业投资（集团）有限公司、福建恒安集团有限公司、上海广虹（集团）有限公司和上海惠盛实业有限公司等六方作为发起人。根据上海市国有资产管理办公室"沪国资产（1999）368号文"批准，原上海家化有限公司1999年6月30日的帐面净资产为人民币287,494,708.66元按1∶1的比例折合为上海家化联合股份有限公司28,749万股发起人法人股，溢余部分列入资本公积。股份公司于1999年10月18日取得换发后的营业执照，公司注册资本为287,490,000.00元。2000年7月10日经上海市外国投资工作委员会以沪外资委批字（2000）第739号《关于上海家化联合股份有限公司调整股本总额而修改公司章程的批复》同意股份有限公司股本总额28,749万元人民币调整为19,000万元，原股本中的9,749万元列入资本公积。股份公司于2000年7月26日取得换发后的营业执照，公司注册资本变更为190,000,000.00元。

公司所属行业为工业。公司经营范围为：开发和生产日用化学制品原辅材料、包装容器；开发和生产日用化学制品、香精、化妆品用具、清凉油、蜡制品、洁厕剂、消毒清洁液剂、杀虫剂、蚊香（固体、液体）、驱杀昆虫用装置、美容美发服务并生产有关器具，日用化学品及化妆品技术服务；销售公司自产产品（涉及许可经营的凭许可证经营）。公司主要产品和提供劳务：销售六神、美加净、清妃、高夫、佰草集、飘洒等系列护肤、护发美容产品，对外提供日用化学品及化妆品技术服务。

二、公司主要会计政策、会计估计和合并会计报表的编制方法：

（一）会计制度：执行具体会计准则、《股份有限公司会计制度》及其有关的补充规定。

（二）会计年度：公历1月1日至12月31日止。

（三）记帐本位币：采用人民币为记帐本位币。

（四）记帐原则和计价基础：以权责发生制为记帐原则，以历史成本为计价基础。

（五）外币业务核算方法：当月发生的外币结算业务按上月末的人民币市场汇价作为折算汇率，折合成人民币记帐。汇兑损益采用月末一次调整的核算方法，按月末外币余额乘月末人民币市场汇价所得出的记帐本位币余额与帐面余额之差额，除涉及未完工程的外币负债帐户期末折算差额计入在建工程外，均计入财务费用-汇兑损益。

（六）现金等价物的确定标准：在编制现金流量表时，将同时具备期限短（从购买日起，三个月到期）、流动性强、易于转换为已知现金、价值变动风险很小四个条件的投资，确定为现金等价物。

（七）坏帐核算方法：

1、坏帐的确认标准：　对因债务人撤销、破产，依照法律清偿程序后确实无法收回的应收款项；因债务人死亡，既无遗产可清偿，又无义务承担人，确实无法收回的应收款项；因债务人逾期未履行偿债义务超过三年，确实无法收回的应收款项，由公司经理提交书面材料，按照公司管理权限，由董事会或股东大会批准确认为坏帐。

2、坏帐损失的核算方法：　采用备抵法核算，坏帐损失发生时，首先冲抵坏帐准备金，不足部分进当期损益。

3、坏帐准备的计提方法和计提比例：

(1)应收帐款-商品销售：按照余额法，根据年末应收帐款-商品销售的余额计提8%坏帐准备；

(2)应收帐款-材料销售和其他应收款：考虑到该类应收款项的比重较小，客户数量较少，风险相对较小，因此采用逐个认定法计提坏帐准备，并根据实际风险程度按50%-100%不等比例计提。

(八)存货核算方法：

1、存货分类为：在途物资、原材料、包装物、低值易耗品、库存商品（包括库存的外购商品、自制产成品、自制半成品等）、在产品、委托加工物资。

2、取得和发出的计价方法：日常核算取得时按实际成本；发出时按加权平均法计价。

3、存货的盘存制度：采用永续盘存制。

4、成本核算方法：根据化妆品生产特点：

(A)批量连续生产

(B)材料比重较重

(C)各种品种按不同配方单独生产的特点，选用品种法作为成本核算的主要方法。生产成本在完工产品和在产品之间的分配方法具体为在产品成本只记原材料成本，不计工费成本，当期工费成本全部由产成品承担。

5、低值易耗品和包装物的摊销方法：

低值易耗品除模具外采用一次摊销法；模具（单价超过2,000元/套，一般指塑模）从投入生产的当月起在12个月内按产量摊销。

包装物在领用时计入成本。

6、存货跌价准备的确认标准、计提方法：

计提存货跌价准备的依据为：当存货可变现净值低于其成本时，提取存货跌价准备，并视为已实现的损失，计入当期损益；

期末帐面接近保质期1-3个月的库存商品，计提30%的存货跌价准备。期末库存帐面距保质期3个月以上的库存商品，当可变现净值低于其成本时，按其差额提取存货跌价准备，计入当期损益。与此同时，合并报表范围的商品流通企业按照库存商品的帐面余额计提5‰的商品跌价准备。存货可变现净值的确定方法：依据会计报告期期末该类存货在该报告期最后一个月的加权平均售价，假如最后一个月该类存货未发生销售，则按该类产品距离报告期期末最近一个销售月份的加权平均售价确定。

(九)短期投资核算方法：

取得投资时按实际支付的全部价款扣除价款中包括的尚未领取的现金股利或已到期的分期付息债券利息后计价。取得投资后，实际收到短期投资现金股利或利息时，冲减短期投资的帐面价值；实际收到取得投资时已记入应收项目的现金股利或利息时，冲减应收项目。持有的短期投资出售或收回时，按实际成本结转。

短期投资的期末计价按成本与市价孰低的原则计价，短期投资跌价准备按单项投资计提，期末短期投资因市价下降造成的跌价损失计提100%跌价准备金。

(十)长期投资核算方法：

1、长期股权投资的计价及收益确认方法：

长期股权投资取得时的成本为：取得长期股权投资时支付的全部价款，或放弃非现金资产的公允价值，或取得长期股权投资的公允价值，包括税金、手续费等相关费用。

对被投资单位拥有股权超过50%的采用权益法核算，被投资单位拥有股权低于50%高于20%并具有重大影响的也采用权益法核算，对被投资单位拥有股权低于20%的采用成本法核算。若对被投资单位有其他额外的责任（如提供担保等），投资帐面价值不以减记至零为限。

2、股权投资差额的摊销方法：

合同规定了投资期限的按投资期限摊销；没有规定投资期限的按10年摊销；数额较小的一次摊销。

3、长期债权投资的计价方法：

长期债权投资取得时的成本，为取得长期债权投资时支付的全部价款，包括税金、手续费等相关费用。

4、债券投资溢价和折价的摊销方法：

长期债券投资溢价或折价，在债券购入后至到期前的期间内摊销，摊销方法采用直线法。长期债券投资溢价或折价的摊销，与确认相关的债券利息收入同时进行。

5、长期投资减值准备的确认标准、计提方法：

对长期投资的帐面价值与经营状况定期逐项检查，对由于经营状况变化等原因导致可收回金额低于帐面价值的计提减值准备。由于公司已经按照权益法编制会计报表，因此对按照权益法核算的长期投资不再计提减值准备；对按成本法核算的长期投资如果由于市价持续下跌或被投资单位经营状况恶化等原因导致其可收回金额低于账面价值，并且这种降低的价值在可预计的未来期间内不可能恢复，将可收回金额低于长期投资账面价值的差额作为长期投资减值准备。

(十一)固定资产计价和折旧方法：

1、固定资产标准：指使用期限超过一年的房屋及建筑物、专用设备、运输设备以及其他与生产、经营有关的设备、器具、工具等；不属于生产、经营主要设备的物品，单位价值在2,000元以上，并且使用年限超过一年的，也作为固定资产。

2、固定资产的分类：房屋及建筑物、专用设备、通用设备、运输设备、其他设备；

3、固定资产的计价：按实际成本计价原则计价。

4、固定资产折旧采用直线法。根据固定资产类别、估计经济使用年限和预计净残值率确定折旧率。各类固定资产的折旧年限和年折旧率如下：

类别	预计经济使用年限	预计残值率	年折旧率
房屋及建筑物	20-40年	4%-10%	4.8%-2.25%
专用设备	5-10年	4%-10%	19.2%-9%
通用设备	5-10年	4%-10%	19.2%-9%
运输设备	5-10年	4%-10%	19.2%-9%
其他设备	3-5年	4%-10%	32%-18%

注：本次公司整体变更成为股份有限公司未改变固定资产折旧计提标准。

三、税项：

(一)公司主要税种和税率为：

税种	税率	备注
增值税	17%	商品（产品）销售
消费税	5%	香皂类产品销售
	8%	护肤品销售30% 化妆品销售
营业税	5%	化妆品技术服务
所得税	27%	母公司为中外合资企业
	33%	子公司除海南上海家化有限公司和海口海家商贸有限公司外均为33%
建税	7%	按当期应交流转税7%计提

(二)税负减免：

1、根据《中华人民共和国外商投资企业和外国企业所得税法》第七条的规定："设在沿海经济开放区和经济特区、经济技术开发区所在城市的老市区的生产性外商投资企业，减按24%的税率征收企业所得税。"上海家化联合股份有限公司的前身上海家化有限公司作为设立在老市区的外商投资企业享受24%的所得税税率，加上地方所得税税率3%，实际适用所得税税率为27%。另外，根据《中华人民共和国外商投资企业和外国企业所得税法》第八条的规定："对生产性外商投资企业，经营期在十年以上的，从开始获利年度起，第一年和第二年免征企业所得税，第三年至第五年减半征收企业所得税。"上海家化联合股份有限公司经上海市税务局对外税务分局第一税务所同意从开始获利年度起，1996年和1997年免征企业所得税，1998、1999　、2000年企业所得税按27%的减半数13.5%计征。

2、上海露美美容总院经上海市税务局第三分局沪财三企发(98)297号文批准，所得税享受"新办三产企业"优惠政策，1999年1月1日至2000年12月31日止，免征所得税；自2001年1月1日起至2002年12月31日止，减按16.5%缴纳所得税。

3、根据国务院国发(1988)26号"关于鼓励投资开发海南岛的规定"第十二条的规定："在海南省举办的企业，从事生产、经营所得和其他所得，均按15%的税率征收企业所得税，另按应纳税额附征10%的地方所得税。其中：从事工业、交通运输业等生产型行业的企业经营期限在十年以上的，从开始获利的年度起，第一年和第二年免征所得税，第三年至第五年减半征收所得税。"经海南省海口市地方税务局批准，海南上海家化有限公司作为在海南岛举办的生产型企业，2000年处于免税期。

4、根据海口市国家税务局海口国税登字(2000)第0027号"工业产品岛内销售比例核定通知书"核定海南上海家化有限公司的工业产品2000年度岛内销售比例为90%，享受同比例的增值税返还。

四、控股子公司及合营企业：

(一)公司控制的所有子公司、合营企业情况及其合并情况：（见附表一）

(二)本年度合并报表范围的变更情况：

1、本年新纳入合并报表范围为3家：

(1)上海家化清洁用品销售有限公司。

(2)无锡上海家化销售有限公司为本年新设立公司。

(3)上海家安日用化学品有限公司为本年新设立公司。

2、本年合并报表较上年减少1家：系上海家化美容美发公司，本年已注销。

五、会计报表主要项目注释：

(一)货币资金：

项目	期初数	期末数
现金	201,786.50	129,584.90
银行存款	73,595,295.16	66,995,927.69
其他货币资金	500,000.00	---
合计	74,297,081.66	67,125,512.59
其中美元：外币金额	2,756,457.74	3,941,127.62
折算汇率	8.2793	8.2781
折合人民币	22,821,540.57	32,625,048.55
港元：外币金额	77,459.00	78,250.72
折算汇率	1.0651	1.0606
折合人民币	82,501.58	82,992.71
日元：外币金额	6,523,783.00	10,724,234.00
折算汇率	0.080933	0.072422
折合人民币	527,989.33	776,670.47

(二十五)未分配利润：

项目	金额
年初未分配利润	-23,521,049.18
加：本年净利润	57,264,018.51
减：提取法定盈余公积	4,016,201.01
提取法定公益金	2,008,100.50
应付普通股股利	16,335,774.50
年末未分配利润	11,382,893.32

根据公司一届十三次董事会会议决议按中国注册会计师审计后的2000年7月31日的可供分配的利润在提取10%法定盈余公积金和5%法定公益金后向股东分配利润16,335,774.50元。

(二十六)财务费用：

类别	本年发生数	上年发生数
利息支出	16,031,570.02	19,750,898.52
减：利息收入	1,927,117.84	1,843,293.15
汇兑损失	125,184.51	---
减：汇兑收益	2,194.41	649,611.97
其他	2,082,518.21	6,962.69
合计	16,309,960.49	17,264,956.09

(二十七)其他业务利润：

本年发生数

类别	收入	成本	利润
1、材料销售	51,755,437.47	51,614,529.64	140,907.83
2、租赁业务	930,559.30	577,229.76	353,329.54
3、服务性收入	262,880.00	46,135.44	216,744.56
4、其他	461,283.93	330,081.96	131,201.97
合计	53,410,160.70	52,567,976.80	842,183.90

上年发生数

类别	收入	成本	利润
1、材料销售	80,750,790.10	77,746,773.78	3,004,016.32
2、租赁业务	1,165,644.60	828,923.85	336,720.75
3、其他	230,415.71	226,329.26	4,086.45
合计	82,146,850.41	78,802,026.89	3,344,823.52

(二十八)投资收益：

1、本年发生数：

类别	成本法下确认的投资收益	权益法下确认的投资收益	处置长期投资的收益	债权投资收益差额摊销	股权投资	合计
长期股权投资	407,600.00	-118,143.59	-81,679.18	4,596.50	-246,061.78	-33,688.05

2、上年发生数：

类别	成本法下确认的投资收益	权益法下确认的投资收益	债权投资收益	股权投资收益差额摊销	合计
长期股权投资	207,800.00	-268,126.42	---	-199,999.96	-260,326.38

(二十九)补贴收入：

内容	本年发生数	上年发生数
增值税返还	4,078,661.21	2,531,826.20

根据海口市国家税务局海口国税登字(2000)第0027号"工业产品岛内销售比例核定通知书"核定海南上海家化有限公司的工业产品2000年度岛内销售比例为90%，享受同比例的增值税返还。增值税返还均在当年公司缴纳增值税时由主管税务机关在实际缴纳数中予以扣减，视同为实际收到。

(三十)营业外收入：

类别	本年发生数	上年发生数
1、处理固定资产净收益	308,383.43	146,773.30
2、无法支付的应付帐款	256,834.47	12,241.40
3、罚款收入	5,959.50	201,945.04

4、赔款收入	29,780.37	---
5、其他	194,188.36	125,792.38
合计	795,146.13	486,752.12

（三十一）营业外支出：

类别	本年发生数	上年发生数
1、处理固定资产净损失	161,616.02	3,436,880.00
2、罚款支出	131,298.06	109,206.90
3、捐赠	120,000.00	---
4、其他	60,361.45	108,766.67
合计	473,275.53	3,654,853.57

（三十二）支付的其他与经营活动有关的现金 239,788,515.68 元。

项目	金额
支付各项费用	228,791,911.80
支付往来款	10,804,944.37
营业外支出	191,659.51

（三十三）支付的其他与投资活动有关的现金 1,099,611.94 元，为上年纳入合并报表范围而本年已清算注销的上海家化美容美发公司的期初现金数。

（三十三）支付的其他与筹资活动有关的现金 43,799,820.32 元，系捐赠支出 120,000.00 元和支付上实日用化学品控股有限公司长期应付款 43,679,820.32 元。

（三十四）母公司会计报表主要项目注释：

1、应收帐款：

（1）帐龄分析：

帐龄	期初数			期末数		
	金额	占总额比例	坏帐准备	金额	占总额比例	坏帐准备
1 年以内	116,777,150.62	99.99%	6,848,090.28	123,638,352.75	99.88%	8,911,005.85
1 至 2 年	11,588.00	0.01%	927.04	150,602.25	0.12%	150,602.25
合计	116,788,738.62	100.00%	6,849,017.32	123,788,955.00	100.00%	9,061,608.10

（2）欠款单位前五名情况：

单位名称	欠款金额	欠款时间	欠款原因
A.上海家化销售有限公司	43,448,505.23	2000 年	货款
B.上海清妃化妆品有限公司	40,078,032.09	2000 年	货款
C.上海沪中日用化学品厂	9,668,195.62	2000 年	货款
D.上海沪汇日用化学品公司	6,683,324.11	2000 年	货款
E.吴江市黎里沪汇日化厂	5,140,361.61	2000 年	货款

2、长期投资：

（1）项目	期初数		期末数	
	金额	减值准备	金额	减值准备
长期股权投资	46,159,867.11	---	116,881,645.24	---
长期债权投资	4,000.00	---	2,000.00	---
合计	46,163,867.11	---	116,883,645.24	---

（2）长期股权投资：

（3）长期债权投资：

债券投资：

债券种类	面值	年利率	购入金额	到期日
煤气债券	1,000.00	3.6%	1,000.00	2004.10.9
煤气债券	1,000.00	3.6%	1,000.00	2004.1.9
合计	2,000.00		2,000.00	

3、主营业务收入、成本：

（1）本年发生数：

类别	营业收入	营业成本	营业毛利
工业	210,299,679.11	131,739,290.77	78,560,388.34
技术服务	140,882,768.29	---	140,882,768.29
合计	351,182,447.40	131,739,290.77	219,443,156.63

（2）上年发生数：

类别	营业收入	营业成本	营业毛利
工业	141,267,472.74	93,370,540.57	47,896,932.17
技术服务	136,783,410.40	---	136,783,410.40
合计	278,050,883.14	93,370,540.57	184,680,342.57

4、投资收益：

（1）本年发生数：

类别	股票投资收益	处置长期投资的收益	成本法下确认的投资收益	权益法下确认的投资收益	股权投资差额摊销	合计
长期股权投资	---	-81,679.18	407,600.00	4,330,184.72	-200,000.00	4,456,105.54

（2）上年发生数：

类别	股票投资收益	处置长期投资的收益	成本法下确认的投资收益	权益法下确认的投资收益	股权投资差额摊销	合计
长期股权投资	---	---	203,800.00	-4,674,987.67	-199,999.96	-4,671,187.63

六、分行业资料：

本年发生数

类别	营业收入	营业成本	营业毛利
1、工业	282,353,210.80	171,259,528.97	111,093,681.83
2、商业	1,017,507,004.82	831,573,198.99	185,933,805.83
3、技术服务	147,542,674.76	---	147,542,674.76
4、旅游饮食服务业	2,225,136.49	---	2,225,136.49
减：公司内行业间相互抵减	257,591,174.62	257,720,327.35	-129,152.73
合计	1,192,036,852.25	745,112,400.61	446,924,451.64

上年发生数

类别	营业收入	营业成本	营业毛利
1、工业	147,701,552.81	100,015,848.00	47,685,704.81
2、商业	78,684,026.84	674,190,827.55	204,493,199.29
3、技术服务	143,478,183.32	---	143,478,183.32
4、旅游饮食服务业	2,394,777.50	41,717.77	2,353,059.73
减：公司内行业间相互抵减	89,392,768.18	89,695,094.64	-302,326.46
合计	1,082,865,772.29	684,553,298.68	398,312,473.61

十、董事会上市承诺

本公司董事会将严格遵守《中华人民共和国公司法》、《中华人民共和国证券法》、《股票发行与交易管理暂行条例》、《公开发行股票公司信息披露实施细则》和《上海证券交易所上市规则》及国家有关法律、法规的规定，并自本公司股票上市之日起作出如下承诺：

1、按照法律、法规的规定程序和要求披露重大的信息，并接受证券主管机关、上海证券交易所的监督管理。

2、及时、真实、准确地公布中期报告和年度报告，并备置于规定场所供投资者公众查阅。

3、本公司董事、监事及高级管理人员如发生人事变动或持本公司股票发生变化时，在报告证券主管机关、上海证券交易所的同时向投资者公布。

4、在任何公共传播媒介中出现的消息可能对本公司股票的市场价格产生误导性影响时，本公司知悉后将及时对该消息予以公开澄清。

十一、重要事项揭示

1、截止 2001 年 12 月 31 日，本公司重要诉讼事项如下：

上海家化销售有限公司起诉广州嘉用商业贸易有限公司拖欠货款案，诉讼金额为 3,552,795.95 元，目前正在审理之中。

目前本公司董事、监事和高级管理人员无任何诉讼事项。

2、根据上海立信长江会计师事务所有限公司出具的信长会师报字(2001)第 20022 号盈利预测审核报告，上海家化联合股份有限公司 2001 年度预测税后利润为 7231.2 万元，全面摊薄每股收益为 0.27 元/ 股。

3、本公司总股本 27000 万股，可流通股本 8000 万股，本次上市流通股本为上网定价发行的 8000 万股。

4、公司于 2001 年 3 月 6 日召开一届十三次董事会会议，该次董事会审议通过如下事项：

（1）2000 年度董事会工作报告。

（2）2000 年度总经理工作报告。

（3）2000 年度财务决算报告和 2001 年财务预算指标报告。

（4）2000 年度利润分配预案及 2001 年度利润分配政策。

根据公司 2000 年第二次临时股东大会决议精神，公司 2000 年 7 月 31 日以前的利润归老股东享有。经上海立信长江会计师事务所审计，公司 2000 年 7 月 31 日合并报表口径累计可供分配利润 19218558.24 元，扣除 10%法定盈余公积金，5%法定公益金，可供老股东分配利润 16335774.50 元全部派发现金红利，以 2000 年末的总股本 19000 万股为基数，按照老股东各方股东的持股比例，每 10 股派发 0.85978 现金红利，合计派发现金红利 16335774.50 元，现金红利派发时间预计 2001 年第二季度完成；2000 年末帐面尚未分配利润 11382893.32 元，结转下一年度分配，并由公司公开发行 A 股后的新老股东共享。2001 年度利润分配政策：2001 年度公司拟分配一次利润，当年实现的可分配利润用于股利分配的比例不低于 30%，公司 2000 年度未分配利润用于下一年度的分配比例不低于 30%，2001 年度利润分配采取派发现金红利方式，2001 年度利润分配政策为预计方案，具体方法届时将根据公司实际情况拟定。

（5）续聘立信长江会计师事务所为本公司 2001 年度财务审计机构。

以上（1）、（3）、（4）、（5）项议案须经公司股东大会审议通过，公司定于 2001 年 4 月 12 日召开 2000 年度股东大会。

（6）上市公告书暨 2000 年度财务报告。

（7）召开 2000 年度股东大会的有关事项。

（8）公司董事会议事规则。

（9）公司总经理工作细则。

（10）关于调整公司内部管理机构的议案。

（11）关于邵深秋同志调职的议案。

5、本公司并列两家大股东上海家化（集团）有限公司、上实日用化学品控股有限公司分别承诺：自上海家化股票上市之日起十二个月内，不转让其持有的发起人股份，也不由上市公司回购其持有的股份。

6、除本公司招股说明书及概要和上市公告书披露的事项外，本公司没有其他应披露而未披露的重要事项。

十二、备查文件目录

1、招股说明书　2、上海证券交易所上市通知书

3、中国证监会批准本公司公开发行股票的文件；　4、审计报告、财务报表及附注；

5、资产评估报告　6、盈利预测审核报告　7、法律意见书　8、验资报告

9、公司章程　10、公司营业执照　11、公司股东大会决议、董事会决议；　12、其他文件。

上海家化联合股份有限公司

2001 年 3 月 7 日

利润及利润分配表

编制单位：上海家化联合股份有限公司（合并报表）　　金额单位：元

项目	1998.12.31	1999.12.31	2000.12.3
一、主营业务收入	982009491.25	1082865772.29	1192036852.25
减：折扣与折让	8522723.71	7906294.68	4819373.93
主营业务收入净额	973486767.54	1074959477.61	1187217478.32
减：主营业务成本	614343901.26	684553298.68	745112400.61
主营业务税金及附加	25906031.09	19777621.06	27050067.06
二、主营业务利润	333236835.19	370628557.87	415055010.65
加：其他业务利润	3080566.55	3344823.52	842183.9
减：存货跌价损失	871179.94	2674009.56	59892.29
营业费用	163410738.57	193919735.23	202884690.82
管理费用	128256471.02	117955874.05	134407247.23
财务费用	18665807.76	17264956.09	16309960.49
三、营业利润	25113204.45	42158806.46	62235403.72
加：投资收益	7112492.38	-260326.38	-33688.05
期货损益			
补贴收入	595927.09	2531826.2	4078661.21
营业外收入	637448.64	486752.12	795146.13
以前年度损益调整			
减：营业外支出	1245661.03	3654853.57	473275.53
分给外单位利润			
四、利润总额	32213411.53	41262204.83	66602247.48
减：所得税	6026507.24	5828829.86	9569451.63
少数股东损益	-205875.82	-77292.58	-231222.66
五、净利润	26392780.11	35510667.55	57264018.51
加：年初未分配利润	-56126040.2	-38758600.47	-23521049.18
六、可供分配的利润	-29733260.09	-3247932.92	33742969.33
减：提取法定盈余公积金	5125340.38		4016201.01
提取法定公益金			2008100.5
七、可供股东分配的利润	-34858600.47	-3247932.92	27718667.82
减：应付普通股股利	3900000	25479474.7	16335774.5
转作股本的普通股股利		-5206358.44	
八、未分配利润	-38758600.47	-23521049.18	11382893.32

江西洪都航空工业股份有限公司

江西洪都航空工业股份有限公司2000年年度报告摘要

一、公司简介

1、公司法定中文名称:江西洪都航空工业股份有限公司
公司法定英文名称:JIANGXI HONGDU AVIATION INDUSTRY CO.,LTD
英文缩写:HDAA
2、公司法定代表人:田民
3、公司董事会秘书:陈文浩
联系地址:江西省南昌新溪桥5001信箱512分箱
联系电话:0791-8467844
传真:0791-8467824
电子信箱:hdaajx@public.nc.jx.cn
4、公司注册地址:南昌高新技术产业开发区南飞点
公司办公地址:南昌市新溪桥
邮政编码:330024　电子信箱:hdaajx@public.nc.jx.cn
5、公司选定的信息披露报纸:《上海证券报》、《中国证券报》
登载公司年度报告的国际互联网网址:http://www.sse.com.cn
公司年度报告备置地点:江西洪都航空工业股份有限公司证券部
6、公司股票上市交易所:上海证券交易所
股票简称:洪都航空公司　股票代码:600316

二、会计数据和业务数据摘要

(一)公司2000年度主要业务数据:

项目	金额(单位:元)
利润总额	41,063,718.28
净利润	41,063,718.28
扣除非经常性损益后的净利润	40,668,218.94
主营业务利润	48,976,709.99
其它业务利润	2,049,751.70
营业利润	40,668,218.94
投资收益补贴收入营业外收支净额	395,499.34
经营活动产生的现金流量净额	86,326,919.84
现金及现金等价物净增加额	967,697,798.57

(二)前三年主要会计数据和财务指标:

项目	2000.12.31	1999.12.31	1998.12.31
主营业务收入(元)	288,713,989.92	269,318,954.06	231,524,588.32
净利润(元)	41,063,718.28	30,056,359.47	27,443,014.06
总资产(元)	1,220,886,271.07	253,082,270.40	210,446,707.86
股东权益(元)	1,013,884,414.99	121,454,823.09	62,388,539.90
每股收益(摊薄,元)	0.29	0.38	0.34
每股收益(加权,元)	0.48	0.38	0.34
扣除非经常性损益后的每股收益(摊薄,元)	0.29	0.38	0.34
扣除非经常性损益后的每股收益(加权,元)	0.48	0.38	0.34
每股净资产(元)	7.24	1.52	0.78
调整后每股的净资产(元)	7.23	1.52	0.78
每股经营活动产生的现金流量净额(元)	0.62		
净资产收益率(加权,%)	18.96	24.75	44
净资产收益率(摊薄,%)	4.05	24.75	44

利润分配表附表:

项目	报告期利润	净资产收益率(%)		每股收益(元)	
		全面摊薄	加权平均	全面摊薄	加权平均
主营业务利润	48,976,709.99	4.77	22.61	0.35	0.58
营业利润	40,668,218.94	3.96	18.78	0.29	0.48
净利润	41,063,718.28	4.05	18.96	0.29	0.48
扣除非经常性损益后的净利润	40,668,218.94	3.96	18.78	0.29	0.48

注:利润分配附表数据的计算公式如下:

全面摊薄净资产收益率=报告期利润÷期末净资产

加权平均净资产收益率=P÷(E0+NP÷2+EI÷M0-EJ×MJ÷M0)

其中:P为报告期利润;NP为报告期净利润;E0为期初净资产;EI为报告期发行新股或债转股等新增净资产;EJ为报告期回购或现金分红等减少净资产;M0报告期月份;MI为新增净资产下一月份起至报告期期末的月份数;MJ为减少净资产下一月份起至报告期期末的月份数。

加权平均每股收益=P÷(S0+S1+SI×MI÷M0-SJ×MJ÷M0)

其中:P为报告期利润;S0为期初股份总数;S1为报告期因公积金转增股本或股票股利分配等增加股份数;SI为报告期因发行新股或债转股等增加股份数;SJ为报告期因回购或缩股等减少数;M0为报告期月份数;MI为增加股份下一月份起至报告期期末的月份数;MJ为减少股份下一月份起至报告期期末的月份数。

(三)报告期内股东权益变动情况(单位:元)

项目	股本	资本公积	盈余公积	法定公益金
期初数	80,000,000.00	43,077,565.63		
本期增加	60,000,000.00	814,062,925.22	6,159,557.74	2,053,185.91
本期减少				
期末数	140,000,000.00	857,140,490.85	6,159,557.74	2,053,185.91
变动原因	股票发行	发行溢价	当年利润提取	当年利润提取

续上表:

项目	未分配利润	股东权益合计
期初数	134,463.56	123,212,029.19
本期增加	10,499,902.84	890,672,385.80
本期减少		
期末数	10,584,366.40	1,013,884,414.99
变动原因		

三、股本变动及股东情况

(一)股东情况介绍

1、根据上海证券中央登记结算中心提供的数据,截止2000年12月29日,本公司股东总数为64296户

2、截止2000年12月29日,公司前十名股东持股情况

序号 股东名称	持股数量(股)	持股性质	比例(%)
(1)江西洪都航空工业集团有限责任公司	76,646,000	国有法人股	54.75
(2)南昌长江机械工业公司	1,859,000	法人股	1.33
(3)宜春第一机械厂	845,000	国有法人股	0.6
(4)君安证券	489,000	社会公众股	0.35
(5)君安海秀	378,562	社会公众股	0.27
(6)爱民机械厂	325,000	国有法人股	0.23
(7)江西第二机床厂	325,000	国有法人股	0.23
(8)王思思	321,700	社会公众股	0.23
(9)伍大桥	318,500	社会公众股	0.23
(10)耿汝明	200,000	社会公众股	0.14

注:①江西洪都航空工业集团有限责任公司为公司控股股东,报告期内持有公司已发行的7664.6万股,占公司总股本的54.75%;截止报告期末,其所持公司股份未发生质押、冻结情况,

②控股股东与其它九大股东无关联关系,未知第二至第十名股东之间的关联关系。

③报告期内本公司的控股股东未发生变更。

四、股东大会简介

本报告期内,公司共召开了两次股东大会,有关情况如下:

(一)公司1999年度股东大会于2000年4月25日在洪都集团第一招待所召开,出席本次大会的股东和股东代表共5名,代表股份数为80,000,000股,占公司总股本的100%,符合《公司法》及《公司章程》的规定。会议审议通过了:

1、公司董事会1999年度工作报告;
2、公司监事会1999年度工作报告;
3、公司1999年度财务决算方案;
4、公司2000年度财务预算方案;
5、公司2000年A股股票发行方案;
6、公司募集资金投资计划;
7、公司董事变更议案;
8、关联交易协议;
9、董事会工作条例;
10、监事会工作条例。

以上内容已分别于2000年11月14日、2000年12月9日在《中国证券报》、《上海证券报》刊登的《招股说明书概要》、《上市公告书》中进行了披露。

本次股东大会同意秦松先生辞去本公司董事职务,选举曾炜先生为公司董事。

(二)、公司2000年第一次临时股东大会2000年9月21日在洪都集团第一招待所召开,出席本次大会的股东和股东代表共5名,代表股份数为80,000,000股,占公司总股本的100%,符合《公司法》及《公司章程》的规定。会议审议通过了:公司2000年度利润分配方案的修正案的议案。

本次临时股东大会的内容已分别于2000年11月14日、2000年12月9日在《中国证券报》、《上海证券报》刊登的《招股说明书概要》、《上市公告书》中进行了披露。

五、董事会报告

(一)公司经营情况

1.公司所处行业地位

公司主营产品K8喷气式教练机、海燕螺旋桨飞机和农林多用途飞机,在我国航空制造行业中生产同类产品的企业目前在国内仅本公司一家。这些产品销售以国际市场为主。上述主营产品科技含量高,产品性能居国内领先水平,在国外同行业中具有较高的知名度。K8喷气教练机经国际竞争中标,获得一份合同金额与飞机出口数量,皆属中国国内同行业第一。

按照"高科技、外向型、高效益"的经营发展战略,公司在开拓国际、国内市场,研制开发新产品,改进改型现有产品,满足国内、外用户不同层次的需求方面,将会有新进展。

2.公司主营业务范围及经营情况

(1).公司主营业务是航空产品的研制、生产与销售,兼营航空转包生产和航空零部件加工。2000年公司主营业务收入288,713,989.92元,净利润为41,063,718.28元;

(2).K8飞机国外市场呈上升势头,公司与中航技总公司正式签订向非洲某国销售和合作生产80架份K8E飞机的合同进展顺利;公司还在继续洽谈新用户的订货合同和合作意向。

(3).2000年完成当年签订并交付海燕螺旋桨飞机10架的供货合同;在继续积极开发海燕螺旋桨飞机和农林多用途机的国外市场;

(4).为充分利用中国航空技术进出口总公司在国外的销售网络,公司与"中航技"共同出资筹建"伊格莱特专营公司",专营向美国等北美国家和地区的航空俱乐部销售海燕螺旋桨飞机的改型机,现已签订供货合同2架;正在继续洽谈新的意向合同。

3.在经营中出现的问题与困难及解决方案

(1).经营中出现的问题与困难

虽然公司的主营产品在我国航空制造行业中为独家生产,但也存在着潜在的国内、外竞争对手,公司募集资金技改项目完成之前,在产品的工艺制造水平、生产加工能力以及技术创新等方面与国外竞争对手还存在着一定差距。

(2).解决方案

①.扎扎实实,真抓实干,把握机遇,迎接挑战。要切实履行好K8E飞机的出口合同,巩固公司产品在国外的市场;履行好海燕螺旋桨飞机改型机的交付;要针对国外用户的需要,加快对现有飞机产品的改进改型、试验、取FAA证;要加快新型飞机预研项目的市场调研和总体方案论证;今年要继续充分利用各种形式的国际航展的机会,展示公司的主营产品,促进产品销售;要继续抓紧现正在进行的飞机订购项目的洽谈;要大力开拓国内航空俱乐部和飞机农林作业市场。

②.质量是企业的生命线。飞机是特殊的商品,在飞机产品中不能允许存在任何一个细小问题,飞机的内在质量和外在质量都要高度重视,视产品质量为企业的生命线是公司的共识,公司要在飞机研制与生产制造直至售后服务的全过程中实施全面质量管理和控制,确保向用户提供优质的飞机产品。

③.能力与规模上新台阶。随着国内、外市场的拓展和市场份额的增加,公司要抓紧组织实施募

集资金的技改投资项目，提高飞机的生产制造技术水平和能力，增强对国内、外市场不同层次需求的应变能力。

④.创新能力是企业的活力所在。公司要不断探索在产品开发、技术管理、生产管理、人力资源管理、财务管理、市场开拓等方面的新模式、新机制，给企业注入新的活力和生机。

4、实现盈利预测情况

报告期内实现净利润4106万元，完成盈利预测的101.53%。

(二)公司财务状况

1、公司财务状况

项目	2000年度	1999年度	增长比例(%)
总资产	1,220,886,271.07	254,705,012.94	379.33
股东权益	1,013,884,414.99	123,212,029.19	722.88
主营业务利润	48,976,709.99	68,576,807.64	-28.58
净利润	41,063,718.28	30,056,359.47	36.62

2、变动原因

项目	原因
总资产	发行股票募集资金
股东权益	发行股票资本溢价
主营业务利润	技术市场收入、利润减少
净利润	免交企业所得税

(三)公司投资情况

1、募集资金投资使用情况

公司2000年11月16日发行了首期A股股票，扣除发行费用后，实际募集资金为873,988,774.22元。该等募集资金主要用于技术改造、产品开发和补充流动资金。由于募集资金到位已近年末，故在2000年度内未进行项目的实施和资金投入。按招股说明书确定的投资计划，募集资金技改项目实施工作从2001年初开始。

2、报告期内非募集资金投资项目

公司第一届董事会第四次临时会议(2000年12月15日召开)审议通过，洪都航空与中航技公司共同组建注册资本为500万元的销售海燕飞机专营公司(暂定名为"北京伊格莱特航空技术发展有限公司")。在该项目中洪都航空投资现金100万元，占股比20%。

(四)国家宏观政策变化对公司影响

国家对高新技术产品的出口创汇采取鼓励政策，有利于公司喷气教练飞机的出口；对国产民用飞机采取税收贴息方面的优惠政策，有利于农业飞机和海燕飞机销售；由于国家对国产民用飞机进行保护扶持，加上与其他国家比，我公司产品具有质量优、价格廉的竞争优势，"入世"后，对我公司主营产品的销售不会产生太大影响。

(五)新年度业务发展计划

2001年本公司将继续贯彻"突出主营业务，开展资本运营，坚持制度创新，加强基础建设，保持经济发展，实现效益递增"的经营方针，以提高经济效益为中心，以产品结构调整为重点，以技术进步和深化改革为动力，以科学管理为基础，提高规范运作水平，在搞好生产经营的基础上，加大资本运营力度，以航空为本，向其他高科技领域扩展，开辟新的利润增长点，实现可持续发展。

1、加强企业管理，按照中国证监会的要求进行规范运作，建立现代企业制度。

2、突出重点，抓好喷气教练飞机的出口项目。同时，建立有效的营销渠道，通过多种促销方式，取得农林多用途飞机和海燕飞机销售的新进展。

3、加大科技投入，提高技术开发能力。加速开发并生产适应市场需求且具有较大优势的新产品。同时通过产学研结合、国际合作及自主开发等多项措施，完善和发展主营业务，增强市场竞争力。

4、加大资本运营力度，建立新的风险投资机制，积极寻找科技含量高、市场前景好的项目进行投资，在稳步促进公司主营业务、核心产品发展的基础上，进行产业多元化开拓，使公司的经营业绩在2000年度的基础上稳步增长。

(六)董事会日常工作情况

1、报告期内董事会的会议情况及决议内容：

本年度共召开五次会议：

(1)2000年2月28日，召开公司第一届董事会第一次临时会议，会议审议通过了：《关于股份公司内部管理机构设置的议案》、《关于聘任股份公司高级管理人员的议案》。

(2)2000年3月18日，召开公司第一届董事会第二次会议，会议审议通了：《总经理工作报告》、《公司1999年度财务决算方案》、《公司2000年经营计划》、《公司2000年度财务预算方案》、《资产减值准备计提方法》、《公司2000年A股股票发行方案》、《公司章程的修正案》、《股份公司募集资金投资方案》、《公司基本管理制度》、《董事会工作条例》、《总经理工作条例》、《关于董事变更的议案》。

(3)2000年8月21日，召开公司第一届董事会第二次临时会议，会议审议通过了《关于2000年度利润分配方案的修正议案》。

(4)2000年9月21日，召开公司第一届董事会第三次临时会议，会议审议通过了以下：

(5)2000年12月15日，召开公司第一届董事会第四次临时会议，会议由公司董事长田民先生主持，8名董事出席了会议，公司监事列席了会议。会议一致审议通过了《关于投资设立海燕飞机专营公司的议案》。

2、董事会对股东大会决议的执行情况 2000年度，董事会全体成员勤勉敬业，认真执行了股东大会的各项决议，即时完成了股东大会交办的各项工作，保证了公司的健康、持续发展。

(七)公司管理层及员工情况

1、董事、监事、高级管理人员

姓名	职务	性别	年龄	任期起止日	年初持股数	年末持股数
田民	董事长	男	45	1999.12-2002.12		
姜亮	董事	男	58	1999.12-2002.12		
程宝明	董事	男	57	1999.12-2002.12		
吴方辉	董事、总经理	男	45	1999.12-2002.12		
史坚忠	董事	男	44	1999.12-2002.12		
胡曙光	董事	男	50	1999.12-2002.12		
曾炜	董事	男	53	2000.04-2002.12		
秦德馨	董事	男	59	1999.12-2002.12		
闫灵喜	董事	男	31	1999.12-2002.12		
金栋林	监事会主席	男	55	1999.12-2002.12		
张良金	监事	男	58	1999.12-2002.12		
魏全全	监事	男	52	1999.12-2002.12		
张民生	监事	男	33	1999.12-2002.12		
朱为良	监事	男	52	1999.12-2002.12		
黄学军	副总经理	男	58	1999.12-2002.12		
傅俊旭	副总经理、财务负责人	男	39	1999.12-2002.12		
陈文浩	副总经理、董事会秘书	男	46	1999.12-2002.12		

说明：①公司董事、监事、高级管理人员年度报酬1万-2万元为4人，2万-3万元为2人。田民、姜亮、程宝明、史坚忠、胡曙光、曾炜、秦德馨、闫灵喜、金栋林、朱为良、张民生等11名董、监事不在公司领取报酬。

②在报告期内，经1999年度股东大会审议通过，同意秦松先生因工作变动而辞去董事职务，增补曾炜先生为公司董事；经第一届董事会第一次临时会议审议通过，同意聘任傅俊旭先生为公司财务负责人；同意聘任陈文浩先生为公司副总经理。

2、公司员工数量、专业构成、教育程度、及退休职工人数情况

截止报告期，公司在册员工1319人，其中销售人员30人，技术人员403人，财务人员22人，行政人员14人。员工中大学本科以上学历133人，大专学历295人，中专及高中以上文化程度员工580人，公司退休职工7人。

公司员工实行全员劳动合同制。公司执行国家及地方有关法律、法规规定的员工劳保、福利、待业保险和养老退休制度。

(八)本年度利润分配预案及预计下一年度利润分配政策

1、本年度利润分配预案

经岳华会计师事务所有限责任公司出具的审计报告，2000年度公司实现净利润41,063,718.28元，分别提取10%的法定盈余公积金4,106,371.83元，5%的法定公益金2,053,185.91元，可供股东分配的利润为35,038,624.10元；其中2000年度1-8月份净利润10,454,257.70元已向各发起人股东分配完毕，9-12月份可供分配利润24,584,366.40元。

公司2000年度的利润分配预案为：以2000年12月31日的总股本140,000,000股为基数，向全体股东每10股分配现金红利1元(含税)，本次分配需要资金14,000,000元，剩余资金转入下一年度分配。

该利润分配预案须经公司2000年度股东大会审议通过后实施。

2、预计2001年度利润分配政策

根据公司业务发展规划和财务预算情况，本公司拟在2001年度分配利润一次；公司2001年度实现的净利润用于分配的比例约为30%；2000年度未分配利润用于2001年度分配的比例约为60%。现金股息占股利分配的比例为30%左右。上述利润分配政策，董事会保留根据实际情况对该政策调整的权利。

(九)其他报告事项

本公司选定的信息披露报刊为《上海证券报》和《中国证券报》。

六、监事会报告

(一)监事会会议召开情况

1、2000年度，公司监事会召开会议一次：2000年3月18日召开了第一届监事会第二次会议，4名监事出席了会议。会议审议通过了《公司1999年度监事会工作报告》、《监事会工作条例》。

2、报告期内，按照《公司法》和《公司章程》的规定，监事会列席了公司董事会会议和股东大会会议，参与了公司重大决策、决定的研究，检查了公司依法运作的情况。

(二)监事会发表独立意见

1、报告期内，公司监事会依照国家有关法律、法规和《公司章程》的有关规定对公司股东大会、董事会的召开程序、决议事项、董事会对股东大会决议的执行情况，公司高级管理人员的执行情况及公司管理制度等进行了监督，认为公司决策程序合法，公司内部建立了完善的内部控制制度。公司董事、经理及高级管理人员在执行公司职务时，没有违反法律、法规、公司章程的行为，没有损害公司利益的行为。

2、公司依据三分开的原则，财务系统独立，人员、机构独立配置，资产完整。岳华会计师事务所有限责任公司为公司出具了无保留意见的审计报告，监事会认为该报告真实地反映了公司的财务状况和经营成果。

3、公司按照募集资金投资项目计划，正在抓紧进行技术改造。

4、报告期内，公司关联交易公平、公正，价格合理，未发现有损于公司和股东利益的行为。

七、重要事项

(一)报告期内公司无重大诉讼、仲裁事项。

(二)报告期内公司董事及高级管理人员未受到监管部门处罚。

(三)报告期内公司控股股东未发生变更，公司总经理、董事会秘书未发生变动。

(四)董事变动情况

公司1999年度股东大会审议通过了变更公司董事的议案，秦松先生因工作变动原因辞去公司董事职务，增补曾炜先生为公司董事；公司第一届董事会第三次临时会议审议通过变更公司董事长的议案，姜亮先生因工作需要辞去公司董事长职务，选举田民先生为公司董事长。

(五)报告期内未发生重大关联交易事项。

(六)公司与控股股东在人员、资产、财务"三分开"情况

本公司与控股股东在人员、资产、财务上严格遵守"三分开"的原则，即人员独立、资产完整、财务独立。

1、人员分开方面：公司设立综合管理部，管理公司的劳动人事及薪酬工作，并制定了一系列规章制度对员工进行考核和奖惩。公司总经理班子都在公司领取薪酬。公司高级管理人员没有在公司股东单位担任职务。

2、资产完整方面：公司拥有独立完整的生产系统，公司的采购、销售由公司供应销售部负责。公司自主开发的技术归公司所有。不存在不正当的关联交易，股东大会对有关关联交易进行表决时，严格执行公司章程规定的回避制度。

3、财务分开方面：设有独立的财务部门，已建立独立的财务核算体系，独立在银行开户，不与其股东共用一个银行帐户；独立按章纳税，具有规范、独立的财务会计制度。

(七)报告期内公司未新发生托管、承包、租赁其他公司资产事项。也未发生其他公司托管、承包、租赁本公司资产事项。

(八)聘任会计师事务所情况本年度公司继续聘任岳华会计师事务所有限责任公司为公司的审计机构。

(九)报告期内未发生担保事项。

(十)报告期内没有更改公司名称或股票简称的情况。

八、财务会计报告

(一)审计报告

审计报告

岳总审字[2001]第A059号

江西洪都航空工业股份有限公司全体股东：

我们接受委托，审计了贵公司2000年12月31日的资产负债表、2000年度的利润及利润分配表和2000年度的现金流量表。这些会计报表由贵公司负责，我们的责任是对这些会计报表发表审计意见。我们的审计是依据《中国注册会计师独立审计准则》进行的。在审计过程中，我们结合贵公司的实际情况，实施了包括抽查会计记录等我们认为必要的审计程序。

我们认为，上述会计报表符合《企业会计准则》和《股份有限公司会计制度》的有关规定，在所有重大方面公允地反映了贵公司2000年12月31日的财务状况、2000年度的经营成果和现金流量，会计处理方法的选用遵循了一贯性原则。

岳华会计师事务所有限责任公司　　中国注册会计师　姚焕然

中国注册会计师　邵立新

中国·北京　　2001年2月19日

(惟附注四14、20、21日期为2001年2月25日)

(二)会计报表(附后)

(三)会计报表附注

A、公司简介

江西洪都航空工业股份有限公司(以下简称"公司"或"本公司")是经中华人民共和国国家经济贸易委员会国经贸企改(1999)1157号《关于同意设立江西洪都航空工业股份有限公司的批复》批准，由江西洪都航空工业集团有限责任公司(以下简称"集团公司")，联合南昌长江机械工业公司、

负债和股东权益总计：		
负债和股东权益总计	254705012.94	1220886271.07

利润及利润分配表

编制单位：江西洪都航空工业股份有限公司　单位：人民币元

项目	1999 年度	2000 年度
一、主营业务收入	269318954.06	288713989.92
减：折扣与折让		
主营业务收入净额	269318954.06	288713989.92
减：主营业务成本	199748041.82	239406381.34
主营业务税金及附加	994104.6	330898.59
二、主营业务利润	68576807.64	48976709.99
加：其他业务利润	1222444.91	2049751.7
减：存货跌价损失		
营业费用	4392991.27	463596.2
管理费用	10386571.34	7027802.47
财务费用	10692214.95	2866844.08
三、营业利润	44327474.99	40668218.94
加：投资收益		
期货损益		
补贴收入		
营业外收入		395802.34
以前年度损益调整		
减：营业外支出		303
分给外单位利润		
四、利润总额	44327474.99	41063718.28
减：所得税	14271115.52	
少数股东损益		
职工奖励及福利基金		
购并利润		
加：未确认的投资损失		
所得税返还		
五、净利润	30056359.47	41063718.28
加：年初未分配利润	-2704412.92	134463.56
盈余公积转入数		
年初未分配利润调整		
减少注册资本减少的未分配利润		
外币报表折算差额		
减：股份公司成立前利润分配		
六、可供分配的利润	27351946.55	41198181.84
减：提取法定盈余公积金		4106371.83
提取法定公益金		2053185.91
提取职工奖励福利基金		
七、可供股东分配的利润		35038624.1
减：应付优先股股利		
提取任意盈余公积金		
应付普通股股利		24454257.7
转作股本的普通股股利		
八、未分配利润		10584366.4

现金流量表

编制单位：江西洪都航空工业股份有限公司　2000 年度　单位：人民币元

项目	金额
一、经营活动产生的现金流量：	
销售商品、提供劳务收到的现金	167786028.38
收取的租金	20000
收到的增值税销项税款和退回的增值税款	
收到的除增值税以外的其它税费返还	
收到的其它与经营活动有关的现金	1721464.83
经营活动产生的现金流入小计	169527493.21
购买商品、接受劳务支付的现金	72117618.14
经营租赁所支付的现金	
支付给职工以及为职工支付的现金	8019010.78
支付的增值税款	
支付的所得税款	
支付的除增值税、所得税以外的其它税费	223496.17
支付的其它与经营活动有关的现金	2840448.28
经营活动产生的现金流出小计	83200573.37
经营活动产生的现金流量净额	86326919.84
二、投资活动产生的现金流量：	
收回投资所收到的现金	
分得股利或利润所收到的现金	
取得债券利息收入所收到的现金	
处置固定资产、无形资产和其它长期资产而收回的现金净额	
收到的其它与投资活动有关的现金	
投资活动产生的现金流入小计	
购建固定资产、无形资产和其它长期资产所支付的现金	1110063.3
权益性投资所支付的现金	1000000
债权性投资所支付的现金	
支付的其它与投资活动有关的现金	310783.1
投资活动产生的现金流出小计	2420846.4
投资活动产生的现金流量净额	-2420846.4
三、筹资活动产生的现金流量：	
吸收权益性投资所收到的现金	882172200
其中：子公司吸收少数股东权益性投资收到的现金	
发行债券所收到的现金	
借款所收到的现金	68000000
收到的其它与筹资活动有关的现金	11948221.28
筹资活动产生的现金流入小计	962120421.28
偿还债务所支付的现金	70100000
发生筹资费用所支付的现金	5408237.75
分配股利或利润所支付的现金	
其中：子公司支付少数股东的股利	
偿付利息所支付的现金	2641915
融资租赁所支付的现金	
减少注册资本所支付的现金	
其中：子公司依法减资支付给少数股东的现金	
支付的其它与筹资活动有关的现金	178543.4
筹资活动产生的现金流出小计	78328696.15
筹资活动产生的现金流量净额	883791725.13
四、汇率变动对现金的影响：	
汇率变动对现金的影响	
五、现金及现金等价物净增加额：	
现金及现金等价物净增加额	967697798.57

附注：

1、不涉及现金收支的投资和筹资活动：	
以固定资产偿还债务	
以投资偿还债务	
以固定资产进行长期投资	
以存货偿还债务	
融资租赁固定资产	
2、将净利润调节为经营活动的现金流量：	
净利润	41063718.28
加：少数股东损益	
购并利润	
计提的坏帐准备或转销的坏帐	-1551617.27
固定资产折旧	8246651.52
无形资产及其他资产摊销	212923.07
待摊费用的减少（减增加）	
预提费用的增加（减减少）	-10315106.4
处置无形资产、固定资产和其它长期资产的损失（减收益）	303
固定资产报废损失	
财务费用	4176414
投资损失（减收益）	
递延税款贷项（减借项）	
存货的减少（减增加）	1091059.68
经营性应收项目的减少（减增加）	-1177014.45
经营性应付项目的增加（减减少）	44579588.41
增值税增加净额	
其它	
经营活动产生的现金流量净额	86326919.84
3、现金及现金等价物净值增加情况：	
货币资金的期末余额	997452997.67
减：货币资金的期初余额	29755199.1
现金等价物的期末余额	
减：现金等价物的期初余额	
现金及现金等价物净增加额	967697798.57

安徽巢东水泥股份有限公司

安徽巢东水泥股份有限公司2000年度报告摘要

重要提示：本公司董事会保证本报告所载资料不存在任何虚假记载、误导性陈述或重大遗漏，并对其内容的真实性、准确性和完整性负个别及连带责任。

一、公司简介

1、公司法定中文名称：安徽巢东水泥股份有限公司
公司法定英文名称：ANHUI CHAODONG CEMENT CO.,LTD.
2、公司法定代表人：陈学祥
3、公司董事会秘书：钱业银
联系地址：安徽省巢湖市长江西路269号
电话：0565-2391720
传真：0565-2391918
电子信箱：cddms@sina.com
4、公司注册地址：巢湖市健康路238号
公司办公地址：巢湖市长江西路269号
邮政编码：238001
电子信箱：cddms@sina.com
5、公司信息披露报纸名称：《上海证券报》
登载公司年度报告的中国证监会指定国际互联网网址：
http://www.sse.com.cn
公司年度报告备置地点：公司证券部
6、公司股票上市地：上海证券交易所
股票简称：巢东股份
股票代码：600318

二、会计数据和业务数据摘要

1、本年度主要利润指标(单位：人民币元)

利润总额	40,841,407.48
净利润	35,401,209.19
扣除非经常性损益后的净利润	29,598,578.87
主营业务利润	121,733,865.34
其他业务利润	798,307.68
营业利润	31,743,875.23
投资收益	3,294,901.93
补贴收入	
营业外收支净额	5,802,630.32
经营活动产生的现金流量净额	35,870,239.49
现金及现金等价物净增加额	455,375,761.58

注：扣除的非经常性损益项目及金额：营业外收支净额:5,802,630.32元。

2、截至报告期末公司前三年主要会计数据和财务指标(单位：人民币元)

项目	2000年	1999年	1998年
主营业务收入	422,645,074.72	455,181,702.27	390,043,422.22
净利润	35,401,209.19	41,847,315.67	25,026,881.63
总资产	1,002,270,807.68	508,966,893.23	426,075,182.98
股东权益	588,072,017.95	190,009,815.37	110,174,979.98
每股收益(摊薄)	0.18	0.35	0.21
每股收益(加权)	0.28	0.35	0.21
扣除非经常性损益			
后的每股收益(摊薄)	0.13	0.35	0.21
(加权)	0.21	0.35	0.21
每股净资产	2.94	1.58	0.92
调整后的每股净资产	2.94	1.58	0.92
每股经营活动产生的			
现金流量净额	0.18		
净资产收益率%(摊薄)	6.02	22.02	22.72
(加权)	15.50	22.02	22.72

3、按照中国证监会《公开发行证券公司信息披露编报规则》(第9号)计算的每股收益和净资产收益率如下：

报告期利润	净资产收益率(%)		每股收益(元)	
	全面摊薄	加权平均	全面摊薄	加权平均主
营业务利润	20.70	53.30	0.61	0.96
营业利润	5.40	13.90	0.16	0.25
净利润	6.02	15.50	0.18	0.28
扣除非经常性损益				
后的净利润	5.03	12.96	0.13	0.21

[注]：有关财务指标计算公式如下：

每股收益=净利润/年度末普通股股份总数

每股净资产=年度末股东权益/年度末普通股股份总数

调整后的每股净资产=(年度末股东权益-三年以上的应收款项净额-待摊费用-待处理(流动、固定)资产

净损失-开办费-长期待摊费用-住房周转金负数余额)/年度末普通股股份总数

每股经营活动产生的现金流量净额=经营活动产生的现金流量净额/年度末普通股股份总数

净资产收益率=净利润/年度末股东权益×100%

全面摊薄每股收益=报告期利润/期末股份总数

加权平均每股收益=p/(S0+S1+Si ×Mi/M0-Sj ×Mj/M0)

其中：p为报告期利润；S0为期初股份总数；S1为报告期因公积金转增股本或股票股利分配等增加股份数；

Si为报告期因发行新股或债转股等增加股份数；Sj为报告期因回购或缩股等减少股份数；M0为报告期月份数；Mi为增加股份下一月份起至报告期期末的月份数；Mj为减少股份下一月份起至报告期期末的月份数

全面摊薄净资产收益率=报告期利润/期末净资产

加权平均净资产收益率=p/(E0+NP/2+Ei ×Mi/M0-Ej ×Mj/M0)

其中：p为报告期利润；NP为报告期净利润；E0为期初净资产；Ei为报告期发行新股或债转股等新增净资产；Ej为报告期回购或现金分红等减少净资产；M0为报告期月份数；Mi为新增净资产下一月份起至报告期期末的月份数；Mj为减少净资产下一月份起至报告期期末的月份数。

4、报告期内股东权益变动情况((单位：元)

项目	股本	资本公积	盈余公积	法定公益金	未分配利润	股东权益合计
期初数	120000000	56,245,651.83	4,944,624.54	1,648,208.18	8,819,539.00	90009815.37
本期增加	80000000	311,258,830.00	3,540,120.92	1,770,060.46	35,401,209.19	431970220.57
本期减少					33,908,017.99	33,908,017.99
期末数	200000000	367,504,481.83	10,254,805.92	3,418,268.64	10,312,730.20	588072,017.95

变动原因：股本增加系公司2000年11月17-18日向社会公开发行新股8000万股所致；资本公积变动系公司发行新股溢价转入；盈余公积、法定公益金变动系本年度利润分配提取；未分配利润变动系本年度实现利润及利润分配所致；股东权益增加的主要原因是公司发行新股使股本和资本公积金增加。

三、股东情况介绍

1、截止2000年12月31日，本公司股东总数为78774户。

2、前10名股东持股情况

序号	股东名称	持股数量(股)	占总股本比例(%)
1	安徽巢东水泥集团有限责任公司	107735000	53.87
2	安徽省巢湖市富煌轻型建材有限责任公司	11516100	5.76
3	运通置业	800000	0.40
4	徐汇区	527260	0.26
5	章桦	503684	0.25
6	平安证券	379125	0.197
	巢湖市安得房地产开发有限责任公司	340400	0.17
8	巢湖地区物资建筑材料总公司	340400	0.17
9	裕隆基金	323000	0.16
10	城开集团	282400	0.14

说明：①上述前10名股东中，持股10%以上的股东为安徽巢东水泥集团有限责任公司，为本公司控股股东。法定代表人：李双喜经营范围：生产石灰石、运输、建筑安装、进出口贸易、水泥行业技术服务等。

② 持有5%以上股份的股东在报告期内所持股份无变动、质押和冻结情况。

四、股东大会简介

公司于2000年4月19日召开了1999年度股东大会。大会审议并经投票表决通过的决议有：《董事会1999年度工作报告》、《监事会1999年度工作报告》、《公司1999年度财务决算报告》、《公司1999年度利润分配预案》、《关于募集资金投向的报告》、《关于2000年5月1日以后公司利润分配政策的议案》、《关于聘用深圳中天会计师事务所为公司2000年度审计单位的议案》。

报告期内，公司未召开过临时股东大会；董、监事未发生变化。

五、董事会报告

(一)公司经营情况

1、公司所处行业及其地位

本公司主要从事硅酸盐水泥及熟料、轻钢结构、新型建材产品的生产、销售，属于建材行业。公司系国家大型建材综合类企业，生产的"巢湖牌"、"东关牌"系列硅酸盐水泥为安徽省名牌产品，在华东地区享有很高的信誉度。水泥产品及轻钢结构产品销量位于全国前列。

2、公司主营业务及其经营状况公司主营业务为水泥及相关产品、轻钢结构、新型建材产品生产、销售；建材设计；设备制造、安装及调试；技术服务等。

主营业务收入情况如下(单位：元)

产品名称	所属行业	2000年	1999年
水泥建材		383,601,775.68	428,350,902.75
轻钢结构产品建材		39,043,299.04	26,830,799.52

2000年，公司建立了严格、规范的运行机制，坚持主业做大、做强、做优，并适度进行扩张的经营方针，根据市场形势和公司实际情况，将严格管理、加强技术改造、强化市场营销工作力度作为生产经营的重点，通过开展一系列降成本、增效益活动，努力提高产品的竞争力，使公司生产、销售等各方面工作得以稳定开展。

2000年公司销售水泥195.62万吨，轻钢产品：销售彩钢瓦25.36万平方米，成品钢0.36万吨。实现主营业务收入422,645,074.72元，主营业务利润121,733,865.34元，实现净利润35,401,209.19元。

3、公司主要全资附属企业及控股子公司的经营情况及业绩

公司在经营中面临的主要问题和困难是：1)水泥产品市场竞争加剧，对公司的主营业务进一步拓展产生一定的影响；2)调整产业结构、发展新型建材产品，资金需求量大。针对经营中出现的问题与困难，公司采取加强内部管理，降低产品成本；制定灵活、合理的销售体制，引进激励机制，加快营销队伍建设，在稳定原有市场的基础上，拓展新的市场领域；调整产业结构，大力发展新型建材产品；加大回款力度，加速资金运转；加大筹资力度，拓宽融资渠道，2000年11月成功发行了人民币普通股8000万股，为公司规模的壮大、产业结构的调整

，募集了宝贵的资金。

(二)公司财务状况

项目	2000年(元)	1999年(元)	增减(%)
总资产	1,002,270,807.68	508,966,893.23	96.92
长期负债	56,500,000.00	33,279,746.59	69.77
股东权益	588,072,017.95	190,009,815.37	209.50
主营业务利润	121,733,865.34	144,997,570.87	--16.04
净利润	35,401,209.19	41,847,315.67	--15.50

变动原因：总资产、股东权益增加主要是2000年发行人民币普通股8000万股所致；长期负债增加主要是投资扩建30万吨粉磨系统所致；主营业务利润、净利润减少主要由于主营业务的水泥产品受市场环境的变化，销售数量有所减少，同时部分品种水泥销售价格的下降所致。

经审计，深圳中天勤会计师事务所出具了无保留意见的《审计报告》。

(三)公司投资情况

(1)募集资金使用情况

公司于2000年11月17至18日完成发行人民币普通股8000万股，实际募集资金39120万元，报告期内除预付1200万元收购东亚公司股权款外，其余资金尚未使用。

·(2)非募集资金使用情况

报告期内投资2600 万元扩建30 万吨水泥粉磨系统,已完成投入851 万元,预计2001 年5月份竣工投产。

(四)根据财政部财税[2000] 99 号文件,本公司2000 年继续执行安徽省人民政府皖政秘[1999] 229号文件,即公司2000 年度享受所得税"先征收33%再返还18%(实征15%)"的税收优惠政策。

(五)新年度业务发展计划

2001年是新世纪和"十五"计划的新一年,本着"新世纪、新思路、新作为"的方针,面对我国将加入WTO带来的机遇,公司将积极利用资本市场,优化资源配置,拓宽融资渠道,立足水泥行业,通过收购兼并、技术改造、强化管理,促进产品生产能力和质量全面提高,使公司顺利实施"鲲鹏式"发展战略,实现"做大、做强、做优"的发展目标。

新年度公司工作重点是:

1、突出抓好主营业务,以收购东亚公司为契机,全面提高主营产品的技术含量,加快品种结构调整,实现规模效益。坚持以市场为导向,强化市场销售,继续挖潜内部潜力,提升公司管理水平,增强公司盈利能力和整体经济效益,促进企业可持续发展。

2、在稳定主业的同时,加快发展化学建材,轻型钢结构等新型建材,从优、从快、从省、从廉用好募集资金,加强对募集资金投资项目的管理,培育企业新的经济增长点。

3、以改革为动力,解放思想,建立起一套运行高效、管理透明、约束有力的企业内部经营机制,加快向现代企业制度迈进的步伐。

4、加大资本运营力度,加快企业发展步伐。

(六)董事会日常工作情况

(1)报告期内董事会的会议情况及决议内容

2000年3月12日,安徽巢东水泥股份有限公司召开了第一届董事会第四次会议,全体董事出席会议,全体监事列席会议。会议审议并通过以下决议:

一、通过《董事会工作报告》;

二、批准《总经理工作报告》;

三、通过《公司1999年度财务决算报告》;

四、通过了《公司1999年度分配预案》;

五、通过了《关于募集资金投向的报告》;

六、通过了《关于2000年5月1日以后公司利润分配政策的报告》;

七、审议聘用深圳中天会计师事务所为公司2000 年度审计单位的议案;

八、决定于2000年4月19日召开公司股东大会,提请审议批准上述一、三、四、五、六、七项报告和预案。

(2)2000年8月4日,安徽巢东水泥股份有限公司召开第一届董事会第五次会议,全体董事出席会议,全体监事列席会议。会议通过以下决议:

一、审议通过投资建年产30 万吨水泥粉磨系统技改项目;

二、审议通过《董事会议事规则》、《总经理工作细则》(修订稿);

三、听取总经理工作报告。

(3)2000年11月2日,安徽巢东水泥股份有限公司召开第一届董事会第六次会议,全体董事出席会议,全体监事列席会议。会议通过了以下决议:

审议通过《拟受让巢东水泥集团有限责任公司部分资产的议案》。董事会严格执行股东大会的决议,全面完成了股东大会授权办理的事项,并于2000 年11 月17 至18 日,成功地向社会公众发行了8000 万A 股股票。

(七)公司管理层及员工情况

(1)、董事、监事、高级管理人员情况

姓名	性别	年龄	职务	持股数量	任期起止日期
陈学祥	男	43	董事长	0	1999.4-2002.4
杨俊斌	男	42	副董事长	0	1999.4-2002.4
王松苗	男	36	董事、总经理	0	1999.4-2002.4
赵吉祥	男	57	董事、副总经理	0	1999.4-2002.4
梁力	男	42	董事、总会计师	0	1999.4-2002.4
张守义	男	36	董事	0	1999.4-2002.4
邵杰	男	44	董事	0	1999.4-2002.4
卢正明	男	44	监事会主席	0	1999.4-2002.4
胡从望	男	56	监事	0	1999.4-2002.4
郎西悦	男	59	监事	0	1999.4-2002.4
祝高	男	46	监事	0	1999.4-2002.4
杨继平	男	35	监事	0	1999.4-2002.4
陈锦谭	男	50	副总经理	0	1999.4-2002.4
姚旭	男	37	副总经理	0	1999.4-2002.4
顾国威	男	45	副总经理、总工程师	0	1999.4-2002.4
雷功群	男	38	副总经理	0	1999.4-2002.4
钱业银	男	35	董事会秘书	0	1999.4-2002.4

以上董、监事、高级管理人员中,有12 人在本公司领取报酬,年度报酬总额为25.6 万元,其中1.5-2 万元,3 人;2-2.2 万元,4 人;2.2-2.5 万元,5 人。不在公司领取报酬的董事为杨俊斌,监事为胡从望、郎西悦、祝高、杨继平。

报告期内,董事、监事及高级管理人员未变动。仍由王松苗先生任公司总经理,钱业银先生任公司董事会秘书。

2、公司现有员工2446 人,分别为生产人员1760 人,销售人员136 人,技术人员124 人,财务人员56 人,管理人员370 人。其中大专以上学历425 人,占公司员工总数17.38%。

(八)本次利润分配预案、2001 年度利润分配政策

经深圳中天勤会计师事务所审计,本公司二OOO 年度实现净利润35,401,209.19 元,按公司章程规定提取10%法定盈余公积金3,540,120.92 元、按5%提取法定公益金1,770,060.46 元后,剩余30,091,027.81 元中属本期1-4月份实现部分的9,778,297.61 元及上年未分配利润,依据一九九九年度股东大会的决议归本公司股票发行前老股东所有,可供新老股东分配的利润为20,312,730.20 元,为此,公司提出如下分配预案:

1、以二OOO 年末公司股本总数20,000 万股为基础,向全体股东每10 股派发现金红利0.50元(含税),计1000 万元;

2、尚未分配的10,312,730.20 元结转至以后年度;

3、本预案经二OOO 年度股东大会表决后实施。

预计二00 一年分配政策:

1、本公司拟于二00 一年进行一次利润分配,分配时间在2002年6月底前;

2、2000 年度未分配利润及2001 年实现净利润用于分配的比例为可向股东分配利润的20-50%,分配方式以现金方式分配;

3、二00 一年度具体分配预案由董事会根据公司经营和发展情况确定后报股东大会批准实施。

六、监事会报告

1、监事会会议情况

2000年监事会共召开二次会议。一届三次会议于2000 年3 月11 日召开,会议审议了《监事会1999 年度工作报告》和《公司1999 年度财务决算报告》。

一届四次会议于2000 年11 月2 日召开,会议形成了以下决议:(1)审议《关于受让巢东水泥集团有限责任公司部分资产的议案》。监事会成员认为,收购该部分资产符合公司生产经营的实际需要,交易价格公允、合理,不会损害公司及其他股东的利益。(2)审议通过《监事会议事规则》。

2、公司监事会依照《公司法》、《证券法》《公司章程》忠实履行了监事会的各项职能。监事会成员列席参加了董事会第四、五次会议,监事会主席列席了总经理办公会议,监事会对公司各项重大经营决策的依据、过程进行了监督。公司的法人治理结构日臻完善,公司的运作规范有效。公司董事、经理执行公司职务时无违反法律、法规、公司章程或损害公司利益的行为。

3、监事会对公司财务进行了检查,查阅了有关会计资料和审计报告。监事会认为:公司能自觉地遵守国家有关政策、法规,认真执行股份制企业财务会计制度,公司《招股说明书》所披露的资产负债表、现金流量表、利润及利润分配表等会计报表是真实的。

七、重要事项

1、报告期内本公司无重大诉讼,仲裁事项。

2、报告期内,公司、公司董事及高级管理人员均未有受监管部门处罚的情况。

3、报告期内公司控股股东未变更。

4、重大资产收购

为了完善生产用水循环及转供电系统,扩大销售网点,减少关联交易,根据公司一届六次董事会决议,经安徽国信资产评估有限责任公司皖国信评报字(2000)175 号《资产评估报告书》评估,并经安徽省财政厅财企(2000)614 号文批准,公司向安徽巢东水泥集团有限责任公司购进固定资产21,974,146.94 元(评估价)。此项收购工作已于2000 年11 月15 日完成。5、重大关联交易事项

关联方名称	交易类型	交易金额(元)	定价原则
安徽巢东水泥集团有限责任公司	采购货物	92,469,842.01	市场价
		(其中:转供电 74,061,386.64)	

6、本公司与控股股东在人员、资产、财务上的"三分开"情况:

(1)人员分开方面

公司在劳动、人事及工资管理等方面完全独立;总经理、副总经理等高级管理人员均在本公司领取报酬,未在控股股东单位担任职务。

(2)资产完整方面

本公司资产完整,主要的生产系统、辅助生产系统、配套设施等资产及采购和销售系统均独立拥有。

(3)财务分开方面

本公司财务独立,设立了独立的财务部门,建立了独立的财务核算体系,具有规范独立的财务会计制度和对分公司、子公司的财务管理制度;独立在银行开户,不存在与控股股东共用一个银行帐户情况,并独立依法纳税。

7、公司或持股5%以上的股东没有在任何报纸和网站上作出任何承诺事项。

8、报告期内公司无托管、承包、租赁其他公司资产或其他公司托管、承包、租赁本公司资产的事项。

9、经2000年4月19日公司股东大会决定,聘任深圳中天会计师事务所(深圳中天勤会计师事务所前身)为本年度公司审计单位。

10、报告期内公司无重大合同或担保事项。

11、公司报告期内无更改名称或股票简称的情况。

八、财务会计报告

(一)审计报告:

中天勤财审报字(2001)第B-283号

审计报告

安徽巢东水泥股份有限公司全体股东:

我们接受委托,对贵公司二OOO 年十二月三十一日的公司及合并资产负债表,二OOO 年度公司及合并利润表、利润分配表和现金流量表进行了审计。这些会计报表由贵公司负责,我们的责任是对这些会计报表发表审计意见。我们的审计是依据中国注册会计师独立审计准则进行的,在审计过程中,我们结合贵公司实际情况,实施了包括抽查会计记录等我们认为必要的审计程序。

我们认为,上述会计报表符合《企业会计准则》和《股份有限公司会计制度》的有关规定,在所有重大方面公允地反映了贵公司二OOO 年十二月三十一日的公司及合并财务状况及二OOO 年度公司及合并经营成果和现金流量,会计处理方法的选用遵循了一贯性原则。

中天勤会计师事务所　　中国注册会计师:祝小兰

中国 深圳　　中国注册会计师:蒋贤山

二OO 一年三月十八日

(二)会计报表(附后)

(三)会计报表注释

1、外币业务核算方法

会计年度内涉及的外币经营业务,按业务实际发生的当月一日市场汇价折合为人民币记账,年末对货币性项目按年末的市场汇率进行调整,所产生的汇兑损益列入本年损益。

2、坏帐核算方法

示帐确认标准:a债务人破产或死亡,以破产财产或者遗产清偿后,仍然不能回;b;债务人逾期未履行偿俩义务超过三年仍然不能收回的应收款项。

3、存货核算方法

存货分为原材料、在产品、产成品、低值易耗品、包装物及外购商品等六大类;

存货盘存制度采用永续盘存法。各类存货的购入与入库按实际成本计价,发生按移动加权平均法计价;低值易耗品领用按一次性摊销法摊销。包装物的领用按一次性摊销法摊销。

年末,在对存货进行全盘点的基础上,对存货遭受毁损、全部或部分陈旧过时或销售价格低于成本等成因,预计其成本不可收回的部分,提取存货跌价准备。提取时按单个存货项目的成本高于其可变现净值的差额确定。

4.短期投资

短期投资指本公司购入的随时变现并且持有时间不准备超过一年的投资,包括股票投资、债券投资等。

短期投资在取得时以实际成本计价,即实际支付的价款扣除已宣告发放的现金股利或利息。在期末以成本与市价孰低法计价。按投资分类计提跌价准备,市价低于成本的金额确认为当期投资损失。

5.长期投资核算方法

① 长期股权投资

a.股票投资

以货币资金购买股票的,按实际支付的金额计入成本。实际支付的款项中若含有已宣告发放的股利,则按实际支付的金额扣除已宣告发放的股利后的净额作为投资成本。公司以实物和无形资产折价入股的,按协议、合同约定的价值或资产评估后确定的价值作为投资成本。

b.股权投资差额

对采用权益法核算的长期股权投资,若取得时的成本与在被投资单位所有者权益中所占的份额有差额以及对长期股权投资的核算由成本法改为权益法时,投资成本与享有被投资单位所有者权益份额的差额,设置"股权投资差额"明细科目核算。年末时,对借方差额按十年的期限平均摊销,贷方差额按十年的期限平均摊销。

c.其他股权投资

以货币资金投资的,按实际支付金额计入成本;以放弃非现金资产取得的长期股权,其投资成本以所放弃非现金资产的公允价值确定。如果所取得的股权投资的公允价值比所放弃非现金资产的

公允价值更为清楚,则以取得的股权投资的公允价值确定。

放弃非现金资产公允价值,或取得股权投资的公允价值超过所放弃非现金资产的账面价值的差额,扣除应交的所得税后的部分作为资本公积准备项目。

d.收益确认方法

采用成本法核算的,在被投资单位宣告发放现金股利时确认投资收益;采用权益法核算的,在各会计期末按应分享或应分担的被投资单位实现的净利润或发生的净亏损的份额,确认投资收益,并调整长期股权投资的账面价值。

对于股票投资和其他股权投资,若母公司持有被投资单位有表决权资本总额20%以下或持有被投资公司有表决权资本总额20%或以上,但不具有重大影响的,按成本法核算;若母公司持有被投资单位有表决权资本总额20%或以上,或虽投资不足20%,但有重大影响的,按权益法核算。

② 长期债权投资

按实际支付的价款扣除支付的税金、手续费等各项附加费用,以及支付的自发行日起至购入债券日止的应计利息后的余额作为实际成本,实际成本与债权票面价值的差额,作为溢价或折价;债券的溢价或折价在债券存续期间内于确认相关债券利息收入时摊销。摊销方法为直线法。

收 益确认方法是:债券投资按期计算应收利息。计算的债券投资利息收入,经调整债券投资溢价或折价摊销后的金额确认为当期投资收益。其他债权投资按期计算的应收利息,确认为当期投资收益。

③ 长期投资减值准备

对长期投资提取长期投资减值准备。年末,对长期投资逐项进行检查,如果长期投资的市价持续下跌或被投资单位经营状况恶化等原因导致其可收回金额低于投资的账面价值,则对可收回金额低于长期投资账面价值的部分计提长期投资减值准备,首先冲抵该项投资的资本公积准备项目,不足冲抵的差额部分确认为当期损失。对已确认损失的长期投资的价值又得以恢复的,则在原已确认的投资损失的数额内转回。

6.固定资产计价及其折旧方法

固定资产标准为使用期限在一年以上的房屋、建筑物、机器、机械、运输工具以及其他与生产、经营有关的设备、器具、工具等,以及不属于生产、经营主要设备的,单位价值在人民币2000 元以上并且使用年限在两年以上的资产。a.固定资产按实际成本计价。

b. 固定资产折旧采用直线法平均计算,并按各类固定资产的原值和估计的使用年限扣除残值(原值的4%)确定其折旧率,年分类折旧率如下:

资产类别	使用年限	年折旧率
房屋建筑物	40年	2.4%
机器设备	10年	9.6%
运输工具	8年	12%
其他设备	8年	12%

7.收入确认原则:

按以下原则确认营业收入实现,并按已实现的收入记账,计入当期损益。

产 品销售:已将产品所有权上的重要风险和报酬转移给买方,不再对该产品实施继续管理权和实际控制权,与交易相关的经济利益能够流入公司,并且与销售该产品有关的收入和成本能够可靠地计量时,确认营业收入的实现。

8.所得税的会计处理方法

所得税的会计处理采用应付税款法。

9.合并会计报表的编制方法

合并会计报表原则是:对持有被投资单位有表决权资本总额50%以上,或虽不超过50%但具有实际控制权的子公司合并其会计报表。

方法是以母公司及纳入合并范围的各子公司的会计报表为合并依据,合并时将母公司与各子公司相互间的重要投资、往来、存货购销等内部交易及其未实现利润抵销后逐项合并,并计算少数股东权益;对符合比例合并法的合营公司的资产、负债、收入、费用、利润等亦按所占比例份额予以合并。

10.控股子公司合营企业

1.控股子公司及合并范围:

子公司全称	法定代表人	注册资本 RMB万元	持股比例 %	投资额 RMB	主营业务	是否合并 是(否)
安徽东环水泥有限责任公司	林银章	1,333.00	51%	7,092,239.51	生产、销售普通硅盐酸水泥及水泥制品	是
安徽省东兴水泥有限责任公司	赵吉祥	1,066.00	55%	8,167,612.44	生产、销售普通硅盐酸水泥及水泥制品	是

2.本年度合并范围未发生变动

九、公司的其他有关资料

1、公司首次注册或变更注册登记日期、地点

登记日期:1999年4月16日

变更日期:2000年11月23日

注册地点:福建省巢湖市健康路238号

2、企业法人营业执照注册号:3400001300188

3、税务登记号:342600705022576

4、公司未流通股票的长管机构:上海证券中央登记结算中心

5、公司报告期内证券主承销机构:平安证券有限责任公司

6、公司聘请的会计师事务所

名称:深圳中天勤会计师事务所

办公地址:广东省深圳市深南中路爱华大厦16层

十、备查文件目录

1、载有法定代表人、主管财务工作负责人、会计经办人签名并盖章的会计报表

2、载有会计师事务所盖章,注册会计师签名并盖章的审计报告正本

3、报告期内在中国证监会指定报纸上公开披露过的公司文件正本及公告原稿

4、年度报告正本

安徽巢东水泥股份有限公司董事会

二00一年三月二十日

资产负债表

2000年12月31日

编制单位:安徽巢东水泥股份有限公司　　单位:(人民币)元

资产	期末数 合并	期末数 母公司	期初数 合并	期初数 母公司
流动资金:				
货币资金	475,812,667.62	474,430,563.09	20,436,906.04	17,811,720.52
短期投资				
减:短期投资跌价准备				
短期投资净额				
应收票据	7,910,000.00	7,910,000.00	6,960,000.00	6,960,000.00
应收股利				
应收利息				
应收帐款	85,591,691.97	94,105,145.49	93,723,410.71	96,989,242.56
其他应收款	39,994,395.72	39,015,157.33	23,969,789.36	25,081,664.92
减:坏帐准备	6,961,922.12	6,621,222.23	5,884,660.00	5,450,442.40
应收款项净额	118,624165.57	126,499,080.59	111,808,540.07	116,620,465.08
预付帐款	9,577,026.83	7,644,599.52	10,858,917.33	7,902,241.81
应收补贴款				
存货	69,128,322.02	61,469,291.93	49,143,920.18	42,509,322.38
其中:工程施工				
减:存货跌价准备	335,836.61	335,836.61	151,467.09	151,467.09
存货净额	68,792,485.41	61,133,455.32	48,992,453.09	42,357,855.29
待摊费用	1,002,994.01	1,002,994.01	1,029,333.29	1,029,333.29
待处理流动资产净损失				
一年内到期的长期债权投资				
其他流动资产				
流动资产合计	681,719,339.44	678,620,692.53	200,086,149.82	192,681,615.99
长期投资:				
长期股权投资	1,729,150.60	13,344,496.24	1,934,248.67	15,146,883.93
长期债权投资	405,471.67	405,471.67	486,871.67	486,871.67
其他长期投资				
长期投资合计	2,134,622.27	13,749,967.91	2,421,120.34	15,633,755.60
减:长期投资减值准备				
长期投资净额	2,134,622.27	13,749,967.91	2,421,120.34	15,633,755.60
其中:合并价差(贷差以"-"号表示合并报表填列)				
其中:股权投资差额(贷差以"-"号表示母公司报表填列)	1,709,150.60	1,709,150.60	1,914,248.67	1,914,248.67
固定资产:				
固定资产原价	557,791,637.89	527,313,910.90	489,301,321.17	462,180,294.84
减:累计折旧	252,992,633.47	244,430,107.94	205,337,812.24	198,500,749.25
固定资产减值准备				
固定资产净值	304,799,004.42	282,883,802.96	283,963,508.93	263,679,545.59
工程物资	1,312,980.98	1,312,980.98	1,033,470.64	1,033,470.64
在建工程	9,774,090.46	8,441,639.87	18,554,316.63	16,544,531.37
固定资产清理				
待处理固定资产净损失				
固定资产合计	15,886,075.86	292,638,423.81	303,551,296.20	281,257,547.60
无形资产及其他资产:				
无形资产	2,302,299.36		-	2,594,179.60
开办费	228,470.75		-	314,147.27
长期待摊费用				
其他长期资产				
其中:临时设施净额				
无形资产及其他资产合计	2,530,770.11		-	2,908,326.87
递延税项:				
递延税款借项				
资产总计	2,002,270,807.68	985,009,084.25	508,966,893.23	489,572,919.19
流动负债:				
短期借款	167,617,000.00	167,617,000.00	110,638,000.00	110,638,000.00
应付票据	3,400,000.00	3,400,000.00	2,128,000.00	2,128,000.00
应付帐款	57,378,772.17	53,044,627.67	67,963,564.84	61,682,309.65
预收帐款	15,176,710.90	15,154,760.90	-	
代销商品款				
应付工资	1,646,128.28	1,646,128.28	1,706,184.64	1,706,184.64
应付福利费	4,049,535.14	3,742,541.36	1,359,619.74	1,117,918.46
应付股利	10,000,000.00	10,000,000.00	19,200,000.00	19,200,000.00
应交税金	9,267,950.77	9,228,009.21	2,983,073.42	2,802,994.04
其他应交款	599,812.91	579,650.20	911,973.59	889,012.05
其他应付款	25,954,965.50	23,370,997.88	24,730,600.32	23,446,615.98
预提费用	3,332,404.14	3,303,350.80	5,021,567.04	4,822,322.41
一年内到期的长期负债	49,350,000.00	49,350,000.00	37,850,000.00	37,850,000.00
其他流动负债				
预计负债				
流动负债合计	347,773,279.81	340,437,066.30	274,492,583.59	266,283,357.23
长期负债:				
长期借款	56,500,000.00	56,500,000.00	32,700,000.00	32,700,000.00
应付债券				
长期应付款				
住房周转金	-	-	579,746.59	579,746.59
其他长期负债				
长期负债合计	56,500,000.00	56,500,000.00	33,279,746.59	33,279,746.59
递延税项:				
递延税款贷项				
负债合计	404,273,279.81	396,937,066.30	307,772,330.18	299,563,103.82
少数股东权益(合并报表填列)	9,925,509.92		-	11,184,747.68
股东权益:				
股本	200,000,000.00	200,000,000.00	120,000,000.00	120,000,000.00
资本公积	367,504,481.83	367,504,481.83	56,245,651.83	56,245,651.83
盈余公积	10,254,805.92	10,254,805.92	4,944,624.54	4,944,624.54
其中:公益金	3,418,268.64	3,418,268.64	1,648,208.18	1,648,208.18
未确认的投资损失				
未分配利润	10,312,730.20	10,312,730.20	8,819,539.00	8,819,539.00
外币报表折算差额(合并报表填列)				
股东权益合计	588,072,017.95	588,072,017.95	190,009,815.37	190,009,815.37
负债和股东权益总计	1,002270,807.68	985,009,084.25	508,966,893.23	489,572,919.19

利润表

2000年度

编制单位:安徽巢东水泥股份有限公司　　单位:(人民币)元

项目	本年数 合并	本年数 母公司	上年数 合并	上年数 母公司
一、主营业务收入	422,645,074.72	400,393,031.19	455,181,702.27	424,249,584.37

减:销售折让				
主营业务收入净额	422,645,074.72	400,393,031.19	455,181,702.27	424,249,584.37
减:主营业务成本	298,690,602.43	281,440,657.00	307,051,978.93	286,674,845.80
主营业务税金及附加	2,220,606.95	2,134,398.47	3,132,152.47	3,041,337.89
二、主营业务利润(亏损以"-"号填列)	121,733,865.34	116,817,975.72	144,997,570.87	134,533,400.68
加:其他业务利润(亏损以"-"号填列)	798,307.68	798,307.68	2,334,108.61	2,304,437.61
减:存货跌价损失	184,369.52	184,369.52	151,467.09	151,467.09
营业费用	47,228,061.56	41,410,969.60	47,071,334.35	40,181,074.70
管理费用	28,840,758.74	27,126,071.18	39,172,347.40	35,542,584.74
财务费用	14,535,107.97	14,554,170.17	14,320,687.11	14,338,963.18
三、营业利润(亏损以"-"号填列)	31,743,875.23	34,340,702.93	46,615,843.53	46,623,748.58
加:投资收益(损失以"-"号填列)	3,294,901.93	1,876,155.74	236,016.27	239,780.30
补贴收入				
营业外收入	5,950,284.16	5,940,234.16	330,730.55	274,920.38
减:营业外支出	147,653.84	56,447.58	375,889.48	334,897.09
四、利润总额(亏损总额以"-"号填列)	40,841,407.48	42,100,645.25	46,806,700.87	46,803,552.17
减:所得税	6,699,436.06	6,699,436.06	4,956,236.50	4,956,236.50
减:少数股东损益(合并报表填列、亏损以"-"号填列)	−1,259,237.77	–	3,148.70	
加:未确认的投资损失(合并报表填列)				
加:财政返还				
五、净利润(净亏损以"-"号填列)	35,401,209.19	35,401,209.19	41,847,315.67	41,847,315.67

利润分配表

编制单位:安徽巢东水泥股份有限公司　　单位:(人民币)元

	2000 年度		1999 年 5 月至 12 月	
	合并	公司	合并	公司
一、净利润(净亏损以"-"号填列)	35,401,209.19	35,401,209.19	41,847,315.67	41,847,315.67
减:1999 年 1 月至 4 月净利润	8,883,152.13	8,883,152.13		
加:年初未分配利润(未弥补亏损以"-"号填列)		8,819,539.00	8,819,539.00	–
减:减少注册资本减少的未分配利润				
盈余公积转入				
二、可供分配的利润(亏损以"-"号填列)	44,220,748.19	44,220,748.19	32,964,163.54	32,964,163.54
减:提取法定盈余公积金	3,540,120.92	3,540,120.92	3,296,416.36	3,296,416.36
减:提取法定公益金	1,770,060.46	1,770,060.46	1,648,208.18	1,648,208.18
职工奖福基金(子公司为外商投资企业,合并报表填列)				
减:提取免税基金				
三、可供股东分配的利润(亏损以"-"号填列)	38,910,566.81	38,910,566.81	28,019,539.00	28,019,539.00
减:应付优先股股利				
提取任意盈余公积				
应付普通股股利	28,597,836.61	28,597,836.61	19,200,000.00	19,200,000.00
转作股本的普通股股利				
四、未分配利润(未弥补亏损以"-"号填列)	10,312,730.20	10,312,730.20	8,819,539.00	8,819,539.00

现金流量表

2000 年度

编制单位:安徽巢东水泥股份有限公司　　单位:(人民币)元

项目	合并	母公司
一、经营活动产生的现金流量		
销售商品、提供劳务收到的现金	462,856,764.76	425,442,407.55
收到的租金		
收到的税费返还	300,000.00	300,000.00
收到的其他与经营活动有关的现金	12,481,457.35	11,544,550.41
经营活动现金流入小计	475,638,222.11	437,286,957.96
购买商品、接收劳务所支付的现金	314,767,248.12	288,773,680.44
经营租赁所支付的现金	120,500.00	120,500.00
支付给职工以及为职工支付的现金	37,954,337.79	35,841,371.59
实际缴纳的增值税款	30,266,163.31	28,217,603.55
支付的所得税款	734,390.82	734,390.82
支付的除增值税、所得税以外的其他税费	6,367,446.53	5,878,453.02
支付的其他与经营活动有关的现金	49,557,896.05	43,119,502.67
支付的各项税费		
经营活动现金流出小计	439,767,982.62	402,685,502.09
经营活动产生的现金流量净额	35,870,239.49	34,601,455.87
二、投资活动产生的现金流量净额:		
收回投资所收到的现金	3,500,000.00	3,500,000.00
分得股利或利润所收到的现金		
取得债券利息收入所收到的现金		
处置固定资产、无形资产和其他长期资产而收回的现金净额	107,344.97	107,344.97
收到的其他与投资活动有关的现金		
投资活动现金流入小计	3,607,344.97	3,607,344.97
购建固定资产、无形资产和其他长期资产所支付的现金	39,000,731.63	36,488,867.02
权益性投资所支付的现金		
债权性投资所支付的现金		
支付的其他与投资活动有关的现金		
投资活动现金流出小计	39,000,731.63	36,488,867.02
投资活动产生的现金流量净额	−35,393,386.66	−32,881,522.05
三、筹资活动产生的现金流量:		
吸收权益性投资所收到的现金	391,242,000.00	391,242,000.00
其中:子公司吸收少数股东权益性投资收到的现金		
发行债券所收到的现金		
借款所收到的现金	469,379,000.00	469,379,000.00
收到的其他与筹资活动有关的现金	5,585,752.46	5,585,752.46
筹资活动现金流入小计	866,206,752.46	866,206,752.46
偿还债务所支付的现金	377,100,000.00	377,100,000.00
发生筹资费用所支付的现金		
分配股利或利润所支付的现金	19,200,000.00	19,200,000.00
其中:子公司支付少数股东的股利		
偿付利息所支付的现金	15,007,843.71	15,007,843.71
融资租赁所支付的现金		
减少注册资本所支付的现金		
其中:子公司依法减资支付给少数股东的现金		
支付的其他与筹资活动有关的现金		
筹资活动现金流出小计	411,307,843.71	411,307,843.71
筹资活动产生的现金流量净额	454,898,908.75	454,898,908.75
四、汇率变动对现金的影响:		
汇率变动对现金的影响额		
五、现金及现金等价物净增加额:		
现金及现金等价物净增加额	455,375,761.58	456,618,842.57
六、不涉及现金收支的投资和筹资活动:		
以固定资产偿还债务		
以投资偿还债务		
以固定资产进行长期投资		
以存货偿还债务		
融资租赁固定资产		
七、将净利润调节为经营活动的现金流量:		
净利润(亏损以"-"号填列)	35,401,209.19	35,401,209.19
加:少数股东损益(亏损以"-"号填列)	−1,259,237.77	–
减:未确认的投资损失		
加:计提的坏帐准备或转销的坏帐	1,077,262.12	1,170,779.83
固定资产折旧	28,353,475.81	26,603,646.53
计提存货跌价准备	184369.52	184369.52
无形资产、长期待摊费用摊销	377556.76	
待摊费用的减少(减:增加)	26,339.28	26,339.28
预提费用的增加(减:减少)	310,837.10	481,028.39
处置固定资产、无形资产和其他长期资产的损失(减:收益)	−329,528.00	−329,528.00
固定资产盘亏报废损失	49,172.44	34,639.18
财务费用	14,535,107.97	14,554,170.17
投资损失(减:收益)	−3,294,901.93	−1,876,155.74
递延税款贷项(减:借项)		
存货的减少(减:增加)	−19,984,401.84	−18,959,969.55
经营性应收项目的减少(减:增加)	−7,560,997.12	−11,741,753.05
经营性应付项目的增加(减:减少)	−6,447,101.58	−5,378,397.42
无效申购资金利息收入摊销(减:收益)	−5,568,922.46	−5,568,922.46
其他	561,926.28	184,369.52
经营活动产生的现金流量净额	35,870,239.49	34,601,455.87
八、现金及现金等价物净增加情况:		
货币资金的期末余额	475,812,667.62	474,430,563.09
减:货币资金的期初余额	20,436,906.04	17,811,720.52
现金等价物的期末余额		
减:现金等价物的期初余额		
现金及现金等价物净增加额	455,375,761.58	456,618,842.57

潍坊亚星化学股份有限公司

潍坊亚星化学股份有限公司股票上市公告书暨2000年度财务报告

本公司董事会保证上市公告书的真实性、准确性、完整性,全体董事承诺上市公告书不存在虚假记载、误导性陈述或重大遗漏,并承担个别及连带的法律责任。根据《公司法》、《证券法》等有关法律、法规的规定,本公司董事、高级管理人员已依法履行诚信和勤勉尽责的义务和责任。

一、概 览

股票简称:亚星化学　股票代码:600319　股本总额:31559.4万股

可流通股本:8000万股　本次上市流通股本:8000万股

对首次公开发行股票前股东所持股份的流通限制及期限:根据国家有关规定,本公司发起股东所持股份不可上市流通,且自本公司成立之日即2000年1月17日起,三年内不得转让。

上市地点:上海证券交易所　上市日期:2001年3月26日

股票登记机构:上海证券中央登记结算公司

上市推荐人:中信证券股份有限公司　山东证券有限责任公司

二、绪言

潍坊亚星化学股份有限公司(以下简称"本公司")股票上市公告书是根据《公司法》、《证券法》、《股票发行与交易管理暂行条例》、《公开发行股票公司信息披露实施细则》和《上海证券交易所股票上市规则》等有关法律、法规的规定,并按照中国证监会制定的《公开发行证券的公司信息披露内容与格式准则第7号–股票上市公告书》而编制,旨在向投资者提供有关本公司的基本情况和本次股票上市的有关资料。

经中国证监会证监发行字[2001]15号文核准,本公司已于2001年2月14日采用上网定价发行方式成功地向社会公众公开发行了每股面值1.00元的人民币普通股8000万股,每股发行价9.20元。

经上海证券交易所上证上字[2001]35号《上市通知书》同意,本公司8000万股人民币普通股将于2001年3月26日在上海证券交易所挂牌交易。股票简称"亚星化学",股票代码"600319"。本公司招股说明书的核准日距股票上市日尚未满3个月,且招股说明书及其引用的财务资料至今尚未失效,故与其相重复的内容在此不再重述,敬请投资者查阅2001年2月12日刊登于《中国证券报》、《上海证券报》上的《潍坊亚星化学股份有限公司招股说明书概要》。

三、发行人概况

1、基本情况　公司名称:潍坊亚星化学股份有限公司

英文名称:WEIFANG YAXING CHEMICAL CO.,LTD.

注册地址:山东省潍坊市奎文区鸢飞路899号　注册资本:31559.4万元

法定代表人:陈华森

成立日期:2000年1月17日

所属行业:氯碱化工行业经营范围:生产销售烧碱、聚氯乙烯、氯化聚乙烯等化工产品及其延伸加工产品

联系人:汪波(董事会秘书)李念法　联系电话:0536-8667941

传真:0536-8663853　电子邮箱:info.center@chinayaxing.com

2、历史沿革

本公司前身潍坊化工有限公司(以下简称"潍坊化工")系1994年8月经潍坊市对外经济贸易委员会潍外经贸外资字(1994)第193号文批准,并获山东省人民政府颁发外经贸鲁府潍字(1994)1811号批准证书,由潍坊化工厂与香港埃维里夫有限公司共同组建的中外合资企业。根据双方签定的合资合同,潍坊化工注册资本2,000万美元,其中潍坊化工厂以400万美元的净资产出资,占注册资本的20%;香港埃维里夫有限公司以现金1,600万美元出资,占注册资本的80%。潍坊化工成立后,潍坊化工厂以净资产33,784,800元人民币折合400万美元出资,履行了对潍坊化工的出资义务。

1994年9月,香港埃维里夫有限公司将其在潍坊化工的权益和义务转让给香港泰莎发展有限公司。1995年2月,经潍坊市对外经济贸易委员会以潍外经贸外资字(1995)第31号文批准,潍坊化工的外方股东由香港埃维里夫有限公司变更为香港泰莎发展有限公司。根据国家有关外商投资企业投资者分期出资的规定,香港泰莎发展有限公司于1994年12月及1995年4月以现金方式分别投入潍坊化工120万美元和280万美元,共计投入400万美元,完成对潍坊化工的首期出资。

1997年6月,经潍坊市对外经济贸易委员会以潍外经贸外资字(1997)第134号文批准,香港泰莎发展有限公司将其占潍坊化工80%的股权分别转让给潍坊亚星化工集团总公司(原潍坊化工厂)45%即900万美元和香港庄建国际有限公司35%即700万美元,其中香港庄建国际有限公司受让香港泰莎发展有限公司投入潍坊化工的首期400万美元出资。经潍坊市国有资产管理局潍国资企字(1997)24号文批准,并经有关债权人的确认,潍坊亚星化工集团总公司以承担债务的形式,即承担潍坊化工76,015,800元人民币折合900万美元的债务作为其对潍坊化工的出资。至此,潍坊亚星化工集团总公司共计出资1,300万美元并全部到位,占潍坊化工注册资本的65%;香港庄建国际有限公司应出资700万美元,占注册资本的35%,实际到位资金400万美元。

1998年4月,经山东省对外经济贸易委员会以鲁外经贸外资字(1998)第475号文批准,潍坊化工吸收合并潍坊仲亚化工有限公司(该公司是经潍坊市对外经济贸易委员会潍外经贸外资字(93)第252号文批准,由潍坊化工厂与香港庄建国际有限公司的全资子公司香港仲伟发展有限公司共同设立的中外合资企业,成立于1993年5月,注册资本为500万美元,其中:潍坊化工厂出资375万美元占注册资本的75%,香港仲伟发展有限公司出资125万美元占注册资本的25%。截止合并基准日,潍坊化工厂投入现金355万美元,香港仲伟发展有限公司投入现金124.991373万美元),同时香港仲伟发展有限公司将其在潍坊仲亚化工有限公司的全部出资转让给其母公司香港庄建国际有限公司。经此次吸收合并,潍坊化工的注册资本变更为2,500万美元,其中潍坊亚星化工集团总公司出资由1,300万美元增至1,675万美元,占潍坊化工注册资本的67%;香港庄建国际有限公司出资由700万美元增至825万美元,占潍坊化工注册资本的33%。

1999年5月,经潍坊市对外经济贸易委员会以潍外经贸外资字(1999)第96号文批准,潍坊化工合资双方对潍坊化工1995~1998年的利润按双方分期的实际出资比例进行分配,分配的利润先用于双方尚未缴齐的注册资本。潍坊亚星化工集团总公司以分得利润80,137,586.54元中的165.55万元,折合20万美元投入潍坊化工;香港庄建国际有限公司以分得利润47,942,858.86元中的2,483.32141万元,折合300.008627万美元投入潍坊化工。至此,潍坊亚星化工集团总公司共计投入潍坊化工1,675万美元,占注册资本的67%;香港庄建国际有限公司共计投入潍坊化工825万美元,占注册资本的33%,合资双方完成了对潍坊化工的出资义务。

1999年6月,经山东省对外经济贸易委员会以鲁外经贸外资字(1999)第779号文批准,潍坊化工合资中方潍坊亚星化工集团总公司更名为潍坊亚星集团有限公司(以下简称"亚星集团");合资外方香港庄建国际有限公司将其所持潍坊化工33%的股权转让给香港嘉耀国际投资有限公司。潍坊化工的注册资本和出资比例不变。

1999年9月,经山东省对外经济贸易委员会以鲁外经贸外资字(1999)第1398号文批准,亚星集团将其所占潍坊化工67%股权中的6.9%分别转让给香港嘉耀国际投资有限公司1.7%、厦门经济特区对外贸易集团公司5%、中国化学工程第十六建设公司和大连实德集团有限公司各0.1%。

1999年12月,经中国对外贸易经济合作部[1999]外经贸资二函字第890号文批准,并取得外经贸资审字(1999)0064号《外商投资企业批准证书》,由亚星集团联合潍坊化工的其他四家股东:香港嘉耀国际投资有限公司、厦门经济特区对外贸易集团公司、中国化学工程第十六建设公司和大连实德集团有限公司,将潍坊化工整体变更为股份有限公司即本公司。

经山东省国有资产管理局鲁国资企字[1999]第51号文《关于潍坊化工有限公司变更为股份有限公司国有股权管理问题的批复》,本公司总股本23559.4万股,其中:亚星集团持有国有法人股14,159.1994万股,占股本总额的60.1%;香港嘉耀国际投资有限公司持有外资法人股8,175.1118万股,占股本总额的34.7%;厦门经济特区对外贸易集团公司持有国有法人股1,177.97万股,占股本总额的5%;中国化学工程第十六建设公司持有国有法人股23.5594万股,占股本总额的0.1%;大连实德集团有限公司持有法人股23.5594万股,占股本总额的0.1%。

2000年1月17日,本公司在山东省工商行政管理局办理了变更登记手续,领取《企业法人营业执照》,注册资本为23559.4万元。

经中国证监会证监发行字[2001]15号文核准,本公司通过上海证券交易所,于2001年2月14日以上网定价的发行方式向社会公众公开发行每股面值1.00元的人民币普通股8000万股,每股发行价9.20元。

2001年3月5日,本公司经中国对外贸易经济合作部[2001]外经贸资二函字第183号《关于潍坊亚星化学股份有限公司增资扩股的批复》,本公司总股本由23559.4万股增至31559.4万股,注册资本相应增至31559.4万元。2001年3月8日,本公司在山东省工商行政管理局办理变更登记手续,换发企股鲁总字003886号《企业法人营业执照》。

3、主要经营情况

(1).主营业务及主要产品

本公司为大型氯碱化工生产企业,主营氯化聚乙烯(CPE)、聚氯乙烯(PVC)、烧碱等化工产品及其延伸产品的生产、加工、销售、研究开发和综合技术服务。主要产品的年产能力为氯化聚乙烯2.5万吨、聚氯乙烯2.5万吨、烧碱5万吨。其中主导产品氯化聚乙烯的生产规模居亚洲第一位、世界第二位,技术水平世界领先,产品供不应求,市场遍及国内及欧、美、亚等几十个国家和地区,国内市场占有率40%以上,排名第一,国际市场占有率18%以上,排名第二。

(2).职工情况

本公司拥有在职职工1573人,其中享受国务院特殊政府津贴的国家级专家2名,工程技术应用研究员1名,省技术拔尖人才2名,各类专业技术人员578名,具有大专以上学历的职工占职工总数的23.1%。

(3).研究开发能力

本公司是山东省高新技术企业和外商投资先进技术企业,通过引进吸收、自主开发,目前已具备高分子新材料的核心开发能力,先后研制成功3种国家级新型化学材料,填补了国内空白,显示出本公司较强的技术开发和新产品研制能力。

a.本公司与安徽省化工研究院等科研单位共同研制开发的CM橡胶、CPVC树脂、VC-CPE接枝共聚树脂,荣获化工部科技进步二等奖和科学进步奖。

b.本公司在现有CPE规模化生产的基础上,新研制开发的130B(高填充性CPE橡胶)、135B(高加工性CPE橡胶)等牌号的氯化聚乙烯新产品于1999年11月通过山东省科委的技术鉴定,并列入2000年国家级重点新产品试产计划。

c.本公司与华东理工大学共同开发的年产100吨由氯化聚乙烯直接氯磺化生产制造氯磺化聚乙烯项目,于1997年1月通过了山东省化工厅的技术鉴定,填补了国内空白。

d. 本公司与日本三菱重工合作的简易烟气脱硫设备国产化及推广应用项目已进入实质性阶段。

e.本公司采用PVC旋流干燥新技术、盐酸相悬浮氯化法制造CPE新技术、PVC聚合、精馏、蒸发生产微机控制系统、CPE生产过程计算机集散控制系统等新型生产工艺和控制技术,使本公司产品具有质量稳定、性能优良、节能显著、污染物达标排放等特点。

(4).税收优惠政策本公司为中外合资企业,根据《中华人民共和国外商投资企业和外国企业所得税法》的规定,按24%的税率征收企业所得税,并享受所得税"二免三减"的优惠待遇。

1999年11月,本公司被山东省对外经济贸易委员会确定为外商投资先进技术企业,根据《中华人民共和国外商投资企业和外国企业所得税法实施细则》的规定,可延长三年减半征收企业所得税,即本公司2000年~2002年享受按24%的所得税税率减半征收的优惠政策,2000年~2002年实际执行的所得税税赋为12%。

(5).购销比价管理模式本公司高度重视企业管理创新工作,逐步建立了以财务管理为中心的企业运行新机制,同时在物资采购和产品销售环节创立购销比价管理新方法,实现了企业效益最大化,被国家经贸委作为企业改革与管理先进经验向全国推广。

(6).经营业绩本公司自潍坊化工有限公司成立以来,始终保持了速度、效益双增长的好势头,经济效益平均每年以20%以上的速度递增。

单位:人民币万元

项目/期间	2000年度	1999年度	1998年度	1997年度
主营业务收入	50,262	44,439	35,496	32,772
主营业务利润	12,871	10,981	8,932	8,044
利润总额	7,990	6,820	4,209	2,924
税后利润	7,030	5,977	3,653	2,391

注:摘自山东正源和信有限责任会计师事务所出具的鲁正审字(2001)第30002号《审计报告》。

四、股票发行与股本结构

1、本次发行情况发行方式:上网定价发行　发行日期:2001年2月14日

发行数量:8000万股　发行价格:9.20元/股　发行市盈率:34.07倍(全面摊薄)

发行情况:本次上网定价发行8000万股人民币普通股,经上海证券交易所主机系统统计并经上海上会会计师事务所验资,本次股票发行有效申购股数为41,561,984,000股,有效申购户数为1,596,122户,中签率为0.19248359%。

持1000股(含1000股)以上的股东数:76675户　募集资金总额:73600万元

募集资金净额:71206.88万元(扣除发行费用)

发行费用总额:2393.12万元　每股发行费用:0.30元

2、股票承销　本次上网定价发行的8000万股社会公众股获得超额认购,承销团无余额包销。

3、验资报告　验资报告　鲁正验字(2001)第30001号

潍坊亚星化学股份有限公司全体股东:

我们接受委托,对贵公司截至2001年2月21日止新增股本的缴纳情况及与形成新增股本相关的资产和负债的真实性和合法性进行了审验。在审验过程中,我们按照《独立审计实务公告第1号–验资》的要求,实施了必要的审验程序。贵公司投资者和管理当局的责任是按照国家法律、行政

法规、规章的规定和合同、协议、章程的要求出资，提供真实、合法、完整的验资资料，保护资产的安全、完整；我们的责任是按照《独立审计实务公告-验资》的要求，对贵公司股本变更情况的真实性、合法性进行审验，并发表审验意见。

贵公司变更前的股本为贰亿叁仟伍佰伍拾玖万肆仟元(RMB235594000.00 元)，本次向社会公开发行新股捌仟万股（80000000.00 元），每股面值 1 元，共增加股本捌仟万元(RMB80000000.00元)。根据我们的审验，截至 2001 年 2 月 21 日止，贵公司已收到向社会公开募集资金款柒亿壹仟陆佰捌拾陆万肆仟元(RMB716864000.00 元)(已扣除承销费 16560000.00 元，上网发行费 2576000.00 元)，其中捌仟万元（RMB80000000.00 元）增加股本，陆亿叁仟贰佰零陆万捌阡捌佰元(RMB632068800.00 元)增加资本公积，其余肆佰柒拾玖万伍仟贰佰元(RMB4795200.00 元)为发行费用。变更后股本总额为叁亿壹仟伍佰伍拾玖万肆仟元(RMB315594000.00 元)。

需要说明的是，由于验资业务的局限性和时效性，本验资报告只能合理保证贵公司投资者在报告日出资的到位情况，不应视为是对贵公司日后偿债能力或持续经营等能力作出的保证。根据与贵公司的约定，本验资报告仅作为贵公司办理工商变更登记使用，由于本报告书使用不当而造成贵公司委托人及其他第三方的损失，与本所无关。

附件(一)股本变更前后对照表

附件(二)验资事项说明

山东正源和信有限责任会计师事务所　　中国注册会计师：刘守堂　赵艳美

中国·山东　　二 OO 一年二月二十二日

附件(一)　　股本变更前后对照表

潍坊亚星化学股份有限公司　　截止 2001 年 2 月 21 日　　单位：人民币元

投资者名称	股本 变更前	本次增加	变更后
潍坊亚星集团有限公司	141591994.00		141591994.00
香港嘉耀国际投资有限公司	81751118.00		81751118.00
厦门经济特区对外贸易集团公司	11779700.00		11779700.00
中国化学工程第十六建设公司	235594.00		235594.00
大连实德集团公司	235594.00		235594.00
发起人股份小计:	235594000.00		235594000.00
社会公众股	80000000.00	80000000.00	
社会公众股小计:		80000000.00	80000000.00
合计	235594000.00	80000000.00	315594000.00

山东正源和信会计师事务所　　中国注册会计师：刘守堂赵艳美　　填表人：赵艳美

附件(二)　　验资事项说明

一、公司组建及审批情况

潍坊亚星化学股份有限公司是由潍坊亚星集团有限公司、香港嘉耀国际投资有限公司、厦门经济特区对外贸易集团公司、中国化学工程第十六建设公司、大连实德集团公司共同出资设立的潍坊化工有限公司为主体，于 1999 年 12 月 28 日，经中华人民共和国对外贸易经济合作部以外经贸资二函字(1999)第 890 号文件批准，于 2000 年 1 月 17 日依法整体变更而来的股份有限公司，企业法人营业执照注册登记号为企股鲁总字 003886 号，注册资本为 235594000 元。

二、募集前注册资本情况

潍坊亚星化学股份有限公司募集前章程、协议规定注册资本为 235594000 元，已经山东潍坊和信会计师事务所以鲁潍和会师验字(1999)第 103 号验资报告予以验证，各股东出资金额、出资比例、出资方式和出资币种如下：

发起股东名称	出资金额(元)	出资比例(%)
潍坊亚星集团有限公司	141591994.00	60.1
香港嘉耀国际投资有限公司	81751118.00	34.7
厦门经济特区对外贸易集团公司	11779700.00	5
中国化学工程第十六建设公司	235594.00	0.1
大连实德集团有限公司	235594.00	0.1
合计	235594000.00	100

三、本次募集股份情况

2001 年 2 月 6 日经中国证券监督管理委员会以证监发行字[2001]15 号文核准，潍坊亚星化学股份有限公司向社会公开募集股份 80000000 股，每股面值 1 元，发行价格 9.2 元。截止 2001 年 2 月 21 日，潍坊亚星化学股份有限公司收到中信证券股份有限公司汇入募集股款 716864000.00 元(汇入开户银行名称：中国工商银行潍坊市分行；帐号：01722100145)，扣除发行费用 4795200.00 元后，募集资金余额为 712068800.00 元，其中股本 80000000 元，资本公积 632068800.00 元，入帐时间为 2001 年 2 月 22 日。

四、募集后注册资本及各股东出资情况

股东名称	出资金额(元)	出资比例(%)
发起股东：		
潍坊亚星集团有限公司	141591994.00	44.87
香港嘉耀国际投资有限公司	81751118.00	25.90
厦门经济特区对外贸易集团公司	11779700.00	3.73
中国化学工程第十六建设公司	235594.00	0.075
大连实德集团有限公司	235594.00	0.075
小计	235594000.00	74.65
社会公众股	80000000.00	25.35
合计	315594000.00	100

4、上市前的股本结构

股份类别	股份数(股)	占总股本比例(%)
发起人股	235,594,000	74.65
其中：国有法人股	153,607,288	48.675
外资法人股	81,751,118	25.90
法人股	235,594	0.075
社会公众股	80,000,000	25.35
总股份	315,594,000	100.00

5、本公司前十名股东持股情况

股东名称	持股数量(股)	占总股本比例(%)
潍坊亚星集团有限公司	141,591,994	44.87
香港嘉耀国际投资有限公司	81,751,118	25.90
厦门经济特区对外贸易集团公司	11,779,700	3.73
兴华基金	338,000	0.107
中国化学工程第十六建设公司	235,594	0.075
大连实德集团有限公司	235,594	0.075
景阳基金	229,000	0.073
裕华基金	198,000	0.063
景福基金	197,000	0.062
同益基金	193,000	0.061

五、董事、监事、高级管理人员简历及持股情况

1、董事会成员简介

陈华森先生：1945 年 1 月出生，大学文化，工程技术应用研究员，获全国劳动模范、山东省专业技术拔尖人才、山东省优秀企业家称号，享受国务院一等特殊津贴，曾任潍坊化工厂副厂长、厂长，现任本公司董事长、亚星集团总经理、党委书记。

周建强先生：1963 年 7 月出生，研究生文化程度，曾任中国(福建)对外贸易中心集团企业管理处副处长兼华运部副总经理，现任本公司副董事长、香港嘉耀国际投资有限公司董事长、中国(福建)对外贸易中心集团储运部总经理兼福建外贸中心国际储运公司总经理。

陈敏耀先生：1945 年 6 月出生，大学文化，高级经济师，获泰安市劳动模范、优秀企业家称号，曾任莱芜硫酸厂副厂长、副总工程师、厂长、亚星集团总经理助理、总经济师，现任本公司董事、总经理。

刘建平先生：1953 年 4 月出生，大学文化，工程技术应用研究员，获山东省化学工业劳动模范、潍坊市跨世纪学术、技术带头人等称号，曾任潍坊化工厂副厂长，现任本公司董事、亚星集团副总经理。

孙志军先生：1955 年 8 月出生，大学文化，高级工程师，获山东省石油化学工业劳动模范、潍坊市跨世纪学术技术带头人、潍坊市营销状元等称号，曾任潍坊化工厂厂长助理、CPE 分厂厂长、潍坊化工厂副厂长，现任本公司董事、亚星集团副总经理。

董顺兴先生(为本公司核心技术人员)：1943 年 1 月出生，大学文化，高级工程师，被评为化工部劳动模范，享受国务院特殊津贴，曾任潍坊化工厂副总工程师、总工程师、亚星集团总工程师，现任本公司董事、总工程师。

汪波先生：1955 年 10 月出生，大专文化，曾任亚星集团办公室副主任、主任、总经理助理，现任本公司董事、董事会秘书。

段晓光先生：1949 年 11 月 4 日出生，现任本公司董事、香港嘉耀国际投资有限公司董事、中国(福建)外贸中心集团仓储部副总经理。

邱清源先生：1966 年 10 月出生，中专文化程度，曾任中国(福建)对外贸易中心集团驻香港佳明发展有限公司财务会计，现任本公司董事、香港嘉耀国际投资有限公司董事、财务部主任、中国(福建)对外贸易中心集团驻香港佳明发展有限公司财务部副经理。

2、监事会成员简介

张会云女士：1954 年 9 月出生，大学文化，高级政工师，曾任潍坊化工厂组织干事、科长、处长，现任本公司监事会召集人、亚星集团党委副书记。

钱晓东先生：1952 年 5 月出生，大专文化，政工师，曾任潍坊化工厂工会办公室主任、工会副主席；现任本公司监事、工会主席、亚星集团工会主席。

毕永昌先生：1954 年 9 月出生，大专文化，高级审计师，曾任潍坊化工厂财务副科长、科长，现任本公司监事、亚星集团审计处处长。

3、其他高级管理人员简介

唐文军先生：1963 年 2 月出生，大学文化，高级工程师，曾任潍坊化工厂 CPE 分厂厂长、亚星集团副总经理；现任本公司副总经理。

黄健先生：1937 年 12 月出生，大学文化，高级工程师，曾任福建省工程咨询总公司总经理助理、副总工程师、海口锦纶丝厂与海口锦纶浸胶帘子布厂厂长、海南金轮实业股份有限公司总裁助理兼总调度长、生产部长；现任本公司副总经理。

高玉清女士：1965 年 12 月出生，大学文化，会计师，曾任潍坊亚星集团财务处组长、副科长、亚星集团财务公司副处长、副经理；现任本公司财务负责人。

4、董事、监事、高级管理人员及核心技术人员的持股情况

截止到本上市公告书签署之日，本公司董事、监事、高级管理人员及核心技术人员均未持有本公司股票。

六、同业竞争与关联交易

1、避免同业竞争的承诺

本公司生产经营独立，主营业务突出，拥有完整的产、供、销体系。本公司与控股股东亚星集团及其全资或控股子公司从事的业务不存在同业竞争的情况。根据亚星集团出具的《承诺函》，亚星集团将不在境内外以任何形式(包括独资经营、合资经营和拥有其他公司或企业的股票或权益)从事与本公司经营业务有竞争或可能构成竞争的业务及活动。本公司将来扩大业务范围时，亚星集团将放弃从事与本公司相同的业务。

2、关联方及关联关系

(1)存在控制关系的关联方

潍坊亚星集团有限公司，注册资本：21150.9 万元；企业类型：国有独资；注册地址：山东省潍坊市奎文区鸢飞路 899 号；经营范围：生产、销售、出口氯化聚乙烯，聚氯乙烯，氯化聚氯乙烯，ACS 及其他化工产品；进口(国家规定一、二类商品除外)本公司生产、科研所需机械设备，仪器仪表，关键部件，样品，原辅材料，技术软件；高分子氯化聚合物的科研开发；经济信息咨询服务；医院；汽车货运；销售建筑材料，纺织品。该公司现持有本公司股份 141,591,994 股，占本公司发行后总股本的 44.87%，为本公司第一大股东。

(2)不存在控制关系的关联方

香港嘉耀国际投资有限公司，为本公司股东，持有本公司发行后 25.91%的股份。

厦门经济特区对外贸易集团公司，为本公司股东，持有本公司发行后 3.73%的股份。

中国化学工程第十六建设公司，为本公司股东，持有本公司发行后 0.075%的股份。

大连实德集团有限公司，为本公司股东，持有本公司发行后 0.075%的股份。

山东丽波日化股份有限公司，与本公司同一母公司。

潍坊亚星新型材料有限公司，与本公司同一母公司。

潍坊市化工工程技术公司，与本公司同一母公司。

潍坊亚星综合服务公司，与本公司同一母公司。

3、关联交易事项

本公司遵循"公开、公平、公正"的原则，参照市场公允价格，在平等协商的基础上与控股股东亚星集团签订了如下协议、合同以规范双方的关联交易。

(1)《关联交易协议》

该协议由本公司与亚星集团签署，协议的主要内容为：亚星集团向本公司提供后勤综合服务、机械加工及劳务、进口原材料及备品备件、运输和医疗等服务；本公司向亚星集团提供氯化聚乙烯、备品备件、辅助材料、水、电、汽等服务。其中：

亚星集团为本公司提供消防、后勤、保卫等综合服务的收费标准按照本公司人员占亚星集团本部与本公司人员之和的比例确定，即本公司承担亚星集团后勤综合服务实际发生费用的 70%，结算时间为每年 12 月 31 日。2000 年度本公司承担后勤综合服务费用总额为 2,393,368.52 元。

亚星集团为本公司提供运输服务按市场公允价格确定，月末结算。2000 年度本公司共支付运输费 3,976,120.59 元。

亚星集团向本公司提供的进口原材料及备品备件的结算价格为亚星集团实际采购价格；本公司向亚星集团提供的氯化聚乙烯等产品的结算价格为同一时期市场公允价格；根据亚星集团和本公司出具的承诺函，自 2001 年 1 月 1 日起，亚星集团将不再为本公司办理进出口业务，本公司的进出口业务将全部自行办理。

(2)《商标使用许可合同》

该合同由本公司与亚星集团签署，合同主要内容为：亚星集团许可本公司无偿使用亚星集团拥有的"亚"牌和"WEIPREN"牌注册商标，合同的内容还包括商标产品质量标准的监督、商标所有权的保护等。

此外，亚星集团已承诺将"亚"牌和"WEIPREN"牌注册商标无偿转让给本公司。商标转让的有关手续目前正在办理之中。

(3)《土地使用权租赁合同》

该合同由本公司与亚星集团签署，合同主要内容包括：亚星集团将其以出让方式取得的面积为 136,707 平方米的土地使用权租赁给本公司，土地使用权的租赁期限为 40 年，土地使用权的租金为

每年每平方米 6.7 元人民币。

4、保证关联交易公允性的内控措施

上述涉及关联交易的合同、协议本公司已对其进行了充分的披露；合同、协议的内容与形式符合法律、法规的规定，公平合理，并无任何损害本公司及本公司股东利益的内容；合同、协议的签署及通过的程序，亦符合法律、法规及《公司章程》的规定。

为保证关联交易的公允性，本公司在《公司章程》中就有关关联交易的决策程序作了明确的规定，在股东大会对关联交易事项进行表决时，严格执行关联股东回避制度，以保障其他股东的利益。

七、财务会计资料

(一)、主要会计数据和指标

1、本年度主要利润指标情况(单位：元)

项目	2000 年度
利润总额	79,902,694.87
净利润	70,297,916.03
扣除非经常性损益的净利润	69,686,887.35
主营业务利润	128,712,988.71
其他业务利润	294,991.78
营业利润	79,291,666.19
投资收益	0.00
补贴收入	0.00
营业外收支净额	611,028.68
经营活动产生的现金流量净额	100,288,587.40
现金及现金等价物净增加额	-8,885,895.12

扣除非经常性损益项目和涉及金额：

扣除营业外收入 1,634,529.23 元、营业外支出 1,023,500.55 元。

2、本公司前三年主要会计数据和财务指标(单位：元)

指标/期间	2000 年	2000 年 1-10 月	1999 年	1998 年	1997 年
主营业务收入	502,616,841.63	424,106,677.56	444,387,305.15	354,958,274.54	327,722,320.89
净利润	70,297,916.03	66,311,039.79	59,765,249.08	36,525,633.21	23,905,036.55
总资产	717,554,907.98	727,822,074.52	742,212,543.77	683,973,065.64	652,843,872.74
股东权益	273,006,594.96	269,019,718.72	248,834,728.43	291,882,559.23	229,527,317.63
每股收益	0.30	0.28	0.25	0.16	0.10
每股净资产	1.16	1.14	1.06	1.24	0.97
净资产收益率	25.75	24.56	24.02	12.51	10.41
流动比率	0.84	0.82	1.18	1.36	1.23
速动比率	0.60	0.61	0.97	1.12	0.96
资产负债率	61.95	63.04	66.47	57.33	64.84
应收帐款周转率	4.10	4.06	3.71	3.47	4.04
存货周转率(	6.59	6.45	7.33	5.90	6.08

注：每股收益、每股净资产按本次发行前总股本 23559.4 万股计算。

(二)、审计报告及有关财务报表和附注

本公司截止 2000 年 10 月 31 日的财务会计资料，已于 2001 年 2 月 12 日分别在《中国证券报》、《上海证券报》上刊登的本公司《招股说明书概要》中进行了详细披露。现将经山东正源和信有限责任会计师事务所审计的本公司 2000 年度审计报告及会计报表附注、前三年及 2000 年度财务报表披露如下：

审计报告　　鲁正审字(2001)第 30002 号

潍坊亚星化学股份有限公司全体股东：

我们接受委托，审计了贵公司 2000 年 12 月 31 日的资产负债表、2000 年度的利润及利润分配表与 2000 年度的现金流量表。这些会计报表由贵公司负责，我们的责任是对这些会计报表发表审计意见。我们的审计是依据中国注册会计师独立审计准则进行的。在审计过程中，我们结合贵公司的实际情况，实施了包括抽查会计记录等我们认为必要的审计程序。

我们认为，上述会计报表符合《企业会计准则》及《股份有限公司会计制度》的有关规定，在所有重大方面公允地反映了贵公司 2000 年 12 月 31 日的财务状况及 2000 年度的经营成果和现金流量，会计处理方法的选用遵循了一贯性原则。

山东正源和信有限责任会计师事务所　　中国注册会计师：王夕贤

中国注册会计师：赵艳美

中国●潍坊　　二零零一年二月二十二日

潍坊亚星化学股份有限公司

会计报表附注

一、公司简介

潍坊亚星化学股份有限公司是以潍坊化工有限公司为主体，于 1999 年 12 月 28 日经中华人民共和国对外贸易经济合作部批准、山东省人民政府确认，依法整体变更而来的外商投资股份有限公司，1999 年 12 月 29 日取得外经贸资审字(1999)0064 号《外商投资企业批准证书》，2000 年 1 月 17 日取得企股鲁总字第 003886 号《企业法人营业执照》。公司注册资本 23,559.4 万元，股权比例列示如下：

股东名称	金额(万元)	比例(%)
潍坊亚星集团有限公司	14,159.1994	60.1
香港嘉耀国际投资有限公司	8,175.1118	34.7
厦门经济特区对外贸易集团公司	1,177.9700	5
中国化学工程第十六建设公司	23.5594	0.1
大连实德集团有限公司	23.5594	0.1
合计	23,559.4	100

上述各方出资，山东潍坊和信会计师事务所出具了鲁潍和会师验字(1999)第 103 号验资报告予以验证。

公司经济性质：合资股份有限公司(台、港、澳资)

公司所属行业：化工行业

公司注册地：山东省潍坊市公司主要从事烧碱、聚氯乙烯、氯化聚乙烯及延伸化工产品的科研开发和生产、销售业务。

二、会计报表的编制基准与方法

本公司变更前执行《外商投资企业会计制度》及相关会计政策。变更后执行《股份有限公司会计制度》。本报告会计报表期初数采用本附注第三项"公司主要会计政策和会计估计"所列各项会计政策编制，而该等会计政策系根据《股份有限公司会计制度》及其补充规定厘定。

五、会计报表主要项目注释(货币单位除特别标注外，均为人民币元)

28.未分配利润

项目	金额
年初未分配利润	10,798,999.55
加:本期净利润	70,297,916.03
减: 提取法定盈余公积	7,029,791.60
提取法定公益金	7,029,791.60
分配股利	46,126,049.50
利润转作股本	0.00
期末未分配利润	20,911,282.88

根据本公司 2000 年 9 月 16 日召开的 2000 年第三次临时股东大会《关于潍坊亚星化学股份有限公司滚存利润分配方案的决议》"2000 年 6 月 30 日之前滚存的利润归老股东享有，2000 年 6 月 30 日后形成的利润由股票发行后的新老股东共享"之规定，本公司以山东潍坊和信会计师事务所出具的(2000)第 148 号无保留意见审计报告将 2000 年 6 月 30 日之前滚存的利润(分别根据 2000 年 1-6 月实现净利润的 10%提取法定盈余公积金、法定公益金后)46,126,049.50 元转作应付股利，并进行了相应的会计帐务处理。

29.主营业务收入

产品名称	2000 年度	1999 年度
氯化聚乙烯	291,139,948.28	261,176,682.15
聚氯乙烯树脂	148,607,041.59	115,293,801.12
烧碱	45,276,990.46	46,436,250.06
其他产品	17,592,861.30	21,480,571.82
合计	502,616,841.63	444,387,305.15

30.主营业务成本

产品名称	2000 年度	1999 年度
氯化聚乙烯	207,396,506.20	175,000,286.77
聚氯乙烯树脂	107,671,953.71	96,621,525.50
烧碱	46,580,381.47	46,022,021.30
其他产品	12,255,011.54	16,929,670.18
合计	373,903,852.92	334,573,503.75

31.其他业务利润

项目	2000 年度	1999 年度
劳务收入	109,021.99	137,540.62
废料	13,931.50	165,108.97
辅助材料	-563,662.25	-501,630.76
蒸汽	537,417.77	343,439.50
其他	198,282.77	57,819.64
合计	294,991.78	202,277.97

32.管理费用

期间	2000 年度	1999 年度
金额	23,322,498.91	26,313,901.13

2000 年度较 1999 年度减少的主要原因是应收款项减少而冲减了坏帐准备。

33.财务费用费用

项目	2000 年度	1999 年度
(1)利息支出	18,197,727.05	4,559,016.65
减:利息收入	195,108.48	367,685.79
(2)汇兑损失	193,440.91	78,643.41
减:汇兑收益	352,354.50	12,455.06
(3)其他	359,417.31	193,303.42
合计	18,203,122.29	4,450,822.63

2000 年度较 1999 年度增加的主要原因是由于 1999 年收到财政专项贷款贴息资金 930 万元冲减财务费用所致。

34.营业外收入

项目	2000 年度	1999 年度
处理固定资产净收益	18,152.57	395,811.00
罚款净收入	7,722.00	2,415.10
保险赔款	1,608,654.66	773,635.97
其他收入	0.00	239,243.54
合计	1,634,529.23	1,411,105.61

35.营业外支出

项目	2000 年度	1999 年度
固定资产盘亏	0.00	0.00
处理固定资产净损失	832,755.09	2,066,948.85
公益救济性捐款	65,834.84	150,500.00
非常损失	0.00	18,215.17
滞纳金罚款	71,293.85	219,495.37
其他支出	53,616.77	71,070.00
合计	1,023,500.55	2,526,229.39

36.支付的其他与经营活动有关的现金

项目	金额
保险费	2,800,270.80
运输费	4,632,453.23
交际应酬费	1,741,803.74
差旅费	1,264,080.93
广告费	1,943,626.00
综合服务费	2,393,368.52
会议费	747,303.60
办公费	730,660.07
其他	6,998,593.35
合计	23,252,160.24

七、或有事项　截止 2000 年 12 月 31 日，本公司不存在需披露的重大或有事项。

八、承诺事项　截止 2000 年 12 月 31 日，本公司不存在需披露的重大承诺事项。

九、期后事项

1.本公司根据财会(2001)5 号文关于印发《企业住房制度改革中有关会计处理问题的规定》的通知规定，于 2001 年 1 月将住房周转金余额-755,149.77 元转入"资本公积-弥补住房周转金科目"。

2.本公司根据中国证券监督管理委员会以证监发行字[2001]15 号文批准，于 2001 年 2 月 14 日向社会公开发行人民币普通股 8000 万股，每股面值 1 元，发行价格 9.20 元。截止 2001 年 2 月 21 日，本公司已收到募集资金 712,068,800.00 元(已扣除发行费)，其中股本 80,000,000.00 元，资本公积 632,068,800.00 元。上述资金到位情况业经山东正源和信会计师事务所以鲁正验字(2001)第 30001 号验资报告审验。

十、其他重要事项

本公司 2000 年 6 月 30 日以前的滚存利润 46,126,049.50 元(其中：2000 年 1-6 月份利润 35,327,049.95 元，1999 年 9-12 月份利润 10,798,999.55 元)，根据 2000 年第三次临时股东大会决议按股东出资比例进行了股利分配，并于 2000 年 11 月支付。

(三)、盈利预测主要数据　　单位：元

项 目	2000 年实现数	2001 年预测数
主营业务收入	502,616,841.63	695,285,000.00
主营业务利润	128,712,988.71	164,543,787.00
利润总额	79,902,694.87	97,563,607.97

净利润	70,297,916.03	85,855,975.01
每股收益	0.30(按发行前总股本)	0.27(按发行后总股本)

八、其他重要事项

1、本次募集资金投向之一的年产5万吨氯化聚乙烯(CPE)技术改造项目属国家重点技术改造项目,总投资19277万元。由于募集资金的及时到位,将加快该项目的建设进程,预计今年5月即可投入运行。由此,本公司全年可增加CPE产量约1.5万吨,新增销售收入近1.8亿元。

2、根据山东潍坊和信会计师事务所有限公司出具的鲁潍和审核字(2000)第7号《盈利预测审核报告》,本公司2001年预计可实现税后利润8585.60万元,按本次发行后总股本31559.4万股计算,全面摊薄每股收益0.27元/股。

3、本公司截止2000年末每股净资产为1.16元,本次发行后每股净资产为3.12元。

4、本公司于2001年3月11日召开第一届董事会第五次会议,审议通过《关于2000年度利润分配预案及2001年利润分配政策的议案》:

(1)本公司2000年度实现净利润70,297,916.03元,计提盈余公积14,059,583.20元后,可供分配利润56,238,332.83元。根据本公司2000年度第三次临时股东大会通过的《关于潍坊亚星化学股份有限公司滚存利润分配方案的决议》,2000年6月30日之前滚存的利润归老股东享有,2000年6月30日后形成的利润由股票发行后的新老股东共享。截止2000年11月10日,本公司已将归老股东享有的2000年6月30日以前的滚存利润46,126,049.50元(其中2000年1-6月为35,327,049.95元,1999年9-12月为10,798,999.55元)全部分配完毕。2000年7-12月的可供分配利润20,911,282.88元结转至2001年,由新老股东共享。

(2)本公司2001年度利润分配政策:拟在2001年度进行一次利润分配;2001年度实现净利润用于股利分配的比例约为30%;分配形式主要采用派现形式,现金股利约占股利分配的50%以上;上述2001年度利润分配政策为预计方案,公司董事会保留根据公司实际情况对该政策进行调整的权利。

5、经上海证券交易所上证上字[2001]35号文同意,本公司通过上海证券交易所交易系统上网定价发行的8000万股人民币普通股,将于2001年3月26日起在上海证券交易所挂牌交易。

6、根据《上海证券交易所股票上市规则》,本公司第一大股东潍坊亚星集团有限公司已向上海证券交易所承诺,自本公司股票上市之日起12个月内不转让其持有的本公司股份,也不由本公司回购其持有的股份。

7、截止本上市公告书刊登之日,本公司不存在尚未了结的重大诉讼、仲裁或行政处罚案件,本公司董事、监事和高级管理人员亦未受到任何刑事起诉。

8、除本公司招股说明书及其概要和本上市公告书披露的事项外,本公司无其他应披露而未披露的重要事项。

九、董事会上市承诺

本公司董事会将严格遵守《公司法》、《证券法》等法律、法规和中国证监会的有关规定,并自股票上市之日起作出如下承诺:

1、真实、准确、完整、公允和及时地公布定期报告,披露所有对投资者有重大影响的信息,并接受中国证监会、上海证券交易所的监督管理。

2、本公司在知悉可能对股票价格产生误导性影响的任何公共传播媒介中出现的消息后,将及时予以公开澄清。

3、本公司董事、监事、高级管理人员和核心技术人员将认真听取社会公众的意见和批评,不利用已获得的内幕消息和其他不正当手段直接或间接从事本公司股票的买卖活动。

4、本公司没有无记录的负债。

十、上市推荐人及其意见

本公司聘请中信证券股份有限公司(以下简称"中信证券")及山东证券有限责任公司(以下简称"山东证券")担任本次发行的8000万A股股票的上市推荐人。

中信证券和山东证券出具的上市推荐书认为:本公司具备了《公司法》、《证券法》等法律、法规规定的上市条件;本公司全体董事了解法律、法规、股票上市规则及股票上市协议所规定的董事义务与责任;公司章程符合《公司法》等有关法律、法规和中国证监会的规定;本公司建立了健全的法人治理结构和严格的信息披露制度与保密制度;中信证券和山东证券与本公司不存在关联关系;中信证券和山东证券经过核实后认为本公司上市文件符合规定要求,所载资料没有虚假、严重误导性陈述或重大遗漏,并对其承担连带责任;中信证券和山东证券将不利用其在上市推荐过程中获得的内幕信息进行内幕交易,为自己或他人谋利。

十一、股票上市的有关当事人

1、发行人:潍坊亚星化学股份有限公司
法定代表人:陈华森
地址:山东省潍坊市奎文区鸢飞路899号　联系人:汪波、李念法、裴延智
电话:0536-8667941　传真:0536-8663853

2、上市推荐人:　中信证券股份有限公司　法定代表人:常振明
地址:深圳市罗湖区湖贝路1030号海龙王大厦　联系人:郑志强、王志栋
电话:021-62802631　传真:021-62802267
山东证券有限责任公司　法定代表人:段虎
地址:山东省济南市泉城路180号　联系人:张肇平
电话:0531-6019999　传真:0531-6019816

潍坊亚星化学股份有限公司
2001年3月20日

资　产　负　债　表

编制单位:潍坊亚星化学股份有限公司　单位:人民币元

资产	2000.12.31	1999.12.31	1998.12.31	1997.12.31
流动资产:				
货币资金	8,545,009.38	17,430,904.50	13,446,356.50	8,267,478.28
短期投资				
减:短期投资跌价准备				
短期投资净额				
应收票据	13,145,996.97	4,733,000.00	2,618,000.00	5,676,600.00
应收帐款	117,394,264.33	127,891,960.59	111,844,576.66	92,562,863.35
其他应收款	8,605,565.64	47,081,424.12	60,426,638.37	60,448,842.56
减:坏帐准备	7,559,989.80	10,498,403.08	10,336,272.90	9,180,702.35
应收款项净额	118,439,840.17	164,474,981.63	161,934,942.13	143,831,003.56
预付帐款	15,779,651.24	34,352,083.03	14,706,238.24	12,458,454.40
存货	64,115,637.17	49,362,662.28	41,975,030.56	48,050,768.62
减:存货跌价损失准备				
存货净额	64,115,637.17	49,362,662.28	41,975,030.56	48,050,768.62
待摊费用	6,715,485.41	6,004,638.01	3,811,618.69	3,577,001.78
待处理流动资产净损失达式			126,010.43	
其他流动资产				
流动资产合计	226,741,620.34	276,358,269.45	238,618,196.55	221,861,306.64
减:长期投资减值准备				
长期投资净额				
固定资产:				
固定资产原值	474,807,508.70	457,413,226.49	340,504,328.81	192,922,971.36
减:累计折旧	136,981,122.48	107,706,025.77	84,181,109.76	64,742,520.72
固定资产净值	337,826,386.22	349,707,200.72	256,323,219.05	128,180,450.64
工程物资				
在建工程	130,845,520.37	79,047,398.40	150,906,408.58	273,293,802.28
固定资产清理			882,489.18	398,464.87
待处理固定资产净损失				
固定资产合计	468,671,906.59	428,754,599.12	408,112,116.81	401,872,717.79
无形资产及其他资产:				
无形资产	19,879,896.26	34,598,816.23	37,242,752.28	29,109,848.31
开办费	2,133,978.22	2,500,858.97		
长期待摊费用	127,506.57			
其他长期资产				
无形资产及其他资产合计	22,141,381.05	37,099,675.20	37,242,752.28	29,109,848.31
递延税项:				
递延税款借项				
资产总计	717,554,907.98	742,212,543.77	683,973,065.64	652,843,872.74
负债及股东权益				
流动负债:				
短期借款	142,147,150.00	145,000,000.00	101,693,027.17	115,314,080.00
应付票据	38,281,149.38	12,860,562.70	20,467,805.88	5,218,818.31
应付帐款	40,874,051.68	32,015,447.47	30,889,036.29	30,669,466.75
预收帐款	7,769,385.69	16,963,623.51	561,605.76	212,375.76
代销商品款				
应付工资	1,269,457.00			2,530,834.27
应付福利费	181,911.98	8,299,410.28	7,924,411.85	6,647,128.61
应付股利		4,030,258.62		
应交税金	1,321,137.66	4,299,449.90	-109,378.25	3,535,489.17
其他应交款				
其他应付款	9,050,981.55	10,718,548.78	11,442,331.26	15,459,117.92
预提费用	110,866.10	20,994.90	2,601,826.45	642,021.57
一年内到期的长期负债	30,500,000.00			
其他流动负债				
流动负债合计	271,506,091.04	234,208,296.16	175,470,666.41	180,229,332.36
长期负债:				
长期借款	173,797,371.75	240,776,321.75	196,534,857.24	227,170,861.35
应付债券				
长期应付款				
住房周转金	-755,149.77	18,393,197.43	20,084,982.76	15,916,361.40
其他长期负债				
长期负债合计	173,042,221.98	259,169,519.18	216,619,840.00	243,087,222.75
递延税项:				
递延税款贷项				
负债合计	444,548,313.02	493,377,815.34	392,090,506.41	423,316,555.11
少数股东权益				
股东权益:				
股本	235,594,000.00	235,594,000.00	171,386,040.00	143,585,400.00
资本公积	33.30	33.30	-192,930.00	-100,800.00
盈余公积	16,501,278.78	2,441,695.58	13,738,673.09	9,980,869.86
未分配利润	20,911,282.88	10,798,999.55	106,950,776.14	76,061,847.77
股东权益合计	273,006,594.96	248,834,728.43	291,882,559.23	229,527,317.63
负债及股东权益总计	717,554,907.98	742,212,543.77	683,973,065.64	652,843,872.74

利　润　及　利　润　分　配　表

编制单位:潍坊亚星化学股份有限公司　单位:人民币元

	2000年度	1999年度	1998年度	1997年度
一、主营业务收入	502,616,841.63	444,387,305.15	354,958,274.54	327,722,320.89
减:折扣与折让				
主营业务收入净额	502,616,841.63	444,387,305.15	354,958,274.54	327,722,320.89
减:主营业务成本	373,903,852.92	334,573,503.75	265,636,243.46	247,278,005.43
主营业务税金及附加				
二、主营业务利润	128,712,988.71	109,813,801.40	89,322,031.08	80,444,315.46
加:其他业务利润	294,991.78	202,277.97	28,190.62	350,441.21
减:存货跌价损失				
营业费用	8,190,693.10	9,937,858.23	5,752,300.29	5,283,886.08
管理费用	23,322,498.91	26,313,901.13	18,594,118.14	34,306,103.32
财务费用	18,203,122.29	4,450,822.63	23,119,034.90	11,959,119.28
三、营业利润	79,291,666.19	69,313,497.38	41,884,768.37	29,245,647.99
加:投资收益				
补贴收入				
营业外收入	1,634,529.23	1,411,105.61	827,580.71	1,147,314.56
减:营业外支出	1,023,500.55	2,526,229.39	622,640.04	1,154,630.83
四、利润总额	79,902,694.87	68,198,373.60	42,089,709.04	29,238,331.72
减:所得税	9,604,778.84	8,433,124.52	5,564,075.83	5,333,295.17
减:少数股东损益				
五、净利润	70,297,916.03	59,765,249.08	36,525,633.21	23,905,036.55
加:年初未分配利润	10,798,999.55	106,950,776.14	76,061,847.77	57,078,018.77
盈余公积转入				
六、可分配的利润	81,096,915.58	166,716,025.22	112,587,480.98	80,983,055.32
减:提取职工奖福基金	1,220,847.78	1,878,901.61	1,640,402.52	
提取法定盈余公积	7,029,791.60	2,441,695.58	3,757,803.23	3,280,805.03
提取法定公益金	7,029,791.60			
七、可供股东分配的利润	67,037,332.38	163,053,481.86	106,950,776.14	76,061,847.77
减:应付普通股股利	46,126,049.50	128,080,445.40		
转作股本的未分配利润		24,174,036.91		
八、未分配利润	20,911,282.88	10,798,999.55	106,950,776.14	76,061,847.77

上海振华港口机械股份有限公司

上海振华港口机械股份有限公司2000年年度报告摘要

重要提示:本公司董事会保证本报告所载资料不存在任何虚假记载、误导性陈述或者重大遗漏,并对其内容的真实性、准确性和完整性负个别及连带责任。

一、公司简介

1、公司法定中文名称:
上海振华港口机械股份有限公司
公司英文名称:Shanghai Zhenhua Port Machinery Co.,Ltd.
公司英文名称缩写:ZPMC
2、公司法定代表人:刘怀远
3、公司董事会秘书:高莉娟
联系地址:上海市浦东南路3470号
电话:021-58396666
传真:021-58399555
电子信箱:zpmc@public.sta.net.cn
4、公司注册地址:上海市浦东南路3470号
公司办公地址:上海市浦东南路3470号
邮编:200125
国际互联网网址:http://www.zpmc.com
电子信箱:zpmc@public.sta.net.cn
5、公司信息披露
报纸:《上海证券报》、《南华早报》
国际互联网网址:http://www.sse.com.cn
公司年报备置地点:本公司董事会秘书处
6、公司股票上市地址:上海证券交易所
股票代码:600320(A股)900947(B股)
股票简称:振华港机(A股)振华B股(B股)

二、会计数据和业务数据摘要

(一)公司本年度主要利润指标(合并报表)　　单位:人民币元

利润总额	139,774,807
净利润	124,245,805
扣除非经常性损益后的净利润	124,245,805
主营业务利润	216,489,861
其他业务利润	4,665,168
营业利润	138,578,107
投资收益	4,275,000
补贴收入	------
营业外收支净额	(3,105,300)
经营活动产生的现金流量净额	(503,159,014)
现金及现金等价物净增加额	656,895,959
扣除非经常性损益项目和涉及的金额:	--------

(二)前三年主要会计数据和财务指标　　单位:人民币元

指标项目	2000年	1999年	1998年
主营业务收入	2,156,858,595	1,365,071,618	1,082,676,140
净利润	124,245,805	90,118,140	86,890,716
总资产	3,866,426,653	2,276,416,896	1,986,354,441
股东权益(不含少数股东权益)	1,705,099,651	826,605,276	791,762,136
每股净资产(元/股)	3.73	2.24	2.36
调整后每股净资产(元/股)	3.57	2.22	2.31
每股经营活动产生的现金流量净额	1.44	(0.07)	0.21

按公开发行证券公司信息披露编报规则第九号计算的净资产收益率和每股收益:

报告期利润	净资产收益率(%)				每股收益(元)			
	全面摊薄		加权平均		全面摊薄		加权平均	
	2000年	1999年	2000年	1999年	2000年	1999年	2000年	1999年
主营业务利润(千元)	12.7	20.3	24.55	20.7	0.47	0.46	0.59	0.46
营业利润	8.13	12.03	15.72	12.22	0.3	0.27	0.38	0.27
净利润	7.29	10.90	14.09	11.07	0.27	0.24	0.34	0.24
扣除非经常性损益后的净利润	7.29	10.90	14.09	11.07	0.27	0.24	0.34	0.24

三、股东情况介绍

(1)截至2000年12月31日,本公司股东总数为35725户,A股32372户,B股3348户,法人股东为5人数。

(2)2000年12月31日主要股东持股情况(前十名)

名次	股东名称	持股数量	占总股本比例(%)
1	香港振华工程有限公司	96,112,500	21.05
2	上海港口机械制造厂	96,112,500	21.05
3	中国港湾建设(集团)总公司	64,075,000	14.04
4	TOPLINK ENTERPRISES LTD.	18,150,000	3.98
5	上海港务局	8,800,000	1.93
6	中国外运发展有限公司	8,800,000	1.93
7	SCBHK A/C	4,330,700	0.95
8	申银万国APS投资管理公司	3,703,150	0.81
9	HKSBCSB A/C	2,922,800	0.64
10	HKSBCSB S/A	2,285,000	0.5

(3)持有本公司10%以上的法人股东情况介绍

香港振华工程有限公司持有本公司股份96,112,500股,占总股本21.05%。该公司系在香港注册的有限责任公司(为中国港湾建设(集团)总公司的全资子公司),董事长刘怀远,经营范围:从事海事工程、修造船、土建工程、地产投资、船舶代理、贸易等多种业务,并具有C级牌照(即在香港有资格承包任何工程)。该股东所持股权在2000年内无质押情况。

上海港口机械制造厂持有本公司96,112,500股,占总股本21.05%。该企业系中国港湾建设(集团)总公司全资公司。法人代表:陈云。经营范围:各类港口起重装卸、散货、集装箱机械、港口工程船(含浮式工程起重机)、物料搬运、机械产品及配件出口和内销。该股东所持股权在2000年内无质押情况。

中国港湾建设(集团)总公司持有本公司股份64,075,000股,占总股本14.04%。法人代表:刘怀远。经营范围:国内外港口工程,航道疏浚工程及相应配套工程承包及其它进出口业务等。

该股东所持股权在2000年内无质押情况。

四、股东大会简介

报告期内公司共召开两次股东大会,包括一次年度股东大会和一次临时股东大会。

2000年5月26日召开99年度股东大会,大会于本公司205会议室举行。出席会议的股东及股东代理共72人,代表公司股份257,956,273股(其中B股股东为1,656,273股),占公司总股本的70%,符合《中华人民共和国公司法》和《公司章程》的规定。大会以投票方式审议通过以下有关决议:

① 审议通过《董事会工作报告》;
② 审议通过《监事会工作报告》;
③ 审议通过了1999年度财务决算报告;
④ 审议通过1999年度利润分配方案;
⑤ 审议通过董事会成员调整议案;
⑥ 审议通过修改公司章程并增加经营范围议案;

1999年度股东大会决议公告刊登于5月27日《上海证券报》、《南华早报》

2000年8月22日召开2000年第一次临时股东大会,大会于本公司205会议室举行。出席会议的股东及股东代理人共35人,代表公司股份66,007,350股(其中B股股东为9707350股),占公司总股本的72.19%,符合《中华人民共和国公司法》和《公司章程》的规定。大会以投票表决的方式审议通过了以下有关决议:

①审议通过《关于增资发行不超过9000万股人民币普通股(A股)的议案》;
a. 审议通过《关于本次增资发行A股数量的议案》
b. 审议通过《关于本次增资发行A股对象的议案》
c. 审议通过《关于本次增资发行A股定价方式的议案》
d. 审议通过《本次增资发行A股的有效期的议案》
②审议通过关于增资发行A股募集资金计划投资项目的议案;
③审议通过《前次募集资金使用情况的议案》;
④审议通过《股东大会授权董事会在本次股东大会审议通过的发行方案内决定发行时机、发行数量、发行价格和发行方式的议案》;
⑤审议通过《增加公司经营范围议案》;
⑥审议通过《关于授权董事会在本次增发A股完成后对〈公司章程〉有关条款进行修改、工商登记变更及全权办理本次增资发行A股的议案》;

2000年第一次临时股东大会决议公告刊登于2000年8月23日《上海证券报》、《南华早报》。

五、董事会报告

(一)公司经营情况

1、公司所处的行业及在本行业中的地位

由于世界经济一体化得到了世界各国的共识,因此国际间的贸易总量在近年来也得到了迅速的增加。海运行业承担了国际贸易总量的90%,而这其中,集装箱运输的大幅增长成为了一种普遍趋势。因此,港口和船运成为各国竞相发展的行业,与之配套的集装箱机械也有了较大的增长。振华港机从1995年开始,连续6年产量递增30%,根据英国权威杂志World Cargo News统计,我公司已经连续3年产品定单排列世界第一,2000年占领了世界30%的市场份额。

2、公司主营业务的范围及其经营状况

(1) 公司主营业务范围从事设计、建造、销售大型港口设备、工程船舶及大型金属结构及其部件、配件;自产起重机租赁业务,销售公司自产产品;可用整机运输专用船从事国际海运(涉及许可证的凭许可证经营)。

(2) 经营状况

2000年公司主营业务为集装箱起重机机械,共完成主营业务收入215,685.86万元,出口产品占90%,内销产品占10%,实现净利润12,424.58万元,分别比上年同期增长58.00%和37.87%。

3、公司控股子公司的经营情况和业绩

上海振华港机浦东有限公司系我公司控股90%的子公司,注册资本500万元,主营业务为集装箱起重机配套件及其减速箱齿轮加工及销售,报告期内该公司实现净利润3.01万元。

4、在经营中出现的问题与困难及解决方案

(1)公司合同定单大于公司生产能力,造成公司生产超负荷运转。为了保证产品质量,按时顺利将集装箱起重机交付与客户使用,公司采用向外租借场地,增加外协等方式。尽管加大生产成本开支,但比延期罚款损失要小的多。

(2)集装箱起重机属于大型机械,生产周期较长,公司须大量垫付流动资金,大量贷款造成资产负债率偏高。另外,产品确认销售收入时间与交付客户使用时间存在时差,应收帐款幅度明显上升,资金需求压力较大。公司通过多种途径,采用组合融资的方式,解决资金需求困难,包括2000年成功增发A股筹集资金,解决资金需求困难。

(3)集装箱起重机制造行业专业很强,竞争激烈,在有限的市场中要扩大市场份额存在相当大困难。公司采用降低生产成本,提高生产效率,增加科技含量等方式,2000年市场份额比以往年度有了很大程度提高。

(二)公司财务状况

项目	2000年	1999年	增减变动说明
总资产(元)	3,866,426,653	2,276,416,896	业务发展、规模扩大和增发新股
长期负债	565,000,000	742,600,000	到期还款或转入一年内到期流动负债
股东权益	1,705,099,651	826,605,276	增发A股及2000年度利润分配转入
主营业务利润	216,489,861	168,432,156	经营业务量增加
净利润	124,245,805	90,118,140	经营业务量增加

(三)公司投资情况

1、报告期内,增发人民币普通股(A股)8800万股,扣除手续费,共募得资金83800万元。在报告期内,已投资37000万元,其中,投资振华船运公司6000万元,补充流动资金15000万元,投资扩大生产能力、新产品开发、租赁业务等共20000元。

2、报告期内,自有资金投资共3560万元,全部用于添置生产设备。

3、报告期末公司长期投资净额为67,040,000元,比上年的2,540,000元增加64,500,000元,其主要原因是报告期内对上海振华船运有限公司增加投资,资金来源为增发A股取得。增资后振华港机占有振华船运公司40%的股权。

四 川 国 栋 建 设 股 份 有 限 公 司

四川国栋建设股份有限公司上市公告书

本公司董事会保证上市公告书的真实性、准确性、完整性,全体董事承诺上市公告书不存在虚假记载、误导性陈述或重大遗漏,并承担个别和连带的法律责任。根据《公司法》、《证券法》等有关法律、法规的规定,本公司董事、高级管理人员已依法履行诚信和勤勉尽责的义务和责任。上海证券交易所、中国证监会、其他政府机关对本公司股票上市及有关事项的意见,均不表明对本公司的任何保证。

本公司提醒广大投资者注意,凡本上市公告书未涉及的有关内容,请投资者查阅2001年3月14日刊载于《上海证券报》、《证券时报》的本公司招股说明书摘要,及刊载于上海证券交易所网站(http://www.sse.com.cn)的本公司招股说明书全文。

一、概 览

股票简称:国栋建设
股票代码:600321
股本总额:175,200,000
可流通股本:70,000,000
本次上市流通股本:70,000,000
上市地点: 上海证券交易所
上市日期: 2001年5月24日
股份登记机构:上海证券中央登记结算公司
上市推荐人: 国泰君安证券股份有限公司
华夏证券有限责任公司

本次公开发行股票前公司国有法人股、法人股股份,根据国家有关政策,在国家就国有法人股、法人股的流通问题尚未作出新的规定之前,暂不上市流通,有关股东并已经向上海证券交易所承诺自愿锁定其所持股份。

二、绪 言

四川国栋建设股份有限公司(以下简称"本公司")上市公告书是根据《中华人民共和国公司法》、《中国人民共和国证券法》、《股票发行与交易管理暂行条例》、《公开发行股票公司信息披露实施细则》和《上海证券交易所股票上市规则》等有关法律、法规的规定,按照中国证券监督管理委员会制定的《公开发行证券的公司信息披露内容与格式准则第7号-股票上市公告书》而编制。

经中国证券监督管理委员会证监发行字[2001]19号文核准,本公司已于2001年3月16日成功地采取上网定价发行方式向社会公开发行了每股面值1.00元的人民币普通股7000万股,每股发行价为12.28元。

经上海证券交易所上证上字(2001)71号《上市通知书》同意,本公司7000万股社会公众股将于2001年5月24日起在上海证券交易所挂牌交易,股票简称"国栋建设",股票代码为600321。

本公司已于2001年3月14日分别在《上海证券报》、《证券时报》上刊登了《招股说明书概要》。招股说明书正文及其附注材料可以在上海证券交易所网站(http://www.sse.com.cn)查询。招股说明书及其引用的财务资料距今不足六个月,与其重复的内容不再重述,敬请投资者查阅上述内容。

三、发行人概况

(一)发行人基本情况

1、法定名称: 四川国栋建设股份有限公司
英文名称: SiChuan GuoDong Construction Co., Ltd
2、注册资本金: 175,200,000元
3、法定代表人: 王春鸣
4、住所: 四川省成都市双流板桥
成立日期: 1993年5月22日
5、经营范围: 溅射镀膜;中空、钢化、夹胶玻璃及玻璃制品、玻璃深加工;玻璃机械设备、配件的制造、销售。工业与民用建筑总承包、木制品、混凝土构件生产、水利、路桥、市政工程施工;幕墙装饰;水电设备安装;房地产开发;开发、研制科技产品及相关技术培训、交流;消防施工、出口本企业自产的镀膜玻璃、钢化、中空、夹胶、工艺玻璃、中密度秸秆人造板、其他高新技术产品;进口本企业生产、科研所需原辅材料、机器设备,仪器仪表,零配件。
6、所属行业: 玻璃及玻璃制品业
7、电话: (028)5805811
传真: (028)5804146
电子邮箱: guodong@chengdunet.com
8、董事会秘书: 王效明

(二)发行人历史沿革

四川国栋建设股份有限公司原名四川锦秀皮革股份有限公司,于1993年2月2日经四川省体改委川体改(1993)69号文"关于《四川锦秀皮革股份有限公司》进行定向募集股份制试点的批复"批准,由绵阳市制革厂、四川国栋真空镀膜公司、成都市蜀都建设工程公司、广汉市明胶厂、绵阳市蓝鹰高蛋白厂五家企业为发起人,并向公司职工配售内部职工股,以募集方式设立的定向募集股份有限公司。其中,绵阳市制革厂投入经评估确认的全部经营性净资产2227.4万元;四川国栋真空镀膜公司投入经评估的镀膜设备工程、行车工程、配电系统工程等在建工程1500万元,成都市蜀都建设工程公司(后更名为四川国栋建筑工程公司)投入经评估的在建的房屋、建筑物及建材等实物资产1287.8万元;广汉市明胶厂投入现金10万元,绵阳市蓝鹰高蛋白厂投入现金5万元;向公司职工募集内部职工股1250万股。上述法人股(发起人持股)和内部职工股均按1.00元/股的价格认购。1993年3月绵阳市审计师事务所对法人股与内部职工股股金到位情况进行了验证。

1993年5月22日,本公司在绵阳市工商行政管理局注册成立,注册资本6280.2万元,主营皮革制造、皮革服装、皮革制品、皮革家具、明胶、饲料的制造和销售;兼营化工原料、普通机械销售,皮革技术服务,饮食,文化娱乐。公司定向募集所筹集的资金总额为人民币1265万元(不包括实物资产),主要投向皮革业务"八五"技术改造项目和平板玻璃真空磁控溅射镀膜生产线项目。

1990年国家取消了对制革行业的财政补贴,由于行业政策的调整,从1993年开始全国皮革行业出现行业性整体滑坡,公司经济效益大幅降低、生产经营难以为继。而玻璃深加工业作为具有高附加值的高科技产业,其产品广泛应用于社会各领域,如保温、汽车、装饰和建筑等,得到了政府的大力支持,在我国具有良好的市场发展前景。由此,公司决定调整主营业务,重点发展玻璃深加工、新型建材等高科技产业。经股东大会批准,本公司于1994年6月将经营皮革业务的全部资产(连同相关的负债)出售给绵阳市制革厂;同时分别向四川国栋真空镀膜公司和成都市蜀都建设工程公司购入其所持有的以经营玻璃深加工业务为主业的四川国栋镀膜有限公司75%和25%的权益,四川国栋镀膜有限公司成为本公司的全资子公司。公司的主营业务调整为玻璃深加工、新型建材和工业材料等。为突出主营业务和产品品牌,经股东大会批准,本公司名称由四川锦秀皮革股份有限公司变更为四川国栋建设股份有限公司,同年8月,绵阳市工商行政管理局办理了工商变更登记。

1996年6月,经股东大会批准,绵阳市制革厂、四川国栋真空镀膜公司、成都市蜀都建设工程公司、广汉市明胶厂和绵阳市蓝鹰高蛋白厂将其所持有的本公司的法人股(发起人持股)以协议转让方式全部出让给四川国栋建设集团公司(现更名为"四川国栋建设集团有限公司")。同年12月12日,临时股东大会通过了定向增资及变更公司法定地址至成都市双流板桥的决议。1997年1月,本公司向四川国栋建设集团公司定向增资4239.8万股,国栋集团以其全资附属企业成都市蜀都建设工程公司经评估后的全部经营性净资产作价入股,97年1月25日绵阳市审计师事务所对用于增资的资产出具了截至96年12月31日的评估报告并于97年1月28日对96年12月31日增资到位情况出具了验资报告。成都市蜀都建设工程公司成为本公司的全资子公司,公司主营业务扩展至玻璃深加工、工业与民用建筑施工等。1996年12月根据国务院国发(1995)17号文件的精神,本公司按《公司法》进行了规范。四川省体改委川经体改(1997)136号文"关于同意四川国栋建设股份有限公司重新工商登记及对有关问题的批复"对上述股权转让、定向增资、法定地址变更和公司规范进行了确认。1997年3月经双流县工商行政管理局核准重新登记。2000年8月,成都市工商行政管理局双流分局批准了四川国栋镀膜有限公司和四川国栋建筑工程公司注销工商登记的申请,目前正在履行公告程序中,9月1日本公司转至成都市工商行政管理局注册。

至此,本公司总股本增至10,520万股,其中法人股9,270万股全部由四川国栋建设集团有限公司持有。四川国栋建设集团公司是于1994年6月组建的集体所有制企业集团,截止1999年12月31日,国栋集团拥有总资产260,597,232.39元,净资产为175,956,460.92元,是一家大型高科技外向型企业集团。2000年8月变更为有限责任公司,并更名为四川国栋建设集团有限公司,注册资本为18,918.8万元。

公司自创立以来,始终坚持"以科技为先导、改革为动力、管理为基础、质量求发展"的经营方针,按照以高科技产业为主导地位,通过低投入、高产出、低成本、高效益的方式,走出了一条可持续发展的道路。本公司目前生产基地占地面积50,098.92平方米,现有员工2,160人,其中各类专业技术人员196人。目前公司已发展成为以高科技新型建材,镀膜、中空、钢化安全玻璃生产,建筑、路桥、市政、消防、水利、安装、装饰工程施工为主业的外向型、高科技大型企业。根据川华信审(2001)上字002号审计报告,本公司截至2000年12月31日止,本公司总资产283,172,030.27元,净资产145,997,475.89元,固定资产原值160,201,267.85元,固定资产净值111,852,695.16元。

1998年本公司被成都市经委确定为成都市重点工业企业;被四川省人民政府办公厅、四川省经贸会等单位评定为1998年度四川省非金属矿物制品工业企业最大市场占有份额首强。1999年被四川省科学技术委员会等单位认定为高新技术企业;被四川省计委、经贸委、统计局等单位认定为高新科技产业型企业及高速增长型企业;被四川省经贸委列入1999年度省列扩张型企业。1999年四川省统计局、四川省社会经济评价中心联合下文评定公司下属的原建筑公司为1998年度四川省集体建筑企业综合实力首强和最佳效益首强。2000年5月本公司获ISO9002质量体系认证。本公司生产的"国栋"牌镀膜玻璃从94年以来连续多年被省政府评为工业产品金奖;98年被省政府评为"98用户满意产品特别奖";99年"国栋牌"镀膜、钢化、中空玻璃荣获省政府"99四川名优特新博览会金奖产品"、"四川省名牌产品"等称号。98年被省建材产品检测中心认证为质量连续多年稳定合格产品"荣誉证书"。本公司还曾荣获"全国质量无投诉企业"、"著名商标"、"十佳营销企业"等荣誉。

经四川省人民政府川府函(1999)139号文"四川省人民政府关于我省97额度股票发行企业确定情况的函"批准,本公司拟向社会公开发行7,000万股社会公众股。本公司将在承续原有优势的基础上,充分利用现代企业制度在资产运营和管理方面的优势,通过联合、兼并、收购、控股、技改等方式,进一步调整产品结构,提高产品的市场占有率,增强企业竞争能力,使企业规模不断壮大,效益不断提高。

经中国证券监督管理委员会证监发行字[2001]19号文核准,本公司已于2001年3月16日成功地采取上网定价发行方式向社会公开发行了每股面值1.00元的人民币普通股7000万股,每股发行价为12.28元。四川国栋建设股份有限公司于2001年3月26日办理了验资手续,并于2001年3月30日在成都市工商局变更了注册登记,注册资本变更为17520万元。

(三)发行人主要经营情况

1、发行人业务概况

本公司目前从事的主要业务是镀膜玻璃、中空玻璃和钢化玻璃等玻璃深加工业务的生产、销售以及从事工业与民用建筑施工,兼幕墙、装饰、市政、消防、路桥、水利工程施工。本次发行完成后,本公司将利用募集资金投资于生产设施,从而将公司主要业务拓展至秸秆中密度人造板及平弯夹胶玻璃的生产与销售。

本公司镀膜、钢化、中空玻璃的年生产能力为286万平方米,其中镀膜玻璃年生产能力为150万平方米、钢化玻璃年生产能力为86万平方米、中空玻璃年生产能力为50万平方米,是我国西部地区规模最大、科技含量最高的玻璃深加工大型企业。另外本公司下属原建筑公司为具有国家建设部批准的工业与民用建筑一级施工兼幕墙、装饰、市政、消防、路桥、水利工程施工资质的企业,年施工能力达30万平方米。

本公司玻璃深加工产品近三年产量如下(单位:万平方米):

项　目	2000年	1999年	1998年
镀膜玻璃	125.72	109.16	53.23
中空玻璃	10.51	14.11	12.17
钢化玻璃	19.42	12.24	1.6

注:镀膜玻璃生产线于1994年3月投产,中空玻璃生产线于1995年8月投产,钢化玻璃生产线于1998年10月投产。

本公司近三年建筑施工量如下(单位:平方米):

项　目	2000年	1999年	1998年
施工量	151,870.50	150,733.78	130,374.14

本公司玻璃深加工产品销售主要通过在各地设立的分公司进行,在全国各地均有销售,但主要销往西南及中西部地区。根据国家建材局、中国建材工业研究会等单位举办的1999年中国市场名牌建材商品竞争力调查报告,本公司的玻璃深加工产品取得全国同行业前10名,荣列"中国十大名牌阵容"。

1999年7月,本公司全资附属的原建筑公司被四川省统计局、四川省社会经济评价中心评定为1998年度四川省集体建筑企业综合实力首强和最佳效益首强。

销售业绩:经四川华信(集团)会计师事务所审计,本公司1998至2000年利润简表如下:

(单位:元)

项目/年份	2000年度	1999年度	1998年度
主营业务收入	331,408,390.41	316,180,124.50	260,609,100.71
其中玻璃深加工业务	150,010,443.48	135,299,590.45	104,314,019.36
建筑施工业务	173,645,910.82	154,892,085.44	126,600,943.03
装饰工程业务	7,752,036.11	25,988,448.61	29,694,138.32
主营业务利润	99,145,400.76	91,897,848.30	80,922,659.36

营业利润	74,731,832.06	68,140,357.71	60,090,587.81
利润总额	74,731,832.06	67,348,607.97	60,090,587.81
净　利　润	63,522,057.26	57,246,316.77	51,076,999.64

本公司1995年、1996年被成都市科学技术委员会认定为高新技术企业,1999年被四川省科学技术委员会认定为高新技术企业。同时公司还积极与中科院、四川大学等单位保持长期密切的联系,积极利用科研院校的科技实力作为公司产品开发的后盾,并不惜重金培养和引进科技人才,增强公司发展的后备力量,先后培养和引进各类专业技术人员196人,并常年外聘20余名高级科技人才,担负新产品研究开发的任务。

公司经过较长时间的反复试验研究,采用独特的技术-堵孔法解决了同一片镀膜玻璃上色差较大的问题;公司自行研制成功的镀膜玻璃新包装工作台,在包装时很容易使玻璃间达到紧密贴合,包装质量大大提高,降低了玻璃在运输过程中破碎的可能,从而降低了生产成本;公司还自行研究开发出国栋绿、国栋蓝、深金色、浅金色等十多种玻璃镀膜新膜系。

2、主要财务指标

本公司前三年的主要财务指标如下:

指　　标	2000年12月31日	1999年12月31日	1998年12月31日
流动比率	1.16	1.84	1.09
速动比率	0.54	1.36	0.70
资产负债率(%)	48.44	26.03	63.00
应收帐款周转率(次)	66.08	15.08	9.99
存货周转率(%)	3.85	4.22	2.28
净资产收益率(%)	43.51	31.56	41.15
每股净利润(元)	0.60	0.54	0.49

3、工业产权及其他无形资产

(1)商标

本公司玻璃深加工产品使用"国栋"牌商标,"国栋"牌商标系本公司所有和使用。

(2)土地使用权

本公司占地面积共50,098.92平方米,由本公司以出让方式取得,土地使用权属本公司拥有。

4、享有的财政税收优惠政策

公司所得税根据成都市科委成科字[1993]70号和四川省双流县人民政府双府函(1996)6号文件,国家科委(92)国科发火字672号,公司获得《高新技术企业认定证书》的统一编号为007-00610,成地税函〔2000〕185号,成府函〔2000〕67号,国科发[1996]018号,公司属国家级高新区外高新企业按国家级高新区内高新企业对待,执行15%的所得税优惠政策,即按15%的税率征收所得税。公司2000年度及以后的所得税优惠政策仍按此规定,执行15%的所得税优惠政策。

四、股票发行与股本结构

(一)本次上市股票的公开发行

1、发行日期:	2001年3月16日
2、发行数量:	70,000,000股
3、股票发行价格:	12.28元
4、募集资金总额:	859,600,000元
5、发行方式	上网定价
6、发行费用总额及项目	19,050,000元
承销商承销费	13,600,000元
注册会计师费用	960,000.元。
资产评估费用	400,000元。
律师费用	400,000元。
上交所发行手续费	3,008,600元。
筹委会人员业务费	681,400.00元。
7、每股发行费用	0.27元

(二)股票承销情况

发行人于2001年3月16日公开发行的人民币普通股70,000,000股由社会公众及符合资格的机构投资者全额认购,承销团成员无余额包销。

(三)验资报告　　验资报告<川华信验(2001)047号>

四川国栋建设股份有限公司:

我们接受委托,对四川国栋建设股份有限公司截至二00一年三月二十三日止的注册资本、投入资本变更情况的真实性和合法性进行了审验。在审验过程中,我们按照《独立审计实务公告第1号-验资》的要求,实施了必要的审验程序。四川国栋建设股份有限公司的责任是提供真实、合法、完整的验资资料,保护资产的安全、完整,我们的责任是按照《独立审计实务公告第1号-验资》的要求,出具真实、合法的验资报告。

四川国栋建设股份有限公司变更前的注册资本为105,200,000.00元,变更后的注册资本为175,200,000.00元。根据我们的审验,截至二OO一年三月二十三日止,四川国栋建设股份有限公司增加投入资本840,550,000.00元,其中股本70,000,000.00元,资本公积770,550,000.00元。与上述增加投入资本总额相关的资产总额为840,550,000.00元,全部为现金。

附件一:变更前后注册资本、投入资本对照表

附件二:验资事项说明

四川华信(集团)会计师事务所有限责任公司　　中国注册会计师:曾武

中国注册会计师:周丕平

中国·成都　　2001年3月26日

注:附件略

募集资金入帐情况:

入帐时间:2001年3月23日

入帐金额:842,991,400.00元

入帐帐号:261609868

开户银行:中国建设银行成都市金河支行

(四)本次股票上市前股权结构和股东持股情况

1、本公司本次上市前的股本结构

股　　东	股数(万股)	占总股本的比例(%)
法人股:四川国栋建设集团有限公司	9,270.0	52.91
内部职工股	1,250.0	7.13
社会公众股	7,000.0	39.96
总　股　本	17,520.0	100.00

内部职工股自本次新股发行之日起满三年后,方可上市流通。

2、本次上市前,本公司前十名股东持股数及比例

序号	股东名称	持股数量(万股)	占总股本的比例(%)
1	四川国栋建设集团有限公司	9,270	52.91
2	汪少渊	35	0.20
3	刘　　丰	30	0.17
4	蒋杜瑶	24.20	0.14
5	詹美算	22.20	0.13
6	天元基金	20.8	0.12
7	兴和基金	19.7	0.11
8	开元基金	19.7	0.11
9	普丰基金	19.6	0.11
10	安顺基金	18.9	0.11

五、董事、监事、高级管理人员及核心技术人员

(一)董事、监事、高级管理人员和核心技术人员简介

王春鸣先生　董事长,50岁,大专学历,高级工程师。历任双流县黄水建筑公司第三工程处处长、双流县黄水建筑公司副总经理、四川国栋建筑工程公司总经理、四川国栋镀膜有限公司董事长。现任四川国栋建设股份有限公司董事长,四川国栋建设集团有限公司董事长兼党委书记。王春鸣先生是第十二及十三届成都市人大代表,曾荣获全国优秀乡镇企业家、四川省优秀乡镇企业家、成都市优秀企业家、双流县科技拔尖人才等称号。现任中国真空学会理事、镀膜专委员会理事、中国中空玻璃专委会常务理事、四川省玻陶协会副理事长、成都市建筑协会副会长。

李秦生先生　副董事长、总经理,54岁,大专学历。历任四川省交通厅汽车修理厂生产调度员、成都市第一技工学校实习厂厂长、总务行政处主任、副校长,1994年开始任本公司副董事长兼副总经理。1999年7月至今任本公司副董事长兼总经理。

周荣侯先生　副董事长,55岁,大专学历,高级经济师。历任成都市地毯厂调度员、技术科长、副厂长,成都市人民政府驻福州办事处经协代表,厦门川蓉贸易公司法定代表人,成都市轻工局、联社驻厦门办事处副主任。1994年开始任本公司董事、副总经理、总经济师兼董事会秘书。1999年7月起任公司副董事长职务。

刘福琼女士　董事、财务部长兼总会计师,32岁,中专文化,会计师、统计师。历任成都市蜀都建设工程公司统计员、会计员、财务科科长、总经理。1994年至今任四川国栋建设股份有限公司董事、财务部部长。

徐晋江先生　董事,33岁,高中学历。1983年至1989年在中国人民解放军某部队服役。此后历任盐亭县食品厂车间主任,四川国栋建设股份有限公司后勤部部长、机关党支部书记等职。1999年7月起任公司董事。

王效明先生　董事兼董事会秘书,33岁,大学学历,工程师。1989年进国营乐山无线电厂光通讯器材车间工作,1991年至今在本公司工作,历任四川国栋镀膜有限公司厂长助理、副厂长、厂长等职。1999年7月起任公司董事,2000年8月起兼任董事会秘书。

胡海涛先生　董事,29岁,大学学历,工程师。1991年7月毕业于重庆大学机械制造工艺及设备专业,在长城特殊钢(集团)股份有限公司机电设备公司工作,1998年9月至今在四川国栋建设股份有限公司工作,参加重点引进项目办公室翻译及技术工作。1999年7月起任公司董事。

王亚伟先生　董事、常务副总经理,26岁,中专学历,工程师。1991年在成都市蜀都建设工程公司工作,1993年至今历任本公司在成都、广州、长沙、武汉、重庆分公司总经理、本公司董事、副总经理等职,1999年7月起任本公司常务副总经理兼董事会秘书至2000年8月止,2000年8月起任本公司董事、副总经理。

万鄂祥先生　监事长,64岁,大学学历,高级工程师。历任成都420厂(现成发集团)技术员、工装设计室主任、车间主任、理论教育科副科长、科研科科长、副总工程师兼教育中心主任、职工大学常务副校长,成都市航空工业学校党委书记、校长等职。1991年被国家教委、人事部授予全国优秀教育工作者称号。1996年至今任本公司董事、总工程师兼党委副书记。1999年7月起任公司监事长。

荣森林先生　监事,26岁,大专学历,助理工程师。曾在香港傲能重庆办事处工作。1995年10月至今在四川国栋建设股份有限公司工作。1999年7月起任公司监事。

杜　　亮先生　监事,32岁,大专学历,工程师。1988年7月至今在成都市蜀都建设工程公司工作,历任施工员、项目经理、处长等职务。1999年7年起任本公司监事。

王洪兵女士　监事,33岁,大专学历,工程师。1985年起在成都市蜀都建设工程公司工作,1994年至今在本公司工作。历任材料员、预算员、预算科科长等职。1999年7月起任公司监事。

王世林先生　副总经理,48岁,大学学历,高级工程师。1971年起任翼城县民办教师,1977年起在中科院光电所工作。1993年至今在本公司工作,历任镀膜厂厂长、装饰公司经理。1999年7月起任本公司副总经理。

赖宗涛先生　副总经理,51岁,中专学历,工程师。1964年起在成都市第一建筑工程公司工作历任技术员、技术科科长、海南分公司项目经理、副总工程师。1999年6月1日至2000年8月任四川国栋建筑工程公司总经理,1999年7月起任本公司副总经理。

王昌三先生　副总经理,45岁,大专学历,工程师。1989年起在成都市蜀都建设工程公司任施工员、项目经理、处长等职。1994年至今在本公司任工程处长、监事。1999年7月起任公司副总经理。

马昌忠先生　总经济师,54岁,大专学历,经济师。1964年起在冶金部第五冶金建设工程公司工作,1969年起在成都市第一建筑工程公司工作,历任预算员、经营科副科长、副处长等职。1999年6月至2000年8月任四川国栋建筑工程公司副总经理,1999年7月起任本公司总经济师。

王启寅先生　总工程师,61岁,大学学历,高级工程师。1962年起在北京中国建筑材料科学研究院工作,1967年起在国营157厂工作,历任科长、副总工、总工程师、厂长等职,曾获成都市劳动模范、四川省有突出贡献的专家等称号。1998年2至今任本公司副总工程师、总工程师。

人员变动说明:

龚联华先生原公司副监事长,62岁,大学学历,高级工程师。因年事已高和健康原因,现已辞去本公司副监事长职务。

王彬斌先生原公司董事,25岁,大专学历,助理工程师。因工作变动原因,已不再担任本公司董事。

注:董事、监事人员变动情况的将在本公告书同日披露。

(二)公司董事、监事、高级管理人员和核心技术人员持股情况

截止本报告期,本公司的董事、监事、高级管理人员和核心技术人员持有本公司的股份情况如下表:

姓名	职务	持股数(股)	持股比例(%)
王春鸣	董事长	39,000	0.022
刘福琼	董事财务部长	5,000	0.003
杜亮	监事	1000	0.001

(三)认股权设置和行使情况

本公司目前尚未设置认股权。

(四)董事、监事、高级管理人员和核心技术人员股份锁定情况

上述人员所持股份均已锁定,其本人同意在其任职期间自愿锁定所持股份,并严格遵守中国证监会有关上市公司管理人员持有本公司股份的相关管理办法。

六、同业竞争与关联交易

(一)同业竞争情况

四川国栋建设集团有限公司作为本公司的控股股东,目前并未从事与本公司构成或可能构成竞争的相同或类似经营业务,并已向本公司作出承诺,四川国栋建设集团有限公司及其附属企业和控股的公司均不从事与本公司构成或可能构成竞争的相同或类似经营业务,同时也承诺不会发展或投资于构成或可能构成竞争的相同或类似经营业务。

(二)关联方和关联关系以及重大关联交易

关联企业

四川国栋建设集团公司是于1994年6月,由四川国栋真空镀膜公司、成都市蜀都建设工程公司、四川国栋真空镀膜公司木制器厂、四川国栋真空镀膜公司预制厂等几家法人作为核心层企业组建而成的集体所有制企业集团。1997年5月14日,四川省双流县黄水镇人民政府《关于四川国栋建设集团公司甄别变更将原工商注册企业类型为集体企业变更为由出资人全权所有的私营企业的

批复》(双黄府发(1997)016 号),同意国栋集团将原企业类型从集体所有制变更为由出资人王春鸣所有的私营企业性质。2000 年 8 月 24 日,国栋集团在成都市工商行政管理局办理了企业类型变更工商注册登记手续,国栋集团名称变更为“四川国栋建设集团有限公司”,注册资本为 18,918.8 万元,企业性质变更为有限责任公司。国栋集团主营业务为房地产开发、经营,驾驶培训,餐饮娱乐服务,生产、销售金属材料、化工产品、建筑材料、五金交电、百货等,是一家大型高科技外向型企业集团。国栋集团目前持有本公司法人股 9,270 万股,占本公司总股本的 52.91%,是本公司的第一大股东。

关联交易

本公司拥有独立完整的生产经营管理体系,与公司控股股东之间不存在日常性的关联交易。公司如与控股股东之间发生交易,将依照市场交易的一般原则签订关联交易协议,以保护中小股东的利益。

本公司已于 1998 年 11 月 16 日就承建四川国栋建设集团有限公司国栋广场工程建设项目与国栋集团签订了协议,由本公司负责该工程施工,合同价款为 9383 万元。根据该协议,国栋集团在收到本公司提供的施工图预算五日内,按工程造价的 16%向本公司支付预付工程款;国栋集团在收到本公司工程进度报告表并审核后,于次月 5 日内向本公司支付工程进度款;扣回时间和比例于拨付工程进度款的第三个月按形象进度扣 3%,直至留足保证金额,并在合同约定的保修期满后一次性退足保修金余款。该协议已经本公司 1998 年度股东大会批准。

经本公司董事会 2000 年 2 月 26 日决议,并经 8 月 26 日股东大会决议确认,本公司与集团公司就联合开发国栋广场签订了协议,国栋国际广场大厦项目分两期修建,一期投资预算总价为 17693.55 万元,共 32 层,地上 29 层,地下 3 层,二期裙楼待定。双方自愿出资,各自出资额为本项目实际投资总额,一期投资中,本公司将出资 8669.8395 万元,占实际投资总额的 49%,具体出资时间根据该项目进度和到位金额为依据,出资双方实际应占的产权比例,则按照项目终审价和双方实际投资额为办理产权人的权属依据。该项目经双方同意向第三方出租、出售的开发收益部分按双方各自出资所占份额比例分配。截止 2000 年 12 月 31 日该工程地下三层和地上十八层主体工程已完工,累计完成投资额 10,541.61 万元。

七、财务会计资料

公司聘请的审计机构四川华信(集团)会计师事务所有限公司对发行人 1998 年 12 月 31 日、1999 年 12 月 31 日、2000 年 12 月 31 日的资产负债表,1998 年度、1999 年度、2000 年度的利润及利润分配表,2000 年度的现金流量表进行了审计,并出具了标准无保留意见的审计报告。

本公司截止 2000 年 12 月 31 日的财务会计资料,已于 2001 年 3 月 14 日分别在《证券时报》、《上海证券报》上刊登的《招股说明书概要》中进行了详细披露,因尚未超出招股说明书有效期限,故相同的内容在此不再重复。欲了解本公司经审计的财务报表及主要财务指标的详细内容,敬请投资者查阅上述报纸或在公告的《招股说明书》查阅地查阅。

(一)财务报表(附后)

(二)主要项目附注

金额单位:人民币元。期初数系指一九九九年十二月三十一日余额,期末数系指二 000 年十二月三十一日余额

1、货币资金

项 目	期末数	期初数
现金	7,840.61	8,601.13
银行存款	54,246,779.12	※35,942,632.92
其他货币资金		
合 计	54,254,619.73	35,951,234.05

※ :其中,美元存款 USD114,000.00,按 1:8.5494 汇率折合人民币 974,631.60 元。

公司货币资金 99 年底比 98 年底下降了 55%,主要原因是归还了欠款并支付了股利。2000 年底比 99 年底上升 51%,主要原因是增加借款准备用于购买原材料而款未付出。

2、应收款项

(1) 帐龄分析

A.应收帐款

帐 龄	期末数			期初数		
	金额	比例%	坏帐准备	金额	比例%	坏帐准备
1 年以内	742,101.23	15.59	37,105.06	812,582.20	15.42	40,629.11
1-2 年	2,609,763.30	54.84	260,976.33	2,977,508.41	56.48	297,750.84
2-3 年	963,987.48	20.26	192,797.50	1,281,759.33	24.31	256,351.87
3-4 年	443,059.22	9.31	221,529.61	200,000.00	3.79	100,000.00
小 计	4,758,911.23	100.00	712,408.50	5,271,849.94	100.00	694,731.82

B.其他应收款

帐 龄	期末数			期初数		
	金额	比例%	坏帐准备	金额	比例%	坏帐准备
1 年以内	1,918,816.36	38.28	95,940.82	33,538,228.80	95.17	1,676,911.44
1-2 年	1,859,823.92	37.11	185,982.39	518,730.41	1.47	51,873.04
2-3 年	239,404.30	4.78	47,880.86	940,747.25	2.67	188,149.45
3-4 年	939,467.49	18.74	469,733.75	206,400.14	0.59	103,200.07
4-5 年	52,708.00	1.05	42,166.40	32,708.00	0.09	26,166.40
5 年以上	2,000.00	0.04	2,000.00	2,000.00	0.01	2,000.00
小 计	5,012,220.07	100.00	843,704.22	35,238,814.6	100.00	2,048,300.4
合 计	9,771,131.30		1,556,112.71	40,510,664.54		2,743,032.22

(2)A.应收帐款中无持有本公司 5%(含 5%)以上股份股东单位的欠款

B.其他应收款中无持有本公司 5%(含 5%)以上股份股东单位的欠款。

(3)A.99 年底应收帐款比 98 年底下降了 86%,主要原因是 98 年大部分施工工程处于在建期间,公司按工程形象进度结转当期工程结算收入增加应收帐款,而 99 年底大部分施工工程项目已完工结算,相应的各项应收工程款已收回,减少了应收帐款。

B.公司 99 年底其他应收款分别比 98 年底增加 13.82 倍,原因是公司根据股东大会决议 99 年实现的利润不作分配,四川国栋建设集团有限公司暂借公司的款项增加所致;2000 年底比 99 年底减少 6.03 倍,原因是公司根据董事会对 2000 年利润的预分配方案,将四川国栋建设集团有限公司应分得的股利抵减其暂借款项所致。

3、预付帐款

(1)帐龄分析

帐 龄	期末数		期初数	
	金额	比例%	金额	比例%
1 年以内	11,449,531.92	99.02	15,289,223.32	99.45
1-2 年	23,881.11	0.21	34,249.49	0.23
2-3 年	21,180.50	0.18	41,948.19	0.27
3-4 年	67,979.63	0.59	8,374.40	0.05
合 计	11,562,573.16	100.00	15,373,795.40	100.00

(2)无持有本公司 5%(含 5%)以上股份股东单位的欠款。

4、存货

5、固定资产及累计折旧

14、其他未交款

17、盈余公积

项 目	2000 年	1999 年	1998 年
期初余额	27,408,640.39	18,821,692.87	11,160,142.93
本期增加数	9,528,308.59	8,586,947.52	7,661,549.94
其中:法定盈余公积	6,352,205.73	5,724,631.68	5,107,699.96
公益金	3,176,102.86	2,862,315.84	2,553,849.98
任意盈余公积			
本期减少数			
期末余额	36,936,948.98	27,408,640.39	18,821,692.87
其中:公益金	12,312,316.32	9,136,213.46	6,273,897.62

18、未分配利润	2000 年	1999 年	1998 年
期初余额	48,754,778.24	95,408.99	1,915,959.29
加:净利润	63,522,057.26	57,246,316.77	51,076,999.64
减:利润分配			
提取法定盈余公积	6,352,205.73	5,724,631.68	5,107,699.96
提取公益金	3,176,102.86	2,862,315.84	2,553,849.98
提取任意盈余公积			
已分配股利	98,888,000.00		45,236,000.00
期末余额	3,860,526.91	48,754,778.24	95,408.99
利润分配比例(元/股)	0.94		0.43

注:公司利润分配政策为:法定公积金按净利润的 10%计提,公益金按净利润的 5%计提,股利分配根据各年股东大会决议决定分配方案;根据公司二 000 年一月十五日公司董事会决议,公司 99 年度可供分配利润按 0.47 元/股分配,但公司二 000 年八月二十六日的股东大会决议决定公司 99 年度利润暂不分配,因而本次对公司 99 年的利润分配进行了调整;根据二 00 一年一月三日公司董事会决议,公司二 000 年底股利分配按 0.94 元/股进行预分配;二 00 一年一月一日以后滚存利润由新老股东共享。

19、主营业务收入、成本

行 业	2000 年度	1999 年度	1998 年度
玻璃深加工			
收入	150,010,443.48	135,299,590.45	104,314,019.36
成本	68,455,833.39	64,341,480.75	39,355,659.62
毛利	81,554,610.09	70,958,109.70	64,958,359.74
建筑施工			
收入	173,645,910.82	154,892,085.44	126,600,943.03
成本	149,533,101.09	129,749,862.27	108,048,531.01
毛利	24,112,809.73	25,142,223.17	18,552,412.02
装饰工程			
收入	7,752,036.11	25,988,448.61	29,694,138.32
成本	6,404,749.39	22,517,999.16	25,925,343.33
毛利	1,347,286.72	3,470,449.45	3,768,794.99
合 计			
收入	331,408,390.41	316,180,124.50	260,609,100.71
成本	224,393,683.87	216,609,342.18	173,329,533.96
毛利	107,014,706.54	99,570,782.32	87,279,566.75

注:公司 99 年度主营业务收入较 98 年度上升 21%,主要原因是公司于 98 年 10 月增加了钢化玻璃生产线,扩大了生产规模,并在 99 年调整了玻璃深加工产品结构,使得 99 年玻璃深加工产品销售较好及 99 年工程量完工较多所致。

20、主营业务税金及附加

项 目	2000 年度	1999 年度	1998 年度
营业税	5,454,545.40	5,426,416.02	5,063,960.65
城建税	306,099.97	280,814.15	161,618.34
教育费附加	1,211,586.28	842,442.46	484,855.03
交通建设费附加	897,074.13	1,123,261.39	646,473.37
合 计	7,869,305.78	7,672,934.02	6,356,907.39

21、其他业务利润

项 目	2000 年度	1999 年度	1998 年度
切割利润	1,056,946.40	1,149,880.70	1,148,132.55
加工利润	611,783.51	518,741.24	256,918.79
出售原料利润	74,387.82	-27,610.25	9,349.48
运输利润	-71,006.26	239,544.50	265,885.57
合 计	1,672,111.47	1,880,556.19	1,680,286.39

22、财务费用

费用项目	2000 年度	1999 年度	1998 年度
利息支出	4,994,894.09	2,753,031.50	6,194,314.03
减:利息收入	614,528.62	388,907.09	696,982.01
汇兑损失	23,746.17	34,200.00	
减:汇兑收益	30,141.60	39,600.00	
其他支出	9,607.82	12,237.71	7,274.25
合 计	4,383,577.86	2,370,962.12	5,504,606.27

公司 99 年度利息支出比 98 年度下降 56%,主要原因是公司 99 年度货款回笼较好,附息债务减少,利息支出减少所致;而 2000 年度利息支出比 1999 年度上升 81%,主要原因是由于增加借款所致。

23、营业外收入

项 目	2000 年度	99 年度	98 年度
固定资产盘盈		325,496.27	
其他		500.00	
合 计		325,996.27	

24、营业外支出

项 目	2000 年度	99 年度	98 年度
捐赠款			
处理固定资产损失		1,117,746.01	
合 计		1,117,746.01	

25、所得税

年 度	2000 年度	1999 年度	1998 年度
会计利润总额	74,731,832.06	67,348,607.97	60,090,587.81
应纳税所得额	74,731,832.06	67,348,607.97	60,090,587.81
所得税税率	15%	15%	15%
所得税	11,209,774.80	10,102,291.20	9,013,588.17

注:公司所得税根据成都市科委成科字[1993]70 号和四川省双流县人民政府双府函(1996)6 号文件,国家科委(92)国科发火字 672 号,公司获得《高新技术企业认定证书》的统一编号为 007-00610,成地税函[2000]185 号,成府函[2000]67 号,国科发[1996]018 号,公司属国家级高新区外高新企业按国家级高新区内高新企业对待,执行 15%的所得税优惠政策,即按 15%的税率征收所得税。公司 2000 年度及以后的所得税优惠政策仍按此规定,执行 15%的所得税优惠政策。

26、支付的其他与经营活动有关的现金 29,258,832.17 元,主要是营业费用和管理费用支出。

(三)主要财务指标

本公司前三年的主要财务指标如下:

指　　标	00年12月31日	99年12月31日	98年12月31日
流动比率	1.16	1.84	1.09
速动比率	0.54	1.36	0.70
资产负债率(%)	48.44	26.03	63.00
应收帐款周转率(次)	66.08	15.08	9.99
存货周转率(%)	3.85	4.22	2.28
净资产收益率(%)	43.51	31.56	41.15
每股净利润(元)	0.60	0.54	0.49

(四)盈利预测数据

2001年度预测数:(单位 人民币元)

1、主营业务收入 359,029,500.00
2、主营业务成本 244,085,500.00
3、主营业务利润 106,502,500.00
4、营业利润 77,734,900.00
5、利润总额 77,734,900.00
6、净利润 66,074,665.00

八、其他重要事项

(一)本公司第一大股东四川国栋建设集团有限承诺在公司上市后一年内不转让其所持有的发起人股,本公司亦不会回购集团公司所持的股份。

(二)公司利润分配政策为:法定公积金按净利润的10%计提,公益金按净利润的5%计提,股利分配根据各年股东大会决议决定分配方案;根据公司2000年1月15日公司董事会决议,公司99年度可供分配利润按0.47元/股分配,但公司2000年8月26日的股东大会决议决定公司99年度利润暂不分配,因而本次对公司99年的利润分配进行了调整;根据2001年1月3日公司董事会决议,公司2000年底股利分配按0.94元/股进行预分配;2001年1月1日以后滚存利润由新老股东共享。

(三)四川国栋建设股份有限公司2001年第一次临时股东大会于2001年2月8日在公司召开,本次临时股东大会对公司有关利润分配方式的议案进行了审议和表决,并决议如下:四川国栋建设股份有限公司2000年12月31日前的利润分配由老股东享有;2001年1月1日以后滚存的利润由新老股东(含上市后的社会公众股)共同享有。

(四)根据四川华信(集团)会计师事务所川华信审(2001)上字003号盈利预测审核报告,本公司2001年预测税后利润为66,074,665.00元,每股税后利润全面摊薄后为0.37元。

(五)2001年4月16日本公司与美卓人造板公司签订了秸秆人造板生产线购货合同(合同号:GV20000318B)。

(六)截至本上市公告书刊登之日,本公司董事、监事和高级管理人员没有尚未了结或可能发生的刑事诉讼事项。

(七)截至本上市公告书刊登之日,本公司未涉及任何重大诉讼事项或仲裁,亦无任何尚未了结或可能面临的重大诉讼或索赔要求。

(八)本公司没有其他应披露而未披露之重大事项。

九、董事会上市承诺

本公司董事会将严格遵守《中华人民共和国公司法》、《中华人民共和国证券法》、《股票发行与交易管理暂行条例》、《公开发行股票公司信息披露实施细则》和《上海证券交易所股票上市规则》等国家有关法律、法规的规定,承诺自本公司股票上市之日起作到:

(一)承诺真实、准确、完整、公允和及时地公布定期报告,披露所有对投资者有重大影响的信息,并接受中国证监会、上海证券交易所的监督管理;

(二)承诺发行人在知悉可能对股票价格产生误导性影响的任何公共传播媒介中出现的消息后,将及时予以公开澄清;

(三)发行人董事、监事、高级管理人员及核心技术人员将认真听取社会公众的意见和批评,不利用已获得的内幕消息和其他不正当手段直接或间接从事发行人股票的买卖活动;

(四)发行人没有无记录的负债。

十、上市推荐人及其意见

(一)推荐人有关情况

上市推荐人　　国泰君安证券股份有限公司
法定代表人:　　金建栋
法定地址:　　上海市浦东新区商城路618号
办公地址:　　上海延平路135号
电话:　　(021)62580818
传真:　　(021)62531028
联系人:　　董海、王欣
上市推荐人　　华夏证券有限公司
法定代表人:　　赵大建
法定地址:　　北京市东城区新中街68号
电话:　　(010)65515588
传真:　　(010)65515588
联系人:　　姜勇

(二)推荐人的推荐意见

本公司约请的上市推荐人国泰君安证券股份有限公司和　华夏证券有限公司认为本公司股票符合上市条件,已向上海证券交易所出具正式的《股票上市推荐书》。推荐意见如下:

根据调查,上市推荐人国泰君安证券股份有限公司和华夏证券有限公司一致认为,发行人本次发行股票符合《中华人民共和国公司法》、《中华人民共和国证券法》、《股票发行与管理暂行条例》和《上海证券交易所股票上市规则》(2000年修订本)等法律、法规的有关规定,已具备了上市条件.

(1)公司已经中国证券监督管理委员会证监发行字[2001]19号文核准,向社会公开发行人民币普通股7000万股;

(2)公司股本总额超过5000万元人民币,为17520万元;

(3)公司最近三年连续盈利;

(4)股票面值达一千元以上的股东人数超过一千人,为68243人;

(5)公司股本总额为17520万元,其中向社会公开发行股份为7000万元,占股本总额的39.96%,超过25%;

(6)公司最近三年内没有重大违法行为,财务会计报告无虚假记载。

上市推荐人保证发行人的董事了解法律、法规、上海证券交易所上市规则及股票上市协议规定的董事的义务与责任,并协助发行人健全了法人治理结构、协助发行人制定了严格的信息披露制度与保密制度。上市推荐人已对上市文件所载的资料进行了核实,确保上市文件真实、准确、完整,符合规定要求。保证发行人的上市申请材料、上市公告书没有虚假、严重误导性陈述或者重大遗漏,并保证对其承担连带责任,并保证不利用在上市过程中获得的内幕信息进行内幕交易,为自己或他人牟取利益。

附:四川国栋建设股份有限公司招股说明书摘要披露后,有部分投资者对四川国栋建设股份有限公司秸秆中密度人造板项目提出质疑,国泰君安证券股份有限公司和发行人律师就四川国栋建设股份有限公司秸秆中密度人造板项目有关问题进行了核查,出具的核查报告主要内容如下:

1、关于"秸秆中密度人造板"的名称

国家建筑材料工业局建材规划发[1999]60号文明确批复:按照该项目生产工艺及产品性能,其最终产品应定义为"秸秆中密度人造板"比较确切,因此建议该项目名称更改为"四川国栋建设股份有限公司引进年产10万立方米秸秆中密度人造板生产线技术改造"。国家经济贸易委员会国经贸投资[1999]476号文明确批复:同意四川国栋建设股份有限公司引进国外生产技术及部分设备,建设一条使用秸秆为原料的中密度人造板生产线,年生产能力10万立方米。我公司认为国栋公司按国家主管部门的批准文件,将最终产品定义为"秸秆中密度人造板"并据此在招股说明书中进行披露,是有其依据的。

2、关于"秸秆中密度人造板"的制造工艺

项目建议书和可行性研究报告对"秸秆中密度人造板"的生产工艺流程的描述为:本次工程采用农作物秸秆为主要原料生产中密度秸秆人造板。即用锤式粉碎机破碎、秸秆筛分、干燥、精磨机制成秸秆纤维;分级筛分选出芯层料及表层料;混合拼胶、分层铺装、预压、连续热压凝固成板。购货合同中引进的设备包括精磨机4台,作为购货合同附件的工艺流程图也包括精磨机制作秸秆纤维的程序。

据国栋公司技术专家解释,秸秆原料不同于木材,其制作纤维的工艺与设备完全不同于木质原料,因此,在制造秸秆中密度人造板中使用的是精磨机,而不是热磨机,并且是锤式粉碎机和精磨机两种工艺设备同时使用,精磨机是生产秸秆中密度人造板的关键设备之一,并且是专用设备。

据国栋公司解释,精磨机制作秸秆纤维,是整个秸秆中密度人造板制作工艺中的关键工艺,为保护国栋公司的商业秘密,国栋公司未在招股说明书中作披露。

3、关于产品价格

购货合同附件五《性能测试和保证值》规定的秸秆中密度人造板的技术质量标准除静曲强度指标略低外,其余指标均达到或超过国家GB/T11718-1999中密度纤维板的性能指标。因此,国栋公司以中密度纤维板作为参照预测产品价格是有依据的。

四川国栋建设股份有限公司
2001年5月10日

资产负债表

编制单位:四川国栋建设股份有限公司　　单位:人民币元

资产	1998.12.31	1999.12.31
流动资产:		
货币资金	80041471.94	35951234.05
短期投资		
减:短期投资跌价准备		
短期投资净额		
应收票据		200000
应收股利		
应收利息		
应收帐款	36667427.3	5271849.94
其它应收款	2378258.71	35238814.6
减:坏帐准备	110002.28	2743032.22
应收帐款净额	38935683.73	37767632.32
预付帐款	10933183.83	15373795.4
应收补贴款		
存货	72005438.56	30715340.28
减:存货跌价准备		2310969.02
存货净额	72005438.56	28404371.26
待摊费用		
待处理流动资产净损失		
一年内到期的长期债权投资		
其它流动资产		
流动资产合计	201915778.06	117697033.03
长期投资:		
长期股权投资		
长期债权投资		
其它长期投资		
长期投资合计		
减:长期投资减值准备		
长期投资净额		
其中:合并价差		
股权投资差额		
固定资产:		
固定资产原值	149494044.41	154369610.68
减:累计折旧	32975121.72	40254551.28
固定资产净值	116518922.69	114115059.4
工程物资		
在建工程	5698682.43	2332657.53
固定资产清理		
待处理固定资产净损失		
固定资产合计	122217605.12	116447716.93
无形及其它资产:		
无形资产	11275968	11041052
开办费		
长期待摊费用		
其它长期资产		
无形资产及其它资产合计	11275968	11041052
递延税项:		
递延税款借项		
资产总计:		
资产总计	335409351.18	245185801.96
流动负债:		
短期借款	13300000	43000000
应付票据		
应付帐款	7260282.82	25282.87
预收帐款	25887355.99	6278699.6
代销商品款		
应付工资		
应付福利费	4360740.22	5782588.06
应付股利	45236000	
应付税金	2580439.98	2429058.26
其它应交款	73245.46	212503.41
其它应付款	86280894.46	6094251.13

应付短期债券		
预提费用		
一年内到期的长期负债		
其它流动负债		
职工奖励及福利基金		
流动负债合计	184978958.93	63822383.33
长期负债：		
长期借款	26313290.39	
应付债券		
长期应付款		
住房周转金		
其它长期负债		
长期负债合计	26313290.39	
递延税项：		
递延税项贷款		
负债合计：		
负债合计	211292249.32	63822383.33
少数股东权益：		
少数股东权益		
股东权益：		
股本	105200000	105200000
资本公积金		
盈余公积	18821692.87	27408640.39
其中：公益金	6273897.62	9136213.46
未确认的外资损失		
未分配利润	95408.99	48754778.24
外币报表折算差额		
股东权益合计	124117101.86	181363418.63
负债和股东权益总计：		
负债和股东权益总计	335409351.18	245185801.96

资产负债表

编制单位：四川国栋建设股份有限公司　　单位：人民币元

资产	2000.12.31
流动资产：	
货币资金	54254619.73
短期投资	
减：短期投资跌价准备	
短期投资净额	
应收票据	
应收股利	
应收利息	
应收帐款	4758911.23
其它应收款	5012220.07
减：坏帐准备	1556112.71
应收帐款净额	8215018.59
预付帐款	11562573.16
应收补贴款	
存货	85735390.95
减：存货跌价准备	
存货净额	85735390.95
待摊费用	
待处理流动资产净损失	
一年内到期的长期债权投资	
其它流动资产	
流动资产合计	159767602.43
长期投资：	
长期股权投资	
长期债权投资	
其它长期投资	
长期投资合计	
减：长期投资减值准备	
长期投资净额	
其中：合并价差	
股权投资差额	
固定资产：	
固定资产原值	160201267.85
减：累计折旧	48348572.69
固定资产净值	111852695.16
工程物资	
在建工程	745596.64
固定资产清理	
待处理固定资产净损失	
固定资产合计	112598291.8
无形及其它资产：	
无形资产	10806136.04
开办费	
长期待摊费用	
其它长期资产	
无形资产及其它资产合计	10806136.04
递延税项：	
递延税款借项	
资产总计：	
资产总计	283172030.27
流动负债：	
短期借款	80000000
应付票据	
应付帐款	279682.64
预收帐款	1907668.42
代销商品款	
应付工资	
应付福利费	7562326.51
应付股利	37260191.42
应付税金	3319620.88
其它应交款	201217.01
其它应付款	6643847.5
应付短期债券	
预提费用	
一年内到期的长期负债	
其它流动负债	
职工奖励及福利基金	
流动负债合计	137174554.38
长期负债：	
长期借款	
应付债券	
长期应付款	
住房周转金	
其它长期负债	
长期负债合计	
递延税项：	
递延税项贷款	
负债合计：	
负债合计	137174554.38
少数股东权益：	
少数股东权益	
股东权益：	
股本	105200000
资本公积金	
盈余公积	36936948.98
其中：公益金	12312316.32
未确认的外资损失	
未分配利润	3860526.91
外币报表折算差额	
股东权益合计	145997475.89
负债和股东权益总计：	
负债和股东权益总计	283172030.27

利润及利润分配表

编制单位：四川国栋建设股份有限公司　　单位：人民币元

项目	1999 年度	2000 年度
一、主营业务收入	316180124.5	331408390.41
减：折扣与折让		
主营业务收入净额	316180124.5	331408390.41
减：主营业务成本	216609342.18	224393683.87
主营业务税金及附加	7672934.02	7869305.78
二、主营业务利润	91897848.3	99145400.76
加：其他业务利润	1880556.19	1672111.47
减：存货跌价损失	2310969.02	
营业费用	10189243.82	15585780.08
管理费用	10766871.82	6116322.23
财务费用	2370962.12	4383577.86
三、营业利润	68140357.71	74731832.06
加：投资收益		
期货损益		
补贴收入		
营业外收入	325996.27	
以前年度损益调整		
减：营业外支出	1117746.01	
分给外单位利润		
四、利润总额	67348607.97	74731832.06
减：所得税	10102291.2	11209774.8
少数股东损益		
职工奖励及福利基金		
购并利润		
加：未确认的投资损失		
所得税返还		
五、净利润	57246316.77	63522057.26
加：年初未分配利润	95408.99	48754778.24
盈余公积转入数		
年初未分配利润调整		
减少注册资本减少的未分配利润		
外币报表折算差额		
减：股份公司成立前利润分配		
六、可供分配的利润	57341725.76	112276835.5
减：提取法定盈余公积金	5724631.68	6352205.73
提取法定公益金	2862315.84	3176102.86
提取职工奖励福利基金		
七、可供股东分配的利润	48754778.24	102748526.91
减：应付优先股股利		
提取任意盈余公积金		
应付普通股股利		98888000
转作股本的普通股股利		
八、未分配利润	48754778.24	3860526.91

天津市房地产发展(集团)股份有限公司

天津市房地产发展(集团)股份有限公司股票上市公告书暨2001年中期财务报告

上市推荐人:广发证券股份有限公司
★股票简称:天房发展 ★股票代码:600322 ★上市地点:上海证券交易所
★股本总额:42370.7417万股 ★可流通股本:12100万股 ★本次上市流通股本:12100万股
★上市日期:2001年9月10日 ★股份登记机构:上海证券中央登记结算公司

第一节 重要声明与提示

本公司董事会保证上市公告书的真实性、准确性、完整性,全体董事承诺上市公告书不存在虚假记载、误导性陈述或重大遗漏,并承担个别和连带的法律责任。

根据《中华人民共和国公司法》、《中华人民共和国证券法》(以下分别简称《公司法》、《证券法》)等有关法律、法规的规定,本公司董事、高级管理人员已依法履行诚信和勤勉尽责的义务和责任。"

上海证券交易所、中国证监会、其他政府机关对本公司股票上市及有关事项的意见,均不表明对本公司的任何保证。

本公司提醒广大投资者注意,凡本公告书未涉及的有关内容,请投资者查阅2001年7月30日刊载于《中国证券报》、《上海证券报》和《证券时报》上的本公司招股说明书摘要及刊登于www.sse.com.cn网站的本公司招股说明书全文。

本上市公告书暨2001年度中期财务报告刊登网址:http//www.sse.com.cn

第二节 概 览

1、股票简称:天房发展 2、股票代码:600322 3、总股本:42370.7417万股
4、可流通股本:12100万股 5、本次上市流通股本:12100万股
6、对首次公开发行股票前股东所持股份的流通限制及期限:根据国家现有法律、法规规定和中国证监会证监发行字[2001]50号《关于核准天津市房地产发展(集团)股份有限公司公开发行股票的通知》,本公司的国家股和募集法人股暂不上市流通(按国务院有关减持国有股规定而流通的1100万股除外);本公司的内部职工股自新股发行之日起期满三年后上市。
7、首次公开发行股票前股东对所持股份自愿锁定的承诺:本公司的控股股东天津市房地产开发经营集团有限公司已出具承诺,承诺在本公司股票上市之日起12个月内,不转让所持有本公司的股份,也不由本公司回购其所持有的股份。
8、上市地点:上海证券交易所 9、上市时间:2001年9月10日
10、股份登记机构:上海证券中央登记结算公司 11、上市推荐人:广发证券股份有限公司

第三节 绪 言

天津市房地产发展(集团)股份有限公司(以下简称"本公司、股份公司或公司")上市公告书是依据《中华人民共和国公司法》、《中华人民共和国证券法》、《股票发行与交易管理暂行条例》、《公开发行股票公司信息披露实施细则》、《上海证券交易所股票上市规则》和《公开发行股票公司信息披露的内容与格式准则第7号<股票上市公告书>》等国家现行有关证券法律、法规的规定而编制,为本公司股票公开上市之日的向社会公众披露公司基本情况和相关资料。

本公司经中国证券监督管理委员会证监发行字[2001]50号文和财政部财企便函[2001]72号文批准,已于2001年8月6日以上网定价发行的方式成功向社会公开发行每股面值为1元之人民币普通股12100万股,每股发行价格5.00元。

经上海证券交易所上证上字[2001]150号《上市通知书》同意,本公司公开发行的12100万股社会公众股将于2001年9月10日在上海证券交易所挂牌交易,股票简称为"天房发展",股票代码为600322。

本公司已于2001年7月30日分别在《中国证券报》、《上海证券报》和《证券时报》上刊登了《天津市房地产发展(集团)股份有限公司招股说明书摘要》。

招股说明书正文及其附注材料可以在上海交易所网站(http://www.sse.com.cn)查询。招股说明书正文及其附注材料距今不足三个月,故与之重复之内容在此不再重复。

本公司董事会及全体董事已批准本上市公告书,确信其中未遗漏任何重大事项,亦不存在任何误导和虚假成分,并对其真实性、准确性、完整性负个别和连带的责任。

第四节 发行人概况

(一)发行人的基本情况 (中文)天津市房地产发展(集团)股份有限公司
(英文):Tianjin Reality Development(Group) CompanyLTD. 2、注册资本:42370.7417万元
3、法定代表人:吴延龙
4、发行人注册地:天津市和平区常德道80号
5、经营范围:房地产开发及商品房销售;(以下限分支机构经营)物业管理;建筑设计、咨询;商业(内贸);物资供销和仓储业;货物运输(兼营国家有专营专项规定的按规定办理)。
6、主营业务:房地产开发 7、所属行业:房地产业 8、电话:022—23317185
9、传真:022—23316822 10、电子邮箱:fdcdkf@eyou.com 公司网址:tfgroup.com.cn
11、董事会秘书:陈长来

(二)发行人沿革,包括发行人设立、历次股权变动情况等

1、公司历史沿革

本公司是天津市首家以房地产开发为主,贸易流通为辅的大型企业集团,是集综合开发、科研设计、经营销售、咨询服务为一体的房地产大型综合企业。公司成立以来,主要从事房地产开发经营业务,业务范围遍及天津市,公司积极参与天津市的危房改造、安居工程、城市基础设施建设工程,为改善天津市城市的基础设施和提高天津市人民的居住条件作出了贡献。

本公司前身为1981年由天津市政府住宅统一建设办公室改建而成的天津市建设开发公司,1988年组建为天津市房地产开发经营集团。1992年,经天津市经济体制改革委员会津体改委字(1992)33号文批准,天津市房地产开发经营集团进行股份制整体改制,根据天津审计师事务所出具的资产评估报告,以1991年12月31日为评估基准日,天津市房地产开发经营集团经评估后的经营性净资产为377414835.68元,该次股份制改制进入的资产包括天津市房地产开发经营集团本部和与其统一核算的第一承包工程公司、第二承包工程公司、房产经营公司、建筑材料设备经营公司、设计研究所以及实行独立核算的实业公司的经营性净资产,包括固定资产与流动资产。该评估结果经天津市国有资产管理局津国资商 (1992)17号文确认为377414835.68元,按1:1比例折为377414835股国家股,余额0.68元转为公司资本公积。同时经中国人民银行天津市分行津银金(1992)479号文批准,以定向募集的方式向法人单位和内部职工发行股票。公司以1:1.6的比例溢价定向发行10243.7万股定向募集法人股和14756.3万股内部职工股,形成总股本62741.4835万股。

1993年2月25日本公司在天津市工商行政管理局正式注册成立,注册资本62741.4835万元,总股本627414835股,工商注册号10306477号。本公司成立同时,原天津市房地产开发经营集团随之注销,其全部资产负债和权利义务关系由本公司承继。

(注:为了进一步理顺和明确本公司国有资产的产权关系,经中共天津市委员会、天津市人民政府津党(1998)9号文批准成立了天津市房地产开发经营集团有限公司,代表天津市国有资产管理局持有并享有股份公司国家股权益,行使出资者权利。)1999年10月30日,经本公司1999年度第一次临时股东大会审议通过,并经天津市国有资产管理局津国资(1999)172号文和天津市人民政府津股批[1999]8号文批准,公司以原总股本627414835股为基数,按50%比例同比例缩股,缩股后国家股、募集法人股、内部职工股股权比例及股本结构保持不变。本公司缩股后总股本为313,707,417股,缩股后的差额313,707,418元转为公司资本公积金。本缩股已履行了所有法律程序,1999年11月30日,本公司完成了工商营业执照的变更登记。

2、本次发行前公司有关股东的股权转让

发行前本公司的前十名股东中有三位股东根据国家有关规定不适合持有本公司法人股,三位股东依法转让了其持有的本公司法人股股权。

根据双方签署的股权转让协议,中国工商银行上海市虹口支行工会已将持有的公司85万股募集法人股转让给上海市食品开发有限公司,相应的股权已办理过户转让手续。

根据双方签署的股权转让协议,广东发展银行汕尾办事处已将持有的75万股募集法人股转让给广东广控集团有限公司,相应的股权已办理过户转让手续。

根据双方签署的股权转让协议,交通银行秦皇岛分行已将持有的75万股募集法人股转让给天津市房地产开发经营集团有限公司,相应的股权已办理过户转让手续。

经中国证券监督管理委员会证监发行字[2001]50号文和财政部财企便函[2001]72号文批准,本公司于2001年8月6日已成功的向社会公开发行人民币普通股12100万股,每股发行价格为5.00元。2001年8月27日,本公司在天津市工商行政管理局办理变更登记手续,注册资本变更为42370.7417万元。

(三)发行人经营概况

1、发行人经营概况

公司的主要业务集中在房地产的开发销售、出租等方面。近年来开发的项目集中在天津市。目前拥有6个较大的开发项目,项目总建筑面积达71万平方米,本公司已取得了244亩的土地使用权作为后续开发项目的土地储备,公司前三年的开发能力如下表: 单位平方米

年度	2000年度	1999年度	1998年度
开复工面积	541999.9	692731.9	664840.4
竣工面积	157185.7	279839.4	231898.5

公司成立以来,先后开发用地1190公顷,建成了31个功能齐全、设施配套、环境幽雅的居住小区,建房面积1100余万平方米,为天津市的住宅建设和平房改造及市政建设做出重大贡献。其中,比较有代表性的体院北、王顶堤、万新村、民权门、丁字沽、川府新村、欣苑公寓(一期)、友谊公寓等一大批有影响的居民住宅小区。本公司欣苑公寓被誉为具有突破性的跨世纪居住小区,获得了国家级物业管理示范小区,同时还获得科技进步、新材料应用等六项大奖。本公司在坚持居民住宅建设为主要产品的同时,还相继建成了一批有影响的标志性大中型公建项目,如吉利大厦、华富宫大饭店等。

公司的销售市场集中在天津市,以房地产业务为主业,产品以危房改造、经济适用房项目为主,写字楼及中高档公寓项目为补充。根据天津市房地产市场的现状和发展趋势,产品主要面对"改善型"的消费群体。产品定位于"中档"、"中档偏上"的具有一定品位价格适中的产品。公司对房地产项目采用市场定位定价和成本加利润核定售价相结合的定价模式。公司发行前三年的销售收入构成如下图: 单位:人民币元

项目	2000年度		1999年度		1998年度	
	数额	比例%	数额	比例	数额	比例
销售收入总额	586,872,370.05	100	387,601,848.84	100	567,476,975.70	100
房地产开发经营收入	500,048,142.02	85.2	317,475,801.12	81.9	479,595,239.62	84.5
租金收入	63,167,706.77	10.76	46,584,105.291	2.02	47,372,574.19	8.35
设计收入	1,112,431.90	0.18	578,340.00	0.15	3,122,006.00	0.57
物资销售收入	17,949,773.10	3.06	21,130,722.98	5.45	32,429,047.01	5.71
物业管理收入	4,594,316.26	0.80	384,479.45	0.11		
土地转让收入			1,448,400.00	0.37		
其他					4,958,108.88	0.87

2、发行人的技术与人才

房地产行业做为基础性和支柱产业,其主要技术已成熟化和公开化,技术发展偏向工程设计、节地、节能以及新材料运用等方面,公司不拥有知识产权。公司多年来培养和引进了大批专业人才,现已形成了一支老、中、青结合的技术团队,本公司持有房地产和与建筑工程专业的在职员工共143人,占本公司总人数的47.67%。

本公司已取得中华人民共和国建设部颁布的中华人民共和国房地产开发企业壹级资质证书,证书编号为建开企[2001]044号,证书有效期从2001年1月15日至2003年12月31日。

3、发行人在房地产项目开发方面的竞争优势与劣势

公司的主营业务是天津市的房地产开发项目,目前天津市的房地产企业有近1000家,竞争相当激烈。经过多年的发展,公司现有的直属部门和控股公司已全面涵盖了从规划、设计、采购、施工到销售、物业管理的房地产行业相关业务,在产品上也已包括危改房、经济适用房、写字楼、中高档公寓等全部适销品种。本公司依靠多年培养建设的庞大的技术队伍和优秀的经验丰富的管理团队,在技术和管理上在天津市的同类公司中处于优势地位,公司获得了天津市政府及房地产相关领导部门的信任和大力支持。

另一方面,本公司在改制前为全民所有制的国有企业,受政策调整和政府行为影响较大,与一些新兴的房地产公司相比包袱较重,历史遗留问题较多,庞大的规模亦给管理上带来较大困难。虽然公司的楼盘数量、销售业绩和利润情况稳步增长,但市场份额存在稳中有降的趋势。

随着房地产行业进一步规范和再次腾飞,以及公司近年来资产的清理、历史遗留问题的解决、法人治理结构的建立和完善、资本金的扩充和股东结构的调整,公司将发挥规模优势,实现持续、高速发展,在竞争中确立优势地位。

4、公司主要产品的财务指标

(1)主要财务指标

根据天津五洲联合合伙会计师事务所审计的公司2001年中期财务报告,截止2001年6月30日,公司流动资产2,192,246,075.70元,固定资产215,430,081.41元,资产总计2,516,681,314.43元;流动负债1,098,661,585.93元,长期负债289,621,423.97元,股东权益1,064,085,206.61元。2001年上半年,本公司完成主营业务销售收入207,846,193.52元,实现净利润22,403,715.88元,主要财务指标如下表:

指标	2001年1—6月	2000年度	1999年度	1998年度
流动比率	2.00	1.99	1.58	1.41
速动比率	0.37	0.38	0.38	0.43
应收帐款周转率	5.3	3.91	1.83	1.68
存货周转率	0.12	0.33	0.25	0.44
无形资产(土地使用权除外)占总资产比例(%)	0	0	0	0

资产负债率(%)	55.16%	53.57%	55.20%	54.07%
每股净资产(元)	3.39	3.31	3.21	1.55
净资产收益率(%)	2.11%	6.20%	6.54%	5.86%
每股收益(元/股)	0.07	0.21	0.21	0.09

(2)本公司2001年1—6月净资产收益率和每股收益如下：

报告期利润	净资产收益率(%)		每股收益(元/股)	
	全面摊薄加	权平均	全面摊薄	加权平均
	2001年1—6月	2001年1—6月	2001年1—6月	2001年1—6月
主营业务利润	3.97%	4.01%	0.13	0.13
营业利润	1.42%	1.44%	0.05	0.05
净利润	2.11%	2.13%	0.07	0.07
扣除非经常性损益后的净利润	1.17%	1.18%	0.04	0.04

5、公司拥有的知识产权、政府特许经营权和非专有技术，公司享有的税收优惠政策

(1)本公司已取得中华人民共和国建设部颁布的中华人民共和国房地产开发企业壹级资质证书，证书编号为建开企[2001]044号，证书有效期从2001年1月15日至2003年12月31日。

(2)本公司以应纳税所得额为基数按国家税务部门确定的比例税率33%计算缴纳；控股子公司按国家税务部门确定的比例缴纳。根据天津市财政局财基(1999)37号《关于天津市房地产发展(集团)股份有限公司有关所得税问题的通知》文件精神，对1998年度及1999年度调整增加利润应纳所得税实行先征后返政策，又根据天津市人民政府津政函(1999)108号《关于给予天津市房地产发展(集团)股份有限公司所得税优惠政策的批复》的文件精神，1999年公司所得税按33%税率上缴，由市财政按18%的税率返还，实际税率执行15%，返还部分全部进入公司净利润，一并参与分配。公司2000年以应纳税所得额为基数按国家税务部门确定的比例税率33%计算缴纳。

第五节　股票发行与股本结构

(一)本次股票上市前公开发行股票的情况

1、发行数量：12100万股(其中新股发行11000万股，国有股存量发行1100万股)

2、发行价格：5.00元/股

3、募集资金总额：60500万元(其中新股募集资金55000万元，国有股存量发行筹资5500万元)

4、发行方式：上网定价

5、发行费用总额及项目：

发行费用总额：公司本次新股发行费用合计1645万元，国有股存量发行费用164.5万元，其中新股发行费用如下表：

费用类别	金额
承销费用	1045万元
审计费用	209.5万元
评估费用	130万元
律师费用	65万元
材料审核费	3万元
上网发行费	192.5万元
合计	1645万元

每股发行费用：0.14954元(注：本次国有股与新股同时发行，其存量发行的方式、定价均与A股股票发行与定价一致，国有股存量发行是与A股股票捆绑发行，承销方式相同；因此此次国有股的发行所产生的利益、责任均与新股按比例分摊，平均每股的承销费用为0.1495元，共164.45万元)

(二)股票承销　本次发行的12100万股社会公众股股票已被超额认购，承销团无余额包销。

(三)验资报告

1、验资报告(摘自天津五洲联合合伙会计师事务所五洲会字[2001]1—0215号)：

天津市房地产发展(集团)股份有限公司全体股东：

我们接受委托，审验了贵公司截至2001年8月14日止新增注册资本的实收情况。按照国家相关法律、法规的规定和协议、章程的要求出资，提供真实、合法、完整的验资资料，保护资产的安全、完整是全体股东及贵公司的责任。我们的责任是对贵公司新增注册资本的实收情况发表审验意见。我们的审验是依据《独立审计实务公告第1号———验资》进行的。在审验过程中，我们结合贵公司的实际情况，实施了检查等必要的审验程序。

贵公司原注册资本为人民币313,707,417元，根据贵公司1999年第一次临时股东大会决议和修改后章程的规定以及中国证监会证监发行字[2001]50号《关于核准天津市房地产发展(集团)股份有限公司公开发行股票的通知》要求，申请增加注册资本110,000,000元，贵公司利用上海证券交易所交易系统，于2001年8月6日采用上网定价发行方式向社会公开发行股票121,000,000股，每股1元，其中首次公开发行新股110,000,000股，国有股存量发行11,000，000股，发行价格每股5元，变更后的注册资本为人民币423,707,417元。按照国务院颁布的《减持国有股筹集社会保障资金管理暂行办法》的规定和财政部财企便函[2001]72号《关于天津市房地产发展(集团)股份有限公司国有股存量发行有关问题的函》的要求，同意国有股持股单位--天津市房地产开发经营集团有限公司按贵公司本次融资额的10%减持国有股11,000,000股，并将公开募股时一并出售的发行收入上缴全国社会保障基金。

经我们审验，截至2001年8月14日止，贵公司已收到新出资者投入的资本537,625,000元(伍亿叁仟柒佰陆拾贰万伍仟元整)(已扣除部分发行费用)，其中股本110,000,000元，资本公积423,550,000元，应付发行费4,075,000元，上述出资方式为货币资金人民币。我们注意到，贵公司本次增资前的注册资本为人民币313,707,417元，已经天津津源会计师事务所于1999年10月30日出具津源会字第626号验资报告予以审验。截至2001年8月14日止，贵公司变更后的累计注册资本实收金额为人民币423,707,417元。

本验资报告供贵公司申请变更登记及据以向股东签发出资证明时使用，不应将其视为是对贵公司验资报告日后资本保全、偿债能力和持续经营能力等的保证。因使用不当造成的后果，与执行本验资业务的注册会计师及会计师事务所无关。

天津五洲联合合伙会计师事务所　　中国注册会计师　侯杏倩　纪建刚

2、募集资金入帐情况：

入帐时间：2001年8月14日。　入账金额：537 625 000元。　入帐帐号：501239023132。

开户银行：中国建设银行天津和平支行

3、其他事项说明截至2001年8月14日止，公司发行期间锁定资金利息尚未收到。待收到后再做相应的帐务处理。

(四)公司应披露上市前股权结构及各类股东的持股情况

1、本次上市前公司的股权结构情况

项目	股数(股)	占总股本比例
国家股	178,457,417	42.12%
募集法人股	50,468,500	11.91%
内部职工股	73,781,500	17.41%
社会公众股	121,000,000	28.56%
总股本	423,707,417	100.00%

注：内部职工股73,781,500股根据国家有关规定自本次新股发行之日起期满三年后上市。

2、本公司前十名股东持股情况

股东名称	持股数	持股比例	股权性质
	(万股)	(%)	
尚未流通(公开发行前)股份：	302707417	71.44%	-----
其中：天津市房地产开发经营集团有限公司	17845.7417	42.12%	国家股
华泰证券股份有限责任公司	124	0.29%	其中：募集法人股100万股，A股24万股。
海南农业租赁股份有限公司	100	0.24%	募集法人股
中国农业生产资料集团公司	100	0.24%	募集法人股
中国黑色金属材料华北公司	100	0.24%	募集法人股
深圳市建鹏达房地产开发有限公司	100	0.24%	募集法人股
上海市食品开发有限公司	85	0.20%	募集法人股
方琦琦(自然人股东，持有公司内部职工股)	83	0.196%	内部职工股
广东广控集团有限公司	75	0.177%	募集法人股
山西省宏丰贸易公司	70	0.165%	募集法人股
可流通(本次公开发行)股份：	12100	28.56%	社会公众股
总股本(公开发行后)	42370.7417	100%	——

第六节　董事、监事、高级管理人员及核心技术人员

(一)董事会成员

吴延龙，男，47岁，中共党员，在职研究生，高级经济师。现任天津市房地产发展(集团)股份有限公司董事长、天津市房地产开发经营集团有限公司总经理、党委副书记、天津凯银房地产开发有限公司董事长、天津华升房地产发展有限公司董事长。曾任天津市自来水工程公司经理、党委书记。

靳维平，男，59岁，中共党员，大专文化，高级工程师。现任天津市房地产发展(集团)股份有限公司董事、总经理。曾任股份公司副董事长、副总经理。

王宏彬，男，52岁，中共党员，在职研究生，高级工程师。现任天津市房地产发展(集团)股份有限公司董事、副总经理。曾任股份公司第一开发经营公司经理、总工程师。

刘巨友，男，44岁，中共党员，大专文化，工程师。现任天津市房地产发展(集团)股份有限公司董事、副总经理，天津泽达房地产开发有限公司董事长，

林克森·华澳(天津)房地产开发有限公司副董事长。曾任公司第三开发经营公司经理，股份公司总经理助理。

张建台，男，44岁，中共党员，在职研究生，高级工程师。现任天津市房地产发展(集团)股份有限公司董事、副总经理，天津华昌房地产开发经营有限公司副董事长。曾任股份公司总经理助理、总经济师。

李国富，男，47岁，中共党员，在职研究生，高级工程师。现任天津市房地产发展(集团)股份有限公司董事、副总经理。曾任股份公司第四开发经营公司经理。

郭乃勤，男，49岁，中共党员，大学文化，高级政工师。现任天津市房地产发展(集团)股份有限公司董事，天津市药材集团公司党委书记。曾任天津市药材集团公司党委副书记。

欧阳勇，男，54岁，中共党员，大专文化，高级会计师。现任天津市房地产发展(集团)股份有限公司董事，中国诚通金属集团总会计师。曾任中国黑色金属材料华北公司副总经理、中国黑色金属材料总公司总会计师。

白小龙，男，47岁，中共党员，大专文化，高级经济师。现任天津市房地产发展(集团)股份有限公司董事、中国农业生产资料集团公司实业管理部经理。曾任中国农业生产资料集团公司副处长。

白雅文，女，45岁，中共党员，大学文化，会计师。现任天津市房地产发展(集团)股份有限公司董事，深圳市建鹏达房地产开发有限公司副总经理。曾任中国投资银行干部、深圳建鹏达房地产开发有限公司计财部经理。

沈同忠，男，46岁，中共党员，大学文化，工程师。现任天津市房地产发展(集团)股份有限公司董事、华泰证券有限责任公司经纪业务部总经理。曾任中国人民解放军总参51所技术参谋、南京军区司令部工程师。

(二)监事会成员

李建国，男，59岁，中共党员，大专文化，高级政工师。现任天津市房地产开发经营集团有限公司董事长、党委书记、天津市房地产发展(集团)股份有限公司监事会召集人。1985年5月—1996年1月任天津市房管局党委副书记。

陈作石，男，56岁，中共党员，在职研究生，高级政工师。现任天津市房地产开发经营集团有限公司党委副书记、纪委书记、工会主席、天津市房地产发展(集团)股份有限公司监事会副召集人。徐建中，男，53岁，中共党员，在职研究生，政工师。现任天津市房地产发展(集团)股份有限公司监事、监察审计部部长。曾任天津市开发经营集团监察审计室副主任、主任、总经理办公室主任。

崔文亮，男，51岁，在职研究生，高级政工师。现任天津市房地产发展(集团)股份有限公司监事、劳动人事部部长。

许成斌，男，54岁，中共党员，大学文化。现任天津市房地产发展(集团)股份有限公司监事、深圳裕田实业股份有限公司董事长、总经理。曾任深圳市工业办公室科长、深圳市经发局企管处处长。

(三)高级管理人员

乔小明，男，47岁，中共党员，在职研究生，高级工程师。现任天津市房地产发展(集团)股份有限公司总工程师。曾任公司工程部副部长、公司建筑设计院院长、欣苑公司经理。

秦鸣，男，58岁，中共党员，大专文化，会计师。现任天津市房地产发展(集团)股份有限公司总会计师兼财务部部长。

陈长来，男，47岁，中共党员，在职研究生，高级政工师。现任天津市房地产发展(集团)股份有限公司董事会秘书，兼证券部部长。曾任天津市委党校讲师。

上述本公司董事、监事和高级管理人员均为我国公民。

(四)公司董事、监事、高级管理人员和核心技术人员持股情况

1、截止本次股票上市前，本公司上述人员持股情况如下表：

姓名	任职情况	发行前持有股数(股)	发行前持股比例(%)	发行后持股比例(%)
吴延龙	董事长	0		
靳维平	董事总经理	5000	0.0016%	0.00118%
张建台	董事副总经理	0		
刘巨友	董事副总经理	0		
李国富	董事副总经理	3000	0.00096%	0.000708%
王宏彬	董事副总经理	3000	0.00096%	0.000708%
白小龙	董事	0		
郭乃勤	董事	0		
白雅文	董事	0		
欧阳勇	董事	2500	0.0008%	0.00059%
沈同忠	董事	0		
李建国	监事会召集人	0		
陈作石	监事	5500	0.0018%	0.0013%
徐建中	监事	8000	0.0026%	0.0019%
崔文亮	监事	8000	0.0026%	0.0019%
许成斌	监事	12000	0.0038%	0.00283%
乔小明	总工程师	8500	0.0027%	0.00118%
秦鸣	财务总监	0		

陈长来　董秘　　　　0

截止本上市公告书发布之日，本公司董事、监事、高级管理人员未持有本公司其他关联企业的股份，按照《中华人民共和国公司法》第147条及本公司章程规定，公司董事、监事、高级管理人员持有的本公司内部职工股自新股发行之日起三年内不能上市流通，同时在任职期间和期满后半年时间内不得出售个人持有的本公司股票。

2、家属持股　本公司无董事、监事、高级管理人员的配偶或未满18岁子女持有股份公司股票。

3、法人持股　　本公司无董事、监事、高级管理人员能够直接控制或间接控制，也无本公司董事、监事、高级管理人员透过其亲属能够直接控制或间接控制的法人发行前持有本公司股票。

(五)本公司目前尚未设置认股权。

第七节　　同业竞争与关联交易

(一)同业竞争

经管本公司与本公司控股股东(集团公司)工商营业执照的"营业范围"中均有房地产业务，但本公司控股股东未实际从事房地产开发业务，因此不存在同业竞争。

(二)关联方

本公司的"关联方"指本公司控股子公司或参股子公司、本公司控股股东及其控股或参股的企业、本公司控股股东及主要股东的对公司有实质影响的法人或自然人、关键管理个人。本公司董事会按照其关系的实质，对本公司存在控制或影响的关联事项皆作了披露。

1、本公司控股子公司或参股子公司(持股权在15%以上)的关联方

本公司控股子公司或参股子公司包括：天津吉利大厦有限公司、天津凯银房地产开发有限公司、天津华升房地产发展有限公司、天津市华学房地产经营有限公司、天津瑞巨贸易发展有限公司、天津市华驰商贸有限责任公司、天津市凯发汽车技术维护有限公司、天津市华旺物业管理有限公司、天津市钜贵物业发展有限公司、天津泽达房地产开发有限公司、天津华昌房地产经营有限公司、天津市华新房地产开发有限公司、天津市华富宫大饭店有限责任公司、天津凯源房地产发展有限公司、林克森?华澳(天津)房地产开发有限公司、天津凯华房地产开发有限公司、天津华钜餐饮娱乐有限公司、华伟装饰工程(天津)有限公司、天津市平山物业管理有限公司。

2、本公司控股股东及其控股或参股的企业

本公司控股股东及其控股或参股的企业包括天津市房地产开发经营集团有限公司、天津市建发物业发展公司、深圳市津华实业发展有限公司、天津市天房物业管理有限公司(天津市房地产开发经营集团有限公司持有其60%股权，本公司持有其40%股权)、天津市华富宫大饭店有限责任公司(天津市房地产开发经营集团有限公司持有其57.54%股权，本公司持有其42.46%股权)。

关联方有关情况介绍见天津市房地产发展(集团)股份有限公司招股说明书"第四章、发行人基本情况"。

(三)关联交易

1、租赁业务

(1)《土地使用权租赁合同》　1999年10月31日股份公司与集团公司签订《土地使用权租赁合同》。集团公司将其以出让方式取得的五宗地的国有土地使用权租赁给本公司使用，本公司分别租用座落于天津市和平区常德道80号、和平区重庆道4号、河西区友谊路增进道22号、南开区红旗南路251号(二宗)的五宗地所对应的土地使用权，土地面积分别为1522.5平方米、1580.7平方米、338.2平方米、1439.7平方米、1694.7平方米，本公司每年向集团公司缴纳土地租金，五宗地的国有土地使用权年租金为人民币13120.4元人民币，土地租金自1999年12月1日起算，每季末缴纳一次，双方同意如在租赁期内，在市场价格发生较大变动时，共同进行协商，如一致达成新的价格，则双方将按新的价格另行制定合同，按新合同继续租赁。五宗地的土地使用权出租年限为20年，自1999年12月1日起至2019年11月30日止。

(2)《房屋(办公场所)租赁合同》1999年9月30日公司与集团签订《房屋(办公场所)租赁合同》。本公司同意将产权属于自己的办公场所—天津市和平区常德道80号部分房屋出租给天津市房地产开发经营集团有限公司使用，租赁面积1450平方米，租赁期限为20年，从1999年12月1日起至2019年11月30日，租金每月24元/平方米，共计年租金417600元，交纳期限为每季末交纳一次。

(3)《房屋租赁合同》　股份公司于1999年10月29日与天津华钜餐饮娱乐有限公司(以下简称"华钜餐饮公司")租用本公司位于天津河西区台儿庄路51号房屋签订《房屋租赁合同》。租赁面积2500平方米，租期三年，自1999年12月1日起至2002年11月30日止，年租金50万元人民币，每年末交纳租金一次。

2、资产交易

本公司与集团公司于1999年11月30日签订《资产置换协议》，经双方协商就两家公司之间的资产购买行为达成协议。《资产置换协议》中的资产交易行为已得到天津市国有资产管理局的批准，有关资产置换的具体内容如下：

(1)经天津市国有资产管理局津国资(1999)249号文批准，集团公司用部分国家股红利收购本公司6770万元债权，包括对宏利轧钢厂债权1000万元、对天津轧钢四厂债权900万元、对华宜针织有限公司债权215万元、对华宜制衣有限公司债权1130万元、对天津市大申针织厂债权305万元、对天津市振华医用材料厂的债权540万元、对天津市中实房地产发展公司债权800万元、对天津市大港钢窗厂的债权700万元、对天津市河北区三通家电经营部的债权1180万元。

本次债权置换未产生收益。

(2)经天津市国有资产管理局津国资(1999)250号文批准，集团公司用部分国家股红利收入2000万元收购本公司持有的北洋(天津)物产集团有限公司2100万元股权。

该次股权转让未产生投资收益。

(3)天津市国有资产管理局以津国资(1999)251号文件下达"关于对天津市房地产开发经营集团有限公司将用部分国家股分红收入与其控股子公司天津市房地产发展(集团)股份有限公司部分资产进行置换请示的批复"，该批复同意天津市房地产开发经营集团有限公司用国家股分红收入收购公司所持有的天津市建发物业发展公司及深圳津华实业发展有限公司的全部股权，以经资产评估确认的价值为收购价格。根据天津市国有资产管理局津评国资评(1999)369号和370号文件，天津市房地产开发经营集团有限公司用国家股红利收购本公司持有的天津市建发物业发展公司价值727万元和深圳津华实业发展有限公司价值575万元的全部股权。本次股权置换产生本公司产生投资损失1019万元(其中建发物业投资损失267万元，津华实业投资损失752万元)，已在本公司1999年度列入投资损失。

1999年12月30日，公司第一次临时股东大会通过决议："授权董事会在公开发行人民币普通股股票(A股)前，有权对规模在1.5亿元人民币以下资产进行处置"。根据1999年第一次临时股东大会的决议，公司三届四次董事会通过了关于"同意天津市房地产发展(集团)股份有限公司向天津市房地产开发经营集团有限公司出让天津市建发物业发展公司和深圳津华实业发展有限公司全部股权的决议"。公司1999年度财务决算报告对两次资产置换造成的投资损失进行了披露，该财务决算报告已获得1999年度股东大会审议通过。

综上，对两次资产置换造成投资损失的事宜，本公司已履行了合法法律程序，且已充分征询了公司股东的意见。上述资产置换过程经公司律师核查验证。

以上本公司与集团公司的资产交易未产生债权或股权转让收益。

以上三项资产交易的行为已得到本公司1999年度第二次临时股东大会和本公司三届四次董事会的审议通过。发行人律师核查验证：发行人已完成了上述资产置换必要的法律手续，其履行的程序合法有效。

3、合资成立物业公司

公司于1999年10月28日与集团公司签订《意向书》，因为公司与集团公司都有从事物业管理的业务，为避免同业竞争，双方同意在2000年5月前将各自物业管理业务进行合并，共同组建一家物业管理有限责任公司。根据该意向书，双方已于2000年6月14日成立了天津市天房物业管理有限公司，注册资本500万元，其中集团公司出资300万元，本公司出资200万元，法定代表人甄诚。

4、合作建房

(1)《万德花园合作建房协议书》

本公司于1999年10月31日与天津华升房地产发展有限公司(以下简称"华升公司")签订《万德花园合作建房协议书》，本公司负责项目的投资，华升公司负责工程运作及销售，待工程结束后由双方按实际投入该项目的资金进行利润分配。由于从2000年起，华升公司已成为本公司的控股子公司，纳入合并报表范围，本公司对华升公司项目的投资已形成存货反映。

(2)本公司与林克森公司的合作建房协议

1999年1月5日，本公司与天津市天鼎纺织集团有限公司(原天津市棉纺六厂)签定《合作开发协议书》，共同开发位于天鼎公司厂区内南部共63亩(实际用地以天津市土地局核定的用地面积为准)的地块，本公司与天津市天鼎纺织集团有限公司(原天津市棉纺六厂)采取合作建房方式，天鼎公司以土地使用权出资，本公司投入建设资金并负责开发建设，天鼎公司与本公司按4:6的比例以商品房实物分房。

2000年6月30日，本公司与林克森.华澳(天津)房地产开发有限公司签定《"欣海苑"一期项目协议书》，共同开发位于河西区棉纺六厂厂区内的"欣海苑"一期项目。该协议主要内容如下：

△林克森公司参与投资"欣海苑"一期项目，该项目位于河西区棉纺六厂厂区内(实际用地面积以市土地局核定的用地面积为准)。

△本公司与林克森以1:1进行投资，项目完成后双方以1:1比例分配利润。

△林克森公司承认本公司与天津市天鼎纺织集团有限公司(原天津市棉纺六厂)于1999年1月5日签定的合作开发协议书，且同意受该协议书条款的约束，并保证林克森公司享有的权益不违反本公司与棉六厂方所签协议书的规定。

5、本公司与关联公司在资金上的往来(截止2000年12月31日)　　　　单位：元

企业名称	公司其他应收款	其他应付款	应收帐款	公司应付帐款	公司预付帐款
天津市房地产开发经营集团有限公司	972,478.09				
林克森·华澳(天津)房地产开发有限公司		7,246,525.00			
天津市凯发汽车技术维护有限公司	66,706.77	18,861.62			
华伟装饰工程(天津)有限公司		1,500,000.00			3,098,188.34
天津凯华房地产开发有限公司	1,700,000.00		113,858.50		
天津市平山物业管理有限公司	84,500.00	133,447.01		100,000.00	
天津华钜餐饮娱乐有限公司	4,972,484.00	197,700.00			128,011.00
天津华新房地产开发有限公司	1,348,618.00	3,200,000.00			
天津市建发物业发展公司	14,751.50	4,416,406.56			
深圳市津华实业发展有限公司	1,613,873.83	333,938.02			
天津凯源房地产发展有限公司	2,399,694.00				
天津市天房物业管理有限公司		5,000,000.00			
合计	13,173,106.19	22,046,878.21	113,858.50	100,000.00	3,226,199.34

注：上述资金之间的关联交易均是本公司与本公司控股公司、本公司控股子公司、参股公司之间的不可避免的经济业务往来，主要内容是一种暂时垫付或回收的资金。由于本公司与上述表格内的关联公司存在控制及被控制、参股关系的制约，因此公司可以对这些经济业务的发生及清理实施控制，不会产生坏帐的风险，本公司将加快这种资金往来的清理并尽可能减少这种暂时垫付或回收的经济业务。

(四)发行人律师、主承销商的意见

发行人律师对公司所披露的关联方、关联关系、关联交易进行了核查验证，认为已对发行人的关联方、关联关系、关联交易了以了充分披露。根据发行人律师出具的"关于天津市房地产发展(集团)股份有限公司发行社会公众股及上市的法律意见书"，该律师认为：A、关联交易不存在损害发行人及其股东利益的内容。B、关联交易协议是按照市场价格签订的，发行人已采取必要的措施对小股东的利益进行了保护，关联交易协议是公平的、合法的。根据天津市建发物业发展公司(以下简称建发物业)的营业执照，该公司有房地产业务，但建发物业的股东已作出承诺，今后将不以任何方式直接或间接从事于发行人相同、雷同或交叉之相竞争的任何业务活动。

本次发行主承销商认为：公司已全面披露了关联方、关联关系和关联交易。上述关联交易，均在自愿、平等的基础上，按照市场原则已签定了关联交易合同，关联交易公平、合法，并采取了必要的措施对中小股东的利益进行保护。经核查验证，未发现存在损害发行人及其中小股东利益的情形。发行人关联交易的决策程序合法有效，不存在纠纷和潜在的法律风险。

第八节　　财务资料

本公司聘请天津五洲联合合伙会计师事务所对公司2001年1—6月的财务报表进行了审计，出具了无保留意见的审计报告。

截止2001年12月31日本公司的有关财务会计资料，已于2001年7月30日在《中国证券报》、《上海证券报》和《证券时报》上刊登的《招股说明书摘要》中进行披露，相同内容在此不再重复。欲了解本公司经审计的财务报表及主要财务指标的详细内容，敬请投资者查阅上述报纸或在上海证券交易所网站(http://www.sse.com.cn)查阅《招股说明书》全文。本上市公告书仅对公司2001年1—6月份的财务资料进行补充披露。以下财务资料引自天津五洲联合合伙会计师事务所五洲会字[2001]1—0217号审计报告。

(一)审计报告　审计报告　五洲会字[2001]1—0217号

天津市房地产发展(集团)股份有限公司全体股东：

我们接受委托，审计了贵公司2001年6月30日的资产负债表及合并资产负债表，2001年1-6月的利润及利润分配表和合并利润及利润分配表以及2001年1-6月的现金流量表和合并现金流量表。这些会计报表由贵公司负责，我们的责任是对这些会计报表发表审计意见。我们的审计是依据中国注册会计师独立审计准则进行的。在审计过程中，我们结合贵公司实际情况，实施了包括抽查会计记录等我们认为必要的审计程序。

我们认为，上述会计报表符合《企业会计准则》、《企业会计制度》和《合并会计报表暂行规定》及其有关的补充规定，在所有重大方面公允地反映了贵公司2001年6月30日财务状况和2001年1-6月的经营成果及现金流量，会计处理方法的选用遵循了一贯性原则。

天津五洲联合合伙会计师事务所　　　　中国注册会计师：侯杏倩

中国　　天津　　　　　　　　　　　　中国注册会计师：张昆

2001年8月24日

(二)主要财务报表(见附表)

(三)天津市房地产发展(集团)股份有限公司会计报表附注

财务报表附注

2001 年 6 月 30 日

一、公司简介

天津市房地产发展(集团)股份有限公司(以下简称公司或本公司),创建于 1981 年,前身为天津市政府住宅统一建设办公室,后改建为天津市建设开发公司,1988 年 1 月在建设开发公司的基础上,组建了天津市房地产开发经营集团,是天津市最早成立的房地产综合开发企业。1992 年 5 月 30 日经天津市经济体制改革委员会以津体改委字(1992)33 号文批准,实行股份制试点,更名为天津市房地产发展(集团)股份有限公司,并经中国人民银行天津市分行津银金(1992)479 号文件批复,通过定向募集的方式向法人单位和内部职工发行股票,正式改组为股份有限公司,成为天津市第一批股份制试点企业之一,1999 年经天津市人民政府以津股批(1999)8 号文件批复,公司注册资本由 627,414,835.00 元按 50%比例进行缩减,缩减后的股本为 313,707,417.00 元。公司是天津市首家以房地产为主,贸易流通为辅的大型企业集团,其经营范围为房地产开发及商品房销售、危房改造、基础设施建设、建筑设计、物业管理、咨询、商业(内贸)、物资供销及仓储业、货物运输等。截止 2001 年 6 月 30 日,公司净资产为 1,064,085,206.78 元,其中股本为 313,707,417.00 元。

二、公司采用的主要会计政策、会计估计及合并会计报表的编制方法

1、会计制度　公司原执行《股份有限公司会计制度》及其补充规定,2001 年起执行《企业会计制度》及其补充规定。

2、会计期间　公司采用公历制,即每年 1 月 1 日起至 12 月 31 日止。本报告所载财务资料的会计期间为 2001 年 1 月 1 日至 2001 年 6 月 30 日止。

14、收入确认原则及方法

根据《企业会计准则-收入》规定,"商品销售,公司已将商品所有权上的重要风险和报酬转移给买方,公司不再对该商品实施继续管理权和实际控制权,相关的收入已经收到或取得了收款的证据,并且与销售该商品有关的成本能够可靠的计量时,确认营业收入的实现"。

公司结合房地产行业特点,对各类业务收入具体确认原则和方法:

(1)主营业务收入:

1)转让、销售土地和商品房:在取得预售许可证后开始预售,预售商品房所取得价款,先作为预收帐款管理,商品房竣工验收办理移交手续,并将发票结算帐单提交给买主时,确认为营业收入的实现;

2)分期付款方式销售土地和商品房:按合同规定的收款时间和数额,根据实际收入的款项确定为营业收入的实现,同时,按开发产品全部销售成本占全部销售收入的比率计算本期应结转销售成本。

3)出售自用房屋:视同销售产品,按照财务规定做帐务处理;

4)对接受委托为对方代建房屋或其他工程,在工程竣工验收办妥交接手续,开具"代建工程价款结算帐单",经委托单位签证认可后,确认为营业收入的实现;

5)物业出租收入:按合同或协议约定的承租方付租日期和金额,确认为营业收入的实现;

15、所得税的会计处理方法公司采用应付税款法核算本期应交所得税。

16、合并会计报表的编制方法

(1)对控股子公司编制合并报表采用的方法:按照《合并会计报表暂行规定》及财政部《关于合并会计报表合并范围请示的复函》的要求,公司将拥有其超过半数以上(不含半数)权益性资本的被投资企业或有权控制该企业的财务和经营政策的被投资企业,纳入合并会计报表的范围。公司对本部及内部核算单位的会计报表采取汇总方式编制,在汇总过程中,除对公司内部往来项目相互抵销外,其余帐项逐一加总形成公司会计报表;合并会计报表以公司和纳入合并范围的控股子公司对其权益性投资项目的数额,与子公司所有者权益中母公司所持有的份额以及母公司与并表单位之间的往来项目相互抵销,在此基础上合并各项目进行编制。根据上述文件要求,不需合并的未予合并。

(2)对合作开发项目编制合并报表采用的方法:对合作开发项目,公司不按项目单独设立控股公司或参股公司,因此不存在对合作开发项目需编制合并报表,公司与外单位签定项目开发合同以及合资开发项目,按照《财政部关于发布〈房地产企业财务管理若干问题的补充规定〉的通知》要求进行帐务处理,公司、分公司或控股子公司发生房地产开发合作项目时,按下列方法进行帐务处理:

①与房地产开发企业之间签订项目开发合同、合资开发项目合同,项目开发合同中规定按投资比例分配项目开发产品的,公司或控股公司作为主办单位的,收到投资各方开发资金作应付帐款管理,按投资额比例分配项目利润的,收到投资各方开发资金作预收帐款管理。

②与其他无房地产开发经营权的单位签订合资开发项目合同,合同中规定属于分配按各方出资比例分配项目开发产品的,收到投资额时作预收帐款管理。合同中规定按各方投资比例分配项目利润的,收到投资各方开发资金按预收帐款管理。

③与土地方合作开发项目,按土地约定的价值计入开发成本,有关工程成本的结转与营业收入的核算,按《企业会计制度》规定进行日常核算。

凡符合合并会计报表范围的子公司,无论有无合作开发项目,均按《合并会计报表暂行规定》进行编制合并会计报表。

三、执行新会计制度及其补充规定对公司 2000 年度财务状况和经营成果的影响:

公司原执行《股份有限公司会计制度》及其补充规定,根据财政部财会字(2000)25 号文《关于印发'企业会计制度'的通知》、财会字(2001)17 号文《关于印发贯彻实施〈企业会计制度〉有关政策的规定的通知》等文件的规定,公司从 2001 年 1 月 1 日起执行《企业会计制度》及其补充规定。会计政策变更及影响说明如下:

1、期末固定资产原按账面净值计价,现改为按固定资产净值与可收回金额孰低计价,对可收回金额低于账面价值的差额,计提固定资产减值准备。

2、期末在建工程原按实际成本计价,现改为按在建工程账面价值与可收回金额孰低计价,对可收回金额低于账面价值的差额,计提在建工程减值准备。

3、期末无形资产原按实际成本计价,现改为无形资产账面价值与可收回金额孰低计价,对可收回金额低于账面价值的差额,计提无形资产减值准备。

4、期末委托贷款原按实际成本计价,现改为按委托贷款账面价值与可收回金额孰低计价,对可收回金额低于账面价值的差额,计提委托贷款减值准备。

5、开办费原自生产经营当月起 5 年平均摊销,现改为在生产经营当月起一次计入当期损益。

经公司董事会认真核查,上述会计政策变更 1---- 4 所列各项资产尚未出现可收回金额低于账面价值的现象,因此未计提减值准备;上述会计政策变更 5 项已采用追溯调整法,调整了期初留存收益及相关项目的年初数。2000 年度的利润表及利润分配表的有关项目,已按调整后的数字填列。上述会计政策变更累计影响数为-2,532,066.24 元,其中因开办费核算方法的变更的影响数为 2,532,066.24 元,由于政策变更调减了 2000 年度净利润 2,532,066.24 元,调减了 2001 年期初留存收益 2,532,066.24 元,其中:盈余公积调减 2,532,066.24 元。

四、税项:

公司主要税种和税率如下:

(1)所得税:以应纳税所得额为基数按国家税务部门确定的比例税率 33%计算缴纳;控股子公司按国家税务部门确定的比例缴纳;

公司 2001 年按照天津市财政局津财税政(2001)4 号文件规定:按 33%税率缴纳企业所得税,由市财政按相当于 18%税率计算的所得税额予以返还。由于上半年市财政局未正式返还税款,因此公司实际税负为 33%。

(2)营业税:公司按房地产开发收入(扣除按规定允许扣除的配套费)、租金及建筑设计收入等 5%的税率计算缴纳;

(3)增值税:公司材料、物资销售,按销售收入 17%的税率计算当期销项税额,扣除按规定允许在当期抵扣的进项税后缴纳;

(4)城建税、教育费附加及防洪工程维护费:公司分别按实际缴纳流转税额的 7%、3%和 1%计算缴纳;

(5)房产税:公司按资产租金收入的 12%缴纳。

五、公司所控制的子公司及合营企业:

1、2001 年 6 月底纳入合并报表范围的:

单位名称	注册资本	投资金额	投资比例
天津华升房地产发展有限公司	50,000,000.00	31,375,000.00	62.75%
天津吉利大厦有限公司	66,618,000.00	51,259,500.00	75.00%
天津市华学房地产经营有限公司	2,000,000.00	1,950,000.00	97.50%
天津市华驰租赁有限公司	3,000,000.00	2,700,000.00	90.00%
天津瑞巨贸易发展有限公司	2,000,000.00	1,800,000.00	90.00%
天津市钜贵物业发展有限公司	500,000.00	450,000.00	90.00%
天津凯银房地产开发有限公司	99,397,500.00	59,638,500.00	60.00%
天津市华旺物业管理有限公司	500,000.00	400,000.00	80.00%
天津华昌房地产开发经营有限公司	25,719,315.00	12,250,000.00	49.02%
天津市工建房地产联合发展有限公司	5,000,000.00	3,000,000.00	60.00%
天津泽达房地产开发有限公司	41,386,000.00	20,279,140.00	49.00%

续上表:

单位名称	经营范围
天津华升房地产发展有限公司	房地产开发、建设、销售及材料销售
天津吉利大厦有限公司	房地产开发、建设、销售、物业管理,餐饮娱乐等。
天津市华学房地产经营有限公司	房地产租赁、经营;商品房销售等。
天津市华驰租赁有限公司	场地租赁、餐饮、娱乐、室内装修等。
天津瑞巨贸易发展有限公司	商业、物资供销业批发、兼零售、室内外装饰等。
天津市钜贵物业发展有限公司	物业管理,商品房销售。房地产开发、销售等。
天津凯银房地产开发有限公司	房地产开发、销售、咨询等。
天津市华旺物业管理有限公司	物业管理、室内外装饰等。
天津华昌房地产开发经营有限公司	房地产开发建设、销售,装饰材料和建筑材料的开发、生产、销售,有关房地产工程的咨询服务等
天津市工建房地产联合发展有限公司	房地产开发、商品房销售
天津泽达房地产开发有限公司	房地产开发、销售等。

2、2001 年 6 月底未纳入合并报表范围的:

单位名称	注册资本	投资总额	投资比例	经营范围	库存商品
天津市凯发汽车技术维护有限公司	600,000.00	540,000.00	90.00%	汽车修理;配件零售兼批发。	库存材料

该公司由于资产总额、营业收入及当期净利润额三项指标低于财政部财会二字(1996)2 号《关于合并会计报表合并范围请示的复函》文件规定的重要性标准,故未纳入合并报表范围。

八、关联方关系及交易

(一)存在控制关系的关联方:

(二)存在控制关系的关联方的注册资本及变化:

企业名称	期初数	本年增加	本年减少	期末数
天津市房地产开发经营集团有限公司	540,080,000.00			540,080,000.00
天津华升房地产发展有限公司	50,000,000.00			50,000,000.00
天津吉利大厦有限公司	66,618,800.00			66,618,800.00
天津市华驰租赁有限公司	3,000,000.00			3,000,000.00
天津凯银房地产开发有限公司	99,397,500.00			99,397,500.00
天津瑞巨贸易发展有限公司	2,000,000.00			2,000,000.00
天津市凯发汽车技术维护有限公司	600,000.00			600,000.00
天津市华旺物业管理有限公司	500,000.00			500,000.00
天津市钜贵物业发展有限公司	500,000.00			500,000.00
天津市泽达房地产开发公司	41,386,000.00			41,386,000.00
天津市工建房地产联合发展有限公司	5,000,000.00			5,000,000.00
天津华昌房地产开发经营有限公司	25,719,315.00			25,719,315.00
天津市华学房地产经营有限公司	2,000,000.00			2,000,000.00

2、租赁业务:

(1)公司与控股公司—天津市房地产开发经营集团有限公司于 1999 年 9 月 30 日签订了《办公用房租赁合同》,公司同意将属于自己的房屋的一部分即 1450 平方米(B 楼)出租给该公司使用,租赁期限为 10 年,即从 1999 年 12 月 1 日起至 2009 年 11 月 30 日止。公司每年应收租金 417,600.00 元。

(2)公司与控股公司—天津市房地产开发经营集团有限公司于 1999 年 10 月 31 日签订了《土地使用权租赁合同》,公司同意承租该公司部分土地即 6575.8 平方米地块的使用权,承租年限为 10 年,即从 1999 年 12 月 1 日起至 2009 年 11 月 30 日止。公司每年应缴纳租金 13,120.40 元。

(3)公司与参股公司—天津华钜餐饮娱乐有限公司于 1999 年 10 月 29 日签订了《房屋租赁合同》,公司同意将产权属于自己的房屋—天津市河西区台儿庄路 51 号 2500 平方米,出租给该公司使用,租赁期限为三年,即自 1999 年 12 月 1 日起至 2002 年 11 月 30 日止。公司每年应收租金为 500,000.00 元。

八、或有事项:

本公司无应披露未披露的或有事项。

九、承诺事项:

公司在审计报告出具之前并无牵涉任何重大的诉讼、仲裁或被行政处罚事件;据公司董事会成员所知,公司亦无任何未了结或面临威胁之重大诉讼、仲裁或被行政处罚的情况。

十、资产负债表日后事项:

根据中国证券监督管理委员会证监发行字[2001]50 号《关于核准天津市房地产发展(集团)股份有限公司公开发行股票的通知》,公司利用上海证券交易所交易系统,于 2001 年 8 月 6 日采用上网定价发行方式向社会公开发行人民币普通股股票 11000 万股。

按照国务院颁布的《减持国有股筹集社会保障资金管理暂行办法》的规定和财政部财企便函[2001]72 号《关于天津市房地产发展(集团)股份有限公司国有股存量发行有关问题的函》,同意按公司本次融资额的 10%减持国有股 1100 万股,减持后国有股由 189,457,417 股减为 178,457,417 股,公司本次共计向社会公众发行人民币普通股股票 12100 万股。

2001 年 8 月 13 日公司董事会形成修改《公司章程》的决议,修改后的章程规定,公司注册资本由人民币 313,707,417 元变更为人民币 423,707,417 元,公司经批准变更后股本总额为 423,707,417 元,其中:国家股 178,457,417 元,占总股本的 42.12%;募集法人股 50,468,500 元,占总股本的 11.91%;内部职工股 73,781,500 元,占总股本的 17.41%;社会公众股 121,000,000 元,占总股本的 28.56%。

十一、其他重要事项:

1999 年 1 月 5 日,公司与天津市天鼎纺织集团有限公司(天津市棉纺六厂)签订《合作开发协议书》,共同开发位于天鼎公司厂区内南部共 63 亩(实际用地以天津市土地局核定的用地面积为准)的地块。该合作协议规定:天鼎公司以土地使用权出资,本公司投入建设资金并负责开发建设,天鼎公司与本公司按 4:6 的比例以商品房实物分房。2000 年 6 月 23 日,公司与参股子公司—林克森.华澳(天津)房地产开发有限公司签订《协议书》,协议约定林克森.华澳(天津)房地产开发有限公司参与开发位于河西区棉纺六厂厂区内的"欣海苑"一期项目,双方 1:1 进行投资,项目完成后以 1:1 比例分配利润;按协议规定公司应投资 1143 万元,由林克森.华澳(天津)房地产开发有限公司相应投入资金 1143 万元后,双方根据资金计划并结合工程进度对等投入,林克森.华澳(天津)房地产开发有限公司对公司与天鼎公司的开发协议书认可,并保证自身享有的利润不违反本公司与天鼎公司(原

棉纺六厂)所签协议书的规定,只限于对公司合作部分应享有的权益的分配。

(四)盈利预测数据

本公司对2001年公司的盈利情况进行了预测,并委托天津五洲联合合伙会计师事务所以五洲会字(2001)第3—0063号盈利预测审核报告对预测结果予以审核,预计2001年度本公司将完成主营业务收入86003.21万元,实现利润总额12084.32万元,净利润7997.15万元。

第九节 其他重要事项

1、本公司股票首次公开发行后至本上市公告书公布之日,本公司严格依照《公司法》、《证券法》等法律法规的要求,规范运作,生产经营情况正常;所处行业、市场无重大变化;主要业务发展目标的进展状况正常,主要投入产出、供求关系及市场价格无重大变化。

2、在上述期间内,本公司未发生重大投资行为、无重大资产(或股权)的收购、出售行为。

3、在上述期间内,本公司住所未发生变更,无重大诉讼、仲裁案件,未发生重大会计政策和会计师事务所的变动,未发生新的重大负债并且重大债项未发生变化。

4、根据本公司2001年6月29日召开的2000年年度股东大会决议,本公司2000年可供分配利润64,404,291.08元。以2000年末总股本313707417股为基数,向全体股东每10股派发现金红利1元(含税),共计31,370,741.70元,结余未分配利润37,843,825.90元。

5、根据公司1999年度第二次临时股东大会的决议,发行A股股票当年形成的利润将由公司新老股东共同享有。预计本次股票发行后,公司首次股利分配将于发行后首个盈利年度结束后6个月内进行,只分配一次。

6、依据《上海证券交易所股票上市规则》,本公司第一大股东天津市房地产开发经营集团有限公司已向上海证券交易所承诺,自发行人股票上市之日起12个月内,不转让所持有的发行人股份,也不由上市公司回购其持有的股份。

7、本公司于2001年6月29日召开2000年度股东大会,审议通过了《荆树明、程桂林不再担任公司董事》的议案,根据该议案,荆树明、程桂林不再担任本公司董事,本公司没有增选新董事。

8、除本公司招股说明书及其摘要和本上市公告书披露的事项外,本公司董事会认为没有其他对本公司资产、负债及股东权益有较大影响的重要事项。

第十节 董事会上市承诺

本公司董事会承诺将严格遵守《中华人民共和国公司法》、《中华人民共和国证券法》、《股票发行与交易管理暂行条例》、《公开发行股票公司信息披露实施细则》、《上海证券交易所上市规则》和其它有关法律、法规的规定,并自股票上市之日起作到:

(一)承诺真实、准确、完整、公允和及时地公布定期报告,披露所有对投资者有重大影响的信息,并接受中国证监会、证券交易所的监督管理;

(二)承诺本公司在知悉可能对股票价格产生误导性影响的任何公共传播媒介中出现的消息后,将及时予以公开澄清;

(三)本公司董事、监事、高级管理人员将认真听取社会公众的意见和批评,不利用已获得的内幕消息和其他不正当手段直接或间接从事发行人股票的买卖活动;

(四)发行人没有无记录的负债。依据《上海证券交易所股票上市规则》,本公司全体董事、监事将按照有关规定,在本公司股票上市后两个月内签署《董事(监事)声明及承诺书》并送达上海证券交易所备案。

第十一节 上市推荐人及其意见

本公司聘请广发证券股份有限公司(以下简称"广发证券")担任本公司本次发行的12100万股A股股票的上市推荐人。上市推荐人的基本情况和推荐意见如下:

(一)上市推荐人　名称:广发证券股份有限公司　法定代表人:陈云贤

地址:广州市天河北路183号大都会广场41楼　邮编:510075

联系电话:010--68083328　传真:010--68083351　联系人:钮华明、毛晓岚

(二)推荐意见

本公司上市推荐人认为,本公司章程符合《中华人民共和国公司法》、《中华人民共和国证券法》及《上海证券交易所股票上市规则》等法律、法规和中国证监会的有关规定,本公司本次股票发行完全符合《中华人民共和国公司法》、《中华人民共和国证券法》及《上海证券交易所股票上市规则》等法律、法规和中国证监会的有关规定,已具备了上市条件;公司董事了解法律、法规、上海证券交易所上市规则及股票上市协议规定的董事的义务和责任;本公司建立健全了法人治理结构,制定了严格的信息披露制度与保密制度。上市推荐人已对本公司上市文件所载的资料进行了核实,认为上市文件真实、准确、完整,符合上海证券交易所的上市规定和要求,没有虚假记载、误导性陈述或者重大遗漏,并保证对其承担连带责任。上市推荐人与本公司不存在关联关系。上市推荐人愿意推荐本公司的股票在上海证券交易所上市交易,并且在上市推荐过程中,将不利用获得的内幕信息进行内幕交易,为自己和他人谋取利益。

天津市房地产发展(集团)股份有限公司

二零零一年八月三十一日

利润及利润分配表

编制单位:天津市房地产发展(集团)股份有限公司　2001年6月30日　单位:人民币元

项目	2000年	2001.1-6
一、主营业务收入	586872370.05	207846193.52
减:折扣与折让		
主营业务收入净额	586872370.05	207846193.52
减:主营业务成本	348720852.29	156647296.14
主营业务税金及附加	31308884.68	8957289.14
二、主营业务利润	206842633.08	42241608.24
加:其他业务利润	4837296.87	5752174.51
减:存货跌价损失		
营业费用	11200224.81	3531204.54
管理费用	70105546.71	17456511.82
财务费用	45528329.62	11846493.44
三、营业利润	84845828.81	15159572.95
加:投资收益	-1943556.62	23759411.83
期货损益		
补贴收入	13500000	
营业外收入	4863258.43	74158.8
以前年度损益调整		
减:营业外支出	3654361.56	194129.5
分给外单位利润		
四、利润总额	97611169.06	38799014.08
减:所得税	32953487.13	10172830.32
少数股东损益	-2194779.8	6191775.24
加:未确认的投资损失	47736.1	-30692.64
所得税返还		
五、净利润	66900197.83	22403715.88
加:年初未分配利润	29989808.05	37843825.9
六、可供分配的利润	96890005.88	60247541.78
减:提取法定盈余公积金	6690019.78	
提取法定公益金	6690019.78	
提取职工奖励福利基金		
七、可供股东分配的利润	82223267.1	60247541.78
减:应付优先股股利		
提取任意盈余公积金	13008699.5	
应付普通股股利	31370741.7	
转作股本的普通股股利		
八、未分配利润	37843825.9	60247541.78

资产负债表

编制单位:天津市房地产发展(集团)股份有限公司 2001年6月30日　单位:人民币元

资产	期初数	期末数
流动资产:		
货币资金	166857233.92	134545194.6
短期投资	12192372.58	11967908.91
减:短期投资跌价准备		
短期投资净额		
应收帐款	27624378.48	50759576.47
其它应收款	79234422.28	46493046.08
减:坏帐准备		
应收帐款净额		
预付帐款	137723549.78	157788899.15
应收补贴款		
存货	1812049088.17	1790578510.72
减:存货跌价准备		
存货净额		
待摊费用	229541.37	112939.77
待处理流动资产净损失		
一年内到期的长期债权投资		
其它流动资产	93777.86	
流动资产合计	2236004364.44	2192246075.7
长期投资:		
长期股权投资	114206075.30	102642306.15
长期债权投资	72000	72000
其它长期投资		
长期投资合计	114278075.30	102714306.15
减:长期投资减值准备		
长期投资净额		
其中:合并价差	18593666.27	15791951.64
股权投资差额	11356278.35	15467951.64
固定资产:		
固定资产原值	302157163.05	314299001.07
减:累计折旧	95629859.36	98868919.66
固定资产净值	206527303.69	215430081.41
固定资产净额	206527303.69	215430081.41
工程物资		
在建工程	19341.33	112943.16
固定资产清理	565059.33	804260.04
待处理固定资产净损失		
固定资产合计	207111704.35	216347284.61
无形及其它资产:		
长期待摊费用	2854107.24	5373647.97
其它长期资产		
无形资产及其它资产合计	2854107.24	5373647.97
资产总计:		
资产总计	2560248251.33	2516681314.43
流动负债:		
短期借款	575740000	552750000
应付票据	34000000	21000000
应付帐款	65610892.08	54823441.1
预收帐款	71587371.18	69262846.08
代销商品款		
应付工资	192261.45	171147.21
应付福利费	458999.14	-1307345.78
应付股利	64980554.56	47297305.96
应付税金	39555273.92	25694695.3
其它应交款	922966.95	589758.37
其它应付款	145438950.45	184776385.66
应付短期债券		
预提费用	125242103.38	108603352.03
一年内到期的长期负债	793605.71	35000000
流动负债合计	1124522978.82	1098661585.93
长期负债:		
长期借款	287780000	267780000
其它长期负债	21841423.97	21841423.97
长期负债合计	309621423.97	289621423.97
负债合计:		
负债合计	1434144402.79	1388283009.9
少数股东权益:		
少数股东权益	84419856.83	64313097.92
股东权益:		
股本	313707417	313707417
股本净额	313707417.00	313707417.00
资本公积金	542911944.08	542911944.08
盈余公积	147268540.83	147268540.83
其中:公益金	36938526.75	36938526.75
未确认的外资损失	-47736.1	-50237.08
未分配利润	37843825.9	60247541.78
外币报表折算差额		
股东权益合计	1041683991.71	1064085206.61
负债和股东权益总计:		
负债和股东权益总计	2560248251.33	2516681314.43

南 海 发 展 股 份 有 限 公 司

南海发展股份有限公司2000年年度报告摘要

重要提示:本公司董事会保证本报告内容不存在任何虚假记载、误导性陈述或者重大遗漏,并对其内容的真实性、准确性和完整性负个别及连带责任。

一、公司简介

1、公司的法定中文名称:南海发展股份有限公司
公司的法定英文名称:NANHAI DEVELOPMENT CO., LTD.
2、公司法定代表人:谢有智
3、公司董事会秘书:郭展全 授权代表:何伏信
地址:广东省南海市桂城南桂东路43号三楼
电话:0757-6280996 传真:0757-6328565 电子邮箱:nhfz@pub.nanhai.net.cn
4、公司注册及办公地址:广东省南海市桂城南桂东路43号 邮政编码:528200
5、公司选定的信息披露报纸:中国证券报、上海证券报、证券时报
登载公司年度报告的中国证监会指定国际互联网网址: http://www.sse.com.cn
公司年度报告备置地点:广东省南海市桂城南桂东路43号
6、公司股票上市交易所:上海证券交易所 股票简称:南海发展 股票代码:600323

二、会计数据和业务数据摘要

1、本年度主要会计数据(单位:元)

利润总额	59,088,099.26
净利润	39,798,257.54
扣除非经常性损益后的净利润	40,309,401.40
主营业务利润	68,682,719.81
其他业务利润	7,736,567.01
营业利润	59,797,580.51
投资收益	150.00
补贴收入	0.00
营业外收支净额	-709,631.25
经营活动产生的现金流量净额	72,418,412.35
现金及现金等价物净增加额	6,555,177.25

注:扣除的非经常性损益项目包括:
(1)新股发行冻结资金利息:1,250,729.82元;
(2)清理固定资产损失:-1,761,873.68元。

2、前三年主要会计数据和财务指标(单位:元)

项目	2000年	1999年	1998年	
			调整前	调整后
主营业务收入	131,675,738.73	30,044,340.06	21,510,348.25	21,510,348.25
净利润	39,798,257.54	19,198,740.13	23,683,439.36	19,529,661.97
总资产	967,967,412.94	460,439,387.22	464,239,665.70	454,699,897.98
股东权益	651,801,561.30	245,881,845.76	235,715,507.76	226,175,740.04
每股收益(全面摊薄)	0.19	0.13	0.17	0.14
每股收益(加权平均)	0.28	0.13	0.17	0.14
扣除非经常性损益后的每股收益	0.19	0.04	0.17	0.14
每股净资产	3.13	1.71	1.64	1.58
调整后每股净资产	3.07	1.71	1.60	1.53
每股经营活动产生的现金流量净额	0.35	0.23	-0.19	-0.19
净资产收益率(全面摊薄)	6.11%	7.81%	10.05%	8.63%
净资产收益率(加权平均)	14.97%	8.14%	10.71%	9.17%

3、利润表附表:

报告期利润	净资产收益率		每股收益(元)	
	全面摊薄	加权平均	全面摊薄	加权平均
主营业务利润	10.54%	25.84%	0.33	0.48
营业利润	9.17%	22.50%	0.29	0.42
净利润	6.11%	14.97%	0.19	0.28
扣除非经常性损益后的净利润	6.18%	15.17%	0.19	0.28

三、股东情况介绍

1、截止至2000年末,公司股东总数为40377户。
2、截止至2000年末,前十名股东持股情况

序号	股东名称	持股数量(股)	比例(%)
1	南海市供水集团有限公司	76,094,508	36.50
2	福建华兴信托投资公司	9,691,437	4.65
3	南海讯达实业公司	4,119,300	1.98
4	薛奇峰	3,090,000	1.48
5	曾国健	2,846,910	1.37
6	卓娇华	2,622,110	1.26
7	林淑珠	2,567,130	1.23
8	林燕玉	2,360,000	1.13
9	丁青	2,055,375	0.99
10	郭梅春	1,947,553	0.93

说明:
(1)南海市供水集团有限公司所持的股份为国有法人股。
(2)持有5%以上股份的股东所持的股份本年度内没有质押、冻结情况。

四、股东大会简介

报告期内公司召开了一次股东大会;1999年度股东大会于2000年6月30日召开,该次股东大会的决议公告已刊登在2000年7月5日《中国证券报》上。

五、董事会报告

1、公司经营情况

(1)公司所处的行业以及公司在本行业的地位:

本公司所处的行业是城镇供水等基础设施行业,目前公司在广东省南海市拥有两座水厂,综合供水能力达到每日80万立方米。

(2)公司主营业务的范围及其经营状况:

本公司的主营业务为:自来水的生产和供应,供水工程设计、安装及技术咨询,销售供水设备及相关物资;路桥及信息网络设施的投资;房地产经营。

本年度本公司依照"为社会提供优质服务,为股东创造良好效益"的经营宗旨,认真开展各项经营业务。供水方面,着重抓好安全生产、切实加强质量管理,确保优质安全供水。在水源水质有所恶化的情况下,本公司的出厂水和管网水依然保持着优良的水质,全年出厂水四大指标合格率分别达到:浊度100%、余氯99.46%、细菌总数100%、总大肠杆菌群100%,出厂水质综合合格率达99.86%;管网水四大指标合格率分别达到:浊度99.84%、余氯98.72%、细菌总数100%、总大肠杆菌群100%,管网水质综合合格率达99.64%。

在保障优质供水的同时,本公司在生产、调度、信息计量、水质监测等方面进行了多项更新改造工作,继续加强成本管理,继续实施千吨水成本考核办法,有效地控制了生产成本。本年度供水量1.14亿立方米,每千吨水电耗为241.8度,矾耗为15.63公斤,氯耗为2.52公斤。

本年度本公司利用募集资金收购了南海市第二水厂,使公司综合供水能力由原来的每日50万立方米提高到目前的80万立方米,为公司扩大生产规模、优化资源配置提供了可靠的基础。

本年度公司实现主营业务收入13167.5万元,其中水费收入12350万元,大桥收入817.5万元;全年实现利润总额5908.8万元,净利润3979.8万元。

(3)在经营中出现的问题与困难及解决方案:

随着沿江地区经济的发展,本公司自来水生产的水源水质有所恶化,这不仅增加了公司净水过程的物料消耗,也对公司的水质监测和自来水生产提出更高的要求。因应水源水质的变化,本公司加强了制水过程的质量管理和水质监测工作的力度,做好水源调查工作,及时掌握水源水质状况,一方面加强与环保部门、卫生防疫部门的联系,互相通报水源水质变化情况,防范水源污染突发事件;另一方面,努力提高公司的检测能力,积极开拓新的检验项目,目前检测能力已达62项。水厂生产部门与水质监测部门紧密配合,根据水源水质的变化及时调整生产参数,从而使公司生产的自来水保持优良水质。

2、公司财务状况

总资产报告期末比期初增加507,528,025.72元,主要原因是报告期内发行新股,同时利用募集资金整体收购了南海市第二水厂;

长期负债报告期末比期初增加4,667,218.46元,主要原因是报告期内发行新股无效申购冻结资金利息转入;

股东权益报告期末比期初增加405,919,715.54元,增加的主要原因是报告期内发行新股以及报告期实现净利润;

主营业务利润报告期比上年同期增加59,841,284.73元,主要原因是公司于1999年11月30日进行了资产重组,自1999年12月起,主营业务由重组前的以贸易为主转变为以供水、大桥为主,使主营业务利润大幅增长;

净利润报告期比上年同期增加20,599,517.41元,主要原因是本年度主营业务利润有较大幅度的增长。

3、公司投资情况

(1)报告期内募集资金使用情况

报告期内本公司公开发行了6500万股人民币普通股,每股发行价6.68元,共募集资金434,200,000元,扣除15,950,000元发行费用后净额为418,250,000元,募集资金已于2000年12月14日全部到帐。截至2000年末,募集资金的使用情况如下:

承诺投资项目	实际投资项目
投资29800万元收购南海市第二水厂	投入23054.45万元向南海市供水集团有限公司收购南海市第二水厂并用6745.55万元归还南海市第二水厂原有的贷款
投资3762.4万元扩建黄岐、盐步两区供水设施	尚未投入
投资3684.2万元扩建里水镇供水设施	尚未投入
4578.4万元补充流动资金及归还银行贷款	投入4578.4万元补充公司流动资金及归还银行贷款

说明:

1.已投资项目的进展情况:

原计划用29800万元收购南海市第二水厂,在实施收购时,第二水厂经评估的净资产值为23054.45万元,经交易双方协商,最终的收购价格确定为23054.45万元,这个收购价格比原计划少用了6745.55万元。由于本次采取整体收购第二水厂的资产及相应负债的方式进行收购,因此第二水厂原有的负债带入本公司,为降低公司的负债水平,减少财务费用,本公司用6745.55万元归还第二水厂的原有贷款。第二水厂的收购基准日为2000年12月31日,自2001年1月1日起,第二水厂的收益归本公司所有。

2.尚未投入的募集资金去向:

目前尚未投入招股说明书所承诺的拟投资项目的资金金额共7446.6万元,由于扩建黄岐、盐步两区的供水设施及扩建里水镇的供水设施的工程尚未开工,这部分资金原计划全部存放于银行,后因公司有部分短期贷款到期,考虑到存贷利率有较大的差异,若公司将巨额资金存放在银行、同时又向银行申请贷款,这样做必然白白增加公司的利息支出,使公司蒙受不必要的损失。为此,公司从目前闲置的募集资金当中暂时支取3276.05万元偿还到期的短期贷款,其余资金4170.55万元,存放在银行。

(2)报告期内非募集资金的投资情况

1.投入320万元用于公司属下桂城水厂的技术改造及辅助生产系统的技术改造,提高了生产的工艺水平和管理手段,降低了生产成本。

2.投入1090万元用于公司供水管网的改造与扩建。

4、公司生产经营环境以及宏观政策、法规未发生重大变化。

5、新年度的业务发展计划

2001年,本公司将继续以供水业务为重,大力发展主营业务,在巩固主业的基础上,积极慎重地寻求新的经济增长点,以稳步渐进的方式实施多元化发展战略,优化公司的产业结构。

在供水业务上着重抓好以下工作:

(1)严格做好质量管理和水质监测工作,确保优质安全供水。

(2)不断提高技术水平和管理手段,通过挖潜降耗,降低生产成本。

(3)做好公司下属两个水厂的综合调度工作,合理配置资源,充分发挥规模效应,提高公司效益。

6、董事会日常工作情况

（1）报告期内董事会的会议情况及决议内容

报告期内董事会共召开了两次会议，各次会议的情况如下：

1.2000年3月25日，在公司会议室召开第三届董事会第六次会议，会议审议了有关市政府收回桂城石肯大道南侧土地使用权的补偿问题。南海市人民政府因市政建设需要收回本公司位于桂城石肯大道南侧65088平方米的商住用地，同时在狮山新城区划出280亩商住用地给本公司作为补偿。经审议，董事会同意接受该补偿方案。

2.2000年5月27日，在公司会议室召开第三届董事会第七次会议，会议审议通过了如下决议：

通过1999年年度报告。

通过1999年度董事会工作报告。

通过1999年度财务决算方案及利润分配预案。

通过《关于提取坏帐准备、短期投资跌价准备、存货跌价准备、长期投资减值准备和损失处理的内部控制制度》。

通过1999年度各项资产减值准备计提情况的报告。

通过关于续聘中庆会计师事务所为公司进行2000年度审计工作的议案。

通过董事会、监事会成员调整方案：同意受理陈贵生、黎深国、黄权胜、周乃人、张文佑、陈法球辞去董事职务的申请，并提请股东大会审议；同意受理邹灿华辞去监事职务的申请，提名吴明福为监事会补选候选人，并提请股东大会审议。

通过公司章程修改草案。

通过本次发行股票募集资金用途的议案：一、收购南海市第二水厂；二、扩建黄岐、盐步两区的供水设施；三、扩建里水镇的供水设施；四、其余资金用于补充公司流动资金及归还银行贷款。

通过关于提请股东大会授权董事会继续全权处理公司发行上市的有关事宜的议案。

通过关于召开1999年度股东大会的有关事宜。

（2）报告期内没有进行股利分配，也没有进行资本公积金转增股本。

（3）报告期内新股发行的实施情况：

2000年12月本公司采取部分定向配售、部分上网定价发行的方式发行了每股面值1.00元的人民币普通股股票6500万股，其中向本公司的原NET流通法人股持有者配售30,380,684股，向一般投资者上网定价发行34,619,000股，主承销商包销余额316股。每股发行价为人民币6.68元。发行后，公司总股本为20851.42万股。2000年12月25日，本次发行的人民币普通股在上海证券交易所上市。

7、董事、监事、高级管理人员

姓名	性别	年龄	职务	任期起止日期	年初持股数	年末持股数
谢育智	男	58	董事长	1999.5~2002.5	31460	31460
叶二	男	54	副董事长	1999.11~2002.5	0	0
廖满雄	男	36	董事、总经理	1999.11~2002.5	0	0
郭展全	男	31	董事、董事会秘书	1999.11~2002.5	0	0
胡荣强	男	48	董事	1999.5~2002.5	31460	31460
黄志河	男	41	董事	1999.11~2002.5	0	0
麦锐年	男	35	董事	1999.11~2002.5	0	0
黎泳仪	女	43	监事会召集人	2000.4~2002.5	0	0
吴明福	男	35	监事	2000.6~2002.5	0	0
朱丽珍	女	46	监事	1999.11~2002.5	0	0
徐庆贤	女	51	财务负责人	1999.5~2001.1	26620	26620

以上董事、监事、高级管理人员2000年度报酬总额为158.7万元，其中，6–11万元3人，11–17万元5人，17–23万元3人。

报告期内，陈贵生、黎深国、黄权胜、周乃人、张文佑、陈法球离任董事职务，离任原因为本人提出辞职；邹灿华离任监事职务，离任原因为本人提出辞职；劳宝兴离任监事职务，离任原因：劳宝兴先生原为由职工代表选举的监事，本年度已不在本公司工作，经本公司职工民主审议予以更换。

8、本年度利润分配预案

本公司2000年度实现净利润39,798,257.54元，加上年初未分配利润41,021,880.41元，本年度可供分配的利润为80,820,137.95元。本年度利润分配预案为：以净利润39,798,257.54元为基数，提取10%的法定公积金3,979,825.75元、提取10%的法定公益金3,979,825.75元、提取5%的任意公积金1,989,912.88元后，以2000年末总股本208,514,168股为基数，向全体股东每10股派发现金红利2.50元(含税)，共派发红利52,128,542.00元，尚余未分配利润18,742,031.57元转入下一年度。本年度不进行资本公积金转增股本。

9、2001年度利润分配政策

预计2001年度分配利润的次数为一次；2001年度实现净利润用于股利分配的比例不低于30%，2000年度未分配利润用于利润分配的比例不低于30%；股利分配采用派发现金或派发现金与送红股相结合的形式，且现金股息占股利分配的比例不低于50%。

上述2001年度利润分配政策为预计方案，董事会保留根据公司实际情况对该项政策作出调整的权利。

六、监事会报告

报告期内监事会召开了两次会议。第一次会议于2000年5月27日下午在公司会议室召开，会议审议通过了1999年度监事会工作报告、1999年度公司财务决算方案及利润分配预案、《关于提取坏帐准备、短期投资跌价准备、存货跌价准备、长期投资减值准备和损失处理的内部控制制度》、1999年度各项资产减值准备计提情况的报告。第二次会议于2000年7月3日下午在公司会议室召开，会议选举了黎泳仪为监事会召集人。

通过本年度的监督检查，对公司的运作情况，监事会有以下的意见：

1、公司是依法运作的。公司的决策程序是合法的，报告期内，公司股东大会、董事会会议的召集、召开、表决程序及决议内容均符合现行法律法规及公司章程的规定。公司建立了较为完善的内部控制制度，公司董事、经理及其他高级管理人员是廉洁奉公、勤勉尽责的，他们在执行公司职务时没有违反法律、法规、公司章程或损害公司利益的行为。

2、广东正中珠江会计师事务所对本年度公司的财务报表出具了无保留意见的审计报告，该审计报告真实地反映了公司的财务状况和经营成果。

3、公司最近一次募集资金是2000年度公开发行6500万股人民币普通股，扣除发行费用后共募集了41,825万元，募集资金到帐后已投入的项目，均与承诺投入项目一致。

4、公司本年度收购了南海市第二水厂，此次收购以第二水厂经评估确认的净资产为交易价格，交易价格是合理的，没有发现内幕交易行为，也没有损害部分股东的权益或造成公司资产流失。

5、本年度的关联交易主要是向南海市供水集团有限公司收购南海市第二水厂及租用办公场地，上述关联交易是公平、合理的，没有损害本公司利益情况。

七、重要事项

1、本年度公司无重大诉讼、仲裁事项。

2、报告期内公司、公司董事及高级管理人员没有受监管部门处罚的情况。

3、报告期内公司控股股东没有变更；经1999年度股东大会批准，陈贵生、黎深国、黄权胜、张文佑、周乃人、陈法球辞去董事职务；报告期内公司总经理、董事会秘书没有变更。

4、报告期内收购资产情况

2000年12月本公司以23054.45万元的价格收购了南海市供水集团有限公司属下的南海市第二水厂，收购方式为整体收购第二水厂的资产及相应负债，第二水厂经评估后的资产总额为53806.06万元，负债总额为30751.61万元，净资产值为23054.45万元。收购基准日为2000年12月31日，自2001年1月1日起第二水厂的收益归本公司所有。收购第二水厂后可使本公司综合供水能力由目前每日50万立方米提高到每日80万立方米。第二水厂原所占用的土地为划拨用地，收购第二水厂后，本公司将按照有关规定处置其土地使用权。

5、重大关联交易事项

(1)收购南海市第二水厂

2000年12月本公司收购南海市供水集团有限公司属下的南海市第二水厂，此次收购属于关联交易，关联交易方南海市供水集团有限公司持有本公司36.5%股份，是本公司的控股股东。此次收购的交易价格为23054.45万元，定价原则是：以第二水厂经评估后所确定的净资产值为依据，且不低于经评估后的净资产值。

根据广东大正联合资产评估有限责任公司出具的"大正联合评报字(2000)第188号"评估报告书，第二水厂的评估结果摘录如下：

1.评估结论：

评估基准日2000年10月31日时，供水集团委托评估的南海市第二水厂账面总资产为人民币510,115,413.31元，调整后账面总资产为人民币510,695,604.28元，评估后总资产为人民币538,060,635.43元，增幅为5.36%；账面总负债为人民币232,745,897.41元，调整后账面总负债为人民币233,326,088.38元，评估后总负债为人民币307,516,088.38元，增幅为31.80%；账面净资产为人民币277,369,515.90元，调整后账面净资产为人民币277,369,515.90元，评估后净资产为人民币230,544,547.05元，减幅为16.88%。

资产评估结果汇总表如下：(单位：人民币万元)

资产项目	帐面净值	调整后净值	评估值	增减值	增值率(%)
资产：					
流动资产	3813.60	3871.62	3825.15	–46.46	–1.20
固定资产	45648.91	45857.35	4864.03	2782.97	6.07
其中：在建工程	4179.46	3877.07	5685.25	1808.18	46.64
建筑物	38039.42	38167.67	38687.24	519.56	1.36
设　备	3430.03	3812.61	4267.83	455.23	11.94
其他长期资产	0.00	506.88	506.88	0.00	0.00
递延资产	1549.03	833.72	833.72	0.00	0.00
资产总计	51011.54	51069.56	53806.06	2736.50	5.36
负债：					
流动负债	22274.59	22332.61	29751.61	7419.00	33.22
长期负债	1000.00	1000.00	1000.00	0.00	0.00
负债总计	23274.59	23332.61	30751.61	7419.00	31.80
净资产：	27736.95	27736.95	23054.45	–4682.50	–16.88

2.评估方法：

对南海市第二水厂整体资产价值采用成本加和法进行评估。其中各单项资产及负债分别采用了以下方法进行评估：

对于货币资金，以审查核实后的账面值作为评估值；

对于应收账款、预付账款、其他应收款，通过核实、询证、调查了解，逐一具体分析各款项的数额、欠款时间和原因、欠款人资金信用、经营管理状况等，对各款项收回的可能性作出综合判断。根据具体情况，以审查核实后的真实数确定评估值；

对于存货，自来水公司的存货主要是原材料、委托加工材料和在途物资。由于自来水公司的库存材料主要用于日常维护管网，并无大量对外销售的业务，且按计划采购，平均存货量小，故原材料基本与市场价格持平；委托加工材料主要是委托工程部门加工的钢板，评估时根据清查核实后的数量乘以现行市场购买价，再加上合理的运杂费、损耗、验收整理入库费及其他合理费用确定评估值；在途物资主要是各工程施工时领用的各类物资，是自来水公司为供水用户安装管道时由公司领用的各种材料，安装完工后与用户结算，评估时按照评估基准日的市场价作为其评估值。

对于房屋建筑物、构筑物以及管道沟槽等采用重置成本法确定评估值；

对于机器设备、电子设备以及车辆采用重置成本法确定评估值；

对于在建工程采用重置成本法确定评估值；

对于递延资产，主要是长期待摊费用，内容主要是开办费及10 kva配电专线工程等，评估时按照评估目的实现后资产占有者还享有的、且与其他评估对象没有重复的资产和权利的价值确定评估值。

其他长期资产，主要是清查过程中清查出来的电力增容费等，按照评估基准日时企业拥有权利的价值确定评估值。

对于负债采用以审查核实后的真实负债数为负债评估值的做法进行。

(2)租赁办公楼

本公司向控股股东南海市供水集团有限公司租用了建筑面积为4000平方米的办公楼，租期自2000年1月1日至2000年12月31日，本年度共支付租金96万元。本公司目前尚没有新购置办公楼的计划，因此仍需继续租用办公楼。为保证公司办公场所的相对稳定，本公司已取得供水集团的承诺：租期期满后本公司仍可继续向供水集团租用该办公楼，期限不少于三年，租金每年根据市场情况再行商议。

(3)关联方往来余额

关联方名称	帐户名称	年末余额
南海市供水集团有限公司	其他应收款	30,497,472.94
南源自来水工程有限公司	其他应收款	6,931,903.26
	应付帐款	50,490,000.00

往来款的形成主要是因为2000年12月31日本公司向南海市供水集团有限公司收购其属下南海市第二水厂时，已附带了与供水集团之间的内部往来及与南源自来水工程有限公司的往来。

6、本公司与控股股东之间人员独立、资产完整、财务独立。

在人员方面，本公司劳动、人事及工资管理等方面完全独立，总经理等高级管理人员均在本公司领取薪酬，并没有在股东单位担任重要职务。

在资产方面，本公司拥有独立的生产系统、辅助生产系统和配套设施，拥有工业产权、非专利技术等无形资产，拥有独立的采购和销售系统。

在财务方面，本公司设立了独立的财会部门，建立了独立的会计核算体系和财务管理制度，并独立在银行开户。

7、本公司原聘请中庆会计师事务所进行审计工作，后因中庆会计师事务所有限责任公司已于2000年11月30日终止并依法定程序进行清算，为此董事会委任广东正中珠江会计师事务所担任本公司审计工作。该事项提交年度股东大会批准。

8、本公司控股股东南海市供水集团有限公司向上海证券交易所书面承诺自本公司股票上市之日起12个月内，不转让其持有的股份，也不会由本公司回购其持有的股份(不包括在此期间新增的股份)。报告期内该公司所持的股份没有转让，也没有由本公司回购。

八、财务报告

(一)广东正中珠江会计师事务所出具的审计报告

审 计 报 告　　　广会所审字(2001)第81136号

南海发展股份有限公司全体股东：

我们接受委托，审计了　贵公司2000年12月31日的资产负债表及2000年度的利润及利润分配表和现金流量表。这些会计报表由　贵公司负责，我们的责任是对这些会计报表发表审计意见。我们的审计是依据中国注册会计师独立审计准则进行的。在审计过程中，我们结合　贵公司实际情况，实施了包括抽查会计记录等我们认为必要的审计程序。

我们认为，上述会计报表符合《企业会计准则》和《股份有限公司会计制度》的有关规定，在所有重大方面公允地反映了 贵公司 2000 年 12 月 31 日的财务状况及 2000 年度的经营成果和现金流量变动情况，会计处理方法的选用遵循了一贯性原则。

广东正中珠江会计师事务所　　中国注册会计师：黄晓霞
中国注册会计师：冼宏飞
中国　广州　　2001 年 2 月 8 日

（二）会计报表

（三）会计报表附注

一、公司简介

1、历史沿革

南海发展股份有限公司（以下简称"公司"）于 1992 年 10 月 7 日经广东省股份制试点联审小组、广东省经济体制改革委员会"粤股审（1992）65 号"文批准成立，由广东省南海市发展集团公司以其属下的 5 家具独立法人资格的企业为发起人，以定向募集方式设立而成，并于 1992 年 12 月 17 日在南海市工商行政管理局取得注册号为 4406821507371 的《企业法人营业执照》。

公司于 1993 年 5 月 21 日经中国证券交易系统有限公司"中证交上市[1993］9 号"文批准同意公司定向募集法人股 4500 万股在中国证券交易系统有限公司的全国电子交易系统上市流通。

1999 年 11 月，公司对自身资产进行重组，南海市供水集团有限公司以承担债务方式受让南海市发展集团公司持有的公司 7609.45 万股国有法人股，成为公司的控股股东，公司从以贸易为主的经营格局转变为以经营自来水的生产、供应及路桥投资为主的企业。

公司于 2000 年 11 月 27 日经中国证券监督管理委员会"证监发行字[2000］159 号"文《关于核准南海发展股份有限公司公开发行股票的通知》核准，利用上海证券交易所交易系统，采用向原 NET 流通法人股股东定向配售和上网定价发行方式向社会公开发行人民币普通股股票 6500 万股，并于 2000 年 12 月 25 日在上海证券交易所上市。

2、经营范围：自来水的生产及供应；供水工程的设计、安装及技术咨询；销售供水设备及相关物资；路桥及信息网络设施的投资；房地产经营。

3、注册资本：人民币 20851 万元

4、公司法定代表人：谢育智。

5、公司法定地址：广东省南海市桂城南桂东路 43 号。

二、公司主要会计政策、会计估计和合并会计报表的编制方法

1、会计制度：

公司执行《企业会计准则》及《股份有限公司会计制度》。

2、会计年度：

采用公历年度为会计年度，即自公历 1 月 1 日至 12 月 31 日。

3、记帐本位币

公司以人民币为记帐本位币。

4、记帐原则和计价基础

公司以权责发生制为记帐原则，以历史成本为计价基础。

5、外币业务核算方法：

外币业务发生时，按当日的国家外汇市场汇率的中间价折合为本位币记帐；月份终了，对外币帐户余额按月末国家外汇市场汇率的中间价进行调整，其差额根据相关业务性质予以资本化或计入当期损益。

6、现金等价物的确定标准

公司根据《企业会计准则-现金流量表》的规定，对持有的期限短（一般不超过三个月）、流动性强、易于转换为已知金额现金，价值变动风险很小的投资，确定为现金等价物。

7、合并会计报表编制方法

执行财政部财会字（1995）11 号《关于印发〈合并会计报表暂行规定〉的通知》和财会二字（1996）2 号《关于合并会计报表合并范围请示的复函》等文件的规定。母公司拥有子公司超过半数以上权益性资本，以及拥有权益性资本虽未达到超过半数但能控制的子公司纳入合并报表编制范围。会计报表合并以母公司和纳入合并范围的子公司的会计报表及其它相关资料为依据，合并时将有关公司间的重大内部交易和资金往来均相互抵消，少数股东权益予以扣除。

8、坏帐核算方法

（1）坏帐确认原则：(a)因债务人破产或死亡，以其破产财产或遗产清偿后，仍然不能收回的债权；(b)因债务人逾期未履行偿债义务超过三年，经公司确定无法收回的款项。

（2）坏帐损失的核算：采用备抵法。

按年末应收款项的帐龄进行分析计提坏帐准备，其计提标准为根据债务单位的财务状况、现金流量等情况确定提取比例，其中：逾期 1 年以内（含 1 年，以下类推）按其余额的 5%计提；逾期 1-2 年的，按其余额的 8%计提；逾期 2-3 年的，按其余额的 10%计提；逾期 3-4 年的，按其余额的 20%计提；逾期 4-5 年的，按其余额的 50%计提；逾期 5 年以上的按其余额的 100%计提。

9、存货核算方法

存货分为原材料、委托加工材料和工程材料三类，按实际成本计价，采用永续盘存制，存货发出均采用加权平均法确定其成本。

存货期末按成本与市价孰低计价，按单项存货的帐面成本与可变现净值，以可变现净值低于帐面成本的差额提取存货跌价准备，并计入当期损益。

10、短期投资核算方法：

公司短期投资按实际支付的价款记帐，采用成本法核算；短期投资期末按成本与市价孰低计价，差额计入当期损益。

11、长期投资核算方法

长期债权投资：按取得债券的实际成本为入帐价值；溢价和折价在债券存续期内按直线法平均摊销。

长期股权投资：公司对外股权投资，按实际支付的价款记帐；占被投资单位 20%以下或虽占 20%以上、但不具重大影响的，采用成本法核算；占被投资单位有表决权资本总额 20%或 20%以上，或虽投资不足 20%但有重大影响的，采用权益法核算；占被投资单位有表决权资本总额 50%以上或虽不到 50%但实际拥有控制权的，采用权益法核算并纳入合并会计报表范围。股权投资差额按 10 年摊销。

长期投资跌价准备：长期投资期末按成本与市价孰低计价，即成本高于市价或被投资单位经营状况恶化等原因导致其可收回金额低于帐面成本，并且这种降低的价值在可预见的未来期间内不可能恢复，则将可收回金额低于长期投资帐面成本的差额计提长期投资减值准备，计入当期损益。

12、固定资产计价和折旧方法

固定资产计价：固定资产原价按购建时的实际成本计价，法定须评估的按评估确认价值计价。

固定资产的标准：使用期在一年以上，单位价值在 2000 元以上（含 2000 元）并且在使用过程中保持原有物质形态的资产为固定资产。

固定资产的分类：房屋及建筑物，管道，构筑物，生产设备，运输设备、其它设备。

固定资产折旧：采用直线法，并按固定资产类别的原值，估计使用年限和预计净残值后确定其折旧率如下：

固定资产类别	净残值率	折旧期限（年）	年折旧率
房屋及建筑物	5%	20	4.75%
管道	-	20	5%
构筑物	-	20	5%
生产设备	5%	10	9.5%
运输设备	5%	8	11.875%
其他设备	5%	5	19%

13、在建工程核算方法

在建工程按实际成本计价，与在建工程项目有关的借款利息及汇兑损益在交付使用前予以资本化。已完工交付使用后计入当期损益。已完工交付使用的在建工程转入固定资产核算；已完工交付使用但尚未办理竣工决算的，先暂估入帐，在办理竣工决算后，按决算价格调整固定资产帐面价值。

14、无形资产计价及其摊销

无形资产计价按评估确认价值或按实际支付的价款记帐，按规定的使用年限采用直线法摊销。

15、开办费、长期待摊费用摊销

开办费从开始生产经营的当月起五年内平均摊销。固定资产大修理支出，在大修理间隔期内平均摊销；租入固定资产改良支出，在租赁期内平均摊销；场地租赁费按租赁期限进行平均摊销。

16、收入确认原则

销售商品：公司已将商品所有权上的重要风险和报酬转移给买方，公司不再对该商品实施继续管理权和实际控制权，相关的收入已经收到或取得了收款的证据，并且与销售该商品有关的成本能够可靠地计量时，确认营业收入的实现。

提供劳务：其劳务总收入和总成本能够可靠地计量；与交易相关的经济利益能够流入企业；劳务的完成程度能够可靠地确定时，确认劳务收入的实现。会计处理时按照完工百分比确认相关的劳务收入。

17、所得税的会计处理

所得税采用应付税款法核算。

18、利润分配政策

根据《公司法》和公司章程规定，按以下顺序及比例进行分配：

（1）弥补以前年度亏损；

（2）提取 10%法定盈余公积金；

（3）提取 5%-10%法定公益金；

（4）提取任意盈余公积金；

（5）分配股利。

三、税项

本公司主要税项：

税种	税负	计税基数
增值税	6%，17%	水费收入 6%，销售原材料 17%
营业税	3%，5%	安装收入 3%，检测及租金收入 5%
城建税	5%	应纳营业税、增值税等流转税
教育费附加	6%	应纳营业税、增值税等流转税
所得税	※	※

※：根据南海市政府南府函[2001］19 号文"关于对南海发展股份有限公司实行所得税优惠政策的复函"，公司 2000 年度及 2001 年度所得税享受按 33%法定税率征收再返还 18%的优惠政策。

四、公司控制的子公司及合营企业

公司于 1999 年度进行资产重组后，不再拥有子公司，公司亦无合营企业。

五、会计报表主要项目注释

1、货币资金

项目	2000.12.31	1999.12.31
现金	254.54	30.95
银行存款	52,228,838.30	45,673,884.64
合计	52,229,092.84	45,673,915.59

2、应收帐款

（1）帐龄分析如下：

帐龄	2000.12.31			1999.12.31		
	金额	所占比例（%）	坏帐准备	金额	所占比例（%）	坏帐准备（%）
1 年以内	490,850.84	100.00	24,542.54	3,577,693.31	100.00	178,884.67
合计	490,850.84	100.00	24,542.54	3,577,693.31	100.00	178,884.67

（2）大额应收帐款明细如下：

欠款单位	2000.12.31	占应收帐款比例%	款项说明
应收水费	483,631.30	98.53	应收水费

备注 1、本公司应收帐款主要核算应收水费，期末无持有本公司 5%以上股份的主要股东欠款。

备注 2、期末余额比期初下降 86.28%，是由于本年度公司加大清收欠缴水费的力度。

3、其他应收款

4、预付帐款

（1）帐龄分析如下：

帐龄	2000.12.31 金额	所占比例（%）	1999.12.31 金额	所占比例（%）
1 年以内	3,659,714.32	76.00	493,668.59	30.00
1-2 年	365,940.55	7.00	788,979.62	49.00
2-3 年	783,648.08	16.00	314,333.34	19.00
3 年以上	20,000.00	1.00	35,000.00	2.00
合计	4,829,302.95	100.00	1,631,981.55	100.00

（2）大额预付帐款明细如下：

欠款单位	2000.12.31	占预付帐款比例%	款项说明
电力电器安装有限公司	1,771,720.39	36.69	预付工程款
南海资源发展有限公司	687,561.61	14.24	往来款
南海市规划局	600,550.00	12.44	保证金、押金

备注 1、公司预付帐款中无持本公司 5%（含 5%）以上股份的股东欠款。

备注 2：预付帐款期末余额比期初余额增加 196%，是由于 2000 年 12 月 31 日公司整体购入南海市第二水厂时附带了南海第二水厂的预付帐款。

5、应收补贴款

公司 1999 年根据南府函[2000］16 号"关于给予南海发展股份有限公司专项补贴的批复"的文件规定，应收 1999 年度财政供水工程专项补贴 540 万元，该款已于 2000 年 3 月 10 日收妥。

6、存货及存货跌价准备

项目	2000.12.31 金额	跌价准备	1999.12.31 金额	跌价准备
原材料	3,953,739.28	-	1,319,522.66	-
委托加工物资	102,906.55	-	497,694.96	-
工程材料	4,440,055.34	-	1,031,811.87	-
合计	8,496,701.17	-	2,849,029.49	-

备注 1：公司存货主要是维修供水设备用备件，因用量少、周期短，期末存货均为近期购入的材料，故无需提取存货跌价准备，以帐面价值列示。

备注 2：存货期末余额比期初余额增加 198%，是由于 2000 年增加安装工程而增加了材料的采购量。

7、长期投资

(1)

项目	1999.12.21	本期增加	本期减少	2000.12.31
长期股权投资	4,728,015.00	-	-	4,728,015.00
合计	4,728,015.00	-	-	4,728,015.00

(2)长期股权投资

被投资公司名称	股份类别	股票数量	投资金额	占被投资公司%	本期收益
广东发展银行南海分行	法人股	6,754,797.00	4,725,000.00	< 5%	-
南海市桂城农村信用社	法人股	3.00	3,015.00	< 5%	150.00
合计			4,728,015.00		150.00

8、固定资产及累计折旧

项目	1999.12.31	本期增加	本期减少	2000.12.31
固定资产原值:				
西樵大桥	45,100,690.48	-	-	45,100,690.48
房屋、建筑物	28,673,806.65	6,901,869.26	1,139,500.00	34,436,175.91
管道及土地	213,865,642.59	268,316,516.01	-	482,182,158.60
构筑物	37,600,353.38	1,797,810.00	-	39,398,163.38
生产设备	18,517,411.30	45,450,113.45	1,124,050.00	62,843,474.75
运输设备	4,056,658.00	2,981,160.33	-	7,037,818.33
其他	30,780,659.74	4,825,954.07	487,068.00	35,119,545.81
土建工程	-	143,829,732.00	-	143,829,732.00
合计	378,595,222.14	474,103,155.12	2,750,618.00	849,947,759.26
累计折旧:				
西樵大桥	21,516,206.26	2,164,833.14	-	23,681,039.40
房屋、建筑物	4,749,547.65	1,550,548.46	327,121.22	5,972,974.89
管道及土地	24,638,376.38	28,366,081.50	-	53,004,457.88
构筑物	4,553,934.20	1,929,163.44	-	6,483,097.64
生产设备	4,298,854.74	7,839,422.76	384,851.78	11,753,425.72
运输设备	1,899,959.98	1,500,387.29	-	3,400,347.27
其他	6,460,987.66	6,522,793.11	252,893.09	12,730,887.68
土建工程	-	7,215,175.40	-	7,215,175.40
合计	68,117,866.87	57,088,405.10	964,866.09	124,241,405.88
固定资产净值:	310,477,355.27			725,706,353.38

备注1:固定资产期末余额比期初余额增加133.74%,是由于本公司2000年12月31日整体购入南海市第二水厂时已附带了第二水厂的固定资产。

备注2:本年度由在建工程转入固定资产共计4,665,048.28元。

9、在建工程

工程项目名称	1999.12.31	本期增加	本期转入固定资产数	其他减少数
盐桂路1200管	74,495.78	-	-	-
盐桂歧管线1200管	-	230,247.00	230,247.00	-
佛平二路800管	616,221.06	230.00	-	-
平三路	2,461,816.80	761,205.35	-	-
平四北支路	2,500.00	-	-	-
佛平路改管	-	76,112.08	76,112.08	-
南桂西路24号站	62,710.10	-	62,710.10	-
桂兰路	81,198.19	1,010,316.11	-	-
平一路	90,700.47	113,488.50	-	-
桂平路	-	290,666.02	-	-
东平路给水管道划内	-	4,814.81	-	-
上海街给水管道	-	2,517.55	-	-
平二、四、复路管道	-	341,864.39	-	-
南一路至叠教大道管道	-	32,293.23	32,293.23	-
花苑广场小区街管道	-	76,331.92	76,331.92	-
平洲行政小区管道	-	135,328.88	135,328.88	-
佛平南港路	-	159,454.79	159,454.79	-
海三路豪贤花园	48,045.02	-	48,045.02	-
污水处理厂600钢管	-	37,854.65	37,854.65	-
平夏路至简池给水工程	-	43,909.07	43,909.07	-
石肯管理处改管	-	94,353.47	-	-
宝石路	-	41,742.54	-	-
大涡塘管道	-	174,800.00	-	-
东平路	-	43,609.04	-	-
佛平路给水工程	-	1,038,598.90	1,038,598.90	-
海四路	-	22,497.14	22,497.14	-
海三路	-	783,790.95	783,790.95	-
海五路管道安装工程	-	151,199.07	-	-
和顺大道供水管道1200	-	1,892,506.70	-	-
旧321国道管道	-	113,160.00	-	-
桂丹路二期工程	-	15,723,600.00	-	-
桂丹路一期	-	33,779,100.00	-	-
鹿景新村管	-	512,306.88	-	-
美豪村、百合村供水管道改造工程	-	1,147.20	-	-
南八路给水工程	-	607,153.65	-	-
南七路给水工程	-	2,077,784.73	-	-
DN150-DN200管道改造工程	-	329,345.84	-	-
狮西村400管给水工程	-	2,525,460.00	-	-
首期管道补偿费	-	1,728,567.14	-	-
G321上海国道边华涌段DN400管道	-	12,604.62	-	-
盐步河西	-	145,432.41	145,432.41	-
管道小计	3,437,687.42	65,115,394.63	2,892,606.14	-
电话查询系统	10,800.00	-	10,800.00	-
三遥系统	277,280.40	301,328.85	578,609.25	-
防雷系统	136,000.00	195,432.89	331,432.89	-
网络系统	349,300.00	202,300.00	551,600.00	-
反映池沉淀池改造	300,000.00	-	300,000.00	-
管廊地基灌浆固工程	-	529,572.44	-	369,572.44
公司仓库	-	338,079.67	-	-
第二水厂输电线路工程	-	385.00	-	-
二级泵房送水管和三期滤池管线	-	200,000.00	-	-
公司仓库道路、围墙	-	100,000.00	-	-
工程决算咨询费	-	200,000.00	-	-
股票交易系统	-	149,331.00	-	-
厂区二期工程钻控	-	82,718.00	-	-
罗村镇新湖一路计量站	-	215,180.55	-	-
小塘职工宿舍	-	59,724.71	-	-
狮山区东二漂染厂水表改造工程	-	5,945.40	-	-
松岗计量站	-	6,978.00	-	-
上柏计量站	-	924,150.01	-	-
其他小计	1,073,380.40	3,511,126.52	1,772,442.14	-
合计	4,511,067.82	68,626,521.15	4,665,048.28	369,572.44

续上表:

工程项目名称	2000.12.31	资金来源	项目进度%
盐桂路1200管	74,495.78	自筹	10
盐桂歧管线1200管	-	自筹	-
佛平二路800管	616,451.06	自筹	70
平三路	3,223,022.15	自筹	80
平四北支路	2,500.00	自筹	30
佛平路改管	-	自筹	-
南桂西路24号站	-	自筹	-
桂兰路	1,091,514.30	自筹	70
平一路	204,188.97	自筹	80
桂平路	290,666.02	自筹	20
东平路给水管道划内	4,814.81	自筹	5
上海街给水管道	2,517.55	自筹	5
平二、四、复路管道	341,864.39	自筹	5
南一路至叠教大道管道	-	自筹	-
花苑广场小区街管道	-	自筹	-
平洲行政小区管道	-	自筹	-
佛平南港路	-	自筹	-
海三路豪贤花园	-	自筹	-
污水处理厂600钢管	-	自筹	-
平夏路至简池给水工程	-	自筹	-
石肯管理处改管	94,353.47	自筹	80
宝石路	41,742.54	自筹	10
大涡塘管道	174,800.00	自筹	70
东平路	43,609.04	自筹	10
佛平路给水工程	-	自筹	-
海四路	-	自筹	-
海三路	-	自筹	-
海五路管道安装工程	151,199.07	自筹	5
和顺大道供水管道	1,892,506.70	自筹	90
旧321国道管道	113,160.00	自筹	80
桂丹路二期工程	15,723,600.00	自筹	50
桂丹路一期	33,779,100.00	自筹	70
鹿景新村管	512,306.88	自筹	50
美豪村、百合村供水管道改造工程	1,147.20	自筹	5
南八路给水工程	607,153.65	自筹	80
南七路给水工程	2,077,784.73	自筹	60
DN150-DN200管道改造工程	329,345.84	自筹	50
狮西村400管给水工程	2,525,460.00	自筹	90
首期管道补偿费	1,728,567.14	自筹	90
G321上海国道边华涌段DN400管道	12,604.62	自筹	50
盐步河西	-	自筹	-
管道小计	65,660,475.91	自筹	
电话查询系统	-	自筹	-
三遥系统	-	自筹	-
防雷系统	-	自筹	-
网络系统	-	自筹	-
反映池沉淀池改造	-	自筹	-
管廊地基灌浆固工程	160,000.00	自筹	70
公司仓库	338,079.67	自筹	50
第二水厂输电线路工程	385.00	自筹	-
二级泵房送水管和三期滤池管线	200,000.00	自筹	70
公司仓库道路、围墙	100,000.00	自筹	60
工程决算咨询费	200,000.00	自筹	-
股票交易系统	149,331.00	自筹	-
厂区二期工程钻控	82,718.00	自筹	90
罗村镇新湖一路计量站	215,180.55	自筹	70
小塘职工宿舍	59,724.71	自筹	5
狮山区东二漂染厂水表改造工程	5,945.40	自筹	-
松岗计量站	6,978.00	自筹	-
上柏计量站	924,150.01	自筹	40
其他小计	2,442,492.34	自筹	
合计	68,102,968.25	自筹	

备注1:在建工程期末余额比期初余额增加了14倍,是由于2000年12月31日本公司整体购入南海市第二水厂时已附带了第二水厂的在建工程,同时本年度公司也新增了多项供水工程所致。

备注2:各项在建工程中均是利用公司自筹资金进行,故无利息资本化。

六、关联方及关联交易

(四)关联交易

(1)房屋租赁

本公司与供水集团于2000年2月1日签订了《房屋租赁合同》,由供水集团将建筑面积为

(1)审议通过了对 1998 年 5 月 1 日至 1999 年 12 月 31 日期间利润分配的修改方案。

(2)审议通过了将公司原拟投资 10408 万元改扩建二十万吨五级旋风预热器旋窑水泥生产线项目更改为投资 14103 万元改扩建一条 1000t/d 级带改进型分解炉的五级预热预分解窑水泥生产线项目。

(3)审议通过了公司关于申请向社会公众增资发行人民币普通(A 股)股票的价格进行调整,调整后的新股发行价格由原 6.00-6.50 元调整为每股人民币 6.50-7.00 元(具体价格以中国证监会批复为准)的议案。

(4)通过了公司经营范围增加小轿车经营权和氧气制造业务并修改《公司章程》的相关章节的决议。

3、报告期内公司未有更换董事、监事情况。

五、董事会报告

(一)公司经营情况

1、公司经营范围:公路、桥梁的建设(壹级);与公路建设相关的建筑材料(含水泥制品)生产、销售;汽车贸易(含小轿车)及汽车筑路机械零配件的经营;汽车维修;塑料制品;货物运输、长短途客运;制氧业务等。

公司主营业务为公路工程施工的基础设施建设,主要承担西藏自治区内的公路、桥梁的建设任务,占有西藏公路工程建设市场 20%的份额,其中在高等级公路建设中占有 50%以上的市场份额;公司的货物运输从事进、出藏物资的运输,其中进藏物资的运输比重较大;公司汽车及其配件销售业务在区内占据 50%以上的份额。

2、主营业务收入

公司 2000 年主营业务收入共计 255,081,914.25 元,主营业务利润 38,778,312.71 元,其中公路工程业务收入 172,834,211.34 元,净利润 8,338,661.54 万元。

公司 2000 年承建的公路工程建设项目有 5 个,其中续建项目 2 个(G214 线昌都至俄洛桥公路改建工程、川藏公路工布江达至米拉山段 70KM 路面工程),新开工项目 3 个(拉萨市金珠中路改建工程、青藏公路羊八井至拉萨段改建工程、川藏公路海通沟病害整治工程)。

a、川藏公路工布江达至米拉山段 70KM 路面工程,该工程为跨年度工程,开工时间为 99 年 6 月,工程投资 2900 多万元,2000 年完成投资 6372.84 万元,工程已全部竣工,并通过验收。

b、G214 线昌都至俄洛桥公路改建工程,全长 14.2KM,开工时间 99 年 9 月,已通过交竣工验收,2000 年完成投资 2400.61 万元。

c、青藏线羊八井至拉萨改建工程 K3823+300--K3866+300 段,全长 43KM,开工时间 2000 年 4 月,截止 2000 年 12 月 31 日已完成投资 6372.84 万元,计划竣工时间为 2001 年 11 月。

d、川藏公路海通沟病害整治工程 K3372+300--K3406+219.48 段,长 33.92KM,开工时间 2000 年 6 月,计划工期两年,总投资 7920 万元,2000 年已完成投资 5310.46 万元。

e、拉萨市金珠中路城市道路工程 K0+200~+800 段,工程投资 391 万元,2000 年完成投资 382.49 万元,工程已全部竣工,并通过验收。

f、青藏公路当雄至林周至拉萨保通公路工程为 1999 年完成,工程已全部竣工,并通过验收。2000 年计量支付及养护费共完成 477.85 万元。

公司 2000 年生产水泥 28,337.92 吨;生产编制袋 874,410 条;生产氧气 117,297.5 立方米;完成货物运输总行程 3,213,533 公里,完成货物运输周转量为 22,906,958 吨公里;汽车贸易销售总额 5404.8 万元。

3、存在的困难及解决的方案

(1)由于公司原发起人股东均系国有交通企业,生产设备更新速度较慢。截止 2000 年 12 月 31 日,本公司固定资产净值占原值的 42.92%,该指标显示,固定资产老化比较严重。因此公司将通过募集资金加快生产设备更新。

(2)本公司的控股子公司西藏日喀则地区宗山水泥有限责任公司由于资金周转困难,目前尚有 743 万元的银行贷款逾期未还。如银行要求偿还,该子公司所面临的短期债务风险较大。

(3)公司 97 年、98 年、99 年的销售毛利率分别为 26.07%、24.56%、21.60%,呈逐年下降的趋势。2000 年石油、沥青、塑料等原材料的价格上涨对公司经营成本的压力很大,公司将进一步面临销售毛利率逐年递减的风险。对此公司将加大管理力度,有效的降低成本,向管理要效益。

(4)青藏公路羊八井至拉萨段改建工程的路基工程施工中,爆破时因震动致使输油管道切破,造成直接经济损失约为 400 万元。

(二)公司财务状况

(1)财务状况及分析

项目	2000 年(元)	1999 年(元)	增减(%)
总资产	269,936,825.25	206,949,101.70	30.44
长期负债	28,000,000.00	3,600,000.00	677.78
股东权益	96,631,204.31	86,022 183.26	12.33
主营业务利润	38,778,312.71	41,814,353.38	-7.26
净利润	10,609,021.05	14,370,565.27	-26.18

变动原因:

①本公司报告期内的总资产比上年度增加 30.44%,主要是由于货币资金增加(收到工程结算款)2910 万元所致;

②本公司长期负债比上年度增加 677.78%,主要是由于增加财政贴息贷款 2800 万元所致;

③股东权益增加的主要原因是本年度盈利 1061 万元所致;

④主营业务利润比上年度减少 7.26%,主要是由于沥青、油料价格上涨,导致毛利率下降所致;

⑤净利润比上年度下降 26.18%,主要是公路工程施工中因不慎挖破输油管,预计赔偿款 400 万元列入当期损益所致。

(三)公司投资情况

1、公司报告期内没有新增募集资金情况。

2、公司投资项目情况

鉴于公司发展和生产经营的需要,公司在股票尚未上市,募集资金尚未到帐的情况下,通过银行贷款,提前实施了部分公司招股说明书中募集资金拟投资的项目。截至 2000 年 12 月 31 日公司对承诺项目共计已投入 3763 万元,其中:

(1)1000t/d 级带改进型分解炉的五级预热预分解水泥生产线截至 2000 年 12 月 31 日已投入 1035 万元,完成了厂址"三通一平"的部分工程。

(2)工程施工机械技改项目,截至 2000 年 12 月 31 日已投入 2055 万元。由于工程施工机械的更新,使公司施工机械化程度和工程施工质量有较大提高。

(3)更新大吨位载货汽车项目,截至 2000 年 12 月 31 日已投入 673 万元。更新车辆已投入运营。

3、其他投资

根据股东大会对董事会授权,公司在汽贸分公司原有的营业场地上计划投资 382 万元改扩建具有一定规模的汽车交易展场,截至 2000 年 12 月 31 日已投入 165 万元。

(四)生产经营环境及政策法规变化对公司的影响

1、随着国家"西部大开发"战略的实施和"十五"规划,将大幅度提高西藏自治区基础设施建设的投资规模,公司将充分发挥自身的优势,紧紧抓住机遇,进一步提高公司在西藏自治区内的公路建设市场份额。

2、本公司在公路建设上享受国家和地方政府的优惠政策,承担的指令性施工任务较多。随着招投标制度的实施,公司所承担的指令性施工任务将逐渐减少。如果公司不能适应这一制度的改变,将面临较大的市场风险。

3、公司曾承诺在新水泥厂建成投产后随即关闭建材水泥厂,根据自治区人民政府[2000]19 号常务会议纪要和[2001]12 号专题会议纪要的决定提前关闭我公司建材工业分公司建材水泥厂两条机立窑水泥生产线,比原定关闭时间提前了约两年。建材水泥厂关闭后在人员分流和资产处置等方面公司存在一定的困难和压力,其损失超过《招股说明书》所披露的损失。

根据公司拉萨北郊的水泥厂的两条机立窑水泥生产线提前关闭和募集资金投资主要项目即改扩建一条 1000t/d 级带改进型分解炉的五级预热预分解窑水泥生产线项目在 2001 年不能产生效益的情况推测,将会对公司 2001 年的利润产生一定的影响。

(五)新年度业务发展计划

二 OO 一年公司将以市场为导向,以管理为手段,以质量为根本,以效益为中心,推动企业技术改造,产业升级。

1、公路建设方面:加大机械设备的技术改造力度,完成公路工程机械设备的更新,提高公司施工能力和机械化作业率,加快人才培养,引进新技术、新工艺、新材料、加大科技含量,壮大企业实力。考虑到西部大开发和在"十五"期间加大对公路等基础设施建设投资,预测 2001 年公司在公路建设投资总额可达 1.5-2 亿元。

2、1000t/d 级带改进型分解炉的五级预热预分解水泥生产线项目,2001 年计划完成设计、设备购建、厂区部分土建工程等工作。

3、货物运输方面:公司 2000 年已对运输分公司的营运车辆进行了更新,提高了市场竞争力,加之公路建设投资加大及青藏铁路在 2001 年内开工建设,进藏货物的运输量将增多,预测 2001 年运输分公司的货运量在 2000 年的基础上可增加 5%左右。

4、汽车贸易方面:公司在原有的汽贸公司营业场地扩建具有一定规模的汽车交易展场,以巩固汽车销售市场。按照西藏目前的发展速度、城市环境的改善和国民收入的增加以及家庭小轿车购买力的扩大,预测 2001 年汽车销售量在 2000 年的基础上可增加 5%左右。

5、汽车机械修配方面:公司将利用原有的资产、技术、人员、努力扩大汽车、机械修理中心业务,力争在激烈的市场竞争中占据相应的市场份额。

(六)董事会日常工作情况

1、报告期内董事会的会议情况及决议内容

(1)2000 年 1 月 20 日在西藏拉萨公司二楼会议室召开了第一届董事会第二次会议,出席本次董事会的应到 11 人,实到 10 人,以举手表决的形式通过了如下决议

a、《1999 年财务决算方案》;

b、《1999 年利润分配方案》;

c、《1999 年财务年度报告》;

d、《2000 年财务预算方案》;

e、《1999 年度董事会工作报告》;

f、《1999 年度监事会工作报告》;

g、《1999 年度总经理工作报告》;

h、《发行并上市人民币普通(A 股)股票的报告》;

i、《募集资金使用投向的报告》;

j、《公司董事、监事及高管人员收入分配方案》;

k、《总经理及高管理人员职责与工作细则条例》;

l、有关《工资制度》、《人事制度》、《组织规程》。

以上议案以举手表决的形式获得通过,其中(a)至(j)报股东大会审议

(2)2000 年 3 月 23 日在西藏拉萨公司二楼会议室召开了临时董事会,出席本次董事会的应到 11 人,实到 10 人,以举手表决的形式通过了如下决议

A、公司以 1999 年 3 月 29 日的股本为基础,申请向社会公众增资发行人民币曾通(A 股)股票 3000 万股-4000 万股,新股发行价格为每股人民币 6 元-6.5 元。

B、授权董事会在不违反法律法规的范围内全权处理股票上市的有关工作。

C、同意公司发行新股募集资金用于以下项目:

a、将原已经批准立项的十万吨水泥生产线项目变更为二十万吨干法旋窑水泥生产线改建项目。

b、已经批准立项的其它三个项目的建设工期,以募集资金到位时间向后顺延。剩余资金用于补充流动资金。

D、如果公司新股公开发行在 2000 年 12 月 31 日之前实施完成,则公司 2000 年 1 月 1 日至公司股票公开发行当月 31 日经营积累的利润由公开发行后的全体股东享有分配权。该利润分配原则将提交股东大会审议通过。

E、2000 年利润预测确定为:主营业务收入 22814 万元;利润总额 2659 万元;净利润 2260 万元。

(3)2000 年 7 月 17 日在西藏拉萨公司二楼会议室召开了临时董事会,出席本次董事会的应到 11 人,实到 10 人,以举手表决的形式通过了如下决议

A、通过了对 1998 年 5 月 1 日至 1999 年 12 月 31 日期间利润分配的修改方案。

将以往确定的"关于 1998 年 4 月 30 日至 1999 年 2 月 28 日期间利润分配方案"、"1999 年利润分配预案"修改为对天路公司 1998 年 5 月 1 日至 1999 年 2 月 28 日期间实现的净利润,依据四川君和会计师事务所审计后的实际数,按各分公司原隶属关系,分配给各发起人公司。1999 年 3 月 1 日至 1999 年 12 月 31 日实现的净利润提取两金后,按各股东出资比例进行分配。

B、通过了计提四项准备的调整方案。

C、通过了公司原拟投资 10408 万元改扩建五级旋风预热器旋窑水泥生产线项目更改为投资 14103 万元改扩建一条 1000t/d 级带改进型分解炉的五级预热预分解窑水泥生产线项目。

D、通过了公司关于申请向社会公众增资发行人民币普通(A 股)股票的价格进行调整的决议。

E、通过了公司经营范围增加小轿车经营权和氧气制造业务并修改《公司章程》的相关章节的决议。

2、对股东大会决议的执行情况:

(1)公司经中国证券监督管理委员会证监发行字[2000]179 号文核准于 2000 年 12 月 25 日增发人民币普通股 4000 万股,发行价格为 6.88 元。本次募集资金净额为 262,520,800.00 元已经四川君和会计师事务所有限责任公司 2001 年 1 月 3 日出具的君和审字(2001)第 3001 号验资报告验证(本次发行股票已于 2000 年 1 月 16 日上市流通,公司总股本为 10000 万股)。

(2) 公司实际完成主营业务收入 255,081,914.25 万元,利润总额 11,543,897.18 万元,净利润 10,609,021.05 万元,利润下降的主要原因是:

A、与主营业务公路工程施工有关的油料价格上涨,施工点较上年分散且距离加大,增加了施工机械搬迁费以及调增工资因素增加成本 995 万元,其中销售毛利下降 502 万元。

B、按财政部财会(2000)25 号"关于印发《企业会计制度》的通知的规定,需计提固定资产减值准备和存货跌价准备,使期间费用增加 49 万元。

C、营业外支出中,公路工程在青藏公路羊八井至拉萨段施工中,为拓宽路基对山体爆破时致使输油管道破裂产生或有损失 400 万元。

D、营业外支出中建材水泥生产因售出水泥出现质量问题向用户赔偿增加营业外支出 61 万元。

以上四项共计造成主营业务利润总额减少 1505 万元。

(2)因市场原因,汽车修理厂改建项目尚未实施外,其它投资项目均按步骤进行。

(3)股东大会的其它决议事项已由董事会组织实施完毕。

(七)公司管理层及员工情况

1、董事、监事及高级管理人员

姓名	性别	年龄	职务	任期起止日期	年初持股数(股)	年末持股数(股)
尼玛	男	55 岁	董事长	1999.9-2002.3	无	无
扎西江措	男	35 岁	副董事长	1999.3-2002.3	无	无

			兼总经理			
饶邦骧	女	47岁	副董事长	1999.3-2002.3	无	无
			兼董事会秘书			
赵锐	男	46岁	董事	1999.3-2002.3	无	无
			兼副总经理			
田根	男	43岁	董事	1999.3-2002.3	无	无
			兼副总经理			
李留丰	男	44岁	董事	1999.3-2002.3	无	无
			兼副总经理			
边连仲	男	48岁	董事	1999.3-2002.3	无	无
旦增木龙	男	59岁	董事	1999.9-2002.3	无	无
平措	男	54岁	董事	1999.3-2002.3	无	无
达瓦次仁	男	43岁	董事	1999.3-2002.3	无	无
胡浩	男	31岁	董事	1999.3-2002.3	无	无
洛桑曲加	男	53岁	监事会主席	1999.3-2002.3	无	无
强巴珍珠	男	55岁	监事	1999.3-2002.3	无	无
刘海	女	45岁	监事	1999.3-2002.3	无	无
肖慈祥	男	37岁	副总经理	1999.3-2002.3	无	无
林素明	男	33岁	总工程师	1999.3-2002.3	无	无
方权立	男	43岁	董事会秘书	1999.3-2002.3	无	无
			授权代表			
李忠	男	33岁	财务负责人	1999.3-2002.3	无无	

说明：公司董事、监事及高级管理人员在公司的领取报酬的有18人，年度报酬总额约为56.71万元，其中：年度报酬在1万元-3万元之间有6人，在3万元-4万元之间有11人，在4万元-5万元之间有1人，公司董事旦增木龙不在公司领取报酬。

在报告期内，公司董事、监事及高级管理人员无离任情况，无聘任或解聘董事会秘书情况

2、公司员工情况

目前本公司共有职工1457人，其中各类人员及其构成如下：

(1)职工的专业构成

生产人员	1039人	占职工人数	71.3%
销售人员	36人	占职工人数	2.5%
技术人员	75人	占职工人数	5.1%
财务人员	52人	占职工人数	3.6%
行政人员	156人	占职工人数	10.7%
其他人员	99人	占职工人数	6.8%

(2)专业技术人员构成如下

高级职称技术人员	4人	占职工人数	0.3%
中级职称技术人员	51人	占职工人数	3.5%
初级职称技术人员	106人	占职工人数	7%

(3)职工文化程度情况

大专以上	50人	占职工人数	3.4%
高中及中专	265人	占职工人数	18%
高中以下	1043人	占职工人数	72%

(4)退休职工99名。

(八)关于审计报告中解释性说明事项：

同意四川君和会计师事务所有限责任公司出具的有解释性说明的审计报告

1.青藏公路羊八井至拉萨段改建工程的路基工程施工中，根据工程设计要求，部分地段需开山放炮拓宽路基。主要由于施工地段山体存在断层，青藏线该段输油管道处在断层以下2米位置，施工放炮地点在K3853+840处，距输油管道4.5米左右，受岩石断层的影响，爆破时因震动致使断层岩体下滑将输油管道切破后柴油流失达数小时，造成直接经济损失约为400万元。

2.公司经中国证券监督管理委员会证监发行字[2000]179号文核准于2000年12月25日增发人民币普通股4000万股，发行价格为6.88元。本次募集资金净额为262,520,800.00元，于2001年1月3日到达本公司帐户，经四川君和会计师事务所有限责任公司2001年1月3日出具的君和审字(2001)第3001号验资报告验证(本次发行股票已于2000年1月16日上市流通，公司总股本为10000万股)。公司未将其列入2000年度报表内。

审计报告真实地反映了公司的财务状况和经营成果。

(九)本次利润分配预案和资本公积金转赠股本预案

1、公司2000年度利润分配预案

经四川君和会计师事务所有限责任公司审计，本公司2000年度净利润为10,609,021.05元，根据《公司法》和《公司章程》规定，提取10%法定盈余公积金1,060,902.11元和5%法定公益金530,451.05元后，本年度可供股东分配利润9,017,667.89元。

经公司董事会研究决定，从可供分配利润中，按公司股票发行后(2001年12月25日)总股本10000万股为基数，每10股派发现金0.50元(含税)，计5,000,000.00元。尚余4,017,667.89元不分配，结转2001年度。以上预案须经股东大会讨论通过后实施。

2、2001年度利润分配政策预案

(1)公司拟在2001年度结束后分配利润一次；

(2)公司2001年度实现的利润及2000年度未分配利润结转2001年度合并后用于分配的比例约为30%；

(3)利润分配采用派发现金的形式；

(4)2001年度利润分配方案为预计方案，公司董事会保留届时根据实际情况对其进行调整的权利。具体分配方案依当时由董事会提出预案后报股东大会审议通过。

六、监事会报告

(一)监事会会议情况

报告期内公司监事会按照《公司法》和《公司章程》的规定，依法列席了公司召开的各次股东大会会议、董事会会议、总经理办公会议，全面了解公司的经营管理情况，对股东大会的决议执行情况及公司财务状况进行了监督和检查。对公司重大经营决策提出建议性意见。报告期内召开一次监事会会议，通过如下决议：

2000年元月18日在西藏拉萨召开第一届二次监事会会议，3名监事全部出席会议，会议审议通过了《一九九九年监事会工作报告》；审议通过了《一九九九年董事会工作报告》；审议通过了监事会办公室主任、副主任及秘书人选事宜。

(二)监事会独立意见

对公司董事、高管人员执行职务时经济行为的监督情况

1、本届监事会认为：2000年度公司主营业务收入比去年同期均有大幅度增长，圆满完成股东大会提出的各项经济指标。公司坚持以提高经济效益为中心，实行精简机构，减员增效，强化企业管理，规范运作，并取得了一定经验。公司在经营活动中依法经营，依法纳税，未发生任何违犯中华人民共和国法律、法规及政策规定的行为。

2、本届监事会认为：公司董事会和经理层按照股东大会的决议及临时股东大会决议的要求，认真履行了各项决议，其决策程序符合《公司法》及《公司章程》的有关规定，依法规范运作。未发现有违反《公司法》及《公司章程》的行为。公司执行的会计制度符合《企业会计准则》、《股份有限公司会计制度》要求的内容，公司建立了较完善的内部控制制度，建立了与之相适应的内部财务制度和会计核算体系。

3、本监事会认为：

同意四川君和会计师事务所有限责任公司出具的有解释性说明的审计报告

(1).青藏公路羊八井至拉萨段改建工程的路基工程施工中，根据工程设计要求，部分地段需开山放炮拓宽路基。主要由于施工地段山体存在断层，青藏线该段输油管道处在断层以下2米位置，施工放炮地点在K3853+840处，距输油管道4.5米左右，受岩石断层的影响，爆破时因震动致使断层岩体下滑将输油管道切破后柴油流失达数小时，造成直接经济损失约为400万元。

(2).公司经中国证券监督管理委员会证监发行字[2000]179号文核准于2000年12月25日增发人民币普通股4000万股，发行价格为6.88元。本次募集资金净额为262,520,800.00元，于2001年1月3日到达本公司帐户，经四川君和会计师事务所有限责任公司2001年1月3日出具的君和审字(2001)第3001号验资报告验证(本次发行股票已于2000年1月16日上市流通，公司总股本为10000万股)。公司未将其列入2000年度报表内。

审计报告真实地反映了公司的财务状况和经营成果。

4、本监事会认为：公司董事、高管人员执行公司职务时无违反中国法律、法规、公司章程或损害公司利益的行为。

5、本监事会认为：公司在募集资金使用上，没有违反和随意改变投资方向。

6、本监事会认为：公司在与股东的关联交易上是按市场规律进行的，其关联交易是公平的，无损害上市公司利益的现象。

七、重要事项

(一)本年度公司无重大诉讼、仲裁事项。

(二)报告期内公司、公司董事、监事及高级管理人员无受监管部门处罚情况。

(三)报告期内，公司控股股东无变更情况、公司总经理无变更、新聘或解聘董事会秘书情况。

(四)报告期内，公司收购、出售资产及吸收合并情况。

2000年3月27日本公司与西藏自治区交通工业总公司(以下简称：工业公司)签定《合同转让协议书》，将建材分公司与拉萨市红运工贸公司签定的《联营协议书》中的权利和义务转让给工业公司，转让价格人民币1,005,000.00元。此款已在本公司与工业公司往来款中冲抵。

(五)报告期内，公司重大关联方交易事项(金额单位为人民币元)

1、本公司的购货、产品(商品)销售均执行市场价。

2、依照本公司与母公司及发起企业签订《综合服务协议》、《土地租赁协议》、《房屋租赁协议》，公司每年向其支付243.93万元以获得日常生产经营和生活必须的服务。截止2000年12月31日，公司已支付68.17万元。

3、发起企业承诺：应收本公司1998年5~12月和1999年度的股利余额共计1913万元延期至本公司分配2000年利润时一并收取。

4、关联交易涉及的销售业务主要是本公司售给西藏自治区汽车工业贸易总公司的汽车配件。2000年2月23日本公司与汽贸公司签定购销合同，本公司售给汽贸公司价值3,149,019.98元的汽车配件，交易价格根据市场价确定，价款通过银行支付，货到付款。此款已在本公司与汽贸公司往来款中冲抵。

5、根据2000年4月18日，本公司与工业公司签定的"委托还款协议"，本公司于2000年4月24日代工业公司，归还借款本金及利息6,711,811.80元，相应抵减本公司的"应付帐款---工业公司"1,338,419.91元、"其他应付款---工业公司"3,200,000.00元、"应付股利---工业公司"2,173,391.89元。

(六)公司与控股股东在人员、资产、财务上的"三分开"情况。

报告期内，公司与控股股东已做到人员独立、资产完整、财务独立。

(七)报告期内，公司继续聘用四川君和会计师事务所有限责任公司负责公司审计工作。

(八)报告期内，公司无更改公司名称或股票简称的情况。

(九)公司制定的信息披露的报刊:《中国证券报》、《上海证券报》。

八、财务会计报告

(一)审计报告　　审计报告　　君和审字(2001)第3066号

西藏天路交通股份有限公司全体股东：

我们接受委托，审计了贵公司2000年12月31日的合并资产负债表和母公司资产负债表，2000年度的合并利润及利润分配表和母公司利润及利润分配表，2000年度的合并现金流量表和母公司现金流量表。这些会计报表由贵公司负责，我们的责任是对这些会计报表发表审计意见。我们的审计是依据《中国注册会计师独立审计准则》进行的。在审计过程中，我们结合贵公司的实际情况，实施了包括抽查会计记录等我们认为必要的审计程序。

我们认为，上述会计报表符合《企业会计准则》和《股份有限公司会计制度》的有关规定，在所有重大方面公允地反映了贵公司2000年12月31日的财务状况和2000年度的经营成果及现金流量情况，会计处理方法的选用遵循了一贯性原则。

此外，我们注意到：

1、如附注5.28所述，贵公司2000年12月在羊八井至拉萨段公路工程施工中，爆破时不慎炸破输油管道，公司已预计赔偿损失4,000,000.00元，列入本年度"营业外支出"。

2、如贵公司会计报表附注10.1所述，贵公司于2000年12月25日通过上海证券交易系统定价发行普通股4000万股，每股发行价6.88元人民币，共募集资金26,252.08万元，因募股资金于2001年1月3日到达贵公司帐户，公司未将其列入2000年度会计报表内。

四川君和会计师事务所　　中国注册会计师：唐国锋

地址：中国、成都　　中国注册会计师：庄瑞兰

报告日期：2001年4月5日

(二)附注

附注1、公司的基本情况

西藏天路交通股份有限公司(以下简称"公司"或"本公司")经西藏自治区人民政府藏政函(1999)80号文批准，于1999年2月28日以发起方式设立，3月29日取得营业执照。营业执照注册号：5400001000128。公司设立时注册资本为人民币6000万元。

公司主营业务：公路、桥梁的建设(壹级)，货物运输、长短途客运、与公路建设相关的建筑材料(含水泥制品)的生产、销售，汽车贸易及配件(含小轿车)，筑路机械配件的经营、销售，汽车维修，塑料制品；氧气制造、销售。

附注2、公司采用的主要会计政策、会计估计和合并会计报表的编制方法：

附注五、合并会计报表主要项目附注(金额单位：人民币元)

5.1、货币资金

类别	1999.12.31	2000.12.31
现金	701,032.84	324,081.87
银行存款	36,470,447.94	56,993,842.24
其他货币资金	9,031,440.99	
合计	37,171,480.78	66,349,365.10

注：期末比期初增长78.50%的主要原因是收到建设单位(西藏交通厅)支付公路工程款。

5.2、短期投资

类别	1999.12.31	2000.12.31
股票投资	2,048,217.12	
债券投资		
其他投资	1,005,000.00	0.00
合计	1,005,000.00	2,048,217.12

注：2000年12月31日，本公司所持股票市价总额为2,398,320.00元。

5.3、应收帐款

(1)帐龄分析

帐龄	1999.12.31 金额	比例(%)	坏帐准备	2000.12.31 金额	比例(%)	坏帐准备
一年以内	17,030,484.27	44.93	851,524.21	18,106,686.19	63.87	905,334.31
一至二年	17,182,102.21	45.33	1,374,568.18	7,976,582.96	28.14	638,126.64
二至三年	3,691,896.66	9.74	369,189.67	963,944.48	3.40	96,394.45
三至五年	1,301,103.75	4.59	650,551.88			
五年以上						
合计	37,904,483.14	100.00	2,595,282.06	28,348,317.38	100.00	2,290,407.28

②本项目中无持有本公司5%以上股份的股东单位欠款。

③大额款项情况

单位名称	金额
珠峰矿业公司	2,817,520.59
林周县城道路建设指挥部	2,352,000.00
那曲经营部	1,708,049.75
西藏矿业发展股份有限公司	1,471,371.90
西藏高争矿业公司	1,224,557.20
合计	9,573,499.44

5.4、其他应收款

①帐龄分析：

帐龄	1999.12.31 金额	比例(%)	坏帐准备	2000.12.31 金额	比例(%)	坏帐准备
一年以内	3,000,325.87	17.00	150,016.29	16,791,251.30	85.88	839,562.57
一至二年	13,013,183.23	73.75	1,041,054.66	2,708,991.79	13.67	216,719.34
二至三年	1,632,417.79	9.25	163,241.79	58,766.69	0.30	5,876.67
三至五年	29,015.65	0.15	14,507.83			
五年以上						
合计	17,645,926.89	100.00	1,354,312.74	19,588,025.43	100.00	1,076,666.41

②本项目中无持有本公司5%以上股份的股东单位欠款。

③大额款项情况

单位名称	性质	金额
预付车款	预付款	6,162,075.00
发行费垫	支款	1,830,000.00
山南水泥厂		1,060,794.45
职工	借款	888,203.47
西藏自治区交通厅计财处	培训基金	500,000.00
合计		10,441,072.92

5.5、预付帐款

(1)帐龄分析：

帐龄	1999.12.31 金额	比例(%)	2000.12.31 金额	比例(%)
一年以内	3,900,382.21	92.37	7,667,348.89	73.34
一至二年	153,741.85	3.64	2,702,150.37	25.85
二至三年	167,215.20	3.96	85,694.36	0.81
三年以上	1,266.79	0.03		
小计	4,222,606.05	100.00	10,455,193.62	100.00

(2)本项目中无持有本公司5%以上股份的股东单位欠款。

(3)大额款项情况

单位名称	金额
东久公路工程工地	2,108,806.68
赖为民	1,894,483.77
西藏蓝剑发展有限公司	1,530,000.00
林芝总段机化队	1,090,178.67
四川一汽汽车销售服务公司	500,000.00
小计	7,150,469.12

(4)期末余额比期初增长147.60%，主要是工程分公司预付的工程款及汽贸分公司预付的购车款、汽车配件款增加。

5.6、存货及存货跌价准备

项目	1999.12.31 金额	跌价准备	2000.12.31 金额	跌价准备
原材料	29,173,438.36	2,164,405.39	13,631,095.82	2,378,291.08
在产品	938,237.52		2,154,252.12	
产成品	6,499,096.28	1,022,937.00	22,271,328.18	1,124,836.96
低值易耗品	2,998,877.97		2,478,580.33	
包装物	70,328.10		1,169.05	
发出商品			25,844.16	
工程施工			14,306,152.84	
小计	39,679,978.23	3,187,342.39	54,868,422.50	3,503,128.04

5.7、待摊费用

类别	1999.12.31	本期增加数	本期摊销数	2000.12.31
期初进项税	212,510.41		30,367.68	*182,142.73
保险费	55,811.43	11,096.00	66,907.43	
修理费		194,004.83	166,164.38	27,840.45
其他	31,671.37	25,000.00	56,671.37	
小计	299,993.21	230,100.83	320,110.86	209,983.18

注：* 指建材分公司及汽贸分公司待抵扣的存货期初进项税余额。

5.8、长期股权投资

被投资单位名称	投资期限	占被投资单位注册资本比例	投资金额	99.12.31权益 金额	减值准备
西藏山南地区水泥厂	10年	49%	1,720,000.00	580,648.56	619,772.55

续上表：

被投资单位名称	本期调整 金额	减值准备	2000.12.31权益 金额	减值准备
西藏山南地区水泥厂	13,565.32	–192,399.18	594,213.88	427,373.37

5.9、固定资产及累计折旧

类别	1999.12.31	本期增加	本期减少	2000.12.31
(1)固定资产原值：				
房屋及建筑物	36,731,291.22	2,280,747.44	1,875,900.00	37,136,138.66
专用设备	51,474,492.71	11,847,055.56		63,321,548.27
通用设备	18,199,118.45	108,565.87		18,307,684.32
运输设备	61,072,512.35	4,396,819.60	396,000.00	65,073,331.95
电子设备及其他设备	3,193,590.35	2,801,938.43	244,179.25	5,751,349.53
小计	170,671,005.08	21,435,126.90	2,516,079.25	189,590,052.73
(2)累计折旧：				
房屋及建筑物	9,591,871.14	1,273,062.57	1,670,309.13	9,194,624.58
专用设备	27,827,911.92	5,711,572.18		33,539,484.10
通用设备	8,272,940.92	1,156,614.95		9,429,555.87
运输设备	47,662,207.19	4,956,563.22	293,685.00	52,325,085.41
电子设备及其他设备	1,588,194.27	527,729.93	1,160.00	2,114,764.20
小计	94,943,125.44	13,625,542.85	1,965,154.13	106,603,514.16
(3)固定资产净值	75,727,879.64			82,986,538.57

5.10、在建工程

项目名称	批准文号	工程预算数	期初数	本期增加
改扩建水泥*生产线777#	[2000]	141,030,000.00		10,350,995.14
汽车贸易展**销厅#	[2000]624	3,820,000.00		1,651,903.00
其他			552,794.50	400,000.00
小计			552,794.50	12,402,898.14

续上表：

项目名称	本期转入固定资产(其中:利息资本化金额)	其他减少数(其中:利息资本化金额)	期末数(其中:利息资本化金额)	资金来源	完工进度
改扩建水泥*生产线777#			10,350,995.14	自筹	三通一平
汽车贸易展**销厅#			1,651,903.00	自筹	80%
其他	552,794.50		400,000.00		
小计	552,794.50		12,402,898.14		

注：* 指国家经济贸易委员会国经贸委藏计投资[2000]777号文件

** 指西藏自治区计划委员会藏计投资[2000]624号文件

5.11、无形资产

项目	取得方式	原值	本期摊销额	累计摊销额	2000.12.31	剩余摊销年限
土地使用权	购入	289,350.42	5,787.01	86,985.24	202,365.18	48年
矿山公路	购入	15,780.00	5,351.50	15,780.00	0.00	
合计		305,130.42	11,138.51	102,765.24	202,365.18	

5.12、开办费

项目	原始发生额	期初余额	本期摊销额	累计摊销额	2000.12.31	剩余摊销年限
公司筹建费用	1,259,868.02	1,049,890.02	251,973.60	461,951.60	797,916.42	3.17年

5.13、短期借款

(1)借款类别	2000.12.31	备注
银行借款	5,313,147.05	
其中：抵押*	1,000,000.00	其中：逾期金额100万
信用	4,313,147.05	其中：逾期金额340万
合计	5,313,147.05	

注：* 抵押物是本公司的控股子公司西藏日喀则地区宗山水泥有限责任公司（下称："宗山水泥"）的固定资产。

(2)已到期未偿还情况

贷款单位	贷款金额	贷款年利率
江孜县农业银行	1,000,000.00	10.80%
江孜县农业银行	1,500,000.00	11.52%
江孜县农业银行	900,000.00	8.10%
江孜县农业银行	1,000,000.00	10.08%

未偿还原因是：本公司的控股子公司"宗山水泥"资金周转困难。

(3)期末余额中包括：

贷款单位	贷款金额
西藏自治区财政厅	400,000.00
西藏自治区工业厅	513,147.05
合计*	913,147.05

注：* 系本公司所属建材分公司97年10月兼并西藏塑料厂时形成。原西藏塑料厂组建时，西藏财政厅、工业厅为扶持地方工业企业和西藏民族工业塑料制品的发展，由西藏塑料厂的主管部门---西藏轻纺总会担保借入，用于购设备和原材料，形成的无期无息借款。

(4)期末数大幅下降原因是：本公司归还所致。

5.14、应付帐款： 期末数67,936,398.01元。

(1)应付持本公司5%以上股份的股东单位的款项如下：

单位名称	金额
拉运公司	54,309.23
汽贸公司	28,700.19
工业公司	498,484.66
合计	581,494.08

(2)期末数比期初数增长227.70%，主要原因是工程公司尚未支付的对外劳务协作工程款，工程保证金增加所致。

5.15、预收帐款：期末数42,362,695.18元。本项目中无欠持本公司5%以上股份的股东单位的款项。

5.16、应付股利

投资者	1999.12.31	2000.12.31
工程公司	11,725,575.68	
工业公司	2,797,005.32	
拉运公司	2,286,719.80	2,010,557.59
汽贸公司	2,234,355.57	1,697,405.37
格尔木公司	86,392.66	86,392.66
合计	19,130,049.03	3,794,355.62

注：期末数比期初数减少80.17%，主要系将应付股利抵付投资者往来款所致。

5.17、应交税金

税种	1999.12.31	2000.12.31
增值税	803,812.59	201,349.06
城建税	49,403.89	55,445.34
所得税	1,685,981.86	–1,192,830.79

营业税	1,416,159.04	113,113.54
合计	3,955,357.38	-822,922.85

注:期末数比期初数减少120.81%,主要系预交所得税所致。

5.18、其他应付款:期末数19,590,243.28元。

(1)本项目中应付持本公司5%以上股份的股东单位的款项如下:

单位名称	金额	内容
工程公司	324,942.68	场地租赁费
工业公司	668,177.88	场地租赁费
汽贸公司	521,659.43	场地租赁费
拉运公司	242,772.24	场地租赁费
合计	1,757,552.23	

(2)大额款项情况

单位名称	金额
工程保修金	3,527,262.79
西藏自治区交通厅	2,700,000.00
退休统筹金	1,492,154.32
保通质量奖	1,402,102.82
应付车辆保险费	1,239,382.83
合计	10,360,902.76

5.19、预提费用

项目	1999.12.31	2000.12.31
利息	1,263,453.47	2,027,472.12
大修理金	6,977.66	
动力电费		39,229.07
职工养老统筹金		113,278.26
合计	1,270,431.13	2,179,979.45

注:期末数比期初数增长71.59%,主要系预提利息费用增加较多所致。

5.20、一年内到期的长期负债

贷款单位	金额	借款期限	年利率	借款条件
江孜县农行	2,500,000.00	94.12.19~97.12.19	10.80%	信用
江孜县农行	530,000.00	95.4.5~96.7.6	3.36%	信用
合计	3,030,000.00			

已到期未偿还的原因:控股子公司"宗山水泥"公司资金周转困难。

5.21、长期借款

贷款单位	金额	借款期限	年利率	借款条件
西藏自治区建行*	20,000,000.00	2000.5.29-2003.5.28	5.94%	信用贴息
西藏自治区建行**	8,000,000.00	2000.7.21-2003.7.20	5.94%	信用贴息
合计	28,000,000.00			

注:* 建行西藏自治区分行贷款20,000,000.00元,根据西藏自治区经贸委、西藏自治区财政厅,藏经委企发(2000)287号、藏财企字(2000)74号,利息由财政贴息,2000年对本公司贴息79万元。

注:** 建行西藏自治区分行贷款8,000,000.00元,根据西藏自治区经贸委、西藏自治区财政厅,藏经委企发(2001)15号、藏财企字(2001)2号,利息由财政贴息,2000年对本公司贴息23.8万元。

5.22、股本

5.23、资本公积

项目	1999.12.31	本期增加	本期减少	2000.12.31
股本溢价	23,650,598.47			23,650,598.47
资产评估增值				
其他资本公积转入				
合计	23,650,598.47			23,650,598.47

5.24、盈余公积

项目	1999.12.31	本期增加	本期减少	2000.12.31
法定盈余公积	1,581,056.53	1,060,902.11		2,641,958.64
公益金	790,528.26	530,451.05		1,320,979.31
任意盈余公积				
合计	2,371,584.79	1,591,353.16		3,962,937.95

5.25、未分配利润

项目	金额
1999年12月31日余额	0.00
加:本期净利润	10,609,021.05
减:本期减少	
(1)提取法定盈余公积	1,060,902.11
(2)提取公益金	530,451.05
(3)提取任意盈余公积	
(4)分配股利	
2000年12月31日余额	9,017,667.89

5.26、财务费用

项目	2000年度	1999年度
利息支出	1,242,737.68	2,501,642.08
减:利息收入	740,673.86	888,299.54
加:手续费	6,560.80	37,123.10
合计	508,624.62	1,650,465.64

注:2000年财务费用下降的原因是:归还短期借款1200万元;本期新增借款2800万元由财政贴息。

5.27、投资收益

项目	2000年度	1999年度
股票投资收益	1,078,658.11	
长期股权投资	13,565.32	-322,214.47
长期债权投资		12,805.13
长期投资减值准备	192,399.18	-101,419.73
合计	1,284,622.61	-207,989.61

注:本期比上期增加1,492,612.22元,主要是股票投资收益增加。

5.28、营业外支出

项目	2000年度	1999年度
处理固定资产损失	62,315.00	13,860.00
固定资产盘亏		68,587.35
罚款支出		6.34
捐赠支出	10,000.00	12,800.00
赔偿支出*	4,609,461.42	726,281.07
固定资产减值准备	177,056.17	1,440,000.00
合计	4,858,832.59	2,261,534.76

注:* 其中公路工程施工中,不慎挖破输油管,预计赔偿4,000,000.00元,列入本项目。

5.29、支付的其他与经营活动有关的现金

项目	金额
购汽车预付款	6,162,075.00
差旅费	4,678,632.67
修理及油料费	2,887,351.79
运输费	1,076,856.97
办公费	700,071.40
业务招待费	678,632.67
其他	5,602,198.61
合计	21,785,819.11

附注6、母公司会计报表主要项目附注(金额单位为人民币元)

6 .1、长期股权投资

6.2、固定资产及累计折旧

类别	1999.12.31	本期增加	本期减少	2000.12.31
(1)固定资产原值:				
房屋及建筑物	28,011,303.48	2,199,708.38	1,875,900.00	28,335,111.86
专用设备	48,925,296.08	11,847,055.56		60,772,351.64
通用设备	18,136,463.95	108,565.87		18,245,029.82
运输设备	61,054,712.75	4,337,419.60	396,000.00	64,996,132.35
其他设备	3,121,195.29	2,655,158.24	25,000.00	5,751,353.73
小计	159,248,971.55	21,147,907.65	2,296,900.00	178,099,979.20
(2)累计折旧:				
房屋及建筑物	8,516,250.69	900,255.62	1,594,515.00	7,821,991.31
专用设备	27,261,059.44	5,575,140.29		32,836,199.73
通用设备	8,261,668.82	1,150,030.14		9,411,698.96
运输设备	47,654,350.48	4,952,090.16	293,685.00	52,312,755.64
其他	1,532,031.83	451,935.80	1,160.00	1,982,807.63
小计	93,225,361.26	13,029,452.01	1,889,360.00	104,365,453.27
(3)固定资产净值	66,023,610.29			73,734,525.93

6.3、投资收益

项目	2000年度	1999年度
股票投资收益	1,078,658.11	
长期股权投资(权益)	-961,996.04	-168,222.54
长期债权投资		12,805.13
长期投资减值准备	192,399.18	-101,419.73
合计	309,061.25	-53,997.68

附注7、分行业资料(以合并数编制,金额单位为人民币万元)

项目		公路工程	建筑材料	货物运输	汽车贸易	合计
主营业务收入	2000	16,011.23	2,683.67	851.53	5,961.77	25,508.20
	1999	12,290.99	2,976.75	1,055.56	4,919.99	21,243.29
主营业务成本	2000	12,818.65	2,287.30	561.85	5,372.30	21,040.10
	1999	9,289.09	2,163.68	781.39	4,420.00	16,654.16
营业毛利	2000	3,192.58	396.37	289.68	589.47	4,468.10
	1999	3,001.90	813.07	274.17	499.99	4,589.13

附注8、关联方关系及其交易

附注9、或有事项

截止2000年12月31日,本公司的控股子公司西藏日喀则地区宗山水泥有限责任公司有743万元银行借款逾期。若不能与贷款银行达成展期协议,可能涉及诉讼。

附注10、资产负债表日后的非调整事项

10.1、经中国证券监督管理委员会证监发行字(2000)179号文核准,本公司通过上海证券交易所于2000年12月25日成功上网定价发行了每股面值1.00元的人民币普通股4000万股,每股发行价人民币6.88元,共募集资金26,252.08万元。已经四川君和会计师事务所君和审字(2001)第3001号验资报告验证确认。本公司股票公发前注册资本6,000万元,本次股票发行后,实收股本已增至人民币10,000万元,据此本公司相应变更了企业法人执照和注册资本。本公司社会公众股已于2001年1月16日在上海证券交易所上市流通,股票代码600326。

10.2、本公司在《招股说明书》中作为特别风险已向投资者提示:本公司将在水泥生产线改扩建项目投产见效后(预计2002年6月)关闭建材分公司拉萨北郊水泥厂两条机立窑水泥生产线。现根据西藏自治区人民政府第19次常务会议关于关闭西藏天路交通股份有限公司建材分公司两条机立窑水泥生产线的决定以及西藏自治区环保局、西藏自治区经济贸易委员会受西藏自治区人民政府委托联合下发的藏环发[2001]38号文通知精神,本公司建材

分公司两条机立窑水泥生产线已于2001年3月5日提前关闭停产。此次本公司建材分公司两条机立窑水泥生产线提前关闭,所造成的各种损失,将超过本公司在《招股说明书》中所披露的数额。目前本公司正在着手进行人员分流、资产清理等工作。

九、公司的其它有关资料

(一)公司注册登记日期、地点

1、公司首次注册登记日期、地点

注册登记日:1999年3月29日

地点:西藏自治区工商管理局

2、首次变更注册登记日期、地点

注册登记日:2000年3月31日

地点:西藏自治区工商管理局

3、最近一次变更注册登记日期、地点

注册登记日:2001年1月5日

地点:西藏自治区工商管理局

(二)企业法人营业执照注册号:5400001000128

(三)税务登记号码:540100710905111

(四)公司未流通股票的托管机构:上海证券中央登记结算公司。

(五)报告期内的证券主承销商机构:南方证券有限公司

(六)报告期内,公司聘请北京海问律师事务所担任的法律顾问,其办公地址为:北京市朝阳区东三环北路2号南银大厦1016室

(七)公司聘请的会计师事务所是四川君和会计师事务所有限责任公司,其办公地址为:四川省成都市走马街68号锦城大厦10楼。

十、备查文件目录

(一)公司法人代表、财务负责人、审计机构负责人签名并盖章的会计报表。

(二)四川君和会计师事务所有限责任公司盖章、注册会计师的签名并盖章的审计报告原件。

(三)报告期内在《中国证券报》、《上海证券报》公开披露的《招股说明书概要》、《发行公告书》、《上市公告书》正文及原稿。

西藏天路交通股份有限公司董事会

二00一年四月十三日

内蒙古兰太实业股份有限公司

内蒙古兰太实业股份有限公司2000年年度报告摘要

重要提示：本公司董事会保证本报告所载资料不存在任何虚假记载、误导性陈述或者重大遗漏，并对其内容的真实性和完整性负个别及连带责任。

一、公司简介

(一)公司中文名称：内蒙古兰太实业股份有限公司
英文名称：INNER MONGOLIA LANTAI INDUSTRIAL CO.,LTD.
(二)公司法定代表人：王刚
(三)公司董事会秘书：任汾　董事会证券事务代表：赵双云
联系地址：内蒙古自治区阿拉善左旗吉兰泰镇　联系电话：0483—8838609
传真：0483—8838735　电子信箱：jltyhb@public.hh.nm.cn
(四)公司办公地址：内蒙古自治区阿拉善左旗吉兰泰镇　邮政编码：750333
公司网址：http://www.lantai.net.cn　电子信箱：yhjtgs@public.hh.nm.cn
(五)公司选定的信息披露报纸名称，登载公司年度报告的中国证监会指定国际互联网网址：
信息披露报纸名称：《中国证券报》、《上海证券报》
中国证监会指定国际互联网网址：http://www.sse.com.cn
公司年度报告备置地点：本公司证券部
(六)公司股票上市交易所、股票简称及证券代码：
上市交易所：上海证券交易所　股票简称：兰太实业　股票代码：600328

二、会计数据和业务数据

(一)本年度利润总额及构成(单位：人民币元)

项　目	2000年度
利润总额	48,665,854.98
净利润	37,691,164.06
扣除非经常损益后的净利润	38,038,560.62
主营业务利润	121,572,107.30
其他业务利润	1,999,892.87
营业利润	49,549,654.25
投资收益	-355,505.70
补贴收入	39,786.46
营业外收支净额	-568,080.03
经营活动产生的现金流量净额	20,341,703.37
现金及现金等价物净增加额	405,312,779.35

(二)前三年主要会计数据和财务指标(单位：人民币元)

序号	项　目	2000年	1999年
1	主营业务收入	250,601,885.56	232,057,878.75
2	净利润	37,691,164.06	32,011,320.51
3	总资产	984,568,126.02	549,469,565.89
4	股东权益	634,342,529.62	173,312,152.39
5	每股收益	0.22	0.28
6	每股收益(加权平均)	0.34	0.28
7	每股收益(扣除非经常性损益)	0.22	0.29
8	每股净资产	3.67	1.54
9	调整后的每股净资产	3.63	1.35
10	每股经营活动产生的现金流量净额	0.12	-0.25
11	净资产收益率(%)	5.94	18.46

(三)净资产收益率和每股收益：

报告期利润	净资产收益率(%) 全面摊薄	净资产收益率(%) 加权平均	每股收益(元/股) 全面摊薄	每股收益(元/股) 加权平均
主营业务利润	19.17	63.23	0.70	1.08
营业利润	7.81	25.77	0.29	0.44
净利润	5.94	19.60	0.22	0.34
扣除非经常性损益后的净利润	6.00	19.79	0.22	0.34

报告期内非经常性损益涉及的项目和金额：
(1)固定资产处置收益：-38,815.36元
(2)增值税返还：39,786.46元
(3)无法支付的款项：7,138.04元
(4)股权投资差额摊销：-355,505.70元

(四)报告期内股东权益变化情况(单位：人民币元)

项目	股本	资本公积	盈余公积	法定公益金
期初数	112,652,899.00	60,659,253.39		
本期增加	60,000,000.00	392,690,206.00	7,538,232.82	3,769,116.41
本期减少				
期末数	172,652,899.00	453,349,459.39	7,538,232.82	3,769,116.41

项目	未分配利润	股东权益
期初数		173,312,152.39
本期增加	801,938.41	461,030,377.23
本期减少		
期末数	801,938.41	634,342,529.62

变动原因说明：
(1)、公司报告年度股本增加6000万股，系公司发行股票所致；
(2)、根据本公司董事会2000年度利润分配预案决议，本公司2000年实现净利润37,691,164.06元，提取10%的法定公积金3,769,116.41元，提取10%的法定公益金3,769,116.41元，导致资本公积、盈余公积、法定公益金增加。
(3)、本公司2000年实现可供股东分配的利润30,152,931.24元，以2000年12月31日的总股本172,652,899股为基数，每10股派1.70元现金(含税)，剩余801,938.41元结转下年。

三、股本变动和股东情况

(一)股本变动情况
1、股票发行与上市情况：
(1)、经中国证监会证监发行字[2000]155号文核准，公司于2000年11月30日利用上海证券交易所股票发行系统以上网定价的方式向社会公众公开发行人民币普通股6000万股，发行价格7.88元/股。
(2)、2000年12月22日公司6000万普通股股票A股在上海证券交易所挂牌上市。
(二)主要股东持股情况：
1、截止2000年12月31日公司股东总数为41539户。
说　明：
(1)、持有本公司5%(含5%)以上的股东所持股份无任何质押或冻结情况；
(2)、内蒙古吉兰泰盐化集团公司代表国家持有国有法人股；
(3)、公司控股股东仍为内蒙古盐化集团公司，报告期内未发生变化；
(4)、前十名股东之间不存在关联关系。
3、持有公司10%(含10%)以上的法人股东情况
内蒙古吉兰泰盐化集团公司持有国有法人股10225万股，占公司总股本的59.38%，报告期内未发生所持公司股份的质押或冻结情况。内蒙古吉兰泰盐化集团公司的法定代表人：武忠。经营范围：制药、建材、绒毛纺织、运输、机械加工等。

四、股东大会简介

(一)报告期内本公司召开一次股东大会，具体说明如下：
股东大会的通知、召集、召开情况
2000年度，公司共召开一次股东大会：
1、2000年5月10日在公司办公楼三楼会议室召开了2000年第一次股东大会，公司当时尚未发行社会公众股，因此会议采取书面形式予以通知，说明了会议召开的时间、地点、审议事项及其他有关事项，会议由董事长王刚先生主持。参加公司大会的股东及股东代表共5人，代表股份11265万股，占股本的100%，符合《公司法》、《公司章程》的规定。经大会审议，以记名投票方式通过了如下决议：
(1)、审议通过了《1999年度董事会工作报告》；
(2)、审议通过了《1999年度监事会工作报告》；
(3)、审议通过了《1999年度财务决算报告和2000年财务预算报告》；
(4)、审议通过了《关于1999年度未分配利润事宜的预案》；
(5)、审议通过了《2000年度投资计划》；
(6)、审议通过了《关于募集资金投向的预案》；
(7)、审议通过了《1999年度利润分配预案》；
(8)、审议通过了《吉兰泰盐湖采矿权转让协议》；
(9)、审议通过了《关于公司股票公开发行前利润处置的提案》；
(10)、审议通过了《"四项准备金"计提办法》。

五、董事会报告

(一)、公司经营情况
1、公司所处行业及其地位
本公司属于轻工行业，是全国第一家也是国内湖盐行业机械化程度最高、生产能力最大的机械化湖盐企业，在规模和效益上均处于同行业领先地位，是国内最大的金属钠生产企业之一，国内最大的天然胡萝卜素生产企业之一，曾被国务院发展研究中心《管理世界》中国企业评价中心和国家统计局工交司评为"中国500家最佳经济效益工业企业"之一。公司在同行业中首批通过了ISO9002质量体系认证，荣获"全国文明单位"、"特级AAA信用企业"、"全国绿化300家企业"、"环保先进单位"、"全国部门造林绿化400家单位"等称号。
2、公司主营业务范围及经营状况
(1)公司主营业务是加碘食用盐、化工原料盐、农牧渔业盐产品、金属钠、液氯等盐化工产品及胡萝卜素系列产品、盐藻粉盐湖生物产品、医药产品的生产和销售(许可范围内)。2000年，公司在面临国内外市场竞争加剧的情况下，通过开拓市场、强化管理、降低成本，基本实现了生产经营的总体目标。实现主营业务收入250,601,885.56元，实现主营业务利润121,572,107.30元，净利润37,691,164.06元，分别较去年增长8%、11.41%和17.74%，实现盈利预测的104.6%。
(2)公司主营业务收入均为盐及盐化工产品的生产及销售收入。占主营业务收入10%以上的品种有加碘食用盐、化工原料盐、金属钠等产品。具体公司主营业务收入及主营业务毛利构成如下：(单位：人民币元)

项　目	主营业务收入 本年数	主营业务收入 上年数	主营业务毛利 本年数
盐	168,883,130.88	161,590,093.51	114,599,409.74
金属钠	68,562,960.95	58,800,612.08	16,398,195.23
液氯	11,064,338.32	7,404,192.47	7,592,174.15
氯乙酸		3,164,940.19	
盐酸		307,448.29	
三氯化铝		30,769.22	
胡萝卜素	408,877.87	56,767.18	147,850.34
塑编袋	1,682,577.54	703,055.81	-324,470.74
合计	250,601,885.56	232,057,878.75	138,413,158.72

3、在经营中出现的问题与困难及解决方案：
本公司生产的产品需要大量外运，由于铁路运输紧张，给产品销售增加了困难，故产品的运输成为产品销售的难点。对此公司及时调整运输策略，采取"公路运短、铁路运远"的办法，有效地缓解了运力不足给公司销售造成的压力，较好地完成了销售任务。
(二)、公司财务状况
1、公司财务状况(单位：人民币元)

项　目	2000年	1999年	增减(%)
总资产	984,568,126.02	549,469,565.89	79.19
股东权益	634,342,529.62	173,312,152.39	266.01
长期负债	114,365,239.52	111,285,631.57	2.77
主营业务利润	121,572,107.30	109,124,307.76	11.41
净利润	37,691,164.06	32,011,320.51	17.74

2、财务状况变动说明：
(1)、总资产：本年增加43500万元，主要是公司发行股票募集资金及公司盈利所致；
(2)、长期负债：本年增加308万元，系本年度发行股票冻结申购资金产生的利息与长期借款减少所致；
(3)、股东权益：本年增加46093万元主要因为公司发行股票，增加了股本和资本公积所致；
(4)、主营业务利润：本年增加1245万元，主要是因为扩大生产能力、加大生产销售所致；
(5)、净利润：本年增加568万元，主要是因为本年度产品销售较好，成本控制严格所致。

北京中天华正会计师事务所出具了无保留意见的审计报告。

(三)公司募集资金使用情况和非募集资金投资情况

1、利用募集资金投资项目

报告期内,公司于2000年11月30日发行A股股票6000万股,扣除发行费用后,实际到位资金4.52亿元。公司严格按照《招股说明书》中披露的内容,将募集资金用于以下项目:

报告期内募集资金投资情况表(单位:人民币万元)

项目名称	项目总投资额	实际投资	尚需继续投资
10000吨金属钠扩建工程	13053	535	12518
50000吨/年金属钠原料盐技改工程	4997	41	4956
二期技改工程	4858	1112	3000
天然胡萝卜基地扩建工程	11724	2697	9027
ADC发泡剂工程	3553	0	3553
总计	38185	5131	33054

由于募集资金实际到账日为2000年12月7日,已近年末,因此在2000年度募集资金使用量较少,剩余4.01亿元全部存放在银行。

以上募集资金投资项目如果正常实施,将在2001—2002年度产生收益。

2、报告期内非募集资金的投资情况:

报告期内非募集资金无投资项目。

(四)、生产环境及宏观政策、法规变化对本公司的影响:

我国加入WTO之后,对本公司整体发展是有利的。作为资源转换型企业,将有利于公司进一步开拓国际市场,扩大出口,参与国际竞争;有利于引进先进设备和技术。但同时,加入WTO后,国外产品也将进入中国市场,使国内市场竞争加剧。为此,公司将加快品牌战略的实施,创出与国外品牌相抗衡的民族品牌。

(五)2001年度的业务发展计划

1、巩固和扩大现有产品的市场份额,积极推出新产品,加强对产品品牌的建设;

2、巩固和扩大公司的营销网络,并积极探索新的销售模式;

3、本公司将根据市场情况,按照招股说明书所披露的内容,利用募集资金按照轻重缓急程度进行有计划、有步骤地完成项目建设;

4、积极开展资本运营,以收购、兼并等方式实现公司的低成本扩张;

5、加快技术开发和技术改造的步伐,增加公司产品的技术含量和附加值;

6、加强员工队伍的建设,提高员工的科学文化知识和业务水平,同时,注重对人才的引进。

(六)、董事会日常工作情况

1、报告期内董事会共召开六次会议,主要情况如下:

(1)、2000年1月28日召开2000年第一次董事会,一致通过如下决议:

审议了《公司"四项准备金"计提办法的议案》;

审议了《关于1999年度利润分配的预案》。

(2)、2000年3月2日召开2000年第二次董事会,一致通过如下决议

审议了《公司"招股说明书"》

(3)、2000年3月22日召开2000年第三次董事会,一致形成如下决议:审议了1999年度《公司董事会工作报告》;

审议了《公司总经理工作报告》; 审议了《公司2000年度经营计划方案》;

审议了《公司2000年度投资计划方案》;

审议了《1999年度财务决算、2000年度财务预算方案》; 审议了《公司任免副总经理的提案》;

审议了《公司募集资金投向的议案》; 审议了《吉兰泰盐湖采矿权转让协议》;

审议《公司股票公开发行前利润处置方案》;

审议《公司关于授权总经理在一定限额内处理资产损失的议案》;

审议《公司1999年度股东大会议程》; 审议《公司关于核销坏账的报告》。

(4)、2000年8月1日召开2000年第四次董事会,一致通过如下决议:

审议了修订后的《公司"招股说明书"》

(5)、2000年9月22日召开2000年第五次董事会,一致通过如下决议:

审议《公司调整公开发行股票额度的议案》

(6)、2000年12月8日召开2000年第六次董事会,一致通过如下决议:

审议《关于修改〈公司章程(草案)〉的提案》,并将提请公司2000年度股东大会审议通过;

审议《聘任公司证券事务授权代表的议案》。

2、董事会对股东大会决议的执行情况:

(1)、关于股东大会授权公司董事会净资产5000万元的资产重组、投资、融资权限的情况:董事会严格按照股东大会授予的权限按法定程序进行决策,无任何越权现象。

(2)、股东大会上董事会工作报告中对2000年的主要生产经营指标计划已经基本完成。

(七)、董事、监事、高级管理人员及员工情况

姓名	职务	性别	年龄	任期起止时间
王刚	董事长	男	55	1999.1-2001.12
杨志福	副董事长	男	53	1999.1-2001.12
张万德	副董事长	男	51	1999.1-2001.12
侯瑛	总经理	男	43	1999.1-2001.12
白福易	董事	男	54	1999.1-2001.12
赵玉怀	董事	男	48	1999.1-2001.12
胡开宝	董事	男	36	1999.1-2001.12
任汾	董事会秘书	男	42	1999.1-2001.12
刘昌安	董事	男	48	1999.1-2001.12
姜培德	监事会主席	男	47	1999.1-2001.12
胡开文	监事	男	48	1999.1-2001.12
李发金	监事	男	49	1999.1-2001.12
李淑霞	监事	女	37	1999.1-2001.12
杨永红	监事	女	34	1999.1-2001.12
赵代勇	副总经理	男	42	1999.1-2001.12
王沁宇	副总经理	男	41	1999.1-2001.12
杨伟	副总经理	男	38	2000.4-2001.12
李晶	副总经理	男	45	2000.4-2001.12

1、上述人员在本年度报告期内未持有本公司股份,报酬在2万元以上的1人,在2万元以下的有11人。(其中杨志福、白福易、赵玉怀、胡开宝、胡开文、李发金6人不在本公司领取报酬)

2、报告期内,董事、监事及高级管理人员离任情况说明:

报告其内,董事、监事及高级管理人员无离任情况。

3、公司员工构成情况:

截止2000年12月31日在册员工2381人,其中生产人员1905人,营销人员189人,技术人员108人,财务人员39人,行政人员140人;大学以上学历占2.35%,大专学历占10.37%,中专学历占7.35%。

(八)、本年利润分配预案

1、2000年度利润分配预案

经北京中天华正会计师事务所审计,2000年公司实现净利润37,691,164.06元,按净利润的10%提取法定盈余公积金3,769,116.41元,按净利润的10%提取法定公益金3,769,116.41元后,本年度可供股东分配利润30,152,931.24元。

董事会提议以2000年末总股本172,652,899股为基数,向全体股东按每10股派现金股利1.70元(含税),可分配利润支出总额为29,350,992.83元,剩余801,938.41元结转下年度。

以上分配预案将提交2000年度股东大会审议通过方可实施。

2、预计2001年利润分配政策

(1)公司拟在2001年结束后分配利润一次;

(2)公司2001年实现净利润用于股利分配的比例约30%—50%;

(3)分配主要采用派发现金或送红股的形式,现金股息约占分配股利的30%—50%,具体分配方案根据公司当时情况由董事会提出预案,经股东大会批准后执行。

(九)、其他报告事项:无。

六 监事会报告

(一)、监事会构成情况:

2000年,本公司监事会按照中国证监会"法制、监督、自律、规范"的要求,认真履行《公司法》和《公司章程》赋予的职责正确行使监督职能,列席了报告期内公司召开的历次董事会,对董事会会议召开程序及所做决议进行了监督。

(二)、会议情况:

1、列席公司董事会会议6次,内容见"董事会日常工作情况"。

2、出席公司2000年度股东大会,参与审议了公司的经营管理和重大决策。

3、召开监事会会议2次:

(1)2000年3月21日,召开了2000年第一次监事会会议,会议内容为:

①、审议通过《内蒙古兰太实业股份有限公司监事会议事规则》;

②、审议通过《公司1999年度监事会工作报告》。

(2)2000年8月1日,召开2000年第二次监事会会议,会议内容为:

审议通过《公司"招股说明书"》

(三)、监事会对公司依法运作情况的意见:

1、公司能严格按照《公司法》、《证券法》、《上海证券交易所股票上市规则》及其他有关法律、法规及制度规范运作,公司无违法违规事件发生。

2、报告期内公司董事会按照股东大会的决议要求,确实履行了各项决议,其决策程序符合《公司法》及《公司章程》的各项规定,行使职权符合股东大会的授权。

3、公司最近一次募集资金是在2000年完成的,使用情况已经在年度报告有关内容中披露。

4、公司其他有关的关联交易是公平的,未损害公司利益。

5、公司的经营决策合理,管理制度规范,并建立了良好的内控体系,积极有效地防范了公司在经营、管理和财务等方面的风险。

6、公司董事会及公司高级管理人员在执行公司职务时,均认真贯彻执行公司章程和股东大会精神,忠于职守,廉洁奉公,为公司的发展尽职尽责。监事会在监督监察中未发现上述人员有违犯法律、法规及《公司章程》或损害公司利益的行为。

(四)、检查公司财务情况

监事会通过查阅公司的财务资料,审查财务收支情况,认为:

报告期内公司财务状况良好,财务资料符合《股份有限公司会计制度》及国家和公司的有关规定,客观公正地反映了公司的财务状况和经营成果。监事会对中天华正会计师事务所为公司出具的《2000年度审计报告》没有异议。

七、重要事项

(一)、报告期内本公司的诉讼、仲裁事项:

本公司控股股东吉兰泰盐化集团公司所属泰达制钠厂于1998年3月根据乌海市乌达区政府要求,与乌海市乌达区黄磷厂和磷盐厂签署了兼并协议,后因两厂均资不抵债,被乌海市乌达区人民法院裁定宣告破产,使兼并没有成功,但引起以下两起诉讼案:

1、湖北省远安县神风矿业公司作为原告起诉吉兰泰盐化集团公司泰达制钠厂,要求支付黄磷厂和磷盐厂所欠货款本息202万元,经湖北省高级人民法院判决,吉兰泰盐化集团公司泰达制钠厂承担支付黄磷厂和磷盐厂所欠神风矿业公司货款本息202万元的义务,2000年3月31日,湖北省宜昌市中级人民法院将本公司追加为被执行人。

2、云南省中滩联合擦洗厂作为原告起诉吉兰泰盐化集团公司泰达制钠厂,要求支付黄磷厂和磷盐厂所欠货款本息105万元,经云南省昆明市中级人民法院判决,吉兰泰盐化集团公司泰达制钠厂承担支付黄磷厂和磷盐厂所欠中滩联合擦洗厂货款本息105万元的义务,并要求本公司承担连带责任。

本公司认为,上述两起案件将本公司作为被执行人是错误的,本公司正在通过法律途径解决上述两起案件对本公司造成的不当影响。

(二)、报告期内公司董事及高级管理人员均未受监管部门处罚;

(三)、报告期内公司董事、监事、总经理、高级管理人员及控股股东变动情况见本报告中股东情况、股东大会情况和董事会会议情况介绍;

(四)、报告期内本公司无收购资产及吸收合并等事项。

(五)、重大关联交易事项:

1、本公司与第一大股东内蒙古吉兰泰盐化集团公司在报告期内存在如下关联交易:

(1)、销售货物。公司向内蒙古吉兰泰盐化集团公司销售货物,金额为4,114,909.33元,占销售收入的1.64%,定价政策按市场交易价格确定;

(2)、与集团公司存在债权、债务往来:

科目名称	年末余额	占全部应收(付)款项余额比重(%)	性质
应收账款	3,476,448.33	1.69	货款
其他应收款	4,731,737.36	20.22	往来款
长期应付款	5,400,000.00	100	采矿权转让价款

2、与不存在控制关系的关联方内蒙古自治区盐业公司之间的关联交易如下:

根据1999年11月签订的供盐合同(兰太营销[2000]第1号、2号),报告期内向内蒙古自治区盐业公司销售成品盐,合计金额1709.35万元,占销售收入的6.80%。

其他关联交易数额较小,且已在公司2000年11月28日刊登在《中国证券报》、《上海证券报》的《招股说明书》中公开披露。

(六)、上市公司与控股股东在人员、资产、财务上的"三分开"情况;

1、按照《公司法》关于权力机构、决策机构、执行机构、监督机构之间权责明确、互相制衡的原则,公司设立了股东大会、董事会、监事会、经理,建立了规范的企业法人治理结构。公司人员独立,在劳动、人事及工资管理等方面实行独立。总经理、副总经理及公司高级管理人员均在本公司领取报酬,未在控股股东单位领取报酬和担任重要职务。

2、在资产方面,本公司拥有独立的生产系统、辅助生产系统及相关配套设施,工业产权、商标等无形资产均由本公司拥有;本公司拥有独立的采购和销售系统。

3、在财务方面,本公司设有独立的财务部门,并建立了独立的会计核算体系和规范的财务会计、财务管理制度,并在银行独立开设账户,独立纳税。

(七)、聘任、解聘会计师事务所情况:

本年度继续聘请北京中天华正会计师事务所(原内蒙古国正会计师事务所)为公司审计机构。

(八)、公司报告期内未改变名称和股票简称。

(九)、报告期内公司无重大合同(含担保)。

八、财务会计报告(附后)

审计报告　　中天华正(京)审[2001]2008号

内蒙古兰太实业股份有限公司全体股东:

我们接受委托,审计了贵公司2000年12月31日的资产负债表、合并资产负债表,2000年度的利润及利润分配表、合并利润及利润分配表,以及2000年度的现金流量表及合并现金流量表。这些会计报表由贵公司负责,我们的责任是对这些会计报表发表审计意见。我们的审计是依据《中国注册会计师独立审计准则》进行的。在审计过程中,我们结合贵公司实际情况,实施了包括抽查会计记录等我们认为必要的审计程序。

我们认为,上述会计报表符合《企业会计准则》和《股份有限公司会计制度》的有关规定,在所有重大方面公允地反映了贵公司2000年12月31日的财务状况和2000年度的经营成果及现金流量情况,会计处理方法的选用遵循了一贯性原则。

北京中天华正会计师事务所　　中国注册会计师:管建新　刘翠枝

一、公司简介

内蒙古兰太实业股份有限公司(以下简称"本公司")是经内蒙古自治区人民政府内政股批字[1998]22号文批准,以内蒙古吉兰泰盐化集团公司(以下简称"母公司或集团公司")作为主要发起人,联合阿拉善盟吉兰泰达康公司(以下简称"达康公司")、内蒙古自治区盐业公司、宁夏回族自治区盐业公司、山西省盐业公司共同发起设立的股份有限公司,并于1998年12月31日经内蒙古自治区工商行政管理局核准登记,注册资本为112,652,899.00元。2000年10月经中国证券监督管理委员会证监发行字[2000]155号文批准,本公司向社会公开发行人民币普通股6000万股,于2000年12月22日在上海证券交易所上市交易。本公司于2000年12月12日在内蒙古自治区工商行政管理局变更注册登记,变更后的注册资本为人民币172,652,899.00元,注册号:1500001007153,注册地址:内蒙古自治区阿拉善左旗吉兰泰镇。公司主要从事生产销售加碘食用盐、化工原料盐、农牧渔业盐产品、金属钠、液氯、盐化工产品、天然胡萝卜素系列产品以及盐藻粉、盐田生物产品等。

二、公司主要会计政策、会计估计和合并会计报表的编制

1、会计制度　本公司执行《企业会计准则》及《股份有限公司会计制度》。

2、会计年度　会计年度自公历1月1日至12月31日止。

3、记帐本位币　本公司以人民币为记帐本位币。

4、记帐基础和计价原则　本公司的记帐基础为权责发生制原则,资产的计价遵循历史成本原则。本公司改制设立时,发起人投入的资产按经评估确认的价值记帐。控股子公司未按照评估确认的价值进行调帐,对其资产评估增值按照本公司持股比例调整本公司长期股权投资-股权投资差额,同时调增本公司资本公积。

5、外币业务核算方法　本公司发生外币经济业务时,按发生当月月初中国人民银行公布的市场中间价折合人民币记帐,月末对货币性项目的外币金额按期末中国人民银行公布的市场中间价进行调整,发生的差额,属于购建固定资产有关且在其尚未交付使用前的,计入有关固定资产的购建成本;属于筹建期的计入开办费;属于生产经营期间的计入当期财务费用。

6、现金等价物的确定标准　将持有的期限短、流动性强、易于转换为已知金额现金,价值变动风险很小的投资确定为现金等价物。

7、坏帐核算方法

(1)坏帐损失的核算方法、计提方法和计提比例

坏帐损失采用备抵法核算;根据债务单位的财务状况、现金流量情况以及本公司以前年度的经验合理估计,分析帐龄后确定提取比例。

具体计提比例如下:

帐龄	计提比例
1年以内	5%
1—2年(含1年)	15%
2—3年(含2年)	25%
3—4年(含3年)	40%
4—5年(含4年)	80%
5年以上	100%

(2)提取范围:本公司的应收帐款和其他应收款。

(3)坏帐的确认标准

①因债务人破产或者死亡,以其破产财产或者遗产清偿后,仍然不能收回的应收款项;

②因债务人逾期未履行偿债义务,且具有明显特征表明无法收回的款项;

③对确实无法收回的应收款项,经批准后作为坏帐损失,并冲销提取的坏帐准备。

8、存货核算方法

(1)存货主要包括:库存商品、原材料、低值易耗品、包装物、在产品等。

(2)存货计价方法:

库存商品(产成品)入库按实际成本计价,发出按计划成本计价,期末调整为实际成本;低值易耗品在领用时一次性摊销,包装物在报废时一次性摊销。其他存货按实际成本核算,发出采用移动加权平均法计价。

(3)本公司的产成品采用逐步结转分步法核算,期末在产品按其在产品数量乘以本步骤实际单位成本计算。

(4)存货跌价准备是按单个存货项目的成本高于其可变现净值的差额提取,预计的存货跌价损失计入当期损益。

(5)存货可变现净值按其形态分别确定:

库存商品,按其售价减去税金及销售费用后的余额确定;

在产品,按其产成品的售价减去至完工时尚需发生的成本处置费用和税金后的余额确定;

其他存货,按现行重置成本确定。

(6)存货盘存采用永续盘存制,每年年末均实施盘点。

9、短期投资核算方法　本公司无短期投资。

10、长期投资核算方法

(1)长期债权投资

按实际支付的价款扣除支付的税金、手续费等各项附加费用,以及支付的自发行日起至购入债券日止的应计利息后的余额作为实际成本,实际成本与债券票面价值的差额,作为溢价或折价在债券存续期内于确认相关利息收入时摊销。

(2)长期股权投资

按投资时实际支付的价款或确定的价值记帐。投资占被投资单位有表决权资本总额20%以下,或虽20%以上(含20%)但不具有重大影响的,按成本法核算;投资占被投资单位有表决权资本总额20%以上(含20%),或虽不足20%但有重大影响的按权益法核算;投资占被投资单位资本总额50%以上(不含50%),或虽不足50%但具有实质控制权的,按权益法核算并编制合并会计报表。

(3)股权投资差额的摊销方法

合同规定了投资期限的,按投资期限摊销;没有规定投资期限的,按10年分期平均摊销。

(4)长期投资减值准备的确认标准、计提方法

长期投资减值准备:本公司对被投资单位由于市价持续下跌或经营状况恶化等原因导致其可收回金额低于长期股权投资的帐面价值,并且这种降低的价值在预计的未来期间内不可能恢复时,按其预计未来可收回金额低于帐面价值可能发生的损失,逐项提取长期投资减值准备,损失计入当期损益。

11、固定资产计价和折旧方法

(1)固定资产标准:使用期限在一年以上,单位价值在2000元以上的房屋、建筑物、机器设备、运输工具等;

(2)固定资产分类:房屋建筑物、通用设备、专用设备、运输设备;

(3)固定资产计价方法:按实际成本计价;本公司改制设立时,发起人投入的固定资产按经评估确认的价值记帐。

(4)固定资产折旧方法:

采用直线法计提折旧,并按各类固定资产的原价和预计使用年限扣除3%的残值后确定其折旧率。发起人投入的固定资产按照评估后的固定资产原价计提折旧。

分类折旧率如下:

类　别	使用年限	年折旧率
房屋建筑物	8-35年	2.77%-12.13%
其中:房屋		
生产用房	30年	3.23%
受腐蚀生产用房	20年	4.85%
非生产用房	35年	2.77%
简易房	8年	12.13%
建筑物		
水井	15年	6.47%
其他建筑物	20年	4.85%
通用设备	5-20年	4.85%-19.40%
其中:机械设备	10-12年	8.08%-9.70%
动力设备	11-18年	5.39%-8.82%
传导设备	15-20年	4.85%-6.47%
电子计算机	5年	19.40%
其他通用设备	7-13年	7.46%-13.86%
专用设备	8-30年	3.23%-12.13%
其中:输电线路	30年	3.23%
变电配电设备	18年	5.39%
盐湖作业设备	8-11年	8.82%-12.13%
制钠专用设备	12年	8.08%
水净化设备	15年	6.47%
运输设备	5-12年	8.08%-19.40%
其中:摩托车	5年	19.40%
汽车	10-12年	8.08%-9.70%

12、在建工程核算方法

在建工程采用实际成本核算,其发生的借款利息、汇兑损益在固定资产交付使用前发生的计入所购建资产的成本。在固定资产交付使用但尚未办理竣工决算前先估价计入固定资产,待完工验收并办理竣工决算时将固定资产估计价调整为决算价。

13、无形资产计价和摊销方法

(1)无形资产计价

购入的无形资产按实际支付的价款计价,股东投入的无形资产按评估确认的价值计价。

(2)无形资产的摊销方法

合同规定有受益期限的,在受益期限内平均摊销;合同没有规定受益期限而法律规定有效期限的,按不超过法律规定的有效期限平均摊销;经营期短于有效期限的,按不超过经营期的期限平均摊销;合同和法律均未规定受益期限的,按不超过10年的期限摊销。

14、开办费、长期待摊费用摊销方法

(1)以实际发生额核算;

(2)摊销期限:开办费自生产经营之日起5年内平均摊销;长期待摊费用按照规定的期限或预计受益期限平均摊销。

15、借款费用的会计处理方法

长期借款发生的利息支出、汇兑损益等属于筹建期间的计入开办费;属于生产经营期间的计入财务费用;属于购建固定资产有关的,在固定资产尚未交付使用之前发生的计入有关固定资产的购建成本。短期借款发生的利息支出计入当期财务费用。

16、收入确认原则

商品销售:商品所有权上的主要风险和报酬已转移给购买方,不再保留与商品经营权相联系的继续管理权和实际控制权,与交易相关的经济利益能够流入企业,且相关的收入和成本能够可靠地计量时,确认营业收入的实现。

提供劳务:在劳务已经提供,收到价款或已取得收取款项的证据时,确认营业收入的实现。

17、所得税的会计处理方法

采用应付税款法。

18、利润分配

根据《中华人民共和国公司法》和本公司章程规定,税后利润按下列顺序进行分配:

(1)弥补以前年度亏损;

(2)提取法定公积金10%;

(3)提取法定公益金5%-10%;

(4)提取任意公积金;

(5)向投资者分配利润。

19、合并会计报表的编制方法

(1)合并范围

本公司的控股子公司为内蒙古雅布赖盐化有限责任公司(以下简称"雅盐公司或控股子公司"),本公司对其会计报表予以合并。

(2)编制方法

合并会计报表是以母公司及其纳入合并范围的子公司的个别会计报表和其他相关资料为依据,根据财政部"财会字[1995]11号《合并会计报表暂行规定》"的要求经充分抵销内部投资、内部交易和内部债权债务等内部会计事项后编制而成。

三、主要税项

(1)增值税:商品销售适用税率为17%,按销项税额减进项税额计缴。

(2)资源税:盐产品按销售数量为课税数量,每吨12元。

(3)营业税:运输收入税率3%,租赁收入税率5%。

(4)城市维护建设税:按实际应缴纳流转税额的5%计缴,泰达制钠厂按实际应缴纳流转税额的7%计缴。

(5)教育附加费:按实际应缴纳流转税额的3%计缴。

(6)企业所得税:

①依据内蒙古自治区人民政府"内政发(1999)112号"文和内蒙古自治区乌海市地方税务局"乌地税发(1999)207号文"的规定,泰达制钠厂从获利年度起,3年内免征企业所得税,免税期满后,2年内减半征收企业所得税。

②根据内蒙古自治区人民政府"内政字[1999] 269号"文,同意本公司自股票上市之日起,三年减按15%税率征收企业所得税。在股票上市之日前,除本公司所属的泰达制钠厂执行上述①减半征收企业所得税外,本公司及控股子公司均按法定税率33%征收企业所得税。

四、控股子公司及合营企业

控股公司名称	注册地点	注册资本
内蒙古雅布赖盐化有限责任公司	内蒙古阿拉善右旗	2680万

控股公司名称	控股比例	法定代表人	经营范围
内蒙古雅布赖盐化有限责任公司	50.97%	杨志福	盐产品加工修理

本公司合并会计报表范围尚未发生变化。

五、会计报表主要项目注释

注:以下会计项目中的"期初数"为1999年12月31日数据,"期末数"为2000年12月31日数据。

1、货币资金

项目	期末数	期初数
现金	26,344.33	103,596.01
银行存款	439,801,023.38	30,229,935.14
其他货币资金	79,314.90	4,260,372.11
合计	439,906,682.61	34,593,903.26

增加原因:本公司2000年12月发行的6,000万人民币普通股资金到位。

2.应收票据

出票单位	票据种类	出票日期
中国人民解放军第57082厂铝箔厂	商业承兑汇票	2000.07.28
顺德市客齐伟华染料有限公司	商业承兑汇票	2000.11.23
兰雁集团股份有限公司	商业承兑汇票	2000.11.15
中国人民解放军第57082厂铝箔厂	商业承兑汇票	2000.09.11
中国化工建设大连公司	银行承兑汇票	2000.07.10
中国化工建设大连公司	银行承兑汇票	2000.07.10
中化江苏进出口公司	银行承兑汇票	2000.08.02
中国化工建设大连公司	银行承兑汇票	2000.08.03
中国化工建设大连公司	银行承兑汇票	2000.08.03
来风卷烟厂	银行承兑汇票	2000.07.25
福敦水业有限公司	银行承兑汇票	2000.07.25
宁夏宁馨儿生物工程公司	银行承兑汇票	2000.07.27
远兴公司吉碱分公司	银行承兑汇票	2000.09.29
嘉兴金禾农集团有限公司	银行承兑汇票	2000.09.13
浙江医药保健品进出口公司	银行承兑汇票	2000.07.28
包头天骄清美稀土抛光粉公司	银行承兑汇票	2000.10.24
天津润源物资有限公司	银行承兑汇票	2000.11.17
宁夏美清纸业股份公司	银行承兑汇票	2000.12.14
远兴天然碱公司	银行承兑汇票	2000.12.19
重庆烟草滤嘴材料厂	银行承兑汇票	2000.10.20
汇鑫(蒲田)鞋业有限公司	银行承兑汇票	2000.11.21
西山煤电有限公司	银行承兑汇票	2000.11.22
西安西骏稀土实业公司	银行承兑汇票	2000.11.27
包钢稀土高科技股份公司	银行承兑汇票	2000.10.27
浙江实轮橡胶化工公司	银行承兑汇票	2000.11.03
沈阳鑫名商贸有限公司	银行承兑汇票	2000.09.08
重庆民丰农化股份公司	银行承兑汇票	2000.11.29
赣州稀土金属冶炼厂	银行承兑汇票	2000.11.03
青州天湖泡花碱厂	银行承兑汇票	2000.12.04
四川沱牌曲酒股份公司	银行承兑汇票	2000.11.10
鄂县新发五交化公司	银行承兑汇票	2000.12.27
包头第四化工厂	银行承兑汇票	2000.12.28
包头第四化工厂	银行承兑汇票	2000.12.28
宁海县永德县盛化工厂	银行承兑汇票	2000.12.20
中化江苏进出口公司	银行承兑汇票	2000.12.15
山东康惠医药有限公司	银行承兑汇票	2000.10.9
潍坊寒亭宏达染化厂	银行承兑汇票	2000.08.17
中国建大连公司	银行承兑汇票	2000.11.15
厦门迈真化学进出口公司	银行承兑汇票	2000.11.07
常熟亚美化工公司	银行承兑汇票	2000.12.25
中国江苏进出口公司	银行承兑汇票	2000.12.26
江苏晟泰	银行承兑汇票	2000.11.28
山东万象	银行承兑汇票	2000.12.19
江苏丰源	银行承兑汇票	2000.11.29
中江轻纺公司	银行承兑汇票	2000.10.25
镇江精细化工	银行承兑汇票	2000.12.13
江苏菊花味精	银行承兑汇票	2000.12.21
中国化工供销公司	银行承兑汇票	2000.11.20
中化河北进出口公司	银行承兑汇票	2000.10.16
山东翔宇实业	银行承兑汇票	2000.10.19
安徽省华农公司	银行承兑汇票	2000.12.6
中化上海进出口公司	银行承兑汇票	2000.11.24
无锡新兴化工	银行承兑汇票	2000.11.15
泰兴泰丰染料	商业承兑汇票	2000.12.30
中国江苏国际技术贸易	银行承兑汇票	2000.12.27
山东新华制药	银行承兑汇票	2000.12.27
兰州平板玻璃厂	银行承兑汇票	2000.11.9
金昌奔马农用股份有限公司	银行承兑汇票	2000.12.18
合计		

出票单位	到期日	金额
中国人民解放军第57082厂铝箔厂	2001.01.27	400,000.00
顺德市客齐伟华染料有限公司	2001.04.12	30,000.00
兰雁集团股份有限公司	2001.03.28	500,000.00
中国人民解放军第57082厂铝箔厂	2001.03.10	350,000.00
中国化工建设大连公司	2001.01.10	132,000.00
中国化工建设大连公司	2001.01.10	197,200.00
中化江苏进出口公司	2001.02.02	266,400.00
中国化工建设大连公司	2001.02.03	168,600.00
中国化工建设大连公司	2001.02.03	180,000.00
来风卷烟厂	2001.01.18	300,000.00
福敦水业有限公司	2001.01.15	300,000.00
宁夏宁馨儿生物工程公司	2001.01.27	50,000.00
远兴公司吉碱分公司	2001.03.29	5,000,000.00
嘉兴金禾农集团有限公司	2001.03.11	400,000.00
浙江医药保健品进出口公司	2001.01.28	127,000.00
包头天骄清美稀土抛光粉公司	2001.04.22	2,000,000.00
天津润源物资有限公司	2001.05.17	500,000.00
宁夏美清纸业股份公司	2001.06.14	3,000,000.00
远兴天然碱公司	2001.06.19	10,000,000.00
重庆烟草滤嘴材料厂	2001.04.19	150,000.00
汇鑫(蒲田)鞋业有限公司	2001.05.21	100,000.00
西山煤电有限公司	2001.05.17	700,000.00
西安西骏稀土实业公司	2001.05.27	500,000.00
包钢稀土高科技股份公司	2001.04.17	500,000.00
浙江实轮橡胶化工公司	2001.05.02	110,000.00
沈阳鑫名商贸有限公司	2001.03.04	500,000.00
重庆民丰农化股份公司	2001.05.28	200,000.00
赣州稀土金属冶炼厂	2001.04.03	300,000.00
青州天湖泡花碱厂	2001.06.04	100,000.00
四川沱牌曲酒股份公司	2001.02.09	500,000.00
鄂县新发五交化公司	2001.06.27	500,000.00
包头第四化工厂	2001.06.26	500,000.00
包头第四化工厂	2001.06.28	500,000.00
宁海县永德县盛化工厂	2001.06.15	800,000.00
中化江苏进出口公司	2001.06.15	381,900.00
山东康惠医药有限公司	2001.04.09	138,600.00
潍坊寒亭宏达染化厂	2001.02.16	166,500.00
中国建大连公司	2001.05.15	129,600.00
厦门迈真化学进出口公司	2001.05.06	200,000.00
常熟亚美化工公司	2001.06.25	100,000.00
中国江苏进出口公司	2001.06.26	910,000.00
江苏晟泰	2001.05.27	200,000.00
山东万象	2001.06.19	50,000.00
江苏丰源	2001.05.28	300,000.00
中江轻纺公司	2001.04.25	241,800.00
镇江精细化工	2001.06.12	150,000.00
江苏菊花味精	2001.06.20	200,000.00
中国化工供销公司	2001.05.15	338,800.00
中化河北进出口公司	2001.04.16	202,400.00
山东翔宇实业	2001.04.19	200,000.00
安徽省华农公司	2001.06.06	250,000.00
中化上海进出口公司	2001.05.24	217,000.00
无锡新兴化工	2001.05.14	200,000.00
泰兴泰丰染料	2001.03.30	1,000,000.00
中国江苏国际技术贸易	2001.06.27	846,000.00
山东新华制药	2001.04.01	100,000.00
兰州平板玻璃厂	2001.05.09	500,000.00
金昌奔马农用股份有限公司	2001.06.17	1,000,000.00
合计		37,883,800.00

注:无抵押的应收票据。

期后对下列票据进行背书转让和收回:

名称	票据种类	到期日
中国人民解放军第57082厂铝箔厂	商业承兑汇票	2001.01.27
中国化工建设大连公司	银行承兑汇票	2001.01.10
中国化工建设大连公司	银行承兑汇票	2001.01.10
中化江苏进出口公司	银行承兑汇票	2001.02.02
中国化工建设大连公司	银行承兑汇票	2001.02.03
中国化工建设大连公司	银行承兑汇票	2001.02.03
来风卷烟厂	银行承兑汇票	2001.01.18
福敦水业有限公司	银行承兑汇票	2001.01.15
宁夏宁馨儿生物工程公司	银行承兑汇票	2001.01.27
浙江医药保健品进出口公司	银行承兑汇票	2001.01.28
四川沱牌曲酒股份公司	银行承兑汇票	2001.02.09
潍坊寒亭宏达染化厂	银行承兑汇票	2001.02.16
常熟亚美化工公司	银行承兑汇票	2001.06.25
江苏晟泰	银行承兑汇票	2001.05.27
山东万象	银行承兑汇票	2001.06.19
江苏丰源	银行承兑汇票	2001.05.28
镇江精细化工	银行承兑汇票	2001.06.12
江苏菊花味精	银行承兑汇票	2001.06.20
中国化工供销公司	银行承兑汇票	2001.05.15
中化河北进出口公司	银行承兑汇票	2001.04.16
山东翔宇实业	银行承兑汇票	2001.04.19
安徽省华农公司	银行承兑汇票	2001.06.06
中化上海进出口公司	银行承兑汇票	2001.05.24
无锡新兴化工	银行承兑汇票	2001.05.14
中国江苏国际技术贸易	银行承兑汇票	2001.06.27
山东新华制药	银行承兑汇票	2001.04.01
合计		

名称	金额	备注
中国人民解放军第57082厂铝箔厂	400,000.00	背书转让
中国化工建设大连公司	132,000.00	已承兑
中国化工建设大连公司	197,200.00	已承兑
中化江苏进出口公司	266,400.00	已承兑
中国化工建设大连公司	168,600.00	背书转让
中国化工建设大连公司	180,000.00	已承兑
来风卷烟厂	300,000.00	已承兑
福敦水业有限公司	300,000.00	已承兑
宁夏宁馨儿生物工程公司	50,000.00	背书转让
浙江医药保健品进出口公司	127,000.00	已承兑
四川沱牌曲酒股份公司	500,000.00	已承兑
潍坊寒亭宏达染化厂	166,500.00	已承兑
常熟亚美化工公司	100,000.00	背书转让
江苏晟泰	200,000.00	背书转让
山东万象	50,000.00	背书转让
江苏丰源	300,000.00	背书转让
镇江精细化工	150,000.00	背书转让
江苏菊花味精	200,000.00	背书转让
中国化工供销公司	338,800.00	背书转让
中化河北进出口公司	202,400.00	背书转让
山东翔宇实业	200,000.00	背书转让
安徽省华农公司	250,000.00	背书转让
中化上海进出口公司	217,000.00	背书转让
无锡新兴化工	200,000.00	背书转让

中国江苏国际技术贸易	846,000.00	背书转让
山东新华制药	100,000.00	背书转让
合计	6,141,900.00	

增加原因:本公司加大清收货款力度,欠款单位以银行承兑汇票支付所致。

32、资本公积

项目	期初数	本期增加	本期减少	期末数
股本溢价	60,659,253.39	392,690,206.00		453,349,459.39
合计	60,659,253.39	392,690,206.00		453,349,459.39

增加原因:⑴根据中国证券监督管理委员会证监发行字[2000]155 号文批准,本公司于 2000 年 12 月 22 日在上海证券交易所上网发行的人民币普通股 6,000 万股挂牌交易。

⑵根据内蒙古国正会计师事务所内国正发验字[2000]第 17 号验资报告,本公司注册资 本由 112,652,899.00 元变更为 172,652,899.00 元,资本公积增加 392,690,206.00 元。

33、盈余公积

项目	期初数	本期增加	本期减少	期末数
法定盈余公积		3,769,116.41		3,769,116.41
公益金		3,769,116.41		3,769,116.41
合 计		7,538,232.82		7,538,232.82

增加原因:根据本公司董事会 2000 年度利润分配预案决议,本公司 2000 年度实现净利润 37,691,164.06 元,提取 10%的法定公积金 3,769,116.41 元,提取 10%的法定公益金 3,769,116.41 元。

34、未分配利润

期初数	本期增加	本期减少	期末数
	801,938.41		801,938.41

集团公司承诺:为保护小股东利益,对本公司因会计政策变更追溯调整后,1999 年末未分配利润-3,664,254.21 元由集团公司承担。

根据本公司股东大会决议,本公司 2000 年 1 月 1 日起至本次股票公开发行前的税后利润由老股东与股票发行后产生的新股东共同享有。

根据本公司董事会 2000 年度利润分配预案决议,本公司 2000 年度实现净利润 37,691,164.06 元,提取 10%的法定公积金 3,769,116.41 元,提取 10%的法定公益金 3,769,116.41 元,可供股东分配的利润 30,152,931.24 元,以 2000 年 12 月 31 日的总股本 172,652,899 股为基数,每 10 股派 1.70 元现金(含税),剩余 801,938.41 元结转下年。

35、主营业务收入

项 目	2000 年度	1999 年度
盐	168,883,130.88	161,590,093.51
金属钠	68,562,960.95	58,800,612.08
液氯	11,064,338.32	7,404,192.47
氯乙酸		3,164,940.19
盐酸		307,448.29
三氯化铝		30,769.22
胡萝卜素	408,877.87	56,767.18
塑编袋	1,682,577.54	703,055.81
合计	250,601,885.56	232,057,878.75

36、主营业务成本

项 目	2000 年度	1999 年度
盐	54,283,721.14	53,496,420.69
金属钠	52,164,765.72	46,383,945.25
液氯	3,472,164.17	3,138,026.40
氯乙酸		3,422,078.95
盐酸		270,614.23
三氯化铝		116,604.57
胡萝卜素	261,027.53	36,951.05
塑编袋	2,007,048.28	712,276.16
合计	112,188,726.84	107,576,917.30

37、主营业务税金及附加

项目	2000 年度	1999 年度
资源税	14,214,471.83	13,063,520.52
城市维护建设税	1,686,723.99	1,468,270.32
教育费附加	939,855.60	824,862.85
合 计	16,841,051.42	15,356,653.69

38、其他业务利润

项 目	2000 年度	1999 年度
材料物资销售	427,958.67	-59,625.03
包装物销售	220,338.98	1,061,958.52
劳务收入	-5,036.23	
供电收入	1,299,327.10	1,752,992.58
其他	57,304.35	181,484.33
合计	1,999,892.87	2,936,810.40

减少原因:过期包装物麻袋、蓬布等已清理完毕且本公司动力车间进行维修,对外供电相应减少。

39、财务费用

项目	2000 年度	1999 年度
利息支出	13,411,186.94	11,628,101.81
减:利息收入	866,687.73	2,486,472.04
手续费	80,454.81	68,787.39
合计	12,624,954.02	9,210,417.16

增加原因:1999 年末新增贷款用于弥补流动资金不足部分,对 1999 年度无影响,增加 2000 年度利息支出所致。

40、投资收益

项 目	权益法核算 股权投资收益	成本法核算 股权投资收益	债权投 资收益	合计
2000 年度	-355,505.70			-355,505.70
1999 年度	-355,505.69	37,620.00	997,667.78	679,782.09

2000 年度投资收益为负数是股权投资差额摊销所致。

41、补贴收入

项目	2000 年度	1999 年度
企业所得税返还		4,294,113.27
增值税返还	39,786.46	
合计	39,786.46	4,294,113.27

注:①依据阿拉善盟财政局“阿财预字(1999)502 号”文,本公司 1999 年度企业所得税实行先征后退,退税率按 15%计算;依据阿拉善盟财政局“阿财预字(1997)598 号”文,集团公司 1997 年度企业所得税实行先征后退,退税率按 15%计算。

②依据阿拉善盟行政公署“阿署函发(1997)17 号”文,雅盐公司企业所得税按 33%税率上缴,由盟财政返还 15%。

③依据国务院国发[2000]2 号文的精神,从 2000 年 1 月 1 日起,本公司不再享有阿拉善盟财政局“阿财预字[1999]502 号”文规定的税收优惠政策,雅盐公司也不再享有阿拉善盟行政公署“阿署函发[1997]17 号”文规定的税收优惠政策。截止 2000 年 7 月 21 日,补贴款项全部返还到位。

④增值税返还为本公司以代理出口形式销售盐返回的增值税。

42、营业外收入

项目	2000 年度	1999 年度
处理固定资产净收益	670,975.03	383,477.92
罚款收入		226,836.98
无法支付的款项	7,138.04	42,095.16
赔款收入	240,840.00	
其他收入	199,808.83	138,538.20
合计	1,118,761.90	790,948.26

43、营业外支出

项目	2000 年度	1999 年度
处理固定资产净损失	709,790.39	542,649.17
捐赠支出	51,938.00	197,290.37
非常损失	242,657.78	140,429.01
赔偿支出	151,262.06	545,623.20
罚款支出	129,560.75	150,226.98
除氟水处理	398,169.20	340,202.07
其他	3,463.75	21,445.63
合计	1,686,841.93	1,937,866.43

八、关联方关系及其交易

九、或有事项

本公司无重大或有事项。

十、承诺事项

本公司无重大承诺事项

十一、资产负债表日后事项

应收票据(见附注六、2)。

除上述应收票据事项外无其他资产负债表日后事项。

十二、重要事项

1、本公司第一次股东大会决议决定授权董事会有权决定公司 5000 万元以内的风险投资、资产抵押及其他担保事项。

2、本公司与集团公司于 1998 年 12 月 31 日双方签订土地使用权租赁合同,本公司承租集团公司的土地 714,139.5 平方米,期限为 20 年,自 1999 年 1 月 1 日至 2018 年 12 月 31 日,年租金 129 万元,且每 5 年由双方协商调整一次,调整幅度依照物价指数等因素由双方商定,本公司应于每年 1 月底前一次性将当年租金全部付清。

3、本公司与集团公司于 1998 年 12 月 31 日签订注册商标转让协议,集团公司同意将其拥有的“吉字”、“银湖”、“兰太”、“国邦”注册商标无偿转让给本公司。

4、本公司与集团公司签订的房屋租赁合同中,盐化集团租赁本公司办公楼第 2、3 层,总建筑面积 1713 平方米,租赁期限 2 年,自 1999 年 1 月 1 日至 2000 年 12 月 31 日,租金标准每月每平方米 8 元。

5、集团公司 1998 年 6 月 7 日承诺对投入本公司的资产享有完全的财产所有权及处置权,不存在被用作其他担保或其处置权受到法律限制出资之情形。若本公司设立后,发现上述资产存在与承诺不符之情形,而导致的一切责任、义务、损失由集团公司承担。

6、集团公司承诺:为保护小股东利益,对本公司因会计政策变更追溯调整后,1999 年末未分配利润-3,664,254.21 元由集团公司承担。

7、本公司于 1999 年 12 月 6 日从中国工商银行总行营业部借款 5000 万元,由集团公司提供保证担保。

8、根据内蒙古自治区人民政府“内政字[1999] 269 号”文,同意内蒙古兰太实业股份有限公司自股票上市之日起,三年减按 15%税率征收企业所得税。

9、根据本公司股东大会决议,本公司 2000 年 1 月 1 日起至本次股票公开发行前的利润由老股东与股票发行后产生的新股东共同享有。

10、根据本公司与集团公司签定的《终止协议》,双方同意终止本公司兼并呼和浩特制药厂,并终止《兼并协议书》。

11、根据本公司与集团公司签定的《吉兰泰盐湖采矿权转让协议》,按其经国土资源部确认的评估总价 2838.53 万元和估价年限 52 年,以及公式(评估总价÷估价年限×15 年=转让价款)确定的价款为 810 万元,从 2000 年起分三年于各年末支付,转让期限从 2000 年至 2015 年止,采矿权转让到期后本公司享有优先受让权。

九、公司的其他有关资料

1 、公司变更注册登记日期、地点:

公司于 2000 年 12 月 12 日,因发行股票总股本变动,在内蒙古自治区工商行政管理局重新注册登记。

2 、企业法人营业执照注册号:1500001007153

3 、税务登记号码:152921701463809

4 、公司未流通股票的托管机构名称:上海证券中央登记结算公司

5 、报告期内公司的证券主承销机构为:长城证券有限责任公司

6 、公司聘请的会计师事务所名称、办公地点:

会计师事务所名称:北京中天华正会计师事务所

办公地址:内蒙古呼和浩特市大学西路 41 号会计师楼。

十、备查文件

1 、载有董事长亲笔签名的年度报告正文。

2 、载有法定代表人、财务总监、会计主管人员亲笔签名并盖章的会计报表。

3 、载有会计师事务所盖章、注册会计师签名并盖章的审计报告原件。

4 、报告期内在中国证监会指定报刊上公开披露过的所有公司文件的正本及公告原稿。

5 、公司章程

上述所有备查文件齐全完整地置放于公司证券部供股东查阅。

董事长:王刚

内蒙古兰太实业股份有限公司董事会

2001 年 3 月 22 日

天津中新药业集团股份有限公司

天津中新药业集团股份有限公司股票上市公告书

股票简称:中新药业　　股票代码:600329
上市日期:2001 年 6 月 6 日　　上市地点:上海证券交易所
股本总额:36,965.436 万元　　可流通 A 股股本:4,000 万元
本次上市流通 A 股股本:4,000 万元
股份登记机构:上海证券中央登记结算公司　　上市推荐人:长城证券有限责任公司

一、重要声明与提示

本公司董事会保证上市公告书的真实性、准确性、完整性,全体董事承诺上市公告书不存在虚假记载、误导性陈述或重大遗漏,并承担个别和连带的法律责任。

根据《公司法》、《证券法》等有关法律、法规的规定,本公司董事、高级管理人员已依法履行诚信和勤勉尽责的义务和责任。

上海证券交易所、中国证监会、其他政府机关对本公司股票上市及有关事项的意见,均不表明对本公司的任何保证。

本公司提醒广大投资者注意:凡本公告书未涉及的有关内容,请投资者查阅 2001 年 4 月 30 日刊登在《中国证券报》、《上海证券报》和《证券时报》的本公司招股说明书概要及刊载于 www.sse.com.cn 网站的本公司招股说明书全文。

本上市公告书刊登网址:http//www.sse.com.cn

二、概　览

股票简称:中新药业　　证券代码:600329

总股本:36,965.436 万股　可流通 A 股股本:4,000 万股　本次上市流通 A 股股本:4,000 万股

对首次公开发行前股东所持股份的流通限制及期限:根据国家现行法律、法规规定和中国证监会证监发行字[2001]24 号《关于核准天津中新药业集团股份有限公司公开发行股票的通知》,本公司的国家股和法人股暂不上市流通,内部职工股自本次新股发行之日起满三年后可上市流通。

本公司公开发行股票前最大股东---天津市医药集团有限公司承诺:自本公司股票上市之日起 12 个月内,不转让所持有本公司的股份,也不由本公司回购该部分股份。

上市地点:上海证券交易所　　上市时间:2001 年 6 月 6 日

登记机构:上海证券中央登记结算公司

上市推荐人:大鹏证券有限责任公司　　长城证券有限责任公司

三、绪　言

本上市公告书是依据《中华人民共和国公司法》、《中华人民共和国证券法》、《股票发行与交易管理暂行条例》、《公开发行股票公司信息披露实施细则》、《上海证券交易所股票上市规则》和《公开发行股票公司信息披露的内容与格式准则第七号<上市公告书的内容与格式>》等国家现行有关证券管理法律、法规的规定而编制,为本公司股票公开上市之目的向社会公众披露公司基本情况和相关资料。

本公司经中国证券监督管理委员会证监发行字[2001]24 号文核准,已成功向社会公开发行每股面值为 1 元之人民币普通股 4000 万股,每股发行价格为每股 10.00 元。经上海证券交易所上证上字[2001]77 号《上市通知书》同意,本公司公开发行的 4000 万股社会公众股将于 2001 年 6 月 6 日在上海证券交易所挂牌交易,股票简称为"中新药业",股票代码为 600329。

本公司于 2001 年 4 月 30 日在《中国证券报》、《上海证券报》和《证券时报》上刊登了《招股说明书概要》,距今不足三个月,故与之重复之内容在此不再重复。

本公司董事会及全体董事已批准本上市公告书,确信其中未遗漏任何重大事项,亦不存在任何误导和虚假成分,并对其真实性、准确性、完整性负个别和连带的责任。

四、公司概况

(一)发行人基本情况

公司名称:天津中新药业集团股份有限公司

英文全称:Tianjin Zhong xin Pharmaceutical Group Corporation Limited

注册资本:36,965.436 万元

法定代表人:詹原竞　　公司住所:天津市南开区白堤路 119 号

成立日期:1992 年 12 月 20 日　　所属行业:中西药

经营范围:中药材、中成药、中药饮片、西药制剂、化学原料药制造、化学药品制剂、新草药、医疗器械、营养保健品、化学试剂加工、制造、批发、零售;中药外配加工、包装印刷;卫生用品、健身器材、生活及环境卫生用消毒用品、药物护肤产品、日用百货、服装、鞋帽、家用电器、日用杂品、烟、酒(黄酒、酒精)、糖、茶、饮料品、蜂产品代购、代销、批发、零售;仓储、货物运输、宣传广告、技术开发、转让、经济信息咨询、房屋租赁;计算机及软件、分析仪器的代购、代销、批发、零售;药用设施租赁;经营本企业生产所需的原辅材料、仪器仪表、机械设备、零配件及技术出口业务(国家限定公司经营和国家禁止进出口的商品及技术除外);经营进料加工和"三来一补"业务;(下列项目由分支机构经营:医疗包装材料、畜用药、饵料添加剂、饲料、饵料、畜禽药品制造、饲料添加剂制造、牲畜饲养、淡水动植物养殖、餐饮、会议服务)。

联系电话:022-27500216

传真:022-27500213

董事会秘书:莫浩

(二)发行人历史沿革

本公司前身为天津市药材公司,成立于 1955 年,是我国大型中成药生产企业之一,在生产规模、产品质量、技术工艺和科研开发等方面具备竞争优势。1990 年,药材公司更名为天津市药材集团公司。

1992 年 7 月,经天津市经济体制改革委员会(1992)27 号文件及中国人民银行天津市分行津银金(1992)399 号文件批准,以天津市药材集团公司为主体,整体改制定向募集设立天津中药集团股份有限公司。总股本为 22,965.436 万股。

1995 年 9 月,经国务院证券委证委发(1995)25 号文批准,公司为境外上市预选企业。1997 年根据境外上市的要求,经天津市体改委津体改委股(1997)1 号文批准,本公司与天津市医药总公司进行了资产重组。将本公司下属盈利较差或亏损的 28 个全资和控股子企业与天津市医药总公司全资企业天津市氨基酸公司拥有的中美天津史克制药有限公司 25%的股权、天津比埃菲制药有限公司 30%的股权和天津华立达生物工程有限公司 80%的股权进行置换。重组后,公司名称变更为天津中新药业集团股份有限公司。

1997 年 5 月,公司经国务院证券委证委发(1997)35 号文件及国家体改委体改生[1997]80 号文件批准,1997 年 6 月在新加坡发行境外上市外资股 10000 万股并在新加坡股票交易所挂牌上市。发行后公司总股本为 32,965.436 万股。

经中国证券监督管理委员会证监发行字[2001]24 号文核准,本公司已成功上网定价发行了每股面值 1.00 元的人民币普通股 4000 万股,每股发行价人民币 10.00 元,本次发行后公司总股本为 36,965.436 万股,2001 年 5 月 25 日,本公司在天津市工商行政管理局重新注册登记,注册资金 36,965.436 万元,工商执照注册号为:1200001001306。

(三)发行人主要经营情况

1、发行人经营一般情况

本公司主要从事中西药品的生产,现有 432 个中药注册产品,其中经常生产的、已注册的中药产品为 155 个,其他注册产品根据需求限量生产。公司产品涉及片剂、蜜丸、水丸、微丸、浓缩丸、滴丸、软胶囊、颗粒、糖浆、酊水等多种剂型。公司产品质量优良,疗效确切,适应症广,多年来以体健牌、长城牌、松柏牌、回生牌商标行销国内国际市场,信誉卓著。本公司生产的速效救心丸、金芪降糖片和银翘解毒片在同类产品中占有较高的市场份额,海马补肾丸为独家生产。控股公司华立达的 α-2b 干扰素、参股公司中美史克的主导产品芬必得、肠虫清和泰胃美等都拥有很高的市场分额。

2、公司 1998-2000 年主要财务指标单位:千元

项目	2000 年	1999 年	1998 年
主营业务收入	822,646	412,366	286,069
净利润	91,784	114,480	146,979
总资产	2,527,612	1,449,572	1,279,553
股东权益	1,062,963	1,059,705	1,017,749

3、本公司的主要产品及 1998-2000 年的销售额单位:千元

项目	2000 年	1999 年	1998 年
速效救心丸	209,759	143,645	126,202
金芪降糖片	15,430	11,049	8,170
银翘解毒片	15,420	11,594	11,491
海马补肾丸	5,850	9,938	9,960

4、主要市场:本公司营销网络覆盖除台湾以外的所有省会城市及主要大中城市,销售额较大的重点市场分布天津、北京、上海及华北、华东主要城市,并向华南、西北、西南辐射延伸。此外公司逐步开拓了东南亚、日本、韩国、美国、欧洲等海外纯天然药物市场。

5、产品质量、性能方面情况

公司一贯坚持质量第一的经营方针,严格按照 GMP 标准组织生产,公司产品以其选料地道、工艺精良、质量稳定、疗效确切的独特风格,成为天津中药产品的代表,在国内外市场中享有较高声誉,先后有十几项产品获得国家及地方优质产品奖项。

6、公司拥有的知识产权、专利技术

(1)商标:本公司之分公司中药制药厂拥有"体健"注册商标、乐仁堂制药厂拥有"长城"注册商标、第六中药厂拥有"松柏"注册商标、达仁堂制药厂拥有"回生"注册商标、新新制药厂拥有"天新利博"、"天新"、"天新利德"、"Tianxin"注册商标。

(2)专利技术:公司拥有药品生产方面的实用新型、外观设计等专利技术。

7、公司享有的税收优惠政策

本公司是注册在天津市高新技术产业园区的高新技术企业,享受 15%的所得税优惠税率。本次发行前三年的所得税以应纳税所得额的 15%比例税率计算纳税,公司上市后继续执行 15%的所得税优惠税率。

五、股票发行与股本结构

1、本次股票上市前公开发行股票的情况

本次发行社会公众股:4,000 万股;

发行价格:10.00 元/股;

募集资金总额:40,000 万元;

发行方式:上网定价;

中签率:0.20804713%;

有效申购户数:1288466 户;

持 1,000 股 A 股(含 1,000 股)以上的股东数:39278 户;

发行费用总额及项目:

发行费用及上市推荐费用总额:1,590 万元,发行费用项目包括:承销费用、注册会计师费用、发行人律师费用、上网发行费用、其他费用。

2、股票承销

本次公开发行的社会公众股 4000 万股已全部被投资者认购,承销团无余额包销。

3、验资报告

(1)验资报告(摘自岳华会计师事务所有限责任公司岳总验字(2001)第 A015 号):

天津中新药业集团股份有限公司全体股东:

我们接受委托,对天津中新药业集团股份有限公司(以下简称"贵公司")截至 2001 年 5 月 16 日止的股本进行了审验。在审验过程中,我们按照《独立审计实务公告第 1 号-验资》的要求,实施了必要的审验程序。贵公司的责任是提供真实、合法、完整的验资资料,保护资产的安全、完整。我们的责任是按照《独立审计实务公告第 1 号-验资》的要求,出具真实、合法的验资报告。

根据中国证监会《关于核准天津中新药业集团股份有限公司公开发行股票的通知》(证监发行字(2001)24 号)、《天津中新药业集团股份有限公司招股说明书》,经主承销商与贵公司共同协商确定发行价格为人民币 10.00 元/股,向社会公众公开发行人民币普通股 4000 万股,股票面值人民币 1.00 元/股。

根据我们的审验,截止 2001 年 5 月 16 日贵公司已收到募集资金净额为叁亿捌仟肆佰壹拾万元整(RMB384,100,000.00),其中股本人民币人民币肆仟万元整(RMB40,000,000.00),资本公积人民币叁亿肆仟肆佰壹拾万元整(RMB344,100,000.00)。贵公司股本由发行前的人民币叁亿贰仟玖佰陆拾伍万肆仟叁佰陆拾元整(RMB329,654,360.00)变更为人民币叁亿陆仟玖佰陆拾伍万肆仟叁佰陆拾元整(RMB369,654,360.00),资本公积由发行前的人民币伍亿叁仟肆佰零贰万肆仟叁佰肆拾贰元伍角玖分(RMB534,024,342.59)变更为人民币捌亿柒仟捌佰壹拾贰万肆仟叁佰肆拾贰元伍角玖分(RMB878,124,342.59)

附件一、变更前后注册资本、投入股本对照表(略)

附件二、验资事项说明(略)

附件三、中国证监会《关于核准天津中新药业集团股份有限公司公开发行股票的通知》(证监发行字(2001)24 号)(略)附件四、中华人民共和国上海公证处《公证书》(略)

附件五、银行进帐单(复印件)(略)

岳华会计师事务所有限责任公司　　中国注册会计师:刘雪松
中国　　北京　　中国注册会计师:刘杰
二 OO 一年五月二十三日

(2)募集资金入帐情况:

入帐时间:2001 年 5 月 16 日;

入帐金额:38780 万元;

入帐帐号:0302010509045915474;

开户银行：天津市工商银行新华支行成都道分理处。

4、上市前股权结构及各类股东的持股情况

(1)本次上市前公司的股权结构情况

股权种类	股数(万股)	比例
尚未流通内资股份	22,965.436	62.13%
国家股	19,465.436	52.66%
法人股	1,205	3.26%
内部职工股	2,295	6.21%
流通股份	14,000	37.87
已流通S股	10,000	27.05%
已流通A股	4,000	10.82%
合计	36,965.436	100.00%

(2)公司的前十名股东持股情况

股东名称	持股股数(万股)	占总股本比例(%)
1、天津市医药集团有限公司	194,654,360	52.66
2、Citibank Nominees Singapore Pte Ltd	6,162,000	6.16
3、Tan Swee Teck Michael or Tan Toh Heah	2,670,000	2.67
4、UOB Kay Hian Pte Ltd	2,223,000	2.22
5、Raffles Nominees Pte Ltd	1,904,000	1.90
6、United Overseas Bank Nominees Pte Ltd	1,412,000	1.41
7、Phillip Securities Pte Ltd	1,388,000	1.39
8、Chan Wai Man	1,300,000	1.30
9、OCBC Securities(2001)Pte Ltd	1,277,000	1.28
10、Citibank Consumer Nominees Pte Ltd	1,272,000	1.27

六、董事、监事和高级管理人员简历及核心技术人员

1、董事

詹原竞：董事长、总经理，男，56岁，高级工程师。1964年加入天津市药材公司，历任天津中药集团股份有限公司总经理办公室主任、本公司副总经理、总经理。

张建津：副董事长，男，44岁，高级经济师，曾任天津市药品销售公司经理、天津市药材集团公司总经理、天津市医药管理局副局长等职，现任天津市医药集团有限公司董事、副总经理。

刘振武：董事，男55岁，副主任药师，1964年加入天津市药材公司，历任天津市药材集团公司下属工厂副厂长、厂长，天津市医药管理局副局长、局长等职，现任天津市医药集团有限公司董事长、总经理。

董志立：董事，男，60岁，主任药师，曾任中科院药研所中药室技术员、化工部北京医工院技术员、湖南医工院室主任、天津中药研究所副所长、天津市医药局总工程师、天津市医药总公司总工程师。现任天津市医药集团有限公司总工程师。

范洪哲：董事，男，52岁，高级经济师，曾任哈尔滨药材采购供应站副经理、黑龙江省中药联营总公司副总经理、总经理、中国药材公司副总经理。现任中国药材公司总经理。

苏克勤：董事，男，56岁，高级工程师。1968年加入天津市药材公司，曾任乐仁堂制药厂副厂长、第六中药厂厂长、天津中新药业集团股份有限公司副总经理。

李家胜：董事，男，55岁，大学本科，高级工程师，1964年加入天津市药材公司，曾任储运公司副经理、经理。现任第六中药制药厂厂长。

丁玉龙：独立董事，男，50岁，新加坡金标资产管理有限公司总裁。曾任职摩根建富(亚洲)投资有限公司、瑞士联合银行和PRIME公司。英国执业注册会计师协会、英国执业秘书和管理人员协会成员、新加坡注册会计师学会非执业人员、新加坡财务分析员学会会员。

王本立：独立董事，男，60岁，土木工程博士，新加坡KTP咨询公司的合伙人。注册专业工程师(新加坡、加拿大、台湾)。加拿大安大略省认定咨询工程师，专业工程师，新加坡工程师学会、新加坡注册工程师学会成员。

莫浩：董事会秘书，男，49岁，高级经济师，经济学硕士。曾任天津对外贸易学院讲师、副处长。1993年加入本公司历任公司证券部副主任、主任。

2、监事

宋宏意：监事会主席，女，53岁，高级政工师，曾任天津市氨基酸公司工会主席、河北制药总厂和天津人民制药厂工会主席。现任公司党委副书记、工会主席。

马贵中：监事，男，44岁，大学本科，高级会计师，1983年9月毕业于天津财经学院会计系。历任天津市医药局财务处科员、主任科员、副处长、处长。现任天津市医药集团有限公司总会计师。

郭俊林：监事，男，53岁，高级政工师，天津市中药制药厂书记。1989-1992年期间在天津中药集团股份有限公司多个部门工作，曾在行政、商业、批发部门任科长和副经理。

3、高级管理人员及重要职员

王志强：常务副总经理，男，41岁，副主任中药师，硕士。曾任天津中药集团和平公司、一二分公司副经理、经理，药材集团公司副总经理。

黄惠平：副总经理，男，58岁，高级工程师，1963年毕业于中国药科大学药学专业，曾任氨基酸公司总工程师、副总经理。

李美毓：副总经理，女，46岁，副主任技师，硕士。曾任职天津医科大学副处长、处长等职。2000年4月加入本公司。

张宝桐：副总经理，男，42岁，高级工程师，硕士。曾任天津市药品包装厂厂长。

邹颖：副总经理，男，47岁，副主任中药师，大学本科。曾任中药集团河北公司经理、达仁堂制药厂厂长。

沈鸣歧：董事会财务秘书，男，63岁，高级会计师，1956年加入天津市药材公司，曾任天津市药材公司财务处处长，天津中药集团股份有限公司董事、总会计师。

王秀珍：总会计师，女，55岁，高级会计师，1963年加入天津市药材公司，历任财务科科长、财务处副处长、处长、总会计师。

李满飞：总工程师，男，43岁，高级工程师，理学博士，1993年加入天津中药集团股份有限公司，任副总工程师，曾任氨基酸公司总工程师。

4、公司董事、监事、高级管理人员和核心技术人员持股情况截止本上市公告书签署之日，除独立董事王本立先生被视为拥有公司的S股120,000股，本公司董事、监事和高级管理人员及其家属均未持有本公司股票。

5、本公司目前尚未设置期权。

七、同业竞争与关联交易

(一)同业竞争

本公司与控股股东天津市医药集团有限公司不存在同业竞争。根据1997年5月医药集团与本公司及相关企业签定的《重组协议》，医药集团就同业竞争问题做出如下承诺：医药集团将不会并且将要求或督促其子公司不会在中国境内外任何地方和以任何形式(包括但不限于独资经营、合资经营和拥有在其他公司或企业的股票或权益)从事与本公司及其全资企业、控股公司以及参股20%以上、50%以下股权的公司的业务有竞争或能构成竞争的业务或活动。

医药集团下属企业独立进行研究和开发的新剂型产品，可能会与本公司产生同业竞争。为解决这一问题，公司拟在这些企业开发了新剂型并产生效益后对其进行收购。

(二)关联交易

1、与本公司存在控制关系的关联方情况

企业名称	注册地	主营业务	经济性质	法人代表
本公司的第一大股东天津医药集团	天津市	生产销售中药、西药、保健品医疗器械	国有独资公司	刘振武

2、存在控制关系的关联方

	主营业务	经济性质	法人代表	投资期限(年)	注册资本千元	投资成本人民币千元	本公司所持股权比例(%)
公司直接控股：							
天津市中央药业有限公司	生产及销售西药	有限责任公司	詹原竞	无	人民币82,353	42,000	51
天津新丰制药有限公司	生产及销售西药	中外合资经营	詹原竞	20	美元9,000	41,000	55
天津华立达生物工程有限公司	生产及销售基因生化制品及其中间体	中外合作经营	詹原竞	30	美元6,000	29,174	80*
陕西中新药业有限公司	中西药贸易	有限责任公司	邹颖	15	人民币1,600	1,200	60
天津中新药业新加坡有限公司	中西药贸易	有限责任公司	詹原竞	20	新币160	910	100

3、不存在控制关系的关联方

	主营业务	经济性质	投资期限(年)	注册资本千元	投资成本人民币千元	本公司所持股权比例(%)
公司直接持有：						
中美天津史克制药有限公司	生产及销售西药及生化药品	中外合资经营	40	美元17,940	121,332	25
天津百特医疗用品有限公司	生产及销售西药	中外合资经营	20	美元5,860	14,842	30
华隆医药保健品有限公司	生产及销售生化药品	中外合资经营	30	美元4,500	11,177	30
天津乐星医疗技术有限公司	研究开发中药保健产品	中外合资经营	12	美元330	1,373	50
天津医药集团技术发展有限公司	研究开发中西药新产品、新技术	有限责任公司	10	人民币500	150	30
子公司持有：						
天津天士力集团有限公司	投资控股、生产及销售中药	有限责任公司	无	人民币186,000	33,218	22.45

4、其他不存在控制关系的关联方关系的性质

关联方名称	与本公司关系
天津市药材集团公司	天津市医药集团有限公司之子公司
天津市医药物资供应公司	天津市医药集团有限公司之子公司
天津市药品包装厂	天津市医药集团有限公司之子公司
天津太平集团有限公司	天津市医药集团有限公司之子公司
天津市中药饮片厂	天津市医药集团有限公司之子公司
天津市同仁堂制药厂	天津市医药集团有限公司之子公司
天津市达仁堂制药二厂	天津市医药集团有限公司之子公司
天津市第五中药厂	天津市医药集团有限公司之子公司

5、关联交易事项

公司在原材料供应、药品经销、药品包装印刷、土地使用和商标使用等方面与关联企业存在关联交易。目前，公司主要关联交易情况如下：

(1)原材料供应

公司与天津同仁堂制药厂、天津市第五中药厂、天津达仁堂制药二厂签订了为期三年的《原材料供应合同》。合同约定：上述企业生产所需的中药原材料全部通过公司购买，供货价格以国家和天津市物价局规定的作价办法确定，对于没有规定的，双方参照市场价格协商确定，其价格不应低于公司向任何第三方供货的价格，货款于每批货物提取之日起四个月内支付。

公司与天津市中药饮片厂签订了《原材料供应合同》，合同中约定：发行人购买天津市中药饮片厂生产的中药饮片，天津市中药饮片厂提供的中药饮片的价格不高于同期市场价格，采购数量由双方在确保市场需求的原则下，协商确定。

(2)药品购销

公司与天津同仁堂制药厂、天津市第五中药厂、天津达仁堂制药二厂签订了为期三年的《药品购销合同》。合同约定：公司经销上述企业生产的合同药品，每年经销数量双方协商确定。上述企业向公司销售合同药品的价格为出厂价的90%；2000年后合同药品的价格可以调整，调整应依据有关规定和市场及原材料采购价格变动情况由双方协商确定。货款于每批合同药品交货后四个月内支付。

公司与天津太平(集团)有限公司签订了为期三年的《药品购销合同》。合同约定：公司经销该公司国内市场的合同药品，每年经销方式和数量双方按年、季度协商确定。上述企业向公司销售合同药品不高于同期市场价格。货款于每批合同药品交货后六个月内支付。

(3)药品包装印刷

经本公司授权，公司下属的非法人分支机构第六中药厂、中药制药厂、乐仁堂制药厂、达仁堂制药厂分别与天津市药品包装印刷厂签订了《药品包装印刷合同》。合同约定：第六中药厂、中药制药厂、乐仁堂制药厂、达仁堂制药厂生产所需的全部药品的包装印刷品由该厂提供。合同印刷品价格以印刷厂不高于市场同类加工品种的价格和该厂为第三方加工同类品种的价格为原则，双方协商确定。货款于每批合同印刷品交货后四个月内支付。

(4)土地使用权租赁

经本公司授权，公司下属的非法人分支机构第六中药厂、中药制药厂、乐仁堂制药厂与集团公司签订了为期五十年的《土地使用权租赁合同》。合同约定：地块一(位于天津市河北区雁门路3号，面积为8088.21平方米)、地块二(位于天津市河北区古北道10号，面积为6122.79平方米)、地块三(位于天津市红桥区针市街33号，面积为1183.2平方米)，按地块的不同约定基本租金，地块一、地块二自1997年1月19日起算，头五年按规定租金的20%向集团公司支付租金；地块三自1997年1月20日起算，头五年按规定租金的24%向集团公司支付租金，该三块地租金以后每五年按基本租金递增5%。地块四(位于天津市红桥区北菜园莲源西里，面积为18297.47平方米)租金缴纳方式同地块三。地块五(位于天津市北辰区青光村北，面积为145000平方米)自1997年2月17日起算，头五年按规定租金的20%向集团公司支付租金，以后每年按基本租金递增5%。

本公司控股子公司中央公司与集团公司签订了为期五十年的《土地使用权租赁合同》。医药集团于二000年六月廿一日通过出让方式取得以下地块的土地使用权，地块一(位于天津市北辰区富锦道南、有机化工厂西，面积为72261.8平方米)；地块二(位于天津市北辰区富锦道南、有机化工一厂西，面积为1680.2平方米)；地块三(位于天津市南开区东北角福神街23号，面积为1918.9平方米)；地块四(位于天津市南开区福神街10号，面积为1755.7平方米)，医药集团将上述四块土地租赁给中央公司。合同约定：地块一租金为每年每平方米人民币1.00元，计每年72,261.8元人民币。地块二租金为每年每平方米人民币1.00元，计每年1,680.2元人民币。地块三租金为每年每平方米人民币4.5元，计每年86,350.5元人民币。地块四租金为每年每平方米人民币4.5元，计每年7900.65元人民币。2000-2004年，地块一、地块二乙方按规定租金的20%向甲方支付租金，以后每一年按基本租金递增5%；地块三、地块四乙方按规定租金的24%向甲方支付租金，以后每一年按基本租金递增5%。该等地块第一笔租金自二000年六月廿一日起算。

(5)商标使用

本公司的分公司乐仁堂注册持有"长城牌"商标,其许可公司其他分公司第六中药厂、中药制药厂、达仁堂制药厂和医药集团下属企业天津同仁堂制药厂、天津市第五中药厂和天津达仁堂制药二厂的出口产品使用该商标。乐仁堂与上述企业签订了《长城商标使用许可合同》,合同约定:允许上述企业无偿使用"长城牌"商标出口其产品,同时规定其在国内销售产品不使用该名称。

(6)担保协议

本公司与集团公司签订了《担保协议》,集团公司同意为其下属企业对本公司的任何欠款向发行人提供担保,保证若其下属企业不能还款,由集团公司负责支付,并同意公司在未来应付集团公司的股利中扣除。

八、公司财务会计资料

(一)会计数据和业务数据摘要(单位:人民币千元)

1.公司本年度主要会计数据

项 目	金额
利润总额	109,232
净利润	91,784
主营业务利润	350,872
其他业务利润	4,144
营业利润	52,318
投资收益	54,069
营业外收支净额	2,779

2.报告期末前三年的主要会计数据和财务指标(合并报表)

项目	2000 年	1999 年	1998 年
主营业务收入	822,646	412,366	286,069
净利润	91,784	114,480	146,979
总资产	2,527,612	1,449,572	1,279,553
股东权益	1,062,963	1,059,705	1,017,749
按净利润计算的全面摊薄每股收益	0.278	0.347	0.446
按净利润计算的加权平均每股收益	0.278	0.347	0.446
扣除非经常性损益的每股收益(摊薄)	0.278	0.347	0.446
扣除非经常性损益的每股收益(加权)	0.278	0.347	0.446
每股净资产	3.22	3.21	3.09
每股经营活动产生的现金流量净额	-0.04	0.21	-0.08
净资产收益率(摊薄)	8.63	10.80	14.44
净资产收益率(加权)	8.65	11.02	15.05

3.按照中国证监会《公开发行证券公司信息披露编报规则(第9号)》要求计算的2000年报告期利润的净资产收益率和每股收益

报告期利润	净资产收益率		每股收益	
	全面摊薄	加权平均	全面摊薄	加权平均
主营业务利润	33.01	33.06	1.06	1.06
营业利润	4.92	4.93	0.16	0.16
净利润	8.63	8.65	0.278	0.278
扣除非经常性损益后的净利润	8.63	8.65	0.278	0.278

4.其它相关财务指标

财务指标	2000 年	1999 年	1998 年
流动比率	1.14	2.28	2.56
速动比率	0.64	1.95	2.26
营运资金	147,588	368,762	344,000
资产负债率(%)	54.45	21.18	17.24
应收帐款周转率(次)	3.11	2.08	1.59
存货周转率(次)	1.48	2.50	2.17

(二)审计报告、财务报表和会计附注

本公司截止2000年12月31日的财务报告,已在《天津中新药业集团股份有限公司招股说明书概要》中全文披露,该招股说明书概要已于2001年4月30日刊登在《中国证券报》、《上海证券报》和《证券时报》上,因距今时间较短,故本上市公告书对与之重复的内容不再赘述。以下财务资料摘录自经普华永道中天会计师事务所有限公司出具的普华永道审字[2001]第865号标准无保留意见审计报告及其附注,投资者欲了解其它内容,敬请查阅上述报纸或到公告的《招股说明书》查阅地点查询。

天津中新药业集团股份有限公司全体股东:

我们接受委托,审计了贵公司和贵集团1998年12月31日、1999年12月31日和2000年12月31日的资产负债表,1998年度、1999年度和2000年度的利润表及利润分配表及1999年度和2000年度的现金流量表。这些会计报表由贵公司负责,我们的责任是对这些会计报表发表审计意见。我们的审计是依据《中国注册会计师独立审计准则》的规定进行的。在审计过程中,我们结合贵公司和贵集团的实际情况,实施了包括抽查会计记录等我们认为必要的审计程序。

我们认为,上述贵公司和贵集团会计报表符合《企业会计准则》及《股份有限公司会计制度》的有关规定,在所有重大方面公允地反映了贵公司和贵集团1998年12月31日、1999年12月31日和2000年12月31日的财务状况,1998年度、1999年度和2000年度的经营成果及1999年度和2000年度的现金流量情况。会计处理方法的选用遵循了一贯性原则。

普华永道中天 注册会计师 注册会计师
会计师事务所有限公司 周忠惠 王笑
中国 上海 2001年4月23日

天津中新药业集团股份有限公司会计报表主要项目注释 单位:人民币千元

(1)应收帐款

帐龄	2000 年 12 月 31 日		坏帐准备
	人民币千元	占总额(%)	人民币千元
一年以内	263,187	67	2,020
1-2 年	53,551	14	5,371
2-3 年	26,521	7	5,912
3 年以上	50,630	12	55,335
合计	393,889	100	68,638

帐龄	1999 年 12 月 31 日		坏帐准备
	人民币千元	占总额(%)	人民币千元
1 年以内	177,380	82	-
1-2 年	26,963	13	4,681
2-3 年	4,224	2	1,922
3 年以上	6,590	3	5,119
合计	215,157	100	11,722

根据财政部财会字[1999]35号文的精神,本集团计提坏帐准备的方法和依据均与按新加坡会计准则编制的会计报表所采用的保持一致。

本集团于2000年12月31日应收帐款前五家客户列示如下:

客户名称	欠款金额
	人民币千元
天津市药材集团公司	14,984
天津太平集团有限公司	12,212
安国复春堂经营部	6,233
天津市华美医药保健品有限公司	5,378
河北省医药药材公司	3,595
合计	42,402

以上应收帐款为应收销售货物款,欠款时间均为一年以内。应收帐款余额中无应收持本公司5%以上股份的股东的款项。

(2)其他应收款

帐龄	2000 年 12 月 31 日		坏帐准备	1999 年 12 月 31 日		坏帐准备
	人民币千元	占总额(%)	人民币千元	人民币千元	占总额(%)	人民币千元
1 年以内	59,217	85	-	25,534	92	
1-2 年	3,040	4	134	1,075	4	
2-3 年	1,675	2	3	715	3	
3 年以上	5,830	9	1,068	197	1	
合计	69,762	100	1,205	27,521	100	

其他应收款余额中无应收持本公司5%以上股份的股东的款项。

本集团其他应收款明细项目列示如下:

	2000 年 12 月 31 日	1999 年 12 月 31 日
	人民币千元	人民币千元
员工预支款	17,858	4,943
应收出口退税	4,049	1,755
应收股利	3,109	-
应收利息	2,898	2,750
应收土地出让金	2,249	
应收押金	1,928	
预付工程款	8,924	7,869
其他	28,747	10,204
合计	69,762	27,521

(3)预付帐款

2000年12月31日的预付帐款人民币1,989,000元(1999:人民币516,000元)帐龄均为1年以内,余额中无预付持本公司5%以上股份的股东的款项。

(4)长期股权投资

1、长期股权投资明细	2000 年 12 月 31 日	1999 年 12 月 31 日
	人民币千元	人民币千元
联营公司投资成本(附注1(4.2))	182,092	137,697
应占联营公司所有者权益(附注4(7.2))	6,453	8,635
股权投资差额(附注4(7.3))	81,423	84,851
其他股权投资(附注4(7.4))	30,329	14,177
	300,297	245,360
减:长期投资减值准备	(150)	-
长期投资净额	300,147	245,360

2、应占联营公司所有者权益	人民币千元
2000 年 1 月 1 日	8,635
应占联营公司本期利润份额	47,818
减:已收到联营公司股利	(50,000)
2000 年 12 月 31 日	6,453

由于天津天士力集团有限公司("天士力")仅由本公司一子公司持有22.45%权益,其帐目对本集团整体帐目之影响并不重大,故有关长期投资未按权益法而按成本法核算。

3、股权投资差额

被投资单位	初始金额	摊销期限	期初余额	本期摊销额	摊余价值
	人民币千元		人民币千元	人民币千元	人民币千元
中美天津史克	80,968	27 年	74,970	(2,998)	71,972
天津华立达生物	10,740	25 年	9,881	(430)	9,451
工程有限公司股权投资差额	91,708	-	84,851	(3,428)	81,423

股权投资差额乃本公司的投资成本与应享有被投资单位所有者权益份额之间的差额。

4、其他股权投资

其他长期股权投资主要为本公司对若干中国企业所持少于20%的权益。

(5)短期借款

本集团于2000年12月31日的短期借款列示如下:

借款类型	人民币千元	年利率	担保者
银行借款			
担保	321,150	5.9%-7.3%	天津医药集团
担保	42,400	6.1%-6.4%	天津天士力集团有限公司
担保	250	6.3%	天津市药品包装印刷厂
担保	7,600	5.4%-6.3%	天津市药材集团公司
抵押	5,000*	6.4%	
信用	16,100	5.8%-6.4%	
天津医药集团借款			
信用(附注4(38.6))	5,000	无息	
合计	397,500		

* 人民币5,000,000元的银行借款乃以新丰制药的房屋建筑物作为抵押。

(6)应付款项

(a)应付帐款中无应付持有本公司5%以上股份的股东的款项,且无帐龄超过三年的大额应付帐款。

(b)其他应付款中包括应付离退休职工医疗及养老保险人民币90,405,000元,及应付天津医药集团款项人民币9,274,000元。

(7)应付股利

	2000 年 12 月 31 日	1999 年 12 月 31 日
	人民币千元	人民币千元
境内法人股股东	4,831	4,267
境内个人股股东	13,610	10,565
国家股股东	52,460	42,824
境外上市的外资股("S股")股东	26,950	22,000
合计	97,851	79,656

上列余额已包括由老股东所享有本公司截至 1999 年 12 月 31 日止的未分配利润人民币 88,843,000 元。

(8)应交税金

	2000 年 12 月 31 日	1999 年 12 月 31 日
	人民币千元	人民币千元
所得税	(902)	1,140
增值税	13,185	4,592
其他	853	315
合计	13,136	6,047

(9)长期借款

本集团于 2000 年 12 月 31 日的长期借款列示如下:

借款类型	人民币千元	借款期限	年利率	担保者名称
担保	5,000	1999/12/20-2001/09/20	无息 *	天津医药集团
担保	10,000	1999/09/03-2001/08/31	5.9%	天津医药集团
担保	6,000	1999/09/07-2002/08/31	6.5%	天津天士力制药公司
担保	76,530	2000/09/10-2001/12/20	无息 *	天津医药集团
担保	243,110	2000/09/10-2005/12/20	无息 *	天津医药集团
担保	48,453	2000/12/26-2003/09/15	5.9%-7.7%	天津医药集团
	389,093			
减:一年内到期的				
长期借款	(91,530)			
合计	297,563			

* 本公司于收购交割后,对其所承接的达仁堂借款,在按有关借款还款计划归还的前提下,于相关借款期内享受停息优惠。

(10)长期应付款

本集团的长期应付款人民币 4,452,000 元(1999:人民币 4,452,000 元)主要为一子公司之待转销汇兑损益。

(11)资本公积

	2000 年 1 月 1 日	本期增加数	本期减少数	2000 年 12 月 31 日
	人民币千元	人民币千元	人民币千元	人民币千元
股本溢价	427,980	–	–	427,980
公司成立及重组时所产生的资本公积	105,727	–	–	105,727
被投资单位接收捐赠准备	–	511	–	511
被投资单位外币资本折算差额	–	–	(194)	(194)
合计	533,707	511	(194)	534,024

(12)盈余公积本集团的盈余公积变动如下:

	盈余公积金	法定公益金	合计
	人民币千元	人民币千元	人民币千元
1997 年 12 月 31 日	20,086	14,487	34,573
从 1998 年度净利润中提取数	29,227	17,103	46,330
1998 年 12 月 31 日	49,313	31,590	80,903
从 1999 年度净利润中提取数	16,161	10,437	26,598
1999 年 12 月 31 日	65,474	42,027	107,501
从 2000 年度净利润中提取数	10,271	5,527	15,798
2000 年 12 月 31 日	75,745	47,554	123,299

(13)未分配利润

按适用于本公司的有关法规及本公司章程的规定,本公司税后利润须按下列顺序分配:

(1)弥补亏损;

(2)提取 10%法定公积金(当法定公积金累计至本公司注册资本的 50%时可不再提取);

(3)提取 5%至 10%法定公益金;

(4)提取任意公积金;

(5)支付股利。

另按于 2000 年 4 月 6 日临时股东大会的决议,截至 1999 年 12 月 31 日止的未分配利润人民币 88,843,000 元由老股东享有,自 2000 年 1 月 1 日起的利润则由增资发行 45,800,000 股境内人民币普通股后的新老股东共享。根据本公司董事会于 2000 年 5 月 26 日的决议,有关由老股东共享的股利将以现金方式支付。

本公司董事会于 2001 年 3 月 30 日拟定,本公司 2000 年度税后利润的分配方案为:

(1)提取 10%法定公积金;

(2)提取 5%法定公益金;

(3)提取两金后的未分配利润不进行股利分配。

(14)投资收益

本集团之投资收益为长期投资收益。

	2000 年度	1999 年度	1998 年度
	人民币千元	人民币千元	人民币千元
按权益法核算应占联营公司利润份额 *	47,818	68,925	104,790
股权投资收益	9,829		
股权投资差额摊销	(3,428)	(3,428)	(4,424)
长期投资减值准备	(150)		
合计	54,069	65,497	100,366

* 有关金额包括占中美天津史克利润份额人民币 52,550,000 元(1999 年:人民币 75,815,000 元;1998 年:人民币 104,934,000 元)。

(15)或有事项

1、本公司的控股子公司中央制药于 2000 年 12 月 31 日为天津天士力制药集团有限公司的银行借款提供人民币 30,000,000 元的担保。

2、国家药品监督管理局于 2000 年 11 月 15 日发布通告,要求立即暂停销售含有苯丙醇胺(PPA)成分的药品。本公司一联营公司中美天津史克的两种主要产品亦被列为暂停药品。截至本会计报表签发日止,国家药品监督管理局尚未对上述药品的处理作出最终裁定。

根据至今所能掌握的资料,中美天津史克对该暂停带来的影响,于 2000 年 12 月 31 日估计并计提了人民币 9,200 万元的损失准备,导致本公司从联营公司获得的税前和税后利润份额均下降了人民币 2,300 万元。

根据至今所能掌握的资料,如果国家药品监督管理局最终作出停止该两种药品销售的决定,或无限期延迟作出决定,中美天津史克的损失可能进一步增加。根据本公司管理层估计,可能产生的额外损失将不会超过人民币 10,800 万元,即本集团应占联营公司此项额外损失金额将不超过人民币 2,700 万元。本会计报表并未就此项或有损失于 2000 年 12 月 31 日作出准备。

倘若国家药品监督管理局于 2001 年度作出最终停止此类药品生产和销售的决定,或仍然延迟作出决定,则本集团 2001 年度及以后财政年度的经营结果将受到影响。

(三)会计报表差异调节表

按中国会计准则及新加坡会计准则编制 2000 年税后利润及 2000 年 12 月 31 日净资产的差异列示如下:

	本集团 税后利润	本集团 净资产	本公司 税后利润	本公司 净资产
	人民币千元	人民币千元	人民币千元	人民币千元
按新加坡会计准则编制	92,673	962,421	108,931	1,044,679
调整:				
按中国会计准则权益法计入的子公司及联营公司税后利润	–	–	94,760	380,425
按新加坡准则对子公司及联营公司股利确认为收入	–	–	(52,338)	(432,771)
按中国会计准则摊销股权投资差额	(3,428)	65,796	(3,428)	65,796
子公司处置收益	–	–	(56,141)	
会计准则差异带来应占联营公司损益之差异	2,539	17,214		
会计准则差异带来的净资产差异	–	318	–	317
其他	–	17,214	–	4,517
按中国会计准则编制	91,784	1,062,963	91,784	1,062,963

九、其他重要事项

1、本公司本次向社会公开发行了 4000 万股人民币普通股股票,本次发行前每股净资产 3.22 元/股,本次发行后每股净资产 3.92 元/股。

2、根据公司 2001 年利润预测,公司董事会承诺公开发行后 2001 年预期利润率将能达到并超过当前同期银行存款利率,符合《公司法》第 137 条规定的发行条件。公司本次发行的主承销商大鹏证券有限责任公司、法律顾问北京市金杜律师事务所对本公司董事会的上述承诺履行了尽职调查职责,进行核实后发表如下意见:天津中新药业集团股份有限公司本次发行后预期利润率可以达到同期银行存款利率,本次发行符合《公司法》第 137 条规定之发行条件。

3、2000 年 4 月 6 日,经本公司 2000 年度临时股东大会审议决定,截至 1999 年 12 月 31 日止的未分配利润人民币 88,843,000 元由老股东享有,自 2000 年 1 月 1 日至本次股票发行完成前实现的净利润由新老股东共享。

4、根据本公司 2000 年 4 月 6 日临时股东大会决议以及 2000 年 5 月 26 日董事会决议,截至 1999 年 12 月 31 日止有关由老股东共享的股利将于 2001 年第三季度以现金方式支付,2000 年及以后利润的分配时间将在 2002 年第三季度。

5、本公司第一大股东天津市医药集团有限公司郑重承诺:其持有的天津中新药业集团股份有限公司国家股 19,465.436 万股,自天津中新药业集团股份有限公司 4000 万股 A 股股票上市之日起 12 个月内,不转让其持有的本公司股份,也不由天津中新药业集团股份有限公司回购其持有的股份。

6、截止本公告书刊登之日,本公司未涉及任何重大诉讼或仲裁。

7、除本公司招股说明书及其概要和本上市公告披露的事项外,本公司没有其他应披露而未披露的重要事项。

十、董事会上市承诺

本公司董事会承诺将严格遵守《中华人民共和国公司法》、《中华人民共和国证券法》、《股票发行与交易管理暂行条例》、《公开发行股票公司信息披露实施细则》、《上海证券交易所上市规则》和其它有关法律、法规的规定,并自股票上市之日起做到:

(一)真实、准确、完整、公允和及时地公布定期报告,披露所有对投资者有重大影响的信息,并接受中国证监会、上海证券交易所的监督管理;

(二)本公司在知悉可能对股票价格产生误导性影响的任何公共传播媒介中出现的消息后,将及时予以公开澄清;

(三)本公司董事、监事、高级管理人员和核心技术人员将认真听取社会公众的意见和批评,不利用已获得的内幕消息和其他不正当手段直接或间接从事发行人股票的买卖活动;

(四)发行人没有无记录的负债。

十一、上市推荐人及其意见

1、上市推荐人情况名称:大鹏证券有限责任公司

法定代表人:徐卫国

办公地址:深圳市深南东路 5002 号信兴广场地王商业中心商业大楼 8 层

电话:010-64641767

传真:010-64641764

联系人:于俊轩　　孙莉

名称:长城证券有限责任公司

法定代表人:李仁杰

办公地址:深圳市深南大道 6008 号深圳特区报业大厦 16 楼

电话:022-27116078

传真:022-27116060

联系人:房四海　　张宝东

2、上市推荐人意见

大鹏证券有限责任公司作为本公司第一上市推荐人,大鹏证券认为,本公司章程符合《公司法》等国家有关法律、法规和中国证监会的有关规定,具备了《公司法》、《证券法》和上海证券交易所上市规则等法律、法规规定的上市条件;本公司董事了解国家的有关法律、法规、上海证券交易所上市规则及股票上市协议规定的董事的义务与责任;本公司建立健全了法人治理结构,制定了严格的信息披露制度与保密制度。大鹏证券已对本公司上市文件所载的资料进行了核实,认为上市文件真实、准确、完整,符合上海证券交易所的上市规定和要求,没有虚假、严重误导性陈述或者重大遗漏,并保证对其承担连带责任。大鹏证券与本公司不存在关联关系。大鹏证券愿意推荐本公司的股票在上海证券交易所上市交易,并且在上市推荐过程中,将不利用获得的内幕信息进行内幕交易,为自己和他人谋利。

长城证券有限责任公司作为本公司第二上市推荐人,长城证券认为,本公司章程符合《公司法》等国家有关法律、法规和中国证监会的有关规定,具备了《公司法》、《证券法》和上海证券交易所上市规则等法律、法规规定的上市条件;本公司董事了解国家的有关法律、法规、上海证券交易所上市规则及股票上市协议规定的董事的义务与责任;本公司建立健全了

法人治理结构,制定了严格的信息披露制度与保密制度。长城证券已对本公司上市文件所载的资料进行了核实,认为上市文件真实、准确、完整,符合上海证券交易所的上市规定和要求,没有虚假、严重误导性陈述或者重大遗漏,并保证对其承担连带责任。长城证券与本公司不存在关联关系。长城证券愿意推荐本公司的股票在上海证券交易所上市交易,并且在上市推荐过程中,将不利用获得的内幕信息进行内幕交易,为自己和他人谋利。

十二、备查文件

1、招股说明书　2、上海证券交易所上市通知书

3、中国证监会核准本公司公开发行股票的文件　4、审计报告、财务报表及附注

5、验资报告　6、法律意见书　7、公司营业执照　8、公司章程　9、其他备查文件

中新药业集团股份有限公司

2001 年 5 月 25 日

浙江天通电子股份有限公司

浙江天通电子股份有限公司2000年度报告摘要

【重要提示】本公司董事会保证本报告所载资料不存在任何虚假记载、误导性陈述或者重大遗漏,并对其内容的真实性、准确性和完整性负个别及连带责任。

浙江天健会计师事务所为本公司出具了标准无保留意见的审计报告。

一、公司简介

1、公司的中文名称:浙江天通电子股份有限公司

公司的英文名称:ZHEJIANG TIANTONG ELECTRONICS CO., LTD

2、公司法定代表人:潘广通

3、公司董事会秘书:许丽秀

联系地址:浙江省海宁市龙祥写字楼18层　邮政编码:314400

电话:0573-7230878　传真:0573-7230228

电子信箱:tdga@mail.jxptt.zj.cn

4、公司注册地址:浙江省海宁市郭店镇建设路11号

邮政编码:314412

公司办公地址:浙江省海宁市龙祥写字楼18层　邮政编码:314400

公司国际互联网网址:http://www.tdgcore.com

5、公司选定的信息披露报纸:《中国证券报》、《证券时报》、《上海证券报》

公司年度报告备置地点:本公司董事会秘书处

登载公司年度报告的中国证监会指定国际互联网网址:http://www.sse.com.cn

6、公司股票上市交易所:上海证券交易所

股票简称:天通股份　股票代码:600330

二、会计数据和业务数据摘要

(一)本年度利润总额及构成(单位:人民币元)

项　目	2000年
1、利润总额	53,862,030.82
2、净利润	50,197,718.21
3、扣除非经常性损益后的净利润	48,841,997.05
4、主营业务利润	102,209,940.66
5、其他业务利润	933,868.99
6、营业利润	52,624,578.85
7、投资收益	212,525.00
8、补贴收入	2,478,578.00
9、营业外收支净额	-1,453,651.03
10、经营活动产生的现金流量净额	91,949,793.77
11、现金及等价物净增加额	40,986,185.50

注:"扣除非经常性损益后的净利润"是指从净利润中扣除公司报告期内正常经营损益之外的一次偶发性损益,扣除数 1,355,721.16 元的构成为:增值税返还2,350,000元,出口贴息128,578元,营业外收入8,827.60元,营业外支出(不包括农业发展基金、水利发展基金)1,131,684.44元。

(二)近三年主要会计数据和财务指标(单位:元)

指标项目	2000年度	1999年度
主营业务收入	251,844,919.60	157,279,073.25
净利润	50,197,718.21	30,340,389.25
总资产	385,420,350.18	281,832,359.47
股东权益	154,280,849.31	118,958,864.10
每股收益(摊薄)	0.444	0.269
每股收益(加权)	0.444	0.269
扣除非经常性损益后的每股收益	0.432	0.253
每股净资产	1.366	1.053
调整后的每股净资产	1.350	1.043
每股经营活动产生的现金流量净额	0.814	0.345
净资产收益率(摊薄)%	32.54	25.50
净资产收益率(加权)%	34.81	23.79

(三)按照中国证监会《公开发行股票公司信息披露编报规则(第9号)》要求计算的利润数据:

		净资产收益率(%)		每股收益(元/股)	
		全面摊薄	加权平均	全面摊薄	加权平均
主营业务利润	102,209,940.66	66.25	70.88	0.905	0.905
营业利润	52,624,578.85	34.11	36.49	0.466	0.466
净利润	50,197,718.21	32.54	34.81	0.444	0.444
扣除非经常损益后净利润	48,841,997.05	31.66	33.87	0.432	0.432

注:主要财务指标计算公式及过程:

(1)全面摊薄的计算方法

每股收益=报告期利润/期末股份总数

每股净资产=期末股东权益/期末股份总数

调整后的每股净资产=(期末股东权益-三年以上的应收款项-待摊费用-待处理(流动、固定)资产净损失-开办费-长期待摊费用-住房周转金负数余额)/期末股份总数

每股经营活动产生的现金流量净额=经营活动产生的现金流量净额/期末股份总数

净资产收益率=报告期利润/期末股东权益×100%

(2)加权平均的计算方法

每股收益(EPS)=So+S1+Si×Mi÷Mo-Sj×Mj÷Mo

其中:P为报告期利润;So为期初股份总数;S1为报告期因公积金转增股本或股票股利分配等增加股份数;Si为报告期因发行新股或债转股等增加股份数;Mo为报告期月份数;Sj为报告期因回购或缩股等减少股份数;Mi为增加股份下一月份起至报告期期末的月份数;Mj为减少股份下一月份起至报告期期末的月份数。

$$净资产收益率(ROE)=\frac{P}{Eo+NP\div2+Ei\times Mi\div Mo-Ej\times Mj\div Mo}$$

其中:P为报告期利润;NP为报告期净利润;Eo为期初净资产;Ei为报告期发行新股或债转股等新增净资产;Ej为报告期回购或现金分红等减少净资产;Mo为报告期月份数;Mi为增加股份下一月份起至报告期期末的月份数;Mj为

调整后的每股净资产=期末股东权益-三年以上的应收款项-待摊费用-待处理(流量、固定)资产净损失-开办费-长期待摊费用)/加权平均股本总数

三、股本变动及股东情况

1、股本变动情况

报告期内股本无变动;总股份112,980,000股。

①公司于2000年12月20日经中国证监会证监发行字[2000]181号文核准,获得向社会公开发行4000万股普通股A股,发行价格是8.99元/股。12月26日在上海证券交易所上网定价发行。经浙天会验字(2001)1号文确认,资金于2001年1月3日到位。《招股说明书》刊登于2000年12月22日的《中国证券报》、《证券时报》、《上海证券报》。

②2001年1月18日公司4000万股普通股A股在上海证券交易所挂牌上市。《上市公告书》刊登于2001年1月13日的《中国证券报》、《证券时报》、《上海证券报》。

2、股东情况介绍

(1)截止2000年12月31日,公司股东总数50个。

(2)公司前十名股东持股情况(单位:股)

股东名称	年末持股数	比例
潘广通	16,880,000	14.94%
潘建清	15,980,000	14.14%
海宁天成投资发展有限公司	14,641,268	12.96%
宝钢集团企业开发总公司	12,000,000	10.62%
郭店镇资产经营公司	6,000,000	5.31%
海宁市经济发展投资公司	5,425,000	4.80%
信息产业部第四十八研究所	5,000,000	4.43%
潘金兴	3,017,183	2.67%
金建清	2,142,905	1.90%
段金柱	2,110,605	1.87%

备注:前十名股东中潘广通和潘建清为父子关系,其他股东之间未发现任何关联关系。以上股东所持本公司的股份未发现质押和其他任何法律争议。

(3)持有本公司5%以上股东情况

潘广通,本公司第一大股东,持有本公司14.94%股份,为自然人;

潘建清,本公司第二大股东,持有本公司14.14%股份,为自然人;

海宁天成投资发展有限公司,本公司第三大股东,持有本公司12.96%股份,注册资本为3000万元人民币,法人代表为李明锁,主营范围为高新技术、贸易业投资开发等;

宝钢集团企业开发总公司,本公司第四大股东,持有本公司10.62%股份,注册资本为2017万元人民币,法人代表为徐楠,主营范围为公司所属企业的原辅燃料供应及产品销售,劳务,钢材批发、零售、代购代销、堆存、打包托运、装卸;

郭店镇资产经营公司,本公司第五大股东,持有本公司5.31%股份,注册资本为3000万元人民币,法人代表为王俊曙,主营范围为投资开发等。

四、股东大会简介

本年度公司召开了2000年第一次股东大会和2000年度第一次临时股东大会。

1、2000年第一次股东大会

本公司于2000年5月13日在公司会议室召开2000年第一次股东大会。会议应到股权11298万股,实到股权11298万股,符合《公司法》和《公司章程》的有关规定。经大会审议,以记名投票方式通过了如下决议:

(1)董事会九九年度工作报告(同意11298万股,占出席会议的股东所持表决权的100%);

(2)监事会工作报告(同意11298万股,占出席会议的股东所持表决权的100%);

(3)九九年度利润分配方案:

公司1999年度的税后净利润为30340389.25元,提取法定盈余公积金10%,计3034038.93元;提取公益金5%,计1517019.46元;公司1999年度可供股东分配净利润为25789330.86元,加上1999年初未分配利润为-1582756.41元,合计可分配利润为24206574.45元,决定分配如下:以1999年底公司总股本11298万股为基数,每股分配利润0.21元;分配后剩余利润480774.45元,由公司新老股东共同享受。

公司2000年1月1日以后的利润由新老股东共同享受。公司股票公开发行后,第一次分配公司利润的时间,预期在公司股票公开发行且第一次公布公司的年度报告后进行。

(同意11298万股,占出席会议的股东所持表决权的100%)

(4)关于申请公开发行股票并上市的议案(同意11298万股,占出席会议的股东所持表决权的100%);

(5)关于董事、监事报酬的事项(同意11298万股,占出席会议的股东所持表决权的100%);

(6)关于运用募集资金投向的议案(同意11298万股,占出席会议的股东所持表决权的100%);

(7)《浙江天通电子股份有限公司章程》修改草案(同意11298万股,占出席会议的股东所持表决权的100%);

(8)2000年度财务预算报告(同意11298万股,占出席会议的股东所持表决权的100%)。

2、2000年度第一次临时股东大会

本公司于2000年8月15日在公司会议室召开2000年度第一次临时股东大会,代表11298万股股份的公司股东或授权代理人参加了会议,占公司股份总数的100%。经全体股东认真讨论,代表11298万股股份的公司股东或授权代理人(占出席会议的股东所持表决权的100%)赞成。大会通过如下决议:

(1)授权董事会决定投资额不超过3000万元的项目投资,及项目投资增减幅度不超过3000万元的投资额的调整;

(2)授权董事会决定公司净资产额度内(以最近一次审计为准,下同)的财产抵押事项;

(3)授权董事会决定公司净资产10%额度以内的对外担保事项。

五、董事会报告

(一)、公司经营情况

1、公司所处行业及地位

公司经过16年的努力,已形成年产万吨的能力,是国家软磁铁氧体材料标准制订单位之一,是磁性行业协会的副理事长单位;公司从1998年开始就进入了全国电子元件百强企业行列,并被浙江省认定为省区外高新技术企业、省级星火示范企业、省电子及通讯设备制造业50家最大经营规模工业企业;2000年,公司被国家科技部认定为国家火炬计划重点高新技术企业。

天通股份在全国软磁行业中,生产规模、技术创新、产品质量、出口创汇、市场占有率都名列全国前茅。

广 州 药 业 股 份 有 限 公 司

广州药业股份有限公司2000年度报告摘要

本公司董事会保证本报告所载资料不存在任何虚假记载、误导性陈述或者重大遗漏，并对其内容的真实性、准确性和完整性负个别及连带责任。本年度报告摘要摘自年度报告，投资者欲了解详细内容，应阅读年度报告。

一、公司简介

1.公司法定中文名称： 广州药业股份有限公司 中文名称缩写：广州药业
英文名称：Guangzhou Pharmaceutical Company Limited 英文名称缩写：GPC
2.公司法定代表人：蔡志祥
3.公司董事会秘书：何舒华 地址：中国广东省广州市沙面北街45号 电话：(8620)81218117
传真：(8620)81876408 董事会秘书电子邮箱：shuhua_he@sina.com
4.公司注册及办公地址：中国广东省广州市沙面北街45号 邮政编码：510130
电话：(8620)81218103 传真：(8620)81876408
公司国际互联网网址：http://www.gzphar.com 电子邮箱：sec@gpc.com.cn
在香港主要营业地点：香港金钟道89号力宝中心第2座20楼2005室
5.公司选定的信息披露报纸为：《上海证券报》、《中国证券报》
《香港经济日报》《HongKongiMail》(英文报)
6.中国证监会指定登载公司年度报告的国际互联网网址：http://www.sse.com.cn
香港登载公司年度报告互联网网址：http://www.hkex.com.hk
7.公司年度报备置地点 中国广东省广州市沙面北街45号二楼
广州药业股份有限公司董事会秘书处
8.股票上市交易所名称及编码：
A股：上海证券交易所 代码：600332 公司简称：广州药业
H股：香港联合交易所有限公司 代码：0874 公司简称：广州药业

二、会计数据和业务数据摘要

(一)本年度利润总额及构成(按中国会计准则)：

项目	2000年人民币元
1.利润总额	219,935,808
2.净利润	146,234,183
3.扣除非经常性损益后的净利润(注)	126,528,742
4.主营业务利润	1,001,732,586
5.其他业务利润	36,439,663
6.营业利润	195,582,479
7.投资收益	4,647,888
8.补贴收入	9,288,486
9.营业外收支净额	10,416,955
10.经营活动产生的现金流量净额	286,951,325
11.现金及现金等价物净增加额	(19,820,973)

注：所扣除的非经常性损益包括：
补贴收入9,288,486元、营业外收支净额10,416,955元。
本公司编制的2000年财务报告，已经广州羊城会计师事务所有限公司审计，并出具了无保留意见的审计报告。

(二)近三年主要会计数据及财务指标(按中国会计准则)：指标项目(人民币)

	2000年	1999年	1998年** 调整前	1998年** 调整后
1.主营业务收入(元)	4,222,857,016	3,454,490,368	3,383,700,639	3,383,700,639
2.净利润(元)	146,234,183	128,663,317	129,362,151	123,701,440
3.总资产(元)	3,063,914,823	3,001,286,675	3,036,056,369	2,995,563,030
4.股东权益(不含少数股东权益)(元)	1,373,104,547	1,365,972,198	1,295,748,957	1,258,252,616
5.每股收益(元)	0.20	0.18	0.17	0.17
6.扣除非经常性损益后的每股收益(元)	0.17	0.16	0.16	0.15
7.每股净资产(元)	1.87	1.86	1.77	1.72
8.净资产收益率(摊薄)%	10.65	9.42	9.18	9.83
9.净资产收益率(加权)%	10.15	9.72	9.08	10.09
10.股东权益比率%	44.82	45.51	42.68	42.00
11.资产负债率%	51.89	51.3	52.6	53.33
12.调整后每股净资产(元)	1.74	1.70	1.73	1.68
13.每股经营活动产生的现金流量净额(元)	0.39	0.40	0.31	0.31

?|?|**1998年调整前后说明：根据财政部财会字[1999]35号文规定，从1999年1月1日起，变更坏帐准备和长期投资减值准备的计提方法。对于上述会计政策的变更，本公司采用追溯进行处理，调整了1999年期初留存收益和其他相关项目的期初数。

注：报告期后本公司完成增发7,800万A股工作，总股本发生变动。若按增发后的总股本81,090万股全面摊薄计算，本公司2000年度每股收益为0.18元。

(三)按照中国证监会《公开发行证券公司信息披露编报规则(第9号)》要求计算的财务指标：

报告期利润	净资产收益率 全面摊薄	净资产收益率 加权平均	每股收益 全面摊薄	每股收益 加权平均
主营业务利润	72.95%	69.53%	1.37元	1.37元
营业利润	14.24%	13.57%	0.27元	0.27元
净利润	10.65%	10.15%	0.20元	0.20元
扣除非经常性损益后的净利润	9.21%	8.78%	0.17元	0.17元

(四)中国与香港不同会计准则之报表差异

中国会计准则与香港会计准则之不同导致了依照两种会计准则编制的财务报表产生差异。该差异主要汇总如下：

	附注	集团 二零零零年 人民币千元	集团 一九九九年 人民币千元	公司 二零零零年 人民币千元	公司 一九九九年 人民币千元
根据中国会计准则及制度编制之所有者权益		1,373,104	1,365,972	1,373,104	1,365,972
调整					
补提之坏帐准备	1	(30,121)	(18,623)		
资本化之递延费用	2	89,909	(4,110)	2,187	
固定资产重估价值的分别	3	138,733	140,177		
多计提的研究开发费用	4	17,463	5,938		
少数股东权益差异	5	(14,598)	(11,129)		
冲回子公司之应占净资产	6		(39,531)	(39,202)	
		201,386	112,253	(37,344)	(39,202)
根据香港普遍采纳之会计原则编制之所有者权益		1,574,490	1,478,225	1,347,235	1,326,770
根据中国企业会计准则及制度编制之净利润		146,234	128,663	146,234	128,663
调整					
递延费用之摊销	2	(10,448)	(2,650)	(243)	
固定资产重估增值部分所计提之折旧	3	(1,444)			
冲销多计提之研究开发费用	4	11,525			
少数股东权益差异	5	1,400	(1,771)		
冲回应占子公司当年业绩	6			(98,016)	(46,174)
确认补助收入	7	13,185	14,718		
呆坏存货处理	8	(17,255)			
于以前年度已确认之拆迁补偿	9	(7,947)	(8,790)		
所得税项差异			(1,069)		
其他			(413)		
		(10,984)	25	(98,259)	(46,174)
根据香港普遍采纳之会计原则编制之净利润		135,250	128,688	47,975	82,489

三、股本变动及股东情况

1.报告期末股东总数
截至2000年12月31日，持有本公司股票的股东总数为97户。
2.内部职工股情况
本公司无任何内部职工股。
3.股票发行及上市情况
1997年10月24日，本公司H股股票在香港发行，发行价格为每股1.65港元，发行数量为21,990万股；1997年10月30日，本公司H股股票在香港联交所上市。
2001年1月10日，本公司A股股票在国内发行，发行价格为每股9.8元人民币，发行数量为7,800万股；2001年2月6日，本公司A股股票在上交所上市。A股，占总股本的63.26%；A股(流通股)为7,800万股，占总股本的9.62%；H股(流通股)为21,990万股，占总股本的27.12%。A股发行后，本公司总股本为81,090万股，其中，国家股(未流通股)为51,300万元。
4.截至2000年12月31日止，本公司前十名最大股东持股情况股东名称

股东名称	持股种类	年末持股数(股)	占总股本比例(%)
广州医药集团有限公司	国家股	513,000,000	70
香港中央结算(代理人)有限公司	H股	216,331,000	29.51
HSBCNOMINEES(HONGKONG)LIMITED	H股	800,000	0.109
王保国	H股	250,000	0.034
陈慰民	H股	200,000	0.027
孙国扬	H股	200,000	0.027
邓盈	H股	120,000	0.016
朱国强	H股	110,000	0.015
陈卓生	H股	100,000	0.0136
李乔	H股	100,000	0.0136
陈月清	H股	100,000	0.0136

注：(1)持有本公司股份之前10名股东之间不存在关联关系。
(2)持有本公司5%以上(含5%)股份的法人股东情况：广州医药集团有限公司持有本公司70%股份，其法定代表人为蔡志祥先生。其经营范围为：国有资产的经营、投资；生产、销售医药中间体、中西成药、中药材、生物技术产品、医疗器械、制药机械、药用包装材料、保健食品及饮料、卫生材料及医药整体相关的商品等。
(3)本报告期内广州医药集团有限公司所持有的本公司股份未有质押或冻结的情况。
(4)本年度内本公司或其任何附属公司概无买卖或购回本公司之股份。
(5)报告期内，本公司控股股东未发生变更。

四、股东大会简介

报告期内，本公司召开了一次年度股东大会和两次临时股东大会：
1.本公司于2000年5月26日上午在本公司会议室召开了1999年度股东大会，会议通过了如下决议：1999年度董事会工作报告；1999年度监事会工作报告；1999年度经审核的财务报告；本公司1999年度核数师报告；续聘任期届满的公司核数师及国际核数师，并授权董事会决定其酬金；1999年度利润分配及派息方案；2000年度本公司董事及监事服务报酬总金额；授权董事会依照有关规定在有关期间内配发及发行新股份，并授权董事会据此对本公司章程作出适当及必要的修改和办理有关的变更登记手续。
该股东大会决议公告刊登于2000年5月27日的《香港经济日报》、《南华早报》(英文)。
2.本公司于2000年10月18日上午，在本公司会议室召开了2000年第一次临时股东大会，会议通过了如下决议：选举产生新一届董事、监事，任期从临时股东大会通过其委任后生效，为期三年；授权董事会决定个别董事、监事的薪酬；对本公司章程第八十八条及第一百一十一条进行修订的事宜。
该临时股东大会决议公告刊登于2000年10月19日的《香港经济日报》、《HongKongiMail》(英文)。
3.本公司于2000年10月18日上午，在本公司会议室召开了2000年第二次临时股东大会，会议通过了如下决议：申请2000年公募增发人民币普通股(A股)的议案；关于增发A股募集资金计划投资项目可行性的议案；关于前次募集资金使用情况说明的议案；本次公募增发A股成功后2000年中期未分配利润及2000年7月1日至A股发行完成前滚存利润由新老股东共享；关于授权董事会全权办理本次公募增发A股相关事宜的议案。

该股东大会决议公告刊登于 2000 年 10 月 19 日的《中国证券报》、《证券时报》、《香港经济日报》、《HongKongiMail》(英文)。

五、董事会报告

(一)经营情况讨论与分析(除特别注明外,本报告涉及的财务数据均节录自本集团按中国会计准则编制之账项)

1、本集团所处行业及在行业中所处地位

本集团属医药行业。以销售额计算,本集团是目前中国最大的中成药制造商,也是国内三大医药贸易企业之一。(资料来源于:2000 年 4 月国家经贸委出版的医药统计年报之工业企业分析)

2、经营状况分析

(1)主营业务及地区分析

2000 年是本公司自 1997 年在香港上市以来的第三个完整会计年度,报告期内,国内医疗卫生体制改革,药品分类管理制度、医药产品价格政策和城镇职工基本医疗保险制度的实施等因素对中国医药市场产生了重大的影响。面对激烈竞争的市场环境,本集团采取了一系列的对策措施,使本集团的经营业绩保持持续增长。

按合并报表计算,2000 年度本集团按香港会计准则和中国会计准则编制的营业额均为 4,222,857 千元,同比增长 22.24%;按中国会计准则,除税前利润为 219,936 千元,同比增长 22.21%;按香港会计准则,除税前盈利 204,572 千元,同比增长 14.85%;2000 年营业额和除税前盈利均达到本公司成立以来的最好水平。

本年度各主要业务的营业额及除税前盈利如下:

	营业额		除税前盈利	
	按中国会计准则	除税前盈利	按中国会计准则	按香港会计准则
	人民币千元	人民币千元	人民币千元	人民币千元
主要业务:				
制造及销售	1,295,155	1,295,155	158,420	154,350
贸易批发	2,469,538	2,469,538	44,358	38,431
零售	388,807	388,807	17,229	11,772
进出口	69,357	69,357	-71	19
	2,927,702	2,927,702	61,516	50,222
	4,222,857	4,222,857	219,936	204,572

由于本集团之营业额及除税前盈利绝大部份均来自中国之销售,因此并无提供按地区的营业额及除税前盈利之详细资料。

(2)中成药制造业务

2000 年度本集团制造业务(「制造业务」)按中国会计准则及香港会计准则编制的营业额均为 1,295,155 千元,同比增长 7.95%;按中国会计准则,除税前盈利为 158,420 千元,同比增长 27.92%;按香港会计准则,除税前盈利为 154,350 千元,同比增长 24,69%。制造业务的营业额及除税前盈利均达到了历史的最好水平。

本年度,制造业务加大市场拓展力度,加强对重点城市和终端销售市场的技术推介和广告宣传工作,注意选择和培育有发展潜力的销售市场和客户,并逐步建立了销售市场分析系统,促进了重点产品销量的增长。2000 年度年销售额 1,000 万元以上的品种有 26 个,年销售额 5,000 万元以上的品种有 6 个,年销售额 1 亿元以上的品种有 2 个,年内上述 26 个品种的销售额同比大幅度增长 16.02%。高附加值重点产品销售比重的增加使制造业务销售毛利率达到 55.51%,同比增长 7.62 个百分点,成为制造业务盈利增长的主要因素。

加快企业技术改造和 GMP 实施步伐。报告期内,制造业务完成了多项重大技术改造项目,包括广州中药一厂的三个车间扩产改造工程、微波干燥生产线、广州奇星药厂丸剂车间和前处理车间等 20 多个技术改造项目。广州陈李济药厂亦于 2000 年 3 月获得 GMP 认证。目前,广州羊城药业股份有限公司、广州潘高寿药业股份有限公司正在积极开展 GMP 实施工作。上述技改项目的实施提高了企业的生产能力和技术水平。

加大技术创新的投入,加快新产品的研发工作。年内本集团与北京中医药大学、广州中医药大学、四川省中药研究所等单位合作研发高技术含量的现代中药品种,2000 年度取得生产批文的新药有三种产品,新投产的新药有五种产品。本公司于 2000 年 11 月与解放军广州空军医院签订了合作研究抗乙型肝炎病毒双质粒基因疫苗的项目。目前,本公司正在加速进行生物医药研发中心的筹建工作。

本公司于 2000 年正式启动 ERP 项目的实施工作。制造业务的 SAP-R/3 系统已于 2001 年 1 月通过广州市财政局的评审,并在广州陈李济药厂正式投入使用。广州奇星药厂和广州星群药业股份有限公司的 ERP 系统亦分别开始实施和运行。ERP 系统的实施,对规范企业的业务流程,优化企业的资源组合,提高企业的管理水平和决策水平起到了重要的作用。

(3)医药贸易业务(包括批发、零售和进出口)

2000 年度本集团贸易业务(「贸易业务」)按中国会计准则及香港会计准则编制的营业额均为 2,927,702 千元,同比增长 29.85%。按中国会计准则,除税前盈利为 61,516 千元,同比增长 9.60%;按香港会计准则,除税前盈利 50,222 千元,同比下降 7.55%。

本报告期内,贸易业务根据 OTC 药品市场迅速发展的特点,积极把握发展时机,配合推行药品分类管理和非处方药品的供应工作。年内,贸易业务成立了 OTC 药品的专业销售公司,开业以来销售额达 5,000 多万元;各批发、零售单位着重抓好品种结构的调整工作,积极开发一些疗效好、市场发展潜力大的新药、特效药品种。年内新开发经销和代理的品种达 2,000 多个,其中,新增独家代理品种 4 个,新增销售额 5,260 万元。同时,贸易业务积极开拓省内外的批发业务市场,报告期内批发业务营业额同比大幅增加 37.04%,对促进贸易业务盈利的增长起到重要作用。

医疗体制的改革推动了医药消费市场的变化,零售市场份额正在逐步扩大。贸易业务根据市场的变化积极拓展医药零售网点,年内新增零售网点 33 家,新增销售额约 1,500 万元。截至 2000 年 12 月 31 日,本集团的医药零售网点共有 155 家,其中,主营中药的"采芝林"药业连锁店 93 家,主营西药的"健民"医药连锁店 62 家。

受到国家药品价格政策和国内医药市场激烈竞争等因素的影响,2000 年贸易业务的销售毛利率下降至 10.34%,同比下降 2.58 个百分点。为了确保盈利的能力,贸易业务在积极扩大销售的同时,努力降低营运成本。一是加强营运费用的目标管理工作,年内贸易业务的经营费用率同比下降 1.81 个百分点;二是加强对库存商品的监控管理工作,定期对商品库存和销售情况进行分析,及时根据市场的变化调整采购和营销策略;三是做好销售客户的信用分析和应收账款管理工作,严格执行信用额监控制度,努力加速应收账款的回笼,年度内贸易业务的应收账款资金周转率同比加速 28.20%。销售额的大幅度增加、费用率的下降、资金周转速度的加快,确保了贸易业务的盈利贡献。

3.本集团主要附属企业及本公司占有 51%及以上股权的控股子公司经营之情况及业绩(单位:人民币万元)

企业名称	持股比例	总资产	主营业务收入	主营业务利润
广州中药一厂	100%	25,859.05	35,258.24	21,219.23
广州陈李济药厂	100%	21,562.38	15,354.76	7,273.40
广州众胜药厂	100%	6,363.40	5,302.46	2,158.24
广州奇星药厂	100%	39,451.23	18,336.45	9,926.83
广州市医药公司	100%	99,823.20	238,467.23	20,146.39
广州市药材公司	100%	28,216.64	49,561.96	8,341.92
广州市医药进出口公司	100%	3,723.52	7,951.16	800.24
广州星群药业股份有限公司	84.11%	26,407.55	19,908.60	7,991.75
广州敬修堂药业股份有限公司	83.90%	18,190.65	13,010.77	7,192.25
广州潘高寿药业股份有限公司	81.53%	24,001.48	19,722.88	8,313.00
广州羊城药业股份有限公司	87.07%	10,365.37	13,032.23	6,304.00

注:以上附属企业全部均在中华人民共和国注册成立及营业。

4.在经营中出现的问题与困难及解决方案

(1)受国家税务总局国税发[2000]84 号文关于广告费支出超过销售额 2%部分需调整应纳所得税的因素影响,本年度内,制造业务因此而增加应纳所得税约 1,100 多万元。为此,制造业务在报告期内一是加强了广告宣传费的管理工作,努力控制广告费用的增加;二是统一本公司的对外宣传策略,最大限度地发挥附属企业的资源组合优势;三是加强对重点市场的技术推介力度,促进了制造业务销售的增长。

(2)为了加强对附属企业的监控管理,进一步优化企业的内部资源,本公司于 2000 年 5 月调整了附属企业广州众胜药厂的管理层,由市场拓展能力较强、管理基础扎实的广州中药一厂托管了广州众胜药厂,并针对该企业的存在问题进行了全面的整顿,加强了内部管理和控制。

2001 年 2 月 21 日,经第二届第三次董事会会议决议,由广州中药一厂吸收合并广州众胜药厂。目前,有关工作正在进行中。

5.净利润实现数与净利润预测数的比较

按中国会计准则,2000 年本集团实现净利润 146,234 千元,为本公司增发 A 股时编制的盈利预测报告中之净利润预测值 156,304 千元的 93.56%。

(二)公司财务情况　　(单位:人民币元)

按中国会计准则

项目	2000 年 12 月 31 日	1999 年 12 月 31 日	增减(±%)
总资产	3,063,914,823	3,001,286,675	2.08
长期负债	84,573,230	98,261,885	-13.9
股东权益	1,373,104,547	1,365,972,198	0.52
	2000 年度	1999 年度	增减(±%)
主营业务利润	1,001,732,586	847,610,057	18.18
净利润	146,234,183	128,663,317	13.66

按香港会计准则

项目	2000 年 12 月 31 日	1999 年 12 月 31 日	增减(±%)
总资产	3,256,426,000	3,072,057,000	6.00%
长期负债	99,000,000	95,743,000	3.40%
股东权益	1,574,490,000	1,478,225,000	6.51%
	2000 年度	1999 年度	增减(±%)
经营盈利	208,670,000	177,979,000	17.24%
净利润	135,250,000	128,688,000	5.10%

(三)公司投资情况

1.发行 H 股募集资金净额的使用情况:

本集团于 1997 年 10 月发行 219,900,000 股 H 股,扣除发行费用后,发售 H 股募集资金所得净额约为港币 317,421,000(折算人民币 340,233,000 元),截止 2000 年 12 月 31 日止,尚余为 904 万元未投入使用。

该次募集资金实际投资使用的具体情况如下:(单位:人民币万元)

投资项目	计划总投资	至 2000 年末已完成投资	占计划投资额的比例
发展新产品	5,038	5,038	100%
改良现有生产技术及购买新设备	18,007	18,007	100%
成立现代化技术工程中心	3,000	1,070	36%
扩展小型至中型零售店	3,966	3,966	100%
一般营运资金及其他	5,038	5,038	100%

2.发行 H 股募集资金投入项目的进展及收益情况

(1)用 5,038 万元投入新产品的研制和开发,研制新品种 25 个,其中 17 个品种已经先后取得批文并正式投产或试产;完成 6 个名优产品的二次开发;及 6 个品种的工艺或剂型的改进,新产品的投产和品种剂型的改进,促进了企业盈利的持续增长。

(2)用 18,007 万元投入技术改造和 GMP 工程。广州中药一厂、广州陈李济药厂、广州奇星药厂与广州敬修堂药业股份有限公司等通过 GMP 改造已全部取得国家认证,提高了产品质量和市场竞争力。

(3)本公司原计划投入 3,000 万元人民币用于现代化技术工程中心项目的建设,现已投入 1,070 万元。剩余资金将根据项目实际情况逐步投入。

(4)投入 3,966 万元用于扩展销售网点,新增零售药店 54 间,其中新购置的零售商铺 16 间,新增销售额约 6,000 多万元。

(5)用 5,038 万元作为企业流动资金,该项资金投入缓解了部分企业的资金紧缺现象,同时也直接降低了本集团的财务费用。目前本集团短期借款已从 1997 年末的 7.42 亿元下降至本年年度末的 4.78 亿元;财务费用从 97 年的 6,714 万元降至本年度的 2,791 万元。

3.报告期内非募集资金的投资情况

经本公司第二届第二次临时董事会会议批准,本公司出资人民币 1,950 万元认购光大银行 1000 万股股权。由于该银行在增资扩股中认购数大于发行数,因此实际配发本公司的股份为 550 万股,占该行扩股后总股数 58.91 亿股的 0.093%,认购金额金额为人民币 1,072.5 万元。

(五)生产经营环境和宏观政策的变化及对公司的影响

随着我国经济的发展,国内人民生活水平的提高,人们健康意识的增强,社会人口老龄化,医保人口的扩大和农村医药消费水平的提高,国内医药市场将保持持续稳定的增长;国家医疗制度的改革、医药分业和处方药、非处方药分类管理制度的实施,亦将对我国药品需求结构产生重大的影响,部分疗效确切、质量可靠和具有价格优势的国产普药和新药将占有更大的市场发展空间;随着世界天然药物市场的迅速发展,中药以其独特的疗效和副作用较少的特点将有更广阔的市场前景和发展空间;同时,我国按"十五"规划将培养和发展医药行业的技术优势,推动医药企业间的收购、兼并、联合和重组,以增强企业的竞争能力。本公司在中成药的制造和医药贸易业务方面具有一定的技术优势和规模优势,将在市场竞争中占据有利的地位。

(六)新年度的业务发展计划:

2001 年,本集团将以加快 A 股增发投资项目建设为重点努力培育和扩大企业持续发展的新增长点,增强企业的核心竞争能力。

1.加强市场营销体系的建设

继续以市场为导向,做好产品结构的调整和重点产品的市场拓展工作,通过加大对终端市场的推介和宣传,提高核心产品的市场占有率;逐步整合和发展综合的市场推广队伍和营销网络系统,以优化企业的整体资源配置。为适应医药零售市场发展的需要,贸易业务计划在 2001 年新增零售网点 37 家。

2.加快技术创新体系的建设和新产品的研究开发工作

本集团将加大技术研发的投入,特别是重点抓好现代化中药工程中心、生物医药研发中心和中药新技术产业化基地等项目的建设;继续加强与各大学、科研机构的联系和合作,加速新产品的研制开发和中药现代化的实施。目前,本集团正在进行的临床研究项目有 8 个,基础技术开发项目有 6 个。

3.加速企业技术改造和 GMP 改造项目建设 2001 年度,本集团将重点抓好广州中药一厂、广州星群药业股份有限公司迁厂等重点技改工程和广州潘高寿药业股份有限公司、广州羊城药业股份有限公司 GMP 改造项目的实施工作。

4.强化基础管理,加速 ERP 系统的实施

通过 ERP 系统的实施和引进先进管理技术,本集团将全面重组企业的业务流程,优化企业的资源组合,提高企业的管理水平和决策水平;2001 年,本集团将加快贸易业务计算机网络系统的建设;继续强化以财务预算管理为核心的内部监控体系,加强对投资决策、现金流量和经营运作情况的监控和管理;进一步提高企业的市场应变能力和抗风险能力。

5.创新激励机制,培育专业管理人员队伍

本集团将积极探索和推进包括期权、期股等中长期激励机制的建设,以确保企业持续健康的发展。同时,本集团将通过引进和培养等措施,积极培育专业技术人才和管理技术人才,不断提高企业的综合素质。

6.抓好资本运营,加速企业的发展

在做好主业经营的同时,本集团将进一步加强资本运作力度,通过积极引进境内外战略投资者等多种形式,逐步实现股权结构的多元化。同时,围绕核心业务,积极发展相关产业的投资,加快并购、重组步伐,进一步优化资源配置,努力培育新的利润增长点,为企业今后的长期发展奠定基础。

2001 年是 21 世纪的第一年,也是本公司成功增发 A 股并于上交所上市的第一年,本公司将继续发扬团结进取、务实创新的精神,努力工作,为股东创造更好的回报。

(六)董事会日常工作情况:

1.报告期内董事会会议情况:

本报告期内本公司共召开 7 次董事会会议,主要情况如下:

(1)第一届第十二次董事会会议于 2000 年 3 月 24 日召开,并通过如下决议案:1999 年度董事会工作报告;1999 年度监事会工作报告;1999 年度经审核的财务报告;1999 年度核数师报告;续聘任期届满的公司核数师及国际核数师并授权本公司董事会决定其酬金;1999 年度利润分配及派息方案;2000 年度本公司董事及监事服务报酬总金额;授权董事会依照有关规定在有关期间内配发及发行新股份,并授权董事会据此对本公司章程作出适当及必要的修改和办理有关的变更登记手续。

(2)第一届第十三次董事会会议于 2000 年 8 月 4 日召开,并通过如下决议案:将控股股东广州医药集团有限公司推荐的下一届董事候选人及监事候选人名单及资料提交股东大会;建议对本公司章程第八十八条及第一百一十一条进行修订的事宜;提议于 2000 年 9 月 26 日在广州市沙面北街 45 号本公司会议室召开临时股东大会;通过广州药业增发 A 股有关事项及工作进度情况的报告;通过 2000 年度中期业绩工作计划及进度情况的报告。

(3)第一届第十四次董事会会议于 2000 年 8 月 18 日召开,并通过如下决议案:2000 年度中期业绩报告;2000 年度中期未经审核的财务报告;2000 年度中期派息方案。

(4)第一届第十五次董事会会议于 2000 年 9 月 1 日召开,并通过如下决议案:申请 2000 年公募增发人民币普通股(A 股)的方案;关于增发 A 股募集资金计划投资项目可行性的方案;关于前次募集资金使用情况说明的方案及关于公司前次募集资金使用情况的专项报告;本次公募增发 A 股成功后 2000 年中期未分配利润及 2000 年 7 月 1 日至 A 股发行完成前滚存利润由新老股东共享;关于提请股东大会授权董事会全权办理本次公募增发 A 股相关事宜的方案;关于召开 2000 年第二次临时股东大会的方案。

(5)第二届第一次董事会会议于 2000 年 10 月 18 日召开,并通过如下决议案:选举蔡志祥先生及李益民先生分别为第二届董事会董事长及副董事长;聘请陈翔志先生为本公司总经理;聘请朱幼麟先生、张伯华先生、吴张先生任审核委员会委员;经总经理提名,聘任黎德成先生、肖承先生为本公司副总经理;经总经理提名,聘任江士杰先生为本公司财务总监;经董事长提名,聘任何舒华先生为本公司董事会秘书;确认了非招待董事及股东代表监事袍金。

(6)第二届第一次临时董事会会议于 2000 年 11 月 19 日至 11 月 24 日以书面表决形式进行,并通过如下决议案:关于本公司与广药集团签订的仓库租赁协议和办公楼租赁协议的议案。

(7)第二届第二次董事会会议于 2000 年 11 月 13 日至 11 月 18 日以书面表决形式进行,并通过如下决议案:关于投资并购买"光大银行"部分股权的议案。

2.股东大会通过之决议案的执行情况

(1)1999 年期末利润分配

根据 1999 年度股东周年大会上通过之决议案,2000 年 5 月完成了公司 1999 年度末期的分红派息工作,分红方案为每股派发现金红利 0.03 元(含税)。股权登记日为 2000 年 5 月 2 日,除息日为 2000 年 5 月 3 日。

(2)2000 年中期利润分配

根据 2000 年股东周年大会上通过之决议案,2000 年 10 月完成了公司 2000 年度中期的分红派息工作,分红方案为每股派发现金红利 0.02 元。股权登记日为 2000 年 10 月 3 日,除息日为 2000 年 10 月 4 日。

(3)A 股增发工作

2000 年 12 月 22 日,中国证监会以证监公司字[2000]228 号文核准了本公司公募增发不超过 1 亿股 A 股。

2001 年 1 月 10 日,本公司成功发行 7800 万股 A 股股票,募集资金净额为 73,799 万元。

(七)管理层及员工情况

1.董事、监事及高级管理人员情况

(1)于 2000 年初及年末,现任本公司董事、监事及高级管理人员持有本公司股份的情况:

姓名	职务	性别	年末数(股)	年初数(股)
蔡志祥	董事长	男	未持有	未持有
李益民	副董事长	男	未持有	未持有
陈翔志	董事及总经理	男	未持有	未持有
冯赞胜	董事	男	未持有	未持有
朱幼麟	非执行董事	男	未持有	未持有
吴张	非执行董事	男	未持有	未持有
刘锦湘	非执行董事	男	未持有	未持有
张伯华	非执行董事	男	未持有	未持有
黄卜仁	非执行董事	男	未持有	未持有
陈灿英	监事	男	未持有	未持有
罗继东	监事	男	未持有	未持有
谭思马	监事	男	未持有	未持有
肖承副	总经理	男	未持有	未持有
黎德成	副总经理	男	未持有	未持有
江士杰	财务总监	男	未持有	未持有
何舒华	董事会秘书	男	未持有	未持有

注:①所有董事、监事、公司秘书,任期为三年,由 2000 年 10 月 18 日起至 2003 年第三届董事会成员选举产生之日止;

②本公司董事、监事和高级管理人员年薪酬 10 万元以下 8 人,10 万元至 20 万元 4 人,20 万元至 30 万元 4 人。

(2)报告期内离任的董事、监事及高级管理人员及离任原因

本报告期内,肖承、李兴华、李国驹、廖景光、苏德贵及朱柏华等六位董事因任期届满,于 2000 年 10 月 18 日股东大会上获批准离任。温新民及麦奇杰监事因任期届满,于 2000 年 10 月 18 日股东大会上获批准离任。

李益民总经理因任期届满,于 2000 年 10 月 18 日股东大会上获批准离任。

(3)聘任总经理、董事会秘书

经本公司第二届第一次董事会会议决议,聘任陈翔志先生为总经理,聘任黎德成先生、肖承先生为副总经理,聘任江士杰先生为财务总监、聘任何舒华先生为董事会秘书。

2.本公司员工情况:

2000 年末公司在册员工人数为 8,203 人

其中:生产人员	2,651 人
技术人员	1,233 人
财务人员	284 人
行政人员	568 人
销售服务人员	2,247 人
其他人员	1,220 人

本公司持有大学本科文凭以上的员工有 427 人,另外,退休职工人数有 3,881 人。

(八)利润分配

1.本年度利润分配预案

根据中国会计准则及制度,本公司 2000 年度净利润为人民币 146,234,183 元,本公司及附属子公司分别计提法定公积金 10%和法定公益金 10%,二项合计人民币 68,885,709 元,余下的税后利润减除期初分配利润负数 50,195,368 元,可供分配利润为 27,152,836 元。董事会建议派发 2000 年全年股息为每股人民币 0.05 元。其中,中期股息已按每股人民币 0.02 元派息 14,658,000 元。2000 年末每股拟派人民币 0.03 元(A 股含税),根据 2000 年 10 月 18 日第二次临时股东大会上通过的决议案:"本次公募增发 A 股成功后 2000 年中期末分配利润及 2000 年 7 月 1 日至 A 股发行完成前滚存利润由新老股东共享",按增发 A 股后的总股本 81,090 万股计算,此项建议派发的股息合共人民币 24,327,000 元,其中,用 2000 年末未分配利润派发 11,475,000 元,不足部分在留存的任意公积金中派发。包括已派发的中期股息在内合共人民币 38,985,000 元,派发此项末期股息建议如在 2001 年 6 月 15 日举行之周年股东大会获得通过,将于 2001 年 6 月 29 日或之前派发予 2001 年 5 月 23 日(星期三)收市后名列于本公司股东名册的 H 股股东;A 股股东的股权登记日、股息派发日及派发方式另行公告。

2.本年度不进行公积金转增股本。

3.2001 年利润分配政策

(1)拟在 2001 年度分配两次;

(2)分配以派发现金为主要方式;

(3)本公司 2001 年度实现净利润用于股利分配的比例约为 30%右;

(4)2000 年未分配利润暂不分配;

以上分配政策为预计方案,本公司董事会将根据本公司实际情况对该政策进行调整。

(九)其它报告事项

1.增发 A 股拟投资项目及相关情况

本公司于 2001 年 1 月完成的 A 股增发所募集资金计划投资以下项目:

(1)重点产品技术改造和新产品投产项目;该类项目总投资额为 32,970 万元。

(2)中药新技术产业化基地项目:此项目包括大孔树脂吸附技术生产基地和超临界二氧化碳萃取生产基地,该类项目总投资额为 5,980 万元。

(3)销售网络扩张、物流配送中心和商业 ERP 系统项目:此项目总投资额为 18,880 万元。其中,销售网络扩张的投资额为 14,880 万元;物流配送中心项目投资额为 2000 万元;商业 ERP 系统投资额为 2000 万元。

(4)生物医药研究中心项目。该中心拟从事基因疫苗、生物医药制品和生物医药技术的研究开发。项目总投资额为 8,000 万元。

(5)募集资金余额约 7,969 万元用于补充流动资金

2.企业所得税及地方政府退税优惠

根据广州市人民政府之批文,本集团属下若干附属公司可享有企业所得税退税优惠待遇,实际所得税率为 15%,并从 1997 年 9 月 1 日(本公司成立日期)至 2000 年 12 月 31 日止期间有效。

根据财政部及国家税务总局于 2000 年 10 月 13 日联合颁布的"财税[2000]99 号"文件,地方政府提供之所得税返还优惠待遇至 2001 年 12 月 31 日前仍然生效。

除非有任何其他法律或法规,从 2002 年 1 月 1 日起,企业所得税税率将统一为 33%。

根据广东省财政厅[2000]76 号文的规定,广东省上市公司的企业所得税先按 33%的法定税率征收后,对超过 15%的部分(18%)按隶属关系由各级财政给予返还。本公司已根据有关政策,向广州市政府提出申请,要求政府在 2001 年继续给予本公司税务优惠。但本公司现时无法保证上述申请会获得批准。

3.员工住房

根据广州医药集团有限公司与本公司签订之职工住房服务合同,广州医药集团有限公司同意以优惠房价向本集团的职工出售住房。本集团将按照优惠房价与广州医药集团有限公司在建设或购入该职工住房的成本并扣除累积折旧后之差额补贴给广州医药集团有限公司。2000 年 12 月 31 日,本公司须向广州医药集团有限公司支付的职工住房改造款合共约人民币 62,030,000 元(1999 年:人民币 42,539,000 元)。

此外,本集团已建设或购入部分职工住房。2000 年 12 月 31 日,处置该等住房的收入与其建设或购入的成本之差额合共人民币 21,784,000 元。

相应地,上述之职工住房改造款于 2000 年 12 月 31 日合共为人民币 42,437,000 元(1999 年:人民币 20,653,000 元)。根据中国财政部财企[2000]295 号文件《关于企业住房制度改革中有关财务处理问题的通知》的规定,上述之职工住房改造款应计入 2000 年 12 月 31 日法定帐目的年初未分配利润,由此造成年初未分配利润的借方余额,则可在董事会批准下以法定公益金、盈余公积金及资本公积金弥补。此处理办法已于按中国会计准则及制度编制的财务会计报告中处理。

按香港普遍采纳会计原则,本集团将以递延职工住房改造款的形式,按职工的平均剩余服务年限,即十年,按直线法平均摊销。本集团于 2000 年 12 月 31 日止,累计摊销人民币 14,558,000 元。其中,2000 年摊销人民币 10,448,000 元,于 2000 年 12 月 31 日,上述递延职工住房改造款余额为人民币 89,909,000 元。本公司董事会认为,如果上述递延职工住房改造款余额在 2000 年度摊销,则本公司于 2000 年 12 月 31 日的总资产值将减少约人民币 89,909,000 元。广州市人民政府穗府[2000]18 号文所陈述的对无分配住房及住房未达标老职工的一次性住房补贴的问题,董事会认为该文件对本集团不具有强制性约束力。从 2001 年开始,本集团将根据各企业的实际情况制定职工住房补贴政策。

六、监事会报告

(一)监事会工作情况:

本报告期内监事会共召开 4 次会议,主要情况如下:1、1999 年度股东周年大会于 2000 年 5 月 26 日召开,监事会出席了本次会议并审议通过了 1999 年度监事会工作报告。

2、1999 年度股东周年大会于 2000 年 5 月 26 日召开,监事会出席了本次会议并通过了授权董事会依照有关规定在有关期间内配发及发行新股份,并授权董事会据此对本公司章程作出适当及必要的修改和办理有关的变更登记手续。

3、第二届第一次监事会于 2000 年 10 月 18 日召开,讨论选举新一届监事会主席。

4、2000 年第二次临时股东大会于 2000 年 10 月 18 日召开,监事会出席了本次会议,进行了关于 2000 年公募增发人民币普通股(A 股)的讨论分析并提出意见。

(二)监事会对本公司 2000 年度的工作评价如下:

1.报告期内本公司运作规范,企业领导班子所作经营决策符合国家的法律、法规、公司章程及上市规则,符合本公司的发展前景以及符合股东的权益实施有效的监管,没有发现董事和高级管理人员违反法律、法规、《公司章程》或损害公司和股东利益的行为。

2.本年度国内及国际会计师所出具的审计报告无保留意见和解释性说明。经检查公司财务状况,确认财务报告如实地反映财务状况和经营成果。

3.公司募集资金的投入情况与招股章程所载基本一致。

4.关联交易公平合理,无损害上市公司利益的行为发生。

七、重要事项披露

1.报告期内,本集团无重大诉讼、仲裁事项。

2.报告期内,本集团、本公司董事及高级管理人员无受监管部门处罚的情况。

3.报告期内,本集团控股股东未发生变化。第一届董事会成员任期于 2000 年届满,二零零零年

十月十八日经二零零零年临时股东大会通过,同意肖承、李兴华、李国驹、廖景光、苏德贵及朱柏华不再担任董事职务;并同意重新选举产生第二届董事会,成员有蔡志祥、李益民、陈翔志、冯赞胜、朱幼麟、张伯华、刘锦湘、吴张、黄卜仁。第一届监事会成员任期于二零零零年届满,二零零零年十月十八日经二零零零年临时股东大会通过,同意麦奇杰、温新民不再担任监事。并同意重新选举产生第二届监事会,成员有陈灿英、谭思马、罗继东。在监事会第二届第一次会议,选举陈灿英为第二届监事会主席。

经公司第二届第一次董事会通过,选举蔡志祥为董事长、李益民为副董事长。聘任陈翔志为总经理;聘任黎德成、肖成为副总经理;聘任江士杰为财务总监;聘任何舒华为董事会秘书。

4.报告期内,本公司无重大收购及出售资产,吸收合并事项。

5.重大关联交易事项(详见按中国会计准则及制度编制之会计报表附注)

6.与控股股东在人员、资产、财务上的"三分开"情况说明

本公司与控股股东实行人员、资产、财务"三分开",在经营上做到人员独立、资产完整、财务独立。

(1)在人员方面,本公司在劳动、人事及工资管理等方面独立;经理、副经理等高级管理人员在本公司领取薪酬,没有在控股股东单位担任经理、副经理等高级管理职务。

(2)在资产方面,本公司拥有独立的生产系统、辅助生产系统和配套设施;拥有独立的采购和销售系统;本公司目前正在使用的38个商标的所有人为本公司的控股股东--广州医药集团有限公司。本公司已于1997年9月1日就商标使用与广州医药集团有限公司签订了《商标许可协议》,根据协议规定有偿使用,有效期至2007年8月31日。广州医药集团有限公司于2000年11月21日出具了《关于广州药业使用商标到期后延期的承诺书》:商标使用期满后以上述《商标许可协议》约定的商标使用条件自动续期10年。此外,本公司自行拥有6个注册商标,该商标注册在有效期内。

(3)在财务方面,设立有独立的财会部门,并建立了独立的会计核算体系和财务管理制度;独立在银行开户。

7.报告期内,本公司未发生因托管、承包、租赁其他公司资产或其他公司托管、承包、租赁本公司资产,而为本公司带来达到本年度利润总额10%以上利润的事项。

8.本年度公司续聘罗兵咸永道会计师事务所为国际核数师,广州羊城会计师事务所有限公司为国内核数师。

9.报告期内,本公司无重大担保事项。

10.报告期内,本公司名称和股票简称未作变更。

11.承诺事项履行情况:本公司董事会在2000年12月30日的增发《招股意向书》中承诺,于2000年度将3年以上坏帐准备的计提标准予以调整。董事会已经履行了该承诺,详见会计报表附注。

八、财务报告

(一)审计报告(按中国会计准则)

广州药业股份有限公司全体股东:

我们接受贵公司的委托,对贵公司提供的二零零零年十二月三十一日公司和合并资产负债表,截至该日止本年度公司和合并利润表、利润分配表以及现金流量表(详见后附报表一至八)进行了审计。这些会计报表由贵公司负责。我们的责任是根据审计的结果,对这些会计报表表示意见。我们的审计是依据《中国注册会计师独立审计准则》进行的。在审计过程中,我们结合贵公司的实际情况,实施了包括抽查会计记录等我们认为必要的审计程序。

我们认为,上述会计报表,符合《企业会计准则》和《股份有限公司会计制度》的有关规定,在所有重大方面公允地反映了贵公司二零零零年十二月三十一日的的财务状况和二零零零年度的经营成果及现金流量情况,会计处理方法的选用遵循了一贯性原则。

广州羊城会计师事务所有限公司　　中国注册会计师　　黄伟成

中国注册会计师　　张宁

中国·广州　　二零零一年四月二十日

(二)会计报表(按中国会计准则)(附后)

(三)会计报表附注(按中国会计准则)

1、主要会计政策、会计估计和合并报表的编制方法

2、关联方关系及其交易

(1)存在控制关系的关联方

企业名称	注册地址	主营业务	与本企业关系	经济性质或类型	法定代表人
广州医药集团有限公司	广州市沙面北街45号	生产及销售	母公司	有限责任公司	蔡志祥
广州星群(药业)股份有限公司	广州市人民中路252号	生产及销售	子公司	股份有限公司	李兴华
广州中药一厂	广州市杉木栏路77号	生产及销售	子公司	国有控股	麦奇杰
广州陈李济药厂	广州市广州大道南1688号	生产及销售	子公司	国有控股	李国驹
广州众胜药厂	广州市多宝路昌华新街32号	生产及销售	子公司	国有控股	麦奇杰
广州奇星药厂	广州市新港中路赤岗北街33号	生产及销售	子公司	国有控股	朱柏华
广州敬修堂(药业)股份有限公司	广州市人民南路179号	生产及销售	子公司	股份有限公司	黄海涛
广州潘高寿药业股份有限公司	广州市解放北路618-620号	生产及销售	子公司	股份有限公司	廖景光
广州羊城药业股份有限公司	广州市白云区江村桥头侧	生产及销售	子公司	股份有限公司	陈翔志
广州市医药公司	广州市大同路97号	批发及零售	子公司	国有控股	冯赞胜
广州市药材公司	广州市光复南路140号	批发及零售	子公司	国有控股	苏德贵
广州市医药进出口公司	广州市沙面北街59号	批发及零售	子公司	国有控股	涂克金

(2)存在控制关系的关联方的注册资本及其变化货币　　单位:人民币万元

企业名称	年初数	本年增加数	本年减少数	年末数
广州医药集团有限公司	100,770	0	0	100,770
广州星群(药业)股份有限公司	5,350	0	0	5,350
广州中药一厂	1,167	0	0	1,167
广州陈李济药厂	752	0	0	752
广州众胜药厂	499	0	0	499
广州奇星药厂	560	0	0	560
广州敬修堂(药业)股份有限公司	6,210	0	0	6,210
广州潘高寿药业股份有限公司	4,332	0	0	4,332
广州羊城药业股份有限公司	6,189	0	0	6,189
广州市医药公司	835	0	0	835
广州市药材公司	882	0	0	882
广州市医药进出口公司	257	0	0	257

(3)存在控制关系的关联方所持股份或权益及其变化　　货币单位:人民币万元

企业名称	年初数	%	本年增加数	%	本年减少数	%	年末数	%
广州医药集团有限公司	51,300	70	0	0	0	0	51,300	70
广州星群(药业)股份有限公司	4,500	84.11	0	0	0	0	4,500	84.11
广州中药一厂	1,167	100	0	0	0	0	1,167	100
广州陈李济药厂	752	100	0	0	0	0	752	100
广州众胜药厂	499	100	0	0	0	0	499	100
广州奇星药厂	560	100	0	0	0	0	560	100
广州敬修堂(药业)股份有限公司	5,210	83.90	0	0	0	0	5,210	83.90
广州潘高寿药业股份有限公司	3,532	81.53	0	0	0	0	3,532	81.53
广州羊城药业股份有限公司	5,389	87.07	0	0	0	0	5,389	87.07
广州市医药公司	835	100	0	0	0	0	835	100
广州市药材公司	882	100	0	0	0	0	882	100
广州市医药进出口公司	257	100	0	0	0	0	257	100

(4)关联方交易

①不存在控制关系的关联方关系的性质

企业名称	与本公司的关系
广州天心药业股份有限公司	与本公司同一母公司
广州侨光制药厂	与本公司同一母公司
广州光华药业股份有限公司	与本公司同一母公司
广州明兴制药厂	与本公司同一母公司
广东制药厂	与本公司同一母公司
广州市医药物资供应公司	与本公司同一母公司
广州何济公制药厂	与本公司同一母公司
广州卫生材料厂	与本公司同一母公司
广州制药厂	与本公司同一母公司
广州制药十厂	与本公司同一母公司
广州医药经济拓展公司	与本公司同一母公司
广州中富药业有限公司	合营企业
广东星华保健饮料有限公司	子公司
广州广京中药技术创新中心有限公司	子公司
保联拓展有限公司	与本公司同一母公司

②采购货物　　货币单位:人民币千元

公司名称	本年累计数	上年累计数
广州天心药业股份有限公司	5,697	5,489
广州侨光制药厂	4,112	2,576
广州光华药业股份有限公司	15,372	11,009
广州明兴制药厂	7,047	5,723
广东制药厂	9,081	6,887
广州市医药物资供应公司	3,040	6,718
广州何济公制药厂	1,378	936
广州卫生材料厂	668	520
广州制药厂	1,249	0
广州医药经济拓展公司	0	295
广州制药十厂	316	811
	47,960	40,964

以上购货业务均采用政府的定价或按政府规定的定价方法制定的交易价格进行。

③销售货物

④应收应付款项　　货币单位:人民币千元

	年初数	年末数
应收账款:广州光华药业股份有限公司	0	121
广州中富药业有限公司	97	0
广东星华保健饮料有限公司	289	0
广州何济公制药厂	0	5
广州天心药业股份有限公司	3,115	2,627
广州侨光制药厂	3,116	3,813
广东制药厂	81	165
应付账款:广州侨光制药厂	0	114
广州明兴制药厂	119	316
广州何济公制药厂	5	251
广州天心药业股份有限公司	217	426
广州市医药物资供应公司	98	3
广东制药厂	49	157
广州光华药业股份有限公司	109	158
广州制药十厂	7	16
其他应收款:广州医药集团有限公司	1,076	2,500
广东星华保健饮料有限公司	3,800	3,800
广州中富药业有限公司	0	13
广州广京中药技术创新中心有限公司	0	2,000
保联拓展有限公司	1,219	1,207
其他应付款:广州医药集团有限公司	62,030	62,030

九、公司的其它有关资料

1.广州药业首次登记日期:1997年9月1日

广州药业变更登记日期:2001年1月17日

2.企业法人营业执照:4401011101830

3.税务登记号码:44010063320680x

4.会计师事务所名称及办公地点:国际核数师　罗兵咸永道会计师事务所

香港中环太子大厦22楼

国内核数师

广州羊城会计师事务所有限公司

中国广东省广州市东风中路410号健力宝大厦25楼

5.公司未流通股票的托管机构名称:

上海证券中央登记结算有限公司

6.股票登记托管机构:境内上市人民币普通股(A股)　-上海证券中央登记结算中心

香港上市外资股(H股)　-香港中央结算(证券登记)有限公司)

十、备查文件

1.载有公司法人代表董事长的亲笔签名的年度报告原本;

2.载有公司法人代表、总会计师、财务负责人签名并盖章的会计报表;

3.载有会计师事务所盖章、注册会计师亲笔签名的审计报告正文及按中国会计准则编制的财务报表及罗兵咸永道会计师事务所签署的审计报告正文及按香港会计准则编制的财务报表;

4.报告期内在《香港经济日报》、《南华早报》《HongKongimail》、《上海证券报》、《中国证券时报》上公开披露的公司文件的正本及公告原稿

5.《公司章程》。

广州药业股份有限公司

董事会2001年4月20日

长春燃气股份有限公司

长春燃气股份有限公司2000年年度报告摘要

重要提示:本公司董事会保证本报告所载资料不存在任何虚假记载、误导性陈述或重大遗漏,并对其内容的真实性、准确性和完整性负个别及连带责任。本报告摘要摘自年度报告,投资者欲了解详细内容,应阅读年度报告。

一、公司简介

(一)公司法定中、英文名称及缩写
中文名称:长春燃气股份有限公司
公司法定英文名称:Changchun Gas Co.,Ltd
缩写:CCRQ
(二)公司法定代表人:张俊明
(三)公司董事会秘书:孙树怀
电话:0431-5668756
传真:0431-5668761
电子信箱:shuhuai-419@sina.com
(四)公司注册地址:长春市朝阳区同志街48号
公司办公地址:长春市同志街48号长春燃气股份有限公司办公大楼
邮政编码:130021
电子信箱:changchunranqi@china.com
(五)公司选定的信息披露报纸:《中国证券报》、《上海证券报》
刊载公司年度报告的的中国证监会指定国际互联网网址:http://www.sse.com.cn
公司年度报告备置地点:长春市同志街48号长春燃气办公大楼
(六)公司股票上市交易所:上海证券交易所
股票简称:长春燃气
股票代码:600333

二、会计数据和业务数据摘要

(一)2000年度公司主要经营指标(单位:人民币元)
利润总额: 51,923,304.36
净利润: 43,563,635.90
扣除非经常性损益后的净利润:33,911,634.23
主营业务利润: 52,008,929.32
其他业务利润: 9,303,065.42
营业利润: 42,270,939.36
补贴收入: 10,000,000.00
营业外收支净额: 347,635.00
经营活动产生的现金流量净额:16,149,966.28
现金及现金等价物净增加额: 280,261,047.21
注:"非经常性损益"为:
集资办电利息补贴收入10,000,000.00元;营业外收支净额347,635.00元。

(二)截止2000年末公司前三年主要会计数据和财务指标(单位:人民币万元)

项目	2000	1999	1998
主营业务收入	278,808,296.17	273,154,054.84	149,686,351.21
净利润	43,563,635.90	31,045,119.55	19,205,580.57
总资产	842,148,579.07	474,677,415.79	545,583,943.74
股东权益	652,006,827.49	275,270,291.59	243,175,592.41
(不含少数股东权益)			
每股收益	0.18	0.18	0.11
扣除非经常性损益每股收益	0.14	0.18	0.11
每股净资产	2.78	1.53	1.35
调整后的每股净资产:	2.64	1.53	1.35
净资产收益率(%)	6.68%	11.66%	7.90%

(三)按中国证监会《公开发行证券公司信息披露编报规则(第9号)》要求计算的利润数据

报告期利润	净资产收益率(%)		每股收益(元)	
	全面摊薄	加权平均	全面摊薄	加权平均
主营业务利润	7.98	15.96	0.22	0.28
营业利润	6.48	12.97	0.18	0.23
净利润	6.68	13.37	0.18	0.24
扣除非经常性损益后的净利润	5.20	10.41	0.14	0.18

(四)报告期内公司股东权益变动情况及变动原因(单位:人民币元)

项目	股本	资本公积	法定盈余公积	法定公益金	未分配利润	股东权益合计
期初数	179136000.00	89568000.00	3,054,682.51	1,527,341.26	1,984,267.82	275270291.59
本期增加	60,000,000.00	285129700.00	4356,363.59	2,178,181.79	37,029,090.52	388693335.90
本期减少					1195600.00	11956800.00
期末数	239136000.00	374697700.00	7,411,046.10	6,534,545.38	27,056,558.34	652006827.49

变动原因:
1、股本增加系由于公司2000年11月22日发行6000万股人民币普通股股票所致;
2、资本公积增加系公司以每股6元发行新股,超出面值部分转入资本公积金及债务重组收益转入资本公积金;
3、盈余公积金、法定公益金增加部分系因公司年度盈利按规定提取所致;
4、未分配利润增加系公司本年度利润未分配留存,减少系公司2000年度以报告期股本为基数按每10股送0.5元(含税)向全体股东分配现金红利所致;
5、股东权益增加系公司本年度发行新股及本年度盈利留存所致。

三、股本变动及股东情况

(一)股东情况
截止2000年末,公司股东总数为70721户。
(二)前十名股东情况

序号	股东名称	持股数量(股)	比例(%)
1	长春市建设投资公司	144,000,000	60.22
2	冼丽梅	537,905	0.22
3	方江平	380,000	0.16
4	曹福昌	286,000	0.12
5	孙希祥	239,000	0.10
6	华泰证券	234,000	0.10
7	王毅	159,000	0.07
8	张朝津	150,000	0.06
9	樊索印	149,000	0.06
10	金明艳	140,739	0.06

注:前十名股东之间不存在关联关系。
(三)长春市建设投资公司作为国有资产授权投资主体,持有本公司国有法人股14,400万股,占本公司股本总数的60.22%,是本公司控股股东。报告期内,该公司所持股份没有发生增减变动,亦没有任何质押情况及其他法律纠纷。

四、股东大会简介

报告期内,公司召开两次股东大会
一、2000年8月18日,公司在长春宾馆礼堂主席团会议室召开1999年度股东大会,会议作出如下决议:
1、审议通过1999年度公司董事会工作报告
2、审议通过1999年度公司监事会工作报告
3、审议通过1999年度公司财务决算方案
4、审议通过2000年度公司财务预算方案
5 审议通过1999年度红利分配方案,公司1999年度利润暂不分配,98、99年度红利上市后新老股东共享
6、审议通过修改公司章程议案,增加"燃气工程安装"经营项目
二、2000年4月25日,公司在长春宾馆礼堂主席团会议室召开临时股东大会,会议作出如下决议:
审议通过董事会提出的将公司对长春热电二厂的或有股权无偿转让给长春市建设投资公司的议案

五、董事会报告

(一)公司经营情况
1、公司所处行业及在本行业中所处地位
城市燃气行业是对国民经济具有全局性、先导性影响的基础产业。公司是吉林省最大的、唯一的管道燃气大型股份制企业,是长春市唯一肩负着全市城市居民、公共福利设施、机关团体、餐饮业和部分工业生产燃气供应和服务的企业。
2、公司主营业务范围及其经营状况
(1)公司负责长春市城市管道燃气生产、供应;冶金焦炭、煤焦油生产、销售,报告期内,公司主营业务完成情况:

项目	业务收入	占比例%	业务利润	占比例%
混合燃气	114,534,937.87	41%	41,115,517.73	83.4%
天然气	18,296,933.03	7%	5,729,607.40	11.6%
冶金焦炭	136,476,176.80	49%	389,881.00	0.8%
焦油	9,501,153.84	3%	2,050,244.81	4.2%

(2)主营业务经营情况
2000年,公司继续进行产品结构调整,全年实现对外供应混合燃气13622万立方米,比上年增加122万立方米;直供天然气1261万立方米,比上年增加839万立方米。全年发展天然气居民用户12724户,发展工业用户1户。公司在2000年计划实现焦炭出口8万吨,但是由于国际焦炭市场新近提出的焦炭质量指标,公司用现有的东北地区原料煤生产焦炭无法达到外方要求的质量标准,所以2000年焦炭没有完成出口任务。
3、2000年度盈利预测完成情况:
2000年度实际完成净利润4,356万元,2000年盈利预测数4,666万元,完成93.4%。
(二)公司财务状况
公司财务指标增减变动

项目	2000年	1999年	增减变动
资产总额	842,148,579.07	474,677,415.79	367,471,163.28
长期负债	10,912,941.27	-1,389,200.00	12,302,141.27
股东权益	652,006,827.49	275,270,291.59	376,736,535.90
主营业务利润	52,008,929.32	43,355,668.78	8,653,260.54
净利润	43,563,635.90	32,094,699.18	11,468,936.72

注:变动原因说明
资产总额增加:
(1)报告期内公司股票发行成功所获得的募股资金到位;
(2)报告期内产生的净利润尚未完全分配;
股东权益增加:
(1)报告期内公司股票发行成所获得的募股资金到位;
(2)报告期内产生的净利润尚未分配;
(三)公司投资情况
本公司于2000年11月22日向社会公开发行A股股票6000万股,扣除发行费用后,共募集资金34408万元。2000年度实际使用募集资金14,404万元,所余资金20,004万元,全部体现银行存款。募集资金严格按照招股意向书披露用途使用,实际使用情况如下:
1、进行燃气输配系统改造扩建工程支出7,486万元
其中:(1)完成市区燃气管网改造工程投资5,682万元;
(2)完成双阳区长输管线25公里投资1,086万元;
(3)完成建设秦家屯加压站工程投资718万元。
2、汽车燃用液化石油气工程
2000年度完成了年处理8万吨车用液化石油气精制(脱硫、脱水、脱机械杂质)装置的安装、工艺设备的完善和改造,完成了南岭、西郊、青年加气站的建设。总计完成工程投资600.00万元。(注:由于公司上市募集资金时间在2000年末,所以此项工程没有达到计划投资额。)
(四)公司2001年度的发展计划
1、发展方向
作为长春市城市管道燃气最大的、唯一的大型股份制企业,随着长春市的经济建设发展,公司将继续致力于城市能源基础设施建设,在不断扩大长春市居民及工业用户天然气使用规模的同时,逐步向城市环保产业方面发展。在稳步提高公司盈利水平的同时,改善城市居民的生活质量。

中外建发展股份有限公司

中外建发展股份有限公司2000年年度报告摘要

重要提示:本公司董事会保证本报告所载资料不存在任何虚假记载、误导性陈述或者重大遗漏,并对其内容的真实性、准确性和完整性负个别及连带责任。

一、公司简介

1、公司中文名称:中外建发展股份有限公司
英文名称:China Construction International Development Co., Ltd. 缩写:CCID
2、公司法定代表人:刘正发
3、公司董事会秘书:冯小宇 董事会秘书授权代表: 盛志兵
联系地址: 天津市河东区津塘路156号 电话:022-84955580
传真:022-84955580 电子信箱:cciddmc @ yeah.net
4、公司注册地址,公司办公地址及其邮政编码,公司国际互联网网址、电子信箱。
注册地址:天津市华苑产业区火炬大厦410室
办公地址:天津市河东区津塘区156号 邮政编码:300180
互联网网址:WWW.21CU.net.cn 电子信箱:cciddmc @ yeah.net
5、公司选定的信息披露报纸信息披露报纸名称:《中国证券报》、《上海证券报》
证监会指定的网址:http://www.sse.com.cn
公司年度报告备置地点:公司董事会秘书处
6、公司股票上市交易所、股票简称和股票代码。
上市交易所:上海证券交易所 股票简称:中发展 股票代码:600335

二、会计数据和业务数据摘要

1、本年度公司主要利润指标情况 单位:元

指标项目	2000年度
利润总额	20,310,007.56
净利润	16,700,885.56
扣除非经常性损益后的净利润	8,277,385.56
主营业务利润	67,799,195.18
其他业务利润	312,544.37
营业利润	20,277,601.73
投资收益	0.00
补贴收入	500,000.00
营业外收支净额	-467,594.17
经营活动产生的现金流量净额	26,755,034.83
现金及现金等价物净增加额	8,706,254.15

注:扣除的非经常性损益项目为贷款贴息收入941万元和财政补贴收入50万元。

2、截止2000年末公司前三年的主要会计数据和财务指标。

项目	2000年	1999年
主营业务收入(元)	226,156,107.31	303,209,875.93
净利润(元)	16,700,885.56	23,029,973.24
总资产(元)	547,442,158.70	511,301,825.48
股东权益(元)	133,648,625.60	156,283,710.04
全面摊薄每股收益(元)	0.2045	0.28
加权平均每股收益(元)	0.2045	
扣除非经常性损益后的每股收益(元)	0.0889	
每股净资产(元)	1.64	1.91
调整后的每股净资产(元)	1.56	
每股经营活动产生的现金流量净额(元)	0.33	
加权平均净资产收益率(%)	10.14%	
全面摊薄净资产收益率(%)	9.57%	14.74

项目	1998年
主营业务收入(元)	217,244,990.15
净利润(元)	19,815,014.24
总资产(元)	375,173,433.17
股东权益(元)	113,449,280.15
全面摊薄每股收益(元)	0.24
加权平均每股收益(元)	
扣除非经常性损益后的每股收益(元)	
每股净资产(元)	1.39
调整后的每股净资产(元)	
每股经营活动产生的现金流量净额(元)	0.44
加权平均净资产收益率(%)	
全面摊薄净资产收益率(%)	17.47

注:报告期末至摘要披露日,公司股本发生变化后每股收益:0.14元。

计算方法:每股收益=净利润/年度末普通股股份总数

每股净资产=年度末股东权益/年度末普通股股份总数

净资产收益率=利润/年度末股东权益

加权平均净资产收益率=报告期利润/期初净资产+报告期净利润/2+报告期发行新股或债转股等新增净资产*新增净资产下一月份起至报告期期末的月份数/报告期月份数报告期回购或现金分红等减少净资产*减少净资产下一月份起至报告期期末的月份数/报告期月份数

调整后的每股净资产=(年度末股东权益—三年以上的应收款项净额—待摊费用—待处理(流动、固定)资产净损失—开办费—长期待摊费用—住房周转金负数余额)/年度末普通股股份总数

报告期利润	净资产收益率(%)		每股收益(元/股)	
	全面摊薄	加权平均	全面摊薄	加权平均
主营业务利润	38.86	41.18	0.8306	0.8306
营业利润	11.62	12.31	0.2484	0.2484
净利润	9.57	10.14	0.2045	0.2045
扣除非经常性损益后的净利润	4.16	4.41	0.0889	0.0889

3、报告期内股东权益变动情况(单位:元)

项目	股本	资本公积	盈余公积
期初数:	81,628,600	41,493,900	2,603,436.12
本期增加:	1,484,040	2,505,132.84	1,670,088.56
本期减少:	44,995,231.40	44,995,231.40	

项目	法定公益金	未分配利润	股东权益合计
期初数:	1,735,624.07	28,822,149.85	156,283,710.04
本期增加:	16,700,885.56	22,360,146.96	
本期减少:			

变动原因:

(1)资本公积本期增加1484040元,系根据财政部、国家税务总局财工(1998)24号文,本公司享受以税还贷政策,由天津市财政局(财企[2000]5号)给予的退税款。

(2)盈余公积金、法定公益金本期增加2505132.84、1670088.56元系本期提取数。

(3)未分配利润本期增加16700885.56元,系本期实现数,本期减少44,995,231.40元,系本期提取的法定盈余公积金、法定公益金及任意盈余公积金和分配现金股利。

三、股本变动及股东情况

1、股本变动情况

2、股东情况介绍

(1)截止到2000年12月31日,公司共有股东6家,均为发起人,在年度内均无股份增减变动和质押或冻结的情况。

(2)公司发起人股东 单位:万股

股东名称	年末持股数	占股本比例
1、中国对外建设总公司	7,755.11	95%
2、武汉市当代科技发展有限公司	195.59	2.4%
3、天津泰鑫实业开发有限公司	79.56	0.97%
4、天津华泽(集团)有限公司	66.30	0.81%
5、天津市机电工业总公司	33.15	0.41%
6、北京金豪力机电设备有限公司	33.15	0.41%

(3)在本公司持股10%以上的法人股东:

中国对外建设总公司,其法人代表为刘正发。

中国对外建设总公司的经营范围为承担国内外各类建筑工程施工、咨询、勘察、设计和监理;向国外派遣劳务人员;承担对外经济援助项目;在海外承包工程和海外企业所需设备与材料的出口;进出口贸易;国内房地产开发等。

四、股东大会简介

1、年度股东大会

1999年度股东大会于2000年1月23日在天津利顺德饭店召开。会议通过如下决议:

(1)股份公司经国家有关部门批准后,向社会公开发行3500万股人民币A种股票,并在发行成功后在深圳或上海证券交易所挂牌交易。

(2)股份公司董事会根据《公司法》和中国证监会颁布的《上市公司章程指引》拟定的《股份公司章程(修改草案)》;

(3)股份公司发行股票募集资金项目

(4)授权董事会依法申请及全权办理公司股票发行及上市交易各项报批事宜;

(5)股份公司1999年度财务决算;

(6)股份公司1999年度利润分配方案及2000年利润分配原则;

(7)股份公司2000年度财务预算;

(8)股份公司董事会1999年度工作报告

(9)股份公司监事会1999年度工作报告;

2、公司2000年度第一次临时股东大会于2000年7月3日在股份公司会议室举行。通过如下决议:

(1)根据本公司1999财务会计年度报告,本公司自评估基准日(1998年3月31日)至公司设立日(1999年3月26日)形成利润22,398,526.51元,已分配给老股东5,673,732.46元后,剩余未分配利润16,724,794.05元由现有股东及2000年上市后社会公众股东共享。

(2)本公司1999年实现净利润24,616,236.87元,其中本公司自设立至1999年12月31日实现净利润18,942,504.41元,依据公司章程有关利润分配的规定,按照净利润10%提取法定公积金、10%提取法定公益金、5%提取任意公积金后,剩余利润为14,206,878.31元,加自评估基准日至公司设立日剩余未分配利润16,724,794.05元,年末可供分配利润为30,931,672.36元,考虑到公司经营发展对资金的需求,上述利润由现有股东及2000年上市后社会公众股东共享。

(3)2000年1月1日至发行前实现的利润由公司现有股东及2000年上市后社会公众股东共享。

3、公司2000年度第二次临时股东大会于2000年10月25日在北京市西城区金融街平安大厦917房间召开。会议通过如下决议:

(1)修改股份公司拟计提坏帐准备比例;

(2)授权董事会调整利润分配数额及募集资金投向中补充流动资金额;

(3)同意毛建军先生辞去董事一职;

(4)同意增补李绍荣先生为第一届董事会董事。

五、董事会报告

1、公司经营情况

(1)公司所处行业以及公司在本行业中的地位。

公司所处行业为工程机械行业,公司在本行业中综合实力位居前列。

(2)公司主营业务的范围及其经营状况。

公司主营业务是以平地机产品为主的工程建设机械及高等级公路施工成套设备、商品混凝土技术与装备的研究、开发、生产和销售。其服务领域为国内高等级公路施工单位及出口。2000年由于受国内平地机需求相对减少和竞争厂家增多的原因,销售额有所下降,但在平地机行业仍保持着绝对的市场优势。

公司主营业务收入和主营业务利润构成情况: 单位:元

产品	营业收入		主营业务利润
	本年数	上年数	本年数
PY160B平地机	52,295,261.01	75,117,584.77	20,774,246.28
PY160C平地机	44,229,624.72	35,847,831.82	14,550,347.58
PY180 平地机	111,100,010.04	146,852,756.98	30,892,532.04

F205 平地机	2,614,336.27	7,517,699.12	573,773.36
ZL50C 装载机	5,357,264.95	6,205,128.19	57,264.95

(3)公司无全资附属企业和控股子公司。

(4)经营中出现的问题与困难及解决方案：

①平地机市场竞争激烈，出现竞相削价，互比赊销，造成利润空间缩小；

②平地机市场趋于饱和，公司市场份额有所下降。

③压路机、输送泵等新产品销售尚未形成规模。

对此，公司有针对性地做了一些工作。a.为了进一步提高"天工"品牌的含金量，实施"精品工程"，加大售后服务工作力度，同时严格成本管理与控制工作，力求使产品成本有所降低，提高产品竞争力。b.努力增加出口；c.加快了新产品的研制步伐。

2、公司财务状况

(1)公司财务状况分析：

指标名称	2000 年	1999 年	增减比例(%)
总资产(元)	547,442,158.70	511,301,825.48	7.06
长期负债(元)	185,987,435.43	169,842,630.39	9.50
股东权益(元)	133,648,625.60	156,283,710.04	-14.60
主营业务利润(元)	67,799,195.18	84,982,796.41	-20.22
净利润(元)	16,700,885.56	23,029,973.24	-27.48

主要原因：①报告期内，期末长期负债比上年增加 1614 万元，主要是由于新增工商银行"水泥砼路面机械化施工成套设备"技改项目贷款 1998 万元；世行美元贷款利息增加折合 986 万元；世行贷款减少折合 68 万元，以及 1300 万元本年内到期贷款转入"一年内到期长期负债"项目下。②股东权益比上年减少 2263.51 万元是由于资本公积金增加 148.4 万元(以税还贷)；提取盈余公积 417.5 万元；增加未分配利润 1252.6 万元及分配现金股利 4082 万元。③主营业务利润较上年减少 1718 万元，主要由于产品销售数量减少 169 台，使主营业务收入净额减少了 6684.81 万元造成的。④净利润比上年减少 632.9 万元，主要由于主营业务利润减少 1718 万元，从而使利润总额减少 908 万元造成的。

(2)深圳同人会计师事务所对公司 2000 年度财务报告进行了审计，并出具了无保留意见的审计报告深同证审字[2001]第 039 号。

3、公司投资情况。

(1)报告期内公司募集资金尚未到位；

(2)报告期内无对外投资。

4、2001 年业务发展计划

(1)"水泥混凝土路面机械化施工成套设备技术改造"项目。该项目被列为天津市重大高新技术产业化项目。2000 年 11 月，项目在完成了全部技改前期工作之后，进入建设阶段，将尽快全面峻工。

(2)"大型建设机械产业化技术改造"项目。该项目已完成技改前期工作，本公司的上市为该项目可提供可靠的资金保证，该项目将进入全面的施工建设，预计 2002 年可全面峻工验收。

(3)"计算机集成制造系统(CIMS)应用示范工程"项目。2000 年按照"效益驱动、总体规划、分步实施、重点突破"的指导方针，以库存管理为突破口，计算机辅助设计(CAD)、制造资源计划(MRPI-I)都已按计划、有步骤地展开，项目一期工程取得了阶段性的成果。

(4)"与美国 CMI 公司在路面机械领域合作"项目正在洽谈之中。CMI 公司是国际著名路面机械制造商，CMI 公司拟向本公司转让 300t/h、240t/h、120t/h 三种规格间歇式沥青混凝土搅拌站和 RS-425 路面破碎稳定土拌和机技术(签约后上述技术不再向第三方转让)，由本公司在国内自行组织生产。该项目将充分利用现已完成的"世行贷款技术改造"和正在进行的"水泥混凝土路面机械化施工成套设备"与"大型建设机械产业化"技术改造项目形成的生产能力和加工手段，实现本公司在路面机械成套设备领域发展战略下的多品种、成套性目标。

(5)"建设机械世纪联盟网(网址：www.21cu.net.cn)"项目。该网站为行业内第一家，聘请了包含工程院院士在内的多名国家级专家作为顾问，目前该网与北美商函网络中心合作已形成运行框架。预计 2001 年将开辟英文版，建立行业数据库并与北美商函网络合作项目投入运营；建立电子商务平台并开始应用。

6、董事会日常工作情况

本报告期内共召开了四次董事会会议，会议召开及审议事项如下：

(1)2000 年 1 月 22 日，公司第一届董事会第二次会议在天津市利顺德饭店二楼会议室召开，审议通过了以下决议：

①股份公司申请向社会公开发行 3500 万股 A 股股票；

②股份公司章程修改草案； ③本次发行股票所募资金投向；

④股份公司 1999 年度财务决算；

⑤股份公司 1999 年度利润分配预案及 2000 年度利润分配原则；

⑥股份公司 2000 年度财务预算。

(2)2000 年 3 月 29 日，公司第一届董事会 2000 年度第一次会议在天津市津塘路 156 号股份公司会议室召开，审议并通过如下决议：

①同意股份公司高级管理人员 2000 年度经济责任制方案；

②股份公司计提四项准备的方案并批准实施；③中外建发展股份有限公司董事会议事规则；

④成立中外建发展股份有限公司董事会秘书处；

⑤募集资金项目的可行性报告；

(3)2000 年 6 月 3 日，公司第一届董事会 2000 年度第二次临时会议在天津市津塘路 156 号股份公司会议室召开。审议并通过以下决议：

①审议通过《关于修改股份公司 1999 年度以前滚存利润分配方案的建议》并同意提交股东大会审议；

②会议决定于 2000 年 7 月 3 日召开股份公司 2000 年度第一次临时股东大会。

(4)2000 年 9 月 7 日，公司第一届董事会 2000 年度第三次临时会议在北京市西城区金融街 23 号平安大厦 917 室会议室召开。通过以下决议：

10 月 27 日召开股东大会并审议有关议题；

①授权行政班子以通信表决的方式来通过有关部门文件修改的决议；

②董事会致函大鹏证券有限公司敦促加强人员力量，做好申报材料；

③同意毛建军董事的辞职，并同意将在适当的机会增补董事。

7、公司管理层及员工情况

(1)董事、监事、高级管理人员持股、报酬情况、现任董事情况

姓　名	性别	年龄	职　务	起止日期	年初持股数	年末持股数
刘正发	男	62	董事长	1999—2002 年	0	0
李绍荣	男	45	董事	1999—2002 年	0	0
白　玲	女	44	董事、总裁	1999—2002 年	0	0
李　纪	男	43	董事、常务副总裁	1999—2002 年	0	0
田世文	男	58	董事	1999—2002 年	0	0
王生甲	男	54	董事	1999—2002 年	0	0
尹卓柱	男	52	董事	1999—2002 年	0	0
张元端	男	58	监事会主席	1999—2002 年	0	0
黄　超	男	39	监事	1999—2002 年	0	0
李广增	男	54	监事	1999—2002 年	0	0
刘明琨	女	49	监事	1999—2002 年	0	0
张　红	女	42	监事	1999—2002 年	0	0
陶富强	男	46	副总裁	1999—2001 年	0	0
韩瑞贵	男	36	副总裁	1999—2001 年	0	0
王春萍	女	46	财务总监	1999—2001 年	0	0
李中孚	男	52	总经济师	1999—2001 年	0	0
朱礼逊	男	62	总工程师	1999—2001 年	0	0
冯小宇	男	31	董事会秘书	1999—2001 年	0	0

年度报酬数额区间、人数情况：5 万元至 6 万元 2 人，3 万元至 5 万元 8 人，2 万元至 3 万元 1 人。

不在公司领取报酬的董事、监事及高级管理人员有：刘正发、李绍荣、王生甲、尹卓柱、张元端、黄超、李广增

在报告期内、公司董事、监事及高级管理人员离任情况

姓名	原职务	离任原因
毛建军	董事	工作变动，辞去原任职

(2)截止到 2000 年 12 月 31 日公司员工情况

本公司在册员工总数 1256 人；

公司人员专业构成情况：生产人员 1008 人、销售人员 56 人、技术人员 128 人、财务人员 30 人、其他行政管理人员 34 人；

公司人员教育程度情况：大专以上学历 299 人、中专学历 535 人。中专以上学历人员占公司总人数 66.4%，有高级职称 30 人，中级职称 114 人，初级职称 135 人。

截止本年度本公司无离退休人员。

8、本次利润分配预案和 2001 年预计利润分配政策

(1) 本年度利润分配预案

经深圳同人会计师事务所对本公司 2000 年度财务状况、经营成果等方面的审计，根据该所出据的"深同证审字 [2001] 第 039 号"审计报告，本公司 2000 年度实现净利润 16,700,885.56 元，按 10%提取法定盈余公积金 1,670,088.56 元，10%提取法定公益金 1,670,088.56 元，5%提取任意盈余公积金 835,044.28 元。加上上年末结转未分配利润 28,822,149.85 元，2000 年度可供股东分配的利润为 41,347,814.01 元。

经董事会审议提出以下分配预案：

①以公司现有总股本 11,662.86 万股为基数，每 10 股派发现金红利 3.50 元(含税)。

②本次共计派发股利 40,820,010.00 元，从可分股利中扣除，剩余未分配利润 527,804.01 元结转下年度。

③本年度不进行资本公积金转增股。

④本预案报股东大会通过后执行。

(2)本公司 2001 年预计利润分配政策：

①公司拟于 2001 年度结束后进行一次利润分配；

②公司 2001 年度实现净利润用于股利分配比例不少于 20%，公司 2000 年度未分配利润用于下一年度股利分配的比例不少于 20%；

③分配方式：以现金派送股利的比例不少于股利分配的 20%；

④具体分配方法，届时公司董事会将根据实际情况提出预案并由股东大会审议决定。

董事会保留根据公司届时实际情况作出调整预案的权利。

六、监事会报告

2000 年度内公司监事会本着对全体股东负责的原则，根据《公司法》和《公司章程》，正确履行监督职能，列席了各次董事会会议及股东大会，监督其议案和程序的进行，为公司规范运作和健康发展积极开展工作，现报告如下：

1、报告期内公司监事会召开了一次监事会会议，列席了四次董事会会议。

2、委托深圳同人会计师事务所对公司的财务状况和经营成果进行了检查并出具了审计报告。

3、监事会就公司依法运作情况的独立意见是：

(1)公司在日常经营活动中，严格按照国家的有关法律、法规及公司章程的规定，规范运作，决策程序合法。公司建立了完善的内部控制制度、管理制度和相应的监督机制。公司董事、总裁等高级管理人员执行职务时谨慎、认真、勤勉、尽职尽责。没有违反法律法规、公司章程及损害公司利益的行为。

(2)公司财务核算健全，会计事项的处理、报表的编制及公司所执行的会计制度符合会计准则和股份公司财务制度要求，深圳同人会计师事务所出据的无保留意见的审计报告真实、客观地反映了公司的财务状况和经营成果。

(3)报告期内公司无募集资金投入项目。

(4)报告期内公司无收购、出售资产及吸收兼并事项。

(5)报告期内关联活动中不存在内幕交易行为，也无损害股东权益和公司利益的行为。在今后还要特别注意按市场经济规则将关联交易中的有关问题进一步理顺

(6)报告期内公司效益与上一年度相比有所下降，要特别在产品开发、市场开拓、提高自身市场竞争能力方面加大工作力度。

七、重要事项

1、重大诉讼、仲裁事项：本年度无任何重大诉讼、仲裁事项

2、报告期内高管人员奖罚情况：

报告期内公司董事、高管人员无受到监察部门及其它有关部门处罚。

3、重大关联交易情况

(1)存在控制关系的关联方

企业名称	注册地址	主营业务	与本企业关系
中国对外建设总公司	北京市海淀区	承包国(境)内外各类建筑工程	控股单位

企业名称	经济性质或类型	法定代表人
中国对外建设总公司	全民所有制	刘正发

(2)存在控制关系的关联方的注册资本及其变化

企业名称	年初数	本年增加数	本年减少数
中国对外建设总公司	103,000,000.00	--	--

企业名称	年末数
中国对外建设总公司	103,000,000.00

(3)存在控制关系的关联方所持股份或权益及其变化

(4)不存在控制关系的关联方的性质

关联方名称	与本公司的关系
天津中外建建设机械有限公司	同受母公司控制
武汉市当代科技发展总公司	本公司之股东
天津泰鑫实业开发有限公司	本公司之股东
天津华泽集团有限公司	本公司之股东
天津机电工业总公司	本公司之股东
北京金豪力机电设备有限公司	本公司之股东
天津天工建设机械有限责任公司	同受母公司控制
天津市天工机电综合服务公司	天津天工建设机械有限责任公司之子公司
天津市工程机械河东营销部	天津天工建设机械有限责任公司之子公司
天津市河东区天工物资供应公司	天津天工建设机械有限责任公司之子公司
天津河东区天工机械经销公司	天津天工建设机械有限责任公司之子公司

天津市天工工具公司	天津天工建设机械有限责任公司之子公司

(5)关联公司交易事项

A、本公司向关联方提供电力

本公司正式成立即 1999 年 3 月 26 日至 2000 年 12 月 31 日期间向关联公司提供电力，其交易价格按交易发生当时的市场价格确定，结算方式及付款条件为：以现金方式于交易发生时即时支付或约定期限支付，各年度实际发生数额如下：

	2000 年		1999 年 4 至 12 月
关联方名称	金额	占该项%	金额
天津天工建设机械有限责任公司	910,537.40	100	520,000.00
关联方名称	占该项%		
天津天工建设机械有限责任公司	100		

B、从关联方购货

本公司正式成立即 1999 年 3 月 26 日至 2000 年 12 月 31 日期间向关联公司购买本公司生产所需的原料、工具工装，原料交易价格按不高于交易发生当时的市场价格确定，通用工具、工装交易价格按不高于交易发生当时的市场价格确定，专用工具、工装交易价格按交易发生当时的生产成本加不超过 5%的利润率确定。结算方式及付款条件为：以现金方式于交易发生时即时支付或约定期限支付，各年度实际发生数额如下：

关联方名称	2000 年	1999 年 4 至 12 月
天津市河东区天工物资供应公司	--	6,386,669.06
天津市天工工具公司	2,717,631.99	5,303,659.64
天津市工程机械河东营销部	--	7,301,751.43
天津市河东区天工机械经销公司	--	3,354,979.81
	2,717,631.99	22,347,059.94

C、关联单位提供劳务

本公司正式成立即 1999 年 3 月 26 日至 2000 年 12 月 31 日期间向关联公司购买本公司生产、管理中所需的劳务，其交易价格按交易发生当时的成本价加不超过 5%的利润率确定，结算方式及付款条件为：以现金方式于交易发生时即时支付或约定期限支付，各年度实际发生数额如下：

关联方名称	2000 年	1999 年 4 至 12 月
天津市天工机电综合服务公司	1,624,437.17	3,430,140.27
天津天工建设机械有限责任公司	5,481,168.55	3,567,527.66
	7,105,605.72	6,997,667.93

D、提供资金

1、由于改制后存续企业历史包袱较重，盈利能力较弱，现金流量不足等原因，本公司为其提供资金，并按银行同期贷款利率计取资金占用费。1999 年年末天津天工建设机械有限责任公司暂欠本公司款项 22,206,797.58 元，2000 年本公司为其提供或垫付资金 80,943,279.66 元，截至 2000 年 12 月 31 日止，天津天工建设机械有限责任公司尚欠本公司款项 44,871,856.66 元。本公司 1999 年 4 至 12 月对其计收了资金占用费 528,221.56 元，2000 年对其计收了资金占用费 2,271,411.65 元。

2、2000 年本公司与中国对外建设总公司发生资金往来，本公司为其垫付资金 1,000,000.00 元，截至 2000 年 12 月 31 日止，上述资金尚未归还，未对其收取资金占用费。

3、1999 年至 2000 年本公司与天津中外建设机械有限公司发生资金往来，1999 年年末天津中外建设机械有限公司欠本公司款项 7,000,000.00 元，2000 年本公司为其垫付资金 2,200,000.00 元，在此期间本公司同天津中外建建设机械有限公司分别与天津市天工实业公司、天津市天工工具公司、天津市天工机电综合服务公司、天津市天工工程机械运输部、天津市叉车总厂物资经理部、天津市汉沽区福田农机厂、天津市津汉铸钢厂、天津国际联合轮胎橡胶公司等八家企业签署债权、债务关系转移协议书，本公司以应收天津中外建设机械有限公司的 9,200,000.00 元款项分别抵付本公司欠付上述八家企业的款项；并且本公司 2000 年对其计收了资金占用费 120,060.00 元，该款项已全额收到。

4、1999 年至 2000 年本公司与武汉市当代科技发展总公司发生资金往来，1999 年年末武汉市当代科技发展总公司欠本公司款项 2,000,000.00 元，该款项截至 2000 年 12 月 31 日之前已全额归还，其中，本公司 1999 年 4 至 12 月对其计收了资金占用费 82,800.00 元，2000 年对其计收了资金占用费 31,050.00 元。

E、租赁土地使用权

2000 年 4 月 27 日，本公司与天津中外建建设机械有限公司签订《国有土地使用权租赁合同》，本公司向天津中外建建设机械有限公司租赁编号为东单国有（2000 更 1）字第 014 号、面积为 58500 平方米的土地使用权，租赁年限为 50 年，自 2000 年 4 月 27 日起至 2050 年 4 月 26 日止，租金为每年人民币 60 万元，该租金在每一会计年度结束前一个月内支付。

关联方名称	2000 年		1999 年 4 至 12 月
	金额	占该项%	金额
天津中外建建设机械有限公司	350,000.00	100	--
关联方名称	占该项%		
天津中外建建设机械有限公司	--		

F、担保

截至 2000 年 12 月 31 日，经天津中外建建设机械有限公司的担保，本公司从交通银行天津滨江支行获得人民币短期借款 38,000,000.00 元，从天津市商业银行东联支行获得人民币短期借款 4,800,000.00 元，从天津信托投资公司获得人民币短期借款 900,000.00 元，从交通银行天津市分行获得人民币长期借款 17,970,000.00 元。

经中国对外建设总公司担保，本公司从交通银行天津市分行获得美元长期借款 16,350,911.66 元，折人民币 135,354,481.81 元。

(6)关联方应收应付款项余额

帐项及关联方名称		2000-12-31		1999-12-31
		金额	占该帐项%	金额
预收帐款	A	--	--	102,000.00
	B	--	--	173,000.00
		--	--	275,000.00
应付票据	A	250,000.00	1.91	--
	D	1,000,000.00	7.66	--
		1,250,000.00	9.57	--
应付帐款	A	8,546.80	0.02	--
	B	152,972.64	0.44	651,136.01
	C	722,855.47	2.09	717,279.84
	D	254,083.09	0.74	--
		1,138,458.00	3.29	1,368,415.85
其他应收款	A	44,871,856.66	70.34	22,206,797.58
	E	--	--	7,000,000.00
	F	--	--	2,000,000.00
	G	1,000,000.00	1.57	--
		45,871,856.66	71.91	31,206,797.58

注：A：天津天工建设机械有限责任公司

B：天津市天工机电综合服务公司

C：天津市工程机械河东营销部

D：天津市天工工具公司

E：天津中外建建设机械有限公司

F：武汉市当代科技发展总公司

G：中国对外建设总公司

上列往来款主要是因关联交易而产生的尚未结算的购货款、预付工程款、垫付款等。

4、公司与控股股东在人员、资产、财务上的"三分开"情况：

报告期内，公司与控股股东在人员、资产和财务上是相互独立的。

(1)人员方面，公司在劳动、人事及工资管理等方面是独立的；经理、副经理等高管人员在上市公司领取薪酬，在股东单位不担任职务。

(2)资产方面，公司拥有独立的生产系统、辅助生产系统和配套设施；公司拥有工业产权、非专利技术无形资产；公司拥有独立的采购、销售系统。

(3)财务方面，公司设立独立的财务部门，并建立了独立的会计核算体系和财务管理制度；独立在银行开户。

5、公司续聘深圳同人会计师事务所为公司审计的会计师事务所。

6、报告期内其他重大合同（含担保等）及其履行情况：

报告期内公司无重大合同事项（含担保）

7、报告期末至摘要披露日，公司股票发行及上市情况说明

经中国证券监督管理委员会证监发行字[2001]9 号文批准，公司于 2001 年 2 月 5 日在上海证券交易所通过上网定价发行 3500 万 A 种股票。经同人会计师事务所深同证验字[2001]第 004 号审验，公司共向社会公众募集资金人民币 21000.00 万元，扣除券商承销佣金、手续费等计人民币 1000.00 万元，实际募集资金人民币 20000.00 万元。经上海证券交易所上证上字[2001]25 号文审核同意，公司发行的 3500 万元人民币普通股股票已于 2001 年 3 月 5 日在上交所交易市场上市交易，证券简称"中发展"，证券代码为"600335"。募集资金目前尚未使用全部存于银行。

公告原文

招股说明书和发行公告同时刊登在 2001 年 1 月 16 日《中国证券报》、《上海证券报》和《证券时报》

上市公告书刊登在 2001 年 2 月 28 日《中国证券报》和《上海证券报》

八、财务会计报告

(一)审计报告

深同证审字[2001]第 039 号

审　计　报　告

中外建发展股份有限公司全体股东：

我们接受委托，审计了贵公司 2000 年 12 月 31 日资产负债表、2000 年度利润表及利润分配表和 2000 年度现金流量表。这些会计报表由贵公司负责，我们的责任是对这些会计报表发表审计意见。我们的审计是依据《中国注册会计师独立审计准则》进行的。在审计过程中，我们结合贵公司实际情况，实施了包括抽查会计记录、审核有关证据等我们认为必要的审计程序。

我们认为，上述会计报表符合《企业会计准则》和《股份有限公司会计制度》的有关规定，在所有重大方面公允地反映了 贵公司 2000 年 12 月 31 日的财务状况，2000 年度的经营成果和 2000 年度的现金流动情况，会计处理方法的选用遵循了一贯性原则。

深圳同人会计师事务所　　　　中国注册会计师　　朱厚佳

中国注册会计师　　胡应福

二〇〇一年三月五日

(二)会计报表(附后)　　(三)会计报表附注

1、公司简介

中外建发展股份有限公司(以下简称"本公司")1999 年 3 月经国家经济贸易委员会国经贸企改[1999]171 号文和财政部财管字[1999]34 号文批准，由中国对外建设总公司、武汉市当代科技发展总公司、天津泰鑫实业开发有限公司、天津华泽(集团)有限公司、天津市机电工业总公司、北京金豪力机电设备有限公司以发起方式设立，设立时总股本为 8162.86 万股，其主要发起人中国对外建设总公司以其拥有的天津市天工工程机械有限公司的经评估确认后的经营性净资产 11697 万元投入，折股 7755.11 万股，占总股本 95%，股权界定为国有法人股；其他 5 个发起人以人民币现金 615 万元投入，折股 407.75 万股，占总股本的 5%，其中：武汉市当代科技发展总公司为 2.4%，股权界定为法人股；天津泰鑫实业开发有限公司为 0.97%，股权界定为法人股；天津华泽(集团)有限公司为 0.81%，股权界定为国有法人股；天津市机电工业总公司为 0.41%，股权界定为国有法人股；北京金豪力机电设备有限公司为 0.41%，股权界定为法人股。1999 年 3 月 26 日本公司在天津市工商行政管理局领取企业法人营业执照(注册号 1030742l)并办理了相应的税务登记。

经营范围为：工程建设机械及高等级公路施工成套设备、商品混凝土技术与装备的研究、开发、生产、销售；经营本企业自产产品及技术的出口业务；经营本企业生产所需的原辅材料、仪器仪表、机械设备、零配件及技术的进口业务(国家限定公司经营和国家禁止进出口的商品及技术除外)；经营进料加工和"三来一补"业务；投资咨询设备租赁、机械化施工、运输、技术咨询与服务(以上范围内国家有专营专项规定的按规定办理)。

2、主要会计政策、会计估计和合并会计报表的编制方法

(1)会计制度

本公司执行中华人民共和国《企业会计准则》和《股份有限公司会计制度》。

(2)会计年度

会计年度采用日历年度制，即自公历每年 1 月 1 日起至 12 月 31 日止。本公司的第一个实际会计年度为 1999 年 4 月 1 日至 1999 年 12 月 31 日。

(3)记帐本位币

本公司记帐本位币为人民币。

(4)记帐基础和计价原则

本公司的记帐基础为权责发生制，各项资产除按规定应以评估价值计价外，均按取得时的实际成本计价。

(5)外币业务核算方法

本公司年度内发生的非本位币经济业务，按业务发生当月一日中国人民银行公布的市场汇价的中间价("市场汇价")折合为人民币记帐。年度终了，货币性项目中的外币余额概按当日市场汇价进行调整，由此产生的折合人民币差额，除筹建期间及固定资产购建期间可予资本化部分外，其余计入当年度损益。

(6)现金等价物的确定标准本公司的现金等价物是指本公司持有的期限短、流动性强、易于转换为已知金额现金、价值变动风险很小的投资。

(7)坏帐核算方法

①本公司确认坏帐损失的标准：凡因债务人破产，依照法律清偿程序清偿后仍无法收回，或因债务人死亡，既无遗产可供清偿，又无义务承担人，确实无法收回；或因债务人逾期未能履行偿债义务，经法定程序审核批准，该等应收帐款列为坏帐损失。

②坏帐损失的核算方法：本公司坏帐损失核算采用备抵法，并根据债务单位的财务状况、现金流量等情况，采用帐龄分析法估计坏帐准备，规定的计提比例为：

帐龄	计提比例
1 年以内	4%
1-2 年	10%
2-3 年	30%
3-5 年	50%
5 年以上	100%

(8)存货核算方法

本公司的存货分为原材料、自制半成品、在制品、产成品、低值易耗品、委外加工半成品六类。各类存货的取得以计划成本计价，发出时，原材料等依据上期末的成本差异率结转成本差异，库存商

品按加权平均法结转成本差异。决算日，存货按成本与可变现净值孰低法计算提取存货跌价准备，存货跌价损失已计入当年度损益。

低值易耗品于领用时，单位价值低于人民币200元的采用一次摊销法摊销；单位价值高于人民币200元的于一年内分期摊销。

对于存货遭受毁损、全部或部分陈旧过时或价格低于成本等原因，使存货的成本不可收回的部分，提取存货跌价准备。

存货可变现净值以有关存货的预计变现收入减去必要的加工或整理费用确定。

存货的细节在三.6中表述。

(9)待摊费用核算方法

本公司的待摊费用核算公司已经支出，但应由本期和以后各期分别负担，分摊期在一年以内(包括一年)的各项费用。

(10)固定资产计价和折旧方法

①固定资产标准：指使用期限超过一年的房屋建筑物、机器设备、运输工具及其它与经营有关的工器具等，以及不属于经营的主要设备但单位价值在人民币2,000元以上，使用期限超过二年的物品。

②固定资产计价：本公司正式设立之前固定资产按实际成本计价；正式设立之后，股东投入的固定资产按评估后的价值计价，自行购置的固定资产按实际成本计价。

③固定资产折旧方法：固定资产折旧采用直线法平均计算，并根据固定资产类别的原值、估计经济使用年限和预计残值(原值的4%)确定其折旧率。各类别固定资产的折旧率如下：

类别	预计使用年限(年)	年折旧率(%)
房屋建筑物	25-40	3.84-2.40
机器设备	7-14	13.71-6.86
运输设备	8-10	12.00-9.60
电子设备及其他	5-12	19.20-8.00

固定资产及其折旧的细节在三.8中表述

3、会计报表主要项目注释

(24)未分配利润

项目	1999-12-31	2000-12-31
期初余额	15,804,969.26	28,822,149.85
本期增加额	23,029,973.24	16,700,885.56
本期减少额	10,012,792.65*	44,995,231.40**
期末余额	28,822,149.85	527,804.01

* 本公司正式成立前(即1998年4月1日至1999年3月26日)形成的利润本期分配给老股东5,673,732.46元，其余减少4,339,060.19元系本期提取的法定盈余公积金、法定公益金及任意盈余公积金。

** 本期减少系本期提取的法定盈余公积金、法定公益金及任意盈余公积金和分配现金股利。

(25)主营业务收入

产品名称	1999年	2000年
平地机销售收入	275,729,239.49	211,115,780.71
装载机销售收入	13,080,341.86	5,746,153.84
配件及半成品销售收入	14,400,294.58	9,294,172.76
	303,209,875.93	226,156,107.31

2000年主营业务收入比1999年主营业务收入减少77,053,768.62元，减幅25.41%，主要是因为由于国内销售形势的变化及市场竞争的加剧，2000年销售数量降低；同时为了扩大销售数量，对老客户和需求量大的客户给予销售价格优惠造成的。

(26)主营业务成本

项目	1999年	2000年
平地机销售成本	184,200,844.21	144,441,728.37
装载机销售成本	12,660,820.21	5,762,213.67
配件及半成品销售成本	10,688,811.65	7,072,960.17
	207,550,476.07	157,276,902.21

(27)主营业务税金及附加

项目	1999年	2000年
城市维护建设税	299,713.87	687,279.04
教育费附加	128,448.80	294,548.16
防洪维护费	42,816.27	98,182.72
	470,978.94	1,080,009.92

(28)其他业务利润

项目	1999年	2000年
材料	592,815.43	341,527.35
租赁设备	67,242.08	(28,199.92)
水电费	(1,468.25)	(961.20)
其他	--	178.14
	658,589.26	312,544.37

4、关联方关系及其交易

(1)存在控制关系的关联方

企业名称	注册地址	主营业务	与本企业关系
中国对外建设总公司	北京市海淀区	承包国(境)内外各类建筑工程	控股单位

企业名称	经济性质或类型	法定代表人
中国对外建设总公司	全民所有制	刘正发

(2)存在控制关系的关联方的注册资本及其变化

企业名称	年初数	本年增加数	本年减少数
中国对外建设总公司	103,000,000.00	--	--

企业名称	年末数
中国对外建设总公司	103,000,000.00

(3)存在控制关系的关联方所持股份或权益及其变化

	年初数		本期增加		本年减少	
股东名称	金额	%	金额	%	金额	%
中国对外建设总公司	77,551,100.00	95	--	--	--	--

	期末数	
股东名称	金额	%
中国对外建设总公司	77,551,100.00	95

(4)不存在控制关系的关联方的性质

关联方名称	与本公司的关系
天津中外建建设机械有限公司	同受母公司控制
武汉市当代科技发展总公司	本公司之股东
天津泰鑫实业开发有限公司	本公司之股东
天津华泽集团有限公司	本公司之股东
天津机电工业总公司	本公司之股东
北京金豪力机电设备有限公司	本公司之股东
天津天工建设机械有限责任公司	同受母公司控制
天津市天工机电综合服务公司	天津天工建设机械有限责任公司之子公司
天津市工程机械河东营销部	天津天工建设机械有限责任公司之子公司
天津市河东区天工物资供应公司	天津天工建设机械有限责任公司之子公司
天津河东区天工机械经销公司	天津天工建设机械有限责任公司之子公司
天津市天工工具公司	天津天工建设机械有限责任公司之子公司

(5)关联公司交易事项

A、本公司向关联方提供电力

本公司正式成立即1999年3月26日至2000年12月31日期间向关联公司提供电力，其交易价格按交易发生当时的市场价格确定，结算方式及付款条件为：以现金方式于交易发生时即时支付或约定期限支付，各年度实际发生数额如下：

	2000年		1999年4至12月
关联方名称	金额	占该项%	金额
天津天工建设机械有限责任公司	910,537.40	100	520,000.00

关联方名称	占该项%
天津天工建设机械有限责任公司	100

本公司正式成立即1999年3月26日至2000年12月31日期间向关联公司购买本公司生产所需的原料、工具工装，原料交易价格按不高于交易发生当时的市场价格确定，通用工具、工装交易价格按不高于交易发生当时的市场价格确定，专用工具、工装交易价格按交易发生当时的生产成本加不超过5%的利润率确定。结算方式及付款条件为：以现金方式于交易发生时即时支付或约定期限支付，各年度实际发生数额如下：

关联方名称	2000年	1999年4至12月
天津市河东区天工物资供应公司	--	6,386,669.06
天津市天工工具公司	2,717,631.99	5,303,659.64
天津市工程机械河东营销部	--	7,301,751.43
天津市河东区天工机械经销公司	--	3,354,979.81
	2,717,631.99	22,347,059.94

C、关联单位提供劳务

本公司正式成立即1999年3月26日至2000年12月31日期间向关联公司购买本公司生产、管理中所需的劳务，其交易价格按交易发生当时的成本价加不超过5%的利润率确定，结算方式及付款条件为：以现金方式于交易发生时即时支付或约定期限支付，各年度实际发生数额如下：

关联方名称	2000年	1999年4至12月
天津市天工机电综合服务公司	1,624,437.17	3,430,140.27
天津天工建设机械有限责任公司	5,481,168.55	3,567,527.66
	7,105,605.72	6,997,667.93

D、提供资金

1、由于改制后存续企业历史包袱较重，盈利能力较弱，现金流量不足等原因，本公司为其提供资金，并按银行同期贷款利率计取资金占用费。1999年年末天津天工建设机械有限责任公司暂欠本公司款项22,206,797.58元，2000年本公司为其提供或垫付资金80,943,279.66元，截至2000年12月31日止，天津天工建设机械有限责任公司尚欠本公司款项44,871,856.66元。本公司1999年4至12月对其计收了资金占用费528,221.56元，2000年对其计收了资金占用费2,271,411.65元。

2、2000年本公司与中国对外建设总公司发生资金往来，本公司为其垫付资金1,000,000.00元，截至2000年12月31日止，上述资金尚未归还，未对其收取资金占用费。

3、1999年至2000年本公司与天津中外建建设机械有限公司发生资金往来，1999年年末天津中外建建设机械有限公司欠本公司款项7,000,000.00元，2000年本公司为其垫付资金2,200,000.00元，在此期间本公司同天津中外建建设机械有限公司分别与天津市天工实业公司、天津市天工工具公司、天津市天工机电综合服务公司、天津市天工工程机械运输部、天津市叉车总厂物资经理部、天津市汉沽区福田农机厂、天津市津汉铸钢厂、天津国际联合轮胎橡胶公司等八家企业签署债权、债务关系转移协议书，本公司以应收天津中外建建设机械有限公司的9,200,000.00元款项分别抵付本公司欠付上述八家企业的款项；并且本公司2000年对其计收了资金占用费120,060.00元，该款项已全额收到。

4、1999年至2000年本公司与武汉市当代科技发展总公司发生资金往来，1999年年末武汉市当代科技发展总公司欠本公司款项2,000,000.00元，该款项截至2000年12月31日之前已全额归还，其中，本公司1999年4至12月对其计收了资金占用费82,800.00元，2000年对其计收了资金占用费31,050.00元。

E、租赁土地使用权

2000年4月27日，本公司与天津中外建建设机械有限公司签订《国有土地使用权租赁合同》，本公司向天津中外建建设机械有限公司租赁编号为东单国有(2000更1)字第014号、面积为58500平方米的土地使用权，租赁年限为50年，自2000年4月27日起至2050年4月26日止，租金为每年人民币60万元，该租金在每一会计年度结束前一个月内支付。

F、担保

截至2000年12月31日，经天津中外建建设机械有限公司的担保，本公司从交通银行天津滨江支行获得人民币短期借款38,000,000.00元，从天津市商业银行东联支行获得人民币短期借款4,800,000.00元，从天津信托投资公司获得人民币短期借款900,000.00元，从交通银行天津市分行获得人民币长期借款17,970,000.00元。

经中国对外建设总公司担保，本公司从交通银行天津市分行获得美元长期借款16,350,911.66元，折人民币135,354,481.81元。

(6)关联方应收应付款项余额

7、或有事项

截至2000年12月31日止，本公司无任何重大或有事项。

8、结算日后帐项

自2000年12月31日后任何期间，本公司概无编制任何业经审计之帐项。

九、公司的其他有关资料

公司首次注册登记日期、地点：1999年3月26日 天津市工商行政管理局

企业法人营业执照注册号：1200001000324

税务登记号：120106712875155

公司未流通股票的托管机构名称：上海证券中央登记结算公司

公司聘请的会计师事务所名称：深圳同人会计师事务所

办公地址：深圳市华富路5号南光大厦三楼

十、备查文件

1、载有法定代表人、财务负责人、会计经办人员签名并盖章的会计报表。

2、载有会计师事务所盖章、注册会计师签名并盖章的审计报告正本。

3、报告期内在中国证监会指定报纸上公开披露过的所有公司文件的正及本公告的原稿。

上述备查文件在中国证监会、证券交易所要求提供时和股东依据法规或公司章程要求查阅时，公司将及时提供。

二00一年三月二十八日

青岛澳柯玛股份有限公司

一、公司简介

1.公司法定中文名称:青岛澳柯玛股份有限公司
英文名称:QINGDAO AUCMA COMPANY %/*LIMITED
2.公司法定代表人:鲁群生
3.公司董事会秘书:孙武　授权代表:王洪阳
联系地址:青岛经济技术开发区前湾港路315号　电话:0532-6765168
传真:0532-6765166　电子信箱:dmb@aucma.com.cn
4.公司注册地址:青岛经济技术开发区前湾港路315号
公司办公地址:青岛经济技术开发区前湾港路315号　邮政编码:266510
公司网址:www.aucma.com.cn　公司电子信箱:gf@aucma.com.cn
5.公司信息披露报纸:《中国证券报》、《上海证券报》
登载公司年报网址:www.sse.com.cn　www.aucma.com.cn
年度报告备置地点:青岛澳柯玛股份有限公司董事会秘书办公室
6.公司股票上市交易所:上海证券交易所　股票简称:澳柯玛　股票代码:600336

二、会计数据和业务数据摘要

1.本年度主要会计数据(单位:人民币元)

利润总额	29745998.11
净利润	28244049.84
扣除非经常损益后的净利润	1232339.17
主营业务利润	141248272.19
其他业务利润	-2645014.59
营业利润	935259.44
投资收益	1799028.00
补贴收入	22198258.68
营业外收支净额	4813451.99
经营活动产生的现金流量净额	441331023.62
现金及现金等价物净增加额	1044649256.77

注:扣除的非经常性损益项目金额为27011710.67元
其中:补贴收入:　22198258.68元
营业外收入:　5816090.14元
营业外支出:　1002638.15元

2.近三年主要会计数据和财务指标

序号	项目	2000年	1999年	1998年
1	主营业务收入(元)	535718507.49	707755366.45	787277460.44
2	净利润(元)	28244049.84	59089579.97	71244509.70
3	总资产(元)	2201620695.28	1316798697.04	1115922056.55
4	股东权益(元)	1172443997.31	428259579.97	369170000.00
5	每股收益(元)	0.083	0.235	0.284
6	每股收益(元)(加权)	0.113	0.235	0.284
7	每股净资产(元)	3.44	1.71	1.47
8	调整后的每股净资产(元)	3.43	1.71	1.47
9	每股经营活动产生的现金流量净额	1.29	-0.30	-
10	净资产收益率(%)	2.41	13.8	19.3
11	净资产收益率(%)(加权)	6.38	14.8	19.3

按照中国证监会《公开发行证券公司信息披露编报规则第9号-净资产收益率和每股收益的计算及披露》要求,2000年的计算数据如下:

报告期利润(元)		净资产收益率(%)		每股收益(元)	
		全面摊薄	加权平均	全面摊薄	加权平均
主营业务利润	141248272.19	12.05	31.92	0.4142	0.5627
营业利润	935259.44	0.08	0.21	0.0027	0.0037
净利润	28244049.84	2.41	6.38	0.0828	0.1125
扣除非经常损益后的净利润	1232339.17	0.11	0.28	0.0036	0.0049

注:主要财务指标计算公式
每股收益(摊薄)=净利润/年度末普通股股份总额
每股收益(加权)=P/(S0+S1+Si*Mi/M0-Sj*Mj/M0)
每股净资产=年度末股东权益/年度末普通股股份总额
调整后的每股净资产=(年度末股东权益-三年以上的应收款项净额-待摊费用-待处理(流动、固定)资产净损失-开办费-长期待摊费用-住房周转金负数余额)/年度末普通股股份总额
每股经营活动产生的现金流量净额=经营活动产生的现金流量净额/年度末普通股股份总额
净资产收益率(摊薄)=净利润/年度末股东权益　100%
净资产收益率(加权)=P/(E0+NP/2+Ei*Mi/M0-Ej*Mj/M0)
其中:P为报告期利润,NP为报告期净利润,E0为期初净资产,Ei为报告期发行新股或债转股等新增净资产,Ej为报告期回购或现金分红减少净资产,S0为期初股份总数,S1为报告期因公积金转增股本或股票股利分配等增加股份数,Si为报告期因发行新股或债转股等增加股份数,Sj为报告期因回购或缩股等减少股份数,M0为报告期月份数,Mi为新增净资产(增加股份)下一月份起至报告期期末的月份数,Mj为减少净资产(减少股份)下一月份起至报告期期末的月份数

三、股本变动及股东情况

1.股本变动情况
2.股东情况介绍(1)报告期末股东总数78647户
(2)截至2000年12月31日,公司前10名股东持股情况

序号	股东名称	期初持股数		期末持股数		备注
		股数	%	股数	%	
1	青岛澳柯玛集团总公司	249336000	99.323	249336000	73.11	未流通股份
2	山东凌云工贸股份有限公司	340000	0.1354	340000	0.10	未流通股份
3	重庆长风压缩机有限责任公司	340000	0.1354	340000	0.10	未流通股份
4	荆州泰隆股份合作公司	340000	0.1354	340000	0.10	未流通股份
5	牡丹江市广汇交电有限责任公司	340000	0.1354	340000	0.10	未流通股份
6	河北省五金交电化工公司	340000	0.1354	340000	0.10	未流通股份
7	兴业基金	0	0	200000	0.059	流通股份
8	郭宏杰	0	0	200000	0.059	流通股份
9	白桂珍	0	0	200000	0.059	流通股份
10	羊稚文	0	0	193200	0.057	流通股份

注:本公司前十名股东间不存在关联关系

美克国际家具股份有限公司

一、公司简介

1.公司名称　公司法定中文名称:美克国际家具股份有限公司
公司简称:美克股份
公司英文名称:Markor Furniture International Co.,Ltd
2.公司法定代表人:冯东明
3.公司董事会秘书:黄新
董事会证券事务代表:罗军
联系地址:新疆乌鲁木齐市北京南路26号　电话:0991-3836028
传真:0991-3828180、0991-3836028　电子信箱:mkzq@markor.com.cn
4.公司注册地址:新疆乌鲁木齐经济技术开发区迎宾南路15号
公司办公地址:新疆乌鲁木齐经济技术开发区迎宾南路15号
邮编:830014
国际互联网网址:www. markorfurniture. com
电子信箱:mkzq@markor.com.cn
5.公司信息披露报刊:《中国证券报》、《上海证券报》
公司登载年度报告的国际互联网网址:http://www.sse.com.cn
公司年度报告备置地点:公司证券部
6.公司股票上市交易所:上海证券交易所
股票简称:美克股份　股票代码:600337

二、会计数据和业务数据摘要

1.本年度主要利润指标情况:

项目	金额(人民币元)
利润总额	44,286,424.77
净利润	37,156,047.17
扣除非经常性损益后的净利润	31,009,796.61
主营业务利润	77,673,288.38
其他业务利润	24,141.75
营业利润	38,140,174.21
投资收益	174,337.00
补贴收入	344,766.17
营业外收支净额	5,627,147.39
经营活动产生的现金流量净额	-2,283,609.64
现金及现金等价物净增加额	501,350,676.06

注:扣除的非经常性损益项目:

(1)资产处置损益:	-685,981.24
(2)新股申购冻结资金利息:	6,574,811.91
(3)出口贴息补贴收入:	344,766.17
(4)罚款收支净额:	-7,308.88
(5)股权投资差额摊销:	174,337.00
(6)其他非经常性损益:	-254,374.40
六项合计:	6,146,250.56

2、近三年主要会计数据和财务指标:

项目	2000年	1999年	1998年	
			调整后	调整前
主营业务收入(元)	236063241.38	176796219.43	176796219.43	148219577.74
净利润(元)	37156047.17	29466328.36	28955726.56	24076311.31
总资产(元)	754947744.63	175684947.38	177528717.45	173050099.93
股东权益(元)	588720153.71	60742706.54	60232104.74	52965968.77
每股收益(元/股)(摊薄)	0.40	0.57	0.56	0.46
每股收益(元/股)(加权)	0.67	0.57	0.56	0.46
每股收益(元/股)(扣除非经常性损益后)	0.34	0.46	0.45	0.46
每股净资产(元/股)	6.39	1.17	1.16	1.02
调整后的每股净资产(元/股)	6.36	1.23	1.10	0.95
每股经营活动产生的现金流量净额	-0.02	0.20	0.20	
净资产收益率(%)	6.31	48.51	48.07	45.46

利润表附表

报告期利润	净资产收益率		每股收益	
	全面摊薄	加权平均	全面摊薄	加权平均
主营业务利润	13.19	63.79	0.84	1.40
营业利润	6.48	31.32	0.41	0.69
净利润	6.31	30.52	0.40	0.67
扣除非经常性损益后的净利润	5.27	25.47	0.34	0.56

注:公司2000年末总股本为9208万股。(2000年1-10月总股本为5208万股,2000年11月-12月末总股本为9208万股。)

三、股本变动及股东情况

(1)报告期末股东总数为29446户。
(2)公司前10名股东持股情况(单位:股)

序号	股东名称	期初持股数	本期增加	期末持股数	持股比例(%)
1	新疆美克实业有限公司	30206400		30206400	32.80
2	台湾台升木器厂股份有限公司	13020000		13020000	14.14
3	富蕴林场	3385200		3385200	3.68
4	新疆天山西部林业局	3385200		3385200	3.68
5	湘财证券有限责任公司		2667000	2667000	2.90
6	新疆技术改造投资公司	2083200		2083200	2.26
7	同盛基金		1099000	1099000	1.19
8	同益基金		932342	932342	1.01
9	郭三容		364200	364200	0.40
10	付玉		231000	231000	0.25

说明:①持有本公司5%以上(含5%)股份的法人股东所持股份未发生质押或冻结等情况。
②前10名股东中同盛基金与同益基金的基金管理人均为长盛基金管理有限公司,其余股东之间不存在关联关系。
③富蕴林场、新疆天山西部林业局、新疆技术改造投资公司代表国家持有国有法人股;台湾台升木器厂股份有限公司为外资股东。

西藏珠峰工业股份有限公司

西藏珠峰工业股份有限公司2000年年度报告摘要

重要提示:本公司董事会保证本报告所载资料不存在任何虚假记载、误导性陈述或者重大遗漏,并对其内容的真实性、准确性和完整性负个别及连带责任。本年度报告摘要摘自年度报告,投资者欲了解详细内容,应阅读年度报告。

一、公司简介

1.公司法定中文名称:西藏珠峰工业股份有限公司
公司法定英文名称:TIBET SUMMIT INDUSTRY CO., LTD.
2.公司法定代表人:何冰
3.公司董事会秘书:赵琪云
联系地址:四川省成都市一环路西一段161号珠峰大厦
联系电话:028-7043848
传真:028-7042657
4.公司注册地址:西藏自治区拉萨市北京中路194号
邮政编码:850000
办公地址:四川省成都市一环路西一段161号珠峰大厦
邮政编码:610072
国际互联网网址:http://www.kaifa.com.cn
电子信箱:zfmotor@mail.sc.cninfo.net
5.公司选定的信息披露报纸:《上海证券报》、《中国证券报》
刊载公司年度报告的国际互联网网址:http://www.see.com.cn
公司年度报告备置地点:本公司董事会办公室
6.公司股票上市交易所:上海证券交易所
股票简称:珠峰摩托
股票代码:600338

二、会计数据和业务数据摘要

1.公司本年度主要经济指标完成情况
项目金额(单位:人民币元)

利润总额:	35,690,348.30
净利润:	33,272,109.76
扣除非经常性损益后的净利润:	22,705,173.96
主营业务利润	125,292,123.64
其他业务利润:	2,462,922.88
营业利润:	16,117,369.81
投资收益:	9,899,866.03
营业外收支净额:	-274,047.54
经营活动产生的现金流量净额:	118,725,282.84
现金及现金等价物净增加额:	510,778,860.05

注:扣除非经常性损益的项目是:

项目	金额(单位:人民币元)
补贴收入	9,669,000.00
营业外收入	897,935.80
合计	10,566,935.80

2、截止报告期末公司前三年主要会计数据和财务指标(单位:人民币元)

指标项目	2000年	1999年	1998年
主营业务收入	1,010,594,352.37	1,007,661,497.38	1,099,343,026.67
净利润	33,272,109.76	52,289,599.28	43,814,120.80
总资产	1,088,493,720.92	621,893,119.15	564,034,664.79
股东权益	591,547,689.09	203,789,305.01	201,286,007.23
每股收益(全面摊薄)	0.21	0.48	0.40
每股收益(加权平均)	0.31	0.48	0.40
每股净资产	3.736	1.881	1.858
调整后的每股净资产	3.696	1.818	1.830
每股经营活动产生的现金流量净额	0.749	-0.981	1.084
净资产收益率%	5.62%	25.66%	21.77%
净资产收益率%(加权平均)	15.70%	25.96%	26.69%

3.按照中国证监会《公开发行证券公司信息披露编报规则(第9号)》要求计算的利润数据:

报告期利润	净资产收益率(%) 全面摊薄	净资产收益率(%) 加权平均	每股收益(元) 全面摊薄	每股收益(元) 加权平均
主营业务利润	21.18%	59.13%	0.79	1.16
营业利润	2.77%	7.74%	0.10	0.15
净利润	5.62%	15.70%	0.21	0.31
扣除非经常性损益后的净利润	3.84%	10.72%	0.14	0.21

经济指标计算公式如下:
(1)全面摊薄净资产收益率=报告期利润÷期末净资产
(2)全面摊薄每股收益=报告期利润÷期末股份总数
(3)加权平均净资产收益率(ROE)的计算公式如下:

$$ROE=\frac{P}{Eo+NP\div 2+Ei\times Mi\div Mo-Ej\times Mj\div Mo}$$

其中:P为报告期利润;NP为报告期净利润;EO为期初净资产;Ei为报告期发行新股或债转股等新增净资产;Ej为报告期回购或现金分红等减少净资产;MO为报告期月份数;Mi为新增净资产下一月份起至报告期期末的月份数;Mj为减少净资产下一月份起至报告期期末的月份数。

(4)加权平均每股收益(EPS)的计算公式:

$$EPS=\frac{P}{So+S1+Si\times Mi\div Mo-Sj\times Mj\div Mo}$$

其中:P为报告期利润;SO为期初股份总数S1为报告期因公积金转增股本或股票股利分配等增加股份数;Si为报告期因发行新股或债转股等增加股份数;Sj为报告期因回购或缩股等减少股份数;MO为报告期月份数;Mi为增加股份下一月份起至报告期末的月份数;Mj为减少股份下一月份起至报告期期末的月份数。

(5)每股净资产=年度末股东权益/年度末普通股股份总数

(6)调整后的每股净资产=[年度末股东权益-三年以上的应收帐款净额-待摊费用-待处理(流动、固定)资产净损失-开办费-长期待摊费用-住房周转金负数余额]/年度末普通股股份总数

(7)每股经营活动产生的现金流量净额=经营活动产生的现金流量净额/年度末普通股股份总数

4.报告期内股东权益变化情况(单位:人民币元)

项目	股本	资本公积	盈余公积	法定公益金
期初数	108,333,333	56,393,310.04	18,200,888.56	9,100,444.28
本期增加	50,000,000	343,354,845.01	6,654421.96	3,327,210.98
本期减少				
期末数	158,333,333	399,748,155.05	24,855,310.52	12,427,655.26

续上表:

项目	未分配利润	股东权益合计
期初数	20,861,773.41	203,789,305.01
本期增加	33,272,109.76	433,281,376.73
本期减少	45,522,992.65	45,522,992.65
期末数	8,610,890.52	591,547,689.09

变动原因:本年度公司5,000万社会公众股公发上市,相应增加了股本5,000万元、资本公积343,354,845.01元,实现的净利润相应增加了盈余公积、公益金6,654,421.96元。

三、股本变动及股东情况

1、股本变动情况
(1)股份变动情况表(数量单位:万股)

	本次变动前	本次变动增减(±)	本次变动后
一、未上市流通股份			
1、发起人股份			
其中:			
国家持有股份	4,225.0		4,225.0
募集法人股	6,608.3		6,608.3
2、内部职工股			
3、其他			
未上市流通股份合计	10,833.3		10,833.3
二、已上市流通股份			
1、境内上市的人民币普通股		5,000	5,000
2、境内上市的外资股			
3、境外上市的外资股			
4、其他			
已上市流通股份合计		5,000	
三、股份总数			15,833.3

(2)股票发行与上市情况

经中国证监会证监发行字[2000]168号文批准,本公司5,000万社会公众股于2000年12月13日在上海证券交易所公开发行。每股面值为1元,发行价格为8.15元/股,扣除发行费用后实际募集资金39,335万元。经上海证券交易所上证上字[2000]119号文核准,5,000万社会公众股于2000年12月27日上市流通。

3.股东情况介绍
(1)报告期末股东总数为25,399户,其中未上市流通法人股股东5户,流通股股东25,394户。
(2)报告期末公司前10名股东持股情况:

股东名称	持有股数(万股)	持股比例(%)	股份性质
西藏珠峰摩托车工业公司	6,500.00	41.00	法人股
西藏自治区信托投资公司	3,575.00	22.60	国有法人股
西藏自治区土畜产进出口公司	541.70	3.40	国有法人股
西藏国际经济技术合作公司	108.30	0.70	国有法人股
西藏赛亚经贸服务公司	108.30	0.70	法人股
织天城信	75.59	0.48	公众股
马信琪	40.00	0.25	公众股
张文联	35.00	0.22	公众股
沈昌宇	34.90	0.22	公众股
毛霞芳	30.38	0.19	公众股

注:持有公司10%以上股份股东情况简介:

西藏珠峰摩托车工业公司持有本公司6,500万股股份,占总股本的41%,系本公司控股股东。本报告期内其持有的本公司的股份数量没有发生变化,也无质押或冻结。法定代表人:廖光辉。经营范围:摩托车组装及相关零部件,兼营汽车配件及办公用品、进口空调器装配及售后服务。西藏自治区信托投资公司持有本公司3,575万股股份,占总股本的22.6%,系本公司第二大股东。本报告期内其持有的本公司的股份数量没有发生变化,也无质押或冻结。法定代表人:王运金。经营范围:信托存贷款、投资业务;委托存贷款、投资业务;有价证券业务;金融租赁业务;代管财产保管与处理业务;经济担保和信用鉴证业务;经济咨询业务。

四、股东大会简介

报告期内本公司共召开了两次临时股东大会和一次年度股东大会。

1.2000年6月28日在本公司会议室召开了公司1999年度股东年会。出席本次会议的股东共有5人,代表股数(包括授权代表人代表股份)10,833.3万股,占公司总股本的100%,会议审议并一致通过了如下事项:
(1)公司1999年度董事会工作报告;
(2)公司1999年度监事会报告;
(3)公司1999年度总经理业务报告;
(4)公司1999年度财务决算报告;
(5)公司1999年度利润分配方案;
(6)公司2000年度财务预算报告;
(7)公司董事人选变更议案,同意姚政先生辞去董事职务,聘任周友苏先生为公司董事。

2、2000年10月8日在本公司会议室召开公司2000年第一次临时股东大会。会议审议并通过

了如下事项：

(1)修改公司1999年下半年到2000年上半年利润分配范围；

(2)公司2000年上半年利润暂不进行分配；

(3)公司2000年7月1日以后的利润由公司新老股东共享。

3、2000年12月5日在本公司会议室召开公司2000年度第二次临时股东大会。本次会议审议并通过了《2000年上半年利润分配方案》。

五、董事会报告

1.公司经营情况

(1)本公司所处摩托车行业，是国家定点的摩托车生产厂家，主要生产、销售中高档摩托车，在中高档摩托车中占有一定的市场份额。根据国家机械工业局提供的统计资料，本公司2000年度在全国摩托车行业产销量综合排名第40位。

(2)主营业务及经营情况：

公司主要从事"珠峰"牌系列摩托车及相关零部件的生产、销售并提供售后服务，公司本年度业务收入情况：

项目	2000年	1999年	较同期增减(±)%
销售摩托车	960,575,698.64	966,985,493.22	-0.66
销售零配件	50,018,653.73	40,676,004.16	22.97
合计	1,007,661,497.38	1,010,594,352.37	0.29

(3)公司主要控股、参股公司的经营情况及业绩。

1)西藏珠峰光阳动力机械有限公司于1999年开始经营,2000年度本公司按权益法核算盈利9,899,866.03元。

2)西藏珠峰中免免税品有限公司于2000年9月成立，截至2000年12月31日止该公司尚属筹建期，报告期内没有经营业务。

(4)在经营中出现的问题与困难及解决办法。

1)公司产品主要集中在中高价位的摩托车，产品结构不合理，限制了产品市场占有份额的扩大。对此公司及时根据市场的变化，加快实施产品国产化步伐，降低产品成本，扩大公司产品的市场占有率。

2) 大中城市限牌对本公司产品销售构成了直接的影响。本公司采取以下措施减小限牌的影响，一是提高产品的环保技术标准，使公司产品努力达到环保的要求；二是大力开发中低价位的摩托车，在稳定中小城市市场的同时，扩大县级以下市场的占有率。

2.财务状况

报告期内公司财务状况良好，主要指标见下表：

单位：人民币元

项目	2000	1999	增减(%)
总资产	1,088,493,720.92	621,893,119.15	75.03
长期负债	0	0	
股东权益	591,547,689.74	203,789,305.01	190.27
主营业务利润	125,292,123.64	156,779,103.03	-20.08

(1)本年度总资产较去年同期增长75.03%，系公司5000万社会公众股公开发行增加的货币资金；

(2)本年度股东权益较去年同期增加190.27%，系公司5000万社会公众股溢价发行增加股本及资本公积金。

(3)本年度主营业务利润比去年同期减少20.08%，系市场竞争加剧，公司调整产品的售价降低了产品的毛利所致。

3.公司投资情况。

2000年公司用自有资金进行了一项投资：

根据西藏珠峰光阳动力机械有限公司的章程，本公司于2000年7月对其投入第二期资本计12,400,000.00元人民币。

4.生产经营环境和宏观政策变化对公司经营状况的影响。

本公司生产的摩托车产品，受国家环保政策及城市交通管制的影响较大，从1999年以来，全国先后有100多个大中城市对摩托车实行控牌，而且这种趋势还在扩大。控牌对本公司的中高档摩托车销售有比较直接的影响。

5.新年度业务发展计划。

(1)调整产品结构，巩固和提升市场份额。

重视公司研发队伍建设，内部培养和对外引进并重，提高公司整体研发能力；加大中低价位摩托车的研制和开发，力争研制开发出8个车型推向县乡市场。根据公司产品结构变化，调整营销网络，将网络大力向县乡市场延伸，提高公司产品在县乡市场的知名度。

(2)强化产品质量管理，完善服务体系，强化个性服务。

运用募集资金加大工厂的技术改造，改善生产条件，添置检测设备；加强生产过程控制，提高产品的一次交验合格率。

售后服务要在现有网点基础上提升网点质量，A级上升10%、B级上升20%；服务质量、手段、速度均要大幅度提高；在特色服务、个性化服务方面取得实质进展。

(3)强化以人为本，提高员工素质。

建立用人制度的竞争、激励机制，推行员工、干部月度和年度业绩考评制度。根据年度业绩的考评结果，系统负责人末位淘汰、中层干部淘汰20%、员工淘汰15-20%。

实施全员培训，提高员工素质。全年新员工上岗培训面100%，人平培训学时不低于24学时；员工升职培训面不低于80%；员工提高培训不低于40%。

按照国家有关政策，办理员工社会福利保险，合理投保100%；制定实施非社会福利保险员工及满一定公司工作年限员工的商保计划；制定并实施员工年度体检计划。

(4)注重公司内部管理，提高公司运行效率。

精减机构、裁减冗员，在公司年度人员编制平均不超过450人的情况下，大力提高工作效率；化小核算、落实责任，将成本、费用、利润指标逐级分解，将员工收入与工作绩效挂钩。

加强审计监督，堵塞管理漏洞。

(5)以公司股票公发上市为契机，扩大公司资本运作空间、增强公司资本运作能力；逐步实现产业多元化。

6.董事会日常工作情况：

(1)报告期内董事会会议情况及决议内容：

1) 2000年1月26日，公司第一届董事会第五次会议在本公司会议室召开，本次会议审议通过了如下决议：《公司人事任免议案》；《购买福州金匙摩托车有限公司资产的议案》；《修订薪资制度的议案》；《计提"四项准备"的议案》。

2) 2000年5月18日，公司第一届董事会第六次会议在本公司会议室召开，会议通过了如下决议：《99年度董事会工作报告》；《99年度公司总经理业务报告》；《99年度财务决算报告》；《99年度利润分配方案》；《2000年度财务预算报告》；《董事人选变更议案》；《投资设立"西藏珠峰钱江工业有限公司"议案》。

3) 2000年9月6日，公司第一届董事会第七次会议在本公司四楼会议室召开，会议通过了如下决议：1*、将1999年度第一次临时股东大会"关于1999年7月1日以后的利润，由公司5000万社会公众股发行后的新老股东共享"的决议改为"1999年7月1日至2000年6月30日期间实现的可供股东分配的利润在现有股东范围内进行分配。2*、公司2000年1至6月共实现净利润16,570,996.61元，此部分利润暂不进行分配。3*、公司2000年7月1日以后的利润由公司5000万社会公众股发行后的新老股东共享。

4) 2000年11月4日公司第一届董事会第八次会议在本公司四楼会议室召开，会议决定将本公司2000年1-6月实现的利润16,570,996.61元，分别提取10%的法定公积金1,657,099.66元和10%法定公益金1,657,099.66元后，再加上2000年年初未分配利润20,861,773.41元，则截至2000年6月30日可供股东分配的利润为34,118,570.70元。此部分利润对本公司5家发起人股东按各自所占的股权比例进行分配。

7.公司管理层及员工情况

(1)公司董事、监事及高级管理人员情况简介：

姓名	性别	年龄	公司职务	任期	年初持股	年末持股
何冰	男	39	董事长	1998.12-2001.12	0	0
何成林	男	46	副董事长	1998.12-2001.12	0	0
王运金	男	53	副董事长	1998.12-2001.12	0	0
黄谦	男	42	董事	1998.12-2001.12	0	0
夏渝桥	男	63	董事	1998.12-2001.12	0	0
江春	男	54	董事	1998.12-2001.12	0	0
格桑次仁	男	51	董事	1999.12-2001.12	0	0
陈岷	男	46	董事	1998.12-2001.12	0	0
周友苏	男	48	董事	2000.06-2001.12	0	0
许平	男	39	监事会主席	1998.12-2001.12	0	500
李秀兰	女	54	监事会副主席	1998.12-2001.12	0	0
索朗班久	男	52	监事	1998.12-2001.12	0	0
李红英	女	33	监事	1998.12-2001.12	0	0
尹芳	女	33	监事	1999.12-2001.12	0	0
张洪岩	男	34	副总经理	1998.12-2001.12	0	0
赵琪云	男	34	董事会秘书	1998.12-2001.12	0	0
吴东蓉	女	51	财务副总监	1998.12-2001.12	0	0

说明：

1)不在公司领取报酬的有：王运金、江春、格桑次仁、周友苏、李秀兰、索朗班久、李红英。

2)董事、监事及高管人员年度报酬总额63.5万元，其中6万元到8万元共5人，8万元到10万元共2人，13 万元以上1人。

(2)公司员工数量、专业构成、教育程度及离退休员工情况：

截止2000年末，本公司共有员工595人，其中生产人员209人，工程技术人员43人，销售及售后服务人员203人，财务人员46人，管理人员94人。文化结构为：大学本科及以上为102人，大专208人，中专92人，高中及以下193 人。本公司目前无退休人员。

8、本次利润分配预案及预计2001年度股利分配政策：

(1)本次利润分配预案

经深圳同人会计师事务所审计，2000年度本公司实现净利润为33,272,109.76元。扣除已分配的2000年上半年实现的利润16,570,996.61元，未分配的利润为16,701,113.15元。提取10%公益金1,670,111.32元，提取10%的公积金为1,670,111.32元后公司可供股东分配的利润为13,360,890.51元。拟以2000年12月31日的总股本15,833.33万股为基数，按每10股派发0.3元现金红利(含税)，分配股利4,749,999.99元，剩余利润8,610,890.52元留作以后年度进行分配。

(2)预计2001年度的股利分配政策

公司拟在2001年进行一次利润分配，分配拟采用现金分配的方式；2001年度实现的可供股东分配的利润的10%-50%、以前年度的20%-50%将用于利润分配；具体分配方案将视公司当时实际情况而定。

9、其他报告事项：

报告期内公司选定的信息披露报纸为《上海证券报》和《中国证券报》。

六、监事会报告

1.召开监事会情况

本公司监事会本着对股东负责的精神，根据《公司法》和《公司章程》的规定，认真履行职责，努力开展工作，维护公司和股东的合法权益。2000年5月18日，公司第一届监事会第三次会议在本公司会议室召开，会议审议并通过了《1999年度监事会工作报告》和《1999年度财务决算报告》、《2000年度财务预算报告》、《1999年度财务决算报告》、《1999年度利润分配预案》。

2.公司依法运作情况

报告期内公司依法运作，各项重大经营与投资决策的制定与实施均依法规范运作，股东大会、董事会的通知、召开、表决等均符合法定程序，建立了较为完善的内部控制制度。公司董事、高管人员在履行职务时没有违规违法运作行为，未有损害公司及股东权益的情况发生。

3.检查公司财务的情况

(1)公司监事会对公司的2000年度财务状况进行了检查，认为2000年度财务报告如实地反映了公司的财务状况和经营成果。公司2000年度财务报告已经深圳同人会计师事务所审计，并出具了无保留意见的审计报告。监事会认为该报告真实、公正地反映了本公司实际生产经营情况。

(2)报告期内公司募集资金尚未投入项目。

(3)本公司在收购、出售资产中，交易价格合理，没有出现内幕交易，没有出现损害部分股东权益或造成公司资产流失的行为。

(4)本年度内公司进行的关联交易公平、公允，没有损害公司及非关联股东的利益，未造成公司资产流失。

七、重要事项

1.报告期内公司无重大诉讼、仲裁事项。

2.报告期内公司董事及高级管理人员没有受到证券监管部门任何处罚。

3.报告期内公司控股股东无变更，姚政先生因离职辞去本公司董事职务，总经理、董事会秘书均未发生变更。

4.报告期内公司未发生收购、吸收合并事项。

5.报告期内公司无出售资产情况。

6.报告期内无重大关联交易事项。

7.公司第一大股东为西藏珠峰摩托车工业公司，公司与控股股东在人员、资产、财务上完全"三分开"。

(1)人员方面：公司在劳动、人事及工资管理等方面完全独立，总经理及其他在本公司工作的高级管理人员均在本公司领取薪水，未在控股单位领取薪水和担任职务。

(2)在资产方面：公司拥有独立的生产体系、辅助生产体系和配套设施，工业产权，商标、非专利技术等无形资产均由本公司拥有；独立拥有采购、生产和销售体系。

(3)财务方面：公司设立了独立的财务部门，并建立了独立的会计核算体系和财务管理制度，独立开立了银行帐户。

8.报告期内公司未发生重大托管、承包、租赁其他公司资产或其他公司托管、承包、租赁本公司资产的事项。

9.2000年公司继续聘请深圳同人会计师事务所为公司财务报告做审计工作。

10.其他重大合同(含担保等)及其履行情况：报告期内公司无重大合同(含担保)事项。

11.报告期内未变更公司名称或股票简称。

12.公司或持股5%以上股东在指定报纸和网站上无曾披露承诺事项。

八、财务会计报告

1.审计报告(附后)

2.会计报表(附后)

3.会计报附注(附后)

九、公司的其他有关资料

1.公司首次注册登记日:1998 年 11 月 30 日;
公司首次注册登记地点:西藏自治区工商行政管理局;
2.企业法人营业执照注册号:5400001000825 1/2;
3.税务登记号码:540100710904055;
4.公司未流通股票的托管机构名称:上海证券中央登记结算公司;
5.公司报告期内上市主承销机构名:光大证券有限责任公司;
公司报告期内上市副承销机构名称:甘肃证券有限责任公司;
6.公司聘请的会计师事务所名称:深圳同人会计师事务所;
公司聘请的会计师事务所办公地址:深圳市华富路 5 号南光大厦三楼。

十、备查文件

1.载有法定代表人、主管会计工作负责人、会计机构负责人签名并盖章的会计报表。
2.载有会计师事务所盖章、注册会计师签名并盖章的审计报告原件。
3.报告期内本公司在《中国证券报》、《上海证券报》上公开披露过的所有正本及公告原稿。

西藏珠峰工业股份有限公司
董事会
二 00 一年四月十七日
深同证审字[2001]第 056 号

审计报告

中国.拉萨
西藏珠峰工业股份有限公司全体股东:

我们接受委托,审计了贵公司 2000 年 12 月 31 日的资产负债表, 2000 年度的利润表及利润分配表,2000 年度的现金流量表。这些会计报表由贵公司负责。我们的责任是对这些会计报表发表审计意见。我们的审计是依据《中国注册会计师独立审计准则》进行的。在审计过程中,我们结合贵公司实际情况,实施了包括抽查会计记录、审核有关证据等我们认为必要的审计程序。

我们认为,上述会计报表符合《企业会计准则》和《股份有限公司会计制度》的有关规定,在所有重大方面公允地反映了贵公司 2000 年 12 月 31 日的财务状况,2000 年度的经营成果,2000 年度的现金流量情况,会计处理方法的选用遵循了一贯性原则。

深圳同人会计师事务所　　中国注册会计师　朱文岳
中国注册会计师　易永健
2001 年 4 月 14 日

西藏珠峰工业股份有限公司
会计报表附注
2000 年度　　单位:人民币元

一、公司概况

本公司是经西藏自治区人民政府藏政函[1998]71 号批准以西藏珠峰摩托车工业公司为主要发起人,联合西藏自治区信托投资公司、西藏自治区土畜产进出口公司、西藏国际经济合作公司、西藏赛亚经贸服务公司共同发起,在原西藏珠峰摩托车工业公司基础上改制而成。主要发起人西藏珠峰摩托车工业公司以其摩托车生产经营性资产投入,其他发起人以货币资金向西藏珠峰摩托车工业公司购买摩托车生产经营所需的经营性资产投入。发起各方投入的资产经审计、资产评估后以相同比例折价入股。本公司经西藏自治区经济贸易经济体制改革委员会以藏经委证复[1998]361 号文批准,于 1998 年 11 月 30 日正式成立,并领取了注册号为 21966825-9-1 的企业法人营业执照。法人代表:何冰。

本公司发起设立时的总股本和注册资本为人民币 10,833.33 万元。2000 年 12 月,经中国证券监督管理委员会以证监发行字 [2000]168 号文批准,首次向社会公众发行人民币普通股 5,000 万股。发行后总股本变更为 15,833.33 万元。本公司流通股 5,000 万股于 2000 年 12 月 27 日在上海证券交易所挂牌上市交易,股票代码:600338。

经营范围是:生产、销售摩托车及零部件,提供售后服务;销售家用电器,机电产品(不含小轿车),复印机,办公用品,纺织原料及制品,食品,机械设备;销售矿产品。

注册地址为西藏拉萨市北京中路 194 号。

二、主要会计政策和会计估计

1.会计制度

本公司执行中华人民共和国《企业会计准则》和《股份有限公司会计制度》及其补充规定。

2.会计年度

会计年度采用日历年度制,即自公历每年一月一日起至十二月三十一日止。

3.记账本位币

本公司记账本位币为人民币。

4.记账基础和计价原则

本公司的记账基础为权责发生制,计价原则为历史成本法。

5.外币业务核算方法

本公司年度内发生的非本位币经济业务,按业务发生当月一日中国人民银行公布的市场汇价折合为人民币记账。期末,货币性项目中的外币余额概按当日市场汇价买入卖出中间价进行调整,由此产生的折合人民币差额,比照借款利息等费用的核算方法,根据外币资金的实际用途及公司所处的营业期间,分别计入在建工程、开办费或计入当期损益。

6.短期投资核算方法

短期债券投资根据实际支付的价款扣除已宣告发放但未领取的利息入账,在短期债券出售并收到资金后,确认投资收益。

短期股权投资按实际支付的价款扣除已宣告发放但未领取的现金股利后计价入账。

本公司根据成本与市价孰低计价原则,按期末短期投资账面值高于其可收回投资额的差额计提短期投资跌价准备。

7.现金等价物的确定标准:

现金等价物为本公司持有的期限短、流动性强、易于转换为已知金额现金、价值变动风险很小的投资。

8.坏账核算方法

①本公司确认坏账损失的标准:凡因债务人破产,依照法律清偿程序清偿后仍无法收回;或因债务人死亡,既无遗产可供清偿,又无义务承担人,确实无法收回;或因债务人逾期未能履行偿债义务,经法定程序审核批准,该等应收账款列为坏账损失。

②坏账损失的核算方法:本公司坏账损失核算采用备抵法,坏账准备按决算日应收款项(包含应收账款和其他应收款)余额的 5%计提,并计入当年度损益。

9.存货核算方法

本公司的存货分为原材料、包装物、低值易耗品、在制品、库存产成品等七类,各类存货的取得以实际成本计价,发出存货的成本以加权平均法计算确定。

本公司按照期末存货成本与可变现净值孰低计价原则,按单个存货项目的成本高于其可变现净值的差额计提存货跌价准备。

低值易耗品于领用时采用一次摊销法摊销。

10.长期投资核算方法

(1)长期债权投资:本公司债权投资按实际支付的款项扣除应计利息后计价入账,债权投资实际成本与债券票面价值的溢价(或折价),采用直线法于债券存续期内摊销。

(2)长期股权投资:本公司股票投资按实际支付的价款扣除已宣告发放的现金股利后计价入账,其他股权投资按投出现金及固定资产、无形资产的账面净值计价入账。

本公司的其它股权投资采用下列会计处理方法:投资额占被投资公司资本总额不足 20%时,以成本法核算;投资额占被投资公司资本总额 20%至 50%时,以权益法核算;投资额占被投资公司资本总额 50%(不含)以上以及投资额虽占被投资公司资本总额 20%至 50%,但本公司对其实质上拥有控制权者,采用权益法核算并合并其会计报表。

本公司按照期末长期投资账面值与可收回投资额的差额计提长期投资减值准备。

11.固定资产计价和折旧方法

(1)固定资产标准:指使用期限超过一年的房屋建筑物、机器设备、运输工具及其它与经营有关的工器具等,以及不属于经营的主要设备但单位价值在人民币 2,000 元以上,使用期限超过二年的物品。

(2)固定资产计价:固定资产按实际成本计价,惟本公司在改制为股份公司时,已按评估确认的价值入账。

(3)固定资产折旧方法:固定资产折旧采用直线法计算,并根据各类固定资产的原值、估计经济使用年限和预计残值(原值的 3%)确定其折旧率。各类折旧率如下:

类别	预计使用年限(年)	年折旧率(%)
房屋及建筑物	35	2.77
其中:简易房及仓库	10-20	9.70-4.85
机器设备	10	9.70
运输工具	5-8	19.40-12.13
电子及其他设备	5	19.40

12.在建工程核算方法

在建工程按实际成本计价。在建工程达到设定地点及设定用途并交付使用时,确认为固定资产。

在建工程建造期间所发生的借款利息及其相关费用计入在建工程成本。

13.无形资产核算方法

无形资产按实际支出入账,并按以下方法摊销;

土地使用权自有权使用土地的月份起在剩余使用期限内平均摊销。

14.开办费、长期待摊费用摊销方法

本公司的开办费、长期待摊费用按形成时发生的实际成本计价,并按直线法摊销。具体项目及摊销年限如下:

(1)开办费,从正式开始经营的当月起在 5 年内平均摊销。
(2)电增容费,从 1996 年 8 月起分 10 年摊销。
(3)办公楼改装费,从投入使用的当月起分 5 年摊销。

15.收入确认原则

商品(产品)销售:公司将商品(产品)所有权上的主要风险和报酬转移给购买方,对该商品(产品)不再保留继续管理权和实际控制权,与交易相关的价款已经收到或已经取得了收款的证据,与收入相关的商品(产品)成本能够可靠地计量,确认收入的实现。

提供劳务:劳务已经提供,相关的成本能够可靠计算,其经济利益能够流入,确认收入的实现。

16.所得税的会计处理方法

本公司所得税的会计处理方法采用应付税款法。

17.利润分配

本公司按当年实现净利润提取法定盈余公积 10%,法定公益金 5%~10%,剩余可供股东分配的利润由董事会提出分配方案报股东代表大会批准后实施。三、税项及税收优惠

(一)本公司主要适用的税种和税率

税种	计税依据	税率
增值税	产品或劳务销售收入、购进材料价值	17%
进口关税	进口材料价值	25%-30%
企业所得税 *	应纳税所得额	15%

* 本公司作为西藏自治区的驻区外企业,根据国家税务总局国税函发[1994]125 号文,企业所得税回西藏缴纳;另根据西藏自治区国家税务局藏国税涉函[1999]12 号文,统一按 15%的所得税率作纳税准备。

(二)税收优惠

1.本公司根据西藏自治区财政厅藏财预[97]02 号文及[98]3 号文规定,对在西藏区域外经营的企业免征"城市维护建设税"和"教育费附加"。

2.本公司根据西藏自治区人民政府藏政发[1994]22 号文关于工商税制改革实施方案的通知规定,对自治区属于征收消费税的生产企业生产的应税产品,暂不征收消费税。

四、本公司的联营企业

本公司的联营公司概况列示如下:

公司名称	注册地点	注册资本	投资金额(RMB)	拥有权益%
西藏珠峰光阳动力机有限公司(中外合资)*1	械拉萨市	USD ,12,000,000.00	37,400,000.00	50%
2.机械产品的加工及制造业务;				
3.有关 1.2 项所需矿油类的经销。				
西藏珠峰中免免税品有限公司 *2	拉萨市	RMB 3,000,000.00	900,000.00	30%

续上表:

公司名称	经营范围	会计报表是否合并
西藏珠峰光阳动力机械有限公司(中外合资)*1	1.生产、销售、维修各种发动机及其配件,化油器、磁电机、起动电机、摩托车模具、铸锻毛坯件;	否
2.机械产品的加工及制造业务;		
3.有关 1.2 项所需矿油类的经销。		
西藏珠峰中免免税品有限公司 *2	海关总署核准的如下免税进口商品和国产品:酒、日用百货、纺织品服装、皮具、香水化妆品、副食品、饮料、家用电器。	否

*1.1998 年 5 月 6 日,由原西藏珠峰摩托车工业公司出资 RMB25,000,000.00 元与英属维京群岛光阳投资有限公司出资 USD3,4,000,000.00 元(均为双方第一期出资),共同组建中外合资企业西藏珠峰光阳动力机械有限公司。根据改制时重组原则,原西藏珠峰摩托车工业公司持有的该中外合资公司 50%股权由本公司承接。另本公司于 2000 年 7 月追加第二期出资 RMB12,400,000.00 元,合资双方在第二期出资后本公司持股比例为 50%。

*2.经批准由本公司与中国免税品(集团)总公司等三家法人单位共同出资组建了"西藏珠峰中免免税品有限公司",并于 2000 年 9 月领取了企业法人营业执照,该公司注册资本为人民币 3,000,000.00 元,本公司已出资 900,000.00 元人民币,占股本比例为 30%,截止本报告期末,该公司尚在筹建中。

五、会计报表主要项目注释:

1.货币资金

	1999-12-31 原币	汇率	折合本位币	2000-12-31 原币	汇率	折合本位币
现金 RMB	105,384.85	1.00	105,384.85	RMB 45,828.36	1.00	45,828.36
银行存款 RMB	24,702,275.90	1.00	24,702,275.90	RMB535,540,692.44	1.00	535,540,692.44
	24,807,660.75			535,586,520.80		

本项目 2000 年 12 月 31 日余额比 1999 年 12 月 31 日余额增加 519,778,859.42 元,主要原因是

本期12月发行社会公众股5000万股，其募集资金近4亿元到账及经营活动产生净现金流入118,725,282.84元。

2.应收票据

项目	1999-12-31	2000-12-31
银行承兑汇票	17,551,600.00	6,063,480.00

应收票据最晚到期日为2001年6月28日。

2000年12月31日应收票据明细如下:

出票单位	出票日期	到期日	2000-12-31
宁夏东辉工贸有限公司	2000.12.31	2001.6.20	200,000.00
宁夏东辉工贸有限公司	2000.11.30	2001.2.28	500,000.00
江门蓬江区佑威发展有限公司	2000.11.29	2001.2.29	500,000.00
日照新世纪工贸有限公司	2000.10.27	2001.1.27	300,000.00
山东维坊华源拖拉机有限公司	2000.11.10	2001.5.8	100,000.00
维坊生物开发区世纪摩销中心	2000.12.22	2001.3.22	21,800.00
云南航天工业销售公司	2000.12.28	2001.6.28	391,680.00
南阳市骑士乐摩托车有限公司	2000.12.27	2001.3.27	400,000.00
河南市新郑卷烟厂供销公司	2000.12.20	2001.6.20	300,000.00
济源焦化有限公司	2000.12.8	2001.5.7	300,000.00
河南安彩高科股份有限公司	2000.12.25	2001.6.25	800,000.00
河南安彩高科股份有限公司	2000.12.14	2001.6.14	300,000.00
江西阳光车业有限公司	2000.12.27	2001.3.26	350,000.00
河北衡水市华侨友谊公司	2000.12.22	2001.3.22	300,000.00
西安宋南新兴机械厂	2000.11.24	2001.5.24	300,000.00
湘潭市腾飞摩托车贸易有限公司	2000.12.18	2001.3.18	1,000,000.00
合计			6,063,480.00

本项目2000年12月31日余额比1999年12月31日余额减少11,488,120.00元,降低65.45%,主要原因系本年应收票据增加91,545,630.00元,到期解付22,316,800.00元,贴现34,978,200.00元,背书45,738,750.00元所致。

3.应收账款

账龄	1999-12-31 金额	占该账项金额的百分比(%)	坏账准备	2000-12-31 金额	占该账项金额的百分比(%)
1年以内	69,887,632.61	97.52	3,494,381.63	75,253,247.83	99.92
1年至2年	1,773,805.58	2.48	88,690.28	--	--
2年至3年	--	--	--	61,000.00	0.08
	71,661,438.19	100	3,583,071.91	75,314,247.83	100

续上表:

账龄	2000-12-31 坏账准备
1年以内	3,762,662.39
1年至2年	--
2年至3年	3,050.00
	3,765,712.39

本项目中无持有本公司5%以上(含5%)表决权股份的股东欠款。

4.其他应收款

其他应收款的账龄分析列示如下:

账龄	1999-12-31 金额	占该账项金额的百分比(%)	坏账准备	2000-12-31 金额	占该账项金额的百分比(%)
1年以内	20,178,846.48	75.56	1,008,942.33	39,014,518.75	96.18
1年至2年	6,527,181.64	24.44	326,359.08	550,000.00	1.35
2年至3年	--	--	--	1,000,000.00	2.47
	26,706,028.12	100	1,335,301.41	40,564,518.75	100

续上表:

账龄	2000-12-31 坏账准备
1年以内	1,950,725.94
1年至2年	27,500.00
2年至3年	50,000.00
	2,028,225.94

本项目2000年12月31日余额比1999年12月31日余额增加21,584,990.63元,增长80.82%,主要原因系本期内增加了办事处备用金及应收四川华晖实业有限公司、拉萨大酒店的暂借款所致。

本项目2000年12月31日余额中有持本公司5%以上(含5%)表决权股份的股东欠款,计人民币1,983,020.81元,占该项目余额的4.11%,具体情况见附注八.(6)关联方关系及其交易。

非关联往来款项,欠款单位欠款占本项目总额10%(含10%)以上的详情:

债务人名称	借款原因	1999-12-31	占该账项金额比例(%)	2000-12-31	占该账项金额比例(%)
办事处备用金	备用金	3,493,559.36	13.08	9,927,668.42	24.47
四川华晖实业有限公司	暂借款	--	--	8,191,471.70	20.19
拉萨大酒店	借款	--	--	5,500,000.00	13.56

5.预付账款

账龄	1999-12-31 金额	占该账项金额的百分比(%)	2000-12-31 金额	占该账项金额的百分比(%)
1年以内	28,582,912.94	99.86	2,072,927.28	100
1年至2年	40,373.46	0.14	--	
	28,623,286.40	100	2,072,927.28	100

本项目中无持有本公司5%以上(含5%)表决权股份的股东欠款。

本项目2000年12月31日余额比1999年12月31日余额减少26,950,359.12元,降低94.16%,主要原因系减少了预付供应商的货款。

6.存货

	1999-12-31	跌价准备	2000-12-31	跌价准备
原材料	65,231,814.14	--	48,359,934.04	930,722.73
包装物	866,632.93	--	294,497.31	--
低值易耗品	462,761.42	--	12,008.90	--
委托加工物资	--	--	296,083.61	--
物资采购	--	--	861,118.45	--
库存产品	166,420,409.51	818,906.37	172,786,706.27	4,806,411.88
在产品	11,829,622.64	--	8,931,501.58	102,732.00
分期收款发出商品	11,270,391.30	--	10,468,618.36	--
在途产品	26,505,568.55	--	4,583,140.47	--
	282,587,200.49	818,906.37	246,593,608.99	5,839,866.61

本项目2000年12月31日余额比1999年12月31日余额减少36,011,034.09元,降低12.74%,主要原因系减少了向供应商购货。

7.待摊费用

项目	2000-1-1	本期增加	本期摊销	2000-12-31
租赁费及其他	411,837.91	1,319,649.18	1,662,052.58	69,434.51

8.长期股权投资

项目	2000-1-1	本期增加	本期减少	2000-12-31
其他股权投资*	24,741,893.74	23,199,758.03	--	47,941,651.77

*本公司按权益法核算的其他股权投资:

被投资单位名称	投资期限	2000-12-31 投资金额	占被投资单位注册资本比例	期末按权益法调整所有者权益 本期增(+)减(-)额	累计增(+)减(-)额
西藏珠峰光阳动力机械有限公司	25年	RMB37,400,000.00*1	50%	9,899,758.03*2	9,641,651.77 *2
西藏珠峰中免免税品有限公司	10年	900,000.00*3	30%	--	--

*1根据该公司章程,本公司于2000年7月对其投入第二期资本计12,400,000.00元人民币,该一事项已经西藏方天会计师事务所以藏言会验字[2000]第172号验资报告验证在案。

*2西藏珠峰光阳动力机械有限公司于1999年开始经营,截至2000年12月31日止本公司按权益法核算累计盈利9,641,651.77元。

*3西藏珠峰中免免税品有限公司于2000年9月成立,截至2000年12月31日止该公司属筹建期,本公司按成本法核算。

9.长期债权投资

项目	2000-1-1	本期增加	本期减少	2000-12-31
债券投资*	3,306.00	108.00	--	3,414.00

*债券投资的明细列示如下:

债券种类	面值	年利率	购入金额	到期日	本期利息	累计应收利息
公司债券	3,000.00	3.60%	3,000.00	2001.1.30	108.00	414.00

10.固定资产及折旧

	2000-1-1	本期增加	本期减少	2000-12-31
固定资产原价:				
房屋及建筑物	104,005,229.03	2,104,862.09	78,872.82	106,031,218.30
机器设备	19,268,272.62	2,357,529.13	182,000.00	21,443,801.75
运输工具	9,820,975.05	549,643.60	1,240,750.10	9,129,868.55
电子及其他设备	5,512,522.48	585,278.65	655,404.00	5,442,397.13
	138,606,999.18	5,597,313.47	2,157,026.92	142,047,285.73
累计折旧:				
房屋及建筑物	6,163,136.82	3,133,458.00	76,046.97	9,220,547.85
机器设备	3,735,694.43	1,550,362.74	497,601.41	4,788,455.76
运输工具	3,631,608.39	1,885,195.11	751,736.25	4,765,067.25
电子及其他设备	1,938,690.88	847,251.17	2,558.88	2,783,383.17
	15,469,130.52	7,416,267.02	1,327,943.51	21,557,454.03
固定资产净值	123,137,868.66			120,489,831.70

11.在建工程

工程名称	2000-1-1	本期增加	本期减少	其中:转固定资产	2000-12-31	资金来源	工程进度
其他零星工程	888,970.76	883,188.85	1,772,159.61	1,772,159.61	--	自筹	100%

本公司在建工程项目发生额中均无已予以资本化的利息。

12.无形资产

	初始金额	2000-1-1	本期增加	本期减少	本期摊销	2000-12-31
福州马尾开发区土地使用权*1	12,350,000.00	12,275,602.40	--	563,160.00	276,732.30	11,435,710.10
成都八里庄仓库土地使用权**2	7,960,253.40	7,854,116.69	--	--	159,205.08	7,694,911.61
	20,310,253.40	20,129,719.09	--	563,160.00	435,937.38	19,130,621.71

*1系本公司于1999年9月通过竞买方式买受的原金髭摩托车有限公司的在福州市马尾开发区的土地使用权,本公司按成交价12,350,000.00元入账,并按取得时的剩余期限即1999年9月至2042年4月平均摊销。本期由于市政工程而被政府征用土地原值563,160.00元,收到政府补偿款285,000.00元,差额278,160.00元,已计入当期损益。

**2系本公司于1999年5月通过协议从四川华晖实业有限公司购买的土地使用权,本公司按协议价7,960,253.40元入账,并按实际享有权限即1999年5月至2048年12月平均摊销。

13.开办费

	原始发生额	2000-1-1	本期增加	本期摊销	2000-12-31
开办费	2,772,602.79	1,602,548.07	--	375,093.89	1,227,454.18

开办费主要系本公司所属的福州工厂及其拉萨办事处的开办、装修费。

14.长期待摊费用

	原始发生额	2000-1-1	本期增加	本期摊销	2000-12-31
办公楼改装工程	5,119,460.96	4,463,857.31	1,069,771.50	719,664.50	4,813,964.31
电增容工程	430,000.00	313,183.35	--	57,333.32	255,850.03
	5,549,460.96	4,777,040.66	1,069,771.50	776,997.82	5,069,814.34

15.短期借款

借款类别	1999-12-31 原币(RMB)	汇率	折合本位币	2000-12-31 原币(RMB)	汇率	折合本位币
银行借款						
其中:抵押	9,000,000.00	1.00	9,000,000.00	--	1.00	--
担保	100,800,000.00	1.00	100,800,000.00	126,000,000.00	1.00	126,000,000.00
	109,800,000.00					126,000,000.00

续上表:

借款类别	借款期限	月利率
银行借款		
其中:抵押	--	--
担保	1~12个月	5.115‰~5.4‰

本项目2000年12月31日余额比1999年12月31日余额增加16,200,000.00元,增加14.75%,主要原因是年末增加流动资金。

16.应付账款

账龄	1999-12-31 金额	占该账项金额的百分比(%)	2000-12-31 金额	占该账项金额的百分比(%)
1年以内	170,639,331.73	99.93	192,510,091.68	100

1年至2年	127,030.25	0.07	--	--
2年至3年	--	--	--	--
	170,766,361.98	100	192,510,091.68	100

本项目2000年12月31日余额比1999年12月31日余额增加21,743,729.18元，上升12.73%,主要原因系应付关联公司款项增加。

本项目中应付关联公司款项38,767,342.49元,占本项金额20.14%,详见附注六.(6)关联关系及其交易。

17.预收账款

账龄	1999-12-31		2000-12-31	
	金额	占该账项金额的百分比(%)	金额	占该账项金额的百分比(%)
1年以内	24,059,118.76	100	29,121,357.44	100

本项目2000年12月31日余额比1999年12月31日余额增加了5,062,238.68元，增加22.81%,主要原因是加强了营销管理而增加了销货量。

本公司无预收持本公司5%以上股份股东的款项。

18.其他应付款

账龄	1999-12-31		2000-12-31	
	金额	占该账项金额的百分比(%)	金额	占该账项金额的百分比(%)
1年以内	14,150,590.95	100	8,940,622.14	59.84
1年至2年	--	--	5,999,872.70	40.16
	14,150,590.95	100	14,940,494.84	100

* 本项目期末余额中占本项总额10%(含)以上的大额其他应付款明细如下:

单位	欠款原因或性质	1999-12-31	占该账项总额比例(%)	2000-12-31	占该账项总额比例(%)
各购货单位	售车保证金	9,197,942.68	65.00	6,519,097.20	43.63
重庆宗申	暂收款	--	--	2,242,822.27	15.01

19.应付股利

股东名称	1999-12-31	2000-12-31
西藏珠峰摩托车工业公司	43,583,283.87	66,001,926.27
西藏自治区信托投资公司	6,875,095.75	19,207,724.08
西藏土畜产进出口公司	1,061,076.14	2,928,504.69
西藏国际经济合作公司	210,125.28	584,560.99
西藏赛亚经贸服务公司	212,199.78	586,635.49
社会公众	--	1,500,999.99
	751,941,780.82	90,810,351.51

股利分配情况见本附注五、26利润分配说明。

20.应交税金

	1999-12-31	2000-12-31
增值税	(32,299,552.92)	(12,805,608.59)
营业税	--	59,625.02
企业所得税	7,119,046.27	7,537,284.81
	7(25,180,506.65)	(5,208,698.76)

本项目2000年12月31日余额比1999年12月31日余额增加19,898,705.60元,上升79.02%,主要原因是增值税额的变化:本期应交增值税销项税170,167,186.64元,本期进项税98,568,889.05元,本期已交税金52,104,353.26元。

21.预提费用

类别及项目	预提原因	1999-12-31	2000-12-31
租赁费	尚未支付的西藏办租金费	525,000.00	524,999.96
关税 *	尚未缴付的已进口材料计提的关税	32,274,017.28	--
销售返利	尚未支付的返利款	6,292,055.00	9,873,168.37
其他	尚未支付的利息等	1,414,231.94	2,101,381.26
		40,505,304.22	12,499,549.59

* 本公司在改制后1998年度应缴关税根据西藏自治区拉萨海关对本公司核定的应缴关税额计列进口材料成本，本年经西藏自治区拉萨海关核准，以及与西藏珠峰摩托车工业公司协议将已计提而尚未缴付的关税32,067,203.36元转由其承担。从1999年度起本公司生产用进口材料主要从国内采购,而售后服务所需部分零配件则委托珠峰工业公司进口,本年进口关税已全额计入零件成本。

22.一年内到期的长期借款

借款单位	原币	汇率	折合本位币	借款期限	利率(年)
成都建行-支行	13,225,720.00	1.00	13,225,720.00	1999.8.13-2001.01.02	7.128%
成都建行-支行	20,304,200.00	1.00	20,304,200.00	2000.5.25-2001.11.21	7.605%
			33,529,920.00		

23.股本

	1999-12-31	本年增减变动 增发	2000-12-31
一.上市未流通股份			
1.发起人股份	42,250,000.00	--	42,250,000.00
其中:			
国家拥有股份	42,250,000.00	--	42,250,000.00
2.募集法人股份	66,083,333.00	--	66,083,333.00
上市未流通股份合计	108,333,333.00	--	108,333,333.00
二.已上市流通股份			
人民币普通股	--	50,000,000.00	50,000,000.00
已上市流通股份合计	--	50,000,000.00	50,000,000.00
三.股份总额	108,333,333.00	50,000,000.00	158,333,333.00

本公司发起设立的总股本为108,333,000.00元,本期发行社会公众股5,000万股,发行后的总股本158,333,333.00元。

以上出资情况已经深圳同人会计师事务所以深同证验字[1998]第026号及[2000]第019号验资报告验证在案。

24.资本公积

项目	2000-1-1	本期增加	本期减少	2000-12-31
股本溢价 *1	54,237,830.72	343,354,845.01	--	397,592,675.73
接受捐赠 *2	2,155,479.32	--	--	2,155,479.32
	56,393,310.04	--	--	399,748,155.05

*1 股本溢价年初余额54,237,830.72元是各发起人股东投入经评估的净资产以1.5:1的比例折股形成;本期增加额343,354,845.01元系本期通过网上定价发行社会公众股5,000万股的股本溢价,发行价格为8.15元/股,扣除承销佣金及其他发行费用后其募集资金393,354,845.01元,其中5,000万元转作股本,剩余部分转作资本公积。

*2 接受捐赠系1999年由供应商无偿赠给本公司的样车。

25.盈余公积

项目	2000-1-1	本期增加	本期减少	2000-12-31
法定盈余公积	9,100,444.28	3,327,210.98	--	12,427,655.26
法定公益金	9,100,444.28	3,327,210.98	--	12,427,655.26
	18,200,888.56	6,654,421.96	--	24,855,310.52

26.利润分配

	分配比例	1999年	2000年
年初未分配利润		30,971,874.81	20,861,773.41
本期净利润		52,289,599.28	33,272,109.76
减:提取法定盈余公积	10%	5,228,959.93	3,327,210.98
提取法定公益金	10%	5,228,959.93	3,327,210.98
分配股利		51,941,780.82	38,868,570.69
年末未分配利润		20,861,773.41	8,610,890.52

* 根据2000年10月8日股东大会决议,2000年6月30日前形成的未分配利润在计提两金后由原在册股东分配,2000年7月1日以后的利润由新老股东共享;另根据2001年4月13日董事会通过拟提交股东大会表决的利润分配预案,本公司对2000年7-12月的净利润，提取10%法定公积金与10%法定公益金,剩余净利润按每10股派送0.30元现金股利。

27.主营业务收入

项目	1999年	2000年
销售摩托车	966,985,493.22	960,575,698.64
销售零配件	40,676,004.16	50,018,653.73
	1,007,661,497.38	1,010,594,352.37

28.主营业务成本

项目	1999年	2000年
销售摩托车	812,947,306.12	837,596,817.99
销售零配件	37,925,088.23	47,705,410.74
	850,872,394.35	885,302,228.73

29.财务费用

	1999年	2000年
利息支出	6,828,761.32	8,389,362.13
减:利息收入	471,696.21	563,078.54
汇兑损(益)	(1,078,474.52)	(808,101.64)
其他	570,060.72	320,741.84
	75,848,651.31	7,338,923.79

30.其他业务利润

	1999年	2000年
租金收入	1,246,968.00	1,741,082.88
技术指导费	--	1,000,000.00
	1,246,968.00	2,741,082.88

31.补贴收入

	1999年	2000年
专项补助	9,175,000.00	9,669,000.00

99年及2000年专项补助系根据西藏自治区财政厅藏财预字[1999]15号文、[2000]40号文、[2000]74号文,[2000]128号文,本公司收到的由西藏自治区财政厅拨付的专项补助。

32.营业外收入

	1999年	2000年
罚款收入	77,973.50	440,128.36
其他	7,777.00	457,807.44
	85,750.50	897,935.80

33.营业外支出

	1999年	2000年
处理固定资产损失	--	738,166.82
罚款支出	665,800.03	57,050.00
捐赠支出	509,771.69	--
政府征用土地净损失	--	278,160.00
其他	930,425.39	98,606.52
	72,105,997.11	1,171,983.34

34.所得税

	1999年	2000年
所得税	7,608,458.70	2,418,238.54

如本附注四税项中所述，1999年及2000年按实际所得税率15%作纳税准备。

另据本公司收到的西藏自治区国家税务局的通知，对1999年及2000年收到的如本附注五.31补贴收入所列属财政专项补助收入,不并入计税所得额计征所得税。

35.收到的其他与经营活动有关的现金

账项	内容	2000年
管理费用	收增城峰光管理费	2,007,200.00
其他应收款	收重庆申宗公司暂收款	2,242,822.27
其他应收款	收回往来款	3,823,186.76
其他应收款	个人借款	5,385,368.77
其他应收款	其他	1,400,782.52
		14,859,360.32

36.支付的其他与经营活动有关的现金

账项	内容	2000年
营业费用	运输装卸费	10,532,990.65
管理费用	广告宣传费	8,305,752.44
	售后服务及三包费	2,426,141.52
	销售返利	1,443,868.48
	招待费、差旅费	4,699,746.40
	研究开发费	1,143,854.43
	其他	10,594,498.96
备用金	拨付各办事处、工厂备用金	14,113,818.58
其他应收应付款	为珠峰公司垫付工业园海关保证金等费用	25,041,000.00
预提费用	支付销售返利	1,284,601.63
其他应收款	付拉萨大酒店往来款	5,500,000.00
其他应收款	付广东潮阳雅捷有限公司暂借款	2,500,000.00
其他应付款	退经销商售车保证金	10,779,344.60
其他应收款	工业公司往来	14,785,130.00
其他应收款	代四川华晖实业有限公司付款	10,060,000.00
其他应收款	代成都珠峰房地产有限公司付土地保证金	4,400,000.00
其他		3,640,690.34

新疆独山子天利高新技术股份有限公司

新疆独山子天利高新技术股份有限公司2000年年度报告摘要

重要提示：本公司董事会保证本报告所载资料不存在任何虚假记载、误导性陈述或者重大遗漏，并对其内容的真实性、准确性和完整性负个别及连带责任。本报告摘自年度报告，投资者欲了解详细内容，请阅读年度报告。

一、公司简介

1、公司名称：公司法定

中文名称：新疆独山子天利高新技术股份有限公司

公司简称：天利高新

公司法定英文名称：Xinjiang Dushanzi TianLi High&NewTech Co.,Ltd,P.R.C.

英文名称缩写：TLGX

2、公司法定代表人：徐福贵

3、公司董事会秘书：马新海

董事会证券事务代表：张锋刚

电话：0992-3680703、0992-3872308、0992-3872045

传真：0992-3680651

电子信箱：MXH@600339.COM

tlgx_zhangfg@sina.com

联系地址：新疆克拉玛依市独山子区北京路3号

天利高新董事会秘书办公室

4、公司注册地址：新疆克拉玛依市独山子区北京路3号

公司办公地址：新疆克拉玛依市独山子区北京路3号

公司邮政编码：833600

公司国际互联网网址：HTTP:/WWW.TLHNT.COM;600339.COM

电子邮件地址：tlgx@sina.com、

5、信息披露指定报刊：《中国证券报》、《上海证券报》

指定国际互联网网址：http://www.sse.com.cn

公司年度报告备置地点：公司证券部

6、公司股票上市交易所：上海证券交易所

股票简称：天利高新

股票代码：600339

二、会计数据和业务数据摘要

(一)本年度实现利润情况

项目	金额(人民币元)
1、利润总额	52,913,520.26
2、净利润	36,081,927.82
3、扣除非经常性损益后的净利润	35,207,287.95
4、主营业务利润	84,743,034.49
5、其他业务利润	-623,393.33
6、营业利润	52,667,754.21
7、投资收益	3,877,140.49
8、补贴收入	0.00
9、营业外收入	40,362.03
10、经营活动产生的现金流量净额	42,377,601.12
11、现金及等价物净增加额	41,585,601.12

注：非经常性损益的项目：

(1)资产处置损益：	-3,666,030.87
(2)新股申购冻结资金利：	4,506,014.31
(3)罚款收支净额：	11,653.15
(4)其他非经常性损益	23,003.28
合计	874,639.87

(二)报告期末前三年的主要会计数据和财务指标(单位：人民币元)

指标项目	单位	2000年度	1999年度	1998年度
主营业务收入	元	311,769,414.30	230,709,452.34	218,941,605.09
净利润	元	36,081,927.82	31,427,108.03	29,177,102.18
总资产	元	794,185,834.40	293,303,950.15	210,678,436.32
股东权益	元	608,708,904.42	173,336,776.60	105,372,754.68
每股收益(摊薄)	元/股	0.21	0.29	0.27
每股收益(加权)	元/股	0.33	0.29	0.27
扣除非经常性损益后的每股收益(摊薄)		0.21	0.29	0.27
扣除非经常性损益后的每股收益(加权)		0.32		
每股净资产	元/股	3.58	1.58	0.96
调整后的每股净资产		3.51	1.55	/
每股经营活动产生的现金流量净额		0.25	0.47	/
净资产收益率(摊薄)		5.93	18	28
净资产收益率(加权)		18.85	18	28

报告期利润	净资产收益率%		每股收益(元/股)	
	全面摊薄	加权平均	全面摊薄	加权平均
主营业务利润	13.92	44.28	0.50	0.77
营业利润	8.65	27.52	0.31	0.48
净利润	5.93	18.85	0.21	0.33
扣除非经常性损益后的净利润	5.79	18.41	0.21	0.32

注:(1)2000年末总股本为17000万股;1999年末总股本为11000万股. 以上每股指标均按当期实现数除以当期总股本所得。

(2)公司2000年1-11月总股本为11000万股,12月末为17000万股。以上述月份相关数据作为加权的计算基数。

(三)报告期内股东权益变化情况(单位：人民币元)

项目	股本	资本公积	盈余公积	法定公益金	未分配利润	股东权益合计
期初数	110000000	41951196.22	2138558.04	2138558.04	17108464.30	173336776.60
本期增加	60000000	364790200	3608192.78	3608192.78	36081927.82	468088513.38
本期减少					32716385.56	32716385.56
期末数	170000000	406741396.22	5746750.82	5746750.82	20474006.56	608708904.42
变动原因	系发行股票所致	系发行股票所取得的股票溢价和所得税、契税返还	系利润计提	系利润计提	系新增利润和提取10%法定盈余公积、10%公益金和分配利润所致	系股票溢价、新增利润、提取10%法定盈余公积、10%公益金和分配利润所致

三、股本变动和主要股东情况

(一)股本变动情况

1、股本变动情况表(数量单位：万股)

	期初数	本次变动增减(+,-)					期末数
		配股	送股	公积金转股	其他	小计	
一.尚未流通股份							
1.发起人股份							
其中:							
国有法人股	9,980.44					9,980.44	9,980.44
境内法人持有股份	1,019.56					1,019.56	1,019.56
外资法人持有股份							
其他							
2.募集法人股							
3.内部职工股							
4.优先股及其他							
尚未流通股份合计	11,000.00					11,000.00	11,000.00
二.已流通股份							
1.境内上市的人民币普通股					6,000.00	6,000.00	6,000.00
2.境内上市的外资股							
3.境外上市的外资股							
4.其他							
已流通股份合计					6,000.00	6,000.00	6,000.00
股份总计	11,000.00				6,000.00	17,000.00	17,000.00

2、股票发行及上市情况

(1)2000年11月15日，经中国证券监督管理委员会证监发行字【2000】161号文核准，公司获得向社会公开发行人民币普通股(A股)6000万股，每股发行价格是7.28元。本次发行采用上网定价发行方式，发行后公司总股本为17000万股。

(2)2000年12月6日，公司股票在上海证券交易所上网定价发行。

(3)2000年12月19日，经上海证券交易所上证上字【2000】114号文核准，公司向社会公众发行的6000万股普通股获准于2000年12月25日在上海证券交易所上市交易。

(二)股东情况介绍

1、报告期末股东总数：报告期末公司股东总数：24255户。

2、公司前10名股东持股情况(单位：股)

序号	股东名称	期初数	本期增加	期末持股数	持股比例
1	新疆独山子天利实业总公司		56054400	56054400	32.97%
2	新疆石油管理局		43750000	43750000	25.74%
3	乌鲁木齐高新区高新房地产有限责任公司		6185800	6185800	3.64%
4	南方证券		4217400	4217400	2.48%
5	新疆特变电工股份有限公司		3638700	3638700	2.14%
6	周友贵		959580	959580	0.56%
7	严相清		538564	538564	0.317%
8	张文英		536000	536000	0.315%
9	李作军		470000	470000	0.276%
10	曾超		463200	463200	0.272%

说明：

①持有5%(含5%)以上的法人股东所持股份未发生抵押，冻结等情况。

②新疆独山子天利实业总公司和新疆石油管理局代表国家持有国有法人股。

③公司前十名股东中第4位，第6位至第10位为流通股股东。

④前10名股东之间不存在关联关系。

3、持股10%以上法人股东情况

①新疆独山子天利实业总公司持有国有法人股5605.44万股，占公司总股本的32.97%。

公司法定代表人：温国军

经营范围：货物运输、工民建筑施工、物业管理、农牧畜产品种植等。

②新疆石油管理局持有国有法人股4375万股，占公司总股本的25.74%。

公司法定代表人：唐建

经营范围：石油勘探开发、炼油化工、管输、销售、科研设计、机修制造等。4、报告期内控股股东未发生变动。

四、股东大会简介

(一)2000年3月20日，公司召开了1999年度股东大会。审议通过如下决议：

董事会工作报告、监事会工作报告、1999年度财务决算报告、1999年公司年度报告、1999年度利润分配预案、2000年度财务预算报告、2000年度生产经营计划、关于本公司与关联企业签订有关关联交易合同的议案、关于申请公开发行股票并上市的议案、关于公开发行股票募集资金投向及可行性分析的议案、继续聘任新疆华西会计师事务所(有限公司)为公司2000年度财务审计机构、关于修改《公司章程》的议案以及公司职工代表大会推举的职工代表尼玛教先生和张锋刚先生出任职工代表监事。

(二)2000年10月19日，公司召开2000年第一次临时股东大会，审议通过如下决议：《关于本公司自2000年1月1日至上市前的未分配利润由公开发行股票后的新老股东共同享有的议案》。以上会议刊登于2000年12月4日的《中国证券报》和《上海证券报》的招股说明书上。

五、董事会报告

(一)公司经营情况

1、公司所处行业以及公司在本行业中的地位

公司属于石油化工下游行业，公司主导产品之一的聚丙烯粉料、粒料基本占据新疆市场，沥青

产品在疆内的市场份额位居第二。公司生产的高碱性环烷酸钙添加剂系国内独家生产的高新技术产品，主要应用于船用汽缸油和车用内燃机油，能够替代同类进口产品，具有广阔的市场前景。公司地处国家级的石化基地，原料资源便捷；公司也是经自治区外经贸厅批准的可自营进出口本企业和成员企业的自产产品和技术的企业，公司的部分产品已经走出国内市场，迈向国际市场。

2、公司主营业务的范围及其经营情况

公司主营业务范围包括高级润滑油系列添加剂产品、高级沥青系列产品、土工合成新材料、塑料原料和制品及精细化工系列产品的科技开发、生产、储运、销售和进出口贸易、石油化工技术咨询与服务、成品油的销售、密封件的生产与销售。属中科院和科技部认定的"高新技术企业"。

3、公司主营业务经营情况

在2000年度，公司实现主营业务收入31176.94万元，主营业务利润8474.30万元，利润总额5291.35万元，净利润3608.19万元，分别比去年增长35.13%、41.57%、17%、14.8%。

(1)、公司主导产品塑料产品，报告期内实现销售收入19246万元，同比增长41.55%。

(2)、公司高科技产品沥青系列产品和添加剂产品分别实现营业收入5845.69万元、1010.37万元，同比增长46.95%和107.41%。

(3)公司的聚丙烯厂的主要设备经过技术改造工程以后，已顺利竣工投产，丙烯转化率较以前提高15%以上；公司对地膜和大棚膜的工艺和配方的改进，使质量和成本取得了较大的突破，每吨地膜成本平均降低100-200元。

(4)公司合作开发的透明PP专用料等产品已进入放大生产阶段。

4、在经营中出现的问题与困难及解决方案

2000年国家经济出现快速增长，西部大开发的步伐不断加快，企业间的竞争不断加剧。随着公司规模的不断扩大，对公司在管理观念的更新、人才结构等方面提出更高的要求，目前公司的人员状况还较难以满足公司快速发展的需要。另外，公司部分产品产量还达不到经济规模。对此，公司将进一步建立和完善激励机制，通过引进和内部培养等措施加快人力资源资本化进程；通过加大与外部合作，开发新产品、新项目，通过扩建改造手段等提高产品产量，达到经济规模的目的。

(二)公司财务状况(单位：人民币元)

项目	2000年	1999年	增减(%)
总资产	794,185,834.40	293,303,950.15	170.77
股东权益	608,708,904.42	173,336,776.60	251.17
长期负债	32,728,690.02	0.00	
主营业务利润	84,743,034.49	59,857,792.67	41.57
净利润	36,081,927.82	31,427,108.03	14.81

报告期内，公司因发行股票使公司总资产及股东权益成倍增长；同时，公司扩大生产能力，开展多渠道销售，从而增加主营业务利润和净利润；长期负债增加主要是拨付技改技措资金所致。

(三)公司投资情况

1、利用募集资金投资项目

公司于2000年12月6日在上海证券交易所采用上网定价发行的方式募集资金426535200元(已扣除发行费用)。由于该资金是在12月13日到账的，已近年末，因此在2000年度，募集资金没有使用。

2、非募集资金投资情况

(1)2000年公司增资300万元，投资克拉玛依市融兴城市信用社，报告期内取得投资收益156748.16元。

(2)公司第一届董事会第四次会议讨论通过以2000万元投资新疆证券有限责任公司，其已获中国证监会证监机构字【2000】293号文批准，增资扩股完成后的新疆证券有限责任公司注册资本将增至57000万元人民币，本公司的出资占3.1%。

(四)宏观经济政策和公司经营环境的变化

1、根据新疆维吾尔自治区人民政府《关于同意对上市公司所得税进行减征的批复》(新证函【2000】137号文)，公司"自2001年1月1日起企业所得税按应征税额减征55%(实际按应征税额的45%征收)。减征时间暂定5年。"目前公司实际执行14.85%的所得税，此项优惠政策将直接影响公司的净利润。

2、报告期内，国家加大了对西部开发的力度，特别是支持一些基础设施建设，如交通、基础能源、农业等产业。公司是新疆唯一一家通过"双高"认证的具有"黑色产业"的高科技上市公司，公司将会紧紧抓住这大好的发展机遇，适时调整经营战略，加快向这些国家支持的产业进军，并充分利用现有的技术，加大对交通方面的投入力度，提高公司在沥青产品市场的份额。

(五)新年度的业务发展计划

2001年公司将在"上规模、降成本、严管理、强品牌"的总体思路下，以"求高求新，最快最好"的企业精神开展各项工作。

1、进一步做好公司的规范运做，加强与各上市公司的交流与学习，完善公司的法人治理结构。

2、重视以人为本，加快人力资源资本化进程，为公司招聘高层次各专业技术人才。

3、进一步完善和细化"销--供--产"体系，彻底改变"产--供--销"的观念，充分依据市场来调节产品结构。

4、进一步加大对科研开发的投入力度，加强与著名大专院校、科研院所合作，开发出具有高附加值、具有广阔市场前景的高新技术产品。

5、充分利用募集资金实现对招股说明书中所承诺的投资项目进行有计划有步骤的投入，鉴于募集资金于2000年12月13日到位，2001年将根据项目具体实施情况对原计划投资额作适当的调整。

6、授权经理层对石油深加工、塑料制品、天然气等领域进行调研、论证，通过与著名科研院所合作等方式，开发一些具有市场前途的、有高附加值的项目，在对拟选项目进行可行性论证的基础上，由经理层向董事会提出项目建议，提请董事会研究讨论。

(六)董事会日常工作情况

1、报告期内，董事会的会议情况及决议内容：

报告期内公司共召开三次董事会：一届董事会四次会议于2000年2月18日召开，会议审议并通过了如下议案：

(1)1999年度总经理工作报告；

(2)1999年度董事会工作报告；

(3)1999年度财务决算报告；

(4)1999年公司年度报告；

(5)1999年度利润分配预案；

(6)1999年度内部审计工作报告；

(7)2000年度财务预算报告；

(8)2000年度生产经营计划；

(9)关于实施岗位工资及效益工资分配办法(试行)的议案；

(10)关于本公司与关联企业签订有关关联交易合同的议案；

(11)关于申请公开发行股票并上市的议案；

(12)关于公开发行股票募集资金投向及可行性分析的议案；

(13)关于聘任财务审计机构的议案；

(14)关于参股新疆证券有限责任公司的议案；

(15)关于参股克拉玛依市融兴城市信用社的议案；

(16)关于投资短期国债的议案；

(17)关于修改《公司章程》的议案；

(18)关于召开公司1999年度股东大会的决定。

一届董事会五次会议于2000年9月16日召开，会议审议并通过了如下事项：

(1)聘任陈建同志为本公司总经理助理(高级管理人员)。

(2)通过了本公司自2000年1月1日至上市前的未分配利润由公司发行后的新老股东共同享有的议案。

(3)决定召开2000年度第一次临时股东大会。一届董事会六次会议于2000年11月10日召开，会议审议并形成如下决议：

授权总经理在不超过500万元以内可以进行固定资产报废和坏帐核销，超过500万元的，由董事会讨论决定。

2、董事会对股东大会决议的执行情况

本届董事会发扬"求高求新、最快最好"的精神，认真及时完成了1999年度股东大会和2000年第一次临时股东大会作出的决议及授权事项。

(1)根据股东大会决议，已修改公司章程。

(2)根据股东大会决议，上市工作已完成。

(3)利用募集资金投资项目正在实施。

(七)公司管理层情况及员工情况

1、董事、监事、高级管理人员

职务	姓名	性别	年龄(岁)	任期起止日期
董事长	徐福贵	男	43	1999.4-2002.4
董事、副董事长	王明章	男	52	1999.4-2002.4
董事、副董事长	肖宏伟	男	33	1999.4-2002.4
董事	陈鹏飞	男	52	1999.4-2002.4
董事	宫伟军	男	40	1999.4-2002.4
副董事长、总经理	李太成	男	53	1999.4-2002.4
董事	温国军	男	44	1999.4-2002.4
董事	任兆中	男	52	1999.4-2002.4
董事	李琴	女	28	1999.4-2002.4
董事	张新	男	38	1999.4-2002.4
董事	张景云	男	59	1999.4-2002.4
监事会主席	李德学	男	38	1999.4-2002.4
监事会副主席	林保平	男	53	1999.4-2002.4
监事	薛刚	男	46	1999.4-2002.4
监事	熊贵华	男	55	1999.4-2002.4
监事、职工代表	曹淑萍	女	33	1999.4-2002.4
监事、职工代表	尼玛教	男	47	2000.4-2002.4
监事、职工代表	张锋刚	男	30	2000.4-2002.4
副总经理	罗建国	男	43	1999.4-2002.4
财务总监	杨宁	男	41	1999.4-2002.4
总工程师	宋清山	男	39	1999.4-2002.4
董事会秘书	马新海	男	35	1999.4-2002.4
总经理助理	朱良明	男	38	1999.4-2002.4
总经理助理	陈建	男	32	2000.9-2002.4

2、本公司现有董事、监事、高级管理人员24人，均未持有本公司股份。

3、董事、监事人员中不在公司领取报酬的共14人，有徐福贵、王明章、肖宏伟、陈鹏飞、宫伟军、温国军、任兆中、李琴、张新、张景云、李德学、林保平、薛刚、熊贵华。在公司领取报酬的共计10人，年度报酬总额31.4万元；其中：

年度报酬总额35000元以上1人

年度报酬总额30000-35000元6人

年度报酬总额20000-30000元3人

4、本报告期内，董事、高管人员没有离任情况。

5、报告期内，公司聘任陈建先生为公司总经理助理，无解聘经理、董事会秘书的情况。

(八)本年利润分配预案及资本公积金转增股本预案

1、2000年度利润分配方案

经五洲联合会计师事务所审计，公司2000年度共计实现净利润36,081,927.82元。按规定分别提取10%法定盈余公积金3,608,192.78元和10%法定公益金3,608,192.78元后，加上上年度结转的未分配利润17,108,464.30元，可供股东分配的利润是45,974,006.56元。

董事会提议以2000年末总股本17000万股为基数，向全体股东派发现金红利每10股1.50元(含税)，共计支出股利25,500,000.00元，余额20,474,006.56元结转下一年度。

本年度不进行资本公积金转增股本。

该预案将提请2000年股东大会审议通过后方可实施。

2、预计2001年利润分配政策

(1)2001年利润分配拟实施一次；

(2)拟实施方式为派发现金股利，现金股利占股利分配的100%；

(3)2001年度实现的净利润用于股利分配的比例为40%；2000年度未分配利润用于下一年度的股利分配为100%。

(4)上述2001年度利润分配政策为预计方案，公司董事会保留可根据实际情况对该政策进行调整的权利。

(九)其他报告事项

公司于2000年11月15日经中国证监会核准，获得向社会公众发行6000万股普通股(A股)的资格，并于12月4日在上海证券报和中国证券报刊登招股说明书，于12月6日在上海证券交易所上网定价发行，于12月20日刊登上市公告书，于12月25日在上海证券交易所上市交易。

六、监事会报告

(一)本报告期内共召开了二次监事会会议：

1、2000年2月18日召开了一届监事会三次会议，审议通过了以下议案：

(1)《1999年度总经理工作报告》；

(2)《1999年度监事会工作报告》；

(3)《关于新疆华西会计师事务所有限公司所出具的1999年度审计报告的议案》；

(4)《关于公司计提资产减值准备和坏帐核销办法及内部控制制度的议案》；

(5)《关于公司董事和高级管理人员职务执行情况的议案》；

(6)《关于公司关联交易情况的议案》；

(7)《关于修改〈公司章程〉的议案》。

2、2000年8月15日召开了一届监事会四次会议，审议通过了以下议案：

(1)《关于审查公司上半年财务收支状况的议案》；

(2)《关于审查公司对外投资情况的议案》

(二)监事会独立意见：

1、报告期内，监事列席了历次董事会会议，对公司的生产经营计划、投资决策、董事会行使授权情况进行了必要的参与和监督，监事会一致认为公司董事会能严格按照《公司法》和《公司章程》的要求组织召开股东大会，并充分行使股东大会赋予董事会的职权，认真执行了股东大会的各项决议。

2、报告期内，公司能够依法运作，各项决策程序合法，且公司董事、经理在执行公司职务时没有违反法律、法规、公司章程或损害公司利益的行为。

3、公司监事会对公司财务结构和财务状况及有关业务进行了认真、细致的检查，认为：会计师事务所出具的审计意见是客观中肯的，真实反映了公司的财务状况和经营成果。

4、公司未发生收购、出售资产的交易，未发现内幕交易，无损害部分股东的权益或造成公司资产流失。

5、公司关联交易公平合理，不存在损害上市公司利益的情况。

6、公司对募集资金实行专户管理，能够严格按照中国证监会关于"募集资金使用、管理"等有关规定进行执行。

七、重要事项

(一)报告期内公司无重大诉讼、仲裁事项。

(二)报告期内公司、公司董事及高级管理人员未有受到监管部门处罚的情况。

(三)报告期内公司控股股东未发生变更，未进行董事会换届改选，亦无半数以上成员变动，公司总经理无变动，公司董事会秘书无变动。

(四)报告期内公司无收购资产及吸收合并等重大资产重组事项。

(五)重大关联交易事项：

1、本公司在处理关联事项和关联交易中一贯坚持如下的原则：

A：公平、公正、公开的交易原则；

B：完备的法律文件约束关联交易；

C：关联事项充分披露。

2、依据1999年签定的《生产经营保障协议》，公司于2000年向关联方新疆石油管理局独山子石化总厂支付水电费3,551,310.11元，装置维护修理费586,296.05元。

3、向新疆独山子天利实业总公司以市价销售货物6,167,598.98元。

(六)公司与控股股东在人员、资产、财务上的"三分开"情况：

1、在人员方面，公司在劳动、人事及工资管理等方面实行独立。经理、副经理及高级管理人员均在本公司领取报酬，未在控股股东单位领取报酬和担任重要职务。

2、在资产方面，本公司拥有独立的生产体系，辅助生产系统和配套设施、工业产权、商标、非专利技术等无形资产均由本公司拥有，本公司独立拥有采购和销售系统。

3、在财务方面，本公司设有独立的财务部门，并建立了独立的会计核算系统和财务管理制度，并在银行独立开户。

(七)报告期内，公司于1999年年度股东大会批准聘任新疆华西会计师事务所(有限公司)为公司提供审计服务，因该会计师事务所2000年与其他几家会计师事务所合并组建为五洲联合会计师事务所，所以公司聘任五洲联合会计师事务所为本公司的财务审计机构。

(八)报告期内公司无重大担保事项。

(九)报告期内未更改公司名称和股票简称。

(十)、其他重大事项：

1、公司在2000年12月被中国农业银行新疆分行、中国建设银行新疆分行、中国工商银行新疆分行分别授予AAA级信用企业。中国农业银行新疆分行授信额度为10亿元人民币。

2、2000年12月，公司与新疆石油管理局独山子石化总厂续签了《注册商标许可合同》。依据合同公司2001年度和2002年度继续无偿使用"天山"、"雄鹰"两个注册商标，作为"泥火山"商标的副商标。

3、公司监事张锋刚先生因工作变动(董事会于2000年12月18日委任为证券事务代表)，提出辞去本公司监事职务，该议案尚须经公司一届监事会五次会议审议通过。

八、财务会计报告

1、审计报告：

五洲会字【2001】8-063号

新疆独山子天利高新技术股份有限公司全体股东：

我们接受委托，审计了贵公司2000年12月31日的资产负债表、2000年度利润表及利润分配表和2000年度现金流量表。这些会计报表由贵公司负责，我们的责任是对其发表审计意见。我们的审计是依据中国注册会计师独立审计准则进行的。在审计过程中，我们结合贵公司实际情况，实施了包括抽查会计记录等我们认为必要的审计程序。

我们认为，贵公司上述会计报表，符合《企业会计准则》和《股份有限公司会计制度》的有关规定，在所有重大方面公允地反映了贵公司2000年12月31日的财务状况和2000年度经营成果，以及2000年度的现金流量情况，会计处理方法的选用遵循了一贯性原则。

五洲联合会计师事务所　　中国注册会计师　陈军

中国注册会计师　吴秀莲

2001年2月3日

2、会计报表(附后)

3、会计报表附注

会计师事务所对本公司出具了标准无保留意见审计报告，本期与最近一期年度报告相比，会计政策和会计估计未发生变化。

九、公司的其他有关资料

(一)、公司首次注册登记日期及地点：

1、公司首次注册登记日期：1999年4月28日

2、公司首次注册登记地点：新疆克拉玛依市独山子区北京路3号。

(二)企业法人营业执照注册号：6500001000591

(三)税务登记号码：650202712998630

(四)公司未流通股票的托管机构名称：上海证券中央登记结算公司。

(五)公司聘请的会计师事务所名称、办公地址：

会计师事务所名称：五洲联合会计师事务所。

办公地址：新疆乌鲁木齐市明德路16号。

十、备查文件目录

(一)载有公司法定代表人、财务负责人、会计经办人签名盖章的财务会计报表。

(二)载有会计师事务所盖章，注册会计师签名并盖章的审计报告原件。

(三)报告期内在中国证监会指定报纸上公开披露过的所有公司文件的正本和公告的原稿。

(四)公司章程。

(五)载有董事长亲笔签署的年度报告正文。

上述备查文件在中国证监会、证券交易所要求提供时和股东依据法规或公司章程要求查阅时，本公司及时提供。

新疆独山子天利高新技术股份有限公司董事会

二00一年二月二十三日

资产负债表

编制单位：新疆独山子天利高新技术股份有限公司　　单位：人民币元

资产	1999.12.31	2000.12.31
流动资产：		
货币资金	63071987.08	438058279.02
短期投资		70000000
减：短期投资跌价准备		
短期投资净额		70000000
应收票据		
应收股利		
应收利息		
应收帐款	28153197.78	15440189.93
其它应收款	1504410.4	920202.6
减：坏帐准备	1431645.84	1575666.39
应收帐款净额	28225962.34	14784726.14
预付帐款	1137357.02	4434338.58
应收补贴款	1014525.98	
存货	44262286.27	67313872.81
减：存货跌价准备	2638140.53	802481.77
存货净额	41624145.74	66511391.04
待摊费用		40412.13
待处理流动资产净损失		
一年内到期的长期债权投资		
其它流动资产		
流动资产合计	135073978.16	593829146.91
长期投资：		
长期股权投资	1950000	28391001.27
长期债权投资		
其它长期投资		
长期投资合计	1950000	28391001.27
减：长期投资减值准备	10099.22	
长期投资净额	1939900.78	28391001.27
其中：合并价差		
股权投资差额		
固定资产：		
固定资产原值	197002907.9	216319690.83
减：累计折旧	46567869.66	52308011.51
固定资产净值	150435038.24	164011679.32
工程物资		
在建工程	36983.07	2029882.04
固定资产清理		
待处理固定资产净损失		
固定资产合计	150472021.31	166041561.36
无形及其它资产：		
无形资产	3753671.62	4500775.29
开办费	1724282.02	1326370.78
长期待摊费用	340096.26	96978.79
其它长期资产		
无形资产及其它资产合计	5818049.9	5924124.86
递延税项：		
递延税款借项		
资产总计：		
资产总计	293303950.15	794185834.4
流动负债：		
短期借款	64400000	82400000
应付票据		
应付帐款	14626653.33	14256946.49
预收帐款	10675181.01	10723498.55
代销商品款		
应付工资	2850000	6470019.43
应付福利费	1201041.15	3253359.04
应付股利		25500000
应付税金	14603135.11	-6284872.38
其它应交款	107034.75	18535.85
其它应付款	10843711.2	7398724.35
应付短期债券		
预提费用	660417	
一年内到期的长期负债		
其它流动负债		9012028.63
职工奖励及福利基金		
流动负债合计	119967173.55	152748239.96
长期负债：		
长期借款		
应付债券		
长期应付款		32728690.02
住房周转金		
其它长期负债		
长期负债合计		32728690.02
递延税项：		
递延税项贷款		
负债合计：		
负债合计	119967173.55	185476929.98
少数股东权益：		
少数股东权益		
股东权益：		
股本	110000000	170000000
资本公积金	41951196.22	406741396.22
盈余公积	4277116.08	11493501.64
其中：公益金	2138558.04	5746750.82
未确认的外资损失		
未分配利润	17108464.3	20474006.56
外币报表折算差额		
股东权益合计	173336776.6	608708904.42
负债和股东权益总计：		
负债和股东权益总计	293303950.15	794185834.4

利润及利润分配表

编制单位：新疆独山子天利高新技术股份有限公司　　单位：人民币元

项目	1999年度	2000年度
一、主营业务收入	230709452.34	311769414.3
减：折扣与折让		

主营业务收入净额	230709452.34	311769414.3
减:主营业务成本	170402817.74	225759753.19
主营业务税金及附加	448841.93	1266626.62
二、主营业务利润	59857792.67	84743034.49
加:其他业务利润	3569481.62	-623393.33
减:存货跌价损失	2638140.53	-1835658.76
营业费用	3679568.1	18488746.68
管理费用	8930417.84	16088617.52
财务费用	3146392.38	-1289818.49
三、营业利润	45032755.44	52667754.21
加:投资收益	544879.78	3877140.49
期货损益		
补贴收入	1089525.98	
营业外收入		40362.03
以前年度损益调整		
减:营业外支出	34377.68	3671736.47
分给外单位利润		
四、利润总额	46632783.52	52913520.26
减:所得税	15205675.49	16831592.44
少数股东损益		
职工奖励及福利基金		
购并利润		
加:未确认的投资损失		
所得税返还		
五、净利润	31427108.03	36081927.82
加:年初未分配利润	-1046971.18	17108464.3
盈余公积转入数		
年初未分配利润调整	-8994556.47	
减少注册资本减少的未分配利润		
外币报表折算差额		
减:股份公司成立前利润分配		
六、可供分配的利润	21385580.38	53190392.12
减:提取法定盈余公积金	2138558.04	3608192.78
提取法定公益金	2138558.04	3608192.78
提取职工奖励福利基金		
七、可供股东分配的利润	17108464.3	45974006.56
减:应付优先股股利		
提取任意盈余公积金		
应付普通股股利		25500000
转作股本的普通股股利		
八、未分配利润	17108464.3	20474006.56

现金流量表

编制单位:新疆独山子天利高新技术股份有限公司　　单位:人民币元

项目	金额
一、经营活动产生的现金流量:	
销售商品、提供劳务收到的现金	375788538.47
收取的租金	15000
收到的增值税销项税款和退回的增值税款	
收到的除增值税以外的其它税费返还	2294525.98
收到的其它与经营活动有关的现金	32740343.17
经营活动产生的现金流入小计	410838407.62
购买商品、接受劳务支付的现金	268563912.36
经营租赁所支付的现金	1218881.6
支付给职工以及为职工支付的现金	26157413.38
支付的增值税款	21688933.25
支付的所得税款	28324711.36
支付的除增值税、所得税以外的其它税费	2131183.53
支付的其它与经营活动有关的现金	21167771.02
经营活动产生的现金流出小计	369252806.5
经营活动产生的现金流量净额	41585601.12
二、投资活动产生的现金流量:	
收回投资所收到的现金	70496560
分得股利或利润所收到的现金	13200
取得债券利息收入所收到的现金	3416280
处置固定资产、无形资产和其它长期资产而收回的现金净额	185000
收到的其它与投资活动有关的现金	792000
投资活动产生的现金流入小计	74903040
购建固定资产、无形资产和其它长期资产所支付的现金	25366972.12
权益性投资所支付的现金	26500000
债权性投资所支付的现金	140000000
支付的其它与投资活动有关的现金	
投资活动产生的现金流出小计	191866972.12
投资活动产生的现金流量净额	-116963932.12
三、筹资活动产生的现金流量:	
吸收权益性投资所收到的现金	423510200
其中:子公司吸收少数股东权益性投资收到的现金	
发行债券所收到的现金	
借款所收到的现金	96000000
收到的其它与筹资活动有关的现金	13518042.94
筹资活动产生的现金流入小计	533028242.94
偿还债务所支付的现金	78000000
发生筹资费用所支付的现金	
分配股利或利润所支付的现金	
其中:子公司支付少数股东的股利	
偿付利息所支付的现金	4663620
融资租赁所支付的现金	
减少注册资本所支付的现金	
其中:子公司依法减资支付给少数股东的现金	
支付的其它与筹资活动有关的现金	
筹资活动产生的现金流出小计	82663620
筹资活动产生的现金流量净额	450364622.94
四、汇率变动对现金的影响:	
汇率变动对现金的影响	
五、现金及现金等价物净增加额:	
现金及现金等价物净增加额	374986291.94
附注:	
1、不涉及现金收支的投资和筹资活动:	
以固定资产偿还债务	
以投资偿还债务	
以固定资产进行长期投资	
以存货偿还债务	
融资租赁固定资产	
2、将净利润调节为经营活动的现金流量:	
净利润	36081927.82
加:少数股东损益	
购并利润	
计提的坏帐准备或转销的坏帐	144020.55
固定资产折旧	11003448.92
无形资产及其他资产摊销	763807.78
待摊费用的减少(减增加)	-40412.13
预提费用的增加(减减少)	-660417
处置无形资产、固定资产和其它长期资产的损失(减收益)	741999.89
固定资产报废损失	2914030.98
财务费用	-1289818.49
投资损失(减收益)	-3877140.49
递延税款贷项(减借项)	
存货的减少(减增加)	-23051586.54
经营性应收项目的减少(减增加)	11014760.07
经营性应付项目的增加(减减少)	13658144.8
增值税增加净额	
其它	-3981506.28
经营活动产生的现金流量净额	41585601.12
3、现金及现金等价物净值增加情况:	
货币资金的期末余额	438058279.02
减:货币资金的期初余额	63071987.08
现金等价物的期末余额	
减:现金等价物的期初余额	
现金及现金等价物净增加额	374986291.94

武汉长江通信产业集团股份有限公司

武汉长江通信产业集团股份有限公司2000年年度报告摘要

重要提示：本公司董事会保证本报告所载资料不存在任何虚假记载、误导性陈述或者重大遗漏，并对其内容的真实性、准确性和完整性负个别和连带责任。武汉众环会计师事务所有限责任公司为本公司出具了无保留意见的审计报告。本年度报告摘要摘自年度报告，投资者欲了解详细内容，应阅读年度报告。

一、公司简介

(一) 公司名称：武汉长江通信产业集团股份有限公司

英文名称：Wuhan Yangtze,Communication Industry Group Co.,Ltd　　英文缩写：YCIG

(二) 公司注册地址及办公地址：武昌珞瑜路200-1号东湖新技术开发区管理大楼11层

注册地址及办公地址邮政编码：430070

E-Mail 地址：ccigof@public.wh.hb.cn

(三) 公司法定代表人：熊瑞忠

(四) 董事会秘书：胡湘建

联系地址：武昌珞瑜路200-1号东湖新技术开发区管理大楼11层

电话：027-87411083　　传真：027-87411083

E-Mail 地址：huxiangjian@yahoo.com.cn

董事会证券事务代表：蔡丽华

电话：027-87426652　　传真：027-87411083

E-Mail 地址：wxyzmkm@163.com

联系地址：武昌珞瑜路200-1号东湖新技术开发区管理大楼11层

(五) 公司选定的信息披露报纸：《上海证券报》、《中国证券报》

刊登公司年度报告的中国证监会指定国际互联网网址：http://www.sse.com.cn

公司年度报告备置地址：公司董事会秘书处

(六) 公司股票上市交易所：上海证券交易所

股票简称：长江通信　　股票代码：600345

二、会计数据和业务数据摘要

(一) 本年度主要会计数据和业务数据

利润总额：	105,708,586.85 元
净利润：	92,776,321.42 元
扣除非经常性损益后的净利润：	83,272,226.97 元
主营业务利润：	65,550,692.47 元
其他业务利润：	2,290,742.54 元
营业利润：	16,072,653.80 元
投资收益：	79,795,196.02 元
补贴收入：	9,627,410.92 元
营业外收支净额：	213,326.11 元
经营活动产生的现金流量净额：	61,626,051.11 元
现金及现金等价物净增加额：	320,436,147.24 元

注：扣除非经常性损益项目及所涉及的金额

1.营业外收支净额 213,326.11 元；

2. 合并价差摊入-336,642.58 元；

3.补贴收入 9,627,410.92 元。

(二) 公司前三年的主要会计数据和财务指标（单位：元）　单位：元

项目	2000年	1999年		1998年	
		调整前	调整后	调整前	调整后
主营业务收入	289,361,903.19	292,197,661.21	292,197,661.21	370,830,805.08	370,830,805.08
净利润	92,776,321.42	33,911,814.54	69,209,920.92	25,076,071.22	54,616,923.68
总资产	1,084,063,669.14	524,225,870.24	669,204,205.15	595,636,545.76	701,510,656.31
股东权益(不含少数股东权益)	750,709,177.05	162,160,638.70	303,332,855.63	128,248,824.16	234122934.71
每股收益摊薄	0.56	0.28	0.58	0.21	0.46
加权	0.77	0.28	0.58	0.21	0.46
每股净资产	4.55	1.35	2.53	1.07	1.95
调整后的每股净资产	4.47	1.26	2.44	1.03	1.91
每股经营活动产生的现金流量净额	0.37	0.70	0.70		
净资产收益率(%)					
摊薄	12.36	20.91	22.82	19.55	23.33
加权	26.53	23.35	25.75	18.43	24.04
扣除非经营性损益后的每股收益摊薄	0.50	0.16	0.46	0.09	0.33
加权	0.69	0.16	0.46	0.09	0.33
扣除非经营性损益后的净资产收益率(%)					
摊薄	11.09	11.98	18.04	8.26	17.14
加权	23.81	13.38	20.37	7.79	17.67

注：主要财务指标计算方法：每股收益=净利润/年度末普通股股份总数每股净资产=年度末股东权益/年度末普通股股份总数净资产收益率=净利润/年度末股东权益×100%

调整后的每股净资产=(年度末股东权益-三年以上的应收款项净额-待摊费用-待处理(流动、固定)资产净损失-开办费-长期待摊费用-住房周转金负数余额)/年度末普通股股份总额

加权平均每股收益=当期净利润/加权平均股本每股经营活动产生的现金流量净额=经营活动产生的现金流量净额/年度末普通股股份总数全面摊薄净资产收益率=报告期利润÷期末净资产全面摊薄每股收益=报告期利润÷期末股份总数加权平均净资产收益率(ROE)=P/(E0+NP÷2+Ei×Mi÷M0-Ej×Mj÷M0)×100%(其中：P 为报告期利润；NP 为报告期净利润；E0 为期初净资产；Ei 为报告期发行新股或债转股等新增净资产；Ej 为报告期回购或现金分红等减少净资产；Mo 为报告期月份数；Mi 为新增净资产下月份起至报告期期末的月份数；Mj 为减少净资产下一月份起至报告期末的月份数。)

加权平均每股收益 (EPS)=P/(S0+S1+Si×Mi÷M0-Sj×Mj÷M0)(其中：P 为报告期利润；S0 为期初股份总数；S1 为报告期因公积金转增股本或股票股利分配等增加股份数；Si 为报告期因发行新股或债转股等增加股份数；Sj 为报告期因回购或缩股等减少股份数；Mo 为报告期月份数；Mi 为增加股份下一月份起至报告期期末的月份数；Mj 为减少股份下一月份起至报告期期末的月份数。)

(三) 根据中国证监会关于发布《公开发行证券公司信息披露编报规则》第9号通知精神，公司2000年按全面摊薄法和加权平均法计算的净资产收益率和每股收益：

报告期利润	净资产收益率		每股收益	
	全面摊薄	加权平均	全面摊薄	加权平均
主营业务利润	8.73%	18.74%	0.40	0.55
营业利润	2.14%	4.60%	0.10	0.13
净利润	12.36%	26.53%	0.56	0.77
扣除非经常性损益后的净利润	11.09%	23.81%	0.50	0.69

(四) 报告期股东权益变动情况(单位：元)

项目	股本	资本公积	盈余公积	法定公益金	未分配利润合计	股东权益
期初数	120000000.00	54896.78	63837453.36	21279151.12	119,440,505.49	303332855.63
本期增加	45000000.00	309600000.00	27,832896.42	9277,632.14	92,776,632.14	475209217.84
本期减少					27832896.42	27,832,896.42
期末数	165000000.00	309654896.78	91670349.78	30556783.26	184,383,930.49	750709,177.05

变动原因

注：1. 股本增加是由于公司2000年12月6日在上海证券交易所上网定价发行4500万股，每股面值1.00元，故股本本期增加4500万元。

2.资本公积增加是由于4500万股(A股)发行溢价所致，资本公积本期增加30,960万元。

3.盈余公积增加系根据董事会2000年度利润分配预案提取30%盈余公积金所致。

4.法定公益金增加系根据董事会2000年度利润分配预案提取10%法定公益金所致。

5.未分配利润增加系报告年度实现的净利润，减少系根据董事会分配预案提取盈余公积金所致。

三、股本变动及股东情况介绍

(一) 股本变动情况

1、股本变动情况表(单位：万股)

	期初数	本次变动增减(+,-)					期末数
		发行新股送股	公积金转股	配股	其它	小计	
一、未上市流通股份	12000						12000
1、发起人股份	12000						
其中：国有法人股	10500						10500
境内法人持有股份	1500						1500
未上市流通股份合计	12000						2000
二、已流通股份							
1.人民币普通股		4500				4500	4500
4.其他已上市流通股份合计		4500				4500	4500
三、股份总数	12000	4500				4500	16500

2、股票发行及上市情况

(1)2000年11月29日，经中国证券监督管理委员会证监发行字[2000]160号文核准，公司获准向社会公开发行人民币普通股(A股)4,500万股，每股发行价格为8.18元。本次发行采用上网定价发行方式，发行后公司总股本为16500万股。

(2)2000年12月6日，公司股票在上海证券交易所上网定价发行。

(3)2000年12月14日，经上海证券交易所上证上字[2000]113号文核准，公司向社会公众发行的4500万股人民币普通股于2000年12月22日在上海证券交易所上市交易。

(二) 股东情况介绍 1、报告期末公司股东总数23455户。

2、公司前十名股东持股情况(截止至2000年12月29日交易结束)(单位：万股)

序号	股东名称	期初数	本期增加数	期末持股数	持股比例(%)
1	武汉长江光通信产业有限公司	5570		5570	33.76
2	武汉市信托投资公司	4850		4850	29.39
3	武汉东湖高新集团股份有限公司	1000		1000	6.06
4	武汉新能实业发展有限公司	351		351	2.31
5	长江经济联合发展(集团)股份有限公司武汉分公司	149		149	0.9
6	裕阳基金		128.905	128.905	0.78
7	天元基金		111.15	111.15	0.674
8	安顺基金		105.9	105.9	0.642
9	普惠基金		92.697	92.697	0.562
10	安信基金		91.662	91.662	0.556

说明：

(1)持有本公司5%(含5%)以上的股东所持股份未发生质押或冻结。

(2)公司前十名股东中的第1、2、4位均为国有法人股股东，第3、5位为境内法人股股东，第6位至第10位为流通股股东。

(3)公司前十名股东中的武汉新能实业发展有限公司持有武汉长江光通信产业有限公司98%的股份，公司其它股东之间不存在关联关系。

大 连 冰 山 橡 塑 股 份 有 限 公 司

大连冰山橡塑股份有限公司上市公告书暨 2001 年中期报告

本公司董事会保证上市公告书的真实性、准确性、完整性，全体董事承诺上市公告书不存在虚假记载、误导性陈述或重大遗漏，并承担个别和连带的法律责任。根据《公司法》、《证券法》等有关法律、法规的规定，本公司董事、高级管理人员已依法履行诚信和勤勉尽责的义务和责任。上海证券交易所、中国证监会、其他政府机关对本公司股票上市及有关事项的意见，均不表明对本公司的任何保证。

本公司提醒广大投资者注意，凡本上市公告书未涉及的有关内容，请投资者查阅 2001 年 7 月 27 日刊载于《中国证券报》、《上海证券报》、《证券时报》的本公司招股说明书摘要，及刊载于上海证券交易所网站(http://www.sse.com.cn)的本公司招股说明书全文。

一、概　览

股票简称：冰山橡塑　股票代码：600346

股本总额：105,000,000　可流通股本：38,500,000　本次上市流通股本：38,500,000 上市地点：上海证券交易所　上市日期：2001 年 8 月 20 日

股票登记机构：上海证券中央登记结算公司

上市推荐人：国泰君安证券股份有限公司　中信证券股份有限责任公司

本次公开发行股票前公司国有法人股、法人股股份，根据国家有关政策，在国家就国有法人股、法人股的流通问题尚未作出新的规定之前，暂不上市流通，有关股东并已经向上海证券交易所承诺自愿锁定其所持股份。

二、绪　言

大连冰山橡塑股份有限公司(以下简称"本公司")上市公告书是根据《中华人民共和国公司法》、《中国人民共和国证券法》、《股票发行与交易管理暂行条例》、《公开发行股票公司信息披露实施细则》和《上海证券交易所股票上市规则》等有关法律、法规的规定，按照中国证券监督管理委员会制定的《公开发行证券的公司信息披露内容与格式准则第 7 号-股票上市公告书》而编制。

经中国证券监督管理委员会证监发行字[2001]44 号文核准，本公司已于 2001 年 8 月 1 日成功地采取上网定价发行方式向社会公开发行了每股面值 1.00 元的人民币普通股 3,850 万股，每股发行价为 5.36 元。

经上海证券交易所上证上字(2001)115 号《上市通知书》同意，本公司 3,850 万股社会公众股将于 2001 年 8 月 20 日起在上海证券交易所挂牌交易，股票简称"冰山橡塑"，股票代码为 600346。

本公司已于 2001 年 7 月 27 日分别在《中国证券报》、《上海证券报》、《证券时报》上刊登了《招股说明书概要》。招股说明书正文及其附注材料可以在上海证券交易所网站(http://www.sse.com.cn)查询。招股说明书及其附注材料距今不足三个月，与其重复的内容不再重述，敬请投资者查阅上述内容。

三、发行人概况

(一)发行人基本情况

1、法定名称：大连冰山橡塑股份有限

公司英文名称：Dalian Bingshan Rubber & Plastics Co., Ltd.

2、注册资本金：105,000,000 元

3、法定代表人：穆传江

4、住所：辽宁省大连市甘井子区周水子广场 1 号　成立日期：1999 年 3 月 9 日

5、经营范围：橡胶工业设备及配套件、塑料工业设备及配套件的设计、制造、安装调试、销售、维修；橡胶制品和塑料制品的加工、销售；电器控制柜的设计、加工、销售；铸件制造；铆焊件加工；电镀、金属材料的热处理以及上述产品的销售与维修；进出口贸易；制冷设备的销售。

6、主营业务：橡胶机械专用设备、塑料机械专用设备及其零部件的开发、研制和销售。

7、所属行业：橡胶、塑料机械

8、电话：0411-6641861　传真：0411-6641645　电子邮箱：Office@dlrpm.com

9、董事会秘书：谢利克

(二)发行人历史沿革

本公司是冰山集团联合大连冷冻机股份有限公司、大连冶金轴承集团公司、大连金州区锻压件厂、烟台气动元件厂作为发起人，根据大连市政府"大政[1998]70 号"《关于同意设立大连冰山橡塑股份有限公司的批复》，以发起设立的方式设立的股份有限公司，1999 年 3 月正式成立。冰山集团将原大橡厂职工宿舍、浴池、厂外锅炉房等非经营性资产以及对大连冷冻机股份有限公司等三家公司的长期股权投资、部分不良债权等其它资产剥离出来继续由冰山集团管理，上述剥离的非经营性资产在 1999 年 1 月底的帐面价值约 3,600 万元，其它资产帐面价值约 1,400 万元。冰山集团将原大橡厂在剥离上述资产后的全部资产，即与橡胶塑料机械产品生产经营或管理有关的资产及配套设施，作为发起人资产投入本公司，该资产评估后净值为 10,358.4 万元，折 6,733 万股，占公司总股本的 96.2%；大连冷冻机股份有限公司投入现金 230.8 万元，折 150 万股，占公司总股本的 2.14%；大连冶金轴承集团公司以对原大橡厂 80 万元债权作为出资，折 52 万股，占总股本 0.74%；大连金州区锻压件厂以对原大橡厂 50 万元债权作为出资，折 32.5 万股，占总股本 0.46%；烟台气动元件厂以对原大橡厂 50 万元债权作为出资，折 32.5 万股，占总股本 0.46%。改制时土地未进入本公司。

本公司的前身是大连橡胶塑料机械厂，始建于 1907 年，1955 年开始从事橡胶塑料机械的生产，属国有大型工业企业。1997 年经大连市经委大经发(1997)41 号文是国内同行业中规模最大的企业之一，集科研、设计和制造为一体。本公司及原大橡厂属国内最早从事橡胶塑料机械生产的专业厂家之一，中国塑料机械工业协会理事长单位，被列为国家大型橡胶塑料机械产品的出口基地。

经中国证监会证监发行字[2001]44 号文批准，本公司 3,850 万股(其中 350 万股为国有股存量发行)于 2001 年 8 月 1 日在上海证券交易所成功发行，每股面值 1.00 元，发行价格为 5.36 元，扣除发行费用及国有股减持资金后共募集资金 17,908 万元，本公司已于 2001 年 8 月 8 日办理了验资手续，8 月 8 日办理了工商变更手续。

(三)发行人主要经营情况

1、发行人在产品、技术和人才上的优势和劣势。

本公司是国内最早生产橡胶塑料机械产品的企业，经过多年的开发与技术进步，坚持高起点的扩充与改造，目前已发展成为集科研、设计、制造于一体的大型橡胶塑料专业生产企业。产品主要有橡胶、塑料密炼生产线，橡胶、塑料压延生产线、塑料挤出生产线、各种开炼机、硫化机等共 22 个系列，上百个品种，近 300 个规格。本公司的密炼机规格从 25L~370L，已试制成功了 ST 转子、液压式上顶栓、采用 PLC 控制、有配套挤出压片和胶片冷却下辅机。压延机产品规格：辊径从 Φ450-Φ800mm，宽度从 1.2-2.5m，制品精度公差可达 0.005mm，已经完成同位素在线检测控制技术的开发。同时还完成了塑料斜拉伸拉幅压延机组的开发；本公司的塑料挤出机主要生产单、双螺杆中大型挤出机，规格为 Φ30-Φ200mm，造粒机最大规格为 1 万吨，吹膜机组规格最大为 16m。主要采用自主开发的内冷专利技术、新型卷取技术、PLC 控制等。本公司在产品、技术、人才等方面的优势如下：

(1)、主导产品的市场份额占优势。如大型开炼机、万吨级以上双螺杆挤出机、压延机等市场占有率均在 50%以上。

(2)、本公司从五十年代开始生产橡胶塑料机械产品，积累了丰富的产品开发、设计和制造的经验，同时建立了完整的技术开发体系，形成了一支稳定的橡塑机械行业技术专家队伍。本公司有国家级有突出贡献的中青年专家 1 人，享受国务院政府特殊津贴的专家 5 人，享受大连市政府技术津贴的专家 5 人。本公司具有较强的自主开发能力和技术创新能力，特别是"九五"期间公司对计算机辅助设计系统的应用，能够根据用户各种不同的技术要求进行开发设计，缩短产品开发周期，满足市场的需求。本公司的主要产品如压延机产品、密炼机产品、大棚膜机组、塑料造粒机组等十多种产品先后获得多项国家级新产品称号，达到国际、国内先进水平。

(3)、本公司及原大橡厂经过近 50 年的经营，已经在国内外用户群中形成良好的"大橡塑"品牌形象。产品已销往全国，并远销世界 60 多个国家和地区。公司分别在印尼、泰国、越南设有销售办事处，在菲律宾等 4 国设立代理商，并与国内十几家外贸公司建立长期出口代理业务。公司在上海、广州、济南、南京、郑州、北京、兰州、哈尔滨等地设立了 8 个销售办事处和 8 个维护服务分中心，公司的销售网络共有人员 270 余人，其中本公司专职销售人员 190 人。

(4)、本公司不仅拥有一批先进的大型数控机床和专用的冷加工设备，而且同时还具备热处理、铸造、焊接和电镀等多种加工手段，掌握许多关键工艺的专有技术，如大型轧辊铸造和加工技术、深孔钻技术、密炼机转子材料配方、合金堆焊技术及大型机头、长辊筒表面电镀技术等。在制造加工能力方面，与国内同行业公司相比，本公司具有较大的优势。

本公司的竞争劣势是：产品属于多品种、单件小批量生产，不利于通过规模生产大幅度降低成本；在竞争手段上缺乏灵活性。

过去三年内，本公司大型产品如 2m 宽以上的压延生产线、160 升以上的密炼机、10m 以上的复合膜吹塑机组等产品的市场份额稳中有升，小型产品的市场份额有所下降，下降的主要原因是从事小型橡塑机械产品生产经营的企业数目众多，竞争激烈。随着本公司管理体制改革的不断深入以及本次募集资金项目的逐步完成，本公司在高科技含量、高附加值产品方面的市场份额将会进一步增加。

2、主要财务指标。

根据大连信义会计师事务所出具的审计报告，本公司前三年及 2001 年中期的主要财务指标如下：

项目	2001 年中期	2000 年度		1999 年度		1998 年度
		调整前	调整后	调整前	调整后	
净利润(万元)	723	1381	1115	1264	661	1269
扣除非经常性损益后的净利润(万元)	719	1349	1349	1319	1319	1240
总资产(万元)	32814	33454	32585	34666	34063	25254
资产负债率%	60	61	63	67	68	89
股东权益(不包含少数股东权益)(万元)	12872	13019	12150	11427	10824	2829
每股收益(摊薄)(元)	0.1	0.20	0.16	0.18	0.10	
每股收益(加权)(元)	0.1	0.20	0.16	0.18	0.10	
净资产收益率%(摊薄)	5.61	10.60	9.17	11.06	5.80	
净资产收益率%(加权)	5.61	10.99	9.40	11.71	6.65	
每股净资产(元)	1.83	1.86	1.74	1.62	1.55	
调整后的每股净资产(元)	1.83	1.86	1.74	1.58	1.51	
每股经营活动产生的现金流量净额(元)	0.07	0.13				

3、主要知识产权、非专利技术和特许经营权。

(1)、专利技术

本公司的"吹膜设备的膜泡内冷循环机构"实用新型专利于 2000 年 1 月 29 日获得国家知识产权局颁发的第 373067 号实用新型专利证书。该专利保护期限为自 1999 年 4 月 29 日-2009 年 4 月 29 日。

(2)、主要的非专利技术

合金冷硬铸铁轧辊关键制造技术：包括轧辊铸造技术、深孔加工技术和辊筒表面开沟槽技术，主要用于压延机和开炼机上关键零部件-辊筒的生产制造，直接影响上述两种产品的技术水平和质量。

密炼机转子制造技术：包括转子材料、铸钢件表面堆焊硬质合金技术、转子表面镀硬铬技术，主要用于密炼机转子的设计、生产和制造，该技术直接影响着密炼机的技术水平和质量。

挤出机螺杆、机筒和超大模具的加工制造技术：包括螺旋元件的加工制造技术、机筒的深孔加工和珩磨技术、机筒和螺杆的表面硬化技术、大型吹塑模具无死角流道设计和加工技术，主要用于挤出机螺杆、机筒和吹膜模具的生产和制造，是开发高效、节能设备的关键。

本公司无允许他人使用和被他人允许的知识产权、非专利技术的情况，同时，本公司也不存在知识产权、非专利技术纠纷或潜在纠纷。

(3)、本公司目前无政府特许经营权。

4、享有的财政税收优惠政策。

本公司成立以来一直执行 33%的所得税税率，原全资子公司大连橡胶塑料机械厂开发区经营部在 2000 年 6 月注销前，经主管税务机关核定按 15%计缴所得税。根据大连市财政局 1996 年颁布的《关于国有工业企业补充流动资金有关问题的通知》，本公司 1999、2000 年度共收到所得税返还款 204.4 万元，计入公司资本公积。2000 年 9 月大连市地方税务局确认本公司 1999 年度的科技开发支出可抵扣所得税款 650,385.36 元，直接抵扣 1999 年度应交所得税。

四、股票发行与股本结构

(一)本次上市股票的公开发行

1、发行日期：2001 年 8 月 1 日

2、发行数量：38,500,000 股(其中国有股存量发行 350 万股)

3、股票发行价格：5.36 元

4、募集资金总额：206,360,000 元(其中国有股存量发行募集资金 1,876 万元)

5、发行方式：上网定价

6、申购中签率：0.19803284%

7、发行费用总额及项目：发行费用共计 915 万元(其中国有股存量发行费用 63 万元)，主要包括承销费、审计费、律师费、资产评估费、发行手续费、审核费等

8、每股发行费用：0.24 元

(二)股票承销情况

发行人于 2001 年 8 月 1 日公开发行的人民币普通股 38,500,000 股由社会公众及合资格的机构投资者全额认购，承销团成员无余额包销。

(三)验资报告

验资报告

大信会验字(2001)第4号

大连冰山橡塑股份有限公司全体股东：

我们接受委托，审验了贵公司自1999年3月9日至2001年8月8日止的新增注册资本实收情况。按照国家相关法律、法规的规定和协议、合同、章程的要求出资是出资者的责任，提供真实、合法、完整的验资资料，保护资产的安全、完整是贵公司及其出资者的责任。我们的责任是对贵公司新增注册资本的实收情况发表审验意见。我们的审验是依据《独立审计实务公告第1号-验资》进行的。在审验过程中，我们结合贵公司的实际情况，实施了检查等必要的审验程序。

贵公司已经大连市人民政府大政[1998]70号"关于同意设立大连冰山橡塑股份有限公司的批复"批准，由大连冰山集团有限公司等五家发起人共同发起设立。1999年3月9日取得大连市工商行政管理局核发的大工商企法字21020011037036-3099号企业法人营业执照，原注册资本金额为人民币柒仟万元整，业经大连信义会计师事务所以大信会验字(2000)第7号验资报告予以审验。

根据中国证券监督管理委员会证监发行字[2001]44号文《关于核准大连冰山橡塑股份有限公司公开发行股票的通知》，贵公司利用上海证券交易所交易系统，于2001年8月1日采用上网定价发行方式向社会公开发行人民币普通股票3,500万股。

按照国务院颁布的《减持国有股筹集社会保障资金管理暂行办法》的规定和财政部财企便函(2001)55号文《关于大连冰山橡塑股份有限公司国有股存量发行有关问题的函》的批复，同意大连冰山集团有限公司按贵公司本次融资额的10%减持国有股350万股划拨给全国社会保障基金理事会持有，全国社会保障基金理事会委托贵公司将其划拨获得的350万股在本次公开募股时一并出售。贵公司国有法人股由发行前的6,733万股减为6,383万股，减少350万股。大连冰山橡塑股份有限公司此次共计向社会公众发行人民币A种股票3,850万股。

经审验，我们认为，截至2001年8月8日止，贵公司已收到新出资者缴纳的投入资本179,080,000元(已扣除发行费用)，其中股本35,000,000元，资本公积144,080,000元，出资方式为货币资金，出资币种为人民币。该款项已存入中国工商银行大连市甘井子支行周水子分理处，贵公司的帐号201208204000372内。

我们注意到：贵公司本次增资前的注册资本和股本为70,000,000元，业经大连信义会计师事务所以大信会验字(2000)第7号验资报告予以审验。截至2001年8月8日止，连同本次验证的注册资本和股本实收金额35,000,000元，变更后的累计注册资本和股本实收金额为105,000,000元。其中：国有法人股63,830,000元，占总股本的60.79%；法人股2,670,000元，占总股本的2.54%；社会公众股38,500,000元，占总股本的36.67%。本验资报告仅供贵公司申请变更登记及据以向出资者签发出资证明时使用，不应将其视为是对贵公司日后资本保全、偿债能力和持续经营能力等的保证，因使用不当所造成的后果，与本所及执行验资业务的注册会计师无关。

附件(一)：注册资本变更情况明细表

大连信义会计师事务所有限公司　　中国注册会计师　高影

地址：中国·大连　　中国注册会计师　张春梅

2001年8月8日

募集资金入帐情况：　入帐时间：2001年8月7日　入帐金额：17,908万元

入帐帐号：201208204000372　开户银行：中国工商银行大连市甘井子支行周水子分理处

(四)本次股票上市前股权结构和股东持股情况

1、本公司本次上市前的股本结构

股份类别	股份数量(万股)	占总股本的比例(%)
1、尚未流通股份：	6,650	63.33
(1)发起人股份	6,650	63.33
其中：国家持有股份	6,383	60.79
法人(或自然人)持有股份	267	2.54
(2)募集法人股		
(3)内部职工股		
2、可流通股份：	3,850	36.67
(1)境内上市人民币普通股：	3,850	36.67
其中：本次公开发行股份	3,850	36.67
(2)境内上市外资股		
(3)境外上市外资股		
3、总股本	10,500	100

2、本次上市前，本公司前十名股东持股数及比例

序号	股东名称	持股数量(万股)	占总股本的比例(%)
1	大连冰山集团有限公司	6,383	60.79
2	大连冷冻机股份有限公司	150	1.43
3	大连冶金轴承集团公司	52	0.49
4	大连金州区锻压件厂	32.5	0.31
5	烟台未来自动装备有限责任公司	32.5	0.31
6	天元基金	25.4	0.24
7	裕隆基金	15.7	0.15
8	裕阳基金	14.4	0.14
9	开元基金	11.4	0.11
10	金鑫基金	11.2	0.11

注：本公司原发起人股东山东烟台气动元件厂已改制为烟台未来自动装备有限责任公司，其持有的本公司股权由改制后的主体承继，有关变更手续已于2001年8月办理完毕。

五、董事、监事、高级管理人员及核心技术人员

(一)董事、监事、高级管理人员和核心技术人员简介

(1)、董事、监事、高级管理人员：

穆传江本公司董事长。中国国籍，男，52岁，大学本科学历，高级经济师。1980年-1993年任大连冷冻机厂车间工段长、车间主任、总调度长、副厂长。

1993年-1999年任大连冰山集团有限公司副董事长、副总经理。1999年起任大连冰山集团有限公司副董事长。兼任大连冰山集团锻造有限公司、大连冰山集团冷饮设备有限公司、大连冰山集团冷冻设备有限公司、大连华大机械公司董事长、大连冷冻机股份有限公司总经理。曾获大连市劳动模范称号。

刘庆禄本公司副董事长、总经理。中国国籍，男，54岁，大学专科学历，经济师。

1980年-1984年任大连第一制冷设备厂党总支书记。

1984年-1993年任大连冷冻机厂干部处长。

1993年-1998年任大连冰山集团有限公司人事部长、总经理助理。

1998年-2000年任金州重型机器厂副厂长。

2000年起任大连冰山橡塑股份有限公司副董事长、总经理。

作为主要人员开展的管理项目获辽宁省现代化管理成果一等奖。

刘梦华　本公司董事、副总经理、核心技术人员。中国国籍，男，59岁，大学本科学历，教授研究员级高级工程师。

1965年-1995年任大连橡胶塑料机械厂设计员、副科长、副总工程师、总工程师。

1995年-1997年任大连橡胶塑料机械厂厂长兼总工程师。

1997年-1999年任大连冰山集团有限公司副总经理、大连橡胶塑料机械厂总工程师。

1999年起任大连冰山橡塑股份有限公司董事、副总经理。

主持研制开发的塑料薄膜机组获国家科技进步三等奖；主持研制开发的加压式捏炼机获机电部科技进步二等奖；主持研制的橡胶四辊压延机辅机获辽宁省科技进步三等奖、化工部科技进步三等奖；主持研制的塑料共挤吹塑复合膜机组获机械部科技进步一等奖。曾获机电部、大连市有突出贡献专家，人事部国家有突出贡献的中青年专家称号。享受国务院突出贡献专家政府特殊津贴。

孙德胜　本公司董事、副总经理。中国国籍，男，47岁，大学专科学历，经济师。

1984年-1997年任大连橡胶塑料机械厂车间副主任、主任。

1997年-1999年任大连橡胶塑料机械厂副厂长。

1999年起任大连冰山橡塑股份有限公司董事、副总经理。

洛少宁　本公司董事、副总经理兼总工程师、核心技术人员。中国国籍，男，38岁，大学本科学历，工程师。

1984年-1999年任大连橡胶塑料机械厂技术员、技术处副处长、经营计划处副处长、副总工程师。

1999年-2000年任大连冰山橡塑股份有限公司副总工程师、科技办主任。

2000年起任大连冰山橡塑股份有限公司董事、副总经理兼总工程师。

主持研制开发的螺杆挤出造粒机组曾获机械部科技进步二等奖。作为主起草人参加了塑料机械行业标准的制订工作。

于守涛　本公司董事。中国国籍，男，51岁，大学专科学历，高级会计师。

1984年-1993年任大连冷冻机厂财务副科长、副总会计师、总会计师。

1993起任大连冷冻机股份有限公司副总经理、财务总监。

曾获财政部先进工作者称号。

尹兴斌　本公司董事。中国国籍，男，50岁，大学专科学历，经济师。

1991年起任大连市金州区锻压件厂厂长

王法连　本公司董事。中国国籍，男，56岁，大学本科学历，高级工程师。

1975年-1994年任烟台气动元件厂调度、车间主任、技术科长、副厂长。

1994年起任烟台烟台气动元件厂厂长。

张宏智　本公司董事。中国国籍，男，41岁，大学本科学历，高级工程师。

1982年-1993年任大连冷冻机厂设计处工程师、设计处室主任、副总工程师。

1993年起任大连冷冻机股份有限公司副总经理。

周喜玉　本公司董事。中国国籍，男，57岁，大学专科学历，高级经济师。

1981年-1984年任无锡轴承厂副厂长。

1985-1993年任大连冶金轴承厂厂长。

1993年起任大连冶金轴承集团公司董事长、总经理。

辽宁省人大代表，大连市政协委员。曾获大连市乡镇企业家奖，农业部乡镇企业家奖，大连市特等劳动模范称号。

胡希堂　本公司董事。中国国籍，男，33岁，大学本科学历，经济师。

1993年-1999年任大连冰山集团有限公司企管部职员，政工部副部长、党委书记助理。

1999年起任大连冰山集团有限公司党委常委、纪委书记。

于连城　本公司监事会召集人、人事处处长。中国国籍，男，56岁，大学本科学历，高级经济师。

1970年-1985年任大连橡胶塑料机械厂技术员、助理工程师。

1985年-1999年任大连橡胶塑料机械厂厂办副主任、企管处处长，动力能源处副处长、人事处长。

1999年起任大连冰山橡塑股份有限公司监事会召集人、人事处长。

作为主要人员开展的管理项目曾获辽宁省现代化管理成果一等奖。

张宝林　本公司监事、铸造车间主任。中国国籍，男，51岁，大学专科学历。

1985年-1999年任大连橡胶塑料机械厂生活公司副总经理、房产处副处长、总务处处长、党群工作处处长。

1999年起任大连冰山橡塑股份有限公司监事、铸造车间主任。

隋全大　本公司监事、工会副主席。中国国籍，男，50岁，大学专科学历，助理经济师。

1985年-1999年任大连橡胶塑料机械厂工会生产委员会主任、党群工作处副处长、工会副主席。

1999年起任大连冰山橡塑股份有限公司监事、工会副主席。

孙培德　本公司财务总监。中国国籍，男，48岁，大学专科学历，会计师。

1986年-1995年任大连橡胶塑料机械厂会计、财务处副处长。

1995年-1999年任大连橡胶塑料机械厂总会计师。

1999年起任大连冰山橡塑股份有限公司财务总监。

作为主要人员开展的管理项目曾获辽宁省现代化管理成果一等奖。

张业涛　本公司副总经理。中国国籍，男，33岁，硕士研究生学历，工程师。

1991年-1993年任大连冷冻机厂驻北京特派代表。

1993年-1999年任大连冷冻机股份有限公司经营计划部部长助理、副部长。

1999年-2000年任大连冰山橡塑股份有限公司总经理助理。

2000年起任大连冰山橡塑股份有限公司副总经理。

谢利克　本公司董事会秘书、副总经理。中国国籍，男，39岁，硕士研究生学历，经济师。

1988年-1993年任大连冷冻机厂劳资处定额员、副处长。

1993年-1999年任大连冰山集团有限公司人事部副部长、人事部部长、总经理助理。

1999年-2000年任大连冰山橡塑股份有限公司总经理助理。

2000年起任大连冰山橡塑股份有限公司董事会秘书、副总经理。

本公司2001年8月9日召开了一届十次董事会，同意张宏智、胡希堂先生辞去董事职务，同时提名郭宝萍女士、丘西宁先生为本公司独立董事候选人，提交下一次临时股东大会表决通过，下一次临时股东大会召开的时间、地点等具体事宜另行公告。郭宝萍女士、丘西宁先生简历如下：

郭宝萍　中国国籍，女，49岁，大学本科学历。高级工程师。

1976年---1980年北京化工学院自动化专业学生。

1980年至今任北京橡胶工业研究设计院技术员、工程师、高级工程师。

丘西宁　中国国籍，男，40岁，大学本科学历。高级工程师。

1979年---1983年广州华南理工大学橡胶工程专业学生。

1983年至今任桂林橡胶工业设计研究院技术员、工程师、高级工程师。

(二)公司董事、监事、高级管理人员和核心技术人员持股情况

截止到本上市公告书签署之日，本公司董事、监事、高级管理人员和核心技术人员均未持有本公司股票，也没有由其授权或指示他人(包括法人)代其持有，其配偶或未满十八岁的子女均不持有本公司股份。

六、同业竞争与关联交易

(一)同业竞争情况

本公司与冰山集团及其下属其他企业之间不存在同业竞争关系。本公司参股49%的大连华大机械有限公司主营业务为塑料注塑成型机生产与销售，塑料模具及塑料制品的生产、销售及技术服务，与本公司现有的主营业务存在明显差异。

冰山集团已出具承诺函，承诺在其对本公司占有控股地位时，冰山集团及其子公司将不会在中国境内或境外，或以任何其他方式(包括但不限于由其单独经营，通过合资经营，或在另一公司或企业拥有股份或其他权益)参与任何可能与本公司现有主营业务即橡胶塑料工业设备和配套件的设计、制造、安装、销售等业务构成竞争之任何业务或活动。

(二)关联方和关联关系

(三)董事、监事、高级管理人员及核心技术人员在关联企业的任职情况

本公司现有11名董事中有2名董事在冰山集团任职,2名董事在大连冷冻机股份有限公司任职,4名董事为公司经理人员,其他3名董事分别来自大连冶金轴承集团公司、大连金州区锻压件厂、山东烟台气动元件厂,本公司董事长为冰山集团的副董事长,孙培德、洛少宁兼任大连华大机械公司董事。公司监事和其他人员目前均未在关联企业任职,详细情况如下:

姓名	本公司任职	关联企业任职
穆传江	董事长	大连冰山集团副董事长
		大连冰山集团锻造有限公司董事长
		大连冰山集团冷饮设备有限公司董事长
		大连冰山集团冷冻设备有限公司董事长
		大连华大机械公司董事长
		大连冷冻机股份有限公司总经理
于守涛	董事	大连冷冻机股份有限公司副总经理、财务总监
张宏智	董事	大连冷冻机股份有限公司副总经理
胡希堂	董事	大连冰山集团有限公司党委常委、纪委书记
洛少宁	董事、副总经理	大连华大机械公司董事
尹兴斌	董事	大连金州区锻压件厂厂长
周喜玉	董事	大连冶金轴承集团公司董事长
孙培德	副总经理	大连华大机械公司董事

根据冰山集团及穆传江先生于2001年6月11日出具的有关承诺函,穆传江先生将在2001年中期之前,分别辞去大连冰山集团锻造有限公司董事长、大连冰山集团冷饮设备有限公司董事长、大连冰山集团冷冻设备有限公司董事长职务,2001年底之前辞去大连冷冻机股份有限公司总经理职务。

(四)重大关联交易

(1)本公司成立后,与大连冰山集团签定了《服务协议》及其补充协议,由大连冰山集团为公司提供物业管理等服务性劳务,协议约定:冰山集团向本公司员工现有住房提供与冰山集团职工同等的房屋租赁、维修、生活区环境卫生等物业管理服务和同等的享有职工住房改革待遇;本公司比照国家有关规定,以冰山集团员工向冰山集团缴付的同类同等标准,向冰山集团支付该服务费用。1999年度公司支付综合服务费150.2万元,2000年度支付综合服务费117.8万元,2001年1至6月支付综合服务费40.4万元。

本公司成立后,与大连冰山集团签定了《国有土地使用权租赁合同》。根据该合同,冰山集团同意将位于大连市甘井子区周水子广场1号,面积为227,226.4平方米国有土地,以每平方米每年7元价格租赁给本公司使用,使用期限为1999年3月9日至2009年3月8日,期满后可续租,在符合当时的法律、法规前提下冰山集团须无条件同意本公司的续租申请,且续租次数不受限制;本公司成立之日至2000年6月(冰山集团以出让方式取得该土地使用权之日)免交租金;2000年6月至2001年12月31日,租赁价格优惠为4元/平方米。2000年度根据合同支付土地租赁费45.4万元,2001年1至6月支付土地租赁费45.4万元。

本公司关联交易定价遵循市场定价原则。

(2)、关联方应收应付款项余额

项目	2001年6月30日余额	主要经济内容
其他应收款		
冰山集团	196,636.04元	往来款

(3)目前为止,冰山集团为本公司合计12,216万元的银行借款提供了担保。

(4)2000年12月,本公司与冰山集团签署了债权债务转移协议书。根据该协议,冰山集团从本公司承接了改制前原大橡厂遗留的债权人不明确的应付工资余额1,553万元和待处理税款690.8万元,同时承接了本公司应收帐款611.4万元、存货1,632.4万元,调整后公司所有者权益的数额未发生变化。上述重组行为对公司的业务、控制权及管理层未产生影响,但将有利于公司的经营管理,并在一定程度上改善公司资产质量。

(五)律师和主承销商关于关联交易问题的意见

针对本公司的关联方、关联关系、关联交易是否存在损害发行人及中小股东利益、决策程序是否合法有效,大连华夏律师事务所律师发表如下意见:

(1)公司《服务协议》、《土地使用权租赁合同》关联交易契约采取其他四家股东确认为生效条件。公司已采取必要措施对公司小股东利益进行充分保护。为公司借款提供担保的8份《保证合同》和1份《授信不可撤销担保书》不存在对公司中小股东利益的损害问题。据此,公司的关联企业、关联关系、关联交易不存在损害公司中小股东利益的情况。公司现行的关联交易决策程序合法有效。

(2)为规范公司关联交易决策程序,适应公司变更为社会公众公司的需求,本所律师已建议公司在下一届股东大会修改公司章程,增加涉及公司净资产5%以上的或1,000万元以上的关联交易按法定程序提交股东大会审议通过。公司一届十次董事会以通过上述议案,并提交下一次临时股东大会表决通过。

国泰君安证券股份有限公司发表如下意见:

大连冰山橡塑股份有限公司的关联方、关联关系和关联交易已在招股书中充分披露,关联交易不存在损害发行人及中小股东的利益的情况,关联交易的决策程序合法有效。

七、财务会计资料

本公司聘请大连信义会计师事务所有限公司对公司1998年度、1999年度、2000年度及2001年1-6月的财务报表进行了审计,并出具了标准无保留意见的审计报告。

本公司截止2000年12月31日的财务会计资料,已于2001年7月27日分别在《中国证券报》、《上海证券报》和《证券时报》上刊登的《招股说明书概要》中进行了详细披露,相同的内容在此不再重复。欲了解本公司经审计的财务报表及主要财务指标的详细内容,敬请投资者查阅上述报纸或在上海证券交易所网站(http://www.sse.com.cn)查阅《招股说明书》全文。

(一)审计报告

审计报告

大信会审字[2001]46号

大连冰山橡塑股份有限公司全体股东:

我们接受委托,审计了贵公司2001年6月30日的资产负债表和2001年1-6月的利润及利润分配表以及2001年1-6月的现金流量表。这些会计报表由贵公司负责,我们的责任是对这些会计报表发表审计意见。我们的审计是依据《中国注册会计师独立审计准则》进行的,在审计过程中,我们结合贵公司的实际情况实施了包括抽查会计记录等我们认为必要的审计程序。

我们认为,上述会计报表的编制符合《企业会计准则》和《企业会计制度》的有关规定,在所有重大方面公允地反映了贵公司2001年6月30日的财务状况和2001年1-6月的经营成果及现金流量状况,会计处理方法的选用遵循了一贯性原则。

大连信义会计师事务所有限公司　　中国注册会计师　高影

地址:中国·大连　　中国注册会计师　张春梅

2001年8月8日

(二)财务报表

(三)会计报表附注

一、公司简介

大连冰山橡塑股份有限公司前身为大连橡胶塑料机械厂,始建于1907年,是我国机械行业的大型骨干企业。1997年2月大连橡胶塑料机械厂整体划拨给大连冰山集团有限公司,1998年经大连市政府"大政[1998]70号"《关于同意设立大连冰山橡塑股份有限公司的批复》的批准,大连冰山集团有限公司作为主要发起人以其下属的大连橡胶塑料机械厂经营性资产出资,与大连冷冻机股份有限公司、大连冶金轴承集团公司、大连金州区锻压件厂和烟台气动元件厂共同发起设立大连冰山橡塑股份有限公司,公司股本总额7000万元人民币,其中大连冰山集团有限公司持有6733万股,占总股本的96.2%。经营范围主要有:橡胶工业设备及配套件、塑料工业设备及配套件的设计、制造、安装、销售、维修;橡胶制品和塑料制品的加工、销售;电器控制柜的设计、加工、销售;铸件制造;铆焊加工;电镀、金属材料的处理以及上述产品的销售与维修;进出口贸易;制冷设备销售等。

二、公司采用的主要会计政策:

三、税项

(1)企业所得税:按应纳税所得额33%计缴所得税。

(2)增值税:按产品销售收入的17%计算销项税。

(3)其他税项:按规定缴纳。

四、会计报表主要项目注释

21、资本公积:

种类	2001.6.30	2000.12.31
股本溢价	37,691,703.01	37,691,703.01
所得税退还	3,045,007.48	3,045,007.48
合计	40,736,710.49	40,736,710.49

22、盈余公积

项目	2001.6.30	2000.12.31
法定盈余公积	1,775,502.14	1,775,502.14
法定公益金	1,775,502.14	1,775,502.14
任意盈余公积		
合计	3,551,004.28	3,551,004.28

23、未分配利润:

项目:	2001.6.30
净利润	7,229,272.32
加:期初未分配利润	7,204,017.16
未分配利润	14,433,289.48

24、主营业务收入:

项目	2001年1-6月份
橡胶机械	38,041,973.99
塑料机械	43,147,368.35
橡塑机械零配件	20,803,841.75
合计	101,993,184.09

25、主营业务税金及附加:

种类	2001年1-6月份
城建税	450,911.27
教育费附加	193,247.69
地方教育费附加	64,415.90
合计	708,574.86

26、其他业务利润:

类别	2001年1-6月份
材料销售	117,782.89
合计	117,782.89

27、财务费用:

类别	2001年1-6月份
利息支出	3,559,542.70
利息收入	77,865.08
其他支出	10,251.47
合计	3,491,929.09

28、投资收益:

项目	2001年1-6月份	核算办法	备注
大连华大机械有限公司	255,384.29	权益法	*
合计	255,384.29		

* 系公司按权益法核算大连华大机械有限公司的投资收益。

29、营业外收入:

项目	2001年1-6月份
固定资产清理收入	47,825.50
其他	17,125.00
合计	64,950.50

30、营业外支出:

项目类别	2001年1-6月份
扶贫	3,000.00
合计	3,000.00

31、所得税:

	2001年1-6月
会计利润	10,668,236.20
应纳税所得额	10,421,102.64
差额其中:投资收益	255,384.29
分公司盈利	-8,250.73
应纳所得税	3,438,963.88

五、关联方关系及其交易

1、关联方关系:

2、关联方交易:

(1)本公司成立后,与大连冰山集团签定了《服务协议》,由大连冰山集团为公司提供物业管理等服务性劳务,2001年1-6月公司支付综合服务费40.4万元。

(2)本公司成立后,与大连冰山集团签定了《国有土地使用权租赁合同》,公司以租赁方式承租大连冰山集团有限公司位于大连市甘井子区周水子广场1号(现生产经营地)的国有土地使用权。2001年1-6月份根据合同支付土地租赁费45.4万元。

本公司关联交易定价遵循市场定价原则。

(3)关联方应收应付款项余额

项目	2001.6.30日余额	主要经济内容
其他应收款		
大连冰山集团有限公司	196,636.04元	往来款

(四)主要财务指标

(1)、公司财务报告期间的各项财务指标:

	2001年1-6月	2000年 调整前	2000年 调整后	1999年 调整前	1999年 调整后	1998年
流动比率	1.30	1.16	1.16	1.01	1.01	0.88
速动比率	0.61	0.54	0.54	0.48	0.48	0.44
应收帐款周转率	1.95	3.82	3.82	4.51	4.51	6.39
存货周转率	0.60	1.27	1.27	1.31	1.31	1.44
无形资产比率	0.00	0.00	0.00	0.02	0.02	0.01
资产负债率(%)	0.60	0.61	0.63	0.67	0.68	0.89
每股净资产(元)	1.83	1.86	1.74	1.62	1.55	

研发费比率(%)	2.07	2.07	1.96	1.96
每股经营活动现金流量(元)	0.07	0.13	0.13	

以上财务指标中，资产负债率以母公司财务报告的财务数据为基础计算,2001 年 1-6 月和 2000 年的有关指标以母公司财务报告的财务数据为基础计算,1999 年、1998 年除资产负债率以外的指标以合并财务报告数据为基础计算。

(2)、净资产收益率和每股收益根据《公开发行证券公司信息披露编报规则第九号---净资产收益率和每股收益的计算及披露》,公司 1999 年度、2000 年度净资产收益率和每股收益(未按新会计制度和准则调整)列示如下：

报告期利润	净资产收益率(%)				每股收益			
	全面摊薄		加权平均		全面摊薄		加权平均	
	2000 年	1999 年	2000 年	1999 年	2000 年	1999 年	2000 年	1999 年
主营业务利润	52.19	57.83	54.32	61.04	0.971	0.938	0.971	0.938
营业利润	15.28	16.16	15.91	17.06	0.284	0.262	0.284	0.262
净利润	10.60	11.06	10.99	11.71	0.197	0.181	0.197	0.181
扣除非经常性损益后的净利润	10.60	11.06	10.99	11.71	0.197	0.181	0.197	0.181

2001 年 1-6 月的净资产收益率和每股收益如下：

报告期利润	净资产收益率(%)		每股收益(元)	
	全面摊薄	加权平均	全面摊薄	加权平均
主营业务利润	27.34	28.14	0.502	0.502
营业利润	8.04	8.27	0.148	0.148
净利润	5.61	5.78	0.103	0.103
扣除非经常性损益后的净利润	5.58	5.75	0.103	0.103

(五)盈利预测数据

本公司对 2001 年公司盈利情况进行了预测,并委托大连信义会计师事务所有限公司以大信会审字(2001)第 12 号文对预测结果予以了审核。预计 2001 年度本公司将完成主营业务收入 23000 万元,实现利润总额 2266.80 万元,净利润 1538.56 万元。

八、其他重要事项

1、公司股票首次公开发行后至本上市公告书公布之日时间间隔较短,公司所处行业和市场无重大变化,主要业务发展目标的进展状况正常,主要投入、产出物供求关系及市场价格无重大变化。

2、在上述期间内公司未发生重大投资行为,无重大资产(或股权)的收购、出售行为。

3、在上述期间内,本公司住所未发生变更,无重大诉讼、仲裁案件,未发生重大会计政策和会计师事务所的变动,未发生新的重大负债并且重大债项亦未发生变化。

九、董事会上市承诺

本公司董事会将严格遵守《中华人民共和国公司法》、《中华人民共和国证券法》、《股票发行与交易管理暂行条例》、《公开发行股票公司信息披露实施细则》和《上海证券交易所股票上市规则》等有关法律、法规的规定,承诺自本公司股票上市之日起作到：

(一)承诺真实、准确、完整、公允和及时地公布定期报告,披露所有对投资者有重大影响的信息,并接受中国证监会、上海证券交易所的监督管理；

(二)承诺发行人在知悉可能对股票价格产生误导性影响的任何公共传播媒介中出现的消息后,将及时予以公开澄清；

(三)发行人董事、监事、高级管理人员及核心技术人员将认真听取社会公众的意见和批评,不利用已获得的内幕消息和其他不正当手段直接或间接从事发行人股票的买卖活动；

(四)发行人没有无记录的负债。

十、上市推荐人及其意见

(一)推荐人有关情况

上市推荐人:国泰君安证券股份有限公司　法定代表人:金建栋

法定地址:上海市浦东新区商城路 618 号　办公地址:北京市海淀区马甸冠城园冠海大厦

电话:010-82001466　联系人:尹中余

上市推荐人:中信证券股份有限公司　地址:深圳市湖贝路 1030 号海龙王大厦

法定代表人:常振明　电话:022-28358940、28138728　联系人:李铁、张志祥

(二)推荐人的推荐意见

本公司约请的上市推荐人国泰君安证券股份有限公司、中信证券股份有限公司均认为本公司股票符合上市条件,已分别向上海证券交易所出具了正式的上市推荐意见。上市推荐人的主要推荐意见如下：

根据《中华人民共和国公司法》第一百五十二条规定,现就冰山橡塑申请其股票上市必须符合的条件说明如下：

(一)本次 A 股发行业经中国证监会证监发字[2001]44 号文核准,并通过网定价的方式完成了发行,随后相应的验资及股权登记已进行完毕；

(二)本次发行后冰山橡塑总股本 10,500 万股,超过《公司法》要求的人民币 5,000 万元；

(三)冰山橡塑成立于 1999 年 3 月 9 日,公司由原大连橡胶塑料机械厂改制而来,其主要发起人大连冰山集团有限公司为国有大型企业,股份公司及其改制前原企业近三年来连续盈利；

(四)本次发行后冰山橡塑登记在册的持有 1,000 股以上的股东人数超过一千人,流通股占总股本比例为 36.67%,也超过《公司法》规定的 25%；

(五)冰山橡塑在最近三年内无重大违法行为,财务会计报告无虚假记载。另外,冰山橡塑公司章程系根据《中华人民共和国公司法》与《上市公司章程指引》编制,并经公司股东大会通过。公司并于 2000 年 3 月 12 日召开临时股东大会,批准公司董事会拟定的《公司章程修正案》,授权董事会在公司本次公开发行股票的发行数、发行价确定之后,相应调整《公司章程修正案》的部分条款;国泰君安证券股份有限公司作为本次冰山橡塑 A 股发行主承销商与上市推荐人,与发行人大连冰山橡塑股份有限公司之间不存在任何关联关系。

综上所述,依据《中华人民共和国公司法》、《中华人民共和国证券法》和《上海证券交易所股票上市规则》等法律法规的有关规定，国泰君安证券公司和中信证券股份有限公司作为冰山橡塑 A 股上市推荐人,向贵所提出冰山橡塑本次发行的共计 3850 万股人民币普通股(A 股)的上市推荐意见。

大连冰山橡塑股份有限公司

二〇〇一年八月十五日

资产负债表

编号单位:大连冰山橡塑股份有限公司　　金额单位:人民币元

资产	2000 年 12 月 31 日	20001 年 6 月 30 日
流动资产：		
货币资金	30898154.76	31407787.11
短期投资		
减:应收票据	8140000	9834874.78
应收股利	394542.73	394542.73
应收利息		
应收帐款	53132061.93	51477219.59
其它应收款	1776129.86	3389715.09
减:坏帐准备		
应收帐款净额		
预付帐款	660788.34	2765471.82
应收补贴款		
存货	112541314.62	111859726.48
流动资产合计	207542992.24	211129337.6
长期投资：		
长期股权投资	4752857.52	5008241.81
长期债权投资	28000	28000
其它长期投资		
长期投资合计	4780857.52	5036241.81
固定资产：		
固定资产原值	273349112.41	277682073.44
减:累计折旧	157192897.57	163090232.8
固定资产净值	116156214.84	114591840.64
工程物资		
在建工程	5589100.25	5455477.98
固定资产清理		
待处理固定资产净损失		
固定资产合计	113051914.57	111353918.1
无形及其它资产：		
无形资产	467938.32	625248.22
开办费		
长期待摊费用		
其它长期资产		
无形资产及其它资产合计	467938.32	625248.22
资产总计：		
资产总计	325843702.65	328144745.73
流动负债：		
短期借款	78960000	78960000
应付票据	439000	3649733
应付帐款	55993833.83	46701960
预收帐款	15525710.18	16213260.06
代销商品款		
应付工资		
应付福利费	3122266.75	3521971.71
应付股利		
应付税金	3521999.26	4126942.11
其它应交款	82256.86	131659.19
其它应付款	3506903.84	2918215.41
一年内到期的长期负债	16400000	5000000
流动负债合计	177551970.72	161223741.48
长期负债：		
长期借款	26800000	38200000
长期负债合计	26800000	38200000
负债合计：		
负债合计	204351970.72	199423741.48
少数股东权益：		
少数股东权益		
股东权益：		
股本	70000000	70000000
资本公积金	40736710.49	40736710.49
盈余公积	3551004.28	3551004.28
其中:公益金	1775502.14	1775502.14
未确认的外资损失		
未分配利润	7204017.16	14433289.48
外币报表折算差额		
股东权益合计	121491731.93	128721004.25
负债和股东权益总计：		
负债和股东权益总计	325843702.65	328144745.73

利润及利润分配表

编号单位:大连冰山橡塑股份有限公司　　金额单位:人民币元

项目	20001 年 1-6 月
一、主营业务收入	101993184.09
减:折扣与折让	
主营业务收入净额	101993184.09
减:主营业务成本	66084903.49
主营业务税金及附加	708574.86
二、主营业务利润	35199705.74
加:其他业务利润	117782.89
减:存货跌价损失	
营业费用	3398911.97
管理费用	18075746.16
财务费用	3491929.09
三、营业利润	10350901.41
加:投资收益	255384.29
营业外收入	64950.5
以前年度损益调整	
减:营业外支出	3000
分给外单位利润	
四、利润总额	10668236.2
减:所得税	3438963.88
五、净利润	7229272.32
加:年初未分配利润	7204017.16
六、可供分配的利润	14433289.48
七、可供股东分配的利润	14433289.48
八、未分配利润	14433289.48

牡丹江恒丰纸业股份有限公司

牡丹江恒丰纸业股份有限公司股票上市公告书及2000年度财务报告

本公司董事会保证上市公告书的真实性、准确性、完整性,全体董事承诺上市公告书不存在虚假记载、误导性陈述或重大遗漏,并承担个别和连带的法律责任。根据《公司法》、《证券法》等有关法律、法规的规定,本公司董事、高级管理人员已依法履行诚信和勤勉尽责的义务和责任。

一、概 览

股票简称:恒丰纸业　股票代码:600356

总股本:14,000万股　流通股本:4,000万股　本次上市流通股本:4,000万股

对首次公开发行股票前股东所持股份的流通限制及期限:根据证监发行字[2000]174号文要求,本公司2000万股内部职工股自本次新股发行之日起期满三年后方可上市流通。

首次公开发行股票前股东对所持股份自愿锁定的承诺:本公司董事、监事、高级管理人员、核心技术人员承诺,自愿将本人持有的本公司的股票按国家法律、法规的要求进行锁定。

上市地点:上海证券交易所　上市日期:2000年4月19日

股票登记机构:上海证券中央登记结算公司

上市推荐人:中信证券股份有限公司　中国银河证券有限责任公司

二、绪 言

牡丹江恒丰纸业股份有限公司(以下简称"本公司"或"公司"、"股份公司")股票上市公告书是根据《中华人民共和国公司法》、《中华人民共和国证券法》、《股票发行与交易管理暂行条例》、《公开发行股票公司信息披露实施细则》和《上海证券交易所股票上市规则》等有关法律、法规的规定,并按照中国证监会制定的《公开发行证券的公司信息披露内容与格式准则第7号-股票上市公告书》而编制,旨在向投资者提供有关本公司的基本情况和本次股票上市的有关资料。

经中国证券监督管理委员会证监发行字[2000]174号文批准,2000年12月20日,本公司以上网定价发行的方式向社会公众成功发行了4,000万人民币普通股(A股)股票,每股发行价为7.09元。

经上海证券交易所上证上字[2001]48号《上市通知书》同意,本公司4,000万股人民币普通股将于2001年4月19日在上海证券交易所上市挂牌交易,股票简称"恒丰纸业",股票代码"600356"。

本公司已经于2000年12月18日分别在《中国证券报》、《上海证券报》上刊登了《招股说明书概要》,距今不足六个月,其重复内容不再重述,敬请投资者查阅上述报纸刊登的《招股说明书概要》或在《招股说明书》查阅地点查阅《招股说明书》全文。

三、发行人情况

1、基本情况

名称:牡丹江恒丰纸业股份有限公司　名称:MUDANJIANG HENGFENG PAPER CO.,Ltd.

注册地址:黑龙江省牡丹江市阳明区造纸路11号　注册资本:14,000万元

法定代表人:李荣华　成立日期:1994年3月6日　所属行业:造纸业

经营范围:高档卷烟纸及卷烟工业系列用纸、文化纸、新闻纸、造纸原辅材料及技术开发。

联系人:李荣伟(董事会秘书)、李迎春

联系电话:0453-6331111转6451、6447　传真:0453-6330989

2、历史沿革

1993年2月23日,经黑龙江省体改委批准,牡丹江造纸厂以部分生产经营性资产(评估确认为8,029.6万元)按1.3:1折为6,177万股,哈尔滨卷烟厂投入现金300万元按1.5:1折为200万股,延吉卷烟厂投入现金30万元按1.5:1折为20万股。经黑体改复[1993]439号文同意,公司按1.5:1的比例以现金方式募集内部职工股2,000万股。根据黑体改复[1993]439号文及当时的招股文件,牡丹江造纸厂追加投入部分生产经营性资产(评估确认为2,404.57万元)按1.5:1折为1,603万股以补充未募足的社会法人股。1994年3月6日,牡丹江天宇股份有限公司成立,注册资本10,000万元,注册号:2300001101433(黑龙江省工商行政管理局)。

1996年,根据国家有关法律法规的规定,公司进行了清理与规范,黑龙江省体改委于1996年12月13日以【黑体改复[1996]107号】文件确认牡丹江天宇股份有限公司为规范化股份有限公司。

1997年10月18日,经牡体改发[1997]37号文批准,牡丹江造纸厂改制为国有独资公司,更名为牡丹江恒丰纸业集团有限责任公司(以下简称:集团公司),原牡丹江造纸厂持有的股份公司的股权相应地转由集团公司持有。

1999年12月18日,经黑龙江省人民政府国有资产管理局以黑国资企字[1999]第15号文批准,集团公司协议受让哈尔滨卷烟厂持有的股份公司发起人股200万股,至此,集团公司持有股份公司股权7,980万股。

2000年3月1日,黑龙江省国有资产管理局黑国资企字[2000]第4号文将集团公司所持股份公司7,980万股股权界定为国有法人股。

1998年7月16日,经黑体改复[1998]39号文批准,牡丹江天宇股份有限公司更名为牡丹江恒丰纸业股份有限公司。

本公司成立至本次发行前,未进行过送红股、配股以及其他增资扩股行为。总股本10,000万股,其中发起人股8,000万股,内部职工股2,000万股。

经中国证券监督管理委员会证监发行字[2000]174号文批准,2000年12月20日,本公司以上网定价发行的方式在上海证券交易所向社会公众成功发行了4,000万人民币普通股(A股)股票。本次发行后,本公司总股本14,000万股,已于2000年12月29日在黑龙江省工商行政管理局变更了注册登记,注册资本14,000万元。

3、主要经营情况

(1)主要业务及主要产品

公司主要从事卷烟配套系列用纸的生产与销售,主要产品有卷烟纸、成型纸、铝箔衬纸。卷烟纸是公司主要利润来源渠道,目前公司卷烟纸年销量达1万余吨,其中高档卷烟纸销量逐年增长,2000年达到4,700吨,约占国产高档卷烟纸市场的20%。

(2)主要生产技术

公司拥有整套独特的制浆、抄纸技术,高档产品具有较高的科技含量,是国内造纸行业首家通过中国科学院、国家科技部高新技术企业认证的企业。

(3)职工情况

公司现有在册职工1,517人,大专以上学历的有177人,占总人数的11.67%;各类技术人员105人,占总人数的6.92%。

(4)税收政策

公司执行33%的所得税政策,不享有税收优惠政策。

(5)特许经营权

国家对卷烟行业实行专卖政策。1998年10月28日,本公司取得了国家烟草专卖局颁发的《烟草专卖生产企业许可证》(国烟专产字第040804号),有效期限至2001年12月31日。

(6)主要财务指标

主要财务指标	2000年	1999年	1998年
流动比率	2.82	1.28	2.32
速动比率	2.44	0.81	1.25
资产负债率(%)	31.61	57.08	44.13
存货周转率	5.33	4.26	3.47
应收帐款周转率	4.57	4.67	4.22
净资产收益率(%)	8.59	20.17	16.16
每股净利(元/股)	0.28	0.33	0.31

注:1)计算1998年、1999年的每股净利所用的总股本为10,000万股;

2)计算2000年的每股净利所用的总股本为14,000万股。

四、股票发行与股本结构

1、本次公开发行情况　发行数量:4,000万股;　发行价格:7.09元/股;

募集资金总额:28,360万元(含发行费用);　发行方式:上网定价发行;

发行费用总额:1,280万元;　每股发行费用:0.32元。

2、股票承销　本次发行得到超额认购,承销团无余额包销。

3、验资报告　验资报告　股验报字(2000)第D044号

牡丹江恒丰纸业股份有限公司:

我们接受委托,对牡丹江恒丰纸业股份有限公司(以下简称贵公司)截至二零零零年十二月二十六日止股本变动情况的真实性和合法性进行了审验。在审验过程中,我们按照《独立审计实务公告第1号-验资》的要求,实施了必要的审验程度。贵公司的责任是提供真实、合法、完整的验资资料,保护资产的安全、完整。我们的责任是按照《独立审计实务公告第1号-验资》的要求,出具真实、合法的验资报告。

经中国证券监督管理委员会证监发行字[2000]174号文核准,贵公司于二零零零年十二月二十日采用向一般投资者上网发行的方式向社会公开发行人民币普通股("A股")4,000万股。发行价为每股人民币7.09元,应募集股款为283,600,000元,扣除交易手续费和承销佣金人民币9,500,800.00元后,实际募集股款为人民币274,099,200.00元。贵公司本次增资扩股前的注册资本为人民币100,000,000.00元,

股份总数为100,000,000.00股,每股面值为1元,股本总额为人民币100,000,000.00元。根据我们的审验,截至二零零零年十二月二十六日止,贵公司实际增加投入资本人民币274,099,200.00元,其中增加股本人民币40,000,000.00元,增加资本公积人民币234,099,200.00元(尚未扣除除交易所手续费和承销佣金之外的其他发行费用),与投入股本相关的资产总额为人民币274,099,200.00元,均为货币资金。贵公司变更后的股份总数为140,000,000股,每股面值人民币1元,股本总额为人民币140,000,000.00元,其中发起人股份国有法人股股本为80,000,000.00元,占股本总额的57.14%;公司内部职工股股本20,000,000.00元,占股本总额的14.29%;社会公众股股本为40,000,000.00元,占股本总额的28.57%。

中国注册会计师:徐林文

深圳深南中路爱华大厦十六层　二零零零年十二月二十六日

4、募集资金入帐情况

入帐时间:2000年12月26日;　入帐金额:274,099,200.00元;

入帐帐号:71102101821000037007;　开户银行:中信实业银行北京京城大厦支行。

5、上市前的股本结构

上市前公司总股本为14,000万股,股本结构如下:

股份类别	股数(万股)	占总股本的比例(%)
发起人股	8,000	57.14
其中:国有法人股	8,000	57.14
社会公众股	4,000	28.57
内部职工股	2,000	14.29
合计	14,000	100

6、本公司前十名大股东的持股情况

序号	股东名称	持股数	持股比例(万股)(%)
1	牡丹江恒丰纸业集团有限责任公司	7,980	57.00
2	兴和基金	37.5	0.267
3	延吉卷烟厂	20	0.14
4	同盛基金	7.3	0.052
5	金泰基金	6.6	0.047
6	王福成	6	0.043
7	贾?B	6	0.043
8	毕玉凤	6	0.043
9	贾忠田	6	0.043
10	孙少峰	6	0.043

五、董事、监事、高级管理人员及核心技术人员

1、董事

李荣华:男,生于1941年2月,大学本科,研究员级高级工程师。历任牡丹江造纸厂设计室副主任、副厂长、党委书记、厂长,牡丹江天宇股份有限公司董事长,集团公司董事长。现任集团公司总经理、大宇制纸有限公司副董事长,股份公司董事长。

徐祥:男,生于1962年12月,大学本科,高级工程师。历任牡丹江造纸厂三车间主任、厂长助理、副厂长,集团公司副董事长、副总经理,牡丹江天宇股份有限公司董事、总经理。现任集团公司副董事长,股份公司副董事长、总经理。

魏雨虹:男,生于1960年4月,大学本科,高级工程师。历任牡丹江造纸厂技术科副科长、四车间副主任、总工办副主任、主任、厂长助理、副总工程师,牡丹江天宇股份有限公司副总经理。现任集团公司董事、副总经理、总工程师兼技改部部长。

王桂娥:女,生于1949年1月,大学本科,高级会计师。历任牡丹江造纸厂财务处副处长、财务部副部长、副总会计师、财务部部长、总会计师。现任集团公司董事、总会计师。

李迎春:男,生于1968年5月,大学本科,经济师。历任牡丹江天宇股份有限公司抄纸六分厂副厂长、三分厂厂长、副总经理兼管理部部长。现任集团公司董事、股份公司副总经理兼财务负责人。

李劲松:男,生于1964年4月,大学本科,高级工程师。历任牡丹江造纸厂二车间副主任、主任,牡丹江天宇股份有限公司抄纸二分厂厂长、技术处处长、副总工程师兼开发办主任。现任集团公司董事、股份公司总工程师兼品质部部长。

潘权利:男,生于1964年10月,大学本科,高级工程师。历任牡丹江造纸厂三车间主任、化学车间主任,牡丹江天宇股份有限公司生产部部长。现任股份公司副总经理兼生产部部长。

施长君:男,生于 1964 年 6 月,大学本科,高级工程师。历任牡丹江造纸厂电气车间副主任、厂长助理兼设备能动部部长。现任集团公司总经理助理。

李荣伟:男,生于 1956 年 8 月,大专,会计师。历任牡丹江造纸厂财务处会计、副处长、劳服光华纸厂副厂长、企管处副处长,牡丹江天宇股份有限公司证券部部长。现任股份公司董事会秘书兼证券部部长。

2 、监事

李振汉:男,生于 1944 年 10 月,大专,高级政工师。历任牡丹江造纸厂党办主任、厂宣传部部长、厂纪委书记。现任集团公司监事会副主席、纪委书记兼法治部部长,股份公司监事会召集人。

孙中华:男,生于 1949 年 12 月,大专,会计师。历任集团公司审计处处长,牡丹江天宇股份有限公司监事。现任集团公司审计处处长。

迟振安:男,生于 1962 年 10 月,历任牡丹江造纸厂 2362 分厂抄纸工段长,2362 分厂副厂长,牡丹江天宇股份有限公司抄纸六分厂副厂长。现任股份公司抄纸六分厂副厂长。

3 、其他高级管理人员及重要职员

王志有:男,生于 1959 年 9 月,大专学历,会计师。历任牡丹江造纸厂财务处副处长,牡丹江天宇股份有限公司财务部处长。现任股份公司财务部部长。

4 、本公司董事、监事、高级管理人员及核心技术人员持股情况

姓 名	职 务	本人持股数(股)	家属持股数(股)
李荣华	董事长	5,000	0
徐 祥	副董事长、总经理	4,000	2000
魏雨虹	董事	0	20000
王桂娥	董事	4,000	0
李迎春	董事、副总经理	0	3000
李劲松	董事、总工程师		
潘全利	董事、副总经理	2,000	13000
施长君	董事	3,000	0
李荣伟	董事、董事会秘书	2,000	12000
李振汉	监事会召集人	4,000	0
孙中华	监事	4,000	0
迟振安	监事	2,000	0
王志有	财务部部长	2,000	3000

5 、本公司董事、监事、高级管理人员及核心技术人员所持股份的锁定及声明

本公司董事、监事、高级管理人员及核心技术人员按规定进行了锁定,并且声明:自愿将所持公司的股票进行锁定,并按法律、法规的规定进行处置。

六、同业竞争与关联交易

1 、关联企业

(1)牡丹江恒丰纸业集团有限责任公司

牡丹江恒丰纸业集团有限责任公司的前身牡丹江造纸厂创建于 1952 年,是黑龙江省 50 家重点企业之一。1986 年以来,牡丹江造纸厂先后荣获省"六好企业"、省级"先进企业"、轻工部质量管理优秀企业以及省"文明单位"等称号。1989 年,牡丹江造纸厂晋升为国家二级企业;1990 年荣获国家"五·一"劳动奖状。

1993 年,牡丹江造纸厂作为主发起人以其主要的生产经营性资产出资投入牡丹江天宇股份有限公司,持有股份公司股份 7,780 万股。

1997 年 10 月 18 日,经牡丹江市经济体制改革委员会【牡体改发[1997] 37 号】文批准,牡丹江造纸厂改制为牡丹江恒丰纸业集团有限责任公司,性质为国有独资公司,注册资本为 21,350 万元。

1999 年 12 月 18 日,集团公司协议受让哈尔滨卷烟厂持有的股份公司发起人股 200 万股,并经黑龙江省国有资产管理局黑国资企字[1999] 第 15 号文批准。至此,集团公司持有股份公司股权 7,980 万股。

2000 年 3 月 1 日,黑龙江省国有资产管理局黑国资企字[2000] 第 4 号文将集团公司所持股份公司 7,980 万股股权界定为国有法人股。

牡丹江恒丰纸业集团有限责任公司的股权结构图如下:

牡丹江恒丰纸业集团有限责任公司

牡丹江恒丰纸业股份有限公司 大宇制纸有限公司

57% 40%

集团公司主要为股份公司和大宇制纸有限公司提供水、电、汽、取暖以及后勤服务

为避免同业竞争,本公司大股东牡丹江恒丰纸业集团有限责任公司向股份公司作出承诺:自承诺函出具之日(1999 年 11 月 9 日)起,集团公司及现有或将来成立的附属公司将不直接或间接参与经营任何与股份公司经营的业务有竞争或可能有竞争的业务。

(2)大宇制纸有限公司

1996 年 11 月 5 日,牡丹江造纸厂以部分生产设备及其厂房、土地使用权出资,韩国大宇以美元现金出资成立了中外合资的大宇制纸有限公司。该公司位于牡丹江市光华街 8 号,在国家工商行政管理局登记注册,注册资本 2,165 万美元,注册号:企合黑牡总字第 00200 号,经营期限自 1996 年 11 月 5 日至 2046 年 11 月 4 日。

根据该公司章程,集团公司持有大宇制纸 40%的股权,韩国大宇持有 60%的股权。该公司主要生产高档美术铜版纸,年生产能力为 5 万吨。

2 、关联交易 本公司主要的关联企业为集团公司,与大宇制纸有限公司不存在任何关联交易。本公司对与集团公司无法避免的关联交易,签订了如下协议:

1)土地租赁 本公司于 2000 年 1 月 6 日与集团公司签订了《土地使用权租赁协议》,本公司向集团公司租赁生产区及办公区的两宗土地,合计 48,467.17 平方米,租赁期为 30 年,首期三年租金为每年 25 万元,由本公司于每年度结束后的 15 天内支付给集团公司。三年后,由本公司与集团协商调整租金,并且以后每三年调整一次,租金的调整以当时相邻类似土地的市场公平价格为基准。集团公司已于 1999 年 12 月 13 日办妥该两宗地的出让手续,土地使用权置方案经黑龙江省土地管理局黑土市[1999] 第 151 号文批复,领取了《国有土地使用证》。

2)仓库租赁 1999 年 11 月 9 日,本公司与集团公司签订了《仓库租赁协议》,股份公司向集团公司租赁位于集团公司大院内的 31,06/ 平方米的原材料、产成品存放仓库,租期为 10 年,年租金 19.59 万元,由本公司于每年度结束后的 15 天内支付给集团公司。租金在租赁期内按市场公平价格每三年调整一次。

3)商标转让 1999 年 10 月 11 日,本公司与集团公司签订了《商标转让协议》,集团公司将其拥有的"天鹅"商标所有权无偿转让给本公司。2000 年 1 月 18 日,国家工商行政管理局核准了以上商标的转让注册。

4)综合服务 1999 年 11 月 9 日,本公司与集团公司签订了《综合服务协议》,对集团公司向本公司提供生产、经营、员工生活方面的服务进行了规范。主要内容如下:

I 、取暖服务 协议规定:集团公司向本公司办公楼、生产线提供取暖服务,本公司每年向集团公司支付 2,421,480 元的取暖费;本公司员工住宅取暖享受集团公司员工的同等待遇,基本收费标准为每年每平方米 19.2 元,并根据牡丹江市政府的有关规定进行调整。

II 、水、电、汽 集团公司为本公司提供生产经营所需的水、电、汽。每月结束后五日内,本公司按成本加成 5%的标准支付给集团公司。

III 、后勤服务 集团公司向本公司有偿提供职工子女入托、职工食堂、浴室、交通、医疗、培训等服务,按照公平、等价的原则收费。

5)代理采购进口木浆

本公司将部分进口木浆的采购业务委托给集团公司,1997 年发生 38,453,622 元,1998 年发生 39,319,547 元,1999 年发生 18,107,900 元,2000 年发生 26,006,788 元。本公司有权根据需要自主决定将多少进口木浆的采购业务委托给集团公司,集团公司的执行价格不能高于其他进口业务代理商所能执行的价格。

本公司与集团公司在遵循等价、有偿、公平交易原则基础上签订了如上协议,保证这类交易的定价按市场规律来确定。本公司的合法权益和股东的利益得到了充分的保障。

其他与本公司进行经营活动的关联企业属正常商业往来,依市场原则确定彼此的权利义务,无特别优惠约定。

七、财务会计资料

1 、主要会计资料和业务数据摘要

(一)本年度主要利润指标情况(单位:元)

项 目	2000 年度
利润总额	59,278,281.01
净利润	39,362,202.97
扣除非经常性损益的净利润	39,566,543.47
主营业务利润	96,596,800.97
其他业务利润	0.00
营业利润	59,482,621.51
投资收益	0.00
补贴收入	0.00
营业外收支净额	-204,340.50
经营活动产生的现金流量净额	15,741,694.69
现金及现金等价物净增加额	245,706,239.20

扣除非经常性损益项目和涉及金额:扣除营业外支出 204,340.50 元。

(二)本公司前三年主要会计数据和财务指标(单位:元)

指标/期间	2000 年	1999 年	1998 年
主营业务收入	334,165,485.22	298,327,863.52	265,410,228.24
净利润	39,362,202.97	32,642,379.75	30,481,728.89
总资产	669,614,804.55	376,957,595.61	337,580,810.17
股东权益	457,962,598.40	161,800,395.43	188,594,437.56
每股收益	0.28	0.33	0.31
每股净资产	3.27	1.61	1.88
净资产收益率(%)	8.59	20.17	16.16
流动比率	2.82	1.28	2.32
速动比率	2.44	0.81	1.25
资产负债率(%)	31.61	57.08	44.13
应收帐款周转率(次/年)	4.57	4.67	4.22
存货周转率(次/年)	5.33	4.26	3.47

注:1)计算 1998 年、1999 年财务指标用的总股本为 10,000 万股;

2)计算 2000 年财务指标用的总股本为 14,000 万股。15

(三)按照中国证监会《公开发行证券公司信息披露编报规则(第 9 号)》要求计算的 2000 年报告期利润的净资产收益率和每股收益

	报告期利润(元)	净资产收益率		每股收益(元)	
		全面摊薄	加权平均	全面摊薄	加权平均
主 营业务利润	96,596,800.97	21.09%	53.22%	0.68	0.96
营业利润	59,482,621.51	12.99%	32.77%	0.42	0.59
净利润	39,362,202.97	8.59%	21.69%	0.28	0.39
扣除非经常性损益后的净利润	39,566,543.47	8.64%	21.80%	0.28	0.39

2 、审计报告全文(中天勤财审报字(2001)第 B-029 号)

本公司 2000 年度财务报告已经中天勤会计师事务所审计,并出具了无保留意见的审计报告。

牡丹江恒丰纸业股份有限公司全体股东:

我们接受委托,对 贵公司一九九八年十二月三十一日、一九九九年十二月三十一日、二〇〇〇年十二月三十一日的资产负债表及一九九八年度、一九九九年度、二〇〇〇年度的利润表和利润分配表及一九九九年度、二〇〇〇年度的现金流量表进行了审计.这些会计报表由 贵公司负责,我们的责任是对这些会计报表发表审计意见. 我们的审计是依据中国注册会计师独立审计准则进行的,在审计过程中,我们结合 贵公司实际情况,实施了包括抽查会计记录等我们认为必要的审计程序.

我们认为,上述会计报表符合《企业会计准则》和《股份有限公司会计制度》及有关补充规定,在所有重大方面公允地反映了 贵公司一九九八年十二月三十一日、一九九九年十二月三十一日、二〇〇〇年十二月三十一日的财务状况及一九九八年度、一九九九年度、二〇〇〇年度经营成果和一九九九、二〇〇〇年度的现金流量,会计处理方法的选用遵循了一贯性原则.

中天勤会计师事务所 中国注册会计师 朱子武 徐林文

中国 深圳 二〇〇一年一月十八日

财务报表(见附表) 会计报表注释

2000 年度

编制单位:牡丹江恒丰纸业股份有限公司

注释一、公司简介

本公司原称"牡丹江天宇股份有限公司",是根据中华人民共和国有关法律的规定,经黑龙江省经济体制改革委员会以黑体改复[1993] 431 号文件批准,由原牡丹江造纸厂(现已改制更名为牡丹江恒丰纸业集团有限责任公司)以主要生产经营性资产出资,联合哈尔滨卷烟厂、延吉卷烟厂以定向募集方式设立的股份有限公司. 本公司于 1994 年 3 月 6 日在黑龙江省工商行政管理局注册登记,领取 2300001101433 号营业执照.1996 年 12 月 13 日,黑龙江省经济体制改革委员会以黑体改复 [1996] 107 号文件确认牡丹江天宇股份有限公司为规范化股份有限公司,1998 年 7 月 16 日,黑龙江省经济体制改革委员会以黑体改复[1998] 39 号文件批准"牡丹江天宇股份有公司"更名为"牡丹江恒丰纸业股份有限公司".本公司于 1998 年 12 月 16 日被黑龙江省科学技术委员会认定为高新技术企业,1999 年 3 月被国家科技部火炬中心认定为国家级高新技术企业,并于 1999 年 6 月和 8 月相继通过国家科技部和中国科学院的高新技术企业认证.本公司现在是国内最大的卷烟配套系列用纸制造商,被国家烟草总公司确定为卷烟辅料生产基地.

2000 年 12 月 18 日年 12 月 28 日,本公司以上网定价发行方式在上海证券交易所发行人民币普通股(A 股)4000 万股,每股面值 1.00 元,每股发行价 7.09 元.并于 2000 年 12 月 29 日在黑龙江省工商行政管理局重新注册登记,注册股本由 1 亿元变更为 1.4 亿元.

批准的经营范围包括:高档卷烟纸及卷烟工业系列用纸、印刷用纸、工业用纸、造纸原辅材料及技术开发.

注释二、本公司采用的主要会计政策和会计估计

11.固定资产计价及其折旧方法

固定资产标准为单位价值在人民币 2000 元以上,使用期限在一年以上的房屋、建筑物、机器、机械、运输工具以及其他与生产、经营有关的设备、器具、工具等.不属于生产、经营主要设备的,单位价值在人民币 2000 元以上并且使用年限在两年以上的资产.

(1)固定资产的计价方法

a.购入的固定资产,以实际支付的卖价、包装费、运输费、安装成本、交纳的有关税金等计价;

b.自行建造的固定资产,按建造过程中实际发生的全部支出计价;

c.投资者投入的固定资产,按评估确认的原价入账;

d.在原有固定资产基础上进行改建、扩建的,按原有固定资产的价值,加上由于 改建、扩建而发生的支出,减改建、扩建过程中发生的变价收入计价;

e.盘盈的固定资产,按重置完全价值计价;

f.接受捐赠的固定资产,按同类资产的市场价格,或根据所提供的有关凭证计价;接受捐赠固定资产时发生的各费用,计入固定资产价值.

(2)固定资产折旧采用直线法平均计算,并按各类固定资产的原值和估计的使用年限扣除残值(原值的 5%)确定其折旧率,分类折旧率如下:

资产类别	使用年限	年折旧率
房屋建筑物	35 年	2.7143%
通用设备	14 年	6.7857%
专用设备	14 年	6.7857%
运输工具	10 年	9.5000%
其他设备	10 年	9.5000%

12.在建工程

在建工程指兴建中的厂房与设备及其他固定资产,并按成本值入账.此项目包括直接建筑及安装成本,以及于兴建、安装及测试期间的有关借款利息支出及外汇汇兑损益.在建工程在完工并交付使用时,确认固定资产,并截止利息资本化.利息资本化的计算方法是:在利息资本化期间将在建工程所发生的平均累计债务支出乘以资本化率.

13.无形资产计价和摊销方法

公司对购入或按法律程序申请取得的无形资产,按实际支付金额入账;对接受投资转入的无形资产,按合同约定或评估确认的价值入账.各种无形资产在其受益期内按直线法摊销.

14.其他资产核算方法

a. 开办费:在公司开始生产经营后分 5 年平均摊销.

b. 长期待摊费用:有明确受益期的,按受益期平均摊销.其他项目分 5 年平均摊销.

c. 其他长期资产:在产生效益后分 5 年平均摊销.

15.预计负债的确认原则

如果与或有事项相关的义务同时符合以下条件,本公司将其确认为负债:

(1)该义务是企业承担的现时义务;

(2)该义务的履行很可能导致经济利益流出企业;

(3)该义务的金额能够可靠地计量.

金额是清偿该负债所需支出的最佳估计数.如果所需支出存在一个金额范围,则最佳估计数按该范围的上下限金额的平均数确定;如果所需支出不存在一个金额范围,则最佳估计数按如下方法确定:

(1)或有事项涉及单个项目时,最佳估计数按最可能发生金额确定;

(2)或有事项涉及多个项目时,最佳估计数按各种可能发生额及其发生概率计算确定.

确认的负债所需支出全部或部份预期由第三方或其他方补偿, 则补偿金额在基本确定能收到时,作为资产单独确认.确认的补偿金额不超过所确认负债的账面价值.

16.收入确认原则

公司按以下规定确认营业收入实现,并按已实现的收入记账,计入当期损益.

商品销售:本公司已将商品所有权上的重要风险和报酬转移给买方,不再对该商品实施继续管理权和实际控制权,相关的收入已经收到或取得了收款的证据,并且与销售该商品有关的成本能够可靠地计量时,确认营业收入的实现.

17.所得税的会计处理方法

本公司所得税的会计处理采用应付税款法.

18.合并会计报表的编制方法

本报告期间无须进行会计报表合并.

19.本年度会计政策、会计估计变化的影响

根据财政部财会字(1999)35 号文《关于印发〈股份有限公司会计制度有关会计处理问题补充规定的〉通知》及财政部财会字(1999)49 号文《关于〈股份有限公司会计制度有关会计处理问题补充规定问题解答〉的通知》,本公司董事会决议自 1999 年 1 月 1 日起变更会计政策如下:

(1)坏账准备的提取方法由原来的按期末应收账款余额 5 %o提取,改为根据期末应收款项(包括应收账款和其他应收款)账龄分析按不同账龄段分别提取不同比例的作法。具体提取比例见注释二(7).

(2)期末存货的计价方法由原来的按成本计价,改为按成本与可变现净值孰低计价。对于成本高于可变现净值的部分提取存货跌价准备,存货跌价准备系按单个存货项目计算.

(3)长期投资原未计提减值准备,现改为计提减值准备,即对于期末长期投资可收回金额低于账面价值的差额作为长期投资减值准备.

本公司已根据财政部有关文件的要求,对上述会计政策的变更采用追溯调整法。上述会计政策变更的累积影响数为 2,052,604.14 元,全部是坏账准备计提方法变更引致.

由于上述会计政策变更,相应调减了一九九七年净利润 15,417.35 元,调减了一九九八年度净利润 196,576.97 元,调减了一九九七年年初未分配利润 1,840,609.82 元.

注释三、税项

纳入会计报表适用的主要税种和税率如下:

税 项	计税基础	税 率
增值税	产品销售收入	17%
城市维护建设税	已交增值税	7%
教育费附加	已交增值税	3%
企业所得税	应纳税所得额	33%

注释四、会计报表主要项目注释

1.货币资金

项目		2000-12-31 原币折算	汇率	折合人民币	1999-12-31 原币	折算汇率	折合人民币
现金	RMB	8,680.20	1.00	8,680.20	4,929.06	1.00	4,929.06
银行存款	RMB	278,302,052.56	1.00	278,302,052.56	32,599,564.50	1.00	32,599,564.50
合计				278,310,732.76			32,604,493.56

变动原因:年末余额比上年年末增加了人民币 245,706,239.20 元,原因系本公司于 2000 年 12 月 18 日采用上网发行方式向社会公开发行人民币普通股 4000 万股,发行价为每股人民币 7.09 元,募集股款人民币 283,600,000.00 元,同时支付了约人民币 1100 万元发行费用和本年度归还了上年末向控股股东借款人民币 2000 万元所致.

2.应收票据

出票单位	出票日期	到期日	2000.12.31	备 注
延吉卷烟厂	2000.12.27	2001.06.18	200 万	已抵押
南京金箔集团公司	2000.07.18	2001.01.18	20 万	已办托收
南京金箔集团公司	2000.09.20	2001.03.19	20 万	2001 年 1 月已背书
贵联包装材料公司	2000.12.12	2001.04.19	40 万	2001 年 1 月已背书
延吉卷烟厂	2000.12.06	2001.06.04	100 万	2001 年 1 月已背书
洛阳烟草中心	2000.12.23	2001.06.20	50 万	2001 年 1 月已背书
丹阳铝箔纸厂	2000.12.22	2001.03.21	100 万	2001 年 1 月已背书
丹阳铝箔纸厂	2000.12.21	2001.05.15	100 万	2001 年 1 月已背书
重庆烟草滤咀材料厂	2000.12.21	2001.06.21	20 万	2001 年 1 月已背书
涪陵宏声实业集团公司	2000.12.11	2001.06.10	20 万	2001 年 1 月已背书
南京金箔集团公司	2000.11.16	2001.04.08	20 万	2001 年 1 月已背书
延边烟划供应销售公司	2000.12.27	2001.06.18	100 万	
营口烟草供销经理部	2000.12.13	2001.06.10	100 万	
沈阳卷烟厂	2000.12.29	2001.06.28	100 万	
重庆烟草调拨站	2000.11.22	2001.05.22	100 万	
合计			1090 万	

3.应收账款

账龄	2000-12-31 金额 RMB	比例 %	坏账准备 RMB	1999-12-31 金额 RMB	比例 %	坏账准备 RMB
1 年以内	73,687,342.05	93.59	2,210,350.26	60,778,986.29	93.32	1,823,369.59
1-2 年	4,014,905.57	5.10	200,745.28	3,594,119.49	5.52	179,705.97
2-3 年	906,656.29	1.15	90,665.63	441,568.56	0.68	44,156.86
3 年以上	127,139.22	0.16	25,427.84	314,901.99	0.48	62,980.40
合计	78,736,043.13	100.00	2,527,189.01	65,129,576.33	100.00	2,110,212.82

欠款金额前五名的单位情况如下:

单位名称	所欠金额 RMB	欠款时间	欠款原因
永州金峰纸业有限公司	3,099,661.90	2000.1-12	货款未结算
张家口烟厂	2,215,666.00	2000.1-12	货款未结算
蚌埠烟草公司第二卷烟材料厂	2,060,748.40	2000.1-12	货款未结算
汕头东能原材料有限公司	2,017,782.87	2000.1-12	货款未结算
汛发包装材料有限公司	1,654,657.60	2000.1-12	货款未结算

应收账款年末余额中无持有本公司 5%(含 5%)以上股份的股东单位欠款.

4.其他应收款

账龄	2000-12-31 金额 RMB	比例 %	坏账准备 RMB	1999-12-31 金额 RMB	比例 %	坏账准备 RMB
1 年以内	5,734,687.18	98.74	172,310.61	1,252,670.27	88.71	37,580.11
1-2 年	60,613.12	1.04	3,030.66	133,726.65	9.47	6,686.33
2-3 年	800.00	0.01	80.00	25,724.83	1.82	2,572.48
3 年以上	11,629.73	0.21	2,325.95			
合计	5,807,730.03	100.00	177,747.22	1,412,121.75	100.00	46,838.92

欠款金额前五名的单位欠款情况如下:

单位名称	所欠金额 RMB	欠款时间	欠款原因
刘广华	4,555,152.26	2000.12	销售部为产品推介、订货借款
成都烟草物资公司储运仓库	292,800.00	1999-2000	仓租押金
工商银行牡丹江支行	260,000.00	2000.1-12	汇票保证金
田建良	150,000.00	2000.1-12	个人借款
王国栋	80,000.00	2000.1-12	个人借款

其他应收款年末余额中无持有本公司 5%(含 5%)以上股份的股东单位欠款.

5.坏账准备

	金额	坏账准备 2000-01-01	本期计提	本期冲回	2000-12-31
应收账款	78,736,043.13	2,110,212.82	416,976.19	-	2,527,189.01
其他应收款	5,807,730.03	46,838.92	130,908.30	-	177,747.22
合计	84,543,773.16	2,157,051.74	547,884.49	-	2,704,936.23

2000 年度坏账计提情况如下:

(1)2000 年度无全额计提坏账准备和计提坏账准备比例较大(40%或以上)的情况;

(2)2000 年度无以前年度计提坏账准备或计提坏账准备较大的,但在本年度又全额或部份收回的,或通过重组等其他方式收回的情况;

(3)2000 年度无实际冲销的应收款项.

6.预付账款

账龄	2000-12-31 金额 RMB	比例 %	1999-12-31 金额 RMB	比例 %
1 年以内	3,076,118.24	85.27	11,408,196.52	96.94
1-2 年	522,568.87	14.49	360,017.62	3.06
2-3 年	8,704.54	0.24	--	
3 年以上				
合计	3,607,391.65	100.00	11,768,214.14	100.00

预付账款年末余额中无持有本公司 5%(含 5%)以上股份的股东单位欠款.

欠款金额前五名的单位欠款情况如下:

单位名称	所欠金额 RMB	欠款时间	欠款原因
绥芬河市三都纸业有限责任公司	1,000,000.00	2000.1-12	预付木片款
长春一汽实业总公司改装六分厂	359,000.00	2000.1-12	购车款
福建省双州高中压阀门有限公司	172,339.00	2000.1-12	购设备款
黑龙江省高压开关厂	138,163.00	2000.1-12	购设备款
扬中市沪宁工程配套设备厂	131,500.00	2000.1-12	购设备款

7.存货及存货跌价准备

项目	2000-12-31 金额 RMB	跌价准备 RMB	1999-12-31 金额 RMB	跌价准备 RMB
在途物资	5,703,039.36			
原材料	15,912,648.15	521,245.63	35,240,453.91	732,682.81
在产品	4,219,097.42	-	2,060,406.44	-
产成品	33,504,408.13	-	29,922,781.00	-
合计	59,339,193.06	521,245.63	67,223,641.35	732,682.81

上述存货的可变现净值的确定依据是以年末市价扣除为使其达到可销售状态而预计发生的费用.

21.资本公积

项目	2000-01-01 RMB	本期增加 RMB	本期减少 RMB	2000-12-31 RMB
股本溢价	37,641,742.60	230,800,000.00		268,441,742.60

经中国证券监督管理委员会证监发行字[2000] 174 号文核准,公司于二 OOO 年十二月二十日采用上网发行的方式向社会公开发行人民币普通股(A 股 4000 万股.发行价为每股人民币 7.09 元,募集股款为人民币 283,600,000.00 元,扣除交易所手续费和承销佣金共人民币 9,500,800.00 元,实募股款人民币 274,099,200.00 元, 其中增加股本人民币 40,000,000.00 元, 支付其余发行费用 3,299,200.00 元,余款人民币 230,800,000.00 元增加资本公积.发行费用业经中天勤会计师事务所中天勤特审报字[2001] 第 B-002 号审计报告审验.

22.盈余公积

项目	2000-01-01	本期增加	本期减少	2000-12-31
	RMB	RMB	RMB	RMB
法定盈余公积	16,105,768.55	3,936,220.30	-	20,041,988.85
公益金	8,052,884.28	1,968,110.15	-	10,020,994.43
合计	24,158,652.83	5,904,330.45	-	30,062,983.28

盈余公积本期增加是按照利润分配政策提取的法定盈余公积和公益金.

23.未分配利润

项目	2000-01-01	本期增加	本期减少	2000-12-31
	RMB	RMB	RMB	RMB
未分配利润	-	39,362,202.97	19,904,330.45	19,457,872.52

有关利润分配比例情况如下:

经董事会建议,2000 年度的净利润预分配比例是:提取法定盈余公积金 10%;提取公益金 5%;可供股东分配利润人民币 33,457,872.52 元,派发普通股股利每 10 股分配人民币 1.00 元现金红利(含税),其余暂不分配.股东大会决议与本建议有变动时,按股东大会决议的分配方案调整.

24.主营业务收入及成本

	主营业务收入			主营业务成本	
行业	2000 年度	1999 年度	1998 年度	2000 年度	1999 年度
(国内销售)	RMB	RMB	RMB	RMB	RMB
工业	334,165,485.22	298,327,863.52	265,410,228.24	236,126,506.73	207,147,580.95

续上表:

	主营业务成本	主营业务毛利		
行业	1998 年度	2000 年度	1999 年度	1998 年度
(国内销售)	RMB	RMB	RMB	RMB
工业	179,148,279.00	98,038,978.49	91,180,282.57	86,261,949.24

25.财务费用

类别	2000 年度	1999 年度	1998 年度
	RMB	RMB	RMB
利息支出	1,178,531.38	6,231,453.20	9,285,786.65
减:利息收入	111,672.73	415,560.00	634,386.07
其他	27,658.20	37,157.41	11,813.60
合计	1,094,516.85	5,853,050.61	8,663,214.18

变动说明:2000 年度比 1999 年度减少人民币 4,758,533.76 元,主要原因是本年度的利息支出大幅减少:

1.2362 号纸机改造工程的人民币 7300 万元借款 2000 年度比 1999 年度资本化时间长和本项借款利率下调共减少利息支出人民币 250 万元左右.

2.1999 年度发生了大量的该年度借入且到期已归还的借款业务,约增加利息支出人民币 250 万元.

26.其他业务利润

类别	2000 年度	1999 年度	1998 年度
	RMB	RMB	RMB
其他业务收入	18,695,910.01	299,326.04	1,671,465.41
减:其他业务支出	18,695,910.01	218,177.14	1,707,274.72
其他业务利润	-	81,148.90	(35,809.31)

本年度其他业务收入中关联交易明细资料见注释五(二)4 说明.

其他业务项目

	2000 年收入	2000 年成本	2000 年税金	2000 年利润	1999 年利润	1998 年利润
	RMB	RMB	RMB	RMB	RMB	RMB
材料销售	18,695,910.01	18,588,239.84	107,670.17	-	81,148.90	(35,809.31)

27.营业外支出

主要明细项目	2000 年度	1999 年度	1998 年度
	RMB	RMB	RMB
堤防费	200,000.00	288,805.00	120,000.00
罚款支出	4,340.50	46,813.58	9,384.95
其他	-	6,008.93	5,540.47
合计	204,340.50	341,627.51	134,925.42

八、其他重要事项

1 、根据深圳中天会计师事务所盈核报字(2000)年第 D020 号《盈利预测审核报告》,本公司 2000 年预测税后利润为 4,336.929 万元,按全面摊薄法计算的每股税后利润为 0 .31 元,由于募集资金到位时间晚,投资项目未能及时产生效益,实际实现利润 3,936.220 万元,每股税后利润为 0.28 元, 完成盈利预测的 91%。2001 年公司预测税后利润为 4,890.984 万元, 每股税后利润为 0.35 元。

2 、本公司 1999 年临时股东大会关于公司利润处置方案的决议:1999 年 12 月 31 日以前实现的净利润由老股东享有,2000 年度实现的净利润由新老股东共同享有。

3 、公司 A 股成功发行后,首次分配时间将在 2001 年二季度。

4 、根据《上海证券交易所股票上市规则》,本公司第一大股东-牡丹江恒丰纸业集团有限责任公司已向上海证券交易所承诺, 自发行人股票上市之日起 12 个月内, 不转让其持有的本公司股份。

5 、截止本公告书刊登之日,本公司董事、监事和高级管理人员没有尚未了结或可能发生的刑事诉讼事项。

6 、截止本上市公告书刊登之日,本公司未涉及任何重大诉讼事项或仲裁,亦无任何尚未了结或可能面临的重大诉讼或索赔要求。

7 、公司于 2001 年 2 月 1 日召开了三届七次董事会,会议一致通过了对下列问题的决议:

1).同意公司 2000 年度财务决算议案及 2001 年度财务预算方案。

2).同意公司 2000 年利润分配预案:每 10 股派现金红利 1 元(含税)。

3).同意增补曹振雷先生、温志武先生两位独立董事,待股东大会通过后,董事会成员将由 9 人调整为 11 人。

4).同意对公司章程的相关条款所进行的补充和修改。

根据《公司法》、《证券法》及公司章程的规定,董事会的上述决议提交公司 2000 年度股东大会通过后生效。

8 、1996 年 1 月 16 日, 公司 2000 万内部职工股在黑龙江证券登记有限公司办理了登记托管。目前,内部职工股集中托管于上海证券中央登记结算公司。公司在申请向社会公开发行股票并上市的过程中,内部职工股出现了小范围少量的私下转让,此类转让属非法转让,不能办理过户手续,由此引起的一切法律责任由交易双方自行承担。公司将一如既往地依照国家法律、法规做好内部职工股的管理工作。

九、董事会上市承诺

本公司董事会将严格遵守《公司法》、《证券法》等法律、法规和中国证监会的有关规定,并自股票上市之日起作出如下承诺:

1 、真实、准确、完整、公允和及时地公布定期报告,披露所有对投资者有重大影响的信息,并接受中国证监会、证券交易所的监督管理;

2 、本公司在知悉可能对股票价格产生误导性影响的任何公共传播媒介中出现的消息后,将及时予以公开澄清;

3 、本公司董事、监事、高级管理人员和核心技术人员将认真听取社会公众的意见和批评,不利用已获得的内幕消息和其他不正当手段直接或间接从事发行人股票的买卖活动;

4 、发行人没有无记录的负债。

十、上市推荐人及其意见

本公司聘请中信证券股份有限公司(以下简称"中信证券")及中国银河证券有限责任公司(以下简称"银河证券")担任本次发行的 4,000 万 A 股股票的上市推荐人。

中信证券和银河证券出具的上市推荐书认为:本公司具备了《公司法》、《证券法》等法律、法规规定的上市条件;本公司全体董事了解法律、法规、股票上市规则及股票上市协议所规定的董事义务与责任;公司章程符合《公司法》等有关法律、法规和中国证监会的规定;本公司建立了健全的法人治理结构和严格的信息披露制度与保密制度;中信证券和银河证券与本公司不存在关联关系;中信证券和银河证券经过核实后认为本公司上市文件符合规定要求,所载资料没有虚假、严重误导性陈述或重大遗漏,并对其承担连带责任;中信证券和银河证券将不利用其在上市推荐过程中获得的内幕信息进行内幕交易,为自己或他人谋利。

十一、股票上市的有关当事人

1 、发行人:牡丹江恒丰纸业股份有限公司

法定代表人:李荣华

地 址:黑龙江省牡丹江市阳明区造纸路 11 号　电 话:0453-6331111 转 6451 、6447

传 真:0453-6330989　联系人:李迎春 李荣伟

2 、上市推荐人:中信证券股份有限公司　法定代表人:常振明

地 址:深圳市罗湖区湖贝路 1030 号海龙王大厦

电 话:023-62812201　传 真:023-62812616　联系人:温志武 陈宇涛万久清

上市推荐人:中国银河证券有限责任公司　法定代表人:朱利

地 址:北京市德外大街 97 号　电 话:0451-4687100

传 真:0451-4697868　联系人:封建波

牡丹江恒丰纸业股份有限公司

二〇〇一年四月十三日

利润及利润分配表

编制单位:牡丹江恒丰纸业股份有限公司　　单位:人民币元

项目	1998 年度	1999 年度
一、主营业务收入	265410228.24	298327863.52
减:折扣与折让		
主营业务收入净额	265410228.24	298327863.52
减:主营业务成本	179148279	207147580.95
主营业务税金及附加	2127639.88	2340758.66
二、主营业务利润	84134309.36	88839523.91
加:其他业务利润	-35809.31	81148.9
减:存货跌价损失		732682.81
营业费用	14241138.54	17436755.7
管理费用	15848881.15	16204238.21
财务费用	8663214.18	5853050.61
三、营业利润	45345266.18	48693945.48
加:营业外收入	188	
以前年度损益调整		
减:营业外支出	134925.42	341627.51
分给外单位利润		
四、利润总额	45210528.76	48352317.97
减:所得税	14728799.87	15709938.22
五、净利润	30481728.89	32642379.75
加:年初未分配利润	21208229.54	31690399.1
六、可供分配的利润	51689958.43	64332778.85
减:提取法定盈余公积金	3048172.89	3264237.98
提取法定公益金	1524086.44	1632118.99
提取职工奖励福利基金		
七、可供股东分配的利润	47117699.1	59436421.88
减:应付优先股股利		
提取任意盈余公积金		
应付普通股股利	15427300	59436421.88
转作股本的普通股股利		
八、未分配利润	31690399.1	

利润及利润分配表

编制单位:牡丹江恒丰纸业股份有限公司　　单位:人民币元

项目	2000 年度
一、主营业务收入	334165485.22
减:折扣与折让	
主营业务收入净额	334165485.22
减:主营业务成本	236126506.73
主营业务税金及附加	1442177.52
二、主营业务利润	96596800.97
加:其他业务利润	
减:存货跌价损失	-211437.18
营业费用	19293201.89
管理费用	16937897.9
财务费用	1094516.85
三、营业利润	59482621.51
减:营业外支出	204340.5
分给外单位利润	
四、利润总额	59278281.01
减:所得税	19916078.04
五、净利润	39362202.97
六、可供分配的利润	39362202.97
减:提取法定盈余公积金	3936220.3
提取法定公益金	1968110.15
提取职工奖励福利基金	
七、可供股东分配的利润	33457872.52
减:应付优先股股利	
提取任意盈余公积金	
应付普通股股利	14000000
转作股本的普通股股利	
八、未分配利润	19457872.52

国旅联合股份有限公司

国旅联合股份有限公司2000年年度报告摘要

重要提示　本公司董事会保证本报告所载资料不存在任何虚假记载、误导性陈述或者重大遗漏，并对其内容的真实性、准确性和完整性负个别及连带责任。

一、公司简介

1.公司法定中文名称：国旅联合股份有限公司

法定英文名称：China United Travel Company Ltd.　英文缩写：CUTC

2.公司法定代表人：李禄安

3.公司董事会秘书：李　鲤　联系地址：南京市汉中路 89 号金鹰国际商城 18 层 A 座

联系电话：025-4711182　13801189995

传真：025-4702099　电子信箱：2Lee@263.net　证券事务代表：徐志斌

联系地址：南京市汉中路 89 号金鹰国际商城 18 层 A 座

联系电话：025-4700028-661　传真：025-4702099　电子信箱：bin-xu@china.com

4.联系地址：南京市汉中路 89 号金鹰国际商城 18 层 A 座

5.联系电话：(025)4700028-661、662　传真：(025)4702099

电子信箱：gllh@public1.ptt.js.cn

6.公司注册地址：南京汉中路 180 号星汉大厦 25 层 D 座　7.邮政编码：210029

8.公司网址：http://www.utcompany.com　9.公司选定的信息披露报纸：《上海证券报》

10.登载公司年度报告的国际互联网网址：http://www.sse.com.cn

11.公司年度报告备置地点：　国旅联合股份有限公司董事会秘书处

12.公司股票上市交易所：上海证券交易所　股票简称：国旅联合　股票代码：600358

二、会计数据和业务数据摘要

1.公司本年度主要会计数据和业务数据(单位：人民币元)

利润总额	27,009,963.77 元
净利润	18,943,673.24 元
扣除非经常性损益后的净利润	13,710,254.28 元
主营业务利润	58,035,126.42 元
其他业务利润	2,349,080.61 元
营业利润	11,708,128.31 元
投资收益	7,460,888.23 元
营业外收支净额	7,840,947.23 元
经营活动产生的现金流量净额	10,334,498.71 元
现金及现金等价物净增加额	205,205,240.55 元
备注：扣除的非经常性损益项目	7,811,073.07 元。

2.公司近三年主要会计数据和财务指标 (单位：人民币元)

项目	2000 年	1999 年	1998 年
主营业务收入	154022953.06	145741594.78	120598890.91
净利润	18943673.24	20298867.33	24334364.61
总资产	629751505.94	309829037.25	270167225.77
股东权益	426971041.36	136280177.84	133235347.74
每股收益(摊薄)	0.1353	0.2255	0.2704
扣除非经常性损益后的每股收益	0.0979	0.2255	0.2704
每股净资产	3.0498	1.5142	1.4804
调整后的每股净资产	3.0059	1.4855	1.4602
每股经营活动产生的现金流量净额	0.0738	0.3043	0.2987
净资产收益率(%)	4.44	14.89	18.26
净资产收益率(加权%)	6.36	15.06	22.01

注：加权净资产收益率=净利润/ [(期初净资产+ 期末净资产)/2]

3.报告期内股东权益变动情况

项目	股本	资本公积	盈余公积
期初数	90,000,000	43,235,347.74	3,044,830.10
本期增加	50,000,000	229,799,500	2,841,550.98
本期减少			
期末数	140,000,000	273,034,847.74	5,886,381.08

项目	法定公益金	未分配利润	股东权益合计
期初数	1,014,943.37	----------	136,280,177.84
本期增加	947,183.66	18,943,673.24	301,584,724.22
本期减少		10,893,860.70	10,893,860.70
期末数	1,962,127.03	8,049,812.54	426,971,041.36

变动原因：采用溢价方式公开发行人民币普通股 5,000 万股，以及每年度按规定提取盈余公积及法定公益金，从而使股东权益发生变动。

4.利润数据

报告期利润	净资产收益率		每股收益	
	全面摊薄	加权平均	全面摊薄	加权平均
主营业务利润	13.59	26.91	0.4145	0.5662
营业利润	2.74	5.43	0.0836	0.1142
净利润	4.44	8.78	0.1353	0.1848
扣除非经常性损益后的净利润	3.21	6.36	0.0979	0.1338

三、股东情况介绍

(一)、股本变动情况

(2)本公司股票于 2000 年 9 月 6 日在上海证券交易所上网定价发行，并于 9 月 22 日挂牌上市。

(二)、股东情况介绍

1.报告期末公司股东总数为 27139 户。

2.报告期末公司前十名股东持股情况

股东名称	持股数量(万股)	比例(%)
(1)中国国际旅行社总社	4090.09	29.21
(2)南京市旅游总公司	2016.40	14.40
(3)浙江富春江旅游股份有限公司	1712.03	12.23
(4)上海大世界(集团)公司	675.50	4.83
(5)杭州之江发展总公司	505.98	3.62
(6)同益基金	104.39	0.746
(7)开元基金	100.00	0.714
(8)方香玉	22.90	0.164
(9)王建	20.76	0.148
(10)黄渊跃	19.50	0.139

说明：(1)中国国际旅行社总社期初持有本公司法人股 4,090.09 万股，期末持有 4,090.09 万股，占公司总股本 29.21%，报告期内所持股份数无变化。

(2)南京市旅游总公司期初持有本公司法人股 2,016.40 万股，期末持有 2,016.40 万股，占公司总股本 14.40%，报告期内所持股份数无变化。

(3)浙江富春江旅游股份有限公司期初持有本公司法人股 1,712.03 万股，期末持有 1,712.03 万股，占公司总股本 12.23%，报告期内所持股份数无变化。

(4)本公司前 5 名股东之间无关联关系，6-10 名流通股股东，本公司未知其关联关系。

3、持有本公司 10%(含 10%)以上股份的股东情况：

中国国际旅行社总社，共持有本公司 4,090.09 万股，占总股本 29.21%。国旅总社位于北京市西城区复兴门内大街 103 号，注册资本为 10,044 万元，成立于 1954 年，法定代表人李禄安。主营招徕、接待外国、华侨、港澳台旅游者来华、归国或回内地旅游；组织中国公民及在华外国人到海外旅游；组织中国公民在国内旅游；承办国际、国内会议；为旅游者提供交通、食宿、游览、通讯、签证、娱乐、购物、旅行救援及医疗救护服务；国际、国内车、船、航空客货运输代理；旅游市场开发。

南京市旅游总公司，共持有本公司 2,016.4 万股，占总股本 14.4%。南京市旅游总公司位于南京市鼓楼区南东瓜市 4 号，注册资本 6,000 万元，其前身为 1987 年成立的南京市旅游服务联营公司，1992 年更名为现名，法定代表人韩健民。主营旅游资源开发、旅游及出租汽车运输等与旅游服务相关的业务。

浙江富春江旅游股份有限公司共持有本公司 1,712.03 万股，占总股本 12.23%。浙江富春江旅游股份有限公司位于浙江省桐庐县桐庐镇富春路 179 号，注册资本 6,000 万元，成立于 1993 年，法定代表人朱宝良。主营旅游业的开发、管理和经营，现已成为浙江省经济效益名列前茅的旅游企业。

4、报告期内控股股东及所持股份未发生变动。

四、股东大会简介

(一)、股东大会情况

报告期内，公司共召开二次股东大会。

1.公司 1999 年度股东大会会议于 2000 年 4 月 27 日召开。出席会议股东及股东代表五名，代表股份 9000 万股，占公司股份总数的 100%，会议审议通过如下决议：《关于通过公司 1999 年度报告的决议》；《关于通过公司 1999 年度财务报告的决议》；《关于公司 1999 年度利润分配原则的决议》；《关于调整公司公开发行股票募集资金投资项目的决议(之一、之二)》；《关于调整更换公司监事的决议》。

2.公司 2000 年第一次临时股东大会会议于 2000 年 8 月 18 日召开。出席会议股东及股东代表五名，代表股份 9000 万股，占公司股份总数的 100%，会议审议通过了《关于调整公司 1999 年度利润分配原则的决议》

五、董事会报告

(一)、公司经营情况

1、公司所处的行业

本公司所属行业是服务行业，是公认的朝阳产业。尤其是休闲度假产品，更符合国民不断增长的消费需求。

2、公司主营业务的范围及其经营状况

公司的主营业务范围是旅游产业投资、汽车客运、出租汽车经营、旅游信息服务、旅游电子商务和国内贸易。

二000年公司实现：

旅游交通客运业务收入　35,027,342.24 元；

旅行社业务收入　37,113,724.32 元；

旅游服务业务收入　81,881,886.50 元

报告期内，公司坚持发展"阳光旅程"和"绿色家园"为主要产品的主营业务，强化经营管理，完善制度建设，对现有的资产进行了重新整合和优化配置。对旅游运输车辆进行了更新改造。同时，重点推进面向中国本地客源的市场营销网络的建设，积极开拓新形势下的国内外市场，建立针对商务客户的旅行预定服务系统并应用电子商务平台，提高运营效率和加快业务发展。随着国内假日经济的发展，公司主业经营稳定，通过一年经营，分公司主营业务实力进一步扩大，公司市场能力进一步提高。确定了以建立市场网络为基础，重点发展旅游客运、休闲度假地两大系列产品的发展方向。

报告期内，公司主营业务收入 154,022,953.06 元，实现净利润 18,943,673.24 元，基本上完成了董事会和股东大会确定的年度经营任务。3、经营中出现的问题与困难及解决方案

受旅游业行业特性决定，经营上的分散性随着公司规模的不断扩大，给经营管理造成了一定难度，针对上述问题，公司加大了管理力度，全面实施了内部电脑化管理，强化了对各经营单位的运营控制，提高了公司的资源使用效率和竞争能力。

(二)、公司财务状况　(单位：人民币元)

	2000 年	1999 年
1、总资产	629751505.94	309829037.25
2、长期负债	16112162.47	36805491.56
3、股东权益	426971041.36	136280177.84
4、主营业务利润	58035126.42	61417502.91
5、净利润	18943673.24	20298867.33

说明：(1)总资产比上年增加的主要原因是本年度发行新股和实现利润所致；

(2)长期负债比上年减少的主要原因是转为一年内到期债务及归还贷款所致；

(3)股东权益比上年增加的主要原因是本年度发行股票所致；

(4)主营业务利润比上年略有降低的主要原因是由于成本增加高于收入增加所致；

(5)净利润比上年降低的主要原因是由于公司发行上市费用超支所致。

(三)、公司投资情况

1、经中国证券监督管理委员会证监发行字[2000]120 号文批准，公司于 2000 年 9 月 6 日在上海证券交易所上网发行社会公众股 5000 万股，每股发行价人民币 5.86 元。实际募集资金 28450 万元。公司在招股说明书中将招股募集资金用于北京天马旅游汽车公司购置旅游大巴；旅游电子商

务;"绿色家园"系列项目;公司发行股票募集资金实际使用情况与招股说明书承诺的项目相符。截止本报告期已完成北京天马旅游汽车公司购置旅游大巴项目和部分旅游电子商务项目。因募集资金到位时间较晚,本年度内实现投入3050万元,尚有16000万元的募集资金投资项目尚在建设筹备中。

2、报告期内募集资金投资项目情况(单位:万元)

序号	项目名称	2000年计划	实际投资	计划投资进度
(一)	旅游电子商务服务网络	300	450	150%
(二)	旅游客运项目	2,600	2,600	100%
(三)	华东休闲度假地建设项目	900		
1、	大奇山竞技乐园项目	700	0	0
2、	红灯笼乡村家园外婆家项目	200	0	0
3、	江心洲大风车农庄项目	---	---	
4、	之江欧亚温泉总会项目	---	---	
	合 计	3,800	3,050	80.26%

3、成立了国旅联合上海分公司。该公司主要从事集团消费用户在全国范围内的 商务旅行预订服务及旅游电子商务开发推广等业务;

4、成立了上海国旅联合投资管理有限责任公司,注册资本1000万元。其中本公 司投资900万元,占90%的股份。该公司主要从事证券投资、资产管理等业务。

5、投资 6000 万元人民币购买国债。

(四)、生产环境及宏观政策、法规变化对本公司的影响

在国务院《关于国民经济和社会发展"十五"计划和2010年远景规划纲要》中,旅游业作为"朝阳产业"是优先发展和重点扶持的行业,这对于主要从事旅游业的本公司将产生积极的和深远的影响。

(五)新年度的发展计划

1、经营目标

面对中国将加入WTO这一历史性的机遇,公司提出了"实现公司产品品牌化、经 营网络化、管理现代化"的三年发展规划。

2001年,公司将以发展旅行市场营销网络为基础,以在有限区域内和特定产品上取得市场份额领先地位为目标,首先推进市场发展战略;同时,集中力量发展以旅游客运业务"阳光旅程"系列产品,以通过规模化经营取得在本行业、本地区内相对的竞争优势为目标。公司还将在"绿色家园"产品的开发和其他创新业务创新产品方面作出积极的努力。

2、业务发展计划

(1)抓好主业,增加主业收入,提高利润增长水平,实现营业收入与利润的同 步增长。计划实现营业收入41,200 万元,实现税后利润3,100 万元。

(2)重点推进在一定区域内和特色产品上的市场份额领先的市场战略,加快旅 行社网络的建设。立足华东地区,以代理、联营、特许经营等方式建立旅游产品零售网络。

(3)全面提高现有旅游客运管理水平,在稳定发展现有客运业务的同时,重点 发展汽车租赁业务,并逐步形成规模化、网络化经营.

(4)加强市场研究和调查,探索和建立新型的经营模式。

(5)结合ISO9001的标准,更加完善规章制度,进一步提高经营管理水平,进一步弘扬"坚韧、勤奋、合作、创新"的公司精神,实践"共享美好人生"的公司理念,建立一支适应知识经济时代的高素质的管理队伍。

(6)充分利用资本运营手段,实现低成本扩张,增加公司抗风险能力。

(六)董事会日常工作情况

1、董事会会议情况及决议内容:

2000 年度公司共召开三次董事会会议。

(1)2000 年3月26 日召开2000 年第一次董事会会议。

审议并通过如下决议:

①《通过公司1999年报告并提请公司股东大会审议的决议》;

②《通过公司1999年度财务报告并提请公司股东大会审议的决议》;

③《通过公司1999年度利润分配原则并提请公司股东大会审议的决议》;

④《关于调整公司组织机构的决议》;

⑤《关于加快公司管理信息系统和旅游电子商务工作进度的决议》;

⑥《关于调整公司公开发行股票募集资金项目并提请公司股东大会审议的决议》;

⑦《关于召开1999年公司年度股东大会的决议》。(2)2000年9月23日召开2000年第二次董事会会议。审议并通过如下决议:

①《关于公司股票公开发行上市工作总结及下阶段工作安排的决议》;

②《关于设立资产管理公司的决议》。

(3)2000年11月30日召开2000年第三次董事会会议。审议并通过如下决议:

①《关于修改<公司章程>并提请公司股东大会审议的决议》;

②《关于公司聘任高岩先生等为公司副总经理的决议》;

③《关于购置公司办公场所的决议》。

会议相关决议公告刊登于2000 年12 月4 日的《上海证券报》

(七)公司管理层及员工情况

1、董事、监事、高级管理人员

姓名	性别	年龄	职务	任期起止日	年初持股数	年末持股数
李禄安	男	57	董事长	98/12-01/12	0	0
韩健民	男	50	副董事长	同上	0	0
金 岩	男	37	董事总经理	同上	0	0
赵义奎	男	57	董事	同上	0	0
黄春旺	男	48	董事	同上	0	0
黄禄安	男	52	董事	同上	0	0
刘学军	男	51	董事	同上	0	0
许国强	男	37	董事	同上	0	0
杨继才	男	42	董事	同上	0	0
张士军	男	39	董事	同上	0	0
张维迎	男	41	董事	同上	0	0
向 军	男	41	监事会主席	同上	0	0
吕晓峰	男	39	监事	同上	0	0
程 晓	男	41	监事	同上	0	0
高 岩	男	40	副总经理	同上	0	0
邹家锐	男	47	副总经理	同上	0	0
李 鲤	男	37	董秘	同上	0	0
王中华	男	37	财务总监	同上	0	0

1)报告期内公司董事、监事及高级管理人员年度报酬区间情况:

2.5 到5 万元区间3 人;5到10万元区间5 人

2)不在公司领取报酬的董事、监事

董事长李禄安、副董事长韩健民、董事赵义奎、黄春旺、刘学军、许国强、杨继才、张士军、独立董事张维迎、监事会主席向军、监事吕晓峰

3)本年度董事、监事无变动情况。董事许国强、张士军先生于2000年11月书面 致函公司董事会,拟辞去公司董事职务。尚未获公司董事会审议及股东大会批准。

2.截止 2000 年末,公司共有员工860 人,其构成情况如下:

1)按专业构成分类	人数	比例(%)
生产服务人员	620人	72.09
管理人员	55人	6.40
技术人员	46人	5.35
财务人员	32人	3.72
行政管理人员	107人	12.44
2)按教育程度构成分类	人数	比例(%)
大专学历	94人	10.93
大学学历	25人	2.91
研究生及以上学历	8人	0.93
3)按专业技术构成分类	人数	比例(%)
初级职称	94人	10.93
中级职称	74人	8.60
高级职称	16人	1.86
4)按年龄结构分类	人数	比例(%)
25岁以下	184人	21.40
25岁至45岁	531人	61.74
45岁以上	145人	16.86

(八)本次利润分配预案

2000年公司实现利润总额27,009,963元,净利润18,943,673元,提取法定盈余公积金1,894,367元,提取公益金947,183元,当年可供股东分配的利润为16,102,122元,根据公司2000年第一次临时股东大会决议"2000年6月30日前经审计的实现利润归发起股东享有"的利润分配原则,已按实际情况分配了上半年实现的利润8 ,052,309元。年末实际可供新老全体股东分配利润余额为8,049,812元。考虑到 本公司股票在2000年9月22日上市,上半年利润已分配的实际情况,本年度拟不再进 行利润分配,也不拟用资本公积金转增股本。

根据公司经营情况预测,本公司做如下预案:

1、公司拟在2001年结束后分配利润一次;

2、公司下一年度实现净利润用于股利分配的比例约为15%左右;

3、公司本年度未分配利润用于下一年度股利分配的比例约为30%左右;

4、分配主要采用派现形式,现金股息约占股利分配的60%左右;具体分配办法将根据公司当时实际情况确定。

(九)其他报告事项:本公司选定的信息披露报刊为《上海证券报》。

六、监事会报告

2000年度公司监事会按照《公司法》、《证券法》等法律法规和《公司章程》,以及股东大会决议的有关要求,对公司财务、董事会执行股东大会决议的情况、经营决策、公司依法运作情况及董事、公司高级管理人员的经营决策情况、募集资金使用情况、关联交易情况等进行了认真的监督、检查,在维护股东权益和公司根本利益的一致性上做到了公正、公平。报告期内公司依法运作,公司董事,经理无违法违规、违反公司章程的行为,财务报告真实反映公司的财务状况,募资投向无不一致项目,无关联交易公平。

本年度监事会共召开了二次会议。

2000 年3月27 日召开了公司2000 年第一次监事会会议,审议并通过了:

①公司1999年度监事会报告; ②公司1999年年度报告;

③公司1999年度财务决算报告; ④公司1999年度利润分配原则。

2000年9月23日公司监事会召开2000年第二次会议,对公司董事会通过的《关于 设立资产管理公司的决议》无异议。

七、重要事项

(一)、重大诉讼、仲裁事项

1、公司在报告期内没有发生重大诉讼、仲裁事项。

2、本公司无上一报告期发生并延续至本报告期内的重大诉讼、仲裁事项。

(二)、本年度公司、公司董事及高级管理人员无受监管部门处罚的情况。

(三)、报告期内持有公司5%以上的股东承诺事项

在本报告期内,持股公司29.21%的公司第一大股东中国国际旅行社总社、持股公司14.40%的公司第二大股东南京市旅游总公司和持股公司12.23%的公司第三大股东浙江富春江旅游股份有限公司均兑现了不从事或不从事任何与本公司经营或从事的主营业务有竞争或可能构成竞争业务的承诺。

在本报告期内,持股公司29.21%的公司第一大股东中国国际旅行社总社兑现了其所持有的股份自公司股票公开发行之日起12个月内不发生转让的承诺。

(四)、董事变动情况

报告期内本公司董事无变化情况。

(五)、报告期内公司收购及出售资产、吸收合并事项

本报告期内公司无收购及出售资产、吸收合并事项。

(六)、重大关联交易事项

1、北京天马旅游汽车公司为中国国际旅行社总社提供接团用车服务。双方本着 公平、公正的市场原则签定了《接团用车合同》。

2、南京市旅游总公司、玄武饭店为本公司服务管理分公司提供的经营服务。三 方本着公正、公平的市场原则签订了《经营服务协议书》,本公司下属的服务管理分公司每年向南京玄武饭店支付电话、洗涤等综合服务费为人民币300,000.00 元。

3、本公司服务管理分公司租赁玄武饭店的相关物业。双方本着公平、公正的市 场原则签定了《房屋租赁合同》,本公司下属的服务管理分公司每年向南京玄武饭店支付房屋租赁费为人民币4,200,000.00 元。

4、浙江富春江旅游股份有限公司将瑶琳神仙世界乐园所占土地租赁给本公司瑶 琳分公司使用。双方本着公平、公正的市场原则签定了《土地租赁协议》,本公司下属的瑶林分公司每年应向浙江富春江股份有限公司支付土地租赁费等人民币2,858,700.00元,但第一年即1999年的土地租赁费按协议价的25%支付;第二年即2000年的土地 租赁费按协议价的50%支付。

以上关联交易合同均已在《上海证券报》和《中国证券报》刊登的本公司《招股说明书》中予以披露。

以上关联交易合同均获正常执行。

(七)、公司与控股股东在人员、资产、财务上的"三分开"情况:

1、本公司在劳动、人事及工资管理方面独立,总经理、副总经理等高级管理人 员在本公司领取薪酬,在股东单位无任职。

2、公司资产独立,拥有独立的生产系统、辅助生产系统和配套设施,商标、非 专利技术等无形资产由本公司拥有,采购和销售系统由本公司独立拥有。

3、公司设立独立的财会部门,建立了独立的会计核算体系和财务管理制度,独 立开设银行帐户。

(八)、本年度托管、承包、租赁事项

1、国旅联合中山陵索道分公司

本公司与中山陵园管理局于1999年1月1日签订了《租赁经营合同》。合同约定,本公司将中山陵园紫金山索道及索道占用土地,与经营索道相关的机器设备、房屋建筑、运输车辆等资产出租给中山陵园管理局经营。租金为450 万元/年。

2、国旅联合瑶琳仙境分公司

报告期内，本公司于 2000 年 7 月 25 日与杭州永成旅游投资有限公司签订了《租赁 经营合同》。将瑶琳仙境分公司妙峰苑之外部分经营性资产出租给杭州永成旅游投资有限公司经营。每年租赁收入为人民币 200 万元。

(九)、聘任、解聘会计师事务所情况

本年度公司聘任了深圳中天会计师事务所(现更名为深圳中天勤会计师事务所)为公司的审计机构。

(十)、本年度重大合同、担保事项。

1.公司与中国工商银行南京分行签署了为控股子公司(控股 90%)南京海外旅游有限责任公司提供 100 万元流动资金贷款的《担保合同》。

2、为购买公司办公场地,2000 年 10 月公司与南京金鹰国际集团有限公司签署了 《购房合同》,合同标的为 523 万元人民币。

(十一)、公司报告期内未改变名称与股票简称。

八、财务会计报告

(一)、审计报告

公司财务报告经深圳中天勤会计师事务所审计，由中国注册会计师蒋贤山、祝小兰出具了无保留意见的审计报告(中天勤财审报字[2001]第 B-053 号)。

审计报告　　　　　　　　　中天勤财审报字(2001)第 B-053 号

国旅联合股份有限公司全体股东:

我们接受委托,对贵公司二 OOO 年十二月三十一日的公司及合并资产负债表、二 OOO 年度公司及合并利润表、利润分配表和现金流量表进行了审计.这些会计报表由贵公司负责,我们的责任是对这些会计报表发表审计意见.我们的审计是依据中国注册会计师独立审计准则进行的,在审计过程中,我们结合贵公司实际情况,实施了包括抽查会 计记录等我们认为必要的审计程序.

我们认为,上述会计报表符合《企业会计准则》和《股份有限公司会计制度》的 有关规定,在所有重大方面公允地反映了贵公司二 OOO 年十二月三十一日的公司及合并财务状况及二 OOO 年度公司及合并经营成果和现金流量,会计处理方法的选用遵循了一贯性原则.

中天勤会计师事务所　　　　　　中国注册会计师 蒋贤山 祝小兰

二 OO 一年二月十五日

(二)、会计报表(附后)

会计报表注释

二 OOO 年度

编制单位:国旅联合股份有限公司

注释一、公司简介

本公司系根据中华人民共和国有关法律的规定,经中华人民共和国国家经济贸易 委员会国经贸企改[1998]834 号《关于同意设立国旅联合股份有限公司的复函》的批 复,由中国国际旅行社总社、南京市旅游总公司、浙江富春江旅游股份有限公司、杭 州之江发展总公司和上海大世界(集团)公司作为发起人,共同发起设立的股份有限公 司.

除上海大世界(集团)公司以现金作为投资外,其他发起人均以其拥有下属公司的 净资产作为投资.投入的净资产以 1997 年 12 月 31 日为基准日,经评估并经财政部财管字[1998]130 号文批准,按 1:0.6755 的比例折为每股面值为人民币 1 元的股份 9,000 万股.

1998 年 12 月 29 日,本公司于江苏省工商行政管理局注册登记,领取企业法人营业执照,注册号为 3200001104351,注册资本为人民币 9,000 万元,法人代表李禄安.

2000 年 8 月 29 日经中国证券监督管理委员会以证监发行字(2000)120 号文核准,向 社会公开发行人民币普通股 5,000 万股. 贵公司于 2000 年 9 月 4 日采用向一般投资者上网定价发行方式向社会公开发行普通股 5,000 万股,发行后的注册资本变更为人民币 14,000 万元.

批准的经营范围:旅游产业投资、汽车客运、出租汽车经营,旅游信息咨询服务, 国内贸易(国家有专项规定的,办理审批手续后经营)、旅游电子商务.

注释二、公司及附属子公司的主要会计政策、会计估计和合并会计报表的编制方法

1.会计制度

执行中华人民共和国财政部颁布的《企业会计准则》、《股份有限公司会计制度》及其补充规定.

2.会计年度　以 1 月 1 日起至 12 月 31 日为一个会计年度.

3.记账本位币　以人民币为记账本位币.

4.记账基础和计价原则　会计核算以权责发生制为记账基础,资产以历史成本为计价原则.短期投资、存货等年末余额以成本与市价孰低原则计算确定.

5.外币业务核算方法

会计年度内涉及的外币经营业务,按业务实际发生的当月一日市场汇价折合为人 民币记账,月末对货币性项目按月末的市场汇率进行调整,所产生的汇兑损益列入本年损益.

6.现金等价物的确定标准

将持有的期限短、流动性强、易于转换为已知金额现金、价值变动风险很小的投资等视为现金等价物.包括可在证券市场上流通的,购买日起三个月内到期的短期债券投资.

7.短期投资　短期投资指本公司购入的随时变现并且持有时间不准备超过一年的投资,包括股票投资、债券投资等.

短期投资在取得时以实际成本计价,即实际支付的价款扣除已宣告发放的现金股 利或利息.在期末以成本与市价孰低法计价.按投资分类计提跌价准备,市价低于成本 的金额确认为当期投资损失.

8.坏账核算方法

坏账确认标准:a.债务人破产或死亡,以其破产财产或者遗产清偿后,仍然不能收 回;b.债务人逾期未履行偿债义务超过三年仍然不能收回的应收款项.

坏账准备采用账龄分析法,计提基础为年末应收账款和其他应收款余额之和(以下简称应收款项),对账龄在一年以内的应收款项,提取 1%的坏账准备;对账龄在一年以上两年以内的应收款项,提取 5%的坏账准备;对账龄在两年以上三年以内的应收款项,提 取 15%的坏账准备;对账龄在三年以上的应收款项余额,提取 30%的坏账准备.

9.存货核算方法

存货分为库存商品、低值易耗品等;

存货盘存制度采用永续盘存法,各类存货的购入与入库按实际成本计价,发出按加权平均法计价;低值易耗品领用按一次性摊销.

年末,在对存货进行全面盘点的基础上,对存货遭受毁损、全部或部分陈旧过时或销售价格低于成本等原因,预计其成本不可收回的部分,提取存货跌价准备.提取时按 单个存货项目的成本高于其可变现净值的差额确定.

10.长期投资核算方法

①长期股权投资

a.股票投资

以货币资金购买股票的,按实际支付的金额计入成本.实际支付的款项中若含有已宣告发放的股利,则按实际支付的金额扣除已宣告发放的股利后的净额作为投资成本.公司以实物和无形资产折价入股的,按协议、合同约定的价值或资产评估后确定的价 值作为投资成本.

b.股权投资差额

对采用权益法核算的长期股权投资,若取得时的成本与在被投资单位所有者权益 中所占的份额有差额以及对长期股权投资的核算为权益法时,投资成本与享有被投资 单位所有者权益份额的差额,设置"股权投资差额"明细科目核算.年末时,按 10 年的 期限平均摊销.

c.其他股权投资

以货币资金投资的,按实际支付金额计入成本;以放弃非现金资产取得的长期股权,其投资成本以所放弃非现金资产的公允价值确定. 如果所取得的股权投资的公允价值比所放弃非现金资产的公允价值更为清楚,则以取得的股权投资的公允价值确定.

放弃非现金资产公允价值,或取得股权投资的公允价值超过所放弃非现金资产的 账面价值的差额,扣除应交的所得税后的部分作为资本公积准备项目.

d.收益确认方法

采用成本法核算的,在被投资单位宣告发放现金股利时确认投资收益;采用权益 法核算的,在各会计期末按应分享或应分担的被投资单位实现的净利润或发生的净亏 损的份额,确认投资收益,并调整长期股权投资的账面价值.

对于股票投资和其他股权投资，若母公司持有被投资单位有表决权资本总额 20%以下或持有被投资公司有表决权资本总额 20%或以上,但不具有重大影响的,按成本法核 算;若母公司持有被投资单位有表决权资本总额 20%或以上,或虽投资不足 20%,但有重大影响的,按权益法核算.

②长期投资减值准备

对长期投资提取长期投资减值准备.年末,对长期投资逐项进行检查,如果长期投 资的市价持续下跌或被投资单位经营状况恶化等原因导致其可收回金额低于投资的账面价值，则对可收回金额低于长期投资账面价值的部分计提长期投资减值准备，首先冲抵该项投资的资本公积准备项目,不足冲抵的差额部分确认为当期损失.对已确认损失的长期投资的价值又得以恢复的,则在原已确认的投资损失的数额内转回.

11.固定资产计价及其折旧方法

固定资产标准为使用期限在一年以上的房屋、建筑物、机器、机械、运输工具以及其他与生产、经营有关的设备、器具、工具等;以及不属于生产、经营主要设备的,单位价值在人民币 2000 元以上并且使用年限在两年以上的资产.

a.固定资产按实际成本计价.

b.固定资产折旧采用直线法平均计算,并按各类固定资产的原值和估计的使用年 限扣除残值(原值的 3%)确定其折旧率,年分类折旧率如下:

资产类别	使用年限	年折旧率
房屋建筑物	20-40 年	4.85%-2.43%
机器设备	8-15 年	12.13%-6.47%
电子设备	5-10 年	19.4%-9.7%
运输工具	5-10 年	19.4%-9.7%
其他设备	5 年	19.4%

12.在建工程

在建工程指兴建中的厂房与设备及其他固定资产,并按成本值入账.此项目包括直接建筑及安装成本,以及于兴建、安装及测试期间的有关借款利息支出及外汇汇兑损 益,在建工程在完工并交付使用时,确认固定资产,并停止利息资本化.

注释三、税项

纳入合并会计报表各单位适用的主要税种和税率如下:

税　　项	计税基础	税　率
营业税	餐饮、租赁及其他旅游服务收入	5%
营业税	旅游门票收入、旅游交通客运	3%
城市维护建设税	应纳营业税	7%
教育费附加	应纳营业税	4%
企业所得税	应纳税所得额	33%

1999 年度本公司所得税税率为:母公司及南京海外旅游有限公司所得税税率为 33%,根据南京市人民政府宁政发[1997]64 号文和南京市财政局宁财预(1998)163 号文<<关于国旅联合股份有限公司在宁注册有关事宜的函的批复>>,本公司所得税采用先征后 退的办法,即按 33%的税率征收,再由财政退还 18%,实际所得税税率为 15%;海南国旅联 合旅游实业公司所得税税率为 15%;北京天马旅游汽车公司所得税税率为 33%;杭州之江旅游汽车有限公司位于杭州之江国家旅游度假区,该区一九九五年经浙江省第八届人 民代表大会常务委员会第十八次会议第四章第二十五条通过,在该区投资的外商投资 企业所得税税率为 26.4%.

2000 年度本公司所得税税率为:根据财政部财税[2000]99 号文件,母公司及南京海外旅游有限公司继续执行南京市人民政府宁政发[1997]64 号文和南京市财政局宁财预(1998)163 号文,所得税即按 33%的税率征收,再由财政退还 18%,实际所得税税率为 15%;海南国旅联合旅游实业公司所得税税率为 15%;北京天马旅游汽车公司所得税税率为 33%;杭州之江旅游汽车有限公司所得税税率为 26.4%.

注释四、控股子公司及合营企业

注释五、会计报表主要项目注释

24.资本公积

合并数

项　　目	年初余额	本年增加	本年减少	年末余额
股本溢价	43,235,347.74	229,799,500.00		273,034,847.74

本年增加系本公司于 2000 年 9 月 5 日以每股 5.86 元向社会公众发行 5,000 万股"A 股"扣除上市费用后的股本溢价.

25.盈余公积

合并数

项　　目	年初数	本年增加	本年减少	年末数
法定盈余公积	2,029,886.73	1,894,367.32		3,924,254.05
公益金	1,014,943.37	947,183.66		1,962,127.03
任意盈余公积				
合　　计	3,044,830.10	2,841,550.98		5,886,381.08

本年增加系本年利润分配所致.

26.未分配利润

项　　目	年初数	本年增加	本年减少	年末数
未分配利润		18,943,673.24	10,893,860.70	8,049,812.54

有关利润分配比例情况如下:

经董事会建议,2000 年度的净利润预分配方案为:提取 10%法定盈余公积金;提取 5%公益金;可供股东分配利润 16,102,122.26 元,根据公司二 OOO 年度第一次临时股东大会决议"二 OOO 年 6 月 30 日前经审计的实际利润归发起股东享有"的利润分配原则,公 司已按实际情况分配了上半年实现利润 8,052,309.72 元,年末实际可供新老全体股东 分配的利润余额为 8,049,812.54 元,考虑到本公司投资项目前期所需资金量较大,以及上半年利润已分配的实际情况,本公司本年度拟不再进行利润分配,也不利用资本公积转增股本;股东大会决议与本建议有变动时,按股东大会决议的分配方案调整.

27.主营业务收入及成本

合并数

	主营业务收入	
行　　业	本年数 RMB	上年数 RMB
旅游交通客运业(含索道)	35,027,342.24	36,797,584.08
旅行社业	37,113,724.32	29,278,435.25
旅游服务业	81,881,886.50	79,665,575.45
合　　计	154,022,953.06	145,741,594.78

	主营业务成本		主营业务毛利	主营业务毛利
行　　业	本年数	上年数	本年数	
旅游交通客运业(含索道)	19,123,583.89	18,161,836.28	15,903,758.35	18,635,747.80

旅行社业	34,089,581.48	26,506,706.29	3,024,142.84	2,771,728.96
旅游服务业	37,709,079.48	35,183,441.87	44,172,807.02	44,482,133.58
合　　计	90,922,244.85	79,851,984.44	63,100,708.21	65,889,610.34

公司数

行　　业	主营业务收入 本年数	上年数	主营业务成本 本年数
旅游交通客运业(含索道)	4,500,000.00	4,500,000.00	——
旅游服务业	73,869,609.84	70,480,437.97	32,379,0
合　　计	78,369,609.84	74,980,437.97	32,379,0

行　　业		主营业务成本 上年数	主营业务毛利 本年数	上年数
旅游交通客运业(含索道)		——	4,500,000.00	4,500,000.00
旅游服务业	44.16	28,642,442.57	41,490,565.68	41,837,995.40
合　　计	44.16	28,642,442.57	45,990,565.68	46,337,995.40

28.财务费用

合并数

类　　别	2000 年度	1999 年度
利息支出	5,080,035.75	3,815,729.58
减:利息收入	472,361.83	572,233.09
汇兑损失	3,926.82	7,791.38
减:汇兑收益		
其他	210,078.99	8,522.74
合　　计	4,821,679.73	3,259,810.61

变动原因:本期比上期增长 47.91%,主要原因系借款的增加,导致利息支出的增加.

29.其他业务利润

合并数

类　　别	2000 年度	1999 年度
其他业务收入	4,171,303.17	2,714,281.56
减:其他业务支出	1,822,222.56	721,679.38
其他业务利润(亏损)	2,349,080.61	1,992,602.18

其他业务项目	本年收入	本年成本	本年税金
房屋出租	1,128,500.00	260,282.89	
材料销售	1,232,270.48	1.375.135.16	
停车场收入	49,196.00	21,851.48	
汽车修理及租赁承包收入	1,761,336.69	164,953.03	
合　　计	4,171,303.17	1,822,222.56	

其他业务项目	本年利润	上年同期利润
房屋出租	868,217.11	115,762.50
材料销售	(142,864.68)	(226,266.52)
停车场收入	27,344.525	
汽车修理及租赁		(435,163.00)
承包收入	1,596,383.66	2,538,269.20
合　　计	2,349,080.61	1,992,602.18

30.投资收益

合并数

类　　别	2000 年度	1999 年度
委托理财收益	7,922,144.61	
计提短期投资跌价准备	(395,112.28)	
其中:债权投资跌价准备	(325,026.94)	
股权投资差额摊销额	(66,144.10)	
合　　计	7,460,888.23	

变动原因:本期比上期增加,主要原因系利用暂时闲置的资金进行投资所带来的收益.

公司数

类　　别	2000 年度	1999 年度
委托理财收益 *	7,120,000.00	
计提短期投资跌价准备	(325,026.94)	
权益法核算被投资公司所有者权益净增(减)	2,634,860.76	2,386,509.68
合　　计	9,429,833.82	2,386,509.68

* 委托理财收益系本公司委托证券商管理暂时闲置资金所获得的收益.

31.营业外收入

合并数

主要明细项目	2000 年度	1999 年度
处理固定资产净收益	79.18	503,736.10
罚款净收入	38,525.00	208,578.36
无法支付而转入的应付款	164,313.43	3,883.97
无效申购资金利息收入	7,811,073.07	
其他	17,079.63	3,038.16
合　　计	8,031,070.31	719,236.59

变动原因:本期比上期增加,主要原因系增加无效申购资金利息收入所致.

32.营业外支出

合并数

主要明细项目	2000 年度	1999 年度
固定资产盘亏		100,000.00
处理固定资产净损失	79,120.71	214,814.53
粮食风险基金	55,741.83	
防洪保安资金	40,206.75	
水利基金	11,609.79	
罚款净支出		14,324.20
捐赠支出		13,064.56
其他	3,444.00	42,826.29
合　　计	190,123.08	385,029.58

33.其他与经营活动有关的现金

合并数

项　　目	收　　入	支　　出
利息收入	472,361.83	——
其他业务收现	2,409,966.48	——
收回往来款	27,735,148.04	——
支付经营及管理费用	——	38,591,871.11
支付往来款	——	11,792,599.44
其他	219,997.24	55,260.54
	30,837,473.59	50,439,731.09

34.其他与筹资活动有关的现金

项　　目	收　　入	支　　出
无效申购资金利息收入	7,811,073.07	——

注释六、关联方关系及交易

(一)关联方概况

(二)关联交易和关联往来

1. 交易事项

本公司 2000 年度、1999 年度与关联方交易事项有关明细资料如下:

关联方名称	交易内容	2000 RMB	1999 RMB	备注
南京玄武饭店	房屋租赁	4,200,000.00	4,200,000.00	(1)
南京玄武饭店	综合服务费	300,000.00	300,000.00	(2)
浙江富春江股份有限公司	土地租赁费	1,429,350.00	716,000.00	(3)
合　　计		5,929,350.00	5,216,000.00	

备注:

(1)根据本公司与南京玄武饭店签订的<<房屋租赁协议>>,自本公司成立之日起本公司下属的餐饮服务管理分公司每年向南京玄武饭店支付房屋租赁费为人民币 4,200,000.00 元.

(2)根据本公司与南京玄武饭店签订的<<经营服务协议书>>,本公司下属的餐饮服务管理分公司每年向南京玄武饭店支付电话、洗涤等综合服务费为人民币 300,000.00 元.

(3)根据本公司与浙江富春江股份有限公司签订的<<土地租赁协议>>,本公司下属的瑶林分公司每年应向浙江富春江股份有限公司支付土地租赁费等人民币 2,858,700.00 元, 但第一年即 1999 年的土地租赁费按协议价的 25%支付;第二年即 2000 年的土地租 赁费按协议价的 50%支付.

2. 向关联方收取的费用的有关资料如下

关联方名称	交易内容	2000 RMB	1999 RMB
中国国际旅行社总社	接团用车收入	16,864,925.07	17,709,496.43

3.与关联方之间的其他交易事项如下:

(1).2000 年 6 月 15 日,中国国际旅行社总社为本公司担保借款共人民币 5,000.000.00 元.合同编号为 2000 年城北字第 46 号;

(2).1999 年 9 月 14 日,中国国际旅行社总社为本公司担保借款共人民币 10,000.000.00 元.合同编号为 99 年第 46 号;

(3).截止 2000 年 12 月 31 日,中国国际旅行社总社为本公司之全资子公司北京天马 旅游汽车有限公司担保借款共计人民币 43,650,000.00 元;

(4).截止 2000 年 10 月 14 日,本公司为子公司南京海外旅游有限责任公司担保借款 共计人民币 1,000,000.00 元.

4.关联方应收应付款项余额

项　目	金　额 2000-12-31 RMB	1999-12-31 RMB
应收账款		
中国国际旅行社总社	3,295,174.59	2,369,322.92
南京玄武饭店	5,805,330.83	6,193,985.99
其他应收款		
杭州之江发展总公司	129,089.76	129,089.76
南京玄武饭店	46,247.19	37,178.26
其他应付款		
中国国际旅行社总社	3,919,841.80	102,105.11
南京玄武饭店	2,883,996.64	459,120.05

项　目	占各项目款项余额比例 2000-12-31 %	1999-12-31 %
应收账款		
中国国际旅行社总社	11.01%	9.66%
南京玄武饭店	19.40%	25.26%
其他应收款		
杭州之江发展总公司	0.33%	0.46%
南京玄武饭店	0.12%	0.13%
其他应付款		
中国国际旅行社总社	10.71%	0.27%
南京玄武饭店	7.88%	1.20%

注释九.或有事项

本公司无需要披露的或有事项.

注释十、承诺事项

本公司无需披露的承诺事项.

注释十一.资产负债表日后事项

本公司无需披露的资产负债表日后事项.

注释十二.债务重组事项? 本公司无需披露的债务重组事项.

注释十三.其他重要事项

本公司于 2000 年 7 月 25 日与杭州永成旅游投资有限公司签订《租赁经营合同》,将瑶琳仙境分公司妙峰苑之外部份经营性资产租赁给杭州永成旅游投资有限公司经营, 每年租赁收入为人民币 200 万元.

上述二零零零年度公司及合并会计报表和有关注释,系我们按照《企业会计准则 》、《股份有限公司会计制度》及有关规定编制.

九、公司的其他有关资料

(一)、公司首次注册日期:1998 年 12 月 29 日,地址:南京汉中路 180 号星汉大 厦 25 层 D 座

(二)、企业法人营业执照注册号:3200001104351

(三)、税务登记号码:320106249707722

(四)、公司聘请的会计师事务所为深圳中天会计师事务所。

地址:广东省深圳市深南中路爱华大厦 16 层

十、备查文件

1、载有董事长亲笔签名的年度报告正本。

2、载有董事长、财务负责人、会计经办人员签名并盖章的会计报表。

3、载有会计师事务所盖章、注册会计师签名并盖章的审计报告正本。

4、报告期内在《上海证券报》、《中国证券报》公开披露过的所有公司文件的正本。

国旅联合股份有限公司董事会

二〇〇一年二月十六日

新疆塔里木农业综合开发股份有限公司

新疆塔里木农业综合开发股份有限公司2000年年度报告摘要

重要提示：本公司董事会保证本报告所载资料不存在任何虚假记载、误导性陈述或者重大遗漏，并对其内容的真实性、准确性和完整性负个别及连带责任。本年度报告摘要摘自年度报告，投资者欲了解详细内容，应阅读年度报告。

(一)公司简介

1、公司法定中文名称：新疆塔里木农业综合开发股份有限公司

英文名称：Xinjiang Talimu Agriculture Development Co.,Ltd.　缩写：XTAD

2、公司法定代表人：沙敬禹

3、公司董事会秘书：李新海　联系地址：新疆阿克苏市健康路3号社会保险大楼5层

电话：(0997)2125499,2134083　传真：(0997)2130840

4、公司注册地址：新疆阿拉尔南口镇迎宾路1号　邮政编码：843301

公司办公地址：新疆阿克苏市健康路3号社会保险大楼5层　邮政编码：843000

公司网址：http://www.600359.com　公司电子信箱 E-mail：nyshg-ak@xj.cninfo.net

5、公司指定信息披露报刊：《中国证券报》、《上海证券报》公司年度报告登载网址：http://www.sse.com.cn

公司年度报告备置地点：本公司办公地点和上海证券交易所

6、公司股票上市地：上海证券交易所　股票简称：新农开发　股票代码：600359

(二)会计数据和业务数据摘要

1、本年度会计数据摘要(单位：元)

利润总额	104,178,704.76
净利润	89,059,463.34
扣除非经常性损益后的净利润	84,718,935.26
主营业务利润	197,861,464.82
其它业务利润	3,406,630.48
营业利润	86,732,104.03
投资收益	13,415,493.40
补贴收入	
营业外收支净额	4,031,107.33
经营活动产生的现金流量净额	286,659,189.78
现金及现金等价物净增加额	69,463,706.77

说明：扣除非经常性损益后的净利润所扣除项目系新股申购冻结资金利息4340528.08元。

2、截止报告期末公司前三年的主要会计数据和财务指标(单位：元)

	2000年	1999年		1998年	
		调整后	调整前	调整后	调整前
主营业务收入	685,664,679.47	632,616,731.01	632,616,731.01	608,777,353.45	608,777,353.45
净利润	89,059,463.34	67,243,742.21	64,878,759.17	119,047,762.32	127,089,419.17
总资产	1296,416,125.74	1262630,307.97	1262630,307.97	888,301,758.05	896,343,414.90
股东权益	731,384,952.88	716,834,145.68	714,979,960.29	379,109,624.40	387,151,281.25
每股收益(摊薄)	0.303	0.229	0.221	0.584	0.623
(加权)	–		0.248	0.246	
(扣除非经常性损益)	0.288	0.214	0.206		
每股净资产	2.488	2.443	2.432	1.858	1.898
调整后每股净资产	1.258	2.130	2.115		
每股经营活动产生的现金流量净额	0.407	0.206	0.206		
净资产收益率%					
(摊薄)	12.18	9.38	9.07	31.40	32.83
(加权)		10.98	10.76		

说明：由于募集资金投入棉花基地建设项目中的土地开荒支出不形成固定资产，全部计入长期待摊费用，共计356,562,308.76元，因此直接影响调整后每股净资产。

(三)股本变动及股东情况介绍

(1)报告期末公司股东总数为63215户。其中未流通法人股东1户，流通股东63214户。

(2)报告期末公司前十名股东持股情况

股东名称	期末持股数量(股)	占总股本比例(%)
新疆阿克苏农垦农工商联合总公司	204000000	69.3882
龚镇林	386300	0.131
新疆特变	238000	0.081
马宏伟	210095	0.071
俞利民	194900	0.066
莫运合	194200	0.066
合力其汗	192700	0.066
兴和基金	166050	0.056
木萨吐热	164900	0.056
高培芝	151000	0.051

持有本公司5%以上的股东为新疆阿克苏农垦农工商联合总公司，代表国家持有股份，股权性质为国有法人股。年度内其所持股份没有增减变动情况，亦没有发生质押、冻结等情况。

前十名股东之间不存在关联关系。

(四)股东大会简介

1、2000年4月21日召开公司1999年度股东大会，决议公告分别刊登在2000年4月22日《中国证券报》和《上海证券报》上。

2、2000年5月10日召开2000年度第一次临时股东大会（通讯方式），决议公告分别刊登在2000年5月11日《中国证券报》和《上海证券报》上。

(五)董事会报告

1、公司经营情况

(1)公司所处行业为种植业，主要农作物是棉花。2000年公司皮棉总产87万担，占全国产量的1.15%，占新疆产量的2.87%，占农工商联合总公司的27.30%(1999年全国皮棉总产7500万担，新疆3000万担，农工商联合总公司315万担，数据来源于新疆兵团农一师棉麻公司)。

(2)公司主营业务的范围及其经营状况：

①公司主营农业种植；牧渔养殖；农产品、畜产品的生产、加工及销售；同时生产加工种子、种衣剂、农用塑料制品等。公司主要产品是棉花，是国家重要的商品棉生产基地。

报告期内公司农作物播种面积43.5万亩，棉花播种面积35万亩，其中细绒棉20万亩，长绒棉14万亩，生态棉1万亩，粮食播种5.5万亩。今年各分公司调整思路，抢抓机遇，瞄准棉花市场，紧紧围绕董事会制定的经营方针开展工作，带领全体员工团结拼搏，思想一致，行动一致，目标一致，在气候风调雨顺的大好时机下，夺取了公司成立以来的第二个丰收年，也是历史上第二十个丰收年。皮棉总产达4.32万吨，比上年增长29.12%，粮食13154吨，食用棉油5728.2吨，棉短绒2817.7吨。公司2000年主营业务收入68566.47万元，同比增长8.39%；实现利润10417.87万元，同比增长39.19%；净利润8905.95万元，同比增长37.27%，全面完成了年初制定的各项生产任务，每股盈利达0.303元。

2000年公司主营业务收入、实现利润同比有较大增长的主要原因：一是农产品种植面积扩大，单产提高，致使总产提高；二是棉花销售价较上年平均上涨14%；三是棉花加工和销售进度快，销售量较上年增加29.19%。

主营业务收入、主营业务利润构成情况：

行业	主营业务收入	主营业务成本	主营业务利润
农业	608,583,661.84	419,253,377.63	186,808,077.11
工副业	77,081,017.63	66,027,629.92	11,053,387.71
合计	685,664,679.47	485,281,007.55	197,861,464.82

②占公司主营业务收入或主营业务利润10%以上的业务是农业种植及其初加工，所属行业为种植业。占主营业务收入10%以上的主要产品是棉花，2000年棉花总销售额60858.37万元，占销售总额的88.76%。

(3)经营中出现的问题与困难及解决方案

经营中出现的主要问题和困难：一是作为种植业为主的农业生产企业，按照国家产业发展政策应予以大力支持的，在税收方面应执行免征所得税的政策，而目前公司仍执行14.85%的所得税，给公司带来一定的负担；二是公司主营业务过于单一，公司棉花及棉花副产品销售收入占总销售收入近90%，抵御市场风险的能力较弱；三是由于公司所在垦区开垦荒地受当地生态资源的限制，国家不鼓励进一步扩大新耕地，直接影响公司生产规模的扩大，致使前次募集资金招股书中披露的25万亩棉花基地建设项目不能继续开展；四是棉花种植品种结构上，由于彩色棉(生态棉)的发展还不成熟，其色泽存在不稳定性，色彩单一、暗淡，因此不被市场所接受，2000年市场价格一路走低，且种植产量较低，目前不宜推广。

解决方案：

①充分利用好国家支持农业产业的基本政策，抓住国家实施西部大开发的历史机遇，积极主动地争取国家西部大开发的各项优惠政策，同时做好全国农业产业化龙头企业的申报工作。

②依托公司在农业种植方面的优势，偿试一些经济价值高，市场前景好的经济作物的栽培和种植，如麻黄草、大果沙棘等耐干旱、抗风沙且药用价值极高的作物，即符合国家退耕还林(草)保护生态的政策，又能创造新的利润增长点。同时在农副产品深加工方面加大投入，提高农副产品的附加值，逐步实现公司适度多元化发展战略。

③在现有耕地面积基础上，大力发展精准农业，走集约化经营的道路。推广以喷、滴灌为主要形式的节水农业，充分利用当地宝贵的水资源；实施机械化?棉技术，降低生产成本，提高经济效益；运用农业农业信息化系统工程，对农作物的生产管理实行监控和指导，提高种植业的科技水平。

④调整种植业产品结构，推广高产、优质、早熟、抗病棉花新品种，适当扩大长绒棉的种植面积，暂停现有彩色棉品种的种植，积极寻求与国内外棉花科研机构的合作，加快高产优质彩色棉品种的研制和培育。

2、公司财务情况：

财务指标	2000	1999	增减%
总资产(元)	1,296,416,125.74	1,262,630,307.97	2.68
长期负债(元)	5,221,552.06	4,421,183.75	18.10
股东权益(元)	731,384,952.88	716,834,145.68	2.03
主营业务利润(元)	197,861,464.82	177,023,258.20	11.77
净利润(元)	89,059,463.34	67,243,742.21	32.44

说明：

(1)总资产增长系报告期内固定资产投入增加所致。

(2)股东权益增长系报告期内实现利润原因所致。

(3)长期负债系农村电网改造贷款增加所致。

(4)主营业务利润、净利润增长系：a、公司前次募集资金投资项目棉花基地建设完成，使公司主导产品棉花总产量增加。b、2000年棉花市场较前一年度有所回升。c、公司从2000年起，所得税减增55%，五年不变。

3、公司投资情况

(1)报告期内募集资金使用情况。

公司1999年3月29日发行9000万股A股，实际募集资金329,052,153.39元，根据《招股说明书》披露的募集资金使用项目之一为8.7万亩棉花基地建设项目，之二为拟补充被收购兼并企业新疆阿克苏玉粕化纤厂流动资金2000万元。

目前棉花基地建设项目已实际完成18.3万亩(其中防护林2.33万亩)，完成投资39053万元，新开垦耕地除水灌溉等部分配套设施尚未完成外，均已达到耕种要求。今年新耕地已种植棉花10余万亩，水稻2.4万亩，小麦1.6万亩，产生了预期效益。

募集资金使用项目之二“补充被收购兼并企业新疆阿克苏玉粕化纤厂流动资金2000万元”项目，由于该企业市场环境发生重大变化，企业内部资产状况进一步恶化，其发展前景暗淡，经2000年4月5日一届六次董事会(通讯方式)决定，并经2000年5月10日第一次临时股东大会(通讯方式)表决通过放弃该项目，所涉及资金用于棉花基地建设。此项目资金的变更程序合规、合法，公告分别刊登于2000年4月5日、5月11日的《中国证券报》和《上海证券报》上。

(2)报告期内非募集资金投资情况。

①棉花加工厂技改、塑料厂设备更新及农用电网改造投资3957.68万元；

②三个分公司晒场及办公楼建设投资2250万元；

③公司一届五次董事会决议以自筹资金5000万元投资参股新疆证券有限责任公司，已获中国证监会证监机构字[2000]293号批准，增资扩股后的新疆证券有限责任公司注册资本金增至57000万元人民币，本公司的出资占7.76%。

4、生产经营环境以及宏观政策法规变化对公司的影响

根据新政办函[2000]138号文，公司“自2000年1月1日起企业所得税按应征税额减征55%(实际按应征税额的45%征收)。减征时间暂定5年”。目前公司实际执行14.85%的所得税，此项优惠政策将直接影响公司的净利润。

随着中国加入世界贸易组织(WTO)双边谈判的顺利进行，中国加入WTO的步伐将进一步加快。对植棉企业来说有有利的一面也有不利的一面，加入WTO对国内纺织企业的发展具有积极的促进作用，棉花作为主要纺织原料，对其生产企业也是十分有利；另一方面，加入WTO后，国家将逐步降低原棉进口关税并最终取消进口配额，这将使公司面临更加激烈的国际市场竞争。

吉林华微电子股份有限公司

吉林华微电子股份有限公司股票上市公告书暨2000年度财务报告

本公司董事会保证本上市公告书所载资料不存在任何重大遗漏、虚假陈述或者严重误导，并对其内容的真实性、准确性和完整性负个别及连带责任。上海证券交易所对本公司股票上市及有关事项的审查，均不构成对本公司的任何保证。本公司董事会提醒广大投资者注意，凡本公告书未涉及的有关内容，请投资者查阅2001年2月16日刊登在《中国证券报》、《上海证券报》上的《吉林华微电子股份有限公司招股说明书概要》。

一、要 览

股票简称：华微电子　股票代码：600360　总股本：11800万股　可流通股本：5000万股

本次上市流通股本：5000万股　上市地点：上海证券交易所　上市时间：2001年3月16日

登记机构：上海证券中央登记结算公司　推荐人：东北证券有限责任公司　南方证券有限公司

二、绪 言

本上市公告书是根据《中华人民共和国公司法》、《中华人民共和国证券法》、《公开发行股票公司信息披露实施细则》和《上海证券交易所股票上市规则》等国家有关法律、法规的规定，并按照公开发行股票公司信息披露的内容与格式准则第七号《上市公告书的内容与格式（试行）》而编制，旨在向投资者提供有关吉林华微电子股份有限公司（以下简称"本公司"）和本次股票上市的基本情况。经中国证监会证监发行字[2001]18号文核准，本公司于2001年2月20日通过"上网定价"的方式成功发行5000万社会公众股，每股发行价为人民币8.42元。

经上海证券交易所上证上字[2001]30号《上市通知书》批准，本公司通过上网定价发行的5000万社会公众股将于2001年3月16日起在上海证券交易所挂牌交易。股票简称"华微电子"，股票代码"600360"。本公司已于2001年2月16日在《中国证券报》、《上海证券报》上刊登了《招股说明书概要》，距今不足六个月，故与其重复的内容在此不再重述，敬请投资者查阅本公司的《招股说明书概要》。本公司董事会全体成员已批准本上市公告书，确信本公告书所载资料不存在重大遗漏或者误导，并对其真实性、准确性和完整性负个别的和连带的责任。

三、本公司概况

（一）基本情况

1、公司名称：吉林华微电子股份有限公司　2、注册地点：吉林市丰满区100号

3、成立日期：1999年10月21日　4、注册资本：11800万元

5、法定代表人：夏增文

6、经营范围：半导体分立器件、集成电路、电力电子产品、汽车电子产品、自动化仪表、电子元件、应用软件的设计、开发、制造与销售。

7、主要业务：目前，本公司主要从事功率半导体器件的设计开发、芯片加工及封装业务。主导产品为3DD系列大功率晶体管。

8、所属行业：电子元器件行业　9、联系电话：0432-4662099

10、联系传真：0432-4665812　11、联系人：段敏　韩毅　赫荣刚

（二）本公司历史沿革

吉林华微电子股份有限公司（以下简称公司）原名吉林华星科技股份有限公司，是由吉林华星电子集团有限公司作为主发起人，以集团公司半导体器件业务的相应经营性资产投入，联合国营长虹机器厂、厦门永红电子有限公司、广州乐华电子有限公司、吉林龙鼎集团有限公司共同发起设立的股份有限公司，经国家科技部、中国科学院认定为高新技术企业。公司注册资本6800万元，每股面值1元，由吉林华星电子集团有限公司（以下简称华星集团公司）出资6600万元，占股本总额的97%，其余发起人各出资50万元，共计200万元，占股本总额的3%。1999年10月21日在吉林省工商行政管理局领取了企业法人营业执照，注册号2200001033040。公司名称变更后，于2000年5月12日取得变更后企业法人营业执照。

经中国证监会证监发行字[2001]18号文核准，于2001年2月20日发行人民币普通股5000万股，并于2000年3月7日在吉林省工商局办理工商变更登记手续，获颁新的营业执照，注册号为2200001033040。

四、股票发行及承销

（一）本次发行情况

1、社会公众股发行数量：5000万股　2、股票发行价格：8.42元/股

3、发行市盈率：40.10倍（全面摊薄）　4、发行费用：1600万元　5、每股发行费用：0.32元

7、募集资金数量：40500万元（扣除发行费用）　8、发行方式：上网定价发行

9、发行日期：2001年2月20日　10、中签率：0.12845544%

11、有效申购户数：1,925,381户　12、持有1000股以上的户数：47,670户

（二）股票承销本次公开发行的5000万社会公众股得到超额认购，承销团无余额包销。

（三）验资报告（沪众会字(2001)第356号）

验资报告　沪众会字(2001)第356号

吉林华微电子股份有限公司全体股东：

我们接受委托，对吉林华微电子股份有限公司（以下简称"贵公司"）截至2001年2月28日止的注册资本、实收股本变更情况的真实性和合法性进行了审验。在审验过程中，我们按照《独立审计实务公告第1号--验资》的要求，实施了必要的审验程序。贵公司的责任是提供真实、合法、完整的验资资料，保护资产的安全、完整，我们的责任是按照《独立审计实务公告第1号-验资》的要求，出具真实、合法的验资报告。

贵公司本次股票发行前的注册资本和实收股本为人民币6,800万元。本次向社会公开发行人民币普通股股票5,000万股，每股发行价人民币8.42元，发行完毕后注册资本变更为人民币11,800万元。根据我们的审验，截至2001年2月28日止，贵公司已收到股票公开发行募集资金40,693.85万元（已扣除承销费1,178.80万元，上市推荐费80万元，上网发行费147.35万元），剔除股票发行其他相关费用193.85万元，余额40,500万元，其中5,000万元记入股本，35,500万元记入资本公积；本次向社会公开发行人民币普通股股票后，贵公司的实收股本为11,800万元。

附件（一）变更前后注册资本、投入资本对照表

附件（二）验资事项说明

上海众华沪银会计师事务所有限公司　中国注册会计师　林东模

中国注册会计师　沈蓉

中国·上海　二OO一年二月二十八日

募集资金入帐情况：　入帐时间：2001年2月28日

入帐金额：人民币肆亿零陆佰玖拾叁万捌仟伍佰元整　入帐帐号：462273013881

开户银行：中国建设银行吉林市分行高新技术产业开发区支行

五、董事、监事及高级管理人员持股情况

（一）公司董事、监事及高级管理人员简历董事

董事长夏增文先生48岁大学本科学历，高级经济师，1990年至1998年期间任吉林市半导体厂厂长，1998年起至2000年11月任吉林华星电子集团有限公司董事长。现任吉林华微电子股份有限公司董事长。

董事兼总经理郭长印先生59岁大学本科学历，高级工程师，1965年至1973年期间任清华大学无线电系讲师，1979年至1998年期间先后任吉林市半导体厂车间主任、副厂长、厂长、总工程师。1998年至1999年9月30日任吉林华星电子集团有限公司副总经理、总工程师。现任吉林华微电子股份有限公司总经理。

董事兼副总经理孙殿昌先生42岁大专学历，工程师，1990年至1998年任吉林市半导体厂车间主任，1998年至1999年9月30日任吉林华星电子集团有限公司副总经理。现任吉林华微电子股份有限公司副总经理。

董事兼副总经理徐铁铮先生36岁大学本科学历，高级工程师，1990年至1998年期间，任吉林市半导体厂技术工程部部长、厂长助理，1998年至1999年9月30日，任吉林华星电子集团有限公司总经理助理。现任吉林华微电子股份有限公司副总经理。

董事兼董事会秘书丁大月先生35岁硕士研究生学历，经济师，1996年至1998年期间任厦门产权交易中心副总经理，1999年6月加入吉林华星电子集团有限公司，担任总经理助理，现任吉林华微电子股份有限公司董事会秘书。

董事袁邦伟先生48岁大学本科学历，高级经济师，享受国家特殊津贴的专家，现任四川长虹电子集团有限公司董事、总经理，国营长虹机器厂副厂长。

董事王阿盘先生54岁大学本科学历，高级工程师，曾任国营七四九厂车间主任，厂长，现任厦门永红电子有限公司董事、总经理。

董事吴少章先生37岁中专学历，曾任长城电子集团有限公司董事局副主席，现任广州乐华电子有限公司董事长。

董事徐柏玉先生45岁大学本科学历，高级讲师，曾任吉林市电力器材有限公司董事长，现任吉林龙鼎集团有限公司董事长。

独立董事梁春广先生61岁教授级高级工程师，中国工程院院士，曾任国家"863计划"主任委员、首席科学家。现任信息产业部电子十三所副所长、副总工程师。

独立董事单建安先生43岁博士高级研究员，功率半导体器件及功率集成电路国际会议的技术委员、国际电力及电子工程师协会电子器件协会的技术委员、微电子测试结构国际会议的技术委员。现任香港科技大学副教授。

监事

监事会召集人李日珍女士47岁大专学历政工师1993年至1998年期间任吉林半导体厂党委办公室主任，自1998年起任吉林华星电子集团有限公司党委办公室主任。

监事蒋平化先生26岁本科学历助理经济师，1998年至1999年9月30日任吉林华星电子集团有限公司人事教育部副部长、部长，现任吉林华微电子股份有限公司人力资源部经理。

监事赵东军先生32岁大专学历1998年至1999年9月30日任吉林华星电子集团有限公司研究室主任，现任吉林华微电子股份有限公司物资采购部经理。

其他高级管理人员

财务部经理韩毅先生31岁本科学历会计师曾任吉林华星电子集团有限公司财务部副部长，现任吉林华微电子股份有限公司财务部经理。

（二）公司董事、监事及高级管理人员持股情况公司董事、监事及高级管理人员未持有公司股票。

六、公司设立

1、吉林华微电子股份有限公司（以下简称"股份公司"）是经吉林省经济体制改革委员会吉改股批(1999)20号文批准，由吉林华星电子集团有限公司作为主要发起人，联合国营长虹机器厂、广州乐华电子有限公司、厦门永红电子有限公司、吉林龙鼎集团有限公司共同发起设立的股份有限公司。1999年10月21日公司在省工商行政管理局登记注册。注册资本6800万元。

经中国证券监督管理委员会证监发行字［2001］18号文批准，本公司于2001年2月20日向社会公众发行5000万股社会公众股，募股资金已到位，本公司于2001年3月7日进行了工商变更登记：　注册资本：11800万元　注册地点：吉林市丰满区100号　公司法定代表人：夏增文

营业执照注册号：2200001033040

七、关联企业及关联交易

（一）关联企业

1、本公司股东

吉林华星电子集团有限公司

国营长虹机器厂

广州乐华电子有限公司

厦门永红电子有限公司

吉林龙鼎集团有限公司

2、同一母公司的子公司

吉林华星电子集团高天实业发展公司，全资子公司，成立于1993年10月，注册资本50万元，经营范围：模具、电子元器件、异型泡沫包装材料、木制品、橡胶制品经销，机械加工、建筑材料、五金、交电、化工、百货、日用杂货、纸箱包装。

吉林华星电子集团华岳物业管理有限责任公司，控股子公司，成立于1998年4月，注册资本50万元，经营范围：住宅小区物业管理，资产经营、餐饮娱乐；家用电子产品及配件、五金、化工产品（不含化学危险品）、建筑材料、钢材、自行车、摩托车、音像制品的批发兼零售。

吉林市吉光电子有限责任公司，控股比例90%，成立于1999年11月，注册资本50万元，经营范围：电容器及其材料制造加工、销售。

吉林华星电子集团时代电光源有限责任公司，控股比例83.6%，成立于1997年7月，注册资本61万元，经营范围：电光源产品、电子产品的开发、制造、销售。

吉林华星电子集团新科电子有限责任公司，控股比例51%，成立于1998年4月，注册资本50万元，经营范围：开发、生产、销售家用电器、工业设备配套的模糊控制器以及相关领域的产品或技术的开发、咨询、服务。

（二）关联交易

本公司已建立起独立完整的生产、供应、销售经营体系，仅在土地、房屋、后勤服务等方面与发起人存在关联交易，为此，本公司已与各发起人按照公平原则签订了相关的关联交易协议。

1、《土地租赁协议》：股份公司与集团公司就股份公司向集团公司有偿租赁其所占用的土地事项签订的有关协议。集团公司以出让方式取得了位于吉林市长江街100号的面积为51,907.62平方米的土地的50年使用权，股份公司以租赁方式取得对其中面积为36,807.15平方米生产经营用土地的使用权，期限50年，每平方米年租金3.36元，股份公司每年向集团公司缴纳租金123,520元，于每年12月31日前支付。股份公司已经取得期限为50年的他项权利证书。　2、《综合服务协议》：股份公司与集团公司就双方相互提供的各项有偿服务签订的有关协议。其中：电力，每度

电 0.7-0.8 元,水费,1.98 元每吨,每月按实际用量结算,期限 5 年。

3、《商标转让合同》:股份公司与集团公司签订的,关于将集团公司拥有的"吉半"商标,注册编号为 1102652 号,核定使用类别为国际公认第 9 类。拥有的注册编号为 673644 号图形商标,核定使用类别为国际公认第 9 类,注册编号为 1373769 号图形商标,核定使用类别第 9 类,无偿转让给股份公司的合同。目前正在国家有关部门办理转让手续。

4、《产品供应协议》:股份公司与集团公司就双方及其所属企业提供生产经营所需部分产品、配件事项所签订的有关协议。任何一方向另一方提供的产品、配件的价格,在有国家定价的情况下,按国家价格执行;如无国家定价,则按市场价格执行。在同等价格和条件下,任何一方须优先供应另一方。期限 10 年。

5、《进出口代理合同》:股份公司与集团公司就部分股份公司部分产品由集团公司代理事项所签订的有关协议。股份公司向集团公司交纳 0.5%-1%的代理费,具体比例由双方根据每项代理业务另行议定。期限至股份公司取得进出口权止。

6、《房地产租赁契约》:股份公司与集团公司就股份公司向集团租赁办公楼所签订的有关协议。办公楼面积 2,840 平方米,年租金 312,400 元,租赁期 2 年。房屋租赁到期后如果本公司需要续租,集团公司承诺将以同等条件出租给本公司。

7、《合作开发及生产半导体激光器的协议》:股份公司与中科院长春光学精密机械及物理研究所签订的有关协议。协议规定长春物理所所拥有的无铝量子阱半导体激光器的技术由本公司独占使用,并授与本公司特许生产经营权。长春物理所按产品销售收入的 5%提取相应费用。 8、《房产转让协议》:股份公司与集团公司 1999 年 12 月 6 日签订的有关功率半导体器件生产基地技术改造项目的工艺厂房及附属设施等房产的转让协议。约定本公司于工程竣工后,以本次发行的募集资金收购集团公司建设的厂房等房产,收购价格为经审计的工程竣工决算价格。预计用于收购工艺厂房及附属设施等房产的金额约 8,000 万元。股份公司除集团公司外的其他股东均同意该等收购事项和拟定价格,并予以书面确认。股份公司拟用募集资金进行该项收购的行为经股份公司股东大会决议批准,符合法定程序和要求。

9、《不同业竞争承诺》

吉林华星电子集团有限公司承诺在其作为本公司控股股东期间, 集团公司及其所属子公司,目前不从事,今后亦不会从事任何可能与股份公司相竞争的业务活动。

八、股本结构及大股东持股情况

1、股本结构

本次股票发行后,本公司的股本总额为 11800 万股,股本结构如下:

股份类型	股数(万股)	比例
发起人股	6800	57.63%
社会公众股	5000	42.37%
总股本	11800	100%

2、前十名股东持股数及比例

序号	股东名称	持股数量(万股)	持股比例(%)
1	吉林华星电子集团有限公司	6,600.0	55.932%
2	国营长虹机器厂	50.0	0.424%
3	广州乐华电子有限公司	50.0	0.424%
4	厦门永红电子有限公司	50.0	0.424%
5	吉林龙鼎集团有限公司	50.0	0.424%
6	兴华基金	16.5	0.140%
7	裕阳基金	14.7	0.125%
8	天元基金	14.5	0.123%
9	景宏基金	13.8	0.117%
10	安顺基金	13.8	0.117%

九、公司财务会计资料

本公司截止 2000 年 9 月 30 日的财务状况,已于 2001 年 2 月 16 日在《中国证券报》、《上海证券报》刊登的《招股说明书概要》中进行了详细的披露。因上次披露与本公告时间较长,本公告将详细公布经上海众华沪银会计师事务所审计的本公司 2000 年度审计报告会计报表附注、前三年及 2000 年度财务报告。

(一)、审计报告　　　　沪众会字(2001)第 0355 号

吉林华微电子股份有限公司全体股东:

我们接受委托,审计了吉林华微电子股份有限公司(以下简称贵公司)2000 年 12 月 31 日、1999 年 12 月 31 日、1998 年 12 月 31 日、1997 年 12 月 31 日的资产负债表和 2000 年度、1999 年度、1998 年度、1997 年度的利润表以及 2000 年度的现金流量表。这些会计报表由贵公司负责。我们的责任是对这些会计报表发表审计意见。我们的审计是按照《中国注册会计师独立审计准则》进行的。在审计过程中,我们结合贵公司的实际情况,实施了包括抽查会计记录等我们认为必要的审计程序。

我们认为,上述会计报表符合《企业会计准则》和《股份有限公司会计制度》的有关规定,在所有重大方面公允地反映了贵公司 2000 年 12 月 31 日、1999 年 12 月 31 日、1998 年 12 月 31 日、1997 年 12 月 31 日的财务状况和 2000 年度、1999 年度、1998 年度、1997 年度的经营成果以及 2000 年度的现金流量情况,会计处理方法的选用遵循了一贯性原则。

上海众华沪银会计师事务所　　中国注册会计师　林东模

中国注册会计师　沈蓉

中国,上海　　2001 年 3 月 8 日

(二)会计报表(附后)

(三)会计报表附注

1、基本情况

(1).公司组建情况

吉林华微电子股份有限公司(以下简称公司)原名吉林华星科技股份有限公司,是由吉林华星电子集团有限公司做为主发起人,以集团公司半导体器件业务的相应经营性资产投入,联合国营长虹机器厂、厦门永红电子有限公司、广州乐华电子有限公司、吉林龙鼎集团有限公司共同发起设立的股份有限公司,经国家科技部、中国科学院认定为高新技术企业。公司注册资本 6800 万元,每股面值 1 元,由吉林华星电子集团有限公司(以下简称华星集团公司)出资 6600 万元,占股本总额的 97%,其余发起人各出资 50 万元,共计 200 万元,占股本总额的 3%。1999 年 10 月 21 日在吉林省工商行政管理局领取了企业法人营业执照,注册号 2200001033040。公司名称变更后,于 2000 年 5 月 12 日取得变更后企业法人营业执照。

(2).主要发起人情况

华星集团公司是我国首批建立的半导体功率器件生产企业之一,目前是全国规模最大、实力最强、发展最快的半导体功率器件生产企业。同时是国有大型一类企业,全国 520 户重点国有企业和全国 66 户重点高新技术企业之一。华星集团公司主要从事半导体功率器件、片式电解电容器及电子仪器仪表的科研、开发、生产和经销业务,其中彩电用、节能灯用大功率晶体管的市场占有率均为全国第一,达林顿晶体管是目前国内唯一可以大量用于汽车科技点火装置的大功率晶体管。目前,华星集团公司已形成较大的技术开发优势、质量优势、成本优势、市场占有率优势,具有很强的市场竞争能力。

(3).发行人基本情况

公司是一家以半导体器件、集成电路、电力电子产品、汽车电子产品、自动化仪表、电子元件、应用软件的设计、开发、制造与销售为主的高科技企业。公司的主导产品半导体功率器件无论是在生产能力和市场占有率方面,还是质量控制和技术开发水平方面在同行业中均占据明显的优势,其中大屏幕彩电用大功率晶体管,打破了国内市场多年为国外跨国公司垄断的局面,填补了国内空白,推动了我国半导体分立器件产业的进步。1998 年,公司 3DD 型大屏幕彩电用大功率晶体管被国家科技部、税务总局、外经部、技术监督局、环保局授予国家重点产品。公司自成立以来,依靠已有的技术优势、质量优势、成本优势、市场占有率优势,经过自身的不懈努力,收入不断增长。

(4).资产评估及股权管理情况

以 1999 年 6 月 30 日为基准日,吉林华星电子集团有限公司拟投入公司的帐面净资产为 8253 万元,经北京中咨资产评估事务所评估并出具中咨评(1999)314 号评估报告,并报经财政部以财评字(1999)448 号文件确认,经评估后吉林华星电子集团有限公司可投入公司的资产总额为 29425 万元,负债总额为 19475 万元,净资产为 9950 万元。经吉林省国有资产管理局以吉国资企函(1999)42 号《关于吉林华星科技股份有限公司国有股权管理有关问题的批复》的批准,同意吉林华星电子集团有限公司将净资产 9900 万元按 66.67%的比例折为 6600 万股(每股面值 1 元),其余 3300 万元记入公司的资本公积金。其余发起人各投入 75 万元,共计 300 万元,持 200 万股。上述股本经上海众华会计师事务所(原上海中华会计师事务所)验证,并出具沪中会字(99)第 716 号验资报告。

2、会计报表编制的基础

华星集团公司作为主发起人,以实物资产进行投资,根据改制方案,把与从事半导体器件开发、生产、销售相关的固定资产全部投入股份公司,在进行资产剥离、负债剥离、人员剥离后,编制股份有限公司的会计报表。公司作为会计报表的会计主体,假定公司现时的架构在报告期初已经存在,在报告期内未发生重大变化,按《股份有限公司会计制度》编制了会计报表。公司资产、负债、收入、成本、费用剥离原则和方法是:

2. 1 剥离的原则:

原改制企业主要业务为半导体器件开发、生产、销售和片式电容等产品的开发、生产和销售。公司根据改制方案,将与半导体器件开发、生产、销售有关的资产、负债、收入、成本、费用等划归拟改制公司(以下简称公司),与片式电容及其余产品有关的资产、负债、收入、成本、费用等以及非经营性资产不划归拟改制公司。

上述剥离遵循配比原则,并使公司成立后供、产、销系统独立完整。

2. 2 剥离的方法 1.资产:

流动资产:把与公司半导体器件开发、生产、销售相关的货币资金、应收票据、应收帐款、其他应收款、预付帐款等划归公司,其中三年以上的应收款项不划归公司;把与公司半导体器件生产相关原材料、在产品、产成品等存货全部划归公司。

长期投资:因被投资单位与公司半导体器件开发、生产、销售基本无关,故不划归公司。固定资产:把与公司半导体器件开发、生产、销售相关车间的厂房、通用设备、专用设备、辅助设备、生产用运输设备、办公用运输设备、其他设备划归公司。为半导体大功率生产基地技术改造项目购进的设备划归公司。

无形资产及其他资产:非经营性无形资产不划归公司;公司以后发展所需的资产划归公司。

2.负债

流动负债:把与公司半导体器件开发、生产、销售相关的应付帐款、应付票据、预收帐款、其他应付款等划归公司,与公司半导体器件生产、销售相适应的应交税金、其他应交款划归公司,短期借款根据借款用途划分。

长期负债:因长期借款主要是为公司项目借款,故基本上划归公司;长期应付款及相应的融资租赁固定资产与半导体器件开发、生产、销售无关,不划归公司;住房周转金按人员比例剥离;其他长期负债主要为科技部门原对半导体器件产品的拨款,故全部划归公司。

3.所有者权益:根据上述划归公司的资产总计减负债总计计算所得。

4.收入主营业务收入:与半导体器业务相关的产品收入划归公司。其他业务收入:与半导体器业务相关的材料边角料收入划归公司。

其他收入:把以后生产经营中可能发生的营业外收入划归公司;把以后生产经营中不可能发生的营业外收入、补贴收入不划归公司。

5.成本费用主营业务成本:已发生的与半导体器业务相关的主要产品成本划归公司。其他业务成本:与半导体器业务相关的材料边角料成本划归公司。

经营费用、管理费用:凡能具体辨明不属于为半导体器件生产经营、销售所发生的管理费用,具体为离退休人员的工资、下岗分流人员工资及相应的附加(福利费、工会经费、教育费附加、养老统筹、公积金)、非生产用房折旧及房产税、水电费、与土地相关的税费、与不投入公司运输设备相关的折旧及相关费用,不划归公司;凡能分清归属的管理费用,具体为剩余的折旧费用,财产保险费,剩余的运输费划归公司;凡不能分清归属的剩余管理费用,如交际应酬费、办公费、差旅费、行政管理部门职工工资和福利费及附加等,按划入公司的主营业务收入占原集团公司主营业务收入的比例计算所得费用划归公司。

财务费用:利息支出按划归改制公司与半导体器件生产经营、销售相关的借款应负担的利息支出划归公司;凡不能分清归属的财务费用(利息收入、手续费等),按公司主营业务收入占原有企业主营业务收入的比例计算划归公司。

6.利润按上述收入及成本费用剥离的原则和方法计算得出利润总额。按公司应税所得额及实际享有的税率计算所得税,利润总额减所得税得出公司净利润。

2.3 资产、负债、所有者权益、收入、费用、利润差异对照表

单位:万元

	1999 年 6 月 30 日			1998 年度			1997 年度		
	股份	原企业	差异	股份	原企业	差异	股份	原企业	差异
资产	27675	64617	34942	23231	52560	29329	17246	32351	15105
负债	19475	44418	24943	15728	32252	16524	11228	17332	6104
所有者权益	8199	20187	11988	7502	20308	12806	6018	15019	9001
收入	6552	8558	2006	11944	15304	3360	8389	12573	4184
费用	1204	2019	815	2544	4447	1903	2390	4550	2160
利润总额	583	210	-373	1753	546	-1207	825	756	-690000

3、公司主要会计政策,会计估计和合并会计报表的编制方法

3.1 会计制度:公司成立前执行《工业企业会计制度》,成立后执行《股份有限公司会计制度》及其有关补充规定,编制报表时已按《股份有限公司会计制度》进行了调整。

3.2 会计年度:公司的会计期间采用日历制,即自公历 1 月 1 日至 12 月 31 日为一会计年度。

3.3 记帐本位币:公司以人民币为记帐本位币。

3.4 记帐基础和计价原则:公司以权责发生制为记帐基础,除公司改制成立时,对进行资产评估的资产按评估价值进行计价外,各项资产以历史成本为计价原则。

3.5 外币业务核算方法:公司外币业务以业务发生当日的市场汇率中间价为折合汇率,月末对货币性资产负债帐户中的外币余额按月末市场汇率重新折合,重新折合人民币数额与帐面人民币余额的差额作为汇兑损益,以财务费用项目计入当期损益。

3.6 合并会计报表编制方法

(1)合并范围的确立原则:公司对其它单位投资占该单位有表决权资本总额 50%或 50%以上,或虽然占该单位有表决权资本总额不足 50%,但具有实际控制权的,该单位列入合并范围。

(2)合并所采用的会计方法:合并报表以母公司和纳入合并范围的子公司的个别报表以及其它有关资料为依据,合并各项目数额编制而成。合并时,公司的重大内部交易和资金往来均相互抵销。

3.7 现金等价物的确定标准

公司将凡同时具备期限短、流动性强、易于转换为已知金额现金、价值变动风险很小的投资,确认为现金等价物,列入现金流量表。

3.8 坏帐核算方法

(1)坏帐的确认标准:A.因债务人破产或死亡,经清算仍然不能收回的应收帐款;B.因债务人逾期未履行偿债义务超过三年或有明显迹象,确定不能收回的应收帐款。

(2)坏帐损失的核算方法:公司采用坏帐备抵法,按应收款项期末余额帐龄百分比计提。实际发

生的坏帐损失在履行了规定的审批手续后，冲减坏帐准备。具体计提方法如下：

应收款项帐龄	计提标准	计提比例
1 年以下	年末余额	2%
1 年–2 年	年末余额	5%
2 年–3 年	年末余额	10%
3 年–5 年	年末余额	50%
5 年以上	年末余额	90%

3.9 存货核算方法

公司的存货主要包括原材料、在产品、自制半成品和产成品等。原材料和自制半成品采用计划价格核算，在领用及发出时，通过材料成本差异科目将计划成本调整到实际成本。在产品通过月末盘点，确定耗用成本。在产品、产成品等领用及发出采用加权平均法确定其成本。低值易耗品及包装物采用领用时一次摊销法。

存货跌价准备的计提方法：公司期末存货按成本与可变现净值孰低法计提存货跌价准备。

3.10 短期投资核算方法

公司短期投资按取得时的实际成本计价，短期投资持有期间所获得的现金股利或利息，除取得时已记入应收股利或利息外，以实际收到时作为投资成本的收回，冲减短期投资的帐面价值。

短期投资跌价准备的计提方法：公司期末按帐面投资总额与市价孰低法计提短期投资跌价准备。

3.11 长期投资的核算方法

(1)长期股权投资：对持股占 20%以上，或虽不足 20%但有重大影响的投资采用权益法核算，持股 20%以下的投资，采用成本法核算。股权投资差额按 10 年摊销，如经营期限短于 10 年，按经营期限摊销。

(2)长期债券投资：按实际支付的价款核算，债券的利息收入按权责发生制处理。并同时按直线法摊销其溢价或折价，列为各期损益。

(3)长期投资减值准备的提取方法：采用逐项计提方法。公司对被投资单位由于市价持续下跌或被投资企业经营状况恶化等原因，导致其可收回金额低于长期投资的帐面价值，并且这种降低的价值在可预计的将来期间内不可能恢复时，将可收回金额低于长期投资帐面价值的差额，首先冲抵该项投资的资本公积准备项目，不足冲抵的差额部分，确认为当期投资损失。已确认损失的长期投资的价值又得以恢复的，在原已确认的投资损失的范围内转回。

3.12 固定资产计价和折旧方法

(1)固定资产的标准：公司将使用年限在一年以上，单项价值达到或超过人民币 2000 元，且在使用过程中保持其实物形态的资产列为固定资产。

(2)固定资产的分类：公司将固定资产分为房屋及建筑物、通用设备、专用设备、运输设备及其它设备。

(3)固定资产的计价方法：华星集团公司投入的固定资产按评估后原值计价，以后增加固定资产按实际成本计价。

(4)固定资产的折旧方法：固定资产预留 3%的残值，按直线法在其使用年限内计提折旧，各类固定资产的使用年限及折旧率列示如下：

资产类别	折旧年限	年折旧率
房屋及建筑物	35 年	2.77%
专用设备	10 年	9.7%
通用设备	15 年	6.47%
运输设备	10 年	9.7%
办公设备	10 年	9.7%
其它设备	10 年	9.7%

3.13 在建工程的核算方法

在建工程按实际成本记帐，用于工程项目的借款利息，在工程交付使用前计入在建工程，在工程交付使用后计入当期损益，在建工程于交付使用时转入固定资产。

3.14 无形资产计价和摊销方法无形资产按实际成本计价，在受益期内平均摊销。

3.15 开办费，长期待摊费用摊销方法公司开办费，长期待摊费用分五年平均摊销。

3.16 借款费用的会计核算方法

借款发生的利息支出，属于筹建期间的计入开办费；属于与购建固定资产相关的，在固定资产交付使用之前计入相关固定资产的购建成本，在固定资产交付使用后计入当期损益；属于生产经营期间的，计入当期损益。

3.17 收入确认原则

销售产品：公司销售商品，以商品所用权上的重要风险和报酬转移给买方，公司不再对该商品实施继续管理权和实际控制权，相关的收入已经收到或取得了收款的证据，并且与销售该商品有关的成本能够可靠地计量，确认收入实现。

3.18 所得税的会计处理方法公司所得税的处理方法采用应付税款法。

3.19 会计政策变更

公司根据财政部财会字[1999]35 号《股份有限公司会计制度有关会计处理问题补充规定》的要求，从 1999 年 1 月 1 日起改变如下会计政策：

(1)坏帐准备原按直接冲销法计入坏账费用，现改为对应收款项按帐龄分析法计提坏帐准备(如注释 3–8 所述)。

(2)短期投资原不计提跌价准备，现改为按总体投资项目期末帐面成本与期末市值孰低的原则计提短期投资跌价准备，预计损失计入当期损益。

(3)存货原不计提跌价准备，现变更为按期末存货成本与可变现净值孰低原则计提存货跌价损失准备，预计损失计入当期损益。

(4)长期投资原不计提减值准备，现改按所投资项目预计可收回金额低于帐面价值的差额计提减值准备，预计损失计入当期损益。

上述会计政策变更已采用追溯调整法进行了调整。因坏帐准备计提方法变更的留存收益累计影响数为 1,737,768.89 元，其中调减了 97 年前利润 706,874.00 元，调减了 97 年利润 461,571.08 元，调减了 98 年利润 305,114.96 元，调减了 99 年利润 264,208.85 元。2000 年调减利润 435,285.42 元。

4、税项

5、主要会计报表项目：

5.1 货币资金：

	1999 年 12 月 31 日	2000 年 12 月 31 日
现金：	79.94	443.35
银行存款:	5,302,006.05	3,697,697.54
合计:	5,302,085.99	3,698,140.89

5.2 应收帐款

	1999 年 12 月 31 日			2000 年 12 月 31 日		
帐龄	金额	比例(%)	坏帐准备	金额	比例(%)	坏帐准备
1 年以内	74,207,757.61	97.43%	1,484,155.15	97,000,550.53	98.11%	1,940,011.01
1 年–2 年	1,961,015.14	2.57%	98,050.76	1,863,966.22	1.89%	93,198.31
合计	76,168,772.75	100.00%	1,582,205.91	98,864,516.75	100.00%	2033209.32

应收帐款主要集中在长虹等实力及信誉较好的大企业，回款率高，对其他企业销货时采取欠款限额供货和款到发货的措施，严格控制发生坏账的风险，因此一年以内的应收帐款按 2%计提坏账准备，低于 5%。

上述款项中无持公司 5%以上表决权股份的股东欠款。

其中应收款前五位如下：

单位名称	余额	欠款期限	欠款原因
深圳新创维集团公司	10,168,920.08	1 年以内	销货款
TCL 王牌电器有限公司	9,433,876.30	1 年以内	销货款
中山艳阳节能灯电器厂	5,008,552.62	1 年以内	销货款
中山市古镇华艺电子设备厂	4,449,984.04	1 年以内	销货款
杭州宝山电器有限公司	4,431,662.34	1 年以内	销货款

应收帐款 1998 年比 1997 年增长 39%，主要为公司 1998 年销售收入比 1997 年增长造成。

5.3 其它应收款

	1999 年 12 月 31 日			2000 年 12 月 31 日		
帐龄	金额	比例	坏帐准备	金额	比例	坏帐准备
1 年以内	7,778,149.61	100%	155,562.98	5,890,805.26	93.04%	117,816.11
1–2 年	0.00	0%	0.00	440,577.56	6.96%	22,028.88
合计	7,778,149.61	100%	155,562.98	6,331,382.82	100.00%	139,844.99

上述款项中无持公司 5%以上表决权股份的股东欠款。

其中大额余额单位如下：

单位名称	性质	余额	欠款期限
公司职工	暂借款	1,148,038.71	1 年以内
证券投资部	上市费用	1,050,000.00	1 年以内
信息产业部第四十五研究所	非贸易往来	200,000.00	1 年以内
市晶体管特性图示仪计量检定站	非贸易往来	328,870.00	1 年以内
昌邑邮局	非贸易往来	356,546.90	1 年以内

其中：证券投资部的上市费用包括预付的上市律师费 35 万，上市审计费 70 万。上述上市费用按有关规定可以从股票溢价中扣除。

5.4 预付帐款：

帐龄	1999 年 12 月 31 日	比例	2000 年 12 月 31 日	比例
1 年以内	4,472,330.94	67.72%	26,793,370.25	78.92%
1–2 年	1,226,477.23	18.57%	5,060,411.68	14.91%
2–3 年	905,501.40	13.71%	2,096,637.59	6.18%
合计	6,604,309.57	100.00%	33,950,419.52	100.00%

上述款项中无持公司 5%以上表决权股份的股东欠款。

其中大额余额单位如下：

单位名称	欠款期限	余额	欠款性质
宁波康强公司	1 年以内	2,084,500.20	材料款
浙江硅峰电子有限公司	1 年以内	1,060,760.50	材料款
Tesece Corporation	1 年以内	1,253,417.76	材料设备款
天津净化设备厂	1 年以内	1,214,642.08	设备款
大连保税区络斯国际工贸公司	1–2 年	880,000.00	备件款

预付帐款 2000 年比 1999 年增长 414%，主要为公司为进一步扩充生产能力及销售，预付的材料款、备件款、设备款。

5.5 存货：

项目	1999 年 12 月 31 日	2000 年 12 月 31 日
包装物	92,779.49	14,651.02
低值易耗品	166,912.82	106,364.95
产成品	8,862,625.46	7,241,140.65
在产品	6,132,672.66	11,611,322.15
委托加工材料	434,513.32	89,431.28
原材料	4,434,004.09	8,316,155.47
合计	20,123,507.84	27,379,065.52

公司的产品市场占有率较高，期末存货帐面价值均小于可变现净值，故不需计提存货跌价损失准备。

公司可变现净值的确认依据为：(1)产成品：公司资产负债表日前后的销售同一产品的价格减一定的销售税金及销售费用；(2)原材料(包括委托加工材料、包装物、低值易耗品)：公司资产负债表日前后的购入相同或相似材料的价格；(3)在产品：按产成品确认的可变现净值与完工程度计算确认。

5.6 待摊费用:

项目	1999 年 12 月 31 日	2000 年 12 月 31 日
新产品物耗	148,490.00	78,412.25

5.7 固定资产:

原值	1999 年 12 月 31 日	本期增加	本期减少	2000 年 12 月 31 日
房屋建筑物	42,273,830.22	0.00	0.00	42,273,830.22
专用设备	82,295,749.00	775,706.00	3,200.00	83,068,255.00
通用设备	7,133,079.00	112,004.00	0.00	7,245,083.00
运输设备	482,550.00	0.00	93,600.00	388,950.00
办公设备	687,600.00	942,186.00	0.00	1,629,786.00
合计	132,872,808.22	1,829,896.00	96,800.00	134,605,904.22
累计折旧	1999 年 12 月 31 日	本期增加	本期减少	2000 年 12 月 31 日
房屋建筑物	9,175,072.05	1,166,757.75	0.00	10,341,829.80
专用设备	32,287,834.92	8,021,749.52	553.28	40,309,031.16
通用设备	2,522,162.56	465,105.66	0.00	2,987,268.22
运输设备	388,539.12	60,011.28	47,876.40	400,674.00
办公设备	206,362.32	61,188.13	0.00	267,550.45
合计	44,579,970.97	9,774,812.34	48,429.68	54,306,353.63
净值	88,292,837.25	80,299,550.59		

5.8 在建工程:

项目名称	预算	1999 年 12 月 31 日	本期发生	本期转固定资产	2000 年 12 月 31 日	项目进度	资金来源
半导体大功率生产基地技术改造项目	2.496 亿	77603028.13	35734698.99	–	113337727.12	80%	贷款及自筹
放电管专项工程改造	2300 万	14857,701.13	8,942,032.31		23799733.44	99%	自筹
合计		92,460,729.26	44676,731.30		137,137,460.56		
其中：资本化利息		6,295,537.50	4,950,767.25		11,246,304.75		

半导体大功率生产基地技术改造项目总投资 28795 万元，固定资产投资 19944 万元，流动资金 8851 万元。截止 2000 年 12 月 31 日，本公司累计投入设备款 11334 万元，设备已基本到位。土建工程由集团建设，于 1999 年 8 月开工，截止 2000 年 9 月 30 日已投入 7251 万元，预计 2001 年 1 月完工。2001 年 2–4 月本公司预计投资 815 万元。预计本项目于 2001 年 4 月末全部完工。

5.9 开办费:

项目	原始发生额	期初余额	本期增加	本期摊销	期末余额	剩余摊销年限
开办费	450,977.81	435,945.21		90,195.60	345,749.61	3.83

5.10 长期待摊费用:

项目	原始发生额	期初余额	本期增加额	本期摊销	累计摊销额	期末余额	剩余摊销年限

计算机信息管理系统	630055.00	80,000.00	530,055.00	18,000.00	38,000.00	592,055.00	5

5.11 短期借款:

贷款单位名称	币种	发生日期	到期日	借款金额	利率%	借款条件
建行吉林高新支行	人民币	2000.4	2001.4	40,000000.00	5.85	担保
工行吉铁办	人民币	2000.12	2001.12	54500,000.00	6.44	担保
交行高新支行	人民币	2000.11	2001.10	12500,000.00	6.44	担保
合计				107,000,000.00		

本期短期借款比上期增加167.5%,系公司扩大生产增加借款所致。

5.12 应付帐款:

帐龄	1999年12月31日	2000年12月31日
1年以内	30,386,034.03	58,836,652.65
1年-2年	1,058,985.50	2,111,935.40
2年-3年	11,900,021.50	12,847,745.24
合计	43,345,041.03	73,796,333.29

上述款项中无欠持公司5%以上表决权股份的股东款。

公司应付帐款比年初增加70.25%,为公司进一步扩大生产和销售,提高市场占有率,并按历年销售增长情况,大量增加购货但贷款尚未支付造成。

主要客户如下:

洛阳单晶硅厂	4,727,502.71
厦门水红电子有限公司	6,492,904.17
北京有色院	2,981,142.53
宁波户东公司	2,331,814.10
江苏无锡东键公司	1,316,928.30

5.13 预收帐款:

帐龄	1999年12月31日	2000年12月31日
1年以内	874,164.16	3,045,273.47
1年-2年	0.00	0.00
合计	874,164.16	3,045,273.47

上述款项中无欠持公司5%以上表决权股份的股东款。

余额前五名如下:

无锡英之杰电子	600,000.00
深圳隆泰欣达实业有限公司	512,450.00
上海数码公司	150,000.00
余杭光达	115,400.00
扬州红叶	88,500.00

5.14 应付福利费:

1999年12月31日	2000年12月31日
1,519,301.43	3,195,399.16

增减变动如下:

年初余额	1,519,301.43
加:本期计提	1,861,144.63
减:本期支付	-185,046.90
期末余额	3,195,399.16

5.15 应交税金:

税种	税率	1999年12月31日	2000年12月31日
增值税	17%	4,789,283.40	-716,027.69
城市建设维护税	7%	335,249.83	952,056.17
所得税	15%	485,323.50	0.00
合计		5,609,856.73	236,028.48

5.16 其它未交款:

项目	1999年12月31日	2000年12月31日
教育费附加	143,678.51	0.00

5.17 其它应付款:

	1999年12月31日	2000年12月31日
1年以内	22,685,136.46	2,294,693.71
1年-2年	0.00	
3年以上	54,696.85	54,696.85
合计	22,739,833.31	2,349,390.56

上述款项中欠持公司5%以上表决权股份的股东华星集团公司549,129.83元。

其中应付款前五名如下:

前五名如下:	性质	余额
集团公司	暂借款	549,129.83
市自来水管处	水费	504,394.99
合同工	合同工押金	650,870.00
职工	工会及职工教育经费	298,367.93

5.19 一年内到期的长期负债:

贷款单位名称	币种	借款期限	借款金额 2000年	1999年	利率%	借款条件
工行吉铁办	人民币	1997.7-2000.9	0.00	6,000,000.00	10.98	担保

5.20 长期借款:

贷款单位名称	币种	借款期限	借款金额	利率%	借款条件
工行吉铁办	人民币	2000.12-2005.11	64900000.00	6.633	担保

公司于2000年12月同银行就长期借款的借款期限及利率重新签定借款合同。

5.21 住房周转金:

1999年12月31日	2000年12月31日
735,923.25	671,026.25

5.22 其它长期负债:

	1999年12月31日	2000年12月31日
科技拨款	3,670,909.47	3,670,909.47

5.23 股本:

2000年12月31日	1999年12月31日	1998年12月31日	1997年12月31日
68,000,000.00	68,000,000.00	75,024,612.15	60,182,874.98

注:1998年及1997年为改制前报表,以净资产数表示。

截止2000年12月31日止股本明细如下:

发起人股份:	余额
国有法人持有股份	66,000,000.00
境内法人持有股份	2,000,000.00
合计	68,000,000.00

上述股本经上海众华沪银会计师事务所(原上海中华会计师事务所)验证,并出具沪中会字(99)第716号验资报告。

5.24 资本公积

项目	1999年12月31日	本期增减	2000年12月31日
股本溢价	34,000,000.00	0.00	34,000,000.00

5.25 盈余公积

项目	1999年12月31日	本期增减	2000年12月31日
法定公积金	463,766.42	2,123,167.44	2,586,933.86
公益金	463,766.42	2,123,167.44	2,586,933.86
合计	927,532.84	4,246,334.88	5,173,867.72

5 .26 未分配利润

项目	2000年12月31日	1999年12月31日	1998年12月31日	1997年12月31日
净利润	21,231,674.36	17,331,305.31		
加:年初未分配利润	3,710,131.32			
减:年初至评估基准日实现利润数		5,098,726.36		
减:评估基准日至成立日利润		6,121,354.75		
减:坏账准备追溯调整数		1,473,560.04		
减:提取法定公积金	2,123,167.44	463,766.42		
减:提取公益金	2,123,167.44	463,766.42		
未分配利润	20,695,470.80	3,710,131.32	-1,473,560.04	-1,168,445.08

注1:1999年公司成立日(1999年11月1日)前的未分配利润按重组分立协议,归发起股东华星集团公司所有。

注2:1997年及1998年为因追溯调整坏账准备数。注3:根据公司董事会决议,本年利润分配方案为不分配,不转增。

5.27 主营业务收入

项目	2000年度	1999年度	1998年度	1997年度
黑白塑封管	3,751,189.71	3,690,872.23	1,161,335.48	1,527,162.08
彩电塑封管	76,175,878.64	85,979,452.14	60,465,243.04	44,063,938.76
节能灯管	99,728,024.56	67,447,645.58	57,048,754.84	37,553,899.16
其他	1,059,656.61	2,465,686.58	761,893.29	740,699.46
合计	180,714,749.52	159,583,656.53	119,437,226.65	83,885,699.46

公司的主营业务收入1999年比1998年、1998年比1997年分别增长了33.6%和42.4%,主要因为(1)公司节能灯产品的批量投放市场,增加了销售收入;(2)1998和1999年彩电市场的旺销,使公司的彩电塑封管销售增长。

5.28 主营业务成本:

项目	2000年度	1999年度	1998年度	1997年度
黑白塑封管	2,761,260.33	3,104,709.00	1,011,770.58	1,115,532.66
彩电塑封管	52,232,347.60	63,226,097.06	43,987,338.77	28,931,112.30
节能灯管	73,454,401.14	48,417,594.25	30,528,669.40	20,120,883.20
其他	1,653,532.68	1,986,818.51	650,264.47	532,704.43
合计	130,101,541.75	116,735,218.82	76,178,043.22	50,700,232.59

公司的主营业务成本1999年比1998年、1998年比1997年分别增长了53.24%和50.25%,主要原因为公司1999年产品销售价格随市场下调较大,而销售数量上升,导致公司产品毛利率下降,使公司主营业务成本增长比例大于收入增长比例。

5.29 主营业务税金及附加:

种类	2000年度	1999年度	1998年度	1997年度
城市建设维护税	690,294.44	1,042,714.79	701,628.83	1,052,734.99
教育费附加	295,840.44	446,877.78	310,734.20	393,809.77
合计	986,134.88	1,489,592.57	1,012,363.03	1,446,544.76

5.30 其它业务利润:

项目	2000年度	1999年度	1998年度	1997年度
材料边角料收入	2,409,051.39	2,078,210.62	967,319.23	905,865.93

5.31 财务费用:

项目	2000年度	1999年度	1998年度	1997年度
利息支出	4,308,830.10	2,425,006.25	4,399,345.44	4,021,612.67
减:利息收入	62,239.23	133,770.03	45,730.75	284,256.57
加:汇兑损失	0.00	19,562.92	146,289.86	0.00
加:银行手续费等	455,518.61	112,969.30	55,523.37	504,861.13
合计	4,702,109.48	2,423,768.44	4,555,427.92	4,242,217.23

5.32 营业外收入:

项目	2000年度	1999年度	1998年度	1997年度
固定资产盘盈				17,147.62
罚没收入	0.00	53,228.00	159,128.38	146,266.41
合计	0.00	53,228.00	159,128.38	163,414.03

5.33 营业外支出:

项目	2000年度	1999年度	1998年度	1997年度
防洪基金		65,520.75	348,909.36	330,724.36
丧葬费				40,571.00
处理固定资产净损失	42,723.60			75,774.35
非常损失			51,725.74	132,928.03
其他		3,000.00		86,400.00
扶困基金	-	100000.00	-	
合计	42,723.60	168520.75	400,635.10	666,397.74

5.34 所得税:

项目	2000年度	1999年度	1998年度	1997年度
会计利润	25,035,229.84	20,433,291.56	17,529,038.85	8,245,330.62
加:坏帐计提超规定	321,806.70	246,616.78	305,114.96	460,571.08
应纳税所得款	25,357,036.54	20,679,908.34	17,834,153.81	8,706,901.70
税率	15%	15%	15%	15%
所得税	3,803,555.48	3,101,986.25	2,675,123.07	1,306,035.25

6.关联方关系及其交易

(一)存在控制关系的关联方

关联方名称:	吉林华星电子集团有限公司
企业性质或类型:	国有独资
与本公司关系:	母公司
主营业务:	电子产品、自动化仪表
注册地:	吉林省吉林市
法定代表人:	夏增文
注册资本:	13932万元

(二)存在控制关系的关联方持有权益或股份增减变动

关联方名称	1999年12月31日 投资金额	比例	本期增加 金额	比例	本期减少 金额	比例	2000年12月31日 金额	比例
吉林华星电子集团公司	6600万元	97%					6600万元	97%

(三)不存在控制关系的关联方

单位名称	企业性质或类型	与本公司关系
吉林华星电子集团高天实业发展公司	国有公司	同一母公司

吉林华星集团华岳物业管理有限责任公司	有限责任公司	同一母公司
吉林市吉光电子有限责任公司	有限责任公司	同一母公司
吉林华星电子集团时代电光源有限责任公司	有限责任公司	同一母公司
吉林华星电子集团新科电子有限责任公司	有限责任公司	同一母公司

(四)存在控制关系的关联方交易

(1)、采购货物公司向上述关联方采购货物的价格,按市场价确定。本期向集团公司购入电容产品 2,405,603.73 元。

(2)、销售货物公司向上述关联方销售货物的价格,按市场价确定。本期向集团公司销售材料 1,138,669.19 元,销售产品 6,327,263.47 元。

(3)、土地租赁

公司与华星集团签订土地使用权租赁协议,公司有偿租赁华星集团拥有的位于吉林市长江街 100 号的面积共计 36,807.15 平方米的土地使用权,每年向集团公司支付土地租金 12.352 万元,租赁期限为 50 年。此合同自 2000 年开始执行。本期支付 12.352 万元。

(4)、房屋租赁公司与华星集团签订房屋租赁协议,公司有偿租赁华星集团拥有的位于吉林市长江街 100 号,建筑面积共计 2840 平方米的建筑物,每年向集团公司支付房屋租金 31.24 万元,租赁期为 2000 年 1 月 30 日至 2002 年 1 月 30 日。本期支付 28.64 万元。

(5)、商标及专有技术公司与华星集团签订商标使用许可协议,本公司无偿使用华星集团拥有的注册号为 1102652 号的"吉半"牌商标以及注册号为 673644 号的图形商标。2000 年 11 月,本公司与华星集团公司签定了《商标转让合同》,华星集团将拥有的上述商标无偿转让给本公司,该《商标转让合同》目前已在国家商标局备案并生效,上述商标已归本公司所有。原华星集团公司拥有的制造高压功率晶体管的全套生产技术无偿转让给本公司。

(6)、综合服务协议

公司与华星集团签订综合服务协议,由华星集团向公司员工提供住房、医疗保健、餐饮、文化娱乐、保安等生活服务。公司向华星集团提供水、电、汽、照明等动力供应。以上收费按市场定价的原则收取,且在价格、服务质量、付款方式等交易条件相同的条件下,双方均优先与对方交易。本期向集团公司支付各类生活服务费 78.70 万元;股份公司向集团公司收取水、电、汽等动力供应费用 143.31 万元。

(7)、资金往来华星集团公司本期为公司垫付设备款 11,990,822.49 元。

(五)关联方其他应收应付款项余额如下:

应付款

企业名称	2000 年 12 月 31 日	1999 年 12 月 31 日
吉林华星电子集团有限公司	549,129.83	16,459,246.98

(六)公司关键管理人员本期从本公司取得报酬(包括货币和非货币形式)共计 13.5 万元。上述关键管理人员包括所有董事、总经理、副总经理、财务经理,共计 6 人。

7.或有事项截止资产负债表日,公司有未到期银行承兑汇票贴现总计 444.68 万元。

8.承诺事项截止资产负债表日,公司没有重大的承诺事项。

9、资产负债表日后事项

9.1 公司经中国证监会证监发行字[2001]18 号文核准,于 2001 年 2 月 16 日公布了招股说明书及 A 股股票定价发行公告,本次发行人民币普通股 5000 万股,每股发行价 8.42 元,公司于 2001 年 2 月 28 日已收到募集资金款,并经上海众华沪银会计师事务所验证,并出具沪众会字(2001)356 号验资报告。 9.2 公司根据财政部财会[2001]5 号文,2001 年将住房周转金余额调整年初未分配利润。

10.其他重要事项

10.1.调帐日调帐前后比较资产负债表说明

公司以 1999 年 6 月 30 日为评估基准日,于 1999 年 10 月 21 日取得营业执照,以 1999 年 10 月 31 日为调帐日,公司按资产评估结果进行了调帐,对于在评估基准日评估增值或减值且调帐日还存在的资产、负债按已确认的评估结果进行调帐;对于在评估基准日已评估增值或减值且调帐日不存在的资产、负债不进行调帐;对评估基准日至调帐日增加的资产、负债按帐面价值计帐。(后附调帐日调帐前后比较资产负债表)

10.2.评估基准日至公司设立日期间已分配利润的分配情况:

公司资产评估基准日至公司设立日期间,即 1999 年 6 月 30 日至 1999 年 10 月 30 日。1999 年 6 月 30 日前已实现的利润 5,098,726.36 元已作为公司发起人华星集团的净资产按经批准的比率折为公司的股本。1999 年 6 月至 9 月已实现的利润 6,121,354.75 元根据公司重组协议分配给本公司发起人华星集团。本公司的存货、固定资产、无形资产、递延资产等资产均已按评估确认的价值进行了调整,并按评估调整后的价值进行了成本结转、计提折旧或分期摊销。在上述基础上,1999 年度实现净利润 17,331,305.31 元,扣除 1999 年 1-6 月已折股数 5,098,726.36 元,1999 年 6-9 月利润 6,121,354.75 元,扣除因执行财政部[财会字(1999)35 号]规定采用"追溯调整法"对应收帐款、存货计提的准备而影响 1998 年末分配利润-1,473,560.04 元,进行公积金、公益金的提取后,截止 1999 年底未分配利润为 3,710,131.32 元,已结转至 2000 年。根据上述情况,公司 1999 年度净利润进行了分配,但不会影响资本保全。

10.3.有偿使用财产对报告期各年利润的影响(减少利润) 货币单位:人民币万元

项目	1999 年度	1998 年度	1997 年度
房屋租赁	31.24	31.24	31.24
土地租赁	12.35	12.35	12.35
综合服务	78.7	78.7	78.7
合计	122.29	122.29	122.29

10.4.成立日至年底的现金流量表(后附)

10.5.公司改制成立前是连续盈利(报告期内)

(四)主要财务指标

公司主要财务指标

	2000 年 12 月	1999 年 12 月	1998 年 12 月	1997 年 12 月
流动比率=流动资产/流动负债	0.89	0.92	1.09	1.04
速动比率=(流动资产-存货)/流动负债	0.74	0.76	0.86	0.81
资产负债率=负债总额/资产总额	66.94%	64.17%	67.70%	65.10%
应收帐款周转率=主营业务收入/应收帐款平均余额	2.06	2.23	2.07	2.17
存货周转率=主营业务成本/存货平均余额	5.47	5.23	3.58	2.59
全面摊薄净资产收益率	16.60%	16.25%	19.80%	11.53%
加权平均净资产收益率	18.11%	20.71%	21.97%	
全面摊薄每股收益(元)	0.31	0.25	0.22	0.10
加权平均每股收益	0.31	0.25	0.22	0.10
主营业务利润(元)	49627,072.89	41,358,845.14	42,246,820.40	31,738,922.11
营业利润(元)	25077,953.44	20,548,584.31	17,770,545.57	8,748,314.33
净利润(元)	21231,674.36	17,331,305.31	14,853,915.78	6,939,295.36
扣除非经常损益后的净利润(元)	21231,674.36	17,331,305.31	14,853,915.78	6,939,295.36

十、董事会上市承诺

本公司董事会将严格遵守《中华人民共和国公司法》、《中华人民共和国证券法》、《公开发行股票公司信息披露实施细则(试行)》和《上海证券交易所股票上市规则》及有关法律、法规的规定,并自股票上市之日起做出如下承诺:

1、按照法律、法规的规定程序和要求披露重大信息,并接受证券主管机关、上海证券交易所的监督管理;

2、及时、真实、准确地公布中期报告和年度报告,并置备于规定场所供投资者查阅;

3、本公司董事、监事及高级管理人员如发生人事变动或持本公司股票发生变动时,在报告证券主管机关、证券交易所的同时向投资者公布;

4、在任何公共传播媒介中出现的消息可能对本公司股票的市场价格产生误导性影响时,本公司知悉后将及时对该消息予以公开澄清;

5、本公司董事、监事及高级管理人员将认真听取社会公众的意见和批评,不利用已获得的内幕消息和其他不正当手段直接或间接从事股票买卖活动;

6、本公司没有无记录负债。

依据 2000 年 5 月 1 日起实施的《上海证券交易所股票上市规则》(二〇〇〇年修订本),本公司全体董事、监事将按照有关规定,在本公司股票上市后两个月内签署《董事(监事)声明及承诺书》并送达上海证券交易所备案。

十一、重要事项揭示

1、本公司本次上市流通股份 5000 万股自本次挂牌交易之日起即可流通。

2、依据公司 2000 年度股东大会决议,2000 年 1 月 1 日起到公司发行社会公众股之前所实现利润以及 1999 年度留存利润,由新老股东共享。本次股票发行后的第一个盈利年度将派发股利,预计首次股利分配时间在发行次年 8 月底以前。

3、截止本公司上市公告书公布之日,本公司无重大诉讼。

4、本公司大股东华星集团郑重承诺:本公司持有的吉林华微电子股份有限公司 6600 万法人股,自吉林华微电子股份有限公司的股票上市之日起,一年内不转让,也不由吉林华微电子股份有限公司回购本公司持有的股份。

5、除本公司招股说明书及概要和本上市公告书披露的事项外,本公司董事会认为没有其它对本公司资产、负债及股东权益有较大影响的重要事项。

十二、备查文件目录

1、招股说明书及概要 2、上海交易所上市通知书

3、中国证监会关于本公司公开发行股票的批准文件

4、审计报告、财务报表和附注 5、验资报告

6、法律意见书

7、本公司成立的登记注册文件及营业执照 8、公司章程

十三、咨询机构

1、吉林华微电子股份有限公司

法定代表人:夏增文

注册地址:吉林市丰满区 100 号

联系电话:(0432)4662099 传真:(0432)4660812 联系人:段敏 韩毅 赫荣刚

2、南方证券有限公司 法定代表人:沈沛

注册地址:深圳市嘉宾路 4028 号太平洋商贸大厦 20-28 层

联系电话:(010)66212491,(0755)2138227 传真:(010)66210025

联系人:陈吉吉 韩昌 曾楠 余弋

吉林华微电子股份有限公司

2001 年 3 月 9 日

利润及利润分配表

2000 年度

编制单位:吉林华微电子股份有限公司 单位:人民币元

资产	97 年度	98 年度	99 年度	00 年度
一、主营业务收入	83885699.46	119437226.65	159583656.53	180714749.52
减:折扣与折让				
主营业务收入净额	83885699.46	119437226.65	159583656.53	180714749.52
减:主营业务成本	50700232.59	76178043.22	116735218.82	130101541.75
主营业务税金及附加	1446544.76	1012363.03	1489592.57	986134.88
二、主营业务利润	31738922.11	42246820.4	41358845.14	49627072.89
加:其他业务利润	905865.93	967319.23	2078210.62	2409051.39
减:存货跌价损失				
营业费用	4958440.58	5608095.66	7730794.77	10101618.64
管理费用	14695815.9	15280070.48	12733908.24	12154442.72
财务费用	4242217.23	4555427.92	2423768.44	4702109.48
三、营业利润	8748314.33	17770545.57	20548584.31	25077953.44
加:投资收益				
期货损益				
补贴收入				
营业外收入	163414.03	159128.38	53228	
以前年度损益调整				
减:营业外支出	666397.74	400635.1	168520.75	42723.6
分给外单位利润				
四、利润总额	8245330.62	17529038.85	20433291.56	25035229.84
减:所得税	1306035.26	2675123.07	3101986.25	3803555.48
少数股东损益				
职工奖励及福利基金				
购并利润				
加:未确认的投资损失				
所得税返还				
五、净利润	6939295.36	14853915.78	17331305.31	21231674.36
加:年初未分配利润			-1473560.04	3710131.32
盈余公积转入数				
年初未分配利润调整				
减少注册资本减少的未分配利润				
外币报表折算差额				
减:股份公司成立前利润分配			11220081.11	
六、可供分配的利润			4637664.16	24941805.68
减:提取法定盈余公积金			463766.42	2123167.44
提取法定公益金			463766.42	2123167.44
提取职工奖励福利基金				
七、可供股东分配的利润			3710131.32	20695470.8
减:应付优先股股利				
提取任意盈余公积金				
应付普通股股利				
转作股本的普通股股利				
八、未分配利润			3710131.32	20695470.8

北京华联商厦股份有限公司

北京华联商厦股份有限公司上市公告书

第一节 重要声明与提示

本公司董事会保证上市公告书的真实性、准确性、完整性,全体董事承诺上市公告书不存在虚假记载、误导性陈述或重大遗漏,并承担个别和连带的法律责任。

根据《公司法》、《证券法》等有关法律、法规的规定,本公司董事、高级管理人员已依法履行诚信和勤勉尽责的义务和责任。

证券交易所、中国证监会、其他政府机关对本公司股票上市及有关事项的意见,均不表明对本公司的任何保证。

本公司提醒广大投资者注意,凡本上市公告书未涉及的有关内容,请投资者查阅 2001 年 11 月 2 日刊载于《上海证券报》、11 月 3 日刊载于《中国证券报》上的本公司招股说明书摘要及刊载于上海证券交易所网站(http://www.sse.com.cn)的本公司招股说明书全文。

本上市公告书刊载网址是 http://www.sse.com.cn。

第二节 概 览

1.股票简称:北京华联　　2.股票代码:600361

3.总股本:125,572,900 股　　4.可流通股本:50,000,000 股

5.本次上市流通股本:50,000,000 股

6.对首次公开发行股票前股东所持股份的流通限制及期限:根据国家现有法律、法规规定和中国证监会证监发行字【2001】93 号《关于核准北京华联商厦股份有限公司公开发行股票的通知》,本公司的法人股暂不上市流通。

本公司上市前第一大股东海南民族实业发展股份有限公司承诺:自本公司股票上市之日起 12 个月内,不转让所持有本公司的股份,也不由本公司回购该部分股份。

7.上市地点:上海证券交易所

8.上市时间:2001 年 11 月 29 日

9.股票登记机构:中国证券登记结算有限责任公司上海分公司

10.上市推荐人:兴业证券股份有限公司　　南方证券有限公司

第三节 绪 言

本上市公告书是根据《中华人民共和国公司法》、《中华人民共和国证券法》、《股票发行与交易管理暂行条例》、《公开发行股票公司信息披露实施细则》和《上海证券交易所股票上市规则》等国家有关法律、法规的规定,并按照中国证监会《公开发行证券的公司信息披露内容与格式准则第 7 号-股票上市公告书》而编制,旨在向投资者提供有关北京华联商厦股份有限公司(以下简称"本公司")和本次股票上市的基本情况。

经中国证监会证监发行字【2001】93 号文核准,本公司于 2001 年 11 月 6 日利用上海证券交易所交易系统,以网上累计投标询价方式成功发行了 5000 万股每股面值 1.00 元的人民币普通股,发行价为每股人民币 7.90 元。

经上海证券交易所上证上字【2001】195 号《关于北京华联商厦股份有限公司人民币普通股股票上市交易的通知》批准,本公司公开发行的 5000 万股社会公众股将于 2001 年 11 月 29 日起在上海证券交易所挂牌交易。股票简称"北京华联",股票代码"600361"。

本公司已于 2001 年 11 月 2 日在《上海证券报》、11 月 3 日在《中国证券报》、上刊登了《招股说明书摘要》,招股说明书正文及其附录可以在上海证券交易所网站(http://www.sse.com.cn)查询。距今不足三个月,故与其重复的内容不再重述,敬请投资者查阅上述内容。

第四节 发行人概况

一、发行人的基本情况

1.发行人名称:北京华联商厦股份有限公司

2.注册资本:125,572,900 元　　3.法定代表人:吉小安

4.注册地址:北京市西城区阜外大街 1 号四川经贸大厦负 2 层 3 号　　5.邮政编码:100037

6.经营范围:销售百货、针纺织品、日用杂品、医疗器材、五金交电化工、化工轻工材料、包装食品、包装饮料、土产品、建筑材料、装饰材料、工艺美术品、首饰(金银饰品除外)、家具、电子计算机及其外部设备、制冷空调设备、饮食炊事机械、劳保用品、金属材料、机械电器设备、橡胶制品、塑料制品、饮料、酒、中餐、西餐、零售、邮购公开发行的国内版书刊、烟(限零售)、零售内销黄金、白银饰品;劳务服务;日用品修理;企业管理咨询;摄影;仓储服务。

7.主营业务:零售业　　8.所属行业:零售业

9.联系电话:010-88363718　　10.传真:010-68364733

11.电子信箱:hlzqb@sina.com　　12.董事会秘书:牛晓华

二、发行人的历史沿革

本公司于 1996 年 6 月 7 日在北京成立,成立时的名称为北京华联商厦有限公司。公司设立时的注册资本为 2,700 万元人民币。1996 年,公司通过增资将注册资本变更为 3,000 万元人民币。1997 年,公司股东通过现金增资将注册资本变更为 8,000 万元人民币。

1999 年 8 月 12 日,公司采取派生分立的方式分立为北京华联商厦有限公司和北京华联商业投资发展有限公司。分立后,北京华联商厦有限公司拥有及承担与百货零售业态有关的一切资产、业务及与该等资产和业务有关的负债(简称"留存资产及负债")。分立完成后,北京华联商厦有限公司的注册资金为 6,000 万元人民币。

2000 年 4 月 5 日,公司以资本公积转增股本的方式,将注册资本由 6,000 万元人民币增加至 6,720 万元人民币。

2000 年 4 月 19 日,公司由有限责任公司整体变更为股份有限公司。公司截至 1999 年 12 月 31 日的净资产为 75,572,975.12 元人民币,公司将该净资产按 1:1 的比例折为 7,557.29 万股股份有限公司普通股,公司注册资本亦相应变更为 7,557.29 万元人民币。

经中国证券监督管理委员会证监发行字【2001】93 号文批准,本公司 5000 万股社会公众股已于 2001 年 11 月 6 日在上海证券交易所网上累计投标询价发行成功,每股面值 1.00 元,发行价格 7.90 元。本公司于 2001 年 11 月 14 日办理了验资手续,并于 11 月 19 日在北京市工商行政管理局办理了工商登记变更手续,注册资本变更为人民币 12557.29 万元。

三、发行人的主要经营情况

1.主营业务的一般情况

本公司经营百货店和大型综合超市,今后将以发展大型综合超市为主。本次募股资金到位后,本公司将通过单方增资取得北京华联综合超市有限公司下属四家综合超市的控股权,并投资新设四家综合超市,同时本公司与北京华联综合超市有限公司控股的八家综合超市及北京市石景山华联商厦有限公司分别签订了《委托经营和管理合同》。本公司今后几年的发展主要依托现有的人才和管理优势以及已经形成的较为成熟的采购和配送系统,进一步扩大在全国的店铺覆盖率和市场占有率。

2.本公司前三年又一期的营业额和利润情况

单位:人民币元

项　目	2001 年中期	2000 年度	1999 年度	1998 年度
主营业务收入	598,117,184.92	975,415,622.52	443,875,180.44	401,798,177.08
营业利润	33,774,164.66	51,005,096.25	10,067,671.89	4,455,664.28
利润总额	33,583,339.33	50,611,442.12	9,916,932.59	4,169,717.73
净 利 润	21,939,634.08	31,542,327.39	9,785,418.33	4,169,717.73

3.商品采购、运输、配送

目前公司的下属店铺较为分散,采购、运输、配送主要依靠各店所在地原有的渠道,今后,随着公司规模和下属店铺分布地区的扩大,公司将按地区建立自己的配送中心和物流体系。全国知名品牌和大厂家的货物,由公司总部直接与厂家签订购销合同,统一采购、统一配送。

4.本公司的主要销售能力、主要市场及其市场占有情况和销售额、销售方式

本公司阜成门分公司 2001 年上半年日均销售额为 165.10 万元、广安门分公司日均销售额为 69.69 万元、西固分公司日均销售额为 27.20 万元、控股子公司兰州华联综合超市有限公司日均销售额为 71.34 万元;每平方米日均销售额情况为:阜成门分公司 61.85 元、广安门分公司 98.03 元、西固分公司 29.19 元、控股子公司兰州华联综合超市有限公司 27.79 元。主要营业收入来自阜成门华联商厦百货店、广安门华联综合超市、兰州华联综合超市有限公司红星综合超市、兰州西固综合超市。公司大型综合超市为新兴业态,国家有关部门尚未统计大型综合超市行业各公司市场占有率和销售额情况。

第五节 股票发行与股本结构

一、本次股票上市前首次公开发行股票的情况

1.发行数量:5000 万股　　2.发行价格:7.90 元/股

3.募集资金总额:395,000,000 元　　4.发行方式:网上累计投标询价

5.发行费用总额及项目:本次 A 股发行费用总额为 1,668 万元,包括承销费、注册会计师费、评估费、律师费、上网发行手续费、股权登记费、及其他费用等　　6.每股发行费用:0.33 元

二、本次股票上市前首次公开发行股票的承销情况

本次公开发行的 5000 万股社会公众股已全部被投资者认购,承销团无余额包销。

三、本次上市前首次公开发行股票所募股资金的验资报告　验资报告

北京京都验字(2001)第 0091 号北京华联商厦股份有限公司全体股东:

我们接受委托,审验了北京华联商厦股份有限公司(以下简称贵公司)截至 2001 年 11 月 14 日止新增注册资本实收情况。按照国家相关法律、法规的规定和章程的要求出资,提供真实、合法、完整的验资资料,保护资产安全、完整是全体股东及贵公司的责任。我们的责任是对贵公司新增注册资本的实收情况发表审验意见。我们的审验是依据《独立审计实务公告第 1 号—验资》进行的。在审验过程中,我们结合贵公司的实际情况,实施了检查等必要的审验程序。

贵公司原注册资本为人民币 7,557.29 万元,根据修改后章程的规定,贵公司申请增加注册资本人民币 5,000 万元,系向社会公众发行人民币普通股,变更后的注册资本为人民币 12,557.29 万元。经我们审验,截至 2001 年 11 月 14 日止,贵公司已收到社会公众股东认缴股款 38,255.75 万元(已扣除手续费 138.25 万元和承销费 1,106 万元),其中:股本 5000 万元,资本公积 33,255.75 万元(未扣除其他发行费用)。

同时我们注意到,贵公司本次增资前的注册资本为人民币 7,557.29 万元,已经本所审验,并于 2000 年 4 月 12 日出具北京京都验字(2000)第 032 号验资报告。截至 2001 年 11 月 14 日止,变更后的累计注册资本实收金额为人民币 12,557.29 万元。

本验资报告供贵公司申请变更登记及据以向出资者签发出资证明时使用,不应将其视为是对公司验资报告日后资本保全、偿债能力和持续经营能力等的保证。因使用不当造成的后果,与执行本验资业务的注册会计师及会计师事务所无关。

附件:1.注册资本变更情况明细表

(1)新增注册资本实收情况明细表

(2)注册资本变更前后对照表

2.验资事项说明

北京京都会计师事务所有限责任公司　　中国注册会计师　童登书

北京建外大街 22 号赛特广场五层　　中国注册会计师　何德明

四、募股资金入帐情况

1.入帐时间:2001 年 11 月 14 日　　2.入帐金额:38255.75 万元

3.入帐帐号:07057008091001　　4.开户银行:中国银行北京市西城区支行

五、发行人上市前股本结构及各类股东的持股情况

1.本次上市前股本结构

持股单位	股数(万股)	所占比例(%)
法人股	7557.29	60.18
社会公众股	5000.00	39.82
总股本	12557.29	100

2.本公司前十名股东持股情况

序号	股东名称	持股数量(股)	占总股本比例(%)
1.	海南民族实业发展股份有限公司	3,854.22	30.69
2.	中商股份有限公司	2,267.19	18.05
3.	河南建业投资管理有限公司	755.73	6.02
4.	海南亿雄商业投资管理有限公司	604.58	4.81
5.	海口金绥实业有限公司	75.57	0.60
6.	同盛基金	21.6	0.17
7.	普丰基金	18.5	0.15
8.	景福基金	15.6	0.12
9.	普惠基金	15.5	0.12
10.	金鑫基金	14.7	0.11

第六节 董事、监事、高级管理人员

一、董事、监事和高级管理人员情况

董事:

吉小安先生:44 岁,硕士,中国国籍,现任北京华联商厦股份有限公司董事长、海南民族科技投资有限公司董事长、总经理。

畅丁杰先生:34 岁,经济学硕士,中国国籍,现任北京华联商厦股份有限公司总经理。

胡葆森先生:46 岁,硕士,中国国籍,现任河南建业(集团)有限公司董事长兼总裁。

刘羽杰先生:43 岁,硕士,中国国籍,现任海口金绥实业有限公司董事长。

陶顺根先生:51岁,硕士,中国国籍,现任北京华联商厦股份有限公司常务副总经理。

李翠芳女士:37岁,硕士,中国国籍,现任中商股份有限公司副总经理兼董事会秘书。

丁险峰先生:32岁,硕士,中国国籍,现任中商股份有限公司副总经理。

高级管理人员:

畅丁杰先生:总经理,简历见董事简历。

陶顺根先生:副总经理,简历见董事简历。

毛平先生:41岁,博士,中国国籍,现任兰州华联综合超市有限公司总经理、本公司副总经理。

李瑶女士:37岁,本科,中国国籍,现任本公司总经理助理兼总经理办公室主任、人力资源部经理。

郭丽荣女士:32岁,本科,中国国籍,注册会计师,现任本公司财务总监。

牛晓华先生:30岁,本科,中国国籍,注册会计师、注册评估师,现任北京华联商厦股份有限公司董事会秘书。

监事:

于元庆先生:46岁,本科,中国国籍,现任中商企业集团公司副总裁、本公司监事会主席。

张力争先生:41岁,本科,中国国籍,现任北京华联综合超市有限公司总裁助理、本公司监事。

马婕女士:37岁,大专,中国国籍,现任本公司阜成门分公司经理、本公司监事。

二、其他情况

1.发行人未与上述人员签定任何担保、借款协议。

2.上述人员、上述人员的家属以及上述人员通过其近亲属能够直接或间接控制的法人均未持有发行人股份。

3.上述人员未持有发行人关联企业的股份。

4.上述人员相互之间不存在配偶关系、三代以内直系和旁系亲属关系。

第七节 同业竞争与关联交易

一、关联企业

1.公司股东

(1)海南民族实业发展股份有限公司　　(2)中商股份有限公司

(3)河南建业投资管理有限公司　　(4)海南亿雄商业投资管理有限公司

(5)海口金绥实业有限公司

2.本公司的控股子公司　兰州华联综合超市有限公司是本公司的控股子公司。

3.其他关联企业

(1)海南民族科技投资有限公司　　(2)北京华联综合超市有限公司

北京华联综合超市有限公司与本公司存在以下关系:

1 股权关系

海南民族科技投资有限公司持有北京华联综合超市有限公司34.98%的股份;海南民族科技投资有限公司持有海南民族实业发展股份有限公司31.49%的股份;海南民族实业发展股份有限公司持有北京华联商厦股份有限公司51%的股份。北京华联综合超市有限公司与北京华联商厦股份有限公司的实质控制人均为海南民族科技投资有限公司。

2 人事关系

公司董事长吉小安先生兼任北京华联综合超市有限公司的董事长、总经理。

3 业务关系

本公司和北京华联综合超市有限公司及其下属超市均经营大型综合超市,存在同业竞争。

4 托管关系

为解决公司与北京华联综合超市有限公司及其下属超市的同业竞争,本公司与北京华联综合超市有限公司及其控股的安徽华联综合超市有限公司、北京华联(江西)综合超市有限公司、武汉华联综合超市有限公司、北京华联(青塔)综合超市有限公司、江苏华联综合超市有限公司、江苏紫金华联综合超市有限公司、山西华联综合超市有限公司和苏州华联综合超市有限公司、北京市石景山华联商厦有限公司等九家公司签订了《不竞争协议》和《委托经营和管理合同》,受托管理北京华联综合超市有限公司下属的超市。

5 双方的权利义务关系

根据《不竞争协议》、《委托经营和管理合同》的规定:北京华联综合超市有限公司及其下属超市为获得本公司的专门知识和专业技能,委托本公司负责经营及管理其拥有的综合超市;本公司承担受托管理目标超市的全部经营管理责任,并按受托管理目标超市营业额的1%收取管理费。

二、关联交易

本公司拥有独立的采购、销售系统,具有独立的经营环境。为避免关联交易损害本公司及其他股东利益,涉及本公司与关联企业发生关联交易的事项,董事会及股东大会在表决时关联董事及关联股东均进行回避;必要的关联交易均订立了公平、严密的协议,明确了双方的关联交易应遵循公平交易的原则,按平等互利、等价有偿的原则支付酬金。

本公司作为零售商业企业,经销商品的数量大,品种多,拥有大量的商品供应商,购货非常分散,公司向前五名供应商采购金额占股份公司总采购金额10.52%;本公司属零售业态,直接面对最终用户,且客户均属零散客户。本公司不存在购货、销货中与关联方交易的金额占同类业务金额的比例超过5%(含),或者占2001年中期报告审计的净资产值5%(含)以上的情况。

本公司的关联交易如下:

1.房屋租赁

1998年北京华联综合超市有限公司租用大恒新纪元科技股份有限公司拥有的位于北京市宣武区广外大街180号新纪元大厦的部分房屋,面积为7,109.69平方米,年租金为652.67万元人民币,作为其控股的子公司北京华联广安门综合超市有限公司的经营场所。

本公司根据与北京华联广安门综合超市有限公司签订的《资产收购合同》,以5,144.19万元人民币收购该公司综合超市的全部固定资产及存货,上述收购价格经评估确认。该等资产的移交及收购款项的支付均已完成。

本公司与北京华联综合超市有限公司于2000年5月31日签订《房屋租赁合同》,租用北京华联综合超市有限公司从大恒新纪元科技股份有限公司所承租的位于北京市宣武区广外大街180号新纪元大厦的部分房屋,作为本公司广安门分公司的经营场所,面积为7,109.69平方米,年租金为652.67万元人民币,租赁期为2000年6月1日至2017年5月31日。大恒新纪元科技股份有限公司已对北京华联综合超市有限公司的前述转租行为予以书面确认。

2.房屋预租

本公司与北京华联综合超市有限公司签订《房屋预租合同》,预租北京华联综合超市有限公司拥有的位于安徽省合肥市金寨路1094号拟建商业用房作为本公司拟新设安徽华联综合超市分公司的经营场所。合同约定,租金为前五年每年260万元人民币(根据当地市场公允价格确定),之后每五年递增5%,租期为自发行人的安徽华联综合超市分公司注册之日起30年。

3.委托经营和管理

本公司与北京华联综合超市有限公司控股的安徽华联综合超市有限公司、北京华联(江西)综合超市有限公司、武汉华联综合超市有限公司、北京华联(青塔)综合超市有限公司、江苏华联综合超市有限公司、江苏紫金华联综合超市有限公司、山西华联综合超市有限公司、苏州华联综合超市有限公司等八家综合超市及北京市石景山华联商厦有限公司分别签订了《委托经营和管理合同》及其修改协议,上述企业均同意将各自所拥有的综合超市委托给发行人经营和管理,由本公司行使经营和管理超市的专有权。

本公司经营管理上述企业所拥有的综合超市,委托期限为自2000年7月1日至本公司收购北京华联综合超市有限公司持有的上述被托管公司的全部股权或收购上述被托管公司的全部经营性资产之日终止;本公司对上述超市的经营享有全面的管理权;经营和管理的报酬为上述超市每月营业额的1%(此比例是根据国际上大型综合超市托管及北京市大型商业零售企业托管的收费标准制定)。

4.拟以募股资金增加投资控股北京华联综合超市有限公司控股的四家子公司

(1)本公司与南京大厂华联综合超市有限公司的全体股东签订了《增加投资协议》,协议规定,本公司将于本次发行与上市成功后,向南京大厂华联综合超市有限公司投资1,500万元人民币而获得该公司50%的股权。

(2)本公司与大连华联综合超市有限公司的全体股东签订了《增加投资协议》,本公司将于本次发行与上市成功后,向大连华联综合超市有限公司投资3,000万元人民币而获得该公司50%的股权。

(3)本公司与广西华联综合超市有限公司的全体股东签订了《增加投资协议》,本公司将于本次发行与上市成功后,向广西华联综合超市有限公司投资3,000万元人民币而获得该公司50%的股权。

(4)本公司与青海华联综合超市有限公司的全体股东签订了《增加投资协议》,本公司将于本次发行与上市成功后,向青海华联综合超市有限公司投资3,000万元人民币而获得该公司60%的股权。

5.贷款担保合同

2000年11月21日,北京华联综合超市有限公司与中国建设银行兰州西固支行营业部签订了保证合同,对发行人的控股子公司兰州华联综合超市有限公司3,500万元人民币银行贷款之清偿承担连带保证责任。

2001年3月14日,北京华联综合超市有限公司向招商银行北京分行出具了2001年流字第010号《不可撤销担保书》,对发行人2,000万元人民币银行贷款之清偿承担连带保证责任。

武汉华联综合超市有限公司(以下简称"武汉华联")与中国银行北京市分行签订了《抵押合同》,以武汉华联拥有的位于武汉市武昌区临江大道35号的房产对发行人5,700万元人民币银行贷款之清偿承担连带担保责任。该《抵押合同》于2001年4月18日生效。

安徽华联综合超市有限公司(以下简称"安徽华联")与中国银行北京市分行签订了《抵押合同》,以安徽华联拥有的位于合肥市和平路118号6栋的房产对发行人4,300万元人民币银行贷款之清偿承担连带担保责任。该《抵押合同》于2001年6月8日生效。

上述两《抵押合同》所担保的发行人与中国银行北京市分行签订的200101RL字(051)号《借款合同》,贷款总额为1亿人民币,发行人已偿还6000万元,现贷款余额为人民币4000万元。

6.其他关联交易情况

本公司拟以募股资金增加投资控股大连华联综合超市有限公司,而大连华联综合超市有限公司已租赁北京华联综合超市有限公司的房屋作为经营场地。因此,在本公司以募股资金增资控股大连华联综合超市有限公司后,将发生本公司控股子公司租赁北京华联综合超市有限公司的房屋的关联交易。

三、同业竞争

1.本公司与控股股东海南民族实业发展股份有限公司之间不存在同业竞争。海南民族实业发展股份有限公司已向本公司出具了《不竞争承诺函》,承诺在本公司成为上市公司后,其自身、其控股子公司及其有控制权的公司均不会从事与本公司构成实质性竞争的业务,并保证不直接或间接从事、参与或进行与本公司经营和业务相竞争的任何活动,以避免与本公司发生同业竞争。

2.海南民族科技投资有限公司(以下简称"海南民族科技")作为北京华联综合超市有限公司和本公司的控股股东海南民族实业发展股份有限公司的第一大股东,目前与本公司的主营业务不存在同业竞争的情况。该公司已向本公司出具了《不竞争承诺函》,承诺在本公司成为上市公司后,该公司及其有控制权的公司均不会从事与本公司构成实质性竞争的业务,并保证不直接或间接从事、参与或进行与本公司经营和业务相竞争的任何活动,以避免与本公司发生同业竞争。

3.本公司原母体为原北京华联商厦有限公司。经过分立后,原母体将除北京华联商厦有限公司拥有及承担与百货零售业态有关的一切资产、业务及与该等资产和业务有关的负债以外的其它资产、业务及相应负债分立出来成立新的具有法人资格的公司,即北京华联商业投资发展有限公司。目前,该公司主要经营为项目投资管理和投资咨询,与本公司的经营范围完全不同,不存在同业竞争。

4.本公司与北京华联综合超市有限公司控股的安徽华联综合超市有限公司、北京华联(江西)综合超市有限公司、武汉华联综合超市有限公司、北京华联(青塔)综合超市有限公司、江苏华联综合超市有限公司、江苏紫金华联综合超市有限公司、山西华联综合超市有限公司、苏州华联综合超市有限公司、南京大厂华联综合超市有限公司、大连华联综合超市有限公司、广西华联综合超市有限公司、青海华联综合超市有限公司以及北京市石景山华联商厦有限公司之间存在同业竞争。本公司和上述企业已采取以下措施将综合超市业务未来的发展机会让予本公司,并将关联企业已有的综合超市业务纳入本公司的统一管理之中,从而在最大程度上避免了同业竞争。

(1)本公司已与北京华联综合超市有限公司签订《不竞争协议》,北京华联综合超市有限公司保证并承诺:

1 自该协议签订及本公司成为上市公司之日起,除非经发行人书面同意,北京华联综合超市有限公司不会而且将促使其投资的公司不会单独或连同、代表任何人士或公司,发展、经营或协助经营、参与、从事新的综合超市业务。

2 如果北京华联综合超市有限公司有任何综合超市业务机会,应立即通知发行人,向发行人发出转让该业务机会的要约,并根据诚实信用原则,以一般商业条件为基础,协商并达成转让该业务机会的书面协议。如发行人因种种原因不能受让该业务机会,北京华联综合超市有限公司也不得违反前条的规定来利用该机会。

3 对于北京华联综合超市有限公司已经投资设立和在发行人成为上市公司之前将要投资设立的综合超市公司,北京华联综合超市有限公司同意采取下述措施,以保证不与发行人进行同业竞争:

a.北京华联综合超市有限公司同意将其属下的综合超市("超市")委托给发行人经营管理;

b.北京华联综合超市有限公司将促使超市与发行人签订《委托经营和管理合同》,将该等超市全部纳入发行人的规范经营管理及运作之下;

c.未经发行人书面同意,北京华联综合超市有限公司保证不再扩大超市的经营规模;

d.北京华联综合超市有限公司保证在任何时候、任何情况下都不会将其所属超市的部分或全部权益转让给除发行人或发行人指定的公司之外的任何公司、个人或其他经济实体;

e.北京华联综合超市有限公司将根据发行人的要求和安排,逐步将其在超市中的全部权益以公允的价格及各种可采取的合法方式转移至发行人或发行人指定的公司名下;

f.北京华联综合超市有限公司在超市的全部权益依法全部转让至发行人名下后,北京华联综合超市有限公司将变更公司名称,不再使用"北京华联综合超市"的字号,该字号将转由发行人在北京成立的综合超市所拥有。

第八节 财务会计资料

一、注册会计师意见

北京京都会计师事务所有限责任公司接受本公司委托,审计了本公司1998年12月31日、1999年12月31日、2000年12月31日、2001年6月30日母公司及合并资产负债表,1998年度、1999年度、2000年度、2001年1至6月母公司及合并利润表和2000年度、2001年1至6月母公司及合并现金流量表。会计师出具了标准无保留意见的审计报告。

二、简要会计报表

1. 简要资产负债表

(1)合并资产负债表　　单位:人民币元

项目	2001年6月30日	2000年12月31日	1999年12月31日	1998年12月31日
流动资产	208,473,193.25	195,478,701.76	74,799,355.91	77,938,540.43
长期投资	2,838,899.66	2,998,090.28	0.00	0.00
固定资产	81,706,932.78	83,870,168.16	8,703,809.58	11,479,747.62
无形及其他长期资产				

	145,791,214.10	149,929,411.53	105,029,102.96	107,997,094.77
资产总计	438,810,239.79	432,276,371.73	188,532,268.45	197,415,382.82
流动负债	285,956,014.93	302,067,907.47	120,393,301.21	139,142,940.59
负债合计	285,956,014.93	302,067,907.47	120,393,301.21	139,142,940.59
少数股东权益	29,836,002.12	29,172,994.82	0.00	0.00
股东权益	123,018,222.74	101,035,469.44	68,138,967.24	58,272,442.23
负债及股东权益总计	438,810,239.79	432,276,371.73	188,532,268.45	197,415,382.82

2. 简要利润表

(1)合并利润表　　单位:人民币元

项　目	2001 年中期	2000 年度	1999 年度	1998 年度
主营业务收入	598,117,184.92	975,415,622.52	443,875,180.44	401,798,177.08
主营业务利润	91,458,886.07	148,134,996.76	85,211,816.55	62,456,627.50
营业利润	33,774,164.66	51,005,096.25	10,067,671.89	4,455,664.28
利润总额	33,583,339.33	50,611,442.12	9,916,932.59	4,169,717.73
净 利 润	21,939,634.08	31,542,327.39	9,785,418.33	4,169,717.73

(3)关于 1998 年度、1999 年度净利润的说明

本公司 1998 年度、1999 年 1-11 月期间为经营亏损。依公司分立方案确定，本公司上述年度(期间)经营利润尚不能补该亏损，本公司 1998 年度及 1999 年度利润表未计提上述年度(期间)的企业所得税。若按 33%的所得税税率计算该项所得税本公司 1999 年度及 1998 年度的净利润减至 6,079,344.82 元、2,411,510.62 元。

3. 简要现金流量表

(1)合并现金流量表　　单位:人民币元

项　目	2001 年中期	2000 年度
经营活动产生的现金流量:		
现金流入小计	710,174,551.53	1,279,256,693.81
现金流出小计	700,557,993.72	1,152,351,922.05
经营活动产生的现金流量净额	9,616,557.81	126,904,771.76
投资活动产生的现金流量:		
现金流入小计	0.00	32,430,296.17
现金流出小计	5,656,328.86	115,744,754.86
投资活动产生的现金流量净额	-5,656,328.86	-83,314,458.69
筹资活动产生的现金流量:		
现金流入小计	180,252,720.01	135,353,153.34
现金流出小计	170,451,071.31	125,932,200.69
筹资活动产生的现金流量净额	9,801,648.70	9,420,952.65
现金及现金等价物净增加额	13,761,877.65	53,011,265.72

三、主营业务收入构成及利润形成情况

1. 公司主营业务收入构成:

a、按业务性质列示主营业务收入

项目	2001 年 1-6 月	2000 年度	1999 年度	1998 年度
商品销售收入	598,117,184.92	975,415,622.52	443,875,180.44	401,798,177.08
其中:百货	297,186,612.51	612,714,104.60	443,875,180.44	401,798,177.08
超市	300,930,572.41	362,701,517.92	--	--

b、按地区列示主营业务收入

地区	2001 年 1-6 月	2000 年度	1999 年度	1998 年度
北京	422,635,913.51	772,172,631.84	443,875,180.44	401,798,177.08
甘肃	175,481,271.41	203,242,990.68	--	--
	598,117,184.92	975,415,622.52	443,875,180.44	401,798,177.08

c、按销售方式列示主营业务收入

销售方式	2001 年 1-6 月	2000 年度	1999 年度	1998 年度
经销	304,047,215.88	407,969,185.54	56,481,744.93	62,098,884.86
代销	22,541,047.95	43,214,596.00	33,557,065.54	31,058,001.43
联营	271,528,921.09	524,231,840.98	353,836,369.97	308,641,290.79
	598,117,184.92	975,415,622.52	443,875,180.44	401,798,177.08

主营业务收入中，1998、1999 年度收入全部为阜成门华联商厦商品零售收入；2000 年度收入包括阜成门华联商厦商品零售收入 612,714,104.60 元和广安门、兰州红星超市 2000 年 6-12 月零售收入 326,378,575.97 元和兰州西固超市 2000 年 9-12 月零售收入 36,322,941.95 元；2001 年 1-6 月收入包括阜成门华联商厦商品零售收入 297,186,612.51 元和广安门、兰州红星、兰州西固超市零售收入 300,930,572.41 元。

2.利润形成有关情况

公司 2001 年上半年实现主营业务收入 59,811.72 万元，其他业务利润 1,266.26 万元，扣除营业成本、主营业务税金、期间费用等费用后的营业利润为 3,377.42 万元，营业利润加上投资收益及营业外收支净额后的利润总额为 3,358.33 万元，公司的利润基本上来源于主营业务。

公司 2000 年度主营业务利润较 1999 年度增长 74%，主要因为 2000 年度增加广安门分公司、兰州华联 6-12 月的主营业务利润和西固分公司 9-12 月的主营业务利润；阜成门分公司主营业务收入大幅增长(增长 40.39%)和毛利率的上升(由 1999 年度的 21%上升到 2000 年度的 21.6%)。

公司 2001 年上半年主营业务收入及利润总额较 2000 年同期均有较大幅度的增长，其中：主营业务收入增加 97%，利润总额增加 121%。这主要是因为公司 2000 年上半年主营业务收入绝大部分为阜成门华联商厦(2000 年 6 月设立为分公司)商品零售收入，2000 年 6 月后，公司加大了超市业态的投入。新增广安门店、兰州西固店和兰州红星店三家超市后，公司的主营业务收入发生了显著的增长，超市业态的收入占主营业务收入的比重也不断在增加。2001 年上半年，超市业态的收入为 300,930,572.41 元，占总收入的 50.31%。同时，由于公司控制了 2001 年上半年的营业费用、管理费用和财务费用等期间费用的整体增长幅度，因而公司 2001 年上半年利润总额有了大幅度的提高。

3.公司适用的所得税税率为 33%

四、资产　截至 2001 年 6 月 30 日，本公司资产总计为 438,810,239.79 元，包括流动资产、长期投资、固定资产及其他资产。

1.流动资产

流动资产主要包括货币资金、应收帐款、其他应收款、存货和待摊费用等，具体情况如下：

1998、1999、2000 年末和 2001 年 6 月 30 日，本公司的货币资金分别为 1,672,591.38 元、18,325,806.83 元、71,337,072.55 元、85,098,950.20 元；分别占当期期末流动资产的 2.15%、24.50%、36.49%、40.82%。公司货币资金 1999 年 12 月 31 日较 1998 年 12 月 31 日增长 996%，主要原因是公司 1999 年度销售增加，货款待付；2000 年 12 月 31 日较 1999 年 12 月 31 日增长 289%，主要原因是公司 2000 年度销售增加及年末增加汇总、合并广安门分公司、兰州西固分公司、兰州华联综合超市有限公司会计报表。

本公司 1998、1999、2000 年末和 2001 年 6 月 30 日的应收帐款分别为 107,985.72 元、8,966.10 元、3,681,483.76 元和 599,825.25 元。2001 年 6 月 30 日，帐龄在一年以内的应收帐款余额为 631,395.00 元，占应收帐款总额的比例为 100%。2001 年 6 月 30 日，本公司的应收帐款余额中，并无持本公司 5%或以上股份的主要股东欠款。

本公司 1998、1999、2000 年末和 2001 年 6 月 30 日的其他应收款为 15,995,730.90 元、18,136,389.51 元、8,170,418.65 元和 7,782,392.51 元。2001 年 6 月 30 日，其他应收款余额主要为与外单位的往来款和信用卡待划转款及应收托管费等。2001 年 6 月 30 日，帐龄在一年以内的其他应收款余额为 7,595,988.16 元，占其他应收帐款总额的比例为 92.21%；帐龄在三年以上的其他应收款余额为 113,238.62 元，占其他应收帐款总额的比例为 1.37%。截至 2001 年 6 月 30 日，帐龄超过三年的应收款项主要是未回收的押金。2001 年 6 月 30 日，本公司的其他应收款余额中并无持本公司 5%或以上股份的主要股东欠款。

本公司 1998、1999、2000 年末和 2001 年 6 月 30 日的坏帐准备为 1,019,067.35 元、1,607,287.31 元、833,742.04 元和 486,868.31 元。上述期末的应收款项净额为 16,103,716.62 元、18,145,355.61 元、11,851,902.41 元和 8,382,217.76 元。

本公司 1998、1999、2000 年末和 2001 年 6 月 30 日的预付帐款为 26,783,607.30 元、3,567,554.64 元、15,880,871.72 元和 20,073,218.53 元。2001 年 6 月 30 日，预付帐款余额主要为购货款。2001 年 6 月 30 日，帐龄在一年以内的预付帐款余额为 18,902,733.89 元，占预付帐款总额的比例为 94.17%。2001 年 6 月 30 日，本公司的预付帐款余额中不存在预付持本公司 5%或以上股份的主要股东单位款项。

本公司 1998、1999、2000 年末和 2001 年 6 月 30 日的存货为 32,219,419.14 元、37,565,772.93 元、75,425,784.70 元和 75,285,195.12 元。公司存货 2000 年 12 月 31 日较 1999 年 12 月 31 日增长 101%，主要原因是 2000 年 5 月收购北京华联广安门综合超市有限公司存货、2000 年 9 月新设北京华联商厦股份有限公司(兰州)西固分公司及合并兰州华联综合超市有限公司会计报表。存货可变现净值以估计售价减去销售所必须的估计费用后的价值确认。

2001 年 6 月 30 日，本公司的待摊费用为 19,633,611.64 元，主要为待转税、电脑软件费用、保险费。

2.长期投资

截至 2001 年 6 月 30 日，本公司长期投资 2,838,899.66 元，为股权投资差额，是收购兰州华联综合超市有限公司时购买价高于净资产而形成，自 2000 年 6 月份起分十年摊销。

截至 2001 年 6 月 30 日，本公司的母公司会计报表中，长期投资为长期股权投资，初始投资额为 28,252,987.33 元，累计投资额为 31,053,798.13 元，股权投资差额为 2,838,899.66 元，期末累计投资额占净资产的比例为 25.24%，具体情况如下：

公司名称	注册资本	本公司实际投资额	权益比例	核算方法
兰州华联综合超市有限公司	6000 万元	3,143.68 万元	51%	权益法

3.固定资产

(1)固定资产原价

固定资产类别	2001/01/01	本期增加	本期减少	2001/06/30
房屋建筑物	30,688,433.14	--	8,600.00	30,679,833.14
机器设备	48,834,089.07	2,829,619.28	--	51,649,708.35
运输设备	8,063,356.76	553,891.00	--	8,617,247.76
其他设备	11,972,650.80	878,108.00	--	12,864,758.80
合计	99,558,529.77	4,261,618.28	8,600.00	103,811,548.05

上述房屋建筑物不存在用于抵押、担保的情况。

(2)累计折旧

固定资产类别	2001/01/01	本期增加	本期减少	2001/06/30
房屋建筑物	323,259.60	493,483.26	--	816,742.86
机器设备	7,339,840.30	3,287,153.13	--	10,626,993.43
运输设备	4,717,586.22	744,934.09	--	5,462,520.31
其他设备	3,154,111.40	1,060,118.90	--	4,214,230.30
合计	15,534,797.52	5,585,689.38	--	21,120,486.90

(3)固定资产减值准备

固定资产类别	2001/01/01	本期计提	本期转回	2001/06/30
房屋建筑物	--	--	--	--
机器设备	3,217,129.37	480,982.95	--	3,698,112.32
运输设备	--	--	--	--
其他设备	884,672.03	349,581.33	--	1,234,253.36
合计	4,101,801.40	830,564.28	--	4,932,365.68

(4)固定资产的分类、计价与折旧方法

本公司固定资产是指使用年限超过 1 年的房屋、建筑物、机器设备、运输设备和其他设备，以及不属于生产经营主要设备，但使用期限超过 2 年且单位价值在 2000 元以上的设备、器具、工具等。固定资产以取得时的成本作为入账的价值。

固定资产折旧采用直线法计算。根据预计使用年限和预计残值(预计残值率为 5%)，本公司确定各类固定资产年折旧率如下：

类别	预计使用年限	年折旧率
房屋建筑物	30	3.17%
机器设备	5-10	9.50%-19.00%
运输设备	5	19.00%
其他设备	5	19.00%

本公司期末对固定资产逐项进行检查，由于市价持续下跌、技术陈旧或损坏、长期闲置等原因导致其可收回金额低于账面价值的，计提固定资产减值准备。计提时，按单项固定资产可收回金额低于账面价值的差额确认固定资产减值准备。

(5)有形资产净值

截至 2001 年 6 月 30 日，本公司有形资产净值为 273,385,414.05 元。

4.无形及其他长期资产

本公司 1998、1999、2000 年末和 2001 年 6 月 30 日的无形及其他长期资产为 107,997,094.77 元、105,029,102.96 元、149,929,411.53 元和 145,791,214.10 元。全部为长期待摊费用，具体情况如下：

种　类	2001/01/01	本期增加	本期摊销	2001/06/30
商场零星工程	1,220,919.80	284,817.86	69,907.32	1,435,830.34
商场改造工程	111,556,928.97	--	3,313,572.15	108,243,356.82
兰州超市改造工程	25,058,247.08	--	659,427.54	24,398,819.54
兰州超市门头工程	371,919.17	--	18,600.00	353,319.17
兰州超市供热增容	221,250.00	--	11,250.00	210,000.00
广安门超市改造工程	11,500,146.51	--	350,258.28	11,149,888.23
	149,929,411.53	--	4,423,015.29	145,791,214.10

续上表：

种　类	剩余摊销期限
商场零星工程	112 个月
商场改造工程	196 个月
兰州超市改造工程	222 个月
兰州超市门头工程	114 个月
兰州超市供热增容	53 个月
广安门超市改造工程	191 个月

原北京华联于 1996 年 9 月 8 日与北京四川经贸大厦签订《北京四川大厦商业场地租赁合同》，有偿使用四川大厦 26,695.64 平方米的商业场地，租期 30 年。原北京华联对租入的商场进行改造和装修，累计支出 13,064.88 万元，本公司按预计资产可使用期限 20 年摊销。

兰州华联综合超市有限公司与兰州电机有限责任公司签订《厂房和场地租赁合同》，有偿使用兰州电机有限责任公司 25,700 平方米厂房和场地，租期 30 年。兰州华联综合超市有限公司对租入

的厂房和场地进行改扩建和装修改造，累计支出 2,616.44 万元，兰州华联按预计资产可使用期限 20 年摊销。

本公司与北京华联综合超市有限公司签订《房屋租赁合同》，有偿使用北京华联综合超市有限公司 7,109.69 平方米的商业场地，租赁期限自 2000 年 6 月 1 日至 2017 年 5 月 31 日。北京华联广安门综合超市有限公司于收购前对该场地进行改造和装修，累计支出 1,338 万元，本公司收购后按租赁期摊销。

本公司租入固定资产改良支出按租赁期或受益期孰短年限平均摊销。

五、负债

截至 2001 年 6 月 30 日，本公司的负债合计为 285,956,014.93 元，全部为流动负债，主要包括短期借款、应付票据、应付帐款、应交税金和其他应付款等。

截至 2001 年 6 月 30 日，本公司的短期借款余额为 95,000,000.00 元，上述借款均为担保借款。其中，40,000,000.00 元借款债权人为中国银行北京市分行，担保人为武汉华联综合超市有限公司和安徽华联综合超市有限公司；35,000,000.00 元借款的债权人为中国建设银行兰州西固支行营业部，担保人为北京华联综合超市有限公司；20,000,000.00 元借款的债权人为招商银行北京分行，担保人为中商企业集团公司和北京华联综合超市有限公司。

1998 年、1999 年、2000 年和 2001 年上半年，本公司应付帐款余额分别为 32,688,537.87 元、36,724,007.33 元、139,594,939.05 元和 143,504,645.92 元，其中，2001 年上半年一年以内的应付帐款为 141,015,971.61 元，占应付帐款余额的 98.27%。本公司应付帐款余额 2000 年 12 月 31 日较 1999 年 12 月 31 日增长 280%，主要原因是增加汇总北京华联广安门综合超市有限公司、北京华联商厦股份有限公司(兰州)西固分公司及增加合并兰州华联综合超市有限公司会计报表，同时，阜成门分公司 2000 年 12 月销售大幅增加，而货款暂未结算。截至 2001 年 6 月 30 日，本公司所欠的大额应付款项单位有：北京朝阳副食品批发总公司、中银金行、北京华都肉鸡公司、广东科龙电器股份有限公司和资生堂丽源化妆品有限公司。截至 2001 年 6 月 30 日，本公司不存在欠付持公司 5%以上股份的股东单位的欠款。

1998 年、1999 年、2000 年和 2001 年上半年，本公司预收帐款余额分别为 9,136,177.56 元、6,277,417.81 元、40,140,386.48 元、2,545,767.50 元。公司预收帐款大幅减少，主要是预收款于 2001 年 1-6 月实现销售而结转销售收入。截止 2001 年 6 月 30 日，以上预收帐款不存在预收持本公司 5%以上股份的股东单位款项。

1998 年、1999 年、2000 年和 2001 年上半年，本公司应交税金分别为-801,645.33 元、4,062,086.30 元、22,225,526.46 元和 10,489,152.76 元。其中 2001 年上半年应交税金中增值税 3,610,761.05 元，营业税-495,493.28 元，所得税 6,874,824.33 元。2001 年 6 月 30 日应交营业税为负数系当期多交营业税。

截至 2001 年 6 月 30 日，本公司应付票据余额为 14,341,670.00 元，全部为银行承兑汇票。

截至 2001 年 6 月 30 日，本公司其他应付款为 11,798,199.50 元。其中，一年以内的应付款为 8,912,733.87 元，1—2 年的其他应付款为 1,292,504.83 元，2—3 年的其他应付款为 1,171,015.04 元。截至 2001 年 6 月 30 日，本公司所欠其他应付款项的主要单位有：兰州通达房地产公司、华联数码广场、北京美姿乐科技有限公司、甘肃粤兰装饰公司和晟佳股份有限公司。上述应付款项主要是押金及往来款。截至 2001 年 6 月 30 日，本公司不存在欠付持本公司 5%以上股份的股东单位的其他应付款项。

截至 2001 年 6 月 30 日，本公司其他负债还有：预提费用为 6,307,677.49 元，应付工资 440,000.00 元，应付福利费为 1,322,725.82 元等。本公司不存在逾期未偿还债项。

截至 2001 年 6 月 30 日，本公司不存在主要合同承诺的债务、或有债项，票据贴现、抵押及担保等形成的或有负债。请投资者仔细阅读北京京都会计师事务所有限责任公司出具的审计报告及财务报告全文。

六、股东权益

本公司过往三年又一期的股东权益情况如下：

单位：人民币元

	2001/06/30	2000/12/31	1999/12/31	1998/12/31
股　　本	75,572,900.00	75,572,900.00	60,000,000.00	58,272,442.23
资本公积	1,606,767.60	1,563,648.38	13,902,909.77	0.00
盈余公积	3,866,757.72	3,866,757.72	0.00	0.00
其中：公益金	1,288,919.24	1,288,919.24	0.00	0.00
未分配利润	41,971,797.42	20,032,163.34	-5,763,942.53	0.00
股东权益合计	123,018,222.74	101,035,469.44	68,138,967.45	58,272,442.23

1.股本

	2001/06/30	2000/12/31	1999/12/31	1998/12/31
股本	75,572,900.00	75,572,900.00	60,000,000.00	--
净资产	--	--	--	58,272,442.23
	75,572,900.00	75,572,900.00	60,000,000.00	58,272,442.23

1998 年 12 月 31 日净资产系以原北京华联会计报表为基础，以分立方案确定的公司架构、业务范围为前提，并假设该会计主体于 1998 年年初业已存在且持续经营，将与商品零售业务无关的资产、负债、损益进行剥离，按照《企业会计制度》调整后形成的所有者权益，其中，按《企业会计制度》计提资产减值准备调减留存收益 7,992,325.76 元，反映为净资产。

1999 年 12 月 31 日股本 6,000 万元系原北京华联分立后存续公司的实收资本，已经北京京都会计师事务所有限责任公司北京京都验字(1999)第 120 号验资报告验证确认。

本公司 2000 年 12 月 31 日、2001 年 6 月 30 日股本 7,557.29 万元系存续公司 1999 年 12 月 31 日帐面净资产按 1:1 比例折股，折为 7,557.29 万股，已经北京京都会计师事务所有限责任公司北京京都验字(2000)第 032 号验资报告验证确认。存续公司按《股份有限公司会计制度》确认 1999 年年末折股净资产为 75,572,975.12 元。

2.未分配利润

	2001/06/30	2000/12/31	1999/12/31	1998/12/31
年度净利润	21,939,634.08	31,542,327.39	9,785,418.33	--
加：年初未分配利润	20,032,163.34	-5,763,942.53	-8,038,482.63	--
减：提取盈余公积	--	3,866,757.72	--	--
转作资本的利润	--	1,879,463.80	7,510,878.23	--
未分配利润	41,971,797.42	20,032,163.34	-5,763,942.53	--

1999 年年初未分配利润-8,038,482.63 元系按《企业会计制度》调整形成，其中由于计提坏帐准备而调整减少未分配利润 1,019,067.35 元，由于计提固定资产减值准备而调整减少未分配利润 338,295.67 元，由于计提固定资产减值准备相应冲回多计提折旧而调整增加未分配利润 14,410.91 元，开办费在生产当月一次列支而调整减少未分配利润 4,715,839.17 元，长期待摊费用-商场改造支出按预计可使用期限摊销而调整减少未分配利润 1,933,534.48 元，无法支付的应付款项调整计入资本公积而调整减少未分配利润 46,156.87 元。1999 年度转作资本的利润系根据公司改制方案及董事会决议，原北京华联将 1999 年 1-6 月实现的净利润转作对存续公司的投资；2000 年度转作资本的利润系存续公司将 1999 年 7-12 月实现的净利润转作股份公司折股净资产。

七、现金流量

本公司 2001 年 1-6 月的经营活动产生的现金流量净额为 9,616,557.81 元，其中，销售商品、提供劳务收到的现金为 672,655,862.53 元，收到的其他与经营活动有关的现金为 37,518,689.00 元，购买商品、接收劳务支付的现金为 580,261,480.49 元，支付给职工以及为职工支付的现金为 12,014,649.47 元，支付的各项税费为 40,198,253.67 元，支付的其他与经营活动有关的现金为 68,083,610.09 元；投资活动产生的现金流量净额为-5,656,328.86 元，其中，购建固定资产和其他长期资产所支付的现金为 5,656,328.86 元；筹资活动产生的现金流量净额为 9,801,648.70 元，其中，借款所收到的现金为 180,000,000.00 元，偿还债务所支付的现金为 165,000,000.00 元，分配股利、利润或偿付利息所支付的现金为 4,278,912.50 元，支付其他与筹资活动有关的现金为 1,172,158.81 元。本公司 2001 年 1-6 月现金及现金等价物净增加额 13,761,877.65 元。

公司 2001 年 1-6 月经营活动产生的现金流量净额相对较小，其主要原因有：2001 年年元旦和春节前的销售旺季实现的大量销售收入已于 2000 年末结算，而大量货款至 2001 年初才支付给供货商；2001 年上半年支付的各项税费达 40,198,253.67 元。

八、或有事项、期后事项、关联交易及其他重要事项

1.或有事项和期后事项

截至 2001 年 6 月 30 日，本公司不存在对外担保、未决诉讼等或有事项，亦不存在应披露的重大资产负债表期后事项。

2.关联交易

本公司存在与关联企业发生关联交易的情形，请投资者关注本上市公告书“第七节 同业竞争和关联关系”。

3.其他重要事项

(1) 根据公司 2000 年度股东大会决议，2000 年 1 月 1 日起至本次股票发行完成前实现的净利润由发行后新老股东共享。1999 年年末未分配利润已作为折股净资产。

(2) 本公司由原北京华联分立后的存续公司依法变更设立。1999 年 11 月 30 日前，原北京华联商品零售业务单独核算；分立后，商品零售业务在存续公司整体单独运行，财务上独立核算。原北京华联 1998 年度、1999 年 1-11 月经营亏损。

(3) 本公司于 2000 年 5 月收购北京华联广安门综合超市有限公司部分资产，并成立了北京华联商厦股份有限公司广安门分公司；2000 年 5 月完成兰州华联综合超市有限公司 51%股权的收购；2000 年 9 月成立了经营超市业务的北京华联商厦股份有限公司(兰州)西固分公司。本公司经营业态包括百货和超市。

(4) 原北京华联于 1996 年 9 月 8 日与北京四川经贸大厦签订《北京四川大厦商业场地租赁合同》，有偿使用四川大厦 26,695.64 平方米的商业场地，租期 30 年；北京四川经贸大厦正在办理四川大厦的房屋产权及土地使用权手续。北京华联商厦股份有限公司与北京华联综合超市有限公司签订《房屋租赁合同》，有偿使用北京华联综合超市有限公司 7,109.69 平方米的商业场地，租期自 2000 年 6 月 1 日至 2017 年 5 月 31 日；该商业场地由北京华联综合超市有限公司于 1998 年 11 月向大恒新纪元科技股份有限公司租入。

九、本公司主要财务指标

财务指标	单位	2001 年中期	2000 年度	1999 年度	1998 年度
流动比率		0.73	0.65	0.62	0.56
速动比率		0.47	0.40	0.31	0.33
资产负债率		60.76%	68.24%	63.86%	70.48%
存货周转率	次/年	6.69	14.57	10.25	--
无形资产占总资产的比例		--	--	--	--
应收帐款周转率	次/年	279.41	528.65	7590.74	--
每股净资产	元	1.63	1.34	1.14	1.00
每股收益(全面摊薄)	元	0.29	0.42	0.16	0.07
每股收益(加权平均)	元	0.29	0.42	0.16	0.07
净资产收益率(全面摊薄)		17.83%	31.22%	14.36%	7.16%
净资产收益率(加权平均)		19.59%	37.59%	15.49%	6.91%
每股经营活动的现金流量	元	0.13	1.68	--	--

本公司按《公开发行证券公司信息披露编报规则第 9 号—净资产收益率和每股收益的计算及披露》计算的 2001 年中期的净资产收益率、每股收益如下表：

	每股收益(元)		净资产收益率	
	全面摊薄	加权平均	全面摊薄	加权平均
主营业务利润	1.21	1.21	74.35%	81.66%
营业利润	0.45	0.45	27.45%	30.15%
净利润	0.29	0.29	17.83%	19.59%
扣除非经常性损益以后的净利润	0.29	0.29	17.85%	19.61%

本公司股票发行后，每股净资产为 3.99 元。

第九节　其他重要事项

1.公司股票首次公开发行后至上市公告书公布之日时间间隔较短，公司所处行业和市场无重大变化，主要业务发展目标的进展状况正常，主要市场价格无重大变化。

2.在上述期间内，公司未发生重大投资行为、无重大资产(或股权)的收购、出售行为。

3.在上述期间内，本公司住所未发生变更，无重大诉讼、仲裁案件，未发生重大会计政策和会计师事务所的变动，未发生新的重大负债并且重大债项未发生变化。

第十节　董事会上市承诺

本公司董事会将严格遵守《中华人民共和国公司法》、《中华人民共和国证券法》、《股票发行与交易管理暂行条例》、《公开发行股票公司信息披露实施细则》和《上海证券交易所股票上市规则 2000 年修订本》等法律、法规和中国证监会的有关规定，并自股票上市之日起承诺作到：

(一)承诺真实、准确、完整、公允和及时的公布定期报告，批露所有对投资者有重大影响的信息，并接受中国证监会、证券交易所的监督管理；

(二) 承诺本公司在知悉可能对股票价格产生误导性影响的任何公共传播媒介中出现的消息后，将及时予以公开澄清；

(三)本公司董事、监事、高级管理人员和核心技术人员将认真听取社会公众的意见和批评，不利用已获得的内幕消息和其他不正常手段直接或间接从事本公司股票的买卖活动；

(四)本公司没有无记录的负债。

第十一节　上市推荐人及其意见

一、上市推荐人情况

兴业证券股份有限公司　　法定代表人：兰荣

住　　所：福建省福州市湖东路 99 号标力大厦

联系地址：深圳市人民南路嘉里中心 28 楼

电　　话：0755-2364545　　传　　真：0755-2364560

联 系 人：严伟强、陈海佳、鞠盈洲、郑秉治、陈锡洪、陈强

南方证券有限公司　　法定代表人：沈沛

住　　所：深圳市罗湖区嘉宾路 4028 号

电　　话：010-66212491　　联 系 人：杨君华

兴业证券股份有限公司与南方证券有限公司认为北京华联商厦股份有限公司具备了《中华人民共和国公司法》、《中华人民共和国证券法》及《上海证券交所股票上市规则》等法律、法规规定的上市条件。

兴业证券股份有限公司与南方证券有限公司保证北京华联商厦股份有限公司的董事了解法律、法规、上海证券交易所上市规则及股票上市协议规定的董事的义务与责任，并协助公司健全了法人治理结构、制定了严格的信息披露制度与保密制度。兴业证券股份有限公司与南方证券有限公司已对上市文件所载的资料进行了核实，保证公司的上市申请资料、上市公告书没有虚假、严重误导性陈述或重大遗漏，并保证对其承担连带责任。兴业证券股份有限公司与南方证券有限公司保证不利用在上市过程中获得的内幕信息进行内幕交易，为自己或他人谋取利益。

北京华联商厦股份有限公司　　2001 年 11 月 24 日

江 西 联 创 光 电 科 技 股 份 有 限 公 司

江西联创光电科技股份有限公司2000年年度报告

重要提示　本公司董事会保证本报告所载资料不存在任何虚假记载、误导性陈述或者重大遗漏,并对其内容的真实性、准确性和完整性负个别及连带责任。

广东恒信德律会计师事务所对本公司出具了无保留意见的审计报告。

一、公司简介

1、公司的法定中、英文名称及缩写

公司中文名称:江西联创光电科技股份有限公司

英文名称:JIANGXI LIANCHUANG OPTOELECTRONIC SCIENCEAND TECHNOLOGY CO., LTD.

公司中文名称缩写:联创光电

2、公司法定代表人:韩盛龙

3、公司董事会秘书:姚伟彪

联系地址:江西省南昌高新开发区火炬大街125号

联系电话:0791-8108479　0791-8105956

传真:0791-8105326

4、公司注册地址:江西省南昌高新开发区火炬大街125号

邮政编码:330029

E-mail:Lckjgs@public.nc.jx.cn

5、公司选定的信息披露报纸名称:上海证券报

登在公司年度报告的中国证监会指定国际互联网网址:http//www.sse.com.cn

公司年度报告备置地点:上海证券交易所、江西联创光电科技股份有限公司董事长办公室

6、公司股票上市交易所:上海证券交易所

股票简称:联创光电

股票代码:600363

二、会计数据和业务数据摘要

1、公司本年度会计数据(万元):

利润总额	3675
净利润	1703
扣除非经常损益后的净利润	1057
主营业务利润	12110
其他业务利润	59
营业利润	3093
投资收益	-64
补贴收入	669
营业外收支净额	-231
经营活动产生的现金流量净额	1038
现金及现金等价物增加额	1169

注:扣除非经常性损益的项目和金额

补贴收入	669
营业外收支净额	-23

2、前三年主要会计数据和财务指标(万元):

指标项目	2000年	1999年	1998年
主营业务收入	47411	32435	30511
净利润	1703	2036	1727
总资产	70130	54380	44829
股东权益	17914	17033	11862
(注:不含少数股东权益)			
每股收益(元)	0.1625	-	-
每股净资产	1.7093	-	-
净资产收益率(%)	9.51	-	-
每股经营活动产生的现金流量净额	0.099	-	-

3、按照中国证监会[公开发行证券公司信息披露编报规则(第9号)]要求计算相关指标

报告期利润	净资产收益率(%)		每股收益(元)	
	全面摊薄	加权平均	全面摊薄	加权平均
主营业务利润	67.6	67.6	1.1555	1.1555
营业利润	17.27	17.27	0.2951	0.2951
净利润	9.51	9.51	0.1625	0.1625
扣除非经常性损益后净利润	5.88	5.88	0.1006	0.1006

4、报告期内股东权益变动情况(单位:元)

项目	股本	资本公积	盈余公积	法定公益金
期初数	104803000.00	52558811.71	11782168.05	5179138.53
本期增加		307477.36	1688942.89	1716919.47
本期减少	---------	---------	---------	---------
期末数	104803000.00	52866289.07	13471110.94	6896058.00

项目	未分配利润	股东权益合计
期初数	-3997947.68	170325170.61
本期增加	17029311.84	20742651.56
本期减少	11925447.98	11925447.98
期末数	1105916.18	179142374.19

变动原因:1、盈余公积、法定公益金变动系本年度利润分配

2、未分配利润变动系本年度利润增加及利润分配

三、股东持股情况

股东名称	年末持股数(万股)	占总股本(%)
江西省电子集团公司	5080.63	48.48
江西电线电缆总厂	3501.12	33.41
江西华声通信(集团)有限公司	1698.75	16.21
江西清华科技集团公司	133.20	1.27
江西红声器材厂	66.60	0.63

注:本报告期内控股股东未发生变更。

四、股东大会简介

报告期内本公司于2000年6月25日召开1999年度股东大会。会议审议并表决通过了如下议案:1、董事会工作报告;2、监事会工作报告;3、公司1999年度财务决算报告;4、公司1999年利润分配方案;5、关于修改公司章程的决议;6、关于增资发行A股股票的决议;7、关于聘请江西恒信会计师事务所为公司审计机构的决议。

五、董事会报告

(一)公司经营情况

1、本公司所处行业为电子信息产业

2、本公司主营业务是光电器件、继电器、通信线缆、通信终端与信息系统设备等。子公司厦门华联电子有限公司综合实力列光电行业第二位,子公司厦门宏发电声有限公司的微型继电器国内市场占有率列行业前茅,江线分公司的物理高发泡电缆国内市场占有率列前三位,子公司南昌华声通信有限公司的矿用调度机占全国市场的60%。

3、在生产经营过程中出现的问题与困难及解决方案

本公司在生产经营过程中,出现了应收帐款增长过快,子公司厦门华联电子有限公司主导产品红外管受彩电行业影响,销售额和销售价格出现不同程度下降,市场竞争激烈,营业费用增加,长、短期借款增加,财务费用增加。本公司准备采取以下措施:制定应收帐款催收制度,积极研制新产品,提高管理水平,降低费用,另外,2000年3月本公司成功发行A股股票,近4个亿资金,将降低本公司资产负债率。

(二)公司财务状况:(单位:万元)

	项　目	2000年度	1999年度	增减幅度(%)	增减原因
1	资产总额	70130.45	54379.92	29.00	经营增长
2	长期负债	14610.45	6261.58	133.30	经营增长
3	所有者权益	17914.23	17032.51	5.20	经营增长
4	主营业务利润	12109.81	9245.59	31.00	经营增长
5	净利润	1702.93	2035.75	-16.30	技术开发费增加

(三)公司投资情况

报告期内,公司没有实行新增对外投资。

(四)公司生产经营环境

本公司主营业务进一步向大客户向科技领域进军并加大出口比例,收缩与过度竞争行业配套的业务。

(五)2001年业务发展计划

1、紧紧围绕公司主业,精心组织实施好招股说明书中所列项目;

2、进一步加大产品出口规模;

3、进一步规范运作,加强内部管理和落实对分公司、子公司管理责任制,努力降低成本,提高资产收益率。

(六)董事会日常工作情况

1、董事会一届三次会议于2000年3月11日召开,八名董事出席了会议,一名董事委托他人代理行使职权,公司监事、高级管理人员列席了会议,会议审议通过了《总经理1999年工作报告》、《关于聘任周彦、曾涌为公司副总经理的提案》、《关于聘任姚伟彪为董事会秘书的提案》等11项议案。

2、董事会一届四次会议于2000年6月25日召开,七名董事出席了会议,两名董事委托他人代理行使职权,公司监事、高级管理人员列席了会议,会议审议通过了《修订2000年度财务及生产经营计划的议案》、《公司申请发行A股股票并上市的议案》等10项议案。

3、董事会一届五次会议于2000年12月16日召开,七名董事出席了会议,两名董事委托他人代理行使职权,公司监事、高级管理人员列席了会议,与会董事认真学习了中国证监会发行监管函[2000]574号文,明确公司股票发行的工作思路,确定了股票发行时间目标并通过了《〈同意程德保先生根据中国证监会发行监管函[2000]574号文的要求辞去董事长职务,一致同意选举董事韩盛龙先生为董事长〉》等3项议案。

4、报告期内,本公司董事会严格贯彻执行股东大会决议,积极落实执行股东大会审议通过的议案,对股东大会依据《公司法》和本公司章程规定的授权事项依法行使职权,并未发生逾越权限和违反《公司法》和本公司章程规定的行为和现象。

(七)公司管理层及员工情况

1、公司现任董事、监事及高级管理人员情况

序号	姓名	性别	生日	现任职务
1、	韩盛龙	男	58年06月	董事长
2、	贾建政	男	52年11月	副董事长、总经理
3、	周　彦	男	62年02月	副董事长、副总经理
4、	程德保	男	47年09月	董事
5、	曾　涌	男	64年03月	董事、副总经理
6、	范玉钵	男	47年09月	董事
7、	黄代放	男	63年09月	董事
8、	欧阳森和	男	47年10月	董事
9、	王　梅	女	66年01月	董事
10、	金国庆	男	44年10月	监事会主席
11、	吕洪林	男	47年04月	监事
12、	庄心平	男	56年05月	监事
13、	张金梓	男	41年08月	监事
14、	刘廷江	女	48年02月	监事
15、	姚伟彪	男	72年01月	董事会秘书
16、	蒋国忠	男	61年07月	总工程师
17、	刘月兰	女	69年03月	副总会计师、财务负责人

本公司董事、监事、高级管理人员均未持有公司股份,董事长韩盛龙、总工程师蒋国忠因为于2000年12月份才到职,报告期内没有在公司领取薪酬,董事程德保、黄代放,监事金国庆、吕洪林、庄心平没有在公司领取薪酬,其余董事、监事、高级管理人员薪酬在2-5万元之间。

2、截止2000年12月31日,本公司现有职工1452人(不含子公司职工数),没有离退休人员。职工专业结构为:

项目	人数(人)	所占比例%
55岁以上	2人	0.14
30-55岁	839人	57.78

30 岁以下	611 人	42.08
合计	1452 人	100.00
其中:		
大中专以上学历	405 人	27.90

(八)本年度利润分配预案

经广东恒信德律会计师事务所审计，本公司2000年度实现净利润为17,029,311.84元，按照《公司章程》的有关规定，提取10%法定盈余公积1,702,931.18元，提取10%法定公益金1,702,931.18元，加1999年末未分配利润-5,291,314.20元，减报告期内(2000年5月)已分配利润634,099.10元，可供股东分配利润为7,698,036.18元。当年公司的股利分配以2001年3月31日的总股本164,803,000股为基数，向全体股东每10股派送现金红利0.4元(含税)，共派现金6,592,120.00元，期末未分配利润1,105,916.18元结转下一年度。根据国家税法有关规定，个人所得税由公司代扣代缴。

(九)2001年度分配政策

公司拟在2001年度进行一次利润分配；公司2000年度滚存的未分配利润用于2001年度股利分配的比例不低于30%；2001年度实现的净利润用于股利分配的比例不低于30%；分配拟采用派发现金或送红股的形式。

公司董事会保留届时根据公司实际情况对2001年度利润分配行使调整的权利。

(十)其他事项

公司选定的信息披露报纸为《上海证券报》。

六、监事会报告

2000年，公司监事会从维护广大股东权益、公司利益和员工合法权益出发，认真履行《公司法》和《公司章程》所赋予职责，依法对公司董事和高级管理人员的重大决策及日常经营管理进行监督。

1、2000年度监事会主要工作。监事会于2000年6月25日召开了一届二次监事会，审议通过了《1999年度财务决算报告》、《1999年度监事会报告》等4项决议。2000年3月11日、6月25日、12月16日监事会全体成员分别列席了一届三次、四次、五次董事会。

2、检查公司财务状况：江西恒信德律会计师事务所对本公司2000年度财务报告出具了无保留意见的审计报告，审计报告客观、真实、准确、完整的反映了公司的财务状况。

七、重要事项

1、报告期内无重大诉讼、仲裁事项。

2、报告期内无公司、董事及高级管理人员受监管部门处罚情况。

3、报告期内无重大收购、及出售资产、吸收合并事项。

4、报告期内控股股东未变更，公司总经理、董事会秘书无变更。

5、报告期内，公司无重大关联交易事项。

6、本公司与控股股东江西省电子集团公司在人员、资产、财务上相互分开、相互独立：

(1)在人员方面，公司在劳动、人事、及工资管理等方面独立；高级管理人员均未在股东单位任职。

(2)在资产方面，公司拥有独立的生产系统、辅助生产系统和配套设施，工业产权、非专利技术等无形资产由公司直接拥有，采购和销售系统由公司独立拥有。

(3)在财务方面，公司设立独立的财会部门，并建立了独立的的会计核算体系和财务管理制度，独立在银行开户。

7、报告期内，公司无重大对外担保事项；

8、报告期内，公司聘请江西恒信会计师事务所，由于合并，该所现已更名为广东恒信德律会计师事务所；

9、报告期内，公司没有更改名称。

八、财务会计报告

(一)审计报告

公司财务会计报告经广东恒信德律会计师事务所有限公司中国注册会计师王艳全、徐飞审计，并出具了无保留意见的(2001)恒德赣审字094号审计报告。

(二)会计报表附后

会 计 报 表 附 注

一、公司基本情况

江西联创光电科技股份有限公司(以下简称本公司)系经江西省股份制改革和股票发行联审小组赣股【1999】06号文批准，由江西省电子集团公司、江西电线电缆总厂、江西华声通信(集团)有限公司、江西清华科技集团有限公司、江西红声器材厂为发起人，以发起方式设立的股份有限公司。根据江西省国有资产管理局赣国资评字【1999】086号文件确认的资产评估报告，各发起人投入股份公司的净资产为15,736.18万元。江西省国有资产管理局以赣国资企字【1999】8号文批准本公司国有股权管理方案。根据该批文，各发起人均将投入的净资产按66.6%的比例折股。

本公司经营范围：光电子元器件、继电器、通信线缆、通信终端与信息系统设备、其他电子产品、计算机的生产、销售、计算机应用服务、信息咨询、对外投资。

二、公司主要会计政策、会计估计和合并会计报表的编制方法

(一)会计制度：

公司执行《企业会计准则》、《股份有限公司会计制度》。

公司控股子公司南昌华声通信有限公司执行《外商投资企业会计制度》，编制合并会计报表时已按母公司有关会计政策进行了调整。

(二)会计年度

公司会计年度采用公历年制，即每年的 1月1日起至 12月31日止。

(三)记账本位币

公司采用人民币为记账本位币。

(四)记账基础和计价原则

本公司以权责发生制为记账基础，以历史成本为计价原则。

(五)外币业务核算方法

公司对发生的外币经济业务，采用当月一日中国人民银行公布的市场汇价(中间价)折合人民币记账。对各种外币账户的外币期末余额，按期末市场汇价(中间价)进行调整，发生的差额，与购建固定资产有关且在其尚未交付使用前的，计入有关固定资产的购建成本；与购建固定资产无关的，属于筹建期间的计入开办费，属于生产经营期间的计入当期财务费用。

(六)现金等价物的确定标准

公司现金等价物是指企业持有的期限短(一般是指从购买日起三个月内到期)、流动性强、易于转换为已知金额现金、价值变动风险很小的投资。

(七)坏账核算方法

1.公司采用备抵法核算坏账损失。

根据债务单位的实际财务状况和现金流量情况，对应收款项(包括应收账款和其他应收款)计提坏账准备。各账龄应收款项坏账准备的计提比例如下：

账龄1年(含1年，下同)以内的，按期末余额的5%计提；

账龄1-2年的，按期末余额的7%计提；

账龄2-3年的，按期末余额的20%计提；

账龄3-5年的，按期末余额的50%计提；

账龄5年以上的，按期末余额的100%计提。

2.坏账的确认标准为：

1)债务人破产或者死亡，以其破产财产或者遗产清偿后，仍然无法收回；

2)债务人逾期未履行其清偿义务，且具有明显特征表明无法收回。

对确实无法收回的应收款项，经批准后作为坏账损失，并冲销提取的坏账准备。

(八)存货核算方法

1.公司存货包括在生产经营过程中为销售或耗用而储备的原材料、包装物、低值易耗品、在产品、库存商品等。

2.存货按实际成本计价。按照计划成本核算存货的分公司，对存货的实际成本与计划成本之间的差异单独核算。各分公司领用或者发出的存货，按照实际成本核算的，采用加权平均法确定其实际成本；采用计划成本核算的，按期结转其应负担的成本差异，将计划成本调整为实际成本。各分公司领用的低值易耗品、周转使用的包装物和材料，采用五五摊销法。

3.由于存货遭受毁损、全部或部分陈旧过时和销售价格低于成本等原因造成的存货成本不可收回的部分，期末采用成本与市价孰低计价原则，按单个存货项目的成本高于可变现净值的差额提取存货跌价准备。

(九)短期投资核算方法

1.短期投资，按实际支付的价款扣除已宣告发放但尚未领取的现金股利和已到期尚未领取的债券利息入账。

2.期末短期投资按成本与市价孰低计价，并按投资总体计提跌价准备。

(十)长期投资核算方法

1.长期股权投资，按投资时实际支付的价款或确定的价值入账。公司对其他单位的投资占该单位有表决权资本总额的20%以下，或虽拥有20%以上的股权，但不具有重大影响的，采用成本法核算；对其他单位的投资占该单位有表决权资本总额20%或20%以上，或虽投资不足20%但有重大影响的，采用权益法核算；公司对其他单位的投资占被投资企业有表决权资本总额50%(不含50%)以上的，采用权益法核算，并编制合并会计报表。

2.股权投资差额，在合同规定的投资期限内平均摊销。合同没有规定投资期限的，借方差额在10年内平均摊销；贷方差额按不低于10年平均摊销。

3.长期债权投资，以实际支付的价款扣除支付的税金、手续费等各项附加费用，以及自发行日至债券购入日的应计利息后的余额记账。溢价或折价在债券存续期间内，按直线法予以摊销。

4.期末由于市价持续下跌或被投资单位经营状况恶化等原因，导致长期投资可收回金额低于长期投资账面价值的差额提取长期投资减值准备。

(十一)固定资产及累计折旧核算方法

1.公司固定资产按实际成本计价。固定资产的标准为：使用年限在一年以上的房屋、建筑物、机器、机械、运输工具和其他与生产经营有关的设备、器具、工具等，以及不属于生产经营主要设备，但单位价值在2000元以上，并且使用期限超过两年的物品。

2.公司固定资产折旧采用平均年限法。按固定资产类别、预计使用年限和预计净残值率(原值的3%、5%)确定折旧率如下：

固定资产类别	折旧年限(年)	年折旧率(%)
房屋及建筑物	10-45	9.50-2.11
通用设备	5-28	19.00-3.39
专用设备	6-18	15.83-5.28
运输工具	8-15	11.88-6.33
其他设备	8-22	11.88-4.32

(十二)在建工程核算方法

公司在建工程以各项工程实际发生的支出入账，按工程项目分类核算，并在工程交付使用时按工程的实际成本结转固定资产。用借款进行的工程发生的利息支出和外汇折算差额，在固定资产尚未交付使用前予以资本化；交付使用后计入当期财务费用。

(十三)无形资产核算方法

无形资产按取得该无形资产实际支出计价，并在使用期限内分期平均摊销。

(十四)开办费核算方法

开办费按实际支出入账，从开始生产经营的当月起，在5年内分期平均摊销。

(十五)长期待摊费用核算方法

长期待摊费用按实际支出入账，在项目的受益期内平均摊销。

(十六)借款费用核算方法

属于购建固定资产所发生的借款费用，在固定资产交付使用前计入固定资产购建成本；筹建期间发生的不属于固定资产购建所发生的借款费用，计入开办费；不属于以上两项支出的借款费用计入当期损益。

(十七)应付债券的核算方法

发行债券时按实际收到的款项计入应付债券，发行债券所发生的溢价或折价在债券存续期间按直线法进行摊销。

(十八)收入确认原则

1.商品销售

在商品所有权上的主要风险和报酬已经转移给买方，公司不再对该商品实施继续管理权和实际控制权，相关的收入已经收到或取得了收款的证据，并且与销售该商品有关的成本能够可靠地计量时，确认营业收入的实现。

2.他人使用本公司资产而发生的收入

他人使用本公司资产，发生的使用费收入按有关合同或协议规定的收费时间和方法计算确定。上述收入的确定并应同时满足两个条件：与交易相关的经济利益能够流入公司；收入的金额能够可靠地计量。

(十九)所得税的会计处理方法

公司所得税，采用应付税款法核算。

(二十)合并会计报表的编制方法

合并会计报表以母公司、纳入合并范围的子公司的同期会计报表和其他有关资料为依据，按照《合并会计报表暂行规定》编制而成。包括在本次合并报表范围内的子公司有：厦门华联电子有限公司、厦门宏发电声有限公司及南昌华声通信有限公司。子公司的主要会计政策按照母公司统一选用的会计政策调整，母子公司间的重大交易和往来款项等均在合并时抵销。

截止2000年12月31日，本公司控股子公司情况如下：(单位:万元)

公司名称	主营业务	注册资本(万元)	本公司投资额(万元)	权益比例(%)
南昌华声通信有限公司	通讯设备	100	75	75
厦门宏发电声有限公司	继电器	4,700	2,397	51
厦门华联电子有限公司	光电器件及微电脑控制器	5,000	2,550	51

三、税(费)项

(一)增值税

增值税税率为17%。

(二)城市维护建设税

按应交流转税额的7%计缴。

(三)教育费附加

按应交流转税额的3%计缴。

(四)所得税

1.本公司业经江西省科学技术委员会赣科发工字【2000】25号文批复认定为高新技术企业，根据江西省地方税务局直属分局赣地税直管字【2000】053号文的批复，享受财政部、国家税务总局财税字【94】001号文规定的所得税优惠政策，即自公司成立之日起免征两年所得税(1999年和2000

年),以后按15%的税率计征所得税。

2.本公司控股子公司厦门华联电子有限公司及厦门宏发电声有限公司按特区高新技术企业执行15%的税率,根据厦委发【1998】18号文件,该公司作为高新技术企业,除享受原有的"二免三减半"的所得税优惠外,增加五年先征收再减半返还企业所得税的优惠政策,2000年及2001年度分别为第四年和第五年,即上述两公司在1997年至2001年实际税负为7.5%。

3.本公司控股子公司南昌华声通信有限公司系中外合资的先进技术企业,基础所得税率为15%,根据国家税务局国税发【1991】65号文的规定,享受延长三年减半缴纳所得税的优惠,该公司1997至2001年均按10%税率征收所得税,该期间所得税优惠政策已经南昌市国家税务局涉国税发【2000】29号文批复确认。

四、利润分配

公司章程规定的净利润分配顺序如下:

1.弥补亏损;

2.提取10%法定公积金;

3.提取10%法定公益金;

4.提取任意公积金。

5.分配股利。

根据本公司2000年6月25日股东大会《关于1999年度利润分配方案》及《关于2000年度利润分配原则》的决议,本公司1999年7-12月份及2000年1-5月份实现的利润由老股东享有,2000年6月份以后实现的利润由新老股东共享。

五、合并会计报表主要项目注释

1.货币资金

1)明细情况

项目	年末数	年初数
现金	85,001.70	141,237.05
银行存款	47,150,431.97	38,962,271.17
其他货币资金	5,733,709.56	2,177,087.39
合计	52,969,143.23	41,280,595.61

2)其他货币资金明细如下:

币种	原币金额	折合人民币金额
美元	219,886.55	1,818,989.50
港币	19,313.93	20,497.87
日元	2,987,335.00	216,283.05
欧元	24,048.07	187,579.76
人民币	3,490,359.38	3,490,359.38
合计		5,733,709.56

2.应收票据

应收票据年末余额为22,667,474.08元,均为银行承兑汇票。应收票据前五名明细如下:

单位名称	金额	出票日期—到期日期
广东科龙电器有限公司	2,700,000.00	2000.12.29-2001.06.08
青岛海尔零部件采购有限公司	2,000,000.00	2000.12.05-2001.03.15
广东科龙电器有限公司	2,000,000.00	2000.12.20-2001.06.19
四川长虹电器公司	1,023,828.91	2000.12.21-2001.06.04
青岛海尔零部件采购有限公司	1,000,000.00	2000.12.13-2001.03.27

注:应收票据较年初数增加18,436,561.20元,系公司经营业务增长,应收票据款项增加所致。

3.应收账款

1)账龄分析

账龄	年末数 金额	比例(%)	坏账准备	金额
1年以内	128,158,828.19	74.27	5,579,683.89	121,223,890.91
1-2年	32,827,613.43	19.02	2,297,932.93	9,688,093.45
2-3年	5,330,394.11	3.09	1,066,078.82	6,664,281.52
3-5年	6,168,445.92	3.57	3,084,237.96	4,050,877.70
5年以上	80,970.00	0.05	80,970.00	
合计	172,566,251.65	100	12,108,903.60	141,627,143.58

2)应收账款欠款前五名的单位:

单位名称	金额(元)	欠款时间	欠款原因
青岛海尔零件采购有限公司	20,334,836.80	1年以内	货款
杭州金松空调有限公司	11,127,691.53	1-2年	货款
广东科龙空调器有限公司	9,103,955.95	1年以内	货款
深圳生輝公司	7,297,935.09	1-2年	货款
AMERICAN ZETTLER INC.	5.266.930.35	1年以内	货款

3)应收账款较年初数增长49.42%,主要是由于公司收入增长较快所致。

4)账龄超过三年的大额应收账款情况如下:

单位名称	年末数	未收回原因
广东中山卓越空调厂	1,397,360.00	债务人财务状况不佳,无力支付
广东华宝空调器厂	1,292,190.44	债务人资金周转困难,暂时无力支付
上海凯利(集团)有限公司	1,235,114.63	债务人资金周转困难,无力支付

5)公司已加强对三年以上应收账款的清收,未取得确凿证据表明这些应收款项确实无法收回,且公司已取得三年以上大额应收账款的债务人的还款承诺,因此公司对三年以上的应收账款已按会计政策计提了50%的坏账准备,暂不全额作为坏账损失处理。

4.其他应收款

1)账龄分析

账龄	年末数 金额	比例(%)	坏账准备	年初数 金额
1年以内	15,603,711.11	81.12	532,670.08	10,878,312.73
1-2年	1,874,525.46	9.70	131,216.79	1,779,127.74
2-3年	1,583,250.77	8.19	316,650.15	396,421.39
3-5年	189,518.79	0.98	94,759.4	106,711.83
5年以上	2,000.00	0.01	2,000.00	
合计	19,253,006.13	100	1,077,296.42	13,160,573.69

2)其他应收款欠款前五名的单位:

单位名称	金额	欠款时间	欠款原因
吉安华声分公司深圳办事处	1,750,000.00	1年以内	代垫款
吉安江线分公司销售部	1,350,208.89	1年以内	备用金
江西华声通信(集团)有限公司	784,361.62	1年以内	代垫款
吉安峰威公司	742,765.49	1年以内	代垫款
江西电子科研所	430,000.00	1年以内	代垫款

3)持有本公司5%以上股份的股东有江西华声通信(集团)有限公司欠款784,361.62元,其他应收款较年初数增加了46.85%,主要是由于代垫款增加所致。

5.预付账款

1)账龄分析

账龄	年末数 金额	比例(%)	年初数 金额	比例(%)
1年以内	21,893,217.22	94.41	11,059,798.48	94.06
1-2年	160,873.60	0.69	111,194.20	0.95
2-3年	829,995.95	3.58	188,994.40	1.61
3-5年	306,629.73	1.32	397,763.67	3.38
合计	23,190,716.50	100	11,757,750.75	100

2)预付账款欠款前五名单位明细:

单位名称	金额	发生时间	原因
江铜广信工贸易公司	2,257,162.55	1年以内	购货款
福建厦门清合电器自动化有限公司	1,284,000.00	1年以内	购货款
台湾基丞TMP压模机厂	1,087,755.00	1年以内	购货款
厦门新纪元电子实业有限公司	1,017,385.87	1年以内	购货款
香港雅宝注塑机有限公司	763,764.95	1年以内	购货款

3)无持有本公司5%以上股份的股东欠款

4)预付账款较年初数增加了97.23%,系公司业务增长,材料采购量增加所致。

6.应收补贴款

项目	年末数	年初数
所得税返还款	0.00	830,209.23
应收出口退税款	0.00	2,562,432.58
合计	0.00	3,392,641.81

注:应收补贴款较年初数减少3,392,641.81元,主要系应收补贴款已收回所致。

7.存货

项目	年末数 存货金额	跌价损失准备	年初数 存货金额
物资采购	2,353,123.64	0.00	1,809,367.70
原材料	44,726,903.81	497,986.79	28,833,714.72
低值易耗品	395,964.30	0.00	324,837.27
委托加工材料	2,194,756.83	0.00	330,723.78
在产品	12,394,354.24	0.00	11,449,671.11
库存商品	64,299,155.05	305,565.37	46,197,162.36
合计	126,364,257.87	803,552.16	88,945,476.94

注:存货较年初数增长42.06%,系公司业务增长,相应增加存货储备所致。

8.待处理流动资产净损失

待处理流动资产净损失年末余额为1,269,350.87元,系公司在年末尚未处理的应收账款坏账损失及存货盘亏。

9.长期股权投资

1)明细情况

项目	年初数	本期增加	本期减少	年末数
其他股权投资	14,275,310.60		637,825.57	13,637,485.03
股权投资差额	2,276,616.79		901,414.17	1,375,202.62
合并价差	4,608,454.10		441,339.33	4,167,114.77
合计	21,160,381.49		1,980,579.07	19,179,802.42

2)长期股权投资——其他股权投资明细

被投资单位名称	投资期限	投资比例	初始投资额
厦门宏美电子有限公司	20年	6%	495,000.00
宁波金海电子公司	20年	15%	800,000.00
厦门精合电气自动化有限公司	15年	40%	600,000.00
厦门赛特勒电子公司	12年	25%	414,513.00
厦门宏发材料公司		100%	60,000.00
厦门宏发贸易公司		100%	717,775.27
厦门华实经济发展公司	20年	95%	2,827,000.00
厦门华联电子器材公司	20年	95%	622,000.00
厦门欧联塑胶工业公司	15年	80%	1,493,890.21
厦门兴联电子有限公司	15年	20%	800,000.00
厦门新纪元电子实业公司	12年	52%	1,976,000.00
厦门建华装饰材料公司	15年	25%	250,000.00
上海凯利机动车黑匣子制造公司		1.47%	500,000.00
杭州迪森电子有限公司	15年	33.3%	1,262,167.88
合计			12,818,346.36

被投资单位名称	期初余额	本期权益增减额	期末余额
厦门宏美电子有限公司	495,000.00	0.00	495,000.00
宁波金海电子公司	800,000.00	0.00	800,000.00
厦门精合电气自动化有限公司	1,129,469.33	-1083.68	1128385.65
厦门赛特勒电子公司	404,409.31	234173.34	638582.65
厦门宏发材料公司	60,000.00	0.00	60,000.00
厦门宏发贸易公司	717,775.27	0.00	717,775.27
厦门华实经济发展公司	3,154,679.60	-423.08	3,154,256.52
厦门华联电子器材公司	1,479,100.26	42,066.74	1,521,167.00
厦门欧联塑胶工业公司	1,241,485.90	49,789.73	1,291,275.63
厦门兴联电子有限公司	800,000.00	0.00	800,000.00
厦门新纪元电子实业公司	2,008,123.43	-306,438.86	1,701,684.57
厦门建华装饰材料公司	54,831.03	-54,831.03	0.00
上海凯利机动车黑匣子制造公司	500,000.00	-500,000.00	0.00
杭州迪森电子有限公司	1,430,436.47	-101,078.73	1,329,357.74
合计	14,275,310.60	-637,825.57	13,637,485.03

3)长期股权投资-股权投资差额

被投资单位名称	原始金额	期初余额	摊销期限
厦门宏美电子有限公司	155,229.36	148,173.36	14年零8个月
厦门华实经济发展公司	298,945.50	288,025.12	18年
厦门华联电子器材公司	664,523.88	640,473.07	18年
厦门欧联塑胶工业公司	-33,925.70	-33,925.70	10年
厦门兴联电子有限公司	275,800.00	257,861.79	10年
厦门新纪元电子实业公司	1,488,100.00	1,174,154.85	2年
杭州迪森电子有限公司	53,700.00	50,120.00	10年
杭州迪森电子有限公司	-308,115.45	-248,265.70	12年
合计	2,594,257.59	2,276,616.79	

被投资单位名称	本期摊销额	摊余价值	形成原因
厦门宏美电子有限公司	17,639.32	137,590.04	评估增值
厦门华实经济发展公司	16,380.57	271,644.55	评估增值
厦门华联电子器材公司	36,082.75	604,390.32	评估增值
厦门欧联塑胶工业公司	-3,364.53	-30,561.17	股权受让

厦门兴联电子有限公司	26,907.32	230,954.47	评估增值
厦门新纪元电子实业公司	830,747.16	343,407.69	评估增值
杭州迪森电子有限公司	4,027.50	46,092.50	评估增值
杭州迪森电子有限公司	-19,949.92	-228,315.78	股权受让
合　计	908,470.170	1,375,202.62	

4)合并价差 4,167,114.77 元系母公司长期投资评估增值的摊余金额。

10.固定资产及累计折旧

11.在建工程

12.无形资产

13.短期借款

15.应付账款

1)账龄分析

账龄	年末数 金额	比例(%)	年初数 金额	比例(%)
1 年以内	69,238,023.58	91.49	34,174,807.27	86.86
1-2 年	1,178,930.92	1.56	3,084,326.51	7.84
2-3 年	2,705,204.11	3.57	1,775,702.82	4.51
3 年以上	2,559,851.55	3.38	310,484.90	0.79
合计	75,682,010.16	100	39,345,321.50	100

2)2000 年 12 月 31 日应付账款欠款前五名:

单位名称	金　额	欠款时间	欠款原因
佛山市华联兴电子有限公司	11,864,371.61	1 年以内	购货款
吴县市惠利华电子有限公司	4,742,168.38	1 年以内	购货款
厦门广成实业有限公司	3,225,707.59	1 年以内	购货款
宁波金海电子公司	1,734,758.32	1 年以内	购货款
宏美公司	1,545,251.09	1 年以内	购货款

3)无欠持本公司 5%以上股份的股东款项。

4)应付账款较年初数增加 36,336,688.66 元,主要是由于公司业务增长,应付购货款增加所致。

16.预收账款

1)账龄分析

账龄	年末数 金额	比例(%)	年初数 金额	比例(%)
1 年以内	2,758,356.91	70.30	5,540,483.97	97.44
1-2 年	1,059,161.59	26.99	20,000.30	0.35
2-3 年	47,944.75	1.22		
3 年以上	58,325.16	1.49	125,500.00	2.21
合计	3,923,788.41	100	5,685,984.27	100

2)2000 年 12 月 31 日预收账款欠款前五名:

单位名称	金　额	欠款时间	欠款原因
KG　COMPONETS	1,379,491.55	1 年以内	预收货款
青岛海尔空调器有限公司	1,059,161.59	1-2 年	预收货款
T.Y.H　LTD	181,094.52	1 年以内	预收货款
巨化集团公司塑胶公司	153,276.60	1 年以内	预收货款
广东深圳宏远电子厂	93,355.71	1 年以内	预收货款

3)无欠持本公司 5%以上股份的股东单位的款项。

17.应付股利

单位名称	年末数	欠付原因
香港 3C 电脑通信控制有限公司	536,012.86	权益方准备再投资
江西省电子集团公司	2,339,663.25	2001 年支付
江西电线电缆总厂	1,612,300.51	2001 年支付
江西华声通信(集团)有限公司	782,287.46	2001 年支付
江西清华科技集团有限公司	61,333.06	2001 年支付
江西红声器材厂	30,634.82	2001 年支付
社会公众股股东	2,400,000.00	
合　计	7,762,231.96	

18.应交税金

税种	年末数	年初数
增值税	-2,405,408.49	-1,510,432.99
所得税	1,424,236.29	374,192.74
房产税		36,415.92
土地使用税		62,222.73
印花税	230.00	9,933.52
城建税	-202,325.54	35,495.60
个人所得税	16,151.09	238.00
营业税	-32,460.00	0.00
合计	-1,199,576.65	-991,934.48

19.其他应付款

1)账龄分析

账龄	年末数 金额	比例(%)	年初数 金额	比例(%)
1 年以内	20,268,478.92	50.26	35,165,463.03	62.76
1-2 年	0.00	0.00	0.00	0.00
2-3 年	47,564.68	0.12	20,000,000.00	35.69
3 年以上	20,011,701.63	49.62	869,594.44	1.55
合计	40,327,745.23	100	56,035,057.47	100

2)2000 年 12 月 31 日其他应付款欠款前五名:

单位名称	金　额	欠款时间	欠款原因
深圳蔚深证券有限公司	20,000,000.00	3 年以上	借款
江西华声通信(集团)有限公司	7,859,461.35	1 年以内	往来款
厦门宏发持股会	5,919,990.94	1 年以内	暂收款
江西省电子集团公司	1,761,000.00	1 年以内	暂借款
职工住房补贴	1,280,764.01	1 年以内	暂存款

3)欠持本公司 5%以上股份的股东江西华声通信(集团)有限公司 7,859,461.35 元。

4)三年以上的其他应付款主要是三年前江西电线电缆总厂因生产需要而向深圳市蔚深投资有限公司借入的流动资金 2000 万元,根据蔚深证券有限责任公司、江西电线电缆总厂及江西联创光电科技股份有限公司三方达成的协议,协议约定原江西电线电缆总厂对深圳市蔚深投资有限公司的债务本金 2000 万元完全重组转入江西联创光电科技股份有限公司对蔚深证券有限责任公司债务,除此之外的相关利息等费用由蔚深证券有限责任公司与江西电线电缆总厂履行约定。

20.预提费用

类　别	年末数	年初数
借款利息	469,448.87	35,163.79
销售业务费	300,000.00	775,413.00
房租费	349,354.80	31,177.40
合　计	1,118,803.67	841,754.19

21.一年内到期的长期借款

22.其他流动负债

项　目	年末数	年初数
职工福利及奖励基金	796,682.67	796,682.67
合　计	796682.67	796,682.67

23.长期借款

24.长期应付款

项目	年末数	年初数
技术开发费	7,555,010.27	-9,881.19
科技拨款	749,586.50	
国债贴息	4,800,000.00	
合计	13,104,596.77	-9,881.19

注:长期应付款较年初数增加 13,114,477.96 元,主要系本公司控股子公司厦门宏发电声有限公司根据厦委发【1999】018 号文所计提的技术开发费增加,以及厦门华联电子有限公司收到国债贴息所致。

25.住房周转金

项目	年末数	年初数
住房周转金	-	-974,300.75
合计	-	-974,300.75

注:住房周转金年末无余额,系公司根据财政部财企字【2000】295 号文的规定,调整了住房周转金科目核算所致。

26.少数股东权益

股东名称	年末数	年初数
厦门联发集团公司	65,491,016.58	54,532,698.88
厦门经合捷投资咨询有限公司	18,389,006.61	14,913,964.68
佛山市华联兴电子有限公司	10,504,088.94	9,144,578.94
香港 3C 电脑通信控制有限公司	306,744.91	243,263.58
合　计	94,690,857.04	78,834,506.08

27.股本

公司股本总数年末数为 10,480.30 万股,股本总额为 10,480.30 万元,均属发起人投入的尚未流通股份,明细如下:

单位:万股

项目	年初数	本期增减变动数	年末数
一、尚未流通股份			
1、发起人股份	10,480.30	-	10,480.30
其中:国家拥有股份	10,347.10	-	10,347.10
境内法人持有股份	133.20	-	133.20
其他			-
2、募集法人股份	-	-	-
尚未流通股份合计	10,480.30	-	10,480.30
二、已流通股份			
境内上市的人民币普通股	-	-	-
三、股份总数	10,480.30	-	10,480.30

注:公司股本已经江西兴华会计师事务所江兴会验发【1999】03 号文进行验资,公司自设立起至 2000 年 12 月 31 日止股本未发生变化。

28.资本公积

项目	年末数	年初数
股本溢价	52,558,811.71	52,558,811.71
被投资单位接受捐赠准备	307,477.36	
合计	52,866,289.07	52,558,811.71

29.盈余公积

项目	年末数	年初数
法定盈余公积	11,122,608.20	9,433,665.31
公益金	6,896,058.00	5,179,138.53
任意盈余公积	2,348,502.74	2,348,502.74
合计	20,367,168.94	16,961,306.58

30.未分配利润

项　目	金　额
年初未分配利润	-5,291,314.20
加:本期已实现净利润	17,029,311.84
可供分配利润	11,737,997.64
减:提取法定盈余公积	1,702,931.18
提取法定公益金	1,702,931.18
减:分配普通股股利	7,226,219.10
期末未分配利润	1,105,916.18

注:年初未分配利润出现负数,主要系公司根据财政部财会字【1999】35 号文的规定追溯调整了资产减值准备,及根据财政部财企字【2000】295 号文的规定调整了住房周转金科目所致;年初未分配利润与 1999 年 12 月 31 日未分配利润差异数主要系公司根据财政部财企字【2000】295 号文的规定将住房周转金科目累计余额调整至年初未分配利润的金额。

31.主营业务收入

类　别	本年累计数	上年实际数
通信线缆	60,036,986.66	43,482,019.09
光电器件及微电脑控制器	185,391,537.80	121,960,880.61
通信终端及程控电话	32,659,704.96	24,032,263.45
继电器	196,019,093.73	134,872,598.14
合　计	474,107,323.15	324,347,761.29
其中:外销	124,395,406.18	95,951,033.41
内销	349,711,916.97	228,396,727.88

注:主营业务收入较上年实际数增长 46.17%,主要系公司光电器件及继电器业务收入增长所致。

32.主营业务税金及附加

税　项	本年累计数	上年实际数
城建税	913,372.37	774,185.46
教育费附加	386,912.37	331,793.76
基础设施费	221,146.18	289,104.62
社会事业附加费	255,326.15	247,803.95
合　计	1,776,757.07	1,642,887.79

33.其他业务利润

项　目	本年累计数 收　入	本年累计数 成　本	上年实际数 收　入	上年实际数 成　本

维　修	362,247.84	71,938.16	187,313.69	115,610.93
材料让售	2,027,618.00	2,060,489.53	9,390,857.42	8,202,783.20
其　他	636,676.61	302,934.62	291,485.69	104,916.91
合　计	3,026,542.45	2,435,362.31	9,869,656.80	8,423,311.04

34.财务费用

类　别	本年累计数	上年实际数
利息支出	12,163,852.77	14,173,696.74
减:利息收入	8,883,563.67	6,976,889.19
汇兑损失	15,312.19	78,822.18
减:汇兑收益	19,447.09	5,399.69
其　他	307,817.65	232,316.32
合　计	3,583,971.85	7,502,546.36

注:财务费用大幅下降,系公司控股子公司厦门宏发电声有限公司根据财经字【1999】101号文关于印发《技术改造贷款项目贴息资金管理办法》的通知要求,将其收到的贴息资金冲减了财务费用所致。

35.投资收益

项　目	本年累计数			上年实际数
	其他股权投资			其他股权投资
	成本法	权益法	投资差额摊销	成本法
长期投资	176,500.00	524,355.59	-1,342,753.50	374,194.00
合　计	176,500.00	524,355.59	-1,342,753.50	374,194.00

36.补贴收入

项　目	本年累计数	上年实际数
增值税返还	1,943,814.27	223,932.99
所得税返还	0.00	2,946,814.79
财政拨款及出口贴息	4,750,700.00	4,829,629.00
合　计	6,694,514.27	8,000,376.78

注:公司控股子公司厦门华联电子有限公司的补贴收入系根据国经贸投资【2000】931号文取得的财政贴息;公司控股子公司南昌华声通信有限公司的补贴收入系根据赣财工字【1997】13号文及洪财工字【98】第016号文取得的增值税返还收入;公司所属江线分公司的补贴收入系根据吉安市吉州区国家税务局的有关批复取得的增值税返还收入。公司控股子公司厦门宏发电声有限公司的补贴收入系根据厦财工字【2000】29号文取得的拨补流动资金。

37.营业外收入

项　目	本年累计数	上年实际数
罚款收入	841,125.17	5,500.00
保险赔款	0.00	25,305.40
固定资产清理净收益	22,713.45	174,815.21
其他	59,749.07	250.00
合　计	923,587.69	205,870.61

38.营业外支出

项　目	本年累计数	上年实际数
罚款支出	487,360.02	292,555.78
固定资产清理净损失	298,574.91	116,928.93
捐赠支出	207,203.60	20,000.00
其他	161,442.19	72,742.41
合　计	1,154,580.72	502,227.12

39.所得税

项　目	本年累计数	上年实际数
所得税	2,760,742.01	4,615,668.50

注: 所得税较上年实际数减少1,854,926.49元,主要系公司控股子公司厦门华联电子有限公司及厦门宏发电声有限公司2000年所得税征收办法由先征后减半返还改为直接减半征收所致。

七、分行业资料

本公司均属电子行业,故分行业资料从略

八、母公司会计报表主要项目注释:

九、关联方关系及其交易

十、或有事项

截止2000年12月31日,本公司不存在应披露而未披露的或有事项。

十一、承诺事项

截止2000年12月31日,本公司不存在应披露而未披露的承诺事项。

十二、资产负债表日后事项

1、本公司已于2001年3月9日成功发行6000万股人民币普通股A股股票,共计实际募集资金38,722万元,公司股票已于2001年3月29日在上海证券交易所上市交易。

2、根据公司一届六次董事会通过的关于2000年度利润分配预案:公司拟以2001年3月31日的总股本164,803,000股为基数,向全体股东每10股派发现金0.40元(含税),共派现金6,592,120.00元,期末未分配利润1,105,916.18元结转下一年度。

3、根据财政部《关于印发<企业会计制度>的通知》(财会【2000】25号)的规定,公司拟自2001年1月1日起执行《企业会计制度》。

十三、其他重要事项:

截止2000年12月31日,本公司无应披露而未披露的其他重要事项。

西联创光电科技股份有限公司

二00一年四月十九日

资产负债表

单位:(人民币)元

资产	期末数 合并
流动资金:	
货币资金	52,969,143.23
短期投资	-
减:短期投资跌价准备	-
短期投资净额	-
应收票据	22,667,474.08
应收股利	-
应收利息	-
应收帐款	172,566,251.65
其他应收款	19,253,006.13
减:坏帐准备	13,186,200.02
应收款项净额	178,633,057.76
预付帐款	23,190,716.50
应收补贴款	-
存货	126,364,257.87
其中:工程施工	-
减:存货跌价准备(含工程亏损准备)	803,552.16
存货净额	125,560,705.71
待摊费用	35,913.90
待处理流动资产净损失	1,269,350.87
一年内到期的长期债权投资	-
其他流动资产	-
流动资产合计	404,326,362.05
长期投资:	
长期股权投资	19,179,802.42
长期债权投资	-
其他投资	
长期投资合计	19,179,802.42
减:长期投资减值准备	777,775.27
长期投资净额	18,402,027.15
其中:合并价差(贷差以"-"号表示合并报表填列)	4,167,114.77
其中:股权投资差额(贷差以"-"号表示母公司报表填列)	1,375,202.62
固定资产:	
固定资产原价	300,544,409.34
减:累计折旧	97,405,935.92
减:固定资产减值准备	
固定资产净值	203,138,473.42
工程物资	-
在建工程	71,966,765.15
固定资产清理	-2,500.00
待处理固定资产净损失	-
固定资产合计	275,102,738.57
无形资产及其他资产:	
无形资产	3,118,159.81
开办费	355,261.26
长期待摊费用	-
其他长期资产	-
其中:临时设施净额	-
无形资产及其他资产合计	3,473,421.07
递延税项:	
递延税款借项	-
资产总计	701,304,548.84
流动负债:	
短期借款	100,166,972.57
应付票据	9,295,000.00
应付帐款	75,682,010.16
预收帐款	3,923,788.41
代销商品款	-
应付工资	3,583,984.45
应付福利费	5,024,539.93
应付股利	7,762,231.96
应交税金	-1,199,576.65
其他应交款	284,538.44
其他应付款	40,327,745.23
预提费用	1,118,803.67
一年内到期的长期负债	34,600,000.00
其他流动负债	796,682.67
流动负债合计	281,366,720.84
长期负债:	
长期借款	133,000,000.00
应付债券	-
长期应付款	13,104,596.77
住房周转金	-
其他长期负债	-
住房周转金	
长期负债合计	146,104,596.77
递延税项:	
递延税款贷项	-
负债合计	427,471,317.61
少数股东权益(合并报表填列)	94,690,857.04
股东权益:	
股本	104,803,000.00
待转销汇兑差异	
资本公积	52,866,289.07
盈余公积	20,367,168.94
其中:公益金	6,896,058.00
未确认的投资损失	-
未分配利润(未弥补亏损以"-"号表示)	1,105,916.18
外币报表折算差额(合并报表填列)	-
股东权益合计	179,142,374.19
负债和股东权益总计	701,304,548.84

通化葡萄酒股份有限公司

通化葡萄酒股份有限公司2000年年度报告摘要

重要提示:本公司董事会保证本报告所载资料不存在任何重大遗漏、虚假陈述或者严重误导,并对其内容的真实性、准确性和完整性负个别及连带责任。

一、公司简介

㈠公司法定中文名称:通化葡萄酒股份有限公司
公司法定英文名称:TONGHUA GRAPE WINE CO.,LTD.　缩写: THGW
㈡公司法定代表人:于永利
㈢公司董事会秘书:高振才　联系地址:吉林省通化市前兴路28号证券部
电话:(0435)3948012　传真:(0435)3948127　电子信箱:thptj@mail.jl.cn
㈣公司注册地址:通化市前兴路28号
公司办公地址:通化市前兴路28号　邮政编码:134002
公司国际互联网网址:http://www.thptj.com.cn　公司电子信箱:thptj@mail.jl.cn
㈤公司指定的信息披露报纸:《上海证券报》
公司登载年报指定网址:http://www.sse.com.cn
公司年报备置地点:公司证券部
㈥公司股票上市交易所:上海证券交易所　股票简称:通葡萄酒　股票代码:600365

二、会计数据与业务数据摘要

1、　本年度主要利润指标情况(单位:元)

利润总额	29,887,736.64
净利润	20,024,783.55
扣除非经营性损益的净利润	14,028,703.75
主营业务利润	58,685,424.60
其他业务利润	5,402.19
营业利润	24,010,683.95
投资收益	275.40
补贴收入	1,324,000.00
营业外收支净额	4,552,777.29
经营活动产生的现金流量净额	24,830,618.13
现金及现金等价物净增加额	342,344,173.10

注:扣除非经常性损益的内容及金额
(1)申购股票冻结资金利息收入4,672,079.80元;
(2)新产品增值税返回1,324,000.00元。

2、　主要财务数据与财务指标

指标项目	2000年末	99年末	98年末
主营业务收入	138,314,671.72	126,714,908.13	103,238,106.46
净利润	20,024,783.55	18,227,713.63	16,621,391.22
总资产	679,297,035.07	292,563,119.92	227,342,142.35
股东权益	532,150,292.32	101,599,308.77	83,371,595.14
每股收益摊薄	0.1430	0.2278	0.2078
加权	0.2503	0.2278	0.2078
每股净资产	3.8011	1.27	1.0421
调整后的每股净资产	3.7846	1.2104	1.003
每股经营活动产生的现金流净额	0.1774	-0.3641	0.5064
净资产收益率摊薄%	3.76	17.94	19.94
加权%	17.94	17.94	19.94

3、本年度利润表附表

报告期利润	净资产收益率(%) 全面摊薄	净资产收益率(%) 加权平均	每股收益(元) 全面摊薄	每股收益(元) 加权平均
主营业务利润	11.03	52.58	0.4192	0.7336
营业利润	4.51	21.51	0.1715	0.3001
净利润	3.76	17.94	0.1430	0.2503
扣除非经常损益后的净利润	2.66	12.68	0.1011	0.1769

3、　报告期内股东权益变动情况(单位:人民币元)

项目	股本	资本公积	盈余公积	法定公益金	未分配利润	股东权益合计
期初数	80,000,000	135,076.00	4,479,400.78	1,493,133.60	16,984,831.99	101,599,308.77
本期增加	60,000,000	350,526,200.00	3,003,717.54	1,001,239.17	17,021,066.01	430,550,983.55
本期减少						
期末数	140,000,000	350,661,276.00	7,483,118.32	2,494,372.77	34,005,898.00	532,150,292.32

变动原因:报告期内股东权益增加430,550,983.55元,主要系公司 于2000年12月15日向社会公开发行6000万股(A股),发行价7.08元/股,募集4.13亿元及本年利润增加所致。

三、股本变动及股东情况

1、　股东情况介绍
(1)报告期末股东发起人为5户。
(2)股东持股情况

股东名称	持股数(万股)	占总股本比例(%)
通化长生农业经济综合开发公司	4,070.40	29.07
通化葡萄酒总公司	2,947.20	21.05
通化石油工具股份有限公司	560.80	4.01
通化五药有限公司	280.80	2.01
通化新星生物提取厂	140.80	1.00

(3)报告期末公司股票未上市流通,公司股票于2001年1月15日上市流通,截止2000年末,无法统计社会公众股股东。
(4)持股10%以上的法人股东
①通化长生农业经济综合开发公司,法定代表人:赫崇明,经营范围:农业、林业、药材种植、家禽野生资源养殖、包装印刷。公司所持股份没有质押、冻结及限制流通。
②通化葡萄酒总公司,法定代表人:王树平,经营范围:葡萄酒的生产、销售。公司所持股份没有质押、冻结及限制流通。

四、股东大会简介

1、股东大会的通知、召集召开情况
报告期内公司召开了二次股东大会
(1)1999年度股东大会于2000年3月15日在公司会议室召开,公司股东及董事会成员全部出席了会议,占出席股本总额的100%,经大会审议,以投票表决的方式对以下事项进行了表决。
①批准董事会《关于提请股东会授予董事会投资决策权的议案》;
②授予董事会在经营活动中和在行使职权范围内投资金额在公司净资产10%以下(含10%)的投资决策权;
③今后,董事会在股东大会授予的投资决策权范围内的投资由董事会自行决策,不再由股东大会审议批准;
④根据深圳中天会计师事务所出具的股审报字[2000]第0007号《审计报告》,公司自1998年9月1日至1999年12月31日期间实现的净利润在提取法定公积金和法定公益金后,可供股东分配的利润为23,891,611.96元。根据公司发展的需要,可供股东分配利润暂不进行分配;
⑤自1998年9月1日起至公司股票发行前实现的利润由法人股股东享有;
⑥本公司上市后第一个盈利年度即派发股利。新股东不享受公司股票发行前实现的利润。
(2)公司于2000年6月28日在公司会议室举行2000年临时股东大会。公司股东、董事及监事全部出席了会议。出席本次股东大会的股东所代表的股份8000万股,占股本总额的100%。会议审议并通过如下决议:
①审议了公司募集资金投向,决定不再实施"通化集安葡萄酒厂生产启动"项目,而将其改为公司葡萄收购和贮藏基地。其他"新建年产万吨山葡萄基地"等四个项目维持原计划。募集资金剩余部分用于补充收购葡萄等流动资金。
②公司截止1999年12月31日实现的滚存利润由新老股东共享。
③自2000年1月1日至公司股票发行前实现的利润由新老股东共享。
3、选举、更换董事、监事情况
报告期内,公司董事会成员以及监事会成员没有更换。

五、董事会报告

1、　公司经营情况
(1)公司在行业中的地位
本公司是国内葡萄酒行业的骨干企业,国家统计局贸易外经司对全国800家大型零售商统计及中华全国商业信息中心对300家重点商业企业的监测,通化葡萄酒2000年全年销售额在全国葡萄酒行业市场综合占有率排列为第4名,成为2000年度全国十大畅销品牌。
(2)公司主营业务的范围
公司主营葡萄酒、果露酒的生产、销售
(3)公司经营状况
2000年度我公司在葡萄酒市场激烈竞争中,采取各种竞争策略,继续发挥通化葡萄酒的自身优势,深化服务内涵,突出品牌化经营,主营业务取得了稳定增长的良好局面,2000年主营业务收入138,314,671.72元,比去年增长了9.15%,完成计划89.81%;利润总额实现29,887,736.64元,比去年年增长了19.29%,完成计划的99.56%;净利润实现20,024,783.55元,比去年增长了9.86%。
(4)公司主营业务收入或主营业务利润10%以上的行业及产品介绍
2000年主营业务收入和主营业务利润构成表:

产品名称	主营业务收入	比例%	主营业务利润	比例%
通化爽口葡萄酒	37,494,840.70	27.11	19,612,872.00	33.42
通化干红葡萄酒	25,290,683.12	18.28	15,256,636.43	26.00
通化原汁葡萄酒	37,624,547.83	27.20	13,472,292.85	22.96
通化高级红葡萄酒	18,273,445.84	13.21	4,979,518.17	8.49

(5)在经营中出现的问题与困难及解决方案
随着我国加入WTO的临近,公司上下齐心协力,积极推进上市工作,以深化企业改革为支力,大力调整产品结构,加快新技术、新产品的开发,充分利用产品的自身的优势,在原有产品的基础上开发研制了新产品,建立了大规模的山葡萄栽培基地,以适应葡萄酒生产规模扩大的需要,提高产品的竞争力和市场占有率,让"入世"真正成为公司发展的又一契机。
2、公司财务状况
(1)公司财务状况变动(单位:元)

项目	2000年(元)	1999年(元)	增减%
总资产	679,297,035.07	292,563,119.92	132.19
长期负债		3,237.84	-100
股东权益	532,150,292.32	101,599,308.77	423.77
主营业务利润	58,685,424.60	54,772,089.25	7.14
净利润	20,024,783.55	18,227,713.63	9.86

(2)财务状况变动原因
总资产及股东权益增加是由于公司2000年12月15日以发行价7.08元/股,向社会公开发行6000万股(A股)扣除费用募集资金4.13亿元及报告期公司净利润2002.4万元所致。
3、公司投资情况
公司2000年12月15日发行6000万社会公众股,12月25日收到募集资金净额4.13亿元,到报告期末资金尚未投出,银行存款3.43亿元,其余7000万元偿还借款。
4、新年度的业务发展计划
公司牢牢把握上市契机,以"坚定信念、科技创新、创造市场、追求卓越"为指导思想,公司治理机制、财务、技术、人力资源等多方面提升公司质量,按照招股说明书登载的项目执行进度,加快募集资金投资项目的建设,积极推进以建立现代企业制度为目标的公司自身建设,创造更佳的社会效益和经济效益。
4、董事会日常工作情况
(1)报告期内董事会的会议情况及决议内容
本报告期内董事会严格按照《公司法》、《证券法》、《股票发行与交易管理暂行条例》等法律、法规的规定,认真履行董事会的职责,圆满完成了股东大会的决议事项,组织召开了两次股东大会,报告期内共召开了两次董事会会议。
① 2000年3月6日公司召开了第一届第四次董事会,审议通过了以下决议:
审议通过了公司1999年度工作总结和2000年度工作计划;
审议通过了公司1999年度董事会工作报告;
审议通过了公司1999年度财务执行情况和2000年度财务预算报告;
审议通过了公司1999年度利润分配预案。自1998年9月1日至1999年12月31日期间实现的净利润在提取法定公积金和法定公益金后,可供股东分配的利润暂不进行分配;
审议通过了自1998年9月1日起至公司股票发行前实现的利润由法人股股东享有;
审议通过了董事会《关于提请股东会授予董事会投资决策权的议案》。
审议通过了上市后第一个盈利年度即派发股利。新股东不享受公司股票发行前实现的利润。

宁波韵升(集团)股份有限公司

宁波韵升(集团)股份有限公司2000年度报告摘要

重要提示:本公司董事会保证本报告所载资料不存在任何虚假记载、误导性陈述或者重大遗漏,并对其内容的真实性、准确性和完整性负个别及连带责任。公司2000年年度财务会计报告业经湖南开元有限责任会计师事务所审计并出具无保留意见的审计报告。

一、公司简介

(一)公司的法定中、英文名称:

1、中文名称:宁波韵升(集团)股份有限公司

2、英文名称:NINGBO YUNSHENG (GROUP) CO.,LTD.

(二)公司的法定代表人: 竺韵德

(三)公司董事会秘书及其授权代表的姓名、联系地址、电话、传真、电子信箱:

1、董事会秘书:应新异

2、授权代表: 朱佩红

3、联系地址: 浙江省宁波市民安路348号

4、联系电话: 0574-7776939

5、传 真: 0574-7776466

6、电子信箱: zqb@yunsheng.com

(四)公司注册地址、邮政编码及电子信箱:

1、注册地址: 浙江省宁波市民安路348号

2、办公地址: 浙江省宁波市民安路348号

3、邮政编码: 315040

4、联网网址: www.yunsheng.com

5、电子信箱: zqb@yunsheng.com

(五)公司选定的信息披露报纸名称、登载公司年度报告的中国证监会指定国际互联网网址、公司年度报告备置地点:

1、信息披露的报纸:《中国证券报》、《上海证券报》、《证券时报》

2、中国证监会指定登载公司年度报告的网址: http:/www.sse.com.cn

3、年度报告备置地址: 公司证券部

(六)公司股票上市交易所、股票简称及证券代码:

1、股票上市交易所: 上海证券交易所

2、股票简称: 宁波韵升

3、股票代码: 600366

二、会计数据和业务数据摘要

(一)本年度公司主要经营数据 单位:元

1、利润总额	49,182,211.32
2、净利润	36,048,539.04
3、扣除非经常性损益后的净利润	29,802,002.88
4、主营业务利润	78,935,490.54
5、其他业务利润	976,129.66
6、营业利润	40,632,436.82
7、投资收益	2,303,238.34
8、补贴收入	3,770,000.00
9、营业外收支净额	2,476,536.16
10、经营活动产生的现金流量净额	17,339,084.41
11、现金及现金等价物净增加额	309,725,856.70

注:扣除非经常性损益后的净利润=净利润-资产处置损益-临时性获得的补贴收入-新股申购冻结资金利息-合并价差摊入等。

扣除非经营性损益明细表

项 目	金 额
1. 补贴收入	3,770,000.00
2. 营业外收入	3,672,473.55
其中:固定资产盘盈	493,975.00
处理固定资产净收益	144,751.32
罚款收入	75,332.00
赔款收入	85,624.60
申购资金冻结利息	2,368,464.67
其他	504,325.96
3. 营业外支出	1,195,937.39
其中:固定资产盘亏	28,940.13
处理固定资产净损失	725,940.61
水利建设基金	20,346.62
损赠支出	172,000.00
罚款支出	7,460.00
其他	241,250.03
合 计	6,246,536.16

(二)前三年主要会计数据和财务指标(合并报表) 单位:元

财务指标	2000年度	1999年度	1998年度
主营业务收入	287,508,663.09	221,833,949.78	226,592,826.58
净利润	36,048,539.04	39,008,475.75	35,721,146.91
总资产	845,457,522.17	381,417,303.45	322,631,736.17
股东权益	518,037,801.77	152,598,562.73	131,972,269.54
每股收益 (摊薄)	0.2836	0.4235	0.3878
每股收益 (加权)	0.3681	0.4235	0.3878
每股净资产	4.0758	1.6569	1.4329
调整后的每股净资产	3.9903	1.5679	1.3816
每股经营活动产生的现金流量	0.1364	0.4775	0.3050
净资产收益率(摊薄)	6.96%	25.56%	27.07%
净资产收益率(加权)	15.75%	25.56%	27.07%

	净资产收益率(%)		每股收益(元)	
报告期利润	全面摊薄	加权平均	全面摊薄	加权平均
主营业务利润	15.24	34.49	0.62	0.81
营业利润	7.84	17.76	0.32	0.44
净利润	6.96	15.75	0.28	0.37
扣除非经常性损益后净利润	5.75	13.02	0.23	0.30

注:(1)本年度公司公开发行社会公众股新股申购冻结资金利息为11,842,323.34元,按财政部财工字[1996]434号文规定,分五年平均转销,应计入本年度净利润为2,368,464.67元,扣除此项因素后,本年度实现净利润为33,680,074.37元,每股收益(摊薄)为0.2650元,净资产收益率(摊薄)为6.501%。

(2)股东权益中不含少数股东权益。

(三)其他业务数据和指标

业务指标		2000年	1999年	1998年
产品销售量	钕铁硼(吨)	852	495	310
	八音琴(万台)	1,818.48	1,553.53	1,672.19
市场占有率	钕铁硼	15%	13%	10%
	八音琴	90%	/	/

注:市场占有率资料来源于国家发展计划委员会稀土办主编的《稀土信息》杂志及相关的网上信息。

(四)报告期内股东权益变动情况按中国证监会2000年12月15日通知不予披露。

三、股本变动及股东情况

(一)股本变动情况

1、股份变动情况表 单位:股

	本次变动前	本次变动增减(+,-)						本次变动后
		配股	送股	公积金转股	增发	其他	小计	
一、未上市流通股份								
1、发起人股份	90,120,000							90,120,000
其中:								
国定持有股份								
境内法人持有股份	90,120,000							90,120,000
境外法人持有股份								
其 他								
2、募集法人股份								
3、内部职工股	1,980,000							1,980,000
4、优先股及其他								
其中:转配股								
未上市流通股份合计	92,100,000							92,100,000
二、已上市流通股份								
1、人民币普通股					35,000,000		35,000,000	35,000,000
2、境内上市的外资股								
3、境外上市的外资股								
4、其 他								
已上市流通股份合计					35,000,000		35,000,000	
三、股份总数	92,100,000				35,000,000			127,100,000

2、股票发行与上市情况

(1)2000年10月12日,公司3,500万股社会公众股(A股)在上海证券交易所上网发行,每股发行价10.37元,发行加权市盈率30倍;2000年10月30日,公司3,500万股社会公众股获准在上海证券交易所挂牌交易。

(2)报告期末内部职工股为198万股。股份公司1994年设立时定向募集形成,每股面值1元,后经送股,形成现有股份数。

(二)股东情况介绍

1、报告期末股东总数:20667户。

其中:未流通法人股股东3户;

未流通内部职工股股东175户;

流通股股东20489户;

2、前10名股东持股情况

股东名称	持股数(万股)	持股比例(%)	说 明
宁波韵声精机公司	7,627.5540	60.01	未上市流通股份
宁波中建房地产开发公司	900.0000	7.08	未上市流通股份
中国机电出口产品投资公司	484.4460	3.81	未上市流通股份
裕泽基金	145.3459	1.14	上市流通股份
裕华基金	124.6689	0.98	上市流通股份
同盛基金	122.1000	0.96	上市流通股份
天元基金	110.5393	0.87	上市流通股份
同德基金	99.9954	0.79	上市流通股份
裕元基金	94.2105	0.74	上市流通股份
同益基金	88.0550	0.69	上市流通股份

注:前10名股东之间不存在关联关系,也未有外资股东;

3、持股10%以上的法人股东

宁波韵声精机公司 主营:项目投资,法定代表人:汪虹

4、报告期内控股股东的变动情况

报告期内控股股东无变更

四、股东大会简介

(一)股东大会的通知、召集、召开情况:

1、2000年1月19日在公司会议室召开了第一次临时股东大会,出席会议的股东或股东代理人21人,代表股权数9045万股,占公司股份总数98.21%。大会审议了公司董事会提交的《关于宁波韵升(集团)股份有限公司1999年度利润分配方案》;

(1)1999年度实现的税后利润3979.08万元,提取法定公积金10%,计397.91万元,提取法定公益金5%,计198.95万元,1999年度可分配利润为3382.22万元;

(2)以前年度未分配利润421.48万元,合计可分配利润3803.70万元;

(3)每10股派付股利2元(含税),共派付1842万元,剩余利润1961.70万元移作下年度再分配。

2、2000年4月15日在公司会议室召开了第七次股东大会,出席会议的股东或股东代理人共21人,代表股权数91052700股,占公司股份总数的98.86%,大会审议通过如下决议:

(1)审议通过公司2000年经营方针的报告;

(2)审议通过公司2000年财务预算报告;

(3)审议通过公司提取资产减值的议案;

(4)审议通过了公司2000年投资计划的报告;

(5)审议通过关于续聘江苏天衡会计师事务所有限公司为公司审计机构的议案。继续聘请江苏天衡会计师事务所有限公司为公司审计机构,聘期一年。

(6)审议通过公司董事、监事换届选举的议案。

(7)审议通过公司章程有关条款修改的报告;

3、2000年8月20日在公司会议室召开了2000年第二次临时股东大会。出席会议的股东或股东代理人共21人,代表股权数9108万股,占公司股份总数的98.89%,大会审议通过了如下决议:

(1)同意将公司1999年第一次临时股东大会通过的"申请向社会公众公开发行人民币普通股(A股)4500万股,每股面值1元,实际发行股数以中国证监会核准的发行额为限。"修改为:"申请向社会公众公开发行人民币普通股(A股)3500万股,每股面值1元,实际发行股数以中国证监会核准的发行额为限。"并相应变更《公司章程》第一章总则第三条、第六条和第三章股份第一节第二条。

(2)同意将公司1999年第二次临时股东大会通过的关于"公司股票发行月份所在季度的前一季度起实现的利润由本次公开发行后新老股东共同享受。"的决议修改为"公司1999年末的未分配利润及2000年1月1日后实现的利润由本次发行后的新老股东共享。"

(3)同意将公司1999年第二次临时股东大会通过的《公开发行股票募集资金运用的可行性报告》的决议进行修改,根据与大股东宁波韵声精机公司原签署的协议,决定不再运用募集资金实施"年产4万台小型制冷压缩机技改项目",募集资金投资以下项目:(1)甬港合资生产计算机高容量软驱项目;(2)硬盘驱动器磁头支架项目;(3)增资控股子公司宁波韵升强磁材料有限公司形成年产1000吨烧结钕铁硼技改项目和建设年产300吨粘结磁体项目;(4)建设年产2500万台直流无刷微电机项目。如有剩余资金,用于补充流动资金。

(4)由于工作变动,大会接受公司监事应新异辞去监事的申请,并经股东宁波韵声精机公司提名,大会选举杨雨莳为公司第三届监事会监事。

五、董事会报告

(一)、公司经营情况

1、公司在行业中的地位:

公司是近年来钕铁硼和八音琴行业中发展速度较快的企业,其钕铁硼产品及八音琴产品的产、销量均居行业前茅。

(1)在钕铁硼方面,股份公司通过增资控股子公司--宁波韵升强磁材料有限公司,实施不断的技术改造和加强现代化管理,已形成年产1000吨的生产能力,据国家计委统计,宁波韵升强磁材料有限公司的钕铁硼的产销量在全国名列前三位,是我国生产和销售钕铁硼的主要基地之一。

(2)股份公司的八音琴已开发出5代,40多个品种的系列产品,在国内外拥有众多的专利,年生产能力为3000万台,主要销往北美、欧洲等多个国家和地区,据中国音乐礼品专业委员会的统计,股份公司八音琴生产和销售的规模在国内均为第一位,在世界上也名列前茅。

(3)股份公司开发的八音琴机器人化柔性自动装配线作为国家"863"项目,它的研制成功,实现了小型精密机械产品自动装配的国产化,解决了小型精密机械产品的自动理料、零件到位检测等一系列的技术难题。

(4)股份公司的"yunsheng"牌八音琴系列产品在国家科学院、浙江省科委的联合推荐下,荣获第47届布鲁塞尔"尤里卡"世界金奖;

(5)经中华人民共和国科学技术部评定,股份公司被列入全国CAD应用工程示范企业;

(6)经中国发明协会评定,股份公司被评定为第12届全国发明金奖;

(7)经浙江省专利局评定,股份公司被评定为浙江省专利百强企业;

(8)经浙江省对外经济合作委员会评定,股份公司被评定为浙江省出口创汇重点骨干企业;

(9)经浙江省科技厅评定,股份公司被列为浙江省第三批省级企业技术中心;

(10)经浙江省人民政府评定,股份公司八音琴产品被评为浙江省科技进步二等奖;

(11)经浙江省计划与经济委员会、浙江省体制改革委员会、浙江省统计局、浙江省企业评估中心评定,股份公司被评为浙江省最佳经济效益和行业最大工业企业;

(12)经宁波市对外经济合作委员会评定,股份公司被评为宁波市出口创汇先进企业;

(13)经宁波市人民政府评定,股份公司被列为宁波市百家重点企业;

(14)经宁波资信评估委员会评定,股份公司被评为宁波市AAA级资信企业;

2、公司主营业务的范围及其经营情况:

公司主要从事钕铁硼、八音琴、电机等产品生产和销售,主营业务的92.88%来自主导产品钕铁硼及八音琴产品的销售,其中钕铁硼产品的销售占主营业务收入的50.59%,八音琴产品的销售占主营业务收入的42.29%;主营业务的利润亦来源于钕铁硼和八音琴产品的业务利润,二产品合计业务利润占主营业务利润的95.65%,其中钕铁硼占49.77%,八音琴占42.88%。

主要产品简介:

钕铁硼产品是股份公司主导产品之一。钕铁硼产品是国际市场上新兴发展起来的一种高新技术新型材料,股份公司已于1997年通过了N42档次的磁体鉴定,目前已能批量化生产N45的产品,本年度钕铁硼生产销售势头旺盛。

股份公司自行研制、开发和生产的"yunsheng"牌八音琴系列产品是股份公司的又一主导产品之一。八音琴是一种融精密机械与音乐艺术于一体的高新技术产品,目前已开发出5代,40多个品种,拥有众多的国内、国际专利,产品主要销往北美、欧洲等多个国家和地区。目前,股份公司已生产出豪华精品八音琴投放市场。

3、主要全资附属企业及控股子公司的经营情况及业绩:

(1)宁波韵升强磁材料有限公司:该公司是股份公司的控股子公司,股份公司拥有95%的股权,主要从事钕铁硼产品的生产与销售,2000年共生产各类钕铁硼成品852吨,比上年增长72.12%;实现业务收入14,544.10万元,比上年增长56.34%,实现利润总额3,420.65万元,比上年增长28.55%,其产、销量名列全国前三位。

(2)宁波韵升八音琴事业部:该部主要从事八音琴的生产与销售。2000年度生产各类八音琴机芯1818万只,比上年增长29.12%,实现主营业务收入12,161.11万元,比上年增长3.54%;实现利润总额2,684.14万元,比上年提高了6.57%,其国内市场占有率达90%,国际市场占有率达25%左右。

4、在经营中出现的问题与困难及解决方案:

随着公司综合实力的进一步加强,公司的钕铁硼产业通过及时调整营销策略,稳固和扩大营销网络,通过技术改造,不断地提高生产能力和产品质量,加快新产品、新工艺和新材料的开发力度,较好地完成了各项指标。八音琴产品市场的地位已经得到稳定,国内、国际的市场占有率不断扩大,产品质量进一步稳固提高,企业的经济效益亦同时得到了长足的提高,已形成了"礼品、新品、精品"的产业化发展结构调整;公司认为:公司的主导产品之----钕铁硼材料在经营中将会遇到部分营销市场受专利保护的制约和主要原材料价格波动过大,对生产成本、销售价格造成不利的影响,因此公司已通过努力,采取有效措施有望解决专利障碍。在保证原材料供应上,公司已着手在南方赣州和北方包头建立原料供应基地,通过建立紧密型协作关系和输出管理等方式,来抑制原材料价格的过大波动,确保主要原材料供应。公司另一主导产品--八音琴在经营过程中会遇到国外同行的竞争,因此,公司将通过进一步扩大国外市场的销售网络,提高销售人员的整体素质来参与国际市场的竞争,确保国际市场占有率的不断扩大。

(二)公司财务状况: 单位:万元

财务指标	报告期末数(万元)	较上年增减(+、-) 增减额(万元)	增减%	增减原因
总资产	84,545.75	46,404.02	121.66	募集资金到位
长期负债	12,140.76	11,678.71	2,527.58	固定资产投入增加
股东权益	51,803.78	36,543.92	239.48	募集资金到位
主营业务利润	7,893.55	1,307.51	19.85	主营产品销量增加
净利润	3,604.85	-295.99	-7.59	企业所得税税负增加

(三)公司投资情况

本年度投资额17,069万元,较上年增加10,217万元,投资额比上年同比增长149.11%。具体投资情况如下:

1、募集资金投资情况

(1)募集资金使用情况汇总表 单位:万元

序号	投资项目	投资总额	已投资额	说明
1	甬港合资生产计算机高容量软驱项目	12,000	50	开发试制费
2	硬盘驱动器磁头支架项目	2,950	33	中试费
3	增资控股子公司宁波韵升强磁材料有限公司	10,201	10,201	烧结钕铁硼完成1000吨年生产能力;粘结钕铁硼达产期
4	建设年产2500万台直流无刷微电机项目	2,980	63.83	筹建大批量生产阶段
	合计	28,131	10,347.83	完成投资总额37%

公司于2000年10月12日,发行3,500万股A股社会公众股,每股发行价格为10.37元,实际募集资金为34,845.60万元(已扣除发行费用),投资总额28,131万元,发行募集资金超过投资项目需求部分6,714.60万元用于补充流动资金。

(2)募集资金投资项目情况

1)甬港合资生产计算机高容量软驱项目。该项目总投资1,928万美元,按美元兑人民币汇率1:8.3计算折合人民币约16,000万元(募集资金投资12,000万元,香港集嘉国际(集团)有限公司投资4,000万元),其中固定资产投资10,000万元,配套流动资金6,000万元,该核心技术系国外引进,项目正在进行中。截止报告期末,项目开发试制费用为50万元。

2)硬盘驱动器磁头支架项目。该项目总投资2,950万元,其中固定资产投资2,400万元,铺底流动资金550万元。该项目公司已完成中试阶段,项目正在进行中。截止报告期末,项目的中试费用为33万元。

3)增资控股子公司宁波韵升强磁材料有限公司。截止报告期末,公司已投入控股子公司宁波韵升强磁材料有限公司10,201万元,用于形成年产1000吨烧结钕铁硼技改项目和建设年产300吨粘结磁体项目。

截止报告期末,宁波韵升强磁材料有限公司已形成1000吨烧结钕铁硼的年生产能力和100吨粘结磁体的年生产能力。烧结钕铁硼从500吨年生产能力到目前的1000吨年生产能力,新增利润2,120万元;粘结磁体预计在2001年底将形成年产300吨粘结磁体的生产能力,并产生较好的经济效益。

4)建设年产2,500万台直流无刷微电机项目。该项目总投资2,980万元,其中固定资产投入2,800万元,铺底流动资金180万元。截止报告期末,该项目已投入资金63.83万元;公司于2000年12月28日与香港龙德电机科技公司签订了《合资协议》,拟设立宁波韵升龙德微电机有限公司,注册资金为1,000万港币,公司占该公司注册资本的75%,现在正在筹建大批量生产,预计2001年将达到年产2,500万台直流微电机的生产能力并产生一定的经济效益。

2、非募集资金投资项目情况

1)韵升科技工业园基本建设。公司为了使现有的主导产品规模得到进一步的扩大,并使募集资金的投资项目能尽快大批量生产并产生较好的经济效益,在宁波科技园区批租土地225亩,用于建设韵升科技工业园。2000年公司自筹资金投入4,874.56万元,韵升科技工业园的一期工程已建成标准厂房31,000平方米。

2)投资设立宁波韵升进出口有限公司。目前,公司生产经营的主要产品均是外向型产品,韵升进出口有限公司的设立,为公司的产品直接进入国际市场和产生更好的经济效益提供了有利条件。该公司主营范围为磁性材料、八音琴、计算机配件、电机、八音琴工艺礼品等,注册资本为人民币500万元,公司以自筹资金出资人民币450万元,占该公司注册资本的90%;

3)合资设立宁波韵升电机有限公司。该公司由中、港二方于2000年3月共同出资组建,主要生产电机、起动电机、汽车摩托车关键零部件等产品,注册资本200万美元,公司持股51%,截止报告期末,公司利用自筹资金投入资本金844万元,已形成生产汽车发电机50万台的年生产能力,预计2001年将形成100万台的年生产能力。因为该公司的产品全部外销,这将为公司进一步发展电机产业、进入国际市场,奠定较好的基础。

(四)WTO对公司的影响:

董事会认为,我国加入WTO后,对公司的钕铁硼行业和八音琴行业会产生一定的影响,究其影响,主要表现在:

正方面:

1、中国加入WTO后,因公司产品主要是出口产品,并已在国际市场上占有一定的份额,中国进入WTO会更有利于公司的发展。

2、中国加入WTO后,更有利于拓展逐步放开的欧美等市场。由于目前国内劳动力成本较低,在相互竞争的市场中,国内企业在短时间内较易取得竞争优势。同时中国又拥有稀土原材料产地优势,加入WTO后,公司可充分利用比较优势拓展国际市场。

反方面:

八音琴某些原材料需从国外进口,存在外汇风险。

(五)2001年业务发展规划:

1、发展三大产业,增强企业核心竞争力。

(1)根据目前市场对磁性材料的需求状况,公司将继续加大对钕铁硼磁性材料的投入。同时,将从磁性材料的上、下游产品延伸、横向产品品种的扩展等交叉发展该产业,以形成具有较强竞争力的磁性产业。

(2)进一步加大对八音琴产品的技改投入,提高八音琴的自动化程度和进一步扩大生产规模。同时,将建设生产能力10万台的豪华精品八音琴项目,从而形成在国内具有垄断能力的八音琴产业基地。

(2)为了加快发展电机产业,公司拟向宁波韵升电机公司追加投资,以形成年产100万台汽车发电机的生产能力。对微电机项目将加快投资速度,2001年计划投资1500万元以上,将形成年产微电机2500万台的生产能力。通过上述二项目的实施和继续扩大微电机的产品种,以逐步形成公司电机的产业化。

2、加大新产品研发投入,积极发展新产业。

公司将加大募集资金投入新产品的研发力度,对现有一定研发基础的高新技术产品将加快研发速度,以不断地形成公司新的经济增长点。

3、扩充并健全营销网络。

公司继续将有巨大潜力的市场开发及主流市场份额的增加作为市场营销的重点,进一步加强对市场战略的研究和方针的策划，调整与充实营销队伍，以进一步完善、健全并扩充原有营销网络，提高主业产品在世界主流市场的份额。

4、加强人力资源管理，使管理水平逐步与国际标准接轨。

公司将继续在用人制度、分配制度、激励制度及企业文化等方面加强管理的科学化、规范化，不断提高管理水平，以逐步与国际标准接轨。

5、加强质量管理，强化质量意识，建立有效的质量体系。

扩大在 ISO9000 质量管理体系的认证面，争取逐步使全部下属子公司都通过 ISO9000 的认证。在已获得 ISO9000 认证的公司中，逐步建立 ISO14000 的质量管理体系，并开始认证申请工作，把质量管理体系有效地延伸到供应商及外协工厂。在公司各产品的领域内争创或保持韵升的名牌地位。

（六）董事会日常工作情况：

1、报告期内董事会的会议情况及决议内容：

（1）2000 年 1 月 31 日在本公司会议室董事会召开第二届第九次会议，会议审议通过了下列议案：

1）提取坏账准备金比例议案；

2）提取短期投资跌价准备金议案；

3）提取存货跌价准备金议案；

4）提取长期投资减值准备金议案；

5）1999 年度利润分配预案。

（2）2000 年 3 月 12 日在本公司会议室董事会召开了第二届第十次会议，会议审议通过了下列报告和议案：

1）关于产生第三届董事会的议案；

2）关于《1999 年财务决算及 2000 年财务预算报告》；

3）审议关于《聘请审计机构的议案》；

4）《关于 2000 年投资计划的报告》；

5）关于《公司章程》有关条款修改的报告。

（3）2000 年 4 月 16 日在本公司会议室董事会召开了第三届第一次会议，会议选举竺韵德为公司董事长兼总经理，经竺韵德总经理提名，聘任谢振方、汪国龙为副总经理；聘任朱群为公司财务负责人。

（4）2000 年 7 月 21 日在本公司会议室召开了第三届第二次会议，会议审议通过了如下决议：

1）同意将公司 1999 年第一次临时股东大会通过的"申请向社会公众公开发行人民币普通股（A 股）4500 万股，每股面值 1 元，实际发行股数以中国证监会核准的发行额为准。"修改为："申请向社会公众公开发行人民币普通股（A 股）3500 万股，每股面值 1 元，实际发行股数以中国证监会核准的发行额为准。"

2）同意将公司 1999 年第二次临时股东大会通过的关于"公司股票发行月份所在季度的前一季度起实现的利润由本次公开发行后的新老股东共同享受。"的决议修改为"公司 1999 年末的未分配利润及 2000 年 1 月 1 日后实现的利润由本次发行后的新老股东共享。"

3）同意将公司 1999 年第二次临时股东大会通过的《公开发行股票募集资金运用的可行性报告》的决议进行修改，根据与大股东宁波韵声精机公司签署的协议，决定不再运用募集资金实施"年产 4 万台小型制冷压缩机技改项目"，募集资金投资以下项目：

（1）甬港合资生产计算机高容量软驱项目；

（2）硬盘驱动器磁头支架项目；

（3）增资控股子公司宁波韵升强磁材料有限公司形成年产 1000 吨烧结钕铁硼技改项目和建设年产 300 吨粘结磁体项目；

（4）建设年产 2500 万台直流无刷微电机项目。如有剩余资金，用于补充流动资金。

（5）2000 年 8 月 20 日，在公司会议室董事会召开第三届第三次会议，会议审议通过了陈建荣辞去董事会秘书职务的申请，决定聘任应新异为公司董事会秘书。

（6）2000 年 12 月 10 日，在本公司会议室董事会召开了第三届四次会议，会议审议通过了竺韵德辞去总经理职务的提议，决定聘任马肇亮为公司总经理。同时，会议审议通过了投资设立宁波韵升进出口有限公司的议案。

（七）公司管理层及员工情况：

1、董事、监事、高级管理人员

（1）现任董事、监事、高级管理人员情况：

姓名	年龄	职务	任期情况	年初持股数（股）	年末持股数（股）	报告期内股数增加（股）	变动原因
竺韵德	52	董事长	2000.4.15-2003.4.14	594000	594000	0	
马肇亮	54	总经理	2000.12.10-2003.4.14	0	0	0	
曲东海	44	董事	2000.4.15-2003.4.14	60000	60000	0	
谢振方	43	董事 副总经理	2000.4.15-2003.4.14	48000	48000	0	
汪国龙	52	董事 副总经理	2000.4.15-2003.4.14	60000	60000	0	
朱群	50	董事 财务总监	2000.4.15-2003.4.14	16500	16500	0	
殷祖煌	48	董事	2000.4.15-2003.4.14	15000	15000	0	
白国辉	37	董事	2000.4.15-2003.4.14	30000	30000	0	
仝广利	55	董事	2000.4.15-2003.4.14	0	0	0	
孟飞	44	董事	2000.4.15-2003.4.14	0	0	0	
陈鸣雷	34	监事	2000.4.15-2003.4.14	12000	12000	0	
赵红良	34	监事	2000.4.15-2003.4.14	18000	18000	0	
潘道良	34	监事	2000.4.15-2003.4.14	15000	15000	0	
杨雨莳	41	监事	2000.8.20-2003.4.14	0	0	0	
吕旭波	33	监事	2000.4.15-2003.4.14	13500	13500	0	
郭正仑	46	监事	2000.4.15-2003.4.14	18000	18000	0	
竺百强	38	监事	2000.4.15-2003.4.14	54000	54000	0	
韩青树	39	监事	2000.4.15-2003.4.14	0	0	0	
万家渝	35	监事	2000.4.15-2003.4.14	0	0	0	
应新异	39	董秘	2000.8.20-2003.4.14	15000	15000	0	

注：以上人员持有股数均为内部职工股，未持有社会公众股。

（2）董事、监事、高级管理人员年度报酬

本年度公司董事、监事、高级管理人员 16 人在公司领取报酬，年度报酬总额为 1161550 元，各年度报酬数额区间人数如下：

报酬区间	人数
10-20 万元（含 10 万元）	2
5-10 万元	7
5 万元以下	7

4 人未在公司领取报酬　仝广利、孟飞、韩青树、万家渝

（3）公司员工情况：

截止报告期末，公司共有员工 1210 人，其构成如下：

生产人员：	508 人；	销售人员：	109 人；
技术人员：	266 人；	财务人员：	50 人；
管理人员：	180 人；	其他人员：	97 人。

上述人员中具有大专以上学历 318 人，中专学历 172 人。公司现有离、退休职工 138 名，全部纳入社会保障体系，没有在公司领取离、退休金的离、退休人员。

（八）本次利润分配预案及资本公积金转增股本预案

1、公司 2000 年度实现净利润 35,790,075.68 元（注：按母公司实现的净利润进行分配），提取 10%的法定盈余公积金 3,579,007.57 万元，提取 5 %的法定公益金 1,789,503.78 万元，加上年初未分配利润 19,617,024.41 元，实际可供股东分配的利润为 50,038,588.74 元，拟定以 2000 年末股份总数 12710 万股计算，向全体股东每 10 股派发现金红利 1.50 元（含税），共计派发现金红利 19,065,000 元，剩余未分配利润 30,973,588.74 元转入下一年度进行分配。

2、公司至 2000 年末累计资本公积金余额为 332,052,367.12 元，考虑到公司的发展需要，拟定以每 10 股转增 5 股，共计转增股本 63,550,000 元，转增后的资本公积金余额为 268,502,367.12 元。

（九）2001 年利润分配政策：

公司在 2001 年年度结束后分配利润一次；公司本年度未分配利润用于下一年度股利分配的比例为 20%；公司 2001 年度实现净利润用于下一年度分配的比例约为 50 %；公司股利分配采取送红股和派发现金的形式，派发现金占股利分配的比例约为 30%；上述分配政策为预计方案，具体分配方案届时将根据公司实际情况确定。

（十）其他报告事项：

1、本年度选定《上海证券报》、《中国证券报》、《证券时报》为公司信息披露报刊。

2、宁波韵升八音琴事业部迁址宁波科技园区明珠路 428 号的宁波韵升科技工业园。

六、监事会报告

本年度公司监事会依照《公司章程》，认真履行职权，对公司规范运作起到了监督作用。2000 年 3 月 15 日召开了第二届六次会议，审议通过了《1999 年度监事会工作报告》；2000 年 4 月 6 日召开了第三届一次会议，推选陈鸣雷为公司第三届监事会召集人。2000 年 8 月 19 日，公司监事会召开了第三届二次会议，审议通过了应新异辞去公司监事的申请。2001 年 2 月 26 日，公司监事会召开了第三届三次会议，认真审核了公司 2000 年年度工作总结及 2001 年年度经营计划等报告，对公司的运作及财务等情况进行检查、监督。对 2000 年度公司工作，监事会认为：

（一）公司能够严格依法运作，规范管理，贯彻了股东大会的各项决议精神，无违规的行为。

1、决策严格按公司章程规定的程序进行。本年度公司各项投资及经营事项均依照公司的章程规定的权限执行。

2、为确保公司财产的安全性，公司建立了完善的内审制度。公司审计部独立行使审计职能，对公司和下属各子公司及重大投资事项进行全面的或专项审计，避免了公司在迅速发展过程中可能出现的风险，维护了公司股东的利益。

3、公司董事、经理及高级管理人员在履行各自的职责过程中，严格遵纪守法，没有违反法律、法规、公司章程或损害公司利益的行为。

（二）公司本年度财务报告真实反映了公司的财务状况和经营成果。

1、2000 年度较全面地完成了董事会提出的财务指标，财务运行稳健。

2、2000 年度的公司财务报告真实地反映了公司的财务状况和经营成果，江苏天衡会计师事务所有限公司出具的无保留意见的审计报告，准确地反映了公司的实际情况。

（三）募集资金使用按计划投入到相关项目。

公司于 2000 年 10 月发行股票，募集资金按照《招股说明书》中投向的项目，正在进行中，有些项目已产生了较好的经济效益。

（四）本年度公司发生了一项收购资产的行为，收购了宁波汽车发动机厂的土地和部分资产；没有任何高级管理人员或掌握公司内幕信息的人员进行内幕交易，无损害股东权益或造成公司资产流失的行为。

（五）公司与关联单位有采购、销售货物及出让、受让固定资产的交易。采购、销售货物均签订购销合同，产品价格按照市场公允价格确定；出售、受让固定资产都以固定资产帐面净值为准。关联交易属公司正常的资产交易，交易公平，未损害公司的利益。

（六）本年度公司在信息披露方面及时准确，各类公告均按照规定及时全面地履行信息披露的义务，没有出现信息披露滞后或内幕交易的行为。

七、重要事项

（一）本年度公司无重大诉讼、仲裁事项。

（二）本年度未发生公司、公司董事及高级管理人员受监管部门处罚的情况。

（三）报告期内公司控股股东变更、公司董事会换届、改选或半数以上成员变动，公司总经理变更，公司解聘、新聘董事会秘书的情况：

（1）报告期内本公司控股股东未发生变更；

（2）报告期内本公司第二届董事会任期已满，进行了换届选举，董事会成员未发生变动；

（3）报告期内经本公司董事长兼总经理竺韵德要求，辞去公司总经理职务，经董事长提名，聘任马肇亮担任公司总经理，任期至 2003 年 4 月 14 日

（4）报告期内因公司董事会秘书陈建荣提出辞职申请，经董事长提名，聘任应新异为公司董事会秘书，任期至 2003 年 4 月 14 日。

（四）报告期内公司收购及出售资产、吸收合并等事项：

（1）报告期内公司收购资产情况：报告期内公司与宁波汽车发动机厂达成收购该厂部分资产协议，协议收购该厂厂区 14437.84 平方米的土地使用权、房屋及其他建筑物的所有权，总收购资金为 1050 万元，用于扩大钕铁硼的生产规模。

（2）报告期内公司无出售资产、吸收合并等事项。

（五）重大关联交易事项：

重大关联交易事项见财务会计报告附注。

（六）本公司与控股股东在人员、资产、财务上完全独立。

（1）公司在劳动、人事及工资管理等方面完全独立；总经理、副总经理等高级管理人员在本公司领取薪金；

（2）公司拥有独立的生产系统和配套设施；拥有自主的知识产权、商标等无形资产；根据与大股东宁波韵声精机公司签订的《专利实施许可合同》，公司无偿使用大股东宁波韵声精机公司的部分专利，同时，宁波韵声精机公司不再使用这些专利，且不向第三方许可实施专利，宁波韵声精机公司同意不向公司收取专利实施许可费用，直到专利失效。

（3）公司设有独立的财会部门，建立了独立的会计核算体系和财务管理制度；独立在银行开户。

（七）本报告期未发生托管、承包、租赁其他公司资产或其他公司托管、承包、租赁本公司资产的事项。

（八）本年度续聘江苏天衡会计师事务所有限公司为财务审计机构。

（九）本年度公司的合同履行情况正常，没有合同担保事项。

（十）本年度公司未发生更改名称或股票简称的情况。

（十一）报告期内，公司发生的有关《证券法》第六十二条、《股票条例》第六十条和《信息细则》第十七条所列举的重大事项：

公司以自筹资金出资人民币 450 万元，投资设立宁波韵升进出口有限公司。该事项已于 2000 年 12 月 12 日《中国证券报》、《上海证券报》、《证券时报》上刊登披露。

（十二）公司以及 5%以上股东在本会计年度无承诺事项。

八、财务会计报告

审计报告　　　　　　　　　　　　　天衡审字(2001) 130 号宁波韵升(集团)股份有限公司全体股东：

我们接受委托，审计了贵公司 2000 年 12 月 31 日的资产负债表、合并资产负债表和 2000 年度的利润及利润分配表、合并利润及利润分配表及 2000 年度的现金流量表、合并现金流量表。这些会计报表由贵公司负责，我们的责任是对这些会计报表发表审计意见。我们的审计是依据中国注册会

计师独立审计准则进行的。在审计过程中,我们结合贵公司的实际情况,实施了包括抽查会计记录等我们认为必要的审计程序。

我们认为,上述会计报表符合《企业会计准则》和《股份有限公司会计制度》的有关规定,在所有重大方面公允地反映了贵公司 2000 年 12 月 31 日的财务状况和 2000 年度的经营成果及 2000 年度的现金流量情况,会计处理方法的选用遵循了一贯性原则。

江苏天衡会计师事务所有限公司　　中国注册会计师:
中国·南京　　中国注册会计师:
二〇〇一年二月二十六日

会计报表　见附表

九、公司的其他有关资料

(一)报告期内变更注册登记日期、地点
1、变更注册登记日期:2000 年 10 月 20 日
2、注册登记地点:浙江省宁波市民安路 348 号
(二)企业法人营业执照注册号:3302001000185
(三)税务登记号码
1、国家税务局:国税甬字 330204711150195
2、地方税务局:甬地税字 330204711150195
(四)公司未流通股票的托管机构名称:上海证券中央登记结算公司
(五)公司报告期内证券承销机构名称:海通证券有限公司
(六)公司聘请的会计师事务所名称、办公地址
1、名称:江苏天衡会计师事务所有限公司
2、办公地址:江苏南京市正洪街 18 号

十 、备查文件目录

1、载有法定代表人、财务负责人、会计经办人员签名并盖章的会计报表
2、载有会计师事务所盖章、注册会计师签名并盖章的审计报告正本
3、本年度 A 股发行时的《招股说明书》、《上市公告书》及临 2000-1 公告

宁波韵升(集团)股份有限公司
2001 年 2 月 27 日

现金流量表
2000 年度

编制单位:宁波韵升(集团)股份有限公司　　单位:人民币元

项目	2000 年度(合并)	2000 年度(母公司)
一、经营活动产生的现金流量:		
销售商品、提供劳务收到的现金	303141833.34	151611873.02
收取的租金		
收到的增值税销项税款和退回的增值税款	9838695.65	8111640.87
收到的除增值税以外的其它税费返还	900000	
收到的其它与经营活动有关的现金	5452581.78	8989772.32
经营活动产生的现金流入小计	319333110.77	168713286.21
购买商品、接受劳务支付的现金	225691161.85	105740931.59
经营租赁所支付的现金		
支付给职工以及为职工支付的现金	21956885.97	13527995.95
支付的增值税款	15579890.58	6838250.19
支付的所得税款	6175423.1	2300667.46
支付的除增值税、所得税以外的其它税费	1894625.19	1358504.5
支付的其它与经营活动有关的现金	30696039.67	21769942.98
经营活动产生的现金流出小计	301994026.36	151536292.67
经营活动产生的现金流量净额	17339084.41	17176993.54
二、投资活动产生的现金流量:		
收回投资所收到的现金	520000	520000
分得股利或利润所收到的现金	648867.16	25359136.29
取得债券利息收入所收到的现金		
处置固定资产、无形资产和其它长期资产而收回的现金净额	7228051.58	3893334.17
收到的其它与投资活动有关的现金		
投资活动产生的现金流入小计	8396918.74	29772470.46
购建固定资产、无形资产和其它长期资产所支付的现金	132116650.73	81040411.82
权益性投资所支付的现金	4500000	114953560
债权性投资所支付的现金		
支付的其它与投资活动有关的现金		
投资活动产生的现金流出小计	136616650.73	195993971.82
投资活动产生的现金流量净额	-128219731.99	-166221501.36
三、筹资活动产生的现金流量:		
吸收权益性投资所收到的现金	375872892.05	362950000
其中:子公司吸收少数股东权益性投资收到的现金		
发行债券所收到的现金		
借款所收到的现金	469000000	469000000
收到的其它与筹资活动有关的现金	11842323.4	11842323.4
筹资活动产生的现金流入小计	856715215.45	843792323.4
偿还债务所支付的现金	402700000	402700000
发生筹资费用所支付的现金	14494300	14494300
分配股利或利润所支付的现金	9785112.12	8029480.29
其中:子公司支付少数股东的股利		
偿付利息所支付的现金	9177452.56	9177452.56
融资租赁所支付的现金		
减少注册资本所支付的现金		
其中:子公司依法减资支付给少数股东的现金		
支付的其它与筹资活动有关的现金		
筹资活动产生的现金流出小计	436156864.68	434401232.85
筹资活动产生的现金流量净额	420558350.77	409391090.55
四、汇率变动对现金的影响:		
汇率变动对现金的影响	48153.51	30303.51
五、现金及现金等价物净增加额:		
现金及现金等价物净增加额	309725856.7	260376886.24
附注:		
1、不涉及现金收支的投资和筹资活动:		
以固定资产偿还债务		
以投资偿还债务		
以固定资产进行长期投资		
以存货偿还债务		
融资租赁固定资产		
2、将净利润调节为经营活动的现金流量:		
净利润	36048539.04	35790075.68
加:少数股东损益	1156433.12	
购并利润		
计提的坏帐准备或转销的坏帐	492850.66	-417901.23
固定资产折旧	10615217.93	6313302.65
无形资产及其他资产摊销	2601023.57	1368534.12
待摊费用的减少(减增加)		
预提费用的增加(减减少)		
处置无形资产、固定资产和其它长期资产的损失(减收益)	-456500	-456500
固定资产报废损失	630194.92	70259.25
财务费用	7449236.01	7449236.01
投资损失(减收益)	-2303238.34	-26358964.96
递延税款贷项(减借项)		
存货的减少(减增加)	-23984437.39	-2405104.77
经营性应收项目的减少(减增 加)	-29103313.67	-11237109.89
经营性应付项目的增加(减减少)	14193078.56	7061166.68
增值税增加净额		
其它		
经营活动产生的现金流量净额	17339084.41	17176993.54
3、现金及现金等价物净值增加 情况:		
货币资金的期末余额	344963895.08	292243879.36
减:货币资金的期初余额	35238038.38	31866993.12
现金等价物的期末余额		
减:现金等价物的期初余额		
现金及现金等价物净增加额	309725856.7	260376886.24

资产负债表

编制单位:宁波韵升(集团)股份有限公司　2000 年 12 月 31 日　单位:人民币元

资产	期末数 合并	期末数 母公司
流动资产:		
货币资金	344963895.08	292243879.36
短期投资		
减:短期投资跌价准备		
短期投资净额		
应收票据	1617000	
应收股利		
应收利息		
应收帐款	81100916.6	42476968.94
其它应收款	27757931.78	33095434.1
减:坏帐准备	5739701.51	3901980.45
应收帐款净额	103119146.87	71670422.59
预付帐款	6080434.04	5930185.34
应收补贴款	2570000	
存货	38843122.24	7459987.55
减:存货跌价准备		
存货净额	38843122.24	7459987.55
待摊费用	973767.94	294510.6
待处理流动资产净损失		
一年内到期的长期债权投资		
其它流动资产		
流动资产合计	498167366.17	377598985.44
长期投资:		
长期股权投资	20375462	194853996.18
长期债权投资		
其它长期投资		
长期投资合计	20375462	194853996.18
减:长期投资减值准备		
长期投资净额	20375462	194853996.18
其中:合并价差		
股权投资差额		
固定资产:		
固定资产原值	295039231.22	208685376.76
减:累计折旧	45205818.84	30040679.15
固定资产净值	249833412.38	178644697.61
工程物资		
在建工程	28420197.08	22211154.34
固定资产清理		
待处理固定资产净损失		
固定资产合计	278253609.46	200855851.95
无形及其它资产:		
无形资产	38923786.68	38923786.68
开办费	1054151.71	
长期待摊费用	8683146.15	1245063.42
其它长期资产		
无形资产及其它资产合计	48661084.54	40168850.1
递延税项:		
递延税款借项		
资产总计:		

资产总计	845457522.17	813477683.67
流动负债:		
短期借款	90000000	90000000
应付票据	149678	149678
应付帐款	53358773.17	39100253.57
预收帐款	1250291.75	713705.04
代销商品款		
应付工资	23000	
应付福利费	1331705.14	991105.55
应付股利	19065000	19065000
应付税金	7281690.42	4264011.52
其它应交款	116068.63	46322.94
其它应付款	9699827.03	17701636.2
应付短期债券		
预提费用	539280.06	478916
一年内到期的长期负债	3000000	3000000
其它流动负债		
职工奖励及福利基金		
流动负债合计	185815314.2	175510628.82
长期负债:		
长期借款	110139500	110139500
应付债券		
长期应付款		
住房周转金	1794283.11	1735871.71
其它长期负债	9473858.67	9473858.67
长期负债合计	121407641.78	121349230.38
递延税项:		
递延税项贷款		
负债合计:		
负债合计	307222955.98	296859859.2
少数股东权益:		
少数股东权益	20196764.42	
股东权益:		
股本	127100000	127100000
资本公积金	332052367.12	332052367.12
盈余公积	46244259.9	26491868.61
其中:公益金	15357069.43	8830622.87
未确认的外资损失		
未分配利润	12641174.75	30973588.74
外币报表折算差额		
股东权益合计	518037801.77	516617824.47
负债和股东权益总计:		
负债和股东权益总计	845457522.17	813477683.67

利润及利润分配表

编制单位:宁波韵升(集团)股份有限公司　2000 年度　单位:人民币元

项目	本期数 合并	母公司
一、主营业务收入	287508663.09	147357751.78
减:折扣与折让		
主营业务收入净额	287508663.09	147357751.78
减:主营业务成本	207287561.04	109880964.98
主营业务税金及附加	1285611.51	464292.69
二、主营业务利润	78935490.54	37012494.11
加:其他业务利润	976129.66	426363.13
减:存货跌价损失		
营业费用	9466049.79	5628019.75
管理费用	26730232.9	18713904.01
财务费用	3082900.69	3677860.93
三、营业利润	40632436.82	9419072.55
加:投资收益	2303238.34	26358964.96
期货损益		
补贴收入	3770000	300000
营业外收入	3672473.55	3532659.39
以前年度损益调整		
减:营业外支出	1195937.39	616797.5
分给外单位利润		
四、利润总额	49182211.32	38993899.4
减:所得税	11977239.16	3203823.72
少数股东损益	1156433.12	
职工奖励及福利基金		
购并利润		
加:未确认的投资损失		
所得税返还		
五、净利润	36048539.04	35790075.68
加:年初未分配利润	4654862.08	19617024.41
盈余公积转入数		
年初未分配利润调整		
减少注册资本减少的未分配利润		
外币报表折算差额		
减:股份公司成立前利润分配		
六、可供分配的利润	40703401.12	55407100.09
减:提取法定盈余公积金	5998150.92	3579007.57
提取法定公益金	2999075.45	1789503.78
提取职工奖励福利基金		
七、可供股东分配的利润	31706174.75	50038588.74
减:应付优先股股利		
提取任意盈余公积金		
应付普通股股利	19065000	19065000
转作股本的普通股股利		
八、未分配利润	12641174.75	30973588.74

利润及利润分配表

编制单位:宁波韵升(集团)股份有限公司　2000 年度　单位:人民币元

项目	上年同期数 合并	母公司
一、主营业务收入	221833949.78	131384975.64
减:折扣与折让		
主营业务收入净额	221833949.78	131384975.64
减:主营业务成本	154788657.05	96764457.79
主营业务税金及附加	1184935.63	553237.51
二、主营业务利润	65860357.1	34067280.34
加:其他业务利润	173235.68	105353.26
减:存货跌价损失		
营业费用	8145800.07	5478027.3
管理费用	15973491.89	9249689.09
财务费用	2798363.76	2583169.46
三、营业利润	39115937.06	16861747.75
加:投资收益	1475569.63	26153205.26
期货损益		
补贴收入	3077054.78	
营业外收入	420691.46	322834.45
以前年度损益调整		
减:营业外支出	1664343.33	1094519.76
分给外单位利润		
四、利润总额	42424909.6	42243267.7
减:所得税	2484282.31	2452484.74
少数股东损益	932151.54	
职工奖励及福利基金		
购并利润		
加:未确认的投资损失		
所得税返还		
五、净利润	39008475.75	39790782.96
加:年初未分配利润	-2366664.14	4214858.9
盈余公积转入数		
年初未分配利润调整		
减少注册资本减少的未分配利润		
外币报表折算差额		
减:股份公司成立前利润分配		
六、可供分配的利润	36641811.61	44005641.86
减:提取法定盈余公积金	6514677.8	3979078.3
提取法定公益金	4517377.77	1989539.15
提取职工奖励福利基金	7055.34	
七、可供股东分配的利润	25602700.7	38037024.41
减:应付优先股股利		
提取任意盈余公积金	2527838.62	
应付普通股股利	18420000	18420000
转作股本的普通股股利		
八、未分配利润	4654862.08	19617024.41

贵州红星发展股份有限公司

贵州红星发展股份有限公司2000年年度报告摘要

重要提示:本公司董事会保证本报告所载资料不存在任何虚假记载、误导性陈述或者重大遗漏,并对其内容的真实性、准确性和完整性负个别及连带责任。

一.公司简介

1、公司法定名称:贵州红星发展股份有限公司

公司英文名称:GUIZHOUREDSTARDEVELOPINGCO.,LTD.

2、公司法定代表人:姜志光

3、公司董事会秘书:温霞

联系电话:(0853)6780066

联系地址:贵州省安顺市镇宁县丁旗镇

传真:(0853)6780074

电子信箱:WENXIA@21CN.COM

公司董事会秘书授权代表:陈频

联系电话:(0853)6780066、6780510

联系地址:贵州省安顺市镇宁县丁旗镇

传真:(0853)6780074

4、公司注册地址:贵州省安顺市镇宁县丁旗镇

邮政编码:561206

办公地址:贵州省安顺市镇宁县丁旗镇

邮政编码:561206

公司电子信箱:RSFZ@21CN.COM

5、公司选定的信息披露报纸名称:《上海证券报》、《证券时报》

登载公司年度报告的国际互联网网址:http://www.sse.com.cn

公司年度报告备置地点:本公司档案室

6、公司股票上市地:上海证券交易所

公司股票简称:红星发展　公司股票代码:600367

二.会计数据和业务数据摘要

1、本年度实现利润总额及其构成　单位:元

项目	金额
利润总额	74,008,442.27
净利润	51,103,034.19
扣除非经营性损益后的净利润	54,967,633.38
主营业务利润	139,672,719.53
其他业务利润	322,310.65
营业利润	79,119,191.89
投资收益	-228,925.08
补贴收入	
营业外收支净额	-4,881,824.54
经营活动产生的现金流量净额	50,379,409.50
现金及现金等价物净增加额	2,799,097.18

注:扣除非经营性损益项目及涉及金额

(1)固定资产报废损失3,835,674.11元

(2)投资收益-228,925.08元

2、本年度末前三年的主要会计数据和财务指标

项目	单位	2000年	1999年
主营业务收入	元	252309769.61	197041881.31
净利润	元	51103034.19	35758242.80
总资产	元	279268991.77	274557213.42
股东权益(不含少数股东权益)	元	126033073.93	103947113.19
每股收益	元/股	0.73	0.51
每股净资产	元/股	1.80	1.48
调整后的每股净资产	元/股	1.77	1.45
每股经营活动产生的现金流量净额	元/股	0.72	
净资产收益率	%	40.55	34.40
加权平均每股收益	元/股	0.73	
扣除非经营性损益后的每股收益	元/股	0.79	0.51
加权平均净资产收益率	%	40.55	34.40
扣除非经常损益后的加权净资产收益率	%	43.61	34.40

利润附表:

净资产收益率和每股收益

报告期利润	净资产收益率(%)		每股收益(元)	
	全面摊薄	加权平均	全面摊薄	加权平均
主营业务利润	110.82	121.47	2.00	2.00
营业利润	62.78	68.81	1.13	1013
净利润	40.55	44.44	0.73	0.73
扣除非经营性损益后的净利润	43.61	47.80	0.79	0.79

注:主要财务指标的计算公式如下:

每股收益=净利润/年度末普通股股份总数

每股净资产=年度末股东权益/年度末普通股股份总数

调整后的每股净资产=(年度末股东权益-三年以上的应收款项净额-待摊费用-待处理(流动、固定)资产净损失-开办费-长期待摊费用)/年度末普通股股份总数

每股经营活动产生的现金流量净额=经营活动产生的现金流量净额/年度末普通股股份总数

净资产收益率=净利润/年度末股东权益×100%

全面摊薄净资产收益率=报告期利润/期末净资产×100%

全面摊薄每股收益=报告期利润/期末股份总数

加权平均净资产收益率(REO):

$$REO=P/(E0+NP\div 2+Ei\times Mi\div M0-Ej\times Mj\div M0)$$

其中:P为报告期利润;NP为报告期净利润;E0为期初净资产;Ei为报告期发行新股或债转股等新增净资产;Ej为报告期回购或现金分红等减少净资产;M0为报告期月份数;Mi为新增净资产下一月份起至报告期期末的月份数;Mj为减少净资产下一月份起至报告期期末的月份数。

加权平均每股收益(EPS):

$$EPS=P/(S0+S1+SI\times MI\div M0-SJ\times MJ\div M0)$$

其中:P为报告期利润;S0为期初股份总数;S1为报告期因公积金转增股本或股票股利分配等增加股份数;Si为报告期因发行新股或债转股等增加股份数;Sj为报告期因回购或缩股等减少股份数;M0为报告期月份数;Mi为增加股份下一月份起至报告期末的月份数;Mj为减少股份下一月份起至报告期期末的月份数。

三、股本变动及股东情况

(一)股本变动情况

股份变动情况表

	本次变动前	本次变动增减(+、-) 配股	送股	公积金转股	增发	其他	小计	本次变动后
一、未上市流通股份								
1、发起人股份	70000000							70000000
其中:国家持有股份	68600000							68600000
境内法人持有股份	1400000							1400000
未上市流通股份合计								
二、已上市流通股份								
已上市流通股份合计								
三、股份总数	70000000							70000000

注:本公司于2001年2月6日在上海证券交易所采用上网定价方式发行3000万股人民币普通股,并于3月20日上市交易。

(二)股东情况介绍

1、期末股东总数:5户。

2、期末股东持股情况表

持股单位	持股数(万股)	持股比例
青岛红星化工集团有限责任公司	6,860	98.00%
贵州省安顺地区国有资产投资营运有限责任公司	50	0.71%
青岛红星化工集团进出口有限公司	30	0.43%
青岛红星化工集团自力实业公司	30	0.43%
镇宁县红蝶实业有限责任公司	30	0.43%
总股本	7,000	100.00%

持股单位	备注
青岛红星化工集团有限责任公司	国有法人股
贵州省安顺地区国有资产投资营运有限责任公司	法人股
青岛红星化工集团进出口有限公司	法人股
青岛红星化工集团自力实业公司	法人股
镇宁县红蝶实业有限责任公司	法人股
总股本	

报告期内持有本公司5%(含5%)以上股份的股东只有青岛红星化工集团有限责任公司,所持股份年内没有变动,也没有质押或冻结情况。

股东之间的关联关系:

(1)青岛红星化工集团进出口有限公司

该公司为红星化工集团有限责任公司的控股子公司。

(2)青岛红星化工集团自力实业公司

该公司为红星化工集团有限责任公司的控股子公司

(3)镇宁县红蝶实业有限责任公司

该公司为红星化工集团有限责任公司的控股子公司。

青岛红星化工集团有限责任公司持有本公司国有法人股份6,860万股,持股比例为98%,为本公司第一大股东;法定代表人:姜志光;经营范围:无机化工产品、精细化工产品的生产和销售等。

四、股东大会简介

(一)本年度内共召开年度股东大会四次,一次年度股东大会、三次临时股东大会。

1、年度股东大会

A、通知、召集、召开情况

本公司于2000年3月10日电话通知4月8日至4月10日以传真形式召开1999年度股东大会。至2000年4月10日发出的五张表决票全部寄回本公司,代表股权7000万股,占总股本的100.00%。

B、股东大会通过或否决的决议

此次股东大会审议通过了1999年度董事会和监事会的工作报告、财务预算报告、1999年度利润分配方案。

2、2000年第一次临时股东大会

A、通知、召集、召开情况

本公司4月15日以电话通知方式通知全体股东于2000年5月16日在公司会议室召开2000年第一次临时股东大会。2000年5月16日全体股东出席会议,代表公司7000万股,占总股本的100.00%。

B、股东大会通过或否决的决议及其信息披露情况

此次股东大会审议通过了如下决议:

(1)向社会公众发行5000万股并申请上市;

(2)本次发行募集资金的使用计划;

(3)根据本此申请公开发行股票修改公司章程草案;

(4)发行前利润由老股东分享,发行后产生的利润由发行后的全体股东共享;

(5)授权董事会办理本此发行人民币普通股票的相关事宜。

3、2000年第二次临时股东大会

A、通知、召集、召开情况

本公司9月8日以电话通知方式通知全体股东于2000年10月20日在公司会议室召开2000年第二次临时股东大会。2000年10月20日全体股东出席会议,代表公司7000万股,占总股本的100.00%,公司的董事、监事、高级管理人员出席会议。

B、股东大会通过或否决的决议

此次股东大会审议通过了如下决议:

(1)将本次公司申请公开发行人民币普通股股份的数额由5000万股调整至3000万股;

(2)对本次申请公开发行募集资金使用项目进行的调整方案;

(3)截止2000年9月30日前公司利润由发行前老股东享有,2000年9月30日后至本次发行人民币普通股前,公司形成的可供股东分配的利润由发行后的全体股东共享。

广 西 五 洲 交 通 股 份 有 限 公 司

广西五洲交通股份有限公司2000年年度报告摘要

重要提示:本公司董事会保证本报告所载资料不存在任何虚假记载、误导性陈述或者重大遗漏,并对其内容的真实性、准确性和完整性负个别及连带责任。

一、公司简介

中文名称:广西五洲交通股份有限公司
英文名称:GUANGXI WUZHOU COMMUNICATIONS CO.,LTD.
法定代表人:王维平
董事会秘书:陈仕岳　董事会秘书授权代表:孔庆丰
联系地址:广西南宁市新民路48号广西五洲交通股份有限公司电话:0771—2838485
传真:0771—2813368　电子信箱:wzjt@nn-mail.gx.cninfo.net
注册地址:广西南宁市新民路48号　邮政编码:530012
办公地址:南宁市新民路48号　邮政编码:530012
公司指定的信息披露报纸:《中国证券报》、《上海证券报》
登载公司年报的中国证监会指定国际互联网网址:http://www.sse.com.cn
公司年度报告备置地址:广西南宁市新民路48号公司办公楼四楼公司证券部
股票上市交易所:上海证券交易所　股票简称:五洲交通　股票代码:600368

二、会计数据和业务数据摘要

(一)本年度主要利润指标情况　(单位:元)

项目	金额
利润总额	125,153,721.78
净利润	82,964,942.77
扣除非经常性损益后的净利润	80,738,083.94
主营业务利润	96,266,734.83
其他业务利润	28,417,507.30
营业利润	122,999,689.10
投资收益	-72,826.15
补贴收入	-
营业外收支净额	2,226,858.83
经营活动产生的现金流量净额	48,538,636.94
现金及现金等价物净增加额	477,173,360.04

说明:扣除的非经常性损益项目及涉及金额

项目	金额
资产处置损益	-47,362.95
冻结资金利息	2,274,221.78

(二)截止报告期末近三年主要会计数据和财务指标　(单位:元)

项目	2000年	1999年
主营业务收入	135,032,054.00	133,178,424.00
净利润	82,964,942.77	97,540,522.62
总资产	1,408,437,871.65	936,479,572.36
股东权益	981,290,738.28	466,119,928.69
每股收益(摊薄)	0.19	0.27
每股收益(加权)	0.23	0.27
扣除非经常性损益后的每股收益(摊薄)	0.18	0.22
扣除非经常性损益后的每股收益(加权)	0.22	0.22
每股净资产	2.22	1.29
调整后的每股净资产	2.22	1.29
每股经营活动产生的现金流量净额	0.11	0.35
净资产收益率(%)	8.45	20.93

注1:财务指标计算公式

每股收益=净利润/年度末普通股股份总数

每股净资产=年度末股东权益/年度末普通股股份总数

调整后的每股净资产=(年度末股东权益—三年以上的应收款项净额—待摊费用—待处理(流动、固定)资产净损失—开办费—长期待摊费用—住房周转金负数余额)/年度末普通股股份总数

每股经营活动产生的现金流量净额=经营活动产生的现金流量净额/年度末普通股股份总数

净资产收益率=净利润/年度末股东权益×100%

注2:根据财政部财会字[1999]35号文的有关规定,公司采用了追溯调整法调整1998年度坏帐准备、未分配利润、法定盈余公积、公益金帐项。

注3:应收款项包括应收帐款、其他应收款、预付帐款、应收股利、应收利息、应收补贴款。

(三)净资产收益率和每股收益的计算及说明

按照中国证监会《公开发行证券公司信息披露编报规则(第9号)》要求计算2000年报告期利润的净资产收益率和每股收益:

	报告期利润(元)	净资产收益率		每股收益(元)	
		全面摊薄	加权平均	全面摊薄	加权平均
主营业务利润	96,266,734.83	9.81%	18.96%	0.22	0.27
营业利润	122,999,689.10	12.53%	24.23%	0.28	0.34
净利润	82,964,942.77	8.45%	16.34%	0.19	0.23
扣除非经常性损益后的净利润	80,738,083.94	8.23%	15.91%	0.18	0.22

(四)股东权益变动表

项目	股本	资本公积金	盈余公积金
期初数	362,000,000.00	7,135,323.91	96,984,604.78
本期增加	80,000,000.00	351,834,268.00	21,667,500.82
本期减少	-	-	-
期末数	442,000,000.00	358,969,591.91	118,652,105.60

项目	其中:公益金	未分配利润	股东权益总计
期初数	33,806,723.37	-	466,119,928.69
本期增加	8,333,654.16	83,239,925.90	536,741,694.72
本期减少	21,570,885.13	21,570,885.13	
期末数	42,140,377.53	61,669,040.77	981,290,738.28

变动原因:

1、股本增加是因为报告期内公司发行8000万A股;

2、资本公积金增加是因为报告期内公司发行新股溢价;

3、盈余公积金增加是因为报告期内公司实现净利润相应计提法定盈余公积金、法定公益金、任意盈余公积金和根据财政部财企[2000]295号《关于企业住房制度改革中有关财务处理问题的通知》规定将住房公积金调增盈余公积金;

4、公益金增加是因为报告期内公司实现净利润相应计提法定公益金及根据财政部财企[2000]295号《关于企业住房制度改革中有关财务处理问题的通知》规定将住房公积金调增公益金;

5、未分配利润变化是因为报告期内公司实现净利润和相应计提法定盈余公积金、法定公益金、任意盈余公积金以及根据财政部财企[2000]295号《关于企业住房制度改革中有关财务处理问题的通知》规定将住房公积金调增报告期初未分配利润;

6、股东权益变化是因为报告期内公司发行新股和实现净利润。

三、股本变动及股东情况

(一)股本变动情况

1、股票发行与上市情况

(1)经中国证监会证监发字[2000]158号文批准,公司于2000年12月1日公开发行8,000万A股,发行价5.48元/股;经上海证券交易所上证字[2000]111号文通知,8,000万A股于2000年12月21日在上海证券交易所挂牌上市。

(2)公司于1992年12月发行2,200万股内部职工股,发行价格1元/股,目前已全部托管在上海证券中央登记结算公司,根据中国证监会的规定,公司内部职工股将于本次A股发行上市三年后方可上市交易。

(二)股东情况介绍

1、报告期末持有本公司股票的股东总数为72,943户,共持股44,200万股。其中国家股股东1户,持有2,480万股,国有法人股股东5户,持有31,520万股;社会公众股股东68,689户,持有8,000万股;内部职工股股东4,249户,持有2,200万股。

2、前十名股东持股情况

序号	股东名称	持股数量(股)	占总股本比例(%)
(1)	广西壮族自治区高速公路管理局	134,800,000	30.49
(2)	华建交通经济开发中心	85,200,000	19.28
(3)	广西壮族自治区公路管理局	64,000,000	14.48
(4)	广西民族经济发展资金管理局	46,000,000	10.41
(5)	广西壮族自治区公路运输管理局	10,000,000	2.26
(6)	同智基金	314,041	0.07
(7)	章正洁	286,801	0.06
(8)	普丰基金	239,000	0.05
(9)	高爱军	231,000	0.05
(10)	贾奎庭	203,000	0.05

注:第1-5名股东所持股份为未上市流通的国家股及国有法人股,第6-10名股东所持股份为已上市流通股。

3、报告期内,持股5%以上的股东所持本公司股份未发生质押或冻结情况,前十名股东之间不存在关联关系。

4、持股10%以上的国有股股东情况

(1)广西壮族自治区高速公路管理局

法定代表人:朱乃文

广西壮族自治区高速公路管理局直属于广西区交通厅,是经广西区人民政府批准,于1996年12月成立的广西高速公路管理机构,负责对全区高速公路及设施的养护、经营、路政、收费、通讯监控的行政管理和行业管理。年末持股数13,480万股,占本公司总股数30.49%,其持有的本公司股票无质押或冻结情况。

(2)华建交通经济开发中心

法定代表人:朱耀庭

经营范围:公路、码头、港口、航道的综合开发、承包建设,交通基础建设新技术、新产品、新材料的开发、研制和产品的销售。建筑材料、机电设备、汽车(不含小车)及配件、五金交电、日用百货的销售,经济信息咨询,人才培训。年末持股数8,520万股,占公司总股数的19.28%,其持有的本公司股票无质押或冻结情况。

(3)广西壮族自治区公路管理局

法定代表人:谢仕玲

广西壮族自治区公路管理局是直属于广西区交通厅的全民所有制事业单位,于1950年3月成立,主要负责全区公路建设规划,公路工程施工、公路养护管理和物资调配。年末持股数6,400万股,占公司总股数的14.48%,其持有的本公司股票无质押或冻结情况。

(4)广西民族经济发展资金管理局

法定代表人:王晓辉

广西民族经济发展资金管理局是直属于广西区财政厅的全民所有制事业单位,成立于1986年1月,是广西专门从事财政信用的机构。年末持股数4,600万股,占公司总股数的10.41%,其持有的本公司股票无质押或冻结情况。

5、报告期内控股股东没有变更。

四、股东大会简介

报告期内本公司召开了1999年度股东大会。

公司于2000年5月25日在广西区交通厅一楼会议室召开1999年度股东大会。

会议表决通过了以下普通决议:

(一)1999年度董事会工作报告;

(二)1999年度监事会报告;

(三)1999年度财务决算报告;

(四)关于法定公益金和任意盈余公积金提取的方案;

(五)关于计提坏帐准备等会计项目变更的方案;

(六)关于可供分配利润享有问题的议案;

(七)1999年度利润分配预案;

(八)2000年度财务预算方案;

(九)公司发展规划;

(十)关于提请股东大会授予董事会限额投资决策权的议案;

(十一)关于董事、监事工资的调整方案;

(十二)关于投资国债市场的方案;

(十三)关于投资开发邕宁县仙葫开发区土地的方案。

会议审议并以特别决议通过关于提请股东大会继续授权董事会办理一切与公司A股发行上市有关事项的决议。

会议没有否决的决议。

股东大会召开期间公司尚未上市,股东大会决议未刊登披露。

报告期内没有召开临时股东大会。

五、董事会报告

(一)公司经营情况

1、公司所处行业以及公司在行业中的地位

公司属于交通基础设施行业。交通基础设施建设是国家政策重点扶持的对象,公司成立以来得到各级政府的大力支持,国家西部大开发战略的实施更是给公司提供了新的发展机遇。公司财务状况稳定,经营业绩优良,是广西公路交通类上市公司第一家。

2、公司主营业务范围及经营状况

公司是以交通建设开发为主业的股份制企业,主要从事广西区内公路、桥梁、站场、港口的建设和经营管理。目前拥有的主要路桥资产是柳王高速公路小平阳至王灵段(平王路)、南宁至梧州公路部分路段及柳州静兰大桥。

(1)2000年度公司主营业务收入、主营业务利润的构成情况(万元):

项目	主营业务收入	占主营业务收入比例	主营业务利润	占主营业务利润比例
平王路	1,729	12.81%	1,091	11.33%
南梧路	11,054	81.86%	8,230	85.49%
静兰大桥	720	5.33%	306	3.18%

报告期内,公司实现主营业务收入13,503万元,较上一年度增长1.39%;实现净利润8,296万元,不考虑公司在一九九九年度按权责发生制原则计算18%所得税返还的补贴收入与二000年采用收付实现制原则计算所造成的利润差异,比上一年度增长2.86%。

(2)公司主要路桥资产

公司"两路一桥"资产中,柳王高速公路是国道主干线衡阳至昆明公路的重要路段,同时也是广西公路主骨架中的重要路段,是西南地区出海大通道的重要组成部分;南梧路西起广西壮族自治区首府南宁市,穿越五个地、市和七个县、市,是南宁通往人口密集、经济发达的桂东南地区和广东省的主要交通干线,南梧路目前已成为西江流域城乡经济的大动脉,对于促进桂东南地区和西江走廊以至大西南的经济发展起着重要作用;静兰大桥位于广西壮族自治区柳州市,是柳州市通往桂东地区的过境桥梁和柳州城市交通干道。

报告期主营业务及结构没有变化。

(3)公司没有全资附属企业及控股子公司。

(4)经营中出现的问题与困难及解决方案

报告期内,原预测公司股票6月份上市,7月份收购广西境内的金宜路,公司可增加营业收入1,196万元。后因上市时间延后,收购未完成,故预测收入未兑现。目前,公司正在对预收购项目进行重新评估,申办评估结果确认和公路收费权经营期的手续。

(5)公司报告期内利润实现数未出现较利润预测数低10%以上或高20%以上的情况。

(二)公司财务状况

1、公司报告期财务指标的增减变动情况(单位:万元)

财务指标	2000年	1999年	增减比例
总资产	140,843.79	93,647.96	50.40%
长期负债	27,321.86	27,345.47	-0.09%
股东权益	98,129.07	46,611.99	110.52%
主营业务利润	9,626.67	9,518.86	1.13%
净利润	8,296.49	9,754.05	-14.94%

公司报告期总资产及股东权益出现较大增长幅度的原因,在于公司2000年12月1日以每股5.48元人民币的发行价在上海证券交易所上网定价发行了8,000万社会公众股,从而增加了公司总资产和股东权益;报告期净利润比1999年度减少的原因,主要在于公司2000年度享受"按33%的法定税率缴纳所得税后,由自治区政府财政返还18%(实际税负为15%)"的财政返还部分按收付实现制计算尚未落实。

2、公司2000年度财务状况业经北京京都会计师事务所有限责任公司审计并出具了无保留意见的审计报告。

(三)公司投资情况

1、募集资金使用情况

公司于2000年12月1日公开发行A股8,000万股,每股发行价5.48元,共募集资金43,840万元,扣除发行费用后净募资金42,412万元。按《招股说明书》关于募集资金的使用用途,公司拟收购广西境内金城江至宜州一级公路,收购手续正在办理中。

2、非募集资金使用情况

(1)根据公司第十三次股东大会决议,公司报告期内以自有资金1,000万元投资国债市场。截至2000年12月31日,该笔投资的收益为-72,826.15元。

(2)根据公司第十三次股东大会决议,公司报告期内投资1,090万元开发广西邕宁县仙葫开发区(现更名为广西南宁市仙葫经济开发区)218亩土地。已完成土地的平整开发工作。

(四)国家宏观政策变化对公司经营的影响。

广西属于西部地区,西部大开发战略把交通基础设施建设列为重点,给公司带来了新的发展机遇。

我国即将加入WTO,未来加快与周边地区贸易往来势在必行,公司作为服务于西南出海大通道的交通企业,将迎来又一发展的大好机遇。

(五)新年度业务发展计划

2001年总的业务发展指导思想是继续以发展交通为主业,规范经营行为,加强管理,争创最佳业绩,树立良好的公司形象,力争在2002年实现配股。为此,制定业务发展计划如下:

1、继续搞好路桥资产经营,争取2001年的主营业务收入比上年有增长。

2、抓紧办理收购金宜路的各项手续,年内完成募集资金投资项目的使用计划。

3、进一步完善企业的法人治理结构,建立健全各项规章制度。

4、根据国内外经济发展的趋势,结合公司的实际情况,进一步研究制定公司的长远发展规划。

(六)董事会日常工作情况

1、董事会的会议情况及决议内容

报告期内公司召开了三次董事会会议。

(1)第三届董事会第三次会议于2000年4月18日在公司会议室召开。会议应到董事9人,实到董事8人,委托董事1人。公司6名监事、2名高级管理人员列席了会议。符合《公司法》和《公司章程》规定。会议由董事长王维平先生主持。

会议审议并通过了以下决议:

1)公司1999年度总经理工作报告;

2)关于兼职董事、监事工作费用补助标准的调整方案;

3)关于调整公司高级管理人员工资的方案;

4)关于拟选择深圳证券交易所为公司股票上市地的方案;

5)关于召开公司第十三次股东大会的方案。

会议审议同意以下议案提交公司第十三次股东大会审议批准:

1)公司1999年度董事会工作报告;

2)公司1999年度财务决算方案;

3)公司1999年度法定公益金和任意盈余公积金提取方案;

4)公司1999年度利润分配方案;

5)公司2000年度财务预算方案;

6)公司关于计提坏帐准备等会计项目变更的方案;

7)关于公司可供分配利润享有问题的议案;

8)关于提请股东大会授予董事会5000万元以内(含5000万元)的投资决策权的议案;

9)关于公司投资国债市场的方案;

10)关于公司投资开发邕宁县仙葫开发区土地的方案;

11)关于调整公司董事、监事工资的方案;

12)关于请求股东大会继续授权董事会办理一切与公司A股发行上市有关事项的议案;

13)关于公司发展规划。

(2)第三届董事会第四次会议于2000年8月25日下午在公司会议室召开,会议应到董事9人,实到董事8人,委托董事1人。公司4名监事和2名高级管理人员列席了会议。符合《公司法》和《公司章程》规定。会议由王维平董事长主持。

会议审议并通过了以下决议:

1)关于公司设立及运作有关事项的说明;

2)股票发行募集资金运用可行性报告;

3)根据中国证监会证发反馈函[2000]110号《关于广西五洲交通股份有限公司公开发行股票申请文件再次反馈意见的函》修改后的《广西五洲交通股份有限公司招股说明书》;

4)南梧路贵港收费站迁移费用预算;

(3)第三届董事会第五次会议于2000年12月10日在公司会议室召开,会议应到董事9人,实到董事8人,委托董事1人。公司4名监事和2名高级管理人员列席了会议。符合《公司法》和《公司章程》规定。会议由王维平董事长主持。

会议根据公司第十三次股东大会授权,审议通过了《广西五洲交通股份有限公司关于修改公司章程的说明》,根据公司上市后变化情况对公司章程中有关注册资本、股权结构等内容作出相应修改,并于2000年12月11日完成工商变更登记。

2、对股东大会决议的执行情况

(1)根据股东大会授权办理一切与公司A股发行上市有关事项。

董事会充分发挥了主观能动性,积极、认真、主动、及时办理一切与公司A股发行上市有关事项,圆满完成发行上市工作。

(2)1999年度利润分配

在《公司法》规定的期限内,即第13次股东大会召开后二个月内,公司在《广西日报》上刊登了分红公告,并委托广西证券登记公司于2000年6月8日起代发公司1999年度现金红利,红利发放工作进展顺利。

(3)投资国债市场

公司在2000年9月以自有资金1,000万元进行了国债投资。

(4)投资开发仙葫开发区土地

公司投资1,090万元开发广西南宁市仙葫经济开发区218亩土地,已基本完成该宗土地的平整,进展顺利。

(5)修订公司章程

公司8,000万A股经中国证监会批准并于2000年12月1日在上海证券交易所发行后,公司的股本及其结构发生了变化。根据第十三次股东大会的授权,公司董事会专门召开了三届五次会议,对公司章程进行了修订。并按照修订后的《广西五洲交通股份有限公司章程》完成了工商变更登记。

(七)公司管理层及员工情况

1、董事、监事、高级管理人员情况

姓名	性别	年龄	职务	持股数量(股)
王维平	男	51	董事长	10,000
朱耀庭	男	59	副董事长	0
王晓辉	男	58	副董事长	0
刘先福	男	36	董事	0
朱乃文	男	52	董事	10,000
李健中	男	54	董事、总经理	10,000
陈仕岳	男	43	董事、董事会秘书、副总经理	5,000
林瑞祥	男	60	董事	7,000
谢仕玲	男	54	董事	8,000
许丽萍	女	43	监事会主席	1,000
张滇梅	女	57	监事会副主席	5,000
于　华	女	28	监事	0
黄金木	男	43	监事	20,000
孔庆丰	男	50	监事	5,000
李均毅	男	30	监事	13,100
李宁国	男	48	副总经理	0
吴庆辉	男	36	总会计师	39,500

(1)上述董事、监事、高级管理人员任期为1999年6月至2002年6月。

(2)上述董事、监事、高级管理人员报告期内持股数量无增减变化。

(3)上述董事、监事和高级管理人员中,在公司领取薪酬的7人,其中年薪酬2-3万元2人,3-4万元3人,4-5万元2人;董事朱耀庭、王晓辉、刘先福、朱乃文、林瑞祥、谢仕玲,监事许丽萍、张滇梅、于华、黄金木共10人不在公司领取薪酬。

(4)报告期内无董事、监事、高级管理人员离任情况。

(5)李健中先生为公司总经理,陈仕岳先生兼任公司董事会秘书,报告期内无变更。

2、公司员工情况

公司拥有员工499人,其中一线人员(包括收费人员和路政人员)360人,占员工总数的72%;技术人员45人,占员工总数的9%;财务人员26人,占员工总数的5%;管理人员68人,占员工总数的14%。公司具有大专以上学历的员工53人,占员工总数的11%;中专、高中学历的员工245人,占员工总数的49%。报告期内公司无离退休职工。

(八)本次利润分配预案和资本公积金转增股本预案

1、利润分配预案

(1)根据公司《招股说明书概要》的承诺,发行上市以前年度未分配利润归原有股东享有。该利润余额为41,466,012.56元,以2000年12月1日以前的原有股本36,200万股为基数,向原有股东每10股派现1.14元(含税),合计派现41,268,000元,余下利润198,012.56元结转至2000年度未分配利润与新股东共享。

(2)2000年度实现净利润82,964,942.77元,提取10%的法定公积金、10%的法定公益金、6%的任意盈余公积金,三项共计提21,570,885.13元,余下可供股东分配利润61,394,057.64元,加上转入的由原股东享有以前年度未分配利润余额198,012.56元,2000年度可供股东分配利润为61,592,070.20元。以2000年12月31日止的总股本44,200万股为基数,向全体股东每10股派现1元(含税),合计派现44,200,000元,余下利润17,392,070.20元结转下年度未分配利润。。

该利润分配预案须报股东大会审议通过后实施

2、2001年度利润分配政策

(1)2001 年度分配利润一次。

(2)2001 年实现净利润用于股利分配的比例不小于 30%。

(3)本年度未分配利润用于 2001 年度股利分配的比例不小于 30%。

(4)股利分配形式采取派发现金;或送红股;或两者相结合。现金股息分配的比例不少于 10%。具体分配方案将根据公司当时的情况,由公司董事会和股东大会做出决定。

3、公司本次不进行公积金转增股本。

(九)其他报告事项

公司指定的信息披露报纸是《中国证券报》和《上海证券报》。

公司招股说明书概要分别刊登在 2000 年 11 月 29 日《中国证券报》和《上海证券报》,上市公告书分别刊登在 2000 年 12 月 16 日《中国证券报》和《上海证券报》,其他与公司股票发行、上市有关需要披露的事项,亦相应刊登在以上两家报纸。

六、监事会报告

2000 年监事会按照《公司法》和《公司章程》授予的职权,对公司财务、执行股东大会决议、经营决策、依法运作、董事及高级管理人员履行职务、关联交易等情况进行了认真检查和监督,忠实履行监督职能,认真维护了股东权益。

(一)监事会参加了 1999 年度股东大会,列席了董事会召开的三届三次、三届四次、三届五次会议。监事会于 2000 年 3 月 2 日召开第三届第二次会议,会议由监事会主席许丽萍女士主持。会议讨论并通过了以下决议:

1、会议认为,公司董事会能够严格执行股东大会决议,决策程序合法、运作规范;经理班子尽职尽责执行董事会的决议,较好地完成公司的经营计划,为加快上市申报的进度做了大量艰苦细致的工作。

2、公司 1999 年度监事会报告。

3、公司根据财政部有关文件精神调整应收款项计提坏帐准备比例的程序合法、依据充分。

4、完善监事会议事规则,从 2001 年开始,每半年召开一次监事会,会议时间、地点由主席决定。

(二)对公司运作情况,监事会认为:

1、公司在报告期内进一步完善了内部控制制度,公司各项重大决策合法,公司董事和高级管理人员执行公司职务时无违反国家法律、法规、公司章程或损害公司利益的行为;

2、北京京都会计师事务所有限责任公司对公司出具的无保留意见的审计报告,真实反映了公司的财务状况和经营成果;

3、公司股票公开发行募集的资金用于收购广西金城江至宜州一级公路,收购手续正在办理之中;

4、公司关联交易严格按照公司与关联方签定的有关协议执行,交易价格公允、未发现损害公司及其他股东利益的情况;

5、公司遵守《公司法》和《公司章程》有关规定,在人员、资产、财务方面完全实现了三独立。

七、重要事项

(一)报告期内公司无重大诉讼、仲裁事项。

(二)报告期内公司董事及高级管理人员均未受监管部门处罚。

(三)报告期内公司控股股东未发生变更,董事会未发生换届、改选或半数以上成员变动,公司总经理、董事会秘书均未变动。

(四)报告期内公司投资 1,090 万元开发广西南宁市仙葫经济开发区 218 亩土地,已完成土地的平整开发工作。公司没有出售资产、吸收合并事项发生。

(五)报告期内公司未发生重大关联交易事项。

(六)公司与控股股东—广西壮族自治区高速公路管理局之间实现了人员独立、资产完整、财务独立,做到了在人员、资产、财务上"三分开"。其中:(1)在人员方面,公司在劳动、人事及工资管理等方面独立;总经理、副总经理、总会计师等高级管理人员在公司领取薪酬,在股东单位没有担任任何职务。(2)在资产方面,公司拥有独立的生产系统、辅助生产系统和配套设施。 根据公司与广西壮族自治区公路管理局订立的《南梧路有关路段营运养护合同》,广西壮族自治区公路管理局向公司提供五塘至新桥路段、黎塘绕城路、贵港绕城路和桂平大桥的营运养护服务;根据公司与广西壮族自治区高速公路管理局订立的《柳王高速公路平王路及静兰大桥营运养护合同》,广西壮族自治区高速公路管理局向公司提供平王路及静兰大桥的营运养护和综合服务。公司目前尚无工业产权、商标、非专利技术等无形资产;拥有独立的采购和销售系统。(3)在财务方面,公司设立了独立的财会部门,建立了独立的会计核算体系和财务管理制度,独立在银行开户。披露情况见 2000 年 11 月 29 日《中国证券报》和《上海证券报》刊登的《广西五洲交通股份有限公司招股说明书概要》。

(七)报告期内公司对外没有发生托管、承包、租赁其他公司资产或其他公司托管、承包、租赁公司资产的事项。

(八)报告期内公司继续聘任北京京都会计师事务所有限责任公司为审计中介机构。

(九)1998 年 1 月,公司与广西壮族自治区交通厅订立《委托经营管理协议》。广西壮族自治区交通厅委托公司对南宁至梧州公路木乐至苍梧路段进行经营管理。委托的期限与该路段经有关主管部门批准的收费期限相等。2000 年 8 月 16 日,公司与广西壮族自治区交通厅就 2001 年至 2003 年的委托管理费标准事宜签订补充协议。根据该补充协议,自 2001 年至 2003 年每年广西壮族自治区交通厅向公司支付的委托管理费为人民币 3,200 万元。披露情况见 2000 年 11 月 29 日《中国证券报》和《上海证券报》刊登的《广西五洲交通股份有限公司招股说明书概要》。

(十)1997 年 10 月 31 日,公司与国家开发银行、广西壮族自治区防城港务局签订了《国家开发银行贷款保证合同》。根据该合同,公司为广西壮族自治区防城港务局向国家开发银行借款 17,900 万元提供担保。披露情况见 2000 年 11 月 29 日《中国证券报》、《上海证券报》。2000 年 12 月 26 日,国家开发银行出具《开行函[2000]213 号》"国家开发银行关于防城港务局贷款变更担保人的复函",批复:同意贷款担保人由广西五洲交通股份有限公司变更为中国工商银行广西壮族自治区分行。在新的担保合同签定前,广西五洲交通股份有限公司继续承担原保证合同下的保证责任。

(十一)报告期内公司未更改名称及股票简称。

(十二)报告期内公司或持股 5%以上的股东没有在指定报纸和网站上披露承诺事项。

八、财务会计报告

一、审计报告

北京京都审字(2001)第 0108 号

广西五洲交通股份有限公司全体股东:

我们接受委托,审计了贵公司二零零零年十二月三十一日资产负债表、二零零零年一至十二月利润表和利润分配表及二零零零年一至十二月现金流量表。这些会计报表由贵公司负责,我们的责任是对这些会计报表发表审计意见。我们的审计是依据《中国注册会计师独立审计准则》进行的。在审计过程中,我们结合贵公司实际情况,实施了包括抽查会计记录等我们认为必要的审计程序。

我们认为,上述会计报表的编制符合《企业会计准则》及《股份有限公司会计制度》等有关规定,在所有重大方面公允地反映了贵公司二零零零年十二月三十一日的财务状况,二零零零年一至十二月经营成果及二零零零年一至十二月现金流量情况,会计处理方法的选用遵循了一贯性原则。

北京京都会计师事务所有限责任公司　　中国注册会计师　王娟

中国·北京赛特广场　　中国注册会计师　钱斌

二零零一年三月十三日

二、会计报表(附后)

三、会计报表附注

(一)公司简介

本公司经广西壮族自治区经济体制改革委员会桂体改股字[1992]27 号批准,于 1992 年 12 月 31 日采用定向募集方式设立。经中国证券监督管理委员会证监发行字[2000]158 号文批准发行股票。本公司股票于 2000 年 12 月 1 日在上海证券交易所上网定价发行人民币普通股 8000 万股,并于 2000 年 12 月 21 日在上海证券交易所挂牌交易。截至 2000 年 12 月 31 日总股本 44,200 万股,其中,国家股 2,480 万股;国有法人股 31,520 万股;内部职工股 2,200 万股及社会公众股 8,000 万股。

本公司经营范围:兴办、修建、改造公路及桥梁、站场、港口、码头及附属设施和交通基础设施项目的投资。1998 年 1 月 1 日,根据广西壮族自治区人民政府桂政函[1998]81 号文批复精神,公司资产置换后,经营范围为:高速公路的建设、经营、管理和综合开发,其他等级公路、桥梁、站场、港口、码头及附属设施的修建、改造、经营和综合开发。

(二)主要会计政策和会计估计

(三)会计报表主要项目注释

17.资本公积

项　目	期初数	本期增加	本期减少	期末数
股本溢价	7,135,323.91	344,156,168.00	–	351,291,491.91
接受捐赠资产	–	7,678,100.00	–	7,678,100.00
资产评估增值准备	–	–	–	–
投资准备	–	–	–	–
	7,135,323.91	351,834,268.00	–	358,969,591.91

本期增加主要内容:

(1)本期向社会公开发行人民币普通股股票 8000 万股,每股面值 1 元;每股发行价 5.48 元。募集资金扣除发行费用后 80,000,000.00 元作为股本,其余 344,120,000.00 元列入资本公积;

(2)有效申购资金利息 36,168.00 元按规定列入资本公积。

(3)接受捐赠资产:1997 年前利润分配时形成的应付股利,因原股东已确认与本公司结清债权债务关系而无法付出的部分。

18. 盈余公积

19.未分配利润

(1)、按公司章程规定,依法缴纳所得税后的利润,按下列顺序进行分配:

A、弥补以前年度亏损;

B、提取 10%的法定盈余公积金;

C、提取 5%-10%的法定公益金;

D、提取任意盈余公积金;

E、分配股利。

(2)、增减变动	本年发生数	上年发生数
期初数	274,983.13	74,100,769..99
本期增加数	82,964,942..77	97,540,522..62
本期减少数	21,570,885.13	171,641,292..61
其中:提取盈余公积	21,570,885.13	30,918,973.32
分配股利	–	140,722,319.29
期末数	61,669,040.77	–

A.2000 年度根据本公司第十三次股东大会(1999 年年会)决议第四项内容精神:2000 年,公司实现当年预算利润目标时,法定公益金及任意盈余公积金按 1999 年比例提取。分别为 10%、6%。

B.本期报表期初数与上期报表期末数存在差异的原因:根据财政部 2000 年 9 月 6 日下发的财企[2000]295 号《关于企业住房制度改革中有关财务处理问题的通知》的规定,对住房周转金现有余额调整期初未分配利润。调减住房周转金 371,598.82 元,增加年初未分配利润;并按 1999 年提取三金比例,相应调整盈余公积,调增盈余公积 96,615.69 元,其中公益金 37,159.88 元。总计调增年初未分配利润 274,983.13 元。

20.主营业务税金及附加

税　项	本年发生数	上年发生数
营业税	6,810,172.16	6,658,921.12
城建税	328,694.15	296,470.45
教育费附加	191,744.04	188,964.77
防洪保安费	165,464.09	299,651.51
	7,496,074.44	7,444,007.85

21. 其他业务利润

22.财务费用

内　容	本年发生数	上年发生数
利息支出	–	–
减:利息收入	5,261,219.40	2,784,877.59
手续费	5,871.33	2,876.72
	-5.255,348.07	-2,782,000.87

23.投资收益

内　容	本年发生数	上年发生数
股权投资收益	–	–
债券投资收益	–	–
投资减值准备	-72,826.15	–
	-72,826.15	–

24.营业外收入

内　容	本年发生数	上年发生数
长款收入	–	797.50
处理固定资产收益	800.00	–
无效申购利息	2,274,221.78	–
	2,275,021.78	797.50

25.营业外支出

内　容	本年发生数	上年发生数
处理固定资产净损失	44,549.50	24,033.14
捐赠支出	2,500.00	15,000.00
罚款支出	1,113.45	–
其他	–	295.68
	48,162.95	39,328.82

26. 财政返还 18%所得税

内　容	本年发生数	上年发生数
财政返还 18%所得税		16,886,886.13

(四)关联方关系及其交易

(五)或有事项

本公司于 1997 年 10 月 31 日与国家开发银行、广西防城港港务局签订了《国家开发银行贷款担保合同》,为防城港二期工程项目 17900 万元贷款及利息和有关费用提供担保。就本公司向防城港港务局提供的上述担保,防城港港务局以其 7、8 泊位作出反担保抵押;防城港市地产公司亦向本公司出具承诺函,承诺以"相应的土地"提供反担保抵押。

国家开发银行于 2000 年 12 月 26 日出具了《开行函[2000]213 号》"国家开发银行关于防城港港务局贷款变更担保人的复函",批复:同意贷款担保人由广西五洲交通股份有限公司变更为中国工商银行广西壮族自治区分行。在新的担保合同签订前,广西五洲交通股份有限公司继续承担原保证合同项下的保证责任。

(六)承诺事项

本年度本公司无重大影响报表使用者判断的承诺事项。

(七)其他重要事项

本公司于1998年1月1日与广西壮族自治区交通厅签订了《委托管理协议》,受托管理广西壮族自治区境内南梧路木乐至苍梧路段。受托管理费每年收取一次。自本协议生效后前三年收取数额为每年人民币3,200万元,以后双方以签订补充协议的方式另行协商受托管理费的标准。

本公司于2000年8月16日与广西壮族自治区交通厅就2001至2003年的委托管理费标准事宜签订补充协议。根据该补充协议,自2001年至2003年每年交通厅应向本公司支付的委托管理费为人民币3,200万元。

九、公司其他有关资料

公司首次注册登记日期及地点　注册时间:一九九二年十二月三十一日

注册地点:南宁市新民路67号　公司变更注册登记日期及地点

时间:二OOO年十二月十一日　地点:南宁市新民路48号

企业法人营业执照注册号:(企)4500001000763　税务登记号码:450100198225095

公司未流通股票的托管机构名称:上海证券中央登记结算公司

公司聘请的会计师事务所名称及地点

名称:北京京都会计师事务所有限责任公司　地点:北京市建国门外大街22号赛特广场5层

十、备查文件目录

(一)载有法定代表人、总会计师及会计经办人员签名并盖章的会计报表。

(二)载有会计师事务所盖章、注册会计师签名并盖章的审计报告原件。

(三)报告期内在《中国证券报》、《上海证券报》上公开披露的所有公司文件的正本及原件。

(四)公司章程

以上备查文件均完整置于公司所在地。

广西五洲交通股份有限公司董事会

二OO一年三月十六日

资产负债表　单位:(人民币)元

资产	期末数 母公司
流动资金:	
货币资金	756,323,853.25
短期投资	9,994,290.95
减:短期投资跌价准备	72,826.15
短期投资净额	9,921,464.80
应收帐款	544,918.62
其他应收款	708,111.74
减:坏帐准备	75,181.82
应收款项净额	1,177,848.54
预付帐款	-
应收补贴款	16,886,886.13
存货	10,900,000.00
其中:工程施工	-
减:存货跌价准备(含工程亏损准备)	-
存货净额	10,900,000.00
流动资产合计	795,210,052.72
固定资产:	
固定资产原价	685,951,740.68
减:累计折旧	73,190,114.84
固定资产净值	612,761,625.84
工程物资	-
在建工程	466,193.09
固定资产清理	-
待处理固定资产净损失	-
固定资产合计	613,227,818.93
资产总计	1,408,437,871.65
流动负债:	
应付帐款	902,382.39
预收帐款	-
代销商品款	-
应付工资	496,533.27
应付福利费	478,811.69
应付股利	93,500,000.00
应交税金	6,712,538.05
其他应交款	78,684.00
其他应付款	51,759,542.60
预提费用	-
一年内到期的长期负债	-
其他流动负债	-
工程结算	
流动负债合计	153,928,492.00
长期负债:	
长期借款	-
应付债券	-
长期应付款	273,218,641.37
住房周转金	
其他长期负债	-
递延收入	
长期负债合计	273,218,641.37
递延税项:	
递延税款贷项	-
负债合计	427,147,133.37
少数股东权益(合并报表填列)	-
股东权益:	
股本	442,000,000.00
资本公积	358,969,591.91
盈余公积	118,652,105.60
其中:公益金	42,140,377.53
未确认的投资损失	61,669,040.77
调整期初未分配利润	
未分配利润(未弥补亏损以"-"号表示)	-
外币报表折算差额(合并报表填列)	-
股东权益合计	981,290,738.28
负债和股东权益总计	1,408,437,871.65

资产	期初数 母公司
流动资金:	
货币资金	279,150,493.21
短期投资	-
减:短期投资跌价准备	-
短期投资净额	-
应收票据	-
应收股利	-
应收利息	-
应收帐款	267,207.98
其他应收款	2,107,406.94
减:坏帐准备	142,635.89
应收款项净额	2,231,979.03
预付帐款	-
应收补贴款	16,886,886.13
存货	-
其中:工程施工	-
减:存货跌价准备(含工程亏损准备)	-
存货净额	-
待摊费用	-
待处理流动资产净损失	-
一年内到期的长期债权投资	-
短期贷款	
其他流动资产	-
流动资产合计	298,269,358.37
长期投资:	
长期股权投资	-
长期债权投资	-
长期投资合计	-
减:长期投资减值准备	-
长期投资净额	-
其中:合并价差(贷差以"-"号表示合并报表填列)	-
其中:股权投资差额(贷差以"-"号表示母公司报表填列)	-
固定资产:	
固定资产原价	685,206,437.58
减:累计折旧	47,599,592.22
固定资产净值	637,606,845.36
工程物资	-
在建工程	409,950.00
固定资产清理	-
待处理固定资产净损失	-
固定资产合计	638,016,795.36
无形资产及其他资产:	
无形资产	-
开办费	-
长期待摊费用	193,418.63
其他长期资产	-
其中:临时设施净额	-
无形资产及其他资产合计	193,418.63
资产总计	936,479,572.36
流动负债:	
应付帐款	1,952,493.85
预收帐款	-
代销商品款	-
应付工资	500,000.00
应付福利费	294,009.13
应付股利	51,000,000.00
应交税金	46,248,864.38
其他应交款	126,864.85
其他应付款	96,782,713.45
流动负债合计	196,904,945.66
长期负债:	
长期应付款	273,218,641.37
住房周转金	236,056.64
长期负债合计	273,454,698.01
负债合计	470,359,643.67
少数股东权益(合并报表填列)	-
股东权益:	
股本	362,000,000.00
资本公积	7,135,323.91
盈余公积	96,984,604.78
其中:公益金	33,806,723.37
股东权益合计	466,119,928.69
负债和股东权益总计	936,479,572.36

重庆长江水运股份有限公司

重庆长江水运股份有限公司2000年年度报告

重要提示：本公司董事会保证本报告所载资料不存在任何虚假记载、误导性陈述或者重大遗漏，并对其内容的真实性、准确性和完整性负个别及连带责任。本年度报告摘要摘自年度报告，投资者欲了解详细内容，应阅读年度报告。

一、公司简介

1、公司法定中文名称：重庆长江水运股份有限公司

英文名称：CHONGQING CHANGJIANG RIVER WATER TRANSPORT CO.,LTD

2、公司法定代表人：李立

3、公司董事会秘书：饶正力 电话：(023)72228178 63727484

传真：(023)72224613 63701991 电子信箱：Raozhengli56@cta.cq.cn

4、公司注册地址：重庆市涪陵区中山东路2号

邮编：408000 电子信箱：Cqchangyun@cta.cq.cn

5、公司指定信息披露报纸：《中国证券报》、《上海证券报》。

登载年度报告的国际互联网网址：http://www.sse.com.cn

年度报告备置地：重庆长江水运股份有限公司董事会秘书处

6、公司股票上市交易所：上海证券交易所 股票简称：长运股份 股票代码：600369

二、会计数据和业务数据摘要

1、本公司本年利润及构成(单位：元)

项目	2000年度
利润总额	39,637,847.89
净利润	27,738,570.55
扣除非经营性损益后的净利润	16,990,734.98
主营业务利润	47,273,147.09
其他业务利润	259,635.84
营业利润	28,185,922.06
投资收益	1,306,374.85
补贴收入	10,747,835.57
营业外收支净额	-602,284.59
经营活动产生的现金流量净额	77,195,936.41
现金及现金等价物净增加	449,943,766.83

注："扣除非经营性损益后的净利润"中扣除项目为补贴收入，金额为10,747,835.57元。

2、公司前三年主要会计数据和财务指标 单位：元

项目	2000年	1999年	1998年
主营业务收入	155,547,613.11	142,882,101.06	105,210,178.51
净利润	27,738,570.55	30,295,710.91	13,640,120.67
总资产	833,746,201.31	387,964,271.95	335,818,220.86
股东权益	579,806,571.61	157,547,316.27	147,711,605.36
每股收益(摊薄)(元/股)	0.161	0.296	0.133
每股收益(加权)(元/股)	0.271	0.296	0.146
扣除非经营性损益后的每股收益(摊薄)	0.099	0.247	0.105
每股净资产(元/股)	3.365	1.540	1.444
调整后的每股净资产(元/股)	3.353	1.513	1.405
每股经营活动产生的现金流量净额	0.448	0.906	0.107
净资产收益率摊薄(%)	4.78	19.23	9.23
净资产收益率加权(%)	17.39	20.54	9.68

报告期利润	金额(元)	净资产收益率		每股收益(元)	
		全面摊薄	加权平均	全面摊薄	加权平均
主营业务利润率	47,273,147.09	8.15%	29.64%	0.27	0.46
营业利润	28,185,922.06	4.86%	17.67%	0.16	0.28
净利润	27,738,570.55	4.78%	17.39%	0.16	0.27
扣除非经营性损益后的净利润	16,990,734.98	2.93%	10.65%	0.099	0.166

3、股东权益变动情况

项目	股本	资本公积	盈余公积	法定公益金	未分配利润	股东权益合计
期初数	102,300,000	502,500	32,984,278.79	5,728,705.07	21,760,537.48	157,547,316.27
本期增加	70,000,000	345007,900	4,212,974.7	1,391,567.77	27,738,570.55	442,746,470.55
本期减少	0	0	0	0	24,700,189.91	20,487,215.21
期末数	172,300,000	345,510,400	37,197,253.49	7,120,272.84	24,798,918.12	579,806,571.61

变动原因：

(1)股份增加系公司于2000年12月21日公开发行7,000万股人民币普通股股票所致；

(2)资本公积金增加系公司以每股6.18元发行新股，超出面值部分转入资本公积所致；

(3)盈余公积、法定公益金增加部分系因公司年度盈利按规定提取所致；

(4)未分配利润变动系本年度公司利润分配和利润未分配留存所致；

(5)股东权益增加系公司本年度发行新股及本年度盈利留存所致。

三、股东情况介绍

1、股东情况介绍：截止2000年12月31日，公司股东总计61,351户，其中：国有股股东1名，法人股股东6名，社会公众股股东58,167名，内部职工股股东3,177名。

2、公司前十名股东持股情况

序号	股份名称	持股数量(万股)	股份性质	持股比例(%)
1	重庆市涪陵国有资产经营公司	2,888.8046	国家股	16.77
2	华融投资有限公司	2,325.0000	法人股	13.49
3	神泉投资有限公司	1,860.0000	法人股	10.79
4	四川省信托投资公司	1,020.2954	法人股	5.92
5	四川省港航开发有限责任公司	775.0000	法人股	4.50
6	北京威革实业有限责任公司	620.0000	法人股	3.60
7	北京和泉投资顾问公司	465.0000	法人股	2.70
8	兴华基金	88.5000	公众股	0.51
9	汉盛基金	77.1000	公众股	0.45
10	同益基金	14.2000	公众股	0.08

(1)本公司前十名股东之间不存在关联交易。

(2)持有本公司5%及以上股份的股东共计4户，其中：国家股股东1户，法人股股东3户。分别是：

重庆市涪陵国有资产经营公司：本公司国家股股东，年初持有2,888.8046万股，年末持有2,888.8046万股。所持股份无质押、冻结情况。

华融投资有限公司：本公司法人股股东，年初持有2,325万股，年末持有2,325万股。所持股份无质押、冻结情况。

神泉投资有限公司：本公司法人股股东，年初持有1,860万股，年末持有1,860万股。所持股份无质押、冻结情况。

四川省信托投资公司：本公司法人股股东，年初持有1,020.2954万股，年末持有1020.2954万股。所持股份无质押、冻结情况。

(3)持有本公司10%及以上股份的法人股股东共计2户，分别是：

华融投资有限公司，法定代表人：陈建威，经营范围：投资开发；投资管理；资产管理；物业管理；企业兼并、重组的策划咨询；经济信息咨询、金融咨询。

神泉投资有限公司，法定代表人：许少才，经营范围：资产管理；房地产开发与经营；新技术开发、转让与技术服务。

(4)报告期内公司控股股东未变更。

四、股东大会简介

报告期内公司共召开两次股东大会：

1、公司2000年临时股东大会：2000年2月19日召开，出席会议的股东21人，代表股份10,225.35万股，占公司总股本的99.95%。大会审议通过了：

(1)公司董事会对照中国证监会重庆证管办"关于重庆长江水运股份有限公司改制验收整改方案"的整改方案；

(2)公司部分董事调整方案；

(3)公司章程修改方案。

2、公司1999年度股东大会：2000年5月10日召开，出席会议的股东25人，代表股份10,209.8518万股，占公司总股本的99.80%。大会审议通过了：

(1)公司董事会1999年度工作报告；

(2)公司监事会1999年度工作报告；

(3)公司1999年度财务决算方案和利润分配方案；

(4)公司申请公开发行7,000万股不记名式人民币普通股方案和在上海证券交易所发行并上市交易的方案；

(5)公司股票发行后的社会公众股股东与原股东对公司上市前的滚存利润有同等分配权的方案；

(6)公司上市后兼并重庆船厂的方案；

(7)对照上市公司章程指引，修改了公司章程。

大会选举产生了公司第三届董事会和第三届监事会，选举李立、刘龙铸、李光炳、许少才、肖宗华、曹明贵、李元发等七名同志为公司董事；选举申永洁、郑霞二名同志为监事，另一名监事周炳智由公司职工代表大会选举产生。

五、董事会报告

(一)报告期内公司经营情况 1、公司所处行业及在行业中的地位

公司属交通运输行业，主要从事水上客货运输业务，拥有重庆第一、长江第二大客运船队，是三峡库区和重庆市最大的地方水路客运骨干企业。

2、公司主营业务范围和经营情况

公司主营业务是从事长江干支流客、货运输及旅游服务；民用船舶设计、制造、修理(甲级)。公司自成立以来，一直致力于长江"黄金水道"的交通运输事业，并通过充分发挥股份制企业的优势，准确把握市场机遇，利用自身的技术优势和管理优势，取得了良好的经营业绩。2000年公司完成客运量146.9万人次，客运周转量45,453万人千米，货运量4.3万吨，货运周转量3,324万吨千米，实现主营业务收入155,547,613.11元，主营业务利润47,273,147.09元。

3、公司在经营活动中出现的问题与困难及解决方案

2000年三峡工程涪陵沿江大堤兴建进程加快，使公司所属涪陵造船厂提前停产搬迁，给公司修造船业务带来一定困难；随着西部大开发步伐的不断推进，公司原有老旧船舶已不适应运输市场发展的需要，特别是满足不了旅客对船舶舒适化、快速化的要求，同时，2000年油燃料价格上涨，且一度油源紧张，给运输生产带来一定困难。

为尽快建立自己的修造船基地和满足市场发展的要求，我们采取的对策是：

(1)加快涪陵造船厂移民搬迁步伐，以重庆船厂作为依托，对重庆船厂进行技术改造，重新建立公司修造船基地；

(2)加快对老旧客船的技术改造，提高船舶技术状况；

(3)大力开发长江、乌江新型高速客船，努力实现长途旅游化、短途高速化目标；

(4)结合运输生产实际调度船舶，合理安排修船计划，满足运输生产的需要；

(5)严格管理，特别是加强燃油消耗管理，引进和使用德国MAN主机降低油耗，从而保证在规模扩大的情况下，油耗增长不大，有效控制了成本的增长。

(二)公司财务状况

1、公司财务状况

项目	2000年	1999年	增减比例(%)
总资产	833,746,201.31	387,964,271.95	114.90
长期负债	65,917,856.17	53,091,949.62	24.16
股东权益	579,806,571.61	157,547,316.27	268.02
主营业务利润	47,273,147.09	55,847,090.87	-15.35
净利润	27,738,570.55	30,295,710.91	-8.44

2、增减变动主要原因：

(1)总资产和股东权益增加主要是公司发行7000万A股所致；

(2)长期负债增加主要是长期借款和长期应付款增加所致；

(3)主营业务利润和净利润减少主要是燃油价格上涨导致营运成本增加和财务费用增加所致。

(三)公司投资情况

根据公司招股说明书承诺的募集资金投向和1999年股东大会、董事会决议要求，公司报告期内完成现金投资35,753,000.00元，投资情况如下：

1、报告期内，募集资金使用情况：公司于2000年12月21日在上交所上网定价公开发行普通股7000万股，实际募集资金415,007,900.00元。至2000年12月31日，在募集资金项目上已经投入使用了35,078,000.00元，尚有379,929,900.00元没有使用，全部为银行存款，

江 西 昌 河 汽 车 股 份 有 限 公 司

江西昌河汽车股份有限公司股票上市公告书

上市推荐人：中信证券股份有限公司、国泰君安证券股份有限公司
股票简称：昌河股份
股票代码：600372
股本总额：41000 万股
可流通股本：11000 万股
本次上市流通股本：11000 万股

重要声明与提示

本公司董事会保证上市公告书的真实性、准确性、完整性，全体董事承诺上市公告书不存在虚假记载、误导性陈述或重大遗漏，并承担个别和连带的法律责任。

根据《公司法》、《证券法》等有关法律、法规的规定，本公司董事、高级管理人员已依法履行诚信和勤勉尽责的义务和责任。

上海证券交易所、中国证监会、其他政府机关对本公司股票上市及有关事项的意见，均不表明对本公司的任何保证。

本公司提请广大投资者注意，凡本上市公告书未涉及的有关内容，请投资者查阅 2001 年 6 月 16 日刊载于《中国证券报》、《上海证券报》、《证券时报》的本公司招股说明书摘要，及刊载于上海证券交易所网站(http://www.sse.com.cn)的本公司招股说明书全文。

一、概　览

股票简称：昌河股份
股票代码：600372
股本总额：41000 万股
可流通股本：11000 万股
本次上市流通股本：11000 万股

对首次公开发行股票前股东所持股份的流通限制及期限：

根据国家有关规定，本公司发起股东所持的国有法人股和其他法人股暂不上市流通；且自本公司成立之日即 1999 年 11 月 26 日起，三年内不得转让。

首次公开发行股票前股东对所持股份自愿锁定的承诺：

本公司控股股东昌飞集团公司已经出具承诺：在本公司股票上市之日起一年内，不转让持有的本公司股份，也不由本公司回购其持有的股份。

上市地点：上海证券交易所
上市日期：2001 年 7 月 6 日
股票登记机构：上海证券中央登记结算公司
上市推荐人：中信证券股份有限公司
　　　　　　国泰君安证券股份有限公司

二、绪　言

江西昌河汽车股份有限公司(以下简称"本公司")股票上市公告书是根据《公司法》、《证券法》、《股票发行与交易管理暂行条例》、《公开发行股票公司信息披露实施细则》和《上海证券交易所股票上市规则》等有关法律、法规的规定，并按照中国证监会制定的《公开发行证券的公司信息披露内容与格式准则第 7 号-股票上市公告书》而编制，旨在向投资者提供有关本公司的基本情况和本次股票上市的有关资料。

经中国证监会以证监发行字[2001]35 号文核准，本公司已于 2001 年 6 月 20 日采用上网定价发行方式成功地向社会公众公开发行了每股面值 1.00 元的人民币普通股 11000 万股，每股发行价 7.28 元。

经上海证券交易所上证上字[2001]98 号《关于江西昌河汽车股份有限公司人民币普通股股票上市交易的通知》同意，本公司 11000 万股人民币普通股将于 2001 年 7 月 6 日在上海证券交易所挂牌交易。股票简称"昌河股份"，股票代码"600372"。

本公司已于 2001 年 6 月 16 日分别在《中国证券报》、《上海证券报》、《证券时报》上刊登了《招股说明书摘要》。招股说明书正文及其附录材料可以在上海证券交易所网站(http://www.sse.com.cn)查询。招股说明书及其引用的财务资料距今不足六个月，与其重复的内容不再重述，敬请投资者查阅上述内容。

三、发行人概况

(一) 发行人的基本情况

公司名称：江西昌河汽车股份有限公司
英文名称：JIANGXI CHANGHE AUTOMOBILE CO.,LTD
注册资本：41000 万元
法定代表人：吴　全
董事会秘书：吴德铨
成立日期：　1999 年 11 月 26 日
发行人住所：江西省景德镇市东郊
邮政编码：　333002
电　　话：0798-8448974
传　　真：0798-8448974
电子信箱：　chgufen@public1.jd.jx.cn

经营范围：微型汽车系列车型、经济型乘用车(整车)设计、开发、制造、销售、售后服务；及相关项目的开发、咨询、服务。

主营业务：　微型客车、微型货车系列车型、经济型乘用车(整车)的投资、生产和销售。

所属行业：　汽车制造业

(二)发行人的历史沿革

1、发行人设立方式

本公司是由昌河飞机工业(集团)有限责任公司(以下称"昌飞集团公司")作为主发起人，联合合肥昌河汽车有限责任公司(以下称"合昌公司")等其他五家发起人共同发起设立的股份有限公司。

2、发行人改制重组情况

以 1999 年 6 月 30 日为基准日，昌飞集团公司将其与生产、经营微型汽车(整车)相关的经营性净资产和江西昌河铃木汽车有限责任公司(以下称"昌铃公司")41%的权益投入本公司，经评估确认后该部分净资产为 399,653,384.76 元，折为 261,893,367 股；合昌公司将与微型汽车(整车)生产相关的经营性净资产投入本公司，经评估确认后该部分净资产为 48,151,319.39 元，折为 31,553,620 股；其他 4 家发起人均以现金(合计 1000 万元)投入本公司。公司成立时总股本为 30,000 万元(以上各发起人出资的折股比例均为 65.53%)。

3、公司发展历程

1999 年 10 月 13 日国家财政部以《关于昌河飞机工业(集团)有限责任公司等企业发起设立股份有限公司资产评估项目审核意见的函》(财评字[1999]468 号文)审核通过对昌飞集团公司和合昌公司投入本公司资产的评估结果。

1999 年 11 月 2 日国家财政部以《关于江西昌河汽车股份有限公司(筹)国有股权管理有关问题的批复》(财管字[1999]341 号)批准本公司股权管理方案。

1999 年 11 月 8 日国家经贸委以《关于同意设立江西昌河汽车股份有限公司的批复》(国经贸企改[1999]1095 号文)批准设立本公司。

1999 年 11 月 26 日，公司创立大会暨第一次股东大会召开。

1999 年 11 月 26 日，公司在江西省工商行政管理局注册登记并领取营业执照，注册号为 3600001131927。

经中国证监会证监发行字[2001]35 号文核准，本公司通过上海证券交易所，于 2001 年 6 月 20 日以上网定价的发行方式向社会公众公开发行每股面值 1.00 元的人民币普通股 11000 万股，每股发行价 7.28 元；于 2001 年 6 月 26 日完成了工商变更登记手续，本公司注册资本变更为 41000 万元。

本公司成立以来未发生过其他股权变动或重大资产重组。

(三)发行人的主要经营情况

1、微型客货车市场概况

公司主要生产微型客车和货车。该行业属资金密集型产业，其特征是高投入高产出，规模效益显著。与其他汽车生产行业一样，我国微型汽车生产企业的研发能力与国外相比存在较大差距，缺乏产品自主开发能力，新技术新工艺应用水平较低。

据统计，"九五"期间我国微型客货车的年销量从 31 万辆增长至 54 万辆，年均增长率超过 15%，2000 年微型客货车年销量占国内汽车总销量的 26%(数据来源：《中国汽车工业 (2000)年鉴》)。根据中国汽车技术研究中心发布的全国微型汽车信息预测，"十五"期间，我国微型汽车市场将以每年 30%的速度增长。预计未来一段时间内微型客货车的需求仍将保持快速增长。

我国微型客货车制造行业的产业集中度很高，本公司与长安汽车、哈飞汽车、柳州五菱、天津汽车 5 家企业的合计产销量占国内微型客货车总产销量的 90%以上。这几家企业在规模、产品性能、产品价格、技术水平、市场份额等方面各有特色，竞争比较激烈。国内其他行业企业看好并进入微型客货车市场，微型轿车等汽车品种对微型客货车也构成一定竞争。微型客货车行业内的竞争将进一步加剧。

2、影响微型汽车行业发展的重要因素

对微型汽车行业发展的有利因素包括：

(1)国家"十五"规划将汽车产业列为国家重点支持发展的支柱产业之一，并相继出台一系列政策法规改善汽车生产和消费环境，必然促进汽车工业的快速发展；

(2)随着我国国民经济持续稳定地发展，居民收入不断增长，同时由于汽车消费信贷政策的推行和汽车消费相关税费政策的改革等因素，居民的汽车消费意愿和购买力增强；

(3)微型汽车具有耗油低、功能多、轻便灵活等特点，适合中国国情，市场前景看好；

(4)近几年来，国内微型汽车的发展速度均高于汽车行业平均水平，产销量已经占汽车市场的 1/3。在全国汽车生产行业十强企业中，微型汽车生产企业占四位。目前国产微型汽车国内市场价格低于国外同类产品市场价的 1/4 左右，加入 WTO 后也不会遭受大的直接冲击。我国微型汽车行业已经拥有比较扎实的产业基础。

不利因素包括：

(1)我国微型汽车技术创新能力和自主开发能力与国外同行业先进企业相比差距较大；

(2)我国法规对汽车安全和环保的要求日趋严格，现有微型汽车产品需要投入大量资金进行改进改型，以适应相关规定的要求；

(3)我国农民收入增长缓慢，制约微型汽车主要的潜在消费群体的发展。

3、公司在行业中所处地位

(1)市场份额情况及变动趋势

近年来，本公司产品在微型客货车制造行业内的市场占有率稳定在 20%左右。2001 年 1 至 2 月份为 25%。预计本公司产品的市场占有率将呈稳中有升的趋势。

(2) 竞争优势

·品牌优势：公司在社会及广大用户中树立了良好的品牌形象。公司自 96 年以来一直位列汽车行业十强和微型汽车四强。"昌河"牌商标被国家工商总局、国家商标局认定为"中国驰名商标"、"中国最高认知率商标"。

·质量规模优势：公司在引进日本国铃木株式会社(以下称"铃木公司")先进技术的同时，将航空工业的管理、技术应用到汽车生产上，有完善的质量保证体系，确保产品质量稳定、可靠，公司现已具备年产 16 万辆的能力，2000 年产销超 10 万辆，初步具备规模化生产的要求。

·服务优势：公司目前在全国各地建立了近 500 家维修网点，形成具有集"销售、售后服务、零部件配套供应、信息反馈"四位一体的服务体系，使公司售后服务质量和水平得到了极大的的提高。

(3)竞争劣势

与国内微型汽车行业其他企业相比，公司的劣势主要是产品价格偏高。这是由于公司坚持以利润为中心的经营策略，以质量、服务取胜，不盲目参与价格战。

4、产品销售情况

(1)产品销售的基本情况

本公司微型客货车在全国除港澳台地区外均有销售，主要分布在华东、华南、华北、中南、西南、西北地区。公司 1999 年销售量为 92198 辆，占全国微型客货车总销量的 21%，在国内同类企业中名列第二；占全国国产汽车总销量的 5.03%，位居全国汽车制造行业第七位。公司 2000 年首次实现微型汽车销售超 10 万辆。

(2)主要产品的销售情况和产销率

近三年来公司产品的产销率均在 90 以上，2000 年为 97%。

公司的销售构成情况如下：　　　　　　　　　单位：人民币万元

项　目	2000 年		1999 年		1998 年	
	金额	比例	金额	比例	金额	比例
1018 系列	252,084	89%	246,866	84%	214,043	68%
1012 系列	16,745	6%	12,551	5%	4,446	1%
1011 系列	8,031	3%	0	--	11,314	4%
1010 系列	5,828	2%	34,601	11%	84,885	27%
总　计	282,688	100%	294,018	100%	314,688	100%

5、主要财务数据

本公司拥有合肥分公司和合肥销售分公司两个分公司、昌铃公司和河南昌河汽车实业有限责任公司(以下称"河南昌河")两个控股子公司。公司主要财务数据(合并报表)如下：

经岳华会计师事务所有限责任公司审计，截至 2000 年 12 月 31 日，公司资产总额为 2,071,888,942.89 元，负债总额为 1,210,876,754.61 元，净资产为 537,756,195.84 元，少数股东权益 323,255,

992.44 元。

单位:人民币元

项目/年度	2000 年度	1999 年度	1998 年度
主营业务收入	2,826,881,340.91	2,940,183,959.13	3,146,878,312.42
主营业务利润	469,317,772.98	404,931,685.05	528,869,528.38
利润总额	121,223,245.49	130,729,086.47	131,380,797.11
净利润	90,385,317.74	85,130,790.85	59,333,453.39
净资产收益率(全面摊薄)	17%	19%	16%
每股收益(全面摊薄)	0.30	0.28	0.20

6、商标、技术、土地使用权与生产许可

(1)商标

本公司主要产品微型汽车使用的“昌河”、“飞虎”系列商标原属昌飞集团公司,在本公司设立时由昌飞集团公司无偿转让给本公司。该等注册商标已经国家工商行政管理局商标局于 2000 年 5 月 28 日核准转让,本公司成为该等注册商标的合法持有人。

2000 年 9 月 27 日昌河商标被国家工商行政管理局商标局认定为“驰名商标”(国家工商行政管理局商标局商标(2000)52 号文《关于认定‘昌河’商标为驰名商标的通知》)。2001 年 3 月,昌河商标在中国国际商标知识大赛组织委员会(由国家商标局、中央电视台等单位联合组成)组织的首届中国国际商标知识大赛公众问卷调查中荣获“中国最高认知率商标”。

公司下属昌铃公司生产的产品所使用的“铃木”系列商标,则由铃木公司与昌铃公司之间签订《商标使用许可合同》,以无偿方式许可昌铃公司使用。

(2)技术

本公司的核心技术主要是微型汽车产品的设计开发和制造技术。本公司设立时,昌飞集团公司从铃木公司引进车型及引进技术改进部分已进入公司。公司于 2000 年 3 月 20 日与原合同各方签订《备忘录》,取得铃木公司及合同其他各方同意公司继续依据原协议生产引进车型及使用引进车型所附带的技术的同意。

(3)生产许可

本公司成立前,依据 1984 年 7 月 25 日《铃木四轮车合作及生产许可合同》、1992 年 10 月 28 日《协议书》、1996 年 11 月 25 日《联合开发协议书》、1998 年 6 月 11 日《关于在合肥生产汽车的协议书》等的规定,昌飞集团公司及昌铃公司生产系列微型汽车所涉主要生产技术由铃木公司提供。本公司设立后,昌飞集团公司引进车型及引进技术改进部分已进入公司。公司于 2000 年 3 月 20 日与原合同各方签订《备忘录》,取得铃木公司及合同其他各方同意公司继续依据原协议生产引进车型及使用引进车型所附带的技术的同意。

1998 年 6 月 11 日,铃木、昌飞集团公司与冈谷钢机共同签署《关于在合肥生产汽车的协议书》,合肥可生产除 CH1018A 之外的 CH1018 系列车型。三方约定,合肥生产经营上述车辆所需零部件由昌铃公司提供,其零部件不得用于合肥生产的产品之外。合昌公司生产的每台 CH1018 系列车向铃木公司支付国产化协助费。公司设立后,2000 年 3 月 20 日,昌飞集团公司、铃木、冈谷钢机与本公司签署《备忘录》,明确 CH1018 系列车型的生产在本公司合肥分公司进行,《关于在合肥生产汽车的协议书》中昌飞集团公司项下的权利、义务及责任转由本公司享有及承担。

(4)土地使用权

公司目前租赁使用的土地共七宗。位于江西省景德镇市毛家坂共五宗土地,面积为 415,741.76 平方米,股份公司向昌飞集团公司租赁使用该等土地。公司位于合肥市和肥西县土地二宗,该土地合昌公司已通过出让方式取得土地使用权。该土地连同地上建筑物由本公司向合昌公司租赁使用。

本公司拥有使用权的土地一宗,位于安徽省合肥高新技术产业开发区,由本公司合肥分公司使用,面积共计 6982.20 平方米。

昌铃公司拥有使用权的土地一宗,位于江西省景德镇市毛家坂,面积共计 90361.3 平方米。该土地使用权是昌飞集团公司作为出资投入昌铃公司获得。

7、所得税优惠政策

公司本部及合肥销售分公司按应纳税所得额的 33%计缴;合肥分公司适用税率为 33%,根据合肥市政府合政秘(2000)108 号文,合肥分公司为合肥高新技术产业开发区区域内管理的企业,根据合肥市国家税务局合国税函(2000)404、460 号文及合国税四发(2000)92 号文批复,对合肥分公司免征 1999 年度企业所得税,并自 2000 年起按 15%税率征收企业所得税,(合肥销售分公司、合肥分公司按属地原则独立纳税);昌铃公司为中外合资企业,适用税率为 33%,自 96 年起适用“二免三减半”的企业所得税优惠政策,2000 年度为减半征收的第三年,2001 年度起按 33%的税率交纳所得税。

四、股票发行与股本结构

(一)本次发行情况

发行日期:2001 年 6 月 20 日

发行数量:11000 万股

发行价格:7.28 元/股

募股资金总额:80080 万元

发行方式:上网定价发行

发行费用总额及项目:2435.9 万元,主要包括承销费用、审计费用、评估费用、律师费用、上网发行费用等。

每股发行费用:0.22 元

发行情况:本次上网定价发行 11000 万股人民币普通股,经上海证券交易所主机系统统计并经上海立信长江会计师事务所有限公司验资,本次股票发行有效申购股数为 22260422000 股,有效申购户数为 794972 户,中签率为 0.49415056%,持 1000 股(含 1000 股)以上的股东数:96221 户。

(二)股票承销情况

本次上网定价发行的 11000 万股社会公众股获得超额认购,承销团无余额包销。

(三)验资报告

验　　资　　报　　告

岳总验字(2001)第 B014 号

江西昌河汽车股份有限公司:

我们接受委托,对江西昌河汽车股份有限公司截止 2001 年 6 月 26 日止的注册股本变更情况的真实性和合法性进行了审验。在审验过程中,我们按照《独立审计实务公告第 1 号–验资》的要求,实施了必要的审验程序。江西昌河汽车股份有限公司的责任是提供真实、合法、完整的验资资料,保护资产的安全、完整,我们的责任是按照《独立审计实务公告第 1 号–验资》的要求,出具真实、合法的验资报告。

江西昌河汽车股份有限公司申请变更前的注册股本为人民币 300,000,000.00 元,申请变更后的注册股本为人民币 410,000,000.00 元。根据我们的审验,截止 2001 年 6 月 26 日止,江西昌河汽车股份有限公司增加注册股本人民币 110,000,000.00 元,变更后的注册股本为人民币 410,000,000.00 元。变更后股东权益为人民币 1,395,380,244.22 元,其中注册股本为人民币 410,000,000.00 元,资本公积为 824,545,704,15 元,盈余公积为人民币 18,994,157.12 元,未分配利润为人民币 141,840,382.95 元;与上述股东权益相关的资产总额为人民币 2,763,398,257.94 元,负债总额为人民币 1,368,018,013.72 元。

此次验资仅对江西昌河汽车股份有限公司注册股本进行验证,未涉及对其他有关财务事项的验证。

附件(一)变更前后注册股本、投入资本对照表

(二)变更前后资产、负债和所有者权益对照表

(三)验资事项说明

岳华会计师事务所有限责任公司　　　　中国注册会计师:　古小荣

中国·北京　　　　中国注册会计师:　黄　宾

二零零一年六月二十六日

(四)募集资金入帐情况

入帐时间:2001 年 6 月 26 日

入帐金额:782,782,000.00 元

入帐帐号:2141–022100006–49

开户银行:中国工商银行景德镇市分行昌河分理处

(五)本次股票上市前股权结构和股东持股情况

1、上市前的股本结构

股份类别	持股数量(股)	持股比例(%)
发　起　人　股	300,000,000	73.17
其中:国有法人股	263,859,271	64.36
法　人　股	36,140,729	8.81
社会公众股(A 股)	110,000,000	26.83
股本总额	410,000,000	100.00

2、本次上市前,本公司前十名股东持股数及比例

序号	股东名称	持股数量(股)	持股比例
1	昌飞集团公司	261,893,367	63.88%
2	合昌公司	31,553,620	7.70%
3	哈尔滨东安汽车动力股份有限公司	3,931,808	0.96%
4	中国民用飞机开发公司	1,310,603	0.32%
5	国信证券	1,045,000	0.25%
6	国通证券	992,000	0.24%
7	天元基金	863,000	0.21%
8	中国航空工业供销总公司	655,301	0.16%
9	安徽江南机械股份有限公司	655,301	0.16%
10	华宝信托	557,000	0.14%

五、董事、监事、高级管理人员及核心技术人员

(一)董事、监事、高级管理人员、核心技术人员简介

1、董事

吴　全先生:55 岁,中共党员,大学专科学历,高级政工师,本公司董事长。历任 522 厂团委干事,372 厂政治部秘书,团委书记,车间党支部书记,职工医院院长,372 厂党委副书记,昌飞公司党委书记。现任昌飞集团公司副董事长、党委书记。

杨金槐先生:56 岁,中共党员,大学本科学历,教授级高级工程师,本公司副董事长。曾获“全国劳动模范”、“全国全心全意依靠工人阶级办企业十佳领导干部”、“2000 年全国质量管理先进工作者”荣誉称号,“全国五一奖章”获得者。历任 372 厂设计所设计员、组长,党委组织部干事,干部科副科长,设计所副所长、党支部书记,昌飞公司副总经理,昌飞公司总经理。现任昌飞集团公司董事长、总经理、党委副书记;昌铃公司董事长,九昌公司董事长。

董瑞华先生:56 岁,中共党员,大学本科学历,研究员级高级工程师,国务院政府特殊津贴获得者,本公司董事。历任四川叙永电厂车间副主任,372 厂检验科副科长、科长,副总工艺师、总工艺师,372 厂副厂长,昌飞公司副总经理、总工程师,昌飞集团公司总工程师。现任昌飞集团公司董事、昌飞集团公司科技委主任。

苏青林先生:55 岁,中共党员,大学本科学历,研究员级高级工程师,国务院政府特殊津贴获得者,本公司董事、总经理。历任 122 厂铆装车间工艺员,372 厂 31 车间工艺员,50 车间工艺员、模线室主任,37 车间副主任,工艺处副处长,汽车工程处副处长,372 厂副总工艺师,昌飞公司副总经理。现任昌飞集团公司董事;昌铃公司董事。

苏先生曾组织参加了公司微型汽车早期的研究和开发工作,主持 CH1011、CH1012、CH1018、CH6350 等车型的开发、改进改型以及 CH6321LP 型 LPG/汽油两用燃料微型客车和 CH6321Ei、CH6328Ei 电喷车的研究和开发工作,所领导的公司四万辆微型汽车生产线改造项目曾获原航空工业部“部级管理成果二等奖”、原国家机械工业局“促进科学技术进步工作重大贡献二等奖”。

徐恒武先生:45 岁,中共党员,大学专科学历,高级经济师,本公司董事。历任 372 厂 35 车间团支部书记,副主任、主任,20 车间主任,昌飞公司副生产长、昌飞公司微型汽车厂厂长,昌飞公司副总经理。现任昌飞集团公司董事、副总经理;陕西昌河副董事长;昌铃公司董事。

乔现东先生:48 岁,中共党员,大学普通班学历,高级工程师,本公司董事。历任 372 厂设计所设计员,干部处干事、中干室主任,党委组织部室主任,成件处副处长,372 厂厂长助理,昌飞公司副总经理。现任昌飞集团公司董事、副总经理。

蒋林生先生:37 岁,中共党员,大学本科学历,高级工程师,本公司董事、副总经理。历任 372 厂设计所设计员、室主任、副所长、第一副所长,372 厂昌铃公司设计所所长、党支部书记,昌飞公司副总经理。现任昌飞集团公司董事;河南昌河董事长;昌铃公司董事。

吕顺发先生:46 岁,中共党员,大学普通班学历,高级工程师,本公司董事。历任 372 厂车间工艺员、汽车工程处室主任、副处长、处长,372 厂总工程师助理,昌铃公司开发部副部长,昌飞公司总经理助理,昌铃公司党委书记、第一副总经理,昌飞公司总经理助理、合昌公司党委书记、第一副总经理,昌飞公司副总经理、合昌公司党委书记,合昌公司总经理。现任合昌公司董事长。

严绳武先生:57 岁,中共党员,大学本科学历,研究员级高级工程师,国务院政府特殊津贴获得者,华中理工大学兼职教授,本公司董事、副总经理。历任 320 厂设计所设计员、鹰潭橡胶厂动力科技术员、科长,372 厂设计所副所长、所长、昌飞公司副总工程师兼计划处处长、党支部书记,昌飞公司科技委主任。

严先生从 60 年代起从事飞机的设计、研制工作,曾参加我国第一架农用飞机的设计。从 80 年代初开始从事微型汽车的研究工作,组织开发了轻型客车、微型客车 30 余种,主持了国家高科技领域“863/CIMS”项目“昌河汽车并行工程”的研究工作。参加研究的“强五”飞机荣获国家科学技术进步奖,个人获荣誉奖励。

吴德铨先生:56 岁,中共党员,大学本科学历,高级工程师,本公司董事、董事会秘书。历任 372 厂 54 车间工艺员、工艺室主任、车间副主任、主任,372 厂部办公室副主任,对外经济合作处处长,3347 厂厂长、党委副书记,昌飞集团公司总经济师。

徐文光先生:48 岁,中共党员,大学普通班学历,高级会计师,本公司董事。历任 372 厂新技科情报员、副科长,工学院副院长,教育中心副主任,咨询中心副主任,财会处副处长、党支部书记,昌飞公司副总会计师、财会处党支部书记,昌飞公司总会计师。现任昌飞集团公司董事、总会计师。

刘　赤贞先生:56 岁,大专文化,教授级高级工程师,享受国务院政府特殊津贴专家,本公司董事。历任北京航空部第四设计院设计员,3297 厂副总工程师、总工程师,航空部 012 基地(天达航空工业总公司)基地副主任、副总经理、基地科技委主任,中国民用飞机开发公司总经理。现任中国航空工业第二集团公司车辆部部长、哈尔滨东安汽车动力股份有限公司董事。

吴献东先生:35 岁,经济管理博士,副研究员,本公司董事。1994 年 3 月至 1995 年 12 月在北京航空航天大学从事博士后研究工作。曾任哈尔滨东安发动机(集团)有限公司技术员,155 厂厂长。现任中国航空工业第二集团公司资产企业管理体制部部长、哈飞航空工业股份有限公司董事。

2、监事

杜明华女士:50 岁,中共党员,大学专科学历,高级政工师,本公司监事会主席。历任 372 厂人事科干事,车间党支部副书记、团委书记,计划生育办公室主任,材料科党支部书记,党委宣传部副部长,厂工会副主席,昌飞公司纪委书记、工会主席,昌飞公司党委副书记兼纪委书记。现任昌飞集团公司党委副书记、纪委书记、监事会主席;九昌公司监事会主席。

夏新民先生:48 岁,中共党员,第二学士学历,高级政工师,本公司监事。历任昌河中学教师、副

校长,372厂团委书记,20车间党支部书记,党委办公室副主任、主任,昌飞公司纪委书记,昌飞公司工会主席,昌飞集团公司工会主席。现任昌飞集团公司监事、副总经理。

王忠奎先生:57岁,中共党员,大学专科学历,经济师,本公司监事。历任372厂52车间副主任、主任,销售处处长助理、副处长、第一副处长、处长,昌飞公司副总经济师兼销售公司总经理,昌飞公司副总经理兼汽车销售总公司总经理,昌飞集团公司副总经理。现任昌飞集团公司董事、工会主席。

梅瑞东女士:44岁,中共党员,大学本科学历,政工师,本公司监事。历任372厂车间团支部书记、工会主席,昌飞公司轻客厂党总支副书记,昌飞公司工会副主席、昌飞集团公司工会副主席。现任本公司党群工作部副部长。

周大成先生:53岁,中共党员,大学本科学历,经济师,本公司监事。历任安徽省淮海机械厂工人、机修车间领导组副组长、副主任、厂团委副书记、总装车间代主任、党支部书记、厂团委书记、车间主任、发动机车间党支部书记、副厂长、合昌公司副总经理。现任本公司合肥分公司工会主席。

方仁国先生:38岁,中共党员,大学本科学历,高级工程师,本公司监事。历任372厂设计所设计员、室主任,昌铃公司采购处副处长,设计所党支部书记、副所长,昌铃公司技术管理处处长、党支部书记,昌飞公司汽车产品开发中心副主任兼开发一部部长、党支部书记。现任本公司汽车产品开发中心第一副主任、党支部书记。

李　耀先生:35岁,大学本科学历,高级会计师,本公司监事。1986年7月分配到航空工业部财务司工作,1995年8月任中国航空工业总公司财务局副处长。1999年8月任中国航空工业第二集团公司财审部副部长。

3、高级管理人员

苏青林先生:本公司总经理(见董事介绍)。

蒋林生先生:本公司副总经理(见董事介绍)。

严绳武先生:本公司副总经理(见董事介绍)。

吴德铨先生:本公司董事会秘书(见董事介绍)。

张银生先生:本公司财务负责人,37岁,中共党员,大学本科学历(双学士学位),高级会计师。历任车间工艺员,企管办技术员,室主任,车间副主任、主任,昌铃公司财务处党支部书记兼副处长、处长。现任本公司财务部部长。

4、技术负责人

苏青林先生(见董事介绍)、严绳武先生(见董事介绍)。

本公司董事、监事、高级管理人员、技术负责人皆为中国国籍公民,在招股说明书披露日至上市公告书刊登日期间未发生变动。

(二)董事、监事、高级管理人员、核心技术人员持股情况

截止到本上市公告书签署之日,上述人员没有以个人持股、家属持股、法人持股的方式直接或间接持有公司或公司关联企业的股份。

六、同业竞争与关联交易

(一)同业竞争

1、同业竞争情况

本公司的控股股东昌飞集团公司及第二大股东合昌公司均将生产微型客货车(整车)的业务和资产投入本公司,目前与本公司不存在同业竞争。

2、避免同业竞争承诺

2001年3月,昌飞集团公司、合昌公司分别出具承诺函,承诺昌飞集团公司(包括其下属的全资、控股子企业)、合昌公司(包括其全资、控股公司)目前不存在,将来亦不会从事与本公司有同业竞争的业务,如因昌飞集团公司(包括其全资、控股子公司)、合昌公司(包括其全资、控股子公司)未履行上述承诺而给本公司造成损失的,昌飞集团公司、合昌公司将赔偿本公司的一切损失。

3、中介机构对公司同业竞争情况和避免同业竞争措施有效性的意见

公司公开发行股票的主承销商中信证券股份有限公司和法律顾问北京市嘉源律师事务所认为:

公司与控股股东之间不存在同业竞争,公司已通过必要手段防止股东与公司构成同业竞争的情况出现。

(二)关联方及关联关系

1、昌飞集团公司(本公司控股股东)

2、合昌公司(本公司第二大股东)

3、九江昌河汽车有限责任公司(昌飞集团公司控股子公司,以下称"九昌公司")

4、陕西东风昌河车桥股份有限公司(昌飞集团公司参股公司,以下称"陕西昌河")

5、昌铃公司(本公司之控股子公司)

6、河南昌河(本公司控股子公司)

7、铃木公司(昌铃公司之日方股东)

(三)关联交易及协议

1、本公司与昌飞集团公司之间主要的关联交易

(1)土地使用权租赁。

昌飞集团公司将位于昌飞集团公司厂区内共计面积为415741.70平方米的五宗土地的使用权租给本公司使用。租金确定的依据为政府指导价格。2000年本公司共向昌飞集团公司支付土地租金730.87万元。

(2)房屋租赁

昌飞集团公司将其拥有的共计建筑面积38,141.23平方米的房屋租赁给公司作为生产经营用房,2000年本公司共向昌飞集团公司支付房屋租金549.8万元。

(3)零部件、公用工程供应及生产辅助

昌飞集团公司向公司有偿提供:1.公用工程(包括水、电、压缩空气);2.电讯服务(包括电话初装、线路及交换机的维修、维护);3.进出口代理服务及提供部分零部件;本公司向昌飞集团公司提供:1.蒸汽;2.型架、试验器、夹具及模具制造服务;3.货物运输、叉车运输服务。

2000年,本公司向昌飞集团公司采购零部件、水、电、气的金额为7371万元,占同期采购成本的14.66%;接受昌飞集团公司加工劳务的金额为98.3万元,占同期采购成本的0.05%。

2000年,本公司向昌飞集团公司销售货物及提供加工劳务的金额为5,806.1万元,占同期销售收入的1.99%。

(4)综合服务

昌飞集团公司向本公司(景德镇部分)有偿提供综合服务,2000年本公司向昌飞集团公司支付综合服务费用1,153.3万元。

(5)昌飞集团公司为本公司提供担保

截至2000年12月31日,昌飞集团公司为公司提供借款担保共计45,220万元。

(6)昌飞集团公司委托本公司在昌铃公司董事会行使表决权

昌飞集团公司与本公司于2001年1月18日签定《协议书》,约定在昌铃公司召开董事会并进行表决时,昌飞集团公司委派董事按照本公司委派董事的意见投票。

2、本公司与合昌公司之间主要的关联交易及协议

(1)土地使用权租赁

合昌公司将其以出让方式取得的共计面积为283,173平方米的二宗土地的使用权租给公司使用,2000年公司共向合昌公司支付土地租金328.20万元。

(2)房屋租赁

合昌公司将其拥有的共计建筑面积65,710.73平方米的房屋租赁给公司作为生产经营用房,2000年公司共向合昌公司支付房屋租金1,205.053万元。

(3)生产用水、用电供应

合昌公司按本公司提出之要求(按年度、季度及月度生产经营计划),适时向本公司提供足够数量的生产用水、用电。2000年本公司向合昌公司支付水电费1405.9万元。

(4)综合服务

合昌公司向本公司合肥分公司有偿提供医疗、培训、公用设施等综合服务。2000年本公司向合昌公司支付综合服务及代缴待业、养老保险金费用共计1,770万元。

3、昌飞集团公司与昌铃公司之间的关联交易及协议

(1)服务

昌飞集团公司向昌铃公司提供机械设备的运行保障和维修改造、计量检测、安全保卫等服务,2000年共计发生489万元。

(2)零部件供应

2000年昌飞集团公司向昌铃公司供应的汽车零部件为22,686.2万元, 2000年昌铃公司向昌飞集团公司提供零部件金额为2287.4万元(此项关联交易于2000年4月终止)。

(3)综合服务及代缴费用

昌飞集团公司向昌铃公司提供综合服务,2000年昌铃公司向昌飞集团公司支付综合服务费用3,165.6万元。

此外,2000年由昌飞集团公司代昌铃公司缴纳待业、养老保险金939.5万元。

4、昌铃公司与九昌公司之间的关联交易

昌铃公司向九昌公司采购零部件,2000年共发生金额855.6万元。

5、陕西昌河与本公司及昌铃公司之间的关联交易

陕西昌河向公司下属合肥分公司及昌铃公司供应车桥。2000年公司向陕西昌河采购车桥金额为4,820万元。2000年昌铃公司向陕西昌河采购车桥金额为3,991 万元。

6、铃木公司与本公司、昌铃公司之间的关联交易

(1)引进车型

自1980年起,昌飞集团公司从铃木公司引进多种微型汽车车型。昌铃公司设立后,该等车型及转型改由昌铃公司生产,并部分转由合昌公司生产。公司设立后,经铃木等合同他方同意,由公司从事以上车型及转型的生产经营。

(2)商标使用许可

昌铃公司生产的产品使用了铃木公司在中国注册的四件商标。铃木公司与昌铃公司于1999年11月27日签订了《商标使用许可合同》,以无偿方式许可昌铃公司使用该四件商标。

(3)工装模具供应

为从事CH6350车型的生产,依据1996年11月25日由昌飞集团公司与铃木公司签定的《联合开发协议》,昌铃公司从铃木公司引进部分关键工装。铃木公司通过冈谷钢机分别与昌铃公司签订协议,提供有关工装模具设备,金额为3,328,265,000日元(约合人民币2.2亿元)。

(4)散件供应

为从事CH6350车型生产, 铃木公司通过冈谷钢机于2000年8月9日与昌铃公司签订CS100-009JP号《合同》,向昌铃公司提供金额为35,485,680日元(约合人民币237万元)的CH6350散件产品(该协议于2000年11-12月执行)。

7、关联交易对公司财务状况的影响

2000年本公司及下属昌铃公司从昌飞集团公司及其控股子公司九江昌河采购货物的金额为31,653万元,占同期总采购金额的15.44%。1998年、1999年公司及下属昌铃公司从昌飞集团公司采购货物的关联交易金额分别为8,658万元、8,475万元。

2000年本公司及下属昌铃公司从陕西昌河采购货物的金额为8,811万元, 占同期总采购金额的4.3%。1998年、1999年本公司及下属昌铃公司从陕西昌河采购货物的金额分别为8,719万元、7,355万元。

其余关联交易对公司财务状况及经营成果影响相对较小。

以上关联交易数据均为合并报表数据,已经岳华会计师事务所有限责任公司鉴证。

(四)控股和重要股东对于规范关联交易的承诺

根据公司章程的规定,股东大会就关联交易进行表决时,关联股东应当回避。此外,为了进一步规范关联交易,控股和重要股东作出以下承诺:

1、重组设立本公司时,昌飞集团公司与合昌公司将与微型汽车(整车)生产经营相关的资产全部投入本公司,并将专门或主要为公司服务的辅助设施(如供汽系统)也纳入公司。本公司设立后拥有完整的产、供、销系统。公司发起人和股东没有通过保留采购、销售机构或垄断业务渠道干预本公司的业务经营。因此,在重组中已将可能产生的关联交易减少到最小程度。

2、昌飞集团公司和合昌公司于2001年4月9日分别出具承诺:

(1)关联交易协议约定的期限届满后,将根据公司需要,保证续签上述协议。

(2)续签协议的价格依据以下原则确定:

1.如有政府指令性价格或指导性价格的,依据该价格确定;

2.若无政府指令性价格或指导性价格的,则参照可比市场价格确定。

(3)不利用主要股东地位损害公司利益。

(4)在续签关联交易协议时,根据公司章程履行决策程序。

(五)中介机构对本公司关联关系及关联交易的意见

1、发行人法律顾问的意见

北京市嘉源律师事务所认为:

公司与关联企业的关系合法、明确;不存在由于公司与关联企业的关联关系而影响公司重大合同履行的情况;有关关联交易协议合法有效,未发现有损害公司及公司股东利益的内容;公司并采取了必要措施对小股东的利益进行了保护。

公司已在《招股说明书》中就公司的关联方及关联交易作了充分披露及说明。

2、主承销商意见

中信证券股份有限公司作为公司公开发行股票的主承销商,认为公司的关联交易"不存在由于公司与关联企业的关联关系而影响公司重大合同履行的情况;有关关联交易协议合法有效,未发现有损害公司及公司股东利益的内容;公司并采取了必要措施对小股东的利益进行了保护"。

七、财务会计资料

岳华会计师事务所有限责任公司接受本公司聘请, 审计了本公司1998年、1999年、2000年财务报告,并出具了标准的无保留意见的《审计报告》(岳总审字[2001]第A145号)。

本公司截止2000年12月31日的财务会计资料, 已于2001年6月16日分别在《中国证券报》、《上海证券报》、《证券时报》上刊登的《招股说明书摘要》中进行了详细披露,因尚未超出招股说明书有效期限,故相同的内容在此不再重复。欲了解本公司经审计的财务报表及主要财务指标的详细内容,敬请投资者查阅上述报纸或在公告的《招股说明书》查阅地查阅。

(一)简要财务报表

下述内容摘自业经审计的公司财务报告。

简要资产负债表　　(单位:元)

项目	2000年12月31日	
	母公司	合并
流动资产合计	784,057,603.22	1,087,019,450.91
长期投资净额	216,958,446.55	-9,126,223.10
固定资产合计	528,213,263.34	939,388,830.08
无形资产及其他	2,052,708.00	54,606,885.00
资产总计	1,531,282,021.11	2,071,888,942.89
流动负债合计	782,506,531.39	1,014,876,754.61
长期负债合计	196,000,000.00	196,000,000.00
负债合计	978,506,531.39	1,210,876,754.61
少数股东权益		323,255,992.44

股本	300,000,000.00	300,000,000.00
资本公积	157,804,704.15	157,804,704.15
未分配利润	75,976,628.45	60,957,334.57
股东权益合计	552,775,489.72	537,756,195.84
负债及股东权益合计	1,531,282,021.11	2,071,888,942.89

简要利润表 (单位:元)

项目	2000年度	
	母公司	合并
一.主营业务收入	2,912,297,422.03	2,826,881,340.91
二.主营业务利润	290,441,617.73	469,317,772.98
三.营业利润	109,423,265.91	130,965,312.92
四.利润总额	113,773,698.23	121,223,245.49
五.净利润	91,624,727.26	90,385,317.74

2000年度简要现金流量表 (单位:元)

项目	母公司	合并
一、经营活动产生的现金流量净额	281,908,600.49	321,122,933.45
二、投资活动产生的现金流量净额	-41,966,965.30	-290,158,506.21
三、筹资活动产生的现金流量净额	-182,233,412.61	-4,983,979.10
四、汇率变动对现金的影响额		-3,134,466.22
五、现金及现金等价物净增加额	57,708,222.58	22,845,981.92

(二)财务状况说明

1、经营业绩

本公司的主营业务收入和利润主要来源于微型汽车的销售。1998、1999和2000年度,本公司的主营业务收入分别为314,688万元、294,018万元和282,688万元,年增长率为-7%、-3.85%。主营业务收入1999年度较1998年度减少主要是产品售价有所下调及销售返利由以前年度计入营业费用改为对购货方调整销售价格所致。目前,公司主营业务收入主要为CH1018系列微型汽车销售收入,该系列微型汽车1998、1999和2000年度实现主营业务收入分别为214,043万元、246,866万元和252,084万元,占各年主营业务收入的68%、84%和89%。公司主营业务收入均为内销收入。

本公司的主营业务成本主要为微型汽车销售成本。1998、1999和2000年度,本公司主营业务成本分别为251,491万元、244,192万元、228,231万元,年增长率为-2.90%、-6.54%,主营业务成本下降的主要原因是公司针对汽车成本中物耗比例较大的特点,以降低配套件采购价格为突破口有效降低了成本。

本公司的营业费用主要为销售人员的工资及福利费、广告费、运输费及产品三包费用等。1998、1999和2000年度,公司的营业费用分别为18,829万元、9,307万元和15,490万元,年增长率分别为-50.57%和66.44%。公司1999年营业费用较上年减少是由于公司1999年改变销售返利政策,由以前计入营业费用改为对购货方调整销售价格。公司2000年营业费用较1999年有所增加主要是自1999年6月起产品运输费用改由公司承担、产品售后三包政策由"一年或两万公里"改为"两年或四万公里",使运输费、三包费有所增加。

本公司的管理费用主要为管理人员工资及福利费、劳动保险费、住房公积金、租赁费、代理费等。1998、1999和2000年度,公司的管理费用分别为19,934万元、16,755万元和14,843万元,年增长率分别为-15.95%和-11.41%,公司管理费用下降的原因主要是因为加强内部管理、严格执行费用预算所致。

本公司财务费用主要为利息支出和汇兑损失(如为汇兑收益则冲减财务费用)。1998、1999和2000年度,公司的财务费用分别为1,671万元、1,678万元和3,334万元。公司2000年财务费用比1999年增加主要是利息收入、汇兑收益有所下降及一号工程(双加工程)交付使用后借款费用已停止资本化、计入财务费用所致。

本公司投资收益均为公司设立后对昌铃股权投资差额摊销数,1999年、2000年分别为9万元、102万元。

本公司适用的所得税税率及优惠情况为:股份公司本部及股份公司合肥销售分公司按应纳税所得额的33%计缴;股份公司合肥分公司,根据合肥市国家税务局合国税函(2000)404、460号文及合国税四发(2000)92号文批复,对股份公司合肥分公司免征1999年度企业所得税,并自2000年起按15%税率征收企业所得税;子公司河南昌河按应纳税所得额的33%计缴,昌铃公司为中外合资企业,自1996年起适用"免二减三"的外商投资企业所得税优惠政策,2000年度为减半的第三年,所得税税率为15%。1998、1999和2000年度,公司的所得税金额分别为4,620万元、4,476万元和2,442万元。

2、资产

截至2000年12月31日,本公司的资产总计为207,189万元,包括流动资产、长期投资、固定资产、无形资产及其他资产。

(1)流动资产

流动资产主要包括货币资金、应收票据、应收帐款、其他应收款、预付账款、存货及待摊费用,具体情况如下:

1999和2000年末,本公司的货币资金分别为15,108万元(其中包括美元折合人民币3,516万元、日元折合人民币5,196万元)和17,393万元(其中包括美元折合人民币8万元),分别占当年末流动资产的11.5%和16%。

1999和2000年末,本公司的应收票据分别为7,108万元和9,497万元。截至2000年12月31日,应收票据均为银行承兑汇票,其中已经办理托收、质押的应收票据为4,086万元。

本公司1999和2000年末的应收帐款分别为56,274万元、24,226万元,相应的坏帐准备为1,397万元、1,087万元。2000年12月31日公司应收帐款数比1999年12月31日减少32,049万元,减少57%,主要是公司本年度加大了应收款项的清偿力度所致。2000年12月31日,帐龄在一年以内的应收帐款余额为18,451万元,占应收帐款总额的比例为76%。2000年12月31日,本公司的应收帐款余额中,持本公司5%以上股份的股东合昌公司欠款1,171万元。

本公司1999和2000年末的其他应收款为1,051万元、1,926万元,相应的坏帐准备为53万元、96万元。其他应收款余额主要为员工备用金等。2000年12月31日,本公司的其他应收款余额中并无持本公司5%或以上股份的主要股东欠款。

本公司1999和2000年末的预付帐款为3,307万元、8,501万元。

本公司的存货主要包括原材料、在途材料、低值易耗品、在产品、产成品、委托加工材料。本公司1999和2000年末的存货分别为50,168万元、48,587万元。2000年12月31日的存货跌价准备327万元,主要是由于原材料及产成品CH1010微型汽车的可变现净值低于成本所提取。

2000年12月31日,本公司的待摊费用为82万元,主要为待摊财产保险费。

(2)长期投资

截至2000年12月31日本公司的母公司会计报表中,长期投资为长期股权投资,投资额为21,696万元,占净资产的比例为39.25%,具体情况如下:

被投资单位	投资期限	初始投资金额	期末投资金额	占被投资单位注册资本比例	会计核算方法
昌铃公司	30年	207,823,239.35	212,208,456.60	41%	权益法
河南昌河	10年	4,000,000.00	4,749,989.95	50%	权益法
合计			216,958,446.55		

注:长期股权投资中含股权投资差额摊余价值-913万元,为公司投资昌铃公司的投资成本与股权购并日按投资比例应享有被投资单位权益的差额。

(3)固定资产

截至2000年12月31日,本公司主要固定资产情况如下:

固定资产	原值	累计折旧	固定资产净值
房屋建筑物	192,679,563.95	24,574,374.19	168,105,189.76
通用设备	591,497,374.46	198,259,177.63	393,238,196.83
电子设备	2,256,972.50	680,951.65	1,576,020.85
运输设备	24,979,818.42	12,009,049.22	12,970,769.20
专用工装	208,052,804.76	114,786,036.91	93,266,767.85
非生产设备	10,602,162.73	1,375,100.73	9,227,062.00
其它	4,784,956.86	415,148.00	4,369,808.86
合计	1,034,853,653.68	352,099,838.33	682,753,815.35

公司固定资产标准为使用年限在一年以上的经营性资产,或不属于生产经营的主要设备的物品,单位价值在2,000元以上,并且使用年限超过两年的资产。固定资产按购建时的实际成本计价(唯公司在改制时发起人投入的固定资产已按评估确认的价值入帐)。

公司固定资产的折旧除专用工装采用"工作量法"计提外其余均采用"分类直线法",对公司在改制时发起人投入的固定资产按其评估调整后的原值计提折旧。

公司预计净残值率为3%,子公司昌铃公司预计净残值率为10%,按规定的折旧年限确定的年折旧率分别如下:

资产类别	折旧年限	预计净残值率	昌铃公司预计净残值率	年折旧率%
房屋及建筑物	15-35	3%	10%	2.77-6.47
通用设备	10-15	3%	10%	6.46-9.70
运输设备	6	3%	10%	15-16.17
电子设备	7	3%	10%	12.86-13.86
专用工装	工作量法	3%	10%	按30万辆计提
其他	9-15	3%	10%	6.47-10.78

截至2000年12月31日,本公司有形资产净值为201,728万元。

(4)无形资产

截至2000年12月31日,本公司帐面反映的无形资产为土地使用权,包括:

种类	取得方式	原值	摊销年限	期末数	剩余摊销年限
昌铃土地使用权	投资	23,087,300.00	30年	18,790,523.00	24年5月
合肥分公司土地使用权	出让	2,094,600.00	50年	2,052,708.00	49年
合计		25,181,900.00		20,843,231.00	

本公司土地使用权合计2,084万元,占净资产的3.9%。

3、负债

截至2000年12月31日,本公司的流动负债合计为101,488万元,主要包括短期借款、应付票据、应付账款、预收帐款、应交税金、其他应付款等。

截至2000年12月31日的短期借款余额为46,020万元,贷款银行为工商银行景德镇分行新厂办、中国银行景德镇分行、工商银行安徽省分行等。上述借款中,有45,220万元由昌飞集团公司提供担保。其余借款条件为信用。

公司2000年12月31日短期借款比1999年12月31日增加了16,201万元,主要是因为子公司昌铃公司为扩大生产规模、补充流动资金增加借款所致。

1999和2000年末,本公司的应付票据分别为4,050万元、11,176万元。截止2000年12月31日无到期未承付汇票,均为银行承兑汇票,到期日均在一年以内;其中200万元为河南昌河公司对股份合肥分公司应付票据,6900万元为股份公司本部对昌铃公司及股份合肥分公司应付票据,昌铃公司及股份合肥分公司均已背书转让。

1999和2000年末,本公司的应付账款分别为61,585万元、31,460万元。截至2000年12月31日,本公司的应付帐款中无持本公司5%或以上股份主要股东的款项。

1999和2000年末,本公司的预收账款分别为1,167万元、9,444万元。公司预收帐款2000年末增加的原因主要是因为2000年12月末收到客户预付购车款较多所致。截至2000年12月31日,本公司的应付帐款中并无持本公司5%或以上股份的主要股东的款项。

1999和2000年末,本公司的应交税金分别为-1,804万元、-2,486万元。2000年12月31日,本公司的应交税金中,主要包括应交增值税-2,871万元和应交所得税456万元。

1999和2000年末,本公司的其他应付款分别为5,271万元、4,429万元。2000年12月31日,本公司的其他应付款主要为应付工程款、风险抵押金、及综合服务代理费等。其中,欠持本公司5%以上有表决权股份的主要股东款项为应付昌飞集团公司综合服务及代理费共计850万元。

截至2000年12月31日,本公司无重大或有负债和逾期未偿还款项。

4、股东权益

2000年12月31日,本公司的股本为30,000万股,为每股面值人民币1元的普通股,股本合计人民币30,000万元。公司成立以来股本未发生过变化。本公司1999年和2000年末的股东权益分别为44,737万元、53,776万元,1999年、2000年末的股本和资本公积分别为30,000万元和15,780万元。本公司1999年和2000年末的盈余公积分别为67万元和1,899万元,未分配利润分别为-1,110万元和6,096万元。

5、现金流量

本公司2000年度的经营活动产生的现金流量净额为32,112万元,其中,销售商品、提供劳务收到的现金为286,740万元,购买商品、接收劳务支付的现金为211,548万元,经营租赁支付的现金2,017万元,支付给职工以及为职工支付的现金为6,082万元,实际交纳的增值税款为7,710万元,支付的所得税款为2,161万元,支付的除增值税、所得税以外的其他税费9,458万元,支付的其他与经营活动有关的现金15,768万元;投资活动产生的现金流量净额为-29,016万元,其中,购建固定资产和其他长期资产所支付的现金为29,201万元;筹资活动产生的现金流量净额为-498万元,其中,借款所收到的现金为41,700万元,偿还债务所支付的现金为38,999万元,偿付利息所支付的现金为3,355万元;现金及现金等价物净增加额2,285万元。

(三)财务指标

1、合并报表财务指标

财务指标	2000年	1999年	1998年
流动比率	1.07	1.29	-
速动比率	0.51	0.76	-
应收帐款周转率	7.02	5.27	5.18
存货周转率	4.62	4.76	5.76
无形资产(扣除土地使用权)占总资产的比例	-	-	-
资产负债率(按母公司会计报表计算)	64%	69%	-
每股净资产	1.79	1.49	-
研究与开发费用占主营业务收入比例	1.15%	-	-
每股经营活动的现金流量	1.07	-	-

流动比率=流动资产/流动负债

速动比率=速动资产/流动负债

应收帐款周转率=主营业务收入/应收帐款平均余额

存货周转率=主营业务成本/存货平均余额

无形资产(土地使用权除外)占总资产的比例=无形资产(土地使用权除外)/总资产

资产负债率=总负债/总资产

每股净资产=期末净资产/期末股本总额

研究与开发费用占主营业务收入比例=研究发展费用/主营业务收入

2.净资产收益率和每股收益

2000年净资产收益率和每股收益(全面摊薄和加权平均)

报告期利润	净资产收益率		每股收益	
	全面摊薄	加权平均	全面摊薄	加权平均
主营业务利润	87%	95%	1.56	1.56
营业利润	24%	27%	0.44	0.44
净利润	17%	18%	0.30	0.30
扣除非经常性损益后的净利润	18%	20%	0.33	0.33

1998-1999年净资产收益率和每股收益(全面摊薄)

报告期利润	1999年		1998年	
(全面摊薄)	净资产收益率	每股收益	净资产收益率	每股收益
主营业务利润	91%	1.35	142%	1.76
营业利润	31%	0.46	37%	0.46
净利润	19%	0.28	16%	0.20
扣除非经常性损益后的净利润	20%	0.30	16%	0.20

注:上述指标计算过程如下

全面摊薄净资产收益率=报告期利润÷期末净资产

全面摊薄每股收益=报告期利润÷期末股份总数

加权平均净资产收益率=报告期利润÷(期初净资产+报告期净利润÷2+当期发行新股或债转股等新增净资产×新增净资产下一月份至报告期期末的月份数÷报告期月份数-当期回购或现金分红等减少净资产×减少净资产下一月份至报告期期末的月份数÷报告期月份数)

=报告期利润÷[期初净资产+(报告期净利润÷2)]

加权平均每股收益=报告期利润÷(期初股份总数+因公积金转增股本或股票股利分配等增加股份数+当期因发行新股或债转股等增加股份数×自增加股份下一月份至报告期期末的月份数÷报告期月份数-当期因回购或缩股等减少股份数×自减少股份下一月份至报告期期末的月份数÷报告期月份数)

=报告期利润÷期初股份总数

(报告期内未发生股本变动)

3.母公司报表财务指标

财务指标	2000年	1999年	1998年
资产负债率	64%	69%	-
流动比率	1.00	1.03	-
净资产比率	36%	31%	28%
净资产收益率(全面摊薄)	17%	21%	23%
毛利率	1 1.2%	10.4%	11.4%

(四)盈利预测主要数据

岳华会计师事务所有限责任公司已对本公司编制的2001年度的盈利预测报告进行了审核,并出具了无保留意见的盈利预测审核报告。以下资料摘录自本公司的盈利预测报告。

合并盈利预测表

预测时间:2001年度

公司名称:江西昌河汽车股份有限公司　　单位:人民币元

项　目	上年已审实现数	2001年预测数		
		1月至3月未审实现数	4月至12月预测数	合计
一、主营业务收入	2,826,881,340.91	1,097,003,277.47	2,534,107,667.14	3,631,110,944.61
二、主营业务利润	469,317,772.98	156,132,245.52	350,421,180.28	506,553,425.80
三、营业利润	130,965,312.92	49,324,712.03	104,467,010.30	153,791,722.33
四、利润总额	121,223,245.49	48,768,871.65	105,234,636.54	154,003,508.19
五、净利润	90,385,317.74	34,907,271.46	56,158,261.16	91,065,532.62
六、每股盈利	0.30	0.09	0.14	0.22

盈利预测表

预测时间:2001年度

公司名称:江西昌河汽车股份有限公司(母公司)　　单位:人民币元

项　目	上年已审实现数	2001年预测数		
		1月至3月未审实现数	4月至12月预测数	合　计
一、主营业务收入	2,912,297,422.03	1,091,777,371.08	2,640,934,728.92	3,732,712,100.00
二、主营业务利润	290,441,617.73	124,200,238.93	203,909,161.07	328,109,400.00
三、营业利润	109,423,265.91	51,951,148.13	69,845,216.50	121,796,364.63
四、利润总额	113,773,698.23	52,873,064.23	78,637,168.26	131,510,232.49
五、净利润	91,624,727.26	40,389,559.45	50,675,973.17	91,065,532.62
六、每股盈利	0.31	0.10	0.12	0.22

八、其他重要事项

1、根据公司1999年度股东大会决议,本次发行后的新增股东将与公司原股东共同享有公司自2001年1月1日起所产生利润的分配权利。

2、本公司将在2002年6月30日前进行上市后的第一次利润分配。

3、本公司截止2000年末每股净资产为1.79元,本次发行后每股净资产为3.21元。

4、公司于2001年6月25日召开了2000年度股东大会,全体股东的代表出席了会议,全票通过了下述决议:(1)2000年董事会报告;(2)2000年监事会报告;(3)2000年度财务决算报告和2001年度财务预算报告;(4)2000年利润分配方案;(5)同意公司关于关联方往来计提坏帐准备的议案;(6)同意公司章程修正案;(7)同意公司"十五"发展规划;(8)同意公司续聘岳华会计师事务所的议案。

5、根据《上海证券交易所股票上市规则》,本公司第一大股东昌飞集团公司已向上海证券交易所承诺,自本公司股票上市之日起12个月内不转让其持有的本公司股份,也不由本公司回购其持有的股份。

6、截止本上市公告书刊登之日,本公司不存在尚未了结的重大诉讼、仲裁或行政处罚案件,本公司董事、监事和高级管理人员亦未受到任何刑事起诉。

7、除本公司招股说明书及其摘要和本上市公告书披露的事项外,本公司无其他应披露而未披露的重要事项。

九、董事会上市承诺

本公司董事会将严格遵守《公司法》、《证券法》等法律、法规和中国证监会的有关规定,并自股票上市之日起作出如下承诺:

1、承诺真实、准确、完整、公允和及时地公布定期报告,披露所有对投资者有重大影响的信息,并接受中国证监会、上海证券交易所的监督管理。

2、承诺本公司在知悉可能对股票价格产生误导性影响的任何公共传播媒介中出现的消息后,将及时予以公开澄清。

3、本公司董事、监事、高级管理人员和核心技术人员将认真听取社会公众的意见和批评,不利用已获得的内幕消息和其他不正当手段直接或间接从事本公司股票的买卖活动。

4、本公司没有无记录的负债。

十、上市推荐人及其意见

本公司聘请中信证券股份有限公司(以下称"中信证券")及国泰君安证券股份有限公司(以下称"国泰君安证券")担任本次11000万A股股票的上市推荐人。

(一)上市推荐人有关情况

上市推荐人:　中信证券股份有限公司
法定代表人:　常振明
住　　所:　深圳市罗湖区湖贝路1030号海龙王大厦
联 系 人:　冒友华、翁贵春
电　　话:　021-62802631
传　　真:　021-62802267

上市推荐人:　国泰君安证券股份有限公司
法定代表人:　金建栋
住　　所:　上海市浦东新区商城路618号
联 系 人:　于睿、刘向前
电　　话:　010-82001495
传　　真:　010-82001523

(二)推荐人的推荐意见

中信证券和国泰君安证券出具的上市推荐书认为:本公司具备了《公司法》、《证券法》等法律、法规规定的上市条件;本公司全体董事了解法律、法规、股票上市规则及股票上市协议所规定的董事义务与责任;公司章程符合《公司法》等有关法律、法规和中国证监会的规定;本公司建立了健全的法人治理结构和严格的信息披露制度与保密制度;中信证券和国泰君安证券与本公司不存在关联关系;中信证券和国泰君安证券经过核实后认为本公司上市文件符合规定要求,所载资料没有虚假、严重误导性陈述或重大遗漏,并对其承担连带责任;中信证券和国泰君安证券将不利用其在上市推荐过程中获得的内幕信息进行内幕交易,为自己或他人谋利。

江西昌河汽车股份有限公司
2001年6月29日

北京天鸿宝业房地产股份有限公司

北京天鸿宝业房地产股份有限公司股票上市公告书暨2000年度财务报告

重要提示:本公司董事会保证本上市公告书所载资料不存在任何重大遗漏、虚假陈述或者严重误导,并对其内容的真实性、准确性和完整性负个别及连带责任。

一、要 览

股票简称:天鸿宝业　　证券代码:600376　　总股本:10,825万股
可流通股本:4,000万股
本次上市流通股本:4,000万股
上市地址:上海证券交易所
上市日期:2001年3月12日
股票登记机构:上海证券中央登记结算公司
上市推荐人:中信证券股份有限公司

二、绪 言

北京天鸿宝业房地产股份有限公司(以下简称"公司"或"本公司")股票上市公告书是根据《中华人民共和国公司法》、《中华人民共和国证券法》、《股票发行与交易管理暂行条例》、《公开发行股票公司信息披露实施细则》、《上海证券交易所股票上市规则》等国家有关法律、法规的规定,并按照中国证券监督管理委员会制定的公开发行股票公司信息披露的内容与格式准则第七号《上市公告书的内容与格式(试行)》而编写,旨在向投资者提供本公司的基本情况及本次股票上市的有关资料。

经中国证券监督管理委员会证监发行字[2001]10号文批准,本公司已成功上网定价发行了每股面值为1.00元人民币普通股票4,000万股,每股发行价为10.40元。

经上海证券交易所上证上字[2001]28号《上市通知书》同意,本公司上网定价发行的4,000万股人民币普通股将于2001年3月12日(星期一)在上海证券交易所挂牌交易。股票简称"天鸿宝业",股票代码为"600376"。本公司总股本10,825万股,可流通股本4,000万股,本次上市流通股份为4,000万股。

本公司已于2001年1月11日在《中国证券报》和《上海证券报》上刊登了《招股说明书概要》,距今不足六个月,故依照有关规定,本上市公告书与其重复的内容不再赘述,敬请广大投资者查阅本公司的《招股说明书概要》,也可在本公司和主承销商办公处所查阅《招股说明书》全文。

本公司董事会已审议批准本上市公告书,董事会成员确信其中不存在任何重大遗漏或者误导,并对其真实性、准确性和完整性负个别及连带责任。

三、公司概况

1、基本情况公司名称:北京天鸿宝业房地产股份有限公司
英文名称:BEIJING TIANHONG BAOYE REAL ESTATE CO.,LTD.
公司注册资本:10,825万元
公司法定代表人:赵东杰
公司成立日期:1993年12月29日
公司经营范围:房地产开发、商品房销售;建筑工程咨询;室内外装饰装潢;技术开发、技术服务;销售自行开发的产品;购销建筑材料、化工轻工材料、工艺美术品、家具、机械电器设备(汽车除外)、五金交电、纺织品、百货、计算机软硬件、日用杂品;经贸信息咨询;劳务服务。
所属行业:房地产业公司
注册地址:北京市东城区安定门外大街183号京宝花园二层
联系电话:010-64256268
联系人:龚谦炜　钟宁
2、公司历史沿革

公司是经北京市经济体制改革委员会京体改字(93)第128号文《关于批准设立北京宝业房地产股份有限公司的批复》批准,由北京市房地产开发经营总公司(1998年9月,北京市房地产开发经营总公司更名为北京天鸿集团公司,即天鸿集团)、北京华澳房产有限公司、北京市房屋建筑设计院共同发起并拟向其他社会法人和内部职工定向募集股份设立的股份有限公司;根据该批复,公司的股本总额为7,000万股,每股发行价1.00元,其中发起人认购4,650万股,向社会法人募集2,175万股,向内部职工募集175万股。在公司筹建过程中,北京市经济体制改革委员会京体改委字(1993)第152号文《关于同意北京宝业房地产股份有限公司注册登记后再募集内部职工股的批复》同意公司先募集法人股6,825万股,并注册登记,保留公司内部职工股额度175万股。公司设立时,发起人认购4,650万股,定向募集法人股2,175万股,股份总额为6,825万股,上述股份发行价每股1.00元,均由公司股东以现金认购。公司于1993年12月29日在北京市工商行政管理局注册登记,并取得《企业法人营业执照》。公司成立后,一直未募集内部职工股。

1996年12月24日,经北京市人民政府办公厅京政办函[1996]145号文批准,公司由原以定向募集方式设立的股份有限公司重新确定为以发起方式设立的股份有限公司,并于1996年12月31日在北京市工商行政管理局重新登记注册。公司的发起人为北京市房地产开发经营总公司、北京华澳房产有限公司、北京市房屋建筑设计院、海南宝华实业股份有限公司、北京市房地产开发经营深圳公司、京华房产有限公司、京华房产有限公司工会、北京宝华饭店、北京宝信实业发展公司、北京市房屋建筑设计院工会、北京市房地产开发经营总公司工会等11家单位。目前,公司股东为北京天鸿集团公司、海南宝华实业股份有限公司、北京市房地产开发经营深圳公司、京华房产有限公司、北京宝华饭店、北京市房屋建筑设计院及北京宝信实业发展公司等7家单位。

公司原名为北京宝业房地产股份有限公司,2000年4月经公司股东大会批准更名为北京天鸿宝业房地产股份有限公司,并于2000年5月26日在北京市工商行政管理局办理了变更手续。

经中国证监会证监发行字[2001]10号文核准,本公司于2001年1月15日至2001年1月19日以上网定价发行方式向社会公众发行人民币普通股4,000万股,每股发行人民币10.40元。2001年2月18日,本公司在北京市工商行政管理局变更注册登记,注册资金变更为10,825万元。

四、股票发行及承销

1、本次发行情况发行数量:4,000万股　发行方式:上网定价发行。
发行价格:10.40元/股　　发行费用:费用总额13,600,000.00元,每股0.34元
发行市盈率:27.19倍(加权平均) 28.05(全面摊薄)
募集总额:402,400,000.00元(已扣除发行费用)　　发行日期:2001年1月15日-1月19日
中签比率:上网定价发行:0.58010261　　有效申购户数:397,137户
持1000股以上户数:37,400户

2、股票承销　　本次上网定价公开发行的4,000万股社会公众股已全部获得认购,承销团成员无余额包销。

3、验资报告

(1)验资报告(摘自岳华会计师事务所有限责任公司岳总验字(2001)第003号)

北京天鸿宝业房地产股份有限公司:

我们接受委托,对北京天鸿宝业房地产股份有限公司(以下简称"贵公司")截至2001年1月19日止股本进行了审验。在审验过程中,我们按照《独立审计实务公告第1号--验资》的要求,实施了必要的审验程序。贵公司的责任是提供真实、合法、完整的验资资料,保护资产的安全、完整,我们的责任是按照《独立审计实务公告第1号--验资》的要求,出具真实、合法的验资报告。

根据中国证监会《关于核准北京天鸿宝业房地产股份有限公司公开发行股票的通知》(证监发行字[2001]10号)、《北京天鸿宝业房地产股份有限公司招股说明书》及中华人民共和国上海市公证处公证书([2001]沪证经字第1221号),经主承销商与贵公司共同协商确定发行价格为人民币10.40元/股,向社会公众公开发行人民币普通股4,000万股,股票面值人民币1元/股。

根据我们的审验,截止2001年1月19日贵公司已收到向社会公众募集的股金人民币肆亿零贰佰肆拾万元整(RMB402,400,000.00),其中股本人民币肆仟万元整(RMB40,000,000.00),资本公积人民币叁亿陆仟贰佰肆拾万元整(RMB362,400,000.00)。贵公司总股本由发行前的人民币陆仟捌佰贰拾伍万元整(RMB68,250,000.00)变更为人民币壹亿零捌佰贰拾伍万元整(RMB108,250,000.00),资本公积变更为人民币叁亿陆仟贰佰肆拾万元整(RMB362,400,000.00)。

岳华会计师事务所有限责任公司　　　　中国注册会计师:张连起　潘帅

(2)募集资金入帐情况:
募集资金入账时间:2001年1月19日
募集资金入账金额:404,584,000.00元
募集资金入账账号:7110210182600029988
开户银行:中国中信实业银行北京京城大厦支行

五、董事、监事和高级管理人员持股情况

1、公司董事、监事和高级管理人员简历

赵东杰先生:36岁,大学本科,工程师,本公司董事长。1987年7月参加工作,曾任北京市房地产开发经营总公司开发处处长,北京市房地产开发经营总公司总经理助理,本公司副董事长、总经理。现任天鸿集团总规划师。

李发增先生:59岁,大学专科,高级政工师、高级经济师,本公司董事。1958年12月参加工作,曾任北京燕化总公司动力厂组织部长,北京市房地产开发经营总公司党委书记、副董事长兼副总经理,本公司董事长。现任天鸿集团董事长兼总经理,党委副书记,海南宝华实业股份有限公司董事长,北京宝晟住房股份有限公司董事长,北京华澳房产有限公司董事长,北京万佳物业管理有限公司董事长,珠海汇晟投资有限公司董事长。

巴峥嵘先生:31岁,大学本科,经济师,本公司副董事长兼总经理。1990年7月参加工作,曾任本公司副总经理。现任北京宝汇房地产开发有限责任公司董事,北京宝威土地开发有限责任公司董事,北京元隆丝绸股份有限公司董事,珠海汇晟投资有限公司董事,北京宝嘉恒房地产开发经营有限责任公司董事。

田占雄先生:49岁,大学专科,注册房地产估价师,本公司董事。1969年5月参加工作,曾任北京市房地产开发经营总公司经营处处长。现任北京天鸿集团公司董事兼常务副总经理,北京市房地产交易中心总经理,北京宝信实业发展公司董事长,北京宝能热力有限责任公司董事长,北京宝轩房地产开发经营有限责任公司董事长。

辛伟民先生:48岁,大学专科,助理经济师,本公司董事。1969年3月参加工作,曾任京华房产有限公司办公室主任,总经理助理,副总经理。现任京华房产有限公司副董事长兼总经理,北京燕侨物业管理有限公司董事长兼总经理,北京燕华物业有限公司董事兼总经理。

戴肇辉先生:33岁,大学本科,助理经济师,本公司董事。1989年7月参加工作。现任海南宝华实业股份有限公司总经理,海南天惠鸿建材有限公司董事长,海南京碧实业发展有限公司董事兼总经理,海南汇祥旅业投资有限公司董事兼总经理,北京华澳房产有限公司董事。

胡瑞深先生:35岁,研究生,硕士,高级工程师,本公司董事。1991年4月参加工作,曾任北京宝瑞房地产开发有限责任公司副总经理、总经理,北京天鸿集团公司副总工程师。现任北京天鸿集团公司总工程师。

李薇女士:53岁,大学本科,高级政工师,本公司监事会召集人。1968年12月参加工作,曾任北京市房管局机械施工公司党办主任、组织部长,北京市房地产开发经营总公司党办主任、党委副书记兼组织部长。现任北京天鸿集团公司党委书记兼纪委书记、工会主席,北京燕华物业有限公司董事长,北京宝星服务中心总经理。

张欣先生:55岁,大学专科,高级政工师,本公司监事。1965年9月参加工作。现任北京天鸿集团公司纪委副书记。

梁桥女士:45岁,中专学历,助理工程师,本公司监事。1974年4月参加工作,曾任职于北京市房地产开发经营总公司经理办公室。现任本公司办公室主任。

宋洪先生:32岁,大学本科,工程师,本公司副总经理。1991年7月参加工作,曾任本公司工程部经理、总工程师。

陈斌先生:29岁,硕士,工程师,本公司副总经理。1998年5月参加工作,曾任职于北京宝润房地产开发有限责任公司。

王立新先生:32岁,大学本科,会计师,本公司财务总监。1991年7月参加工作,曾任北京天鸿集团公司财务部副经理。

龚谦炜先生:29岁,大学本科,经济师,本公司董事会秘书。1994年7月参加工作,曾任职于本公司经营部。2、公司董事、监事和高级管理人员持股情况公司董事、监事和高级管理人员均未持有本公司股份。

六、公司设立

本公司是经北京市经济体制改革委员会京体改字(93)第128号文和(1993)第152号文批准以定向募集方式设立的股份有限公司,经北京市工商行政管理局登记注册,本公司于1993年12月29日正式成立。1996年12月经北京市人民政府办公厅京政办函[1996]145号文批准,公司由原以定向募集方式设立的股份有限公司重新确定为以发起方式设立的股份有限公司,并于1996年12月31日在北京市工商行政管理局重新注册登记。

本公司于2000年7月26日临时股东大会作出决议在本次股票发行后申请在上海证券交易所挂牌交易。本次向社会公开发行4,000万股人民币普通股后,本公司总股本由发行前的6,825万股变更为10,825万股。2001年2月18日,本公司在北京市工商行政管理局办理了注册变更登记手续,注册资本变更为10,825万元。公司注册地址为北京市东城区安定门外大街183号京宝花园二层,公司营业执照注册号码为1100001502073。

七、关联企业及关联交易

1、关联企业

本公司的关联方为本公司股东、本公司的第一大股东天鸿集团的全资、控股、参股的企业和本公司参股的企业。其中,与本公司存在关联交易的关联方有:

(1)北京天鸿集团公司

北京天鸿集团公司持有本公司国有法人股3,600万股,占本公司本次发行后总股本的33.26%,为本公司第一大股东。天鸿集团成立于1984年,原为"北京市房管局住宅建设经营公司",1992年更名为"北京市房地产开发经营总公司",1998年更名为"北京天鸿集团公司"。天鸿集团是具有城市开发一级资质、城建开发一等资信的北京市国有大型房地产开发企业,国家二级企业,自成立以来,在北京市先后开发了西罗园小区、石榴庄小区、青年湖小区、恩济庄小区、南磨房小区、天宁寺小区、幸福一村小区、幸福二村小区、东花市小区、永泰小区、莲花小区、华侨村、回龙观文化居住区等几十个住宅小区。天鸿集团于1994年被建设部、国家统计局评为"首届中国房地产综合效益百强企业"、1992年被评为"北京市经济百强开发企业"第二名。

(2)北京京宝房产有限公司

北京京宝房产有限公司成立于1990年7月,是由天鸿集团和香港蓬莱实业有限公司共同投资组建的中外合资企业,注册资本3,720万元,主要从事商品房的投资、开发和销售。在北京京宝房产有限公司成立之初,天鸿集团占40%的股权,经过有关部门批准,通过与股东之间的股权转让,目前天鸿集团持有75%的股权,澳大利亚澳宝股份有限公司持有22.6%的股权,台商李京燕女士持有2.4%的股权。

(3)北京万佳物业管理有限公司

北京万佳物业管理有限公司成立于1998年9月,是由天鸿集团、北京宝信实业发展公司、北京宝星服务中心共同出资并经北京市房屋土地管理局批准的大型物业管理公司,主要从事物业管理业务,公司1999年通过ISO9002国际质量体系认证。

(4)北京市房屋建筑设计院

北京市房屋建筑设计院成立于1979年6月,原为北京市住宅建筑勘探设计所,主要从事建筑工程设计、工程勘探、建筑工程可行性研究等,是具有建筑工程甲级资质、工程勘探乙级资质、工程总承包乙级资质的设计单位。

(5)北京宝骥材料设备有限责任公司

北京宝骥材料设备有限责任公司成立于1996年,注册资本1000万元,由天鸿集团、北京宝星服务中心、北京市房地产开发经营总公司房产管理经营公司等三家股东共同出资并经北京市城乡建设委员会批准的建筑材料经营公司,主要从事建筑材料、设备的经营及建筑工程机械的租赁业务。

2、关联交易

(1)房屋租赁:本公司租赁使用北京京宝房产有限公司建筑面积共计1,150平方米的房屋,租金按3.3元/平方米·日计算,每季度支付租金341,550元,承租价格根据市场情况,由本公司与京宝公司协商确定。

(2)物业管理:本公司开发的曙光花园委托北京万佳物业管理有限公司进行物业管理,本公司按照《北京市普通居住小区物业管理服务收费暂行办法》向北京万佳物业管理有限公司支付空置房屋物业管理费,预计每年总额不超过30万元人民币。

(3)房屋建筑设计:本公司委托天鸿集团下属的北京市房屋建筑设计院(亦为本公司股东)进行建筑设计,本公司向北京市房屋建筑设计院支付设计费用。2000年1-6月发生设计费用70多万元。取费标准按照工程预算造价乘以国家及北京市规定的费率区间由本公司与北京市房屋建筑设计院协商确定。

(4)商品房销售:本公司向天鸿集团销售曙光花园小区望山园5号楼、8号楼共计1,379.67平方米的商品房,售房价款总计928.1万元,所售各套住宅均按公司对外销售价格成交(市场价)。

(5)物资供应:本公司与天鸿集团下属企业宝骥公司签订《材料设备供应协议》,宝骥公司向本公司提供钢材、水泥、木材、电梯等材料及设备,价格按材料设备实际进货价格加管理费的办法计算。截止2000年6月30日,本公司尚欠宝骥公司货款共计人民币2,949.4万元。2000年5月31日,本公司与宝骥公司签订《材料设备供应终止协议》,约定除依据《材料设备供应协议》签订的尚未履行完毕的《工矿产品购销合同》(合同标的总额为646.15万元)继续履行之外,本公司不再与宝骥公司签订相同或类似的合同。本公司与宝骥公司在履行完上述合同后,双方不再发生关联交易。

3、关联交易的基本原则及定价原则

4、关联交易的决策程序及保证公允性的内控措施

公司在确定关联交易合同时,保证严格遵照公司法、公司章程及公司与天鸿集团签署的关于关联交易事项的协议书中的有关规定,加强对关联交易的内部控制,保证关联交易的公允性。

(1)公司和天鸿集团(包括其控制的下属企业)对于将来可能发生的关联交易,由双方按照"公平、公正、等价、有偿"的市场原则,签定书面的关联交易协议,明确双方的权利义务关系。

(2)天鸿集团保证在其与公司发生关联交易时,不利用其公司第一大股东的地位将不合理的条件强加于公司,损害公司及其他小股东的利益。

(3)双方间的关联交易应遵循下述基本原则:

①符合诚实信用的原则;

②股东大会在审议关联交易时,天鸿集团回避表决;

③董事会在审议关联交易时,与天鸿集团有利害关系的董事回避表决;

④公司董事会根据客观标准判断关联交易是否对公司有利,必要时聘请专业评估师、独立财务顾问。

(4)公司与天鸿集团在签署关联交易协议时,采取以下措施:

①任何个人只能代表一方签署协议;

②天鸿集团不得以任何方式干预公司的决定。

(5)在公司上市后,公司与天鸿集团达成的关联交易总额在300万元至3000万元之间或占公司最近经审计净资产值的0.5%至5%之间的,公司在关联交易完成后立即披露,并在下次定期报告中披露有关关联交易的详细资料。公司就同一标的在12个月内连续达成的关联交易累计金额达到上述标准的,公司按上述规定进行披露。

(6)在公司上市后,公司与天鸿集团达成的关联交易总额高于3,000万元或公司最近经审计净资产值的5%以上时,公司董事会在作出决议后二个工作日内予以公告。该关联交易经股东大会批准后方可实施,任何与该关联交易有利害关系的关联人在股东大会上放弃对该议案投票权。对于此类关联交易公司董事会对该交易是否对公司有利发表意见,同时公司聘请独立财务顾问就该交易关系对全体股东是否公平、合理发表意见,并说明理由、主要假设及考虑因素。公司在下次定期报告中披露有关交易的细节,公司与天鸿集团就同一标的在连续12个月内达成的交易累计达到上述标准的,公司按上述规定进行披露。

5、避免同业竞争的情况说明:

为避免同业竞争,本公司第一大股东北京天鸿集团公司已与本公司于2000年6月26日、2001年1月4日签署了《避免同业竞争协议书》和《补充协议》,天鸿集团也于2000年11月、2001年1月出具了《北京天鸿集团公司关于避免与北京天鸿宝业房地产股份有限公司同业竞争问题的承诺书》和《补充承诺》,据此,在现有房地产开发项目结束以后,天鸿集团及其下属企业将只承担政府指定的工程,不再从事与本公司相同或者类似的房地产开发经营,以避免可能出现的新的同业竞争;并且如公司认为承担该政府指定工程能够为公司带来利益,则本公司拥有优先开发权,天鸿集团保证尽一切努力促使公司获得政府有权部门的批准和许可;除正在开发建设的房地产项目和政府指定工程外,所有新的房地产开发项目,均由股份公司进行项目立项并从事开发建设。

本公司上市后,依公司意愿可以收购天鸿集团拥有的具有房地产开发能力的下属企业的股权或下属企业从事房地产开发建设的生产经营性资产;同时,天鸿集团将通过业务重组,逐步将天鸿集团及下属开发企业的房地产开发业务及优质资产纳入公司,以强化公司在各方面的优势,增强公司的开发能力和竞争力。

天鸿集团及下属企业在完成现有的房地产开发项目后,公司可以根据其自身业务发展的需要收购天鸿集团下属企业从事房地产开发建设的生产经营性资产,公司也可择优聘用天鸿集团下属企业从事房地产开发建设的人员。公司在收购天鸿集团从事房地产开发建设的生产经营性资产及选择聘用天鸿集团及下属企业人员时,公司根据自身生产经营的需要作出选择,天鸿集团不以任何方式干预公司的决定。

八、股本结构及大股东持股情况

(一)、本公司上市前股本结构:

股份种类	数量(万股)	占总股本比例(%)
1、总股本	10,825	100.00
2、尚未流通股份	6,825	63.05
其中:国有法人股	4,633	42.80
社会法人股	2,192	20.25
3、可流通股份	4,000	36.95
社会公众股份	4,000	36.95

(二)、前十名股东所持股数及比例

股东	持股数(万股)	持股比例(%)
1、北京天鸿集团公司	3,600	33.26
2、海南宝华实业股份有限公司	1,750	16.17
3、北京市房地产开发经营深圳公司	983	9.08
4、京华房产有限公司	260	2.40
5、北京宝信实业发展公司	132	1.22
6、北京市房屋建筑设计院	50	0.46
7、北京宝华饭店	50	0.46
8、国信证券有限责任公司	43.4	0.40
9、基金景福	41.1	0.38
10、基金泰和	39.3	0.36

九、公司财务会计资料

本公司截止2000年6月30日的财务状况已于2001年1月11日在《中国证券报》和《上海证券报》上刊登的《北京天鸿宝业房地产股份有限公司招股说明书概要》中进行了详细的披露,因距今时间较短,故本上市公告书与之重复的内容不再赘述。本公告书公布经岳华会计师事务所有限责任公司审计的本公司截止2000年度审计报告及会计附注、前二年及2000年度财务报表,欲了解其他内容,敬请投资者查阅上述报纸或至公告的《招股说明书》查阅地点查询。

(一)审计报告(岳总审字[2000]第A15号)

北京天鸿宝业房地产股份有限公司全体股东:

我们接受委托,审计了贵公司2000年12月31日的资产负债表和2000年度的利润及利润分配表及2000年度的现金流量表。这些报表由贵公司负责,我们的责任是对这些会计报表发表审计意见。我们的审计是依据《中国注册会计师独立审计准则》进行的。在审计过程中,我们结合贵公司实际情况,实施了包括抽查会计记录等我们认为必要的审计程序。

我们认为,上述会计报表符合《企业会计准则》和《股份有限公司会计制度》及有关补充规定,在所有重大方面公允地反映了贵公司2000年12月31日的财务状况及2000年度的经营成果及2000年度的现金流量,会计处理方法的选用遵循了一贯性原则。

岳华会计师事务所有限责任公司　　　　中国注册会计师:张连起 潘帅

(二)会计报表附注:

1、公司简介:

北京天鸿宝业房地产股份有限公司(以下简称公司或本公司)成立于1993年12月29日,是经北京市经济体制改革委员会京体改字(93)第128号文件和京体改委字(1993)第152号文件批准,由北京市房地产开发经营总公司、北京华澳房产有限公司、北京市房屋建筑设计院共同发起,以定向募集方式设立的股份有限公司。公司设立时股本总额为6825万股,出资方式全部为现金出资。1996年12月24日,经北京市人民政府办公厅京政办函[1996]145号批准,将原以定向募集方式设立的股份有限公司重新确定为以发起方式设立的股份有限公司,公司并于1996年12月31日在北京市工商行政管理局办理重新登记手续。公司发起人为北京天鸿集团公司(原北京市房地产开发经营总公司)、北京华澳房产有限公司、北京市房屋建筑设计院、海南宝华实业股份有限公司、北京市房地产开发经营深圳公司、京华房产有限公司、北京宝华饭店、北京宝信实业发展公司、北京天鸿集团公司工会、京华房产有限公司工会、北京市房屋建筑设计院工会共11家单位。

公司注册资本为6825万元人民币;经营范围为房地产开发、商品房销售、建筑工程咨询,室内外装饰装璜、技术开发、技术服务、销售自行开发的产品、购销建筑材料、机械电器设备(汽车除外)、五金交电、纺织品、百货、计算机软硬件、日用杂品、经贸信息咨询、劳务服务;法定代表人为赵东杰。

2、公司采用的主要会计政策、会计估计的编制方法

3、会计政策、会计估计的变更

公司预提的公共设施配套费用等受外部条件变化进行调整。

公司回龙观龙华园小区原预计总投资为283,431,300.00元,至2000年4月底,经该公司重新确认所有工程主要合同已基本执行完毕,原预提费用大部分已不需要支付,确认回龙观龙华园小区预计总成本248,398,562.82元,应冲回预提费用35,032,737.18元。恩济庄二区北工程住宅部分原预计总投资为208,149,873.74元,至2000年4月底,经公司重新确认所有工程主要合同已基本执行完毕,原预提费用大部分已不需要支付,确认恩济庄二区北工程住宅部分预计总成本173,545,524.35元,应冲回预提费用34,604,349.39元。因赖以估计的基础发生变化,导致会计估计变更54,142,628.92元;因会计估计依据的假设错误导致会计估计差错15,494,457.65元,上述调整增加了税前利润69,637,086.57元,影响所得税22,980,238.57元,其中:

	影响税前利润	影响所得税
1999年度	15,494,457.65元	5,113,171.03元
2000年度	54,142,628.92元	17,867,067.54元

4、税项营业税:销售收入5%计缴;以预收款方式收取价款时,按收到的预收账款的5%计缴;城市维护建设税,按应纳流转税额的7%计缴;教育费附加,按应纳流转税额的3%计缴;

所得税:按应纳税所得额的33%计缴;根据北京市财政局京财企一[2000]1097号《关于同意北京天鸿宝业房地产股份有限公司申请享受财政优惠政策的函》文件,对因账务调整增加的所得税不再追缴,对1997、1998、1999年缴纳所得税超过15%税负的部分由市财政返还,并入企业税后利润统一进行分配。北京市地方税务局已对公司享受以上财政税收优惠政策予以确认;

土地增值税:按增值额的超率累进税率计缴。公司开发的回龙观龙华园小区、恩济庄二区北工程符合国家税务总局《关于1994年1月1日前签定开发及转让合同的房地产免征土地增值税》的规定,北京市东城区地方税务局专业税务所已出具证明;曙光花园小区已开发和正在建设的甲3#、甲4#、甲10#、甲16#、甲7#、甲9#、乙1#符合普通标准住宅的规定,已经北京市东城区地方税务局专业税务所审核,经计算不需计缴土地增值税;

其他税项:按国家有关的具体规定计缴。

5、会计报表主要项目注释

(17)盈余公积45,739,675.98元

	期末数	期初数
期初数	34,826,933.83	27,789,471.31
本期增加数	10,912,742.15	7,037,462.52
其中:法定盈余公积	7,275,161.43	3,518,731.26

公益金	3,637,580.72	1,759,365.63
任意盈余公积		1,759,365.63
本期减少数		
期末数	45,739,675.98	34,826,933.83

注:本期根据公司章程规定提取10%的法定盈余公积金,提取5%的法定公益金。

(18)未分配利润106,724,826.10元按本公司章程规定,依法缴纳所得税后的利润,按下列顺序进行分配:

①弥补以前年度亏损;

②提取10%的法定盈余公积金;

③提取5%-10%的法定公益金;

④提取任意盈余公积金;

⑤分配股利。

	期末数	期初数
期初数	92,660,953.94	81,077,525.58
本期增加数	72,751,614.31	35,055,385.45
其中:本期净利润	72,751,614.31	35,055,385.45
盈余公积转入		
本期减少数	58,687,742.15	23,471,957.09
其中:提取法定公积金	7,275,161.43	3,518,731.26
提取法定公益金	3,637,580.72	1,759,365.63
已分配股利	47,775,000.00	16,434,494.57
期末数	106,724,826.10	92,660,953.94

注:根据本公司2000年度第三次临时股东大会决议,确定对滚存利润的分配为以6825万股为基数,每股分配0.70元净利润,共分配47,775,000.00元。

(19)主营业务收入

类别	2000年度	1999年度
出售商品房:		
回龙观龙华园小区	288,297.47	58,441,121.99
恩济庄二区北工程		57,810,403.70
曙光花园一期	350,673,923.66	41,805,978.36
合计	350,962,221.13	158,057,504.05

注:本期销售收入增长较多主要是由于曙光花园甲3#、甲16#、甲7#、甲9#商品房竣工销售,且销售情况良好。

(20)主营业务成本

类别	2000年度	1999年度
出售商品房:		
回龙观龙华园小区	-33,990,945.19	50,726,712.95
恩济庄二区北工程	-19,891,245.60	20,706,901.07
曙光花园一期	274,560,020.73	31,090,407.93
合计	220,677,829.94	102,524,021.95

注:2000年回龙观龙华园小区、恩济庄二区北工程因预提费用调整而出现负值,详见会计政策、会计估计的变更。

(21)主营业务税金及附加

项目	2000年度	1999年度
营业税	17,571,308.76	7,978,093.73
城建税	1,229,991.61	558,466.56
教育费附加	527,139.26	239,342.81
合计	19,328,439.63	8,775,903.10

(22)其他业务利润项目2000年度1999年度出租固定资产收益17,010.00咨询费收入合计17,010.00

(23)营业费用

项目	2000年度	1999年度
中介代理费	4,707,353.42	385,901.00
广告宣传费	6,019,273.60	555,300.00
展览费	446,889.00	1,310,636.60
其他	849,998.18	332,736.60
合计	12,023,514.20	2,584,574.20

注:本公司2000年5月以前房地产销售采取自销方式,2000年5月以后聘请专业代理公司进行销售,故2000年营业费用有较大增幅。

(24)财务费用

项目	2000年度	1999年度
利息支出	941,450.00	293,435.00
减:利息收入	876,978.93	3,621,276.33
汇兑损失		
减:汇兑收益		
其他	8,218.16	1,174.78
合计	72,689.23	-3,326,666.55

(25)投资收益

2000年度

项目	股票投资收益 成本法	权益法	其他股权投资 成本法	权益法	债权投资	合计
短期投资						
长期投资			525,000.00			
合计			525,000.00			525,000.00

(26)所得税

项目	2000年度	1999年度
会计利润	95,012,115.31	45,350,072.87
所得税	31,353,998.05	14,965,524.05
应税所得额	96,062,124.24	45,840,216.85
财政返还所得税	9,440,000.00	
应交所得税	22,260,501.00	15,127,271.56

注:北京市财政局京财企一〔2000〕1097号《关于同意北京天鸿宝业房地产股份有限公司申请享受财政优惠政策的函》文件批准,对1997、1998、1999年缴纳所得税超过15%税负的部分由市财政返还,共返还所得税款9,440,000.00元。根据财会[2000]3号《关于印发〈股份有限公司税收返还等有关会计处理规定〉的通知》的规定,本期收到财政返还的所得税款944万元冲减本期所得税费用。

(27)支付的其他与经营活动有关的现金:

	2000年度	1999年度
销售费用	10,723,446.17元	2,143,213.20元
办公费	1,603,450.95元	443,571.02元
收回电贴费用	444,000.00元	
咨询费		265,000.00元
代垫四源费	1,385,980.00元	7,069,306.70元
其他	1,554,544.65元	4,812,045.85元
支付珠海汇晟	18,000,000.00元	
合计	33,711,421.77元	14,733,136.77元

6、关联方关系及其交易

(1)存在控制关系的关联方情况存在控制关系的关联方:

企业名称	注册地址	主营业务	与本企业关系	经济性质或类型	法定代表人
北京天鸿集团公司	北京市沙滩后街22号	房地产开发	控股单位	国有	李发增

存在控制关系的关联方的注册资本及其变化:

企业名称	年初数	本年增加数	本年减少数	年末数
北京天鸿集团公司	200,000,000.00			200,000,000.00

存在控制关系的关联方所持股份或权益及其变化:

企业名称	年初数 金额	%	本年增加数 金额	%	本年减少数 金额	%	年末数 金额	%
北京天鸿集团公司	36,000,000.00	52.75					36,000,000.00	52.75

(2)不存在控制关系的关联方情况

企业名称	与本企业的关系
海南宝华实业股份有限公司	股东;受同一母公司控制
北京宝骥材料设备有限责任公司	受同一母公司控制
北京市房屋建筑设计院	股东;受同一母公司控制
珠海汇晟投资有限公司	受同一母公司控制
北京万佳物业管理有限公司	受同一母公司控制
北京宝嘉恒房地产开发经营有限责任公司	受同一母公司间接控制
北京京宝房产有限公司	受同一母公司控制
北京宝晟住房股份有限公司	受同一母公司间接控制

(3)关联方交易

①采购货物

公司2000年度及1999年度向关联方采购货物、接受劳务有关明细资料如下:

企业名称	2000年度 金额	占年度购货百分比(%)	1999年度 金额	占年度购货百分比(%)
北京宝骥材料设备有限责任公司	14,635,782.77	7.75	30,314,836.94	16.93
北京市房屋建筑设计院	760,000.00	1.5	730,673.50	0.40

注:与宝骥公司购买材料的订价政策为供应价加成。

②土地补偿费1993年12月,本公司与北京天鸿集团公司(原北京市房地产经营总公司)签订《开发建设项目合作建设合同书》,本公司向北京天鸿集团公司支付10,400万元,获得恩济庄小区二区北约1.8公顷的建设用地。

③转让债权

本公司于2000年4月26日,与北京宝晟住房股份有限公司签订《债权转让协议》,将本公司对中工信托投资公司的债权转让给该公司,转让价格为4,664,000.00元;并于2000年5月29日收到此款项。

④租赁

本公司于2000年3月31日与北京京宝房产有限公司签订《租赁合同》,承租京宝花园二层房屋用于办公,租赁期三年,租金每季341,550.00元。

⑤物业管理

本公司曙光花园小区委托北京万佳物业管理有限公司进行管理。

⑥2000年5月8日,本公司与北京天鸿集团公司签订《内销商品房买卖契约》,将本公司1,379.67平方米商品房售出,合同总额9,281,182.00元。

(4)关联方应收应付款项余额

项目名称	期末余额 2000年12月31日	1999年12月31日	占全部应收(付)款项余额的比重(%) 2000年12月31日	1999年12月31日
其他应收款				
天鸿集团		68,516,948.82		80.03
小计		68,516,948.82		80.03
应付账款				
宝骥公司	19,345,296.53	24,224,836.94	41.50	52.70
小计	19,345,296.53	24,224,836.94	41.50	52.70
其他应付款				
汇晟公司	3,000,000.00	18,000,000.00	28.69	79.72
宝嘉恒公司	422,282.59		4.04	
万佳物业管理公司	103,151.67		0.99	
天鸿集团	674,014.84		6.44	
小计	4,199,449.10	18,000,000.00	40.16	79.72

7、或有事项公司无需说明的或有事项。

8、承诺事项

2000年7月21日,本公司与北京宝骥材料设备有限责任公司签订《付款协议》,本公司将在2000年7月至2002年7月期间分阶段支付尚欠该公司的材料设备款。

9、其他重要事项

(1)本公司股东北京华澳房产有限公司将其持有的股份1000万股,转让给公司另一股东海南宝华实业股份有限公司,于2000年5月26日获得北京市工商行政管理局批准。

(2)2000年5月8日,本公司股东北京天鸿集团公司工会、北京市房屋建筑设计院工会、北京燕侨物业管理有限公司工会(原京华房产有限公司工会)与公司股东北京宝信实业发展公司签订《股权转让协议书》,将三方工会所持股份转让给北京宝信实业发展公司。

(3)2000年6月26日,本公司与本公司第一大股东北京天鸿集团公司签订《避免同业竞争协议书》

(4)2000年5月31日,本公司与北京宝骥材料设备有限责任公司签订《材料设备供应终止协议》。

(5)截止2000年12月31日,公司为银行向商品房承购人发放的总额为8,389.00万元(银行与商品房承购人签订的借款合同金额)个人住房抵押贷款提供保证,该保证责任在商品房承购人取得房屋所有权证并办妥抵押登记后解除。

(6)2001年1月15日,公司4,000万A股股票在上交所上网定价发行。

(三)公司前三年主要会计数据和财务指标: 单位:人民币元

序号	项目	2000年12月31日	1999年12月31日	1998年12月31日
1	主营业务收入	350,962,221.13	158,057,504.05	74,065,329.34
2	主营业务利润	110,955,951.56	46,757,579.00	15,395,502.93
3	其他业务利润	17,010.00		332,321.85
4	营业利润	94,487,115.31	44,825,072.87	19,394,653.48

5	投资收益	525,000.00	525,000.00	525,000.00
6	利润总额	95,012,115.31	45,350,072.87	19,919,653.48
7	净利润	72,751,614.31	35,055,385.45	18,649,043.98
8	扣除非经常性损益后的净利润	27,036,052.93	19,841,514.68	13,231,384.88
9	经营活动产生的现金流量净额	19,543,694.72	–57,614,111.70	--------
10	现金及现金等价物净增加额	–788,218.22	–38,436,521.70	--------
11	总资产	537,420,111.88	642,996,782.92	654,363,439.21
12	净资产	220,714,502.08	195,737,887.77	177,116,996.89
13	每股收益	1.07	0.51	0.27
14	每股收益(扣除非经常性损益)	0.396	0.291	0.194
15	每股净资产	3.23	2.87	2.60
16	调整后的每股净资产	3.23	2.87	2.60
17	每股经营活动产生的现金流量净额	0.29	–0.84	------
18	净资产收益率(%)	32.96	17.91	10.53
19	净资产收益率(%)(扣除非经常性损益)	12.25	10.14	7.47

注：扣除非经常性损益后的净利润–净利润–冲减当期成本的预提费用×0.67–当期财政返还收入

其中：冲减当期成本的预提费用2000年为54,142,628.92元、1999年为15,494,457.65元；当期财政返还收入2000年为944万元、1999年为4,832,584.14元、1998年为5,417,659.10元。

2001年1月15日公司公开发行人民币普通股股票4,000万股，至本公告公布之日公司总股本为10,825万股，以2000年度净利润计，公司的每股收益值为0.67元；以2000年度扣除非经常性损益后的净利润计，公司每股收益为0.25元。

调整后的每股净资产–(年度末股东权益–三年以上的应收款项净额–待摊费用–待处理（流动、固定）资产净损失–开办费–长期待摊费用–住房周转金负数余额)/年度末普通股股份总数。

企业负责人：巴峥嵘　　财务负责人：王立新　　制表人：贾维光

（四）公司前三年及2000年度会计报表(附后)。

十、董事会上市承诺

本公司董事会将严格遵守《中华人民共和国公司法》、《中华人民共和国证券法》、《股票发行与交易管理暂行条例》、《公开发行股票公司信息披露实施细则》、《上海证券交易所上市规则》和有关法律、法规的规定，并自股票上市之日起作出如下承诺：

1、按照法律、法规的规定程序和要求披露重大的信息，并接受证券主管机关、上海证券交易所的监督管理。

2、及时、真实、准确公布中期报告和年度报告，并备置于规定场所供投资者公众查阅。

3、本公司董事、监事及高级管理人员如发生人事变动或持本公司股票发生变化时，在报告证券主管机关、证券交易所的同时向投资者公布。

4、在任何公共传播媒介中出现的消息可能对本公司股票的市场价格产生误导性影响时，本公司知悉后将及时对该消息予以公开澄清。

5、本公司董事、监事及高级管理人员将认真听取社会公众的意见和批评，不利用已获得的内幕消息和其他不正当手段直接或间接从事股票买卖活动。

6、本公司没有无记录负债。

7、本公司董事会及各位董事保证不就任何未经主管机关审阅的可能影响股价变动的重大信息私自或公开发表意见。

8、依据2000年5月1日起实施的《上海证券交易所股票上市规则(2000年修订本)》，本公司全体董事、监事将按照有关规定，在本公司股票上市后两个月内签署《董事(监事)声明及承诺书》并送达上海证券交易所备案。

十一、重要事项揭示

1、根据本公司编制并经岳华会计师事务所有限责任公司出具的岳总字[2001]第1号盈利预测审核报告，本公司2001年预计实现净利润4,012.48万元，按发行后股本全面摊薄计算，每股收益为0.37元。

2、发行前后净资产总额和每股净资产以2000年6月30日为基准日，公司发行前净资产总额为20,927.25万元，发行前每股净资产为3.063元；公司发行后净资产总额为61,147.25万元，每股净资产为5.649元(已扣除发行费用)。

3、本公司2000年净利润达每股1.07元，主要是由于有5,414.26万元预提费用调整冲减当期成本和财政返还所得税款944万元冲减本期所得税费用等所致。

公司回龙观龙华园小区、恩济庄二区北工程住宅部分原预计总投资分别为283,431,300.00元和208,149,873.74元，至2000年4月底，经重新确认所有工程主要合同已基本执行完毕，原预提费用大部分已不需要支付，确认回龙观龙华园小区、恩济庄二区北工程住宅部分预计总成本分别为248,398,562.82元和173,545,524.35元，应冲回预提费用分别为35,032,737.18元和34,604,349.39元。根据《企业会计准则–会计政策、会计估计变更和会计差错更正》，对公司应在1999年调整的会计估计差错在1999年冲减开发成本，对属于会计估计变更的54,142,628.92元，在2000年冲减当期开发成本。

公司按应纳税所得额的33%缴纳所得税。北京市财政局京财企一[2000]1097号《关于同意北京天鸿宝业房地产股份有限公司申请享受财政优惠政策的函》文件批准，对公司因账务调整增加的所得税不再追缴(1999年4,832,584.14元、1998年5,417,659.10元)，对1997、1998、1999年缴纳所得税超过15%税负部分由市财政返还，共返还所得税款9,440,000.00元，并入企业税后利润统一进行分配。北京市地方税务局已对公司享受以上财政税收优惠政策予以确认。据财会[2000]3号《关于印发〈股份有限公司税收返还等有关会计处理规定〉的通知》规定，2000年财政返还所得税款944万元冲减当期所得税费用。

4、经2000年7月26日股东大会讨论通过，公司本次新发行的A股股票上市后，持有本公司股份的新老股东将共同享有公司历年来未分配利润的股利分配权利。公司预计本次A股股票发行后首次分配股利时间为2001年12月底之前，具体实施时间由公司股东大会决定。

5、根据《上海证券交易所股票上市规则》公司第一大股东北京天鸿集团公司已向上海证券交易所承诺，自发行人股票上市之日起12个月内不转让其持有的发行人股份，也不由上市公司回购其持有的股份。

6、经上海证券交易所上证上字[2001]28号文批准，本公司通过上海证券交易所交易系统上网定价发行的4000万股人民币普通股(A股)股票将于2001年3月12日起在上海证券交易所挂牌交易。

7、截止本公告书公布之日，本公司和本公司董事、监事和高级管理人员无任何重大诉讼事项。

8、除本公司招股说明书及其概要和本上市公告书外，本公司没有其他应披露而未披露的重要事项。

十二、备查文件

1、上海证券交易所上市通知书　　2、本公司招股说明书及概要
3、中国证监会关于本公司公开发行股票的批准文件(证监发行字〔2001〕10号)
4、审计报告、财务报表及附注　　5、验资报告
6、盈利预测报告及注册会计师审核报告
7、法律意见书　　8、资产评估报告
9、公司股东大会决议、董事会决议
10、公司营业执照　　11、公司章程　　12、其他备查文件

十三、咨询机构

1、上市公司：北京天鸿宝业房地产股份有限公司　　法定代表人：赵东杰
地址：北京市东城区安定门外大街183号京宝花园二层
联系人：龚谦炜钟宁　　电话：010–64256268　　传真：010–64256258
2、上市推荐人：中信证券股份有限公司　　法定代表人：常振明
地址：深圳市罗湖区湖贝路1030号海龙王大厦　　电话：(021)62802631

北京天鸿宝业房地产股份有限公司
二00一年三月五日

资产负债表

编制单位：北京天鸿宝业房地产股份有限公司　　单位：人民币元

资产	1998.12.31	1999.12.31	2000.12.31
流动资产：			
货币资金	105873690.25	67437168.55	66648950.33
短期投资	500000		
减：短期投资跌价准备	500000		
应收帐款		5010293	
其它应收款	112969931.58	85611215.85	9431253.31
减：坏帐准备			
应收帐款净额	112969931.58	85611215.85	14441546.31
预付帐款	436800	7417000	19606307.66
应收补贴款			
存货	406194703.5	451816720.43	405454437.15
存货净额	406194703.5	451816720.43	405454437.15
流动资产合计	625475125.33	612282104.83	506151241.45
长期投资：			
长期股权投资	28060000	30010000	0010000
长期投资合计	28060000	30010000	30010000
长期投资净额	28060000	30010000	30010000
固定资产：			
固定资产原值	1316590.5	1370565.5	2151447.5
减：累计折旧	488276.62	665887.41	892577.07
固定资产净值	828313.88	704678.09	1258870.43
固定资产合计	828313.88	704678.09	1258870.43
无形及其它资产：			
递延税项：			
资产总计：			
资产总计	654363439.21	642996782.92	537420111.88
流动负债：			
短期借款		20000000	20000000
应付帐款	19508827.66	45967864.6	53776350.45
预收帐款	284906842.3	249307434.96	86021273.12
应付福利费	304625.74	403897.05	589810.1
应付股利	12084868.48	12529507.2	41046578.49
应付税金	3466571.77	11818941.62	28807520.39
其它应交款	63667.53	45259.46	–81333.47
其它应付款	50308026.48	22578247.68	10466426.5
预提费用	105994800.38	84503081.75	76078984.22
流动负债合计	476638230.34	447154234.32	316705609.8
长期负债：			
住房周转金	608211.98	104660.83	
长期负债合计	608211.98	104660.83	
递延税项：			
负债合计：			
负债合计	477246442.32	447258895.15	316705609.8
股东权益：			
股本	68250000	68250000	68250000
盈余公积	27789471.31	34826933.83	45739675.98
其中：公益金	6806226.44	8565592.07	12203172.79
未分配利润	81077525.58	92660953.94	106724826.1
股东权益合计	177116996.89	195737887.77	220714502.08
负债和股东权益总计：			
负债和股东权益总计	654363439.21	642996782.92	537420111.88

利润及利润分配表

编制单位：北京天鸿宝业房地产股份有限公司　　单位：人民币元

项目	1997.12.31	1998.12.31	1999.12.31	2000.12.31
一、主营业务收入	130096061.64	74065329.34	158057504.05	350962221.13
减：折扣与折让				
主营业务收入净额	130096061.64	74065329.34	158057504.05	350962221.13
减：主营业务成本	108778523.58	54587969.88	102524021.95	220677829.94
主营业务税金及附加	7216346.95	4081856.53	8775903.1	19328439.63
二、主营业务利润	14101191.11	15395502.93	46757579	110955951.56
加：其他业务利润	189000	332321.85		17010
减：存货跌价损失				
营业费用	222725	3052992.62	2584574.2	12023514.2
管理费用	1882283.46	2394511.49	2674598.48	4389642.82
财务费用	–3928130.42	–9114332.81	–3326666.55	72689.23
三、营业利润	16113313.07	19394653.48	44825072.87	94487115.31
加：投资收益	598000	525000	525000	525000
四、利润总额	16711313.07	19919653.48	45350072.87	95012115.31
减：所得税	5730149.04	6688268.6	15127271.56	22260501
所得税返还	5417659.1	4832584.14		
五、净利润	10981164.03	18649043.98	35055385.45	72751614.31
加：年初未分配利润	68026416.64	67811879.42	81077525.58	92660953.94
六、可供分配的利润	79007580.67	86460923.4	116132911.03	165412568.25
减：提取法定盈余公积金	1098116.4	1851711.68	3518731.26	7275161.43
提取法定公益金	549058.19	925855.84	1759365.63	3637580.72
七、可供股东分配的利润	77360406.08	83683355.88	110854814.14	154499826.1
提取任意盈余公积金	549058.19	925855.84	1759365.63	
应付普通股股利	8999468.47	1679974.46	16434494.57	47775000
八、未分配利润	67811879.42	81077525.58	92660953.94	106724826.1

北京天鸿宝业房地产股份有限公司2001年度中期报告

(一)公司简介

1.公司法定中文名称:北京天鸿宝业房地产股份有限公司
公司法定英文名称:BEIJING TIANHONG BAOYE REAL ESTATE CO.,LTD.
2.公司注册地址:北京市东城区安定门外大街 183 号京宝花园二层(邮政编码:100011)
公司办公地址:北京市东城区安定门外大街 183 号京宝花园二层(邮政编码:100011)
公司网址:http:// www.tianhong-baoye.com.cn 电子信箱:gqw@tianhong-baoye.com.cn
3.公司法定代表人:赵东杰
4.董事会秘书:龚谦炜 证券事务代表:钟 宁
联系地址:北京市东城区安定门外大街183 号京宝花园 M207 室(邮编:100011)
电话:(010)64256268 传真:(010)64256258 电子信箱:gqw@tianhong-baoye.com.cn
5.公司选定的信息披露报纸名称:《中国证券报》、《上海证券报》
登载公司中期报告的中国证监会指定国际互联网网址:http://www.sse.com.cn
公司中期报告备置地点:公司证券部
6.股票上市交易所:上海证券交易所 股票简称:天鸿宝业 股票代码:600376

(二)主要财务数据和指标

1. 财务数据和指标 单位:元

项目	2001.6.30	2000.6.30
净利润	8,075,134.11	61,109,619.88
扣除非经常性损益后的净利润	7,985,729.22	15,400,178.88
总资产	853,840,044.16	555,831,977.38
资产负债率%	26.02	62.39
股东权益(不含少数股东权益)	631,693,331.34	209,072,507.65
每股收益(摊薄)	0.07	0.90
每股收益(加权)	0.08	0.90
扣除非经常性损益后的每股收益	0.07	0.23
净资产收益率%	1.28	29.23
每股净资产	5.84	3.06
调整后的每股净资产	5.84	3.06
每股经营活动产生的现金流量净额	-1.01	0.75

注:扣除非经常性损益项目涉及内容:营业外支出 89404.89 元。

利润表附表:

	报告期利润(元)	全面摊薄净资产收益率(%)	加权平均净资产收益率(%)
主营业务利润	21,181,905.40	3.35	3.75
营业利润	11,616,843.86	1.84	2.06
净利润	8,075,134.11	1.28	1.43
扣除非经常性损益后的净利润	7,985,729.22	1.26	1.41

	全面摊薄每股收益(元/股)	加权平均每股收益(元/股)
主营业务利润	0.20	0.21
营业利润	0.11	0.11
净利润	0.07	0.08
扣除非经常性损益后的净利润	0.07	0.08

(三)股本变动及主要股东持股情况

1. 股份情况变动表 单位:股

	本次变动前	配股	送股	公积金转股	增发	其它	本次变动后
一.未上市流通股份							
1. 发起人股份							
其中:国有法人股	46,330,000						46,330,000
境内法人拥有股份	21,920,000						21,920,000
未上市流通股份合计:	68,250,000						68,250,000
二.已上市流通股份							
1. 人民币普通股						+40,000,000	40,000,000
二.已上市流通股份						+40,000,000	40,000,000
已上市流通股份合计:							
三.股份总数	68,250,000					40,000,000	108,250,000

公司股份变动情况说明:报告期内,公司新增流通股4000万股。公司于2001年1月15日在上海证券交易所上网定价发行人民币普通股4000万股,该4000万股股份于2001年3月12日在上海证券交易所上市流通。

2.前10名股东持股情况:(单位:股)

股东名称	持股量(股)	占总股本比例(%)
北京天鸿集团公司	36,000,000	33.26
海南宝华实业股份有限公司	17,500,000	16.17
北京市房地产开发经营深圳公司	9,830,000	9.08
京华房产有限公司	2,600,000	2.40
北京宝信实业发展公司	1,320,000	1.22
裕隆基金	590,097	0.55
银河证券	549,858	0.51
北京市房屋建筑设计院	500,000	0.46
北京宝华饭店	500,000	0.46
朱健	293,000	0.27

注:①报告期内,持有本公司5%以上股份的股东其所持股份未发生变动,也未发生质押或冻结等情况。

②以上股东中,除北京宝信实业发展公司、裕隆基金、银河证券及朱健外,其余均为第一大股东北京天鸿集团公司全资、控股及参股企业,存在关联关系。

③本公司无战略投资者或一般法人因配售新股成为前10名股东的情况。

(四)经营情况的回顾与展望

1. 公司报告期内主要经营情况

(1)公司主营业务的范围及其经营状况:公司主要从事房地产的开发与经营,具体为商品住宅小区的开发建设,包括商品房、经济适用房、办公用房、商业设施以及土地等的开发、销售、租赁。

上半年公司继续全面加强基础管理工作。主要有以下几个方面:首先,改革组织机构,为了明确分工,更好地适应销售工作的需要,进一部加强公司的销售力量,做好营销、销售组织、售后服务等各环节的工作,将销售部改革分解成三个部门,即新建营销策划部和客户服务部,将原销售部更名为销售租赁部,目前,各部门人员已经基本到位,并已经按照各自的分工内容开展工作;第二,完成公司 ISO9000 文件的编制和发布工作,公司 ISO9000 质量管理体系文件按计划正式发布实施,完成了公司走向规范化、严格化管理的第一步;第三,加强人事管理,积极储备人才,今后的竞争是人才的竞争,因此公司极为重视对人才的引进和培养,通过不断引进各方面的专业人才,加强对在职员工的培训,来满足公司不断扩大的生产经营业务需要;第四,进一步加强了档案管理工作,并搭建公司电子商务平台,推动办公自动化,提高工作效率。

上半年公司生产情况基本正常,公司完成了曙光花园、回龙观文化居住区后期 D05、D06 项目以及恩济庄二区北工程 3 号楼等项目大量的前期规划设计工作,同时加强工程招标前工作,降低了工程造价,恩济庄二区北工程 3 号楼及曙光花园一期工程施工进展比较顺利。但作为公司利润主要来源的曙光花园一期工程,由于部分楼盘未能按计划开盘销售,在销房屋户型偏大,周边项目增多,市场竞争加剧等原因,销售状况不甚理想。曙光花园在市场竞争中落后的现实迫使我们要在尽短的时间里尽快地提高我们参与竞争的能力。我们在整体的营销策划方面、在工作效率上、在工作的细致深入程度上距离市场的要求都还有很大的差距。

尽管有这样那样的客观因素,但我们更应该在主观上找差距、找原因,清醒地面对不利的局面,在下半年的工作中对症下药,尽快缩短与竞争对手的差距,以期争取曙光花园良好的销售局面。

(2)公司没有对利润产生重大影响的其他业务经营活动。

2. 公司投资情况

(1)募集资金使用情况

公司2001年1月15日通过上网定价的方式,发行人民币普通股4000万股,实际募集资金40,240万元。

公司募集资金将投入曙光花园二期工程及回龙观文化居住区后期 D05、D06 项目,计划两个项目各投入募集资金 2 亿元。报告期内,曙光花园二期工程投入资金4,375,173.64元,回龙观文化居住区后期 D05、D06 项目投入资金5,551.00元,上述两个项目均未开工建设,主要原因为:

①随着北京市交通状况的不断改善,特别是随着四环路的建设,曙光花园项目所处的西北四环地区已成为北京市房地产开发的热点地区。目前该地区在建及准备开盘的项目包括曙光花园、世纪城、紫竹花园、中海雅园、美丽园等多处房产,供应面积超过500万平方米,市场竞争异常激烈。为了适应市场竞争的需要,保证项目获得良好的收益,上半年公司引进了更具实力的设计和策划单位,对项目的总体安排、环境布置、户型设计、销售策划等方面进行了全面的整改,以求提高项目档次、突出项目特点、提高项目的竞争能力。上述工作目前正在紧张进行,预计年内曙光花园二期工程将正式开工建设。

②回龙观文化居住区后期 D05、D06 项目属回龙观文化居住区的一部分,以经济适用房开发建设为主,工程原定 2001 年 3 月开工。由于北京市政府对经济适用房的户型标准、购买人身份及家庭年收入等方面作出了一些具体的规定,为适应政府的要求,公司需要对原有的项目设计方案进行一定的修改和调整,该项目预计在本年度内开工建设。

(2)其他投资情况

报告期内,公司非募集资金主要投向为曙光花园一期工程及恩济庄二区北工程 3 号楼,其中曙光花园一期工程投入资金 95,109,564.48 元, 恩济庄二区北工程3号楼投入资金24,878,476元。

3.公司财务状况。

截止到 2001 年 6 月 30 日,公司总资产 853,840,044.16 元,主营业务收入 111,676,247.56 元。

主营业务利润21,181,905.04元,比去年同期减少62,342,038.63 元,除上半年销售收入下降外,主要为去年同期有 5,414.26 万元预提费用调整冲减当期成本所致。

净利润 8,075,134.11 元,比去年同期扣除非经常性损益后的净利润减少7,325,044.77 元,主要原因为今年上半年销售的房产多为在建项目,符合竣工验收标准及其他收入确认原则、可以确认销售收入的项目较少。

应收账款 13,966,661.56 元,比期初增加 8,956,368.56 元,主要为公司销售政策中规定客户可以选择延时付款优惠政策,客户根据合同留有少量余款。

存货433,699,948.15元,比去年同期增加28,245,511 元,主要为公司建设项目上半年投入资金导致开发成本增加所致。

股东权益631,693,331.34元, 比期初增加410,978,829.26 元,系公司 A 股股票在年初发行成功,募集资金到位所致。

营业费用7,952,625.50元,比去年同期增加3,174,768.17 元,主要是报告期内公司加大了宣传力度,广告费用投入较大。

管理费用 3,983,275.68 元,比去年同期增加 2,462,404.04 元,主要是公司上市后业务增多,相关管理费用增加。

财务费用-2,370,839.64元,比去年同期减少2,785,094.17元,主要是报告期内利息收入增加所致。

4.下半年业务发展计划

(1)加快项目进展,力争募集资金投向项目在下半年开工建设。

募集资金投向的两个项目(曙光花园二期工程和回龙观文化居住区后期 D05、D06 项目)方案调整工作已接近尾声,公司将加快工作进度,加大各方面的投入,力求两个项目在年内正式开工建设。

(2)强化施工管理,确保完成全年竣工任务。

2001 年下半年,公司将强化施工管理,加强工作深入程度,确保曙光花园一期及恩济庄二区北工程 3 号楼等各工程按计划进行施工。不仅要加快工程建设速度更要严保工程质量,要争创100%优质产品,并努力争取市优工程。同时加强对施工、监理单位的管理,对质量、进度制定明确的奖罚措施,充分发挥他们的作用。

(3)以销售为龙头,确保完成全年销售任务及利润计划。

公司上半年在销售工作中遇到了一定的困难,一方面是由于市场竞争的不断加剧,另一方面,公司在营销策划、项目建设、推广等方面也还存在着一些不足。

下半年公司的销售任务更加繁重,公司将调动一切积极因素,从设计、施工等各个环节入手创造符合市场需求的产品,要求各部门积极配合销售部门的工作,并以优质的售后服务取信顾客,力求在下半年能够在经营工作中打开一个新的局面。同时在工作中努力增收节支,创造好的现金流量,保证完成全年利润计划。

(五)重要事项

1.公司董事会拟定的中期利润分配预案为:以公司目前总股本 10825 万股为基数,每股分配0.05元股利,共计分配5,412,500.00 元。本议案尚需股东大会审议通过。

2.公司上一年度分配利润一次,2000年7月26日公司股东大会通过了关于2000年4月30日以前公司滚存利润以公司上市前总股本6825万股为基数,每股分配0.7元股利,共计分配47,775,000.00元的议案。上述分配已实施完毕。

3.报告期内公司诉讼、仲裁事项。

报告期内,公司购房客户中国机械进出口(集团)公司(所购房屋为曙光花园一期望山园 3 号、4 号楼)就我公司修建曙光花园一期工程地下车库及在其所购楼座之间建设地下车库通道事项,向北京市海淀区人民法院提起诉讼,认为公司擅自扣留其部分土地使用权面积,所建的地下车库构成对其土地使用权的侵犯,且车库属违章建筑,并会对楼房的寿命和抗震造成不良影响,要求公司归还其上述土地使用权面积,将其所购两栋楼与小区其它住宅分离并封闭,并由其自行管理,停止建设地下车库通道,停止对其土地使用权的侵害,将土地恢复原状,同时承担诉讼费用。此案件目前尚在审理当中。

4.报告期内公司无收购、出售资产及吸收合并的事项。

5.公司重大关联交易事项:

报告期内,公司根据 2000 年与关联企业北京宝骥材料设备有限责任公司签订协议中的有关约定,向该公司购买材料设备,并归还所欠购货款,共计金额 9,147,000 元。

6.上市公司与控股股东在人员、资产、财务上的"三分开"情况:

本公司与控股股东北京天鸿集团公司之间已实现"三分开",即资产完整、财务独立、人员独立。具体情况如下:

(1)在人员方面,公司设有人力资源部,在劳动、人事及工资管理等方面独立管理。总经理、副总经理及其他高级管理人员均在本公司领取报酬,未在控股股东单位领取报酬和担任重要职务。

(2)在资产方面,本公司拥有独立的生产经营体系,项目完全自主开发,公司拥有独立的采购和销售系统,做到资产独立。

(3)在财务方面,本公司设有独立的财务部门,并建立了独立的会计核算系统和财务管理制度,并有独立的银行帐户。

7. 报告期内,公司未发生托管、承包、租赁其他公司资产或其他公司托管、承包、租赁上市公司资产的事项。

8. 报告期内,公司聘任岳华会计师事务所有限责任公司为本公司审计机构,聘期为一年。

9. 其他重大合同及履行情况:

(1)国有土地使用权出让合同

①本公司与北京市国土资源和房屋管理局于 2001 年 5 月 28 日签订了京地出让[合]字(2001)第 239 号《北京市国有土地使用权出让合同》。本公司以出让方式取得曙光花园小区乙 17、乙 18 号楼独立宗地共计 2910.74 平方米的土地使用权,该合同目前正在执行当中。

②本公司与北京市国土资源和房屋管理局于 2001 年 6 月 11 日签订了京地出让[合]字(2001)第 293 号《北京市国有土地使用权出让合同》。本公司以出让方式取得曙光花园小区甲 5、甲 6 号楼独立宗地共计 5791.3 平方米的土地使用权,上述出让土地的出让金已全部支付完毕。

(2)土地补偿合同

天鸿集团与中国人民武装警察部队森林指挥部于 2000 年 1 月签订《土地补偿合同书》。天鸿集团将其开发建设的曙光花园小区用地范围内约 18 亩土地转让与中国人民武装警察部队森林指挥部,而中国人民武装警察部队森林指挥部向天鸿集团支付该地块补偿费。该合同虽由天鸿集团与对方当事人签订,但基于该合同的权利及义务实际均由本公司享有及承担。2000 年 6 月,本公司已履行合同主体的变更手续,将该合同的主体由天鸿集团变更为本公司。该合同目前正在执行当中。

(3)项目广告策划协议书

公司与广州市兰色创意广告有限公司于 2001 年 6 月 1 日签定《合作协议书》,公司委托其提供广告策划创意服务,目前该协议执行状况良好。

(4)北京市建设工程施工合同

公司与北京市第一房屋修建工程公司分别签订了《北京市建设工程施工合同》。

依据该等合同,上述施工公司按照合同约定的范围承包建设恩济庄 3 号楼工程。

10. 截止报告期末,公司除为银行向商品房承购人发放的总额为 13,415.00 万元(银行与商品房承购人签订的借款合同金额)个人住房抵押贷款提供保证(该保证责任在商品房承购人取得房屋所有权证并办妥抵押登记后解除)外,无其他担保合同。

11.公司报告期内没有更改公司名称或股票简称的情况。

12. 2001 年 6 月 27 日,公司召开三届六次董事会,会议通过股份公司变更注册地址、扩大经营范围和股东大会授权董事会投资权限等事项,决定股份公司将注册地址由北京市东城区安定门外大街 183 号京宝花园二层(邮政编码:100011)变更至北京市昌平区回龙观镇龙禧苑云趣园 3 区 11 号楼一层(邮政编码:102208);公司的经营范围由"房地产开发、商品房销售;建筑工程咨询;室内外装饰装潢;技术开发、技术服务;销售自行开发的产品;购销建筑材料、化工轻工材料、工艺美术品、家具、机械电器设备(汽车除外)、五金交电、纺织品、百货、计算机软硬件、日用杂品;经贸信息咨询;劳务服务"修改为"房地产开发、商品房销售、房屋租赁;建筑工程咨询;室内外装饰装潢;技术开发、技术服务;销售自行开发的产品;购销建筑材料、化工轻工材料、工艺美术品、家具、机械电器设备(汽车除外)、五金交电、纺织品、百货、计算机软硬件、日用杂品;经贸信息咨询;劳务服务";股东大会授权董事会运用公司资产所作出的项目投资权限为不超过 2 亿元人民币,风险投资范围为证券、期货等投资,并且该投资权限为不超过 1 亿元人民币,并根据上述内容修改公司章程的有关条款。上述议案尚需经公司 2001 年度第一次临时股东大会审议通过。

13. 报告期内公司或持股 5%以上股东的承诺事项:

(1)公司上市前承诺 A 股发行后首次分配股利的时间为 2001 年 12 月底之前,经公司 3 届 7 次董事会审议,决定 2001 年中期分配预案为:以公司目前总股本 10825 万股为基数,每股分配 0.05 元股利,共计分配 5,412,500.00 元。上述分配预案须经股东大会审议通过。

(2)本公司第一大股东北京天鸿集团公司在本公司股票上市前曾承诺,在现有房地产开发项目结束以后,天鸿集团及其下属企业将只承担政府指定的工程,不再从事与本公司相同或者类似的房地产项目开发经营,以避免可能出现的新的同业竞争。截至本报告期末,天鸿集团及其下属企业均严格遵照上述承诺执行,没有新项目开发建设。

(3)北京华澳房产有限公司于 2000 年 7 月 20 日出据承诺函,同意以前已分配未支取的股利 2,654,134.65 元由本公司无偿使用一年;北京天鸿集团公司于 2000 年 9 月 12 日出据承诺函,同意以前已分配未支取的股利 25,200,000.00 元由本公司无偿使用一年; 北京房地产开发经营深圳公司分别于 2000 年 7 月 20 日和 2000 年 9 月 12 日出据承诺函,同意以前已分配未支取的股利 13,192,443.84 由本公司无偿使用一年。上述承诺正常履行中。

(4)本公司第一大股东北京天鸿集团公司曾承诺在本公司股票挂牌上市之日起一年内,不转让、也不由本公司回购其所持有的本公司 3600 万股发起人股份。截止本报告期末,上述承诺正常履行中。

14. 报告期内公司不存在委托理财事项。

注:上述重要事项中需要及时进行披露的内容,公司均在《中国证券报》和《上海证券报》上进行了披露,具体内容可见 4 月 3 日、5 月 17 日、6 月 28 日的《中国证券报》和《上海证券报》。

(六)财务会计报告

以下资料乃全文引用岳华会计师事务所有限责任公司岳总审字 [2001] 第 A322 号《审计报告》。

审　计　报　告

岳总审字[2001]第 A322 号

北京天鸿宝业房地产股份有限公司全体股东:

我们接受委托,审计了 贵公司 2001 年 6 月 30 日的资产负债表、2001 年 1–6 月的利润及利润分配表和 2001 年 1–6 月的现金流量表。这些报表由 贵公司负责,我们的责任是对这些会计报表发表审计意见。我们的审计是依据《中国注册会计师独立审计准则》进行的。在审计过程中,我们结合 贵公司实际情况,实施了包括抽查会计记录等我们认为必要的审计程序。

我们认为,上述会计报表符合《企业会计准则》和《企业会计制度》及有关补充规定,在所有重大方面公允地反映了 贵公司 2001 年 6 月 30 日的财务状况及 2001 年 1–6 月的经营成果及 2001 年 1–6 月的现金流量,会计处理方法的选用遵循了一贯性原则。

岳华会计师事务所有限责任公司　　　　中国注册会计师:潘帅

中国·北京　　　　中国注册会计师:王丰

二零零一年七月廿五日

(惟会计报表主要项目注释 11、18 为二零零一年八月十五日)

会计报表附注

一、公司简介

北京天鸿宝业房地产股份有限公司(以下简称公司或本公司)成立于 1993 年 12 月 29 日,是经北京市经济体制改革委员会京体改字(93)第 128 号文件和京体改委字(1993)第 152 号文件批准,由北京市房地产开发经营总公司、北京华澳房产有限公司、北京市房屋建筑设计院共同发起,以定向募集方式设立的股份有限公司。公司设立时股本总额为 6825 万股, 出资方式全部为现金出资。

1996 年 12 月 24 日,经北京市人民政府办公厅京政办函[1996]145 号批准,将原以定向募集方式设立的股份有限公司重新确定为以发起方式设立的股份有限公司,公司并于 1996 年 12 月 31 日在北京市工商行政管理局办理重新登记手续。公司发起人为北京天鸿集团公司(原北京市房地产开发经营总公司)、北京华澳房产有限公司、北京市房屋建筑设计院、海南宝华实业股份有限公司、北京市房地产开发经营深圳公司、京华房产有限公司、北京宝华饭店、北京宝信实业发展公司、北京天鸿集团公司工会、京华房产有限公司工会、北京市房屋建筑设计院工会共 11 家单位。

2000 年 5 月 8 日,本公司股东北京天鸿集团公司工会、北京市房屋建筑设计院工会、北京燕侨物业管理有限公司工会 (原京华房产有限公司工会) 与本公司股东北京宝信实业发展公司签订《股权转让协议书》,将三方工会所持股份转让给北京宝信实业发展公司。

2001 年 1 月 15 日, 公司 4000 万 A 股股票在上交所上网定价发行,2001 年 3 月 12 日在上海证券交易所挂牌上市。

公司注册资本为 10,825 万元人民币;经营范围为房地产开发、商品房销售、建筑工程咨询,室内外装饰装潢、技术开发、技术服务、销售自行开发的产品、购销建筑材料、机械电器设备(汽车除外)、五金交电、纺织品、百货、计算机软硬件、日用杂品、经贸信息咨询、劳务服务;法定代表人为赵东杰。注册地址为北京市东城区安定门外大街 183 号京宝花园二层。

二、公司采用的主要会计政策、会计估计的编制方法

1.会计年度:公历 1 月 1 日至 12 月 31 日。

2.记账本位币:公司以人民币为记账本位币。

3.会计制度

公司原执行《股份有限公司会计制度》及其补充规定。2001 年 1 月 1 日起执行《企业会计制度》。

三、会计政策、会计估计的变更

五、会计报表主要项目注释

下列所披露的会计报表数据,除特别注明之外,资产负债表的注释系 2001 年 6 月 30 日的余额,利润及利润分配表的注释系 2001 年 1–6 月的金额,货币单位为人民币元。

1.货币资金　347,119,986.68 元

	期初数			期末数		
项目	原币	汇率	人民币	原币	汇率	人民币
现金			3,544.16			1,413.04
银行存款			66,645,406.17			346,628,152.01
其他货币资金						490,421.63
合计			66,648,950.33			347,119,986.68

注:本期货币资金增长 420.82%,主要是发行新股募集的资金。

2.应收账款 13,966,661.56 元

(1)账龄分析

	期初数			期末数		
项目	金额	所占比例	坏账准备	金额	所占比例	坏账准备
1 年以内的	5,010,293.00	100%		13,966,661.56	100%	
1 至 2 年的						
2 至 3 年的						
3 年以上的						
合计	5,010,293.00	100%		13,966,661.56	100%	

注: 公司的销售政策中规定客户可以选择延时付款优惠政策,上述余额均为个人购买客户根据合同留有少额的余款,根据公司的收款政策,发生坏账的可能性较低,故一年以内未计提坏账准备。

(2)无持本公司 5%以上有表决权股份的主要股东欠款。

3.预付账款　20,266,218.91 元

4.其他应收款　7,622,877.45 元

5.存货　433,699,948.15 元

6.长期股权投资　30,010,000.00 元

7.固定资产及累计折旧

项目	期初数	本期增加	本期减少	期末数	备注
办公设备	1,466,045.50	129,050.00	609,797.50	985,298.00	
运输工具	685,402.00			685,402.00	
固定资产原价合计	2,151,447.50	129,050.00	609,797.50	1,670,700.00	
累计折旧	期初数	本期增加	本期减少	期末数	备注
办公设备	665,955.71	71,943.12	520,392.61	217,506.22	
运输工具	226,621.36	72,221.01		298,842.37	
累计折旧合计	892,577.07	144,164.13	520,392.61	516,348.59	
净值	1,258,870.43			1,154,351.41	

8.短期借款

银行借款

类别	期初数	期末数	借款期限	年利率	备注
担保	20,000,000.00				

9. 应付账款 31,296,588.33 元

(1)账龄分析

项目	期初数	所占比例	期末数	所占比例
1 年以内的	53,713,322.79	99.88%	31,233,560.67	99.80%
1 至 2 年的				
2 至 3 年的				
3 年以上的	63,027.66	0.12%	63,027.66	0.20%
合计	53,776,350.45	100%	31,296,588.33	100%

(2) 应付账款明细:

单位名称	金额	备注
北京宝骥材料设备有限责任公司	17,347,085.37	材料款
北京市第三住宅建筑工程公司	7,481,515.96	工程款
城建二公司	2,559,959.34	工程款
城建五公司	3,830,000.00	工程款
合计	31,218,560.67	

(3)无欠持本公司5%以上有表决权股份的主要股东款。

10.预收账款　71,340,652.38元

⑴账龄分析

项　目	期初数	所占比例	期末数	所占比例
1年以内的	86,021,273.12	100%	31,524,652.38	44.19%
1-2年的			39,816,000.00	55.81%
合　计	86,021,273.12		71,340,652.38	100%

六、关联方关系及其交易

七、或有事项

中国机械进出口(集团)公司(以下简称"中机")在北京市海淀区人民法院以曙光花园望山园3#、4#楼购房合同违约和国有土地使用权侵权为由起诉本公司，要求公司将土地使用权1338.59M2和849.82M2过户给中机，要求将中机所购楼封闭由其自行管理，并要求停止在望山园3#、4#楼间修建地下车库西通道，截止2001年7月25日，尚未判决。

八、承诺事项

2000年7月21日，本公司与北京宝骥材料设备有限责任公司签订《付款协议》，本公司将在2000年7月至2002年7月期间分阶段支付尚欠该公司的材料设备款。

九、资产负债表日后非调整事项

截止2001年6月30日公司无非调整事项。

十、其他重要事项

1. 截止2001年6月30日，公司为银行向商品房承购人发放的总额为13,415.00万元(银行与商品房承购人签订的借款合同金额)的个人住房抵押贷款提供保证，该保证责任在商品房承购人取得房屋所有权证并办妥抵押登记后解除。

2.2001年6月27日，本公司召开三届六次董事会会议，会议通过了以下议案

(1)《股份公司变更注册地址的议案》：公司注册地址变更为北京市昌平区回龙观镇龙禧苑云趣园3区11号楼1层。

(2)《股份公司扩大经营业务范围的议案》：在原有经营范围的基础上，增加房屋租赁业务。

(3)《关于提请股东大会授权董事会投资权限的议案》：提请股东大会授权董事会决定项目投资金额为不超过2亿元人民币，风险投资范围为证券、期货等投资，且投资金额为不超过1亿元人民币的投资权限。

(4)《关于修改股份公司章程的议案》：根据以上三项调整，相应修改公司章程。

以上决议尚需经股东大会通过。

(七)备查文件目录

1. 载有董事长亲笔签名的中期报告文本。
2. 载有法定代表人、主管会计工作负责人、会计机构负责人签名并盖章的会计报表。
3. 载有岳华会计师事务所有限责任公司盖章、注册会计师签名并盖章的审计报告正本。
4. 报告期内在中国证监会制定报刊上公开披露过的所有公司文件的正本及公告原稿。
5. 公司章程。
6. 公司将上述各备查文件备置于公司证券部。

北京天鸿宝业房地产股份有限公司董事会

2001年8月14日

资产负债表(一)　　2001年6月30日

编制单位:北京天鸿宝业房地产股份有限公司　　单位:人民币元

资　产	注释	期初数	期末数
流动资产:			
货币资金	1	66,648,950.33	347,119,986.68
应收账款	2	5,010,293.00	13,966,661.56
其他应收款	3	9,431,253.31	7,622,877.45
预付账款	4	19,606,307.66	20,266,218.91
存货	5	405,454,437.15	433,699,948.15
流动资产合计		506,151,241.45	822,675,692.75
长期投资:			
长期股权投资	6	30,010,000.00	30,010,000.00
长期投资合计		30,010,000.00	30,010,000.00
固定资产:			
固定资产原价	7	2,151,447.50	1,670,700.00
减:累计折旧	7	892,577.07	516,348.59
固定资产净值		1,258,870.43	1,154,351.41
固定资产净额		1,258,870.43	1,154,351.41
固定资产合计		1,258,870.43	1,154,351.41
递延税项:			
资产总计		537,420,111.88	853,840,044.16
流动负债:			
短期借款	8	20,000,000.00	
应付账款	9	53,776,350.45	31,296,588.33
预收账款	10	86,021,273.12	71,340,652.38
应付福利费		589,810.10	723,294.65
应付股利	11	41,046,578.49	46,459,078.49
应交税金	12	28,807,520.39	1,394,413.27
其他应交款	13	-81,333.47	-72,639.38
其他应付款	14	10,466,426.50	6,650,276.39
预提费用	15	76,078,984.22	64,355,048.69
流动负债合计		316,705,609.80	222,146,712.82
长期负债:			
递延税款:			
负债合计		316,705,609.80	222,146,712.82
股东权益:			
股本	16	68,250,000.00	108,250,000.00
股本净额		68,250,000.00	108,250,000.00
资本公积			368,316,195.15
盈余公积	17	45,739,675.98	45,739,675.98
其中:法定公益金		12,203,172.79	12,203,172.79
未分配利润	18	106,724,826.10	109,387,460.21
股东权益合计		220,714,502.08	631,693,331.34
负债和股东权益总计		537,420,111.88	853,840,044.16

利润及利润分配表

编制单位:北京天鸿宝业房地产股份有限公司　　单位:人民币元

项　目	注释	2001年1-6月	2000年1-6月
一、主营业务收入	19	111,676,247.56	215,761,552.84
减:主营业务成本	20	84,328,858.35	120,325,371.62
主营业务税金及附加	21	6,165,483.81	11,912,237.19
二、主营业务利润		21,181,905.40	83,523,944.03
加:其他业务利润			17,010.00
减:营业费用	22	7,952,625.50	4,777,857.33
管理费用		3,983,275.68	1,520,871.64
财务费用	23	-2,370,839.64	414,254.53
三、营业利润		11,616,843.86	76,827,970.53
加:投资收益	24	525,000.00	300,000.00
补贴收入			
营业外收入			
减:营业外支出	25	89,404.89	
四、利润总额		12,052,438.97	77,127,970.53
减:所得税		3,977,304.86	16,018,350.65
五、净利润		8,075,134.11	61,109,619.88
加:年初未分配利润		106,724,826.10	92,660,953.94
其他转入			
六、可供分配利润		114,799,960.21	153,770,573.82
减:提取法定盈余公积金			
提取法定公益金			
提取职工奖励及福利基金			
提取储备基金			
提取企业发展基金			
利润归还投资			
七、可供股东分配的利润		114,799,960.21	153,770,573.82
减:应付优先股股利			
提取任意盈余公积			
应付普通股股利		5,412,500.00	47,775,000.00
转作股本的普通股股利			
八、未分配利润		109,387,460.21	105,995,573.82

项　目	2000年度
一、主营业务收入	350,962,221.13
减:主营业务成本	220,677,829.94
主营业务税金及附加	19,328,439.63
二、主营业务利润	110,955,951.56
加:其他业务利润	17,010.00
减:营业费用	12,023,514.20
管理费用	4,389,642.82
财务费用	72,689.23
三、营业利润	94,487,115.31
加:投资收益	525,000.00
四、利润总额	95,012,115.31
减:所得税	22,260,501.00
五、净利润	72,751,614.31
加:年初未分配利润	92,660,953.94
其他转入	
六、可供分配利润	165,412,568.25
减:提取法定盈余公积金	7,275,161.43
提取法定公益金	3,637,580.72
七、可供股东分配的利润	154,499,826.10
应付普通股股利	47,775,000.00
八、未分配利润	106,724,826.10

江苏宁沪高速公路股份有限公司

江苏宁沪高速公路股份有限公司2000年度报告摘要

本公司董事会保证本报告所载资料不存在任何虚假记载、误导性陈述或者重大遗漏,并对其内容的真实性、准确性和完整性负个连带责任。本年度报告摘要摘自年度报告,投资者欲了解详细内容,应阅读年度报告。

一、公司简介

1、公司法定中英文名称及缩写
公司全称(中文):江苏宁沪高速公路股份有限公司
公司全称(英文):Jiangsu Expressway Company Limited
英文名称缩写:JEC
2、公司法定代表人:沈长全
3、董事会秘书姓名(境内):姚永嘉
董事会秘书手机:13901590193
董事会秘书电话:025-4469332
董事会秘书传真:025-4466643
董事会秘书姓名(香港):林志华
联系电话:00852-2507 9712
传真:00852-2810 0664
4、公司注册地址:中华人民共和国江苏省南京市石鼓路69号江苏交通大厦
公司办公地址:南京市石鼓路69号江苏交通大厦
邮政编码:210004
联系电话:025-4200999转4706、4716
传真:025-4466643/4207788
E-mail地址:bgs@jsexpressway.com
公司网址:www.jsexpressway.com
5、公司信息披露报刊:《上海证券报》、《中国证券报》、《香港南华早报》、《香港经济日报》
登载年度报告网址:www.sse.com
公司年度报告备置地点:上海市浦东南路528号上海证券交易所
香港中环德辅道中199号维德广场2楼香港中央结算(证券登记)有限公司
江苏省南京市石鼓路69号江苏交通大厦公司本部
6、公司股票上市交易所:上海证券交易所(A股)
香港联合交易所有限公司(H股)
A股证券代码:600377
A股证券简称:宁沪高速
H股证券代码:0177
H股证券简称:Jiangsu Expressway

二、财务数据摘要

(一)按中国会计准则

截至二0000年十二月三十一日,按中国会计准则,本集团主要财务状况如下:

(以人民币千元计算)

	二000年	一九九九年	一九九八年
利润总额	828,265	688,356	608,381
净利润	691,487	604,868	542,775
主营业务利润	881,805	754,792	637,863
其他业务利润	25,763	17,227	14,300
营业利润	791,170	668,480	605,018
投资收益	34,182	18,221	7,351
补贴收入			
营业外收支净额	2,913	1,655	(565)
经营活动产生的现金流量净额	1,004,883	886,982	815,282
现金及现金等价物净增加额	22,232	-265,012	(803,327)

注:本年度无非经常性损益。

本公司编制的二000年财务报告,已经安达信·华强会计师事务所审计,并出具了无保留意见的审计告。

(二)近三年主要会计数据和财务指标

按中国会计准则:

(以人民币千元计算)

	二000年	一九九九年	一九九八年
主营业务收入	1,381,696	1,138,385	1,013,037
净利润	691,487	604,868	52,731
总资	15,057,227	14,519,176	14,098,516
股东权益	13,343,042	12,490,452	12,276,861
全面摊簿每股权益	0.137	0.124	0.111
加权平均每股权益	0.142	0.124	0.111
扣除非经常性损益后			
每股收益:全面摊簿	0.137	0.124	0.111
加权平均	0.142	0.124	0.111
每股净资产	2.65	2.56	2.51
调整后的每股净资产	2.65	2.56	2.51
每股经营活动产生的现金流量净额	0.20	0.18	0.17
净资产收益率:			
全面摊簿(%)	5.18	4.84	4.42
加权平均(%)	5.39	4.81	4.40

(三)中国与国际不同会计准则报表差异

依照中国会计准则和国际会计准则之差异导致了法定财务报表与国际会计准则编制之财务报表产差异,该差异主要汇总如下:

(以人民币千元计算)

	除税及少数股东损益后综合溢利		股东权益
	二000年度	一九九九年度	二000年十二月三十一日
中国法定帐目所列	691,317	605,214	13,343,475
法定报表会计政策变更影响数	170	(346)	(433)
重编后法定报表所载	691,487	604,868	13,343,042
依国际会计准则所作调整			
-回转法定报表会计政策 变更影响数	(603)	346	
-固定资产评估增值及其折旧和摊销	26,570	25,371	(1,648,882)
-出售员工宿舍损失	(31,866)	(31,886)	
-递延税项	2,718	98	
-于期后建议之股利			453,397
经国际会计准则和其他调整后重列	688,306	630,683	12,115,691

(四)本集团近两年财务主要指标

(按中国会计准则)	净资产收益率(%)				每股收益(元/股)	
	全面摊簿		加权平均		全面摊簿	
	2000年	1999年	20000年	1909年	2000年	1999年
主营业务利润	6.61	6.06	6.87	6.02	0.175	0.155
营业利润	5.93	5.37	6.16	5.33	0.157	0.137
净利润	5.18	4.84	5.39	4.81	0.137	0.124
扣除非经常性损益后净利润	5.16	4.85	5.36	4.81	0.137	0.124

续上表:

(按中国会计准则)	每股收益(元/股)	
	加权平均	
	2000年	1999年
主营业务利润	0.180	0.155
营业利润	0.162	0.137
净利润	0.142	0.124
扣除非经常性损益后净利润	0.141	0.124

三、股本变动及股东情况

1、报告期末股东数

截至二000年十二月三十一日止,列于本公司股东名册上的股东共计124,617户。

2、股本变动情况表　　数量单位:股

	本次变动前	本次变动增减(+,-)			本次变动后	股份比例%
		增发	其他	小计		
一、未上市流通股份						
1、发起人股份						
其中:国家持有股份	3,376,134,600		-594,391,000	-594,391,000	2,781,743,600	55.22
国有法人持有股份	3,000,000		596,471,000	596,471,000	599,471,000	11.90
境外法人持有股份						
其他						
2、社会法人持有股份	286,612,900		-2,080,000	-20,080,000	284,532,900	5.65
3、内部职工股						
4、优先股或其他						
其中转配股						
未上市流通股份合计	3,665,747,500				3,665,747,500	72.77
二、已上市流通股份						
1、人民币普通股	150,000,000			150,000,000	150,000,000	2.98
2、境内上市的外资股						
3、境外上市的H股	1,222,000,000				1,222,000,000	24.25
4、其他						
已上市流通股份合计	12,222,000,000				1,372,000,000	27.23
三、股份总数	4,887,747,500			150,000,000	5,037,747,500	100.00

注:股本结构变化情况

本公司于2000年12月22　至23　日采用上网定价发行和向二级市场投资者配售相结合的方式在上海证券交易所向社会公开发行人民币普通股(A股)15,0000,000000万股,本公司股本总额由原来的4,887,747,500股增加到5,037,747,500股。

3、报告期末主要股东情况

本公司前十名股东持股情况

持有人	持股种类	期末持股数(股)	占总股本比例(%)	期末股份增减(股)
江苏交通控股有限公司	国家股	2,781,743,600	55.22	-594,391,000
华建交通经济开发中心	国有法人股	597,471,000	11.86	597,471,000
The Capital Gr0up C0mpanies,Inc	H股	212,212,000	4.21	85,698,000
Real Cheer Ltd.	H股	152,463,500	3.03	
华夏证券有限公司	社会法人股	16,660,0000	0.33	
申银万国证券股份有限公司	社会法人股	14,450,0000	0.29	
Winner Gl0ry Devel0pment Ltd	H股	12,000,000	0.24	
江苏鑫苏投资管理公司	社会法人股	9,020,000	0.18	
昆山市土地开发总公司	社会法人股	7,500,000	0.15	
江苏汇远房地产发展实业公司				

社会法人股	6,200,000	0.12

注:本公司控股股东江苏交通控股有限公司与华建交通经济开发中心于2000年11月22日签署了《国有股权变更协议》,将原由交通控股公司代交通部持有的本公司597,471,000万股国家股变更为国有法人股,由华建交通经济开发中心持有。

本公司原发起人之一江苏省汽车运输公司因破产而将其持有的本公司100万股国有法人股和3万股社会法人股转由交通控股公司持有;在此期间,交通控股公司还接受社会法人转让的205万股社会法人股。

四、股东大会简介

1、1999年度股东周年大会

本公司于二零零零年五月二十五日(星期四)在中国江苏省南京市石鼓路69号(江苏交通大厦)召开了一九九九年股东周年大会([股东大会])。

会议审议批准了本公司截至一九九九年十二月三十一日止期间经审计的帐目和核数师报告,同意按每十股派人民币现金0.80元的一九九九年度股利分配方案,选举产生公司第三届董事会、监事会成员。

本公司于2000年5月26 日将股东大会决议分别刊登于中国证券报、香港南华早报、香港经济日报。

2、2000年第一次临时股东大会本公司于二零零零年十月十日(星期二)在中国江苏省南京市石鼓路69号(江苏交通大厦)召开了二零零零年第一次临时股东大会。

会议批准章俊元先生任本公司董事,并签订服务合同。

本公司已于2000年10月11日将临时股东大会决议分别刊登于中国证券报、香港南华早报、香港经济日报。

五、董事会报告

1、公司经营情况

(1)本公司为江苏交通基础设施建设行业唯一的上市公司。一九九七年六月二十七日本公司发行的H股在香港联合交易所有限公司([香港联交所])上市。二00一年一月十六日本公司发行的A股在上海证券交易所([上交所])上市。

(2)本公司主要从事投资、建设、经营和管理沪宁高速公路江苏段([沪宁高速公路])及有关江苏省境内的收费公路,并发展该等公路沿线的客运及其他辅助服务业(包括加油、餐饮、购物、汽车维修、广告及住宿等)。

(3)二000年本公司实现营业总收入1,619,637,000元人民币,扣除收入相关税金后收入净值约人民币1,542,952,000元,比去年同期增长25.04%。其中沪宁高速公路通行费收入约人民币966,312,000元,占总收入的59.66%,宁沪二级公路通行费收入约人民币227,249,000元,占总收入14.03%,其他业务收入约人民币237,941,000元,占总收入的14.69%,宁连公路南京段通行费收入约人民币53,884,000元,占总收入的3.33%,广靖高速公路、锡澄高速公路通行费收入分别为56,323,000元、77,928,0000元,分别占总收入3.48%、4.81%。本公司投资的江苏快鹿公司、宜漕公司收益分别约人民币9,305,129元、11,516,800元。其他投资收益13,359,600元人民币。按中国会计准则,二000年本集团除税后溢利约人民币691,487,000元,每股盈利(摊簿)人民币0.137元。

①核心资产----沪宁高速公路

交通流量稳定增长,主营收入持续上升

二000年沪宁高速公路累计上路车辆约1,995万辆,全年日均全程交通量18,087辆,比一九九九年增长11.4%;全年累计通行费收入96,631万元,日均264.03万元,比上年增长10.5%。二000年七至十二月日均收费额较一至六月增长约8.9%,但与上年同期相比,下半年增幅低于上半年,其主要由于一九九九年下半年宁沪二级路集中维护,部分路段封闭施工,使沪宁高速公路交通量大幅上升,即一九九九年下半年收费额基数较大所致。

非主营业务持续良好

本公司二000年非主营项目收入总计约人民币237,941,000元,比上年增长约49.91%。其中排障收入约人民币7,038,000元,油品销售营业额约人民币148,288,000元,公路沿线发布广告收入约人民币11,148,000元,餐饮及经营性收入约人民币61,912,000元。

②本公司所属其他公路

宁沪二级公路

二000年宁沪二级公路运营状况有所改善,一九九九年较大规模的集中维修后,道路质量及行车安全性、舒适性明显提高。二000年该路日均过站收费车辆42357辆,比上年下降1.29%,降幅比一九九九年减少3.71个百分点。随着宁沪二级公路周边路网改造日趋稳定,以及本公司针对开放式道路收费对策的研究及实施,宁沪二级公路收费额下降的势头预期将在一定程度上得到遏制。

宁连公路南京段

一九九九年底本公司收购了宁连公路南京段三十年收费经营权,二000年该路全年通行费收入5,388万元,为二000年本公司的盈利增长作出了贡献。受南京至连云港高速公路拓宽改造工程的影响,二000年第三季度宁连公路南京段的交通流量处于较低水平,同时由于车型结构的变化,使得该路全年收费额较一九九九年下降2.58%。工程结束后,该路的交通流量已逐步恢复。宁连公路南京段作为由南京境内过江大桥通往江苏北部地区的重要路段,在二00一年三月底南京长江公路二桥建成通车后,该路的车流量预计将有一定的增长。

广靖高速公路

一九九九年九月广靖高速公路开通以来,交通量一直保持较高速度增长。二000年该略累计上路车辆536万辆,全年日均全程交通量8,977辆,比一九九九年增长20.15%;日均收费15.39万元,比上年增长20.53%。二000年十二月北京至上海高速公路全线通车,京沪间的交通大通道形成,作为其组成路段的广靖高速公路,十二月份日均收费额达17.92万元,与上年同期相比增长44.28%。广靖高速公路交通量的高速成长在二00一年还将继续显现。

锡澄高速公路

自一九九九年九月锡澄高速公路开通以来,其交通流量及收费额均取得了一定幅度的增长。二000年该路累计上路车辆694万辆,全年日均全程交通量8,963辆,日均收费21.29万元,比上年增长14.53%。二0000年十二月随着北京至上海高速公路全线通车,作为其中一段的锡澄高速公路,日均收费达23.49万元,与上年同期相比增长31.82%,增幅明显加大。二00一年这种大幅增长势头将会继续保持。

江阴长江公路大桥

江阴长江公路大桥自一九九九年九月通车以来,过桥交通流量稳定增长。二000年日均过桥交通量14,162辆,日均收费46.08万元,比一九九九年增长1.81%。二000年十二月北京至上海高速公路通车后,江阴长江公路大桥的过桥交通量大幅增长,同比增幅达16.18%。作为我国东部地区的"沿江大动脉"---北京至上海高速公路的重要组成部分,江阴长江公路大桥有其特殊的地位,决定了其交通流量增长空间很大,同时经江苏省政府批准,二00一年二月起调整江阴长江公路大桥通行费收费标准,平均提高约35%,预计该桥二00一年通行费收入将会有较大幅度增长,该项目将成为本公司今后新的利润增长点。

(4)在经营中出现的问题与困难及解决方案

随着国家宏观经济调控政策继续向基建项目倾斜,本公司凭借基建项目的优势与内部科学完善的管理,经营收益将稳定增长,目前在经营过程中尚未遇到重大问题与困难。

(5)公司利润实现数与利润预测数的比较

按中国会计准则,二000年本公司实现盈利691,487,000元(其中包括财政退税收入122,627,000元),不包括财政退税为568,859,000元,为本公司发行A股而编制的盈利预测报告中盈利值587,521,000元的96.82%。

2、公司财务状况

项目	二000年(千元)	一九九九年(千元)	增减(%)
总资产	15,057,227	14,519,176	3.71
长期负债	234,158	263,661	-11.19
股东权益	13,343,042	12,490,452	6.83
主营业务利润	881,805	754,792	16.83
净利润	691,487	604,868	14.32

主要变动原因:

总资产增加原因为经营活动产生的净现金流量、收益及发行A股所形成。

长期负债减少的主要原因为按财政部有关规定将公司出售员工住房净损失转到"住房周转金"科目所致。

股东权益增加原因为A股发行增加股本、资本公积及经营活动产生的未分配利润。

3、公司投资情况

按照本公司A股招股说明书的承诺,本公司在A股发行成功后用所募集的资金,于二000年十二月二十九日向交通控股公司收购其持有的扬子大桥公司17.83%的股权,总收购金额为人民币4.7267亿元。此项交易已刊载于一九九九年四月二十九日公告的股东通函中,并在一九九九年六月十八日召开的股东大会上获得批准。

扬子大桥公司经江苏省体改委苏体生[1992]142号文批准,成立于1992年12月31日,总投资额及注册资本分别为33.74亿元及12亿元,该公司主要负责江阴长江公路大桥及其它交通基础设施的建设、维护管理和经营。目前,该公司总股本为21.37248亿股。

于二00一年一月一日起,本公司拥有扬子大桥公司381,185,660股股份,占该公司约17.83%的权益,成为该公司第三大股东。今后,公司将继续增持扬子大桥公司的股权。

4、本公司所处生产环境以及宏观政策、法规未发生重大变化。

5、新年度业务发展计划

二00一年本公司管理层将对公司运作四年多来的经营管理工作进行全面总结,调整和完善公司的管理制度和经营机制,力求使公司所制定的经营方针更加正确,公司的管理制度更加完善,公司的日常运作更加规范,公司的经济效益更加提高。

(1)围绕经济效益中心,强化收费管理工作　二00一年国际经济环境继续趋好,国内宏观经济仍将保持

一定速度的增长,预计随着中国加入世贸组织,进出口贸易量的增加,以及全省高速公路的联网畅通,本公司所属各条公路的交通流量将有较大幅度增长。本公司将抓住机遇,紧紧围绕经济效益中心,加强管理,认真稽查,对收费工作中出现的问题积极研究对策,采取有效措施,并力争在二00一年对本公司旗下的公路收费标准进行调整,确保主营收入稳定增长。

(2)继续加强项目研究,不断注入优质资产　本公司将继续进行扬子大桥公司部分股权收购工作,并积极开展项目可行性研究,继续有选择地参与投资或收购江苏省内交通基础设施及收费公路项目,开辟新的利润增长点,不断为公司的发展注入新的血液,进一步扩大公司资产规模。近期,本公司计划收购苏嘉杭高速公路,目前正在项目研究之中。

(3)挖掘现有资源潜力,拓展非主营业务　本公司已成立非法人经营公司,主抓公司现有非主营业务的开发及拓展,在可行性研究及投入产出效益分析的基础上,扩展现有的广告、餐饮等业务并加大开发本公司所属公路服务区及沿线丰富的物化资源,不断拓展非主营业务,努力提高其经营效益;充分发挥资源优势,利用现有三大系统的高科技优势及高速公路中央分隔带埋设的光缆,积极研究参与投资与交通行业有关的高科技项目;充分利用境内外两个资本市场的融资渠道资源,为公司今后的发展提供有力的支撑。

(4)加强道路养护管理,保持道路优良品质　公司将继续坚持以道路质量为生命,坚持"预防为主,防治结合"的养护方针,进一步完善各项养护管理制度,开展养护技术研究,全面推行养护监理制度,加强工程养护的动态管理。今后将重点加强对路面和桥梁构造物的养护,依靠科技进步和科学管理努力提高养护水平,降低养护成本,使道路质量继续保持优良,为过往车辆提供优质的行驶环境。

(5)规范公司内部管理,完善法人治理结构　本公司在二00一年将进一步深化改革,建立起完善的法人治理结构,推进体制创新、管理创新、技术创新,加强本公司内部的管理,严格控制收支计划,加大财务管理和审计监督的力度,在企业内部建立起符合现代企业制度的用工制度、人事制度和分配制度,充分调动管理人员和内部员工的积极性,引进专业人才,进一步提高公司的竞争力。

6、报告期内董事会会议情况

本年度本公司共召开了5次董事会,具体会议情况如下:

(1)二零零零年四月十日召开第二届十六次董事会。

会议审议通过以下事项:本公司一九九九年度的董事会报告书、监事会报告书、经审核帐目和核数师报告;继续聘任安达信公司及安达信华强会计师事务所为本公司的核数师;确定一九九九年末期股利分配方案;董、监事换届选举;增加公司的经营范围;发行A股后公司的所有滚存利润由新老股东一并享受。

(2)二零零零年五月二十五日召开第三届一次董事会。

会议审议通过以下事项:选举徐华强先生为本公司第三届董事会之董事长;批准委任姚永嘉先生及林志华先生为本公司第三届董事会秘书。

(3)二零零零年八月十四日召开第三届二次董事会。

会议审议通过以下事项:提议章俊元先生担任本公司董事;本公司截至二零零零年六月三十日止之六个月中期业绩报告;宣布不派发中期股息与各股东。

(4)二零零零年十月十日召开第三届三次董事会。

会议审议通过以下事项:同意徐华强先生辞去董事长职务;选举章俊元先生为本公司第三届董事会之董事长。

(5)二零零零年十二月二十五日召开第三届四次董事会。

会议审议通过以下事项:聘任陈祥辉先生担任本公司总经理;调整公司内部管理体系;筹建江苏现代路桥工程有限责任公司;聘请张全庚先生担任公司高级顾问。

7、高级管理层与员工情况

(1)董事、监事、高级管理人员

姓　名	职务	性别	年龄	任期起止日期
沈长全	董事长	男	53	2001.4-2003.6
周建强	董事	男	48	2001.4-2003.6
朱耀庭	董事	男	60	2001.4-2003.6
陈祥辉	董事兼总经理	男	38	2001.4-2003.6
李大鹏	董事兼副总经理	男	48	2000.5-2003.6
刘步存	董事兼副总经理	男	51	2000.5-2003.6
范玉曙	董事	女	49	2000.5-2003.6
崔小龙	董事	男	40	2001.4-2003.6
王正义	董事	男	43	2000.5-2003.6
张永珍	独立非执行董事	女	69	2000.5-2003.6
方　铿	独立非执行董事	男	62	2000.5-2003.6
钟章万	监事会主席	男	58	2000.5-2003.6
贾大康	监事	男	58	2000.5-2003.6
徐　扬	监事	男	29	2001.4-2003.6
杜文毅	监事	男	38	2001.4-2003.6
马　宁	监事	女	45	2001.4-2003.6
姚永嘉	董事会秘书(境内)	男	37	2000.5-2003.6
林志华	董事会秘书(香港)	男	37	2000.5-2003.6
耿流玉	总经理助理	男	49	2000.12-2002.12
吴赞平	总经理助理	男	37	2000.12-2002.12

刘　伟　　财务部经理　　　　　女　　45　　2000.5-2003.6

说明：

①根据证监会的有关规定,公司发行社会公众股时未发行公司职工股,以上董事、监事及高级管理人员未持有本公司股票。

②本公司董、监事的年薪总额为:213 万元人民币。

③报告期内,一九九九年度股东周年大会对董事、监事进行了换届选举。

④报告期内,聘任陈祥辉先生担任本公司总经理。

(2)公司员工的数量、专业结构、教育程度及退休职工人数情况

截至二 000 年十二月三十一日,本公司在编人员 1,561 人,其中硕士学历 6 人,本科学历 105 人,大专学历 278 人,中专学历 238 人,高中及以下人员 934 人;本公司专业技术人员 312 人,其中高级专业技术人员 20 人,中级专业技术人员 95 人,初级专业技术人员 197 人。本公司现有退休人员 3 人。

8、本次利润分配预案

截至二 000 年十二月三十一日止本公司年度利润分配方案如下：

人民币千元(按中国会计准则)

净利润	691,487
减:提取法定公积金	(75,229)
提取法定公益金	(37,614)
加:年初分配利润	360,912
可供股东分配利润	939,556
减:应付股利	(453,397)
年末未分配利润	486,159
每投盈利(全面摊簿)	人民币 0.137 元

二 00 一年四月十一日本公司董事会第三届七次会议建议向全体股东派发二 000 年末期股息每股人民币 0.09 元(含税)。

预计二 00 一年度股利分配政策,二 00 一年将分配一次红利,其分配比例将不低于该年度净利润的 50%。

六、监事会报告

1、报告期内监事会会议情况

本公司于 2000 年 5 月 25 日在南京石鼓路 69 号江苏交通大厦召开了第三届一次监事会。会议选举钟章万先生为本公司第三届监事会主席。

2、公司依法运作情况

本公司一年来未发生重大诉讼和被诉讼的事项;本公司董事、经理严格按照上市公司规范进行运作,其经营管理行为符合国家的法律法规、本公司章程以及广大股东的利益,在执行公司职务时未发现有违反法律、法规或《公司章程》及侵害本公司利益和股东权益之行为。

3、公司财务情况

监事会认真审核董事会工作报告和总经理报告,认真审核提交股东大会审议的二 000 年度财务报告和利润分配方案等,认为本公司财务报告如实地反映了本公司的财务收支状况和经营成果,实现的经营业绩是真实的。监事会同意安达信公司向股东大会提交的本公司及本集团二 000 年度的审计报告。

4、公司募集资金使用情况

本公司在 A 股发行成功后,投资 472,670,218 元人民币收购扬子大桥公司 17.83%的股权,剩余募股资金将继续用于收购扬子大桥公司 2.17%的股权。在募股资金的使用过程中,未发现有改变投资项目与投资金额的事项,收购程序依法进行。

5、公司收购、出售资产情况

本公司在扬子大桥公司股份的收购过程中,严格按照股东大会决议的要求进行,未发现有任何违反决议以及损害部分股东权益和造成公司资产流失的情况存在。

6、公司关联交易情况

本年度内公司所有涉及关联交易的合同、协议、以及其他相关文件,公司已对其进行了充分的披露,符合法律规定,公平合理,并无任何损害公司及公司股东利益。

七、重要事项

1、本年度公司无重大诉讼、仲裁事项

2、报告期内公司、公司董事及高级管理人员无受监管部门处罚的情况

3、报告期内控股股东无变更;2000 年 5 月 25 日本公司 1999 年度股东周年大会选举产生了本公司第三届董、监事会成员。2000 年 10 月 10 日本公司 2000 年第一次临时股东大会审议通过章俊元先生加入本公司董事会,并召开了第三次董事会,批准徐华强先生因退休辞去本公司董事、董事长职务,选举章俊元先生为本公司董事长。本公司于二 000 年十二月二十五日第三届四次董事会聘请陈祥辉先生担任公司总经理职务。报告期内无解聘或新聘董事会秘书情况。

4、报告期内公司收购项目情况:本公司在 A 股发行成功后,利用 A 股发行募集资金投资 472,670,218.40 元人民币收购扬子大桥公司 17.83%的股权。

5、重大关联交易事项

本公司于二 000 年十二月三十一日止年度的关连交易：

(1)本公司于一九九八年向中国银行江苏省分行获得借款额度计约 9,800,000 美元(折合人民币 81,140,000 元),用于进口机器设备及技术。于二 000 年十二月三十一日,尚未使用的借款额度约为 3,741,000 美元,折合人民币 30,979,000 元(一九九九年:4,196,000 美元,折合人民币 34,741,000 元)。上述借款额度由交通控股公司提供担保。

根据一九九九年四月八日本公司与交通控股公司之协议,本公司以人民币 472,670,218 元收购交通控股公司持有的扬子大桥公司 381,185,660 股股权,占其注册资本的 17.83%。

(2)本公司参与建设由江苏省交通厅负责兴建的江苏交通大厦。本公司已支付人民币 32,400,000 元,并于一九九八年迁入其中若干层楼面作办公之用。截至二 000 年十二月三十一日止,上述楼面的所有权证尚在办理中。

(3)根据江苏锡橙及江苏广靖分别与无锡高速公路指挥部及泰州高速公路指挥部订立的总承包建筑合同,锡澄高速公路及广靖高速公路总承包价分别为人民币 1,750,000,000 元及人民币 750,000,000 元。锡澄高速公路及广靖高速公路为于一九九九年九月二十八日建成通车。

(4)本公司于一九九九年四月八日与宁连管理处订立服务合约,依约,宁连公路管理处将负责南京段的收费、日常保养和维修工作。本公司每年应按通行费总收入的 17%支付宁连公路管理处。该项服务合约自二 000 年一月一日起三十年。于二 000 年本公司应支付该项服务费人民币 9,186,761 元(一九九九年:无)。

6、"三分开"情况

本公司与其控股股东已实行人员独立、资产独立、财务独立。

7、本年度公司无托管、承包、租赁其他公司资产或其他公司托管、承包、租赁上市公司资产的事项。

8、本年度继续聘任香港安达信公司及安达信·华强会计师事务所为本公司的核数师。

9、其他重大合同(含担保等)及其履行情况

截至二 000 年十二月三十一日,公司正在履行及将要履行的重大合同包括：

(1)公司先后与有关银行签订的共涉及 62672.34 万元金额之借贷款合同(正在履行),其中涉及金额 4672.34 万元的借贷合同,由交通控股公司作为公司的担保人。其中较为重要的合同是公司(借款人)与中国银行江苏省分行(贷款人或"转贷行")于 1998 年 10 月 15 日在南京签订的转贷协议。其主要内容包括:(1)贷款金额及用途:协议中所指的贷款限用于中国技术进出口总公司就沪宁高速公路项目所需设备和技术与出口商 INDRASCA.S.A 公司签订的商务合同总价款中外汇部分 9,804,269.50 美元;(2)贷款期限:根据"国外贷款协议"的规定,本贷款中政府贷款部分的用款期为商务合同生效后的 12 个月内,首次还款日为 2007 年 1 月 18 日,贷款期限 30 年,其中宽限期 10 年,还款期 20 年,分 40 次每半年等额偿还一次;买方信贷部分的用款期为商务合同生效后 10 个月内,首次还款日不得迟于 1999 年 7 月,贷款期限为 7 年,分 14 次每半年等额偿还一次。

(3)公司 1999 年 4 月 8 日与公路管理处签订的《南京至连云港公路南京段公路委托营运养护管理合同》(正在履行),该合同的主要内容是,公司以每年收取宁连公路南京段公路车辆通行费总收入的 17%的总价格,委托公路管理处对宁连公路南京段进行经营及养护的管理,二 000 年共支付 9,186,761 元人民币。

10、本公司报告期内无更改名称或股票简称的情况。

11、本公司报告期内无其他重大事件。

八、财务会计报告

(一)审计报告

审计报告

致:江苏宁沪高速公路股份有限公司全体股东

安达信·华强会计师事务所(以下简称"我们")接受委托,审计了江苏宁沪高速公路股份有限公司(以下简称"贵公司")及其子公司(以下总称为"贵集团")二 000 年及一九九九年十二月三十一日的合并资产负债表和截至该日止各年度的合并利润及利润分配表和合并现金流量表,以及贵公司二 000 年及一九九九年十二月三十一日的资产负债表和截至该日止各年度的利润及利润分配表和现金流量表。编列此会计报表是　贵公司及　贵集团管理阶层的责任,我们的责任是依据我们的审计对此报表发表意见。我们的审计是依据《中国注册会计师独立审计准则》进行的。在审计过程中,我们结合　贵公司及　贵集团的实际情况,实施了包括抽查会计记录等我们认为必要的审计程序。

我们认为,上述会计报表符合中华人民共和国《企业会计准则》、《股份有限公司会计制度》和《合并会计报表暂行规定》及其他有关规定,在所有重大方面公允地反映了　贵公司及贵集团二 000 年及一九九九年十二月三十一日的财务状况和二 000 年室及一九九九年度的经营成果及现金流量情况,会计处理方法的选用遵循了一贯性原则。

安达信·华强会计师事务所　　中国注册会计师　何影帆

中国·北京　　　　　　　　　　　　　　　张向际

二 00 一年四月十一日

(二)会计报表

(三)会计报表附注

九、公司其他有关资料

1、公司首次注册登记日期:1992 年 8 月 1 日

注册地点:江苏省南京市

2、企业法人营业执照注册号:3200001100976

3、税务登记号码:320003134762764

4、公司未流通股票托管机构:上海证券中央登记结算公司

5、公司聘请的会计师事务所：

境内核数师:安达信·强会计师事务所

北京市建国门外大街 1 号中国国际贸易中心 11 楼

香港核数师:香港安达信公司

香港中环皇后大道中 15 号置地广场公爵大厦 21 楼

十、备查文件

1、载有法定代表人、主管会计工作负责人、会计机构负责人签名并盖章的会计报表；

2、载有会计师事务所盖章、注册会计师签名并盖章的审计报告原件；

3、报告期内公司在报纸上公开披露过的所有公司文件的正本及公告原稿；

4、公司公布的中期报告、年度报告。

5、查阅地址:中国南京石鼓路六十九号

江苏交通大厦二十七楼本公司董事会秘书室

查阅网址:http://www.jsexpressway.com

资产负债表

2000 年 12 月 31 日及 1999 年 12 月 31 日

编制单位:江苏宁沪高速公路股份有限公司及其子公司　　　　金额单位:人民币元

资产	1999.1230 本集团 (重编后附注 34)	2000.12.31 本集团
流动资产：		
货币资金	948761253	970993022
短期投资		
减:短期投资跌价准备		
短期投资净额		
应收票据		
应收股利	12372000	11516800
应收利息	5080178	4498170
应收帐款	8178556	7852226
其它应收款	15389303	15234256
减:坏帐准备	602797	433141
应收帐款净额	22965062	22653341
预付帐款	1652572	3720036
应收补贴款	119163699	
存货	4952597	6755249
减:存货跌价准备		
存货净额	4952597	6755249
待摊费用		
待处理流动资产净损失		
一年内到期的长期债权投资		
其它流动资产		
流动资产合计	1114947361	1020136618
长期投资：		
长期股权投资	47391002	529795571
长期债权投资		
其它长期投资	94400000	83185478
长期投资合计	141791002	612981049
减:长期投资减值准备		
长期投资净额	141791002	612981049
其中:合并价差		
股权投资差额		-4931322
固定资产：		
固定资产原值	10243385593	10317985917

减：累计折旧	565540715	780496973
固定资产净值	9677844878	9537488944
工程物资		
在建工程	124380000	63152036
固定资产清理	-44450	-17901
待处理固定资产净损失		
固定资产合计	9802180428	9600623079
无形及其它资产：		
无形资产	3447382645	3819273317
开办费	217114	160434
长期待摊费用	12657631	4052826
其它长期资产		
无形资产及其它资产合计	3460257390	3823486577
递延税项：		
递延税款借项		
资产总计：		
资产总计	14519176181	15057227323

资产负债表(续)

2000 年 12 月 31 日及 1999 年 12 月 31 日

编制单位：江苏宁沪高速公路股份有限公司及其子公司　　金额单位：人民币元

负债及股东权益	1999.12.31 本集团 (重编后附注 34)	2000.12.31 本集团
流动负债：		
短期借款	565000000	580000000
应付票据		
应付帐款	176142413	167030903
预收帐款		
代销商品款		
应付工资	10440000	12401834
应付福利费	4358832	6620233
应付股利	391020760	475792338
应付税金	137619667	31498528
其它应交款		
其它应付款	90528423	73795935
应付短期债券		
预提费用		
一年内到期的长期负债	260500000	3437017
其它流动负债		
职工奖励及福利基金		
流动负债合计	1635610095	1350576788
长期负债：		
长期借款	46399117	43286384
应付债券		
长期应付款	214499999	214499999
住房周转金	2761776	-23628230
其它长期负债		
长期负债合计	263660892	234158153
递延税项：		
递延税项贷款		
负债合计：		
负债合计	1899270987	1584734941
少数股东权益：		
少数股东权益	129452698	129450688
股东权益：		
股本	4887747500	5037747500
资本公积金	7020038998	7484538998
盈余公积	221753543	334596559
其中：公益金	73917849	111532186
未确认的外资损失		
未分配利润	360912455	486158637
外币报表折算差额		
股东权益合计	12490452496	13343041694
负债和股东权益总计：		
负债和股东权益总计	14519176181	15057227323

资产负债表

2000 年 12 月 31 日及 1999 年 12 月 31 日

编制单位：江苏宁沪高速公路股份有限公司及其子公司　　金额单位：人民币元

资产	1999.12.31 本公司 (重编后附注 34)	2000.12.31 本公司
流动资产：		
货币资金	917152539	861995435
短期投资		
减：短期投资跌价准备		
短期投资净额		
应收票据		
应收股利	12372000	11516800
应收利息	5080178	4498170
应收帐款	8178556	7852226
其它应收款	21671445	13804835
减：坏帐准备	728440	433141
应收帐款净额	29121561	21223920
预付帐款	1652572	3390352
应收补贴款	116406950	
存货	4952597	6696949
减：存货跌价准备		
存货净额	4952597	6696949
待摊费用		
待处理流动资产净损失		
一年内到期的长期债权投资		
其它流动资产		
流动资产合计	1086738397	909321626
长期投资：		
长期股权投资	2058326965	2593953400
长期债权投资		
其它长期投资	94400000	83185478
长期投资合计	2152726965	2677138878
减：长期投资减值准备		
长期投资净额	2152726965	2677138878
其中：合并价差		
股权投资差额		-4931322
固定资产：		
固定资产原值	7743385593	7815378915
减：累计折旧	558523307	745335156
固定资产净值	7184862286	7070043759
工程物资		
在建工程	124380000	61455313
固定资产清理	-44450	-17901
待处理固定资产净损失		
固定资产合计	7309197836	7131481171
无形及其它资产：		
无形资产	3447382645	3819273317
开办费		
长期待摊费用	12528040	3949152
其它长期资产		
无形资产及其它资产合计	3459910685	3823222469
递延税项：		
递延税款借项		
资产总计：		
资产总计	14008573883	14541164144

资产负债表(续)

2000 年 12 月 31 日及 1999 年 12 月 31 日

编制单位：江苏宁沪高速公路股份有限公司及其子公司　　金额单位：人民币元

负债及股东权益	1999.12.31 本公司 (重编后附注 34)	2000.12.31 本公司
流动负债：		
短期借款	565000000	580000000
应付票据		
应付帐款	17990705	15909331
预收帐款		
代销商品款		
应付工资	10440000	12401834
应付福利费	4313342	5939466
应付股利	391020760	466398235
应付税金	132055841	30817000
其它应交款		
其它应付款	87765489	63561413
应付短期债券		
预提费用		
一年内到期的长期负债	260500000	3437017
其它流动负债		
职工奖励及福利基金		
流动负债合计	1469086137	1178464296
长期负债：		
长期借款	46399117	43286384
应付债券		
长期应付款		
住房周转金	2761776	-23628230
其它长期负债		
长期负债合计	49160893	19658154
递延税项：		
递延税项贷款		
负债合计：		
负债合计	1518247030	1198122450
少数股东权益：		
少数股东权益		
股东权益：		
股本	4887747500	5037747500
资本公积金	7020038998	7484538998
盈余公积	219800846	323542663
其中：公益金	73266949	107847554
未确认的外资损失		
未分配利润	362739509	497212533
外币报表折算差额		
股东权益合计	12490326853	13343041694
负债和股东权益总计：		
负债和股东权益总计	14008573883	14541164144

利润及利润分配表

2000 年度及 1999 年度

编制单位：江苏宁沪高速公路股份有限公司及其子公司　　金额单位：人民币元

项目	1999 年 本集团 (重编后附注 34)	2000 年 本集团
一、主营业务收入	1138385154	1381696175
减：折扣与折让		
主营业务收入净额	1138385154	1381696175
减：主营业务成本	320413806	423206347
主营业务税金及附加	63179537	76684512
二、主营业务利润	754791811	881805316
加：其他业务利润	17227302	25763424
减：存货跌价损失		
营业费用		

项目	1999年	2000年
管理费用	76559271	84407349
财务费用	26979628	31991115
三、营业利润	668480214	791170276
加:投资收益	18221016	34181529
期货损益		
补贴收入		
营业外收入	6698893	9414326
以前年度损益调整		
减:营业外支出	5043885	6501350
分给外单位利润		
四、利润总额	688356238	828264781
减:所得税	81535129	125726422
少数股东损益	1952698	11051886
职工奖励及福利基金		
购并利润		
加:未确认的投资损失		
所得税返还		
五、净利润	604868411	691486473
加:年初未分配利润	239727956	360912455
盈余公积转入数		
年初未分配利润调整		
减少注册资本减少的未分配利润		
外币报表折算差额		
减:股份公司成立前利润分配		
六、可供分配的利润	844596367	1052398928
减:提取法定盈余公积金	61776074	75228679
提取法定公益金	30888038	37614337
提取职工奖励福利基金		
七、可供股东分配的利润	751932255	939555912
减:应付优先股股利		
提取任意盈余公积金		
应付普通股股利	391019800	453397275
转作股本的普通股股利		
八、未分配利润	360912455	486158637

利润及利润分配表

2000年度及1999年度

编制单位:江苏宁沪高速公路股份有限公司及其子公司　　金额单位:人民币元

项目	1999年 本公司 (重编后附注34)	2000年 本公司
一、主营业务收入	1108596621	1247444169
减:折扣与折让		
主营业务收入净额	1108596621	1247444169
减:主营业务成本	306466264	375223201
主营业务税金及附加	61526273	69233536
二、主营业务利润	740604084	802987432
加:其他业务利润	17141725	25424383
减:存货跌价损失		
营业费用		
管理费用	75768203	80217351
财务费用	28760675	32574258
三、营业利润	653216931	715620206
加:投资收益	29286302	96808887
期货损益		
补贴收入		
营业外收入	6521258	9414326
以前年度损益调整		
减:营业外支出	5043885	4504881
分给外单位利润		
四、利润总额	683980606	817338538
减:所得税	79237838	125726422
少数股东损益		
职工奖励及福利基金		
购并利润		
加:未确认的投资损失		
所得税返还		
五、净利润	604742768	691612116
加:年初未分配利润	239727956	362739509
盈余公积转入数		
年初未分配利润调整		
减少注册资本减少的未分配利润		
外币报表折算差额		
减:股份公司成立前利润分配		
六、可供分配的利润	844470724	1054351625
减:提取法定盈余公积金	60474277	69161212
提取法定公益金	30237138	34580605
提取职工奖励福利基金		
七、可供股东分配的利润	753759309	950609808
减:应付优先股股利		
提取任意盈余公积金		
应付普通股股利	391019800	453397275
转作股本的普通股股利		
八、未分配利润	362739509	497212533

现金流量表

2000年度及1999年度

编制单位:江苏宁沪高速公路股份有限公司及其子公司　　金额单位:人民币元

项目	1999年 本集团 (重编后附注34)	2000年 本集团
一、经营活动产生的现金流量:		
收到的车辆通行费	1138385154	1381696175
销售商品、提供劳务收到的现金	166754158	262271614
收取的租金		
收到的增值税销项税款和退回的增值税款		
收到的除增值税以外的其它税费返还	98460001	239033750
收到的其它与经营活动有关的现金	41553899	1391110501
经营活动产生的现金流入小计	1445153212	1892415865
购买商品、接受劳务支付的现金	172791446	263541594
经营租赁所支付的现金		
支付给职工以及为职工支付的现金	50412142	80080871
支付的增值税款	2204875	1989014
支付的所得税款	201377083	355403175
支付的除增值税、所得税以外的其它税费	61500124	74023646
支付的其它与经营活动有关的现金	69885426	112494399
经营活动产生的现金流出小计	558171096	887532699
经营活动产生的现金流量净额	886982116	1004883166
二、投资活动产生的现金流量:		
收回投资所收到的现金	5600000	5800000
分得股利或利润所收到的现金	10692050	23921243
取得债券利息收入所收到的现金	47570787	15600872
处置固定资产、无形资产和其它长期资产而收回的现金净额	90000	
收到的其它与投资活动有关的现金		
投资活动产生的现金流入小计	63952837	45322115
购建固定资产、无形资产和其它长期资产所支付的现金	814430964	501076818
权益性投资所支付的现金	47163399	472670218
债权性投资所支付的现金		
支付的其它与投资活动有关的现金	254968	
投资活动产生的现金流出小计	861849331	973747036
投资活动产生的现金流量净额	−797896494	−928424921
三、筹资活动产生的现金流量:		
吸收权益性投资所收到的现金	129515267	618345000
其中:子公司吸收少数股东权益性投资收到的现金	129515267	
发行债券所收到的现金		
借款所收到的现金	45959642	18761800
收到的其它与筹资活动有关的现金		
筹资活动产生的现金流入小计	175474909	637106800
偿还债务所支付的现金	205000000	203437516
发生筹资费用所支付的现金		
分配股利或利润所支付的现金	293264850	379679593
其中:子公司支付少数股东的股利		
偿付利息所支付的现金	31307831	108216167
融资租赁所支付的现金		
减少注册资本所支付的现金		
其中:子公司依法减资支付给少数股东的现金		
支付的其它与筹资活动有关的现金		
筹资活动产生的现金流出小计	529572681	691333276
筹资活动产生的现金流量净额	−354097772	−54226476
四、汇率变动对现金的影响:		
汇率变动对现金的影响		
五、现金及现金等价物净增加额:		
现金及现金等价物净增加额	−265012150	22231769

利润表附表

二000年度及一九九九年度

编制单位:江苏宁沪高速公路股份有限公司及其子公司　　金额单位:人民币元

报告期利润	本集团 二000年实际数 净资产收益率 全面摊薄	加权平均	每股收益 全面摊薄	加权平均	本公司 二000年实际数 净资产收益率 全面摊薄	加权平均	每股收益 全面摊薄	加权平均
主营业务利润	6.1%	6.9%	0.18	0.18	6.0%	6.3%	0.16	0.16
营业利润	5.9%	6.2%	0.16	0.16	5.4%	5.6%	0.14	0.15
净利润	5.2%	5.4%	0.14	0.14	5.2%	5.4%	0.14	0.14
扣除非经常性损益后的净利润	5.2%	5.4%	0.14	0.14	5.1%	5.3%	0.14	0.14

报告期利润	本集团 一九九九年实际数 净资产收益率 全面摊薄	加权平均	每股收益 全面摊薄	加权平均	本公司 一九九九年实际数 净资产收益率 全面摊薄	加权平均	每股收益 全面摊薄	加权平均
主营业务利润	6.1%	6.0%	0.15	0.15	5.9%	5.9%	0.15	0.15
营业利润	5.4%	5.3%	0.14	0.14	5.2%	5.2%	0.13	0.13
净利润	4.8%	4.8%	0.12	0.12	4.8%	4.8%	0.12	0.12
扣除非经常性损益后的净利润	4.8%	4.8%	0.12	0.12	4.8%	4.8%	0.12	0.12

四川天一科技股份有限公司

四川天一科技股份有限公司2000年年度报告摘要

本公司董事会保证本报告所载资料不存在任何虚假记载、误导性陈述或者重大遗漏，并对其内容的真实性、准确性和完整性负个别及连带责任。

一、公司简介

1、公司中文名称：四川天一科技股份有限公司

英文名称：SICHUAN TIANYI SCIENCE & TECHNOLOGY CO.,LTD. 英文缩写：CTYC

2、公司法定代表人：冯孝庭

3、公司董事会秘书：杨重谊 联系电话：028-5964616 转 3006，3168

电子信箱：yzy@tianke.com 传真：028-5881997

4、公司注册地址：成都高新区高朋大道5号成都高新区技术创新服务中心

公司网址：www.tianke.com 电子信箱：ccty @ mail .sc.cninfo.net

5、公司信息披露报纸：《上海证券报》、《中国证券报》

登载公司年度报告的国际互联网网址：www.sse.com.cn

公司年度报告备置地：公司证券部

6、公司股票上市地：上海证券交易所 股票简称：天科股份 股票代码：600378

二、会计数据和业务数据摘要

1、公司本年度会计和业务数据摘要

项目	金 额（元）
利润总额	24,097,761.90
净利润	24,097,761.90
扣除非经常性损益后的净利润	20,974,819.13
主营业务利润	35,824,733.29
其他业务利润	1,148,364.67
营业利润	21,043,954.72
投资收益	-63,650.59
补贴收入	
营业外收支净额	3,117,457.77
经营活动产生的现金流量净额	1,898,042.19
现金及现金等价物净增加额	281,255,383.20

2、公司近三年主要会计数据和财务指标（单位：元）

项目	2000 年度	1999 年度	1998 年度
主营业务收入	138,653,147.05	128,380,557.49	92,912,128.79
净利润	24,097,761.90	20,585,738.20	18,642,933.72
总资产	493,258,268.02	185,440,877.72	146,786,943.37
股东权益	399,741,631.79	111,028,060.62	74,031,096.82
每股收益	0.21	0.29	0.26
扣除非经常性损益后的每股收益	0.18	0.29	0.26
每股净资产	3.45	1.57	1.05
调整后的每股净资产	3.44	1.56	1.05
每股经营活动产生的现金流量净额	0.02	---	---
净资产收益率(%)	6.03	18.54	25.18

注：主要财务指标的计算公式如下

每股收益=净利润/年度末普通股股份总数

每股净资产=年度末股东权益/年度末普通股股份总数

调整后的每股净资产=（年度末股东权益-三年以上的应收款项净额-待摊费用-待处理流动和固定资产净损失-开办费-长期待摊费用-住房周转金负数余额）/年度末普通股股份总数

每股经营活动产生的现金流量净额=经营活动产生的现金流量净额/年度末普通股股份总数

净资产收益率=净利润/年度末股东权益×100%

3、按中国证监会《公开发行证券公司信息披露编报规则》第9号通知精神计算的净资产收益率和每股收益：

项 目	净资产收益率(%) 全面摊薄	净资产收益率(%) 加权平均	每股收益（元） 全面摊薄	每股收益（元） 加权平均
主营业务利润	8.96	29.11	0.31	0.51
营业利润	5.27	17.10	0.18	0.30
净利润	6.03	19.58	0.21	0.34
扣除非经常性损溢后的净利润	5.35	17.36	0.18	0.30

注：计算公式：

（1）全面摊薄净资产收益率=报告期利润÷期末净资产

全面摊薄每股收益=报告期利润÷期末股份总数

（2）加权平均净资产收益率=P ÷（E0+NP ÷2+Ei ×Mi ÷M0-Ej ×Mj ÷M0）

加权平均每股收益=P ÷（S0+S1+Si ×Mi ÷M0-Sj ×Mj ÷M0）

其中：P 为报告期利润；NP 为报告期净利润；E0 为期初净资产；Ei 为报告期发行新股或债转股等新增净资产；Ej 为报告期回购或现金分红等减少净资产；S0 为期初股份总数；S1 为报告期因公积金转增股本或股票股利分配等增加股份数；Si 为报告期因发行新股或债转股等增加股份数；Sj 为报告期因回购或缩股等减少股份数；M0 为报告期月份数；Mi 为新增净资产（增加股份）下一月份起至报告期期末的月份数；Mj 为减少净资产（减少股份）下一月份起至报告期期末的月份数。

4、报告期内股东权益变动情况 （单位：元）

项目	股本	资本公积	盈余公积	法定公益金
期初数	70,723,900.00	36,439,500.00	3,087,860.73	1,029,286.91
本期增加	45,000,000.00	235,946,111.27	3,614,664.29	1,204,888.10
本期减少				
期末数	115,723,900.00	272,385,611.27	6,702,525.02	2,234,175.01

项目	未分配利润	股东权益合计
期初数	776,799.89	111,028,060.62
本期增加	4,152,795.61	288,713,571.17
本期减少		
期末数	4,929,595.50	399,741,631.79

变动原因：

（1）股本总额增加，系本公司2000年12月25日向社会公开发行股票所致。

（2）资本公积增加，主要系本公司公开发行股票的溢价发行所致。

（3）盈余公积增加，系公司本年度获利后按规定比例提取增加，

（4）法定公益金增加，系公司本年度获利后按规定比例提取增加。

（5）未分配利润增加，系本公司报告期内利润增加和剩余未分配利润所致。

三、股本变动及股东情况

1、股本变动情况

（1）公司股份变动情况表 （数量单位：股）

项 目	年初数	本次变动增减(+、-) 配股	送股	公积金转股
一、未上市流通股份				
1、发起人股份	70,723,900.00	--	--	--
其中：国家持有股份	64,288,900.00	--	--	--
境内法人持有股份	6,435,000.00	--	--	--
境外法人持有股份	--	--	--	--
其他	--	--	--	--
2、募集社会公众股	--	--	--	--
3、募集法人股	--	--	--	--
4、内部职工股	--	--	--	--
5、优先股或其他	--	--	--	--
其中：转配股	--	--	--	--
未上市流通股份合计	70,723,900.00	--	--	--
二、已上市流通股份				
1、人民币普通股	--	--	--	--
2、境内上市的外资股	--	--	--	--
3、境外上市的外资股	--	--	--	--
4、其他	--	--	--	--
已上市流通股份合计	--	--	--	--
三、股份总数	70,723,900.00	--	--	--

项 目	其他	小计	年末数
一、未上市流通股份			
1、发起人股份		--	70,723,900.00
其中：国家持有股份		--	64.288,900.00
境内法人持有股份		--	6,435,000.00
境外法人持有股份	--	--	--
其他	--	--	--
2、募集社会公众股	45,000,000.00	45,000,000.00	45,000,000.00
3、募集法人股	--	--	--
4、内部职工股	--	--	--
5、优先股或其他	--	--	--
其中：转配股	--	--	--
未上市流通股份合计	45,000,000.00	45,000,000.00	115,723,900.00
二、已上市流通股份			
1、人民币普通股	--	--	--
2、境内上市的外资股	--	--	--
3、境外上市的外资股	--	--	--
4、其他	--	--	--
已上市流通股份合计	--	--	--
三、股份总数	45,000,000.00	45,000,000.00	115,723,900.00

（2）公司股票发行与上市情况：

本公司经中国证券监督管理委员会证监发字［2000］180号文核准，通过上海证券交易所，于2000年12月25日以上网定价发行方式向社会公众公开发行了人民币普通股45,000,000股，每股面值1.00元，每股发行价6.58元，发行后公司总股本为115,723,900股。经上海证券交易所上证上字[2001]第2号《上市通知书》同意，本公司45,000,000股人民币普通股于2001年1月11日在上海证券交易所挂牌交易。

2、股东情况介绍

（1）股东总数：41,724名（截止2000年12月31日）。

（2）前10名股东持股情况：

股东名称	股份（股）	占总股本的比例(%)
西南化工研究设计院	64,288,900	55.55
浙江芳华日化集团公司	4,950,000	4.28
中化化工科学技术研究总院	495,000	0.43
中蓝晨光化工研究院	495,000	0.43
中橡集团炭黑工业研究设计院	495,000	0.43
汉兴基金	392,000	0.34
景福基金	306,000	0.26
广发证券	211,000	0.18
兴和基金	206,000	0.18
国泰君安	197,000	0.17

以上股东之间不存在关联关系。

（3）持股10%以上的股东情况介绍：

单位名称：西南化工研究设计院，持有本公司国家股64,288,900股，占总股本的55.55%。报告期内所持股份没有发生变动，也没有质押情况。

法定代表人：冯孝庭

经营范围：化工技术转让、咨询、设计。

（4）报告期内控股股东没有发生变化。

四、股东大会简介

1、本年度召开股东大会情况

（1）、公司于2000年2月21日在成都召开了1999年年度股东大会，会议应到股东代表5人，实到5人，代表股份70,723,900股，占公司总股本的100%。会议通过记名投票表决方式通过了以下

决议：

1)公司1999年度董事会工作报告；

2)公司1999年度监事会工作报告；

3)公司1999年度财务决算和2000年度财务预算报告；

4)公司1999年度利润分配方案。

(2)公司于2000年10月29日召开了2000年第一次临时股东大会，会议应到股东代表5人，实到5人，代表股份7,072.39万股，占公司总股本的100%。会议通过记名投票表决方式通过了《关于公司新老股东享受部分滚存利润》的决议。

2、报告期内公司未发生选举、更换董事、监事情况。

五、董事会报告

1、公司经营情况

(1)公司主要从事PSA技术及装置的转让以及镍系催化剂、铜系催化剂、碳一化学品、合成芳樟醇等产品的开发、设计、生产、销售等经营业务，拥有具有国际先进水平的变压吸附气体分离技术及具有国内领先的碳一化学技术及催化剂生产工艺技术，是经过国家科技部和中科院认定的高新技术企业。

(2)公司主营业务范围及其经营情况

公司主营业务范围为碳一化学技术及催化剂，变压吸附气体分离技术及装置，合成芳樟醇，维生素E系列及精细化工品、工业气体的研制、开发、生产、销售，技术服务及相关的工程设计与工程承包。2000年度公司主营业务收入138,653,147.05元，比1999年度增长8.00%；主营业务利润35,824,733.29元，比1999年度增长17.26%。其中：

	收入(元)	利润(元)
气体分离及气体产品	67,905,690.54	15,828,287.25
系列催化剂产品	32,451,526.45	10,765,014.49
工程开发设计及精细化工产品	34,290,066.02	6,713,676.60
其它	4,005,864.04	2,517,754.95

(3)在经营中出现的问题与困难及解决方案

公司在2000年经营中主要出现原材料价格上涨，精细化工产品市场变化大，市场价格阶段走低等问题，解决方案主要如下：

强化管理，不断提高企业质量意识和质量管理水平；加强成本核算管理，对水、电、气、汽等能源采取措施将生产用与生活用严格分开，采用按表计量定价收费的办法进行管理，收到明显的效果。

坚持以成本管理为中心，降低生产成本，从生产、销售、管理、原料供应等各环节中，尽量消化原材料价格上涨对产品价格的影响。一是加强生产过程的计量、检测和质量指标的管理工作，降低产品的消耗指标；二是依靠科学技术和提高生产者的技能，进一步科学地进行生产，杜绝浪费，搞好节能降耗；三是根据市场变化，加强原材料采购的管理，降低采购成本。

加强对市场的战略性研究，进一步强化营销管理，制定切实可行的营销政策；努力作好对外进出口贸易工作，积极参与国际竞争；加强营销队伍建设，做好产品的售后服务工作。

2、公司财务状况 (单位：元)

指标	2000年度	1999年度	较1999年度增减(+/-)
总资产	493,258,268.02	185,440,877.72	307,817,390.30
长期负债			
股东权益	399,741,631.79	111,028,060.62	288,713,571.17
主营业务利润	35,824,733.29	30,551,627.24	5,273,106.05
净利润	24,097,761.90	20,585,738.20	3,512,023.70

变动原因：

(1) 总资产增加，主要原因是公司在报告期内公开发行股票所致；

(2) 股东权益增加，主要原因是公司公开发行股票的溢价发行及本年度获利后按规定比例提取的盈余公积所致。

(3) 主营业务利润增加，主要原因是公司优化产品结构所致；

(4) 净利润增加，主要原因为公司公开发行股票申购资金利息所致。

3、公司投资情况

(1)报告期内募集资金使用情况：

本公司经中国证券监督管理委员会证监发字[2000]180号文核准，通过上海证券交易所，于2000年12月25日以上网定价发行方式向社会公众公开发行了人民币普通股4,500万股，每股面值1.00元，每股发行价6.58元，共募集资金28,618.07万元，报告期内尚未使用。

(2)报告期内非募集资金投资情况：

1)投资509.80万元进行负载型甲醇催化剂扩大制备、超临界萃取装置建设及甲酰胺装置的扩建；

2)投资196.05万元进行水、电、气、汽等公用工程和配套设施的改造；

3)短期债权投资200万元购买国债；

4)短期债权投资300万元委托中国华融信托投资公司代理购买国债。

4、报告期内公司的生产经营环境及宏观政策、法规等没有发生重大变化。

5、公司2001年的业务发展计划

公司2001年度的总体要求是：以天科股份上市为契机，加大改革力度，进一步搞活经营机制；以科技创新为灵魂，以市场为导向加速科技产业的发展，使科技优势转化为经济优势；以效益为中心，实行产品经营与资本经营并重，加快二次创业步伐。

(1) 进一步解放思想，更新观念，深化人事和分配制度的改革，调动员工的积极性和创造性，提高工作效率。

(2) 营销为龙头，最大限度地开拓市场；以产品的质量、价格、服务参与竞争，

创品牌、创名牌、创企业自身的信誉；千方百计拓宽产品市场，加大力度推广新型合成甲醇催化剂，作好技术服务等，不断增强对市场变化的应变能力。

(3) 好ISO9001的认证验收工作，坚持严密质量管理、科技创新领先的质量方针，视质量为生命，严格控制产品的质量，绝不允许任何不合格产品流入市场。

(4) 充分利用公司上市后的融资优势，作好投资决策及项目管理，有计划、有重点地发展科技产业，变科技优势为经济优势，形成新的经济增长点。

(5) 进一步加强成本控制，努力挖潜，增收节支，提高资金运用效率。认真抓好安全管理，保证安全生产。

(6) 努力搞好精神文明和企业文化建设，不断增强公司的凝聚力和战斗力。

(7) 进一步抓紧落实《招股说明书》中披露的投资项目并逐步实施。

6、董事会日常工作情况

(一)报告期内董事会的会议情况及决议内容

(1)公司于2000年元月20日召开了第一届董事会第四次会议(通讯会议)。应到董事9名，实到董事7名，委托代理人2名，以通讯方式表决通过了以下决议：

1) 公司1999年年度报告； 2) 公司1999年度利润分配预案；

3) 公司1999年度财务决算报告和2000年度财务决算报告；

4) 公司1999年度总经理工作报告； 5) 公司1999年董事会报告；

6) 公司执行的会计政策； 7) 公司高级管理人员薪酬方案；

8) 公司召开1999年年度股东大会的议案。

(2)公司于2000年6月8日召开了第一届董事会第五次会议(通讯会议)。应到董事9名，实到董事9名，以通讯方式表决通过了以下决议：

1)审定本次募集资金投资项目；

2)同意聘任王宇人先生为本公司内部审计负责人，聘期三年；

3)同意授予董事长部分项目投资权限：董事长可决定投资额不超过公司净资产的2%(以最近一期经审计的财务报表为准)的项目的投资。董事会要求董事长在决定投资该类项目时须认真组织论证，事后向董事会报告。

(3)公司于2000年9月28日召开了第一届董事会第六次会议(通讯会议)。应到董事9名，实到董事9名，以通讯方式表决通过了以下决议：

本公司公开发行股票，如果在年度6月30日前完成，则发行当年的滚存利润由新老股东共同享有；如果发行股票在年度6月30日后完成，则发行当年7月1日后形成的利润由新老股东共同享有。

(4)公司于2000年10月28日召开了第一届董事会第七次会议(通讯会议)。应到董事9名，实到董事9名，以通讯方式表决通过了以下决议：

1)关于四项计提的政策变更：

A、短期投资原不计提短期投资跌价准备，现改为年末按成本与市价孰低计价，并按投资类别计提跌价准备；

B、坏帐准备原按年末应收帐款余额的5‰计提，现改按应收帐款和其他应收款年末余额的6%计提；

C、存货原按成本计价，现改为年末按成本与可变现净值孰低计价；

D、年末长期投资原不计提减值准备，现改为计提减值准备。

2)存货跌价准备在年末按帐面成本与可变现净值孰低确认计提：按类别比较存货的帐面成本与可变现净值，以可变现净值低于帐面成本差额计提存货跌价准备。

3)本公司在年末，对长期投资逐项进行检查，如果由于市价持续下跌或被投资单位经营状况恶化等原因导致其可收回金额低于帐面成本，并且这种降低的价值在可预计的未来期间内不可能恢复，则将可收回金额低于长期投资帐面成本的差额作为长期投资减值准备。

4)以上决议自本公司成立之日起执行，根据规定按追溯调整法进行帐务处理。

(5)公司于2000年12月29日召开了第一届董事会第八次会议(通讯会议)。应到董事9名，实到董事9名，以通讯方式表决通过了以下决议：

1)公司增加注册资本人民币4500万元，即由原注册资本人民币7072.39万元，增加至人民币11,572.39万元；

2)公司原章程相关条款予以补充完整。

(二)董事会对股东大会决议的执行情况

根据公司1999年度股东大会决议，本公司1999年度进行了公司设立以来的首次股利分配，以10股派2.2元(含税)的比例向全体发起人股东派发现金1,555.93万元，该次股利分配已于2000年3月实施。

7、公司管理层及员工情况

(1)公司董事、监事及高级管理人员情况：

姓名	性别	年龄	职务	任期
冯孝庭	男	61	董事长	三年(1999.8—2002.8)
陶鹏万	男	60	副董事长	三年(1999.8—2002.8)
白全义	男	61	董事	三年(1999.8—2002.8)
崔基道	男	50	董事	三年(1999.8—2002.8)
黎成宣	男	46	董事	三年(1999.8—2002.8)
叶明星	男	51	董事	三年(1999.8—2002.8)
傅向升	男	41	董事	三年(1999.8—2002.8)
岳润栋	男	61	董事	三年(1999.8—2002.8)
范汝新	男	54	董事	三年(1999.8—2002.8)
薛正儒	男	59	监事会主席	三年(1999.8—2002.8)
李恩宏	男	51	监事	三年(1999.8—2002.8)
张进	女	46	监事	三年(1999.8—2002.8)
聂勇	男	38	监事	三年(1999.8—2002.8)
赵学谦	男	59	监事	三年(1999.8—2002.8)
古共伟	男	44	总经理	三年(1999.8—2002.8)
杨重谊	男	42	董事会秘书	三年(1999.8—2002.8)
罗超	男	60	副总经理	三年(1999.8—2002.8)
陈健	男	37	副总经理	三年(1999.8—2002.8)
周江宁	男	44	总工程师	三年(1999.8—2002.8)
郑竺	男	53	财务总监	三年(1999.8—2002.8)

说明：1)公司董事、监事及高级管理人员均未持有本公司股票。

2)公司董事长及董事均不在本公司领取薪酬；公司监事会主席薛正儒及监事李恩宏、张进不在本公司领取薪酬；其余监事及高级管理人员在本公司领取薪酬，本年度薪酬3.00—3.50万元的2人、2.00—2.50万元的4人、1.50—2.00万元的2人。

3)报告期内，公司董事、监事及高级管理人员没有离任情况。

4)报告期内，公司无聘任或解聘公司总经理、董事会秘书情况。

(2)公司员工情况：

截止2000年12月31日，公司在册职工总数939人，其中管理人员35人、财务人员14人、科研开发人员203人、营销人员32人、辅助及生产人员655人；大学以上文化人员317人、中专文化人员233人、高中及以下文化人员389人；高级技术职称118人、中级职称160人、初级职称108人；公司无退休人员。具体情况如下：

1)教育程度：

硕士及硕士以上	14人	1.5%
大学	303人	32.2%
中专	233人	24.8%
高中及以下	389人	41.5%

2)年龄情况：

30岁及以下	332人	35.4%
31岁—40岁	211人	22.4%
41岁—50岁	186人	19.8%
50岁以上	210人	22.4%

3)专业构成：

管理人员	35人	3.7%
财务人员	14人	1.5%
科研开发人员	203人	21.6%
营销人员	32人	3.4%
辅助及生产人员	655人	69.8%

4)技术职称：

高级及以上职称	118人	12.6%
中级职称	160人	17.0%
初级职称	108人	11.5%
其它	553人	58.9%

5)退休人员 0 0

8、本年度利润分配预案及公积金转增股本预案

(1)利润分配预案及公积金转增股本预案

1)经四川君和会计师事务所有限责任公司审计，公司2000年1月1日--6月30日净利润8,

010,503.39 元，分别按 10 %提取法定公积金 801,050.34 元，按 5 %提取法定公益金 400,525.17 元，可供股东分配的利润为 6,808,927.88 元，上年未分配的利润 776,799.89 元，累计可供股东分配的利润为 7,585,727.77 元，根据 2000 年第一次临时股东大会决议和本公司招股说明书披露的股利分配政策该利润归本公司发起人股东享有，按 2000 年 6 月 30 日末总股本 70,723,900 股为基数，按每 10 股 1.00 元（含税）以现金方式向本公司发起人股东派发。未分配利润 513,337.77 元。 各发起人股东同意截止 2000 年 6 月 30 日的利润分配后所余未分配利润归全体股东所有。

2）经四川君和会计师事务所有限责任公司审计，公司 2000 年 7 月 1 日--12 月 31 日实现利润总额 16,087,258.51 元，净利润 16,087,258.51 元，分别按 10%提取法定公积金 1,608,725.85 元，按 5 %提取法定公益金 804,362.93 元，可供股东分配的利润为 13,674,169.73 元，加上 2000 年 6 月 30 日末未分配的利润 513,337.77 元，累计可供股东分配的利润为 14,187,507.50 元，按 2000 年 12 月 31 日末总股本 115,723,900 股为基数，向全体股东按每 10 股派现金 0.80 元（含税），未分配利润 4,929,595.50 元。

3）资本公积金转增股本预案。2000 年 12 月 31 日资本公积金 272,385,611.27 元，按 2000 年 12 月 31 日末总股本 115,723,900 股为基数，向全体股东按每 10 股转增 3 股。所余公积金 237,668,441.27 元转入下一年度。

以上分配预案须经 2000 年年度股东大会审议。

（2）预计 2001 年度利润分配政策

公司拟在 2001 年进行 1 次利润分配；2001 年度实现的净利润和以往年度未分配的利润用于股利分配的比例不低于 30%；股利分配以派发现金或送红股的形式进行，其中现金股利比例不低于 20%。

具体的分配方案将根据公司当时的实际情况而定。

9、其它报告事项

报告期内公司选定的信息披露报纸为《上海证券报》、《中国证券报》。

六、监事会报告

报告期内公司于 2000 年 2 月 20 日在成都召开了第一届监事会第二次会议，应到监事 5 名，实到 5 名，审议通过了以下决议：

（1）公司 1999 年度监事会工作报告；

（2）公司执行的会计政策及执行情况的报告。

（3）公司继续聘任四川君和会计师事务所作为公司 2000 年度审计机构的议案。

报告期内监事会成员列席了公司历次董事会会议、股东大会及部分总经理办公会会议，及时了解、掌握了公司决策层及经营管理层履行职务的情况和公司的经营管理情况。公司监事会认为：

1、公司能依据《公司法》和《公司章程》规范运作，并且进一步完善了公司法人治理结构及内部管理规章制度。 公司董事会的决策符合决策程序，经理层的经营管理符合经营管理程序，公司董事、经理及其他高级管理人员在执行公司职务时，未发现有违反法律、法规及公司章程的行为或损害公司利益的行为。

2、公司财务报告经四川君和会计师事务所审计并出具了无保留意见审计报告，能够真实反映公司的财务状况和经营成果，其意见是公正合理的。

3、公司关联交易程序合法，交易公平公允，没有发现内幕交易，没有损害公司及非关联股东的利益，不造成公司资产的流失。

4、报告期内公司募集资金尚未使用。

七、重要事项

1、报告期内公司无重大诉讼、仲裁事项。

2、报告期内公司、公司董事及高级管理人员均没有受监管部门处罚。

3、报告期内公司控股股东没有发生变更；公司董事会成员、总经理、董事会秘书均未发生变更。

4、报告期内公司无收购及出售资产、吸收合并事项。

5、报告期内公司无重大关联交易事项。

6、公司与控股股东在人员、资产、财务上的“三分开”情况：

（1）人员方面：公司在劳动、人事及工资管理等方面完全独立；总经理、副总经理等高级管理人员均在本公司领取薪酬，未在控股股东单位领取薪酬和担任重要职务；

（2）资产方面：公司拥有独立的生产体系、辅助生产体系和配套设施，工业产权、商标、非专利技术等无形资产均由本公司拥有；独立拥有采购、生产和销售系统。

（3）财务方面：公司设立了独立的财务部门，并建立了独立的会计核算体系和财务管理制度，独立开立了银行帐户。

7、报告期内公司无托管、承包、租赁其他公司资产或其他公司托管、承包、租赁本公司资产的事项。

8、报告期内公司聘任的会计师事务所为四川君和会计师事务所，没有发生解聘情况。

9、报告期内公司无其它重大合同。

10、报告期内公司没有更改名称。

11、报告期内公司及持股 5%以上股东没有在指定的报刊和网站上披露承诺事项。

八、财务会计报告

1、审计报告

君和审字（2001）第 1041 号

四川天一科技股份有限公司全体股东：

我们接受委托，审计了四川天一科技股份有限公司（下称“贵公司”）二〇〇〇年十二月三十一日的资产负债表，二〇〇〇年度的利润表及利润分配表和二〇〇〇年度的现金流量表。这些会计报表由贵公司负责，我们的责任是对这些会计报表发表审计意见。我们的审计是依据中国注册会计师独立审计准则进行的。在审计过程中，我们结合贵公司实际情况，实施了包括抽查会计记录等我们认为必要的审计程序。

我们认为，上述会计报表符合《企业会计准则》和《股份有限公司会计制度》的有关规定，在所有重大方面公允地反映了贵公司二〇〇〇年十二月三十一日的财务状况及二〇〇〇年度的经营成果和现金流量情况，会计处理方法的选用遵循了一贯性原则。

四川君和会计师事务所　　　　　　　　中国注册会计师：罗建平　贺军

（一）本公司简介

四川天一科技股份有限公司（下称“本公司”）是 1999 年 8 月 3 日经国家经济贸易委员会[国经贸企改（1999）745 号]批准由化工部西南化工研究设计院（现更名为“西南化工研究设计院”，简称“西南化研院”）与浙江芳华日化集团公司、化工部科学技术研究总院（现名为“中化化工科学技术研究总院”）、化工部晨光化工研究院[现名为“中蓝晨光化工研究院”]、化工部炭黑工业研究设计院（现名为“中橡集团炭黑工业研究设计院”）共同发起设立的股份有限公司。同年 8 月 5 日在成都市工商行政管理局办理了注册登记手续，领取注册号为成工商（高新）字 5101091000223 的企业法人营业执照，本公司正式成立。本公司经营范围是碳一化学技术及催化剂，变压吸附气体分离技术及装置，合成芳樟醇、维生素 E 系列及精细化工品（不含药品）、工业气体（不含危险品）的研制、开发、生产、销售、技术服务及相关的工程设计与工程承包。1999 年 8 月 12 日，成立了四川天一科技股份有限公司泸州分公司。

1999 年 12 月 7 日、9 日四川省科学技术委员会和成都市高新区科技局[成高科（1999）123 号]认定本公司为高新技术企业。

西南化研院前身是化工部化工设计院西南分院，成立于 1958 年。1984 年国家科委将西南院作为首批改制试点单位，首先进行企业化经营。1988 年 1 月西南院作为企业正式在四川省泸州市工商行政管理局登记注册，成为企业化管理的事业单位，并对原有资产比照工业企业财务会计制度进行管理。1996 年 6 月，经国家编委和化工部批准更名为现名称。西南化研院是集科研、工程设计、科技产业与贸易为一体的大型综合性研究设计院，是原化工部的重点研究院所，是国家科委批准的“国家碳一化学工程技术研究中心”和“国家变压吸附工程技术研究推广中心”依托单位，还是首批获得国家授予直接外贸权的科研单位。为设立本公司，西南化研院根据“设立四川天一科技股份有限公司的方案”（简称“改制方案”）将与变压吸附气体分离技术及其装置设计安装、碳一化学技术及催化剂等产品、工程设计及工程承包、工业气体等业务相关的所属的独立核算的碳一化学品生产实验厂、碳一化学催化剂生产实验厂、化肥催化剂生产实验厂、变压吸附分离工程研究所、脱硫剂生产实验厂、有机化工厂、机械厂、气体工程技术研究所、开发设计所等 13 个实验厂、研究所（室）的全部经营性资产、负债及相应净资产投入本公司，以此编制反映西南化研院根据改制方案进行资产重组结果的基本会计报表。1998 年 12 月 13 日，西南化研院与浙江芳华日化集团公司、中化化工科学技术研究总院、中蓝晨光化工研究院、中橡集团炭黑工业研究设计院签订了“发起人协议”，约定西南化研院以上述各实验厂、研究所（室）经评估确认的全部经营性资产减去负债后的净资产作为出资，浙江芳华日化集团公司以债权转股权出资，其他 3 家发起人均以现金出资。1998 年 11 月 18 日，西南化研院委托东方资产评估事务所对西南化研院投入本公司截止 1998 年 9 月 30 日的全部帐面资产、负债和净资产进行评估，该所于 1999 年 5 月 8 日出具[东评所评报字（1999）第 18 号]评估报告，评估结果是资产总额 169,582,975.58 元，负债合计 72,175,638.50 元，净资产为 97,407,337.08 元，并于 1999 年 6 月 30 日经财政部[财评字（1999）298 号]确认。本公司根据此确认的评估结果对评估后净资产 97,407,337.08 元按 1:0.66 的比率折股本 64,288,900.00 元，设定为国家股，由西南化研院持有。此折股方案（比率）及股权结构获财政部[财管字（1999）237 号]批准。本公司已将上述确认的评估结果及经批准的折股方案调入 1999 年 12 月 31 日的资产负债表。

2000 年 12 月 19 日，经中国证监会[证监发行字（2000）180 号]《关于核准四川天一科技股份有限公司公开发行股票的通知》批准，本公司采用上网定价的发行方式向社会公众发行人民币普通股 4,500 万股，每股面值 1.00 元，每股发行价格为 6.58 元。发行后本公司增加社会公众股 4,500 万股，计 45,000,000.00 元，股本总额由 70,723,900.00 元增加到 115,723,900.00 元，并办理了工商变更登记手续。本公司社会公众股 4,500 万股于 2001 年 1 月 11 日在上海证券交易所上市流通。

（二）主要会计政策、会计估计和合并会计报表的编制方法

1、会计制度

本公司会计核算执行《企业会计准则》和《股份有限公司会计制度》及其补充规定。

2、会计年度　以公历 1 月 1 日至 12 月 31 日为一个会计年度。

3、记帐本位币　以人民币为记帐本位币。

4、记帐基础与计价原则

采用权责发生制为记帐基础，各项财产物资按取得时的实际成本计价。

5、外币业务核算方法

对发生的外币业务，以业务发生时人民银行公布的市场汇价（中间价）折合为人民币记帐；对各外币帐户的外币期末余额，按照期末市场汇价进行调整，差额作为汇兑损益处理。其中属筹建期间发生的汇兑损益列入开办费；属购建固定资产发生的汇兑损益，在固定资产交付使用前记入各项在建固定资产成本；除上述情况以外发生的汇兑损益，计入当期财务费用。

6、现金等价物的确定标准　现金等价物是指企业持有的期限短（一般是指从购买日起 3 个月内到期）、流动性强、易于变现及价值变动风险很小的投资。

7、坏帐核算方法　坏帐的确认标准是因债务人（单位）已撤消、破产、资不抵债、现金流量严重不足等有确凿证据表明确实无法收回的应收款项。

采用备抵法核算坏帐损失，根据本公司第一届董事会第七次会议决议和财政部[财会字（1999）35 号]规定，从 1999 年 1 月 1 日起改变坏帐准备计提方法，计提坏帐准备的范围由应收帐款改为按应收款项计提，计提比例由原按应收帐款年末余额的 5‰改为按应收款项年末余额的 6%计提。

8、存货核算方法

存货包括原材料、在产品、产成品、低值易耗品等。原材料、低值易耗品、产成品、在产品采用实际成本核算；原材料领用发出采用加权平均法计价；产品制造成本按直接材料、直接人工及制造费用归集分配；产成品发出领用时按加权平均计价；低值易耗品领用时采用“一次摊销法”核算。

按财政部[财会字（1999）35 号]规定，从 1999 年 1 月 1 日起本公司在年末对存货计提存货跌价准备。按帐面成本与可变现净值孰低确认计提：按类别比较存货的帐面成本与可变现净值，以可变现净值低于帐面成本差额计提存货跌价准备。

9、短期投资核算方法

短期投资按实际支付的价款扣除已宣告发放但未领取的现金股利或已到期的利息入帐。在处置时按所收到的处置收入与帐面价值的差额确认为当期投资损益。

短期投资于年末按帐面成本与市价孰低计价，按类别比较短期投资的帐面成本与市价，以市价低于帐面成本的部份计提短期投资跌价准备。

10、长期投资核算方法

（1）长期债权投资：采用成本法核算，以取得时的实际成本入帐，如实际支付的价款中包括已到期尚未领取的利息，作为应收利息单独核算不计入投资成本；期中或年末预提应计利息并计入当期投资收益；债券溢价或折价采用直线法于债券存续期内摊销。

（2）长期股权投资：按投资时实际支付的价款或确定的公允价值记帐，如实际支付价款中包括已宣告发放而尚未领取的现金股利，作为应收股利单独核算不计入投资成本。对其他单位的长期股权投资占该单位有表决权资本总额 20%及以上，或虽投资不足 20%但有重大影响的，采用权益法核算；投资额超过被投资单位有表决权资本总额 50%的，采用权益法核算并编制合并会计报表。对其他单位投资占该单位有表决权资本总额 20%以下又不具有重大影响的，采用成本法核算。

对长期股权投资差额，合同规定了投资期限的按投资期限平均摊销；没有规定投资期限的，按 10 年期限平均摊销。

（3）年末，对长期投资逐项进行检查，如果由于市价持续下跌或被投资单位经营状况恶化等原因导致其可收回金额低于帐面成本，并且这种降低的价值在可预计的未来期间内不可能恢复，则将可收回金额低于长期投资帐面成本的差额作为长期投资减值准备。

11、固定资产计价及折旧方法

固定资产是指单位价值在 2,000.00 元以上、使用年限在 1 年以上的房屋、建筑物、机器设备、仪器仪表、运输设备及其他与生产经营有关的设备、工具等。不属于生产经营主要设备的物品，但单位价值在 1,000.00 元以上，且使用年限超过两年的，也作为固定资产核算。

固定资产按实际成本计价。固定资产折旧采用直线法分类计算并预留原值 3%的残值，各类固定资产年折旧率确定如下：

类　别	估计经济使用年限（年）	年折旧率
房屋及建筑物	40	2.43%
机器设备	15	6.47%
电子设备	10	9.70%
运输工具	10	9.70%
其他设备	15	6.47%

12、在建工程核算方法

在建工程按各项工程实际发生的支出核算。在建筑期或安装期内为该工程所发生的借款利息支出和外汇折算差额计入该工程成本。虽已交付使用但尚未办理竣工决算的工程，自交付使用日起按工程预算，造价或工程成本等资料，估价转入固定资产。竣工决算办理完毕后，按决算数调整原估价和已计提的折旧。

13、无形资产计价和摊销方法

无形资产包括专利权。专利权以实际购入成本或评估确认的价值入帐，按剩余法律保护期限平均摊销。

14、开办费、长期待摊费用摊销方法

开办费和长期待摊费用以实际发生的支出入帐，开办费按 5 年期平均摊销；长期待摊费用按受

益期平均摊销。

15、营业收入确认原则

(1)商品销售:商品已经发出,所有权上的重要风险和报酬转移给买方,不再对该商品实施继续管理权和实际控制权,相关的收入已收到或取得了收款的凭证,并且与该商品有关的成本能够可靠地计量时,确认营业收入实现。

(2)提供劳务:主要是技术转让(包括硬件、安装)、技术开发、技术咨询、技术服务等。在同一会计年度内开始并完成的劳务(含安装),在完成劳务时确认收入;劳务的开始和完成分属不同的会计年度,在提供劳务(含安装)的结果能可靠估计的情况下,在资产负债表日按完工百分比法确认相关的营业收入。完工百分比按已经完成的合同工作量占合同预计工作量的比例确定。

16、所得税会计处理方法

采用应付税款法进行会计处理。

17、合并会计报表的编制方法

合并会计报表是以本公司和纳入合并范围子公司的会计报表以及其他有关资料为依据,按财政部《合并会计报表暂行规定》合并各项目数额编制而成。子公司的主要会计政策与本公司一致。本公司与子公司相互间重大业务及资金往来均在合并时抵销。

注 24、盈余公积

项目	年初数	本年增加	本年减少	年末数
法定盈余公积	2,058,573.82	2,409,776.19	--	4,468,350.01
公益金	1,029,286.91	1,204,888.10	--	2,234,175.01
任意盈余公积	--	--	--	--
合计	3,087,860.73	3,614,664.29	--	6,702,525.02

本年增加的盈余公积系按净利润计提 10%法定盈余公积、计提 5%法定公益金。

注 25、未分配利润

项目	2000 年度	1999 年度
一、净利润	24,097,761.90	20,585,738.20
加:年初未分配利润	776,799.89	-1,161,819.58
盈余公积转入	--	--
二、可供分配的利润	24,874,561.79	19,423,918.62
减:提取的法定盈余公积	2,409,776.19	2,058,573.82
提取的法定公益金	1,204,888.10	1,029,286.91
三、可供股东分配的利润	21,259,897.50	16,336,057.89
减:应付优先股股利	--	--
提取任意盈余公积	--	--
应付普通股股利	16,330,302.00	15,559,258.00
转作股本的普通股股利	--	--
四、未分配利润	4,929,595.50	776,799.89

1999 初的未分配利润原为 626,469.10 元,因执行财政部[财会字(1999)35 号]规定采用"追溯调整法"对应收款项计提坏帐准备,而对 1998 年度、1997 年度留存收益的影响数-1,737,689.12 元,导致 1998 年末未分配利润变更为-1,161,819.58 元。

根据本公司第一届董事会第九次会议通过的 2000 年度利润分配预案,(1)本公司 2000 年 1 月 1 日至 6 月 30 日实现净利润 8,010,503.39 元,分别按 10%提取法定公积金 801,050.34 元、按 5%提取法定公益金 400,525.17 元,可供股东分配的利润为 6,808,927.88 元,加上年末分配的利润 776,799.89 元,累计可供股东分配的利润为 7,585,727.77 元,根据本公司 2000 年第一次临时股东大会决议,该利润归本公司发起人股东享有,按 2000 年 6 月 30 日总股本 70,723,900 股为基数,按每 10 股 1.00 元(含税)以现金方式向本公司发起人股东派发。未分配的利润 513,337.77 元,各发起人股东同意归全体股东所有。(2)本公司 2000 年 7 月 1 日至 12 月 31 日实现净利润 16,087,258.51 元,分别按 10%提取法定公积金 1,608,725.85 元、按 5%提取法定公益金 804,362.93 元,可供股东分配的利润 13,674,169.73 元,加上 2000 年 6 月 30 日末未分配的利润 513,337.77 元,累计可供股东分配的利润为 14,187,507.50 元,按 2000 年末总股本 115,723,900 股为基数,向全体股东每 10 股派现金 0.80 元(含税),并用公积金转增 3 股。

注 26、主营业务收入

项目	2000 年度	1999 年度
化工产品收入	99,370,585.76	79,198,371.28
技术收入	38,187,655.64	49,174,236.21
其他收入	1,094,905.65	7,950.00
合计	138,653,147.05	128,380,557.49

注 27、主营业务税金及附加

项目	2000 年度	1999 年度
营业税	80,211.62	8,447.93
城建税	47,751.03	166,455.74
教育附加	19,927.72	71,338.19
交通附加	27,486.92	65,656.83
合计	175,377.29	311,898.69

注 28、其他业务利润

注 29、财务费用

类别	2000 年度	1999 年度
利息支出	2,735,376.14	1,523,682.65
减:利息收入	457,240.93	141,300.16
汇兑损失	--	--
减:汇兑收益	--	--
其他	9,861.50	5,778.41
合计	2,287,996.71	1,388,160.90

2000 年财务费用较 1999 年增加 64.82%,主要是本年度贷款增加所致。

注 30、投资收益

本公司 2000 年度投资收益为-63,650.59 元,系年末计提的短期投资跌价准备。

注 31、营业外收入

本公司 2000 年度营业外收入 3,122,942.77 元,是本公司新股发行申购无效的资金 3 天冻结期利息 9,368,828.30 元,按三年平均摊销本年应摊销的金额。

注 32、支付的其他与经营活动有关的现金

2000 年度支付的其他与经营活动有关的现金 20,151,501.95 元,其中大额项目列示如下:

项目	金额
办公费	3,275,118.15
业务费	2,518,689.72
差旅费	1,389,189.80
业务招待费	571,931.90
咨询费	330,151.68
运输费	739,404.91
广告费	773,346.00
中介费	114,300.00
西南化工研究设计院借款	8,819,119.00
其他	616,529.00

注 33、支付的其他与投资活动有关的现金

无。

注 34、支付的其他与筹资活动有关的现金

无。

(五)关联方关系及关联交易

1、存在控制关系的关联方

(1)存在控制关系的关联方

2、不存在控制关系的关联方关系的性质

(1)不存在控制关系的关联方

企业名称	与本企业的联系
绵阳市天阳活性炭有限公司	同一母公司、同一法人代表
自贡市天立压力容器制造有限公司	同一法人代表
浙江芳华日化集团物资经营有限公司	本公司董事叶明星任该公司的法定代表人
西南化工研究院成都顺达科技开发公司	同一母公司

3、关联交易

(1)关联交易价格

关联方之间的采购货物、销售货物、提供劳务均采用市场价格进行结算。

(2) 关联方采购货物

企业名称	2000 年度	1999 年度
绵阳市天阳活性炭有限公司 *	2,561,544.82	3,488,439.73
自贡市天立压力容器制造有限公司 **	8,224,203.68	3,742,392.09

* 向绵阳市天阳活性炭有限公司购买的活性炭,该公司于 1998 年 8 月成立。

** 向自贡市天立压力容器制造有限公司购买的非标准设备,该公司于 1998 年 4 月成立。

(3)贷款担保

单位名称	交易内容	金额
西南化工研究设计院	为本公司贷款担保	40,760,000.00

(4)其他交易事项

1)本公司 2000 年度委托浙江芳华日化集团物资经营有限公司销售芳樟醇,实现收入 14,349,709.37 元,根据双方签定的代销协议,按销售收入(含税)的 2%计算代销手续费,2000 年度应支付浙江芳华日化集团物资经营有限公司代销手续费 335,783.20 元,已记入本期损益。

2)根据本公司与化工部西南化工研究设计院签定的土地使用权租赁协议,本公司向化工部西南化工研究设计院租赁总面积为 75,220.746 平方米的土地,租赁期限自本公司成立起 25 年,前 3 年租金按每平方米 8 元/年计算,每年应付租金 601,765.97 元,2000 年实际支付 601,765.97 元;99 年支付土地租金 200,588.66 元,均已计入当期损益,以后每 3 年比照出租土地相邻类似土地的市场租赁价调整一次。

3)根据本公司与西南化工研究院成都顺达科技开发公司签定的代理出口协议,由于该公司是西南化工研究设计院对外贸易发展的窗口,具有进出口业务经营权,本公司所有自营出口业务均委托该公司代理完成,代理出口发生的费用由本公司承担,西南化工研究院成都顺达科技开发公司按总货款的 1.00%提取代理费。2000 年委托该公司出口代理 68 吨,实现的收入为 2,759,384.24 元。1999 年度委托该公司出口代理 108.80 吨,实现的收入为 5,552,387.40 元。

4)根据本公司与西南化工研究院成都顺达科技开发公司签定的技术服务合同,本公司参与该公司的技术谈判、为该公司的用户进行现场技术服务完成测试或装料和工艺调试的技术服务,保证产品正常使用;负责该公司用户的培训、负责在该公司用户提出要求时现场进行技术测试等。2000 年实际发生服务费 1,094,905.65 元,截止 2000 年 12 月 31 日已收讫。

5)本公司向西南化研院收取的水、电、气费如下:

项目	2000 年度	1999 年度
水	754,802.00	360,438.64
电	864,970.94	204,452.80
气	2,024,408.38	635,362.24
合计	3,644,181.32	1,200,253.68

6)根据本公司与西南化工研究设计院签订的综合服务协议及经营服务协议,本公司 2000 年向西南化工研究设计院收取设备租赁费、车辆及房屋使用费 680,765.84 元,向西南化工研究设计院支付车辆、房屋使用费及医疗、幼儿园、子弟校等费用计 1,726,224.86 元。

7)本公司与西南化工研究设计院签署了专利实施许可协议:西南化工研究设计院自愿将下表中所列的专利不收取专利使用费,许可本公司在中华人民共和国领域内实施。

4、关联方应收应付款项余额

项目	2000-12-31	1999-12-31
应收帐款		
浙江芳华日化集团物资经营有限公司	7,621,679.75	8,405,347.03
其他应收款		
西南化工研究设计院		--
应付帐款		
绵阳市天阳活性炭有限公司	517,121.03	320,113.60
自贡天立压力容器制造有限公司	1,083,667.39	--
其他应付款		
西南化工研究设计院	915,204.98	1,018,187.61
浙江芳华日化集团物资经营有限公司	235,783.20	--

(六)其他重大事项　无

(七)承诺及或有事项

本公司在报告期内,无重大诉讼事项和重大经济纠纷;也未以现有资产对外作重大经济担保。

(八)资产负债表日后事项中的非调整事项

截止 2001 年 2 月 25 日,收回应收帐款 7,101,604.67 元,其中收回关联单位浙江芳华日化集团物资经营有限公司款项 1,100,000.00 元。

九、其它有关资料

1、公司首次注册登记日期:1999 年 8 月 5 日,最近一次变更日期:2000 年 12 月 30 日。注册地点:成都高新区高朋大道 5 号成都高新区技术创新服务中心。

2、公司企业法人营业执照注册号码:5101091000223

3、公司税务登记号码:71606787-6

4、公司未流通股票托管机构名称:上海证券中央登记结算公司

5、报告期内公司主承销机构名称:国信证券有限责任公司

6、公司聘请的会计师事务所:四川君和会计师事务所有限责任公司

地址:四川省成都市走马街 68 号锦城大厦 10 楼

十、备查文件目录

1、公司年度报告正文;

2、载有法定代表人、财务负责人签名并盖章的会计报表;

3、载有会计师事务所盖章、注册会计师签名并盖章的审计报告原件;

4、报告期内公司在指定报刊上披露过的所有文件的正本及公告的原稿;

5、公司章程。

四川天一科技股份有限公司董事会

2001 年 3 月 15 日

陕西宝光真空电器股份有限公司

陕西宝光真空电器股份有限公司上市公告书

一、重要声明与提示

本公司董事会保证上市公告书的真实性、准确性、完整性，全体董事承诺上市公告书不存在虚假记载、误导性陈述或重大遗漏，并承担个别和连带的法律责任。

根据《公司法》、《证券法》等有关法律、法规的规定，本公司董事、高级管理人员已依法履行诚信和勤勉尽责的义务和责任。

上海证券交易所、中国证监会、其他政府机关对本公司股票上市及有关事项的意见，均不表明对本公司的任何保证。

本公司提醒广大投资者注意：凡本上市公告书未涉及的有关内容，请投资者查阅2001年12月20日刊载于《中国证券报》和《上海证券报》的本公司招股说明书摘要及刊载于上海证券交易所网站(http://www.sse.com.cn)的本公司招股说明书全文。

二、概 览

股票简称：宝光股份　　股票代码：600379

总股本：158,000,000股　可流通股本：50,000,000股　本次上市流通股本：50,000,000股

上市地点：上海证券交易所　　上市时间：2002年1月16日

股票登记机构：中国证券登记结算有限责任公司上海分公司

上市推荐人：国泰君安证券股份有限公司

对首次公开发行股票前股东所持股份的流通限制及期限：根据国家现行法律、法规规定和中国证监会证监发行字[2001]47号《关于核准陕西宝光真空电器股份有限公司公开发行股票的通知》，本公司的国有法人股及其他法人股暂不上市流通。本公司第一大股东已经向上海证券交易所承诺自愿锁定其所持股份，上市后一年内不予转让，也不由本公司回购其所持股份。

三、绪 言

本上市公告书是根据《中华人民共和国公司法》、《中华人民共和国证券法》、《股票发行与交易管理暂行条例》、《公开发行股票公司信息披露实施细则》和《上海证券交易所股票上市规则》等国家有关法律、法规的规定，并按照中国证监会《公开发行证券的公司信息披露内容与格式准则第7号--股票上市公告书》而编制，旨在向投资者提供有关陕西宝光真空电器股份有限公司(以下简称"本公司"或"发行人")和本次股票上市的基本情况。

经中国证监会证监发行字[2001]47号文核准，本公司于2001年12月24日通过网上累计投标询价方式成功发行5000万股人民币普通股，每股面值1.00元，每股发行价为人民币2.76元。

经上海证券交易所上证上字[2002]3号《上市通知书》同意，本公司通过网上累计投标询价方式发行的5000万股股票将于2002年1月16日起在上海证券交易所挂牌交易。股票简称"宝光股份"，股票代码"600379"。

本公司已于2001年12月20日在《中国证券报》和《上海证券报》上刊登了《招股说明书摘要》，招股说明书正文及其附注材料刊载于上海证券交易所网站(http://www.sse.com.cn)，故与其重复的内容在此不再重述，敬请投资者查阅上述内容。

四、发行人概况

(一) 发行人的基本情况

公司名称：陕西宝光真空电器股份有限公司

英文名称：Shaanxi Baoguang Vacuum Electronic Apparatus Co. Ltd.

注册资本：15,800万元　　法定代表人：杨宝立

设立日期：1997年12月30日

注册地址：陕西省宝鸡市高新技术开发区英达路五号　　邮政编码：710006

经营范围：高、中、低压真空电力电器，无线电元器件、器材、材料，高新元件、弹性元件的研制、生产、批发、零售及服务；机械加工等。

主营业务：主要从事高、中、低压真空灭弧室、真空断路器、真空开关柜等产品的研制、生产、销售及服务。　　所属行业：电工电器

联系电话：0917—6788528　　传　　真：0917—6788528

互联网网址：www.baoguang.com.cn　　电子信箱：office@baoguang.com.cn

董事会秘书：金宝长

(二) 发行人的历史沿革

公司主要发起人陕西宝光集团有限公司前身是陕西宝光电工总厂(第四四〇一厂，以下简称"总厂")。1997年9月29日，总厂作为陕西省首批现代企业制度试点单位，改制为陕西宝光集团有限公司(以下简称"宝光集团")。

经陕西省人民政府批准，宝光集团联合陕西省技术进步投资有限公司、国投中嘉实业公司、中国租赁有限公司、中国信息信托投资公司、陕西宝光真空电器股份有限公司职工持股会(以下简称"持股会")其它5家发起人，于1997年12月31日发起设立了陕西宝光真空电器股份有限公司。

宝光集团按陕西省国有资产管理局批复同意的资产重组方案对投入股份公司的资产进行了评估，资产总额为20,635.56万元，负债总额为10,871.36万元，净资产为9,764.20万元。宝光集团以其中5500万元净资产，按1:1的比例，折合股份投入股份公司；其余3900万元净资产转让给其他发起人(陕西省技术进步投资有限公司、国投中嘉实业公司、中国租赁有限公司、中国信息信托投资公司、持股会)，再按1:1的比例折合股份投入公司；剩余364.20万元作为股份公司对宝光集团的负债。另外，持股会再按1:1折股比例投入现金1400万元。

发起人股东投入股份公司的资产包括生产真空开关管、真空断路器及真空开关柜系列产品的生产设备、相关仪器、生产厂房(包括在建工程，但不含土地使用权)及相关物资、产成品。

1998年8月21日经持股会会员大会决议和宝鸡宝群动力有限责任公司（以下简称"宝群动力"）董事会决定并经陕西省体改委陕改发[1998]148号文批复，自1998年9月1日，由宝群动力接收职工持股会。接收后由宝群动力代表职工行使出资者权利。2000年10月，经宝群动力股东会、持股会会员代表大会决议，持股会将其持有的发行人2300万股法人股，作为出资投入宝群动力。宝群动力替代持股会成为发行人之法人股东。2001年2月9日，持股会与西部证券股份有限公司签署了《股权转让协议》，将其持有宝群动力的股权全部转让给西部证券股份有限公司。根据中国证监会有关意见，2001年4月5日，西部证券股份有限公司将其持有宝群动力的股权全部转让给陕西群力无线电器材厂。

1998年7月，国投中嘉实业公司经国家工商行政管理局核准，更名为国投电子公司。

中国信息信托投资公司根据国务院关于整顿信托投资公司的要求(国办发[1999]12号文)，并经中国人民银行银复[2000]243号文批准改组为中国电子财务有限责任公司。在其清理整顿时，1999年12月21日，将其持有的本公司之发起人股份500万股及相关权益全部转让给宝光集团。

经中国证券监督管理委员会证监发行字[2001]47号文批准，本公司5,000万社会公众股已于2001年12月24日在上海证券交易所发行成功，每股面值1.00元，发行价格2.76元。本公司于2001年12月30日办理了验资手续，并于2002年1月7日在陕西省工商行政管理局变更了注册登记，注册资本变更为15800万元。

(三) 发行人主要经营情况

1. 竞争优劣势分析

与国内竞争者相比，本公司拥有先进的生产设备和生产技术，更重视新产品、新技术的研究开发。本公司作为国内最大的真空灭弧室生产企业，技术水平和产品质量均处于国内领先水平，客户群稳定，具备良好的售后服务能力。同时，本公司管理基础较好，在同行业中最早通过了ISO9002质量体系认证，也是国内通过ISO9001质量体系认证的首批真空灭弧室生产企业。

与国外竞争者相比，本公司拥有产品适应性强、产品价格低、国内销售网络完善、售后服务本地化等优势。

本公司目前的劣势在于，与国际技术先进的生产厂商相比，在部分产品的技术参数上以及新产品、新技术开发能力方面存在一定的差距。另外，应收账款过大也削弱了本公司的竞争能力。

2. 主要财务指标

资产负债表数据

(单位：万元)

项目	2001年6月30日	2000年12月31日	1999年12月31日	1998年12月31日
资产	36,132.53	33,603.76	32,669.75	25,220.33
负债	24,909.78	22,860.78	22,853.33	14,664.51
股东权益	11,222.74	10,742.98	9,816.42	10,555.82

利润表数据

(单位：万元)

项　目	2001年1~6月	2000年	1999年	1998年
主营业务收入	9,746.01	21,671.95	17,047.72	17,267.65
主营业务利润	3,723.43	7,269.89	5,823.87	7,498.26
利润总额	902.30	836.15	486.31	1,870.37
净利润	743.48	628.38	340.60	1,570.57

3. 拥有的主要知识产权

本公司无偿受让宝光集团已核准注册的四种"宝光"组合商标（注册证第1185504号、第1185505号、第660363号、第1159379号）。上述商标权变更手续已于2000年11月28日经国家工商管理局商标局核准。

4. 税收优惠政策

本公司为注册在宝鸡高新技术开发区(国家级)的高新技术企业，根据陕西省地方税务局直属征收分局宝鸡征收处宝征发(2000)008号文，本公司符合国家税务总局财税字[1994]001号文件规定，按15%的税率缴纳企业所得税。

五、股票发行与股本结构

(一) 本次股票上市前首次公开发行股票的情况

1、社会公众股发行数量：5000万股

2、股票发行价格：2.76元/股

3、募股资金总额：13,800万元

4、发行方式：网上累计投标询价

5、发行费用总额及项目：本次股票发行费用共687.58万元，主要包括承销费用、审计费用、评估费用、律师费用、发行手续费用、审核费及其他费用。

6、每股发行费用：0.14元

7、发行日期：2001年12月24日

8、中签率：0.09049499%

9、在申购价格区间内累计投标询价申购部分的总申购户数：1,617,276户，其中价格为2.76元的有效申购户数为1,600,614户

10、持有1000股以上的户数：42,035户

(二) 本次股票上市前首次公开发行股票的承销情况

本次公开发行的社会公众股5,000万股已全部被投资者认购，承销团无余额包销。

(三) 本次上市前首次公开发行股票所募股资金的验资报告

验 资 报 告

东会陕验字(2001)209号

陕西宝光真空电器股份有限公司全体股东：

我们接受委托，审验了贵公司截至2001年12月29日止向社会公开发行普通股(A股)注册资本到位的情况。按照国家相关法律、法规的规定和协议、合同、章程的要求出资，提供真实、合法、完整的验资资料，保护资产的安全、完整是全体股东及贵公司的责任。我们的责任是对贵公司变更登记的注册资本的实收情况发表审验意见。我们的审验是依据《独立审计实务公告第1号—验资》进行的。在审验过程中，我们结合贵公司的实际情况，实施了检查等必要的审验程序。

根据协议、合同、章程的规定，贵公司向社会公开发行普通股(A股)前的股本总额为人民币壹亿零捌佰万元(108,000,000.00元)，根据我们的审验，截至2001年12月29日止，贵公司共收到向社会公开发行普通股的投入资金人民币壹亿叁仟贰佰陆拾壹万伍仟元(132,615,000.00元)(已扣除本次承销佣金人民币5,385,000.00元)，其中股本50,000,000.00元，资本公积82,615,000.00元，本次向社会公开发行普通股后的股本总额为人民币壹亿伍仟捌佰万元(158,000,000.00元)。

同时我们注意到，贵公司向社会公开发行普通股(A股)前的股本总额为人民币壹亿零捌佰万元(108,000,000.00元)，已经陕西秦屿会计师事务所审验，并由该所出具陕秦会发字[1997]075号验资报告。截至2001年12月29日止，连同本次变更增加出资的伍仟万元(50,000,000.00元)后，贵公司的股本总额为人民币壹亿伍仟捌佰万元(158,000,000.00元)。

本验资报告供贵公司申请变更登记及据以向全体股东签发出资证明时使用，不应将其视为是对贵公司验资报告日后资本保全、偿债能力和持续经营能力等的保证。因使用不当造成的后果，与执行本验资业务的注册会计师及会计师事务所无关。

附件(一)向社会公开发行普通股(A股)前后股本结构对照表

(二)验资事项说明

上海东华会计师事务所有限公司　　　　中国注册会计师：蔡晓丽、丰学义

二〇〇一年十二月三十日

(四) 募股资金入帐情况

入帐时间：2001年12月29日　　入帐金额：132,615,000.00元　　入帐帐号：26301860

开户银行：中国建设银行宝鸡分行营业部

(五) 发行人上市前股权结构及各类股东的持股情况

1、本次上市前后公司股权结构

股权分类	发行前	发行后

	持股数(万股)	持股比例	持股数(万股)	持股比例
一、尚未流通的股份				
1.国有法人股				
其中:陕西宝光集团有限公司	6000	55.56%	6000	37.97%
国投电子公司	1000	9.26%	1000	6.33%
陕西省技术进步投资有限责任公司	1000	9.26%	1000	6.33%
2.社会法人股				
其中:宝鸡宝群动力有限责任公司	2300	21.29%	2300	14.56%
中国租赁有限公司	500	4.63%	500	3.16%
二、社会公众股			5000	31.65%
总 股 本	10,800	100.00%	15800	100.00%

2、本公司前十名股东持股情况

序号 前十名股东名称	持股数量(万股)	持股比例(%)
1.陕西宝光集团有限公司	6000	37.97%
2.宝鸡宝群动力有限责任公司	2300	14.56%
3.陕西省技术进步投资有限责任公司	1000	6.33%
4.国投电子公司	1000	6.33%
5.中国租赁有限公司	500	3.16%
6.南方稳健	63.8	0.40%
7.华安创新	60	0.38%
8.华夏成长	55.7	0.35%
9.天元基金	37.1	0.23%
10.开元基金	32	0.20%

六、董事、监事、高级管理人员及核心技术人员

(一) 董事会成员

董事长:杨宝立,男,54岁,大学本科学历,中共党员,高级经济师,1969年参加工作。曾任陕西宝光电工总厂技术员、例行试验室主任、生产科科长、副厂长。

副董事长:詹治林,男,56岁,大专学历,高级会计师,1966年在北京电子管厂参加工作,1970年支持三线到陕西宝光电工总厂,先后任财务科副科长、科长、副总会计师。现兼任宝光集团总会计师。

董事:李明鑫,男,50岁,大学学历,中共党员,高级工程师,1968年参加工作。曾任陕西宝光电工总厂技术员、车间主任、西安光辉真空电器厂副厂长,宝光电工总厂销售二处处长、副厂长、宝光集团副董事长,现兼任本公司总经理。

董事:孙学成,男,55岁,本科学历,中共党员,高级工程师,1970年参加工作。曾任陕西宝光电工总厂技术员、干部科科长、教育处处长、技校校长、工会主席。现兼任陕西宝光集团公司工会主席。

董事:孙海涛,男,55岁,本科学历,中共党员,高级经济师,1970年参加工作。曾任陕西宝光电工总厂技术科副科长、劳资科副科长、劳人处处长、厂长助理、副厂长、宝光集团副总经理。现兼任陕西宝光集团公司副总经理。

董事:魏广元,男,47岁,大学学历,中共党员,高级工程师,1970年参加工作。先后担任陕西宝光电工总厂动力科副科长、车间主任、动力厂厂长、宝鸡宝群动力有限责任公司董事长、总经理。现兼任宝鸡宝群动力有限公司董事长。

董事:阎仁宗,男,48岁,大学本科学历,中共党员,1969年参加工作。曾任北京市无线电元件十厂销售科副科长、国家机电轻纺投资公司办公厅秘书处副处长、中嘉实业开发公司业务一部经理、国投电子公司副总经理。现兼任国投电子公司副总经理。

董事:原孝锺,男,73岁,大学本科学历,中共党员,1954年参加工作。曾任北京电子管厂总会计师、中国计算机有限公司董事长、中国电子租赁有限公司常务副总经理、中国租赁有限公司总会计师。现兼任中国租赁公司顾问。

董事:牛清华,男,42岁,工商管理硕士,中共党员,1984年参加工作。曾任陕西省经委技术改造处副处长、韩国大宇公司西安办事处首席代表、陕西省技术进步投资有限责任公司副总经理、董事。现兼任陕西省技术进步投资有限公司副总经理。

(二) 监事会成员

监事会主席:佟绍成,男,48岁,大专学历,中共党员,高级经济师,1968年参加工作。曾任陕西宝光电工总厂车间副主任、主任、生产处处长、生产长、经营副厂长、厂长。现兼任宝光集团董事长。

监事:王昊文,男,41岁,大学本科学历,中共党员,经济师。曾任陕西省经贸委副处长、处长、陕西省技术进步投资有限责任公司董事。现兼任陕西省技术进步投资有限公司副总经理。

监事:周彦溪,男,52岁,本科学历,中共党员,高级政工师,1968年参加工作。曾任陕西宝光电工总厂总务科科长、总务处处长、副厂长、宝光集团副总经理。现兼任宝光集团副总经理。

监事:郭长喜,男,49岁,中专学历,中共党员,政工师,1968年参加工作。曾任陕西宝光电工总厂保卫科干事、车间主任、公安处处长、宝光集团党委工作部部长。

监事:白西龙,男,38岁,中专学历,会计师,1986年参加工作。曾任陕西宝光电工总厂会计、主办会计、宝光集团财务会计处副处长。

(三) 高级管理人员

总经理:李明鑫,同前。

副总经理:顾丕骥,男,55岁,大学本科学历,中共党员,高级工程师,中国真空学会会员、陕西省真空学会理事。1969年参加工作,曾任陕西宝光电工总厂技术员、技术科副科长、总工程师、副厂长,宝光集团副总经理。现为本公司技术负责人。

副总经理:周锋,男,38岁,大学本科学历,中共党员,高级工程师,1984年参加工作。曾任陕西宝光电工总厂技术员、技术处副处长、车间主任、副总工程师、器件厂厂长、宝光集团副总经理。

财务总监:毛玉田,男,43岁,大专学历,中共党员,会计师,1981年参加工作。曾任宝光电工总厂财务科副科长、宝光集团财务处副处长、处长。

董事会秘书:金宝长,男,53岁,大学本科学历,中共党员,高级经济师,1968年参加工作。曾任宝光电工总厂厂长办公室主任、车间主任、计划处副处长、股份公司证券办主任。

(四) 技术负责人

顾丕骥,同前。

(五) 董事、监事、高级管理人员与核心技术人员的持股情况

上述人员未持有本公司股份。

七、同业竞争与关联交易

(一) 同业竞争

公司在改制中宝光集团将生产真空灭弧室、真空断路器生产经营性资产投入到了股份公司中,所以股份公司与宝光集团本身不存在同业竞争的问题。

宝鸡真空开关一分厂、宝鸡真空开关二分厂、宝鸡真空开关三分厂、江苏镇江镇宝开关厂、西安光辉真空电器厂是股份公司成立前宝光集团与地方企业合资兴建的联营厂,均具有独立法人资格,宝光集团是上述企业的控股股东。其中宝鸡真空开关二分厂主要生产断路器框架、开关柜壳;宝鸡真空开关三分厂主要生产开关柜用弹性操作机构、断路器触头和弹性元件,与股份公司在业务、产品上均有较大的差异,并不构成同业竞争;江苏镇江镇宝开关厂主要从事农村电网柱上开关的生产制造,但自2000年9月起,该厂已经停止生产,目前准备进行破产清算;宝鸡真空开关一分厂主要生产铁路分相开关和户内分断器及重合器,西安光辉真空电器厂主要生产断路器;上述两厂的产品与股份公司的部分产品虽然具有相似性,但在产品定位、市场定位以及服务对象等方面均不相同:股份公司的断路器产品主要用于成套设备配套,属高档产品,而上述两厂产品主要用于电网终端用户的少油开关改造,属低档产品。而且上述企业的规模和产销量都很小,不会对股份公司构成潜在的市场竞争威胁。

(二) 关联企业与关联关系

1.控股股东:陕西宝光集团有限公司。

2.其它股东:宝鸡宝群动力有限责任公司、国投电子公司、陕西省技术进步投资有限责任公司、中国租赁有限公司。

3.控股股东控制和参股的企业:宝鸡宝群动力有限责任公司、宝鸡真空开关厂第一分厂、宝鸡真空开关厂第二分厂、宝鸡真空开关厂第三分厂、宝鸡宝光装饰工程工业公司、西安光辉真空电器厂、江苏镇江镇宝开关厂。

(三) 关联交易

1. 本公司与宝光集团的关联交易

(1) 土地使用权租赁:本公司生产经营占用土地,采用租赁方式取得使用权。本公司与宝光集团于1998年7月9日签署了《土地使用权租赁合同》两份,本公司租赁宝光集团老厂区土地面积45514平方米,新厂区土地面积46920平方米,租金分别为每年546168元和703,800元(新厂区租赁费1998年支付528,300元),租赁期限10年(自1998年1月1日至2007年12月31日)。

(2) 房产租赁:本公司与宝光集团于1998年7月9日签署了《房产租赁合同》。合同约定,本公司租赁宝光集团办公用房、成品库房、中间库房和物资库房共计6456平方米,年租金共计人民币966,840元(1998年租赁费为134,772元),租赁期限10年(自1998年1月1日至2007年12月31日)。

(3) 运输服务:本公司与宝光集团于1998年7月9日签署了《运输服务协议》。协议约定,由宝光集团为本公司提供运输及相关服务,并规定了双方的权利义务、服务质量标准、计费办法及结算单价。协议期限3年(自1998年1月1日至2000年12月31日)。2000年10月20日,本公司与宝光集团签署了《运输服务补充协议》,双方约定,上述《运输服务协议》履行期限延长至2001年12月31日,协议其他条款不变。

(4) 综合服务:本公司与宝光集团2000年10月20日签署了《综合服务合同》。合同约定,由宝光集团为本公司员工提供住房安排,费用由员工支付;宝光集团为本公司提供物业、消防、绿化、卫生等管理,2000年7~12月支付10万元,2001年支付20万元;宝光集团为本公司提供的其他生活福利服务、职工教育服务等,由本公司按实际发生数支付相关费用。合同期限1.5年(自2000年7月1日至2001年12月31日)。

(5) 注册商标许可使用合同:1998年7月9日,本公司与宝光集团签订了为期10年的注册商标使用合同,自1998年1月1日起至2007年12月31日,宝光集团同意本公司无偿使用宝光集团所属的商标权。上述合同于2000年8月2日终止;同日,本公司与宝光集团签署了《商标转让合同》,本公司无偿受让宝光集团已核准注册的四种"宝光"组合商标。上述商标权变更手续已于2000年11月28日经国家工商管理局商标局核准。

(6) 委托代建双加工程:扩大陶瓷真空开关管生产能力技术改造(以下简称"双加工程")项目于1996年下半年正式启动,1997年改制时进入股份公司。为了保证项目实施的连续性、工程管理人员的相对稳定以及与第三方协议(包括银行贷款、国内外设备订购等)的有效,避免影响工程实施进度,1998年1月7日本公司与宝光集团签订协议,委托宝光集团垫资实施双加工程,2000年3月20日本公司董事会对上述协议进行了确认。1999年6月双加工程完工验收。宝光集团转入本公司完工资产原值6,090万元,其中:固定资产5,926万元,器具164万元。上述转入资产的计价确认方法:按资产的采购成本加部分安装调试费用和工程建设期利息计收。截止2000年12月31日本公司已全部偿还宝光集团代垫款6,090万元。

(7) 委托进行厂房改造:1999年本公司与宝光集团签订了"开关厂房12米跨改造等十项工程委托实施协议书",本公司委托宝光集团垫资实施开关厂房12米跨改造等十项工程。2000年宝光集团转入本公司资产4,317,711.14元,其中厂房改造3,824,450.01元,零星技改493,261.13元。上述转入资产的计价方法:按工程验收移交决算价格计价。

2. 本公司与宝群动力的关联交易

本公司与宝群动力于1998年7月9日签署了《动能供应合同》。合同约定,由宝群动力为本公司提供生产用水、电、气(包括煤气、氢气、氧气、氮气、净化空气和蒸汽)及通讯服务,并规定了双方的权利、义务、服务质量标准、计量办法及结算单价。合同期限3年(自1998年1月1日至2000年12月31日)。2000年10月20日,本公司与宝群动力签署了《动能供应补充协议》,双方约定,上述《动能供应合同》履行期限延长至2001年12月31日,合同其他条款不变。

八、财务会计资料

本公司截止2001年6月30日的财务会计资料,已于2001年12月20日在《中国证券报》和《上海证券报》刊登的《招股说明书摘要》中进行了披露,投资者欲了解详细内容,请查阅上述报纸或刊载于上海证券交易所网站(http://www.sse.com.cn)的本公司招股说明书全文。

(一) 注册会计师意见

本公司聘请了上海东华会计师事务所有限公司对本公司1998年度、1999年度、2000年度及2001年6月30日的会计报表进行了审计,并出具了标准无保留意见的审计报告。

(二) 简要会计报表

以下内容摘自业经审计的会计报表。

会计报表注释请参见2001年12月20日在《中国证券报》和《上海证券报》上刊登的本公司《招股说明书摘要》或刊载于上海证券交易所网站(http://www.sse.com.cn)的本公司招股说明书全文。

(三) 主要财务指标

1. 财务指标

财务指标	2001年1~6月	2000年度	1999年度	1998年度
流动比率	1.05	1.01	0.92	1.26
速动比率	0.66	0.66	0.58	0.74
应收账款周转率	0.83	2.04	1.80	2.11
存货周转率	0.72	1.96	1.54	1.40
无形资产(土地使用权除外)占总资产的比例	0.030%	0.038%	0.050%	0
资产负债率	68.94%	68.03%	69.95%	58.15%
每股净资产	1.04	0.9947	0.91	0.98
研究与开发费用占主营业务收入比例	2.28%	5%	N/A	N/A
每股经营活动产生的现金流量	–0.160	0.039	0.194	0.085

2. 发行前的净资产收益率和每股收益

2001年1–6月报告期利润	净资产收益率(%) 全面摊薄	净资产收益率(%) 加权平均	每股收益(元/股) 全面摊薄	每股收益(元/股) 加权平均
主营业务利润	33.18%	33.50%	0.3448	0.3448
营业利润	8.01%	8.09%	0.0833	0.0833
净利润	6.62%	6.69%	0.0688	0.0688
扣除非经常性损益后的净利润	6.87%	6.93%	0.0714	0.0714

(四) 盈利预测

上海东华会计师事务所有限公司已对本公司编制的2001年度的盈利预测报告进行了审核,并出具了无保留意见的盈利预测审核报告。以下资料摘录自本公司的盈利预测报告。

盈利预测简表　　(单位:万元)

项　　目	上年已审实现数	本年预测数 1-6月已审实现数	7-12月预测数	合计
一、主营业务收入	21,671.95	9,746.01	14,253.99	24,000.00
减:主营业务成本	14,309.66	5,978.65	8,707.55	14,686.20
主营业务税金及附加	92.39	43.93	61.09	105.02
二、主营业务利润	7,269.90	3,723.43	5,485.35	9,208.78
加:其他业务利润	255.93	218.08	121.93	340.01
减:营业费用	1,618.21	780.43	1,115.89	1,896.32
管理费用	3,780.88	1,701.93	2,185.21	3,887.14
财务费用	883.08	559.70	589.03	1,148.73
三、营业利润	1,243.66	899.45	1,717.15	2,616.60
加:投资收益				
补贴收入	30.00	9.85		9.85
减:营业外净支出	437.51	7.00	33.00	40.00
四、利润总额	836.15	902.30	1,684.15	2,586.45
减:所得税	207.77	158.82	252.63	411.45
五、净利润	628.38	743.48	1,431.52	2,175.00

盈利预测编制基础和假设、编制说明请参见2001年12月20日在《中国证券报》和《上海证券报》上刊登的本公司《招股说明书摘要》或刊载于上海证券交易所网站(http://www.sse.com.cn)的本公司招股说明书全文。

九、其他重要事项

(一)本公司股票本次发行后至本公司上市公告书公告之日,本公司严格依照《公司法》、《证券法》等法律法规的要求,规范运行,生产经营情况正常;所处行业、市场无重大变化;主要投入产出物供求及价格无重大变化。

(二)本公司股票本次发行后至本公司上市公告书公告之日,本公司重大会计政策和会计师事务所没有发生变化。

(三)本公司股票本次发行后至本公司上市公告书公布之日,本公司无重大投资活动,无重大资产(股权)收购、出售行为。

(四)发行人住所未变更。

(五)本公司股票本次发行后至本公司上市公告书公告之日,本公司董事、监事、高级管理人员和核心技术人员没有尚未了结或可能发生的刑事诉讼事项。

(六)本公司股票本次发行后至本公司上市公告书公告之日,本公司未涉及任何重大诉讼事项或仲裁,亦无任何尚未了结或可能面临的重大诉讼或索赔要求。

(七)本公司2001年7月1日后产生的利润由本公司新老股东共享。

(八)本公司预计将于2002年6月30日前进行上市后的第一次利润分配。

(九)本公司上市前后税负无变化,所得税税率为15%。

(十)根据《上海证券交易所股票上市规则》,本公司第一大股东已向上海证券交易所承诺,自发行人股票上市之日起12个月内,第一大股东不转让其持有的发行人股份,也不由上市公司回购其持有的股份。

(十一)本公司股票本次发行后至本公司上市公告书公告之日,没有其他应披露而未披露之重大事项。

十、董事会上市承诺

本公司董事会承诺将严格遵守《中华人民共和国公司法》、《中华人民共和国证券法》、《股票发行与交易管理暂行条例》、《公开发行股票公司信息披露实施细则》和《上海证券交易所股票上市规则》等国家法律、法规和有关规定,并自股票上市之日起作到:

(一)承诺真实、准确、完整、公允和及时地公布定期报告,披露所有对投资者有重大影响的信息,并接受中国证监会、证券交易所的监督管理;

(二)承诺本公司在知悉可能对股票价格产生误导性影响的任何公共传播媒介中出现的消息后,将及时予以公开澄清;

(三)本公司董事、监事、高级管理人员和核心技术人员将认真听取社会公众的意见和批评,不利用已获得的内幕消息和其他不正当手段直接或间接从事发行人股票的买卖活动;

(四)本公司没有无记录的负债。

依据《上海证券交易所股票上市规则》,本公司全体董事、监事将按照有关规定,在本公司股票上市后两个月内签署《董事(监事)声明及承诺书》并送达上海证券交易所备案。

十一、上市推荐人及其意见

(一) 上市推荐人情况

国泰君安证券股份有限公司　　法定代表人:金建栋

法定住所:上海市浦东新区商城路618号

电话:010-82001456　　传真:010-82001523　　联系人:聂小刚　倪毓明

(二) 上市推荐人意见

本公司约请的上市推荐人国泰君安证券股份有限公司认为本公司股票符合上市条件,已向上海证券交易所出具了正式的《股票上市推荐书》。上市推荐人的主要推荐意见如下:上市推荐人认为发行人的上市完全符合《中华人民共和国公司法》、《中华人民共和国证券法》及《上海证券交易所股票上市规则》的有关规定。

(1)发行人已经中国证券监督管理委员会证监发行字[2001]47号文核准,向社会公开发行人民币普通股5000万股,相应的验资及股权登记俱已进行完毕;

(2)本次发行后,发行人股本总额超过5000万元人民币,为15800万元人民币;

(3)发行人最近三年连续盈利;

(4)股票面值达一千元以上的股东人数超过一千人,为42040户;

(5)发行人股本总额为15800万元,其中向国内公众公开发行股份为5000万元,占股本总额的31.65%,超过25%;

(6)发行人最近三年内没有重大违法行为,财务会计报告无虚假记载。

上市推荐人保证发行人的董事了解有关法律、法规、上海证券交易所上市规则及股票上市协议规定的董事的义务与责任,并协助发行人健全了法人治理结构、协助发行人制定了严格的信息披露制度与保密制度。上市推荐人已对上市文件所载的资料进行了核实,认为上市文件真实、准确、完整,符合规定要求。上市推荐人保证发行人的上市申请材料、上市公告书没有虚假、严重误导性陈述或者重大遗漏,并保证对其承担连带责任,并保证不利用在上市过程中获得的内幕信息进行内幕交易,为自己或他人谋取利益。另外,上市推荐人与本公司不存在关联关系。

鉴于上述内容,国泰君安证券股份有限公司特推荐陕西宝光真空电器股份有限公司的股票在上海证券交易所上市交易。

陕西宝光真空电器股份有限公司　　二零零二年一月十一日

资产负债简表　　单位:人民币元

项目	2001.6.30	2000.12.31	1999.12.31	1998.12.31
流动资产	243,468,331.73	214,841,683.30	200,342,963.08	177,386,321.98
货币资金	12,394,411.82	20,865,800.58	14,925,412.82	14,325,590.92
应收票据	2,200,000.00	2,600,000.00	2,099,000.00	
应收账款	126,119,162.57	108,207,209.81	104,387,313.49	84,956,917.89
其他应收款	9,213,399.37	7,554,527.20	4,897,607.34	3,701,896.27
预付账款	1,330,702.27	1,243,201.88	849,289.50	1,801,818.07
存货	91,882,716.97	73,867,901.39	72,443,053.85	72,045,356.85
待摊费用	327,938.73	445,395.99	741,286.08	554,741.98
其他流动资产		57,646.45		
固定资产	116,872,675.71	119,993,030.22	125,320,504.95	74,722,008.29
固定资产原价	173,549,585.87	173,093,006.77	173,346,452.64	105,717,537.14
减累计折旧	59,614,669.43	55,445,743.89	49,520,597.69	43,954,778.85
固定资产净值	113,934,916.44	117,647,262.88	123,825,854.95	61,762,758.29
减固定资产减值准备	4,373,851.26	4,332,238.20		
固定资产净额	109,561,065.18	113,315,024.68	123,825,854.95	61,762,758.29
在建工程	7,311,610.53	6,678,005.54	1,494,650.00	12,959,250.00
无形资产及其他资产	984,242.65	1,202,918.11	1,034,024.03	94,946.00
无形资产	108,338.46	126,811.92	163,758.84	
长期待摊费用	875,904.19	1,076,106.19	870,265.19	94,946.00
资产总计	361,325,250.09	336,037,631.63	326,697,492.06	252,203,276.27
流动负债	230,977,829.53	213,727,833.63	217,533,282.21	141,145,114.54
短期借款	159,620,000.00	145,860,000.00	103,050,000.00	68,250,000.00
应付票据	10,000,000.00	4,500,000.00	3,600,000.00	1,063,000.00
应付账款	40,069,451.09	29,626,505.72	23,816,981.47	16,578,402.75
预收账款	8,697,330.25	7,305,447.54	4,186,585.94	4,768,612.85
应付工资		24,679,441.54	24,679,441.54	24,679,441.54
应付福利费	2,361,551.24	1,510,080.09	149,688.16	376,289.14
应付股利	2,637,178.08	486,942.90	14,550,000.00	13,500,000.00
应交税金	−912,679.73	−3,132,072.51	5,667,582.32	1,616,663.04
其他应交款	123,611.20	66,596.49	869,783.04	486,439.68
其他应付款	8,381,387.40	1,224,891.86	34,569,503.74	9,826,265.54
预提费用		1,600,000.00	2,393,716.00	
长期负债	18,120,000.00	14,880,000.00	11,000,000.00	5,500,000.00
长期借款	14,880,000.00	14,880,000.00	11,000,000.00	5,500,000.00
专项应付款	3,240,000.00			
负债合计	249,097,829.53	228,607,833.63	228,533,282.21	146,645,114.54
股东权益	112,227,420.56	107,429,798.00	98,164,209.85	105,558,161.73
股本	108,000,000.00	108,000,000.00	108,000,000.00	108,000,000.00
股本净额	108,000,000.00	108,000,000.00	108,000,000.00	108,000,000.00
盈余公积	4,227,420.56	3,112,200.47	2,169,631.47	1,658,724.25
其中法定公益金	1,409,139.18	1,037,399.15	723,209.49	552,907.08
未分配利润	0.00	−3,682,402.47	−12,005,421.62	−4,100,562.52
负债及股东权益总计	361,325,250.09	336,037,631.63	326,697,492.06	252,203,276.27

利润简表　　单位:人民币元

项目	2001年16月	2000年度	1999年度	1998年度
一、主营业务收入	97,460,075.37	216,719,469.08	170,477,171.80	172,676,484.44
减:主营业务成本	59,786,578.79	143,096,642.45	111,438,793.15	96,794,916.48
主营业务税金及附加	439,179.90	923,900.18	799,694.22	899,006.23
二、主营业务利润	37,234,316.68	72,698,926.45	58,238,684.43	74,982,561.73
加:其他业务利润	2,180,777.09	2,559,312.16	3,310,863.10	3,910,831.18
减:营业费用	7,804,324.85	16,182,057.98	12,056,660.71	13,242,592.52
管理费用	17,019,308.77	37,808,813.75	36,415,726.86	39,448,302.82
财务费用	5,596,953.18	8,830,827.72	7,883,353.39	6,795,051.97
三、营业利润	8,994,506.97	12,436,539.16	5,193,806.57	19,407,445.60
加:补贴收入	98,500.00	300,000.00		
营业外收入	6,000.51	464,523.99	67,009.60	49,254.36
减:营业外支出	76,003.54	4,839,587.60	397,721.32	753,023.29
四、利润总额	9,023,003.94	8,361,475.55	4,863,094.85	18,703,676.67
减:所得税	1,588,203.30	2,077,682.19	1,457,046.73	2,998,005.62
五、净利润	7,434,800.64	6,283,793.36	3,406,048.12	15,705,671.05

现金流量简表　　单位:人民币元

项目	2001年16月	2000年度
一、经营活动产生的现金流量:		
销售商品、提供劳务收到的现金	76,277,187.67	225,627,763.63
收到的其他与经营活动有关现金	98,500.00	786,751.26
现金流入小计	76,375,687.67	226,414,514.89
购买商品接受劳务支付的现金	37,018,215.55	133,658,260.10
支付给职工以及为职工支付的现金	15,977,753.76	37,097,935.74
支付的各项税费	7,366,249.02	27,866,664.58
支付的其他与经营活动有关现金	33,342,509.91	23,591,438.58
现金流出小计	93,704,728.24	222,214,299.00
经营活动产生的现金流量净额	−17,329,040.57	4,200,215.89
二、投资活动产生的现金流量:		
处置固定资产、无形资产和其他长期资产收到的现金净额	6,000.00	656,315.00
收到的其他与投资活动有关的现金	3,240,000.00	
现金流入小计	3,246,000.00	656,315.00
购建固定资产、无形资产和其他长期资产所支付的现金	1,933,281.09	22,870,044.21
现金流出小计	1,933,281.09	22,870,044.21
投资活动产生的现金流量净额	1,312,718.91	−22,213,729.21
三、筹资活动产生的现金流量:		
借款所收到的现金	118,620,000.00	137,150,000.00
收到的其他与筹资活动有关的现金	73,302.92	92,802.00
现金流入小计	118,693,302.92	137,242,802.00
偿还债务所支付的现金	104,860,000.00	90,460,000.00
分配股利、利润或偿付利息所支付的现金	6,258,824.51	22,796,597.08
支付的其他与筹资活动有关的现金	29,545.51	32,303.84
现金流出小计	111,148,370.02	113,288,900.92
筹资活动产生的现金流量净额	7,544,932.90	23,953,901.08
四、汇率变动对现金的影响		
五、现金及现金等价物净增加额	−8,471,388.76	5,940,387.76

青海白唇鹿股份有限公司

青海白唇鹿股份有限公司上市公告书

本公司董事会保证上市公告书的真实性、准确性、完整性，全体董事承诺上市公告书不存在虚假记载、误导性陈述或重大遗漏，并承担个别和连带的法律责任。

根据《中华人民共和国公司法》、《中华人民共和国证券法》（以下分别简称《公司法》、《证券法》）等有关法律、法规的规定，本公司董事、高级管理人员已依法履行诚信和勤勉尽责的义务和责任。

上海证券交易所、中国证监会、其他政府机关对本公司股票上市及有关事项的意见，均不表明对本公司的任何保证。

本公司提醒广大投资者注意，凡本上市公告书未涉及的有关内容，请投资者查阅2001年4月13日刊载于《中国证券报》、《上海证券报》和《证券时报》上的本公司招股说明书摘要，及刊载于上海证券交易所网站(www.sse.com.cn)的本公司招股说明书全文。

本上市公告书刊登网址：http://www.sse.com.cn

第一节 概 览

股票简称：白唇鹿

股票代码：600381

总股本：11000万股

可流通股本：3500万股

本次上市流通股本：3500万股

本公司公开发行股票前股东所持股份的流通限制及期限：根据国家现有法律、法规规定和中国证监会证监发行字[2001]23号《关于核准青海白唇鹿股份有限公司公开发行股票的通知》，本公司的国有法人股和法人股暂不上市流通。

本公司公开发行股票前最大股东----西宁市国新投资控股有限责任公司承诺：自本公司股票上市之日起12个月内，不转让所持有本公司的股份，也不由本公司回购该部分股份。

上市地点：上海证券交易所

上市时间：2001年5月8日

股份登记机构：上海证券中央登记结算公司

上市推荐人：广东证券股份有限公司

提请投资者关注的事项：1、2000年度，白唇鹿为适应市场变化加大了新产品开发力度，对传统产品结构进行了较大程度的调整，但是，2000年"管理费用"中的"技术开发费用"为29.4万元，较1999年有减无增，其原因是新产品在2000年下半年已投入批量生产，且实现了部分销售，故将有关的技术开发费列入新产品成本。2、2000年度，白唇鹿实现了1.04亿元的销售收入，比上年增长了11.8%，主要是新产品的附加值较高，如牛绒面料的销售收入占销售收入总额的42%，产品结构调整的效益逐步显现；3、营业费用较1999年减少358.7万元，主要原因：一是改变了以往的销售策略，取消大面积铺点的做法，整改不合理的、效益不好的网点，设立十大销售分公司，同时寻找中间经销商，大大降低了销售费用；二是2000年度白唇鹿不再使用奔羊牌商标，减少了商标使用费。4、在1999、2000年度母公司的利润总额中，分别有40%和20%来源于补贴收入，有6%和44%来自于对三兴公司的投资收益，请注意本公司主要利润来自于补贴收入和投资收益的风险。

第二节 绪 言

本上市公告书是依据《公司法》、《证券法》、《股票发行与交易管理暂行条例》、《公开发行股票公司信息披露实施细则》、《上海证券交易所股票上市规则》和《公开发行股票公司信息披露的内容与格式准则第七号<上市公告书的内容与格式>》等国家现行有关证券管理法律、法规的规定而编制，为本公司股票公开上市之目的向社会公众披露公司基本情况和相关资料。

本公司经中国证券监督管理委员会证监发行字[2001]23号文核准，已成功向社会公开发行每股面值为1元之人民币普通股3500万股，每股发行价格为5.68元。

经上海证券交易所上证上字[2001]60号《上市通知书》同意，本公司公开发行的3500万股社会公众股将于2001年5月8日在上海证券交易所挂牌交易，股票简称为"白唇鹿"，股票代码为600381。

本公司于2001年4月13日分别在《中国证券报》、《上海证券报》和《证券时报》上刊登了《招股说明书概要》，距今不足三个月，故与之重复内容在此不再重述。

第三节 发行人概况

（一）发行人的基本情况

1、中英文名称：（中文）青海白唇鹿股份有限公司

（英文）QINGHAI BAICHUNLU COMPANY LIMITED.

2、注册资本：11000万元

3、法定代表人：黄贤优

4、发行人注册地：青海省西宁市小桥大街36号

5、经营范围：生产经营毛纺织品、毛针织品，来料加工，毛纺机械配件加工、销售，毛纺原料收购。

6、主营业务：毛纺织品、毛针织品，来料加工，毛纺机械配件的加工与销售，毛纺原料收购。

7、所属行业：纺织业

8、电话：0971-5130792

9、传真：0971-5134240

10、电子邮箱：QHBCL@MAIL.QH.CNINFO.NET

11、董事会秘书：李吉吉

（二）发行人的历史沿革

本公司前身是青海第一毛纺厂，原名青海绒毛加工厂，始建于1944年，是青海省建厂最早企业之一，属国有中型一类企业。1997年，青海省政府为调整本省的毛纺行业结构，实现优势互补和规模经济，由青海省国有资产管理局批复[青国资局(1997)219号]，同意将原青海省畜产进出口公司针纺部中与牛绒衫生产经营相关的资产划拨给青海第一毛纺厂。

1998年8月，经青海省人民政府青股审(1998)第004号文批准，以青海第一毛纺厂经评估确认后与牛绒衫生产经营相关的净资产作为出资，联合西宁市大什字百货商店、上海振鲁实业有限公司、西宁特殊钢集团有限责任公司、青海省集体工业物资供销处等四家以现金出资的企业法人共同发起，以发起设立方式于1998年8月28日设立本公司。

经中国证券监督管理委员会证监发行字[2001]23号文批准，本公司于2001年4月17日已成功的向社会公开发行人民币普通股3500万股，每股发行价格为5.68元。2001年4月24日，本公司在青海省工商行政管理局办理变更登记手续，注册资本变更为11000万元。

（三）发行人的主要经营情况

1、发行人经营概况

本公司地处青海省西宁市。牦牛是青藏高原特有的动物，牦牛绒年产量为4,000吨左右，占世界总产量90%以上，其中能够分梳纺纱的无毛绒约为800吨，非常珍贵。本公司掌握了牦牛绒的脱色、染色、织布、抗静电等关键技术，是国内第一家以牦牛绒为原料制成牛绒衫的企业，已具备年产牛绒衫100万件、牛绒精纺服装面料30万米的生产能力，开发出各类牛绒服装面料、成衣和时装100多款，在生产规模、新产品开发和技术创新上居国内同行前列。

2、发行人在牛绒产品生产经营方面的竞争优势

(1)资源相对垄断的优势

牦牛号称"高原雪舟"，90%以上的牦牛绒产于青藏高原，资源的垄断程度较高。

(2)资源开发的后续优势

牦牛绒的物理性能在有些方面优于羊绒，随着本公司技术创新能力的不断增强和生产设备的不断改善，牛绒资源的内在优势将逐渐发掘出来。

(3)成本价格优势

牛绒比羊绒存在较大的成本价格优势，将为牛绒抢占中高档毛纺织品市场创造条件。

(4)技术开发的优势

本公司在牛绒资源开发方面有着丰富的经验，特别是牦牛绒脱色、精梳、精纺、纯纺等新技术的运用，填补国内牛绒高级面料的空白，形成了多元化的产品结构，为下一步全面深入开发牦牛绒资源奠定了基础。

3、劣势

与羊绒相比，牛绒具有保暖、防潮、挺括等优越的物理性能，但由于开发时间较短，在技术革新、生产工艺、产品设计等方面不够成熟，其优势还没有充分发挥出来。

4、主要财务指标

2000年，公司完成主营业务销售收入104,294,586.44元，实现主营业务利润33,385,065.65，毛利率为32.01%。

本公司主营业务收入主要来自产品销售收入，本公司最近三年的主营业务收入构成如下：(单位：人民币元)

项目	2000年度	1999年度	1998年度
牛绒面料	43,735,042.95	2,031,538.47	--
牛绒衫	35,168,983.74	81,057,301.24	118,658,360.75
丝绒衫	5,696,877.19		
羊绒衫	9,532.65	--	17,342.71
牛绒纱	14,767,398.80	429,478.89	9,702,342.78
针织纱	--	--	64,422.69
无毛绒	--	--	1,214,684.36
棉布	332,541.47	1,580,731.40	--
布匹整理	4,311,079.04	6,707,673.44	--
其他	273,130.60	977,528.18	133,390.97
合计	104,294,586.44	92,784,251.62	129,790,544.26

5、主要的知识产权、政府特许经营权和非专利技术

(1)1989年研制开发出牦牛绒衫、兔毛衫、羊仔毛衫，取得青海省《科技成果证书》；

(2)1993年研制出加厚牦牛绒衫，获得青海省优秀新产品一等奖；

(3)1994年研制开发出提花和结构型牦牛绒衫以及薄型换色牛绒衫；

(4)1997年成功掌握了牦牛绒脱色技术，解决了牛绒产品色彩单一的问题；

(5)1999年研制开发出新型"牦牛绒"高级服装面料，经专家评审被认定为2000年度国家级新产品，并被国家经贸委列入2000年度国家级重点新产品试产计划。

6、牦牛绒产品的市场情况

本公司产品主要供应国内消费者，在我国北方地区的市场占有率较高，1996年、1997年该市场处于高速发展阶段，但由于行业内同类产品较多和狭隘的市场定位，自1999年以来，普通牛绒衫在市场上的销售状况呈下降趋势。2000年度，本公司加大了产品结构调整的力度，最近开发的新产品改善了牛绒产品的市场形象，品种更加齐全，颜色更加丰富，款式更加多样，吸引了国内外众多生产商、经销商和消费者，开发潜力很大。

7、产品性能、质量方面的情况

本发行人具有健全的质量管理制度，检测手段齐全，产品质量稳定可靠，从未因产品质量问题受到任何形式的处罚。

8、享有的财政税收优惠政策

本公司2001年度实际执行33%的所得税税率。

第四节 股票发行与股本结构

1、本次股票上市前公开发行股票的情况

发行数量：3500万股

发行价格：5.68元

募集资金总额：198,800,000元

发行方式：上网定价

发行费用总额：11,000,000.00元，发行费用项目及金额情况如下：

费用类别	金额(万元)
(1)承销费用	577
(2)注册会计师费用	130
(3)发行人律师费用	62
(4)土地及资产评估费用	93
(5)上网发行费用	70
(6)股票登记费用	18
(7)上市推荐费用	100
(8)其他费用	50
合计	1100

每股发行费用：0.31429元

2、股票承销

本次发行的3500万股社会公众股股票已被超额认购，承销团无余额包销。

3、验资报告

(1)验资报告(摘自深圳同人会计师事务所深同证验字[2001]第009号)：

青海白唇鹿股份有限公司全体股东：

我们接受委托，对青海白唇鹿股份有限公司("贵公司")截至二零零一年四月二十三日止股本变动情况的真实性和合法性进行了审验。在审验过程中，我们按照《独立审计实务公告第1号-验资》的要求，实施了必要的审验程序。贵公司的责任是提供真实、合法、完整的验资资料，保护资产的安全、完整。我们的责任是按照《独立审计实务公告第1号-验资》的要求，出具真实、合法的验资报告。

贵公司变更前的注册资本和实收股本均为人民币75,000,000.00元。本次向社会公开发行A股35,000,000.00股，每股面值人民币1.00元，计人民币35,000,000.00元。变更后的股份总数为110,000,000.00股，实收股本为人民币110,000,000.00元。

根据我们的审验，截至二零零一年四月二十三日止，贵公司已收到募集资金人民币198,800,000.00元，扣除与发行有关的费用人民币7,465,800.00元，贵公司实际增加投入资产人民币191,334,200.00元（均为货币资金），其中计入股本人民币35,000,000.00元，计入资本公积人民币156,334,200.00元。

附件(一) 变更前后注册资本、投入股本对照表(略)
附件(二) 验资事项说明(略)
附件(三) 验资依据证明文件(略)

深圳同人会计师事务所　　中国注册会计师：（签字、盖章）
中国　　深圳　　中国注册会计师：（签字、盖章）
二OO一年四月二十三日

(2)募集资金入帐情况：
入帐时间：二零零一年四月二十三日；
入帐金额：191,334,200.00元；
入帐帐号：427-01-839-00005564；
开户银行：中信实业银行广州分行花园支行。

4、上市前股权结构及各类股东的持股情况

(1)本次上市前公司的股权结构情况

股　东	持股数量(万股)	占总股本比例(%)
发起人股：		
其中：国有法人股	7399	67.26
法人股	101	0.92
社会公众股：	3500	31.82
总股本	11000	100

(2)公司最大十名股东情况

股　东　名　称	持股数(万股)	占总股本比例(%)
1、西宁市国新投资控股有限责任公司	6758	61.44
2、西宁市大什字百货商店	586	5.33
3、上海振鲁实业有限公司	78	0.71
4、西宁特殊钢集团有限责任公司	55	0.50
5、青海省集体工业物资供销处	23	0.21
6、同盛基金	8.4	0.08
7、景福基金	8.2	0.07
8、安顺基金	8.2	0.07
9、兴和基金	8.1	0.07
10、汉兴基金	7.9	0.07

第五节　董事、监事、高级管理人员及核心科技人员

1、董事

黄贤优：董事长，男，37岁，大专学历（现就读工商管理硕士学位），助理经济师。曾任深圳金田纺织股份有限公司业务员、部门经理，中外合资嘉骐纺织有限公司董事长，西宁市国新资产经营有限责任公司董事，一九九九年五月起任青海白唇鹿股份有限公司董事长。

孟庆良：副董事长，男，38岁，本科学历，经济师，曾任兰州毛条厂设备科科长、兰州纺织机械调配站经理、甘肃省轻纺物资总公司总经理，兰州辐射玻璃厂厂长、甘肃纺织机械器材总公司总经理、中国恒天集团中恒投资控股公司副总经理，西宁市国新资产经营有限责任公司副总经理，一九九九年五月起任青海白唇鹿股份有限公司副董事长。

李冬生：董事，男，47岁，大专学历，高级工程师，一九八零年起历任青海第一毛纺厂技术员、厂长助理、副厂长、厂长，现任青海白唇鹿股份有限公司总经理。

卫亚莉：董事，女，42岁，大专学历，曾任西宁食品厂、西宁市食品公司、西宁市商业局、西宁市五金公司团支部书记、团委副书记、党委书记，现任西宁市大什字百货商店总经理。

黄静：董事，女，40岁，大学学历，高级工程师，自一九八三年八月起历任青海第一毛纺厂车间主任、副厂长，现任青海白唇鹿股份有限公司总工程师。

徐蝶梅：董事，女，58岁，大专学历，曾任上海新乐服装公司经理，现任上海振鲁实业有限公司董事长。

刘赤：董事，女，38岁，硕士研究生，曾任中山大学讲师、香港天绰实业有限公司董事长助理、广州丰瑞实业有限公司办公室主任，现任西宁市国新投资控股有限公司副总经理。

高国平：董事，男，42岁，大专学历，工程师，曾任广东兴宁市第二染织厂厂长，现任深圳市三兴织物整理实业有限公司总经理。

赵红：董事，女，31岁，大专学历，经济师，曾任中国建设银行广州市分行建设路办事处主任，现任西宁市国新投资控股有限公司办公室主任。

2、监事

詹立成：监事会主席，男，57岁，高中学历，政工师，曾任中国人民解放军、县人民武装部战士、政委、党委书记，青海第一毛纺厂、青海造纸厂纪委书记、党委书记。

刘世垒：监事，男，56岁，中专学历，曾任建设兵团青海农建师、青海省畜产品进出口公司、青海省畜产品公司针纺部干事、科长、厂长、党委副书记。

赵兰：监事，女，46岁，中专学历，会计师，历任青海第一毛纺厂财务部会计、科长，现任青海白唇鹿股份有限公司审计监察部部长。

3、董事会秘书

李吉吉：董事会秘书，男，45岁，大专学历，工程师，曾任青海纺织工业总公司、青海第三毛纺厂技术员、总师办主任，青海天源纺织集团公司企管部经理，现任青海白唇鹿股份有限公司董事会秘书、董事长助理。

4、财务负责人

马慧玲：财务负责人，女，39岁，大专学历，曾任本公司财务部副部长，财务总监助理。

5、公司董事、监事、高级管理人员和核心技术人员持股情况

截止本次股票上市前，本公司上述人员均未直接或间接持有本公司股份。

6、本公司目前尚未设置期权。

第六节　同业竞争与关联交易

本公司不存在同业竞争的情况，为避免同业竞争，本公司最大股东国新投资控股有限公司于一九九九年九月九日出具了承诺函，承诺其及其下属企业不从事任何与本公司有实质性竞争的业务，亦不会利用其对本公司的控股关系，作出有损本公司及其全体股东利益的行为。

本公司的关联企业有：本公司的最大股东西宁市国新投资控股有限公司；持有国新控股27%股份的广州贤成集团有限责任公司；本公司的其他四家发起人股东，即西宁市大什字百货商店、上海振鲁实业有限公司、西宁特殊钢(集团)有限责任公司、青海省集体工业物资供销处；本公司的控股子公司三兴公司；国新控股所属企业青海双蝶绒线厂。

1、国新控股系本公司的最大股东，持有本公司6,758万股，营业执照注册号为6301001200524；住所为西宁市城北区小桥大街36号；法定代表人为舒扬；注册资本为人民币壹亿玖仟肆佰捌拾伍万元；经营范围为纺织品生产、销售，房地产开发等。在本公司本次股票发行上市后，国新控股持有本公司的股份占本公司股本总额的61.44%；

2、广州贤成集团有限责任公司持有西宁市国新投资控股有限公司27%的股份，是国新控股的第二大股东，营业执照注册号为4401012006089；住所为广州市天河龙口西路71号楼2楼；法定代表人为刘伟坚；注册资金为人民币贰亿元；经营范围为批发及零售贸易(国家专营专控商品凭许可证经营)，服装生产、销售，房地产开发(二级)等。

3、西宁市大什字百货商店持有本公司586万股股份，营业执照注册号为22663055-8-1；住所为西宁市东大街53号；法定代表人为卫亚莉；注册资金为人民币2,363万元；经营范围为百货、针纺织品、五金交电等。

4、西宁特殊钢(集团)有限责任公司持有本公司55万股股份，营业执照注册号为22659318-7；住所为西宁市柴达木路52号；法定代表人为张昭云；注册资本为75,846万元；经营范围为钢铁冶炼、金属压延加工等。

5、上海振鲁实业有限公司持有本公司78万股股份，营业执照注册号为3101091013914；住所为上海市场中路815号；法定代表人为徐蝶梅；注册资本为人民币200万元；经营范围为销售金属材料、建筑装潢材料等。

6、青海省集体工业物资供销处持有本公司23万股股份，营业执照注册号为22659261-9；住所为西宁市七一路465号；法定代表人为唐立华；注册资金为人民币384.2万元；经营范围为金属材料、纺织原料、塑料原料等。

7、三兴公司是本公司的控股子公司，本公司持有三兴公司90%的股权，营业执照注册号为4403012019345；住所为深圳市罗湖区莲塘西岭村；法定代表人为黄贤优；注册资本为人民币3780万元；经营范围为棉布的加工、销售，国内商业、物资供销业等。

8、青海双蝶绒线厂系国新控股的全资附属企业，法人营业执照注册号为6301001200738；住所为西宁市城北区小桥大街36号；法定代表人为朱军；注册资本为人民币3,100万元；经营范围为毛纺织品，毛纺原料收购，来料加工等。

本公司与上述企业之间的关联交易主要有：本公司与青海双蝶绒线厂之间的加工定作、房屋租赁关系和青海双蝶绒线厂对本公司的借款合同提供担保；以及本公司与三兴公司之间的设计开发、委托加工和产品购销关系。

1、青海双蝶绒线厂租赁使用本公司的房产。根据本公司与青海双蝶绒线厂于1998年10月13日签署的《房屋租赁合同》，青海双蝶绒线厂租赁使用本公司的房产共两处，面积共计为1735平方米。租金为每月每平方米人民币6元，每月共计租金为10410元人民币，租期为5年。

2、本公司为青海双蝶绒线厂加工染色绒线。根据1998年10月13日本公司与青海双蝶绒线厂签署的《加工定作合同》，本公司为青海双蝶绒线厂加工染色绒线。该合同在质量规格、交货方式、加工费、验收、结算、违约责任等方面的内容均符合国家有关法律、法规规定。截至2000年12月31日，本公司向青海双蝶绒线厂收取加工费共计人民币163,122.43元。

3、青海双蝶绒线厂为本公司的借款合同提供担保：一是为本公司和中国工商银行西宁市小桥支行签定的编号为小桥字0117、小桥字0118的《流动资金借款合同》提供担保，担保的主债务本金总额计为2,000万元人民币；二是为本公司和中国工商银行西宁市小桥支行签定的编号为小桥字0178、小桥字0179的《流动资金借款合同》的延期提供担保，担保的主债务本金总额计为1,978万元人民币；三是为本公司和中国建设银行西宁市城北支行签定的编号为9904304056#的《人民币短期借款合同》提供担保，担保的本金金额计为2,400万元人民币，该合同已于2000年12月29日到期，合同的展期正在办理之中。

4、本公司委托三兴公司设计开发并加工产品。本公司与三兴公司签订了《牛绒涤纶混纺面料设计开发及生产加工合同》。合同编号为BCL/S-0007，本公司委托三兴公司设计开发并生产牛绒涤纶混纺西服面料的合同总价款为捌佰玖拾伍万元。

5、本公司从三兴公司购买产品，与三兴公司签订了《牛绒混纺纱购销合同》，合同编号为BCL/S-0006，本公司从三兴公司购买牛绒混纺成品色纱的合同总价款为518319元。

6、本公司委托三兴公司加工新疆库尔勒产棉纱，与三兴公司签订了两份《委托加工合同》，合同编号为BCL/S-0001与BCL/S-0002，本公司应支付的加工费为120万元和250万元。

第七节　财务会计资料

(一)会计数据和业务数据摘要(单位：人民币元)

1、公司本年度主要会计数据

项　目	金　额
利润总额	23,180,786.63
净利润	17,643,761.73
主营业务利润	33,385,065.65
其他业务利润	103,810.23
营业利润	19,550,930.38
投资收益	66,001.71
补贴收入	4,046,000.00
营业外收支净额	-37,907.19

2、报告期末前三年的主要会计数据和财务指标(合并报表)

指标项目	2000年度	1999年度	1998年度
主营业务收入	104,294,586.44	92,784,251.62	129,790,544.26
净利润	17,643,761.73	15,496,311.48	9,724,105.05
总资产	305,706,420.41	241,420,410.02	213,348,872.64
股东权益	112,757,092.25	109,363,330.52	93,967,019.04
按净利润计算的全面摊薄每股收益	0.24	0.21	0.13
按净利润计算的加权平均每股收益	0.24	0.21	0.13
扣除非经常性损益的每股收益(摊薄)	0.19	0.09	0.07
扣除非经常性损益的每股收益(加权)	0.19	0.09	0.07
每股净资产	1.503	1.458	1.253
每股经营活动产生的现金流量净额	0.060	0.937	-----
净资产收益率(摊薄)	15.65%	14.17%	10.35%
净资产收益率(加权)	15.56%	15.24%	----

3、按照中国证监会《公开发行证券公司信息披露编报规则(第9号)》要求计算的2000年报告期利润的净资产收益率和每股收益

报告期利润	净资产收益率		每股收益	
	全面摊薄	加权平均	全面摊薄	加权平均
主营业务利润	29.62%	29.44%	0.45	0.45
营业利润	17.34%	17.24%	0.26	0.26
净利润	15.65%	15.56%	0.24	0.24
扣除非经常性损益后的净利润	12.43%	12.36%	0.19	0.19

4、其它相关财务指标(2000年)

(1)流动比率	1.02
(2)速动比率	0.45
(3)营运资金	4,207,918.62
(4)资产负债率	61.47%

(5)存货周转率　0.93
(6)应收帐款周转率　1.91
5.盈利预测
本公司2001年度合并盈利预测情况如下:(单位:万元)

(1)主营业务收入	13,783.65
(2)主营业务利润	5,343.20
(3)营业利润	2,340.03
(4)利润总额	2,322.51
(5)净利润	1,711.37

(二)审计报告、财务报表和会计附注
本公司截止2000年12月31日的财务报告和2001年的盈利预测,已在《青海白唇鹿股份有限公司招股说明书概要》中全文披露,该招股说明书概要已于2001年4月13日刊登在《中国证券报》、《上海证券报》和《证券时报》上,因距今时间较短,故本上市公告书对与之重复的内容不再赘述。以下财务资料摘录自经深圳同人会计师事务所出具的深同证审字[2001]第003号标准无保留意见审计报告及其附注,投资者欲了解其它内容,敬请查阅上述报纸或到公告的《招股说明书》查阅地点查阅。
青海白唇鹿股份有限公司全体股东:
我们接受委托,审计了 贵公司1998年12月31日、1999年12月31日及2000年12月31日合并资产负债表及母公司资产负债表,1998年度、1999年度及2000年度合并利润及利润分配表和母公司利润及利润分配表,1999年度及2000年度合并现金流量表及母公司现金流量表。这些会计报表由 贵公司负责。我们的责任是对这些会计报表发表审计意见。我们的审计是依据《中国注册会计师独立审计准则》进行的。在审计过程中,我们结合 贵公司实际情况,实施了包括抽查会计记录、审核有关证据等我们认为必要的审计程序。
我们认为,上述会计报表符合《企业会计准则》和《股份有限公司会计制度》的有关规定,在所有重大方面公允地反映了 贵公司1998年12月31日、1999年12月31日及2000年12月31日的财务状况与1998年度、1999年度及2000年度的经营成果与1999年度及2000年度的现金流量,会计处理方法的选用遵循了一贯性原则。
深圳同人会计师事务所　　中国注册会计师:易永健(签字、盖章)
中国注册会计师:朱文岳(签字、盖章)
二〇〇一年一月七日
青海白唇鹿股份有限公司会计报表附注　　单位:人民币元
一、公司简介(略)
公司1998年度8月28日在青海省工商行政管理局登记注册,注册资本为人民币7500万元,业经深圳同人会计师事务所以深同验字[98]第D014号验资报告验证。
本公司控股子公司概况列示如下:

本公司子公司名称	注册地址	法定代表人	注册资本	持股比例	主营业务
深圳市三兴织物整理实业有限公司	深圳市	黄贤优	37,800,000.00	90%	棉纺织布加工、销售及进出口业务

二、会计报表编制基础(略)
本公司1998年1-8月份会计报表的编制系根据《中华人民共和国公司法》及《股份有限公司会计制度》模拟编制,1998年9-12月、1999年度及2000年度会计报表为本公司实际报表。
原企业在改制过程中,六个会计要素的剥离原则和方法如下:
1. 资产:实物资产的剥离以实际占用和使用为界定原则;对债权的剥离以与牛绒衫生产经营相关为原则。
2. 负债:负债的剥离以与牛绒衫生产经营相关为原则,其中税金的剥离以与实际发生经济业务相配比为原则。
3. 所有者权益:所有者权益则根据资产和负债的剥离结果进行计算。
4. 收入:收入的剥离根据与牛绒衫的生产经营相关为原则。
5. 费用:工资、三项费用及劳动保险费用是把非经营部门以及绒线车间的部分进行剥离;成本、折旧和税金则根据资产和收入的剥离明细利用配比原则分别计算;财务费用则根据借款的剥离明细按配比原则进行计算。
6. 利润:利润的剥离则根据收入和费用项目的剥离明细分别汇总计算。
对以上会计要素明细的计算遵循了配比原则,所运用的剥离原则和方法、分帐的合理性和合规性已经中国注册会计师审核。
有关合并会计报表的编制说明详见附注三.19。
三、主要会计政策、会计估计和合并会计报表的编制方法
1.会计制度
本公司执行中华人民共和国《企业会计准则》和《股份有限公司会计制度》及其补充规定。
2.会计年度
会计年度采用日历年度制,即自公历每年一月一日起至十二月三十一日止。
3.记帐本位币
本公司记帐本位币为人民币。
4.记帐基础和计价原则
本公司的记帐基础为权责发生制,计价原则为历史成本法。
5.外币业务核算方法
本公司年度内发生的非本位币经济业务,按业务发生当月一日中国人民银行公布的市场汇价的中间价("市场汇价")折合为人民币记帐。年度终了,货币性项目中的外币余额概按当日市场汇价进行调整,由此产生的折合人民币差额,计入当年度损益。
本公司本会计年度无外币业务。
6.外币会计报表的折算方法;
子公司的非本位币会计报表,均按照财政部财会字[1995]11号《合并会计报表暂行规定》第八条所规定的折算方法,折算为本位币报表。因会计报表各项目按规定采用不同汇率而产生的折算差额,以"外币报表折算差额"项目在资产负债表单独列示。
本会计年度本公司及其子公司未编制外币会计报表。
7.现金等价物的确定标准:
现金等价物为本公司持有的期限短、流动性强、易于转换为已知金额现金、价值变动风险很小的投资。
8.坏帐核算方法
1)本公司确认坏帐损失的标准:凡因债务人破产,依照法律清偿程序清偿后仍无法收回,或因债务人死亡,既无遗产可供清偿,又无义务承担人,确实无法收回;或因债务人逾期未能履行偿债义务,以及其他足以证明应收款项可能发生损失的证据,经法定程序审核批准,该等应收款项列为坏帐损失。
2)坏帐损失的核算方法:本公司坏帐损失核算采用备抵法,坏帐准备按帐龄分析法计提,根据债务单位的财务状况、现金流量等情况,以决算日应收款项(包括应收帐款和其他应收款,包含关联公司往来款项)的余额,按帐龄分析法计提。提取比例为:帐龄1年(含1年,以下类推)以内的计提5%;帐龄1-2年的计提10%;帐龄2-3年的计提30%;帐龄3-5年计提80%;帐龄5年以上的计提100%。并计入当年度损益。
9.存货核算方法
本公司的存货分为原材料、产成品等九类,各类存货的取得以实际成本计价,发出存货的成本以加权平均法计算确定。决算日,存货按成本与可变现净值孰低法计价。
低值易耗品于领用时采用一次摊销法摊销。
包装物于领用时采用一次摊销法摊销。
存货跌价准备,以决算日存货成本低于可变现净值计算的差额提取存货跌价准备,存货跌价损失已计入当年度损益。
存货的细节在五.5.中表述
10.短期投资核算方法
本公司的短期投资按实际成本计价。实际收取的短期投资利息及股利作为短期投资收益。决算日,短期投资采用成本与市价孰低法计价,其市价低于成本的差额作为短期投资跌价准备,并计入当年度损益。
本公司本年度无短期投资。
11.长期投资核算方法
(1)长期债权投资:本公司债权投资按实际支付的款项扣除应计利息后计价入帐,债权投资实际成本与债券票面价值的溢价(或折价),采用直线法于债券存续期内摊销。
(2)长期股权投资:本公司股票投资按实际支付的价款扣除已宣告发放的现金股利后计价入帐,其他长期投资按投出现金及固定资产、无形资产的帐面净值计价入帐。
股权投资差额系指长期股权投资采用权益法核算时,长期股权投资成本与应享有被投资单位所有者权益中所占份额的差额。1999年9月1日起分10年平均摊销。
本公司对被投资公司的长期投资采用下列会计处理方法:投资额占被投资公司资本总额不足20%时,以成本法核算;投资额占被投资公司资本总额20%至50%时,以权益法核算;投资额占被投资公司资本总额50%以上以及投资额虽占被投资公司资本总额20%至50%,但本公司对其实质上拥有控制权者,采用权益法核算并对会计报表予以合并。
决算日,若因市价持续下跌或被投资单位经营状况恶化(或其他具体原因)等原因导致长期投资可收回金额低于帐面价值,其差额作为长期投资减值准备,并计入当年损益。
长期投资的细节在五.6.及五.7.中表述。
12.固定资产计价和折旧方法
(1)固定资产标准:指使用期限超过一年的房屋建筑物、机器设备、运输工具及其它与经营有关的工器具等,以及不属于经营的主要设备但单位价值在人民币2,000元以上,使用期限超过二年的物品。
(2)固定资产计价:固定资产按实际成本计价。本公司主发起人西宁市国新投资控股有限公司1998年4月30日投入本公司的固定资产以评估后价值入帐。
(3)固定资产折旧方法:固定资产折旧采用直线法平均计算,并根据固定资产类别的原值、估计经济使用年度限和预计残值(原值的5%)确定其折旧率。各类折旧率如下:

类　别	预计使用年限(年)	年度折旧率%
房屋建筑物	40	2.37
机器设备	8	11.87
运输设备	6	15.80
电子设备及其他	9	10.55

固定资产及其折旧的细节在五.8.中表述。
13.在建工程核算方法
在建工程按实际成本计价。在建工程达到设定地点及设定用途并交付使用时,确认为固定资产。
在建工程建造期间所发生的借款利息及其相关费用计入在建工程成本。
在建工程的细节在五.9.中表述。
14.无形资产计价和摊销方法
无形资产按形成或取得时发生的实际成本计价,并按直线法摊销。
15.开办费摊销方法
本公司的开办费按形成时发生的实际成本计价,并按直线法分10年摊销。
开办费的细节在五.10.中表述。
16.长期待摊费用摊销方法
本公司的长期待摊费用按形成时发生的实际成本计价,并按直线法分5年摊销。
长期待摊费用的细节在五.11.中表述。
17.收入确认原则
产品销售:公司将产品所有权上的主要风险和报酬转移给购买方,对该产品不再保留继续管理权和实际控制权,与交易相关的价款已经收到或已经取得了收款的证据,与收入相关的产品成本能够可靠地计量时,确认收入的实现。
提供劳务:劳务已经提供,相关的成本能够可靠计算,其经济利益能够流入,确认收入的实现。

18.所得税的会计处理方法
本公司所得税的会计处理方法采用应付税款法。
19.合并会计报表的编制方法
本合并会计报表系按照财政部财会字[1995]11号文《合并会计报表暂行规定》和财会二字(1996)2号《关于合并会计报表合并范围请示的复函》等有关文件的要求编制的。本公司列入合并会计报表的范围的子公司(详情列示于附注一公司简介)所执行的行业会计制度,业已在会计报表合并时予以必要的调整。
本公司及其子公司间的所有重大交易,均在会计报表合并时予以抵销。
少数股东权益是指子公司资产净值中由母公司以外的其他投资者所拥有的权益。少数股东损益是指除母公司以外的其他投资者在各子公司应分得的利润(或应承担的亏损)。
本公司于1999年8月12日完成收购深圳三兴织物整理实业有限公司90%股权,收购会计基准日确定为1999年8月31日.根据合并会计报表的编报要求,本公司将该控股子公司1999年9月1日至12月31日及2000年1月1日至12月31日会计报表纳入报表合并范围。
四、税项
1.本公司主要适用的税种和税率

税种	计税依据	税率
增值税	产品或劳务销售收入	17%
营业税	营业收入	5%
城市维护建设税	增值税、营业税额	1%、7%
教育费附加	增值税、营业税额	3%
企业所得税*	应纳税所得额	33%、15%

*本公司控股子公司--深圳三兴织物整理实业有限公司执行15%所得税税率。
2.优惠税率及批文
本公司2000年度执行33%所得税税率。
税项的细节在五.17中表述
五、合并会计报表主要项目注释:
1.货币资金

	1999.12.31			2000.12.31		
	原　币	汇率	折合本位币	原　币	汇率	折合本位币
现金	114,091.04	1:1	114,091.04	76,484.56	1:1	76,484.56
银行存款	10,422,958.70	1:1	10,422,958.70	4,340,187.69	1:1	4,340,187.69
其他货币资金	20,001,039.23	1:1	20,001,039.23	10,002,739.23*	1:1	10,002,739.23
	30,538,088.97		30,538,088.97	14,419,411.48		14,419,411.48

*本公司2000年12月31日其他货币资金余额为10,002,739.23。其中5,000,000.00元为六个月定期银行存款(2000.12.15-2001.06.15),该笔存款已向银行办理了贷款质押;另外5,000,000.00元为六个月定期(2000.12.19-2001.06.19)银行承兑汇票的保证金存款。

2.应收帐款

应收帐款的帐龄分析列示如下:

帐龄	1999.12.31 金额	占该帐项金额%	坏帐准备	2000.12.31 金额	占该帐项金额%	坏帐准备
1 年以内	43,052,752.24	83.30	2,152,637.61	29,148,550.10	77.61	1,457,427.51
1-2 年	7,414,354.13	14.35	741,435.41	3,645,673.70	9.71	364,567.37
2-3 年	988,245.21	1.92	296,473.56	4,241,145.87	11.29	1,272,343.76
3-5 年	177,661.40	0.35	142,129.12	469,964.08	1.25	375,971.26
5 年以上	52,808.24	0.08	52,808.24	52,808.24	0.14	52,808.24
	51,685,821.22	100	3,385,483.94	37,558,141.99	100%	3,523,118.14

其中欠款金额前五名的单位:

名称	所欠金额	欠款时间	欠款原因
广州市华鑫企业有限公司	3,000,000.00	2000 年 03 月	货款
番禺市华鑫时装厂	3,000,000.00	2000 年 04 月	货款
广东粤纺经济贸易有限公司*	16,660,000.00	2000 年 11 月	货款
江苏江阴利港化纤公司	3,420,000.00	2000 年 12 月	货款
广东华顺实业有限公司	1,202,826.83	2000 年 05 月	货款

*本公司于 2000 年 11 月 20 日和广东省粤纺经济贸易公司签订了销售 45,000 件精纺薄型牛绒衫和 20,000 件绒丝衫的销售合同,价款共计 16,660,000.00 元,并于当月将货物全部发出,合同规定货到后六个月内付清全部价款。持本公司 5%以上股份的股东没有本项欠款。

3.其他应收款

其他应收款的帐龄分析列示如下:

帐龄	1999.12.31 金额	占该帐项金额%	坏帐准备	2000.12.31 金额	占该帐项金额%	坏帐准备
1 年以内	3,674,569.05	28.55	183,728.45	11,401,444.58	65.17	570,072.23
1-2 年	8,504,140.89	66.08	850,414.09	3,587,124.55	20.50	358,712.46
2-3 年	152,373.28	1.19	45,711.98	1,833,923.40	10.48	550.177.02
3-5 年	465,719.66	3.62	372,575.73	409,081.92	2.34	327,655.36
5 年以上	74,031.39	0.54	74,031.39	264,373.65	1.51	264,373.65
	12,870,834.27	100	1,526,461.64	17,495,948.10	100%	2,070,990.72

其中欠款金额前五名的单位:

名称	所欠金额	欠款时间	欠款原因
青海双碟绒线厂*	5,927,333.37	1998 年	改制时资产剥离
筹委会	4,299,332.78	--	上市筹备费用
江苏天伦染织公司	1,273,398.62	1998 年 04 月	印染款
深圳利保丰公司	1,026,900.00	2000 年 10 月	往来款
刘永刚	531,295.25	2000 年 10 月	往来备用金

*应收关联公司-青海双碟绒线厂往来款 5,927,333.37 元系 1998 年本公司改制时产生的往来,控股公司-西宁市国新投资控股有限公司承诺,该往来款将用以后年度本公司的现金分红中其所得部分偿还。根据本公司会计政策,该等款项计提坏帐准备 296,366.67 元。持本公司 5%以上股份的股东没有本项欠款。

20.资本公积

项目	1998.12.31	1999.12.31	2000.12.31
股本溢价	19,075,917.97	19,075,917.97	19,075,917.97

21.盈余公积

项目	1998.12.31	1999.12.31	2000.12.31
法定盈余公积	--	1,680,088.67	4,469,475.81
公益金	--	840,044.34	2,234,737.91
	263,102.17	2,520,133.01	6,704,213.72

22.主营业务收入

项目	1998 年度	1999 年度	2000 年度
牛绒衫	118,658,360.75	81,057,301.24	35,168,983.74
丝绒衫			5,696,877.19
羊绒衫	17,342.71	--	9,532.65
牛绒纱	9,702,342.78	429,478.89	14,767,398.80
针织纱	64,422.69	--	--
无毛绒	1,214,684.36	--	--
牛绒面料	--	2,031,538.47	43,735,042.95
棉布	--	1,580,731.40	332,541.47
布匹整理	--	6,707,673.44	4,311,079.04
其他	133,390.97	977,528.18	273,130.60
	129,790,544.26	92,784,251.62	104,294,586.44

23.其他业务利润

	1998 年度	1999 年度	2000 年度
销售原料	(307,964.90)	592,708.06	--
房租	32,555.13	118,049.40	101,801.13
劳务收入	125,106.74	43,569.26	2,009.10
	(150,303.03)	754,326.72	103,810.23

24.投资收益

	1998 年度	1999 年度	2000 年度
股权投资差额摊销*		(58,446.74)	(175,240.23)
衡阳白唇鹿针织有限公司**	(66,001.71)	102.37	(202,996.33)
	(66,001.71)	(58,344.37)	(378,236.56)

*对深圳三兴织物整理有限公司股权投资差额 1,752,402.33 元,按 10 年平均摊销,本年摊销计 175,240.23 元。

**本公司对子公司--衡阳白唇鹿针织有限公司 1998 年度、1999 年度的投资收益系权益法调整部分;2000 年度调整损益系清算损失。该公司已于 2000 年 6 月清算完毕,同时办理了工商及务注销手续。

六、关联方关系及其交易

七、行业资料

本公司无跨行业经营。

八、财务承诺

截至 2000 年 12 月 31 日止,本公司无重大财务承诺。

九、结算日后帐项

自 2000 年 12 月 31 日后任何期间,本公司及子公司概无编制任何业经审计之帐项。

十、或有事项

本公司没有需要披露的重要或有事项。

第八节 其他重要事项

(一)重大产品结构调整情况

2000 年,本公司利用生产季节性空隙,加大产品结构调整力度,对粗纺、针织等车间的生产工艺流程进行了较大的改进,提高了设备的使用效率和产品性能,降低了生产成本,挖掘了内部潜力,基本完成了本公司主导产品的转型。

截止 2000 年 12 月,牛绒衫实现销售收入 3516.9 万元,比 1999 年减少 57%,牛绒衫销售占销售总额的比重为 34%,比 1999 年下降了 53 个百分点,其中,主要是加厚型、老款式牛绒衫;牛绒面料实现销售收入 4373.5 万元,比 1999 年增长 115%,牛绒面料销售占销售总额的比重为 42%,比 1999 年上升了 40 个百分点;新投产的丝绒衫实现销售收入 570 万元,占销售总额的 5%。

(二)待岗职工的安置情况

在结构调整期间,造成了部分职工暂时待岗,公司按照国家的有关政策保证了职工的基本生活费用。随着生产车间和产品结构调整的逐步到位,本公司在对上述待岗职工进行专业技能的强化培训后,有 90%以上的待岗职工考核达标,经重新定岗后已全部安置上岗。

(三)牛绒产品的市场定位与前景

1、市场定位

本公司对牛绒产品的市场定位分为两个阶段:(1)短期目标定位于中档产品,即位于羊毛衫与羊绒衫之间的一类产品,由于含绒量高,保暖性能好,价格适中,能够满足绝大多数消费者,提高牛绒在市场上的影响力;(2)长期目标定位于中高档产品,即成为能够与羊绒产品相媲美的替代产品,由于牛绒成本较低,有价格优势,只要牛绒产品在质量、外观和舒适度上与羊绒产品相当,就一定会有市场。

2、前景

本公司认为牦牛绒资源开发蕴涵着巨大的商机,理由是:(1)2000 年,纺织行业已经走出低谷,国内外市场需求稳步回升,全行业实现利润创历史最高水平,中国加入 WTO 以后,纺织企业的发展空间更大;(2)本公司是国内综合实力最强的牛绒生产厂家,特别是最近开发的一些新产品,科技含量、附加值较高,被市场广泛看好;(3)从需求结构上看,牛绒产品的消费者类型主要包括:一是生活在北方寒冷地区,对服装的保暖、防潮性能要求较高的消费者;二是崇尚自然环保,对"高原雪舟"、"绿色服装"等概念有兴趣的消费者;三是对服装有特殊要求的老年消费者,牛绒产品的市场空间很大。

(四)根据董事会决议,本公司 2000 年度滚存的未分配利润由新老股东共享。

(五)本公司 A 股发行并上市后,首次利润分配时间将在 2002 年第二季度。

(六)根据《上海证券交易所股票上市规则》,本公司第一大股东----西宁市国新投资控股有限公司已向上海证券交易所承诺,自本公司股票上市之日起 12 个月内,不转让其持有的本公司股份。

(七)截止本公告书刊登之日,本公司未涉及任何重大诉讼或仲裁。

(八)本公司于 2001 年 4 月 24 日召开了 2001 年第三次董事会,会议一致通过了以下决议:

1、审议通过了公司 2000 年度财务报告;

2、审议通过了 2000 年度税后利润分配预案,依照公司章程规定,提取 10%法定公积金,5%法定公益金,本年度不作利润分配,剩余利润留待下一年度分配;

3、审议通过了上市公告书并授权董事会秘书办理上市有关事宜。

第九节 董事会上市承诺

本公司董事会承诺将严格遵守《公司法》、《证券法》、《股票发行与交易管理暂行条例》、《公开发行股票公司信息披露实施细则》、《上海证券交易所上市规则》等法律、法规和中国证监会的有关规定,并自股票上市之日起做到:

(一)真实、准确、完整、公允和及时地公布定期报告,披露所有对投资者有重大影响的信息,并接受中国证监会、上海证券交易所的监督管理;

(二)本公司在知悉可能对股票价格产生误导性影响的任何公共传播媒介中出现的消息后,将及时予以公开澄清;

(三)本公司董事、监事、高级管理人员和核心技术人员将认真听取社会公众的意见和批评,不利用已获得的内幕消息和其他不正当手段直接或间接从事发行人股票的买卖活动;

(四)本公司没有无记录的负债。

第十节 上市推荐人及其意见

本公司聘请广东证券股份有限公司(以下简称"广东证券")担任本公司本次发行的 3500 万股 A 股股票的上市推荐人。上市推荐人的有关情况和推荐意见如下:

1、上市推荐人

名称:广东证券股份有限公司

法定代表人:钟伟华

法定地址:广州市解放南路 123 号金汇大厦 26 楼

联系电话:(020)83270485

传真:(020)83270485

联系人:黄明、石红岚

2、推荐意见

作为本公司唯一的上市推荐人,广东证券认为,本公司章程符合《公司法》等国家有关法律、法规和中国证监会的有关规定,具备了《公司法》、《证券法》和上海证券交易所上市规则等法律、法规规定的上市条件;本公司董事了解国家的有关法律、法规、上海证券交易所上市规则及股票上市协议规定的董事的义务与责任;本公司建立健全了法人治理结构,制定了严格的信息披露制度与保密制度。广东证券已对本公司上市文件所载的资料进行了核实,认为上市文件真实、准确、完整,符合上海证券交易所的上市规定和要求,没有虚假、严重误导性陈述或者重大遗漏,并保证对其承担连带责任。广东证券与本公司不存在关联关系。广东证券愿意推荐本公司的股票在上海证券交易所上市交易,并且在上市推荐过程中,将不利用获得的内幕信息进行内幕交易,为自己和他人谋利。

青海白唇鹿股份有限公司

2001 年 4 月 28 日

广 东 明 珠 球 阀 集 团 股 份 有 限 公 司

广东明珠球阀集团股份有限公司2000年年度报告摘要

一、公司简介

1、公司的法定中文名称：广东明珠球阀集团股份有限公司
英文名称：Guangdong Mingzhu Ball Valve Group Co.,Ltd.　缩写：gdmzh
2、公司法定代表人：张坚力　公司董事会秘书：李新梓
董事会证券事务代表：欧阳 王景
3、联系地址：广东省兴宁市兴城镇赤巷口　联系电话：0753-3338549
传真：0753-3335802　电子邮件信箱：lxz@jxa.szptt.net.cn
4、公司注册地址、办公地址：广东省兴宁市兴城镇赤巷口　邮政编码：514500
公司国际互联网网址：http://www.gdmzh.com
电子邮件信箱：gdmzh@jxa.szptt.net.cn
5、公司选定的信息披露报纸名称：《中国证券报》
登载公司年度报告的中国证监会指定国际互联网网址：http://www.sse.com.cn
年度报告备置地点：广东省兴宁市兴城镇赤巷口本公司证券部
6、公司股票上市交易所：上海证券交易所　股票简称：广东明珠　股票代码：600382

二、会计数据和业务数据摘要

1、公司本年度实现的利润指标情况：(单位：元)

利润总额	37,963,787.88
净利润	23,407,532.14
扣除非经常性损益后的净利润	23,273,532.14
主营业务利润	62,698,083.41
其他业务利润	2,368,949.84
营业利润	37,757,532.77
投资收益	77,987.90
补贴收入	200,000.00
营业外收支净额	-71,732.79
经营活动产生的现金流量净额	103,102,240.97
现金及现金等价物净增加额	85,128,569.40

2、前三年主要会计数据和财务指标：

项目	2000年	1999年	1998年
主营业务收入	343,256,457.28	322,923,792.37	129,375,303.31
净利润	23,407,532.14	20,539,975.56	15,437,630.53
总资产	410,453,993.57	385,605,643.02	436,177,869.85
股东权益	165,100,078.67	165,273,061.93	268,033,086.37
每股收益	0.21	0.10	0.08
每股净资产(元/股)	1.49	1.49	1.33
调整后每股净资产(元/股)	1.46	1.41	1.30
每股经营活动产生现金流量净额	0.93	0.14	-0.11
净资产收益率	14.18	12.43	5.76

注1：以上数据和指标均按合并报表数计算。

注2：表中所列有关指标按下公式计算：每股收益=净利润/年度末普通股股份总数每股净资产=年度末股东权益/年度末普通股股份总数

调整后的每股净资产=(年度末股东权益-三年以上的应收款项净额-待摊费用-待处理(流动、固定)资产净损失-开办费-长期待摊费用-住房周转金负数余额)/年度末普通股股份总数

每股经营活动产生的现金流量净额=经营活动产生的现金流量净额/年度末普通股股份总数
净资产收益率=净利润/年度末股东权益×100%

注3："扣除非经常性损益的净利润"的非经常性损益项目为补贴收入200,000.00元。

3、新增财务指标：

项目	净资产收益率%		每股收益(元)	
	全面摊薄	加权平均	全面摊薄	加权平均
主营业务利润	37.98	35.43	0.57	0.57
营业利润	22.87	21.33	0.34	0.34
净利润	14.18	13.23	0.21	0.21
扣除非经常性损益后的净利润	14.18	13.23	0.21	0.21

4、本年度股东权益变动情况：

项目	股本	资本公积	法定盈余公积	法定公益金	未分配利润	股东权益
期初数	110,873,300.00	–	6,876,925.59	5,376,333.42	42,146,502.92	165,273,061.93
本期增加数	–	–	2,340,753.22	1,170,376.61	23,407,532.14	26,918,661.97
本期减少数	–	–	–	–	27,091,645.23	27,091,645.23
期末数	110,873,300.00	–	9,217,678.81	6,546,710.03	38,462,389.83	165,100,078.67
变动原因	无变动		当年提取	当年提取	留存利润	

三、股东情况

(1)报告期末股东总数9户。

(2)本公司前十名股东情况

股东名称	年末持股数(万股)	占总股本的比例
深圳市金信安投资有限公司	5267.70	47.51
兴宁市国资局	2405.31	21.69
兴宁市友谊投资发展有限公司	2119.52	19.12
兴宁市东联投资有限公司	1195.10	10.78
宁波不锈钢标准件厂	30.00	0.27
兴宁市投资发展总公司	24.70	0.22
上海群力铸锻厂曹行分厂	20.00	0.18
温州市瓯海燎原机械紧固件厂	20.00	0.18
浙江永嘉瓯北气动配套阀门厂	5.00	0.05
合计	11087.33	100

以上股东中兴宁市国资局和兴宁市投资发展总公司持有的股份为国家股和国有法人股，其所持股份在本年度内没有增减变化，未发生质押或冻结情况，其余股份为社会法人股。

(3)前十名股东之间无关联关系。

四、股东大会简介

1、2000年度，本公司召开了3次股东大会，具体情况如下：

(1)2000年1月20日上午，召开临时股东大会，出席本次大会的股东共7名，代表股份11062.33万股，占公司总股本的99.77%，会议审议通过了上市公司《章程》草案的决议。本次会议的召开符合公司法、公司章程以及有关法律、法规的规定。

(2)2000年6月25日上午，召开1999年度股东大会，出席本次大会的股东共7名，代表股份11062.33万股，占公司总股本的99.77%。会议根据公司法、公司章程以及有关法律、法规的规定，经过有效表决，审议批准了如下决议：

①董事会工作报告；
②监事会工作报告；
③一九九九年度财务结算报告；
④董事会、监事会成员换届选举议案；
⑤同意一九九九年度利润暂不分配；
⑥同意公开发行股票后，新老股东共享以前年度滚存未分配利润；
⑦同意本次公司申请公开发行股票募集资金投向的方案；
⑧公司《章程》第五次修正案。

(3)2000年10月16日上午召开临时股东大会，出席本次大会的股东共4名，代表股份10987.63万股，占公司总股本的99.1%，会议审议通过了《关于控股组建广东明珠集团深圳阀门有限公司的决议》、《关于控股组建广东明珠集团广州投资有限公司的决议》和《关于控股组建建筑工程有限公司的决议》。本次会议的召开符合公司法、公司章程以及有关法律、法规的规定。

五、董事会报告

1、公司经营情况

(1)公司所处行业及公司在本行业中的情况

公司是以球阀及其驱动装置等产品生产经营和研制开发为主的高新技术企业，主导产品球阀广泛应用于石油、化工、轻工、食品、制药、纺织、冶金、机械、航天等多个行业。多年来，公司一直是我国阀门生产行业的代表企业。

(2)公司主营的业务范围及经营状况

①主营业务范围：球阀及其驱动装置的制造与销售。

②主营业务经营状况：

公司在本年度通过强化内部管理，调整企业经营策略，全力开拓国内外两个市场，并通过技术创新不断推出新产品，开发新品种，加大产品的技术含量，增强了产品竞争力，公司在本年度通过了美国石油协会API认证，以及美国工厂共同研究协会ISO9001质量体系认证、国家二级计量、省级高新技术企业期满复审工作。公司生产经营平稳运行，综合经济效益指标稳定增长。全年完成销售收入34,325.6万元，同比增长6.30%；净利润2340.7万元，同比增长13.96%。

(3)经营中出现的问题及解决方案

公司本年度圆满完成生产经营目标，取得了预期的经营业绩。然而，由于我国阀门工业从规模、技术含量、应用范围等方面与发达国家比较存在一定的差距，国内阀门市场的竞争也非常激烈，受国外阀门厂家竞争的影响较大，用户对阀门产品品种、功能、质量及售后服务等提出了更高要求。因此如何尽快拉近与发达国家行业上的技术距离，加快技术改造步伐，促使新产品开发成果的迅速转化方面，是公司当前面临的主要问题。公司在努力提高管理水平的前提下，及时调整经营策略，强化营销管理，为公司在新世纪的发展奠定坚实基础，取得较好经济效益。为此，公司拟采取以下解决方案：

(1)充分利用股票上市的良好机遇，以阀门的制造生产为龙头，以国际、国内两个市场为导向，以明珠牌球阀为主导产品，实施名牌战略，走高技术、高起点、高质量的发展之路，大力发展高新技术阀门，提高产品的市场占有率，以引进技术、控股购并等方式，迅速形成规模经济，确保公司在国内同行业中的领先地位。同时，公司将继续对冶炼、制药等具有良好前景的行业进行稳妥的投资，因而进一步推进多元化的经济格局，增强公司的可持续发展能力。

(2)坚持正确的销售策略，加强信息管理和销售队伍建设，加大宣传力度，做好公司的整体形象设计，实施名牌战略，进一步完善售后服务体系，巩固已有的市场，不断开拓新市场，逐步建立起规范有序的全国销售网络，不断扩大市场占有率。

(3)围绕"品种、质量、成本"三要素，继续加强企业内部管理，推行以质量求生存，以服务求市场，以管理求效益的经营策略，以保证品质、服务为手段，把满足客户的一切需求作为经营目的，保护营销中介机构的应得利益，建立稳定的客户群和代理商群，健全和完善营销机制，以全方位的服务，多层次的营销网络来取得长远的市场竞争优势。

2、公司财务状况　单位：元

项目	2000年	1999年末	增长%	原因
总资产	410,453,993.57	385,605,643.02	6.44	当期实现利润
长期负债	–	105,612,214.84	–	还贷及转入一年内到期贷款
股东权益	165,100,078.67	165,273,061.93	-0.1	分配现金股利
主营业务利润	62,698,083.41	53,625,212.52	16.92	销售收入增加
净利润	23,407,532.14	20,539,975.56	13.96	实现利润比上年增加

3、公司投资情况

(1)报告期内未募集资金。

(2)报告期内非募集资金投资项目：　公司为了加快技术改造步伐和新产品的研究开发力度，使募集资金项目能尽快建成投产并产生经济效益，利用自筹资金开展募集资金技改项目的前期征地工作，用于公司技改项目建设用地。目前已征用土地14,106M2，投入资金481万元。

4、本年度公司没有发生宏观政策、法规等方面的重大变化而对公司的财务状况及经营成果产生重要的影响。

5、新年度的业务发展计划

(1)公司为了适应全球经济一体化的市场竞争环境，公司将充分利用自身的技术优势，以市场为导向，以用户为中心，把营销作为生产经营工作的出发点和落脚点，合理配置现有资源，建立集约化生产模式，实行主件生产、零配件扩散的开放型生产方式。

(2)提倡以人为本，推行精益生产方式。在提高产品档次的同时，根据市场需求，不断优化产品结构，逐步增加高档次、高附加值产品的产量。

(3)加大技术改造步伐和科技投入，尽快消化吸收先进技术和先进设备，生产高科技优质产品，注重产品向智能化、节能型、环保型等方向发展。

(4)为保持公司高新技术优势和技术的创新优势，公司将特别注重对复合型、一专多能型人才和学科带头人的吸纳。此外，公司将有计划、有步骤地对员工进行技术和管理知识的培训，使其尽快掌握现代化技术和先进装备的操作，提高管理水平，有计划地向社会招贤纳才，形成合理的多层次的人才结构，逐步建立一支适应现代制造企业需要的科技人才、管理人员和员工队伍。

金地（集团）股份有限公司

金地（集团）股份有限公司股票上市公告书暨2000年年度财务报告

第一节 重要声明与提示

本公司董事会保证上市公告书的真实性、准确性、完整性，全体董事承诺上市公告书不存在虚假记载、误导性陈述或重大遗漏，并承担个别和连带的法律责任。

根据《中华人民共和国公司法》、《中华人民共和国证券法》（以下分别简称《公司法》、《证券法》）等有关法律、法规的规定，本公司董事、高级管理人员已依法履行诚信和勤勉尽责的义务和责任。"

上海证券交易所、中国证监会、其他政府机关对本公司股票上市及有关事项的意见，均不表明对本公司的任何保证。

本公司提醒广大投资者注意，凡本公告书未涉及的有关内容，请投资者查阅2001年1月11日刊载于《中国证券报》、《上海证券报》和《证券时报》上的本公司招股说明书摘要。

本上市公告书暨年度财务报告刊登网址：http://www.sse.com.cn

第二节 概 览

股票简称：金地集团

股票代码：600383

总股本：27000万股

可流通股本：9000万股

本次上市流通股本：9000万股

对公司股票公开发行前股东所持股份的流通限制及期限：根据国家现有法律、法规规定和中国证监会证监发行字[2001]2号《关于核准金地（集团）股份有限公司公开发行股票的通知》，本公司的国家股和法人股暂不上市流通。

本公司第一大股东--深圳市福田投资发展公司承诺：自本公司股票上市之日起12个月内，该公司不转让所持有本公司的股份，也不由本公司回购该部分股份。

上市地点：上海证券交易所

上市时间：2001年4月12日

股份登记机构：上海证券中央登记结算公司

上市推荐人：广发证券有限责任公司

第三节 绪 言

本上市公告书是依据《中华人民共和国公司法》、《中华人民共和国证券法》、《股票发行与交易管理暂行条例》、《公开发行股票公司信息披露实施细则》、《上海证券交易所股票上市规则》和《公开发行股票公司信息披露的内容与格式准则第七号<上市公告书的内容与格式(试行)>》等国家现行有关证券管理法律、法规的规定而编制，为本公司股票公开上市之目的向社会公众披露公司基本情况和相关资料。

本公司经中国证券监督管理委员会证监发行字[2001]2号文核准，已成功向社会公开发行每股面值为1元之人民币普通股9000万股，每股发行价格为每股9.42元。经上海证券交易所上证上字[2001]39号《上市通知书》同意，本公司公开发行的9000万股社会公众股将于2001年4月12日在上海证券交易所挂牌交易，股票简称为"金地集团"，股票代码为600383。

本公司于2001年1月11日在《中国证券报》、《上海证券报》和《证券时报》上刊登了《招股说明书概要》，距今不足六个月，故与之重复之内容在此不再重复。

本公司董事会及全体董事已批准本上市公告书，确信其中未遗漏任何重大事项，亦不存在任何误导和虚假成分，并对其真实性、准确性、完整性负个别和连带的责任。

第四节 发行人概况

（一）发行人的基本情况

1、中英文名称：(中文)金地(集团)股份有限公司

(英文)GOLDFIELD INDUSTRIES INC.

2、注册资本：27000万元

3、法定代表人：凌 克

4、发行人注册地：深圳市福田区沙咀路金地宾馆3楼

5、经营范围：在全市（深圳）范围内从事房地产开发经营业务；自有物业管理；兴办各类实体（具体项目另报）。

6、主营业务：房地产开发

7、所属行业：房地产业

8、电话：0755-3303333

9、传真：0755-3844555

10、电子邮箱：YB@GOLDENFIELD.COM

公司网址：WWW.GOLDENFIELD.COM

11、董事会秘书：阎冰

（二）发行人沿革，包括发行人设立、历次股权变动情况等

本公司是经深圳市企业制度改革领导小组办公室深企改办[1996]02号文《关于改组设立金地（集团）股份有限公司的批复》批准，由深圳市福田区国有资产管理局、深圳市投资管理公司、美国UT斯达康有限公司、深圳市方兴达建筑工程有限公司和金地实业开发总公司工会（本公司设立后依法更名为金地(集团)股份有限公司工会）作为发起人，在原金地实业开发总公司的基础上，通过对原金地实业开发总公司进行改组，以发起设立方式，于1996年2月8日设立的股份有限公司。股份公司设立时总股本为11000万股，注册资本为11000万元，企业法人营业执照注册号为19218163-4号，执照号为深司字N12331号。

本公司设立时，主发起人深圳市福田区国有资产管理局以其区属国有企业 -- 金地实业开发总公司经整体评估确认后的5390万元净资产认购5390万股，占总股本的49%；深圳市投资管理公司以现金1100万元认购1100万股，占总股本的10%；美国UT斯达康有限公司以现金1100万元认购1100万股，占总股本的10%；深圳市方兴达建筑工程有限公司以现金880万元认购880万股，占总股本的8%；金地实业开发总公司工会以现金2530万元（其中包括经深圳市福田区国资局批准划转的702.35万元公益金）认购2530万股，占总股本的23%。

金地实业开发总公司的前身可以追溯到1988年成立的深圳市上步区工业村建设服务公司。当时，该公司的主要业务是统一开发建设深圳市上步区属下工业村。后来，该公司先后更名为深圳市福田区工业村建设服务公司、深圳市福田区金地实业开发公司、深圳市金地实业开发总公司，最后变更为金地实业开发总公司。该公司1993年取得房地产开发业务资格，开始从事房地产开发与经营业务。

1997年11月29日，经本公司1997年股东大会临时会议决议，并经深圳市企业制度改革领导小组办公室《关于金地（集团）股份有限公司申请增资扩股的批复》（1998年4月7日深企改办[1998]3号文）、深圳市证券管理办公室《关于金地（集团）股份有限公司申请增资扩股的函复》（1998年10月19日深证办函[1998]48号文）和深圳市外商投资局《关于金地（集团）股份有限公司增加股东、增资、变更为外商投资企业等事宜的批复》（1998年12月25日深外资复[1998]B2490号文）的批准，以每股1.66元的发行价格，增发7000万股新股，股本总额增至18000万股。

该次增资扩股时，深圳市福田区国有资产管理局认购10万股，股份公司工会认购1950万股，新股东香港深业控股有限公司认购5040万股，其他股东则放弃认购。新股东香港深业控股有限公司是深圳市政府在香港设立的窗口企业-香港深业（集团）有限公司控股的一家香港上市公司。

1998年11月5日，深圳市福田区国有资产管理局决定，将福田区国有资产管理局持有的本公司国家股5400万股全部转由深圳市福田投资发展公司持有。

该次增资扩股和股权划转后，公司股东及持股情况变更为深圳市福田投资发展公司持有5400万股，占总股本的30%；香港深业控股有限公司持有5040万股，占总股本的28%；金地（集团）股份有限公司工会持有4480万股，占总股本的24.89%；深圳市投资管理公司持有1100万股，占总股本的6.11%；美国UT斯达康有限公司持有1100万股，占总股本的6.11%；深圳市方兴达建筑工程有限公司持有880万股，占总股本的4.89%。

1998年12月31日，本公司完成上述增资扩股后的股本变更和转变为外商投资股份有限公司的全部工商登记注册工作。公司的股本总额变更为18000万股，注册资本变更为18000万元，企业法人营业执照注册号变更为企股粤深总副字第400007号。

2000年7月，根据本公司股东大会决议，并经深圳市工会企业管理委员会、深圳市人民政府经济体制改革办公室和深圳市外商投资局批准，金地（集团）股份有限公司工会将其持有的本公司全部股份4480万股，分别转让给深圳市中科讯实业有限公司2240万股、深圳市福田投资发展公司1120万股和深圳市深业投资开发有限公司1120万股。至此，公司股东及持股数量变更为：深圳市福田投资发展公司持有6520万股，占总股本的36.22%；香港深业控股有限公司持有5040万股，占总股本的28%；深圳市中科讯实业有限公司持有2240万股，占总股本的12.45%；深圳市深业投资开发有限公司持有1120万股，占总股本的6.22%；深圳市投资管理公司持有1100万股，占总股本的6.11%；美国UT斯达康有限公司持有1100万股，占总股本的6.11%；深圳市方兴达建筑工程有限公司持有880万股，占总股本的4.89%。

经中国证券监督管理委员会证监发行字[2001]2号文批准，本公司于2001年1月15日已成功的向社会公开发行人民币普通股9000万股，每股发行价格为9.42元。2000年3月9日，本公司在深圳市工商行政管理局办理变更登记手续，注册资本变更为27000万元，同时，由中外合资股份有限公司变更为（内资）股份有限公司。

（三）发行人经营概况

1、发行人经营概况

本公司的主营业务是房地产开发与经营。目前已形成以房地产开发为基础、物业管理和商贸同步发展的产业结构，主要经营情况如下：

公司2000年名列深圳市房地产综合开发企业第8名，是深圳市规划国土局上报省建委、国家建设部的深圳市房地产开发企业中具有综合开发甲级资质的企业之一，据深圳市尺度市场策略顾问有限公司的调查数据显示，金地地产的品牌知名度已跃居深圳同行的前3位。公司的控股子公司金地物业管理公司具有深圳市物业管理一级资质，是深圳市首批甲级物业管理公司之一。

本公司坚持"创造机遇、挑战常规"，"铸精品、创名牌"等体现企业价值观的经营理念，初步形成了本公司地产业务的核心竞争优势。

在房地产开发主营业务方面，本公司在全国率先引入了以市场为导向的综合经营理念，采用先进的管理手段，建立了严密的计划管理体系，培育出规划设计和市场营销的房地产开发核心竞争力。从1997年开始，公司全面导入ISO900质量管理体系，并于1998年在全国房地产开发企业中率先通过德国TüV的ISO9001质量体系认证。公司所属深圳市金地物业管理有限公司于1997年通过了英国BSI的ISO9002质量体系认证；在内部管理方面，公司借鉴国际先进管理经验并结合我国企业的实际情况研究摸索出员工考评考绩体系，建立了"甲A甲B升降级制"的干部任用制度和以全员考核制度为基础的新型分配制度体系。

近几年，公司加大对住宅产业的投资力度，自1996年以来，相继完成了金地海景花园一期、金地翠园和金海湾花园一组团的开发建设，共计建造了83万平方米的居民小区，向社会提供住房11066套。已完工交付使用的金地海景花园一期、金地翠园的预售销售率达90%以上，其中金地海景花园被评为深圳市"1998年八大明星楼盘"、金地翠园被评为深圳市"1999年十大畅销楼盘"；正在开发建设的金海湾花园项目总用地面积为48158.90平方米，建设用地面积为42508平方米，总建筑面积为120550平方米。整个小区由3个组团共10栋塔楼和1座大型会所组成，并围绕"海文化"的主题营造了10多个主题景区，架空的住宅塔楼楼底层布置了丰富的休闲、娱乐设施和主题景观，成为深圳市住宅小区内名列前茅的架空层，成为热销深港两地的楼盘之一。

公司开发的每一个项目，"工程优良率" 均达到100%，其中金地海景花园荣获广东省样板工程，被评为"全国城市物业管理优秀示范小区"和"深圳市安全文明标兵小区"。

本公司的控股子公司深圳市金地物业管理有限公司主要从事物业管理业务。原来主要是为入住本公司开发的物业的业主提供物业管理服务，现已扩展到为其它房地产开发商开发的物业提供物业管理服务。管理的物业除深圳市之外，已经扩大到北京、武汉、重庆和济南等大中城市。管理模式主要是全权委托管理和顾问式管理两种形式。

2、发行人在房地产项目开发方面的竞争优势

发行人的房地产经营开发，在全国率先引入了以市场为导向的综合经营理念，公司通过采用先进的管理手段，建立了严密的计划管理体系，形成了一套具有本公司特色的科学、规范、卓有成效的管理体制，培育出公司在项目规划设计和市场营销方面的核心竞争优势。这些优势主要体现在以下几个方面：

(1)紧紧把握客户需求，始终坚持给客户以最大满意度的经营理念

在本公司人的意识里，从董事长、总经理，到部门经理、业务人员和普通文员，都是客户需求的服务员。公司在进行项目开发的过程中，作到想客户所想，最大满足客户的"核心需求"；同时，分析客户的个性化需求，为客户提供个性化服务。因为人的需求是分层次的。好的产品就是要满足客户高层次的需要。住宅在满足客户基本需求的同时，讲究品位，讲究文化，就是对客户高层次需求的满足。

(2)紧紧盯准市场，拥有以变应变的能力

1)组建快速应变组织平台

为适应新经济时代的到来，顺应市场变化，提高项目前期的定位与决策能力，公司通过组织再造，打破等级森严的金字塔结构，建立了扁平化组织结构；通过导入ISO9001质量标准管理体系，规范管理，重组了业务流程和通过创建电子商务系统组建了快速应变组织平台。

通过实施这三方面的改造措施，使公司对市场反应的速度明显加快。

2)建立客户数据库、产品数据库和市场研究平台

建立客户数据库和产品数据库，一方面使公司不同部门获得的市场数据得到快速共享，另一方面使公司的市场研究资料得到有效整理积累，使公司拥有了一套科学、完整的市场信息平台，形成一个对市场变化作出快速反应的便捷通道，并且在需要时随手可得，对公司项目开发的成功作出了很大贡献。

(3)注重 Know-how,赋予产品以生命的能力

"Know-how"就是技术秘诀、诀窍。公司通过技术攻关,掌握了多项新技术和新工艺并应用于开发的项目中。如金地翠园项目,通过"立体绿化",让绿化率超过 100%;金海湾花园项目,通过创新设计,实现了实用率与观赏景观的协调统一;通过采用"交错式双层开启通风隔音窗"新技术,既降低了噪音,又解决了通风问题;通过采用双向施工新工艺,先建环境,后盖楼,在装修外立面的时候,采取上下同时推进施工,使客户可以提前见到漂亮的楼宇和环境等。

(4)整合营销,价值传播的能力

1)价值的全息传播

尊重客户,向客户传播楼盘的真实信息,并帮助客户客观的分析利弊,替客户选定最合适的物业。

2)重视计算机及网络技术,实现个性化营销。

公司在开发项目的销售过程中,利用互联网,建立"项目网站",发布不同楼盘及发展商的相关信息,同时开展网上讨论,并及时收集对项目的点评意见。

利用公司业已建立的客户数据库,对客户进行分析。在对客户进行合理分类以后,针对每一类客户的特点,制作不同的广告和销售策略,从而突破现有营销手段的限制,实现更为有效的个性化营销。

3)"情景式"营销

组织业主联谊活动。并通过活动及时听取业主意见,让业主也参与到对产品的品评分析,并使发展商与业主信息直接沟通、全面接触。

4)链式营销

推出客户代表制度。伴随营销活动整个过程,都有客户选出的代表若干名,积极参与经营决策意见,并可定期与不定期地与决策者对话,代表客户利益,反映客户意见。提高客户忠诚度,通过老业主引来新客户。

3、公司主要产品的财务指标

2000 年,公司完成主营业务销售收入 578,997,717.52 元,实现主营业务利润 170,137,130.41,毛利率为 29.38%。主营业务收入的构成情况如下:

收入项目	销售收入(元)	占主营业务收入的比例(%)
1.房地产开发	470,878,322.29	81.33
其中:物业出租收入	15,620,618.29	2.70
2.商业贸易	44,907,395.66	7.75
3.物业管理	42,437,212.11	7.33
4.其他	20,774,787.46	3.59
合　计	578,997,717.52	100.00

4、公司拥有的知识产权、政府特许经营权和非专有技术,公司享有的税收优惠政策

(1)公司拥有"金地"注册商标。商标注册登记号为第 1131734 号。

(2)本公司是深圳市规划国土局上报省建委、国家建设部的深圳市房地产综合开发甲级资质企业。

(3)本公司地处深圳经济特区,本次发行前三年的所得税以应纳税所得额的 15%比例税率计算纳税,公司上市后继续执行 15%的所得税优惠税率。

第五节　股票发行与股本结构

1、本次股票上市前公开发行股票的情况

发行数量:9000 万股

发行价格:9.42 元/股

募集资金总额:847,800,000 元

发行方式:上网定价

发行费用总额及项目:

发行费用总额:20,857,800.34 元,发行费用项目及金额情况如下:

费用类别	金　额
1.证券承销及上市推荐费	12,717,000.00
2.上网发行手续费	2,967,300.00
3.财务顾问费	660,000.00
4.注册会计师费用	1,150,000.00
5.资产评估费	479,800.00
6.律师费用	400,000.00
7.推介费、差旅费及其他	2,483,700.34
合　计	20,857,800.34

每股发行费用:0.23175 元

2、股票承销

本次发行的 9000 万股社会公众股股票已被超额认购,承销团无余额包销。

3、验资报告

(1)验资报告(摘自中天勤会计师事务所中天勤验资报字[2001]第 B-006 号):

金地(集团)股份有限公司全体股东:

我们接受委托,对金地(集团)股份有限公司("贵公司")截至二零零一年一月二十日止股本变动情况的真实性和合法性进行了审验。在审验过程中,我们按照《独立审计实务公告第 1 号-验资》的要求,实施了必要的审验程序。贵公司的责任是提供真实、合法、完整的验资资料,保护资产的安全、完整。我们的责任是按照《独立审计实务公告第 1 号-验资》的要求,出具真实、合法的验资报告。

贵公司变更前的注册资本和实收股本均为人民币 180,000,000.00 元。本次向社会公开发行 A 股 90,000,000.00 股,每股面值人民币 1.00 元,计人民币 90,000,000.00 元。变更后的股份总数为 270,000,000.00 股,实收股本为人民币 270,000,000.00 元。

根据我们的审验,截至二零零一年一月二十日止,贵公司已收到募集资金人民币 847,800,000.00 元,扣除与发行有关的费用人民币 20,857,800.34 元,贵公司实际增加投入资产人民币 826,942,199.66 元(均为货币资金),其中计入股本人民币 90,000,000.00 元,计入资本公积人民币 736,942,199.66 元。

附件(一)　变更前后注册资本、投入股本对照表(略)

附件(二)　验资事项说明(略)

附件(三)　验资依据证明文件(略)

中天勤会计师事务所　　　　中国注册会计师:蒋贤山(签字、盖章)

中国注册会计师:祝小兰(签字、盖章)

中国　　　深圳　　　　二 OO 一年一月二十日

(2)募集资金入帐情况:

入帐时间:二零零一年一月十九日;

入帐金额:832,115,700.00 元;

入帐帐号:0201010009393;

开户银行:中国银行深圳市分行福田支行。

4、公司应披露上市前股权结构及各类股东的持股情况

(1)本次上市前公司的股权结构情况

股　东	持股数量(万股)	占总股本比例(%)	股权性质
尚未流通股份	18000	66.67	---
其中:深圳市福田投资发展公司	6520	24.15	国家股
香港深业控股有限公司	5040	18.67	外资股
深圳市中科讯实业有限公司	2240	8.30	法人股
深圳市深业投资开发有限公司	1120	4.15	法人股
深圳市投资管理公司	1100	4.07	国家股
美国 UT 斯达康有限公司	1100	4.07	外资股
深圳市方兴达建筑工程有限公司	880	3.26	法人股
本次发行股份(社会公众股)	9000	33.33	社会公众股
总股本	27000	100	---

(2)公司的前十名股东持股情况

股　东　名　称	持股股数(万股)	占总股本比例(%)
1、深圳市福田投资发展公司	6520	24.15
2、香港深业控股有限公司	5040	18.67
3、深圳市中科讯实业有限公司	2240	8.30
4、深圳市深业投资开发有限公司	1120	4.15
5、深圳市投资管理公司	1100	4.07
6、美国 UT 斯达康有限公司	1100	4.07
7、深圳市方兴达建筑工程有限公司	880	3.26
8、中信证券	159.9	0.59
9、兴和基金	155.9	0.58
10、天元基金	109.2	0.40

第六节　董事、监事、高级管理人员及核心技术人员

1、公司董事

凌　克,男,1959 年 12 月生,华中理工大学无线电专业工学学士,浙江大学管理工程硕士,高级经济师。曾任深圳市福田外贸公司经营部部长,深圳市金地商贸发展有限公司总经理,金地(集团)股份有限公司常务副总经理、总经理,现任本公司董事长、党总支书记。

孙聚义,男,1952 年 4 月生,天津财经学院经济学硕士,高级会计师。曾任天津财经学院讲师,深圳中华会计师事务所所长助理,现任香港深业控股有限公司董事、副总经理兼财务总监,本公司副董事长。

张华纲,男,1962 年 10 月生,工学学士,美国纽约州立大学布法罗管理学院工商管理硕士(MBA),高级经济师。曾任深圳赛格宝华电子股份有限公司销售经理、经营部部长、副总经济师,金地(集团)股份有限公司总经理助理、财务总监、常务副总经理,现任本公司董事、总经理。

周　晶,男,1956 年 6 月生,美国国际大学工商管理硕士(MBA),副教授。曾任湖南高等财经专科学校财政系副主任,湖南信托投资公司深圳证券部总经理,现任深圳市福田投资发展公司董事、副总裁,深圳新开达电子有限公司董事长,本公司董事。

朱新宏,男,1961 年 6 月生,山西财经学院计划统计学学士,英国伯明翰大学经济预测学硕士,高级经济师。曾任郑州航空管理学院讲师,深圳市信息中心经济预测部部长、《经济动态》杂志主编,深圳市统计信息局综合处负责人,现任深圳市投资管理公司债务清缴部部长,本公司董事。

陈必安,男,1962 年 6 月生,湖南大学工学硕士,工程师。曾任职于深圳华加日铝业有限公司、深圳市深恒实业公司,历任金地(集团)股份有限公司办公室主任、深圳市金地物业管理公司常务副总经理,现任本公司董事、常务副总经理。

陈长春,男,1967 年 1 月生,浙江大学工学博士,经济师。曾任杭州工程技术学院计算中心主任,深圳市金地物业管理有限公司总经理助理、金地(集团)股份有限公司房地产经营部经理、总经理助理,现任本公司董事、副总经理。

刁伟程,男,1963 年 6 月生,工商管理硕士(MBA)。曾任深圳中航企业集团公司经理部副经理、香港深业(集团)有限公司董事会秘书、综合业务部副总经理,香港深业控股有限公司深圳业务部经理。现任香港深业控股有限公司副总经理,本公司董事。

Bill Huang,男,1962 年 9 月生,华中理工大学电子工程专业工学学士,美国伊利诺依斯大学电子工程与计算机科学硕士,现任美国 UT 斯达康有限公司副总裁兼首席技术长官(CTO),本公司董事。

陈济民,男,1944 年 11 月生,清华大学土建系结构理论研究生毕业,高级工程师。曾任中建二局一公司经理,广东大亚湾核电站 HCCM 核电建设公司副总经理,深圳物业(集团)股份有限公司地产部负责人,深圳物跃发展有限公司副总经理,中建二局深圳南方建筑公司副总经理。现任深圳市方兴达建筑工程有限公司总经理,本公司董事。

靳庆军,男,1957 年 8 月生,中国政法大学国际法学硕士,中国法学会、中国国际法学会、中国海商法学会会员,华盛顿上诉法院中国法律顾问,中华全国律师协会涉外委员会副主任,信达律师事务所执行合伙人、美国分所首席代表,本公司独立董事。

2、公司监事

赵汉忠,男,1957 年 4 月生,华中理工大学电机专业工学学士,高级工程师。曾任武汉曙光控制微电机厂副厂长、厂长,深圳市金地商贸发展有限公司副总经理、金地(集团)股份有限公司企业发展部经理、总经理助理兼总经理办公室主任,现任本公司监事长、党总支副书记。

廉宇强,男,1963 年 7 月生,财务及会计管理硕士,会计师。曾任南京师范大学财务科长,广东核电投资有限公司财务管理主任、广东核电实业开发有限公司财务部经理、香港深业(集团)有限公司稽核室副总经理,现任香港深业控股有限公司财务部经理,本公司监事。

苗海波,男,1951 年 8 月生,美国国际西方大学工商管理硕士(MBA),政工师。曾任中国人民解放军五六〇三八部队政治处副主任,西藏军区高炮团政治处主任,深圳市人事局企事业干部任免处主任科员,现任深圳市投资管理公司人事部付部长,本公司监事。

曾明霞,女,1971 年 11 月生,同济大学工民建专业工学学士,工程造价师。1992 年毕业至今在金地(集团)股份有限公司工作,现任金地(集团)股份有限公司成本管理部经理,本公司职工代表监事。

黄俊灿,男,1971 年 2 月生,同济大学工民建专业工学学士,工程师。1992 年毕业至今在金地(集团)股份有限公司工作,现任北京金地鸿业房地产开发有限公司副总经理,本公司职工代表监事。

3、公司其他高级管理人员

王培洲,男,1962 年 6 月生,中南财经大学经济学学士,会计师。曾任国营七三三厂财务处副处长、处长,金地(集团)股份有限公司副总会计师兼财务部经理,现任本公司财务总监。

阎　冰,男,1972 年 8 月生,大连理工大学管理工程专业工学学士,首都经贸大学金融硕士,经济师。现任本公司董事会秘书。

上述本公司董事、监事和高级管理人员中,除公司董事 Bill Huang 先生具有美国国籍(永久居留权外),其余人员均为我国公民。

4、公司董事、监事、高级管理人员和核心技术人员持股情况

截止本次股票上市前,本公司上述人员均未直接或间接持有本公司股份。

5、本公司目前尚未设置认股权。

第七节　同业竞争与关联交易

(一)同业竞争

深圳市福田房地产开发公司是行政关系隶属本公司股东深圳市福田投资发展公司的一家全民所有制企业,该公司的主要业务之一为房地产开发与经营,发行人与深圳市福田房地产开发公司所开发的项目在分布地域、客户群体定位、产品档次、产品品牌、项目规模和经营策略与营销手段等方面存在较大差异,为保证本公司股票发行后社会公众股东的利益,深圳市福田投资发展公司承诺,将按照有利于发行人长远发展和其他股东利益的原则在房地产开发业务中避免与发行人的直接竞争,并探讨多种合作的可能性,如有新的合作业务,在同等的市场条件下,将优先与发行人合作。

本公司股东-香港深业控股有限公司在深圳市投资设立的子公司在从事房地产开发业务,但

与本公司从事商品房开发不同的是，其主要从事工业区(如:深圳泰然工业区、莲塘工业区、深圳笋岗仓库区)及其配套设施和写字楼(如深业中心、深业大厦等)的开发。

该公司于 2000 年 8 月 11 日出具承诺书，说明该公司于本公司 1998 年增资扩股时成为本公司的股东，持有 5040 万股股份，占本公司总股本的 28%，为第二大股东，但与本公司不存在控制关系;其下属公司在深圳市所从事的房地产开发业务，在分布区域、产品开发的客户群体定位、产品档次等方面，也与本公司不同。为充分保障本公司向中国境内的社会公众公开发行股票后的其他股东的利益，作为本公司的非控制性股东，作出如下承诺:在房地产业务方面，该公司如有新的合作业务，在同等的市场条件下，将优先考虑同本公司合作。

(二)关联交易

1、与本公司存在控制关系的关联方情况

关联方名称	经济性质	法人代表	注册地	与本公司关系	主营业务
深圳市福田投资发展公司	全民	吴振舟	深圳市	本公司之第一大股东	投资兴办实业,对所属企业资产进行管理

2、存在控制关系的关联方所持股份或权益

关联方名称	所持股份或权益	百分比(%)
深圳市福田投资发展公司	65,200,000.00	24.15

3、不存在控制关系的关联方关系的性质

关联方名称	与本公司关系
香港深业控股有限公司	本公司之股东
深圳市中科讯实业有限公司	本公司之股东
深圳市深业投资有限公司	本公司之股东
深圳市投资管理公司	本公司之股东
美国 UT 斯达康有限公司	本公司之股东
深圳市方兴达建筑工程有限公司	本公司之股东
深圳市福田房地产开发公司	为本公司第一大股东所控股

4、关联交易

截止 2000 年 12 月 31 日,深圳市福田房地产开发公司为本公司担保借款人民币 35,000,000.00 元。香港深业控股有限公司为本公司担保借款人民币 40,000,000.00 元。

第八节　财务资料

(一)会计数据和业务数据摘要

1、公司本年度主要会计数据(单位:人民币元)

项　　目	金　额
利润总额	99,092,442.33
净利润	84,163,013.70
扣除非经常性损益后的净利润	85,141,173.52
主营业务利润	170,137,130.41
其他业务利润	3,036,624.05
营业利润	100,066,332.84
投资收益	28,047.78
补贴收入	148,837.97
营业外收支净额	-1,150,776.26
经营活动产生的现金流量净额	372,450,448.41
现金及现金等价物净增加额	365,937,423.08

注:扣除的非经常性损益后的净利润指扣除营业外收支净额-1,150,776.26 元和相应的所得税 172,616.44 元后的净利润。

2、报告期末前三年的主要会计数据和财务指标(合并报表)

指标项目	2000 年度	1999 年度	1998 年度
主营业务收入	578,997,717.52	296,664,510.46	264,253,507.41
净利润	84,163,013.70	50,782,326.68	62,452,630.56
总资产	1,132,508,511.25	652,975,138.45	530,204,999.31
股东权益(不含少数股东权益)	370,660,929.76	353,828,327.02	326,118,626.58
按净利润计算的全面摊薄每股收益	0.468	0.282	0.347
按净利润计算的加权平均每股收益	0.468	0.282	0.568
扣除非经常性损益的每股收益(摊薄)	0.473	0.282	0.345
扣除非经常性损益的每股收益(加权)	0.473	0.282	0.565
每股净资产	2.059	1.966	1.812
调整后的每股净资产	1.929	1.951	1.793
每股经营活动产生的现金流量净额	2.069	-0.356	-0.284
净资产收益率(摊薄)	22.71%	14.35%	19.15%
净资产收益率(加权)	22.20%	14.45%	30.76%

报告期(2000 年度)利润	净资产收益率		每股收益	
	全面摊薄	加权平均	全面摊薄	加权平均
主营业务利润	45.90%	44.88%	0.945	0.945
营业利润	27.00%	26.39%	0.556	0.556
净利润	22.71%	22.20%	0.467	0.467
扣除非经常性损益后的净利润	22.97%	22.46%	0.473	0.473

3、报告期内股东权益变动情况　　单位:人民币元

项目	股本	资本公积	盈余公积	法定公益金	未分配利润	股东权益合计
期初数	180,000,000.00	46,200,000.00	127,628,327.02	15,721,274.93		353,828,327.02
本期增加			16,832,602.74	8,416,301.37	84,163,013.70	100,995,616.44
本期减少					84,163,013.70	84,163,013.70
期末数	180,000,000.00	46,200,000.00	144,460,929.76	24,137,576.30		370,660,929.76

4、其它相关财务指标

	2000 年
1、流动比率	1.39
2、速动比率	0.71
3、应收帐款周转率	89.38
4、资产负债率	67.27%

(二)审计报告、财务报表和会计附注

本公司截止 2000 年 6 月 30 日的财务报告和 2001 年的盈利预测，已在《金地(集团)股份有限公司招股说明书概要》中全文披露，该招股说明书概要已于 2001 年 1 月 11 日刊登在《中国证券报》、《上海证券报》和《证券时报》上，因距今时间较短，故本上市公告书对与之重复的内容不在赘述。本次公告全文披露经中天勤会计师事务所出具的标准无保留意见审计报告、2000 年财务报表和会计报表附注，投资者欲了解其它内容，敬请查阅上述报纸或到公告的《招股说明书》查阅地点查询。

审计报告

中天勤财审报字(2001)第 B-092 号

金地(集团)股份有限公司全体股东:

我们接受委托，对　贵公司 2000 年 12 月 31 日公司及合并的资产负债表,2000 年度公司及合并的利润表、利润分配表、现金流量表进行了审计。这些会计报表由　贵公司负责，我们的责任是对这些会计报表发表审计意见。我们的审计是依据《中国注册会计师独立审计准则》进行的。在审计过程中,我们结合　贵公司实际情况,实施了包括抽查会计记录等我们认为必要的审计程序。

我们认为，上述会计报表符合《企业会计准则》和《股份有限公司会计制度》的有关规定，在所有重大方面公允地反映了　贵公司 2000 年 12 月 31 日公司及合并的财务状况及 2000 年度公司及合并的经营成果和现金流量,会计处理方法的选用遵循了一贯性原则。

中天勤会计师事务所　　中国注册会计师:蒋贤山(签字、盖章)

中国　　深圳　　中国注册会计师:祝小兰(签字、盖章)

二 00 一年二月二十八日　会计报表注释

注释一.公司简介

本公司是经深圳市企业制度改革领导小组办公室以深企改办(1996)02 号文批准，由深圳市福田区国有资产管理局、深圳市投资管理公司、美国 UT 斯达康有限公司、深圳市方兴达建筑工程有限公司和金地实业开发总公司工会委员会[后更名为金地(集团)股份有限公司工会委员会]五家单位作为发起人,以发起设立方式设立的股份有限公司.1996 年 2 月 8 日，本公司领取深司字 N12331 号企业法人营业执照，注册资本为人民币 11,000 万元.

经本公司 1997 年 11 月 29 日股东大会临时会议决议，并经深圳市企业制度改革领导小组办公室《关于金地(集团)股份有限公司申请增资扩股的批复》(1998 年 4 月 7 日深企改办[1998]3 号文)、深圳市证券管理办公室《关于金地(集团)股份有限公司申请增资扩股的函复》(1998 年 10 月 19 日深证办函[1998]48 号文)和深圳市外商投资局《关于金地(集团)股份有限公司增加股东、增资、变更为外商投资企业等事宜的批复》(1998 年 12 月 25 日深外资复[1998]B2490 号文)的批准，本公司以每股 1.66 元人民币的价格增发新股 7,000 万股.其中深业控股有限公司认购 5,040 万股;深圳市福田区国有资产管理局认购 10 万股;金地(集团)股份有限公司工会委员会认购 1,950 万股;其他股东放弃认购. 1998 年 11 月 5 日，经深圳市福田区国有资产管理委员会福国资委(1998)8 号文件批准，深圳市福田区国有资产管理局所持本公司的国家股 5,400 万股,全部转由深圳市福田投资发展公司持有.1998 年 12 月 31 日，本公司领取变更后的企股粤深总副字第 400007 号企业法人营业执照,注册资本为人民币 18,000 万元.

2000 年 7 月,金地(集团)股份有限公司工会委员会将其持有的本公司的股权全部转让给深圳市中科讯实业有限公司、深圳市福田投资发展公司和深圳市深业投资开发有限公司.其中: 深圳市中科讯实业有限公司受让 2,240 万股,深圳市福田投资发展公司受让 1,120 万股,深圳市深业投资开发有限公司受让 1,120 万股. 上述股权转让事宜业经深圳市人民政府经济体制改革办公室以深改字[2000]63 号文批准.

本公司的经营范围:房地产开发经营,自有物业管理,兴办各类实体.

本公司的结构如下:

a.纳入合并范围的子公司

公 司 名 称	注册地	注册资本 RMB	实际投资额 RMB	实际持股比例	主营业务
1.深圳市金地物业管理有限公司	深圳市	6,500,000.00	6,000,000.00	99.30%	物业管理
2.深圳市金地商贸发展有限公司	深圳市	5,500,000.00	5,000,000.00	90.91%	商业物资供销
3.深圳市金地宾馆有限公司	深圳市	6,000,000.00	4,800,000.00	99.86%	客房,中西餐
4.深圳市金地建材有限公司	深圳市	1,000,000.00	900,000.00	99.09%	建筑材料供销
5.深圳市金地会所有限公司	深圳市	2,000,000.00	1,600,000.00	99.86%	网球健身等
6.深圳市金地广告有限公司	深圳市	1,000,000.00	900,000.00	99.09%	广告服务
7.深圳市金地麦肯企业管理顾问有限公司	深圳市	200,000.00	180,000.00	99.91%	企业咨询及策划
8.深圳市金地置业顾问有限公司	深圳市	2,000,000.00	500,000.00	93.18%	房地产评估,代理经纪咨询服务

除深圳市金地商贸发展有限公司外，本公司对子公司的投资的实际持股比例大于按实际投资额计算的持股比例,是因为上述子公司之间存在相互交叉持股,实际持股比例为本公司直接及间接持股比例之和.

b.联营公司:

公司名称	注册地	注册资本	实际投资额 RMB	持股比例	主营业务
金美时表业有限公司	深圳市	USD700,000.00	1,630,000.00	40.00%	表业
北海三金经济发展公司	北海市	RMB5,000,000.00	1,334,349.00	50.00%	房地产.

注释四. 税 项

纳入合并会计报表的各公司适用的主要税种及税率如下:

税　项	计税基础	税率
增值税	商品销售收入	17%
营业税	房地产销售收入、劳务收入	5%
城市维护建设税	增值税、营业税	1%
教育费附加	增值税、营业税	3%
所得税	应纳税所得额	15%

本公司享受外商投资企业免交教育费附加的税收优惠政策. 本公司及子公司均于深圳注册,所得税税率为 15%.

注释五.会计报表主要项目注释

1. 货币资金

合并数	2000.12.31			1999.12.31		
项目	原币	折算汇率	折合人民币	原币	折算汇率	折合人民币
现　金						
RMB			76,368.70			85,315.17
HKD						
USD	2,082.60	8.278	17,239.97	8,842.72	8.278	73,211.77
小　计			93,608.67			158,526.94
银行存款						
RMB			279,796,065.96			65,725,634.20
HKD	48,657,704.19	1.062	51,658,986.39	17.340,748.75	1.068	18,526,945.39
USD	118,126.79	8.278	977,865.57	1,002,041.56	8.278	8,294,414.74
小　计			332,432,917.92			92,546,994.33

其他货币资金		
RMB	126,122,629.66	6,211.90
合 计	458,649,156.25	92,711,733.17

变动原因:货币资金2000年12月31日余额比1999年12月31日增长394.70%的主要原因是销售房产所增加的货币资金流入.

2.短期投资和短期投资跌价准备 合并数

项 目	2000.12.31		1999.12.31	
	投资金额	跌价准备	投资金额	跌价准备
	RMB	RMB	RMB	RMB
债券投资-国库券	3,000,000.00	——	3,000,000.00	——

上述投资成本尚未出现低于可变现净值的情况,故本期末计提跌价准备.

3.应收账款 合并数

账 龄	2000.12.31			1999.12.31		
	金 额	比例(%)	坏账准备	金 额	比例(%)	坏账准备
一年以内	5,635,028.90	82.32%	281,751.45	3,564,165.02	58.32%	178,208.25
一年以上二年以内	112,564.60	1.64%	5,628.23	284,201.76	4.65%	14,210.09
二年以上三年以内	——	——	——	2,263,155.09	37.03%	113,157.75
三年以上者	1,097,299.09	16.04%	54,864.95	——	——	——
合 计	6,844,892.59	100.00%	342,244.63	6,111,521.87	100.00%	305,576.09

4.其他应收款 合并数

账 龄	2000.12.31			1999.12.31		
	金 额	比例(%)	坏账准备	金 额	比例(%)	坏账准备
一年以内	32,972,814.99	65.66	1,648,640.75	18,709,289.81	67.23%	935,464.50
一年以上二年以内	10,049,565.18	20.01	502,478.26	4,894,072.07	17.59%	244,703.60
二年以上三年以内	4,672,695.93	9.31	233,634.80	3,901,017.37	14.02%	195,050.87
三年以上者	2,522,682.56	5.02	126,134.12	325,348.49	1.16%	16,267.42
合 计	50,217,758.66	100.00%	2,510,887.93	27,829,727.74	100.00%	1,391,486.39

5.预付账款 合并数

	2000.12.31		1999.12.31	
	金 额	比例(%)	金 额	比例(%)
一年以内	6,415,699.96	96.16%	1,320,056.80	100.00%
一年以上二年以内	256,511.00	3.84%	——	——
二年以上三年以内	——	——	——	——
三年以上者	——	——	——	——
合 计	6,672,210.96	100.00%	1,320,056.80	100.00%

6.应收补贴款

合并数

补助项目	2000.12.31	1999.12.31
	RMB	RMB
应收出口退税	1,059,317.25	1,202,549.40

以上应收出口退税款是根据国家有关出口产品退税政策核算的应收未收退税款.

7. 存货及存货跌价准备 合并数

项 目	2000.12.31		1999.12.31	
	金 额	跌价准备	金 额	跌价准备
房产地项目		——		——
开发成本	222,666,666.83	——	283,710,148.63	——
开发产品	223,174,220.69	——	91,256,142.04	——
出租开发产品	56,831,568.84	——	59,665,689.07	——
小 计	502,672,456.36	——	434,631,979.74	——
库存商品	11,848,980.89	——	11,476,412.85	——
原材料	442,081.63	——	119,421.47	——
在产品	——	——	——	——
低值易耗品	76,103.46	——	16,293.48	——
合 计	515,039,622.34	——	446,244,107.54	——

8. 待摊费用

合并数

类 别	期初余额	本期增加	本期摊销	期末余额
	RMB	RMB	RMB	RMB
预售房产营业税	1,044,853.45	40,852,538.16	22,762,835.00	19,134,556.61
预售房产城建税	10,448.53	408,525.03	227,628.36	191,345.20
其他		7,111,899.39	7,062,291.84	49,607.55
合 计	1,055,301.98	48,372,962.58	30,052,755.20	19,375,509.36

本期增长原因为本期收到的预售楼款增加,导致相应计提的营业税和城市维护建设税增加.

9.长期股权投资 合并数

(1) 投资项目

项目名称	2000.1.1 金额	2000.1.1 减值准备	本期增加	本期减少	2000.12.31 金额	2000.12.31 减值准备
	RMB	RMB	RMB	RMB	RMB	RMB
其他股权投资	8,958,584.57	1,050,000.00	——	5,994,919.39	2,963,665.18	1,050,000.00

(2)其他股权投资

被投资单位名称	投资期限	占被投资单位注册资本比例	投资金额
			RMB
1.金美时表业有限公司	——	40.00%	1,630,000.00
2.北海三金经济发展公司	——	50.00%	1,334,349.00
3.深圳市金地商业服务有限公司	——	99.09%	6,000,000.00
合 计			8,964,349.00

10.固定资产及累计折旧 合并数

固定资产原值	2000.01.01	本期增加	本期减少	2000.12.31
	RMB	RMB	RMB	RMB
房屋建筑物	74,249,760.66	7,596,359.24	——	81,846,119.90
电子设备	4,770,299.19	1,746,660.99	244,243.00	6,272,717.18
运输工具	7,631,856.01	882,458.04	287,718.14	8,226,595.91
其他设备	5,163,315.46	169,671.01	17,734.20	5,315,252.27
合 计	91,815,231.32	10,395,149.28	549,695.34	101,660,685.26
累计折旧				
房屋建筑物	18,162,722.34	2,618,946.23	——	20,781,668.57
电子设备	2,177,856.31	882,545.15	192,642.69	2,867,758.77
运输工具	3,692,288.41	865,310.18	179,374.23	4,378,224.36
其他设备	1,697,771.41	443,789.99	6,198.33	2,135,363.07
合 计	25,730,638.47	4,810,591.55	378,215.25	30,163,014.77
净 值	66,084,592.85			71,497,670.49

以上固定资产中的房屋建筑物评估值人民币61,090,439.45元已用于借款抵押,详见注释九(3).

11. 开办费及长期待摊费用

合并数

项目名称	2000.1.1	本期增加	本期摊销	2000.12.31
	RMB	RMB	RMB	RMB
开办费	115,021.65	——	36,324.00	78,697.65
长期待摊费用	1,089,003.36	439,322.93	965,183.21	563,143.08
合 计	1,204,025.01	439,322.93	1,001,507.21	641,840.73

注:开办费系子公司深圳金地宾馆有限公司发生的开办费用.

长期待摊费用系下属子公司发生的装修费

12.短期借款

合并数

借款类别	2000.12.31	1999.12.31
	RMB	RMB
抵押借款(注释九)	99,000,000.00	95,000,000.00
担保借款	85,000,000.00	42,500,000.00
信用借款	1,000,000.00	——
合 计	185,000,000.00	137,500,000.00

借款单位名称	借款期限	借款利率(月)	借款金额	借款条件
			RMB	
1.深圳发展银行中电分行	2000.06.27-2001.06.27	4.8750‰	10,000,000.00	抵押
	2000.11.16-2001.11.16	4.8750‰	1,000,000.00	信用
2.中国银行福田支行	2000.11.06-2001.11.06	5.3625‰	15,000,000.00	担保
	2000.09.29-2001.09.29	5.3625‰	30,000,000.00	抵押
	2000.08.01-2001.08.01	5.3625‰	20,000,000.00	抵押
	2000.06.05-2001.06.05	5.3625‰	10,000,000.00	担保
	2000.06.13-2001.06.13	5.3625‰	19,000,000.00	抵押
3.福建兴业银行上步支行	2000.10.11-2001.10.11	6.3380‰	10,000,000.00	担保
	2000.07.12-2001.07.12	6.3375‰	20,000,000.00	抵押
	* 2000.01.17-2001.01.16	6.3375‰	20,000,000.00	担保
	* 2000.01.17-2001.01.16	6.3375‰	10,000,000.00	担保
4.招商银行红荔支行	2000.07.10-2001.07.10	5.8500‰	20,000,000.00	担保
合 计			185,000,000.00	

*本公司已归还报告日之前到期的该等借款.

13.应付账款

应付账款期末余额中无欠付持本公司5%(含5%)以上股份的股东单位款项.

14.预收账款

合并数

账 龄	2000.12.31		1999.12.31	
	金 额	比例(%)	金 额	比例(%)
一年以内	394,778,705.49	98.54%	23,964,923.16	100.00%
一年以上二年以内	5,868,894.39	1.46%	——	——
二年以上三年以内	——	——	——	——
三年以上者	——	——	——	——
合 计	400,647,599.88	100.00%	23,964,923.16	100.00%

15.应付股利 合并数

单 位 名 称	2000.12.31	1999.12.31
	RMB	RMB
1.深圳市福田投资发展公司	24,388,571.08	9,885,176.91
2.深圳市投资管理公司	4,114,636.23	2,013,521.03
3.深圳市方兴达建筑工程有限公司	3,292,708.98	1,611,043.84
4.金地(集团)股份有限公司工会委员会	——	11,026,323.55
5.深业控股有限公司	18,852,515.07	9,226,165.12
6.美国UT斯达康有限公司	4,114,636.23	2,707,042.06
7.深圳市中科讯实业有限公司	8,378,895.58	——
8.深圳市深业投资开发有限公司	4,189,447.79	——
合 计	67,330,410.96	36,469,272.51

2000年12月31日应付股利余额为本年度分配的尚未支付的股利.

16.应交税金 合并数

税 种	2000.12.31	1999.12.31
	RMB	RMB
增值税	(604,236.03)	(239,403.45)
营业税	2,200,043.18	1,790,448.79
城市维护建设税	22,508.92	67,081.40
教育费附加	8,908.32	4,847.43
企业所得税	3,429,640.22	7,753,267.76
房产税	429,544.47	867,556.14
合 计	5,486,409.08	10,243,798.07

变动原因:2000年12月31日余额比1999年12月31日下降46.44%,主要原因是本期已支付大部分所得税.

17.其他应付款 合并数

账 龄	2000.12.31		1999.12.31	
	金 额	比例(%)	金 额	比例(%)
一年以内	32,594,672.91	72.81%	19,256,117.02	49.97%
一年以上二年以内	1,985,207.05	4.43%	14,870,497.79	38.59%
二年以上三年以内	6,518,108.36	14.56%	828,394.75	2.15%
三年以上者	3,667,940.27	8.20%	3,577,085.86	9.29%
合 计	44,765,928.59	100.00%	38,532,095.42	100.00%

其他应付款期末余额中无欠付持本公司5%(含5%)以上股份的股东单位款项.

18.预提费用 合并数

预提费用项目	2000.12.31	1999.12.31
	RMB	RMB
水电费	——	2,177,841.61

折旧费	—	425,000.00
租赁费	422,014.07	—
商检费	35,300.00	—
印花税	39,768.80	—
其他	479,573.26	294,606.19
合　计	976,656.13	2,897,447.80

变动原因:2000 年 12 月 31 日余额比 1999 年 12 月 31 日下降 66.29%, 主要原因是本期已支付水电费.

19.股本　合并数

投资主体	持股比例	2000.1.1	本期增加数	本期减少数	2000.12.31
1.深圳市福田投资发展公司	36.22%	54,000,000.00	11,200,000.00	—	65,200,000.00
2.深圳市投资管理公司	6.11%	11,000,000.00	—	—	11,000,000.00
3.深圳市方兴达建筑工程有限公司	4.89%	8,800,000.00	—	—	8,800,000.00
4.金地(集团)股份有限公司工会委员会	—	44,800,000.00	—	44,800,000.00	—
5.深业控股有限公司	28.00%	50,400,000.00	—	—	50,400,000.00
6.美国 UT 斯达康有限公司	6.11%	11,000,000.00	—	—	11,000,000.00
7.深圳市中科讯实业有限公司	12.44%	—	22,400,000.00	—	22,400,000.00
8.深圳市深业投资开发有限公司	6.23%	—	11,200,000.00	—	11,200,000.00
合　计	100.00%	180,000,000.00	44,800,000.00	44,800,000.00	180,000,000.00

(1) 以上股本业经深圳大华会计师事务所深华(98)验字第 085 号验资报告验证

(2) 2000 年 7 月,金地(集团)股份有限公司工会委员会将其持有的本公司的股权全部转让,详见注释一.

20.资本公积　合并数

项　目	2000.1.1	本年增加	本年减少	2000.12.31
	RMB	RMB	RMB	RMB
股本溢价	46,200,000.00	—	—	46,200,000.00

本公司资本公积 46,200,000.00 元系 1998 年增资扩股产生的股本溢价,

21.盈余公积　合并数

项　目	2000.01.01	本年增加	本年减少	2000.12.31
	RMB	RMB	RMB	RMB
法定盈余公积	20,542,511.39	8,416,301.37	—	28,958,812.76
法定公益金	15,721,274.93	8,416,301.37	—	24,137,576.30
任意盈余公积	91,364,540.70	—	—	91,364,540.70
合 计	127,628,327.02	16,832,602.74	—	144,460,929.76

本年增加数为净利润分配数.

22.未分配利润　合并数

项　目	2000.1.1	本年增加	本年减少	2000.12.31
	RMB	RMB	RMB	RMB
未分配利润	—	84,163,013.70	84,163,013.70	—

经股东大会决议,本年度的净利润分配比例是:提取 10%法定盈余公积,提取 10%公益金,其余向截止 2000 年 12 月 31 日的在册股东派发现金股利.

23.主营业务收入和成本

合并数

收入项目	2000.1-12	1999.1-12
(按行业分类)	RMB	RMB
1.房地产	470,878,322.29	185,989,614.78
金地花园及工业区	1,720,998.00	65,275,156.60
海景花园(A.B.C 区)	6,896,700.00	13,015,725.00
金地翠园	47,636,134.00	93,909,415.58
金海湾花园(一组团)	265,680,599.00	—
金海湾花园(二组团)	133,323,273.00	—
物业出租收入	15,620,618.29	13,789,317.60
2.商业贸易	44,907,395.66	63,322,901.63
3.物业管理	42,437,212.11	34,976,759.11
4.其他	20,774,787.46	12,375,234.94
合　计	578,997,717.52	296,664,510.46

24. 主营业务税金及附加　合并数

项　目	2000.1-12	1999.1-12
	RMB	RMB
营业税	23,599,209.57	10,610,212.57
城市维护建设税	988,602,20	106,102.13
教育费附加	271,536.77	25,971.88
文化事业建设费	27,113.57	—
合计	24,886,462.11	10,742,286.58

本公司为外商投资企业,故免交教育费附加.

25. 其他业务利润　合并数

项　目	2000.1-12	1999.1-12
	RMB	RMB
房租收入	196,402.68	202,132.48
代理费收入	2,827,386.83	643,150.98
其他	12,834.54	50,892.67
合　计	3,036,624.05	896,176.13

26. 财务费用　合并数

项　目	2000.1-12	1999.1-12
	RMB	RMB
利息支出	7,524,453.44	2,530,235.75
减:利息收入	2,474,143.88	1,276,160.48
汇兑损失	1,958,609.99	6,661.69
减:汇兑收益	10.00	-
其他	92,470.85	6,146.78
合　计	7,101,380.40	1,266,883.74

财务费用中的利息收入均为银行存款利息收入.

27.投资收益　合并数

项　目	2000.1-12	1999.1-12
	RMB	RMB
联营公司分配来的利润	348,084.00	538,220.15
期末调整的被投资公司所有者权益净增减	(320,036.22)	—
减值准备	—	—
合　计	28,047.78	538,220.15

公司数

项　目	2000.1-12	1999.1-12
	RMB	RMB
联营公司分配来的利润	348,084.00	471,494.00
期末调整的被投资公司所有者权益净增减	2,627,180.24	5,665,948.28
减值准备	—	—
合　计	2,975,264.24	6,137,442.28

28.补贴收入

合并数

主要明细项目	2000.1-12	1999.1-12
	RMB	RMB
出口创汇补贴收入.	148,837.97	339,144.64
合　计	148,837.97	339,144.64

取得的补贴收入系本公司的子公司-深圳市金地商贸发展有限公司实际收到的出口创汇补贴收入

注释六.关联公司主要交易

注释八.或有事项

本公司为商品房承购人提供抵押贷款担保,金额计人民币 21,385.00 万元.该项担保是商品房承购人采用银行按揭(抵押贷款)方式购房时,已交清首期款(一般为 30%),在规划国土局办理房产抵押登记后,向银行申请抵押贷款,由本公司提供的抵押贷款担保.若商品房承购人在办理房产证前没有按期履行供款义务,本公司将承担担保还款责任,但承购人的房产所有权归本公司所有.

注释九.资产抵押说明

注释十.资产负债表日后事项

根据股东大会决议, 并经中国证券监督管理委员会证监发行字【2001】2 号文核准, 本公司于 2001 年 1 月 15 日在上海证券交易所采用上网定价发行方式,公开发行人民币普通股(A 股)9,000 万股,募集股款人民币 847,800,000.00 元 ,扣除与发行有关的费用人民币 20,857,800.34 元,实际可使用募集资金人民币 826,942,199.66 元.

根据股东大会决议, 2000 年度的净利润分配比例是:提取 10%法定盈余公积,提取 10%公益金,其余向截止 2000 年 12 月 31 日在册的股东派发现金股利.

根据股东大会决议,同意本公司与北京鸿运置业有限公司、深圳市福田投资发展公司共同出资设立北京金地鸿业房地产开发有限公司,注册资本人民币 20,000 万元,其中本公司出资人民币 12,000 万元,占该公司注册资本的 60%.

根据股东大会决议, 同意本公司与深圳市金地物业管理有限公司共同出资设立北京金地兴业房地产有限公司,注册资本人民币 1000 万元,其中本公司出资人民币 800 万元, 占该公司注册资本的 80%.

鉴于北海三金经济发展公司自 1998 年停业至今,经本公司二届五次董事会决议,决定撤销北海三金经济发展公司.

注释十一.其他重要事项

截止 2000 年 12 月 31 日,本公司无需说明的其他重要事项.

(三)盈利预测主要数据

本公司在招股说明书中已经披露的 2001 年主要盈利预测数据如下:

项　目	2001 年预测数(元)
1、主营业务收入	689,221,652.00
2、主营业务成本	459,662,569.49
3、主营业务利润	200,265,937.74
4、营业利润	140,149,283.24
5、利润总额	140,371,796.62
6、净利润	119,171,071.00

第九节　其他重要事项

1、本公司公开发行股票后,外资占注册资本的比例低于 25%,经深圳市外商投资局批复并经工商变更登记,本公司企业性质由中外合资股份有限公司变更为(内资)股份有限公司。

2、根据公司 2000 年 7 月 28 日临时股东大会决议,本公司 2000 年度利润由公司 2000 年 12 月 31 日的在册股东享有,2000 年度的净利润分配比例是:提取 10%法定盈余公积,提取 10%公益金,其余向截止 2000 年 12 月 31 日在册的股东派发现金股利。

3、根据股东大会决议,同意本公司用自有资金与北京鸿运置业有限公司、深圳市福田投资发展公司共同出资设立北京金地鸿业房地产开发有限公司,投资开发北京郎家园住宅项目,该项目总占地面积 7 万平方米,拟开发可销售商品房面积 28 万平方米;该公司注册资本 2 亿元,其中,本公司出资 1.2 亿元,占该公司注册资本的 60%;

4、根据股东大会决议,同意本公司用自有资金与深圳市金地物业管理有限公司共同出资设立北京金地兴业房地产有限公司,注册资本人民币 1000 万元,其中本公司出资人民币 800 万元,占该公司注册资本的 80%。

5、鉴于北海三金经济发展公司自 1998 年停业至今,经本公司二届五次董事会决议,决定撤销北海三金经济发展公司。

6、2000 年 12 月 1 日, 本公司的控股子公司--深圳市置业易物业顾问有限公司在深圳市工商行政管理局更名为深圳市金地置业顾问有限公司。

7、2001 年 2 月 22 日,负责本公司财务审计业务的中天会计师事务所与天勤(深圳)会计师事务所合并, 设立新的中天勤会计师事务所有限责任公司, 该所已在深圳市工商行政管理局注册登记,本公司的审计业务由合并后的中天勤会计师事务所继承。

8、本公司没有其它应披露的重大事项。

第十节　董事会上市承诺

本公司董事会承诺将严格遵守《中华人民共和国公司法》、《中华人民共和国证券法》、《股票发行与交易管理暂行条例》、《公开发行股票公司信息披露实施细则》、《上海证券交易所上市规则》和其它有关法律、法规的规定,并自股票上市之日起作到:

(一)真实、准确、完整、公允和及时地公布定期报告,披露所有对投资者有重大影响的信息,并接受中国证监会、上海证券交易所的监督管理;

(二)本公司在知悉可能对股票价格产生误导性影响的任何公共传播媒介中出现的消息后,将及时予以公开澄清;

(三)本公司董事、监事、高级管理人员和核心技术人员将认真听取社会公众的意见和批评,不利用已获得的内幕消息和其他不正当手段直接或间接从事发行人股票的买卖活动;

(四)发行人没有无记录的负债。

第十一节　上市推荐人及其意见

本公司聘请广发证券有限责任公司(以下简称"广发证券")担任本公司本次发行的9000万股A股股票的上市推荐人。上市推荐人的基本情况和推荐意见如下:

1、上市推荐人

名称:广发证券有限责任公司

法定代表人:陈云贤

法定地址:广州市天河北路183号大都会广场41楼

联系人:罗园园

电话:020-87553581

传真:020-87553583

联系人:钮华明、于韶光、毛晓岚

电话:010-68083360

2、推荐意见

作为本公司唯一的上市推荐人,广发证券认为,本公司章程符合《公司法》等国家有关法律、法规和中国证监会的有关规定,具备了《公司法》、《证券法》和上海证券交易所上市规则等法律、法规规定的上市条件;本公司董事了解国家的有关法律、法规、上海证券交易所上市规则及股票上市协议规定的董事的义务与责任;本公司建立健全了法人治理结构,制定了严格的信息披露制度与保密制度。广发证券已对本公司上市文件所载的资料进行了核实,认为上市文件真实、准确、完整,符合上海证券交易所的上市规定和要求,没有虚假、严重误导性陈述或者重大遗漏,并保证对其承担连带责任。广发证券与本公司不存在关联关系。广发证券愿意推荐本公司的股票在上海证券交易所上市交易,并且在上市推荐过程中,将不利用获得的内幕信息进行内幕交易,为自己和他人谋利。

金地(集团)股份有限公司

2001年4月6日

资产负债表

编制单位:金地(集团)股份有限公司　　单位:人民币元

资产	2000年度(合并)	2000年度(母公司)
流动资产:		
货币资金	458649156.25	405744120.81
短期投资	3000000	3000000
减:短期投资跌价准备		
短期投资净额	3000000	3000000
应收票据		
应收股利		
应收利息		
应收帐款	6844892.59	1097299.09
其它应收款	50217758.66	60015389.11
减:坏帐准备	2853132.56	2149767.39
应收帐款净额	54209518.69	58962920.81
预付帐款	6672210.96	
应收补贴款	1509317.25	
存货	515039622.34	502672456.36
减:存货跌价准备		
存货净额	515039622.34	502672456.36
待摊费用	19375509.36	19325901.81
待处理流动资产净损失		
一年内到期的长期债权投资		
其它流动资产		
流动资产合计	1058455334.85	989705399.79
长期投资:		
长期股权投资	2963665.18	36796037.51
长期债权投资		
其它长期投资		
长期投资合计	2963665.18	36796037.51
减:长期投资减值准备	1050000	1050000
长期投资净额	1913665.18	35746037.51
其中:合并价差		
股权投资差额		
固定资产:		
固定资产原值	101660685.26	92631171.38
减:累计折旧	30163014.77	26083634.45
固定资产净值	71497670.49	66547536.93
工程物资		
在建工程		
固定资产清理		
待处理固定资产净损失		
固定资产合计	71497670.49	66547536.93
无形及其它资产:		
无形资产		
开办费	78697.65	
长期待摊费用	563143.08	
其它长期资产		
无形资产及其它资产合计	641840.73	
递延税项:		
递延税款借项		
资产总计:		
资产总计	1132508511.25	1091998974.23
流动负债:		
短期借款	185000000	184000000
应付票据		
应付帐款	43546789.54	37338665.58
预收帐款	400647599.88	391365174.03
代销商品款		
应付工资	9355595.79	4762602.51
应付福利费	4066703.59	1037646.09
应付股利	67330410.96	67330410.96
应付税金	5486409.08	5430857.98
其它应交款		
其它应付款	44765928.59	30032918.52
应付短期债券		
预提费用	976656.13	39768.8
一年内到期的长期负债		
其它流动负债		
职工奖励及福利基金		
流动负债合计	761176093.56	721338044.47
长期负债:		
长期借款		
应付债券		
长期应付款		
住房周转金		
其它长期负债		
长期负债合计		
递延税项:		
递延税项贷款		
负债合计:		
负债合计	761176093.56	721338044.47
少数股东权益:		
少数股东权益	671487.93	
股东权益:		
股本	180000000	180000000
资本公积金	46200000	46200000
盈余公积	144460929.76	144460929.76
其中:公益金	24137576.3	24137576.3
未确认的外资损失		
未分配利润		
外币报表折算差额		
股东权益合计	370660929.76	370660929.76
负债和股东权益总计:		
负债和股东权益总计	1132508511.25	1091998974.23

利润及利润分配表

编制单位:金地(集团)股份有限公司　　2000年度　　单位:人民币元

项目	2000年度(合并)	2000年度(母公司)
一、主营业务收入	578997717.52	470878322.29
减:折扣与折让		
主营业务收入净额	578997717.52	470878322.29
减:主营业务成本	383974125	296884922.16
主营业务税金及附加	24886462.11	23356409.23
二、主营业务利润	170137130.41	150636990.9
加:其他业务利润	3036624.05	
减:存货跌价损失		
营业费用	33071985.42	26191979.59
管理费用	32934055.8	20333580.23
财务费用	7101380.4	7313691.86
三、营业利润	100066332.84	96797739.22
加:投资收益	28047.78	2975264.24
期货损益		
补贴收入	148837.97	
营业外收入	185937.17	3900
以前年度损益调整		
减:营业外支出	1336713.43	1286639.86
分给外单位利润		
四、利润总额	99092442.33	98490263.6
减:所得税	14830651.08	14327249.9
少数股东损益	98777.55	
职工奖励及福利基金		
购并利润		
加:未确认的投资损失		
所得税返还		
五、净利润	84163013.7	84163013.7
加:年初未分配利润		
盈余公积转入数		
年初未分配利润调整		
减少注册资本减少的未分配利润		
外币报表折算差额		
减:股份公司成立前利润分配		
六、可供分配的利润	84163013.7	84163013.7
减:提取法定盈余公积金	8416301.37	8416301.37
提取法定公益金	8416301.37	8416301.37
提取职工奖励福利基金		
七、可供股东分配的利润	67330410.96	67330410.96
减:应付优先股股利		
提取任意盈余公积金		
应付普通股股利	67330410.96	67330410.96
转作股本的普通股股利		
八、未分配利润		

山东金泰集团股份有限公司

山东金泰集团股份有限公司股票上市公告书

一、释 义

对本上市公告书中的有关简称作如下释义：

1、公司、本公司、股份公司：指山东金泰集团股份有限公司

青化厂：指公司第一大股东山东省医药工业研究所实验厂青年化工厂

2、公司股票：指已发行完毕的每股面值一元，总面值7066.1824万元的人民币普通股A股股票

3、社会个人股：指向社会个人公开发行的3391.75万股人民币普通股股票

4、上市推荐人：指山东证券有限责任公司

5、登记托管机构：指上海证券中央登记结算公司

6、上市：指在上海证券交易所挂牌交易

7、元：指中华人民共和国法定货币人民币

8、GMP：指英文 Good Manufacturing Practice 的简写，是药品生产质量管理的规范，是国际通用的守则，为我国卫生部所采用。

9、化学原料药：指具有一定药理活性，用作生产制剂的化学物质，亦称药用化学品。

10、制剂：指剂量形式的药物，如片剂、针剂、胶囊、膜剂、栓剂等。

11、呋喃唑酮、呋喃它酮、非普拉宗片、卡托普利片、白介素-2、链激酶、基因针、口恶喹酸、生肌愈皮膏、比沙可啶栓、索他洛尔片、诺氟沙星药膜、单硝酸异山梨酯胶囊、尼复康等皆为公司生产的产品。

二、概 览

(一)股票简称：山东金泰 (二)股票代码：600385 (三)公司股本总额：7066.1824万股

(四)可流通股本：3391.75万股 (五)本次上市流通股本：3391.75万股

(六)上市交易地点：上海证券交易所 (七)上市交易时间：2001年7月23日

(八)登记托管机构：上海证券中央登记结算公司 (九)上市推荐人：山东证券有限责任公司

三、绪 言

本公告书依据《中华人民共和国公司法》、《中华人民共和国证券法》、《股票发行与交易管理暂行条例》、《上海证券交易所上市规则》以及国家其它有关证券管理的规定，为股票公开上市之目的而向社会公众提供相关资料。

1989年3月18日，经中国人民银行济南市分行[89]济银金股字01号文批准，以100元/股的价格向社会公开发行面值为100元的普通股股票1.2万股。

1990年2月20日，经中国人民银行济南市分行[90]济银金股字05号文批准，以100元/股的价格向社会公开发行面值为100元的普通股股票8.2795万股。

1992年4月16日，经中国人民银行济南市分行[92]济银金股字09号文批准，以2.6元/股的价格向社会公开发行面值为1元的人民币普通股1770万股。

1993年1月20日，经济南市体改委济体改股字(1993)03号文批准，按每3股送1股并配售2股(配股价2.6元/股)的比例送配股，实际送股1382.7207万股，配售1535.2999万股。

经中国证券监督管理委员会证监发行字[2001]40号核准，上海证券交易所上证上字[2001]101号审核同意，公司股票将于2001年7月23日(星期一)在上海证券交易所上市挂牌交易。公司股本总额7066.1824万股，证券编码"600385"。本次上市流通的股票为历史遗留问题的社会个人股3391.75万股。

四、上市有关的当事人

(一)有关当事人

1、发行人：山东金泰集团股份有限公司

法定代表人：荣新建 注册地址：山东省济南市山大北路56号

电话：(0531)8902341 传真：(0531)8902341 联系人：范智胜

2、股票上市推荐机构： 山东证券有限责任公司 法定代表人：段虎

注册地址：山东省济南市泉城路180号

电话：(0531)6019999 传真：(0531)6019816 联系人：王磊 逄伟

3、股票登记托管机构：上海证券中央登记结算公司

法定代表人：王迪彬 注册地址：上海市浦东新区浦建路727号 电话：021-58708888

4、律师事务所：北京市凯源律师事务所 法定代表人：卢建康

注册地址：北京市朝阳区北辰东路8号北京国际会议中心6020室

电话：(010)64937566 传真：(010)64929252 经办律师：卢建康 刘凝

5、会计师事务所：山东正源和信有限责任会计师事务所 法定代表人：王传顺

注册地址：山东省济南市泺源大街5号

电话：(0531)6966578 传真：(0531)6966278 经办会计师：王传顺 张炳辉

6、资产评估机构：山东申元有限责任会计师事务所

法定代表人：林乐青 注册地址：山东省济南市石棚街15号

电话：(0531)6922905 传真：(0531)6922905 联系人：万莉

(二)公司向天同证券有限责任公司(筹)(拟由山东证券有限责任公司增资扩股并更名)投资3000万元，占其股份总数的1.465%，列第23位。公司与其他有关中介机构及其负责人、高级管理人员及经办人员之间不存在直接或间接的股权关系或其他权益关系。

五、公司概况

1、公司基本情况

公司法定名称：山东金泰集团股份有限公司

英文名称：SHANDONG JINTAI GROUP CO., LTD

成立日期：1992年6月3日

公司注册地址：济南市山大北路56号 邮政编码：250100

互联网网址：www.jintai.com.cn 电子信箱：jtjt@jn-public.sd.cninfo.net

公司注册资本：7066.2万元 公司注册号：3700001801110-1

公司法定代表人：荣新建 董事会秘书：范智胜

所属行业：医药工业 公司占地面积：268793.28平方米

公司咨询服务：电话：(0531) 8902341 传真：(0531) 8902341

股东接待日：每月5日、15日和25日(国家法定节假日顺延)

文件存阅地点：公司董事会办公室

2、公司历史沿革

(1)股本形成及历次股权变动

公司发起人山东省医药工业研究所实验厂是一家以制药化工生产为主的集体企业，始建于1958年，主要生产呋喃类化学原料药。1989年2月，经济南市体改委济体改股字(1989)11号文批准，开始进行股份制试点。

1989年3月25日经中国人民银行济南市分行(89)济银金股字01号文批准，向社会公开发行面值为100元的股票10万股，后因国内政治风波中断发行，实际只发行1.2万股，募集资金120万元，山东诚信会计师事务所以鲁诚信(89)验字第36号验资报告予以验证。

1990年2月，经中国人民银行济南市分行(90)济银金股字05号文批准，继续向社会公开发行面值为100元的股票8.2795万股，募集资金827.95万元，山东诚信会计师事务所以鲁诚信(90)验字第21号验资报告予以验证。

1992年2月，为规范股本结构，将发起人净资产2430.2118万元(其中1000万元进入资本公积金)折为发起人法人股14.302118万股，山东诚信会计师事务所以鲁诚信(92)验字第16号验资报告予以验证。

1992年3月4日，经济南市体改委济体改股字(1992)14号《关于同意成立济南金泰集团股份有限公司的批复》批准，以山东省医药工业研究所实验厂为发起人以募集设立方式成立"济南金泰集团股份有限公司"。

1992年3月14日，经济南市体改委济体改股字(1992)20号文批准，将山东省医药工业研究所实验厂股票由每股面值100元拆细为每股面值1元，并更换为济南金泰集团股份有限公司股票，山东诚信会计师事务所以鲁诚信(92)验字第29号验资报告予以验证。

1992年4月28日，经中国人民银行济南市分行(92)济银金股字09号文批准，向社会公开发行股票1770万股，其中法人股770万股，社会个人股1000万股。经山东诚信会计师事务所鲁诚信(92)验字第38号验证股本后，1992年5月28日，召开了济南金泰集团股份有限公司创立大会，并于1992年6月3日正式办理了工商注册登记。

经1992年12月28日济南市体改委济体改股字(1992)24号文及1993年1月4日山东省体改委鲁体改生字(1993)第4号文批准，济南金泰集团股份有限公司更名为山东金泰集团股份有限公司，并列为全省股份制试点企业。

1993年1月经济南市体改委(1993)03号文批准，公司实施每3股送1股配2股的送配股方案。在配股过程中，个人股股东全部足额认配，共计向个人股股东配售股份1298.6333万股；法人股股东中，除山东省肿瘤防治研究院劳动服务公司足额认购其应配股份6.6666万股外，山东省医药工业研究所实验厂青年化工厂、济南英大国际信托投资有限责任公司、济南金鲁实业总公司、济南市经济开发投资公司、济南金桥开发公司、中国外运北京公司、济南市传染病医院、深圳欧菲尔科教器材有限公司全部放弃配股权，上海宝钢冶金建设公司与上海兴星房产公司分别购买上述法人股股东放弃配股权的部分法人股220万股、10万股，成为本公司新的法人股股东，至此实际向法人股股东配售236.6666万股。至1993年2月底，实际送股1382.7207万股，配售1535.2999万股，送配后的股本结构为：总股本7066.1824万股，其中，法人股3170.2824万股，个人股3895.9万股。山东诚信会计师事务所以鲁诚信(93)验字第018号验资报告予以验证。

1993年11月13日国家体改委体改生[1993]185号文确认公司为向社会公开发行股票的股份制试点企业。

1998年6月经山东省证管办鲁证管字(1998)58号文批准，增加浙江乐穗电子股份有限公司为公司股东，由其按10:1.294的比例以每股3元的价格从社会个人股东中购买504.15万股，转为法人持有。至此，公司股本结构为：法人股3674.4324万股，社会个人股3391.75万股，总股本7066.1824万股，山东省会计师事务所(98)鲁会验字第0113号对此进行了验证。1998年6月24日，山东证券登记有限责任公司鲁证登字(1998)第25号《山东金泰集团股份有限公司股票集中托管情况证明》表明公司本次股本结构调整已全部完成。1998年7月1日山东省体改委以鲁体改企字[1998]第123号文也对公司此次股权变动后的股本结构进行了确认。1999年7月12日山东省人民政府以鲁政字[1999]172号《山东省人民政府关于报送山东金泰集团股份有限公司股票托管情况的函》和鲁政字[1999]173号《山东省人民政府关于报送山东金泰集团股份有限公司股票发行及股本演变情况的函》对公司的股本结构作了进一步确认。

(2)公司前最大10名股东情况 单位：万股

排名	股东名称	持股数量	持股比例
1	山东省医药工业研究所实验厂青年化工厂	1906.9491	26.99%
2	浙江乐穗电子股份有限公司	504.15	7.13%
3	济南英大国际信托投资有限责任公司	400.00	5.66%
4	济南金鲁实业总公司	266.6667	3.77%
5	北京游子制衣有限公司	220.00	3.11%
6	济南市经济开发投资公司	133.3333	1.87%
7	济南金桥开发公司	133.3333	1.87%
8	中国外运北京公司	40.00	0.57%
9	济南市传染病医院	26.6667	0.38%
10	严玉娃	26.1180	0.37%
10	曲宁	26.1180	0.37%

山东省医药工业研究所实验厂青年化工厂：法定代表人：刘辉；注册资本：1913.54万元；经济性质：集体所有制；住所：济南市历城区洪楼西路29号；经营范围：加工自销醋酸钠、医药中间体。

浙江乐穗电子股份有限公司：法定代表人：陈建旺；注册资本：2580万元；住所：乐清市虹桥镇西工业区G-2号；经营范围：电子元器件、汽车配件、摩托车配件、五金机电、仪器仪表、低压电器的制造、销售。

3、公司的五分开情况

公司与控股股东之间做到了资产分开、业务分开、人员分开、机构分开、财务分开，公司具有独立完整的业务及面向市场自主经营的能力，公司是医药工业企业，具有完整的供应、生产和销售系统。

4、重要工业产权及无形资产

截止审计基准日2000年12月31日，公司拥有无形资产共计3035.1万元，分别由专有技术、用电权用水权和土地使用权构成，构成如下：

①专有技术：公司拥有非普拉宗片、呋喃唑酮片、呋喃妥因片、潘生丁片、烷醇避孕膜等生产技术，价值6.2万元。

②用电权用水权：公司拥有用电权用水权价值14.5万元。

③土地使用权：公司于1993-1999年分别受让11宗土地，共计268793.28平方米，帐面价值3014.4万元。

④商标权：公司产品全部使用公司注册的"JINTAI"商标。

5、公司拥有的药品生产经营许可情况及药品生产的批准情况

(1)公司药品生产企业(分公司)有三家，均按照国家药品生产的有关规定，取得了相应的生产许可。具体为：

①济南金泰制药厂：药品生产企业许可证：许可证号(鲁)卫药生证字第01-30号，许可范围：片剂、膜剂、胶囊剂；药品生产企业合格证：合格证号(鲁)药生字第01-30号。

②金泰生物工程分公司：药品生产企业许可证：许可证号(鲁)卫药生证字第409号，许可范围：

生物制品、冻干粉针；药品生产企业合格证：合格证号（鲁）药生字第01-27号。

③金泰兽药厂：兽药生产许可证：许可证号鲁兽药生产证字008号，许可生产范围：兽用化学原料药、溶液剂、粉散剂、预混剂和饲料药物添加剂。

（2）公司产品均取得国家药品批准文号或兽药批准文号，共计 88 个。其中，西药制剂产品46个，化学原料药产品14个，兽药产品 23个，生物基因药品2个，中药3个。

6、在册员工状况

截止2000年12月31日，公司现有职工786人，其中退休职工54人。

7、公司控股股东

公司第一大股东是山东省医药工业研究所实验厂青年化工厂，经济性质：集体所有制；法定代表人：刘辉；注册地址：济南市历城区洪楼西路29号；注册资本：1913.54万元；主营业务：加工自销醋酸钠、医药中间体。持有公司股票 1906.9491 万股，占公司股本总额的26.99%，该部分股票未被质押，也不存在其他有争议的情况。

青年化工厂现有员工76名，生产规模为年产醋酸钠等各种医药中间体800余吨，现主要从事医药新产品的研制和开发，截止到2000年12月31日，青年化工厂拥有总资产6567.34万元，净资产3602.57万元，2000年度净利润264.88万元（未经审计）。

8、公司组织结构

（1）公司现有组织结构及内部管理机构

公司下设办公室、总调度室、质控中心、财务中心、技术中心、供销中心和证券部七个部室，山东金泰集团股份有限公司济南金泰制药厂、医药经销分公司、生物工程分公司、商贸分公司、广告分公司、兽药厂六个分公司，章丘金达药化有限责任公司、山东金泰集团济南出租汽车公司和济南金泰医药经营有限公司三个控股公司。公司的组织机构运行良好。

9、公司经营情况

（1）概况

公司成立以来，在强化内部管理的同时，及时准确地把握市场机遇，连续八年实现了高速、稳定、健康发展。1993-2000年营业收入、净利润等主要经营指标实现了20%的平均增长速度。在1994年度国家医药局综合指标考核中，位居全国医药企业50强之一。公司是国家大型二级企业，拥有自营进出口权，多次荣获济南市先进企业、省市质量信得过单位、市技术进步先进单位等称号。1994年9月，山东省科学技术委员会以鲁科高字[1994]第265号认定公司为高新技术企业。1996年被济南市政府列为十六家重点发展的企业集团，成为济南市医药行业的龙头企业，同时，经山东省信誉评级委员会审定为AAA级信用企业。

公司历次发行股票共募集资金9500万元，全部投入技术改造项目，取得了良好的经济效益。1992年将位于市区内污染严重的原料药车间迁至郊区进行环保治理，并建成国内最大的呋喃类药品生产基地，并通过了美国FDA专家验收，年生产能力由不足百吨增加到两千吨。1994年建成了符合GMP标准的制剂大楼，形成年产片剂、胶囊、栓剂、膜剂等共计23.3亿片（粒）的生产能力。1997年又建成具有国际先进水平（符合GMP标准）的生物工程药品生产车间，为公司增加了新的利润增长点。

改制十年来，公司通过规范运营，由原来的单纯生产化学原料药的小集体企业发展成为一个拥有总资产4.32亿元、并拥有生物工程、化学制剂、中药制剂、兽药等门类、经济效益稳居全省医药行业前列的规范的股份有限公司。

（2）经营业绩

经山东正源和信有限责任会计师事务所审计的公司1998年度、1999年度、2000年度的经营业绩为： 金额单位：元

项目	2000年	1999年	1998年
主营业务收入	162,225,857.82	172,755,448.44	172,704,751.73
主营业务利润	47,548,631.61	49,815,440.90	62,922,386.97
营业利润	16,807,371.74	17,841,696.21	16,096,453.03
利润总额	16,735,460.90	19,103,217.15	15,517,770.48
减：所得税	2,234,472.25	2,470,953.74	4,053,222.46
净利润	14,271,153.74	16,489,751.28	12,014,948.50

（3）主要财务指标

（5）税收优惠政策

公司于1994年9月由山东省科学技术委员会以鲁科高字[1994]第265号文认定为高新技术企业，根据财政部和国家税务总局联合下发的《关于企业所得税若干优惠政策的通知》（财税字（94）001号）和《国务院关于批准国家高新技术产业开发区和有关政策规定的通知》（国发[1991]12号）文件精神，从1994年度起，公司所得税率减按15%执行。公司股票上市后，所得税率仍减按15%执行。

六、历次股票发行与股本结构

（一）历次股票发行

1、第一次发行

1989年3月18日，经中国人民银行济南市分行[89]济银金股字01号文批准，山东省医药工业研究所实验厂以100元/股的价格向社会公开发行面值为100元的普通股股票10万股，计人民币1000万元。自1989年3月至5月，实际发行1.2万股，募集资金120万元，属自办发行。山东诚信会计师事务所以鲁诚信（89）验字第36号验资报告予以验证。

2、第二次发行

1990年2月20日，经中国人民银行济南市分行[90]济银金股字05号文批准，山东省医药工业研究所实验厂继续向社会公开发行89年未发行完的股票。面值100元，价格100元/股，自1990年2月至5月底，实际发行8.2795万股，募集资金827.95万元，属自办发行。山东诚信会计师事务所以鲁诚信（90）验字第21号验资报告予以验证。

3、第三次发行

1992年4月16日，经中国人民银行济南市分行[92]济银金股字09号文批准，济南金泰集团股份有限公司（由原山东省医药工业研究所实验厂发起设立）向社会公开发行面值1元的人民币普通股2000万股，其中：法人股1000万股，社会个人股1000万股，发行价2.6元/股。自1992年4月28日至5月16日实际发行法人股770万股，社会个人股1000万股，由山东证券公司代理发行，募集资金4591.6万元。山东诚信会计师事务所以鲁诚信（92）验字第38号验资报告予以验证。

4、1993年送配股

1993年1月20日，经济南市体改委济体改股字（1993）03号文批准，山东金泰集团股份有限公司（由原济南金泰股份有限公司更名）按每3股送1股并配售2股的比例送配股，配股价2.6元/股，由山东证券公司代理发行。在配股过程中，个人股股东全部足额认配，共计向个人股股东配售股份1298.6333万股；法人股股东中，除山东省肿瘤防治研究院劳动服务公司足额认购其应配股份6.6666万股外，山东省医药工业研究所实验厂青年化工厂、济南英大国际信托投资有限责任公司、济南金鲁实业总公司、济南市经济开发投资公司、济南金桥开发公司、中国外运北京公司、济南市传染病医院、深圳欧菲尔科教器材有限公司全部放弃配股权，上海宝钢冶金建设公司与上海兴星房产公司分别购买上述法人股股东放弃配股权的部分法人股220万股、10万股，成为公司新的法人股股东，至此实际向法人股股东配售236.6666万股。至1993年2月底，实际送股1382.7207万股，配售1535.2999万股，扣除发行费用后，本次配股共募集资金3977.72万元。山东诚信会计师事务所以鲁诚信（93）验字第018号验资报告予以验证。

（二）股本

股本结构变动简明表

股份类别	1992年6月3日公司经济南市工商行政管理局注册登记设立时		1993年1月第二次股东大会决议并经审批机关批准，公司进行送配股后至1998年个人股转让前	
	股份数（万股）	占总股份比例（%）	股份数（万股）	占总股份比例（%）
总股份	4,148.1618	100%	7,066.1824	100%
法人股	2,200.2118	53.04%	3,170.2824	44.87%
社会个人股	1,947.9500	46.96%	3,895.9000	55.13%

股份类别	1998年公司个人股股东向法人单位转让其所持有的部分股份后至本次公司社会个人股股票上市前	
	股份数（万股）	占总股份比例（%）
总股份	7,066.1824	100%
法人股	3,674.4324	52.00%
社会个人股	3,391.7500	48.00%

2、公司股本结构

股本类别	股本数量	所占比例
股本总额	7066.1824 万股	占股本总额100%
法人股	3674.4324 万股	占股本总额 52%；
社会个人股	3391.75 万股	占股本总额 48%。

4、公司委托山东证券登记有限责任公司对全部股份进行托管，截止1998年6月24日公司股票已按规定托管完毕，并全部集中托管于山东证券登记有限责任公司。根据中国证监会证监交字[1997]14号文的规定，公司于2001年3月7日至3月19日对公司股份进行了集中托管确认，3月22日，上海证券中央登记结算公司出具了股份托管确认书（上证登股字[2001新]0034号）。

股份类别	股数（股）	确认比例
境内法人持股	36744324	100%
公众股	33917500	100%
合计	70661824	100%

七、历次募集资金的运用

（一）1989年发行股票募集资金使用情况

1989年2月，经济南市经济体制改革委员会济体改股字（1989）第11号文批准，山东省医药工业研究所实验厂进行股份制试点，同年3月经中国人民银行济南市分行（89）济银金股字01号文批准，向社会公开发行普通股票10万股，每股面值100元，计人民币1000万元，5月底，因国内政治风波中断发行，实际募集股金总额120万元。

本次发行股票所募资金已按原定投资计划投入了呋喃唑酮一期扩产改造工程。

经过全厂干部职工的共同拼搏，实验厂用较短时间就完成了一期扩产工程，呋喃唑酮年产量由100吨增加到240吨，新增销售收入600万元，利税270万元，在一定程度上缓解了供求矛盾，增强了企业实力，促进了效益的增长。

（二）1990年发行股票募集资金使用情况

1、移地新建2300平方米的生产车间及附属设施97万元。

2、新增辅助生产设施56台套，包括快装锅炉、冷冻机等，投资203万元。

3、三废治理投资40万元。

4、在精、烘、包工序增加WL立式真空泵、气流干燥箱等现代生产设备96台套，共投资415万元。

5、生产所用化工原料、煤、水、电供应等设施，投资33万元。

6、安装费用40万元。

（三）1992年发行股票募集资金使用情况

本公司1992年4月经中国人民银行济南市分行（92）济银金股字09号文批准，向社会公开发行人民币普通股票2000万股，每股面值1元，按1：2.6溢价发行，其中法人股1000万股，社会个人股1000万股。实际发行法人股770万股，社会个人股1000万股，共募集资金4591.6万元。资金运用情况如下：

1、明水化学合成药生产基地

明水化学合成药生产基地是公司医药中间体和化工产品的综合生产基地，总投资2700万元，投入募集资金2700万元，于1992年7月底开工建设，1993年4月竣工，建成后形成年产600吨原料药，年产值达6500万元，利税1200万元的生产能力。

2、金泰制药厂制剂大楼

本工程完全按照国际GMP标准设计、安装和生产，投资总额2400万元，投入募集资金1500万元，该项目一期工程于1992年9月底开工，1993年10月底竣工投产，形成年产片剂、胶囊、栓剂等共计23.3亿片（粒）、年产值达1.26亿元，利税1280万元的生产能力。

3、流动资金391.6万元。

（四）1993年配售股票募集资金使用情况

1993年1月，经济南市体改委济体改股字（1993）03号文批准，本公司按每3股送1股并配售2股（配售价格2.6元/股）的比例送配股。在配股过程中，个人股股东全部足额认配，共计向个人股股东配售股份1298.6333万股；法人股股东中，除山东省肿瘤防治研究院劳动服务公司足额认购其应配股份6.6666万股外，山东省医药工业研究所实验厂青年化工厂、济南英大国际信托投资有限责任公司、济南金鲁实业总公司、济南市经济开发投资公司、济南金桥开发公司、中国外运北京公司、济南市传染病医院、深圳欧菲尔科教器材有限公司全部放弃配股权，上海宝钢冶金建设公司与上海兴星房产公司分别购买上述法人股股东放弃配股权的部分法人股220万股、10万股，成为本公司新的法人股股东，至此实际向法人股股东配售236.6666万股。本次配股共计配售1535.2999万股，扣除配售发行费用14.06万元之后，实际募集资金3977.72万元。募集资金使用情况如下：

1、生物工程生产基地。主要从事生物工程高新技术的研究、开发，利用募集资金投入1774.62万元，一期工程于1993年5月开工，1994年3月竣工投产，形成年产金路康20万支的生产能力，年增销售收入2300万元，利税1100万元。

2、公司注入募集资金1313万元，用于金宫山庄度假村建设，于1994年10月开工，一期工程于1996年10月竣工，年增营业收入255.5万元，利税76.5万元。

3、设立山东金泰集团济南出租汽车公司。购买车辆38部，用于客运出租，总计投入募集资金400万元，年增营业收入76.8万元，利税46.8万元。

4、金泰长清化工基地建设，投资490.1万元，1993年10月开工，1994年7月竣工，形成年产原料药100吨的生产能力，年增销售收入1460万元，利税116.8万元。

八、股利分配政策

（一）公司股利分配政策：

公司在每个会计年度终结时，进行财务决算。公司缴纳所得税后的利润，按下列程序分配：

A.弥补以前年度亏损；

B.提取10%的法定公积金；

C.提取5%至10%的法定公益金；

D.提取任意公积金；

E.支付股东股利。

公司法定公积金累计额达到公司注册资本的50%以上时，可以不再提取。提取法定公积金、公益金后，是否提取任意公积金由股东大会决定。公司不得在弥补公司亏损和提取法定公积金、公益

金之前向股东分配利润。

公司股利每年分配一次。股利应当在每一会计年度结束后六个月以内分配给股东。公司可以采取现金或者股票方式分配股利。

具体股利分配方案由董事会依据有关法律和公司章程制定并报股东大会批准后实施。

(二)以下为公司历次股利分配情况:

1、1989 年度实现净利润 67.6 万元。提取奖励、福利基金 13.5 万元;分红基金 54.1 万元。

1990 年度实现净利润 196 万元。提取奖励、福利基金 39.2 万元;分红基金 156.8 万元。

经山东省医药工业研究所实验厂 1990 年度股东大会审议决定,1989 年度的个人股分红并入 1990 年一起发放,89 年至 90 年用于分红的基金为 210.9 万元(54.1+156.8),股票面值 100 元,每股分红 22.2 元,现金支付。

2、1991 年度实现净利润 209.2 万元,提取"两金"67 万元,分红基金 142.2 万元,山东省医药工业研究所实验厂第二次股东大会决定以现金方式派发,股票面值 100 元,每股分红 12.65 元。

3、1992 年度实现净利润 443.2 万元。提取法定公积金 44.3 万元,提取法定公益金 22.2 万元,提取任意公积金 22.2 万元,上年未分配利润 22.3 万元,累计分红基金为 376.8 万元,每股股利率为 9.08%。济南金泰集团股份有限公司临时股东大会第二次会议决定以分红基金 354.5 万元和资本公积金 1028.2 万元合并派送红股,即每 3 股派送 1 股红股。

4、1993 年度公司实现净利润 1066.8 万元,提取法定公积金 106.7 万元,法定公益金 53.3 万元,任意公积金 53.3 万元,上年未分配利润 22.3 万元,累计分红基金为 875.8 万元。山东金泰集团股份有限公司第三次股东大会决定每股红利 0.124 元,本年度山东省医药工业研究所实验厂青年化工厂放弃分红,社会法人股和社会个人股每股分红 0.17 元,以现金形式派发。

5、1994 年度实现净利润 958 万元,提取法定公积金 95.8 万元,公益金 47.9 万元,任意公积金 47.9 万元,上年未分配利润 0.4 万元,累计分红基金为 766.8 万元,每股可分配红利 0.109 元,山东金泰集团股份有限公司第四次股东大会决议每 10 股派发现金 1 元,已实施。第四次股东大会决议另用资本公积金每 10 股转增红股 1 股,待公司股票上市后实施。

6、1995 年度实现净利润 835.8 万元,提取法定公积金 83.6 万元,公益金 41.8 万元,任意公积金 41.8 万元,上年未分配利润 60.2 万元,累计分红基金为 728.8 万元,山东金泰集团股份有限公司第五次股东大会决议滚存至下一会计年度一并分配。

7、1996 年度实现净利润 1771.2 万元,提取法定公积金 177.1 万元,法定公益金 88.6 万元,任意公积金 88.6 万元,上年未分配利润 728.8 万元,累计分红基金为 2145.7 万元,山东金泰集团股份有限公司第六次股东大会决议暂不分配。

8、1997 年度实现净利润 2227.1 万元,提取法定公积金 222.7 万元,法定公益金 111.4 万元,任意公积金 111.4 万元,上年未分配利润 2145.7 万元,累计可分配利润为 3927.4 万元。山东金泰集团股份有限公司第七次股东大会决议在公司股票上市后三个月内实施每 10 股送 4 股,同时以资本公积金每 10 股转增 2 股的分配方案。

9、1998 年度实现净利润 2201.80 万元,提取法定公积金 220.18 万元,法定公益金 110.09 万元,任意公积金 110.09 万元,上年未分配利润 3927.4 万元,累计可分配利润为 5688.8 万元。山东金泰集团股份有限公司第八次股东大会决议暂不分配。

10、公司 1999 年度共实现净利润 1648.98 万元,提取法定公积金 171.83 万元,法定公益金 85.92 万元,任意公积金 85.92 万元,本年度可供股东分配利润为 1305.31 万元,上年未分配利润 2939.66 万元(按财政部财会字[1999]35 号文件要求进行追溯调整),累计可分配利润为 4244.97 万元。山东金泰集团股份有限公司第九次股东大会决议本年度每 10 股送红股 1 股,资本公积金转增股本每 10 股转增 2 股,待公司股票上市后实施。

11、公司 2000 年度共实现净利润 1427.12 万元,提取法定公积金 132.95 万元,法定公益金 66.48 万元,任意公积金 66.48 万元,本年度可供股东分配利润为 1161.21 万元。山东金泰集团股份有限公司第十次股东大会决议本年度向全体股东每 10 股派发现金股利 0.50 元(含税),待公司股票上市后适当时机实施。

综上第四次、第七次、第九次、第十次股东大会决议,公司股票上市后,需累计实施的分红送股方案为:以上市总股本 7066.1824 万股为基数,每 10 股送红股 5 股,资本公积金转增股本每 10 股转增 5 股,每 10 股派发现金股利 0.50 元(含税),由本公司全体股东共享,在公司股票上市后三个月内实施,具体实施时间届时另行通知。

九、风险因素

投资者在投资或评价本次上市的股票时,除参阅本上市公告书及其他有关资料外,应特别认真考虑以下风险因素。

1、公司 2000 年利润部分来自技术转让及房地产业务,主营业务利润较低,存在不确定性风险

公司 2000 年主营业务利润为 4755 万元,其中技术转让净收入 866 万元,房地产开发利润 863 万元,上述两项收入存在不确定性风险,有可能对公司未来利润构成影响。

2、市场风险　(1)商业周期的影响　(2)市场相对饱和的限制

3、业务经营风险　(1)原材料供应风险　(2)产品出口的客户依赖风险

(3)产品价格管制风险　(4)产品出口的限制风险

4、财务风险　(1)债务偿还风险　(2)对外投资收益不确定风险

(3)资产流动性风险　(4)债务结构不合理的风险　(5)应收款项发生坏帐的风险

5、技术风险 (1)技术进步及品种更新的风险　(2)新产品开发风险。(3)新药推广风险

6、管理风险　7、行业风险　8、政策风险　9、合作开发房地产项目的风险

10、汇率风险　11、中国加入 WTO 的风险　12、股市风险

十、业务和技术

(一)行业概况

制药业被称为永远的朝阳产业,与人们的生活和健康息息相关,世界医药市场发展速度近三十年来一直保持着 6%-7%的年复合增长率。据预测,未来 10 年,全球药品销售额将保持每年 7%以上的增长速度。我国自改革开放以来,医药产业也得到了很大的发展,在过去的 10 年里,医药工业总产值年均增长率达到 18%,其中,2000 年比上年同期增长 20%,预计未来几年内,药品销售额平均增长率将保持在 10%以上。我国制药业实行行业准入制度,凡生产企业均需取得药品生产企业许可证、药品生产企业合格证,同时,由于药品的研制、开发、投产过程周期长、费用高,并且存在较大风险,因此,该行业存在一定的行业壁垒。但由于历史的原因,我国制药业存在严重的重复建设,药厂多规模小,制药企业接近 6500 家,加之该行业高投入、高回报的特性,一些有实力的大公司也不断加入该行业,使我国的制药业竞争日趋激烈,特别是国内制药业主要以仿制国外药品为主,科研水平低,科研开发投入严重不足,致使新药开发能力弱。我国加入 WTO 将落实对 100 多个成员国实行知识产权保护的规定,将使我国的以仿制新药为主的制药业受到重大不利影响。而且入世后,医药产品的关税将降低,国内医药市场将受到国外药品的强有力冲击。

(二)公司面临的主要竞争状况

公司主营西药的生产和销售,公司主导产品非普拉宗,二甲双胍等在国内市场有较多的同类替代性产品竞争,使公司在扩大该部分产品的市场占有率上受到一定程度的限制。但公司的优势在于,通过近几年产品开发,已储备了国家一类新药一个,国家二类新药一个,国家三、四类新药一批,实现了公司产品的升级换代,同时,公司已建立了遍布全国的市场营销网络,为公司产品顺畅销售提供了保证。公司近几年将加大产品结构调整力度,重点加强科技含量高的生物工程基因药物如白介素-2、链激酶的市场销售。同时,公司有 7 个产品进入了国家首批公布的非处方药目录,公司将采取措施,充分利用下属控股子公司济南金泰医药经营公司药品零售连锁店的优势,提高该部分产品的市场份额。

(三)业务范围及主营业务

公司经营范围:许可生产的药品(片剂、膜剂、胶囊剂、生物制品)的生产;本公司产品的销售;房地产开发;餐饮服务;机电设备、医疗器械、百货、五金交电化工(不含危险品)、建筑材料、工艺美术品(不含金银首饰)、办公用品、其他食品的销售;许可范围的商品进出口、广告业务;住宿、娱乐服务;本公司产品的技术开发、转让和技术服务。

实际从事的业务:主要从事医药制剂产品、生物工程产品、化学原料药、兽药产品的研究、开发、生产和销售。

(四)主营业务情况

1、主要业务的构成

本公司主要进行人用合成原料药、制剂、生物药品制剂、兽用合成原料药、制剂产品的开发研制生产经营业务。

2、主要产品及其生产能力

本公司人用主要产品有片剂、胶囊剂、膜剂、生物药品白介素-2,其生产能力分别是:

	片剂	胶囊剂	膜剂	生物药品白介素-2
1998 年	100000 万片	5000 万粒	2000 万本	20 万支
1999 年	100000 万片	5000 万粒	2000 万本	20 万支
2000 年	100000 万片	5000 万粒	2000 万本	20 万支

本公司兽用合成原料药及制剂的生产能力分别是:

	兽用合成原料药	兽用制剂
1998 年	120 吨	20000 公斤
1999 年	120 吨	30000 公斤
2000 年	250 吨	35000 公斤

(五)主要固定资产、无形资产

经山东正源和信有限责任会计师事务所 2001 年 1 月 9 日出具的审计报告((2001)鲁正审字第 10001 号),公司主要固定资产、无形资产状况如下:

(1)主要固定资产情况　　单位:元

固定资产种类	用　途	原　值	累计折旧	所在地
1 房屋建筑物	办公科研、生产	57,271,550.89	6,022,607.10	济南市
2 通用设备	生产	39,993,521.24	7,934,532.53	济南市
3 专用设备	生产	15,949,754.71	5,148,694.76	济南市
4 运输设备	生产、办公	5,024,513.28	3,711,652.08	济南市
5 其他设备	办公、生产	1,458,728.88	930,059.58	济南市
合　计		119,698,069.00	95,950,522.95	

(2)重要工业产权及无形资产

截止审计基准日 2000 年 12 月 31 日,公司拥有无形资产共计 3035.1 万元,分别由专有技术、用电权用水权和土地使用权构成,构成如下:

①专有技术:公司拥有非普拉宗片、呋喃唑酮片、呋喃妥因片、潘生丁片、烷醇避孕膜等生产技术,价值 6.2 万元。

②用电权用水权:公司拥有用电权用水权价值 14.5 万元。

③土地使用权:公司于 1993-1999 年分别受让 11 宗土地,共计 268793.28 平方米,帐面价值 3014.4 万元。

④商标权:公司产品全部使用公司注册的"JINTAI"商标。

十一、同业竞争与关联交易

1、同业竞争

公司的第一大股东山东省医药工业研究所实验厂青年化工厂主要从事的业务是加工自销醋酸钠、化工中间体,生产规模为年产醋酸钠等各种医药中间体 800 余吨,现主要从事医药新产品的研制和开发,截止到 2000 年 12 月 31 日,青年化工厂拥有总资产 6567.34 万元,净资产 3602.57 万元,2000 年度净利润 264.88 万元(未经审计)。其从事的业务与公司业务不同,除股份公司外,青化厂没有其他分公司、子公司和参股公司或联营公司。其不存在与公司进行同业竞争的情况。

为公司股票上市担任专项法律顾问的北京凯源律师事务所出具的法律意见如下:

"经合理查验,贵公司大股东青化厂目前主要从事的业务与贵公司不同,本所律师未发现其存在有与贵公司进行同业竞争的情况;1998 年 6 月 18 日青化厂已向贵公司作出承诺:作为贵公司的第一大股东,其保证自身并将促使其各成员不会直接或间接参与或进行与贵公司的产品或业务竞争的任何活动。"

2、关联交易

(1)公司的关联方

①第一大股东:山东省医药工业研究所实验厂青年化工厂。

②其他股东:浙江乐穗电子股份有限公司、济南英大国际信托投资有限责任公司、济南金鲁实业总公司、北京游子制衣有限公司、济南市经济开发投资公司、济南金桥开发公司、中国外运北京公司、济南市传染病医院等。

③控股子公司:章丘金达药化有限责任公司、山东金泰集团济南出租汽车公司和济南金泰医药经营有限公司。

(2)关联关系

公司董事周明严先生任香港游子集团公司董事长、浙江乐穗电子股份有限公司副董事长、北京游子制衣有限公司董事长和上海光瓷通信有限公司董事长;公司董事汤清女士任济南英大国际信托投资有限责任公司证券部总经理;公司监事张崇爱任济南英大国际信托投资有限责任公司证券部财务总监;公司监事胡漫欣女士任北京游子制衣有限公司副董事长。

股东之间不存在股权关系、人事关系、管理关系及商业利益关系。

(3)关联交易

公司与控股股东及其他股东之间没有任何关联交易,为公司股票上市担任专项法律顾问的北京凯源律师事务所出具的法律意见如下:

"经合理查验,截止于本法律意见书出具日,本所律师未发现贵公司同大股东青化厂及其子公司之间存在关联交易。"

公司第七次股东大会表决通过的《公司章程》对关联交易决策权力与程序作出了规定:

"第七十二条　股东大会审议有关关联交易事项时,关联股东不应当参与投票表决,其所代表的有表决权的股份数不计入有效表决总数;股东大会决议的公告应当充分披露非关联股东的表决情况,如有特殊情况关联股东无法回避时,公司在征得有权部门的同意后,可以按照正常程序进行表决,并在股东大会决议公告中作出详细说明。"

十二、董事、监事、高级管理人员及核心技术人员

1、情况简介

董事:荣新建　山东省济南市人,男,48 岁,高级工程师,大学本科学历。1980 年起先后担任蚌埠第二制药厂科长、山东省医药工业研究所实验厂技术副厂长、公司副总经理、总经理。现任股份公司董事长,无兼职情况。

董事:周明严　浙江乐清人,男,40 岁。1999 年在中央党校进修学习,2000 年至今,在首都经济贸易大学攻读硕士研究生。现任香港游子集团公司董事长、浙江乐穗电子股份有限公司副董事长、北京游子制衣有限公司董事长、上海光瓷通信有限公司董事长。

董事:吕世鹏　山东省济南市人,男,36 岁,医学学士,经济学硕士,主管药师。曾任济南市中心医院外科医师。1992 年起历任公司新产品市场部经理、销售公司总经理、总裁助理和董事会秘书。现任济南金泰科技有限公司总经理。曾留学日本东京大学,现就读博士课程。

董事:贾立军　山东省济南市人,男,38 岁,毕业于河北化工学院化学工程系,1996 年南开大学工商管理研究生班毕业,工程师。历任河北廊坊钨钼材料厂技术员、济南化肥厂助理工程师、金达药化有限责任公司科技部部长、副总经理。现任公司总经理,无兼职情况。

董事:汤　清　山东省济南市人,女,46 岁,经济师,大学本科学历。1983 年起历任山东省皮革公司业务主任、市工商银行信贷部主任科员、华夏证券公司发行部副经理等职。现任济南英大国际信托投资公司证券部总经理,无兼职情况。

监事:李志强　山东省烟台市人,男,48 岁,大专毕业,助理经济师。1979 年起先后任山东省医药工药研究所实验厂车间主任,山东金泰集团股份有限公司企管部部长、工会主席、纪委书记,现任公司监事会召集人,无兼职情况。

监事:胡漫欣　浙江省乐清市人,女,38 岁,会计师,高中毕业。1979 年在中国农业银行乐清蒲歧所任职;1983 年任主办会计;1992 年在深圳卓尔实业公司任总

经理;现任北京游子制衣有限公司副董事长。

监事:张崇爱　山东省济南市人,女,36 岁,会计师,大专毕业。1985 年在中国工商银行济南市市中分行任职;1991 年在济南国际信托投资公司任职;1997 年至今在济南英大国际信托投资有限责任公司、证券管理总部任财务部经理,无兼职情况。

监事:杨洪民　山东省济南市人,男,45 岁,大学毕业,助理经济师。1979 年起历任山东省医药工业研究所实验厂企管科部员、济南金泰第二制药厂副厂长、山东金泰集团股份有限公司企管人事部部长、副总经理、原料药供销公司总经理,无兼职情况。

监事:陈永兰　黑龙江人,女,33 岁,大专毕业,工程师。1989 年起在山东省医药工业研究所实验厂工作;1994 年任山东金泰生物工程公司办公室主任;98 年任济南金泰医药经营公司管理处处长、工会主席;现任山东金泰集团股份有限公司党委办公室主任,无兼职情况。

财务总监:凌冰　山东省济南市人,男,39 岁,会计师。1977 年参加工作,曾任济南家具厂总厂财务科副科长和合资企业财务部经理。1992 年后,历任公司资财部部员、财务管理处处长,医药经销公司总经理助理、副总经理,金泰制药分厂副厂长,公司财务中心主任,现任公司财务总监,无兼职情况。1998 年获济南市第二期高级工商管理培训毕业证书。

董事会秘书:范智胜　山东省济南市人,男,32 岁,经济师,大学本科学历。1992 年起,历任公司董事会法律秘书、秘书处处长。1993 年通过国家律师资格考试,1997 年获得深圳证券交易所董事会秘书培训合格证书。现任公司董事会秘书,无兼职情况。

核心技术人员:张瑞琛　山东省济南市人,男,32 岁,副主任药师,毕业于山东中医药大学(本科),担任过三类中药生肌愈皮膏、四类新药索他洛尔、四类新药金娅婕、比沙可啶栓及仿制药品克霉唑药膜等十几个产品的研制和开发。现任公司技术中心主任,无兼职情况。

核心技术人员:张凤森　山东省济南市人,男,52 岁,高级工程师,毕业于山东大学化学系(本科)。济南市政协委员、常委,从事医药研究和生产几十年,先后获得山东医药管理局科技进步一等奖、技术革新二等奖、济南市医药管理局新产品开发攻关奖、"八五"技术进步先进工作者称号。现任公司技术中心科技开发部部长,无兼职情况。

核心技术人员:刘怀振　山东省济南市人,男,35 岁,工程师,1987 年毕业于兰州大学化学系,1990 年获兰州大学现代物理系硕士学位。主要科研成果有:月桂氮酮的研究及产业化,氟苯尼考的试验室工艺转化及其产业化,环化物的试验室研究和工艺设计及其产业化,丹曲林钠的研究与产业化。现任公司技术中心科技开发部副部长,无兼职情况。

上述人员全部为中国国籍,均无境外永久居留权。

公司高级管理人员与控股股东间不存在双重任职问题。

2、2000 年度收入和持股情况　　金额单位:元

姓名	年收入	发放单位	职务	个人持股	家属持股	法人持股
荣新建	36950	股份公司	董事	870	870	0
周明严	52180	浙江乐穗电子股份有限公司	董事	0	0	0
吕世鹏	26890	济南金泰科技有限公司	董事	0	0	0
贾立军	29525	股份公司	董事	0	0	0
汤清	16800	济南英大国际信托投资公司	董事	870	0	0
李志强	21603	股份公司	监事	0	0	0
胡漫欣	45270	浙江乐穗电子股份有限公司	监事	0	0	0
张崇爱	16300	济南英大国际信托投资公司	监事	0	0	0
杨洪民	21290	股份公司	监事	4353	0	0
陈永兰	18380	股份公司	监事	0	0	0
凌冰	20393	股份公司	财务总监	0	0	0
范智胜	17373	股份公司	董秘	0	0	0
张瑞琛	19793	股份公司	技术骨干	0	0	0
张凤森	26817	股份公司	技术骨干	0	0	0
刘怀振	19275	股份公司	技术骨干	0	0	0

以上人员本人共持有公司股票 6093 股,占公司股票总数的 0.0086%,按照《公司法》有关规定,其持有的股票在任职期间不得转让。

公司董事荣新建之妻董建青持有公司社会个人股 870 股,以上股份不存在质押或冻结情况。

3、亲属关系　公司董事、监事、高级管理人员及核心技术人员中,相互之间不存在配偶关系、三代以内直系和旁系亲属关系。

十三、公司治理结构

(一)公司章程中有关股东权利、义务、股东大会的职责及议事规则,保护中小股东权益的规定及其实际执行情况。

公司章程第四章"股东和股东大会"分四节(股东、股东大会、股东大会提案、股东大会决议)详细规定了公司股东的权利、义务、股东大会的职责及议事规则,以上内容完全符合《公司法》、《上市公司章程指引》等有关法律法规的规定,章程给予了公司全体股东充分平等的权利保护。在保护中小股东权益方面,公司章程规定中小股东在享有和行使全面的股东权利的同时,对公司控股股东在行使表决权等权利时规定了限制性条款,如关联交易的回避制度等。公司在历次股东大会中,均严格遵照公司章程的规定。

十四、财务会计资料

第一部分　财务会计信息

(一)本公司 1998 年、1999 年和 2000 年经审计的财务报表如下:

合并资产负债表(1)

编制单位:山东金泰集团股份有限公司　　　金额单位:人民币元

资　　产	附注	2000.12.31	1999.12.31
流动资产:			
货币资金	1	37,422,000.60	8,899,815.15
应收帐款	2	98,082,634.67	101,719,448.82
其他应收款	3	33,340,090.81	38,645,776.00
减:坏帐准备		26,284,545.10	28,073,044.96
应收款项净额		105,138,180.38	112,292,179.86
预付帐款	4	17,316,545.18	11,710,076.57
应收补贴款	5	1,204,169.61	1,313,406.99
存　货	6	83,545,153.66	88,669,257.74
减:存货跌价准备		2,885,543.55	4,246,747.27
存货净额		80,659,610.11	84,422,510.47
待摊费用	7	487,510.69	1,131,500.90
流动资产合计		242,228,016.57	219,769,489.94
长期投资:			
长期股权投资	8	31,935,854.00	1,935,854.00
长期债权投资			
长期投资合计		31,935,854.00	1,935,854.00
减:长期投资减值准备			
长期投资净额		31,935,854.00	1,935,854.00
固定资产:			
固定资产原价	9	119,698,069.00	116,507,592.87
减:累计折旧		23,747,546.05	19,761,086.98
固定资产净值		95,950,522.95	96,746,505.89
工程物资			
在建工程	10	26,733,104.23	26,529,507.16
固定资产清理		297,458.22	1,009,570.89
待处理固定资产净损失			
固定资产合计		122,981,085.40	124,285,583.94
无形资产及其他资产:			
无形资产	11	30,350,531.73	30,764,041.18
开办费	12	3,281,534.56	4,221,515.15
长期待摊费用	12	1,097,887.59	1,474,805.99
其他长期资产			
无形资产及其他资产合计		34,729,953.88	36,460,362.32
递延税项:			
递延税款借项			
资　产　总　计		431,874,909.85	382,451,290.20
流动负债:			
短期借款	13	72,225,000.00	75,430,000.00
应付票据	14	3,446,000.00	6,200,000.00
应付帐款	15	22,968,316.37	27,052,647.34
预收帐款	16	4,440,550.27	4,476,404.65
代销商品款			
应付工资			
应付福利费		1,922,107.65	2,307,174.28
应付股利	17	1,521,273.04	1,521,273.04
应交税金	18	10,184,893.15	9,874,352.25
其他应交款	19	145,295.55	162,033.28
其他应付款	20	11,274,116.39	14,764,665.81
预提费用		48,154.33	256,320.47
一年内到期的长期负债	21	37,152,755.22	13,476,638.57
其他流动负债			
流动负债合计		165,280,307.64	155,313,343.55
长期负债:			
长期借款	22	63,543,638.57	24,110,000.00
应付债券		11,972,755.22	10,972,755.22
长期负债合计		63,543,638.57	36,082,755.22
负　债　合　计		228,823,946.21	191,396,098.77
少数股东权益		9,431,978.02	9,202,143.11
股东权益:			
股　　本	23	70,661,824.00	70,661,824.00
资本公积	24	52,376,751.29	52,376,751.29
盈余公积	25	18,542,739.62	15,883,720.07
其中:公益金		4,635,684.91	3,970,930.02
未分配利润	26	52,037,670.71	42,930,752.96
股东权益合计		193,618,985.62	181,853,048.32
负债及股东权益合计		431,874,909.85	382,451,290.20

合并利润及利润分配表

编制单位:山东金泰集团股份有限公司　　　金额单位:人民币元

项　　目	附注	2000 年度	1999 年度
一、主营业务收入	27	162,225,857.82	172,755,448.44
减:折扣与折让			33,314.43
主营业务收入净额		162,225,857.82	172,722,134.01
减:主营业务成本	28	114,274,224.13	121,624,815.28
主营业务税金及附加		403,002.08	1,281,877.83
二、主营业务利润		47,548,631.61	49,815,440.90
加:其他业务利润	29	47,010.56	2,257,038.21
减:存货跌价损失		–1,361,203.72	–23,023.66
营业费用		12,053,174.58	17,271,393.14
管理费用	30	12,303,817.31	9,513,605.66
财务费用	31	7,792,482.26	7,468,807.76
三、营业利润		16,807,371.74	17,841,696.21
加:投资收益			85,505.67
补贴收入	32	213,012.00	1,377,391.62
营业外收入	33	55,281.38	515,263.68
减:营业外支出	34	340,204.22	716,640.03
四、利润总额		16,735,460.90	19,103,217.15
减:所得税		2,234,472.25	2,470,953.74
少数股东损益		229,834.91	142,512.13
五、净利润		14,271,153.74	16,489,751.28
加:年初未分配利润		40,425,536.52	29,162,668.52
盈余公积转入数			
六、可供分配的利润		54,696,690.26	45,652,419.80
减:提取法定盈余公积		1,329,509.77	1,360,833.42
提取法定公益金		664,754.89	680,416.71
七、可供股东分配的利润		52,702,425.60	43,611,169.67
减:应付优先股股利			
提取任意盈余公积		664,754.89	680,416.71
应付普通股股利			
转作股本的普通股股利			
八、未分配利润		52,037,670.71	42,930,752.96

十五、业务发展目标

(一)发展计划

1、发展战略

公司将坚定不移地贯彻"高科技、大医药、专业化、规模化"的企业发展战略,以"突出作大作强、加速发展"为主题,深化改革,增强活力,科学管理,塑造"金泰制药"品牌,努力发展成为高科技、国

际化的大型制药企业。

2、发展目标

公司将以优化企业资源为基础，发展和运用医药高新技术为手段，建立现代化一流企业为目标，力争在五年内成为国内知名的制药企业，综合经济实力进入全国医药工业企业前二十强。

生物工程基因药品：在提高国家二类新药白介素-2 生产规模和市场占有率的基础上，2001 年底前投产国家一类新药链激酶，并尽快推向市场，2003 年前取得国家一类新药基因针的新药证书，达到批量生产能力，到 2005 年，形成基因药品 4-5 个，使生物工程基因药品成为公司主导盈利产品。

西药制剂：继续扩大壬苯药膜、金霉迪、金亚婕等膜剂妇科系列产品的国内领先优势，重点加大缓、控、速释三大剂型和天然药物的开发投入，加速国内空白四类新药“氯雷他定”的制剂研发，形成规模生产能力。突出单品种作大作强，力争在五年内推出销售过亿元的单品种。

原料药：在加速传统产品升级换代的技改增效的基础上，力争在未来三年内有 2-3 个品种通过 FDA 认证，在中国加入 WTO 后，利用成本优势抢占国际市场，出口创汇能力在 5 年后达到 1000 万美元以上。

兽药：国家三类新药尼复康已取得新药证书，国家二类新药口恶喹酸已上报国家农业部，2001 年底前取得新药证书。加强对以上两个产品的市场推广力度，提高公司兽药产品的市场占有率。

3、产品开发计划

公司将充分利用金泰技术中心雄厚的科研力量，加强与有关科研院所、大专院校的合作，形成交互性和开放性的科研体系，重点研究高附加值、市场前景广阔的医药品种，在未来 3-5 年内储备 8-10 个有自主知识产权的新药产品。其中基因针等国家一、二类新药 3-4 个，国家经贸委重点项目 GCLE 等三、四类新药 5-6 个。

4、人员扩充计划

公司将根据企业发展的需要，优化员工结构，逐步使人才向技术和市场倾斜，提高员工队伍素质。通过人才引进，招聘高素质的大学以上毕业生，促进人才合理流动，至 2005 年，公司管理人员全部取得中级以上专业技术任职资格，一般员工全部取得职业资格证书(或专业技术上岗证)。

5、技术开发与创新计划

公司将积极引进国内外先进设备，进行技术革新，建设完全符合 GMP 标准的现代化医药生产基地。根据市场需求，加大研发投入，不断开发新产品，对现有产品的生产工艺、生产流程进行不断改进，以提高产品收率和质量。

十六、其他重要事项

A、重要合同及重大诉讼

(一)重要合同

1、借款合同　根据《审计报告》及公司与贷款人签订的借款合同，截止至 2000 年 12 月 31 日，公司尚有人民币银行短期借款余额 7222.5 万元，人民币银行长期借款余额 6354.4 万元。

标的在 500 万元以上的借款合同有：

(1)甲方：山东金泰集团股份有限公司，乙方：中国工商银行济南高新技术产业开发区支行。借款金额：贰仟伍百伍拾贰万柒千元，月利率 5.94 ‰，期限 2000 年 11 月 29 日至 2002 年 4 月 15 日。由山东玉泉股份有限公司提供担保。

(2)甲方：山东金泰集团股份有限公司，乙方：中国建设银行济南市历城区支行。借款金额：叁仟万元整，月利率 5.445‰，期限 2000 年 5 月 26 日至 2003 年 5 月 26 日。

(3)甲方：山东金泰集团股份有限公司，乙方：中国银行济南分行。借款金额：捌佰零壹万陆仟陆佰叁拾捌元伍角柒分，月利率 5.94‰，期限 2000 年 12 月 9 日至 2002 年 6 月 15 日。

(4)甲方：山东金泰集团股份有限公司，乙方：中国建设银行济南市历城区支行。借款金额：壹仟万元整，月利率 5.3625‰，期限 2000 年 6 月 19 日至 2001 年 6 月 19 日。由甲方提供的财产作抵押物提供担保。

(5)甲方：山东金泰集团股份有限公司，乙方：中国银行济南分行。借款金额：壹仟伍佰叁拾万元整，月利率 5.85‰，期限 2000 年 12 月 9 日至 2001 年 12 月 9 日。

(6)甲方：山东金泰集团股份有限公司，乙方：中国工商银行济南高新技术开发区支行。借款金额：伍百万元整，月利率 5.94‰，期限 2000 年 12 月 11 日至 2001 年 6 月 10 日。以抵押方式提供担保。

2、山东金泰集团股份有限公司与北京医科大学心血管(基因)研究所研究合作协议书

一九九九年五月十七日，公司(乙方)与北京医科大学心血管(基因)研究所(甲方)签定研究合作协议书。该协议约定：(1)甲乙双方决定建立长期协作关系，乙方自二 OOO 年起，每年向甲方提供 15 万元科研经费；(2)甲乙双方合作研究和开发多肽类药物，开发费用由乙方提供，技术成果甲方享有 30%，乙方享有 70%，未经乙方同意，技术成果不得向第三方转让。(3)甲乙双方合作开展 VEGF 基因针治疗外周梗塞性血管病的前期应用基础研究，研究申报和开发经费由乙方负责提供，其成果甲方享有 35%，乙方享有 65%；(4)甲方有义务为乙方进行新药开发咨询、国际交流、资料查询、提供信息，并进行人员培训，费用由乙方按项目内容的实际开支支付。该协议于一九九九年六月一日生效，有效期六年。

3、山东金泰集团股份有限公司与清华大学化学系合作协议

一九九九年五月十二日，公司(甲方)与清华大学化学系(乙方)就“阿苯达唑合成新工艺”和“头孢系列药物重要中间体 GCLE 的合成研究”两个课题达成合作协议，由甲方在两年内投资 100 万元支持乙方就上述两个课题继续开展研究。研究成果归双方共有，乙方负责小试研究，甲方负责组织工业化生产。

4、关于委托、承接口恶喹酸药理、毒理实验以及临床实验协议书

一九九九年三月十二日，公司(甲方)与农业部水产研究院黄海水产研究所(乙方)签定协议，该协议约定：甲方委托乙方按照农业部认可“口恶喹酸临床试验方案”进行有关药效和毒性试验，甲方为此向乙方提供实验费 10 万元整，甲方应为乙方提供实验药品，数量保证乙方需要。

5、经销代理合同

A.公司(甲方)同安徽阜阳医药采购供应站(乙方)签定经销代理合同，甲方生产的非普拉宗、二甲双胍、金酶迪药品由乙方在阜阳地区销售，代理时间自二 OO 一年一月一日至二 OO 一年十二月三十一日，代理销售计划为全年销售 360 万元，每月乙方按销货总价全额承付甲方，货款到甲方帐后及时向乙方支付代理费。

B.公司(甲方)同山西锦荣医药有限公司(乙方)签定经销代理合同，甲方生产的非普拉宗、二甲双胍、金酶迪药品由乙方在太原地区销售，代理时间自二 OO 一年一月一日至二 OO 一年十二月三十一日，代理销售计划为全年销售 320 万元，每月乙方按销获总价全额承付甲方，货款到甲方帐后及时向乙方支付代理费。

C.公司(甲方)同石家庄医药采购供应站(乙方)签定经销代理合同，甲方生产的非普拉宗、二甲双胍、金酶迪药品由乙方在石家庄地区销售，代理时间自二 OO 一年一月一日至二 OO 一年十二月三十一日，代理销售计划为全年销售 480 万元，每月乙方按销获总价全额承付甲方，货款到甲方帐后及时向乙方支付代理费。

以上合同正在执行之中。

(二)截止上市公告书刊登之日，公司、公司董事会成员、公司控股股东山东省医药工业研究所实验厂青年化工厂、公司控股子公司均没有涉及任何影响本公司正常经营的重大诉讼、仲裁或行政处罚，亦无任何尚未了结或可能面临的重大诉讼。

B、企业债券有关情况

(一)公司发行企业债券

经山东省计划委员会批准，公司于 1998 年发行了 1,000 万元三年期企业债券。

1、1997 年 12 月 21 日，山东省计划委员会以“关于下达金泰集团股份有限公司企业债券发行计划指标的通知”(鲁计财金字[1997]1331 号)从国家计委下达给山东省 1995、1996 年企业债券结余指标中调整给公司 1000 万元，用于公司白细胞介素-2 生物工程产品技改项目建设；

2、1998 年 1 月 5 日，山东省证券投资服务中心和山东省地方企业债券评级专家委员会共同出具了“关于山东金泰集团股份有限公司发行企业债券信誉评级报告”(鲁证投字[1998]1 号)，参评专家全体同意公司该次发行 1000 万元企业债券的信誉级别评为 AA 级；

3、1998 年 2 月 4 日，公司为发行企业债券制定了《山东金泰集团股份有限公司发行企业债券章程》；

4、1998 年 2 月 6 日，公司制定了“山东金泰集团股份有限公司关于一千万元企业债券的还款计划”；

5、1998 年 2 月 12 日，公司与山东玉泉(集团)股份有限公司签署《山东金泰集团企业债券担保合同》，由该公司为公司债券的本金及利息提供不可撤销的人民币担保，担保期限自该合同生效之日起至债券还本付息全部结束止；

6、1998 年 2 月 17 日，山东省计委以“关于同意山东金泰集团股份有限公司发行企业债券的批复”(鲁计财金字[1998]84 号)同意公司直接发行三年期企业债券 1000 万元，年利率 10%，债券资金用于公司白细胞介素-2 生物工程产品技改项目建设；发行具体时间为 1998 年 2 月 16 日至 1998 年 4 月 16 日；并原则同意了公司的发行章程；

7、1998 年 3 月 14 日和 3 月 15 日，公司分别在《山东证券报》和《齐鲁晚报》上刊登了《山东金泰集团股份有限公司企业债券发行公告》；

8、债券实际发行时间为 1998 年 2 月 23 日至 3 月 19 日，其中，1998 年 2 月共向 56 名债券购买者发行 741260 元，1998 年 3 月共向 690 名债券购买者发行 9258740 元，合计共发行 1000 万元；

9、1998 年 5 月 29 日，山东会计师事务所以“关于山东金泰集团股份有限公司发行企业债券的审验报告”([98]鲁会审字第 0140 号)确认：“截至 1998 年 4 月 16 日，山东金泰集团股份有限公司实际发行企业债券 1000 万元，募集资金全部存入公司在中国工商银行济南开发区支行开设的 3124211442 帐户和交通银行济南分行高新技术开发区办事处开设的 6320141081010 帐户。”；根据山东正源和信有限责任会计师事务所(原山东会计师事务所)2001 年 3 月 9 日出具的“关于对山东金泰集团股份有限公司发行企业债券时间的补充说明”及相关凭证，公司共向 746 名债券购买者共计发行了 1000 万元，实际发行完毕资金到位时间为 1998 年 3 月 19 日；

10、1998 年 5 月 29 日召开的公司第七次股东大会以特别决议对公司发行企业债券事宜予以确认。

(二)公司提前兑付企业债券鉴于公司目前生产经营状况良好，为争取股票早日上市，经有关部门批准，公司提前兑付了企业债券。

1、2000 年 12 月 7 日，公司将债券兑付资金足额专户存储于银行；

2、2000 年 12 月 8 日，公司召开董事会，决议通过关于提前兑付债券的议案并提请 2001 年 1 月 16 日召开的公司临时股东大会审议；

3、2000 年 12 月 9 日和 2000 年 12 月 11 日，公司将上述董事会决议和召开临时股东大会的通知分别公告于《山东证券报》和《大众日报》；

4、2000 年 12 月 11 日，山东省计委以“关于同意山东金泰集团企业债券提前兑付的批复”(鲁计经调[2000]1246 号)同意公司按企业债券到期本息提前兑付债券；

5、2001 年 1 月 16 日召开的公司 2001 年临时股东大会审议通过了提前兑付企业债券的议案，股东大会决议已公告于 2001 年 1 月 17 日的《山东证券报》；

6、公司于 2001 年 1 月 17 日分别在《山东证券报》和《生活日报》上刊登了《山东金泰集团股份有限公司企业债券兑付公告》；

7、公司于 2001 年 1 月 18 日至 1 月 20 日共向 56 位债券购买人兑付本息 919162.40 元，2001 年 2 月 1 日至 7 日，共向 690 位债券购买人兑付本息 11480837.60 元(均已代扣利息税)；

8、2001 年 2 月 9 日，山东正源和信有限责任会计师事务所为公司出具了“关于山东金泰集团股份有限公司企业债券兑付情况的审核报告”([2001]鲁正审字第 10011 号)，确认：“截止于 2001 年 2 月 7 日公司已将企业债券本息 1240 万元全部兑付完毕，其中企业债券本金 1000 万元，债券利息(扣税后)240 万元”。

(三)公司发行企业债券未经中国人民银行批准，违背了《企业债券管理条例》的有关规定，因此存在受到行政处罚的可能性。

C、公司董事、监事及高级管理人员变动情况公司第三届董事会成员刘黎明、荣新建、曹吉祥、吕军义、刘正一、程玉水、姜雁林、刘辉、邵统军、张家福、刘传东、朱海滨、段向宁，第三届监事会成员郑家渠、张纯奎、陆冬生、薛秀珍、吕青、汤清、于明强、秦济成、李志强系于 1998 年公司第七次股东大会选举产生，至 2001 年届满。公司于 2001 年 6 月 30 日召开了第十次股东大会，选举荣新建、周明严、吕世鹏、贾立军和汤清为公司第四届董事会成员，选举李志强、胡漫欣、张崇爱、杨洪民和陈永兰为公司第四届监事会成员。

公司原董事长、总经理分别为刘黎明先生、荣新建先生，2001 年 6 月 30 日，公司第四届董事会第一次会议选举荣新建先生为公司新一任董事长、聘请贾立军先生为公司新一任总经理。

D、信息披露制度及为投资者服务的计划。

公司将严格执行中国证监会有关上市公司信息披露的规定及股票上市的证券交易所对上市公司信息披露的要求。

公司设立了专门的股东接待日，即每月 5 日、15 日和 25 日(国家法定节假日顺延)为股东接待日，由公司董事会办公室专人负责接待股东来访、咨询。公司股东在缴付合理费用后可以查阅和复印：1、本人持股资料；2、股东大会会议记录；3、中期报告和年度报告；4、公司股本总额、股本结构。公司年报、中报除按规定在有关报纸上公告及刊登在中国证监会指定网站外，还将置备于公司上市的证券交易所，有关证券经营部及公司，以便公司投资者查阅。

公司信息披露负责人为公司董事会秘书，姓名：范智胜，电话：0531-8902341。

公司负责接待股东来访及咨询部门：董事会办公室。电话：0531-8902340。

十七、董事会上市承诺

公司董事会承诺将严格遵守《中华人民共和国公司法》、《中华人民共和国证券法》、《股票发行与交易管理暂行条例》、《公开发行股票公司信息披露实施细则》、《上海证券交易所交易规则》和有关法律、法规的规定，并自股票上市之日起作到：

1、承诺真实、准确、完整、公允和及时地公布定期报告，披露所有对投资者有重大影响的信息，并接受中国证监会、上海证券交易所的监督管理。

2、承诺公司在知悉可能对股票价格产生误导性影响的任何公共传播媒介中出现的消息后，将及时予以公开澄清。

3、公司董事、监事、高级管理人员和核心技术人员将认真听取社会公众的意见和批评，不利用已获得的内幕消息和其他不正当手段直接或间接从事公司股票的买卖活动。并保证不就任何未经主管机关审阅的可能影响股价变动之重大信息自行公告或发表意见。

十八、上市推荐人及其意见

本公司聘请山东证券有限责任公司担任本次 3391.75 万 A 股股票的上市推荐人。

(一)上市推荐人有关情况　公司名称：山东证券有限责任公司　法定代表人：段虎

注册地址：山东省济南市泉城路 180 号

电话：(0531)6019999　传真：(0531)6019816　联系人：王磊　逄伟

(二)推荐人的推荐意见山东证券有限责任公司出具的上市推荐书认为：本公司具备了《公司法》、《证券法》等法律、法规规定的上市条件；本公司全体董事了解法律、法规、股票上市规则及股票上市协议所规定的董事义务与责任；公司章程符合《公司法》等有关法律、法规和中国证监会的规定；本公司建立了健全的法人治理结构和严格的信息披露制度与保密制度；山东证券有限责任公司与本公司不存在关联关系；山东证券有限责任公司经过核实后认为本公司上市文件符合规定要求，所载资料没有虚假、严重误导性陈述或重大遗漏，并对其承担连带责任；山东证券有限责任公司将不利用其在上市推荐过程中获得的内幕信息进行内幕交易，为自己或他人谋利。

北京巴士股份有限公司

北京巴士股份有限公司2000年年度报告摘要

[重要提示]:本公司董事会保证本报告所载资料不存在任何虚假记载、误导性陈述或者重大遗漏,并对内容的真实性、准确性和完整性负个别及连带责任。

一、公司简介

1、公司法定名称:北京巴士股份有限公司
公司英文名称:BEIJING BASHI CO.,LTD
2、法定代表人:赵文芝
3、公司董事会秘书:傅世学
联系地址:北京市海淀区紫竹院路32号
电话:(010)68477383　(010)68413331-证券部
E-MAIL:bjbashi @btamail.net.cn
4、公司注册地址:北京市海淀区紫竹院路32号
公司办公地址:北京市海淀区紫竹院路32号
邮政编码:100044
5、公司信息披露报纸:《上海证券报》和《中国证券报》
登载公司年度报告的中国证监会指定国际互联网网址:
http://www.sse.com.cn
公司年度报告备置地点:北京市海淀区紫竹院路32号
北京巴士股份有限公司证券部
6、公司股票上市地:上海证券交易所
股票简称:北京巴士　股票代码:600386

二、会计数据和业务数据摘要

1、本年度主要会计数据
(单位:人民币元)

项目	金额
利润总额:	81,718,936.36
净利润:	73,030,427.50
扣除非经常性损益后的净利润:	73,030,427.50
主营业务利润	150,673,899.38
其他业务利润	10,887,514.00
营业利润	77,154,609.29
投资收益	3,870,000.00
补贴收入	
营业外收支净额	694,327.07
经营活动产生的现金流量净额:	91,918,068.51
现金及现金等价物净增加额:	1,650,424.29

2、截止报告期末公司前三年主要会计数据和财务指标:
(单位:人民币元)

项目	2000年	1999年	1998年
主营业务收入	532,459,876.16	330,855,584.36	196,936,815.87
净利润	73,030,427.50	69,261,183.43	48,740,675.57
总资产	862,692,461.06	548,097,267.76	504,419,413.35
股东权益(不含少数股东权益)	324,044,433.13	277,322,697.90	256,510,050.93
每股收益(全面摊薄)	0.42	0.40	0.28
每股收益(加权平均)	0.42	0.40	0.28
扣除非经营收益后的每股收益	0.42	0.40	0.28
每股净资产	1.88	1.61	1.49
调整后每股净资产	1.82	1.56	1.48
每股经营活动产生的现金净流量	0.53	0.25	-
净资产收益率%(全面摊薄)	22.54	24.97	19.00
净资产收益率%(加权平均)	23.29	23.79	23.39

报告期利润	净资产收益率(%) 全面摊薄	净资产收益率(%) 加权平均	每股收益(元) 全面摊薄	每股收益(元) 加权平均
主营业务利润	46.50	48.05	0.88	0.88
营业利润	23.81	24.61	0.45	0.45
净利润	22.54	23.29	0.42	0.42
扣除非经常损益后的净利润	22.54	23.29	0.42	0.42

说明:本公司公开发行8000万股股票后,每股收益(全面摊薄)0.29元。

注:(1)主要财务指标计算方法:

A、每股收益(全面摊薄)==当期净利润 / 年度末股本总数

B、每股净资产==年度末股东权益 / 年度末股本总数

C、净资产收益率(全面摊薄)==净利润 / 年度末股东权益 * 100%

D、调整后的每股净资产==(年度末股东权益 - 三年以上的应收款项-待摊费用-待处理(固定、流动)资产净损失-开办费-长期待摊费用)/年度末普通股股份总数

E、每股经营活动产生的现金流量净额==经营活动产生的现金流量净额/年度末普通股股份总数

F、加权平均净资产收益率==当期净利润 / (期初净资产+当期净利润/2+当期发行新股或配股新增净资产 * 自新增资产下一月份起至报告期末的月份数/12-当期回购或现金分红等减少净资产 * 减少净资产下一月份起至报告期期末的月份数/12)*100%。

G、加权平均每股收益 == 当期净利润 / (期初普通股股份数总数+当期资本公积转增股本或股票股利分配等增加股份数+当期发行新股或债转股等增加股份数 * 增加股份下一个月份起至报告期期末的的月份数/12-当期回购或缩股等减少股份数 * 减少股份下一个月起至报告期期末的月份数/12)*100%

(2)需要说明的其他事项:

以上数据和指标系按合并会计报表数填列或计算,且业经北京京都会计师事务所有限责任公司按照会计准则审计。

3、报告期内股东权益变动情况:

项目	股本	资本公积	盈余公积	其中:法定公益金
期初数	172000000	90728643.51	14589146.98	7294573.49
本期增加			29283738.53	10990347.89
本期减少				
期末数	172000000	90728643.51	43872885.51	18284921.38

项目	未分配利润	股东权益合计
期初数	4907.41	277322697.90
本期增加	43746688.97	73030427.50
本期减少	26308692.27	26308692.27
期末数	17442904.11	324044433.13

情况说明及变动原因:

(1)盈余公积金、法定公益金增加数是按本年度实现净利的10%,分别提取的法定盈余公积金、法定公益金和任意盈余公积金。

(2)未分配利润本期增加数是本年度实现的净利,减去按决定的10%比例提取的法定盈余公积金、任意盈余公积金和法定公益金后的数额。

未分配利润本期减少数为:

A、本年度按董事会通过的利润分配预案应付本年度应付普通股股利2520万元;

B、按财政部295号文件规定,调整住房周转金1108692.27元。

三、股本变动及股东情况

1、截止到2000年12月31日,本公司股东总数为5户。

2、本报告期内股权结构未变动。

3、股东持股情况:　数量单位:股

股东名称	持股数量	持股比例(%)
北京市公共交通总公司	170,280,000	99
北京城建集团有限责任公司	430,000	0.25
北京城市开发集团有限责任公司	430,000	0.25
北京北辰实业集团公司	430,000	0.25
北京华讯集团	430,000	0.25
合计	172,000,000	100

以上股东不存在关联关系,报告期内股东、股本均未发生任何变化。

4、持股5%以上股东情况介绍:

北京市公共交通总公司系公司国有法人股股东,持有公司股份17028万股,占总股本的99%。

法定代表人:郑树森

经营范围:汽车客运、客车修理

该公司持有本公司股份无质押情况。

四、股东大会简介

公司在报告期内召开二次股东大会,具体情况如下:

(一)公司于2000年6月26日在北京巴士股份有限公司召开1999年年度股东大会,全体股东出席,代表股份17200万股,占总股本的100%,会议以举手表决的方式一致通过以下决议:

1、表决通过了《北京巴士股份有限公司1999年度董事会工作报告》;
2、表决通过了《北京巴士股份有限公司1999年度监事会工作报告》;
3、表决通过了《北京巴士股份有限公司1999年度总经理工作报告》;
4、表决通过了《北京巴士股份有限公司1999年年度报告》;
5、表决通过了《北京巴士股份有限公司1999年度财务决算报告》;
6、表决通过了《北京巴士股份有限公司1999年度利润分配方案及2000年分配预案的决议》;
7、表决通过《关于修改公司章程的议案》;
8、表决通过《北京巴士股份有限公司董事会议事规则》;
9、表决通过《北京巴士股份有限公司监事会议事规则》;
10、表决通过了《关于增补董事的议案》;
11、表决通过了《关于更换监事的议案》;
12、表决通过《关于继续聘请北京京都会计师事务所有限责任公司为本公司财务审计机构的议案》;
13、表决通过《关于贷款23500万元购置运营车辆的议案》。

(二)公司于2000年11月15日在北京巴士股份有限公司召开

2000年度第一次临时股东大会,全体股东出席,代表股份17200万股,占总股本的100%,会议以举手表决的方式一致通过以下决议:

1、表决通过《关于收购北京市公共交通总公司115辆双层车的议案》;
2、表决通过《关于修改公司章程的议案》。

(三)报告期内,公司于2000年6月26日召开的1999年度股东大会上增补直军先生、汤舒畅先生、孙志让先生和龙涛先生为本公司董事,由葛新先生更换张寿鹏先生出任公司监事。

五、董事会报告

(一)经营情况

1、公司所处的行业以及公司在本行业的地位

公司主要从事客运、广告等业务,为公用事业类,是北京地区客运交通行业的骨干企业。

2、公司主营业务的范围及其经营状况

(1)公司主营业务范围包括:城市公共汽车客运;出租汽车客运;省际公路运输;汽车租赁;修理;公交IC卡及ITS智能交通系统的技术开发、技术转让、技术咨询、技术服务;公交广告业务等。

(2)公司经营状况

经过一年来的经营运作,公司到报告期末,已经拥有运营车辆2835部,运营线路114条,其中空调、专线线路52条、双层线路6条,旅游线路16条,运营长度达到3885公里,全年总行驶里程69979004公里,运送乘客204436377人次,车辆完好率达到94.76%,客运收入39188万元。

(3)公司控股子公司的经营情况及业绩

北京公交广告有限责任公司是股份公司的控股子公司,股份公司拥有其99%的股权,广告公司在2000年度发展势头良好,车身广告上刊1865部(其中彩绘广告车158部),候车亭灯箱上刊553个,户外路牌上刊808平方米;2000年广告公司共建候车亭320个,灯箱385盏;目前拥有900多客户,涉及30多个行业,长期合作的客户超过60家,全年营业收入14057万元。2001年广告公司将把开发广告媒体、建设媒体设施、提高广告档次和拓展业务范围作为全年的工作重点,以求更加快速的发展。

(4)在经营中出现的问题与困难及解决方案

1)报告期内,公司遇到的主要问题是燃润料价格的上涨,使得公司的经营成本上升,经营业绩受到一定程度的影响,这一点在2001年1月2日《上海证券报》、《中国证券报》和《证券时报》上刊登的《北京巴士股份有限公司招股说明书概要》中已经作过特别风险提示。面对燃润料市场价格的上涨,公司加大了对车辆进行油气混烧技术改造的投入,通过使用天然气和液化气来降低燃油的

使用量，并取得了较好的效果，在加强技术改造的同时，通过在职工中建立节油意识和相应的奖惩制度，也控制了燃油的使用量，在一定程度上降低了运营成本。

2)另外，由于北京市的道路状况还不能完全满足车辆增长的需要，交通拥堵问题也在一定程度上影响了公司的经营，公司通过流动的指挥监测系统和合理、科学的调度，在一定程度上避免了道路拥堵的影响，取得了良好的效果。

(5)实现盈利预测情况

报告期内实现净利润73030427.5元，完成盈利预测的104.7%。

(二)公司财务状况

单位：元

指　标	报告期末数	上年 期末数	较上期末增减	增减幅度%
总资产	862,692,461.06	548,097,267.76	314,595,193.30	57.40
长期负债	207,134,842.00	13,983,897.18	193,150,944.82	1381.24
股东权益	324,044,433.13	277,322,697.90	46,721,735.23	16.85
主营业务利润	150,673,899.38	114,510,183.15	36,163,716.23	31.58
净利润	73,030,427.50	69,261,183.43	3,769,244.07	5.44

说明：总资产增加的主要原因是本年实现净利及为购置运营车辆增加银行借款。

长期负债增加的主要原因是购置运营车辆增加银行借款。

股东权益增加是本年实现净利所致。

主营业务利润及净利润增加的主要原因是公司扩大生产规模增加盈利。

(三)公司投资情况

1、公司在报告期内未募集资金，也没有报告期前募集资金使用延续到报告期内的情况。

2、报告期内无非募集资金投资的重大项目。

(四)经营环境及宏观政策

本报告期内，公司的生产经营环境及宏观政策没有发生重大变化。

(五)新年度的业务发展计划

公司总目标是：稳步提高在首都客运市场占有率；优化配置生产资源，扩大经营项目、开辟新的市场，提高服务质量，充分使用好募集资金，取得预期经济效益，创立北京巴士公司品牌。

(1)优化配置生产资源，提高在首都客运市场占有率，提高服务质量。公司要扩大生产规模，增强企业面向市场自我发展的能力。加强对公共交通市场的调研，对有潜力的服务品种追加投资；分公司仍实行内部单独核算，以资产回报率确保利润指标的完成；随着北京客运市场竞争格局的形成，要求我们进一步提高竞争能力；公司将充分发挥在车辆，线路规模及区位上的优势，扩大市场份额，提高盈利能力；公司将充分研究利用政府的政策，采取调整运营市场结构，合理配置车辆资源，向周边客运市场转移的策略，化解风险；使用先进的调度手段，优化运营车辆配置，提高车辆利用率。

(2)充分利用募集资金，取得预期经济效益。

按照《招股说明书》第一年要启动中关村科技园区公交空调车线网等10个投资项目，计划投入资金4.88亿元，上半年重点启动线网项目，在科技园区、北京西站、东直门、建国门区域项目上，计划开辟25条线路，新增车辆约645辆，其余线路、车辆下半年陆续投入，预期可以取得较好的效益。IC卡项目将在上半年投入使用，对公交广告业务的投入，也将在上半年逐步开始投入。公司将尽全力完成募集资金投资项目。在开线过程中规范运营工作管理，开、调延线由公司根据客运生产需求和有关部门及分公司的调研报告，统一下达任务书，明确经营任务和服务标准，以提高公司规模经济优势和竞争力。

(3)续加强企业生产组织管理，加强财务管理和公司资本运作水平。加强经营管理者队伍建设，建立健全企业内部激励机制，完善考核、分配机制，加强人力资源管理；继续施行经营管理者竞聘上岗制度；改革劳动力管理方式，以劳动合同为企业与员工劳动关系的依据。逐步提高员工工资待遇；加强企业内控制度，建立科学的信息管理系统；强化经济责任制度，坚持执行审计制度，建立健全和执行符合股份公司的财务制度；以资产为纽带，加强与控股子公司——北京公交广告有限公司的联系，开拓广告市场。

(六)董事会日常工作

1、董事会会议情况及决议内容

报告期内，董事会共召开三次会议，会议情况及决议内容如下：

(1)公司于2000年4月28日在北京巴士股份有限公司本部召开第一届董事会第三次会议。会议应到董事5名，实到董事5名，会议审议并通过了如下决议：

1)变更北京巴士股份有限公司小公共客运分公司的注册地；

2)变更北京巴士股份有限公司双层客运分公司的注册地；

(2)公司于2000年5月18日在北京巴士股份有限公司本部召开第一届董事会第四次会议。会议应到董事5名，实到董事5名，会议审议并通过了如下决议：

1)《北京巴士股份有限公司1999年度报告》；

2)《北京巴士股份有限公司1999年度董事会工作报告》；

3)《北京巴士股份有限公司1999年度总经理工作报告》；

4)《北京巴士股份有限公司1999年度财务决算报告》；

5)《北京巴士股份有限公司1999年度利润分配预案》；

本公司1999年度可供股东分配的利润为32684907.41元，拟以总股本17200万股为基数，每10股派发现金股利1.90元，共计分配利润32680000元，此预案实施后，留有未分配利润余额4907.41元，结转下一年度。

6)拟投资组建北京巴士达商贸有限公司；

7)拟投资组建北京北京市政交通一卡通有限责任公司；

8)《北京巴士股份有限公司董事会议事规则》；

9)《北京巴士股份有限公司会计核算政策的有关规定》；

10)汤世华先生辞去公司董事会秘书职务；

11)聘任傅世学先生为公司董事会秘书；

12)聘任曹孟义先生、韩以新先生担任公司副总经理；

13)增补董事的预案；

14)修改公司章程的预案；

15)贷款23500万元购置运营车辆的预案；

16)召开1999年度股东大会。

(3)公司于2000年8月1日在北京巴士股份有限公司本部召开第一届董事会第五次会议。会议应到董事9名，实到董事9名，会议审议并通过了如下决议：

1)调整公司A股股票发行上市后募集资金投向；

2)免去郑长路、景长华、娄国权、王茂森、吕先琦、韩以新公司副总经理职务。

2、董事会对股东大会决议的执行情况

(1)董事会按照1999年度股东大会通过的决议，于2000年8月贷款23500万元购买运营车辆，其中包括收购北京市公共交通总公司拥有的595部公交车辆；按照2000年第一次临时股东大会的决议，收购了北京市公共交通总公司拥有的115部双层公交车辆。

(2)董事会按照1999年度股东大会通过的决议执行利润分配事宜。股东大会通过的1999年度分配方案为以总股本17200万股为基数，每10股派发现金股利1.90元，共计分配利润32680000元，此方案于2000年7月实施。

(七)公司管理层及员工情况

1、董事、监事及高级管理人员

姓名	职务	年龄	性别	任期
赵文芝	董事长	46	女	1999.6--2002.6
张国光	副董事长、总经理	50	男	1999.6--2002.6
龚绍清	副董事长、副总经理	53	男	1999.6--2002.6
直军	董事	39	男	2000.6--2002.6
张家骥	董事	48	男	1999.6--2002.6
董杰	董事	43	男	1999.6--2002.6
汤舒畅	董事	41	男	2000.6--2002.6
孙志让	董事	57	男	2000.6--2002.6
龙涛	董事	48	男	2000.6--2002.6
葛新	监事会主席	37	男	2000.6--2002.6
张庆峰	监事	60	男	1999.6--2002.6
崔铁山	监事	50	男	1999.6--2002.6
曹孟义	副总经理	49	男	2000.5--2002.6
蔡连齐	副总经理	44	男	1999.6--2002.6
汤世华	副总经理	43	男	1999.6--2002.6
傅世学	董事会秘书	28	男	2000.5--2002.6
张莉萍	总会计师	51	女	1999.6--2002.6
黄志洁	总工程师	62	男	1999.6--2002.6

说明：

(1)报告期内，由2000年6月26日股东大会通过增补直军先生、汤舒畅先生、孙志让先生为公司董事，龙涛先生为公司独立董事；

(2)报告期内，由2000年6月26日股东大会通过，葛新先生更换张寿鹏先生出任公司监事；

(3)报告期内，由第一届董事会第四次会议通过，由于工作变动原因，免去汤世华先生董事会秘书职务，聘任傅世学先生担任公司董事会秘书，聘任曹孟义先生、韩以新先生担任公司副总经理；

(4)报告期内，由第一届董事会第五次会议通过，由于工作变动原因，免去郑长路、景长华、娄国权、王茂森、吕先琦、韩以新公司副总经理职务。

(5)报告期内，上述董事、监事和高级管理人员均未持有本公司股票；

(6)报告期内上述人员中有8位在公司领取报酬，年度报酬总额为51.14万元，个人报酬在6—7万元之间。赵文芝、直军、张家骥、董杰、汤舒畅、孙志让、龙涛、张庆峰、崔铁山、黄志洁未在公司领取报酬。

2、公司员工的数量、专业结构、教育程度及退休职工人数情况

公司在职员工总数8931人，退休人员总数 28人。

其中在职职工情况：

(1)按专业划分

专业	人数	占总人数比例%
生产人员	8212	91.95
管理人员	376	4.21
财务人员	26	0.3
服务人员	164	1.83
其他人员	153	1571

(2)按教育程度划分

教育程度	人数	占总人数比例%
研究生学历	6	0.07
大学学历	43	0.48
大专学历	236	2.64
其他	8646	96.81

(八)本年度利润分配预案

根据北京京都会计师事务所有限责任公司的审计，公司2000年度实现净利润73030427.5元。按净利润的10%提取法定盈余公积金，计10990347.89元(含子公司)；按净利润的10%提取法定公益金，计10990347.89元(含子公司)；在提取以上公积金和公益金后，当年尚余可供股东分配的利润为51049731.72元，加年初未分配利润-1103784.86元(*)，本次可供股东分配利润合计为49945946.86元，按净利润的10%提取任意盈余公积金，计7303042.75元，提取任意盈余公积金主要考虑是公司长远发展的需要。公司拟按2001年2月16日上市后总股本25200万股为基数，每股派发现金红利0.1元（社会公众股含个人所得税），共计分配股利2520万元，尚余未分配利润17442904.11元，结转至下年度。该预案尚需提交股东大会审议通过后实施。

说明：*年初未分配利润-1103784.86元，是根据财政部2000年9月发布的财会(2000)295号文《关于企业住房制度改革中有关财务处理问题的通知》规定，将2000年9月30日住房周转金余额-1108692.27元调至期初未分配利润所致。详见公司于2001年1月2日在《中国证券报》、《上海证券报》和《证券时报》上刊登的《北京巴士股份有限公司招股说明书概要》。

预计2001年度利润分配政策：

1、公司2001年度至少分配股利一次，分配时间在2001年中期或年度结束后；

2、公司2001年度实现净利润加2000年度结转未分配利润合并用于股利分配，分配比例在50%以上；

3、公司2001年度股利分配拟采用派发现金、送红股的形式，现金股息占股利分配的比例不低于30%。

(九)其他事项

公司董事会选定《上海证券报》、《中国证券报》为公司信息披露指定报刊。

六、监事会报告

2000年度公司监事会按照《公司法》、《证券法》等法律法规和《公司章程》，以及股东大会的要求，认真履行监督、检查职能，密切关注公司的经营运作情况，参加了本届董事会第三、四、五次会议，检查公司财务状况，监督公司经营管理情况，为公司的快速、稳定发展，维护股东利益发挥了重要作用。

(一)报告期内公司监事会共召开了两次会议：

1、北京巴士股份有限公司第一届监事会第二次会议于2000年5月25日在公司本部召开。会议应到监事3人，实到3人，会议以举手表决的方式通过了如下决议：

(1)通过《北京巴士股份有限公司1999年度监事会报告》；

(2)接受张寿鹏先生的辞职申请，提名葛新先生出任公司监事，并提请股东大会审议；

(3)通过《北京巴士股份有限公司监事会议事规则》。

2、北京巴士股份有限公司第一届监事会第三次会议于2000年6月27日在公司本部召开。会议应到监事3人，实到3人，会议以举手表决的方式通过了如下决议：

选举葛新先生为公司第一届监事会主席。

(二)公司经营运作情况

通过对公司会计报表的审核，对公司运作情况、内部规章制度的执行情况进行检查，对公司董事和全体高级管理人员履行职责的情况进行监督，公司监事会认为：

1、本报告期内，在监事会列席的历次董事会会议及监事会主席列席的历次总经理办公会议中，公司董事、经理和高级管理人员都能认真执行股东大会、董事会决策事项，并在履行公司职务时遵守《公司法》、《公司章程》的规定，遵守国家法律、法规、公司章程和制度；维护公司利益、维护股东利益。没有发现有违法、违规和损害公司利益的行为。

2、本报告期内，北京京都会计师事务所有限责任公司审计出具无保留意见的2000年度财务报告，该报告符合公司实际，客观、真实、准确地反映了公司的财务状况和经营成果，其中会计报表附注事项也合理、准确的反映了公司的实际情况。

3、本报告期内，公司没有募集资金。

4、本报告期内

1)股份公司与公交总公司于 2000 年 1 月 1 日签订了《委托经营协议》,其内容为:公交总公司将其所拥有的 595 部公交车辆委托给股份公司经营管理,委托经营管理期限为自 2000 年 1 月 1 日起至 2000 年 7 月 31 日止,股份公司应于 2000 年 7 月 31 日前向公交总公司缴纳运营车辆使用费 10573293.18 元人民币。

2)根据 1999 年度股东大会的决议,公司以经北京德威评估有限责任公司(德威评报字[2000]第 56 号)《评估报告》的评估值为依据,收购由北京市公共交通总公司拥有的 595 部公交车辆,收购价格为 170128192 元。

3)根据 2000 年第一次临时股东大会的决议,公司以经北京德威评估有限责任公司(德威评报字[2000]第 521 号)《评估报告》的评估值为依据,收购由北京市公共交通总公司拥有的 115 部双层公交车辆,收购价格为 25041797 元。

以上委托经营和收购行为程序合法,手续完备,交易价格合理,没有内幕交易行为,没有损害股东的利益,也没有造成公司资产的流失。

5、本报告期内,公司的关联交易坚持了公平、合理的原则,各项协议执行情况良好,为公司带来了良好的收益,没有发现损害公司利益的情况。

七、重要事项

(一)重大诉讼、仲裁事项

2000 年 1 月 24 日本公司之控股子公司北京公交广告有限责任公司被合作方埃威夷国际集团亚洲候车亭广告有限公司以其未按协议书约定和市政府主管部门批准文件的规定向其提供王府井北口至美术馆、朝阳门至美术馆区间的公交车站站点供其安装候车亭为由,向中国国际经济贸易仲裁委员会提出仲裁请求。北京公交广告有限责任公司对此向中国国际经济贸易仲裁委员会提出反请求。2000 年 5 月 25 日,中国国际经济贸易仲裁委员会开庭审理,7 月 10 日做出仲裁决定,确定双方所签协议未经有关部门批准,系一无效的法律文件,双方请求全部驳回。该事项涉及金额为 490 万元,公司已将此项应收帐款在报告期内按 100%计提坏帐准备。

(二)报告期内公司、公司董事及高级管理人员未受到任何监管部门的处罚。

(三)报告期内公司控股股东未发生变更,公司董事会未进行换届,通过公司董事会会议,免去汤世华先生董事会秘书职务,聘任傅世学先生为公司董事会秘书。

(四)报告期内公司收购及出售资产、吸收合并的简要情况

报告期内,公司收购了北京市公共交通总公司 595 部公交车辆和 115 部双层公交车辆,具体内容详见本章第

(五)项"重大关联交易事项"。

(五)重大关联交易事项

1、报告期内,股份公司与公交总公司于 2000 年 1 月 1 日签订了《委托经营协议》,其内容为:公交总公司将其所拥有的 595 部公交车辆委托给股份公司经营管理,委托经营管理期限为自 2000 年 1 月 1 日起至 2000 年 7 月 31 日止,股份公司应于 2000 年 7 月 31 日前向公交总公司缴纳运营车辆使用费 10573293.18 元人民币,扣除所缴纳的运营车辆使用费 10573293.18 元后,股份公司剩余利润元 7048862 元。

2、根据 1999 年度股东大会的决议,收购由北京市公共交通总公司拥有的 595 部公交车辆。

关联交易方:北京市公共交通总公司。

关联关系:北京市公共交通总公司系公司第一大股东。

关联交易内容:公司收购北京市公共交通总公司拥有的 595 部公交车辆。

定价原则:北京德威评估有限责任公司(德威评报字[2000]第 56 号)《评估报告》的评估值为依据。

资产帐面价值:16613.14 万元人民币。

交易价格:17012.82 万元人民币。

结算方式:银行转帐

3、据 2000 年第一次临时股东大会的决议,收购由北京市公共交通总公司拥有的 115 部双层公交车辆。

关联交易方:北京市公共交通总公司。

关联关系:北京市公共交通总公司系公司第一大股东。

关联交易内容:公司收购北京市公共交通总公司拥有的 115 部双层公交车辆。

定价原则:北京德威评估有限责任公司(德威评报字[2000]第 521 号)《评估报告》的评估值为依据。

资产帐面价值:2485.21 万元人民币。

交易价格:2504.18 万元人民币。

结算方式:银行转帐

4、其他关联交易

为了保证公司的发展需要,公司与第一大股东北京市公共交通总公司签署了《土地使用权租赁协议》、《房屋租赁协议》、《综合服务协议》、《车辆维修协议》、《车辆加油加气协议》等综合协议,以上协议已于 2001 年 1 月 2 日在《中国证券报》、《上海证券报》、《证券时报》刊登的《北京巴士股份有限公司招股说明书概要》中披露。

以上协议正在按照协议规定正常履行。

(六)公司与控股股东在人员、资产、财务上的"三分开"情况

本公司与控股股东在人员、资产、财务上严格遵守"三分开"原则,即人员独立、资产完整、财务独立。

1、人员独立方面:公司设立专门的机构负责和管理公司的劳动人事及工资工作,并制定了一系列的规章制度对员工进行考核和奖惩。总经理、副总经理、董事会秘书、总会计师等高级管理人员在公司领取报酬,没有在公司股东单位担任职务。

2、资产完整方面:公司拥有独立完整的生产系统、辅助生产系统和配套设施。

3、财务独立方面:公司设有独立的财会部门,有独立的财会人员,有独立的会计核算体系和财务管理制度,有独立的银行帐户并依法独立纳税。

(七)聘任、解聘会计师事务所情况

报告期内公司聘任的会计师事务所仍为北京京都会计师事务所有限责任公司,该项聘任已经公司 1999 年度股东大会通过。

(八)承诺事项

公司第一大股东北京市公共交通总公司就双方存在部分同业竞争的问题出具了承诺函,已于 2001 年 1 月 2 日在《中国证券报》、《上海证券报》、《证券时报》刊登的《北京巴士股份有限公司招股说明书概要》中披露,并严格按照承诺内容实施。

(九)其他重大合同及履行情况

本公司的重大合同已在本章第五项中说明,在报告期内公司没有对外担保事项。

(十)公司报告期内未更改名称的情况。

(十一)报告期内未发生过《证券法》第六十二条、《股票条例》第六十六条和《信息细则》第十七条所列举的重大事件,以及公司董事会判断为重大事件的事项。

八、财务报告

(一)审议报告

公司财务会计报告经北京京都会计师事务所有限责任公司审计,由中国注册会计师郑建彪、高利萍出具了无保留意见报告。

审 计 报 告

北京京都审字(2001)第 0278 号

北京巴士股份有限公司全体股东:

我们接受委托,审计了北京巴士股份有限公司(以下简称"贵公司")二零零零年十二月三十一日的资产负债表和合并资产负债表、二零零零年度利润表及利润分配表和合并利润表及利润分配表以及二零零零年度现金流量表和合并现金流量表。这些会计报表由贵公司负责,我们的责任是在审计的基础上对这些会计报表发表意见。我们的审计是依据《中国注册会计师独立审计准则》进行的。在审计过程中,我们结合贵公司的实际情况,实施了包括抽查会计记录等我们认为必要的审计程序。

我们认为,上述会计报表的编制符合《企业会计准则》和《股份有限公司会计制度》的有关规定,在所有重大方面公允地反映了贵公司二零零零年十二月三十一日的财务状况和合并财务状况及二零零零年度经营成果和合并经营成果以及二零零零年度现金流量情况和合并现金流量情况,会计处理方法的选用遵循了一贯性原则。

北京京都会计师事务所有限责任公司　中国注册会计师:郑建彪
中国注册会计师:高利萍

北京市建外大街 22 号赛特广场五层

二零零一年二月二十八日

[唯会计报表附注(五)26 为二零零一年三月十三日]

(二)会计报表(附后)

(三)会计报表附注

2000 年 12 月 31 日　除另有注明外,单位人民币元

(此会计报表附注为前面会计报表不可分割的一部分)

(一)公司简介

北京巴士股份有限公司(以下简称"本公司")系经北京市人民政府办公厅京政办函[1999]82 号《关于同意设立北京巴士股份有限公司的通知》批准,由北京市公共交通总公司、北京城建集团有限责任公司、北京城市开发集团有限责任公司、北京北辰实业集团公司、北京华讯集团作为发起人,以发起设立方式设立的股份有限公司。北京市公共交通总公司以经评估确认后的净资产及权益作为出资,出资额为人民币 26010.15 元,按 65.47%的比例折成 17028 万股,占总股本的 99%;北京城建集团有限责任公司、北京城市开发集团有限责任公司、北京北辰实业集团公司、北京华讯集团分别以现金出资,出资额均为 65.68 万元,按 65.47% 的比例分别折成 43 万股,分别占总股本的 0.25%。本公司于 1999 年 6 月 18 日在北京市工商行政管理局注册登记,领取注册号为 1100001045426 的《企业法人营业执照》,注册资本 17200 万元。

本公司主要经营范围:城市公用汽车客运,出租汽车客运,省际公路客运,轻轨客运;汽车租赁;汽车修理;汽车用清洁燃料的开发、销售及设施改装;公交 IC 卡及 ITS 智能交通系统的技术开发、技术转让、技术咨询、技术服务;销售开发后产品、机械电器设备、电子计算机及外部设备、汽车(不含小轿车);代理车辆保险、自制广告业务;餐饮服务;人员培训。

(二)公司主要会计政策、会计估计和合并会计报表的编制方法

1、会计制度

本公司执行《股份有限公司会计制度》及其补充规定。

2、会计年度

本公司会计年度自公历 1 月 1 日起至 12 月 31 日止。

3、记帐本位币

本公司以人民币为记帐本位币。

4、记帐基础和计价原则

本公司以权责发生制为记帐基础,以实际成本为计价原则。

5、外币业务核算方法

本公司发生外币业务时,采用当日中国人民银行公布的市场汇价(中间价)将有关外币金额折合为人民币记帐。结算日对外币帐户余额按中国人民银行公布的市场汇价(中间价)进行调整,因市场汇价不同而发生的折算差额计入当期损益。

6、现金等价物的确定标准

本公司将所持有的期限短(从购买日起,三个月到期)、流动性强、易于转换为已知金额现金、价值变动风险小的投资确定为现金等价物。

7、坏帐准备的核算方法

本公司对于因债务人破产或死亡,以其破产财产或遗产清偿后仍然不能收回的应收款项和因债务人逾期未履行其偿债义务,超过三年仍然不能收回,且具有明显特征表明不能收回的应收款项确认为坏帐损失。根据本公司的管理权限,经董事会批准作为坏帐损失的,冲销提取的坏帐准备。

本公司采用备抵法核算坏帐损失。根据董事会的决议,本公司依据债务单位的实际财务状况、现金流量等情况,按期末应收款项(包括应收帐款和其他应收款)余额计提坏帐准备,计提比例为 5%。

8、存货核算方法

本公司存货分为原材料、库存商品、低值易耗品等。各类存货采用实际成本计价。原材料、库存商品的发出、领用采用加权平均法结转成本。低值易耗品于领用时采用一次摊销法。

根据董事会的决议,本公司期末存货按成本与可变现净值孰低计价,按单个存货项目的成本高于其可变现净值的差额计提存货跌价准备,预计的存货跌价损失计入当期损益。

9、短期投资核算方法

本公司短期投资以发生时的实际成本计价,投资收益采取成本法核算。

根据董事会的决议,本公司持有的短期投资期末按成本与市价孰低计价,按单个短期投资项目的市价低于成本的差额分别计提短期投资跌价准备,预计的短期投资跌价损失计入当期损益。

10、长期投资核算方法

(1)长期债权投资

本公司对外债权投资以实际支付的价款扣除支付的税金、手续费等各项费用,以及支付的自发行起至购入债券止的应计利息后的余额作为实际成本记帐。发生的折价、溢价在债券存续期内平均摊销,债权投资按权责发生制原则计提利息。

(2) 长期股权投资

本公司对外股权投资,按投资时实际支付的价款或确定的价值记帐。

本公司对其他单位投资占该单位有表决权资本总额 20%以下,或对其他单位投资虽占该单位有表决权资本总额 20%或 20%以上,但不具有重大影响,采用成本法核算;对其他单位投资占该单位有表决权资本总额 20%或 20%以上,或虽不足 20%但对该单位有重大影响,采用权益法核算;对其他单位投资占该单位有表决权资本总额 50%以上,或虽然占该单位有表决权资本总额不足 50%,但具有实质控制权的,采用权益法核算并编制合并会计报表。长期股权投资取得时的成本与其在被投资单位股东权益中所占份额的差额作为股权投资差额核算,分十年平均摊销。

(3)长期投资减值准备

根据董事会的决议,本公司对由于市价持续下跌或被投资单位经营状况恶化等原因,导致其可收回金额低于长期投资的帐面价值,并且这种降低的价值在可预计的未来期间内不可能恢复时,期末按长期投资单个项目的估计未来可收回金额低于长期投资帐面价值的差额分别计提长期投资减值准备,预计的长期投资减值损失计入当期损益。

11、固定资产计价和折旧方法

本公司固定资产系使用年限在一年以上且单位价值在 2000 元以上的房屋及建筑物、运营车辆、运输设备以及其他与生产、经营有关的设备、器具、工具等。不属于生产、经营主要设备的物品,凡单位价值在 2000 元以上,且使用年限超过两年的,也作为固定资产。

固定资产原价按实际成本或确定的价值计价。

固定资产折旧采用直线法计提,并按各类固定资产的估计使用年限和预计残值(原价的 3%)确定其年折旧率。

固定资产类别	估计使用年限	年折旧率
房屋及建筑物	30 年	3.23%
运营车辆及运输设备	6-10 年	9.70-16.17%

其他设备	5-8 年	12.13-19.40%

12、在建工程核算方法

本公司在建工程按各项工程所发生的实际支出核算，与购建在建工程直接相关的借款利息支出，在该项资产交付使用或完工之前，计入该项资产的成本（利息资本化）。在建工程在办理竣工决算或实际交付使用时确认为固定资产。

13、无形资产计价和摊销方法

本公司无形资产系土地使用权，以业经资产评估机构评估及国家国有资产管理部门确认的重估价值入帐，按五十年平均摊销。

14、开办费、长期待摊费用核算方法

本公司开办费、长期待摊费用按实际成本计价。开办费摊销期限为两年，长期待摊费用按受益期平均摊销。

15、借款费用的核算方法

本公司用于固定资产购建的借款，其发生的借款费用在固定资产交付使用前予以资本化，固定资产交付使用后计入期间费用。

16、收入确认原则

（1）运营收入确认：本公司以已收讫票款或取得了收取票款的证据，且与运营相关的成本能够可靠地计量时，确认运营收入的实现。

（2）劳务收入确认：本公司以劳务已经提供，相关成本能够可靠地计量，与交易相关的价款能够流入，确认劳务收入的实现。

（3）商品销售收入确认：本公司对于商品销售，已将商品所有权上的重要风险和报酬转移给购货方，公司不再对该商品实施继续管理权和实际控制权，相关的收入已经收到或取得了收款的证据，并且与销售该商品有关的成本能够可靠地计量时，即确认营业收入的实现。

17、所得税的会计处理方法

本公司所得税的会计处理采用应付税款法。

18、合并会计报表编制方法

本公司合并会计报表根据财政部财会字（1995）11 号文件《关于印发▮合并会计报表暂行规定▮的通知》的规定，以本公司及纳入合并会计报表范围的子公司—北京公交广告有限责任公司的会计报表及其他有关资料为依据，在抵销投资关系、往来款项、重大交易的基础上，合并各项目数额予以编制。

（三）税项

1、营业税：本公司运营收入按收入扣除城市公用事业附加费后的 3%计算缴纳；本公司广告收入按收入的 3%-5%计算缴纳。

2、增值税：本公司增值税按营业收入的 4%计算缴纳。

3、城市公用事业附加费：按本公司运营收入的 8/108 计算缴纳。根据北京市财政局京财工（1999）1039 号文件规定，本公司 1999 年-2001 年实行限额减免，年应上交 1400 万元以内，予以免交；年应上交超 1400 万元，定额减征 1400 万元。

4、城市维护建设税和教育费附加：本公司分别按应交营业税额和增值税额的 7%和 3%计算缴纳。

5、企业所得税：本公司企业所得税税率为 33%。根据北京市财政局、北京市地方税务局京财税（1999）897 号文件规定，北京巴士股份有限公司自转制之日起，第一年免征企业所得税，第二年减半征收企业所得税；北京公交广告有限责任公司自转制之日起，免征企业所得税两年。

（四）控股子公司

公司名称	注册地址	注册资金	股权比例
北京公交广告有限责任公司	北京市东城区交道口东大街 64 号	4000 万元	99%

公司名称	经营范围	法人代表	是否合并
北京公交广告有限责任公司	经营和代理国内和外商来华广告，摄影，图片制作。	张家骥	是

（五）合并会计报表主要项目注释

1、货币资金

项目	2000.12.31	1999.12.31
现金	79,833.79	84,323.65
银行存款	114,875,757.07	113,220,842.92
合计	114,955,590.86	113,305,166.57

2、短期投资

项目	2000.12.31		1999.12.31	
	金额	跌价准备	金额	跌价准备
电视剧《我家的故事》	1,015,910.80	–	1,015,910.80	–
电视剧《扬州八怪》	–	–	650,000.00	–
合计	1,015,910.80	–	1,665,910.80	–

说明：本公司短期投资系控股子公司—北京公交广告有限责任公司的投资项目，按实际出资额确定投资成本，待本公司收回投资成本后，其利润部分按 6/4 分成，本公司分 6，摄制方分 4。其中：电视剧《我家的故事》投资 300 万元，截至 2000 年 12 月 31 日止，本公司已收回投资 1,984,089.20 元，尚有余额 1,015,910.80 元；电视剧《扬州八怪》投资 500 万元，现已收回全部投资，并于本报告期收回 70,000.00 元的投资收益。本公司期末未计提短期投资跌价准备。

3、应收帐款

（1）帐龄分析

帐龄	2000.12.31		1999.12.31	
	金额	比例%	金额	比例%
1 年以内	16,370,419.60	73.27	13,350,818.27	99.41
1－2 年	5,948,057.88	26.62	25,000.00	0.19
2－3 年	25,000.00	0.11	–	–
3 年以上	–	–	53,910.00	0.40
合计	22,343,477.48	100	13,429,728.27	100

（2）本项目无持有本公司 5%以上股份的股东单位欠款。

（3）截至 2000 年 12 月 31 日止，大额应收帐款性质及内容：

单位名称	金额	款项性质
海南白马广告媒体投资有限公司	9,115,642.35	应收候车亭租赁费
北京公交候车亭广告有限责任公司	4,900,000.00	应收候车亭租赁费
北京通成公交广告有限公司	3,800,000.00	投资收益
北京盛世广告艺术公司	2,000,000.00	媒体使用费
应收票款	1,042,097.88	应收票款

本项目期末数较期初数增加 66.37%，主要为应收候车亭租赁费增加。

4、其他应收款

（1）帐龄分析

帐龄	2000.12.31		1999.12.31	
	金额	比例%	金额	比例%
1 年以内	2,987,949.31	24.65	15,111,439.73	44.61
1－2 年	4,455,272.49	36.75	14,454,993.25	42.67
2－3 年	1,824,532.16	15.05	1,410,652.85	4.16
3 年以上	2,854,397.36	23.55	2,900,000.00	8.56
合计	12,122,151.32	100	33,877,085.83	100

（2）本项目无持有本公司 5%以上股份的股东单位欠款。

（2）截至 2000 年 12 月 31 日止，大额其他应收款性质及内容

单位名称	金额	款项性质
安全借款	1,606,787.07	暂借款
事故借款	1,052,673.64	暂借款
住院借款	942,928.93	暂借款
保证金	600,000.00	暂借款
城市公交协会	600,000.00	代垫款

说明：安全借款和事故借款系本公司发生的处理事故暂借款。

本项目期末数较期初数减少 64.22%，主要为报告期内收回到期的款项所致。

5、坏帐准备

	2000.12.31	1999.12.31
应收帐款余额	22,343,477.48	13,429,728.27
其他应收款余额	12,122,151.32	33,877,085.83
计提比例	5%	5%
计提的坏帐准备	6,378,281.44	2,365,340.71

说明：根据公司董事会决议，"应收帐款—北京公交候车亭广告有限责任公司"4,900,000.00 元的应收候车亭租赁费按 100%计提坏帐准备。北京公交候车亭广告有限责任公司系由北京公交广告有限责任公司与埃威伊国际集团亚洲候车亭广告有限公司合作成立的公司，因双方就合作条款发生分歧，于 2000 年 1 月 24 日提请仲裁，中国国际经济贸易仲裁委员会于 7 月 10 日做出仲裁决定，确定双方所签协议未经有关部门批准，系一无效的法律文件，驳回双方全部请求。预计此款项不可收回，故全额计提坏帐准备。

6、预付帐款

（1）帐龄分析

帐龄	2000.12.31		1999.12.31	
	金额	比例%	金额	比例%
1 年以内	20,956,732.20	100	10,716,524.35	88.46
1－2 年	–	–	858,200.00	7.08
2－3 年	–	–	540,000.00	4.46
合计	20,956,732.20	100	12,114,724.35	100

（2）本项目无持有本公司 5%以上股份的股东单位欠款。

（3）截至 2000 年 12 月 31 日止，大额预付帐款性质及内容

单位名称	金额	款项性质
厦门金龙联合汽车工业有限公司	6,330,000.00	预付车款
北京吉利石油产品服务有限责任公司	4,517,491.03	预付油款
北京有润服装服饰有限公司	3,132,349.18	预付工作服款

本项目期末数较期初数增加 72.98%，主要为报告期内增加预付购置运营车辆款。

7、存货

项目	2000.12.31		1999.12.31	
	存货金额	存货跌价准备	存货金额	存货跌价准备
原材料	5,276,284.00	–	651,963.51	–
低值易耗品	11,440.00	–	9,234.90	–
库存商品	469,106.52	–	617,633.24	–
合计	5,756,830.52	–	1,278,831.65	–

说明：本公司期末存货的成本低于可变现净值，故未计提存货跌价准备。

本项目期末数较期初数增加 350.16%，主要为报告期内增加车辆保养材料所致。

8、待摊费用

项目	1999.12.31	本期增加	本期摊销	2000.12.31
保险费	1,485,380.03	2,034,477.94	2,025,837.45	1,494,020.52
房租	2,024,875.00	3,030,750.00	3,592,881.09	1,462,744.31
制服费	–	736,607.64	–	736,607.64
养路费	–	436,392.00	276,012.00	160,380.00
站务改造	–	436,779.51	36,400.00	400,379.51
其他	893,268.20	888,927.36	851,638.00	930,557.56
合计	4,403,523.23	7,563,934.45	6,782,768.54	5,184,689.54

9、长期股权投资

被投资单位名称	投资期限	占被投资单位注册资本比例	投资金额
北京通成公交广告有限公司	15 年	20%	500,000.00
北京公交候车亭广告有限责任公司	10 年	4%	100,000.00
泰和餐饮有限公司	10 年	10%	300,000.00
广州市国联公共交通广告有限公司	15 年	9.09%	50,000.00
天庆饺子馆		50%	15,000.00
合计			965,000.00

说明：本公司本期末发生被投资单位可收回金额低于长期股权投资帐面价值的事项，故未计提长期投资减值准备。

10、固定资产及累计折旧

（1）固定资产原价

固定资产类别	1999.12.31	本期增加	本期减少	2000.12.31
房屋及建筑物	19,035,093.20	23,382,262.90	6,445,725.37	35,971,630.73
运营车辆及运输设备	473,354,393.46	411,962,909.99	63,702,296.64	821,615,006.81
其他设备	15,223,115.57	5,623,911.59	1,595,760.47	19,251,266.69
合计	507,612,602.23	440,969,084.48	71,743,782.48	876,837,904.23

（2）累计折旧

固定资产类别	1999.12.31	本期增加	本期减少	2000.12.31
房屋及建筑物	4,841,074.24	1,495,700.60	1,245,076.55	5,091,698.29
运营车辆及运输设备	148,997,828.34	85,290,655.83	34,375,425.97	199,913,058.20
其他设备	5,290,837.51	2,665,317.77	835,732.22	7,120,423.06
合计	159,129,740.09	89,451,674.20	36,456,234.74	212,125,179.55
（3）固定资产净值	348,482,862.14	664,712,724.68		

11、在建工程

工程名称	1999.12.31	本期增加	本期转固
购建宿舍款	349,344.00	239,448.36	588,792.36
制作中心工程	372,331.00	358,613.05	–
候车亭工程	7,664,500.00	5,695,163.50	10,222,822.01
西外灯箱工程	2,770,000.00	6,370,967.81	5,588,552.57
广告塔工程	330,925.20	–	330,925.20
锅炉改造	150,000.00	40,800.00	190,800.00
高碑店保修厂	–	1,856,000.00	1,856,000.00
网络应用系统	–	199,844.80	–
低保中心工程	–	1,820,000.00	–
合计	11,637,100.20	16,580,837.52	18,777,892.14

工程名称	2000.12.31	资金来源	预算数	工程进度
购建宿舍款	-	自筹	57万	100%
制作中心工程	730,944.05	自筹	100万	70%
候车亭工程	3,136,841.49	自筹	1500万	85%
西外灯箱工程	3,552,415.24	自筹	800万	80%
广告塔工程	-	自筹	33万	100%
锅炉改造	-	自筹	15万	100%
高碑店保修厂	-	自筹		
网络应用系统	199,844.80	自筹		
低保中心工程	1,820,000.00	自筹		
合计	9,440,045.58			

说明:本期在建工程无利息资本化。

12、无形资产

项目	原始金额	本期摊销	累计摊销	2000.12.31	剩余摊销年限
土地使用权	7,618,559.00	152,365.80	304,731.54	7,313,827.46	48年
电贴费	64,000.00	6,400.08	12,800.16	51,199.84	8年
合计	7,682,559.00	158,765.88	317,531.70	7,365,027.30	

说明:本公司无形资产—土地使用权系在评估确认、交纳土地出让金后取得的,按50年平均摊销。

13、开办费

项目	原始金额	本期摊销	累计摊销	2000.12.31	剩余摊销年限
开办费	659,415.30	439,611.46	494,561.46	164,853.84	6个月

14、长期待摊费用

15、短期借款

借款类别	2000.12.31	1999.12.31
银行借款	67,000,000.00	47,500,000.00
其中:担保	67,000,000.00	47,500,000.00

说明:本公司短期借款中有46,000,000.00元系由北京市公共交通总公司提供担保。

本项目期末数较期初数增加41.05%,主要为报告期内公司为改装运营车辆而增加借款所致。

16、应付帐款

(1)本项目无欠持有本公司5%以上股份的股东单位款项。

(2)截至2000年12月31日止,大额应付帐款性质及内容:

单位名称	金额	款项性质
常州长江客车集团有限公司	43,177,300.00	应付车款
北京市客车总厂	20,591,000.00	应付车款

(3)本项目期末数较期初数增加772.65%,主要为本期购置运营车辆所致。

17、预收帐款

(1)本项目无欠持有本公司5%以上股份的股东单位款项。

(2)截至2000年12月31日止,大额预收帐款性质及内容:

单位名称	金额	款项性质
北京通成公交广告有限公司	58,018,960.58	预收媒体占用费
中国工商银行北京市分行	1,900,000.00	预收广告刊出费
上海梅迪派勒广告公司	1,000,000.00	预收广告刊出费

18、应付股利

项目	2000.12.31	1999.12.31
应付股利	57,683,702.48	32,855,268.72
其中:北京市公共交通总公司	49,381,200.00	32,353,200.00
北京城建集团有限责任公司	43,000.00	81,700.00
北京城市开发集团有限责任公司	43,000.00	81,700.00
北京北辰实业集团公司	124,700.00	81,700.00
北京华讯集团	43,000.00	81,700.00
北京国安广告有限责任公司	40,917.31	175,268.72
北京公交房地产有限公司	7,885.17	-
社会公众股	8,000,000.00	-

19、应交税金

项目	2000.12.31	1999.12.31
营业税	2,836,706.10	2,761,883.53
增值税	-2,514.88	-12,752.52
城市维护建设税	197,389.89	192,701.83
企业所得税	2,519,366.75	134,841.50
个人所得税	101,684.97	207,009.57
合计	5,652,632.83	3,283,683.91

20、其他应交款

项目	2000.12.31	1999.12.31
教育费附加	94,419.69	92,636.91
文化事业建设费	409,665.24	298,721.08
合计	504,084.93	391,357.99

21、其他应付款

(1)应付持有本公司5%以上股份的股东单位款项情况:

单位名称	2000.12.31	1999.12.31
北京市公共交通总公司	11,401,242.89	12,261,908.49

(2)截至2000年12月31日止,大额其他应付款性质及内容:

单位名称	金额	款项性质
北京市公共交通总公司	11,401,242.89	往来款
承包预交款	9,713,815.00	暂收款
租车押金	5,456,925.56	暂收款
预交票款	2,330,936.00	暂收款
北京市海淀区生产资料物资公司	1,500,000.00	暂收款

(3) 本项目期末数较期初数减少49.36%,主要为本期偿还借款所致。

22、长期借款

借款类别	2000.12.31	1999.12.31
银行借款	207,000,000.00	12,200,000.00
其中:担保	207,000,000.00	12,200,000.00

说明:本公司长期借款系由北京市公共交通总公司提供担保。

本项目期末数较期初数增加19480万元,主要为报告期内为购置运营车辆而增加借款所致。

23、股本

	2000.12.31	1999.12.31
发起人股份	172,000,000.00	172,000,000.00
其中:国有法人股	171,570,000.00	171,570,000.00
其他法人股	430,000.00	430,000.00

股权性质	股东名称	持有金额	比例(%)
国有法人股	北京市公共交通总公司	170,280,000.00	99
国有法人股	北京城建集团有限责任公司	430,000.00	0.25
国有法人股	北京城市开发集团有限责任公司	430,000.00	0.25
国有法人股	北京北辰实业集团公司	430,000.00	0.25
其他法人股	北京华讯集团	430,000.00	0.25
合计		172,000,000.00	100

说明:本公司17200万元股本业经北京京都会计师事务所有限责任公司出具的北京京都验字(1999)第060号验资报告验证确认。

24、资本公积

项目	2000.12.31	1999.12.31
股本溢价	90,728,643.51	90,728,643.51

说明:股本溢价系北京市公共交通总公司投入资产经评估确认并折股后的差额及其他法人投资入股溢价。

25、盈余公积

项目	1999.12.31	本期提取	本期减少	2000.12.31
法定盈余公积	7,294,573.49	10,990,347.89	-	18,284,921.38
法定公益金	7,294,573.49	10,990,347.89	-	18,284,921.38
任意盈余公积	-	7,303,042.75	-	7,303,042.75
合计	14,589,146.98	29,283,738.53	-	43,872,885.51

26、未分配利润

项目	2000.12.31
本期净利润	73,030,427.50
加:年初未分配利润	-1,103,784.86
减:提取法定盈余公积	10,990,347.89
提取法定公益金	10,990,347.89
提取任意盈余公积	7,303,042.75
应付普通股股利	25,200,000.00
评估基准日至公司设立日实现的利润分配给原发起股东的数额	-
期末未分配利润	17,442,904.11

项目	1999.12.31
本期净利润	69,261,183.43
加:年初未分配利润	-5,319,072.63
减:提取法定盈余公积	7,294,573.49
提取法定公益金	7,294,573.49
提取任意盈余公积	-
应付普通股股利	32,680,000.00
评估基准日至公司设立日实现的利润分配给原发起股东的数额	16,668,056.41
期末未分配利润	4,907.41

说明:

①根据财政部2000年9月发布的财企(2000)295号文《关于企业住房制度改革中有关财务处理问题的通知》规定,将住房周转金余额-1,108,692.27元调至2000年年初未分配利润。

②根据2001年3月13日本公司董事会2000年度利润分配预案,按本年度净利润提取10%的法定盈余公积金、提取10%的法定公益金、提取10%的任意盈余公积金;按2001年2月16日上市后总股本25200万股为基数,每10股派发现金红利1元(社会公众股含个人所得税),剩余未分配利润结转下年度分配。

27、主营业务收入

项目	2000年度	1999年度
运营收入	391,884,292.00	227,423,802.99
广告收入	140,575,584.16	103,431,781.37
合计	532,459,876.16	330,855,584.36

28、其他业务利润

项目	2000年度	1999年度
媒体占用费	8,404,193.52	5,255,643.06
广告维护费	2,310,199.91	-
租赁	304,134.58	480,000.00
其他	-131,014.01	145,865.00
合计	11,752,535.51	5,881,508.06

29、财务费用

项目	2000年度	1999年度
利息净支出	9,145,464.04	4,061,354.32
手续费	14,012.93	38,813.78
其他	5,019.20	280.00
合计	9,164,496.17	4,100,448.10

30、投资收益

项目	2000年度	1999年度
其他投资	3,870,000.00	980,000.00

31、营业外收入

项目	2000年度	1999年度
固定资产清理收益	179,718.30	1,968,450.00
违约金收入	-	108,078.00
补偿费收入	1,408,499.01	219,791.00
其他	188,592.17	113,816.43
合计	1,776,809.48	2,410,135.43

32、营业外支出

项目	2000年度	1999年度
固定资产清理损失	977,460.77	23,311.10
罚款支出	85,163.44	25,040.00
滞纳金	-	23,277.80
其他	19,858.20	27,409.30
合计	1,082,482.41	99,038.20

33、支付的其他与经营活动有关的现金

现金流量表中支付的其他与经营活动有关的现金161,189,653.39元,其中大额列示如下:

项目	金额
燃料费	75,157,278.75
保修费	35,566,959.25
业务费	21,279,190.10
劳动保险费	9,300,236.82
办公费	8,445,442.81
其他	11,440,545.66
合计	161,189,653.39

(八)、或有事项

截至2000年12月31日止,本公司不存在应披露的或有事项。

(九)、承诺事项

截至2000年12月31日止,本公司不存在应披露的承诺事项。

(十)、资产负债表日后事项中的非调整事项

本公司经中国证券监督管理委员会以证监发行字[2000] 188号文《关于核准北京巴士股份有限公司公开发行股票的通知》批准,公开股份公司民币普通股股票(A股)8000万股,于2001年2月16日挂牌上市交易。发行后注册资本计25200万元,变更后注册资本业经北京京都会计师事务所有限责任公司出具的北京京都验字(2001)第0003号验资报告验证。

九、期后事项

本公司于2001年1月4日在上海证券交易所上网定价发行A股8000万股,发行价9.92元/股,共募集资金(扣除发行费用后)7.73亿元。

本公司于2001年2月16日在上海证券交易所挂牌上市。

具体情况详见2001年1月2日在《上海证券报》、《中国证券报》、《证券时报》上刊登的招股说明书概要,2001年2月10日在《上海证券报》、《中国证券报》、《证券时报》上刊登的上市公告书。

十、公司的其他有关资料

1、公司首次注册登记日期:1999年6月

公司首次注册登记地点:北京市工商管理局

2、法人营业执照注册号:1100001045426(2-2)

3、税务登记号码:11010870022577X

4、公司聘请的会计师事务所名称:北京京都会计师事务所有限责任公司

办公地址:北京市朝阳区建国门外大街22号

十一、备查文件目录

1、公司法定代表人亲笔签署的年度报告正文。

2、载有法定代表人、总会计师、会计主管人员签名并盖章的会计报表。

3、载有会计师事务所盖章、注册会计师签名并盖章的审计报告原件。

4、公司章程。

北京巴士股份有限公司董事会

2001年3月13日

资产负债表　单位:(人民币)元

资产	期末数合并
流动资金:	
货币资金	114,955,590.86
短期投资	1,015,910.80
减:短期投资跌价准备	–
短期投资净额	1,015,910.80
应收票据	–
应收股利	–
应收利息	–
应收帐款	22,343,477.48
其他应收款	12,122,151.32
减:坏帐准备	6,378,281.44
应收款项净额	28,087,347.36
预付帐款	20,956,732.20
应收补贴款	–
存货	5,756,830.52
其中:工程施工	–
减:存货跌价准备(含工程亏损准备)	–
存货净额	5,756,830.52
待摊费用	5,184,689.54
待处理流动资产净损失	–
一年内到期的长期债权投资	–
应收出口退税	
其他流动资产	–
流动资产合计	175,957,101.28
长期投资:	
长期股权投资	965,000.00
长期债权投资	–
长期投资合计	965,000.00
减:长期投资减值准备	–
长期投资净额	965,000.00
其中:合并价差(贷差以"–"号表示合并报表填列)	–
其中:股权投资差额(贷差以"–"号表示母公司报表填列)	–
固定资产:	
固定资产原价	876,837,904.23
减:累计折旧	212,125,179.55
固定资产净值	664,712,724.68
工程物资	–
在建工程	9,440,045.58
固定资产清理	899,238.09
待处理固定资产净损失	–
固定资产合计	675,052,008.35
无形资产及其他资产:	
无形资产	7,365,027.30
开办费	164,853.84
长期待摊费用	3,188,470.29
其他长期资产	–
其中:临时设施净额	–
无形资产及其他资产合计	10,718,351.43
递延税项:	
递延税款借项	–
资产总计	862,692,461.06
流动负债:	
短期借款	67,000,000.00
应付票据	–
应付帐款	70,047,312.16
预收帐款	64,063,681.47
代销商品款	–
应付工资	5,231,476.94
应付福利费	9,240,427.97
应付股利	57,683,702.48
应交税金	5,652,632.83
其他应交款	504,084.93
其他应付款	49,547,115.25
预提费用	229,628.10
一年内到期的长期负债	–
其他流动负债	–
工程结算	
流动负债合计	329,200,062.13
长期负债:	
长期借款	207,000,000.00
应付债券	–
长期应付款	134,842.00
住房周转金	–
其他长期负债	–
递延收入	
长期负债合计	207,134,842.00
递延税项:	
递延税款贷项	–
负债合计	536,334,904.13
少数股东权益(合并报表填列)	2,313,123.80
股东权益:	
股本	172,000,000.00
资本公积	90,728,643.51
盈余公积	43,872,885.51
其中:公益金	18,284,921.38
未确认的投资损失	–
未分配利润(未弥补亏损以"–"号表示)	17,442,904.11
外币报表折算差额(合并报表填列)	–
股东权益合计	324,044,433.13
负债和股东权益总计	862,692,461.06

利润及利润分配表　单位:(人民币)元

项目	本期数合并
一、主营业务收入	532,459,876.16
减:销售折让	–
主营业务收入净额	532,459,876.16
减:主营业务成本	345,455,277.99
主营业务税金及附加	36,330,698.79
二、主营业务利润(亏损以"–"号填列)	150,673,899.38
加:其他业务利润(亏损以"–"号填列)	10,887,514.00
减:存货跌价损失	–
营业费用	8,802,922.79
管理费用	66,439,385.13
财务费用	9,164,496.17
三、营业利润(亏损以"–"号填列)	77,154,609.29
加:投资收益(损失以"–"号填列)	3,870,000.00
补贴收入	–
营业外收入	1,776,809.48
减:营业外支出	1,082,482.41
四、利润总额(亏损总额以"–"号填列)	81,718,936.36
减:所得税	8,299,590.99
减:少数股东损益(合并报表填列、亏损以"–"号填列)	388,917.87
加:未确认的投资损失(合并报表填列)	–
应付福利及奖励基金	
五、净利润(净亏损以"–"号填列)	73,030,427.50
加:年初未分配利润(未弥补亏损以"–"号填列)	–1,103,784.86
减:减少注册资本减少的未分配利润	–
盈余公积转入	–
六、可供分配的利润(亏损以"–"号填列)	71,926,642.64
减:提取法定盈余公积金	10,990,347.89
减:提取法定公益金	10,990,347.89
职工奖福基金(子公司为外商投资企业,合并报表填列)	–
七、可供股东分配的利润(亏损以"–"号填列)	49,945,946.86
减:应付优先股股利	–
提取任意盈余公积	7,303,042.75
应付普通股股利	25,200,000.00
转作股本的普通股股利	–
利润分配给原发起股东的数额	–
八、未分配利润(未弥补亏损以"–"号填列)	17,442,904.11
附注:非常项目:	
1.出售处置部门或被投资单位	–
2.自然灾害发生的损失	–
3.会计政策更改	–
4.其他	–

报告期利润	净资产收益率
	全面摊薄
主营业务利润	46.50
营业利润	23.81
净利润	22.54
扣除非经常性损益后的净利润	22.54

福建龙净环保股份有限公司

一、公司简介

1、公司法定名称：福建龙净环保股份有限公司
公司英文名称：Fujin Longking Co.,LTD
2、公司法定代表人：周苏华
3、公司董事会秘书：陈培敏
联系地址：福建省龙岩市新罗区陵园路 81 号
联系电话：0597-2210288　　传真：0597-2290903
电子信箱：lyzhy@public.lyptt.fj.cn
4、公司注册地址：福建省龙岩市新罗区陵园路 81 号
公司办公地址：福建省龙岩市新罗区陵园路 81 号
邮政编码：364000
电子信箱：lyzhy@public.lyptt.fj.cn
5、公司选定的信息披露报纸：《中国证券报》和《上海证券报》
年度报告摘要披露网址：www.sse.com.cn
公司年度报告备置地点：福建省龙岩市新罗区陵园路 81 号
6、公司股票上市地点：上海证券交易所
股票简称：龙净环保　　股票代码：600388

二、会计资料和业务资料摘要

1、本年度主要利润指标情况：（单位：人民币元）

利润总额	30,191,149.29
净利润	19,581,733.11
扣除非经常性损益后的净利润	13,699,291.38
主营业务利润	43,734,698.31
其它业务利润	5,961,971.49
营业利润	23,977,272.04
投资收益	2,614,301.45
营业外收支净额	-74,968.52
经营活动产生的现金流量净额	26,224,557.50
现金及现金等价物净增加额	526,141,392.93

注：扣除的非经常性损益项目和涉及金额
(1)股权转让收益：2,282,865.93
(2)补贴收入：3,674,544.32
(3)营业外收支净额：-74,968.52
三项合计：5,882,441.73

2、近三年主要会计资料和财务指标（单位：人民币元）

项目	2000 年度	1999 年度	1998 年度
主营业务收入	185,156,109.84	146,220,086.68	101,065,592.31
净利润	19,581,733.11	13,553,523.54	6,694,750.80
总资产	848,098,242.63	359,316,671.88	248,166,639.97
股东权益	585,181,968.10	127,455,922.86	60,573,440.57
每股收益（摊薄）	0.117	0.133	0.134
每股收益（加权）	0.192	0.249	0.134
扣除非经常性收益后的每股收益	0.082	0.103	0.130
每股净资产	3.504	1.250	1.211
调整后每股净资产	3.490	1.247	1.081
每股经营活动产生的现金流量净额	0.157	0.013	
净资产收益率(%)	3.35	10.63	11.05

利润分配表附表

报告期利润	净资产收益率		每股收益	
	全面摊薄	加权平均	全面摊薄	加权平均
主营业务利润	7.48	31.87	0.262	0.429
营业利润	4.10	17.47	0.144	0.235
净利润	3.35	14.27	0.117	0.192
扣除非经常性损益后的利润	2.34	9.98	0.082	0.134

3、报告期内股东权益变化及原因：（单位：人民币元）

项目	股本	资本公积	盈余公积	法定公益金	未分配利润	股东权益
期初期	102,000,000	22,430,152.46	3,025,770.40	1,134,663.90		127,455,922.86
本期增加	65,000,000	383,164,312.13	3,133,077.30	1,174,903.99		457,054,418.96
本期减少						
期末数	167,000,000	405,594,464.59	6,158,847.70	2,309,567.89	6,428,655.81	585,181,968.10

三、股本变动情况及股东情况

（一）股本变动情况
2000 年 12 月 29 日上市流通数量为 65,000,000 股。
（二）股东情况介绍
1、报告期末股东总股数为 43950 户。
2、持有本公司 5%以上（含 5%）股份的股东及前 10 名股东持股情况说明：

序号	股东名称	股份类别	年末持股数量（股）	比例%
1	福建东正投资股份有限公司	法人股	45,000,000	26.95
2	福建省龙岩市国有资产管理局	国家股	22,465,798	13.45
3	福建省龙岩环星溪柄电站	法人股	14,718,028	8.81
4	厦门硕华经贸发展有限公司	法人股	4,000,000	2.40
5	龙岩通用机械有限公司	法人股	3,720,842	2.23
6	福建省莆田市吉润粮油饲料工业有限公司	法人股	3,000,000	1.80
7	龙岩市汇东金属材料有限公司	法人股	2,893,986	1.73
8	龙岩市电力建设发展公司	法人股	2,067,130	1.24
9	汉兴基金	流通股	1,778,922	1.07
10	中国电能成套设备有限公司	法人股	1,653,702	0.99

注：持有本公司 5%以上（含 5%）股份的股东所持有股份本年度内没有发生质押或冻结的情况，也没有发生增减变动。
3、持股 10%（含 10%）以上的法人股东情况
(1)福建东正投资股份有限公司，注册资本 9600 万元，法定代表人甄亚铭，主要从事能源、原材料、高科技项目等投资。持有公司股份 45,000,000 股，占公司总股本的 26.95%。
(2)福建省龙岩市国有资产管理局，持有国家股 22,465,798 股，占公司总股本的 13.45%。

南通江山农药化工股份有限公司

一、公司简介

（一）公司法定名称
中文：南通江山农药化工股份有限公司
英文：Nantong Jiangshan Agrochemical & Chemicals Co.Ltd8　　缩写：Jiangshan Co.Ltd
（二）公司法定代表人：蔡建国
（三）公司董事会秘书：陶坤山　　董事会证券事务代表：宋金华
联系地址：江苏省南通江山农药化工股份有限公司
董事会秘书室电话：0513-3517961　　传真：0513-3510690
电子信箱：jsgf@pub.nt.jsinfo.net
（四）公司注册地址及公司办公地址：江苏省南通市姚港路 35 号
公司国际互联网网址：www. jsac. com. cn　　电子信箱：jspc@public.nt.js.cn
（五）公司选定的信息披露报纸名称：《上海证券报》、《中国证券报》
登载公司年度报告的中国证监会指定国际互联网网址：http://www.sse.com.cn
（六）公司股票上市交易所：上海证券交易所
股票简称：江山股份股票代码：600389

二、会计数据和业务数据摘要

1、主要利润指标情况（单位：人民币元）

利润总额	46,014,783.77
净利润	31,439,285.80
扣除非经常性损益后的净利润	29,645,107.38
主营业务利润	110,211,488.87
其他业务利润	4,028,971.21
营业利润	43,055,762.44
投资收益	3,103,449.33
补贴收入	700,000.00
营业外收支净额	-844,428.00
经营活动产生的现金流量净额	35,203,982.13
现金及现金等价物增加额	224,883,999.09

注：公司已扣除的非经常性损益项目具体明细如下：

补贴收入	700,000.00
营业外收支净额	-844,428.00
长期股权投资差额摊销损益	123,237.44
股权投资处置损益	2,699,068.80
合计	2,677,878.24

2、截至报告期末公司前三年主要会计数据和财务指标

项目	2000 年	1999 年	1998 年
主营业务收入（元）	522,577,948.23	455,036,750.01	425,427,489.76
净利润（元）	31,439,285.80	37,365,808.70	21,327,612.91
总资产（元）	725,576,719.39	404,869,608.46	358,343,863.15
股东权益(元)	403,548,943.58	120,342,407.12	210,305,320.11
每股收益（元/股）	0.210	0.340	0.110
加权每股收益（元/股）	0.286	0.208	0.110
扣除非经常性损益后的每股收益（元/股）	0.198	0.217	0.115
每股净资产（元/股）	2.690	1.094	1.086
调整后的每股净资产（元/股）	2.659	1.045	1.041
每股经营活动产生的现金流量净额（元/股）	0.235	0.153	0.081
净资产收益率(%)	7.79	31.05	10.14
加权平均净资产收益率(%)	23.11	18.56	10.55

3、利润表附表

报告期利润	净资产收益率		每股收益	
	全面摊薄	加权平均	全面摊薄	加权平均
主营业务利润	27.31	81.00	0.735	1.002
营业利润	10.67	31.64	0.287	0.391
净利润	7.79	23.11	0.210	0.286
扣除非经常性损益后的净利润	7.35	21.79	0.198	0.270

三、股本变动及股东情况

1、股本变动情况
报告期内本公司向社会公开放行人民币普通股（A 股）40,000,000 股，未发生因其他原因引起公司股份总数及结构的变动。
2、股东情况介绍(1)报告期末股东总数为 39678 户。
(2)报告期末公司主要股东持股情况。

股东名称	持股数(股)	占总股本比例(%)
南通精华集团有限公司	97,000,000	64.67
南通中南实业有限公司	10,000,000	6.67
沈阳化工研究院	1,500,000	1.00
江苏省农业生产资料（集团）公司	1,000,000	0.67
天津绿保农用化学科技开发有限公司	500,000	0.33
金鑫基金	96,000	0.064
裕隆基金	73,000	0.049
裕元基金	51,000	0.034
兴安基金	47,000	0.031
裕阳基金	38,000	0.025

注：1)报告期内南通精华集团有限公司持有国有法人股 9700 万股。报告期内南通中南实业有限公司持有法人股 1000 万股。
2)南通精华集团有限公司为公司国有法人股股东，其所持股份无质押和冻结；南通中南实业有限公司为公司境内法人股股东，所持本公司股份无质押和冻结。
3)公司前 10 名股东中的第 1 位至第 5 位为法人股股东，第 6 位至第 10 位为流通股股东，其中裕隆基金、裕元基金、裕阳基金同属博时基金管理公司管理。
(3)南通精华集团有限公司法定代表人为李桂顺先生，其经营范围：生产销售化工产品、农药产品、染料产品及其原料中间体、医药中间体、食品、兽药添加剂、合成橡胶及其产品；销售：机械设备、仪表仪器；仓储服务。

金瑞新材料科技股份有限公司

金瑞新材料科技股份有限公司2000年年度报告摘要

重要提示:本公司董事会保证本报告所载资料不存在任何虚假记载、误导性陈述或者重大遗漏,并对其内容的真实性、准确性和完整性负个别及连带责任。本年度报告摘要摘自年度报告,投资者欲了解详细内容,应阅读本公司年度报告。

一、公司简介

(一) 公司中文名称:金瑞新材料科技股份有限公司

英文名称:Kingray New Materials Science & Technology Co.,Ltd.

(二) 公司法定代表人:张泾生

(三) 公司董事会秘书:杜维吾　联系地址:湖南省长沙市岳麓区麓山南路1号

电话:0731-8657399　电子信箱:Duweiwu@king-ray.com.cn

传真:0731-8829998

(四) 公司注册地址:湖南省长沙市岳麓区麓山南路1号　邮政编码:410012

公司办公地址:湖南省长沙市岳麓区麓山南路1号

公司网址:www.king-ray.com www.king-ray.com.cn　电子信箱:kingray@public.cs.hn.cn

(五) 公司信息披露报纸:《上海证券报》、《中国证券报》

登载公司年度报告的国际互联网网址:www.sse.com.cn

(六) 公司股票上市交易所:上海证券交易所　股票简称:金瑞科技　股票代码:600390

二、会计数据和业务数据摘要

(一) 公司本年度会计和业务数据摘要

项目	金额(元)
利润总额	33,731,609.44
净利润	33,077,412.66
扣除非经常性损益后的净利润	33,261,434.53
主营业务利润	51,757,105.07
其他业务利润	2,927,931.78
营业利润	33,915,631.31
投资收益	
补贴收入	
营业外收支净额	-184,021.87
经营活动产生的现金流量净额	13,763,213.70
现金及现金等价物净增加额	607,729,765.38

注:扣除的非经常性损益项目及涉及金额　单位:元

处理固定资产净损失	-203,510.94
罚款收入	11,760.00
确实无法支付的应付款	7,729.07

(二) 公司近三年主要会计数据和财务指标(单位:元)

项目	2000年度	1999年度	1998年度
主营业务收入	223,991,728.46	179,237,525.24	170,297,342.86
净利润	33,077,412.66	31,207,961.77	21,723,523.51
总资产	912,581,640.26	215,856,375.67	164,241,161.81
股东权益	695,584,153.98	101,196,896.43	83,263,697.40
每股收益	0.31	0.47	-
扣除非经常性损益后的每股收益	0.31	0.47	-
每股净资产	6.52	1.52	-
调整后的每股净资产	6.47	1.46	-
每股经营活动产生的现金流量净额	0.11	-	-
净资产收益率(%)	4.76	30.84	26.09

注:主要财务指标的计算公式如下:

每股收益=净利润/年度末普通股股份总数

每股净资产=年度末股东权益/年度末普通股股份总数

调整后的每股净资产=(年度末股东权益-三年以上的应收款项净额-待摊费用-待处理(流动、固定)资产净损失-开办费-长期待摊费用-住房周转金负数余额)/年度末普通股股份总数

每股经营活动产生的现金流量净额=经营活动产生的现金流量净额/年末普通股股份总数净资产收益率=净利润/年度末股东权益×100%

(三) 按中国证监会《公开发行证券公司信息披露编报规则》第9号通知精神计算的净资产收益率和每股收益

项目	净资产收益率(%)		每股收益(元)	
	全面摊薄	加权平均	全面摊薄	加权平均
主营业务利润	7.44	42.79	0.49	0.78
营业利润	4.88	28.04	0.32	0.51
净利润	4.76	27.35	0.31	0.50
扣除非经常性损溢后的净利润	4.76	27.50	0.31	0.50

注:计算公式:

(1) 全面摊薄净资产收益率=报告期利润÷期末净资产

全面摊薄每股收益=报告期利润÷期末股份总数

(2) 加权平均净资产收益率=P÷(EO+NP÷2+Ei×Mi÷MO-Ej×Mj÷MO)

加权平均每股收益=P÷(SO+S1+Si×Mi÷MO-Sj×Mj÷MO)

其中:P为报告期利润;NP为报告期净利润;EO为报告期发行新股或债转股等新增净资产;Ej为报告期回购或现金分红等减少净资产;SO为期初股份总数;S1为报告期因公积金转增股本或股票股利分配等增加股份数;Si为报告期因发行新股或债转股等增加股份数;Sj为报告期因回购或缩股等减少股份数;MO为报告期月份数;Mi为新增净资产(增加股份)下一月份起至报告期期末的月份数;Mj为减少净资产(减少股份)下一月份起至报告期期末的月份数。

(四) 报告期内股东权益变动情况(单位:元)

项目	股本	资本公积	盈余公积	法定公益金
期初数	66,700,000.00	34,103,464.04	356,458.19	158,425.86
本期增加	40,000,000.00	534,641,413.43	6,027,633.08	2,670,759.28
本期减少				
期末数	106,700,000.00	568,744,877.47	6,384,091.27	2,829,185.14

续上表:

项目	未分配利润	股东权益合计
期初数	36,974.20	101,196,896.43
本期增加	13,718,211.04	594,387,257.55
本期减少		
期末数	13,755,185.24	695,584,153.98

变动原因:

(1) 股本总额增加,系本公司2000年12月20日向社会公开发行股票所致;

(2) 资本公积增加,主要系本公司公开发行股票的溢价发行所致;

(3) 盈余公积增加,系公司本年度获利后按规定比例提取增加;

(4) 法定公益金增加,系公司本年度获利后按规定比例提取增加;

(5) 未分配利润增加,系公司本年度内利润增加和剩余未分配利润所致。

三、股东情况介绍

(一) 股东总数:38,517名(截止2000年12月31日)

(二) 前十名股东持股情况:

股东名称	持股数(股)	占总股本比例(%)
1、长沙矿冶研究院	63,000,000	59.05
2、湖南华菱钢铁集团有限责任公司	2,000,000	1.87
3、信息产业部电子第四十八研究所	1,000,000	0.94
4、长沙银佳科技公司	600,000	0.56
5、汉兴基金	205,000	0.19
6、景福基金	160,000	0.15
7、安顺基金	158,000	0.15
8、安信基金	131,000	0.12
9、金鑫基金	129,000	0.12
10、泰和基金	108,000	0.10

注:公司前四位股东为国有法人股股东,其间不存在关联关系;第五至十位股东为流通股股东,本公司未知其之间是否存在关联关系。

(三) 持股10%以上的股东情况介绍:

单位名称:原名冶金工业部长沙矿冶研究院,现更名为长沙矿冶研究院,持有本公司国家股63,000,000股,占总股本的59.05%。报告期内所持股份没有发生变动,也无质押或冻结情况。

法定代表人:张泾生

经营范围:主营新材料、新工艺、新技术及制品、仪器仪表、电子产品、非标设备的技术开发、技术转让、咨询、生产、销售;矿产资源及二次资源的研究、技术开发;成套技术设备、工程承包;设备制造;分析测试技术及设备开发、销售;信息咨询;《矿冶工程》出版、发行。

(四) 报告期内公司控股股东未发生变化。

四、股东大会简介

(一) 股东大会、临时股东大会有关情况

报告期内公司共计召开五次股东大会。(注:五次大会均在公司公开发行上市前召开)

1、1999年年度股东大会

金瑞新材料科技股份有限公司1999年年度股东大会于2000年5月12日在湖南省长沙市华天大酒店举行。与会股东及股东代表5名,代表股份6,670万股,占公司股份总数的100%,本次大会的召开符合《公司法》等有关法律、法规及《公司章程》的规定。

经大会审议,以记名方式投票表决通过了以下决议:

(1) 审议通过《金瑞新材料科技股份有限公司第一届董事会1999年度工作报告》;

(2) 审议通过《金瑞新材料科技股份有限公司第一届监事会1999年度工作报告》;

(3) 审议通过《金瑞新材料科技股份有限公司1999年度财务决算报告及2000年度财务预算方案》;

(4) 审议通过《金瑞新材料科技股份有限公司1999年度利润分配方案》;

(5) 审议通过《关于实施"高比表面四氧化三锰新工艺"技术使用许可合同的议案》;

(6) 审议通过《关于2000年公司投资计划的议案》;

(7) 审议通过《关于确定公司董事会、监事会成员2000年报酬的议案》;

(8) 审议通过《关于修订公司章程的议案》及《金瑞新材料科技股份有限公司章程》(修订草案);

(9) 审议通过《关于确定公司增资发行股票前未分配利润之分配原则的议案》;

(10) 审议通过《关于金瑞新材料科技股份有限公司增资发行与上市A股的议案》;

(11) 审议通过《关于授权董事会办理公司本次申请增资发行与上市A股工作有关事宜的议案》;

(12) 审议通过《关于授权董事会就公司增资发行及上市A股修改公司章程的议案》。

2、2000年第一次临时股东大会

金瑞新材料科技股份有限公司2000年第一次临时股东大会于2000年4月7日以通讯表决方式召开,共收到有效表决票5张,代表股份6,670万股,占公司股份总数的100%,本次会议的召开符合有关法律、法规的规定,是合法、有效的。

会议审议通过《关于提请临时股东大会决定修改公司章程的议案》。

3、2000年第二次临时股东大会

金瑞新材料科技股份有限公司2000年第二次临时股东大会于2000年4月26日以通讯表决方式召开,共收到有效表决票5张,代表股份6,670万股,占公司股份总数的100%,本次会议的召开符合有关法律、法规的规定,是合法、有效的。

会议审议通过《关于授权公司董事会申购法人配售新股权限的议案》。

4、2000年第三次临时股东大会

金瑞新材料科技股份有限公司2000年第三次临时股东大会于2000年8月18日在湖南省长沙市华天大酒店举行。与会股东及股东代表5人,代表股份6,670万股,占公司总股本的100%,本次大会的召开符合《公司法》等有关法律、法规及《公司章程》的规定。

经大会审议,以记名方式投票表决通过了以下决议:

(1) 审议通过《金瑞新材料科技股份有限公司章程》(修改草案);

(2) 审议通过《关于金瑞新材料科技股份有限公司新增募集资金投资项目的议案》;

(3) 审议通过《关于金瑞新材料科技股份有限公司增补一位董事、增设一位独立董事的议案》;

(4) 审议通过《金瑞新材料科技股份有限公司2000年度中期利润分配方案》;

(5) 审议通过《关于修改公司增资发行股票前未分配利润之分配原则的议案》;

(6) 审议通过《金瑞新材料科技股份有限公司2001年盈利预测方案》;

(7) 审议通过《金瑞新材料科技股份有限公司股东大会议事规则》。

5、2000年第四次临时股东大会

金瑞新材料科技股份有限公司2000年第四次临时股东大会于2000年11月15日在公司本部采选楼10楼会议室召开。与会股东及股东代表5人,代表股份6,670万股,占公司总股本的100%,本次大会的召开符合《公司法》等有关法律、法规及《公司章程》的规定。

四川成发航空科技股份有限公司

四川成发航空科技股份有限公司股票上市公告书

上市推荐人:天同证券有限责任公司
股票简称:成发科技
股票代码:600391
股本总额:140,000,000 股
可流通股本:50,000,000 股
本次上市流通股本:50,000,000 股
上市地点:上海证券交易所
上市日期:2001 年 12 月 12 日
股票登记机构:中国证券登记结算有限责任公司上海分公司
公告日期:2001 年 12 月 7 日

【重要提示】

本公司董事会保证上市公告书的真实性、准确性、完整性,全体董事承诺上市公告书不存在虚假记载、误导性陈述或重大遗漏,并承担个别和连带的法律责任。

根据《公司法》、《证券法》等有关法律、法规的规定,本公司董事、高级管理人员已依法履行诚信和勤勉尽责的义务和责任。

证券交易所、中国证监会、其他政府机关对本公司股票上市及有关事项的意见,均不表明对本公司的任何保证。

本公司提醒广大投资者注意,凡本上市公告书未涉及的有关内容,请投资者查阅 2001 年 11 月 27 日刊载于《上海证券报》、《中国证券报》、《证券时报》上的本公司招股说明书摘要及刊载于上海证券交易所网站(http//www. sse.com.cn)的本公司招股说明书全文。

本上市公告书刊载网址是 http://www.sse.com.cn。

第一节 重要声明与提示

本公司董事会保证上市公告书的真实性、准确性、完整性,全体董事承诺上市公告书不存在虚假记载、误导性陈述或重大遗漏,并承担个别和连带的法律责任。

根据《公司法》、《证券法》等有关法律、法规的规定,本公司董事、高级管理 人员已依法履行诚信和勤勉尽责的义务和责任。

证券交易所、中国证监会、其他政府机关对本公司股票上市及有关事项的意见,均不表明对本公司的任何保证。

本公司提醒广大投资者注意,凡本上市公告书未涉及的有关内容,请投资者查阅 2001 年 11 月 27 日刊载于《上海证券报》、《中国证券报》、《证券时报》上的本公司招股说明书摘要及刊载于上海证券交易所网站(http://www. sse.com.cn)的本公司招股说明书全文。

本公司上市前第一大股东成都发动机(集团)有限公司承诺:自本公司股票上市之日起 12 个月内,不转让所持有本公司的股份,也不由本公司回购该部分股份。

本上市公告书刊载网址是 http://www.sse.com.cn。

第二节 概 览

1、股票简称:成发科技
2、股票代码:600391
3、总股本:140,000,000 股
4、可流通股本:50,000,000 股
5、本次上市流通股本:50,000,000 股
6、对首次公开发行股票前股东所持股份的流通限制及期限:根据国家现有法律、法规规定和中国证监会证监发行字【2001】53 号《关于核准四川成发航空科技股份有限公司公开发行股票的通知》,本公司的法人股暂不上市流通。
7、上市地点:上海证券交易所
8、上市时间: 2001 年 12 月 12 日
9、股票登记机构:中国证券登记结算有限责任公司上海分公司
10、上市推荐人:大鹏证券有限责任公司 天同证券有限责任公司

第三节 绪 言

本上市公告书是根据《中华人民共和国公司法》、《中华人民共和国证券法》、《股票发行与交易管理暂行条例》、《公开发行股票公司信息披露实施细则》和《上海证券交易所股票上市规则》等国家有关法律、法规的规定,并按照中国证监会《公开发行证券的公司信息披露内容与格式准则第 7 号-股票上市公告书》而编制,旨在向投资者提供有关四川成发航空科技股份有限公司(以下简称"本公司")和本次股票上市的基本情况。经中国证监会证监发行字【2001】53 号文核准,本公司于 2001 年 11 月 29 日利用上海证券交易所交易系统,以网上累计投标询价方式成功发行了 5000 万股每股面值 1.00 元的人民币普通股,发行价为每股人民币 5.17 元。

经上海证券交易所上证上字【2001】197 号《关于四川成发航空科技股份有限公司人民币普通股股票上市交易的通知》批准,本公司公开发行的 5000 万股社会公众股将于 2001 年 12 月 12 日起在上海证券交易所挂牌交易。股票简称"成发科技",股票代码"600391"。

本公司已于 2001 年 11 月 27 日在《上海证券报》、《中国证券报》、《证券时报》上刊登了《招股说明书摘要》,招股说明书正文及其附录可以在上海证券交易所网站(http://www.sse.com.cn)查询。距今不足三个月,故与其重复的内容不再重述,敬请投资者查阅上述内容。

第四节 发行人概况

一、发行人的基本情况

1、发行人名称:四川成发航空科技股份有限公司(简称:成发科技)

英文名称:SICHUAN CHENGFA AERO-SCIENCE & TECHNOLOGY CO., LTD.(简称:FAST)

2、注册资本:140,000,000 元
3、法定代表人:景济南
4、注册地址:成都高新区高朋大道 11 号科技工业园
5、办公地址:四川成都双桥子
邮政编码:610067

6、经营范围:从事研究、制造、加工、维修、销售航空发动机及零部件、燃气轮机及零部件、机械设备、非标准设备、环保设备、金属结构件、燃烧器、燃油燃气器具、锅炉(国家有专项规定的除外)、纺织、医疗、化工机械;金属、非金属表面处理;经营本企业自产产品及相关技术的出口业务;经营本企业生产、科研所需的原辅材料、机械设备、仪器仪表、零配件及相关技术的进口业务;经营本企业的进料加工和"三来一补"业务。

7、主营业务:以为通用电气公司、普惠公司、罗罗公司等制造航空发动机及燃气轮机机匣、叶片、环形件、钣金件为主要业务。

8、所属行业:航空航天器制造业

9、联系电话:028-4509005 4509410
10、传真:028-4506505
11、董事会秘书:尹苏钢

二、发行人的历史沿革及经历的改制重组情况

本公司是经国家经贸委国经贸企改[1999]1248 号文批准,于 1999 年 12 月 28 日在成都市工商行政管理局依法注册登记(工商注册号:成工商(高新)字 5101091000290)的股份有限公司。

本公司设立时总股本 9,000 万股,主要发起人成都发动机(集团)有限公司投入的经营性净资产 11,851.13 万元按 69.03%的比例折为 8,180 万股,其他四家发起人共投入现金 1,186 万元,按 69.03%的比例折为 820 万股(其中:沈阳黎明航空发动机集团公司投入现金 1,036 万元,折为 715 万股;北京航空航天大学、中国燃气涡轮研究院、成都航空职业技术学院各自投入人民币 50 万元,分别折为 35 万股)。上述发起人分别占本公司总股本的 90.89%、7.94%、0.39%、0.39%、0.39%。

本公司设立以来,秉承成发集团公司四十年航空发动机整机的生产经验、近二十年生产外贸航空技术产品的技术成果及营销网络,将覆盖世界航空动力和燃气轮机主要市场的企业作为销售对象并成为其合作伙伴,继承和拓展了成发集团公司与通用电气公司、普惠公司、罗罗公司等业已形成的长期技贸合作关系,能够生产航空发动机和燃气轮机的主要零部件,其产品性能和质量水平完全达到了国际当今同类产品的先进水平,通过了上述三家公司的质量体系认证,成为其定点供应商,同时取得了普惠公司认可的在远东地区唯一一家 LCS 承包商实验室控制资格。德国罗罗公司、法国斯奈克玛公司、意大利新比隆、加拿大普惠、日本三菱重工等国际知名厂商纷纷前来洽谈订购航空产品,在国际航空制造业建立了较高的声誉,产品具有很强的国际市场竞争力。是目前国内同行业中产品品种最多、规格系列最全的生产厂家(其中许多零部件是国内独家生产)之一,也是承接国际厂商航空技术产品最多的生产企业之一,现已发展成为国家航空制造业出口创汇的大型骨干企业。

本公司规范运行一年后,于 2000 年 12 月通过中国证监会成都证管办对公司改制运行情况及辅导工作的验收,于 2001 年 1 月 15 日通过了中国证监会发行监管部组织的高管人员考试。

本公司自设立以来没有发生过重大改组与对外投资。

经中国证券监督管理委员会证监发行字【2001】53 号文批准,本公司 5000 万股社会公众股已于 2001 年 11 月 27 日在上海证券交易所网上累计投标询价发行成功,每股面值 1.00 元,发行价格 5.17 元。本公司于 2001 年 12 月 6 日办理了验资手续,并于 12 月 6 日在成都市工商行政管理局办理了工商登记变更手续,注册资本变更为人民币 14000 万元。

三、发行人的主要经营情况

1、主营业务构成及其市场分布

本公司主营外贸航空技术产品主要是为通用电气公司、普惠公司、罗罗公司畅销的民用航空发动机和燃气轮机提供叶片、机匣、环形件、盘、轴以及钣金件等零部件产品,其中部分零部件是全球唯一供应商;成发集团公司生产的 6 号航空发动机主要零部件由本公司唯一供应;气动 V 型牵伸装置主要应用于纺织机,已占据国内市场份额的 70%~80%;汽轮机叶片是国内的名牌产品,主要为东方汽轮机厂、哈尔滨汽轮机厂、南京汽轮机厂、杭州汽轮机厂等国内主要汽轮机厂家供货。

本公司 2000 年各主要产品销售额及占销售总额比重见下表: 单位:元

产品类别	销售额	占销售总额比例
内贸航空技术产品	59,865,011.84	33.319%
外贸航空技术产品	84,798,933.36	47.196%
其中:通用电气叶片、钣金件	22,118,775.14	12.310%
普惠机匣环形件、钣金件	48,644,588.10	27.074%
罗罗机匣环形件	14,035,570.12	7.812%
其他工业产品	35,010,435.62	19.485%
其中:V 牵	20,450,274.41	11.382%
汽轮机叶片	10,117,181.57	5.631%
合 计	179,674,380.82	100.000%

2.本公司前三年又一期的营业额和利润情况 单位:人民币元

项 目	2001 年 1-6 月	2000 年度	1999 年度	1998 年度
主营业务收入	87,978,431.93	179,674,380.82	138,842,989.20	112432418.86
营业利润	11,326,872.07	30,190,689.49	19,603,509.38	14019677.16
利润总额	11,059,302.66	30,176,032.48	19,796,985.50	14272238.72
净 利 润	11,059,302.66	30,176,032.48	13,556,832.62	9499217.24

3、主要产品生产能力

本公司的主要产品品种为叶片、机匣环形件、钣金件等,当前年生产能力为各类叶片约 20 万片、各类机匣环形件约 7000 件、各类钣金件约 4000 件。

4、主要产品所需的主要生产设备及关键设备的先进性

叶片加工的主要生产设备包括数控加工中心、表面抛光及光饰设备、无损探伤设备、三坐标测量装置;机匣、环形件加工的主要设备包括数控加工中心、热处理设备、焊接设备、喷涂设备、无损探伤设备、三坐标测量装置;钣金件加工的主要设备包括冲切设备、压力成型设备、焊接设备、无损探伤设备、三坐标测量装置。

由于本公司从事的外贸航空技术产品生产技术复杂,涉及的生产设备和关键设备较多,在此仅对典型关键设备状况作出说明:

设备名称	设备型号	成新度	设备先进程度
卧式加工中心	HV80	82%	九十年代国际先进水平
卧式数控镗铣床	THK46100	78%	九十年代国际先进水平
数控高速冲床	TC190R	90%	九十年代国际先进水平
龙门镗铣床	XKAD2420/1	77%	九十年代国际先进水平
五坐标数控铣床	CF63.100	28%	八十年代末国际先进水平
1.5 米真空炉	LZT-150	92%	九十年代国内先进水平

注:成新度=固定资产净值/固定资产原值。

本公司有健全的设备管理制度,设备养护工作进行得比较彻底,在正常使用情况下,至少 5 年内关键设备可安全运行。

5、销售方式

销售方式以直销为主。外贸航空技术产品主要自营出口直接销往通用电气公司、普惠公司、罗罗公司;辅助方式是通过补偿贸易额度的代理商中国航空技术进出口总公司、中国航空器材进出口总公司销往普惠公司、罗罗公司。

6、主要原材料的供应

本公司的产品所需的原材料主要是各种不锈钢、合金钢、钛合金、镍基合金、铝合金锻件、棒材和板材。生产用原材料主要来自于国内企业,主要原料供应商有长城特殊钢(集团)有限责任公司、上海五钢特种冶金公司、抚顺特殊钢(集团)有限责任公司、重庆特殊钢股份有限公司、西宁特殊钢集团有限公司、东北轻合金有限责任公司、西南铝加工厂、西北铝加工厂、中国第二重型机械集团公

司、红原航空锻铸工业公司、安大锻造厂、北满特殊钢股份有限公司等各大厂家。

少量原材料如特种钛基、镍基、铝合金的锻件、棒材、板材等，目前，国内企业还不能够生产，这些原材料由获得国际上主要航空发动机、燃气轮机主机厂认证的国外供应商提供。

四、技术成果

获得国家、省和部科研成果奖的主要奖项如下：

序号	项目名称及用途	开发方式	获奖等级	级别
1	涡喷13/13AⅡ型发动机	合作	国家级	1等
2	高性能中等推力涡扇发动机核心机预研	合作	国家级	2等
3	热喷涂技术开发和应用	自主	部级	1等
4	航空科技发展规划参考资料	自主	部级	1等
5	IBBM-200型离子束多功能机研制	自主	部级	2等
6	高炉煤气余压透平发电装置	合作	部级	2等
7	航空材料数据库	自主	部级	2等
8	机械式超精密微进给定位装置	自主	部级	2等
9	压力自动跟踪液体抛光	自主	部级	3等
10	涡轮叶片榫齿拉削工艺及设备的研究	自主	部级	3等
11	镍包硅藻土封严涂层	自主	部级	3等
12	无机防粘涂层	自主	部级	3等
13	航空材料喷丸强化手册	合作	部级	3等
14	中等尺寸钛合金叶片电解加工工艺研究	合作	部级	3等
15	航空发动机制造工艺工作导则HB/Z132.1-9	合作	部级	3等
16	航空材料看谱分析质量控制手册	合作	部级	3等

五、核心技术情况

本公司核心技术来源是自主科研开发，均为自有技术。

主要核心技术

本公司继承了成发集团公司从事航空技术产品研制、开发、制造的核心技术，用以制造出的外贸航空技术产品得到了通用电气公司、普惠公司、罗罗公司等客户的认可并配装于其航空发动机和燃气轮机。本公司拥有的核心技术有：喷涂技术、离子注入技术、薄壁复杂钣金结构制造技术、喷丸技术、蜂窝构件制造技术、超级表面完整性加工技术、无损检测技术、大型薄壁环形机匣件加工技术、焊接及真空热处理技术。

六、享受的税收优惠政策

主要财政税收优惠政策

(1) 产业政策

本公司所在的航空制造业属国家重点支持的行业。在国家科技部有关认定高新技术企业的标准中，航空航天业被正式列入高新技术产业。本公司生产的航空发动机、燃气轮机及零部件被列入《国家高新技术产品目录》和《国家重点鼓励发展的产业、产品和技术目录》。2000年7月23日，国家科技部颁发《国家高新技术产业开发区高新技术企业认定条件和办法》，其中"先进制造技术"、"航空航天技术"被划定在高新技术的第四和第五位。

(2)税收政策

(1)所得税

根据成高地税函［2000]048号文《关于免征四川成发航空科技股份有限公司企业所得税的批复》，自2000年1月起至2001年6月30日，公司已享受到了免税政策，2001年7—12月如国家税收政策无改变，企业所得税仍执行上述政策。

(2)增值税

1外贸航空产品根据财政部、国家税务总局财税字[1997]50号《关于有进出口经营权的生产企业自营(委托)出口货物实行"免 抵 退"税收管理办法的通知》实行免抵退政策；

2为国防配套的航空零部件，根据国税函[1999]633号《国家税务总局关于军品科研生产免税凭印问题的通知》之规定，并经中华人民共和国国防科学技术工业委员会确认，免征增值税；

3其他产品按应税收入的17%计算销项税额，应缴增值税额为公司销项税额抵扣进项税额后的余额。

第五节 股票发行与股本结构

一、本次股票上市前首次公开发行股票的情况

1、发行数量：5000万股

2、发行价格：5.17元/股

3、募集资金总额：25,850万元

4、发行方式：网上累计投标询价

5、发行费用总额及项目：本次A股发行费用总额为1327万元，包括承销费、注册会计师费、评估费、律师费、上网发行手续费、股权登记费、及其他费用等

6、每股发行费用：0.265元

二、本次股票上市前首次公开发行股票的承销情况

本次公开发行的5000万股社会公众股已全部被投资者认购，承销团无余额包销。

三、本次上市前首次公开发行股票所募股资金的验资报告

验资报告

中兴宇验字(2001)1060号

四川成发航空科技股份有限公司全体股东：

我们接受委托，审验了贵公司截至2001年12月6日止新增注册资本实收情况。按照国家相关法律法规的规定和章程的要求出资，提供真实、合法、完整的验资资料，保护资产安全、完整是全体股东及贵公司的责任。我们的责任是对贵公司新增注册资本的实收情况发表审验意见。我们的审验是依据《独立审计实务公告第1号-验资》进行的。在审验过程中，我们结合贵公司的实际情况，实施了检查等必要的审验程序。

贵公司原注册资本为人民币9,000万元，根据修改后章程的规定，贵公司申请增加注册资本人民币5,000万元，系向社会公众发行人民币普通股，变更后的注册资本为人民币14,000万元。经我们审验，截至2001年12月6日止，贵公司已收到社会公众股东认缴股款24,984万元(已扣除手续费90.5万元和承销费775.5万元)，其中：股本5000万元，资本公积19,984万元(未扣除其他发行费用)。

同时我们注意到，贵公司本次增资前的注册资本为人民币9,000万元，已经中庆会计师事务所审验，并于1999年12月21日出具中庆99(验)字第171号验资报告。截至2001年12月6日止，贵公司变更后的累计注册资本实收金额为人民币14,000万元。

本验资报告仅供贵公司变更登记时使用，不应将其视为是对贵公司验资报告日后资本保全、偿债能力和持续经营能力等的保证，因使用不当造成的后果，与执行本验资业务的注册会计师及会计师事务所无关。

附件：

(一)新增注册资本实收情况明细表

(二)注册资本变更前后对照表

(三)验资事项说明

北京中兴宇会计师事务所有限责任公司　　中国注册会计师　王勇

中国北京　　中国注册会计师　树新

2001年12月6日

四、募股资金入帐情况

1、入帐时间：2001年12月5日

2、入帐金额：24,984万元

3、入帐帐号：301055907

4、开户银行：中国光大银行成都直属支行

五、发行人上市前股本结构及各类股东的持股情况

1、本次上市前股本结构

持股单位	股数(万股)	所占比例(%)
国有法人股	9000.00	64.29
社会公众股	5000.00	35.71
总股本	14000.00	100

2、本公司前十名股东持股情况

序号	股东名称	持股数量(万股)	占总股本比例(%)
1、	成都发动机(集团)有限公司	8,180	58.43
2、	沈阳黎明航空发动机集团公司	715	5.11
3、	华安创新	48	0.34
4、	北京航空航天大学	35	0.25
5、	中国燃气涡轮研究院	35	0.25
6、	成都航空职业技术学院	35	0.25
7、	同盛基金	24.40	0.17
8、	南方稳健	22.70	0.16
9、	普丰基金	21.70	0.16
10、	同益基金	19.90	0.14

第六节 董事、监事、高级管理人员

一、董事、监事和高级管理人员情况

董事：

景济南先生：52岁，大学本科，中国国籍，现任四川成发航空科技股份有限公司董事长、成发集团公司董事长、党委书记、总经理。

杨光先生：41岁，研究生，中国国籍，现任四川成发航空科技股份有限公司总经理、成发集团公司董事。

龚一纯先生：58岁，大专，中国国籍，现任成发集团公司副董事长、常务副总经理。

黄麟綦先生：57岁，硕士研究生，中国国籍，现任四川成发航空科技股份有限公司常务副总经理、成发集团公司董事。

龚朝东先生：52岁，大专，中国国籍，现任成发集团公司董事、党委副书记、工会主席。

陈锦先生：44岁，硕士研究生，中国国籍，现任成发集团公司董事、副总经理。

唐智明先生：57岁，硕士研究生，中国国籍，现任中国航空工业第二集团公司航空发动机部部长。

王海平先生：46岁，本科，中国国籍，现任中国航空工业第二集团公司资产管理部副部长。

褚晓文先生：41岁，本科，现任沈阳黎明航空发动机集团公司总经济师。

徐镇勇先生：51岁，本科，现任中国燃气涡轮研究院院办主任。

冯振达先生：57岁，中专，现任四川成发航空科技股份有限公司一厂副厂长。

陈育培先生：43岁，大专，现任成发集团公司董事、总会计师。

监事：

袁哲先生：33岁，本科，现任中国航空工业第二集团公司财务审计部审计处副处长。

张竹筠先生：36岁，硕士研究生，现任北京航空航天大学校长助理兼产业办主任。

吕光军先生：52岁，本科，现任成都航空职业技术学院院长、党委书记。

李巧生女士：47岁，大专，现任四川成发航空科技股份有限公司计划财务部制造三厂成本核算室主任。

方忠庆先生：54岁，大专，现任四川成发航空科技股份有限公司经理部部长。

李志伟先生：29岁，本科，现任四川成发航空科技股份有限公司制造工程部部长助理。

其他高管人员：

吴华女士：32岁，本科，现任四川成发航空科技股份有限公司财务总监。

杨正君女士：49岁，本科，现任四川成发航空科技股份有限公司副总经理。

冯富喜先生：52岁，大专，现任四川成发航空科技股份有限公司副总经理。

尹苏钢先生：46岁，大专，现任四川成发航空科技股份有限公司董事会秘书。

张启高先生：61岁，本科，现任四川成发航空科技股份有限公司总经理助理。

支树平先生：55岁，本科，现任四川成发航空科技股份有限公司涂层研究所所长。

二、其他情况

1、发行人未与上述人员签定任何担保、借款协议。

2、上述人员、上述人员的家属以及上述人员通过其近亲属能够直接或间接控制的法人均未持有发行人股份。

3、上述人员未持有发行人关联企业的股份。

4、上述人员相互之间不存在配偶关系、三代以内直系和旁系亲属关系。

第七节 同业竞争与关联交易

一、同业竞争情况

控股股东成发集团公司与公司目前不存在同业竞争；根据成发集团公司提供的声明与承诺，公司上市后，成发集团公司将不从事与公司相同的业务。

二、关联企业

1、发起人股东	持股比例(本次发行完成后)
(1) 成都发动机(集团)有限公司	58.43%
(2) 沈阳黎明航空发动机集团公司	5.11%
(3)北京航空航天大学	0.25%
(4)中国燃气涡轮研究院	0.25%
(5)成都航空职业技术学院	0.25%

2、控股股东控制企业

(1) 成都发动机集团重庆实业发展有限公司

(2) 成都航发工具装备公司

(3) 成都航发双燕电器工业公司

(4) 成都航发特种车厂

(5) 成都航发动力工程公司

(6) 成都航发锻压厂

(7) 成都航发有色金属制造公司

(8) 成都航发精密铸造公司

(9) 东风四川汽车发动机有限公司

(10) 成都成发宾馆有限公司

(11) 成都航冠饮品有限公司

(12) 成都航发汽车运输总公司

(13) 中国航空工业总公司成都第十区区域计量站

(14) 成都新星电器股份有限公司

(15) 深圳宝星塑料制品工业有限公司

(16) 四川省成都双桥汽车客运中心

(17) 成都航冠实业有限责任公司

三、关联关系

本公司设立后,具有完整独立的生产经营场所、经营管理机构和产供销体系,成发集团公司作为本公司的控股股东在来料委托加工、辅助生产协作、动能供应、后勤服务、土地使用权租赁等方面与本公司之间存在关联交易。

本公司遵照公平、公正、公开的市场原则签订了以下主要的关联交易协议,以确保公平交易,保证本公司的利益和小股东的合法权益。

1、土地使用权租赁合同

本公司向成发集团公司承租4宗、面积为136,800.23平方米的工业用地使用权,租赁期限为50年(自2000年8月18日起至2050年6月18日止),前三年的土地使用权年租金按8元/平方米计算,年租金合计为109万元人民币;以后租金每三年调整一次。本公司已经与成发集团公司签订了《土地使用权租赁合同》,并已在土地管理部门履行完毕登记手续。

2、注册商标无偿转让合同

成发集团公司将商标注册号为1336980(第十一类)、1125026(第七类)、1264837(第四十类)、1351812(第十一类)四种注册商标权无偿投入本公司。在本公司取得上述注册商标所有权后,成发集团公司及其绝对控股企业可以无偿使用前述商标。为此,本公司与成发集团公司签订了《注册商标无偿转让合同》。目前,商标权变更正在办理之中。

3、加工订货合同

根据政府批准的6号航空发动机整机及零部件销售价格,在成发集团公司与本公司签订的委托加工协议中,按照"成本加成法"及各自承担的生产工序、生产难易程度、工时费用水平和平均利润水平,按照市场公允价格确定委托加工的价格,单台加工费结算价格(不含增值税及附加)为30(叁拾)万元人民币。2001年合同总标的6,000万元人民币。为此,本公司与成发集团公司签订了《加工订货合同》。

4、综合服务协议

成发集团公司向本公司提供通讯、宣传、子女教育及职工培训、绿化、环卫、消防、治安等服务,并按照国家有关规定和市场情况合理收费。为此,本公司与成发集团公司签订了《综合服务协议》。

5、生产辅助及公用工程供应原则协议

成发集团公司按国家物价管理部门规定的价格或行业指导价或其他合理价格向本公司提供下列服务:a.水、电、气等供应;b.电讯服务;c.运输及仓储服务;d.通用设备大修服务;e.工具制造、模具服务;f.双方临时商定的其他项目。为此,本公司与成发集团公司签订了《生产辅助及公用工程供应原则协议》。

6、水、电、气等动能供应合同

成都航发动力工程公司(成发集团公司的全资子公司)按国家有关规定及合理价格向本公司提供水、电、气等动能供应。为此,本公司与成都航发动力工程公司签订了《水、电、气等动能供应合同》。

本公司与成发集团公司及其全资子公司成都航发工具装备公司、成都航发动力工程公司、成都航发锻压厂、成都航发精密铸造公司存在交易数额较小的关联交易,均按照市场原则按各项交易分别签订经济合同予以执行。

四、关联交易

1、本公司与成发集团公司的关联交易:

本公司提供交易　　来料加工

成发集团公司提供交易　　土地使用权租赁、铸件加工、工装及水电汽等辅助生产的提供

本公司向成发集团公司提供的来料加工服务包括内贸航空发动机零部件的盘、轴、叶片、钣金件加工及零件热表处理等工序加工。本公司以最终交付内贸航空发动机零部件入成发集团公司成品库、凭成发集团公司成品库房和双方财务部门确认的入库票据确认本公司已将加工产品的所有权上的重要风险和报酬转移给成发集团公司,本公司并以此确认营业收入的实现。

2、交易额列示如下:

本公司向成发集团公司提供来料加工服务:

单位:人民币元

项　　目	2001年1-6月	2000年度	1999年度	1998年度
产品加工收入	28,578,766.91	59,865,011.84	55,871,467.54	50,106,828.00
占当年营业收入比例	32.48%	33.32%	40.2%	44.6%

本公司向成发集团公司支付土地使用权租赁费、采购专用工装、毛料锻铸件及能源:

单位:人民币元

项　　目	2001年1-6月	2000年度	1999年度	1998年度
土地租赁费	300,000.00	1,090,000.00	—	—
采购专用工装	696,782.10	4,650,281.20	9,085,492.84	8,352,459.24
采购能源	6,253,927.60	10,066,806.54	8,942,187.05	6,608,100.45
采购毛料锻铸件	6,533,692.28	21,729,199.15	12,837,946.31	710,511.34

以上各项占当年营业收入比例为:

项　　目	2001年1-6月	2000年度	1999年度	1998年度
土地租赁费	0.34%	0.61%	—	
采购专用工装	0.79%	2.59%	6.54%	7.43%
采购能源	7.11%	5.60%	6.44%	5.88%
采购毛料铸件	7.43%	12.09%	9.25%	0.63%

3、关联方应收应付金额

单位:人民币元

	2001年6月30日	2000年12月31日	1999年12月31日	1998年12月31日
应付帐款	—	282,885.97	—	214,527.22
应收帐款	1,473,453.27	—	12,777.54	—

以上各项占当年营业收入比例为:

	2001年6月30日	2000年12月31日	1999年12月31日	1998年12月31日
应付帐款	—	0.16%	—	0.19%
应收帐款	1.67%	—	0.01%	—

第八节 财务会计资料

一、注册会计师意见

北京中兴宇会计师事务所有限责任公司接受本公司委托,审计了本公司1998年12月31日、1999年12月31日、2000年12月31日、2001年6月30日公司资产负债表,1998年度、1999年度、2000年度、2001年1至6月公司利润表和2000年度、2001年1至6月公司现金流量表。会计师出具了标准无保留意见的审计报告。

二、简要会计报表

1. 简要资产负债表

单位:人民币元

项目	2001.6.30	2000.12.31	1999.12.31	1998.12.31
流动资产	222,165,551.95	195,874,644.29	111,485,994.72	145,976,542.51
长期投资	—	—	—	—
固定资产	176,353,403.91	178,769,560.84	179,411,982.16	114,883,949.05
无形及其他长期资产	437,625.57	2,100,632.74	2,006,476.02	—
资产总计	398,956,581.43	376,744,837.87	292,904,452.90	260,860,491.56
流动负债	246,484,813.71	192,677,035.99	75,163,420.28	96,679,666.50
负债合计	246,484,813.71	235,332,372.81	162,533,167.42	179,966,816.48
少数股东权益	—	—	—	—
股东权益	152,471,767.72	141,412,465.06	130,371,285.48	80,893,675.08
负债及股东权益总计	398,956,581.43	376,744,837.87	292,904,452.90	260,860,491.56

2、简要利润表

单位:人民币元

项　　目	2001年1-6月	2000年度	1999年度	1998年度
主营业务收入	87,978,431.93	179,674,380.82	138,842,989.20	112,432,418.86
主营业务利润	27,997,690.13	53,184,239.18	44,379,063.93	38,438,903.90
营业利润	11,326,872.07	30,190,689.49	19,603,509.38	14,019,677.16
利润总额	11,059,302.66	30,176,032.48	19,796,985.50	14,272,238.72
净　利　润	11,059,302.66	30,176,032.48	13,556,832.62	9,499,217.24

3、简要现金流量表

单位:人民币元

项　　目	2001年中期	2000年度
经营活动产生的现金流量:		
现金流入小计	42,279,826.77	116,647,401.75
现金流出小计	37,123,580.96	87,545,464.13
经营活动产生的现金流量净额	5,156,245.81	29,101,937.62
投资活动产生的现金流量:		
现金流入小计	470,128.40	199,900.00
现金流出小计	8,938,118.96	15,148,634.74
投资活动产生的现金流量净额	-8,467,990.56	-14,948,734.74
筹资活动产生的现金流量:		
现金流入小计	66,800,000.00	111,245,609.00
现金流出小计	61,516,889.11	75,165,005.67
筹资活动产生的现金流量净额	5,283,110.89	36,080,603.33
现金及现金等价物净增加额	1,971,336.14	50,233,806.21

三、报告期内利润形成的有关情况

1、销售收入总额及利润总额

根据北京中兴宇会计师事务所有限责任公司出具了无保留意见的审计报告(中兴宇审字(2001)1050号),本公司2001年1-6月的销售收入总额是87,978,431.93元,利润总额为11,059,302.66元。

本公司目前产品结构中的外贸航空技术产品,是本公司着力发展壮大的支柱产品,其在公司主营业务收入中的比例呈逐年迅猛上升之势。另外汽轮机叶片的订货数量也将出现大幅度的增长。根据北京中兴宇会计师事务所有限责任公司出具的无保留意见盈利预测审核报告(中兴宇盈字(2001)1051号),2001年销售收入总额预测为237,850,028.00元,利润总额为36,210,323.21元(免所得税)或32,437,670.13元(2001年7—12月所得税按15%纳税)。

2、业务收入的主要构成

单位:元

产品类别	销售额	占销售总额比例
内贸航空技术产品	28,578,766.91	32.48%
外贸航空技术产品	41,878,538.46	47.60%
其他产品	17,521,126.56	19.92%
合　计	87,978,431.93	100.00%

四、主要固定资产

根据北京中兴宇会计师事务所有限责任公司2000年7月10日出具的无保留意见中兴宇审字(2001)1050号《审计报告》,截至2001年6月30日,本公司主要固定资产情况如下:

单位:人民币元

固定资产类别	原　值	累计折旧	净　值	折旧年限
房屋建筑物	113,934,777.15	50,539,172.93	63,395,604.22	30
机器设备	243,821,457.25	142,217,230.97	101,604,226.28	15
办公设备	1,325,276.00	266,343.54	1,058,932.46	5
运输设备	2,031,144.00	829,442.11	1,201,701.89	10
合　　计	361,112,654.40	193,852,189.55	167,260,464.85	

本公司固定资产中包括融资租赁固定资产,情况如下:

单位:人民币元

固定资产类别	帐面原值	累计折旧	帐面净值
机器设备	30,239,507.06	3,353,623.29	26,885,883.77

在建工程:

单位:人民币元

工程名称	金额	资金来源	工程进度
GE二期项目	8,797,307.15	自筹	95%
零星设备采购	3,983,737.57	自筹	
合　　计	12,781,044.72		

本公司对固定资产采用直线法计提折旧,截止到2001年6月30日,本公司的有形资产净值为398,518,955.86元。

五、主要债项情况

1、主要债项

根据北京中兴宇会计师事务所有限责任公司于2001年7月10日出具的无保留意见中兴宇审字(2001)1050号《审计报告》,截至2001年6月30日,本公司流动负债246,484,813.71元;其中银行贷款、内部人员负债情况如下:

短期借款

借款银行	金额(元) 美元	金额(元) 人民币	年利率%	合同起止日	借款类别
工行成都市分行锦江支行	160000.00		8.525	2000.7.25-2001.7.24	担保
工行成都市分行锦江支行	550000.00		8.525	2000.8.25-2001.8.24	担保
工行成都市分行锦江支行	160,000,00		8.525	2000.8.25-2001.8.24	担保
工行成都市分行锦江支行	200,000.00		8.525	2000.7.21-2001.7.20	担保
工行成都市分行锦江支行	100,000,00		8.525	2000.9.12-2001.9.11	担保
工行成都市分行锦江支行	120,000.00		8.525	2000.12.13-2000.12.12	担保
工行成都市分行锦江支行		4500000.00	6.4350	2001.4.17-2002.4.16	担保
工行成都市分行锦江支行		4800000.00	6.4350	2001.3.15-2002.3.14	担保
工行成都市分行锦江支行		2500000.00	6.4350	2001.6.18-2002.6.17	担保
工行成都市分行锦江支行		4000000.00	6.4350	2001.2.15-2002.2.14	担保
工行成都市分行锦江支行		4000000.00	6.4350	2001.5.17-2002.5.16	担保
工行成都市分行芷泉支行		10000000.00	6.4350	2000.8.31-2001.8.30	担保
光大银行成都直属支行		5000000.00	6.4350	2000.8.16-2001.8.15	担保
光大银行成都直属支行		4000000.00	6.4350	2000.12.13-2001.12.12	担保
交通银行成都分行高新支行		6000000.00	5.8500	2001.3.29-2002.3.28	担保
交通银行成都分行高新支行		6000000.00	5.8500	2001.4.29-2002.4.28	担保
中国进出口银行		30000000.00	4.0500	2000.12.27-2002.12.26	担保
合　　计		91477330.00			

2001年6月30日美元贷款折合率为8.2770元，美元贷款余额折合人民币15,645,609.00元，2001年6月30日短期借款余额总计91,477,330.00元。

一年内到期的长期借款

单位:人民币元

借款银行	金额	年利率%	合同起止日	借款类别
中国进出口银行	40,000,000.00	4.14	1998.8-2001.8	担保
工行成都市分行芷泉支行	6,000,000.00	6.03	1997.6-2001.12	担保
中国进出口银行	15,000,000.00	4.14	2000.12-2002.1	担保
中国进出口银行	25,000,000.00	4.05	2000. 2-2002.3	担保
合　计	86,000,000.00			

说明:

(1) 至招股说明书签署日,本公司无逾期未还银行借款。

(2)截至2001年6月30日,应付职工工资为1,080,570.02元,应付福利费为4,715,376.10元。

(3) 截至本招股说明书签署日,本公司无对关联企业的负债。

(4) 截至本招股说明书签署日,本公司不存在或有负债。

2、主要合同承诺

为了以约定价格购买合同对方的产品、劳务,本公司与成发集团公司及其他公司签订的合同主要有本公司与成发集团公司签订《生产辅助及公用工程供应原则协议》、《土地使用权租赁合同》和《综合服务协议》,与成都航发动力工程公司签订的《水、电、气等动能供应合同》,以上协议的合同承诺见"同业竞争与关联交易"中的有关内容。

六、股东权益情况

单位:人民币元

股本	资本公积	盈余公积	公益金	未分配利润	合计
90,000,000.00	40,371,285.48	4,526,404.87		17574077.37	152471767.72

七、现金流量情况

本公司2001年1-6月经营活动产生的现金流量净额5,156,245.81元;投资活动产生的现金流量净额-8,467,990.56元,主要是购建固定资产进行技术改造;筹资活动产生的现金流量净额5,283,110.89元。

报告期内,本公司没有对外投资,也没有不涉及现金收支的重大投资和筹资活动。

八、或有事项、期后事项、关联交易及其他重要事项

1、或有事项和期后事项

截至2001年6月30日,本公司不存在对外担保、未决诉讼等或有事项,亦不存在应 披露的重大资产负债表期后事项。

2、关联交易

本公司存在与关联企业发生关联交易的情形,请投资者关注本上市公告书"第七 节同业竞争与关联交易"。

3、其他重要事项

根据2001年度第一次股东大会决议,2000年10月31日前(含本数)实现的利润归5 家发起股东享有,2000年10月31日以后实现的利润归现有股东和新股东共同享有。

九、本公司主要财务指标

主要财务指标	2001年1-6月	2000年	1999年	1998年
流动比率	0.90	1.02	1.48	1.51
速动比率	0.49	0.53	0.34	0.43
资产负债率	61.78%	62.46%	55.49%	68.99%
应收帐款周转率(次)	2.27	7.61	6.64	3.86
存货周转率(次)	0.61	1.40	0.97	0.79
每股净资产(元/股)	1.69	1.57	1.45	0.90
研究开发费用占主营业务收入比例	3.56	5.63%	4.61%	5.01%
每股经营活动的现金流量	0.06	0.32		
主营业务利润(元)	27997690.13	53184239.18	44379063.93	38438903.90
营业利润(元)	11326872.07	30190689.49	19603509.38	14019677.16
净利润(元)	11059302.66	30176032.48	13556832.62	9499217.24
扣除非经常性损益后的净利润(元)	11326872.07	30190689.49	13363356.50	9,246,655.68
按净利润计算:				
每股收益(全面摊薄)(元/股)	0.12	0.34	0.15	
每股收益(加权平均)(元/股)	0.12	0.34	0.15	
净资产收益率(全面摊薄)	7.25%	21.34%	10.40%	11.74%
净资产收益率(加权平均)	7.53%	20.75%	15.66%	11.39%
按扣除非经常性损益后的净利润计算:				
每股收益(全面摊薄)(元/股)	0.13	0.34	0.15	
每股收益(加权平均)(元/股)	0.13	0.34	0.15	
净资产收益率(全面摊薄)	7.43%	21.35%	10.25%	11.43%
净资产收益率(加权平均)	7.71%	20.75%	15.43%	11.09%

十、盈利预测数据

根据北京中兴宇会计师事务所有限责任公司出具的无保留意见的盈利预测审核报告(中兴宇盈字(2001)1051号),公司2001年预计主营业务收入为23785万元,可 实现主营业务利润6609.85万元,利润总额3621.03万元,净利润3,621.03万元;公司2001年1至6月实际执行所得税率为0%,2001年7至12月所得税若按15%计算,公司2001年预计净利润为3,243.76万元。

第九节 其他重要事项

1.公司股票首次公开发行后至上市公告书公布之日时间间隔较短,公司所处行业 和市场无重大变化,主要业务发展目标的进展状况正常,主要市场价格无重大变化。

2、在上述期间内,公司未发生重大投资行为、无重大资产(或股权)的收购、出售行为。

3、在上述期间内,本公司住所未发生变更,无重大诉讼、仲裁案件,未发生重大会计政策和会计师事务所的变动,未发生新的重大负债并且重大债项未发生变化。

4、本公司第一大股东成都发动机(集团)有限公司承诺:自本公司股票上市之 日起12个月内,不转让所持有本公司的股份,也不由本公司回购该部分股份。

5、在公司本次工商变更过程中,注册地由成都高新区高新大道创业路高新大厦501号变更为成都高新区高朋大道11号科技工业园。

第十节 董事会上市承诺

本公司董事会将严格遵守《中华人民共和国公司法》、《中华人民共和国证券法》、《股票发行与交易管理暂行条例》、《公开发行股票公司信息披露实施细则》和《上海证券交易所股票上市规则2001年修订本》等法律、法规和中国证监会的有关规定,并自股票上市之日起承诺作到:

(一)承诺真实、准确、完整、公允和及时的公布定期报告,批露所有对投资者 有重大影响的信息,并接受中国证监会、证券交易所的监督管理;

(二)承诺本公司在知悉可能对股票价格产生误导性影响的任何公共传播媒介中出现的消息后,将及时予以公开澄清;

(三)本公司董事、监事、高级管理人员和核心技术人员将认真听取社会公众的意见和批评,不利用已获得的内幕消息和其他不正常手段直接或间接从事本公司股票 的买卖活动;

(四)本公司没有无记录的负债。

第十一节 上市推荐人及其意见

一、上市推荐人情况

大鹏证券有限责任公司

住所:深圳市深南东路5002号信兴广场地王商业中心商业大楼8层

法定代表人: 徐卫国

电话: 028-7747962

传真: 028-7736640

联系人: 靳景玉　杨晓　齐勇　李志刚　刘柯杰

天同证券有限责任公司

住所:山东省济南市泉城路180号

法定代表人:段　虎

电话:0755-2083928

传真:0755-2083597

联系人:石玉晨　王　河　张鹏杰

二、上市推荐人的意见

大鹏证券有限责任公司与天同证券有限责任公司认为四川成发航空科技股份有限公司具备了《中华人民共和国公司法》、《中华人民共和国证券法》及《上海证券交易所股票上市规则》等法律、法规规定的上市条件。

大鹏证券有限责任公司与天同证券有限责任公司保证四川成发航空科技股份有限公司的董事了解法律、法规、上海证券交易所上市规则及股票上市协议规定的董事的义务与责任,并协助成发科技健全了法人治理结构、制定了严格的信息披露制度与保 密制度。大鹏证券有限责任公司与天同证券有限责任公司已对上市文件所载的资料进行了核实,保证成发科技的上市申请资料、上市公告书没有虚假、严重误导性陈述或 重大遗漏,并保证对其承担连带责任。大鹏证券有限责任公司与天同证券有限责任公 司保证不利用在上市过程中获得的内幕信息进行内幕交易,为自己或他人谋取利益。

四川成发航空科技股份有限公司

2001年12月7日

广 州 东 华 实 业 股 份 有 限 公 司

广州东华实业股份有限公司股票上市公告书暨2000年度财务报告

重要提示 本公司董事会保证本上市公告书所载资料不存在任何重大遗漏、虚假陈述或者严重误导,并对其内容的真实性、准确性、完整性负个别及连带责任。

一、释 义

本上市公告书除非另有所指,下列简称具有如下意义:
本公司、公司: 广州东华实业股份有限公司
原公司: 广州东华实业公司
市体改委: 广州市经济体制改革委员会
市人行: 中国人民银行广州市分行
市外经贸委: 广州市对外经济贸易委员会
市建委: 广州市城乡建设委员会
上交所: 上海证券交易所
证监会: 中国证券监督管理委员会
股 票: 指每股面值1.00元人民币普通股
元 : 人民币元
上 市: 本公司股票在上海证券交易所挂牌交易

二、要 览

证券简称:东华实业 证券编码:600393 总股本:10,000万股 可流通股本:2763.19万股
本次上市流通股本: 2763.19万股(其中高级管理人员46520 股,占总股本的0.047%,在其任职间暂不进行流通。)
上市地点:上海证券交易所 上市日期:2001年3月19日
登记机构:上海证券中央登记结算公司 财务顾问:广州证券有限责任公司
上市推荐人:平安证券有限责任公司 原主承销商:广州证券有限责任公司

三、绪 言

本上市公告书依据《中华人民共和国公司法》、《中华人民共和国证券法》、《股票发行与交易管理暂行条例》、《公开发行股票公司信息披露实施细则》、《上海证券交易所股票上市规则》等国家有关的现行法律、法规的规定,按照中国证券监督管理委员会制定的公开发行股票公司信息披露的内容与格式第七号《上市公告书的内容与格式(试行)》编制,旨在向投资者提供本公司的基本情况及本次股票上市的各项有关资料。

经中国证券监督管理委员会证监发字[2001]6号文批准,根据上海证券交易所上证上字[2001]31号《上市通知书》,公司股票将于2001 年3月19 日在上海证券交易所挂牌交易。本公司总股本为10000万股,可流通股为2763.19万股,均为1989年1月7日至2月6日及1993 年1月8日至2月8 日向社会公开发行的属于历史遗留问题的股票,简称"东华实业",证券编码"600393",交易单位为"股"。

本公司董事会及全体董事已批准本上市公告书,确信其中不存在任何虚假记载、误导性陈述或重大遗漏,并对其真实性、准确性和完整性负个别的和连带的责任。

四、公司概况

1.公司简介:
(1)公司法定名称:广州东华实业股份有限公司
公司英文名称:GUANGZHOU DONGHUA ENTERPRISE CO.LTD.
(2)法定地址: 广州市东山区寺右新马路111号30楼
(3)法定代表人: 陈鸿允
(4)注册资金: 10000万元
(5)经营范围:房地产开发,出租、出售房屋,土建工程、电气配套承装,住宅小区配套商业、饮食、服务、旅游,房屋拆迁。
(6)股份公司成立时间:1988年12月26 日
2.公司员工情况
截止1999 年12月,本公司在册职工是119 名,其分项结构如下:
(1)专业结构

专业结构	人数	比例%
管理人员	11	9.24
技术人员	84	70.58
财务人员	13	10.92
其他	11	9.24
合计	119	100

(2)学历结构

学历结构	人数	比例%
大专及以上	67	56.3
中专、高中	46	38.66
高中以下	6	5.04
合计	119	100

(3)年龄结构

年龄结构	人数	比例%
50岁以上	22	18.49
40-49岁	38	31.93
30-39岁	46	38.66
29岁以下	13	10.92
合计	119	100

(4)职称情况

职称情况	人数	比例
高级职称	6	5.04%
中级职称	38	31.94%
初级职称	36	30.25%
合计	80	67.23%

(5)员工的其他情况
根据《中华人民共和国》和国家有关法规规定,本公司实行全员劳动合同制,并执行国家有关规定给予员工各种福利和劳保,本公司已为员工办理了职工养老保险、工伤保险、待业保险和医疗保险等社会保险。
2、公司组织结构
公司组织结构图如下
3.公司历史沿革

公司前身是1983 年6月15 日成立的广州东华实业公司,1988 年9月16日, 经广州市东山区人民政府东府(1988)97 号文、广州市经济体制改革委员会穗改(1988)第3号文批准,在原公司基础上改组为股份有限公司。

1988 年12月15日,广州羊城会计师事务所(88)羊查字650 号文对原公司的国有资产进行了审计和评估,确定原公司1988 年10月31日的资产净值为人民币 6600 万元,按每股面值 100元折为国家股和企业使用股66 万股(其中国家股19.6507 万股,企业使用股46.3493 万股),由职工福利基金和奖励基金共400万元折为职工股4万股,总计70万股。

1988 年12月27日,经中国人民银行广州分行(1988)穗银金字285 号文批准,公司按面值向社会发行人民币普通股30万股(每股面值100元),1989年 1月7日至1989 年2月6日,公司实际发售社会公众股 9.1375 万股,经羊城会计师事务所(92)羊验字第1916 号文验证,截止 1989年4月底,本次发行公司实收资金913.75万元。

1991 年4月,根据国资综发(1991)21 号《关于在股份制试点中加强维护国有资产权益的通知》精神及广州市财政局财国(1991)39 号文的要求,公司1991 年第三次股东代表大会作出决议:职工股 4 万股从1991 年度起作退股处理,退股资金专款专用。因职工股退出所出现的公司股本缺额,由国家股持有单位追加股本认购。国家股和企业使用股归并为国家股,由国有资产授权管理部门统一管理。调整后公司的股权结构为:国家股 70 万股,占88.5%;社会公众股9.1375 万股,占11.5%。上述股权结构调整经广州市东山区财政局东(1991)34号文批准,并经羊城会计师事务所(92)羊验字第(1916)号验资报告验证。

1992 年 12 月, 经广州市体改委穗改字 (1992)27 号文及中国人民银行广州分行穗银金字(1992)292号文批准,公司补发20.8625万股。其中定向发售企业法人股2.3681 万股,发行社会公众股18.4944 万股,每股面值人民币100 元,溢价发行每股180元。经广州羊城会计师事务所(93)羊验字第2162号文验证,本次股票发行共募集资金3755.25万元。至此,公司总股本为100万股。

1993 年 3 月 16 日, 经公司第五次股东代表大会决议并经广州市体改委穗改股字[1993]14号文批准,公司股票进行细拆,即将原面值100元/股拆细为面值1元/股。1993 年4月20 日,公司在广州市东山区工商行政管理局变更登记,至此,公司总股本为10000 万股,其中国家股 7000万股,占 70%,法人股236.81 万股,占2.37%,社会公众股2763.19万股,占27.63%。

1993年10月,经国家体改委确认,公司继续进行规范化股份制试点。

1997 年7月1 日,根据广州市体改委穗改字[1996]26 号文批复,公司按照《公司法》的有关规定进行了规范,并办理了重新登记手续。

1998 年 3 月,国家体改委厅函告[1998]25 号《关于<广州东华实业股份有限公司股票分两期发行问题的报告>的复函》对公司股本及股本结构予以确认。

4、房地产项目开发情况

公司在房地产项目开发时采用自主经营开发和合资合作经营开发相结合的形式,公司前三年已完成开发的房地产项目包括:五羊北商住中心项目、益丰花园一期(翠雅阁)项目、湖滨苑高层2#和3#项目、健力宝大厦项目等。现有开发项目为湖滨苑高层 4#和 5#项目、益丰花园二期开发项目、湖滨苑地下车库项目、五羊南广场项目、嘉盛大厦项目、华悦居项目。以上项目均取得广州市城市规划局、广州市计委颁发的《建设工程规划许可证》及《固定资产投资许可证》。

(1)自主经营开发项目

①五羊北商住中心项目。开工日期为 1998 年6 月,竣工日期为 2000 年 2 月,开发土地面积 2,288M2,开发建筑面积 19,212M2。委托工程建筑公司为广州市第三建筑工程公司,该公司具有工业与民用建筑工程施工一级资质(以下简称"工民建一级资质")。截止2000年6月30日,依据监理工程报告确认工程进度为 100%。现该项目经广州市建筑质监部门核定为"优良样板工程",并取得合法销售资格。1999 年度以楼花预售方式预收房款29,667,301.89元,银行按揭方式预收房款4,500,000.00元。

②益丰花园二期开发项目。开工日期为 1999 年 4 月,预计竣工日期为 2000 年 12 月,开发土地面积2,176 M2,开发建筑面积 19,012 M2。委托工程建筑公司为广州市白云第一建筑集团公司,具有工民建二级资质。截止2000 年6月31 日,依据监理工程报告,确认工程进度为75.48%。

③华悦居项目。该项目开发土地面积为1,900 M2,开发建筑面积7,493M2,目前已进入招标阶段。

(2)合资、合作经营开发项目

①湖滨苑高层2#、3#项目。开工日期为1995年12 月,竣工日期为1998年 3 月,开发土地面积 4,000 M2,开发建筑面积 15,000M2。经广州市外经贸委批准,公司与香港南都实业有限公司成立了广州东南房地产开发有限公司合作开发该项目,该公司经广州市建委批准取得国家二级房地产开发企业资质。项目由对方投入全部开发资金,公司提供项目的土地使用权,按实际竣工面积分成,公司占31%,合作合同已履行完毕。截止2000 年6月 30 日,依据监理工程报告及工程竣工验收书确认工程进度为100%,经广州市建筑质监部门核定质量等级为"优良",并取得合法销售资格。目前,该项目累计销售收入 103,696,277.00 元,全部以一次性付款方式销售。

②健力宝大厦项目。开工日期为1995 年10月,竣工日期为1999年10月,开发土地面积 5,821M2,开发建筑面积 71,689M2,开发形式为与香港盈坤投资有限公司(后由广东健力宝集团有限公司)合作开发,双方经广州市外经贸委批准成立了广州东和房地产开发有限公司,该公司经广州市建委批准取得了国家二级房地产开发企业资质。依照合作合同,项目由对方投入全部开发资金,公司提供项目的土地使用权,并约定公司分得建筑面积1431.33 平方米及六个车位。另根据合作合同于 1997 年取得前期合作收入83,374,200.00元。截止2000 年6月30日,依据监理工程报告及工程竣工验收书确认工程进度 100%。该项目已取得合法销售资格,其工程质量正在评定之中。

③益丰花园一期(翠雅阁)项目。开工日期为 1997 年 6 月,开发土地面积7,953M2,建筑面积 47,952.00M2,竣工日期为 1998 年 10 月。开发形式为与香港中光实业有限公司成立广州东光房地产有限公司合作开发,该公司经广州市建委批准取得国家二级房地产开发企业资质。依照合作合同,项目由对方投入全部开发资金,公司提供项目的土地使用权,利益分配方式采用按楼宇总建筑面积计算,公司占 20%,对方占 80%。截止2000 年 6 月 30 日,依据监理工程报告及工程竣工验收书确认工程进度100%,该项目经广州市建筑质监部门核定质量等级为"优良"并取得合法销售资格。

④湖滨苑高层4#、5#项目。开工日期为 1998 年6 月,预计竣工日期为 2000 年 8 月,开发土地面积 4,489M2,开发建筑面积 53,157M2,开发形式为与香港东讯实业有限公司成立湖滨房地产开发公司合作开发,该公司经广州市建委批准取得国家二级房地产开发企业资质。依照合作合同,项目由对方投入全部开发资金,公司提供项目的土地使用权,利益分配方式采用按楼宇总建筑面积计算,公司占 31%,对方占 69%。项目委托工程建筑公司为广州市第二建筑工程集团公司,具有工民建一级资质。截止2000 年 6 月30 日,依据监理工程报告确认工程进度 98%,并取得合法销售资格。

⑤五羊南广场项目。开工日期为 2000 年 3 月,预计竣工日期为 2000 年 12 月,开发土地面积 3,315 M2,开发形式为与润纬房地产有限公司合作经营。经广州市外经贸委批准,双方成立了

广州润东房地产有限公司合作开发该项目,该公司经广州市建委批准取得国家三级房地产开发企业资质。依照合作合同,项目由对方投入全部开发资金,公司提供项目的土地使用权,双方约定采用车位分成的方式进行分配,具体分成公司占 28.4%,对方占 71.6%。委托建筑公司为花都市第四建筑工程公司,具有工民建二级资质。目前该项目已完成基建部分施工。

⑥嘉盛大厦项目。开工日期为 2000 年 5 月,预计竣工日期为 2004 年,开发土地面积 6,500 M2。开发形式为与香港信兴地产发展公司合作经营。经广州市外经贸委批准,双方成立了广州信兴华房产开发有限公司合作开发该项目,该公司经广州市建委批准取得国家二级房地产开发企业资质。依照合作合同,项目由对方投入全部开发资金,合作采用房屋分成的方式进行分配,总建筑面积在三万平方米以内时公司分成面积为总面积的 30%,对方占 70%;超过三万平方米以上部分公司占 10%,对方占 90%。项目委托建筑公司为开平建邦公司(工民建二级资质)、广东海外建筑第四分公司(工民建一级资质)。目前该项目已完成基建部分施工。

(3)土地取得及储备情况

本公司土地取得的方式经历了三个阶段。第一阶段为 1979 年至 1990 年,房地产开发用地以有偿划拨方式取得,开发项目包括"东湖新村"项目、"五羊村"前期项目及"湖滨苑"低层项目;第二阶段为 1990 年至 1999 年,开发用地以有偿划拨方式过渡为协议出让方式取得,开发项目包括五羊北商住中心项目、益丰花园(翠雅阁)项目、湖滨苑高层 2# 和 3# 项目、健力宝大厦项目、湖滨苑高层 4# 和 5# 项目、益丰花园二期开发项目、湖滨苑地下车库项目、五羊南广场项目、嘉盛大厦项目、华悦居项目等。第三阶段自 2000 年起,开发用地将以招标方式取得为主。

公司目前的土地储备为广州保税区地块, 土地面积 3,594M2, 土地地号 64 号, 使用期限由 1993 年 7 月 17 日至 2043 年 7 月 16 日。另外,公司及其子公司尚有已取得用地批文待开发的土地 167,438M2。

(4)各地产项目所在城市分布简图(附后)

五、风险因素与对策

(一)风险因素　投资者在评价公司股票时,除上市公告书提供的其他资料外,应特别认真地考虑下述各项风险因素。

1、经营风险

(1)公司主营业务为房地产开发,房地产建设开发成本受物价影响很大,物价上涨往往引发建筑材料及人工价格的上涨并对利润产生直接影响。另外,建设开发成本中的土地使用权转让价格也随着经济周期的波动而波动,从而影响到公司的经济效益。

(2)房地产属资金密集型行业,从征地拆迁、报建设计到施工封顶、楼花预售,构成了房地产业务相对较长的开发周期和庞大的资金需求,任何一个环节的资金不畅,都将导致资金链条的断开,给公司经营形成融资风险。

(3)本公司是一家集市政建设、房地产开发、物业管理、饮食服务等业务为一体的多元化经营企业,涉及的产品领域较为广泛,随着经营规模的扩大,公司的管理跨度增大,管理成本相应提高,给公司经营带来一定的管理风险。

(4)、楼花预售是房地产开发企业在商品房竣工验收前普遍采用的销售方式,目的在于加快资金周转,缩短项目周期。如果预售管理不当,有可能影响到项目的如期竣工,甚至有"烂尾"的风险。其次, 楼花预售并不能完全保证分期付款完全按期回收, 这会造成房地产开发企业资金回收的风险。再次,在楼宇按揭管理上,由于按揭银行有可能要求房地产发展商承担楼宇回购担保责任,一旦业主按揭供房资金不济,发展商将履行楼宇回购从而影响项目的资金周转。

2、行业风险　(1)房地产业内竞争日趋激烈,税负较重,使行业利润趋向社会平均利润水平。同时,土地开发及建设业务常受到土地资源的制约,国家的宏观经济政策及经济周期的调整和变化也在某种程度上影响公司的盈利能力。

(二) 相应对策

本公司已充分认识到上述风险并将采取如下对策:

1、经营性风险对策　(1)房地产业的竞争很大程度上取决于土地储备资源的丰寡,公司将继续完善以市场为导向的开发经营机制,充分利用现有市区土地资源,积极扩大市郊土地储备,土地储备重点放在房产开发基础较好的广州及其周边地区。

(2)实现管理的规范化和科学化。公司计划招聘优秀专才特别是金融、工贸、住宅建设研发等方面的高级专业人才,努力提高企业员工的整体素质,强化市场观念、竞争和创新意识,使企业的管理更加规范化和科学化。

(3)在多元化经营的基础上,制订规划,把握时机,适时适度扩大及拓展商贸旅游、通讯、金融及高科技等领域的投资,强化公司管理,增强市场竞争能力,降低经营风险。

(4)、公司将进一步加强商品房预售合同管理,严格遵照国家有关规定按合同约定交付商品房,保证建设投资的及时回收;在楼盘封顶即项目完成近 70%情况下方进行预售,确保所开发的项目不存在"烂尾"风险。对未能履行预售合同的预购人,依照合同中有关违约条款及时予以执行,从而规避公司商品房的预售风险。

2、行业风险对策　(1)加强对国家产业政策和行业现状的分析与研究,及时把握政策动向。

(2)本公司经营规范,商誉良好,历来受到广州市、区政府的大力支持并享有一定的优惠政策,这使得公司在同业竞争中处于优势地位。公司将继续加强与上级主管部门的沟通及同业间交流,保持竞争优势。

六、历次股票发行与承销

1、第一次:	社会公众股公开发行
股票种类:	A 股
每股面值:	100 元
发行价格:	面值发行,每股 100 元
批准发行股票的文件:	中国人民银行广州市分行[穗银金字(1988)285 号]
发行日期:	1989 年 1 月 7 日至 2 月 6 日
发行对象:	境内个人和法人
发行地点:	广州市
社会公众股发行数量:	9.1375 万股
承销机构:	广州证券公司
承销方式:	代销
发行费用总额:	93,398 元
每股发行费用:	1.02 元
公告日期:	1989 年 1 月 6 日
2、第二次:社会公众股公开发行	
股票种类:	A 股
每股面值:	100 元
发行价格:	溢价发行,每股 180 元
批准发行股票的文件:	中国人民银行广州市分行[穗银金字(1992)292 号
发行日期:	1993 年 1 月 8 日至 2 月 8 日
发行对象:	境内个人和法人
发行地点:	广州市
社会公众股发行数量:	补发 20.8625 万股
承销机构:	广州证券公司
承销方式:	包销
发行费用总额:	578,075.25 元
每股发行费用:	2.8 元
募股说明书日期:	1993 年 1 月 8 日

七、董事、监事及高级管理人员简介及持股情况

1、董事、监事及高级管理人员简介

陈鸿允先生:37 岁,研究生学历。曾任公司副总经理兼董事、总经理,广州市东山区第九、十、十一届人大代表。现任公司董事长、总经理,有丰富的经济及行政管理经验。

雷苑茵女士:43 岁,研究生学历,会计师。曾任公司财务部副经理、经理、副总经理。现任公司董事、副总经理兼财务总监,具有丰富的财务管理及企业经营管理经验。

黄愈强先生:40 岁,硕士,经济师。现任公司董事、广州市房地产业协会常务理事、广州市物业管理协会副会长、广州东华物业管理公司经理。

黎湛先生: 37 岁,大学学历,高级工程师。曾任职于广东省城乡规划设计院,公司计划部副经理、技术部经理、总工室主任。现任公司董事、技术部经理、总工室主任,有丰富的工程技术及经营管理经验。

蔡华兴先生:38 岁,大专学历。曾任职于广州市东山区建筑设计室,现任公司董事、房地产开发部副经理,有多年房地产开发经验。

雷少雄先生:36 岁,硕士,高级经济师。曾任公司企管部副经理。 现任公司监事长、党委副书记、纪委书记,有丰富的经济及行政管理经验。

符光颂先生:47 岁,大专学历,经济师。曾任公司党委办公室副主任、工会副主席、房地产开发部副经理、企业管理部副经理。现任公司监事、工会副主席,有多年经济管理经验。

吴新权先生:48 岁,大学学历,工程师。曾任公司预算部副经理、技术部副经理、总工室副主任。现任公司监事,有多年工程技术经验。

蔡锦鹭女士:29 岁,大专学历,经济师。曾任职公司综合部、证券部、物业部、办公室和董事会秘书处。现任公司董事会秘书,有企业经营管理及证券业务经验。

2、董事、监事及高级管理人员持股数额和比例:

姓　名	职　务	持股数(股)	持股比例
陈鸿允	董事长兼总经理	15000	0.015%
雷苑茵	董事兼副总经理	11000	0.011%
黄愈强	董　事	10600	0.0106%
黎　湛	董　事	5000	0.005%
蔡华兴	董　事	1600	0.0016%
雷少雄	监事长	1600	0.0016%
符光颂	监　事	720	0.0007%
吴新权	监　事	1000	0.001%
蔡锦鹭	董事会秘书	0	0

以上董事、监事及高级管理人员共持有公司股票 46520 股,占总股本 0.047%。以上人员所持公司股票在任职期间不得转让。

八、关联企业及关联交易

1、关联企业

(1)、公司控股股东

广州东华实业资产经营公司,持有公司国家股 7000 万股,占总股本的 70%,为公司控股股东。注册资本为人民币 7000 万元,1998 年 1 月 1 日起经广州市东山区人民政府授权经营管理东华公司国家股股权,经营范围包括经营管理授权范围内的国有资产及投资形成的经营项目,受托转让国有资产及产权交易,项目投资、开发、管理、授权开展国有资产管理、兼并、租赁咨询服务。原公司董事长兼法人代表为陈鸿允,根据东山区政府东人任免字 2000(15)号文决定,陈鸿允不再担任公司董事长兼法人代表,有关工商变更手续正在办理之中。

(2)、公司控股企业

①广州保税区东华实业发展有限公司, 注册资本为人民币 600 万元, 东华公司持有该公司 90%股权;经营范围:国际贸易,转口贸易,商品展示。批发和零售贸易(国家专营专控项目除外)。

②广州东华建设监理有限公司, 注册资本为人民币 100 万元, 东华公司持有该公司 50%股权,经营范围:民用建筑工程监理(持资质许可证经营)。

③广州市东鸿房产服务有限公司,注册资本为人民币 100 万元,公司占 98.5%权益;经营范围:主营提供房地产有关法律、法规、经济信息、技术情况和可行性决策研究等方面的咨询服务,受委托代办房地产信托投资策划、招标、投标设计方案,承办有关动迁征地建设等方面的中介服务,受委托代办各类房屋的出售、购买、租赁等方面的中介服务。兼营物业管理。

④广州市东华通信服务有限公司,注册资本为人民币 30 万元,东华公司持有其 90%股权;经营范围:电话的装、拆、移及维护、维修、施工(在广州市电信局市内电话东山分局委托范围内),代办电信业务服务,零售通信设备。

⑤广州市小观园宾馆有限公司, 注册资本为人民币 50 万元, 东华公司持有该公司 90%股权。 经营范围:饮食服务,住宿,歌舞,卡拉 OK,棋牌艺。

⑥广州东华市场发展有限公司,注册资本为人民币 50 万元,公司占 70%权益;经营范围:铺位出租,销售农副产品、百货、粮油及制品、副食品、其它食品(持食品卫生证经营)。

⑦广州东华物业管理有限公司, 注册资本为人民币 550 万元, 东华公司持有该公司 90%权益。 经营范围:物业管理、车辆保管、园庭绿化装饰。

(3)、公司主要参股企业:增城华新联合开发有限公司,该公司注册资本为人民币 599.3 万元,公司占 45%权益。经营范围:房地产开发。

2、关联交易

1999 年 4 月 27 日,经第十一次股东大会通过,本公司将拥有的全资子公司惠阳公司的产权及所持东华制衣公司、小观园酒家有限公司的权益转让给广州东华实业资产经营公司,资产转让价共为 70,054,668.06 元。本次资产转让价经广州市东山区国有资产管理办公室确认并同意广州东华实业资产经营公司以其应收的代管国家股股利支付。

1999 年 1 月 13 日,本公司与广州东华建设监理有限公司签订《工程建设监理合同》,委托该公司监理"益丰花园 A2、A3 栋"工程,监理酬金 101.25 万元。

经信达律师事务所审查,上述关联交易未发现存在损害本公司及其股东利益的内容。

九、股本结构及大股东持股情况

1、上市前股本结构:

(1)、总股本:10000 万元

(2)、尚未流通股份:国家股 7000 万股

法人股 236.81 万股

(3)、可流通股份:社会公众股:2763.19 万股

2、股本形成过程:

(1)、1988 年 9 月 12 日,公司经广州市东山区人民政府东府(1988)97 号文和广州市经济体制改革委员会穗改(1988)第 3 号文批准,在原广州东华实业公司基础上改组为股份有限公司。公司委托广州羊城会计师事务所对本公司 1988 年 10 月 31 日的资产进行了评估,根据评估结果,原东华实业公司资产净值 6600 万元折为 66 万股,每股面值 100 元,其中国有股 19.6507 万股,企业使用股 46.3493 万股;由职工福利基金和奖励基金 400 万元折为 4 万股。公司总股本 70 万股,每股面值 100 元,1988 年 12 月 16 日经广州市东山区财政局东财(1988)108 号文确认。

(2)、同年 12 月,公司经中国人民银行广州分行(1988)穗银金字 285 号文批准向社会公开发行人民币普通股 30 万股,按面值 100 元发售。1989 年 1 月 7 日至 2 月 6 日,共发售 9.1375 万股,募集资金 913.75 万元,经广州羊城会计师事务所(92)羊验字第 1916 号文验证。公司总股本 79.1375 万股,其中国有股 19.6507 万股,占 24.8%,企业使用股 46.3493 万股,占 58.6%,职工股 4 万股占 5.1%,社会公众股 9.1375 万股,占 11.5%。

(3)、1991 年 4 月,根据国资综发(1991)21 号《关于在股份制试点中加强维护国有资产权益的通知》,广州市财政局财国(1991)39 号文的要求,公司 1991 年第三次股东代表大会作出决议:职工股 4 万股从 1991 年度起作退股处理,退股资金专款专用。因职工退出所出现的公司股本缺额,由国家股持有单位追加股本认购。国家股和企业使用股,归并为国家股,由国有资产授权管理部门统一管理。调整后公司的股权结构为:国家股 70 万股,占 88.5%;社会公众股 9.1375 万股,占 11.5%。上述股权结构调整经广州市东山区财政局东(1991)34 号文批准,并经羊城会计师事务所(92)羊验字第(1916)号验资报告验证。

(4)、1992 年 12 月,经市体改委穗改字(1992)27 号文及中国人民银行广州分行穗银金字(1992)292 号文批准公司开始补发 20.8625 万股的工作。其中向社会公众发售 18.4944 万股,向社会法人发售法人股 2.3681 万股,每股面值 100 元,溢价发行每股 180 元,共募集资金 3755.25 万元,其中溢价净额计入资本公积,至此,公司共发行人民币普通股 30 万股,形成 100 万股总股本,并经广州羊城会计师事务所(93)羊验字第 2162 号文验证。1993 年 5 月,公司委托广东南方证券登记公司办理股票托管手续。

(5)、1993 年 3 月,公司第五次股东代表大会决议并经广州市体改委穗改股字[1993]14 号文批准,公司股票拆细成每股面值 1 元,股本结构调整为总股本 10000 万股,其中国家股 7000 万股,占 70%,法人股 236.81 万股,占 2.37%,社会公众股 2763.19 万股,占 27.63%。

(6)、1993 年 10 月,国家体改委以体改生(1993)62 号文确认公司为继续进行股份制试点的企业。

(7)、1998 年 3 月根据国家体改委厅函告[1998]25 号《关于<广州东华实业股份有限公司股票分两期发行问题的报告>的复函》,确认拆细后的公司总股本为 10000 万股,其中国家股 7000 万股,法人股 236.81 万股,社会公众股 2763.19 万股,分别占 70%、2.37%、27.63%。

(8)、公司自 1993 年 4 月总股本达到 10000 万股后至本上市公告书公布之日,总股本和股本结构未作变动。

3、前十名股东持股数及比例

股东名称	持股数	比例(%)
广州东华实业资产经营公司	70,000,000	70.00
广州市第三建筑工程公司	500,000	0.50
何洁	486,550	0.49
顾虎明	465,300	0.47
章训	447,300	0.45
中南证券深圳业务部	380,000	0.38
程启模	366,060	0.37
广州新利堡消防工程有限公司	350,000	0.35
罗辉	342,800	0.34
崔维	329,760	0.33

4、股东户数和股票托管:

本公司股票在证监会同意上市前,在广东南方证券登记公司集中托管,并经广州市证管办(1998)26 号文确认。

在证监会同意本公司股票上市后,于 2001 年 3 月 2 日,转至上海证券中央登记结算公司托管。

公司个人持股 1000 股以上的股东 4748 户,符合有关持股规定的要求。

九、股利分配政策

1、利润分配政策

根据公司章程规定,公司实现利润按下列顺序分配:

(1)弥补以前年度亏损;

(2)按税后利润提取 10%法定盈余公积金;

(3)按税后利润提取 5%—10%法定公益金;

(4)提取任意盈余公积金,提取比例按股东大会决议;

(5)支付股利。

本公司上市后首次股利分配的时间预计在上市后六个月内实施,未分配利润归全体股东享有。

2、历年利润分配情况

(1)、1988 年 12 月 17 日在公司礼堂召开第一次股东代表大会,会议通过公司股票发行情况报告。

(2)、1990 年 3 月 28 日在公司礼堂召开第二次股东代表大会,会议作出决议,批准公司 1989 年度利润分配方案,国家股每股派息为人民币 5.18 元,社会公众股每股派息 8.64 元,国家股、社会公众股、职工股每股派发红利 10.36 元。

(3)、1991 年 4 月 8 日在公司礼堂召开第三次股东代表大会,会议批准公司 1990 年度利润分配方案,国家股每股派息为人民币 5.18 元,社会公众股每股派息 8.64 元,国家股、社会公众股、职工股每股派发红利 9.36 元。

(4)、1992 年 3 月 27 日在公司礼堂召开第四次股东代表大会,会议批准公司 1991 年度利润分配方案,利润分配实行同股同利,每股派息人民币 6.515 元;

(5)、1993 年 3 月 16 日在公司礼堂召开第五次股东代表大会,会议批准公司 1992 年度利润分配方案,每股派息人民币 15 元,同时决定将公司股票拆细为 1 元一股;

(6)、1994 年 5 月 17 日在公司礼堂召开第六次股东代表大会,会议批准公司 1993 年度利润分配方案,每股派息人民币 0.22 元;

(7)、1995 年 5 月 22 日在公司礼堂召开第七次股东大会,会议批准公司 1994 年度利润分配方案,每股派发人民币 0.23 元;

(8)、1996 年 5 月 8 日在公司礼堂召开公司第八次股东大会,会议批准公司 95 年度利润分配方案,每股派发人民币 0.238 元;

(9)、1997 年 3 月 27 日在公司礼堂召开第九次股东大会,会议批准公司 96 年度利润分配方案,每股派发人民币 0.238 元;

(10)、1998 年 4 月 27 日在公司礼堂召开第十次股东大会,会议批准公司 1997 年度暂不进行股利分配;

(11)、1999 年 4 月 27 日在公司礼堂召开第十一次股东代表大会,会议审议通过公司 1998 年度利润分配方案,每股派发红利 0.10 元人民币.

(12)、2000 年 4 月 27 日在公司礼堂召开第十二次股东代表大会,会议批准公司 1999 年度暂不进行分红.

十、验资报告

公司历年验资报告披露如下:

(一)1988 年验资报告摘要:

根据羊城会计师事务所(88)羊验字第 2274 号《关于东华实业公司资产状况的审计报告》,截止 1988 年 10 月 31 日,广州东华实业公司资产总额 165,805,529.63 元,负债总额 99,805,529.63 元,所有者权益总额 66,000,000 元。

上述内容详见羊城会计师事务所(88)羊验字第 2274 号文。

(二)1992 年验资报告: (92)羊验字第 1916 号

关于广州东华实业股份有限公司的验资报告

广州东华实业公司(下简称原东华)于一九八八年九月二十八日按照广州市东山区人民政府东府(1988)70 号《关于广州东华实业公司实行股份制的通知》的指示,委托本事务所办理资产评估和广州东华实业股份有限公司(下简称股份公司)的股本验证工作。

根据股份公司章程规定,以及广州市经济体制改革委员会、中国人民银行广州分行、东山区财政局和原东华的联席会议决定:股份公司注册资本为人民币一亿元,其中公有股为 6600 万元,职工股为 400 万元,社会股为 3000 万元(第一期 1000 万元)。

本事务所已于一九八八年十二月十五日在(88)羊查字第 650 号《关于东华实业公司资产状况的审查报告》中,已对原东华的资产评估和股本验证,截至一九八八年十月三十一日止,公有股 6600 万元已全部核定投足。公有股内分为国家股和企业使用股,国家股是经广州市东山区人民政府确认的由广州市东山区财政局管理的资产 19,650,776.99 元,企业使用股为 46,349,223.01 元。

现继续对股份公司职工股和社会股投入股本进行验证。

股份公司根据国营企业改组成股份制企业会计处理的规定,以一九八八年十二月三十一日资金平衡表基础,全面结转记入股份公司新帐。经验证股份公司建立新帐时已从职工福利基金中转出 400 万元,作为投入股份公司职工股的股本。

经验证股份公司向社会发行股票至一九八九年四月止实收社会股本 9,137,500 元,其中收到现金 9,100,950 元,加代售手续费 36,550 元。

至此,股份公司截至一九八九年四月止,股份公司实收到股本人民币柒仟玖佰壹拾叁万柒仟伍佰元正。

以上数据均经股份公司按时如数入帐。

特此证明。

羊城会计师事务所　　　　中国注册会计师:张蔚林　何镜秋

一九九二年八月二十八日

(三)1993 年验资报告: (93)羊验字第 2162 号

广州东华实业股份有限公司全体股东:

我们接受委托办理贵公司股本验证。本事务所于一九九二年八月二十八日提出了[(92)羊验字第 1916 号验资报告],当期的实收股本为人民币 79,137,500 元。现继续办理第二次验资签证。

经验证,广州东华实业股份有限公司于一九九三年一月八日与广州证券公司签订了包销协议后,现将全部股票现值人民币叁仟柒佰伍拾伍万贰仟伍佰元(包括股票面值 20,826,500 元,股票溢值 16,690,000 元),转入了广州东华实业股份有限公司银行帐户。

至此,广州东华股份有限公司已收到股本人民币壹亿元,股票溢价人民币壹仟陆佰陆拾玖万元。

羊城会计师事务所　　　　中国注册会计师:陈雄溢　张蔚林

一九九三年四月十五日

十一、经营业绩

1、公司经营概述

公司是集房地产开发、市政建设、物业管理、饮食服务等为一体的综合性经营企业,主营以住宅小区、商住楼开发和旧城改造为主的房地产开发业务。先后投资完成东湖新村、湖滨苑、花园新村、文德路文化大楼、五羊村、益丰花园、五羊新城广场、东悦居等项目的开发。1993 年公司被建设部评为全国房地产行业先进单位。1994 年底,荣获建设部颁布的"国家一级房地产开发企业"资质证书。1998 年 7 月,公司下属东华物业管理公司成为广州市较早通过 ISO9002 物业管理质量国际、国内双认证的企业。1999 年公司荣获"广州市住宅小区优秀教育配套设施先进单位"和"广州市住宅小区配套设施先进建设单位"。

通过十余年来股份制试点和规范化运作,公司完成了经营机制的转换,各方面均取得了长足的进步。作为广东最早成立的房地产企业之一,公司积累了开发建设管理大型住宅小区、高层商住楼及其它类型物业的丰富经验,摸索出了"一条小区"统一规划、配套齐全、建设和管理、服务一条龙"的路子。公司自 1984 年起,一直为国家有关部委、省、市、区的改革试点企业,其改革经验多次受到国家有关部委、省、市、区的表彰和推广。

公司一直以良好的信誉作为立足之本。目前公司所开发完成的物业,工程质量合格品率为 100%,优良品率在 30%以上,其中五羊村项目于 1992 年被国家建设部评为"全国模范文明住宅小区"。公司重合同、守信用、资信优良,历年均被中国建设银行广州市分行授为"AAA"特等信用单位。

2、公司房地产开发的运作模式

公司的房地产开发主要是采用自主开发和中外合资合作开发相结合的模式。在早期,公司以补偿贸易或者说以实物补偿的方式与外方合作进行房地产开发,公司提供开发的土地,外方出建设资金,项目建成后,双方根据协议按一定的比例进行实物分成,各自支配,各自销售,在会计核算时,中外双方各自核算自己的收入、成本及资产规模,这种引进外资的形式公司一直沿用至今,形成自己的特色。公司在原始积累达到一定程度时,依赖自身的实力,实行自主开发,形成公司现时自主开发和中外合资合作开发相结合的模式。在房地产行业陷入低迷的 92,93 及 98 年,公司盈利仍然保持比较稳定的态势,其利润在广州市同行中一直名列前茅。

3、公司前三年度和截止 2000 年 6 月 30 日的经营业绩

根据羊城会计师事务所审计,本公司 2000 年度 1-6 月和前三年度经营业绩如下:(单位:元)

项　　目	2000 年度 1-6 月	1999 年度	1998 年度
主营业务收入	125,838,523.91	174,054,511.19	131,048,196.86
主营业务利润	52,653,301.12	112,650,778.72	68,609,620.25
营业利润	29,500,709.90	85,634,869.69	30,994,892.01
利润总额	29,523,501.63	75,309,888.60	27,824,818.19
所得税	12,017,943.32	26,915,770.11	11,392,875.00
净利润	17,476,694.20	48,328,563.29	16,432,529.99

4、公司 2000 年度 1—6 月和前三年度主营业务收入构成:(单位:元)

项　　目	2000 年度 1—6 月	1999 年度	1998 年度
房地产销售收入	101,534,244.85	135,518,672.60	101,487,975.24
房地产出租收入	6,142,618.85	13,977,345.47	15,764,941.97
物业管理收入	6,447,992.81	13,513,738.32	9,864,406.05
餐饮娱乐业收入	10,209,800.28	7,191,110.04	
其他收入	1,503,867.12	3,853,644.76	3,930,873.60
合　　计	125,838,523.91	174,054,511.19	131,048,196.86

5、主要财务数据指标 (截止 2000 年 12 月 31 日)

数据指标	2000.12.31	1999.12.31	1998.12.31
总资产(单位:元)	711,689,462.09	653,766,859.42	662,197,264.22
股东权益(单位:元)	384,516,761.00	329.690,564.89	291,732,753.34
总股本(单位:元)	100,000,000	100,000,000	100,000,000
每股净资产(单位:元)	3.85	3.30	2.92
每股收益(单位:元)	0.523	0.483	0.164
净资产收益率%	13.60	14.66	5.63
流动比率	1.67	1.73	1.61
速动比率	0.64	0.71	0.76
资产负债率	46.0	49.5	55.9
存货周转率	0.305	0.163	0.166
应收帐款周转率	3.24	1.42	1.07

十二、公司财务会计资料

一、经羊城会计师事务所审计的公司 1997 年至 2000 年 6 月 30 日的审计报告

广州羊城会计师事务所有限公司接受本公司董事会的委托,根据国家有关法律、行政法规和本公司提供的有关文件资料,对本公司 1997 年至 2000 年 6 月 30 日的财务会计报表进行了审验,出具了(2000)羊查字第 7152 号审计报告,现全文引用如下:

（一）审计报告

广州东华实业股份有限公司全体股东：

我们接受委托，审计了贵公司二OOO年六月三十日、一九九九年十二月三十一日、一九九八年十二月三十一日、一九九七年十二月三十一日公司及合并的资产负债表和二OOO年一至六月、一九九九年度、一九九八年度、一九九七年度公司及合并的利润及利润分配表以及二OOO年一至六月、一九九九年度公司及合并的现金流量表。这些会计报表由 贵公司负责，我们的责任是对这些会计报表发表审计意见。我们的审计是依据《中国注册会计师独立审计准则》进行的。在审计过程中，我们结合 贵公司实际情况，实施了包括抽查会计记录等我们认为必要的审计程序。

我们认为，上述会计报表符合《企业会计准则》和《股份有限公司会计制度》的有关规定，在所有重大方面公允地反映了 贵公司二OOO年六月三十日、一九九九年十二月三十一日、一九九八年十二月三十一日、一九九七年十二月三十一日的财务状况和二OOO年一至六月、一九九九年度、一九九八年度、一九九七年度的经营成果及二OOO年一至六月、一九九九年度现金流量情况，会计处理方法的选用遵循了一贯性原则。

广州羊城会计师事务所有限公司　　中国注册会计师　陈雄溢　刘佩莲

（二）已审会计报表

1、合并资产负债表　　单位：人民币元

资　　产	附注	2000年6月30日	1999年12月31日
流动资产：			
货币资金	(一)1	115,400,589.50	108,414,263.75
应收帐款	(一)2	8,466,143.79	9,112,315.26
其他应收款	(一)3	93,672,451.29	99,327,970.23
减：坏帐准备	(一)2、3	31,438,689.74	28,877,667.67
应收款项净额		70,699,905.34	79,562,617.82
预付账款	(一)4	22,075,946.89	39,898,421.25
应收补贴款			
存货	(一)5	342,755,649.12	329,342,842.81
减：存货跌价准备		4,669,745.55	3,147,532.76
存货净额		338,085,903.57	326,195,310.05
待摊费用	(一)6	384,828.94	30,387.80
待处理流动资产净损失			
一年内到期的长期债权投资			
其他流动资产			
流动资产合计		546,647,174.24	554,101,000.67
长期投资：			
长期股权投资		87,794,124.23	86,874,460.38
长期债权投资		9,029,425.14	
长期投资合计	(一)7	96,823,549.37	86,874,460.38
减：长期投资减值准备	(一)7	12,720,000.00	12,720,000.00
长期投资净额		84,103,549.37	74,154,460.38
固定资产：			
固定资产原价	(一)8	17,567,945.92	18,028,477.25
减：累计折旧	(一)8	4,872,100.40	4,527,874.74
固定资产净值		12,695,845.52	13,500,602.51
固定资产合计		12,695,845.52	13,500,602.51
无形资产及其他资产：			
无形资产			
开办费			
长期待摊费用	(一)9	5,295,597.00	5,991,215.10
递延资产	(一)10	2,832,144.40	6,019,580.76
其他长期资产			
无形资产及其他长期资产合计		8,127,741.40	12,010,795.86
递延税项：			
递延税款借项			
资产总计		651,574,310.53	653,766,859.42
负债 及股 东 权 益			
流动负债：			
短期借款	(一)11	123,500,000.00	93,500,000.00
应付票据			
应付帐款	(一)12	7,347,988.13	2,583,930.91
预收账款	(一)13	35,976,167.27	94,898,947.55
代销商品款			
应付工资			
应付福利费		5,747,600.81	5,683,575.64
应付股利		0.00	0.00
应交税金	(一)14	42,936,533.66	41,639,223.05
其他应交款	(一)15	99,388.03	298,895.56
其他应付款	(一)16	48,186,574.76	44,707,846.80
预提费用	(一)17	36,824,572.29	37,086,143.30
一年内到期的长期负债			
其他流动负债			
流动负债合计		300,618,824.95	320,398,562.81
长期负债：			
长期借款			
应付债券			
长期应付款		0.00	0.00
住房周转金		3,555,455.76	3,466,433.63
其他长期负债			
长期负债合计		3,555,455.76	3,466,433.63
递延税项：			
递延税款贷项			
负债合计		304,174,280.71	323,864,996.44
少数股东权益	(一)18	232,770.73	211,298.09
股东权益：			
股本	(一)19	100,000,000.00	100,000,000.00
资本公积	(一)20	104,071,547.24	104,071,547.24
盈余公积	(一)21	42,531,942.80	42,531,942.80
其中：公益金		13,854,296.48	13,854,296.48
未分配利润	(一)22	100,563,769.05	83,087,074.85
股东权益合计		347,167,259.09	329,690,564.89
负债和股东权益总计		651,574,310.53	653,766,859.42

2、合并利润分配表　　单位：人民币元

项　　目	附注	2000年1-6月	1999年度
一、主营业务收入	(一)23	125,838,523.91	174,054,511.19
减：折扣与折让			
主营业务收入净额		125,838,523.91	174,054,511.19
减：主营业务成本		65,646,855.33	50,923,798.24
主营业务税金及附加	(一)24	7,538,367.46	10,479,934.23
二、主营业务利润		52,653,301.12	112,650,778.72
加：其他业务利润	(一)25	1,692,158.30	4,236,250.28
减：存货跌价损失		1,522,212.79	211,421.11
营业费用	(一)26	7,234,087.83	5,896,637.87
管理费用		13,946,899.04	23,133,055.45
财务费用	(一)27	2,141,549.86	2,011,044.88
三、营业利润		29,500,709.90	85,634,869.69
加：投资收益	(一)28		-10,106,126.61
补贴收入			
营业外收入	(一)29	153,521.83	1,281,440.40
减：　营业外支出	(一)30	130,730.10	1,500,294.88
四、利润总额		29,523,501.63	75,309,888.60
减：所得税	(一)31	12,017,943.32	26,915,770.11
减：少数股东损益		28,864.11	65,555.20
五、净利润		17,476,694.20	48,328,563.29
加：年初未分配利润		83,087,074.85	52,067,098.66
盈余公积转入数			
六、可分配的利润		100,563,769.05	100,395,661.95
减：提取法定公积金			4,873,324.74
提取法定公益金			2,435,262.36
七、可供股东分配的利润		100,563,769.05	93,087,074.85
减：已分配优先股股利			
提取任意公积金			
已分配普通股股利			10,000,000.00
八、未分配利润		100,563,769.05	83,087,074.85

十三、上市有关当事人

1、公司咨询服务：

股东接待日期：每月8日、18日上午9:00-11:00时（节假日顺延）

电话：020-87393888-8386　传真：020-87371634　联系人：蔡锦鹭、王德涛

公司文件资料索阅及股东接待地址：广州寺右新马路五羊新城广场30楼

2、财务顾问机构：广州证券有限责任公司　法定代表人：吴　张

地址：广州市区庄先烈中路69号东山广场主楼五楼

经办人：龙江虹、丁训刚　电话：020-87322668

3、上市推荐机构：平安证券有限责任公司　法定代表人：马明哲

地址：深圳市八卦岭八卦三路平安大厦三层

经办人：金克文、余增光、崔岭　电话：0755-2262888

4、资产评估机构：羊城会计师事务所有限公司　法定代表人：陈雄溢

地址：广州市大德路187号9楼　电话：020-83193211

经办评估人员：陈溢雄、张敬泽

4、审计和溢利预测机构：羊城会计师事务有限公司　法定代表人：陈雄溢

地址：广州市大德路187号9楼　电话：020-83193211

经办注册会计师：陈雄溢、刘佩莲

5、律师事务所：信达律师事务所　法定代表人：靳庆军

地址：深圳市深南中路东风大厦21层

电话：0755-3243193　经办律师：郑伟鹤、宋萍萍

十四、备查文件

下列文件自本公告书发布之日起的正常办公时间内在广州东华实业股份有限公司证券部查阅：

1、公司成立以来的有关批准文件和注册登记文件

2、国家体改委对公司进行股份制试点的批复

3、证券主管部门和证券交易所批准发行上市的文件

4、审计报告　5、验资报告　6、资产评估报告　7、资产评估结果确认文件　8、上市推荐协议

9、中国证监会复审意见书

10、中国证监会要求的其他文件

十五、董事会上市承诺

本公司董事会将严格遵守《中华人民共和国公司法》、《中华人民共和国证券法》、《股票发行与交易管理暂行条例》、《公开发行股票公司信息披露实施细则》、《上海证券交易所交易规则》和有关法律、法规的规定，并自股票上市之日起向全体股东作如下承诺：

1、按照法律、法规的规定程序和要求披露重大的信息，并接受证券主管机关、上海证券交易所的监督管理。

2、及时、真实、准确地公布中期报告和年度报告，并备置于规定场所供投资者公众查阅。

3、本公司董事、监事会及高级管理人员如发生人事变动或持本公司股票数量发生变化时，在报告证券主管机关、上海证券交易所的同时向投资者公布。

4、在任何公共传播媒介中出现的消息可能对本公司股票的市场价格产生误导性影响时，本公司知悉后将及时对该消息予以公开澄清。

5、本公司董事、监事及高级管理人员将认真听取社会公众的意见和批评，不利用已获得的内幕消息直接或间接从事股票买卖活动。

6、本公司没有无记录负债。

7、本公司董事会及各位董事保证不就任何未经主管机关审阅的可能影响股价变动的重大信息私自或公开发表意见。

8、依据2000年5月1日起实施的《上海证券交易所股票上市规则（2000修订本）》，本公司全体董事、监事将按照有关规定，在本公司股票上市后两个月内签署《董事（监事）声明及承诺书》并送达上海证券交易所备案。

广州东华实业股份有限公司

二〇〇一年三月二日

贵州盘江精煤股份有限公司

贵州盘江精煤股份有限公司股票上市公告书

第一节、重要声明与提示

本公司董事会保证上市公告书的真实性、准确性、完整性,全体董事承诺上市公告书不存在虚假记载、误导性陈述或重大遗漏,并承担个别和连带的法律责任。

根据《公司法》、《证券法》等有关法律、法规的规定,本公司董事、高级管理人员已依法履行诚信和勤勉尽责的义务和责任。

上海证券交易所、中国证监会、其他政府机关对本公司股票上市及有关事项的意见,均不表明对本公司的任何保证。

本公司提醒广大投资者注意:凡本公告书未涉及的有关内容, 请投资者查阅 2001 年 4 月 5 日刊登在《中国证券报》、《上海证券报》和《证券时报》的《贵州盘江精煤股份有限公司招股说明书概要》及刊载于 www.sse.com.cn 网站的本公司招股说明书全文。

本上市公告书刊登网址:http//www.sse.com.cn

第二节、概 览

股票简称:盘江股份 股票代码:600395

总股本:37,130 万股 可流通股本:12,000 万股 本次上市流通股本:12,000 万股

对首次公开发行前股东所持股份的流通限制及期限:根据国家现有法律、法规规定和中国证监会证监发行字[2001]25 号《关于核准贵州盘江精煤股份有限公司 公开发行股票的通知》,本公司的国有法人股暂不上市流通。

首次公开发行股票前股东对所持股份自愿锁定的承诺:第一大股东盘江煤电(集团)有限责任公司承诺其所持有的 24,000 万股自本公司股票上市之日起 12 个月内不转让, 也不由本公司回购。

上市地点:上海证券交易所 上市时间:2001 年 5 月 31 日

股票登记机构:上海证券中央登记结算公司

上市推荐人:大鹏证券有限责任公司 北京证券有限责任公司

提请投资者关注的事项:本公司募集资金投向中的一个项目投资建设优质高效煤炭洗选示范工程,其资金来源中的国家安排投资 1,200 万元已确定由中国节能投资公司进行投资。

第三节、绪 言

本公司股票上市公告书是根据《中华人民共和国公司法》、《中华人民共和国证券法》、《股票发行与交易管理暂行条例》、《公开发行股票公司信息披露实施细则》和《上海证券交易所股票上市规则》等国家有关的现行法律、法规的规定,按照中国证券监督管理委员会制定的《公开发行证券的公司信息披露的内容和格式准则第 7 号-股票上市公告书》编制, 旨在向投资者提供有关本公司的基本情况和股票上市的有关资料。

经中国证券监督管理委员会证监发行字[2001]25 号文核准, 本公司已成功向社会公开发行每股面值 1.00 元的人民币普通股 12,000 万股,每股发行价人民币 6.00 元。

经上海证券交易所上证上字[2001]74 号《上市通知书》同意, 本公司公开发行的 12,000 万股社会公众股将于 2001 年 5 月 31 日(星期四)起在上海证券交易所上市挂牌交易,股票简称"盘江股份",股票代码"600395"。

本公司于 2001 年 4 月 5 日在《中国证券报》、《上海证券报》和《证券时报》上刊登了《贵州盘江精煤股份有限公司招股说明书概要》,距今不足六个月,故与其重复的内容在此不再重复,敬请投资者查阅本公司的《招股说明书概要》。

本公司董事会及全体董事已批准本上市公告书,确信其中无遗漏任何重大事项,亦不存在任何误导和虚假成分,并对其真实性、准确性、完整性负个别和连带的责任。

第四节、发行人概况

(一)发行人的基本情况

1、公司名称:贵州盘江精煤股份有限公司

英文全称:Guizhou Panjiang Refined Coal Co.,Ltd.

2、注册资本:人民币叁亿柒仟壹佰叁拾万元(371,300,000 元)

3、法定代表人:郑华

4、公司住所:贵州省六盘水市红果经济开发区

5、成立日期:一九九九年十月二十九日

6、所属行业:煤炭采选业

7、经营范围:原煤开采、选洗精煤、特殊加工煤、焦炭的销售、煤炭附产品的深加工

8、主营业务:原煤开采、选洗精煤、特殊加工煤

9、联系电话:0858-3700327

10、传真:0858-3700328

11、电子信箱:pjwzb@163.com

12、董事会秘书:伍正斌

(二)发行人的历史沿革

本公司是经贵州省人民政府黔府函[1999]140 号文批准,由盘江煤电(集团)有限责任公司作为主发起人,联合中国煤炭工业进出口集团公司、贵阳特殊钢有限责任公司、福建省煤炭工业(集团)有限责任公司、贵州省煤矿设计研究院、煤炭工业部重庆设计研究院、防城港务局、贵州煤炭实业总公司等七家公司共同发起,在建立长期稳定的战略合作关系的基础上,以发起方式设立的股份有限公司。

本公司于 1999 年 10 月 29 日正式在贵州省工商行政管理局登记注册, 注册资本为 25,130 万元,企业法人营业执照注册号为 5200001205689(2-1)。

在发起设立过程中,盘江煤电(集团)有限责任公司作为主发起人,以其下属的火铺矿、老屋基矿、老屋基选煤厂及山脚树矿、月亮田矿的两个选煤车间经评估并被财政部确认后的生产经营性净资产共计 35,432.75 万元作为出资,按 67.734 %的折股比例折为国有法人股 24,000 万股,其他发起人中国煤炭工业进出口集团公司、贵阳特殊钢有限责任公司、福建省煤炭工业(集团)有限责任公司、贵州省煤矿设计研究院、煤炭工业部重庆设计研究院、防城港务局、贵州煤炭实业总公司等七家单位均以现金方式按相同折股比例认购本公司的股份分别为 280 万股、270 万股、200 万股、150 万股、100 万股、80 万股、50 万股,共计 1,130 万股,性质为国有法人股。

经中国证券监督管理委员会证监发行字[2001]25 号文核准,本公司于 2001 年 4 月 9 日已成功的向社会公开发行每股面值 1.00 元的人民币普通股 12,000 万股, 每股发行价人民币 6.00 元。本次发行后公司总股本为 37,130 万股,2001 年 5 月 16 日, 本公司在贵州省工商行政管理局办理变更登记手续,注册资本变更为 37,130 万元。

(三)发行人的主要经营情况

1、发行人经营概况

本公司的主营业务为原煤开采、选洗精煤、特殊加工煤。本公司拥有丰富优良的煤炭资源,是江南地区储量最大、煤质最好的地区。公司现有年产 230 万吨原煤、425 万吨精煤的生产能力,煤炭资源丰富,井田面积约 35.9 平方公里。 公司现有煤炭工业储量 40,774 万吨,可采储量 23,200 万吨,主要煤种有气、肥、焦、瘦、贫及无烟煤,以低灰、低硫、微磷煤为主,煤种齐全,质量好,是理想的冶金、化工和动力用煤,主要供攀钢、黔桂发电、广西建设燃料、柳钢、贵阳煤气汽源厂、广钢、水钢、涟钢、昆钢、江西新余钢铁、湘潭钢铁等公司,远销全国 7 个省、自治区,并部分出口韩国、日本、印度等国家。

2、发行人在煤炭采选方面的竞争优势

(1)本公司煤炭资源丰富,开采条件好,煤种齐全,煤质优良,低硫、微磷、发热量高,特别是 1/3 焦和气、肥煤属稀缺煤种, 低硫煤又很受钢铁企业的欢迎,极具竞争力;

(2)本公司所处的周边省区如四川、重庆、云南、湖南、湖北、广东、广西、海南等均为缺煤省,江南仅贵州为煤炭净调出省,本公司是贵州省大型煤炭企业,其产量占全省国有重点煤矿产量的 40%左右,本公司产品运达上述省区运距较短,竞争优势明显。

(3)国家对煤矿实行关井压产措施后, 相继关闭了一大批不具备生产条件的小煤矿,相对提高了国有重点煤矿的市场占有率。

(4)本公司产品可经南昆线直下广西、广东及海南,进而经广东湛江、广西钦州等港口运往国外市场。

(5)本公司主要进行煤炭的洗选加工,工艺流程为跳汰、浮选联合流程。 与其他工艺如跳汰工艺、联合洗选工艺相比,该工艺具有分选下限低、适应性强、分选精度高、带煤损失小、易于实现自动控制等优势。

3、竞争劣势

本公司生产的煤炭产品主要依靠铁路外运,公司所处贵州省为资源省份,交通运输受到铁路部门运力的制约,与运输条件相对便利的山西省、陕西省等地区相比,存在运输条件的劣势。

4、公司主要经营指标

(1) 主要财务指标 单位:元

项 目	2000.12.31	1999.12.31	1998.12.31
主营业务收入	470,349,552.56	478,489,793.10	431,902,553.13
净利润	49,664,293.95	43,097,384.73	38,500,760.80
总资产	730,513,336.90	606,546,787.40	505,284,896.77
股东权益	389,031,468.90	364,480,539.43	268,379,169.20
每股收益	0.198	0.171	0.153
每股净资产	1.55	1.45	1.07
净资产收益率	12.77%	11.82%	14.35%

(2)本公司的主要产品及近三年的生产量

单位:万元

项目	2000 年度	1999 年度	1998 年度	1997 年度
精煤	34,686.74	35,697.36	37,314.25	42,340.34
混煤	12,348.22	12,151.62	5,876.01	7,136.97
合计	47,034.96	47,848.98	43,190.26	49,477.31

本公司煤炭产品自 1998 年销往国际市场,历年来公司产品出口情况如下:

项 目	2000 年	1999 年	1998 年
出口量(万吨)	27.68	60.81	12.99

5、公司煤炭产品的市场情况

本公司煤炭产品主要供应冶金行业重点钢厂和电厂,其中攀钢、广钢、柳钢、水钢、涟钢、湘钢、贵阳气源厂、广西建燃、黔桂电力等用户占本公司产品销量的 70%以上。此外,公司产品还销售到贵州、四川、广西、广东、湖南、江西、云南等一些地方的钢厂、焦化厂和电厂,并出口到韩国、日本、印度等国家。

本公司主要市场销售情况具体如下:

主要产品		主要用户
(1)精煤	主要销往	攀钢、广钢、柳钢、水钢、涟钢
(2)动力煤	主要销往	黔桂电力

6、公司产品性能、质量方面的情况

本公司的火铺矿、老屋基矿、老屋基选煤厂均为高产高效矿井和现代化选煤厂,煤炭洗选设备和洗煤工艺达到国内领先水平。公司的主要煤种为焦煤、肥煤、气煤,储量丰富,品质优良,具有低灰、低硫、低磷的特点,是冶金、电力、化工行业的优质原材料。

7、知识产权与非专利技术、享受的税收优惠政策

(1)本公司尚未存在属于自己或使用的知识产权、非专利技术。

(2)根据贵州省人民政府黔府函[1999]33 号《省人民政府关于贵州盘江精煤股份有限公司(筹)所得税缴纳有关问题的批复》文件,本公司成立后享受所得税先按 33%的税率计缴后返还 18%的优惠政策,实际执行税负为 15%,返还部分作为公司当期税后净利润,由公司全体股东共享。根据国务院国发[2000]2 号文关于《纠正地方自行制定税收先征后返政策的通知》的规定,本公司从 2000 年 1 月 1 日起执行 33%的所得税税率政策,不再享受优惠政策。

根据财政部"财税[2000]99 号"和贵州省人民政府"黔府函[1999]33 号"文件精神,本公司上市后所得税执行先按 33%征收,再返还 18%(实缴 15%)的政策,该政策执行至 2001 年 12 月 31 日止。

第五节 股票发行与股本结构

1、本次股票上市前公开发行股票的情况

发行数量:12,000 万股

发行价格:6.00 元/股

募集资金总额:720,000,000.00 元

发行方式:上网定价

发行费用总额及项目:

发行费用总额:21,935,100.00 元,发行费用项目及金额情况如下:

费用类别	金 额
1.承销费用	15,120,000.00
2.上网发行手续费	2,520,000.00
3.注册会计师费用	1,400,000.00
4.资产评估费用	1,140,000.00
5.土地评估费用	500,000.00
6.采矿权评估费用	350,000.00
7.发行人律师费用	350,000.00
8.股票登记费用	25,100.00

9.审核费用	30,000.00
10.差旅费及其他	500,000.00
合　计	21,935,100.00

每股发行费用:0.18279 元

2、股票承销

本次发行的 12,000 万股社会公众股股票已被超额认购,承销团无余额包销。

3、验资报告

(1)验资报告(摘自天一会计师事务所有限责任公司天一验字(2001)第 4- 028 号):

贵州盘江精煤股份有限公司:

我所接受委托,对贵州盘江精煤股份有限公司截止至 2001 年 4 月 16 日止的股本变动情况的真实性和合法性进行了审验,在审验过程中,我们按照《独立审计实务公告第 1 号-验资》的要求,实施了必要的审验程序。贵州盘江精煤股份有限公司的责任是提供真实、合法、完整的验资资料,保证资产的安全、完整,我们的责任是按照《独立审计实务公告第 1 号-验资》的要求,出具真实、合法的验资报告。

贵州盘江精煤股份有限公司变更前注册资本和实收股本均为 25,130 万元,本次向社会公开发行 A 股 12,000 万股,每股面值人民币 1.00 元,计人民币 12,000 万元,变更后的股份总额为 37,130 万股,实收股本为人民币 37,130 万元。

根据我们的审验,截至 2001 年 4 月 16 日止,贵公司已收到募集资金 72,000 万元,扣除与发行有关费用 2,193.51 万元,贵公司实际增加的投入资产人民币 69,806.49 万元,计入股本人民币 12,000 万元,计入资本公积 57,806.49 万元。

变更前的股本 25,130 万元,已经贵州黔元会计师事务所黔会验(1999)第 80 号验资报告验证。

本报告仅供工商变更登记及上市公告之用,不作他用。

天一会计师事务所有限责任公司　　中国注册会计师:张再鸿

中国注册会计师:严珊珊

地址:贵阳市瑞金南路 134 号宏资大厦 13 楼　　2001 年 4 月 25 日

附件(一)变更前后注册资本、投入资本对照表(略)

附件(二)验资事项说明(略)

附件(三)验资依据证明文件(略)

(2)募集资金入帐情况:

入帐时间:二零零一年四月十六日;

入帐金额:702,360,000.00 元;

入帐帐号:842022101945;

开户银行:中国工商银行盘县支行盘江分理处。

4、公司应披露上市前股权结构及各类股东的持股情况

(1)本次上市前公司的股权结构情况

股份种类	持股数量(股)	占总股本比例(%)
总股本	371,300,000	100.00
未流通部分	251,300,000	67.68
其中:国有法人股	251,300,000	67.68
可流通部分	120,000,000	32.32
其中:社会公众股	120,000,000	32.32

(2)公司的前十名股东持股情况

股东名称	持股数(万股)	持股比例(%)
1. 盘江煤电(集团)有限责任公司	24,000.00	64.64
2. 中国煤炭工业进出口集团公司	280.00	0.75
3. 贵阳特殊钢有限责任公司	270.00	0.73
4. 福建省煤炭工业(集团)有限责任公司	200.00	0.54
5. 贵州省煤矿设计研究院	150.00	0.40
6. 煤炭工业部重庆设计研究院	100.00	0.27
7. 防城港务局	80.00	0.22
8. 贵州煤炭实业总公司	50.00	0.13
9. 天元基金	25.90	0.07
10. 汉兴基金	24.30	0.07

第六节　董事、监事、高级管理人员及核心技术人员

1、公司董事

郑华,男,汉族,1966 年 3 月生,大学文化,高级工程师,1985 年 8 月参加工作,曾任水城矿务局老鹰山矿技术科助工、副科长、科长,矿副总工程师,水城矿务局大湾煤矿副矿长、矿长,水城矿务局副局长,盘江煤电集团公司副董事长、总经理。现任本公司董事长、盘江煤电集团公司副董事长、总经理。

林泽民,男,汉族,1945 年 11 月生,大学文化,高级经济师,享受政府津贴。1967 年 9 月参加工作,曾任盘江矿务局老屋基选煤厂副厂长,盘江矿务局副总经济师,盘江矿务局总经济师,盘江煤电集团公司董事,现任本公司副董事长、盘江煤电集团公司董事、总经济师。

郭可沐,男,汉族,1946 年 8 月 31 日出生,曾任煤炭工业部国际合作司处长,中国煤炭工业进出口总公司副总经理,现任本公司董事、中国煤炭工业进出口集团公司副总经理。

王立军,男,汉族,1962 年 12 月生,大学文化,高级工程师,1982 年 9 月参加工作,曾任盘江矿务局火铺矿采三区副区长、机电科副科长、计划科代科长、矿副总工程师兼计划科科长,盘江矿务局机电公司副经理,盘江矿务局金佳筹建处处长,盘江煤电集团公司新井开发公司经理,现任本公司董事、总经理。

石文增,男,汉族,1943 年 6 月生,初中文化,高级政工师,1958 年 9 月参加工作,曾任开滦矿务局唐家庄矿团委干事、盘江矿务局火铺矿团委干事、工会干事、选煤厂党总支副书记、矿工会副主席、主席,盘江矿务局老屋基选煤厂党委书记、厂长,现任本公司董事、党委书记。

陈富庆,男,汉族,1959 年 9 月生,大学文化,高级工程师,1977 年 8 月参加工作,曾任盘江矿务局山脚树矿助工、矿南采区技术负责、副区长,盘江矿务局山脚树矿总工程师,盘江煤电集团公司副总工程师,现任本公司董事、盘江煤电集团公司总工程师。

辛华,男,汉族,1955 年 9 月生,大学文化,高级政工师,1974 年 12 月参加工作,曾任盘江矿务局老屋基矿北二采区采煤队班长、矿子校团总支组织委员,盘江矿务局党委宣传部副科长、科长,盘江煤电集团公司党委宣传部副部长、部长兼报社社长、文联主席,现任本公司董事、火铺矿党委书记。

2、公司监事

张利兴,男,汉族,1952 年 9 月生,大学文化,高级政工师,1967 年 4 月参加工作,曾任盘江矿务局宣传部干事、宣传部副部长、局党委副书记、纪委书记,现任本公司监事会召集人、盘江煤电集团公司党委副书记、工会主席。

薛若冰,女,回族,1946 年 11 月出生,大专文化,高级会计师,1966 年参加工作,曾任贵州铝厂财务处会计,贵阳钢厂财务处处长、副总会计师兼财务处处长、总会计师兼财务处处长,现任本公司监事、贵阳特殊钢有限责任公司董事、总会计师。

尤国良,男,汉族,1952 年 2 月生,大专文化,高级会计师,1972 年 3 月参加工作,曾任盘江矿务局审计处干事、审计处副处长,现任本公司监事、盘江煤电集团公司审计部主任。

肖时华,男,汉族,1958 年 10 月生,大专文化,助理政工师,1976 年 4 月参加工作,曾任火铺矿团委干事、副书记、书记,火铺矿运销科党支部书记、矿党政办主任、采二区党支部书记,现任本公司监事、火铺矿工会主席。

任碧初,男,彝族,1949 年 9 月生,大学文化,高级政工师,1965 年 11 月参加工作,曾任月亮田矿党委办公室秘书、副主任,盘江矿务局党委办公室副科长、副主任、盘江矿务局政策研究室第一副主任,盘江矿务局宣传部副部长、部长兼报社社长,现任本公司监事、老屋基矿党委书记。

3、公司其他高级管理人员

伍正斌,男,布依族,1950 年 11 月生,大专文化,政工师,1970 年 9 月参加工作,曾任盘江矿务局月亮田矿办公室秘书、宣传科副科长、教育科副科长、党委办公室副主任,盘江矿务局办公室副科长、科长,政研室副主任,盘江煤电集团公司政策法规处处长,现任本公司董事会秘书。

王志和,男,汉族,1949 年 4 月生,大专文化,会计师,1967 年 2 月参加工作,曾任盘江矿务局水泥厂会计、财务科负责人,盘江矿务局运销处财务科副科长,盘江矿务局财务处副处长,盘江煤电集团公司财务部副部长,现任本公司总会计师。

何宗辉,男,1964 年 6 月生,汉族,大学文化,高级工程师,1987 年参加工作,曾任盘江矿务局土城矿综采队副队长、矿副总工程师,盘江煤电集团公司山脚树矿生产副矿长,盘江煤电集团公司火铺矿生产副矿长、矿长,现任本公司副总经理、火铺矿长。

王廉,男,汉族,1946 年 3 月生,中专文化,高级经济师,1966 年 9 月参加工作,曾任盘江矿务局供应处计划员、副科长、科长、副处长,盘江矿务局物资供应公司总公司副总经理,盘江煤电(集团)公司物资供应公司副经理,现任本公司总经济师。

邓长春,男,汉族,1962 年 12 月出生,大学文化,工程师,1986 年 7 月参加工作,曾任盘江矿务局火铺矿采二、三、四、五区副区长,火铺矿总工室主任、总工程师、第一副矿长,现任本公司总工程师、老屋基矿矿长。

4、公司董事、监事、高级管理人员和核心技术人员持股情况

截止本次股票上市前,本公司上述人员均未直接或间接持有本公司股份。

5、本公司目前尚未设置认股权。

第七节　同业竞争与关联交易

(一)同业竞争

本公司是以盘江煤电集团公司为主要发起人,对其属下的火铺矿、老屋基矿、老屋基选煤厂及其他两个煤矿的选煤车间进行改制重组而成。本公司生产的产品主要为精煤,即火铺矿、老屋基矿开采的原煤都须经过本公司的选煤厂进行选洗深加工成为精煤产品。盘江煤电集团公司的主要产品为原煤,由于月亮田矿、山脚树矿的两个选煤车间已被剥离进入本公司,只能从事原煤开采,无法进行选洗加工形成精煤,盘江煤电集团公司生产的原煤部分用于外销,部分在本公司原煤不足的情况下向本公司出售原煤。

关于盘北选煤厂,根据本公司与盘江煤电集团公司签订的《资产收购协议》,本公司股票发行并上市后,将用募集资金额 22,190.43 万元收购盘江煤电集团公司的盘北选煤厂。本公司生产加工的产品品种是精煤、特殊加工煤,因此,本公司与盘江煤电集团公司在该方面不存在同业竞争。

本公司在募集资金运用中将投资建设火铺矸石电厂和盘北矸石电厂,由于项目的建设需要一定的时间周期,因此,本公司与盘江煤电集团公司下属的盘江电力股份有限公司不存在同业竞争。盘江电力股份有限公司近年效益良好,本公司在电厂建成投产后,将通过收购盘江电力股份有限公司,消除潜在的同业竞争。

从本公司选煤厂的设计和洗选煤的生产能力以及原煤开采能力上看,本公司的原煤生产将优先得到满足,本公司选煤厂所需原煤缺口部分由盘江煤电集团公司供应或从其他公司采购。因而,实际上,本公司与盘江煤电集团公司在原煤开采方面于生产经营中不会产生同业竞争。从理论上,在市场出现剧烈波动的情况下,由于本公司本次股票发行后,盘江煤电集团公司持有本公司 64.64%的股份,盘江煤电集团可通过其控股地位影响本公司的原煤生产,对于在今后的运营中可能出现的同业竞争问题,将积极采取如下措施予以解决:

1、盘江煤电集团公司郑重承诺:

(1)为维护本公司中小股东的权益,盘江煤电集团公司承诺将不在中国境内外,以任何方式(无论是以独资经营、合资经营、拥有其他公司或企业的股票或权益的方式或以其他方式)从事任何直接或间接与本公司的业务构成竞争或可能构成竞争的业务或活动,并将促使下属全资子公司、分公司、控股公司和附属企业遵循以上承诺。

(2)在煤炭设备租赁、技术改造、交通运输等与本公司生产经营有直接和间接关系的各方面给予本公司与其自身下属企业平等或优先的地位,保证不影响本公司的生产和经营。

(3)不利用控股股东地位影响本公司火铺矿、老屋基矿的原煤开采,确保两矿按实际生产能力生产的原煤优先用于本公司洗选。

(4)在适当的时候确保本公司以公允的价格购买或以承包、租赁、托管等方式经营盘江煤电集团公司与本公司可能构成竞争的资产和业务。

2、本公司将聘请为本公司审计的会计师事务所在年度审计时对本公司当年的原煤生产量及其从盘江煤电集团公司采购的原煤量作专项说明,并充分披露。

3、本公司《公司章程》中也明确规定了关联股东在股东大会审议关联交易事项时,应予回避。

(二)关联交易

1、与本公司存在控制关系的关联方情况

关联方名称	注册地	主营业务	与本公司关系	经济性质	法定代表人
盘江煤电集团公司	六盘水市	原煤、洗选精煤、特殊加工煤等	母公司	国有	张世新

2、存在控制关系的关联方所持股份或权益

关联方名称	所持股份或权益	百分比(%)
盘江煤电集团公司	240,000,000	64.64

3、不存在控制关系的关联方关系的性质

关联方名称	与本公司关系
中国煤炭进出口集团公司	发起人
贵阳特殊钢有限责任公司	发起人
福建省煤炭工业(集团)有限责任公司	发起人
贵州省煤矿设计院	发起人
煤炭工业部重庆设计研究院	发起人
防城港务局	发起人
贵州煤炭实业总公司	发起人

4、关联交易事项

(1)关联方交易定价:本公司与盘江煤电集团公司遵循市场经济的一般规则,公平、合理、公允地依据双方签定的《综合服务协议》、《土地租赁合同》、《资产收购协议》、《采矿权转让协议》以及相关协议进行公平交易和结算。

(2)主要交易事项:

1 本公司向盘江煤电集团公司租赁土地;

2 盘江煤电集团公司向本公司有偿转让采矿权;

3 盘江煤电集团公司向本公司提供生产性服务,包括供电、房屋租赁、车辆、通讯设备、原材料、矿山救护、公安保卫、消防卫生、绿化工作、铁路运输等服务;

4 盘江煤电集团公司向公司提供生活后勤服务,包括向本公司职工提供的食堂、浴池、医疗、学校、生活供水、供暖等生活后勤服务。

5 本公司短期借款和长期借款由盘江煤电集团公司担保。

(3)结算方式:土地租赁期 50 年,年租金 3,771, 116 元,本公司将在每年的 1 月 31 日和 7 月 31 日分两次支付;采矿权转让费 52,417,300.00 元,分 30 年支付,公司将在每年 12 月 31 日前支付 1,747,300.00 元;原材料双方按实际使用量、质量,依据协议规定的计价原则,按月结算支付;食堂、浴池、医疗、学校等服务,按照对盘江煤电集团公司职工的服务收费标准向本公司职工收取相关费

用;其他生产性服务和生活后勤服务,按协议规定的计费原则,按季结算支付。

(4)付款条件:盘江煤电集团公司按质按量提供本公司所需物资和服务后收款。

第八节　财务会计资料

(一)会计数据和业务数据摘要

1、公司本年度主要会计数据(单位:人民币元)

项　目	金　额
利润总额	74,120,340.64
净利润	49,664,293.95
主营业务利润	161,162,191.83
扣除非经常性损益后的净利润	49,938,384.62
其他业务利润	-371,451.37
营业利润	74,394,431.31
投资收益	-
补贴收入	-
营业外收支净额	-274,090.67
经营活动产生的现金流量净额	24,181,904.72
现金及现金等价物净增加额	2,738,095.44

注:扣除的非经常性损益后的净利润指扣除营业外收支净额-274,090.67 元。

2、报告期末前三年的主要会计数据和财务指标

项　目	2000 年度	1999 年度	1998 年度
主营业务收入	470,349,552.56	478,489,793.10	431,902,553.13
净利润	49,664,293.95	43,097,384.73	38,500,760.80
总资产	730,513,336.90	606,546,787.40	505,284,896.77
股东权益	389,031,468.90	364,480,539.43	268,379,169.20
按净利润计算的全面摊薄每股收益	0.198	0.171	0.153
按净利润计算的加权平均每股收益	0.198	0.171	0.153
扣除非经常性损益的每股收益(摊薄)	0.199	0.173	0.154
扣除非经常性损益的每股收益(加权)	0.199	0.173	0.154
每股净资产	1.55	1.45	1.07
调整后的每股净资产	1.55	1.45	1.07
每股经营活动产生的现金流量净额	0.096	0.022	-
净资产收益率(摊薄)	12.77%	11.82%	14.35%
净资产收益率(加权)	12.97%	14.86%	13.67%

3、按照中国证监会《公开发行证券公司信息披露编报规则(第 9 号)》要求计算的 2000 年报告期利润的净资产收益率和每股收益

报告期利润	净资产收益率		每股收益	
	全面摊薄	加权平均	全面摊薄	加权平均
主营业务利润	41.43%	42.08%	0.642	0.642
营业利润	19.12%	19.42%	0.296	0.296
净利润	12.77%	12.97%	0.198	0.198
扣除非经常性损益后的净利润	12.84%	13.04%	0.199	0.199

4、其它相关财务指标(2000 年)

(1)流动比率	1.42
(2)速动比率	1.26
(3)应收帐款周转率	2.06
(4)存货周转率	8.30
(5)资产负债率	46.75%

(二)审计报告、财务报表和会计附注

本公司截止 2000 年 9 月 30 日的财务报告已在《贵州盘江精煤股份有限公司招股说明书概要》中全文披露,该招股说明书概要已于 2001 年 4 月 5 日刊登在《中国证券报》、《上海证券报》和《证券时报》上,因距今时间较短,故本上市公告书对与之重复的内容不在赘述。本次公告全文披露经天一会计师事务所有限责任公司出具的标准无保留意见审计报告、2000 年财务报表和会计报表附注,投资者欲了解其它内容,敬请查阅上述报纸或到公告的《招股说明书》查阅地点查询。

1、审计报告

审　计　报　告

天一审字(2001)第 4-134 号

贵州盘江精煤股份有限公司全体股东:

我们接受委托,审计了贵公司 2000 年 12 月 31 日资产负债表及 2000 年度的利润及利润分配表和现金流量表。这些会计报表由贵公司负责,我们的责任是对这些会计报表发表审计意见。我们的审计是依据《中国注册会计师独立审计准则》进行的。在审计过程中,我们结合贵公司的实际情况,实施了包括抽查会计记录等我们认为必要的审计程序。

我们认为,上述会计报表符合《企业会计准则》和《股份有限公司会计制度》的有关规定,在所有重大方面公允地反映了贵公司 2000 年 12 月 31 日的财务状况及 2000 年度经营成果和现金流量情况,会计处理方法的选用遵循了一贯性原则。

天一会计师事务所有限责任公司　　中国注册会计师:张再鸿

中国注册会计师:严珊珊

地址:贵阳市瑞金南路 134 号　　2001 年 2 月 28 日

2、本公司近三年的财务报表(见附表)

3、贵州盘江精煤股份有限公司会计报表附注

一、公司简介:

贵州盘江精煤股份有限公司(以下简称公司)是经贵州省人民政府[1999]140 号文批准,由盘江煤电(集团)有限责任公司(以下简称集团公司)、中国煤炭工业进出口集团公司、贵阳特殊钢有限责任公司、福建省煤炭工业(集团)有限责任公司、贵州省煤矿设计研究院、煤炭工业部重庆设计研究院、防城港务局和贵州煤炭实业总公司八家股东共同发起设立,于 1999 年 10 月 29 日注册登记成立的股份有限公司。各发起股东出资情况如下:

盘江煤电(集团)有限责任公司投入其所属火铺矿、老屋基矿、老屋基选煤厂、山脚树矿选煤车间和月亮田矿选煤车间的生产经营性资产净值 35,432.75 万元, 中国煤炭进出口集团公司投入货币资金 413.392 万元, 贵阳特殊钢有限责任公司投入货币资金 398.628 万元,福建省煤炭工业(集团)有限责任公司投入货币资金 295 .28 万元,贵州省煤矿设计研究院投入货币资金 221.46 万元,煤炭工业部重庆设计研究院投入货币资金 147.64 万元, 防城港务局投入货币资金 118.112 万元,贵州煤炭实业总公司投入货币资金 73.82 万元。集团公司所投入的净资产 35,432.75 万元,经中华财务会计咨询公司评估并经财政部确认。经贵州省国有资产管理局黔国资企发[1999]41 号文批准,上述各发起人均按 67.734%的折股比率进行折股, 公司注册资本 25,130 万元。

公司经营范围:原煤开采、洗选精煤、特殊加工煤、焦炭的生产和销售、煤炭附产品的深加工。

二、会计报表编制基准和方法:

公司成立运行前,即 1997 年 1 月 1 日起至 1999 年 10 月 31 日止,执行《工业企业会计制度》,公司会计报表编制基准和方法是,以集团公司的会计报表为基础,假定公司构架自 1997 年 1 月 1 号已存在且持续经营,按资产重组方案对非相关资产、负债及损益进行分离,并按《股份有限公司会计制度》及相关规定进行必要调整后编制的。

公司成立后,即 1999 年 11 月 1 日后, 执行《股份有限公司会计制度》及有关补充规定,会计报表按《股份有限公司会计制度》及有关规定编制。

三、公司采用的主要会计政策、会计估计:

1、会计制度:公司执行《股份有限公司会计制度》。

2、会计期间:公历 1 月 1 日至 12 月 31 日为一个会计年度。

3、记帐本位币与外币折算方法:

公司会计核算以人民币为记帐本位币。公司对发生的外币经济业务,按业务发生当日的市场汇率折合人民币记帐,月末对外币帐户的余额按月末市场汇率进行调整,其差额作为汇兑损益记入财务费用。

4、记帐原则和计价基础:

公司采用借贷记帐法,按权责发生制进行会计核算。公司成立前以实际成本作为计价基础;公司成立时,评估范围内的资产、负债按评估价值计价入帐,其余按实际成本计价。

9、长期投资核算方法:

(1)长期债权投资:按实际支付的款项扣除支付的税金、手续费等各项附加费用,以及实际支付价款中包含的已到期尚未领取的债券利息后的余额作为实际成本计帐, 按权责发生制原则计算应计利息。长期债券投资的溢价或折价按直线法在其存续期内分期摊销。

(2)长期股权投资:对其他单位的投资占该单位有表决权股本总额 20 %(含 20%)以上,或虽投资不足 20%但有重大影响,采用权益法核算,在 50%以上及虽在 50%以下但拥有实际控制权的,采用权益法核算并编制合并会计报表;对其他单位的投资占该单位有表决权股本总额 20%以下,或虽投资超过 20%但不具有重大影响,采用成本法核算。

(3)长期投资减值准备:公司按长期投资未来可收回金额低于帐面价值的差额计提长期投资减值准备。

10、固定资产计价和折旧方法:

(1)固定资产的划分标准:公司固定资产是指使用期限在一年以上, 单位价值在 2000 元以上的房屋、建筑物、机器设备、运输工具等。

(2)固定资产的计价:按实际成本计价, 评估确认后的固定资产按重置完全价值计价。

(3)固定资产折旧:根据财政部(89)财工字第 302 号文件规定,井巷建筑物按原煤产量计提折旧,计提比例为 2.5 元/吨。其他固定资产按规定的折旧年限,采用直线法计提折旧。

四、税项:

1、流转税及附加:

增值税:按 17%、13%、零税率(出口煤)的税率计缴;

营业税:按服务性收入的 5%计缴;

资源税:按煤炭销售量以 0.7 元/吨比例计缴;

城市维护建设税:按缴纳增值税、营业税的 7%计缴;

教育费附加:按缴纳增值税、营业税的 3%计缴。

2、房产税、土地使用税、印花税等按国家税法规定缴纳。

3、所得税:执行 33%所得税税率。

五、利润分配程序:

公司实现的净利润按下列顺序分配:

1、弥补以前年度亏损;

2、提取法定盈余公积金 10%;

3、提取法定公益金 5%;

4、提取任意盈余公积金;

5、支付普通股股利。

六、会计报表主要项目注释:

七、关联方关系及其交易:

八、或有事项及承诺事项:

公司无重大或有事项及承诺事项。

九、资产负债表的日后事项:

1、公司应收金华市开发区生资公司 80 万元,2001 年 2 月 3 日到期, 公司已办理委托收款手续,截止审计报告日尚未收到该款项。

2、公司应收温州市鹿城区金属材料公司 100 万元,2001 年 2 月 16 日到期, 公司已办理委托收款手续,截止审计报告日尚未收到该款项。

十、其他重要事项:

1、根据公司 2000 年第一次临时股东大会会议决议, 公司将以股票发行募集资金投资建设火铺矿矸石电厂项目、盘北矸石电厂项目、生产矿井煤层气利用工程项目、优质高效煤炭洗选示范工程项目和收购盘北选煤厂项目。

2、公司成立之后,按《土地租赁合同》、《采矿权转让协议》每年向集团公司支付 3,771,116.00 元土地租赁费、1,747,300.00 元采矿权转让费,在公司设立前为无偿使用。

3、由于公司大部分商品销售(采购)合同均在上年度由集团公司统一签订(一般情况下,全国煤炭订货会在下半年举行,本年度大部分供销合同,已在上年签订),公司 1-6 月份的销售等业务,由集团公司负责办理结算。

第九节　其他重要事项

1、本公司本次向社会公开发行了 12,000 万股人民币普通股股票, 本次发行前每股净资产 1.49 元/股,本次发行后每股净资产 2.89 元/股。

2、2000 年 11 月 25 日, 经本公司 2000 年第二次临时股东大会审议决定, 自 2000 年 10 月 1 日起,公司实现的净利润由公司本次发行股票后的新老股东共享。

3、根据财政部"财税[2000]99 号"和贵州省人民政府"黔府函[1999]33 号" 文件精神,本公司上市后所得税执行先按 33%征收,再返还 18%(实缴 15%)的政策,该政策执行至 2001 年 12 月 31 日止。

4、本公司在本次股票发行并上市后的第一个盈利年度起, 即向全体股东派发股利,预计公司首次股利分配将于 2002 年上半年实施。

5、根据《上海证券交易所股票上市规则》, 本公司第一大股东盘江煤电(集团)有限责任公司郑重承诺:其持有的贵州盘江精煤股份有限公司国有法人股 24 ,000 万股,自本公司股票上市之日起 12 个月内,不转让其持有的本公司股份,也不由本公司回购。

6、截止本上市公告书刊登之日,本公司未涉及任何重大诉讼或仲裁。

7、本公司于 2000 年 5 月 21 日召开了第一届第七次董事会,会议审议通过以下决议(详见公司董事会决议公告):

(1) 审议通过了 2000 年度董事会工作报告;

(2) 审议通过了 2000 年度总经理工作报告;

(3) 审议通过了公司股票上市公告书;

(4) 审议通过了 2000 年度财务决算及 2001 年度财务预算方案;

(5) 审议通过了 2000 年度利润分配预案;

8、本公司没有其它应披露的重大事项。

第十节　董事会上市承诺

本公司董事会将严格遵守《中华人民共和国公司法》、《中华人民共和国证券法》、《股票发行与

交易管理暂行条例》、《公开发行股票公司信息披露实施细则》和《上海证券交易所上市规则》和其它有关法律、法规的规定，并自股票上市之日起作到：

（一）真实、准确、完整、公允和及时地公布定期报告，披露所有对投资者有重大影响的信息，并接受中国证监会、上海证券交易所的监督管理；

（二）本公司在知悉可能对股票价格产生误导性影响的任何公共传播媒介中出现的消息后，将及时予以公开澄清；

（三）本公司董事、监事、高级管理人员和核心技术人员将认真听取社会公众的意见和批评，不利用已获得的内幕消息和其他不正当手段直接或间接从事发行人股票的买卖活动；

（四）本公司没有无记录的负债。

第十一节　上市推荐人及其意见

1、上市推荐人情况

上市推荐人：大鹏证券有限责任公司　　法定代表人：徐卫国
法定地址：深圳市深南东路5002号信兴广场地王商业中心商业大楼八层
电话：0755-3296144，0755-2462023　　传真：0755-3296142　　联系人：范文明、王岚

上市推荐人：北京证券有限责任公司　　法定代表人：卢克群
法定地址：北京市西城区阜成门外大街2号万通新世界广场B座12层
电话：010-68581166　　传真：010-68587832　　联系人：刘译遥

2、上市推荐人意见

作为本公司的上市推荐人，大鹏证券有限责任公司认为，本公司章程符合《公司法》等国家有关法律、法规和中国证监会的有关规定，公司具备了《公司法》、《证券法》和《上海证券交易所上市规则》等法律、法规规定的上市条件；本公司董事了解国家的有关法律、法规、上海证券交易所上市规则及股票上市协议规定的董事的义务与责任；本公司建立健全了法人治理结构，制定了严格的信息披露制度与保密制度。大鹏证券有限责任公司已对本公司上市文件所载的资料进行了核实，认为上市文件真实、准确、完整，符合上海证券交易所的上市规定和要求，没有虚假、严重误导性陈述或者重大遗漏，并保证对其承担连带责任。大鹏证券有限责任公司与本公司不存在关联关系。大鹏证券有限责任公司愿意推荐本公司的股票在上海证券交易所上市交易，并且在上市推荐过程中，将不利用获得的内幕信息进行内幕交易，为自己和他人谋利。

作为本公司的上市推荐人，北京证券有限责任公司认为，本公司章程符合《公司法》等国家有关法律、法规和中国证监会的有关规定，公司具备了《公司法》、《证券法》和《上海证券交易所上市规则》等法律、法规规定的上市条件；本公司董事了解国家的有关法律、法规、上海证券交易所上市规则及股票上市协议规定的董事的义务与责任；本公司建立健全了法人治理结构，制定了严格的信息披露制度与保密制度。北京证券有限责任公司已对本公司上市文件所载的资料进行了核实，认为上市文件真实、准确、完整，符合上海证券交易所的上市规定和要求，没有虚假、严重误导性陈述或者重大遗漏，并保证对其承担连带责任。北京证券有限责任公司与本公司不存在关联关系。北京证券有限责任公司愿意推荐本公司的股票在上海证券交易所上市交易，并且在上市推荐过程中，将不利用获得的内幕信息进行内幕交易，为自己和他人谋利。

贵州盘江精煤股份有限公司
二〇〇一年五月二十六日

资产负债表

编制单位：贵州盘江精煤股份有限公司　　单位：人民币元

资产	2000年12月31日
流动资产：	
货币资金	2845926.17
短期投资	
减：短期投资跌价准备	
短期投资净额	
应收票据	83102867.19
应收股利	
应收利息	
应收帐款	224144814.17
其它应收款	3646131.46
减：坏帐准备	15823797.81
应收帐款净额	211967147.82
预付帐款	820235.34
应收补贴款	3024941.15
存货	39511573.59
减：存货跌价准备	228919.17
存货净额	39282654.42
待摊费用	
待处理流动资产净损失	
一年内到期的长期债权投资	
其它流动资产	
流动资产合计	341043772.09
长期投资：	
长期股权投资	
长期债权投资	
其它长期投资	
长期投资合计	
减：长期投资减值准备	
长期投资净额	
其中：合并价差	
股权投资差额	
固定资产：	
固定资产原值	735833264.31
减：累计折旧	397880581.82
固定资产净值	337952682.49
工程物资	
在建工程	46107.71
固定资产清理	
待处理固定资产净损失	
固定资产合计	337998790.2
无形及其它资产：	
无形资产	50670000
开办费	360774.61
长期待摊费用	440000
其它长期资产	
无形资产及其它资产合计	51470774.61
递延税项：	
递延税款借项	
资产总计：	
资产总计	730513336.9
流动负债：	
短期借款	17000000
应付票据	
应付帐款	88515997.88
预收帐款	
代销商品款	
应付工资	9431965.6
应付福利费	-801335.74
应付股利	25113364.48
应付税金	33558788.33
其它应交款	42625.91
其它应付款	66950461.54
应付短期债券	
预提费用	
一年内到期的长期负债	
其它流动负债	
职工奖励及福利基金	
流动负债合计	239811868
长期负债：	
长期借款	51000000
应付债券	
长期应付款	50670000
住房周转金	
其它长期负债	
长期负债合计	101670000
递延税项：	
递延税项贷款	
负债合计：	
负债合计	341481868
少数股东权益：	
少数股东权益	
股东权益：	
股本	251300000
资本公积金	119710828.2
盈余公积	6470100.78
其中：公益金	2156700.26
未确认的外资损失	
未分配利润	11550539.92
外币报表折算差额	
股东权益合计	389031468.9
负债和股东权益总计：	
负债和股东权益总计	730513336.9

利润及利润分配表

编制单位：贵州盘江精煤股份有限公司　　单位：人民币元

项目	1998年度	1999年度	2000年度
一、主营业务收入	431902553.13	478489793.1	470349552.56
减：折扣与折让			
主营业务收入净额	431902553.13	478489793.1	470349552.56
减：主营业务成本	327856105.39	284162771.46	304014061.01
主营业务税金及附加	5063569.75	4586913.56	5173299.72
二、主营业务利润	98982877.99	189740108.08	161162191.83
加：其他业务利润	-3379.38	-451714.94	-371451.37
减：存货跌价损失	-6642.01	44877.16	-19403.24
营业费用	6608109.06	90455621	51945071.87
管理费用	29463305.38	33743711.55	30022387.24
财务费用	5218238.6	3234005.59	4448253.28
三、营业利润	57696487.58	61810177.84	74394431.31
加：投资收益			
期货损益			
补贴收入			
营业外收入	7660		10000
以前年度损益调整			
减：营业外支出	240325.49	278845.67	284090.67
分给外单位利润			
四、利润总额	57463822.09	61531332.17	74120340.64
减：所得税	18963061.29	18433947.44	24456046.69
少数股东损益			
职工奖励及福利基金			
购并利润			
加：未确认的投资损失			
所得税返还			
五、净利润	38500760.8	43097384.73	49664293.95
加：年初未分配利润	-15367418.42	-6530288.77	
盈余公积转入数			
年初未分配利润调整			
减少注册资本减少的未分配利润			
外币报表折算差额			
减：股份公司成立前利润分配		34260255.08	
六、可供分配的利润		-6530288.77	43134005.18
减：提取法定盈余公积金			4313400.52
提取法定公益金			2156700.26
提取职工奖励福利基金			
七、可供股东分配的利润		-6530288.77	36663904.4
减：应付优先股股利			
提取任意盈余公积金			
应付普通股股利			25113364.48
转作股本的普通股股利			
八、未分配利润		-6530288.77	11550539.92

沈阳金山热电股份有限公司

沈阳金山热电股份有限公司股票上市公告书

一、重要声明与提示

本公司董事会保证上市公告书的真实性、准确性、完整性,全体董事承诺上市公告书不存在虚假记载、误导性陈述或重大遗漏,并承担个别和连带的法律责任。

根据《公司法》、《证券法》等有关法律、法规的规定,本公司董事、高级管理人员已依法履行诚信和勤勉尽责的义务和责任。

上海证券交易所、中国证监会、其他政府机关对本公司股票上市及有关事项的意见,均不表明对本公司的任何保证。

本公司提醒广大投资者注意:凡本公告书未涉及的有关内容,请投资者查阅 2001 年 3 月 6 日刊登在《中国证券报》、《上海证券报》和《证券时报》的《沈阳金山热电股份有限公司招股说明书概要》及刊载于 www.sse.com.cn 网站的本公司招股说明书全文。

沈阳金山热电股份有限公司董事会

二、概 览

股票简称: 金山股份

证券代码: 600396

总股本: 13,000 万股

可流通股本: 4,500 万股

本次上市流通股本: 4,500 万股

对首次公开发行前股东所持股份的流通限制及期限:国家股、国有法人股、法人股暂不上市流通

首次公开发行股票前股东对所持股份自愿锁定的承诺:第一大股东沈阳市冶金国有资产经营公司承诺其所持有的 7283 万股自本公司股票上市之日起 12 个月内不转让,也不由本公司回购。

上市地: 上海证券交易所 上市时间: 2001 年 3 月 28 日

登记机构:上海证券中央登记结算公司

上市推荐人:海通证券有限公司 湖南证券有限责任公司

三、绪 言

沈阳金山热电股份有限公司(以下简称"本公司")股票上市公告书是根据《中华人民共和国公司法》、《中华人民共和国证券法》、《股票发行与交易管理暂行条例》、《公开发行股票公司信息披露实施细则》和《上海证券交易所股票上市规则》等国家有关的现行法律、法规的规定,按照中国证券监督管理委员会制定的《公开发行证券的公司信息披露的内容和格式准则第 7 号-上市公告书》编制,旨在向投资者提供有关本公司的基本情况和股票上市的有关资料。

经中国证券监督管理委员会证监发行字[2001]22 号文核准,本公司已成功上网定价发行了每股面值 1.00 元的人民币普通股 4500 万股,每股发行价人民币 6.00 元。经上海证券交易所上证上字[2001]第 36 号《上市通知书》同意,本公司 4500 万股人民币普通股将于 2001 年 3 月 28 日(星期三)起在上海证券交易所上市挂牌交易。股票简称"金山股份",股票代码"600396"。本公司总股本 13000 万股,流通股本 4500 万股。

本公司已于 2001 年 3 月 6 日在《中国证券报》、《上海证券报》和《证券时报》上刊登了《沈阳金山热电股份有限公司招股说明书概要》,距今不足六个月,故与其重复的内容在此不再重复,敬请投资者查阅本公司的《招股说明书概要》。

四、公司概况

(一)、基本情况

公司名称:沈阳金山热电股份有限公司

英文全称:SHENYANG JINSHAN THERMOELECTRIC CO.,LTD.

注册资本:人民币壹亿叁仟万元(130,000,000 元)

法定代表人:张恒玺 公司住所:沈阳市苏家屯区丁香街 192 号

成立日期:1998 年 6 月 4 日 所属行业:公用事业

经营范围:火力发电;供暖、供热;粉煤灰、金属材料销售;小型电厂机、炉、电检修;汽车修理;热水养鱼;循环水综合利用;技术服务。 主营业务:热电联产

联系电话:024-89117347 传真:024-89813973 董事会秘书:王伟

(二)、历史沿革

1998 年 5 月 28 日,经沈阳市经济体制改革委员会沈体改发[1998]52 号文件批准,以沈阳市冶金国有资产经营有限公司为主发起人,联合沈阳线材厂、沈阳金天实业有限公司、沈阳冶金工业经济技术协作开发公司和沈阳钢铁总厂职工持股会(本公司成立后,更名为沈阳金山热电股份有限公司职工持股会,简称"职工持股会")等四家法人共同发起设立沈阳金山热电股份有限公司,总股本为 8500 万股。本次发起设立行为已经辽宁省人民政府辽政[2000]279 号文件确认。

1998 年 6 月 4 日,本公司在沈阳市工商行政管理局依法注册登记成立,注册号为 2101001101755(1-1)。

本着保证股份公司具有独立完整的生产、供应和销售系统的原则,沈阳市冶金国有资产经营有限公司以其下属的沈阳钢铁总厂金山电厂(简称"金山电厂")的净资产作为出资投入本公司。根据沈阳中立资产评估事务所沈中资评字(98)48 号《资产评估报告》,并经沈阳市国有资产管理局《资产评估结果确认通知书第 130 号》确认,沈阳市国有资产管理局沈国资局字[1998]81 号文批准,金山电厂的净资产值为 72,832,445.71 元,按 1:1 的折股比例折为国家股 7283 万股,占股本总额的 85.68%,由沈阳市冶金国有资产经营有限公司持有并行使股权,其余部分计入公司的资本公积金;沈阳线材厂、沈阳冶金工业经济技术协作开发公司分别以货币出资 100 万元、17 万元,按 1:1 比例分别折为国有法人股 100 万股和 17 万股,占股本总额的 1.38%;沈阳金天实业有限公司、沈阳钢铁总厂职工持股会(本公司成立后更名为沈阳金山热电股份有限公司职工持股会,简称"职工持股会")分别以货币出资 100 万元和 1000 万元,按 1:1 比例分别折为法人股 100 万股和 1000 万股,占股本总额的 12.94%。上述资产评估结果已经辽宁省财政厅辽财企函字[2000]88 号《关于对沈阳金山热电股份有限公司资产评估结果确认的批复》确认。

为了进一步规范股份公司运作,2000 年 6 月 20 日,经沈阳市经济体制改革委员会沈体改发[2000]42 号文批准,沈阳东方铜业有限责任公司受让沈阳金山热电股份有限公司职工持股会所持有的 1000 万股股份,原职工持股会法人资格撤销,东方铜业成为本公司的股东。本次股权转让行为已经辽宁省人民政府辽政[2000]279 号文件确认。

经中国证券监督管理委员会证监发行字[2001]22 号文核准,本公司已成功上网定价发行了每股面值 1.00 元的人民币普通股 4500 万股,每股发行价人民币 6.00 元,本次发行后公司总股本为 13,000 万股,2001 年 3 月 16 日,本公司在沈阳市工商行政管理局重新注册登记,注册资金 13,000 万元,工商执照注册号为:2101001101755 (1-1)

(三)、发行人主要经营情况

1、公司主要经营指标

(1)、主要财务指标

财务指标	2000.12.31	1999.12.31	1998.12.31
主营业务收入	92,081,084.34	79,415,796.18	54,693,783.74
净利润	16,245,880.38	13,683,464.09	4,349,125.99
总资产	269,341,573.29	242,125,112.40	252,859,979.32
股东权益	106,621,057.52	97,980,531.15	86,794,688.86
每股收益	0.191	0.161	0.051
每股净资产	1.26	1.15	1.02
净资产收益率	15.43%	13.91%	5.01%

(2)、本公司的主要产品及近三年的生产量

产品名称	计量单位	2000 年	1999 年	1998 年
发 电	万千瓦时	12800	12011	10196
供 电	万千瓦时	9411	9025	7652
供 汽	吨	15173	11127	9516
供 暖	万平方米	185	154	134

(3)、本公司近三年来销售收入及利润情况如下表(单位:元)

项 目	2000 年	1999 年	1998 年
主营业务收入	92,081,084.34	79,415,796.18	54,693,783.74
主营业务利润	35,308,709.93	29,280,745.50	14,860,877.09
利润总额	25,443,207.29	20,428,348.84	6,496,486.56
净利润	16,245,880.38	13,683,464.09	4,349,125.99

2、主要市场:由于受蒸汽输送有效半径的限制,本公司生产的蒸汽主要就近供应沈阳市苏家屯区的工业用户和居民使用;本公司生产的电力直接并入东北电网,统一调配使用。

3、市场占有情况:目前,本公司的供汽占沈阳市苏家屯区工业用汽市场的 80 %左右,供热占沈阳市苏家屯区居民供暖市场的60%左右,市场占有率相对稳定;本公司属于热电联产企业,以热定电,机组容量较小,在辽宁省电力有限公司供电系统中所占的比例较小。

4、销售方式

(1)热力:本公司生产的蒸汽通过自建的供热管网,向企业及居民用户提供,其中向工业用户供汽,依据计量仪表,按吨计算收取供汽费用;向居民用户及事业单位收取的采暖费,按房屋建筑面积计算,主要采取向房屋产权单位或房屋开发单位等集中收取方式,对少数散户采取上门收取方式。

(2)电力:根据国家计委、国家经贸委、电力部和建设部计交能[1998]220 号《关于发展热电联产的若干规定》第五条,本公司生产的电力并入东北电网,按可行性研究报告中确定的全年热电比和总热效率与辽宁省电力有限公司签订上网电量合同,按年供电量进行结算,在保证供热和机组安全运行的前提下供热机组可参加调峰。

5、国家政策、法规、制度对本公司生产经营条件影响的变化

(1)国家计划委员会、国家经济贸易委员会、电力工业部和建设部联合发布的计交能(1998)220 号《关于发展热电联产的若干通知》中,给予热电联产企业一系列具体的优惠措施:

a、热电比与总热效率符合有关指标的新建热电厂或扩建热电厂的增容部分免交上网配套费。符合并网运行条件的,电力部门应允许并网,按批准可行性研究报告中确定的全年平均热电比和总热效率签订上网电量合同。在保证供热和机组安全运行的前提下供热机组可参加调峰。

b、在已建成的热电联产和规划建设热电联产项目的供热范围内,不得再建自备热电厂或永久性供热锅炉房。

(2)、根据国务院国办发[1999]44 号文的精神,进一步强调了"确属热电联产、综合利用的小火电机组,有关部门和电网企业要按国家对热电联产、综合利用的有关政策,继续给予支持"。

(3)、本公司的所得税将按有关规定,执行33%的税率;增值税中电力部分实行 17%的税率,热力部分实行 13%的税率。

(4)、为了保证本公司供暖范围内居民冬季采暖效果,保持社会稳定,根据沈阳市苏家屯区供暖管理办公室沈苏供发字(2000)1 号、5 号文件,拨付本公司供暖补贴 321.62 万元;根据沈阳市苏家屯区财政局沈苏财字(2000)17 号文件,拨付本公司供暖补贴 100 万元。上述款项合计 421.62 万元已于 2000 年 12 月底之前全部汇至本公司银行帐户。

6、完成的重大项目和科研成果

(1)、完成的重大项目

本公司历来重视技术改造和工艺革新,不断加速科技进步和促使科研成果转化为现实生产力。近几年来,公司先后进行了多次技术改造和革新,使得企业规模日益扩张,经济效益不断提高。本公司完成的各项工作中较为重要的有以下几方面:

a、1998 年,本公司投资新建一台 75t/h 煤粉炉以及相应的辅助设施和土建工程项目。该项目总投资为 3430 万元,其中国家投资 2200 万元,公司自筹 1200 万元。主要工程包括:3# 炉及辅助设备投资 2770 万元,动态轨道衡投资 96 万元,干煤棚投资 88 万元,白松换热站投资 336 万元,迎春街换热站投资 141 万元。该项目获得沈阳市计委沈计发[1996]390 号文件批准。

b、1997 年、1998 年,本公司分别投资 120 万元、195.8 万元用于解放换热站和党校换热站的采暖主水网及站内设备改造工程。

c、1997 年、1999 年,本公司先后投资 197.3 万元用于开发区换热站蒸汽网及补水管网改造工程。

(2)、科研成果

本公司自 1998 年起,开始对#3 号机组循环水系统和外网供暖系统的水处理系统进行科研攻关,改变了加入化学药剂的方式和配方,消除供暖系统内壁附着的软硬垢,以及水系统内的藻类和菌类,从而大大地提高了蒸汽的热利用效率,保证供暖系统的安全稳定运行。此项改进措施每年可以为本公司增加收入 400~500 万元。

五、股票发行与股本结构

1、股票发行情况

本次发行社会公众股:4500 万股; 发行价格:6.00 元/股; 募集资金总额:27,000 万元;

发行费用:1,042.5 万元; 其中:主承销费:756 万元

上市推荐费:60 万元 清算手续费:94.5 万元 律师费:30 万元

会计师审计费:52 万元 股权托管费:2.5 万元 会议费:23 万元

差旅费:20 万元 其他:4.5 万元 每股发行费用:0.23 元;

实际募集资金总额:25,957.5 万元(已扣除发行费用);

发行方式:上网定价; 中签率:0.10895636%; 有效申购户数:2118658 户;

持 1000 股(含 1000 股)以上的股东数:43830 户;

2、股票承销

本次公开发行的社会公众股 4500 万股已全部被投资者认购,承销团无余额包销。

3、募集资金入帐情况

入帐时间:2001年3月15日

入帐金额:261,495,000.00元

开户银行:华夏银行沈阳分行营业部

银行帐号:1001276009013303872

4、验资报告

验资报告　　华会股验字(2001)第01001号

沈阳金山热电股份有限公司董事会:

我们接受委托,对贵公司截至2001年3月15日止股本变动情况的真实性和合法性进行了审验。在审验过程中,我们按照《独立审计实务公告第1号-验资》的要求,实施了必要的审验程序。贵公司的责任是提供真实、合法、完整的验资资料,保护资产的安全、完整;我们的责任是按照《独立审计实务公告第1号-验资》的要求,出具真实、合法的验资报告。

贵公司变更前的注册资本和股本均为85,000,000.00元。本次向社会公开发行A股45,000,000.00股,每股面值人民币1元,计人民币45,000,000.00元,变更后的股本为130,000,000.00元。根据我们审验,截至2001年3月15日止,贵公司已收到发行股票款261,495,000.00元(贰亿陆仟壹佰肆拾玖万伍仟元整)(已扣除发行费用8,505,000.00元)上述收到的存款扣除预计应付的其他相关发行费用1,920,000.00元后为259,575,000.00元,其中计入股本45,000,000.00元、资本公积214,575,000.00元。与上述发行股票款相关的资产全部为货币资金。

附件一:变更前后股本、投入资本对照表

附件二:验资事项说明

华伦会计事务所　　中国注册会计师　胡颖　乌克平

二00一年三月十五日

4、本次发行前后的股本结构

股份类型	本次发行前股权结构 股数(万股)	比例(%)	本次发行后股权结构 股数(万股)	比例(%)
非流通股:	8500	100.00	8500	65.38
其中:国家股	7283	85.68	7283	56.02
国有法人股	117	1.38	117	0.90
法人股	1100	12.94	1100	8.46
流通股:	0	0	4500	34.62
社会公众股	0	0	4500	34.62
总股本	8500	100.00	13000	100.00

5、本公司前十名股东持股情况

	股东名称	持有股份(万股)	占发行后总股本比例(%)
1	沈阳市冶金国有资产经营有限公司	7283	56.02
2	沈阳东方铜业有限责任公司	1000	7.69
3	沈阳线材厂	100	0.77
4	沈阳金天实业有限公司	100	0.77
5	沈阳冶金工业经济技术协作开发公司	17	0.13
6	普丰基金	14.5	0.11
7	裕隆基金	13	0.10
8	安顺基金	11.7	0.09
9	普惠基金	10	0.08
10	汉盛基金	10	0.08

六、董事、监事和高级管理人员简及核心技术人员

1、董事

张恒玺,董事长,男,44岁,研究生学历,高级工程师。曾先后任沈阳钢厂团委书记,沈阳冶金局宣传部长、组织部长,沈阳市冶金局党委副书记等职。现任沈阳市冶金国有资产经营公司执行董事。

张浩,副董事长,男,52岁,大专学历,经济师。曾先后任沈阳钢铁总厂组织部副部长、基建处副处长、企管处副处长,沈阳第二钢厂党委副书记、副厂长,金山电厂党委书记等职。现任本公司党委书记。

王长顺,副董事长,男,48岁,大专学历,工程师。曾先后任沈阳钢铁总厂金山电厂副厂长、厂长等职。现任本公司总经理。

孟祥锁,董事,男,40岁,研究生学历,高级工程师。曾先后任沈阳线材厂车间主任、副厂长。现任沈阳线材厂厂长。

修陆明,董事,男,41岁,研究生学历。曾先后任沈阳钢厂干部,沈阳冶金局劳动服务公司办公室副主任,沈阳市冶金局组织部干事、沈阳冶金实业总公司副总经理等职。现任沈阳冶金实业总公司总经理。

张书伟,董事,男,53岁,大专学历,高级工程师。曾先后任沈阳线材厂计划员、沈阳市冶金局生产处处长等职。现任沈阳市冶金局技术开发公司总经理。

范俊生,董事,男,46岁,大专学历,工程师。曾先后任沈阳第二冶金机电厂团总支书记、生产股股长、技术股股长,沈阳钢铁总厂组织部干事,沈阳市冶金局主任科员。现任沈阳市冶金国有资产经营公司党委组织委员。

吴海鹰,董事,女,42岁,研究生学历。曾先后任沈阳线材厂职工,沈阳市冶金局干部等职。现任沈阳市冶金国有资产经营公司生产部部长。

陈广振,董事,男,50岁,中专学历,政工师。曾先后任沈阳市浑河农场人事干事、企管办主任、工会主席,酒厂厂长、党支部书记,电厂修缮分场支部书记、主任、工会副主席、主席。现任本公司工会主席。

王伟,董事会秘书,男,51岁,本科学历,经济师、工程师。曾先后任唐山钢铁公司总经理秘书,沈阳第二钢厂厂办主任,沈阳钢铁总厂企管处长,技术监督处处长。

2、监事

耿文绵,监事会主席,男,50岁,大专学历,政工师。曾先后任沈阳市立新铁矿车间副主任、团委副书记,沈阳钢铁总厂服务公司团总支书记,沈阳钢铁总厂二机电公司团总支书记,沈阳钢铁总厂废钢处副处长、组织部副部长。现任本公司党委副书记、纪委书记。

王兴,监事,男,49岁,大专学历,工程师。曾先后任沈阳钢铁总厂干部科科员,沈阳钢铁总厂金山电厂人事科长。现任本公司综合部副部长。

贺长春,监事,男,47岁,中专学历,助理政工师。曾先后任沈阳有色金山加工厂采购员、汽化站站长,沈阳钢铁总厂金山电厂党办主任等职。现任本公司党委工作部副部长。

陶琳,监事,女,47岁,大专学历。曾先后任沈阳有色金属压延厂科长、党办主任、沈阳冶金局主任科员等职。现任沈阳市冶金国有资产经营公司助理调研员。

吕广,监事,男,32岁,大专学历,助理工程师。现为本公司锅炉工。

3、高级管理人员及重要职员

冯雨凡,财务负责人,男,45岁,大专学历,会计师。现任本公司财务科科长。

康文常,副总经理,男,51岁,大学学历,高级工程师。曾先后任沈阳钢铁总厂金山电厂供热科长、供热分场主任等职。

王运复,副总经理,男,51岁。曾先后任沈阳钢铁总厂金山电厂锅炉主任、计量科长、厂办主任、生产副厂长等职。

李汉民,副总经理,男,45岁。曾先后任山西加丰电厂设备员、沈阳钢铁总厂金山电厂供应科计划员、燃料科副科长等职。

截止本上市公告书签署之日,本公司董事、监事和高级管理人员及其家属均未持有本公司股票。

七、关联企业及关联交易

1、关联企业

目前本公司的关联企业主要为现有的五家股东,即沈阳市冶金国有资产经营有限公司、东方铜业、沈阳线材厂、沈阳金天实业有限公司、沈阳冶金工业经济技术协作开发公司及沈阳带钢厂、沈阳铝材厂、沈阳轧钢厂、沈阳轧辊厂、沈阳钢铁总厂、沈阳有色金属压延厂、沈阳冶金研究所、沈阳全兴实业有限公司。

(1)沈阳市冶金国有资产经营有限公司

沈阳市冶金国有资产经营有限公司系经沈阳市国有资产管理委员会沈国资办字[1998]45号文件批准,授权统一经营管理沈阳市冶金工业管理局下属成员企业的国有控股公司,拥有对下属企业的产权变动及重大资产处置等权力。该公司成立于1998年5月21日,持有沈阳市工商行政管理局颁发的注册号为2101321100026(1-1)《企业法人营业执照》,注册资本为人民币76512万元,经营范围为国有资产经营。该发起人现持有本公司股份7283万股,占股本总额的85.68%。

(2)沈阳东方铜业有限责任公司

东方铜业成立于2000年3月20日,持有沈阳工商行政管理局颁发的注册号为2101311101156(1-1)《企业法人营业执照》,注册资本为3000万元。公司主要经营范围包括:有色金属压延加工,金属压延技术咨询服务。该发起人现持有本公司股份1000万股,占总股本的11.76%。

2000年6月20日,经沈阳市经济体制改革委员会沈体改发[2000]42号文批准,东方铜业受让沈阳金山热电股份有限公司职工持股会所持有的1000万股股份,原职工持股会法人资格撤销,东方铜业成为本公司的股东。本次股权转让行为已经辽宁省人民政府辽政[2000]279号文件予以确认。

(3)沈阳线材厂

沈阳线材厂属于线材专业生产厂家,成立于1989年5月11日,持有沈阳市工商行政管理局颁发的注册号为2101311100705(1-1)《企业法人营业执照》,注册资本为人民币5476万元,经营范围包括钢压延加工,汽车货运、装卸,房屋租赁。该企业的主导产品φ6.5高速无扭控冷热轧盘条,曾获得国家质量金牌。该发起人现持有本公司股份100万股,占股本总额的1.18%。

(4)沈阳金天实业有限公司

沈阳金天实业有限公司是以流通为主的多种经营企业,成立于1996年6月6日,持有新民市工商行政管理局颁发的注册号为2101811100271(1-1)《企业法人营业执照》,注册资本为500万元,经营范围包括铁钉、钢丝的制造,建筑材料、金属材料、机电产品(不含汽车轿车)的零售批发。该发起人现持有本公司股份100万股,占总股本的1.18%。

(5)沈阳冶金工业经济技术协作开发公司

沈阳冶金工业经济技术开发公司成立于1988年4月11日,持有沈阳市工商行政管理局颁发的注册号2101031100229(1-1)《企业法人营业执照》,注册资本为人民币30万元,经营范围包括冶金技术和资源开发,经济协作,冶金技术咨询服务。该发起人现持有本公司股份17万股,占总股本的0.20%。

(6)沈阳带钢厂

沈阳带钢厂是本公司的控股股东沈阳市冶金国有资产经营有限公司所属成员单位,该厂成立于1979年11月30日,持有沈阳市工商行政管理局颁发的注册号为11790788-5-1/1《企业法人营业执照》,注册资本为204万元,主营冷轧带钢;带钢,扁钢制造,加工;本厂货物运输。

(7)沈阳铝材厂

沈阳铝材厂是本公司的控股股东沈阳市冶金国有资产经营有限公司所属成员单位,该厂成立于1980年9月12日,持有沈阳市工商行政管理局颁发的注册号为2101061100074(1-1)《企业法人营业执照》,注册资本为1498万元,主营有色金属压延、本企业自产的铝型材、铝板、铝管、不锈钢出口等。

(8)沈阳轧钢总厂

沈阳轧钢总厂是本公司的控股股东沈阳市冶金国有资产经营有限公司所属成员单位,该厂成立于1979年11月26日,持有沈阳市工商行政管理局颁发的注册号为11797972《企业法人营业执照》,注册资本为7089万元,主营钢压延,通用零部件,锻件,不锈钢,合金钢,碳钢,铸件,本企业自产钢材出口等。

(9)沈阳轧辊厂

沈阳轧辊厂是本公司的控股股东沈阳市冶金国有资产经营有限公司所属成员单位,该厂成立于1993年3月1日,持有沈阳市工商行政管理局颁发的注册号为11798248《企业法人营业执照》,注册资本为772万元,主营铸铁轧辊。

(10)沈阳钢铁总厂

沈阳钢铁总厂是本公司的控股股东沈阳市冶金国有资产经营有限公司所属成员单位,该厂成立于1969年12月1日,持有沈阳市工商行政管理局颁发的注册号为2101111100343(1-1)《企业法人营业执照》,注册资本为7343万元,主营范围炼钢、炼铁。

(11)沈阳有色金属压延厂

沈阳有色金属压延厂是本公司的控股股东沈阳市冶金国有资产经营有限公司所属成员单位,该厂成立于1996年5月14日,持有沈阳市工商行政管理局颁发的注册号为24265608-7-1/1《企业法人营业执照》,注册资本为423.3万元,主营铜材、铜板、铜带加工;引电片、镍及镍合金板、带材、焊料;金属压延技术咨询服务等。

(12)沈阳冶金研究所

沈阳冶金研究所成立于1991年8月7日,持有沈阳市工商行政管理局颁发的注册号为2101031101206(1-1)《企业法人营业执照》,注册资本为1554万元。该研究所是隶属于本公司的控股股东沈阳市冶金国有资产经营有限公司的国有企业,主营业务范围为冶金铸造技术开发、资讯服务、成果转让,钛铸件、钛及其特种材料制品加工。

(13)沈阳全兴实业有限公司

全兴实业成立于1999年8月18日,持有沈阳工商行政管理局颁发的注册号为2101111102525(1-1)《企业法人营业执照》,注册资本为150万元,其中:沈阳冶金研究所出资124.4万元,占注册资本的82.93%;48位自然人出资25.6万元,占注册资本的17.07%。该公司主要经营范围包括:粉煤灰砖制造、粉煤灰综合开发利用;技术咨询;提供劳务;水暖维修;汽车运输;汽车修理等。

2、关联交易合同

目前,本公司拥有独立完整的产、供、销经营系统,除以下已经签订的关联交易协议外,本公司与其他关联企业不存在任何关联交易,在热汽供应方面与沈阳市冶金国有资产经营有限公司控制的企业亦不存在关联交易。

(1)《综合服务协议》

沈阳全兴实业有限公司为本公司提供粉煤灰排放等综合服务。为此,全兴实业与本公司于1999年8月19日签订《综合服务协议》约定:全兴实业为本公司提供粉煤灰排放,排放费5.80元/吨;房屋建筑物室内采暖管道及上下水管道维护、厂区绿化和路面环境卫生的清整服务,每年包干费用为30万元;服务标准不低于全兴实业向任何第三方提供相同或类似服务的条件和标准,并给予本公司优于任何第三方的条件;本公司支付全兴实业的费用,每季度结算一次;本协议有效期三年,双方授权代表签字后生效。

(2)《离退休人员安置协议书》

沈阳市冶金国有资产经营有限公司作为主发起人,以沈阳钢铁总厂金山电厂经评估确认后的净资产发起设立本公司时,未将原金山电厂离退休职工99人予以剥离。为进一步规范本公司运作,2000年10月20日,沈阳市冶金国有资产经营有限公司与本公司就上述离退休人员安置事宜签订了《离退休人员安置协议书》,协议规定:自2000年1月1日至2000年12月31日,99名离退休人

员的退休金、社会福利费及其他法定费用全部由沈阳市冶金国有资产经营有限公司承担，该笔款项从沈阳市冶金国有资产经营有限公司留存在本公司的国家股红利中冲减；自 2001 年 1 月 1 日起，99 名离退休人员退休金、法定社会福利费用和其他费用及社会保障工作由沈阳市冶金国有资产经营有限公司自行承担；本协议签订后 3 月内，双方办理 99 名离退休人员交接手续，并在有关部门办理变更登记。目前，上述手续已经办理完毕。

(3)《出资转让协议》

2000 年 2 月 20 日，经本公司一届三次股东大会审议通过，同意将对全兴实业的出资 124.4 万元全部转让给沈阳冶金研究所。2000 年 5 月 8 日，本公司与沈阳冶金研究所签订了《出资转让协议》，转让总价款为 124.4 万元。

3、关联交易及关联事项

(1)本公司 2000 年 5 月与沈阳冶金研究所签定了转让沈阳全兴实业有限公司股权的协议，股权转让价格为 124.4 万元。股权转让价款已于 2000 年 6 月收到。

(2)本公司 2000 年 1-12 月支付沈阳全兴实业有限公司综合服务费 44.95 万元。

(3)沈阳全兴实业有限公司为本公司借款提供担保，担保金额为 100 万元，期限为 2000 年 6 月 5 日至 2001 年 6 月 4 日。

(4)沈阳全兴实业有限公司为本公司借款提供担保，担保金额为 200 万元，期限为 2000 年 9 月 13 日至 2001 年 9 月 12 日。

(5)沈阳铝材厂为本公司借款提供担保，担保金额为 100 万元，期限为 2000 年 6 月 20 日至 2001 年 6 月 19 日。

4、本公司与控股股东及其控股公司的关系

沈阳冶金国有资产经营有限公司在本公司中持股 7283 万股，占总股本的 85. 68 %。该公司主要负责沈阳市冶金局系统下属国有企业的国有资产的监督管理和保值增值，不直接从事生产经营，也不直接参与企业的管理，与本公司不存在同业竞争问题。该大股东的控股公司中亦无从事热电联产的企业，因此与本公司不存在同业竞争问题。该公司已于 2000 年 6 月 6 日出具了《避免同业竞争承诺函》。

八、公司财务会计资料

本公司截止 2000 年 12 月 31 日的财务资料，已于 2001 年 3 月 6 日分别在《中国证券报》、《上海证券报》和《证券时报》上刊登的《招股说明书概要》中进行了详细的披露。因上次披露与本公告间隔时间未超过 6 个月，故相同的内容在此不再重复。敬请查阅上述报纸或至公告的《招股说明书》查阅地点查阅。

本上市公告书引用的财务会计资料全部来源于华伦会计事务所有限公司华会股审字(2001)第 01001 号《审计报告》，为标准无保留意见审计报告。

(一)审计报告

沈阳金山热电股份有限公司全体股东：

我们接受委托，审计了贵公司 1998 年 12 月 31 日、1999 年 12 月 31 日、2000 年 12 月 31 日的资产负债表及 1998 年度、1999 年度、2000 年度的利润及利润分配表和 2000 年的现金流量表。这些会计报表由贵公司负责，我们的责任是对这些会计报表发表审计意见。我们的审计是依据《中国注册会计师独立审计准则》进行的。在审计过程中，我们结合贵公司的实际情况，实施了包括抽查会计记录等我们认为必要的审计程序。

我们认为，上述会计报表符合《企业会计准则》和《股份有限公司会计制度》的有关规定，在所有重大方面公允地反映了贵公司 1998 年 12 月 31 日、1999 年 12 月 31 日、2000 年 12 月 31 日的财务状况及 1998 年度、1999 年度、2000 年度的经营成果和现金流量情况，会计处理方法的选用遵循了一贯性原则。

华伦会计师事务所　　　　中国注册会计师：乌克平

中国·北京　　　　中国注册会计师：胡颖

二 OO 一年一月八日

(二)本公司近三年及最近一期财务报表(见附表)

(三)会计报表附注

会计报表附注

一、公司简介：沈阳金山热电股份有限公司(以下简称“公司”)是经沈阳市经济体制改革委员会沈体改发[1998]52 号文批准，以沈阳市冶金国有资产经营有限公司(以下简称“冶金资产公司”)作为主要发起人，联合沈阳线材厂、沈阳金天实业有限公司、沈阳冶金工业经济技术协作开发公司及沈阳钢铁总厂职工持股会共同发起设立的；并已于 1998 年 6 月 4 日经沈阳市工商行政管理局核准登记，注册资本为 8,500 万元，注册登记号为 2101001101755(1-1)，注册地址为沈阳市苏家屯区丁香街 192 号。

公司主要从事供暖、供电及供汽业务。

冶金资产公司投入公司的净资产 72,832,445.71 元，折为 72,830,000 股，占总股本的 85.68%；沈阳线材厂出资 1,000,000.00 元，折股 1,000,000 股，占总股本的 1.18%；沈阳冶金工业经济技术协作开发公司出资 170,000.00 元，折股 170, 000 股，占总股本的 0.2%；沈阳金天实业有限公司出资 1,000,000.00 元，折股 1, 000 ,000 股，占总股本的 1.18%；沈阳钢铁总厂职工持股会出资 10,000,000.00 元，折股 10,000,000 股，占总股本的 11.76%。

二、会计报表的编制基础：公司会计报表含改制设立前和改制设立后两个期间的会计报表。

1、公司设立前报表即 1998 年 1 月 1 日至 1998 年 5 月 31 日的会计报表，因原金山电厂财务上独立核算，在编制资产负债表和利润及利润分配表时，只是按原核算体系反映。由于金山电厂不具备对外贷款资格，经营所需资金由钢铁总厂提供，钢铁总厂并没有向金山电厂收取资金占用费，因此金山电厂在向钢铁总厂供电时，以 0 .27 元/千瓦时结算，低于市场平均价格。1998 年原始会计报表与申报会计报表的差异如下：原始报表资产总额为 15,508.97 万元，申报报表资产总额为 15, 272.14 万元，差异为-236.83 万元；原始报表负债总额为 13,627.63 万元，申报报表为 13,627.63 万元，无差异；原始报表所有者权益总额为 1,881.34 万元，申报报表为 1,644.51 万元，差异为 236.83 万元；原始报表收入总额为 1,941.59 万元，申报报表为 1941.59 万元，无差异；原始报表成本费用总额为 1,865.32 万元，申报报表为 2,102.15 万元，增加 236.83 万元；原始报表净利润 61.73 万元，申报报表为-175.1 万元，差异为- 236.83 万元，上述六项因素产生的差异，均为审计调整。

2、公司设立后，即 1998 年 6 月 1 日(建帐日期)至 2000 年 12 月 31 日期间，公司已独立运行，公司的会计报表是根据《股份有限公司会计制度》及其《股份有限公司会计制度有关会计处理问题补充规定》的规定编制。

三、公司主要会计政策

1、会计制度：改制前公司原执行《工业企业会计制度》，已按《股份有限公司会计制度》进行了调整。改制后，公司执行《股份有限公司会计制度》及其《股份有限公司会计制度有关会计处理问题补充规定》。

2、会计年度：采用公历制即每年一月一日至十二月三十一日。

3、记账本位币：以人民币为记账本位币。

4、记账基础和计价原则：公司的记账基础为权责发生制，资产的计价遵循历史成本原则。

5、外币业务核算方法：外币核算按当日中国人民银行公布的市场汇价折合人民币入账，期末外币余额按 12 月 31 日公布的市场汇价进行调整，产生的折算差额，计入当期损益。

6、合并会计报表的编制方法：

编制方法：根据财政部制定的《合并会计报表暂行规定》和财会字(96)2 号《关于合并报表合并范围请示的复函》等文件的规定编制。

7、现金等价物的确定标准：公司将持有的期限短、流动性强、易于转换为已知金额的现金、价值变动风险很小的投资确定为现金等价物。

8、坏账损失的核算方法：公司坏账损失采用备抵法核算，即采用应收款项余额百分比法计提坏账准备，具体按应收款项(含应收账款及其他应收款)期末余额的 6% 计提坏账准备。

坏账损失的确认标准为：

(1)债务人破产或死亡，以其破产财产或遗产清偿后仍无法收回；

(2)债务人较长时间内未履行其偿债义务，并且有足够的证据表明无法收回或收回的可能性极小。

9、存货核算方法：

(1) 存货分类：公司存货分为原材料、低值易耗品等。

(2)存货计价方法：存货采用实际成本核算，其燃料及辅助材料发出采用月末一次加权平均法计价；低值易耗品采用五五摊销法。根据本公司的生产特点，当期发生的生产成本全部转入当期主营业务成本，无在产品。

(3)存货跌价准备：按存货项目的成本高于其可变现净值的差额提取，预计的存货跌价损失计入当期损益。

(4)存货盘存方法：主要原材料中的燃料采用实地盘存法，其他材料采用永续盘存法。

10、短期投资核算方法：

(1)短期投资取得成本：是指取得投资时实际支付的全部价款，包括税金、手续费等相关费用，但不包括已宣告但尚未领取的现金股利和已到期尚未领取的债券利息。

(2)短期投资的现金股利和利息：持有期间的股利和利息，除取得时已记入应收项目的现金股利和利息外，以实际收到时作为投资成本的收回，冲减其账面价值；收到取得投资时已宣告尚未领取的现金股利和已到期尚未领取的债券的利息，以实际收到时冲减已记录的应收股利或应收利息。

(3)短期投资的期末计价：采用期末成本与市价孰低法计价。 按成本高于市价的差额计提短期投资跌价损失准备。

(4)短期投资的处置：所收到的处置收入与其账面价值的差额确认为当期损益。

11、长期投资：

(1)长期股权投资的成本：按投资时实际支付的价款或确定的价值记账。

(2)长期股权投资的收益：投资占被投资单位有表决权资本总额 20 %以下，或虽占 20%以上(含 20%)但不具有重大影响的，或计划近期内出售被投资单位的股份，按成本法核算；投资占被投资单位有表决权资本总额 20%以上(含 20%)，或虽不足 20%但有重大影响的按权益法核算；投资占被投资单位有表决权资本总额 50%以上(不含 50%)，或虽不足 50%但具有实质控制权的，按权益法核算并编制合并会计报表。

(3)长期投资减值准备：根据被投资企业的外部经营环境、市场供求、内部生产经营管理以及财务状况判断是否计提减值准备。

12、固定资产计价和折旧方法：

(1) 固定资产标准：使用年限在一年以上的房屋建筑物、机器设备、运输工具以及其他与生产、经营有关的设备、器具、工具等；不属于生产、经营主要设备的物品，使用期限超过两年的，并且单位价值在 2,000 元以上的资产。

(2) 固定资产计价：以实际成本计价。

(3) 固定资产分类：房屋及建筑物、热电设备、供热管网、运输设备、电子设备、其他设备。

(4) 固定资产折旧：采用直线法计提折旧，并按各类固定资产的原价和预计使用年限扣除 2-4%的残值后确定其折旧率。使用年限及折旧率如下：

类　　别	使用年限	年折旧率
房屋及建筑物	25-40 年	2.4%-3.9%
热电设备	10-30 年	3.2%-9.7%
供热管网	20 年	4.9%
运输设备	12 年	8.0%
电子设备	7 年	13.9%
其他设备	15 年	6.5%

13、在建工程核算方法：在建工程采用实际成本核算，其发生的借款利息、汇兑损益在固定资产交付使用前发生的计入所购建资产的成本。在固定资产交付使用但尚未办理竣工决算前先估价计入固定资产，待完工验收并办理竣工决算时将固定资产估价调整为决算价。

14、无形资产的计价和摊销方法：购入的无形资产按实际支付的价款计价，股东投入的无形资产按评估确认的价值计价。土地使用权按 50 年摊销。

15、收入确认原则：收入按下列原则确认：(1)供电收入是按电业局结算电量和物价部门批准的供电价格确认；(2)供暖收入按被供暖方确认的面积及沈阳市物价局批准的供暖价格确认；(3)供汽收入按被供汽方确认的供汽量及沈阳市物价局批准的供汽价格确认；(4)供暖挂网收入按供暖年度新增面积及沈阳市物价局批准的收费价格确认。

16、所得税的会计处理方法：采用应付税款法。

17、会计政策的变更及影响：根据财政部财会字[1999]35 号文《关于印发〈股份有限公司会计制度有关会计问题处理补充规定〉的通知》和财政部财会字[1999]49 号文《关于〈股份有限公司会计制度有关会计问题处理补充规定问题解答〉的通知》的有关规定，本公司从 1999 年 1 月 1 日起改变如下会计政策：

(1) 坏账准备原按应收账款余额的 5‰计提，现改按应收账款和其他应收款期末余额的 6%提取。

(2) 期末短期投资原按成本计价，现改按成本与市价孰低计价，并按单项投资计提短期投资跌价准备。

(3) 期末存货原按成本计价，现改为按成本与可变现净值孰低计价。

(4) 期末长期投资原不计提减值准备，现改为计提长期投资减值准备。

上述会计政策变更已采用追溯调整法，调整了期初留存收益及相关项目的期初数，利润及利润分配表的上年数已按调整后的数字填列。上述会计政策变更的累积影响数为 2,763,678.45，其中坏账准备计提方法变更的累计影响数为 2,763,687.45 元；由于会计政策变更，调减了 1998 年度的净利润 2,763,687.45 元；调减了年初留存收益 2,763,687.45，其中法定盈余公积 276,368.75 元，任意盈余公积 276,368.75 元，公益金 221,095.00 元，未分配利润 1,989,854.95 元。

四、税项：

1、增值税：供暖、供汽收入适用的税率为 13%；供电及其他收入适用的税率为 17%。

2、营业税：挂网收入和租赁收入税率为 5%。

3、城建税：按实际应缴纳增值税和营业税额的 7%计缴。

4、教育费附加：按实际应缴纳增值税和营业税额的 4%计缴。

5、所得税：公司所得税税率为 33%。

五、会计报表项目注释

注：以下会计项目中期初数为 2000 年 1 月 1 日，期末数为 2000 年 12 月 31 日

金额单位为人民币元。

1、货币资金

项　目	期　初　数	期　末　数
现　　金	2,724.30	511.88
银 行 存 款	9,522,968.35	14,330,163.76
其它货币资金		6,559.53
合　计	9,525,692.65	14,337,235.17

2、短期投资

股票名称	股数	期末账面余额		期末市值	
		每股	合计	每股	合计
国电电力	79,300	32.440	2,572,492.00	35.18	2,789, 774.00
国电电力	63,440	16.000	1,015,040.000	35.18	2,231, 819.20
天歌科技	120,000	20.216	2,425,920.00	14.17	1,700, 400.00

合计	6,013,452.00	6,721,993.20

续上表：

股票名称	跌价准备	净值
国电电力		2,572,492.00
国电电力		1,015,040.00
天歌科技	1 725,520.00	1,700,400.00
合计		5,287,932.00

注：短期投资全部为股票投资，其市价来自于沪深两市12月31日的收盘价。

3、应收款项

项目	期初数		期末数	
	金额	坏账准备	金额	坏账准备
应收账款	20,443,476.01	1,226,608.56	42,223,501.73	2,533,410.10
其他应收款	4,151,526.85	249,091.61	5,507,211.70	330,606.03
合计	24,595,002.86	1,475,700.17	47,730,713.43	2,864,016.13

(1)应收账款

账龄	期初数			期末数		
	金额	比例(%)	坏账准备	金额	比例%	坏账准备
1年以内	20,350,799.51	99.55%	1,221,047.97	42,130,825.23	99.78%	2,527,849.51
1至2年	10,224.00	0.05%	613,44		0.00%	–
2至3年		0.00%	–	10,224.00	0.22%	613.44
3年以上	82,452.50	0.40%	4,947.15	82,452.50	0.18%	4,947.15
合计	20,443,476.01	100%	1,226,608.56	42,223,5б1.73	100%	2,533,410.10

金额前五名的客户有：

单位	金额	欠款时间	欠款原因
沈阳市电力办公室用电管理部	20,609,728.77	1年以内	电费
苏家屯区直属机关房管所	2,252,583.94	1年以内	采暖费
苏家屯区供暖公司	1,869,278.62	1年以内	采暖费
苏家屯区大格镇旧改办	1,693,267.85	1年以内	采暖费
苏家屯区公安局	1,433,970.19	1年以内	采暖费

注：本项目无应收持有本公司5%以上股份的股东欠款。

(2)其他应收款

账龄	期初数			期末数		
	金额	比例%	坏账准备	金额	比例%	坏账准备
1年以内	2,692,348.55	64.85%	161,540.91	4,602,760.49	83.58%	276,165.63
1至2年	364,591.82	8.78%	21,875.51	341,705.13	6.20%	20,502.31
2至3年	364,036.16	8.77%	21,842.17	318,800.00	5.79%	19,128.00
3年以上	730,550.32	17.60%	43,833.02	243,946.08	4.43%	14,810.09
合计	4,151,526.85	100.00%	249,091.61	5,507,211.70	100.00%	330,606.03

金额前五名的明细有：

单位	金额	欠款时间	款项内容
沈阳荣利达建筑安装公司	2,123,973.32	1年以内	工程款
沈阳全兴实业有限公司	1,190,002.44	1年以内	往来款
中保人寿保险公司苏家屯分公司	318,800.00	2-3年	人身保险押金
沈阳电力公司	191,742.93	1年以内	往来款
沈阳铜厂	165,000.00	1年以内	往来款

注：本项目无应收持有本公司5%以上股份的股东欠款。

4、存货：

项目	期初数		期末数	
	金额	跌价准备	金额	跌价准备
原材料	8,210,920.14		8,273,339.89	
低值易耗品			86,441.00	
合计	8,210,920.14	–	8,359,780.89	–

本期无存货成本高于其可变现净值的差额，故未提取存货跌价准备。

5、待摊费用

项目	期初数	本期增加	本期摊销	期末数
土地使用税		206,417.00	206,417.00	0.00
房产税		273,110.13	273,110.13	0.00
车辆保险费		161,468.59	40,907.64	120,560.95
失业保险		17,128.13	17,128.13	0.00
印刷费		41,235.47	41,235.47	0.00
审计费		50,000.00	50,000.00	0.00
土地登记费		116,504.64	116,504.64	0.00
房屋产权使用证		37,020.00	37,020.00	0.00
财产保险	220,080.00	213,269.54	220,080.00	213,269.54
报刊费		65,864.96		65,864.96
合计	220,080.00	1,116,153.50	1,002,403.01	399,695.45

6、长期股权投资

项目	期初数	本期增加	本期减少	期末数
其他股权投资	1,244,000.00		1,244,000.00	

注：本公司已于2000年6月6日将其所持有的沈阳全兴实业有限公司的全部股份转让给了沈阳冶金研究所。

7、固定资产及累计折旧

项目	期初数	本期增加	本期减少	期末数
原值				
房屋及建筑物	55,783,327.30	1,229,061.24	483,943.44	56,528,445.10
热电设备	79,046,877.66	4,219,175.08	175,833.33	83,090,219.41
管网	57,038,003.80	486,993.69		57,524,997.49
电子设备	78,149.00	3,190.00		81,339.00
运输设备	7,755,901.98	1,019,387.00		8,775,288.98
其他	498,119.98	91,820.00		589,939.98
合计	200,200,379.72	7,049,627.01	659,776.77	206,590,229.96
累计折旧				
房屋及建筑物	11,007,202.13	1,457,344.79	108,668.57	12,355,878.35
热电设备	29,108,883.92	4,858,205.68		33,967,089.60
管网	8,220,806.32	2,561,998.95		10,782,805.27
电子设备	14,550.48	8,026.98		22,577.46
运输设备	5,161,541.83	473,588.67		5,635,130.50
其他	278,168.23	34,523.33		312,691.56
合计	53,791,152.91	9,393,688.40		63,076,172.74
净值	146,409,226.81			143,514,057.22

注：以固定资产原值10,765.80万元抵押贷款。

8、在建工程

工程名称	期初数	本期增加	本期转入固定资产	其他减少
办公楼维修	291,857.90		253,491.70	38,366.20
厂内道路	137,008.00		37,008.00	100,000.00
厂大门、收发室	106,110.00	253,621.00	359,731.00	
微机工程		480,160.00		
粉煤灰工程	240,916.90	300,000.00		540,916.90
2.5万机组	180,280.50	1,397,540.02		
大格镇建安换热站	702,453.79	709,395.31	1,411,849.10	
设备改造工程		407,612.28		
其他	4,184,914.16	2,137,037.72	2,786,243.69	1,353,052.47
合计	5,843,541.25	5,685,366.33	4,848,323.49	2,032,335.57

续上表：

工程名称	期末数	资金来源	项目进度
办公楼维修		自筹	100%
厂内道路		自筹	100%
厂大门、收发室			100%
微机工程	480,160.00	自筹	50%
粉煤灰工程			
2.5万机组	1,577,820.52	自筹	
大格镇建安换热站		自筹	100%
设备改造工程	407,612.28		
其他	3,570,228.94	自筹	
合计	6,035,821.74		

注(1)本期无资本化利息。

(2) 其他减少主要是工程正式决算验收后转出的多付工程款和转出的为全兴公司代建的粉煤灰工程。

9、无形资产

种类	取得方式	原值	本期摊销	累计摊销额	期末数	剩余摊销年限
土地使用权	股东出资入股	49,076,436.00	981,528.72	2,536,082.48	46,540,353.52	48

10、短期借款

借款类别	期初数	期末数	到期日
抵押贷款		44,000,000.00	2001年6月
抵押贷款		27,000,000.00	2001年7月
担保贷款	2,000,000.00		2000年12月
担保贷款	2,000,000.00	2,000,000.00	2001年9月
担保贷款		1,000,000.00	2001年6月
担保贷款		10,000,000.00	2001年6月
合计	4,000,000.00	84,000,000.00	

注：短期借款本期较上期有较大增长的原因是：公司的长期借款2000年6月已到期，重新签定的借款合同为一年期，全部计入了短期借款。本期无应付持有本公司5%以上股份的股东欠款。

11、应付账款：

账龄	期初数		期末数	
	金额	比例%	金额	比例%
1年以内	32,699,458.40	99.61%	25,056,393.89	99.47%
1至2年	126,694.22	0.39%	28,608.80	0.11%
2至3年		0.00%	104,427.51	0.41%
合计	32,826,152.62	100.00%	25,189,430.20	100.00%

注：期末余额无持有本公司5%以上股份的股东欠款。

12、预收账款：期初无预收账款，期末余额21,516,849.64元，其中 11, 028 ,451.58 元为予收的热网挂网费，是指供暖单位将其所建的建筑的局部采暖网接到公司所建的供暖主干线上，公司按供暖单位的采暖面积而收取的费用；10,488, 398 .06 元为一年以内预收的采暖费，无预收持本公司5%以上股份股东的款项。

13、应付股利

项目	期初数	期末数
沈阳市冶金国有资产经营有限公司	3,932,820.00	7,904,051.43
沈阳金天实业有限公司	54,000.00	148,765.45
沈阳线材厂	54,000.00	148,765.45
沈阳冶金工业经济技术协作开发公司	9,180.00	25,241.94
沈阳东方铜业有限责任公司	367,495.00	944,442.10
合计	4,417,495.00	9,171,266.37

14、应交税金

税种	税率	期初数	期末数
增值税	13%/17%	3,867,842.83	6,373,184.36
营业税	5%	665,822.30	1,160,256.16
城建税	7%	445,862.70	744,950.79
所得税	33%	6,311,996.27	3,354,994.66
房产税	1.20%	400,102.04	19,341.40
土地使用税	1.5元/m2	236,926.42	21,163.58
个人所得税		117.63	17,650.99
固定资产投资方向调节税		2,293.36	
合计		11,930,963.55	11,691,541.94

15、其他应交款

项目	计缴标准	期初余额	期末余额
教育费附加	4%	310,858.62	543,882.10

16、其他应付款：

帐龄	期初数		期末数	
	金额	比例%	金额	比例%
1年以内	17,670,622.50	90.70%	3,641,263.03	78.79%
1至2年	837,512.04	4.30%	76,427.70	1.65%
2至3年		0.00%	533,742.35	11.55%
3年以上	975,264.44	5.00%	370,264.44	8.01%
合计	19,483,398.98	100.00%	4,621,697.52	100.00%

金额前五名的明细有：

单位	金额	欠款时间	款项内容
辽宁发电厂	1,247,645.18	1年以内	工程款
苏家屯区二建直属队	858.931.48	1年以内	工程款
荣利达建筑安装公司	400,838.17	1年以内	工程款
融达电器厂	263,757.92	1年以内	往来款
中保财险苏家屯区支公司	175,816.45	1年以内	尚欠保险费

注:期末余额无持本公司5%以上股份的股东的欠款。

17、股本/净资产:

股东名称				
股份类别	比例%	2000年12月31日	1999年12月31日	1998年12月31日
沈阳市冶金国有资产经营有限公司				
国家股	85.68%	72,830,000.00	72,830,000.00	72,830,000.00
沈阳金天实业有限公司				
法人股	1.18%	1,000,000.00	1,000,000.00	1,000,000.00
沈阳线材厂				
国有法人股	1.18%	1,000,000.00	1,000,000.00	1,000,000.00
沈阳冶金工业经济技术协作开发公司				
国有法人股	0.20%	170,000.00	170,000.00	170,000.00
职工持股会				
法人股	0.00%		10,000,000.00	10,000,000.00
沈阳东方铜业有限责任公司				
法人股	11.76%	10,000,000.00		
净资产				
合计	100%	85,000,000.00	85,000,000.00	85,000,000.00

(1)公司设立投入的股本已于1998年5月29日经沈阳会计师事务所验资,验资报告文号为沈会师内验字(1998)第0068号。

(2)根据2000年6月12日签定的股份受让协议沈阳金山热电股份有限公司职工持股会已将所持股份转让给沈阳东方铜业有限责任公司。

18、资本公积

项目	2000年12月31日	1999年12月31日	1998年12月31日
接受捐赠固定资产	2,445.71	2,445.71	2,445.71
股权投资准备		52,994.40	
其他资本公积转入	52,994.40		
合计	55,440.11	55,440.11	2,445.71

其他资本公积转入为对全兴实业有限公司以实物资产投资,投出资产公允价值大于帐面价值的差额,扣除未来应交所得税后的余额,由于全兴实业有限公司的股权已转让,因此由股权投资准备项下转入本项目。

19、盈余公积

项目	2000年12月31日	1999年12月31日	1998年12月31日
法定盈余公积	3,524,494.91	1,899,906.08	531,559.67
公益金	2,819,595.22	1,519,924.87	425,247.74
任意盈余公积	3,524,494.91	1,899,906.08	531,559.67
合计	9,868,585.04	5,319,737.03	1,488,367.08

20、未分配利润

项目	分配率	2000年12月31日	1999年12月31日	1998年12月31日
利润分配政策			0.25元/10股	0.29元/10股
期初数		7,605,354.01	303,876.07	−1,058,353.56
加:本年净利润		16,245,880.38	13,683,464.09	4,349,125.99
减:98年1-5月份未分配利润				−966,470.72
减:提取法定公积金	10%	1,624,588.79	1,368,346.41	531,559.67
提取法定公益金	8%	1,299,670.43	1,094,677.13	425,247.74
提取任意公积金	10%	1,624,588.79	1,368,346.41	531,559.67
应付普通股分配股利		7,605,354.01	2,125,000.00	2,465,000.00
期末数		11,697,032.37	8,030,970.21	303,876.07

注:1998年期初数系追溯调整坏账准备累计影响数。

21、主营业务收入:

项目	2000年度	1999年度	1998年度
供电收入	52,679,806.50	46,196,329.24	30,799,553.31
供汽收入	1,105,982.30	718,823.89	614,768.70
供暖收入	28,019,845.98	22,801,965.05	19,661,693.73
挂网费	10,275,449.56	9,698,678.00	3,617,768.00
合计	92,081,084.34	79,415,796.18	54,693,783.74

22、主营业务成本:

项目	2000年度	1999年度	1998年度
主营业务成本	55,051,210.27	48,808,480.55	39,361,292.02

23、主营业务税金及附加:

项目	2000年度	1999年度	1998年度
营业税	742,473.21	500,046.88	180,888.40
城建税	348,439.29	525,969.34	58,850.77
教育费附加	630,251.64	300,553.91	231,875.46
合计	1,721,164.14	1,326,570.13	471,614.63

24、其他业务利润

项目	2000年度	1999年	1998年
销售材料	588,444.34	330,179.43	−67,316.48
租赁收入	107,363.00	101,404.35	
其他	6,153.85		
合计	701,961.19	431,583.78	−67,316.48

25、财务费用

类别	2000年度	1999年度	1998年度
利息支出	5510798.15	4,451,246.41	1,054,105.46
减:利息收入	132818.17	49,878.85	152,711.47
汇兑损失			
减:汇兑收益			
金融机构手续费	4000.2	1,000.00	
合计	5,381,980.18	4,402,367.56	901,393.99

26、补贴收入

项目	2000年度	1999年度	1998年度
供暖基金补贴	3,101,000.00		
供暖补贴	1,000,000.00		
供暖补贴	115,200.00		
合计	4,216,200.00		

注:(1)供暖基金补贴:根据沈苏供发字(2000)1号《关于对沈阳金山热电股份有限公司拨付供暖补贴的通知》确认补贴收入3,101,000.00元;

(2)供暖补贴:根据沈苏财字(2000)17号《关于拨给沈阳金山热电股份有限公司供暖补贴的通知》确认补贴收入1,000,000.00元;

(3)供暖补贴:根据沈苏供发字(2000)5号关于对沈阳金山热电股份有限公司拨付供暖补贴的通知,确认补贴收入115,200.00元.

(4)以上三笔补贴款项均已收到。

27、营业外收入

项目	2000年度	1999年度	1998年度
无法支付的应付款	25,927.44		
罚款收入	1,282.60		
合计	27,210.04	–	–

28、营业外支出:

项目	2000年度	1999年度	1998年度
处理固定资产净损失			18,366.79
捐赠支出	50,000.00		10,666.69
罚款支出	4,061.00	10,695.87	
其他			
合计	54,061.00	10,695.87	29,033.48

29、所得税:

项目	2000年度	1999年度	1998年度
利润总额	25,443,207.29	20,428,348.84	6,496,486.56
加:			
捐赠支出			10,666.69
超过规定工资数额		10,695.87	
坏帐准备及跌价准备	2,427,480.30		
应纳税所得额	27,870,687.59	20,439,044.71	6,507,153.25
税率	33%	33%	33%
所得税	9,197,326.91	6,744,884.75	2,147,360.57

六、关联方关系及其交易

1、关联方关系:

(1)存在控制关系的关联方

公司名称	注册地	主营业务	与本公司关系	经济性质或类型	法定代表人
沈阳市冶金国有资产经营有限公司	沈阳市	国有资产经营	母公司	国有	唐继跃

(2)存在控制关系的关联方的注册资本及其变化

公司名称	期初数	本期增加	本期减少	期末数
沈阳市冶金国有资产经营有限公司	765,120,000.00			765,120,000.00

(3)不存在控制关系的关联方关系的性质

企业名称	与本公司的关系
沈阳钢铁总厂	与本公司同一母公司
沈阳冶金研究所	与本公司同一母公司
沈阳全兴实业有限公司	与本公司同一母公司
沈阳铝材厂	与本公司同一母公司

2、关联交易:

(1)本公司2000年5月与沈阳冶金研究所签定了转让沈阳全兴实业有限公司股权的协议,股权转让价格为124.4万元。股权转让价款已于2000年6月收到。

(2)本公司2000年度1-12月支付沈阳全兴实业有限公司综合服务费44.95万元。

(3)沈阳全兴实业有限公司为本公司借款提供担保,担保金额为100万元,期限为2000年6月5日至2001年6月4日。

(4)沈阳全兴实业有限公司为本公司提供担保,担保金额为200万元,期限为2000年6月5日至2000年2001年9月12日。

(5)沈阳铝材厂为本公司借款提供担保,担保金额1000万元,期限为2000年6月20日至2001年6月19日。

3、关联方其他应付款项

单位名称	期初数	期末数
沈阳钢铁总厂	593,809.58	

4、关联方其他应收款

单位名称	期初数	期末数
沈阳全兴实业有限公司	561,730.91	1,190,002.44

七、重大事项

本公司资产负债表日无重大事项。

八、资产负债表日后事项

本公司无资产负债表日后事项。

九、或有事项、承诺事项

本公司资产负债表日无或有事项,无重大承诺事项。

十、其他重要事项

1、根据沈阳中立资产评估事务所出具的沈中资评字(98)48号《资产评估报告》,并经沈阳市国有资产管理局确认,沈阳市冶金国有资产经营有限公司所属沈阳钢铁总厂金山电厂1998年3月31日的净资产为72,832,445.71元。沈阳市冶金国有资产经营有限公司以其评估确认后的净资产投入本公司,公司已根据评估报告进行了调账,调账前与调账后的比较会计报表见附表。

2、公司评估基准日至设立日(1998年3月31日-1998年6月1日)经营产生亏损522,058元,已由主发起人承担。评估基准日,公司存货、固定资产、无形资产等资产没有根据评估价值进行成本结转或计提折旧或分期摊销,不会导致发起人出资不实,故公司资本保全。公司设立投入的股本已由沈阳会计师事务所(现更名为华伦会计师事务所有限公司)于1998年5月29日以沈会师内验字(1998)第0068号验证。

3、公司设立前土地使用权不摊销,公司设立后按土地使用年限摊销。

4、根据公司2000年9月25日董事会决议,2000年1月1日起至本次股票发行完成前实现的净利润由新老股东共享,本报告期已将1999年度未分配利润转入应付股利。

5、公司设立前是沈阳钢铁总厂的一个分厂,财务上独立核算,报告期原企业改制前连续盈利。

(四)主要财务指标分析及说明

财务指标	2000.12.31	1999.12.31	1998.12.31
流动比率	0.45	0.57	0.60
速动比率	0.40	0.45	0.53
资产负债率	60.33%	59.36%	65.67%
应收账款周转率	2.94	2.35	2.07
存货周转率	6.64	10.46	7.50
净资产收益率	15.43%	13.91%	5.01%
每股净利润	0.191	0.161	0.051

(五)流动比率、速动比率较低的原因

根据本公司1998年成立以来的资产负债表中各要素的变化情况来分析，本公司流动比例和速动比例较低的原因是与本公司成立之初就存在的营运资金偏低的问题紧密相关的。

首先，本公司的前身--金山电厂在1989年划归钢铁总厂后，仍是独立核算、独立运作的，但由于当时金山电厂不具备直接向银行借款的资格，金山电厂的所有新增的项目建设贷款和流动资金贷款都调整为对钢铁总厂的债务，而金山电厂和钢铁总厂之间则通过内部往来的方式对该类款项予以核算。1998年6月，本公司成立时，根据双方的协议，上述贷款均在其他应付款内体现。

截至1998年底本公司对沈阳钢铁总厂的其它应付款总额为6333万元。1999年，通过公司的规范运作、有效经营使其他应收款余额减少了4385万元，但这是以流动资产的减少为代价的，因此总体营运资金的状况并未得到好转，流动比例和速动比例依然处于较低的水平。另外，由于1999年11月，3号炉才正式投产， 因此在近几年内公司依靠所得积累的营运资金又大量地用于资本性支出(总量在3500万元左右)，使得公司的流动比例与速动比例较低。

2000年底，公司流动资产规模较1999年底增长了78. 20 %，但由于同期公司 7100万元的长期贷款到期后，全部转为短期借款，使流动负债增长了122%，因此在财务指标上就反映为营运资金的进一步降低和流动比例、速动比例的下降。

(六)应收账款增长较快的原因

本公司截止2000年12月31日经审计的财务报表中所披露的应收账款余额与1999 年相比，增长较快的原因主要是：

1、电价调整后的核算时差对应收账款的影响

按照国家规定，本公司上网电价是由地方物价管理部门确定，上网电量的结算是由地方电业局负责，尽管沈阳市物价局在2000年4月份下达了调价通知，规定从 2000年4月1日起本公司的电价为0.77元/千瓦时，但沈阳市电业局未及时按此价格予以结算，从而造成本公司应收账款余额在审计截止日数额较大。

2、热力产品销售对公司应收账款余额的影响

本公司作为热电联产企业，除了电力产品的销售在企业收入构成中占有较大的比例外，热力产品的销售规模也占总收入的50%左右，而从审计结果来看本期欠交供暖费也在2200万元左右，其主要原因为根据沈阳市物价局沈价发[2000]253号的要求，本公司的供暖价格调整为25元/平方米，同时根据沈阳市物价局和沈阳市财政局联合下发的沈价发[1996]第130号文的规定，由财政拨款的行政事业单位应在每个供暖期结束时(即第二年4月份)缴纳采暖费，不能预交。 因此根据本年度行政事业单位供暖面积约为80万平方米计算，合计阶段性采暖费欠交额为2000万元左右，反映在公司年报上正表现为年末供暖费余额的大幅上升。

3、销售规模的扩张对应收账款余额的影响

2000年度，本公司应收账款余额较99年增长较快，当期应收账款占销售收入的 45.85%，与本公司销售规模的快速扩张有关，且该比例与同地区、同行业上市公司中期报告中披露的水平相当(详情请参见同地区、同行业上市公司应收账款管理情况横向比较表)，具有较为明显的行业特性。

同地区、同行业上市公司应收账款管理情况横向比较表

	本公司	东北热电(600795)	大连热电(600719)	龙电股份(600726)	惠天热电(0692)
2000年上半年公司应收账款余额占当期销售规模比例	45.85%	14.62%	222.85%	89%	141.77%
资金周转能力排名	2	1	5	3	4

(七)本公司各年度会计报表中所得税金额和税务机关出具的所得税缴纳证明中的应交数额存在较大差异的主要原因：

1、1998年度审计确认的应缴所得税金比纳税申报表列示的应缴所得税少， 是由于公司原来将厂内自用电部分计入销售收入，造成利润虚增，根据有关财税规定，审计师相应调减当期利润，使得纳税申报表中的应缴所得税金高于审计确认数额。

2、1999年度：本公司1999年底3号炉竣工投产后，供暖面积扩大，但公司未及时将预收的热网挂网费确认为当期收入。因此在审计过程中将上述收入予以确认，并相应地调增了应缴所得税。

3、2000年度：本公司已将以前年度因审计调增的应缴所得税全部清缴，当地税务部门已经出具了有关的所得税缴纳情况说明及所得税票。截止2000年12月31日，本公司审计后的应交所得税335.50万元是由于税务部门对本公司当年的所得税尚未进行汇算清缴所致。

九、其他重要事项

1、本公司本次向社会公开发行了4500万股人民币普通股股票，本次发行前每股净资产1.26元/股，本次发行后每股净资产2.82元/股。

2、2000年10月28日，经本公司2000年度临时股东大会审议决定，自 2000年1月1日至本次股票发行完成前实现的净利润由新老股东共享。

3、根据现行有关法律法规的规定，本公司上市后执行33%的企业所得税；增值税中电力部分实行17%的税率，热力部分实行13%的税率。

4、根据国家计委计价格[2000]880号《关于调整东北三省电网电价有关问题的通知》，辽宁省物价局制定并颁布辽价重字[2000]21号文件，文件规定自 2000 年9月1日，本公司的上网电价将由原来的每千瓦时0.77元调整为0.54元，且这次降价是初步的，拟在明后年要进一步调整上网电价。

5、根据沈阳市物价局沈价发[2000]253号文件，自2000年11月1日，本公司的居民供暖价格由原每平方米20.45元调整至25.00元，并取消本公司供暖价格中机关事业单位与居民的差别，统一执行每平方米25.00元供暖收费标准。

6、本公司拟于2001年公开发行股票，根据本公司对历年的经营业绩、现有的经营环境、未来的政策变化以及热电行业发展前景的基础上，2001年预计完成净利润1786.82万元，预计净资产收益率为4.9%，符合《公司法》第137 条规定的"公司预期利润率可达同期银行存款利率"的发行条件。本公司、主承销商、发行人律师均对上述事项出具承诺。

7、本公司第一大股东沈阳市冶金国有资产经营有限公司郑重承诺：其持有的沈阳金山热电股份有限公司国家股7283万股，自沈阳金山热电股份有限公司股票上市之日起12个月内，不转让其持有的本公司股份，也不由沈阳金山热电股份有限公司回购其持有的股份。

十、董事会上市承诺

本公司董事会将严格遵守《中华人民共和国公司法》、《中华人民共和国证券法》、《股票发行与交易管理暂行条例》、《公开发行股票公司信息披露实施细则》和《上海证券交易所交易规则 2000年修订本 》等国家法律、法规的规定，并自股票上市之日起作出如下承诺：

1、承诺真实、准确、完整、公允和及时地公布定期报告，披露所有对投资者有重大影响的信息，并接受中国证监会、证券交易所的监督和管理。

2、 承诺公司在知悉可能对股票价格产生误导性影响的任何公共传播媒介中出现的消息后，将及时予以公开澄清。

3、本公司董事、监事、高级管理人员和核心技术人员将认真听取社会公众的意见和批评，不利用已获得的内幕消息和其他不正当手段直接或间接从事公司股票的买卖活动

4、本公司没有无记录负债。

依据2000年5月1日起实施的《上海证券交易所交易规则 2000年修订本 》，本公司全体董事、监事将按照有关规定，在本公司股票上市后两个月内签署《董事监事声明及承诺书》，并送达上海证券交易所备案。

十一、上市推荐人及其意见

1、上市推荐人情况

上市推荐人：海通证券有限公司　　法定代表人：王开国

办公地址：上海市淮海中路138号上海广场28楼

电　　话：021-63756385　　传　　真：021-63756458

联 系 人：周伟铭、孙剑峰、花恒全、孙野犁

湖南证券有限责任公司　　法定代表人：谭载阳

办公地址： 长沙市芙蓉中路458号　　电　　话： 021-62256730

传　　真： 021-62259096　　联 系 人： 何勤阳

2、上市推荐人意见

海通证券有限公司认为沈阳金山热电股份有限公司的上市完全符合《中华人民共和国公司法》、《中华人民共和国证券法》及《上海证券交易所股票上市规则》的有关规定。海通证券有限公司作为沈阳金山热电股份有限公司的上市推荐人，特推荐其股票在上海证券交易所上市交易。

海通证券有限公司保证发行人的董事了解法律、法规、上海证券交易所上市规则及股票上市协议规定的董事的义务与责任，并协助发行人健全了法人治理结构、协助发行人制定了严格的信息披露制度与保密制度。海通证券有限公司已对上市文件所载的资料进行了核实，确保上市文件真实、准确、完整，符合规定要求。海通证券有限公司保证发行人的上市申请材料、上市公告书没有虚假、严重误导性陈述或者重大遗漏，并保证对其承担连带责任，并保证不利用在上市过程中获得的内幕信息进行内幕交易，为自己或他人谋取利益。

湖南证券有限责任公司认为沈阳金山热电股份有限公司的上市完全符合《中华人民共和国公司法》、《中华人民共和国证券法》及《上海证券交易所股票上市规则》的有关规定。湖南证券有限责任公司作为沈阳金山热电股份有限公司的上市推荐人，特推荐其股票在上海证券交易所上市交易。

湖南证券有限责任公司保证发行人的董事了解法律、法规、上海证券交易所上市规则及股票上市协议规定的董事的义务与责任，并协助发行人健全了法人治理结构、协助发行人制定了严格的信息披露制度与保密制度。湖南证券有限责任公司已对上市文件所载的资料进行了核实，确保上市文件真实、准确、完整，符合规定要求。湖南证券有限责任公司保证发行人的上市申请材料、上市公告书没有虚假、严重误导性陈述或者重大遗漏，并保证对其承担连带责任，并保证不利用在上市过程中获得的内幕信息进行内幕交易，为自己或他人谋取利益。

十二、备查文件

1、招股说明书　　2、上海证券交易所上市通知书

3、中国证监会核准本公司公开发行股票的文件

4、审计报告、财务报表及附注　　5、验资报告

6、法律意见书　　7、公司营业执照　　8、公司章程　　9、其他备查文件

沈阳金山热电股份有限公司

二〇〇一年三月二十一日

资产负债表

编制单位：沈阳金山热电股份有限公司　　单位：人民币元

项目	1998.12.31	1999.12.31	2000.12.31
流动资产：			
货币资金	5672240.46	9525692.65	14337235.17
短期投资			6013452
减：短期投资跌价准备			725520
短期投资净额			5287932
应收票据		30000	
应收股利			
应收利息			
应收帐款	17243911.68	20443476.01	42223501.73
其它应收款	29931455.23	4151526.85	5507211.7
减：坏帐准备	2830522.01	1475700.17	2864016.13
应收帐款净额	44344844.9	23119302.69	44866697.3
预付帐款			
应收补贴款			
存货	6973031.95	8210920.14	8359780.89
减：存货跌价准备			
存货净额	6973031.95	8210920.14	8359780.89
待摊费用	111848.8	220080	399695.45
待处理流动资产净损失			
一年内到期的长期债权投资			
其它流动资产			
流动资产合计	57101966.11	41105995.48	73251340.81
长期投资：			
长期股权投资		1244000	
长期债权投资			
其它长期投			
长期投资合计		1244000	
减：长期投资减值准备			
长期投资净额		1244000	
其中：合并价差			
股权投资差额			
固定资产：			
固定资产原值	159195043.03	200200379.72	206590229.96
减：累计折旧	46780688.41	53791152.91	63076172.74
固定资产净值	112414354.62	146409226.81	143514057.22
工程物资			
在建工程	34839781.01	5843541.25	6035821.74
固定资产清理			
待处理固定资产净损失			
固定资产合计	147254135.63	152252768.06	149549878.96
无形及其它资产：			
无形资产	48503877.58	47522348.86	46540353.52
开办费			
长期待摊费用			
其它长期资产			
无形资产及其它资产合计	48503877.58	47522348.86	46540353.52
递延税项：			
递延税款借项			
资产总计：			
资产总计	252859979.32	242125112.4	269341573.29
流动负债：			
短期借款	1000000	4000000	84000000
应付票据	500000		6000000

应付帐款	21964354.39	32826152.62	25189430.2
预收帐款			21516849.64
代销商品款			
应付工资	373861.51	391699.83	407722.5
应付福利费	51405.35	-428808.94	-661296.11
应付股利	2465000	4843111.2	9171266.37
应付税金	5393838.55	11687565.83	11930963.55
其它应交款	103088.9	310858.62	543882.1
其它应付款	63328355.98	19483398.98	4621697.52
应付短期债券			
预提费用			
一年内到期的长期负债			
其它流动负债			
职工奖励及福利基金			
流动负债合计	95179904.68	73113978.14	162720515.77
长期负债:			
长期借款	71000000	71000000	
应付债券			
长期应付款			
住房周转金	-114614.22	30603.11	
其它长期负债			
长期负债合计	70885385.78	71030603.11	
递延税项:			
递延税项贷款			
负债合计:			
负债合计	166065290.46	144144581.25	162720515.77
少数股东权益:			
少数股东权益			
股东权益:			
股本	85000000	85000000	85000000
资本公积金	2445.71	55440.11	55440.11
盈余公积	1488367.08	5319737.03	9868585.04
其中:公益金	425247.74	1519924.87	2819595.22
未确认的外资损失			
未分配利润	303876.07	7605354.01	11697032.37
外币报表折算差额			
股东权益合计	86794688.86	97980531.15	106621057.52
负债和股东权益总计:			
负债和股东权益总计	252859979.32	242125112.4	269341573.29

利润及利润分配表

编制单位:沈阳金山热电股份有限公司　　单位:人民币元

项目	1998 年度	1999 年度	2000 年度
一、主营业务收入	54693783.74	79415796.18	92081084.34
减:折扣与折让			
主营业务收入净额	54693783.74	79415796.18	92081084.34
减:主营业务成本	39361292.02	48808480.55	55051210.27
主营业务税金及附加	471614.63	1326570.13	1721164.14
二、主营业务利润	14860877.09	29280745.5	35308709.93
加:其他业务利润	-67316.48	431583.78	701961.19
减:存货跌价损失			
营业费用	81427.42	174819.63	235706.38
管理费用	7285219.16	4696097.38	8413606.31
财务费用	901393.99	4402367.56	5381980.18
三、营业利润	6525520.04	20439044.71	21979378.25
加:投资收益			-725520
期货损益			
补贴收入			4216200
营业外收入			27210.04
以前年度损益调整			
减:营业外支出	29033.48	10695.87	54061
分给外单位利润			
四、利润总额	6496486.56	20428348.84	25443207.29
减:所得税	2147360.57	6744884.75	9197326.91
少数股东损益			
职工奖励及福利基金			
购并利润			
加:未确认的投资损失			
所得税返还			
五、净利润	4349125.99	13683464.09	16245880.38
加:年初未分配利润	-91882.84	303876.07	7605354.01
盈余公积转入数			
年初未分配利润调整			
减少注册资本减少的未分配利润			
外币报表折算差额			
减:股份公司成立前利润分配			
六、可供分配的利润	4257243.15	13987340.16	23851234.39
减:提取法定盈余公积金	531559.67	1368346.41	1624588.79
提取法定公益金	425247.74	1094677.13	1299670.43
提取职工奖励福利基金			
七、可供股东分配的利润	3300435.74	11524316.62	20926975.17
减:应付优先股股利			
提取任意盈余公积金	531559.67	1368346.41	1624588.79
应付普通股股利	2465000	2550616.2	7605354.01
转作股本的普通股股利			
八、未分配利润	303876.07	7605354.01	11697032.37

现金流量表

编制单位:沈阳金山热电股份有限公司　　单位:人民币元

项目	2000 年度
一、经营活动产生的现金流量:	
销售商品、提供劳务收到的现金	80201058.62
收取的租金	
收到的增值税销项税款和退回的增值税款	
收到的除增值税以外的其它税费返还	
收到的其它与经营活动有关的现金	4216200
经营活动产生的现金流入小计	84417258.62
购买商品、接受劳务支付的现金	37707752.29
经营租赁所支付的现金	
支付给职工以及为职工支付的现金	6266862.75
支付的增值税款	5327223.63
支付的所得税款	8671509.2
支付的除增值税、所得税以外的其它税费	1783151.59
支付的其它与经营活动有关的现金	8483239.49
经营活动产生的现金流出小计	68239738.95
经营活动产生的现金流量净额	16177519.67
二、投资活动产生的现金流量:	
收回投资所收到的现金	
分得股利或利润所收到的现金	
取得债券利息收入所收到的现金	
处置固定资产、无形资产和其它长期资产而收回的现金净额	
收到的其它与投资活动有关的现金	
投资活动产生的现金流入小计	
购建固定资产、无形资产和其它长期资产所支付的现金	9194397
权益性投资所支付的现金	6013452
债权性投资所支付的现金	
支付的其它与投资活动有关的现金	
投资活动产生的现金流出小计	15207849
投资活动产生的现金流量净额	-15207849
三、筹资活动产生的现金流量:	
吸收权益性投资所收到的现金	
其中:子公司吸收少数股东权益性投资收到的现金	
发行债券所收到的现金	
借款所收到的现金	44000000
收到的其它与筹资活动有关的现金	
筹资活动产生的现金流入小计	44000000
偿还债务所支付的现金	32000000
发生筹资费用所支付的现金	
分配股利或利润所支付的现金	2647330
其中:子公司支付少数股东的股利	
偿付利息所支付的现金	5510798.15
融资租赁所支付的现金	
减少注册资本所支付的现金	
其中:子公司依法减资支付给少数股东的现金	
支付的其它与筹资活动有关的现金	
筹资活动产生的现金流出小计	40158128.15
筹资活动产生的现金流量净额	3841871.85
四、汇率变动对现金的影响:	
汇率变动对现金的影响	
五、现金及现金等价物净增加额:	
现金及现金等价物净增加额	4811542.52

附注:

1、不涉及现金收支的投资和筹资活动:	
以固定资产偿还债务	
以投资偿还债务	
以固定资产进行长期投资	
以存货偿还债务	
融资租赁固定资产	
2、将净利润调节为经营活动的现金流量:	
净利润	16245880.38
加:少数股东损益	
购并利润	
计提的坏帐准备或转销的坏帐	1388315.96
固定资产折旧	9393688.4
无形资产及其他资产摊销	981528.72
待摊费用的减少(减增加)	-179615.45
预提费用的增加(减减少)	
处置无形资产、固定资产和其它长期资产的损失(减收益)	287686.87
固定资产报废损失	
财务费用	5381980.18
投资损失(减收益)	725520
递延税款贷项(减借项)	
存货的减少(减增加)	-148860.75
经营性应收项目的减少(减增加)	25422371.93
经营性应付项目的增加(减减少)	5018425.76
增值税增加净额	2505341.53
其它	
经营活动产生的现金流量净额	16177519.67
3、现金及现金等价物净值增加情况:	
货币资金的期末余额	14337235.17
减:货币资金的期初余额	9525692.65
现金等价物的期末余额	
减:现金等价物的期初余额	
现金及现金等价物净增加额	4811542.52

凯诺科技股份有限公司

凯诺科技股份有限公司2000年年度报告摘要

重要提示　本公司董事会保证本报告所载资料不存在任何虚假记载、误导性陈述或者重大遗漏，并对其内容的真实性、准确性和完整性负个别及连带责任。

(一)、公司简介

1、公司的法定中文名称：凯诺科技股份有限公司

公司的法定英文名称：CANAL SCIENTIFIC AND TECHNOLOGICAL CO.,?LTD

2、公司注册地址及办公地址：江苏省江阴市新桥镇　邮政编码：214426

公司网址：http://www.cstco.com.cn　电子信箱：security@cstco.com

3、公司的法定代表人：叶惠丽女士

4、公司董事会秘书：赵志强先生　联系地址：江苏省江阴市新桥镇

电话：(0510) 6121388-3180　传真：(0510) 6126877

5、公司指定信息披露报纸：《上海证券报》

登载公司年度报告的国际互联网网址：http://www.sse.com.cn

6、公司股票上市交易所：上海证券交易所　股票简称：凯诺科技　股票代码：600398

(二)、会计数据和业务数据摘要

1、本年度利润总额及其构成

利润总额：	54446293.84 元
净利润：	33724545.73 元
扣除非经营性损益后的净利润：	32094615.52 元
主营业务利润：	95700015.85 元
其他业务利润：	54407.43 元
营业利润：	53577999.75 元
投资收益：	41600.00 元
补贴收入：	0.00 元
营业外收支净额：	826694.09 元
经营活动产生的现金流量净额：	108302420.10 元
现金及现金等价物净增加额：	429494401.54 元

注："扣除非经常性损益后的净利润"中扣除项目及金额：

(1)、固定资产清理收益 189787.05 元；

(2)、罚款收入 115189.00 元；

(3)、冻结资金利息收入 1324954.16 元。

2、新增财务指标　单位：人民币元

指标项目	2000 年 12 月 31 日	比上期增减
主营业务收入	260284670.97	94.14%
净利润	33724545.73	28.80%
总资产	783484091.87	341.76%
股东权益(不含少数股东权益)	527792490.63	586.59%
摊薄	0.35	-31.37%
每股收益　加权	0.65	4.84%
每股净资产	5.46	266.44%
调整后的每股净资产	5.46	266.44%
每股经营活动产生	1.12	154.55%
的现金流量净额摊薄	6.39%	-81.22%
净资产收益率 加权	35.95%	-24.46%

指标项目	1999 年 12 月 31 日	1998 年 12 月 31 日
主营业务收入	134069858.78	16926458.09
净利润	26182735.32	2132298.27
总资产	177353222.20	28265620.39
股东权益(不含少数股东权益)	76871071.24	13767842.57
摊薄	0.51	0.16
每股收益　加权	0.62	0.16
每股净资产	1.49	1.06
调整后的每股净资产	1.49	1.06
每股经营活动产生	0.44	0.4
的现金流量净额 摊薄	34.06%	15.49%
净资产收益率 加权	47.59%	15.49%

利润分配表附表　单位：人民币元

报告期利润	净资产收益率		每股收益	
	全面摊薄	加权平均	全面摊薄	加权平均
主营业务利润	18.13%	102.01%	0.99	1.85
营业利润	10.15%	57.11%	0.55	1.04
净利润	6.39%	35.95%	0.35	0.65
扣除非经常性损益后的净利润	6.08%	34.21%	0.33	0.62

主要财务指标计算公式如下：

(1)、每股收益=净利润报告期末普通股股份总数

(2)、每股净资产=报告期末股东权益报告期末普通股股份总数

(3)、调整后每股净资产=(报告期末股东权益-三年以上的应收款项-待摊费用-待处理(流动、固定)资产净损失-开办费-长期待摊费用-住房周转金负数余额)报告期末普通股股份总数

注 2：以上指标计算涉及股份总数时，2000 年按 96700830 股计算，1999 年 1-3 月份按 13000000 股、4-12 月份按 51700830 股计算，1998 年按 13000000 股计算。

3、报告期内股东权益变动情况

项　目	期初数	本期增加	本期减少	期末数
股　本	51700830	45000000		96700830
资本公积金		391537039.66		391537039.66
盈余公积金	2524974.59	3919767.67		6444742.26
法定公益金	1262487.29	1959883.83		3222371.12
未分配利润	21382779.36	27844894.23	19340166.00	29887507.59
股东权益合计	76871071.24	470261585.39	19340166.00	527792490.63

变动原因：

(1)、股本：本年发行新股 4500 万股；

(2)、资本公积金：本年发行新股溢价部分和有效申购冻结资金利息扣除发行费用后的金额计入；

(3)、盈余公积金：按本年度净利润的 10%提取；

(4)、法定公益金：按本年度净利润的 5%提取；

(5)、未分配利润：本年度实现的净利润扣除提取的盈余公积金、法定公益金及向全体股东支付现金股利后的金额计入。

(三)、股本变动及股东情况

1、股本变动情况

(1)、股票发行与上市情况

根据中国证监会证监发行字 [2000]170 号文件，2000 年 12 月 14 日采取上网定价发行的方式，全面面向社会公众公开发行人民币普通股 4500 万股。

2000 年 12 月 28 日，奥德臣实业股份有限公司股票在上海证券交易所挂牌交易，股票简称为"德臣股份"，股票代码为 600398。本次上市流通的股份数为 4500 万股。

2、股东情况介绍

(1)、截止 2000 年 12 月 31 日止，持有本公司股份的股东总户数为 34733 户。

(2)、持有本公司股份前 10 名股东的持股情况(截止 2000 年 12 月 31 日)　单位：股

名次	股东名称	持股份数	占总股份数(%)
1	三毛集团公司	27613688.00	28.5558
2	江阴市第三精毛纺厂	22587142.00	23.3578
3	海通证券	1570027.00	1.6236
4	海通证券	1439294.00	1.4884
5	海通证券	1232000.00	1.2740
6	江阴市协力毛纺厂	500000.00	0.5171
7	江阴市振华绒织厂	500000.00	0.5171
8	江阴三毛销售有限公司	500000.00	0.5171
9	天津证券	477000.00	0.4933
10	于大春	416390.00	0.4306

注：持有公司股份总数 5%以上的股东中没有所持股份被质押、冻结的情况。

(3)、三毛集团公司为本公司第一大股东，拥有本公司 27613688 股(非流通法人股)，占本公司总股本的 28.56%(非流通法人股)，居控股地位。法定代表人：周建平。经营范围：精粗纺呢绒，毛纱线，羊毛衫，服装，毛针织品制造，洗毛，染整，鞋，袜，销售纺织原料(不含棉花)，金属材料，建筑材料，装潢材料，纺机配件，机械电器，五金，玻璃，出口企业生产的呢绒，毛纱，服装。

(4)、本报告期内公司的控股股东没有发生变更情况，控股股东对公司的控股比例由 53.46%下降至 28.56%的原因是公开发行人民币普通股 4500 万股。

(四)、股东大会简介

2000 年度，公司共召开了二次股东大会：

1、2000 年 1 月 18 日在公司会议室召开了 1999 年度股东大会，通过了以下决议：

(1)、审议通过了《1999 年度董事会工作报告》；

(2)、审议通过了《1999 年度监事会工作报告》；

(3)、审议通过了《1999 年度利润分配方案》；

(4)、审议通过了公司公开发行人民币普通股 45000000 股的决议，大会授权董事会全权办理公司的新股发行事宜；

(5)、审议通过了公司新股发行募集资金的使用计划；

(6)、审议通过了 2000 年度利润的分配方案；

(7)、审议通过了授权董事会依据《上市公司章程指引》对《奥德臣实业股份有限公司章程》进行修改；

(8)、审议通过了对公司拟公开发行股票并上市交易所涉及的全部资产及相关负债进行评估的决议；

(9)、审议通过了增选赵志强先生为公司董事、同意周永平先生辞去公司监事一职并选举其为公司董事、选举张瑞新先生为公司监事等的决议；

(10)、通过了决议：批准公司与三毛集团公司签署综合服务协议、商标使用许可协议、土地租赁协议、仓库租赁协议、进口代理协议、避免同业竞争协议、办公房屋租赁协议、委托加工协议、设备厂房转让协议等；批准公司与江阴市第三精毛纺厂签署厂房租赁协议、委托加工协议、设备厂房转让协议等。

2、2000 年 9 月 12 日在公司会议室召开了 2000 第一次临时股东大会：审议通过了"修改新股发行前滚存利润分配方案"的决议。

(五)、董事会工作报告

1、公司经营情况

(1)、公司所处的行业及公司在本行业中的地位

公司属于纺织、服装行业，主要从事高档服装、职业服、高档精纺呢绒的生产和销售，同时承接一定量的染整加工业务。

公司目前拥有年产高档精纺呢绒 400 万米、中高档西服 30 万套的生产能力，是我国毛纺行业中的龙头企业。公司是行业内第一家被国家科学技术部火炬计划中心认定的重点高新技术企业，同时，也是国内毛纺行业中第一家通过"双高"评审的上市公司。

(2)、公司主营业务范围及经营情况

本公司的主营业务为：高档精纺呢绒、高档西服、职业服的生产和销售，染整加工业务。

2000 年度，本公司经营情况如下：

单位：人民币万元

	主营业务收入	同比增长(%)	主营业务利润	同比增长(%)
精纺呢绒	120308284.60	51.78	29866045.13	17.35
服　装	115161999.60	110.12	63594897.38	113.38
染整加工	18682644.62		1593353.14	
合　计	254152928.82	89.57	95054295.65	72.03

注：公司的全部销售收入均为主营业务收入，上年度公司染整加工的业务为零。

(3)、公司控股子公司的经营情况及业绩

上海奥德臣西服有限公司主要从事西服、各类其他服装及服饰、精纺呢绒的销售。本公司拥有 65%的股权。上海奥德臣西服有限公司 2000 年度营业收入 28817807.93 元，净利润 1371033.95 元。

(4)、在经营中出现的问题与困难及解决方案

因公司所处毛纺、服装行业，而国内纺织服装行业生产企业众多，行业内竞争异常激烈，产品在总量上已供过于求，部份毛纺服装企业为了挤占市场份额纷纷采取低价倾销政策。针对公司经营中出现的困难，为最大限度地保障股东利益，实施了以下解决方案：

第一、加大高新技术产品的开发力度，在新产品开发方面继续保持以高支轻薄、功能环保型高档面料为主；

第二、进一步加强企业内部管理，降低成本，主要是严格控制原材料采购成本和降低固定成本。

2、公司财务状况

单位：人民币元

项　　目	2000 年	1999 年	同比增长(%)
总资产	783484091.87	177353222.20	341.76
长期负债	27299816.66	22000000.00	24.09
股东权益	527792490.63	76871071.24	586.59
主营业务利润	95700015.85	54195864.09	76.58
净利润	33724545.73	26182735.32	28.80

公司财务状况变动的主要原因：

1、总资产 78348 万元，本年度增加 60613 万元，主要是因为发行新股募集资金及公司盈利产生；

2、长期负债 2730 万元，本年度增加 530 万元，主要是因为本年度发行新股无效申购冻结资金利息尚未摊销部分计入；

3、股东权益 52779 万元，本年度增加 45092 万元，主要是因为本年度发行新股增加了股本与资本公积金及公司盈利产生；

4、主营业务利润 9570 万元，本年度增加 4150 万元，主要是因为本年度拓展销售网络，市场占有率提高，经营规模扩大，业务量相应增大；

5、净利润 3372 万元，本年度增加 754 万元，主要是因为主营业务利润增加所致。

3、公司投资情况

(1)、报告期内募集资金运用情况

报告期内，公司于 2000 年 12 月 14 日至 12 月 18 日发行人民币普通股(A 股)4500 万股，扣除发行费用，募集资金 436500000 元。公司严格按照《招股说明书》中披露的内容，对相关项目进行了投入(见下表)，本报告期内，募集资金共使用 37475175.59 元，基本符合《招股说明书》中募集资金使用计划。

单位：人民币元

工程名称	批准文号	资金来源	项目进度	期末数
绿色染整项目	苏计经技发[2000]168 号	募股	20%	7861119.61
取代进口面料项目	国经贸投资[2000]198 号	募股	13%	24115547.74
CAD 服装系统项目	苏计经技发[1999]1575 号	募股	12%	3465883.20
营销网络项目	苏计经技发[2000]176 号	募股	7%	2032625.04
合　　计				37475175.59

注：剩余募集资金 399024824.41 元，现存银行。

(2)、报告期内非募集资金投资情况

①、为改善股份公司办公条件，利用自筹资金对原染整车间的辅房进行了改建，报告期内，投入 12964385.28 元。计划预算 1557 万元。

②、为保证募集资金项目的顺利实施，公司自筹资金建造高科技车间，报告期内，投入 38327312.05 元，计划预算 8000 万元。

4、生产环境及宏观政策、法规变化对本公司的影响

(1)、公司 2000 年度所得税适用 33%税率，2001 年度按国家税收政策，所得税享受"先征后返"税收优惠政策；

(2)、中国加入 WTO 后，纺织品、服装的出口配额限制将逐步取消，这将有利于公司产品的出口创汇，另外，公司进口设备、原材料的成本也会有相应的降低。入世后，公司将充分利用加入 WTO 所带来的新机遇，更好地利用国外资源优势和技术力量，以降低原材料成本，提高产品技术含量，使公司产品质量能与国外产品相媲美，或超过国外同类产品，且在价格上具有相对优势。但同时，国外同类产品也将大举进入中国市场，对国内市场形成冲击，对此公司将进一步贯彻技术领先战略，发挥了解国内市场的优势，建立快速反应系统，提高对市场的快速反应能力，抢占市场竞争制高点，保持竞争优势。

5、2001 年度业务发展计划

(1)、经营发展计划

公司将进一步贯彻"不断否定自己，永远追求卓越"的经营理念，以多功能高档精纺呢绒为主干，以品牌服装为龙头，瞄准世界毛纺行业的前沿技术，提高公司产品的科技含量及附加值，形成核心竞争力，并以此提升中国毛纺产品在国际市场上的品牌形象和产业地位。

(2)、市场营销计划

公司将走低成本、低风险的国际大协作的市场扩张之路，充分营造现代立体营销的优势，运用电子商务，开展网络营销，建立市场快速反应系统。充分利用市场反馈的信息，把市场与科技开发紧密结合起来，实现从跟随市场潮流到引导市场、创造市场的质的飞跃。

(3)、新产品开发计划

公司将加大高新技术产品的开发力度。在新产品开发方面继续保持高支轻薄、多功能、绿色环保型高档面料为主，同时向绿色环保型方向发展。报告期内，公司研制开发的绿色环保面料新品——高支天丽素和高级舒力呢已通过省级鉴定，目前正在申报国家级新产品。

(4)、企业管理计划

①、严格执行 2000 版 ISO9001 质量体系标准，强化质量体系建设，加强质量体系保证，使产品质量获得保证。

②、严格执行 ISO14001 环境管理系标准，保证公司产品在国际市场的"绿色"通行。

③、强化成本管理，完善成本管理控制体系，通过有效降低成本，增加公司效益。

(5)、固定资产投资计划

公司将按照募集资金所揭示的固定资产投资及设备更新计划，认真做好项目管理工作，使项目尽快建成并形成生产力。

(6)、人才培训计划

为适应公司现代化、国际化、高新化的发展趋势，公司将加快人才的引进和开发，构筑跨世纪人才战略高地，公司将联合集团公司与复旦大学联办第二期 MBA 班，以适应企业不断发展的需要。

6、董事会日常工作报告

(1)、报告期内董事会的会议情况及决议内容

本届董事会在报告期内有董事九名，2000 年度召开董事会会议四次。

1)、2000 年 1 月 29 日，公司第一届董事会第四次会议在公司会议室召开。本次会议应到董事九名，实到董事九名，公司监事会成员和公司高级管理人员列席了会议，符合《公司法》和《公司章程》的有关规定。会议审议通过了：1、《奥德臣实业股份有限公司章程(修改草案)》；2、接受周建平董事因工作原因辞去奥德臣实业股份有限公司董事长职务的请求；3、董事会全体董事一致选举叶惠丽女士为奥德臣实业股份有限公司董事长；4、经董事长叶惠丽女士的提名，全体董事一致同意聘任赵志强先生为公司董事会秘书；

2)、2000 年 5 月 6 日，公司第一届董事会第五次会议在公司会议室召开。本次会议应到董事九名，实到董事九名，公司监事会成员和公司高级管理人员列席了会议，符合《公司法》和《公司章程》的有关规定。会议审议通过了：1、同意叶惠丽女士辞去兼任的总经理职务；2、经董事长叶惠丽女士提名，聘任赵国英女士为奥德臣实业股份有限公司总经理，同时免去其担任的副总经理职务；

3)、2000 年 6 月 15 日，公司第一届董事会第六次会议在公司会议室召开。本次会议应到董事九名，实到董事九名，公司监事会成员和公司高级管理人员列席了会议，符合《公司法》和《公司章程》的有关规定。会议审议通过了：1、董事长叶惠丽女士作了关于公司申请公司公开发行人民币普通股工作的进展情况以及中国证监会南京特派办对公司改制验收情况的工作报告；2、董事会全体董事一致同意聘请董事周建平先生为奥德臣实业股份有限公司名誉董事长；

4)、2000 年 8 月 11 日，公司第一届董事会第七次会议在公司会议室召开。本次会议应到董事九名，实到董事九名，公司监事会成员和公司高级管理人员列席了会议，符合《公司法》和《公司章程》的有关规定。会议审议通过了：1、接受董事周建平先生辞去奥德臣实业股份有限公司名誉董事长的请求；2、修改本次股票发行前滚存利润分配方案。

(2)、董事会对股东大会决议的执行情况

报告期内，董事会严格按照股东大会决议及授权开展工作，重大事项严格按规定程序及时召开会议研究，忠实履行股东大会赋予的职责。

7、公司管理层及员工情况

(1)、董事、监事、高级管理人员

姓　名	职　务	性别	年龄	任　　期
叶惠丽	董事、董事长	女	47	(1999.5.20-2002.5.19)
周建平	董事	男	41	(1999.5.20-2002.5.19)
杨　洪	董事、副董事长	男	37	(1999.5.20-2002.5.19)
陶晓华	董事、副董事长	男	33	(1999.5.20-2002.5.19)
赵国英	董事、总经理	女	45	(1999.5.20-2002.5.19)
赵志强	董事、副总经理、董秘	男	37	(1999.12.17-2002.5.19)
蔡卫保	董事、副总经理	男	48	(1999.5.20-2002.5.19)
陶国华	董事、财务总监	男	29	(1999.5.20-2002.5.19)
周永平	董事	男	47	(1999.12.17-2002.5.19)
何　莹	监事会召集人	女	38	(1999.5.20-2002.5.19)
陈富荣	监事	男	38	(1999.5.20-2002.5.19)
张瑞新	监事	男	34	(1999.12.17-2002.5.19)

上述人员在本年度报告期内所持股份数未发生变化，报酬情况如下：董事周建平先生、杨洪先生、陶晓华先生、周永平先生和监事张瑞新先生不在本公司领取报酬，其他人员报酬区间在 9-12 万元 2 人；5-8 万元 3 人；2.5 万元以下 2 人；报告期内本公司董事、监事、高级管理人员的报酬总额为 479000 元。

(2)、公司员工构成情况

截止 2000 年 12 月 31 日公司在册员工为 1514 名，其中：管理人员 98 名，占 6.47%；财务人员 6 名，占 0.40%；工程技术人员 150 名，占 9.90%；营销人员 120 名，占 7.93%；生产人员 1140 名，占 75.30%。截止报告期末，公司并无离退休人员。

公司员工实行全员劳动合同制。

8、2000 年度利润分配预案

(1)2000 年度利润分配预案：

经江苏天衡会计师事务所有限公司审计，2000 年度公司(母公司)实现净利润为 3919.77 万元，提取 10%的法定公积金 391.98 万元和 5%的法定公益金 195.99 万元，加上年度结转的未分配利润 2138.28 万元，可供股东分配利润为 5470.08 万元。

根据董事会决议，以 2000 年 12 月 31 日总股本 9670.083 万股为基数，向全体股东按每 10 股派现金股利 2 元(含税)，共计分配股利 1934.02 万元，剩余未分配利润 3536.06 万元，结转下年度分配。

(2)2001 年利润分配政策

公司拟将 2001 年度实现的利润分配 1 次，下一年度实现净利润用于股利分配的比例 10%以上；公司本年度未分配利润用于下一年度股利分配的比例不少于 10%；公司分配采用派发现金或送股的形式；具体分配方案将由董事会根据公司实现利润制定预案，提请年度股东大会审议批准。公司董事会保留根据公司发展和盈利情况对分配计划作出调整的权利。

9、其他报告事项

(1)、《上海证券报》为本公司指定信息披露报刊；

(2)、上海证券交易所网站：http://www.sse.com.cn 为公司信息披露指定网站。

(六)、监事会工作报告

1、报告期内公司监事会举行会议情况

(1)、列席公司本年度内全部四次董事会会议；

(2)、出席 1999 年度股东大会和 2000 年度第一次临时股东大会，参与审议了公司的经营管理和重大决策；

(3)、召开监事会会议二次：

2000 年 1 月 29 日召开第一次监事会会议：审议了《奥德臣实业股份有限公司章程（修改草案）》；

2000 年 8 月 11 日召开第二次监事会会议：审议了本年度股票发行前滚存利润分配的修改方案。

2、监事会对公司依法运作情况的意见

(1)、公司能严格按照《公司法》、《证券法》、《上海证券交易所股票上市规则》及其他有关法律、法规及制度规范运作，公司无违规情况；

(2)、报告期内公司董事会按照股东大会的决议要求，忠实履行了各项决议，其决策程序符合《公司法》及《公司章程》的各项规定，行使职权符合股东大会的授权范围；

(3)、公司最近一次募集资金是在 2000 年完成的，监事会尚未发现募集资金投向与承诺项目不一致的情况；

(4)、公司的关联交易本着从节约成本、互惠互利、公平公正、共同发展的原则，并未损害本公司的利益；

(5)、公司的经营决策合理，管理制度规范，并建立了良好的内控体系，积极有效地防范了公司在经营、管理和财务等方面的风险；

(6)、公司董事会及公司高级管理人员在执行公司职务时，均认真贯彻执行公司章程和股东大会精神，忠于职守，廉洁奉公，为公司的发展尽职尽责；监事会在监督监察中未发现上述人员有违法法律、法规及《公司章程》或损害公司利益的行为。

3、检查公司财务情况

监事会通过查阅公司的财务资料，审查财务收支情况，认为：报告期内公司财务状况良好，材料符合《股份有限公司会计制度》及国家和公司的有关规定，客观公正地反映了公司的财务状况和经营成果。

(七)、重要事项

1、报告期内没有发生重大诉讼、仲裁事项。

2、报告期内公司、公司董事及高级管理人员没有受监管部门处罚的情况。

3、报告期内公司控股股东没有发生变更。为了做到上市公司与集团公司完全分离的目的，控股股东三毛集团公司董事长周建平先生辞去公司董事长职务；选举叶惠丽女士为本公司董事长、并聘任赵国英女士为本公司总经理。

4、本年度公司重组事项

为了保证公司生产经营的独立性，公司进行了四次资产及股权收购：

(1)、以评估值向江阴市第三精毛纺厂收购染整设备及厂房，合计金额 1862.59 万元；

(2)、以评估值向三毛集团公司收购服装设备及厂房，合计金额 804.52 万元；

(3)、以经审计后的净资产值，受让上海奥德臣西服有限公司 65%股权，受让金额为 252.89 万元；

(4)、根据《代建工程协议》，向三毛集团公司购入高科技车间代建工程，金额 904.06 万元。

5、重大关联交易事项

(1)、关联交易方:三毛集团公司

(2)、交易内容:采购毛纱及加工毛纱

(3)、定价原则:市场价格及实际加工成本加10%确定加工价格

(4)、交易价格:按照公司统一的出厂价格结算

(5)、交易金额:6667.84万元

(6)、结算方式及该事项对公司利润的影响:采取分次支付现金的方式结算货款;

由于采用了统一的市场价格,该交易对公司的利润无额外影响。

6、公司与控股股东在人员、资产、财务上实行了"三分开"的原则;完全做到了人员独立、资产完整、财务独立:人员方面,公司在劳动、人事、工资管理等方面完全独立,公司总经理、副总经理等高级管理人员全部在公司领取报酬,没有在股东单位兼职的情况;生产方面,公司拥有独立的生产系统,辅助生产系统和配套实施,"奥德臣"、"达莲娜"、"圣凯诺"品牌为公司所有,公司的采购和销售系统由公司独立拥有;财务方面,公司设立了独立的财会部门(财务部),并建立了独立的会计核算体系和财务管理制度,独立在银行开户,并独立纳税。

7、报告期内公司没有发生托管、承包、租赁资产的情况。

8、2000年公司继续聘任江苏天衡会计师事务所有限公司为公司审计单位。

9、无其他重大合同。

(八)、财务会计报告

1、审计报告　　天衡审字[2000]208号

奥德臣实业股份有限公司全体股东:

我们接受委托,审计了贵公司2000年12月31日的资产负债表、合并资产负债表及2000年度的利润及利润分配表、合并利润及利润分配表和2000年度的现金流量表、合并现金流量表。这些会计报表由贵公司负责,我们的责任是对这些会计报表发表审计意见。我们的审计是依据中国注册会计师独立审计准则进行的。在审计过程中,我们结合贵公司的实际情况,实施了包括抽查会计记录等我们认为必要的审计程序。

我们认为,上述会计报表符合《企业会计准则》和《股份有限公司会计制度》的有关规定,在所有重大方面公允地反映了贵公司2000年12月31日的财务状况及2000年度的经营成果和现金流量情况,会计处理方法的选用遵循了一贯性原则。

江苏天衡会计师事务所有限公司　　中国注册会计师:郭　澳　杨宏斌

(九)、公司的其他有关资料

1、公司首次注册登记日期:1997年1月8日

注册地点:江阴市新桥镇

2、企业法人营业执照注册号:3200001104507

3、税务登记号:320281703519028

4、公司未流通股票的托管机构名称:上海证券中央登记结算公司

5、公司股票上市主承销商:华泰证券有限责任公司

6、公司聘请的会计师事务所名称:江苏天衡会计师事务所有限公司(原江苏省会计师事务所);办公地点:江苏南京正洪街18号东宇大厦8楼

(十)、备查文件目录

1、载有法人代表、财务负责人和会计经办人员签名并盖章的公司2000年度会计报表。

2、载有会计师事务所盖章、注册会计师签名并盖章的公司2000年度审计报告原件。

3、报告期内在中国证监会指定报纸上公开披露过的所有公司文件的正本及公告的原稿。

凯诺科技股份有限公司　　董事长:叶惠丽

2001年3月28日

会计报表附注

一、公司简介

奥德臣实业股份有限公司(以下简称公司)前身为成立于1997年1月的江阴奥德臣精品面料服饰有限公司。1999年6月经江苏省人民政府苏政复(1999)47号文批准,由有限责任公司变更为股份有限公司。公司主要发起人为三毛集团公司,其他发起人为江阴市第三精毛纺厂、江阴市协力毛纺织厂、江阴市振华绒织厂和江阴三毛销售有限公司。2000年12月11日经中国证券监督管理委员证监发行字(2000)170号文核准,公司向社会公众公开发行股票,并于2000年12月28日在上海证券交易所挂牌交易。

公司经营范围:制造销售精粗纺呢绒、毛纱、服装、针织品、衬衫、领带、袜子、纺织原料(不含棉花)。

公司注册资本9670.083万元,企业法人营业执照号3200001104507。

二、公司主要会计政策、会计估计及其变更和合并会计报表编制方法

1、会计制度:执行《股份有限公司会计制度》。

2、会计年度:以公历一月一日起至十二月三十一日止为一个会计年度。

3、记帐本位币:人民币。

4、记帐基础和计价原则:以权责发生制为记帐基础;以历史成本为计价原则。

5、外币业务核算方法:对所发生的非记帐本位币经济业务,均采用业务发生日的市场汇价折合为记帐本位币记帐,期末外币帐户余额按当日中国人民银行公布的基准汇价进行调整,除为工程项目而筹措的外币借款折算差额,在固定资产尚未交付使用前计入在建固定资产的成本外,其余折算差额均计入当期损益。

6、现金等价物的确定标准:系指公司持有的期限短、流动性强、易于转换为已知金额现金、价值变动风险很小的投资。

7、合并会计报表编制方法:

公司合并报表系按财政部<<合并会计报表暂行规定>>编制,以母公司和纳入合并范围的子公司2000年度的会计报表以及其他有关资料为依据,合并各项目数额编制而成。合并时,公司的重大内部交易和资金往来均相互抵销。

8、坏帐核算方法:

(1)坏帐确认的标准为

A、债务人破产或死亡,以其破产财产或者遗产清偿后仍无法收回;

B、债务人逾期未履行其偿债义务,并且具有明显特征表明无法收回。

(2)坏帐损失的核算采用备抵法,按应收款项(包括应收帐款和其他应收款)期末余额的帐龄分析计提,公司根据债务单位实际财务状况,现金流量情况等确定的坏帐准备计提比例如下:

帐　龄	坏帐准备比率(%)
一年以内	5
一至二年	10
二至三年	30
三至四年	50
四至五年	80
五年以上	100

9、存货核算方法:

(1)公司存货包括:原材料、在产品、产成品、低值易耗品、库存商品、委托加工材料。

(2)存货按实际成本核算,原材料发出采用加权平均法;在产品根据车间月末盘点结存的原材料,按当期投入生产的材料价格计算保留材料成本,其余工、费成本全部转入当期完工产品成本;产成品发出采用加权平均法;低值易耗品采用领用时一次摊销法。

(3)存货跌价准备的确认标准和计提方法:期末存货按成本与可变现净值孰低原则,采用备抵法计提存货跌价准备。

(4)公司的存货采用永续盘存制。

10、长期投资核算方法:

(1)长期股权投资:

A.按投资时实际支付的价款或确定的价值记帐。

B.公司对其他单位的投资占该单位有表决权资本总额20%以下,或对其他单位的投资虽占该单位有表决权资本总额20%或20%以上,但不具有重大影响,采用成本法核算;公司对其他单位投资占该单位有表决权资本总额20%或20%以上,或虽投资不足20%,但有重大影响,采用权益法核算;公司对其他单位的投资占该单位有表决权资本总额50%以上(不含50%),或虽投资不超过50%,但具有实质控制权的,编制合并会计报表。

C.采用权益法核算的长期股权投资,取得时的成本与其在被投资单位所有者权益中所占有的份额的差额,在"股权投资差额"核算,并在年度终了分期平均摊销,计入损益。如合同规定了投资期限的,按投资期限摊销,没有规定投资期限的,按十年平均摊销。

(2)长期债权投资:

A.债券投资:按实际支付的价款扣除支付的税金和手续费等各项附加费用,以及支付的自发行日起至购入债券日止的应计利息后的余额作为实际成本记帐;实际成本与债券面值的差额,作为溢价或折价,在债券存续期内于确认相关债券利息收入时采用直线法摊销;债券投资按期计算应计利息。

B.其他债权投资:按实际支付的价款记帐,按期计算应计利息,计入当期投资收益。

(3)长期投资减值准备的确认标准和计提方法:公司对被投资单位由于市价持续下跌或被投资单位经营状况恶化等原因导致其可收回金额低于帐面价值,且这种降低的价值在可预计的未来内不可能恢复时,按可收回金额低于长期投资帐面价值的差额,计提长期投资减值准备。

11、固定资产计价和折旧方法:

(1)固定资产按实际成本计价;固定资产标准为单位价值在2000元以上,并且使用年限超过一年的房屋、建筑物、机器设备、运输工具、器具等;

(2)固定资产折旧采用直线法,并按固定资产预计使用年限和预计3%的净残值率确定其分类折旧率如下:

固定资产类别	折旧年限(年)	年折旧率
房屋建筑物	20	4.85%
专用设备	8	12.13%
通用设备	5	19.40%

12、在建工程核算方法:公司在建工程核算为建造或修理固定资产而进行的各项建筑和安装工程,包括固定资产新建工程、改扩建工程、大修理工程等所发生的实际支出,以及改扩建工程等转入的固定资产净值。用借款进行的工程发生的利息和汇兑损益,在固定资产尚未交付使用之前发生的,计入在建工程成本。公司以工程完工资产交付使用时作为确认固定资产的时点。

13、开办费、长期待摊费用的摊销方法:开办费按五年平均摊销;长期待摊费用按其受益期平均摊销。

14、收入确认原则:

(1)销售商品收入的确认:以商品所有权上的重要风险和报酬转移给买方,公司不再对该商品实施继续管理权和实际控制权,相关的收入已经收到或取得了收款的证据,并且与销售该商品有关的成本能够可靠地计量时,确认销售商品收入的实现;

(2)提供劳务收入的确认:以劳务总收入和总成本能够可靠地计量,与交易相关的经济利益能够流入企业,在劳务的完成程度能够可靠地确定时确认劳务收入实现;

(3)他人使用本公司资产收入的确认:以与交易相关的经济利益能够流入企业,收入的金额能够可靠地计量时,确认他人使用本公司资产收入的实现。

15、所得税的会计处理方法:所得税的会计处理采用应付税款法。

三、税项

1、流转税:

(1)增值税:产品销项税税率为17%。

(2)营业税:按应税劳务或租赁收入的5%计缴。

2、企业所得税:

按应纳税所得额的33%计缴。

3、地方税及附加:

(1)城市维护建设税:按实际缴纳流转税额的5%计缴。

(2)教育费附加:按营业收入的5‰计缴。

四、控股子公司及合营企业

五、合并会计报表主要项目注释

(以下如无特别注明,货币单位均为人民币元)

1、货币资金:截止2000年12月31日货币资金余额452,273,640.05元,其主要情况列示如下:

(1)明细项目

项　目	期初数	期末数
现　金	2,281,844.07	371,022.71
银行存款	20,497,394.44	451,850,940.68
其他货币资金		51,676.66
合　计	22,779,238.51	452,273,640.05

(2)货币资金较年初数增长1,885.46%,其主要原因为公司本期公开发行4500万社会公众股,所募资金按计划尚未投出的部份增加期末货币资金。

2、应收票据:截止2000年12月31日应收票据余额3,500,000.00元,其均为银行承兑汇票,本帐户期末余额中无抵押及应收持公司5%以上股份的股东单位的票据。截止2000年12月31日已贴现尚未到期的银行承兑汇票列示如下:

出票单位	出票日	到期日	金额
九牧王(福建)服饰发展有限公司	2000.07.26	2001.01.26	1,500,000.00
温州商贸城尔乐纺织品有限公司	2000.08.23	2001.02.23	1,200,000.00
三毛集团公司	2000.10.31	2001.04.30	25,000,000.00
三毛集团公司	2000.11.09	2001.05.09	15,000,000.00
三毛集团公司	2000.10.31	2001.04.30	10,000,000.00
江阴毛纺有限公司	2000.11.17	2001.05.16	30,000,000.00
合　计			82,700,000.00

3、应收帐款:截止2000年12月31日应收帐款余额29,854,465.05元,其主要情况列示如下:

(1)、帐龄分析:

项目	期初数 金额	比例	坏帐准备	期末数 金额	比例	坏帐准备
一年以内	28,210,975.48	99.99%	1,410,483.77	29,774,928.05	99.73%	1,488,746.40
一至二年	1,300.00	0.01%	130.00	79,537.00	0.27%	7,953.70
合计	28,212,275.48	100.00%	1,410,613.77	29,854,465.05	100.00%	1,496,700.10

(2)本帐户余额中无应收持公司5%(含5%)以上股份的股东单位款项;

(3)欠款金额前五名的单位列示如下:

单位名称	金额	欠款时间	欠款原因
广东省邮电管理局	2,714,082.60	一年以内	赊销货款
建行黑龙江省分行营业部	2,155,400.00	一年以内	赊销货款
温州商贸城尔乐纺织品有限公司	1,764,563.70	一年以内	赊销货款
内蒙古仕奇实业股份有限公司	1,336,368.80	一年以内	赊销货款
武汉天和数码设计制作有限公司	875,500.00	一年以内	赊销货款

4、其他应收款：截止 2000 年 12 月 31 日其他应收款余额 3,326,240.26 元，其主要情况列示如下：

(1)帐龄分析：

项 目	期初数 金 额	比 例	坏帐准备	期末数 金 额	比 例	坏帐准备
一年以内	5,000.00	100.00%	250.00	2,826,797.42	84.98%	141,339.88
一至二年	–	–	–	499,442.84	15.02%	49,944.28
合 计	5,000.00	100.00%	250.00	3,326,240.26	100.00%	191,284.16

(2)本帐户余额中无应收持公司 5%(含 5%)以上股份的股东单位款项；

(3)欠款金额前五名的单位列示如下：

单 位 名 称	金 额	欠款时间	欠款原因
中国大酒店	259,190.86	一年以内	押 金
北京专卖店	258,086.00	一年以内	押 金
中国国际贸易中心	167,411.20	一年以内	押 金
上海锦江迪生	103,030.44	一年以内	押 金
重庆大都会酒店	74,753.54	一年以内	押 金

5、预付帐款：截止 2000 年 12 月 31 日预付帐款余额 15,529,649.09 元，其主要情况列示如下：

(1)帐龄分析：

项 目	期初数 金 额	比 例	期末数 金 额	比 例
一年以内	779,395.17	100.00%	15,529,649.09	100.00%
合 计	779,395.17	100.00%	15,529,649.09	100.00%

(2)本帐户余额中无预付持公司 5%(含 5%)以上股份的股东单位款项；

(3) 欠款金额前五名的单位列示如下：

单 位 名 称	金 额	欠款时间	欠款原因
上海云峰(集团)有限公司	3,760,000.00	一年以内	购 货 款
江苏意达丰毛纺织有限公司	2,963,213.50	一年以内	购 货 款
国营邵阳第二纺织机械厂	1,480,000.00	一年以内	购 货 款
广东东莞富利达制衣有限公司	649,100.00	一年以内	购 货 款
江苏恒丰毛纺织品有限公司	636,786.50	一年以内	购 货 款

6、存货：截止 2000 年 12 月 31 日存货余额 82,671,479.55 元，其主要情况列示如下：

(1)、明细项目：

项 目	期初数 金 额	跌价准备	期末数 金 额	跌价准备
原材料	6,924,386.94	–	34,124,400.26	–
在产品	14,583,639.78	–	8,252,154.97	–
产成品	15,383,240.27	–	35,386,721.25	–
库存商品	–	–	4,908,203.07	–
合 计	36,891,266.99	–	82,671,479.55	–

存货跌价准备计提的依据为按期末帐面实存的存货，采用单项比较法对期末存货的成本与可变现净值进行比较，按可变现净值低于成本的差额计提。可变现净值确定的依据为：在正常生产经营过程中，以预计售价减去预计完工成本和销售所必需的预计税费后的净值。

公司本期期末无成本高于可变现净值之存货。

(2)存货较年初数增长 124.09%，其主要原因是公司为扩大生产规模，增加存货储备，另增加会计报表合并范围亦相应增加存货。

7、长期投资：截止 2000 年 12 月 31 日长期投资余额 10,000,000.00 元，其明细情况列示如下：

(2)股权投资主要情况：

被投资公司名称	股份性质	股票数量(股)	股权比例	投资金额
无锡市商业银行	法人股	10,000,000.00	2.415%	10,000,000.00

六、母公司会计报表主要项目注释

七、关联方关系及其交易

(一)关联方关系

1、存在控制关系的关联方：

(1)企业名称：三毛集团公司

注册地址：江阴市新桥镇

主营业务：精粗纺呢绒，毛纱线，羊毛衫，服装，毛针织品制造，洗毛，染整，鞋，袜，销售纺织原料(不含棉花)，金属材料，建筑材料，装潢材料，纺机配件，机械电器，五金玻璃，出口企业生产的呢绒，毛纱，服装，进口本企业生产、科研所需的原辅材料，机械设备，仪器仪表及配件，进口羊毛。

与本公司关系：持公司 28.56%股份

经济性质：集体所有制

法定代表人：周建平

(2)企业名称：上海奥德臣西服有限公司

注册地址：上海市浦东南路 379 号

主营业务：西服、各类服装及服饰、皮革制品、百货、精纺呢绒的销售。

与本公司关系：子公司，公司持 65%股份

经济性质：有限责任公司

法定代表人：叶惠丽

(3)企业名称：上海克瑞特服饰有限公司

注册地址：上海市浦东南路 379 号

主营业务：服装及服饰、皮革制品、日用百货、针纺织品的销售。

与本公司关系：公司控股子公司上海奥德臣西服有限公司的子公司，上海奥德臣西服有限公司持 80%股份

经济性质：有限责任公司

法定代表人：叶惠丽

2、存在控制关联的关联方本期注册资本未发生增减变化

3、存在控制关联的关联方所持股份及其变化

企业名称	期初数	本期增加	本期减少	期末数
三毛集团公司(注 1)	53.41%	–	24.85%	28.56%
上海奥德臣西服有限公司(注 2)	–	65%	–	65%
上海克瑞特服饰有限公司(注 2)	–	80%	–	80%

(注 1)因公司本期向社会公众公开发行人民币普通股 45,000,000 股，使三毛集团公司持股比例由期初的 53.41%，变为期末的 28.56%。

(注 2)参见会计报表附注四。

4、不存在控制关系的关联方

企 业 名 称	与 公 司 关 系
江阴市第三精毛纺厂	股东，持股比例为 23.36%
江阴三毛销售有限公司	受同一公司控制，且持公司 0.97%股份
江阴市协力毛纺织厂	股东，持股比例为 0.97%。公司董事系其法定代表人

(二)关联方交易

(单位：人民币万元)

1、联方向公司供应原材料：

依据公司与三毛集团公司、江阴市第三精毛纺厂及江阴三毛销售有限公司所签订的<<原料供货协议>>，公司分别以市价向三毛集团公司、江阴市第三精毛纺厂、江阴三毛销售有限公司购入原材料，其明细情况列示如下：

关 联 方	2000 年度	1999 年度
三毛集团公司	3,338.32	5,846.00
江阴市第三精毛纺厂	–	1,447.57
江阴三毛销售有限公司	–	806.98
合 计	3,338.32	8,100.55

2、关联方向公司提供劳务：

依据公司与三毛集团公司所签订的<<委托加工协议>>，2000 年度公司委托三毛集团公司加工毛纱，并以三集团公司的实际加工成本加成 10%确定加工价格。2000 年度公司共支付三毛集团公司劳务费 3,329.52 万元。

3、关联方向公司转让固定资产及代建工程 ：

依据公司与三毛集团公司及江阴市第三精毛纺厂所签订的<<设备、厂房转让协议>>及<<代建工程协议>>，公司分别向三毛集团公司、江阴市第三精毛纺厂以帐面净值或评估值购入固定资产及代建工程。其明细情况列示如下：

关 联 方	2000 年度	1999 年度
三毛集团公司	1,708.58	3,556.88
江阴市第三精毛纺厂	1,862.59	555.03
合 计	3,571.17	4,111.91

4、关联方向公司提供进口代理服务：

依据公司与三毛集团公司所签订的<<进口代理协议>>，公司本期委托三毛集团公司代理进口服装设备，按进口合同总价的 5‰支付进口代理费计 220,321.05 元。

5、关联方向公司提供综合服务：

依据公司与三毛集团公司所签订的<<综合服务协议>>及<<补充协议>>，三毛集团公司向公司提供电、汽；员工住房；消防、警卫及道路维护；绿化、环卫排污；生活服务等设施，其中：供电、汽按市场价结算；员工住房、消防、警卫及道路维护、绿化、环卫排污、生活服务等设施，合计结算价为 40 万元/年。其费用支付情况列示如下：

项 目	2000 年度	1999 年度
供应电、汽	1,129.78	225.93
其他综合服务	40.00	–
合 计	1,169.78	225.93

6、关联方向公司出租房屋：

依据公司与三毛集团公司所签订的<<办公房屋租赁协议>>，公司自 2000 年起向三毛集团公司租赁办公用房 644.39 平方米，租赁期为三年，年租金 61,861.44 元。2000 年度已按协议支付。

依据公司与三毛集团公司所签订的<<仓库租赁协议>>，公司自 2000 年起向三毛集团公司租赁仓库 4,747.08 平方米，租赁期为五年，年租金为 227,859.84 元。2000 年度已按协议支付。

7、关联方向公司提供担保：

截止 2000 年 12 月 31 日三毛集团公司为公司向银行借款提供担保计 500 万元。

8、关联方向公司出租土地使用权：

依据公司与三毛集团公司所签订的<<土地租赁协议>>，公司自 2000 年起以租赁形式从三毛集团公司取得土地使用权，面积为 15,725.60 平方米，租赁期限为 50 年，租赁期内年租金为 125,804.80 元。2000 年度已按协议支付。

9、公司向关联方提供劳务：

依据公司与江阴市第三精毛纺厂所签订的<<委托加工协议>>，公司自 2000 年起向江阴市第三精毛纺厂提供染整服务，并以公司的实际加工成本加成 10%确定染整价格。2000 年度共向江阴市第三精毛纺厂收取加工费 1,685.13 万元。

10、公司向关联方出租固定资产：

依据公司与江阴市第三精毛纺厂所签订的<<厂房租赁协议>>，公司 2000 年起向江阴市第三精毛纺厂出租厂房 3,436.35 平方米，租赁期二年，年租金为 206,181.00 元。2000 年度已按协议收取。

11、公司受让关联方及董事股权：

依据公司与江阴市第三精毛纺厂及叶惠丽、杨洪、陶晓华、赵国瑛、蔡卫保五名公司董事所签订的<<股权转让协议>>，公司于 2000 年 1 月 1 日，以经审计后的上海奥德臣西服有限公司 1999 年 12 月 31 日的净资产值，受让上述各方拥有的上海奥德臣西服有限公司 30%和 35%的股权，受让总金额为 252.89 万元。受让后公司拥有上海奥德臣西服有限公司 65%的股权。

八、或有事项

截止 2000 年 12 月 31 日公司无需要披露的或有事项。

九、承诺事项

截止 2000 年 12 月 31 日公司无需要披露的承诺事项。

十、资产负债表日后非调整事项

1、经上海奥德臣西服有限公司 2001 年度第一次股东会决议，将解散上海奥德臣西服有限公司，此决议已于 2001 年 2 月 28 日公告。

2、经公司第一届九次董事会决议，公司于 2001 年 2 月 23 日对上海克瑞特服饰有限公司新增投入人民币 295 万元，占上海克瑞特服饰有限公司注册资本的 59%。

3、经公司 2001 年度第一次临时股东会决议，将公司名称变更为凯诺科技股份有限公司；在公司现有的经营范围的基础上增加：毛纺新技术、新产品、新材料的研究，开发和销售；环保高新技术产品的开发及投资；通讯网络产品的研制、销售。上述变更已于 2001 年 3 月 13 日完成。

十一、其他重要事项

根据公司一届十次董事会《关于公司二 000 年度利润分配预案》，按 2000 年度净利润的 10%提取法定盈余公积，5%提取法定公益金后以 2000 年 12 月 31 日的股本为基数，向全体股东按每 10 股派现金红利 2 元(含税)。上述分配预案尚需股东大会批准。

十二、主要财务指标

报告期利润	净资产收益率 全面摊薄	净资产收益率 加权平均	每股收益(人民币元/股) 全面摊薄	每股收益(人民币元/股) 加权平均
主营业务利润	18.13%	102.01%	0.99	1.85
营业利润	10.15%	57.11%	0.55	1.04
净利润	6.39%	35.95%	0.35	0.65
扣除非经常性损益后的净利润	6.08%	34.21%	0.33	0.62

抚 顺 特 殊 钢 股 份 有 限 公 司

抚顺特殊钢股份有限公司2000年度报告摘要

重要提示:本公司董事会保证本报告所载资料不存在任何虚假记载,误导性陈述或重大遗漏,并对其内容的真实性、准确性和完整性负个别及连带责任。本年度报告摘要摘自年度报告,投资者欲了解详细内容,应阅读年度报告。

一、公司简介

(一)公司中文名称:抚顺特殊钢股份有限公司 英文名称:Fushun Special Steel Co.,LTD

(二)公司法定代表人:王宇兵

(三)公司董事会秘书及其授权代表的姓名、联系地址、电话、传真、电子信箱

1、董事会秘书:王治农 2、董事会证券事务代表:徐中浩

3、联系地址:辽宁省抚顺市望花区和平路东段56号

4、联系电话:0413--6678441 0413--6689161转3770、2830 5、传真:0413--6679476

6、董秘电子信箱:wyn@fs-ss.com

(四)公司注册地址,公司办公地址及其邮政编码,公司国际互联网网址,电子信箱

1、公司注册和办公地址:辽宁省抚顺市望花区和平路东段56号 2、邮政编码:113001

3、国际互联网网址:http://www.fs-ss.com 4、电子信箱:fstg@fs-ss.com

(五)公司选定的信息披露报纸名称,登载公司年度报告的中国证监会指定国际互联网网址,公司年度报告备置地点

1、信息披露报纸名称:《中国证券报》、《上海证券报》

2、中国证监会指定的国际互联网网址:http://www.sse.com.cn

3、公司年度报告备置地点:公司证券部

(六)公司股票上市交易所、股票简称和股票代码

1、上市交易所:上海证券交易所 2、股票简称:抚顺特钢 3、股票代码:600399

二、会计数据和业务数据摘要

(一)公司本年度主要利润指标情况(单位:人民币元)

项目	金额
利润总额	125,564,735.07
净利润	107,235,139.29
扣除非经常性损益后的净利润	83,297,228.84
主营业务利润	187,002,163.19
其他业务利润	2,589,294.04
营业利润	123,622,339.54
投资利益	
补贴收入	
营业外收支净额	1,942,395.53
经营活动产生的现金流量净额	70,605,638.67
现金及现金等价物净增加额	575,319,525.22

注:2000年元月至12月扣除的非经常性损益和涉及金额:

1、营业外收支净额1,942,395.53元,其中新股申购冻结资金利息收入128,645.41元。

2、财政所得税返还21,995,514.92元。

(二)截止报告期末公司前三年的主要会计数据和财务指标(单位:人民币元)

指标项目	2000年	1999年	1998年
主营业务收入	1,623,325,756.87	1,591,940,986.49	1,605,183,561.40
净利润	107,235,139.29	98,945,303.38	66,938,134.23
总资产	2,753,685,781.81	2,051,625,852.77	1,830,690,097.41
股东权益	1,379,263,936.83	664,054,347.54	551,735,224.18
每股收益	0.21	0.25	0.17
每股收益(加权平均)	0.27	0.25	0.17
每股收益(扣除非经营性损益)	0.16	0.24	0.17
每股净资产	2.65	1.66	1.38
调整后的每股净资产	2.64	1.57	1.31
每股经营活动产生的现金流量净额	0.14	0.04	----
净资产收益率	7.77%	14.9%	12%
净资产收益率(加权平均)	14.94%	16.28%	12.54%

(三)报告期净资产收益率和每股收益计算指标

根据中国证券监督管理委员会2001年1月19日关于发布《公开发行证券公司信息披露编报规则》第9号的通知,根据注册会计师审核后的财报告计算如下指标

2000年度

编制:抚顺特殊钢股份有限公司 单位:元

报告期利润	净资产收益率%		每股收益	
	全面摊薄	加权平均	全面摊薄	加权平均
主营业务利润	13.56	26.06	0.36	0.47
营业利润	8.96	17.23	0.24	0.31
净利润	7.77	14.94	0.21	0.27
扣除非经常性损益后的净利润	6.04	11.61	0.16	0.21

(四)报告期内股东权益变动情况(单位:人民币元)

项目	期初数	本期增加	本期减少	期末数
股本	400,000,000.00	120,000,000.00		520,000,000.00
资本公积	210,619,882.37	513,974,450.00		724,594,332.37
盈余公积	8,015,169.78	16,085,270.89		24,100,440.67
法定公益金	2,671,723.26	5,361,756.96		8,033,480.22
未分配利润	45,419,295.39	65,149,868.40		110,569,163.79
股东权益	664,054,347.54	715,209,589.29		1,379,263,936.83

变动原因:

1、股本本期增加120,000,000.00元,为本期向社会发行普通股12,000万股,增加12000000.00元。

2、资本公积本期增加513,974,450.00元,为本期向社会发行普通股股本溢价增加513,974,450.00元。

3、盈余公积、未分配利润本期增加81,235,139.29元,为本年度按净利润计提及未分配数。

三、股东情况介绍

(一)、报告期末,公司股东总数为68828户,其中国有法人1户,境内社会法人5户,社会公众股股东为68822户。

(二)、报告期末,公司前十名股东持股情况 (单位:股)

序号 股东名称	持股数量	比例(%)	持股性质	是否上市流通
1、抚顺特殊钢(集团)有限责任公司	396,724,500	76.29	国有法人股	否
2、方文艳	1,111,066	0.214	社会公众股	是
3、林少雄	840,000	0.162	社会公众股	是
4、北京钢铁设计研究总院	655,100	0.126	社会法人股	否
5、抚顺电业局	655,100	0.126	社会法人股	否
6、吉林铁合金集团有限责任公司	655,100	0.126	社会法人股	否
7、吉林炭素股份有限公司	655,100	0.126	社会法人股	否
8、中国第三冶金建设公司	655,100	0.126	社会法人股	否
9、泰和基金	640,000	0.123	社会公众股	是
10、黄剑	500,000	0.096	社会公众股	是

(三)、关联关系:

公司前10名股东之间,第1与第4--8之间存在关联关系,北京钢铁设计研究总院为抚顺特殊钢(集团)有限责任公司部分技改工程的设计单位,抚顺电业局给抚顺特殊钢(集团)有限责任公司提供电力、吉林铁合金集团有限责任公司及吉林炭素股份有限公司给抚顺特殊钢(集团)有限责任公司提供部分原材料、中国第三冶金建设公司为抚顺特殊钢(集团)有限责任公司部分技改工程的施工单位。

(四)、持股10%的法人股东简介公司持有10%以上的股东为抚顺特殊钢(集团)有限责任公司,为本公司的控股股东,报告期内持有公司39,672.45万股,占公司总股本的76.29%。

抚顺特殊钢(集团)有限责任公司法定代表人:张玉颖抚顺特殊钢(集团)有限责任公司经营范围:钢冶炼电机制造、修理、压延钢加工、耐火砖制造、装卸搬运货物、冶金技术服务、进出口业务、汽车、火车修理、汽车零部件销售、铁路货运、汽车货运等。

报告期内末其所持公司股份无质押或冻结情况。

四、股东大会简介

报告期内,本公司召开了一次股东大会,具体情况如下:

(一)、股东大会的通知、召集、召开情况

本公司董事会于2000年2月29日以书面方式发出关于召开1999年度股东大会的通知。本公司于2000年3月31日召开了1999年度股东大会,出席会议的股东及股东代表6人,代表股份40000万股,占公司总股本(发行前)的100%,符合《公司法》及《公司章程》的有关规定。

(二)股东大会通过正式决议情况。

1、《1999年度董事会工作报告》;

2、《公开发行股票事宜》;

3、《股票发行募集资金投向》;

4、《1999年度监事会工作报告》;

5、《1999年度财务决算报告》;

6、《1999年度利润分配方案》;

7、《2000年1月至A股股票公开发行日利润分配方案》;

8、《债务置换方案》;

9、《增补、更换董事议案》;

10、《增补、更换监事议案》;

11、《续聘审计机构的议案》。本公司年度股东大会共形成了11项决议案,公司董事会完成并实施了所有的议案。

(三)选举、更换董事、监事情况

1、选举、更换董事、监事情况。

本次股东大会一致同意董学东先生、李洪启先生、张立成先生因工作需要、退休原因辞去董事职务的请求;

本次股东大会一致同意选举朱启柱先生、王治农先生、刘波先生、赵秋华女士为董事。

2、选举、更换监事情况。

本次股东大会一致同意刘大凤先生、魏吉俭先生、闫奎兴先生、宫柯娜女士因退休、工作调动原因辞去监事职务的请求;

本次股东大会一致同意选举王洪祥先生、段广涛先生、谢方田先生、王秀芬女士为公司监事。

五、董事会报告

(一)公司经营情况

1、公司所处行业及在本行业中的地位

公司所处钢铁行业中的特殊钢行业。

公司拥有完整的特殊钢冶炼和加工设备,装备和技术水平居国内领先地位达到世界先进水平,公司拥有国家级企业技术中心,具有很强的产品研制和开发能力。公司控股股东-抚顺特殊钢(集团)有限责任公司是国家512家重点企业之一,公司为其最大控股公司。据中国特钢企业协会统计,2000年列入统计的23家特钢企业(含4家普特结合企业)中,按钢产量排序为第五位,主导产品齿轮钢和轴承钢产量分别列第一位和第二位。

2、公司主营业务的范围及其经营状况

公司主营业务范围为:钢冶炼、压延钢加工及冶金技术服务。

报告期内,公司抓住国家扩大内需,钢铁行业市场转旺,价格回升的有利时机,坚持以市场为导向,以经济效益为中心,以深化改革、规范运作为动力,强化经营管理,推进技术进步,取得了较好的经营业绩。全年生产钢40万吨,钢材31万吨。公司由超高功率电炉--炉外精炼--连铸--连轧组成的主要生产线生产效率持续增长,电炉、连铸和连轧产量分别比上年提高7%、140%和22.8%。主要消耗指标创历史新低,如吨钢能耗、吨钢耐材消耗、吨材轧辊消耗同比下降1.48%、12.34%和25.93%。钢材实物产销率为101.5%,主营业务收入162,333万元,净利润10,724万元,分别比上年增加1.97%和8.38%。

主要产品收入情况: 单位:人民币元

产品名称	2000年	1999年
合结钢(含齿轮钢)	455,214,527.28	496,295,577.87
轴承钢	395,167,596.65	355,201,628.87
工模具钢	16,486,551.89	15,395,510.78
合计	866,868,675.82	866,892,717.52

3、在经营中出现的问题与困难及解决方案

①经营中出现的问题与困难

一是废钢、重油、铁合金等原燃材料资源短缺、价格上涨,减利因素增加;二是产品结构调整和营销工作仍需进一步适应市场变化。

江 苏 红 豆 实 业 股 份 有 限 公 司

江苏红豆实业股份有限公司 2000 年年度报告摘要

本公司董事会保证本报告所载资料不存在任何虚假记载、误导性陈述或者重大遗漏,并对其内容的真实性、准确性和完整性负个别及连带责任。

一 、公司简介

(一)公司的法定中、英文名称:
中文名称:江苏红豆实业股份有限公司
英文名称:JIANGSU HONGDOU INDUSTRY CO.,LTD
(二)公司的法定代表人:周海江
(三)公司董事会秘书:蒋雄伟
联系地址:江苏省锡山市港下镇
电话:(0510)8761888-278
传真:(0510)8761888-422
电子信箱:jxw@public1.wx..js.cn
(四)公司注册地址及办公地址:江苏省锡山市港下镇
邮政编码:214199
公司国际互联网网址:http://www.hongdou.com.cn
电子信箱:hongdou@hongdou.com.cn
(五)公司指定信息披露报纸:《上海证券报》
登载公司年度报告的国际互联网网址:http://www.sse.com.cn
公司年度报告置备地点:公司证券投资部
(六)公司股票上市交易所:上海证券交易所
股票简称:红豆股份
股票代码:600400

二、会计数据和业务数据摘要

项目	2000 年度	1999 年度	同比+-%
利润总额	72,585,231.15	63,222,284.66	14.81
净利润	48,612,267.66	41,785,890.84	16.34
扣除非经常性损益后的净利润	48,612,267.66	41,785,890.84	16.34
主营业务利润	93,424,707.56	75,590,545.34	23.59
其他业务利润	711,187.50	1,400,909.48	--49.23
营业利润	72,557,321.07	63,119,899.19	14.95
投资收益			
补贴收入			
营业外收支净额	27,910.08	102,385.47	--72.74
经营活动产生的现金流量净额	72,247,850.14	13,090,403.11	451.91
现金及现金等价物增加额	380,478,006.89	24,426,366.58	1457.65

注:报告期内无非经常性损益项目

项目	2000 年度	1999 年度	1998 年度
主营业务收入	378,825,211.21	291,282,365.48	247,589,614.78
净利润	48,612,267.66	41,785,890.84	35,768,851.67
总资产	716,900,544.57	284,664,686.21	203,444,742.49
股东权益	537,198,093.21	139,091,975.55	130,982,064.71
每股收益(摊薄)	0.27	0.32	0.28
每股收益(加权)	0.38	0.32	0.33
扣除非经常性损益后的每股收益	0.27	0.32	0.28
每股净资产	2.99	1.07	1.01
调整后的每股净资产	2.99	1.07	1.01
每股经营活动产生的现金流量净额	0.40	0.10	0.08
净资产收益率	9.05	30.04	27.31

(三)利润表附表(单位:人民币元)

报告期利润	净资产收益率(%)		每股收益(元)	
	全面摊薄	加权平均	全面摊薄	加权平均
主营业务利润	17.39	57.18	0.52	0.72
营业利润	13.51	44.41	0.40	0.56
净利润	9.05	29.75	0.27	0.38
扣除非经常性损益后的净利润	9.05	29.75	0.27	0.38

(四)股东权益变动情况表

项目	股本	资本公积	盈余公积	法定公益金
期初数	129,523,000.00		9,001,922.91	3,000,640.98
本期增加	50,000,000.00		308,470,000.00	4,861,226.76
本期减少	____		16,267,990.14	16,267,990.14
期末数	179,523,000.00		308,470,000.00	10,862,508.69

续上表:

项目	未分配利润	股东权益合计
期初数	567,052.64	139,091,975.55
本期增加	48,612,267.66	414,374,107.80
本期减少		
期末数	32,911,330.16	537,198,093.21

变动原因:
(1)股份增加系公司于 2000 年 12 月 21 日发行 5,000 万股人民币普通股股票所致;
(2)资本公积金增加系公司以每股 7.4 元发行新股,超出面值部分转入资本公积所致;
(3)盈余公积、法定公益金增加部分系因公司年度盈利按规定提取所致;
(4)未分配利润变动系本年度公司利润分配和利润未分配留存所致;
(5)股东权益增加系公司本年度发行新股及本年度盈利留存所致。

三、股本变动及股东情况

(一)股本变动情况

1 、公司股本变动情况表(数量单位:股)

	本次变动前	本次变动增减(+,-) 配股	送股	公积金转股	增发	其他	小计	本次变动后
一、未上市流通股份								
1、发起人股份	129,523,000	---						129,523,000
其中:								
国家持有股份								
境内法人持有股份	129,393,477	---						129,393,477
境外法人持有股份								
其他	129,523	---						129,523
2 、募集法人股份								
3 、内部职工股								
4 、优先股或其他								
其 中:转配股								
未上市流通股份合计	129,523,000	---						
二、已上市流通股份								
1 、人民币普通股					50,000,000		-50,000,000	50,000,000
2 、境内上市的外资股								
3 、境外上市的外资股								
4 、其他								
已上市流通股份合计					50,000,000		-50,000,000	50,000,000
三、股份总额	129,523,000				-50,000,000		-50,000,000	179,523,000

(二)股东情况介绍

1 、报告期末股东总数为 48,766 户

2、前 10 名主要股东持股情况(截止 2000 年 12 月 31 日)

股东名称	持股数(股)	占总股本(%)	备注
红豆集团公司	126,155,402.00	70.27	法人股
第四针织内衣制衣厂	1,295,230.00	0.72	法人股
锡山市兴达制衣厂	647,615.00	0.36	法人股
无锡市红仕女装厂	647,615.00	0.36	法人股
无锡市雏鹰服装厂	647,615.00	0.36	法人股
普惠基金	309,000.00	0.17	流通股
天元基金	178,000.00	0.10	流通股
周海江	129,523.00	0.07	自然人股
裕隆基金	122,000.00	0.07	流通股
同益基金	116,000.00	0.06	流通股

注:周海江先生担任红豆集团公司董事局第一副主席,除此以外未发现前 10 名股东存在关联关系。

3 、持有公司股份 5%以上的法人股股东红豆集团公司所持本公司股份无质押、冻结等情况。

4 、报告期内持股 5%以上的股东为红豆集团公司,期末持有 126,155,402 股公司股份,持股比例为 70.27%。红豆集团公司法定代表人:周耀庭。主要经营范围为:服装、针纺织品及缝纫品、鞋帽、皮革、毛皮及制品的制造、设计、技术咨询,进出口自营等。

四、股东大会简介

(一)报告期内股东大会的召开情况及决议内容。

本报告期内,公司共召开四次股东大会,具体情况如下:

1 、2000 年第一次临时股东大会 公司于 2000 年 1 月 15 日在本公司会议室召开股东大会,出席会议的股东及股东代表 6 人,代表股份 12952.3 万股,占总股份的 100%,符合《公司法》和公司章程的有关法律规定。公司董事、监事和高级管理人员列席了会议,会议由公司董事长周海江先生主持,会议以投票表决方式通过了如下决议:

一 、审议通过公司以部分应收款项及产成品与红豆集团公司拥有的部分房屋、机器设备及土地使用权进行等额置换。

二 、审议通过本公司与红豆集团公司于 1999 年 12 月 31 日签订的资产置换协议,并一致同意追认此协议于 1999 年 12 月 31 日起生效。

三 、审议通过授权董事会全权办理有关本次资产置换事宜。

四 、审议通过按照《股份有限公司会计制度》的规定和财政部财会字[1999] 35 号文的有关要求制定的应收帐款坏帐政策。

2 、1999 年度股东大会公司于 2000 年 6 月 16 日在公司一楼会议室召开 1999 年度股东大会。与会股东及股东代理人共计 6 人,代表股份 12952.3 万股,占公司股份总额的 100%,符合《公司法》及公司章程的有关规定。公司董事、监事和高级管理人员列席了会议,会议由董事长周海江先生主持,会议逐项审议并通过以下决议:

一 、审议通过周海江代表公司董事会所作的公司董事会 1999 年度工作报告。

二 、审议通过蒋国才代表公司监事会所作的公司监事会 1999 年度工作报告。

三 、审议通过公司 1999 年度财务报告、利润分配方案和公司新股发行前累计未分配利润共享方案的议案。

四 、审议通过公司 2000 年度向社会公开发行 5000 万人民币普通(A 股)股票的议案。

五 、审议通过公司 2000 年度发行 A 股募集资金投向的议案。

六 、审议通过授权公司董事会全权办理本次 A 股发行的一切事宜的议案。

七 、审议通过公司章程修改草案的议案。

八 、审议通过授权公司董事会在 A 股发行工作完成后根据发行情况对公司章程有关条款进行修改,并办理工商注册变更登记。

九 、审议通过关于聘请无锡公证会计师事务所有限公司担任本公司财务审计机构的议案。

十 、审议通过公司有关关联交易及避免同业竞争协议的议案。

3 、2000 年第二次临时股东大会 2000 年 7 月 24 日上午在公司会议室召开 2000 年第二次临时股东大会。与会股东及股东代表共 6 人,代表股份 12952.3 万股,占股本总额的 100%,符合《公司法》和公司章程的规定。公司董事、监事和高级管理人员列席了会议,会议由董事长周海江先生主持,经大会审议,逐项表决通过了以下决议:

一 、审议通过了关于公司董事变动的议案

二 、审议通过了关于公司监事变动的议案

三 、审议通过了关于修改公司章程的议案

四 、审议通过公司有关关联交易协议的议案。

五 、审议通过公司《股东大会工作细则》

4 、2000 年第三次临时股东大会

2000 年 12 月 8 日在公司贵宾厅召开 2000 年第三次临时股东大会。与会股东及股东代表共 6 人,代表股份 12952.3 万股,占股本总额的 100%,符合《公司法》和公司章程的规定,公司董事、监事和高级管理人员列席会议,会议由董事长周海江先生主持。会议审议通过以下决议:

一 、审议通过公司与关联股东红豆集团公司于 2000 年 11 月 6 日签订的《商标使用许可补充协议》、《综合服务补充协议》和《避免同业竞争补充协议》。

二 、洗举、更换公司董事、监事情况

1.本报告期内董事变动情况

因工作变动的原因,公司 2000 年第二次临时股东大会通过了调整公司董事的议案,周耀庭先生、蒋鸣江先生辞去公司董事职务,增补戴克新先生、陈坚刚先生、王竹倩女士、蒋锡高先生为新董事。

2.本报告期内监事变动情况

因工作变动的原因,公司 2000 年第二次临时股东大会和临时职工代表大会通过了调整公司监事的议案,蒋国才先生、虞翠英女士辞去监事职务,增补钱静女士、孙永安先生为监事。

五、董事会报告

一、公司经营情况

1 、公司所处的行业及在行业中的地位

公司从事服装、针纺织品的生产、销售,主要产品有西服、衬衫、羊毛衫、T 恤、毛线。公司无偿使用的"红豆"商标为中国驰名商标。"红豆"牌西服、衬衫和 T 恤衫在市场上享有较高的声誉和市场占有率。

2 、主营业务及其构成情况

产品	销售收入	占总销售之比例
西服	60,556,944.81	15.99
衬衫	88,703,778.60	23.42
羊毛衫	56,315,479.33	14.86
T 恤((含休闲服)	63,339,199.49	16.72
毛线	109,909,808.98	29.01
合计	378,825,211.21	100

3 、在经营中出现的问题与困难及解决方案

服装行业是一个充分竞争的行业。2000 年国内服装销售市场及出口虽有所增加,但行业内的竞争程度日趋激烈。公司针对此种情况制定实施了以下对策,确保全年销售及利润目标的实现。

(1)推行"零库存、零应收款、零不良品"的"三零工程"。加强内部管理,挖潜增效,以"挖潜月"的形式降低成本,增强产品的市场竞争力。压降管理人员比例,节支降本,提高效率。

(2)加强市场信息的收集、分析和运用。根据市场变化和地区差别,调整产品结构和营销策略,以销定产。

(3)注重新品开发和政府采购的业务订单竞标工作。

(4)公司在 2000 年 12 月 21 日成功发行 5000 万股人民币普通股,并于 2001 年元月 8 日在上海证券交易所挂牌上市。为公司产品的系列化和升级换代筹足了资金,为实现公司战略目标奠定了基础。

二 、公司财务状况

名称	2000 年	1999 年	同比+-%	增减原因
总资产	716,900,544.57	284,664,686.21	151.84	发行 5000 万 A 股
长期负债				
股东权益	537,198,093.21	139,091,975.55	286.22	发行 5000 万 A 股
主营业务利润	93,424,707.56	75,590,545.34	23.59	产品结构调整
净利润	48,612,267.66	41,785,890.84	16.34	产品结构调整

2 、本年度会计师事务所出具了无保留意见的审计报告

三 、公司投资情况

1 、募集资金投资项目情况

序号	项目	招股说明书募集资金投资金额	项目实际投资
1	合资建设年产 100 万套"依迪菲"牌休闲服	5790	0
2	合资生产 50 万套红豆高级女装项目	10458	0
3	合资建设高档针织面料项目	4669	0
4	引进西服吊挂式生产线技改项目	3370	0
5	引进纯棉免烫衬衫流水线技改项目	3853	0
6	红豆服装设计中心技术改造项目	2950	0
7	补充流动资金	4757	0
合	计	35847	0

公司于 2000 年 12 月 21 日向社会公开发行 5000 万股人民币普通股,实际募集资金扣除发行费用后,共募集资金 35,847 万元,因资金于 2000 年 12 月 27 日才到位,故报告期内尚未启动投资项目。

(1)非募集资金投资项目

报告期内公司无非募集资金投资项目。

四 、加入 WTO 对公司经营的影响

现在对公司出口最大的限制就是出口配额的限制。在中国加入 WTO 之后,服装出口在逐步取消配额之后会有较大的增长,因此中国加入 WTO 从总体上来说有利于公司拓展海外市场,利用公司管理、技术和成本优势增加出口。但市场开放是双向的,中国加入 WTO 之后,公司同样会面对来自国外著名服装品牌的挑战。对此,公司将进一步加强管理,同时通过尽快组织实施募集资金投资项目,提高公司产品的国际竞争力。

五 、新年度业务发展计划

1 、按照现代营销模式,拓展、完善现有营销网络。汰选、培育经销商,使各经销网点布局更为合理,各产品经销网络间形成互补优势。共享市场资源,减少销售费用。

2 、利用社会存量,加大品牌经营力度。利用品牌的知名度和美誉度,积极开拓市场,并充分利用社会上的加工能力,建立公司的加工网络,提高市场占有率。

3 、结合项目改造计划,加大生产流水线的改造力度,提升产品档次,提高品牌影响力。使西服、衬衫等主导产品在设计风格、缝制质量等各方面再上一个档次,以满足市场各种层次的需求。

4 、继续加大海外市场的拓展力度,增加出口量。同时增强国内市场团体定制采购的市场竞争力,利用公司的服装系列化优势,进一步开发国内市场。

5 、实施全方位的培训计划,在管理、营销、生产等各方面提高公司的运作水平,加大人员培训力度并在新人员的吸纳上更进一步地推行专业化要求。

六 、董事会日常工作报告

1 、报告期内董事会的会议情况及决议内容

报告期内公司共召开了五次董事会议,具体情况如下:

(1)2000 年 4 月 29 日公司第一届董事会第七次会议在公司会议室召开,会议审议通过并作出如下决议:

一 、审议通过公司总经理陈坚刚先生九九年业务工作报告。

二 、审议通过了公司 1999 年度财务报告、利润分配方案和公司新股发行前累计未分配利润分享方案。

三 、审议通过了公司 2000 年度向社会公开发行 5000 万人民币普通(A 股)股票的议案。

四 、审议通过了公司 2000 年度发行 A 股募集资金投向的议案。

五 、提请股东大会授权公司董事会全权办理公司股票发行上市的一切事宜的议案。

六 、审议通过公司章程修改草案。

七 、提请股东大会授权公司董事会办理 A 股发行工作完成后对公司章程有关条款进行修改,并办理工商注册变更登记等有关事宜的议案。

八 、审议通过关于聘请无锡公证会计师事务所担任本公司财务审计机构的议案。

九 、提请股东大会审议公司有关关联交易协议的议案。

十 、以上议案提请股东大会批准。

十一、同意召开公司 1999 年度股东大会事宜。

(2)2000 年 6 月 23 日上午,公司第一届董事会第八次会议在公司会议室召开,会议审议并通过如下决议:

一、关于公司董事变动的议案。

1 、周耀庭先生、蒋鸣江先生辞去公司董事职务;

2 、戴克新先生、陈坚刚先生、王竹倩女士、蒋锡高先生为新增补董事。

二 、关于修改公司章程的议案。

三 、提请股东大会审议公司有关关联交易协议的议案。

四 、召开公司 2000 年第二次临时股东大会事宜。

(3)2000 年 7 月 24 日下午,公司第一届董事会第九次会议在公司会议室召开,会议审议并通过如下决议:

1 、一致选举戴克新先生、龚新度先生为公司副董事长;

2 、同意陈坚刚先生辞去公司总经理,龚新度先生、周鸣江先生辞去公司副总经理的请求;

3 、经周海江董事长提名,聘任蒋国才先生为公司总经理;

4 、经周海江董事长提名,聘任蒋雄伟先生为公司董事会秘书;

5 、经蒋国才总经理提名,聘任刘宏彪先生为公司副总经理;

6 、经蒋国才总经理提名,聘任蒋雄伟先生为公司副总经理和财务总监。

7 、经蒋国才总经理提名,聘任张俊先生为公司副总经理。

8 、审议通过《董事会工作细则》、《总经理工作细则》。

(4)2000 年 11 月 6 日,公司第一届董事会第十次会议在公司贵宾厅召开,会议审议并通过如下决议:

一 、同意报歇公司下属江苏红豆实业股份有限公司西服一厂等七个分支机构。报歇获批准后上述分支机构变更为公司下属车间。

二 、同意公司与关联股东红豆集团公司签订的《商标使用许可补充协议》、《综合服务补充协议》、《避免同业竞争补充协议》。

三 、同意召开公司 2000 年第三次临时股东大会事宜

(5)2000 年 12 月 10 日,公司第一届董事会第十一次会议在公司会议室召开,会议审议并通过如下决议:同意报歇下属江苏红豆实业股份有限公司经贸分公司等四个分支机构予以报歇。

2 、董事会对股东大会决议的执行情况

2000 年度公司董事会执行了股东大会的全部决议,并完成了 5000 万股人民币普通股的发行与上市工作与相关的修改公司章程、办理工商登记事宜,同时也实施了 1999 年度的每 10 股派现金红利 2.6 元的利润分配方案。

七、公司管理层员工情况

姓名	性别	年龄	职务	任职起止日期	年末持股数(股)
周海江	男	34	董事长	1998.9--2001.9	129,523
戴克新	男	41	副董事长	2000.6--2001.9	0
龚新度	男	45	副董事长	1998.9--2001.9	0
陈坚刚	男	34	董事	2000.6--2001.9	0
王竹倩	女	29	董事	2000.6--2001.9	0
蒋锡高	男	43	董事	2000.6--2001.9	0
周鸣江	男	34	董事	1998.9--2001.9	0
李洪章	男	61	监事会主席	1998.9--2001.9	0
钱静	女	29	监事	2000.6--2001.9	0
孙永安	男	55	监事	2000.6--2001.9	0
蒋国才	男	50	总经理	2000.7--2001.9	0
刘宏彪	男	38	副总经理	2000.7--2001.9	0
蒋雄伟	男	27	副总经理、财务负责人 董事会秘书	2000.7--2001.9	0
张俊	男	34	副总经理	2000.7--2001.9	0

注:1 、报告期内,公司高级管理人员共有 6 人在本公司领取薪酬,6 人年度报酬总额为 285000 元,年度薪酬在 5 万元-10 万元之间的有 2 人,年度薪酬在 5 万元以下的有 4 人。副董事长戴克新先生、龚新度先生、董事陈坚刚先生、王竹倩女士、蒋锡高先生、周鸣江先生和监事会主席李洪章先生、监事钱静女士未在公司领取报酬。

2 、报告期内董事变动情况:周耀庭、蒋鸣江辞去董事职务,增补戴克新、陈坚刚、王竹倩、蒋锡高为董事。监事变动情况:蒋国才、虞翠英辞去监事职务,增补钱静、孙永安为监事。

八 、本次利润分配预案

1 、利润分配方案

经江苏无锡公证会计师事务所有限公司审计,2000 年度公司净利润为 48,612,267.66 元,按 10%提取法定盈余公积金 4,861,226.76 元,按 5%提取法定公益金 2,430,613.38 元,加上期初未分配利润 567,052.64 元后,当年可供股东分配的利润为 41,887,480.16 元。

公司董事会提议以 2000 年度末总股本 17,952.3 万股为基数,每 10 股派 0.5 元(含税),共计派发现金股利 8,976,150.00 元。经利润分配后,未分配利润为 32,911,330.16 元,结转下一年度未分配利润。

2000 年度资本公积金不转增股本。

2 、预计 2001 年利润分配政策

(1)2000 年未分配利润用于 2001 年股利分配的比例不高于 10%。

(2)预计公司 2001 年度利润分配次数为一次,公司 2001 年度实现净利润用于股利分配的比例不高于 30%;

(3)分配主要采用派发现金形式,具体分配方法将根据公司当时的实际情况再决定,公司董事会保留对 2001 年度分配方案修改的权利。

六 、监事会报告

2000 年度,公司监事会严格遵守《公司法》、《公司章程》及相关的法律法规,忠实履行职责,依法监督董事会执行股东大会的有关决议,并对公司日常的财务、经营活动进行了监督检查,切实有效地发挥了应有的作用,维护了公司和广大股东的合法权益,保证了公司的规范运作。

(一)、监事会会议情况

报告期内监事召开的二次会议,列席了五次董事会会议。

(1)2000 年 6 月 23 日下午,公司第一届第三次监事会议在公司会议室召开,应出席监事 3 人,实际出席 3 人,符合《公司法》和公司章程的有关规定。会议由监事会主席蒋国才先生主持,会议审议并通过了关于公司部分监事变动的议案。

(2)2000 年 7 月 24 日下午,公司第一届第四次监事会议在公司会议室召开,应出席监事 3 人,实际出席 3 人,符合《公司法》和公司章程的有关规定。会议由监事会主席李洪章先生主持,会

议审议并通过有关选举公司监事会主席及审议《监事会工作细则》的事宜。

(二)、监事会的独立意见

1 、公司依法运作情况

监事会认为:董事会的决策程序符合《公司法》和《公司章程》的规定,公司建立了较为完善的内部控制制度,公司运作健康有序,未发生有违反《公司法》和《公司章程》的行为。公司的董事、总经理及高级管理人员在执行职务时没有发现违反法律、法规、公司章程或损害公司及股东利益的行为。

2 、检查公司财务状况

公司监事会对公司的财务状况进行了检查,认为公司2000 年度财务结构合理、财务状况良好。年度财务报告能够真实、准确地反映公司地财务状况及经营成本。江苏公证会计师事务所有限公司对公司出具了无保留意见的审计报告。

3 、募集资金使用状况

因公司募集资金于2000 年12 月27 日才到位,因此本年度投资项目尚未实施。

4 、关联交易情况

公司2000 年度进行地关联交易公平、公正交易价格合理,严格按市场原则进行,未损害公司利益。

5 、公司经营决策,内控制度情况

公司的经营决策合理,管理制度规范,并建立了良好的内控体系,积极有效地防范了公司在经营、管理和财务等方面的风险。

七 、重要事项

(一)报告期内公司无重大诉讼、仲裁事项。

(二)报告期内公司董事、监事及高级管理人员无受监督管理部门处罚的情况。

(三)报告期内公司控股股东未变更,报告期内公司董事、监事、总经理、高级管理人员变动情况见本报告中股东大会情况和董事会会议情况介绍。

(四)承诺事项:

本公司控股股东红豆集团公司承诺,自公司人民币普通股股票上市之日起一年内不转让其持有的本公司股份。

本公司控股股东红豆集团公司承诺,不利用大股东地位牟取不当利益,不损坏本公司和本公司其他股东的合法利益,不从事与本公司业务相同或相近的服装业务。

本公司控股股东红豆集团公司承诺,将其拥有的"相思豆"牌注册商标至迟在2000 年底前无偿转让给公司,红豆集团公司已于2000 年12 月将其拥有的"相思豆"牌注册商标无偿转让给本公司,相关的法律变更手续在办理之中。

(1)依据本公司与红豆集团公司1998 年9 月25 日签定的《综合服务协议》,红豆集团公司为本公司提供生活用水、生产生活用电及通讯服务,该等费用依据国家的有关收费标准,按照本公司的实际使用量,每月结算。该协议自协议签定之日起生效,有效期为5 年。2000 年生活用水费用实际发生额为12.38 万元;电费实际发生额774.25 万元;。通讯费用实际发生额为40.76 万元。

(2)依据本公司1998 年9 月22 日与红豆集团公司签定的《商标使用许可协议》,红豆集团公司许可本公司无偿使用其登记注册的:1)"红豆"牌注册商标,使用商品类别为第25 类,许可证使用期限为自本公司成立之日起至2004 年3 月20 日;2)"相思豆"牌注册商标,使用商品类别为第23 类,许可证使用期限为自本公司成立之日起至2003 年7 月20 日。

(3)依据本公司2000 年5 月20 日与红豆集团公司签订的《商标转让协议》,红豆集团公司于2000 年12 月将其拥有的"相思豆"牌注册商标无偿转让给本公司,相关的法律变更手续在办理之中

(4)依据本公司1998 年9 月26 日与红豆集团公司签订的《进出口代理协议》,红豆集团公司代理本公司从事原料和产品的进出口业务,免收进出口代理手续费,该协议有效期限为四年,自1998 年9 月26 日起至2002 年9 月26 日止。2000 年红豆集团公司为本公司代理出口的金额分别为1,143.9 万元。

(5)依据本公司2000 年5 月20 日与红豆集团公司签订的《广告费分摊协议》,如出于节省费用等经济利益考虑或从整体形象宣传的需要出发,发生同时宣传双方企业形象的广告费用时,广告费按双方当年销售收入的比例分摊,该协议有效期三年。报告期内本公司发生分摊广告费500 万元。

(6)依据本公司2000 年5 月20 日与红豆集团公司远东有限公司签订的《厂房租赁协议》,红豆集团公司远东有限公司租用本公司所属的港下镇兴港路27 幢内的1,653.60 平方米厂房,该厂房月租金为每平方米7.56 元人民币,2000 年度本公司发生的租金收入为15 万元。

(7)2000 年1 月15 日,经红豆集团公司董事会和本公司股东大会批准,红豆集团公司以其拥有的部分房屋建筑物、机器设备和本公司占用的全部土地的土地使用权5,381 万元,与本公司的部分应收款项、产成品共计5,381 万元等值置换。本公司于2000 年1 月15 日将3,473 万元应收款项与红豆集团公司拥有的房屋建筑物、机器设备等值置换;本公司于2000 年6 月29 日将部分产成品计1908 万元与红豆集团公司拥有的土地使用权等值置换。

(六)公司与控股股东在人员、资产、财务上"三分开"情况:

在人员方面,公司有独立的劳动、人事及工资管理。经理、副经理及其他高级管理人员在本公司领取报酬,没有在控股股东单位领取报酬和担任职务的情况。在 资产方面,公司拥有完整的服装、印染等生产流水线,水、电、汽由红豆集团公司提供;红豆集团公司将"红豆"牌注册商标许可公司无限期无偿使用;公司拥有现使用的七宗国有土地的使用权;公司拥有独立的采购
、销售系统。

在财务方面,公司设有独立的财务部门,建立了独立、科学的会计核算系统和严格的财务管理制度,有独立的银行帐号。

(七)公司无托管、承包、租赁项目

(八)公司聘任江苏公证会计师事务所有限公司(原无锡公证会计师事务所有限公司)为本公司审计机构。

(九)报告期内重大合同及其履行情况:

1 、借款合同:(1)公司与中国农业银行港下办事处签订总额为5000 万元的借款合同,该借款合同由江苏赤兔马总公司提供担保,借款已于2000 年12 月偿还;(2)公司与招商银行无锡支行签订总额为3000 万元的借款合同,该借款合同由江苏赤兔马总公司提供担保,其中1500 万元借款已于2000 年12 月偿还。

(十)公司报告期内无重大对外担保事项。

(十一)报告期内,公司没有收购及出售资产、吸收合并事项的发生。

八 、财务会计报告

(一)审计报告

审计报告

苏公W[2001] A137 号

江苏红豆实业股份有限公司全体股东:

我们接受委托,审计了贵公司2000 年12 月31 日的资产负债表,2000 年度利润表及利润分配表和2000 年度现金流量表。这些会计报表由贵公司负责,我们的责任是对这些会计报表发表审计意见。我们的审计是依据《中国注册会计师独立审计准则》进行的。在审计过程中,我们结合贵公司的实际情况,实施了包括抽查会计记录等我们认为必要的审计程序。

我们认为,上述会计报表符合《企业会计准则》和《股份有限公司会计制度》的有关规定,在所有重大方面公允地反映了贵公司2000 年12 月31 日的财务状况及2000 年度经营成果和2000 年度现金流量情况,会计处理方法的选用遵循了一贯性原则。

江苏公证会计师事务所有限公司　　　　中国注册会计师

沈岩

郭建康

中国·无锡　　　　2001 年2 月14 日

(二)会计报表及附注(见附件)

会计 报 表 附 注

附注1:公司基本情况

江苏红豆实业股份有限公司(以下简称本公司)前身为无锡县红豆实业有限公司(以下简称有限公司),是由红豆集团公司、无锡市红仕女装厂、无锡市雏鹰服装厂、锡山市(无锡县)兴达制衣厂、锡山市(无锡县)第四针织内衣厂等五家法人单位共同出资5000 万元组建。于1995 年6 月16 日在无锡县工商行政管理局注册成立,注册号为25022168-2 。上述公司股东的出资占注册资本的比例分别为97.50%、0.50%、0.50%、1.00%、0.50%。1995 年8 月,因无锡县撤县建市,有限公司更名为锡山市红豆实业有限公司(以下仍简称有限公司)。

1997 年1 月,有限公司股东会决议增加注册资本,经锡山市经济体制改革委员会锡体改[1997] 2 号文批准,将1996 年底的未分配利润2400 万元、债权转股权2600 万元,共计5000 万元增加注册资本,增资后的注册资本总额为10000 万元,有限公司原股东出资比例不变。同时红豆集团公司将其股权10 万元转让给自然人周海江。增资及变更后出资各方和比例分别为:红豆集团公司97.40%、无锡市红仕女装厂0.50%、无锡市雏鹰服装厂0.50%、锡山市(无锡县)兴达制衣厂1.00%、锡山市(无锡县)第四针织内衣厂0.50%、自然人周海江0.10%。

1998 年8 月,有限公司经股东会决议并经江苏省人民政府苏政复[1998] 99 号文批准,依法变更为股份有限公司。有限公司经审计后的净资产,按1 :1 的比例折算为股本12952.30 万元,并于1998 年9 月11 日在江苏省工商行政管理局依法登记注册,注册号为3200001104191 。

2000 年12 月15 日,经中国证券监督管理委员会证监发字[2000] 176 号"关于核准江苏红豆实业股份有限公司公开发行股票的通知",本公司采用上网定价方式在上海证券交易所向社会公开发行人民币普通股5,000 万股,每股面值1 元,股票名称"红豆股份",股票代码600400 。

本公司主要经营范围为:服装、针织品、纺织品、机械的制造加工、销售。

本公司下设西服一车间、西服二车间、衬衫车间、羊毛衫车间、毛线车间、职业服装车间、T 恤衫车间等八家内部独立核算的车间和财务部、办公室等职能部门。

附注2:公司主要会计政策、会计估计

1.会计制度

本公司执行《股份有限公司会计制度》及其补充规定。

2.会计期间

会计期间采用公历年度制,即自公历1 月1 日起至12 月31 日止。

3.记帐本位币

本公司以人民币为记帐本位币。

4.记帐原则和计价基础

本公司会计核算以权责发生制为记帐原则,以历史成本为计价基础。

5.现金等价物的确定标准

本公司持有的期限短、流动性强、易于转换为已知金额现金、价值变动风险很小的投资确定为现金等价物。

6.短期投资核算方法

短期投资按成本与市价孰低计价,短期投资跌价准备按投资成本高于市价的差额提取。

7.坏帐核算方法

(1)坏账的确认标准:债务人破产或死亡,以其破产后的财产或遗产清偿后仍不能收回,或债务人逾期未履行偿债义务,且具有明显特征表明无法收回的应收款项,经董事会批准,确认为坏账。

(2)坏账损失的核算方法:采用备抵法核算,坏账准备原按应收账款余额的5%计提,1999 年度起改按应收款项余额(包括应收账款和其他应收款)并根据帐龄分析计提,具体提取比例为:一年以内及待置换应收款项为5%;一至二年为10%;二至三年为20%;三至五年为50%;五年以上为100%。对有充分证据表明确实难以收回的应收款项采用个别认定法计提坏账准备。

8.存货核算方法

(1)分类:

本公司存货分为原材料、在产品、产成品等。

(2)计价及摊销:

1)原材料取得时按实际成本计价,采用永续盘存制,发出时采用加权平均法结转成本;

2)产成品入库按实际成本计价,按加权平均法结转销售成本;

3)在产品根据车间月末盘点结存的数量,按约当产量和定额计算保留原材料成本,其余的直接工资和制造费用成本全部结转入当月完工产品成本。

(3)存货跌价准备核算:

存货跌价准备原按期末库存产成品余额的10%计提,1999 年度起,定期对存货进行清查,如确实存在毁损、陈旧和售价低于成本的情况,按单个存货项目的成本高于其可变现净值的差额,在中期期末或年终时提取。

9.长期投资核算方法

(1).长期股权投资

1).股票投资:

本公司以货币资金购买股票的,按实际支付的金额计入成本,实际支付的款项中若含有已宣告发放的股利,则按实际支付的金额扣除已宣告发放的股利后的净额作为投资成本;本公司以实物和无形资产折价入股的,按协议、合同约定的价值或资产评估后确定的价值作为成本。

(2).其他股权投资:

本公司以货币资金投资的,按实际支付的金额入帐;本公司以放弃非货币资产(不含股权)而取得的长期股权投资,投资成本以所放弃非货币资产的公允价值确定;如果所取得的股权投资的公允价值更为清楚,也可以按取得股权投资的公允价值确定。公允价值超过非货币资产帐面价值的差额,作为资本公积处理;反之确认为当期损失。

对于股票投资和其他股权投资,若持有被投资公司的有表决权资本总额20%以下,或持有被投资公司有表决权资本总额20%或以上,但不具有重大影响,按成本法核算;若本公司持有被投资公司有表决权资本总额20%或20%以上,或虽投资不足20%但具有重大影响,按权益法核算;持有被投资公司有表决权资本总额50%以上,或虽不超过50%但具有实际控制权的按权益法核算并合并会计报表。

(3).股权投资差额:

长期股权投资采用权益法核算时,投资成本与应享有被投资单位所有者权益份额之间的差额确认为股权投资差额,并按10 年平均摊销。

2).长期债权投资

债券投资按实际支付的价款扣除支付的税金,手续费等各项费用,以及支付的自发行起至购入债券止的应计利息后的余额作为实际成本,实际成本与债券票面价值的差额,作为溢价或折价;债券的溢价或折价在债券存续期间内于确认相关债券利息收入时摊销,摊销方法为直线法。

3).长期投资减值准备的计提:

如果被投资单位经营状况恶化等原因导致可收回金额低于帐面价值,并在近期内不可能恢复帐面价值时,按可收回金额低于长期投资帐面价值的差额,在中期期末或年终时计提减值准备。

10.固定资产核算方法

(1)固定资产计价标准:使用期超过一年的房屋、建筑物、机器、机械、运输工具以及其他与生产经营有关的设备、器具、工具等。不属生产经营主要设备的物品,单价在2,000 元以上,使用期超过二年的,作为固定资产核算;

(2)固定资产按实际成本计价,对投资转入、置换的固定资产按评估确认的价值计价;

(3)固定资产折旧采用平均年限法计算,折旧年限及分类折旧率分别为:

类别	折旧年限	净残值率	年折旧率
房屋及建筑物	35 年	3%	2.77%
机器设备其他设备	12 年	3%	8.08%
运输设备	8-12 年	3%	8.08%-12.125%

11.在建工程核算方法

在建工程是指兴建中的房屋与设备及其他固定资产,在建工程在完工交付使用后,按实际发生的全部支出确认为固定资产。在建工程所发生的借款利息,属于在固定资产尚未交付使用之前的,计入在建工程成本,固定资产交付使用后发生的,计入当期损益。

12.无形资产

本公司的土地使用权按 50 年平均摊销。

13.营业收入的确认

本公司以商品所有权上的重要风险和报酬已经转移给买方,不再对该商品实施继续管理权和实际控制权,相关的收入已经收到或取得了收款的证据,并且与销售该商品有关的成本能够可靠地计量时,确认营业收入实现。

14.所得税的会计处理

本公司采用应付税款法

附注 3:税项

本公司适用的主要税种和税率如下:

1.流转税

增值税,税率为 17%;营业税,税率为 5%。

2.城市维护建设税及教育费附加

按流转税额的 5%计征城市维护建设税;按销售收入的 0.5%计征教育费附加。

3.企业所得税

本公司所得税的税率为 33%。

附 注 4:利润分配政策

依据《公司法》及本公司章程,按当年税后净利润的 10%、5%分别计提法定盈余公积金、公益金,按董事会、股东大会决议提取任意盈余公积金和分配股利。

附注 5:会计报表主要项目注释(下列项目无特殊说明,金额均以人民币元为单位)

1.货币资金

项目	1999-12-31	2000-12-31
现金	1,618,185.51	4,390,892.60
银行存款	25,378,886.90	403,084,186.70
合计	26,997,072.41	407,475,079.30

货币资金 2000 年 12 月 31 日余额为 40,747.51 万元, 较 1999 年 12 月 31 日余额增长 38,047.8 万元,主要是因为 2000 年 12 月本公司向社会公开发行了人民币普通股 5,000 万股。

2.应收帐款

(1)帐龄分析:

帐 龄	1999-12-31	比例(%)	坏账准备	2000-12-31	比例(%)	坏账准备
1 年以内	52,627,175.91	94.82	3,458,662.00	25,198,979.31	82.98	1,259,948.97
1 至 2 年	1,387,270.97	2.50	138,727.10	5,168,386.21	17.02	516,838.62
2 至 3 年	1,490,024.99	2.68	298,005.00	---		
3 至 5 年						
合计	55,504,471.87	100.00	3,895,394.10	30,367,365.52	100.00	1,776,787.59

(2)无持 5%(含 5%)以上股份的股东单位欠款。

(3)主要欠款单位:

欠款单位	性质内容	欠款时间	余 额
中国建设银行安徽省分行	货物销售欠款	1 年以内	1,130,440.00
河南省公安厅	货物销售欠款	1 年以内	2,075,687.03
广西总经销商	货物销售欠款	1-2 年	2,000,000.00
福建省司法厅	货物销售欠款	1 年以内	1,436,468.00
江西省公安厅	货物销售欠款	1 年以内	1,052,428.50

应收帐款 2000 年末余额较 1999 年年末余额减少 2,513.7 万元, 主要原因是 2000 年度加大了货款回收的力度,使应收帐款减少。

3.其他应收款

(1)帐龄分析:

帐 龄	1999-12-31	比例(%)	坏账准备	2000-12-31	比例(%)	坏账准备
1 年以内	54,425,303.89	99.22	2,721,265.20	30,451,808.66	99.92	1,522,590.43
1 至 2 年	118,706.80	0.22	11,870.68	---		
2 至 3 年	1,000.00		-200.00	17,632.34	0.06	3,526.47
3 至 5 年	307,003.00	0.56	153,501.50	8,000.00	0.02	4,000.00
合计	54,852,013.69	100.00	2,886,837.38	30,477,441.00	100.00	1,530,116.90

(2)持 5%(含 5%)以上股份的股东单位欠款:

红豆集团公司	资金占用款	12,892,178.47

(3)主要欠款单位:

欠款单位	性质内容	欠款时间	余 额
红豆集团公司	资金往来款	1 年以内	12,892,178.47
锡山市第四针织内衣厂	资金往来款	1 年以内	3,223,849.65
职工借款	备用金大部分	1 年以内	1,386,325.36
无锡市红仕女装厂	资金往来款	1 年以内	241,969.20
无锡市精锐广告营销公司	结算款	1 年以内	10,000.00

4.预付货款

(1)帐龄分析:

帐龄	1999-12-31	2000-12-31
1 年以内	10,107,065.22	30,544,593.66
1 至 2 年	2,519,873.30	3,731,798.31
2 至 3 年	-95,980.97	
合计	12,626,938.52	34,372,372.94

(2)无欠持 5%(含 5%)以上股份的股东单位欠款。

(3)主要欠款单位:

欠款单位	性质内容	欠款时间	余 额
无锡市第八纺织机械厂	预付定金	1 年以内	2,109,406.79
中纺原料进出口公司	预付定金大部分为	1 年以内	6,026,707.30
警服材料供应中心	预付定金	1 年以内	4,052,302.62
无锡拉链厂	预付定金	1 年以内	829,999.88
天津市富强纺织总厂	预付定金	1 年以内	800,000.00

预付帐款 2000 年末余额较 1999 年末余额增长 2,174.5 万元, 主要原因是 2000 年产销量较以前年度有较大增长,对原材料需求增加,为锁定原材料采购成本,故预付购货款增加。

5.存货及存货跌价准备

项目	1999-12-31	存货跌价准备	2000-12-31	存货跌价准备
原材料	7,564,892.37			-19,577,208.14
在产品	2,350,119.86			-8,796,263.98
产成品	78,146,676.52	11,984,853.97	81,777,682.62	11,891,548.14
合计	88,061,688.75	11,984,853.97	110,151,154.74	11,891,548.14

对产成品计提大额存货跌价准备,主要是考虑部分产品由于款式、面料过时或尺寸号码不全等原因导致成本高于售价,根据前述存货跌价准备核算原则计提了跌价准备。

6.待摊费用

项目	1999-12-31	本期增加	本期摊销	2000-12-31
广告费	222,190.50		-222,190.50	-
合计	222,190.50		-222,190.50	-

7.固定资产及累计折旧

项目	1999-12-31	本期增加	本期减少	2000-12-31
原值				
房屋、建筑物	40,818,789.58	18,315,828.17	16,000.00	59,118,627.75
机器设备和其他设备	46,176,051.81	37,116,067.73	535,783.70	82,756,335.84
运输设备	2,153,247.50	1,292,111.00	248,511.00	3,196,847.50
合计	89,148,088.89	56,724,016.90	800,294.70	145,071,811.09
累计折旧				
房屋、建筑物	11,304,202.58	3,137,510.05	-14,441,712.63	
机器设备和其他设备	12,588,767.05	15,964,071.64	24,413.16	28,528,425.53
运输设备	827,373.34	781,315.79	58,855.76	1,549,833.37
合计	24,720,342.97	19,882,897.48	83,268.92	44,519,971.53
净值	64,427,745.92	100,551.83	9.56	

固定资产原值本期增加数中有 4,726.90 万元为根据资产置换协议置换转入的房屋建筑物及机器设备,相应转入累计折旧 1,253.93 万元;有 1,465,844 元为在建工程完工转入数。

固定资产中无融资租赁固定资产,亦未用于抵押和担保。

8.在建工程

项目	1999-12-31	本期增加	本期转固数	其他减少数	2000-12-31
厂房改造	1,650.00	1,464,194.00	1,465,844.00	--	
合计	1,650.00	1,464,194.00	1,465,844.00	--	

本期增加的在建工程中无资本化利息。

9.无形资产

类别	1999-12-31	本期增加	本期摊销	2000-12-31	剩余摊销期限
土地使用权		-19,085,453.20	381,709.06	18,703,744.14	588(月)
合计		-19,085,453.20	381,709.06	18,703,744.14	

本公司于 2000 年 6 月 29 日将部分产成品计 1908.5 万元,与红豆集团公司拥有的土地使用权经评估后等值置换,并已办妥土地使用权证。

10.短期借款

银行借款	1999-12-31	2000-12-31	贷款性质	年利率
中国农业银行锡山市支行	20,100,000.00		担保	6.435%
招商银行无锡支行		-15,000,000.00	担保	6.138%
	20,100,000.00	15,000,000.00		

(1)上述短期借款由江苏赤兔马总公司提供担保,借款期限为:2000 年 11 月 15 日至 2001 年 5 月 15 日。

11.应付账款

1999-12-31	2000-12-31
44,697,960.37	66,486,054.58

(1)应付帐款 2000 年末余额较 1999 年末余额增加 2,178.8 万元主要是因为本年生产销售规模扩大,原材料采购增加而致使应付帐款增加。

(2)无欠持 5%(含 5%)以上股份的股东单位款项。

12.预收帐款

	1999-12-31	2000-12-31
合计	13,130,892.75	45,654,687.75

(1)预收帐款年末余额较上年增加 3,252.4 万元主要是因为采用代理经销的营销方式后,对特许经销商实行预先缴纳一定数额货款的政策,致使预收帐款增加。

(2)无欠持 5%(含 5%)以上股份的股东单位款项。

13.应付股利

	1999-12-31	2000-12-31
	32,800,404.52	
无锡市红仕女装厂	168,379.90	
无锡市雏鹰服装厂	168,379.90	
锡山市第四针织内衣厂	336,759.80	
锡山市兴达制衣厂	168,379.90	
周海江	33,675.98	
本期股利	-8,976,150.00	
合计	33,675,980.00	8,976,150.00

(1)根据本公司 1999 年度股东大会决议,以 1999 年末总股本 12,952.30 万股为基数,每 10 股分派现金股利 2.60 元,共计 3,367.598 万元。

(2)2000 年 12 月,本公司支付上述 1999 年度股东大会决议分配的股利。

(3)根据本公司第一届董事会第十二次会议关于 2000 年度利润分配预案,以 2000 年 12 月 31 日总股本 17,952.3 万股为基础,每十股派发现金红利 0.5 元(含税),计 8,976,150.00 元。以上分配预案有待股东大会讨论通过。

14.应交税金

税 种	1999-12-31	2000-12-31
增值税	2,852,387.95	2,234,328.89
城建税	8,711.65	443,121.48
房产税		101,347.61
营业税		7,500.00
所得税	10,365,310.64	10,792,065.25
合计	13,226,410.24	13,578,363.23

15.其他应付款

	1999-12-31	2000-12-31
合计	13,827,053.52	18,890,818.84

(1)无欠持 5%(含 5%)以上股份的股东单位款项。

16.预提费用

项目	1999-12-31	2000-12-31
审计费		200,000.00
加工费、劳务费	238,898.00	1,468,392.39
利息	141,995.42	49.55
合计	380,893.42	1,668,441.94

17.股 本 ((数量单位:股)

	期初数	本期增发	期末数
一、尚未流通股份			
1 、发起人股份	129,523,000		-129,523,000
2 、募集法人股---			

尚未流通股份合计	129,523,000		–129,523,000
二、已流通股份	50,000,000		
三、股份总数	129,523,000	50,000,000	179,523,000

(1)2000 年 12 月 15 日,经中国证券监督管理委员会证监发字[2000] 176 号"关于核准江苏红豆实业股份有限公司公开发行股票的通知",本公司采用上网定价方式在上海证券交易所向社会公开发行人民币普通股 5,000 万股,每股面值 1 元。上述股本的变更已经江苏公证会计师事务所有限公司锡会 B[2000] 0187 号验资报告验证。

18.资本公积

	1999-12-31	本期增加	本期减少	2000-12-31
股本溢价		308,470,000.00		308,470,000.00
合计		308,470,000.00		308,470,000.00

(3)股本溢价增加 308,470,000.00 元为本公司 2000 年度发行人民币普通股的溢价部分。

19.盈余公积

	1999-12-31	本期增加	本期减少	2000-12-31
法定盈余公积金	6,001,281.93	4,861,226.76		10,862,508.69
法定公益金	3,000,640.98	2,430,613.38		5,431,254.36
合计	9,001,922.91	7,291,840.14		16,293,763.05

(4)本期增加数 7,291,840.14 元为本公司根据当年净利润计提的法定盈余公积金和公益金。

20.未分配利润

	1999-12-31	本期增加	本期减少	2000-12-31
	567,052.64	48,612,267.66	16,267,990.14	32,911,330.16
合计	567,052.64	48,612,267.66	16,267,990.14	32,911,330.16

(5)未分配利润本年增加数为本期实现的净利润 48,612,267.66 元。

三 、未分配利润本年减少 16,267,990.14 元,内容如下:

(一)按本期实现净利润的 10%和 5%分别计提的法定盈余公积金 4,861,226.76 元和法定公益金 2,430,613.38 元;

1 、 以 2000 年 12 月 31 日总股本 17.952.3 万股为基础,每十股派发现金红利 0.5 元(含税),计 8,976,150.00 元。

根据本公司第一届董事会第十二次会议决议,按本期实现净利润的 10%和 5%分别计提的法定盈余公积金和法定公益金,并以 2000 年 12 月 31 日总股本 17.952.3 万股为基础,每十股派发现金红利 0.5 元(含税),计 8,976,150.00 元。以上分配预案有待股东大会讨论通过。

21.主营业务收入

	1999 年度	2000 年度
西服销售收入	98,245,390.03	60,556,944.81
衬衫销售收入	73,038,861.17	88,703,778.60
羊毛衫销售收入	36,513,183.29	56,315,479.33
毛线纱线及印染销售收入	69,622,153.84	109,909,808.98
T 恤衫销售收入	8,935,716.91	51,787,066.47
休闲服装销售收入	4,927,060.24	11,552,133.02
合计	291,282,365.48	378,825,211.21

2000 年度主营业务收入较 1999 年度增长 8,754.3 万元,主要原因一方面是由于 2000 年 1 月置换转入印染设备后,增加了纱线及印染销售收入,另一方面是 2000 年本公司推出新品空调型 T 恤和远红外保健羊毛衫,使 T 恤衫和羊毛衫销售收入增长。

22.主营业务税金及附加

	1999 年度	2000 年度
	904,057.84	1,252,060.15
教育费附加	936,661.50	1,894,126.06
合计	1,840,719.34	3,146,186.21

23.其他业务利润

	1999 年度	2000 年度
其他业务收入		
租金收入		150,000.00
材料外购商品收入	843,183.90	964,273.38
加工费收入	5,128,693.03	–
其他收入	1,084,431.66	620,334.20
合计	7,056,308.59	1,734,607.58
其他业务支出	5,655,399.11	1,023,420.08
其他业务利润	1,400,909.48	711,187.50

24.存货跌价损失

	1999 年度	2000 年度
产成品跌价损失	134,756.23	–1,317,535.22

25.营业费用

1999 年度	2000 年度
5,070,810.37	13,854,456.07

营业费用 2000 年度较 1999 年度增长 878.36 万元,主要原因是为满足公司发展需要和促进销售量的增长,本公司增加了广告费的投入约 500 万元。另外营销方面为开发代理商进行代理经销,增加了销售人员,相应增加了工资及福利费、销售业务费、运输费和差旅费。

26.管理费用

1999 年度	2000 年度
8,502,819.77	6,893,979.95

2000 年度管理费用较 1999 年度下降 160.9 万元,一方面因为 1999 年度对待置换应收款项计提的坏帐准备 173.65 万元于 2000 年 1 月置换生效后调整冲回,致使管理费用中列支的坏帐准备比 1999 年减少 173.65 万元,同时由于本年度应收款项资金回笼较多,年末应收款项较 1999 年末下降,相应冲减了坏帐准备 133.26 万元;另一方面因为工资增长,特别是管理人员人均月工资的增长,使在管理费用中列支的工资及附加较 1999 年度增长约 146.4 万元;由于 2000 年 6 月置换入土地使用权,相应增加无形资产摊销费用约 38 万元。

27.财务费用	1999 年度	2000 年度
利息支出	382,837.59	2,451,940.43
减:利息收入	238,855.85	337,660.48
银行手续费支出	19,187.52	33,393.24
合计	163,169.26	2,147,673.19

2000 年度财务费用比 1999 年度增加 198.5 万元,主要是因为 2000 年下半年本公司借入的短期借款 6000 万元,致使利息支出增加 207 万元。

28.营业外收入	1999 年度	2000 年度
罚款收入	7,401.00	54,325.00
处理固定资产收益	322,291.64	12,782.56
其他收入	1,954.50	157.83
合计	331,647.14	67,265.39

29.营业外支出	1999 年度	2000 年度
	77,494.16	28,170.54
罚款及滞纳金	138,967.51	11,184.77
其他支出	12,800.00	–
合计	229,261.67	39,355.31

30.收到的其他与经营活动有关的现金

2000 年度收到的其他与经营活动有关的现金 35,391,985.48 元,主要为收到的银行存款利息、罚金及本公司占用关联方红豆集团公司的款项。

31.支付的其他与经营活动有关的现金

2000 年度支付的其他与经营活动有关的现金 52,599,103.57 元,主要为支付的差旅费、运输费、广告费、业务费、招待费等管理费用和营业费用及偿付关联方红豆集团公司的款项。

附注 6:关联方关系及其交易

1.1999 年度及 2000 年度期间,本公司对关联方交易价格根据市场价或协议价确定,与对非关联方的交易价格基本一致,无重大高于或低于正常交易价格的情况。

2.存在控制关系的关联方

企业名称	注册地点	主营业务	与本企业关系	经济类型	法定代表人
红豆集团公司	锡山市港下镇	服装系列,日用轻纺制品,机械配件,化工助剂染料,塑料制品,铁木家具,包装品等。	母公司	集体所有制	周耀庭

3.存在控制关系的关联方的注册资本及其变化(单位:万元)

企业名称	期初数	本期增加数	本期减少数	期末数
红豆集团公司	10,128			10,128

4.存在控制关系的关联方所持股份及其变化((单位:万元)

企业名称	期初数		本期增加数		本期减少数		期末数	
	金额	%	金额	%	金额	%	金额	%
红豆集团公司	12,616	97.40					12,616	70.28

5.不存在控制关系的关联方的性质

企业名称	与本企业关系
赤兔马总公司	同一母公司
南国企业公司	同一母公司
南方橡胶有限公司[原印染总公司]	同一母公司
远东公司	同一母公司
太湖制衣公司	同一母公司
红豆服装公司	同一母公司
东方制衣公司	同一母公司
针织总公司	同一母公司

6.采 购

本公司历年向关联方采购货物有关明细情况如下:(单位:万元)

企业名称内容	2000 年度		1999 年度	
	金额	%	金额	%
赤兔马总公司毛纱	200	1	94	1
南国企业公司辅料	52			
针织总公司坯布	98		–3,546	24
远东公司纸箱	140		30	
南方橡胶有限公司纱线			1,437	10
太湖制衣公司内衣	1,215	4	18	
红豆服装公司休闲服	125			
红豆集团公司辅料	54		36	
合计	1,884	5	5,161	35

注:上述%是指采购货物金额占本公司年度购货百分比。

以上交易均采用不定期结算方式进行价款结算,价款支付无附加条件。

7.销 售

本公司历年向关联方销售货物有关明细情况如下:(单位:万元)

企业名称	2000 年度		1999 年度	
	金额	%	金额	%
红豆集团公司	1,273	3	2,531	9
赤兔马总公司	12		1,492	5
南国企业公司	18		1,177	4
南方橡胶有限公司				
红豆服装公司	3		167	1
东方制衣公司				
远东公司	37			
合计	1.343	3	5,367	19

注:上述%是指销售货物金额占本公司年度销货百分比。

以上交易均采用不定期结算方式进行价款结算,价款支付无附加条件。

8.关联方应收应付款项余额((单位:万元)

企业名称	2000-12-31		1999-12-31	
	金额	%	金额	%
应收账款				
红豆集团公司			1,559	28
赤兔马总公司			638	11
南国企业公司			416	7
合计			2,613	46
其他应收款				
红豆集团公司	1,289	42		
赤兔马总公司			382	7
南国企业公司			875	16
合计	1,289	42	1,257	23
应付账款				
针织总公司			2,439	55
南方橡胶有限公司			753	17
赤兔马总公司			13	
合计			3,205	72
其他应付款				
南方橡胶有限公司			19	1
太湖制衣公司			292	23
合计			311	24

注:(1)上述%是指关联方应收应付款项占本公司期末相应应收应付款项百分比。

9.其他事项说明

(1)依据本公司与红豆集团公司 1998 年 9 月 25 日签定的《综合服务协议》,红豆集团公司为本公司提供生活用水、生产生活用电及通讯服务,该等费用依据国家的有关收费标准,按照本公司的实际使用量,每月结算。该协议自协议签定之日起生效,有效期为 5 年。生活用水费用各年度的实际发生额为:1999 年度:4.65 万元;2000 年度:12.38 万元。电费各年度的实际发生额为:1999 年度:179.31 万元;2000 年度:774.25 万元(其中新增印染业务发生电费 639.70 万元)。通讯费用各年度的实际发生额为:1999 年度:29.35 万元;2000 年度:40.76

万元。

(2)依据本公司1998 年9 月22 日与红豆集团公司签定的《商标使用许可协议》,红豆集团公司许可本公司无偿使用其登记注册的:1)"红豆"牌注册商标,使用商品类别为第25 类,许可证使用期限为自本公司成立之日起至2004 年3 月20 日;2)'"相思豆"牌注册商标,使用商品类别为第23 类,许可证使用期限为自本公司成立之日起至2003 年7 月20 日。

(3)依据本公司2000 年5 月20 日与红豆集团公司签订的《商标转让协议》,红豆集团公司已于2000 年12 月将其拥有的"相思豆"牌注册商标无偿转让给本公司,相关的法律变更手续在办理之中。

(4)依据本公司1998 年9 月26 日与红豆集团公司签订的《进出口代理协议》,红豆集团公司代理本公司从事原料和产品的进出口业务,免收进出口代理手续费,该协议有效期限为四年,自1998 年9 月26 日起至2002 年9 月26 日止。红豆集团公司历年为本公司代理出口的金额分别为:1999 年人民币409.85 万元,2000 年度人民币1,143.9 万元。

(5)依据本公司2000 年5 月20 日与红豆集团公司签订的《广告费分摊协议》,如出于节省费用等经济利益考虑或从整体形象宣传的需要出发,发生同时宣传双方企业形象的广告费用时,广告费按双方当年销售收入的比例分摊,该协议有效期三年。2000 年度本公司发生分摊的广告费为500 万元。

(6)依据本公司2000 年5 月20 日与红豆集团公司远东有限公司签订的《厂房租赁协议》,红豆集团公司远东有限公司租用本公司所属的港下镇兴港路27 幢内的1,653.60 平方米厂房,该厂房月租金为每平方米7.56 元人民币,年租金为15 万元人民币,租赁期为三年,自2000 年5 月20 日至2003 年5 月19 日,租金在每年12 月31 日前全部支付。2000 年度本公司发生的租金收入为15 万元。

(7)2000 年1 月15 日,经红豆集团公司董事会和本公司股东大会批准,红豆集团公司以其拥有的部分房屋建筑物、机器设备和本公司占用的全部土地的土地使用权5,381 万元,与本公司的部分应收款项、产成品共计5,381 万元等值置换。本公司于2000 年1 月15 日将3,473 万元应收款项与红豆集团公司拥有的房屋建筑物、机器设备等值置换;本公司于2000 年6 月29 日将部分产成品计1908 万元与红豆集团公司拥有的土地使用权等值置换。

附注7:或有负债

截至2000 年12 月31 日止,本公司无对外担保等重大或有负债和损失。

附注8:承诺事项

截至2000 年12 月31 日止,本公司无重大承诺事项。

附注9:资产负债表日后非调整事项

本公司已于2001 年1 月10 日支付欠缴的增值税178.46 万元,2001 年2 月12 日支付欠缴的所得税款1,092.39 万元。

九 、公司的其他有关资料

(一)最新注册登记日期:2000 年12 月27 日

(二)营业执照登记号:3200001104191

(三)税务登记号:320222704045688

(四)公司未流通股票的托管机构:上海证券中央登记结算公司

(五)公司聘请的会计师事务所名称及办公地点:

名称:江苏公证会计师事务所有限公司

地址:无锡市梁溪路28 号

十 、备查文件

1 、载有董事长亲笔签名的年度报告文本;

载有法定代表人、主管会计负责人、会计机构负责人签名并盖章的会计报表;

3 、载有会计师事务所盖章、注册会计师签名并盖章的审计报告原件;

4 、报告期内在中国证监会指定报纸上公开披露过的所有公司文件的正本及公告原稿;

5 、公司章程。

资产负债表

编制单位:江苏红豆实业股份有限公司　　单位:人民币元

项目	1999.1-12.31	2000.1-12.31
流动资产:		
货币资金	26997072.41	407475079.3
短期投资		
减:短期投资跌价准备		
短期投资净额		
应收票据	738000	
应收股利		
应收利息		
应收帐款	55504471.87	30367365.52
其它应收款	54852013.69	30477441
减:坏帐准备	6782231.48	3306904.49
应收帐款净额	103574254.08	57537902.03
预付帐款	12626938.52	34372372.94
应收补贴款		
存货	88061688.75	110151154.74
减:存货跌价准备	11984853.97	11891548.14
存货净额	76076834.78	98259606.6
待摊费用	222190.5	
待处理流动资产净损失		
一年内到期的长期债权投资		
其它流动资产		
流动资产合计	220235290.29	597644960.87
长期投资:		
长期股权投资		
长期债权投资		
其它长期投资		
长期投资合计		
减:长期投资减值准备		
长期投资净额		
其中:合并价差		
股权投资差额		
固定资产:		
固定资产原值	89148088.89	145071811.09
减:累计折旧	24720342.97	44519971.53
固定资产净值	64427745.92	100551839.56
工程物资		
在建工程	1650	
固定资产清理		
待处理固定资产净损失		
固定资产合计	64429395.92	100551839.56
无形及其它资产:		
无形资产		18703744.14
开办费		
长期待摊费用		
无形资产及其它资产合计		18703744.14
递延税项:递延税款借项		
资产总计:		
资产总计	284664686.21	716900544.57
流动负债:		
短期借款	20100000	15000000
应付票据		
应付帐款	44697960.37	66486054.58
预收帐款	13130892.75	45654687.75
代销商品款		
应付工资	3904656.64	4505394.39
应付福利费	2259077.66	4631871.81
应付股利	33675980	8976150
应付税金	13226410.24	13578363.23
其它应交款	369786.06	310668.82
其它应付款	13827053.52	18890818.84
应付短期债券		
预提费用	380893.42	1668441.94
流动负债合计	145572710.66	179702451.36
长期负债:		
长期借款		
应付债券		
长期应付款		
住房周转金		
长期负债合计		
递延税项:递延税项贷款		
负债合计:		
负债合计	145572710.66	179702451.36
少数股东权益:		
少数股东权益		
股东权益:		
股本	129523000	179523000
资本公积金		308470000
盈余公积	9001922.91	16293763.05
其中:公益金	3000640.98	5431254.36
未确认的外资损失		
未分配利润	567052.64	32911330.16
外币报表折算差额		
股东权益合计	139091975.55	537198093.21
负债和股东权益总计:		
负债和股东权益总计	284664686.21	716900544.57

利润及利润分配表

编制单位:江苏红豆实业股份有限公司　　单位:人民币元

项目	1999 年1-12 月	2000 年1-12 月
一、主营业务收入	291282365.48	378825211.21
减:折扣与折让		
主营业务收入净额	291282365.48	378825211.21
减:主营业务成本	213851100.8	282254317.44
主营业务税金及附加	1840719.34	3146186.21
二、主营业务利润	75590545.34	93424707.56
加:其他业务利润	1400909.48	711187.5
减:存货跌价损失	134756.23	-1317535.22
营业费用	5070810.37	13854456.07
管理费用	8502819.77	6893979.95
财务费用	163169.26	2147673.19
三、营业利润	63119899.19	72557321.07
加:投资收益		
期货损益		
补贴收入		
营业外收入	331647.14	67265.39
以前年度损益调整		
减:营业外支出	229261.67	39355.31
分给外单位利润		
四、利润总额	63222284.66	72585231.15
减:所得税	21436393.82	23972963.49
少数股东损益		
职工奖励及福利基金		
购并利润		
加:未确认的投资损失		
所得税返还		
五、净利润	41785890.84	48612267.66
加:年初未分配利润	-1274974.58	567052.64
盈余公积转入数		
年初未分配利润调整		
减少注册资本减少的未分配利润		
外币报表折算差额		
减:股份公司成立前利润分配		
六、可供分配的利润	40510916.26	49179320.3
减:提取法定盈余公积金	4178589.08	4861226.76
提取法定公益金	2089294.54	2430613.38
提取职工奖励福利基金		
七、可供股东分配的利润	34243032.64	41887480.16
减:应付优先股股利		
提取任意盈余公积金		
应付普通股股利	33675980	8976150
转作股本的普通股股利		
八、未分配利润	567052.64	32911330.16

安徽江淮汽车底盘股份有限公司

安徽江淮汽车底盘股份有限公司上市公告书暨2001年中期财务报

一、重要声明与提示

本公司董事会保证上市公告书的真实性、准确性、完整性,全体董事承诺上市公告书不存在虚假记载、误导性陈述或重大遗漏,并承担个别和连带的法律责任。

根据《公司法》、《证券法》等有关法律、法规的规定,本公司董事、高级管理人员已依法履行诚信和勤勉尽责的义务和责任。上海证券交易所、中国证监会、其他政府机关对本公司股票上市及有关事项的意见,均不表明对本公司的任何保证。

本公司提醒广大投资者注意,凡本上市公告书未涉及的有关内容,请投资者查阅2001年7月24日刊载于《中国证券报》、《上海证券报》、《证券时报》的本公司招股说明书摘要,及刊载于上海证券交易所网站(http://www.sse.com.cn)的本公司招股说明书全文。

本上市公告书刊登网址:http//www.sse.com.cn

二、概 览

股票简称:江汽股份　股票代码: 600418　股本总额:230,000,000股

可流通股本:88,000,000股　本次上市流通股本:88,000,000股

上市地点:上海证券交易所　上市日期:2001年8月24日

股票登记机构:上海证券中央登记结算公司　上市推荐人:联合证券有限责任公司

本公司公开发行股票前股东所持股份的流通限制及期限:根据国家现有法律、法规规定和中国证监会证监发行字[2001]52号《关于核准安徽江淮汽车底盘股份有限公司公开发行股票的通知》,本公司的国有法人股和其他法人股暂不上市流通。

本公司公开发行股票前最大股东安徽江淮汽车集团有限公司承诺:自本公司股票上市之日起12个月内,不转让所持有本公司的股份,也不由本公司回购该部分股份。

三、绪 言

安徽江淮汽车底盘股份有限公司(以下简称"本公司")上市公告书是根据《中华人民共和国公司法》、《中华人民共和国证券法》、《股票发行与交易管理暂行条例》、《公开发行股票公司信息披露实施细则》和《上海证券交易所股票上市规则》等国家有关法律、法规的规定,并按照中国证券监督管理委员会制定的《公开发行证券的公司信息披露内容与格式准则第7号--股票上市公告书》而编制。

经中国证券监督管理委员会证监发行字[2001]52号文核准,本公司已于2001年7月26日采用上网定价发行方式成功地向社会公开发行了人民币普通股8800万股(其中800万股为根据财政部财企便函[2001]57号文批准的国有股减持部分),每股面值1.00元,每股发行价9.90元。

根据上海证券交易所上证上字[2001] 121号《关于安徽江淮汽车底盘股份有限公司人民币普通股股票上市交易的通知》,本公司8800万社会公众股将于2001年8月24日起在上海证券交易所挂牌交易,股票简称"江汽股份",股票代码为"600418",总股本23000万股,可流通股本8800万股。

本公司已于2001年7月24日分别在《中国证券报》、《上海证券报》、《证券时报》上刊登了《安徽江淮汽车底盘股份公司招股说明书摘要》,在上海证券交易所网站(http://www.sse.com.cn)刊载了《安徽江淮汽车底盘股份公司招股说明书》全文及必备附件。因此,与本公司招股说明书重复的内容在此不再重述,敬请投资者查阅本公司招股说明书。

四、公司概况

(一)公司基本情况

1、公司名称:安徽江淮汽车底盘股份有限公司

英文名称:Anhui Jianghuai Automotive Chassis Co.,Ltd.

2、注册资本:230,000,000元

3、法定代表人:左延安

4、公司住所: 安徽省合肥市东流路176号

5、经营范围:汽车底盘、齿轮箱、汽车配件开发、制造、销售;汽车修理;新技术开发、新产品研制。

6、主营业务:主要从事汽车底盘、齿轮箱等汽车配件的开发、制造、销售。

7、所属行业: 汽车制造业

8、电话:0551-3415133-6835　传真:0551-3425437　电子邮箱:Jqgf@jac.com.cn

9、董事会秘书: 王敏

(二)公司历史沿革

本公司主发起人安徽江淮汽车集团有限公司(以下简称集团公司)系安徽省政府于1997年8月以原合肥江淮汽车制造厂的全部资产和股权以及为该厂供应配套汽车齿轮箱的原安徽省汽车齿轮箱总厂的全部资产为主体组建成立的国有独资公司、安徽省重点企业集团。

为进一步做大做强汽车底盘、汽车齿轮箱业务,树立专业化竞争优势,1999年9月,集团公司本着专业化发展、社会化采购的原则,将其所属全资企业原安徽省汽车齿轮箱总厂进行了重组,对其相关非经营性资产和不良资产进行了剥离并收归集团公司管理,依法注销了该厂的企业法人资格;经集团公司控股子公司合肥江淮汽车有限公司董事会会议同意并经安徽省机械工业局以皖机改[1999]74号文批准,1999年9月13日,安徽江淮汽车集团有限公司用其土地使用权与部分现金合计9305万元,马来西亚安卡莎机械有限公司(以下简称安卡莎公司)用其自有资金2737万元和在合资公司1999年度的投资分利938万元合计3675万元,以经安徽资产评估事务所评估并经安徽省国有资产管理局以皖国资评函字[1999]03号文确认的评估价格,共同从合肥江淮汽车有限公司中置换出与汽车底盘生产相关的全部经营性净资产,计12980万元(其中集团公司9305万元,安卡莎公司3675万元)。

1999年9月22日,集团公司以上述经营性净资产共计10755万元,安卡莎公司以上述经营性净资产3675万元,作为出资投入本公司,并分别按1:1的比例折为国有法人股10755万股、法人股3675万股;安徽省科技产业投资有限公司、安徽省机械设备总公司、武汉天喻信息产业股份有限公司分别以现金500万元、50万元、20万元作为出资投入本公司,并按1:1的比例折为法人股500万股、50万股、20万股。上述国有股权管理方案业经安徽省国有资产管理局以皖国资工字[1999]013号文批准。1999年9月27日,安徽省体改委和安徽省人民政府分别以皖体改函[1999]68号文、皖府股字[1999]第24号股份有限公司批准证书批准本公司成立。本公司创立大会于1999年9月28日召开。1999年9月30日,本公司到安徽省工商行政管理局办理了工商注册登记。

经中国证监会证监发行字[2001]52号文核准,本公司于2001年7月26日在上海证券交易所以上网定价方式成功地发行了人民币普通股8800万股,每股面值1.00元,每股发行价9.90元。此次发行完成后,本公司已于2001年8月13日在安徽省工商行政管理局依法办理了工商变更登记手续,公司注册资本变更为23000万元。

(三)公司主要经营情况

1、行业地位

本公司是国内规模最大的中、轻型客车专用底盘生产基地,具有30多年的汽车生产经验,是国内最早从事客车专用底盘生产的厂家之一,已形成年产中、轻型客车专用底盘和轻型载货汽车底盘各25000辆、汽车变速箱总成60000套的生产能力。目前本公司拥有3个国家级技改投资项目,具有"(车身)长中短、(档次)高中低、(动力)汽柴油、(发动机)前后置"全系列产品,其中HFC6605LY、HFC6705KALY、HFC6853KAY型客车专用底盘分别为1997年度国家重点新产品、2000年度国家级重点新产品和1998年度国家级新产品。本公司已于2000年元月被安徽省科技厅认定为高新技术企业,同年7月被国家科技部认定为国家级火炬计划重点高新技术企业。

2、市场占有情况

根据中国汽车工业协会《中国汽车工业产销快讯》2001年第1期2000年刊披露的有关行业统计数据,2000年本公司中轻型客车专用底盘综合市场占有率约37%左右,在全国同类产品市场占有率中排名第一,其中HFC6700系列客车专用底盘在全国同类产品市场上影响较大,市场占有率高达40%。

3、研究开发

本公司现拥有省级企业技术中心,由安徽省汽车研究所、科技管理部、信息研究中心、规划建设部和六安汽车齿轮研究所组成,目前正由安徽省经贸委推荐申报国家级企业技术中心。在本公司从事产品开发研究的技术人员中,享受政府专家津贴的有1人,进入省(厅)级以上专家网的专家有7人,拥有中、高级技术职称的有140人。

本公司目前正在进行的研究开发项目有:

A、8-10米中型客车中、高档专用底盘研发项目

B、8-9米中、高档客车用大功率变速箱及驱动桥技术创新项目

C、HFC6500系列乘用车底盘开发项目

D、环保型产品开发项目

E、空气悬架的应用研究项目

F、客车专用底盘总体设计专家系统开发和建设项目

G、HFC6703客车前桥、车架及轮胎可靠性分析研究项目

H、进排气系统、冷却系统的优化设计项目

I、JAC-CIMS应用示范工程项目

4、管理水平

本公司长期以来积极倡导以"40+4"(即规定每个员工每周不仅要工作40小时,还要利用业余时间或节假日集中听课4小时)为核心的学习型组织建设和"金字塔"式人才工程建设,坚持技术创新、管理创新、制度创新,全面引进了MRPII等先进管理手段,大力推行精益生产、目标成本管理、顾客链管理等先进的管理方法和现代化管理技术,从产品开发到生产计划等各项管理已全面实现计算机化,管理水平不断提高,并为营造市场竞争优势奠定了坚实的基础。

5、主要财务指标

根据安徽华普会计师事务所出具的会事审字(2001)第050号审计报告和会事审字(2001)第386号审计报告,截止2001年6月30日,公司资产总额72083.23万元,净资产28065.00万元,资产负债率为61.07%。公司前三年及2001年度中期的主要财务数据如下:

单位:人民币万元

项目指标	2001年中期	2000年度	1999年度	1998年度
主营业务收入	93649.28	179364.28	51242.10	6104.39
主营业务利润	10978.94	21937.04	8469.89	2340.04
利润总额	5410.23	9865.06	3285.08	1200.11
净利润	4491.84	8165.49	2562.89	808.12

6、主要知识产权和非专利技术情况

A、商标

本公司汽车底盘产品使用"江淮"牌商标,汽车变速箱产品使用"六齿"牌商标。根据本公司与安徽江淮汽车集团有限公司签定的《商标转让协议》,后者无偿转让其拥有的"江淮"牌注册商标及商标图形(商标注册证号:第876816号)和"六齿"牌注册商标及商标图形(商标注册证号:第221388号),现公司正在办理上述商标的持有人变更登记手续,在该手续办理完结之前,根据本公司与江淮汽车集团有限公司签定的《商标使用许可协议》,本公司将继续无偿独占使用该商标,直至商标持有人变更登记手续完成为止,上述《商标使用许可协议》将自动终止。

B、专有技术

本公司主要专有技术为HFC6700系列客车底盘生产专有技术。该专有技术自1988年开始开发、1991年通过了中国汽车工业总公司新产品定型试验和鉴定;1994年4月通过了安徽省经贸委、省机械厅组织的批量试生产鉴定。目前,该项技术已处于大批量生产阶段。以该项专有技术为基础,本公司近年来不断有HFC6853KAY、HFC6605LY、HFC6705KALY等国家级新产品问世,市场占有率稳步提高,生产和销售规模逐年扩大。

1999年9月,集团公司和安卡莎公司以从合肥江淮汽车有限公司中置换出的包括上述专有技术在内的与底盘生产相关的全部经营性资产,以经安徽资产评估事务所(现已更名为安徽国信资产评估有限责任公司)评估并经安徽省国有资产管理局皖国资评字[1999]090号《关于对安徽江淮汽车集团有限公司资产评估项目审核意见的函》确认的评估结果,作价投入本公司,其中HFC6700系列客车专有底盘技术作价1530万元,占本公司注册资本的10.2%。

7、所得税优惠

由于本公司为安徽省科技厅及国家科技部认定的高新技术企业,根据财政部、国家税务总局及安徽省地方税务局的相关规定,本公司自2000年1月1日起减按15%的税率征收企业所得税,本公司六安分公司因不在高新技术开发区内开展生产经营活动,仍按33%国家法定税率计缴所得税。

四、股票发行与股本结构

(一)本次股票公开发行情况

1、发行日期: 2001年7月26日

2、发行数量: 8800万股(其中国有股存量发行800万股)

3、股票发行价格: 9.90元

4、募集资金总额: 87120万元(其中国有股存量发行募集资金7920万元)

5、发行方式: 上网定价发行

6、发行费用总额及项目: 3000.85万元,其中新增发行的费用为2814.73万元,国有股存量发行的费用为186.12万元,主要包括承销费用、审计费、律师费用、评估费、信息披露费、发行手续费等。

7、每股发行费用:

新增发行的每股费用为0.352元;国有股存量发行的每股费用为0.233元。

8、中签率: 0.82514719%

9、有效申购户数: 465,471户

10、有效申购股数： 10,664,764,000 股
11、持 1000 股以上(含 1000 股)的户数：81,633 户
12、发行市盈率： 25.80 倍(全面摊薄)
(二)股票承销情况
本公司于 2001 年 7 月 26 日公开发行的人民币普通股 88,000,000 股由社会公众及合格的机构投资者全额认购，承销团成员无余额包销。
(三)验资报告
安徽华普会计师事务所
会事验字(2001)第 381 号
验 资 报 告
安徽江淮汽车底盘股份有限公司：
我们接受委托，对安徽江淮汽车底盘股份有限公司截至 2001 年 8 月 3 日止的注册资本、实收资本变更情况的真实性和合法性进行了审验。在审验过程中，我们根据国家有关法律、法规，按照《独立审计实务公告第 1 号-验资》的要求，实施了必要的审验程序。安徽江淮汽车底盘股份有限公司的责任是提供真实、合法、完整的验资资料，保护资产的安全、完整，我们的责任是按照《独立审计实务公告第 1 号-验资》的要求，出具真实、合法的验资报告。
安徽江淮汽车底盘股份有限公司变更前的注册资本为 15000 万元。根据我们的审验，截至 2001 年 8 月 3 日止，安徽江淮汽车底盘股份有限公司向社会公开募集股本 8800 万元人民币(其中：国有股存量发行 800 万元)，变更后的注册资本为 23000 万元人民币，变更后的股东权益合计为 106249.04 万元，其中股本 23000 万元，资本公积 69338.80 万元，盈余公积 2053.13 万元，未分配利润 11857.11 万元。与上述变更后投入资本总额相关的资产总额为 154823.19 万元，负债总额为 48574.15 万元。
安徽华普会计师事务所　　　　中国注册会计师：朱宗瑞　张良文
(四)募集资金入帐情况：
1、入帐时间： 2001 年 8 月 2 日和 2001 年 8 月 3 日
2、入帐金额：77338.80 万元
3、开户银行及入帐帐号：
(1)转入中国工商银行合肥市望江路支行 41338.80 万元，入帐账号 10522111802；
(2)转入交通银行合肥分行南七分理处 15000 万元，
入帐账号 3060010504318；
(3)转入中国银行合肥市徽州路支行 15000 万元，
入帐账号 6120501040102；
(4)转入中国光大银行合肥支行营业部 6000 万元，
入帐账号 8319301018269。
(五)本次股票上市前发行前股权结构和股东持股情况
1、上市前的股本结构

股份类别	持股数量(万股)	持股比例(%)
发起人股	14200	61.74
其中：国有法人股	10525	45.76
法人股	3675	15.98
社会公众股(A 股)	8800	38.26
股本总额	23000	100

2、本次上市前，本公司前十名股东持股数及比例

序号	股东名称	持股数量(万股)	持股比例(%)
1	安徽江淮汽车集团有限公司	9993.9	43.45
2	马来西亚安卡莎机械有限公司	3675	15.98
3	安徽省科技产业投资有限公司	464.6	2.02
4	安顺基金	61.0	0.27
5	同盛基金	50.9	0.22
6	景宏基金	49.2	0.21
7	安徽省机械设备总公司	46.5	0.20
8	裕隆基金	41.5	0.18
9	汉兴基金	40.8	0.18
10	安信基金	36.7	0.16

五、董事、监事、高级管理人员及核心技术人员

(一)董事、监事、高级管理人员和核心技术人员简介
左延安先生　本公司董事长。51 岁，中国国籍，高级工程师，研究生学历，毕业于清华大学经济管理学院。1968 年 3 月参加工作，历任合肥江淮汽车制造厂总经济师、厂长等职，现任安徽江淮汽车集团有限公司董事长、总经理、安徽省第八届政协常委、安徽省汽车工程学会副理事长等职。曾获得"全国机械系统劳模"、"安徽省优秀企业家"、"百万职工跨世纪赶超工程功臣""全国劳动模范"等称号。
钟廷豪先生　本公司副董事长。46 岁，新加坡国籍，毕业于新加坡工艺学院机械工程系。现任金狮集团中国区总裁，合肥江淮汽车有限公司副董事长。
安　进先生　本公司董事、总经理。43 岁，中国国籍，高级工程师，工学硕士，毕业于合肥工业大学。历任安徽省客车总厂总师办主任、安徽省汽车研究所所长，现任安徽江淮汽车集团有限公司副董事长，为享受省政府津贴的青年专家。
汤书昆先生　本公司独立董事。40 岁，中国国籍，教授，博士生导师，毕业于南开大学。现任中国科学技术大学信息与决策研究所所长、中国科学技术大学学术委员会委员、教学委员会委员，兼任中国科技传播研究会发展部部长。
赵　韩先生　本公司独立董事。43 岁，中国国籍，教授，博士生导师，丹麦奥尔堡大学博士，国家有突出贡献专家，全国教育系统劳模。现任合肥工业大学机械与汽车工程学院院长、安徽省政协常委、安徽省科协常委、教育部机械基础课程指导委员会委员、国际机器与机构理论联合会委员等。
李永祥先生　本公司董事。38 岁，中国国籍，经济师，大学本科学历，安徽工商管理学院 MBA 在读。现任安徽江淮汽车集团有限公司董事。
赵厚柱先生　本公司董事。37 岁，中国国籍，工程师，大学本科学历，毕业于安徽工学院，在读合肥工业大学管理工程专业研究生。现任合肥江淮汽车有限公司董事兼常务副总经理。
王志远先生　本公司董事、副总经理。44 岁，中国国籍，工程师，研究生学历，毕业于合肥工业大学管理工程研究生班。现任安徽江淮汽车集团有限公司董事。
戴茂方先生　本公司董事、副总经理、技术负责人。37 岁，中国国籍，高级工程师，大学本科学历，毕业于安徽工学院汽车专业，在读合肥工业大学机械工程专业研究生。
周志虹先生　本公司董事。57 岁，中国国籍，高级工程师，大学文化，1962 年毕业于淮南化专有机工程系。现任安徽省科技产业投资有限公司总经理。
于振良先生　本公司董事。55 岁，中国国籍，高级工程师，大学本科学历，毕业于安徽工学院。现任安徽江淮汽车集团有限公司董事兼常务副总经理、合肥客车制造有限责任公司董事长。
蔡文财先生　本公司董事。39 岁，马来西亚国籍，1985 年毕业于台湾中兴大学企业管理学系，1988 年获得美国德克萨斯州大学 MBA 学位。现任金狮集团中国汽车事业部总经理助理。
苏瑞福先生　本公司董事。38 岁，马来西亚国籍，1986 年毕业于美国纽约大学，MBA(金融及财务)学位。现任马来西亚金狮集团啤酒事业部的副总经理。
王钧云女士　本公司监事会主席。48 岁，中国国籍，高级政工师，大专学历，毕业于合肥工业大学。现任本公司党委副书记。
张帮俊先生　本公司监事。37 岁，中国国籍，经济师，大学专科学历，合肥工业大学 MBA 在读。现任本公司六安分公司副总经理。
王德龙先生　本公司监事。29 岁，中国国籍，大学本科学历，毕业于大连理工大学管理学院，在读合肥工业大学管理工程专业研究生。现任公司企划部秘书。
戴　敏女士　本公司监事。38 岁，中国国籍，工程师，大学文化，1984 年 7 月毕业于淮南矿业学院。现任安徽省机械设备总公司进口部经理。
江闽涛先生　本公司监事。29 岁，中国国籍，大学本科学历，1993 年毕业于合肥工业大学精密仪器系。现任职于安徽省科技产业投资有限公司项目部。
侯丽金女士　本公司监事。36 岁，马来西亚国籍，毕业于英国兰卡斯特大学法律系，1990 年获得马来西亚律师执业执照。现任金狮集团中国项目部法务部主管。
张翔立先生　本公司监事。45 岁，中国国籍，硕士学位，毕业于华中理工大学智能 CAD 专业。现任武汉天喻信息产业有限责任公司总经理助理，负责投资及投资管理。
王　敏先生　本公司董事会秘书、证券部部长。40 岁，中国国籍，毕业于安徽财贸学院法律系。
贺佩珍女士　财务负责人。46 岁，中国国籍，会计师。现任本公司财务部部长。
查保应先生　本公司下属安徽省汽车研究所所长、核心技术人员。38 岁，中国国籍，硕士研究生在读，高级工程师。
尹晋宪先生　本公司技术中心总工程师、核心技术人员。47 岁，中国国籍，大学本科学历，高级工程师。
孙光仙先生　公司核心技术人员。38 岁，中国国籍，大学本科学历，高级工程师。杨文江先生　安徽省汽车研究所副所长、核心技术人员。31 岁，中国国籍，大学本科学历，工程师。
任国清先生　安徽省汽车研究所副所长、核心技术人员。34 岁，中国国籍，大学本科学历，工程师。
截止到本上市公告书签署之日，本公司与上述董事、监事、高级管理人员、核心技术人员未有借款或担保方面的协议，上述人员均未持有本公司股份，相互之间也不存在配偶关系、三代以内直系和旁系亲属关系，为稳定上述人员，本公司拟引进股权激励机制，目前正在研究相关实施方案。

六、同业竞争与关联交易

1、同业竞争
本公司与控股股东及其控制的法人间没有从事相同、相似业务的情况，不存在同业竞争问题。对本公司已进行建设和拟投资兴建的项目，发起人将在项目选择和投资方向上，避免与公司相同或相似，不与本公司发生同业竞争，以维护本公司的利益。
经律师和主承销商核查，均认为发行人控股股东及其控股子企业与发行人间目前不存在同业竞争问题。
2、关联方及关联关系
(1)本公司五家发起人股东：安徽江淮汽车集团有限公司、马来西亚安卡莎机械有限公司、安徽省科技产业投资有限公司、安徽省机械设备总公司、武汉天喻信息产业股份有限公司。
(2)本公司主发起人控股、参股的五家子公司：合肥江淮汽车有限公司、合肥客车制造有限责任公司、安徽江淮汽车集团合肥车桥厂、黄山市江淮特种车厂、合肥飞龙机械有限公司。
3、关联交易
本公司与控股股东及其关联公司在综合服务、生产协作、商标、房产、土地使用权等方面存在关联交易。相关关联交易及其处理的具体情况如下：
(1)《综合服务协议》
本公司于 1999 年 10 月 27 日与安徽江淮汽车集团有限公司签订《综合服务协议》。根据该协议，安徽江淮汽车集团有限公司将其医院、职工食堂、幼儿园、通讯设施、招待所等综合服务设施提供给本公司使用；本公司每年向集团公司支付综合服务管理费 20 万元。
(2)《生产协作协议》
本公司于 1999 年 10 月 27 日与安徽江淮汽车集团有限公司及其所属全资企业安徽江淮汽车集团合肥车桥厂、控股子公司合肥江淮汽车有限公司、合肥客车制造有限责任公司共同签订了《生产协作协议》，以公平处理相关各方的生产协作事宜。2001 年 1 月 15 日，根据本公司与相关关联方生产协作事宜的发展变化，本公司与上述各方及集团公司所属全资企业黄山市江淮特种车厂重新签署了《生产协作协议》，同时废止了原《生产协作协议》。根据该协议，本公司与上述各方在生产协作方面达成如下协议：
a、集团公司向本公司供应一定数量的齿轮箱箱体铸件；
b、安徽江淮汽车集团合肥车桥厂向本公司供应汽车底盘用后桥；
c、黄山市江淮特种车厂向本公司提供汽车底盘用储气筒等汽车配件；
d、本公司向合肥江淮汽车有限公司供应轻型货车底盘及相关配件；
e、本公司向合肥客车制造有限责任公司供应部分客车底盘。
对上述关联交易事项，有关各方在《生产协作协议》中约定，将按照市场公允价格进行交易。
f、合肥江淮汽车有限公司供应本公司生产所需水、电、蒸汽、压缩空气。
合肥江淮汽车有限公司在《生产协作协议》中承诺，在平等的条件下，优先保证本公司的能源供应。在上述能源的供应上，水、电的供应价格，遵照水、电管理部门向合肥江淮汽车有限公司征收的统一标准执行；蒸汽和压缩空气的供应价格，按照合肥江淮汽车有限公司的生产成本计收。
集团公司同时在《生产协作协议》中承诺，如生产协作相关交易环节出现问题，集团公司将本着不损害本公司利益的原则予以协调和解决；对于本公司成立前原外协厂家提供的各项优惠，集团公司将采取有效措施，确保本公司同样享受上述优惠。
(3)《商标转让协议》及《商标使用许可协议》
本公司分别于 1999 年 10 月 27 日和 2000 年 9 月 5 日就商标问题与安徽江淮汽车集团有限公司签订《商标使用许可协议》和《商标转让协议》。根据《商标转让协议》，安徽江淮汽车集团有限公司拟将其"江淮"、"六齿"牌注册商标及商标图形无偿转让给本公司。国家工商行政管理局已于 2000 年 9 月 18 日正式受理了上述商标转让事宜。在商标持有人变更登记手续办理完结之前，根据双方签定的《商标使用许可协议》，安徽江淮汽车集团有限公司将继续许可本公司无偿独占使用该商标；商标持有人变更登记手续完成后，上述《商标使用许可协议》将自动终止。
(4)《房屋租赁协议》

本公司于1999年10月27日与安徽江淮汽车集团有限公司签订《房屋租赁协议》。根据该协议，安徽江淮汽车集团有限公司将其部分厂房和办公用房，共计20940.83 平方米，租赁给本公司使用；租赁期限暂定为 2 年。本公司每年向集团公司支付租金80万元。

(5)《土地使用权租赁协议》

本公司于1999 年 11月12 日与安徽江淮汽车集团有限公司签订《土地使用权租赁协议》。根据该协议，安徽江淮汽车集团有限公司将其合国用(1999)字第456 号《国有土地使用证》、六土直国用(1999)字第 3547 号《国有土地使用证》下面积为207140.60 平方米的国有土地使用权租赁给本公司使用；租赁期限为30年。本公司每年向集团公司支付土地租金50万元。

3、发行人律师关于发行人关联交易的意见

经核查，江汽股份已对上述关联交易情况进行了充分披露，未发现有虚假、严重误导性陈述或者重大遗漏；上述关联交易决策程序合法有效，内容公平合理，不存在损害江汽股份及其中小股东利益的行为。

4、主承销商关于发行人关联交易的意见

经核查，发行人已存在的关联关系和已发生的关联交易决策程序合法有效，不存在损害发行人或中小股东利益的行为。

七、财务会计资料

本公司聘请了安徽华普会计师事务所对公司1998年度、1999年度、2000年度和2001年中期会计报表进行了审计，并出具了标准无保留意见的审计报告。

本公司截止2000年12月31日的财务会计资料，已于2001年7月24日在《中国证券报》、《上海证券报》和《证券时报》上刊登的《招股说明书摘要》中进行了披露，投资者欲了解详细内容，请查阅上述报纸或已刊载于上海证券交易所网站(http://www.sse.com.cn)的本公司招股说明书全文。

公司2001年中期审计报告

安徽华普会计师事务所

会事审字(2001)第386号

审 计 报 告

安徽江淮汽车底盘股份有限公司全体股东：

我们接受委托，审计了安徽江淮汽车底盘股份有限公司 2001 年 6 月 30 日资产负债表和2001年1-6月份利润及利润分配表和2001年1-6月份现金流量表。这些会计报表由贵公司负责，我们的责任是对这些会计报表发表审计意见。我们的审计是依据《中国注册会计师独立审计准则》进行的。在审计过程中， 我们结合贵公司的实际情况，实施了包括抽查会计记录等我们认为必要的审计程序。

我们认为，上述会计报表符合《企业会计准则》和《企业会计制度》的有关规定，在所有重大方面公允地反映了贵公司2001年6月30日的财务状况和2001年1-6月份经营成果及现金流量情况，会计处理方法的选用遵循了一贯性原则。

安徽华普会计师事务所　　中国注册会计师：朱宗瑞

中国·合肥市　　中国注册会计师：张良文

荣事达大道100号　　2001年8月10日

本公司按《公开发行证券公司信息披露编报规则第9号-净资产收益率和每股收益的计算及披露》计算的2001年中期净资产收益率和每股收益如下：

安徽江淮汽车底盘股份有限公司2001 年 1-6 月份会计报表附注

一、公司基本情况

安徽江淮汽车底盘股份有限公司(以下简称"本公司")是经安徽省体改委皖体改函[1999]68 号文和安徽省人民政府皖府股字[1999]第24号股份有限公司批准证书批准，由安徽江淮汽车集团有限公司作为主发起人，联合马来西亚安卡莎机械有限公司、安徽省科技产业投资有限公司、安徽省机械设备总公司和武汉天喻信息产业有限责任公司以发起设立方式设立的股份有限公司。公司注册资本15000万元人民币。公司已于1999年9月30日获得安徽省工商行政管理局核发的注册号为25922274-5的企业法人营业执照。

本公司主要从事汽车底盘、齿轮箱、汽车配件开发、制造、销售；汽车修理；新技术开发、新产品研制。

二、公司采用的主要会计政策和会计估计

1、执行的会计制度

本公司执行《企业会计准则》和《企业会计制度》及其他有关法规、制度和规定。

2、会计年度

自公历一月一日起至十二月三十一日止。

3、记账本位币

以人民币为记账本位币。

4、记账基础和计价原则

以权责发生制原则为记账基础，以历史成本为计价原则。

5、外币业务核算方法

对发生的外币经济业务，按发生时市场汇率折合人民币记账，期末各外币账户余额按期末市场汇率进行调整。调整的差额与购建固定资产有关的在固定资产交付使用之前予以资本化，属于筹建期间的计入长期待摊费用，除此之外计入当期财务费用。

6、现金等价物的确定

凡同时具备期限短(从购买日起，三个月内到期)、流动性强、易于转换为已知金额的现金、价值变动风险很小四个条件的投资，确认为现金等价物。

7、短期投资核算方法

本公司持有的可随时变现并且持有时间不准备超过一年的投资，包括股票投资、债券投资等。

短期投资在取得时以投资成本计价，持有期间收到短期投资的现金股利或利息不确认收益，冲减短期投资账面价值；期末，短期投资以成本与市价孰低法计价，市价低于成本的差额按投资总体计提短期投资跌价准备；处置短期投资时，短期投资的账面价值按与实际收到的价款的差额作为当期投资收益。

8、坏账核算方法

(1)坏账的确认标准：因债务人破产或者死亡，以其破产财产或遗产清偿后，仍然不能收回的应收款项；因债务人逾期未履行偿债义务超过三年确实不能收回，经董事会批准转销的应收款项。

(2)坏账损失的核算：采用备抵法，本公司的应收款项(包括应收账款和其他应收款)，根据债务单位的财务状况、现金流量等情况，按帐龄分析法计提坏账准备，预计的坏帐损失计入当年损益，具体计提比例如下：

项目	计提依据	计提比例
1年以下	应收款项期末余额	5%
1-2年	应收款项期末余额	10%
2-3年	应收款项期末余额	30%
3-4年	应收款项期末余额	50%
4-5年	应收款项期末余额	80%
5年以上	应收款项期末余额	100%

9、存货核算方法

存货分为原材料、在产品、产成品、自制半成品、外购商品、燃料、包装物、低值易耗品和委托加工材料等。

存货的日常核算，均按计划成本计价。即存货的入库、领用一律采用本公司制定的计划价格计价，存货的实际成本与计划成本的差异，通过成本差异科目核算，每月月末将计划成本调整为实际成本。

低值易耗品采用一次摊销法，数额较大的工装模具一次摊销有困难的可分期摊销。

存货盘存制度采用永续盘存法，期末，在对存货进行全面盘点的基础上，对存货的净变现值低于成本或存货有过时、滞销或破损时，则计提存货跌价准备，提取时按单个存货项目的成本高于其可变现净值的差额确定。

10、固定资产核算办法

(1)固定资产标准为：使用年限一年以上的房屋、建筑物、机械、运输工具以及其他与生产、经营有关的设备、器具、工具等；不属于生产、经营主要设备的物品，单位价值在2000元以上，并且使用年限超过两年的资产。

(2)固定资产的计价： 评估入账的固定资产按重置成本计价，其他均按实际成本计价。

(3)固定资产折旧采用直线法或工作量法计提折旧。已计提减值准备的固定资产计提折旧时，按照固定资产原价减去累计折旧和已计提减值准备的账面净额以及尚可使用年限重新计算确定折旧率，未计提固定资产减值前已计提的累计折旧不作调整。现行固定资产分类折旧年限、预计净残值率及折旧率如下：

a、直线法

类 别	净残值率(%)	使用年限(年)	年折旧率(%)
房屋	3	20-35	2.77-4.85
建筑物	3	15	6.47
机械设备	3	10	9.70
动力设备	3	11	8.82
运输设备	3	6	16.17
专用设备	3	7	13.86
其他设备	3	4-9	10.78-24.25

b、工作量法

类 别	净残值率(%)	工作量(辆)	每万辆年折旧率(%)
专用模具	3	30000	32.33

(4)固定资产减值准备

期末，按账面价值与可收回金额孰低计价，对由于市价持续下跌，或技术陈旧、损坏、长期闲置等原因导致固定资产可收回金额低于账面价值的差额，计提固定资产减值准备。

11、在建工程核算方法

(1)在建工程是指兴建中的厂房、设备及其他固定资产，按实际成本入账，此项目包括直接建筑及安装成本，以及于兴建、安装及测试期间的有关专门借款利息支出及外汇汇兑损益。在建工程在达到预计可使用状态时，确认为固定资产，并截止利息资本化。

(2)在建工程减值准备　期末，对在建工程进行全面检查，若在建工程长期停建并且预计在未来 3 年内不会重新开工，或所建项目在性能上、技术上已经落后并且所带来的经济利益具有很大的不确定性，或其他足以证明在建工程已经发生减值的，按可收回金额低于账面价值的差额计提在建工程减值准备。

12、借款费用　(1)借款费用包括因借款而发生的利息、折价或溢价的摊销和辅助费用以及因外币借款而发生的汇兑差额，在同时具备下列三个条件时，借款费用予以资本化：

a.资产支出已经发生

b.借款费用已经发生

c.为使资产达到预定可使用状态所必要的购建活动已经开始。

其他的借款利息、折价或溢价的摊销和汇兑差额，在发生当期确认为费用。

三、公司本期会计政策、会计估计变化的影响

根据财政部财会[2000]25 号文"关于印发《企业会计制度》的通知"和财政部[2001]17号文"关于印发《贯彻<企业会计制度>有关政策问题的规定》的通知"以及财政部 2001 年 7 月 7 日发布的《实施<企业会计制度>及其相关准则问题解答》的有关规定，本公司自 2001 年 1 月 1 日起执行《企业会计制度》，按《企业会计制度》规定计提固定资产、无形资产、在建工程、委托贷款减值准备，按《企业会计制度》规定进行债务重组、非货币性交易处理，并对该等会计政策的变更采用追溯调整法处理。

本公司本期未有因会计政策变更而进行追溯调整事项。

四、税项

五、会计报表主要项目注释(单位：人民币元)

19、未分配利润

项　　目	2001.6.30	2000.12.31
期初余额	65,293,641.96	-30,258.07
加:本年实现净利润	44,918,364.30	81,654,875.03
		8,165,487.50
减:本年计提法定公积金		
本年计提法定公益金		8,165,487.50
分配普通股股利		-
期末余额	110,212,006.26	65,293,641.96

未分配利润2001年6月末较2000年末增加44,918,364.30元，系2001年1-6月份实现的净利润所致。

20、主营业务收入

产品名称	2001年1-6月份
客车底盘	581,915,911.12
货车底盘	300,613,247.88
变速箱总成	24,103,029.36
其他汽车配件	27,480,394.13
工业性作业	2,380,188.41
合　　计	936,492,770.90

21、主营业务税金及附加

类　别	2001年1-6月份
城建税	2,442,194.18
教育费附加	1,046,654.64
其他	25,996.36
合　计	3,514,845.18

主营业务税金及附加 2001 年 1-6 月份较上年同期增加 3,245,813.72 元，主要系上年同期可抵扣的进项税额较大，致使应交增值税较小，相应计提的税金及附加较小所致。

22、其他业务利润

类　　别	2001年1-6月份
材　料	422,639.21
其他	180.75
合　　计	422,819.96

23、财务费用

类　别	2001年1-6月份
利息支出	4,029,907.42
减:利息收入	305,135.55
汇兑损失	82,300.97
减:汇兑收益	23.21
银行手续费	11,267.20
合　计	3,818,316.83

2001 年 1-6 月份财务费用较上年同期减少 57.10%，主要系上年同期短期借款规模较大，计提的财务费用较大所致。

24、营业外收入

类　别	2001 年 1-6 月份
处理固定资产净收益	23,788.62
质量索赔收入	50,000.00
合　计	73,788.62

25、营业外支出

类别	2001 年 1-6 月份
处理固定资产净损失	12,724.50
捐赠支出	70,000.00
合　计	82,724.50

六、关联方关系及其交易

七、或有事项

截止 2001 年 6 月 30 日本公司无需要披露的重大或有事项。

八、承诺事项

截止 2001 年 6 月 30 日本公司未发生影响会计报表阅读和理解的重要承诺事项。

九、资产负债表日后事项中非调整事项

截止审计报告日(2001 年 8 月 10 日)本公司于 2001 年 8 月 10 日到期的短期借款和应付票据已如期归还和支付，应收票据已如期收到或背书，除上述情况外，本公司无需要披露的其他资产负债表日后事项中的非调整事项。

本公司于 2001 年 7 月 23 日经中国证券监督管理委员会证监发行字[2001]52 号文批准向社会公开发行人民币普通股 8000 万股，于 2001 年 7 月 20 日经财政部司局便函财企便函 [2001]57 号"关于安徽江淮汽车底盘股份有限公司国有股存量发行有关问题的函"的批准，按股份公司本次融资的 10%即 800 万股，将拟减持的国有股划拨给社会保障基金理事会持有，并由其委托股份公司在公开募股时一并出售。2001 年 7 月 26 日共发行人民币普通股 8800 万股，发行价 9.90 元/每股，共募集资金 87120 万元，扣除承销费用 1742.40 万元和上网发行费用 304.92 万元及国有股减持的 7733.88 万元后为 77338.80 万元，该次发行股票的资金到位情况已经安徽华普会计师事务所会事验字(2001)第 381 号验资报告确认。本公司发行股票后，股本由原来的 15000 万元变更为 23000 万元。

十、债务重组事项

截止 2001 年 6 月 30 日本公司无需要披露的债务重组事项。

八、其他重要事项

1、根据本公司 2000 年临时股东大会决议，本次发行后的新增股东将与公司原股东共同享有公司自 2000 年 1 月 1 日起所产生利润的分配权利。

2、本公司将在 2001 年 12 月底以前进行上市后的第一次利润分配，具体分配时间由公司股东大会决定。

3、本公司截止 2001 年 6 月 30 日的每股净资产为 1.87 元，本次发行后每股净资产为 4.62 元。

4、本公司于 2001 年 3 月 26 日在本公司技术大楼 301 会议室召开了 2000 年度股东大会，全体股东代表出席了会议，一致通过了以下决议：(1)批准《安徽江淮汽车底盘股份有限公司 2000 年度董事会工作报告》；(2)批准《安徽江淮汽车底盘股份有限公司 2000 年度监事会工作报告》；(3)批准《关于公司 2000 年度财务决算和 2001 年度财务预算报告的议案》；(4)批准《关于公司 2000 年度利润分配的预案》，对公司 2000 年利润暂不分配，结转本年度；公司上市后由公司新老股东共享；(5)批准《关于设立董事会奖励基金议案》；(6)批准《关于公司独立董事报酬事项的议案》；

5、根据《上海证券交易所股票上市规则》，本公司第一大股东安徽江淮汽车集团有限公司已向上海证券交易所承诺，自本公司股票上市之日起 12 个月内不转让其持有的本公司股份，也不由本公司回购其持有的股份。

6、截止本上市公告书刊登之日，本公司不存在尚未了结的重大诉讼、仲裁或行政处罚案件，本公司董事、监事和高级管理人员亦未受到任何刑事起诉。

7、除本公司招股说明书及其摘要和本上市公告书披露的事项外，本公司无其他应披露而未披露的重要事项。

九、董事会上市承诺

本公司董事会将严格遵守《中华人民共和国公司法》、《中华人民共和国证券法》、《股票发行与交易管理暂行条例》、《公开发行股票公司信息披露实施细则》和《上海证券交易所股票上市规则》等国家有关法律、法规的规定，承诺自本公司股票上市之日起做到：

(一)承诺真实、准确、完整、公允和及时地公布定期报告，披露所有对投资者有重大影响的信息，并接受中国证监会、上海证券交易所的监督管理；

(二) 承诺本公司在知悉可能对股票价格产生误导性影响的任何公共传播媒介中出现的消息后，将及时予以公开澄清；

(三)本公司董事、监事、高级管理人员及核心技术人员将认真听取社会公众的意见和批评，不利用已获得的内幕消息和其他不正当手段直接或间接从事本公司股票的买卖活动；

(四)本公司没有无记录的负债。

十、上市推荐人及其意见

(一)推荐人有关情况

上市推荐人：联合证券有限责任公司　　法定代表人：王世宏

法定地址：　深圳市深南东路 5047 号发展银行大厦 10、24、25 层

联系地址：　北京市西城区月坛北街 2 号月坛大厦 17 层

电话：010-68085588-671

传真：010-68081376　　联系人：崔洪军　俞军柯

(二)推荐人的推荐意见

联合证券有限责任公司出具的《股票上市推荐书》认为：本公司具备《公司法》、《证券法》等法律、法规规定的上市条件；本公司全体董事了解法律、法规、上海证券交易所上市规则规定的董事的义务与责任；公司章程符合《公司法》等有关法律、法规和中国证监会的规定；本公司建立了健全的法人治理结构和严格的信息披露制度与保密制度；联合证券有限责任公司与本公司没有关联关系；联合证券有限责任公司经过核实后认为本公司上市文件符合规定要求，所载资料没有虚假、严重误导性陈述或者重大遗漏，并对其承担连带责任；联合证券有限责任公司保证将不利用在上市过程中获得的内幕信息进行内幕交易，为自己或他人谋取利益。

安徽江淮汽车底盘股份有限公司

2001 年 8 月 15 日

资产负债表

编制单位:安徽江淮汽车底盘股份有限公司　2001 年 6 月 30 日　单位:元

资产	附注	年初数	期末数
流动资产			
货币资金	1	74,166,161.85	56,890,663.70
短期投资			
应收票据	2	24,512,200.00	34,718,000.00
应收股利			
应收利息			
应收账款	3	82,870,886.28	122,898,486.92
其他应收款	3	2,346,105.67	4,299,228.22
预付帐款	3	24,844,193.58	69,404,712.13
应收补贴款			
存货	4	208,540,065.45	143,968,614.45
待摊费用	5	694,739.95	694,739.95
一年内到期的长期债权投资			
其他流动资产			
流动资产合计		417,974,352.78	432,874,445.37
固定资产			
固定资产原价	6	259,948,358.53	307,439,898.19
减：累计折旧	6	93,896,636.35	105,004,339.10
固定资产净值		166,051,722.18	202,435,559.09
减：固定资产减值准备			
固定资产净额		166,051,722.18	202,435,559.09
工程物资			
在建工程	7	53,233,427.24	72,333,104.08
固定资产清理			
固定资产合计		219,285,149.42	274,768,663.17
无形资产及其他资产			
无形资产	8	13,387,500.00	12,622,500.00
长期待摊费用	9	766,666.67	566,666.69
其他长期资产			
无形资产及其他资产合计		14,154,166.67	13,189,166.69
递延税项			
递延税款借项			
资产总计		651,413,668.87	720,832,275.23
流动负债			
短期借款	10	49,620,000.00	84,620,000.00
应付票据	11	4,750,000.00	4,300,000.00
应付账款	12	175,376,047.74	150,274,406.39
预收账款	12	11,134,035.71	4,932,268.35
应付工资		45,677,090.56	51,225,552.56
应付福利费		7,907,901.98	9,929,456.58
应付股利			
应交税金	13	9,212,431.71	15,087,410.94
其他应交款	14	-63,851.99	193,108.39
其他应付款	12	13,404,797.92	17,303,261.79
预提费用	15	248,085.71	8,957,397.64
预计负债			
一年内到期的长期负债	10	44,628,683.78	39,609,452.53
其他流动负债			
流动负债合计		361,895,223.12	386,432,315.17
长期负债			
长期借款	16	53,786,849.99	53,750,000.00
长期负债合计		53,786,849.99	53,750,000.00
负债合计		415,682,073.11	440,182,315.17
股东权益			
股本	17	150,000,000.00	150,000,000.00
减：已归还投资			
股本净额		150,000,000.00	150,000,000.00
资本公积			
盈余公积	18	20,437,953.80	20,437,953.80
其中　法定公益金		10,218,976.90	10,218,976.90
未分配利润	19	65,293,641.96	110,212,006.26
股东权益合计		235,731,595.76	280,649,960.06
负债和股东权益总计		651,413,668.87	720,832,275.23

利润表

编制单位:安徽江淮汽车底盘股份有限公司　2001 年 6 月　单位:元

项目	附注	本期累计数	上年同期累计数
一　主营业务收入	20	936,492,770.90	807,096,689.52
减：主营业务成本		823,188,480.55	692,137,373.19
主营业务税金及附加:	21	3,514,845.18	269,031.46
二　主营业务利润(亏损以"-"号填列		109,789,445.17	114,690,284.87
加：其他业务利润	22	422,819.96	593,335.83
减：营业费用		22,597,052.41	18,433,796.60
管理费用		29,685,644.49	48,238,023.64
财务费用	23	3,818,316.83	8,900,956.60
三　营业利润(亏损以"-"号填列)		54,111,251.40	39,710,843.86
加：投资收益(损失以"-"号填列)			
补贴收入			
营业外收入	24	73,788.62	206,327.80
减:营业外支出	25	82,724.50	
四　利润总额(亏损总额以"-"号填列)		54,102,315.52	39,917,171.66
减:所得税	26	9,183,951.22	5,987,575.75
五　净利润(净亏损以"-"号填列)		44,918,364.30	33,929,595.91
一　净利润		44,918,364.30	81,654,875.03
加:年初未分配利润		65,293,641.96	-30,258.07
其他转入			
二　可供分配的利润		110,212,006.26	81,624,616.96
减:提取法定盈余公积			8,165,487.50
提取法定公益金			8,165,487.50
三　可供投资者分配的利润		110,212,006.26	65,293,641.96
四　未分配利润		110,212,006.26	65,293,641.96

	净资产收益率%		每股收益	
报告期利润	全面摊薄	加权平均	全面摊薄	加权平均
主营业务利润	39.12	42.52	0.73	0.73
营业利润	19.28	20.96	0.36	0.36
净利润	16.01	17.40	0.30	0.30
扣除非经常性损益后的净利润	16.01	17.40	0.30	0.30

新 疆 天 宏 纸 业 股 份 有 限 公 司

新疆天宏纸业股份有限公司股票上市公告书

第一节　重要声明与提示

本公司董事会保证上市公告书的真实性、准确性、完整性，全体董事承诺上市公告书不存在虚假记载、误导性陈述或重大遗漏，并承担个别和连带的法律责任。

根据《公司法》、《证券法》等有关法律、法规的规定，本公司董事、高级管理人员已依法履行诚信和勤勉尽责的义务和责任。

上海证券交易所、中国证监会、其他政府机关对本公司股票上市及有关事项的意见，均不表明对本公司的任何保证。

本公司提醒广大投资者注意，凡本上市公告书未涉及的有关内容，请投资者查阅 2001 年 6 月 13 日刊载于《中国证券报》、《上海证券报》和《证券时报》的本公司招股说明书摘要及刊载于上海证券交易所网站(http://www.sse.com.cn)的本公司招股说明书全文。

本上市公告书刊载网址是 http://www.sse.com.cn。

第二节　概　览

(1)股票简称：新疆天宏

(2)股票代码：600419

(3)总股本：80,160,000 股

(4)可流通股本：30,000,000 股

(5)本次上市流通股本：30,000,000 股

(6)对首次公开发行股票前股东所持股份的流通限制及期限：根据国家现有法律、法规规定和中国证监会证监发行字【2001】34 号《关于核准新疆天宏纸业股份有限公司公开发行股票的通知》，本公司的国有法人股、其他法人股暂不上市流通。

本公司上市前第一大股东-新疆石河子造纸厂承诺：自本公司股票上市之日起 12 个月内，不转让所持有本公司的股份，也不由本公司回购该部分股份。

(7)上市地点：上海证券交易所

(8)上市时间：2001 年 6 月 28 日

(9)股票登记机构：上海证券中央登记结算公司

(10)上市推荐人：光大证券有限责任公司、山东证券有限责任公司、长城证券有限责任公司

第三节　绪　言

本上市公告书是根据《中华人民共和国公司法》、《中华人民共和国证券法》、《股票发行与交易管理暂行条例》、《公开发行股票公司信息披露实施细则》和《上海证券交易所股票上市规则》等国家有关法律、法规的规定，并按照中国证监会《公开发行证券的公司信息披露内容与格式准则第 7 号-股票上市公告书》而编制，旨在向投资者提供有关新疆天宏纸业股份有限公司(以下简称"本公司")和本次股票上市的基本情况。

经中国证监会证监发行字【2001】34 号文核准，本公司于 2001 年 6 月 15 日利用上海证券交易所交易系统，以上网定价方式成功发行了 3000 万股每股面值 1.00 元的人民币普通股，发行价为每股人民币 5.80 元。

经上海证券交易所上证上字【2001】94 号《上市通知书》批准，本公司公开发行的 3000 万股社会公众股将于 2001 年 6 月 28 日起在上海证券交易所挂牌交易。股票简称"新疆天宏"，股票代码"600419"。

本公司已于 2001 年 6 月 13 日在《中国证券报》、《上海证券报》和《证券时报》上刊登了《招股说明书摘要》，招股说明书正文及其附注材料可以在上海证券交易所网站(http://www.sse.com.cn)查询。招股说明书及其引用的财务资料距今不足六个月，与其重复的内容不再重述，敬请投资者查阅上述内容。

第四节　发行人概况

(一)发行人的基本情况

(1)发行人名称：新疆天宏纸业股份有限公司

Xinjiang Tianhong Papermaking Co., Ltd.

(2)注册资本：81,600,000 元

(3)法定代表人：李国民

(4)成立日期：1999 年 12 月 30 日

(5)注册地址：新疆维吾尔自治区石河子市西三路

(6)邮政编码：832009

(7)经营范围：造纸，纸制品及纸料加工、销售，化工产品(有毒除外)、印刷物资的销售，机械加工，物业管理，造纸原料的开发。

(8)主营业务：公司主营造纸，纸制品及纸料的加工、销售。

(9)所属行业：造纸及纸制品业

(10)联系电话：(0993)2515661-5555

(11)传真：(0993)2515661-2001

(12)电子信箱：fzq63@263.net

(13)董事会秘书：王巧玲

(二)发行人的历史沿革

新疆天宏纸业股份有限公司是经新疆维吾尔自治区人民政府新政函【1999】191 号文批准，由新疆石河子造纸厂为主要发起人，以其与造纸相关的生产经营性资产入股，新疆教育出版社、新疆出版印刷集团公司、新疆生产建设兵团印刷厂、新疆石河子白杨酒厂四家法人单位以货币资金入股，采用发起方式设立的股份有限公司，公司于 1999 年 12 月 30 日在新疆维吾尔自治区工商行政管理局登记设立，注册资本 5016 万元。

本公司主要发起人新疆石河子造纸厂将与造纸相关的经营性资产投入公司，经评估的资产总额为 23124.69 万元，总负债为 15924.69 万元，净资产为 7200 万元，并按 66%的比例折为 4752 万股国有法人股。新疆教育出版社、新疆出版印刷集团公司、新疆生产建设兵团印刷厂、新疆石河子白杨酒厂四家法人单位分别以现金 200 万元、100 万元、50 万元和 50 万元人民币出资，按 66%的比例折为 132 万股、66 万股、33 万股和 33 万股法人股。

经中国证券监督管理委员会证监发行字【2001】34 号文批准，本公司 3000 万股社会公众股已于 2001 年 6 月 15 日在上海证券交易所上网定价发行成功，每股面值 1.00 元，发行价格 5.80 元。本公司于 2001 年 6 月 21 日办理了验资手续，并于 2001 年 6 月 21 日在新疆维吾尔自治区工商行政管理局变更了注册登记，注册资本变更为 8016 万元。

(三)发行人的主要经营情况

本公司主营造纸、纸制品及纸料的加工和销售，产品以双胶纸、胶印书刊纸、书写纸等文化用纸为主，年产机制纸 3.2 万吨，是西北地区集制浆、造纸、造纸机械加工和原料开发为一体的造纸骨干企业。公司以新疆丰富的棉短绒、芨芨草等资源为依托，以产品结构调整为重点，开展技术创新，充分利用国内外的先进技术、设备和管理经验，将资源优势转化为产业优势，逐步形成了具有市场竞争力的知名品牌和特色产业，带动了全地区产业结构的调整和布局的优化。

本公司于 2000 年 11 月 14 日通过中国轻工质量认证中心的 ISO9002 质量认证并获得认证证书。新疆维吾尔自治区轻工业行业管理办公室统计证明，2000 年公司在新疆造纸行业中利税指标排名第一，公司文化用纸产品在新疆文化用纸市场的占有率为 50%左右，是新疆自治区最大的造纸生产企业。

本公司属新疆地区重点扶持的股份制企业，也是新疆生产建设兵团重点优先扶持、优先发展的企业，在电力供应、铁路运力的安排上享有一定的优惠政策。公司优化原料结构而大力开发利用棉短绒、人工培育野生芨芨草也符合新疆地区的经济发展战略和国家鼓励退耕还林还草以改善生态环境的政策。随着西部大开发战略的实施，该公司将进一步得益于国家在各方面的优惠和扶持政策。

1、主要财务指标

项目	2000 年	1999 年	1998 年
流动比率	0.95	0.90	1.07
速动比率	0.57	0.53	0.43
应收帐款周转率	2.19	2.48	3.25
存货周转率	1.93	1.51	1.55
资产负债率(%)	62	67.28	64.4
每股净资产(元)	1.86	1.57	-
净资产收益率(%)	13.66	12.74	11.70
每股收益(元)	0.25	0.20	-
每股经营活动产生的现金流量净额(元)	0.29	-	-

2、发行人的主要产品

本公司的产品以双胶纸、胶印书刊纸、书写纸等文化用纸为主。其中，双胶纸主要供多色胶版印刷书刊、封面、课本插图、图片等；胶印书刊纸适用于单色和双色胶版印刷书籍、文献、杂志等；书写纸主要供印刷各种账页、练习薄、日记本、表格、稿纸、书籍等。本公司文化用纸三大系列产品近三年的生产能力均保持稳定不变，即：胶印书刊纸 3600 吨/年、双胶纸 5500 吨/年、书写纸及单面书写纸 17000 吨/年，产品在新疆自治区内的市场占有率稳定保持在 50%左右。

3、发行人的主要技术和科研开发成果

本公司经过多年的生产实践积累和技术改进，已掌握了本行业在国内较为先进的制浆和造纸等主要技术。公司主导产品胶版印刷纸、静电复印纸、胶印书刊纸、书写纸等采用的生产工艺为国内成熟的技术，制浆和造纸技术系国家行业系统推荐、通用、成熟的无风险技术，其技术在国内属 90 年代初水平。

本公司目前在生产中采用的新工艺和新技术有白水回收利用技术和废浆回收技术。其中，白水回收利用技术针对造纸行业对水的耗费量较大的特性，节约了纤维填料和水资源。废浆回收技术的日处理废水能力达 7200 立方米，既降低了对环境的污染，又节约了原料，增加了经济效益。该技术于 1991 年荣获兵团科学技术进步三等奖。

本公司设立了技术开发中心进行研究开发，该中心经新疆维吾尔自治区认定为省级企业技术中心。按照造纸的技术工艺和生产流程，技术中心设立了制浆、造纸、设备三个技术小组，主要从事新产品、新原料、新技术开发，新工艺推广应用，公司的技术改造及新扩建项目等。技术中心采取专职、兼职相结合的办法，专职研发人员有 6 人，兼职 16 人；技术中心人员中具有高级职称者 4 人，中级职称者 10 人，初级职称者 8 人，研究开发费用约为销售收入的 2%。

本公司已取得的重点科研成果有野生造纸原料芨芨草的开发应用项目和钢纸原纸产品试制。野生造纸原料芨芨草的开发应用项目是国家重点项目和生产建设兵团 97 星火计划项目，属国内首创，选择耐干旱、耐盐碱、生命力强的芨芨草作为造纸原料，具有纸张质量好、成本低、消耗少、污染轻等特点，项目的整体研究水平达国内先进，大面积栽培技术达国内领先水平。该项目已通过国家经贸委的验收，并荣获 1999 年度石河子市科技进步二等奖。本公司利用新疆丰富的棉短绒资源开发的具有一定吸水能力和较高物理强度，专供化学加工生产各种钢纸之用的特种纸-钢纸原纸，为新疆特种工业用纸提供原纸，填补了自治区该项产品的空白。该项目荣获自治区轻工业科技进步三等奖。

本公司拟投资的年产 1 万吨热合无尘纸项目则采用世界最先进的热合干法造纸工艺，并全套引进国际上 90 年代先进生产技术和设备，所生产无尘纸是高科技产品，产品质量将达到国际一流水平，从而替代进口产品。

4、发行人享有的财政税收优惠政策

根据新疆维吾尔自治区人民政府新政函【2000】137 号文批准，本公司可在上市后 5 年内按 14.85%的实际税负比例计缴所得税。

5、发行人的知识产权情况

本公司成立时，与石河子造纸厂签订了《注册商标转让合同》。根据该合同"博雪"图文及"博峰"牌商标已由石河子造纸厂无偿转让给本公司。本公司目前使用"博雪"、"博峰"牌商标，商标注册编号为 1027688(博峰)、302367(博雪图形)、607527(博雪文字)。

6、发行人的环保情况

由于制浆造纸行业在生产过程中产生的工业废水对环境造成一定的污染，因此本公司十分重视环保工作，并付出了极大的努力，建立了专门的机构，投入了大量的资金，加大环保工程的建设，取得了明显的成效。本公司控股股东石河子造纸厂 1997 年由国家环境保护局授予全国环保先进企业称号，2000 年 10 月 3 日新疆生产建设兵团环保局对本公司进行了验收，并向本公司颁发了《工业企业主要污染物达标排放验收合格证》，本公司工业废水目前实现了达标排放。

第五节　股票发行与股本结构

(一)本次股票上市前首次公开发行股票的情况

1、社会公众股发行数量：30,000,000 股

2、发行价格：5.80 元/股

3、募股资金总额：174,000,000 元

4、发行方式：上网定价发行

5、发行费用总额及项目：本次发行费用共计 766.5 万元，包括承销费用、注册会计师费用、律师费用、评估费用、上网发行费、材料审核费、其他费用等。

6、每股发行费用：0.255 元

7、发行日期：2001 年 6 月 15 日

8、中签率：0.08254695%

9、有效申购户数：2416041

10、有效申购股数：36,342,955,000

11、持有 1,000 股以上(含 1,000 股)的流通股东户数：28449

12、发行市盈率:34.52 倍(全面摊薄)

(二)本次股票上市前首次公开发行股票的承销情况

本次公开发行的 3000 万股社会公众股已全部被投资者认购,承销团无余额包销。

(三)本次上市前首次公开发行股票所募股资金的验资报告

验资报告

深同证验字【2001】第 014 号

新疆天宏纸业股份有限公司:

我们接受委托,对新疆天宏纸业股份有限公司截至 2001 年 6 月 21 日止向社会公众首次发行人民币普通股 3000 万股的实收股本的真实性和合法性进行了审验。在审验过程中,我们按照《独立审计实务公告第 1 号-验资》的要求,实施了必要的审验程序。新疆天宏纸业股份有限公司的责任是提供真实、合法、完整的验资资料,保护资产的安全、完整,我们的责任是按照《独立审计实务公告第 1 号-验资》的要求,出具真实、合法的验资报告。

新疆天宏纸业股份有限公司变更前的注册资本和实收股本为人民币 50,160,000 元,本次发行新股 30,000,000 股,每股一元,发行后的实收股本为人民币 80,160,000.00 元。根据我们的审验,截至 2001 年 6 月 21 日止,新疆天宏纸业股份有限公司本次公开发行股票实际收到社会公众投入资本人民币 174,000,000.00 元,扣除券商承销佣金人民币 4,176,000.00 和上网发行费人民币共计 609,000.00 元共计人民币 4,785,000.00 后余额为人民币 169,215,000.00 元;其中:人民币 30,000,000.00 元作为新疆天宏纸业股份有限公司的股本,人民币 139,215,000.00 元转作新疆天宏纸业股份有限公司的资本公积。至此,新疆天宏纸业股份有限公司股东权益增至人民币 264,219,611.05 元,其中股本 80,160,000.00 元,资本公积 165,055,000.00 元,盈余公积 6,626,745.36 元,未分配利润 12,377,865.69 元。与上述变更后投入资本总额相关的资产总额为人民币 419,218,181.50 元,负债总额为人民币 154,998,570.45 元。

附件(1)变更前后注册资本、投入股本对照表

附件(2)变更前后资产、负债和股东权益对照表

附件(3)验资事项说明

附件(4)缴付出资银行进帐单

附件(5)缴付出资银行询证函

深圳同人会计师事务所　　　　中国注册会计师:张义勤

中国注册会计师:葛炳法

中国　深圳　　　　2001 年 6 月 21 日

(四)募股资金入帐情况

1、入帐时间:2001 年 6 月 21 日

2、入帐金额:169,215,000.00 元

3、入帐帐号:873-73838

4、开户银行:中国农业银行石河子兵团分行大庆分理处

(五)发行人上市前股本结构及各类股东的持股情况

1、本次上市前股本结构

股份类别	股份数量(股)	股份比例(%)
发起人股份	50,160,000	62.57
新疆石河子造纸厂	47,520,000	59.28
新疆教育出版社	1,320,000	1.65
新疆出版印刷集团公司	660,000	0.82
新疆建设兵团印刷厂	330,000	0.41
新疆石河子白杨酒厂	330,000	0.41
社会公众股	30,000,000	37.43
总股本	80,160,000	100

2、本公司前十名股东持股情况

股东名称	持股数量(股)	占总股本比例(%)
新疆石河子造纸厂	47,520,000	59.28
新疆教育出版社	1,320,000	1.65
新疆出版印刷集团公司	660,000	0.82
新疆建设兵团印刷厂	330,000	0.41
新疆石河子白杨酒厂	330,000	0.41
天元基金	159,000	0.198
裕元基金	106,000	0.132
兴和基金	91,000	0.114
金鑫基金	85,000	0.106
金泰基金	84,000	0.105

第六节　董事、监事、高级管理人员及核心技术人员

(一)董事会成员

李国民先生:现年 58 岁,中专学历。曾任农八师 141 团参谋,石河子造纸厂车间副主任、人武部副部长、劳人科科长、厂长助理、副厂长、厂长等职务。当选为石河子市第三届、第四届、第五届和第六届人大代表,石河子市第五届、第六届人大常委。现任本公司董事长、党委副书记。

王玉柱先生:现年 48 岁,大学本科学历,工程师。曾任石河子造纸厂生产科技术员、制浆车间副主任、生产技术科科长、副厂长、厂长、党委书记等职务。现任本公司副董事长、党委书记,石河子造纸厂党委书记。

赵云忠先生,现年 44 岁,大专学历,政工师。曾任石河子造纸厂造纸车间副主任、圆网车间书记、供销经贸公司书记、经理,石河子造纸厂党委副书记,石河子织染厂副厂长,石河子造纸厂副厂长等职务。现任本公司董事、总经理。

卫志江先生,现年 50 岁,大专学历。曾任石河子造纸厂造纸车间主任、生产科副科长兼造纸车间主任、分厂厂长、厂长助理、副厂长等职务。现任本公司董事、副总经理。

王波先生,现年 35 岁,大学本科学历,工程师。曾任石河子造纸厂制浆车间技术员、主任、分厂副厂长、分厂厂长、副厂长等职务。现任本公司董事、副总经理。

王巧玲女士,现年 41 岁,大学本科学历,高级政工师。曾任石河子造纸厂组织科干事、加工分厂书记兼厂长、政工处副主任、主任、厂工会主席等职务。现任本公司董事、董事会秘书。

余盟甫先生,现年 55 岁,中专学历,工程师。曾任石河子造纸厂基建队副队长、队长、厂长助理、副厂长等职务。现任石河子造纸厂副厂长,本公司董事。

范聪卓先生,现年 37 岁,硕士研究生,讲师。曾任自治区党委办公厅秘书处任秘书、新疆教育出版社书记、副社长等职务。现任新疆教育出版社书记,本公司董事。

曹彦先生,现年 37 岁,大专学历,会计师。曾任新疆新华印刷二厂铅印车间主任、厂长助理兼计财科科长、生产经营部主任,新疆出版印刷集团公司财务部主任、印刷物资分公司经理、总经办主任、纸张分公司经理等职务。现任新疆出版印刷集团公司总经理,本公司董事。

(二)监事会成员

王志国先生,现年 48 岁,大专学历,政工师。曾任石河子汽车配件公司办公室副主任、主任,交通部电视中专新疆石河子分校办公室主任、分校校长、校长兼书记,石河子汽车运输公司党委书记,石河子造纸厂纪委书记等职务。现任石河子造纸厂纪委书记,本公司监事会召集人。

鲍建章先生,现年 41 岁,大专学历,助理工程师。曾任新疆石河子白杨酒厂车间副主任、主任、厂长助理、副厂长、厂长、党委副书记等职务。现任新疆石河子白杨酒厂厂长、党委副书记,本公司监事。

谢英女士,现年 44 岁,大专学历,助理会计师。曾任兵团印刷厂财务科科长。现任兵团印刷厂财务科科长,本公司监事。

李新华女士,现年 51 岁,大专学历,政工师。曾任石河子造纸厂中学主任、书记,石河子造纸厂政工处主任等职务。现任石河子造纸厂政工处主任,本公司监事。

寇志春先生,现年 52 岁,中专学历,政工师。曾任石河子造纸厂车间主任、连长、分厂书记、机关书记、保卫科书记、群工处主任等职务。现任石河子造纸厂群工处主任,本公司监事。

(三)高级管理人员

陈仁玉先生,现年 58 岁,中专学历,会计师。曾任新疆石河子造纸厂财务科副科长、科长等职务。现任本公司财务负责人。

本公司所有董事、监事及高级管理人员均为中华人民共和国公民。

(四)公司董事、监事、高级管理人员及核心技术人员持股情况

本次发行前,本公司董事、监事、高级管理人员没有以个人名义或授权他人或指示他人代持有本公司的股份;上述人员的配偶或未满 18 岁的子女没有持有本公司的股份;上述人员没有通过其或其近亲属能够直接或间接控制的公司持有本公司的股份;上述人员没有持有本公司关联企业的股份。

第七节　同业竞争与关联交易

(一)关于同业竞争

本公司主要发起人新疆石河子造纸厂已将与造纸有关的生产经营性资产及辅助经营性资产纳入本公司,客户等经营资源、技术人员、生产工人及有关技术也均移交给本公司,主营业务转变为投资办企业、化工产品产销、房地产开发等,在本公司设立后未从事与本公司同一或同类产品的生产经营,本公司的另外四家股东也没有经营与本公司相同或相似的业务。因此,发行人与股东之间不存在同业竞争情况。

本公司主要发起人石河子造纸厂控股的三家子公司-新疆石河子祥和化工有限公司、石河子市天宏房地产开发有限公司、石河子市天宏涌泰经贸有限公司与本公司不存在同业竞争情况。

本公司控股股东石河子造纸厂已为本公司出具《不予竞争承诺书》:在其作为最大及控股股东或实际控制股份公司期间,造纸厂及其除股份公司以外的其他控股子公司/子企业(其他控股子公司/子企业)将不从事与股份公司相同或类似的生产、经营业务,以避免对股份公司的生产经营构成新的、可能的、直接或间接的业务竞争;造纸厂并保证将促使造纸厂的其他子公司/子企业不直接或间接从事、参与或进行与股份公司的生产、经营相竞争的任何活动。

本公司全体董事作出承诺:本人将不利用职权从事任何与发行人相竞争的业务或作出任何明知对发行人经营或管理产生不利影响的事项,并保证在本人自身利益同发行人利益发生冲突时,将以发行人及其股东利益为重。

自本公司成立以来,主要发起人新疆石河子造纸厂严格履行放弃同业竞争的承诺,其生产经营与本公司目前的主营业务制浆、造纸及其制品的生产经营不存在同业竞争关系。

(二)关联方、关联关系与关联交易情况

1、关联方及关联关系

根据中国证监会证监发【2001】41 号文规定的范围,本公司目前的关联方及关联关系如下:

关联方名称	与本公司的关系	关联交易
新疆石河子造纸厂	本公司的主要发起人和控股股东,持有本公司 59.28%的股份	存在
新疆教育出版社	本公司发起人股东,持有本公司 1.65%的股份	存在
新疆出版印刷集团公司	本公司发起人股东,持有本公司 0.82%的股份	存在
新疆生产建设兵团印刷厂	本公司发起人股东,持有本公司 0.41%的股份	存在
新疆石河子白杨酒厂	本公司发起人股东,持有本公司 0.41%的股份	不存在
北京博天峰纸业有限责任公司	本公司控股子公司,本公司持有其 80%的股份	-
上海博峰纸业有限责任公司	本公司控股子公司,本公司持有其 80%的股份	-
深圳市新石纸业有限公司	本公司控股子公司,本公司持有其 85%的股份	-
新疆石河子祥和化工有限公司	本公司控股股东持有 70%的股份,是其控股子公司	存在
石河子市天宏房地产开发有限公司	本公司控股股东持有 60%的股份,是其控股子公司	存在
石河子市天宏涌泰经贸有限公司	本公司控股股东持有 93%的股份,是其控股子公司	不存在

2、关联方及存在的关联交易

(1)本公司与第一大股东新疆石河子造纸厂及其控股子公司存在以下关联交易:

①土地租赁

2000 年 7 月 12 日,本公司与石河子造纸厂签订了《土地使用权租赁合同》,以租赁方式有偿使用 2 宗生产用地共计 281,685.85 平方米,年租金 169,011.51 元人民币,宗地一(石河子市 12 号小区)租赁期限为 48 年,宗地二(石河子市工 2 小区)租赁期限为 50 年。租金每五年可由双方协商调整一次,调整幅度依照物价上涨指数等因素由双方商定。截止 2000 年 12 月 31 日,发生的土地租赁费为 169,011.51 元。

②房屋租赁

1999 年 12 月 29 日,本公司与石河子造纸厂签订了《房屋租赁合同》。合同约定,石河子造纸厂向本公司租用办公楼第 3 层作为造纸厂之办公场所,总建筑面积 601.29 平方米,房屋租赁期为 10 年,租金为 1.32 元/平方米.月。截止 2000 年 12 月 31 日,发生的房屋租赁费为 9,524.43 元。

③综合服务

1999 年 12 月 29 日,本公司与石河子造纸厂签订了《综合服务合同》,由造纸厂向本公司有偿提供倒班宿舍、汽车租赁、职工食堂、澡堂、职工医院和幼儿园教育等后勤保障服务,公司将依据其提供的服务及服务质量,按照市场价格定期向其支付服务费用。本公司则为造纸厂提供用水、用电、用汽服务。截止 2000 年 12 月 31 日,发生的综合服务费为 2,706,764.97 元。

④纸制品供应

1999 年 12 月 29 日,本公司与石河子造纸厂签订了《纸制品供应协议》,协议规定本公司于每一季度开始前的十五日前向造纸厂提供订单所列纸制品,价格不高于本公司向任何独立第三方提供该等纸品的市场价,若无市场价,则双方协议定价。结算时以实际供应量和实际发生的费用进行结算。2000 年,本公司向新疆石河子造纸厂共计销售纸制品 322,436.41 元,占销货总额的 0.22%。

⑤化工产品购买

1999 年 12 月 29 日,本公司与石河子造纸厂控股子公司新疆石河子祥和化工有限公司签订了《化工产品供应协议》,协议规定新疆石河子祥和化工有限公司保证供应本公司订单所列数量、质量之化工产品,价格不高于该公司向任何独立第三方供应该等化工产品的当时市场价,若无市场价,则双方协议定价。结算时以实际供应量和实际发生的费用进行结算。2000 年,本公司向新疆石河子祥和化工有限公司购买化工产品 1,888,402.50 元。

⑥工程承建

本公司的天宏商贸城由石河子造纸厂的控股子公司石河子市天宏房地产开发有限公司承建,商贸城于 1998 年动工建设,2000 年竣工,2000 年本公司共计向该公司支付工程建设款 4,345,933.75 元。

(2)本公司与其他股东存在以下关联交易:

1999 年 12 月 29 日,本公司与其他股东-新疆出版印刷集团公司、新疆生产建设兵团印刷厂签订《纸制品供应协议》;2000 年 8 月 20 日本公司与新疆教育出版社签订《纸制品供应协议》。协议规定本公司于每一季度开始前的十五日前向新疆出版印刷集团公司、新疆生产建设兵团印刷厂、新疆教育出版社分别提供订单所列纸制品,价格不高于本公司向任何独立第三方提供该等纸品的市场价,若无市场价,则双方协议定价。结算时以实际供应量和实际发生的费用进行结算。

2000 年,本公司向新疆教育出版社共计销售纸制品 17,908,859.23 元,占销货总额的 12.16%;

2000 年，本公司向新疆出版印刷集团公司共计销售纸制品 8,910,914.90 元，占销货总额的 6.05%；2000 年，本公司向新疆生产建设兵团印刷厂共计销售纸制品 685,868.58 元，占销货总额的 0.47%。

根据上述《纸制品供应协议》，本公司与新疆出版印刷集团公司于 2001 年 3 月 1 日签署了 2001 年度的纸制品订货合同。根据该合同，本公司将向新疆出版印刷集团公司供应文化用纸，该合同约定纸款按月结算、合同标的总额约为人民币 1700 万元、交货地点为乌鲁木齐市新疆出版印刷集团公司仓库。

根据上述《纸制品供应协议》，本公司与股东新疆生产建设兵团印刷厂于 2000 年 12 月 23 日签署了 2001 年度的纸制品订货合同。根据该合同，截止至 2001 年 12 月 30 日，本公司将向新疆生产建设兵团印刷厂供应文化用纸，该合同约定价款转帐结算、合同标的总额为人民币 575 万元、交货地点为乌鲁木齐市。

3、本次募股资金的运用涉及的关联交易

根据目前的安排，本次募股资金的运用不涉及关联交易。

第八节　财务会计资料

本公司聘请的审计机构深圳同人会计师事务所对本公司及下属子分公司 2000 年 12 月 31 日、1999 年 12 月 31 日、1998 年 12 月 31 日的合并资产负债表和母公司资产负债表，2000 年度、1999 年度、1998 年度的合并利润及利润分配表和母公司利润及利润分配表，2000 年度的合并现金流量表和母公司现金流量表进行了审计，并出具了标准无保留意见的审计报告。

本公司截止 2000 年 12 月 31 日的财务状况，已于 2001 年 6 月 13 日在《中国证券报》、《上海证券报》和《证券时报》刊登的《招股说明书摘要》中进行了披露，欲了解详细内容，请查阅上述报纸或刊载于上海证券交易所网站(http://www.sse.com.cn)的本公司招股说明书全文。

以下引用的财务数据，非特别说明，均引自经审计的合并会计报表。

(一)本公司会计报表编制基准

本公司为 1999 年 12 月 30 日设立的股份有限公司，公司会计报表含改制设立前与改制设立后两个期间的会计报表。

本公司设立以前的 1998–1999 年度的会计报表是以石河子造纸厂改组方案确定的公司架构为前提，按报告期内各年实际存在的本公司架构各构成实体为基础，根据资产、债务重组方案和人员重组方案确定的剥离原则和方法对造纸厂的资产、负债、所有者权益及收入、费用、利润进行剥离，按《股份有限公司会计制度》和本公司现行的会计政策作必要的调整后模拟编制的。

改制设立后，本公司按照《股份有限公司会计制度》的有关规定和本公司现行的会计政策编制会计报表。在本报告期内，本公司未发生新设合并或吸收合并的事项。本公司目前拥有三家子公司。

(二)合并会计报表范围及变化情况

本公司的合并会计报表系按照财政部财会字【1995】11 号文《合并会计报表暂行规定》和财会二字【1996】2 号《关于合并会计报表合并范围请示的复函》等有关文件的要求编制的。

本公司列入合并会计报表的范围的子公司所执行的行业会计制度，业已在会计报表合并时予以必要的调整。

本公司及其子公司间的所有重大交易，均在会计报表合并时予以抵销。

本公司纳入合并报表范围的子公司概况列示如下：

公司名称 注册地点	注册资本	经营范围	投资金额	拥有权益	2000-12-31 净资产	报表是否合并	合并期间
1.北京博天峰纸业有限责任公司							
北京	100 万元	销售纸张、纸制品、纺织品	80 万元	80%	40.65 万元	是	1999–2000 年
2.上海博峰纸业有限责任公司 *							
上海	50 万元	机制纸、文化用品、纸制品加工	40 万元	80%	–97.42 万元	是	1998–2000 年
3. 深圳市新石纸业有限公司 *							
深圳	60 万元	经营机制纸、纸制品（不含专营、专控、专卖商品）	51 万元	85%	–89.61 万元	是	1998–2000 年

* 该等公司净资产已为负数。本公司为上述公司的持续经营提供了财务支持，故仍合并其报表，其累计亏损已包括在合并报表中。通过本公司调整对子公司价格政策后，预计该等公司 2001 年将扭亏为盈。

(三)简要会计报表(单位：人民币元)

1、简要合并利润表项目

	2000 年度	1999 年度	1998 年度
主营业务收入	147,304,351.10	133,501,265.63	119,847,006.64
主营业务利润	38,209,378.62	34,729,697.59	31,798,102.25
营业利润	15,033,030.78	14,945,573.47	11,949,909.83
利润总额	18,355,541.66	14,545,092.12	11,997,167.63
净利润	12,765,769.45	10,027,365.17	8,038,102.31

2、简要合并资产负债表

	2000–12–31	1999–12–31	1998–12–31
流动资产合计	127,649,831.71	137,518,512.83	114,689,996.64
长期投资净额	1,000.00	–	–
固定资产合计	117,993,562.83	115,205,288.09	80,794,561.08
无形资产及其他资产合计	3,125,168.59	240,572.40	261,803.09
流动负债合计	135,043,800.71	152,844,500.69	106,951,562.60
长期负债合计	20,200,000.00	21,240,000.00	20,120,000.00
负债合计	155,243,800.71	174,084,500.69	127,071,562.60
少数股东权益	81,294.32	201,173.98	–
股东权益合计	93,444,468.10	78,678,698.65	68,674,798.21
负债和股东权益总计	248,769,563.13	252,964,373.32	195,746,360.81

3、简要合并现金流量表

项目	2000 年度
经营活动产生的现金流量净额	14,366,107.72
投资活动产生的现金流量净额	–11,896,074.46
筹资活动产生的现金流量净额	–5,395,160.16
汇率变动对现金的影响额	–
现金及现金等价物净增加额	–2,925,126.90

(四)主要项目附注

1、流动资产

流动资产主要包括货币资金、应收帐款、其他应收款和存货，具体情况如下：1998、1999 和 2000 年末，本公司的货币资金分别为 962.3 万元、1110.0 万元和 817.5 万元，分别占当年末流动资产的 8.39%、8.07%和 6.40%。

本公司 1998、1999 和 2000 年末的应收帐款分别为 3832.0 万元、6925.9 万元和 6534.3 万元。本公司产品均通过设在全国各地的子公司和分公司对外销售，主要以先货后款等手段来开拓和稳固市场，因而有较大数额的应收款项。由于主要客户均为最终用户，信誉较好，历年来货款回收情况良好。应收帐款 1999 年 12 月 31 日比 1998 年 12 月 31 日上升了 80.73%，系因本公司出于扩大经营规模开拓市场的需要而适度调整营销策略所致。2000 年 12 月 31 日比 1999 年 12 月 31 日下降了 5.65%，系本公司为降低应收帐款风险，加大了收款力度所致。1999 年 12 月 31 日和 2000 年 12 月 31 日，本公司帐龄在一年以内的应收帐款余额分别为 6776.9 和 6139.2 万元，占应收帐款余额的比例为 97.85%和 92.49%。2000 年 12 月 31 日，本公司的应收帐款余额中，并无持本公司 5%或以上股份的主要股东欠款。

本公司 1998、1999 和 2000 年末的其他应收款为 75.8 万元、81.9 万元和 436.6 万元。其他应收款余额主要为预付差旅费和暂付申请股票公开发行前期费用(2000 年其他应收款余额)等。2000 年 12 月 31 日，本公司的其他应收款余额中并无持本公司 5%或以上股份的主要股东欠款。

本公司 1998、1999 和 2000 年末的坏帐准备为 295.6 万元、321.4 万元和 381.5 万元，应收款项净额分别为 3612.2 万元、6686.5 万元和 6589.5 万元。

本公司 1998、1999 和 2000 年末的存货为 7048.3 万元、5890.2 万元和 5273.5 万元。存货余额主要为原材料和库存商品。

本公司 1998、1999 和 2000 年末的存货跌价准备为 203.0 万元、259.4 万元和 230.3 万元，存货净额为 6845.3 万元、5630.8 万元和 5043.1 万元。

2、长期投资(单位：人民币元)

截止 2000 年 12 月 31 日，母公司会计报表中的长期投资为长期股权投资，初始投资额为 1406.8 万元，期末投资额为 32.5 万元，期末投资额占净资产的 0.34%，具体情况如下：

长期投资	年初数	本期增加数	本期减少数	年末数
其他股权投资	14,068,045.33	2,245,452.41	15,988,320.45	325,177.29

其他股权投资本期因本公司子公司石河子市天宏商贸城、新疆石河子造纸厂兰州七里河经营部、新疆石河子造纸厂武汉经营部变更为本公司的分公司或撤消，共计减少人民币 1,598.8 万元。

* 按权益法核算的其他股权投资：

被投资单位名称	投资期限	投资金额	占被投资单位注册资本比例	本期权益增减额	累积增减额	投资余额
北京博天峰纸业有限公司						
	1998.9.16–2018.9.15	800,000.00	80%	(558,579.43)	(474,822.71)	325,177.29、
上海博峰纸业有限公司						
	*1998.1.16–2006.1.15	400,000.00	80%	504,054.07	(400,000.00)	–
深圳新石纸业有限公司						
	*1996.9.5–2006.9.5	510,000.00	85%	2,299,977.77	(510,000.00)	–
合计		1,710,000.00		2,245,452.41	(1384,822.71)	325,177.29

* 从 2000 年起，在该等公司所有者权益出现亏拙后，本公司将对该等公司的投资的账面数减记为零，不再进行权益法调整。

3、固定资产

截止 2000 年 12 月 31 日，公司固定资产原值为 150,097,901.59 元，累计折旧 49,035,569.17 元，固定资产净值 101,062,332.42 元。

固定资产折旧采用直线法平均计算，并根据固定资产类别的原值、估计经济使用年限和预计残值(原值的 3%)确定其折旧率。具体情况如下：

类别	预计使用年限(年)	年折旧率	帐面原值(元)	累计折旧(元)	帐面净值(元)
房屋建筑物	40	2.425%	76,047,055.76	11,291,739.43	64,755,316.33
机器设备	10–20	4.85%–9.7%	71,104,426.63	36,305,480.04	34,798,946.59
运输设备	10	9.7%	1,339,300.00	483,538.16	855,761.84
电子设备	5	19.4%	1,574,471.20	816,741.54	1,541,823.20
其他	5	19.4%	32,648.00	32,648.00	0
合计			150,097,901.59	49,035,569.17	101,062,332.42

截止 2000 年 12 月 31 日，本公司有形资产净值为 245,644,392.50 元。

4、无形资产　截止 2000 年 12 月 31 日，本公司帐面反映的无形资产为零。

5、负债

截止 2000 年 12 月 31 日，本公司负债总额为 155,243,800.71 元，其中流动负债 135,043,800.71 元，主要包括短期借款、应付帐款、预收帐款、应付福利费、应交税金、其他应付款等；长期负债 20,200,000.00 元。

截止 2000 年 12 月 31 日，本公司短期借款余额为 54,500,000 元，债项明细情况如下：

借款种类	币种	2000–12–31 余额	借款期限	月利率(‰)
担保贷款	人民币	34,500,000.00	1999.10.19–2001.08.14	5.3625–6.3375
抵押贷款	人民币	20,000,000.00*	2000.05.26–2001.06.18	5.85
		54,500,000.00	–	–

* 本公司用于短期抵押贷款的抵押物是价值为人民币 34,072,515.00 元的机器设备。

截止 2000 年 12 月 31 日，本公司应付帐款余额为 52,052,949.95 元，无应付持本公司 5%以上股份的股东欠款。

截止 2000 年 12 月 31 日，本公司预收帐款余额为 822,140.04 元，无预收持本公司 5%以上股份股东的款项。

截止 2000 年 12 月 31 日，本公司应付福利费为 4,319,791.10 元。

截止 2000 年 12 月 31 日，本公司应交税金余额为 4,806,991.22 元，包括以下内容：

项目	金额
增值税	2,194,244.60 元
城市维护建设税	116,415.00 元
所得税	2,496,331.62 元
合计	4,806,991.22 元

截止 2000 年 12 月 31 日，本公司其他应付款余额为 15,478,961.66 元，无应付持本公司 5%以上股份的股东的款项。

截止 2000 年 12 月 31 日，本公司长期借款余额为 20,200,000.00 元。

截止 2000 年 12 月 31 日，本公司除已签约资本性支出人民币 218.3 万元和已批准未签约的资本性支出为人民币 22,911.9 万元外，无其他重大承诺事项。

截止 2000 年 12 月 31 日，本公司无重大或有负债和逾期未还款项。

6、股东权益(单位：人民币元)

截止 2000 年 12 月 31 日，本公司股本为 5016 万股，全部为人民币普通股，每股面值 1.00 元，合计人民币 5016 万元。本公司近三年股东权益情况如下：

项目	2000.12.31	1999.12.31	1998.12.31
股本	50,160,000.00	50,160,000.00	–
资本公积	25,840,000.00	25,840,000.00	–
盈余公积	6,626,745.36	–	–
其中：公益金	1,518,030.64	–	–
未分配利润	10,817,722.74	2,678,698.65	–
股东权益合计	93,444,468.10	78,678,698.65	68,674,798.21

7、现金流量

本公司 2000 年度的经营活动产生的现金流量净额 14,366,107.72 元，其中销售商品、提供劳务收到的现金为 175,371,488.46 元，收到的租金为 512,000.00 元，收到的其他与经营活动有关的现金为 3,123,958.10 元，购买商品、接受劳务支付的现金为 129,722,071.53 元，经营租赁所支付的现金为 857,149.49 元，支付给职工以及为职工支付的现金为 11,503,493.86 元，实际交纳的增值税款为 17,679,275.55 元，支付的所得税款 2,930,983.02 元，支付的除增值税、所得税以外的其他税费 1,664,971.46 元，支付的其他与经营活动有关的现金为 283,393.93 元；投资活动产生的现金流量净额为–11,896,074.46 元，其中处理固定资产、无形资产和其他长期资产而收到的现金净额为 1,663,919.75 元，购建固定资产、无形资产和其他长期资产所支付的现金为 13,558,994.21 元，债权性投资所支付的现金为 1,000.00 元；筹资活动产生的现金流量净额为–5,395,160.16 元，其中借款所收到的现金为

900,000.00 元，偿还债务所支付的现金为 1,040,000.00 元，偿还利息所支付的现金为 5,255,160.16 元；现金及现金等价物净增加额为-2,925,126.90 元。导致本公司现金流量呈负值的主要原因是目前融资渠道单一，固定资产投资和偿还债务本息支出现金较大。

公司没有不涉及现金收支的重大投资和筹资活动的情况。

8、主营业务

本公司的主营业务收入和利润主要来源于书写纸、双胶纸和胶刊纸产品的销售。1998、1999 年和 2000 年度，本公司的主营业务收入分别为 119,847,006.64 元、133,501,265.63 元、147,304,351.10 元；年增长率分别为 11.39%和 10.34%。

本公司的主营业务收入包括日历纸、书写纸、双胶纸和胶刊纸销售收入。1998 年、1999 年和 2000 年，日历纸的销售收入分别为 3,096,725.64 元、3,548,007.28 元和 3,904,846.10 元，占主营业务收入的比重分别为 3.04%、3.14%、3.13%；书写纸的销售收入分别为 53,080,854.14 元、70,465,488.40 元和 77,761,120.89 元，分别占主营业务收入的 44.29%、52.78%和 52.79%；双胶纸的销售收入分别为 49,317,738.72 元、44,587,634.19 元和 49,198,679.82 元，分别占主营业务收入的 41.15%、33.39%和 33.40%；胶刊纸的销售收入分别为 13,801,232.00 元、14,260,043.42 元和 15,733,430.93 元，分别占主营业务收入的 11.52%、10.68%和 10.68%。

本公司主营业务成本主要为日历纸销售成本、书写纸销售成本、双胶纸销售成本和胶刊纸销售成本，主要由以漂白浆为主的原材料成本和以水为主的动力成本构成。由于原材料成本和动力成本均维持较为稳定的比例，因此本公司的主营业务利润率近三年也保持稳定的水平。1998、1999、2000 年度，本公司主营业务利润率分别为 26.5%、26%和 26%。

本公司的营业费用主要是运费、仓储费和销售人员的工资及福利费、差旅费等。1998、1999、2000 年度，公司营业费用分别为 8,122,971.65 元、8,242,704.55 元和 11,135,955.38 元，年增长率分别为 1.5%、35%。2000 年营业费用比上期增长了 35%，主要是运输费用有了较大幅度的增长。

本公司的管理费用主要固定资产折旧费、管理人员的工资及福利费、土地租赁费等。1998、1999、2000 年度，公司的管理费用分别为 7,856,483.69 元、6,968,328.05 元、8,229,991.66 元，1999 年较 1998 年减少 11%，主要原因是当期计提的坏帐损失准备较前期下降；2000 年较 1999 年增加 18%，主要是因为当期计提的坏帐损失准备较前期增加以及增加了综合服务费的支出。

本公司过往三年无占净利润 5%以上的重大投资损益。

本公司过往三年中，2000 年度的非经常性收益 2,374,155.35 元，系本公司 2000 年实际收到的新疆生产建设兵团农八师财务局所拨给的补贴收入，该等账项已于 2000 年 8 月收妥入账。1998、1999 年度均无非经常性损益。

9、税项

本公司主要适用的税种和税率如下：

税种	税率
增值税	17%
城市维护建设税	7%或 1%
教育费附加 *	3%或 0%
企业所得税 **	33%或 15%

* 根据新疆维吾尔自治区税务局新税字【1991】262 号文《关于不再征收兵团单位教育附加费的通知》，本公司本部及本公司设在新疆地区的经营机构不计缴教育费附加。

** 本公司所得税的法定税率为 33%。本公司所属各子公司和分公司执行当地的税收政策，其中深圳新石纸业有限公司的所得税率按 15%计算缴纳，其他子公司和分公司的所得税均按 33%计算交纳。

(四)主要财务指标

项目	2000 年	1999 年	1998 年
流动比率	0.95	0.90	1.07
速动比率	0.57	0.53	0.43
应收帐款周转率	2.19	2.48	3.25
存货周转率	1.93	1.51	1.55
无形资产(土地使用权除外)占净资产的比例	-	-	-
资产负债率(%)	62	67.28	64.4
每股净资产(元)	1.86	1.57	-
研发费用占主营业务收入的比例(%)	1.97	2.05	2.12
净资产收益率(%)	13.66	12.74	11.70
* 每股收益(元)	0.25	0.20	-
每股经营活动产生的现金流量净额(元)	0.29	-	-

* 每股收益均按 5016 万股的总股本计算。

本公司发行后全面摊薄的净资产收益率为 4.94%，比本公司 2000 年的全面摊薄净资产收益率 13.66%有较大幅度的下降。

发行后净资产收益率=2001 年预测净利润/按发行价格计算的发行后净资产

发行后净资产=2000 年 12 月 31 日净资产+本次发行扣除发行费用后的募集资金。

上述财务指标的计算方法如下：

流动比率=流动资产/流动负债

速动比率=速动资产/流动负债

应收帐款周转率=主营业务收入/应收帐款平均余额

存货周转率=主营业务成本/存货平均余额

无形资产(土地使用权除外)占净资产的比例=无形资产(土地使用权除外)/净资产

资产负债率=总负债/总资产

每股净资产=期末净资产/期末股本总额

研究及开发费用占主营业务收入的比例=研究及开发费用/主营业务收入

净资产收益率=净利润/期末净资产总额

每股收益=净利润/期末股本总额

每股经营活动的现金流量=经营活动产生的现金流量净额/期末股本总额

本公司按《公开发行证券公司信息披露编报规则第 9 号-净资产收益率和每股收益的计算及披露》计算的 2000 年净资产收益率和每股收益如下：

	报告期利润(万元)	净资产收益率(%)		每股收益(元)	
		全面摊薄	加权平均	全面摊薄	加权平均
主营业务利润	3,820.94	40.89	44.92	0.76	0.76
营业利润	1,503.30	16.09	17.67	0.30	0.30
净利润	1,276.58	13.66	15.01	0.25	0.25
扣除非经常性损益后的净利润	1,082.97	11.59	12.73	0.22	0.22

(五)发行人的验资情况

本公司于 1999 年 12 月 30 日设立，注册资本为 5016 万元。公司各发起人的出资情况由深圳同人会计师事务所以深同证验字【1999】024 号验资报告验证，发起人以现金入股的已在 1999 年 12 月 29 日全部到位，以资产入股的均已办理了产权过户。

(六)发行人的盈利预测

本公司根据 2000 年的已审经营成果与 2001 年度的经营计划、生产计划，以及资金运用的可行性报告等资料，编制了本公司 2001 年度已除税但未计非经常性项目的盈利预测表。本公司盈利预测报告的编制遵循了谨慎性原则，但由于盈利预测所依据的各种假设具有不确定性，故投资者进行投资决策时不应过分依赖该项资料。

深圳同人会计师事务所已对本公司编制的 2001 年度的盈利预测报告进行了审核，并出具了无保留意见的盈利预测审核报告。以下资料摘录自本公司的盈利预测报告。

合并盈利预测表(单位:人民币万元)

项目	2000 年已审实现数	2001 年 1-3 月未审实现数	2001 年预测数
主营业务收入	14,730.44	5,177.22	17,254.77
主营业务利润	3,820.94	1,153.74	4,100.96
营业利润	1,503.30	555.80	1,585.65
利润总额	1,835.55	556.83	1,585.65
净利润按 33%所得税率计算	1,276.57	373.03	1,062.24
按 14.85%所得税率计算	-		1,350.03

注：根据新疆维吾尔自治区人民政府新政函【2000】137 号文批准，本公司可在上市后 5 年内按 14.85%的实际税负比例计缴所得税。

本公司预计与 2000 年度经审计的实际净利润相比，2001 年度的净利润将增长 5.6%，这主要来源于主营业务收入增长了 17.14%。

第九节　其他重要事项

1、本公司股票首次公开发行后至本上市公告书公布之日，本公司严格依照《公司法》、《证券法》等法律法规的要求，规范运行，生产经营情况正常；所处行业、市场无重大变化；主要投入、产出物供求及价格无重大变化；主要业务发展目标无重大进展。

2、本公司募股资金到位时间较短，截止上市公告书公布之日尚未进行项目投资及其他重大投资活动，无重大资产(股权)收购、出售行为。

3、截止本公司上市公告书公布之日，本公司无重大诉讼、仲裁案件。

4、本公司股票首次公开发行后至本上市公告书公布之日，本公司重大会计政策和会计师事务所没有未发生变化。

5、本公司股票首次公开发行后至本上市公告书公布之日，招股说明书披露过的或有事项未发生变化。

6、经 2000 年 8 月 16 日本公司 2000 年第一次临时股东大会决议，本公司截止 1999 年底以前的滚存可分配利润共 2,678,698.65 元及 2000 年起实现的未分配利润待公司股票发行上市以后由新老股东共享。

7、本次股票发行后，预计首次股利分配时间在 2002 年 6 月底之前。

8、本公司自 1999 年 12 月 30 日设立之后的所得税率为 33%。根据新疆维吾尔自治区人民政府新政函【2000】137 号文批准，本公司可在上市后 5 年内按 14.85%的实际税负比例计缴所得税。

9、依据《上海证券交易所股票上市规则》，本公司主要发起人和第一大股东已向上海证券交易所承诺，自发行人股票上市之日起 12 个月内，不转让所持有的股份，也不由上市公司回购其持有的股份。

10、本公司发行前后每股净资产分别是 1.86 元(按 2000 年 12 月 31 日经审计的数据计算)和 3.24 元(按发行价 5.80 元计算，扣除发行费用)。

11、2001 年 6 月 8 日本公司召开了 2000 年度股东大会，会议审议通过了：(1)2000 年年度报告；(2)2000 年度董事会和监事会工作报告；(3)2000 年度财务决算报告；(4)2001 年度财务预算方案；(5)2000 年度利润分配方案；经深圳同人会计师事务所审计，本公司 2000 年实现净利润 12,765,769.45 元，提取 10%的法定盈余公积金 1,518,030.64 元，提取 10%的法定公益金金 1,518,030.64 元，提取任意盈余公积金 1,590,684.08 元，加上 1999 年度结转未分配利润 2,678,698.65 元，本年度实际可供股东分配的利润为 10,817,722.74 元。经审议，本公司 2000 年度利润暂不分配由发行后的新老股东共享。(6)聘任深圳同人会计师事务所为本公司 2001 年财务审计机构；(7)授权董事会全权办理本公司股票公开发行后变更登记事宜。

12 、除本公司招股说明书及摘要和本上市公告书披露的事项外，本公司董事会认为没有其它对本公司资产、负债及股东权益有较大影响的重要事项。

第十节　董事会上市承诺

本公司董事会承诺将严格遵守《中华人民共和国公司法》、《中华人民共和国证券法》、《股票发行与交易管理暂行条例》、《公开发行股票公司信息披露实施细则》和《上海证券交易所股票上市规则》等国家法律、法规和有关规定，并自股票上市之日起作到：

(一)承诺真实、准确、完整、公允和及时地公布定期报告，披露所有对投资者有重大影响的信息，并接受中国证监会、证券交易所的监督管理；

(二)承诺发本公司在知悉可能对股票价格产生误导性影响的任何公共传播媒介中出现的消息后，将及时予以公开澄清；

(三)本公司董事、监事、高级管理人员和核心技术人员将认真听取社会公众的意见和批评，不利用已获得的内幕消息和其他不正当手段直接或间接从事本公司股票的买卖活动；

(四)本公司没有无记录的负债。

依据《上海证券交易所股票上市规则》，本公司全体董事、监事将按照有关规定，在本公司股票上市后两个月内签署《董事(监事)声明及承诺书》，并送达上海证券交易所备案。

第十一节　上市推荐人及其意见

(一)上市推荐人情况

1、上市推荐人：光大证券有限责任公司　　法定代表人：王明权

注册地址：上海市浦东新区浦东南路 528 号上海证券大厦 15-16 层

联系电话：(028)6622007　　传真：(028)6626127　　联系人：任东升、吴谆

2、上市推荐人：山东证券有限责任公司

地址：山东省济南市泉城路 180 号　　法定代表人：段虎

电话：(0531)6019999-6620　　传真：(0531)6019816　　联系人：崔文霞

3 、上市推荐人：长城证券有限责任公司

地址：深圳市深南大道 6008 号深圳特区报业大厦 16 楼

法定代表人：李仁杰　　电话：(0755)3516283

传真：(0755)3516266　　联系人：康米和杨文波

(二)上市推荐人意见

本公司上市推荐人认为：本公司章程符合《中华人民共和国公司法》、《中国人民共和国证券法》、《上市公司章程指引》和《上海证券交易所股票上市规则》等有关法律、法规和中国证监会的规定；本公司本次发行的股票符合《中华人民共和国公司法》、《中华人民共和国证券法》、《股票发行与管理暂行条例》和《上海证券交易所股票上市规则》等法律、法规的有关规定，已具备了上市条件；本公司董事了解国家的有关法律、法规、上海证券交易所上市规则及股票上市协议规定的董事的义务与责任；本公司建立健全了法人治理结构，制定了严格的信息披露制度与保密制度。上市推荐人已对上市文件所载的资料进行了核实，认为上市文件真实、准确、完整，符合规定要求，没有虚假、严重误导性陈述或者重大遗漏，并对其承担连带责任。上市推荐人与本公司不存在关联关系。上市推荐人愿意推荐本公司的股票在上海证券交易所上市交易，并且在上市推荐过程中，将不利用获得的内幕信息进行内幕交易，为自己和他人谋利。

新疆天宏纸业股份有限公司

二零零一年六月二十三日

昆 明 制 药 股 份 有 限 公 司

昆明制药股份有限公司2000年年度报告摘要

重要提示：本公司董事会保证本报告所载资料不存在任何虚假记载、误导性陈述或者重大遗漏，并对其内容的真实性、准确性和完整性负个别及连带责任。

一、公司简介

1 、公司法定中、英文名称
中文名称：昆明制药股份有限公司
英文名称：KUNMING PHARMACEUTICAL CORP.
2 、公司法定代表人：李南高
3 、公司董事会秘书：徐朝能
联系地址：云南省昆明市西郊七公里
昆明制药股份有限公司证券部
联系电话：0871-8182312 转 294
传真号码：0871-8101631
公司证券事务电子信箱：xuchaoneng0006@sina.com
4 、公司注册地址：
中国云南省昆明市国家高新技术开发区金鼎科技园
公司办公地址：云南省昆明市西郊七公里
邮政编码：650100
公司国际互联网网址：www.kpc.com.cn
5 、公司选定的信息披露报刊为：上海证券报、证券时报
刊载公司年度报告的中国证监会指定国际互联网网址为
http://www.sse.com.cn
公司年度报告备置地点：公司证券部
6 、公司股票上市交易所为：上海证券交易所
股票简称：昆明制药
股票代码：600422

二、会计数据和业务数据摘要

1 、公司本年度主要利润指标情况(单位：人民币元)

序号	项目	金额(元)
1	利润总额	57,008,513.77
2	净利润	35,178,524.45
3	扣除非经常性损益后的净利润	30,565,556.943
4	主营业务利润	192,676,077.41
5	其它业务利润	433,406.05
6	营业利润	51,692,428.61
7	投资收益	250,249.71
8	补贴收入	1,109,626.00
9	营业外收支净额	3,956,209.45
10	经营活动产生的现金流量净额	47,757,440.27
11	现金及现金等价物净增加额	345,300,955.24

注：扣除非经常性损益项目和涉及额：4,612,967.51 元

其中：1 、补贴收入：1,109,626.00 元，扣除企业所得税 110,962.60 元，影响净利润 998,663.40 元；

2 、冻结资金利息收入：4,252,122.48 元，扣除企业所得税 637,818.37 元，影响净利润 3,614,304.11 。

2 、截止本报告期末公司前三年的主要会计数据和财务指标　　单位：元

序号	项目	2000 年度	1999 年度	1998 年度
1	主营业务收入	512,039,085.81	456,763,005.95	395,959,960.49
2	净利润	35,178,524.45	22,109,573.40	22,705,337.63
3	总资产	798,795,994.59	435,116,628.82	405,437,035.70
4	股东权益(不含少数股东权益)	511,949,256.89	98,465,992.34	89,168,201.44
5	每股收益	0.36	0.38	0.39
6	每股收益(加权)	0.53	0.38	0.39
7	每股收益(加权)(扣除非经常性损益)	0.46	0.30	0.39
8	每股净资产	5.21	1.69	1.53
9	调整后的每股净资产	5.08	1.48	1.35
10	每股经营活动产生的现金流量净额	0.49	1.04	1.434
11	净资产收益率(%)	6.87	22.45	25.46
12	净资产收益率加权(%)	23.63	22.45	25.46

3 、按照中国证监会《公开发行证券公司信息披露编报规则(第 9 号)》要求计算报告期利润的净资产收益率和每股收益：

报告期利润		净资产收益率		每股收益	
		全面摊薄	加权平均	全面摊薄	加权平均
主营业务利润	192,676,077.41	37.66%	129.45%	1.96	2.90
营业利润	51,692,428.61	10.10%	34.68%	0.53	0.78
净利润	35,178,524.45	6.87%	23.63%	0.36	0.53
扣除非经常性损益后的净利润	30,565,556.94	5.97%	20.54%	0.31	0.46

注：(1)2000 年末总股本为 9818 万股；1999 年末总股本 5818 万股；1998 年末总股本为 5818 万股。

4、本报告期内股东权益变动情况(人民币元)

项目	股本	资本公积	法定盈余公积	法定公益金	未分配利润	股东权益合计
期初数	58180000	33353613.13	13862497.27	4291286.81	-11221404.87	98465992.34
本期增加数	40000000	354156435.07	6196647.36	1817164.50	35178524.45	437348771.38
本期减少数					23865506.83	23865506.83
期末数	98180000	387510048.20	20059144.63	6108451.31	91612.75	511949256.89

变动原因：

(1)股本变化的原因：股本总额比上年增加 4000 万股，系本公司 2000 年 11 月份向社会公开发行股票所致。

(2)资本公积变化的原因：资本公积比上年增加 354,156,435.07 元，系本公司公开发行股票的溢价发行所致。

(3)法定盈余公积变化的原因：盈余公积比上年增加 6,196,647.36 元,其中 6,021,127.47 元系公司本年度获利后按规定比例提取增加，175,519.89 元为子公司免税所得计入盈余公积；

(4)法定公益金变化的原因：法定公益比上年增加 1,817,164.50 元，系公司本年度获利后按规定比例提取增加。

(5)未分配利润变化的原因：未分配利润比上年增加 11,313,017.62 元，系本公司报告期内利润增加和剩余未分配利润所致。

三 、股本变动及股东情况

1 、股本变动情况

(1)股份变动情况表

公司股份变动情况表　　数量单位：股

	期初数	本次变动增减(+,-)						期末数
		配股	送股	公积金转增	增发	其他	小计	
一、未上市流通股份	58,180,000							58,180,000
1 、发起人股份	58,180,000							58,180,000
其中：国有法人股	21,500,560							21,500,560
境内法人持有股份	36,679,440							36,679,440
未上市流通股份合计	58,180,000							58,180,000
二、已上市流通股份					40,000,000		40,000,000	40,000,000
已上市流通股份合计					40,000,000		40,000,000	40,000,000
三、股份总数	58,180,000				40,000,000		40,000,000	98,180,000

(2)股票发行与上市情况

1995 年 12 月经云政办函[1995]120 号并经云政复[1995]112 号文批准，由昆明制药厂进行了整体改制，将其全部经营性资产作为股本投入，与昆明金鼎集团企业发展总公司、昆药职工持股会、昆明富亨房地产开发经营公司、昆明八达实业总公司共同发起，设立了昆明制药股份有限公司，注册资本 5818 万元，每股面值 1 元人民币。公司注册地为昆明市国家高新技术开发区金鼎科技园，注册资本为 5818 万元。

2000 年 11 月 11 日经中国证券监督管理委员会证监发字〔2000 〕149 号文批准，股份公司于 2000 年 11 月 16 日在上海证券交易所上网定价发行人民币普通股 4,000 万股，发行价格为 10.22 元/股，发行完成后于同年 12 月 6 日在上海证券交易所上市交易。

目前，公司总股本为 9818 万股，其中：国有股为 2150.056 万股，占 21.9%；社会公众流通股为 4000 万股，占 40.74%。

2 、股东情况介绍

(1)截止 2000 年 12 月 31 日，本公司股东总数为 28,674 户；

(2)截止 2000 年 12 月 31 日公司前 10 名股东的持股情况

序号	股东名称	持股数量(股)	持股比例	是否上市流通
1	云南医药集团有限公司	19662120	20.03%	否
2	昆明金鼎集团企业发展总公司	19662120	20.03%	否
3	云南铜业(集团)有限公司	10479110	10.67%	否
4	昆明云辰科工贸有限公司	4699770	4.79%	否
5	昆明富亨房产地产开发经营公司	1838440	1.87%	否
6	昆明八达实业总公司	1838440	1.87%	否
7	景宏基金	591996	0.60%	是
8	金泰基金	576049	0.59%	是
9	平安实业	522803	0.53%	是
10	君安联城	500000	0.51%	是

注：(1)本公司前 10 名股东之间不存在关联关系。

(2)持股 5%以上(含 5%)的股东为：云南医药集团有限公司、昆明金鼎集团企业发展总公司、云南铜业(集团)有限公司，其所持股份不存在质押或冻结等情况。

(3)云南医药集团有限公司、昆明富亨房地产开发经营公司为国有法人股；昆明金鼎集团企业发展总公司、云南铜业集团有限公司、昆明云辰科工贸有限公司、昆明八达实业总公司为法人股。

(4)持股 10%以上法人股东介绍：

a.云南医药集团有限公司

本公司股东，注册资本 28666 万元人民币，法定代表人胡朝淦，该公司是云南省从事药品生产经营和资产经营的国有独资公司。

b.昆明金鼎集团企业发展总公司

本公司股东，注册资本 800 万元人民币，法定代表人任安中，该公司主要从事高新技术研究及产品开发、技术中介、信息咨询等业务。

c.云南铜业(集团)有限公司

本公司股东，国有独资有限责任公司，注册资本 100,000 万元，法定代表人邹韶禄，该公司主要从事有色金属、贵金属的生产、加工、销售，以及有色金属、贵金属的地质勘察设计、施工、科研等。

四、股东大会简介

本报告期内公司共召开了四次股东大会。

1 、2000 年 1 月 20 日召开了"1999 年度股东大会"

该次股东大会审议通过了以下议案：

《公司 1999 年度董事会工作报告》

《1999 年度监事会工作报告》

《关于公司计提四项资产减值准备金的报告》

《公司 1999 年度财务决算报告》

《公司 1999 年度利润分配预案》

2 、2000 年 2 月 29 日召开了临时股东会。该次会议审议通过了以下议案：

《昆明制药股份有限公司股东大会议事规则》

《昆明制药股份有限公司董事会议事规则》

《昆明制药股份有限公司监事会议事规则》

3 、2000 年 7 月 15 日，召开了临时股东会，该次会议审议通过了以下议案：

(1)根据云南亚太会计师事务所出具的亚太审 E (2000)第 257 号审计报告，按照上市公司利润分配实行孰低原则的惯例，公司累计可供股东分配的利润数额以合并会计报表为准；

(2)截止 2000 年 5 月 31 日公司合并会计报表的可供分配利润 17,155,259.80 元，提取法定盈余公积金 4,101,221.01 元，提取法定公益金 859,110.50 元后，累计可供股东分配的利润 1,005,674.86 元由 2000 年 5 月 31 日为止的在册股东享有；

华纺股份有限公司

华纺股份有限公司A股股票上市公告书暨2001年中期财务报告

本公司董事会保证上市公告书的真实性、准确性、完整性，全体董事承诺：上市公告书不存在虚假记载、误导性陈述或重大遗漏，并承担个别和连带的法律责任。

一、概 览

股票简称：华纺股份　股票代码：600448　股本总额：24500万股　可流通股本：9350万股

本次上市流通股本：9350万股　上市地点：上海证券交易所　上市时间：2001年9月3日

股票登记机构：上海证券中央登记结算公司　上市推荐人：西南证券有限责任公司

天同证券有限责任公司(原山东证券有限责任公司)　北京证券有限责任公司

本次公开发行股票前公司法人股股份，根据国家有关政策，在国家就法人股的流通问题尚未作出新的规定之前，暂不上市流通，第一大股东华诚投资管理有限公司并已经向上海证券交易所承诺自愿锁定其所持股份。

二、绪 言

华纺股份有限公司(以下简称"华纺股份"、"本公司"或"公司")股票上市公告书是根据《中华人民共和国公司法》、《中华人民共和国证券法》、《股票发行与交易管理暂行条例》、《公开发行股票公司信息披露实施细则》和《上海证券交易所股票上市规则》等国家有关的现行法律、法规的规定，按照中国证券监督管理委员会制定的公开发行股票公司信息披露的内容和格式准则第七号《上市公告书的内容与格式》编制，旨在向投资者提供有关本公司的基本情况和股票上市的有关资料。

经中国证监会证监发行字[2001]45号文核准，公司于2001年7月26日在上海证券交易所采用上网定价发行方式发行首次公开发行8500万股人民币A股股票，根据财政部财企便函[2001]58号文的批准，在首次公开发行的同时，存量发行850万股国有股。本次公司发行的人民币A股股票共计9350万股，每股发行价格5.92元。经上海证券交易所上证上字[2001]第130号《上市通知书》同意，本公司9350万股人民币普通股将于2001年9月3日(星期一)起在上海证券交易所上市挂牌交易。股票简称"华纺股份"，股票代码"600448"。本公司总股本24500万股，流通股本9350万股。

本公司已于2001年7月24日分别在《中国证券报》、《上海证券报》、《证券时报》上刊登了《华纺股份有限公司招股说明书摘要》。招股说明书正文及其附注材料可以在上海证券交易所网站(http://www.sse.com.cn)查询。招股说明书及其引用的财务资料距今不足六个月，与其重复的内容不再重述，敬请投资者查阅上述内容。

本公司董事会成员已批准本上市公告书，并确信本上市公告书所载资料不存在任何重大遗漏、虚假陈述或者误导，并对其真实性、准确性和完整性负个别的和连带的责任。

三、发行公司概况

(一)公司概况　中文名称：华纺股份有限公司

英文名称：HUAFANG COMPANY LIMITED BY SHARES

成立日期：1999年9月3日　注册资本：245,000,000元

法定代表人：沈祥荣

公司住所：山东省滨州市黄河二路819号　邮政编码：256617

经营范围：棉、毛纺织、针织、服装的生产、加工、销售；新产品的技术开发、技术咨询服务及技术转让；机电设备的销售。

主营业务：棉纺、毛纺、印染等　所属行业：纺织业　电话：0543-3288255

董事会秘书：崔建华　传真：0543-3288520　电子信箱：cjhbj1958@sohu.com

(二)发行人的历史沿革

1、本公司设立及发展的主要历程

华纺股份是国家纺织工业局、山东省人民政府共同向中国证券监督管理委员会推荐的国家纺织工业局1997年度计划内上市企业，经国家经贸委《关于同意设立华纺股份有限公司的复函》(国经贸企改[1999]774号)批复，由华投公司、山东滨印为主要发起人，联合山东滨州针棉织品集团公司(现改制为山东亚光纺织集团有限公司，以下简称"山东针棉")、上海雪羚毛纺织有限公司(以下简称"上海雪羚")、湖州惠丰纺织有限公司(以下简称"惠丰纺织")三家企业，共同发起设立的股份有限公司，于1999年9月3日，在山东省工商行政管理局正式注册。

经中咨资产评估事务所评估并经财政部予以确认，华投公司作为公司的主要发起人，将以下下属单位的资产投入股份公司：

(1)全资子公司--银华集团全部的棉纺主营业务以及相关资产，主要为：纺纱分厂、织布分厂、织造分厂及附属销售公司、能源公司、机械厂等单位经营性资产，包括生产性机器设备及厂房等存量资产及其相关负债；

(2)全资附属企业--惠丰厂的毛纺主营业务以及相关资产，主要为：洗毛车间、纺纱车间、织造车间、染整车间的房屋、设备，连同相关负债和其拥有的湖州怡丰74%的股权。

经中咨资产评估事务所评估并经财政部予以确认，山东滨印作为公司的主要发起人，将其印染主营业务以及相关资产，主要为：染色生产线、网印生产线、装饰布生产线、辅助及化验室设备、共用工程设备等存量资产，锯齿型生产大厂房、雕刻车间、整装车间、化纤车间、工艺布车间、化验楼等厂房车间，锅炉房、油锅炉房、配电室、泵房、污水处理池、煤灰沉淀池、仓库等辅助生产性资产和相关负债投入公司。

山东针棉、上海雪羚、惠丰纺织分别投入现金100万元。

上述资产共计56083.21万元，相应负债共计33270.26万元，折股净资产22812.95万元，根据财政部《关于华纺股份有限公司(筹)国有股权管理有关问题的批复》(财管字[1999]258号)，华投公司投入华纺股份的总资产为32207.61万元，负债为19966.10万元，净资产为12241.51万元；山东滨印投入的总资产为23875.60万元，负债为13304.16万元，净资产为10571.44万元，山东针棉、上海雪羚、惠丰纺织分别投入现金100万元。各发起人投入净资产或现金按69.23%的折股比例折为股本共计16000万股，每股面值1元，未折入股本的7112.95万元计入华纺股份的资本公积金。华纺股份设立时，各发起人的持股情况如下：

发起人单位	股份种类	股数(万股)	所占比例%
华诚投资管理有限公司	国有法人股	8474.21	52.97
山东滨州印染集团有限责任公司	国有法人股	7318.10	45.74
山东滨州针棉织品集团公司 (现山东亚光纺织集团有限公司)	国有法人股	69.23	0.43
上海雪羚毛纺织有限公司	法人股	69.23	0.43
湖州惠丰纺织有限公司	法人股	69.23	0.43
合　计		16000	100.00

2、历次股权变动情况

截止发行前，本公司的股本结构和总额未发生变化。

根据国务院发布的《减持国有股筹集社会保障基金管理暂行办法》，并经财政部财企便函[2001]58号文《关于华纺股份有限公司国有股存量发行有关问题的函》的批复，山东滨印作为本公司主要发起人之一，持有本公司7318.10万股国有法人股，占总股本的45.74%，按照股份公司首次公开发行融资总额的10%减持国有股850万股，由公司发起人山东滨印将其所持有的国有股850万股划拨给全国社会保障基金理事会，经过划拨后，山东滨印持有华纺股份6468.1万股，占公司发行前总股本的40.43%。

拟出售国有股划拨后公司股本结构情况如下：

发起人单位	股份种类	股数(万股)	所占比例%
华诚投资管理有限公司	国有法人股	8474.21	52.97
山东滨州印染集团有限责任公司	国有法人股	6468.10	40.43
全国社会保障基金理事会(注1)	国家股	850.00	5.31
山东滨州针棉织品集团公司 (现山东亚光纺织集团有限公司)	国有法人股	69.23	0.43
上海雪羚毛纺织有限公司	法人股	69.23	0.43
湖州惠丰纺织有限公司	法人股	69.23	0.43
合　计		16000	100.00

2001年7月26日，经中国证监会证监发行字[2001]45号文核准，华纺股份在上海证券交易所采用上网定价发行方式首次公开发行8500万股人民币A股股票。另根据财政部财企便函[2001]58号文的批准，在首次公开发行的同时，存量发行850万股国有股。因此，公司通过上海证券交易所发行的人民币A股股票共计9350万股，每股面值1.00元，每股发行价格为5.92元。发行后，公司总股本为24500万股。

公司发行后股本结构如下：(单位：万股)

	股本性质	发行后股本结构(万股)	比例
非流通股			
华投公司	国有法人股	8474.21	34.59%
山东滨印	国有法人股	6468.10	26.41%
山东针棉	国有法人股	69.23	0.28%
上海雪龄	法人股	69.23	0.28%
惠丰纺织	法人股	69.23	0.28%
共计		15150	61.84%
流通股		9350	38.16%
共计		24500	100.00%

(四)本公司的主要经营情况

华纺股份的主营业务包括印染、棉纺和毛纺三大系列，拥有"天丝"系列、宽幅装饰布系列、纯棉活性印花系列、抗菌系列、生物酶砂洗绒系列、阻燃防水系列、阻燃防静电涤棉织物系列、防污拒油系列等一批科技含量高、生产工艺精的产品，其中纤维素酶处理棉织物产品被评为1996年度国家级新产品；生物酶砂洗绒被评为1998年国家重点新产品；阻燃防静电涤棉织物获国家"九五"科技攻关项目成果奖和国家1999年-2000年秋冬流行面料金奖。华纺股份所生产的部分产品属于国家重点支持的出口产品，其产品远销日本、韩国、澳大利亚、东南亚、拉美非洲和中东等40多个国家和地区。

1、本公司的优势和劣势

●本公司优势

(1)经过股份公司设立后的逐步整合，本公司形成了公司本部以纺织行业中印染系列产品为主营，2家控股子公司分别以棉纺、毛纺为主营的业务架构，使公司真正成为集棉毛纱布、印染布、高档面料、精纺面料等纺织产品的生产、加工、销售及纺织产品进出口贸易于一体的综合类大型纺织企业，既形成了上下游之间联合互助的产业链，形成拥有纺纱、织造、染整、服装以及其最终制成品的上、中、下游配套的全方位生产能力和"小批量、多品种"的经营风格，同时又拓宽了华纺股份自身的产品种类，使华纺股份的产品可以满足不同消费层次、不同市场的需求。

(2)华纺股份三大主营业务的经营管理模式突出了华纺股份大纺织、多元化经营的特色理念，同时又兼顾到各种产品类别的纵深发展，使每一种类别产品的生产经营、开发销售都能够得到系统深入的发展，形成产品与产品之间联合互补的良性机制。较之国内同行业企业单一产品系列的经营模式，更具有明显的竞争优势，有利于华纺股份在国内企业中树立起龙头企业的形象。

(3)在我国加入WTO后，由于这样的优化组合形成的多元化产品，在最大限度的减少由于外资进入中国市场所带来的冲击的同时，最大限度的利用入世后在引进新技术、新设备、新工艺及产品出口等方面的优势，顺利度过入关后纺织企业与国际接轨的过渡阶段。

●本公司劣势

(1)本公司目前产品结构不够完善，高中档次产品的比重不高。

(2)产品技术含量相对不高、核心技术不明显。本公司目前产品基本属于劳动密集型产品，生产工艺一旦定型即程序化，没有明显的核心技术。

(3)市场形象认知程度相对较低、销售网络尚待规模化。由于本公司成立时间较短，因此统一的市场形象尚未完全建立，统一的国内外销售队伍、销售渠道尚需进一步建设、开发。

2、　本公司新产品、新技术的开发情况

(1)产品开发能力

在新产品开发方面，华纺股份专门设立了技术开发部，纤维、纺织、印染、经济、机械、计算机专业的工程技术人员有168人。其中国内专家级五名，从德国、荷兰、加拿大、日本、香港聘请的专家七名。公司配备有国内外比较完善的检验、实验、打样、分析设备，采用图案设计CAD工作站、在线检测系统、原材料染化料集中控制系统、喷墨制网机、ERP企业管理系统等先进手段。尤其是电子商务体系在信息搜集、技术分析、产品发展趋势研究方面的功能，使企业能够始终保持与全球纺织印染发展水平接轨。公司良好的经济效益也保证了持续不断的资金投入。

(2)新产品的研发

目前，华纺股份正在致力于以下新产品的开发生产：

A、"天丝"是一种新型人造纤维素纤维，国际人造纤维局在1989年将其命名为"Lyocell"。它来自树木内的纤维素，通过采用有机溶剂(NMMO)纺丝工艺，在物理作用下完成，整个制造过程无毒、无污染。故天丝被称之为世界二十一世纪绿色纤维，是纤维制造科技的一大突破，纤维兼棉纤和涤纤的优点，目前只有英国、美国等少数国家能够生产，产量尚?。公司在天丝产品的开发中，针对其印染技术难度大的特点，成功解决了纤维原纤化均匀性和生物酶抛光处理等难度大的关键工艺，其产品已通过鉴定，形成工业性示范生产，其中一个品种获国家新产品称号，另一品种列入国家火炬计划。截止目前，公司在自主开发依靠专业设备生产的基础上，实验运用轧染、卷染设备和常规工艺生产已获突破，预计可实现天丝产品降低成本1/3，生产能力提高2倍。同时由华纺银华公司开发天丝坯布，替代常规品种。结合本次技改项目，公司准备加紧开发以形成全系列的批量生产。

B、杜邦"莱卡"弹力布的深入开发：公司获杜邦公司认可为"莱卡"产品生产的"全球最佳合作伙伴"，成为其弹力布的全球供应商。公司已经从纺、织、印染环节开始棉/氨、粘/氨、天丝/氨、涤/氨等多纤维混纺的双弹面料，替代现有的纬弹产品。

C、全棉高支衬衣面料免烫整理产品：公司已经开始研制80支以上全棉衬衣面料纺、织、印染

工艺,拟替代成衣免烫,扩大服装免烫产品范围。

D、面料涂层及系列功能整理:运动、休闲服装是二十一世纪的潮流,防水透湿、保健舒适、柔软自然是功能整理的方向。公司正在同欧洲两企业合作开发涂层产品,2001 年底可投产,可广泛用于国防、野外、旅游、休闲服装。

3、 主要财务指标 单位:元

	2001 年中期	2000 年度
主营业务收入	532,524,348.45	1,041,366,410.10
主营业务利润	42,178,657.08	110,296,249.94
利润总额	16,071,274.34	53,264,251.77
净利润	10,129,130.47	33,990,980.67
净资产收益率(全面摊薄)	3.96%	12.58%
每股收益(全面摊薄)	0.06	0.21

	1999 年度	1998 年度
主营业务收入	872,572,031.32	795,276,808.75
主营业务利润	102,947,121.90	84,027,612.88
利润总额	42,210,020.02	37,025,461.07
净利润	25,124,489.96	25,424,428.84
净资产收益率(全面摊薄)	10.63%	15.34%
每股收益(全面摊薄)	0.16	0.16

4、特许经营权和非专利技术

(1) 商标

主要发起人与本公司在本公司设立时分别签订了《商标转让协议书》,将投入本公司的资产所对应使用的商标分--"霄霓"牌、"银银"牌、"华华"牌注册商标,已全部进入华纺股份。截止目前,国家商标局已受理以上商标转让的材料,商标转让手续正在办理过程中。

(2) 特许经营权

华纺股份本部及其下属子公司--山东滨州印染集团进出口有限公司、四川华纺银华有限责任公司拥有纺织产品的自营进出口权。

四、股票发行与股本结构

(一)本次上市股票的公开发行

1、发行数量:9350 万股; 2、发行价格:7.85 元;

3、募集资金总额:55352 万元

4、发行方式:上网定价 5、中签率:0. 35482938%

6、有效申购户数:871088 户

7、持 1000 股以上(含 1000 股)的股东数:90178 户

8、发行费用总额及项目:2172.6 万元,包括承销费用、注册会计师费、律师费用、上网发行手续费、股份登记费用、中国证券监督管理委员会审核费。

9、每股发行费用:0.23 元/股

10、发行市盈率(所得税率按 33%计算,全面摊薄):42.11 倍

(二)股票承销

本次公开发行的社会公众股 9350 万股已全部被投资者认购,承销团无余额包销。

(三)验资报告

验资报告

岳总验字(2001)第 A026 号

华纺股份有限公司:

我们接受委托,审验了华纺股份有限公司(以下简称"贵公司")截至 2001 年 8 月 3 日止新增注册资本实收情况。按照国家相关法律、法规的规定和协议、章程的要求出资,提供真实、合法、完整的验资资料,保护资产的安全、完整是全体股东及贵公司的责任。我们的责任是对贵公司新增注册资本的实收情况发表审验意见。我们的审验是依据《独立审计实务公告第 1 号-验资》进行的。在审验过程中,我们结合贵公司的实际情况,实施了检查等必要的审验程序。

贵公司变更前的注册资本为人民币 16,000 万元,变更后拟申请登记的注册资本为人民币 24,500 万元。根据财政部财企便函[2001]58 号文《关于华纺股份有限公司国有股存量发行有关问题的函》、中国证监会证监发行字[2001]45 号《关于核准华纺股份有限公司公开发行股票的通知》和《华纺股份有限公司首次公开发行股票招股说明书》,贵公司采用上网定价的发行方式,向社会公开发行人民币普通股股票 9,350 万股,其中:首次公开发行 8,500 万股,国有股存量发行 850 万股。股票面值为每股人民币 1 元,经主承销商与贵公司共同协商确定发行价格为每股人民币 5.92 元(含发行手续费),发行费用总额为人民币 21,726,728.00 元,国有股存量发行收入为人民币 48,865,752.00 元,扣除发行费用及国有股存量发行收入后的募集资金为人民币 482,927,520.00 元。根据我们的审验,截止 2001 年 8 月 3 日,华纺股份有限公司已收到募集资金人民币肆亿捌仟贰佰玖拾贰万柒仟伍佰贰拾元整(RMB482,927,520.00 元),其中股本人民币捌仟伍百万元(RMB85,000,000.00 元), 资本公积人民币叁亿玖仟柒佰玖拾贰万柒仟伍佰贰拾元整(RMB397,927,520.00)。贵公司实收股本由发行前的人民币壹亿陆仟万元整(RMB160,000,000.00 元)增加到发行后的人民币贰亿肆仟伍佰万元整(RMB245,000,000.00 元),资本公积由发行前的人民币柒仟壹佰壹拾贰万玖仟肆佰肆拾肆元叁角叁分(RMB71,129,444.33)增加到发行后的人民币肆亿陆仟玖佰零伍万陆仟玖佰陆拾肆元叁角叁分(RMB469,056,964.33 元)。

按照《企业会计制度》规定,发行费用应首先由申购冻结资金利息冲减,因尚未收到冻结资金利息,故发行费用全部由溢价冲减,待收到冻结资金利息后,将其全部计入资本公积。

本验资报告仅供贵公司此次申请变更登记及据以向出资者签发出资证明时使用,不应将其视为是对贵公司验资报告日后资本保全、偿债能力和持续经营能力等的保证。因使用不当造成的后果,与执行验资业务的注册会计师及会计师事务所无关。

岳华会计师事务所有限责任公司 中国注册会计师 姚焕然 邵立新

(四)募集资金入帐情况

1、入帐金额:482,927,520.00 元人民币

2、入帐时间:2001 年 8 月 3 日

3、开户银行:中国工商银行滨州市分行滨城区支行

4、入帐帐号:1613003509022153112

五、本次股票上市前股权结构和股东持股情况

1、本公司上市前的股本结构

股份种类	股数(万股)	占总股本比例(%)
1、尚未流通股份:	15150	61.84
发起人股份	15150	61.84
其中:国有法人持有股份	15011.54	61.27
境内法人持有股份	138.46	0.57
2、可流通股份:	9350	38.16
其中:社会公众股	9350	38.16
3、股份总数	24500	100.00

2、本次上市前,公司前十名股东持股情况

序号	股东名称	持股数量(万股)	占总股本比例
1	华诚投管理有限公司	8474.21	34.59%
2	山东滨州印染集团有限责任公司	6468.10	26.41%
3	山东亚光纺织集团有限公司	69.23	0.28%
4	上海雪羚毛纺织有限公司	69.23	0.28%
5	湖州惠丰纺织有限公司	69.23	0.28%
6	普丰基金	38.40	0.16%
7	安信基金	27.50	0.11%
8	金泰基金	27.00	0.11%
9	兴和基金	20.10	0.08%
10	裕阳基金	19.80	0.08%

六、董事、监事及高级管理人员简介及持股情况

(一) 董事、监事及高级管理人员简介

1、董事会成员简介

沈祥荣先生 ,本公司董事长,50 岁,大学学历,工程师,历任国家经委能源局煤矿处副处长,计委生产调度局综合处副处长、处长、副局长,国家计委办公厅秘书、国务院办公厅秘书局秘书等职务。现任华诚集团常务副总裁,华诚投资管理有限公司副董事长。

刘连营先生,本公司副董事长,42 岁,大专学历,高级经济师,历任山东滨州印染厂副厂长,1993 年至 1999 年先后担任任山东滨州印染集团有限责任公司副董事长、副总经理、董事长、总经理等职务。现任中国印染协会副理事长,山东滨州印染集团有限责任公司董事长,滨州对外经济技术合作有限公司董事长,进出口公司董事长,滨州春华服饰有限公司总经理。

魏杰先生,本公司独立董事,48 岁,国内著名经济学家。曾先后获得经济学硕士、博士学位。曾任中国人民大学经济系主任、教授、博导,国家国有资产管理局研究所所长。现任清华大学经济管理学院教授、博导,兼任全国十三个省市的经济顾问、十五家企业经济顾问、中国国有资产管理学会等 5 家学会的副会长。

王曾敬先生,本公司独立董事,67 岁,硕士学历,早年在哈尔滨工业大学、中国人民大学执教,曾任北京市轻工业局副局长、国家经济委员会局长、国家计划委员会司长、中国新技术投资总公司总经理、国家纺织工业部副部长、中国纺织集团总公司筹备组组长、第八届全国人民代表大会财经委员会委员、中国华源集团总公司监事会主席。现任中国纺织工业协会、中国中小企业国际合作协会、中国包装技术协会、中国流行协会等社团领导工作。

王玉珍女士,本公司董事,49 岁,大专学历,助理经济师,历任山东滨州印染厂干事、副总经理,山东滨州印染集团有限责任公司副董事长、副总经理等职务。现任山东滨州印染集团有限责任公司副董事长、总经理,三元公司总经理,进出口公司董事。

胥明东先生,本公司董事、副总经理,48 岁,大学学历,高级工程师,历任四川射洪棉纺织厂车间主任、金华棉纺织厂厂长,四川射洪纺织厂厂长。现任四川省企业家协会常务理事,华纺银华董事长,华纺呢绒董事。

钱伟民先生,本公司董事、副总经理,38 岁,大专学历,历任湖州机电一厂副厂长、湖州低压电器厂厂长、深圳铁马电机有限公司副总经理、湖州惠丰针织制衣厂厂长。现任浙江华纺呢绒有限公司董事长、总经理,浙江省企业家协会副会长、中国毛纺协会常务理事,华纺银华董事、华纺呢绒董事长。

邹鹏宏先生,本公司董事,37 岁,大学学历,高级会计师,历任地质矿产部审计局审计处副处长,华诚财务公司副总经理,华诚文化传播公司总经理,华诚京星纺织产业有限公司总经理,现任华诚投资管理有限公司副总裁。

陈宝军先生,本公司董事,38 岁,大专学历,94 年获中华人民共和国律师、经济师资格。历任山东滨州印染厂审计科审计员、企管科干事,山东滨州印染集团有限责任公司总裁助理、企管处处长、市场处处长。现任山东滨州印染集团有限责任公司董事会秘书、法律顾问。

崔建华先生,本公司董事、董事会秘书、副总经理,42 岁,大专学历,高级经济师,历任山东滨州毛纺织厂厂长助理、副厂长,山东滨州毛纺织总公司副总经理、总经济师,滨州金利毛纺地毯有限公司总经理,山东滨州印染集团有限责任公司董事长助理,山东滨州印染集团有限责任公司董事、党委副书记、纪委书记,华纺银华董事,华纺呢绒董事。

刘林泉先生,本公司董事,41 岁,硕士学历,高级经济师,历任航空航天工业部成都飞机制造公司干部、审计署固定资产审计司副处长、华诚投资管理有限公司管理部经理、审计法律事务部经理、董事长特别助理。现任华诚投资管理有限公司总裁助理。

2、监事会成员简介

王延平先生,本公司监事会召集人,45 岁,高级经济师,大专学历,历任滨州毛巾厂厂长,滨州针棉织品集团公司董事长。现任山东亚光纺织集团有限公司董事长。

陈发明先生,本公司监事,38 岁,工程师,历任福建 324 国道厦门段改建指挥部工程师,厦门市路桥经济开发公司总经理,上海一方经贸有限公司总经理,现任湖州惠丰纺织有限公司董事长。

金伟忠先生,本公司监事,51 岁,经济师,大学学历,历任上海三星羊毛衫公司总经理,上海三星毛纺织发展总公司总经理,现任上海雪羚毛纺织有限公司董事长。

刘惠萍女士,本公司职工代表监事,37 岁,助理经济师,大学学历。历任山东滨州毛纺织总公司车间主任、办公室主任、分公司经理,山东滨州印染集团有限责任公司办公室副主任。现任华纺股份有限公司综合管理部主任。

陈付峰先生,本公司职工代表监事,27 岁,助理会计师,大专学历。历任山东滨州印染集团有限责任公司财务处会计、出纳、结算稽核室主任、市场处处长助理。现任华纺股份有限公司营销管理部副主任。

3、高级管理人员简介

刘曰兴先生,本公司总经理,43 岁,经济师,大专学历,历任山东滨州印染厂工会主席、总政工师,山东滨州印染集团有限责任公司工会主席、董事、常务副总经理,华纺银华董事,华纺呢绒董事,进出口公司的董事。

胥明东先生,本公司副总经理,简历略。

钱伟民先生,本公司副总经理,简历略。

崔建华先生,本公司董事、董事会秘书,公司副总经理,简历略。

赵振中先生,本公司副总经理,45 岁,大专学历,助理经济师,历任滨州印染厂劳动服务公司副经理、车间主任、基建科长、供应科长、销售公司经理、色布分厂厂长,滨州印染集团有限责任公司进出口公司经理,菏泽诚信印染有限公司总经理、党委书记,滨州印染集团有限责任公司总经理助理、国际发展部主任、物资经营处处长、董事、副总经理。

赵菊田女士,本公司总会计师,40 岁,工商硕士,高级会计师,历任济南元首针织股份有限公司财务处成本主管会计、财务处处长、董事、总经理助理、副总经理、总会计师等职务。现任山东省纺织财会协会理事。

(二)董事、监事及高级管理人员持股情况

截止到本上市公告书签署之日,本公司的董事、监事、高级管理人员不存在直接持有本公司股份的情况;

本公司董事、监事及高级管理人员均未持有本公司股票,其配偶或未满十八岁的子女均不持有本公司股份;

本公司的董事、监事、高级管理人员均未通过其能够直接或间接控制的公司持有本公司股份。

(三)认股权设置和行使情况

公司董事会已决定在国家有关法律、法规许可并经有关部门批准的情况下,在公司全体高管人员和骨干员工中推行认股权计划。具体计划目前尚未实施。

七、同业竞争与关联交易

(一)同业竞争情况

1、华投公司以及下属子公司与股份公司之间的同业竞争情况

华投公司向股份公司出具了《非竞争承诺函》,向股份公司作出不可撤销承诺:"本公司是一家资产管理公司,并不直接参与控股子公司或参股子公司的生产经营活动。根据有关法律法规的规定,本公司将不直接从事任何有可能构成直接或间接竞争的业务或活动,本公司并不会利用股份公司控股股东的地位,在本公司所持有及控股的子公司、分公司、合营或联营及其任何类型的企业与股份公司或其子公司、分公司、合营或联营公司有业务竞争或利益冲突时,做出有损于股份公司或其子公司、分公司、合营或联营公司利益的行为。"

华投公司下属子公司中存在与股份公司同样从事纺织生产的企业共 3 家,分别为:陕西唐华纺织印染集团有限责任公司、内江华诚棉纺织厂、济南华诚元首集团有限公司。

陕西唐华纺织印染集团有限责任公司(以下简称"唐华纺织")向股份公司出具了《非竞争承诺函》,向股份公司作出承诺:"本公司目前从事的业务为纯棉纱、化纤性、混纺纱、纯棉布、化纤布、混纺布、化纤、丝绸、漂色花布、印染布、无纺布、喷棉胶、热熔衬、纺织装饰及床上用品、家用纺织产品、针织品、服装的生产与销售。主要产品为:120 支及以下的各种普梳、精梳、纯棉、混纺纱线;36″?05″幅宽的平纹、防羽布、牛津布、线绢等棉布;电力纺、双绉、涤素缎、塔夫绸、丝花呢、弹力绸等丝绸产品;36″?7″纯棉、化纤、长丝及各种混纺织物的漂、色、花布。针对主要市场为:国内市场销往全国各地及香港、澳门,国外市场主要销往日本、韩国、东南亚、中东、欧美国家及非洲等国,与华纺股份目前的主营业务、主要市? 、客户存在细分的区别。本公司目前与华纺股份有限公司不存在同业竞争,并保证今后不从事,亦促使本公司所持有及控制的子公司、分公司、合营或联营公司及其他任何类型的企业不从事任何在商业上对华纺股份有限公司或其子公司、分公司、合营或联营公司有可能构成直接或间接竞争的业务或活动。"

内江华诚棉纺织厂(以下简称"内江纺织")向股份公司出具了《非竞争承诺函》,向股份公司作出承诺:"本公司目前从事的业务为纺织制造和销售。主要产品为纯棉精梳高支纱线和坯布。针对主要市场为江苏、浙江及广东市场,与华纺股份目前的主营业务、主要市? ,针对客户存在细分市场的区别。因此本公司目前与华纺股份有限公司不存在同业竞争,并保证今后不从事,亦促使本公司所持有及控制的子公司、分公司、合营或联营公司及其他任何类型的企业不从事任何在商业上对华纺股份有限公司或其子公司、分公司、合营或联营公司有可能构成直接或间接竞争的业务或活动。"

济南华诚元首集团有限公司(以下简称"济南元首")向股份公司出具了《非竞争承诺函》,向股份公司作出承诺:"本公司目前从事的业务为纺织、针织、巾被的生产经营,主要产品为纱、纯棉坯布、针复制品等,针对主要市场为内销、日本等,与华纺股份目前的主营业务、主要市? ,针对客户存在细分市场的区别,因此本公司目前与华纺股份有限公司不存在同业竞争,并保证今后不从事,亦促使本公司所持有及控制的子公司、分公司、合营或联营公司及其他任何类型的企业不从事任何在商业上对华纺股份有限公司或其子公司、分公司、合营或联营公司有可能构成直接或间接竞争的业务或活动。"

2、山东滨印以及下属子公司的情况以及同业竞争情况

山东滨印向股份公司出具了《非竞争承诺函》,向股份公司作出不可撤销承诺:"根据有关法律的规定,本公司是股份公司的大股东,本公司将不从事,亦促使本公司所持有及控制的子公司、分公司、合营或联营公司及其他任何类型的企业不从事任何在商业上对股份公司或其子公司、分公司、合营或联营公司有可能构成直接或间接竞争的业务或活动。"

山东滨印子公司中三元公司与华纺股份同属纺织行业,但其主营产品为警服面料,销售市场为公安、保安服装生产厂家,其产品类别、销售市场与华纺股份不同,与华纺股份不存在同业竞争。三元公司已出具不与华纺股份进行同业竞争的承诺函,作出了不与华纺股份进行同业竞争的承诺。山东滨印的控股子公司与股份公司之间不存在同业竞争问题。

3、发行人律师及主承销商意见

发行人律师意见:本所律师经审核后确认,对发行人的同业竞争问题予以了充分披露。华投公司下属从事纺织生产的唐华纺织、内江纺织和济南元首等子公司与华纺股份目前的主营业务、主要市? 、客户存在细分的区别,滨印集团下属从事纺织生产的子公司三元公司其产品类别、销售市场与发行人不同,另一下属从事纺织生产的子公司荷泽诚信其生产经营活动业已终止,因此华投公司、滨印集团下属从事纺织生产的子公司与发行人并不存在同业竞争,华投公司、滨印集团并承诺不会利用发行人控股股东或大股东的地位,在其下属子公司与发行人或其子公司、分公司、合营或联营公司有业务竞争或利益冲突时,做出有损于发行人或其子公司、分公司、合营或联营公司利益的行为。因此本所律师认为华投公司和滨印集团已承诺采取有效措施避免其自身及其下属子公司与发行人发生同业竞争。

主承销商意见:经本公司核查后确认,华投公司及其下属全资、控股子公司以及山东滨印及其下属控股子公司与对发行人不构成同业竞争,并采取了积极的措施防范了未来可能出现的同业竞争行为。

(二)关联方及关联关系

1、存在控制关系的关联方情况

企业名称	注册地址	主营业务	与本公司关系	企业类型
华诚投资管理有限公司	北京市东城区东直门南大街14号保利大厦	工业、高科技产业、房地产业的投资与开发等	母公司	有限责任公司

企业名称	法定代表人
华诚投资管理有限公司	王春德

(三)重大关联交易

为确保公司与关联方之间的关联交易的公平合理,维护公司全体股东的利益,公司与其关联方签定了一系列关联协议,主要包括:

1、代理协议

为充分利用滨印集团已有的国内外客户关系及纺织品进出口权,保持公司产品稳定的国内外销售,经双方友好协商,签定了国内销售代理协议、出口代理协议。代理价格按照市场交易价格确定;其中,滨印集团代理国内销售,公司按照代理销售额的 0.5%支付代理费;滨印集团代理出口,公司按照代理销售额的 1.5%支付代理费。

2、出口代理协议

公司于 2000 年 7 月 26 日收购滨印进出口 50%的股权,并成为其第一大股东。为确保滨印进出口代理滨印集团产品出口的公平合理,滨印进出口与滨印集团签定了出口代理协议,代理费率按代理出口销售额的 1.5%收? 。2000 年 8-12 月代理滨印集团出口销售额 58,535,704.70 元,代理费收入 878,035.57 元,占报告期滨印进出口代理费收入的 36.32%。

3、租赁协议

a、公司与滨印集团于 1999 年 9 月 12 日签定土地使用权租赁协议,承租滨印集团公司持有的面积为 104,679.90 平方米的工业用地,租赁期限为滨印集团依法取得的出让土地的剩余年限,即自本协议生效之日起至 2048 年 3 月 31 日止。每年租金为 655,296.17 元人民币。

b、华纺银华与银华集团签订土地使用权租赁协议,承租银华集团 78,338 平方米的工业用地,每年租金为 25 万元,租赁期限为 10 年,自本协议生效之日起计算。

c、公司与湖州惠丰针织制衣厂于 1999 年 9 月 18 日签订土地使用权租赁协议,承租湖州惠丰针织制衣厂持有的面积为 20,223.10 平方米的工业用地,年租金为 99,282.22 元人民币;2000 年 1 月 7 日,华纺呢绒与与湖州惠丰针织制衣厂重新签定该土地使用权租赁协议,租赁期限为湖州惠丰针织制衣厂依法取得的出让土地的剩余年限,即自本协议生效之日起至 2048 年 8 月 10 日止。年租金为 99,282.22 元人民币。

4、水电汽供应服务协议

鉴于滨印集团的大部分经营性资产投入到公司,滨印集团生产经营所需的水、电、汽亦需公司提供,为确保交易的公平、合理,公司与滨印集团签定了水电汽供应服务协议,在平等、互利的基础上,由公司按照市场价格提供滨印集团生产所需的水、电、汽。

5、滨印辅助材料综合供应和服务协议

1999 年 9 月 16 日,发行人与滨印集团签订了《滨印辅助材料综合供应和服务协议》,约定由滨印集团为发行人提供生产所需的印染助剂、涂料、色浆,并提供运输、印刷、包装材料等,滨印集团依照公平市场原则对其提供的供应与服务收取合理费用,合同期限为自协议生效之日起 10 年。

6、综合服务协议

1999 年 9 月 12 日,发行人与滨印集团签订了《滨印综合服务协议》,约定由滨印集团为发行人员工提供医疗服务、膳食服务、职工宿舍与住房租赁和住房改革服务、职工子女在幼儿园、小学就学服务等,滨印集团依照公平市场原则对其提供的服务收取合理费用,合同期限为自协议生效之日起 10 年。

由于滨印集团已将其学校移交滨州市教委,幼儿园等其他后勤服务机构已实行社会化经营,成为独立经营实体,不再归属滨印集团,因此与滨印集团未发生有关方面的关联交易。

1999 年 10 月 16 日,发行人控股子公司华纺银华与银华集团签订了《综合服务协议书》,约定由银华集团为华纺银华提供保安消防服务、运输服务、厂区绿化服务等,银华集团依照公平市场原则对其提供的服务收取合理费用,合同期限为自协议生效之日起 10 年。

7、商标转让协议书

1999 年 12 月 3 日,发行人与滨印集团签订了《商标转让协议书》,约定由滨印集团向发行人无偿转让"霄霓牌"商标。

1999 年 10 月 18 日,发行人控股子公司华纺银华与银华集团签订了《商标转让协议书》,约定由银华集团向发行人无偿转让"银银牌"和"华华牌"商标。

截至目前,国家商标局已正式受理了以上商标的变更,有关手续正在办理之中。

8、关联购销事项

9、关联往来

10、担保

本公司短期借款中有 1,169 万元系滨印集团为公司担保取得的借款;有 1,650,000.00 元系公司母公司华诚投资管理有限公司为公司子公司华纺银华担保取得。

11、发行人律师关于关联交易的法律意见

发行人律师认为,对发行人的关联方、关联关系和关联交易问题予以了充分披露。关联交易的价格为公允价格。董事会进行关联交易协议表决时,关联董事予以回避;股东大会进行关联交易协议表决时,关联股东予以回避,以保护其他股东的利益,关联交易协议不存在损害发行人及其股东利益的内容,所有关联交易决策程序合法有效。

12、 主承销商关于关联交易的意见

发行人主承销商认为,对发行人的关联方、关联关系和关联交易问题予以了充分披露。存在的关联交易的价格为公允价格。关联方、关联关系、关联交易不存在损害发行人及中小股东利益的现象。关联交易的决策是符合法定程序,符合《华纺股份有限公司章程》以及法律法规的规定,所有关联交易决策程序合法有效。

八、公司财务会计资料

本公司截止 2000 年 12 月 31 日的财务会计资料,已于 2001 年 7 月 24 日分别在《中国证券报》、《上海证券报》上刊登的《招股说明书概要》中进行了详细披露,因尚未超出招股说明书有效期限,故相同的内容在此不再重复。欲了解本公司经审计的财务报表及主要财务指标的详细内容,敬请投资者查阅上述报纸或在公告的《招股说明书》查阅地查阅;另外本公司在本《上市公告书》中补充披露了 2001 年中期的财务资料及主要财务指标,敬请投资者仔细阅读。

(一) 注册会计师意见

公司聘请的审计机构岳华会计师事务所有限责任公司对本公司 1998 年、1999 年、2000 年以及 2001 年 6 月 30 日的会计报表进行了审计,并出具了标准无保留意见的审计报告。

(二) 简要会计报表

以下内容摘自业经审计的公司财务报告。

简要合并资产负债表(单位:元)

项目	2001 年 6 月 30 日	2000 年度	1999 年度
流动资产	417,725,110.27	354,520,850.77	342,676,722.40
长期投资	11,824,129.78	12,434,217.22	13,654,391.29
固定资产	478,866,900.49	447,603,092.88	364,226,470.07
无形资产及其他资产	5,602,234.53	6,634,638.74	8,160,549.06
资产	914,018,375.07	821,192,799.61	728,718,132.82
流动负债	610,201,159.19	497,856,628.31	415,662,722.64
负债	618,158,659.19	513,580,655.81	471,303,580.10
少数股东权益	40,100,249.28	37,482,169.12	21,275,558.71
股东所有者权益	255,759,466.60	270,129,974.68	236,138,994.01
负债及所有者权益	914,018,375.07	821,192,799.61	728,718,132.82

项目	1998 年度
流动资产	291,995,274.19
长期投资	2,150,000.00
固定资产	314,081,226.76
无形资产及其他资产	8,227,320.21
资产	616,453,821.16
流动负债	410,265,425.85
负债	443,574,303.31
少数股东权益	7,096,581.03
股东所有者权益	165,782,936.82
负债及所有者权益	616,453,821.16

简要合并利润表(单位:元)

项目	2001 年 6 月 30 日	2000 年度	1999 年度
主营业务收入	532,524,348.45	1,041,366,410.10	872,572,031.32
主营业务利润	42,178,657.08	110,296,249.94	102,947,121.90
营业利润	11,974,849.42	49,664,537.45	34,054,199.69
利润总额	16,071,274.34	53,264,251.77	42,210,020.02
净利润	10,129,130.47	33,990,980.67	25,124,489.96

(三) 主要财务指标

项 目	2001 年 6 月 30 日	2000 年	1999 年
流动比率	0.68	0.71	0.82
速动比率	0.43	0.40	0.53
资产负债率	50.49%	42.59%	39.58%
应收帐款周转率	5.37	10.09	10.21
存货周转率	3.18	6.69	6.36
净资产收益率	3.96%	12.58%	10.63%
每股净利	0.06	0.21	0.16
无形资产(土地使用权除外)占总资产的比例	0	0	0
无形资产(土地使用权除外)占净资产的比例	0	0	0
每股净资产	1.60	1.69	1.48
每股经营活动的现金流量	0.14	–0.07	

按照中国证监会《公开发行证券公司信息披露编报规则(第9号)》要求计算的2000年及2001年1-6月的净资产收益率和每股收益如下:

(1)2000年的净资产收益率及每股收益:

2000年报告期利润	净资产收益率 全面摊薄	净资产收益率 加权平均	每股收益 全面摊薄	每股收益 加权平均
主营业务利润	40.83%	40.83%	0.69	0.69
营业利润	18.39%	18.39%	0.31	0.31
净利润	12.58%	12.58%	0.21	0.21
扣除非经常性损益后的净利润	10.73%	10.73%	0.18	0.18

(2)2001年中期的净资产收益率及每股收益:

2001年中期利润	净资产收益率 全面摊薄	净资产收益率 加权平均	每股收益(元) 全面摊薄	每股收益(元) 加权平均
主营业务利润	16.50%	16.50%	0.26	0.26
营业利润	4.69%	4.69%	0.07	0.07
净利润	3.96%	3.96%	0.06	0.06
扣除非经常性损益后的净利润	2.31%	2.31%	0.04	0.04

(四) 2001年中期审计报告

1、审计报告 审 计 报 告 岳总审字[2001]第A344号

华纺股份有限公司全体股东:

我们接受委托,审计了贵公司1998年12月31日、1999年12月31日、2000年12月31日、2001年6月30日的资产负债表及合并资产负债表,1998年度、1999年度、2000年度、2001年1至6月的利润表及合并利润表,1999年度、2000年度、2001年1至6月的利润分配表及合并利润分配表和2000年度及2001年1至6月的现金流量表及合并现金流量表。这些会计报表由贵公司负责,我们的责任是对这些会计报表发表审计意见。我们的审计是依据《中国注册会计师独立审计准则》进行的。在审计过程中,我们结合贵公司的实际情况,实施了包括抽查会计记录等我们认为必要的审计程序。

我们认为,上述会计报表符合《企业会计准则》和《企业会计制度》的有关规定,在所有重大方面公允地反映了贵公司1998年12月31日、1999年12月31日、2000年12月31日、2001年6月30日的财务状况及1998年度、1999年度、2000年度、2001年1至6月的经营成果和2000年度及2001年1至6月的现金流量,会计处理方法的选用遵循了一贯性原则。

岳华会计师事务所有限责任公司 中国注册会计师:邵立新

中国注册会计师:姚焕然

中国·北京 2001年7月27日

2、本公司近三年的财务报表(附后)

3、华纺股份有限公司会计报表附注

◆公司简介

华纺股份有限公司(以下简称"公司")是经中华人民共和国国家经济贸易委员会国经贸企改(1999)774号《关于同意设立华纺股份有限公司的批复》批准,由华诚投资管理有限公司(以下简称"华投公司")以其所属的纳入股份制改组范围并经评估确认的四川华诚银华集团有限责任公司(以下简称"银华集团")的部分经营性资产及湖州惠丰针织制衣厂本部的经营性资产及其拥有的湖州怡丰针纺织有限公司74%的权益、山东滨州印染集团有限责任公司(以下简称"滨印集团")以其纳入股份制改组范围并经评估确认的经营性资产出资,联合山东滨州针棉织品集团公司(现更名为山东亚光纺织集团有限公司)、上海雪羚毛纺织有限公司、湖州惠丰纺织有限公司等三家以现金出资共同发起设立的股份有限公司。

公司于1999年9月3日取得山东省工商行政管理局颁发的3700001803745-4号企业法人营业执照。公司住所:山东省滨州市黄河二路819号;法定代表人:沈祥荣;注册资本:16,000万元人民币,其中国有法人股15,861.54万股,社会法人股138.46万股;经营范围:棉、毛纺织、针织、服装的生产、加工、销售;新产品的技术开发、技术咨询服务及技术转让;机电设备的销售。

◆会计报表主要项目注释

以下注释会计报表项目数据除非特别指出,期初数系2000年12月31日余额,期末数系2001年6月30日的余额;货币单位为人民币元。

<一>合并会计报表主要项目注释

27、资本公积

(1)明细项目

项　目	2001年6月30日	2000年12月31日
资本溢价	71,129,444.33	71,129,444.33
合　计	71,129,444.33	71,129,444.33

(2)资本溢价系发起人股东在公司设立时投入净资产折股的溢价部分形成。

28、盈余公积

项　目	期初数	本期增加	本期减少	期末数
法定盈余公积	6,765,123.27			6,765,123.27
公益金	3,048,297.72			3,048,297.72
任意盈余公积				
合　计	9,813,420.99			9,813,420.99

注:如本附注四、(二)所述,根据公司第一届董事会第七次会议决议,2001年1月1日起变更开办费会计处理方法并进行追溯调整,相应调减1999年度及2000年度提取的法定盈余公积401,702.35元,公益金200,851.18元。

29、主营业务收入

项　目	2001年1-6月	2000年度	1999年度
出口收入	267,157,323.53	328,160,390.18	297,683,029.32
内销收入	264,750,072.21	712,327,984.35	574,889,002.00
代理收入	616,952.71	878,035.57	
合　计	532,524,348.45	1,041,366,410.10	872,572,031.32

30、主营业务税金及附加

项　目	2001年1-6月	2000年度	1999年度	1998年度
营业税	675.00	72,041.46	4,000.00	
城建税	581,346.02	757,256.83	1,397,009.85	1,904,459.32
教育费附加	274,867.97	381,715.91	669,846.23	825,391.79
交通建设费	126,285.72	187,311.20	331,929.37	
合　计	983,174.71	1,398,325.40	2,402,785.45	2,729,851.11

31、其他业务利润

项　目	2001年1-6月	2000年度	1999年度	1998年度
材料销售	863,676.32	5,390,543.14	4,684,164.98	10,889,619.95
劳务加工				15,940.77
资产出租	160,562.33	267,571.80	-81,570.47	
提供能源				2,949.73
其　他	787,009.54	-106,114.49	338,784.85	-336,566.75
合　计	1,811,248.19	5,552,000.45	4,941,379.36	10,571,943.70

34、投资收益

项　目	2001年1-6月	2000度	1999年度
股权投资收益	257,700.00	276,900.00	553,800.00
股权投资差摊销	-610,087.44	-1,220,174.07	
合　计	-352,387.44	-943,274.07	147,075.04

35、补贴收入

项　目	2001年1-6月	2000年度	1999年度
所得税返还			1,014,669.64
压锭补贴			2,970,000.00
技改补贴			3,000,000.00
财政补贴	28.00	375,000.00	
定额补贴	4,230,000.00	4,500,000.00	
污水处理补贴		120,000.00	
合　计	4,230,028.00	4,995,000.00	6,984,669.64

36、营业外收入

项　目	2001年1-6月	2000年度	1999年度	1998年度
罚款收入	277,956.80	252,250.08	279,932.61	8,758.70
坏帐处理		41,063.44	3,299.23	185,545.54
固定资产清理	37,438.81	196,964.73	718,315.56	84,622.59
违约金		266,099.60	592,026.82	
固定资产盘盈			213,359.34	
其　他	14,961.75	18,875.48	1,368.25	107,930.40
合　计	330,357.36	775,253.33	1,808,301.81	386,857.23

37、营业外支出

项　目	2001年1-6月	2000年度	1999年度	1998年度
罚款支出	29,944.63	51,035.01	20,187.89	72,210.24
固定资产净损失	60,624.45	393,034.38	301,598.43	604,932.46
赔偿费	20,000.00	307,570.98	271,797.99	
非常损失		410,222.98		41,456.99
捐赠支出		65,000.00	50,000.00	369,794.00
其他	1,003.92	401.59	140,641.85	64,689.81
合　计	111,573.00	1,227,264.94	784,226.16	1,153,083.50

◆关联方关系及其交易的披露

◆或有事项

公司报告期内无应披露的或有事项。

◆承诺事项

公司报告期内无应披露的承诺事项。

◆资产负债表日后事项中的非调整事项

公司无应披露的资产负债表日后事项中的非调整事项。

◆其他重要事项说明

<一>调账日调账情况

1、调账日调账前后比较资产负债表(见附表)。

2、调账前的资产、负债及净资产系按改制方案对公司实物出资发起人进行剥离并与公司现金出资发起人出资资产形成的调账日资产汇总得出;调账后的资产、负债及股东权益是依据调账前的数据加减应调整的评估增减值而编制的。

<二>评估基准日(1999年3月31日)至公司设立日(2000年9月3日)期间已实现利润的分配情况

1、实物出资的公司发起人股东华诚投资管理有限公司、山东滨州印染集团有限责任公司投入公司的经营性净资产评估增值分别为2,387.72万元、1,903.99万元,评估增值主要为固定资产,该等资产在评估基准日至公司设立日期间未按评估价值进行调账并计提折旧,相应的影响额分别为1,121,398.89元、1,617,758.60元;

2、根据公司1999年8月20日创立大会决议之规定,评估基准日至公司设立日期间实现的净利润留存原股东。实物出资的公司发起人股东华诚投资管理有限公司、山东滨州印染集团有限责任公司已承诺,若上述的利润分配及评估增值资产上述的会计处理可能造成的净资产影响数均由其用货币资金补齐,不会造成发起人出资不实及影响公司资本保全。

<三>公司成立后分别与滨印集团、银华集团、湖州惠丰针织制衣厂签定了土地使用权租赁协议,商定每年分别支付滨印集团、银华集团、湖州惠丰针织制衣厂土地使用权租金655,296.17元、250,000.00、99,282.22元人民币。如果公司设立前有偿使用该等土地,将会减少1998年度净利润673,067.52元、减少1999年度净利润448,711.68元。

<四>根据山东省滨州地区财政局滨财工字[1997]13号文批复,报告期内公司设立前滨印集团上缴的所得税由山东省滨州地区财政局按50%予以返还;如果报告期内无此项税收优惠政策,将分别减少公司1998年度、1999年度利润为3,913,029.91元、1,014,669.64元人民币。

<五>公司于2000年11月27日,根据国家经济贸易委员会投资[2000]527号《关于同意变更山东滨州印染集团公司特宽幅纯棉抗皱免烫精细印花装饰面料技术改造项目名称的函》,将该项目主体由滨印集团变更为公司。

<六>作为改制主体的主发起人华诚投资管理有限公司所属的四川华诚银华集团有限责任公司和湖州惠丰针织制衣厂在报告期内改制前(1998年度、1999年1-8月)的汇总经营业绩为连续盈利;作为改制主体的发起人山东滨州印染集团有限责任公司在报告期内改制前(1998年度、1999年1-8月)的经营业绩为连续盈利。

<七>截止2001年6月30日,本附注七、(一)、16之短期借款中有128,001,214.00元、附注七、(一)、23之长期借款中有5,500,000.00元系公司及子公司用自有固定资产、土地使用权作抵押取得。

<八>公司于2001年7月13日经中国证券监督管理委员会证监发行字[2001]45号文核准,同意公司利用上海证券交易所系统,采用上网定价发行方式向社会公开发行人民币普通股股票8,500万股;2001年7月20日经财政部财企便函[2001]58号函复,同意滨印集团减持公司的国有法人股850万股,于本次发行时一次出售。

九、其他重要事项

(一)本公司股票首次公开发行后至本上市公告书公布之日,本公司严格依照《公司法》、《证券法》等法律法规的要求,规范运行,但由于国际经济的下滑,使得以生产经营出口产品为主的本公司受到了较大的冲击,直接的结果便是出口订单锐减,出口产品的可比价格下降30%左右;出口产品批量更小、技术标准更严、交期更短,客户稳定性更难保证、生产难度大大增加,业绩也受到较大冲击;再加上国内原材料(特别是棉花)价格的持续走高,国家进一步强化了治理污染力度(如关停小煤矿等措施,对公司影响较大),直接导致公司产品成本及生产经营成本大幅度上升,给公司带来较大的负面影响;同时公司为适应国内外市场变化,加快了产品结构调整速度,改变了购销结算方式,也对公司效益产生了较大影响;另外,纺织行业的季节性惯例也是影响公司上半年效益的重要原因之一。

下半年,随着我国增加安排进口棉计划、计划内尚未出口的新疆棉转为内销、加大国家储备棉的抛售力度、提高棉纺织品的出口退税、开放棉花市场等措施的实施,本公司的产销量和经济效益预计将有很大改善;公司的研发中心研制的如:大豆纤维染色布、弹力印花布、精纺毛料、高支棉纺纱布、毛纺纱布等一系列新产品以及刚获国家级新产品称号的"天丝"印染布目前已经形成了规模产销能力,加之募集资金到位后,三个募集资金项目也将进入快速施工阶段,预计第四季度将产生可观的增量经济效益,四季度又是纺织的传统旺季,公司的产销及效益水平有望大大提高;与此同时,公司内部将推行的调整完善内部管理机制、适应市场需求的一系列措施也将推动公司全年经济效益的完成。

(二)本公司募集资金投入项目进展情况:

2001 年上半年公司继续使用自筹资金进行特宽幅纯棉抗皱免烫精细印花装饰面料技术改造项目的建设，本项目总投资 34210 万元，截止 2001 年 6 月 30 日，共累计投入资金 13367 万元，其中 2001 年上半年投入资金 4258 万元。

（三）公司 2000 年度利润暂不分配，2001 年中期分配一次。

（四）公司 2001 年中期对 1999 年至 2000 年 9 月 30 日实现的利润进行分配，经岳华会计师（集团）有限责任公司审计并根据《企业会计制度》进行追溯调整后，截止 2000 年 9 月 30 日，华纺股份有限公司可供分配的净利润为 24,499,638.58 元，将向发起人股东按照持股比例以派发现金的形式进行股利分配。

（五）截止本公司上市公告书公布之日，本公司不存在尚未了结的重大诉讼、仲裁案件，本公司原执行《股份有限公司会计制度》，根据财政部财会字[2001]25 号文《关于印发〈企业会计制度〉的通知》、财会字[2001]27 号文《贯彻实施〈企业会计制度〉有关政策衔接问题的规定》等文件的规定，本公司从 2001 年 1 月 1 日起执行《企业会计制度》和《企业会计准则》及其补充规定。有关会计政策变更的详细情况见本上市公告书"八、财务会计信息"。

（六）本公司第一大股东--华诚投资管理有限公司向上海证券交易所郑重承诺：自华纺股份股票上市之日起 12 个月内，第一大股东不转让其持有的公司股份，也不由公司回购大股东持有的公司股份。

（七）截止本上市公告书刊登之日，本公司未发生新的重大负债或重大债项变化。

（八）除招股说明书摘要及和本上市公告书已披露事项外，本公司无其他应披露而未披露的重大事项

十、董事会上市承诺

本公司董事会将严格遵守《中华人民共和国公司法》、《中华人民共和国证券法》、《股票发行与交易管理暂行条例》、《公开发行股票公司信息披露实施细则》和《上海证券交易所股票上市规则》等国家有关法律、法规的规定，承诺自本公司股票上市之日起作到：

（一）承诺真实、准确、完整、公允和及时地公布定期报告，披露所有对投资者有重大影响的信息，并接受中国证监会、上海证券交易所的监督管理；

（二）承诺本公司在知悉可能对股票价格产生误导性影响的任何公共传播媒介中出现的消息后，将及时予以公开澄清；

（三）本公司董事、监事、高级管理人员及核心技术人员将认真听取社会公众的意见和批评，不利用已获得的内幕消息和其他不正当手段直接或间接从事本公司股票的买卖活动；

（四）本公司没有无记录的负债；

依据 2000 年 5 月 1 日起实施的《上海证券交易所股票上市规则(2000 年修订本)》，本公司全体董事、监事将按照有关规定，在本公司股票上市后两个月内签署《董事（监事）声明及承诺书》并送达上海证券交易所备案。

十一、上市推荐人及其意见

（一）上市推荐人有关情况

1、上市推荐人：西南证券有限责任公司　　法定代表人：张引

地址：重庆市渝中区临江支路 2 号"合景国际大厦"A 幢

联系电话：010-88092288　　传真：010-88092060　　联系人：王蕾、孔繁军、李旭

2、上市推荐人：天同证券有限责任公司（原山东证券有限责任公司）　　法定代表人：段虎

地址：济南市泉城路 180 号　　联系电话：0531-6019999

传真：0531-6019816　　联系人：李艳

3、上市推荐人：北京证券有限责任公司　　法定代表人：卢克群

地址：北京市西城区阜外大街 2 号万通新世界广场 B 座 12 号

联系电话：010-86241588　　传真：010-62617701　　联系人：秦洁

（二）推荐人推荐意见

西南证券有限责任公司、天同证券有限责任公司（原山东证券有限责任公司）与北京证券有限责任公司认为华纺股份有限公司的上市完全符合《中华人民共和国公司法》、《中华人民共和国证券法》及《上海证券交易所股票上市规则》的有关规定。西南证券有限责任公司、天同证券有限责任公司（原山东证券有限责任公司）、北京证券有限责任公司作为华纺股份有限公司的上市推荐人，特推荐其股票在上海证券交易所上市交易。

上市推荐人保证发行人的董事了解法律、法规、上海证券交易所上市规则及股票上市协议规定的董事的义务与责任，并协助发行人健全了法人治理结构、协助发行人制定了严格的信息披露制度与保密制度。上市推荐人已对上市文件所载的资料进行了核实，确保上市文件真实、准确、完整、符合规定要求。上市推荐人保证发行人的上市申请材料、上市公告书没有虚假、严重误导性陈述或者重大遗漏、并保证对其承担连带责任，并保证不利用在上市过程中获得的内幕信息进行内幕交易，为自己或他人谋取利益。

十二、备查文件目录

1、招股说明书　　2、上海证券交易所上市通知书

3、中国证监会核准本公司公开发行股票的文件

4、审计报告、财务报表及附注　　5、验资报告

6、盈利预测报告及注册会计师审核报告　　7、法律意见书

8、资产评估报告　　9、公司股东大会决议、董事会决议

10、公司营业执照　　11、公司章程　　12、其他备查文件

（此页无正文，为华纺股份有限公司上市公告书签字盖章页）

华纺股份有限公司

2001 年 8 月 27 日

合并资产负债表（一）

编制单位：华纺股份有限公司　单位：人民币元

资　　产	注释	2001 年 6 月 30 日	2000 年 12 月 31 日
流动资产：			
货币资金	1	52,336,656.59	29,851,347.84
短期投资			
应收票据		322,841.60	100,000.00
应收帐款	2	99,027,084.39	99,163,018.67
其他应收款	3	50,609,437.68	29,938,061.64
预付帐款	4	16,252,585.71	10,325,691.92
应收补贴款	5	45,153,377.89	29,709,888.42
存货	6	153,401,368.10	154,567,425.23
待摊费用	7	621,758.31	865,417.05
流动资产合计		417,725,110.27	354,520,850.77
长期投资：			
长期股权投资		11,824,129.78	12,434,217.22
长期债权投资			
长期投资合计	8	11,824,129.78	12,434,217.22
固定资产：			
固定资产原价	9	565,449,659.30	561,232,156.01
减：累计折旧	9	219,802,359.91	201,620,213.83
固定资产净值		345,647,299.39	359,611,942.18
减：固定资产减值准备			
固定资产净额		345,647,299.39	359,611,942.18
工程物资			71,896.71
在建工程	10	133,095,284.94	87,718,242.74
固定资产清理		124,316.16	201,011.25
固定资产合计		478,866,900.49	447,603,092.88
无形资产及其它资产：			
无形资产	11	4,547,663.07	5,010,137.31
开办费			477,678.39
长期待摊费用	12	1,054,571.46	1,146,823.04
其他长期资产			
无形资产及其它资产合计		5,602,234.53	6,634,638.74
递延税项：			
递延税款借项			
资　产　总　计		914,018,375.07	821,192,799.61
流动负债：			
短期借款	13	258,870,151.36	238,981,851.78
应付票据	14	45,000,000.00	24,200,000.00
应付帐款	15	129,770,818.06	102,568,843.40
预收帐款	16	43,261,402.48	37,580,003.27
代销商品款			
应付工资		5,430,051.37	8,630,993.54
应付福利费		6,640,500.15	5,578,847.40
应付股利	17	24,499,638.58	
应交税金	18	11,079,243.46	12,637,645.42
其他应交款	19	3,226,297.85	2,825,926.97
其他应付款	20	62,275,627.04	28,344,360.19
预提费用	21	8,397,428.84	6,685,386.34
一年内到期的长期负债	22	11,750,000.00	29,822,770.00
其他流动负债			
流动负债合计		610,201,159.19	497,856,628.31
长期负债：			
长期借款	23	5,500,000.00	12,286,527.50
应付债券			
长期应付款	24	2,457,500.00	3,437,500.00
住房周转金			
其他长期负债			
长期负债合计		7,957,500.00	15,724,027.50
递延税项：			
递延税款贷项			
负　债　合　计		618,158,659.19	513,580,655.81
少数股东权益	25	40,100,249.28	37,482,169.12
所有者权益：			
股本/净资产	26	160,000,000.00	160,000,000.00
资本公积	27	71,129,444.36	71,129,444.33
盈余公积	28	9,813,420.99	9,813,420.99
其中：公益金		3,048,297.72	3,048,297.72
未分配利润		14,816,601.25	29,187,109.36
所有者权益合计		255,759,466.60	270,129,974.68
负债及所有者权益合计		914,018,375.07	821,192,799.61

合并利润表及利润分配表

编制单位：华纺股份有限公司　单位：人民币元

项　　目	注释	2001 年 1-6 月	2000 年度
一、主营业务收入	29	532,524,348.45	1,041,366,410.10
减：折扣与折让			
主营业务收入净额		532,524,348.45	1,041,366,410.10
减：主营业务成本		489,362,516.66	929,671,834.76
主营业务税金及附加	30	983,174.71	1,398,325.40
二、主营业务利润		42,178,657.08	110,296,249.94
加：其他业务利润	31	1,811,248.19	5,552,000.45
营业费用	32	7,812,012.74	20,679,769.06
管理费用		13,310,772.35	26,016,010.59
财务费用	33	10,892,270.76	19,487,933.29
三、营业利润		11,974,849.42	49,664,537.45
加：投资收益	34	-352,387.44	-943,274.07
补贴收入	35	4,230,028.00	4,995,000.00
营业外收入	36	330,357.36	775,253.33
减：营业外支出	37	111,573.00	1,227,264.94
四、利润总额		16,071,274.34	53,264,251.77
减：所得税	38	3,324,063.71	14,852,622.37
少数股东损益		2,618,080.16	4,420,648.73
五、净利润		10,129,130.47	33,990,980.67
加：年初未分配利润		29,187,109.36	3,408,757.57
盈余公积转入			
六、可供分配利润		39,316,239.83	37,399,738.24
减：评估基准日前净利润折股			
评估基准日至公司设立日已分配给原发起股东的利润			
减：提取法定盈余公积金			5,537,195.51
提取法定公益金			2,675,433.37
七、可供股东分配的利润		39,316,239.83	29,187,109.36
减：应付优先股股利			
提取任意盈余公积			
应付普通股股利		24,499,638.58	
转作股本的普通股股利			
八、未分配利润		14,816,601.25	29,187,109.36

四川迪康科技药业股份有限公司

四川迪康科技药业股份有限公司股票上市公告书暨2000年度财务报告

本公司董事会保证本上市公告书所载资料不存在任何重大遗漏、虚假陈述或者严重误导，并对其内容的真实性、准确性和完整性负个别及连带责任。

上海证券交易所对本公司股票上市及有关事项的审查，均不构成对本公司的任何保证。

本公司董事会提醒广大投资者注意，凡本公告书未涉及的有关内容请投资者查阅本公司招股说明书全文及2001年1月11日登在《中国证券报》、《上海证券报》上的《四川迪康科技药业股份有限公司招股说明书概要》。

一、要 览

股票简称:迪康药业
股票代码: 600466
股本总额:12740万股
可流通股本:5000万股
本次上市流通股本:5000万股
上市地点:上海证券交易所
上市日期:2001年2月12日
股票登记机构:上海证券中央登记结算公司
上市推荐人:广东证券股份有限公司

二、绪 言

本上市公告书是根据《中华人民共和国公司法》、《中华人民共和国证券法》、《股票发行与交易管理暂行条例》、《公开发行股票公司信息披露实施细则》和《上海证券交易所股票上市规则》等国家有关法律、法规的规定，并按照中国证券监督管理委员会制定的公开发行股票公司信息披露的内容与格式准则第七号《上市公告书的内容与格式(试行)》而编制，旨在向投资者提供有关四川迪康科技药业股份有限公司(以下简称本公司)和本次股票上市的有关情况。

经中国证券监督管理委员会证监发行字[2001]11号文批准,本公司已于2001年1月15日以上网定价发行方式成功地公开发行了人民币普通股5000万股，每股面值1.00元，每股发行价10.25元。

经上海证券交易所上证上字[2001]16号《上市通知书》批准,本公司5000万股A股将于2001年2月12日在上海证券交易所挂牌交易,股票简称"迪康药业"，股票代码"600466"。本公司总股本12740万股，可流通股本5000万股。

本公司已于2001年1月11日分别在《中国证券报》和《上海证券报》上刊登了本公司《招股说明书概要》,距今不足六个月，故与其重复的内容在此不再重述,敬请投资者查阅本公司《招股说明书概要》。

本公司董事会及全体董事已批准本上市公告书，确信本公告书不存在任何重大遗漏或者误导，并对其真实性、准确性、完整性负个别的和连带的责任。

三、公司概况

(一)基本情况
1、公司名称: 四川迪康科技药业股份有限公司
2、注册资本: 12740万元
3、法定代表人:曾雁鸣
4、成立日期: 成立于1993年5月18日,1999年12月17日变更为股份有限公司
5、经营范围: 外用药,软膏剂,滴鼻剂,栓剂,口服液体制剂,化学原药,中成药研制,技术咨询和转让,销售保健用品,保健食品,饮料及制药原料
6、所属行业: 制药行业
7、注册地址: 成都市高新区二环路南四段十一号
8、联系电话: 028-5184149 028-5195555-8300
9、联 系 人: 曾林 刘明 邬炳友

(二)历史沿革

股份公司前身为成都迪康制药公司(以下简称"成都迪康"),成立于1993年5月,系由自然人曾雁鸣和成都高新技术创业服务中心共同出资组建，注册资本为人民币500万元。

1997年7月，曾雁鸣将其持有的74%成都迪康的股权转让给成都迪康实业发展有限公司、1%的股权转让给成都高创科技集团公司； 成都高新技术创业服务中心将其持有的25%的股权转让给成都高科技发展股份有限公司,成都迪康制药公司的股东变更为三家。

1998年2月,成都迪康实业发展有限公司、成都高科技发展股份有限公司、四川迪康员工持股会联合其它发起人,共同发起设立四川迪康药业股份有限公司(即现本公司控股东四川迪康集团股份有限公司,以下简称"迪康集团")时,成都迪康实业发展有限公司和成都高科技发展股份有限公司分别将其持有的成都迪康制药公司74%和25%的股权作为部分出资投入到发起设立的迪康集团公司,迪康集团公司成立后,成都迪康制药公司的股东变更为迪康集团和成都高创科技集团公司两家。

1998年9月,经成都迪康制药公司股东会批准,对成都迪康制药公司进行增资,公司注册资本由500万元增加到5000万元。其中,集团公司新增投入资本32,218,693.71元系集团公司整体兼并的四川长江制药厂(该厂已于1998年11月13日注销)的大输液和胶囊生产线等经营性实物资产。

1999年5月,迪康集团通过向外部法人中科院成都有机化学研究所、四川省中药研究所和成都福瑞机电设备制造公司转让部分股权方式减持其原持有的股权，成都迪康制药有限公司的股东增加至5人。

经成都迪康制药有限公司1999年10月28日股东会决议通过,并经四川省经济体制改革委员会川体改(1999)101号文批准,按照《公司法》的有关规定，公司组织形式由有限责任公司变更为股份有限公司,即四川迪康科技药业股份有限公司。 1999年12月17日,在工商行政管理部门办理了变更登记手续,领取了《企业法人营业执照》[注册号为成工商(高新)字5101091000289]。2000年1月24日,四川省人民政府以川府函[2000]19号文件同意了股份公司的成立,并确定了股份公司的发起人及各自所占的股份。

经中国证券监督管理委员会证监发行字[2001]11号文批准,本公司已于2001年1月15日以上网定价发行方式成功地公开发行了人民币普通股5000万股，每股面值1.00元，每股发行价10.25元。本次成功发行后,本公司已于2001年1月20日在工商行政管理部门依法办理了工商变更登记手续,公司注册资本变更为12740万元人民币,工商执照注册号码为5101091000289-1。

四、股票发行及承销

(一)本次股票公开发行
发行价格:10.25元/股
公开发行数量:5000万股
发行方式:上网定价
募集资金总额:51,250万元(未扣除发行费用)
中签率:0.45947934%
有效申购户数: 529009户
持有1000股以上(含1000股)的户数:48358户
发行费用总额:1537万元
每股发行费用: 0.307元
发行市盈率: 36.79倍(全面摊薄)

(二)股票承销

本次上网定价发行的5000万股已全部被社会公众认购,承销团无余额包销。

(三)验资报告验 资 报 告重天健验字(2001)第03号四川迪康科技药业股份有限公司全体股东:

我们接受委托，对四川迪康科技药业股份有限公司截至2001年1月19日止的注册资本、投入资本变更情况的真实性和合法性进行了审验。在审验过程中,我们按照《独立审计实务公告第1号-验资》的要求,实施了必要的审验程序。 四川迪康科技药业股份有限公司的责任是提供真实、合法、完整的验资资料,保护资产的安全、完整,我们的责任是按照《独立审计实务公告第1号-验资》的要求，出具真实、合法的验资报告。

四川迪康科技药业股份有限公司变更前的注册资本和股本均为77,400,000.00元,拟变更申请的注册资本为人民币127,400,000.00元。 根据我们的审验，截止2001年1月19日止,四川迪康科技药业股份有限公司已收到股东增加投入资本为497,130,000.00元(已扣除发行费用),其中计入股本50,000,000.00元,资本公积447,130,000.00元。变更后的股本总额为127,400,000.00元,其中社会法人股77,400,000.00元,占总股本的60.7535%;社会公众股50,000,000.00元，占总股本的39.2465%。与本次增加投入资本相关的资产总额为497,130,000.00,均系货币资金。

附件(一):变更前后注册股本、股本对照表;
附件(二):验资事项说明;

会计师事务所有限责任公司 中国注册会计师:龙文虎
中国注册会计师:石义杰
中国 重庆 2001年1月19日

募集资金入帐情况:
入帐时间:2001年1月19日
入帐金额:人民币15,000,000.00元
入帐帐号:304111340(四川迪康科技药业股份有限公司人民币帐户)
开户银行:中国光大银行成都直属支行
入帐金额: 人民币482,130,000.00元
入帐帐号:261136149(四川迪康科技药业股份有限公司人民币帐户)
开户银行:中国建设银行成都市第四支行

五、董事、监事及高级管理人员的简历及持股情况

曾雁鸣先生,1964年1月出生于重庆,男,汉族,四川大学工商管理硕士，现为政协成都市委常委、中国青年企业家协会理事、四川省管理科学学会常务理事、四川省青年联合会委员。历任重庆渝西医院药剂科主任、西南车辆制造厂团委书记、成都迪康制药公司总经理。现为股份公司董事长。

杨江先生,出生于1956年6月,男,汉族,四川大学研究生,教授,中共党员。 1982年四川大学本科毕业后任教于云南林学院,1987年四川大学经济系研究生毕业后留校任教至今，现为四川省政府科技顾问团顾问、四川省管理科学学会副会长、四川迪康集团股份有限公司董事长。现为股份公司副董事长。

高利军先生,出生于1957年10月,男,汉族,大学学历,工程师,中共党员,毕业于四川外语学院。历任成都市科委外事处处长、成都市科技情报所所长、成都高科技发展股份有限公司总裁、成都高新技术创业服务中心主任。现为股份公司董事。

舒平先生,1961年2月出生于四川,男,汉族,会计师,1978年至1991年任四川省内燃机配件厂车间工会主席,1991年至1998年4月任职四川省审计厅,1998年5月起,担任四川迪康集团股份有限公司副总经理、成都迪康制药有限公司总经理。现为股份公司董事、集团公司总经理。

彭宇行先生,出生于1962年11月,男,汉族,法国居里大学博士,研究员,中共党员,1992年-1993年在法国埃克森公司从事博士后研究,1993年回国后就职于中国科学院成都有机化学研究所,现任所长、博士生导师。并担任中科院成都有机化学所总公司董事长、四川大学兼职教授,四川省科技顾问团顾问、青年顾问组副组长,四川省科技青年联合会常务副主席,中国科学院青年联合会副主席等职。现为股份公司董事。

徐学民先生,出生于1954年12月,男,汉族,研究员,中共党员。 1979年至1983年在华西医科大学药学院攻读天然药物化学,并获硕士学位,1990年到1992年在美国依阿华大学化学系做访问学者。历任四川省中药研究所科室副主任、副所长、所长。现兼任四川省科技顾问团顾问,中国药学四川分会理事,《华西药学`》编委,是享受国务院特殊津贴的专家。现为股份公司董事。

孙继林先生,出生于1963年10月,男,汉族,四川大学工商管理硕士。历任四川省三台县人民医院药剂师、四川绵阳制药二厂副厂长、中外合资旭华制药厂生产部部长、成都迪康制药公司销售部经理助理、副经理、经理,四川迪康药业股份有限公司总经理助理兼任成都迪康药品销售有限公司总经理。现为股份公司董事、总经理。

银海先生,男,出生于1962年,汉族,中共党员,四川大学工商管理硕士,历任遂宁市人民医院药剂科副主任、主管医师;成都迪康制药公司生产部经理、开发部经理。现为股份公司董事。

谷元清先生,男,1967年出生,四川乐山人,四川大学经济系毕业,中国注册会计师。曾就职于重庆钢铁公司、重庆会计师事务所,1999年起任光大证券有限责任公司投资银行三部经理。现为股份公司董事。

吴毅先生,男,1955年出生,河北遵化人,四川师范大学数学系毕业,中共党员,1976年参加工作,先后任四川省内燃机厂团委书记;四川省工商联主任科员、办公室副主任、主任、会员处处长;垫江县人民政府副县长;四川迪康药业股份有限公司总经理办公室主任。现为股份公司监事。

赵正林先生,男,1950年出生,福州大学物理无线电系微电子专业毕业。先后任陕西汉中3号信箱车间主任、党办主任;成都401信箱技术员、工段长;成都7号信箱技术员;成都市科技应用服务公司经理;成都高新技术创业服务中心副主任;成都高科技发展股份有限公司副总裁、成都新高技术产业发展股份有限公司总经理。现为股份公司监事、监事会召集人。

李宓先生,男,汉族,1967年出生,中共党员,四川大学工商硕士。1985年-1997年在成都红光实业股份有限公司工作，先后担任厂团委书记、党支部书记；1997年至今在四川迪康药业股份有限公司工作。现为股份公司监事。

徐祖砚先生,男,汉族,1935年出生,毕业于四川医学院(现华西医科大学)。先后任四川医学院药学系助教;华西医科大学制药厂车间主任、工程师、副主任药师;华西医科大学制药厂总工程师、主任药师、国家执业药师、享受国家特殊津贴专家;卫生部下属出口日本产品的四二厂GMP认证促

委会秘书长。 现为股份公司总经理助理。

曾林先生，男，汉族，出生于1969年11月，毕业于重庆交通学院，四川大学工商管理硕士。先后任成都迪康制药公司销售部经理、四川迪康药业股份有限公司投资发展部部长。现为股份公司董事会秘书。

邬炳友先生，男，汉族，1971年3月出生，毕业于四川轻化工学院，中国注册会计师。先后任职于四川内江棉纺织厂、内江三株有限公司、四川蜀威会计师事务所。曾任四川迪康药业股份有限公司审计主管、四川迪康科技股份有限公司财务部主管、财务部部长助理。现为股份公司财务负责人。

上市前，全体董事、监事、高级管理人员均没有个人持股。

六、公司设立

股份公司前身为成都迪康制药公司(以下简称"成都迪康")，成立于1993年 5月，经成都迪康制药有限公司1999年10月28日股东会决议通过， 并经四川省经济体制改革委员会川经体改(1999)101号文批准，按照《公司法》的有关规定，公司组织形式由有限责任公司变更为股份有限公司，即四川迪康科技药业股份有限公司。成都迪康制药有限公司的全部五家股东四川迪康集团股份有限公司、成都高创科技集团公司、中国科学院成都有机化学研究所、四川省中药研究所和成都福瑞机电设备制造公司将在原公司拥有的经审计后的全部股东权益(以1999年9月30日为基准日)77,438,091.57元按1:1的比例折合为迪康药业的等额股份77,400,000.00 股，以此作为迪康药业的注册资本，少量余额38,091.57元作为资本公积。 公司于 1999年12月17日在成都市工商局高新分局完成了整体变更手续，变更后注册资本为人民币7740万元。

经中国证券监督管理委员会证监发行字[2001]11号文批准，本公司已于2001年 1 月 15 日以上网定价发行方式成功地公开发行了人民币普通股5000万股， 本公司已于 2001年1月20日在工商行政管理部门依法办理了工商变更登记手续，公司注册资本 :12740万元，公司注册地址: 成都市高新区二环路南四段十一号，公司法定代表人: 曾雁鸣，公司营业执照注册号:成工商(高新)5101091000289-1。

七、关联企业及关联交易

(一)关联方及关联关系

1、存在控制关系的关联方

(1) 四川迪康集团股份有限公司，注册地址:成都市高新区创业街1号; 主营业务为药品的开发技术服务，销售医疗器材，保健用品，饲料，农副产品，化工原料等;法定代表人:杨江;该公司现持有本公司股份74,897,000股，占本公司发行后总股本的58.79%，是本公司的第一大股东。

(2) 重庆迪康长江制药有限公司，注册地址:万州区龙井沟1号; 主营业务为化学原药、中成药的研制、开发、生产和销售，技术转让和咨询服务;法定代表人:曾雁鸣;本公司持有该公司99%的股份，该公司是本公司的控股子公司。

(3) 成都迪康中科生物医学材料有限公司，注册地址:成都高新区科园二路高新技术创业服务中心;主营业务:研究、开发、生产、销售超高分子量聚-DL-乳酸(PDLLA)骨折内固定材料;法定代表人:曾雁鸣;本公司持有该公司90 %的股份，该公司是本公司的控股子公司。

(4) 成都迪康药品销售有限公司，注册地址:成都市少城宾馆202、204号;主营业务:医疗器械、迪康系列产品的销售;法定代表人:曾雁鸣;本公司持有该公司99%的股份，该公司是本公司的控股子公司。

(5) 迪康实业发展有限公司，注册地址:成都市永丰路高新技术创业服务中心404房;主营业务:批发零售、代购代销;法定代表人:曾雁鸣; 该公司持有本公司的母公司四川迪康集团股份有限公司34.79%的股份，是四川迪康集团股份有限公司的第一大股东。

2、不存在控制关系的关联方

(1) 成都高创科技集团公司，该公司是本公司的非控股股东，持有本公司公开发行后0.39%的股份。

(2) 中科院成都有机化学研究所，该公司是本公司的非控股股东，持有本公司公开发行后0.78%的股份。

(3) 四川省中药研究所，该公司是本公司的非控股股东，持有本公司公开发行后0.39%的股份。

(4) 成都福瑞机电设备制造公司，该公司是本公司的非控股股东，持有本公司公开发行后0.39%的股份。

(5) 四川省医药工业公司，该公司同本公司均为四川迪康集团股份有限公司的控股子公司。

(6) 成都迪康中药材产业化科技有限公司，该公司同本公司均为四川迪康集团股份有限公司的控股子公司。

(7) 成都迪康科技实业有限公司，该公司同本公司均为四川迪康集团股份有限公司的控股子公司。

(8) 成都高科技发展股份有限公司，该公司为本公司母公司四川迪康集团股份有限公司的股东。

本公司除上述关联企业外不存在其它关联企业。

(二)关联交易事项

股份公司存在的关联交易有:

本公司向四川医药工业公司、四川迪康集团股份有限公司万州分公司销售药品，销售价格按照市场价格结算。各年交易的金额如下:

公司名称	交易内容	2000年1-12月	1999年度	1998年度	1997年度
四川医药工业公司	销售药品	6,005,098.32	-	-	-
四川迪康集团股份有限公司万州分公司	销售药品	2,675,621.37	-	-	-

四川医药工业公司系四川迪康集团股份有限公司于2000 年兼并的子公司， 故 2000年以前无交易发生。

四川迪康集团股份有限公司万州分公司于2000年成立，故2000年以前无交易发生。

2、采购货物

本公司向成都迪康科技实业有限公司采购包装物，采购价格按照同类商品市场价格结算。各年交易的金额如下:

公司名称	交易内容	2000年1-12月	1999年度	1998 年度	1997年度
四川迪康科技实业有限公司	采购包装物	1,186,562.64	1,491,737.79	1,897,122.00	-

本公司于2000年8月与集团公司签订了《关联交易协议》，对双方之间将来可能发生的零星销货、采购交易进行了规范。

3、资产转让:

1 根据本公司与四川迪康药业股份有限公司(现四川迪康集团股份有限公司)于1998年10月23日签定的《资产购买协议》，本公司将截止1998年9月30 日的帐面价值计9,977,004.00元的资产转让给四川迪康药业股份有限公司(现四川迪康集团股份有限公司)，其中闲置固定资产7,889,004.00元，存货2,088,000.00元，转让价款直接冲抵双方往来。本次转让不影响公司的正常经营和业绩的稳定性。

2 为理顺债权债务关系，规范公司运作，根据本公司与四川迪康药业股份有限公司(现四川迪康集团股份有限公司)于1998年12月22日签定的《债权转移协议》，本公司将经本公司转借的37,336,428.71 元的债权按帐面价值转让给四川迪康药业股份有限公司 (现四川迪康集团股份有限公司)，转让价款直接冲抵双方往来。该等转移有利于本公司的规范运作且对公司的经营和业绩不会产生不利影响。

3 由于公司部分无形资产入帐凭据不符合要求，根据本公司与四川迪康药业股份有限公司(现四川迪康集团股份有限公司)于1999年9月30 日签定的《资产转让协议》，本公司将截止1999年9月30日的帐面价值计2,187,782.82 元的资产转让给四川迪康药业股份有限公司(现四川迪康集团股份有限公司)，转让价款直接冲抵双方往来。

4 根据本公司与四川迪康药业股份有限公司(现四川迪康集团股份有限公司)于1999年12月30日签订的《资产购买协议》，四川迪康药业股份有限公司(现四川迪康集团股份有限公司)将超高分子量聚-DL-乳酸(PDLLA) 可生物降解材料研究开发项目的专利及其成果独家使用权转让给本公司，转让价格为200万元， 转让价款直接冲抵双方往来。

5 根据本公司所属了公司重庆迪康长江制药有限公司与四川迪康集团股份有限公司丁2000年1月10日签定的《资产购买协议》， 四川迪康集团股份有限公司将截止1999年12月31日的帐面价值计2,062,983.91元的资产(包括原四川省长江制药厂针剂车间、片剂车间、酊水车间、粉针车间、机械车间等生产设备)转让给重庆迪康长江制药有限公司，转让价款直接冲抵双方往来。

4、股权转让

1 根据四川迪康药业股份有限公司(现四川迪康集团股份有限公司)与成都迪康制药公司(即本公司前身)于1998年10月签订的股权转让协议，四川迪康药业股份有限公司将其持有的重庆迪康长江制药有限公司100%的股份共计1000 万股以人民币1000万元的价格转让给本公司。

2 根据2000年6月本公司与成都高创科技集团公司签订的股权转让协议， 本公司将持有的重庆迪康长江制药有限公司股份的1%即10万股， 以人民币12.6 万元的价格转让给成都高创科技集团公司。

3 根据本公司(前身为成都迪康制药有限公司)与四川迪康药业股份有限公司(现四川迪康集团股份有限公司)1999年4月签订的协议， 本公司以950万元的价格受让四川迪康药业股份有限公司(现四川迪康集团股份有限公司)所持有的成都迪康药品销售有限公司95%的股份，计950 万股。

5、综合服务和资产租赁:

1 根据本公司下属子公司重庆迪康长江制药有限公司与四川迪康药业股份有限公司 (现四川迪康集团股份有限公司)于1998年10月26日签定的《综合服务协议》，自1998年10月26日起由四川迪康药业股份有限公司(现四川迪康集团股份有限公司)提供其所兼并的原四川长江制药厂面积共计10,483.30平方米的办公用房、以及大输液车间、胶囊车间的厂房给重庆迪康长江制药有限公司使用，重庆迪康长江制药有限公司按每年20元/平方米的价格支付房屋租金; 同时由四川迪康药业股份有限公司(现四川迪康集团股份有限公司)提供水、电、汽等方面的服务，水、电价格以四川迪康药业股份有限公司(现四川迪康集团股份有限公司)购入价结算，蒸汽价格以四川迪康药业股份有限公司(现四川迪康集团股份有限公司)当月单位蒸汽成本结算，水电汽损耗按双方当月用量分摊。

2 根据本公司下属子公司重庆迪康长江制药有限公司与四川迪康集团股份有限公司于2000年1月10日签定的《租赁协议》，自2000年1月10日起由四川迪康集团股份有限公司提供其所兼并的原四川长江制药厂面积共计27,165. 81 平方米的办公用房、厂房给重庆迪康长江制药有限公司使用，重庆迪康长江制药有限公司按每年5 元/平方米的价格支付房屋租金。 因前述《综合服务协议》所涉及的租赁资产和水电汽服务设施已包括在本次《租赁协议》中，《租赁协议》签定后，原《综合服务协议》即告终止。

6、委托建设:

根据迪康科技前身成都迪康制药有限公司与四川迪康集团股份有限公司于1998 年12月28日签定的《新基地工程代建协议》，由四川迪康集团股份有限公司代建本公司位于郫县犀浦现代工业港的新基地工程。

7、担保事项:

四川迪康集团股份有限公司为本公司向中国农业银行郫县支行借款730 万元、向中国农业银行北站支行借款2200万元及向中国农业银行万州分行营业部借款359 .27万元提供了担保;成都高创科技集团公司为本公司向建设银行郫县支行借款200 万元提供担保。

为保护股份公司股东的利益，股份公司的主要股东已向股份公司出具了《非竞争承诺》，承诺今后不从事与本公司构成同业竞争的业务。

八、股本结构及大股东持股情况

(一) 本公司上市前的股本结构

股份类别	股份数(万股)	占总股本比例(%)
未流通股份	7740	60.75
其中:		
法人股	7740	60.75
可流通股份	5000.00	39.25
总股本	12740.00	100.00

(二)本次发行后，本公司前十位股东所持股数及比例

股　东　名　称	持股数(万股)	占总股本比例(%)
四川迪康集团股份有限公司	74,897,000.00	58.79%
中科院成都有机化学研究所	1,000,000.00	0.78%
成都高创科技集团公司	503,000.00	0.39%
成都福瑞机电设备制造公司	500,000.00	0.39%
四川省中药研究所	500,000.00	0.39%
汉盛基金	411,000.00	0.32%
开元基金	214,000.00	0.17%
金鑫基金	172,000.00	0.14%
同盛基金	133,000.00	0.10%
同益基金	122,000.00	0.096%

九、公司财务会计资料

本公司截止2000年6月30日的财务状况，已于 2001年1月11日在《中国证券报》和《上海证券报》刊登的《招股说明书概要》中进行了详细的披露。鉴于上次披露与本公告间隔时间已超过六个月， 本公告将详细公布经重庆天健会计师事务所有限责任公司审计的我公司2000年度审计报告及会计附注、前三年及2000年度财务报表。

(一) 2000年度财务报告审 计 报 告四川迪康科技药业股份有限公司全体股东:

我们接受委托，审计了贵公司2000年12月31日的资产负债表及合并资产负债表、2000年度的利润及利润分配表和合并利润及利润分配表、2000年度的现金流量表及合并现金流量表。这些会计报表由贵公司负责，我们的责任是对这些会计报表发表审计意见。我们的审计是依据《中国注册会计师独立审计准则》进行的。在审计过程中，我们结合贵公司的实际情况，实施了包括抽查会计记录等我们认为必要的审计程序。

我们认为，上述会计报表符合《企业会计准则》和《股份有限公司会计制度》的有关规定，在所有重大方面公允地反映了贵公司2000年12月 31 日的财务状况和 2000年度的经营成果及现金流量，会计处理方法的选用遵循了一贯性原则。 重庆天健会计师事务所 中国注册会计师:龙文虎

有限责任公司 中国注册会计师:石义杰

中国·重庆 二零零一年二月四日会计报表附注

一、公司简介

四川迪康科技药业股份有限公司 (以下简称"公司") 前身系成都迪康制药公司， 公司成立于1993年5月，后经1997年7月和1999年5月两次股权转让、1998年9月增资扩股及更名演变为

成都迪康制药有限公司。经四川省体改委川经体改[1999]101 号文批准、四川省人民政府川府函[2000]19 号确认，成都迪康制药有限公司于 1999 年 12 月 17 日整体变更设立为四川迪康科技药业股份有限公司,公司注册资本为 7740 万元,股权比例列示如下：

股东名称	金额(万元)	比例(%)
四川迪康集团股份有限公司	7489.70	96.766
成都高创科技集团公司	50.30	0.650
中科院成都有机化学研究所	100.00	1.292
四川省中药研究所	50.00	0.646
成都福瑞机电设备制造公司	50.00	0.646
合　　计	7740.00	100.00

公司主要从事化学原药、中成药研制、生产和销售及技术咨询和转让,同时兼营保健用品、食品、饮品及制药原料等。主要产品有小儿感冒颗粒、股泰洗液、滴通鼻炎水、粉刺霜和卫生露系列。

公司按专业分工的要求和资产分布情况下设三个子公司，即成都迪康药品销售有限公司、重庆迪康长江制药有限公司和成都迪康中科生物医学材料有限公司。

二、公司主要会计政策、会计估计和合并会计报表编制方法

三、税项

1. 所得税

(1) 四川迪康科技药业股份有限公司改制前执行 33%的企业所得税税率,改制后系注册于成都高新技术产业开发区的高新技术企业,根据成都高新区地税局成高地税函[2000]046 号批复,公司自 2000 年 3 月起执行 15%的企业所得税税率,并免征 2000 年 1 月至 2001 年 12 月底两年实现的企业所得税。

(2) 子公司重庆迪康长江制药有限公司、成都迪康销售有限公司、成都迪康中科生物医学材料有限公司执行 33%的所得税税率。

2.增值税

按产品销售收入的 17%计算销项税额,抵扣进项税额后缴纳。

3.营业税

按应税收入的 5%缴纳。

4.城市维护建设税

按应纳流转税额的 5-7%缴纳。

5.交通重点建设附加费

按应纳流转税额的 4%缴纳。

6.教育费附加

按应纳流转税额的 3%缴纳。

四、控股子公司及合营企业

公司所控制的境内外所有子公司和共同控制的合营企业的情况及合并范围如下：

公司名称	业务性质	注册资本	实际投资额	持股比例	是否合并
重庆迪康长江制药有限公司	化学原药、中成药的研制、生产、销售、技术转让和咨询	1000 万元	990.00 万元	99%	是
成都迪康中科生物医学材料有限公司	研究、开发、生产、销售超高分子量聚-DL-乳酸(PDLLA)骨折内固定材料	1000 万元	900.00 万元	90%	是
成都迪康药品销售有限公司	迪康系列产品、医疗器材的批发、零售	1000 万元	990.00 万元	99%	是

注:公司所属子公司重庆迪康长江制药有限公司成立于 1998 年 9 月；成都迪康药品销售有限公司系 1999 年 3 月通过股权转让方式取得；成都迪康中科生物医学材料有限公司成立于 2000 年 3 月,因此未纳入 1999 年的合并会计报表。

五、合并会计报表主要项目注释(货币单位除特别标注外,均为人民币元)

1、货币资金

项　目	期初数	期末数
现　金	65,638.71	1,467,274.50
银行存款	6,486,958.83	2,432,021.61
合　计	6,552,597.54	3,899,296.11

2、短期投资/短期投资跌价准备

类　别	期初数		期末数	
	金　额	跌价准备	金　额	跌价准备
股票投资	-	-	-	-
债券投资	-	-	-	-
其他投资	-	-	15,000,000.00	-
合　计	0.00	0.00	15,000,000.00	0.00

＊系公司及控股子公司(成都迪康中科生物医学材料有限公司)委托大连证券有限公司成都营业部经营管理资产。

3、应收账款

(1) 账龄分析

账　龄	期初数			期末数		
	金额	比例(%)	坏账准备	金额	比例(%)	坏账准备
1 年以内	55,519,408.19	85.02	2,775,970.41	76,295,602.54	94.87	3,814,780.13
1-2 年	8,633,438.14	13.22	863,343.81	2,875,585.86	3.58	287,558.59
2-3 年	650,810.80	1.00	130,162.16	806,488.40	1.00	161,297.68
3-5 年	501,011.09	0.76	200,404.44	452,151.78	0.55	180,860.71
5 年以上						
合　计	5,304,668.22	100.00	3,969,880.82	80,429,828.58	100.00	4,444,497.11

(3) 无持有本公司 5%以上股份的股东欠款。

(4) 本报告期内无冲销关联方交易产生的应收账款。

4、其他应收款

(1) 账龄分析：

账　龄	期初数			期末数		
	金额	比例(%)	坏账准备	金额	比例(%)	坏账准备
1 年以内	12,601,553.70	87.52	630,077.69	9,861,281.78	79.24	466,807.49
1-2 年	1,592,923.62	11.06	159,292.36	2,515,562.59	20.21	251,556.26
2-3 年	203,406.37	1.42	40,681.27	67,352.32	0.54	13,470.46
3-5 年	-	-	-			
合　计	14,397,883.69	100.00	830,051.32	12,444,196.69	100.00	731,834.21

(3) 持有本公司 96.766%股份的股东单位四川迪康集团股份有限公司欠款 525 ,131.94 元。

(4) 应收关联方款项未计提坏账准备。

(5) 本报告期内无冲销关联方交易产生的其他应收款。

七、关联方关系及其交易

3. 关联方交易

(1) 销货业务

本公司向四川医药工业公司、四川迪康集团股份有限公司万州分公司销售药品，双方协议销售价格按照市场价格结算;各年交易的金额如下：

公司名称	交易内容	2000 年度	1999 年度
四川医药工业公司＊	销售药品	6,005,098.32	-
四川迪康集团股份有限公司万州分公司＊＊	销售药品	2,675,621.37	-
合计		8,680,719.69	

＊四川医药工业公司系四川迪康集团股份有限公司于 2000 年兼并的子公司,故 2000 年以前无交易发生。

＊＊四川迪康集团股份有限公司万州分公司于 2000 年成立,故 2000 年以前无交易发生。

(2) 采购货物

本公司向成都迪康科技实业有限公司采购包装物，双方协议采购价格按照同类商品市场价格结算;各年交易的金额如下：

公司名称	交易内容	2000 年度	1999 年度
成都迪康科技实业有限公司	采购包装物	1,186,562.64	1,491,737.79

(3) 资产转让

为彻底避免同业竞争，根据本公司所属子公司重庆迪康长江制药有限公司与四川迪康集团股份有限公司于 2000 年 1 月 10 日签订的《资产购买协议》，四川迪康集团股份有限公司将截止 1999 年 12 月 31 日的账面价值计 2,062,983.91 元的资产(包括原四川省长江制药厂针剂车间、片剂车间、酊水车间、粉针车间、机修车间等生产设备)按账面价值转让给重庆迪康长江制药有限公司,转让价款直接冲抵双方往来。

(4) 股权转让

根据 2000 年 6 月本公司与成都高创科技集团公司签订的股权转让协议，本公司将持有的重庆迪康长江制药有限公司股份的 1%即 10 万股，以人民币 12.6 万元的价格转让给成都高创科技集团公司。

(5) 资产租赁

1 根据本公司下属子公司重庆迪康长江制药有限公司与四川迪康药业股份有限公司（现四川迪康集团股份有限公司)于 1998 年 10 月 26 日签订的《综合服务协议》,自 1998 年 10 月 26 日至 2000 年 1 月 9 日止由四川迪康药业股份有限公司(现四川迪康集团股份有限公司)提供其所兼并的原四川长江制药厂面积共计 10,483.30 平方米的办公用房、以及大输液车间、胶囊车间的厂房给重庆迪康长江制药有限公司使用，重庆迪康长江制药有限公司按每年 20 元/平方米的价格支付房屋租金；同时由四川迪康药业股份有限公司(现四川迪康集团股份有限公司)提供水、电、汽等方面的服务,水、电价格以四川迪康集团股份有限公司购入价结算,蒸汽价格以四川迪康集团股份有限公司当月单位蒸汽成本结算,水电汽损耗按双方当月用量分摊。

2 根据本公司下属子公司重庆迪康长江制药有限公司与四川迪康集团股份有限公司于 2000 年 1 月 10 日签订的《租赁协议》,自 2000 年 1 月 10 日起由四川迪康集团股份有限公司提供其所兼并的原四川长江制药厂面积共计 27,165. 81 平方米的办公用房、厂房给重庆迪康长江制药有限公司使用,重庆迪康长江制药有限公司按每年 5 元/平方米的价格支付房屋租金。

(6) 委托建设

根据本公司与四川迪康药业股份有限公司(现四川迪康集团股份有限公司)于 1998 年 12 月 28 日签订的《新基地工程代建协议》,由四川迪康集团股份有限公司代建本公司位于郫县犀浦现代工业港的新基地工程。

(7) 担保事项

四川迪康集团股份有限公司为本公司向中国农业银行郫县支行借款 730 万元、向中国农业银行北站支行借款 2200 万元及向中国农业银行万州分行营业部借款 359 .27 万元提供了担保;成都高创科技集团公司为本公司向建设银行郫县支行借款 200 万元提供担保。

(8) 关键管理人员报酬

姓名	职　位	2000 年度	1999 年度	支付标准
曾雁鸣	董 事 长	-	-	未在本公司领取报酬
杨　江	副董事长	-	-	未在本公司领取报酬
高利军	董　　事	-	-	未在本公司领取报酬
徐学民	董　　事	-	-	未在本公司领取报酬
彭宇行	董　　事	-	-	未在本公司领取报酬
谷元清	董　　事	37,000.00	-	
孙继林	董事、总经理	170,000.00	44,700.00	
银　海	董　　事	-	-	未在本公司领取报酬
舒　平	董　　事	52,500.00	50,700.00	
赵正林	监事召集人	-	-	未在本公司领取报酬
吴　毅	监　　事	-	-	未在本公司领取报酬
李　宓	监　　事	22,200.00	23,200.00	
曾　林	董事会秘书	60,000.00	39,300.00	
邬炳友	财务负责人	58,000.00	-	
徐祖砚	总经理助理	65,000.00	-	

(9) 本公司对关联公司应收、应付款项各年余额

公司名称 会计科目	款项性质	2000.12.31 余额	1999.12.31 余额
四川迪康集团股份有限公司 其他应收款	垫付款项	525,131.94	5,019,916.00

八、或有事项

截至 2000 年 12 月 31 日公司不存在需披露的重大或有事项。

九、承诺事项

截至 2000 年 12 月 31 日,公司不存在需披露的重大承诺事项。

十、资产负债表日后的非调整事项

2001 年 1 月 15 日,公司经中国证券监督管理委员会证监发字[2001]11 号文批准,由主承销商光大证券有限责任公司通过上海证券交易所系统采用"上网定价"方式向社会公开发行 5000 万股人民币普通股股票。股票面值 1 元,发行价为每股 10.25 元,扣除承销费和其他发行费用后共募得资金 49,713 万元(其中股本 5,000 万元，资本公积 44,713 万元)。上述资金到位情况业经重庆天健会计师事务所有限责任公司以重天健字(2001)第 003 号验资报告审验。

除上述事项外,截至 2001 年 2 月 3 日,公司无需披露的重大资产负债表日后非调整事项

(二) 前三年及 2000 年度财务报表(附后)

十、董事会上市承诺

本公司董事会将严格遵守《中华人民共和国公司法》、《股票发行与交易管理暂行条例》、《公开发行股票公司信息披露实施细则》和《上海证券交易所股票上市规则(2000 年修订本)》及其他有关法律、法规的规定,并自股票上市之日起作出如下承诺:

1、按照法律、法规的规定程序和要求披露重大的信息、并接受证券主管机关、上海证券交易所的监督管理。

2、及时、真实、准确地公布中期报告和年度报告,并备置于规定场所供投资者公众查阅。

3、本公司董事、监事、高级管理人员如发生人事变动或前述人员持本公司股票发生变化时,在报告证券管理机关、上海证券交易所的同时在中国证监会指定的信息披露报刊上向投资者公布。

4、在任何公共传播媒介中出现的消息可能对本公司股票的市场价格产生误导性影响时，本

公司知悉后将及时对该消息予以公开澄清。

5、本公司董事、监事、高级管理人员将认真听取社会公众的意见和批评， 不利用已获得的内幕消息和其他不正当手段直接或间接从事股票买卖活动。

6、本公司没有无记录负债。

7、本公司董事会及各位董事保证不就任何未经主管机关审阅的可能影响股价变动的重大信息私自或公开发表意见。

8、依据 2000 年 5 月 1 日起实施的《上海证券交易所股票上市规则(2000 年修订本)》,本公司全体董事、监事将按照有关规定,在本公司股票上市后两个月内签署《董事(监事)声明及承诺书》并送达上海证券交易所备案。

十一、重要事项提示

1、根据重庆天健会计师事务所有限公司出具的华源审字(2000)第 169 号盈利预测报告,本公司 2001 年度税后利润预测为 35,491,182.90 元、(母公司所得税为 15 %，其他子公司所得税为 33%),每股全面摊薄收益为 0.28 元。

2、根据本公司《招股说明书》披露: 本次公开发行股票后，新股东将享受本公司以前年度滚存未分配利润;预计本公司首次股利分配时间在公司上市后第一个盈利年度结束后六个月内,具体实施时间由本公司的股东大会决定。

3、本公司本次发行前每股净资产 1.51 元,发行后每股净资产 4.82 元。

4、根据《上海证券交易所股票上市规则》公司第一大股东四川迪康集团股份有限公司已向上海证券交易所承诺,自发行人股票上市之日起 12 个月内不转让其持有的发行人股份,也不由上市公司回购其持有的股份。

5、根据成都高新区地税局成高地税函[2000]046 号批复,公司从 2000 年度 3 月起股份公司享受高新技术企业所得税优惠,按 15 %计算征收企业所得税，并免征 2000 年 1 月至 2001 年 12 月底两年实现的企业所得税。股份公司的子公司仍按 33 %的所得税率计征所得税。

6、截止本公司上市公告书刊登之日,本公司和本公司董事、监事和高级管理人员无任何重大诉讼事项。

7、经上海证券交易所上证上字[2001]16 号文批准，本公司通过上海证券交易所交易系统上网定价发行的 5000 万股人民币普通股（A 股）将于 2001 年 2 月 12 日起在上海证券交易所挂牌交易。

8、除本公司招股说明书及其概要和本上市公告披露的事项外，本公司没有其他应披露而未披露的重要事项。

十二、备查文件目录

1、本公司成立的批准文件　2、审计报告、财务报表及附注
3、中国证监会和上海证券交易所批准发行上市的文件　4、招股说明书
5、盈利预测报告　6、验资报告　7、本公司章程　8、法律意见书　9、其他备查文件

十三、咨询机构

1、发行人:四川迪康科技药业股份有限公司
注册地址:成都市高新区二环路南四段十一号
法定代表人:曾雁鸣
电话:028-5184149　028-5195555-8300　传真:028-5190666　联系人:曾林　刘明
2、上市推荐人:广东证券股份有限公司　住所:广州市解放南路 123 号金汇大厦
法定代表人:钟伟华
电话:020-83270480　传真:020-83270485　联系人:陈蓉

四川迪康科技药业股份有限公司
二〇〇一年二月四日

合并资产负债表

编制单位:四川迪康科技药业股份有限公司　金额单位:人民币元

	1997.12.31	1998.12.31	1999.12.31	2000.12.31
流动资产:				
货币资金	4942074.44	10672059.37	6552597.54	3899296.11
短期投资				15000000
减:短期投资跌价准备				
短期投资净额				15000000
应收帐款	17573049.88	39950947.58	65304668.22	80429828.58
其它应收款	7999056.58	7731423.27	14397883.69	12444196.69
减:坏帐准备	1410313.07	2710732.13	4799932.14	5176331.32
应收帐款净额	24161793.39	44971638.72	74902619.77	87697693.95
预付帐款	944999.88	314771.42	5680289.92	5155375.96
应收补贴款				
存货	13372861.39	13748285.62	20147930.67	17671686.55
减:存货跌价准备				
存货净额	13372861.39	13748285.62	20147930.67	17671686.55
待摊费用		17600		216597.95
待处理流动资产净损失	76471.92	138170.79	330722.33	281650.31
一年内到期的长期债权投资				
其它流动资产				
流动资产合计	43498201.02	69862525.92	107614160.23	129922300.83
长期投资:				
长期股权投资	130000			
长期债权投资				
其它长期投资				
长期投资合计	130000			
减:长期投资减值准备				
长期投资净额	130000			
其中:合并价差				
股权投资差额				
固定资产:				
固定资产原值	16924440.93	13175282.7	28596891.68	34125564.4
减:累计折旧	1574814.16	3971467.92	4847780.06	8519548.62
固定资产净值	5349626.77	9203814.78	23749111.62	25606015.78
工程物资	1429335.51	789965.82	789965.82	
在建工程	1415312.25	40976076.57	21971357.92	24314541.97
固定资产清理				
待处理固定资产净损失	-12070			
固定资产合计	16764939.02	51609226.86	46510435.36	50698453.57
无形及其它资产:				
无形资产	7497991.89	7825850.73	15950907.41	19239139.83
开办费	370944.48			
长期待摊费用	114982.05	96925.45	93762.85	180395.87
其它长期资产				
无形资产及其它资产合计	7612973.94	7922776.18	16044670.26	19790480.18
资产总计:				
资产总计	68006113.98	129394528.96	170169265.85	200411234.58
流动负债:				
短期借款	28863125	21093125	30892700	44292700
应付票据		1000000		
应付帐款	4396499.8	5309590.9	26814090.06	26713101.94
预收帐款	1438772.94	1421384.63		
代销商品款				
应付工资	54970.84		84900.8	108421.94
应付福利费	458347.56	837589.93	1271865.86	1628411.58
应付股利				
应付税金	6589842.56	16139840.54	3048601.21	2766062.51
其它应交款	232148.07	1588905.16	1967303.3	1088618.08
其它应付款	13628118.46	19349586.52	10683735.55	4702648.27
应付短期债券				
预提费用		900000	4484937.35	284841.74
一年内到期的长期负债				
其它流动负债				
职工奖励及福利基金				
流动负债合计	55661825.23	67640022.68	79248134.13	81584806.06
长期负债:				
负债合计:				
负债合计	55661825.23	67640022.68	79248134.13	81584806.06
少数股东权益:				
少数股东权益			191189.88	1990757.29
股东权益:				
股本	5000000	50000000	77400000	77400000
资本公积金			38091.58	38091.58
盈余公积	1428186.86	2778466.77	3225732.7	7125062.55
其中:公益金	284444.51	926155.59	1075244.23	2610069
未确认的外资损失				
未分配利润	5916101.89	8976039.51	10066117.56	32272517.1
外币报表折算差额				
股东权益合计	12344288.75	61754506.28	90729941.84	116835671.23
负债和股东权益总计:				
负债和股东权益总计	68006113.98	129394528.96	170169265.85	200411234.58

合并利润及利润分配表

编制单位:四川迪康科技药业股份有限公司　金额单位:人民币元

	1997 年度	1998 年度	1999 年度	2000 年度
一、主营业务收入	35955315.39	55182640.04	97474676.2	105346792.56
减:折扣与折让			948910.45	857488.17
主营业务收入净额	35955315.39	55182640.04	96525765.75	104489304.39
减:主营业务成本	9499198.32	18459407.64	40806595.27	56533076.4
主营业务税金及附加	317492.87	796320.19	1369198.85	2008764.92
二、主营业务利润	26138624.2	35926912.21	54349971.63	45947463.07
加:其他业务利润	-49270.47	36216.47	42096.12	104179.52
减:存货跌价损失				
营业费用	11566553.8	14315658.84	17740781.07	13841181.12
管理费用	4065388.45	6685316.74	9808380.46	8590089.11
财务费用	2632596.69	2918541.05	1296661.63	2418377.63
三、营业利润	7824814.79	12043612.05	25546244.59	21201994.73
加:投资收益				456312.5
期货损益				
补贴收入			12121875.39	6397800.68
营业外收入	572174.18	76349.92	397891.2	177458.16
以前年度损益调整				
减:营业外支出	39827.7	111196.94	1794308.66	32776.79
分给外单位利润				
四、利润总额	8357161.27	12008765.03	36271702.52	28200789.28
减:所得税	3103804.21	4508353.43	7208077.08	2076890.42
少数股东损益			91189.88	18169.47
职工奖励及福利基金				
购并利润				
加:未确认的投资损失				
所得税返还				
五、净利润	5253357.06	7500411.6	28972435.56	26105729.39
加:年初未分配利润	1450748.4	5916101.89	8976039.51	10066117.56
六、可供分配的利润	6704105.46	13416513.49	37948475.07	36171846.95
减:提取法定盈余公积金	525335.71	787883.06	2311318.36	2364505.08
提取法定公益金	262667.86	393941.53	1155659.18	1534824.77
提取职工奖励福利基金				
七、可供股东分配的利润	5916101.89	12234688.9	34481497.53	32272517.1
减:应付优先股股利				
转作股本的普通股股利			3258649.39	24415379.97
八、未分配利润	5916101.89	8976039.51	10066117.56	32272517.1

天津特精液压股份有限公司

天津特精液压股份有限公司上市公告书

本公司董事会保证上市公告书的真实性、准确性、完整性,全体董事承诺上市公告书不存在虚假记载、误导性陈述或重大遗漏,并承担个别和连带的法律责任。根据《公司法》、《证券法》等有关法律、法规的规定,本公司董事、高级管理人员已依法履行诚信和勤勉尽责的义务和责任。上海证券交易所、中国证监会、其他政府机关对本公司股票上市及有关事项的意见,均不表明对本公司的任何保证。

本公司提醒广大投资者注意,凡本上市公告书未涉及的有关内容,请投资者查阅2001年5月21日刊载于《中国证券报》、《上海证券报》、《证券时报》的本公司招股说明书摘要,及刊载于上海证券交易所网站(http://www.sse.com.cn)的本公司招股说明书全文。

一、释 义

在本上市公告书中,除非另有说明,下列简称具有如下含义:

1、发行人或公司、本公司:指天津特精液压股份有限公司;

2、主发起人或液压集团:指天津液压机械(集团)有限公司;

3、公司股东大会:指天津特精液压股份有限公司股东大会;

公司董事会:指天津特精液压股份有限公司董事会;

公司章程:指天津特精液压股份有限公司章程;

4、新股:指本公司本次发行的3,000万股人民币普通股股票;

5、主承销商:指华泰证券有限责任公司;

6、中国证监会或证监会:中国证券监督管理委员会;

7、上市:指公司新股发行结束后在证券交易所挂牌进行交易;

8、入世:指加入世界贸易组织;

9、证交所:指上海证券交易所;

10、元:指人民币元。

二、概 览

股票简称:特精股份

股票代码:600468

股本总额:110,000,000元

可流通股本:30,000,000元

本次上市流通股本:30,000,000元

上市地点:上海证券交易所

上市日期:2001年6月15日

股份登记机构:上海证券中央登记结算公司

上市推荐人:华泰证券有限责任公司

兴业证券股份有限公司

本次公开发行股票前公司法人股股份,根据国家有关政策,在国家就法人股的流通问题尚未作出新的规定之前,暂不上市流通,有关股东并已经向上海证券交易所承诺自愿锁定其所持股份。

三、绪 言

本公司上市公告书是根据《中华人民共和国公司法》、《中国人民共和国证券法》、《股票发行与交易管理暂行条例》、《公开发行股票公司信息披露实施细则》和《上海证券交易所股票上市规则》等有关法律、法规的规定,按照中国证券监督管理委员会制定的《公开发行证券的公司信息披露内容与格式准则第7号-股票上市公告书》而编制。

经中国证券监督管理委员会证监发行字[2001]30号文核准,本公司已于2001年5月23日成功地采取上网定价发行方式向社会公开发行了每股面值1.00元的人民币普通股3000万股,每股发行价为6.60元。

经上海证券交易所上证上字[2001]84号《上市通知书》同意,本公司3000万股社会公众股将于2001年6月15日起在上海证券交易所挂牌交易,股票简称"特精股份",股票代码为600468。

本公司已于2001年5月21日分别在《中国证券报》、《上海证券报》、《证券时报》上刊登了《招股说明书摘要》。招股说明书正文及其附注材料可以在上海证券交易所网站(http://www.sse.com.cn)查询。招股说明书及其引用的财务资料距今不足六个月,与其重复的内容不再重述,敬请投资者查阅上述内容。

四、公司概况

(一)本公司基本情况

1、法定名称:天津特精液压股份有限公司

英文名称:TIANJIN TEJING HYDRAULIC CO.,LTD.

(缩写为"TJHC")

2、注册资本金:110,000,000元

3、法定代表人:刘光兴

4、住所:天津市南开区南泥弯路8号,邮编:300012

成立日期:1999年9月23日

5、经营范围:液压、气动元件、机床设备、铸件的制造;机械零件加工;刀具、量具、夹具、辅具、模具的制造及加工;机床电器设备修理;机械工艺及咨询服务;汽车运输;经营本企业生产所需的原辅材料、仪器仪表、机械设备、零配件及技术的进口业务(国家限定公司经营和国家禁止进出口的商品及技术除外);经营进料加工和"三来一补"业务(以上范围内国家有专营专项规定的按规定办理)。

6、所属行业:机械行业

7、电话:022-27386320;

传真:022-27386320

电子邮箱:tjgf@sohu.com

互联网址:www.hyd-machchina.com

8、董事会秘书:梁岩

(二)本公司历史沿革

经天津市人民政府津股批[1999]6号文批准,本公司由天津液压机械(集团)有限公司作为主发起人,联合天津泰鑫实业开发有限公司、天津市机械工业物资总公司、天津经纬集团投资公司、天津市静海县通达工业公司四家发起人,在对天津液压机械(集团)有限公司部分改制的基础上,于1999年9月23日共同发起设立。公司注册资本8000万元。

根据公司改制方案,液压集团将其与液压元件产品生产有关的经营性资产,包括集团公司齿轮泵制造部、油缸分厂、液压阀分厂、铸造分厂、热处理分厂、工装制造厂、设备修造厂、设备动力处及相应的技术、经营、管理部门的全部经营性净资产及持有的天津岛津液压有限公司50%的股权经北京中企华资产评估有限责任公司评估后作为出资投入本公司。其他四家发起人均以现金出资投入本公司。截至1999年3月31日,液压集团投入股份公司的净资产经评估为11372万元,其他四家发起人分别以200万元、50万元、50万元、50万元现金投资,上述资产共计11722万元,按1:0.682477364的比例折合为8000万股。上述出资行为已经深圳同人会计师事务所验资,并出具深同证验字[1999]第016号《天津特精液压股份有限公司(筹)验资报告》,同时已办理有关资产权属变更手续。

2000年9月4日,经公司2000年临时股东大会决议通过,公司拟申请向社会公众公开发行股票3,000万股。2001年5月23日,经中国证监会"证监发行字[2001]30号"文核准,本公司在上海证券交易所以上网定价方式向社会公众发行了3000万股人民币普通股(A股)股票,每股面值1.00元,每股发行价6.60元,本次发行后,本公司总股本为11000万股。

(三)本公司主要经营情况

1、本公司在产品、技术、人才等方面的优势和劣势

本公司主要产品为液压元件,产品水平国内领先,包括:齿轮泵、液压阀、液压缸、柱塞泵、齿轮马达及各种主机液压系统。公司目前生产的主要产品大部分处于成长期和成熟期,部分产品正在培育期。"八五"以来开发的新产品达到国际九十年代水平。公司在产的高新技术产品共有齿轮泵和多路阀2大类、14个品种和规格的产品,其中:SGP1型齿轮泵、改进型DF40型多路阀、GFC多路阀、DYT电动液压源、DSGOS型齿轮泵和MSVO4型多路阀为国家级新产品,2000年4月,经天津新技术产业园区管理委员会认证,本公司被认定为高新技术企业。

本公司掌握液压产品的核心技术,公司的新产品研究开发中心专门从事新产品开发工作,共有人员87人,其中享受国务院"政府特殊津贴"的专家5人,天津市授衔"齿轮泵设计制造"专家1人,教授级高工3人,工程师职称以上科技人员占68%以上。

本公司聘请了多位机械基础件行业、农业机械制造业的资深专家担任技术委员会委员,与中国液压气动密封技术协会、中国工程机械协会、天津工程机械研究所、哈尔滨工业大学、河北工业大学进行产学研合作,推动新产品、新技术、新工艺开发和应用;通过多年的技术引进和技术改造,公司引进了具有国际先进水平的齿轮泵、片式组合多路阀技术;公司全面应用了CAD技术,采用高效、高精度柔性加工技术和设备,完善了加工、试验手段,使产品水平和自主开发能力得到极大的提高。

本公司在产品、技术、人才方面也存在一定的劣势和风险。与国际知名企业相比,公司在一些关键技术和新产品的自主开发能力上存在一定差距;部分主导产品虽然技术成熟,但由于技术含量偏低,易被仿造和假冒;新技术产业化的能力有待增强,产品制造的可靠性方面仍在探索完善。此外,技术人员流失也给公司的产品开发和技术创新带来了不利影响。

2、本公司主要财务指标

(1)本公司1998年至2000年主要财务指标:

财务指标	2000年	1999年	1998年
流动比率	1.47	1.01	1.17
速动比率	0.97	0.64	0.69
资产负债率(%)	62.68	60.62	68.73
应收帐款周转率	2.23	1.98	2.46
存货周转率	1.42	1.55	1.44
每股净资产(元)	1.72	1.50	1.00
研究开发费占主营业务收入比例(%)	0.74	1.54	1.66
每股经营活动的现金流量(元)	0.57		

(2)本公司根据中国证监会《公开发行证券公司信息披露编报规则第9号-净资产收益率和每股收益的计算及披露》的规定计算的2000年净资产收益率和每股收益:

2000年度利润	金额	净资产收益率(%)		每股收益	
		全面摊薄	加权平均	全面摊薄	加权平均
主营业务利润	43,643,541.62	31.76	33.88	0.55	0.55
营业利润	16,576,304.48	12.06	12.87	0.21	0.21
净利润	17,244,077.09	12.55	13.39	0.22	0.22
扣除非经常性损益后的净利润	13,914,198.18	10.12	10.80	0.17	0.17

3、本公司专利技术和商标情况。

(1)专利技术

液压集团曾获得四项专利权:1、磨床安全保护装置;2、液压换向阀的自动复位装置;3、一种用于齿轮泵的异形密封件;4、一种用于液压元件的自动补偿密封件。虽然上述专利技术目前对公司的产品生产没有直接影响,但为了保护中小投资者和公司的利益,公司与液压集团已就上述四项专利签订了《专利使用许可合同》。

(2)商标

本公司产品使用"天机"牌商标。公司改制前,"天机"牌商标由液压集团注册持有,由于液压集团从事液压产品的经营性净资产在改制时已进入本公司,本公司与液压集团先后签订了《商标使用许可合同》和《商标权转让合同》。后由液压集团将其所持有的"天机"牌商标无偿转让给本公司,商标所有权人变更手续已于2000年8月办理完毕。

4、本公司享有的税收优惠政策。

本公司系经天津新技术产业园区管理委员会认定的高新技术企业,按国务院国发(1991)12号文,享受园区内15%的企业所得税率的优惠政策。本公司正式成立于1999年9月23日,高新技术企业认定为2000年4月21日,故1998年度、1999年度、2000年1月1日至4月30日按33%税率计列企业所得税,2000年5月1日起按15%计列企业所得税。

本公司自2000年4月获进出口经营权,根据国家税务局进出口分局津国税进(1999)1号文件精神,本公司自营出口产品享受国家出口退税政策,即先征17%增值税,待收汇核销后,退17%增值税。

五、股票发行与股本结构

(一)本次上市股票的公开发行

1、发行日期:2001年5月23日

2、发行数量:30,000,000股

3、股票发行价格:6.60元

4、募集资金总额:198,000,000元(含发行费用)

5、发行方式:上网定价发行

6、发行费用总额及项目:发行费用为11,800,000元,包括承销费用、上市推荐费用、财务审计费用、资产评估费用、律师费用、上网发行手续费、中国证券监督管理委员会审核费等。

7、每股发行费用:0.393元

8、中签率:0.10291808%

9、有效申购户数：1929776户

10、有效申购股数：29149398000股

11、持1000股以上（含1000股）的户数：29446户

12、发行市盈率：30倍（以2000年度每股收益计算）

（二）股票承销情况

本公司于2001年5月23日公开发行的人民币普通股30,000,000股由社会公众及符合资格的机构投资者全额认购，承销团成员无余额包销。

（三）验资报告

验资报告

天津特精液压股份有限公司全体股东：

我们接受委托，对贵公司截至2001年5月30日的注册资本、实收股本变更情况的真实性和合法性进行了审验。在审验过程中，我们按照《独立审计实务公告第1号-验资》的要求，实施了必要的审验程序。贵公司的责任是提供真实、合法、完整的验资资料，保护资产的安全、完整。我们的责任是按照《独立审计实务公告第1号-验资》的要求，出具仅供贵公司向工商行政管理机关申请注册登记使用的真实、合法的验资报告。但它不适用于其他任何方的任何用途。若贵公司或其他第三者因使用本验资报告不当所造成的后果，与本所和注册会计师无关。

天津特精液压股份有限公司变更前的注册资本为人民币80,000,000.00元，实收股本为人民币80,000,000.00元，变更后注册资本为人民币110,000,000.00元。根据公司2000年9月4日临时股东大会决议，经中国证券监督管理委员会证监发行字［2001］30号文批准，天津特精液压股份有限公司于2001年5月23日，采用上网定价发行的方式向社会公开发行的人民币普通股30,000,000股，每股面值1.00元，发行价格每股6.60元，共募集资金198,000,000.00元，其中转入股本人民币30,000,000.00元，其余资金扣除发行费用人民币11,800,000.00元后计人民币156,200,000.00元转入资本公积金。根据我们的审验，截至2001年5月30日，天津特精液压股份有限公司实收股本为人民币110,000,000.00元。

深圳同人会计师事务所　　　中国注册会计师：孔丽娟

中国注册会计师：胡晓艳

二〇〇一年五月三十一日

（四）募集资金入帐情况：

入帐时间：2001年5月30日

入帐金额：192,852,000元

入帐帐号：0302009129300003967　　开户银行：中国工商银行天津分行营业部

（五）本次股票上市前股权结构和股东持股情况

1、本公司本次上市前的股本结构

股份类别	股份数量（股）	占总股本的比例（%）
(1)尚未流通股份：		
①发起人股份	80,000,000	72.73
其中：国家持有股份	78,293,807	71.18
法人持有股份	1,706,193	1.55
②募集法人股	0	0
③内部职工股	0	0
(2)可流通股份：	0	0
①境内上市人民币普通股	30,000,000	27.27
其中：本次公开发行股份	30,000,000	27.27
②境内上市外资股	0	0
③境外上市外资股	0	0
(3)总股本	110,000,000	100.00

2、本次上市前，本公司前十名股东持股数及比例

股东	持股数（万股）	占总股本比例（%）
天津液压机械（集团）有限公司	7761.1329	70.56
天津泰鑫实业开发有限公司	136.4954	1.241
天津市机械工业物资总公司	34.1239	0.310
天津经纬集团投资公司	34.1239	0.310
天津市静海县通达工业公司	34.1239	0.310
泰和基金	8.3	0.075
国通证券有限责任公司	8.1	0.074
景福基金	7.7	0.070
国信证券有限责任公司	7.2	0.065
裕隆基金	6.0	0.055

六、公司董事、监事、高级管理人员和核心技术人员简介

（一）公司董事

刘光兴，公司董事长，男，中国公民，60岁，大专文化，高级经济师。曾任天津市机械工业管理局办公室主任、局体改办主任、局长助理、副局长、天津市机电工业总公司总经济师。

齐雪楼，公司副董事长，男，中国公民，61岁，大专文化，高级工程师。曾任天津机械厂厂长、党委书记，曾获天津市"八五"立功奖章、天津市劳动模范称号，现任液压集团董事长、总经理、党委副书记。

乔蔡森，公司董事兼总经理，男，中国公民，47岁，工商管理硕士，高级经济师。曾任天津岛津液压有限公司董事、副总经理、液压集团副总经理。

张耀臣，公司董事，男，中国公民，57岁，大专文化，高级经济师。曾任液压集团副总经理、党委副书记，曾获天津市"九五"立功奖章、天津市劳动模范称号，现任液压集团党委书记、副总经理。

赵元荟，公司董事，女，中国公民，45岁，大专文化，高级会计师。曾任天津市机械工业管理局财务处处长，现任天津市机电工业控股集团公司财务部部长。

刘广堂，公司董事兼总会计师，男，中国公民，48岁，大专文化，高级会计师。曾任液压集团财务处副处长、副总会计师、综合计划处处长、总会计师。

孙效良，公司独立董事，男，中国公民，67岁，教授。曾任机械部政策研究室主任，国家体改委司长、委员；现任中华企业咨询有限责任公司董事长、中国企业改革与发展研究会副会长、中国政策科学学会副会长，兼任中国社会科学院工业经济研究所研究员、对外经济贸易大学法学院教授、国家行政学院教授。

张志英，公司独立董事，女，中国公民，65岁，大专文化，高级工程师。曾任机械工业部基础件工业局副局长、国家机械工业委员会统计信息司副司长、机械工业部机械基础产品司副司长、基础装备司司长。现任中国液压气动密封件工业协会理事长、中国机械工程学会理事。

戴金平，公司独立董事，女，中国公民，36岁，经济学博士，英国格林威治大学博士后，教授，博士生导师。现任南开大学国际经济研究所副所长、南开大学跨国公司研究中心副主任。

（二）公司监事

高成，公司监事会主席，男，中国公民，54岁，中专文化，高级政工师。曾任天津机械厂铸工车间工会主席、厂工会干事、液压集团工会副主席。

张泰生，公司监事，男，中国公民，53岁，大学文化，公司核心技术人员，高级工程师。曾任天津机械厂新产品分厂厂长兼党支部书记、液压集团齿轮泵制造部部长、液压集团副总工程师兼液压产品开发部部长，现任公司副总工程师兼液压产品开发部部长。曾获机械部新产品奖二等奖和三等奖各一项，机械部液压振兴杯二等奖，机械部科技进步三等奖。

张克勤，公司监事，男，中国公民，51岁，大专文化，经济师。曾任北海舰队工程部技术员、天津电机总厂设备科助理工程师，现任天津市机电工业控股集团公司资产部经济师。

（三）其他高级管理人员

刘丰年，公司副总经理，男，中国公民，46岁，大专文化，政工师。曾任液压集团党办副主任、技改办副主任、生产处处长、总调度长。

王福明，公司总经济师，男，中国公民，52岁，大专文化，高级经济师。曾任天津机械厂厂长助理、副厂长、液压集团副总经理。

王钢，公司副总经理，男，中国公民，47岁，大专文化，高级政工师。曾任天津机械厂设备动力科党支部副书记、液压集团党委办公室主任、总经理助理、副总经理。

刘振党，公司总工程师，男，中国公民，55岁，大学文化，公司核心技术人员，正高级工程师。曾任天津机械厂工程师、高级工程师、液压集团工艺处处长、发动机开发部部长、总工程师。曾获机械部科技进步奖二等奖两项和三等奖一项，天津市优秀新产品奖三等奖。

梁岩，公司董事会秘书兼证券部部长，男，中国公民，36岁，大学文化，工程师。曾任液压集团发动机分厂副厂长、总经理办公室副主任。

（四）其他核心技术人员

吕家琪，中国公民，男，56岁，大学文化，高级工程师。曾任天津机械厂热处理技术组组长、液压集团公司工艺处副处长、本公司热处理分厂技术副厂长，现任本公司副总工程师；曾获天津市节能节材项目二等奖、天津市优秀项目奖、北京市科学进步三等奖。

白洪涛，中国公民，男，60岁，大学文化，正高级工程师。曾任天津机械厂设计科设计员、液压集团设计科副科长，现任本公司副总工程师兼外经处处长。曾获机械部科技进步奖一等奖一项、二等奖二项，机械部液压振兴杯二等奖，获三项专利，并先后主持与美国、日本合作的液压产品设计工作，主持国家"八五"重点项目的液压件产品泵、阀的设计工作。

上述人员中，除齐雪楼、张耀臣、赵元荟和张克勤以外，其他人员没有在股东单位或股东单位控制的单位、在发行人所控制的法人单位、同行业其他法人单位担任职务的情况。上述人员不存在三代以内直系或旁系亲属关系。上述人员均不持有公司的股份。

七、同业竞争和关联交易

（一）同业竞争情况

改制后，液压集团主要从事发动机生产、房地产、三产等项经营业务及非生产经营性资产的管理。因为液压集团及其全资、控股企业不生产与股份公司相同的产品，也不经营与股份公司同类的业务，与股份公司业务不构成业务范围交叉，所以不存在同业竞争关系。根据液压集团签署的《放弃竞争和利益冲突的承诺书》，液压集团及其所有全资、控股企业今后将不以任何方式直接或间接从事与股份公司相同、雷同或交叉之相竞争的任何业务活动；液压集团在与本公司的任何交易中，将遵循公平、诚信的原则，以市场公认的合理价格和条件进行；液压集团不得要求或接受本公司给予任何优于在一项公平交易中的第三者给予的利益。

本次发行主承销商、发行人律师对本公司的同业竞争问题已发表专项意见，认为本公司与实际控制人及其控制的法人不存在同业竞争，本公司制定的同业竞争的避免措施是有效的。

（二）关联交易

1、关联方及关联关系

（1）存在控制关系的关联方：

企业名称	注册地址	主营业务	与本企业关系	经济性质或类型	法定代表人
天津液压机械（集团）有限公司	天津市	摩托车发动机配件	本公司股东	国有独资	齐雪楼

（2）不存在控制关系的关联方关系的性质

企业名称	与本企业的关系
天津岛津液压有限公司	子公司
天津市天荣房地产开发物业发展公司	同一母公司
天津市冠华经济开发中心	同一母公司
天津液压机械集团津联销售公司	同一母公司
天津液压机械集团物资供应公司	同一母公司
天津液压机械集团液压机械装备厂	同一母公司
天津洪格尔液压工程有限公司	同一母公司
天津泰鑫实业开发有限公司	股东
天津机械工业物资总公司	股东
天津经纬集团投资公司	股东
天津市静海县通达工业公司	股东

（3）其他关联方及关联关系的性质

天津市机电工业控股集团公司	主发起人主管单位
天津市二通阀门集团有限公司	主发起人主管单位之下属企业
天津市换热装备总厂	主发起人主管单位之下属企业
天津市塘沽阀门厂	主发起人主管单位之下属企业
天津市阀门厂	主发起人主管单位之下属企业
天津市机电工业控股集团公司其他下属企业	主发起人主管单位之下属企业
天津市经济委员会	天津经纬集团投资公司主管单位
蔡增新	天津市静海县通达工业公司股东
李树春	天津市静海县通达工业公司股东
张庆勇	天津市静海县通达工业公司股东
王树松	天津市静海县通达工业公司股东

本公司副董事长齐雪楼、董事张耀臣在液压集团任职，董事赵元荟、监事张克勤在天津市机电工业控股集团公司任职，本次发行前，公司主发起人液压集团为天津市机电工业控股集团公司的独资子公司，液压集团持有本公司97.014%的股份。液压集团及其控股公司天津市机电工业控股集团公司主要通过股东大会、董事会和监事会及会议决议对本公司产生影响。

2、关联交易

（1）本公司成立后，与液压集团在生产经营、土地使用、房屋租赁等方面存在关联交易，双方已签定了《关联交易之原则协议》、《土地使用权租赁合同》、《房屋租赁合同》等一系列合同及协议，并根据公开、公平、公正的原则规范有关关联交易。本公司与关联方之间的关联交易价格，有国家定价的，适用国家价格；没有国家定价的，按市场价格确定；没有市场价格的，参照实际成本加合理的费用由双方定价。对于某些无法按照"成本+费用"原则确定价格的特殊服务，由双方协商定价。

公司章程中对关联交易的决策权力与程序、关联股东或利益冲突的董事在关联交易表决中的回避制度已作相应规定。

以下为本公司和关联方签订的关联交易合同和协议，这些合同和协议到期后，将由协议双方根据实际情况决定是否续签。

①《房屋租赁合同》

根据该合同，本公司向液压集团租用座落在天津市南开区南开三纬路63号，面积为3200平方米的办公及仓储用房。租期为30年，租金为：每月人民币10元/平方米。

②《土地使用权租赁合同》

根据该合同，本公司向液压集团租赁位于天津市南开区南开三纬路63号、东丽区大毕庄工业区和南开区南泥湾路的三块土地的土地使用权，三块土地面积分别为：63318、53743.6和19167.3平方米。上述三宗土地的租金分别为每年2元/平方米、1元/平方米和1元/平方米，合计年租金额为199546.9元；租赁期限为40年，期限自1999年10月1日起，至2039年9月30日止；如市场价格发

生变化,双方将协商对租金进行调整。

③《专利使用许可合同》

根据该合同,液压集团许可本公司无偿使用液压集团拥有的四项专利技术:1)磨床安全保护装置;2)液压换向阀的自动复位装置;3)一种用于齿轮泵的异形密封件;4)一种用于液压元件的自动补偿密封件。专利许可种类为排它许可。

④《商标使用许可合同》和《商标权转让合同》

本公司产品使用"天机"牌商标。公司改制前,"天机"牌商标由液压集团注册持有,由于液压集团从事液压产品的经营性净资产在改制时已进入本公司,本公司与液压集团先后签订了《商标使用许可合同》和《商标权转让合同》。后由液压集团将其所持有的"天机"牌商标无偿转让给本公司,商标所有权人变更手续已于 2000 年 8 月办理完毕。

⑤《关联交易之原则协议》

根据该协议,本公司与液压集团将相互提供一些服务。本公司向液压集团提供下列服务:1)产品生产协作;2)零星工艺性协作;3)辅助生产协作;4)机器设备大修;5)动力供应及通讯服务。液压集团向本公司提供下列服务:1)产品生产协作;2)冲压零件的加工;3)零星工艺性协作;4)生活服务。协议规定了收费标准和结算方法等,双方承诺为对方提供的各种产品、服务的质量和内容等不低于协议生效后向第三方提供的同类服务标准。

⑥《产品销售合同》(与天津岛津液压有限公司)

根据该合同,鉴于液压集团部分改制前与其参股公司天津岛津液压有限公司存在长期供销关系,本公司成立后,仍供应天津岛津液压有限公司零件。合同规定了销售产品的规格及数量、质量要求、价格和结算办法、交货方式和地点等条款。

⑦《产品销售合同》(与天津液压机械集团津联销售公司)

根据该合同,鉴于液压集团部分改制前与其下属子公司天津液压机械集团津联销售公司存在长期供销关系,本公司成立后,仍供应天津液压机械集团津联销售公司产成品。合同规定了销售产品的规格及数量、质量要求、价格和结算办法、交货方式和地点等条款。合同有效期内,产品的市场价格如发生变动,双方在协商一致的前提下,可以按市场价格的变化情况适当提高或降低价格。

⑧《关于对天津特精液压股份有限公司资产进行补偿的协议》

本公司成立后,于 1999 年 9 月 30 日同液压集团和天津市天荣房地产开发物业发展公司签定了资产补偿的协议。根据该协议,1999 年度该公司应补偿本公司搬迁补偿费 4,500,000.00 元,2000 年度该公司应补偿本公司搬迁补偿费 3,500,000.00 元。该等补偿费用已于 2000 年 10 月底前全部支付。

本公司与关联之间的销售价格均参照市场价格确定,具体金额由双方财务部门每季度(月)按合同协议价格以货币资金结算。

(2)其他关联交易

①本公司两笔短期借款 900 万元、7000 万元的抵押物为:本公司评估值为 8004.69 万元的机器设备 498 台;本公司的主发起人天津液压机械(集团)有限公司评估值为 5081.74 万元的机器设备 262 台。本公司长期借款第 8-9 笔共 2500 万元的抵押物为:本公司的主发起人天津液压机械(集团)有限公司评估值为 5981.37 万元的房屋建筑物 30 幢和评估值为 4344.24 万元的土地使用权。

②本公司拟联合天津市二通阀门集团有限公司、天津市阀门厂、天津市换热装备总厂、天津市塘沽阀门厂共同出资组建"天津北方高科技环保装备股份有限公司",并已与天津市二通阀门集团有限公司等单位签订合作协议书。

八、财务会计资料

本公司已聘请深圳同人会计师事务所对本公司 1998 年 12 月 31 日、1999 年 12 月 31 日、2000 年 12 月 31 日的资产负债表,1998 年度、1999 年度、2000 年度的利润及利润分配表,2000 年度的现金流量表进行了审计。注册会计师已出具了标准无保留意见的审计报告。

本公司截止 2000 年 12 月 31 日的财务会计资料,已于 2001 年 5 月 21 日分别在《中国证券报》、《上海证券报》、《证券时报》上刊登的《招股说明书摘要》中进行了详细披露,因尚未超出招股说明书有效期限,故相同的内容在此不再重复。欲了解本公司经审计的财务报表及主要财务指标的详细内容及附注,敬请投资者查阅上述报纸或在公告的《招股说明书》查阅地查阅。

(一)简要会计报表

本公司的简要会计报表反映了本公司的基本财务状况、经营成果和现金流量情况。

简要资产负债表　　单位:人民币元

	2000-12-31	1999-12-31	1998-12-31
流动资产合计	235,820,116.87	187,132,863.69	153,673,513.17
长期投资净值	7,575,473.50	6,258,116.40	6,921,712.83
固定资产合计	124,879,159.57	111,807,947.14	95,392,568.77
资产总计	368,274,749.94	305,198,927.23	255,987,794.77
流动负债合计	160,746,840.29	185,005,094.67	130,850,640.55
长期负债合计	70,090,000.00	--	45,090,000.00
负债合计	230,836,840.29	185,005,094.67	175,940,640.55
股本	80,000,000.00	80,000,000.00	83,769,194.37
股东权益合计	137,437,909.65	120,193,832.56	80,047,154.22
负债及股东权益总计	368,274,749.94	305,198,927.23	255,987,794.77

简要利润表　　单位:人民币元

	2000 年度	1999 年度	1998 年度
主营业务收入	150,858,959.38	145,296,181.32	146,685,335.50
主营业务利润	43,643,541.62	41,981,422.86	51,970,584.77
营业利润	16,576,304.48	12,178,084.54	17,691,405.58
利润总额	20,230,440.49	19,421,262.41	22,248,024.75
净利润	17,244,077.09	13,100,581.01	14,503,290.19

简要现金流量表 单位:人民币元

	2000 年度
经营活动产生的现金流量净额	45,424,459.18
投资活动产生的现金流量净额	(23,480,535.78)
筹资活动产生的现金流量净额	31,308,746.57
现金及现金等价物净增加额	53,252,669.97

(二)主要项目附注

1、流动资产流动资产主要包括货币资金、应收票据、应收帐款、其他应收款、预付货款、存货和待摊费用,具体情况如下:

1998、1999 和 2000 年末,本公司的货币资金分别为 1288.94 万元、2067.75 万元和 7393.02 万元;分别占当年末流动资产的 7.99%、11.04%和 31.35%。本公司 2000 年末货币资金比 1999 年末增长 5325 万元,主要是因为:①2000 年增加了银行借款 3420 万元;②2000 年下半年公司加大了应收款项的催收力度,收回了部分应收款项。

1998、1999 和 2000 年末,本公司的应收票据分别为 513.87 万元、526.91 万元和 1247.40 万元。本公司应收票据未作贴现、抵押。应收票据中未有应收持有本公司 5%以上股份的股东单位的票据。2000 年末应收票据比 1999 年末增长 720 万元的原因是:2000 年下半年公司加大了应收款项的催收力度,但有些客户由于现金紧张,用商业汇票偿还。

本公司 1998、1999 和 2000 年末的应收帐款分别为 7,209.21 万元、7,454.44 万元和 6,080.92 万元。2000 年末帐龄在 1 年以内的应收帐款占应收帐款总额的比例为 87.11%。应收帐款 2000 年末余额比 1999 年末余额减少 1,373 万元的主要原因是:2000 年下半年公司加大了应收帐款的催收力度,收回了部分应收款项;其中:本公司的关联公司-天津液压集团津联销售公司的欠款由 1999 年末的 416 万元减少到 2000 年末的 92 万元。

本公司 1998、1999 和 2000 年末的其他应收款为 335.16 万元、2,177.48 万元和 1,311.75 万元。2000 年末帐龄在 1 年以内的其他应收款占其他应收款总额的比例为 97.51%。本公司 2000 年末其他应收款比 1999 年末减少 865 万元的主要原因是:2000 年下半年公司加大了应收款的催收力度,收回了部分往来款项;其中:本公司的关联公司-天津液压(集团)有限公司的欠款由 1999 年末的 958 万元减少到 2000 年末的 508 万元。

本公司 1998、1999 和 2000 年末的预付帐款为 1 万元、1.55 万元和 8.14 万元。本帐户余额中无持有本公司 5%以上股份的股东欠款。

本公司 1998、1999 和 2000 年末的存货为 6,314.69 万元、6,920.63 万元和 7,957.71 万元。2000 年末本公司存货比 1999 年末增加 1,037 万元,主要是:公司为了扩展市场,于 2000 年加大了新产品开发力度,增加了产品品种及规格型号,使生产占用资金增加。

本公司 1998、1999 和 2000 年末的待摊费用为 112.62 万元、18.03 万元和 25.21 万元。

2、长期投资情况

本公司暂无长期债权投资。

本公司长期股权投资情况如下:

	2000-1-1	本期增加	本期减少	2000-12-31
长期股权投资	*6,614,903.68	1,280,763.53	--	7,895,667.21
股权投资差额*	*(356,787.28)	36,593.57	--	(320,193.71)
	6,258,116.40	1,317,357.10	--	7,575,473.50*

本公司投资的单位经营正常,无导致长期投资总额低于帐面价值的情况,故未计提长期投资减值准备。

被投资单位名称	2000-12-31			
	投资金额	占被投资单位注册资本比例	期末按权益法调整所有者权益 本期增(+)减(-)额	累计增(+)减(-)额
四平东风大型联合收割机厂	1,000,000.00	1.41%	--	--
天津岛津液压有限公司	6,010,000.00	50.00%	287,663.53	832,058.22 * *

** 股权投资差额

被投资单位名称	投资成本	在被投资公司权益中所占金额	股权投资差额	摊销年限	本期摊销额	期末余额
天津岛津液压有限公司	6,323,023.29	6,688,958.96	(365,935.67)	10	36,593.57	(320,193.71)

根据本公司改组方案,于 1999 年 3 月 31 日对天津岛津公司的相关资产进行评估,根据有关规定,岛津公司对评估增减值不调帐,本公司对该次评估增减值调整相关科目,从而引起差额。

3、固定资产

(1)固定资产类别及折旧率、折旧年限固定资产折旧采用直线法平均计算,并根据固定资产类别的原值、估计经济使用年限和预计净残值(原值的 3%)确定其折旧率。

类别	预计使用年限(年)	年折旧率
房屋及建筑物	8-40	12.12%-2.425%
机器设备	10-14	9.7%-6.93%
动力设备	11-18	8.82%-5.39%
传导设备	15-28	6.47%-3.46%
运输设备	6-12	16.17%-8.08%
仪器仪表	8-12	12.125%-8.08%
工业窑炉	7-13	13.86%-7.46%
管理用具	18	5.39%
其他设备	9-14	10.78%-6.93%

(2)固定资产原值及累计折旧

	2000-1-1	本年增加	本年减少	2000-12-31
固定资产原价:				
房屋及建筑物	77,070,933.00	--	--	77,070,933.00
机器设备	122,672,910.00	4,950,000.0	536,000.00	127,086,910.00
动力设备	12,392,900.00	79,100.00	25,700.00	12,446,300.00
传导设备	5,391,550.00	10,000.00	--	5,401,550.00
运输设备	2,276,770.00	133,003.00	351,548.00	2,058,225.00
仪器仪表	6,015,370.00	88,608.00	4,200.00	6,099,778.00
工业窑炉	2,522,400.00	35,000.00	--	2,557,400.00
其他设备	2,103,800.00	73,270.00	3,700.00	2,173,370.00
	230,446,633.00	5,368,981.00	921,148.00	234,894,466.00
累计折旧:				
房屋及建筑物	36,237,061.68	1,816,435.70	--	38,053,497.38
机器设备	66,902,041.09	7,596,583.12	511,219.73	73,987,404.48
动力设备	6,644,939.28	578,516.89	52,192.20	7,171,263.97
传导设备	2,003,065.33	165,978.63	--	2,169,043.96
运输设备	1,116,232.82	172,158.10	269,888.96	1,018,501.96
仪器仪表	3,587,849.92	464,165.00	2,621.19	4,049,393.73
工业窑炉	1,522,735.65	161,781.29	--	1,684,516.94
其他设备	624,760.09	157,880.63	12,053.36	770,587.36
	118,638,685.86	11,113,499.36	847,975.44	128,904,209.78
	111,807,947.14			105,990,256.22

4、负债截至

2000 年 12 月 31 日,本公司的负债合计为 23,083.68 万元,流动负债主要包括短期借款、应付帐款、预收帐款、应交税金、其他应付款,长期负债全部为长期借款。本公司无为他人担保情况,也无票据贴现等或有负债。

截至 2000 年 12 月 31 日,公司短期借款余额为 9,000 万元,其中:两笔短期借款 900 万元、7000 万元的抵押物为本公司评估值为 8,004.69 万元的机器设备 498 台和本公司的主发起人天津液压机械(集团)有限公司评估值为 5081.74 万元的机器设备 262 台;短期借款 1,100 万元的抵押物与长期借款 4,509 万元为同一批抵押物。

1998、1999 和 2000 年末,本公司的应付帐款分别为 2,524.82 万元、2,924.01 万元和 4,281.90 万元,2000 年末公司应付帐款为 4,281.90 万元,其中应付关联方液压集团的款项为 93.81 万元,占应付帐款的 2.19%。本公司应付帐款 2000 年 12 月 31 日余额比 1999 年 12 月 31 日余额增加 1,358 万元的主要由于公司拖欠供应商货款增加。本帐户余额中无应付持本公司 5%以上股份股东的款项。

1998、1999 和 2000 年末,本公司的预收货款分别为 264.64 万元、492.13 万元和 312.92 万元,本帐户余额中无应付持本公司 5%以上股份股东的款项。

1998、1999 和 2000 年末,本公司的应交税金分别为 302.54 万元、59.47 万元和 182.16 万元。

1998、1999 和 2000 年末,本公司的其他应付款分别为 442.20 万元、522.01 万元和 1053.14 万元。本帐户余额中无应付持本公司 5%以上股份股东的款项。

截至 2000 年 12 月 31 日,公司长期借款余额为 7,090 万元,其中:长期借款 4,509 万元原借款期限为 1994 年 12 月至 2000 年 12 月到期,本公司于 2000 年 12 月与中国工商银行天津市分行营业部办理了展期手续,将借款期限展期到 2003 年 12 月,抵押物为:本公司评估值为 8034.44 万元的机器设备 820 台;长期借款 2500 万元的抵押物为:本公司的主发起人天津液压机械(集团)有限公司评估值为5981.37万元的房屋建筑物30幢和评估值为4344.24万元的土地使用权。

5、股东权益

2000年12月31日,本公司的股本为8,000万股,每股面值人民币1.00元的普通股,合计人民币8,000万元。本公司1998年、1999年和2000年末的股东及所有者权益分别为8,004.72万元,12,019.38万元和13,743.79万元,其中,2000年末的股本和资本公积分别为8,000万元和3722.00万元。本公司1999年和2000年末的盈余公积分别为89.21万元和606.54万元,未分配利润分别为208.17万元和1415.25万元。

6、现金流量

(1)经营活动产生的现金流量

公司报告期经营活动产生的现金流入量为195839653.41元,其中销售商品、提供劳务收到现金158730232.01元,收到增值税销项税额和退回的增值税1054030.66元,收到除增值税外的税费返还3269710.79元,其他与经营活动有关现金32785679.95元;经营活动的现金流出量为150415194.23元,其中购买商品、接受劳务支付83820249.08元,经营租赁支付583546.90元,支付给职工及为职工支付33415156.96元,实际交纳增值税12201257.31元,支付所得税6693849.33元,支付除增值税、所得税外的税费2565831.62元,支付其他与经营活动有关的现金11135303.03元。经营活动产生的现金流量净额为45424459.18元。

(2)投资活动产生的现金流量

公司报告期内投资活动产生的现金流入量为234050.00元,系处理固定资产、无形资产和其他长期资产收到的现金净额;投资活动产生的现金流出量为23714585.78元,系购建固定资产、无形资产和其他长期资产支付的现金。投资活动产生的现金流量净额为-23480535.78元。

(3)筹资活动产生的现金流量

公司报告期筹资活动产生的现金流入量为123422678.45元,其中借款收到的现金为117000000.00元,收到的其他与筹资有关的现金6422678.45元;筹资活动产生的现金流出量为92113931.88元,其中偿还债务支付现金82800000.00元,发生筹资费用支付现金137155.52元,偿还利息支付的现金9165957.91元,支付其他与筹资有关的现金10818.45元。筹资活动产生的现金流量净额为31308746.57元。

公司目前未有涉及非现金收支的投资和筹资情况。

7、主营业务

公司实现销售收入总额1998年为146685335.50元,1999年为145296181.32元,2000年为150858959.38元;公司实现利润总额1998年为22248024.75元,1999年为19421262.41元,2000年为20230440.49元。公司依托液压产品这一主业,销售收入基本稳定,利润总额保持在2000万元左右。其中1999年较1998年的销售收入总额减少0.95%,利润总额减少12.7%,主要是由于1999年国家调整农业政策,同行业厂家采取降价销售策略,使本公司产品价格也下降造成的;2000年较1999年的销售收入总额增长了3.83%,利润总额增长4.16%,主要是由于公司积极进行产品结构调整,开发国际国内新市场,从而逐步使公司的销售有所回升。今后几年,公司将依靠科技创新、技术改造、扩大营销网络等措施,使公司的盈利水平进一步提高。

本公司业务收入主要构成

	2000年度	1999年度	1998年度
主营业务收入	150,858,959.38	145,296,181.32	146,685,335.50
油泵收入	93,218,601.55	90,823,593.47	83,162,993.95
油缸收入	16,007,014.48	17,889,710.25	26,671,463.83
液压阀收入	32,886,135.80	24,851,343.84	30,898,972.78
其他	8,747,207.55	11,731,533.76	5,951,904.94
其他业务收入	24,528,240.06	16,790,160.89	22,572,130.00
合计	175,387,199.44	162,086,342.21	169,257,465.50

公司业务收入之中,主营业务收入稳定,其他业务收入也逐年有所上升。主营业务收入占业务收入的比例分别为2000年86.02%,1999年89.64%,1998年86.66%。

8、税项

本公司系经天津新技术产业园区管理委员会认定的高新技术企业,按国务院国发(1991)12号文,享受园区内15%的企业所得税率的优惠政策。本公司正式成立于1999年9月23日,高新技术企业认定为2000年4月21日,故1998年度、1999年度、2000年1月1日至4月30日按33%税率计列企业所得税,2000年5月1日起按15%计列企业所得税。

(三)主要财务指标

1、1998年至2000年主要财务指标

财务指标	2000年	1999年	1998年
流动比率	1.47	1.01	1.17
速动比率	0.97	0.64	0.69
资产负债率(%)	62.68	60.62	68.73
应收帐款周转率	2.23	1.98	2.46
存货周转率	1.42	1.55	1.44
每股净资产	1.72	1.50	1.00
研究开发费占主营业务收入比例(%)	0.74	1.54	1.66
每股经营活动的现金流量	0.57		

上述财务指标的计算方法如下:

流动比率=流动资产/流动负债

速动比率=速动资产/流动负债

应收帐款周转率=主营业务收入/应收帐款平均余额

存货周转率=主营业务成本/存货平均余额

资产负债率=总负债/总资产

每股净资产=期末净资产/期末股本总额

研究及开发费用占主营业务收入的比例=研究及开发费用/主营业务收入

净资产收益率=净利润/期末净资产总额

每股收益=净利润/期末股本总额

每股经营活动的现金流量=经营活动产生的现金流量净额/期末股本总额

2、根据中国证监会《公开发行证券公司信息披露编报规则第9号-净资产收益率和每股收益的计算及披露》的规定计算的2000年净资产收益率和每股收益

2000年度利润	金额	净资产收益率(%)		每股收益	
		全面摊薄	加权平均	全面摊薄	加权平均
主营业务利润	43,643,541.62	31.76	33.88	0.55	0.55
营业利润	16,576,304.48	12.06	12.87	0.21	0.21
净利润	17,244,077.09	12.55	13.39	0.22	0.22
扣除非经常性损益后的净利润	13,914,198.18	10.12	10.80	0.17	0.17

九、其他重要事项

(一)根据公司2001年3月4日召开的2000年年度股东大会的决议,为增强公司发展后劲,2000年度净利润按公司章程规定提取法定公积金、法定公益金和任意公积金后的未分配利润暂不分配,也不进行资本公积金转增股本。

经公司2000年临时股东大会决议通过,公司自成立之日起产生的滚存利润由本次股票发行后的新老股东共同享有,并按同股同权的原则进行分配。

(二)本次股票发行后,本公司预计将在2001年年度股东大会后两个月内进行上市后的第一次利润分配。

(三)本公司发行前每股净资产为1.72元,发行后每股净资产为2.94元(已扣除发行费用、不含2000年12月31日以后的损益)。

(四)根据《上海证券交易所股票上市规则》,公司第一大股东天津液压机械(集团)有限公司已向上海证券交易所承诺,自本公司股票上市之日起12个月内,第一大股东不转让其持有的本公司股份,也不由上市公司回购其持有的股份。

(五)除招股说明书及和本公告书已披露事项外,本公司无其他应披露而未披露的重大事项。

十、董事会上市承诺

本公司董事会将严格遵守《中华人民共和国公司法》、《中华人民共和国证券法》、《股票发行与交易管理暂行条例》、《公开发行股票公司信息披露实施细则》和《上海证券交易所股票上市规则》等国家有关法律、法规的规定,承诺自本公司股票上市之日起作到:

(一)承诺真实、准确、完整、公允和及时地公布定期报告,披露所有对投资者有重大影响的信息,并接受中国证监会、上海证券交易所的监督管理;

(二)承诺本公司在知悉可能对股票价格产生误导性影响的任何公共传播媒介中出现的消息后,将及时予以公开澄清;

(三)本公司董事、监事、高级管理人员及核心技术人员将认真听取社会公众的意见和批评,不利用已获得的内幕消息和其他不正当手段直接或间接从事本公司股票的买卖活动;(四)本公司没有无记录的负债。

十一、上市推荐人及其意见

(一)推荐人有关情况

上市推荐人:华泰证券有限责任公司　　法定代表人:张开辉

法定地址:南京市中山东路90号华泰证券大厦

电话:(025)4457777转937、979　　传真:(025)4579930

联系人:胡继军、陈喜、李虎、王岚、郭光辉、张亚涛

上市推荐人:兴业证券股份有限公司　　法定代表人:兰荣

法定地址:福州市湖东路99号

电话:010-66511919-283　　联系人:刘胜民、张海燕

(二)推荐人的推荐意见

本公司约请的上市推荐人华泰证券有限责任公司、兴业证券股份有限公司认为本公司股票符合上市条件,已向上海证券交易所出具正式的《股票上市推荐书》。

华泰证券有限责任公司、兴业证券股份有限公司

关于天津特精液压股份有限公司股票上市推荐意见

上海证券交易所:

经中国证券监督管理委员会证监发行字[2001]30号文核准,天津特精液压股份有限公司3000万股社会公众股已于2001年5月23日在贵所上网定价发行成功。

天津特精液压股份有限公司于2001年5月31日办理了验资手续,并于2001年6月5日在天津市工商行政管理局变更了注册登记,目前天津特精液压股份有限公司发起人股和社会公众股的股权登记、托管等工作也已完成。华泰证券有限责任公司、兴业证券股份有限公司已受约成为其上市推荐人。

华泰证券有限责任公司、兴业证券股份有限公司认为天津特精液压股份有限公司的上市完全符合《中华人民共和国公司法》、《中华人民共和国证券法》及《上海证券交易所股票上市规则》的有关规定。作为天津特精液压股份有限公司的上市推荐人,华泰证券有限责任公司、兴业证券股份有限公司特推荐其股票在贵所上市交易。现将上市的有关情况报告如下:

一、天津特精液压股份有限公司概况

详见本上市公告书第四节公司概况。

二、申请上市股票的发行情况

(一)发行情况

详见本上市公告书第五节股票发行与股本结构。

(二)发行前后股本结构

发行前,天津特精液压股份有限公司股本为8,000万股,均为法人股。本次发行的3,000万股流通股占发行后总股本的27.27%。公司的股本结构如下表所示:

股东名称	发行前		发行后	
	股数（万股）	比例（%）	股数（万股）	比例（%）
天津液压机械(集团)有限公司	7761.1329	97.014	7761.1329	70.56
天津泰鑫实业开发有限公司	136.4954	1.705	136.4954	1.24
天津市机械工业物资总公司	34.1239	0.427	34.1239	0.31
天津经纬集团投资公司	34.1239	0.427	34.1239	0.31
天津市静海县通达工业公司	34.1239	0.427	34.1239	0.31
社会公众股	0	0	3,000	27.27
合计	8,000	100	11,000	100

三、上市推荐人和天津特精液压股份有限公司的关联关系

华泰证券有限责任公司、兴业证券股份有限公司受约成为天津特精液压股份有限公司本次公开发行股票上市推荐人,除此之外,华泰证券有限责任公司、兴业证券股份有限公司与天津特精液压股份有限公司不存在关联关系。

四、公司章程符合有关法律、法规和中国证监会规定,符合上市条件

根据调查,我们认为,该公司章程符合《中华人民共和国公司法》、《中国人民共和国证券法》、《上市公司章程指引》、《上海证券交易所股票上市规则》(2000年修订本)等有关法律、法规和中国证监会的规定。

天津特精液压股份有限公司本次发行股票符合《中华人民共和国公司法》、《中华人民共和国证券法》、《股票发行与管理暂行条例》和《上海证券交易所股票上市规则》(2000年修订本)等法律、法规的有关规定,已具备了上市条件。

五、上市推荐人认为天津特精液压股份有限公司需要说明的重要事项和存在的问题

除本次公开发行、上市的《招股说明书》和《上市公告书》所载事项之外,上市推荐人认为天津特精液压股份有限公司不存在其他需要说明的重要事项和存在的问题。

六、上市推荐人需要说明的其他内容

上市推荐人保证天津特精液压股份有限公司的董事了解法律、法规、上海证券交易所上市规则及股票上市协议规定的董事的义务与责任,并协助该公司健全了法人治理结构、协助该公司制定了严格的信息披露制度与保密制度。本公司已对上市文件所载的资料进行了核实,确保上市文件真实、准确、完整,符合规定要求。本公司保证该公司的上市申请材料、上市公告书没有虚假、严重误导性陈述或者重大遗漏,并保证对其承担连带责任,并保证不利用在上市过程中获得的内幕信息进行内幕交易,为自己或他人牟取利益。

鉴于上述内容,作为上海证券交易所会员,上市推荐人特推荐天津特精液压股份有限公司本次公开发行的3000万股人民币普通股股票在贵所上市交易,请予批准。

华泰证券有限责任公司

兴业证券股份有限公司

二〇〇一年六月六日

天津特精液压股份有限公司

二〇〇一年六月九日

天津天药药业股份有限公司

天津天药药业股份有限公司招股说明书摘要

本招股说明书摘要的目的仅为向公众提供有关本次发行的简要情况。招股说明书全文同时刊载于http://www.sse.com.cn。投资者在作出认购决定之前,应仔细阅读招股说明书全文,并以其作为投资决定的依据。

第一节 释义

在本招股说明书摘要中,除非另有说明,下列词组具有以下含义:

发行人、本公司、公司或股份公司	指天津天药药业股份有限公司
主发起人、天津药业	指天津药业有限公司(现已变更为天津药业集团有限公司)
医药集团公司	指天津市医药集团有限公司
中新药业	指天津中新药业集团股份有限公司
天发公司	指天津市天发药业进出口有限公司
公司章程	指本公司的公司章程
董事会、股东大会、监事会	指本公司的董事会、股东大会、监事会
证监会	指中国证券监督管理委员会
主承销商	指南方证券有限公司
上市推荐人	指南方证券有限公司 山东证券有限责任公司
GMP	指药品生产质量管理规范
DMF	指药品管理文件
FDA	指美国食品和药品管理总局
EP	指欧洲药典
USP	指美国药典
BP	指英国药典
CP	指中国药典
SSA	指系统软件联合公司
BPCS	指商业过程控制系统
ERP	指企业资源计划系统
元	指人民币元

第二节 本次发行概况

本次发行已经中国证券监督管理委员会证监发行字[2001]29 号文核准。

一、本次发行的基本情况

股票种类:人民币普通股(A 股) 每股面值:1.00 元

发行股数:45,000,000 股,占发行后总股本的 30.2% 每股发行价:11.25 元

发行总市值:506,250,000 元 2000 年盈利:65,583,454.97 元

每股盈利:0.440 元(以 2000 年盈利为基础按发行规模进行全面摊薄计算)

发行市盈率:25.57 倍(以 2000 年盈利为基础按发行规模进行全面摊薄计算)

发行前每股净资产:2.04 元(按 2000 年 12 月 31 日经审计的数据计算)

发行后每股净资产:4.72 元(按发行价 11.25 元计算,扣除发行费用)

发行方式:上网定价 发行对象:法律规定可以从事股票投资的合格投资者

承销方式:余额包销

本次发行预计实收募股资金:若本次股票发行成功,本公司预计此次募集资金 506,250,000 元,扣除本次发行费用合计 14,101,875 元,实际筹集资金 492,148,125 元。

二、本次发售新股的主要当事人

1、发行人:天津天药药业股份有限公司 法定代表人:师春生

注册地址:天津市新技术产业园区华苑产业区中济科园 B 座 414 号

联系电话:022-24564837,24564856 传真:022-24564837 联系人:王吉吉、陈钊

2、主承销商:南方证券有限公司 法定代表人:沈沛

注册地址:深圳市嘉宾路 4028 号太平洋商贸大厦 20-28 层

联系电话:0755-2138078,010-66212447 传真:010-66210025 联系人:李文、葛剑

3、发行人律师:北京市观韬律师事务所 负责人:韩德晶

地址:北京市西城区金融大街 33 号通泰大厦 B 座 6 层

联系电话:010-88086638/39/40/41 传真:010-88086645 经办律师:崔利国、杨光

4、会计师事务所:天津五洲联合合伙会计师事务所(原天津津源会计师事务所有限公司)

法定代表人:王福才 注册地址:天津开发区第一大街 12 号

电话:022-23391372 传真:022-23125127 经办会计师:王福才、朱辉

三、预计时间表

(1)发行公告刊登日期:2001 年 5 月 22 日 (2)预计发行日期:2001 年 5 月 24 日

(3)申购期:2001 年 5 月 24 日 (4)资金冻结日期:2001 年 5 月 25 日-2001 年 5 月 29 日

(5)预计上市日期:本公司已获上海证券交易所承诺,将本次发行的股票于发行后尽快上市。

第三节 主要风险因素

投资于本公司的股票会涉及一系列风险。在购买本公司股票前,敬请投资者将下列风险因素相关资料连同本招股说明书摘要中其他资料一并考虑。

投资者在评价本公司此次发行的股票时,应认真阅读本公司招股说明书全文,除本招股书摘要提供的其他资料外,并特别认真地考虑下述各项风险因素,根据重要性原则或可能影响投资决策的程度大小排序,本公司风险如下:

一、技术风险

皮质激素类药物的生产过程复杂,技术含量高,目前本公司掌握先进的生产技术,持续的技术创新是本公司的核心竞争能力。因此核心技术开发人员对本公司有着重要作用;同时随着科学技术的发展和日益激烈的市场竞争,不排除其他企业研制出更为先进的生产技术、工艺和产品的可能,或出现技术泄密的情况,从而影响本公司的竞争优势,冲击本公司的现有产品市场。

本公司坚持实施"高科技加规模经济"的发展战略,取得了丰硕的科研成果,开发出先进的生产技术,使产品成本和质量处于国内领先地位,部分产品居于国际领先地位。并不断开发多种新产品、新剂型,如丁酸氢化可的松、六甲基泼尼松龙、布地奈德等。这些产品具有国际先进水平,均通过国家科技部和中科院的高新技术评审,成为本公司新的增长点。本公司今后仍将加大研发投资力度,并建立天药药物研究院,保证本公司的持续创新能力和工艺技术领先地位,在国际市场上占有一席之地。掌握本公司核心技术的人员均已进入股份公司,无其他法人单位掌握本公司的技术。公司成立了保密委员会,由一名党委副书记领导、党委工作部牵头、总工程师办公室处理科技保密日常工作的保密体系。并建立了以总工程师为首、各有关部门和生产车间负责人构成的科技保密管理网络,制定了科技管理保密制度,各有关部门和生产车间亦根据本部门的实际情况,制定出了相应的科技管理保密制度。公司与各有关涉密岗位人员、离职人员及离退休人员签定了保密协议书,以确保在岗及离岗后仍负有保密义务和责任。本公司将严格执行保密制度,加强保密措施,防止本公司核心技术泄密。另一方面加强奖励机制,建设良好的科研环境和研发体系,以吸引人才、留住人才并培育人才,以保证本公司高素质、优秀的科技队伍。

第四节 发行人的基本资料

一、发行人概况

1、发行人名称:天津天药药业股份有限公司 Tianjin Tianyao Pharmaceutical Co.,Ltd.

2、发行人成立日期:1999 年 12 月 1 日

3、注册地址:天津市新技术产业园区华苑产业区中济科园 B 座 414 号(300384)

4、法定代表人:师春生

5、联系电话:022-24564837;022-24564837(传真) 6、电子信箱:Tianyao@eyou.com

本公司被天津市政府认定为高新技术企业,是国家定点皮质激素类药物生产、科研和出口基地,注册在国家级科技园区——天津新技术产业园区华苑产业区,目前租用天津药业的位于天津市河东区程林庄路的土地进行产品生产。公司是整体通过 GMP 认证的原料药生产企业,产品符合 CP、BP、EP、USP 药典的最新标准。公司拥有博士后科研工作站和国家级技术开发中心,并拥有国家级药品质量检测中心和一支技术力量雄厚的专业技术队伍。其皮质激素类药物被列入天津市重大科技产业化项目。其主导产品地塞米松在市场竞争中取胜,目前占国内市场份额的 90%以上和中国以外的亚洲市场的 50%以上,并打入欧洲市场。

二、发行人历史沿革及改制重组情况

三、发行人历次验资、评估及与公司生产经营有关的资产权属情况

1、历次验资报告

2、资产评估

3、与公司生产经营有关的资产权属情况

2000 年 7 月 10 日,天津药业与股份公司签订《注册商标转让协议书》,约定天津药业将所有的商标注册号为 119347 号"天药牌"商标所有权无偿的、完全的转让给股份公司。该转让手续于 2000 年 9 月 28 日经国家商标局核准。

股份公司的用地以租赁的方式向天津药业租用两宗土地,面积分别为 89959.20 平方米和 6572.7 平方米。经天津市地价评估事务所评估,评估数为 48,488,008 元和 2,241,290 元、合计 50,729,298 元。天津药业于 1999 年 5 月以交纳土地出让金的方式获得了该等土地的国有土地使用权,取得了《国有土地使用权证》。股份公司与天津药业于 1999 年 12 月 9 日签定了《土地使用权租赁协议》,根据土地评估值并参考周围地价,双方商定租金为每年 30 元/平方米,并取得了该等土地的他项权证。

本公司设立时,天津药业将"含氟皮质激素类药物的生物脱氢及其化学合成新工艺"为主的一系列生产皮质激素类药物的专有技术、研究开发机构随同该类药物的生产经营性资产投入股份公司。本公司完全拥有生产皮质激素类药物的专有技术,及持续创新开发能力。

本公司设立时,天津药业将与原料药生产相关的厂房、试验楼、泵房、锅炉房及办公楼、传达室等房屋建筑物投入本公司,并完成了过户手续,于 2000 年 3 月 21 日取得了房屋所有权证。

第五节 发行人股本

1、本公司设立于 1999 年 12 月 1 日,注册资本 104,008,883 元。

2、本公司设立以来,无股本结构变化、重大资产重组的行为。本公司发行前后股本情况:

(1)本公司目前股本结构如下:

项目		股数(股)	所占比例(%)
总股本		104,008,883	100.00%
其中:发起人股	国有法人股	100,008,883	96.154%
	法人股	4,000,000	3.846%
	合计	104,008,883	100.00%

(2)本次发行为本公司新增发行,发行股数为 4500 万股,发行成功后,本公司注册资本为 149,008,883 万元。股本结构将变化如下:

项目		股数(股)	所占比例(%)
总股本		149,008,883	100.0%
其中:发起人股	国有法人股	100,008,883	67.1%
	法人股	4,000,000	2.7%
	合计	104,008,883	69.8%
社会公众股		45,000,000	30.2%

第六节 主要发起人与股东的基本情况

一、主要发起人与股东

1、主发起人天津药业集团有限公司 注册资本:67497 万元 法定代表人:刘振武

主要生产经营品种有:氨基酸原料和制剂系列、化工原料、外用制剂、口服制剂、避孕药物、中成药、保健药品、食品等十大类百余个品种。

天津药业集团有限公司是天津市高新技术企业,多年来一直坚持"高科技加规模经济"的发展道路,发扬"创新、完美"的企业精神,主要经济效益和技术指标在全国同类产品中处于领先地位。天津药业以激素原料药和制剂为核心,同时向氨基酸产品、医药商业等领域开展多元化经营,并加速资本运营,目前已相继拥有控股子公司 7 家和全资子公司 5 家(见天津药业集团有限公司结构图)。

(1)本公司设立时主发起人情况

本公司设立时,主发起人——天津药业有限公司是国家大型一档企业,国家经贸委确定的 512 家重点企业,是国家火炬计划重点高新技术企业,天津市政府认定的高新技术企业,是国家定点皮质激素类药物生产、科研和出口基地,其皮质激素类药物被列入天津市重大科技产业化项目。天津药业是 1988 年由原天津制药厂、天津健民制药厂和天津中津制药厂三家国有企业联合组建,1995 年改制而成的国有独资公司。

天津药业是天津市医药集团有限公司的全资子公司,天津市医药集团有限公司是在天津市医药管理局改制后的医药总公司基础上进一步改制组建的集工商贸于一体的大型国有独资有限责任公司。该公司被天津市政府授权经营管理天津医药集团的全部国有资产。1999 年末,医药集团公司下属有全资子公司 15 家、控股子公司 3 家、参股子公司 1 家、另有管理的集体企业 1 家,主要生产化学原料药、制剂、中成药、医疗器械等 2000 余种,注册资本 5.12 亿元、资产总值 85.67 亿元、资产净值 42.1 亿元、平均资产负债率 50.86%。1999 年实现工业总产值 38.3 亿元,销售收入 65 亿元,实现利润 7.6 亿元。

本公司设立时天津药业将原料药生产经营性资产经评估 40433.63 万元投入本公司,其中净资

产 13880.48 万元，拥有本公司 96.154%的股份，该股票截至目前没有被质押或存在其他有争议的情况。

(2)主发起人的增资 2000 年 4 月，天津市医药集团有限公司(天津药业的国有资产授权经营管理单位)将其下属的天津市氨基酸公司划拨给天津药业(净资产 1.2 亿元)。2000 年 8 月，经天津市经委津经企(2000)26 号文件批准，天津药业吸收上海复星实业股份有限公司的现金投资 1.49 亿元和天津开发区泛亚太有限公司的现金投资 0.27 亿元，使注册资本由 9837 万元增加到 67497 万元，并更名为天津药业集团有限公司，其中天津市医药集团有限公司占 74%的股权，上海复星实业股份有限公司占 22%的股权，天津开发区泛亚太有限公司占 4%的股权。

2、天津新技术产业园区海泰投资科技管理有限公司

法定代表人：任学锋

注册资本：壹仟万元

经营范围：技术开发、咨询、服务、转让[电子与信息、机电一体化、新材料、生物(药品生产与销售除外)、新能源和节能、环境科学和劳动保护、新型建筑材料的技术及产品]；机械设备、计算机及外围设备租赁；投资咨询、经济信息咨询(不含中介)。拥有本公司 0.9615%的股份，该股票截至目前没有被质押或存在其他有争议的情况。

3、天津市中央药业有限公司 法定代表人：李朝兴 注册资本：捌仟贰佰叁拾伍万元

天津市中央药业有限公司是一个多元投资主体的大型综合制药企业，1999 年由天津市中央制药厂、天津市中央制药二厂合并组建而成。公司致力于新药的研制开发，目前生产自行研制的二、三、四类数十种中西新药，集原料、片剂、软(硬)胶囊、口服液及外用药于一体，市场营销网络覆盖全国 20 多个省市，并远销欧美、东南亚。拥有本公司 0.9615%的股份，该股票截至目前没有被质押或存在其他有争议的情况。

4、天津中新药业集团股份有限公司 法定代表人：詹原竞

注册资本：叁亿贰仟玖佰陆拾伍万肆仟元

天津中新药业集团股份有限公司是首家在新加坡主板上市的中国企业，是一家具有投资、控股功能的大型制药企业集团公司。拥有全资附属企业天津市中药制药厂、天津乐仁堂制药厂和天津市第六中药厂；控股公司天津华立达生物工程有限公司企业和天津新丰制药有限公司；参股公司中美史克制药有限公司和天津百特医疗用品公司。拥有本公司 0.9615%的股份，该股票截至目前没有被质押或存在其他有争议的情况。

第七节 发行人的组织结构及组织机构概况

本公司拥有独立的供应、生产、销售和财务系统并依据《公司法》、《公司章程》等有关法律法规的要求，不断完善健全公司的组织结构。公司下设了 14 个职能部门，8 个生产车间和两个参股公司(见天津天药药业股份有限公司组织结构图)，明确了各部门的职能，定员定岗，制定了各自的内部管理制度。

一、财务系统

本公司设立了独立的财务部，制订了符合股份公司会计制度的管理制度，取得了银行帐号和税务登记号，独立经营纳税。依托美国 SSA 公司 BPCS ERP 系统建立了完整的符合股份公司会计制度的会计电算化系统，使财务系统能够为生产经营管理和决策提供更为准确和及时的信息，该系统已经天津津源会计师事务所验收并经财政部门备案。

二、生产系统

公司设立了制造部，负责公司的生产、设备、能源、安技、环保的管理和生产调度，执行 GMP 管理规范。公司下设 6 个生产车间、1 个动力车间、1 个机修车间，进行原料药的生产。制造部根据销售部提供的市场需求，安排调度各车间的月度生产计划。2000 年累计完成产量 68.7 吨，实现销售收入 4.9 亿元。

三、销售系统

公司主要从事原料药的销售，天津药业将原从事原料药销售的网络和人员整体投入股份公司，成立独立的销售部门，在公司总经理的领导下开展工作。销售部设部长负责本部门的管理和日常工作。销售部按省划分销售区域，并设有地区销售经理及相关业务人员负责本地区营销业务，包括产品销售、应收款管理、客户访问、信息收集和反馈等工作。本公司产品价格根据市场供需情况和产品成本确定。为提高产品销售工作效率，本公司利用美国 SSA 公司 BPCS ERP 系统规范了的销售体系，将具体销售工作与计算机程序控制相结合，促进了销售体系的科学、独立、合理。股份公司的国外销售由于自营进出口权限的限制，目前通过天津市天发药业进出口有限公司从事产品出口业务，双方按照公平、公正、公开的原则签定了《购销协议》。

四、供应系统

股份公司的供应系统负责原材料的采购，天津药业将原从事国内采购的整体投入股份公司，设立了供应部，负责全公司的国内采购工作，成立了以总经理、主管经理、党委付书记任组长的“价格”、“质量”、“数量”、“安全”四个监控领导小组，并起草制定了供应部“物资采购管理规定”，形成了覆盖采购全过程的管理网。

五、参股单位情况

本公司的参股公司天津市天发药业进出口有限公司是由本公司与天津药业于 2000 年 4 月 28 日共同出资成立的，是本公司对外进出口的窗口。该公司注册资本 500 万元，本公司投资 200 万元，占 40%的股权，天津药业投资 300 万元，占 60%的股权。本公司与天发公司签定了长期进出口购销协议，可以有效地保证以优质的服务出口本公司的产品和进口生产原材料，并保证本公司及时了解客户需求和客户产品的销售去向，准确掌握市场动态，积极开拓新的市场，通过扩大销售区域和增加销售渠道培植新的客户。

本公司参股公司天津市天药运输有限公司是由天津药业有限公司与本公司共同出资，于 2000 年 11 月 1 日设立的有限责任公司。从事汽车运输业务。该公司注册资本 188.7 万元，本公司占 20%的股份，天津药业占 80%的股份。

第八节 发行人业务和技术概况

一、发行人行业基本情况

公司的主要产品为皮质激素类原料药，与抗生素类药物、维生素类药物等一样，是品种繁多的一大门类药物，具有抗炎、抗过敏、抑制免疫、增强应激反应、抗毒素和抗休克等药理作用，可以制成临床使用的注射用针剂和口服制剂以及外用制剂。临床主要用于严重感染的毒血症、内分泌失调、胶原性疾病、系统性红斑狼疮、风湿性疾病、自身免疫性疾病、肾病综合征、过敏性疾病、哮喘、炎症、血液性及造血系统疾病，多种皮肤病等疾患。它也是临床抢救垂危病人不可缺少的急救药物。有些品种已成为临床不可缺少的首选药物和不可替代的药品，在全世界的药品生产中，占据着重要的地位。

皮质激素类药物生产工艺非常复杂，集合了化学合成和生物合成过程，技术含量高、生产周期长(平均生产周期达 4-6 个月)，反应过程复杂(需经 20-30 步复杂化学反应)，许多品种只有少数大型跨国制药公司可以规模生产，如美国普强公司、法国罗素公司、英国葛兰素公司等。

二、发行人的竞争地位

股份公司的皮质激素类药物于五十年代在国内率先研制并生产，填补了多项国内空白，是中国皮质激素类药物的开拓者，国内 80%的皮质激素原料药产品是本公司首先研制并投入生产，为我国医药工业作出了突出的贡献。

三、发行人的主营业务及产品市场情况

本公司的主营业务为：原料药的生产经营，包括皮质激素类原料药(占本公司销售收入的 98%以上)、心血管类原料药、镇痛类原料药。

本公司是皮质激素类药物的专业生产企业，具有雄厚的科研开发能力，目前是国内具备较强皮质激素类药物科研开发能力的企业。国内能生产的 20 种皮质激素类原料药中，本公司常年生产 17 个品种，其中有 16 个品种系国内率先研制投产，有 7 个品种系国内独家生产，去氢可的松、氢化可的松、醋酸地塞米松、醋酸氟轻松等 11 个品种均获产品国际标准证书。年生产能力 100 吨，1999 年皮质激素类原料药的产量占全国的 44%以上，高效的含卤类药物产量约占全国的 84%。

四、产品质量

本公司产品质量均达到或高于 CP、BP、EP、USP 药典的最新质量标准，中国药典大部分皮质激素类原料药标准均由股份公司起草修订并提供标准样品，同时被推举为皮质激素药物行业协会会长单位。

五、发行人的核心技术

本公司的核心技术为“含氟皮质激素类药物的生物脱氢及其化学合成新工艺”为主的一系列生产皮质激素类药物的专有技术。本公司设立时天津药业将该项技术投入本公司，本公司拥有其所有权。

该技术是以生物脱氢法利用薯芋皂素为起始原料合成皮质激素药物的生产技术。它代替了传统的化学脱氢工艺，创出了一条国际全新的激素合成工艺路线，于 1996 年荣获国家科技进步二等奖。该技术不仅克服了传统化学脱氢工艺成本高、周期长、使用有毒有害物质、污染环境的弱点，还使产品的收率提高了 40%-50%，产品成本降低 30%以上，该项技术对确立公司产品的成本和质量在国内外处于领先地位起到重要作用，成为企业的核心技术。该技术连同本公司另一项专有技术“地塞米松系列产品新工艺”(2001 年 2 月获国家科技进步二等奖) 共同促进了本公司主导产品地塞米松系列产品的质量提高和成本降低，取得竞争优势并使本公司利润大幅增长，尤其是 1999 年的利润较上年增长 333.18%。

六、新产品、新项目的投资和研发情况

本公司拥有国家级技术中心，该中心是以公司技术开发部为核心，在各生产车间分别建立车间级实验室，由此形成的技术开发网而构成的，同时公司的博士后科研工作站也设在该中心内。现已开发成功 4 项新产品，并有 5 项新产品处于中试。

七、发行人完成的重大项目和科研成果

本公司坚持“高科技加规模经济”的发展战略，实现了持续、高速、健康的发展，技术开发中心在新工艺的研究上取得了丰硕的成果，曾获国家级奖 5 项，省部级奖 16 项。

1、国家级获奖科研项目情况：

2001.2 地塞米松系列产品新工艺的研究与应用项目获国家科技进步二等奖
1995.5 地塞米松磷酸钠获“95 年度国家级新产品”
1995.12 含氟皮质激素类药物生物脱氢及其化学合成新工艺获国家科技进步二等奖
1996.10 生物脱氢新工艺获“国家八.五科技攻关重大科技成果奖”
1998.10 地塞米松项目获国家科技部火炬优秀项目二等奖

2、省部级获奖科研项目情况：

1998.8. 地塞米松系列产品新工艺被评为九七年度技术创新优秀项目一等奖
1998. 倍他米松获技术创新“五小发明”一等奖
1997.10.地塞米松系列产品新工艺获天津市科技兴市突出贡献奖
1997.7. 阿赛松获“96 年度优秀新产品一等奖”
1997.7. 丁酸氢化可的松获“96 年度优秀新产品一等奖”
1996.4. 含氟皮质激素类药物新工艺研究获国家医药管理局“八五”攻关优秀专题奖
1994. 醋酸氟轻松获天津市优秀新产品二等奖
1993.7 高转化率醋酸泼尼松生产菌株 BY-2-13-51 的选育及应用获市科技成果一等奖
1992.2. 价值工程在空压机系统技术改造中的应用获一等奖
1991.2. 价值工程在霉菌发酵中的应用获 1990 年价值工程应用成果三等奖
1991.2. 价值工程在氟美松产品格氏工序的应用获 1990 年价值工程应用成果三等奖
1987.1. 抗炎皮质激素—氯氟舒松工艺获 1984—1985 科技进步二等奖
1986.11.醋酸祛炎松工艺改进获 1983—1984 科技进步二等奖
1986.11.含氟皮质激素醋酸氟轻松工艺改进获 1983—1984 科技进步二等奖
1986. 氯氟舒松的工艺研究获国家医药管理局科技进步二等奖
1985. 醋酸曲安奈德新工艺获国家医药管理局科技进步二等奖

3、局级获奖科研项目情况：

1994 哈西奈德工艺改进局级二等奖
1994 醋酸氟轻松工艺改进获局级科技进步二等奖

第九节 同业竞争与关联交易

一、关于同业竞争

本公司与天津药业集团有限公司(本公司的控股股东)及其控制的法人不存在从事相同、相似业务的情况，无同业竞争。并作出了不同业竞争的承诺。

本公司股东天津新技术产业园区海泰投资科技管理有限公司、天津市中央药业有限公司、天津中新药业集团股份有限公司、天津市药品包装厂目前不生产与股份公司相同的产品，与股份公司无同业竞争。

主承销商南方证券有限公司就以上措施及有效性出具了专项意见，北京市观韬律师事务所在观证意字第(2000)21 号“关于天津天药药业股份有限公司 2000 年度 A 股发行、上市的法律意见书”中进行了说明。

第十节 发行人董事、监事、高级管理人员与核心技术人员

一、董事会成员

师春生先生，中国国籍，60 岁，大学学历，正高级工程师。1968 年 9 月参加工作。历任天津市生物化学制药厂副厂长，天津市制药工业公司副经理，天津制药厂厂长，天津药业公司经理，天津药业有限公司董事长。现任天津药业集团有限公司总经理，本公司董事长。曾获全国第八届“金球奖”企业经营者、全国五一劳动奖章，全国劳动模范，享受国务院特殊津贴专家，为第九届全国人大代表。年薪 119988 元(未从本公司领取)。

郝于田先生，中国国籍，51 岁，大专学历，经济师。1969 年 7 月参加工作。曾任天津制药厂一车间主任，天津制药厂党委副书记，天津药业公司副经理，天津药业有限公司总经理。现任本公司董事。年薪 119988 元(未从本公司领取)。

刘登岗先生，中国国籍，51 岁，中专学历，工程师。1969 年 7 月参加工作。曾任天津制药厂销售科副科长，天津药业公司供销经理部原料药科科长、销售处副处长、总经理助理，天津药业有限公司副总经理兼销售公司经理，美国大圣贸易技术开发有限公司总经理。现任本公司董事兼总经理。年薪 119988 元。

杨风宏羽先生，中国国籍，49 岁，大专学历，助理工程师。1970 年 4 月参加工作。曾任天津药业公司行政处副处长，天津药业公司 104 车间主任、102 车间主任，天津药业有限公司经理助理兼一分厂厂长，天津药业有限公司副总经理兼生产制造部、工程部部长。现任本公司董事兼副总经理。年薪 100620 元。

陈钊女士，中国国籍，55 岁，大专学历，高级会计师。1964 年 9 月参加工作。曾任天津制药厂财务科副科长、科长，天津药业公司财务科科长、财务处副处长、副总会计师、总会计师，天津药业有限公司总会计师。现任本公司董事兼总会计师。年薪 88116 元。

卢彦昌先生，中国国籍，35 岁，硕士学位，正高级工程师。1989 年 6 月参加工作。曾任天津药业公司研究所所长助理兼室主任、副所长、所长，天津药业公司经理助理兼研究所所长，天津药业有限公司总工程师兼技术开发部部长。现任本公司董事兼总工程师，享受国务院特殊津贴专家，全国制药行业劳动模范。年薪 88116 元。

刘幼芝女士，中国国籍，46 岁，大专学历，高级政工师。1970 年 9 月参加工作。曾任天津市制药工业公司团委书记，天津市健民制药厂党总支副书记、工会主席，天津药业有限公司工会副主席。现任本公司董事。年薪 36948 元。

二、监事会成员

李立群先生,中国国籍,40岁,大专学历,政工师。1979年3月参加工作。曾任天津制药厂团委组织部干事,中共天津药业有限公司党委组织部副部长、101车间主任兼党支部书记。现任本公司监事会主席。年薪69598元。

高宝燕女士,中国国籍,51岁,中专学历,高级政工师。1969年9月参加工作。曾任天津制药厂政工科科长、团委书记、劳资科科长、劳动人事科副科长、一车间书记,天津药业有限公司人事科科长、中共天津药业有限公司党委党委组织部科长、党委副书记兼纪委书记。现任本公司监事。年薪87996元(未从本公司领取)。

胡其志先生,中国国籍,51岁,大学学历,高级工程师。1965年参加工作。曾任天津市计算机公司国外事务部部长,天津市电子仪表联合进出口公司副总经理,香港津联电子仪表有限公司董事、副总经理,天津市新技术产业园区园区进出口公司总经理、总公司副总经理等职。现任本公司监事、天津市新技术产业园区园区进出口公司董事长。月薪3400元(未从本公司领取)。

高如艳女士,中国国籍,28岁,大学学历,会计师(中国注册会计师)。1994年7月参加工作。曾任天津药业有限公司财务部主任科员。现任本公司监事。年薪37632元。

王晓东先生,中国国籍,32岁,大学在学。1986年9月参加工作。曾就职于天津药业有限公司。现任本公司监事,天津市劳动模范。年薪34044元。

三、其他高级管理人员

张鹏先生,中国国籍,52岁,大专学历,工程师。现任本公司副总经理。年薪88116元。

王吉吉先生,中国国籍,32岁,博士学位。现任本公司董事会秘书、总经理助理。年薪34044元。

四、核心技术人员

卢彦昌,本公司董事(简历同上)1997年,主持开发了"地塞米松系列产品的新工艺"的研究,新工艺技术达到了国际先进水平,荣获国家科技进步二等奖。

夏庆女士,中国国籍,31岁,硕士研究生,工程师。

李媛女士,中国国籍,36岁,硕士研究生,高级工程师。

王淑丽女士,中国国籍,27岁,硕士研究生,工程师。

廖秉琦先生,中国国籍,59岁,高级工程师。

张宝文女士,中国国籍,33岁,大本生,高级工程师。

李静女士,中国国籍,28岁,大本生,工程师。

袁长东先生,中国国籍,47岁,大专生,高级工程师。

王福军先生,中国国籍,33岁,大本生,高级工程师。

陈权先生,中国国籍,31岁,大本生,工程师。

邵俊峰先生,中国国籍,30岁,大本生,工程师。

赵一兵先生,中国国籍,32岁,大本生,高级工程师。

高占元先生,中国国籍,31岁,大本生,工程师。

纪传勇先生,中国国籍,29岁,大本生,工程师。

朱向前先生,中国国籍,36岁,博士,副研究员。

朱彭龄先生,中国国籍,60岁,硕士,教授。

本公司上述人员及其家属、关联人士在发行前未持本公司及关联企业的股份。

第十一节　公司治理结构

天津天药药业股份有限公司创立大会于1999年11月29日召开,股份公司的股东由5名发起人组成,按照《公司法》等法律法规的要求,审议通过了设立天津天药药业股份有限公司的议案、天津天药药业股份有限公司筹办情况的报告等议案,选举了公司第一届董事会成员7名、第一届监事会成员5名(职工监事2名)。董事会制订了股东大会、董事会的议事规则,监事会制定了监事会议事规则,初步建立起符合股份公司上市要求的公司治理结构。股份公司成立后,依据《公司法》、《公司章程》等有关法律法规的要求,不断完善健全公司的组织结构。

一、关于公司股东、股东大会

按照《公司章程》的规定,公司股东为依法持有公司股份的人,主要享有依照其所持有的股份份额获得股利和其他形式的利益分配、参加或者委派股东代理人参加股东会议、依照其所持有的股份份额行使表决权、对公司的经营行为进行监督等《公司法》规定的权利。同时股东必须遵守公司章程、依其所认购的股份和入股方式缴纳股金除法律、法规规定的情形外不得退股等。

《公司章程》规定股东大会是公司的权力机构,依法行使决定公司经营方针和投资计划;选举和更换董事,决定有关董事的报酬事项;选举和更换由股东代表出任的监事,决定有关监事的报酬事项;审议批准董事会的报告;审议批准监事会的报告;审议批准公司的年度财务预算方案、决算方案等《公司法》规定的权利。

二、关于公司董事会

本公司董事会由7名成员组成,其中设董事长1名。

第十二节　主要财务会计资料

以下引用的财务数据,非经特别说明,均引自经审计的会计报表。本节的财务会计数据及有关的分析说明反映了公司过往三年的经审计的会计报表及有关附注的重要内容。

一、会计报表编制基准及注册会计师意见

(一)本公司会计报表编制基准　(二)注册会计师意见(三)财务资料来源

二、简要会计报表

1、近三年的简要利润表　单位:人民币元

项目	2000年度	1999年度	1998年度
一、主营业务收入	496,022,238.89	488,774,021.85	334,735,958.36
主营业务成本	363,975,140.50	353,702,692.27	272,527,414.14
二、主营业务利润	129,337,369.44	131,721,875.25	60,942,730.93
营业费用	1,394,541.78	7,293,493.03	5,031,218.26
管理费用	42,877,475.06	48,436,370.02	36,066,250.13
财务费用	9,688,792.37	14,648,599.50	16,530,969.79
三、营业利润	77,288,879.39	62,920,087.27	14,583,989.61
四、利润总额	77,765,093.71	62,965,385.74	14,535,643.06
五、净利润	65,583,454.97	53,379,772.97	12,355,296.60

2、公司设立后的简要资产负债表　单位:人民币元

	2000年12月31日	1999年12月31日
流动资产:	268,141,285.35	198,897,423.31
其中:货币资金	27,765,659.26	5,548,285.91
应收票据	730,000.00	1,400,000.00
应收帐款	32,080,638.50	33,930,946.97
其他应收款	54,093,603.25	14,010,465.56
存货	147,130,995.23	137,393,121.10
长期投资	2,845,442.22	-
固定资产	209,256,552.99	188,054,144.48
无形资产及其他资产	22,533,348.19	23,819,833.33
资产总计	502,776,628.75	410,771,401.12
负债合计	291,303,936.00	264,609,163.34
流动负债:	250,979,935.95	181,301,163.34
其中:短期借款	205,000,000.00	130,000,000.00
应付帐款	35,238,254.00	40,541,047.72
其他应付款	2,056,828.71	2,632,867.35
长期负债	40,051,000.05	83,308,000.00
股东权益合计	211,745,692.75	146,162,237.78
负债及股东权益总计	502,776,628.75	410,771,401.12

三、公司报告期利润情况及分析　单位:人民币万元

	1998年	1999年	1999年较1998年增长率	2000年	2000年较1999年增长率
主营业务收入	33474	48877	46%	49602	1.48%
主营业务成本	27253	35370	30%	36398	2.91%
主营业务利润	6094	13172	116%	12934	-2%
营业利润	1458	6292	332%	7729	23%
利润总额	1454	6297	330%	7777	24%
净利润	1236	5338	332%	6558	23%

1、销售收入总额和利润总额的变动趋势及原因分析如下:1999年公司的主营业务收入增长46%,净利润增长3.32倍,主要来自于本公司主导产品地塞米松系列产品销售的增长。

2000年公司主要产品继续保持了既有的市场优势地位,主营业务收入与主营业务利润和上年基本持平。2000年净利润增长23%主要源于期间费用的降低,这一方面是由于公司采取了系列措施使经营费用有所下降,另一方面由于对1999年1-11月期间费用进行模拟剥离时,不能分清产品归属的期间费用按照划归改制企业(本公司)的主营业务收入占原企业主营业务收入比例剥离,而2000年期间费用为实际发生额,年度间期间费用的核算口径不同,模拟期剥离的期间费用高于2000年实际负担额。

2、本公司业务收入构成如下:

产品项目	2000年度	1999年度	1998年度
皮质激素类原料药	490,650,250.31	488,744,021.85	334,709,430.57
心血管类原料药	5,371,988,58		26,527.79
合计	496,022,238.89	488,774,021.85	334,735,958.36

3、报告期内本公司无非经常性损益;投资收益来自于被投资企业经营利润,且金额较小。

4、由于原企业和本公司历年均为高新技术企业,按照天津市财政局"财企一(1997)40号文"的规定,2000年7月31日以前(包括1998年至1999年11月模拟期间)公司按33%交纳所得税,财政返还18%,实际税负为15%。2000年8月公司迁入天津新技术产业园区,由于公司是高新技术企业,根据国发[1991]12号文件,财政部、国家税务总局财税字(94)001号文件,本公司自2000年8月1日起按15%的税率缴纳所得税。

四、公司最近一期末(2000年末)财务报表中主要资产情况

1、公司2000年末财务报表中主要固定资产情况

经天津五洲联合合伙会计师事务所审计,截至2000年12月31日本公司固定资产情况如下:

固定资产类别	固定资产原值	累积折旧	固定资产净值
房屋及建筑物	111,400,836.77	27,299,048.58	84,101,788.19
专用设备	74,086,694.50	18,682,139.44	55,404,555.06
通用设备	33,385,491.39	10,292,951.32	23,092,540.07
仪器仪表	15,591,962.00	7,399,753.92	8,192,208.08
电器	36,219,165.32	14,600,249.33	21,618,915.99
运输设备	2,519,521.42	951,354.39	1,568,167.03
其他	9,511,157.63	2,817,190.76	6,693,966.87
合　计	282,714,829.03	82,042,687.74	200,672,141.29

固定资产折旧采用平均年限法。固定资产的分类、计提折旧年限、折旧率、残值率如下:

固定资产类别	折旧年限	预计残值	年折旧率
房屋建筑物	20-45	4%	4.8%-2.13%
通用设备	12-18	4%	8%-5.33%
运输设备	10	4%	9.6%
专用设备	14	4%	6.86%
其他设备	8	4%	12%

2、公司2000年末财务报表中长期投资情况

被投资单位名称	投资期限	初始投资额	占被投资单位注册资本比例	期末投资额
天津市天发药业进出口公司	2000.6.1.	2,000,000.00	40%	2,469,014.67
天津市天药运输有限公司	2000.10.18	377,646.00	20.01%	376,427.55
合计		2,377,646.00		2,845,442.22

上述股权投资采用权益法核算,2000年末公司股权投资占净资产的比例为1.34%。

3、公司2000年末财务报表中无形资产情况

项目	取得方式	确定依据	摊销年限	原始金额	期末数	剩余摊销年限
专有技术	投资转入	评估值	10年	24,020,000.00	20,216,833.29	8.5年
计算机软件	外购	实际支出额	10年	1,302,093.20	1,269,540.86	10年
合　计				25,322,093.20	21,486,374.15	

说明:专有技术系天津药业集团有限公司投入本公司的"含氟皮质激素类药物生物脱氢及化学合成新工艺",该专有技术已经天津华夏会计师事务所在对天津药业集团有限公司投入本公司的净资产进行评估时予以估价。天津华夏会计师事务所对天津药业集团有限公司投入本公司的专有技术采用收益现值法进行评估:即首先根据该专有技术的研制、应用、完善、发展情况及技术特性、优点、历年所创经济效益指标等,分析其未来发展方向及保障体系,预测出专有技术的超额收益,再根据科技发展趋势、企业未来经营情况及该项技术的经济寿命,确定其受益期,选择折现率,最后通过计算得到其超额收益之现值,做为专有技术的评估值。评估结果经中华人民共和国财政部财评字[1999]530号审核确认。

本公司上述无形资产受益期无法确定,依据公司的会计政策,对无法确定受益期的无形资产按10年平均摊销。

4、公司2000年末财务报表中有形资产净值为479,103,489.71元。

五、公司最近一期末(2000年末)财务报表中主要债项

1、短期借款

借款类别	期末数
担保借款	205,000,000.00

说明:本公司于2000年6月29日与中国进出口银行签订2亿元短期借款合同,借款期限为一年,由天津药业集团有限公司提供担保。

2、长期借款

借款单位	金额	借款期限	年利率	借款条件
工行河东支行	4,600,000.00	1998.8---2001.8	5.94%	担保
工行河东支行	4,900,000.00	1999.1---2001.11	5.94%	担保
工行河东支行	25,000,000.00	2000.4---2003.4	5.94%	担保
合　计	34,500,000.00			

说明:无逾期未偿还贷款

3、本公司无对内部人员和关联方的负债

4、公司已背书转让或贴现但至2000年12月31日尚未到期的银行承兑汇票共计9,116,642.00元。

5、报告期末本公司无其他承诺债项和或有债项

六、公司报告期各会计期末股东权益情况

股东权益:	2000-12-31	1999-12-31
股本	104,008,883.00	104,008,883.00

资本公积	40,347,655.79	40,347,655.79
盈余公积	10,288,943.00	270,854.85
其中:公益金	3,369,457.70	
未分配利润	57,100,210.96	1,534,844.14
股东权益合计	211,745,692.75	146,162,237.78

说明：依据公司2000年第二次股东大会决议，对1999年12月实现的税后利润1,805,698.99元提取10%法定盈余公积180,569.90元，提取5%公益金90,284.95元，提取10%任意盈余公积180,569.90元。其中任意盈余公积在2000年补提。

依据公司章程规定,对2000年1至12月税后利润65,583,454.97元,提取10%法定盈余公积6,558,345.50元,提取5%公益金3,279,172.75元。

十一、主要财务指标

财务指标	2000年	1999年	1998年
流动比例	1.07	1.10	0.97
速动比例	0.48	0.34	0.35
资产负债率	57.88%	64.42%	71.37%
应收帐款周转率(次)	15.03	20.60	24.77
存货周转率(次)	2.56	2.80	2.36
无形资产(不含土地使用权)占总资产比例	4.27%	5.80%	
无形资产(不含土地使用权)占净资产比例	10.15%	16.30%	
净资产收益率	30.97%	36.52%	14.89%
每股净资产	2.04	1.41	
每股收益	0.631	0.513	
每股经营活动现金流量	0.39		
研究开发费占主营业务收入比例	6.75%		

2000年度的净资产收益率及每股收益水平:

报告期利润	净资产收益率				每股收益			
	全面摊薄		加权平均		全面摊薄		加权平均	
	2000年	1999年	2000年	1999年	2000年	1999年	2000年	1999年
主营业务利润	61%	90%	72%		1.24	1.27	1.24	
营业利润	37%	43%	43%		0.74	0.60	0.74	
净利润	31%	37%	37%		0.63	0.51	0.63	
扣除非经常性损益后的净利润	31%	37%	37%		0.63	0.51	0.63	

第十三节　业务发展目标

公司发展目标:

(1) 保持住产品技术质量、市场占有率国内领先的地位。

(2) 实施适度的资本扩张,实现跨行业、跨地区经营。

(3) 除加强皮质激素原料药经营外,还要研究开发其他类的合成药物,皮质激素及其他药物的制剂产品。

(4) 五年内把本公司建成全世界前五名重要的皮质激素原料药制造厂家,中国化学制药前20名厂家。

第十四节　募股资金运用

一、预计本次发行募股资金总量

本公司拟发行人民币普通股4500万股,发行价格为11.25元,若本次股票发行成功,本公司预计此次募集资金506,250,000元,扣除本次发行费用合计14,101,875元,实际筹集资金492,148,125元。

二、短期闲置募股资金的管理

短期内闲置的5765万元资金将暂时存放在银行，并在国家规定允许的范围内进行短期投资，在保证资金安全性的前提下,获得最大的回报。

三、募股资金投资各项目的简要可行性分析及立项审批情况

第一类:皮质激素类药物投产项目

(一)新建年产5吨倍他米松原料药投产项目

该项目是2000年被国家经济贸易委员会列为"双高一优"产品的项目。目前公司研制开发的"倍他"系列产品在国际市场需求量很大,每年大约在20吨左右。而本公司目前的生产能力只有一吨左右,生产量和生产的品种都远满足不了出口的需要。本公司将应用新工艺技术对倍他米松进行改造,扩大生产规模,增加出口创汇。本项目建设规模5吨,总投资4940万元。项目建成后可年创效益1920万元、出口创汇1500万美元。该项目内部收益率为54.13%,投资回收期为3.6年。

(二)新产品曲安西龙原料药技改项目

(三)丁酸氢化可的松原料药项目

(四)年产10吨醋酸氢化可的松原料药技改项目

(五)新建年产10吨地塞米松系列原料药投产项目

(六)新建年产20吨氢化可的松原料药投产项目

(七)6甲基泼尼松龙原料药投产项目

(八)6甲基泼尼松龙琥珀酸钠粉针制剂技改项目

(九)新产品布地奈德投产技改项目

第二类:甾体药物和避孕药物新资源皂素投产项目

(一)年产300吨葫芦巴皂素技改项目

(二)年产12000吨果胶生产车间技改项目

(三)24000吨饲料蛋白生产车间技改项目

第三类、新建化工原料回收车间技改项目

第四类 补充流动资金10192.81万元。

第十五节　发行定价及股利分配政策

一、发行定价方案

本次发行定价是根据《证券法》第28条的规定,主要考虑公司所属行业情况、行业发展前景、本公司现状与发展前景以及证券市场发展趋势,通过现金流量折现法、可比公司估值法和市盈率比较法对本公司股票发行价格进行了分析,并参考对机构投资者的询价结果,经主承销商和发行人共同协商一致后最终确定公司本次发行人民币普通股发行价格为每股11.25元，发行市盈率25.57倍(2000年实现净利润全面摊薄计算)。

二、股利分配政策

1、本公司股票全部为普通股,实行同股同利的分配政策,按股东持有股份的比例进行分配。本公司采用派发现金或送股两种方式,现金股利以人民币派付。本公司在向个人股东分配股利时,按国家有关个人所得税的法律、法规,代扣代交个人股利收入的应交税金。每年度的具体分配方案,由公司董事会根据会计年度公司的经营业绩和未来的经营计划提出,经股东大会审议批准后执行。股利的派发以年终财务决算为依据,经股东大会审议通过后二个月内派发。

2、按照本公司章程草案所载的利润分配政策,本公司每年的税后利润在弥补亏损后将按下列顺序和比例分配:提取法定公积金10%;提取法定公益金5%;提取任意盈余公积金;税后利润在提取公积金和公益金后用于股利分配。本公司股利每年派付一次。每年的股利于次年的上半年派付,公司分派股利时,以公告书形式通知股东。

3、根据200年12月28日召开的临时股东大会决议,本公司成立之日起至2000年12月31日形成的未分配利润由公司股东依其所持股份享有,本次发行如能按计划完成,本公司2001年1月1日以后形成的可供分配的利润由公司新老股东共享。

4、本次股票发行后,第一个盈利年度派发股利的计划将在2002年6月底之前。

第十六节　董事及有关中介机构声明

本公司全体董事承诺本招股说明书及其摘要不存在虚假记载、误导性陈述或重大遗漏,并对其真实性、准确性、完整性承担个别和连带的法律责任。

公司全体董事签字:师春生、郝于田、刘登岗、卢彦昌、陈钊、刘幼芝、杨风宏羽

天津天药药业股份有限公司　　2001年4月23日

本公司已对招股说明书及其摘要进行了核查,确认不存在虚假记载、误导性陈述或者重大遗漏。并对其真实性、准确性及完整性承担相应的法律责任。

项目负责人签字:葛剑　授权代表人签字:任起峰

南方证券有限公司　　2001年4月23日

本所及经办律师保证由本所同意发行人在招股说明书及其摘要中引用的法律意见书和律师工作报告的内容已经本所审阅,确认招股说明书不致因上述内容出现虚假记载、误导性陈述及重大遗漏引致的法律风险,并对其真实性、准确性和完整性承担相应的法律责任。

经办律师签字:崔利国、杨光　　北京市观韬律师事务所　　2001年4月23日

本所及经办会计师保证由本所同意发行人在招股说明书及摘要中引用的财务报告已经本所审计,确认招股说明书不致因上述内容而出现虚假记载、误导性陈述及重大遗漏,并对其真实性、准确性和完整性承担相应的法律责任。

经办会计师签字:王福才、朱辉　　天津五洲联合合伙会计师事务所　　2001年4月23日

本机构保证由本机构同意发行人在招股说明书及其摘要中引用的资产评估数据已经本机构审阅,确认招股说明书不致因上述内容而出现虚假记载、误导性陈述或重大遗漏,并对其真实性、准确性和完整性承担相应的法律责任。

经办评估师签字:韩玉强、石玉珍　　天津华夏会计师事务所　　2001年4月23日

本机构保证由本机构同意发行人在招股书及其摘要中引用的验资报告及有关数据已经本机构审阅,确认招股说明书不致因上述内容而出现虚假记载、误导性陈述或重大遗漏,并对其真实性、准确性和完整性承担相应的法律责任。

经办会计师签字:王福才、刘向东　　天津五洲联合合伙会计师事务所

2001年4月23日

第十七节　附录和备查文件

一、附录　(一)审计报告及财务报告全文;

(二)关于天津天药药业股份有限公司(筹)无形资产评估的说明

二、备查文件

1、本公司首次公开发行股票申请材料；　2、审计报告、财务报表及附注；

3、发行人设立的注册登记文件；　4、中国证监会同意公开发行股票的文件；

5、发行人与南方证券有限公司签订的社会公众股的承销协议；

6、国家财政部关于资产评估的确认文件；　7、天津市国资局关于国有股权管理的批准文件；

8、发行人设立的其他有关资料；　9、重要合同；　10、证监会要求的其他文件。

投资者可于本次股票发行期间,到发行人处(联系电话:022-24564837;负责部门:董事会办公室;联系人——陈钊、王吉吉)查阅以上文件。

天津天药药业股份有限公司股票上市公告书

一、重要声明与提示

本公司董事会保证上市公告书的真实性、准确性、完整性,全体董事承诺上市公 告书不存在虚假记载、误导性陈述或重大遗漏,并承担个别和连带的法律责任。

二、概览

股票简称:天药股份　股票代码:600488　总股本:149,008,883股

可流通股本:45,000,000股　本次上市流通股本:45,000,000股

对首次公开发行股票前股东所持股份的流通限制及期限:本公司的国有法人股、法人股暂不上市流通。首次公开发行股票前股东对所持股份自愿锁定的承诺:自愿将所持有的本公司的股票按国家法律、法规的要求进行锁定。并在本公司上市之日起一年内,不转让所持 有的股份,也不由本公司回购该部分股份。

上市地点:上海证券交易所上市时间:2001年6月18日

股票登记机构:上海证券中央登记结算公司　上市推荐人:南方证券有限公司

三、绪言

本上市公告书是根据《中华人民共和国公司法》、《中华人民共和国证券法》、《股票发行与交易管理暂行条例》、《公开发行股票公司信息披露实施细则》和《上海证券交易所股票上市规则》等国家有关法律、法规的规定,并按照中国证监会《公 开发行证券的公司信息披露内容与格式准则第7号--股票上市公告书》而编制,旨在向投资者提供有关天津天药药业股份有限公司(以下简称"本公司")和本次股票上市的基本情况。

经中国证监会证监发行字[2001]29号文核准,本公司于2001年5月24日通过"上网定价"的方式成功发行4500万社会公众股,每股面值1.00元,每股发行价为人民币11.25元。

经上海证券交易所上证上字[2001]86号《上市通知书》批准,本公司通过上网 定价发行的4500万社会公众股将于2001年6月18日起在上海证券交易所挂牌交易。股 票简称"天药股份",股票代码"600488"。

本公司已于2001年5月22日在《中国证券报》、《上海证券报》和《证券时报》上刊登了《招股说明书摘要》,招股说明书正文及其附注材料刊载于上海证券交易所 网站(http://www.sse.com.cn),距今不足三个月,故与其重复的内容在此不再重述,敬请投资者查阅上述内容。

四、发行人概况

(一)发行人的基本情况　1、发行人名称:天津天药药业股份有限公司 Tianjin Tianyao Pharmaceutical Co.,Ltd.　2、注册资本:149,008,883元　3、法定代表人:师春生　4、发行人成立日期:1999年12月1日

5、注册地址:天津市新技术产业园区华苑产业区中济科园B座414号

6、经营范围:制造经营化学原料药、中西制剂药品、中药材及中成药加工、保 健食品、医药中间体、化工原料、食品及食品添加剂、饲料及饲料添加剂、化妆品及相关技术和原辅材料加工;承办中外合资经营、合作生产企业;技术服务及咨询(以上经营范围内国家有专营专项规定的按规定办理)。

7、主营业务:原料药的生产经营,包括皮质激素类原料药、心血管类原料药、镇痛类原料药。

8、所属行业:医药制造业 9、电话(传真):022-24564837 10、电子信箱:Tianyao@eyou.com

11、董事会秘书:王吉吉

(二)发行人的历史沿革

天津天药药业股份有限公司是由其主发起人原天津药业有限公司(现已变更为天津药业集团有限公司)进行资产重组,以其原料药的生产经营资产作为投入并联合天 津新技术产业园区科技发展有限公司(现更名为天津新技术产业园区海泰科技投资管理有限公司)、天津市中央药业有限公司、天津达仁堂制药厂(现被中新药业兼并)、天津市药品包装印刷厂四家发起人以现金作为投入,以发起设立的方式设立的股份有限公司。

(三)发行人的主要经营情况

本公司被天津市政府认定为高新技术企业,是国家定点皮质激素类药物生产、科 研和出口基地,并整体通过GMP认证的原料药生产企业,产品符合CP、BP、EP、USP药典的最新标准。公司拥有博士后科研工作站和国家级技术开发中心,并拥有国家级药品 质量检测中心和一支技术力量雄厚的专业技术队伍。其皮质激素类药物被列入天津市重大科技产业化项目。其主导产品地塞米松在市场竞争中取胜,目前占国内市场份额 的90%以上和中国以外的亚洲市场的50%以上,并打入欧洲市场。

1、主要财务指标 单位:元

项目	2000年	1999	1998年
主营业务收入	496,022,238.89	488,774,021.85	334,735,958.36
净利润	65,583,454.97	53,379,772.97	12,355,296.60
资产总计	502,776,628.75	410,771,401.12	
所有者权益	211,745,692.75	146,162,237.78	
净资产收益率	30.97%	36.52%	
每股净资产	2.04	1.41	
每股收益	0.631	0.513	

2、发行人的主要产品

本公司是皮质激素类药物的专业生产企业,具有雄厚的科研开发能力,目前是国内具备较强皮质激素类药物科研开发能力的企业。国内能生产的20种皮质激素类原料药中,本公司常年生产17个品种,其中有16个品种系国内率先研制投产,有7个品种系国内独家生产,去氢可的松、氢化可的松、醋酸地塞米松、醋酸氟轻松等11个品种均获产 品国际标准证书。年生产能力100吨,1999年皮质激素类原料药的产量占全国的44%以 上,高效的含卤类药物产量约占全国的84%。本公司产品结构较为集中,在皮质激素领 域具有一定的优势,但该类产品的任何不利变化均会对本公司盈利产生重大影响。

3、发行人的核心技术

本公司的核心技术为"含氟皮质激素类药物的生物脱氢及其化学合成新工艺"为主的一系列生产皮质激素类药物的专有技术。本公司设立时天津药业将该项技术投入本公司,本公司拥有其所有权。

该技术是以生物脱氢法利用薯芋皂素为起始原料合成皮质激素药物的生产技术。它代替了传统的化学脱氢工艺,创出了一条国际全新的激素合成工艺路线,于1996年荣获国家科技进步二等奖。该技术不仅克服了传统化学脱氢工艺成本高、周期长、使用有毒有害物质、污染环境的弱点,还使产品的收率提高了40%-50%,产品成本降低30%以上,该项技术对确立公司产品的成本和质量在国内外处于领先地位起到重要作用,成为企业的核心技术。该技术连同本公司另一项专有技术"地塞米松系列产品新工艺"(2001年2月获国家科技进步二等奖)共同促进了本公司主导产品地塞米松系列产品的 质量提高和成本降低,使该系列产品具备了在国内外市场上与国外产品竞争的实力,并在与以法国罗素为代表的国际大型制药企业的竞争中取得优势,迫使其退出了中国市 场,取得了90%的国内市场份额、50%的亚洲市场份额(中国以外)并打入欧洲市场,使本公司利润大幅增长。

另一方面该技术若泄密被其他公司掌握,将影响本公司的竞争优势和市场占有率,该技术若落后、被淘汰会严重影响本公司的市场销售和盈利能力。

5、发行人享有的财政税收优惠政策

本公司为高新技术企业,注册在天津新技术产业园区,享受按15%的税率计缴企业 所得税的税收优惠政策。

五、股票发行与股本结构

(一)本次股票上市前首次公开发行股票的情况

1、社会公众股发行数量:4500万股 2、股票发行价格:11.25元/股

3、募股资金总额:50625万元 4、发行方式:上网定价发行

5、发行费用总额及项目:本次股票发行费用共14,102,100元,主要包括承销费用、审计费用、评估费用、律师费用、发行手续费用、审核费等。

6、每股发行费用:0.3134元 7、发行日期:2001年5月24日 8、中签率:0.20547524%

9、有效申购户数:1050835户 10、持有1000股以上的户数:42,726户

(二)本次股票上市前首次公开发行股票的承销情况

本次公开发行的社会公众股4500万股已全部被投资者认购,承销团无余额包销。

(三)本次上市前首次公开发行股票所募股资金的验资报告

验 资 报 告

五洲会字[2001]3-0134号

天津天药药业股份有限公司全体股东:

我们接受委托,对天津天药药业股份有限公司(以下简称"公司")截至2001年5月31日的注册资本、投入资本变更情况的真实性和合法性进行了审验。在审验过程中,我们按照《独立审计实务公告第1号-验资》的要求,实施了必要的审验程序。公司的责任是提供真实、合法、完整的验资资料,保护资产的安全、完整,我们的责任是按照《独立审计实务公告第1号-验资》的要求,出具真实、合法的验资报告。

天津天药药业股份有限公司变更前的注册资本为人民币104,008,883元。本次公 司向社会公开发行45,000,000股普通股,每股面值为人民币1元,每股发行价格为人民 币11.25元,募集资金总额为人民币506,250,000元,变更后的注册资本为人民币149,008,883元。

根据我们的审验,截至2001年5月31日止,天津天药药业股份有限公司已募集资金 总额为人民币506,250,000元,扣除发行费用人民币14,102,100元后实际募集资金净额为人民币492,147,900元,其中股本为人民币45,000,000元,资本公积为人民币447,147,900元。公司变更后的注册资本为人民币149,008,883元,资本公积为人民币487,495,555.79元。

天津五洲联合合伙会计师事务所　　　中国注册会计师:王福才 朱辉

地址:天津市和平区睦南道利增里B座　　　2001年6月2日

(四)募股资金入帐情况

入帐时间:2001年5月31日入帐金额:494,977,900元

入帐帐号:4052211066737 开户银行:中国工商银行天津分行河东支行唐家口分理处

(五)发行人上市前股权结构及各类股东的持股情况

1、本次上市前股权结构

项　目		股数(股)	比例
一、发起人股	天津药业集团有限公司	100,008,883	67.12%
	天津新技术产业园区海泰科技投资管理有限公司	1,000,000	0.67%
	天津市中央药业有限公司	1,000,000	0.67%
	天津中新药业集团股份有限公司	1,000,000	0.67%
	天津市药品包装印刷厂	1,000,000	0.67%
	小计	104,008,883	69.8%
二、社会公众股		45,000,000	30.20%
总股本		149,008,883	100.00%

2、本公司前十名股东持股情况

股东名称	持股数量(万股)	占总股本比例
天津药业集团有限公司	10000.8883	67.12%
天津新技术产业园区海泰科技投资管理有限公司	100	0.67%
天津市中央药业有限公司	100	0.67%
天津中新药业集团股份有限公司	100	0.67%
天津市药品包装印刷厂	100	0.67%
兴和基金	22.9	0.15%
同盛基金	16.9	0.11%
兴华基金	16.1	0.11%
同益基金	14.7	0.10%
天元基金	14.5	0.10%

六、董事、监事、高级管理人员及核心技术人员

(一)董事会成员

师春生先生,中国国籍,60岁,大学学历,正高级工程师。1968年9月参加工作。历 任天津市生物化学制药厂副厂长,天津市制药工业公司副经理,天津制药厂厂长,天津 药业公司经理,天津药业有限公司董事长。现任天津药业集团有限公司总经理,本公司董事长。

郝于田先生,中国国籍,51岁,大专学历,经济师。1969年7月参加工作。曾任天津 制药厂一车间主任,天津制药厂党委副书记,天津药业公司副经理,天津药业有限公司 总经理。现任本公司董事。

刘登岗先生,中国国籍,51岁,中专学历,工程师。1969年7月参加工作。曾任天津 制药厂销售科副科长,天津药业公司供销经理部原料药科科长、销售处副处长、总经 理助理,天津药业有限公司副总经理兼销售公司经理,美国大圣贸易技术开发有限公司总经理。现任本公司董事兼总经理。

杨风宏羽先生,中国国籍,49岁,大专学历,助理工程师。1970年4月参加工作。曾 任天津药业公司行政处副处长,天津药业公司104车间主任、102车间主任,天津药业有限公司经理助理兼一分厂厂长,天津药业有限公司副总经理兼生产制造部、工程部部 长。现任本公司董事兼副总经理。

陈钊女士,中国国籍,55岁,大专学历,高级会计师。1964年9月参加工作。曾任天 津制药厂财务科副科长、科长,天津药业公司财务科科长、财务处副处长、副总会计 师、总会计师,天津药业有限公司总会计师。

卢彦昌先生,中国国籍,35岁,硕士学位,正高级工程师。1989年6月参加工作。曾 任天津药业公司研究所所长助理兼室主任、副所长、所长,天津药业公司经理助理兼 研究所所长,天津药业有限公司总工程师兼技术开发部部长。现任本公司董事兼总工 程师,享受国务院特殊津贴专家,全国制药行业劳动模范。

刘幼芝女士,中国国籍,46岁,大专学历,高级政工师。1970年9月参加工作。曾任 天津市制药工业公司团委书记,天津市健民制药厂党总支副书记、工会主席,天津药业有限公司工会副主席。现任本公司董事。

(二)监事会成员

李立群先生,中国国籍,40岁,大专学历,政工师。1979年3月参加工作。曾任天津 制药厂团委组织部干事,中共天津药业有限公司党委组织部副部长、101车间主任兼党支部书记。现任本公司监事会主席。

高宝燕女士,中国国籍,51岁,中专学历,高级政工师。1969年9月参加工作。曾任 天津制药厂政工科科长、团委书记、劳资科科长、劳动人事科副科长、一车间书记, 天津药业有限公司人事科科长、中共天津药业有限公司党委组织部科长、党委副书记兼纪委书记。现任本公司监事。

胡其志先生,中国国籍,51岁,大学学历,高级工程师。1965年参加工作。曾任天津市计算机公司国外事务部部长,天津市电子仪表联合进出口公司副总经理,香港津联电子仪表有限公司董事、副总经理,天津市新技术产业园区园区进出口公司总经理、总 公司副总经理等职。现任本公司监事、天津市新技术产业园区园区进出口公司董事长。

高如艳女士,中国国籍,28岁,大学学历,会计师(中国注册会计师)。1994年7月 参加工作。曾任天津药业有限公司财务部主任科员。现任本公司监事。

王晓东先生,中国国籍,32岁,大学在学。1986年9月参加工作。曾就职于天津药业有限公司。现任本公司监事,天津市劳动模范。

(三)其他高级管理人员

张鹏先生,中国国籍,52岁,大专学历,工程师。现任本公司副总经理。

王吉吉先生,中国国籍,32岁,博士学位。现任本公司董事会秘书、总经理助理。

七、同业竞争与关联交易

(一)关于同业竞争

本公司与天津药业集团有限公司(本公司的控股股东)及其控制的法人不存在从事相同、相似业务的情况,无同业竞争。

本公司控股股东天津药业集团有限公司在《天津药业集团有限公司承诺函》中郑重承诺:天津药业集团有限公司目前从事皮质激素软膏制剂;胶囊、中成药及化学原料药的生产,不生产与股份公司所生产的产品相同的产品,目前不存在同业竞争的问题。在作为股份公司的第一大股东期间,不会在中国境内或境外,以任何方式(包括但不限于单独经营、通过合资经营或拥有另一公司或企业的股份及其他权益)直接或间接参与任何与股份公司构成竞争的任何业务或活动,亦不生产任何与股份公司产品相同 或相似或可以取代股份公司产品的产品。

本公司股东天津新技术产业园区海泰投资科技管理有限公司、天津市中央药业有限公司、天津中新药业集团股份有限公司、天津市药品包装厂目前不生产与股份公司相同的产品,与股份公司无同业竞争。

本公司之并行子公司天津药业焦作有限公司、天津药业涟水有限公司、郑州市新郑制药股份有限公司、天津万宁国际贸易有限公司、天津港保税区麦迪逊国际贸易有限公司、天津港保税区双燕国际贸易有限公司、天津市双燕宾馆有限公司、天津市氨基酸公司、美国大圣国际贸易经济技术开发公司、美国大圣国际贸易经济技术开发公司及天津市天发药业进出口有限公司均已作出承诺,在作为天津药业的控股子公司及 全资子公司期间,将在项目的选择和投资方向的确定方面,避免与股份公司已进行建设和拟投资兴建项目相同或相近,不与股份公司发生同业竞争的情形。

(二)关联方、关联关系与关联交易情况

1、关联方及关联关系

2、关联方及存在的关联交易

(1)天津药业集团有限公司:现持有股份公司100,008,883股,占公司总股本的96.154%,是股份公司的第一大股东。本公司董事长兼任其总经理。

股份公司设立后与主发起人天津药业就存在的关联交易签定了协议,2000年8月天津药业有限公司变更为天津药业集团有限公司后,其权利义务全部由天津药业集团有 限公司承继。

八、财务会计资料

本公司截止2000年12月31日的财务状况,已于2001年5月22日在《中国证券报》、《上海证券报》和《证券时报》刊登的《招股说明书摘要》中进行了披露,欲了解详 细内容,请查阅上述报纸或

刊载于上海证券交易所网站(http://www.sse.com.cn)的本公司招股说明书全文。

(一)会计报表编制基准及注册会计师意见

1、本公司会计报表编制基准

公司会计报表含改制设立前与改制设立后两个期间的会计报表。

(1)改制设立前,即1998年1月1日至1999年11月30日的会计报表是以主发起人天津药业集团有限公司的会计报表为基础,以改制方案确定的公司架构为前提,并假设会计主体在报告期初已经存在且持续经营,根据改制方案,将与皮质激素类等原料药生产相关的资产、负债和损益进行剥离,按《股份有限公司会计制度》作适当调整后编制而成。

(2)改制设立后,即1999年12月1日至2000年12月31日期间,公司已独立运行,会计报表是按《股份有限公司会计制度》及有关规定编制而成的。

2、注册会计师意见

本公司委托天津五洲联合合伙会计师事务所对本公司1998年12月31日、1999年12月31日及2000年12月31日的资产负债表,1998年度、1999年度、2000年度的利润表及利润分配表和2000年度的现金流量表进行了审计,该所认为上述会计报表符合《企业会计准则》和《股份有限公司会计制度》的有关规定,在所有重大方面公允地反映了公司1998年12月31日、1999年12月31日、2000年12月31日的财务状况和1998年度、1999年度、2000年度的经营成果以及2000年度的现金流量,会计处理方法的选用遵循了一贯性原则,并出具了标准无保留意见的审计报告。

(二)简要会计报表

(三)主要项目附注

1、应收款项

(1)应收帐款

帐龄	2000-12-31余额		
	金额	比例(%)	坏帐准备
1年以内	30,711,671.13	95.73	1,535,583.56
1-2年	15,000.00	0.05	750.00
2-3年	332,000.00	1.03	16,600.00
3年以上	1,021,967.37	3.19	51,098.37
合计	32,080,638.50	100	1,604,031.93

其中欠款金额较大债务人名称:

单位名称	金额	发生时间	欠款原因
天津市天发药业进出口有限公司	23,122,306.21	2000年陆续发生	未结货款
天津市开发区泰和医药公司	720,000.00	2000年陆续发生	未结货款
天津港保税区麦迪逊国际贸易公司	660,000.00	2000年陆续发生	未结货款
福州嘉华制药有限公司	639,000.00	2000年陆续发生	未结货款
襄樊恒生药业有限公司	438,000.00	2000年陆续发生	未结货款

说明:

①无持有本公司5%(含5%)以上股份的股东单位的欠款。

②天津市天发药业进出口有限公司系本公司与天津药业集团有限公司(本公司的控股股东)共同投资的子公司。

③1999年末余额较1998年末增长1.51倍,主要是自1999年度本公司原料药产品销售收入大幅增长所致,2000年末余额与1999年末余额基本持平。

2000年12月31日应收帐款余额中应收天津市天发药业进出口有限公司(简称天发公司)出口原料药款为23,122,306.21元,占全部应收帐款余额的72%。本公司每月由天发公司代理的出口销售为2000万左右,天发公司出口销售都是以信用证方式结算,正常收款期为二至三个月,收款后当即归还对本公司的欠款。期末对天发公司的应收帐款均是正常收款期内未收回的货款。

④三年以上应收帐款为1,021,967.37元,占全部应收帐款的3.19%,公司已安排专门人员负责催收。另外,根据公司设立时与主发起人天津药业集团有限公司签定的《债权债务转移协议》,主发起人对上述应收帐款的收回提供担保。

8、净资产

	2000-12-31余额	1999-12-31余额	1998-12-31余额
期末净资产	211,745,692.75	146,162,237.78	82,999,757.80
其中:股本	104,008,883.00	104,008,883.00	
资本公积	40,347,655.79	40,347,655.79	
盈余公积	10,288,943.00	270,854.85	
未分配利润	57,100,210.96	1,534,844.14	

(1)股本

投资单位	2000-12-31余额	1999-12-31余额
天津药业集团有限公司	100,008,883.00	100,008,883.00
天津新技术产业园区海泰科技投资管理有限公司	1,000,000.00	1,000,000.00
天津市中央药业有限公司	1,000,000.00	1,000,000.00
天津中新药业集团股份有限公司	1,000,000.00	1,000,000.00
天津市药品包装印刷厂	1,000,000.00	1,000,000.00
合计	104,008,883.00	104,008,883.00

说明:天津药业集团有限公司以经营性净资产出资,其余四家发起人以现金出资。天津华夏会计师事务所对天津药业集团有限公司投入的净资产进行评估并出具津华夏评字(1999)第27号资产评估报告书,中华人民共和国财政部以财评字(1999)530号文件对评估结果予以确认。天津津源会计师事务所出具了津源会字(1999)第665号验资报告。

(2)资本公积

项目	2000-12-31余额	1999-12-31余额
股本溢价	40,347,655.79	40,347,655.79

说明:天津市国有资产管理局于1999年11月25日以津国资(1999)317号文批复同意五家发起人以投入经营性净资产和现金按72.05%比例折合股本,其余部分计入资本公积。

(3)盈余公积

项目	2000-12-31余额	1999-12-31余额
法定盈余公积	6,738,915.40	180,569.90
公益金	3,369,457.70	90,284.95
任意盈余公积	180,569.90	
合计	10,288,943.00	270,854.85

说明:①依据公司2000年第二次股东大会决议,对1999年12月实现的税后利润1,805,698.99元提取10%法定盈余公积180,569.90元,提取5%公益金90,284.95元,提取10%任意盈余公积180,569.90元。其中任意盈余公积在2000年补提。

②依据公司章程规定,对2000年1至12月税后利润65,583,454.97元,提取10%法定盈余公积6,558,345.50元,提取5%公益金3,279,172.75元。

(4)未分配利润

项目	2000-12-31	1999-12-31	1998-12-31
本期净利润	65,583,454.97	53,379,772.97	12,355,296.60
上年未分配利润	1,534,844.14		
减:已折成股份利润		28,787,740.27	
减:评估基准日至设立日分配给原股东的利润		22,786,333.71	
可供分配利润	67,118,299.11	1,805,698.99	
减:提取盈余公积	6,738,915.40	180,569.90	
减:提取公益金	3,279,172.75	90,284.95	
未分配利润	57,100,210.96	1,534,844.14	

9、主营业务收入

主营业务项目	2000年度	1999年度	1998年度
皮质激素类原料药	490,650,250.31	488,744,021.85	334,709,430.57
心血管类原料药	5,371,988,58		26,527.79
合计	496,022,238.89	488,774,021.85	334,735,958.36

10、投资收益

项目	2000年度	1999年度	1998年度
期末调整的被投资公司所有者权益净增减额	467,796.22		
短期投资收益	201,701.29		
合计	669,497.51		

(四)主要财务指标

财务指标	2000年	1999年	1998年
流动比例	1.07	1.10	0.97
速动比例	0.48	0.34	0.35
资产负债率	57.88%	64.42%	71.37%
应收帐款周转率(次)	15.03	20.60	24.77
存货周转率(次)	2.56	2.80	2.36
净资产收益率	30.97%	36.52%	14.89%
每股净资产	2.04	1.41	
每股收益	0.631	0.513	
股本总额(股)	104,008,883	104,008,883	
每股经营活动现金流量	0.39		

根据中国证监会《公开发行证券公司信息披露编报规则(第9号)》要求计算的2000年度的净资产收益率及每股收益水平

报告期利润	净资产收益率				每股收益			
	全面摊薄		加权平均		全面摊薄		加权平均	
	2000年	1999年	2000年	1999年	2000年	1999年	2000年	1999年
主营业务利润	61%	90%	72%		1.24	1.27	1.24	
营业利润	37%	43%	43%		0.74	0.60	0.74	
净利润	31%	37%	37%		0.63	0.51	0.63	
扣除非经常性损益后的净利润	31%	37%	37%		0.63	0.51	0.63	

(五)公司预期利润率

本公司未披露2001年盈利预测报告,公司承诺:保证公司2001年预期的净资产收益率将超过同期银行存款利率水平,并对此预测结果负责。发行人律师北京市观韬律师事务所在观意字(2001)第003号《补充法律意见书》中发表了意见,主承销商南方证券有限公司出具了专项意见。

九、其他重要事项

1、本公司股票首次公开发行后至本上市公告书公布之日,本公司严格依照《公司法》、《证券法》等法律法规的要求,规范运行,生产经营情况正常;所处行业、市场无重大变化;主要投入、产出物供求及价格无重大变化;主要业务发展目标无重大进展。

2、本公司募股资金到位时间较短,截止上市公告书公布之日尚未进行项目投资及其他重大投资活动,无重大资产(股权)收购、出售行为。

3、截止本公司上市公告书公布之日,本公司无重大诉讼、仲裁案件。

4、根据2000年12月28日召开的临时股东大会决议,本公司成立之日起至2000年12月31日形成的未分配利润由公司老股东依其所持股份享有。本公司2001年1月1日以后形成的可供分配的利润由公司新老股东共享。

5、本次股票发行后,第一个盈利年度派发股利的计划将在2002年6月底之前。

6、本公司是注册在天津新技术产业园区的高新技术企业,按15%的税率计缴企业所得税,本公司上市后继续执行该优惠税率。

7、依据《上海证券交易所股票上市规则》,本公司五家发起人股东已向上海证券交易所承诺,自发行人股票上市之日起12个月内,不转让所持有的股份,也不由上市公司回购其持有的股份。

8、2001年4月30日召开了天津天药药业股份有限公司2000年度股东年会,会议审议通过了:(1)本公司2000年财务决算和利润分配方案;2000年实现利润7776.5万元,税后利润6558.3万元,提取法定盈余公积金10%,计655.8万元,提取法定公益金5%,计327.9万元,累计未分配利润5710万元,按照本公司老股东的持股比例进行分配;(2)2001年度财务预算方案;(3)授权董事会全权处理股份公司股票公开发行后变更登记事宜等手续。

9、除本公司招股说明书及摘要和本上市公告书披露的事项外,本公司董事会认为没有其它对本公司资产、负债及股东权益有较大影响的重要事项。

十、董事会上市承诺

本公司董事会承诺将严格遵守《中华人民共和国公司法》、《中华人民共和国证券法》、《股票发行与交易管理暂行条例》、《公开发行股票公司信息披露实施细则》和《上海证券交易所股票上市规则》等国家法律、法规和有关规定,并自股票上市之日起做到:

(一)承诺真实、准确、完整、公允和及时地公布定期报告,披露所有对投资者有重大影响的信息,并接受中国证监会、证券交易所的监督管理;

(二)承诺发行人在知悉可能对股票价格产生误导性影响的任何公共传播媒介中出现的消息后,将及时予以公开澄清;

(三)发行人董事、监事、高级管理人员和核心技术人员将认真听取社会公众的意见和批评,不利用已获得的内幕消息和其他不正当手段直接或间接从事发行人股票的买卖活动;

(四)发行人没有无记录的负债。

依据《上海证券交易所股票上市规则》,本公司全体董事、监事将按照有关规定,在本公司股票上市后两个月内签署《董事(监事)声明及承诺书》并送达上海证券交易所备案。

十一、上市推荐人及其意见

1、上市推荐人情况 上市推荐人:南方证券有限公司 法定代表人:沈沛

注册地址: 深圳市嘉宾路4028号太平洋商贸大厦20-28层

联系电话: 0755-2138078 传真:010-66210025 联系人:李文、葛剑

2、上市推荐人意见

南方证券有限公司认为天津天药药业股份有限公司的上市完全符合《中华人民共和国公司法》、《中华人民共和国证券法》及《上海证券交易所股票上市规则》的有关规定。本公司作为天津天药药业股份有限公司的上市推荐人,特推荐其股票在上海证券交易所上市交易。

本公司保证发行人的董事了解法律、法规、上海证券交易所上市规则及股票上市协议规定的董事的义务与责任,并协助发行人健全了法人治理结构、协助发行人制定了严格的信息披露制度与保密制度。本公司已对上市文件所载的资料进行了核实,确保上市文件真实、准确、完整,符合规定要求。本公司保证发行人的上市申请材料、上市公告书没有虚假、严重误导性陈述或者重大遗漏,并保证对其承担连带责任,并保证不利用在上市过程中获得的内幕信息进行内幕交易,为自己或他人谋取利益。

天津天药药业股份有限公司

2001年6月13日

中化国际贸易股份有限公司

中化国际贸易股份有限公司2000年年度报告摘要

本公司董事会保证本报告所载资料不存在任何虚假记载、误导性陈述或者重大遗漏，并对其内容的真实性、准确性和完整性负个别及连带责任。本年度报告摘要摘自年度报告，投资者欲了解详细内容，应阅读年度报告。本公司年度财务会计报告已经北京中兴宇会计师事务所审计并出具无保留意见的审计报告。

一、公司简介

1、公司法定中英文名称

公司法定中文名称：中化国际贸易股份有限公司

公司法定英文名称：SINOCHEM INTERNATIONAL COMPANY LIMITED2

2、公司法定代表人：林达贤

3、公司董事会秘书：王克明

联系地址：北京市西城区复兴门外大街A2号中化大厦901室

联系电话：(010)68569572/68569887

传真：(010)68568569

电子邮箱：intel@sinochem.com xiangliu@sinochem.com

4、公司注册地址：北京市西城区复兴门外大街A2号

公司办公地址：北京市西城区复兴门外大街A2号中化大厦

邮政编码：100045

国际互联网网址：http://www.sinochemintl.com

5、公司选定的信息披露报纸名称：《中国证券报》、《上海证券报》

登载公司年度报告的中国证监会指定国际互联网网址：http://www.sse.com.cn

公司年度报告备置地点：北京市西城区复兴门外大街A2号中化大厦901室

6、公司股票上市交易所：上海证券交易所

股票简称：中化国际

股票代码：600500

二、会计数据和业务数据摘要

1、公司本年度主要会计数据　　单位：人民币元

利润总额	184,075,325.96
净利润	130,604,554.60
扣除非经常性损益后的净利润	128,635,723.78
主营业务利润	307,776,236.29
其他业务利润	27,219,645.44
营业利润	142,386,710.70
投资收益	38,835,827.31
补贴收入	0.00
营业外收支净额	2,852,787.95
经营活动产生的现金流量净额	-630,303,168.08
现金及现金等价物净增加额	-731,612,994.16

扣除非经常性损益的净利润调整项目为新股申购冻结资金利息1,968,830.82元。

2、公司近三年主要会计数据和财务指标

项目	2000年度	1999年度	1998年度
主营业务收入(元)	5,682,751,113.85	3,513,219,109.56	4,181,904,547.59
净利润(元)	130,604,554.60	117,758,570.18	105,274,636.69
总资产(元)	2,091,226,727.49	1,946,129,918.86	1,173,382,222.08
股东权益(元)	1,440,003,123.71	1,402,705,226.98	362,149,437.60
每股收益-摊薄(元)	0.35	0.32	0.42
每股收益-加权(元)	0.35	0.32	0.42
每股净资产(元)	3.86	3.76	1.43
调整后的每股净资产(元)	3.85	3.73	1.35
每股经营活动产生的现金流量净额	-1.69	0.03	0.00
净资产收益率	9.07%	8.40%	29.07%

计算公式：每股收益=净利润/年度末普通股股份总数每股净资产=年度末股东权益/年度末普通股股份总数

调整后的每股净资产=(年度末股东权益-三年以上的应收款项净额-待摊费用-待处理(流动、固定)资产净损失-开办费-长期待摊费用-住房周转金负数余额)/年度末普通股股份总数

每股经营活动产生的现金流量净额=经营活动产生的现金流量净额/年度末普通股股份总数

净资产收益率=净利润/年度末股东权益×100%

3、按照中国证监会《公开发行证券公司信息披露编报规则第9号》要求计算的利润数据：

报告期利润(元)	净资产收益率		每股收益(元/股)	
	全面摊薄	加权平均	全面摊薄	加权平均
主营业务利润	21.37%	20.97%	0.83	0.83
营业利润	9.89%	9.70%	0.38	0.38
净利润	9.07%	8.90%	0.35	0.35
扣除非经常性损益的净利润	8.93%	8.76%	0.35	0.35

注：每股收益和净资产收益率按照《公开发行证券公司信息披露编报规则第9号》方法计算。

三、股本变动及股东情况介绍

(一)、截至2000年12月29日公司股东总数30902户，其中未流通法人股6户，流通股东30896户。

(二)、公司前10名股东持股情况截至2000年12月29日公司前10名股东持股情况如下：

股东名称	持股数量(股)	占总股本比例%
中国化工进出口总公司	240,000,000	64.40
浙江中大集团股份有限公司	2,530,000	0.68
中国粮油食品进出口(集团)有限公司	2,530,000	0.68
中国石化集团北京燕山石油化工有限公司	2,530,000	0.68
中国石油销售总公司	2,530,000	0.68
上海石油化工股份有限公司	2,530,000	0.68
金鑫基金	1,096,350	0.29
安顺基金	1,096,350	0.29
泰和基金	755,500	0.20
中技国际招标公司	701,578	0.19

说明：1、公司前十名股东中，第一名至第六名股东为未上市法人股股东，第七名至第十名为流通股股东。

2、公司前十名股东之间不存在关联关系。

3、持股5%以上的法人股东情况

中国化工进出口总公司(在本报告中以下简称"中化总公司")，在报告期内其所持股份无增减变动情况，也无质押、冻结情况。

四、股东大会简介

1、本报告期内，公司召开了一次股东大会

公司1999年年度股东大会于2000年6月20日上午9:00时在北京中化大厦717会议室召开，出席会议的股东及股东代表二人，代表有表决权股数24253万股，占公司总股本的65.08%，会议符合《公司法》、《公司章程》及相关法律、法规的规定。本次股东大会决议公告于2000年6月21日刊登于《中国证券报》和《上海证券报》。

五、董事会报告

(一)公司本年度经营情况

1、公司所处行业及地位

公司所处为外经贸行业，由已进入世界500强的中化总公司联合其他五家发起人发起设立，是目前国内最大的化学品贸易综合服务商，经营商品种中焦炭、橡胶、塑料原料、液体粗萘、己内酰胺等商品的营业额在全国名列前茅(海关统计数据)。

公司所在集团公司---中化总公司实力强大。1999年，中化总公司以进出口总额47亿美元位居全国外经贸500强第2位，以全球总营业额151亿美元位居《财富》杂志世界500强综合类第307位、贸易服务类第16位。2000年，中化总公司实现全球销售收入180亿美元，同比增长近20%。外经贸部目前正在对2000年数据进行汇总统计，结果还未公布。(根据外经贸部统计口径，同一集团只统计一家，其余成员均排在集团公司名下而不再单独排列位次)。

2、公司主营业务范围和2000年度经营概况

公司主营业务范围是化学品贸易及相关配套服务(包括仓储运输、物流配送、电子商务、技术及金融服务等)。经营商品包括各种化工原料、精细化学品、农药及中间体、塑料及其制品、橡胶及其制品、能源产品和粮谷饲料等。公司已与北美、拉美、欧洲、亚洲、非洲、澳新等60多个国家和地区的海外客户及国内众多企业建立了密切的业务合作关系，形成了坚实的客户网络。2000年度公司董事会和经营班子组织全体员工，根据公司三年战略规划确定的贸易业务格局向自营为主转变的经营方针，内抓管理、外拼市场，面对剧烈波动的市场行情，采取了切实有效的经营措施。2000年公司较重视国内营销网络的建设，已在东北、华北、华东、华南、西南、西北等地建立了17个营销机构、在沿海5个口岸城市建立了物流配送机构。通过业务、机构和人员的重组、充实调整橡胶、塑料、焦炭等主要业务部门，在巩固原有市场份额的基础上，不断开发新商品、抢占新市场，使得2000年度的主营业务同比增幅较大。同时，国家宏观经济形势好转，国内需求增加，受石油价格上涨影响，塑料、合成胶等石油产品市场活跃也是造成本年业务收入增长的原因之一。2000年公司共实现主营业务收入568,275万元，同比增长62%；实现主营业务利润30,778万元，同比增长28%；实现净利润13,060万元，同比增长10.91%，取得了良好的经营业绩。

从各业务种类情况来看，公司2000年实现自营进口销售收入150,580万元，同比增长187%；实现自营出口销售收入70,545万元，同比下降2%；实现代理业务收入243,525万元，同比增长56%；实现其他业务收入103,625万元，同比增长45%。

从主要经营商品情况来看，公司全年共出口焦炭155万吨，实现主营业务收入81,810万元，实现税前利润3,537万元。进口高、低压聚乙烯等塑料原料24万吨，实现主营业务收入140,900万元，实现税前利润1,470万元。全年完成天然胶、合成胶销售14.5万吨，实现业务收入87,678万元，实现税前利润3,688万元。全年实现农化产品进出口业务收入36,841万元，实现税前利润771万元。

公司2000年度主要商品的经营情况如下表所示：(金额单位：万美元)

序号	商品名称	单位	2000年实际数量	金额	同比增长数量	金额
1	塑料原料	吨	238732	17838	144%	195%
2	焦碳	吨	1547633	9884	88%	135%
3	天然胶	吨	109057	8679	50%	37%
4	合成胶	吨	35660	5283	79%	31%
5	己内酰胺	吨	18251	2638	11%	21%
6	苯乙烯	吨	36509	2533	/	/
8	石蜡	吨	32833	1481	90%	94%
9	轮胎	万套	45	2016	-8%	28%
10	鱼粉	吨	69037	2841	367%	421%
11	甲苯	吨	45078	1617	473%	898%
12	瓜尔胶	吨	6600	650	47%	-13%
13	黄磷	吨	5604	559	49%	41%

3、经营中出现的问题与困难及解决方案

(1)存在问题：报告期是公司由传统的国有企业转变为上市公司的第一年。以往国家下达计划公司组织代理各种进出口业务的经营方式给公司留下了很深的烙印，落后的经营方式与经营机制制约着公司的发展；部分员工在公司上市前作为国有企业的职工，曾经长期在计划经济体制下工作，思想观念陈旧，缺乏竞争意识和危机意识；经营规模的不断扩大使得公司的经营风险也相应有所上升；经营领域的延伸对公司的人力资源结构和水平提出了更高的要求。

(2)解决方案：

①积极扩大毛利率较高、能提高企业市场化营销水平的自营业务比重，同时主动压缩难以防范风险的代理业务，至报告期末公司自营业务比重已占到主营业务收入的57.15%，为后期展开市场网络化营销打下了基础。

②输入企业价值理念，转变经营观念和经营机制，建立符合市场经济要求的薪酬机制，整合员工队伍，加大人员的流动性，实现优胜劣汰。同时为充分调动员工特别是经营管理人员的积极性，公司着手进行在高管和骨干员工中间实施期权激励计划。

南京晨光航天应用技术股份有限公司

南京晨光航天应用技术股份有限公司上市公告书

本公司董事会保证上市公告书的真实性、准确性、完整性,全体董事承诺上市公告书不存在虚假记载、误导性陈述或重大遗漏,并承担个别及连带的法律责任。

根据《公司法》、《证券法》等有关法律、法规的规定,本公司董事、高级管理人员已依法履行诚信和勤勉尽责的义务和责任。

上海证券交易所、中国证监会、其他政府机关对本公司股票上市及有关事项的意见,均不表明对本公司的任何保证。

本公司提请广大投资者注意,凡本上市公告书未涉及的有关内容,请投资者查阅 2001 年 5 月 22 日刊载于《中国证券报》、《上海证券报》、《证券时报》的本公司招股说明书摘要,及刊载于上海证券交易所网站(http://www.sse.com.cn)的本公司招股说明书全文。

一、概 览

股票简称:航天晨光
股票代码:600501
股本总额:12300 万股
可流通股本:4000 万股
本次上市流通股本:4000 万股

对首次公开发行股票前股东所持股份的流通限制及期限:根据国家有关规定,本公司发起股东所持股份暂不上市流通;且自本公司成立之日即 1999 年 9 月 30 日起,三年内不得转让,其中,自然人股东杜尧、李英德两先生现任本公司董事或高级管理人员,在任期间以及离职后 6 个月内不转让其所持有的本公司股份。 有关股东已经向上海证券交易所承诺在上述期限内自愿锁定其所持股份。

上市地点:上海证券交易所
上市日期:2001 年 6 月 15 日
股票登记机构:上海证券中央登记结算公司
上市推荐人:中信证券股份有限公司
　　　　　　平安证券有限责任公司

二、绪 言

南京晨光航天应用技术股份有限公司(以下简称"本公司")股票上市公告书是根据《公司法》、《证券法》、《股票发行与交易管理暂行条例》、《公开发行股票公司信息披露实施细则》和《上海证券交易所股票上市规则》等有关法律、法规的规定,并按照中国证监会制定的《公开发行证券的公司信息披露内容与格式准则第 7 号-股票上市公告书》而编制, 旨在向投资者提供有关本公司的基本情况和本次股票上市的有关资料。

经中国证监会证监发行字[2001]31 号文核准,本公司已于 2001 年 5 月 24 日采用上网定价发行方式成功地向社会公众公开发行了每股面值 1. 00 元的人民币普通股 4000 万股,每股发行价 8.00 元。

经上海证券交易所上证上字[2001]85 号《上市通知书》同意,本公司 4000 万股人民币普通股将于 2001 年 6 月 15 日在上海证券交易所挂牌交易。 股票简称"航天晨光",股票代码"600501"。

本公司已于 2001 年 5 月 22 日分别在《中国证券报》、《上海证券报》、《证券时报》上刊登了《招股说明书概要》。招股说明书正文及其附注材料可以在上海证券交易所网站(http://www.sse.com.cn)查询。招股说明书及其引用的财务资料距今不足六个月,与其重复的内容不再重述,敬请投资者查阅上述内容。

三、发行人概况

1、发行人的基本情况
公司名称:南京晨光航天应用技术股份有限公司
英文名称:NANJING CHENGUANG AEROSPACE APPLYING TECHNOLOGY CO.,LTD.
注册资本:12300 万元
法定代表人:陈孟荦
成立日期:1999 年 9 月 30 日
发行人住所:江苏南京江宁经济技术开发区天元路 139 号
联系地址:南京市正学路 1 号(邮政编码 210006)
经营范围:交通运输设备、管类产品及配件、压力容器、普通机械及配件制造、销售,科技开发、咨询服务、实业投资。
主营业务:航天及民用专用汽车系列产品、波纹管类系列产品(金属波纹管补偿器、非金属补偿器、金属软管、汽车发动机柔性排气管)的研制开发、生产制造、经营销售。
所属行业:其他交通运输设备制造业
董事会秘书:吴道琴
电　话:025-2413078×2043,2038
传　真:025-2407656
E-MAIL:　　htcg@publicl.ptt.js.cn

2、发行人的历史沿革

(1)发行人设立方式

本公司是由主发起人南京晨光集团有限责任公司将其两大支柱产品--专用汽车类和波纹管类产品所属的专用车辆分公司、金属软管分公司、上海浦东波纹管公司、非金属补偿器分公司的优质经营性资产以及持有的中日合资企业--南京晨光东螺波纹管有限公司的 62% 的权益,经评估确认后作为出资(以净资产 12389.3 万元的评估确认值按 65.93% 的比例折合 8168 万股), 联合上海航天汽车机电股份有限公司、南京南瑞集团公司以及万来源、杜尧、李英德等五家发起人(共计投入现金 200.2187 万元,按 65.93% 的比例折合 132 万股),共同发起设立的股份有限公司。

(2)发行人改制重组设立过程

1998 年 9 月,本公司前述 6 位发起人签署了《发起人协议》,同意共同发起设立本公司,并成立本公司筹备委员会。

1998 年 10 月 28 日,原中国航天工业总公司以天计[1998]0870 号文批准晨光集团改制方案。

以 1998 年 9 月 30 日为基准日,根据长城会计师事务所长会评字(1999)第 272 号评估报告,并经国家财政部财评字[1999]401 号文确认, 晨光集团投入本公司的净资产为 12389.3 万元。

1999 年 9 月 21 日,经财政部以财管字[1999]294 号文批复,同意本公司的国有股权设置方案。各发起人投入设立本公司的净资产为 125,895,200.00 元, 同意将净资产的 65.93% 折为股本,计 8300 万股(每股面值 1 元),未折入股本的 42,895, 200 .00 元计入本公司的资本公积金。

1999 年 9 月 25 日,江苏省人民政府以苏政复[1999]102 号文批准本公司以发起方式设立。

1999 年 9 月 30 日,本发行人领取了注册号为 3200001104612(2/2)的《企业法人营业执照》,本发行人正式成立,注册资本为 8300 万元。

经中国证监会证监发行字[2001]31 号文核准,本公司通过上海证券交易所,于 2001 年 5 月 24 日以上网定价的发行方式向社会公众公开发行每股面值 1.00 元的人民币普通股 4000 万股, 每股发行价 8.00 元;于 2001 年 6 月 5 日完成了工商变更登记手续, 本公司注册资本变更为 12300 万元。

3、发行人的主要经营情况

(1)发行人的竞争优势

从公司主营产品的历史发展和行业排名来看, 无论是专用汽车还是管类产品的生产与销售均居国内同行业领先地位。其优势主要体现在以下各方面:

A、企业形象优势:公司主发起人晨光集团历史悠久, 其前身是中国民族工业的先驱,历经百余年的发展,成为航天工业的骨干企业,已将其优秀的企业形象及在生产经营中的显著成就承袭给本公司,并形成本公司的企业形象优势。

B、品牌优势:名牌创造附加值,品牌产生效益,公司主营产品使用的"三力" 牌注册商标是江苏省著名商标,在国内外亦具有一定的知名度。

C、专业技术与产品规模优势:公司主营产品的专业技术源于集团公司 50、60 年代在航天产品领域的军品开发技术,继以几十年不断的民品研制与开发创新,使公司的综合技术实力在同行业中处于领先地位,并为公司的进一步发展提供强有力的技术保障。本公司是我国最大的专用汽车生产基地之一和亚洲规模最大的金属软管和波纹管补偿器生产基地, 公司主营产品的生产与销售具有规模优势。

D、产品质量优势:先进的专业技术优势、精良的设备、严密科学的检测手段,加之以质取胜的经营理念,充分保证了公司各项产品的质量优势。

E、市场及营销优势:专用汽车属于国家"十五"规划重点发展的产业; 波纹管类产品广泛应用于电力、能源、交通运输等国家重点支持发展的基础产业,因此公司的主营产品具备良好的行业背景和市场发展前景。公司初步建立了双向互动的面向市场的营销体系,遍布各地的 30 多个销售处基本形成覆盖全国的营销网络,加之以技术人员为主体的销售队伍和高效率的营销运作,将使公司在进一步开拓市场和提供全方位服务方面具备优势条件。

F、研究机构与人员:本公司贯彻"以开发新产品为先导、以创名牌为目标" 的科技发展战略,继承了集团公司技术及科技开发优势,并形成了专门从事新产品、新技术开发应用的研究开发中心及分公司产品开发室两级开发体系。目前本公司拥有研究人员 206 人, 其中研究员及高级工程师 40 人,工程师 85 人, 助理工程师及其他研究人员 81 人。

(2)发行人的竞争劣势

A、行业和地方保护政策限制:公司产品销往全国各地, 且跨越很多行业和领域,易受其他行业和地方保护政策的影响,贸易壁垒严重。

B、国外厂家竞争:在某些领域和行业,面对国外厂家的竞争, 公司在产品质量、产品外观、技术含量上有一定的差距。

C、技术含量压力: 虽然本公司现有生产技术及设备相对国内同行较先进,但随着时间的推移及国内外各大厂家不断采用新的生产技术、推出新的品种,本公司产品换代及技术创新面临较大压力。尤其某些通用型产品的技术含量偏低,竞争优势不明显。

(3)主要财务数据

公司下设 8 家分公司和 1 家子公司,经审计的合并后主要会计数据[均摘自江苏天衡会计师事务所有限公司出具的天衡审字(2001)142 号《审计报告》]如下:

合并资产负债表主要数据　　单位:元

项目/年份	2000 年 12 月 31 日	1999 年 12 月 31 日	1998 年 12 月 31 日
营运资金	85,082,319.05	60,553,694.78	38,285,178.81
总资产	424,818,800.03	385,947,500.91	395,573,401.04
长期负债	0	8,850,000.00	7,850,000.00
股东权益	158,487,158.07	134,239,331.39	93,458,872.42

合并利润表主要数据　　单位:元

项目/年度	2000 年度	1999 年度	1998 年度
主营业务收入	359,524,493.50	287,808,997.89	294,522,097.18
营业利润	35,116,301.01	26,601,538.46	33,081,123.16
利润总额	34,403,589.06	25,493,478.61	32,280,777.74
净利润	26,829,226.66	19,068,089.30	27,478,339.52
净资产收益率	16.93%	14.20%	29.4%

(4)商标、专利、专有技术及土地使用权、特许经营权

* 2000 年 11 月 27 日晨光集团董事会决议:同意将"三力"牌商标随相关产品无偿转让给本公司,并经中国航天机电集团公司经字[2000]34 号文批复,目前正在办理相关转让手续,本公司以无偿方式拥有"三力"牌注册商标"。

* 公司及控股子公司拥有 20 余项实用新型专利。 晨光集团同时将原许可无偿使用的中华人民共和国专利局第 ZL962034304 专利号的"旁通轴向压力平衡型波纹补偿器"实用新型专利亦无偿转让给本公司。

* 公司拥有机械制造的综合技术实力, 在同行业中处于领先地位。 目前公司拥有的主要专项技术--不锈钢切削和焊接、铝合金成形和焊接、真空绝热技术亦为晨光集团无偿转让所得。

* 土地使用权:根据中华人民共和国国土资源部国土资函【1999】225 号文批复,晨光集团以出让方式取得位于南京市正学路 1 号内的 8 宗计 54132.72 平方米和位于上海浦东王桥工业区内的 1 宗计 18415 平方米的土地使用权(出让期限 50 年),本公司以向集团公司租赁方式取得上述 9 宗土地的使用权(其中浦东土地与厂房一起租赁),并与集团公司已签订了租赁期为 15 年的《土地使用权租赁合同》。此外,公司成立后以出让方式取得江宁经济技术开发区 34666.67 平方米的土地使用权。

* 特许经营权:发行人生产的专用汽车及压力容器产品目前属特许经营, 该两项特许经营权已随重组资产由集团公司投入,其主体变更的批准手续分别于 2000 年 5 月、12 月完成。

(5)财政税收优惠政策

* 母公司

公司在国家级南京高新技术产业开发区的江宁高新技术工业园注册, 并已经江苏省科委认定为高新技术企业,经南京市国家税务局宁国税所发(2000)82 号函同意,自 1999 年 10 月起所得税减按 15% 缴纳,公司上海分公司所得税由母公司汇总缴纳。

* 子公司

控股子公司南京晨光东螺波纹管有限公司系生产性中外合资经营企业, 根据国家有关规定享受"二免三减半"的优惠政策,尽管该项优惠政策已于 2000 年末享受完毕,但由于该公司已被江苏省科学委员会认定为外商投资先进技术企业,依据《中华人民共和国外商投资企业和外国企业所得税法实施细则》可以继续享受 3 年减半交纳所得税的优惠政策,故 2001 年度、2002 年度、2003 年度所得税按 12% 缴纳。

四、股票发行与股本结构

1、本次发行情况

发行日期：2001 年 5 月 24 日

发行数量：4000 万股

发行价格：8.00 元/股

募股资金总额：32000 万元

发行方式：上网定价发行

发行费用总额及项目：1571 万元，主要包括承销费用、审计费用、评估费用、律师费用、上网发行费用、上市推荐费用等。

每股发行费用：0.39 元

发行情况：本次上网定价发行 8000 万股人民币普通股，经上海证券交易所主机系统统计并经上海上会会计师事务所验资，本次股票发行有效申购股数为 17，689，923,000 股，有效申购户数为 1,212,091 户，中签率为 0.22611743%，持 1000 股(含 1000 股)以上的股东数：39346 户。

2、股票承销

本次上网定价发行的 4000 万股社会公众股获得超额认购，承销团无余额包销。

3、验资报告

验　资　报　告

天衡验字(2001)29 号

南京晨光航天应用技术股份有限公司：

我们接受委托，对贵公司截至 2001 年 5 月 31 日止的实收股本变更的真实性和合法性进行了审验。在审验过程中，我们按照《独立审计实务公告第 1 号-验资》的要求，实施了必要的审验程序。贵公司的责任是提供真实、合法、完整的验资资料，保护资产的安全、完整，我们的责任是按照《独立审计实务公告第 1 号-验资》的要求，出具真实、合法的验资报告。

贵公司变更前的注册资本和实收股本均为人民币 83,000,000.00 元，变更后的注册资本为人民币 123,000,000.00 元。根据我们的审验，截至 2001 年 5 月 31 日止，贵公司本次向社会发行人民币普通股 4,000 万股，发行价为每股人民币 8.00 元，发行总收入为人民币 320,000,000.00 元，扣除股票发行费用 15,710,000.00 元后，余额为人民币 304,290,000.00 元，其中：实收股本人民币 40,000,000.00 元，资本公积人民币 264,290,000.00 元。贵公司本次股票发行后，实收股本已增至人民币 123，000,000.00 元。

附件(一)变更前后股本对照表

附件(二)验资事项说明

江苏天衡会计师事务所有限公司　　中国注册会计师：骆　竞

中国·南京　　中国注册会计师：荆建明

2001 年 6 月 1 日

4、募集资金入帐情况

入帐时间：2001 年 5 月 31 日

入帐金额：306,920,000.00 元

入帐帐号：4301013709002090856

开户银行：工商银行南京分行雨花支行

5、本次股票上市前股权结构和股东持股情况

(1)上市前的股本结构

股份类别	持股数量(股)	持股比例(%)
发起人股	83,000,000	67.48
其中：国有法人股	82,723,102	67.25
个人股	276,898	0.23
社会公众股(A 股)	40,000,000	32.52
股本总额	123,000,000	100.00

(2)本次上市前，本公司前十名股东持股数及比例

序号	股东名称及股份类别	持股数量(股)	持股比例(%)
1	南京晨光集团有限责任公司(发起人股)	81,680,000	66.407
2	上海航天汽车机电股份有限公司(发起人股)	713,463	0.580
3	南京南瑞集团公司(发起人股)	329,639	0.268
4	汉盛基金(社会公众股)	165,000	0.134
5	金鑫基金(社会公众股)	137,000	0.111
6	万来源(发起人股)	131,856	0.107
7	杜尧(发起人股)	131,856	0.107
8	汉兴基金(社会公众股)	110,000	0.089
9	裕元基金(社会公众股)	52,000	0.042
10	裕阳基金(社会公众股)	46,000	0.037

五、董事、监事、高级管理人员、核心技术人员

1、董事、监事、高级管理人员、核心技术人员简介

(1)董事会成员

陈孟苹，男，57 岁，留学，研究员级高工，加拿大滑铁卢大学客座教授；航天部有突出贡献专家与劳动模范，建设南京有突出贡献个人，享受国务院政府特殊津贴专家，江苏省政协委员、中国宇航学会理事、江苏省航空航天学会副理事长。曾任原晨光机器厂液压公司副经理兼中国航天伺服技术研究所副所长，副总工程师兼外经处处长、总工程师。晨光集团副董事长兼总工程师。现任本公司董事长，兼任晨光集团董事长、总工程师。承诺在本公司上市后 6 个月内辞去本公司董事长职务。

杜　尧，男，37 岁，硕士研究生，高级工程师，江苏省优秀青年企业家，南京市新长征突击手、青年联合会副主席。曾任晨光机器厂分公司经理助理、副经理，上海浦东波纹管公司总经理，晨光集团副总经理、总经理。现任本公司副董事长、总经理，兼任晨光集团副董事长、本公司控股子公司南京晨光东螺波纹管有限公司董事长和晨光森田环保科技有限公司董事长。

孙　俊，男，51 岁，大专文化，高级政工师，曾任晨光机器厂宣传处副处长、党委办公室主任、宣传部部长。现任本公司董事、兼任晨光集团监事、党委副书记、纪委书记。

高汉华，男，59 岁，大学文化，研究员级高工，曾任兵器部 167 厂副厂长、南京晨光厂补偿器分公司经理、晨光厂总经济师、晨光集团总经济师。现任本公司董事，兼任晨光集团董事、总经济师。

尹惠芳，女，52 岁，大专文化，高级会计师，曾任晨光机器厂财务处副处长、处长、副总会计师、总会计师。现任本公司董事，兼任晨光集团董事、总会计师。

吴启宏，男，38 岁，大学双学位，高级工程师，航天机电集团公司有突出贡献专家。曾任晨光机器厂设计所副所长、所长、分公司副经理，晨光集团副总工程师、副总经理。现任本公司董事、副总经理，兼任晨光集团控股子公司南京晨光高新科技有限公司董事长。

宋兆昶，男，58 岁，大学文化，研究员级高工，曾任晨光机器厂设计所副所长、所长、分公司副经理，副总工程师。现任本公司董事、总工程师。

李英德，男，60 岁，大学文化，研究员，曾任上海新力机器厂副厂长、厂长兼上海航天局 810 研究所所长，上海新江机器厂厂长兼上海航天局 800 研究所所长，上海航天局局长助理、副局长、局党委书记，上海航天工业总公司董事长。现任本公司董事、兼任上海航天汽车机电股份有限公司副董事长、总经理。

柳一兵，男，39 岁，硕士研究生，教授级高级工程师，曾任职于国家水利电力部。现任本公司董事，兼任南京南瑞集团公司副总经济师。

(2)监事会成员

陈蕴芝，女，53 岁，中专学历，统计师，曾任晨光机器厂审计条法处处长助理，副处长。现任本公司监事会主席，兼任晨光集团监事、审计监察部副部长。

林　岚，女，52 岁，大专学历，高级政工师。曾任晨光机器厂航天总装分厂党支部书记兼副厂长，晨光集团工会副主席，党委委员，纪委副书记等职。现任本公司监事、党委副书记、纪委书记、工会主席。

瞿建华，男，40 岁，大学学历，高级会计师，曾任上海航天局第八设计部副总会计师、部副主任、上海海天机电科技有限公司总经理，现任本公司监事、兼任上海航天汽车机电股份有限公司董事会秘书。

(3)其他高级管理人员

胡宁生，男，48 岁，大专学历，高级工程师。曾任晨光机器厂车辆改装分公司办公室主任、销售部长，补偿器分公司副经理、经理，晨光东螺公司副总经理等职。现任本公司副总经理。

邓在春，男，37 岁，大专学历，高级会计师。曾任上海浦东波纹管公司行政财务部经理，南京晨光东螺公司副经理及财务负责人等职。现任本公司财务负责人。

吴道琴：女，52 岁，大专学历，高级会计师。曾任集团公司财务部副部长，集团公司监事。现任本公司董事会秘书。

(4)核心技术人员

董　珉，男，64 岁，大学本科学历，研究员级高级工程师，国家级有突出贡献专家，国务院政府特殊津贴获得者，为退休返聘，现任本公司总工程师，兼任中国石油化工设备工业协会膨胀节分会专家组副组长，中国力学学会、波纹管及管道力学专业委员会委员。1963 年-1983 年参与研究、设计我国航天火箭发动机，承担液体火箭发动机总体元件(软管、补偿器、换热器、推力架等)的开发、研究和设计工作；1984 年-1999 年组织领导晨光集团波纹管类产品的开发、研究工作；本公司成立后，组织领导公司波纹管类产品研究、创新和发展工作。

主要成果及获得的奖项：参加研制液体火箭发动机 YF-21 获七机部科技一等奖；负责研制的发动机金属软管(J0507 系列)、补偿器 J0020 获七机部科技成果三等奖；外压式波纹补偿器获航天部科技进步二等奖(1987 年)；纵缝焊接波纹金属软管获航天部科技进步二等奖(1989 年)。

宋兆昶，本公司董事、总工程师，国务院政府特殊津贴获得者。主要业绩成果：1965-1975 年从事航天型号产品的设计、研制工作；1975-1980 年从事航天型号液浮惯性器件的设计、研制工作；1985-1995 年从事专用汽车设计、研制工作，负责或参与了晨光集团所有主要军品专用汽车的研制工作。本公司成立后，组织领导公司专用汽车产品的研究和开发工作。

吴启宏，本公司董事、副总经理，南京市中青年拔尖人才，江苏省 333 跨世纪学术技术带头人培养对象，中国航天机电集团公司有突出贡献专家，中国航天基金奖获得者。1990 年-1996 年任晨光机器厂设计所所长助理，副所长、所长；1997 年-1999 年任晨光集团副总工程师、副总经理。本公司成立后，作为公司技术总管，负责领导公司两大类产品的科研、创新和发展工作。主要成果及获奖：群车加油车获国家科技进步三等奖，军队科技进步一等奖，省市优秀新产品奖；机场加油车获科技进步二等奖、三等奖；后装挤压式垃圾车获部科技进步三等奖。

钱允山，男，42 岁，大学本科学历，高级工程师，国务院政府特殊津贴获得者。现任本公司技术质量部部长，兼任全国管路附件标准化委员会委员。多年从事波纹管类产品的设计、规划、设备引进、科研攻关和技术管理工作。1991 年起任晨光机器厂波纹补偿器分公司经理助理、金属软管分公司技术副经理。主要成果及获奖：外压式补偿器获航天部科技进步二等奖和省"金牛奖"；通用补偿器获航天部科技进步三等奖；DF-5A 高压软管获航天部科技进步三等奖；GJB1996-94 国军标获军总装备部科技进步三等奖。

上述人员皆为中国国籍公民，在招股说明书披露日至上市公告书刊登日期间本公司董事、监事、高级管理人员及核心技术人员未发生变动。

2、董事、监事、高级管理人员、核心技术人员持股情况

截止到本上市公告书签署之日，上述人员中仅有杜尧先生和李英德先生作为本公司发起人持有本公司部分股份，其中，杜尧先生持有 131856 股，李英德先生持有 13186 股；对于这部分股份，两人均已作出承诺：自本公司成立起三年内、担任本公司高级管理人员期间以及离职后六个月内均不转让所持股份；除此之外，亦不存在其他与上述人员有控制关系的个人或法人持有本公司股份。

上述人员相互之间不存在配偶关系及三代以内亲属关系；

经发行人律师审查，以上本公司董事、监事和高级管理人员均符合《公司法》及国家有关法律法规规定的任职资格条件。

六、同业竞争与关联交易

1、同业竞争

发行人与晨光集团不从事相同或相似业务，故不存在同业竞争。两者的业务性质、客户对象及产品市场等方面均不同。

2、关联方与关联关系

本发行人的相关关联方为：(1)本发行人的股东；(2)控股股东晨光集团的子公司：南京晨光新事业工贸公司(控股 100%)、南京晨光机器厂劳动服务公司(控股 100%)、南京光武汽车修理厂(控股 100%)、南京晨光高新科技有限公司(控股 51%)；(3)中国航天机电集团公司(控股股东晨光集团是其直属的国有独资公司)；(4)本发行人的子公司：晨光东螺公司(控股 62%)及南京晨光森田环保科技有限公司(控股 58%)。

3、关联交易

(1)相关关联协议及关联交易

本公司成立后，虽拥有独立的产、供、销体系和经营环境，但与主发起人晨光集团及其子公司之间仍存在如下小额关联交易(主要是为本公司提供配套服务)：

相关关联交易及近三年交易发生额　　(单位：万元)

关联企业名称	交易内容	2000 年度	1999 年度	1998 年度
南京晨光集团有限公司	水电汽	393.42	238.64	325.78
南京晨光集团有限公司	协作加工	508.04	521.46	795.76
南京晨光集团有限公司	租用房产	20.00	60.26	60.26
南京晨光集团有限公司	租用土地	27.00	-	-
南京晨光集团有限公司	材料采购	499.36	-	-
南京晨光集团有限公司	检测费用	48.27	-	-
南京晨光集团有限公司	运输费用	33.88	-	-
南京晨光机器厂劳动服务公司	协作加工	262.78	243.15	96.56
南京晨光新事业工贸公司	协作加工	33.72	58.83	30.42
合计		1,826.47	1,122.34	1,308.78

本公司已与相关关联方分别签定了《转供电合同》、《水、气、汽供应合同》、《厂房租赁协议》、《土地使用权租赁合同》、《有偿劳务协议》、《综合服务协议》等关联交易协议，以规范双方在上述相互关系中的权利和义务。本公司的董事会成员、监事会成员和高级管理人员及其他发起人目前皆与本公司无关联交易存在。

(2)关联交易的定价及近三年对公司财务状况和经营成果的影响

上述协议中价格条款约定的基本原则是：依据国内外同类的市场水平协商确定关联交易的价格。本公司在执行上述关联交易协议时，已严格履行了公司章程中有关的回避条款，以切实保障中、小股东的利益。

上述关联交易发生总额：2000 年计 1826.47 万元，1999 年计 1122.34 万元，1998 年计 1308.78 万元，分别占该年度公司总成本费用的 5.63%、4.29%、5.01%。上以数据充分显示，近三年来，关联交易额占公司总交易额的比重很小，故对公司财务状况和经营成果影响不大。

除上述关联交易外，公司与前述关联单位无其他经济往来。

4、避免同业竞争和规范关联交易的制度安排

本公司成立后，已建立了独立的管理机构和经营体系。经发行人律师核查，本公司控股股东晨

光集团与发行人目前不存在同业竞争。根据晨光集团出具的《不竞争承诺函》，晨光集团不从事与本公司相竞争的业务，同时承诺在未来也不从事与公司存在或可能存在竞争的业务，以保护公司中小股东的合法权益。

发行人公司章程中对关联交易决策权力与程序以及关联股东或利益冲突的董事在关联交易表决中的回避制度等方面均已作出了明确规定。

七、财务会计资料

江苏天衡会计师事务所有限公司接受本公司聘请，审计了本公司 1998 年、1999 年、2000 年财务报告，并出具了标准的无保留意见的审计报告--(2001)天衡审字第 142 号《审计报告》。

本公司截止 2000 年 12 月 31 日的财务会计资料，已于 2001 年 5 月 22 日分别在《中国证券报》、《上海证券报》、《证券时报》上刊登的《招股说明书概要》中进行了详细披露，因尚未超出招股说明书有效期限，故相同的内容在此不再重复。欲了解本公司经审计的财务报表及主要财务指标的详细内容，敬请投资者查阅上述报纸或在公告的《招股说明书》查阅地查阅。

1、简要财务报表

下述内容摘自业经审计的公司财务报告。

简要资产负债表 (单位:万元)

项目	2000 年 12 月 31 日	
	母公司	合并
流动资产合计	24,467.45	33,197.88
长期投资净额	3,215.20	45.73
固定资产合计	6,453.24	9,138.06
无形资产及其他	100.22	100.22
资产总计	34,236.10	42,481.88
流动负债合计	18,489.83	24,689.64
负债合计	18,489.83	24,689.64
少数股东权益	-	1,943.52
股本	8,300.00	8,300.00
资本公积	4,289.52	4,289.52
未分配利润	2,476.87	2,486.05
股东权益合计	15,746.27	15,848.72
负债及股东权益合计	34,236.10	42,481.88

简要利润表 (单位:万元)

项目	2000 年度	
	母体	合并
一.主营业务收入	26,280.74	35,952.45
二.主营业务利润	6,215.57	10,583.19
三.营业利润	2,533.40	3,511.63
四.利润总额	2,977.38	3,440.36
五.净利润	2,621.14	2,682.92

2000 年度简要现金流量表(母公司、合并) (单位:万元)

项目	母公司	合并
一、经营活动产生的现金流量净额	1,498.81	2,754.68
二、投资活动产生的现金流量净额	135.79	-494.93
三、筹资活动产生的现金流量净额	876.04	1,069.63
四、汇率变动对现金的影响额	-	-13.82
五、现金及现金等价物净增加额	2,510.63	3,315.55

2、合并会计报表主要项目附注

(1)应收帐款

* 帐龄分析列示如下：

帐龄	1999 年 12 月 31 日			2000 年 12 月 31 日		
	金额	比例	坏帐准备	金额	比例	坏帐准备
1 年以内	101,646,633.78	63.58%	5,082,331.68	106,492,059.56	63.46%	5,324,602.98
1-2 年	32,589,628.42	20.38%	3,258,962.84	34,843,165.42	20.76%	3,484,316.54
2-3 年	13,866,273.08	8.67%	2,079,940.96	15,935,211.82	9.50%	2,390,281.77
3-4 年	10,561,945.85	6.61%	3,168,583.76	5,602,916.49	3.34%	1,680,874.95
4-5 年	767,761.53	0.48%	383,880.77	4,298,560.07	2.56%	2,149,280.04
5 年以上	451,877.48	0.28%	451,877.48	640,229.91	0.38%	640,229.91
合计	159,884,120.14	100.00%	14,425,577.49	167,812,143.27	100.00%	15,669,586.19

* 本帐户余额中无应收持有公司 5%(含 5%)以上股份股东的款项。

* 2000 年 12 月 31 日主要往来单位明细项目列示如下：

单位名称	金额
郑州市热力总公司物资供销公司	4,284,627.82
中国人民解放军第二炮兵驻 307 厂军代表室	3,810,000.00
总后勤部油料部	3,777,900.00
三井-巴布科克上海贸易有限公司	3,060,000.00
四川绵阳机场	2,456,000.00
承峰国际贸易有限公司	2,150,000.00
华北石油管理局任邱炼油厂	2,022,556.20
江西火电建设公司丰城分公司	1,742,770.00
沈阳军区联勤部物资油料部	1,424,520.00
太原钢铁集团有限责任公司设备处	1,186,498.74
攀枝花钢集团铁有限责任公司	1,163,094.79
长庆石油勘探局第三钻井工程处	1,030,000.00

(2)其他应收款

* 帐龄分析列示如下：

帐龄	1999 年 12 月 31 日			2000 年 12 月 31 日		
	金额	比例	坏帐准备	金额	比例	坏帐准备
1 年以内	7,191,365.22	90.80%	359,568.26	5,613,384.41	94.40%	280,669.22
1-2 年	657,019.89	8.29%	65,701.99	293,934.29	4.94%	29,393.43
2-3 年	6,762.00	0.09%	1,014.30	2,040,00	0.03%	306.00
3-4 年	33,015.42	0.42%	9,904.63	6,762.00	0.12%	2,028.60
4-5 年	31,900.00	0.40%	15,950.00	-	-	-
5 年以上				30,400.00	0.51%	30,400.00
合计	7,920,062.53	100.00%	452,139.18	5,946,520.70	100.00%	342,797.25

* 本帐户余额中无应收持有公司 5%(含 5%)以上股份股东的款项。

* 2000 年 12 月 31 日主要往来项目列示如下：

项目	金额
备用金	1,614,083.90 注
应收出口退税	1,408,980.33

注：期末余额已取得主管税务机关南京市国家税务局秦淮分局的核准认定。

(3)预付帐款

* 帐龄分析列示如下：

帐龄	1999 年 12 月 31 日		2000 年 12 月 31 日	
	金额	比例	金额	比例
1 年以内	8,517,037.31	97.16%	8,014,912.38	93.54%
1-2 年	166,962.91	1.90%	487,143.52	5.69%
2-3 年	81,998.97	0.94%	66,038.97	0.77%
合计	8,765,999.19	100.00%	8,568,094.87	100.00%

* 本帐户余额中无预付持有公司 5%(含 5%)以上股份股东的款项。

* 2000 年 12 月 31 日主要往来单位明细项目列示如下：

单位	金额	款项性质
江宁县国有土地管理局	2,584,036.76	预付土地出让金
美国铝业意大利公司	1,690,000.00	预付进口材料款

(4)长期股权投资

截止 2000 年 12 月 31 日长期股权投资余额 457,279.22 元，均系对公司控股子公司南京晨光东螺波纹管有限公司股权评估增值形成的股权投资差额，原值 522,604.82 元，按十年摊销，本期摊销 52,260.48 元，累计摊销 65,325.60 元，摊余价值 457 ,279.22 元。

(5)应付帐款

* 帐龄分析列示如下：

帐龄	1999 年 12 月 31 日		2000 年 12 月 31 日	
	金额	比例	金额	比例
1 年以内	51,512,592.61	73.79%	52,905,209.14	98.74%
1-2 年	18,075,319.65	25.89%	507,267.27	0.95%
2-3 年	204,844.77	0.29%	139,105.45	0.26%
3 年以上	16,471.93	0.03%	26,074.17	0.05%
合计	69,809,228.96	100.00%	53,577,656.03	100.00%

* 本帐户余额中无应付持有公司 5%(含 5%)以上股份股东的款项。

* 2000 年 12 月 31 日主要往来单位明细项目列示如下：

单位名称	金额
无锡新得宝公司	2,319,906.96
江阴凯源机械有限公司	2,317,257.52
一汽贸易总公司	2,149,104.10
赛得克航空公司	1,826,246.57
海门供销公司	1,547,150.75
苏州宏伟波纹管厂	1,378,818.47
日本东京螺旋管制作所	1,142,603.66
江阴长山厂	1,065,312.89

(6)预收帐款

* 帐龄分析列示如下

帐龄	1999 年 12 月 31 日		2000 年 12 月 31 日	
	金额	比例	金额	比例
1 年以内	6,590,791.23	77.52%	6,589,522.89	67.64%
1-2 年	1,911,217.25	22.48%	3,152,721.00	32.36%
合计	8,502,008.48	100.00%	9,742,243.89	100.00%

* 本帐户余额中无预收持有公司 5%(含 5%)以上股份股东的款项。

* 2000 年 12 月 31 日主要往来单位明细项目列示如下：

单位名称	金额
山西石油物资设备公司	1,500,000.00
江苏租赁有限公司	338,000.00
海南省机械工业供销社	218,600.00

(7)应付股利

截止 2000 年 12 月 31 日应付股利余额 2,426,547.19 元：

项目	金额
南京晨光集团有限责任公司	2,387,952.96
上海航天汽车机电股份有限公司	20,858.60
南京南瑞集团公司	9,638.24
万来源	3,855.78
杜尧	3,855.78
李英德	385.83
合计	2,426,547.19

(8)其他应付款

* 帐龄分析列示如下：

帐龄	1999 年 12 月 31 日		2000 年 12 月 31 日	
	金额	比例	金额	比例
1 年以内	10,221,865.92	92.16%	19,689,028.53	99.09%
1-2 年	717,571.26	6.47%	120,000.00	0.60%
2-3 年	89,446.51	0.81%	-	-
3 年以上	62,776.08	0.56%	60,795.70	0.31%
合计	11,091,659.77	100.00%	19,869,824.23	100.00%

* 本帐户余额中应付持有公司 5%(含 5%)以上股份股东的款项列示如下：

项目	金额	款项性质
南京晨光集团有限责任公司	8,078,773.50	往来款项

(9)资本公积

截止 2000 年 12 月 31 日资本公积余额 42,895,200.00 元，均为股本溢价，系由南京晨光集团有限责任公司、上海航天汽车机电股份有限公司、南京南瑞集团公司等三家法人单位及万来源、杜尧、李英德等三个自然人共同发起设立公司时其出资额超过股本的部分。

(10)盈余公积

截止 2000 年 12 月 31 日盈余公积余额 7,731,432.79 元，本年变动列示如下：

项目	年初数	本期增加	期末数
法定盈余公积	778,266.35	2,621,136.98	3,399,403.33
法定公益金	778,266.35	2,621,136.98	3,399,403.33
子公司生产发展基金	274,295.62	192,017.45	466,313.07[注]
子公司储备基金	274,295.61	192,017.45	466,313.06[注]
合计	2,105,123.93	5,626,308.86	7,731,432.79

[注]系合并报表提取的控股子公司中外合资南京晨光东螺波纹管有限公司提取的生产发展基金及储备基金中属于公司部分。

(11)未分配利润

项目	1999 年 12 月 31 日	2000 年 12 月 31 日
期初未分配利润	-10,502,751.77	6,239,007.46
加:本期净利润	19,068,089.30	26,829,226.66
减:提取法定盈余公积	778,266.35	2,621,136.98
提取公益金	778,266.35	2,621,136.98
子公司生产发展基金	274,295.62	192,017.45
子公司储备基金	274,295.61	192,017.45

子公司提取奖福基金	221,206.14	154,852.79
分配普通股股利		2,426,547.19
未分配利润	6,239,007.46	24,860,525.28

(12)主营业务收入构成变动情况

近三年主营业务收入(合并报表)主要构成　　单位:万元

产品/时间	2000年		1999年		1998年	
	主营收入	比例	主营收入	比例	主营收入	比例
专用汽车类系列产品	19735.5	54.9%	12202.7	42.4%	13796	46.8%
波纹管类系列产品	16217.0	45.1%	16578.2	57.6%	15656	53.2%
总　计	35952.5	100%	28780.9	100%	29452.2	100%

近三年主营业务利润(合并报表)主要构成　　单位:万元

产品/时间	2000年		1999年		1998年	
	主营利润	比例	主营利润	比例	主营利润	比例
专用汽车类系列产品	3773.66	35.7%	2337.66	24.4%	3034.79	29.8%
波纹管类系列产品	6809.53	64.3%	7227.44	75.6%	7157.76	70.2%
总　计	10583.19	100%	9565.31	100%	10192.55	100%

3、主要财务指标

(1) 财务指标:依据本公司会计报告计算各项财务指标如下:

财务指标	2000年度	1999年度	1998年度
流动比率	1.34	1.27	1.14
速动比率	0.90	0.82	0.72
应收帐款周转率	2.19	1.77	1.79
存货周转率	2.39		
无形资产占总资产(净)资产的比例	-	-	-
资产负债率[注]	54.01%	51.47%	67.88%
每股净资产	1.91	1.62	1.13
研究开发费用占主营业务收入的比例	4.05%	4.01%	3.95%

[注 1]:表中除资产负债率以母公司报表为依据外，其余指标都是以合并财务报告数据为基础计算

[注 2]:计算公式:

* 流动比率 = 流动资产 / 流动负债
* 速动比率 = 速动资产 / 流动负债
* 应收帐款周转率 = 主营业务收入 / 应收帐款平均余额
* 存货周转率 = 主营业务成本 / 存货平均余额
* 无形资产(土地使用权外)占总(净)资产的比例 = 无形资产(土地使用权外) / 总(净)资产

(报告期内公司没有无形资产)

* 资产负债率 = 总负债 / 总资产
* 每股净资产 = 期末净资产 / 期末股本总额
* 研究开发费用占主营业务收入比例 = 研究开发费用 / 主营业务收入

(2)每股经营活动的现金流量、每股净资产及净资产收益率

每股经营活动的现金流量 = 经营活动的现金流量 / 期末股本总额
= 27546797.58 ÷ 83000000.00 = 0.33 元/股

每股收益(发行前) = 净利润 / 期末股本总额
= 26829226.66 ÷83000000.00 = 0.32 元/股

每股收益(发行后) = 预测净利润 / 发行后股本总额
= 3018(万元) ÷12300(万元) = 0.25 元/股

净资产收益率(发行前)=净利润 / 期末净资产
= 26829226.66/ 158487158.07 = 16.93%

净资产收益率(发行后)= 3018(万元) ÷ 44042(万元) = 6.9 %

4、盈利预测主要数据

江苏天衡会计师事务所有限公司已对本公司编制的2001年度的盈利预测报告进行了审核，并出具了无保留意见的盈利预测审核报告。以下资料摘录自本公司的盈利预测报告。

单位:万元

项　目	2000年度 已审实现数		2001年1--3月 未审实现数		2001年4--12月 预测数		2001年度 预测数	
	母公司	合并	母公司	合并	母公司	合并	母公司	合并
一、主营业务收入	26,280.74	35,952.45	6,679.20	9,355.68	25,948.45	35,598.70	32,627.65	44,954.38
二、主营业务利润	6,215.57	10,583.18	1,607.95	2,662.25	6,102.86	10,480.01	7,710.81	13,142.26
三、营业利润	2,533.41	3,511.63	525.13	839.04	2,259.33	3,382.72	2,784.46	4,221.76
四、利润总额	2,977.39	3,440.35	689.89	828.19	2,762.57	3,256.76	3,452.46	4,084.95
五、净利润	2,621.14	2,682.92	611.32	611.32	2,407.19	2,407.19	3,018.51	3,018.51

八、其他重要事项

1、经公司股东会决议,1999年10月1日起至本次发行完成前所实现的滚存利润由新老股东共享。

2、根据本公司发行上市实际日程,原招股说明书中预计2001年6月30日进行上市后的第一次利润分配将有所延迟,本公司承诺将在2001年中期进行上市后的第一次利润分配。

3、本公司截止2000年末每股净资产为1.91元,本次发行后每股净资产为3. 76 元。

4、本次股票发行后，募集资金投资项目之一组建南京晨光森田环保科技有限公司项目,本公司和合作方均已投资到位。

5、公司于2001年4月9日召开了2000年度股东大会，全体股东或股东代表出席了会议,全票通过了下述决议:(1)2000年董事会工作报告;(2)2000年监事会工作报告;(3)2000年财务报告;(4)2000年利润分配方案(99年10月以后产生的可分配利润此次暂不分配);(5)2001年财务预算方案;(6)公司提取老职工住房补贴的处理方案;(7)关于续聘江苏天衡会计师事务所为公司常年审计机构的预案;(8)公司股东大会议事规则;(9)公司董事会议事规则;(10)公司监事会议事规则。

6、根据《上海证券交易所股票上市规则》，本公司第一大股东南京晨光集团有限责任公司已向上海证券交易所承诺,自本公司股票上市之日起12个月内不转让其持有的本公司股份,也不由本公司回购其持有的股份。

7、截止本上市公告书刊登之日,本公司不存在尚未了结的重大诉讼、仲裁或行政处罚案件,本公司董事、监事和高级管理人员亦未受到任何刑事起诉。

8、除本公司招股说明书及其概要和本上市公告书披露的事项外，本公司无其他应披露而未披露的重要事项。

九、董事会上市承诺

本公司董事会将严格遵守《公司法》、《证券法》等法律、法规和中国证监会的有关规定,并自股票上市之日起作出如下承诺:

1、承诺真实、准确、完整、公允和及时地公布定期报告，披露所有对投资者有重大影响的信息,并接受中国证监会、上海证券交易所的监督管理。

2、承诺本公司在知悉可能对股票价格产生误导性影响的任何公共传播媒介中出现的消息后,将及时予以公开澄清。

3、本公司董事、监事、高级管理人员和核心技术人员将认真听取社会公众的意见和批评,不利用已获得的内幕消息和其他不正当手段直接或间接从事本公司股票的买卖活动。

4、本公司没有无记录的负债。

十、上市推荐人及其意见

本公司聘请中信证券股份有限公司(以下简称"中信证券")及平安证券有限责任公司(以下简称"平安证券")担任本次发行的4000万A股股票的上市推荐人。

1、上市推荐人有关情况

上市推荐人：　中信证券股份有限公司
法定代表人：　常振明
住　　所：　深圳市罗湖区湖贝路1030号海龙王大厦
联 系 人：　江山红、陈海峰
电　　话：　021-62802631
传　　真：　021-62802267

上市推荐人：　平安证券有限责任公司
法定代表人：　马明哲
住　　所：　深圳市福田区八卦岭三路平安大厦
联 系 人：　莫家柱
电　　话：　021-62078359
传　　真：　021-62078090

2、推荐人的推荐意见

中信证券和平安证券出具的上市推荐书认为:本公司具备了《公司法》、《证券法》等法律、法规规定的上市条件;本公司全体董事了解法律、法规、股票上市规则及股票上市协议所规定的董事义务与责任;公司章程符合《公司法》等有关法律、法规和中国证监会的规定;本公司建立了健全的法人治理结构和严格的信息披露制度与保密制度;中信证券和平安证券与本公司不存在关联关系;中信证券和平安证券经过核实后认为本公司上市文件符合规定要求,所载资料没有虚假、严重误导性陈述或重大遗漏,并对其承担连带责任;中信证券和平安证券将不利用其在上市推荐过程中获得内幕信息进行内幕交易,为自己或他人谋利。

南京晨光航天应用技术股份有限公司
2001年6月9日

广东康美药业股份有限公司

广东康美药业股份有限公司股票上市公告书

本公司董事会保证本上市公告书所载资料不存在任何重大遗漏、虚假陈述或者严重误导，并对其内容的真实性、准确性、和完整性负个别及连带责任。

上海证券交易所对本公司股票上市及有关事项的审查，均不构成对本公司的任何保证。

本公司董事会提醒广大投资者注意，凡本公告书未涉及的有关内容请投资者查阅2001年2月22日刊登于《上海证券报》上的《广东康美药业股份有限公司招股说明书概要》。招肚说明书全文可在本公司和主承销商的办公地点查阅。

一、要 览

股票简称：康美药业　　股票代码：600518

股本总额：7080万股　　可流通股本：1800万股　　本次上市流通股本：1800万股

上市地点：上海证券交易所　　上市日期：2001年3月19日

股票登记机构：上海证券中央登记结算公司　　上市推荐人：广发证券有限责任公司

二、绪 言

本上市公告书是根据《中华人民共和国公司法》、《中华人民共和国证券法》、《股票发行与交易管理暂行条例》、《公开发行股票公司信息披露实施细则》和《上海证券交易所股票上市规则》(删年修订本)等国家有关法律、法规的规定，并按照中国证券监督管理委员会制定的公开发行股票公司信息披露的内容与格式准则第七号《上市公告书的内容与格式(试行)》而编制，旨在向投资者提供有关广东康美药业股份有限公司(以下称本公司)和本次股票上市的有关情况。

经中国证券监督管理委员会证监发行字[2001]17号文批准，本公司已于2001年2月26日在上海证券交易所以上网定价方式向社会公众成功发行了每股面值1.00的人民币普通股(A股)1800万股，每股发行价人民币12.57元。

经上海证券交易所上证上字[2001]32号《上市通知书》批准，本公司1800万A股股票将于2001年3月19日在上海证券交易所上市挂牌交易，股票简称"康美药业"，股票代码"600518"。本公司总股本7080万股，可流通股本1800万股。

本公司已于2001年2月22日在《上海证券报》上刊登了《招股说明书概要》，距今不足6个月，敌与其相重复的内容在此不再重述，敬请投资者查阅本公司的《招股说明书概要》。

本公司董事会及全体董事已批准上市公告书，确信本公告书不存在任何重大遗漏或者误导，并对其真实性、准确性、完整性负个别的和连带的责任。

三、公司概况

1、基本情况

公司名称：广东康美药业股份有限公司

英文名称：Guangdong　Kangmei　Pharmaceutical　Co.,Ltd.

注册资本：7080万元　　法定代表人：马兴田　　公司成立时间：1997年6月18日

公司经营范围：生产、销售化学药品制剂、抗生素类药品、医药保健品等，自营和代理除国家组织统一联合经营的16种出口商品和国家实行核定、准予公司经营的14种进口商品以外的其他商品及技术的进出口(按省外经贸委"粤外经贸进字[97]339"号文经营)。

所属行业：医药　　公司注册地址：广东省普宁市下架山工业区

联系电话：(0663)2917777-8009　　联系人：邱锡伟

2、公司历史沿革

本公司是经广东省人民政府办公厅"粤办函[1997]346号"文与广东省经济体制改革委员会"粤体改[1997]077号"文批准，由普宁市康美实业有限公司、普宁市国际信息咨询服务有限公司、普宁市金信典当有限公司以及自然人许燕君、许冬瑾于1997年6月18日共同发起设立，设立时总股本为5280万股，每股面值壹元。其中：普宁市康美实业有限公司以其所拥有的广东康美药业有限公司的权益(经评估确认后)2309.20万元及现金1810.80万元按1:1的比例共认购4120万股，占股本总额的78%；其余四家发起人各以现金290万元按1:1的比例分别认购290万股，各占总股本的5.5%。本次发行后总股本为7080万股。

本公司的原控股子公司广东康美药业有限公司(下称"药业公司")原是由普宁市国际信息咨询服务有限公司与香港易真有限公司共同出资组建的中外合作经营企业，成立于1995年2月，注册资本3800万港元。1997年4月经普宁市对外经济贸易局"普外经引字[1997]091号"文批准，药业公司的中方合作者变更为普宁市康美实业有限公司，1997年6月本公司设立时普宁市康美实业有限公司将这部分股权全部投入股份公司，经普宁市对外经济贸易局"普外经批字[1997]126号"文批准，药业公司的中方合作者相应变更为股份公司。

原药业公司是通过GMP认证的现代化药品生产企业，主要生产经营化学药、抗生素药和医药保健品等，1996年10月开始投产。后因股份公司扩大生产经营、规范公司组织架构和药业公司的外方合营者香港易真有限公司改变投资结构的需要，2000年1月18日，股份公司与香港易真有限公司签订终止药业公司的协议，受让其拥有的药业公司25%的股权，注销该公司的法人地位并成为股份公司的组成部分，普宁市对外经济贸易局已经以"普外经批字[2000]011号"文件予以批准。GMP认证企业的主体资格、商标权及其它产权则由股份公司承继。

1998年9月经中国药品认证委员会评审，药业公司通过了药品生产质量管理规范GMP认证(证书编号：GRC0043)，是粤东地区首家通过GMP认证的制药企业(药业公司的法人地位注销后，相应的GMP认证主体变更手续已经办妥)。本公司于1998年经广东省科学技术委员会"粤科高字[1998]118号"文批准认定为广东省高新技术企业，并被揭阳市人民政府评为"重合同、守信用"单位。本公司还分别通过了国家科技部和中国科学院的"双高"评审认证；并被科学技术部火炬高技术产业开发中心"国科火字[2000]26号"文件列入2000年首批国家火炬计划重点高新技术企业名单。

经中国证监会证监发行字[2001]17号文核准，本公司于2001年2月26日通过上海证券交易所系统，以上网定价方式成功地向社会公众公开发行每股面值1.00元人民币的普通股1800万股。本次发行后公司总股本为7080万股。2001年3月6日，本公司在广东省工商行政管理局重新注册登记，注册资本7080万元，工商执照注册号码为：4400001007149。

四、股票发行及承销

1、本次发行情况

发行方式：上网定价　　发行时间：2001年2月26日

发行数量：1800万股　　发行价格：12.57元/股　　募集资金总额：226,260,000元

发行情况：本次上网定价发行1800万股人民币普通股，经上海证券交易所系统主机统计与上海上会会计师事务所有限公司验资，本次发行有效申购户数为2,497,344户，总有效申购股数为28,612,290,000，配号总数为28,612,290个，中签率为0.06291003%。

持有1000股(含1000股)以上的股东数：16990户　　发行费用总额：979.2万元

每股发行费用：0.544元　　发行市盈率：30.83倍

2、股票承销

本次公开发行的1800万股社会公众股，获得超额认购，承销团无余额包销。

3、验资报告

验资报告

广会所验字[2001]第30186号

广东康美药业股份有限公司：

我们接受委托，对广东康美药业股份有限公司(以下简称贵公司)截至2001年3月5日因公开发行股票而引起贵公司股本、投入资本变更情况的真实性和合法性进行了审验。在审验过程中，我们按照《独立审计实务公告第1号-验资》的要求，实施了必要的审验程序。广东康美药业股份有限公司的责任是提供真实、合法、完整的验资资料，保护资产的安全、完整，我们的责任是按照《独立审计实务公告第1号-验资》的要求，出具真实、合法的验资报告。

广东康美药业股份有限公司实施本次上网定价发行A股前的股本哟人民币五千二百八十万(RMB52,800,000.0)元。按经中国证监会核准的贵公司本次上网定价发行A股方案，本次上网定价发行A股可发行股数为人民币普通股1800万股。本次上网定价发行A股工作已于2001年2月26日结束，实际认购股数为1800万股，每股发行价为12.57元。根据我们的审验，截至本报告日止，贵公司实际已收到股东认购本次股款RMB216,468,000.00元(已扣除相关费用)，其中：股本RMB18,000,000.00元，资本公积RMB198,468,000.00元。

附件(一)本次上网定价发行A股前后股本、资本公积对照表；

附件(二)验资事项说明；

附件(三)验资机构营业执照(注册号：4400002006991)；

附件(四)银行进帐单复印件；

附件(五)变更注册资本(股本)的批准文件；

广东正中珠江会计师事务所

中国注册会计师　蒋洪峰　冼宏飞

中国·广州　二零零一年三月六日

募集资金入帐情况：

入帐时间：2001年3月5日　　入帐金额：人民币218,500,200.00元

入帐帐号：74430-2-01-839-000156-94(广东康美药业股份有限公司人民币帐户)

开户银行：中信实业银行广州分行

五、董事、监事及高级管理人员简历及持股情况

董事会成员：

董事长兼总经理马兴田先生，31岁，大专文化，工程师，2000年4月被评为全国劳动模范，是广东省揭阳市第二届政协常委，广东省普宁市第十届、第十一届人大代表，广东省青年乡镇企业家协会副会长、广东省海外联谊会常务理事与揭阳市民营高科技企业协会会长，1998年11月被评为第六届广东省优秀青年企业家，不直接持有本公司股票。(本公司的控股股东普宁市康美实业有限公司注册资本8300万元，马兴田持有其90%的权益)。

副董事长、副总经理许冬瑾女士，30岁，大学文化，药师、经济师，揭阳市人大代表和普宁市政协委员，1999年被评为揭阳市优秀女企业家，本公司发起人之一，持有本公司股票290万股，股东代码(股票帐号)为A403710103。

董事副总经理罗家谦先生，64岁，大学本科，高级工程师、执业药师，现兼任本公司总工程师和药物研究所所长，曾任广州市何济公药厂药物研究所所长、广州市医药建设开发公司总工程师、中国药学会高级会员、广州市药协会药化分会副主任、广东省高级职称评审委员会委员、广州市医药高级职称评审委员会副主任、"广东医药研究"杂志主编，是广州市第九届人大代表、普宁市政协委员，不持有本公司股票。

董事林大浩先生，41岁，大专文化，工程师，本公司贸易总部经理，不持有本公司股票。

董事马汉耀先生，33岁，大专文化，经济师，本公司财务部主管，不持有本公司股票。

董事李建胜先生，33岁，大专文化，经济师，现任普宁市金信典当有限公司副总经理，不持有本公司股票。

董事钟辉先生，37岁，清华大学工程学硕士，工程师，曾任职于福建华侨大学和航天部第二研究院，现任广发证券有限责任公司投资银行部华北业务部经理，不持有本公司股票。

高级管理人员：

林国雄先生，41岁，大专文化、会计师，本公司财务总监，不持有本公司股票。

邱锡伟先生，29岁，大专文化，经济师，曾任深圳市歌朗娜表业有限公司行政人事主任、内部审核员，现任本公司董事会秘书兼行政办公室主任，不持有本公司股票。

监事会成员：

监事长苏若梅女士，60岁，中国农工民主党党员，中专文化，高级工程师，曾任本公司质量管理部经理，现为本公司副总工程师，不持有本公司股票。

监事许德仕先生，57岁，大专文化，曾任学校教员，现为本公司顾问，不持有本公司股票。

监事邱淑卿女士，35岁，大专文化，会计师、中国注册资产评估师，曾任职于深圳市蛇口会计师事务所、深圳市中深信资产评估公司，现任普宁市康美实业有限公司财务部副经理，不持有本公司股票。

自然人的关联关系：

上述人员中，马兴田与许冬瑾为配偶关系，许德仕与许冬瑾为父女关系，邱淑卿与邱锡伟为姐弟关系；

股份公司的自然人发起人中，许燕君与许冬瑾为母女关系。

六、公司设立

本公司是经广东省人民政府办公厅"粤办函[1997]346号"文与广东省经济体制改革委员会"粤体改[1997]077号"文批准，由普宁市康美实业有限公司、普宁市国际信息咨询服务有限公司、普宁市金信典当有限公司以及自然人许燕君、许冬瑾于1997年6月18日共同发起设立，设立时总股本为5280万股，每股面值壹元。其中：普宁市康美实业有限公司以其所拥有的广东康美药业有限公司的权益(经评估确认后)2309.20万元及现金1810.80万元按1:1的比例共认购4120万股，占股本总额的78%；其余四家发起人各以现金290万元按1:1的比例分别认购290万股，各占总股本的5.5%。

经中国证监会证监发行字[2001]17号文核准，本公司于2001年2月26日通过上海证券交易所系统，以上网定价方式成功地向社会公众公开发行每股面值1.00元人民币的普通股1800万股。本次发行后公司总股本为7080万股。2001年3月6日，本公司在广东省工商行政管理局重新注册登记，注册资本7080万元，法定代表人：马兴田，公司注册地址：广东省普宁市下架山工业区，工商执照注册号码为：4400001007149。

七、关联企业及关联交易

(1)发行人的关联企业

a.普宁市康美实业有限公司("普宁康美实业公司")

普宁康美实业公司共持有发行人股份41,200,000股,占发行人本次发行前总股本的78%,是发行人的主要发起人和第一大股东。普宁康美实业公司于1997年1月20日成立。

普宁康美实业公司与发行人之间的主营业务不同,不存在同业竞争,而且,普宁康美实业公司已经就此承诺将不经营与发行人同类的业务。

b.普宁市国际信息咨询有限公司("普宁信息公司")

普宁信息公司共持有发行人股份2,900,000股,占发行人本次发行前总股本的5.5%,是发行人的发起人股东。普宁信息公司于1992年8月28日成立,经营范围是信息咨询。

普宁信息公司与发行人之间的主营业务不同,不存在同业竞争。

c.普宁市金信典当有限公司("普宁金信公司")

普宁金信公司共持有发行人股份2,900,000股,占发行人本次发行前总股本的5.5%,是发行人的发起人股东。普宁金信公司于1995年2月9日成立,经营范围是典当和拍卖。

普宁金信公司与发行人之间的主营业务不同,不存在同业竞争。

d.普宁市业帅织造有限公司

普宁市业帅织造有限公司的法定代表人为发行人的发起人许冬瑾、许燕君的亲属。

e.香港易真有限公司

香港易真有限公司的法定代表人为发行人的发起人许冬瑾、许燕君的亲属。

(2)关联交易

a.发行人与普宁康美实业公司于1997年10月20日订立的《购销合同》。按照该合同的约定,发行人向普宁康美实业公司购买7,000公斤诺氟沙星,并支付贷款人民币14,602,000.00元。该合同已经全面履行完毕。

b.发行人与普宁康美实业公司于1997年10月26日订立的《购销合同》。按照该合同的约定,发行人共向普宁康美实业公司购买1,678公斤红霉素碱,并支付货款人民币5,541,795.00元。该合同已经全面履行完毕。

以上所发生的关联采购价格按当期市场价格定价,我们将独立第三方价格和关联交易占当年采购原料比例列示如下:

品种规格	数量(公斤)	单位价格	金额	占当年采购比例	市场单价
诺氟沙星	7,000.00	2,086.00	14,602,000.00	5.46%	2,085.50
红霉素碱	1,687.00	3,285.00	5,541,795.00	2.07%	3,285.00

c.发行人与普宁市业帅织造有限公司于1997年10月3日订立4份《商务合同》。按照该4份合同的约定,发行人共向普宁市业帅织造有限公司购买579,836件(条)服装,并支付货款人民币32,238,945.66元。该合同已经全面履行完毕。

d.香港易真有限公司转让其在药业公司的全部权益予发行人的关联交易情况。

2000年1月18日,发行人与香港易真有限公司订立了《关于终止〈广东省康美药业有限公司合同书〉的协议》,约定发行人受让香港易真有限公司在药业公司的25%的权益,并解散药业公司。2000年2月1日,经普宁市对外经济贸易局(普外经批字[2000]011号)《关于申请中止中外合作经营"广东康美药业有限公司"的批复》批准,发行人受让了香港易真公司在药业公司的权益,享有药业公司的全部财产,药业公司已按有关规定向公司登记机关申请解散,并已办理了注销手续。上述行为已得到原审批部门的批准,符合中外合作经营企业法律、法规的有关规定。药业公司解散后,发行人依法享有其全部资产的所有权。

e.发行人董事长马兴田无偿转让其专利权予发行人的关联交易情况

专利权　包括中华人民共和国专利局授予的:(U药品包装夹纸外观设计专利证书,其《外观设计专利证书》号为第86550号;(2)药品包装盒外观设计专利证书,其《外观设计专利证书》号为第84507号。

上述专利权的专利权人均为马兴田,马兴田已与发行人订立了上述专利权转让合同,将上述专利权无偿转让予发行人,双方已就该转让事项委托中国科学院广州专利事务所向国家专利局申请登记,该转让事项的登记将不存在法律障碍。

(3)大股东的不竞争承诺

为避免同业竞争,保护中小股东利益,普宁市康美实业有限公司向本公司出具了《不竞争承诺函》。根据该文件,康美实业不从事与本公司主营业务构成竞争的类似业务,不利用控股股东的地位从事任何有损于本公司利益的行为。

八、股本结构及大股东持股情况

(一)本次发行前后的股本结构

股权种类		发行前持股数(万股)	发行前占总股本比例(%)	发行后持股数(万股)	发行后占总股本比例(%)
发起人股	普宁市康美实业有限公司	4120	78.0	4120	58.2
	普宁市国际信息咨询服务有限公司	290	5.5	290	4.1
	普宁市金信典当有限公司	290	5.5	290	4.1
	许燕君	290	5.5	290	4.1
	许冬瑾	290	5.5	290	4.1
社会公众股				1800	25.4
总股本		5280	100.00	7080	100.00

(二)本次发行后,本公司前十位股东所持股数及比例

股东名称	持股数量(万股)	占总股本比例
普宁市康美实业有限公司	4120	58.2%
普宁市国际信息咨询服务有限公司	290	4.1%
普宁市金信典当有限公司	290	4.1%
许燕君	290	4.1%
许冬瑾	290	4.1%
同益基金	8.6	0.12%
同盛基金	8.3	0.11%
安顺基金	8.3	0.11%
裕隆基金	6.8	0.09%
裕阳基金	6.5	0.09%

九、公司财务会计资料

本公司截止2000年10月31日的财务状况,已于2001年2月22日在《上海证券报》刊登的《招股说明书概要》中进行了详细的披露。鉴于上次披露与本公告间隔时间未超过六个月,故与其相重复的内容在此不再重述,敬请投资者查阅本公司的《招股说明书概要》。

本上市公告书所引用的财务会计资料全部来源于广东正中珠江会计师事务所广会所审字(2000)第80256号审计报告。

审　计　报　告

广会所审字(2000)第80256号

广东康美药业股份有限公司全体股东:

我们接受委托,审计了贵公司1997年12月31日、1998年12月31日、1999年12月31日的资产负债表与合并资产负债表、2000年10月31日的资产负债表、1997年度、1998年度、1999年度的利润及利润分配表与合并利润及利润分配表、2000年1-10月的利润及利润分配表以及1999年度的现金流量表与合并现金流量表、2000年1-10月的现金流量表。这些会计报表由　贵公司负责,我们的责任是对这些会计报表发表审计意见。我们的审计是依据《中国注册会计师独立审计准则》进行的。在审计过程中,我们结合　贵公司实际情况,实施了包括抽查会计记录等我们认为必要的审计程序。

我们认为,上述会计报表符合《企业会计准则》和《股份有限公司会计制度》的有关规定,在所有重大方面公允地反映了　贵公司1997年12月31日、1998年12月31日、1999年12月31日和2000年10月31日的财务状况及1997年度、1998年度、1999年度和2000年1-10月的经营成果及1999年度和2000年1-10月的现金流量,会计处理的方法遵循了一贯性原则。

广东正中珠江会计师事务所　　中国注册会计师:吉争雄

中国注册会计师:杨文蔚

中国　广州　　二000年十一月十八日

广东康美药业股份有限公司

会计报表附注

1997年6月18日至2000年10月31日

单位:人民币元

一、公司基本情况

1、公司于1997年6月9日经广东省人民政府粤办函[1997] 346号文、广东省经济体制改革委员会粤体改[1997]077文批准,由普宁市康美实业有限公司、普宁市国际信息咨询服务有限公司、普宁市金信典当有限公司3家法人企业和许燕君、许冬瑾2位自然人共同发起设立,并于1997年6月18日在广东省工商行政管理局取得《企业法人营业执照》(注册号:4400001007149),注册资本人民币伍仟贰佰捌拾万元(RMB52,800,000)。

2、公司为药品生产及经营企业,主要生产的产品有康美利乐、康美诺沙、阿莫西林和ATP肠溶液等。

3、公司经营范围:生产、销售化学药品制剂、抗生素类药品、医药保健品;自营和代理除国家组织统一联合经营的16种出口商品和国家实行核定公司经营的14种进出口商品以外的其他商品及技术的进出口(按省外经贸委粤外经贸进字(97)339号文经营)。

4、公司住所:广东省普宁市下架山工业区。

二、公司采用的主要会计政策、会计估计和合并会计报表的编制方法

三、税项

税　种	税率
增值税	17%
城市维护建设税	5%
教育费附加	3%
企业所得税	33%

1、公司197-1999年属省级高新技术企业,2000年被国家科技部认定为国家火炬计划重点高新技术企业,根据广东省委、省人民政府粤发[1998]16号文以及广东省地方税务局粤地税函[1999]317号的确认,公司1997-1999年可享受所得税减按15%税率征收的优惠政策,2000年1-10月按33%的税率计缴所得

2、原控股子公司广东康美药业有限公司是中外合作企业,可享受外商投资企业二免三减所得税优惠;2000年1月中外双方协定终止其法人地位[详见附注十二],按税法规定因合营年限未满十年经营期,应补缴原外商投资企业享受的税费优惠;根据广东省委、省人民政府粤发[1998]16号文出口额占销售额比例超过其规定比例的高新技术企业减按15%的税率征收所得税,其中5%列收列支返还企业的政策和广东省普宁市地方税务局《关于广东康美药业有限公司注销法人地位应补缴减免税款清查情况的批复》补缴以前年度所得税,1997年应补缴所得税1,389,626.55元、城建税238,248.24元以及教育费附加142,948.94

元;1998年应补缴所得税1,544,046.70元、城建税299,102.32元以及教育费附加179,461.39元;1999年应补缴所得税2,716,947.29元、城建税132,398.57元以及教育费附加79,439.14元。所有补缴款项已向当地税局缴足,公司会计报表已按该事项进行追溯调整。

四、利润分配

1、公司章程规定的净利润分配政策如下:

a.弥补亏损;

b.按净利润的10%提取法定盈余公积;

c.按净利润的5%提取法定公益金;

d.提取任意盈余公积;

e.分配股利。

2、报告期内公司除按各年净利润的10%提取法定盈余公积及按净利润的5%提取法定公益金外,公司未作其他利润分配,并据1999年度股东大会决议,公司的未分配利润余额由公司本次发行后新老股东共享。

五、控股子公司及合营企业

1、公司无控股子公司及合营企业。

2、原控股子公司广东康美药业有限公司的情况如下:

1997年6月18日至1卿年5月6日公司实际控制原控股子公司中外合作经营企业广东康美药业有限公司92.9%的股权,1999年5月7日,中外双方股东按合同规定投足资本后,公司所占权益比例变为75%,与注册资本比例一致;2000年1月公司与广东康美药业有限公司外方合营者香港易真公司签订协议,受让其拥有的广东康美药业有限公司25%股权,注销该公司的法人地位并成为公司的组成部分。

六、会计报表主要项目注释

(一)、合并会计报表主要项目注释

1、货币资金

项　目	2000.10.31	1999.12.31
现　金	127,464.12	134,078.67
银行存款	11,321,933.40	2,775,563.87
合　计	11,449,397.52	2,909,642.54

2、应收账款与其他应收款

(1)应收账款账龄分析列示如下:

账　龄	2000.10.31 金额	比例(%)	坏账准备	1999.12.31 金额	比例(%)	坏账准备
1年以内*	48,223,990.11	99.99	482,239.90	52,314,964.18	100.00	523,149.63
1-2年	1,145.00	0.01	114.50			
2-3年						
1年以上						
合计	48,225,135.11	100.00	482,354.40	52,314,964.18	100.00	523,149.63

(2)其他应收款账龄分析列示如下:

账　龄	2000.10.31 金额	比例(%)	坏账准备	1999.12.31 金额	比例(%)	坏账准备
1年以内*	96,529.30	14.82	965.29	578,591.60	100.00	5,785.92
1-2年	554,646.00	85.18	55,464.60			
2-3年						
3年以上						
合计	651,175.30	100.00	56,429.89	578,591.60	100.00	5,785.92

*　1.公司实行比较严格的信用政策,采用比较短的信用期间,在选择客户方面选择较高的信用标准,公司聘请专职催款人员,资金回流情况一直良好,赊销款基本上在三个月内能予以回笼,故各期期末应收账款余额账龄基本为一年以内。

2.公司采取积极的应收款项催收政策,并根据历年应收款项资金回流的良好情况,确定一年以

内应收款项坏账准备计提比例按1%计提。

报告期末无持有本公司5%(含5%)以上股份的股东单位的欠款。

3、预付账款

预付账款账龄分析列示如下：

账龄	2000.10.31 金额	比例(%)	1999.12.31 金额	比例(%)
1年以内	8,198,016.00	77.96		
1-2年	5,553,000.00	94.26	2,318,200.00	22.04
2-3年	338,200.00	5,74	–	–
3年以上				
合计	5,891,200.00	100.00	10,516,216.00	100.00

注：报告期内预付账款各期余额系原控股子公司广东康美药业有限公司按技术转让合同条款规定预付予合作方中国医学院药物研究所和江苏省药物研究所的款项，截止于2000年10月31日原控股子公司向中国医学院药物研究所和江苏省药物研究所预付了脲胺及甲磺酸酚妥拉明两个项目的技术转让费分别为人民币2,911,000元和2,980,200元，详见附注九(2、3)。

12、未交税金

税种	2000.10.31	1999.12.31
增值税	1,538,220.25	–1,229,083.51
城建税	76,911.02	669,749.13
房产税	93,962.40	
所得税	4,101,139.78	4,571,586.48
合计	5,810,233.45	4,012,252.10

13、其他应付款

账龄	2000.10.31	比例(%)	1999.12.31	比例(%)
1年以内	468,033.14	84.07	21,895,809.09	98.72
1-2年	8,480.00	1.52	211,591.13	0.95
2-3年	80,233.52	14.41	72,617.43	0.33
3年以上				
合计	556,746.66	100.00	22,180,017.65	100.00

14、预提费用

项目	2000.10.31	1999.12.31
贷款利息	589,257.00	831,350.00

15、长期借款

借款单位	2000.10.31	1999.12.31	借款期限	年利率	借款条件
交通银行普宁支行	17,000,000.00	17,000,000.00	1999.9.15-2002.9.14	5.9400%	信用

16、长期应付款

项目	2000.10.31	1999.12.31
普宁市康美实业有限公司*	19,000,000.00	–

* 系公司之大股东普宁市康美实业有限公司支付的公司受让香港易真公司所持有的广东康美药业有限公司25%股权的款项，根据公司与普宁市康美实业有限公司签订的协议，该笔款项归还期限为两年，详见附注十二。

17、股本

	2000.10.31
一、未上市流通股份	
1.发起人股份	52,800,000.00
其中：	
国家持有股份	
境内法人持有股份	47,000,000.00
其他	5,800,000.00
2.募集法人股份	
3.内部职工股	
尚未流通股份合计	52,800,000.00
二、已上市流通股份	
1.人民币普通股	
已上市流通股份合计	
三、股份总数	
合计	52,800,000.00

股本业经普宁会计师事务所普会师资本验字(1997)26号验证。

18、盈余公积

项目	2000.10.31	1999.12.31	1998.12.31	1997.12.31
法定盈余公积	4,077,045.06	4,077,045.06	2,059,320.68	791,978.12
公益金	2,038,522.53	2,038,522.53	1,029,660.34	395,989.06
合计	6,115,567.59	6,115,567.59	3,088,981.02	1,187,977.18

19、未分配利润

项目	2000.10.31	1999.12.31	1998.12.31	1997.12.31
期初未分配利润	34,654,882.99	17,504,225.76	6,731,813.97	–
加：本期净利润	20,604,683.21	20,177,243.80	12,673,425.63	7,919,781.15
减：提取法定盈余公积	–	2,017,724.38	1,267,342.56	791,978.12
提取法定公益金	–	1,008,862.19	633,671.28	395,989.06
期末未分配利润	55,259,566.20	34,654,882.99	17,504,225.76	6,731,813.97

注：根据1999年度股东大会决议，公司的未分配利润余额由公司本次发行后新老股东共享。

20、主营业务收入

项目	2000年1-10月	1999年度	1998年度	1997年度
出口销售收入				
自产产品	–	23,634,147.20	111,151,414.12	66,667,727.50
其中：康美利乐				
康美诺沙				
外购扛品				
小计	–	23,634,147.20	111,151,414.12	66,667,727.50
国内销售收入				
自产产品	203,508,729.93	220,140,643.43	74,075,308.74	15,274,288.22
其中：康美利乐	68,202,133.00	78,987,806.97	40,859,280.28	
康美诺沙	68,866,985.44			
外购产品	87,760,761.74	85,004,935.37		
小计	291,269,491.67	305,145,578.80	74,075,308.74	15,274,288.22
主营业务收入合计	291,269,491.67	328,779,726.00	185,226,722.86	81,942,015.72

注：1. 公司1999年度主营业务收入较1998年度大幅增长的原因为1998年新产品康美利乐刚投产不久，公司正处于大力开拓市场过程中，并且随着整个药品市场竞争的逐步升级，公司在1998年新产品未打开市场、以及老产品受到激烈竞争的情况下，1998年度主营业务收入相对较低；1999年度由于康美利乐市场份额的逐步扩大，以及广告费用的大量投入，康美利乐的销售收入达到人民币78,987.81千元，比上年大幅增长93.31%，成为公司主营业务收入的主要增长点，并且公司在1999年度对外购产品销售渠道进行大力的开拓，外购产品销售因此出现显著的增长。

2. 公司2000年1-10月主营业务收入比1999年度增长的原因为1999年10月新药康美诺沙投产，2000年1-10月由于需求畅旺、市场反映良好，以及公司投入大额广告费对其进行宣传，使其已实现销售量1,465万片，销售额人民币68,866.99千元的良好业绩，成为公司主要拳头产品；另一主要产品康美利乐仍保持其投产以来较高的市场占有率，并稳步增长；而其他老产品则继续保持其原有的市场份额。

3.公司2删年1-10月毛利率较以前年度大幅增加的原因系新药的毛利率较高，且新产品销售额占公司当年的销售总额比例比以前年度大幅提高。

4. 公司2000年1-10月份出口销售收入占总销售收入比例由1999年度的7.19%大幅下降为0，主要原因是药品出口销售的毛利率持续未达到公司预期的水平，公司管理层在2000年度的经营计划中决定将经营主要精力集中于国内市场，致使2000年1-10月份公司没有出口销售收入。

21、主营业务成本

项目	2000年1-10月	1999年度	1998年度	1997年度
出口销售成本				
自产产品		22,665,745.56	108,607,752.72	56,029,338.78
其中：康美利乐				
康美诺沙				
外购产品				
小计		22,65,745.56	108,607,752.72	56,029,338.78
国内销售成本				
自产产品	152,687,146.36	183,753,464.65	51,472,768.54	11,248,805.16
其中：康美利乐	48,554,127.98	59,494,446.34	34,101,568.69	
康美诺沙	47,088,345.75			
外购产品	78,717,572.96	78,236,780.20		
小计	231,404,719.32	261,990,244.85	51,472,768.54	11,248,805.16
主营业务成本合计	231,404,719.32	284,655,990.41	160,080,521.26	67,278,143.94

22、主营业务税金及附加

项目	2000年1-10月	1999年度	1998年度	1997年度
城建税	492,203.62	159,131.00	299,102.32	238,248.24
教育费附加	295,322.13	95,478.61	179,461.39	142,948.94
合计	787.525.75	254,609.61	478,563.71	381,197.18

23、其他业务利润

1998年度公司出口服装收入人民币71,648,034.78元，结转服装成本人民币68,706,885.66元。

24、管理费用

公司1999年度、2000年1-10月投入暨南大学医药生物技术研究开发中心的研究开发经费分别为人民币1,600,000.00元和1,600,000.00元，详见附注九。

25、财务费用

项目	2000年1-10月	1999年度	1998年度	1997年度
利息支出	3,517,229.50	2,638,950.00	4,561,748.00	255,000.00
减：利息收入	69,543.72	94,240.52	105,718.43	12,597.16
加：汇兑损益	66,437.50	–82,521.56	23,277.46	
加：其他	20,937.57	44,754.32	85,668.23	13,347.16
合计	3,468,623.35	2,655,901.30	4,459,176.24	279,027.46

26、投资收益

项目	2000年1-10月	1999年度	1998年度	1997年度
股权投资差额摊销	*1–1,454,279.76	–	*2–246,872.65	

*1： 2000年1-10月投资损失为公司受让香港易真公司所持有的广东康美药业有限公司25%的股权受让价格人民币19,000,000.00元与转让基准日(1999年12月31日)账面价值的差额(其中已包含转让基准日后转让方应分享的权益)，详见附注十二。

*2：系1998年一次性摊销股权投资差额。

27、营业外支出

项目	2000年1-10月	1999年度	1998年度	1997年度
捐赠支出	30,000.00	7,000.00	1,148.00	721.00
罚款	2,605.00	335.00		
合计	32,605.00	7,335.00	1,148.00	721.00

28、所得税

项目	2000年1-10月	1999年度	1998年度	1997年度
所得税	10,890,578.57	2,720,021.22	1,584,237.46	1,007,633.18

29、支付的其他与经营活动有关的现金

支付的其他与经营活动有关的现金有关明细如下所示：

项目	2000年1-10月	1999年度
支付的营业费用	10,017,483.23	1,220,542.21
支付的管理费用	4,807,318.26	5,403,272.21
支付的普宁市康美实业有限公司业务往来款	25,753,306.94	38,968,510.54
支付的其他单位业务往来	2,775,544.88	4,801,087.42
合计	43,353,653.31	50,393,412.38

七、关联方关系及其交易

①、关联方关系

a.存在控制关系的关联方

公司名称	注册地址	主营业务	与本公司关系	经济性质	法定代表人
普宁市康美实业有限公司	普宁市下架山镇政府南侧	商业	公司之母公司	有限责任公司	马文添

b.存在控制关系的关联方的注册资本及其变化

公司名称	期末余额	期初余额
普宁市康美实业有限公司	83,000,000.00	83,000,000.00

c.存在控制关系的关联方所持股份及变化

公司名称	期末余额	期初余额
普宁市康美实业有限公司	78%	78%

八、或有事项

公司下列资产已向广发证券有限责任公司抵押：

抵押物名称及型号	数量	账面原值	评估值
高效包衣机 GBS-IS0A	1台	4,630,000.00	4,537,400.00
旋转式压片机 ZF-33B	1台	2,356,000.00	2,308,900.00
旋转式压片机 ZPW21	1台	2,300,000.00	2,254,000.00
全自动胶囊填充机 ZJJ-800A	1台	2,980,000.00	2,920,400.00
全自动胶囊填充机 ZJJ-400	1台	2,360,000.00	2,312,800.00
包罩包装机 DPA-IS0	1台	2,850,000.00	2,793,000.00
合计		17,476,000.00	17,126,500.00

九、承诺事项

1、公司于1999年4月8日与暨南大学医药生物技术研究开发中心订立《科研合作协议书》，就白介素11(IL-11)、重组人肿瘤血管抑制因子、微胶囊携带肿瘤定向靶向治疗药物的研究开发，约定由公司投入人民币8,000,000元作为暨南大学医药生物技术研究开发中心的研究开发的经费，公司对研究成果或专利享有优先购买权,双方还就可能合作投产事项作了原则约定。截止于 2000 年 10 月 31 日公司已投入该项目研究开发费用人民币 3,200,000 元,公司尚应根据该协议的约定投入剩余款项人民币 4,800,000 元。

2、原控股子公司广东康美药业有限公司于 1995 年 3 月 20 日与中国医学科学院药物研究所就受让其二类西药脲酸(盐酸丙哌维林)原料药及片剂技术成果签订协议,由公司支付人民币 5,450,000 元作为该项目的技术转让费。截止于 2000 年 10 月 31 日,该项目的新药证书申请正于受理中,公司已就该项目支付人民币 2,911,000 元,剩余款项将于取得新药证书一个月内予以支付。

3、原控股子公司广东康美药业有限公司于 1998 年 10 月 5 日与江苏省药物研究所(其前身即南京药物研究所)就受让其甲磺酸酚妥拉明片技术成果签订协议,由公司支付人民币 7,300,000 元作为该项目的技术转让费。截止于 2000 年 10 月 31 日,公司已就该项目支付人民币 2,980,200 元,剩余款项公司将在本报告期后按合同规定的支付日期予以支付。

4、公司于 1998 年 12 月 18 日与普宁市流沙镇赵厝寮经济联合社就承租其坐落于普宁市流沙镇赵华路西侧、市中药材专业市场对面、长春路南侧面积为 11038 平方米的全栋楼房签订协议:租赁期限为十年,自 1999 年 1 月 1 日起至删 8 年 12 月 31 日止;租赁期间租金确定为 1999 年 1 月 1 日至 2002 年 12 月 31 日每年支付租金人民币 1,059,648 元,2003 年 1 月 1 日至 2005 年 12 月 31 日每年支付租金人民币 1,125,876 元,2006 年 1 月 1 日至 2008 年 12 月 31 日每年支付租金人民币 1,192,104 元。

十、资产负债表日后事项中的非调整事项

公司无任何应披露的资产负债表日后事项中的非调整事项。

十一、债务重组事项

公司无任何应披露的债务重组事项。

十二、其他重要事项

1、公司于 2000 年 1 月 18 日与原子公司广东康美药业有限公司(以下简称"合作公司")合作外方香港易真有限公司签订协议,受让其持有的合作公司 25% 的股权,注销合作公司之法人地位并成为公司之组成部分。受让价格为人民币 19,000,000.00 元,合作公司转让基准日 1999 年 12 月 31 日净资产为人民币 89,198,015.82 元,合作外方股权应占份额为人民币 17,545,720.24 元。

2、根据普宁市康美实业有限公司(以下简称"康美实业")与公司及香港易真有限公司于 2000 年 1 月 18 日签订的《关于终止〈广东康美药业有限公司合同书〉的协议》中,有关康美实业代公司支付转让价款人民币 19,000,000 元予香港易真有限公司的约定所作的承诺,公司于 2000 年 1 月 18 日与康美实业就债务清偿方式签订了《债务清偿协议》,公司应于 2001 年 6 月 30 日前偿还康美实业第一期款项人民币 7,000,000 元,2001 年 9 月 30 前偿还第二期款项人民币 6,000,000 元,2001 年 12 月 31 日前偿还最后一期款人民币 6,000,000 元;康美实业并于协议中承诺协议项下的债务不计利息。

十、董事会上市承诺

本公司董事会将严格遵守《中华人民共和国公司法》、《中华人民共和国证券法》、《股票发行与交易管理暂行条例》、《公开发行股票公司信息披露实施细则》、《上海证券交易所股票上市规则》及国家有关法律、法规,并自本公司股票上市之日起,作出如下承诺:

1、按照法律、法规的规定程序和要求披露重大信息,自觉接受证券主管机关、贵所的监督管理;

2、及时、真实、准确地公布中期报告和年度报告,并置于规定场所供投资者公众查阅;

3、本公司董事、监事及高级管理人员如发生人事变动时,在报告证券主管机关、证券交易所的同时向投资者公布;

4、在任何公共传播媒介中出现的消息可能对本公司股票的市场价格产生误导性影响时,本公司知悉后将及时对该消息予以公布澄清;

5、本公司董事、监事及高级管理人员将认真听取社会公众的意见和批评,不利用已获得的内幕消息和其他不正当手段直接或间接从事股票买卖;

6、本公司没有无记录负债;

7、本公司董事会及各位董事保证不就任何未经主管机关审阅的可能影响股价变动的重大信息私自或公开发表意见。

8、依据 2000 年 5 月 1 日起实施的《上海证券交易所股票上市规则(2000 年修订本)》,本公司全体董事、监事将按照有关规定,在本公司股票上市后两个月内签署《董事(监事)声明及承诺书》并送达上海证券交易所备案。

十一、重要事项揭示

1、本公司根据广东正中珠江会计师事务所对公司 1997 年度、1998 年度、1999 年度、2000 年 1-10 月份经营业绩审计的基础上,以公司的生产经营能力、营销计划、生产计划、投资计划及盈利预测报告等为依据,本着求实、稳健和谨慎性原则郑重承诺:本公司 2000 年度及 2001 年度的预期收益符合《中华人民共和国公司法》第 137 条第四款的规定,利润率不低于同期银行存款利率。

2、本公司历年滚存利润,由本次股票发行的新老股东按持股比例共同享有,具体分配方案将由年度股东大会决定。预计本次发行后首次派发股利的时间是 2001 年 6 月 30 日或该日之前。

3、本公司本次发行前每股净资产:2.16 元,发行后每股净资产:4.71 元。

4、根据《上海证券交易所股票上市规则》,本公司第一大股东普宁市康美实业有限公司已向上海证券交易所承诺,自本公司股票上市之日起 12 个月内不转让其原所持有的股份,也不由上市公司回购其持有的股份。

5、本公司目前按 33% 的所得税率计征所得税。

6、截止本公司上市公告书刊登之日,本公司和本公司董事、监事和高级管理人员无任何重大诉讼事项。

7、经上海证券交易所上证上字[2001] 32 号文批准,本公司通过上海证券交易所交易系统上网定价发行的 1800 万股人民币普通股(A 股)将于 2001 年 3 月 19 日起在上海证券交易所挂牌交易。

8、本公司本次发行股票拟投资项目中,二类新药盐酸丙哌维林尚未获得新药证书与生产批件,该事项已经在招股说明书及其概要的特别风险提示部分作了如实充分的披露。

9、本公司发行前原有各位股东已经向本公司出具了承诺函,承诺本公司本次发行前经营活动中产生的不良资产和不良债权在发行后实际发生的损失由原有各股东承担。

10、除本公司招股说明书及概要和上市公告批露的事项外,本公司没有其他应披露而未披露的重要事项。

十二、备查文件目录

1、招股说明书　　2、上海证券交易所上市通知书

3、中国证监会证监发行字[2001] 17 号文

4、审计报告、财务报表及附注　　5、验资报告

6、法律意见书　7、公司股东大会决议、董事会决议

8、公司营业执照　9、公司章程　10、其他备查文件

十三、咨询机构

1、发行人:广东康美药业股份有限公司

办公地点:广东省普宁市流沙镇长春路　　法定代表人:马兴田

电　　话:0663-2917777 转 8009　　传真:0663-2916111　　联系人:邱锡伟

2、上市推荐人:广发证券有限责任公司

办公地点:广州市天河北路 183 号大都会广场 38 楼　　法定代表人:陈云贤

电话:020-87555888 转　　传真:020-87553583　　联系人:黄海宁　陈家茂　陈天喜

广东康美药业股份有限公司

2001 年 3 月 9 日

资产负债表

编制单位:广东康美药业股份有限公司　　单位:人民币元

资产	1999.12.31 合并	1999.12.31 母公司	2000.12.31
流动资产:			
货币资金	2909642.54	1214410.05	11449397.52
应收帐款	52314964.18	15043012.31	48225135.11
其它应收款	578591.6	22930007	651175.3
减:坏帐准备	528935.55	151983.11	538784.29
应收帐款净额	52364620.23	37821036.2	48337526.12
预付帐款	10516216		5891200
存货	49543795.83	4217696.2	56407772.61
存货净额	49543795.83	4217696.2	56407772.61
待摊费用			176608
流动资产合计	115334274.6	43253142.45	122262504.25
长期投资:			
长期股权投资		71652295.58	
长期投资合计		71652295.58	
长期投资净额		71652295.58	
固定资产:			
固定资产原值	107405952.37	1024597.52	107640600.87
减:累计折旧	20459997.28	110279.63	26016045.08
固定资产净值	86945955.09	914317.89	81624555.79
固定资产合计	86945955.09	914317.89	81624555.79
无形及其它资产:			
无形资产	21401277.78	13680000	25678632.94
开办费	1111983.48	186499.9	629142.38
长期待摊费用	2092757.92	2092757.92	1719876.13
无形资产及其它资产合计	24606019.18	15959257.82	28027651.45
递延税项:			
资产总计:			
资产总计	226886248.87	131779013.74	231914711.49
流动负债:			
短期借款	35000000		43000000
应付帐款	34686214.48	8166058.48	29468651.08
应付工资	281593		475622
应付福利费	1376801.35	198085.28	1792920.9
应付税金	4012252.1	-1180102.73	5810233.45
其它应交款	401849.47		46146.61
其它应付款	22180017.65	31024522.13	556746.66
预提费用	831350		589257
流动负债合计	98770078.05	38208563.16	81739577.7
长期负债:			
长期借款	17000000		17000000
长期应付款			19000000
长期负债合计	17000000		36000000
递延税项:			
负债合计:			
负债合计	115770078.05	38208563.16	117739577.7
少数股东权益:			
少数股东权益		17545720.24	
股东权益:			
股本	52800000	52800000	52800000
盈余公积	6115567.59	6115567.59	6115567.59
其中:公益金	2038522.53	2038522.53	2038522.53
未分配利润	34654882.99	34654882.99	55259566.2
股东权益合计	93570450.58	93570450.58	114175133.79
负债和股东权益总计:			
负债和股东权益总计	226886248.87	131779013.74	231914711.49

利润及利润分配表

编制单位:广东康美药业股份有限公司　　单位:人民币元

项目	1999 年度 合并	1999 年度 母公司	2000 年度
流动资产:			
货币资金	2909642.54	1214410.05	11449397.52
一、主营业务收入	328779726	108639082.57	291269491.67
减:折扣与折让			
主营业务收入净额	328779726	108639082.57	291269491.67
减:主营业务成本	284655990.41	100902525.76	231404719.32
主营业务税金及附加	254609.61	42771.9	787525.75
二、主营业务利润	43869125.98	7693784.91	59077246.6
营业费用	4218033.38	2490578.62	13253460.86
管理费用	8916862.07	4687273.77	9373015.85
财务费用	2655901.3	146886.9	3468623.35
三、营业利润	28078329.23	369045.62	32982146.54
加:投资收益		19814272.11	-1454279.76
减:营业外支出	7335	3000	32605
四、利润总额	28070994.23	20180317.73	31495261.78
减:所得税	2720021.22	3073.93	10890578.57
少数股东损益			5173729.21
五、净利润	20177243.8	20177243.8	20604683.21
加:年初未分配利润	17504225.76	17504225.76	34654882.99
六、可供分配的利润	37681469.56	37681469.56	55259566.2
减:提取法定盈余公积金	2017724.38	2017724.38	
提取法定公益金	1008862.19	1008862.19	
七、可供股东分配的利润	34654882.99	34654882.99	55259566.2
八、未分配利润	34654882.99	34654882.99	55259566.2

贵州茅台酒股份有限公司

贵州茅台酒股份有限公司股票上市公告书暨2001年中期财务报告

一、重要声明与提示

本公司董事会保证上市公告书的真实性、准确性、完整性,全体董事承诺上市公告书不存在虚假记载、误导性陈述或重大遗漏,并承担个别和连带的法律责任。

根据《公司法》、《证券法》等有关法律、法规的规定,本公司董事、高级管理人员已依法履行诚信和勤勉尽责的义务和责任。

上海证券交易所、中国证监会、其他政府机关对本公司股票上市及有关事项的意见,均不表明对本公司的任何保证。

本公司提醒广大投资者注意,凡本上市公告书未涉及的有关内容,请投资者查阅2001年7月26日刊载于《上海证券报》、《证券时报》和《中国证券报》的本公司招股说明书摘要,及刊载于上海证券交易所网站(http://www.sse.com.cn)的本公司招股说明书全文。

本上市公告书刊登网址:http://www.sse.com.cn?

二、概 览

股票简称:贵州茅台

股票代码:600519

总股本:250,000,000股

本次上市流通股本:71,500,000股

本公司公开发行股票前股东所持股份的流通限制及期限:根据国家现有法律、法规规定和中国证监会证监发行字[2001]41号《关于核准贵州茅台酒股份有限公司公开发行股票的通知》,本公司的国有法人股和其他法人股暂不上市流通。

本公司公开发行股票前最大股东中国贵州茅台酒厂有限责任公司承诺:自本公司股票上市之日起12个月内,不转让所持有本公司的股份,也不由本公司回购该部分股份。

上市地点:上海证券交易所

上市时间:2001年8月27日

股票登记机构:上海证券中央登记结算公司

上市推荐人:南方证券有限公司 北京证券有限责任公司

三、绪 言

本上市公告书是根据《中华人民共和国公司法》、《中华人民共和国证券法》、《股票发行与交易管理暂行条例》、《公开发行股票公司信息披露实施细则》和《上海证券交易所股票上市规则》等国家有关法律、法规的规定,并按照中国证监会《公开发行证券的公司信息披露内容与格式准则第7号--股票上市公告书》而编制,旨在向投资者提供有关贵州茅台酒股份有限公司(以下简称"本公司")和本次股票上市的基本情况。

经中国证监会证监发行字[2001]41号文核准,并经财政部财企便函[2001]56号文《关于贵州茅台酒股份有限公司国有股存量发行有关问题的函》的批复,本公司于2001年7月31日通过"上网定价"的方式成功发行股票7,150万股(其中国有股存量发行650万股),每股面值1.00元,每股发行价为人民币31.39元。

经上海证券交易所上证上字[2001] 126号《上市通知书》同意,本公司通过上网定价发行的7,150万股票将于2001年8月27日起在上海证券交易所挂牌交易。股票简称"贵州茅台",股票代码"600519"。

本公司已于2001年7月26日在《上海证券报》、《证券时报》和《中国证券报》上刊登了《招股说明书摘要》,招股说明书正文及其附注材料刊载于上海证券交易所网站(http://www.sse.com.cn),距今不足三个月,故与其重复的内容在此不再重述,敬请投资者查阅上述内容。

四、本公司概况

(一)本公司的基本情况

1、本公司名称:贵州茅台酒股份有限公司

英文名称:Kweichow moutai Co.,Ltd.

2、注册资本:250,000,000元

3、法定代表人:袁仁国

4、本公司成立日期:1999年11月20日

5、注册地址:贵州省仁怀市茅台镇

6、经营范围:茅台酒系列产品的生产与销售;饮料、食品、包装材料的生产与销售;防伪技术开发;信息产业相关产品的研制、开发等。

7、主营业务:本公司主要从事贵州茅台酒系列产品的生产与销售。

8、所属行业:食品饮料行业

9、联系电话:0852-2386002

传　真:0852-2386005

10、电子信箱:fnp@moutaichina.com

11、董事会秘书:樊宁屏

(二)本公司的历史沿革

本公司经贵州省人民政府黔府函[1999]291号"省人民政府关于同意设立贵州茅台酒股份有限公司的批复"文件的批准,于1999年11月20日,由中国贵州茅台酒厂(集团)有限责任公司(现更名为中国贵州茅台酒厂有限责任公司)作为主发起人,并联合中国贵州茅台酒厂(集团)技术开发公司(现更名为贵州茅台酒厂技术开发公司)、贵州省轻纺集体工业联社、深圳清华大学研究院、中国食品发酵工业研究所、北京市糖业烟酒公司、江苏省糖烟酒总公司、上海捷强烟草糖酒(集团)有限公司共同发起设立。主发起人集团公司将其经评估确认后的生产经营性净资产24,830.63万元投入股份公司,按67.658%的比例折为16,800万股国有法人股,其他七家发起人全部以现金2,511.82万元方式出资,按相同折股比例共折为1,700万股。通过重组,本公司建立了独立的产、供、销和经营管理体系,成为贵州茅台酒系列产品的唯一生产企业。

经中国证监会证监发行字[2001]41号文核准,本公司于2001年7月31日在上海证券交易所以上网定价方式成功地发行了人民币普通股7150万股,每股面值1.00元,每股发行价31.39元。此次发行完成后,本公司已于2001年8月20日在贵州省工商行政管理局依法办理了工商变更登记手续,公司注册资本变更为25000万元。

(三)本公司的主要经营情况

1、行业地位

本公司生产的驰名中外的"贵州茅台酒",是我国酱香型白酒的典型代表,自1915年巴拿马万国博览会获得金奖以来先后十四次获得国际金奖,在历年的国内名酒评比中名列榜首,具有独特的风格和品质,在多年的市场竞争中树立了良好的形象和信誉。公司不仅具有良好的经济效益,而且在我国白酒行业中具有很强的基础研究能力和开发能力,是我国白酒五大香型划分标准的提出者,最早阐明了微生物在白酒酿造中的作用,目前白酒行业必不可少的勾兑工艺理论也是本公司率先提出的,技术上的领先和质量管理的加强确保了本公司产品的市场竞争力。

本公司产品为国内白酒市场上唯一获"绿色食品"称号的天然优质白酒产品,随着人民生活水平和消费水平的提高,消费观念的改变,对优质白酒的需求量日益增大,这将进一步提高本公司的市场竞争力。

目前国家加大了对名优白酒的支持力度,随着茅台酒生产能力的提高和国家西部大开发战略的实施,必将进一步增强和保持企业行业领先地位。

2、技术优势

本公司是我国传统白酒酿制企业,拥有全部酿制贵州茅台酒的核心技术和相关人员。集团公司在发起设立本公司时,相关技术和人员全部进入了股份公司,保证了核心技术的完整性。本公司的核心技术分为两个部分:一是贵州茅台酒生产依据的传统生产工艺,二是贵州茅台酒成型勾兑技术,两者均为企业自有的技术资源,茅台酒生产及勾兑技术,具有较强的特殊性,配合独有的地域、气候等特征,形成模仿者不可逾越的技术壁垒。目前茅台酒已被国家质量技术监督局认定为原产地域保护产品,这将对茅台酒品质及生产技术起到很好的保护作用,具有独特的竞争优势。

3、研究开发

本公司拥有国家经贸委批准的国家级技术中心,下设新产品开发部、微生物研究室、情报色谱研究室等机构。拥有各类工程技术人员30余人,其中高级职称3人,中级技术职称10人,在1999年在继开发出80、50、30年茅台酒的基础上,又开发出了茅台王子酒(获2000年度国家经贸委颁发的国家级新产品证书)、15年茅台酒,产品投放市场供不应求。目前正在进行的研发项目有:

(1)53%(v/v)茅台迎宾酒:该酒属普通酱香型酒,配合不同酒度的茅台酒、茅台王子酒形成高中低三个层次,针对多个细分市场,进一步优化产品结构,满足不同消费者的需求。

(2)贵州省省长专项资金资助项目:主要研究茅台酒与地域微生物关系的探索,研究地域微生物消长情况,以进一步探索茅台酒发酵机理,揭示地域微生物对茅台酒产量和质量的影响。

(3)茅台酒微机勾兑技术:为进一步提高劳动生产率,利用气相色谱技术结合电脑程序模拟勾兑茅台酒,可提高茅台酒勾兑率及生产量。

本公司目前的劣势主要为:公司地处黔北山区,交通不便,各项基础设施相对落后,吸引人才困难,给公司的生产经营带来了较大的制约因素;茅台酒因特殊的工艺原因,所生产的白酒需要5年后才能出厂,制约了短期投资利润的实现和规模经济效益的实现。

4、主要财务指标

根据天一会计师事务所有限责任公司出具的审计报告,公司前三年及2001年度中期的主要财务数据如下:(金额单位:人民币万元)

项　目	2001年中期	2000年度	1999年度	1998年度
主营业务收入	87386.35	111400.08	89085.82	62818.44
主营业务利润	56563.06	71909.92	58885.73	43238.45
利润总额	37299.22	44603.13	35359.26	21896.57
净利润	22340.79	25110.36	21569.01	14689.14

5、主要知识产权和非专利技术情况

A、商标

目前本公司主导产品贵州茅台酒所用"贵州茅台"商标为集团公司所拥有,本公司与集团公司签订了《商标许可使用协议》,取得了有关商标的许可使用权,其主要条款是:集团公司将其注册的"贵州茅台"、"茅台"、"贵州"、"茅台女王"、"汉帝茅台酒"、"茅台 MOUTAI"、"茅台王子"、"茅台不老"等商标许可给股份公司使用,使用方式为独占许可;商标许可期限为50年(自2001年1月1日起至2050年12月31日止),协议期满后集团公司将商标无偿转让给股份公司;协议约定商标许可使用费为:前两年(即2001年1月1日至2002年12月31日),使用费为乙方使用许可商标的酒类产品年销售额的2%;自2003年1月1日起,使用费将按以下原则由甲乙双方协商确定:每年使用费最低为乙方使用许可商标的酒类产品年销售额的1%,最高为乙方使用许可商标的酒类产品年销售额的2%,具体比例在综合考虑双方在保护许可商标方面的贡献和乙方在许可商标品牌宣传和广告投放方面的支出等因素后协商确定,但无论按何种比例收取使用费,每一年度的使用费最高均不得超过许可期前二年所收取商标使用费的平均值;上述商标使用费每二年调整一次,每次调整应在上年度结束前的六十日内协商,并以书面方式确定;此外协议还对双方的违约责任进行了严格的约定。

B、本公司目前完全拥有酿造与生产贵州茅台酒的专有技术及其人员。

6、所得税优惠

本公司目前没有所得税优惠,按33%国家法定税率计缴所得税。

五、股票发行与股本结构

(一)本次股票上市前首次公开发行股票的情况

1、社会公众股发行数量:7,150万股(其中国有股存量发行650万股)

2、股票发行价格:31.39元/股

3、募股资金总额:224,438万元(其中国有股存量发行募股资金 20403.50万元)

4、发行方式:上网定价发行

5、发行费用总额及项目:本次股票发行费用共42,205,525元(其中国有股存量发行费用4,080,732元),主要包括承销费用、审计费用、评估费用、律师费用、发行手续费用、审核费等。

6、每股发行费用:0.59元

7、发行日期:2001年7月31日

8、中签率:1.13057027%

9、有效申购户数:200,713户

10、持有1,000股以上的户数:57,747户

11、发行市盈率:　23.93倍(全面摊薄)

(二)股票承销情况

本公司于2001年7月31日公开发行的人民币普通股71,500,000股由社会公众及合格的机构投资者全额认购,承销团成员无余额包销。

(三)验资报告

验资报告

天一[2001]验字第4-045号

贵州茅台酒股份有限公司全体股东:

我们接受委托,审验了贵公司自1999年11月20日至2001年8月6日止的新增注册资本实收情况。按照国家相关法律、法规的规定和协议、合同、章程的要求出资是出资者的责任,提供真实、合法、完整的验资资料,保护资产的安全、完整是贵公司及其出资者的责任。我们的责任是对贵公司新增注册资本的实收情况发表审验意见。我们的审验是依据《独立审计实务公告第1号---验资》进行的。在审验过程中,我们结合贵公司的实际情况,实施了检查等必要的审验程序。

贵公司已经贵州省人民政府黔府函(1999)291号"关于同意设立贵州茅台酒股份有限公司的批复"的批准,由中国贵州茅台酒厂有责任公司作为主发起人联合其它七家发起人共同发起设立。

1999 年 11 月 20 日取得企业法人营业执照，原注册资本金额为人民币 185,000,000.00 元整，业经贵州黔元会计师事务所验证黔会验字(1999)096 号验资报告予以审验。

根据中国证监督管理委员会证监发行字[2001]41 号文《关于核准贵州茅台酒股份有限公司公开发行股票的通知》，贵公司利用上海证券交易所交易系统，于 2001 年 7 月 31 日采用上网定价发行方式向社会公开发行人民币普通股股票 6,500 万股，

按照国务院颁布的《减持国有股筹集社会保障基金管理暂行办法》的规定和财政部财政便函[2001]56 号文《关于贵州茅台酒股份有限公司国有股存量发行有关问题的函》的批复，同意中国贵州茅台酒厂有限责任公司等 6 家公司按贵公司本次融资额的 10%减持国有股 650 万股划拨给全国社会保障基金理事会持有，全国社会保障基金理事会委托贵公司将其划拨获得的 650 万股在本次公开募股时一并出售。贵公司国有法人股自发行前的 18,350 万股减为 17,700 万股，减少 650 万股。贵州茅台酒股份有限公司此次向社会公众发行人民币 A 种股票 7,150 万股。

经审验，我们认为，截止 2001 年 8 月 6 日止，贵公司已收到新出资者缴纳的投入资本 1,998,144,475.00(已扣除发行费用)，其中股本 65,000,000.00 元，资本公积金 1,933,144,475.00 元，出资方式为货币资金，出资币种为人民币。该款项已分别存入中国工商银行仁怀市支行茅台镇分理处贵公司账号 22101647 内和中国建设银行仁怀市支行茅台酒厂办事处贵公司账号 2638816 内。

我们注意到：贵公司本次增资前的注册资本和股本为 185,000,000.00 元，业经贵州黔元会计师事务所验证黔会验字(1999)096 号验资报告予以审验。截止 2001 年 8 月 6 日止，连同本次验证的注册资本和股本实收金额 65,000,000.00 元，变更后的累计注册资本和股本的实收金额为 250,000,000.00 元。其中：国有法人股 177,000,000.00 元，占总股本的 70.80%；法人股 1,500,000.00 元，占总股本的 0.60%；社会公众股 71,500,000.00 元，占总股本的 28.60%。

本验资报告是供贵公司申请变更登记及据以向出资者签发出资证明时使用，不应将其视为是对被审验单位验资报告日后资本保全、偿债能力和持续经营能力等的保证，因使用不当所造成的后果，与本所及执行验资业务的注册会计师无关。

附件(一)：注册资本变更情况对照明细表

天一会计师事务所有限责任公司　　中国注册会计师：李可贞

中国注册会计师：何英姿

二零零一年 8 月 17 日

(四)募股资金入帐情况

1、入帐时间：2001 年 8 月 6 日

2、入帐金额：199,814.4475 万元

3、开户银行及入帐帐号：

(1) 转入中国工商银行贵州省分行仁怀市支行茅台镇分理处 139,814.4475 万元，入帐账号 22101647；

(2) 转入中国建设银行贵州省分行仁怀市支行茅台镇分理处 60, 000 万元，入帐帐号 2638816；

(五)本公司上市前股权结构及各类股东的持股情况

1、本次上市前股权结构

项目	股数(万股)	比例(%)
国有法人股	17,700	70.80
发起人法人股	150	0.60
社会公众股	7150	28.60
总股本	25,000	100.00

2、本公司前十名股东持股情况

序号	名称	持股数(股)	持股比例
1	中国贵州茅台酒厂有限责任公司	161,706,052	64.680%
2	贵州茅台酒厂技术开发公司	10,000,000	4.000%
3	贵州省轻纺集体工业联社	1,500,000	0.600%
4	深圳清华大学研究院	1,443,804	0.580%
5	中国食品发酵工业研究所	962,536	0.385%
6	北京市糖业烟酒公司	962,536	0.385%
7	江苏省糖烟酒总公司	962,536	0.385%
8	上海捷强烟草糖酒(集团)有限公司	962,536	0.385%
9	景福基金	365000	0.146%
10	国信证券有限责任公司	338000	0.135%

六、董事、监事、高级管理人员及核心技术人员

1、董事会成员：

袁仁国先生，中国国籍，45 岁，中共党员，大学专科毕业，在读研究生，高级经济师。曾任贵州茅台酒厂办公室主任、制酒车间主任、厂长助理，副厂长；1996 年 12 月至 1998 年 5 月，任中国贵州茅台酒厂(集团)有限责任公司董事、副总经理，党委委员；1998 年 5 月起任中国贵州茅台酒厂(集团)有限责任公司副董事长、党委副书记、总经理；1999 年 11 月至 2000 年 12 月期间任贵州茅台酒股份有限公司总经理。1995 年被评为贵州省十大杰出青年，1998 年当选为贵州省政协第八届委员会委员，1998 年、2000 年两度被评为全国轻工系统“全心全意依靠职工办企业优秀经营者”，2000 年荣获全国质量管理先进工作者称号。2000 年 12 月至今，任贵州茅台酒股份有限公司董事长，兼任中国贵州茅台酒厂有限责任公司副董事长、党委副书记、总经理，贵州茅台酒销售有限公司董事长。

季克良先生，中国国籍，62 岁，中共党员，大学本科毕业，工程技术应用研究员、高级工程师、国家级白酒评酒委员、全国白酒考评专家组成员。曾任贵州茅台酒厂副厂长、厂长、总工程师，中国贵州茅台酒厂(集团)有限责任公司董事长、总经理、总工程师；1999 年 11 月至 2000 年 12 月期间，任贵州茅台酒股份有限公司董事长。季克良先生是 1992 年、1995 年全国优秀企业家、全国“五一”劳动奖章获得者；全国劳动模范、贵州省有突出贡献的优秀专家；1997 年当选为中共十五大代表；贵州省有突出贡献的国企经营管理者；享受国务院特殊津贴，是贵州省第九届人大代表。现任中国贵州茅台酒厂有限责任公司董事长、党委书记、总工程师。2000 年度未在本公司领薪。

乔洪先生，中国国籍，48 岁，中共党员，大专文化，高级经济师。曾任共青团贵州省毕节地委书记、毕节地区纳雍县县长、毕节地区轻纺工业局局长、贵州省轻纺工业厅副厅长。现任贵州茅台酒股份有限公司总经理，中国贵州茅台酒厂有限责任公司董事、党委副书记。

谭绍利先生，中国国籍，54 岁，中共党员，大专文化，高级工程师，享受贵州省政府特殊津贴。现任本公司副总经理。

吕云怀先生，中国国籍，45 岁，中共党员，大专文化，工程师，国家级白酒评酒委员。现任本公司副总经理。

戴传典先生，中国国籍，49 岁，中共党员，大学文化，政工师。

谭定华先生，中国国籍，47 岁，中共党员，大专文化，高级会计师。现任本公司财务总监。

丁德杭先生，中国国籍，51 岁，大专文化，高级经济师，中共党员。

胡本均先生，中国国籍，48 岁，中共党员，大专文化，助理经济师。

王莉女士，中国国籍，29 岁，大学本科毕业，工程师，国家级白酒评酒委员。

严安林先生，中国国籍，52 岁，中共党员，大专文化，审计师，非执业注册会计师。

张德春先生，中国国籍，49 岁，中共党员，大专文化。

陈新先生，中国国籍，34 岁，中共党员，硕士研究生。

2、监事会成员

刘和鸣先生，中国国籍，52 岁，中共党员，高中文化，高级政工师。曾任贵州茅台酒厂组织部部长、中国贵州茅台酒厂(集团)有限责任公司党委委员、纪委书记。现任本公司监事会主席，中国贵州茅台酒厂有限责任公司党委副书记、纪委书记。

张毅先生，中国国籍，46 岁，中共党员，大专文化，高级会计师。

仇国相先生，中国国籍，28 岁，中共党员，大专文化。

李明彦先生，中国国籍，30 岁，中共预备党员，大专文化，助理会计师。

潘昌枢先生，中国国籍，58 岁，中共党员，大学文化。

3、高级管理人员

樊宁屏女士，中国国籍，27 岁，中共党员，大学本科毕业，在读研究生。现任本公司董事会秘书。

4、技术负责人和核心技术人员

陈兴畴女士，中国国籍，46 岁，中共党员，大专学历，高级工程师，国家级白酒评酒委员。

张仕华先生，中国国籍，49 岁，中共党员，副总工程师，生产管理部主任。

杨代永先生，中国国籍，38 岁，中共党员，大专学历，工程师，贵州省白酒评酒委员。

截止到本上市公告书签署之日，本公司与上述董事、监事、高级管理人员、核心技术人员未有借款或担保方面的协议，上述人员均未持有本公司股份，相互之间也不存在配偶关系、三代以内直系和旁系亲属关系，为稳定上述人员，本公司拟引进股权激励机制，目前正在研究相关实施方案。

七、同业竞争与关联交易

1、关于同业竞争

本公司与关联企业之间目前不存在同业竞争。本公司的关联企业中，集团公司、贵州茅台酒厂技术开发公司、贵州茅台习酒有限责任公司(以下简称“习酒公司”)、贵州茅台啤酒有限责任公司(以下简称“啤酒公司”)与本公司同属酒类生产企业(以下统称“关联酒类企业”)。

上述关联酒类企业中集团公司在股份公司设立时已将与茅台酒生产和销售相关的主要经营性资产(制酒车间、制曲车间、包装车间等)投入股份公司，因此在股份公司成立后集团公司已失去继续从事酒类产品生产和销售的能力，其主要为股份公司生产提供配套服务，因此与本公司不存在同业竞争。

技术开发公司、习酒公司生产的是系列浓香型白酒，市场定位为面向普通消费者，从事的是与本公司相似的业务，但鉴于目前本公司主要生产以贵州茅台酒为主的高中档酱香型白酒，面向中高收入的消费阶层，与上述公司产品在香型、酒精度数、价格、消费群体上有很大差异，因此目前与本公司不存在同业竞争。

啤酒公司目前只生产啤酒，不生产白酒，属于与本公司相近的业务，鉴于啤酒与白酒完全属于两种类别的酒，在口味、消费习惯、市场定位方面上有极大的差别，因此与本公司不存在同业竞争。

以上企业均向本公司作出了不同业竞争的承诺。本公司律师审查认为，公司与关联企业之间不存在同业竞争。

2、关联方及关联关系

按照中国证监会证监发 [2001]41 号文规定的范围，本公司目前存在的关联方及关联关系如下：

关联方名称	与本公司关系
中国贵州茅台酒厂有限责任公司	控股股东，持有本公司 90.81%股权
贵州茅台酒厂技术开发公司	持有本公司 5.41%的股权，属同一集团
贵州茅台习酒有限责任公司	属同一集团
贵州茅台啤酒有限责任公司	属同一集团
贵州省轻纺集体工业联社	持有本公司 0.81%的股权
深圳清华大学研究院	持有本公司 0.81%的股权
中国食品发酵工业研究所	持有本公司 0.54%的股权

关联方名称	关联交易
中国贵州茅台酒厂有限责任公司	存在
贵州茅台酒厂技术开发公司	存在
贵州茅台习酒有限责任公司	存在
贵州茅台啤酒有限责任公司	存在
贵州省轻纺集体工业联社	不存在
深圳清华大学研究院	不存在
中国食品发酵工业研究所	不存在

3、关联交易

公司目前存在的关联交易为：

1)、1999 年 9 月 19 日，集团公司与股份公司(筹)签订《综合服务协议》，约定集团公司为股份公司有偿提供动力(水、电)、货物运输、职工上下班用车、生产公共设施(包括但不限于道路、围墙、上下水和绿化)和职工的后勤服务及必要的生活设施服务(包括但不限于食堂、医院、幼儿园、子弟学校、理发室、浴室的使用、消防、环保、保卫服务等)等综合服务。股份公司向集团公司支付的动力费用按实际用量计算；运输费用按市场价向集团公司下属公司结算；其他综合服务费用每半年支付一次，每年共计 2,025,268.00 元，协议有效期二年。1999 年 11?2 月支付综合服务费 337,544.67 元，2000 年 1?2 月实际支付综合服务费 2,025,268.00 元，2001 年 1? 月支付综合服务费 1,012,633.98 元。

2)、1999 年 9 月 19 日集团公司与股份公司(筹)签订了《土地使用权租赁协议》，约定集团公司将其以出让方式取得的面积为 220,227.84 平方米的土地租与股份公司使用，股份公司每年向集团公司支付租金 206 万元(含税)，协议有效期至集团公司以出让方式获得的《国有土地使用权证》规定的期满之日止。1999 年 11–12 月支付租赁费 343,333.33 元，2000 年 1–12 月实际支付租赁费 2,060,000.00 元，2001 年 1–6 月实际支付租赁费 1,029,999.96 元。

3)、1999 年 9 月 19 日集团公司与股份公司(筹)签订了《房屋租赁协议》，约定集团公司将办公大楼、车间办公楼、科研大楼、万吨酒库租赁给股份公司使用，总面积为 83,990.005m，每年租金计 4,392,391.11 元，协议有效期二年。1999 年 11?2 月支付租赁费 732,065.17 元，2000 年 1?2 月实际支付租赁费 4,392,391.11 元。2001 年 1?月实际支付租赁费 2,196,195.00 元。

4)、1999 年 9 月 19 日集团公司与股份公司(筹)签订了《老酒供应协议》，约定集团公司向股份公司按第一年 184,193.28 元/吨(含税)，从第二年起每年递增 4%的价格销售老酒，购买老酒款项由股份公司以现金方式定期向集团公司支付，每半年支付一次，协议有效期二年。1999 年 11?2 月没有交易发生；2000 年 1?2 月购入老酒 343.13 吨，支付购入老酒费用 63,202,240.17 元。2001 年 1?月购入老酒 500 吨，支付购入老酒费用 81,863,757.06 元。

该协议规定集团公司应根据本公司的要求随时供应老酒。协议约定的供应方式为严格的排他性独家供应方式，集团公司只向本公司供应老酒，不得向任何第三方以任何方式供应老酒，供应方式既包括直接的销售，也包括作价入股、抵债等引致老酒所有权发生转移的其他方式；同时规定集团公司及其关联公司也不得利用老酒进行任何酒类产品的研制、开发、生产。协议约定如果集团公司向第三方以任何方式供应老酒，或其自身利用老酒进行酒类产品开发、生产，则应将其因此所得的全部收入作为违约金支付给本公司，并赔偿由此给本公司造成的所有实际损失。

为避免集团公司使用库存酱香老酒生产与本公司可能构成同业竞争的产品，本公司与集团公司于 2001 年 3 月 28 日签订了《老酒收购协议》，协议约定由本公司以上市募集资金一次性收购集团公司库存 1,000 吨老酒，收购价格为 18.4193 万元/吨。

5)、1999 年 11 月 19 日，集团公司与本公司签订了《商标许可使用协议》，约定由集团公司将其注册的“贵州茅台”、“茅台”、“贵州”、“茅台女王”、“汉帝茅台酒”、“茅台 MOUTAI”、“茅台王子”、“茅台不老”等商标许可给股份公司使用，使用方式为独占许可。为进一步保障本公司的权益和长远发展，2001 年 5 月 25 日，本公司与集团公司重新签订了《商标许可使用协议》，进一步严格约束了双方的权利与义务。重新签订的《商标许可使用协议》的主要条款是：

(1)商标许可期限为 50 年(自 2001 年 1 月 1 日起至 2050 年 12 月 31 日止)。

(2)本公司有权在其存续期间在公司注册名称、公司简称、公司股票简称中永久使用“茅台”、

"贵州茅台"、"MOUTAI"等与许可商标相同或相似的文字，且此项权利不受协议商标许可期限的约束。

(3)协议约定商标许可使用费为：前两年(即 2001 年 1 月 1 日至 2002 年 12 月 31 日)，使用费为本公司使用许可商标的酒类产品年销售额的 2%。

(4)自 2003 年 1 月 1 日起，使用费将按以下原则由本公司与集团公司双方协商确定：

①每年使用费最低为本公司使用许可商标的酒类产品年销售额的 1%，最高为本公司使用许可商标的酒类产品年销售额的 2%，具体比例由双方在综合考虑双方在保护许可商标方面的贡献和本公司在许可商标品牌宣传和广告投放方面的支出等因素后在上述年销售额的 1%至年销售额的 2%之间协商解决；无论按何种比例收取使用费，每一年度的使用费最高均不得超过许可期前二年所收取商标使用费的平均值。

②上述商标使用费每二年调整一次，每次在上年度结束前的六十日内协商，并以书面方式确定。

(5)本协议 50 年期限界满后，集团公司承诺将许可商标无偿转让给本公司拥有。

2001 年 1-6 月本公司共向集团公司支付商标许可使用费 10,811,364.92 元。

6)、1999 年 11 月 20 日中国贵州茅台酒厂(集团)习酒有限责任公司(现已更名为贵州茅台习酒有限责任公司)与股份公司签订了《茅台王子酒基酒供应协议》，约定习酒公司以 50,000 元/吨(含税)向股份公司供应酱香白酒、以 30,000 元/吨(含税)向股份公司供应浓香白酒，股份公司根据每年生产计划向中国贵州茅台酒厂(集团)习酒有限责任公司购买基酒。1999 年购入基酒 327.1907 吨，支付基酒费用 16,198,330.00 元；2000 年购入基酒 214.7452 吨，支付基酒费用 10,139,034.57 元。2001 年购入基酒 400 吨，支付基酒费用 20,000,000 元。

目前，三家关联酒类企业中仅有习酒公司具备生产酱香型酒的能力，为解决同业竞争，本公司与习酒公司于 2001 年 1 月 10 日签订了《酱香型酒生产经营性资产收购协议》，协议约定由本公司以上市募集资金一次性收购贵州茅台习酒有限责任公司的酱香型酒生产经营性资产(包括酱香型酒生产线相关资产和库存全部酱香型老酒)，收购价格为 22,926 万元，收购完成后，本公司解决了同业竞争的问题，也不再存在由于生产茅台王子酒而购买习酒公司酱香型基酒的关联交易。

4、发行人律师关于发行人关联交易的意见

经核查，贵州茅台已对上述关联交易情况进行了充分披露，未发现有虚假、严重误导性陈述或者重大遗漏；上述关联交易决策程序合法有效，内容公平合理，不存在损害贵州茅台及其中小股东利益的行为。

5、主承销商关于发行人关联交易的意见

经核查，发行人已存在的关联关系和已发生的关联交易决策程序合法有效，不存在损害发行人或中小股东利益的行为。

八、财务会计资料

本公司已聘请天一会计师事务所有限公司对本公司 1998 年度、1999 年度、2000 年度及 2001 年中期的财务资料进行了审计，注册会计师出具了天一审字[2001]第 4-004 号、第 4-067 号标准无保留意见的审计报告。

本公司截止 2000 年 12 月 31 日的财务会计资料，已于 2001 年 7 月 26 日在《上海证券报》、《证券时报》和《中国证券报》上刊登的《招股说明书摘要》中进行了披露，投资者欲了解详细内容，请查阅上述报纸或已刊载于上海证券交易所网站(http://www.sse.com.cn)的本公司招股说明书全文。简要会计报表

以下内容摘自经天一会计师事务所有限责任公司审计的公司财务报告。

简要资产负债表　　　　单位：元

项目	2001 年 6 月 30 日	2000 年 12 月 31 日
流动资产合计	1,011,105,602.63	1,069,969,911.36
固定资产合计	186,500,725.74	186,546,519.18
无形资产及其他资产合计	16,848,889.25	12,339,814.36
资产总计	1,214,455,217.62	1,268,856,244.90
流动负债合计	642,491,805.84	823,531,919.00
长期负债合计	--	--
负债合计	642,491,805.84	823,531,919.00
股东权益合计	561,545,403.24	443,965,435.83
负债和股东权益总计	1,214,455,217.62	1,268,856,244.90

简要利润表　　　　单位：元

项　　目	2001 年 1-6 月	2000 年度
一、主营业务收入	873,863,478.94	1,114,000,813.26
二、主营业务利润	565,630,550.39	719,099,200.84
三、营业利润	373,553,600.69	446,942,244.72
四、利润总额	372,992,190.21	446,031,294.58
五、净利润	223,407,942.67	251,103,580.63

简要现金流量表　　　　单位：元

项　目	2001 年中期	2000 年度
经营活动产生的现金流量净额	-86,280,877.69	443,124,645.68
投资活动产生的现金流量净额	-1,203,369.21	-33,823,984.46
筹资活动产生的现金流量净额	-37,060,123.06	-146,707,692.88
现金及现金等价物净增加额	-124,544,369.96	262,592,968.34

(二)公司 2001 年中期审计报告

审计报告

天一审字(2001)第 4-067 号

贵州茅台酒股份有限公司全体股东：

我们接受委托，审计了贵公司 2001 年 6 月 30 日的资产负债表及合并资产负债表，2001 年 1-6 月的利润及利润分配表以及合并利润及利润分配表和 2001 年 1-6 月的现金流量表及合并现金流量表。这些会计报表由贵公司负责，我们的责任是对这些会计报表发表审计意见。我们的审计是依据《中国注册会计师独立审计准则》进行的。在审计过程中，我们结合贵公司的实际情况，实施了包括抽查会计记录等我们认为必要的审计程序。

我们认为，上述会计报表符合《企业会计准则》和《企业会计制度》的有关规定，在所有重大方面公允地反映了贵公司 2001 年 6 月 30 日的财务状况及 2001 年 1-6 月的经营成果和 2001 年 1-6 月的现金流量情况，会计处理方法的选用遵循了一贯性原则。

天一会计师事务所有限责任公司　　中国注册会计师：李可贞

中国　贵阳　　　　　　　　　　　中国注册会计师：何英姿

瑞金南路 134 号宏资大厦 13 楼　　　　2001 年 7 月 28 日

本公司按照中国证监会《公开发行证券公司信息披露编报规则(第 9 号)》要求计算的 2001 年中期净资产收益率和每股收益如下：

报告期利润	净资产收益率		每股收益	
	全面摊薄	加权平均	全面摊薄	加权平均
主营业务利润	100.73%	101.67%	3.06	3.06
营业利润	66.52%	67.14%	2.02	2.02
净利润	39.78%	40.16%	1.21	1.21
扣除非经常性损益后净利润	39.88%	40.26%	1.21	1.21

贵州茅台酒股份有限公司

2001 年中期会计报表附注

一、　公司基本情况

贵州茅台酒股份有限公司是根据贵州省人民政府黔府函〔1999〕291 号文《关于同意设立贵州茅台酒股份有限公司的批复》成立的，由中国贵州茅台酒厂(集团)有限责任公司(现更名为中国贵州茅台酒厂有限责任公司)拟作为主发起人，联合中国贵州茅台酒厂(集团)技术开发公司、贵州省轻纺集体工业联社、深圳清华大学研究院、中国食品发酵工业研究所、北京市糖业烟酒公司、江苏省糖烟酒总公司、上海捷强烟草糖酒(集团)有限公司共同发起设立的股份有限公司，本公司成立于 1999 年 11 月 20 日，注册资本为人民币 18,500 万元。公司以生产、销售茅台酒为主要业务。

二、公司主要会计政策、会计估计和合并会计报表的编制方法：

三、税项：本公司主要适用的税种和税率。

税　种	计　税　依　据	税率
所得税	应纳税所得额	33%
增值税	产品销售收入的 17%算销项额与进项额抵减的差额	17%
消费税	酒类产品收入	25%
城建税	应纳流转税额	7%
教育费附加	应纳流转税额	3%
营业税		5%

四、合并会计报表编制方法及范围：

1、公司合并会计报表系按照财政部财会字〔1995〕11 号《关于印发〈合并会计报表暂行规定〉的通知》的有关规定、《企业会计制度》及其他相关规定编制。合并时，母公司和纳入合并范围的子公司间的内部交易和资金往来均已相互抵销。

2、合并会计报表的子公司情况如下：

(1)企业名称：贵州茅台酒厂进出口公司

住所：贵阳市北京路 68 号

注册资本：捌佰万元整

主营业务范围：粮油、茅台酒系列产品的销售和相关技术出口、本厂生产所需原辅材料、机械设备代表仪器技术进口，开展本企业对外合作生产、对外来料加工和补偿贸易。

与本企业关系：控股子公司

经济性质：有限责任

法定代表人：袁仁国

(2)企业名称：贵州茅台酒销售有限公司

住所：仁怀市茅台镇

注册资本：壹仟万元整

主营业务范围：粮油食品、烟酒糖、贵州茅台酒系列产品

与本企业关系：控股子公司

经济性质：有限责任

法定代表人：袁仁国

子公司适用的会计政策与母公司一致。

五、会计报表主要项目注释(单位：人民币元)

1、货币资金：截止 2001 年 6 月 30 日货币资金余额 336,439,213.50 元，其明细项目列示如下：

项目	期初数	期末数
现金	19,400.87	11,903.01
银行存款	460,486,451.59	335,453,717.49
其他货币资金	477,731.00	973,593.00
合计	460,983,583.46	336,439,213.50.

2、应收票据：截止 2001 年 6 月 30 日应收票据余额 31,154,620.00 元，其明细列示如下：

应收票据中，无应收持本公司 5%以上的股东单位的票据。

3、应收账款：截止 2001 年 6 月 30 日应收账款余额为 45,485,831.93 元，按帐龄分析：

帐　龄	提取比例 (%)	期初数 金额	比例(%)	坏帐准备
一年以内	5	50,374,083.45	99.94	2,518,704.17
一年至二年	10	32,696.00	0.06	3,269.60
二年至三年	30			
合　计		50,406,779.45	100.00	2,521,973.77

帐　龄	期末数 金额	比例(%)	坏帐准备
一年以内	21,040,546.95	46.36	1,052,027.35
一年至二年	24,311,561.43	53.57	2,431,156.14
二年至三年	32,696.00	0.07	9,808.80
合　计	45,384,804.38	100	3,492,992.29

应收账款期末余额中欠款金额最大的前五名债务人情况如下：

单位名称	所欠金额	欠款时间	欠款原因
深圳飞洋翰公司	7,314,848.00	一年至二年	未结货款
贵州胜江南绿色产业有限责任公司	5,792,860.00	一年以内	未结货款
北京古韵商业贸易公司	4,911,664.00	一年以内	未结货款
韩旭	4,596,386.50	一年至二年	未结货款
杨玉鹏	4,137,024.31	一年至二年	未结货款

注：应收账款中，无应收持本公司 5%以上的股东单位的货款。

4、其他应收款：截止 2001 年 6 月 30 日其他应收款 12,899,599.89 元。

5、预付账款：截止 2001 年 6 月 30 日预付账款余额 2,365,520.34 元，均为一年内款项，预付账款中，无持本公司 5%以上的股东预付货款。

6、应收补贴款：截止 2001 年 6 月 30 日应收补贴款金额 1,214,155.68 元，该应收补贴款是贵州茅台酒厂进出口公司出口产品应退增值税和消费税。

7、存货：截止 2001 年 6 月 30 日存货余额 575,547,814.28 元。

8、待摊费用：截止 2001 年 6 月 30 日待摊费用余额 9,783,889.85 元。

9、固定资产及累计折旧：截止 2001 年 6 月 30 日固定资产原值 248,579,234.00 元，累计折旧 70,743,594.93 元，固定资产净值 177,835,639.07 元。

10、无形资产：截止 2001 年 6 月 30 日余额为 679,999.98 元。

11、开办费：截止 2001 年 6 月 30 日余额为零。

12、长期待摊费用：截止 2001 年 6 月 30 日长期待摊费用余额 16,168,889.27 元。

13、短期借款：截止 2001 年 6 月 30 日短期借款余额 109,000,000.00 元。其主要情况列示如下：

借款单位	金额	借款期限	月利率	借款类别
仁怀市工行	24,000,000.00	2000.10.20---2001.10.19	4.875‰	信用
仁怀市农行	15,000,000.00	2000.12.28---2001.06.28	4.650‰	信用
仁怀市农行	28,000,000.00	2000.10.26---2001.10.25	4.875‰	抵押
仁怀市建行	42,000,000.00	2000.12.22---2001.12.21	4.875‰	信用
合　计	109,000,000.00			

14、应付账款：截止 2001 年 6 月 30 日应付款项余额 31,911,863.66 元，其中暂估入账款项 21,425,720.88 元(为生产所购原材料，结算凭据未到)。本账户余额中无应付发起人款项。

15、预收账款：截止 2001 年 6 月 30 日预收账款余额为 60,338,220.45 元，均为正常预收销货款。

16、应付股利:截止 2001 年 6 月 30 日应付股利余额 106,865,617.66 元。

17、应交税金:截止 2001 年 6 月 30 日应交税金余额 218,621,799.30 元,其明细项目列示如下:

项目	期初数	期末数
增值税	34,503,661.47	59,422,988.90
消费税	38,520,671.06	34,916,063.13
所得税	89,722,905.54	122,688,467.54
城建税	-1,664,903.80	1,594,279.73
营业税	1,174,267.01	
合计	162,256,601.28	218,621,799.30

18、其他应付款:截止 2001 年 6 月 30 日其他应付款余额 61,064,695.94 元。

19、预提费用:截止 2001 年 6 月 30 日余额为 19,256,032.09 元,主要是应支付给中国贵州茅台酒厂有限责任公司的商标使用费,内容见"七、关联方关系及其交易 6"。

20、股本:截止 2001 年 6 月 30 日股本余额为 185,000,000.00 元,均为公司设立时各发起人投入的股份,为未上市流通发起人股份。

发起人名称	性质	金额	比例(%)
中国贵州茅台酒厂有限责任公司	法人股	168,000,000.00	90.81
贵州茅台酒厂技术开发公司	法人股	10,000,000.00	5.41
贵州省轻纺集体工业联社	法人股	1,500,000.00	0.81
深圳清华大学研究院	法人股	1,500,000.00	0.81
中国食品发酵工业研究所	法人股	1,000,000.00	0.54
北京市糖业烟酒公司	法人股	1,000,000.00	0.54
江苏省糖烟酒总公司	法人股	1,000,000.00	0.54
上海捷强烟草糖酒(集团)有限公司	法人股	1,000,000.00	0.54
合 计		185,000,000.00	100

注:1、以上股本业经贵州黔元会计师事务所验证(黔会验字[1999]096 号);

注:2、中国贵州茅台酒厂(集团)有限责任公司于 2000 年更名为中国贵州茅台酒厂有限责任公司。

21、资本公积:截止 2001 年 6 月 30 日资本公积余额 89,470,324.02 元,为公司成立时,按各发起人投入资本的 67.658%比例折算股本产生的股本溢价以及接受捐赠。

22、盈余公积:截止 2001 年 6 月 30 日盈余公积余额为 114,734,706.56 元,本年增减变动情况如下:

项 目	年初数	本年增加	本年减少	期末数
法定盈余公积	42,444,757.70	34,045,046.67	0.00	76,489,804.37
公益金	21,222,378.85	17,022,523.34	0.00	38,244,902.19
合 计	63,667,136.55	51,067,570.01	0.00	114,734,706.56

23、未分配利润:截止 2001 年 6 月 30 日未分配利润余额为 172,340,372.66 元,本年增减变动情况如下:

项目	期初数	期末数
年初数	5,763,120.42	106,865,617.66
本年增加数	1,000,306,437.47	874,877,840.12
本年减少数	899,203,940.23	702,537,467.46
其中:提取盈余公积金	57,501,083.36	51,067,570.01
应付普通股股利	92,500,000.00	106,865,617.66
期末数	106,865,617.66	172,340,372.662

24、主营业务收入及主营业务成本:

项 目	1-6 月累计数	上年同期数
一、主营业务收入	837,863,478.94	590,875,125.45
酒类收入	837,863,478.94	590,875,125.45
二、主营业务成本	146,483,164.85	101,904,408.23
三、主营业务税金及附加	161,749,763.70	112,984,941.75
三、主营业务利润	565,630,550.39	375,985,775.47

25、其他业务利润:

项 目	1-6 月累计数	上年同期数
材料销售	962,774.74	-824,773.67

26、营业费用:

项 目	1-6 月累计数	上年同期数
营业费用	117,289,100.21	99,371,900.49

27、管理费用:

项 目	1-6 月累计数	上年同期数
管理费用	74,414,401.61	35,095,764.40

管理费用 1 至 6 月累计数比上年同期数增加 39,314,637.21 元,主要原因:

(1)2001 年 1-6 月按关联交易计提了商标使用费,而上年同期尚未计提,2000 年商标使用费于 2000 年年底计提;

(2)根据 2001 年上半年效益计提了上半年效益工资及奖金,以及计提补充养老金所致。

28、财务费用:

项 目	1-6 月累计数	上年同期数
利息支出	3,719,600.00	5,527,594.55
减:利息收入	2,400,484.46	1,498,972.10
汇兑损失	2,508.07	
减:汇兑收益		
其他	14,599.01	10,917.00
合 计	1,336,222.62	4,039,539.45

29、所得税:

项 目	1-6 月累计数	上年同期数
利润总额	372,992,190.21	235,638,599.03
应纳税所得额	433,106,451.20	262,808,379.52
适用税率	33%	33%
所得税	142,925,129.06	86,726,765.24

利润总额和应纳税所得额的差异主要是将进入费用的酒类广告宣传费支出进行纳税调整所致。

30、支付的其他与经营活动有关的现金明细:

项 目	金 额
广告宣传费	79,340,777.34
打假费	12,382,611.13
保险费	1,010,201.65
管理费及其他	31,956,462.15
合 计	124,690,052.27

六、关联方关系及其交易:

1、存在控制关系的关联方:

企业名称:中国贵州茅台酒厂有限责任公司

注册地址:贵阳市外环东路东山巷 4 号

与本公司关系:主要发起人

经营性质或企业类型:有限责任公司

法定代表人:季克良

2、存在控制关系的关联方的注册资本及其变化

企业名称	年初数	本期增加	本期减少
中国贵州茅台酒厂有限责任公司	533,822,816.01	0.00	0.00

企业名称	期末数
中国贵州茅台酒厂有限责任公司	533,822,816.01

3、存在控制关系的关联方所持股份或权益及其变化

企业名称	期初数	%	本期增加
中国贵州茅台酒厂有限责任公司	168,000,000.00	90.81	0.00

企业名称	期末数	%
中国贵州茅台酒厂有限责任公司	168,000,000.00	90.81

七、或有事项:

公司报告期内本公司无重大诉讼及重大未决诉讼。

八、承诺事项:在资产负债表日没有需要披露的重大承诺事项。

九、主要财务指标分析:

项 目	2001 年 6 月 30 日	2000 年 6 月 30 日
流动比率	1.57	1.39
速动比率	0.68	0.69
存货周转率(次)	0.27	0.25
应收账款周转率(次)	12.34	11.85
资产负债率(母公司)	0.41	0.59
资产负债率(合并)	0.53	0.57

注:速动比例=(流动资产-存货)÷流动负债

九、其他重要事项

1、本公司首次股票发行后至上市公告书公告前,严格依照《公司法》、《证券法》等法规的要求,规范运作,生产经营活动正常。主要业务发展目标无重大进展;所处行业、市场无重大变化;主要投入、产出物供求无重大变化。

2、本公司募集资金到位时间较短,截止上市公告书公告日尚未进行项目投资及其它重大投资活动;亦无重大资产(股权)收购、出售行为。

3、2001 年 8 月,本公司控股子公司贵州茅台酒销售有限公司根据市场形势,上调了本公司主导产品贵州茅台酒系列产品的出厂价格,预计此项调整将使本公司 2001 年度净利润比 2000 年度净利润增长 6%左右。

4、根据本公司 2000 年年度股东大会决议,同意将本公司持有的进出口公司 30%的股权转让给集团公司,转让价格为进出口公司经审计后的净资产价值的 30%。股权转让后,进出口公司将同时变更为由本公司控股 70%和集团公司持股 30%的有限责任公司,就上述股权转让事宜本公司已于 2001 年 3 月 28 日与集团公司签署了《贵州茅台酒厂进出口公司股权转让协议》。目前进出口公司的改制工作已经完成,已于 2001 年 7 月 31 日取得变更后的营业执照,公司名称为贵州茅台酒进出口有限责任公司,注册号为 5200001200891。

5、根据本公司 2000 年度股东大会决议,本次发行后的新增股东将与公司原股东共同享有公司自 2001 年 1 月 1 日起所产生利润的分配权利。

6、根据《上海证券交易所股票上市规则》,本公司第一大股东中国贵州茅台酒厂有限责任公司已向上海证券交易所承诺,自本公司股票上市之日起 12 个月内不转让其持有的本公司股份,也不由本公司回购其持有的股份。

7、截止本上市公告书刊登之日,本公司不存在尚未了结的重大诉讼、仲裁或行政处罚案件,本公司董事、监事和高级管理人员亦未受到任何刑事起诉。

8、除本公司招股说明书及其摘要和本上市公告书披露的事项外,本公司无其他应披露而未披露的重要事项。

十、董事会上市承诺

本公司董事会将严格遵守《中华人民共和国公司法》、《中华人民共和国证券法》、《股票发行与交易管理暂行条例》、《公开发行股票公司信息披露实施细则》和《上海证券交易所上市规则》和其它有关法律、法规的规定,并自股票上市之日起作到:

(一)真实、准确、完整、公允和及时地公布定期报告,披露所有对投资者有重大影响的信息,并接受中国证监会、上海证券交易所的监督管理;

(二)本公司在知悉可能对股票价格产生误导性影响的任何公共传播媒介中出现的消息后,将及时予以公开澄清;

(三)本公司董事、监事、高级管理人员和核心技术人员将认真听取社会公众的意见和批评,不利用已获得的内幕消息和其他不正当手段直接或间接从事本公司股票的买卖活动;

(四)本公司没有无记录的负债。

十一、上市推荐人及其意见

1、上市推荐人情况

上市推荐人:南方证券有限公司　　法定代表人:沈沛

法定地址:深圳市嘉宾路 4028 号太平洋商贸大厦 20-28 层

电话:0755-2138230,0755-2138348　　传真:0755-2138227　　联系人:陈正旭　周凌云

上市推荐人:北京证券有限责任公司　　法定代表人:卢宽群

注册地址:北京市西阜城门外大街 2 号万通新世界广场 A 座 12 层

联系电话:(010)68587991　　传　真:(010)68587701　　联系人:卢盛

2、上市推荐人意见

作为本公司的第一上市推荐人,南方证券有限公司认为,本公司章程符合《公司法》等国家有关法律、法规和中国证监会的有关规定,公司具备了《公司法》、《证券法》和《上海证券交易所上市规则》等法律、法规规定的上市条件;本公司董事了解国家的有关法律、法规、上海证券交易所上市规则及股票上市协议规定的董事的义务与责任;本公司建立健全了法人治理结构,制定了严格的信息披露制度与保密制度。南方证券有限公司已对本公司上市文件所载的资料进行了核实,认为上市文件真实、准确、完整,符合上海证券交易所的上市规定和要求,没有虚假、严重误导性陈述或者重大遗漏,并保证对其承担连带责任。南方证券有限公司与本公司不存在关联关系。南方证券有限公司愿意推荐本公司的股票在上海证券交易所上市交易,并且在上市推荐过程中,将不利用获得的内幕信息进行内幕交易,为自己和他人谋利。

作为本公司的第二上市推荐人,北京证券有限责任公司认为,本公司章程符合《公司法》等国家有关法律、法规和中国证监会的有关规定,公司具备了《公司法》、《证券法》和《上海证券交易所上市规则》等法律、法规规定的上市条件;本公司董事了解国家的有关法律、法规、上海证券交易所上市规则及股票上市协议规定的董事的义务与责任;本公司建立健全了法人治理结构,制定了严格的信息披露制度与保密制度。北京证券有限责任公司已对本公司上市文件所载的资料进行了核实,认为上市文件真实、准确、完整,符合上海证券交易所的上市规定和要求,没有虚假、严重误导性陈述或者重大遗漏,并保证对其承担连带责任。北京证券有限责任公司与本公司不存在关联关系。北京证券有限责任公司愿意推荐本公司的股票在上海证券交易所上市交易,并且在上市推荐过程中,将不利用获得的内幕信息进行内幕交易,为自己和他人谋利。

贵州茅台酒股份有限公司

2001 年 8 月 22 日

铜陵三佳模具股份有限公司

铜陵三佳模具股份有限公司股票上市公告书

本公司董事会保证上市公告书的真实性、准确性、完整性，承诺其中不存在虚假记载、误导性陈述或重大遗漏，并承担个人或连带的法律责任。

根据《公司法》、《证券法》等有关法律法规的规定，本公司董事、高级管理人员已依法履行诚信和勤勉尽责的义务和责任。

上海证券交易所、中国证监会、其他政府机关对本公司股票上市及有关事项的意见，均不表明对本公司的任何保证。

本公司提醒广大投资者注意，凡本上市公告书未涉及的有关内容，请投资者查阅2001年12月17日刊载于《中国证券报》、《上海证券报》、《证券时报》的本公司招股说明书摘要，及刊载于上海证券交易所网站(http://www.sse.com.cn)的本公司招股说明书全文。

一、概 览

股票简称：三佳模具　　股票代码：600520

总股本：62,800,000股　　可流通A股股本：25,000,000股

本次上市流通股本：25,000,000股

上市地点：上海证券交易所　　上市日期：2002年1月8日

股票登记机构：中国证券登记结算有限责任公司上海分公司

上市推荐人：平安证券有限责任公司

根据国家有关政策，国家就国有法人股、社会法人股的流通问题作出新的规定之前，本次公开发行股票前本公司国有法人股、社会法人股暂不上市流通。本公司第一大股东已经向上海证券交易所承诺自愿锁定其所持股份，上市后一年内不予转让，也不由本公司回购其所持股份。

二、绪 言

铜陵三佳模具股份有限公司(简称"本公司"或"发行人")上市公告书是根据《中华人民共和国公司法》、《中华人民共和国证券法》、《股票发行与交易管理暂行条例》、《公开发行股票公司信息披露实施细则》和《上海证券交易所股票上市规则》等有关法律、法规的规定，按照中国证券监督管理委员会制定的《公开发行证券的公司信息披露内容与格式准则第七号——股票上市公告书》而编制。

经中国证券监督管理委员会 证监发行字[2001]94号文核准，本公司已于2001年12月19日成功地采用网上累计投标询价的发行方式，发行了每股面值1.00元的人民币普通股2,500万股，每股发行价为6.80元人民币。

经上海证券交易所 上证上字[2001]215号《关于铜陵三佳模具股份有限公司人民币普通股股票上市交易的通知》同意，本公司2,500万股社会公众股将于2002年1月8日起在上海证券交易所挂牌交易，股票简称："三佳模具"，股票代码："600520"。

本公司已于2001年12月17日分别在《中国证券报》、《上海证券报》和《证券时报》上刊登了《铜陵三佳模具股份有限公司首次公开发行股票招股说明书摘要》。招股说明书全文可在上海证券交易所网站(http://www.sse.com.cn)上查询。招股说明书及其引用的财务资料，距今不足六个月，与其重复的内容不再重述，敬请投资者查阅上述内容。

三、发行人概况

(一)发行人的基本情况

1、中文名称：铜陵三佳模具股份有限公司

英文名称：TONGLING SANJIA MOULD CO., LTD

2、注册资本：6,280万元　　3、法定代表人：黄明玖

4、住所与邮编：安徽省铜陵市石城路电子工业区　　邮编：244000

5、经营范围：精密工装模具、化学建材模具、化学建材、环保设备、环保检测设备、电子设备、注塑产品、冲压产品、电子基础材料制造。

6、主营业务：集成电路塑封模具与化学建材挤出模具等精密模具的生产与经营。

7、所属行业：机械业

8、电话：(0562)2826160　　9、传真：(0562)2828201　　10、电子信箱：http://www.sanjia.net

11、董事会秘书：谢乐平

(二)发行人的历史沿革

1、公司设立

本公司是由铜陵市宏光模具有限公司(以下简称"宏光有限公司")整体变更设立的股份有限公司。

1998年7月28日，铜陵市三佳电子(集团)有限责任公司(以下简称"集团公司")与安徽省信托投资公司共同出资设立宏光有限公司，注册资本3,398万元。

经铜陵市国资局 铜国资[2000]044号文批准，2000年4月12日，集团公司将其持有的宏光有限公司的部分股权分别转让给深圳市世纪之舟实业发展有限公司1.06%、安徽金岸工贸有限责任公司0.79%、铜陵市科技发展有限责任公司0.26%、合肥创源智能网络有限责任公司1.32%、合肥新创经贸有限责任公司0.79%、铜陵黄河通讯有限责任公司0.26%。经宏光有限公司2000年第二次临时股东会决议，并经安徽省体改委 皖体改函[2000]47号文和安徽省人民政府 皖府股[2000]第15号批准证书批准，宏光有限公司整体变更为本公司，宏光有限公司以截止2000年3月31日的净资产按1:1的比例折为本公司的股本。安徽华普会计师事务所对上述变更中各股东的出资情况进行了验证，出具了验资报告，确认各股东的出资全部到位。本公司于2000年4月28日领取了企业法人营业执照，注册资本为3780万元。

2、历次股权变动情况：

本公司设立时各股东持股情况如下：

股 东 名 称	持股数量(万股)	持股比例(%)
铜陵市三佳电子(集团)有限责任公司	3,410.00	90.22
安徽省信托投资公司	200.00	5.30
深圳市世纪之舟实业发展有限公司	40.00	1.06
安徽金岸工贸有限责任公司	30.00	0.79
铜陵市科技发展有限责任公司	10.00	0.26
合肥创源智能网络有限责任公司	50.00	1.32
合肥新创经贸有限责任公司	30.00	0.79
铜陵黄河通讯有限责任公司	10.00	0.26
合计	3,780.00	100.00

经中国证券监督管理委员会 证监发行字[2001]94号文核准，本公司已于2001年12月19日成功地向社会公开发行了2,500万股A股股票，每股面值1.00元，发行价格为6.80元，扣除所有发行费用后共募集资金160,757,500元。本公司已于2001年12月26日办理了验资手续，安徽华普会计师事务所为此出具了 会事验字[2001]第576号《验资报告》。目前，本公司的工商注册变更登记手续正在办理之中，本公司已承诺将尽快完成该等工商变更登记手续。本次发行后，本公司总股本增加至6,280万股，其中暂不流通的发起人股3780万股，占总股本的60.19%，可流通社会公众股2500万股，占总股本的39.81%。

(三)发行人的主要经营情况

1、本公司在产品、技术、人才等方面的优势和劣势

本公司是国家重点高新技术企业，主要从事集成电路塑封模具和化学建材挤出模具的研发、设计、生产、销售和服务，两类模具在生产规模、产品技术、市场份额等方面均处于国内领先地位。

(1)产品生产与销售

本公司是国内最大的集成电路塑封模具、塑料异型材挤出模具生产企业，目前年生产能力分别为85副、1,300套，均为国内同类精密模具生产企业第一。

根据中国建筑金属结构协会塑料门窗委员会和中国电子专用设备工业协会统计资料证明，2000年本公司的塑料异型材挤出模具和集成电路塑封模具产量、销售量均为全国第一，市场占有率分别为30%和15%以上。

(2)生产技术

本公司是国家科技部授予的国家重点高新技术企业(证书号Q2000161)，是科技部认定的"国家火炬计划铜陵电子材料产业基地"首批骨干企业，被科技部授予"全国CAD示范企业"，是首批"中国青年科技创新行动示范基地"、"中国模具工业协会教育培训基地"、安徽省首批"产、学、研联合示范企业"。

本公司是《塑料挤出模具》机械行业标准的负责起草单位，也是《塑封模具技术条件》、《塑封模具尺寸公差规定》国家标准及《塑封模具结构》电子行业标准的负责起草单位，设计制造了国内第一副集成电路塑封模具和国内第一套塑料异型材挤出模具。

塑封模具1997年被认定为安徽省高新技术产品，1998年被国家经贸委认定为国家级新产品，并列入1999年国家级火炬计划。挤出模是1998年安徽省省级新产品，是1999年国家重点新产品，并列入2000年国家级火炬计划项目。

(3)人才

本公司拥有一批优秀的科技、管理人才。中国工程院院士陈蕴博博士(模具专家)是公司的独立董事；技术人员中有四位享受国务院津贴的专家；董事长黄明玖是中国模协常务理事、安徽省优秀青年企业家；副总工程师吴成胜是全国塑料门窗委员会专家组成员。

(4)劣势

和国外模具生产厂商相比，本公司在生产规模、产品技术、生产设备方面均有一定的差距。

2、主要财务指标

财务指标	2001.9.30	2000.12.31	1999.12.31	1998.12.31
流动比率	1.32	0.96	1.24	1.51
速动比率	0.73	0.45	0.73	0.87
应收帐款周转率(次)	5.35	6.22	5.94	3.38
存货周转率(次)	1.28	1.22	1.55	1.29
净资产收益率(全面摊薄%)	29.76	41.65	20.52	10.03
无形资产占净资产比例(%)	0.37	0.63		
无形资产占总资产比例(%)	0.16	0.25		
资产负债率(%)	57.60	61.35	49.65	33.52
每股净资产(元)	1.50	1.05	1.32	1.05
研发费用占主营收入比例(%)	5.14	5.86	5.13	3.98
每股经营活动现金流量(元)	0.10	0.41	0.59	0.06
每股收益(元)	0.45	0.44	0.27	0.11

3、主要知识产权和非专利技术

本公司主导产品的核心技术是公司技术人员积累多年的经验，是自行研究开发的成果。

本公司的主要非专利技术有：挤出模系列--塑料异型材共挤(PCE)成型技术、模头内定型成型技术、模头单元化流道技术、型材表面增亮技术；塑封模系列--集成电路自动冲切成型技术、片式钽电容塑封技术、多注射头塑封技术、薄型镶件加工技术、高铬模具钢表面镀铬技术。

"建西"牌商标是安徽省著名商标。

4、本公司享有的财政税收优惠政策

根据财政部、国家税务总局 财税字[1997]115号《关于模具产品增值税先征后返的通知》、财税字[1998]139号《关于继续对模具产品实行增值税先征后返的通知》、财税[2001]132号《关于模具产品增值税先征后返问题的通知》的规定，增值税享受先征收后返还70%的优惠政策，根据上述文件规定，此项优惠政策享受至2002年底止。

四、股票发行与股本结构

(一)本次股票上市前首次公开发行股票的情况

1、发行数量：2,500万股　　2、发行价格：6.80元/股

3、募集资金总额：17,000万元　　4、发行方式：网上累计投票询价方式

5、发行费用总额及项目：本次股票发行费用总额为924.25万元，主要为承销费用、审计费用、资产评估费用、律师费用、上网发行费用和审核费等。

6、每股发行费用：0.37元　　7、发行日期：2001年12月19日　　8、中签率：0.0714929%

9、在申购价格区间内累计投标询价申购部分的总申购户数：2,111,461户(其中价格为6.80元的有效申购户数为2,087,181户)

(二)本次股票上市前首次公开发行股票的承销情况

本次公开发行的社会公众股2500万股已全部被投资者认购，承销团无余额包销。

(三)本次股票上市前首次公开发行股票所募资金的验资报告

安徽华普会计师事务所　　会事验字[2001]第576号

验资报告

铜陵三佳模具股份有限公司全体股东：

我们接受委托，审验了铜陵三佳模具股份有限公司截至2001年12月26日止的注册资本变更情况。按照国家相关法律、法规的规定和铜陵三佳模具股份有限公司协议、合同、章程的要求变更出资，提供真实、合法、完整的验资资料，保护资产的安全、完整是全体出资者和铜陵三佳模具股份有限公司的责任。我们的责任是对铜陵三佳模具股份有限公司注册资本变更情况发表审验意见。我们的审验是按照《独立审计实务公告第1号-验资》的要求进行的。在审验过程中，我们结合铜陵三佳模具股份有限公司的实际情况，实施了检查等必要的审验程序。

铜陵三佳模具股份有限公司变更前的注册资本和实收股本分别为37,800,000.00元和37,800,000.00元，铜陵三佳模具股份有限公司变更后的注册资本为62,800,000.00元。根据我们的审验，截至2001年12月26日止，铜陵三佳模具股份有限公司通过网上累计投标询价的方式发行股票共向社会募集资金人民币170,000,000.00元，扣除发行费用计人民币9,242,500.00元，实际募集资金人民币160,757,500.00元，其中人民币25,000,000.00元作为铜陵三佳模具股份有限公司

的"股本",其余计人民币135,757,500.00元转作铜陵三佳模具股份有限公司的"资本公积"。由此,铜陵三佳模具股份有限公司注册资本变更为62,800,000.00元,变更后的实收股本总额为62,800,000.00元。

铜陵三佳模具股份有限公司本次增资前的实收股本为人民币37,800,000.00元,业经安徽华普会计师事务所 会事验字[2000]第187号验资报告验证。

本验资报告仅供铜陵三佳模具股份有限公司申请变更登记及据以向出资者签发出资证明时使用,不应将其视为是对铜陵三佳模具股份有限公司验资报告日后资本保全、偿债能力和持续经营能力等的保证。铜陵三佳模具股份有限公司及其他第三方因使用本验资报告不当所造成的后果,本所和执行本次验资业务的注册会计师不承担任何责任。

附件:

1.增加注册资本实收情况明细表　　2.注册资本变更情况明细表

3.验资事项说明　　4.缴付出资银行进账单复印件　　5.缴付出资银行询证函复印件

安徽华普会计师事务所　　中国注册会计师:方长顺　　张挺峰

中国·合肥市　　2001年12月26日

(四)本次公开发行股票募股资金入账情况

1、入账时间:2001年12月25日　　2、入账金额:16,515.50万元

3、入账账号:1308027029022124647　　4、开户银行:中国工商银行铜陵分行石办

(五)本次股票上市前股权结构及各类股东持股情况

1、本公司本次上市前股本结构:

股权分类	发行前股本结构		发行后股本结构	
	股份数量(万股)	占总股本比例(%)	股份数量(万股)	占总股本比例(%)
发起人股:				
其中:国有法人股	3,410.00	90.22	3,410.00	54.30
法人股	370.00	9.78	370.00	5.89
社会公众股			2,500.00	39.81
股份总额	3,780.00	100.00	6,280.00	100.00

2、本公司前十名股东持股情况

股东名称	持股数量(万股)	持股比例(%)
铜陵市三佳电子(集团)有限责任公司	3,410.00	54.30
安徽省信托投资公司	200.00	3.18
合肥创源智能网络有限责任公司	50.00	0.80
深圳市世纪之舟实业发展有限公司	40.00	0.64
安徽金岸工贸有限责任公司	30.00	0.48
合肥新创经贸有限责任公司	30.00	0.48
南方稳健	20.70	0.33
华安创新	19.70	0.31
华夏成长	16.30	0.26
开元基金	12.40	0.19

五、董事、监事、高级管理人员及核心技术人员

(一)董事会成员简介

黄明玖先生,现年39岁,工商管理研究生,工程师,中国国籍,现任本公司董事长。

张庆联先生,现年44岁,大专,工程师,中国国籍,现任本公司总经理。

杨雪峰先生,现年46岁,大专,政工师,中国国籍,现任集团公司党委副书记。

陈迎志先生,现年36岁,大学本科,工程师,中国国籍,现任集团公司常务副总经理。

张国彬先生,现年56岁,大学本科,工程师,中国国籍,现任集团公司监事会主席。

娄宇航先生,现年40岁,大学本科,工程师,中国国籍,现任深圳市世纪之舟实业发展有限公司董事长。

陈蕴博先生,现年66岁,大学本科,教授级高工,中国工程院院士,中国国籍,现任国家机械工业局北京机电研究所副总工程师,中国冶金质量认证中心技术委员会主任,全国热处理生产促进中心主任和机械部先进制造技术研究中心首席专家,本公司独立董事。

梁木梁先生,现年39岁,博士,中国国籍,现任中国科技大学商学院副院长、博士生导师、安徽省咨询学会副理事长、中国决策科学学会理事,本公司独立董事。

(二)监事会成员简介

郜光辉先生,现年47岁,工商管理研究生,高级工程师,中国国籍,现任本公司监事会主席。

张德诚先生,现年59岁,大学本科,高级工程师,中国国籍,九届全国人大代表,本公司监事。

牟永林先生,现年52岁,中专,经济师,中国国籍,现任本公司监事。

谢富华先生,现年27岁,中专,助理工程师,中国国籍,现任本公司监事。

(三)其他高级管理人员简介

傅祥龙先生,现年37岁,中专,工程师,中国国籍,现任本公司副总经理。

郑天勤先生,现年35岁,大专,工程师,中国国籍,现任本公司副总经理。

柯克平先生,现年32岁,大学本科,会计师,中国国籍,现任本公司副总会计师,财务负责人。

谢乐平先生,现年24岁,大专,中国国籍,现任本公司董事会秘书。

(四)核心技术人员简介

吴成胜先生,现年34岁,大学本科,高级工程师,中国国籍,现任本公司副总工程师。

谢再平先生,现年58岁,大学本科,高级工程师,中国国籍,现任本公司副总工程师。

胡火根先生,现年30岁,大专,工程师,中国国籍。

张志虎先生,现年28岁,中专,工程师,中国国籍。

寻伟基先生,现年33岁,中专,工程师,中国国籍。

周宗翼先生,现年35岁,本科,工程师,中国国籍。

(五)董事、监事、高级管理人员与核心技术人员持股情况

上述人员不持有本公司的股份。

六、同业竞争与关联交易

(一)同业竞争

1、同业竞争情况

本公司与控股股东以及目前持有本公司5%以上股份的股东之间不存在同业竞争。

2、发起人关于避免同业竞争的承诺

持有本公司5%以上股份的发起人集团公司和安徽省信托投资公司,都已向股份公司书面承诺:在担任股份公司发起人期间,保证所从事的生产经营与股份公司的生产经营不同,并保证今后在投资方向与项目选择上避免与股份公司相同或相似,避免与股份公司形成同业竞争,以维护股份公司及中小股东的利益。

(二)发行人关联方与关联关系

1、公司目前存在的法人关联方为控股股东集团公司及其控制的法人,以及其他股东。本公司的股东,主要通过股东大会的形式影响本公司的经营方针、投资计划等重大决策事项,尤其集团公司作为绝对控股股东,在重大问题的表决上有举足轻重的作用。

2、公司目前存在的自然人关联方为本公司的董事、监事、高级管理人员与核心技术人员,本公司与其之间的关联关系为劳动人事关系,除依据劳动合同或公司相关文件规定支付劳动报酬外不发生其他关联交易。

(三)关联交易情况

1、关联交易概况

本公司与上述关联方不存在金额在500万元以上的重大关联交易行为,公司与集团公司存在资产委托经营、商标转让、土地租赁、综合服务、办公房租赁、供水供电等关联交易,其中供水供电与集团公司是同一系统,暂时无法分开,双方都以供水供电部门提供的费用交纳;其他关联交易的费用均遵循市场公平、公正、公开的原则,由双方协商确定,除资产委托经营外所发生的交易费用每年在30万元左右,对公司的财务状况和经营成果无重大影响。

2、资产委托经营关联交易情况

1998年7月-2000年3月,宏光有限公司将精密模具分厂、机械制造分厂、机械配件分厂等资产委托三佳集团公司经营管理。

(1)资产委托经营管理的由来

1998年9月3日,宏光有限公司一届二次董事会认为,为确保集中资金、人才和技术的优势,应重点发展化学建材挤出模具,保持该产品在全国的领先优势,需将所属精密模具分厂、机械制造分厂、机械配件分厂等资产委托集团公司经营管理。经宏光有限公司1998年临时股东会批准。宏光有限公司于1998年9月21日,与集团公司签订了《资产委托经营管理合同》,委托经营管理期限暂定为三年。

(2)委托期间的关联交易情况及委托资产的核算

主要关联交易为:委托资产经营活动中产品的销售、原材料的采购均由集团公司对外销售、采购;委托资产中的机械制造分厂与机械配件分厂为异型材挤出模具提供部份模板粗加工和部份模具标准件加工。

根据《资产委托经营管理合同》的规定,上述委托出去资产的经营活动,由受托方单独立帐核算,执行本公司统一的会计制度,并据此编制会计报表,委托期间的各项税费(除所得税外)由受托方代为缴纳,企业所得税由本公司汇总后缴纳。

(3)委托资产支付经营管理费的情况

根据双方协议,宏光有限公司各期实际支付集团公司的委托经营管理费用,为委托经营资产的经营所获利润的50%。1998年7-12月、1999年度、2000年1-3月支付的委托管理费分别为1,499,781.23元、1,658,928.45元、598,109.66元,合计3,756,819.34元,占销售收入的13.17%,占经营利润的50%。

(4)委托经营资产的收回

2000年3月,宏光有限公司拟发行股票并上市,为规范运作,减少关联交易,避免同业竞争,宏光有限公司与三佳集团签订了《关于终止〈资产委托经营管理合同〉的协议》,经宏光有限公司2000年第一次临时股东会批准,于2000年4月12日,与集团公司签订了《资产交接协议》,全部收回委托资产的经营管理权。

3、公司近三年关联交易在营业成本中比例,关联交易产生的损益　　单位:元

项目	2000年度		1999年度		1998年度	
	交易额	占营业成本比例(%)	交易额	占营业成本比例(%)	交易额	占营业成本比例(%)
土地租赁	135,000	0.38				
办公楼租赁	71,336.64	0.20	71,336.64	0.26	35,668.32	0.23
综合服务	33,298.68	0.09				
委托经营	598,109.66	1.68	1,658,928.45	5.98	1,499,781.23	9.51
水、电供应	1,695,750.87	4.76	1,371,159.19	4.94	479,934.36	3.04
合计	2,533,495.85	7.11	3,101,424.28	11.18	2,015,383.91	12.78

4、避免关联交易的措施

本公司章程和"三会一层"议事规则均规定了关联交易决策的公允程序,集团公司已承诺,依照市场规则,公平合理地处理与股份公司的关联交易,不通过关联交易谋取不正当利益。

5、本次募股资金运用涉及的关联交易

根据目前的安排,公司本次募股资金的运用不涉及关联交易。

七、财务会计资料

本公司聘请的审计机构安徽华普会计师事务所对本公司2001年9月30日之前的三年又一期的会计报表进行了审计,并出具了标准无保留意见的审计报告。

本公司截止2001年9月30日的财务会计资料,已于2001年12月17日分别在《中国证券报》、《上海证券报》和《证券时报》上刊登的招股说明书摘要中进行了详细披露,尚未超出招股说明书有效期限。投资者如欲详细了解公司财务情况,请查阅上述报纸或刊载于上海证券交易所网站(http://www.sse.com.cn)的本公司的招股说明书全文。

(一)简要会计报表

以下内容均摘自业经安徽华普会计师事务所审计(会事审字[2001]第526号《审计报告》)的财务报告。

简要资产负债表　　单位:元

项目	2001.9.30	2000.12.31	1999.12.31	1998.12.31
流动资产合计	73,900,892.04	58,135,748.19	54,553,621.17	27,174,685.86
固定资产合计	59,328,812.38	44,414,566.04	34,416,715.57	26,334,330.64
无形资产合计	216,126.72	276,506.14	49,012.28	73,518.44
资产合计	133,445,831.14	102,826,820.37	89,019,349.02	53,582,534.94
流动负债合计	56,045,815.90	60,539,262.02	44,160,125.40	17,959,341.24
长期负债合计	20,815,639.35	2,540,000.00	40,000.00	
负债合计	76,861,455.25	63,079,262.02	44,200,125.40	17,959,341.24
股本	37,800,000.00	37,800,000.00	33,980,000.00	33,980,000.00
盈余公积	1,936,433.75	1,936,433.75	1,625,883.54	246,479.05
未分配利润	16,847,942.14	11,124.60	9,213,340.08	1,396,714.65
股东权益合计	56,584,375.89	39,747,558.35	44,819,223.62	35,623,193.70
负债与股东权益合计	133,445,831.14	102,826,820.37	89,019,349.02	53,582,534.94

简要利润表　　单位:元

项目	2001.1-9月	2000年度	1999年度	1998年度
主营业务收入	61,641,529.04	65,533,262.35	48,092,795.95	27,913,366.17
主营业务利润	30,295,234.34	32,551,179.15	21,431,432.00	12,758,583.78
营业利润	20,451,573.53	22,582,473.37	12,773,770.20	4,775,124.56
利润总额	25,314,958.29	24,739,566.70	14,014,203.82	5,827,229.16
净利润	16,836,817.54	16,554,826.38	9,196,029.92	3,572,347.35

简要现金流量表　　单位:元

项目	2001.1-9月	2000年度
经营活动产生的现金流入合计	66,782,050.22	82,721,103.82
经营活动产生的现金流出合计	62,964,186.52	67,279,752.05
经营活动产生的现金流量净额	3,817,863.70	15,441,351.77
投资活动产生的现金流入合计	47,000.00	--
投资活动产生的现金流出合计	19,544,445.71	10,545,746.55
投资活动产生的现金流量净额	-19,497,445.71	-10,545,746.55
筹资活动产生的现金流入合计	49,500,000.00	5,500,000.00
筹资活动产生的现金流出合计	29,886,934.25	13,804,141.86
筹资活动产生的现金流量净额	19,613,065.75	-8,304,141.86
现金及现金等价物净增加额	3,933,483.74	-3,408,536.64

(二)会计报表注释

1、报告期利润形成情况

(1)销售收入总额和利润总额的变动趋势及原因

本公司近三年(指 1998 年、1999 年、2000 年,以下同)实现的销售收入分别为 2,791.33 万元、4,809.28 万元、6,553.33 万元,1999 年度较 1998 年度增长 72.29%,2000 年度较 1999 年度增长 36.26%,保持强劲的增长势头。

本公司近三年实现利润总额分别为 582.72 万元、1,401.42 万元、2,473.95 万元,1999 年度较 1998 年度增长 140.50%,2000 年度较 1999 年度增长 76.53%,增长幅度较大。

一是塑料异型材的大力推广刺激了挤出模需求的增长,公司加强了营销力度,扩大市场份额,同时加强技术创新,相继推出高速挤出模、后共挤出模等高档产品,开发出新的市场;二是国内集成电路行业的发展带动了塑封模市场的发展,为公司带来新的利润增长点。

本公司产品均为技术密集型产品,且具有高附加值,成本相对较低的特点,因此在生产规模扩大的基础上,导致利润以更快的速度增长。

(2)业务收入的主要构成

本公司主营业务突出,近三年又一期(指 1998 年、1999 年、2000 年和 2001 年 1-9 月份,以下同)模具产品营业收入占主营业务收入的比重分别为:92.18%、94.09%、95.93%、95.05%。其中:塑料异型材模具与电子塑料模具近三年和又一期销售收入占主营业务收入的比重分别为:

品名	1998 年度(%)	1999 年度(%)	2000 年度(%)	2001 年 1-9 月(%)
塑料异型材模具	74.33	88.18	78.56	74.41
电子塑料模具	17.85	5.91	17.37	20.64

(3)适用的所得税税率及享受的财政、税收优惠政策

本公司适用的所得税税率为 33%。

根据财政部、国家税务总局 财税字[1997]115 号《关于模具产品增值税先征后返的通知》、财税字[1998]139 号《关于继续对模具产品实行增值税先征后返的通知》、财税[2001]132 号《关于模具产品增值税先征后返问题的通知》的规定,本公司享受增值税先征收后返还 70%的优惠政策,直至 2002 年底止。本公司近三年又一期收到上述增值税返还补贴收入分别为 105.23 万元、124.08 万元、271.81 万元、486.05 万元。

2、主要资产情况

(1)货币资金　　单位:元

项　目	2000.12.31	2001.9.30
现金	23,564.38	25,431.02
银行存款	9,836,106.14	13,767,723.24
其他货币资金		
合计	9,859,670.52	13,793,154.26

货币资金 1999 年末较 1998 年末增加 589%,主要原因是本公司销售规模扩大,盈利能力增强,引起现金流量的增加,从而导致货币资金增加。2001 年 9 月 30 日较 2000 年末增加 40%,原因是 2001 年为扩大生产规模,取得长短期借款 3,100 万元,尚未完全投入使用。

(2)应收票据　　单位:元

出票单位	票据种类	出票日	到期日	金额	有无质押贴现
江苏长电科技股份有限公司	银行承兑汇票	2001.06.29	2001.12.28	217,654.29	无
江苏长电科技股份有限公司	银行承兑汇票	2001.07.31	2002.01.31	150,000.00	无
江苏长电科技股份有限公司	银行承兑汇票	2001.05.09	2001.11.09	50,000.00	无
南通富士通微电子有限公司	银行承兑汇票	2001.05.25	2001.11.25	323,451.54	无
寿光市同盛铝塑制品有限公司	银行承兑汇票	2001.05.26	2001.11.26	80,000.00	无
天津大沽化塑料制造有限公司	银行承兑汇票	2001.05.23	2001.10.23	540,000.00	无
天津大沽化塑料制造有限公司	银行承兑汇票	2001.05.29	2001.11.29	150,000.00	无
合　计				1,511,105.83	

(3)应收帐款　　单位:元

帐　龄	2000.12.31			2001.9.30		
	金额	比例%	坏帐准备	金额	比例%	坏帐准备
1 年以内	9,629,543.85	68.35	481,477.19	15,589,741.66	83.40	779,487.07
1 至 2 年	2,058,646.44	14.61	164,691.72	1,548,734.33	8.29	123,898.75
2 至 3 年	1,815,638.31	12.89	181,563.83	1,058,450.43	5.66	105,845.04
3 年以上	583,969.93	4.15	116,793.99	495,761.13	2.65	99,152.23
合计	14,087,798.53	100.00	944,526.73	18,692,687.55	100.00	1,108,383.09

应收账款中无持有本公司 5%以上表决权股份的股东欠款,欠款金额前五名情况如下:　　单位:元

单位名称	所欠金额	欠款原因	欠款时间
江阴长江电子实业有限公司	1,010,387.82	货款未结算	一年以内
成都冶金实验厂	677,260.00	货款未结算	一年以内
浙江八方联通电信有限公司	585,900.00	货款未结算	一年以内
铁岭龙海塑业公司	550,000.00	货款未结算	一年以内
无锡中国华晶电子有限公司	448,800.00	货款未结算	一年以内

2000 年末应收帐款比 1999 年末增加 65.65%,2001 年 9 月 30 日应收帐款比 2000 年末增加 33.79%,超过同期本公司产品销售收入的增长,其原因主要是公司采用了灵活的营销策略,对资信和财务状态较好或有长期业务关系的客户,以及上市公司客户给予较宽限的尾欠货款结算期所致。

(4)其他应收款　　单位:元

帐　龄	2000.12.31			2001.9.30		
	金额	比例%	坏帐准备	金额	比例%	坏帐准备
1 年以内	2,901,163.87	99.85	145,058.19	4,845,188.33	99.93	242,259.42
1 至 2 年				3,500.00	0.07	280.00
2 至 3 年	4,500.00	0.15	450.00			
3 年以上						
合计	2,905,663.87	100.00	145,508.19	4,848,688.33	100.00	242,539.42

其他应收款中,持有本公司 5%以上表决权股份的股东欠款为应收集团公司 498,090.54 元,欠款金额前五名情况如下:　　单位:元

单位名称	所欠金额	欠款原因	欠款时间
专业咨询费	1,348,558.85	注 5	一年以内
铜陵市三佳电子(集团)有限责任公司	498,090.54	往来款项	一年以内
南京奥斯新公司	259,200.00	质保金	一年以内
倪健	203,250.00	出国技术学习借款	一年以内
邱荣才	50,000.00	项目科研初步设计借款	一年以内

1999 年末其他应收款比 1998 年末增加 132.77%,主要是集团公司往来款项增加;2000 年末比 1999 年末减少 66.44%,是由于铜陵市三佳电子(集团)有限责任公司归还往来款项所致;2001 年 9 月 30 日较 2000 年末增加 66.88%,主要是本年支付的专业咨询款项增加所致。

(5)预付帐款　　单位:元

账　龄	2000.12.31		2001.9.30	
	金额	比例%	金额	比例%
1 年以内	1,122,114.99	84.24	2,995,435.41	88.61
1 至 2 年	77,577.10	5.82	214,039.49	6.33
2 至 3 年	61,796.00	4.64	52,767.18	1.56
3 年以上	70,541.38	5.30	118,337.38	3.50
合计	1,332,029.47	100.00	3,380,579.46	100.00

预收账款中无持有本公司 5%以上表决权股份的股东款项,欠款金额前五名情况如下:　　单位:元

单位名称	所欠金额	欠款原因	欠款时间
铜陵市电子工业经贸中心	1,223,440.22	预付材料款	一年以内
湖北黄州盛德贸易有限公司	130,000.00	预付材料款	一年以内
无锡市赤诚特钢销售有限公司	124,388.00	预付材料款	一年以内
南京苏浙电子物资有限公司	122,909.84	预付材料款	一年以内
浙江省宁波佐力电器厂	84,200.00	预付材料款	一年以内

(6)存货及存货跌价准备　　单位:元

项　目	2000.12.31		2001.9.30	
	金额	跌价准备	金额	跌价准备
材料采购	634,420.60	-	1,062,104.44	-
原材料	10,452,604.36	-	8,190,911.75	123,004.07
低值易耗品	21,060.00	-	21,060.00	-
在产品	17,756,971.85	152,330.25	22,456,124.62	243,786.15
产成品	2,510,713.84	482,819.68	1,626,050.32	406,873.90
委托加工材料	-	-	443,012.11	-
合计	31,375,770.65	635,149.93	33,799,263.24	773,664.12

(7)固定资产情况

公司 2001 年 9 月 30 日的固定资产情况如下:　　单位:万元

固定资产类别	原值	累计折旧	净额	折旧年限(年)	折旧方法
房屋	983.09	310.68	672.41	35	平均年限法
建筑物	33.29	15.13	18.16	20	平均年限法
机器设备	5,270.15	2,041.64	3,228.51	14	平均年限法
动力设备	307.62	144.55	163.07	15	平均年限法
电子设备	238.63	64.54	174.09	6	平均年限法
运输设备	130.39	30.74	99.65	6	平均年限法
合计	6,963.17	2,607.28	4,355.89		

本公司固定资产中,未发现由于市价持续下降或技术陈旧、损坏、长期闲置等原因导致其可收回金额低于帐面价值,故未计提固定资产减值准备。

(8)截止至 2001 年 9 月 30 日本公司无对外投资。

(9)无形资产和待摊费用及长期待摊费用的情况

本公司无形资产系于 2000 年 6 月购买的 CAD 软件,原始金额 28 万元,按 5 年受益期限分期平均摊销,截止至 2001 年 9 月 30 日的剩余摊余年限为 4.75 年,摊余价值为 21.0 万元。

本公司长期待摊费用系租入设备的改良支出,原始金额 122,530.75 元,按 5 年租赁期限分期平均摊销,截止至 2001 年 9 月 30 日的剩余摊余年限为 0.25 年,摊余价值为 6,126.72 元。

3、主要债项

(1)短期借款　　单位:元

借款种类	币种	2000.12.31	2001.9.30	约定还款日
担保借款	人民币	-	13,000,000.00	
其中:工行铜陵市支行	人民币		3,000,000.00	2001.11.24
工行铜陵市支行	人民币		10,000,000.00	2002.01.28
抵押借款	人民币	-		
信用借款	人民币	-		
合　计	人民币	-	13,000,000.00	

本期增加流动资金借款 1,300 万元是因为本公司扩大生产规模,增加流动资金所需。根据公司 2001 年技改计划,2001 年二季度需新建一条模具调试线和购进部份工艺设备,计划使用资金额度在 1,500 万元左右。因此,经公司决定,向铜陵市工行贷款 1,300 万元。

(2)应付票据　　单位:元

收票人	出票日	到期日	金额	备注
上海汉川机床厂	2001.06.01	2001.12.01	210,000.00	不带息银行承兑汇票
合　计	-	-	210,000.00	-

(3)应付帐款　　单位:元

帐　龄	2000.12.31		2001.9.30	
	金额	比例%	金额	比例%
1 年以内	4,694,449.81	98.89	3,702,062.94	86.37
1 至 2 年	29,904.77	0.63	531,762.67	12.40
2 至 3 年	22,863.00	0.48	52,329.06	1.23
合　计	4,747,217.58	100.00	4,286,154.67	100.00

(4)预收帐款　　单位:元

帐　龄	2000.12.31		2001.9.30	
	金额	比例(%)	金额	比例(%)
1 年以内	34,577,536.98	100.00	29,501,584.97	100.00
合计	34,577,536.98	100.00	29,501,584.97	100.00

(5)应付福利费　　单位:元

项目	2000.12.31	2001.9.30
应付福利费	1,129,944.77	2,142,662.35

(6)应付股利　　单位:元

股东名称	2000.12.31	2001.9.30
铜陵市三佳电子(集团)有限责任公司	9,889,000.00	-
安徽省信托投资公司	580,000.00	-
合肥创源智能网络有限责任公司	145,000.00	-
深圳世纪之舟实业发展有限公司	116,000.00	-
安徽金岸工贸有限责任公司	87,000.00	-
合肥新创经贸有限责任公司	87,000.00	-
铜陵市科技发展有限责任公司	29,000.00	-
铜陵黄河通讯有限责任公司	29,000.00	-
合　计	10,962,000.00	-

根据本公司 2000 年 4 月 11 日召开的第一次临时股东会决议,对 1998 年 7 月至 2000 年 3 月之间实现的利润进行分配,按股东投资比例分配,计 10,664,491.65 元;2000 年 4-12 月实现净利润 14,501,627.53 元,实际可供分配利润 10,973,124.60 元,根据 2001 年 4 月 3 日召开的 2000 年度股东大会决议,按 10 派 2.90 元进行分配,分配股利 10,962,000.00 元,期末未分配利润 11,124.60

元,上述股得均已支付。

(7)应交税金　　单位:元

项目	2000.12.31	2001.9.30
增值税	4,978,152.56	2,050,288.96
城建税	33,666.34	156,072.67
所得税	1,381,457.42	2,605,962.69
合计	6,393,276.32	4,812,324.32

应交税金1999年末比1998年末增加234%,是由于1999年度销售收入增加导致增值税增加较大、利润增长较大导致所得税增加较大,期末尚未办理汇算清缴所致。

(8)其他应交款　　单位:元

项目	计缴标准	2001.9.30
教育费附加	应交增值税的3%	66,888.28
合计		66,888.28

(9)其他应付款　　单位:元

帐龄	2000.12.31		2001.9.30	
	金额	比例(%)	金额	比例(%)
1年以内	2,434,722.75	89.68	1,758,855.61	86.81
1至2年	257,077.50	9.47	244,288.00	12.06
2至3年	23,057.70	0.85	23,057.70	1.13
3年以上				
合　计	2,714,857.95	100.00	2,026,201.31	100.00

无持有本公司5%以上表决权股份的股东款项。

(10)长期借款　　单位:元

借款单位	金额	借款期限	年利率	借款条件
建行铜陵分行	2,500,000.00	2001年5月15日至2003年5月14日	5.94%	铜陵市三佳电子(集团)有限公司担保
工行铜陵分行	18,000,000.00	2001年7月26日至2004年12月26日	6.03%	信用借款
应计利息	275,639.35			
合计	20,775,639.35			

(11)长期应付款　　单位:元

借款单位	金额	借款期限	年利率	借款条件
铜陵市科委	40,000.00	长期	无息	科技拨改贷

4、所有者权益

(1)股本　　单位:元

股东名称	性质	1998.12.31(万股)	1999.12.31(万股)	2000.12.31(万股)	2001.9.30(万股)	期末持股比例(%)
铜陵市三佳电子(集团)有限责任公司	国有法人股	3,218	3,218	3,410	3,410	90.22
安徽省信托投资公司	法人股	180	180	200	200	5.30
合肥创源智能网络有限责任公司	法人股	–	–	50	50	1.32
深圳市世纪之舟实业发展有限公司	法人股	–	–	40	40	1.06
安徽金岸工贸有限责任公司	法人股	–	–	30	30	0.79
合肥新创经贸有限责任公司	法人股	–	–	30	30	0.79
铜陵市科技发展有限责任公司	法人股	–	–	10	10	0.26
铜陵黄河通讯有限责任公司	法人股	–	–	10	10	0.26
合　计		3,398	3,398	3,780	3,780	100.00

铜陵市宏光模具有限公司于1998年7月28日成立，各股东出资已经安徽省铜陵会计师事务所 铜会事验字[1998]第168号验资报告验证确认。1998年6月30日评估调帐后的净资产为3,218万元;

(2)盈余公积　　单位:元

项　目	2001.9.30	2000.12.31	1999.12.31	1998.12.31
期初余额	1,936,433.75	1,625,883.54	246,479.05	–
本期增加:计提法定盈余公积	–	1,655,482.64	919,602.99	164,319.37
计提法定公益金	–	827,741.32	459,801.50	82,159.68
本期减少	–	2,172,673.75		
期末余额	1,936,433.75	1,936,433.75	1,625,883.54	246,479.05

2000年3月以盈余公积转增资本2,172,673.75元，系根据铜陵市宏光模具有限公司2000年度第二次临时股东大会决议批准转增。

(3)未分配利润　　单位:元

项　目	2001.9.30	2000.12.31	1999.12.31	1998.12.31
期初余额	11,124.60	9,213,340.08	1,396,714.65	–
本期增加	16,836,817.54	16,554,826.38	9,196,029.92	1,643,193.70
本期减少	–	25,757,041.86	1,379,404.49	246479.05
期末余额	16,847,942.14	11,124.60	9,213,340.08	1,396,714.65

各期增加数为当期实现的净利润，各期减少数为当期的利润分配数。1998年度–2000年度各期利润分配情况如下:

1998年度：宏光有限公司于1998年7月28日设立。本年度7–12月份净利润1,643,193.70元,按10%、5%提取法定盈余公积164,319.37元、公益金82,159.68元。

1999年度:按净利润的10%、5%提取法定盈余公积919,602.99元、公益金459,801.50元。

2000年度:按净利润的10%、5%提取法定盈余公积1,655,482.64元、公益金27,741.32元，分配股利21,626,491.65元。未分配利润转增资本1,647,326.25元，系根据宏光有限公司2000年度第二次临时股东大会决议批准转增。

根据本公司2000年4月11日召开的第一次临时股东会决议，对1998年7月至2000年3月之间实现的利润进行分配，按投资比例向全体股东分配利润，计分配股利10,664,491.65元;根据2001年4月3日召开的2000年度股东大会决议，按10派2.90元进行分配，实际分配股利10,962,000.00元。

5、主要财务指标

财务指标	2001.9.30	2000.12.31	1999.12.31	1998.12.31
流动比率	1.32	0.96	1.24	1.51
速动比率	0.73	0.45	0.73	0.87
应收帐款周转率(次)	5.35	6.22	5.94	3.38
存货周转率(次)	1.28	1.22	1.55	1.29
净资产收益率(全面摊薄%)	29.76	41.65	20.52	10.03
无形资产占净资产比例(%)	0.37	0.63		
无形资产占总资产比例(%)	0.16	0.25		
资产负债率(%)	57.60	61.35	49.65	33.52
每股净资产(元)	1.50	1.05	1.32	1.05
研发费用占主营收入比例(%)	5.14	5.86	5.13	3.98
每股经营活动现金流量(元)	0.10	0.41	0.59	0.06
每股收益(元)	0.45	0.44	0.27	0.11

上述每股收益所依据的股本:1998年至1999年为3398万股,1999年至2001年9月30日为3780万股。

(三)盈利预测

本公司盈利预测报告的编制遵循了谨慎性原则,但由于盈利预测的各种假设具有不确定性,故投资者进行投资决策时,不应过分依赖该项资料。

1、盈利预测表　　单位:万元

项　目	2000年度	2001年度预测数			增长比例(%)
		1–9月已审	10–12月	合　计	
	实现数	实现数	预测数		
一、主营业务收入	6,553.33	6,164.15	2,025.75	8,189.90	24.97
减:主营业务成本	3,231.60	3,064.80	1,000.58	4,065.38	25.80
主营业务税金及附加	66.61	69.83	22.00	91.83	37.86
二、主营业务利润	3,255.12	3,029.52	1,003.17	4,032.69	23.89
加:其他业务利润	27.43	26.36	7.00	33.36	21.62
减:营业费用	322.12	251.43	106.44	357.87	11.10
管理费用	689.72	698.45	211.77	910.22	31.97
财务费用	12.46	60.84	38.59	99.43	698.07
三、营业利润	2,258.25	2,045.16	653.37	2,698.53	19.50
加:补贴收入	271.81	486.05		486.05	78.82
营业外收入	0.37	0.40		0.40	8.11
减:营业外支出	56.48	0.11		0.11	–99.81
四、利润总额	2,473.95	2531.50	653.37	3,184.87	28.74
减:所得税	818.47	847.82	215.61	1,063.43	29.93
五、净利润	1,655.48	1,683.68	437.76	2,121.44	28.15

安徽华普会计师事务所已对本公司编制的2001年度的盈利预测报告进行了审核,并出具了无保留意见的盈利预测审核报告。

八、其他重要事项

(一)本公司股票本次发行后至本公司上市公告书公告之日,本公司严格依照《公司法》、《证券法》等法律法规的要求,规范运行,生产经营情况正常;所处行业、市场无重大变化;主要投入产出物供求及价格无重大变化。

(二)本公司股票本次发行后至本公司上市公告书公告之日,本公司重大会计政策和会计师事务所没有发生变化。

(三)本公司于2001年12月11日召开了第一届第七次董事会,经全体董事表决,通过了《关于与日本国山田尖端科技株式会社合资组建中外合资企业报告》的决议,同意公司与日本国山田尖端科技株式会社合资组建中外合资企业。合资企业具体负责实施经国家计委 计高司[2000]66号文批准的国家半导体集成电路专用模具高技术产业化示范工程项目，即年产200副半导体集成电路专用模具项目。合资企业投资总额拟为12000万元人民币,注册资本拟为12000万元人民币,公司拟用募集资金投资9000万元人民币,占注册资本的75%,外方拟投资3000万元人民币,占注册资本的25%。会议同时决定尽快进行与外方的谈判，并决定召开公司2002年第一次临时股东大会,审议批准组建中外合资企业的议案。

(四)预计上市后首次股利分配时间在2002年6月底以前。

(五)本公司股票本次发行后至本公司上市公告书公告之日,本公司董事、监事和高级管理人员没有尚未了结或可能发生的刑事诉讼事项。

(六)本公司股票本次发行后至本公司上市公告书公告之日,本公司未涉及任何重大诉讼事项或仲裁,亦无任何尚未了结或可能面临的重大诉讼或索赔要求。

(七)本公司股票本次发行后至本公司上市公告书公告之日,没有其他应披露而未披露之重大事项。

九、董事会上市承诺

本公司董事会承诺将严格遵守《中华人民共和国公司法》、《中华人民共和国证券法》、《股票发行与交易管理暂行条例》、《公开发行股票公司信息披露实施细则》和《上海证券交易所股票上市规则》等国家法律、法规和有关规定,并自股票上市之日起作到:

(一)承诺真实、准确、完整、公允和及时地公布定期报告,披露所有对投资者有重大影响的信息,并接受中国证监会、证券交易所的监督管理;

(二)承诺本公司在知悉可能对股票价格产生误导性影响的任何公共传播媒介中出现的消息后,将及时予以公开澄清;

(三)本公司董事、监事、高级管理人员和核心技术人员将认真听取社会公众的意见和批评,不利用已获得的内幕消息和其他不正当手段直接或间接从事发行人股票的买卖活动;

(四)本公司没有无记录的负债。

依据《上海证券交易所股票上市规则》,本公司全体董事、监事将按照有关规定,在本公司股票上市后两个月内签署《董事(监事)声明及承诺书》并送达上海证券交易所备案。

十、上市推荐人及其意见

(一)上市推荐人情况

上市推荐人:平安证券有限责任公司　　法定代表人:杨秀丽

地址:深圳市八卦岭八卦三路平安大厦三层

上海市常熟路8号静安广场6楼投资银行部(上海)

联系电话:(021)62078885　　传真:(021)62078900　　联系人:薛荣年、罗腾子、崔岭

(二)上市推荐人意见

本公司上市推荐人认为:本公司章程符合《中华人民共和国公司法》、《中华人民共和国证券法》及《上海证券交易所股票上市规则》等法律、法规和中国证监会的有关规定;本公司本次股票发行完全符合《中华人民共和国公司法》、《中华人民共和国证券法》及《上海证券交易所股票上市规则》的法律、法规和中国证监会的有关规定,已具备了上市条件;公司董事了解法律、法规、上海证券交易所上市规则及股票上市协议规定的董事的义务与责任;本公司建立健全了法人治理结构,制定了严格的信息披露制度与保密制度。

上市推荐人已对上市文件所载的资料进行了核实,认为上市文件真实、准确、完整,符合规定要求,没有虚假记载、误导性陈述或重大遗漏,并对其承担连带责任。上市推荐人与本公司不存在关联关系。上市推荐人愿意推荐本公司的股票在上海证券交易所上市交易,并且在上市推荐过程中,保证不利用获得的内幕信息进行内幕交易,为自己或他人谋取利益。

铜陵三佳模具股份有限公司

二〇〇一年十二月二十八日

贵州贵航汽车零部件股份有限公司

贵州贵航汽车零部件股份有限公司上市公告书

本公司董事会保证上市公告书的真实性、准确性、完整性，全体董事承诺上市公告书不存在虚假记载、误导性陈述或重大遗漏，并承担个别和连带的法律责任。根据《公司法》、《证券法》等有关法律、法规的规定，本公司董事、监事、高级管理人员已依法履行诚信和勤勉尽责的义务和责任。上海证券交易所、中国证监会、其他政府机关对本公司股票上市及有关事项的意见，均不表明对本公司的任何保证。

本公司提醒广大投资者注意，凡本上市公告书未涉及的有关内容，请投资者查阅 2001 年 12 月 8 日刊载于《中国证券报》、《上海证券报》和《证券时报》的本公司招股说明书摘要，及刊载于全景网络(http://www.p5w.net)的本公司招股说明书全文。

一、概 览

股票简称：贵航股份　　股票代码：600523

股本总额：220,000,000 股　　可流通 A 股股本：70,000,000 股

本次上市流通股本：70,000,000 股

上市地点：上海证券交易所　　上市日期：2001 年 12 月 27 日

股份登记机构：中国证券登记结算有限责任公司上海分公司

上市推荐人：国泰君安证券股份有限公司　　兴业证券股份有限公司

根据国家有关政策，在国家就国有法人股、法人股的流通问题尚未作出新的规定之前，本次发行股票前公司国有法人股、法人股股份暂不上市流通，有关股东已经向上海证券交易所承诺自愿锁定其所持股份，上市后一年内不予转让，也不由本公司回购其所持股份。

二、绪 言

贵州贵航汽车零部件股份有限公司(以下简称"本公司"或"发行人")上市公告书是根据《中华人民共和国公司法》、《中国人民共和国证券法》、《股票发行与交易管理暂行条例》、《公开发行股票公司信息披露实施细则》和《上海证券交易所股票上市规则》等有关法律、法规的规定，按照中国证券监督管理委员会制定的《公开发行证券的公司信息披露内容与格式准则第 7 号–股票上市公告书》而编制。

经中国证券监督管理委员会证监发行字[2001]99 号文核准，本公司已于 2001 年 12 月 12 日~12 月 17 日成功地采取网上累计投标询价的发行方式，发行了每股面值 1.00 元的人民币普通股 7,000 万股，每股发行价格为 4.93 元。

经上海证券交易所上证上字(2001)208 号《关于贵州贵航汽车零部件股份有限公司人民币普通股股票上市交易的通知》同意，本公司 7,000 万股社会公众股将于 2001 年 12 月 27 日起在上海证券交易所挂牌交易，股票简称"贵航股份"，股票代码"600523"。

本公司已于 2001 年 12 月 8 日分别在《中国证券报》、《上海证券报》和《证券时报》上刊登了《贵州贵航汽车零部件股份有限公司公开发行 A 股股票招股说明书摘要》(以下简称 "招股书摘要")。招股说明书全文可在全景网络(http://www.p5w.net)查询。招股说明书及其引用的财务资料距今不足六个月，与其重复的内容不再重述，敬请投资者查阅上述内容。

三、发行人概况

(一)发行人基本情况

1、法定名称：贵州贵航汽车零部件股份有限公司

英文名称：GUIZHOU GUIHANG AUTOMOTIVE COMPONENTS CO.,LTD

2、注册资本金：220,000,000 元。成立日期：1999 年 12 月 29 日。

3、法定代表人：张文儒

4、法定住所：贵州省贵阳市国家高新技术开发区新天大道火炬大厦。

办公地址：贵州省贵阳市新华路 9 号乌江大厦 14 层。邮政编码：500002。

5、经营范围：汽车、摩托车零部件制造、销售；汽车(不含小轿车)、摩托车，二、三类机电产品的批零兼营；橡胶、塑料制品的制造、销售。

6、所属行业：汽车零部件。

7、电话：0851–5815780　　传真号码：0851–5870544 。

电子邮箱：ghql@public.gz.cn 。董事会秘书：刘江毅。

(二)发行人历史沿革

本公司是经贵州省人民政府黔府函[1999]220 号文批准，于 1999 年 12 月 29 日由中国贵州航空工业(集团)有限责任公司等八家发起人共同发起设立的股份有限公司。贵州红阳机械(集团)公司、中国贵航集团华阳电工厂、中国贵州航空工业集团永红机械厂和贵州申一橡胶厂等四家发起人，以经财政部财评字 [1999]562 号文确认的评估后净资产分别 7711.26 万元、5571.78 万元、5371.83 万元和 3217.63 万元投入本公司，经财政部财管字[1999]386 号文批复，按 1:0.6705 的比例分别折为国有法人股 5170.13 万股、3735.68 万股、3601.63 万股和国家股 2157.31 万股，国家股由贵阳市国资局持有；中国贵州航空工业(集团)有限责任公司、中国航空工业供销贵州公司、贵州海洋经济发展有限责任公司、贵阳新达机械厂等四家发起人分别以现金 200 万元、100 万元、100 万元和 100 万元出资，按 1:0.6705 的折股比例分别折为国有法人股 134.10 万股、67.05 万股和法人股 67.05 万股、67.05 万股。发起人出资共折为 15000 万股，形成本公司发行前股本 15000 万元。经深圳同人会计师事务所出具的深同证验[1999]第 022 号"验资报告"验证，本公司发起人的股本金已全部到位。本公司于 1999 年 12 月 29 日注册登记，营业执照注册号为：5200001205831。

国家经贸委认为股份有限公司的发起人应是不同的产权主体，因发起人中红阳公司、华阳厂和永红厂为中国贵州航空工业(集团)有限责任公司的全资下属企业，同属一个产权主体，故国家经贸委以国经贸企改[1999]1291 号文将本公司发起人股东规范为集团公司、申一厂、供销公司、海洋公司和新达厂五家。2000 年 11 月 1 日，经财政部财企[2000]511 号文批复，集团公司的全资附属企业红阳公司所持本公司的 5170.13 万股国有法人股、华阳厂所持本公司的 3735.68 万股国有法人股、永红厂所持本公司的 3601.63 万股国有法人股，共计 12507.44 万股全部划转由集团公司持有。这样，中国贵州航空工业(集团)有限责任公司共持有本公司国有法人股 12641.54 万股，占本公司发行前总股本的 84.27%。本次股权划转对发行人的业务、控制权及管理层，以及经营业绩没有影响，并已取得原发起人股东的一致同意，不存在任何法律纠纷和潜在法律纠纷。

经中国证券监督管理委员会证监发行字[2001]99 号文批准，本公司于 2001 年 12 月 12 日成功向社会公开发行了 7,000 万股 A 股股票，每股面值 1.00 元，发行价格为 4.93 元，扣除发行费用后共募集资金 32,755.42 万元，本公司已于 2001 年 12 月 19 日办理了验资手续，深圳同人会计师事务所有限责任公司为此出具了验资报告。目前，本公司工商注册变更登记手续正在办理之中，本公司承诺该等工商变更登记事宜预计在 2002 年 2 月 15 日前完成。本次发行后，本公司总股本增加至 22,000 万股，其中暂不流通的发起人股 15,000 万股，占总股本的 68.18%，可流通的社会公众股 7,000 万股，占总股本的 31.82%。

(三)发行人主要经营情况

1、发行人在产品、技术和人才上的优势和劣势

本公司是以贵航集团先进的军工技术为依托，以优质、高效和可持续发展为目标，形成了以汽车密封条、散热器、滤清器、组合开关、锁匙总体等产品为主的多门类、多层次的汽车零部件产品研究开发与生产加工并重的工业体系，具备了为国内各车型研制生产相关产品和系统配套的能力。本公司拥有四项专有技术、六项国家级新产品、十项省部级新产品、十一项省部级优质产品，获得过二十二项省部级和市级科技进步奖，五次在博览会或展览会上获奖。汽车密封条、铝质散热器被评为贵州省名牌产品。2000 年 2 月本公司被贵州省科委认定为高新技术企业，2001 年 1 月取得自营进出口权。

与国内同行业相比，本公司具有如下竞争优势：

(1)技术力量雄厚，产品开发基础手段齐全，开发能力较强。本公司拥有高级职称的员工有 66 人，占员工总数的 2.42%，公司现有 3 个技术开发部门--密封条研究所、散热器研究所、电器开关研究所，专责于研究开发的职工人数为 89 人，有较强的自行开发、设计、生产新产品的能力，可根据用户要求，独立进行产品设计、模具设计、模具制造、产品试制、非标设备与测试设备研制，检测手段齐全，可进行多种材料及制品的各项试验。自行开发设计了多项技术、工艺和新产品。产品质量控制按 ISO9002、QS9000 及 VDA6.1 质量体系标准，品种、质量均在国内处于领先水平。

(2)产品品种齐全，产品覆盖了轿车、微型车、中型车、重型车、皮卡车、客车等车型，配套厂家及车型多，抗主机厂波动能力较强。本公司产品主要供应国内各大汽车制造厂商，如上海大众、一汽及一汽大众、二汽、富康、南汽、柳微、天汽、昌河、哈飞、长安汽车等，部分产品出口欧洲和东南亚，产销量居同行业前列。

(3)产品有较强的成本优势。本公司地处贵州，劳动力成本较低，能源供应价廉，进口原材料逐步国产化，产品成本较低。

(4)本公司主要产品在国内轿车市场具有较高的市场占有率，如汽车密封条约占轿车市场的 35%，散热器占 20%，空气滤清器占 40%。本公司是国内同行业中品种最齐全、产销量最高、市场覆盖率和占有率最大的密封条生产企业，也是目前国内塑铝管片式散热器生产规模最大的企业；本公司生产的锁匙总体在国内轿车市场占主导地位，是上海大众的独家供货商；本公司控股子公司华昌公司是国内汽车锁匙总体开发水平最高、轿车市场占有率最大的企业。

(5)工艺设备较为先进，本公司的主要生产设备、关键设备基本从德国、意大利、美国等国家引进，处于发达国家九十年代初期和中期水平。

本公司的竞争劣势：

(1)距汽车整车厂的距离较远，无地理位置上的优势。除上海永红滤清器厂、宁波华甬电器公司外，本公司主要生产基地在贵阳，距离东部、北方整车厂较远，增加了运输、包装、仓储、服务方面的成本。

(2)与国外原配套厂家合资、合作较少，缺乏原配套厂家技术支持，靠自主开发，新品开发周期长，速度慢。

(3)资金不足，影响了新项目的开发和投入；因客户拖欠货款，资金周转速度较慢。

(4)由于历史原因，管理成本较高。

(5)随着我国加入 WTO，汽车行业面临较大的降价压力，汽车零部件生产企业由此受到一定的影响。

2、主要财务指标

(1)合并资产负债表主要数据　　单位：万元

项目	2001 年 6 月 30 日	2000 年 12 月 31 日	1999 年 12 月 31 日
总资产	80,532.65	80,779.06	77,727.40
总负债	55,288.19	56,512.17	55,288.44
股东权益	23,807.56	22,634.19	21,020.71

(2)合并利润表主要数据　　单位：万元

项　目	2001 年 1–6 月	000 年	1999 年	1998 年
主营业务收入	18,192.41	38,469.05	37,919.48	32,921.02
主营业务利润	5,438.53	2,395.73	12,944.26	10,892.42
利润总额	1,527.43	4,702.95	4,453.44	3,483.10
净利润	1,173.37	3,701.80	2,867.04	2,259.78

3、享有的财政税收优惠政策

根据贵阳国家高新技术产业开发区管理委员会筑高新委字(1999)009 号文及贵州省科委黔科复(2000)2 号文，本公司符合高新技术企业认定条件，获准在贵阳国家高新技术产业开发区设立，按照国家税务总局财税字[1994]001 号文规定，本公司企业所得税按 15%的税率缴纳。

四、股票发行与股本结构

(一)本次股票的发行

1、发行日期：2001 年 12 月 12 日　　2、发行数量：7,000 万股

3、股票发行价格：4.93 元/股　　4、募集资金总额：34,510 万元

5、发行方式：网上累计投标询价发行

6、发行费用总额及项目：1,754.58 万元，主要含承销费用、会计师费用、律师费用、评估师费用、上网发行费用及其他费用。　　7、每股发行费用：0.25 元

(二)股票承销情况

发行人于 2001 年 12 月 12 日公开发行的人民币普通股 7,000 万股由网上社会公众及符合资格的机构投资者和证券投资基金全额认购，承销团成员无余额包销。

(三)验资报告(深同证验字[2001]第 025 号)贵州贵航汽车零部件股份有限公司全体股东：

我们接受委托，对贵州贵航汽车零部件股份有限公司截至 2001 年 12 月 18 日止首次向社会公众发行人民币普通股股票 70,000,000 股后的实收股本的真实性和合法性进行了审验。在审验过程中，我们按照《独立审计实务公告第 1 号–验资》的要求，实施了必要的审验程序。贵州贵航汽车零部件股份有限公司的责任是提供真实、合法、完整的验资资料，保护资产的安全、完整，我们的责任是按照《独立审计实务公告第 1 号–验资》的要求，出具真实、合法的验资报告。

贵州贵航汽车零部件股份有限公司变更前的注册资本和实收股本为人民币 150,000,000.00 元，发行后的实收股本为人民币 220,000,000.00 元。根据我们的审验，截至 2001 年 12 月 18 日止，贵州贵航汽车零部件股份有限公司通过网上累计投标询价的方式发行股票共向社会公众募集资金人民币 345,100,000.00 元，扣除券商承销佣金、上市推荐费等计人民币 12,256,100.00 元，实际募集资金人民币 332,843,900.00 元，其中人民币 70,000,000.00 元作为贵州贵航汽车零部件股份有限公司的"股本"，其余计人民币 262,843,900.00 元转作贵州贵航汽车零部件股份有限公司的"资本公积"(未扣除其他发行费用)。由此，贵州贵航汽车零部件股份有限公司实收股本变更为人民币 220,000,000.00 元。

贵州贵航汽车零部件股份有限公司本次增资前的实收股本为人民币 150,000,000.00 元，业经深圳同人会计师事务所有限公司深同证验字[2001]第 005 号验资报告验证。

本验资报告仅供贵州贵航汽车零部件股份有限公司办理变更登记时使用，不应将其视为对贵州贵航汽车零部件股份有限公司验资报告日后资本保全、偿债能力和持续经营能力等的保证，因使用不当造成的后果，与执行本验资业务的注册会计师及会计师事务所无关。

附件 1：变更前后注册资本、实收股本对照表

附件 2:验资事项说明
附件 3:缴付出资银行进帐单复印件
附件 4:缴付出资银行询证函复印件

深圳同人会计师事务所有限公司　　中国注册会计师　周荣铭
中国注册会计师　杨　建
中国　深圳　　2001 年 12 月 19 日

(四)募股资金入帐情况
入帐时间:2001 年 12 月 18 日
入帐金额:33284.39 万元(已扣除承销费用 1000.79 万元、上市推荐费 64 万元、上市辅导费用 40 万元和上市发行费用 120.82 万元)
入帐帐号:24020045090-24516887
开户银行:中国工商银行贵阳市中华路支行
(五)本次股票上市前股权结构和股东持股情况
1、本公司本次上市前的股本结构

股 东 单 位	股份性质	持股数量(万股)	持股比例(%)
一、非流通股	发起人股	15,000.00	68.18
1、贵航集团公司	国有法人股	12,641.54	57.47
2、贵阳市国资局	国家股	2,157.31	9.81
3、供销公司	国有法人股	67.05	0.30
4、海洋公司	法人股	67.05	0.30
5、新达厂	法人股	67.05	0.30
二、社会公众股	社会公众股	7,000.00	31.82
合　　计	-	22,000.00	100.00

2、本次上市前,本公司前十名股东持股数及比例

股东名称	持股数量(万股)	占总股本的比例(%)
贵州航空工业(集团)有限责任公司	12,641.54	57.47
贵阳市国有资产管理局	2,157.31	9.81
中国航空工业供销贵州公司	67.05	0.30
贵州海洋经济发展有限责任公司	67.05	0.30
贵阳新达机械厂	67.05	0.30
景福基金	35.20	0.16
同盛基金	23.70	0.11
同益基金	20.10	0.09
金泰基金	14.80	0.07
安顺基金	14.80	0.07

五、董事、监事及高级管理人员

(一) 董事、监事、高级管理人员及核心技术人员简介
1、董事
张文儒先生:汉族,1946 年生,中共党员,大学文化,研究员级高级经济师。现任贵航集团公司副总经理,本公司董事长。
袁声荣先生:汉族,1941 年生,中共党员,大学文化,研究员级高级工程师。现任本公司总经理,董事。
黄中琦先生:汉族,1962 年生,中共党员,硕士,高级工程师。现任本公司副总经理,董事。
常怀忠先生:汉族,1956 年生,中共党员,大学文化,高级工程师。现任中国航空工业第一集团公司资产部总师,本公司董事。
程先生:汉族,1953 年生,中共党员,大学文化,高级政工师。现任贵航集团工会主席,本公司董事。
齐应刚先生:汉族,1958 年生,中共党员,大学文化,高级工程师。现任红阳公司董事长、党委书记,本公司董事。
张雪松先生:汉族,1964 年生,中共党员,大学文化,高级经济师。现任本公司华阳电器公司副总经理,本公司董事。
龙文波先生:汉族,1960 年生,中共党员,大学文化,高级工程师。现任永红厂厂长,本公司董事。
张军先生:汉族,1958 年生,中共党员,大学文化,政工师。现任永红厂党委书记,本公司董事。
区兆新先生:汉族,1945 年生,中共党员,大学文化,高级工程师。现任申一厂厂长,本公司董事。
李黔森先生:汉族,1947 年生,中共党员,大专文化,会计师。现任本公司董事。
2、监事
周万成先生:汉族,1946 年生,中共党员,大学文化,研究员级高级工程师。现任贵航集团公司董事长、党委书记,本公司监事会主席。
王占平先生:汉族,1946 年生,中共党员,中专文化,高级工程师。现任华阳厂厂长,本公司监事。
陈庆平先生:汉族,1960 年生,中共党员,大学文化,高级工程师。现任永红厂党委副书记兼纪委书记,本公司监事。
李正华先生:汉族,1955 年生,中共党员,大学文化,高级工程师。现任红阳公司党委副书记、副董事长、总经理,本公司监事。
吴奕淦先生:汉族,1949 年生,中共党员,大学文化。现任本公司监事。
胡涛女士:汉族,1970 年生,中共党员,大专文化,政工师。现任本公司监事。
田谷先生:汉族,1966 年生,中共党员,大学文化,工程师。现任本公司监事。
3、高级管理人员
韩百川先生:汉族,1943 年生,中共党员,大学文化,研究员级高级会计师。现任本公司副总经理,财务负责人。
朱强华先生:汉族,1963 年生,中共党员,研究生,高级工程师。现任本公司副总经理。
王英筑先生:汉族,1960 年生,中共党员,大学文化,高级经济师。现任本公司副总经理。
刘江毅先生:汉族,1955 年生,中共党员,硕士,高级工程师。现任本公司董事会秘书兼副总经理。
4、核心技术人员
顾秀雄先生:汉族,1946 年生,中共党员,大学文化,研究员级高级工程师。从事技术及质量管理工作。
卢殿武先生:汉族,1950 年生,中共党员,大学文化,高级工程师。从事工艺和工艺装备的设计。
王培勇先生:布依族,1966 年生,中共党员,硕士,高级工程师。从事产品设计工作。
汤俊先生:汉族,1958 年生,中共党员,大学文化,工程师,从事工装设计、塑料模具设计工作。
周翔先生:汉族,1964 年生,中共党员,大学文化,高级工程师。从事产品设计工作。
尹敏诠先生:汉族,1964 年生,大学文化,高级工程师。从事工艺装备设计工作。
何伟先生:汉族,1968 年生,大学文化,高级工程师。从事产品设计和技术开发工作。
李登华先生:汉族,1944 年生,中共党员,大学文化,高级工程师。从事新产品研制开发工作。
杜民胜先生:汉族,1951 年生,大学文化,中共党员,工程师。负责工艺技术标准制定工作。
上述董事、监事、高级管理人员、核心技术人员均为中国国籍,无境外的永久居留权,相互之间不存在配偶关系、三代以内直系和旁系亲属关系。
根据法律、法规的有关规定,本公司高级管理人员未在任何股东单位兼职,并承诺以后也不在任何股东单位兼任职务。

(二)公司董事、监事及高级管理人员持股情况
截止到本上市公告书签署之日,本公司董事、监事及高级管理人员均未持有本公司股票,也没有由其授权或指示他人(包括法人)代其持有,其配偶或已满十八岁的子女均不持有本公司股份。

六、同业竞争与关联交易

(一)同业竞争情况
1、从事相似业务的情况
(1)本公司与三井华阳的业务关系
贵州三井华阳汽车配件有限公司是 1995 年 9 月成立的中外合资企业,注册资本 180 万美元,日本三井集团持有 60%的股权,华阳厂持有 40%的股权。
该公司的主要产品为汽车门锁机构,目前主要为广州本田、上海大众、重庆长安等汽车厂家配套。本公司不生产与其相同的产品。本公司的控股子公司华昌电器生产的锁匙总体(含全车锁芯、钥匙总成)与三井华阳生产的汽车门锁机构是完全不同的产品,门锁机构指锁体、锁扣、内外操纵机构、内外锁止机构的总成,门锁机构和锁芯、门把手同时作用实现车门的开启和锁止。
双方生产的产品不同,生产工艺和技术不同,所需的主要设备也不相同,并且,三井华阳董事会和经营管理层均由日方控制,华阳厂对三井华阳无控制权,因此,本公司与三井华阳不存在同业竞争。三井华阳也作出承诺,今后仍不生产与本公司相同的产品。
(2)本公司与上海科世达的业务关系
上海科世达-华阳汽车电器有限公司是 1995 年 5 月成立的中外合资企业,注册资本 1500 万德国马克,德国莱奥泼德-考斯塔责任有限股份两合公司持有 70%的股权、华阳厂持有 23%的股权、上海安亭工业公司持有 7%的股权。
该公司的主要产品为在中国市场的德国车系所用电器开关,目前主要为上海大众、一汽大众等汽车厂家配套。本公司的汽车电器产品为德国车系以外车型用电器开关。双方产品的市场划分非常明确,相互之间不冲突。由于存续企业华阳厂在该公司只持有 23%的股权,董事会和经营管理层均由德方控制,华阳厂对上海科世达无控制权,因此存续企业与本公司不存在同业竞争。
(3)本公司与上海红阳的业务关系
本公司与存续企业贵州红阳机械(集团)公司的相对控股子公司上海红阳密封件有限公司均生产汽车用密封条,存在一定程度的同业竞争。
上海红阳密封件有限公司是由贵州红阳机械(集团)公司、上海马陆工业总公司、香港普罗发有限责任公司于 1993 年 8 月共同出资设立的中外合资经营企业,注册资金为 7700 万元,合资各方的股权比例分别为 48%、15%和 37%。该公司主要生产和销售多种型号的汽车密封条及其它密封件、橡胶塑料制品及中小模具。
上海红阳主要向上海大众公司配套桑塔纳轿车的四项橡胶复合门框密封条和一项行李箱密封条;向一汽大众配套捷达轿车的四项橡胶复合门框密封条和一项行李箱密封条;向昌河汽车公司、济南重型汽车公司、仪征汽车厂供应部分橡胶密封条。在上海红阳遵守双方达成的市场划分协议的前提下,其对本公司的密封条产品市场基本无影响。目前,本公司密封条产品的市场占有率为 35%,上海红阳的市场占有率约为 5%。
但由于双方生产的产品工艺相近,所需的主要设备相同,只是在形成成品的关键专用设备不同,如果上海红阳投资增添这些设备,便能生产与股份公司相同的产品。另外,上海红阳的地理优势和其企业性质对国外同行具有吸引力,如果今后增加或变换国外投资者,将可能对本公司的密封条产品市场产生影响。
本公司与其他关联企业不存在同业竞争。
(二)关联方及关联关系
1、关联方及关系
(1)控制股东:中国贵州航空工业(集团)有限责任公司。
(2)其他股东:贵阳市国资局、中国航空工业供销贵州公司、贵州海洋经济发展有限责任公司、贵阳新达机械厂。
(3)控股股东控制和参股的企业:控股股东的下属企事业单位有 47 家,控股股东的下属企业永红厂、红阳公司、华阳厂、财务公司、贵州云雀汽车有限责任公司与本公司存在关联交易。
(4)对控股股东有实质影响的法人:中国航空工业第一集团公司为本公司控股股东的控股股东。
(5)本公司参与的合营企业:贵州华昌汽车电器有限公司、宁波华甬电器公司、北海银湾科技股份有限公司、贵州三阳汽配有限责任公司。
(6)本公司参与的联营企业:上海永红滤清器厂。
(7)关键管理人员、核心技术人员控制的其他企业:无。
(8)其他对本公司有实质影响的法人或自然人:无。
2、关联交易事项
依据有关关联交易协议,2000 年度及 2001 年上半年本公司与有关关联企业发生如下交易事项。
(1)购销商品
a、购货
12000 年度本公司向永红厂购买原材料 104.56 万元,占购货总额的 0.44%。
2001 年 1 月至 6 月,本公司未向永红厂购买原材料。
22000 年度本公司向华阳厂购买原材料 45.82 万元,占购货总额的 0.19%。
2001 年 1 月至 6 月,本公司未向华阳厂购买原材料。
b、销货
12000 年度本公司向永红厂销售原材料 721.81 万元,占销货总额的 1.60%。2001 年 1 月至 6 月本公司向永红厂销售原材料 8.08 万元,占销货总额的 0.04%。
22000 年度本公司向华阳厂销售原材料 83.70 万元,占销货总额的 0.19%。2001 年 1 月至 6 月本公司向华阳厂销售原材料 10.46 万元,占销货总额的 0.06%。
32000 年度本公司向贵州云雀汽车有限责任公司销售产品 29.74 万元。
2001 年 1 月至 6 月本公司未向贵州云雀汽车有限责任公司销售产品。
42000 年度及 2001 年 1 月至 6 月本公司向存续企业红阳公司参股的哈尔滨华飞红阳密封件有限公司销售密封条产品 393.96 万元和 165.70 万元,分别占销货总额的 1.02%和 0.91%。

七、财务会计资料

本公司聘请的审计机构深圳同人会计师事务所对本公司 2001 年 6 月 30 日以前的三年又一期的会计期间报表进行了审计,并出具了标准无保留意见的审计报告。
本公司截止 2001 年 6 月 30 日的财务会计资料,已于 2001 年 12 月 8 日分别在《中国证券报》、《上海证券报》和《证券时报》上刊登的招股说明书概要中进行了详细披露,因尚未超出招股说明书有效期限,故相同的内容在此不再重复。欲了解本公司经审计的财务报表及主要财务指标的详细内容,敬请投资者查阅上述报纸或在公告的招股说明书查阅地查阅。
(一)简要会计报表
1、简要合并资产负债表:　　　　　　　　　　　　　单位:元

项　　目	2001.6.30	2000.12.31	1999.12.31
流动资产合计	441,209,208.45	437,238,187.73	399,656,697.09
长期投资合计	12,846,303.45	13,264,344.01	8,753,867.65
固定资产合计	329,259,185.14	334,700,315.98	343,822,857.17
无形及其他资产合计	22,011,758.41	22,587,727.07	25,040,572.09
资产总计	805,326,455.45	807,790,574.79	777,273,994.00

单位:元

项　　目	2001.6.30	2000.12.31	1999.12.31

流动负债合计	417,754,973.40	407,094,763.05	364,557,463.62
长期负债合计	135,126,924.57	158,026,924.57	188,326,924.57
负债合计	552,881,897.97	565,121,687.62	552,884,388.19
少数股东权益	14,368,996.50	16,326,991.73	14,182,535.19
股东权益合计	238,075,560.98	226,341,895.44	210,207,070.62
负债及股东权益总计	805,326,455.45	807,790,574.79	777,273,994.00

2、简要合并利润表： 单位：元

项目	2001年1-6月	2000年度	1999年度	1998年度
主营业务收入	181924087.35	384690470.99	379194817.51	329210190.77
主营业务利润	54385310.41	123957270.29	129442594.30	108924185.13
营业利润	16029706.42	46588497.68	44386481.64	32755472.66
利润总额	15274297.42	47029463.92	44534438.79	34831022.13
净利润	11733665.54	37017988.23	28670395.15	22597834.52

3、简要合并现金流量表： 单位：元

项目	2001年1-6月	2000年度
一、经营活动产生的现金流量净额	15,509,924.46	60,467,938.48
二、投资活动产生的现金流量净额	(8,436,768.97)	(15,444,089.83)
三、筹资活动产生的现金流量净额	(7,752,804.38)	(28,054,316.24)
四、汇率变动对现金的影响额	-	(4,588.90)
五、现金及现金等价物净增加额	(679,648.89)	16,964,943.51

（二）合并会计报表主要项目附注

1、货币资金

	2001-6-30
现金	134,760.63
银行存款	68,380,848.46
其他货币资金	596,420.44
	69,112,029.53

2000年12月31日货币资金余额较1999年末数增加了32.11%，主要系1999年度与2000年度现销比例增大，资金回笼较快所致。

2、应收票据：总计 12,025,775.75元。

3.应收帐款

应收帐款的帐龄分析列示如下：

帐龄	2001-6-30		
	金额	占该帐项余额%	坏帐准备
1年以内	129,081,749.57	76.61	6,454,087.48
1-2年	13,250,298.50	7.86	662,514.93
2-3年	11,384,093.47	6.76	569,204.67
3-4年	10,768,494.07	6.39	538,424.70
4-5年	282,381.21	0.17	14,119.06
5年以上	3,723,042.68	2.21	3,723,042.68
	168,490,059.50	100.00	11,961,393.52

4.预付帐款

预付帐款的帐龄分析列示如下：

帐龄	2001-6-30	
	金额	占该帐项余额%
1年以内	9,988,730.14	79.92
1-2年	1,306,237.67	10.45
2-3年	281,187.29	2.25
3-4年	921,967.24	7.38
	12,498,122.34	100.00

5.其他应收款

其他应收款的帐龄分析列示如下：

帐龄	2001-6-30		
	金额	占该帐项余额%	坏帐准备
1年以内	29,592,958.38	73.57	1,249,813.07
1-2年	9,422,256.87	23.42	471,112.84
2-3年	1,042,270.25	2.59	52,113.51
3-4年	113,485.30	0.28	5,674.27
4-5年	52,420.00	0.13	2,621.00
5年以上	-	-	-
	40,223,390.80	100.00	1,781,334.69

8.长期股权投资

项目	2001-1-1 金额	减值准备	本期增加	本期减少	2001-6-30 金额	减值准备
其他股权投资	5385663.13	-	21552.87	-	5407216.00	-
股权投资差额	7876680.88	-	-	437593.43	7439087.45	-
	13262344.01	-	21552.87	437593.43	12846303.45	-

截至2001年6月30日止，因本公司投资的单位经营正常，无导致长期投资金额低于帐面价值的情况，故未计提长期投资减值准备。

19.应交税金

	2001-6-30
增值税	12,359,814.90
营业税	5,987.00
企业所得税	599,980.36
个人所得税	(92,304.84)
城市维护建设税	40,942.65
	12,914,420.07

2001年6月30日应交税金余额较2000年末数减少了25.25%，主要系支付了部分增值税及所得税所致。2001年6月30日应交税金主要系在正常缴纳期限内的欠款。

20.其他应交款

	2001-6-30
教育费附加	48,541.36
副食品调节基金	(174,118.90)
价格调节	138.14
	(125,439.40)

教育费附加系按照应纳增值税及营业税额的3%提取，副食品调节基金按照销售收入的1‰计提。

21.其他应付款：总计 22,528,377.10元。

2000年12月31日其他应付款余额较1999年末数增加了40.17%，主要系为欠付关联方资金增加所致。

27.股本

	2001-6-30	2000-12-31	1999-12-31	1998-12-31
股本	150,000,000.00	150,000,000.00	150,000,000.00	-

28.资本公积

	2001-6-30	2000-12-31	1999-12-31	1998-12-31
股本溢价	73,725,295.05	73,725,295.05	73,725,295.05	-

如26.所述，本公司四家发起人以其经财政部以财评字(1999)562号文确认的评估后经营性净资产计218,725,295.05元连同其余四家发起人股东投入的货币资金5,000,000.00元，按1:0.6705的折股比例折合为150,000,000.00股，折余净资产计73,725,295.05元作为股本溢价计入资本公积。

29.盈余公积

项目	2001-6-30	2000-12-31	1999-12-31	1998-12-31
法定盈余公积	3,558,522.93	2,349,976.38	-	-
法定公益金	1,174,988.19	1,174,988.19	-	-
	4,733,511.12	3,524,964.57	-	-

2000年12月31日数据业已根据《企业会计制度》进行了追溯调整。2001年1月至6月的增加数系根据本公司之子公司-贵州华昌汽车电器有限公司利润分配方案的决议，按照其2000年可供分配利润的10%计提企业发展基金，本公司按持股比例增加盈余公积1,208,546.55元。

30.未分配利润

	2001-6-30	
年初余额	(908,364.18)	*
本期合并净利润	11,733,665.54	
利润分配		
其中：1.提取法定盈余公积	1,208,546.55	
2.提取法定公益金	-	
分配给发起人的利润	-	
应付普通股股利	-	
期末余额	9,616,754.81	

* 根据财政部(1999)35号文及《企业会计制度》，本公司已对2000年年初未分配利润进行了追溯调整，详情见三.18。根据本公司第三次股东大会决议，本公司的未分配利润由发行新股后新老股东共同享有。

31.主营业务收入

	2001年1-6月	2000年度	1999年度	1998年度
空气滤清器、散热器	45,377,349.81	86,364,385.87	66,208,005.73	83,210,964.28
汽车锁芯、开关系列	60,555,464.95	151,121,580.31	172,120,059.03	179,291,312.42
汽车异型软管、传动带	21,207,349.39	41,238,237.95	49,022,542.51	66,707,914.07
密封条	54,783,923.20	105,966,266.86	91,844,210.24	-
	181,924,087.35	384,690,470.99	379,194,817.51	329,210,190.77

上列主营业务收入中，除密封条和空气滤清器、散热器收入外，其他两项业务收入逐年均有不同程度的下降，主要原因是整车更新换代且老车型价格下降，零部件价格受到影响，导致了本公司主营业务收入也有所降低。

32.主营业务税金及附加

	2001年1-6月	2000年度	1999年度	1998年度
城建税	367,217.58	912,298.53	558,492.70	1,219,108.02
教育费附加	293,178.56	385,329.73	671,054.53	522,414.65
副食品调节基金	20,299.03	42,779.07	45,021.80	165,024.91
	680,695.17	1,340,407.33	1,274,569.03	1,906,547.58

1999年度主营业务税金及附加比1998年度下降33.15%，而1999年度主营业务收入却较1998年度有所上升，主要系本公司部分生产主体在1998年度原材料购进的进项税税率为13%，自1999年后上升为17%，从而使1999年度的应交增值税额较1998年度有所下降，相应导致1999年度的主营业务税金及附加也较1998年度为低。

33.其他业务利润

	2001年1-6月	2000年度	1999年度	1998年度
材料销售及外协加工	1,586,654.71	2,079,686.26	1,527,285.91	1,766,850.72
租金	305,460.45	1,350,652.53	-	-
其他	155,476.02	692,043.38	-	-
	2,047,591.18	4,122,382.17	1,527,285.91	1,766,850.72

2000年度其他业务利润较1999年度有较大幅度的增长，主要是本公司2000年度增加了向有关关联方出租房屋等资产的业务，相应增加了租金收入，以及2000年度的材料销售及外协加工业务量增大所致。

34.营业费用

1999年度营业费用较1998年度增加了15.16%，主要系密封条生产线自1998年12月31日才进入本公司，故本公司1998年度利润表中未包括该部分投入资产所产生的损益，因而1998年度的营业费用较低。

35.管理费用

2001年上半年管理费用水平比上一年度低的原因主要系本公司自2001年起精简了部分管理人员，充实到一线生产队伍中，并对办公费、差旅费等费用实行包干制度，降低了费用开支所致。

36.财务费用

	2001年1-6月	2000年度	1999年度	1998年度
利息支出	13,175,942.18	25,640,873.14	24,063,345.29	22,330,101.93
减：利息收入	185,556.51	7,807,728.07*	258,343.64	434,764.63
金融机构手续费	56,347.22	127,002.88	154,437.65	83,677.41
其他	78,537.84	37,546.40	314,509.09	349,233.89
	13,125,270.73	17,997,694.35	24,293,948.39	22,328,248.60

*根据国家经济贸易委员会、国家发展计划委员会公布的国经贸投资[1999]886号文、[2000]536号文，本公司之分公司红阳密封件公司、华阳电器公司因承担了国家重点技术改造项目，分别获得贷款贴息4,800,000.00元和2,700,000.00元。上述款项已在2000年度收讫并计入利息收入。2001年1月至6月财务费用水平比上一年度高的原因是减少了贷款贴息因素。

37.投资收益

	2001年1-6月	2000年度	1999年度	1998年度
股权投资差额摊销	(437,593.43)	(875,186.77)	-	-
联营公司权益法调整数	21,552.87	(14,336.87)	-	-
	(416,040.56)	(889,523.64)	-	-

(1)1999年12月29日本公司成立时，本公司按资产评估结果调帐后的长期投资帐面余额与应占子公司帐面净资产份额的差额，作为股权投资差额，按10年摊销，2001年1-6月摊销437,593.43元，详情列示如下：

被投资单位名称	投资差额	摊销期限	2000年1-6月
贵州华昌汽车电器有限公司	8,102,524.28	10年	405,126.24
宁波经济技术开发区华甬电器公司	878,536.28	10年	43,926.84
上海永红滤清器厂	(229,192.91)	10年	(11,459.65)
	8,751,867.65		437,593.43

(2)2000年9月29日，本公司对贵州贵航三阳汽配销售有限责任公司投资400,000.00元，期末按照权益法调整投资收益21,552.87元。

(3)本公司投资收益收回无重大限制。

38.补贴收入

	2001年1-6月	2000年度	1999年度	1998年度
税款返还	-	1,191,506.22	57,051.59	2,096,983.28
财政补贴	-	90,500.00	20,000.00	-
	-	1,282,006.22	77,051.59	2,096,983.28

2000年度补贴收入主要系本公司出口散热器和汽车密封条产品返还的增值税收入。1998年度的补贴收入系本公司的子公司贵州华昌汽车电器有限公司的增值税返还收入。

39.营业外收入

	2001年1-6月	2000年度	1999年度	1998年度
固定资产清理收益	26,966.01	16,841.65	238,909.80	67,628.15
无法支付的应付款	12,751.36	695,407.10	-	-
罚款收入	30,200.00	179,023.58	2,790.00	2,050.00
其他	15,593.61	143,718.51	138,059.70	115,492.13
	85,510.98	1,034,990.84	379,759.50	185,170.28

40.营业外支出

	2001年1-6月	2000年度	1999年度	1998年度
处理固定资产损失	9,552.99	512,788.71	227,855.95	154,953.07
捐赠支出	5,455.00	5,200.00	10,500.00	5,000.00
罚款支出	149,414.15	9,494.64	2,000.00	8,500.00
其他	260,457.28	459,023.83	68,497.99	38,151.02
	424,879.42	986,507.18	308,853.94	206,604.09

41.所得税

	2001年1-6月	2000年度	1999年度	1998年度
所得税	2,498,627.11	6,098,867.19	9,970,639.19	8,166,306.45

本公司2000年度及2001年度所得税系以当年度应纳税所得额按15%的税率计算列示，1998年度及1999年度所得税系以当年度应纳税所得额按33%的税率计算列示。各年度所得税计算如下：

	2001年1-6月	2000年度	1999年度	1998年度
母公司利润总额	13,729,116.95	40,560,144.52	34,333,472.43	28,210,547.54
减：弥补上年亏损	-	12,733,283.27	-	-
投资收益	2,749,731.52	10,853,421.33	14,553,064.79	11,868,030.19
应纳税所得额	10,979,385.43	16,973,439.92	19,780,407.64	16,342,517.35
所得税率	15%	15%	33%	33%
计提所得税	1,646,907.81	2,546,015.99	6,527,534.52	5,393,030.73
子公司税率差异补提3%	153,998.50	768,566.53	-	-
母公司应计提所得税	1,800,906.31	3,314,582.52	6,527,534.52	5,393,030.73
加：子公司所得税	687,720.80	2,784,284.67	3,443,104.67	2,773,275.72
合计	2,498,627.11	6,098,867.19	9,970,639.19	8,166,306.45

本公司的子公司贵州华昌汽车电器有限公司的所得税率为12%，故本公司需补计3%的所得税。

42.少数股东权益

股东名称	2001-6-30	2000-12-31	1999-12-31	1998-12-31
韩国新昌电机株式会社	11,077,336.46	13,036,481.52	9,279,152.00	8,176,438.13
上海方泰资产经营有限公司	852,018.00	802,238.93	2,340,559.01	1,953,619.23
中国航空工业第一集团公司	1,219,821.02	1,244,135.64	1,281,412.09	1,540,688.40
宁波经济技术开发区进出口公司	1,219,821.02	1,244,135.64	1,281,412.09	1,540,688.40
	14,368,996.50	16,326,991.73	14,182,535.19	13,211,434.16

(四)承诺事项

根据本公司2000年11月29日与贵州红阳机械(集团)公司和上海马陆工业总公司签订的《股权转让协议》，本公司拟受让其持有的上海红阳密封件有限公司51%股权，收购价格初步确定为5500万元。至今，该事项的法律手续尚在进行之中。

截至2001年6月30日止，本公司概无其他重大已批准并签约或已批准未签约的资本性支出。

(五)或有事项

截至2001年6月30日止，本公司已贴现未到期的应收票据为2,050,000.00元。

(六)关联方关系及其交易

(七)资产负债表日后事项

截至2001年6月30日止，本公司概无任何需要披露的资产负债表日后事项。

(八)其他事项说明

1.本公司正式成立于1999年12月29日，运行时间不足3年，而本会计报表的编制系假设本公司的现时架构已于1998年1月1日业已存在，因此，若1998年度及1999年度本公司也需向有关发起人支付如前述关联交易中列示的运输服务等费用，则1998年度及1999年度的税后利润应调整为：

	1999年度	1998年度
未计运输服务费等费用前母公司利润总额	34,333,472.43	28,210,547.54
减：运输服务费	1,296,597.86	1,296,597.86
已计运输服务费等费用后母公司利润总额	33,036,874.57	26,913,949.68
减：所得税	6,099,657.23	4,965,153.43
已计运输服务费等费用后母公司净利润	26,937,217.34	21,948,796.25

2.本公司正式设立时已将资产评估结果调整入帐。

3.本公司各年度合并净利润与母公司净利润的差异原因主要是：本公司的子公司因执行外商投资企业会计制度而与本公司执行的企业会计制度之间存在差异，在合并会计报表时，本公司按照企业会计制度对子公司的会计报表进行了必要的调整所致。调整的具体项目为坏帐准备。

(九)主要财务指标

指标	2001年1-6月	2000年	1999年	1998年
1.合并资产负债率*	68.65%	69.96%	71.13%	81.62%
2.母公司资产负债率	66.20%	68.50%	69.64%	81.08%
3.流动比率	1.06	1.07	1.10	1.23
4.速动比率	0.69	0.71	0.67	0.71
5.应收帐款周转率	1.08	2.29	2.19	2.65
6.存货周转率	0.84	1.71	1.53	1.65
7.无形资产(不含土地使用权)占总资产比例	0.34%	0.38%	0.50%	0.69%
8.无形资产(不含土地使用权)占净资产比例	1.14%	1.36%	1.83%	4.23%
9.每股净资产(元/股)	1.59	1.51	1.40	0.73
10.研发费用占主营业务收入比例	0.78%	1.50%	1.35%	1.28%
11.每股经营活动的现金流量(元/股)	0.1034	0.4031	-	-
12.全面摊薄每股收益(元/股)	0.08	0.25	0.19	0.15
13.加权平均每股收益(元/股)	0.08	0.25	0.19	0.15
14.全面摊薄净资产收益率	4.93%	16.35%	13.64%	20.78%
15.加权平均净资产收益率	5.05%	16.19%	23.29%	23.19%

*本公司1998年资产负债率过高，是因为资产数未按评估值调帐；1999年因计提四项准备金，导致资产负债率超过70%。

本公司按《公开发行证券公司信息披露编报规则第9号-净资产收益率和每股收益的计算及披露》计算的2000年及2001年1至6月净资产收益率和每股收益如下：

报告期	净资产收益率		每股收益	
2001年1-6月	全面摊薄	加权平均	全面摊薄	加权平均
主营业务利润	22.84%	23.42%	0.36	0.36
营业利润	6.74%	6.91%	0.11	0.11
净利润	4.93%	5.05%	0.08	0.08
扣除非经常性损益后的净利润	5.07%	5.20%	0.08	0.08
2000年				
主营业务利润	54.77%	54.20%	0.82	0.82
营业利润	20.58%	20.37%	0.31	0.31
净利润	16.35%	16.19%	0.25	0.25
扣除非经常性损益后的净利润	16.77%	15.60%	0.24	0.24

八、其他重要事项

(一)本公司股票本次发行后至本公司上市公告书公告之日，本公司严格依照《公司法》、《证券法》等法律法规的要求，规范运行，生产经营情况正常；所处行业、市场无重大变化；主要投入产出物供求及价格无重大变化；主要业务发展目标无重大变化。

(二)本公司股票本次发行后至本公司上市公告书公告之日，本公司重大会计政策和会计师事务所没有发生变化。

(三)本公司股票本次发行后至本公司上市公告书公布之日，本公司无重大投资活动，无重大资产(股权)收购、出售行为。

(四)发行人住所未变更。

(五)本公司股票本次发行后至本公司上市公告书公告之日，本公司董事、监事、高级管理人员和核心技术人员没有尚未了结或可能发生的刑事诉讼事项。

(六)本公司股票本次发行后至本公司上市公告书公告之日，本公司未涉及任何重大诉讼事项或仲裁，亦无任何尚未了结或可能面临的重大诉讼或索赔要求。

(七)本公司2001年度滚存利润由新老股东共享。

(八)本公司将于2002年第二季度进行上市后的第一次利润分配。

(九)本公司上市前后税负无变化，所得税税率为15%。

(十)根据《上海证券交易所股票上市规则》，本公司第一大股东已向上海证券交易所承诺，自发行人股票上市之日起12个月内，第一大股东不转让其持有的发行人股份，也不由上市公司回购其持有的股份。

(十一)本公司股票本次发行后至本公司上市公告书公告之日，没有其他应披露而未披露之重大事项。

九、董事会上市承诺

本公司董事会将严格遵守《中华人民共和国公司法》、《中华人民共和国证券法》、《股票发行与交易管理暂行条例》、《公开发行股票公司信息披露实施细则》和《上海证券交易所股票上市规则》等国家有关法律、法规的规定，并承诺自本公司股票上市之日起作到：

(一)承诺真实、准确、完整、公允和及时地公布定期报告，披露所有对投资者有重大影响的信息，并接受中国证监会、上海证券交易所的监督管理；

(二)承诺发行人在知悉可能对股票价格产生误导性影响的任何公共传播媒介中出现的消息后，将及时予以公开澄清；

(三)发行人董事、监事、高级管理人员及核心技术人员将认真听取社会公众的意见和批评，不利用已获得的内幕消息和其他不正当手段直接或间接从事发行人股票的买卖活动；

(四)发行人没有无记录的负债。

十、上市推荐人及其意见

(一)上市推荐人有关情况

1、国泰君安证券股份有限公司　　法定代表人：金建栋

法定地址：上海市浦东新区商城路618号　　办公地址：深圳市春风路2008号

电话：0755-2296666　传真：0755-2296188　联系人：魏安胜　金蕾

2、兴业证券股份有限公司　　法定代表人：兰荣

法定地址：福州市湖东路99号标力大厦

电话：0755-5574745　传真：0755-5598039　联系人：曾力

(二)推荐人的推荐意见

本公司约请的上市推荐人国泰君安证券股份有限公司和兴业证券股份有限公司均认为本公司股票符合上市条件，已向上海证券交易所出具了正式的《股票上市推荐书》。上市推荐人的主要推荐意见如下：上市推荐人认为发行人的上市完全符合《中华人民共和国公司法》、《中华人民共和国证券法》及《上海证券交易所股票上市规则》的有关规定。

(1)发行人已经中国证券监督管理委员会证监发行字[2001]99号文核准，向社会公开发行人民币普通股7,000万股；

(2)本次发行后，发行人股本总额超过5,000万元人民币，为22,000万元人民币；

(3)发行人最近三年连续盈利；

(4)股票面值达一千元以上的股东人数超过一千人，为67625户；

(5)发行人股本总额为22,000万元，其中向国内公众公开发行股份为7,000万元，占股本总额的31.82%，超过25%；

(6)发行人最近三年内没有重大违法行为，财务会计报告无虚假记载。

另外，发行人于2001年12月3日召开临时股东大会，授权发行人董事会在本次发行A股完成后，对公司章程中有关股本及股本结构的条款进行适当修改，报请国家有关主管机关办理注册资本变更事宜。发行人将于2002年1月上旬召开发行人董事会，对公司章程有关股本及股本结构的条款进行修改。国泰君安证券股份有限公司担任发行人本次发行股票的主承销商和上市推荐人；兴业证券股份有限公司担任发行人本次发行股票的分销商和上市推荐人。除此之外，上市推荐人与发行人不存在其他关联关系。

鉴于上述内容，作为上海证券交易所的会员和贵州贵航汽车零部件股份有限公司的上市推荐人，国泰君安证券股份有限公司和兴业证券股份有限公司特推荐贵州贵航汽车零部件股份有限公司本次公开发行的7,000万股人民币普通股票在上海证券交易所上市交易。

贵州贵航汽车零部件股份有限公司

二00一年十二月二十二日

中铁二局股份有限公司

中铁二局股份有限公司上市公告书

第一节　概　览

股票简称：中铁二局　　股票代码：600528

总股本：41000 万股　　可流通股本：11000 万股　　本次上市流通股本：11000 万股

本公司公开发行股票前股东所持股份的流通限制及期限：根据国家现有法律、法规规定和中国证监会证监发行字[2001]27 号《关于核准中铁二局股份有限公司公开发行股票的通知》，本公司的国有法人股暂不上市流通。

本公司公开发行股票前的第一大股东---中铁二局集团有限公司承诺：自本公司股票上市之日起 12 个月内，不转让其所持有本公司的股份，也不由本公司回购该部分股份。

上市地点：上海证券交易所　　上市时间：2001 年 5 月 28 日

股份登记机构：上海证券中央登记结算公司　　上市推荐人：大鹏证券有限责任公司

第二节　绪　言

本上市公告书是依据《公司法》、《证券法》、《股票发行与交易管理暂行条例》、《公开发行股票公司信息披露实施细则》、《上海证券交易所股票上市规则》和《公开发行股票公司信息披露的内容与格式准则第七号<上市公告书的内容与格式>》等国家现行有关证券管理法律、法规的规定而编制，为本公司股票公开上市之目的向社会公众披露公司基本情况和相关资料。

本公司经中国证券监督管理委员会证监发行字[2001]27 号文核准，已成功向社会公开发行每股面值为 1 元之人民币普通股 11000 万股，每股发行价格为 9.50 元。

经上海证券交易所上证上字[2001]72 号《上市通知书》同意，本公司公开发行的 11000 万股社会公众股将于 2001 年 5 月 28 日在上海证券交易所挂牌交易，股票简称为"中铁二局"，股票代码为 600528。

本公司于 2001 年 4 月 26 日分别在《中国证券报》、《上海证券报》和《证券时报》上刊登了《招股说明书摘要》，《招股说明书》及其引用的财务会计资料距今不足六个月，故本《上市公告书》与之重复内容在此不再重述。

第三节　公司概况

（一）基本情况

1、中文名称：中铁二局股份有限公司

英文名称：CHINA　RAILWAY　ERJU　Co.,Ltd.(CREC)

2、注册资本：41000 万元

3、法定代表人：翁景庆

4、住所：成都高新区创业东路 18 号高新大厦 10 楼

5、经营范围：承担各类型工业、能源、交通、民用等工程项目施工的承包；机械租赁。

6、主营业务：铁路、公路及其他土木工程施工。

7、所属行业：建筑施工

8、电话：(028)7684612　　9、传真：(028)7680396

10、电子邮箱：ztejbgs@mail.sc.cninfo.net　　11、董事会秘书：邓爱民

（二）历史沿革

本公司主发起人为中铁二局集团有限公司（以下称"集团公司"）是国家工程施工总承包一级企业和国家铁路大型综合一级施工企业，其前身铁道部第二工程局始建于 1950 年 6 月，是新中国成立后最早建立的铁路工程局。1990 年、1994 年集团公司两度位居全国 500 家最大经营规模建筑工业企业排名第一；1995 年又被第 50 届国际统计大会授予"中国建筑业功勋企业称号"；1996 年再度被评为"全国优秀施工企业"和"全国工程质量管理先进企业"；1999 年，集团公司被评为"全国用户满意施工企业"、"全国质量效益型先进企业"和"全国最佳施工企业"，2000 年集团公司位列"1998-1999 年度全国建筑系统绩优企业"第一名并跻身 1999 年度全国 55 家优秀施工企业行列。经铁道部、建设部铁政策函[1998]120 号文和国家经贸委国经贸企[1998]163 号文批准，铁道部第二工程局于 1998 年 6 月 1 日改制成为中铁二局集团有限公司。

本公司是经国家经贸委国经贸企改[1999]744 号文批准，由集团公司作为主发起人，联合宝鸡桥梁厂、成都铁路局、铁道部第二勘测设计院和西南交通大学四家发起人采用发起设立方式设立，于 1999 年 9 月 24 日在成都市工商行政管理局登记注册的股份有限公司。集团公司以其下属第一工程处、第二工程处、第四工程处、第五工程处、机械筑路处、路桥公司、物资处及集团公司本部所有从事铁路、公路等基础设施建设施工的经评估确认后的生产经营性净资产折股投入本公司。

经中国证券监督管理委员会证监发行字[2001]27 号文批准，本公司于 2001 年 5 月 8 日已成功的向社会公开发行人民币普通股 11000 万股，每股发行价格为人民币 9.50 元。2001 年 5 月 15 日，本公司在成都市工商行政管理局办理变更登记手续，注册资本变更为 41000 万元。

（三）发行人的主要经营情况

1、发行人优势

（1）产品：本公司为建筑施工企业，生产对象为受发包方委托承建铁路、公路、市政设施、房屋等建筑物。自本公司设立以来，原由集团公司承揽现由本公司承建或由本公司自行承揽的主要工程项目有：西康铁路、内昆铁路、宝成复线、秦沈客专线、兰州银滩黄河大桥、厦门城市花园、广州地铁一期工程等。目前本公司铁路、公路等基础设施建设施工主营业务年生产能力可达 40 亿元以上。

（2）技术：近年来，本公司积极应用新技术、新工艺、新材料、新设备，加快科技成果转化速度。为适应不断拓展的施工领域和不断提高的施工质量要求，本公司不断调整设备配置，购置、引进施工设备。目前，本公司拥有各类机械设备 2800 余台（套），技术装备率人均 60269 元、动力装备率人均 40.28 千瓦，为铁路建筑施工企业的全国最高水平。

本公司坚持"科技兴业"的战略方针，把应用高新技术改造与提升传统产业纳入公司发展规划。作为高新技术企业，本公司鼓励科技开发和创新，先后组织有关部门和人员，通过与科学院所及兄弟单位的合作，对高速铁路、高速公路、城市地铁等重点技术领域的部分"高、难、新"技术专题展开研究和攻关，其中"在复杂地质条件险峻地区修建成昆铁路新技术"、"单线铁路长隧道快速施工配套技术与设备"、"单线长大隧道机械化配套施工技术"、"铁路工程施工测量自动化处理系统"等 11 项分别获得国家级、部（省）级科技进步奖。

（3）人才：本公司坚持"以人为本"的人才发展战略，注重人力资源的优化和开发，为员工提供各种培训机会，提高员工素质。目前本公司在册员工总数为 4450 人，其中技术人员 2851 人，占员工总数的 64.1%。其中，高级职称技术人员 169 名。本公司大学本科学历以上员工 622 人，大专学历员工 935 人，分别占员工总数的 14%和 21%。

（4）销售：本公司积极参与项目招投标，通过中标取得项目合同。由于本公司主要根据甲方的投资额和设计方案施工，竣工后将建筑物交付给甲方，因此，只要取得项目合同并按质按期竣工，就不存在产品销售问题。

（5）产品性能与质量：本公司工程质量合格率 100%，工程质量优良率达到 95.7 %以上，累计实现无重大工程质量事故 3718 天。近年来本公司完成的工程项目荣获鲁班奖等多种奖项。1999 年本公司通过了 ISO9001 质量体系认证。

（6）市场：根据国家经济发展的形势和规划，在"十五"期间以及今后 20 年内，国家还要在西部地区投入数千亿元进行铁路网改造，再加上高速铁路项目的动工兴建，铁路改造的市场潜力巨大，铁路基建市场前景广阔。本公司在今后一定时期内主营业务还将集中在铁路施工项目上，其占业务总量的比重还将进一步上升。

本公司 1999 年和 2000 年的工程施工地区分布情况如下：

分类	西南地区	西北地区	中南地区	北方及东北地区	东部地区	合计
比例(%)	38.96	19.64	17.72	16.13	7.55	100

目前，在国内从事铁路基建施工的 21 家企业中，本公司历年保持相对较大的市场份额。近三年本公司施工产值和铁路基建施工市场占有情况如下：　　单位：人民币亿元

年份	完成施工总产值	完成铁路工程施工产值	全路工程任务总量	铁路基建市场占有率
1998	26.67	20.02	332.55	6.02%
1999	34.48	27.68	366.50	7.55%
2000	41.14	31.22	445.90	7.00%

2、发行人劣势

本公司主营业务为铁路、公路等基础设施项目施工，1999 年本公司主营业务收入占总收入的 99%，而铁路施工主营收入中的绝大部分为来源于国家投资项目的施工收入，因此本公司经营业绩受国家对基础设施建设投资决策的影响明显。

3、主要财务指标

（1）基本财务指标

财务指标	2000 年	1999 年	1998 年
流动比率	1.34	1.16	1.16
速动比率	1.13	1.05	0.95
应收账款周转率(次)	13.84	13.56	14.12
存货周转率(次)	17.82	15.95	11.65
资产负债率(%)	59.26	68.21	69.15
每股净资产(元/股)	2.77	2.18	--

（2）净资产收益率及每股收益

	2000 年				1999 年		1998 年	
	净资产收益率(%)		每股收益(元)		净资产收益率(%)		净资产收益率(%)	
	全面摊薄	加权平均	全面摊薄	加权平均	全面摊薄	加权平均	全面摊薄	加权平均
主营业务利润	48.60	54.40	1.35	1.35	61.66	72.47	72.27	78.49
营业利润	22.39	25.06	0.62	0.62	27.48	32.30	33.62	36.52
净利润	21.29	23.83	0.59	0.59	20.58	24.19	20.57	22.34
扣除非经常性损益后的净利润	22.39	25.06	0.62	0.62	27.48	32.30	33.62	36.52

4、主要的知识产权、政府特许经营权和非专利技术

经建设部、交通部批准，本公司分别取得了原单独属于集团公司的"国家工程总承包一级资质"和"公路工程施工一级资信"，铁道部建设管理司又以建建[2000]82 号文件批复同意在今后的铁路工程投标中，集团公司及其子公司不再具有单独投标的能力，只能与股份公司联合投标，且中标后由股份公司签订相关合同，从而使本公司具备了对在主营业务范围内的工程项目统一进行总承包经营投标的能力。

5、享有的财政税收优惠政策

（1）根据陕西省人民政府和铁道部专项问题会议纪要[1997]第 71 号《陕西省人民政府、铁道部关于西康铁路建设有关问题的会议纪要》，本公司参与施工的西康铁路建设期间发生的建安营业税，部省商定按应征数额的 50%缴纳。

根据陕西省人民政府文件陕政字[1997]13 号文《陕西省人民政府关于西康铁路建设征地拆迁及免征地方税费等有关问题的通知》，西康铁路建设期间的有关地方税费，如城市维护建设税及教育费附加等，免予缴纳。

（2）根据财政部、国家税务总局财税字[1999]263 号文《关于减征内昆铁路施工收入营业税问题的通知》，本公司参与施工的内昆铁路宜宾至安边、安边至梅花山、六盘水枢纽内昆引入及六盘水南编组站三部分工程项目的施工收入应缴纳的营业税，减按应纳税额的 50%缴纳。

（3）本公司系经成都高新技术产业开发区科技局以成高科（1999）119 号文，四川省科学技术委员会以川科委[2000]12 号文认定的高新技术企业，根据国家税务总局和财政部财税字[1994]001 号文，成都高新区国家税务局于 2000 年 7 月 5 日以成高国税综字[2000]002 号文批复，同意免征本公司 1999 年度、2000 年度的企业所得税，从 2001 年起，减按 15%的税率征收企业所得税，其中，免征 1999 年度企业所得税 789.76 万元。

第四节　股票发行和股本结构

（一）本次股票上市前首次公开发行股票的情况

1、发行日期：2001 年 5 月 8 日　　2、发行数量：11000 万股。

3、发行价格：9.50 元。　　4、发行市盈率：25.47 倍（全面摊薄）

5、募集资金总额：104,500 万元。　　6、发行方式：上网定价发行。

7、发行费用总额：2,824.50 万元，具体包括：承消费用、注册会计师费用、律师费用、土地评估费用、资产评估费用、上市推荐费用、上网发行费用和中国证监会审核费用。

8、每股发行费用 0.26 元。

9、有效申购户数：1173750 户。10、有效申购股数：24014953000 股 11、中签率：0.45804795%12、持股 1000 股以上的户数：101149 户。

（二）股票承销

本次发行的 11000 万股社会公众股股票已被符合资格的投资者全额认购，承销团成员无余额包销。

（三）验资报告

1、验资报告（摘自深圳同人会计师事务所深同证验字[2001]第 010 号）：

验资报告

中铁二局股份有限公司全体股东：

我们接受委托，对中铁二局股份有限公司截至 2001 年 5 月 15 日止首次向社会公众发行人民币普通股 11,000 万股后的实收股本的真实性和合法性进行了审验。在审验过程中，我们按照《独立审计实务公告第 1 号-验资》的要求，实施了必要的审验程序。中铁二局股份有限公司的责任是提供真实、合法、完整的验资资料，保护资产的安全、完整，我们的责任是按照《独立审计实务公告第 1 号-验资》的要求，出具真实、合法的验资报告。

中铁二局股份有限公司变更前的注册资本和实收股本为人民币 30,000.00 万元，发行后的实收

股本为人民币41,000.00万元。根据我们的审验,截至2001年5月15日止,中铁二局股份有限公司通过上网定价发行股票共向社会公众募集资金人民币104,500.00万元,扣除券商承销佣金、手续费等计人民币2,772.25万元,实际募集资金人民币101,727.75万元,其中人民币11,000.00万元作为中铁二局股份有限公司的"股本",人民币90,727.75万元转作中铁二局股份有限公司的"资本公积"。由此,中铁二局股份有限公司实收股本变更为人民币41,000.00万元。

附件1:变更前后注册资本、实收股本对照表

附件2:验资事项说明

附件3:缴付出资银行进帐单复印件

附件4:缴付出资银行询证函复印件

深圳同人会计师事务所　　中国注册会计师　周荣铭

中国注册会计师　胡三忠

中国　深圳　　2001年5月15日

2、募集资金入帐情况:

入帐时间:二零零一年五月十五日;

入帐金额:1,022,667,500.00元;

入帐帐号:2336991001;

开户银行:中国建设银行四川省分行铁道专业支行。

(四)上市前股权结构及各类股东的持股情况

1、本次上市前股权结构

股份类别	持股量(万股)	比例(%)
1.尚未流通股份		
(1)发起人股	30,000	73.17
其中:国有法人股	30,000	73.17
(2)募集法人股	0	0
(3)内部职工股	0	0
2.可流通股份		
(1)境内上市人民币普通股	11,000	26.83
其中:本次公开发行股份	11,000	26.83
(2)境内上市外资股	0	0
(3)境外上市外资股	0	0
3.总股本	41,000	100.00

2、本次上市前本公司前十名股东及其持股情况

	持股量(万股)	比例(%)
1.中铁二局集团有限公司	28500.00	69.512
2.宝鸡桥梁厂	1363.00	3.324
3.成都铁路局	65.00	0.159
4.天元基金	41.70	0.102
5.铁道部第二勘测设计院	39.00	0.095
6.西南交通大学	33.00	0.080
7.安信基金	30.90	0.075
8.汉盛基金	25.10	0.061
9.景宏基金	24.40	0.060
10.安顺基金	23.70	0.058

第五节　董事、监事、高级管理人员及核心技术人员

(一)本公司董事、监事、经理等高级管理人员及核心技术人员简历。

1、董事会成员

翁景庆,男,55岁,大学本科,高级会计师。曾任集团公司副总经理兼总会计师。现任集团公司总经理、本公司董事长。

林鼎富,男,55岁,大学本科,高级政工师。现任集团公司党委副书记、本公司副董事长。

曹义,男,43岁,大学本科,高级工程师。曾任集团公司副总经理。现任本公司副董事长、总经理。

刘辉,男,40岁,双学位,高级工程师。曾任集团公司总经理助理。现任集团公司董事、本公司董事、副总经理兼总工程师。

何明新,男,54岁,大学专科,政工师。现任集团公司副总经理、本公司董事。董振川,男,54岁,大学本科。现任集团公司副总经理、本公司董事。耿立川,男,54岁,大学本科,高级政工师。现任集团公司工会主席、本公司董事。

艾治义,男,54岁,大学专科,政工师。现任集团公司党委办公室主任、本公司董事。

郭敬辉,男,44岁,大学本科,工程师。现任集团公司董事会秘书、本公司董事。

熊能新,男,57岁,大学本科,高级工程师。现任本公司副总经济师、本公司董事,物资设备部部长。

徐铁军,男,47岁,大学专科,政工师。现任新运公司党委书记、本公司董事。

2、监事会成员

郑建中,男,46岁,大学专科,政工师。现任集团公司纪委书记、本公司监事会召集人。

陈元伟,男,57岁,初中,政工师。现任本公司监事、审计监察部部长。谢封,女,46岁,大学本科,高级会计师。现任本公司监事、审计监察部副部长。

林正荣,男,54岁,大学专科,高级政工师。现任集团公司工会副主席、本公司监事。

胡克军,男,43岁,大学专科。现任本公司监事、第二分公司党委副书记。3、高级管理人员曹义,简历同前。刘辉,简历同前。邓元发,男,37岁,大学本科,高级工程师。曾任集团公司副总经理。现任本公司副总经理。

张次民,男,37岁,大学本科,高级工程师。曾任集团公司副总经理。现任本公司副总经理。

王俊明,男,45岁,大学本科,高级会计师。曾任集团公司总会计师。现任本公司财务负责人。

邓爱民,男,42岁,大学本科,高级政工师。现任本公司董事会秘书。4、核心技术人员林原,男,38岁,大学本科,高级工程师。参加工作以来,参与或主持了贵昆电化、昆玉、南昆、朔黄、秦沈铁路建设。现任本公司副总工程师兼秦沈指挥部指挥长。先后荣获中国铁路工程总公司青年科技拔尖人才、铁道部质量管理先进个人。

彭安超,男,38岁,双学位,高级工程师。参加工作以来,参与或主持了南防、衡广、湘黔雪峰山隧道(3905M)及水深达40M的渠江大桥、昆玉、侯月铁路、深圳皇岗立交桥、重庆江北立交桥等市政工程建设。现任本公司副总工程师兼湘黔指挥部指挥长。先后荣获四川省新长征突击手、湘黔复线建设十佳指挥长。

(二)公司董事、监事、高级管理人员和核心技术人员持股情况

截至本报告期,本公司董事、监事、高级管理人员和核心技术人员不存在直接或间接持有本公司股份的情况。截至本上市公告书刊登之日,本公司董事、监事、高级管理人员和核心技术人员均未持有本公司股份,其配偶和未满十八岁的子女亦未持有本公司股份。

(三)本公司目前尚未制定任何认股权计划。

第六节　同业竞争与关联交易

(一)同业竞争情况

集团公司及其下属企业在本公司主营业务方面与本公司不存在同业竞争,本公司和其他发起人股东间也不存在同业竞争。

本公司与集团公司就避免同业竞争问题签署了《避免同业竞争协议书》,协议规定:在本公司正式成立且集团公司为本公司第一大股东期间,集团公司不直接从事铁路、公路等大型基础设施方面的项目承揽,不参与本公司的竞争;集团公司承诺将拥有的工程项目总承包资质和职能转授予本公司;对于本公司承揽的铁路、公路等大型基础设施项目中需交由集团公司下属单位承建的,由双方在平等互利的基础上签订分包合同,并由本公司组织实施,集团公司保证不利用控股地位损害本公司及中小股东的利益;集团公司承诺给予本公司及下属企业与集团公司下属企业同等的待遇。

在本公司实际运作过程中,集团公司为避免其及其下属企业与本公司间的同业竞争,进一步作出承诺:

"①本公司承诺:本公司及下属子公司今后不再从事铁路、公路等大型基础设施项目的承揽;在股份公司完成对电务公司、新运公司、建筑公司的控股前,除铁路工程项目中的电气化工程、通信工程、信号工程、电务工程、铁路路轨铺架工程、新线铁路临管运输及铁路房建工程外,本公司及下属子公司不再从事其他铁路工程和公路建设工程项目的承揽及施工。②本公司承诺:在股份公司完成对电务公司、新运公司、建筑公司的控股后,所有铁路、公路建设项目的承揽及施工均由股份公司及其下属子公司电务公司、新运公司、建筑公司进行,集团公司及下属子公司不再从事任何与铁路、公路建设项目施工有关的承揽及施工。③本公司承诺:本公司下属的已取得铁路、公路建设项目施工相关资质的广西铁路二局工程有限责任公司、深圳中铁二局工程有限公司等子公司,今后均不再参与铁路、公路建设项目的承揽及施工业务;本公司保证下属其他子公司不再向有关主管部门申请办理与铁路、公路施工相关的资质证书。④本公司保证,在股份公司上市后及为股份公司第一大股东期间,上述承诺持续有效;本公司及下属子公司如违反上述承诺而参与铁路、公路等建设项目的承揽及施工,本公司及其下属子公司因此所获收益全部归股份公司所有。"

(二)关联关系及交易

本公司与集团公司及其下属企业在安全保卫及消防、通讯服务、员工教育、机械设备租赁等综合服务及房屋租赁、工程分包、国有土地使用权租赁、物资采购保管和运输等方面存在关联交易。

1、关联方和关联关系

(1)控股股东:中铁二局集团有限公司(以下简称集团公司)为本公司的控股股东,对本公司控股股东有实质影响的法人为中国铁路工程总公司。

(2)其他股东:宝鸡桥梁厂、成都铁路局、铁道部第二勘测设计院和西南交通大学。

(3)其他关联企业:

企业名称	与本企业的关系
中铁二局集团电务工程有限公司	同受母公司控制
中铁二局集团新运工程有限公司	同受母公司控制
中铁二局集团建筑有限公司	同受母公司控制
中铁二局集团机电有限公司	同受母公司控制
深圳中铁二局工程有限公司	同受母公司控制
铁道部第二工程局第一工程处	同受母公司控制
铁道部第二工程局第二工程处	同受母公司控制
铁道部第二工程局第四工程处	同受母公司控制
铁道部第二工程局第五工程处	同受母公司控制
铁道部第二工程局机械筑路处	同受母公司控制
铁道部第二工程局路桥工程公司	同受母公司控制
中铁二局集团房地产开发有限公司	同受母公司控制
铁道部第二工程局锦城建筑安装工程公司	同受母公司控制
中铁二局装饰装修工程有限公司	同受母公司控制
铁道部第二工程局技术开发总公司	同受母公司控制
贵州万达客车股份有限公司	同受母公司控制

2、发生的重大关联交易

(1)关联公司向本公司提供劳务

本公司成立后,关联公司向本公司提供的卫生绿化、员工培训、安全保卫和消防、文体设施等综合服务,由双方协商确定交易价格,结算方式及付款条件为以现金方式每季度结算一次。

关联交易实际发生金额列示如下:

企业名称	2000年 金额
中铁二局集团有限公司	6,814,541.00
铁道部第二工程局第二工程处	1,265,378.00
铁道部第二工程局第一工程处	1,272,907.00
铁道部第二工程局第四工程处	1,588,105.00
铁道部第二工程局第五工程处	1,307,294.00
铁道部第二工程局路桥工程公司	556,837.00
铁道部第二工程局机械筑路处	324,053.00

(2)向关联公司提供代管物资劳务

本公司成立后为关联公司提供了物资采购、保管、运输等劳务,物资采购、保管、运输劳务的交易价格按铁道部铁建[1990]118号《关于发布铁路工程建设材料预算价格的通知》和铁建[1996]49号《关于发布铁路工程建设材料预算价格的通知》中规定的综合提成费率和实际采购、保管、运输的材料定额总价确定。结算方式和付款条件为以现金方式每季度结算一次。

关联交易实际发生金额列示如下:

企业名称	2000年	
	材料定额总价	提供劳务金额
中铁二局集团新运工程有限公司	264,956,897.82	7,235,878.83
中铁二局集团建筑有限公司	17,103,088.23	2,231,141.59
中铁二局集团电务工程有限公司	19,448,323.51	1,719,486.44
中铁二局集团机电有限公司	5,785,660.45	790,622.51
深圳中铁二局工程有限公司	287,880.76	48,554.73
铁道部第二工程局技术开发总公司	542,096.84	71,363.35

(3)本公司向关联公司租赁房屋

本公司成立后,向关联公司租赁办公及生产用房,交易价格按当地市场价格确定。结算方式和付款条件为以现金方式每季度结算一次。

关联交易实际发生金额列示如下:

企业名称	2000年金额
中铁二局集团有限公司	1,109,000.00
铁道部第二工程局第二工程处	543,269.00

(4)土地租赁

本公司成立后,根据本公司与关联公司签订的土地租赁协议,向关联公司租赁土地,交易价格按经评估后的土地价值确定,结算方式及付款方式为以现金方式每季度结算一次。

关联交易实际发生金额如下:

企业名称	2000年金额
中铁二局集团有限公司	413,606.32

(5)机械租赁

本公司成立后,向关联公司提供机械租赁服务,交易价格按当地市场价格确定,结算方式及付款条件为以现金方式每季度结算一次。

关联交易实际发生金额如下:

企业名称	2000年金额
中铁二局集团机电有限公司	2,385,000.00

(6)工程分包

1999年,本公司正式成立后,原由中铁二局集团有限公司与建设方签订的以本公司为主承建

的工程合同的主体变更为本公司，其中，本公司成立前已由中铁二局集团有限公司分包给关联公司的工程，发包方亦变更为本公司。本公司将电务、铺架、房建等工程分包给关联公司，按铁道部发布的定额单价和已完工工程量收取一定比例的管理费，以现金方式每季度结算一次，工程全部完工后进行未次清算。

关联交易实际发生金额如下：

企业名称	2000 年金额
中铁二局集团新运工程有限公司	846,299,268.00
中铁二局集团电务工程有限公司	276,314,900.00
中铁二局集团机电有限公司	45,680,874.00
中铁二局集团建筑有限公司	123,797,820.00
深圳中铁二局工程有限公司	563,606.00
铁道部第二工程局技术开发总公司	6,983,660.00
铁道部第二工程局锦城建筑安装工程公司	6,798,782.00

对于关联交易，本公司与关联方均采用书面合同的方式签订，价格严格遵守国家或地方定价确定，对于无国家或地方定价的，本公司与关联方依据提供服务履行地的市场价格予以确定，不存在高于市场独立第三方的价格的情形，对于既无国家定价，又无地方定价及市场价格的，本公司与关联方通过合同依据公平、合理原则明确服务费用标准。上述关联协议或合同内容均依照市场经济原则公平合理地予以确定，上述关联交易不存在损害本公司或中小股东利益的情况。

第七节财务会计资料

（一）发行人简要资产负债表（附后）

（二）简要利润表（附后）

（三）现金流量表（附后）

（四）会计报表附注

1.应收账款应收账款的账龄分析列示如下：

账龄	2000-12-31		
	金额	占该账项金额%	提取的坏账准备
1 年以内	307,405,075.94	95.39	15,370,253.80
1-2 年	917,790.51	0.28	91,779.05
2-3 年	8,903,905.81	2.77	1,780,781.16
3 年以上	5,025,323.70	1.56	1,507,597.11
	322,252,095.96	100.00	18,750,411.12

2000 年 12 月 31 日，本账项前五名欠款单位明细列示如下：

单位名称	欠付金额	欠款时间	欠款原因
西安南京铁路建设总指挥部	37,457,326.93	2000 年	工程款
成都铁路局宝成复线建设指挥部	32,390,059.50	2000 年	工程款
朔黄铁路有限责任公司	26,562,495.97	2000 年	工程款
上海铁路局外福电化工程指挥部	22,768,182.75	2000 年	工程款
成都铁路局株六复线建设指挥部	22,227,797.97	2000 年	工程款

本账户余额中持本公司 5%（含 5%）以上股份的股东单位欠款余额为 8,560,404.69 元。

2.其他应收款

其他应收款的账龄分析列示如下：

账龄	2000-12-31		
	金额	占该账项金额%	提取的坏账准备
1 年以内	131,046,139.12	75.78	6,552,306.96
1-2 年	28,145,235.25	16.28	2,814,523.53
2-3 年	7,558,575.08	4.37	1,511,715.02
3 年以上	6,182,206.60	3.57	1,854,661.97
	172,932,156.05	100.00	12,733,207.48

2000 年 12 月 31 日，本账项前五名欠款单位明细列示如下：

单位名称	欠付金额	欠付时间	欠付原因
成都铁路局宝成复线建设指挥部	14,082,020.00	2000 年	质保金及尾工款
达万铁路有限责任公司	7,483,918.92	2000 年	质保金及尾工款
西(安)南(京)铁路建设总指挥部	6,925,758.00	2000 年	质保金及尾工款
厦门市政指挥部	5,037,062.00	2000 年	质保金及尾工款
深圳市水务局	4,471,676.83	2000 年	质保金及尾工款

2000 年 12 月 31 日，本账项经济性质及核算经济内容列示如下：

经济性质	2000-12-31 金额	占账项比例%
工程质保金、尾工款	63,641,295.93	36.80
备用金	20,315,293.73	11.75
履约保证金	38,608,745.85	22.33
职工欠款	15,116,603.48	8.74
押金	10,602,677.67	6.13
征地拆迁款	3,035,823.80	1.76
其他	21,611,715.59	12.49
	172,932,156.05	100.00

本账户余额中持本公司 5%（含 5%）以上股份的股东欠款余额为 1,734,516.00 元，详情在附注七中披露。

3.预付账款

项目	2000-12-31
1 年以内	57,303,110.47
1 年至 2 年	2,523,549.53
2 年至 3 年	4,621,312.71
3 年以上	64,447,972.71

2000 年 12 月 31 日，本账项前五名预付单位明细列示如下：

单位名称	预付金额	预付时间	预付原因
中铁二局集团新运工程有限公司	14,956,405.61	2000 年	工程款
深圳中铁二局集团工程有限公司	5,607,143.88	2000 年	工程款
高忠	2,855,891.68	2000 年	工程款
陈光	2,645,411.51	2000 年	工程款
铁道部第二工程局技术开发总公司	2,302,358.27	2000 年	工程款

本账户余额比 1999 年 12 月 31 日余额减少 43.17%，主要系因本年度未及时与分包方和外包工程队清算了工程款。

本账户余额中账龄 1 年以上的预付款形成的原因主要系本公司的部份分包工程工期较长，前期预付的备料款及工程款根据工程进度尚未结算抵扣。

本账户余额中无持本公司 5%（含 5%）以上股份的股东欠款余额。

4.应付账款

应付账款的账龄分析列示如下：

账龄	2000-12-31	
	金额	占该账项金额%
1 年以内	518,708,528.33	90.11
1-2 年	35,572,121.28	6.18
2-3 年	16,595,214.39	2.88
3 年以上	4,749,826.66	0.83
	575,625,690.66	100.00

2000 年 12 月 31 日，本账项主要债权人及核算经济内容如下：

单位名称	金额	经济内容
中铁二局集团电务工程有限公司	30,082,747.53	工程款
海南扶轮实业贸易公司	10,839,633.68	购料款
中铁二局集团机电有限公司	9,437,588.56	工程款
宋家众	8,566,378.30	工程款
中铁二局集团建筑有限公司	8,331,066.24	工程款
重庆煤矿建设第五工程处	5,600,000.00	工程款
四川省际旗实业公司	5,117,944.79	工程款
王华安	4,834,089.21	工程款
福建省平潭县平原建筑工程公司	4,664,736.55	工程款
黄开建筑公司	4,253,905.83	工程款

本账户 2000 年 12 月 31 日余额比 1999 年 12 月 31 日减少 26.31%，主要系因本年末以现金偿付应付工程款。

本公司尚无应付持本公司 5%以上股份股东的款项。

5.预收账款

预收账款的账龄分析列示如下：

账龄	2000-12-31	
	金额	占该账项金额%
1 年以内	350,334,876.12	99.54
1-2 年	573,139.39	0.16
2-3 年	1,058,091.05	0.30
3 年以上		
	351,966,106.56	100.00

2000 年 12 月 31 日，本账项主要债权人及核算经济内容如下：

单位名称	金额	经济内容
秦沈客运专线建设总指挥部	42,127,008.10	工程款
中国铁路工程总公司内昆指挥部	27,177,375.00	备料款
广州铁路(集团)公司株六复线湘黔铁路建设指挥部	22,804,984.07	工程款
厦门市路桥投资总公司	13,043,828.00	工程款
郑州铁路局建设项目管理中心西安工程指挥部	11,760,000.00	工程款
云南元磨高速公路	8,150,000.00	工程款

本账户 2000 年 12 月 31 日余额比 1999 年 12 月 31 日增加 36.71%，主要系因西南线、秦沈线、株六复线等工程项目的建设方向本公司预付的工程款增加。

本公司尚无应付持本公司 5%以上股份股东的款项金额。本账户 2000 年 12 月 31 日余额中账龄超过一年的预收账款形成的原因系部分工程项目的建设方未及时向本公司进行末次清算。

本账户 2000 年 12 月 31 日余额中，累计已发生的施工成本和已确认的毛利小于累计已办理结算的合同价款的主要工程项目及金额列示如下：

工程项目	合同总金额	累计实际发生的合同成本和累计已确认毛利	累计已办理结算价款金额	2000-12-31
宝兰线	290,000,000.00	–	5,007,771.77	5,007,771.77
成都绕城路	12,630,000.00	5,687,290.00	9,451,895.03	3,764,605.03
锦阜高速公路	51,633,933.00	30,427,876.72	31,117,850.00	3,638,799.28
斜阳溪大桥	57,183,878.00	53,812,992.00	54,893,668.00	1,080,676.00
达万线	420,000,000.00	248,821,546.00	249,463,964.00	642,418.00

6.应交税金

	2000-12-31
增值税	(170,737.77)
营业税	22,320,579.67
城市维护建设税	1,571,735.46
其他税项	593,599.29
	24,315,176.65

7.其他应交款

	2000-12-31
教育费附加	1,100,808.88
其他地方附加	579,611.76
	1,680,420.64

8.其他应付款

其他应付款的账龄分析列示如下：

账龄	2000-12-31	
	金额	占该账项金额%
1 年以内	141,795,489.38	89.53
1-2 年	11,343,759.96	7.16
2-3 年	4,455,350.22	2.81
3 年以上	786,689.65	0.50
	158,381,289.21	100.00

2000 年 12 月 31 日，本账项经济性质及核算经济内容列示如下：

经济性质	2000-12-31 金额	占账项比例%
工程质保金及尾工款	48,033,865.45	30.33
社会保险及住房公积金	17,771,018.59	11.22
复耕费	3,372,290.60	2.13
建设方奖罚款	7,280,418.21	4.60
租金及水电等费用	8,314,719.11	5.25
代收代付拆迁款等	6,553,174.42	4.14
投标保证金	5,029,926.26	3.18
工会经费	1,558,036.79	0.98
职工教育经费	3,117,772.89	1.97
其他	57,350,066.89	36.21
	158,381,289.21	100.00

本账项 2000 年 12 月 31 日余额比 1999 年 12 月 31 日减少 39.80%，主要系因本期偿付了以前年度欠付社会保险、住房公积金、工程质保金和尾工款。

本公司尚无应付持本公司 5%以上股份股东的款项。

9.资本公积

项目	2000-12-31	1999-12-31	1998-12-31
股本溢价	160,421,673.35	160,421,673.35	–

10.盈余公积

	2000-12-31	1999-12-31	1998-12-31

法定盈余公积金:		
年初余额	19,372,942.61	-
加:本期提取	17,698,934.56	19,372,942.61
减:弥补亏损	-	-
转增股本	-	-
其他减少	-	-
期末余额	37,071,877.17	19,372,942.61
法定公益金		
年初余额	19,372,942.61	-
加:本期提取	17,698,934.56	19,372,942.61
减:减少	-	-
期末余额	37,071,877.17	19,372,942.61
	74,143,754.34	38,745,885.22

11.未分配利润

	2000-12-31	1999-12-31	1998-12-31
期初余额	154,983,540.85	59,076,569.30	-
本期净利润	176,989,345.63	134,652,856.77	59,076,569.30*
减:利润分配	35,397,869.12	38,745,885.22	-
其中:1.提取法定盈余公积	17,698,934.56	19,372,942.61	-
2.提取任意盈余公积	-	-	-
3.提取法定公益金	17,698,934.56	19,372,942.61	-
以未分配利润折股	-	-	-
期末余额	296,575,017.36	154,983,540.85	59,076,569.30

注:(1)* 系评估基准日后 1998 年 10 月 1 日至 1998 年 12 月 31 日，纳入本公司的经营性净资产持续经营所产生的净利润。

(2)根据本公司 2000 年 3 月 15 日股东大会决议,本公司按 1999 年末可供分配利润(包括 1998 年 10 月至 1999 年 9 月 30 日可供分配利润)的 10%提取法定公积金,按 10%提取法定公益金,其余利润在本次股票公开发行后由新老股东共享。

(3)根据本公司 2000 年 9 月 15 日临时股东大会决议,本公司 2000 年 1 月至本次股票公开发行前的净利润各提取 10%法定公积金和法定公益金后暂不分配,在本公司本次股票公开发行后由新老股东共同享有。

(4)根据本公司 2001 年 3 月 20 日第一届董事会 2001 年第一次会议决议,本公司 2000 年度净利润各提取 10%法定公积金和法定公益金后暂不分配,在本公司本次股票公开发行后由新老股东共同享有。

(五)审计报告

深圳同人会计师事务所在审计了本公司提供 1998 年 12 月 31 日、1999 年 12 月 31 日、2000 年 12 月 31 日的资产负债表,1998 年度、1999 年度、2000 年度的利润表,1999 年度、2000 年度的利润分配表及 2000 年度的现金流量表后,出具了深同证审字[2001]第 033 号标准无保留意见的审计报告。

(六)财务指标

1、基本财务指标

财务指标	2000 年	1999 年	1998 年
流动比率	1.34	1.16	1.16
速动比率	1.13	1.05	0.95
应收账款周转率(次)	13.84	13.56	14.12
存货周转率(次)	17.82	15.95	11.65
资产负债率(%)	59.26	68.21	69.15
每股净资产(元/股)	2.77	2.18	--

上述财务指标的计算公式如下:

流动比率= 流动资产/流动负债

速动比率= 速动资产/流动负债

应收帐款周转率= 主营业务收入/应收帐款平均余额

存货周转率= 主营业务成本/存货平均余额

资产负债率= 总负债/总资产

每股净资产= 期末净资产/ 期末股本总额

2、净资产收益率及每股收益

	2000 年				1999 年		1998 年	
	净资产收益率(%)		每股收益(元)		净资产收益率(%)		净资产收益率(%)	
	全面摊薄	加权平均	全面摊薄	加权平均	全面摊薄	加权平均	全面摊薄	加权平均
主营业务利润	48.60	54.40	1.35	1.35	61.66	72.47	72.27	78.49
营业利润	22.39	25.06	0.62	0.62	27.48	32.30	33.62	36.52
净利润	21.29	23.83	0.59	0.59	20.58	24.19	20.57	22.34
扣除非经常性损益后的净利润	22.39	25.06	0.62	0.62	27.48	32.30	33.62	36.52

上述指标计算公式如下:

全面摊薄净资产收益率=报告期利润÷期末净资产

全面摊薄每股收益=报告期利润÷期末股份总数

$$加权平均净资产收益率=\frac{P}{E0+NP\div2+Ei\times Mi\div M0-Ej\times Mj\div M0}$$

其中:P 为报告期利润;NP 为报告期净利润;E0 为期初净资产;Ei 为报告期发行新股或债转股等新增净资产;Ej 为报告期回购或现金分红等减少净资产;M0 为报告期月份数;Mi 为新增净资产下一月份起至报告期期末的月份数;Mj 为减少净资产下一月份起至报告期期末的月份数。

$$加权平均每股收益=\frac{P}{S0+S1+Si\times Mi\div M0-Sj\times Mj\div M0}$$

其中:P 为报告期利润;S0 为期初股份总数;S1 为报告期因公积金转增股本或股票股利分配等增加股份数;Si 为报告期因发行新股或债转股等增加股份数;Sj 为报告期因回购或缩股等减少股份数;M0 为报告期月份数;Mi 为增加股份下一月份起至报告期期末的月份数;Mj 为减少股份下一月份起至报告期期末的月份数。

(七)盈利预测

本公司董事会根据截至 2000 年 12 月 31 日止三年会计期间的实际经营成果,并在充分考虑本公司的现时生产经营能力、未来发展投资计划、生产计划和营销计划的前提下,编制了本公司 2001 年度已除税但未计非经常性项目的盈利预测表。编制该盈利预测系遵循自 1994 年 1 月 1 日起我国实施的有关税务法规和外汇管理办法,其所采用的会计政策在所有重大方面均与本公司采用的会计政策一致。

深圳同人会计师事务所已对本公司编制的 2001 年度的盈利预测报告进行了审核,并出具了无保留意见的盈利预测审核报告。以下资料摘录自本公司的盈利预测报告。

盈利预测表　　单位:人民币千元

	1999 年已审数	2000 年已审数	2001 年预测数
一、主营业务收入	3,447,879.82	4,119,435.20	3,816,781.00
减:折扣与折让--	--	--	
主营业务收入净额	3,447,879.82	4,119,435.20	3,816,781.00
减:主营业务成本	2,960,762.58	3,625,706.38	3,259,836.00
合同预计损失	--	8,902.94	16,550.00
主营业务税金及附加	83,761.84	80,854.55	122,519.00
二、主营业务利润	403,355.40	403,971.33	417,876.00
加:其他业务利润	4,093.82	4,069.82	9,127.00
减:存货跌价损失	1,359.00	3,724.96	4,087.00
管理费用	236,690.15	230,633.42	255,524.00
财务费用	(10,372.28)	(12,392.03)	(12,766.00)
三、营业利润	179,772.35	186,074.80	180,158.00
加:投资收益	2.21	45.59	--
营业外收入	7,142.99	1.384.10	--
减:营业外支出	11,865.78	10.515.15	--
四、利润总额	175,051.77	176,989.34	180,158.00
减:所得税	40,398.91	--	27,023.70
五、净利润	134,652.86	176,989.34	153,134.30

第八节　其他重要事项

(一)根据本公司 1999 年度股东大会决议,1999 年末可供分配的利润各提取 10%法定公积金和法定公益金后暂不分配,由公司股票发行后的新老股东共享;根据本公司 2000 年度第一次临时股东大会决议,本公司 2000 年 1 月至公司本次股票公开发行前的净利润,各提取 10%法定公积金和法定公益金后暂不分配,亦由公司股票发行后的新老股东共享。

(二)本公司预计首次股利分配的日期在 2001 年第二季度。具体分配时间由本公司股东大会决定。

(三)根据《上海证券交易所股票上市规则》,本公司第一大股东中铁二局集团有限公司已向上海证券交易所承诺:自本公司股票上市之日起 12 个月内,不转让其所持有本公司的股份,也不由本公司回购该部分股份。

(四)截至本公告书刊登之日,本公司董事、监事、高级管理人员没有尚未了结或可能发生的刑事诉讼事项。

(五)截至本公告书刊登之日,本公司未涉及任何重大诉讼事项或仲裁,亦无任何尚未了结或可能面临的重大诉讼或索赔要求。

(六)因工作变动,本公司董事、副总经理兼总工程师刘辉先生已向本公司递交辞职书,拟辞去其在本公司所任职务，本公司将在近期召开的董事会和股东大会上按有关程序对此进行审议和表决。

(七)经 2000 年 9 月 15 日本公司 2000 年度第一次临时股东大会决议通过,本公司经营范围增加机械租赁项目。本次发行成功后,本公司于 2001 年 5 月 15 日在办理工商登记变更时,已将本公司经营范围一并变更。

(八)2001 年 5 月 21 日,本公司全部股份托管于上海证券中央登记结算公司。

(九)本上市公告书刊登时,本公司第二大股东宝鸡桥梁厂已改制设立中铁宝桥股份有限公司,但由于其有关资产权属变更手续尚在办理之中,在宝鸡桥梁厂未注销,其资产权属未变更至中铁宝桥股份有限公司之前,本公司第二大股东仍为宝鸡桥梁厂。

(十)本公司已于 2001 年 3 月 20 日召开第一届董事会 2001 年第一次会议,会议审议通过了如下事项:

1、同意总经理曹义先生提出的 2001 年主要奋斗目标:

(1)争取上半年公司股票核准、发行;

(2)完成施工产值 38 亿元;

(3)完成高新技术产值额 23 亿元以上;

(4)承揽工程任务 39 亿以上;

(5)安全保国标,质量上台阶;

(6)实现利润 1.8 亿元;

(7)员工平均年收入 15000 元以上。

2、同意公司 2000 年度财务决算方案和利润分配方案(2000 年度净利润各提取 10%法定公积金和法定公益金后暂不分配,在本公司本次股票公开发行后由新老股东共同享有),报请股东会批准。

3、同意公司 2001 年度财务预算方案,报请股东会批准。

4、同意设立以下新机构:

(1)设立董事会办公室,定员 3 人,即正副主任、秘书各 1 人;其职责为:对董事会负责,办理董事会日常事务。

(2)设立济南分公司,定员 12 人,正、副经理各 1 人,下辖办公室 4 人、经营部 4 人、财务部 2 人;其职责为:负责山东地区经营开发。

本公司预计于近期召开董事会和年度股东大会审议 2000 年度具体利润分配方案等事项。

第九节　董事会上市承诺

本公司董事会承诺将严格遵守《公司法》、《证券法》、《股票发行与交易管理暂行条例》、《公开发行股票公司信息披露实施细则》、《上海证券交易所上市规则》等法律、法规和中国证监会的有关规定,并自股票上市之日起做到:

(一)真实、准确、完整、公允和及时地公布定期报告,披露所有对投资者有重大影响的信息,并接受中国证监会、上海证券交易所的监督管理;

(二)本公司在知悉可能对股票价格产生误导性影响的任何公共传播媒介中出现的消息后,将及时予以公开澄清;

(三)本公司董事、监事、高级管理人员和核心技术人员将认真听取社会公众的意见和批评,不利用已获得的内幕消息和其他不正当手段直接或间接从事发行人股票的买卖活动;

(四)本公司没有无记录的负债。

第十节　上市推荐人及其意见

本公司聘请大鹏证券有限责任公司(以下简称"大鹏证券")担任本公司本次发行的 11000 万股 A 股股票的上市推荐人。上市推荐人的有关情况和推荐意见如下:

(一)上市推荐人

名称:大鹏证券有限责任公司　　法定代表人:徐卫国法定

地址:深圳市深南东路 5002 号信兴广场地王商业中心商业大楼 8 层

联系电话:(010)64641764　　传真:(010)64641764　　联系人:陈生军、张瑾

(二)推荐意见本公司上市推荐人大鹏证券有限责任公司(以下简称:"大鹏证券")认为,本公司本次发行股票符合《中华人民共和国公司法》、《中华人民共和国证券法》、《股票发行与交易管理暂行条例》及《上海证券交易所股票上市规则》(2000 年修订本)等有关法律、法规的规定,已具备了上市条件:

1、本公司经中国证监会核准已成功向社会公众公开发行 A 股股票;

2、本公司的发行后总股本为人民币 41000 万元;

3、持有本公司股票面值在人民币 1000 元以上的股东超过 1000 人;向社会公开发行的股份占

发行后股份总数的 26.83%；

4、本公司按连续计算已开业三年以上，且最近三年盈利状况良好；

5、最近三年内无重大违法、违规行为，财务会计报告无虚假记载；

6、本公司公司《章程》符合《中华人民共和国公司法》、《中华人民共和国证券法》、《上市公司章程指引》及《上海证券交易所股票上市规则》(2000 年修订本）等有关法律、法规和中国证监会的规定，并相应建立了规范的法人治理结构，在人员、资产、财务方面与控股股东完全独立，运行情况良好。

大鹏证券保证本公司的董事了解法律、法规、上海证券交易所上市规则，以及股票上市协议规定的董事的义务与责任，并协助本公司健全了法人治理结构，协助本公司制订了严格的信息披露制度与保密制度。大鹏证券已对上市文件所载的资料进行了核实，确保上市文件真实、准确、完整，符合规定要求。大鹏证券保证本公司的上市申请材料、上市公告书没有虚假、严重误导性陈述或者重大遗漏，并保证对其承担连带责任。

鉴于上述情况，大鹏证券特推荐本公司本次公开发行的 11000 万股股票在上海证券交易所上市交易，请予批准！

中铁二局股份有限公司

2001 年 5 月 23 日

(一)发行人简要资产负债表

	1999-12-31	2000-12-31
流动资产：		
货币资金	943564448.62	839133384.31
应收帐款	272959918.18	322252095.96
其它应收款	176625553.81	172932156.05
减：坏帐准备	27315811.11	31483618.6
应收帐款净额	422269660.88	463700633.41
预付帐款	113402131.77	64447972.71
存货	145584665.8	261448448.89
减：存货跌价准备	1358997.98	5083954.6
存货净额	144225667.82	256364494.29
待摊费用	16300	196463.2
流动资产合计	1623478209.09	1623842947.92
固定资产原值	598608324.41	605813292.5
减：累计折旧	193009964.14	191315478.91
固定资产净值	405598360.27	414497813.59
在建工程	16870503.78	
固定资产合计	422468864.05	414497813.59
其它长期资产	11913285.98	1761692.51
无形资产及其它资产合计	11913285.98	1761692.51
资产总计	2057860359.12	2040102454.02
短期借款	21490000	
应付帐款	781108283.31	575625690.66
预收帐款	257448617.72	351966106.56
应付工资	31379449.35	64457659.06
应付福利费	7744859.27	12929005.56
应付税金	29205538.06	24315176.65
其它应交款	1617344.8	1680420.64
其它应付款	263077640.32	158381289.21
预提费用	10637526.87	19606660.63
流动负债合计	1403709259.7	1208962008.97
负债合计	1403709259.7	1208962008.97
股本	300000000	300000000
资本公积金	160421673.35	160421673.35
盈余公积	38745885.22	74143754.34
其中：公益金	19372942.61	37071877.17
未分配利润	154983540.85	296575017.36
股东权益合计	654151099.42	831140445.05
负债和股东权益总计	2057860359.12	2040102454.02

(二)简要利润表

	1998 年度	1999 年度	2000 年度
一、主营业务收入	2666588203.37	3447879817.12	4119435203.6
减：折扣与折让			
主营业务收入净额	2666588203.37	3447879817.12	4119435203.6
减：主营业务成本	2258260032.93	2960762576.48	3625706376.25
主营业务税金及附加	54767590.41	83761838.5	80854549.48
二、主营业务利润	353560580.03	403355402.14	403971333.03
加：其他业务利润	7045611.45	4093814.38	4069818.91
减：存货跌价损失		1358997.98	3724956.62
营业费用			
管理费用	198758626.89	236690152.09	230633422.18
财务费用	-2646563.08	-10372282.63	-12392026.52
三、营业利润	164494127.67	179772349.08	186074799.66
加：投资收益		2211	45594.2
期货损益			
补贴收入			
营业外收入	8638025.44	7142990.3	1384102.86
以前年度损益调整			
减：营业外支出	22956204.79	11865778.9	10515151.09
分给外单位利润			
四、利润总额	150175948.32	175051771.48	176989345.63
减：所得税	49558062.94	40398914.71	
少数股东损益			
职工奖励及福利基金			
购并利润			
加：未确认的投资损失			
所得税返还			
五、净利润	100617885.38	134652856.77	176989345.63

中铁二局股份有限公司招股说明书摘要

一、释 义

本招股说明书摘要中，除非文意另有所指，下列简称和词语具有如下特定意义：

本公司或发行人：指中铁二局股份有限公司

发起人：指本公司各发起人

集团公司：指中铁二局集团有限公司

铁二局：指原铁道部第二工程局

电务公司：指中铁二局集团电务工程有限公司

新运公司：指中铁二局集团新运工程有限公司

建筑公司：指中铁二局集团建筑有限公司

本次发行：指中铁二局股份有限公司本次向社会公众公开发行的，拟在上海证券交易所上市的 11000 万股社会公众股事宜

股票：指本公司即将向社会公众发行的 11000 万股，每股面值 1 元的人民币普通股股票

证监会：指中国证券监督管理委员会

国家经贸委：指中华人民共和国国家经济贸易委员会

财政部：指中华人民共和国财政部　　铁道部：指中华人民共和国铁道部

上交所：指上海证券交易所　　主承销商：指大鹏证券有限责任公司

承销团：指由主承销商为承销本次发行的股票而组织的承销机构的总称　　元：指人民币元

四电工程：指铁路电气化工程、通信工程、信号工程、电力工程

二、本次发行概况

(一)本次发行基本情况

股票种类：人民币普通股(A 股)　　股票面值：每股人民币 1 元

发行数量：11000 万股，占发行后总股本的 26.83%

2001 年预测净利润：15313.43 万元(所得税按 15%税率计算)

2001 年预测每股盈利：0.373 元(全面摊薄)　　发行价格：每股 9.50 元

发行市盈率：发行市盈率按发行后总股本全面摊薄法计算为 25.47 倍

发行前每股净资产：2.77 元　　发行后每股净资产：4.51 元

发行方式：上网定价发行　　承销方式：余额包销

发行对象：在上海证券交易所开户的符合中华人民共和国法律规定可购买人民币普通股的自然人和法人

募集资金：本次发行预计实收金额 104500 万元，扣除发行费用 2824.5 万元，发行人实际募集资金 101675.5 万元。

(二)本次发行的有关当事人

1 发行人：中铁二局股份有限公司

联系电话：(028)7684612　　传真：(028)7680396　　联系人：邓爱民

2 主承销商及上市推荐人：大鹏证券有限责任公司

联系电话：(010)64676060　　传真：(010)64641764　　联系人：陈生军、张瑾

副主承销商：华西证券有限责任公司　　副主承销商：青岛万通证券有限责任公司

分销商：中信证券股份有限公司　　分销商：长城证券有限责任公司

分销商：兴业证券股份有限公司　　分销商：华泰证券有限责任公司

分销商：光大证券有限责任公司　　分销商：联合证券有限责任公司

分销商：山东证券有限责任公司　　分销商：三峡证券有限责任公司

分销商：天津证券有限责任公司

3 发行人律师：中银律师事务所

4 财务审计机构：深圳同人会计师事务所

5 资产评估机构：中华财务会计咨询公司

6 土地评估机构：北京国地不动产咨询中心

7 股票登记机构：上海证券中央登记结算公司

8 收款银行：中国工商银行深圳市分行红围支行

(三)预计时间表

项　　目	时　间
发行公告刊登日期	2001 年 4 月 26 日
预计发行日期	2001 年 5 月 8 日
申购期	2001 年 5 月 8 日
资金冻结日期	2001 年 5 月 9 日-2001 年 5 月 11 日
预计上市日期	本次股票发行后尽快在上海证券交易所挂牌交易

三、主要风险因素及对策

投资者在评价本公司此次发售的股票时，除本招股说明书提供的其它资料外，应特别认真地考虑下述主要风险因素。

(一)业务经营风险

1.原材料风险

2.建设工期风险

(二)市场风险

(三)财务风险

(四)管理风险

(五)技术风险

(六)募集资金投向风险

(七)政策性风险

(八)其他风险

四、发行人的基本资料

(一)发行人简况

1.发行人名称：中铁二局股份有限公司

2.英文名称：CHINA　RAILWAY　ERJU　Co.,Ltd.(CREC)

3.法定代表人：翁景庆　　4.设立日期：1999 年 9 月 24 日

5.住所：成都高新区创业东路 18 号高新大厦 10 楼

6.邮政编码：610041　　7.电话：(028)7684612　　8.传真：(028)7680396

9.电子信箱：ztejbgs@mail.sc.cninfo.net

(二)发行人历史沿革：

1.公司设立

本公司是经国家经贸委国经贸企改[1999]744 号文批准，由中铁二局集团有限公司作为主发起

人，联合宝鸡桥梁厂、成都铁路局、铁道部第二勘测设计院和西南交通大学四家发起人采用发起设立方式设立，于1999年9月24日在成都市工商行政管理局登记注册的股份有限公司。

2、股本形成

本公司主发起人集团公司以其下属第一工程处、第二工程处、第四工程处、第五工程处，机械筑路处、路桥公司、物资处及集团公司本部所有从事铁路、公路等基础设施建设施工的生产经营性净资产折股投入本公司。经中华财务会计咨询公司评估(中华评报字[1999]第020号)并经财政部财评字[1999]229号文件确认，集团公司投入的上述经营性净资产为43739.52万元。宝鸡桥梁厂、成都铁路局、铁道部第二勘测设计院和西南交通大学分别以人民币现金出资2092万元、100万元、60万元和50.65万元。发起人投入折股的净资产合计46042.17万元，按1:0.6516的比例折为30000万股，经财政部财管字[1999]233号文件批准全部界定为国有法人股。

3、股权结构

本次发行前本公司股权结构如下：

	持股量(万股)	比例(%)
发起人法人股	30000	100.00
其中：集团公司	28500	95.00
宝鸡桥梁厂	1363	4.54
成都铁路局	65	0.22
铁道部第二勘测设计院	39	0.13
西南交通大学	33	0.11

本公司成立以来未进行过重大资产重组，股权结构也未发生过变化。

经本公司2000年第一次临时股东大会决议通过，本公司拟公开发行A股11000万股，每股面值1元。本次新股发行后本公司注册资本将变更为41000万元，发行后本公司股权结构如下：

	持股量(万股)	比例(%)
总股本	41000	100.00
发起人法人股	30000	73.17
其中：集团公司	28500	69.51
宝鸡桥梁厂	1363	3.32
成都铁路局	65	0.16
铁道部第二勘测设计院	39	0.10
西南交通大学	33	0.08
社会公众股	11000	26.83

4、持股情况

(1)发行前持股5%以上及最大10名股东名单

本次发行前本公司持股5%以上的股东仅为集团公司，持股比例为95%；本公司目前仅有5名股东，名单详见前节"股权结构"。

(2)董、监事、高级管理人员及重要职员持股情况

本公司董事、监事、高级管理人员及重要职员在本次股票发行前均不持有本公司及本公司关联公司的股份。

(3)截止本招股说明书签署日，本公司股东未发生将所持本公司股票进行质押的情况。

5、验资情况

根据深圳同人会计师事务所深同证审字[1999]第008号《验资报告》，"截止1999年6月22日止，中铁二局股份有限公司(筹)已收到发起人投入的资本计人民币46,042.17万元，其中：股本30,000万元，资本公积16,042.17万元，与上述投入资本相关的资产总额为人民币142474.32万元，负债总额为人民币96432.15万元。"

6、资产权属变更情况

本公司成立后立即着手办理并完成了集团公司投入的房屋、运输工具等有关资产产权过户手续，分别取得了原单独属于集团公司的"国家工程总承包一级资质"和"公路工程施工一级资信"，通过向集团公司租赁的方式取得了生产经营用地的使用权。

(三)发行人员工及社会保障情况

目前，本公司在册员工总数为4450人，其中技术人员2851人，占员工总数的64.1%，大专以上1557人，占员工总数的35.0%。

本公司实行用工劳动合同制，所有职工均参加了养老保险、失业保险、医疗保险等社会统筹和公司统筹。截至目前本公司尚无离退休人员。

五、发行人股本

本次发行前后本公司股本结构

股份种类	发行前		发行后	
	数量(万股)	股权比例(%)	数量(万股)	股权比例(%)
发起人股	30,000	100.00	30,000	73.17
其中：国有法人股	30,000	100.00	30,000	73.17
中铁二局集团有限公司	28,500	95.00	28,500	69.51
宝鸡桥梁厂	1,363	4.54	1,363	3.32
成都铁路局	65	0.22	65	0.16
铁道部第二勘测设计院	39	0.13	39	0.10
西南交通大学	33	0.11	33	0.08
社会公众股	0	0.00	11,000	26.83
合计	30,000	100.00	41,000	100.00

六、主要发起人及股东的基本情况

本公司发起人及股东情况

(一)中铁二局集团有限公司

中铁二局集团有限公司是经铁道部、建设部铁政策函[1998]120号文和国家经贸委国经贸企[1998]163号文批准，由铁道部第二工程局于1998年6月1日改制而成的有限责任公司，注册资本8.6654亿元，中国铁路工程总公司和北京中铁工建筑工程设计院分别持有97.69%和2.31%的权益。

集团公司是国家工程施工总承包一级企业和国家铁路大型综合一级施工企业，其前身铁道部第二工程局始建于1950年6月，是新中国成立后最早建立的铁路工程局。1990年、1994年集团公司两度位居全国500家最大经营规模建筑工业企业排名第一；1995年又被第50届国际统计大会授予"中国建筑业功勋企业称号"；1996年再度被评为"全国优秀施工企业"和"全国工程质量管理先进企业"；1999年，集团公司被评为"全国用户满意施工企业"、"全国质量效益型先进企业"和"全国最佳施工企业"，2000年集团公司位列"1998-1999年度全国建筑系统绩优企业"第一名并跻身1999年度全国55家优秀施工企业行列。

截止2000年12月31日，集团公司未经审计的总资产为463225.50万元，净资产95225.26万元，净利润2336.61万元。

(二)宝鸡桥梁厂

宝鸡桥梁厂始建于1966年，是铁道部直属以生产制造大型钢梁钢结构、铁路道岔、高锰钢辙叉、门式起重机等产品为主的大型一类企业。截止2000年12月31日，宝鸡桥梁厂未经审计的总资产为104336万元，净资产46733万元，净利润3426万元。

(三)成都铁路局

成都铁路局成立于1953年，前身为重庆铁路局，主营铁路客货运输，货物装卸，物资仓储，铁路运输设备、专用机械、专用电器的制造、安装和维修。截止2000年12月31日，成都铁路局未经审计的总资产为3602989万元，净资产2800138万元，净利润20581万元。

(四)铁道部第二勘测设计院

铁道部第二勘测设计院创建于1952年，是国家大型综合勘测设计单位，主营铁路、公路、市政、通信和工民建工程的技术咨询、环境影响评价等。截止2000年12月31日，铁道部第二勘测设计院未经审计的总资产为95245万元，净资产20270万元，净利润611万元。

(五)西南交通大学

西南交通大学是教育部直属国家重点院校，创建于1896年，是我国最早建立的高等工科学校之一，现已成为发展铁路科技的重要基地和铁路关键技术领域的学术研究中心。

上述发起人即本公司现有股东持有本公司的股票截止目前不存在被质押或其他有争议的情况。

七、发行人的组织结构及组织机构

本公司成立后，在集团公司投入资产的基础上，组建了职能部门和工程施工专业分公司，为配合业务发展需要，在重点地区又设立了区域性分公司。

本公司组织结构见附图一。

八、发行人业务和技术概况

(一) 经营业务

1、经营范围：承担各类型工业、能源、交通、民用等工程项目施工的承包。

2、主营业务：铁路、公路及其他土木工程施工。

3、主要产品品种及生产能力

(1)本公司主要产品

本公司为工程施工企业，生产对象为受发包方委托承建铁路、公路、市政设施、房屋等建筑物，自本公司成立以来承建的主要工程项目有：西康铁路、内昆铁路、宝成复线、秦沈客专线、兰州银滩黄河大桥、厦门城市花园、广州地铁一期工程等。

(2)主要产品生产能力

目前本公司铁路、公路等基础设施建设施工主营业务年生产能力可达40亿元以上。

(3)销售方式

本公司积极参与项目招投标，通过中标取得项目合同。由于本公司主要根据甲方的投资额和设计方案施工，竣工后将建筑物交付给甲方，因此，只要取得项目合同并按质按期竣工，就不存在产品销售问题。

(4)主要原材料

本公司为工程建筑企业，工程施工所需的原材料主要是钢材、木材、水泥、砂石、油料、火工产品、沥青等，工程施工总承包价格均包含所需工程施工原材料的价格，材料消耗约占施工总成本的60%。

4、产品性能与质量

本公司工程质量合格率100%，工程质量优良率达到95.7%以上，累计实现无重大工程质量事故3718天。近年来本公司完成的工程项目中荣获鲁班奖等多种奖项。1999年本公司通过了ISO9001质量体系认证。

(三) 质量控制

本公司主要承建公路、铁路、市政、电力等基础设施建设和工业民用建筑工程，其质量控制标准主要依据国家和行业的有关施工规范、规程、工程质量检验评定标准和设计文件及合同要求。

(四)主要客户和供应商

(五)技术状况

1、专业技术力量

目前本公司在册员工总数为4450人，其中技术人员2851人，占员工总数的64.1%。在技术人员中高级职称人员169名，教授级高工4名，博士客座教授1名，中职人员1000多名，技术技师2000多名。大学本科学历以上员工622人，大专学历员工935人，分别占员工总数的14%和21%。

2、重大项目和科研成果

近年来，集团公司在铁路、公路工程施工业务方面坚持以施工技术管理为中心，把施工技术管理与质量保证体系贯标认证有机结合，实现规范、标准、工序"三统一"。在施工生产中始终贯彻"科技为先导"的方针，倡导技术创新，加大科技开发与推广的投入，提高装备水平。在施工项目管理中，推行"样板引路"，达到项目工程一次成优和全段创优目标。在深水基础、大跨度桥梁、长大隧道、城市地铁、大断面导流洞、大面积软土、膨胀土和破碎软弱处理、控制爆破等"高、难、新"工程技术领域不断拓展，取得了丰硕成果。

3、技术装备水平

近年来本公司不断调整施工设备的配置结构，购置了一批先进的专用施工设备，如：大型液压凿岩台车、计算机导向凿岩台车等。目前设备保有量为2800余台(套)，技术装备率人均60269元，动力装备率人均40.28千瓦，掌握了承建长大隧道、大跨度悬索桥和斜拉桥、城市地铁、各式桥梁预制及吊装、高等级黑色路面道路工程所需的先进施工工艺和技术力量，技术水平行业领先。

本公司拟安排6.5亿元本次募集资金用于购置电脑凿岩台车、隧道挖掘机、盾构等设备，将使本公司的设备技术水平达到国际先进水平。

4、正在进行的科研项目

本公司对高速铁路、高速公路、城市地铁等12个重点技术领域的128项"高、难、新"技术展开研究开发和专项技术攻关。

九、同业竞争、关联关系与关联交易

(一)同业竞争

集团公司及其下属企业在本公司主营业务方面不存在同业竞争，本公司和其他发起人股东间也不存在同业竞争问题；上述关联方承诺今后也不从事与本公司相竞争的业务。

发行人律师对避免同业竞争发表的意见："根据上述事实和集团公司的承诺，本所律师认为，在本公司主要从事的业务方面，集团公司与本公司间不存在同业竞争。

本公司发起人宝鸡桥梁厂主要从事钢桥梁、铁路道岔、龙门吊、桥梁支座等制造服务；本公司发起人成都铁路局主要从事铁路客货营运业务。本公司发起人宝鸡桥梁厂、成都铁路局与本公司之间不存在同业竞争。"

主承销商经核查后认为："集团公司已将从事铁路、公路等主营业务的生产系统、物资供应系统等资产和业务均投入了股份公司，股份公司与集团公司及其下属企业、股份公司其他股东之间不存在同业竞争。"

(二)关联方及关联关系

(三)关联交易

1、关联公司向本公司提供卫生绿化、员工培训、安全保卫和消防、文体设施等综合服务，每年向本公司收取劳务费。

2、本公司为关联公司提供了物资采购、保管、运输等劳务，物资采购、保管、运输劳务，本公司按铁道部有关规定收取劳务费。

3、本公司向关联公司租赁办公及生产用房，每年向关联企业支付约定的租金。

4、本公司向关联公司租赁土地并每年支付土地租金。

5、本公司向关联公司提供机械租赁服务，按当地市场价格收取租赁费。

6、本公司将电务、铺架、房建等工程分包给关联公司，按铁道部发布的定额单价的一定比例收取管理费。

上述关联交易均已签订了关联交易协议。

本公司以本次募集资金增资控股电务、新运、建筑三公司后，本公司关联交易额将大幅度减少。

十、董事、监事、高级管理人员及核心技术人员

(一)本公司董事、监事、经理等高级管理人员及核心技术人员简历。

1、董事会成员

翁景庆,男,55岁,大学本科,高级会计师。曾任集团公司副总经理兼总会计师。现任集团公司总经理、本公司董事长。

林鼎富,男,55岁,大学本科,高级政工师。现任集团公司党委副书记、本公司副董事长。

曹义,男,43岁,大学本科,高级工程师。曾任集团公司副总经理。现任本公司副董事长、总经理。

刘辉,男,40岁,双学位,高级工程师。曾任集团公司总经理助理。现任集团公司董事、本公司董事、副总经理兼总工程师。

何明新,男,54岁,大学专科,政工师。现任集团公司副总经理、本公司董事。

董振川,男,54岁,大学本科。现任集团公司副总经理、本公司董事。

耿立川,男,54岁,大学本科,高级政工师。现任集团公司工会主席、本公司董事。

艾治义,男,54岁,大学专科,政工师。现任集团公司党委办公室主任、本公司董事。

郭敬辉,男,44岁,大学本科,工程师。现任集团公司董事会秘书、本公司董事。

熊能新,男,57岁,大学本科,高级工程师。现任本公司董事、物资设备部部长。

徐铁军,男,47岁,大学专科,政工师。现任新运公司党委书记、本公司董事。

2、监事会成员

郑建中,男,46岁,大学专科,政工师。现任集团公司纪委书记、本公司监事会召集人。

陈元伟,男,57岁,初中,政工师。现任本公司监事、审计监察部部长。

谢封,女,46岁,大学本科,高级会计师。现任本公司监事、审计监察部副部长。

林正荣,男,54岁,大学专科,高级政工师。现任集团公司工会副主席、本公司监事。

胡克军,男,43岁,大学专科。现任本公司监事、第二分公司党委副书记。

3、高级管理人员

曹义,简历同前。

刘辉,简历同前。

邓元发,男,37岁,大学本科,高级工程师。曾任集团公司副总经理。现任本公司副总经理。

张次民,男,37岁,大学本科,高级工程师。曾任集团公司副总经理。现任本公司副总经理。

王俊明,男,45岁,大学本科,高级会计师。曾任集团公司总会计师。现任本公司财务负责人。

邓爱民,男,42岁,大学本科,高级政工师。现任本公司董事会秘书。

4、核心技术人员

林原,男,38岁,大学本科,高级工程师。参加工作以来,参与或主持了贵昆电化、昆玉、南昆、朔黄、秦沈铁路建设。现任本公司副总工程师兼秦沈指挥部指挥长。先后荣获中国铁路工程总公司青年科技拔尖人才、铁道部质量管理先进个人。

彭安超,男,38岁,双学位,高级工程师。参加工作以来,参与或主持了南防、衡广、湘黔雪峰山隧道(3905M)及水深达40M的渠江大桥、昆玉、侯月铁路、深圳皇岗立交桥、重庆江北立交桥等市政工程建设。现任本公司副总工程师兼湘黔指挥部指挥长。先后荣获四川省新长征突击手、湘黔复线建设十佳指挥长。

(二)上述高级管理人员领取的薪酬情况

在上述人员中,曹义、刘辉、邓元发、张次民、王俊明、邓爱民、彭安超、林原等本公司全体经营班子成员在本公司领取报酬,2000年的月平均工资为2475.75元,其余均不在本公司领取任何报酬。

(三)有关事项的声明

1、本公司发行前上述高级管理人员及亲属均未持有本公司及本公司关联企业的任何股权;

2、上述高级管理人员未与本公司签订任何借款、担保等协议;

3、上述高级管理人员之间不存在配偶关系、三代以内直系亲属关系和旁系亲属关系。

十一、公司治理结构

(一)《公司章程》中有关股东权利、义务、股东大会职权的规定 。

(二)《公司章程》对董事会构成的规定

(三)《公司章程》对监事会构成的规定

(四)重大决策程序与规则

(五)公司严格按《公司章程》的规定召开董事会、监事会、股东大会,严格按照我国现行法律和《公司章程》的规定进行表决,在审议关联交易时关联股东均按规定履行了回避义务,切实保护公司中小股东的权益。

(六)公司依据《公司法》、有关法律法规和《公司章程》的规定,制定了《股东大会议事规则》、《董事会议事规则》、《监事会工作条例》和《经理工作细则》(以上文件见"备查文件"),进一步规范了公司行为。

(七)公司管理层对内部控制及时制定了一系列规章制度,通过一年多的施行,管理层认为:1内部控制制度体现了完整性,既有基本管理制度,又有具体的规章管理办法;2内部控制制度体现了合理性,在管理制度制定过程中,加强调查研究,注意针对性,在施行过程中根据实际情况进一步补充、完善;3内部控制制度体现了有效性,实践证明,执行内部控制制度以来,切实加强了管理,促进和保证了公司规范运行,人、财、物得到合理配置,创造了良好的经济效益。

十二、主要财务会计资料

(一)会计报表编制基准及注册会计师意见

本公司正式成立(1999年9月24日)以前会计年度的会计报表,系按本公司《改制方案》确定的公司组织架构为前提编制的。

本公司重组时进行的剥离是在《改制方案》及《发起人协议》所确定的拟设立公司的资产规模、净资产比例、主要业务范围、机构及人员设置、股权配置方案等前提下进行的。实物资产以实际用途为界定原则,债权、债务等以与经营业务的相关性为界定原则,收入、成本费用、税金以与实际经济业务相配比为界定原则。

本公司正式成立后所属会计期间的会计报表系按本公司的实际组织架构为前提,由中铁二局股份有限公司及所属(贵阳)第一分公司、第二分公司、第四分公司、第五分公司、机械筑路分公司、路桥分公司、第六分公司、相关工程项目指挥部和区域性分公司汇编而成,现金流量表自本公司成立后开始编制。

本公司已聘请深圳同人会计师事务所对本公司于1998年12月31日、1999年12月31日及2000年12月31日的资产负债表、自1998年1月1日至2000年12月31日止三个会计年度的利润表、自1999年1月1日至2000年12月31日止二个会计年度的利润分配表与2000年度的现金流量表进行了审计。会计师已出具了标准无保留意见的审计报告。

以下引用的财务数据,非经特别说明,均引自经审计的会计报表。本章的财务会计数据及有关的分析说明反映了公司过往三年的经审计的会计报表、经审核的盈利预测报告及有关附注的重要内容。

(二)简要会计报表

本公司的简要会计报表反映了本公司的基本财务状况、经营成果和现金流量情况,故在本节中仅披露了本公司的简要会计报表。若想详细了解本公司过往三年的财务状况、经营成果和现金流量情况,请阅读本招股说明书附录一。

(三)经营业绩

1、主营业务收入　　单位:元

项　目	2000年	1999年	1998年
铁路工程施工收入	3,122,147,025.80	2,768,308,014.97	2,001,589,053.66
其他工程施工收入	997,288,177.80	679,571,802.15	664,999,149.71
	4,119,435,203.60	3,447,879,817.12	2,666,588,203.37

(四)资产

截止2000年12月31日,本公司的资产总计为204010.25万元。

(五)负债

截止2000年12月31日,本公司负债总额120896.20万元,本公司无银行借款、对内部人员的负债、主要合同承诺的债务、逾期未偿还的债项及票据贴现、抵押、担保等形成的或有债项。

(六)股东权益　　单位:元

项目	2000-12-31	1999-12-31	1998-12-31
评估前拟折股净资产			430,167,141.49
股本	300,000,000.00	300,000,000.00	--
资本公积	160,421,673.35	160,421,673.35	--
盈余公积	74,143,754.34	38,745,885.22	--
其中:公益金	37,071,877.17	19,372,942.61	--
未分配利润	296,575,017.36	154,983,540.85	59,076,569.30
股东权益合计	831,140,445.05	654,151,099.42	489,243,710.79

(七)现金流量基本情况

有关数据详见本节(三)现金流量表。报告期内,本公司没有不涉及现金收支的重大投资和筹资活动。

(八)盈利预测

本公司董事会根据截至2000年12月31日止三年会计期间的实际经营成果,并在充分考虑本公司的现时生产经营能力、未来发展投资计划、生产计划和营销计划的前提下,编制了本公司2001年度已除税但未计非经常性项目的盈利预测表。编制该盈利预测系遵循自1994年1月1日起我国实施的有关税务法规和外汇管理办法,其所采用的会计政策在所有重大方面均与本公司采用的会计政策一致。

深圳同人会计师事务所已对本公司编制的2001年度的盈利预测报告进行了审核,并出具了无保留意见的盈利预测审核报告。以下资料摘录自本公司的盈利预测报告。

盈利预测表　　单位:人民币千元

	1999年已审数	2000年已审数	2001年预测数
一、主营业务收入	3,447,879.82	4,119,435.20	3,816,781.00
二、主营业务利润	403,355.40	403,971.33	417,876.00
三、营业利润	179,772.35	186,074.80	180,158.00
四、利润总额	175,051.77	176,989.34	180,158.00
五、净利润	134,652.86	176,989.34	153,134.30

本公司2001年度预测利润总额18,015.80万元,扣除所得税2,702.37万元后,实现净利润15,313.43万元。利润总额较上年增加316.87万元,净利润较上年减少2,385.51万元,利润总额增加。

(九)资产评估

1、基本情况

集团公司聘请了中华财务会计咨询公司对其作为本公司的主发起人拟投入的全部资产和负债进行了评估,评估基准日定于1998年9月30日。

根据中华财务会计咨询公司中华评报字(1999)第020号资产评估报告,截止1998年9月30日,集团公司拟投入本公司帐面资产总值为140293.24万元,负债总额为97008.28万元,净资产为43284.96万元;评估后资产总值为140171.67万元,负债为96432.15万元,资产净值为43739.52万元,比调整后的帐面值增加了454.56万元,增幅为1.1%。本次评估结果已获财政部财评字[1999]229号文确认。本公司已于1999年9月30日按资产评估结果调整了包括固定资产原值和固定资产净值在内的相关帐项,详见《审计报告》附件二:调帐日前后的《比较资产负债表》。

(十)验资情况

根据深圳同人会计师事务所深同证审字[1999]第008号《验资报告》,"截止1999年6月22日止,中铁二局股份有限公司(筹)已收到发起人投入的资本计人民币46,042.17万元,其中:股本30,000万元,资本公积16,042.17万元,与上述投入资本相关的资产总额为人民币142474.32万元,负债总额为人民币96432.15万元。"投入股本明细表列示如下:　单位:千元

股东名称	申请的注册资本		实际投入股本			
	出资金额	出资比例(%)	货币资金	经营性净资产	合计	占投入股本比例(%)
中铁二局集团有限公司	285,000.00	95.00	——	285,000.00	285,000.00	95.00
宝鸡桥梁厂	13,630.00	4.54	13,630.00	——	13,630.00	4.54
成都铁路局	650.00	0.22	650.00	——	650.00	0.22
铁道部第二勘测设计院	390.00	0.13	390.00	——	390.00	0.13
西南交通大学	330.00	0.11	330.00	——	330.00	0.11
合计	300,000.00	100.00	15,000.00	285,000.00	300,000.00	100.00

(十一)财务指标

(十二)管理层财务分析意见

1、资产质量状况

2000年末,公司总资产为204,010.25万元,其中货币资金为83,913.34万元,占公司流动资产的51.68%,占总资产的41.13%,表明公司资金回收状况较好;其次固定资产年末原值为60581.33万元,净值为41,449.78万元,净值占总资产的20.32%,固定资产成新率为0.68,其中用于工程施工的机械设备原值为51,852.35万元,占固定资产的85.59%,无论从固定资产的构成还是从固定资产的成新率上都表明固定资产状况较好;年末,公司应收帐款为32,225.21万元,占总资产的15.80%,由于公司承建的项目多数为国家及地方重点工程(或由政府提供担保),应收帐款不能回收风险较低;其他应收款17,293.22万元,占总资产的8.48%,主要是建设方收取的工程质量保证金,从公司近年来的工程质量优良、返工率为零上看,工程质量保证金不能收回的风险也较小;年末,公司存货26,144.84万元,占总资产的12.82%,公司按照存货成本与可变现净值孰低法计算提取存货跌价准备372.60万元。总的看来,资产质量状况良好,没有不良资产。

2、资产负债结构

2000年末,公司总负债120,896.20万元,均为流动负债,其中预收帐款35,196.61万元,占流动负债的29.11%,主要是建设方拨付的工程预付款和工程备料款。年末,公司资产负债率为59.26%,流动比率为1.34、速动比率为1.13,均优于同行业其他铁路施工企业和上市公司。以上表明公司资产负债结构合理,财务风险较低。

3、股权结构

2000年末,公司股本30000万元,均为国有法人股。其中:中铁二局集团有限公司占95%、宝鸡桥梁厂占4.54%、成都铁路局占0.22%、铁道部第二勘察设计院占0.13%、西南交通大学占0.11万元。

7、公司的财务优势

从上述分析可以看出,公司具有多方面的财务优势。一是资产质量状况良好,并且资金充足,有利于公司扩大经营规模;二是公司资产负债率低,资产负债结构和股权结构合理;三是速动比率高于同行业,偿债能力较强;四是公司近三年经营业绩显著,盈利能力强,收入和盈利具有连续性和稳定性;五是在国家宏观政策的影响下,特别是国家投入大量资金进行的西部大开发,公司未来目标完成和盈利实现具有较强的保障。

十三、业务发展目标

本公司将继续发扬"开路先锋"的优良传统,坚持以人才为基础,以企业可持续发展为动力,以

满足客户需要为根本，以科技创新为保证的发展战略，以高智慧的科技队伍、高技能的施工队伍、高素质的经营管理队伍建设国内一流、国际知名的国际化、多元化、现代化高新技术企业。

（一）生产经营发展战略与发展目标

1、生产经营发展战略

本公司秉承科技兴业、产业报国的企业理念，走产业化、实业化、科技化的发展道路。在未来发展中，公司将充分发挥自身优势，积极致力于交通、能源、水利等基础设施建设，建造一流工程，提供一流服务，保持国内同行业龙头地位；大力开展资本运营，逐步向与主业相关的产业及高科技产业延伸，积极介入有较大市场需求和较高技术含量，有利于节约资源和改善生态环境，发展前景广阔的新兴产业，实现规模经济，增加新的利润增长点，增强企业抵御风险能力和发展后劲。

2、发展目标

本公司将充分利用国家实施西部开发战略的大好机遇，努力提高科学管理水平，调整经营布局，拓展经营领域，保持本公司经营规模、施工技术、工程质量等综合实力居国内同行业领先地位，发挥国家基础设施建设骨干企业的示范作用。与此同时，通过参股、收购、合并等手段，积极介入高新技术产业和国际工程承包领域，在"十五"末期，将本公司建成跨地区、跨行业、跨所有制、跨国经营的集融资、投资、经营、施工为一体，国内具有影响力的高科技产业集团。本公司争取到2005年总资产达53.72亿元，年营业收入达90亿元，利润总额4.60亿元；到2010年，总资产达107.44亿元，年营业收入180亿元，利润9.20亿元。

为实现上述目标，本公司还制订了市场发展计划、生产经营计划、固定资产投资计划、科技发展规划以及人力资源开发计划。

十四、募股资金运用

（一）募集资金投资项目简介

本公司本次向社会公开发行人民币普通股11000万股，以每股9.50元溢价发行，可募集资金104500万元，扣除各项发行费用后，可实际募集资金101675.5万元，将用于以下项目的投资：

1、投资65158万元用于购置施工机械设备

面对新兴市场给铁路施工企业带来的发展机遇和广阔的市场前景，本公司须成套配置相应的、代表未来施工发展方向的现代化施工设备，以增强企业竞争实力，提高市场占有率，保持可持续发展后劲。为此，本公司拟购置施工设备共计379台（套），其中购置国产设备308台（套），购置进口设备71台（套）。

本项目总投资65158万元，内部收益率25.2%（所得税后），投资回收期4.39年，具有良好的经济效益、社会效益和抗风险能力。本项目的实施符合铁道部、交通部的长远发展规划，符合国家的产业政策，适应国家实施西部大开发战略的需要。

本项目业经本公司2000年第一次临时股东大会决议通过。

2、投资7430万元组建成都铁达商品混凝土有限公司。

本公司计划以本次公开发行股票所募资金7430万元与中铁二局集团机电有限公司以其所属铁达商品混凝土供应站经评估确认的经营性净资产1537万元作为出资，合资组建成都铁达商品混凝土有限公司，本公司占有合资公司82.86%的权益，从而进入这个成都地区相对封闭而平均利润率较高的市场，提高资金使用效率，增加新的利润增长点。在本公司投入的7430万元现金中，4950万元用于固定资产投资，2480万元用于配套流动资金。项目建成后，将使铁达公司商品混凝土的年生产能力由现在的5.5万立方米提高到35万立方米，项目投资利润率16.8%，投资回收期5.1年。

本项目固定资产投资已经铁道部计建[2000]116号文批准。

3、出资6449.67万元投资控股中铁二局集团电务工程有限公司

为扩充经营领域，壮大经营实力，调整业务结构，达到以较低成本和较短时间进入高壁垒电务施工市场，增加新的利润增长点的目的，本公司拟以本次发行股票所募资金6449.67万元参与对电务公司的增资，电务公司增资后，注册资本增加至11430万元，公司、集团公司和贵州万达客车股份有限公司分别持有51%、48.18%和0.82%的权益。电务公司增资后，所增资本主要用于购置高速铁路电气化施工设备、通信设备以及其它施工设备，提高保有设备的先进性和配套性，并充实生产建设资金，增强综合竞争实力，拓展以高速铁路和城市地铁为代表的未来快速交通发展方向的电务施工新市场。

本项目投资每年可为本公司带来1415万元的投资收益，投资收益率为21.9%。电务公司增资有关事宜已经电务公司股东会决议通过，本公司以募集资金投资参与其增资也经本公司2000年第一次临时股东大会决议通过。

4、出资4986.61万元投资控股中铁二局集团新运工程有限公司。

由于国家对建筑施工企业实行资质管理，对铁路制梁实行许可证管理，而有关部门又于1999年起停止受理审批新证，所以该施工领域存在进入壁垒，本公司无法在短时间内取得相关资质并进入该市场。为抓住铁路铺架市场发展机遇，拓展经营领域，增加经济效益，本公司拟以本次发行股票所募资金4986.61万元参与对新运公司的增资，新运公司增资后，注册资本增加至8490万元，本公司、集团公司和铁道部武汉工程机械研究所分别持有51%、47.82%和1.18%的权益。

本项目投资收益率17.24%，每年可以为本公司带来859.7万元投资收益。新运公司有关增资事项已经新运公司股东会的决议通过，本公司以募集资金参与其增资的项目也经本公司2000年第一次临时股东大会的决议通过。

5、出资6034.65万元投资控股中铁二局集团建筑有限公司。

鉴于建筑公司在工业与民用建筑施工市场树立了良好的品牌，且行业发展前景看好，本公司拟以本次发行股票所募资金6034.65万元参与对建筑公司的增资，从而以低成本、高效率的途径进入工业与民用建筑市场，扩大本公司经营领域，调整业务结构，降低本公司业务单一的风险。增资后建筑公司注册资本为10200万元，本公司、集团公司和都江堰交大青城磁浮列车工程发展有限责任公司分别持有51%、48.41%和0.59%的权益。

建筑公司本次增资主要用于购置高层建筑施工及装饰装修施工设备，充实生产资金，增强企业实力，取得更多工业与民用建筑市场，特别是高层建筑施工、装饰装修等市场的份额。增资完成后，建筑公司的年施工能力将由3.5亿元增加到5亿元以上。本项目的投资收益率为13.64%，平均每年可为本公司带来822.86万元的投资收益。建筑公司增资有关事宜已经建筑公司股东会的决议通过，本公司以募集资金参与其增资的项目也经本公司2000年第一次临时股东大会决议通过。

上述项目共需资金90058.93万元，本次发行共募集资金101675.5万元，尚余募集资金11616.57万元。鉴于本公司在工程项目施工中需要采购大量工程物资，某些工程项目还需要垫支一部分工程款，因而需要大量流动资金，本公司决定将这部分剩余募集资金用于补充流动资金。

（二）项目投资计划表　　　　单位：万元

项目名称	投资计划 2001年	投资计划 2002年	合计	效益产生时间	投资回收期
1. 购置施工机械设备项目	40,592.00	24,566.00	65,158.00	投资当年	4.39年
2. 投资组建成都铁达商品混凝土有限公司项目	7,430.00	–	7,430.00	投资后6个月	5.10年
3. 投资控股中铁二局集团电务工程有限公司项目	6,449.67	–	6,449.67	投资当年	–
4.投资控股中铁二局集团新运工程有限公司项目	4,986.61	–	4,986.61	投资当年	–
5. 投资控股中铁二局集团建筑有限公司项目	6,034.65	–	6,034.65	投资当年	–
6. 补充流动资金	11616.57		11616.57	投资当年	
总计	77109.50	24,566.00	101675.50	–	–

（三）有关事项的说明

1、上述投资项目的资金运用重要性顺序以项目排序为准。

2、对于第3~5个投资项目，本公司承诺，对上述项目的投资以取得被投资公司51%的控股权为目标，然而，本公司实际投资额将依据上述投资项目实施时被投资公司经评估的净资产值而定。

3、根据本公司本次募集资金投资计划，对于一定时期内的闲置资金，本公司将本着谨慎、稳健的原则适当进行安全性高、流动性强的短期投资，如短期国债投资，以提高资金使用效率，最大限度地回报投资者。

（四）募股资金运用对主要财务状况的影响

项目	发行前	发行后
净资产（万元）	83114.05	184789.55
每股净资产（元）	2.77	4.51
净资产收益率（%）	21.29	9.58
资产负债率（%）	59.26	39.55

十五、发行定价及股利分配政策

（一）发行价格的确定

本公司在制定本次发行的11000万股股票发行价格的过程中，主要根据本公司稳健的财务状况、较强的盈利能力和丰厚的滚存利润，估值及询价结果，一级二级市场现状，以及本次发行规模等因素，经与主承销商协商并经中国证监会核准，本次股票发行价格最终确定为每股9.50元，发行市盈率25.47倍，发行完成后每股净资产（全面摊薄）为4.51元。

（二）股利分配情况

根据本公司1999年度股东大会决议，1999年末可供分配的利润各提取10%法定公积金和法定公益金后暂不分配，由公司股票发行后的新老股东共享。

根据本公司2000年度第一次临时股东大会决议，本公司2000年1月至公司本次股票公开发行前的净利润，各提取10%法定公积金和法定公益金后暂不分配，亦由公司股票发行后的新老股东共享。

根据本公司2001年3月20日第一届董事会2001年第一次会议决议，本公司2000年度净利润各提取10%法定公积金和法定公益金后暂不分配，在本公司本次股票发行后由新老股东共同享有。

本公司预计首次股利分配的日期在2001年第二季度。具体分配时间由本公司股东大会决定。

十六、董事及有关中介机构声明

（一）中铁二局股份有限公司董事会全体成员声明

本公司全体董事承诺本招股说明书及其摘要不存在虚假记载、误导性陈述或重大遗漏，并对其真实性、准确性和完整性承担个别和连带的法律责任。

公司全体董事：翁景庆　林鼎富　曹义　何明新　刘辉　耿立川　董振川　郭敬辉
艾治义　熊能新　徐铁军　　（签名）

中铁二局股份有限公司董事会　　二00一年四月十日

（二）主承销商声明

本公司已对招股说明书及其摘要进行了核查，确认不存在虚假记载、误导性陈述或重大遗漏，并对其真实性、准确性和完整性承担相应的法律责任。

法定代表人（或授权代表）：王启文（签字）　　项目负责人：陈生军（签字）

大鹏证券有限责任公司　　二00一年四月十日

（三）发行人律师声明

本所及经办律师保证由本所同意发行人在招股说明书及其摘要中引用的法律意见书和律师工作报告的内容已经本所审阅，确认招股说明书不致因上述内容出现虚假记载、误导性陈述及重大遗漏引致的法律风险，并对其真实性、准确性和完整性承担相应的法律责任。

单位负责人：唐金龙（签字）　　经办律师：朱玉栓　邓鸿成（签字）

中银律师事务所　　二00一年四月十日

（四）会计师事务所声明

本所及经办会计师保证由本所同意发行人在招股说明书及其摘要中引用的财务报告已经本所审计，盈利预测已经本所审核，确认招股说明书不致因上述内容而出现虚假记载、误导性陈述及重大遗漏，并对其真实性、准确性和完整性承担相应的法律责任。

单位负责人：刘继忠（签字）　　经办会计师：朱厚佳　周荣铭（签字）

深圳同人会计师事务所　　二00一年四月十日

（五）资产评估师事务所声明

本公司保证由本公司同意发行人在招股说明书及其摘要中引用的资产评估数据已经本公司审阅，确认招股说明书不致因上述内容而出现虚假记载、误导性陈述或重大遗漏，并对其真实性、准确性和完整性承担相应的法律责任。

单位负责人：傅继军（签字）　　经办评估师：孙建民　谢昆仑（签字）

中华财务会计咨询公司　　二00一年四月十日

（六）土地评估师声明

本中心保证由本中心同意发行人在招股说明书及其摘要中引用的土地评估数据已经本中心审阅，确认招股说明书不致因上述内容而出现虚假记载、误导性陈述或重大遗漏，并对其真实性、准确性和完整性承担相应的法律责任。

单位负责人：高向军（签字）　　经办评估师：魏　黎（签字）

北京国地不动产咨询中心　　二00一年四月十日

（七）承担验资业务的会计师事务所声明

本所保证由本所同意发行人在招股说明书及其摘要中引用的验资报告及有关数据已经本所审阅，确认招股说明书不致因上述内容而出现虚假记载、误导性陈述或重大遗漏，并对其真实性、准确性和完整性承担相应的法律责任。

单位负责人：刘继忠（签字）　　经办会计师：朱厚佳　周荣铭（签字）

深圳同人会计师事务所　　二00一年四月十日

十七、附录和备查文件

附录（一）深圳同人会计师事务所出具的本公司截止2000年12月31日的三年审计报告、财务报表及附注；

（二）本公司2001年度盈利预测和深圳同人会计师事务所出具的审核报告；

（三）深圳同人会计师事务所出具的验资报告；

（四）中华财务会计咨询公司出具的资产评估报告；

（五）中银律师事务所出具的关于本公司本次公开发行与上市的法律意见书；

（六）本公司章程草案；　（七）本公司营业执照；

（八）本公司2000年第一次临时股东大会关于本次发行及上市的决议。

备查文件

1、本公司设立的注册登记文件；　　2、铁道部推荐本公司公开发行并上市的文件；

3、中国证券监督管理委员会核准本公司发行的文件；　　4、承销协议；

5、财政部关于资产评估的确认报告；　　6、重要协议及合同；　　7、税务登记文件；

8、历次股东大会决议；　　9、发行人改组的其他有关资料及证监会要求的其他文件。

上 海 交 大 昂 立 股 份 有 限 公 司

上海交大昂立股份有限公司上市公告书

本公司董事会保证上市公告书的真实性、准确性、完整性,全体董事承诺上市公告书不存在虚假记载、误导性陈述或重大遗漏,并承担个别和连带的法律责任。

根据《公司法》、《证券法》等有关法律、法规的规定,本公司董事、高级管理人员已依法履行诚信和勤勉尽责的义务和责任。

上海证券交易所、中国证监会、其他政府机关对本公司股票上市及有关事项的意见,均不表明对本公司的任何保证。

本公司提醒广大投资者注意,凡本上市公告书未涉及的有关内容,请投资者查阅2001年6月14日刊载于《中国证券报》、《上海证券报》、《证券时报》的本公司招股说明书摘要,及刊载于上海证券交易所网站(http://www.sse.com.cn)的本公司招股说明书全文。

本上市公告书刊载网址是 http://www.sse.com.cn。

一、概 览

1.股票简称:交大昂立

2.股票代码:600530

3.股本总额:200,000,000 股

4.可流通股本:50,000,000 股

5.本次上市流通股本:50,000,000 股

6.对首次公开发行股票前股东所持股份的流通限制及期限:根据国家现有法律、法规规定和中国证监会证监发行字[2001]36号《关于核准上海交大昂立股份有限公司公开股票的通知》,本公司的国有法人股、其他法人股暂不上市流通。

本公司上市前第一大股东上海交通大学承诺:自本公司上市之日起12个月内,不转让所持有本公司的股份,也不由本公司回购该部分股份。

7.上市地点:上海证券交易所

8.上市日期:2001年7月2日

9.股份登记机构:上海中央证券登记有限公司

10.上市推荐人:国泰君安证券股份有限公司

海通证券有限公司

二、绪 言

本上市公告书是根据《中华人民共和国公司法》、《中华人民共和国证券法》、《股票发行与交易管理暂行条例》、《公开发行股票公司信息披露实施细则》和《上海证券交易所股票上市规则》等国家有关法律、法规的规定,并按照中国证券监督管理委员会制定的《公开发行证券的公司信息披露内容与格式准则第7号-股票上市公告书》而编制,旨在向投资者提供有关上海交大昂立股份有限公司(以下简称"本公司")和本次股票上市的基本情况。

经中国证券监督管理委员会证监发行字[2001]36号文核准,本公司已于2001年6月18日成功地采取上网定价发行方式向社会公开发行了每股面值1.00元的人民币普通股5000万股,每股发行价为13.77元。

经上海证券交易所上证上字(2001)95号《上市通知书》同意,本公司公开发行的5000万股社会公众股将于2001年7月2日起在上海证券交易所挂牌交易。股票简称"交大昂立",股票代码为600530。

本公司已于2001年6月14日分别在《中国证券报》、《上海证券报》、《证券时报》上刊登了《招股说明书概要》。招股说明书正文及其附注材料可以在上海证券交易所网站(http://www.sse.com.cn)查询。招股说明书及其引用的财务资料距今不足六个月,与其重复的内容不再重述,敬请投资者查阅上述内容。

三、发行人概况

(一)发行人基本情况

1.发行人名称:上海交大昂立股份有限公司

英文名称:SHANGHAIJIAODAONLLYCO.,LTD

2.注册资本:200,000,000 元

3.法定代表人:许晓鸣

4.住所:上海市松江区松江镇环城路117号

成立日期:1997年12月24日

5.经营范围:生物制品,保健食品,保健用品,参制品,消毒制品,医疗器械生产和销售;仪器仪表,汽车配件,文化用品,建筑材料,农副产品销售,国内贸易(除专项规定),咨询服务;经营本企业自产产品及技术的出口业务,经营本企业生产所需的原辅材料、仪器仪表、机械设备、零配件及技术的进出口业务(国家限定公司经营和国家禁止进出口的商品除外),经营进料加工和"三来一补"业务。

6.主营业务:保健食品的研制、生产和销售

7.所属行业:生物制品业

8.电话:021-62810808

传真:021-62947582

电子邮箱:stock@mail.onlly.com.cn

9.董事会秘书:张潘宏

(二)发行人历史沿革

本公司是根据《中华人民共和国公司法》的规定,经上海市人民政府以沪府体改审(1997)035号文批准,由上海交通大学、上海大众出租汽车股份有限公司[现更名为大众交通(集团)股份有限公司]、上海茸北工贸实业总公司、上海新路达商业(集团)有限公司、上海国际株式会社、上海交大昂立股份有限公司职工持股会、上海南洋国际实业股份有限公司(现更名为上海交大南洋股份有限公司)、上海市教育发展有限公司、上海市第一医药商店有限公司九家发起人股东在原上海交大昂立生物制品有限公司的基础上以发起设立方式成立的股份公司。股份公司于1997年12月24日在上海市工商行政管理局登记注册。

上海交大昂立生物制品有限公司系于1994年7月成立的有限责任公司,其前身最早可追溯至原上海昂立生物食品厂。发起人中,上海交通大学、上海茸北工贸实业总公司、上海交大昂立股份有限公司职工持股会和上海南洋国际实业股份有限公司以上海交大昂立生物制品有限公司经评估后的净资产8250万元出资,其它发起人以现金6750万元出资。

2000年10月15日,根据上海交大昂立股份有限公司职工持股会与上海茸茸实业公司签署的《股份转让协议》,上海茸茸实业公司受让上海交大昂立股份有限公司职工持股会所持有的本公司股份计1350万股。由此,上海茸茸实业公司成为本公司的股东。

经中国证监会证监发行字[2001]36号文核准,2001年6月18日该公司在上海证券交易所以上网定价方式向社会公众发行了5000万股人民币普通股(A股),每股面值1.00元,每股发行价13.77元。本次发行后,本公司总股数为20000万股,并已于2001年6月22日在上海工商行政管理局变更了注册登记,注册资本变更为20000万元。

(三)发行人主要经营情况

1、主要财务指标　　单位:元

项目	2000年度	1999年度	1998年度
一、主营业务收入	479,358,175.38	517,129,698.33	370,168,900.27
二、主营业务利润	335,725,182.20	409,567,797.18	300,119,210.21
三、营业利润	26,339,329.11	48,959,009.99	65,762,598.77
四、利润总额	50,864,208.05	64,749,645.65	63,759,722.04
五、净利润	50,615,855.64	59,720,346.51	51,232,765.04

2、主要产品情况

本公司主要从事保健食品的研制、生产和销售。公司在产品的研究生产中致力于将祖国传统中医药学与现代生物学、工程学及自由基理论相结合,实现了在精密控制条件下的产品开发和生产。在国家卫生部核定的保健食品24项功能中,公司产品涉及了其中的13项,包括免疫调节、延缓衰老、改善学习记忆、抗疲劳、调节血脂、耐缺氧、抗辐射、抗突变、调节血糖、改善胃肠功能、对化学性肝损伤有保护作用、抗氧化(美容)、改善视力等功能;使用对象覆盖多种年龄段、体质及性别的人群。目前,公司的主要产品包括昂立一号口服液、昂立多邦胶囊、昂立西洋参胶囊、昂立美之知胶囊、昂立舒渴口服液、昂立明视胶囊和昂立康尔润通糖浆等。公司产品获得荣誉如下表所示:

产品	获得荣誉
昂立一号口服液	被列为国家级新产品、上海市火炬项目、上海市级新产品、上海市名牌产品、亚特兰大奥运会唯一特许生物活菌制剂产品
昂立多邦胶囊	被列为国家重点新产品、上海市高新技术成果转化项目、中国体育代表团首选专用营养品、第十三届亚运会中国体育代表团首选专用保健品
昂立西洋参胶囊	上海市重大科技产业化项目(火炬计划)、中国体育代表团首选专用营养品、第十二届亚运会中国体育代表团首选专用保健品
昂立美之知胶囊	---
昂立舒渴口服液	---
昂立明视胶囊	上海市高新技术成果转化项目A类
昂立康尔润通糖浆	---

3、营销及市场占有情况

在市场营销方面,公司以"知识营销"理念为核心展开市场拓展、销售和售后服务工作,以媒体广告、促销、推介等形式树立品牌形象;从普及保健养生的科普知识入手,以社区科普讲座、客户联谊会、产品热线等面对面的形式缩短与客户间的距离,培养消费者对品牌的忠诚度;同时,通过已设立的10个外地销售公司初步形成了一个覆盖全国主要城市及其周边地区的营销网络,并依托这一网络与当地主要的批发和零售商建立起了较为通畅的本地化销售渠道。

根据国内贸易局商业信息中心发布的"全国连锁店畅销商品月度检测资料",自98年5月以来,公司产品在保健滋补品市场的占有率和综合的排名中,除了3个月外,月度销量一直位居全行业第一。

4、技术及开发

1997年起至今,公司被上海市高新技术产企业(产品)认定办公室认定为上海市高新技术企业;2000年,公司经国家人事部以人发[2000]113号文《关于批准62家企业建立博士后科研工作站的通知》批准设立博士后科研工作站,公司的研究开发机构被上海市经济委员会等部门批准为市级企业技术中心。

本公司的研究工作由公司所属的生物医药研究所负责。该所下设产品一部、产品二部、中试部、市场研究部和产品申报部。目前,研究所共有员工24人,其中高级职称8人。同时,为加强科研开发的力量,公司聘请了国内营养、卫生、医药等相关领域的知名专家组成专家顾问委员会,由著名心血管病专家陈灏珠教授担任主任委员,对公司的科研进行指导把关,加快了公司产品系列化开发的步伐。

在开发方面,公司一直遵循"人无我有,人有我优"的原则以建立产品在细分市场中的优势地位,以"生产一代、研制一代、储备一代、规划一代"的方针制定开发计划。同时,为保持技术方面的优势,公司拟将此次公开募股所获得的部分资金用于生物医药研究院的建设,通过跟踪国内外技术最新动态以及对市场和消费者的持续调查和研究,及时开发和不断推出新的符合消费者需求的产品和服务,保持公司的竞争优势。

5、知识产权和非专利技术。

本公司拥有"昂立"、"ONLLY"、"昂立1号"等一批注册商标。本公司目前已获得2项专利,另有4项发明专利的申请已获受理。本公司的专有技术包括"昂立一号口服液"、"昂立多邦胶囊"等系列保健食品的发明、配料、工艺流程设计、加工规范、独特的生产方法、试验结果、标准资料、技术改进、原料和材料及质量、用料的研究资料,产品质量保证体系等。目前,本公司未允许他人以任何形式使用本公司的知识产权、非专利技术。

6、财政税收优惠

公司享受增值税先征后返的税收优惠政策。根据上海市财政局、上海市地方税务局沪财税政(1996)2号文,"昂立一号"、"昂立多邦胶囊"1998年、1999年享受增值税25%先征后返的优惠政策。

公司所得税的法定税率为33%。2001年根据国发[2000]2号文和财税[2000]99号文,公司于2001年1月22日取得上海市财政局和上海市地方税务局发出的沪税所一(2001)9号文《关于对上海交大昂立股份有限公司经批准上市后有关企业所得税问题的批复》,对公司2001年度上缴的企业所得税超过15%的税负部分,按照财税(2000)99号文规定,由同级地方财政予以先征后返。因此,公司2001年度的实际税负为15%。

四、股票发行与股本结构

(一)本次股票上市前首次公开发行股票的情况

1.发行日期:2001年6月18日

2.发行数量:50,000,000 股

3.发行价格:13.77 元/股

4.募投资金总额:688,500,000 元(未扣除发行费用)

5.发行方式:上网定价发行

6.发行费用总额及项目:本次发行费用总计为2325万元,包括承销费用、上网手续费、登记托管费、注册会计师费用、评估师费用、律师费用、审核费、其它费用等。

7.每股发行费用:0.465 元

8.中签率:0.18172727%

9.有效申购户数:1308774

10.有效申购股数:27513758000

11.持1000股以上(含1000股)的流通股股东户数:48386

12.发行市盈率(摊薄):41.98 倍

(二)本次股票上市前首次公开发行股票承销情况

发行人于2001年6月18日公开发行的人民币普通股50,000,000股已全部被投资者认购,承销团成员无余额包销。

(三)本次股票上市前首次公开发行所募股资金的验资报告

验资报告

信长会师报字(2001)第10996号

上海交大昂立股份有限公司:

我们接受委托,对上海交大昂立股份有限公司截至2001年6月22日止的注册资本、投入资本变更情况的真实性和合法性进行了审验。在审验过程中,我们按照《独立审计实务公告第1号-验资》的要求,实施了必要的审验程序。上海交大昂立股份有限公司的责任是提供真实、合法、完整的验资资料,保护资产的安全、完整,我们的责任是按照《独立审计实务公告第1号-验资》的要求,出具真实、合法的验资报告。

上海交大昂立股份有限公司变更前的注册资本和投入资本均为人民币15,000万元,上海交大昂立股份有限公司变更后注册资本为人民币20,000万元。根据我们的审验,现就股权转让和股票发行事宜进行验证,截至2001年6月22日止,上海交大昂立股份有限公司由股东增加投入资本人民币668,877,500.00元,其中股本50,000,000.00元,资本公积618,877,500.00元,变更后的所有者权益为人民币868,371,353.47元,其中股本为人民币200,000,000.00元,资本公积为人民币615,247,500.00元,盈余公积为27,022,302.57元,未分配利润为人民币26,101,550.90元。与上述变更后投入资本总额相关的资产总额为人民币1,121,487,826.36元,负债总额为人民币253,116,472.89元。

附件(一):变更前后注册资本、投入资本对照表

附件(二):变更前后资产、负债和所有者权益对照表

附件(三):验资事项说明

附件(四):上海立信长江会计师事务所有限公司《营业执照》

上海立信长江会计师事务所有限公司　　中国注册会计师

地址:中国.上海市南京东路61号4楼　　戴定毅

电话:(021)63606600　　王惠忠

传真:(021)63501004

二00一年六月二十二日

邮编:200002

(四)募股资金入帐情况

1、入帐时间:2001年6月22日

2、入帐金额:668,877,500.00元

3、入帐帐号:1001271509004640765022715

4、开户银行:中国工商银行徐汇支行分理处

(五)发行人上市前股权结构和股东持股情况

1、本次上市前的股本结构

股份类别	股份数量(股)	股份比例(%)
1、尚未流通股份:	150,000,000	75.00
发起人股份	150,000,000	75.00
其中:国家持有股份	60,000,000	30.00
法人持有股份	90,000,000	45.00
其中:境内法人持有股份	73,500,000	36.75
境外法人持有股份	16,500,000	8.25
2、可流通股份:	50,000,000	25.00
境内上市人民币普通股:	50,000,000	25.00
其中:本次公开发行股份	50,000,000	25.00
3、总股本	200,000,000	100.00

2、本次上市前,本公司前十名股东持股数及比例

序号	股东名称	持股数量(万股)	占总股本的比例(%)
1	上海交通大学	3300	16.5
2	大众交通(集团)股份有限公司	3000	15
3	上海茸北工贸实业总公司	3000	15
4	上海新路达商业(集团)有限公司	1650	8.25
5	上海国际株式会社	1650	8.25
6	上海茸茸实业公司)	1350	6.75
7	上海交大南洋股份有限公司	600	3
8	上海市教育发展有限公司	300	1.5
9	上海市第一医药商店有限公司	150	0.75
10	同盛基金	13.2	0.066

五、董事、监事、高级管理人员及核心技术人员

(一)董事、监事、高级管理人员和核心技术人员简介

1、董事

许晓鸣　男,44岁,博士,德国慕尼黑工业大学博士后,教授,博士生导师。曾担任多项国家重点科研项目、国家重大科研攻关项目、863项目和国家自然科学基金项目的负责人,1997年被列为国家"百千万人才工程"第一、二层次人选。历任上海交通大学科研处处长、自动化系系主任、电子信息学院副院长等职。

现任上海交大昂立股份有限公司董事长;兼任上海交通大学副校长,上海交大企业管理中心、上海交大科技园有限公司、上海交大国飞科技投资(集团)有限公司、上海交通大学教育发展有限公司、上海交大慧谷信息产业股份有限公司、上海交大慧谷科技商业发展有限公司董事长,上海交大昂立生物制品销售有限公司、西安昂立商贸有限责任公司执行董事,上海交大南洋股份有限公司总经理。

杨国平　男,45岁,工商管理硕士,教授,高级经济师,上海市股份制联合会会长,上海青年企业家协会会长。曾被评为全国十大杰出青年企业家、全国劳动模范。曾任上海市杨树浦煤气厂党委副书记、上海市公用事业局党委办公室副主任、上海市出租汽车公司党委书记、上海大众出租汽车公司党委书记。

现任上海交大昂立股份有限公司常务副董事长;兼任大众交通(集团)股份有限公司总经理,上海大众科技创业(集团)股份有限公司、上海大众三汽公共交通有限公司、上海大众便捷货运有限公司、上海大众国际贸易有限公司、上海大众国际旅行社董事长。

费正杰　男,44岁,大学本科。历任松江县五里塘乡党委组织委员、上海茸北工贸实业总公司总经理、松江区茸北镇党委副书记、镇长。

现任上海交大昂立股份有限公司副董事长;兼任松江区茸北镇集体资产经营公司总经理。

兰先德　男,44岁,工学硕士,工商管理硕士,研究员,中国青年科技工作协会常务理事,中国保健品协会常务理事。曾获团中央全国青联和科技部颁发的"中国优秀青年科技创业奖"、国家教委"科技进步二等奖"。曾在化工部第八设计院、上海交通大学生物科学与技术系工作。

现任上海交大昂立股份有限公司董事、总经理;兼任上海昂立华山(沙家浜)医疗保健康复有限公司、上海万佳日用化工有限公司、无锡昂立营销有限责任公司、天津市昂立茸北商贸有限责任公司、杭州昂立贸易有限公司、北京昂立商贸有限责任公司、南京昂立营销有限责任公司、武汉昂立商贸有限责任公司、成都昂立商贸有限责任公司董事长,沈阳昂立生物制品有限责任公司、上海昂立广告有限公司执行董事。

盛焕烨　男,58岁,大学本科,教授,中国中文信息学会常务理事,德国信息学会海外会员,1989年获国家教委优秀教学成果奖,1996年获国家教委科技进步一等奖。

现任上海交大昂立股份有限公司董事;兼任上海交通大学副校长,上海交大浩然科技股份有限公司、上海交大浩然会展服务有限公司董事长。

李慧秋　女,49岁,大学文化,高级工程师。曾任安徽省高新技术企业裕安激光仪器厂厂长、上海浦东大众出租汽车股份有限公司投资发展部副主任。

现任上海交大昂立股份有限公司董事、副总经理。

叶文良　男,47岁,大专文化,高级经济师。曾任松江县五里塘乡乡长助理、财政所长、五里塘乡工业公司总经理、上海交大昂立生物制品有限公司董事长。

现任上海交大昂立股份有限公司董事、副总经理。

高锋　男,46岁,中专,副主任药师,高级经济师。曾任徐汇区药材公司总经理、新路达集团副总经理。现任上海交大昂立股份有限公司董事;兼任上海汇丰医药药材有限责任公司董事长,上海新路达商业(集团)有限公司总经理。

樊建明　男,47岁,学士,高级经济师。曾任上海电视配件厂计划科副科长、财务科长、厂长助理、上海华丰无线电厂厂长。

现任上海交大昂立股份有限公司董事;兼任上海国际株式会社上海代表处首席代表。

2、监事

钟晋亻幸　男,46岁,研究生学历,会计师。曾任上海大众出租汽车股份公司审计部经理、上海浦东大众出租汽车股份有限公司总会计师。

现任上海交大昂立股份有限公司监事长;兼任大众科技创业(集团)股份有限公司财务总监,上海大众凌伟生化股份有限公司、上海中医大药业股份有限公司、上海大众海洋生物市场有限公司监事长,大众交通(集团)股份有限公司监事。

王伊宁　男,45岁,学士,副教授。曾任上海交通大学团委书记、上海交通大学研究生院副处长、上海交通大学党委组织部副部长、上海交通大学监察处处长、上海交通大学校产办主任。

现任上海交大昂立股份有限公司监事;兼任上海交通大学财务处处长、上海交大南洋股份有限公司监事。

朱云舫　男,45岁,大专文化。曾任松江县五里塘乡提琴厂厂长、松江县茸北镇上海消防器材厂一分厂党支部书记、松江县茸北镇工贸实业总公司办公室主任。

现任上海交大昂立股份有限公司监事;兼任上海茸北工贸实业总公司法定代表人、总经理。

冯玉瑞　女,44岁,学士,高级经济师。曾任徐汇区物价局科长、局长助理。现任上海交大昂立股份有限公司监事。杜俊兰　女,56岁,大学本科,高级工程师。曾任上无三十二厂技术厂长、上海市广播电视工业公司生产科科长、上海市经委生产计划处副处长、上海国际株式会社上海代表处首席代表。

现任上海交大昂立股份有限公司监事;兼任上海国际株式会社上海代表处参事。

王雷萍　女,45岁,大专文化,工程师。曾任上海交通大学校长办公室秘书科科长、上海南洋通源实业公司副总经理。

现任上海交大昂立股份有限公司监事、总经理助理、工会主席;兼任上海昂立华山(沙家浜)医疗保健康复有限公司总经理,上海万佳日用化工有限公司监事。

刘江萍　女,43岁,上海财经大学会计系毕业,会计师。曾任上海微电脑厂财务科副科长、深圳长江计算机联合公司财务部经理、上海计算机工业经销公司财务部经理。

现任上海交大昂立股份有限公司监事;兼任上海交大南洋股份有限公司财务部经理。

顾林福　男,45岁,大学文化,经济师。曾任上海市教委基建处副处长、支部书记。现任上海交大昂立股份有限公司监事;兼任上海教益海外合作交流有限公司董事长,上海市教育发展有限公司总经理。

俞国君　男,46岁,大专文化,会计师。曾任上海凯旋城空调器公司副经理、上海新闸北五金交电有限公司财务经理、上海市名品商厦审计主任。

现任上海交大昂立股份有限公司监事;兼任上海市第一医药商店有限公司总会计师。

3、其他高级管理人员

范小兵　女,34岁,生物工程硕士,工商管理硕士,高级工程师,上海市生化药学会理事、上海市微生态学会理事。曾任上海交通大学生物科学与技术系讲师。现任上海交大昂立股份有限公司副总经理、总工程师。

盛文灏　男,34岁,中欧工商管理学院工商管理硕士,工程师。曾任上海无线电十九厂助理工程师、广东太阳神集团公司华东饮料部经理。

现任上海交大昂立股份有限公司副总经理兼营销总部总经理;兼任上海交大昂立生物制品销售有限公司总经理。

曹永勤　女,44岁,美国俄克拉荷马城市大学工商管理硕士,副教授,中国注册会计师资格。曾任南京无线电元件厂会计、南京大学财务处副科长、南京大学国际商学院会计系教师、上海交通大学管理学院会计系副教授、上海大众出租汽车股份有限公司计财部副经理。

现任上海交大昂立股份有限公司总会计师;兼任大众科技创业(集团)股份有限公司监事长,大众交通(集团)股份有限公司监事。

张潘宏　女,36岁,法学硕士,副研究员,律师。曾任华东政法学院教师,上海交通大学法律事务室副主任。现任上海交大昂立股份有限公司董事会秘书。

4、核心技术人员

范小兵　简历见上。其主要成果及获得的奖项包括:发明专利"一种改善视觉功能的保健品"、"一种具有免疫活性的多糖"、"一种含医用活性菌的复方制剂及制备方法"的发明人之一及实用新型专利"固定化细胞制备装置"的设计人之一,昂立一号口服液、昂立多邦胶囊、昂立明视胶囊、昂立美之知胶囊、昂立西洋参胶囊等产品的主要研制人。

沙大年　男,40岁,学士,高级工程师。1995年至今任上海交大昂立股份有限公司生物医药研究所副所长。主要成果及获得的奖项包括:发明专利"一种改善视觉功能的保健品"、"一种具有免疫活性的多糖"、"一种含医用活性菌的复方制剂及制备方法"的发明人之一及实用新型专利"固定化细胞制备装置"的设计人之一,参与昂立多邦胶囊产品的研制开发。

宋士良　男,38岁,学士,高级工程师。现任上海交大昂立生物医药研究所研究员。参与开发的产品有昂立康尔润通糖浆、抗HP微生态调节剂等。

赵亚平　男,37岁,江苏理工大学博士,无锡轻工业大学博士后,副教授。曾任中国科学院地球化学研究所助理研究员,上海交通大学化学化工学院副教授。现任上海交大昂立生物医药研究所研究员。

主要的研究成果包括:作为项目主要人员参加了国家有机地化重点实验室和贵州省科委重点自然科学基金资助项目-超临界CO2技术萃取辣椒色素和分离辣素的研究;作为项目主要人员参加了高等学校博士学科点专项基金资助项目-高纯度分离鱼油生理活性组分的研究;目前正在主持天然复合抗氧制剂、天然维生素E高α化以及国家重点化学工程联合实验室固定床反应工程实验室反应过程在线辨识和检测等项目。

李晓波　女,38岁,日本富山医科药科大学和汉药研究所博士,中国药科大学中药学院博士后,副教授。曾任日本富山医科药科大学和汉药研究所客座研究员,上海交通大学药学院副教授。现任上海交大昂立股份有限公司生物医药研究所研究员。

主要成果及获得的奖项包括:拥有的专利登录GenBank基因序列17项,承担归国留学人员基金、博士后基金、国家自然科学基金课题,在国内外刊物发表论文10余篇。

上述人员相互之间不存在配偶关系、三代以内直系和旁系亲属关系。

(二)公司董事、监事、高级管理人员和核心技术人员持股情况

截止到本上市公告书签署之日,本公司董事、监事及高级管理人员均未持有本公司股票,也没有由其授权或指示他人(包括法人)代其持有,其配偶或未满十八岁的子女均不持有本公司股份。

六、同业竞争与关联交易

(一)同业竞争情况

公司不存在与实际控制人及其控制的法人从事相同、相似业务的情况，不存在同业竞争。为了避免可能存在的同业竞争，公司的主要股东上海交通大学、大众交通(集团)股份有限公司、上海茸北工贸实业总公司已分别出具了《非竞争承诺书》。

其中上海交通大学、上海茸北工贸实业总公司承诺：对于股份公司正在或已经进行生产开发的产品、经营的业务以及研究的新产品、新技术，将不再生产、开发任何对股份公司生产的产品构成直接竞争的类同产品，亦不直接经营或间接经营、参与投资于与股份公司业务、新产品、新技术有竞争或可能有竞争的企业、业务、新产品、新技术。同时将促使承诺方全资拥有或其拥有50%股权以上的附属公司遵守上述承诺。

大众交通(集团)股份有限公司承诺：将不生产与股份公司生产的产品相同的产品，也不生产与股份公司生产的产品构成直接竞争的相同或相似的产品，也不直接经营与股份公司经营的业务构成直接竞争的业务。

(二)关联方和关联关系

1、控股股东

公司的股东中，不存在单独或与其它股东通过协议拥有本公司30%以上表决权资本的情况，不存在通过章程或协议控制本公司财务和经营政策的情况，不存在单独或与其它股东通过协议能控制本公司董事会多数董事或在董事会有半数以上投票权的情况。因此，公司目前尚无能够直接或间接控制公司的股东。

2、其他股东

关联方	关联关系	法定代表人	注册资本
上海交通大学	持有公司16.5%的股份	谢绳武	
大众交通(集团)股份有限公司	持有公司15%的股份	杨国平	56585.16万元
上海茸北工贸实业总公司	持有公司15%的股份	朱云舫	1500万元
上海新路达商业(集团)有限公司	持有公司8.25%的股份	吴建华	17700万元
上海国际株式会社	持有公司8.25%的股份	陆秉孙	1亿(日元)
上海茸茸实业公司	持有公司6.75%的股份	黄一鸣	589.16万元
上海交大南洋股份有限公司	持有公司3%的股份	王宗光	14473万元
上海市教育发展有限公司	持有公司1.5%的股份	李　鸣	15000万元
上海市第一医药商店有限公司	持有公司0.75%的股份	邵松岐	3000万元

3、公司参与的联营企业

关联方	关联关系	法定代表人	注册资本
上海昂立华山(沙家浜)医疗保健康复有限公司	公司对其出资比例为30%	兰先德	1000万元

4、关键管理人员、核心技术人员兼任法定代表人的其他企业

关联方	关联关系	注册资本
上海交大企业管理中心	公司董事长许晓鸣为其法定代表人	3000万元
上海交大科技园有限公司	同上	14200万元
上海交大国飞科技投资(集团)有限公司	同上	6500万元
上海交通大学教育发展有限公司	同上	4500万元
上海交大慧谷科技商业发展有限公司	同上	500万元
上海交大慧谷信息产业股份有限公司	同上；公司对其投资比例为3.33%	1000万元
上海大众科技创业(集团)股份有限公司	公司常务副董事长杨国平为其法定代表人	47617.954万元
上海大众三汽公共交通有限公司	同上	10000万元
上海大众便捷货运有限公司	同上	2000万元
上海大众国际贸易有限公司	同上	600万元
上海大众国际旅行社	同上	200万元
上海交大浩然科技股份有限公司	公司董事盛焕烨为其法定代表人	1000万元
上海交大浩然会展服务有限公司	同上	50万元
上海万佳日用化工有限公司	公司董事、总经理兰先德为其法定代表人	200万元
上海汇丰医药药材有限责任公司	公司董事高锋为其法定代表人	722万元
上海教益海外合作交流有限公司	公司监事顾林福为其法定代表人	50万元

(三)重大关联交易

公司无重大关联交易。

七、财务会计资料

本公司聘请的审计机构上海立信长江会计师事务所有限公司对本公司2000年12月31日以前的三年会计报表进行了审计，并出具了标准无保留的审计报告。

本公司截止2000年12月31日的财务会计资料，已于2001年6月14日分别在《中国证券报》、《上海证券报》和《证券时报》上刊登的《招股说明书概要》中进行了详细披露，因尚未超出招股说明书有效期限，故相同的内容在此不再重复。欲了解本公司经审计的财务报表及主要财务指标的详细内容，敬请投资者查阅上述报纸或在公告的《招股说明书》查阅地查阅。

(一)简要财务报表

1、简要合并利润表　　金额单位：元

项目	2000年	1999年	1998年
主营业务收入	479,358,175.38	517,129,698.33	370,168,900.27
主营业务利润	335,725,182.20	409,567,797.18	300,119,210.21
营业利润	26,339,329.11	48,959,009.99	65,762,598.77
利润总额	50,864,208.05	64,749,645.65	63,759,722.04
净利润	50,615,855.64	59,720,346.51	51,232,765.04

2、简要合并资产负债表　　金额单位：元

项目	2000年12月31日	1999年12月31日	1998年12月31日
流动资产	251,151,239.01	315,378,135.20	254,749,104.28
长期投资净额	61,513,746.24	2,226,447.55	6,300,000.00
固定资产	104,190,362.48	100,980,940.09	79,943,581.73
无形资产及其他资产	31,256,748.09	29,521,236.22	26,875,200.62
资产总计	448,112,095.82	448,106,759.06	367,867,886.63
流动负债	267,417,824.32	244,965,153.12	143,339,496.23
长期负债	-	2,000,000.00	52,000,000.00
负债合计	267,417,824.32	246,965,153.12	195,339,496.23
少数股东权益	531,671.17	3,822,607.21	2,533,183.46
股东权益	180,162,600.33	197,318,998.73	169,995,206.94
负债及股东权益总计	448,112,095.82	448,106,759.06	367,867,886.63

3、简要合并现金流量表　　金额单位：元

项目	金额
经营活动产生的现金流量净额	28,783,039.82
投资活动产生的现金流量净额	-11,459,661.59
筹资活动产生的现金流量净额	3,185,470.00
现金及现金等价物净增加额	20,509,725.21

(二)经营业绩

本公司主业突出，前三年的主营业务收入占营业收入的比例分别为100%、100%、97.85%。公司的主营业务收入和利润主要来源于"昂立"系列保健品的销售。1998年、1999年和2000年度，公司的主营业务收入分别为37,016.89万元、51,712.97万元和47,935.82万元。本公司业务收入的详细构成情况如下表所示：　　金额单位：元

收入构成名称	2000年金额	比例	1999年金额	比例	1998年金额	比例
昂立一号	247,107,679.36	51.55%	334,222,208.85	64.63%	228,024,721.37	61.60%
昂立多邦	165,323,846.32	34.49%	146,459,503.48	28.32%	128,378,099.43	34.68%
昂立西洋参	30,259,676.00	6.31%	26,614,217.45	5.15%	12,431,400.47	3.36%
昂立美之知	13,216,482.54	2.76%	8,320,131.17	1.61%	1,291,194.34	0.35%
昂立舒渴	6,229,382.25	1.30%	1,513,637.38	0.29%	43,484.66	0.01%
昂立明视	6,805,571.79	1.42%				
昂立康尔润通	117,606.84	0.02%				
广告收入	10,297,930.28	2.15%				
合计	479,358,175.38	100%	517,129,698.33	100%	370,168,900.27	100%

本公司的主营业务成本主要为"昂立"系列产品的直接材料成本、直接人工费用和制造费用。1998年、1999年和2000年度，公司的主营业务成本分别为6,606.70万元、10,178.07万元和13,768.13万元。主营业务利润率分别为81.08%、79.21%和70.03%。

本公司的营业费用主要为广告及业务宣传费、销售人员工资及福利费。1998年、1999年和2000年度，公司的营业费用分别为20,395.61万元、31,713.94万元和25,291.21万元。

本公司的管理费用主要为研究及开发费用、管理人员的工资及福利费。1998年、1999年和2000年度，公司的管理费用分别为2,918.99万元、4,261.67万元和5,402.79万元。

(三)资产情况

截至2000年12月31日，本公司的资产总计为44,811.21万元，包括流动资产、长期投资、固定资产、无形资产及其它资产。

1、流动资产

流动资产主要包括货币资金、应收账款、其它应收款和存货。具体情况如下：

1998年、1999年和2000年末，本公司的货币资金分别为9,966.25万元、8,961.02万元和11,011.88万元；分别占当年末流动资产的39.12%、28.41%和43.85%。

本公司1998年、1999年和2000年末的应收账款分别为9,159.02万元、7,893.21万元和7,364.35万元。2000年12月31日，帐龄在一年以内的应收帐款余额为6,805.50万元，占应收帐款总额的比例为92.41%。2000年12月31日，本公司的应收帐款余额中，并无持公司5%(含5%)以上股份的主要股东欠款。

本公司1998年、1999年和2000年末的其它应收款分别为1,854.27万元、9,051.35万元和2,583.84万元。2000年12月31日，本公司的其它应收款余额中，并无持公司5%(含5%)以上股份的主要股东欠款。

本公司1998年、1999年和2000年末的坏帐准备为708.69万元、334.19万元和503.35万元。上述三年末的应收款项净额为10,304.60万元、16,610.37万元和9,444.83万元。

本公司1998年、1999年和2000年末的存货分别为2,725.93万元、5,083.34万元和3,024.60万元。

2、长期投资

截至2000年12月31日公司的母公司会计报表中，长期投资均为长期股权投资，初始投资额为8,660.00万元，期末投资额为10,374.79万元，初始投资额占净资产的比例为42.63%。具体情况如下：　　金额单位：元

被投资方	注册资本	投资期限	初始投资额	期末投资额	所占权益	会计核算方法
南京昂立营销有限责任公司	500,000.00	12年	400,000.00	0	80%	权益法
北京昂立商贸有限责任公司	500,000.00	12年	400,000.00	0	80%	权益法
天津市昂立茸北商贸有限责任公司	500,000.00	8年	400,000.00	36,438.32	80%	权益法
广州昂立保健品有限公司	500,000.00	未约定	400,000.00	0	80%	权益法
成都昂立商贸有限责任公司	500,000.00	20年	400,000.00	0	80%	权益法
西安昂立商贸有限责任公司	1,000,000.00	未约定	700,000.00	79,331.59	70%	权益法
沈阳昂立生物制品有限责任公司	500,000.00	10年	400,000.00	0	80%	权益法
杭州昂立贸易有限公司	500,000.00	10年	400,000.00	0	80%	权益法
无锡昂立营销有限责任公司	800,000.00	3年	700,000.00	728,297.73	87.5%	权益法
武汉昂立商贸有限责任公司	500,000.00	10年	400,000.00	0	80%	权益法
上海昂立广告有限公司	5,000,000.00	20年	4,500,000.00	4,785,040.47	90%	权益法
上海交大昂立生物制品销售有限公司	13,500,000.00	19年	13,500,000.00	34,118,763.36	90%	权益法
兴业证券股份有限公司	90,800,000.00	50年	60,000,000.00	60,000,000.00	4.41%	成本法
上海交大慧谷信息产业股份有限公司	30,000,000.00	永久存续	1,000,000.00	1,000,000.00	3.33%	成本法
上海昂立华山(沙家浜)医疗保健康复有限公司	10,000,000.00	20年	3,000,000.00	3,000,000.00	30%	权益法
合计			86,600,000.00	103,747,871.47		

另公司投资的武汉昂立营销有限公司、大连昂立生物制品有限公司、乌鲁木齐全新昂立商贸有限公司正在办理注销事宜。

3、固定资产

截至2000年12月31日，本公司主要固定资产情况如下：　　金额单位：元

类别	折旧年限	原价	净值	净额	折旧方法
房屋及建筑物	10-25年	66,045,541.22	57,435,090.52	57,435,090.52	直线法
通用设备	5-10年	9,617,130.03	6,268,934.39	6,268,934.39	直线法
专用设备	15年	31,311,194.36	23,863,726.41	23,863,726.41	直线法
运输设备	5年	5,022,550.68	2,528,147.80	2,528,147.80	直线法
合计	-	111,996,416.29	90,095,899.12	90,095,899.12	

截至2000年12月31日，本公司有形资产净值为41,643.06万元。

4、主要无形资产　　金额单位：元

类别	取得方式	初始金额	摊销年限及确定依据	摊余价值	剩余摊销期限

专有技术评估	28,190,000.00	按会计制度规定分10年摊销	19,270,000.00	86个月
商标评估	1,810,000.00	按法律规定的有效年限分10年摊销	1,230,000.00	86个月
土地使用权购入	11,058,638.25	按法律规定的有效年限分50年摊销	10,656,593.77	568个月

上述无形资产中商标和专有技术的原始价值是在公司1997年设立时以评估值作为入账依据的，评估机构为上海科华无形资产评估事务所，评估方法为收益现值法。

(四)负债

截至2000年12月31日，本公司的负债合计为26,741.78万元，全部为流动负债，主要包括短期借款、应付帐款、预收帐款、其它应付款和应付股利。

截至2000年12月31日，本公司的短期借款余额为13,900万元，详见下表：　金额单位：元

借款单位	金额	期限	借款条件	年利率
交通银行上海分行徐汇支行	20,000,000.00	2000.7.31-2001.7.5	担保	5.85%
上海银行松江支行	49,000,000.00	2000.9-2001.9	担保	5.58%
中信实业银行上海分行	8,000,000.00	2000.10.30-2001.4.27	质押(注)	5.58%
中国工商银行上海市徐汇支行	10,000,000.00	2000.9-2001.2	担保	5.58%
中国工商银行上海市徐汇支行	20,000,000.00	2000.6.23-2001.5.23	担保	5.58%
交通银行上海分行徐汇支行	20,000,000.00	2000.12-2001.11	信用	5.58%
中信实业银行上海分行	2,000,000.00	2000.11.8-2001.5.7	担保	5.58%
中信实业银行上海分行	10,000,000.00	2000.12.7-2001.5.28	担保	5.58%
合计	139,000,000.00			

注：公司以1,000,000.00美元定期存单质押，向中信实业银行上海分行借款人民币8,000,000.00元。

1998年、1999年和2000年末，本公司的应付帐款分别为4,272.41万元、10,253.26万元和1,265.59万元，

2000年12月31日，本公司的应付帐款期末余额中无欠持公司5%(含5%)以上股份的股东款项。

1998年、1999年和2000年末，本公司的预收帐款分别为546.68万元、363.12万元和622.29万元，2000年12月31日，本公司的预收帐款期末余额中无欠持公司5%(含5%)以上股份的股东款项。

1998年、1999年和2000年末，公司的其它应付款分别为1,105.49万元、679.28万元和487.11万元，2000年12月31日，公司的其它应付款期末余额中无欠持公司5%(含5%)以上股份的股东款项。

1998年、1999年和2000年末，公司的应付股利分别为4,212.56万元、4,152.17万元和7,600.36万元。

截至2000年12月31日，公司无对内部人员和关联方的负债，无重大或有负债和逾期未偿还债项。

(五)股东权益　金额单位：元

项目	2000年12月31日	1999年12月31日	1998年12月31日
股本	150,000,000.00	150,000,000.00	150,000,000.00
资本公积盈余公积	30,162,600.33	19,937,835.52	8,683,900.49
法定公益金	10,054,200.10	6,645,945.17	2,894,633.50
未分配利润	-	27,381,163.21	11,311,306.45
股东权益合计	180,162,600.33	197,318,998.73	169,995,206.94

(六)现金流量的基本情况

2000年度本公司经营活动产生的现金流量净额为2,878万元，其中销售商品、提供劳务收到的现金为57,185万元，收到收费返还为2,490万元，收到的其他与经营活动有关的现金为278万元；购买商品、接受劳务支付的现金为23,506万元，经营租赁所支付的现金为576万元，支付给职工以及为职工支付的现金为5,036万元，实际缴纳的增值税为7,921万元，支付的所得税款为2,226万元，支付的除增值税、所得税以外的其他税费为977万元，支付的其他与经营活动有关的现金为16,834万元。投资活动产生的现金流量净额为-1,146万元，其中收回投资所收到的现金为946万元，收到的其他与投资活动有关的现金为394万元；购建固定资产、无形资产和其他长期资产所支付的现金为1,866万元，权益性投资所支付的现金为620万元。筹资活动产生的现金流量净额为319万元，其中借款所收到的现金为19,500万元；偿还债务所支付的现金为16,000万元，分配股利或利润所支付的现金为2,730万元，偿付利息所支付的现金为452万元。现金及现金等价物净增加额为2,051万元。

公司无期后事项和重大关联交易。公司提醒投资者关注本招股说明书附录一会计报表附注中的其它重要事项。

(七)主要财务指标

指标名称	计算公式	2000年	1999年	1998年
流动比率	流动资产/流动负债	0.94	1.29	1.78
速动比率	(流动资产-存货)/流动负债	0.83	1.08	1.59
应收账款周转率	主营业务收入/应收账款平均余额	6.28	6.07	5.39
存货周转率	主营业务成本/存货平均余额	3.40	2.61	3.43
无形资产(土地使用权除外)占总(净)资产的比例(%)	无形资产/总(净)资产	4.57/11.38	5.245/11.91	7.205/15.59
母公司资产负债率(%)	负债总额/资产总额	55.48	54.24	50.17
每股净资产	期末净资产/期末股本总额	1.20	1.32	1.13
研发费用占主营业务收入比例	研究发展费用/主营业务收入	0.91	0.43	0.53
每股经营活动的现金流量	经营活动产生的现金流量净额/期末股本总额	0.192		
发行前加权平均每股收益(元)	净利润/加权平均股本总额	0.3374	0.3981	0.3416
发行前全面摊薄每股收益(元)	净利润/期末股本总额	0.3374	0.3981	0.3416
发行前加权平均净资产收益率(%)	净利润/加权平均净资产	22.742	9.882	9.92
发行前全面摊薄净资产收益率(%)	净利润/期末净资产总额	28.093	0.273	0.14

(八)盈利预测情况

上海立信长江会计师事务所有限公司已对本公司编制的2001年度的盈利预测报告进行了审核，并出具了无保留意见的盈利预测审核报告。以下资料摘录自本公司的盈利预测报告。

合并盈利预测表

项目	2000年度(千元)已审实现数	2001年度(千元)预测数	增长率(%)
主营业务收入	479,358	599,423	25.05
主营业务利润	335,725	432,8462	8.93
营业利润	26,339	104,124	295.32
利润总额	50,864	104,124	104.71
净利润	50,616	65,606	29.62

八、其他重要事项

(一)本公司股票首次公开发行后至本公司上市公告书公告之日，本公司严格依照《公司法》、《证券法》等法律法规的要求，规范运行，生产经营情况正常：所处行业、市场无重大变化；主要投入产出物供求及几个无重大变化；主要业务发展目标无重大进展。

(二)2001年4月26日，本公司成立控股子公司上海昂立明视生物科技有限公司，注册资本为800万元，法定代表人为范小兵，其中本公司投入424万元，持股比例为53%。该公司经营范围是保健食品，电子产品，通讯器材，电脑，仪器仪表，汽车配件，文化用品，建筑材料销售，生物制品、保健品、计算机专业领域内四技服务。

本公司与本公司控股子公司上海交大昂立生物制品销售有限公司拟共同出资设立上海交大昂立生物药业有限公司，注册地为上海张江高科技园区，拟注册资本4900万元，现已到位500万元，其中，本公司已投入400万元，本公司控股子公司上海交大昂立生物制品销售有限公司已投入100万元。按照《公司法》的有关规定，该公司尚处于筹建阶段，在其全部注册资本金到位后方正式设立。

本公司募股资金到位时间较短，自招股说明书刊登之日截止上市公告书公布之日尚未进行募股项目投资及其他重大投资活动，无重大资产(股权)收购、出售行为。

(三)本公司股票首次公开发行后至本公司上市公告书公告之日，本公司重大会计政策和会计师事务所没有发生变化。

(四)公司利润分配政策为:法定公积金按净利润的10%计提，公益金按净利润的5%计提，股利分配根据各年股东大会决议决定分配方案。

(五)根据公司2001年2月15日公司股东大会决议，按税后利润的10%提取法定盈余公积6,636,754.39元，按5%提取法定公益金3,318,377.19元；本年度余下未分配利润和以前年度结余的未分配利润全部以现金方式对股东进行利润分配，余下的未分配利润由公司股票发行后的新老股东共享。同意自2001年1月1日起，公司所产生的利润由公司本次股票发行后的新老股东共享。

(六)根据上海立信长江会计师事务所有限公司出具的盈利预测审核报告，本公司2001年预测税后利润为6561万元，每股税后利润全面摊薄后为0.33元。

(七)本公司股票发行后，预计首次股利分配时间在2002年6月底之前。

(八)本公司股票首次公开发行后至本公司上市公告书公告之日，本公司董事、监事和高级管理人员没有尚未了结或可能发生的刑事诉讼事项。

(九)本公司股票首次公开发行后至本公司上市公告书公告之日，本公司未涉及任何重大诉讼事项或仲裁，亦无任何尚未了结或可能面临的重大诉讼或索赔要求。

(十)本公司股票首次公开发行后至本公司上市公告书公告之日，没有其他应披露而未披露之重大事项。

九、董事会上市承诺

本公司董事会将严格遵守《中华人民共和国公司法》、《中华人民共和国证券法》、《股票发行与交易管理暂行条例》、《公开发行股票公司信息披露实施细则》和《上海证券交易所股票上市规则》等国家有关法律、法规的规定，承诺自本公司股票上市之日起作到：

(一)承诺真实、完整、公允和及时地公布定期报告，披露所有对投资者有重大影响的信息，并接受中国证监会、上海证券交易所的监督管理；

(二)承诺发行人在知悉可能对股票价格产生误导性影响的任何公共传播媒介中出现的消息后，将及时予以公开澄清；

(三)发行人董事、监事、高级管理人员及核心技术人员将认真听取社会公众的意见和批评，不利用已获得的内幕消息和其他不正当手段直接或间接从事发行人股票的买卖活动；

(四)发行人没有无记录的负债。依据《上海证券交易所股票上市规则》，本公司全体董事、监事将按照有关规定，在本公司股票上市后两个月内签署《董事(监事)声明及承诺书》，并送达上海证券交易所备案。

十、上市推荐人及其意见

(一)推荐人有关情况

上市推荐人　国泰君安证券股份有限公司

法定代表人：金建栋

办公地址：上海市延平路121号17楼

电话：021-62580818

传真：021-62531028

联系人：曾大成、岳远斌

上市推荐人：海通证券有限责任公司

法定代表人：王开国

办公地址：上海市唐山路218号

电话：021-63756385

传真：021-63756458

联系人：杨艳华、周威

(二)推荐人的推荐意见

本公司上市推荐人国泰君安证券股份有限公司和海通证券有限责任公司一致认为：本公司章程符合《中华人民共和国公司法》、《中华人民共和国证券法》、《上市公司章程指引》和《上海证券交易所股票上市规则》(2001年修订本)等有关法律、法规和中国证监会的规定；本公司本次发行的股票符合《中华人民共和国公司法》、《中华人民共和国证券法》、《股票发行与交易管理暂行条例》和《上海证券交易所股票上市规则》(2001年修订本)等法律、法规的有关规定，已具备了上市条件；本公司董事了解法律、法规、上海证券交易所上市规则及股票上市协议规定的董事的义务与责任；本公司建立健全了法人治理结构，制定了严格的信息披露制度与保密制度。

上市推荐人已对上市文件所载的资料进行了核实，确保上市文件真实、准确、完整，符合规定要求，没有虚假、严重误导性陈述或者重大遗漏，并对其承担连带责任。上市推荐人与本公司不存在关联关系。上市推荐人愿意推荐本公司的股票在上海证券交易所上市交易，并在上市推荐过程中，保证不利用在上市过程中获得的内幕信息进行内幕交易，为自己或他人牟取利益。

上海交大昂立股份有限公司

二00一年六月二十五日

太原狮头水泥股份有限公司

太原狮头水泥股份有限公司股票上市公告书暨2001年中期财务报告

一、重要声明与提示

本公司董事会保证上市公告书的真实性、准确性、完整性,全体董事承诺上市公告书不存在虚假记载、误导性陈述或重大遗漏,并承担个别和连带的法律责任。

根据《公司法》、《证券法》等有关法律、法规的规定,本公司董事、高级管理人员已依法履行诚信和勤勉尽责的义务和责任。

上海证券交易所、中国证监会、其他政府机关对本公司股票上市及有关事项的意见,均不表明对本公司的任何保证。

本公司提醒广大投资者注意:凡本上市公告书未涉及的有关内容,请投资者查阅2001年7月28日刊载于《中国证券报》、《上海证券报》、《证券时报》的《太原狮头水泥股份有限公司招股说明书摘要》及刊载于 www.sse.com.cn 网站的本公司招股说明书全文。

二、概 览

股票简称:狮头股份　　股票代码:600539

股本总额:23,000万股　　可流通股本:8,800万股　　本次上市流通股本:8,800

对首次公开发行股票前股东所持股份的流通限制及期限:本公司的国有股、法人股暂不上市流通。

首次公开发行前股东对所持股份自愿锁定的承诺:自愿将所持有的本公司的股票按国家法律、法规的要求进行锁定。第一大股东承诺在本公司上市之日起一年内,不转让所持有的股份,也不由本公司回购该部分股份。

上市地点:上海证券交易所

上市时间:2001年8月24日

股票登记机构:上海证券中央登记结算公司

上市推荐人:海通证券有限公司

长城证券有限责任公司

三、绪 言

太原狮头水泥股份有限公司(以下简称"本公司")上市公告书是根据《中华人民共和国公司法》、《中华人民共和国证券法》、《股票发行与交易管理暂行条例》、《公开发行股票公司信息披露实施细则》和《上海证券交易所股票上市规则》等国家有关法律、法规的规定,并按照中国证券监督管理委员会制定的《公开发行证券的公司信息披露的内容与格式准则第7号——股票上市公告书》而编制,旨在向投资者提供有关本公司的基本情况和本次股票上市的有关资料。

经中国证券监督管理委员会证监发行字[2001]42号文批准,并根据国务院发布的《减持国有股筹集社会保障资金管理暂行办法》及财政部财企便函[2001]68号文函复,本公司已于2001年8月1日以"上网定价"发行方式成功地公开发行了人民币普通股8,800万股(其中国有股存量发行800万股),每股面值1.00元,每股发行价人民币6.98元。

经上海证券交易所上证上字[2001]122号《关于太原狮头水泥股份有限公司人民币普通股股票上市交易的通知》同意,本公司8,800万股A股将于2001年8月24日在上海证券交易所挂牌交易,股票简称"狮头股份",股票代码"600539"。本公司总股本23000万股,可流通股本8,800万股,本次上市流通8,800万股。

本公司已于2001年7月28日分别在《中国证券报》、《上海证券报》和《证券时报》上刊登了《招股说明书摘要》,招股说明书正文及其附注材料刊载于上海证券交易所网站(http://www.sse.com.cn),距今不足三个月,故与其重复的内容在此不再重述,敬请投资者查阅上述内容。

四、公司概况

(一)基本情况

公司名称:太原狮头水泥股份有限公司

英文名称:TAIYUAN LION-HEAD CEMENT CO.,LTD.

注册资本:23,000万元　　法定代表人:邓守信

成立日期:1999年2月28日　　公司住所:山西省太原市万柏林区开城街一号

经营范围:主营水泥、熟料、商品混凝土、新型墙体材料的生产及销售,兼营水泥设备制造安装、技术咨询、水泥袋加工。

主营业务:当前公司主要生产系列等级的通用水泥、特种水泥以及C10—C80强度等级的预拌商品混凝土。

所属行业:水泥行业

电话:(0351)6127621　　传真:(0351)6120985

电子邮箱:lhds@lionhead.com.cn　　董事会秘书:郝瑛

(二)历史沿革

本公司是经山西省人民政府晋政函[1999]64号文批准,由太原狮头集团有限公司作为主发起人,联合山西省经贸资产经营有限责任公司、山西省经济建设投资公司、中国新型建筑材料(集团)公司和山西西山运输有限公司,以发起设立方式设立太原狮头水泥股份有限公司。本公司于1999年2月28日在山西省工商行政管理局登记注册,注册资本15,000万元。

经中国证券监督管理委员会证监发行字[2001]42号文批准,本公司已于2001年8月1日以上网定价发行方式成功地公开发行了人民币普通股8,800万股,每股面值1.00元,每股发行价人民币6.98元。本次成功发行后,公司注册资本将变更为23,000万元人民币。

(三)公司主要经营情况

1、公司主要财务指标

根据山西天元会计师事务所出具的审计报告,截止2000年12月31日,公司资产总额511,255,387.64元,净资产208,510,963.12元。公司前三年及2001年中期的主要财务数据如下:(单位:万元)

项　目	2001年中期	2000年	1999年
主营业务收入	140,722,465.61	246,990,669.53	223,472,896.79
主营业务利润	47,381,979.92	80,463,415.64	75,355,993.42
利润总额	26,998,544.52	45,141,750.49	40,131,074.06
净利润	18,384,049.80	30,730,021.67	26,853,826.72
净资产收益率(全面摊薄)	8.10%	14.74%	
每股收益(全面摊薄)	0.11	0.20	

项　目	1998年
主营业务收入	205,545,886.06
主营业务利润	73,834,886.00
利润总额	33,614,440.16
净利润	20,383,691.07
净资产收益率(全面摊薄)	
每股收益(全面摊薄)	、

2、公司的主要业务及市场地位

当前公司主要业务为各种建筑用水泥、熟料、混凝土的生产和销售,募集资金到位后,将增加新型建筑墙体材料的生产与销售。

根据前三年山西省和太原市通用水泥、商品混凝土市场消费量以及特种水泥的统计资料和本公司通用水泥、特种水泥、商品混凝土销售量测算,公司前三年主要产品的主要销售市场和市场占有率如下:

主要产品	主要市场	市场占有率(%) 1998年	1999年	2000年
通用水泥	太原市	27.67	28.47	31.79
	山西省	5.53	5.76	6.93
特种水泥	东北、华北、西北、华东、华南等地区	—	—	15
商品混凝土	太原市	16.15	21.73	24.20

前三年公司主要产品的市场份额呈明显上升趋势,特别是在2000年,公司通用水泥市场份额有较大幅度的提高。本公司将充分利用山西省加大基础设施建设投资力度带来的机遇,继续加大市场开发和销售力度,并通过技术改造提高产品生产能力,以保证山西省市场份额的稳步提高。公司也将继续致力于省外市场的开拓,在巩固、提高特种水泥国内市场份额的基础上,实现通用水泥及其它建材产品向省外市场的全面渗透。

3、本公司的竞争优势和竞争劣势

(1)本公司的竞争优势

① 地理位置优势:本公司位于山西省最大的城市太原市,公司产品起着主导整个太原市水泥市场的作用。

② 原材料优势:本公司背靠太原市西铭石灰岩矿,该矿区石灰石资源丰富,且品质高、含碱量低,可满足公司50年以上的生产需求,其他原料如石膏、铁矿粉、粘土、砂岩、矿渣在公司附近(30公里的半径内)均有长期稳定的供应商,资源优势得天独厚。

③ 产品优势:"狮头牌"水泥采用新型干法旋窑生产,具有质量稳定、安定性好、可靠性高的特点,非常有利于砼质量,是大的砼工程施工中的理想产品。公司注重新产品开发,开发出的低碱水泥碱含量为华北地区最低,公司还开发出52.5高等级水泥和C90和C100混凝土,可以满足市场的特殊需求。

④ 规模优势:本公司是山西省太原市及周边地区最大的水泥生产企业,如果本次发行成功,通过募股资金对技改工程的投入,本公司将可形成年产水泥200万吨的生产规模,并成为山西省最大的水泥生产企业,在市场竞争中具有明显的规模优势

(2)本公司的竞争劣势

公司作为国家大型水泥生产企业,与国内同行业优秀企业相比,在以下几方面的竞争力还有待提高:1)公司水泥产品的主要销售区域为山西省太原市及周边地区,在进一步巩固原有市场的同时,需要加大市场开发力度。2)在水泥行业开始实行新的国家标准后,公司需要积极调整产品结构,增加42.5级水泥和新型建材在产品结构中的比重,逐步减少低等级水泥的产量。

4、核心技术、主要知识产权及非专利技术拥有情况

本公司拥有的核心技术主要有:

(1)本公司2000年自行开发研制出应用流态化技术的流态化冷却器,该冷却器为国内第一台,无同类型产品比较。其可实现连续生产,也可间隙性生产,只降低粉状物料温度,不改变物料的其它性能。使用该冷却器冷却水泥,可使水泥温度由110℃降至<65℃,降温幅度达40℃以上。

目前,本公司正在申报该技术的专利。流态化冷却器申请专利的申报单位为太原狮头水泥股份有限公司,发明人为邓守信、贾卿、杨明柱,申请专利种类为实用新型专利,专利名称为流态化冷却器。专利申请材料已报至山西省专利服务中心。

(2)通过改变工艺配料,以砂岩代替黄土等方法,本公司自行开发研制出低碱水泥,其碱含量低于国家关于低碱水泥含碱量的标准。其来源属于自行开发研制。关于所有权,公司正在通过申请科技成果技术鉴定将其确认为专有技术。

本公司拥有的主要知识产权及非专利技术主要有:

本公司通用水泥使用的商标为"狮头牌",该商标原为太原狮头集团有限公司所有,商标注册证号为228295,本公司与集团公司于1999年3月1日签订了《注册商标使用许可协议》,由集团公司授权本公司免费使用,协议有效期三年,2000年12月1日,本公司与集团公司签订了《注册商标转让协议》,2001年4月28日,中华人民共和国国家工商行政管理局商标局出具了《核准转让注册商标证明》和《核准转让注册商标通知单》,核准太原狮头集团有限公司将"狮头牌"注册商标转让给本公司,同时,《注册商标使用许可协议》自动废止。

本公司控股子公司阳泉狮头特种水泥有限公司拥有注册商标"钰"牌的所有权,商标注册证号为533879,"钰"牌为阳泉狮头特种水泥有限公司所生产的特种水泥的注册商标。该商标原注册人为山西省阳泉市特种水泥厂,阳泉狮头特种水泥有限公司于2000年11月7日取得了国家工商行政管理局商标局的《核准变更商标注册人名义的证明》,获得"钰"牌注册商标的所有权,并于2000年11月20日取得了国家工商行政管理局商标局的《核准续展注册商标证明》,有效期为10年,截止到2001年3月31日,剩余有效期为9年7个月。

本公司研制的应用流态化技术的流态化冷却器正在申请实用新型专利,研制的低碱水泥生产技术正在申请科技成果鉴定。

5、公司的税收优惠政策情况

(1)根据太原市财政局并财工字(2000)77号文,公司2000年享受300万元财政补贴用于清洁生产。2001年,根据太原市财政局并财工字(2001)31号文,可享受400万元财政补贴用于清洁生产。

(2)根据山西省政府晋政函(2001)3号文,公司自股票发行之日起至2001年12月31日,将享受所得税率15%的优惠政策。

(3)公司下属企峰混凝土分公司因生产混凝土执行6%的增值税率。

五、股票发行及承销

(一)本次股票发行

发行数量:8,800万股(其中国有股存量发行800万股)　　发行价格:6.98元/股

募集资金总额:61,424(其中国有股存量发行募股资金5,584万元)　　发行方式:上网定价

网上中签率:0.429%　　有效申购户数:742,782户

持有1000股以上(含1000股)的户数:76451户

发行费用总额及项目:本次股票发行费用共1,961.37万元(其中国有股存量发行费用161.37万元),主要包括承销费用、审计费用、评估费用、律师费用、发行手续费用、审核费等。

每股发行费用:0.225元　　发行市盈率:46.53倍(全面摊薄)

(二)股票承销

本次上网定价发行的 8,800 万股已全部被社会公众认购,承销团无余额包销。

(三)本次上市前首次公开发行股票所募股资金的验资报告

验 资 报 告

(2001)天元股验字第 004 号

太原狮头水泥股份有限公司全体股东:

我们接受委托,审验了贵公司截至 2001 年 8月 9 日止新增注册资本实收情况。按照国家有关法律、法规的规定和协议、章程的要求出资,提供真实、合法、完整的验资资料,保护资产的安全、完整是全体股东及贵公司的责任。我们的责任是对贵公司新增注册资本的实收情况发表审验意见。我们的审验是依据《独立审计实务公告第 1 号—验资》进行的。在审验过程中,我们结合贵公司的实际情况,实施了检查等必要的审验程序。

经中国证券监督管理委员会证监发行字[2001]42 号文核准,贵公司于 2001 年 8 月 1 日以每股发行价格 6.98 元,发行每股面值人民币 1.00 元的 A 种股票 80,000,000.00 元。

经我们审验,截至 2001 年 8 月 9 日止,贵公司已收到发售 80,000,000A 股扣除部分发行费用后的净收入人民币 542,485,600.00 元,其中实收股本人民币 80,000,000.00 元,资本公积人民币 460,400,000.00 元。

本验资报告仅供贵公司申请工商变更登记及申请 A 股上市交易使用,不应将其视为是对贵公司验资报告日后资本保全、偿债能力和持续经营能力等的保证,因使用不当所造成的后果,与执行本验资业务的注册会计师及会计师事务所无关。

附送:1.注册资本实收情况明细表

(1)新增注册资本实收情况明细表(表 1)

(2)注册资本变更前后对照表(表 2)

2.验资事项说明

山西天元会计师事务所(有限公司)　　　　中国注册会计师:赵利新

中国注册会计师:尹巍

中国　　太原　　　　二零零一年八月九日

(四)募集资金入帐情况

入帐时间:2001 年 8 月 9 日　　入帐金额:54,284.56 万元

入帐帐号:0502126409022129996,055726342220

开户银行:中国工商银行太原市西山支行、中国建设银行太原市西山支行

(五)本次发行前后股本结构

1、发行前股本结构如下:

项　目	股数(万股)	占总股本比例(%)
总股本	15,000	100.00
国家股	3,916	26.11
国有法人股	11,052	73.68
社会法人股	32	0.21

2、本次发行后股本结构如下:

项　目	股数(万股)	占总股本比例(%)
总股本	23,000	100.00
发起人股	14,200	61.74
其中:国家股	3,707	16.12
国有法人股	10,461	45.48
社会法人股	32	0.14
社会公众股	8,800	38.26

(六)本公司前十名股东持股情况

序号	股东名称	持股数量(万股)	占总股本比例%
1	太原狮头集团有限公司	10,461	45.48
2	山西省经贸资产经营有限公司	1,900	8.26
3	山西省经济建设投资公司	1,330	5.78
4	中国新型建筑材料(集团)公司	477	2.07
5	国信证券有限责任公司	73.3	0.32
6	广发证券有限责任公司	70.2	0.31
7	国通证券有限责任公司	65.3	0.28
8	大鹏证券有限责任公司	55.9	0.24
9	天元基金	43.2	0.19
10	裕隆基金	39.9	0.17

六、董事、监事及高级管理人员的简历及持股情况

(一)董事、监事及高级管理人员简历

1、董事会成员:

邓守信先生:现年 53 岁,本公司董事长兼总经理。北京经济管理干部学院毕业,经济师,太原市人大代表、市人大财经委员会委员。自 1984 年始历任太原电线电缆厂副厂长、太原电器设备厂厂长、太原绝缘材料厂厂长、太原狮头集团有限公司董事长、总经理。具有十多年企业经营管理经验,曾被评为太原市特级劳模、山西省企业改革带头人、山西省劳模、? 、市优秀企业家。社会兼职为山西省企业家协会副会长。

刘素珍女士:现年 55 岁,本公司董事、总会计师。大专学历,高级会计师。历任太原狮头集团有限公司副总会计师、总会计师。社会兼职为太原市工交系统会计师协会常务理事。

宋靖桢先生:现年 41 岁,本公司董事、总经济师。大专学历,经济师。历任太原狮头集团有限公司总经理助理、总经济师。曾荣获全国建材行业优秀企业管理工作者称号,社会兼职为山西省企业管理协会建材分会理事。

王志刚先生:现年 46 岁,本公司董事。毕业于天津轻工学院,工程师。曾任太原食品饮料厂副厂长,现任山西省经贸资产经营有限责任公司资产处处长。

仇红星先生:现年 38 岁,本公司董事。在职研究生,高级经济师。现任山西省经济建设投资公司项目三处处长。

谢莉女士:现年 39 岁,本公司董事。现任中国新型建筑材料(集团)公司财务负责人。

荆巧兰女士:现年 37 岁,本公司董事。高中学历,太原市政协委员。现任山西西山运输有限公司董事长。

2、监事会成员:

武殿信先生:现年 54 岁,本公司监事、监事会召集人。大专学历,经济师。历任太原狮头集团有限公司组织部长、人事处长、纪检委书记,曾荣获山西? 、太原市优秀党务工作者称号。

王新民先生:现年 42 岁,本公司监事。大专学历,政工师。历任太原狮头集团有限公司生活服务总公司经理、工会副主席、工会主席。

荆富贵先生:现年 42 岁,本公司监事。大专学历,政工师。历任太原狮头集团有限公司经警中队政委、销售处处长。

3、高级管理人员:

吴峰林先生:现年 52 岁,本公司副总经理。大专学历,经济师。历任太原绝缘材料厂副厂长、山西省机械设备进出口公司总经济师,太原狮头集团有限公司副总经理。

毕俊安先生:现年 38 岁,公司副总经理。经济学硕士,高级工程师。自 86 年始任太原水泥厂烧成车间副主任、主任、技改办公室主任、技改机电处处长、企峰混凝土分公司经理。先后荣获太原市劳动模范、优秀企业家、? 、市十佳青年兴业领头人。

贾卿先生:现年 39 岁,本公司代总工程师。大学本科,高级工程师。历任太原狮头集团有限公司烧成车间副主任、环保处处长、副总工程师。曾荣获太原市优秀青年知识分子称号、太原市环保先进个人。

郝瑛女士:现年 29 岁,本公司董事会秘书。太原理工大学毕业,助理工程师。历任太原狮头集团有限公司团委副书记、证券部副主任、主任。

4、核心技术人员

本公司核心技术人员为代总工程师贾卿先生,其基本情况请见本节第三部分关于高级管理人员的简介。

本公司所有董事、监事和高级管理人员与核心技术人员均为中华人民共和国公民。

(二)上述人员持股情况

1、本次发行前,本公司董事、监事、高级管理人员与核心技术人员没有以个人名义或授权他人或指示他人代持有本公司的股份;

2、本次发行前,本公司董事、监事、高级管理人员与核心技术人员的配偶或未满 18 岁的子女没有持有本公司的股份;

3、由本公司董事荆巧兰女士担任董事长的山西西山运输有限公司为本公司发起人股东。山西西山运输有限公司持有公司股份 32 万股,占总股本的比例为 0.21%,其持股数量及占总股本的比例自公司设立至本次发行前没有变化,也不存在质押和冻结情况,本次发行后,其持股数量占总股本的比例为 0.14%。本次发行前,本公司其他董事、监事、高级管理人员与核心技术人员没有通过其或其近亲属能够直接或间接控制的公司持有本公司的股份。

4、本次发行前,本公司董事荆巧兰女士持有本公司发起人股东山西西山运输有限公司 20%的股份。本公司其他董事、监事、高级管理人员与核心技术人员没有持有本公司关联企业的股份。

(三)发行人董事、监事、高级管理人员与核心技术人员在股东单位任职情况

姓名	本公司职务	股东单位或发行人控股子公司职务
宋靖桢	董事、总经济师	阳泉狮头特种水泥有限公司董事
王志刚	董事	山西省经贸资产经营有限责任公司资产处处长
仇红星	董事	山西省经济建设投资公司项目三处处长
谢莉	董事	中国新型建筑材料(集团)公司财务负责人
荆巧兰	董事	山西西山运输有限公司董事长
武殿信	监事会召集人	集团公司纪检委书记
王新民	监事	集团公司工会主席
郝瑛	董事会秘书	阳泉狮头特种水泥有限公司董事

注:集团公司、山西省经贸资产经营有限责任公司、山西省经济建设投资公司、中国新型建筑材料(集团)公司、山西西山运输有限公司为本公司股东单位,阳泉狮头特种水泥有限公司为本公司控股子公司。

本公司其他董事、监事、高级管理人员与核心技术人员没有在股东单位或股东控制的单位、在发行人所控制的法人单位、同行业其他法人单位任职。

七、同业竞争与关联交易

(一)同业竞争情况

本公司主要发起人太原狮头集团有限公司已将除矿山开采权以外的所有与水泥有关的生产经营性资产及辅助经营性资产纳入股份公司,主营业务依法变更为石灰石的开采与销售、建材科研、产品开发与咨询、技术转让与培训等,与股份公司不构成同业竞争。

(二)大股东关于避免同业竞争的承诺

本公司在股东协议、公司章程中无避免同业竞争的规定,为避免同业竞争损害本公司的利益,控股股东太原狮头集团有限公司于 1999 年 3月 1 日出具《太原狮头集团有限公司关于避免同业竞争的承诺》,承诺在作为本公司股东期间,其及其分公司、控股子公司将不从事与本公司相竞争的业务。

(三)关联交易

1、本公司的关联方及与本公司的关系

关联方名称	与本公司关系
太原狮头集团有限公司	本公司控股股东
山西省经贸资产经营有限责任公司	本公司发起人股东之一
山西省经济建设投资公司	本公司发起人股东之一
中国新型建筑材料(集团)公司	本公司发起人股东之一
山西西山运输有限公司	本公司发起人股东之一
阳泉狮头特种水泥有限公司	本公司控股子公司
太原狮头集团宏峰实业有限公司	与本公司同一母公司
太原狮头集团阳曲实业有限公司	与本公司同一母公司
太原狮头集团建材科研有限公司	与本公司同一母公司
太原狮头集团创一工程材料有限公司	与本公司同一母公司

2、存在关联交易的关联方

(1)太原狮头集团有限公司

本公司控股股东太原狮头集团有限公司为国有独资公司,实际控制人为太原市国资局,主营业务为石灰石的开采与销售、建材科研、产品开发与咨询、技术转让与培训等。

本公司成立时,太原狮头集团有限公司将除矿山开采权外的生产经营性资产及辅助经营性资产投入本公司,持有公司股份 11,052 万股,占总股本的 73.68%,成为本公司最大股东,因此集团公司与本公司构成关联关系。集团公司在土地租赁、房屋租赁、商标使用、原料、产品销售等方面存在关联交易。在人事方面,集团公司纪检委书记武殿信先生被委派至股份公司担任监事会召集人。

(2)阳泉狮头特种水泥有限公司

阳泉狮头特种水泥有限公司主营快硬硫铝酸盐、铁铝酸盐特种水泥第三系列产品的生产和销售。

阳泉狮头特种水泥有限公司是本公司的控股子公司,本公司拥有其 67.96%的股权,集团公司为阳泉狮头特种水泥有限公司借款提供担保,形成关联交易。

(3)山西西山运输有限公司

山西西山运输有限公司主营业务为汽车货物运输。

山西西山运输有限公司是本公司发起人之一,持有本公司股份 32 万股,占总股本比例 0.21%,因此,山西西山运输有限公司与本公司构成关联关系。山西西山运输有限公司在水泥产品的购销上与本公司存在关联交易。

山西西山运输有限公司董事长荆巧兰女士被委派任股份公司董事。

八、财务会计资料

本公司截止 2000 年 12 月 31 日的财务会计资料,已于 2001 年 7 月 28 日在《中国证券报》、《上海证券报》和《证券时报》刊登的《招股说明书摘要》中进行了披露,投资者欲了解详细内容,请查阅上述报纸或刊载于上海证券交易所网站(http://www.sse.com.cn)的本公司招股说明书全文。

(一)注册会计师意见

本公司聘请了山西天元会计师事务所赵利新、尹巍会计师对本公司 1998、1999、2000 年度及 2001 年中期会计报表进行了审计,并出具了标准无保留意见的审计报告。

(二)简要会计报表

以下内容摘自业经审计的公司财务报告。

简要资产负债表　　　　(单位:元)

项目	2000 年 12 月 31 日	1999 年 12 月 31 日
流动资产合计	196,956,264.00	160,044,546.77

固定资产合计	310,285,293.16	278,285,343.81
无形资产及其他资产合计		
资产总计	511,255,387.64	438,329,890.58
流动负债合计	273,535,680.96	160,528,285.99
长期负债合计	23,672,592.71	67,020,663.14
负债合计	297,208,273.67	227,548,949.13
少数股东权益	5,536,150.85	
净资产		
股本	150,000,000.00	150,000,000.00
资本公积	39,167,435.81	39,167,435.81
未分配利润	8,375,300.57	16,785,925.96
股东权益合计	208,510,963.12	210,780,941.45

简要利润表 (单位:元)

项目	2000 年 12 月 31 日	1999 年 12 月 31 日	1998 年 12 月 31 日
主营业务收入	246,990,669.53	223,472,896.79	205,545,886.06
主营业务利润	80,463,415.64	75,355,993.42	73,834,886.00
营业利润	43,222,309.16	39,547,497.08	33,895,438.36
利润总额	45,141,750.49	40,131,074.06	33,614,440.16
净利润	30,730,021.67	26,853,826.72	20,383,691.07

简要现金流量表 (单位:元)

项目	2000 年 12 月 31 日	1999 年 12 月 31 日
经营活动产生的现金净流量	29,772,159.33	13,890,342.73
投资活动产生的现金净流量	-26,175,992.24	-198,973.42
筹资活动产生的现金净流量	-20,126,552.68	-4,076,281.83
汇率变动对现金的影响额		
现金及现金等价物净增加额	-16,530,385.59	9,615,087.48

(三)会计政策、会计估计的变更

根据财政部颁布的《企业会计制度》及有关规定,本公司从 2001 年起执行《企业会计制度》对固定资产、在建工程、委托贷款、无形资产计提减值准备。根据财政部财会[2001]17 号文的规定,以上需追溯调整的事项应作为 2000 年度资产负债表日后调整事项处理。

上述会计政策的变更已采用追溯调整法,调整了期初留存收益及相关项目的期初数。利润及利润分配表的上年数栏,已按调整后的数字填列。因计提固定资产减值准备的累积影响数为 610,617.52 元,其他项目会计政策变更的累积影响数为零;由于会计政策变更 1999 年调减净利润 103,008.84 元,2000 年调减净利润 507,608.68 元。

(四)公司 2001 年中期审计报告

审计报告

(2001)天元股审字第 053 号

太原狮头水泥股份有限公司全体股东:

我们接受委托,审计了贵公司 2001 年 6 月 30 日的资产负债表和合并资产负债表,2001 年 1--6 月利润及利润分配表和合并利润及利润分配表,2001 年 1--6 月现金流量表和合并现金流量表。这些会计报表由贵公司负责,我们的责任是对这些会计报表发表审计意见。我们的审计是依据中国注册会计师独立审计准则进行的。在审计过程中,我们结合贵公司的实际情况,实施了包括抽查会计记录等我们认为必要的审计程序。

我们认为,上述会计报表符合《企业会计准则》和《企业会计制度》及其补充规定的有关规定,在所有重大方面公允地反映了贵公司 2001 年 6 月 30 日的财务状况和合并财务状况,2001 年 1--6 月经营成果和合并经营成果以及 2001 年 1--6 月的现金流量情况和合并现金流量情况,会计处理方法的选用遵循了一贯性原则。

山西天元会计师事务所(有限公司)　　中国注册会计师　赵利新

中国·太原　　中国注册会计师　尹　巍

二零零一年七月二十五日

会计报表附注

一、公司概况

太原狮头水泥股份有限公司(以下简称本公司)是经山西省人民政府晋政函[1999]第 64 号文批准,由太原狮头集团有限公司联合山西省经济建设投资公司、山西省经贸资产经营有限公司、中国新型建材集团公司、山西西山运输有限公司等四家发起人共同发起设立,于 1999 年 2 月 28 日注册登记的股份有限公司。各发起股东出资情况如下:

太原狮头集团有限公司投入其所属太原水泥厂、阳曲水泥厂、宏峰水泥厂、混凝土分公司与水泥、混凝土生产、经营相关的净资产 139,376,453.81 元;山西省经济建设投资公司投入原贷款本息 17,720,000.00 元;山西省经贸资产经营有限公司投入原贷款本息 25,313,766.00 元;中国新型建材集团公司投入原贷款本息 6,357,216.00 元;山西西山运输有限公司投入货币资金 400,000.00 元。太原狮头集团有限公司所投净资产业经山西省资产评估中心事务所评估,并经山西省国有资产管理局确认。根据山西省国有资产管理局晋国资企函字(1999)第(38)号文批复,上述发起人投入资本均按 79.295%的比例折为股本,共计 150,000,000.00 股,每股面值 1.00 元,共计 150,000,000.00 元。余额 39,167,435.81 元计入资本公积。

公司注册资本:人民币 150,000,000.00 元。

公司经营范围:水泥、熟料、商品混凝土、新型墙体材料的生产和销售。其主导产品之一的"狮头牌"水泥为山西省名牌产品,并通过了中国水泥质量认证委员会认证。

二、主要会计政策、会计估计和合并会计报表编制方法

三、税项:

(一)、增值税 :水泥按 17%的税率计缴,商品混凝土按 6%的税率计缴。

(二)所得税:按应纳税所得额 33%的税率计缴。

(三)资源税:本公司所属第二分公司及子公司阳泉狮头特种水泥有限公司向当地个体开采者购买生产水泥所需石灰石,按收购未税石灰石 2 元/吨计缴。

(四)营业税:按服务收入的 5%计缴。

(五)城建税:按应交流转税额的 7%计缴。

(六)教育费附加:按应交流转税额的 3%计缴。

(七)房产税:按房产余值的 1.2%计缴。

(八)价格调控基金:根据山西省人民政府晋发(1995)71 号《关于进一步完善价格调控基金征收管理工作的通知》规定"凡在本省境内从事生产、经营有销售收入的单位和个人均应缴纳价格调控基金,该基金以消费税、增值税、营业税为计征依据,按'三税'的 1.5%计征"。

四、利润分配

公司法和公司章程规定的净利润分配顺序如下:1.弥补亏损;2.提取法定盈余公积,提取比例为净利润的 10%;3.提取法定公益金,提取比例为净利润的 5%-10%;4.提取任意盈余公积;5.分配股利。

五、会计报表主要项目注释

1、货币资金

项目	2001 年 6 月 30 日	2000 年 12 月 31 日
现金	52,039.51	45,452.43
银行存款	35,022,539.74	35,502,923.26
合计	35,074,579.25	35,548,375.69

2、应收票据

合计 3,794,051.61 元。

16、应交税金

项目	期初数	期末数
增值税	3,641,275.14	2,281,937.33
所得税	505,874.45	565,313.82
城建税	130,750.15	91,210.48
资源税	-134,000.00	-134,000.00
土地使用税	-20,584.00	
房产税	45,575.88	3,249.80
营业税	72,375.74	
车船税	793.00	793.00
个人所得税	-2,710.27	
合计	4,239,350.09	2,808,504.43

2000 年应交税金资源税、土地使用税和个人所得税的红字系年末超交数。

本公司的土地使用税系 1999 年 2 月改制设立股份公司时,太原狮头集团有限公司转入股份公司的未交税金。

17、其他应交款

合计	682,818.66	363,589.76

18、应付股利

合计	16,819,665.70

19、其他应付款:截止 2001 年 6 月 30 日余额为 28,064,636.14 元。

(1)本账户余额中无应付持本公司 5%以上股份的股东款项。

20、预提费用

项目	期初余额	本期增加	本期减少	期末余额
财产保险费	290,621.66	39,690.00	179,212.35	151,099.31
贷款利息	33,809.60	13,351.40	47,161.00	
土地占用费	50,000.00	-	50,000.00	-
大修理费用	-	3,627,178.75	3,054,738.23	572,440.52
其他	-	90,000.00	-	90,000.00
合计	374,431.26	3,770,220.15	3,331,111.58	813,539.83

21、一年内到期的长期负债

合计	30,000.00

22、长期借款

合计	23,615,322.49

23、股本

项目	期初数	本次增减变动(+,-) 配股	送股	公积金转股	增发	期末数
一、未上市流通股份						
1、发起人股份	150,000,000.00					150,000,000.00
其中:国家拥有股份	149,680,000.00					149,680,000.00
境内法人持有股份	320,000.00					320,000.00
未上市流通股份合计	150,000,000.00					150,000,000.00
二、已流通股份						
三、股份总数	150,000,000.00					150,000,000.00

24、资本公积

项目	期末数
股本溢价	39,167,435.81
合计	39,167,435.81

25、盈余公积:

项目	期初数	本期增加	本期减少	期末数
法定盈余公积	5,484,113.37			5,484,113.37
法定公益金	5,484,113.37			5,484,113.37
任意盈余公积				
合计	10,968,226.74			10,968,226.74

26、未分配利润

2001 年期初数	8,375,300.57
本期增加(本年净利润转入)	18,384,049.80
减:提取法定盈余公积	
减:提取法定公益金	
减:分配股利	
2001 年 6 月 30 日余额	26,759,350.37

根据财政部颁布的《企业会计制度》及其有关规定,需对固定资产、在建工程、无形资产、委托贷款计提减值准备,此项会计政策变更于以追溯调整的事项作为资产负债表日后调整事项处理。上述资产负债表日后调整事项影响 1999 年净利润 103,008.84 元,2000 年净利润 507,608.68 元,其累积影响数为 610,617.52 元。

27、其他业务利润

项目	2001 年 1-6 月	2000 年 1-6 月
扫地水泥	58,331.84	89,198.47
材料	241,358.90	47,395.79
货运收入	13,827.01	
废料收入	352.56	
合计	313,870.31	136,594.26

28、财务费用

项目	2001 年 1-6 月	2000 年 1-6 月
手续费支出	20,330.12	20,733.94
利息支出	4,808,786.43	2,211,954.49
减:利息收入	247,254.61	216,346.50
财务费用合计	4,581,861.94	2,016,341.93

29、补贴收入

项目	2001 年 1--6 月	2000 年 1--6 月
清洁生产补贴	1,908,000.00	3,000,000.00
合计	1,908,000.00	3,000,000.00

根据太原市财政局并财工字[2001]31 号文"关于对财政补贴收入的通知",为支持本公司搞好清洁生产,太原市财政局拨付 1,908,000.00 元资金作为清洁生产补贴收入,并做为当期税后利润处理。

30、营业外收入

项目	2001 年 1--6 月	2000 年 1--6 月
罚没收入	4,336.00	290.00
处理固定资产净收益	-	35,000.00
其他	67,920.00	6,100.00
合计	72,256.00	41,390.00

31、营业外支出

项目	2001 年 1--6 月	2000 年 1--6 月

罚款支出	92,527.85	28,754.41
价格调控基金	169,544.78	112,185.00
处理固定资产净损失		
滞纳金	69,632.41	
捐赠支出	3,000.00	
其他	-	30,402.11
计提固定资产减值准备	205,251.52	
合计	539,956.56	171,341.52

七、关联方关系及其交易：

八、或有事项及承诺事项：

截止 2001 年 6 月 30 日本公司无重大或有事项及承诺事项。

九、资产负债表日后非调整事项

本公司无资产负债表日后非调整事项。

十、重要事项

本公司按《公开发行证券公司信息披露编报规则第 9 号—净资产收益率和每股收益的计算及披露》及证监会计字[2001]7 号通知关于非经常性损益的有关规定，计算的 2000 年净资产收益率和每股收益如下表：

2000 年度合并报表指标(所得税率 33%)

指标	净资产收益率(%)		每股收益(元/股)	
	摊薄	加权	摊薄	加权
主营业务利润	38.59	35.58	0.54	0.54
营业利润	20.73	19.11	0.29	0.29
净利润	14.74	13.59	0.20	0.20
扣除非经常性损益后净利润	13.27	12.24	0.18	0.18

九、盈利预测

董事会估计，在没有不可预见的情况下及基于本盈利预测的基本假设，截至 2001 年 12 月 31 日止年度的净利润约为人民币 3,516 万元。本公司截至 2000 年 12 月 31 日止年度的实际数及截至 2001 年 12 月 31 日止年度的预测数如下： 单位：万元

财务指标	截至 2001 年 12 月 31 日止年度预测数
主营业务收入	30,148
主营业务成本	19,804
营业税金及附加	200
主营业务利润	10,144
利润总额	5,343
净利润	3,516

财务指标	截至 2000 年 12 月 31 日止年度实际数
主营业务收入	24,699
主营业务成本	16,518
营业税金及附加	135
主营业务利润	8,046
利润总额	4,514
净利润	3,073

(二)盈利预测的基本假设

1.除"盈利预测说明四"中所述情况外，2001 年本公司所遵循的我国有关法律、法规、政策以及山西省政府颁布的地方性法规、政策在盈利预测期内不发生大的变动；

2.公司经营所在地山西省太原市的有关政策、法规以及社会经济环境不发生大的变动；

3.在公司盈利预测期内有关银行贷款利率、公司所执行的现行税收政策以及市场行情不发生大的变动；

4.无其他人力不可抗拒或不可预见的因素对公司造成重大不利影响；

5.公司将进一步加强对客户资信和应收帐款的管理，预计 2001 年度将不会有重大的呆账或坏账发生。

十、其他重要事项

根据山西省人民政府晋政函[2001]3 号文从股票发行之日起至 2001 年 12 月 31 日止，本公司享受按 33%的法定税率征收所得税，然后再返还 18%的优惠政策，根据国务院《关于纠正地方自行制定税收先征后返政策的通知》和财政部财税[2000]99 号《关于进一步认真贯彻落实国务院〈国务院关于纠正地方自行制定税收先征后返政策的通知〉的通知》，从 2002 年 1 月 1 日起本公司仍然执行 33%的所得税税率。

十一、董事会上市承诺

本公司董事会将严格遵守《中华人民共和国公司法》、《中华人民共和国证券法》、《股票发行与交易管理暂行条例》、《公开发行股票公司信息披露实施细则》和《上海证券交易所股票上市规则》等国家法律、法规的规定，并自股票上市之日起作出如下承诺：

(一)承诺真实、准确、完整、公允和及时地公布定期报告，披露所有对投资者有重大影响的信息，并接受中国证监会、证券交易所的监督管理；

(二)承诺发行人在知悉可能对股票价格产生误导性影响的任何公共传播媒介中出现的消息后，将及时予以公开澄清；

(三)发行人董事、监事、高级管理人员和核心技术人员将认真听取社会公众的意见和批评，不利用已获得的内幕消息和其他不正当手段直接或间接从事发行人股票的买卖活动；

(四)发行人没有无记录的负债。

依据《上海证券交易所股票上市规则》，本公司全体董事、监事将按照有关规定，在本公司股票上市后两个月内签署《董事(监事)声明及承诺书》，并送达上海证券交易所备案。

十二、上市推荐人及其意见

1、上市推荐人情况

上市推荐人：海通证券有限公司　法定代表人：王开国

办公地址：上海市淮海中路 98 号　联系地址：深圳市深南东路 5045 号深业大厦 24 层

电话：(0755)2083680　传真：(0755)2083677　联系人：林萍

上市推荐人：长城证券有限责任公司　法定代表人：李仁杰

办公地址：深圳市深南大道 6008 号特区报业大厦 16、17 楼

电话：(0755)3515204　传真：(0755)3516266　联系人：许小林

2、上市推荐意见

海通证券有限公司与长城证券有限责任公司认为太原狮头水泥股份有限公司的上市完全符合《中华人民共和国公司法》、《中华人民共和国证券法》及《上海证券交易所股票上市规则》的有关规定。海通证券有限公司与长城证券有限责任公司作为太原狮头水泥股份有限公司的上市推荐人，特推荐其股票在上海证券交易所上市交易。

海通证券有限公司与长城证券有限责任公司保证发行人的董事了解法律、法规、上海证券交易所上市规则及股票上市协议规定的董事的义务与责任，并协助发行人健全了法人治理结构、协助发行人制定了严格的信息披露制度与保密制度。海通证券有限公司与长城证券有限责任公司已对上市文件所载的资料进行了核实，确保上市文件真实、准确、完整，符合规定要求。海通证券有限公司与长城证券有限责任公司保证发行人的上市申请材料、上市公告书没有虚假、严重误导性陈述或者重大遗漏，并保证对其承担连带责任，并保证不利用在上市过程中获得的内幕信息进行内幕交易，为自己或他人谋取利益。

海通证券有限公司　长城证券有限责任公司　2001 年 8 月 18 日

十三、附件

1、上市通知书　2、中国证监会核准发行的文件　3、招股说明书备查材料

资产负债表

编制单位：太原狮头水泥股份有限公司　2001 年 6 月 30 日　单位：人民币元

项目	期末数	
	母公司	合并
流动资产：		
货币资金	34,516,439.17	35,074,579.25
短期投资		
应收票据	3,794,051.61	3,794,051.61
应收账款	47,577,040.06	63,193,813.62
其他应收款	16,527,538.54	16,281,182.42
预付账款	8,891,368.34	15,938,674.82
存货	38,297,262.62	54,674,961.23
待摊费用	4,044,806.13	4,303,010.58
流动资产合计	153,648,506.47	193,260,273.53
长期投资：		
长期股权投资	15,913,194.76	3,790,839.89
长期投资合计	15,913,194.76	3,790,839.89
其中：合并价差		3,790,839.89
固定资产：		
固定资产原价	414,497,644.77	466,717,023.06
减：累计折旧	160,770,879.15	172,531,424.81
固定资产净值	253,726,765.62	294,185,598.25
减：固定资产减值准备	815,869.04	815,869.04
固定资产净额	252,910,896.58	293,369,729.21
工程物资	4,293,220.61	4,293,220.61
在建工程	5,232,724.37	5,338,629.58
固定资产清理		742,569.00
固定资产合计	262,436,841.56	303,744,148.40
无形资产及其他资产：		
递延税项：		
资产总计	431,998,542.79	500,795,261.82
流动负债：		
短期借款	92,000,000.00	107,830,000.00
应付账款	38,599,553.41	59,524,372.20
预收账款	13,546,886.12	17,668,077.03
应付工资	3,689,696.10	5,268,718.04
应付福利费	4,479,240.00	5,148,066.34
应付股利	16,819,665.70	16,819,665.70
应交税金	2,140,659.92	2,808,504.43
其他应交款	357,834.95	363,589.76
其他应付款	19,699,759.69	28,064,636.14
预提费用	678,617.91	813,539.83
流动负债合计	192,011,913.80	244,309,169.47
长期负债：		
长期借款	12,973,322.49	23,615,322.49
其他长期负债	236,328.52	260,098.75
长期负债合计	13,209,651.01	23,875,421.24
递延税项：		
负债合计	205,221,564.81	268,184,590.71
少数股东权益		5,715,658.19
股东权益：		
股本	150,000,000.00	150,000,000.00
减：已归还投资		
股本净额	150,000,000.00	150,000,000.00
资本公积	39,167,435.81	39,167,435.81
盈余公积	10,952,584.00	10,968,226.74
其中：法定公益金	5,476,292.00	5,484,113.37
未分配利润	26,656,958.17	26,759,350.37
股东权益合计	226,776,977.98	226,895,012.92
负债和股东权益总计	431,998,542.79	500,795,261.82

单位负责人：　财务负责人：　制表人：

利润及利润分配表

编制单位：太原狮头水泥股份有限公司　单位：人民币元

项目	2001 年 1-6 月	
	母公司	合并
一、主营业务收入	129,234,857.05	140,722,465.61
减：主营业务成本	84,484,427.50	92,278,794.50
主营业务税金及附加	1,005,072.21	1,061,691.19
二、主营业务利润	43,745,357.34	47,381,979.92
加：其他业务利润	299,691.57	313,870.31
减：营业费用	10,068,064.33	10,402,628.77
管理费用	5,519,872.89	6,930,123.85
财务费用	3,641,306.45	4,581,861.94
三、营业利润	24,815,805.24	25,781,235.67
加：投资收益	157,762.19	-222,990.59
补贴收入	1,908,000.00	1,908,000.00
营业外收入	9,336.00	72,256.00
减：营业外支出	435,717.02	539,956.56
四、利润总额	26,455,186.41	26,998,544.52
减：所得税	8,084,171.55	8,434,987.38
减：少数股东本期收益		179,507.34
五、净利润	18,371,014.86	18,384,049.80
加：年初未分配利润	8,285,943.31	8,375,300.57
六、可供分配的利润	26,656,958.17	26,759,350.37
七、可供投资者分配的利润	26,656,958.17	26,759,350.37
八、未分配利润	26,656,958.17	26,759,350.37

单位负责人：　财务负责人：　制表人：

深圳高速公路股份有限公司

深圳高速公路股份有限公司股票上市公告书

本公司董事会保证上市公告书的真实性、准确性、完整性,全体董事承诺上市公告书不存在虚假记载、误导性陈述或重大遗漏,并承担个别和连带的法律责任。

根据《公司法》、《证券法》等有关法律、法规的规定,本公司董事、高级管理人员已依法履行诚信和勤勉尽责的义务和责任。

上海证券交易所、中国证监会、其他政府机关对本公司股票上市及有关事项的意见,均不表明对本公司的任何保证。

本公司提请广大投资者注意,凡本上市公告书未涉及的有关内容,请投资者查阅 2001 年 11 月 29 日刊载于《中国证券报》、《上海证券报》的本公司招股意向书,及刊载于上海证券交易所网站(http://www.sse.com.cn)的本公司招股意向书全文及其附注材料。

一、概　览

股票简称:深高速　　股票代码:600548

股本总额:218,070 万股

可流通股本:91,250 万股 其中 A 股 16,500 万股,H 股 74,750 万股

本次上市流通 A 股股本:10,447.9 万股

上市地点:上海证券交易所　　上市日期:2001 年 12 月 25 日

股票登记机构:中国证券登记结算有限责任公司上海分公司

上市推荐人:国信证券有限责任公司

根据国家有关政策,在国家就国家股、国有法人股、法人股的流通问题尚未作出新的规定之前,本次发行股票前本公司国家股、国有法人股股份暂不上市流通。本公司控股股东深圳市高速公路开发有限公司已经承诺在本公司股票上市之日起一年内,不转让持有的本公司股份,也不由本公司回购其持有的股份。本次发行中向证券投资基金网下配售的 60,521,000 股股票自本次发行股票上市之日起三个月后流通。

二、绪　言

深圳高速公路股份有限公司(以下简称"本公司"或"发行人")股票上市公告书是根据《中华人民共和国公司法》、《中华人民共和国证券法》、《股票发行与交易管理暂行条例》、《公开发行股票公司信息披露实施细则》和《上海证券交易所股票上市规则》等有关法律、法规的规定,并按照中国证监会制定的《公开发行证券的公司信息披露内容与格式准则第 7 号-股票上市公告书》而编制,旨在向投资者提供有关本公司的基本情况和本次股票上市的有关资料。

经中国证监会证监发行字[2001]57 号文核准,本公司已于 2001 年 12 月 6 日-12 月 7 日采用在价格区间内网下向证券投资基金累计投标询价和网上向证券投资基金以外的其他社会公众投资者累计投标询价相结合的发行方式成功地向社会公众公开发行了每股面值 1.00 元的人民币普通股 16,500 万股,每股发行价 3.66 元。

经上海证券交易所上证上字[2001]204 号《关于深圳高速公路股份有限公司人民币普通股股票上市交易的通知》同意,本公司 16,500 万股人民币普通股将于 2001 年 12 月 25 日在上海证券交易所挂牌交易 其中向证券投资基金网下配售的 6052.1 万股股票将在本次股票上市之日起三个月后流通　。股票简称"深高速",股票代码"600548"。

本公司已于 2001 年 11 月 29 日分别在《中国证券报》、《上海证券报》上刊登了《深圳高速公路股份有限公司增发 A 股招股意向书》。招股意向书正文及其附录材料可以在上海证券交易所网站 http://www.sse.com.cn 查询。招股意向书及其引用的财务资料距今不足六个月,与其重复的内容不再重述,敬请投资者查阅上述内容。

三、本公司概况

一　本公司的基本情况

公司名称: 深圳高速公路股份有限公司

英文名称:SHENZHEN EXPRESSWAY COMPANY LIMITED

法定代表人:陈潮

注册资本:218,070 万元　　成立日期:1996 年 12 月 30 日

本公司住所:深圳市滨河路北 5022 号联合广场 A 座 19 楼 1901-1913 号

邮政编码: 518026

股票已上市地、股票简称及代码　　股票已上市地:香港联合交易所

股票简称:深圳高速　　股票代码:0548

董事会秘书:张荣兴

电　　话: 0755-2710588　　传　　真: 0755-2710696

互联网网址:www.sz-expressway.com　　电子信箱: szew@sz-expressway.com

经营范围:收费公路的经营及管理

主营业务:本公司从事收费公路的经营及管理,目前主要是 107 国道(深圳段)、205 国道(深圳段)以及深圳市梅观高速公路、机荷高速公路、盐坝高速公路(盐坝高速 A 段已通车收费,B 段尚处于建设阶段)及长沙市国道绕城公路(西北段)的建设、经营与管理

所属行业:交通运输业

二　本公司的历史沿革

本公司是经国家经济体制改革委员会《关于设立深圳高速公路股份有限公司的批复》(体改生[1996]185 号)的批准,由深圳市高速公路开发有限公司、深圳市深广惠公路开发总公司、广东省路桥建设发展公司发起设立的股份有限公司,正式成立于 1996 年 12 月 30 日。经国务院证券委员会《关于同意深圳高速公路股份有限公司发行境外上市外资股的批复》(证委发[1997]11 号)批准,本公司于 1997 年在香港发行境外上市外资股(H 股)74,750 万股,每股发行价港币 2.2 元,扣除发行费用后,共计募集资金人民币 168,500 万元。同年 3 月 12 日在香港联合交易所上市。

三　本公司的主要经营情况

1、本公司收费公路的基本情况

本公司从事收费公路的经营及管理,目前主要是 107 国道(深圳段)、205 国道(深圳段)以及深圳市梅观高速公路、机荷高速公路、盐坝高速公路(盐坝高速 A 段已通车收费,B 段尚处于建设阶段)及长沙市国道绕城公路(西北段)的经营与管理。

本公司收费公路基本资料

路　段	类别	拥有权益	长度 公里	车道	收费站	动工时间	投入公司营运时间
107 国道(深圳段)	一级	100%	31.7	6	1/单向		1997
205 国道(深圳段)	一级	100%	35.5	6	1/双向		1997
梅观高速	高速	95%	19.3	6/4	4/封闭	1993.3	1997
机荷高速(东段)	高速	55%	23.3	6	3/封闭	1995.10	1997.11
机荷高速(西段)	高速	100%	21	6	3/封闭	1997.7	1999.5
长沙绕城公路(西北段)	高速	51%	35	4	5/封闭	1996.12	1999.11
盐坝高速(A 段)	高速	100%	9.65	6	3/封闭	1997.10	2001.4
盐坝高速(B 段)	高速	100%	9.19	6	2/封闭	(2001.6)	(2003.6)
盐坝高速(C 段)	高速	100%	10.08	4	2/封闭	(2003.7)	

2、影响本行业发展的主要因素

(1)国家及地方产业政策

公路建设和运输得到国家产业政策重点扶持,在国家《国民经济和社会发展"九五"计划和 2010 年远景目标纲要》以及九届人大一次会议报告中,都明确指出大力发展基础设施建设,尤其是高等级公路对稳定和发展国家经济、改善人民生活水平、增强综合国力的重要性。从 1998 年起,国家对公路建设一直采取积极的财政政策,加强公路建设的投资,以促进国民经济的发展,拉动内需。国家产业政策也鼓励地方和企业利用国内外贷款和自筹资金建设公路、桥梁,经批准允许收费,用于归还贷款和滚动发展。

(2)　宏观经济环境

公路行业对经济周期的敏感性一般较其他行业为低,但是,经济周期的变化会直接导致经济活动对运输能力要求的变化,及导致公路交通流量及收费总量的变化,目前,在国内宏观经济向好的大背景下,收费公路行业正处于迅速发展阶段。中国即将加入 WTO,"入世"将会迎来物流频繁,车流量增大,提高收费公路行业效益,促进本行业的发展。

(3)　行业自身特点

收费公路行业经营收入及时收取,不存在商品积压、商品赊销等问题,且现金流量大,有力保障了本行业经营和财务的稳定与安全。但是,公路行业是资本密集型行业,初始投资大,回收期长,在经营期内,各种经营风险,以及国家现有的各种优惠支持政策的变化,将对公司主营业务产生不可低估的影响。

3、本公司面临的主要竞争

本公司以经营收费公路为主业,主要面临来自其他运输方式(包括铁路、轮船、航空)的竞争,以及非本公司所拥有的其他公路的竞争。

深圳市地处珠江三角洲地区,由于拥有较发达的公路网络,公路运输具有方便快捷等不可比拟的优势,目前深圳的公路客货运输量占到社会客货运输总量的 80%至 85%,具有绝对的优势。随着高等级公路的不断开发及公路网络系统的不断完善,将使公路运输高效、灵活、快捷的特点得到更充分的体现,该地区铁路、航空及水运将来也难以对公路运输特别是短途运输形成竞争冲击。

本公司的收费公路在深圳的公路网中占有主干道的地位,根据本公司与深圳市运输局(深圳市政府授权)签署《深圳市高速公路专营权协议》,在本公司四条主要公路未达到设计车流量 80%以前,深圳市运输局不允许在这些公路任何一旁 3 公里内兴建平行的一级公路或高速公路,本公司还享有优先发展和经营将在深圳市兴建的高速公路项目的权力。目前,本公司在深圳地区仅有所属 107 国道(深圳段)与不属于本公司的广深高速公路(深圳段)处于同方向的临近区域,而现实情况是该两条公路等级不同,分别满足了不同需求的车辆群体使用,且 107 国道(深圳段)的车流量已近饱和。因此,本公司所属的公路在同方向、同等级的条件下,尚未出现实质性影响的竞争对象。

4、本公司的特许经营权

1996 年 7 月 12 日,交通部交财发[1996]672 号文《关于重组机荷等四条高等级公路路段资产设立上市公司有关问题的批复》对本公司四条公路的收费经营期限正式确定为:自 H 股上市日(1997 年 3 月 12 日)起,本公司在共计三十年期限里拥有 107 国道(深圳段)、205 国道(深圳段)、机荷高速及梅观高速的收费权。1997 年 1 月 16 日,本公司与深圳市运输局(由深圳市人民政府授权)签署了《深圳市高速公路专营权协议》,专营权的内容包括:勘察设计委托权、建造权及经营管理权。本公司根据该协议享有对 107 国道(深圳段)、205 国道(深圳段)、机荷高速及梅观高速公路进行设计、建造、改建和经营管理的专属权利,期限为三十年(自 1997 年 3 月起)。根据该协议,在本公司上述四条公路未达到设计车流量 80%以前,深圳市运输局将不允许在这些公路任何一旁 3 公里内兴建平行的一级公路或高速公路。根据湖南省政府办公厅湘政办函[1999]116 号《关于长沙市绕城公路(西北段)设站收取机动车辆通行费等问题的批复》,本公司对长沙市绕城公路(西北段)收费经营期限亦为三十年(自 1999 年 11 月起)。而根据广东省人民政府办公厅《关于深圳盐坝高速公路 A 段车辆通行费问题的复函》(粤办函 [2001]219 号),本公司也已获得盐坝高速公路 A 段的收费经营权。

5、本公司主要产品和服务的质量控制情况

本公司在所经营的公路项目建设中,全面执行了项目法人责任制、招投标制、工程监理制、合同管理制四项基本制度,建设中严格执行国家和交通部有关技术规范,项目实施过程中严格执行国家"政府监督、社会监理、企业自律"三级质量保证体制,项目法人树立"质量就是生命"的观念,采取一切有效措施,坚持"质量一票否决制",严把工程质量关,工程质量达到较高水平。本公司所建设的公路项目,经省、市公路工程质量监督站和交通行政部门的验收,均达到交通部优良工程标准。

对于已通车公路的养护及维修工作,本公司按照交通部颁布的规范标准,对公路进行不定期检查及定期检查。本公司设有专门的养护队伍,负责公路养护管理,保障公路经常处于良好的技术状态和安全营运状态。公司每年制定完善的养护计划,按照制定的养护计划,对需要维护的公路采用新型材料,新工艺,尽量缩短维修时间,避免对公路行车造成影响。

6、本公司主要财务指标　　　　单位:人民币元

项目	2001 年 8 月 31 日	2000 年 12 月 31 日	1999 年 12 月 31 日	1998 年 12 月 31 日
资产总额	6,268,631,951.43	5,930,040,413.93	5,393,891,421.29	4,904,438,835.84
负债总额	1,705,794,087.46	1,633,084,944.79	1,230,021,510.75	804,705,230.84
少数股东权益	11,496,787.25	11,271,852.04	20,182,391.14	158,701,546.85
股东权益	4,551,341,076.72	4,285,683,617.10	4,143,687,519.40	3,941,032,058.15
主营业务收入	387,689,936.38	515,395,591.88	450,805,446.89	388,704,504.48
主营业务利润	288,054,644.79	390,089,812.06	343,718,762.63	295,458,499.29
利润总额	267,535,083.00	345,848,955.65	341,242,442.11	325,957,855.62
净利润	265,338,851.97	343,638,005.37	323,597,461.25	293,837,957.07

7、本公司所享受的税收优惠政策

本公司及所属公司中深圳地区的收费公路公司在所得税上享有"五免五减半"的优惠政策,1997 年至 2001 年(机荷东段公司为 1998 年至 2002 年)均处于免税期。

四、股票发行与股本结构

一　本次发行情况

1、发行日期:2001 年 11 月 29 日至 2001 年 12 月 13 日

2、发行数量:16,500 万股　　3、发行价格:3.66 元/股

4、募股资金总额:60,390 万元 含发行费用

5、发行方式:本次发行采用在价格区间内网下向证券投资基金累计投标询价和网上向证券投资基金以外的其他社会公众投资者累计投标询价相结合的发行方式

6、配售比例:本次发行网下配售比例为 0.209672127%;网上中签比例为 0.209675863%

7、配售对象:本次发行共向证券投资基金配售 6052.1 万股,具体为:

基金名称	获配数量	获配比例	基金名称	获配数量	获配比例

	（股）	%		（股）	%
1、基金金元	429,618	0.0197	25、华安创新	8,592,364	0.3940
2、基金隆元	203,361	0.0093	26、基金安信	1,406,900	0.0645
3、南方稳健	4,549,885	0.2086	27、基金安顺	2,935,410	0.1346
4、基金开元	1,656,410	0.0760	28、基金安瑞	838,689	0.0385
5、基金天元	1,603,992	0.0736	29、基金安久	203,382	0.0093
6、基金天华	1,258,033	0.0577	30、基金兴华	2,262,782	0.1038
7、基金金泰	230,639	0.0105	31、基金兴和	2,864,121	0.1313
8、基金金鼎	79,675	0.0036	32、基金兴科	509,713	0.0234
9、基金金鑫	629,016	0.0288	33、基金兴安	601,340	0.0276
10、基金金盛	28,515	0.0013	34、基金兴业	678,709	0.03112
11、基金科汇	137,335	0.0063	35、基金同益	3,652,489	0.1675
12、基金科翔	134,610	0.0062	36、基金同盛	4,564,562	0.2093
13、基金普润	286,412	0.0131	37、基金同智	817,721	0.0375
14、基金普华	274,880	0.0126	38、基金同德	1,186,744	0.0544
15、基金普惠	744,546	0.0341	39、基金汉博	272,574	0.0125
16、基金普丰	1,718,473	0.0788	40、基金汉鼎	28,515	0.0013
17、基金泰和	108,820	0.0050	41、基金汉兴	1,289,484	0.0591
18、基金景博	1,153,197	0.0529	42、基金汉盛	1,132,229	0.0519
19、基金景福	3,564,426	0.1635	43、基金裕阳	1,718,473	0.0788
20、基金景阳	1,090,295	0.0500	44、基金裕隆	1,949,951	0.0894
21、基金景业	429,618	0.0197	45、基金裕元	914,170	0.0419
22、基金景宏	1,153,197	0.0529	46、基金裕华	286,412	0.0131
23、基金通乾	111,126	0.0051	47、基金裕泽	209,672	0.0096
24、基金通宝	28,515	0.0013	合计	60,521,000	2.7753

8、发行费用：本次发行费用总额为人民币 1,674 万元。具体构成如下：

项目	金额（万元）
承销费用	1000
发行手续费	214
审计费用	150
律师费用	30
财务顾问费用	30
上市推荐费用	60
推介宣传费用	150
其它	40
合计	1,674

9、每股发行费用约 0.10 元

（二）股票承销情况

本次发行的 16,500 万股社会公众股获得超额认购，承销团无余额包销。

（三）验资报告

深圳高速公路股份有限公司全体股东：

我们接受委托，审验了贵公司截至 2001 年 12 月 13 日止新增注册资本实收情况。按照国家相关法律、法规的规定和协议、章程的要求出资，提供真实、合法、完整的验资资料，保护资产的安全、完整是全体股东及贵公司的责任。我们的责任是对贵公司新增注册资本的实收情况发表审验意见。我们的审验是依据《独立审计实务公告第 1 号–验资》进行的。在审验过程中，我们结合贵公司的实际情况，实施了检查等必要的审验程序。

贵公司变更前的注册资本和股本均为人民币 2,015,700,000.00 元，贵公司拟申请变更后的注册资本为人民币 2,180,700,000.00 元。根据我们的审验，截至 2001 年 12 月 13 日止，贵公司向社会公募增发人民币普通股 165,000,000 股（每股面值人民币 1.00 元，每股发行价格人民币 3.66 元），实际募集资金人民币 592,899,224.01 元（已扣除上海证券交易所手续费人民币 1,338,375.99 元和中信证券股份有限公司承销费人民币 9,662,400.00 元），其中：增加股本人民币 165,000,000.00 元，余额人民币 427,899,224.01 元待扣除与发行有关的其他费用后，增加资本公积。

本验资报告供 贵公司申请变更登记及据以向出资者签发出资证明时使用，不应将其视为对贵公司验资报告日后资本保全、偿债能力和持续经营能力等的保证。因使用不当所造成的后果，与执行本验资业务的注册会计师及会计师事务所无关。

附件（一）变更前后注册资本、投入股本对照表

附件（二）验资事项说明

附件（三）银行进帐单及银行询证函复印件

附件（四）验资机构营业执照复印件

附件（五）验资机构执业许可证复印件。

深圳南方民和会计师事务所　　中国注册会计师：蔡晓东
有限责任公司　　中国注册会计师：朱志铭
中国　深圳　　2001 年 12 月 13 日

（四）募股资金入帐情况

入帐时间：2001 年 12 月 13 日

入帐金额：592,899,224.01 元 已扣除上海证券交易所手续费人民币 1,338,375.99 元和中信证券股份有限公司承销费人民币 9,662,400.00 元

入帐帐号：7442710182600009164

开户银行：中信实业银行深圳分行爱国办事处

（五）本次股票上市前股权结构和股东持股情况

1、本公司本次上市前的股本结构

项目		股份数额（万股）	占股本总额比例（%）
尚未流通股份	国家股	65,478	30.03
	国有法人股	61,342	28.13
	合计	126,820	58.16
流通股份	境外上市外资股（H 股）	74,750	34.27
	境内上市人民币普通股（A 股）	16,500	7.57
	合计	91,250	41.84
	总股本	218,070	100

2、本次上市前，本公司前十名股东持股数及比例

股东名称	持股数 股	占总股本比例 %
深圳市高速公路开发有限公司	654,780,000	30.03
深圳市深广惠公路开发总公司	457,780,000	20.99
华建交通经济开发中心	91,000,000	4.17
广东省路桥建设发展公司	64,640,000	2.96
HKSCC NOMINEES LIMITED 注	726,089,499	33.30
华安创新	8,592,364	0.39
基金同盛	4,564,562	0.21
南方稳健	4,549,885	0.21
基金同益	3,652,489	0.17
基金景福	3,564,426	0.16
基金安顺	2,935,410	0.13

注：表中该股东系依据香港证券登记有限公司提供的本公司 2001 年 11 月 30 日股东名册确定，且该股东为委托股份持有人，故股份持有比例较高。

五、董事、监事及高级管理人员

（一）董事、监事、高级管理人员基本情况介绍

1、本公司董事

陈潮先生，45 岁，工程师，本公司董事长。陈先生毕业于武汉交通科技大学，持有工程学士学位，曾任交通部公路局副处长、交通部副部长秘书、交通部属下中通集团工贸公司副总经理。陈先生自本公司成立至 2000 年 1 月一直兼任本公司总经理职务。陈先生具有二十多年公路运输方面的丰富经验，现专责本公司整体管理及策略规划。自 1993 年 4 月起至今，陈先生为深圳市高速公路开发有限公司总经理。从 2000 年 3 月起，陈先生担任深圳国际控股有限公司副主席及总裁。此外，陈先生还担任深圳科技控股有限公司副主席、深圳市创新科技投资有限公司董事、中国南玻集团股份有限公司董事长等职。

陶宏女士，39 岁，高级会计师，本公司执行董事兼总经理。陶女士毕业于西安公路交通大学，于 1984 年及 1990 年分别获得财务会计学士学位及工学硕士学位。陶女士具有多年的财务管理经验，自公司成立起至 2000 年 1 月一直担任本公司总会计师，负责本公司的财务管理及规划。于 2000 年 1 月获董事会聘任为本公司总经理，负责公司的行政及全面管理。陶女士亦为深圳梅观高速公路有限公司及深圳机荷高速公路东段有限公司的董事长，长沙市深长快速干道有限公司的监事。

张荣兴先生，38 岁，工程师，本公司执行董事兼董事会秘书。张先生毕业于华南理工大学，于 1985 年及 1988 年分别获得工学学士及硕士学位。张先生曾任职于大型中外合资企业，负责科技、行政及管理，积累了丰富的企业管理经验。自 1993 年起，加入深圳市高速公路开发有限公司，曾任人事部主管、股改办副主任。自本公司成立起，张先生一直担任本公司董事会秘书。张先生现主要负责董事会有关策略、督导和协调工作及公司对外投资者关系等方面的工作。

吴亚德先生，36 岁，本公司董事。吴先生 1987 年毕业于广东行政学院，曾任深圳市公路局行政部主管、收费公路公司经理及深广惠公路开发总公司总经理、董事长等职。现为深圳市公路局工会副主席。

钟珊群先生，37 岁，工程师，本公司董事。钟先生毕业于长沙交通学院，持有土木工程及经济学学士学位。曾任职于长沙交通学院公路系统工程研究所、广深珠高速公路有限公司。1993 年 5 月，加入深圳市高速公路开发有限公司，历任工程部副经理、经理、总经理助理，现任深圳市高速公路开发有限公司副总经理、工会主席。

施大庆先生，35 岁，工程师，本公司董事，审核委员会成员。施先生于 1987 年毕业于东南大学，获工学学士学位，于 1992 年获同济大学土木工程硕士学位。施先生曾任职于交通部公路规划设计院，1989 年加入广东省路桥建设发展公司，曾任合同部经理。自 1996 年 1 月起，施先生为广东省路桥建设发展公司副总经理。

林向科先生，44 岁，会计师，本公司董事，审核委员会成员。林先生在中国各类企业工作近三十年，在财务、管理等方面积累了丰富的经验。林先生曾在深圳市公路局任计财处副处长、审计处副处长，现任深圳市深广惠公路开发总公司董事长。

张杨女士，37 岁，政工师，本公司董事。张女士于 1987 年毕业于兰州大学，获经济学学士学位。1994 年 8 月至今，一直在华建交通经济开发中心工作，历任项目经理、部门副经理、总经理助理等职务，曾任湖南长永高速公路股份有限公司董事。张女士现任华建交通经济开发中心总经理助理兼证券管理部经理，兼任四川成渝高速公路股份有限公司执行董事。

何钟泰博士，男，61 岁，本公司独立董事。何博士毕业於英国伦敦城市大学，持有土木工程博士学位。何博士现为香港特区立法会议员、会泰集团联席主席、华都集团联席主席及广东省大亚湾核电厂安全委员会副主席。

赵志锠先生，46 岁，美国注册会计师，本公司独立董事，审核委员会主席。赵先生 1977 年毕业于美国南加州大学，取得工商管理硕士学位。赵先生在国际金融、证券、会计等方面具有丰富经验，1994 年 3 月起担任深圳市政协委员，1996 年 1 月起任香港证监会收购及合并委员会副主席，1999 年 8 月起任创业板上市委员会副主席。赵先生现为丰诚集团有限公司董事总经理。

李国荣先生，45 岁，会计师，本公司独立董事，审核委员会成员。李先生拥有加拿大亚伯特省大学一级荣誉商学士学位，并为英国公认会计师公会及香港会计师公会的会员。李先生在会计、投资银行、工商管理等方面具有丰富经验，曾任职于安达信会计师事务所，历任会计师、经理、合伙人及香港和中国区主管、主管合伙人，1995 年至 1998 年任西敏证券亚洲有限公司董事总经理（亚太区），1998 年起任工商东亚金融控股有限公司总裁。

2、本公司监事

王继中先生，53 岁，高级会计师，本公司监事会主席。王先生于贵州工业管理学校大学专科毕业后，于各类企业工作三十多年，积累了丰富的实践经验。王先生曾在深圳市投资管理公司任工交部副部长、财务部部长。王先生自 1997 年 10 月起加入深圳市高速公路开发有限公司任副总经理。

王珊先生，30 岁，会计师，本公司监事。王先生 1993 年毕业于长沙交通学院，获得学士学位。王先生曾任职于深圳市公路局计划财务处，现任深圳市深广惠公路开发总公司计财部副部长。

李健先生，42 岁，本公司监事。李先生 1983 年毕业于长沙交通学院，持有工程机械学士学位。李先生于 1994 年 11 月加入深圳市高速公路开发有限公司，曾任办公室主任。本公司成立后曾任本公司营运管理部经理。李先生现任本公司投资发展部经理。

3、本公司高级管理人员

吴羡先生，42 岁，工程师，本公司副总经理。吴先生 1982 年毕业于西安公路交通大学，持有土木工程学士学位。吴先生 1995 年加入深圳市高速公路开发有限公司，任副总经理，本公司成立后为本公司副总经理，主要负责本公司收费公路路产管理、企业资讯、培训等工作。吴先生亦为深圳市正一广告有限公司董事长、深圳市梧桐岭索道有限公司董事以及深圳市中运杰交通发展有限公司董事。

王学峰先生，40 岁，高级经济师，本公司副总经理。王先生 1983 年毕业于华中农业大学，持有机械工程及经济学士学位。王先生曾任职于湖北省地方政府部门。1995 年加入深圳市高速公路开发有限公司，曾任人事部经理。王先生现负责本公司收费公路的营运管理。王先生现亦为深圳梅观高速公路有限公司、深圳机荷高速公路东段有限公司董事以及长沙市深长快速干道有限公司副董事长。

范利平先生，37 岁，高级工程师，本公司副总经理兼项目开发部经理及盐坝项目管理处总经理。范先生 1982 年毕业于重庆建筑工程学院，持有工学学士学位。范先生曾任职于交通部第一公路勘察设计院，1994 年加入深圳市高速公路开发有限公司历任工程师、高级工程师，机荷东段总监处合约部经理。本公司成立后任职本公司工程部副经理、机荷西段项目管理处施管部经理及项目处副总经理等职。范先生在工程建设与管理方面具有丰富的经验，现主要负责盐坝高速公路的建设管理。

徐梅生先生，57 岁，高级工程师，本公司总工程师。徐先生 1968 年毕业于湖南大学，持有土木工程学士学位。徐先生曾任深圳市公路管理部门高级工程师、深圳市公路局工程处处长。1993 年 12 月，徐先生加入深圳市高速公路开发有限公司任总工程师。徐先生拥有逾 30 年公路行业经验，现负责本公司高速公路项目的技术发展及管理。

孙斌先生，39 岁，会计师，本公司副总经济师兼计划财务部经理。孙先生 1984 年毕业于长沙交通学院，持有管理学学位。随后孙先生留校任教，曾任教研室副主任、管理系主任助理，并在美国弗吉尼亚理工大学管理学院进修一年。1992 年加入深圳蛇口安达实业股份有限公司，曾任财务部经理助理、发展研究部副经理、财务部副经理、经理等职，积累了丰富的财务、管理等方面的经验。孙先生 1997 年 5 月加入本公司，一直担任副总经济师一职。自 2000 年 8 月起，孙先生兼任本公司计划财务部经理。

2、董事、监事、高级管理人员持股情况

截止到本上市公告书签署之日，本公司董事、监事及高级管理人员均未持有本公司股票，也没有由其授权或指示他人 包括法人 代其持有，其配偶或已满十八岁的子女均不持有本公司股份。

六、同业竞争与关联交易

（一）同业竞争情况

本公司与主要股东深圳市高速公路开发有限公司、深圳市深广惠公路开发总公司均可从事收费公路的投资建设和经营管理，但主要股东目前并未在同一地区兴建和经营与本公司公路具有竞争关系的公路；且本公司的各发起人已在《设立深圳高速公路股份有限公司发起人协议》中向本公司做出承诺，不会以任何形式（包括自行经营、合营、拥有企业股份或其他权益）在深圳任何地方从事任何直接或间接与本公司业务造成竞争的行业与业务，或从事建设、管理、经营任何与本公司管理及经营的公路及高速公路造成直接或间接竞争的收费公路、非收费公路或桥梁。

（二）关联方及关联关系

1、主要股东单位

（1）深圳市高速公路开发有限公司，现持有本公司股份65,478万股，占总股本的30.03%。

（2）深圳市深广惠公路开发总公司，现持有本公司股份45,778万股，占总股本的20.99%。

2、本公司控股及参股企业

（1）深圳梅观高速公路有限公司，本公司持有其95%的股权。

（2）深圳机荷高速公路东段有限公司，本公司目前持有其55%的股权。

（3）长沙市深长快速干道有限公司，本公司目前持有其51%的股权。

（4）深圳市正一广告公司，本公司目前持有其60%的股权。

（5）深圳市梧桐岭索道有限公司，本公司目前持有其40%的股权。

（6）深圳市中运杰交通发展有限公司，本公司目前持有其20%的股权。

（三）重大关联交易

1、本公司在最近一个会计年度未发生重大关联交易。

2、本公司最近三年关联交易对本公司的财务及经营的影响

（1）奖金支付

1997年8月6日，本公司拥有55%权益的合营公司深圳机荷高速公路东段有限公司董事会决议就深圳市高速公路开发有限公司提前按合同完成机荷高速公路东段，决定向深圳市高速公路开发有限公司支付奖金计人民币2,894,603.78元，于1998年3月中以现金支付。

此项关联交易是以提前通车增加收益部分用于支付奖金，未对公司经营业绩造成负面影响。

（2）贷款安排及建造合同

1999年2月11日，本公司通过金融机构向合营公司长沙市深长快速干道有限公司的另一股东长沙市环路建设开发有限公司安排贷款人民币30,600万元，专项用于深长公司所有的长沙绕城公路西北段的建设。该贷款按中国人民银行同期公布的五年以上期人民币贷款利率计算利息，并将于深长公司自开始收取路费后的第96个月到期。届时，该贷款将根据合同转为本公司对深长公司的投资。1999年4月26日，深长公司以人民币80,000万元定价委托环路公司承建长沙绕城公路西北段。该关联交易所涉及合同均符合中国相关法律法规规定。

本公司通过合营协议的财务安排，用30,600万元的资金以长期债权的形式投入，获取利息收益，待该公路经营成熟后，转为投资款，并获取投资收益，较好地克服了长沙绕城公路（西北段）开通初期车流量小、路费收入低给公司带来的不利影响，确保了该项目的投资回报。深长公司以80,000万元定价委托环路公司承建长沙绕城公路西北段，可以较好地控制工程建设成本。

（3）转让梅观公司股权

1999年3月5日，本公司以人民币62,520万元收购香港彩鹰投资有限公司持有的深圳梅观高速公路有限公司 以下简称"梅观公司" 45%的股权，从而使本公司持有梅观公司100%股权，为了保持梅观公司独立法人地位，1999年6月7日，本公司与合营公司深圳机荷高速公路东段有限公司签署协议，以6,947万元的价格出售梅观公司5%的股权给后者。

转让梅观公司5%的权益给本公司持股55%的机荷东段公司，本公司实际上仅减持梅观公司2.25%的股权，对本公司盈利影响很小。

（4）为深圳市梧桐岭索道有限公司提供担保

1997年6月18日，本公司为其享有40%权益的深圳市梧桐岭索道有限公司采购索道专用设备向招商银行出具《开立信用证不可撤销担保书》，担保金额计234万美元（折合人民币1800万元）。1997年7月30日，招商银行因索道公司到期未能付汇，根据上述《开立信用证不可撤销担保书》要求本公司履行担保义务。本公司履行了担保义务，从而形成应收索道公司1800万元的相应债权。

1999年12月15日，本公司与其享有40%权益的深圳市梧桐岭索道有限公司（借款人）、中信实业银行福南支行（贷款人）签订保证合同，由本公司为借款人提供担保，保证范围为贷款本金人民币2500万元（人民币贰千伍百万元）及由此产生的利息、罚息、违约金、损害赔偿金和实现债权的费用。

以上担保一方面帮助索道公司解决了开展生产经营所必备的资金，从而使本公司可以早日获取合理的投资回报，但另一方面，也为本公司带来了应收款项及或有负债，增加了财务风险。

七、财务会计资料

本公司一九九八年度、一九九九年度和二零零零年度三个会计年度的会计报表系由中天勤会计师事务所审计，本会计期间的会计报表系由深圳天健信德会计师事务所审计。其中中天勤会计师事务所对本公司报表出具了标准的无保留意见的审计报告；深圳天健信德会计师事务所对本公司二零零一年截止八月三十一日的会计报表出具了带说明段的无保留意见的审计报告。

本公司截止2001年8月31日的财务会计资料，已于2001年11月29日分别在《中国证券报》、《上海证券报》上刊登的招股意向书中进行了详细披露，因尚未超出招股说明书有效期限，故相同的内容在此不再重复。欲了解本公司经审计的财务报表及主要财务指标的详细内容，敬请投资者查阅上述报纸或在公告的招股意向书查阅地查阅。

（一）深圳天健信德会计师事务所对本公司二零零一年截止八月三十一日的会计报表出具的带说明段的无保留意见的审计报告全文及董事会、监事会意见：

1、深圳天健信德会计师事务所对本公司二零零一年截止八月三十一日的会计报表出具的带说明段的无保留意见的审计报告全文

信德深特审报字[2001]第58号

审计报告

深圳高速公路股份有限公司全体股东：

我们接受委托，审计了贵公司二零零一年八月三十一日的资产负债表及合并资产负债表与二零零一年一月一日起至八月三十一日止会计期间的利润及利润分配表、合并利润及利润分配表和现金流量表及合并现金流量表。贵公司一九九八年度、一九九九年度及二零零零年度三个会计年度的合并会计报表系由中天勤会计师事务所审计。这些会计报表由贵公司负责，我们的责任是对这些会计报表发表审计意见。我们的审计是依据《中国注册会计师独立审计准则》进行的，在审计过程中，我们结合贵公司实际情况，实施了包括抽查会计记录等我们认为必要的审计程序。

我们认为，上述会计报表符合中华人民共和国《企业会计准则》和《企业会计制度》的有关规定，在所有重大方面公允地反映了贵公司二零零一年八月三十一日的财务状况及合并财务状况与二零零一年一月一日起至八月三十一日止会计期间的经营成果及合并经营成果和现金流量及合并现金流量，会计处理方法的选用遵循了一贯性原则。

此外，我们注意到：

如已审合并会计报表附注2 12 、14所述，贵公司的公路及构筑物采用工作量法计提折旧，在计提折旧时，以各收费公路经营年限内预测总车流量和公路及构筑物的固定资产原价为基础，计算每标准车流量应计提的折旧额，然后按照各会计年度 期间 实际车流量与每标准车流量应计提的折旧额计算固定资产折旧。惟据以计提折旧的预测车流量与实际车流量之间客观上总会存在差异，贵公司已委任独立的专业交通研究机构对预测车流量进行定期调整。

深圳天健信德会计师事务所　　中国注册会计师：蔡春鸣

中国注册会计师：俞善敖

二零零一年十月十八日

中国　深圳

2、本公司董事会、监事会对上述事项的详细说明

本公司董事会认为：本公司定期地对各收费公路经营年限内的预测总车流量进行审核，鉴于新建营运收费公路预测车流量和实际车流量的差异，本公司已委任独立的专业交通研究机构对所属各收费公路未来交通车流量进行研究，并根据重新预测的总车流量调整以后年度的每标准车流量应计提的折旧额，以确保累计折旧于经营期满后相等于公路及构筑物的原价。

本公司监事会认为：本公司对公路及构筑物按工作量法计提折旧符合国家有关财会政策；公司委任独立的专业交通研究机构对未来交通车流量进行研究，并根据重新预测的总车流量调整以后年度的每标准车流量应计提的折旧额，能够公允反映公司经营业绩，保障投资者权益。

（二）简要财务报表

下述内容摘自业经审计的公司财务报告。

1、简要合并资产负债表　　单位:元

	2001.08.31	2000.12.31	1999.12.31	1998.12.31
流动资产合计	709,029,821.66	540,040,105.70	525,074,512.52	1,163,624,472.07
长期投资合计	525,918,498.73	531,668,615.92	237,749,609.86	2,788,972.52
固定资产合计	4,438,730,066.82	4,244,230,464.72	3,992,892,744.83	3,078,459,586.17
无形资产及其他资产合计	594,953,564.22	614,101,227.59	638,174,554.08	659,565,850.08
资产总计	6,268,631,951.43	5,930,040,413.93	5,393,891,421.29	4,904,438,835.84
流动负债合计	483,070,279.85	421,463,931.26	760,021,510.75	377,888,578.53
长期负债合计	1,222,723,807.61	1,211,621,013.53	470,000,000.00	426,816,652.31
负债合计	1,705,794,087.46	1,633,084,944.79	1,230,021,510.75	804,705,230.84
少数股东权益	11,496,787.25	11,271,852.04	20,182,391.14	158,701,546.85
股东权益合计	4,551,341,076.72	4,285,683,617.10	4,143,687,519.40	3,941,032,058.15
负债和股东权益总计	6,268,631,951.43	5,930,040,413.93	5,393,891,421.29	4,904,438,835.84

2、简要合并利润表　　单位:元

	2001.01.01-08.31	2000	1999	1998
主营业务收入	387,689,936.38	515,395,591.88	450,805,446.89	388,704,504.48
主营业务利润	288,054,644.79	390,089,812.06	343,718,762.63	295,458,499.29
利润总额	267,535,083.00	345,848,955.65	341,242,442.11	325,957,855.62
净利润	265,338,851.97	343,638,005.37	323,597,461.25	293,837,957.07

3、2000年度简要合并现金流量表　　单位:元

项　目	2001.01.01-08.31	2000	1999	1998
经营活动产生的现金流量净额	436,261,934.43	431,475,128.52	383,605,643.85	330,300,943.78
投资活动产生的现金流量净额	-406,318,178.70	-295947,692.66	-1822252,381.32	-475928,961.48
筹资活动产生的现金流量净额	-91,115,251.77	-131983,884.35	800,881,384.90	60,027,725.98
现金及现金等价物净增加(减少)额	-61,065,366.06	2,952,925.78	-638,685,218.54	-88,133,409.49

（三）主要项目附注

附注13. 资本公积

资本公积增减变动明细项目列示如下：

	2001.01.01	本期增加	本期减少	2001.08.31
股本溢价	RMB 1,620,881,261.98	RMB ---	RMB ---	RMB 1,620,881,261.98
被投资单位资本公积转入	900,000.00	318,607.65	---	1,218,607.65
	RMB 1,621,781,261.98	RMB 318,607.65	RMB ---	RMB 1,622,099,869.63

机场股份公司和本公司在共同受让了正一广告公司的权益性资本后，签订了《合作协议书》，根据协议规定，本公司提供107国道深圳段和205国道深圳段广告媒体的使用权，机场股份公司提供资金计1,500,000.00人民币元；在清算时将由双方按股权比例分取该1,500,000.00人民币元。正一广告公司将该资金1,500,000.00人民币元计入了"资本公积"帐项，本公司按持股比例确认资本公积计900,000.00人民币元。

* 系梅观公司本会计期间将无法支付的款项转入"资本公积"帐项，本公司按持股比例确认的金额。

附注14. 盈余公积

盈余公积增减变动明细项目列示如下：

	2001.01.01	本期增加	2001.08.31
法定盈余公积	RMB 116,380,284.11	RMB ---	RMB 116,380,284.11
法定公益金	116,380,284.11		116,380,284.11
任意盈余公积	411,999,522.81		411,999,522.81
	RMB 644,760,091.03	RMB ---	RMB 644,760,091.03

附注15. 未分配利润

未分配利润增减变动明细项目列示如下：

	2001.08.31	2000.12.31
年初未分配利润	RMB ----	RMB ---
加：本会计期间净利润转入	265,338,851.97	339,223,833.61
本会计期间净利润调增 减 数	---	4,414,171.76
年初未分配利润调增 减 数	3,442,264.09	971,907.67
减：提取法定盈余公积	---	33,922,383.36
提取法定公益金	---	33,922,383.36
提取任意盈余公积	---	69,809,066.89

已分配普通股股利	---	201,570,000.00
期末未分配利润	RMB 268,781,116.06	RMB 3,442,264.09

如附注联营公司所述,本公司取得梧桐岭索道公司40%的权益性资本时,产生的股权投资差额计9,059,570.00人民币元,本公司未予摊销。本会计期间,本公司按一九九七年九月起的剩余经营期限进行摊销,并相应进行了追溯调整,调减了二零零零年年初未分配利润计971,907.67人民币元。

本公司二零零零年度净利润调增数为4,414,171.76人民币元。

1 上述股权投资差额摊销的追溯调整,同时调减了二零零零年度的净利润计416,531.89人民币元。

2 二零零零年末,本公司将收到的国债投资收益计3,696,000.00人民币元,基于尚未清算列入了往来款项。本会计期间,本公司予以了调整,由此调增了二零零零年度的净利润计3,696,000.00人民币元。

3 本公司二零零零年度核算机荷西段交通工程时,将尚未竣工决算的部分工程款计838,059.11人民币元计入了"主营业务成本"帐项。本会计期间,本公司予以了调整,由此调增了二零零零年度的净利润计838,059.12人民币元。

4 根据广东省公安厅粤公请字[2000]127号文《关于解决我省高速公路交通管理经费问题的请示》、广东省交通局粤交财[2000]250号文《关于要求停止向高速公路营运企业征收交警经费的请示》及广东省人民政府《关于我省高速公路交警经费问题的批复》,自二零零零年十月一日起至燃油税开征以前,本公司及其子公司、合营企业不需再缴纳交警经费。本会计期间,本公司据此冲减了原多计提的部分,由此调增了二零零零年度的净利润计126,000.00人民币元;

5 如附注2 20所述,深长公司原采用直线法对公路及构筑物计提折旧,本会计期间,深长公司变更了会计政策,按工作量法计提折旧,并进行了追溯调整,由此调减应交所得税计170,644.53人民币元。

综上所述,本公司年初未分配利润调增3,442,264.09人民币元。

附注16. 投资收益

1 本公司及其子公司、合营企业投资收益 损失 明细项目列示如下:

	2001.01.01-08.31	2000
国债投资收益	RMB ---	RMB 14,213,960.86
委托贷款利息收入	12,826,755.00	19,319,310.00
按权益法核算的长期股权投资收益	15,326.73	3,067.12
股权投资差额摊销	5,765,443.92	11,112,153.34
	RMB 7,076,637.81	RMB 22,424,184.64

2 本公司投资收益明细项目列示如下:

	2001.01.01-08.31	2000
国债投资收益	RMB ---	RMB 14,213,960.86
委托贷款利息收入	12,826,755.00	19,319,310.00
对联营公司以权益法调整取得的净增减额	116,612,760.69	140,315,127.79
股权投资差额摊销	5,765,443.92	11,112,153.34
	RMB123,674,071.77	RMB 162,736,245.31

附注17.重要事项

本公司一九九八年度、一九九九年度和二零零零年度三个会计年度 以下简称"有关期间" 的会计报表系由中天勤会计师事务所审计,本会计期间的会计报表系由深圳天健信德会计师事务所审计。深圳天健信德会计师事务所在对本公司本会计期间的会计报表进行审计后,本公司对有关期间的会计报表进行了适当的调整,其对有关期间合并净利润和合并资产净值的影响数列示如下:

合并资产净值 单位:人民币元

	2000.12.31	1999.12.31	1998.12.31
中天勤会计师事务所审定			
的合并资产净值	4,282,241,353.01	4,143,687,519.40	3,941,032,058.15
调整增 减 数			
1.梧桐岭索道公司股权投资差额摊销	1,388,439.56	971,907.67	555,375.79
2.国债投资收益	3,696,000.00	---	---
3.机荷西段工程成本	838,059.12	---	---
4.冲回计提的交通管理费	126,000.00	---	---
5.冲减长沙环路公司应交企业所得税额	170,644.53	---	---
调整净增 减 额	3,442,264.09	971,907.67	555,375.79
深圳天健信德会计师事务所审定的			
合并资产净值	4,285,683,617.10	4,142,715,611.73	3,940,476,682.36

合并净利润 单位:人民币千元

	2000	1999	1998
中天勤会计师事务所审定			
的合并净利润	339,223,833.61	323,597,461.25	293,837,957.07
调整增 减 数			
1.梧桐岭索道公司股权投资差额摊销	416,531.89	416,531.88	416,531.88
2.国债投资收益	3,696,000.00	---	---
3.机荷西段工程成本	838,059.12	---	---
4.冲回计提的交通管理费	126,000.00	---	---
5.冲减长沙环路公司应交企业所得税额	170,644.53	---	---
调整净增 减 额	4,414,171.76	416,531.88	416,531.88
深圳天健信德会计师事务所审定的			
合并净利润	343,638,005.37	323,180,929.37	293,421,425.19

附注18. 或有事项

一九九九年十二月十五日,本公司与梧桐岭索道公司、中信实业银行福南支行签订了《保证合同》,本公司为梧桐岭索道公司向中信实业银行福南支行25,000,000.00人民币元银行借款提供保证担保,期限自一九九九年十二月十五日起至二零零三年十二月十六日止。

三 财务指标

公司主要财务指标见下表:

财务指标	2001年1-8月	2000年度	1999年度	1998年度
流动比率	1.47	1.28	0.69	3.08
速动比率	1.46	1.27	0.69	3.08
资产负债率 %	23.08	23.20	22.66	12.46
应收帐款周转率(次/年)	269.08	32.80	940.73	----
存货周转率(次/年)	14.24	19.56	91.36	1598.82
每股经营活动的现金流量	0.22	0.21	0.19	0.16

净资产收益率(%)

报告期利润	2001年1-8月		2000年		1999年		1998年	
	全面摊薄	加权平均	全面摊薄	加权平均	全面摊薄	加权平均	全面摊薄	加权平均
主营业务利润	6.33	6.52	9.10	9.04	8.30	8.38	7.50	7.55
营业利润	5.73	5.90	7.55	7.50	7.59	7.67	7.10	7.15
净利润	5.83	6.01	8.02	7.96	7.80	7.88	7.45	7.50
扣除非经常性损益后的净利润	5.96	6.14	8.29	8.23	7.83	7.91	7.46	7.51

每股收益(元)

报告期利润	2001年1-8月		2000年		1999年		1998年	
	全面摊薄	加权平均	全面摊薄	加权平均	全面摊薄	加权平均	全面摊薄	加权平均
主营业务利润	0.14	0.14	0.19	0.19	0.17	0.17	0.15	0.15
营业利润	0.13	0.13	0.16	0.16	0.16	0.16	0.14	0.14
净利润	0.13	0.13	0.17	0.17	0.16	0.16	0.15	0.15
扣除非经常性损益后的净利润	0.13	0.13	0.18	0.18	0.16	0.16	0.15	0.15

四 盈利预测主要数据

天健信德会计师事务所对本公司2001年度盈利预测报告进行了审核,并出具了无保留意见的盈利预测审核报告。以下资料摘录自本公司的盈利预测报告。

简要合并盈利预测表

预测期间:2001年度

编制单位:深圳高速公路股份有限公司 单位:人民币万元

项目	二零零零年度	二零零一年度预测数		
	已审实际数	一月至八月已审实际数	九月至十二月预测数	合计
一、主营业务收入	51,540	38,769	22,029	60,798
二、主营业务利润	39,009	28,805	15,643	44,448
三、营业利润	32,376	26,069	12,948	39,017
加:投资收益	2,242	708	826	1,534
四、利润总额	34,585	26,754	13,774	40,528
五、净利润	34,364	26,534	13,654	40,188

八、其他重要事项

1、本公司股票本次发行后至本公司上市公告书公告之日,本公司严格依照《公司法》、《证券法》等法律法规的要求,规范运行,生产经营情况正常;所处行业、市场无重大变化;

2、本公司股票本次发行后至本公司上市公告书公告之日,本公司重大会计政策和会计师事务所没有发生变化。

3、2001年12月14日,本公司持有55%股权的深圳机荷高速公路东段有限公司与深圳市高速公路开发有限公司签订了《深圳梅观高速公路有限公司权益转让合同》,将其持有的深圳梅观高速公路有限公司5%的股本权益以75,061,566元的价格出售给深圳市高速公路开发有限公司 该事项公告已刊登于2001年12月17日的《中国证券报》及《上海证券报》。除该事项外,本公司股票本次发行后至本公司上市公告书公布之日,本公司无其它重大投资活动及重大资产 股权 收购、出售行为。

4、依据本公司2000年年度股东大会,本次增发A股新增的A股股东与本公司原有股东一起共同享有本公司2000年末期未分配利润及2001年1月1日起至本次发行完成前的滚存利润。

5、根据《上海证券交易所股票上市规则》,本公司第一大股东深圳高速公路开发公司已向上海证券交易所承诺,自本公司股票上市之日起12个月内不转让其持有的本公司股份,也不由本公司回购其持有的股份。

6、截止本上市公告书刊登之日,本公司不存在尚未了结的重大诉讼、仲裁或行政处罚案件,本公司董事、监事和高级管理人员亦未受到任何刑事起诉。

7、除本公司招股说明书及其摘要和本上市公告书披露的事项外,本公司无其他应披露而未披露的重要事项。

九、董事会上市承诺

本公司董事会将严格遵守《公司法》、《证券法》等法律、法规和中国证监会的有关规定,并自股票上市之日起作出如下承诺:

1、按照法律、法规的规定程序和要求披露所有对投资者有重大影响的信息,并接受中国证监会、证券交易所的监督管理;

2、真实、准确、完整、公允和及时地公布定期报告,并置备于规定场所供投资者查阅;

3、在知悉可能对股票价格产生误导性影响的任何公共传播媒介中出现的消息后,本公司将及时予以公开澄清;

4、本公司董事、监事、高级管理人员和核心技术人员将认真听取社会公众的意见和批评,不利用已获得的内幕消息和其他不正当手段直接或间接从事本公司股票的买卖活动;

5、本公司没有无记录负债。

十、上市推荐人及其意见

本公司聘请国信证券有限责任公司(以下称"国信证券")担任本次16,500万A股股票的上市推荐人。

一 上市推荐人有关情况

上市推荐人:国信证券有限责任公司

注册地址:深圳市罗湖区红岭中路1012号国信证券大厦 法定代表人:李南峰

联系人:周云福 电话:0755-2130833-2025 传真:0755-2130620

二 推荐人的推荐意见

本公司聘请的上市推荐人国信证券有限责任公司认为本公司股票符合上市条件,已向上海证券交易所出具了正式的《股票上市推荐书》。上市推荐人的主要推荐意见如下:

"根据《中华人民共和国证券法》、《中华人民共和国公司法》、《股票发行与交易管理暂行条例》及《上海证券交易所股票上市规则 2001年修订本 》等有关法律、法规的规定,深高速A股股票已具备公开上市的条件。

1、发行人已经中国证券监督管理委员会证监发行字[2001]57号文核准,向社会公开发行人民币普通股16,500万股;

2、本次发行后,发行人股本总额超过5,000万元人民币,为218,070万元人民币;

3、发行人最近三年连续盈利;

4、持有面值人民币一千元以上的个人股东人数超过一千人;

5、发行人股本总额为218,070万股,其中向国内公众公开发行股份为16,500万股,向海外投资者公开发行股份为74,750万股,合计占股本总额的41.84%,超过25%;

6、发行人最近三年内没有重大违法行为,财务会计报告无虚假记载。

7、公司章程符合《公司法》等有关法律、法规和中国证监会的规定。

鉴于上述内容,作为上海证券交易所的会员和深圳高速公路股份有限公司的上市推荐人,国信证券有限责任公司特推荐深圳高速公路股份有限公司本次公开发行的16,500万股人民币普通股股票在贵所上市交易。"

深圳高速公路股份有限公司

2001年12月20日

保定天威保变电气股份有限公司

一、要 览

股票简称:天威保变
股票代码:600550
总股本:22,000 万股
可流通股本:6,000 万股
本次上市流通股本:6,000 万股
上市地点:上海证券交易所
上市日期:2001 年 2 月 28 日
股份登记机构:上海证券中央登记结算公司
上市推荐人:联合证券有限责任公司　兴业证券股份有限公司

二、绪 言

保定天威保变电气股份有限公司(以下简称"本公司"或"公司")股票上市公告是根据《中华人民共和国公司法》、《中华人民共和国证券法》、《股票发行与交易管理暂行条例》、《公开发行股票公司信息披露的内容和格式准则》和《上海证券交易所股票上市规则》(20000 年修订本)等国家有关的现行法律、法规的规定,并按照中国证券监督管理委员会制定的《公开发行股票公司信息披露的内容和格式准则第七号<上市公告书的内容与格式(试行)>》编制,旨在向投资者提供有关本公司的基本情况和股票上市的有关资料。

经中国证券监督管理委员会证监发行字[2001]1 号文核准,本公司于 2001 年 1 月 12 日在上海证券交易所以上网定价方式向社会公众成功发行了每股面值 1.00 元的人民币普通股 6000 万股,每股发行价 9.10 人民币元。经上海证券交易所上证上字[2001]24 号《上市通知书》批准,本公司股票将于 2001 年 2 月 28 日起在上海证券交易所上市挂牌交易。股票简称"天威保变",股票代码"600550"。本公司总股本 22000 万股,可流通股本 6000 万股,本次上市流通股本为上网定价发行的 6000 万股。

本公司已于 2001 年 1 月 10 日在《中国证券报》、《上海证券报》和《证券时报》上刊登了《招股说明书概要》,距今不足六个月,故与其重复的内容在此不再重述,敬请投资者查阅本公司的《招股说明书概要》。

本公司董事会及全体董事已批准本公司上市公告书,并确信本上市公告书所载资料不存在任何重大遗漏、虚假陈述或者严重误导,并对其真实性、准确性和完整性负个别及连带责任。

三、公司概况

(一)概况
公司名称:保定天威保变电气股份有限公司
英文名称:BAODINGTIANWEIBAOBIANELECTRICCO.,LTD
2、法定代表人:丁强
3、公司成立日期:1999 年 9 月 28 日
4、注册资本:22000 万元
5、公司注册地址及住所:河北省保定国家高新技术产业开发区竞秀街 28 号
6、经营范围:变压器、互感器、电抗器等输变电设备及辅助设备、零部件的制造与销售;输变电专用制造设备的生产与销售;相关技术、产品及计算机应用技术的开发与销售。

(二)历史沿革

保定天威保变电气股份有限公司是经河北省人民政府《关于同意设立保定天威保变电气股份有限公司的批复》(冀股办[1999]33 号)文批准,由保定天威集团有限公司(以下简称集团公司)作为主发起人,联合保定惠源咨询服务有限公司、河北宝硕集团有限公司、保定天鹅股份有限公司以及乐凯胶片股份有限公司共同发起设立的股份有限公司。根据河北省财政厅、河北省国有资产管理局《关于保定天威集团有限公司出资设立保定天威保变电气股份有限公司资产重组方案的批复》(冀财管[1999]26 号),财政部《对保定天威集团有限公司组建保定天威保变电气股份有限公司资产评估项目审核意见的函》(财评字[1999]430 号),河北省财政厅、河北省国有资产管理局《关于保定天威保变电气股份有限公司(筹)国有股权管理方案的批复》(冀财管[1999]51 号),以 1999 年 5 月 31 日为基准,保定天威集团有限公司将其生产经营性资产———大型变压器分公司、机电工程分公司和技术中心作为投入,经评估后的资产净值为 21,160.10 万元。保定惠源咨询服务有限公司、河北宝硕集团有限公司、保定天鹅股份有限公司、乐凯胶片股份有限公司分别投入现金 2,969.47 万元、99.24 万元、99.24 万元、99.24 万元。以上各发起人投入股份公司的资产均按 1:0.655 的比例折股,分别折为 13,860 万股、1,945 万股、65 万股、65 万股、65 万股,共计 16,000 万股。其中保定天威集团有限公司所持股份界定为国家股,河北宝硕集团有限公司所持股份界定为国有法人股,其他为法人股。

本公司于 1999 年 9 月 28 日在河北省工商行政管理局注册登记。注册资本为 16,000 万元。

经中国证券监督管理委员会证监发行字[2001]1 号文批准,公司通过上海证券交易所,于 2001 年 1 月 12 日以上网定价方式成功地向社会公开发行人民币普通股 6000 万股,每股面值 1.00 元,每股发行价 9.10 元。2001 年 2 月 12 日,本公司在河北省工商行政管理局办理工商变更登记手续,注册号为 1300001001342。

四、股票发行及承销

(一)本次股票公开发行
发行股数:6000 万股
发行价格:9.10 元/股
发行方式:上网定价
中签率:0.40011224%
有效申购户数:894,994 户
持 1000 股以上(含 1000 股)的股东数:57,926 户
募集资金总额(已扣除发行费用):523,470,000 元
发行费用总额:22,530,000 元　　每股发行费用:0.3755 元
发行市盈率　29.36 倍(加权平均计算)　　40.8 倍(全面摊薄计算)
(二)股票承销:本次上网定价发行之 6000 万股已全部被社会公众认购,承销团无余额包销。
(三)验资报告

五、、公司设立

保定天威保变电气股份有限公司是经河北省人民政府《关于同意设立保定天威保变电气股份有限公司的批复》(冀股办[1999]33 号)文批准,由保定天威集团有限公司(以下简称集团公司)作为主发起人,联合保定惠源咨询服务有限公司、河北宝硕集团有限公司、保定天鹅股份有限公司以及乐凯胶片股份有限公司共同发起设立的股份有限公司。

本公司于 1999 年 9 月 28 日在河北省工商行政管理局注册登记。注册资本为 16,000 万元。

经中国证券监督管理委员会证监发行字[2001]1 号文批准,公司通过上海证券交易所,于 2001 年 1 月 12 日以上网定价方式成功地向社会公开发行人民币普通股 6000 万股,每股面值 1.00 元,每股发行价 9.10 元。2001 年 2 月 12 日,本公司在河北省工商行政管理局办理工商变更登记手续,注册资本 22000 万元,注册号为 1300001001342。

上海茉织华股份有限公司

一、公司简介

1、公司法定中文名称:上海茉织华股份有限公司
公司中文名称缩写:茉织华
公司法定英文名称:SHANGHAI MATSUOKA CO., LTD.
2、公司法定代表人:李勤夫
3、公司董事会秘书:汪为民;董事会授权代表:姚洁青
联系地址:上海市延安中路 841 号 8 楼
联系电话:021-62893080　　传真:021-62893088
电子信箱:matsuoka@public2.sta.net.cn
4、公司注册地址:上海市延安中路 841 号东方海外大厦 8 楼
公司办公地址:上海市延安中路 841 号东方海外大厦 8 楼　邮编:200040
公司国际互联网网址:http://www.matsuoka.com.cn
公司电子信箱:matsuoka@public2.sta.net.cn
5、选定的信息披露报纸:中国证券报、上海证券报、南华早报
登载公司年报的国际互联网网址:http://www.sse.com.cn
年度报告备置地点:公司董事会办公室
6、公司股票上市交易所:上海证券交易所
股票简称:茉织华 B　　股票代码:900955

二、会计数据和业务数据摘要

1、公司本年度实现利润情况(合并报表)　　单位:万元

	2000 年度
利润总额	22956
净利润	18517
扣除非经营性损益后的净利润	18061
主营业务利润	37084
其他业务利润	305
营业利润	21758
投资收益	-771
补贴收入	1913
营业外收支净额	55
经营活动产生的现金流量净额	19804
现金及现金等价物净增加额	22272

注:扣除非经营性损益包括:公司正常经营损益以外的、一次性或偶发性损益,如资产处置损益、临时性获得的补贴收入、新股申购冻结资金利息、合并价差摊入等。

公司扣除的非经营性损益指:公司获得的补贴收入 1913 万元;合并价差摊销-1457 万元。按照国际会计准则,公司共实现利润 18472 万元,其中:冲销开办费-421 万元,其他-28 万元。

2、公司前三年主要会计数据和财务指标(合并报表)单位:万元

项目	2000 年	1999 年	1998 年
主营业务收入	139424	69099	79693
净利润	18517	10908	14881
总资产	181581	138343	81330
股东权益	65308	60224	57447
每股收益(摊薄)(元)	0.52	0.31	0.42
每股收益(加权)(元)	0.52	0.31	0.42
扣除非经常性损益后的每股收益(元)	0.51	0.29	-
每股经营活动产生的现金流量净额(元)	0.56	0.54	0.51
净资产收益率(%)	24	18	26
每股净资产(摊薄)(元)	1.85	1.7	1.63
调整后每股净资产	1.84	1.69	1.62

注:财务指标计算公式如下:
每股收益=净利润/年度末普通股股份总数
每股净资产=年度末股东权益/年度末普通股股份总数
调整后的每股净资产=(年度末股东权益-三年以上应收帐款-待摊费用-待处理(流动、固定)资产净损失-开办费-长期待摊费用-住房周转金负数余额)/年度末普通股股份总数
每股经营活动产生的现金流量净额=经营活动产生的现金流量净额/年度末普通股股份总数
净资产收益率=净利润/年度末股东权益 X 100%

报告期利润	净资产收益率		每股收益	
	全面摊薄	加权平均	全面摊薄	加权平均
主营业务利润	47.1%	53.4%	1.05	1.05
营业利润	27.6%	31.3%	0.62	0.62
净利润	23.5%	26.7%	0.52	0.52
扣除非经常性损益后的净利润	22.9%	25.9%	0.51	0.51

三、股东情况介绍

1、报告期末公司股东总数 616 户
2、前 10 名股东为

序号	股东名称	股份性质	持股数(万股)	所占比例
1)	平湖茉织华实业发展有限公司	国有股	13392	37.88
2)	日本松冈株式会社	境外法人股	9263	26.20
3)	The Nomura Securities CO. LTD	B 股	9215	26.07
4)	平湖市新仓服装二厂	境内法人股	608	1.72
5)	平湖市黄姑服装总厂	境内法人股	460	1.30
6)	平湖市永华制衣有限公司	境内法人股	456	1.29
7)	申银万国 APS 投资管理公司	B 股	366	1.04
8)	HKSBCSB A/C THE NORTHERNTRUST CO S/A GOVERNMENT OF SINGAPORE INV.CORPORATION	B 股	259	0.73
9)	韩国 ROMA 株式会社	境外法人股	170	0.48
10)	HKIT S/A 006-113039-431	B 股	113	0.32

注:i)报告期内最大股东为平湖茉织华实业发展有限公司,年末持有本公司股份为 13392 万股,占公司总股本的 37.88%。所持股份为国有法人股,未流通,也无质押和冻结情况。

ii)THE NOMURA SECURITIES CO. LTD 所拥有股份中包含了日本 Terucom Corpora-tion 所持有股份。Terucom Corporation 为日本松冈株式会社之全资附属公司。

广 西 北 生 药 业 股 份 有 限 公 司

广西北生药业股份有限公司股票上市公告书暨2001年中期财务报告

一、重要声明与提示

本公司董事会保证上市公告书的真实性、准确性、完整性，全体董事承诺上市公告书不存在虚假记载、误导性陈述或重大遗漏，并承担个别和连带的法律责任。

根据《公司法》、《证券法》等有关法律、法规的规定，本公司董事、高级管理人员已依法履行诚信和勤勉尽责的义务和责任。

上海证券交易所、中国证监会、其他政府机关对本公司股票上市及有关事项的意见，均不表明对本公司的任何保证。

本公司提醒广大投资者注意，凡本上市公告书未涉及的有关内容，请投资者查阅2001年7月24日刊载于《中国证券报》、《上海证券报》和《证券时报》的本公司招股说明书摘要，及刊载于上海证券交易所网站(http://www.sse.com.cn)的本公司招股说明书全文。

二、概 览

股票简称:北生药业

股票代码:600556

总股本:90,000,000股

本次上市流通股本:45,320,000股

对首次公开发行股票前股东所持股份的流通限制及期限:本公司的国有法人股、法人股暂不上市流通。

首次公开发行股票前股东对所持股份自愿锁定的承诺：自愿将所持有的本公司的股票按国家法律、法规的要求进行锁定。第一大股东承诺在本公司上市之日起一年内，不转让所持有的股份，也不由本公司回购该部分股份。

上市地点:上海证券交易所　　上市时间:2001年8月7日

股票登记机构:上海证券中央登记结算公司

上市推荐人:东北证券有限责任公司

三、绪 言

本上市公告书是根据《中华人民共和国公司法》、《中华人民共和国证券法》、《股票发行与交易管理暂行条例》、《公开发行股票公司信息披露实施细则》和《上海证券交易所股票上市规则》等国家有关法律、法规的规定，并按照中国证监会《公开发行证券的公司信息披露内容与格式准则第7号--股票上市公告书》而编制，旨在向投资者提供有关广西北生药业股份有限公司(以下简称"本公司"或"发行人")和本次股票上市的基本情况。

经中国证监会证监发行字[2001]39号文核准，并经财政部财企便函[2001]52号文《关于广西北生药业股份有限公司国有股存量发行有关问题的函》的批复，本公司于2001年7月26日通过"上网定价"的方式成功发行股票4,532万股(其中国有股存量发行412万股)，每股面值1.00元，每股发行价为人民币9.60元。

经上海证券交易所上证上字[2001]109号《上市通知书》同意，本公司通过上网定价发行的4,532万股股票将于2001年8月7日起在上海证券交易所挂牌交易。股票简称"北生药业"，股票代码"600556"。

本公司已于2001年7月24日在《中国证券报》、《上海证券报》和《证券时报》上刊登了《招股说明书摘要》，招股说明书正文及其附注材料刊载于上海证券交易所网站(http://www.sse.com.cn)，距今不足三个月，故与其重复的内容在此不再重述，敬请投资者查阅上述内容。

四、发行人概况

(一)发行人的基本情况

1、发行人名称:广西北生药业股份有限公司

英文名称:Guangxi Beisheng Pharmaceutical Co.,Ltd.

2、注册资本:90,000,000元

3、法定代表人:何玉良

4、发行人成立日期:1993年11月28日

5、注册地址:广西北海市白虎头路海玉小区88幢

6、经营范围:化学药品、抗生素、中药材、中药饮片、中成药、生化药品、生物制品、血液制品、保健药品等。

7、主营业务:本公司主要从事生化药品、生物制品、血液制品和人体组织工程材料的开发、生产和销售。

8、所属行业:生物医药行业

9、联系电话:0779-3216669

传真:0779-3218881

10、电子信箱:hyl@ppp.nn.gx.cn

11、董事会秘书:张小明

(二)发行人的历史沿革

广西北生药业股份有限公司是于1993年11月28日经广西壮族自治区[桂体改股字(1993)106]号文批准设立，1996年根据国务院国发(1995)17号文进行规范并经广西壮族自治区[桂体改股字(1996)83]号文确认，在广西壮族自治区工商行政管理局进行了重新登记注册的定向募集股份公司。公司总股本1,158.5万元，其中法人股1,150万股，内部职工股8.5万股。公司主营汽车改装、汽车翻新、汽车修理及零部件配售。

1998年8月，经广西壮族自治区[桂体改股字(1998)33号]文批复，公司进行了增资扩股，以1.35元/股的价格向社会法人定向募集3,721.5万股，共募集5,024万元。此次增资扩股完成后，公司更名为广西北生药业股份有限公司，主营业务变更为生化药品、生物制品、血液制品、人体组织工程材料等的开发、生产和销售。同年10月办理了工商变更登记。

经中国证券监督管理委员会证监发行字〔2001〕39号文批准，本公司4,532万社会公众股已于2001年7月26日在上海证券交易所上网定价发行成功，每股面值1.00元，发行价格9.60元。本公司于2001年8月1日办理了验资手续。公司营业执照注册号:(企)4500001000958，法定代表人:何玉良。

(三)发行人的主要经营情况

公司于1999年通过国家科技部和中国科学院评审为高新技术企业，主要从事生物医药制品、人体组织工程产品的科研、生产与销售。公司是国家生物工程制药中试基地、国家定点血液制品生产企业、通过国家卫生部GMP认证的血液制品生产企业之一、全国首批通过GMP认证的基因工程干扰素制药企业、广西壮族自治区科学技术厅认定的高新技术企业。

1、发行人在产品、技术、人才等方面的优势和劣势

广西北生药业股份有限公司是一家较具规模的生物制药类高新技术企业，与国内同行相比有如下优势:

(1)产业基础优势:公司现有柳州生物制品分公司、辽阳血液技术分公司、长春凯旋制药分公司三个分公司和浙江汉生制药有限公司和北京桀亚莱福生物技术有限公司两个控股子公司，除长春分公司外，其他企业均通过了国家SDA的GMP质量体系认证，使公司具备了医药产品生产的良好条件。公司产品包括了基因工程、组织工程、生物制品、生化药品、血液制品等方面，范围广、品种全。公司在全国建立了完善的市场网络，可以有效地保证公司产品的产销平衡。

(2)产品优势:公司的主导产品和拟上市产品包括人血白蛋白、静注丙球、胸腺肽、重组人干扰素α—2b、J—1型脱细胞异体真皮、5%声振人血白蛋白、冻干口服福氏2α、宋内氏痢疾双价活菌苗等，其中J—1型脱细胞异体真皮、重组人干扰素α—2b、冻干口服福氏2α、宋内氏痢疾双价活菌苗为国家科技部、计委颁布的《当前优先发展的高技术产业化重点领域指南》(1999年度)提出的近期产业化重点产品。冻干口服福氏2α、宋内氏痢疾双价活菌苗是国家"863计划"项目，拥有我国自主知识产权，属世界首创，已获国家Ⅰ类新药证书，该产品除兰州生物制品所有类似产品在中试生产外，无其他厂家，市场前景广阔。J—1型脱细胞异体真皮是公司自主开发的新产品，制备技术获得了美国和国内专利。5%声振人血白蛋白已获得国家Ⅱ类新药证书，是填补国内空白的产品，这两类产品都是国内公司独家生产，价格比进口产品低很多，具有良好的市场前景。重组人干扰素α—2b是公司自行研制的国家Ⅱ类新药，采用了可溶性表达和大规模层析技术。胸腺肽的生产厂家全国有60多家，年生产能力2,500万支，公司技改项目完成后，年生产能力600万支。血液制品全国有30多个生产厂家，根据这些生产企业的设计生产能力比较，公司的生产能力为同行业前十名。

(3)研发优势:公司有一批高素质的研发人员队伍，他们在自己的工作岗位上根据公司总体发展目标奉献着聪明才智，从事着各类产品系列产品的开发工作，加之股东单位沈阳药科大学的技术支持和公司与国内科研院所的良好协作关系，形成了公司研究、开发、储备、生产的产品梯队，力争公司每年都有些新产品投产。

加入WTO后，本公司产品在面对国外产品竞争方面具有较为明显的优势，主要表现在:胸腺肽、血液制品虽为成熟产品，但胸腺肽是国内特有的生化品种，而国内生产血液制品具有明显的资源优势，公司已具备了规模化生产条件，生产能力处于全国同行前列，生产技术不存在知识产权问题;基因重组人干扰素α-2b干扰素由公司自主开发研制，成本低于进口同类产品，竞争优势明显;脱细胞异体真皮及拟投资的痢疾双价活菌苗、5%声振人血白蛋白均属填补国内空白产品，价格比国外产品低数倍，具有良好的市场前景。

公司在生物制药领域也存在一些劣势。与美国等同类公司相比，本公司对生物药品的流程和工艺操作不够严谨，对质量缺乏系统管理，使产品无法与国外同类产品竞争，只能将产品定位在国内或国内某些地区;市场开发费用投入不足，国外的制药企业每年都投入大量费用用于企业形象战略、品牌战略、广告战略、营销策略、售后服务和市场调研，而本公司在这方面的投入很少，影响了产品的推广;同时，公司产品还面临着中药和化学药的竞争，随着中药开发生产技术的进步，传统工艺将日益改善，竞争力将不断加强，化学药作为医药市场的主导产品，每年的销售额都占整个药品市场的60%以上，而生物技术药物处于起步阶段，规模小，投入不足，相当长一段时间将面临着中药和化学药竞争的压力;另外，目前汉生公司干扰素的生产规模较小，为60万支/年，而国内大多生产企业生产规模约在80-150万支/年(数据来自《医药经济信息》);公司的异体真皮与拟投资的痢疾双价活菌苗、5%声振人血白蛋白都属于填补国内空白产品，在新市场的开拓上存在着成本高与风险大的不利因素。

2、主要财务指标

根据华寅会计师事务所出具的审计报告，截止2000年12月31日，公司资产总额267,843,584.16元，净资产79,019,760.02元。公司前三年及2001年度中期的主要财务数据如下:(金额单位:人民币万元)

项目	2001年中期	2000年度	1999年度	1998年度
主营业务收入	5,466	9,890	3,121	1,614
主营业务利润	2,566	4,560	1,209	787
利润总额	995	1,877	639	213
净利润	639	1,013	407	150
净资产收益率(全面摊薄)	7.48	12.82	5.90	2.31
每股收益(全面摊薄)	0.13	0.21	0.08	0.0

3、发行人的研发情况、完成的重大项目和科研成果

本公司历年来通过招聘、合作培养、培训等形式，多渠道引进和培养大批科技人才，建立了一支科研素质高、人员层次合理和年龄结构优化的人才队伍。目前，公司各类技术人员已占企业员工总数近26%，直接从事生物医药产品和技术开发研究的人员达170人，他们已经成为公司的技术骨干。科技人员的专业及研究方向涉及生物化学及分子生物学、药物化学、药物制剂、血液制品、组织工程、生物工程、微生物、药物分析等领域。

公司一直把技术改造和科研开发放在企业经营极其重要的地位，公司及下属企业完成的重大项目和科研成果有:

(1)1999年辽阳分公司和柳州分公司分别完成了血液制品生产线的GMP改造并通过了国家药监局的验收;浙江汉生公司一条重组人干扰素α-2bGMP生产线，通过了国家药监局的验收。截至1999年底，在全国103家通过GMP认证的制药企业中，公司占了三家。浙江汉生公司目前已向国家药监局申请GMP复查认证，并已通过了浙江省药品监督管理局的验收，现正等待国家药监局的验收。

(2)公司及下属企业已上市及拟投资项目产品获得的科研成果主要包括:

①"J-1型脱细胞异体真皮"1998年被授予国家级火炬计划项目，其制备技术1999年在美国专利局获得专利，专利号为U.S.Patent5916265，于2001年1月获得中华人民共和国国家知识产权局发明专利1项，专利号ZL96104550.7。

②"痢疾双价基因工程疫苗的研制"两次被国家科学技术委员会列入863计划。

③"胎盘蛋白和激素的基础与临床研究"1997年被吉林省科学技术进步奖评审委员会授予科技进步二等奖。

④"精制人白细胞干扰素生产工艺及应用研究"1994年被吉林省科学技术进步奖评审委员会授予科技进步三等奖。

⑤"人血白蛋白低温乙醇法工艺"1996年获卫生部颁发的药品生产企业许可证和人血白蛋白批准文号。

⑥"注射用重组人干扰素α-2b"1997年获卫生部颁发的二类新药证书，1999年获国家药品监督管理局颁发的新生物制品生产文号。

⑦"冻干口服福氏2a、宋内氏痢疾双价活菌苗"获国家药品监督管理局颁发的一类新药证书。

⑧"新型心脏造影剂5%声振人血白蛋白注射液"获国家药品监督管理局颁发的二类新药证书。

4、所有或使用的知识产权状况

公司除生产胸腺肽、人血白蛋白、注射用重组人干扰素α-2b、J-1型脱细胞异体真皮等产品外，后续产品已形成了完整的序列，其详细情况如下:

产品名称　　技术类型　　进度　　其他

注射用重组人干扰素α-2b	基因工程	已获新药证书;并已生产	国家二类新药 合作开发
J-1型脱细胞异体真皮	人体组织材料	已获美国专利和中国专利;并已生产	
冻干口服福氏2a、宋内氏痢疾双价活菌苗	基因工程	已获新药证书;通过转让获得该项非专利技术	国家一类新药 合作开发
5%声振人血白蛋白注射液	生化技术	已获新药证书;通过转让获得该项非专利技术	国家二类新药 合作开发
静、肌注丙球	生化技术	已申报	自行开发
精制人狂犬疫苗	细胞培养	已申报	国家二类新药 自行开发
抗乙肝免疫球蛋白	生化技术	待申报	自行开发
抗破伤风免疫球蛋白	生化技术	待申报	自行开发
抗凝血酶Ⅲ	生化技术	待申报	国家三类新药 自行开发
冻干人纤维蛋白原	生化技术	待申报	自行开发
冻干人凝血因子Ⅷ	生化技术	待申报	自行开发
凝血酶原复合物	生化技术	待申报	自行开发
新型人体组织工程材料系列		待申报	合作开发

1998年12月,本公司与中国人民解放军第一军医大学签署《5%声振人血白蛋白注射液技术转让合同》,合同约定:该项技术转让费用总额为980万元,本公司支付转让费用后,将获得该项成果的独家受让权,解放军第一军医大学不得再转让给第三方。目前,本公司根据转让合同已经支付686万元转让费用,对方已向本公司交付新药证书。

1999年1月与2000年4月,本公司与中国人民解放军军事医学科学院微生物流行病研究所签署了《冻干口服福氏、宋内氏痢疾双价活菌苗(FSM2117)技术转让合同》及《冻干口服福氏、宋内氏痢疾双价活菌苗(FSM2117)技术转让合同》补充协议书,确定本公司以1,400万元价款获得上述非专利技术的使用权,技术转让合同同时约定:解放军军事医学科学院再行转让该技术时,需征得本公司的书面同意。目前,本公司根据转让合同已经支付700万元转让费用,对方已向本公司提供整套技术资料。

五、股票发行与股本结构

(一)本次股票上市前首次公开发行股票的情况

1、社会公众股发行数量:4,532万股(其中国有股存量发行412万股)

2、股票发行价格:9.60元/股

3、募股资金总额:43,507.2万元(其中国有股存量发行募股资金3,955.2万元)

4、发行方式:上网定价发行

5、发行费用总额及项目:本次股票发行费用共1,375万元(其中国有股存量发行费用125万元),主要包括承销费用、审计费用、评估费用、律师费用、发行手续费用、审核费等。

6、每股发行费用:0.303元　　7、发行日期:2001年7月26日

8、中签率:0.243%　　9、有效申购户数:1,176,102户

10、持有1,000股以上的户数:44,590户

(二)本次股票上市前首次公开发行股票的承销情况

本次公开发行的社会公众股4,532万股已全部被投资者认购,承销团无余额包销。

(三)本次上市前首次公开发行股票所募股资金的验资报告

验资报告　　寅会[2001]验字第3048号

广西北生药业股份有限公司全体股东:

我们接受委托,对广西北生药业股份有限公司截至2001年8月1日止的注册资本变更情况的真实性和合法性进行了审验。在审验过程中,我们按照《独立审计实务公告第1号——验资》的要求,实施了检查等我们认为必要的审验程序。广西北生药业股份有限公司的责任是按照国家有关法规的规定和协议、合同、章程的要求出资,提供真实、合法、完整的验资资料,保护资产的安全、完整,我们的责任是按照《独立审计实务公告第1号——验资》的要求,对被审验单位注册资本的变更情况进行审验,出具验资报告。

广西北生药业股份有限公司变更前的注册资本和股本为48,800,000.00元,申请增资后的注册资本和股本为90,000,000.00元。根据我们的审验,截至2001年8月1日止,广西北生药业股份有限公司已收到新出资者缴纳的投入资本383,020,000.00元(已扣除发行费用),其中股本41,200,000.00元,资本公积341,820,000.00元,出资方式为货币资金,出资币种为人民币。广西北生药业股份有限公司变更后股本总额为90,000,000.00元,其中:国有法人股21,268,000.00元,占总股本的23.64%;法人股23,327,000.00元,占总股本的25.91%;内部职工股85,000.00元,占总股本的0.09%;社会公众股45,320,000.00元,占总股本的50.36%。

广西北生药业股份有限公司此次共计向社会公众发行人民币A种股票4532万股,根据国务院制定的《减持国有股筹集社会保障资金管理暂行办法》的规定,其中国有股存量发行412万股所募集到的资金由主承销商直接划至财政部设置的指定科目,公司国有法人股由发行前的2538.8万股减为2126.8万股,减少412万股。

本验资报告是供贵公司申请变更登记及据以向出资者签发出资证明时使用,不应将其视为是对被审验单位验资报告日后资本保全、偿债能力和持续经营能力等的保证,因使用不当所造成的后果,与本所及执行验资业务的注册会计师无关。

附件(一):注册资本、股本变更情况对照明细表

附件(二):验资事项说明

华寅会计师事务所有限责任公司　　中国注册会计师:谢泽敏　中国注册会计师:刘俊奕

中国　北京　　二零零一年八月一日

(四)募股资金入帐情况

入帐时间:2001年8月1日

入帐金额:38,820.288万元

入帐帐号:5022015016078

开户银行:交通银行北海支行北部湾西路分理处

(五)发行人上市前股权结构及各类股东的持股情况

1、本次上市前股权结构

项目	股数(万股)	比例(%)
国有法人股	2,126.8	23.64
法人股	2,332.7	25.91
内部职工股	8.5	0.09
社会公众股	4,532	50.36
总股本	9,000	100.00

2、本公司前十名股东持股情况

序号	股东名称	持股数量(万股)	占总股本比例%
1	北海广厦公司	2,000.8	22.23
2	辽宁北生集团	1,588.14	17.65
3	广西血液中心	488.66	5.43
4	北海东珠公司	136.7	1.52
5	北海京顺公司	97.6	1.08
6	北海安峰公司	97.6	1.08
7	沈阳药科大学	50	0.56
8	汉兴基金	14.2	0.16
9	裕阳基金	10.4	0.12
10	汉盛基金	9.5	0.11

六、董事、监事、高级管理人员及核心技术人员

(一)董事会成员简介

1、何玉良先生:46岁,大专学历,中共党员,经济师,工程师。1972年进入浙江广厦建筑集团公司,1978年任北京办事处主任,1992年任北海公司总经理,1997年任北海浙江广厦公司董事长兼总经理。现任本公司董事长。

2、李太安先生:52岁,大学本科,中共党员,主任医师。1965年进入沈阳军区二O九医院任军医,1984年开始,历任沈阳军区后勤部、沈后第二二二医院、第二二四医院处长、院长,1990年开始,历任沈后医药管理局、沈后卫生部办事处处长、局长,1995年任辽宁北方生物药业集团董事长兼总经理。现任本公司副董事长兼总经理以及辽宁北生集团董事长。

3、郭中满先生:41岁,博士,副研究员,中共党员。1983年,任沈后军马防治研究所助理研究员,1998年在解放军兽大学学习,1991年进入长春市凯旋药厂历任质检科科长、厂长助理、车间主任,1996年出任厂长、党委书记。现任公司董事、公司总工程师、长春分公司经理。

4、刘鹏翰先生:35岁,硕士学历,中共党员,副研究员,副主任技师。1990年进入柳州血站担任科研组长,1993年开始,历任柳州血站科研室副主任、广西血液中心制品室主任、质保科科长,1998年出任广西血液中心副主任、广西生物制品研究所副所长。现任公司董事、副总经理。

5、陈德传先生:61岁,大专学历,中共党员,主任医师。1958年进入广西防疫站任医师,1970年进入柳州血站,1984年任第一副站长,1986年任广西血液中心主任,1996年任广西生物制品研究所所长。现任公司董事、柳州分公司经理。

6、陈国胜先生:48岁,大学本科,中共党员,高级会计师。1972年入沈阳军区后勤部,1974年任财务部助理,1990年任沈阳军区财产结算中心办事处副主任,1995年任沈阳军区后勤部医药管理局财务物资处处长,当年出任辽宁北生集团财务部长、总会计师。现任公司董事、总经济师。

7、邓素润女士:46岁,大专学历,高级会计师,中共党员。1996年任沈阳军区后勤部工厂管理局副处助理,1998年开始担任辽宁北生集团财务部副部长、投资审计部部长。现任公司董事、董事会办公室主任。

8、张光庆先生:37岁,大专学历,中共党员。1983年任国营三零三九厂技术员,1986年任技术员、经理,1997年任北海广厦公司副总经理。现任公司副董事长。

9、陈克兰女士:48岁,大专学历,中共党员,主管技师。1984年任广西血液中心办公室主任,1994年任广西血液中心党支部书记,1998年出任广西生物制品研究所副所长,广西血液中心副主任。现任公司董事。

10、姜涛女士:27岁,大学本科。1994年任职于北海北部湾城市信用社,1995年任北海浙江广厦公司总经理助理。现任公司董事。

11、张翼志先生:40岁,大专学历,会计师。曾任住宅建设工程有限公司科长,1996年任浙江东阳市第三建筑工程北海分公司业务部经理,1998年任北海京顺贸易有限公司总经理。现任公司董事。

12、李雪梅女士:35岁,中专学历。1988年任广西桂贸房地产开发柳州分公司科长,1990年任北海金田华翔房地产开发公司房产部主任,1997年任北海市安峰贸易公司总经理。现任公司董事。

13、虞育强先生:35岁,中专学历,中共党员。1983年开始,历任东阳市农村信用社会计、信贷员、主任、副总经理。现任公司董事,兼任北海东珠实业有限责任公司副总经理。

(二)监事会人员简介

1、杨殿庚先生:50岁,大学学历,中共党员。1993年任沈阳军区政治部干部处及任免处干事、生产经营干部处处长,1995年任沈阳军区医药管理局党委书记,1996年任辽宁北生集团党委书记。现任公司监事。

2、何承举先生:50岁,中专学历,主管技师,中共党员。1969年任广西临桂县两江医院检验士,1972年进入柳州血站技师,1985年任柳州血站检验科副主任,制品室副主任、主任、业务科科长,1994年出任广西血液中心副主任。现任公司监事会主席。

3、杨福林先生:56岁,大专学历,会计师,中共党员。1965年进入东阳县人民银行,1968年任东阳县人民银行磐山营业所副主任、主任,1976年任磐安县大盘人民公社党委主任、副书记,1983年任磐安县乡镇企业局股长,1987年任磐安县农业银行副行长,1992年任磐安县橡胶厂副厂长,1993年任磐安县计划委员会副主任级调研员。现任公司监事,是公司职工代表。

(三)其他高级管理人员简介

1、孙昌荣先生:37岁,硕士,副研究员,中共党员。1988年进入沈后生物技术研究所工作,1993年任沈阳军区后勤部生物技术研究所技术员、长春市凯旋药厂技术员、1998年出任总工程师。现任公司副总经理。

2、刘惠民先生:48岁,大学本科,高级工程师,中共党员。1982年任沈阳市皮革工业总公司党委副书记,1983年任沈阳轻工业管理局党办副主任,1985年任沈阳皮革综合厂厂长、党委书记,1992年任沈阳皮革工业集团公司总经理兼厂长,1997年任北海浙江广厦公司常务副总经理。现任公司副总经理。

3、孟东先生:46岁,大学本科,经济师,中共党员。1986年任沈阳新乐制药厂科长,1995年任副厂长,1996年出任沈阳军区医药管理局销售公司总经理,1997年任康新制药有限公司副总经理,1998年出任辽宁北生集团副总经理。现任公司副总经理。

4、张小明女士:35岁,大学本科。1996年任广州经济电台编辑,1998年出任广西北海浙江广厦公司副总经理。现任公司董事会秘书。

5、陈亚辉先生:37岁,大专学历,会计师。1985年任职于磐安县财税局,1990年任职于磐安县城建局,1992年进入浙江广厦集团公司北京办事处任职,1998年出任北海浙江广厦公司财务部经理。现任公司财务总监。

(四)核心技术人员

1、李太安先生:曾经担任解放军后勤学院管理局、全军高级职称评委,沈阳军医医药专业职业评委会主任,中国生物协会理事。曾立三等功一次,获全军科技进步二等奖一次、三等奖一次,撰写《医院管理方法与实践》专著一部。

2、刘鹏翰先生:曾参加并主持"高效价乙肝免疫球蛋白研制"获广西区卫生厅资助。"静脉注射免疫球蛋白的研制"和"人破伤风免疫球蛋白研制"两项课题获广西区科委立项。"人血白蛋白开发和生产"课题已完成成果鉴定。多年来在省级以上刊物发表论文20多篇,其中一些论文被中国药学会生化生物委员会授予优秀论文奖。合作出版译著一本。1999年负责完成了一条血液制品生产线的设计和改造并通过了国家SDA的GMP认证,现任广西区实验动物管理委员会委员。

3、孙昌荣先生:曾立三等功一次,嘉奖一次,获沈阳军区后勤部"廉洁奉公先进个人"称号。参与研制乙型肝炎系列诊断试剂盒并获国家卫生部文号,吉林省三等奖,主持研制精制狂犬疫苗项目并申报国家药监局文号。

4、郭中满先生:曾获沈后嘉奖一次,获三等功一次。主持研究申报精制人白细胞干扰素,创效益千万元以上。主持研究以抗乙肝特异性转移因子,通过国家药品检定所检定并获吉林省卫生厅文号。83年以来,共参加九项科研课题研究,分别获军队或地方等级奖,其中三等奖4项、四等奖2项、五等奖3项,发表论文近20篇,《精制人白细胞干扰素纯化工艺及临床应用研究》获93年北京科技之星国际博览会金奖,获95年联合国信息促进系统发明创新科技之星奖。

5、胡杰先生:40岁,博士。曾在北京医院、美国南卡医大从事人体组织材料研究和开发。J-1脱细胞异体真皮制备技术于1999年获美国专利局发明专利1项,专利号U.S.Patent5916265,2001年获中华人民共和国国家知识产权局发明专利1项,专利号ZL96104550.7。该项目于98年被纳入国家火炬计划,现任北京桀亚公司副总经理。

6、傅龙云先生:38岁,硕士,助理研究员。1990年任中科院上海药物研究所助理研究员,1994年进入浙江汉生制药有限公司(筹)总经理,长期从事基因工程人α-2b干扰素项目研究。现任广西北生药业股份有限公司副总工程师。

(五)公司董事、监事、高级管理人员及核心技术人员持股情况

截止招股说明书签署之日，公司董事、监事、高级管理人员及核心技术人员本人和家属均未持有公司股份，也未通过其近亲属直接或间接控制的法人持有公司股份。

七、同业竞争与关联交易

（一）同业竞争本公司与第二大股东辽宁北生集团虽同属医药行业，但不存在同业竞争。同时，本公司主要股东北海广厦公司、辽宁北生集团、广西血液中心已出具承诺函郑重承诺：本单位以及本单位除股份公司以外的控股子公司、子企业或者关联企业现在没有将来也不会从事与股份公司的生产经营有实质性竞争的业务。

（二）关联方

1、主要股东与其他股东

股东名称	数量（万股）	占发行前总股本比例（%）
北海广厦公司	2000.8	41.00
辽宁北生集团	1903.2	39.00
广西血液中心	585.6	12.00
北海东珠公司	136.7	2.80
北海京顺公司	97.6	2.00
北海安峰公司	97.6	2.00
沈阳药科大学	50	1.03

2、主要股东及其股东控制或参股的企业

北海广厦公司没有控制或参股的企业。

辽宁北生集团所属全资子公司有：沈阳光荣大药房、北方兽药械供应站、北方医药企业联合集团、丹东锦江医药经营公司、沈阳兴正药物研究所、长春凯旋生物技术研究所、北生集团生物技术研究开发有限公司。

辽宁北生集团投资参股企业有（除广西北生药业股份有限公司以外）：北生集团青峰药业有限公司、延边康泰制药有限公司。

广西血液中心没有控制或参股的企业。

3、主要投资者个人、关键管理人员、核心技术人员、或与上述关系密切的人士控制的其他企业

除了胡杰个人参股北京桀亚公司以外，主要投资者个人、关键管理人员、核心技术人员或与上述关系密切的人士没有控制其他企业。

（三）董事、监事、高级管理人员及核心技术人员在关联方任职情况

公司监事杨殿庚在辽宁北生集团担任法人代表、党委书记；公司董事虞育强在北海东珠实业有限责任公司担任副总经理；公司董事李雪梅在北海市安峰贸易有限公司担任法人代表；公司董事张翼志在北海京顺贸易有限公司担任法人代表。除上述人员以外公司其他董事、监事、高级管理人员及核心技术人员均未在关联方任职。

公司董事李太安、陈国胜、邓素润、郭中满，监事杨殿庚，副总经理孙昌荣、孟东为辽宁北生集团派出；公司董事长何玉良、刘鹏翰、张光庆、姜涛，监事杨福林，财务总监陈亚辉，副总经理刘惠民，董事会秘书张小明为北海浙江广厦建筑有限责任公司派出；董事陈德传、陈克兰，监事何承举为广西血液中心派出；董事李雪梅为北海市安峰贸易有限公司派出；董事张翼志为北海京顺贸易有限公司派出。

八、财务会计资料

本公司截止2000年12月31日的财务会计资料，已于2001年7月24日在《中国证券报》、《上海证券报》和《证券时报》刊登的《招股说明书摘要》中进行了披露，投资者欲了解详细内容，请查阅上述报纸或刊载于上海证券交易所网站（http://www.sse.com.cn）的本公司招股说明书全文。

（一）注册会计师意见

本公司聘请了华寅会计师事务所有限责任公司谢泽敏、刘俊奕会计师对本公司1998年度、1999年度、2000年度及2001年中期会计报表进行了审计，并出具了标准无保留意见的审计报告。

（二）简要会计报表

以下内容摘自业经审计的公司财务报告。

简要资产负债表（单位：元）

项目	2001年6月30日（合并）	2000年12月31日（合并）
流动资产合计	116,572,870.92	107,941,480.91
固定资产合计	122,061,980.86	121,078,239.25
无形资产及其他资产合计	34,134,172.36	38,823,864.00
资产总计	272,769,024.14	267,843,584.16
流动负债合计	157,747,193.73	160,118,232.93
长期负债合计	18,800,000.00	18,800,000.00
负债合计	176,547,193.73	178,918,232.93
少数股东权益	10,810,736.04	9,905,591.21
股本	48,800,000.00	48,800,000.00
资本公积	13,026,516.26	13,026,516.26
未分配利润	20,006,137.16	13,614,802.81
股东权益合计	85,411,094.37	79,019,760.02
负债及股东权益合计	272,769,024.14	267,843,584.16

简要利润表 （单位：元）

项目	2001年中期（合并）	2000年度（合并）
一、主营业务收入	54,662,089.43	98,898,617.86
二、主营业务利润	25,656,134.40	45,601,875.01
三、营业利润	10,133,619.49	18,884,235.64
四、利润总额	9,946,924.79	18,772,231.95
五、净利润	6,391,334.35	10,133,219.69

简要现金流量表 （单位：元）

项目	2001年中期（合并）	2000年度（合并）
一、经营活动产生的现金净流量	5,252,106.51	9,539,448.30
二、投资活动产生的现金净流量	-2,636,857.42	-88,017,439.85
三、筹资活动产生的现金净流量	-1,289,266.81	69,503,532.26
四、汇率变动对现金的影响额五、现金及现金等价物净增加额	1,325,982.28	-8,974,459.29

（三）公司2001年中期审计报告

审计报告　寅会[2001]第3136号

广西北生药业股份有限公司全体股东：

我们接受委托，审计了贵公司2001年6月30日的资产负债表和合并资产负债表，2001年1-6月份的利润及利润分配表和合并利润及利润分配表以及2001年1-6月份的现金流量表和合并现金流量表。这些会计报表由贵公司负责，我们的责任是对这些会计报表发表审计意见。我们的审计是依据《中国注册会计师独立审计准则》进行的。在审计过程中，我们结合贵公司的实际情况，实施了包括抽查会计记录等我们认为必要的审计程序。

我们认为，上述会计报表的编制符合《企业会计准则》和《企业会计制度》的有关规定，在所有重大方面公允地反映了贵公司2001年6月30日的财务状况和2001年1-6月份的经营成果以及2001年1-6月份的现金流量情况，会计处理方法的选用遵循了一贯性原则。

华寅会计师事务所有限责任公司　中国注册会计师：谢泽敏　中国注册会计师：刘俊奕

中国·北京　二零零一年七月三十日

广西北生药业股份有限公司会计报表附注　2001年1月1日至2001年6月30日

金额单位：人民币元

一、公司简介

广西北生药业股份有限公司（以下简称"公司"）原名北海通发实业股份有限公司。是经广西壮族自治区人民政府以"桂体改股字（1993）106号"文批准，于1993年11月28日以定向募集方式设立的股份有限公司。1996年公司按公司法进行了规范，经广西壮族自治区人民政府以"桂体改股字（1996）83号"文批准，公司总股本1158.5万元，其中法人股1150万元，内部职工股8.5万元。此次规范后，公司在广西壮族自治区工商行政管理局进行了重新登记。1998年9月30日经广西壮族自治区人民政府以"桂体改股字（1998）33号"文批准，公司更名为广西北生药业股份有限公司，并进行了增资扩股，增资扩股后公司注册资本为4880万元，并于同年10月在广西壮族自治区工商行政管理局办理了变更登记手续。

公司经营范围：化学药品、抗生素、中药材、中药饮片、中成药品、生物制品、血液制品、保健药品等。

二、公司主要会计政策、会计估计和合并会计报表的编制方法

三、主要税项

1.增值税：除柳州生物制品分公司、浙江汉生制药有限公司、北京桀亚莱福生物技术有限责任公司适用6%的税率外，公司总部和其他分公司适用17%的税率。

2.城市维护建设税、教育费附加：除浙江汉生制药有限公司城市维护建设税按应交流转税额的5%、教育费附加按应交流转税额的4%计算缴纳外，其他分、子公司分别按应交流转税额的7%和3%计算缴纳。

3.所得税：（1）母公司和下设的分公司、子公司（北京桀亚莱福生物技术有限责任公司除外）均执行33%的所得税率。（2）子公司北京桀亚莱福生物技术有限责任公司于2000年3月被北京市科学技术委员会核定为高新技术企业，根据财政部、国家税务总局财税字[94]001号文件规定，减按15%的税率征收所得税。

四、控股子公司

被投资单位全称	经营范围	注册资本	公司投资额	公司持股比例
浙江汉生制药有限公司	生物制品	20,000,000.00	16,000,000.00	80%
北京桀亚莱福生物技术有限责任公司	生物制品	10,000,000.00	6,500,000.00	65%

五、合并会计报表主要项目注释

1.货币资金

项目	2001.6.30余额
（1）现金	26,969.31
（2）银行存款	3,441,386.26
合计	3,468,355.57

2.应收账款

（1）账龄分析

账龄分析	2001.6.30余额	比例	坏账准备
1年以内	28,433,047.37	62.81%	852,991.43
1-2年	13,027,223.07	28.78%	651,361.16
2-3年	1,499,278.91	3.31%	224,891.83
3年以	2,310,471.86	5.10%	746,014.17
合计	45,270,021.21	100%	2,475,258.59

3.其他应收款

（1）账龄分析

账龄分析	2001.6.30余额	比例	坏账准备
1年以内	8,196,308.49	31.95%	245,889.24
1-2年	16,987,616.37	66.21%	849,380.82
2-3年	144,795.23	0.56%	21,719.28
3年以上	328,341.37	1.28%	172,910.19
小计	25,657,061.46	100%	1,289,899.53

4.预付账款

（1）账龄分析

账龄分析	2001.6.30余额	比例
1年以内	11,145,328.26	59.22%
1-2年	7,676,085.00	40.78%
小计	18,821,413.26	100%

20.资本公积

内容	2001年6月30日
股本溢价	13,026,516.26

1998年9月公司增资扩股，增资扩股后的注册资本为48,800,000.00元，溢价部分合计13,026,516.26元计入资本公积。

21.盈余公积

项目	2001年6月30日
期初数	3,578,440.95
本期增加	
其中：法定盈余公积	
公益金	
本期减少	
期末数	3,578,440.95
其中：法定盈余公积	2,385,627.31
公益金	1,192,813.64

22.未分配利润

项目	2001年6月30日
期初未分配利润	13,614,802.81
加：本期净利润	6,391,334.35
减：提取法定公积金	
提取法定公益金	
期末未分配利润	20,006,137.16

鉴于公司正处于高速发展阶段，需要大量的资金支持科技项目的研究开发和扩大生产规模，经公司2001年股东大会决议，公司2000年度均按照当年实现净利润的10%提取法定盈余公积和5%提取法定公益金之后，不再向股东分配利润。

23.主营业务收入

项目	2001年1-6月份
血液制品	31,138,694.40
生物制药	19,158,875.36
异体真皮	4,364,519.67
合计	54,662,089.43

24.主营业务税金及附加

项目	2001年1-6月份
城建税	367,574.58
教育费附加	188,613.03

合计	556,187.61

25.财务费用

项目	2001年1-6月份
利息支出	2,177,376.12
利息收入	13,379.24
金融机构手续费	18,926.72
合计	2,182,923.60

26.营业外收入

项目	2001年1-6月份
其他收入	76,020.80
合计	76,020.80

27.营业外支出

项目	2001年1-6月份
罚款支出	28,313.82
其他支出	234,401.38
合计	262,715.20

28.所得税

项目	2001年1-6月份
所得税	2,650,445.61
会计利润	9,946,924.79
应纳税所得额	8,031,653.36
差异	1,915,271.43

七、承诺事项：

公司无需要说明的重大承诺事项

八、或有事项：公司无需要说明的重大或有事项

九、关联方关系及其交易：

十、期后事项：公司无需说明的重大期后事项

十一、其他重要事项：公司无需要说明的其他重要事项。

十二、重要财务指标：

项目	2001年1-6月份
流动比率	0.74
速动比率	0.57
资产负债率(%)	64.72
应收帐款周转率(次/年)	1.33
存货周转率(次/年)	1.35
净资产收益率(%)-全面摊薄	7.48
净资产收益率(%)-加权平均	7.77
每股净利润(元)-全面摊薄	0.1310
每股净利润(元)-加权平均	0.1348

(四)主要财务指标

财务指标	2001年中期	2000年度	1999年度	1998年度
流动比率	0.74	0.67	0.98	0.97
速动比率	0.57	0.49	0.66	0.49
应收帐款周转率(次/年)	1.33	3.76	2.29	2.26
存货周转率(次/年)	1.35	2.60	0.75	0.60
无形资产占总资产的比例(%)	12.51	9.91		
无形资产占净资产的比例(%)	39.96	33.60		
资产负债率(母公司)%	58.92	61.88	56.05	50.83
每股净资产	1.75	1.62	1.41	1.33
每股经营活动现金净流量	0.11	0.20	0.14	-0.04
净资产收益率(%)-全面摊薄	7.48	12.82	5.90	2.31
净资产收益率(%)-加权平均	7.77	13.70	6.08	5.68
每股收益(%)-全面摊薄	0.131	0.2076	0.0833	0.0307
每股收益(%)-加权平均	0.131	0.2076	0.0833	0.0718

本公司按《公开发行证券公司信息披露编报规则第9号——净资产收益率和每股收益的计算及披露》

计算的2000年的净资产收益率、每股收益如下表：

报告期利润	净资产收益率		每股收益	
	全面摊薄	加权平均	全面摊薄	加权平均
主营业务利润	0.5771	0.6166	0.9345	0.9345
营业利润	0.2390	0.2553	0.3870	0.3870
净利润	0.1282	0.1370	0.2076	0.2076
扣除非经常性损益后的净利润	0.1297	0.1385	0.2099	0.2099

九、其他重要事项

1、本公司股票首次公开发行后至本上市公告书公布之日，本公司严格依照《公司法》、《证券法》等法律法规的要求，规范运行，生产经营情况正常；所处行业、市场无重大变化；主要投入、产出物供求及价格无重大变化；主要业务发展目标无重大进展。

2、本公司募股资金到位时间较短，截止上市公告书公布之日尚未进行项目投资及其他重大投资活动，无重大资产（股权）收购、出售行为。

3、截止本公司上市公告书公布之日，本公司住所未发生变更，不存在尚未了结的重大诉讼、仲裁案件，本公司会计政策未发生重大变动，本公司会计师事务所未发生变动。

4、截止本公司上市公告书公布之日，本公司未发生新的重大负债或重大债项发生变化。

5、依据《上海证券交易所股票上市规则》，本公司第一大股东已向上海证券交易所承诺，自发行人股票上市之日起12个月内，不转让所持有的股份，也不由上市公司回购其持有的股份。

6、除本公司招股说明书及其摘要和本上市公告书披露的事项外，本公司无其他应披露而未披露的重要事项。

十、董事会上市承诺

本公司董事会承诺将严格遵守《中华人民共和国公司法》、《中华人民共和国证券法》、《股票发行与交易管理暂行条例》、《公开发行股票公司信息披露实施细则》和《上海证券交易所股票上市规则》等国家法律、法规和有关规定，并自股票上市之日起作到：

（一）承诺真实、准确、完整、公允和及时地公布定期报告，披露所有对投资者有重大影响的信息，并接受中国证监会、证券交易所的监督管理；

（二）承诺发行人在知悉可能对股票价格产生误导性影响的任何公共传播媒介中出现的消息后，将及时予以公开澄清；

（三）发行人董事、监事、高级管理人员和核心技术人员将认真听取社会公众的意见和批评，不利用已获得的内幕消息和其他不正当手段直接或间接从事发行人股票的买卖活动；

（四）发行人没有无记录的负债。

依据《上海证券交易所股票上市规则》，本公司全体董事、监事将按照有关规定，在本公司股票上市后两个月内签署《董事（监事）声明及承诺书》并送达上海证券交易所备案。

十一、上市推荐人及其意见

1、上市推荐人情况

上市推荐人：东北证券有限责任公司　法定代表人：李树

注册地址：长春市长春大街142号　联系人：郭明新

联系电话：021-63367000-224　传真：021-63743169

2、上市推荐人意见

东北证券有限责任公司认为广西北生药业股份有限公司的上市完全符合《中华人民共和国公司法》、《中华人民共和国证券法》及《上海证券交易所股票上市规则》的有关规定。东北证券作为广西北生药业股份有限公司的上市推荐人，特推荐其股票在上海证券交易所上市交易。

东北证券认为发行人的董事了解法律、法规、上海证券交易所上市规则及股票上市协议规定的董事的义务与责任，并协助发行人健全了法人治理结构，协助发行人制定了严格的信息披露制度与保密制度。东北证券已对上市文件所载的资料进行了核实，确保上市文件真实、准确、完整，符合规定要求。东北证券保证发行人的上市申请材料、上市公告书没有虚假记载、误导性陈述或重大遗漏，并对其承担连带责任，保证不利用在上市过程中获得的内幕信息进行内幕交易，为自己或他人谋取利益。

广西北生药业股份有限公司

二零零一年八月二日

合并资产负债表

编制单位：广西北生药业股份有限公司　2001年6月30日　单位：元

资产	2001年度(合并)	2001年度(合并)
流动资产：		
货币资金	2142373.29	3468355.57
应收帐款	34608493.22	42794762.62
其它应收款	24832768.08	24367161.93
预付帐款	16565745.52	18821413.26
存货	29387954.84	26755885.16
待摊费用	404145.96	365292.38
流动资产合计	107941480.91	116572870.92
长期投资：		
固定资产：		
固定资产原值	131555558.15	132740733.66
减：累计折旧	29773447.85	33498380.13
固定资产净值	101782110.3	99242353.53
在建工程	19296128.95	22819627.33
固定资产合计	121078239.25	122061980.86
无形及其它资产：		
无形资产	32866946.76	31327487.64
长期待摊费用	5956917.24	2806684.72
无形资产及其它资产合计	38823864	34134172.36
递延税项：		
资产总计：		
资产总计	267843584.16	272769024.14
流动负债：		
短期借款	82720000	83470000
应付帐款	18798433.03	22390759.4
预收帐款	742937.75	1199674.15
应付工资	543067.41	451173.46
应付福利费	1211202.37	1327352.91
应付税金	8796771.68	12312658.42
其它应交款	82093.57	102635.92
其它应付款	44273003.54	30838594.25
预提费用	2950723.58	5654345.22
流动负债合计	160118232.93	157747193.73
长期负债：		
长期借款	18800000	18800000
长期负债合计	18800000	18800000
递延税项：		
负债合计：		
负债合计	178918232.93	176547193.73
少数股东权益：		
少数股东权益	9905591.21	10810736.04
股东权益：		
股本	48800000	48800000
资本公积金	13026516.26	13026516.26
盈余公积	3578440.95	3578440.95
其中：公益金	1192813.64	1192813.64
未分配利润	13614802.81	20006137.16
股东权益合计	79019760.02	85411094.37
负债和股东权益总计：		
负债和股东权益总计	267843584.16	272769024.14

合并利润表

编制单位：广西北生药业股份有限公司　2001年6月　单位：元

项目	上年期	本年累计数
一、主营业务收入	98898617.86	54662089.43
减：折扣与折让		
主营业务收入净额	98898617.86	54662089.43
减：主营业务成本	52485237.07	28449767.42
主营业务税金及附加	811505.78	556187.61
二、主营业务利润	45601875.01	25656134.4
加：其他业务利润	1456.13	580
营业费用	6345056.08	2356139.55
管理费用	15021293.44	10984031.76
财务费用	5352745.98	2182923.6
三、营业利润	18884235.64	10133619.49
营业外收入	292097.47	76020.5
减：营业外支出	404101.16	262715.2
四、利润总额	18772231.95	9946924.79
减：所得税	6233421.05	2650445.61
少数股东损益	2405591.21	905144.83
五、净利润	10133219.69	6391334.35

四川大西洋焊接材料股份有限公司

四川大西洋焊接材料股份有限公司股票上市公告书暨2000年度财务报告

本公司董事会保证本上市公告书所载资料不存在任何重大遗漏、虚假陈述或者严重误导,并对其内容的真实性、准确性和完整性负个别及连带责任。

上海证券交易所对本公司股票上市及有关事项的审查,均不构成对本公司的任何保证。本公司董事会提醒广大投资者注意,凡本公告书未涉及的有关内容请投资者查阅本公司招股说明书及2000年1月16日刊登在《中国证券报》、《上海证券报》、《证券时报》的《四川大西洋焊接材料股份有限公司招股说明书概要》。

一、要 览

股票简称:大西洋　　股票代码:600558

总股本:12,000万股　　可流通股本:4,500万股　　本次上市流通股本:4,500万股

上市地址:上海证券交易所　　上市时间:2001年2月27日

股票登记机构:上海证券中央登记结算公司

上市推荐人:中信证券股份有限公司　　华夏证券有限公司

二、绪 言

本上市公告书是根据《中华人民共和国公司法》、《中华人民共和国证券法》、《股票发行与交易管理暂行条例》、《公开发行股票公司信息披露实施细则》和《上海证券交易所股票上市规则》等国家有关法律、法规的规定,并按照中国证券监督管理委员会制定的公开发行股票公司信息披露的内容与格式准则第七号《上市公告书的内容与格式(试行)》而编制,旨在向投资者提供有关四川大西洋焊接材料股份有限公司(以下简称"本公司")的基本情况和本次股票上市的有关情况。

经中国证券监督管理委员会证监发行字[2001]5号文批准,本公司已于2001年2月5日采取上网定价发行方式成功地向社会公众公开发行了每股面值1.00元人民币普通股票4,500万股,每股发行价人民币7.50元。

经上海证券交易所上证上字[2001]22号《上市通知书》批准,本公司4,500万股人民币普通股将于2001年2月27日在上海证券交易所挂牌交易。股票简称"大西洋",股票代码为"600558"。本公司总股本12000万股,本次上市流通股本为上网定价发行的4500万股。本公司已于2001年1月16日分别在《中国证券报》、《上海证券报》和《证券时报》上刊登了《招股说明书概要》,距今不到六个月,故与其相重复的内容在此不再赘述,敬请投资者查阅本公司的《招股说明书概要》。

本公司董事会已批准本上市公告书,确信本公告书不存在任何重大遗漏或者误导,并对其真实性、准确性和完整性负个别的和连带的责任。

三、公司概况

1、基本情况

公司名称:四川大西洋焊接材料股份有限公司

注册资本:12,000万元

法定代表人:余大全

成立日期:1999年9月20日

经营范围:

资产投资;焊接材料的开发、生产、销售及技术服务;高新技术及产品的开发;经营本企业自产产品及技术的出口;经营本企业生产所需的原辅材料、仪器仪表、机械设备、零配件及技术的进口业务(国家限定公司经营和国家禁止进出口的商品及技术除外);经营进料加工和"三来一补"业务。

所属行业:焊接材料行业

注册地址:四川省自贡市大安区马冲口街

联系电话:0813-5101327　　传真:0813—5101216　　联系人:郭万程　郑胜

2、历史沿革

(1)历史沿革

四川大西洋焊接材料股份有限公司是经四川省人民政府川府函[1999]200号文批准,以四川大西洋集团有限责任公司为主发起人,联合四川自贡汇东发展股份有限公司、四川省国际信托投资公司、四川省川威钢铁集团有限公司、四川西南航空万康实业有限责任公司、云南省机电设备总公司共同发起设立的股份有限公司。

四川大西洋集团有限责任公司的前身是中国电焊条厂,原名上海斌诚焊接材料制造厂,创建于1950年4月,同年生产出中国第一台电焊条压制机器和第一批用国产机器压制出的电焊条。1950年8月正式使用了中国第一个焊接材料商标—"大西洋"。1962年,被国家第一机械工业部指定为全国焊接材料的援外基地,承担了六十年代国家焊接材料的全部援外任务。1966年,上海斌诚焊接材料制造厂更名为中国电焊条厂。1969年,中国电焊条厂由上海内迁到四川省自贡市,更名为自贡中国电焊条厂。1995年,自贡中国电焊条厂被四川省政府确定为八十家现代企业制度试点企业之一,1996年整体改制为国有独资公司,更名为四川大西洋集团有限责任公司,1997年省政府批准确定集团公司为省重点支持发展的三十七家扩张型企业之一,1999年集团公司被国家经贸委确定为520户国家重点企业。

(2)改制设立情况

根据四川省国有资产管理局川国资企[1999]33号文《关于四川大西洋焊接材料股份有限公司(筹)国有股权管理有关问题的批复》,四川大西洋集团有限责任公司将其拥有的、经评估后的与焊接材料生产经营相关的全部经营性净资产104,459,546.31元投入到股份公司,按1:0.6814的比例折为国有法人股71,183,885股,占股份公司股本总额的94.91%,由四川大西洋集团有限责任公司持有;四川自贡汇东发展股份有限公司投入现金160万元,按相同比例折为1090319股,占公司股本总额的1.45%;四川省国际信托投资公司、四川省川威钢铁集团有限公司、四川西南航空万康实业有限责任公司、云南省机电设备总公司各投入现金100万元、按相同比例分别折为681449股,占股份公司股本总额的0.91%。

股份公司于1999年9月20日在四川省工商行政管理局登记注册,注册资本7500万元,注册号为5100001811643。

经中国证券监督管理委员会证监发行字[2001]5号文核准,本公司通过上海证券交易所,于2001年2月5日以上网定价的发行方式向社会公众公开发行每股面值为1.00元人民币普通股票4500万股,每股发行价人民币7.50元。发行后总股本为12000万股。

本公司于2001年2月14日在四川省工商行政管理局办理了工商注册变更登记:

注册资本:12000万元　　注册地址:四川省自贡市大安区马冲口街2号

法定代表人:余大全　　营业执照注册号:5100001811643

四、股票发行及承销

1、本次发行情况

发行方式:上网定价　　发行日期:2001年2月5日

公开发行数量:4500万股　　发行价格:7.50元/股

募集资金总额:32390万元(已扣除有关发行费用)

中签率:0.20789486%　　有效申购户数:1055158户

有效申购股数:21645557000股　　持1000股(含1000)以上户数:43817户

发行费用总额:1360万元　　每股发行费用:0.302元

发行市盈率:32.61倍(加权平均)　　34.72倍(全面摊薄)

2、股票承销

本次通过上海证券交易所上网定价发行的4500万股社会公众股已全部由社会公众认购,承销团无余额包销之股票。

3、验资报告

验资报告　　川华信验[2001]022号

四川大西洋焊接材料股份有限公司全体股东:

我们接受委托,对四川大西洋焊接材料股份有限公司(以下简称贵公司)截止二零零一年二月十二日止实收资本的真实性和合法性进行了审验.在审验过程中,我们按照<<独立审计实务公告第一号--验资>>的要求,实施了必要的审验程序.贵公司责任是提供真实.合法完整的验资资料,保护资产的安全.完整.我们的责任是按照《独立审计实务公告第一号———验资》的要求,出具真实.合法的验资报告。

贵公司申请的注册资本为120,000,000.00元.贵公司本次公开发行股票前的实收资本为75,000,000.00元,资本公积为35,189,479.55元.本次公开发行人民币普通股(A)45,000,000股,每股面值1元,发行价为7.5元/股。

根据我们的审验,截止二零零一年二月十二日止贵公司实际募集资金337,500,000.00元,扣除发行费用13,600,000.00元后为323,900,000.00元,其中股本45,000,000.00元,资本公积278,900,000.00元;连同公开发行股票前实收资本及资本公积,贵公司股本为人民币壹亿贰仟万元(RMB120,000,000.00),资本公积为人民币叁亿壹仟肆佰零捌万玖仟肆佰柒拾玖元伍角伍分(RMB314,089,479.55元)

附件(一)变更前后注册资本、投入资本对照表

附件(二)验资事项说明

四川华信(集团)会计师事务所　　中国注册会计师::陈更生

有限责任公司

中国.成都　　中国注册会计师:刘小平

二零零零一年二月十三日

附件一:变更前后注册资本、投入资本对照表变更前后注册资本、投入资本对照表

被审验单位名称:四川大西洋焊接材料股份有限公司

截止2001年2月12日　　货币单位:人民币元

投资者名称	注册资本			
	变更前		变更后	
	金额	比例(%)	金额	比例(%)
发起人股东-法人股股东:				
四川大西洋集团有限责任公司	71,183,885.00	94.91185	71,183,885.00	59.32
四川自贡汇东发展股份有限公司	1,090,319.00	1.453759	1,090,319.00	0.91
云南省机电设备总公司	681,449.00	0.908599	681,449.00	0.57
四川西南航空万康实业有限责任公司	681,449.00	0.908599	681,449.00	0.57
四川省国际信托投资公司	681,449.00	0.908599	681,449.00	0.57
四川省川威钢铁集团有限公司	681,449.00	0.908599	681,449.00	0.57
小计:	75,000,000.00	100	75,000,000.00	62.50
社会募集股东:社会公众股	-	-	45,000,000.00	37.50
资本公积				
合计	75,000,000.00	100.00	120,000,000.00	100.00

续上表:

投资者名称	投入资本				
	变更前		本次变更	变更后	
	金额	比例(%)	增(减)额	金额	比例(%)
发起人股东-法人股股东:					
四川大西洋集团有限责任公司	71,183,885.00	-	-	71,183,885.00	-
四川自贡汇东发展股份有限公司	1,090,319.00	-	-	1,090,319.00	-
云南省机电设备总公司	681,449.00	-	-	681,449.00	-
四川西南航空万康实业有限责任公司	681,449.00	-	-	681,449.00	-
四川省国际信托投资公司	681,449.00	-	-	681,449.00	-
四川省川威钢铁集团有限公司	681,449.00	-	-	681,449.00	-
小计:	75,000,000.00	-		75,000,000.00	-
社会募集股东:社会公众股	-	-	45,000,000.00	45,000,000.00	-
资本公积	35,189,479.55	-	278,900,000.00	314,089,479.55	-
合计	110,189,479.55	-	323,900,000.00	434,089,479.55	-

编制单位:四川华信(集团)会计师事务所有限责任公司　　注册会计师:陈更生　刘小平

附件二:验资事项说明

验资事项说明

一、组建及审批情况

四川大西洋焊接材料股份有限公司(以下简称"公司"),是经四川省人民政府川府函(1999)200号文批准,以四川大西洋集团有限责任公司作为主发起人,联合四川自贡汇东发展股份有限公司、云南省机电设备总公司、四川西南航空万康实业有限责任公司,四川省国际信托投资公司、四川省川威钢铁集团有限责任公司共同发起设立的股份有限公司。于1999年9月在四川省工商行政管理局登记注册,注册资本7500万元人民币,注册号5100001811643,注册地址:四川省自贡市大安区马冲口街二号。本公司所属行业系焊接材料行业。经营范围为:资产投资;焊接材料的开发、生产、销售及技术服务;高新技术及产品的开发。本公司主要产品为"大西洋"牌焊条、焊丝、焊剂三大类焊接材料产品,目前综合年生产能力达13万吨。

主发起人基本情况:

四川大西洋集团有限责任公司(以下简称"集团公司")系经四川省自贡市人民政府以自府函[1996]33号文批准,于1996年9月由原自贡中国焊条厂根据四川省现代企业制度试点工作领导小组(1995)第5号文的精神改制设立的国有独资有限责任公司,同时,经四川省国有资产管理局以省国资局(1996)69号文批准,成为国有资产授权经营单位。集团公司企业法人营业执照注册号为5103001801109,注册资本为人民币12113万元,经营期限五十年,集团公司经营范围为从事公司法人财产范围内的资产经营、投资、产权交易、客货运输、汽车二类维修、进出口贸易。

集团公司以其拥有的经评估经财政部财评字[1999]404号文确认的,以1999年3月31日为评估基准日的,与焊接材料生产、经营和科研开发相关的全部经营性净资产10,445.95万元投入本公司,按68.14%比例折股,折为国有法人股7118.3885万股;其余五家发起人共计以人民币现金560万元投入本公司,按同比例折381.6115万股。上述投资业经四川华信(集团)会计师事务所川华信验(1999)013号验资报告验证。公司本次股票发行前股本结构为:

股东名称	股数(万股)	占股权比例(%)
四川大西洋集团有限责任公司	7,118.3885	94.91
四川自贡汇东发展股份有限公司	109.0319	1.45
云南省机电设备总公司	68.1449	0.91
四川西南航空万康实业有限责任公司	68.1449	0.91
四川省国际信托投资公司	68.1449	0.91
四川省川威钢铁集团有限责任公司	68.1449	0.91
合计	7,500.00	100

二、申请的注册资本及出资规定

根据经中国证券监督管理委员会证监发行字[2001]5号文批准的《关于核准四川大西洋焊接材料股份有限公司公开发行股票的通知》以及公司2000年06月29日召开的1999年度股东大会"关于申请发行A种股票并上市的决议"的规定,本次发行A种股票45,000,000股,每股面值一元,每股发行价格7.5元,公司本次股票发行后股本总额为120,000,000元人民币。股本结构及其出资金情况如下:

股东名称	股本结构		出资规定
	金额	比例	
发起人股东-法人股股东:			
四川大西洋集团有限责任公司	71,183,885.00	59.3199	以评估确认净资产投入
四川自贡汇东发展股份有限公司	1,090,319.00	0.9086	货币资金投入
云南省机电设备总公司	681,449.00	0.5678	货币资金投入
四川西南航空万康实业有限责任公司	681,449.00	0.5678	货币资金投入
四川省国际信托投资公司	681,449.00	0.5678	货币资金投入
四川省川威钢铁集团有限公司	681,449.00	0.5678	货币资金投入
小计	75,000,000.00	62.4997	
社会募集股东社会公众股	45,000,000.00	37.5003	货币资金投入
合计	120,000,000.00	100.00	

三、实际出资情况

1、一九九九年九月三日经四川华信(集团)会计师事务所川华信验(1999)013号验资报告验证,截止一九九九年九月二日,四川焊接材料股份有限公司收到五家发起股东以评估确认的实物资产和现金投入共计人民币110,059,546.31元,按1:0.6814493比例折股75,000,000元。其中:四川大西洋集团有限责任公司以一九九九年三月三十一日经审计,评估确认净资产104,459,546.31元投入,折股71,183,885股;四川自贡汇东发展股份有限公司投入现金1,600,000元,折股1,090,319股;云南省机电设备总公司投入现金1,000,000元,折股681,449股;四川西南航空万康实业有限责任公司投入现金1,000,000元,折股681,449股;四川省国际信托投资公司投入现金1,000,000元,折股681,449股;四川省川威钢铁集团有限责任公司投入现金1,000,000元,折股681,449股。投入净资产已经财政部批准确认,投入现金已于一九九九年九月二日前缴存四川大西洋焊接材料股份有限公司(筹)在中国工商银行自贡市分行马冲口分理处开设的临时帐户(帐号:30422102008531)。各发起股东投入的资本折股后余额35,059,546.31元列作资本公积。

2、经中国证券监督管理委员会证监发行字[2001]5号文批准,公司于二零零一年二月五日通过上海证券交易系统成功向社会公众公开发行每股面值一元人民币普通股股票45,000,000股,股票溢价发行每股为人民币7.50元。根据我们的审验,截止二零零一年二月十二日止,公司已收到主承销机构-华夏证券有限公司划来股票款326,868,,750.00(已扣除券商承销费9,450,000元、上网发行费用1,181,250.00元后的余额),存入中国工商银行自贡分行营业室(帐号30222101009502),其中,股本为45,000,000.00元,扣除其他中介机构费用2,968,750.00元后其余278,900,000.00元股票发行溢价的余额,列入资本公积金。

五、董事、监事和高级管理人员简历及持股情况

1、董事、监事和高级管理人员简历

董事长:余大全,男,现年51岁,大专文化,高级经济师,第九届全国人大代表。历任自贡中国电焊条厂办公室主任、厂长助理兼销售科科长、自贡中国电焊条厂副厂长、自贡中国电焊条厂厂长兼党委书记、集团公司党委书记、厂长兼总经理。现任股份公司董事长、集团公司董事。

副董事长:刘均清,男,现年43岁,大专文化,经济师。历任自贡中国电焊条厂油泵车间主任、自贡中国电焊条厂生产副总调度长、自贡中国电焊条厂副厂长、常务副厂长、四川大西洋集团有限责任公司常务副总经理、副董事长。现任股份公司副董事长、总经理,集团公司副董事长。

董事:郭万程,男,现年52岁,大学学历,高级经济师。历任自贡中国电焊条厂办公室主任、厂长助理兼办公室主任、自贡中国电焊条厂副厂长兼工会主席、四川大西洋集团有限责任公司党委副书记兼纪委书记、工会主席、副总经理。现任股份公司董事、副总经理、董事会秘书,集团公司董事。

董事:余明一,男,现年49岁,大专学历,经济师。历任自贡中国电焊条厂供应科科长、厂长助理兼销售科科长、自贡中国电焊条厂副厂长、四川大西洋集团有限责任公司副总经理。现任股份公司董事,集团公司董事、常务副总经理。

董事:李欣雨,男,现年36岁,大学学历,高级工程师。历任青岛专用汽车制造厂技术科助理工程师、自贡中国电焊条厂技术科工程师、四川大西洋集团有限责任公司副总经理、自贡大西洋焊丝制品有限责任公司总经理。现任股份公司董事,集团公司总经理。

董事:王劲,男,现年37岁,大学学历,经济师,中共党员。历任威远钢铁厂厂长。现任四川省川威钢铁集团有限公司董事长兼总经理。

董事:何小勤,男,现年48岁,大学学历,经济师,中共党员。历任四川省国际信托投资公司外汇部经理。现任四川省国际信托投资公司总经理助理兼国际业务部经理。

监事会召集人:李志宗,男,现年45岁,大专学历,政工师。历任自贡中国电焊条厂政治处处长。现任股份公司党委副书记、集团公司党委副书记。

监事:刘安顺,男,现年66岁,大专学历。历任川石克里斯坦森金刚石钻头有限公司财务总经理、四川融信投资有限公司总会计师。现任四川西南航空万康实业有限责任公司高级顾问。

监事:陈兰芬,女,现年48岁,大专学历,高级会计师,中国注册会计师。历任云南省机电设备总公司财务科长、副总经理。现任云南省机电设备总公司总会计师。

监事:王红云,女,现年37岁,大专学历,助理审计师。现为股份公司企管部审计员(职工代表)。

监事:张晓柏,男,现年34岁,西南财经大学在职研究生,工程师,中共党员。历任自贡中国电焊条厂供应处副处长、处长。现任股份公司物资部部长(职工代表)。

总工程师:陈文岗,男,现年45岁,高级工程师。历任自贡中国电焊条厂技术处副处长、研究所副所长、四川大西洋集团有限责任公司总工程师,现任股份公司总工程师。

副总经理:王永,男,现年37岁,大学学历,助理经济师。历任中国电焊条厂武汉经营部经理、销售处副处长、处长、四川大西洋集团有限责任公司总经理助理兼营销部部长、四川大西洋焊接材料股份有限公司总经理助理兼营销部部长,现任股份公司副总经理。

总会计师:王井玲,女,现年43岁,大专学历,会计师。历任自贡中国电焊条厂财务科主办科员、副科长、自贡中国电焊条厂财审处副处长、处长、四川大西洋集团有限责任公司副总会计师,现任股份公司总会计师。

2、董事、监事和高级管理人员持股情况

本公司董事、监事和其他高级管理人员均未持有本公司股票。

六、公司设立

四川大西洋焊接材料股份有限公司是经四川省人民政府川府函[1999]200号文批准,以四川大西洋集团有限责任公司为主发起人,联合四川自贡汇东发展股份有限公司等六家企业共同发起设立。

根据四川省国有资产管理局川国资企[1999]33号文《关于四川大西洋焊接材料股份有限公司(筹)国有股权管理有关问题的批复》,四川大西洋集团有限责任公司将其拥有的、经评估后的与焊接材料生产经营相关的全部经营性净资产104,459,546.31元投入到股份公司,按1:0.6814的比例折为国有法人股71,183,885股,占股份公司股本总额的94.91%,由四川大西洋集团有限责任公司持有;四川自贡汇东发展股份有限公司投入现金160万元,按相同比例折为1090319股,占公司股本总额的1.45%;四川省国际信托投资公司、四川省川威钢铁集团有限责任公司、四川西南航空万康实业有限责任公司、云南省机电设备总公司各投入现金100万元、按相同比例分别折为681449股,占股份公司股本总额的0.91%。

股份公司于1999年9月20日在四川省工商行政管理局登记注册,注册资本7500万元,注册号为5100001811643。

经中国证券监督管理委员会证监发行字[2001]5号文核准,本公司通过上海证券交易所,于2001年2月5日以上网定价的发行方式向社会公众公开发行每股面值为1.00元人民币普通股票4500万股,每股发行价人民币7.50元。发行后总股本为12000万股。

本公司于2001年2月14日在四川省工商行政管理局办理了工商注册变更登记:

注册资本:12000万元　　注册地址:四川省自贡市大安区马冲口街2号

法定代表人:余大全　　营业执照注册号:5100001811643

七、关联企业及关联交易

1、关联企业

(1)存在控制关系的关联方

A、四川大西洋集团有限责任公司注册资本12113万元,公司主要从事公司法人财产权范围内的资产经营、投资、产权交易,客货运输、汽车二类维修、进出口贸易等。作为本公司第一大股东持有股份公司59.32%的股份。

B、自贡大西洋焊丝制品有限公司:成立于1998年4月,注册资本5200万元,以生产、经营、开发焊丝产品为主,系本公司控股子公司。

C、云南大西洋电焊条有限公司:成立于1993年6月,注册资本2000万元,主要生产电焊条和其它焊接材料。系本公司控股子公司

D、辽源市大西洋电焊条有限公司:成立于1998年11月,注册资本570万元,公司主要生产焊条、焊丝两大类焊接材料,系本公司控股子公司。

(2)不存在控制关系的关联方

A、四川自贡汇东发展股份有限公司:成立于1994年,注册资本人民币6500万元,主要从事高新技术及其产品的研究、开发、应用、生产、经营;开发区内基础设施的综合开发和经营;房地产开发、经营、商品房销售、出租;批发、零售金属材料、化工原料及产品、建材、五金交电、电子电工产品、空调及配件、空压机及配件。作为本公司法人股东,持有本公司0.91%的股份。

B、四川省国际信托投资公司:成立于1985年,注册资本人民币25,000万元,主要从事信托、委托存贷款、投资业务;房地产业务;有价证券业务、金融租赁业务、代理财产保管与处理;收付业务、经济担保和信用签证业务;经济咨询业务;中国人民银行和国家外汇管理局批准经营的其他金融业务。作为本公司的法人股东,持有本公司0.57%的股份。

C、四川省川威钢铁集团有限公司:成立于1998年,注册资本人民币14,898万元,主要从事钢铁冶炼及销售;有色金属冶炼;液氮、金属结构、模具、钢丝绳及机械电器电子设备制造、维修和安装。作为本公司的法人股东,持有本公司0.57%的股份。

D、四川西南航空万康实业有限责任公司:成立于1998年,注册资本人民币1,000万元,主要从事项目投资及咨询服务。作为本公司的法人股东,持有本公司0.57%的股份。

E、云南省机电设备总公司:成立于1963年,注册资本人民币5,569万元,主要从事机电产品、汽车、摩托车及零部件、金属材料、化工原料及产品、建筑材料和电工器材。作为本公司的法人股东,持有本公司0.57%的股份。

F、深圳市宝钢大西洋电焊条有限公司:成立于1985年,注册资本2000万元。主要生产、经营电焊条和其它焊接材料,系本公司参股子公司。

2、关联交易

集团公司是本公司的控股股东,持有本公司94.91%的股份。本公司在生产经营所需土地的使用、综合服务、房屋租赁、部分原材料的供应等方面与集团公司及其控股子公司存在关联交易。这些关联交易按市场、公平的原则通过协议、合同来确定。

(1)综合服务

四川大西洋集团有限公司与本公司签定的《综合服务协议》的规定,集团公司将负责向本公司提供以下综合服务:环境绿化、清洁服务、交通用车、维修服务、医疗保健、通信、员工就餐等方面服务。

(2)房屋租赁

根据集团公司与本公司签定的《房屋租赁协议》,集团公司将其拥有的办公大楼一层至三层(建筑面积共计4000.8平方米)和配套办公设施租赁给本公司有偿使用,作为股份公司办公用房。租赁期限为10年,每年房屋租金共计人民币720,144元,配套办公设施90,630.27元,两项合计810,774.27元

(3)土地使用权租赁:

自贡大西洋焊丝制品有限公司租用的土地位于自贡市大安区,土地面积20743.17平方米,租赁期限40年;自贡市物价局、财政局、国土局于1992年6月联合下达了《关于转发外商投资企业场地使用费收缴暂行办法及有关问题的通知》(自价非[1992]178号文),为鼓励外商投资,通知对自贡市不同位置、不同用途的土地使用费收费标准分别作出了一定程度的优惠规定,其中规定了大安区的工业用土地使用费按5—15元/平方米.年收取。焊丝公司属于中外合资企业,根据该通知要求,集团公司与焊丝公司于1999年10月签定了土地使用权租赁协议,协议规定:按文件规定的最低标准,集团公司每年按5元/平方米的优惠价格向焊丝公司收取土地使用权租赁费,每年租金合计103715.85元人民币。该等土地使用权租赁协议已获四川省国土局川国土函[1999]282号文批准。

股份公司本部因生产经营需要向集团公司租用的四宗土地位于自贡市大安区,面积共计60174.27平方米,租赁期限50年,经四川省地产咨询评估中心评估、四川省国土局确认,该四宗土地总地价为16821148元,平均地价为279.54元/平方米。考虑到将来的土地增值、租赁期限、购置成本等因素,参考自贡市对外商投资企业使用土地的优惠标准,集团公司与股份公司签定了土地使用权租赁协议和补充协议,规定集团公司依同地段同用途土地市场价格水平,在租赁期的首20年,集团公司每年按10元/平方米向股份公司收取租金,每年租金合计601742.7元。土地使用权租赁协议已经四川省国土局川国土函[1999]282号文批准。

(4)部分原材料采购:

云南大西洋钛业有限公司(简称"钛业公司")向本公司及本公司控股子公司供应生产电焊条所需辅料人造金红石,本公司已与钛业公司签订《原材料供应协议》,根据该协议,钛业公司向公司及其下属企业供应人造金红石的条件将不低于钛业公司向其他第三者供应人造金红石的条件,并给予本公司及其下属企业优先于其他第三者的权利,在同等条件下,钛业公司承诺将优先供应给公司及其下属企业。购货价按照国家物价管理部门规定的价格或市场可比价格等公平价格确定。

本公司董事、监事及高级管理人员均不持有本公司股票,与本公司均无关联交易。

(5)保证关联交易公允性的内控措施

上述涉及关联交易的合同、协议、以及其他相关文件,公司已对其进行了充分的披露。合同、协议的内容与形式,符合法律规定,公平合理,并无任何损害公司及公司股东利益的内容,合同、协议的签署及获得批准、通过的程序,亦符合法律规定。

为保证关联交易的公允性,股份公司采取了如下措施:(1)股份公司在《公司章程》中就有关关

联交易的决策程序作了明确的规定，在股东大会对关联交易事项进行表决时，严格执行关联股东回避制度，以免损害其他股东的利益；(2)在签定关联交易协议之前，进行了认真的市场调查，以保证关联交易价格的公允性、公平性；(3)在土地租赁协议中明确规定："如股份公司(焊丝公司)需要继续租用协议土地时，集团公司应无条件的依照本协议的规定允许股份公司(焊丝公司)继续租用；"协议同时还规定："集团公司确认：如股份公司(焊丝公司)因生产经营需要，经股份公司(焊丝公司)书面请求，集团公司同意将协议土地的使用权转让给股份公司(焊丝公司)，并负责与之办理有关的政府批准手续"(4)除土地使用权租赁协议外，其他关联交易协议均非必须协议，保证在该等方面不受集团公司制约。

大股东放弃竞争和利益冲突的承诺

四川大西洋集团有限公司作为本公司的第一大股东，集团公司及下属企业与股份公司之间不存在同业竞争。集团公司已出具《不竞争承诺函》，承诺其现有或将来成立的全资、附属及联营公司等，均不会直接或间接参与经营任何与公司经营的业务有竞争或可能有竞争的业务，并承诺如集团公司及其附属公司从任何第三方获得的任何商业机会与公司经营的业务有竞争或可能有竞争，则大西洋集团将立即通知本公司，并尽力将该商业机会给予本公司。

八、股本结构及大股东持股情况

1、本公司上市前的股本结构

股份类别	数量(万股)	占总股本的比例(%)
尚未流通股份	7500	62.50
其中，发起人股	7500	62.50
可流通股份	4500	37.50
总股本	12000	100

2、上市前本公司前十名股东持股情况

股东名称	持股数量(股)	持股比例(%)
四川大西洋集团有限责任公司	71183885	59.32
四川自贡汇东发展股份有限公司	1090319	0.91
四川省国际信托投资公司	681449	0.57
四川川威钢铁集团有限公司	681449	0.57
四川西南航空万康实业有限责任公司	681449	0.57
云南省机电设备总公司	681449	0.57
汉盛基金	264000	0.22
汉兴基金	203000	0.17
景博基金	111000	0.09
同益基金	81000	0.07
裕隆基金	81000	0.07
普丰基金	81000	0.07
合计	75821000	63.19

九、公司财务会计资料

本公司截止2000年8月31日的财务状况，已于2001年1月16日分别在《中国证券报》、《上海证券报》和《证券时报》上刊登的《招股说明书概要》中进行了详细的披露。现将经四川华信会计师事务所审计的公司2000年度审计报告及会计附注、前三年及2000年度财务报表披露如下：

(一)2000年度财务报告

审计报告

川华信审[2000]上字007 号

四川大西洋焊接材料股份有限公司全体股东：

我们接受委托，审计了贵公司2000年12月31日的资产负债表及合并资产负债表，2000年度合并利润表及合并利润分配表，2000年度的现金流量表及合并现金流量表。这些会计报表由贵公司负责，我们的责任是对这些会计报表发表审计意见。我们的审计是依据《中国注册会计师独立审计准则》进行的。在审计过程中，我们结合贵公司的实际情况，实施了包括抽查会计记录等我们认为必要的审计程序。

我们认为，上述会计报表符合《企业会计准则》和《股份有限公司会计制度》的有关规定，在所有重大方面公允地反映了贵公司2000年12月31日的财务状况及2000年度的经营成果和现金流量情况，会计处理方法的选用遵循了一贯性原则。

四川华信(集团)会计师事务所　　　　中国注册会计师：陈更生

有限责任公司

中国·成都　　　　中国注册会计师：刘小平

二〇〇一年二月十六日

会计报表附注

一、公司概况

四川大西洋焊接材料股份有限公司(以下简称"本公司")，是经四川省人民政府川府函(1999)200号文批准，以四川大西洋集团有限责任公司作为主发起人，联合四川自贡汇东发展股份有限公司、云南省机电设备总公司、四川西南航空万康实业有限责任公司、四川省国际信托投资公司、四川省川威钢铁集团有限责任公司共同发起设立的股份有限公司。于1999年9月在四川省工商行政管理局登记注册，注册资本7500万元人民币，注册号5100001811643，注册地址：四川省自贡市大安区马冲口街二号。

本公司股本结构情况：

股东名称	股数(万股)	占股权比例(%)
四川大西洋集团有限责任公司	7,118.3885	94.91
四川自贡汇东发展股份有限公司	109.0319	1.45
云南省机电设备总公司	68.1449	0.91
四川西南航空万康实业有限责任公司	68.1449	0.91
四川省国际信托投资公司	68.1449	0.91
四川省川威钢铁集团有限责任公司	68.1449	0.91
合计	7,500.00	100

本公司所属行业系焊接材料行业。经营范围为：资产投资；焊接材料的开发、生产、销售及技术服务；高新技术及产品的开发。本公司主要产品为"大西洋"牌焊条、焊丝、焊剂三大类焊接材料产品，目前综合年生产能力达13万吨。

二、会计报表的编制基准

本公司会计报表含改制前和改制设立后两个期间的会计报表。

三、主要会计政策、会计估计和合并会计报表的编制方法

四、合并会计报表主要项目注释

(一)合并报表主要项目注释

1.货币资金

项目	期初数	期末数
现金	7,337.82	12,457.16
银行存款	55,877,644.39	86,306,595.79
其中：美元	386,874.03	–
汇率	8.2795	–
折人民币	3,203,123.53	–
其他货币资金	737,545.35	1,659,554.34
其中：美元	–	166,775.46
汇率	–	8.2781
折人民币	–	1,380,583.94
瑞士法郎	–	19,514.63
汇率	–	5.0716
折人民币	–	98,970.40
合计	56,622,527.56	87,978,607.29

注：期末比期初增加31,356,079.73元，增长55.38%，增长原因主要系往来款项减少及新增利润所致。

26、股本

股类别	期初数		本次变动增减(+、-)			期末数	
一、尚未流通股份	数量	比例%	送股	公积金转股	其他	数量	比例%
1、发起人股份	75,000,000	100	、–	–	–	75,000,000	100
其中：国家拥有股份							
境内法人持有股份	75,000,000	100	–	–	–	75,000,000	100
尚未流通股份小计	75,000,000	100	–	–	–	75,000,000	100
二、已流通股份	–	–	–	–	–	–	–
三、股份合计	75,000,000	100				75,000,000	100

27、资本公积

项目	期初数	本期增加	本期减少	期末数
股本溢价	35,059,546.31	–	–	35,059,546.31
其他资本公积转入	109,278.24	–	–	109,278.24
被投资单位接受捐赠准备	–	20,655.00		20,655.00
合计	35,168,824.55	20,655.00	–	35,189,479.55

28、盈余公积

项目	期初数	本期增加	本期减少	期末数
法定盈余公积	317,237.30	2,401,284.37	–	2,718,521.67
法定公益金	317,237.30	2,401,284.37	–	2,718,521.67
提取任意盈余公积	–	900,000.00	–	900,000.00
合计	634,474.60	5,702,568.74	–	6,337,043.34

29、未分配利润

项目	2000-12-31	1999-12-31
期初数	2,871,007.95	310,516.43※※
加：本期实现利润	23,182,501.46	3,194,966.12
减：提取法定盈余公积	2,401,284.37	317,237.30
提取法定公益金	2,401,284.37	317,237.30
提取任意盈余公积	900,000.00	–
分配股东股利	3,815,124.64	–
期末数	16,535,816.03	2,871,007.95

注：根据公司章程按税后利润的10%分别提取法定盈余公积和法定公益金。

30.主营业务收入

项目	2000年度	1999年度
出口焊接材料	7,805,470.49	5,874,389.87
内销焊接材料	400,893,245.05	366,108,777.50
合计	408,698,715.54	371,983,167.37

31.主营业务税金及附加

项目	2000年度	1999年度
交通建设费附加	342,854.10	679,844.51
教育费附加	392,616.17	431,231.37
防洪费	16,735.83	11,118.49
城建税	717,990.82	1,072,364.22
合计	1,470,196.92	2,194,558.59

34.投资收益

项目	2000年度	1999年度
1、长期股权投资益	2,462,082.10	3,132,398.48
(1)按权益法核算的投资收益	2,938,624.74	3,260,270.56
其中：深圳市宝钢大西洋电焊条有限公司	2,938,624.74	3,260,270.56
(2)按成本法核算的投资收益	–	
(3)股权投资差额摊销	–476,542.64	–127,872.08
合计	2,462,082.10	3,132,398.48

35.补贴收入

项目	2000年度	1999年度
所得税返还	60,000.00	962,000.00
增值税返还	–	148,700.00
合计	60,000.00	1,110,700.00

36.营业外收入

项目	2000年度	1999年度
处理固定资产净收入	–	–
罚款收入	–	–
其他收入	10,055.89	111,115.94
合计	10,055.89	111,115.94

六、关联方关系及其交易

七、或有事项

本公司无需说明的或有事项。

八、承诺事项本公司无需说明的承诺事项。

九、资产负债表日后非调整事项

1、2001年1月5日，本公司经中国证券监督管理委员会证监发字[2001]5文批准，由主承销商华夏证券有限公司通过上海证券交易所系统采用"上网定价"方式向社会公开发行4500万股人民币普通股股票。股票面值1元，发行价为每股7.50元，扣除承销费和其他发行费用后共募得资金人民币323,900,000.00元(其中，股本45,000,000.00元，资本公积278,900,000.00元)。上述资金到位情况业经四川华信(集团)会计师事务所有限公司以川华信验[2001]022号验资报告审验。

2、除上述事项外，截至2001年2月16日，本公司无需披露的重大资产负债日后非调整事项。

十、其他重要事项说明

1、本次发行前，截止2000年8月31日经审计的可供分配利润归股份公司老股东享有，2000年9月1日以后实现的利润由本次发行后的全体股东享有。

2、主发起人退回多分利润的承诺

公司评估基准日至设立日期间已实现利润归主发起人享有。

公司自设立日起按资产评估结果调账，设立日起存货，固定资产，长期股权投资差额根据评估价值进行成本结转，折旧计提，分期摊销。由于评估调账日较评估基准日滞后6个月，所以，原主发起人享有利润中多计算了581,762.53元，其中少计存货106,792.86元，少计固定资产折旧235,781.67元，少计长期股权投资差额摊销239,188.00元。

主发起人承诺：2000年12月31日前将多分走的581,762.53元退还给股份公司，公司拟在应分配给集团公司2000年的利润中扣除。

（二）、公司前三年及2000年度的财务报表主要财务指标表　　金额：元

序号	项目	2000年度	1999年度
1	主营业务收入	408,698,715.54	371,983,167.37
2	主营业务利润	97,311,898.43	83,063,410.96
3	其他业务利润	-26,432.81	1,259,385.09
4	营业利润	37,036,604.71	32,152,193.54
5	利润总额	37,955,236.09	36,039,975.99
6	净利润	23,182,501.46	20,924,386.83
7	扣除非经常性损益后的净利润	24,762,501.48	19,948,319.77
8	总资产	392,977,552.30	344,978,635.98
9	净资产	133,062,388.92	113,674,307.10
10	每股收益	0.309	0.279
11	每股收益(扣除非经常性损益)	0.33	0.266
12	每股净资产	1.77	1.52
13	净资产收益率(%)	17.42	18.41
14	净资产收益率(%)(加权平均)	18.54	23.77

企业负责人：余大全　　财务负责人：王井玲　　制表人：刘义珍

十、董事会上市承诺

本公司董事会将严格遵守《中华人民共和国公司法》、《中华人民共和国证券法》、《股票发行与交易管理暂行条例》、《公开发行股票公司信息披露实施细则》和《上海证券交易所上市规则》等国家法律、法规的规定，并自股票上市之日起作出如下承诺：

1、按照法律、法规的规定程序和要求披露重大的信息，并接受证券主管机关、上海证券交易所的监督管理。

2、及时、真实、准确地公布中期报告和年度报告，并备置于规定场所供投资者公众查阅。

3、本公司董事、监事及高级管理人员如发生人事变动或持本公司股票发生变化时，在报告证券主管机关、上海证券交易所的同时向投资者公布。

4、在任何公共传播媒介中出现的消息可能对本公司股票的市场价格产生误导性影响时，本公司知悉后将及时对该消息予以公开澄清。

5、本公司董事、监事及高级管理人员将认真听取社会公众的意见和批评，不利用已获得的内幕消息和其他不正当手段直接或间接从事股票买卖活动。

6、本公司没有无记录负债。

7、依据2000年5月1日起实施的《上海证券交易所股票上市规则》(2000年修订本)，本公司全体董事、监事将按照有关规定，在本公司股票上市后两个月内签署《董事(监事)声明及承诺书》并送达上海证券交易所备案。

十一、重要事项揭示

1、截止本上市公告书刊登之日，本公司不存在尚未了结或可预见之诉讼、仲裁或者被行政处罚的案件，亦不存在任何针对本公司董事会、监事会成员和其他高级管理人员的刑事、经济诉讼案件。

2、根据四川华信会计师事务所出具的川华信[2000]上字034号盈利预测审核报告，本公司2001年度预测税后利润25,877,363.50元，全面摊薄每股收益为0.215元。

3、本公司总股本12000万股，可流通股本4500万股，本次上市流通股本为上网定价发行的4500万股。

4、本公司于2001年2月18日召开第一届董事会第五次会议，审议通过如下事项：

(1)总经理2000年度生产经营情况及2001年生产经营计划报告；(2)2000年度董事会工作报告；(3)2000年度财务决算报告及2001年财务预算情况；(4)2000年利润分配预算报告及2001年利润分配政策；(5)公司2000年年度报告及2000年年度报告摘要；(6)授予总经理在2000万元内的对外投资权限的议案；(7)审议批准向上交所申请4500万A股上市公告书；(8)公司关于召开2000年度股东大会的有关事项。

以上内容详见2000年2月22日《上海证券报》、《中国证券报》刊登的本公司董事会首届五次会议公告。

5、本公司第一大股东四川大西洋集团有限责任公司向上海证券交易所郑重承诺：自本公司股票上市之日起十二个月内，第一大股东不转让其持有的本公司股份，也不由本公司回购第一大股东持有的股份。

6、经上海证券交易所上证上字[2001]22号文批准，本公司通过上海证券交易所交易系统上网定价发行的4500万股人民币普通股（A股）将于2001年2月27日起在上海证券交易所挂牌交易。

7、除本公司招股说明书及其概要和本上市公告披露的事项外，本公司没有其他应披露而未披露的重要事项。

十二、备查文件

1、上海证券交易所上市通知书　　2、本公司招股说明书及概要

3、中国证监会关于本公司公开发行股票的批准文件（证监发行字〔2001〕5号）

4、审计报告、财务报表及附注　　5、验资报告　　6、盈利预测审核报告

7、法律意见书　　8、资产评估报告　　9、公司章程　　10、其他备查文件

十三、咨询机构

1、发行人：四川大西洋焊接材料股份有限公司

地址：四川大西洋焊接材料股份有限公司　　法定代表人：余大全

联系人：郭万程、郑胜　　电话：0813-5101327　　传真：0813-5101216

2、上市推荐人：

中信证券股份有限公司法定代表人：常振明

地址：深圳市罗湖区湖贝路1030号海龙王大厦　　联系人：肖丹

电话：(023)62812201　　传真：(023)62812616

华夏证券有限公司

地址：北京市东城区新中街68号　　公司负责人：赵大建

联系人：宋永义祎孙维东 张倩　刘毅　雷文忠　张杰

电话：(010)65515588-2002　　(028)5531127、(028)5531142

传真：(010)65516423　　65516472

四川大西洋焊接材料股份有限公司

二○○一年二月二十二日

合并资产负债表

编制单位:四川大西洋焊接材料股份有限公司　　金额单位:人民币元(会股01表)

项目	1999.12.31	2000.12.31
流动资产：		
货币资金	56622527.56	87978607.29
应收票据	210000	304239
应收股利	2771229.97	40000
应收帐款	37200924.56	42405989.54
其它应收款	37867541.88	10734582.05
减：坏帐准备	4550416	5395569.45
应收帐款净额	70518050.44	47745002.14
预付帐款	15262863.62	10033687.56
存货	65536006.38	82548522.38
减：存货跌价准备	165739.88	282953.91
存货净额	65370266.5	82265568.47
待摊费用	601876.64	566169.08
待处理流动资产净损失		32552.1
流动资产合计	211356814.73	228965825.64
长期投资：		
长期股权投资	18392410.83	20291951.41
长期投资合计	18392410.83	20291951.41
长期投资净额	18392410.83	20291951.41
固定资产：		
固定资产原值	142269772.05	144496646.51
减：累计折旧	38634304.95	45579643.38
固定资产净值	103635467.1	98917003.13
在建工程	2236749.21	34091159.53
固定资产合计	105872216.31	133008162.66
无形及其它资产：		
无形资产	7171830.12	8914284.05
开办费	207571.24	115996.54
长期待摊费用	1977792.75	1681332
无形资产及其它资产合计	9357194.11	10711612.59
递延税项：		
资产总计：		
资产总计	344978635.98	392977552.3
流动负债：		
短期借款	85980000	70840000
应付票据	22524410.52	43977071.95
应付帐款	29416047.22	32022930.95
预收帐款	5712163.49	8178346.26
应付工资	16748996.59	15501168.15
应付福利费	3951435.57	5252221.46
应付股利	2281867.67	
应付税金	887905.98	-1604213.57
其它应交款	18375.25	25427.65
其它应付款	6300451.82	4386409.16
预提费用	1715746.95	2147282.81
一年内到期的长期负债	1500000	
流动负债合计	177037401.06	180726644.82
长期负债：		
长期借款	24500000	45940000
长期负债合计	24500000	45940000
递延税项：		
负债合计：		
负债合计	201537401.06	226666644.82
少数股东权益：		
少数股东权益	29766927.82	33248568.56
股东权益：		
股本	75000000	75000000
资本公积金	35168824.55	35189479.55
盈余公积	634474.6	6337043.34
其中：公益金	317237.3	2718521.67
未确认的外资损失		
未分配利润	2871007.95	16535816.03
外币报表折算差额		
股东权益合计	113674307.1	133062338.92
负债和股东权益总计：		
负债和股东权益总计	344978635.98	392977552.3

合并利润及利润分配表

编制单位:四川大西洋焊接材料股份有限公司　　金额单位:人民币元(会股02表)

项目	1999年10-12月	2000年度
一、主营业务收入	93902201.62	408698715.54
主营业务收入净额	93902201.62	408698715.54
减：主营业务成本	74071231.58	309916620.19
主营业务税金及附加	347249.61	1470196.92
二、主营业务利润	19483720.43	97311898.43
加：其他业务利润	259378.8	-26432.81
减：存货跌价损失	165739.88	117214.03
营业费用	3943321.91	23637154.42
管理费用	9043419.8	30706759.83
财务费用	1342645.29	5787732.63
三、营业利润	5247972.35	37036604.71
加：投资收益	508723.12	2462082.1
补贴收入	500000	60000
营业外收入	69281.88	10055.89
减：营业外支出	131692.47	1613506.61
四、利润总额	6194284.88	37955236.09
减：所得税	2316427.04	11310938.9
少数股东损益	682891.72	3461795.73
五、净利润	3194966.12	23182501.46
加：年初未分配利润	310516.43	2871007.95
六、可供分配的利润	3505482.55	26053509.41
减：提取法定盈余公积金	317237.3	2401284.37
提取法定公益金	317237.3	2401284.37
七、可供股东分配的利润	2871007.95	21250940.67
提取任意盈余公积金		900000
应付普通股股利		3815124.64
八、未分配利润	2871007.95	16535816.03

湖北洪城通用机械股份有限公司

湖北洪城通用机械股份有限公司股票上市公告书暨2001年中期财务报告

第一节、重要声明与提示

本公司董事会保证上市公告书的真实性、准确性、完整性,全体董事承诺上市公告书不存在虚假记载、误导性陈述或重大遗漏,并承担个别和连带的法律责任。

根据《公司法》、《证券法》等有关法律、法规的规定,本公司董事、高级管理人员已依法履行诚信和勤勉尽责的义务和责任。

上海证券交易所、中国证监会、其他政府机关对本公司股票上市及有关事项的意见,均不表明对本公司的任何保证。

本公司提醒广大投资者注意:凡本公告书未涉及的有关内容,请投资者查阅2001年7月28日刊登在《中国证券报》、《上海证券报》和《证券时报》的本公司招股说明书摘要及刊载于上海证券交易所网站(www.sse.com.cn)的本公司招股说明书全文。

本上市公告书刊登网址:http//www.sse.com.cn

第二节、概 览

股票简称:洪城股份　　股票代码:600566

总股本:10630.8万股　　可流通股本:4400万股　　本次上市流通股本:4400万股

对首次公开发行前股东所持股份的流通限制及期限:根据国家现有法律、法规规定和中国证监会证监发行字[2001]48号《关于核准湖北洪城通用机械股份有限公司公开发行股票的通知》,本公司的国家股、法人股暂不上市流通。

本公司公开发行股票前第一大股东荆州市国有资产管理局承诺:自本公司股票上市之日起12个月内,不转让所持有的本公司股份,也不由本公司回购该部分股份;第二大股东沙隆达集团公司、第三大股东湖北天发集团公司承诺:其持有的本公司法人股在本次股票发行上市后的一年内不进行股权的转让。

上市地点:上海证券交易所　　上市时间:2001年8月22日

股票登记机构:上海证券中央登记结算公司

上市推荐人:大鹏证券有限责任公司　河北证券有限责任公司

第三节、绪 言

本公司股票上市公告书是根据《中华人民共和国公司法》、《中华人民共和国证券法》、《股票发行与交易管理暂行条例》、《公开发行股票公司信息披露实施细则》、《上海证券交易所股票上市规则》和《减持国有股筹集社会保障资金管理暂行办法》等国家有关的现行法律、法规的规定,按照中国证券监督管理委员会制定的《公开发行证券的公司信息披露的内容和格式准则第7号—股票上市公告书》编制,旨在向投资者提供有关本公司的基本情况和本次股票上市的有关资料。

经中国证券监督管理委员会证监发行字[2001]48号文核准,本公司已于2001年8月1日成功向社会公开发行每股面值1.00元的人民币普通股4400万股(其中国有股存量发行400万股),每股发行价人民币7.80元。

经上海证券交易所上证上字[2001]118号《上市通知书》同意,本公司公开发行的4400万股社会公众股将于2001年8月22日(星期三)起在上海证券交易所挂牌交易,股票简称"洪城股份",股票代码"600566"。

本公司于2001年7月28日分别在《中国证券报》、《上海证券报》和《证券时报》上刊登了《湖北洪城通用机械股份有限公司首次公开发行股票招股说明书摘要》,距今不足三个月,故与其重复的内容在此不再重复,敬请投资者查阅本公司的《招股说明书摘要》。

第四节、公司概况

(一)基本情况

1、中文名称:湖北洪城通用机械股份有限公司

英文名称:HUBEI HONGCHENG GENERAL MACHINERY CO., LTD.

2、注册资本:人民币一亿零六百三十万零八千元(10630.8万元)

3、法定代表人:王洪运

4、公司住所及邮编:湖北省荆州市洪门路3号

邮编 434000

5、经营范围:主营各类阀门、水工环保设备的生产、销售。兼营本公司自产的机电产品的出口业务及生产、科研所需的原辅材料、机械设备、零配件及技术的进出口业务;来料加工和通用机械技术研究开发;房屋租赁。

6、主营业务:主要业务为通用机械,主要从事中低压阀门及水工环保设备的开发、生产、销售。

7、所属行业:机械制造大类中的通用机械制造业

8、联系电话:0716-8221198　　传　　真:0716-8211623

9、电子信箱:hbhc@public.js.hb.cn　　互联网网址:http://www.hbhc.com.cn

10、董事会秘书:王速建

(二)历史沿革

本公司是1996年12月经湖北省体改委鄂体改[1996]373号文批准,由荆沙市国有资产管理局(现荆州市国有资产管理局)、荆沙市阀门总厂、沙市精密钢管总厂、荆沙市江陵化肥厂(现湖北大田化工股份有限公司)、荆沙市石棉橡胶厂(现湖北永盛石棉橡胶有限公司)、荆沙市荆沙棉纺织厂(现荆州市荆沙棉纺织有限公司)六家单位共同发起设立的股份有限公司,1997年1月22日正式在湖北省工商行政管理局登记注册,注册资本为6630.8万元。

公司设立时,湖北沙市阀门总厂将与阀门、水工、环保相关的机械设备、厂房、土地使用权等经营性资产及部分经营性商铺投入股份公司,经荆国资字(1996)132号文产权界定,阀门总厂的9宗土地使用权和阀门分厂的厂房、机械设备等经营性净资产5618.16万元界定为国有资产,按1.53:1的比例折为国有股3672万股,占公司总股本的55.38%,由荆州市国资局持有;经评估的环保设备分厂、水工机械分厂、铸造分厂的厂房、机械设备、洪城商港的部分商铺等经营性净资产4279.41万元界定为集体资产,按1.53:1的比例折为法人股2797万股,占公司总股本的42.18%,由湖北沙市阀门总厂持有;沙市精密钢管厂、荆沙市江陵化肥厂、荆沙市荆沙棉纺织厂、荆沙市石棉橡胶厂四家企业分别以现金22.95万元、68.85万元、153万元和2.754万元出资,按1.53:1的比例分别折为15万股、45万股、100万股、1.8万股,分别占公司总股本的0.23%、0.68%、1.51%、0.02%。

2000年5月,经湖北省体改办鄂体改[2000]31号文批准,公司发起人之一荆州市荆沙棉纺织有限公司将持有的法人股100万股全部转让给湖北沙市阀门总厂。本次股权转让后,阀门总厂持有本公司的股份增至2897万股,荆州市荆沙棉纺织有限公司不再持有本公司股份。

2001年5月,经湖北省体改办鄂体改[2001]53号文批准,公司发起人之一湖北沙市阀门总厂将其持有的本公司法人股2897万股分别转让给沙隆达集团公司、湖北天发集团公司。阀门总厂与股权受让方议定转让价格以2000年12月31日股份公司每股净资产为依据,确定转让价格为2.11元/股。本次股份转让后,沙隆达集团公司、湖北天发集团公司分别持有本公司的股份1897万股和1000万股,阀门总厂不再持有本公司股份。

经中国证券监督管理委员会证监发行字[2001]48号文核准,本公司于2001年8月1日已成功的向社会公开发行每股面值1.00元的人民币普通股4400万股,每股发行价人民币7.80元。本次发行后公司总股本为10630.8万股,2001年8月10日,本公司在湖北省工商行政管理局办理变更登记手续,注册资本变更为10630.8万元。

(三)主要经营情况

1、公司经营概况

本公司主要从事中低压阀门及水工环保设备的开发、生产、销售。(1)中低压阀门,本公司生产的阀门主要有以下三大系列:蝶阀类、闸阀类、为各类工程配套使用的配套阀类(止回阀、截止阀、球阀、排气阀、伸缩器等)。(2)水工环保设备,本公司已开发并生产的水工环保设备,主要有以机电一体化为主的水电辅机设备系列、以水锤防护技术为主的水工机械设备系列、以SBR法新工艺为主的城市污水处理设备系列三大系列。以上产品在冶金、电力、建材、石油化工、水利、农田排灌、城市给排水等领域得到广泛的推广和应用。公司获国家科技部认定的国家火炬计划重点高新技术企业,1999年,通过中国科学院和国家科技部组织的高新技术企业认定-"双高认证"。

2、公司的竞争优势和劣势

(1)产品优势:公司主要阀门产品是蓄能罐式液控缓闭止回蝶阀、金属硬密封蝶阀等高参数、高性能、大口径阀门。蓄能罐式液控缓闭止回蝶阀属国家专利产品,是国家重点支持的为30万千瓦发电机组配套并替代进口的产品。该产品利用计算机仿真等多项技术,有效解决了传统泵站回水锤对管道和泵的破坏问题,在控制上利用计算机实现对阀门的远距离控制,在国内属首创。金属硬密封蝶阀是为大型钢铁企业炼铁高炉、炼钢转炉配套的产品,采用了计算机控制等机电一体化技术,在制造工艺上吸收国内外最新研究成果,使用耐磨、耐高温、耐腐蚀的高效节能新材料,有效提高了产品的质量。该产品已于1997年通过了ISO9001国际质量体系认证。

(2)技术优势:公司建立了CAD工作站,并能进行二维设计与三维设计,软件采用美国SDRC公司先进的CAD/CAE/CAM一体化的I-DEAS Master Series系统,美国ANSYS公司的流体动力学FLOTRAN系统。在工程技术人员中CAD应用普及率和产品设计覆盖率均达到100%。

公司制定了技术创新机制和奖励制度,培养和吸引了一批高技术人才,拥有机械、液压、电子、光学、材料、热工、无线电、化学等专业的硕士及高级职称的科技人员73人,分别承担阀门、水工环保机械等行业的高新技术产品开发。

(3)技术合作优势:为保证企业技术创新的持续、稳步发展,本公司在充分发挥自身科技力量优势的同时,充分利用国内大专院校、科研院所的人才、技术优势,先后与华中科技大学等国内知名院校建立了长期、广泛的技术合作关系,增强了企业新产品开发的能力。

(4)自身的竞争劣势:受国内同行业整体水平的限制,公司与国外同行业企业相比,规模较小、技术落后,高附加值产品所占比例偏小。

3、主要财务指标

项　　目	2001.6.30	2000.12.31	1999.12.31	1998.12.31
主营业务收入(万元)	6,428.91	9,781.85	8,194.24	6,506.91
净利润(万元)	1,103.10	1,454.68	1,702.27	1,062.79
总资产(万元)	29,425.28	22,338.30	19,668.82	18,623.25
股东权益(万元)	15,103.93	14,000.84	12,546.15	10,843.89
每股收益(元)	0.17	0.22	0.26	0.16
每股净资产(元)	2.28	2.11	1.89	1.64
净资产收益率(摊薄)	7.30%	10.39%	13.57%	9.8%

4、技术研究开发情况

本公司设有机械设计研究院,拥有机械、液压、电子、光学、材料、热工、无线电、化学等专业的硕士及高级职称的科技人员73人,分别承担阀门、水工环保设备等行业的高新技术产品开发,每年都有科技成果申报国家专利并转化为国家级新产品。其中:环喷式流量调节阀、蓄能式液压快速闸门等11项产品获实用新型专利;特大口径金属硬密封蝶阀、水轮机进水液动蝶阀等5项产品获国家级新产品证书;特大口径金属硬密封蝶阀等3项产品获得省部级科技进步奖。公司技术中心1998年被湖北省经贸委等单位联合评定为省级企业技术中心,公司与华中科技大学机械科学与工程学院共建产学研基地。高素质的科研人才和先进的科研手段相结合,使本公司的新产品、新项目研究开发在同行业中处于领先水平。

本公司按ISO9001:1994《设计、开发、生产、安装和服务的保证模式》建立质量保证体系,并于1997年通过ISO9001认证;对密封等关键零部件的质量控制采取无损探伤、三坐标测量仪、激光干涉等先进检测手段。由于公司拥有先进的产品技术和加工检测手段、完备的质量保证体系,为顾客提供优质的售前售后服务,至今未发生重大质量纠纷。

5、知识产权拥有情况

(1)本公司拥有"荆沙牌"注册商标(注册号第135991号)所有权,商标续展有效期自1993年1月1日至2003年2月28日。

(2)自主知识产权

本公司通过自主开发,并以自己的名义申请拥有环喷式流量调节阀、自动调速蝶阀、全自动滤水器等11项实用新型专利。该等专利未计入资产。

6、享受的税收优惠政策

根据荆沙市人民政府荆政函[1997]17号文批复,湖北省人民政府鄂政函[2000]43号文件《省人民政府关于湖北洪城通用机械股份有限公司所得税问题的批复》确认,1997年至1999年期间,公司所得税按33%征收,由市财政局返还18%给企业,实际所得税税负为15%。所得税先征后返政策,执行至2001年12月31日。

第五节 股票发行与股本结构

1、本次股票上市前首次公开发行股票的情况

发行数量:4400万股　　其中:新股发行4000万股,国有股存量发行400万股

发行价格:7.80元/股　　募集资金总额:30,386.6万元　　发行方式:上网定价

发行费用总额及项目:本次发行费用总额为1,320万元,其中本公司承担1,200万元,社保基金承担120万元。发行费用包括承销费用920万元、注册会计师费用100万元、律师费用70万元、资产评估与土地评估费用107万元、发行手续费用120万元、审核费用3万元。每股发行费用:0.30元。

2、股票承销

本次发行的4400万股社会公众股票已被超额认购,承销团无余额包销。

3、验资报告

(1)验资报告(摘自中勤万信会计师事务所有限公司勤信验字(2001)第005号):

湖北洪城通用机械股份有限公司全体股东:

我们接受委托,对湖北洪城通用机械股份有限公司截至2001年8月8日止的新增注册资本实收情况的真实性和合法性进行了审验。湖北洪城通用机械股份有限公司的责任是按照国家相关法

律、法规的规定和协议、合同、章程的要求出资，提供真实、合法、完整的验资资料，保护资产的安全、完整。我们的责任是对湖北洪城通用机械股份有限公司新增注册资本的实收情况发表审验意见。我们的审验是依据《独立审计实务公告第1号—验资》进行的。在审验过程中，我们结合湖北洪城通用机械股份有限公司的实际情况，实施了检查等必要的审验程序。

湖北洪城通用机械股份有限公司本次增资前的注册资本和股本为人民币66,308,000元，业经荆沙市会计师事务所于1996年12月20日以荆会师[1996]验字第254号验资报告予以审验。2001年7月，经中国证券监督管理委员会证监发行字[2001]48号文核准，湖北洪城通用机械股份有限公司向社会公众发行新股4000万股，每股面值1元，每股发行价格为7.80元。根据我们的审验，截至2001年8月8日止，贵公司已收到社会公众股东缴纳的新增注册资本合计人民币40,000,000元，扣除发行承销费用元后实际收到社会公众股东缴纳的货币出资303,866,000元，其中：2001年8月8日收到缴存中国建设银行荆州市分行公司存款账户2610009815账号180,000,000元；中国工商银行荆州市分行公司存款账户02212210112596账号123,866,000元。实际出资金额超过其认缴的注册资本金额263,866,000元扣除其他发行费用后作为资本公积。截至2001年8月8日止，连同本次验证的新增注册资本实收金额人民币40,000,000元，变更后的累计注册资本实收金额为106,308,000元。

根据国务院制定的《减持国有股筹集社会保障资金管理暂行办法》和财政部财企便函[2001]75号文件《关于湖北洪城通用机械股份有限公司国有股存量发行有关问题的函》的批复规定，在公司本次首次公开发行4000万股股票的同时，由荆沙市国有资产管理局按首次公开发行融资额的10%一并出售国有股存量发行400万股，每股发行价7.80元，所募集资金由主承销商长江证券有限责任公司直接划致财政部设置的批定科目。公司国有股由发行前3672万股减为3272万股，减少400万股。

本验资报告仅供贵公司申请变更登记及据以向出资者签发出资证明时使用，不应将其视为是对贵公司验资报告日后资本保全、偿债能力和持续经营能力等的保证，因使用不当所造成的后果，与注册会计师及本会计师事务所无关。

附送：1、注册资本变更情况明细表（略）

2、新增注册资本实收情况明细表（略）

3、注册资本变更前后对照表（略）

4、验资事项说明（略）

5、会计师事务所营业执照复印件（略）

中勤万信会计师事务所有限公司　　中国注册会计师：王永新　肖桂珠

中国·北京　　报告日期　2001年8月8日

（2）募集资金入帐情况：

入帐时间：二零零一年八月八日；　入帐金额：303,866,000.00元；

入帐帐号：2610009815；　02212210112596；

开户银行：中国建设银行荆州市分行；　中国工商银行荆州市分行。

4、公司应披露上市前股权结构及各类股东的持股情况

（1）本次上市前公司的股权结构情况

股份种类	持股数量(万股)	占总股本比例(%)
未流通股部分	6230.8	58.61
其中：国家股	3272.0	30.78
法人股	2959.8	27.83
可流通部分	4400	41.39
其中：社会公众股	4400	41.39
总股本	10630.8	100.0

（2）公司的前十名股东持股情况

股　东	持股数(万股)	持股比例(%)
1、荆州市国有资产管理局	3272.0	30.78
2、沙隆达集团公司	1897.0	17.84
3、湖北天发集团公司	1000.0	9.40
4、湖北大田化工股份有限公司	45.0	0.42
5、普丰基金	15.2	0.14
6、沙市精密钢管总厂	15.0	0.14
7、金泰基金	13.6	0.13
8、安信基金	12.8	0.12
9、兴和基金	11.0	0.10
10、同盛基金	10.5	0.10

第六节　董事、监事、高级管理人员及核心技术人员

一、董事会成员

1、王洪运先生，董事长，党委书记，现年46岁，高级经济师，研究生学历。1991年3月~1996年12月，任阀门总厂厂长、党委书记；1997年1月至今，任本公司董事长、党委书记；1997年1月~2000年4月20日，兼任本公司总经理。王先生为全国青联委员、全国青年企业家协会理事和第二届荆州市人大代表，并曾荣获"湖北省十大青年企业家"、"湖北省百名跨世纪优秀人才"、"湖北省有突出贡献的青年专家"、"湖北省劳动模范"、"全国百名优秀环保企业家"等光荣称号。年薪4.18万元。

2、谭志华先生，董事兼总经理，现年48岁，中共党员，高级经济师，大专学历。1991年~1996年12月，任阀门总厂副厂长；1997年1月~2000年4月，任本公司副总经理；2000年4月20日起，任本公司总经理。年薪2.09万元。

3、王速建先生，董事兼董事会秘书，现年45岁，中共党员，高级工程师、本科学历。1993年3月~1995年4月，任阀门总厂技术部副部长；1995年5月~1996年12月，任阀门总厂厂长助理、总工程师；1997年1月~2000年4月，任本公司总工程师；2000年4月20起，任本公司董秘。年薪1.96万元。

4、邓燕石女士，董事兼总会计师，现年52岁，高级会计师，大专学历。1991年4月~1996年12月，历任阀门总厂财务部审计科科长、副部长、部长；1997年1月至今，任本公司总会计师。年薪2.05万元。

5、李洪星先生，董事，现年47岁，中共党员，经济师，大专学历。1992年~1996年12月，任阀门总厂副厂长；1997年1月~2000年4月，任本公司副总经理。年薪2.06万元。

6、杜开翔先生，董事兼副总经理，现年36岁，中共党员，高级工程师，本科学历。1995年9月~1996年12月，任阀门总厂厂长助理；1997年1月至今，任本公司副总经理。年薪2.06万元。

7、吴长建先生，董事兼证券部部长，现年47岁，中共党员，经济师，大专学历。1991年3月~1994年5月，任阀门总厂财务部部长；1994年6月~1995年5月，任阀门总厂厂长助理；1995年6月~1996年12月，任阀门总厂副厂长、沙市洪城置业有限公司总经理；1997年1月至今，任本公司证券部部长；1997年1月~2000年4月，兼任本公司总经济师。年薪2.06万元。

8、严岳华先生，董事，现年53岁，中共党员，高级经济师，大专学历。1985年~1998年，历任湖北神电公司工具科长、副总经理。年薪2.09万元。

9、杜涛玉先生，董事，现年47岁，中共党员，高级经济师，大专学历。1987年8月~1997年3月，任阀门总厂企管部部长。年薪2.06万元。

二、监事会成员

1、肖晓梅女士，监事会主席，人力资源部部长，现年39岁，中共党员，政工师，大专学历。1992年11月~1996年12月，历任阀门总厂劳动人事部科长、副部长、部长；1997年1月至今，任本公司人力资源部部长。年薪1.53万元。

2、钱晓玲女士，监事，现年45岁，中共党员，工程师，大专学历。1997年~2000年，任本公司环保设备制造部部长。年薪1.76万元。

3、张海鹰女士，监事，现年45岁，大专学历。年薪1.46万元。

4、王雄文先生，监事，阀门制造部副部长兼工会主席，现年31岁，中共党员，工程师，本科学历。1997年1月~1998年4月，任本公司水工机械制造部技术副部长；1998年5月至今，任阀门制造部副部长。年薪1.25万元。

5、胡彦先生，监事，证券部副部长，现年29岁，大专学历。1997年1月至今，任本公司证券部副部长。年薪1.17万元。

三、核心技术人员

1、张云海先生，总工程师，现年37岁，高级工程师，本科学历。1993年至1996年12月，历任阀门总厂CAD中心副主任、主任；1997年1月~2000年4月，任本公司副总工程师；2000年4月20日至今，任本公司总工程师。先后主持开发了"环喷式调流阀"，获国家专利；"电动调速蝶阀"，获国家专利。年薪1.45万元。

2、周宜爽先生，副总经理，现年39岁，中共党员，高级工程师，本科学历。1995年~1996年12月，任阀门总厂技术部部长；1997年至今，历任本公司副总工程师、总经理助理、副总经理。主持开发了"特大口径金属硬密封蝶阀"，获湖北省科技进步三等奖，年薪2.01万元。

3、王其炳先生，副总工程师，现年57岁，中共党员，高级工程师，本科学历。1993年~1996年12月，任阀门总厂副总工程师；1997年1月至今，任本公司副总工程师。主持设计了"真空镀膜机"、主持制订了"水轮机进水液动蝶阀生产工艺"、主持开发了"DN500-1200大型阀门试压机"、设计了北京正负电子对撞机"速调管的屏蔽、高压插件装置"。年薪1.40万元。

4、张颜良先生，现年38岁，中共党员，高级工程师，本科学历。主持开发了"电动调速蝶阀"，获国家专利。年薪1.38万元。

5、张军仿先生，现年34岁，高级工程师，本科学历。主持开发了"水轮机进水液动蝶阀"，获湖北省科技进步三等奖。年薪1.35万元。

四、其他高级管理人员

胡勇先生，总经济师，现年33岁，本科学历。1997年1月~2000年4月，历任本公司生产部副部长、财务部副部长；2000年4月20日起任本公司总经济师。年薪1.26万元。

五、公司拟聘任独立董事

根据本公司第二届董事会第三次会议决议，公司拟聘任以下两名人员担任独立董事，该事项尚需公司下次股东大会通过。

1、李培根先生，公司拟聘任独立董事，现年53岁，工学博士。1987年毕业Wisconsin-madison大学机械系，获工学博士学位。曾先后获得省部级奖励7次。现任华中科技大学机械学院院长、教授、博士生导师，国家教委智能制造开放实验室主任、华中科技大学CIMS中心主任。同时还兼任中国机械工程协会自动化专业委员会常务理事、全国高校制造自动化研究会副理事长等职务。

2、刘光临先生，公司拟聘任独立董事，现年55岁，中共党员，教授，博士生导师。湖北省有突出贡献的中青年专家，享受国务院特殊津贴的有突出贡献专家。1968年大学本科毕业于武汉水利电力学院，1981年研究生毕业于武汉水利电力大学，获流体机械及流体工程专业工学硕士学位。1986年4月~1987年4月到日本东京大学作访问学者。1981年以来，先后当任系主任、科研处长、教务处长，1996年任武汉水利电力大学副校长。曾先后获得国家级和省部级奖励7次，近二十年来，刘先生先后在国内外刊物发表科研论文90余篇，教学研究论文20篇，由中国水利电力出版社出版《流体输送》、《中国泵站工程》、《泵站水锤及防护》等5本专著与教材。

刘先生现兼任的学术职务有：湖北省教育学会副理事长，湖北省水利学会副理事长，湖北省农机学会副理事长，中国水利学会理事，中国水利学会泵及泵站专业委员会主任委员，中国高等工程教育学会常务理事，中国水利高等教育学会副理事长，《中国农村水利水电》杂志主编。

六、其它有关问题说明

1、截止本次股票上市前，本公司董事、监事、核心技术人员、其他高级管理人员均未直接或间接持有本公司股份。

2、公司董事、监事、核心技术人员、其他高级管理人员均为中国国籍，无境外永久居留权，相互之间不存在配偶关系、三代以内直系和旁系亲属关系。

3、公司董事、监事、核心技术人员、其他高级管理人员的家属或其关联企业均未持有本公司的股份。

4、本公司目前尚未设置认股权。

第七节　同业竞争与关联交易

一　同业竞争

本公司的主营业务为中低压阀门以及水工环保设备等产品的研制、生产和销售。公司的主营业务与公司发起人、股东及其控制的法人不存在从事相同、相似业务的情况。

公司非主营业务与公司原股东阀门总厂之间存在如下关系：公司将其拥有的面积为11,210.73平方米的商铺出租给阀门总厂控股企业置业公司，1998、1999和2000年分别获得其他业务收入610万元，645万元和648万元；湖北沙市阀门总厂同时将其拥有的面积为44,381.43平方米的商铺出租给置业公司，1998、1999和2000年分别取得业务收入2,305万元、2,456万元和2,643万元。股份公司与阀门总厂从事的商铺租赁业务相似，鉴于商铺的具体坐落地点、朝向、客流量、经营商品的种类及租金水平存在一定的差异，且商铺经营强调规模效应和扎堆效应，公司的商铺租赁与湖北沙市阀门总厂商铺租赁虽然其业务类型相似，但其主要效应表现为相互补充的关系，而非竞争关系。

2001年5月，阀门总厂将其持有本公司的股份全部转让后，已不再是本公司关联方。公司为明确与置业公司的合作关系，已与置业公司签定《房屋租赁意向书》，双方就前述房屋租赁事宜达成长期合作意向，约定期自2002年1月1日至2006年12月31日止。初步约定年租金为720万元，具体金额根据当年市场情况按公允性原则确定。

二、关联方及关联关系

公司股东及其控股企业为本公司关联方，目前，本公司关联方及关联关系情况如下：

关联方名称	与本公司关系
荆州市国资局	本公司股东
沙隆达集团公司	本公司股东
湖北天发集团公司	本公司股东
湖北大田化工股份有限公司	本公司股东
沙市精密钢管总厂	本公司股东
湖北永盛石棉橡胶有限公司	本公司股东
湖北沙隆达股份有限公司	沙隆达集团公司子公司
湖北博尔德化学股份有限公司	沙隆达集团公司子公司
湖北天发股份有限公司	湖北天发集团公司子公司
湖北天颐科技股份有限公司	湖北天发集团公司子公司
湖北天发瑞奇科技农业发展有限公司	湖北天发集团公司子公司

公司高管人员、核心技术人员、或与上述关系密切的人士无控制其他企业的情况。上述人员未在关联方单位任职，除公司董事长王洪运系荆州市国资局委派的产权代表外，其他人员均不属关联方单位直接或间接委派。

2001年5月，公司发起人之一湖北沙市阀门总厂将其持有的本公司法人股2897万股分别转让给沙隆达集团公司、湖北天发集团公司，阀门总厂不再持有本公司股份。在此之前，阀门总厂为本公司股东，公司与其发生的交易为关联交易。本次股权转让后，鉴于本公司董事均不在阀门总厂兼职，且不受阀门总厂委派和控制，阀门总厂从管理层及股权上对本公司均不具有控制权，因此，公司与阀门总厂不再构成关联关系。

三、关联交易事项

1、本公司与目前的股东及其控制的企业未发生关联交易，公司非主营业务与原股东控股企业

置业公司之间发生如下关联交易：

(1)本公司与沙市洪城置业有限公司签署了《房屋租赁合同》。本公司将位于湖北荆州市红门路3号共11,210.73平方米的房屋出租给沙市洪城置业有限公司，1998年、1999年、2000年分别获得其他业务收入610万元、645万元和648万元

(2)公司1999年与沙市洪城置业有限公司签定《工程代建合同》委托沙市洪城置业有限公司代建重型车间及大阀车间部分扩建工程，交易金额7,875,501.42元。合同正在执行之中。

1、关联交易对财务状况的影响

2000年度，公司通过与沙市洪城置业有限公司签定《房屋租赁合同》，取得其他业务收入648万元，其他业务利润509.14万元，占当年利润总额的23.36%。

第八节 财务会计资料

(一) 会计数据和业务数据摘要

本公司已聘请中勤万信会计师事务所有限公司对本公司1998年度、1999年度、2000年度及2001年中期的财务资料进行了审计，注册会计师出具了勤信审字[2001]第006号、第038号标准无保留意见的审计报告。截止2000年12月31日财务会计资料，本公司于2001年7月28日在《中国证券报》、《上海证券报》和《证券时报》刊登的《招股说明书摘要》中进行了披露，投资者欲了解详情，敬请到公告的《招股说明书》查阅地点查询。

1、近三年及最近一期的主要会计数据(数据单位：人民币万元)

项　目	2001年1-6月	2000年度	1999年度	1998年度
主营业务收入	6428.91	9781.85	8194.24	6506.91
主营业务利润	1857.63	2908.93	2926.29	2088.94
营业利润	1103.89	1994.11	1965.26	1209.94
其它业务利润	294.21	525.56	528.97	464.76
补贴收入		195.00	30.00	30.00
营业外收支净额	-4.73	-6.26	7.40	16.08
利润总额	1099.16	2182.86	2002.67	1256.02
净利润	1103.10	1454.68	1702.27	1062.79
扣除非经常性损益后的净利润	1107.82	1265.94	1664.86	1016.71
总资产	29425.28	22338.30	19668.82	18623.25
股东权益	15103.93	14000.84	12546.15	10843.89
每股经营活动产生的现金流量(元)	0.12	0.36	0.18	--

2、主要财务指标

项　目	2001年6月30	2000年	1999年	1998年
流动比率	1.75	1.23	1.33	1.09
速动比率	1.39	0.77	0.80	0.66
资产负债率	48.67%	37.32%	36.21%	41.77%
存货周转率(次)	1.44	2.09	1.81	1.44
应收帐款周转率(次)	1.55	2.64	2.58	2.59
净资产收益率(摊薄)	7.30%	10.39%	13.57%	9.8%
净资产收益率(加权)	7.58%	10.96%	14.56%	9.93%
每股收益	0.17	0.22	0.26	0.16
研发费占主营业务收入的比例%	--	4.89	5.33	6.19

3、按照中国证监会《公开发行证券公司信息披露编报规则(第9号)》要求计算的2000年及2001年1-6月的净资产收益率和每股收益如下：

报告期利润	2001年1-6月			
	净资产收益率%		每股收益	
	全面摊薄	加权平均	全面摊薄	加权平均
主营业务利润	12.30	12.77	0.28	0.28
营业利润	7.31	7.59	0.17	0.17
净利润	7.30	7.58	0.17	0.17
扣除非经常性损益后净利润	7.33	7.61	0.17	0.17

(二)公司2001年中期审计报告

1、审计报告

审 计 报 告　　勤信审字[2001]第038号

湖北洪城通用机械股份有限公司全体股东：

我们接受委托，审计了贵公司1998年12月31日、1999年12月31日、2000年12月31日及2001年6月30日的资产负债表，1998年度、1999年度、2000年度及2001年1-6月的利润及利润分配表，2001年1-6月的现金流量表。这些会计报表由贵公司负责，我们的责任是对这些会计报表发表审计意见。我们的审计是依据《中国注册会计师独立审计准则》进行的。在审计过程中，我们结合贵公司实际情况，实施了包括抽查会计记录等我们认为必要的审计程序。

我们认为，上述会计报表符合《企业会计准则》和《企业会计制度》的有关规定，在所有重大方面公允地反映了贵公司1998年12月31日、1999年12月31日、2000年12月31日及2001年6月30日的财务状况和1998年度、1999年度、2000年度及2001年1-6月的经营成果及2001年1-6月现金流量情况，会计处理方法的选用遵循了一贯性原则。

中勤万信会计师事务所有限公司　　中国注册会计师:王永新　肖桂珠

中国·北京　　报告日期:2001年8月12日

2、本公司近三年的财务表表(见附表)

3、湖北洪城通用机械股份有限公司会计报表附注

一、公司基本情况

湖北洪城通用机械股份有限公司是1996年经湖北省体改委鄂体改[1996]373号文件批准，由荆州市国有资产管理局(原荆沙市国有资产管理局)、湖北沙市阀门总厂、沙市精密钢管总厂、湖北大田化工股份有限公司(原荆沙市江陵化肥厂)、湖北永盛石棉橡胶有限公司(原荆沙市石棉橡胶厂)、荆州市荆沙棉纺织有限公司(原荆沙市荆沙棉纺织厂)等六家单位共同发起设立的股份有限公司，并于1997年元月22日取得湖北省工商行政管理局颁发的企业法人营业执照。

营业执照注册号:4200001000274

注册资本:陆仟陆佰叁拾万零捌仟元

注册地址:湖北省荆州市红门路3号

法定代表人:王洪运

经营范围:各类阀门、水工机械、金属结构件、波纹管、环保设备、机床、有色金属的生产、销售；自产机电产品的出口业务及生产、科研所需的原辅材料、机械设备、零配件及技术的进口业务、进料加工和通用机械技术研究。

二、公司采用的主要会计政策、会计估计和会计报表的编制方法

三、税项

1、增值税、营业税及其附加税

公司产品增值税销项税率为17%，营业税税率为5%，附加的城建税依应缴纳的流转税(增值税、营业税合计)计征7%，教育费附加依应缴的流转税计征3%。

2、所得税

根据荆沙市人民政府荆政函[1997]17号文批复，湖北省人民政府鄂政函[2000]43号文件《省人民政府关于湖北洪城通用机械股份有限公司所得税问题的批复》确认，1997年至1999年期间，公司所得税按33%征收，再由市财政局返还18%，实际所得税税负为15%。该政策执行至2001年12月31日。

3、其他税项包括房产税、车船使用税、土地使用税、印花税等依据有关税法计征。

四、会计报表主要项目注释

1、货币资金

项　目	2000-12-31	2001-6-30
现　金	9,469.83	19,703.08
银行存款	11,336,177.19	46,586,654.94
其他货币资金	---	---
合　计	11,345,647.02	46,606,358.02

变动原因分析：期末货币资金余额较年初增加310.79%，主要原因是国债专项技改项目贷款增加。

18.股本

项　目	2001-6-30	2001-12-31	1999-12-31	1998-12-31
期初余额	66,308,000.00	66,308,000.00	66,308,000.00	66,308,000.00
本期增加数	----	---	------	------
本期减少数	----	----	------	------
期末余额	66,308,000.00	66,308,000.00	66,308,000.00	66,308,000.00

注：1、公司1996年经湖北省体改委鄂体改[1996]373号文件批准，由荆州市国有资产管理局(原荆沙市国有资产管理局)、湖北沙市阀门总厂、沙市精密钢管总厂、湖北大田化工股份有限公司(原荆沙市江陵化肥厂)、湖北永盛石棉橡胶有限公司(原荆沙市石棉橡胶厂)、荆州市荆沙棉纺织有限公司(原荆沙市荆沙棉纺织厂)等六家单位共同发起设立。其中：

(1)湖北沙市阀门总厂将阀门、水工、环保设备等经评估后的经营性净资产9,897.56万元，折为6,469万股，经荆沙市国资局产权界定，由荆沙市国有资产管理局持有国有股3,672万股，沙市阀门总厂持有2,797万股；

(2)沙市精密钢管总厂、湖北省荆沙市江陵化肥厂、湖北省荆沙市石棉橡胶厂、湖北省荆沙市荆沙棉纺织厂分别以现金22.95万元、68.85万元、2.75万元、153万元认购15万股、45万股、1.8万股、100万股。

上述股本投入情况业经荆沙市会计师事务所荆会师[1996]验字第254号验资报告验证。

2、2000年4月5日，湖北省荆沙市荆沙棉纺织厂将其持有的湖北洪城通用机械股份有限公司100万股法人股转让给湖北洪城通用机械股份有限公司第二大股东湖北沙市阀门总厂，此次股权转让得到湖北省体改委鄂体改[2000]31号批复文件确认。

3、2001年5月18日，湖北沙市阀门总厂分别与沙隆达集团公司、湖北天发集团签定股权转让协议，将其持有的公司2897万股法人股中的1897万股转让给沙隆达集团公司，1000万股转让给湖北天发集团公司，转让价格为每股2.11元。转让后公司总股本不变，股本结构为：

股东名称	持股数(万股)	持股比例(%)
荆州市国有资产管理局	3672	55.83
沙隆达集团公司	1897	28.61
湖北天发集团公司	1000	15.08
沙市精密钢管总厂	15	0.23
湖北大田化工股份有限公司	45	0.68
湖北永盛石棉橡胶有限公司	1.8	0.02

此次股权变更经湖北瑞达信会计师事务所鄂瑞会师验字[2001]第042号验资报告验证。

19.资本公积

项　目	2001-6-30	2000-12-31	1999-12-31	1998-12-31
期初余额	35,354,240.00	35,354,240.00	35,354,240.00	*35,143,240.00
本期增加数	------	------	-----	**211,000.00
本期减少数	------	------	-----	------
期末余额	35,354,240.00	35,354,240.00	35,354,240.00	35,354,240.00

注:*股本溢价收入35,143,240.00元；**能源交通基金转入211,000.00元。

20.盈余公积

项　目	2001-6-30	2000-12-31	1999-12-31	1998-12-31
期初余额	6,945,462.91	4,763,440.36	2,210,042.49	615,859.15
本期增加数	----	2,182,022.55	2,553,397.87	1,594,183.34
本期减少数	----	----	---	---
期末余额	6,945,462.91	6,945,462.91	4,763,440.36	2,210,042.49

21.未分配利润

项　目	2001-6-30	2000-12-31	1999-12-31	1998-12-31
期初余额	34,400,663.31	19,035,868.82	4,566,614.18	3,489,868.56
加:本年净利润	11,030,972.72	14,546,817.04	17,022,652.51	10,627,888.96
减:提取法定公积金	---	1,454,681.70	1,702,265.24	1,062,788.89
提取法定公益金	---	727,340.85	851,132.63	531,394.45
分配普通股股利	---	--	---	*7,956,960.00
期末余额	42,431,636.03	31,400,663.31	19,035,868.82	4,566,614.18

注：1998年公司向全体股东按1997年12月31日股本数每10股派现金股利1.20元。

22.主营业务收入

项　目	2001年1-6月	2000年度	1999年度	1998年度
钢制阀	22,543,450.43	24,574,715.91	17,210,446.44	11,955,836.58
液控阀	14,111,641.87	21,987,643.54	20,990,490.62	15,409,386.78
金属硬密封	14,413,129.08	15,071,664.34	8,980,937.89	10,534,220.39
特种阀	10,289,659.08	29,273,811.49	24,700,798.40	14,047,245.65
低压阀	998,683.77	1,656,211.14	6,461,981.23	8,804,034.56
水工机械	830,078.63	507,094.02	1,443,974.36	843,714.53
其他	1,102,462.10	4,747,346.68	2,153,753.13	3,474,673.65
合　计	64,289,104.96	97,818,487.11	81,942,382.07	65,069,112.14

23.主营业务税金及附加

项　目	2001年1-6月	2000年度	1999年度	1998年度
城建税	503,636.88	781,045.55	739,072.09	497,792.96
教育费附加	215,844.40	334,733.78	316,745.16	213,339.84
合　计	719,481.28	1,115,779.33	1,055,817.25	711,132.80

24.其他业务利润

项　目	2001年1-6月	2000年度	1999年度	1998年度
1.门面租金	2,942,119.91	5,091,368.39	5,373,705.25	4,759,455.82
其中:收入	3,650,000.00	6,480,000.00	6,450,000.00	6,100,000.00
支出	707,880.09	1,388,631.61	1,076,294.75	1,340,544.18
2.其　他	---	164,247.71	-84,009.36	-111,856.47
其中:收入	---	174,011.90	1,203,332.16	2,726,857.20
支出	---	9,764.19	1,287,341.52	2,838,713.67
合　计	2,942,119.91	5,255,616.10	5,289,695.89	4,647,599.35

25.财务费用

项　目	2001年1-6月	2000年度	1999年度	1998年度

利息支出	1,746,271.20	1,810,455.23	1,496,619.55	1,701,691.22
减：利息收入	116,158.59	266,957.22	71,843.79	160,074.91
其　他	24,654.29	50,353.32	26,011.34	17,237.04
合　计	1,654,766.90	1,593,851.33	1,450,787.10	1,558,853.35

26.补贴收入

项　目	2001 年 1-6 月	2000 年度	1999 年度	1998 年度
新产品补贴	-----	1,700,000.00	300,000.00	300,000.00
技术贷款利息补贴	-----	250,000.00	----	-----
合　计	------	1,950,000.00	300,000.00	300,000.00

27.营业外收入

项　目	2001 年 1-6 月	2000 年度	1999 年度	1998 年度
罚款收入		---	149,639.41	65,960.09
处理固定资产净收益		10,000.00	369,065.86	204,526.86
其　他	53.43	218,513.18	24,632.00	42,606.00
合　计	53.43	228,513.18	543,337.27	313,092.95

28.营业外支出

项　目	2001 年 1-6 月	2000 年度	1999 年度	1998 年度
罚款支出	19,635.00	----	101,248.42	11,311.00
捐赠支出	----	----	----	116,580.00
处理固定资产净损失	26,189.80	129,991.15	22,304.08	24,408.49
其　他	1,500.00	161,097.64	345,752.00	---
合　计	47,324.80	291,088.79	469,304.50	152,299.49

“营业外支出”项目中2000年度发生的其他支出的内容：未按期缴纳电费的滞纳金及电力的有功表及无功表未能调整的罚款。

第九节　其他重要事项

1、本公司首次股票发行后至上市公告书公告前，严格依照《公司法》、《证券法》等法规的要求，规范运作，生产经营活动正常。主要业务发展目标无重大进展；所处行业、市场无重大变化；主要投入、产出物供求及价格无重大变化。

2、本公司募集资金到位时间较短，截止上市公告书公告日尚未进行项目投资及其它重大投资活动；亦无重大资产（股权）收购、出售行为。

3、经2000年度股东大会审议通过，公司2000年度利润不分配，该年度实现的净利润和以前年度滚存利润及发行前实现的利润待公司股票发行上市后，由新老股东共享。本公司在本次股票发行并上市后的第一个盈利年度起，即向全体股东派发股利，预计公司首次股利分配将于2002年上半年实施。

4、2001年5月，经湖北省体改办鄂体改[2001]53号文批准，公司发起人之一湖北沙市阀门总厂将其持有的本公司法人股2897万股分别转让给沙隆达集团公司、湖北天发集团公司。本次股份转让后，阀门总厂不再持有本公司股份，阀门总厂同时承诺今后将不再以任何形式持有本公司股份。沙隆达集团、天发集团已承诺：在公司本次股票发行上市后的一年内不进行上述股权的转让；在本公司高管人员本届任期届满前不进行上述人员的改选；维持本公司主营业务不变，不干涉本公司管理层的正常生产经营活动；对本公司本次发行股票募集资金用途不进行变更。

5、根据《上海证券交易所股票上市规则》，本公司第一大股东荆州市国有资产管理局郑重承诺：其持有的湖北洪城通用机械股份有限公司国家股3272万股，自本公司股票上市之日起12个月内，不转让其持有的本公司股份，也不由本公司回购。

6、截止本上市公告书刊登之日，本公司未涉及任何重大诉讼或仲裁；本公司住所未发生变更；会计政策未发生重大变化；会计师事务所未发生变动。

7、截止本上市公告书公布之日，本公司未发生新的重大负债或重大债项发生变化。

8、本公司没有其它应披露的重大事项。

第十节　董事会上市承诺

本公司董事会将严格遵守《中华人民共和国公司法》、《中华人民共和国证券法》、《股票发行与交易管理暂行条例》、《公开发行股票公司信息披露实施细则》和《上海证券交易所上市规则》和其它有关法律、法规的规定，并自股票上市之日起作到：

（一）真实、准确、完整、公允和及时地公布定期报告，披露所有对投资者有重大影响的信息，并接受中国证监会、上海证券交易所的监督管理；

（二）本公司在知悉可能对股票价格产生误导性影响的任何公共传播媒介中出现的消息后，将及时予以公开澄清；

（三）本公司董事、监事、高级管理人员和核心技术人员将认真听取社会公众的意见和批评，不利用已获得的内幕消息和其他不正当手段直接或间接从事发行人股票的买卖活动；

（四）本公司没有无记录的负债。

第十一节　上市推荐人及其意见

1、上市推荐人情况

上市推荐人：大鹏证券有限责任公司　　法定代表人：徐卫国

法定地址：深圳市深南东路5002号信兴广场地王商业中心商业大楼八层

电　　话：027-87712196、0755-2462023

传　　真：027-87322832　0755-2462021　　联 系 人：王新桂

上市推荐人：河北证券有限责任公司　　法定代表人：武铁锁

法定地址：石家庄市裕华东路81号　　电　　话：0311--6983058

传　　真：0311--6983358　　联 系 人：李泽峰

2、上市推荐人意见

作为本公司的第一上市推荐人，大鹏证券有限责任公司认为，本公司章程符合《公司法》等国家有关法律、法规和中国证监会的有关规定，公司具备了《公司法》、《证券法》和《上海证券交易所上市规则》等法律、法规规定的上市条件；本公司董事了解国家的有关法律、法规、上海证券交易所上市规则及股票上市协议规定的董事的义务与责任；本公司建立健全了法人治理结构，制定了严格的信息披露制度与保密制度。大鹏证券有限责任公司已对本公司上市文件所载的资料进行了核实，认为上市文件真实、准确、完整，符合上海证券交易所的上市规定和要求，没有虚假、严重误导性陈述或者重大遗漏，并保证对其承担连带责任。大鹏证券有限责任公司与本公司不存在关联关系。大鹏证券有限责任公司愿意推荐本公司的股票在上海证券交易所上市交易，并且在上市推荐过程中，将不利用获得的内幕信息进行内幕交易，为自己和他人谋利。

作为本公司的第二上市推荐人，河北证券有限责任公司认为，本公司章程符合《公司法》等国家有关法律、法规和中国证监会的有关规定，公司具备了《公司法》、《证券法》和《上海证券交易所上市规则》等法律、法规规定的上市条件；本公司董事了解国家的有关法律、法规、上海证券交易所上市规则及股票上市协议规定的董事的义务与责任；本公司建立健全了法人治理结构，制定了严格的信息披露制度与保密制度。河北证券有限责任公司已对本公司上市文件所载的资料进行了核实，认为上市文件真实、准确、完整，符合上海证券交易所的上市规定和要求，没有虚假、严重误导性陈述或者重大遗漏，并保证对其承担连带责任。河北证券有限责任公司与本公司不存在关联关系。河北证券有限责任公司愿意推荐本公司的股票在上海证券交易所上市交易，并且在上市推荐过程中，将不利用获得的内幕信息进行内幕交易，为自己和他人谋利。

湖北洪城通用机械股份有限公司

二〇〇一年八月十三日

资产负债表

企业名称：湖北洪城通用机械股份有限公司　　单位：人民币元

资产	附注	2001.6.30	2000.12.31	1999.12.31	1998.12.31
流动资产：					
货币资金	1	46,606,358.02	11,345,647.02	5,138,085.56	10,162,270.45
应收票据		–	50,000.00	–	–
应收账款	2	42,346,163.56	36,089,027.01	34,029,243.50	25,947,324.36
其他应收款	3	14,547,641.40	4,611,102.13	4,060,018.79	3,171,757.11
预付账款	4	7,950,828.11	4,609,726.76	2,636,414.53	1,498,894.21
应收补贴款		94,585.86	–	–	–
存货	5	28,127,188.42	34,215,703.01	30,369,156.95	26,801,450.02
待摊费用		–	–	–	578,834.56
流动资产合计		139,672,765.37	90,921,205.93	76,232,919.33	68,160,530.71
长期投资：					
固定资产：					
固定资产原价	6	138,898,107.95	137,598,558.95	125,228,516.01	121,627,724.26
减：累计折旧		51,035,293.72	47,806,979.29	41,381,439.67	35,996,613.67
固定资产净值		87,862,814.23	89,791,579.66	83,847,076.34	85,631,110.59
固定资产净额		87,862,814.23	89,791,579.66	83,847,076.34	85,631,110.59
在建工程	7	37,258,535.85	12,887,743.32	6,178,373.82	1,363,577.31
固定资产合计		125,121,350.08	102,679,322.98	90,025,450.16	86,994,687.90
无形资产及其他资产：					
无形资产	8	29,458,702.00	29,782,424.00	30,429,868.00	31,077,312.00
无形资产及其他资产合计		29,458,702.00	29,782,424.00	30,429,868.00	31,077,312.00
递延税项：					
资 产 总 计		294,252,817.45	223,382,952.91	196,688,237.49	186,232,530.61
流动负债：					
短期借款	9	20,867,000.00	20,867,000.00	21,167,000.00	16,027,000.00
应付票据	10	13,000,000.00	8,000,000.00	–	–
应付账款	11	14,514,994.46	14,728,198.15	13,439,933.68	15,244,475.78
预收账款	12	8,321,996.74	13,695,637.25	14,524,766.10	15,897,312.68
应付工资		–	–	896,735.84	896,735.84
应付福利费		1,516,812.78	1,169,082.44	715,841.49	411,119.45
应付股利		–	–	–	7,956,960.00
应交税金	13	6,022,267.27	3,746,574.17	1,976,170.13	2,526,623.86
其他应交款		563,248.79	791,929.39	594,990.62	384,695.25
其他应付款	14	4,625,982.46	1,825,396.00	3,580,509.99	1,063,531.17
预提费用	15	899,576.01	573,169.29	633,140.46	2,147,579.91
一年内到期的长期负债	16	9,657,000.00	8,310,000.00	–	–
流动负债合计		79,988,878.51	73,706,986.69	57,529,088.31	62,556,033.94
长期负债：					
长期借款	17	61,024,600.00	7,467,600.00	11,357,600.00	12,897,600.00
长期应付款		2,200,000.00	2,200,000.00	2,340,000.00	2,340,000.00
长期负债合计		63,224,600.00	9,667,600.00	13,697,600.00	15,237,600.00
递延税项：					
负债合计		143,213,478.51	83,374,586.69	71,226,688.31	77,793,633.94
实收资本（股本）	18	66,308,000.00	66,308,000.00	66,308,000.00	66,308,000.00
实收资本（股本）净额		66,308,000.00	66,308,000.00	66,308,000.00	66,308,000.00
资本公积	19	35,354,240.00	35,354,240.00	35,354,240.00	35,354,240.00
盈余公积	20	6,945,462.91	6,945,462.91	4,763,440.36	2,210,042.49
其中：法定公益金		2,315,154.31	2,315,154.30	1,587,813.46	736,680.83
未分配利润	21	42,431,636.03	31,400,663.31	19,035,868.82	4,566,614.18
所有者（股东）权益合计		151,039,338.94	140,008,366.22	125,461,549.18	108,438,896.67
外币折算差额					
负债及股东权益合计		294,252,817.45	223,382,952.91	196,688,237.49	186,232,530.61

利润及利润分配表

企业名称：湖北洪城通用机械股份有限公司　　单位：人民币元

项　目	附注	2001 年 1-6 月	2000 年度	1999 年度	1998 年度
一、主营业务收入	22	64,289,104.96	97,818,487.12	81,942,382.07	65,069,112.14
减：主营业务成本		44,993,358.81	67,613,445.31	51,623,700.70	43,468,552.63
主营业务税金及附加	23	719,481.28	1,115,779.33	1,055,817.25	711,132.80
二、主营业务利润		18,576,264.87	29,089,262.48	29,262,864.12	20,889,426.71
加：其他业务利润	24	2,942,119.91	5,255,616.10	5,289,695.89	4,647,599.35
减：（一）营业费用		3,390,696.98	5,337,736.89	5,196,851.51	4,674,384.18
（二）管理费用		5,434,017.79	7,472,157.08	8,252,304.15	7,204,372.98
（三）财务费用	25	1,654,766.90	1,593,851.33	1,450,787.10	1,558,853.35
三、营业利润		11,038,903.11	19,941,133.28	19,652,617.25	12,099,415.55
补贴收入	26	–	1,950,000.00	300,000.00	300,000.00
营业外收入	27	53.43	228,513.18	543,337.27	313,092.95
减：营业外支出	28	47,324.80	291,088.79	469,304.50	152,299.49
四、利润总额		10,991,631.74	21,828,557.67	20,026,650.02	12,560,209.01
减：所得税	29	–39,340.98	7,281,740.63	3,003,997.51	1,932,320.05
五、净利润		11,030,972.72	14,546,817.04	17,022,652.51	10,627,888.96
加：年初未分配利润		31,400,663.31	19,035,868.82	4,566,614.18	3,489,868.56
二、可供分配的利润		42,431,636.03	33,582,685.86	21,589,266.69	14,117,757.52
减：提取法定盈余公积		–	1,454,681.70	1,702,265.24	1,062,788.89
提取法定公益金		–	727,340.85	851,132.63	531,394.45
三、可供投资者分配的利润		42,431,636.03	31,400,663.31	19,035,868.82	12,523,574.18
应付普通股股利		–	–	–	7,956,960.00
四、未分配利润		42,431,636.03	31,400,663.31	19,035,868.82	4,566,614.18

安徽山鹰纸业股份有限公司

安徽山鹰纸业股份有限公司上市公告书

一、重要声明与提示

本公司董事会保证上市公告书的真实性、准确性、完整性，全体董事承诺上市公告书不存在虚假记载、误导性陈述或重大遗漏，并承担个别和连带的法律责任。

根据《公司法》、《证券法》等有关法律、法规的规定，本公司董事、高级管理人员已依法履行诚信和勤勉尽责的义务和责任。

证券交易所、中国证监会、其他政府机关对本公司股票上市及有关事项的意见，均不表明对本公司的任何保证。

本公司提醒广大投资者注意：凡本上市公告书未涉及的有关内容，请投资者查阅2001年11月20日刊载于《中国证券报》、《上海证券报》和《证券时报》的本公司招股说明书摘要及刊载于上海证券交易所网站(http://www.sse.com.cn)的本公司招股说明书全文。

二、概览

股票简称：山鹰纸业

股票代码：600567

总股本：160,500,000股

可流通股本：60,000,000股

本次上市流通股本：60,000,000股

对首次公开发行股票前股东所持股份的流通限制及期限：根据国家现有法律、法规规定和中国证监会证监发行字[2001]55号《关于核准安徽山鹰纸业股份有限公司公开发行股票的通知》，本公司的国家股及境内法人股暂不上市流通。

首次公开发行股票前股东对所持股份自愿锁定的承诺：自愿将所持有的本公司的股票按国家法律、法规的要求进行锁定。第一大股东承诺在本公司上市之日起一年内，不转让所持有的股份，也不由本公司回购该部分股份。

上市地点：上海证券交易所

上市时间：2001年12月18日

股票登记机构：中国证券登记结算有限责任公司上海分公司

上市推荐人：东方证券有限责任公司

福建省闽发证券有限公司

北京证券有限责任公司

三、绪言

本上市公告书是根据《中华人民共和国公司法》、《中华人民共和国证券法》、《股票发行与交易管理暂行条例》、《公开发行股票公司信息披露实施细则》和《上海证券交易所股票上市规则》等国家有关法律、法规的规定，并按照中国证监会《公开发行证券的公司信息披露内容与格式准则第7号--股票上市公告书》而编制，旨在向投资者提供有关安徽山鹰纸业股份有限公司(以下简称"本公司"或"发行人")和本次股票上市的基本情况。

经中国证监会证监发行字[2001]55号文核准，本公司于2001年11月22日通过网上累计投标询价方式成功发行6,000万股人民币普通股，每股面值1.00元，每股发行价为人民币3.06元。

经上海证券交易所上证上字[2001]199号《上市通知书》同意，本公司通过网上累计投标询价方式发行的6,000万股股票将于2001年12月18日起在上海证券交易所挂牌交易。股票简称"山鹰纸业"，股票代码"600567"。

本公司已于2001年11月20日在《中国证券报》、《上海证券报》和《证券时报》上刊登了《招股说明书摘要》，招股说明书正文及其附注材料刊载于上海证券交易所网站(http://www.sse.com.cn)，距今不足三个月，故与其重复的内容在此不再重述，敬请投资者查阅上述内容。

四、发行人概况

(一) 发行人的基本情况

1、发行人名称：安徽山鹰纸业股份有限公司

2、英文名称：AN HUI SHAN YING PAPER INDUSTRY CO.,LTD.

3、注册资本：16,050万元

4、法定代表人：王德贤

5、发行人成立日期：1999年10月20日

6、注册地址：安徽省马鞍山市勤俭路3号

7、经营范围：纸、纸板、纸箱制造，本公司生产产品出口及本公司生产、科研所需的原辅材料、机械设备、仪器仪表、零配件进口。

8、主营业务：目前实际从事的主要业务包括两大类，即包装纸板制造和纸箱制造

9、所属行业：造纸

10、联系电话：(0555)2810395-3175

传　真：(0555)2810395-3174

11、电子信箱：shyyyc@263.net

12、董事会秘书：杨义传

(二) 发行人的历史沿革

本公司经安徽省体改委 皖体改函[1999]74号文和安徽省人民政府 皖府股字[1999]第26号批准证书批准，由原马鞍山市山鹰造纸有限责任公司(以下简称"山鹰有限公司")依法变更设立。

山鹰有限公司是经马鞍山市体改委 马体改字[1994]10号文批复，由马鞍山市造纸厂改制设立，成立时间为1994年8月2日，注册资本为356万元。股东为马鞍山市造纸厂(持有60%股权)和职工合股基金管理委员会(持有40%股权)。

1997年3月，经山鹰有限公司第四次股东会决议和职工合股基金管理委员会决议，同意由公司工会代表持股职工行使股东权利。1997年6月，马鞍山市人民政府以 马政秘[1997]64号文批复，同意以马鞍山市造纸厂国有资产组建安徽山鹰纸业集团有限公司，并依据安徽省人民政府 皖政秘[1996]286号文的授权，批复该公司为国有资产授权投资主体，依法持有山鹰有限公司的国家股权。1999年2月，安徽山鹰纸业集团有限公司更名为马鞍山山鹰纸业集团有限公司(以下简称"集团公司")。

1999年2月，经马鞍山市人民政府 马政秘[1999]13号文批复，山鹰有限公司进行了增资扩股和股权转让事宜，注册资本增加至4,039万元，公司股东变更为：马鞍山山鹰纸业集团有限公司持有93%股权、马鞍山市轻工国有资产经营有限公司持有5%股权、马鞍山港务管理局持有1%股权、马鞍山隆达电力实业总公司持有0.8%股权、马鞍山市科技服务公司持有0.2%股权。

1999年10月20日，依据安徽省体改委 皖体改函[1999]74号文批复和安徽省人民政府 皖府股字[1999]第26号《安徽省股份有限公司批准证书》，山鹰有限公司依法整体变更为本公司，注册资本为10,050万元。

经中国证券监督管理委员会证监发行字[2001]55 号文批准，本公司6,000 万社会公众股已于2001年11月22日在上海证券交易所发行成功，每股面值1.00元，发行价格3.06元。本公司于2001年12月4日办理了验资手续，并于2001年12月6日在安徽省工商行政管理局变更了注册登记，注册资本变更为16050万元。

(三)发行人竞争优劣势分析

1、产品技术优势

本公司目前的技术装备、产品档次、生产规模均处于国内前列，关键技术装备水平国内领先，受中小企业低质低档产品的冲击较小，与区域内主要的包装纸板生产企业相比，具备较强的综合竞争能力。本公司在安徽省内尚没有竞争对手，1999年本公司产量占全省纸和纸板总产量的17.1%，占全省纸板总产量的26.1%。

2、技术开发优势

公司现为国家重点高新技术企业和科技部技术创新重点联系企业，建有省级技术中心，技术创新体系完善，研发条件齐全，开发投入稳定，产学研合作广泛，具备较强的科研实力和持续创新能力。

3、人员成本优势

本公司人均劳动生产率高，2000年公司人均产量160吨，远高于同行业平均30吨的水平，从而使本公司产品能以更低的成本参与市场竞争。

4、竞争劣势

造纸是规模效益行业，目前本公司生产规模和国内外实力雄厚的大企业相比仍然偏小；产品结构也不尽合理，中高档产品比重占70%左右。以上因素在一定程度上影响了本公司市场竞争能力。

四 主要财务指标

财务指标	2001年9月30日	2000年12月31日	1999年12月31日	1998年12月31日
流动比率	1.02	1.20	0.78	0.65
速动比率	0.75	0.91	0.63	0.54
应收帐款周转率(次)	6.08	10.96	6.82	6.31
存货周转率(次)	4.33	10.12	10.90	10.77
资产负债率(%)	72.02	62.91	56.26	56.44
每股净资产(元/股)	1.41	1.24	1.11	--
每股经营活动现金流量(元/股)	0.03	0.16	--	--
每股收益(全面摊薄 元/股)	0.16	0.18	0.11	--
每股收益(加权平均 元/股)	0.16	0.18	0.11	--
净资产收益率(全面摊薄 %)	11.29	14.54	10.01	14.24
净资产收益率(加权平均 %)	12.03	15.35	10.94	15.33

五 拥有的主要知识产权

1、公司拥有的非专利技术主要有：

·国内废纸(LOCC)连续碎解和多级多段组合筛选净化技术

·真空预压与复合压榨组合应用技术，消除真空孔痕

·计算机适时动态在线工艺控制与处理

·叠网和超短网复合成型工艺

·气浮回收纤维配比抄造纸板技术，解决纸板外观质量和强度性能

·纸机网前流送系统短流程配置新技术

·连续调色和造纸助剂配方及综合共用新技术

·高级涂料配方及运用

·涂布后柔压整饰技术

·固体垃圾焚烧技术及废物综合利用

2、商标

本公司依法承继山鹰有限公司的"山鹰牌"注册商标，商标注册证为第1032692号，核定使用商品为第16类。2000年11月7日，经国家工商行政管理局商标局核准，该商标注册人变更为本公司。

五、股票发行与股本结构

(一)本次股票上市前首次公开发行股票的情况

1、社会公众股发行数量：6,000万股

2、股票发行价格：3.06元/股

3、募股资金总额：18,360万元

4、发行方式：网上累计投标询价

5、发行费用总额及项目：本次股票发行费用共971.58万元，主要包括承销费用、审计费用、评估费用、律师费用、发行手续费用、审核费等。

6、每股发行费用：0.16元

7、发行日期：2001年11月22日

8、中签率：0.06%

9、在申购价格区间内累计投标询价申购部分的总申购户数：2,724,060户 其中价格为3.06元的有效申购户数为2,659,965户

10、持有1000股以上的户数：53,789户

(二)本次股票上市前首次公开发行股票的承销情况

本次公开发行的社会公众股6,000万股已全部被投资者认购，承销团无余额包销。

(三)本次上市前首次公开发行股票所募股资金的验资报告

验 资 报 告

天健[2001]验字第022号

安徽山鹰纸业股份有限公司全体股东：

我们接受委托，审验了贵公司截止2001年12月3日止新增注册资本(股本)的实 收情况。按照国家相关法律、法规的规定和协议、章程的要求出资，提供真实、合法、完整的验资资料，保护资产的安全完整是全体股东及贵公司的责任。我们的责任是对贵公司新增注册资本的实收情况发表审验意见。我们的审验是依据《独立审计实务公告第1号-验资》进行的。在审验过程中，我们结合贵公司的实际情况，实施了检查等必要的审验程序。

贵公司原注册资本(股本)为人民币100,500,000.00元，根据贵公司2000年度股东大会决议和

修改后章程的规定，贵公司申请增加注册资本(股本)人民币 60,000,000.00 元。变更后的注册资本(股本)为人民币 160,500,000.00 元。经我们审验，截 至 2001 年 12 月 3 日止贵公司已受到社会公众股股东投入注册资本合计人民币陆仟万元 （RMB60,000,000.00 元)，各股东均以货币资金出资。

同时我们注意到，贵公司本次增资前的注册资本为人民币 100,500,000.00 元，已经马鞍山市审计师事务所审验，并于 1999 年 10 月 12 日出具马审所验[1999]135 号验 资报告。截至 2001 年 12 月 3 日止，变更后的累计注册资本实收金额为人民币 160,500,000.00 元。

本验资报告供贵公司申请变更登记及据以向股东签发出资证明时使用，不应将其视为是对贵公司验资报告日后资本保全、偿债能力和持续经营能力等的保证。因使用不当造成的后果，与执行本验资业务的注册会计师及天健会计师事务所有限公司无关。

附件(一) 新增注册资本实收情况明细表

附件(二) 注册资本变更前后对照表

附件(三) 验资事项说明

附件(四) 股东交存入资金凭证复印件

附件(五) 天健会计师事务所《企业法人营业执照》复印件

附件(六) 天健会计师事务所《从事证券期货相关业务许可证》复印件

天健会计师事务所有限公司

中国·北京

中国注册会计师：童传江 、王 树

二○○一年十二月四日

(四)募股资金入帐情况

入帐时间：2001 年 11 月 30 日、12 月 3 日

入帐金额：177,817,400.00 元

入帐帐号：中国工商银行 1360212090221000467

中国建设银行 01170043240000150

马鞍山市商业银行 20101003816

中国银行 05207008093001

开户银行：中国工商银行马鞍山支行帐户金家庄办事处、中国银行马鞍山支行帐户金家庄办事处、马鞍山市商业银行幸福路支行、中国银行马鞍山分行雨东分理处

(五)发行人上市前股权结构及各类股东的持股情况

1、本次上市前后公司股权结构

类别	发行前		发行后	
	数量(万股)	比例(%)	数量(万股)	比例(%)
发起人股				
其中：国家股(集团公司)	9,346.5	93	9,346.5	58.23
国有法人股	603	6	603	3.76
法人股	100.5	1	100.5	0.63
社会公众股股份	0	0	6,000	37.38
股份总额	10,050	100	16,050	100

2、本公司前十名股东持股情况

序号	前十名股东名称	持股数量(万股)	持股比例(%)
1.	马鞍山山鹰纸业集团有限公司	9,346.5	58.23
2.	马鞍山市轻工国有资产经营有限公司	502.5	3.13
3.	马鞍山港务管理局	100.5	0.63
4.	马鞍山隆达电力实业总公司	80.4	0.50
5.	华安创新	32.9	0.21
6.	同盛基金	31.5	0.20
7.	普丰基金	28.6	0.18
8.	同益基金	25.9	0.16
9.	安顺基金	23.8	0.15
	裕隆基金	23.8	0.15

六、董事、监事、高级管理人员及核心技术人员

(一)董事会成员简介

王德贤先生，现年 54 岁，大专文化，高级经济师，中国国籍，现任本公司党委书记、董事长。

汤涌泉先生，现年 46 岁，大专文化，高级工程师，中国国籍，现任本公司董事、总经理。

夏林先生，现年 44 岁，大专文化，经济师，中国国籍，现任本公司董事、副总经理。

杨文传先生，现年 48 岁，大学学历，副研究员，中国国籍，现任本公司董事、副总经理、董事会秘书。

王黄来先生，现年 39 岁，大学学历，经济师，中国国籍，现任本公司董事、党委副书记、纪委书记。

谢皖生先生，现年 42 岁，大专文化，经济师，中国国籍，现任本公司董事，马鞍山市天福纸箱纸品有限公司执行董事兼经理。

赵英祥先生，现年 52 岁，高中文化，助理经济师，中国国籍，现任本公司董事、总经理助理。

曹朴芳女士，现年 56 岁，大学学历，高级工程师，中国国籍，现任中国造纸协会常务副理事长，本公司独立董事。

王居才先生，现年 37 岁，硕士研究生学历，高级工程师，中国国籍，现任安徽省造纸印刷工业公司总经理，党委书记，安徽省造纸协会副理事长兼秘书长，中国造纸协会理事，中国造纸学会理事，本公司独立董事。

(二)监事会成员简介

沈晓卿女士，现年 36 岁，中专学历，助理工程师，中国国籍，现任本公司监事会主席、工会主席。

周德林先生，现年 43 岁，高中文化，助理经济师，中国国籍，现任本公司监事，市场营销部副经理。

潘苏云先生，现年 34 岁，大学学历，工程师，中国国籍，现任本公司监事、造纸八车间主任。

(三)其他高级管理人员简介

李奕祯先生，现年 47 岁，大专文化，经济师，中国国籍，现任本公司副总经理。

樊茂英女士，现年 53 岁，中专文化，会计师，注册会计师，中国国籍，现任本公司财务负责人。

(四)核心技术人员简介

占正奉先生，现年 35 岁，大专文化，工程师，中国国籍，现任本公司技术中心办公室主任。

鲁招金先生，现年 36 岁，大专文化，工程师，中国国籍，现任本公司生产设备部经理。

钱军先生，现年 32 岁，大学学历，工程师，中国国籍，现任本公司技术中心办公室副主任。

(五)、董事、监事、高级管理人员与核心技术人员的持股情况

上述人员未持有本公司股份

七、同业竞争与关联交易

(一) 同业竞争

本公司与控股股东目前不存在同业竞争

本公司控股股东-集团公司已对本公司及全体股东作出承诺，对本公司已进行建 设和拟投资兴建的项目，将在项目选择和投资方向上，避免与本公司相同或相似，不与本公司发生同业竞争，以维护本公司的利益。

(二)关联方和关联关系

1.公司目前存在的法人关联方有控股股东集团公司和其他股东，控股子公司马鞍山市天福纸箱纸品有限公司(以下简称"天福公司")、马鞍山市蓝天废旧物资回收有限公司(以下简称"蓝天公司")和参股公司马鞍山市商业银行。

2.本公司目前的自然人关联方主要有公司的董事、监事、高级管理人员和核心技术人员，与自然人关联方之间的关联关系为劳动人事关系，除依据劳动合同或公司相关文件规定支付其劳动报酬外，不发生任何其他关联交易。

(三)关联交易

本公司现与关联企业间不存在任何重大关联交易，自本公司设立以来发生的和仍在执行的主要关联交易事项如下：

1、受让集团公司持有的天福公司股权

公司与集团公司于 2000 年 10 月 18 日签订了《股权转让协议》，收购其持有的天福公司 98.75%的全部股权。双方协商按收购基准日(2000 年 9 月 30 日)天福公司的净资 产值和收购的股权比例确定转让价格为 168.86 万元。

2、土地使用权租赁交易

公司于 1999 年 12 月 18 日与集团公司签署《土地使用权租赁协议》，协议承租本公司老厂区占用的 119,037.38m2 生产经营用地。租赁期限为自公司成立之日至 2047 年 9 月 30 日，租金经双方平等协商确定为每年 25 万元。

3、综合服务交易

公司于 1999 年 12 月 18 日与集团公司签署《综合服务协议》，协议集团公司将食堂、托儿所和幼儿园等综合服务设施提供给本公司有偿使用。协议期限为 5 年，依据运 营成本加合理利润的定价标准确定综合服务管理费为 10 万元/年。

4、资金借贷交易

本公司与参股企业马鞍山市商业银行存在资金借贷关系，具体情况如下：

A、已发生的关联交易：

a.1998 年 3 月 30 日，本公司与马鞍山市商业银行签订了《人民币短期借款合同》，约定本公司向马鞍山市商业银行借款 400 万元用于购原材料，借款期限自 1998 年 3 月 30 日至 1999 年 3 月 29 日止，借款利率为月息 6.6‰。该合同已履行完毕。

b.1999 年 9 月 15 日，本公司与马鞍山市商业银行签订了《人民币短期借款合同》，约定本公司向马鞍山市商业银行借款 400 万元用于购原材料，借款期限自 1999 年 9 月 15 日至 2000 年 9 月 15 日止，借款利率为月息 4.875‰。该合同已履行完毕。

c.1999 年 11 月 3 日，本公司与马鞍山市商业银行签订了《人民币短期借款合同》，约定本公司向马鞍山市商业银行借款 500 万元用于购原材料，借款期限自 1999 年 11 月 4 日至 2000 年 11 月 4 日止，借款利率为月息 4.875‰。该合同已履行完毕。

B、目前仍在执行的银行借款如下：

本金(万元)	期限	月利率	说明
400	2000.9.15-2002.9.15	2001.1.1 前为 4.785‰， 之后为 4.95‰	为流动资金借款， 签署了书面合同
500	2000.11.4-2002.11.4	2001.1.1 前为 4.875‰， 之后为 4.95‰	为流动资金借款， 签署了书面合同

上述两笔银行借款合计 900 万元，占本公司 2001 年 2 月 28 日银行借款余额的 6.88% 。

上述贷款关联交易属正常的银企借贷行为，贷款利率符合国家有关金融法规的规 定，为同类贷款正常的市场利率水平，交易公允，不存在损害本公司及股东利益的情形。

(四)本公司章程和"三会一层"议事规则中均规定了关联交易决策的公允程序，集团公司已作出不利用关联交易谋取不当利益的书面承诺，保证了关联交易的公允性。

(五)本次募股资金运用涉及的关联交易

根据目前的安排，本次募股资金的运用不涉及关联交易。

八、财务会计资料

本公司截止 2001 年 9 月 30 日的财务会计资料，已于 2001 年 11 月 20 日在《中国证券 报》、《上海证券报》和《证券时报》刊登的《招股说明书摘要》中进行了披露，投资者欲了解详细内容，请查阅上述报纸或刊载于上海证券交易所网站(http://www.sse.com.cn)的本公司招股说明书全文。

(一)注册会计师意见

本公司聘请了天健会计师事务所有限公司对本公司 1998 年度、1999 年度、2000 年度及 2001 年 9 月 30 日的会计报表进行了审计，并出具了标准无保留意见的审计报告。

(二)简要会计报表

以下内容摘自业经审计的公司财务报告。

简要资产负债表

单位：万元

项目	2001 年 9 月 30 日		2000 年 12 月 31 日		1999 年 12 月 31 日	1998 年 12 月 31 日
	母公司	合并	母公司	合并		
流动资产合计	20,540.15	22,112.21	14,107.20	14,832.14	10,529.59	6,264.70
固定资产合计	27,581.83	27,599.36	17,924.08	17,946.93	14,382.98	12,263.56
无形资产及其他资产合计	606.10	606.10	476.55	476.55	--	--
资产总计	50,611.94	50,817.67	33,500.17	33,755.62	25,412.57	19,028.26
流动负债合计	21,412.12	21,591.95	12,084.97	12,325.32	13,505.05	9,646.91
长期负债合计	15,037.23	15,037.23	8,991.46	8,991.45	793.10	1,093.46
负债合计	36,449.35	36,629.18	21,076.43	21,316.77	14,298.15	10,740.37
股本	10050.00	10,050.00	10,050.00	10,050.00	10,050.00	356.00
资本公积	208.60	208.60	68.60	68.60	68.60	2,283.08
盈余公积	503.79	503.79	503.79	503.79	142.45	1,403.95
未分配利润	3,400.20	3,400.20	1,801.35	1,801.35	853.37	4,244.86
股东权益合计	14,162.59	14,162.59	12,423.74	12,423.74	11,114.42	8,287.89
负债及股东权益合计	50,611.94	50,817.67	33,500.17	33,755.62	25,412.57	19,028.26

简要利润表

单位：万元

项目	2001 年 1~9 月		2000 年		1999 年	1998 年
	母公司	合并	母公司	合并		
一、主营业务收入	19,271.94	20,389.79	32,122.65	32,267.62	19,435.20	15,176.36
二、主营业务利润						

	2,622.64	3,505.14	3,933.12	4,169.09	2,857.19	3,246.37
三、营业利润	1,060.05	1,582.92	2,405.65	2,542.58	1,633.21	1,920.07
四、利润总额	1,962.62	1,879.76	2,397.48	2,448.94	1,673.71	1,851.45
五、净利润	1,598.85	1,598.85	1,806.71	1,806.71	1,112.66	1,179.94

简要现金流量表

单位:万元

项目	2001 年 1~9 月		2000 年	
	母公司	合并	母公司	合并
一、经营活动产生的现金净流量	439.76	302.37	1,476.19	1,614.65
二、投资活动产生的现金净流量	–9,795.21	–9,797.46	–4,517.63	–4,310.27
三、筹资活动产生的现金净流量	14,367.28	14,370.11	6,195.68	6,197.25
四、现金及现金等价物净增加额	5,011.83	4,875.02	3,154.24	3,501.63

(三)会计报表注释

1、报告期利润形成的有关情况

公司近三年(指 1998 年、1999 年、2000 年,以下同)实现的销售收入分别为 15,176.36 万元、19,435.20 万元、32,267.62 万元,年增幅分别为:28.06%和 66.03%,保 持较快的增长势头。近三年,公司分别实现利润总额 1,851.45 万元、1,673.71 万元、2,448.94 万元,仍然保持增长趋势。近三年公司分别实现净利润 1,179.94 万元、1,112.66 万元、1,806.71 万元,均无占净利润 5%以上的重大投资损益和非经常性损益。本公司(母公司)2001 年 1~9 月投资收益为 913.31 万元,较上年末增长较大,主要原因为:本公司 2000 年 10 月收购了天福公司 98.75%的股权,2000 年度本公司只按股权比例享有该公司自收购日至年底的净利润,2001 年 1–9 月本公司享有净利润的期间比 2000 年长,投资收益相应增加;此外,天福公司于 2000 年 3 月安装了 1 条 1800mm 五层瓦楞纸箱生产线,2000 年 7 月正式生产,2001 年随着生产工人操作水平的不断提高,生产工 艺的不断改进,产销量增幅较大,净利润较上年有较大的增长,本公司投资收益相应增长。本公司(母公司)2001 年 1~9 月实现利润总额为 1,962.62 万元,经调整后的应纳税所得额为 1,102.32 万元,应交所得税额为 363.77 万元,与利润总额相对较小,主要原因为本公司 2001 年 1~9 月利润总额中,对天福公司投资收益所占比重较大,而天福公司作为民政福利企业,根据财政部、国家税务总局财税[1994]001 号文的规定,免征所得税。

本公司主营业务突出,近三年和 2001 年 1~9 月份,主营业务收入占营业收入的比重分别为:99.65%,99.75%,99.63%,99.77%。本公司的主要产品为箱纸板、瓦楞原纸和涂布白纸板。该三种产品在公司销售收入中的比例基本保持稳定,近三年平均各为 49.22%、19.29%、13.40%,销售额均保持持续增长。

1998 年、1999 年,公司实际交纳的所得税由马鞍山市财政局全额返还,目前本公司及子公司适用的所得税税率为 33%。子公司蓝天公司为废旧物资回收企业,自 2001 年 5 月 1 日起,享受免征增值税的优惠政策。天福公司为福利企业,享受增值税"先征收后返还"和所得税免征的优惠政策。本公司对返还的增值税于实际收到时,计入补贴收入。

2、主要资产情况

截至 2001 年 9 月底,公司的资产总额为 50,817.67 万元,包括流动资产 22,112.21 万元、长期投资 500.00 万元、固定资产 27,599.36 万元、无形资产及其他资产 606.10 万元。

近三年末和 2001 年 9 月 30 日,公司的货币资金分别为 432.61 万元、1,650.50 万元 、5,152.14 万元、10,027.15 万元,分别占流动资产的 6.91%、15.67%、34.74%、45.35%;近三年货币资金逐年增加,主要原因是本公司销售收入和贷款规模均逐年增加,货币资金流转量随之增大,2001 年 9 月底余额较大系因为增加固定资产投资贷款所致 。

近三年末和 2001 年 9 月 30 日,公司的应收帐款分别为 2,698.78 万元、2,999.46 万 元、2,887.32 万元、3,817.96 万元,分别占流动资产的 43.08%、28.49%、19.47%、17.27%;近三年末应收帐款绝对额保持平稳,相对比例逐步下降,主要原因是公司加强了对客户的资信审查和应收帐款管理等内部控制而压缩应收帐款规模所致;2001 年 9 月 底应收帐款比年初增加 32%,主要是公司年度内赊销期限较年底放宽所致。本公司 2001 年 9 月 30 日应收帐款中无持有本公司 5%(含 5%)以上股份股东单位的欠款。

近三年末和 2001 年 9 月 30 日,公司的存货分别为 1,051.92 万元、1,973.15 万元、3,563.14 万元、5,848.63 万元,分别占流动资产的 16.79%、18.74%、24.02%、26.45%;存货余额逐年增加,主要是本公司生产规模和产量逐年增大,原材料和商品库存逐年增多所致。库存原料 2001 年 9 月 30 日为 3,030.40 万元,比 2000 年末 1,752.99 万元增长 72.87%,主要原因系本年度主要原材料国际、国内市场价格均大幅度下调,本公司适当增加原料储备量所致。库存商品 2001 年 9 月 30 日为 2,807.10 万元,比 2000 年末 1,792.04 万元增长 56.64%,主要原因系本公司为提高产量和适应市场需求,对主要生产线 逐步进行大规模的技术改造,2001 年 7 月 6#、8# 机改造调试后正式投产,本公司生产量开始增加,同时随着产品结构调整,本公司增加了产品规格和品种。产量增加和品种调整后,市场开拓需要一定过程,故库存商品较上年末有所增加。

2001 年 9 月 30 日本公司的固定资产情况如下:

单位:万元

固定资产类别	原值	净值	净额	折旧年限(年)	折旧方法
房屋及建筑物	4,201.60	3,241.10	3,220.83	30~45	直线法
机器设备	14,920.46	10,479.95	10,457.57	8~14	直线法
运输工具	559.33	252.74	252.74	6~12	直线法
其他设备	65.32	15.55	15.55	6~14	直线法
合 计	19,746.71	13,989.34	13,946.69	--	--

本公司主要固定资产是房屋及建筑物和机器设备,2000 年提取的折旧分别为 303.20 万元、1,044.54 万元。截止 2001 年 9 月 30 日,公司用于本公司贷款抵押的固定资产 价值为 11,103.27 万元。

本公司占被投资单位 20%以下有表决权资本的股权投资只有一项,系对马鞍山市 商业银行的股权投资,初始投资额为 500.00 万元,占马鞍山市商业银行 4.95%的股权 ,占本公司 2001 年 9 月 30 日净资产的比重为 3.53%,本公司按规定采用成本法核算。

本公司帐面无形资产只有一项,系于 2000 年 12 月以出让方式取得的土地使用权,初始金额按取得时发生的实际成本确定为 476.55 万元,按出让合同规定的 50 年受益期限分期平均摊销,截止至 2001 年 9 月 30 日的剩余摊余年限为 49.25 年,摊余价值为 469.41 万元。

2001 年 9 月 30 日,本公司待摊费用无余额;长期待摊费用余额为 136.69 万元,系 发行上市前期费用,待股票发行后从发行溢价中扣除。

3、主要债项情况

截至 2001 年 9 月底本公司的负债总额为 36,629.18 万元,其中流动负债 21,591.95 万元,长期负债 15,037.23 万元。

上述流动负债中,短期借款余额 7,100.00 万元,全部为信用借款;一年内到期的长期借款 5,400.00 万元;应付帐款余额为 1,431.73 万元,其中无应付持有本公司 5% 含 5% 以上股份股东的款项;其他应付款余额为 6,464.30 万元,其中应付集团公司的款项为 518.79 万元,主要为代收集团公司售房款;工资结余为 1,710.52 万元。其他应付款较 2000 年底增长 137%,主要因为本期在建工程规模扩大,应付工程款增加,以及本期增加马鞍山市财政拨付的技术改造款 1,900 万元所致。

上述长期负债中长期借款 13,350.00 万元,其中 6,350.00 万元为抵押贷款,7,000.00 万元为担保贷款,长期借款增幅较大,主要系公司 2000 年和 2001 年投资兴建的工程项目资金需求量较大,贷款相应增加所致;专项应付款 1,687.23 万元,主要系国债专项基金。

截止至 2001 年 9 月 30 日,本公司不存在合同承诺的债务、票据贴现、抵押及担保等任何形式的或有负债;没有逾期债项。

(四)盈利预测

1、编制基础

公司以业经天健会计师事务所有限公司审计的本公司 1998 年~2001 年 9 月的经营业绩为基础,结合国家的宏观经济政策、公司面临的市场环境、2001 年及 2002 年公司生产经营计划及各项业务收支计划,本着谨慎稳健的原则编制了 2001 年及 2002 年盈利预测。盈利预测编制中所依据的会计政策在各重大方面均与公司实际采用的会计政策相一致。

本公司委托天健会计师事务所有限公司对公司 2001 年及 2002 年盈利预测进行了审核,天健会计师事务所有限公司为此出具了无保留意见的审核报告。以下会计数据摘自天健 审字[2001]117 号《审核报告》。

本公司盈利预测的编制遵循了谨慎性原则,但盈利预测所依据的各种假设具有不确定性,投资者进行投资决策时,不应过分依赖该资料。

盈 利 预 测

预测期间:2001 年度　　单位:元

项 目	上年已审数		母公司
	母公司	合并数	1–9 月已审数
主营业务收入	321,226,463.66	322,676,206.93	192,719,434.08
主营业务成本	280,960,305.67	279,999,873.84	165,830,008.16
主营业务税金及附加	934,939.91	985,401.65	663,074.34
主营业务利润	39,331,218.08	41,690,931.44	26,226,351.58
利润总额	23,974,841.07	24,489,413.84	19,626,189.74
净利润	18,067,111.75	18,067,111.75	15,988,524.00

续上表:

项 目	母公司		合并数		
	10–12 月预测数	合计	1–9 月已审数	10–12 月预测数	合计
主营业务收入	123,314,656.83	316,034,090.91	203897891.70	128585512.89	332483404.59
主营业务成本	108,800,988.02	274,630,996.18	167782474.28	111234217.39	279016691.67
主营业务税金及附加	285,027.93	948,102.27	1063,976.68	345951.16	1409927.84
主营业务利润	14228,640.88	40,454,992.46	35051440.74	17005344.34	52056785.08
利润总额	11,459,968.02	31086,157.76	18797618.69	11524077.39	30321696.08
净利润	8,534,844.29	24,523,368.29	15988524.00	8534844.29	24523368.29

盈 利 预 测

预测期间:2002 年度　　单位:元

项目	2001 年预测数		2002 年预测数	
	母公司	合并数	母公司	合并数
主营业务收入	316034,090.91	332,483,404.59	399,325,000.00	419,817,432.31
主营业务成本	274630,996.18	279,016,691.67	352,329,071.05	360,812,733.09
主营业务税金及附加	948102.27	1,409,927.84	1,197,975.00	1,431,597.73
主营业务利润	40454,992.46	52,056,785.08	45,797,953.95	57,573,101.49
利润总额	31086,157.76	30,321,696.08	34,970,120.49	35,325,844.78
净利润	24523,368.29	24,523,368.29	26,601,848.19	26,601,848.19

2、盈利预测所依据的基本假设

1)国家现行的法律、法规、经济政策无重大变化;

2)国家现行的利率、汇率等无重大变化;

3)本公司目前执行的税种、税率政策不变;

4)本公司所在地区的社会经济环境无重大变化;

5)本公司主要产品销售价格及主要原材料供应价格无重大变化;

6) 无其他人力不可抗拒及不可预见因素造成的重大不利影响或损失。

3、预测数据说明

2001 年、2002 年本公司在现有生产规模的基础上,将进一步调整产品结构,加大技改力度;其中:在 2000 年度开工的 6# 机、8# 机两条生产线技改工程已于 2001 年 3 月份完工,2001 年 7 月调试完成,投入生产。4# 机、9# 机生产线技改工程也将于 2001 年 11 月份完工。通过对原有生产线的改造,产品档次、品种将更接近市场需求,生产规模将进一步扩大。

1)预测 2001 年销售收入为 33,248.34 万元,较上年增长 3.04%,2002 年销售收入为 41,981.74 万元,较 2001 年预测数增长 26.27%,主要是基于以下原因:

A、2001 年本公司加大了技改力度,进一步调整产品结构,通过对原有生产线的改造,产品档次、品种将更接近市场需求。9# 造纸机改造完成后,将生产涂布白纸板,6# 造纸机改造完成后将生产 B 级牛皮箱纸板。由于造纸机改造调试时间较长,因此预测 2001 年销售收入增长缓慢,而 2002 年销售收入将有较大幅度增长。

B、本公司于 2000 年 10 月收购了天福公司 98.75%的股权。天福公司现拥有 1 条 1800mm 五层瓦楞纸箱生产线,2001、2002 年随着生产工人操作水平的不断提高,生产工艺的不断改进,产品的产量、质量将会有大幅度的提高,根据目前市场预计,单芯和双芯箱板销量将有所提高;天福公司在 2001 年 3 月上马了全纸桶机和化纤管两条生产线,达产后纸管的产量、产值将会在原有两条生产线的基础上翻一番。

2)预测 2001 年主营业务成本为 27,901.67 万元,与上年基本持平;预测 2002 年主营业务成本为 36,081.27 万元,比 2001 年预测数增长 29.32%,主营业务成本增长与销售收入增长基本保持一致。主营业务成本的预测是以以前年度和 2001 年 1~9 月实际生产成本为基础,同时考虑了 2001 年及 2002 年增减因素和企业内部的挖潜因素。

3)预测 2001 年主营业务利润为 5,205.68 万元,较上年增长 24.86%,主要原因为本年度公司加人了技改力度,高附加值产品比重增加,主营业务利润率有所提高;预测 2002 年主营业务利润为 5,757.31 万元,较 2001 年增长 10.60%,略低于预测销售收入和主营业务成本的增长幅度。

4) 期间费用依据近三年和 2001 年 1~9 月的费用水平并考虑收入增长的因素进行预测,预测 2001 年营业费用、管理费用、财务费用分别为 344.28 万元、1,729.89 万元、565.12 万元,分别较上年增长–14.85%、95.08%、46.45%,预测管理费用增幅较大系当年技术开发费用增长较大所致,预测财务费用增幅较大系当年贷款平均规模增大所致;预测 2002 年营业费用、管理费用、财务费用分别为 441.10 万元、1,846.11 万元、260.05 万元,分别较上年预测数增长 28.12%、6.72%、–53.98%,预测财务费用下降较多,系国债贴息贷款的国家贴息到位和预测贷款规模减小所致。

5)预测 2001 年补贴收入为 324.65 万元,较上年增长较大,主要系 2001 年天福公司和蓝天公司增值税返还款增加所致。本公司 2000 年 12 月组建蓝天公司,2000 年 10 月收购天福公司,由于 2000 年这两个子公司纳入合并报表时间较短,因此补贴收入较小。预测 2002 年补贴收入为 233.62 万元,较上年下降 38.96%,主要原因是蓝天公司自 2001 年 5 月 1 日起免征增值税,相应自 2001 年 5 月 1 日起增值税返还额减少。

综上所述,2001 年预测利润总额为 3,032.17 万元,较上年增长 23.82%,预测净利润为 2,452.34 万元,较上年增长 35.74%;2002 年预测利润总额为 3,532.58 万元,较上年增长 16.50%,预测净利润为 2,660.18 万元,较上年增长 8.48%。所得税按预测利润总额和 33%的税率计算。

九、其他重要事项

一、本公司股票本次发行后至本公司上市公告书公告之日，本公司严格依照《公司法》、《证券法》等法律法规的要求，规范运行，生产经营情况正常；所处行业、市场无重大变化；主要投入产出物供求及价格无重大变化。

二、本公司股票本次发行后至本公司上市公告书公告之日，本公司重大会计政策和会计师事务所没有发生变化。

三、本公司股票本次发行后，本公司于2001年12月2日召开第一届董事会第七次 会议，通过《关于向有关商业银行申请不低于5000万元人民币授信额度的议案》、《关于投资组建苏州山鹰纸业纸品有限责任公司的议案》、《关于将4#纸机租赁给天 福公司经营的议案》。

为促进公司生产经营的稳定发展，拓展与银行之间的业务合作范围，同意公司向有关商业银行申请不低于5000万元人民币的授信额度。

同意公司与马鞍山市天福纸箱纸品有限公司在苏州市吴中经济开发区合资组建苏州山鹰纸业纸品有限责任公司。苏州山鹰纸业纸品有限责任公司注册资本为1500万元人民币，其中本公司出资1125万元，占注册资本的75%；马鞍山市天福纸箱纸品有限公司出资375万元，占注册资本的25%。

同意公司将4#纸机租赁给马鞍山市天福纸箱纸品有限公司经营，根据清产核资结果，由本公司与马鞍山市天福纸箱纸品有限公司签订租赁协议后实施。

（四）、预计上市后首次股利分配时间在2002年6月底以前。

（五、本公司股票本次发行后至本公司上市公告书公告之日，本公司董事、监事和高级管理人员没有尚未了结或可能发生的刑事诉讼事项。

六、本公司股票本次发行后至本公司上市公告书公告之日，本公司未涉及任何重大诉讼事项或仲裁，亦无任何尚未了结或可能面临的重大诉讼或索赔要求。

七、本公司股票本次发行后至本公司上市公告书公告之日，没有其他应披露而未披露之重大事项。

十、董事会上市承诺

本公司董事会承诺将严格遵守《中华人民共和国公司法》、《中华人民共和国证券法》、《股票发行与交易管理暂行条例》、《公开发行股票公司信息披露实施细则》和《上海证券交易所股票上市规则》等国家法律、法规和有关规定，并自股票上市之日起作到：

（一）承诺真实、准确、完整、公允和及时地公布定期报告，披露所有对投资者有重大影响的信息，并接受中国证监会、证券交易所的监督管理；

（二）承诺本公司在知悉可能对股票价格产生误导性影响的任何公共传播媒介中出现的消息后，将及时予以公开澄清；

（三）本公司董事、监事、高级管理人员和核心技术人员将认真听取社会公众的意见和批评，不利用已获得的内幕消息和其他不正当手段直接或间接从事发行人股票的买卖活动；

（四）本公司没有无记录的负债。

依据《上海证券交易所股票上市规则》，本公司全体董事、监事将按照有关规定，在本公司股票上市后两个月内签署《董事（监事）声明及承诺书》并送达上海证券交易所备案。

十一、上市推荐人及其意见

（一）上市推荐人情况

上市推荐人：东方证券有限责任公司
法定代表人：朱福涛
住　　所：上海市巨鹿路756号
联系电话：(021)62568800
传真：　(021)62569331
联系人：　尹军波

上市推荐人：福建省闽发证券有限公司
法定代表人：张晓伟
住所：　上海市银城东路139号华能联合大厦33层
联系电话：(021)68865858
传真：　(021)68866564
联系人：　唐芙

上市推荐人：北京证券有限责任公司
法定代表人：卢克群
住所：　北京市海淀区车公庄西路乙19号华通大厦B座11层
联系电话：(010)68431166-8103
传真：　(010)88018659
联系人：　秦洪波

（二）上市推荐人意见

本公司上市推荐人认为：本公司章程符合《中华人民共和国公司法》、《中华人民共和国证券法》及《上海证券交易所股票上市规则》等法律、法规和中国证监会的有关规定；本公司本次股票发行完全符合《中华人民共和国公司法》、《中华人民共和国证券法》及《上海证券交易所股票上市规则》的法律、法规和中国证监会的有关规定，已具备了上市条件；公司董事了解法律、法规、上海证券交易所上市规则及股票上市协议规定的董事的义务与责任；本公司建立健全了法人治理结构，制定了严格的信息披露制度与保密制度。

上市推荐人已对上市文件所载的资料进行了核实，认为上市文件真实、准确、完整，符合规定要求，没有虚假记载、误导性陈述或重大遗漏，并对其承担连带责任。上市推荐人与本公司不存在关联关系。上市推荐人愿意推荐本公司的股票在上海证券交易所上市交易，并且在上市推荐过程中，保证不利用获得的内幕信息进行内幕交易，为自己或他人谋取利益。

安徽山鹰纸业股份有限公司
二零零一年十二月十二日?

湖北潜江制药股份有限公司

湖北潜江制药股份有限公司股票上市公告书

本公司董事会保证上市公告书的真实性、准确性、完整性,全体董事承诺上市公告书不存在虚假记载、误导性陈述或重大遗漏,并承担个别和连带的法律责任。

根据《公司法》、《证券法》等有关法律、法规的规定,本公司董事、高级管理人员已依法履行诚信和勤勉尽责的义务和责任。

证券交易所、中国证监会、其他政府机关对本公司股票上市及有关事项的意见,均不表明对本公司的任何保证。

本公司提醒广大投资者注意,凡本上市公告书未涉及的有关内容,请投资者查阅2001年4月19日刊登于《上海证券报》、《中国证券报》和《证券时报》的《湖北潜江制药股份有限公司招股说明书概要》,或到上海证券交易所网站(网址为htpp://www.sse.com.cn)及发行人、主承销商住所处查阅《湖北潜江制药股份有限公司招股说明书》全文。

湖北潜江制药股份有限公司董事会

一、概 览

股票简称:潜江制药　　股票代码:600568

总股本:7286万股　　流通股本:3500万股　　本次上市流通股本:3500万股

对首次公开发行股票前股东所持股份的流通限制及期限:根据证监发行字[2000]174号文要求,本公司94.8万股内部职工股自本次新股发行之日起期满三年后方可上市流通。

首次公开发行股票前股东对所持股份自愿锁定的承诺:本公司董事、监事、高级管理人员及核心技术人员承诺,自愿将本人持有的本公司的股票按国家法律、法规的要求进行锁定。

上市地点:上海证券交易所　　上市日期:2001年5月18日

股票登记机构:上海证券中央登记结算公司

上市推荐人:长江证券有限责任公司

二、绪 言

湖北潜江制药股份有限公司(以下简称"本公司"或"公司"、"股份公司")股票上市公告书,是根据《中华人民共和国公司法》、《中华人民共和国证券法》、《股票发行与交易管理暂行条例》、《公开发行股票公司信息披露实施细则》和《上海证券交易所股票上市规则》等有关法律、法规及规范性文件的规定,按照中国证监会制定的《公开发行证券的公司信息披露内容与格式准则第7号-股票上市公告书》的要求编制,旨在向投资者提供有关本公司的基本情况和本次股票上市的有关资料。

经中国证监会证监发行字[2001]26号文核准,2001年4月23日至27日,本公司以上网定价发行的方式向社会公众成功发行了3500万人民币普通股(A股)股票,每股发行价为9.70元。

经上海证券交易所上证上字[2001]66号《上市通知书》同意,本公司3500万股人民币普通股将于2001年5月18日在上海证券交易所上市挂牌交易,股票简称为"潜江制药",股票代码为"600568"。

本公司已于2001年4月19日分别在《上海证券报》、《中国证券报》和《证券时报》上刊登了《招股说明书概要》,距今不足六个月,其重复内容在本上市公告书中一般不再重述。敬请投资者查阅上述报纸刊登的《招股说明书概要》或在《招股说明书》查阅地点查阅《招股说明书》全文。

三、发行人情况

(一)基本情况

名　　称:湖北潜江制药股份有限公司

英文名称:HUBEI QIANJIANG PHARMACEUTICAL CO., LTD

住　　所:湖北省潜江市横堤路特18号

注册资本:7286万元

法定代表人:叶继革

成立日期:1994年6月27日

所属行业:医药制造业(化学药品制剂制造业)

经营范围:滴眼液、针剂、片剂、胶囊、冻干针、颗粒剂、原料药、塑料包装用品、保健饮料的生产、销售。

联系人:王凯(董事会秘书)、邹华山

电　话:(027)87300388　　传　真:(027)87309098　　电子信箱:qy600568@163.net

(二)历史沿革

公司是1994年5月经湖北省体改委鄂改生[1994]155号文批准,由湖北省潜江市制药厂、湖北省潜江市医用塑料包装厂、潜江市医药经营开发公司三家国有企业作为发起人,以定向募集方式设立的股份有限公司。公司设立时名称为湖北省潜江制药(集团)股份有限公司,总股本为1262万股。1994年6月27日,公司在湖北省潜江市工商行政管理局登记注册。

公司设立时的股本结构如下:

股份类型		数量(万股)	占总股本比例(%)
发起人股	国家股	506.0	40.1
	法人股	724.4	57.4
内部职工股		31.6	2.5
总股本		1262.0	100.0

1995年11月,经湖北省潜江市体改委潜体改文[1995]9号文批准,公司按10送5配5的方案实施增资扩股,增资扩股后公司总股本达2524万股。

1996年11月,经湖北省潜江市体改委潜体改文[1996]12号文批准,公司按10送2配3的方案实施增资扩股,增资扩股后公司总股本达3786万股。

1996年12月,湖北省体改委以鄂体改[1996]486号文,批复公司依《公司法》规范并予重新确认。同时,对公司1995年和1996年实施的两次增资扩股予以确认;确认公司的国家股1518万股由潜江市国有资产管理局持有;同意公司更名为现名。1997年4月1日,公司在湖北省工商行政管理局重新登记注册。

2000年7月,经湖北省财政厅鄂财企发[2000]633号文和湖北省体改委鄂体改[2000]37号文批准,将潜江市国有资产管理局持有公司的国家股1518万股,无偿划转给湖北省潜江市制药厂持有,并界定为国有法人股;将湖北省潜江市制药厂、湖北省潜江市医用塑料包装厂、潜江市医药经营开发公司持有的法人股界定为国有法人股。

2001年4月,经中国证监会证监发行字[2001]26号文核准,本公司以上网定价发行的方式,在上海证券交易所向社会公众成功发行3500万人民币普通股(A股)股票。本次发行后,本公司总股本达7286万股。公司已于2001年5月9日,在湖北省工商行政管理局办理了变更登记。

(三)主要经营情况

1、主要业务及主要产品

公司主要从事滴眼液、针剂、片剂、颗粒剂、胶囊剂、冻干针等医药制剂及化学原料药的研制、开发、生产和销售业务。本公司主要产品为六大类医药制剂及化学原料药,每类产品均包括多种不同的品种和规格,共达150多个品规。

2、职工情况

公司现有在册职工666人。其中:博士2人,占0.3%;硕士5人,占0.75%;本科66人,占9.91%;大专、中专380人,占57.06%。中、高级职称技术人员84人,占12.61%;初级职称技术人员115人,占17.27%。

3、税收政策

本公司于1997年经湖北省科委认定为高新技术企业,根据中共湖北省委、湖北省人民政府鄂发[1997]3号文和湖北省人民政府60号令精神,潜江市人民政府以潜政办复[1997]18号文批复,并经湖北省人民政府鄂政函[2000]114号文确认,本公司自1997年至1999年期间所得税率为33%,享受18%的优惠,实际按15%缴纳所得税。根据国发[2000]2号文,该项优惠政策已于2000年1月1日起停止执行,本公司目前所得税税率为33%。

4、主要无形资产

(1)商标

公司产品使用8个商标。其中:"强奇"、"科奇"、"开奇"、"快奇"商标注册人为本公司;"晶"、"宁敏"、"甘泰"及"K"图形商标为本公司经国家工商行政管理局商标局核准受让取得。

根据湖北省潜江市制药厂与本公司签订的《商标合同》,制药厂可以在与本公司产品不同的药品上继续使用"晶"商标。

(2)土地使用权

本公司现使用四宗土地,总面积92337.63平方米,分别由湖北省潜江市制药厂和湖北省潜江市医用塑料包装厂出让取得使用权后,通过配股和资产置换进入本公司。湖北省国土资源厅鄂土资批[2000]195号文,对土地使用权处置进行了批复。本公司已取得该四宗土地的使用权证书。

(3)专有技术

公司拥有18项新药专有技术的使用权,其中自行研制取得的8项,合作研制取得的3项,受让取得的7项;在新药保护期内的6项,超过保护期的12项。

(四)市场竞争及盈利状况

本公司眼科用药在市场占有率、品种规格、产销量、质量信誉等方面在全国医药行业中均居领先地位。此外,公司阿昔洛韦系列产品(冻干针剂、滴眼剂、片剂、分散片)的市场占有率在全国同行业中名列前茅;阿奇霉素颗粒剂作为最新抗菌消炎用药,在全国率先开发上市,该剂型产品市场占有率亦居全国前列;色甘酸钠、阿昔洛韦化学原料药在全国同行业产销量名列前茅。

由于在技术、产品上具有较强优势,公司自成立以来取得了良好的经营业绩,1998年、1999年、2000年全面摊薄每股税后利润分别达到0.25元、0.29元、0.33元,全面摊薄净资产收益率分别达到16.29%、15.88%、15.31%,盈利能力处于同行业较好水平。

(五)公司及行业风险

公司利润主要来源于滴眼液、针剂、冻干针等类产品,产品结构相对集中,一旦本公司主要产品的市场需求出现较大变化,将对本公司的经营造成直接影响。

目前全国约有80家企业从事眼用制剂的生产与销售,规模较大的有4-5家。虽然本公司作为国家眼科用药生产基地,目前在规模、品种、品牌、市场等方面居于领先地位,但不排除竞争对手增加投入,扩大生产规模,拓展市场,从而影响本公司的市场占有率。另外,国外实力雄厚的医药企业和跨国公司也可能在国内涉足眼用制剂领域,使得行业内部竞争更加激烈。

中国即将加入世界贸易组织(WTO),加入WTO后,国内医药市场的竞争势必受药品进口关税调低及贸易管制放松等政策的影响而更为激烈。国外同类产品将会以较低的价格进入国内市场,从而使本公司产品面临国际竞争和挑战;同时,国内企业仿制国外上市产品越来越困难,且容易引起知识产权纠纷,一定程度地限制了本公司同品种药品的研制开发。

四、股票发行与股本结构

(一)本次公开发行情况

发行数量:3500万股　　发行价格:9.70元/股　　募集资金总额:33950万元(含发行费用)

发行方式:上网定价发行　　发行费用总额:1477.91万元　　每股发行费用:0.42元

(二)股票承销

1、本次发行得到超额认购,承销团无余额包销。

2、承销机构及承销量

承销团成员	单位	承销量(万股)	比例(%)
主承销商	长江证券有限责任公司	2690	76.86
副主承销商	广发证券有限责任公司	580	16.57
分销商	兴业证券股份有限公司	230	6.57
合计		3500	100.00

(三)验资报告

验资报告　　鄂信验字(2001)第26号

湖北潜江制药股份有限公司全体股东:

我们接受委托,对湖北潜江制药股份有限公司("贵公司")截止2001年4月30日股本变动情况的真实性和合法性进行了审验。在审验过程中,我们按照《独立审计实务公告第一号—验资》的要求,实施了必要的审验程序。贵公司的责任是提供真实、合法、完整的验资资料,保护资产的安全、完整。我们的责任是按照《独立审计实务公告第一号—验资》的要求,出具真实、合法的验资报告。

贵公司变更前的注册资本和实收股本均为人民币37,860,000.00元。经中国证监会(证监发行字[2001]26号)"关于核准湖北潜江制药股份有限公司公开发行股票的通知"批准,本次向社会公开发行人民币普通股股票3500万股,每股面值人民币1.00元,计人民币35,000,000.00元。变更后的股份总数为7286万股,股本总额为人民币72,860,000.00元。

贵公司于4月23日在上海证券交易所上网定价发行,发行价每股人民币9.70元,根据我们的审验,截止2001年4月30日,贵公司已收到募集资金人民币339,500,000.00元,扣除与发行有关的费用人民币14,779,065.37元,贵公司实际增加投入资产人民币324,720,934.63元(均为货币资金),其中计入股本人民币35,000,000.00元,计入资本公积人民币289,720,934.63元。

本报告仅供公司办理注册资本工商变更登记及其相关事宜,是作为公司新增股本及投入资本是否合法、有效之参考,不应被视为是对公司报告日后资本保全、偿债能力和持续经营能力等的保证,也不作他用。

附件1　变更前后注册资本、投入股本对照表

附件2　验资事项说明

附件3　验资依据证明文件

附件4　验资机构的证件复印件

湖北大信会计师事务有限公司　　中国注册会计师　　张丹凤

中国·武汉　　中国注册会计师　　邱世萍

中山大道1166号金源世界中心A-B座八楼　　2001年5月8日

(四)募集资金入帐情况

1、开户银行:中国工商银行潜江市支行

入帐时间:2001 年 4 月 30 日
入帐金额:228,250,750.00 元
入帐帐号:2210156934
2、开户银行:华夏银行武汉分行
入帐时间:2001 年 4 月 30 日
入帐金额:100,000,000.00 元
入帐帐号:8191-4523

(五)上市前的股本结构

上市前公司总股本为 7286 万股,股本结构如下:

股份类别	股份数(万股)	占总股本比例(%)
发起人持股	3691.2	50.66
其中:国有法人股	3691.2	50.66
内部职工股	94.8	1.30
社会公众股	3500.0	48.04
总股本	7286.0	100.00

(六)本公司前十名大股东的持股情况

股 东 名 称	持股数(万股)	占总股本比例(%)
湖北省潜江市制药厂	3033.75	41.64
湖北省潜江市医用塑料包装厂	523.77	7.19
潜江市医药经营开发公司	133.68	1.83
安顺基金	11.10	0.15
金鑫基金	10.50	0.14
同盛基金	10.30	0.14
中信证券	9.30	0.13
兴华基金	9.30	0.13
国通证券	7.90	0.11
广发证券	7.60	0.10

五、董事、监事、高级管理人员及核心技术人员

叶继革先生,董事长、党委书记,1957 年生,中共党员,硕士,博士研究生,高级工程师,湖北省人大代表。曾任湖北省潜江市制药厂党委书记、厂长,本公司总经理。先后荣获"湖北省优秀青年企业家"、"全国医药系统劳动模范"、"湖北省劳动模范"等荣誉称号,享受国务院政府特殊津贴。

刘强先生,副董事长、党委副书记,1959 年生,中共党员,大专学历,经济师。曾任湖北省潜江市制药厂供应科科长、副厂长、纪委书记,本公司技改基建部主任、经营部主任、副总经理、总经理。

刘德山先生,董事、党委副书记、总经理,1948 年生,中共党员,大专学历,工程师。现任中国医药企业管理协会理事,湖北省质量管理协会医药分会常务理事。曾任湖北省潜江市制药厂厂办主任、副厂长,本公司副董事长。

王仁祥先生,独立董事,1961 年生,中共党员,博士,教授。现任武汉理工大学管理学院副院长、证券研究所副所长,湖北省跨世纪学科带头人,中国企业管理案例库编委会编委,湖北省企业管理协会理事。曾任武汉汽车工业大学管理学院国贸系副主任、主任。

曾凡波先生,独立董事,1951 年生,中共党员,副教授。现任华中科技大学同济医学院药物研究室副主任、药剂学专业硕士导师。曾主持和参与国家自然科学基金课题各一项,主持和参与省、部级课题各二项,主持 10 项国家级新药的研究。

黄祥平女士,董事,1963 年生,大专学历,统计师。现任湖北省潜江市制药厂厂长。曾任湖北省潜江市制药厂统计室主任、销售科科长、副厂长。

张贤圣先生,董事、副总经理,1963 年生,中共党员,大学学历,工程师。曾任湖北省潜江市制药厂副厂长,本公司科研所所长。

李献海先生,董事、副总经理,1957 年生,中共党员,大专学历,经济师。曾任湖北省潜江市制药厂供应科科长、副厂长。

肖王利　玲女士,董事、副总经理,1961 年生,大专学历,工程师。曾任本公司质检科科长、科研所副所长、总工程师。

柯昌英女士,监事会主席,1948 年生,中专学历,会计师。曾任本公司财务部副主任、主任。

肖继军先生,监事,1957 年生,中共党员,中专学历,工程师。曾任湖北省潜江市制药厂技术科科长、生产副厂长,本公司技改基建部主任、纪委书记。

郭晓玲女士,监事,1962 年生,中共党员,大专学历,经济师。现任湖北省潜江市医用塑料包装厂厂长。曾任湖北省潜江市制药厂生产科副科长、厂长助理、彩印分厂厂长。

何晓燕女士,财务总监,1961 年生,大专学历,会计师。曾任湖北省潜江市制药厂财务科科长,本公司财务部主任、证券部主任。

王凯先生,董事会秘书兼证券部主任,1968 年生,大学学历,经济师。曾任湖北省体改委股份制企业评审事务所评审部副经理、评审策划部经理。

关意洪先生,研究开发中心主任,1968 年生,大学学历,主持或参与开发成功氧氟沙星滴眼液、盐酸环丙沙星滴眼液、阿昔洛韦分散片、瑞珠滴眼液等多项产品。

姚江龙先生,质量部主任,1963 年生,大学学历,湖北省实验动物学会理事,湖北省质量管理协会医药分会会员。

(四)公司董事、监事、高级管理人员及核心技术人员持股情况

姓名	职务	本人持股数(股)	家属持股数(股)
叶继革	董事长	3000	0
刘　强	副董事长	2100	0
刘德山	董事、总经理	2100	1800
王仁祥	独立董事	0	0
曾凡波	独立董事	0	0
黄祥平	董事	2100	0
张贤圣	董事、副总经理	2100	0
李献海	董事、副总经理	2100	1800
肖王利玲	董事、副总经理	2100	0
柯昌英	监事会主席	2100	0
肖继军	监事	2100	0
郭晓玲	监事	2100	0
何晓燕	财务总监	2100	0
王　凯	董事会秘书	0	0
关意洪	研究开发中心主任	1500	0
姚江龙	质量部主任	1500	0

(五)本公司董事、监事、高级管理人员及核心技术人员所持股份的锁定及声明

本公司董事、监事、高级管理人员及核心技术人员所持股份按规定进行了锁定,并且声明:自愿将所持公司的股票进行锁定,并按法律、法规的规定进行处置。

六、关联交易与同业竞争

(一)关联企业

1、湖北省潜江市制药厂

该厂是本公司的主发起人、第一大股东,现持有发行人 41.64%的股份,是对本公司有控制力的关联企业。

2、潜江市环美广告装璜有限责任公司

该公司是本公司的主发起人、控股股东湖北省潜江市制药厂的全资子公司,是本公司的关联企业。

(二)关联交易

1、与湖北省潜江市制药厂的关联交易

经 2000 年 2 月 28 日公司临时股东大会及潜江市人民政府以潜政办函[2000]28 号文批准,公司以非经营性资产(房屋、建筑物、在建工程)及综合车间的机器设备 1158.18 万元,与公司第一大股东湖北省潜江市制药厂原抗菌素车间的经营性资产(房物、建筑物、土地使用权、机器设备)1301.08 万元,进行等额资产置换,其差额 142.90 万元冲减制药厂对本公司的欠款。双方于 2000 年 2 月 29 日签署了《资产置换协议》。置换于 2000 年 3 月 31 日实施完毕。

湖北省潜江市制药厂在职工食堂、职工住房及生活区后勤保障、医疗卫生、浴室、幼儿园、道路、绿化、包装、印刷等方面,为本公司提供服务;本公司在供电、供蒸汽方面为制药厂提供服务。双方签订了《综合服务合同》,对服务项目、服务内容及要求、服务价格或收费标准、结算方式等按照公开、公平、公正的市场规则进行了约定。交易数额根据不同年度的实际情况确定。

湖北省潜江市制药厂的分支机构潜江市制药厂彩印分厂和潜江市制药厂纸品分厂租用本公司房产作为经营场所,本公司与湖北省潜江市制药厂订有《房屋租赁合同》,年租金按市场价格确定,现为每年 4.2 万元。

湖北省潜江市制药厂与本公司签订了《商标合同》,约定制药厂将其注册的"宁敏"、"甘泰"、"晶"商标无偿转让给本公司。根据该合同,在转让手续完成前,制药厂许可本公司继续无偿使用该三个商标;在制药厂许可本公司无偿使用期间及无偿转让给本公司后,制药厂可以在与本公司不同的药品上继续使用"晶"商标,但不得继续使用其余两个商标。

2、与潜江市环美广告装璜有限责任公司的关联交易

潜江市环美广告装璜有限责任公司为本公司提供装璜、装修服务,双方签定了《服务协议》,规定交易按照市场规则进行,交易数额根据不同年度的实际情况确定。

(三)发行人与关联企业之间不存在同业竞争

1、发行人控股大股东湖北省潜江市制药厂虽然与本公司同为药业企业,但湖北省潜江市制药厂生产与发行人不同种类的药品,不与本公司构成同业竞争。而且,湖北省潜江市制药厂向本公司出具了《不竞争承诺函》,明确表示不从事与本公司营业范围相同或类似的经营活动,不设立或投资于任何与本公司营业范围相同或类似的子公司或控股、参股公司。

2、环美公司与发行人分属不同行业,不构成同业竞争。

七、财务会计资料

本公司截止 2000 年 12 月 31 日的财务状况,已于 2001 年 4 月 19 日在《上海证券报》、《中国证券报》和《证券时报》刊登的《招股说明书概要》进行了详细的披露,2001 年盈利预测也在上述报纸进行了披露,因与本公告间隔时间较短,相同的内容本公告不再重述,本公告只转载主要财务指标和经审计的财务报表、盈利预测主要数据。欲了解其他详细内容,请查阅上述报纸或到本公司公告的查阅地址[上海证券交易所网站(网址为 htpp://www.sse.com.cn)及发行人、主承销商住所处]查阅本公司招股说明书全文。

(一)会计报表(附后)

(二)主要项目附注

1、应收帐款

(1)帐龄分析

帐　龄	2000 年 12 月 31 日			1999 年 12 月 31 日		
	金额(元)	比　例(%)	坏帐准备	金额(元)	比　例(%)	坏帐准备
1 年以内	29,791,529.37	90.36	1,787,491.76	23,716,578.64	98.59	1,422,994.72
1-2 年	1,959,770.10	5.94	117,586.21	293,340.54	1.22	17,600.43
2-3 年	580,282.32	1.76	34,816.94	29,047.27	0.12	1,742.83
3 年以上	637,048.87	1.93	38,222.93	16,117.10	0.07	967.03
合　计	32,968,630.66	100	1,978,117.84	24,055,083.55	100	1,443,305.01

(2)主要客户明细情况

客户名称	金　额(元)	款项性质
辽宁国贸药业有限公司	1,625,400.00	药品款
安徽太和县医药办事处	1,401,084.40	药品款
广东普宁里湖医药公司	946,829.71	药品款
武汉同济医科大附属协和医院	704,474.50	药品款
云南昆明市官度区医药公司	616,085.86	药品款

注:1) 无持本公司 5%(含 5%)以上股份的股东单位欠款。

2) 应收帐款 2000 年末比 1999 年末增加 8,913,547.11 元,增幅为 37.05%,其原因是 2000 年大量新药投入市场,需投入较多的铺底资金。

3) 公司于 2000 年 12 月 31 日至审计报告日前已收回前期货款 343 万元。

2、其他应收款

(1)帐龄分析

帐　龄	2000 年 12 月 31 日			1999 年 12 月 31 日		
	金额(元)	比　例(%)	坏帐准备	金额(元)	比　例(%)	坏帐准备
1 年以内	10,568,278.17	88.64	481,707.77	5,801,857.11	85.73	348,111.43
1—2 年	1,246,110.45	10.45	74,766.63	419,417.74	8.13	25,165.06
2—3 年	59,015.23	8.74	3,540.91	106,473.84	5.63	6,388.43
3 年以上	49,891.99	0.42	2,993.52	20,700.00	0.51	1,242.00
合　计	11923,295.84	100	563,008.83	6,348,448.69	100	380,906.92

(2)主要客户明细情况

客户名称	金额(元)	款项性质
公司拟上市发行费用	2,539,815.37	拟上市费用
公司科研中心	1,929,263.02	暂借款
北京未来广告公司	579,571,20	往来结算款
湖北省潜江市制药厂	291,836.71	往来结算款
潜江市环美广告装璜公司	102,997.20	往来结算款

注: 1) 持本公司 5%(含 5%)以上股份的股东单位欠款,详见报表附注五关联方关系及其交易。

2) 本期其他应收款较上年增长 5,574,847.15 元,主要原因是拟发行上市费用增加了 2,539,815.37 元,并且该项应收款项不计提坏帐准备。

3、预付帐款

帐　龄	2000 年 12 月 31 日		1999 年 12 月 31 日	
	金额(元)	比例(%)	金　额(元)	比例(%)
1 年以内	10,151,471.56	100	6,114,873.87	100
合　计	10,151,471.56	100	6,114,873.87	100

注:1)无持公司 5%(含 5%)以上股份的股东单位欠款。

2)2000 年末较 1999 年末增长 4,036,597.69 元,增幅比例为 66.01%。增长的主要原因是生产规模的扩大,预付购货款相应增加。

4、长期投资及减值准备

(1)投资项目

项　　目	2000 年 12 月 31 日		1999 年 12 月 31 日	
	金　额(元)	减值准备(元)	金　额(元)	减值准备(元)

长期股权投资	1,500,000.00	0.00	1,500,000.00	0.00
长期债权投资	68,967.00	0.00	68,967.00	0.00
合计	1,568,967.00	0.00	1,568,967.00	0.00

(2)长期股权投资

被投资单位	投资余额(元)	占被投资单位注册资本比例(%)	减值准备(元)
湖北幸福实业股份有限公司	1,500,000.00	1.21	0

(3)长期债权投资

名称	2000年12月31日(元)	减值准备(元)	1999年12月31日(元)	减值准备(元)
盐化工债券	68,967.00	0.00	68,967.00	0.00

5、应付帐款

(1)帐龄分析

帐龄	2000年12月31日		1999年12月31日	
	金额(元)	比例(%)	金额(元)	比例(%)
1年以内	6,900,715.04	90.24	9,978,850.36	93.55
1—2年	116,430.64	1.52	280,621.13	2.63
2—3年	79,916.87	1.05	106,859.80	1.00
合计	7,646,832.60	100	10,667,369.01	100

(2)主要客户明细情况

客户名称	金额(元)	款项性质
河南新乡制药厂肌苷分厂	223,086.80	购货款
山东省药用玻璃总厂	214,179.68	购货款
广东丽珠医药股份有限公司	165,000.00	购货款
江苏江阴申达包装材料厂	151,486.00	购货款
洛阳道北铝制品厂	146,288.75	购货款

注:1) 无持本公司5%(含5%)以上股份的股东单位欠款。

2) 因为客户较多且金额较小,故应付帐款披露的主要客户金额较小。

6、应交税金

税种	2000年12月31日(元)	1999年12月31日(元)
增值税	3,316,712.71	1,574,434.72
城市维护建设税	235,020.53	529,839.78
所得税	648,257.23	1,265,661.63
合计	4,199,990.47	3,369,936.13

注:本公司于1997年经湖北省科委认定为高新技术企业,根据中共湖北省委、湖北省人民政府鄂发[1997]3号文和湖北省人民政府60号令精神,潜江市人民政府以潜政办复[1997]18号文批复,并经湖北省人民政府鄂政函[2000]114号文确认,本公司自1997年至1999年期间所得税率为33%,享受18%的优惠,实际按15%缴纳所得税。根据国发[2000]2号文,该项优惠政策自2000年1月1日起停止执行,公司目前所得税税率为33%。

7、其他应交款

类别	2000年12月31日(元)	1999年12月31日(元)
教育附加费	476,859.68	243,288.50
合计	476,859.68	243,288.50

8、其他应付款

(1)帐龄分析

帐龄	2000年12月31日		1999年12月31日	
	金额(元)	比例(%)	金额(元)	比例(%)
1年以内	5,690,757.55	80.87	9,655,633.78	92.88
1—2年	750,812.49	10.67	626,487.86	6.03
2—3年	125,962.25	1.79	52,763.98	0.51
3年以上	469,772.84	6.68	60,757.93	0.58
合计	7,037,305.13	100	10,395,643.55	100.00

(2)主要客户明细情况

单位名称	金额(元)	款项性质
销售人员提留款	4,016,166.00	提留款
李忠立	257,193.82	往来款
武汉医疗器械厂	122,000.00	往来款
北京弘华新技术公司	120,800.00	往来款
职工就业押金	146,200	职工押金

注:无持有本公司5%(含5%)以上股份的股东单位欠款。

9、长期应付款

项目	2000年12月31日(元)	1999年12月31日(元)
潜江市财政局科技拨款	628,427.82	420,000.00
湖北省财政厅无息借款	48,140.87	48,140.87
合计	676,568.69	468,140.87

10、股本

项目	2000年12月31日(元)	1999年12月31日(元)
股本	37,860,000.00	37,860,000.00
其中:国家股		15,180,000.00
国有法人股	36,912,000.00	21,732,000.00
职工个人股	948,000.00	948,000.00

股权性质	股东名称	持有金额(元)	比例(%)
国有法人股	湖北省潜江市制药厂	30,337,500.00	80.14
国有法人股	湖北省潜江市医用塑料包装厂	5,237,700.00	13.83
国有法人股	潜江市医药经营开发公司	1,336,800.00	3.53
内部职工股	职工个人股	948,000.00	2.50
合计		37,860,000.00	100.00

注:1) 公司1994年设立时,其股本由湖北潜江会计师事务所(94)潜会师验字第055号验资报告审验。

2) 2000年7月14日,经湖北省财政厅鄂财企发[2000]633号文和湖北省体改委鄂体改[2000]37号文批复,将原潜江市国资局持有的国家股1518万股,无偿划转给湖北省潜江市制药厂持有,并界定为国有法人股。

3) 除(2)内容变动外,股本自1996年规范后,截止2000年12月31日无其他变化。

11、资本公积

项目	2000年12月31日(元)	1999年12月31日(元)
股本溢价	2,776,400.00	2,776,400.00
合计	2,776,400.00	2,776,400.00

注:1995年和1996年两次配股溢价分别为126.2万元和151.44万元。

12、盈余公积

项目	2000年12月31日(元)	1999年12月31日(元)
年初余额	6,071,880.88	4,410,661.66
本期提取数	1,890,896.53	1,661,219.22
其中:法定公积金	1,260,597.69	1,107,479.48
法定公益金	630,298.84	553,739.74
期末余额	7,962,777.41	6,071,880.88

注:公司按财政部(1999)35号文追溯调整坏帐准备金共计1,522,627.73元,调减了1999年初留存收益1,522,627.73元,其中:盈余公积调减了228,394.16元(法定公积金152,262.77元,公益金76,131.39元);未分配利润调减了1,294,233.57元。

13、未分配利润

项目	2000年12月31日(元)	1999年12月31日(元)
本期净利润	12,605,976.79	11,074,794.82
加:期初未分配利润	23,049,324.92	13,635,749.82
减:提取法定盈余公积	1,260,597.69	1,107,479.48
减:提取法定公益金	630,298.84	553,739.74
可供分配利润		23,049,324.92
减:分配股利		
未分配利润	33,764,405.18	23,049,324.92

注:公司按财政部(1999)35号文追溯调整坏帐准备金共计1,522,627.73元,调减了1999年初留存收益1,522,627.73元,其中:盈余公积调减了228,394.16元(法定公积金152,262.77元,公益金76,131.39元);未分配利润调减了1,294,233.57元。

14、主营业务收入

项目	2000年度(元)	1999年度(元)	1998年度(元)
滴眼液	26,160,769.07	21,951,348.31	20,954,764.02
针剂	25,319,380.64	18,475,453.62	12,225,590.69
冻干针	6,451,144.05	5,958,617.66	6,675,781.77
片剂	4,353,076.37	8,928,601.92	9,743,268.75
颗粒剂	4,750,078.90	5,326,953.22	2,304,576.30
胶囊剂	40,399.36	133,844.45	2,289.45
其他	9,184,577.43	2,016,401.01	3,767,265.55
合计	76,259,425.82	62,791,220.19	55,673,536.53

注:1) 收入增长原因说明:1999年较1998年增长712万元,增幅12.80%;2000年较1999年增长1347万元,增幅21.45%,增长的主要原因是公司不断推出新药、特药占领市场。

2) 公司毛利率在医药行业中处较高水平的主要原因说明:

公司是国家唯一的眼科用药生产基地,并于1999年先后通过了国家科技部、中国科学院的双高认证,是国家级高新技术企业。

公司对药品的研制、开发及销售具有系统管理的特色。其一,公司对新产品始终坚持"研制一代、开发一代、储备一代"的方针,不断推出新药、特药占领市场;其二,严格控制售价,确保了基本毛利率;其三,公司实行了目标成本管理,并且耗用的原料药、包装物有很大一部分是公司生产的,其价格低于市场价,公司产品成本较低,赢得了较高的毛利率;其四,公司不断优化产品结构,提高毛利率高的产品销量,相对降低毛利率低的产品销量,以增长公司盈利能力。

(三)盈利预测主要数据

经湖北大信会计师事务有限公司审核(鄂信核字[2001]第2号),本公司2001年盈利预测的主要数据如下: 单位:万元

项目	2000年实现数	2001预测数
主营业务收入	76,259,425.82	106,993,227.06
主营业务利润	44,034,179.70	61,550,022.99
利润总额	19,138,572.39	25,449,272.72
净利润	12,605,976.79	17,051,012.72
每股收益	0.333	0.234

注:2001年每股收益系按7286万股全面摊薄计算

八、其他重要事项

(一)根据2000年6月30日召开的公司1999年度股东大会决议,公司截止1999年12月31日的滚存未分配利润由老股东享有;2000年1月1日起形成的可供股东分配的利润由本次发行后的全体新老股东共享。

(二)本公司在本次新股发行后的第一个盈利年度即派发股利,股利分配时间预计在2002年6月30日以前。

(三)根据《上海证券交易所股票上市规则》,本公司第一大股东湖北省潜江市制药厂已向上海证券交易所承诺,自发行人股票上市之日起12个月内,不转让其持有的本公司股份。

(四)截止本公告书刊登之日,本公司董事、监事和高级管理人员没有尚未了结或可能发生的刑事诉讼事项。

(五)截止本上市公告书刊登之日,本公司未涉及任何重大诉讼事项或仲裁,亦无任何尚未了结或可能面临的重大诉讼或索赔要求。

(六)本公司2000年度股东大会于2001年3月9日在公司会议室召开,出席会议股东88人,代表股份3716.7万股,占公司股份总额的98.17%。本次会议通过了以下决议:

1、审议通过了公司2000年度董事会工作报告;

2、审议通过了公司2000年度监事会工作报告;

3、审议通过了公司2000年度财务决算报告,原则通过2001年度财务预算报告;

4、审议通过了公司2000年度利润分配方案,公司本年度利润不进行分配,也不进行公积金转增股本。

(七)2000年1月16日,公司94.8万内部职工股在武汉证券登记有限公司办理了登记托管。目前,内部职工股集中托管于上海证券中央登记结算公司。

九、董事会上市承诺

本公司董事会将严格遵守《公司法》、《证券法》等法律、法规和中国证监会的有关规定,并自股票上市之日起作出如下承诺:

(一)真实、准确、完整、公允和及时地公布定期报告,披露所有对投资者有重大影响的信息,并接受中国证监会、证券交易所的监督管理;

(二)本公司在知悉可能对股票价格产生误导性影响的任何公共传播媒介中出现的消息后,将及时予以公开澄清;

(三)本公司董事、监事、高级管理人员和核心技术人员将认真听取社会公众的意见和批评,不利用已获得的内幕消息和其他不正当手段直接或间接从事发行人股票的买卖活动;

(四)发行人没有无记录的负债。

十、上市推荐人及其意见

本公司聘请长江证券有限责任公司担任本次发行的3500万A股股票的上市推荐人。长江证券有限责任公司出具的上市推荐书认为:

(一)本公司章程系依据《上市公司章程指引》修订,内容符合《中华人民共和国公司法》等有关法律、法规和中国证监会的规定。根据《中华人民共和国公司法》、《中华人民共和国证券法》及《股票发行与交易管理暂行条例》的规定,本公司社会公众股股票已具备上市交易的条件。

(二)本公司的董事了解法律、法规、上海证券交易所上市规则及股票上市协议规定的董事的义务与责任,公司已建立、健全了法人治理结构、制定了严格的信息披露制度与保密制度。

(三)长江证券有限责任公司已对本公司上市文件所载的资料进行了核实,确保上市文件真实、准确、完整,符合规定要求。长江证券有限责任公司保证本公司的上市申请材料、上市公告书没有虚

假、严重误导性陈述或者重大遗漏，并对其承担连带责任；同时不利用在上市过程中获得的内幕信息进行内幕交易，为自己或他人谋取利益。

十一、股票上市的有关当事人

(一)发行人：湖北潜江制药股份有限公司
法定代表人：叶继革
住　　所：湖北省潜江市横堤路特 18 号
电　　话：(027)87300388
传　　真：(027)87309098
联 系 人：王　凯　邹华山
(二)上市推荐人：长江证券有限责任公司
法定代表人：明云成
住　　所：武汉市江汉区新华下路特 8 号
电　　话：(027)65799619　65799617
传　　真：(027)65799565
联 系 人：吴代林　张京红

湖北潜江制药股份有限公司
二〇〇一年五月十二日

资产负债表

编制单位：湖北潜江制药股份有限公司　　单位：人民币元

资产	1998.12.31	1999.12.31	2000.12.31
流动资产：			
货币资金	5841020.19	9474725.55	10397855.78
短期投资			
减：短期投资跌价准备			
短期投资净额			
应收票据			
应收股利			
应收利息			
应收帐款	15184140.72	24055083.55	32968630.66
其它应收款	11440126.62	6348448.69	11923295.84
减：坏帐准备	1597456.04	1824211.93	2541126.67
应收帐款净额	25026811.3	28579320.31	42350799.83
预付帐款	4086013.04	6114873.87	10151471.56
应收补贴款			
存货	17959480.58	14816957.47	9151554.04
减：存货跌价准备		80058.93	
存货净额	17959480.58	14736898.54	9151554.04
待摊费用	249984.35		1506390.99
流动资产合计	53163309.46	58905818.27	73558072.2
长期投资：			
长期股权投资	1500000	1500000	1500000
长期债权投资	69167	68967	68967
长期投资合计	1569167	1568967	1568967
长期投资净额	1569167	1568967	1568967
固定资产：			
固定资产原值	48147929.86	54363778.67	58126811.4
减：累计折旧	11367525.82	13826369.68	15122592.36
固定资产净值	36780404.04	40537408.99	43004219.04
在建工程	3690263.66	4408226.89	1601367.56
固定资产合计	40470667.7	44945635.88	44605586.6
无形及其它资产：			
无形资产	9258701.22	8826129.87	14634798.06
长期待摊费用	7076.33		
无形资产及其它资产合计	9265777.55	8826129.87	14634798.06
递延税项：			
资产总计：			
资产总计	104468921.71	114246551.02	134367423.86
流动负债：			
短期借款	5500000	10500000	20000000
应付票据	1578000	663000	
应付帐款	7400244.66	10667369.01	7646832.6
预收帐款	2789187.69	1490141.73	
应付工资	793491.65	720086.25	521776.67
应付福利费	162977.97	236748.74	334390.01
应付股利			
应付税金	4903989.09	3369936.13	4199990.47
其它应交款	198233.2	243288.5	476859.68
其它应付款	15663482.38	10395643.55	7037305.13
预提费用	1724843.58	734590.44	1110118.02
流动负债合计	40714450.22	39020804.35	41327272.58
长期负债：			
长期借款	5000000	5000000	10000000
长期应付款	71660.51	468140.87	676568.69
长期负债合计	5071660.51	5468140.87	10676568.69
递延税项：			
负债合计：			
负债合计	45786110.73	44488945.22	52003841.27
少数股东权益：			
股东权益：			
股本	37860000	37860000	37860000
资本公积金	2776400	2776400	2776400
盈余公积	4410661.66	6071880.88	7962777.41
其中：公益金	1470220.55	2023960.29	2691660.81
未确认的外资损失			
未分配利润	13635749.32	23049324.92	33764405.18
外币报表折算差额			
股东权益合计	58682810.98	69757605.8	82363582.59
负债和股东权益总计：			
负债和股东权益总计	104468921.71	114246551.02	134367423.86

利润及利润分配表

编制单位：湖北潜江制药股份有限公司　　单位：人民币元

项目	1999 年度	2000 年度
一、主营业务收入	62791220.19	76259425.82
减：折扣与折让		
主营业务收入净额	62791220.19	76259425.82
减：主营业务成本	28070417.88	31171190.11
主营业务税金及附加	650183.02	1054056.01
二、主营业务利润	34070619.29	44034179.7
加：其他业务利润	-636.1	23470.2
减：存货跌价损失	80058.93	-80058.93
营业费用	12144808.45	15543749.98
管理费用	7373641.16	8223848.65
财务费用	951209.19	1117607.18
三、营业利润	13520265.46	19252503.02
加：投资收益		
期货损益		
补贴收入		
营业外收入	11401.9	113457.3
以前年度损益调整		
减：营业外支出	21689.75	227387.93
分给外单位利润		
四、利润总额	13509977.61	19138572.39
减：所得税	2435182.79	6532595.6
少数股东损益		
职工奖励及福利基金		
购并利润		
加：未确认的投资损失		
所得税返还		
五、净利润	11074794.82	12605976.79
加：年初未分配利润	13635749.32	23049324.92
盈余公积转入数		
年初未分配利润调整		
减少注册资本减少的未分配利润		
外币报表折算差额		
减：股份公司成立前利润分配		
六、可供分配的利润	24710544.14	35655301.71
减：提取法定盈余公积金	1107479.48	1260597.69
提取法定公益金	553739.74	630298.84
提取职工奖励福利基金		
七、可供股东分配的利润	23049324.92	33764405.18
八、未分配利润	23049324.92	33764405.18

附表：

年度　报告期利润	净资产收益率		每股收益	
	全面摊薄	加权平均	全面摊薄	加权平均
主营业务利润	53.46	57.89	1.16	1.16
营业利润	23.38	25.31	0.51	0.51
净利润	15.31	16.57	0.33	0.33
2000 年				
扣除非经常性损益后净利润				
	15.58	16.27	0.34	0.34
主营业务利润	48.84	53.05	0.90	0.90
营业利润	19.38	21.05	0.36	0.36
净利润	15.88	17.25	0.29	0.29
1999 年				
扣除非经常性损益后净利润				
	15.89	17.26	0.29	0.29
主营业务利润	53.05	57.76	0.82	0.82
营业利润	20.07	21.84	0.31	0.31
净利润	16.29	17.73	0.25	0.25
1998 年				
扣除非经常性损益后净利润				
	16.36	17.81	0.25	0.25

注：(一)上述指标计算公式如下：
1、全面摊薄净资产收益率=报告期利润/期末净资产
2、加权平均净资产收益率=报告期利润/(期初净资产+报告期净利润/2)
3、全面摊薄每股收益=报告期利润/期末股份总数
4、加权平均每股收益=报告期利润/期初股份总数
(二)扣除非经常性损益的项目：
1、罚款、赔款和出售废品收入；
2、处置固定资产净损益；
3、罚款支出；
4、资产置换损失及相关税费；
5、非常损失。

主要财务指标

编制单位：湖北潜江制药股份有限公司

财务指标	2000 年	1999 年	1998 年
流动比率	1.78	1.51	1.31
速动比率	1.52	1.13	0.76
应收帐款周转率(次/年)	2.67	3.20	4.24
销售利润率(%)	25.10	21.51	21.08
销售成本率(%)	40.88	44.70	43.49
资产负债率(%)	38.70	38.94	43.83
全面摊薄每股净利(元/股)	0.33	0.29	0.25
加权平均每股净利(元/股)	0.33	0.29	0.25
每股净资产(元/股)	2.18	1.84	1.55
全面摊薄净资产收益率(%)	15.31	15.88	16.29
加权平均净资产收益率(%)	16.57	17.25	17.73

单位负责人：叶继革　财务负责人：何晓燕　制表人：张伟立

安 阳 钢 铁 股 份 有 限 公 司

安阳钢铁股份有限公司股票上市公告书

本公司董事会保证上市公告书的真实性、准确性、完整性,全体董事承诺上市公告书不存在虚假记载、误导性陈述或重大遗漏,并承担个别和连带的法律责任。

根据《公司法》、《证券法》等有关法律、法规的规定,本公司董事、高级管理人员已依法履行诚信和勤勉尽责的义务和责任。

上海证券交易所、中国证监会、其他政府机关对本公司股票上市及有关事项的意见,均不表明对本公 司的任何保证。

本公司提醒广大投资者注意,凡本上市公告书未涉及的有关内容,请投资者查阅 2001 年 7 月 30 日刊载于《中国证券报》、《上海证券报》和《证券时报》的本公司招股说明书摘要及刊载于上海证券交易所网站(http://www.sse.com.cn)的本公司招股说明书全文。

本上市公告书刊载网址是 http://www.sse.com.cn。

第一节 重要声明与提示

本公司董事会保证上市公告书的真实性、准确性、完整性,全体董事承诺上市公告书不存在虚假记载、误导性陈述或重大遗漏,并承担个别和连带的法律责任。

根据《公司法》、《证券法》等有关法律、法规的规定,本公司董事、高级管理人员已依法履行诚信和勤勉尽责的义务和责任。

上海证券交易所、中国证监会、其他政府机关对本公司股票上市及有关事项的意见,均不表明对本公司的任何保证。

本公司提醒广大投资者注意,凡本上市公告书未涉及的有关内容,请投资者查阅 2001 年 7 月 30 日刊载于《中国证券报》、《上海证券报》和《证券时报》的本公司招股说明书摘要及刊载于上海证券交易所网站(http://www.sse.com.cn)的本公司招股说明书全文。

本上市公告书刊载网址是 http://www.sse.com.cn。

第二节 概 览

(1)股票简称:安阳钢铁　(2)股票代码:600569　(3)总股本:1,345,490,259 股

(4)可流通股本:275,000,000 股(其中首次公开发行 25,000 万股,国有股存量发行 2,500 万股)

(5)本次上市流通股本:275,000,000 股

(6)对首次公开发行股票前股东所持股份的流通限制及期限:根据国家现有法律、法规规定和中国证监会证监发行字[2001]46 号《关于核准安阳钢铁股份有限公司公开发行股票的通知》,本公司的国家股暂不上市流通(按照国务院有关减持国有股的规定而流通的股份除外),内部职工股自本次新股发行之日起,期满三年后方可上市流通。

本公司上市前第一大股东—安阳钢铁集团有限责任公司承诺:自本公司股票上市之日起 12 个月内,不转让所持有本公司的股份,也不由本公司回购该部分股份。

(7)上市地点:上海证券交易所　(8)上市时间:2001 年 8 月 20 日

(9)股票登记机构:上海证券中央登记结算公司　(10)上市推荐人:光大证券有限责任公司

第三节 绪 言

本上市公告书是根据《中华人民共和国公司法》、《中华人民共和国证券法》、《股票发行与交易管理暂行条例》、《公开发行股票公司信息披露实施细则》和《上海证券交易所股票上市规则》等国家有关法律、法规的规定,并按照中国证监会《公开发行证券的公司信息披露内容与格式准则第 7 号-股票上市公告书》而编制,旨在向投资者提供有关安阳钢铁股份有限公司(以下简称"本公司")和本次股票上市的基本情况。

经中国证监会证监发行字[2001]46 号文核准,本公司于 2001 年 8 月 1 日利用上海证券交易所交易系统,以上网定价方式成功发行了 27500 万股每股面值 1.00 元的人民币普通股,发行价为每股人民币 6.80 元。

经上海证券交易所上证上字[2001]116 号《上市通知书》批准,本公司公开发行的 27500 万股社会公众股将于 2001 年 8 月 20 日起在上海证券交易所挂牌交易。股票简称"安阳钢铁",股票代码"600569"。

本公司已于 2001 年 7 月 30 日在《中国证券报》、《上海证券报》和《证券时报》上刊登了《招股说明书摘要》,招股说明书正文及其附注材料可以在上海证券交易所网站(http://www.sse.com.cn)查询。距今不足三个月,故与其重复的内容不再重述,敬请投资者查阅上述内容。

第四节 发行人概况

(一)发行人的基本情况

(1)发行人名称:安阳钢铁股份有限公司

(2)注册资本:1,345,490,259 元　(3)法定代表人:史济春

(4)成立日期:1993 年 11 月 15 日

(5)注册地址:河南省安阳市铁西区梅元庄　(6)邮政编码:455004

(7)经营范围:生产和经营冶金产品和副产品、钢铁延伸产品、化工产品(除易燃易爆危险品);技术开发、协作、咨询及培训,研究、冶金产品及原材料;横向联合经营及对外投资;轧钢、货运,公司内部用水、电、暖维修,无缝钢管、中板,制液氧(凭证经营供本公司使用),炼铁、炼钢,烧结矿石球团。

(8)主营业务:钢铁及钢铁延伸产品。　(9)所属行业:冶金

(10)联系电话:(0372)3120175　(11)传真:(0372)3120175

(12)电子信箱:agzq@sohu.com　(13)董事会秘书:孙俊北

(二)发行人的历史沿革

安阳钢铁股份有限公司为河南省首批股份制试点企业之一,是 1993 年经河南省经济体制改革委员会豫体改字[1993]13 号文批准,由安阳钢铁公司(后改组为安阳钢铁集团有限责任公司)独家发起,以钢铁主体厂、辅助厂和相应的供销、管理处室的经营性净资产作为出资,以定向募集方式设立的股份有限公司。1996 年经河南省经济体制改革委员会豫股批字[1996]88 号文重新确认为依据《公司法》规范运作的股份有限公司。公司于 1993 年 11 月 15 日成立,注册资本 1095490259 元。

经中国证券监督管理委员会证监发行字[2001]46 号文批准,本公司 27,500 万股(其中首次公开发行 25,000 万股,国有股存量发行 2,500 万股)社会公众股已于 2001 年 8 月 1 日在上海证券交易所上网定价发行成功,每股面值 1.00 元,发行价格 6.80 元。本公司于 2001 年 8 月 9 日办理了验资手续,并于 2001 年 8 月 10 日在河南省工商行政管理局变更了注册登记,注册资本变更为 1345490259 元。

(三)发行人的主要经营情况

本公司由焦化厂、烧结厂、炼铁厂、第一、二、三炼钢厂、中型轧钢厂、小型轧钢厂、中板厂、薄板厂等 15 个生产单位和人事、财务、销售、证券管理等管理部门组成,主要从事钢铁冶炼、钢材轧制及焦化副产品的生产和销售,产品包括中厚钢板、角钢、槽钢、圆钢、螺纹钢、薄钢板等。自 1993 年股份公司成立以来,不断完善管理,坚持内涵挖潜、滚动发展之路,钢、钢材产量稳步增长。同时,公司自 1995 年以来高度重视技术改造,装备水平有很大改善。1998 年、1999 年和 2000 年的钢材产量分别为 196 万吨、203 万吨、210 万吨,公司净利润分别为 29,636.33 万元、31,460.38 万元、49,226.30 万元。

1、发行人的优势与劣势

与国内竞争者相比,本公司拥有产品种类齐全、产品质量较高、生产技术先进、设备利用率高等优势,并且区域内销售渠道通畅,客户群稳定,具备良好的售后服务能力。同时,本公司管理基础较好,管理水平较高,生产成本相对较低,抵御市场风险也相对较强。

与国外竞争者相比,本公司拥有产品价格低、销售网络完善而健全、售后服务本地化等优势。某些产品虽然技术含量不高,但专用性较强、产品信誉较高,这也是国外竞争者短期内难以具备的优势条件。

本公司目前的劣势在于,与国际技术先进的生产厂商相比,产品附加值不高,高附加值产品的比重较。

2、主要财务指标

指标名称	2001.1–6	2000.1–12	1999.1–12	1998.1–12
流动比率(倍)	0.99	1.16	1.07	1.14
速动比率(倍)	0.59	0.79	0.71	0.78
应收帐款周转率(次)	8.02	9.75	6.31	5.86
存货周转率(次)	3.33	5.70	5.25	5.18
无形资产(土地使用权除外)占总资产的比例	0.00	0.00	0.00	0.00
资产负债率(%)	41.14	52.66	55.08	43.91
每股净资产	2.42	2.20	2.02	2.21
研究与开发费用占主营业务收入比例	0.39%	0.40%	0.38%	0.40%
每股经营活动产生的现金流量	0.313	1.325	0.572	0.485

3、发行人的主要产品

目前公司产品以型棒材和板材为主, 2000 年 70.7%的产品在省内销售,其余销往华南、西北等地,另有少量产品出口。本公司主导产品有三大类:一是中厚板,主要以桥梁用钢板、造船用钢板、锅炉及压力容器用钢板、汽车大梁用钢板、机械制造用低合金高强度钢板,以及正在开发的 APIX 系列管线用钢板等专用板为主;二是建筑用光圆钢筋和螺纹钢筋;三是以予应力混凝土钢丝、钢绞线,轮胎钢丝,光缆钢丝,铆螺钢弹簧钢丝,焊丝等为供货对象的高速线材产品。

4、发行人的主要技术和科研开发成果

本公司为国有特大型钢铁企业,包括焦化、烧结、炼铁、炼钢、轧钢、制氧、动力等生产和配套系统。工艺结构实现了钢铁生产长流程和短流程结合、优势互补的生产技术优化格局。在技术研究、开发和创新方面,通过引进国外先进技术和自主开发适用技术相结合,形成了适合于公司发展的技术创新体系和核心技术系列,主要核心技术包括:

(1)铁精矿球团烧结法新工艺

该工艺采用球盘造球、外滚煤粉烧结,解决了细精矿烧结透气性问题,是我国烧结工艺的一个新突破,属国内首创。该工艺由本公司、北京钢铁研究总院、北京科技大学合作研究开发,开发者共同拥有所有权。

(2)炼铁系统整体优化技术

该技术采用系统工程原理,综合原燃料加工、入炉原料动态控制、高炉强化冶炼、高炉专家系统等整体优化技术,以实现系统效益最佳化。该技术由本公司自主开发,处于全国同类高炉领先水平。

(3)转炉炼钢高产优质低耗系统技术

该技术采用系统工程原理,配套开发精料、强化冶炼、炉外精炼、全连铸等系列组合新技术,以实现最佳经济技术指标。该技术由本公司自主开发,处于国际小型转炉炼钢先进水平。

(4)电炉—精炼—板坯连铸—中板短流程生产技术

100 吨超高功率竖炉式电炉—炉外精炼—板坯连铸机—2800 毫米中板轧机组成的一套完善的短流程生产线采用了部分热装铁水、100%废钢预热、钢包精炼炉、全程保护浇铸、连铸动态二冷配水、铸坯热送、四辊轧机液压 AGC 系统、控制轧制等先进技术,可年产合格中厚板 60 万吨并实现优质高产低耗。主要产品品种为船板、桥梁、压力容器等优质中厚板材。通过引进、消化国外先进技术,本公司发明该技术并拥有所有权,主体技术装备达到 20 世纪 90 年代国际先进水平。

(5)电炉—精炼—连铸—高线短流程生产技术

100t 电炉—钢包精炼炉—150×150mm2 小方坯连铸—高线短流程生产线,年产高速线材达 40 万吨。线材轧机采用 8 架精轧机、4 架定减径轧机,保证轧制速度达 112m/s,具有较高的技术装备水平。在工艺上采用平立交替全线高速无扭低温控制轧制、温度闭环控制、大风量高风压强化冷却、减径—定径等技术,可生产钢丝绳、钢帘线、预应力钢丝、高强度紧固件、高级弹簧、焊条等高级优质线材。通过引进、消化国外先进技术,本公司发明该技术并拥有所有权,主体技术装备达到目前国际先进水平。

(6)260 半连续棒材生产技术

使用该技术可年产棒材 60 万吨。全线共计 15 架轧机,精轧 φ260 轧机引进意大利达涅利公司先进技术,最高轧制线速度为 17m/s;精整工序引进瑞典森德斯公司自动控制技术;可确保产品质量和性能要求。主体技术装备达到 20 世纪 90 年代国际先进水平。

集团公司转让给本公司的商标包括:

商标名称	产　　品	使用商品类别	注册编号	注册日期
YA	热轧带肋钢筋	6	930432	1997/4/24
晶明	工业萘	商品国际分类第 1 类	324428	1988/9/30

本公司其他产品暂无商标,以产品通用名称销售。

以下专利权将由集团公司无偿转让给本公司,正在办理转让手续:

专利名称	申请日期	授权日期	法律类别	状态	剩余保护期限
一种增设高炉炉底水冷却的方法	96.3.30	99.11.27	发明	有效	15 年
烧结机台车篦条清理装置	96.3.30	99.11.27	实用新型	有效	5 年
球团烧结布料装置	96.5.30	97.8.9	实用新型	有效	5 年
皮带自动取样装置	97.5.20	98.12.4	实用新型	有效	6 年
直流电弧电渣加热钢包炉计算机控制装置	97.6.25	98.10.31	实用新型	有效	6 年
颗粒物料机械取样装置	98.4.2	99.5.5	实用新型	有效	7 年
高炉槽上可移动半密闭负压收尘装置	98.5.14	99.6.26	实用新型	有效	7 年
管式结晶器复合密封和带沿钢管	98.12.15	99.9.17	实用新型	有效	7 年

除此之外,集团公司自 1993 年至 2000 年获、部级以上科技进步奖 18 项,其中一等奖 2 项,二等奖 3 项,三等奖 13 项。这些新技术或新工艺均由股份公司或以股份公司为主研究开发,以集团公司名义申报评奖,集团公司已将这些技术成果投入股份公司。

第五节 股票发行与股本结构

(一)本次股票上市前首次公开发行股票的情况

1、发行数量:27,500 万股(其中首次公开发行 25,000 万股,国有股存量发行 2,500 万股),发行后社会流通股占总股本的比例为 20.44%　　2、发行价格:6.80 元/股

3、募集资金总额:1,870,000,000 元(其中国有股存量发行募股资金 17,000 万元)

4、发行方式:上网定价发行

5、发行费用总额及项目:本次 A 股发行费用总额为 4,075 万元,包括承销费、注册会计师费、评估费、律师费、上网发行手续费、股权登记费、审核费及其他费用等

6、每股发行费用:0.15 元　　7、发行日期:2001 年 8 月 1 日

8、中签率:5.03200078%　　9、有效申购户数:245,034 户

10、有效申购股数:5,465,023,000 股

11、持有 1,000 股以上(含 1,000 股)的流通股东户数:94,466 户

12、发行市盈率:按 2001 年盈利预测计算的全面摊薄市盈率为 19.59 倍

(二)本次股票上市前首次公开发行股票的承销情况

本次公开发行的 3000 万股社会公众股已全部被投资者认购,承销团无余额包销。

(三)本次上市前首次公开发行股票所募股资金的验资报告

验资报告　　　　亚会验字[2001]25 号

安阳钢铁股份有限公司:

我们接受委托,对贵公司二零零一年八月一日公开发售 250,000,000 股 A 股增加的实收股本进行了验证。按照国家相关法律、法规和有关协议的规定出资是贵公司股东的责任,提供真实、合法、完整的验资资料,保护资产的安全、完整是贵公司的责任。我们的责任是对贵公司注册资本的实收情况发表审计意见,我们的审验是依据《独立审计实务公告第 1 号-验资》进行的,在审验过程中,我们结合贵公司的实际情况,实施了检查等必要的审验程序。

经中国证券监督管理委员会证监发行字[2001]46 号文核准,贵公司于二零零一年八月一日采用上网定价发行方式以每股发行价格 6.80 元,发行每股面值人民币 1.00 元的人民币普通股股票 250,000,000 元。

经审验,截止二零零一年八月七日,贵公司已收到发售 250,000,000 股 A 股扣除部分发行费用后的净收入人民币 1,668,550,000 元,其中实收股本为人民币 250,000,000 元。

根据国务院发布的《减持国有股筹集社会保障基金管理暂行办法》,财政部财企便函[2001]73 号同意安阳钢铁股份有限公司发行新股时实施部分国有股减持,在此次发行时一并出售,此次减持国有股为 2500 万股。

由于上述审验程序并不构成独立审计准则的审计过程,因此我们对贵公司的会计科目或会计报表任何部分不发表意见。

本验资报告仅供贵公司申请工商变更登记及申请 A 股上市交易使用,不适用任何其他目的。

附件一:变更前后注册资本、实收股本对照表

附件二:验资事项说明

亚太集团会计师事务所有限公司　　　　中国注册会计师:王红奎

中国·郑州　　　　中国注册会计师:郭德功

报告日期:二零零一年八月八日

(四)募股资金入帐情况

1、入帐时间:2001 年 8 月 7 日　　2、入帐金额:1,668,550,000.00 元

3、入帐帐号:20502210001?26

4、开户银行:中国工商银行安阳分行梅园庄支行

(五)发行人上市前股本结构及各类股东的持股情况

1、本次上市前股本结构

持股单位	股数(万股)	所占比例(%)
国家股	87049.00	64.70
内部职工股	20000.00	14.86
社会公众股	27500.00	20.44
总　股　本	134549.00	100

2、本公司前十名股东持股情况

序号	股东名称	持股数量(股)	占总股本比例(%)
1	安阳钢铁集团有限责任公司	870490259	64.7
2	华泰证券	7911000	0.59
3	中信证券	5454000	0.41
4	裕元基金	1857000	0.14
5	科讯基金	1577000	0.12
6	科翔基金	1516000	0.11
7	科汇基金	1514000	0.11
8	兴和基金	1482000	0.11
9	同益基金	931000	0.07
10	河南财政	916000	0.07

第六节　董事、监事、高级管理人员及核心技术人员

(一)董事会成员

史济春,男,1955 年生,硕士,高级工程师。1982 年起历任安钢研究所炼钢室副主任、二炼厂长助理、副厂长、厂长、集团公司副董事长、总经理、党委副书记,现任集团公司副董事长、总经理、党委副书记,股份公司董事长。1996 年加入中国金属学会任理事。

李文山,男,1945 年生,本科,高级政工师。1977 年起历任安钢运输部党办主任、党委副书记、书记;安阳钢铁公司党办主任、党委副书记、书记;集团公司党委书记、副董事长,1998 年 2 月至今任集团公司董事长、党委书记。现任集团公司董事长、党委书记、股份公司董事。1986 年以来,兼任河南省冶金政研会副会长、河南省职工政研会常务理事、全国冶金协会常务理事、特邀研究员、全国职工政研会理事。

郝秀仲,男,1944 年生,本科,高级政工师。1983 年进入安阳钢铁公司,1995 年 12 月至今任集团公司董事、工会主席。现任集团公司董事、工会主席、股份公司董事。

李存牢,男,1960 年生,本科,高级工程师。1982 年进入安阳钢铁公司,历任安钢一炼炼钢车间、办公室职员、生产计划科副科长、科长、厂长助理、副厂长、厂长。现任集团公司董事、股份公司董事、经理。

李涛,男,1963 年生,本科,高级经济师。1983 年进入安阳钢铁公司,历任计划处计划员、公司办秘书、科长、副主任、主任。现任股份公司董事、副经理。

姚桐,男,1954 年生,本科,高级工程师。1982 年进入安阳钢铁公司,历任安钢钢研所生产科副科长、安钢科技处铁焦科副科长、开发科科长、安钢烧结厂厂长助理、副厂长、厂长。现任股份公司董事、烧结厂厂长。兼任河南省炼铁专业学术委员会会员。

窦庆和,男,1951 年生,大学,高级工程师。1971 年进入安钢炼铁厂工作,历任安钢炼铁厂技术科副科长、生产调度室主任、厂长助理、副厂长、厂长。现任股份公司董事、炼铁厂厂长。兼任河南金属学会会员。

安志平,男,1954 年生,本科,高级工程师。1973 年进入安钢二炼工段工作,历任安钢二炼厂注锭车间副主任、主任、副厂长、安钢供应公司副经理、安钢二炼厂厂长。现任股份公司董事、副经理、二炼厂厂长。兼任中国金属学会会员。

刘润生,男,1963 年生,专科,高级工程师。1982 年进入安钢中型轧钢厂工作,历任小型轧钢厂四车间副主任、主任、副厂长、厂长。现任股份公司董事、小型轧钢厂厂长。

(二)监事会成员

吴长顺,男,1953 年生,本科,高级政工师。1973 年进入安阳钢铁公司,历任二炼工长、调度、值班长、连铸车间支部书记、一炼党委副书记、书记、集团公司党委委员、纪委副书记。1995.12 至今任集团公司监事会主席、党委副书记。现任集团公司监事会主席、党委副书记,股份公司监事会主席。

张太升,男,1954 年生,硕士,高级政工师。1975 年进入安阳钢铁公司,历任中板厂工人、干事、团委负责人、水冶炼铁厂宣传干事、科长、党办主任、党委书记。1995.12 至今任集团公司纪委书记、监事会副主席。现任集团公司纪委书记、监事会副主席,股份公司监事会副主席。

杨法文,男,1945 年生,专科,高级会计师。1966 年进入安阳钢铁公司,历任水冶炼铁厂会计、安钢供应处财务科会计、副科长、科长、财务处厂内银行行长、股份公司证券部主任助理、集团公司审计处副处长、处长、监事。1999.8 至今任集团公司审计部部长。现任股份公司监事。

魏德龙,男,1950 年生,专科,高级政工师。1974 年进入安钢炼钢二分厂工作,历任安钢二分厂党办秘书、原料、冶炼车间支部书记、二炼钢厂工会主席、炼铁厂党委副书记、书记、信阳钢铁厂党委书记、焦化厂党委书记。现任股份公司监事、焦化厂党委书记。

朱红一,男,1960 年生,本科,高级工程师。1982 年进入安钢薄板厂工作,历任技术员、厂长助理、副厂长、中板厂副厂长、厂长。现任股份公司监事、中板厂厂长。

(三)高级管理人员

李存牢:同上。

李涛:同上。

王建祥,男,1960 年生,本科,高级工程师。1982 年进入安阳钢铁公司,历任水冶炼铁厂高炉炉长、炼铁车间主任、厂长助理、副厂长、副经理、经理。现股份公司副经理。

李利剑,男,1963 年生,硕士,高级工程师。1983 年进入安阳钢铁公司,历任烧结厂烧结车间技术员、工段长、副主任、调度主任、厂长助理、副厂长、厂长。现任股份公司副经理。

财务负责人:靳雨顺,男,1957 年生,本科,高级会计师。1981 年进入安钢财务处工作,历任安钢财务处成本科科长、处长助理、副处长、集团公司财务部副部长、财务处处长。现任股份公司财务处处长。

董事会秘书:孙俊北,男,1955 年生,本科,政工师。1975 年进入安钢运输部工作,历任安钢运输部会计、安钢党委组织部秘书、安钢制氧厂纪委副书记、安钢证券部副主任。现任股份公司董事会秘书。

技术负责人:李利剑,1983 年 7 月毕业于武汉钢铁学院冶金系炼铁专业,现任安钢股份公司副经理。

本公司所有董事、监事及高级管理人员均为中华人民共和国公民。

(四)公司董事、监事、高级管理人员及核心技术人员持股情况

1、个人持股

姓名	发行前持股数(股)	比例(%)	发行后持股数(股)	比例(%)	前三年增减变动情况	是否存在质押或冻结
史济春	6500	0.00059	6500	0.00059	无变动	否
李文山	7000	0.00064	7000	0.00064	无变动	否
郝秀仲	6500	0.00059	6500	0.00059	无变动	否
李存牢	6500	0.00059	6500	0.00059	无变动	否
李　涛	6000	0.00055	6000	0.00055	无变动	否
姚　桐	6500	0.00059	6500	0.00059	无变动	否
窦庆和	6500	0.00059	6500	0.00059	无变动	否
安志平	6500	0.00059	6500	0.00059	无变动	否
刘润生	6000	0.00055	6000	0.00055	无变动	否
吴长顺	6500	0.00059	6500	0.00059	无变动	否
张太升	6500	0.00059	6500	0.00059	无变动	否
杨法文	6000	0.00055	7000	0.00064	本次发行购入 1000 股	否
魏德龙	6500	0.00059	6500	0.00059	无变动	否
朱红一	6500	0.00059	6500	0.00059	无变动	否
王建祥	6500	0.00059	6500	0.00059	无变动	否
李利剑	6500	0.00059	6500	0.00059	无变动	否
靳雨顺	6500	0.00059	6500	0.00059	无变动	否
孙俊北	6000	0.00055	6000	0.00055	无变动	否

上述董事、监事、高级管理人员与核心技术人员承诺其所持股份在任职期间将不上市流通。

2、家属持股

姓名	家属姓名	发行前持股数(股)	比例(%)	发行后持股数(股)	比例(%)	前三年增减变动情况	是否存在质押或冻结
史济春	付华延	0	0	0	0	无变动	否
李文山	于春荣	6000	0.00055	6000	0.00055	无变动	否
郝秀仲	方惠真	6000	0.00055	6000	0.00055	无变动	否
李存牢	范学跃	6000	0.00055	6000	0.00055	无变动	否
李涛	张艳洁	0	0	0	0	无变动	否
姚桐	刘兰菊	6000	0.00055	6000	0.00055	无变动	否
窦庆和	郭月梅	6000	0.00055	6000	0.00055	无变动	否
安志平	杨洁	6000	0.00055	6000	0.00055	无变动	否
刘润生	杨晓红	6000	0.00055	6000	0.00055	无变动	否
吴长顺	殷惠娟	6000	0.00055	6000	0.00055	无变动	否
张太升	张建敏	0	0	0	0	无变动	否
杨法文	陈松枝	6000	0.00055	6000	0.00055	无变动	否
魏德龙	杨维英	4000	0.00037	6000	0.00055	无变动	否
朱红一	孙鹰	6000	0.00055	6000	0.00055	无变动	否
王建祥	王荔莉	6000	0.00055	6000	0.00055	无变动	否
李利剑	赵晖	6000	0.00055	6000	0.00055	无变动	否
靳雨顺	左运兰	6000	0.00055	6000	0.00055	无变动	否
孙俊北	齐建华	6000	0.00055	6000	0.00055	无变动	否

3、法人持股:上述董事、监事、高级管理人员与核心技术人员不存在通过其近亲属能够直接或间接控制法人持有的股份的情况。

第七节　同业竞争与关联交易

一、关于同业竞争

股份公司设立时,与钢、铁的供应、生产及销售有关的经营性资产已经全部进入股份公司,目前,集团公司及其部分下属企业的生产经营虽亦与钢铁有关,但集团公司与股份公司的产品种类完全不同,因此不存在任何同业竞争。

二、关联方、关联关系与关联交易情况

(一)关联方及关联关系

根据中国证监会证监发【2000】41 号文规定的范围,目前本公司存在的关联方及关联关系如下

1、关联方

本公司的关联企业主要包括本公司的控股子公司、本公司的控股股东集团公司以及集团公司下属的全资公司和控股公司。具体有:

本公司的控股股东—安阳钢铁集团有限责任公司。本次发行前该公司拥有股份公司 81.74%的股份,本次发行后为 64.70%,为股份公司控股股东。

本公司的控股子公司:陕西秦安金属材料有限公司、兰州安兰金属材料有限责任公司、潍坊安鲁金属材料有限公司、南阳安宛金属材料有限公司、陕西鸿安物资公司。除持有兰州安兰金属材料

有限责任公司90%的股权外,本公司持有其他控股子公司51%的股权。

集团公司的全资及控股公司:安钢集团水冶钢铁有限责任公司、安钢集团福利实业有限责任公司、安钢集团劳动服务实业有限责任公司、安钢集团三博实业有限责任公司、安钢集团综利冶炼有限责任公司、安钢集团金远贸易有限责任公司、安钢集团建安金都实业有限责任公司、安阳市威格尔振动工程机械有限责任公司、安钢集团老干部经济技术开发有限责任公司、安钢集团信阳钢铁有限责任公司、安钢集团北京相丰源贸易中心、安阳钢铁集团太行有限责任公司、安钢集团鑫博实业有限责任公司、安阳钢铁集团丰达实业有限责任公司、河南省安阳钢铁公司郑州经销公司、珠海金安实业发展公司、海南豫安实业开发公司、连云港市连云开发区安连实业开发公司、安阳钢铁集团钢花水泥有限责任公司、安钢集团钢都建筑工程有限责任公司、河南安钢大厦有限公司、安钢集团金航宾馆有限责任公司。

2、董事、监事、高级管理人员及核心技术人员在关联方任职情况

本公司董事中,有史济春、李文山、郝秀仲、李存牢等四人在集团公司中兼职。其中,本公司董事长史济春兼任集团公司副董事长、总经理、党委副书记;本公司董事李文山兼任集团公司董事长、党委书记;本公司董事郝秀仲兼任集团公司董事、工会主席;本公司董事、经理李存牢兼任集团公司董事。

本公司监事中,有吴长顺、张太升等二人在集团公司中兼职。其中,本公司监事会主席吴长顺兼任集团公司党委副书记、监事会主席;本公司监事会副主席张太升兼任集团公司纪委书记、监事会副主席。

本公司销售分公司经理李章彦任陕西秦安金属材料有限公司、兰州安兰金属材料有限责任公司、陕西鸿安物资公司董事长,本公司销售分公司副经理张乃奎任潍坊安鲁金属材料有限公司、南阳安宛金属材料有限公司副董事长,本公司财务负责人靳雨顺任陕西秦安金属材料有限公司、陕西鸿安物资公司、兰州安兰金属材料有限责任公司董事,本公司监事杨法文任上述五家公司监事。本公司其他董事、监事、高级管理人员及核心技术人员未在控股子公司中任职。

3、关联交易

本公司具有独立、完整的产供销体系,对集团公司及其下属企业不存在依赖关系,但本公司在以下方面与关联企业存在关联交易:主要包括向关联企业销售钢材产品、提供原材料和水电汽供应;接受集团公司包括警卫消防在内的综合服务、部分原料和劳保产品的供应;接受关联企业装卸、加工、运输等劳务;租赁使用集团公司以出让方式取得的国有土地使用权等。具体如下:

(1)炼钢改造项目资产收购

1999年11月,股份公司与集团公司签订了《炼钢改造项目资产收购协议》,协议约定股份公司收购集团公司的炼钢改造项目资产,股份公司收购集团公司的炼钢改造项目的价格暂按项目总投资款120065.34万元扣减铺底流动资金 10516万元和涨价预备金4829.50万元、预备费5890.06万元后的估算值98800万元确定,其最终价格按对炼钢改造项目的最终决算数确定,炼钢改造项目的最终决算由集团公司和股份公司共同进行。股份公司收购集团公司的炼钢改造项目的价款自2000年起两年内向集团公司支付,股份公司按0.396%的月利率支付未付款项的资金占用费。

由于上述协议签订时集团公司的炼钢改造项目已经具备试生产条件,并且为解决同业竞争的问题,股份公司将该项目资产纳入1999年度财务报表范围。

根据与集团公司于2001年2月5日签订的《炼钢改造项目资产收购协议之补充协议》,股份公司以经河南省财政厅确认的项目资产评估价值 88420.91 万元收购集团公司的炼钢改造项目。2000 年度本公司按照上述资产评估价值向集团公司支付资金占用费 4201.76万元,并据此调整了财务报表。

截止2001年2月28日,股份公司已使用自有资金将该款项支付完毕。

(2)综合服务

集团公司向股份公司提供建筑安装、汽车运输、环境绿化、保卫消防、电话通讯、职工培训等服务,预计每年总额为14805.45万元;股份公司向集团公司提供用电、蒸汽 、煤气、余热供暖等服务,预计每年总额为7660万元。

(3)球团矿、生铁供应

集团公司下属全资子公司安钢集团水冶钢铁有限责任公司向股份公司供应球团矿、生铁等产品,并提供上述产品的运输服务,股份公司应向安钢集团水冶钢铁有限责任公司支付的货款及运输费用1999年度为24471.96万元,2000年度为32579.95万元。

(4)绝缘材料、五金电料、化工材料等产品供应

集团公司下属控股子公司安钢集团劳动服务实业有限责任公司向股份公司供应绝缘材料、五金电料、化工材料等产品,股份公司向安钢集团劳动服务实业有限责任公司支付的货款1999年度为4313.04万元,2000年度为3451.73万元。

(5)生铁供应

集团公司下属控股子公司安阳钢铁集团丰达实业有限责任公司向股份公司供应炼钢生铁,并提供上述产品的运输服务,股份公司应向安钢集团综利冶炼有限责任公司支付的货款及运输费用1999年度为1388.96万元,2000年度为1572.98万元。

(6)耐火材料供应

集团公司下属控股子公司安钢集团三博实业有限责任公司向股份公司供应钢包浇注、出钢口料、钢砖粒等耐火材料及其他产品,股份公司应向安钢集团三博实业有限责任公司支付的货款1999年度为4016.62万元,2000年度为2429.10万元。

(7)洗精煤及废钢供应

集团公司下属全资子公司安钢集团金远贸易有限责任公司向股份公司供应洗精煤、废钢等产品,股份公司应向安钢集团金远贸易有限责任公司支付的货款1999年度为1289.50万元,2000年度为9915.70万元。

(8)洗精煤及铁精矿供应

集团公司下属控股子公司安钢集团老干部经济技术开发有限公司向股份公司供应洗精煤、铁精矿等产品,股份公司应向安钢集团老干部经济技术开发有限责任公司支付的货款1999年度为602.75万元,2000年度为994.59万元。

(9)劳动保护用品及材料供应

集团公司下属控股子公司安钢集团福利实业有限责任公司向股份公司供应劳动保护用品、配电箱、电焊条等产品,股份公司向安钢集团福利实业有限责任公司支付的货款1999年度为1711.39万元,2000年度为1902.48万元。

(10)生铁加工

集团公司下属控股子公司安钢集团综利冶炼有限责任公司为股份公司提供加工生铁服务,股份公司应向其支付的加工费1999年度为595.93万元,2000年度为231.33万元。

(11)渣钢、白灰、备件等产品供应

集团公司向股份公司供应渣钢、分级重渣、白灰、铸件、钢锭模等产品,并提供上述产品的运输服务,股份公司应向其支付的货款 1999 年度为 13161.54 万元,2000 年度为15621.47万元。

(12)设备安装服务

集团公司下属控股子公司安钢集团建安金都实业有限责任公司为股份公司提供高线立柱、三炼天车等设备的安装服务并提供有关金属构件,股份公司应向其支付的安装服务费及材料费1999年度为686.83万元,2000年度为588.75万元。

(13)设备修理服务

集团公司下属控股子公司安钢集团劳动服务实业有限责任公司为股份公司提供电机、变压器、生产用空调等设备修理服务,股份公司应向其支付的设备修理服务费用1999年度为402.22万元,2000年度为424.07万元。

(14)产品进出口代理

集团公司为股份公司提供有关产品的进出口代理服务,股份公司按集团公司代理进出口产品总额的0.1%支付代理费。

(15)焦碳、材料、备件及钢材产品供应

股份公司向集团公司及其下属企业供应焦碳、材料(橡胶板、三角带、硫酸、电线等)、备件(闸阀、滑板、油泵、控制器、接触器等)、钢材(薄板、中板、螺纹钢等钢材(坯))等产品,集团公司及其下属企业应向股份公司支付的货款1999年度为34230.26万元,2000年度为32451.64万元。

(16)产品供应

股份公司通过集团公司下属的全资子公司河南省安阳钢铁公司郑州经销公司销售其钢材产品,1999年度的金额为32103.57万元,2000年1月至8月为28976.70万元。股份公司已与河南省安阳钢铁公司郑州经销公司签订了《产品供应终止协议》,协议约定自2000年11 月起,股份公司不再通过河南省安阳钢铁集团公司郑州经销公司销售产品,自 2000年11月起双方不再发生此项关联交易。

(17)产品供应

股份公司向集团公司下属的全资子公司北京市相丰源物资贸易中心供应中板、薄板、螺纹钢、无缝钢管等钢材产品,集团公司下属的全资子公司北京市相丰源物资贸易中心应向股份公司支付的货款1999年度为1196.30万元,2000年度为846.77万元。

(18)销售代理

股份公司通过集团公司下属全资子公司安钢集团金远贸易有限责任公司销售碳结中板、低合金中板、船用中板等产品,股份公司向安钢集团金远贸易有限责任公司供应的上述产品 1999 年度为8768.51 万元,2000年度为 16142.25 万元。股份公司和安钢集团金远贸易有限责任公司已签订《销售代理合同》,合同约定自2000 年 11 月起,安钢集团金远贸易有限责任公司采用销售代理的方式销售股份公司的碳结中板、低合金中板、船用中板等产品,股份公司根据不同的产品按 20–25元/吨的标准向安钢集团金远贸易有限责任公司支付代理费。

(19)国有土地租赁

根据与安钢集团公司达成的土地租赁协议,公司租用集团公司土地 2,975,847.37 平方米,从2000年 7月 1 日开始,按年 1.64元/平方米标准每年向安钢集团公司支付土地租赁费 4,880,389.69元。

4、本次募股资金的运用涉及的关联交易

根据目前的安排,本次募股资金的运用不涉及关联交易。

第八节 财务会计资料

本公司截止2000年12月31日的财务会计资料,已于2001年7月30日在《中国证券报》、《上海证券报》和《证券时报》刊登的《招股说明书摘要》中进行了披露,投资者欲了解详细内容,请查阅上述报纸或刊载于上海证券交易所网站(http://www.sse.com.cn)的本公司招股说明书全文。

(一)注册会计师意见

本公司聘请了亚太集团会计师事务所有限公司会计师对本公司1998年度、1999年度、2000年度及2001年中期会计报表进行了审计,并出具了标准无保留意见的审计报告。

(二)简要会计报表

以下内容摘自业经审计的公司财务报告。

简要资产负债表 (单位:元)

项目	2001年6月30日	2000年12月31日
流动资产合计	1,841,346,759.60	2,388,560,246.59
固定资产合计	2,634,802,756.97	2,671,339,420.25
无形资产及其他资产合计	5,866,038.81	0.00
资产总计	4,507,631,157.32	5,089,480,677.66
流动负债合计	1,853,389,278.94	2,060,337,325.27
长期负债合计	1,093,228.00	619,584,257.99
??负债合计	1,854,482,506.94	2,679,921,583.26
股本	1,095,490,259.00	1,095,490,259.00
资本公积	23,976,785.30	21,026,429.93
未分配利润	629,742,646.25	389,103,445.64
股东权益合计	2,653,148,650.38	2,409,559,094.40
负债及股东权益合计	4,507,631,157.32	5,089,480,677.66

简要利润表 (单位:元)

项目	2001年中期	2000年度
一、主营业务收入	3,118,186,271.93	5,264,675,783.80
二、主营业务利润	587,111,355.54	1,236,217,052.73
三、营业利润	363,330,002.62	759,303,664.80
四、利润总额	359,177,219.78	741,398,319.85
五、净利润	240,639,200.61	492,262,987.45

主要财务数据和指标

项目	2001年中期	2000年中期	2000年度
一、净利润(元)	240,639,200.61	220,654,806.65	492,262,987.45
二、扣除非经常性损益后的净利润(元)	241,526,065.93	220,716,777.64	514,423,151.23
三、资产负债率(%)	41.14	49.47	52.66
四、股东权益(元)	2,653,148,650.38	2,408,722,204.08	2,409,559,094.40
五、每股收益(元)摊薄	0.220	0.201	0.45
加权	0.220	0.201	0.45
六、净资产收益率(%)摊薄	9.07	9.16	20.43
加权	9.55	9.50	20.02
七、每股净资产(元)	2.422	2.199	2.20
调整后的每股净资产(元)	2.422	2.199	2.20
八、每股经营活动产生的现金流量净额(元)	0.313	0.85	1.325

利润表附表	净资产收益率(%)		每股收益(元/股)	
报告期利润	全面摊薄	加权平均	全面摊薄	加权平均
主营业务利润	22.13	23.21	0.536	0.536
营业利润	13.69	14.36	0.332	0.332
净利润	9.07	9.55	0.220	0.220
扣除非经常性损益后的净利润	9.10	9.55	0.220	0.220

(三)公司2001年中期审计报告

审 计 报 告　　　　亚会审字(2001)82号

安阳钢铁股份有限公司全体股东:

我们接受委托,审计了贵公司2001年6月30日的资产负债表、2001年1–6月的利润及利润分配表、2001年 1–6月的现金流量表。这些会计报表由贵公司负责,我们的责任是对这些会计报表发表审计意见。我们的审计是依据《中国注册会计师独立审计准则》进行的。在审计过程中,我们结合贵公司的实际情况,实施了包括抽查会计记录等我们认为必要的审计程序。

我们认为,上述会计报表符合《企业会计准则》和《企业会计制度》,在所有重大方面公允地反映了贵公司2001年6月30日的财务状况和2001年1–6月的经营成果及2000年1–6月的现金流量,会计处理方法的选用遵循了一贯性原则。

亚太集团会计师事务所有限公司　　　　中国注册会计师:王红奎
中国·郑州　　　　中国注册会计师:郭德功
2001年8月9日

会计报表附注

(1) 公司基本情况

安阳钢铁股份有限公司(以下简称"公司")是根据河南省经济体制改革委员会豫体改字【1993】

13号文的批复,依照《股份有限公司规范意见》,由安阳钢铁公司经过改制,采取定向募集方式于1993年11月15日设立的内部职工持股的股份制企业,股本总额109,549万元,其中国家股89,549万元,占总股本的81.74%,内部职工股20,000万元,占总股本的18.26%。1996年12月,根据国务院国发【1995】17号文的要求,依据《中华人民共和国公司法》及其他有关法规的规定予以规范后,经河南省体改委审查验收合格,河南省体改委以豫股批字【1996】88号文批复,重新确认公司为股份有限公司。

经中国证券监督管理委员会证监发行字[2001]46号文核准,公司于二零零一年八月一日在上海证券交易所采用上网定价发行方式以每股发行价格6.80元,发行每股面值人民币1.00元的人民币普通股股票25,000万元。根据国务院发布的《减持国有股筹集社会保障基金管理暂行办法》,财政部财企便函[2001]73号同意安阳钢铁股份有限公司发行新股时实施部分国有股减持,在此次发行时一并出售,此次减持国有股为2500万股。

截止二零零一年八月七日,公司股本总额为134,549万元,其中,国家股87,049万元,占总股本的64.70%;内部职工股20,000万元,占总股本的14.86%;社会公众股27,500万元,占总股本的20.44%。

公司国家股由安阳钢铁集团有限责任公司(1995年12月由安阳钢铁公司变更而来)持有并行使包括资产收益、重大决策和选择管理者等相关出资人权利。

公司属于特大型钢铁企业,主要经营范围:生产和经营冶金产品和副产品,钢铁延伸产品,化工产品(除易燃易爆危险品),技术开发、协作、咨询及培训,冶金产品及原材料,横向联合经营及对外投资。主要产品有:建材、型材、板材、管材等。

(2)公司采用的主要会计政策、会计估计和会计报表的编制方法

(3)控股子公司及合营企业

企业名称	业务性质	注册资本	投资额	持股比例
陕西鸿安金属材料有限责任公司	销售钢材	10,000,000	5,100,000	51%
山西安金物资有限公司	销售钢材	8,000,000	4,080,000	76.30%
潍坊安鲁金属材料有限责任公司	销售钢材	10,000,000	5,100,000	51%
兰州安兰金属材料有限责任公司	销售钢材	4,000,000	4,000,000	100%
南阳安宛金属材料有限责任公司	销售钢材	10,000,000	5,100,000	51%
陕西秦安金属材料有限责任公司	销售钢材	10,000,000	5,100,000	51%

说明:于2000年12月经营到期的山西安金工贸有限公司和于2001年5月经营到期的陕西秦安金属材料有限责任公司正在清算;陕西鸿安金属材料有限责任公司于2001年3月成立。由于所有控股子公司的资产总额、销售收入和净利润占公司同期资产总额、销售收入和净利润的比例均不足10%,不会对公司的财务状况造成重大影响,因此公司未编制合并会计报表。

(4)会计报表主要项目注释(人民币:元)

1.货币资金

	2001.01.01	2001.06.30
现　金	476,986.02	402,482.53
银行存款	954,568,612.61	350,444,749.08
合　计	955,045,598.63	350,847,231.61

截止2001年6月30日银行存款余额350,444,749.08元,其中定期存款289,820,000.00元,明细如下:

存款期限	存款年利率	存款金额
一年期定存	2.25%	229,820,000.00
三年期定存	2.70%	60,000,000.00
定期存款合计		289,820,000.00

22.资本公积:

项　目	2001.01.01	本期增加	本期减少	2001.06.30
股本溢价	0.90			0.90
其他资本公积	21,026,429.03	2,950,355.37		23,976,784.40
合　计	21,026,429.93	2,950,355.37		23,976,785.30

说明:本期增加系债务重组增加,截止2001年6月30日,资本公积余额23,976,784.40元全部是债务重组收益。

23.盈余公积

项　目	2001.01.01	本期增加	本期减少	2001.06.30
法定盈余公积	319,657,059.39			319,657,059.39
法定公益金	319,657,059.40			319,657,059.40
任意盈余公积	264,624,841.04			264,624,841.04
合　计	903,938,959.83			903,938,959.83

24.未分配利润:

项　目	2001年1-6月	2000年1-6月
本年净利润	240,639,200.61	220,654,806.65
加:年初未分配利润	389,103,445.64	200,697,479.24
可供分配的利润	629,742,646.25	421,352,285.89
减:提取法定盈余公积		
提取法定公益金		
可供股东分配的利润	629,742,646.25	421,352,285.89
减:提取任意盈余公积		
应付普通股股利		
期末未分配利润	629,742,646.25	421,352,285.89

25.主营业务收入

项　目	2001年1-6月	2000年1-6月
一、内销		
钢材	2,876,116,131.73	2,272,509,770.99
钢坯	26,447,584.97	108,803,671.39
化工产品	48,509,206.43	43,404,779.04
焦炭	70,802,333.63	59,465,673.09
小　计	3,021,875,256.76	2,484,183,894.51
二、外销		
钢材	29,010,623.11	8,554,707.56
钢坯	67,300,392.06	
小　计	96,311,015.17	8,554,707.56
合　计	3,118,186,271.93	2,492,738,602.07

26.主营业务税金及附加

项　目	2001年1-6月	2000年1-6月
城建税	15,991,902.35	16,423,342.89
教育费附加	6,853,672.44	7,038,575.53
合　计	22,845,574.79	23,461,918.42

27.其他业务利润

	2001年1-6月	2000年1-6月
合计	9,201,525.21	8,498,839.62

28.营业费用

项　目	2001年1-6月	2000年1-6月
工资及福利费	2,909,973.40	2,523,548.97
运输费	20,693,067.26	10,721,705.49
装卸费	1,065,098.41	2,501,700.44
委托代销手续费	3,270,774.99	2,805,109.52
其他	4,565,239.81	4,323,219.28
合　计	32,504,153.87	22,568,911.03

29.管理费用:2000年度管理费用比上年上升19%,主要原因是工资性支出增加所致。

30.财务费用

项　目	2001年1-6月	2000年1-6月
利息支出	4,428,800.71	26,477,659.21
减:利息收入	4,354,939.53	9,929,263.26
利息净支出	73,861.18	16,548,395.95
其　他	570,210.43	144,964.86
合　计	644,071.61	16,693,360.81

31.投资收益

项　目	2001年1-6月	2000年1-6月
股权投资收益	-3,265,917.52	
债权投资收益		
合　计	-3,265,917.52	-

32.营业外收入

项　目	2001年1-6月	2000年1-6月
处理固定资产净收益	467,315.82	486,947.66
罚款收入	85,091.00	106,195.00
其他		11,500.00
合　计	552,406.82	604,642.66

33.营业外支出

项　目	2001年1-6月	2000年1-6月
处理固定资产损失	64,758.63	124,978.14
赔偿违约金及罚款	6,925.00	47,401.00
捐赠支出		200,000.00
债务重组损失	1,367,588.51	293,264.60
其他		969.91
合　计	1,439,272.14	666,613.65

六、关联方关系及其交易

七、承诺事项

截止2001年6月30日,公司不存在应予披露而未披露的对外债务担保等承诺事项。

八、或有事项

截止2001年6月30日,公司不存在应予披露而未披露的未决诉讼、未决索赔、债务纠纷等可能损害公司利益的或有事项。

九、期后事项

公司于2001年8月1日在上海证券交易所发行人民币普通股股票25,000万股,并在此次发行时减持国有股2,500万股,公司已于2001年8月8日办理了注册资本工商变更登记,变更后的注册资本为134,549万元。

第九节　其他重要事项

1、本公司股票首次公开发行后至本上市公告书公布之日,本公司严格依照《公司法》、《证券法》等法律法规的要求,规范运行,生产经营情况正常;所处行业、市场无重大变化;主要投入、产出物供求及价格无重大变化;主要业务发展目标无重大进展。

2、本公司募股资金到位时间较短,截止上市公告书公布之日尚未进行项目投资及其他重大投资活动,无重大资产(股权)收购、出售行为。

3、截止本公司上市公告书公布之日,本公司无重大诉讼、仲裁案件。

4、本公司股票首次公开发行后至本上市公告书公布之日,本公司重大会计政策和会计师事务所没有未发生变化。

5、本公司股票首次公开发行后至本上市公告书公布之日,招股说明书披露过的或有事项未发生变化。

6、本次股票发行后,预计首次股利分配时间在2002年6月底之前。

7、依据《上海证券交易所股票上市规则》,本公司第一大股东已向上海证券交易所承诺,自发行人股票上市之日起12个月内,不转让所持有的股份,也不由上市公司回购其持有的股份。

8、除本公司招股说明书及摘要和本上市公告书披露的事项外,本公司董事会认为没有其它对本公司资产、负债及股东权益有较大影响的重要事项。

第十节　董事会上市承诺

本公司董事会承诺将严格遵守《中华人民共和国公司法》、《中华人民共和国证券法》、《股票发行与交易管理暂行条例》、《公开发行股票公司信息披露实施细则》和《上海证券交易所股票上市规则》等国家法律、法规和有关规定,并自股票上市之日起作到:

(一)承诺真实、准确、完整、公允和及时地公布定期报告,披露所有对投资者有重大影响的信息,并接受中国证监会、证券交易所的监督管理;

(二)承诺发本公司在知悉可能对股票价格产生误导性影响的任何公共传播媒介中出现的消息后,将及时予以公开澄清;

(三)本公司董事、监事、高级管理人员和核心技术人员将认真听取社会公众的意见和批评,不利用已获得的内幕消息和其他不正当手段直接或间接从事本公司股票的买卖活动;

(四)本公司没有无记录的负债。

依据《上海证券交易所股票上市规则》,本公司全体董事、监事将按照有关规定,在本公司股票上市后两个月内签署《董事(监事)声明及承诺书》,并送达上海证券交易所备案。

第十一节　上市推荐人及其意见

(一)上市推荐人情况

上市推荐人:光大证券有限责任公司　　法定代表人:王明权

注册地址:上海市浦东新区浦东南路528号上海证券大厦15-16层

联系电话:(010)68561122　　传真:(010)68561008　　联系人:安宏亮、孙超

(二)上市推荐人意见

本公司上市推荐人认为:本公司章程符合《中华人民共和国公司法》、《中国人民共和国证券法》、《上市公司章程指引》和《上海证券交易所股票上市规则》等有关法律、法规和中国证监会的规定;本公司本次发行的股票符合《中华人民共和国公司法》、《中华人民共和国证券法》、《股票发行与管理暂行条例》和《上海证券交易所股票上市规则》等法律、法规的有关规定,已具备了上市条件;本公司董事了解国家的有关法律、法规、上海证券交易所上市规则及股票上市协议规定的董事的义务与责任;本公司建立健全了法人治理结构,制定了严格的信息披露制度与保密制度。上市推荐人已对上市文件所载的资料进行了核实,认为上市文件真实、准确、完整,符合规定要求,没有虚假、严重误导性陈述或者重大遗漏,并对其承担连带责任。上市推荐人与本公司不存在关联关系。上市推荐人愿意推荐本公司的股票在上海证券交易所上市交易,并且在上市推荐过程中,将不利用获得的内幕信息进行内幕交易,为自己和他人谋利。

安阳钢铁股份有限公司

二零零一年八月十三日

北京用友软件股份有限公司

北京用友软件股份有限公司上市公告书

本公司董事会保证上市公告书的真实性、准确性、完整性，全体董事承诺上市公告书不存在虚假记载、误导性陈述或重大遗漏，并承担个别和连带的法律责任。根据《公司法》、《证券法》等有关法律、法规的规定，本公司董事、高级管理人员已依法履行诚信和勤勉尽责的义务和责任。上海证券交易所、中国证监会、其他政府机关对本公司股票上市及有关事项的意见，均不表明对本公司的任何保证。

一、概　览

股票简称：用友软件　　股票代码：600588

股本总额：100,000,000 元　可流通股本：25,000,000 元

本次上市流通股本：25,000,000 元

上市地点：上海证券交易所　　上市日期：2001 年 5 月 18 日

股份登记机构：海证券中央登记结算公司

上市推荐人：国泰君安证券股份有限公司　东方证券有限责任公司

本次公开发行股票前公司法人股股份，根据国家有关政策，在国家就法人股的流通问题尚未作出新的规定之前，暂不上市流通，有关股东并已经向上海证券交易所承诺自愿锁定其所持股份。

二、绪　言

北京用友软件股份有限公司(以下简称"本公司")上市公告书是根据《中华人民共和国公司法》、《中国人民共和国证券法》、《股票发行与交易管理暂行条例》、《公开发行股票公司信息披露实施细则》和《上海证券交易所股票上市规则》等有关法律、法规的规定，按照中国证券监督管理委员会制定的《公开发行证券的公司信息披露内容与格式准则第 7 号-股票上市公告书》而编制。

经中国证券监督管理委员会证监发行字[2001]28 号文核准，本公司已于 2001 年 4 月 23 日成功地采取上网定价发行方式向社会公开发行了每股面值 1.00 元的人民币普通股 2500 万股，每股发行价为 36.68 元。

经上海证券交易所上证上字[2001]67 号《上市通知书》同意，本公司 2500 万股社会公众股将于 2001 年 5 月 18 日起在上海证券交易所挂牌交易，股票简称"用友软件"，股票代码为 600588。

本公司已于 2001 年 4 月 19 日分别在《中国证券报》、《上海证券报》、《证券时报》上刊登了《招股说明书概要》。招股说明书正文及其附注材料可以在上海证券交易所网站(http://www.sse.com.cn)查询。招股说明书及其引用的财务资料距今不足六个月，与其重复的内容不再重述，敬请投资者查阅上述内容。

三、公司概况

(一)本公司基本情况

1.法定名称：北京用友软件股份有限公司

英文名称：BeijingUfsoftCo.,Ltd.(缩写 UFsoft)

2.注册资本金：100,000,000 元　　3.法定代表人：王文京

4.住所：北京市海淀区上地信息产业基地开拓路 15 号(100085)

成立日期：1999 年 12 月 6 日

5.经营范围：电子计算机软件、硬件及外部设备的技术开发、技术咨询、技术转让、技术服务；企业管理咨询；数据库服务；销售电子计算机软硬件及外部设备

6.所属行业：电子信息

7.电话：010-62986688　　传真：010-62971426　电子邮箱：ir@ufsoft.com.cn

8.董事会秘书：章珂

(二)本公司历史沿革

1.本公司设立及发展的主要历程

本公司前身可追溯至创始人王文京、苏启强于 1988 年成立的北京市海淀区双榆树用友财务软件服务社，最初的注册资本为 5 万元人民币。此后 1990 年 3 月正式组建为有限责任公司，同时更名为北京市海淀区用友电子财务技术有限责任公司，注册资本随之增加至 35 万元人民币。1990 年 12 月和 1993 年 7 月公司进一步扩大了资本规模，注册资本增加至 500 万元人民币。1995 年 1 月 18 日，在原公司基础上组建成立的用友集团公司，注册资本增加至 2,000 万元人民币。1997 年 11 月，公司注册资本再次增加至 5,000 万元人民币。1999 年 12 月 6 日，经北京市人民政府批准，公司由有限责任公司变更为股份有限公司，注册资本最终增至 7,500 万元人民币。

2.历次股权变动情况

公司最初由两位自然人股东王文京和苏启强于 1988 年共同创建，1990 年 12 月、1993 年 3 月和 1993 年 7 月，公司的股权先后发生了三次转让。转让完成后，公司的股东为王文京、苏启强和郭新平，分别持有公司 45%、45%和 10%的股权。

1994 年 3 月，经股东会一致同意，股东苏启强将其持有的股权全部转让，其中将公司 40%股权转让给王文京，将其余 5%股权转让给吴政平。股权转让完成后，王文京持有公司 85%股权，郭新平持有公司 10%股权和吴政平持有公司 5%的股权。

1997 年 2 月，股东王文京将其持有的公司 5%股权转让给欧阳春生，公司股东因此变更为四位自然人股东。

1999 年 5 月，用友集团公司进行了资产重组。经股东会批准，以截至 1999 年 6 月 30 日经审计的公司 7,500 万元净资产为股权转让的计价依据，通过分别签署《股权转让协议》和《补充协议》，王文京等四位自然人股东分别将其各自持有的公司全部股权转让给五家法人单位，即：王文京向用友科技、用友研究所和上海用友分别转让了 55%、15%和 10%的股权，郭新平向南京用友转让了其持有的 10%股权，吴政平向山东用友转让 5%股权，欧阳春生则将持有的 5%股权转让给上海用友。

2001 年 4 月 23 日，经中国证监会"证监发行字[2001]28 号"文核准，本公司在上海证券交易所以上网定价方式向社会公众发行了 2500 万股人民币普通股(A 股)股票，每股面值 1.00 元，每股发行价 36.68 元，本次发行后，本公司总股本为 10000 万股。

(三)本公司主要经营情况

1.本公司在产品、技术和人才上的优势和劣势。

与国内竞争者相比，本公司拥有十二年的财务及企业管理软件开发与经营经验，综合实力强，竞争优势显著。公司人才队伍强大，截止 2000 年底拥有专职研发人员 262 人。公司建有较为健全的全国销售服务网络。公司管理基础较好，是中国软件行业首家通过 ISO9000 质量体系认证的企业，具备组织管理大型软件产品开发和全国市场销售及服务的能力。公司产品方案先进，产品线较为完整，市场占有率高，其中的财务软件具有中国市场领导品牌地位，通用管理软件也居国产品牌领先地位。

与国外竞争者相比，本公司具有产品本地化和服务本地化的优势。本公司产品是完全结合中国用户实际需要和国际先进的管理思想设计开发的，产品适用性更强，并且，产品价格和实施费用也相对较低。公司的全国销售服务网络建立早、规模大、基础强，也是与国外厂商竞争的重要优势。

本公司作为软件企业，人才对公司发展至关重要，本公司面临人才吸引、保留和发展的风险；本公司与其它软件企业一样，必须适应技术进步、产品更新和市场转型快的行业特点，技术及产品发展对公司的市场竞争力和企业发展具有重要影响，本公司上市后将在更大程度上面临技术及产品风险；过去几年，公司经历了持续的快速成长过程。合并后的主营业务收入由 1998 年的 12,874 万元到 2000 年的 21,289 万元，增长了 65.36%，员工也从 1998 年底的 735 人增加到 2000 年底的 1,098 人。随着公司业务的不断拓展，特别是在上市后，公司需要继续扩大经营规模，公司的组织结构和管理体系将趋于复杂化，存在着公司能否建立起较大规模企业的管理体系、形成完善约束机制并保证企业运营安全有效的风险。上市后本公司对高水平软件人才的需求将大量增加，人力资源的问题将更加突出，而且公司在过往发展过程中曾经出现过技术、营销及少数高级管理人才流失的情况，因此本公司存在人力资源风险。

本公司目前的竞争劣势主要为：高端软件的产品方案和实施体系与国际先进厂商还存在一定差距，在国际化的高端市场无明显竞争优势。

2.主要财务指标。

财务指标	2000 年 12 月 31 日	1999 年 12 月 31 日	1998 年 12 月 31 日
流动比率	1.13	1.12	1.28
速动比率	1.11	1.07	1.27
应收帐款周转率	9.09	11.33	-
存货周转率	7.2	7.85	-
无形资产(土地使用权除外)占净资产比率	0	0	0
资产负债率(按母公司会计报表计算)	47.46%	39.06%	41.68%
每股净资产(元)	1.118	1.034	-
研究及开发费用占主营业务收入比例	13.22%	10.69%	9.31%
净资产收益率	47.76%	45.22%	27.98%
每股收益	0.53	0.47	-
每股经营活动的现金流量	0.635	-	-

发行后净资产收益率 * 为 5.87%，较之 2000 年末的 47.76%下降了 41.89 个百分点。

* 发行后净资产收益率=2001 年预测净利润/发行后净资产

发行后净资产=2000 年 12 月 31 日净资产+本次发行扣除发行费用后的募集资金

本公司按《公开发行证券公司信息披露编报规则第 9 号-净资产收益率和每股收益的计算及披露》计算的 2000 年净资产收益率和每股收益如下：

报告期利润	净资产收益率		每股收益	
	全面摊薄	加权平均	全面摊薄	加权平均
主营业务利润	232.9%	212.3%	2.603	2.603
营业利润	31.4%	28.6%	0.351	0.351
净利润	47.8%	43.5%	0.534	0.534
扣除非经常性损益后的净利润	46.2%	42.1%	0.516	0.516

3.特许经营权和非专利技术。

本公司主导产品和拟投资项目的主要技术包括产品技术、开发技术、管理技术。产品技术和管理技术为自行开发，开发技术在所采用的开发平台和工具的基础上形成。公司拥有下述技术的所有权和/或专属权。

(1)产品技术

大型、中型、小型企业和组织财务管理软件的应用模型及技术设计；大型、中型、小型企业供应链/进销存管理软件的应用模型及技术设计；报表软件的应用模型及技术设计；大中型企业生产制造管理软件的应用模型和技术设计；大中型企业人力资源管理软件的应用模型及技术设计；大中型企业客户关系管理软件的应用模型及技术设计；财务软件、供应链管理软件的应用类库、用友中间件。

本公司的主要产品技术居国内领先水平，部分新产品的技术已达到国际先进水平。

(2)开发技术

网络软件开发技术，包括：FS(文件服务器)、C/S、B/S(WEB-BASE)；开发工具使用技术：CLIPPER、C、C++、VB、VC、JAVA、ASP、EJB；CLIPPER、VB、VC、Java 的应用组件；软件加密技术。

本公司的主要开发技术居国内领先水平。

(3)管理技术

用友软件开发、服务质量保证体系(依据标准：GB/T19001-ISO9001、GB/T19002-ISO9002)。

本公司基础管理技术居国内先进水平。

4.享有的财政税收优惠政策。

本公司享受增值税退税的税收优惠政策。从 1999 年 7 月 1 日起，经北京市海淀区国家税务局批准，北京的母公司及其在北京的分公司销售其自行开发生产的计算机软件产品，可按法定 17%的税率征收增值税后，对实际税负超过 6%的部分实行即征即退。位于北京以外的分、子公司在经有关税务局批准后可从 1999 年 10 月 1 日起实施同一政策。依据财政部、国家税务总局、海关总署于 2000 年 9 月 22 日下发的《关于鼓励软件产业和集成电路产业发展有关税收政策问题的通知》(财税[2000]25 号)，自 2000 年 6 月 24 日起至 2010 年底以前，北京的母公司及其在北京的分公司销售其自行开发生产的计算机软件产品，可按法定 17%的税率征收增值税后，对实际税负超过 3%的部分实行即征即退；所退税款用于研究开发软件产品和扩大再生产，不作为企业所得税应税收入，不予征收企业所得税。

本公司为注册于北京市新技术产业开发试验区的新技术企业，企业所得税减按 15%的税率征收。

四、股票发行与股本结构

(一)本次上市股票的公开发行

1.发行日期：2001 年 4 月 23 日　　2.发行数量：25,000,000 股

3.股票发行价格：36.68 元　　4.募集资金总额：917,000,000 元(含发行费用)

5.发行方式上网定价发行

6.发行费用总额及项目 29,075,600 元，包括承销费用、注册会计师费、律师费用、上网发行手续费、股份登记费用、中国证券监督管理委员会审核费。

7.每股发行费用 1.16 元　　8.中签率 0.37548109%　　9.有效申购户数 608883 户

10.有效申购股数 6658125000 股　　11.持 1000 股以上(含 1000 股)的户数 24402 户

12.发行市盈率　　64.35(全面摊薄)

(二)股票承销情况

本公司于 2001 年 4 月 23 日公开发行的人民币普通股 25,000,000 股由社会公众及合资格的机构投资者全额认购，承销团成员无余额包销。

(三)验资报告　　　　验资报告

北京用友软件股份有限公司全体股东：

我们接受北京用友软件股份有限公司(以下简称"贵公司")的委托,对贵公司截至 2001 年 4 月 28 日的股本变更情况的真实性和合法性进行了审验。在审验过程中,我们按照《独立审计实务公告第 1 号-验资》的要求,实施了必要的审验程序。贵公司的责任是提供真实、合法、完整的验资资料,保护资产的安全、完整。我们的责任是按照《独立审计实务公告第 1 号-验资》的要求,出具真实、合法的验资报告。

贵公司变更前的注册资本和股本均为人民币 75,000,000 元,拟变更申请的注册资本为人民币 100,000,000 元。贵公司本次向社会公开发行的人民币普通股每股面值为 1 元,发行数量为 25,000,000 股,发行价格为每股人民币 36.68 元,募集资金总额为人民币 917,000,000 元,扣除本次发行费用人民币 29,075,600 元,募集资金净额为人民币 887,924,400 元。根据我们的审验,截至 2001 年 4 月 28 日,贵公司已收到上述募集资金净额人民币 887,924,400 元,全部为货币资金,其中股本为人民币 25,000,000 元,资本公积为人民币 862,924,400 元。贵公司变更后的股本总额为人民币 100,000,000 元,资本公积为人民币 863,084,400 元。

安永华明会计师事务所　　中国注册会计师　葛明　中国注册会计师　金馨

中国北京　　二零零一年四月二十八日

(四)募集资金入帐情况:

入帐时间:2001 年 4 月 27 日　　入帐金额:893,616,500.00 元

入帐帐号:066726012320050717　　开户银行:交通银行北京分行海淀支行

(五)本次股票上市前股权结构和股东持股情况

1、本公司本次上市前的股本结构

股份类别	股份数量(股)	占总股本的比例(%)
1、尚未流通股份:		
(1)发起人股份	75,000,000	75.00
其中:国家持有股份	0	0
法人(或自然人)持有股份	75,000,000	75.00
(2)募集法人股	0	0
(3)内部职工股	0	0
2、可流通股份:	0	0
(1)境内上市人民币普通股:	25,000,000	25.00
其中:本次公开发行股份	25,000,000	25.00
(2)境内上市外资股	0	0
(3)境外上市外资股	0	0
3、总股本	100,000,000	100.00

2、本次上市前,本公司前十名股东持股数及比例

序号	股东名称	持股数量(万股)	占总股本的比例(%)
1	北京用友科技有限公司	4,125	41.25
2	北京用友企业管理研究所有限公司	1125	11.25
3	上海用友科技投资管理有限公司	1,125	11.25
4	南京益倍管理咨询有限公司	750	7.5
5	山东优富信息咨询有限公司	375	3.75
6	天元基金	9.3	0.093
7	汉兴基金	5.9	0.059
8	裕阳基金	5.2	0.052
9	普惠基金	5	0.05
10	兴和基金	4.9	0.049

五、董事、监事、高级管理人员及核心技术人员

(一)董事、监事、高级管理人员和核心技术人员简介

董事:

1、王文京,公司董事长,现年 36 岁,大学学历。1983 年大学毕业后分配到国务院机关事务管理局财务管理司工作,其间被评为"新长征突击手"和"先进工作者"。1988 年创建本公司,长期担任公司的董事长兼总经理。在此期间,曾先后被授予"中国优秀民办科技实业家"、"中国优秀民营企业家"、"北京市劳动模范"称号。王先生担任的社会职务有:第九届全国人大代表、中国软件行业协会副理事长、第八届全国工商联执委等。

王先生目前还担任北京用友企业管理研究所有限公司、上海用友科技投资管理有限公司、武汉用友软件有限责任公司、广东用友财务软件有限公司及沈阳用友管理咨询有限公司、深圳市用友科技实业有限公司、天津市用友财务软件技术有限公司董事长;北京用友科技有限公司、南京益倍管理咨询有限公司、山东优富信息咨询有限公司、重庆用友软件有限公司及杭州用友企业管理咨询有限公司执行董事;UFINTERNATIONALHOLDINGS.,LTD.的首任董事;哈尔滨用友软件有限公司、内蒙古用友财务软件有限公司、烟台用友软件有限公司、河南用友软件有限公司、大连用友财务软件有限公司、珠海用友软件有限公司、青岛用友软件有限公司、台州市用友软件有限公司、泉州鲤城用友科技软件有限公司、汕头市用友软件有限公司董事;南通用友软件有限公司、徐州市用友软件有限公司、福州用友软件有限公司、常州新区用友软件有限公司、北京用友软件配套用品有限公司、苏州市用友软件有限公司监事。

2、郭新平,公司董事兼总经理,现年 37 岁,大学学历,高级会计师。在财政部财税体制改革司工作期间参与了我国税制改革工作。1989 年加入本公司,先后主管售后服务、产品开发、市场营销业务,历任公司高级副总裁、市场总监。郭先生曾经和正在担任的社会职务有:中国软件行业协会常务理事,中国软件行业协会财务及企业管理软件分会副理事长、秘书长,中国计算机用户协会理事,中国会计学会中青年会计电算化分会常务理事等。

郭先生目前还担任南京益倍管理咨询有限公司的董事长;北京用友科技有限公司、北京用友企业管理研究所有限公司、上海用友科技投资管理有限公司、南京益倍管理咨询有限公司、山东优富信息咨询有限公司、沈阳用友管理咨询有限公司、海南用友财务软件有限公司、石家庄用友软件有限公司、兰州用友软件有限公司、西安用友财务软件有限责任公司、四川省用友财务软件有限责任公司、长沙用友软件开发有限公司、深圳市用友科技实业有限公司、武汉用友软件有限责任公司、太原用友软件有限公司、北京用友社会保障系统软件有限公司董事;广东用友财务软件有限公司、宁波用友软件有限公司、厦门用友财务软件有限公司、新疆用友软件有限公司、连云港用友软件有限公司、保定市用友软件有限公司监事。

3、吴政平,公司董事兼财务总监,现年 36 岁,大学学历,会计师。毕业后曾任中国建筑材料科学研究院财务处处长助理,期间还担任中国建材会计学会事业分会常务理事、秘书长。1992 年加入本公司,历任公司高级副总裁、行政总监和财务总监。吴先生担任的社会职务有第六届北京市海淀区政协委员。

吴先生目前还担任山东优富信息咨询有限公司、北京联成互动网络技术有限公司董事长;北京易钱网络科技有限公司副董事长;北京用友科技有限公司、天津市用友财务软件技术有限公司、北京用友企业管理研究所有限公司、上海用友科技投资管理有限公司、南京益倍管理咨询有限公司、沈阳用友管理咨询有限公司、江西用友软件有限公司、合肥用友财务软件有限责任公司、深圳市用友科技实业有限公司、广东用友财务软件有限公司、漳州市用友软件有限公司、北京用友社会保障系统软件有限公司董事;重庆用友软件有限公司、武汉用友软件有限责任公司、无锡用友软件有限公司、杭州用友企业管理咨询有限公司、平顶山用友软件有限公司、昆明用友财务软件有限公司监事。

4、邵凯,公司董事兼副总经理,产品研发中心总经理,现年 36 岁,获哈尔滨工业大学计算机理学硕士学位,1991 年加入本公司,曾任公司副总裁、质量总监、信息总监。邵凯先生担任的社会职务有北京软件行业协会常务理事,国家标准化委员会 TC151 技术委员会委员。

邵先生目前还担任北京用友科技有限公司、北京用友企业管理研究所有限公司、南京益倍管理咨询有限公司董事。

5、苏启强,公司独立董事,现年 39 岁,大学学历,公司创始人之一。

苏先生目前还担任北京连邦软件有限公司、北京连邦计算机网络技术有限公司、北京网际广告有限责任公司、沈阳连邦软件有限公司、洋浦联科软件有限公司、北京阳光网达电子商务服务有限公司董事长;北京雅宝拍卖有限公司董事;北京今点万维网络技术有限公司执行董事。

6、杨元庆,公司独立董事,现年 36 岁,1989 年获中国科技大学硕士学位。毕业后加入联想集团,现任联想集团有限公司董事局执行董事兼总裁;LegendKingsoftHoldingsLimited、联想调频科技有限公司、讯达互联信息技术(深圳)有限公司董事长;联想(北京)有限公司总经理。同时还任中华全国青联委员,中国企业家协会理事,中国科技大学教授,享受国家政府特殊津贴,曾获"全国五四青年奖章"。

7、吴晓球,公司独立董事,现年 42 岁,经济学博士,我国知名青年经济学家和金融证券专家。1989 年毕业于中国人民大学研究生院,获经济学博士学位。1995 年被聘为金融专业证券投资方向博士生导师。曾先后获得国家级和省部级奖励 8 次,获国务院特殊津贴。现任中国人民大学财政金融学院副院长、金融与证券研究所所长、金融系教授、博士生导师。

监事:

1、杨祉雄,公司监事会召集人,公司产品研发中心副总经理,现年 35 岁,大学学历。曾在北京外国语学院工作,1992 年加入本公司,具有多年财务与企业管理软件开发经验,主要负责公司的产品规划与总体应用设计工作。

杨先生目前还在北京用友科技有限公司、北京用友企业管理研究所有限公司、上海用友科技投资管理有限公司、南京益倍管理咨询有限公司及山东优富信息咨询有限公司任监事。

2、李友,公司监事,现年 37 岁,工学硕士,并毕业于北京大学光华管理学院工商管理(MBA)硕士班。曾任四通集团技术管理部部长。1996 年加入本公司,是本公司 ISO9001 实施负责人之一。曾任本公司公司总裁助理、总裁办公室主任、人力资源部总监等职。李先生目前还是中国质量体系认证机构国家认可委员会(CNACR)聘用的软件技术专家。

3、乔海,公司监事,现年 30 岁,毕业于中国政法大学,大学学历,曾就职于中联知识产权调查中心,从事过律师工作,1995 年加入本公司,1998 年被国家科委、司法部授予"全国知识产权工作先进个人"称号,现在专业院校深造。

高级管理人员:

1、高少义,公司副总经理,现年 39 岁,计算机软件专业毕业。1976 年至 1982 年在总参某计算机研究所服役,1983 年至 1991 年在北京市农科院工作,从事计算机环境控制工作。1991 年加入本公司,先后担任部门经理、北京分公司总经理。

2、章培林,公司副总经理,现年 37 岁,管理工程硕士。曾就职于瓦房店轴承厂、系统软件联合(中国)有限公司、西门子(中国)有限公司、德勤企业管理咨询有限公司,从事 ERP 软件实施和管理咨询工作。2001 年加入本公司。

3、郭延生,公司副总经理,现年 34 岁,经济学学士学位,会计师。曾就职于北京财政学校。1992 年加入本公司,先后担任部门经理、支持中心总经理等职。

4、章珂,公司副总经理兼董事会秘书,现年 34 岁,管理工程硕士,中国注册会计师协会非执业会员。曾在海军北海舰队司令部任职至中校参谋,并于 1991 年获全军科技进步奖。在公司战略、融资、产业投资与购并等方面有着细致深入的研究和丰富的实践经验。

核心技术人员:

1、彭六三,公司产品研发中心副总工程师,现年 37 岁,获计算机应用硕士学位,工程师职称。曾就职于铁道部通号公司,1991 年加入本公司,历任财务软件开发部总工程师、工业软件开发部经理、企业管理软件开发部经理及供销软件开发部经理等职。

彭先生设计了多个优秀软件产品,其中《集成帐务》软件曾被中国软件行业协会推荐为优秀软件产品;用友战略型财务软件 UFERP-M8.0 被列入国家火炬项目,并被国家五大部委评为国家重点新产品。

2、杨望春,公司产品研发中心助理总经理兼 M 产品本部经理,现年 33 岁,获人文地理学专业硕士学位。曾就职于国家土地管理局地籍司、北京万能软件有限责任公司、美国德勤会计师事务所(北京)、Motorola(中国)电子有限公司,2000 年 11 月加入本公司。

杨先生主持或参与开发了国家土地管理局统计数据库系统,万能公司系列财务软件,美尔雅服饰有限公司财务管理系统,Motorola 客户服务中心客户满意服务系统(CSFC)等软件产品。

股票发行后至上市公告书公告日董事、监事、高级管理人员和核心技术人员未发生变动。

(二)公司董事、监事、高级管理人员和核心技术人员持股情况

截止本报告期,本公司的董事、监事、高级管理人员和核心技术人员不存在直接持有本公司股份的情况。

截止到本上市公告书签署之日,本公司董事、监事及高级管理人员均未持有本公司股票,其配偶或未满十八岁的子女均不持有本公司股份。

本公司的董事、监事、高级管理人员和核心技术人员通过其能够直接或间接控制的公司持有本公司股份的情况如下:

北京用友科技有限公司持有本公司 41.25%的股权,本公司董事王文京持有该公司 73.6%的股权;本公司董事兼总经理郭新平持有该公司 11.5%的股权;本公司董事兼财务总监吴政平持有该公司 8%的股权;本公司董事兼副总经理邵凯持有该公司 2%的股权;本公司监事杨祉雄持有该公司 0.5%的股权。

北京用友企业管理研究所有限公司持有本公司 11.25%的股权,本公司董事王文京持有该公司 73.6%的股权;本公司董事兼总经理郭新平持有该公司 11.5%的股权;本公司董事兼财务总监吴政平持有该公司 8%的股权;本公司董事兼副总经理邵凯持有该公司 2%的股权;本公司监事杨祉雄持有该公司 0.5%的股权。

上海用友科技投资管理有限公司持有本公司 11.25%的股权,本公司董事王文京持有该公司 90%的股权;本公司董事兼总经理郭新平持有该公司 5%的股权;本公司董事兼财务总监吴政平持有该公司 5%的股权。

南京益倍管理咨询有限公司持有本公司 7.5%的股权,本公司董事王文京持有该公司 42.8%的股权;本公司董事兼总经理郭新平持有该公司 26.375%的股权;本公司董事兼财务总监吴政平持有该公司 10.125%的股权;本公司董事兼副总经理邵凯持有该公司 6%的股权;本公司监事杨祉雄持有该公司 1.5%的股权。

山东优富信息咨询有限公司持有本公司 3.75%的股权,本公司董事王文京持有该公司 86%的股权;本公司董事兼财务总监吴政平持有该公司 12.75%的股权;本公司董事兼总经理郭新平持有该公司 1.25%的股权。

(三)认股权设置和行使情况

公司董事会已决定在国家有关法律、法规许可并经有关部门批准的情况下,在公司全体高管人员和骨干员工中推行认股权计划。具体计划目前尚未实施。

六、同业竞争与关联交易

(一)同业竞争情况

本公司实际控制人及其控制的其他法人与本公司之间不存在同业竞争情况,并承诺今后也不从事与本公司相竞争的业务。

本公司律师审查认为,本公司与关联方之间不存在同业竞争。

(二)关联方和关联关系

根据中国证监会证监发[2001]41 号文规定的范围,本公司目前存在的关联方及关联关系如下:

1、本公司前五名股东为公司的关联企业。

2、本公司原股东王文京、郭新平和吴政平另外共同出资设立了沈阳用友软件有限公司(已更名为:沈阳用友管理咨询有限公司,下称"沈阳用友")和杭州用友软件有限公司(已更名为:杭州用友

企业管理咨询有限公司,下称"杭州用友")。因此,沈阳用友和杭州用友为公司的关联企业。沈阳用友注册资本为人民币100万元,王文京、郭新平和吴政平分别持有80%、10%和10%的股权,其经营范围包括:技术咨询、企业管理咨询、市场信息咨询、财务咨询。杭州用友注册资本为人民币50万元,王文京、郭新平和吴政平分别持有85%、10%和5%的股权,其经营范围包括:服务、企业管理咨询、计算机技术及其信息咨询。

3、按照有关规定,本公司的董事、高级管理人员在其中任主要职务的企业亦属于本公司的关联企业。

(1)本公司的董事王文京兼职的企业主要包括哈尔滨用友财务软件有限公司、内蒙古用友财务软件有限公司、大连用友财务软件有限公司、珠海用友软件有限公司、青岛用友软件有限公司、UFINTERNATIONALHOLDINGS.,LTD.任董事;在南通用友软件有限公司、徐州市用友软件有限公司、福州用友软件有限公司、苏州市用友软件有限公司监事。因此,前述本公司持股比例低于20%的参股企业均为本公司的关联企业。

(2)本公司的董事郭新平兼职的企业主要包括海南用友财务软件有限公司、兰州用友软件有限公司、西安用友财务软件有限责任公司、四川省用友财务软件有限责任公司、长沙用友软件开发有限公司任董事;在厦门用友财务软件有限公司、乌鲁木齐用友财务软件有限公司、连云港用友软件有限公司、保定市用友软件有限公司任监事。因此,前述本公司持股比例低于20%的参股企业均为本公司的关联企业。

(3)本公司的董事吴政平兼职的企业主要包括江西用友软件有限公司、合肥用友财务软件有限责任公司任董事;在北京联成互动网络技术有限公司任董事长;在无锡用友软件有限公司、昆明用友财务软件有限公司任监事。因此,前述本公司持股比例低于20%的参股企业均为本公司的关联企业。此外,本公司的董事吴政平在本公司的控股股东用友科技的参股公司(用友科技持有40%的股权)北京易钱网络科技有限公司担任副董事长,因此,北京易钱网络科技有限公司也为本公司的关联企业。

(4)本公司的独立董事苏启强兼职的企业主要包括北京连邦软件有限公司、北京连邦计算机网络技术有限公司、北京网际广告有限责任公司、沈阳连邦软件有限公司、洋浦联科软件有限公司、北京阳光网达电子商务服务有限公司任董事长;在北京雅宝拍卖有限公司任董事;在北京今点万维网络技术有限公司任执行董事。因此,前述企业均为本公司的关联企业。

(5)本公司的独立董事杨元庆兼职的企业主要包括LegendKingsoftHold-ingsLimited、联想调频科技有限公司、讯达互联信息技术(深圳)有限公司中任董事长;LegendHoldingsLimited(联想集团有限公司)中任执行董事、总裁职务;在联想(北京)有限公司任总经理职务。因此,前述企业均为本公司的关联企业。

(6)本公司的独立董事吴晓球兼职的企业主要包括北京金仁达投资管理有限公司中任董事长职务;在兴业证券股份有限公司、湖南证券有限责任公司、凤凰光学股份有限公司任独立董事职务。因此,前述企业均为本公司的关联企业。

4、关联企业还包括本公司直接或间接持有20%以上股份的企业,包括武汉用友软件有限责任公司、深圳用友科技实业有限公司等18家企业。

(三)重大关联交易

到目前为止,本公司未发生中国证监会证监发[2001]41号文第100条规定的需予披露的关联交易。但是,为体现严格披露的原则,现补充披露本公司与本公司的关联方之间主要的关联交易,主要包括股权转让、资产及业务转让、商誉、商标许可;"用友"字号授权使用;软件营销服务;房屋租赁;物业出售等,以及由于高级管理人员借款产生的债权债务关系。具体情况如下:

1、股权转让

1999年5月,有限公司进行了资产重组。经股东会批准,以截至1999年6月30日经审计的公司7,500万元净资产为股权转让的计价依据,通过分别签署《股权转让协议》和《补充协议》,王文京等四位自然人股东分别将其各自持有的公司全部股权转让给五家法人单位,即:王文京向用友科技、用友研究所和上海用友分别转让了55%、15%和10%的股权,郭新平向南京用友转让了其持有的10%股权,吴政平向山东用友转让5%股权,欧阳春生则将持有的5%股权转让给上海用友。

2、资产及业务转让

为避免同业竞争、减少关联交易,有限公司分别与山东用友、南京用友、上海用友、沈阳用友和杭州用友于1999年8月1日订立了《资产与业务转让协议》,五家企业将其所有资产(除存货中的用友软件产品)、负债与业务转让给了有限公司,转让基准日为1999年6月30日,转让价格为五家企业相关资产、负债于1999年6月30日止的帐面净值,总计人民币224.55万元。

3、商誉、商标许可和用友字号的授权使用

本公司与其1家全资子公司、5家控股子公司和37家参股公司均订有《"用友"商誉使用许可协议》和/或《商标使用许可合同》,和/或本公司单方向其控股或参股公司出具了《授权使用"用友"字号的决定》,主要内容是许可该关联公司在企业名称中无偿使用"用友"作为字号,许可其在一定的期限和限定地域范围内无偿使用本公司拥有的部分文字、图形商品商标和/或服务商标。

4、软件营销服务

本公司与其1家全资子公司、5家控股子公司和37家参股公司均订有《用友财务及企业管理软件营销服务协议》,主要内容是授权该关联公司在一定的地域范围内作为本公司软件产品的销售服务经营单位。

5、房屋租赁

本公司的股东用友科技和用友研究所租用本公司的房屋作为其住所,本公司的济南分公司租用本公司股东山东优富的房屋作为其营业场所。1999年12月6日用友科技与本公司订立了《房屋租赁合同》,租金标准为每平方米人民币800元/年,用友科技租用本公司80平方米(建筑面积)的房屋,用友科技将每年向本公司支付租金人民币6.4万元;1999年12月6日用友研究所与本公司订立了《房屋租赁合同》,用友研究所租用本公司100平方米(建筑面积)的房屋,用友研究所将每年向本公司支付租金人民币8万元;2000年1月18日山东用友与本公司的济南分公司订立了《房屋(场地)租赁合同》,本公司的济南分公司租用山东用友273平方米(使用面积)的4间房屋,月租金为1.25万元,租期截至2001年7月31日。

另外,2000年1月6日本公司的杭州分公司与本公司的关联企业杭州用友订立了《房屋租赁合同》,杭州用友租用本公司杭州分公司拥有的65平方米(建筑面积)的房屋,租金标准为每平方米人民币1,000元/年,租期截至2008年7月14日;2000年10月10日本公司的沈阳分公司与本公司的关联企业沈阳用友订立了《房屋租赁合同》,本公司沈阳分公司租用沈阳用友拥有的120平方米(建筑面积)的房屋,租金标准为每平方米人民币600元/年,租期截至2001年1月10日,该合同尚在履行之中。

6、物业出售

1996年11月22日有限公司与北京市通达房地产开发建设总公司(下称"通达公司")签订了《认购合同》,1997年1月17日与通达公司签订了《商品房购销合同》,并于1997年6月20日双方订立了《补充协议》(前述合同、协议统称"购房合同")。依据"购房合同",有限公司向通达公司购买了位于北京市海淀区安宁里住宅小区建筑面积为2,591.73平方米的商品房,总值为人民币868.23万元,其中有价值人民币431.94万元的房产是为职工购置的。有限公司足额支付了购房款。

由于通达公司交付的房屋长期未能取得房屋所有权证。鉴于此种情况,为避免公司上市后使广大中小股东的利益受到损失,本公司的五家股东和本公司经协商,本公司同意将"购房合同"项下本公司的一切权利和义务全部转让给用友科技。作为受让"购房合同"项下本公司一切权利和义务的对价,用友科技同意向本公司支付人民币399.85万元即截至2000年6月30日该房产的帐面净值。本公司、用友科技与通达公司就"购房合同"中的购房主体由本公司变更为用友科技公司的事项,于2000年6月30日订立了《合同转让协议书》。依据该协议,用友科技将承继"购房合同"中本公司的权利和义务,成为上述商品房的购房人。同时,本公司的五家股东和本公司,为明确各自在前述购房主体变更事项中的权利、义务及彼此间债权债务的冲抵,于2000年6月30日订立了《利润分配及相关财务处理的协议书》、《资产置换协议书》和《合同转让协议书》。

7、董事、监事和高级管理人欠款

1999年公司董事邵凯向有限公司借款人民币70.71万元用于购买住房,2000年6月30日公司与邵凯订立《还款协议》,协议规定,自2000年7月1日起至2002年6月30日邵凯应分期偿清该借款。

1999年公司监事李友向公司借款人民币40万元用于购买住房,2000年6月30日公司与李友订立《还款协议》,协议规定,自2000年7月1日起至2002年6月30日李友应分期偿清该借款。

1999年公司副经理朱洪波向公司借款人民币40万元用于购买住房,2000年6月30日公司与朱洪波订立《还款协议》,协议规定,自2000年7月1日起至2002年6月30日朱洪波应分期偿清该借款。朱洪波现已辞去其担任的公司副经理职务,并获得了公司董事会的批准,前述交易已不再是关联交易。另外,2001年3月9日公司与朱洪波就《还款协议》达成了补充协议,根据该协议朱洪波将于2001年6月30日前还清前述欠款。

七、财务会计资料

公司聘请的审计机构安永华明会计师事务所对本公司2000年12月31日以前的三年的会计期间报表进行了审计,并出具了标准无保留意见的审计报告。

本公司截止2000年12月31日的财务会计资料,已于2001年4月19日分别在《中国证券报》、《上海证券报》上刊登的《招股说明书概要》中进行了详细披露,因尚未超出招股说明书有效期限,故相同的内容在此不再重复。欲了解本公司经审计的财务报表及主要财务指标的详细内容,敬请投资者查阅上述报纸或在公告的《招股说明书》查阅地查阅。

(一)财务报表简要合并利润表

	2000年度	1999年度	1998年度
	人民币元	人民币元	人民币元
一、主营业务收入	212,885,320	185,143,567	128,739,615
二、主营业务利润	195,238,546	167,401,804	114,321,474
三、营业利润	26,328,363	42,262,783	26,348,604
四、利润总额	46,876,996	43,370,540	26,339,620
五、净利润	40,042,866	35,065,566	21,915,806

简要合并资产负债表

	2000年12月31日	1999年12月31日	1998年12月31日
	人民币元	人民币元	人民币元
流动资产合计	88,681,799	57,862,739	72,624,903
长期投资	15,462,313	7,861,239	3,973,437
固定资产合计	55,227,158	60,980,830	55,820,340
无形资产及其他资产合计	3,127,814	2,977,304	2,633,145
资产总计	162,499,084	129,682,112	135,051,825
流动负债合计	78,268,091	51,825,687	56,610,186
负债合计	78,268,091	51,825,687	56,610,186
少数股东权益	386,528	304,826	115,737
股东/所有者权益合计	83,844,465	77,551,599	78,325,902
负债及股东/所有者权益总计	162,499,084	129,682,112	135,051,825
现金及现金等价物净增加额	17,245,155		

(二)主要项目附注

1、流动资产

流动资产主要包括货币资金、应收帐款、其他应收款和待摊费用,具体情况如下:

1998、1999和2000年末,本公司的货币资金分别为2,564.28万元、2,732.94万元和4,457.46万元;分别占当年末流动资产的35.31%、47.23%和50.26%。

本公司1998、1999和2000年末的应收帐款分别为1,435.75万元、1,832.48万元和2,851.31万元。应收帐款余额逐年增幅较大,主要是由于本公司业务规模扩大、软件产品销售收入增长较快所致。2000年12月31日,帐龄在一年以内的应收帐款余额为2,607.71万元,占应收帐款总额的比例为91%。2000年12月31日,本公司的应收帐款余额中,并无持本公司5%或以上股份的主要股东欠款。

本公司1998、1999和2000年末的其他应收款为3,117.08万元、793.82万元和1,014.36万元。其他应收款余额主要为为外单位的代垫贷款和为员工代垫的购房款及预付差旅费等。2000年12月31日,本公司的其他应收款余额中并无持本公司5%或以上股份的主要股东欠款。

本公司1998、1999和2000年末的坏帐准备为7.18万元、86.96万元和167.40万元。上述三年末的应收款项净额为4,545.65万元、2,539.34万元和3,698.27万元。

2000年12月31日,本公司的待摊费用为480.37万元,主要为公司出于发行股票上市的需要而聘请专业咨询服务机构为本公司提供相关专业咨询服务所发生的专业咨询费409.2万元。待公司发行股票上市后,再与股本溢价相冲抵。

2、长期投资

截至2000年12月31日本公司的母公司会计报表中,长期投资为长期股权投资,初始投资额为2,048.9万元,期末投资额为1,758.46万元,期末投资额占净资产的比例为20.97%,具体情况如下:

		2000年12月31日 人民币元
股权投资		
按成本法核算的股权投资	1	9,734,000
按权益法核算的股权投资		
-占子公司之权益	2	6,064,287
-占联营企业之权益	3	1,786,312
		17,584,599

(1)按成本法核算的股权投资

被投资企业名称	投资期限	注册资本(人民币元)	所占权益	实际投入金额 2000年12月31日(人民币元)
常州新区用友软件有限公司	10年	500,000	20%	100,000
西安用友财务软件有限责任公司	10年	500,000	18%	90,000
四川省用友财务软件有限责任公司	10年	1,000,000	18%	180,000
长沙用友软件开发有限公司	30年	500,000	18%	90,000
新疆用友软件有限公司	10年	3,000,000	18%	540,000
昆明用友财务软件有限公司	10年	500,000	18%	90,000
海南用友财务软件有限公司	10年	1,000,000	18%	180,000
无锡用友软件有限公司	4年	500,000	18%	90,000
厦门用友财务软件有限公司	10年	500,000	18%	90,000
哈尔滨用友软件有限公司	4年	500,000	18%	90,000
苏州市用友软件有限公司	30年	500,000	18%	90,000
内蒙古用友财务软件有限公司	4年	300,000	18%	54,000
北京汉普管理咨询有限公司	10年	500,000	20%	700,000
[注1]大连用友财务软件有限公司	10年	500,000	18%	90,000
南通用友软件有限公司	3年	500,000	18%	90,000
徐州市用友软件有限公司	10年	500,000	18%	90,000
珠海用友软件有限公司	3年	800,000	18%	144,000
兰州用友软件有限公司	3年	500,000	18%	90,000
青岛用友软件有限公司	3年	500,000	18%	90,000
福州用友软件有限公司	3年	500,000	18%	90,000
合肥用友财务软件有限责任公司	3年	1,200,000	18%	216,000

烟台用友软件有限公司	3 年	300,000	20%	60,000	
江西用友软件有限公司	3 年	500,000	18%	90,000	
宁波用友软件有限公司	10 年	500,000	20%	100,000	
河南用友软件有限公司	10 年	1,000,000	20%	200,000	
平顶山用友软件有限公司	10 年	500,000	20%	100,000	
石家庄用友软件有限公司	10 年	500,000	20%	100,000	
泉州鲤城用友科技软件有限公司	3 年	500,000	20%	100,000	
汕头市用友软件有限公司	10 年	300,000	20%	60,000	
台州市用友软件有限公司	3 年	500,000	20%	100,000	
连云港用友软件有限公司	3 年	500,000	18%	90,000	
漳州市用友软件有限公司	1 年	500,000	18%	90,000	
太原用友软件有限公司	3 年	500,000	18%	90,000	
保定市用友软件有限公司	3 年	500,000	18%	90,000	
佛山市用友软件有限公司	3 年	500,000	18%	90,000	
东莞市用友软件有限公司	3 年	500,000	18%	90,000	
北京联成互动网络技术有限公司	30 年	300,000	10%	5,000,000	[注 2]
				9,734,000	

6、股东权益

2000 年 12 月 31 日,本公司的股本为 7,500 万股,每股面值人民币 1.00 元的普通股,合计人民币 7,500 万元。本公司 1998 年、1999 年和 2000 年末的股东/所有者权益分别为 7,832.59 万元、7,755.16 万元和 8,384.45 万元,其中,1999 年和 2000 年末的股本和资本公积分别为 7,500 万元和 16 万元。本公司 1998 年、1999 年和 2000 年末的盈余公积分别为 1,283.24 万元、239.16 万元和 839.80 万元,未分配利润分别为 1,549.35 万元、0 元和 28.64 万元。

8、主营业务

本公司的主营业务收入和利润主要来源于公司自主知识产权软件产品的销售。1998、1999 和 2000 年度,本公司的主营业务收入分别为 12,873.96 万元、18,514.36 万元和 21,288.53 万元;年增长率分别为 43.81%和 14.98%。

本公司的主营业务收入包括软件销售收入、软件配套用品销售收入和技术服务及培训收入。1998、1999 和 2000 年度,软件销售收入分别为 12,460.57 万元、17,498.52 万元和 19,345.84 万元,占主营业务收入比重分别为 96.79%、94.51%和 90.88%;软件配套用品销售收入分别为 241.62 万元、443.72 万元和 653.59 万元,分别占主营业务收入的 1.88%、2.40%和 3.07%;技术服务及培训收入分别为 171.77 万元、572.12 万元和 1,289.10 万元,分别占主营业务收入的 1.33%、3.09%和 6.05%。

本公司的主营业务成本主要为软件销售成本、软件配套用品销售成本和技术服务及培训成本。其中,软件销售成本主要为制作软件产品的材料成本,如盘片、包装材料等。依照本公司会计政策,软件产品的研究及开发费用于发生时确认为当期费用,记入管理费用中。故此,相对于本公司软件产品销售收入,本公司软件产品销售成本所占比例较低,这使得本公司的主营业务利润率较高。1998、1999 和 2000 年度,本公司主营业务利润率分别为 89%、90%和 92%。

9、税项

本公司享受增值税退税的税收优惠政策。从 1999 年 7 月 1 日起,经北京市海淀区国家税务局批准,北京的母公司及其在北京的分公司销售其自行开发生产的计算机软件产品,可按法定 17%的税率征收增值税后,对实际税负超过 6%的部分实行即征即退。位于北京以外的分、子公司在经有关税务局批准后可从 1999 年 10 月 1 日起实施同一政策。依据财政部、国家税务总局、海关总署于 2000 年 9 月 22 日下发的《关于鼓励软件产业和集成电路产业发展有关税收政策问题的通知》(财税[2000]25 号),自 2000 年 6 月 24 日起至 2010 年底以前,北京的母公司及其在北京的分公司销售其自行开发生产的计算机软件产品,可按法定 17%的税率征收增值税后,对实际税负超过 3%的部分实行即征即退;所退税款用于研究开发软件产品和扩大再生产,不作为企业所得税应税收入,不予征收企业所得税。

本公司对即征即退的增值税,当实际收到退还的增值税时,记入补贴收入。1999 和 2000 年度,本公司的补贴收入分别为 118.13 万元和 2,030.18 万元。

本公司为设于北京市新技术产业开发试验区的新技术企业,企业所得税减按 15%的税率征收。

(三)主要财务指标

财务指标	2000 年 12 月 31 日	1999 年 12 月 31 日	1998 年 12 月 31 日
流动比率	1.13	1.12	1.28
速动比率	1.11	1.07	1.27
应收帐款周转率	9.09	11.33	-
存货周转率	7.2	7.85	-
无形资产(土地使用权除外)占净资产比率	0	0	0
资产负债率(按母公司会计报表计算)	47.46%	39.06%	41.68%
每股净资产(元)	1.118	1.034	-
研究及开发费用占主营业务收入比例	13.22%	10.69%	9.31%
净资产收益率	47.76%	45.22%	27.98%
每股收益	0.53	0.47	-
每股经营活动的现金流量	0.635	-	-

发行后净资产收益率 * 为 5.87%,较之 2000 年末的 47.76%下降了 41.89%。

本公司按《公开发行证券公司信息披露编报规则第 9 号-净资产收益率和每股收益的计算及披露》计算的 2000 年净资产收益率和每股收益如下:

报告期利润	净资产收益率		每股收益	
	全面摊薄	加权平均	全面摊薄	加权平均
主营业务利润	232.9%	212.3%	2.603	2.603
营业利润	31.4%	28.6%	0.351	0.351
净利润	47.8%	43.5%	0.534	0.534
扣除非经常性损益后的净利润	46.2%	42.1%	0.516	0.516

八、其他重要事项

(一)经公司股东会决议,2000 年 12 月 31 日公司未分配利润和 2001 年 1 月 1 日以后产生的利润由新老股东共享。

(二)本次股票发行后,本公司将在 2002 年 6 月 30 日前进行上市后的第一次利润分配。

(三)本公司发行前后每股净资产分别是 1.118 元和 9.71 元。

(四)1996 年本公司(原名:北京用友软件(集团)有限公司)自北京市通达房地产开发建设总公司(以下简称通达公司)购买安宁里住宅小区商品房,本公司已向通达公司付清购房款。1997 年 10 月 31 日,通达公司将本公司所购房屋交付本公司,本公司将部分房屋出售给本公司职工(详见六、同业竞争与关联交易)。

由于通达公司交付的房屋长期未能取得房屋所有权证,公司同意已签订购房合同向公司购买商品房的职工终止购房合同,退还其购买的房屋。本公司承诺于 2001 年 6 月 30 日之前退还职工已支付的购房款,涉及金额 2,862,029 元

(五)本公司经有关部门批准,正在办理于英属维尔京群岛(BritishVir-ginIslands)注册成立全资子公司 UFINTERNATIONALHOLDINGS.,LTD.(以下简称"UF 公司")的有关事宜,投资额拟为 98 万美元。UF 公司拟在美国设立分公司作为用友海外研发中心。截止本公告刊载之日,UF 公司已领取注册证书,王文京先生任该公司首任董事。其他事宜正在办理之中。

(六)根据《上海证券交易所股票上市规则》公司第一大股东北京用友科技有限公司已向上海证券交易所承诺,自本公司股票上市之日起 12 个月内,第一大股东不转让其持有的本公司股份,也不由上市公司回购其持有的股份。

(七)除招股说明书概要及和本公告书已披露事项外,本公司无其他应披露而未披露的重大事项。

九、董事会上市承诺

本公司董事会将严格遵守《中华人民共和国公司法》、《中华人民共和国证券法》、《股票发行与交易管理暂行条例》、《公开发行股票公司信息披露实施细则》和《上海证券交易所股票上市规则》等国家有关法律、法规的规定,承诺自本公司股票上市之日起作到:

(一)承诺真实、准确、完整、公允和及时地公布定期报告,披露所有对投资者有重大影响的信息,并接受中国证监会、上海证券交易所的监督管理;

(二)承诺本公司在知悉可能对股票价格产生误导性影响的任何公共传播媒介中出现的消息后,将及时予以公开澄清;

(三)本公司董事、监事、高级管理人员及核心技术人员将认真听取社会公众的意见和批评,不利用已获得的内幕消息和其他不正当手段直接或间接从事本公司股票的买卖活动;

(四)本公司没有无记录的负债。

十、上市推荐人及其意见

(一)推荐人有关情况

上市推荐人　国泰君安证券股份有限公司　法定代表人:金建栋

法定地址:上海市浦东新区商城路 618 号

办公地址:北京市海淀区马甸冠城园冠海大厦 14 层

电话:010-82001472　传真:010-82001523　82001524　联系人:张斌

上市推荐人:东方证券有限责任公司　法定代表人:朱福涛

法定地址:上海市浦东新区东方路 1025 号

电话:021-62568800　传真:021-62569331　联系人:汪洋　薛苑

(二)推荐人的推荐意见

本公司约请的上市推荐人国泰君安证券股份有限公司、东方证券有限责任公司认为本公司股票符合上市条件,已向上海证券交易所出具正式的《股票上市推荐书》。

国泰君安证券股份有限公司、东方证券有限责任公司

关于北京用友软件股份有限公司股票上市推荐意见

上海证券交易所:

经中国证券监督管理委员会证监发行字[2001]28 号文核准,北京用友软件股份有限公司(以下简称用友股份)2500 万股社会公众股已于 2001 年 4 月 23 日在贵所上网定价发行成功。北京用友软件股份有限公司于 2001 年 4 月 28 日办理了验资手续,并于 2001 年 5 月 8 日在北京市工商行政管理局变更了注册登记,目前北京用友软件股份有限公司发起人股和社会公众股的股权登记、托管等工作也已完成。国泰君安证券股份有限公司、东方证券有限责任公司已受约成为其上市推荐人。

国泰君安证券股份有限公司、东方证券有限责任公司认为北京用友软件股份有限公司的上市完全符合《中华人民共和国公司法》、《中华人民共和国证券法》及《上海证券交易所股票上市规则》的有关规定。作为北京用友软件股份有限公司的上市推荐人,国泰君安证券股份有限公司、东方证券有限责任公司(以下简称上市推荐人)特推荐其股票在贵所上市交易。现将上市的有关情况报告如下:

一、用友股份概况

详见本上市公告书第三节公司概况。

二、申请上市股票的发行情况

(一)发行情况

详见本上市公告书第四节股票发行与股本结构。

(二)发行前后股本结构

发行前,股本为 7,500 万股,均为法人股。本次发行 2,500 万股,占发行后总股本的 25%。用友股份的股本结构如下表所示:

股东名称	发行前 股数 (万股)	比例 (%)	发行后 股数 (万股)	比例 (%)
北京用友科技有限公司	4,125	55	4,125	41.25
北京用友企业管理研究所有限公司	1125	15	1,125	11.25
上海用友科技投资管理有限公司	1,125	15	1,125	11.25
南京益倍管理咨询有限公司	750	10	750	7.5
山东优富信息咨询有限公司	375	537	5	3.75
社会公众股	0	0	2,500	25
合计	7,500	100	10,000	100

三、上市推荐人和用友股份的关联关系

国泰君安证券股份有限公司、东方证券有限责任公司受约成为北京用友软件股份有限公司本次公开发行股票上市推荐人,除此之外,国泰君安证券股份有限公司、东方证券有限责任公司与用友股份不存在关联关系。

四、公司章程符合有关法律、法规和中国证监会规定,符合上市条件

根据调查,我们认为,该公司章程符合《中华人民共和国公司法》、《中国人民共和国证券法》、《上市公司章程指引》、《上海证券交易所股票上市规则》(2000 年修订本)等有关法律、法规和中国证监会的规定。

用友股份本次发行股票符合《中华人民共和国公司法》、《中华人民共和国证券法》、《股票发行与管理暂行条例》和《上海证券交易所股票上市规则》(2000 年修订本)等法律、法规的有关规定,已具备了上市条件。

五、上市推荐人认为用友股份需要说明的重要事项和存在的问题

除本次公开发行、上市的《招股说明书》和《上市公告书》所载事项之外,上市推荐人认为用友股份不存在其他需要说明的重要事项和存在的问题。

六、上市推荐人需要说明的其他内容

上市推荐人保证用友股份的董事了解法律、法规、上海证券交易所上市规则及股票上市协议规定的董事的义务与责任,并协助用友股份健全了法人治理结构、协助用友股份制定了严格的信息披露制度与保密制度。本公司已对上市文件所载的资料进行了核实,确保上市文件真实、准确、完整,符合规定要求。本公司保证用友股份的上市申请材料、上市公告书没有虚假、严重误导性陈述或者重大遗漏,并保证对其承担连带责任,并保证不利用在上市过程中获得的内幕信息进行内幕交易,为自己或他人牟取利益。

鉴于上述内容,作为上海证券交易所会员,上市推荐人特推荐北京用友软件股份有限公司本次公开发行的 2500 万股人民币普通股股票在贵所上市交易,请予批准。

国泰君安证券股份有限公司

东方证券有限责任公司

二〇〇一年五月十日

北京用友软件股份有限公司

二〇〇一年五月十二日

广东榕泰实业股份有限公司

广东榕泰实业股份有限公司上市公告书

第一节 重要声明与提示

本公司董事会保证上市公告书的真实性、准确性、完整性，全体董事承诺上市公告书不存在虚假记载、误导性陈述或重大遗漏，并承担个别和连带的法律责任。

根据《中华人民共和国公司法》、《中华人民共和国证券法》（以下分别简称《公司法》、《证券法》）等有关法律、法规的规定，本公司董事、高级管理人员已依法履行诚信和勤勉尽责的义务和责任。

上海证券交易所、中国证监会、其他政府机关对本公司股票上市及有关事项的意见，均不表明对本公司的任何保证。

本公司提醒广大投资者注意，凡本上市公告书未涉及的有关内容，请投资者查阅 2001 年 5 月 23 日刊登于《中国证券报》、《上海证券报》和《证券时报》上的本公司招股说明书摘要及刊载于上海证券交易所网站(www.sse.com.cn)的本公司招股说明书全文。

本上市公告书刊载网址：http//www.sse.com.cn

第二节 概 览

股票简称：广东榕泰

股票代码：600589

总股本：16000 万股

可流通股本：4000 万股

本次上市流通股本：4000 万股

本公司公开发行股票前股东所持股份的流通限制及期限：根据国家现有法律、法规规定和中国证监会证监发行字[2001]33 号《关于核准广东榕泰实业股份有限公司公开发行股票的通知》，本公司的法人股暂不上市流通。

本公司公开发行股票前最大股东——广东榕泰高级瓷具有限公司承诺：自本公司股票上市之日起 12 个月内，不转让所持有本公司的股份，也不由本公司回购该部分股份。

上市地点：上海证券交易所

上市时间：2001 年 6 月 12 日

股票登记机构：上海证券中央登记结算公司

上市推荐人：广东证券股份有限公司

国泰君安证券股份有限公司

第三节 绪 言

本上市公告书是依据《公司法》、《证券法》、《股票发行与交易管理暂行条例》、《公开发行股票公司信息披露实施细则》、《上海证券交易所股票上市规则》和《公开发行股票公司信息披露的内容与格式准则第七号< 上市公告书的内容与格式>》等国家现行有关证券管理法律、法规的规定而编制，为本公司股票公开上市之目的向社会公众披露公司基本情况和相关资料。

本公司经中国证券监督管理委员会证监发行字[2001]33 号文核准，已成功向社会公开发行每股面值为 1 元之人民币普通股 4000 万股，每股发行价格为 9.90 元。

经上海证券交易所上证上字[2001]81 号《上市通知书》同意，本公司公开发行的 4000 万股社会公众股将于 2001 年 6 月 12 日在上海证券交易所挂牌交易，股票简称为"广东榕泰"，股票代码为 600589。

本公司于 2001 年 5 月 23 日分别在《中国证券报》、《上海证券报》和《证券时报》上刊登了《招股说明书摘要》，距今不足三个月，故与之重复内容在此不再重述，敬请投资者查询本公司《招股说明书摘要》。

第四节 公司概况

1.基本情况

公司名称：广东榕泰实业股份有限公司

英文名称：GUANGDONG RONGTAI INDUSTRY CO.,LTD

注册资本：16000 万元

法定代表人：杨启昭

住 所：广东省揭阳市榕城区新兴东二路 1 号

经营范围：生产、销售氨基塑料及制品；氨基复合材料及制品；经营本企业自产产品及技术的出口业务，本企业所需的原辅材料、仪器仪表、机械设备、零配件及技术的进口业务，进料加工和"三来一补"业务。

主营业务：生产销售 ML 复合新材料等化工材料及其制品。

所属行业：合成材料制造业

联系电话：(0663)8676616、8686120

传 真：(0663)8676899

电子信箱：rongtai@rongtai.com.cn

互联网网址：Http:www.rongtai.com.cn

董事会秘书：林岳金

2.历史沿革

本公司是 1997 年 12 月经广东省人民政府办公厅粤办函 [1997]683 号文和广东省体改委粤体改[1997]133 号文批准，由广东榕泰高级瓷具有限公司和揭阳市兴盛化工原料有限公司作为主要发起人，联合广东榕泰制药有限公司、揭阳市鸿凯贸易发展公司、揭阳市益科电子器材公司共同发起设立，于 1997 年 12 月 25 日注册登记成立的股份有限公司，公司总股本 12000 万股。

其中：广东榕泰高级瓷具有限公司以经评估确认的经营性资产 60,145,090 元中的 6000 万元折成 6000 万股，占股份总额的 50．0%；揭阳市兴盛化工原料有限公司以经评估确认的经营性资产 44,583,760 元中的 4450 万元折成 4450 万股，占股份总额的 37.1%，两位主要发起人认购股本的溢价部分 228,850 元进入股份公司资本公积金；广东榕泰制药有限公司、揭阳市鸿凯贸易发展公司、揭阳市益科电子器材公司等三家法人分别以现金 1000 万元、300 万元和 250 万元认购 1000 万股、300 万股和 250 万股，占股份总额的 8.3%、2.5%和 2.1%。

经中国证券监督管理委员会证监发行字[2001]33 号文批准，本公司于 2001 年 5 月 28 日成功地公开发行了人民币普通股 4000 万股，每股发行价格为 9.90 元。本次发行成功后，本公司已于 2001 年 6 月 1 日在广东省工商行政管理局办理了工商变更登记手续，注册资本变更为 16000 万元。

3.主要经营情况

1）经营概况

本公司主要从事 ML 复合新材料及其制品的生产和销售。公司成立后，即把高分子新材料的开发作为企业发展的主攻方向，在承接股东揭阳市兴盛化工原料有限公司投入的资产和转让的技术基础上，通过建立完善的技术开发机构，建设高素质的科研队伍，营造良好的技术创新环境，加大科研开发投入，成功开发出比原有产品质量更高、性能更优越的新一代树脂基功能复合材料——ML 复合新材料，并通过建立完善的质量保证体系，使产品迅速形成产业化，发挥规模效益，现已形成年产 ML 复合新材料 2.3 万吨的实际生产能力，是国内规模最大、技术含量较高的生产企业。2000 年，ML 复合新材料被科技部、国家税务总局、对外贸易经济合作部、国家质量技术监督局和国家环保总局评定为国家重点新产品；本次募集资金拟投资项目年产 6 万吨 ML 复合新材料项目已被国家科技部列为 2000 年国家级重点火炬计划项目；1999 年，通过科学院和国家科技部组织的高新技术企业认定——"双高认证"。

2）主要财务指标

项 目	2000 年度	1999 年度	1998 年度
资产总额(元)	269,563,223.43	234,482,670.01	221,282,715.29
股东权益(元)	150,244,844.45	135,820,892.60	153,171,103.72
资产负债率(%)	44.26	42.08	30.78
主营业务收入(元)	230,193,143.72	210,664,104.15	191,500,280.47
净利润(元)	26,423,951.85	36,649,788.88	32,942,253.72
净资产收益率(%)	17.59	26.98	21.51
每股收益(元)	0.22	0.31	0.27
每股净资产(元)	1.25	1.13	1.28

3）主要产品及近三年销售额 单位：万元

产 品 年 度	2000 年度	1999 年度	1998 年度
ML 复合新材料	15,660	14,944	13,808
ML 复合新材料制品	7,359	6,122	5,442

4）产品市场情况

ML 复合新材料是在密胺塑料的基础上，根据市场需求，通过加大科研投入，采用新的材料和助剂开发创新的新一代功能复合材料，该材料为传统密胺塑料的升级换代产品，产品连续三年产销率达 98%以上。据中国寰球化学工程公司调查统计，在国内市场，共有年用量 1000 吨以上的密胺制品生产厂家 50 多家，年用量 500 吨以上厂家 120 多家，国内每年密胺塑料总需求量约 14 万吨以上，并有继续增加的趋势，市场缺口较大。在国外市场，泰国是密胺制品生产较早的国家，年用密胺塑料量在 10 万吨以上，越南近年密胺制品生产发展也很快，年用料量约在 3 万吨以上，其它国家和地区如土耳其、中东、巴基斯坦、印度等地的厂家年总需求量约 20 万吨以上。

目前，境内主要密胺塑料生产厂家分布在上海、江苏、吉林等地区，总生产能力为每年 1—1.5 万吨；境外的主要生产厂家集中在日本和台湾，有日本松下、台湾长春、台湾嘉业等，每年总生产能力在 20 万吨左右(资料来源：中国寰球化学工程公司调查报告)。本公司的主要竞争对手为境外的生产厂家，由于 ML 复合新材料具有技术和性能上的领先优势，从而使其具有较强的市场竞争优势。

5）产品的质量、性能情况

和密胺塑料相比，ML 复合新材料在质量、性能方面有以下优势：1）材料中游离甲醛含量仅为 1mg/L，远远低于国家标准(≤30mg/L)及国外标准(≤10mg/L)要求，用其制成的产品达到国际卫生标准(FDA、EN71、90/128/CE、93/9/CE 和 AS1647 等)；2）材料能保存一年以上不失活性，超过国际上密胺塑料储存期只有六个月的限制；3）具有优越的物理机械性能，其中：冲击强度和弯曲强度指标分别为 23.7J/m 和 129.5Mpa，性能超过日本同类型材料的 7-8J/m 和 80-90Mpa 和国家标准 1.7J/m 和 88Mpa。

本公司成立以来一直注重加强质量管理，建立了产品质量控制体系，贯彻 ISO9002 系列标准。

由于本公司质量控制体系健全，质量控制措施有效，成立三年多来，本公司与产品用户未发生过产品质量纠纷，未因产品质量问题受过质量技术监督部门的处罚。

6）自主知识产权

本公司的 ML 复合新材料已于 1999 年 7 月 6 日向中华人民共和国国家知识产权局申请发明专利，并已获发明专利申请审查合格通知，专利申请号为 99116268.4。

7）享有的财政税收优惠政策

本公司目前实际执行 33%的企业所得税税率。

第五节 股票发行与股本结构

1.本次股票上市前首次公开发行股票的情况

发行数量：4000 万股

发行价格：9.90 元

募集资金总额：396,000,000 元

发行方式：上网定价

中签率：0.25967977%

有效申购户数：803608

持有 1000 股以上(含 1000 股)的流通股户数：38744 户

发行费用总额及项目：本次发行发行及上市推荐费用总额为 12,000,000 元，发行费用包括：承销费用、注册会计师费用、律师费用、上网发行费用、股票登记费用、审核费用。

每股发行费用：0.30 元

发行市盈率：45 倍(全面摊薄)

2.股票承销

本次发行的 4000 万股社会公众股股票已全被投资者超额认购，承销团无余额包销。

3.验资报告 1）验资报告(摘自广东正中珠江会计师事务所有限公司广会所验字(2001) 30566 号《验资报告》)

广东榕泰实业股份有限公司全体股东：

我们接受委托，对广东榕泰实业股份有限公司(以下简称"贵公司 ")截止 2001 年 6 月 1 日因公开上网定价发行股份而引起 贵公司股本、投入资本变更情况的真实性和合法性进行了审验。在审验过程中，我们按《独立审计实务公告第 1 号 —验资》的要求，实施了必要的审验程序。贵公司的责任是提供真实、合法、完整的验资资料，保护资产的安全、完整；我们的责任是按照《独立审计实务公告第 1 号 — 验资》的要求，出具真实、合法的验资报告。

广东榕泰实业股份有限公司实施本次上网定价发行 A 股前的股本为人民币壹亿贰仟万元(RMB120,000,000.00)。按经中国证券监督管理委员会证监发行字[2001] 33 号文核准的 贵公司本次上网定价发行 A 股方案，本次上网定价发行 A 股可发行股数为人民币普通股 4,000 万股。本次上网定价发行 A 股工作已于 2001 年 5 月 28 日结束，实际获认购股数为 4,000 万股，每股发行价为 RMB9.90 元，募集资金总额为 RMB396 ,000,000.00 元，扣除本次发行费用 RMB12,000,000.00 元，募集资金净额为 RMB384 ,000,000.00 元。根据我们的审验，截至 2001 年 6 月 1 日止，贵公司已收到上述募集资金净额 RMB384,000,000.00 元，全部为货币资金，其中股本 RMB40,000,000.00 元，资本公积 RMB344,000,000.00 元。本次上网定价发行 A 股后，贵公司总股本为壹亿陆仟万元(RMB160,

000,000.00)，其中发起人法人股壹亿贰仟万元（RMB120,000,000.00），社会公众股肆仟万元（RMB40,000,000.00）。

附件(一)：本次上网定价发行A股前后股本、资本公积对照表；

附件(二)：验资事项说明；

附件(三)：验资机构营业执照(注册号:4400002005991)；

附件(四)：银行进帐单复印件；

广东正中珠江会计师事务所　　　　中国注册会计师：蒋洪峰　中国注册会计师：陈　昭

中国　　广州　　　　2001年6月1日

4.募股资金入帐情况

入帐时间：2001年6月1日　　入帐金额：RMB384,000,000.00元

入帐帐号：343-01-839-00015448　　开户银行：中信实业银行广州分行

5.上市前股权结构及各类股东持股情况

1)本次上市前公司的股权结构

股　东	持股数量(万股)	持股比例(%)
发起人法人股	12000	75
社会公众股	4000	25

2)公司前十名股东持股情况

股　东	持股数量(股)	持股比例(%)
广东榕泰高级瓷具有限公司	60,000,000	37.50
揭阳市兴盛化工原料有限公司	44,500,000	27.81
广东榕泰制药有限公司	10,000,000	6.25
揭阳市鸿凯贸易发展公司	3,000,000	1.88
揭阳市益科电子器材公司	2,500,000	1.56
中信证券	303,000	0.19
普丰基金	285,000	0.18
国信证券	203,000	0.13
国通证券	172,000	0.11
大鹏证券	163,000	0.10

第六节　董事、监事、高级管理人员及核心技术人员

1.董事

杨启昭：中国籍，董事长，男，现年61岁，高级经济师，大学学历，ML复合新材料配方的主要发明人之一。先后荣获"广东省劳动模范"、"全国科技致富能手"等荣誉称号。1988年7月至1997年12月任广东榕泰高级瓷具有限公司董事长。1997年12月至今任股份公司董事长，第七、第八、第九届广东省人大代表，1992年5月至今任揭阳市工商业联合会会长。

李林楷：中国籍，副董事长，男，现年37岁，工程师，大学学历，ML复合新材料配方的第一完成人，本公司主要核心技术人员。曾荣获"首届揭阳市十大杰出青年"、"第六届广东省优秀青年企业家"等荣誉称号，2000年广东省科技进步一等奖第一完成人，1999年获广东省科技进步三等奖。1992年8月至1997年12月任揭阳市兴盛化工原料有限公司董事长。1997年12月至今任股份公司总经理，广东省第八届青年联合会委员、1999年6月至今任揭阳市青年科技工作者协会会长。

李　丹：中国籍，董事，男，现年36岁，副教授，博士，ML复合新材料配方的主要发明人之一，本公司主要核心技术人员。1993年4月博士毕业后在汕头大学工作，1996年至1997年12月担任汕头大学化学系主任。承担过国家自然科学基金、广东省自然科学基金等项目，曾获广东省科技进步一等奖。1998年1月至今担任股份公司总工程师。

林岳金：中国籍，董事，男，现年34岁，大学学历，经济师，1990年至1997年11月任广东榕泰高级瓷具有限公司办公室主任、副总经理；揭阳市榕城区科学技术协会委员；1997年12月至今担任股份公司董事会秘书。

罗海雄：中国籍，董事，男，现年40岁，大专学历，会计师，1988年5月至1994年3月任广东电焊机厂会计、1994年4月至1997年11月任揭阳市兴盛化工原料有限公司副总经理；1997年12月至今担任股份公司财务总监。

朱　伟：中国籍，董事，男，现年31岁，硕士。曾在广州证券公司、深圳运通鑫达通讯公司、广东省科技创业投资公司、广东省粤科风险投资集团有限公司工作。现任广东省粤科风险投资集团有限公司资产管理部总经理。

吴光国：中国籍，独立董事，男，现年54岁，教授，硕士。1981年至1998年，先后担任浙江大学科研处处长、校长助理。在此期间，承担国家自然科学基金、国防科委项目、国家教委项目及横向合作课题数十项，并获得国家发明三等奖、江西省科技进步二等奖各一项和国家教委科技进步三等奖三项。1998年起至现在担任汕头大学副校长，主要从事高分子物理和高分子化学方面研究

吕中林：中国籍，独立董事，男，高级工程师，现年38岁，硕士。研究生毕业后进入中国科学院工作，1987-1990年在中国科学院的院直属企业工作，任工程师；1990-1992年在中国科学院力学研究所工作，任工程师；1992年至今在中国科学院高技术产业局从事项目管理、企业管理、技术开发型研究所转制等工作，先后任副处长、处长，1995年12月至今任中国科学院高新技术发展局处长。

张利国：中国籍，独立董事，男，现年35岁，律师，硕士。研究生毕业后，曾就职于北京市医药总公司、中国汽车工业进出口总公司，任职期间，处理过大量国际投资、国际贸易、中外合资企业等方面的法律业务，并赴美国一家律师事务所接受专门的律师培训。1993年获得司法部、中国证券监督管理委员会授予从事证券法律业务的专业资格，曾任北京凯源律师事务所执业律师，主持、参与多起企业改制、境内外公开发行上市、上市公司配股增发、基金设立等法律事务；2001年2月起任北京国方律师事务所执业律师、合伙人。

2.监事

林盛泰：中国籍，监事会召集人，男，现年52岁，大学学历，现任广东榕泰高级瓷具有限公司董事长。

杨愈静：中国籍，监事，女，现年34岁，助理会计师，大学学历，现任广东榕泰制药有限公司董事。

羽信全：中国籍，监事，男，现年38岁，大学学历，工程师，现任股份公司投资发展部经理。

3.其他高级管理人员

黄　勉：中国籍，男，现年35岁，助理工程师，大学学历。1994年至1997年12月任广东榕泰制药有限公司总经理，1997年12月至2000年12月任股份公司第一届董事会董事。1997年12月至今任股份公司副总经理。

上述人员均无境外的永久居留权。

4.公司董事、监事、高级管理人员和核心技术人员持有本公司股份情况

1)本公司董事、监事、高级管理人员与核心技术人员中未有直接持有本公司股份的情况；2)董事长杨启昭的妻子林素娟持有揭阳市榕丰塑胶制品厂100%的权益，揭阳市榕丰塑胶制品厂持有本公司股东广东榕泰高级瓷具有限公司75%的股权，广东榕泰高级瓷具有限公司持有本公司6000万股法人股(占发行后的股本比例37.5%)；3)副董事长、总经理李林楷持有揭阳市榕城仿瓷材料厂55%的权益，揭阳市榕城仿瓷材料厂持有本公司股东揭阳市兴盛化工原料有限公司70%的权益，揭阳市兴盛化工原料有限公司持有本公司4500万股法人股(占发行后的股本比例为27.81%)；4)除李林楷外，本公司董事、监事、高级管理人员与核心技术人员均未直接或间接持有本公司股份。

5.本公司目前尚未设置认股权。

第七节　同业竞争与关联交易

1.同业竞争

本公司的主要发起人榕泰瓷具和兴盛化工在发起设立时，均将与本公司业务相关的生产设备及其它经营性资产投入本公司，客户等经营资源、技术人员、生产工人及有关专有技术也均移交给股份公司，两位股东在本公司设立后未从事与本公司同一或同类产品的生产经营，本公司的另外三家股东也没有经营与本公司相同或相似的业务。因此，发行人与股东不存在同业竞争情况。主要发起人已承诺今后也不从事与本公司相竞争的业务。本公司主要发起人榕泰瓷具的控股股东揭阳市榕丰塑胶制品厂主要从事各式塑胶制品的生产和销售，没有经营与本公司相同或相似的业务；主要发起人兴盛化工的控股股东揭阳市榕城仿瓷材料厂生产销售塑料制品、五金制品，未经营与本公司相同或相似的业务，以上关联方均不和本公司构成同业竞争。

2.关联方及关联关系

1)本公司五位股东为公司的关联企业

2)对控股股东有实质影响的法人，包括：

a.揭阳市榕丰塑胶制品厂

b.揭阳市榕城仿瓷材料厂

3)对本公司有实质影响的自然人

a.林素娟

本公司主要发起人之一榕泰瓷具在本次发行前持有本公司50%的股份，其控股股东是揭阳市榕丰塑胶制品厂，出资比例为75%，该厂的产权所有人是林素娟，与本公司存在间接控制关系。

b.李林楷

本公司主要发起人之一兴盛化工在本次发行前持有本公司37.1%的股份，其控股股东是揭阳市榕城仿瓷材料厂，出资比例为70%，李林楷持有该厂55%的权益，与本公司存在重大影响关系。李林楷现任本公司副董事长、总经理。

3.关联交易事项

1)租赁土地

本公司向兴盛化工租用其拥有合法使用权的土地10000平方米，租用期限从1997年12月25日至1999年12月31日，租金每平方米每月0.8元，租赁价格是根据当地同类性质、状况的土地租赁价格并经双方协商确定的。该租赁合同已经履行完毕。

2)土地使用权转让交易

本公司与兴盛化工于1999年12月21日签订《土地转让协议》，双方约定，兴盛化工向发行人转让其合法拥有使用权的工业用地10000平方米，转让总价格为250万元。该转让价格是依据珠海思源估价师事务所有限公司(A级土地评估机构)的评估结果并经双方协商一致确定，是公平合理的交易。该合同已履行完毕。

3)支付土地补偿费

本公司为了与揭阳市国土局签订国有土地使用权出让协议，以出让方式取得座落在揭阳市锡场镇工业区内、土地面积为10386平方米的国有划拨土地，于1999年12月与该国有划拨土地的原使用者——兴盛化工签订土地补偿协议，向后者支付土地补偿费104.4万元。该转让价格是依据珠海思源估价师事务所有限公司(A级土地评估机构)的评估结果并经双方协商一致确定，是公平合理的交易。该合同已履行完毕。

4)担保借款

本公司与中信实业银行广州分行签订了一份《人民币保证借款合同》，合同约定，中信实业银行广州分行向本公司贷款3,000万元人民币，用途为流动资金，贷款年利率为6.1425%，发行人自提款之日起根据实际发生金额与实际占用天数计算利息，贷款期限为壹拾贰个月，自2000年4月至2001年4月。本公司股东榕泰瓷具为本公司该笔借款提供担保。

第八节　财务会计资料

1.注册会计师对本公司会计报表的意见

本公司已聘请广东正中珠江会计师事务所有限公司对本公司1998年12月31日、1999年12月31日及2000年12月31日的资产负债表、自1998年1月1日至2000年12月31日止三个会计年度的利润及利润分配表与2000年度的现金流量表进行了审计。注册会计师已出具了不带说明段的无保留意见的审计报告。

以下引用的财务资料数据，非经特别说明，均引自经审计的会计报表。

2.简要会计报表

简要利润及利润分配表　　单位：人民币元

项　目	2000年度	1999年度	1998年度
主营业务收入	230,193,143.72	210,664,104.15	191,500,280.47
主营业务利润	55,247,866.31	49,995,835.84	48,942,312.66
营业利润	39,438,734.10	36,649,788.88	32,942,253.72
利润总额	39,438,734.10	36,649,788.88	32,942,253.72
净利润	26,423,095.81	36,649,788.88	32,942,253.72
可供分配的利润	31,577,188.06	64,650,704.54	32,942,253.72
可供股东分配的利润	27,613,595.27	59,153,236.21	28,000,915.66
未分配利润	15,613,595.27	5,153,236.21	28,000,915.66

简要资产负债表　　单位：人民币元

资　产	2000.12.31	1999.12.31	1998.12.31
流动资产	149,562,555.22	116,718,095.77	120,073,230.73
长期投资	-	-	-
固定资产净值	101,564,651.45	87,889,404.24	94,862,734.56
在建工程	-	11,082,600.00	6,250,000.00
无形及其他资产	18,436,016.76	18,792,570.00	96,750.00
递延税项借项	-	-	-
资产总计	269,563,223.43	234,482,670.01	221,282,715.29
负债及股东权益	-	-	-
流动负债	119,318,378.98	98,661,777.41	68,111,611.57
长期负债	-	-	-
递延税项贷项	-	-	-
股东权益	150,224,844.45	135,820,892.60	153,171,103.72
负债和股东权益合计	269,563,223.43	234,482,670.01	221,282,715.29

简要现金流量表　　单位：人民币元

项　目	2000年度
经营活动产生的现金流量净额	23,554,635.65
投资活动产生的现金流量净额	-9,921,015.92
筹资活动产生的现金流量净额	9,207,229.73
汇率变动对现金的影响	-
现金及现金等价物净增加额	22,840,849.46

3.经营业绩

近三年公司主营业务收入和利润形成的情况

项　目	2000年度	1999年度	1998年度
主营业务收入	230,193,143.72	210,664,104.15	191,500,280.47
其中：ML复合新材料	156,604,563.39	149,443,009.69	138,079,750.80
仿瓷制品	73,588,550.33	61,221,094.46	53,420,529.67
主营业务利润	55,247,866.31	49,995,835.84	48,942,312.66
营业利润	39,438,734.10	36,649,788.88	32,942,253.72
投资收益	-	-	-

补贴收入	-	-	-
营业外收支净额	-	-	-
利润总额	39,438,734.10	36,649,788.88	32,942,253.72
所得税	13,014,782.25	-	-
净利润	26,423,951.85	36,649,788.88	32,942,253.72

单位:人民币元

4.财务指标

项　　目	2000.12.31	1999.12.31	1998.12.31
流动比率	1.25	1.18	1.76
速动比率	0.61	0.48	0.90
应收帐款周转率(次)	5.47	5.47	4.14
存货周转率(次)	3.44	3.70	2.47
无形资产(土地使用权除外)占总(净)资产的比例	-	-	-
资产负债率(%)	44.26	42.08	30.78
每股净资产(元)	1.25	1.13	1.28
研发费用占主营业务收入比例(%)	5.26	5.11	4.86
每股收益(元)	0.22	0.31	0.27
净资产收益率(%)	17.59	26.98	21.51
每股经营活动的现金流量(元)	0.19	-	-

发行后的净资产收益率为4.95%(按2000年实现的净利润摊薄计算)

本公司按《公开发行证券公司信息披露编报规则第9号——净资产收益率和每股收益的计算及披露》计算的2000年净资产收益率和每股收益如下:

报告期利润	净资产收益率(%)		每股收益(元/股)	
	全面摊薄	加权平均	全面摊薄	加权平均
主营业务利润	36.78	37.07	0.46	0.46
营业利润	26.25	26.46	0.33	0.33
净利润	17.59	17.73	0.22	0.22
扣除非经常性损益后的净利润	17.59	17.73	0.22	0.22

5.资产

1)流动资产

流动资产主要包括货币资金、应收票据、应收帐款、其他应收款、预付帐款、存货和待摊费用,具体情况如下:

1998、1999和2000年末,本公司的货币资金余额分别为3,607, 029. 45元、2 ,885,672.79元和25,726,522.25元。

本公司2000年末的应收票据余额为5,000,000元,是广州科利得投资管理有限公司为偿还广州科创利得发展有限公司对公司的欠款而出具的。

本公司1998、1999和2000年末的应收帐款余额分别为46,262,613.56元、38 ,537,825.06元和42,080,492.56元。2000年12月31日,应收帐款帐龄均为一年以内。本公司应收帐款余额中不存在持有公司5%以上股份的股东欠款。

本公司1998、1999和2000年末的其他应收款余额分别为14,777,925. 12元、7 ,861,505.85元和296,643.65元,呈逐年递减趋势。 其他应收款主要为应收外单位往来款和备用金。2000年末的其他应收款余额较1999年末大幅减少,主要是由于收回了外单位的欠款。本公司其他应收款中不存在持有公司5%以上股份的股东欠款。

本公司1998、1999和2000年末的坏帐准备为3,052,026.93元、2,319,966.55元和2,118,856.81元,上述三年末应收款项净额为57,988,511.75元、44,079,364.36元和40,258,279.40元。

本公司1998、1999和2000年末预付帐款余额分别为385,015.91元、26,744,060. 50元和28,114,952.10元。2000年末的预付帐款余额系公司按照土地出让预约合同预付的部分土地出让金。本公司预付帐款余额中不存在持有公司5 %以上股份的股东欠款。

本公司1998、1999和2000年末的存货余额分别为57,455,402.62元、 43, 008 ,998.12元和50,462,801.47元。原材料按单个品种期末结存成本高于最近采购价格的差额提取跌价准备,2000年计提存货跌价准备680,736.16元,1998、1999年未发生跌价情形;其他存货相关期间的成本均未低于可变现净值,故未计提存货跌价准备。

2)固定资产

公司截至2000年12月31日固定资产原值为143,284,841.92元,累计折旧41,720, 190.47元,固定资产净值为101,564,651.45元,具体情况如下: 单位:人民币元

项　目	折旧年限	折旧方法	年折旧率(%)	帐面原值	累计折旧	帐面净值
房屋建筑物	30	平均年限法	3.17	55,904,649.92	9,153,759.29	46,750,890.63
机器设备	15	平均年限法	6.33	81,656,180.00	29,925,605.06	51,730,574.94
运输工具	8	平均年限法	11.88	5,599,605.00	2,638,422.32	2,961,182.68
其它设备	5	平均年限法	19.00	124,407.00	2,403.80	121,976.20
合　计				143,284,841.92	41,720,190.47	101,564,651.45

3)无形资产

本公司截至2000年12月31日无形资产余额为18,387,626.76元, 全部为土地使用权,其明细列示如下:

土地位置 / 原始金额	取得方式	摊销年限及确定依据	期末摊余价值	剩余摊销年限
揭东试验区8号之一 5,860,000.00	转　让	44年(实际可使用年限)	5,726,818.24	43年0个月
锡场镇工业区A幅 2,500,000.00	转　让	47年(实际可使用年限)	2,446,808.56	46年0个月
锡场镇工业区B幅 1,044,000.00	出　让	50年(实际可使用年限)	1,023,120.00	49年0个月
市区新兴东路北侧 1,456,000.00	出　让	50年(实际可使用年限)	1,426,879.96	49年0个月
仙桥紫东工业园区 7,920,000.00	出　让	50年(实际可使用年限)	7,764,000.00	49年0个月
合　计 18,780,000.00			18,387,626.76	

6.负债

截至2000年12月31日,本公司负债总额为119,318,378.98元,全部为流动负债,主要包括短期借款、应付帐款、预收帐款、应付股利、应交税金和其他应付款。

截至2000年12月31日,本公司短期借款余额为86,420,000元,全部为银行借款。

本公司1998、1999和2000年末的应付帐款余额分别为10,433,388.38 元、 14 ,285,817.62元和7,900,505.34元。2000年12月31日, 应付帐款余额中不存在应付持本公司5%以上股份的股东款项。

本公司1998、1999和2000年末的预收帐款余额分别为4,446,839.21元 7, 362 ,514.37元和0元。

本公司1998、1999和2000年末的应付股利分别为0元、54,000,000元和12,000 ,000元。

本公司1998、1999和2000年末的应交税金分别为-655,846.11元、1,996,533 .43元和10,209,129.62元。2000年12月31日,本公司应交税金中,主要包括应交增值税462,006.89元,应交城建税32,340.48元和应交企业所得税9,714,782.25元。

本公司1998、1999和2000年末的其他应付款分别为4,238,059.44元597,717.82 元和2,087,659.95元。2000年12月31日,其他应付款余额主要为应付工程尾款,不存在应付持有本公司5%以上股份的股东款项。

截至2000年12月31日,本公司不存在或有负债、逾期贷款以及对公司经营有重大影响的合同或承诺。

7.股东权益

截至2000年12月31日,本公司的股本为12,000万股,全部为人民币普通股,每股面值人民币1.00元,合计人民币12,000万元。本公司近三年股东权益情况如下: 单位:人民币元

项　　目	2000.12.31	1999.12.31	1998.12.31
股本	120,000,000.00	120,000,000.00	120,000,000.00
资本公积	228,850.00	228,850.00	228,850.00
盈余公积	14,402,399.18	10,438,806.39	4,941,338.06
其中:法定公益金	4,800,799.73	3,479,602.13	1,647,112.69
未分配利润	15,613,595.27	5,153,236.21	28,000,915.66
合计	150,244,844.45	135,820,892.60	153,171,103.72

第九节　其他重要事项

1.本公司本次向社会公众公开发行了4000万股人民币普通股股票, 本次发行前每股净资产为1.25元,发行后每股净资产为3.34元。

2.根据中国证监会有关盈利预测的规定,本公司不出具盈利预测报告。 本公司承诺:根据本公司的生产经营计划,本公司如在2001年成功发行4000万股社会公众股,扣除发行费用后,可募集资金38400万元。本次募股资金到位后, 将严格按募股资金投资计划用于拟投资项目,如募集资金投资项目能按时按计划得以顺利实施并投产,且届时市场环境不发生大的变化,根据拟投资项目可行性研究报告,本公司认为股票发行上市后,预期发行当年净资产收益率不低于同期银行存款利率,符合《公司法》第一百三十七条关于公司发行新股的条件。

本公司的主承销商广东证券股份有限公司对本公司股票发行后的预期净资产收益率的意见为:根据公司1998年至2000 年已实现净资产收益率、本公司提供的《 2001年盈利预测表》及相关编制资料和本公司的承诺,认为本公司本次发行新股后,如果不遭遇重大自然灾害等不可抗力的意外情况,本公司2001年预期净资产收益率不低于同期银行存款利率,符合《公司法》第一百三十七条关于公司发行新股的条件。

本公司律师对本次发行股票后的预期净资产收益率发表见证意见如下: 公司所做的关于预期净资产收益率的承诺合法有效;公司对预期净资产收益率的承诺是在充分依据本身的现实基础、经营能力、未来发展计划的前提下作出的;公司发行上市后预期收益率不低于同期银行存款利率,符合《公司法》第一百三十七条对发行新股有关条件的规定。

3.本公司2000年年度股东大会已通过本公司董事会提交的2000 年利润分配预案,即按每股0.10元进行现金分配,共分配现金12,000,000.00元, 余下未分配利润15,613,595.27元滚存至下一年度分配,本次发行后的新股东不参加公司2000 年利润分配。2000年12月30日, 本公司临时股东大会决议, 新老股东将共享本公司2000年年度股东大会决议分配后截止2000年12月31日的滚存未分配利润及从2001年 1月1日起的新增利润。

4.本公司将在2002年6月30日前进行上市后的第一次利润分配。

5. 本公司第一大股东广东榕泰高级瓷具有限公司承诺:自本公司股票上市之日起12个月内,不转让其所持有本公司的股份,也不由本公司回购该部分股份。

6.截止本公告书刊登之日,本公司未涉及任何重大诉讼或仲裁事项。

7.除本公司招股说明书及其概要和本上市公告书披露的事项外, 本公司没有其他应披露而未披露的重要事项。

第十节　董事会上市承诺

本公司董事会承诺将严格遵守《公司法》、《证券法》、《股票发行与交易管理暂行条例》、《公开发行股票公司信息披露实施细则》、《上海证券交易所上市规则》等法律、法规和中国证监会的有关规定,并自股票上市之日起做到:

1.真实、准确、完整、公允和及时地公布定期报告, 披露所有对投资者有重大影响的信息,并接受中国证监会、上海证券交易所的监督管理;

2. 本公司在知悉可能对股票价格产生误导性影响的任何公共传播媒介中出现的消息后,将及时予以公开澄清;

3.本公司董事、监事、高级管理人员和核心技术人员将认真听取社会公众的意见和批评,不利用已获得的内幕消息和其他不正当手段直接或间接从事发行人股票的买卖活动;

4.本公司没有无记录的负债。

第十一节　上市推荐人及其意见

本公司聘请广东证券股份有限公司、国泰君安证券股份有限公司担任本公司本次发行的4000万股A股股票的上市推荐人,上市推荐人的有关情况和推荐意见如下:

1.上市推荐人情况

1) 名称:广东证券股份有限公司　　法定代表人:钟伟华

办公地址:广州市解放南路123号金汇大厦26楼

联系电话:(020)83270480、83270471　　传真:(020)83270485　　联系人:卢景芳、刘祥能

2) 名称:国泰君安证券股份有限公司　　法定代表人:金建栋

办公地址:上海市浦东新区商城路618号

联系电话:(0755)2296666-4109　传真:(0755)2296188　　联系人:杨小燕、姚琬琦

2.上市推荐人意见

作为本公司本次股票上市的第一推荐人,广东证券股份有限公司认为,本公司章程符合《公司法》等国家有关法律、法规和中国证监会的有关规定,具备了《公司法》、《证券法》和上海证券交易所上市规则等法律、法规规定的上市条件;本公司董事了解国家的有关法律、法规、上海证券交易所上市规则及股票上市协议规定的董事的义务与责任;本公司建立健全了法人治理结构,制定了严格的信息披露制度与保密制度。广东证券股份有限公司已对本公司上市文件所载的资料进行了核实,认为上市文件真实、准确、完整,符合上海证券交易所的上市规定和要求,没有虚假、严重误导性陈述或者重大遗漏,并保证对其承担连带责任。广东证券股份有限公司与本公司不存在关联关系。广东证券股份有限公司愿意推荐本公司的股票在上海证券交易所上市交易,并且在上市推荐过程中,将不利用获得的内幕信息进行内幕交易,为自己和他人谋利。

作为本公司本次股票上市的第二推荐人, 国泰君安证券股份有限公司认为, 本公司章程符合《公司法》等国家有关法律、法规和中国证监会的有关规定,具备了《公司法》、《证券法》和上海证券交易所上市规则等法律、法规规定的上市条件;本公司董事了解国家的有关法律、法规、上海证券交易所上市规则及股票上市协议规定的董事的义务与责任;本公司建立健全了法人治理结构,制定了严格的信息披露制度与保密制度。国泰君安证券股份有限公司已对本公司上市文件所载的资料进行了核实,认为上市文件真实、准确、完整,符合上海证券交易所的上市规定和要求,没有虚假、严重误导性陈述或者重大遗漏,并保证对其承担连带责任。国泰君安证券股份有限公司与本公司不存在关联关系。国泰君安证券股份有限公司愿意推荐本公司的股票在上海证券交易所上市交易,并且在上市推荐过程中, 将不利用获得的内幕信息进行内幕交易, 为自己和他人谋利。

广东榕泰实业股份有限公司

二00一年六月七日

浙江新安化工集团股份有限公司

浙江新安化工集团股份有限公司招股说明书摘要

本招股说明书的目的仅为向公众提供有关本次发行的简要情况。招股说明书全文同时刊载于上海证券交易所网站(http://www.sse。com.cn),投资者在作出认购决定之前,应仔细阅读招股说明书全文,并以其作为投资决定的依据。

一、释义

在本招股说明书中,除非上下文另有所指,下列词语具有如下含义:

发行人、公司、本公司:均指浙江新安化工集团股份有限公司

本次发行:指发行人经核准后,根据本招股说明书向社会公众发行4,400 万股人民币普通股的行为(其中400万股为国有股存量发行)

元:指人民币元

社会公众股:指发行人根据招股说明书发行的面值为1元的人民币普通股

内部职工股:指发行人设立时向内部职工发行的1,668万元股份

主承销商:指光大证券有限责任公司

承销机构:指以光大证券有限责任公司为主承销商,西南证券有限责任公司为副主承销商、联合中信证券股份有限公司共同组成的承销团。

上市推荐人:指浙江证券有限责任公司和光大证券有限责任公司

证监会:指中国证券监督管理委员会

二、本次发行概况

(一) 基本情况

1.股票种类:人民币普通股　　2.每股面值:1.00元

3.发行股数:4400万股(其中400万股为国有股存量发行)　　4.每股发行价格:7.30元

5.发行市盈率:48.34倍(按2001年预计的全面摊薄每股净利润计算)

6.预测净利润:20,288,496.88元(2001年,所得税税率为33%)

7.发行后每股净利润:0.151元/股(2001年,全面摊薄,所得税税率为33%)

8.发行前每股净资产:2.06元

9.发行后每股净资产:3.55元(扣除发行费用)　　10.发行方式:上网定价发行

11.发行对象:持有上海证券交易所股票帐户的自然人、法人(国家有关法律法规禁止购买者除外)　　12.承销方式:余额包销

13.预计实收募股资金:31098.2万元(其中新股发行4000万股,为28222万元;国有股存量发行400万股,为2876.2万元)

14.国有股存量发行情况:根据《减持国有股筹集社会保障资金管理暂行办法》及财政部财企便函(2001)74号《关于浙江新安化工集团股份有限公司国有股存量发行有关问题的函》的规定,公司将在新股发行时实施减持方案,具体情况如下:

国有股授权代表建德市国有资产管理局、开化县工业国有资产经营公司在发行人发行新股时实施部分国有股减持方案,此次国有股减持计划为400万股,由建德市国 有资产管理局、开化县工业国有资产经营公司按发行人本次融资额的10%,在公司公开募股时将持有的国有股一并出售。主承销商光大证券有限责任公司在取得国有股存量发行收入2个工作日内按规定扣除发行费用后,使用一般缴款书采取就地缴库方式 上缴中央国库。

(二)本次发行的有关当事人

1.发行人

名称:浙江新安化工集团股份有限公司　　法定代表人:王伟

住所:浙江省建德市新安江镇大桥路93号　　联系电话:0571-64723891

传真:0571-64721344　　联系人:林加善,姜永平

互联网网址 http://www.xinanchem.com　　电子信箱 Xinanche@jd.hz.zj.cn

2.主承销商

名称:光大证券有限责任公司　　法定代表人:王明权

住所:上海市浦东南路528号上海证券大厦南塔15,16楼

联系地址:上海市南京西路1168号中信泰富广场32楼

联系电话:021-52984848　传真:021-52984414　　经办人员:王文革,黄文强,周　皓

3.发行人聘请的律师事务所

名称:浙江浙经律师事务所　　法定代表人:徐光

住所:浙江省杭州市湖墅南路4号

联系电话:0571-85151338　　传真:0571-85151513　　经办律师:黄廉熙,方怀宇

4.会计师事务所

名称:浙江天健会计师事务所　　法定代表人:胡少先

住所:浙江省杭州市体育场路423号

联系电话:0571-85178168　　传真:0571-85178273　　经办会计师:郑启华,傅芳芳

5.资产评估机构

名称:浙江东方资产评估公司　　法定代表人:马　超

住所:浙江省杭州市清泰街563号

联系电话:0571-87810030　　传真:0571-87819700　　经办评估师:汪沧海,周　强

6.土地评估机构

名称:浙江省地产评估咨询中心　　法定代表人:黄益中

住所:浙江省杭州市体育场路545号

联系电话:0571-87057081　　传真:0571-85119595　经办评估师:金洪良,单胜道

(三)发行上市的时间安排

本次发行采用上网定价的形式,预计发行上市的时间如下:

发行公告刊登日期:2001年7月31日　　发行日期:2001年8月6日

预计上市日期:本次股票发行结束后,将尽快在上海证交所挂牌交易

三、主要风险因素及对策

投资者在评价发行人本次发行的股票时,除本招股说明书提供的其他资料外,应特别认真地考虑下述各项风险因素。根据重要性原则或可能影响投资决策的程度大小排序,本公司风险如下:

一、经济政策风险

公司产品大部分出口,因此国家关于企业出口退税的政策对公司经营业绩有较大影响。公司农药产品和化工产品的出口退税率在1999年度两次上调,目前分别为13%和15%,公司2000年出口退税额为2100万元,随着我国加入世界贸易组织和国内外经济环境的变化,国家关于农药、化工产品的出口退税率有可能发生调整,从而可能造成公司收益水平降低;此外,公司作为国家重点高新技术企业在信贷、进出口管理等方面享受相应的经济扶持政策,如果国家在这方面的政策发生变更,也会影响公司的经营条件和经济效益。

针对上述经济政策风险的关键在于降低生产成本,提高经济效益。公司通过多年的研究开发,在主导产品—草甘膦和有机硅单体之间成功地实现了资源循环利用,并对生产过程中产生的"三废"进行综合利用,这些举措有效地降低了生产成本,提高了产品的综合价值,使公司在竞争中处于成本领先的优势地位,因此即使出口退税率下调,公司产品的利润空间仍然可观;随着生产规模的逐步提高,规模经济效应得以充分体现,可以有效地规避出口退税率变化所引致的风险。

此外,公司将加强对出口退税、利率、财政等国家经济政策及其变动趋势的研究和预测,根据政策环境的变化及时制定和调整自身的经营策略,合理组织生产经营,尽量与政策环境相协调,将经济政策变动可能带来的不利影响降低到最低限度。

二、净资产收益率下降的风险

公司本次发行新股可募集资金净额28222万元,新股发行后公司净资产比2000年底增加145.52%,但公司净利润无法与净资产股本同步增长,预计2001年全面摊薄的净资产收益率约为4.26%,存在净资产收益率大幅下降引致的相关风险。

本次募集资金预计的效益产生时间为2002年和2003年,届时公司利润总额及净资产收益率将有较大幅度的提高。

三、财务风险

截止2000年12月31日,公司流动比率为0.76,资产负债率为66.80%,因此公司偿债能力较弱。

本次募集资金到位后,将偿还部分银行借款,而且预计产生效益时间较短,届时公司的偿债能力将大大提高。

四、固定资产减值和报损的风险

2000年4月浙江东方资产评估公司以2000年3月31日为基准日对公司进行了资产评估,固定资产评估减值97万元,根据证发反馈函(2001)105号文的要求,浙江东方 资产评估公司对公司以2001年6月30日为基准日进行固定资产专项评估,确定设备评 估减值104万元。因此,存在固定资产减值的风险;同时,公司近年来每年处理逾百 万元固定资产,存在固定资产报损的风险。

以2001年6月30日为基准日的资产评估中设备评估减值104万元,经评估师专业分析其中97万元为1999年度形成,7万元为2000年度形成,公司已在2001年中期会计报 告中对固定资产逐项进行检查,将可收回金额低于帐面价值的差额计提了固定资产减值准备。

公司经建德市财税局建企财[1999]13号文和[1999]305号文批复同意,分别于1998年度和1999年度清理报废固定资产1,645,571.44元和1,557,596.92元。由于近年来公司不断地进行设备更新改造,目前公司固定资产成新率较高,且均在正常的使用年限内,今后几年内出现大额固定资产报损的可能性较小。

五、环境保护风险

四、发行人基本资料

(一) 历史沿革及改制重组情况

1.公司设立

(1)概况

公司的前身—原浙江省新安江化学工业集团公司是由建德化工厂和建德农药厂合并而成。建德农药厂和建德化工厂均为地方国营企业,分别成立于1970年5月和1965年8月。1991年10月12日,根据浙江省计划经济委员会、浙江省经济体制改革办 公室浙体改(1991)7号《关于建立浙江省新安江化学工业集团的批复》,建德农药 厂和建德化工厂合并成立了浙江省新安江化学工业集团公司,并依法领取了企业法人营业执照。

浙江省新安江化学工业集团公司整体改制为股份公司时的组织结构见下页。

1992-1993年,浙江省股份制试点工作协调小组先后以浙股(1992)34号文、浙股募(1992)23号文和浙股(1993)8号文批准浙江省新安江化学工业集团公司整体 改制,以独家发起、定向募集方式设立浙江省新安江化工(集团)股份有限公司,定向募集记名式普通股9,000万元,其中浙江省新安江化学工业集团公司以其全部经营 性净资产折为国家股6,000万元,定向募集法人股1,350万元,内部职工股1,650万元 ,并同意法人股和个人股由社会法人和内部职工以现金按1.2:1的比例认购。

经建德会计师事务所建会所(93)验字第 237号《验资报告书》确认,截止1993年2月28日,公司募股完成后总股本为9,000万元,其中国家股6,000万元,占总 股本的66.67%;法人股1,332万元,占总股本的14.8%;职工股1,668万元,占总股 本的18.53%。

(2)国家股折股及非经营性资产剥离情况

国家股本6,000万元系由浙江省新安江化学工业集团公司以其全部经营性净资产64,769,250.85元(其中含土地使用权17,060,952.2元,有关资产评估情况参见本节第四段"历次验资、评估、审计的情况")按1.08:1折股形成。1992年10月22日建德市体改委、建德市财税局《关于浙江省新安江化学工业集团公司试行股份制国有股权设置的通知》中确认:国有股参股额为6,000万元整,其差额4,769,250.85元和股票发 行溢价收入一并作为资本公积金(即折股比例为1.08:1)。

公司成立时,对浙江省新安江化学工业集团公司原拥有的价值共计7,935,708 .05元非经营性资产(包括幼儿园、食堂和住宅)予以剥离,未对其进行折价入股,所有权归建德市国资局所有,由公司进行专项管理,非经营性资产所涉及的人员也没有进入公司,其工资和日常费用通过自收自支解决,该部分资产1993年—1999年由公司无偿使用。

1993年起公司进行职工住房改革,非经营性资产中的职工住房出售共取得房改收入2,787,025.46元,经建德市国资局同意,转入公司住房周转金,房改差额为3,309,140.93元,上述非经营性资产帐面价值至1999年底减少为1,839,541.66元。为规范公司与大股东之间的关系,公司于2000年1月1日与建德市国资局签定了《改制企业非经营性国有资产处置合同》。合同约定:对公司已处置的非经营性资产,建德市国资局予以认可;确认非经营性资产数额为1,839,541.66元;并约定公司从2000年1月1日起每年按1.775%的利率向建德市国资局交纳资产使用费。

(2)法人股、内部职工股的认股情况

法人股本1332万元、个人股本1668万元由社会法人和内部职工以现金按1.2:1的 比价认购(内部职工股与法人股实际募集数额与省政府批文出现18万元股本的差异,参见第七节"内部职工股")。

1993年5月12日,公司在浙江省工商行政管理局领取了企业法人营业执照,执照 编号为14291927-4。

1996年8月27日,公司名称变更为浙江新安化工集团股份有限公司。

公司设立时的组织结构见下页。

2.股本结构调整及法人股的上市与回购

(1) 股本结构调整

公司成立后,为寻求新的发展,公司积极争取法人股在中国证券交易系统(NET系统)上市流通。由于该系统要求法人股上市股本数额不低于3000万元,为达到 这一要求,1993年,参照浙江省及杭州市有关股份制试点企业"土地使用权可以采用租赁方式"的相关精神,经建德市人民政府(93)177号文、建德市财政局(93)函 字17号文和浙江省经济体制改革委员会浙经体改[1993]82号文批准,公司对设立时原折价入股的评估价值为17,060,952.20元的土地使用权按1:1折股比例

从国家股中退 出(即退股价格为1元/股),为便于计算将原17,060,952.20元按1,706万元折股退出,该1,706万元股份用于增募社会法人股,由社会法人以现金形式按1.3:1的比例予以认购(调整后的股本结构参见本节第三段"股本结构演变情况",有关验资事项参见本节第四段"历次验资、评估、审计的情况"),同时该部分土地使用权改由公司租赁使用。

1994年3月25日,公司股东大会作出决议,对此项股权结构调整事项予以追认,并于1994年5月办理了相应的股权变更手续。

(2) 法人股的上市与回购

1997年7月11日,经浙江省人民政府证券委员会浙证委[1997]83号文批准,公司 法人股3,038万元在浙江省股权交易中心挂牌交易。

在法人股上柜交易的一年多时间内(1997年8月-1998年11月),约有1100万股法 人股参与了上柜交易,由于省股权交易中心未严格禁止个人参与法人股交易,公司法人股出现了被个人持有的现象。

根据《国务院办公厅转发证监会关于清理整顿场外非法股票交易方案的通知》精神,1998年11月27日,公司在《浙江日报》刊登了回购公告,对在浙江省股权交易中心挂牌交易的法人股进行回购,在12月1日-14日的回购期内,公司共回购法人股份9,916,037股。

2000年9月20日,浙江省证券登记中心出具证明,公司法人股在浙江省股权交易 中心摘牌并经过清理回购后,法人股为34,490,363股(含向开化县工业国有资产经营公司定向增发股份,如下述),股东321户。其中个人所持股权为911,621股,股东182户,个人持有的这部分股权仍界定为社会法人股;其余3357.8742万股法人股由139 户社会法人股东持有。公司董事、监事及高级管理人员均不持有公司法人股。

(二)历次验资、评估、审计的情况

1.验资情况

(1) 公司1993年设立时的验资情况

建德会计师事务所建会所(93)验字第237号《验资报告书》确认,截止1993年2月28日,公司募股完成后总股本为9,000万元,其中国家股6,000万元,占总股本的66.67%;法人股1,332万元,占总股本的14.8%;职工股1,668万元,占总股本的18.53%。

(2) 公司1993年调整股本结构时的验资情况

立信会计师事务所信会师报(93)第781号报告确认,截止1993年9月10日,国有股为4294万元,占股本总额的47.7%;社会法人股为3038万元,占股本总额的33.8%;内部职工股1668万元不变,占股本总额的18.5%。

(3) 公司1997年增资时的验资情况

建德会计师事务所建会业验字(97)第81号验资报告确认,截止1997年4月30日 ,公司股本总额为14696.64万元,其中国家股4294万元,占总股本的29.22%;法人 股8734.64万元,占总股本的59.43%;内部职工股1668万元,占总股本的 11.35%。

(4) 公司1999年减资时的验资情况

建德会计师事务所建会业验字(99)第05号验资报告验证确认,截止1998年12月31日,公司股本总额为9411.0363万元,其中,国家股4294万元,占总股本的45.63%;法人股3449.0363万元,占总股本的36.64%;内部职工股1668万元,占总股本的17.73%。

2. 资产评估情况

(1) 公司设立时的资产评估情况

1992年10月16日,建德会计师事务所出具了建会业(1992)资字15号《关于资产评估的报告》,确认截止1992年6月30日,浙江省新安江化学工业集团公司全部经营 性净资产价值共计64,769,250.85元,其中含土地使用权17,060,952.2元。

(2)公司定向增资时的资产评估情况

1997年8月4日,浙江资产评估公司对出具了浙评(1997)第113号报告,确认截 止1997年4月30日,公司净资产为177,625,125.96万元。

(3)本次发行时的资产评估情况

2000年7月5日,浙江东方资产评估有限公司出具了浙东评报(2000)字第41号《资产评估报告书》,确认截止2000年3月31日,公司净资产为20,921.75万元。

3. 审计情况

自1993年公司设立时起,公司历年的审计机构情况如下:

1993年——1999年,公司原会计报表审计机构为建德会计师事务所;1997年- 2000年,公司申报会计报表审计机构为浙江天健会计师事务所。

(三)与生产经营有关的资产权属情况

1.固定资产

根据浙江天健会计师事务所浙天会审【2001】第51号《审计报告》,截至2000 年12月312日,公司固定资产帐面净值为27,863.03万元,其明细状况如下: 单位:万元

房屋建筑物	通用设备	专用设备	运输设备	其他设备	合计
9,442.64	11,769.85	5,943.16	685.44	21.94	27,863.03

上述固定资产均系公司在生产经营过程中以外购或自制的形式取得,并依法享有所有权。

2. 土地使用权

经浙江地产评估咨询中心浙地估〔2000〕字第13号、14号文以及浙江省国土资源厅浙土资发〔2000〕94号文《关于对浙江新安化工集团股份有限公司土地估价结果确认的批复》,公司及控股子公司现使用23宗土地,总共372,756.62平方米,总地价为5,468.45万元,分别位于建德市新安江镇、梅城镇和开化县城关镇。

3.其他无形资产

公司目前拥有的其他无形资产主要包括知识产权、非专利技术。公司目前拥有已获国家发明专利申请号的技术成果6项,专有技术和技术成果7项,产品商标12项等(参见第九节第六段——重要的知识产权、非专利技术)。

(四)员工及其社会保障情况

截止2000年12月,公司拥有职工总数1962人。具体构成如下:

1.专业分工

技术人员354人　　占员工总数比例18.04%

销售人员140人　　占员工总数比例7.14%

生产人员1,205人　　占员工总数比例61.41%

财务人员36人　　占员工总数比例1.83%

行政管理人员227人　　占员工总数比例11.58%

2.技术职称

高级职称员工43人　　占员工总数比例2.19%

中级职称员工163人　　占员工总数比例8.31%

初级职称员工494人　　占员工总数比例25.18%

3.教育程度

大学本科及本科以上137人、大专292人、中专245人

4.年龄构成

30周岁以下927人　　占员工总数比例47.25%

30-40周岁611人　　占员工总数比例31.14%

40-50周岁363人　　占员工总数比例18.50%

50周岁以上61人　　占员工总数比例3.11%

公司在册职工实行全员劳动合同制,公司按国家有关规定为职工办理了社会养老保险、医疗保险。2000年度公司保险费支出合计为822,083万元。公司退休职工福利 待遇按国家政策及公司的有关规定办理。

(五)生产经营的独立性

公司由原浙江省新安江化学工业集团公司以整体改制、独家发起的形式设立时,发起人的全部经营性资产均投入了公司,公司成立之初即拥有完整的生产经营系统。公司成立后,公司控股股东——建德市国有资产管理局按其持股比例对公司依法行使股东权利,未对公司进行过不当干预,公司在产、供、销和人、财、物等方面享有充分的独立性。

五、发行人股本

1.历次股本变动情况

公司历次股本变动情况如下表:

股份类别	1993/05/12	比例(%)	1993/08/20	比例(%)	1998/01/16	比例(%)	1999/02/11	比例(%)
国家股(万元)	6000	66.67	4294	47.70	4294	29.22	4294	45.63
法人股(万元)	1332	14.80	3038	33.80	8734.64	59.43	3449.0363	36.64
内部职工股(万元)	1668	18.53	1668	18.50	1668	11.35	1668	17.73
总股本(万元)	9000	100.00	9000	100.00	14,696.64	100.00	9411.0363	100.00

2.本次发行后公司的股本结构

公司计划本次发行4400万股社会公众股(其中400万股为国有股存量发行),发 行完成后,公司的股本结构将如下所示:

股权性质	股份数量(万股)	所占比例(%)
国家股	3,993.0000	29.77
法人股	3,350.0363	24.98
内部职工股	1,668.0000	12.44
社会公众股	4,400.0000	32.81
总股本	13,411.0363	100.00

六、发行人股东的基本情况

本次发行前,公司最大的10个股东及其持股情况分别为:

股东名称	持股数(股)	所占比例(%)
建德市国有资产管理局	42,940,000	45.63
开化县工业国有资产经营公司	14,026,400	14.90
浙江信鸿实业有限责任公司	3,000,000	3.19
中化国际贸易股份有限公司	2,800,000	2.98
上海化工进出口公司	2,000,000	2.13
浙江省科技风险投资公司	1,674,000	1.78
上海宏广达实业公司	907,250	0.96
上海东方储罐有限公司	800,000	0.85
浙江康恩贝股份有限公司	422,000	0.45
华证资产管理有限公司	400,000	0.43

其中:

(1) 建德市国有资产管理局,系建德市国有资产管理部门。

(2)开化县工业国有资产经营公司,注册于浙江省开化县,注册资本2,770万元,主要从事开化县工业国有资产的投资经营。

(3)浙江信鸿实业有限责任公司,注册于浙江省杭州市,注册资本1,000万元,主要从事实业投资开发。

(4)中化国际贸易股份有限公司,注册于北京市,注册资本37,265万元,主要 从事自营及代理进出口业务。

(5)上海化工进出口公司,注册于上海市,注册资本为2,833万元,主要从事进出口的经营、代理。

(6)上海宏广达实业公司,注册于上海市浦东新区,注册资本为3300万元,主 要从事房地产开发经营、电子、电器机械、金属材料、化工产品等业务。

(7)浙江省科技风险投资公司,注册于浙江省杭州市,注册资本为3,000万元,主要从事投资开发业务。

(8)上海东方储罐有限公司,注册于上海市,注册资本为1,274万美元,主要从事石化产品的储存与运输。

(9) 浙江康恩贝制药股份有限公司,注册于浙江省兰溪市,注册资本为9 ,720万元,主要从事药品、保健品的制造销售。

(10)华证资产管理有限公司,注册于北京市,注册资本为5,000万元,主要从 事资产管理、投资咨询、企业管理咨询等业务。

七、内部职工股有关情况

1、有关批复

经1992年11月5日浙江省股份制试点工作协调小组浙股募(1992)23号文批准,公司拟发行内部职工股2400万元,募集期限为自批准募集之日起60天,由内部职工以 现金方式按1.2:1的比价认购;后浙江省股份制试点工作协调小组浙股(1993)8号 文批复同意发行人募集内部职工股减为1650万元,并认可募集工作延迟至1993年2月 底结束。

2、实际募股数额

在募集过程中,由于认购缴款分散在公司下属的三个工厂中进行,公司在缴款统计和联系方面不及时,结果导致内部职工股本比原计划多认购了18万元,实际募集1,668万元,但未超过当时国家法规允许的20%的内部职工股比例。为使总股本不超过 原有批复额度,公司募集社会法人股本时减少了18万元,共募集了1,332 万元。

上述结果后经建德会计师事务所"建会所(93)验字第237 号"验资报告书确认。在发行人申请开业登记注册书上,建德市人民政府及浙江省股份制试点工作协调小组分别于1993年4月22日及4月23日对内部职工股募集结果盖章确认。

3、认购范围

经1992年11月5日浙江省股份制试点工作协调小组浙股募(1992)23号文批准,公司开始发行内部职工股。至1993年5月公司设立时,实际募集内部职工个人股1668 万股,共有股东4359人。由于当时公司对企业内部职工概念的理解不准确,使内部职工股的认购范围扩大到了浙江新安江化学工业集团的成员企业及少数认购法人股的股东单位的部分职工。在内部职工股东中,其中当时为本公司员工的有1605人,共计1021.2万股;属于集团其他成员企业的有1995人,共计478.8万股;其他有750人,共计180万股。因此,超范围的人数为2745人,股数为658.8万股。

4、托管登记

职工认购股份后,公司当时发给认购职工收据,1993年8月,凭收据换出资凭证 ,同年10月,公司依照《关于清理定向募集股份有限公司内部职工持股不规范做法的通知》的相关规定在浙江省证券登记中心办理内部股权证托管登记,职工凭出资凭证换取证券帐户卡和证券存折。其后,公司内部职工股非交易过户遵守浙江省证券登记中心的规定并办理相关手续,在进行非交易过户中未发生过任何股权纠纷。

为本次发行,2000年6月27日浙江省证券登记中心出具浙证登(2000)第5号《关于浙江新安化工集团股份有限公司股份登记托管证明》确认:公司内部职工股1,668 万股,占总股本的

17.725%,股东4,278户(比登记托管之初减少了81人)。

八、发行人组织结构概况

公司按照《公司法》的规定设置生产经营管理机构。设立的职能部门包括:总经理办公室、财务证券部、市场部、经济管理部、劳动人事部、投资规划部、总工程师办公室等(见下图)。

九、发行人业务和技术概况

(一)公司的主要产品和用途

1.主要产品

公司目前主要从事草甘膦、毒死蜱等高效低毒农药产品的开发、生产与销售;有机硅单体及下游产品的研制和生产经营;精细化工产品的生产销售。

2.产品的主要用途

(1)草甘膦

草甘膦是芽后内吸非选择性高效除草剂,具有广谱、低毒、无残留的特点,对多年深根恶性杂草和阔叶杂草非常有效。近年来,由于生物技术的突飞猛进,世界上开发出了许多抗草甘膦的转基因作物品种,极大的扩展了草甘膦的使用范围。

(2)有机硅单体及其下游产品

有机硅单体及其下游产品属于新型材料,广泛应用于电子、电气、机械、交通、运输、建筑、轻工及国防军事等各领域,有"工业味精"之称。

(3)毒死蜱

毒死蜱是一种高效、广谱、毒性较低、含吡啶环的有机磷杀虫剂,其抗性的产生比较缓慢,是世界十大农药品种之一,在农作物、建筑、土壤、禽畜害虫防治方面有良好的效果。

(4)其他产品

公司生产的其他产品包括二氯喹啉酸、磷酸等,主要是作为中间产品自用或对外销售的部分化工产品。

(四)业务基本情况

1.生产能力

公司主要产品为草甘膦、有机硅单体及毒死蜱等,其生产能力见下表:

产品	生产能力(吨/年)		
	2000年	1999年	1998年
草甘膦	12,000	6,000	4,000
有机硅单体	7,000	5,000	3,000
毒死蜱	1,000	500	200

2.2000年主要产品的销售额及出口比例

	销售额(万元)	出口额(万元)	出口比重(%)
草甘膦	36348.40	30139.18	82.92
毒死蜱	922.96	579.97	62.84
有机硅	6740	0	0
其他化工产品	6886.50	2195.23	31.88

3.主要原材料和能源耗用情况

公司主要产品的原料及能耗如下表:

产品	主要原材料及能耗	成本构成(%)
草甘膦	甘氨酸	36.10
	亚磷酸二甲酯	32.04
	多聚甲醛	12.36
	甲醇	4.21
	液碱	4.90
	燃料及动力	4.16
有机硅	硅粉	34.77
	氯甲烷	48.13
	燃料及动力	6.29
毒死蜱	三氯乙酰氯	37.55
	丙烯腈	12.39
	乙基氯化物	17.96
	燃料及动力	7.73

上述主要原料中的甘氨酸、亚磷酸二甲酯和三氯乙酰氯为自产,所需最初原料为氯乙酸、液氨、液氯、黄磷、四氯乙烯,均为国内大宗化工原料,供应充足;氯甲烷是公司主要产品草甘膦生产过程中的副产物,能满足20,000吨/年的有机硅单体生产。蒸汽由公司下属热电厂集中供应。

4.与主要客户和供应商的交易比重

(1)公司对前5名客户的销售额约占年度销售总额的36%。

(2)公司对前5名供应商的合计采购额约占年度采购总额的20%。

公司的董事、监事、高级管理人员和核心技术人员,主要关联方或持有公司5%以上股份的股东未在上述客户和供应商中占有权益。

5.主要生产设备

公司草甘膦生产采用先进的DCS集散控制系统,过程控制实现了自动化。主要设备为合成反应器、水解釜、脱溶釜、溶剂分离装置、自动离心机和气流烘干机等;

毒死蜱生产的主要设备为合成反应器、管分机、缩合反应器、溶剂分离装置等;有机硅单体合成装置主要设备为流化床反应器、精馏装置、水解反应器与裂解反应器等。

这些产品的关键设备的有关情况如下表:

	关键设备	数量(套)	重置成本(万元)	先进性	还能安全运行时间(年)
草甘膦	合成反应器	7	560	国际领先	5-6
	分离装置	3	360	国内领先	5-6
毒死蜱	合成反应器	3	260	国内领先	8-9
有机硅	流化床反应器	1	230	国内领先	7-8
	精馏装置	1	650	国内领先	7-8

6.产品的质量控制

公司十分重视产品质量的控制,不断采用新技术、新工艺、新设备提高产品技术水平,主要产品均已通过ISO9002质量体系论证,并积极采用国际标准。目前,大部分产品已行销国际市场。

草甘膦生产执行的质量控制标准为企业标准Q/XHG.JHE01-1996,其质量指标优于国家标准GB12686-90,产品优等品率达100%。

有机硅单体是目前国家鼓励发展的产品,列入《国家高新技术产品目录》,执行的质量控制标准为企业标准Q/XHG.YJG03-2001,目前质量居国内同类产品先进水平。

毒死蜱产品被科技部认定为国家级新产品,质量控制标准为企业标准Q/XHG JN10-1998,产品质量完全达到国外进口产品水平。

自公司成立以来,未出现过大的产品质量纠纷。

(五)公司的核心技术

公司现拥有并使用下列核心技术:草甘膦合成新技术、有机硅单体合成技术、三氯乙酰氯专利技术等。

1.草甘膦合成新技术

该技术具有合成装置大型化、控制自动化并采用了多项组合新技术等特点。它的应用使得公司草甘膦的收得率领先于国内同行。

2.有机硅单体合成技术

该技术使草甘膦副产氯甲烷得以回收并用于有机硅单体的合成,同时有机硅单体产生的盐酸反过来用于草甘膦合成,实现了氯元素的循环,属国内首创,大大提高了草甘膦和有机硅单体的市场竞争力。

3.三氯乙酰氯专利技术

该技术解决了对游离基反应的调节控制、生产装置耐高温、中压、高腐蚀性的设备质材等问题,实现了四氯乙烯氧化法合成三氯乙酰氯的规模化生产。

(六)重要的知识产权、非专利技术

1、公司拥有的已获国家发明专利申请号的技术成果

(1)草甘膦酸合成中水解辅续工序　　专利申请号:99119970.7

用途:草甘膦合成过程中回收氯甲烷回收

(1)草甘膦铵盐制备新方法　　专利申请号:99119971.5

用途:非水体系的草甘膦胺盐合成技术

(2)四氯乙烯氧化法合成三氯乙酰氯　　专利申请号:99113977.1

用途:四氯乙烯合成三氯乙酰氯技术

(3)甘氨酸制备工艺　　专利申请号:00125939.3

用途:连续法合成及溶剂循环分离制备甘氨酸

(4)草甘膦酸铵合成工艺　　专利申请号:00125934.2

用途:溶剂法合成草甘膦胺盐

(6)草甘膦的制备方法　　专利申请号:00125933.4

用途:甲缩醛氧化制备甲醛合成草甘膦

2、公司的专有技术和技术成果

(1)年产2,000吨草甘膦原粉项目　　获1998年度国家科委火炬优秀项目三等奖

用途:生产草甘膦原粉

(2)草甘膦异丙胺盐水剂　　获1997年度浙江省优秀新产品新技术三等奖

用途:一种性能优良的灭生性除草剂制剂

(3)毒死蜱产品　　获1998年度"国家重点新产品"证书

用途:一种可以取代高毒农药的杀虫剂产品

(4)草甘膦可溶性粉剂　　已开发了从30%到75%不同含量的剂型

用途:降低草甘膦生产成本,扩大其使用范围

(5)三氯乙酰氯产品　　获1999年度"国家重点新产品"证书

用途:生产毒死蜱的主要中间体,可大幅度降低毒死蜱的生产成本。

(6)草甘膦合成新技术　　获2000年浙江省科学技术进步二等奖

用途:降低草甘膦生产成本

(7)四氯乙烯氧化法合成三氯乙酰氯　获2000年浙江省科学技术进步二等奖

用途:低成本生产三氯乙酰氯

3.商标

"XINAN"	注册编号为1130708	"梅城"	注册编号为177636
"搏乐"	注册编号为1270206	"KHS"	注册编号为1044088
"甘泉"	注册编号为225664	"严州"	注册编号为137984
"伯乐"	注册编号为1260270	"超乐"	注册编号为1343316
"新旺"	注册编号为1260269	"禾旺"	注册编号为1352763
"红星"	注册编号为249194	"农旺"	注册编号为1460579

(七)研究开发情况

1.研究开发机构

公司作为国家科技部认定的高新技术企业,非常重视科技进步和产品开发工作,与多家科研机构和高校建立了长期稳定的技术合作,建立了公司技术中心和浙江省有机硅工程技术研究开发中心。其中,公司技术中心是经浙江省计经委认定的省级技术中心,目前拥有1,000平方米的科研楼和四套多功能中试装置,占地1,800平方米,其中各类仪器、设备70多台套;浙江省有机硅工程技术研究开发中心是经浙江省科委认定的省级高新技术研究开发中心,由公司于1999年投资建设。公司科研机构集中了优秀的科技人才,对提高公司产品技术水平和市场竞争能力提供了有力的保障。

2.研究人员和研究经费投入

公司现有研究开发人员人员164人,占职工总数的8.4%,其中具有大学本科及本科以上学历的97人,占研究开发人员的59.1%;具有高级职称的24人,占研究开发人员的14.6%;具有中级职称的62人,占研究开发人员的37.8%。

1998、1999、2000年技术开发费实际支出分别为68.31万元、472.01万元、458.11万元,主要用于项目的研究和开发。

3.公司正在研究开发的新产品及新技术

(1)甲基乙烯基高温硫化硅橡胶

目前已经完成中试研究,拟建的500吨/年项目已列入2000年国家重点技术创新计划。

(2)抗草甘膦转基因玉米新品种开发

目前已完成抗草甘膦基因的构建,正在将该基因向玉米转化。预计2003年可实现玉米新品种的产业化。

该研究是公司与中国农业科学院、中国农业大学三方合作进行的。由中国农业科学院完成抗草甘膦基因的构建,并将构建好的基因交给中国农业大学进行玉米转化工作;公司的主要职责是提供资金、协调工作,并派员参与研究开发工作。

研究开发所完成的技术成果(专利及专有技术)归三方共有,三方对技术成果各拥有1/3的所有权。任何一方对本研究开发的所有技术资料、技术成果等不得单方转让、泄漏。

(3)有机硅单体合成新技术

进行了硅粉与催化剂评价研究、流化床冷模试验,使二甲基二氯硅烷的转化率有了较大幅度地提高,达到国内领先水平。

(4)有机硅单体合成副产物的综合利用

该项目与浙江大学合作,目前高沸副产物综合利用研究已取得突破性进展,一甲基三氯硅烷副产物综合利用试验正在进行;项目完成后副产物的综合利用率可达到80%以上。

该研究成果均为双方所有,不得单方处置,但成果使用权归公司所有。

(5)天然丝麻织品的后整理剂的研究

目前已完成配方研究,正在开发应用技术;该产品可提高天然丝麻织品的防皱、防缩水性和提高其柔软性。

此外,公司正在进行生物源农药、生物化工、生物医药、纳米超微有机硅树脂微粉、医用硅橡胶等新产品的前期研究工作。

十、同业竞争和关联交易

(一)同业竞争

公司与控股股东及其控制的法人以及关联企业之间不存在同业竞争。

(二)关联关系

本公司是由原浙江省新安江化学工业集团公司独家发起、整体改制、以定向募集的方式设立的股份有限公司,目前存在如下关联关系:

1.主要股东情况

(1)建德市国有资产管理局,持有公司4294万股,占总股本的45.63%;

(2)开化县工业国有资产经营公司,持有公司1,402.64万股,占总股本的14.90%,法定代表人徐海平,注册资金2,770万元,主要从事开化县工业国有资产的投资经营。

2.子公司情况

(1)开化县合成材料有限公司,本公司控股93.55%,法定代表人王伟,注册资金1,499.39万元,主要从事有机硅系列产品的研究开发和生产销售。

(2)建德市新安水晶有限公司,本公司控股81.64%,法定代表人骆阳星,注册资金500万元,主要从事水晶材料及制品的生产销售。

(3)建德新安化工煤炭经营有限公司,本公司控股80%,法定代表人骆阳星,注册资金120万元,主要从事煤炭、化工原料销售。

(4)建德市新安服务有限责任公司,本公司控股85.11%,法定代表人骆阳星,注册资金188万元,主要从事化工等产品销售、物业管理、代办保险。

3.参股公司情况

厦门新安化工有限公司:公司参股公司,参股比例为20%,注册资本100万元,法定代表人吴宗钦,主要从事化工原料及产品的批发、零售和技术咨询服务。

十一、董事、监事、高级管理人员

与核心技术人员

(一)董事会成员简介

王伟先生,中国国籍,男,1950年9月出生,大学文化,高级经济师。 曾先后担任建德化工厂工艺员、技术科长、副厂长、厂长,建德市经委副主任,建德市工业局局长,多次被评为全国化工系统和浙江省优秀企业家。现任公司董事长。

程旭先生,中国国籍,男,1963年3月出生,大学文化。 曾任建德市财税局税政科副科长、国企所所长、企财科科长,现任公司董事。

季诚建先生,中国国籍,男,1958年4月出生,大学本科, 在职研究生,高级工程师。曾任建德化工厂技术员、副厂长、厂长,本公司副总经理,现任公司董事,总经理。

汪福海先生,中国国籍,男,1968年10月出生,大学文化,会计师。曾任开化国有资产运营管理科科长。2000年9月调任公司开化县国有资产经营公司副总经理。现 任公司董事。

林加善先生,中国国籍,男,1965年1月出生,大学文化,在职研究生, 会计师。曾任建德化工厂会计、财务科副科长,公司财务证券部经理,现任公司董事、副总经理兼总会计师。

袁一强先生,中国国籍,男,1952年6月出生,大学文化,会计师。 曾任杭州红旗电动机械厂财务科长,杭州人防设备厂副厂长,浙江国际信托投资公司证券总部业务经理,现任浙江信鸿实业有限公司董事长兼总经理,公司董事。

张顺强先生,中国国籍,男,1946年1月出生,大学文化,商务师。 曾在山西长治工程机械配件厂、北京燕山石化公司、中国化工进出口总公司工作,现任中化国际贸易股份有限公司资产管理部总经理,公司董事。

(二)监事会成员简介

林连生先生,中国国籍,男,1944年11月出生,大专文化,高级政工师。现任公司党委副书记,工会主席,监事会召集人。

包雪传先生,中国国籍,男,1952年9月出生,大专文化,高级政工师。 现任公司监事。

周美良先生,中国国籍,男,1945年7月出生,初中文化,政工师。 现任公司监事。

(三)其他高级管理人员简介

刘侠先生,中国国籍,男,1957年12月出生,大学文化,工程师。现任公司副总经理。

方江南先生,中国国籍,男,1963年2月出生,大学文化,工程师, 现任公司副总经理。

姜永平先生,中国国籍,男,1965年3月出生,大学文化,在职研究生, 经济师。 现任公司董事会秘书。

(四)技术负责人和核心技术人员简介

任不凡先生,中国国籍,男,1964年6月出生,大学文化,高级工程师。 现任公司总经理助理兼技术中心常务副主任,为公司的技术负责人。

周曙光先生,中国国籍,男,1970年2月出生,工学硕士,高级工程师。 现任公司技术中心副主任兼总工程师。

胡跃华先生,中国国籍,男,1959年8月出生,大学文化,高级工程师。 现任公司副总工程师兼总工程师办公室主任。

邵月刚先生,中国国籍,男,1964年10月出生,大学文化,高级工程师。现任公司技术中心副主任。

胡江先生,中国国籍,男,1964年3月出生,大学文化,高级工程师。 现任草甘膦、毒死蜱、三氯乙酰氯等技改项目的技术负责人之一。

上述人员相互之间不存在配偶关系、三代以内直系和旁系亲属关系。

(五)董事、监事、高级管理人员与核心技术人员的持股情况

董事、监事、高级管理人员与核心技术人员直接或间接持有公司股份的情况如下表:

姓名	职务	持股数
王 伟	董事长	10,000
程 旭	董事	0
季诚建	董事,总经理	8,000
汪福海	董事	0
林加善	董事,副总经理	21,000
袁一强	董事	0
张顺强	董事	0
林连生	监事会召集人	5,000
包雪传	监事	22,600
周美良	监事	10,000
刘 侠	副总经理	15,000
方江南	副总经理	0
姜永平	董事会秘书	5,000
任不凡	技术负责人	500
胡跃华	副总工程师	6,600
周曙光	技术中心总工程师	3000
邵月刚	技术中心副主任	0
胡 江	技术副厂长	5,000

十二、公司治理结构

本公司于1993年以募集方式设立时,在创立大会上通过了公司章程。《公司法》颁布后,公司对《公司章程》进行了修改完善,使之符合了《公司法》的要求;为本次新股发行,公司第九次股东大会对《公司章程》再次进行了修改,初步建立起了符合上市公司要求的公司治理结构。

(一) 关于公司股东、股东大会

1. 股东权利

股东享有依照其所持有的股份份额获得股利和其他形式的利益分配等《公司法》规定的权利。

2.股东义务

遵守公司章程;依其所认购的股份和入股方式缴纳股金;除法律、法规规定的情形外,不得退股;法律、行政法规及公司章程规定应当承担的其他义务。

3.股东大会职权

决定公司经营方针和投资计划;选举和更换董事,决定有关董事的报酬事项;选举和更换由股东代表出任的监事,决定有关监事的报酬事项;审议批准董事会的报告、监事会的报告、年度财务预算方案、决算方案、利润分配方案和弥补亏损方案等《公司法》所规定的权利。

4. 股东大会议事规则(要点)

公司认真执行中国证监会2000年5月18日发布的《上市公司股东大会规范意见》,以其指导公司的股东大会。股东大会分为股东年会和临时股东大会。

临时股东大会只对通知中列明的事项作出决议。

股东大会会议由董事长主持。董事长因故不能履行职务时,由董事长指定的副董事长或其它董事主持。

公司召开股东大会,董事会应当在会议召开三十日以前通知上海证券登记结算公司股东。

股东大会决议分为普通决议和特别决议。

股东大会的普通决议和特别决议应严格执行《公司法》的规定。

股东大会采取记名方式投票表决。

股东大会应有会议记录,股东大会记录由出席会议的董事和记录员签名,并作为公司档案由董事会秘书保存。

5.保护中小股东利益的规定及其执行情况

公司章程规定:股东大会审议有关关联交易事项时,关联股东不应当参与投票表决,其所代表的有表决权的股份数不计入有效表决总数;如有特殊情况关联股东无法回避时,公司在征得有权部门的同意后,可以按照正常程序进行表决,并在股东大会决议公告中作出详细说明。

公司成立以来,严格按照公司章程运作,中小股东股东的利益得到了充分的保护,从未发生过中小股东与公司产生纠纷或诉讼之事实。

(二)关于公司董事会

1. 董事会的组成、职权

公司董事会由7名董事组成,设董事长一人。

董事会负责召集股东大会,并向大会报告工作;执行股东大会的决议;决定公司的经营计划和投资方案等《公司法》规定的职权,并在股东大会授权范围内,决定公司的风险投资、资产抵押及其他担保事宜。

2.董事会议事规则

董事会每年至少召开两次会议,由董事长召集,于会议召开十日以前书面通知全体董事(传真有效)。

董事会会议应当由二分之一以上的董事出席方可举行。每一董事享有一票表决权。董事会作出决议,必须经全体董事的过半数通过。

董事会临时会议在保障董事充分表达意见的前提下,可以用传真方式进行并作出决议,并由参会董事签字。

董事会决议表决方式为:记名投票方式表决。每名董事有一票表决权。

董事会会议应当有记录,出席会议的董事和记录人,应当在会议记录上签名。出席会议的董事有权要求在记录上对其在会议上的发言作出说明性记载。董事会会议记录作为公司档案由董事会秘书保存,董事会会议记录应保存十年。

(三)关于公司监事会

1. 监事会的组成和职权

公司监事会由三名监事组成,其中职工代表不少于三分之一。

监事会行使下列职权:检查公司的财务;对董事、总经理和其他高级管理人员执行公司职务时违反法规或者章程的行为2进行监督;当董事、 总经理和其他高级管理人员的行为损害公司的利益时,要求其予以纠正,必要时向股东大会或国家有关主管机关报告;提议召开临时股东大会;列席董事会会议;公司章程规定或股东大会授予的其他职权。

监事会行使职权时,必要时可以聘请律师事务所、会计师事务所等专业性机构给予帮助,由此发生的费用由公司承担。

2.监事会议事规则(要点)

监事会设召集人一名,监事会召集人不能履行职权时,由该召集人指定一名监事代行其职权。

监事会每年至少召开两次会议。会议通知应当在会议召开十日以前书面送达全体监事。

监事会的表决程序为:举手表决。

监事会会议应有记录,出席会议的监事和记录人,应当在会议记录上签名。监事有权要求在记录上对其在会议上的发言作出某种说明性记载。监事会会议记录作为公司档案由董事会秘书保存。

(四)关于公司经营管理机构

公司设总经理1名,由董事会聘任或解聘。设副总经理3名,由总经理提名,董事会聘任。

总经理对董事会负责,行使下列职权:主持公司的生产经营管理工作,并向董事会报告工作;组织实施董事会决议、公司年度计划和投资方案;提请董事会聘任或者解聘公司副总经理、财务负责人等《公司法》规定和董事会授予的其他职权。

总经理应当根据董事会或者监事会的要求,向董事会或者监事会报告公司重大合同的签订、执行情况、资金运用情况和盈亏情况。总经理必须保证该报告的真实性。

(五)公司的重大经营决策程序和规则

1.重大投资决策(要点)

公司建立了严格的审查和决策程序,公司《章程》第九十八条明确重大投资项目应组织专家、专业人员进行评审,并报股东大会批准;董事会对于风险投资、资产抵押及其他担保事项在不超过公司净资产的15%以下的项目,具有决策权。超过该数额的属重大投资项目。

重大投资项目的决策程序和规则(要点):

(1)根据企业发展及市场环境变化,由总经理班子提出投资目标;

(2)公司投资规划部在充分调研基础上制定二个以上投资方案;

(3)公司组织专家、专业人员进行评审;

(4)总经理办公会议形成决议报公司董事会讨论决定;

(5)公司董事会形成决议,提请股东大会表决通过;

2.重大财务决策(要点)

公司对重大财务事项的决策有比较完整的程序规则。公司增加或者减少注册资本,发行债券,重大收购,回购公司股票或者清算,公司年度财务预算、决算方案,利润分配或弥补亏损方案以及重大的资产抵押或其他担保事项(不超过净资产的15 %)的决策程序分别为:

(1)经理班子提出方案;

(2)董事会拟订方案;

(3)股东大会决议通过该方案;

(4)总经理负责方案的具体实施。

3.对高管人员的选择、考评、激励和约束机制

公司根据发展需要,按照公司章程规定,遵循"公开、公平、公正、择优"及"德、能、勤、绩"的原则,由董事会决定高管人员的聘任(副总经理由总经理提名),任期一般为三年。

公司高管人员需作月度、季度工作小结及年度述职报告进行考核;董事会在征询公司党委意见和员工民主评议的基础上,对高管人员作出综合考评,其考评结果与其薪酬结合,决定其加薪、降薪以及续聘、解聘。

公司对中、高层管理人员实行年薪制,对每年考核名列榜首者予以晋升或加薪。对核心技术人员实行课题负责制,成果与报酬相结合。

公司通过公司章程、签定《劳动合同》以及财务人员管理等内部管理制度,对中、高层管理人员的履职行为、权限、职责等作了相应的约束;同时,公司通过每年的考核,采取末位淘汰制。此外,公司董事会还根据日常生产经营管理的实际需要,编制了公司总经理职务说明书(既对总经理的授权制度),进一步明确了总经理的职务权限。

4.利用外部决策咨询力量的情况

公司除在生产经营重大决策过程中组织专家及专业人员进行评审咨询外, 还聘请了原化工部化工规划院为企业编制了"九五"和"十五"规划,邀请浙江省政府经济建设咨询委员会专家组到公司为企业发展咨询、诊断;聘请同济大学CIS 策划研究中心为企业整体形象战略规划;聘请浙江大学经济学专家为公司决策投资咨询顾问。

（六）公司管理层对公司内部控制制度的评价

公司管理层认为：公司现有的内部控制制度全面覆盖了公司生产经营运作的全过程，是以建立现代企业制度的要求为目标，针对公司自身特点而制定的，通过几年的运行证明是有效的，在完整性、有效性和合理性等方面不存在重大缺陷，公司从成立至今，从未因内部控制制度的原因导致重大责任事故发生。同时，管理层也将根据公司发展的实际需要，对内部控制制度不断加以改进和完善。

（七）公司董事长、高级管理人员和技术负责人的变动情况

董事长王伟先生原一直兼任公司总经理。经其本人申请，2000 年 12 月 19 日召开的公司三届七次董事会会议同意王伟先生辞去其兼任的总经理职务，并根据王伟董事长的提名，聘任原公司副总经理季诚建先生为总经理。

除此之外，近三年来公司的董事长、高级管理人员和技术负责人没有发生过变动。

（八）管理层和核心技术人员诚信业务的限制性规定

公司章程（草案）规定董事应当遵守法律法规和公司章程的规定，忠诚履行职责，维护公司利益。当其自身利益与公司和股东的利益冲突时，应当以公司和股东的最大利益为行动准则，董事、监事及其他高管人员也作出承诺，严格按照《公司法》和公司章程规定，认真行使《公司法》和公司章程赋予的权利和义务，以公司和股东利益为重，履行诚信和勤勉义务。

有关董事的义务的规定，适用于公司监事、经理和其他高级管理人员。

公司核心技术人员的义务规定参照董事义务规定执行，并在下次修改公司章程时予以明确。

监事应当遵守法律、法规和公司章程的规定，履行诚信和勤勉义务。公司经理应当遵守法律、行政法规和公司章程的规定，履行诚信和勤勉的义务。

十三　财务会计信息

第一部分 审计报告

公司聘请浙江天健会计师事务所对本公司 1998 年 12 月 31 日、1999 年 12 月 31 日、 2000 年 12 月 31 日的资产负债表和合并资产负债表，1998 年度、1999 年度、2000 年度的利润及利润分配表和合并利润及利润分配表，以及 2000 年度的现金流量表和合并现金流量表进行了审计，会计师已出具了标准无保留意见的审计报告。

以下引用的财务数据，除非特别说明，均引自经审计的合并财务报表。本节的财务会计数据及有关的分析反映了公司 1998-2000 年度经审计会计报表、经审核盈利预测报告及有关附注的重要内容。

（一）简要财务报表

简要合并会计报表反映了公司基本的财务状况、经营成果和现金流量情况。若想详细了解公司 1998-2000 年度财务状况、经营成果和现金流量情况，请阅读本招股说明书附录一。

（二）财务报表的编制基准、合并报表范围及编制方法

公司自 1998 年 1 月 1 日起执行《股份有限公司会计制度》，控股子公司执行分行业会计制度。为增强会计数据的可比性，财务报表系假设整个会计期间已一致地采用该等会计政策而编制。该等会计政策系根据《股份有限公司会计制度》及补充规定厘定。

纳入合并范围的子公司如下：

子公司名称	经营范围	注册资本（万元）	投资额（万元）	拥有权益比例（%）
浙江开化合成材料有限公司	有机硅生产销售	1,499.39	1,402.64	93.55
建德市新安水晶有限公司	水晶材料及制品生产销售	500.00	408.2168	81.6434
建德新安化工煤炭经营有限公司	煤炭、化工原料销售	120.00	96	80
建德市新安服务有限责任公司	化工等产品销售、物业管理、代办保险	188.00	160	85.11

合并会计报表以母公司、纳入合并范围的子公司的同期会计报表和其他有关资料为依据，按照《合并会计报表暂行规定》编制而成。子公司的主要会计政策按照母公司统一选用的会计政策厘定，集团内公司间的重大交易和资金往来等均已在合并时抵销。

（三）利润

1.主营业务收入总额与利润总额

项目	2000 年度	1999 年度	1998 年度
主营业务收入	560,805,751.98	488,003,879.42	421,595,449.79
利润总额	38,033,082.23	37,679,594.60	13,486,483.90

2.业务收入构成

业务种类	2000 年度		1999 年度		1998 年度	
	金额	比重	金额	比重	金额	比重
化工产品	69,461,889.24	12.4%	77,505,876.26	15.9%	83,402,941.06	19.8%
农药产品	396,421,554.46	70.7%	334,531,071.16	68.6%	296,180,044.95	70.3%
煤炭销售	6,816,636.04	1.2%	2,983,500.19	0.6%	2,795,957.04	0.7%
电销售	7,473,859.84	1.3%	6,568,079.41	1.3%	4,682,433.03	1.1%
有机硅制品	73,839,273.76	13.2%	57,974,402.52	11.9%	30,195,057.79	7.2%
水晶制品	3,804,696.87	0.7%	2,240,611.57	0.5%	1,536,446.34	0.4%
其他收入	2,987,841.77	0.5%	6,200,338.31	1.3%	2,802,569.58	0.7%
合计	560,805,751.98	100%	488,003,879.42	100%	421,595,449.79	100%

3.税率

所得税税率：33%2

增值税税率：按产品不同，分别按照 17%、13%和 0%交纳。

（四）固定资产

2000 年底公司固定资产有关情况如下：

固定资产类别	折旧年限（年）	原价	累计折旧	净值
房屋及建筑物	20-40	127,177,606.06	32,751,245.47	94,426,360.59
通用设备	6-12	163,845,525.45	46,147,028.45	117,698,497.00
专用设备	8-12	84,039,037.68	24,607,413.67	59,431,624.01
运输工具	8-12	10,804,965.90	3,950,543.15	6,854,422.75
其他设备	6	352,393.93	133,035.04	219,358.89
总计		386,219,529.02	107,589,265.78	278,630,263.24

固定资产折旧采用平均年限法，按固定资产类别、预计使用年限和预计净残值率（原值的 4%）计算。

（五）长期投资

1.长期股权投资

（1）明细情况

项目	期初数	本期增加	本期减少	期末数
股票投资	395,277.91			395,277.91
其他股权投资	1,820,000.00			1,820,000.00
合计	2,215,277.91			2,215,277.91

（2）长期股权投资——股票投资

被投资单位	股份类别	股票数量	持股比例	投资成本	损益调整	投资准备	股权投资差额	期末合计	期末市价	减值准备
云南白药	法人股	6,550 股		20,959.40				20,959.40	＊1	
华凯股份	法人股	18,000 股		60,258.45				60,258.45	＊2	
国实股份	法人股	22,000 股		63,329.00				63,329.00	＊2	
长白股份	法人股	44,000 股		136,292.00				136,292.00	＊2	
自然股份	法人股	38,000 股		114,439.06				114,439.06	＊2	
小计				395,277.91				395,277.91		

注：＊1 系转配法人股，尚未流通，没有市价。

＊2 均为法人股，没有上市流通。

（六）有形资产净值

截止 2000 年 12 月 31 日，公司有形资产净值为 588,503,792.61，具体情况如下：

总资产	598,939,710.76
减：无形资产	8,674,928.38
待摊费用	351,238.09
开办费	460,815.14
长期待摊费用	948,936.54
有形资产净值	588,503,792.6

（七）无形资产

期末数　　8,674,928.38

（1）明细情况

种类	原始金额	期初数	本期增加	本期摊销
商誉	2,211,900.00	730,919.02		730,919.02
专有技术	765,717.00	261,619.58		76,571.76
土地使用权	8,930,361.21	6,250,366.44	2,422.963.00	183,448.88
合　计	11,907,978.21	7,242,905.04	2,422.963.00	990,939.66

（续表）

种类	累计摊销	期末余额	剩余推销年限
商誉	2,211,900.00	-＊	-
专有技术	580,669.18	185,047.82＊	30 个月
土地使用权	440,480.65	8,489,880.56	446-587 个月
合　计	3,233,049.83	8,674,928.38	

（八）主要债项

1.短期借款　　期末数 69,950,000.00

（1）明细情况

借款类别	期初数	期末数	借款期限	年利率
银行信用借款		16,500,000.00	2000.06.16-2001.03.22	5.85%
银行担保借款	49,000,000.00	50,500,000.00	2000.02.14-2001.10.15	5.85-7.251%
银行抵押借款	5,500,000.00	2,950,000.00	2000.09.29-2001.11.20	5.85-6.435%
合计	54,500,000.00	69,950,000.00		

（2）变动幅度超过 30%原因说明

母公司及合并 2000 年末数较 1999 年末数分别增长 37.52%、28.35%，1999 年末数较 1998 年末数分别增长 1.07 倍、63.76%，主要系生产规模扩大，本公司库存相应增 加所需的流动资金增多；另外，本公司向银行借入长期借款难度较大，部分工程建设的资金依靠短期借款资金解决。

2.长期借款　　期末数 113,100,000.00

（1）明细情况

借款单位	期末数	借款期限	年利率	借款条件
银行借款	3,500,000.00	1999.12.13-2002.04.12	6.534%	信用
银行借款	58,600,000.00	1997.12.09-2003.10.21	6.03%	担保
银行借款	51,000,000.00	2000.09.29-2005.08.18	6.03%	抵押
合计	113,100,000.00			

（2）变动幅度超过 30%原因说明

母公司及合并 2000 年末数较 1999 年末数分别增长 55.24%、40.32%，主要原因系本期在建工程投入较多，相应长期借款也增多。

3.对内部人员的负债

截至 2000 年 12 月 31 日，公司对内部人员的负债余额 25,927,234.21 元，其明细情况列示如下：

应付工资	16,041,747.52
应付福利费	9,885,486.69
合计	25,927,234.21

4.对关联企业的负债

截至 2000 年 12 月 31 日，公司无对关联企业的负债。

5.或有负债

截至 2000 年 12 月 31 日，公司为建德市新化化工有限责任公司提供流动资金借款担保，担保金额 500 万元，担保期限自 2000.12.01-2001.12.01。

公司无其他形式产生的或有负债。

6.主要合同承诺

截至 2000 年 12 月 31 日，公司无重大合同承诺。

（九）股东权益

1.股本

类别	2000.12.31	1999.12.31	1998.12.31
国家股	42,940,000.00	42,940,000.00	42,940,000.00
法人股	34,490,363.00	34,490,363.00	34,490,363.00
内部职工股	16,680,000.00	16,680,000.00	16,680,000.00
合计	94,110,363.00	94,110,363.00	94,110,363.00

2.资本公积

	2000.12.31	1999.12.31	1998.12.31
股本溢价	30,377,582.62	30,377,582.62	30,377,582.62
接受捐赠资产准备	注[3]6,873,414.00	注[2]4,828,114.00	注[1]3,177,410.00
被投资单位接受捐赠准备	注[4]161,653.85		
被投资单位评估增值准备	955,548.54	955,548.54	955,548.54
其他资本公积转入	500,000.00	500,000.00	500,000.00
其他	注[5]2,500,000.00		
合计	41,368,199.01	36,661,245.16	35,010,541.16

3. 盈余公积

(1)明细情况

	2000.12.31	1999.12.31	1998.12.31
法定盈余公积	12,210,333.45	9,957,447.58	7,542,062.38
法定公益金	6,105,166.73	4,978,723.80	3,771,031.21
任意盈余公积	18,576,430.53	18,576,430.53	9,933,309.43
国家扶持基金	17,778,255.04	13,474,172.71	9,282,227.90
合　计	54,670,185.75	46,986,774.62	30,528,630.92

4. 未分配利润

	2000.12.31	1999.12.31	1998.12.31
期初未分配利润	383,265.89	-2,193,495.21	-2,273,411.69
本期净利润	23,105,858.52	24,322,960.29	7,794,321.96
提取法定公积金	2,252,885.87	2,422,281.60	751,120.04
提取法定公益金	1,126,442.93	1,211,140.79	375,560.03
提取任意盈余公积金		8,701,740.50	-
已分配普通股股利		9,411,036.30	6,587,725.41
住房周转金冲减额[注]	16,314,279.38	-	-
未分配利润	3,795,516.23	383,265.89	-2,193,495.21

第五部分 财务分析

(一)主要财务指标

	2000年	1999年	1998年
1.流动比率(倍)	0.76	0.84	0.83
2.速动比率(倍)	0.44	0.54	0.44
3.应收帐款周转率(次	6.71	6.40	6.65
4.存货周转率(次)	6.00	5.09	4.89
5.资产负债率(%)	66.80	63.68	62.26
6.每股净资产(元)	2.06	1.89	1.67
7.研究开发费用占主营业务收入比例(%)	0.93	1.09	0.18
8.每股经营活动的现金流量(元)	0.78	0.67	---

按全面摊薄计算,2000年每股收益为0.25元/股,净资产收益率为11.9%;预计2001年每股收益为0.151元/股,净资产收益率4.26%。

十四、业务发展目标

公司将充分利用国家重视农业和新型材料发展的有利环境,依靠与科研机构、高校建立的密切科技协作关系以及公司自身的技术创新实力和管理优势,以草甘膦、毒死蜱等国家鼓励发展的农药品种的生产经营优势为基础,大力发展有机硅单体及其下游系列新材料产品。同时,以市场为导向,以经济和社会效益最大化为目标,通过产品经营和资本运营相结合的方式,本着"以人为本、科技创新、突出主业"的经营方针,积极、稳健地致力于向有机硅材料、新型农药和生物化工等高新技术领域的前沿发展,实现“以精品奉献客户、以效益回报股东”的企业宗旨。

(一)公司整体经营目标 单位:元

项目	2002年	2003年	2004年
产值	16亿	20亿	25亿
销售收入	7.3亿	9.5亿	12亿
利润	4,000万	6,200万	10,000万

(二)产品开发计划

公司未来两年内将着重开发有机硅下游衍生产品、生物技术产品。包括提高并完善高温硫化硅橡胶生胶与混炼胶生产技术;开发以织物后整理剂为主的硅油系列产品;开发硅树脂系列产品;研究开发抗草甘膦基因玉米新品种并实现产业化。

(三)人力资源发展计划

(四)技术开发与创新计划

重点开展以新型催化体系为核心的有机硅单体合成技术研究;纳米有机硅、医用级硅橡胶系列产品技术研究;毒死蜱工程化研究和草甘膦仿真技术研究等;

(五)市场开发和营销发展计划

公司将通过新技术、新工艺、新剂型的开发及应用,提高产品质量,降低产品成本,塑造并维护公司产品品牌的良好形象。逐步完善高效、快速的市场信息管理系统,及时收集市场最新供求信息和动态,并以此为基础制定科学、灵活的销售计划,建立、健全对销售人员的考核和激励机制,促进产品销售。　　强化营销网络建设,在目前华东、华南、华中、华西和华北五大区域网络格局基础上,逐步建立营销子公司。国外网络的发展将以东南亚、澳洲、南美等主要销售市场为重点,建立国际区域营销中心。

(六)再融资计划

本次发行如能顺利实施,募集资金将用于招股说明书中所列项目。在以后年度内,公司拟通过增发或配售新股以及向银行贷款等形式筹集资金用于实施上述业务发展目标。

(七)收购兼并及对外扩充计划

在以后年度,本公司将寻求对部分基础原材料的生产企业进行收购兼并或合作生产。

(八)深化改革和组织结构调整的规划

在深化改革方面,公司将进一步完善法人治理结构。建立独立董事制度;根据国家有关政策规定,实施国家股逐渐减持方案;探索和建立公司高管人员及核心技术人员的激励机制;进一步深化公司的用工和分配制度的改革。在组织结构调整方面总体思路是创建科学、合理的组织结构,根据内、外部环境变化,调整组织结构,以提高公司组织的效率,实现股东利益最大化。

(九)国际化经营的规划

十五、募股资金运用

(一)本次募集资金总额　　公司计划本次公开发行4,400万股社会公众股(其 中新股发行4000万股,国有股存量发行400万股),每股定价7.30元,新股发行扣除 发行费用后,共可以募集资金28222万元。

(二)募股资金运用对财务状况及经营成果的影响

募集资金到位后,公司资产负债率将大大降低, 资金短缺的局面降玫交航猓F? 务风险可以得到有效控制。同时募集资金将使公司投资项目顺利实施,公司后续盈利能力获得了有力保证;另一方面,由于投资项目产生效益需要时间周期,公司2001年的净资产收益率比2000年将会有较大幅度的降低。

(三)本次募集资金所投项目

公司拟将上述资金按轻重缓急的顺序用于以下投资项目:

1. 投资6,898万元用于新技术草甘膦及氯甲烷回收技改项目草甘膦是当今世界范围内使用最为普遍的除草剂,具有高效、广谱、非选择性、无残留等特点,有着良好的市场前景。氯甲烷是草甘膦生产过程中产生的副产品,同时又是公司另一重要产品—有机硅单体生产所需的原料,公司利用草甘膦和有机硅产品之间的资源协同关系,开发了将草甘膦生产过程中的副产氯甲烷回收净化后用于有机硅单体合成、同时又将有机硅单体生产过程中的副产盐酸精制后反过来用于草甘膦生产的先进工艺技术,通过氯资源的循环利用,不仅大大降低了产品成本,而且有效保护了环境。公司是国内草甘膦生产的龙头企业,产量约占国内总产量的30%。为进一步扩大公司草甘膦产品产能,满足国内外日益扩大的市场需要,同时进一步提高氯甲烷的回收能力和回收质量,公司拟对草甘膦生产及氯甲烷回收装备进行技术改造。

本项目总投资6,898万元,其中固定资产投资6,332万元,铺底流动资金566万元 ,建设期1年。项目建成投产后,预计每年可新增草甘膦原药生产能力4,000吨,回收氯甲烷4,500吨,销售收入13,895万元,净利润1,800万元,投资利润率26.09%,投 资回收期4.23年。

本项目为1999年国家重点技术改造项目,已经过国家经贸委国经贸投资〔1999〕1129号文批准立项,有关环境评价报告书已获浙江省环境保护局浙环开建(1999) 16号文批复。

2.投资8,935万元用于1万吨/年有机硅单体工程项目

有机硅单体是生产有机硅聚合物及下游产品的基本原料,在电子、电气、机械、交通、运输、建筑、轻工以及国防军事等各个领域均有广泛的应用。世界有机硅单体的先进生产技术主要集中在少数发达国家,我国有机硅单体产量和消费量严重脱节,每年都要耗费巨额外汇用于有机硅单体的进口。

公司率先开发了在草甘膦生产中回收副产氯甲烷并用于有机硅单体生产的技术, 开辟了大规模生产有机硅、满足国内市场需求的新途径。公司建成新技术草甘膦及氯甲烷回收技改项目及相关配套项目后,每年可回收氯甲烷18,000吨,可满足2万吨有 机硅单体的生产,除供应本公司现有7,000吨/年有机硅单体生产装置外,还可以满足1.3万吨/年有机硅单体的生产需要。为提高公司资源综合利用水平,扩大有机硅生产能力,公司拟新建1万吨有机硅单体生产装置。

本项目总投资8,935万元,其中固定资产投资8,717万元,铺底流动资金218万元 ,建设期2年,项目建成投产后,预计每年可新增有机硅单体生产能力1万吨,销售收入10,016万元,净利润1,581.2万元,投资利润率为17.70%,投资回收期为6.08年。　　本项目列入2000年国家重点技术改造“双高一优”项目导向计划,并经国家经贸委国经贸投资〔2000〕271号文批准立项,有关环境评价报告书已获浙江省环境保护 局浙环开建(1999)76号文批复。

3.投资2,926万元用于三氯乙酰氯技改项目

毒死蜱是一种国际上普遍使用、替代高毒农药的杀虫剂品种,是全球单一销量最大、毒性较低的高效杀虫剂,三氯乙酰氯作为一种有机合成原料是生产毒死蜱等农药产品的重要中间体。目前我国三氯乙酰氯供不应求,本公司开发的三氯乙酰氯产品被科技部列入了《一九九九年度国家重点新产品计划》。

毒死蜱是公司重点发展的农药产品,计划在近年建设年产3,000吨的毒死蜱生产 装置。为了给毒死蜱产品配套以及向市场提供商品, 公司拟建设三氯乙酰氯技改项目。　　该项目总投资为2,926万元,建设期2年,项目建成投产后,预计每年可生产三氯乙酰氯3,000吨,新增销售收入7,399万元,净利润1,013.71万元,投资利润率达 34.64%,投资回收期约4.34年。　　本项目已经浙江省计划与经济委员会浙计经改〔1996〕922号文批准立项,有关环境评价报告书已获浙江省环境保护局浙环开建(1997)30号文批复。

4.投资900万元用于高温硫化硅橡胶(HTV)项目　　高温硫化硅橡胶(HTV)是一种有机硅下游产品,具有优异的介电性能和热氧化稳定性、抗臭氧性、耐候性等自然属性,被广泛应用于航空、电子电器、机械、汽车、化工以及日常生活等领域。世界上发达国家HTV产品的生产和消费达到了很高的水平。随着我国经济发展和人民生 活水平的提高, 对HTV的需求量也迅速增长, 但国产HTV产量严重不足,大部分靠进口解决。

公司有机硅单体产品的综合技术水平居国内前列, 在HTV合成和加工方面有着成 熟的工艺技术和先进的设备,为充分发挥公司既有优势,开发后续产品,增加产品附加值,公司决定投资建设500吨/年高温硫化硅橡胶项目。　　该项目总投资900万元 ,其中固定资产投资750万元,铺底流动资金150万元,建设期1年。项目建成投产后 ,预计每年可生产高温硫化硅橡胶500吨,实现销售收入2,403.5万元,净利润238.52万元,投资利润率26.50%,投资回收期3.02年。　　该项目已经国家经贸委国经贸 技术〔2000〕312号文批准立项,有关环境评价报告书已获建德市环境保护局建环字 (2000)52文批复。　　在上述项目中,新技术草甘膦及氯甲烷回收技改、一万吨有机硅单体工程、三氯乙酰氯技改等三个项目已通过“双高”认证,高温硫化硅橡胶(HTV)项目被列为2000年国家重点技术创新项目计划。

5. 其余8563万元用于补充配套流动资金(约7, 200万元)和归还银行贷款　　公司1993年以定向募集方式设立至今,生产经营规模及效益均取得了较快的增长。1992——2000年,公司固定资产从4,660万元增长到36,800万元,销售收入和总利 润从800多万元增长到约3,800万元。但长期以来公司生产经营资金不足,除了1993年设立时募集的5,800万元外,公司其余发展资金主要依靠银行贷款和自我积累解决; 同时公司重视对于股东的投资回报,连续7年为股东进行现金分红合计6537万元。近 年来,为抢占市场先机,抓住发展机遇,公司克服资金不足的制约,加快了技改项目的实施,不仅使公司资产负债率不断提高,而且使公司流动资金受到占用,公司面临着流动资金不足、负债比率过高的局面。1998年、1999年、2000年,公司营运资金(=流动资产-流动负债)分别为-3500万元、-3839万元、-6931万元;2000年资产 负债率高达66.80%,流动负债28,697万元,长期负债11310万元。

本次募集资金投资项目所含的铺底流动资金仅为保证试车阶段的基本原料需要, 并不是批量生产的配套资金,为保证项目达产后规模生产的正常运行,需要补充相应配套流动资金,该部分资金由公司内部筹集的难度较大。　　鉴于上述情况, 公司本次拟以本次募集资金8,563万元用于补充流动资金及归还银行借款, 具体用途如下:　　(1) 用于项目配套流动资金7,200万元。根据对各投资项目资金周转情况的测算,草甘膦及氯甲烷回收技术改造项目需配套流动资金3600万元;年产一万吨有机硅单体工程项目需配套流动资金3000万元;三氯乙酰氯技术改造工程项目需配套流动资金600万元。

(2)归还银行借款1363万元,这将有利于公司资产负债结构的改善。

十六、发行定价及股利分配政策

(一)发行定价

根据净资产倍率法和现金流量法得出的估值结果, 参考对六家基金管理公司和五家证券公司的询价结果,经公司和主承销商协商,本次发行价格为7.30元/股。

(二)股利分配政策　　根据公司章程,公司缴纳所得税后的利润,按下列顺序分配:(1)弥补以前年度的亏损;(2)提取10%法定公积金;(3)提取5%法定公益金;(4)提取任意公积金;(5)支付普通股股利。公司法定公积金累计额为公司注册资本的50%以上的,可以不再提取。提取法定公积金、公益金后,是否提取任意公积金由股东大会决定。公司不得在弥补公司亏损和提取法定公积金、公益金之前向股东分配利润。

股东大会决议将公积金转为股本时,按全体股东原有股份比例派送新股。但法定公积金转为股本时,所留存的该项公积金不得少于注册资本的25%。公司股东大会对利润分配方案作出决议后,公司董事会须在股东大会召开后两个月内完成股利(或股份)的派发事项。公司可以采取现金或者股票方式分配股利。

经2001年6月28日公司第十次股东大会决议:如果公司在2001年底前股票发行成功,则截止2001年6月30日前的未分配利润由公司老股东享有;7月1日以后产生的未分 配利润由老股东和新增社会公众股股东同股同权, 共同享有。　　本次发行后, 预计公司首次股利分配时间是2002年第二季度。

十七、备查文件

投资者可查阅与本次发行有关的所有正式法律文件,具体如下:

1.审计报告及财务报告全文 2.盈利预测报告和注册会计师的盈利预测审核报告

3.资产评估报告　4.土地评估报告　　5.验资报告　　6.发行人律师的法律意见书

7.主承销商律师的验证笔录 8.公司章程?　　9.发行人企业法人营业执照

10.关于本次发行的股东大会决议 11.发行人成立的注册登记文件

12.中国证监会批准股票发行的文件　13.承销协议

14.国有资产管理部门关于资产评估的确认报告

15.招股说明书正文“重要合同及重大诉讼事项”项下所列示之全部合同

本次股票发行期间上述文件查阅地点

1 发行人:浙江新安化工集团股份有限 公司

2 主承销商:光大证券有限责任公司

地址:浙江省建德市新安江镇大桥路93号

电 话:0571-64723891　　联系人:林加善,姜永平

地 址:上海市浦东新区浦东南路528号证券大厦南塔15—16楼

电 话:021-52984848　　联系人:王文革　黄文强

湖南浏阳花炮股份有限公司

湖南浏阳花炮股份有限公司股票上市公告书暨2001年中期财务报告

一、重要声明与提示

本公司董事会保证上市公告书的真实性、准确性、完整性,全体董事承诺上市公告书不存在虚假记载、误导性陈述或重大遗漏,并承担个别和连带的法律责任。

根据《公司法》、《证券法》等有关法律、法规的规定,本公司董事、高级管理人员已依法履行诚信和勤勉尽责的义务和责任。

证券交易所、中国证监会、其他政府机关对本公司股票上市及有关事项的意见,均不表明对本公司的任何保证。

本公司提醒广大投资者注意:凡本上市公告书未涉及的有关内容,请投资者查阅2001年7月27日刊载于《中国证券报》、《上海证券报》和《证券时报》的本公司招股说明书摘要及刊载于上海证券交易所网站(http://www.sse.com.cn)的本公司招股说明书全文。

二、概 览

股票简称:浏阳花炮　　股票代码:600599

总股本:70,000,000股　　本次上市流通股本:22,000,000股

对首次公开发行股票前股东所持股份的流通限制及期限:根据国家现有法律、法规规定和中国证监会证监发行字[2001]49号《关于核准湖南浏阳花炮股份有限公司公开发行股票的通知》,本公司的国家股、法人股和发起人个人股暂不上市流通。

首次公开发行股票前股东对所持股份自愿锁定的承诺:自愿将所持有的本公司的股票按国家法律、法规的要求进行锁定。第一大股东承诺在本公司上市之日起一年内,不转让所持有的股份,也不由本公司回购该部分股份。

上市地点:上海证券交易所　　上市时间:2001年8月28日

股票登记机构:上海证券中央登记结算公司

上市推荐人:中信证券股份有限公司　湘财证券有限责任公司

三、绪 言

本上市公告书是根据《中华人民共和国公司法》、《中华人民共和国证券法》、《股票发行与交易管理暂行条例》、《公开发行股票公司信息披露实施细则》和《上海证券交易所股票上市规则》等国家有关法律、法规的规定,并按照中国证监会《公开发行证券的公司信息披露内容与格式准则第7号--股票上市公告书》而编制,旨在向投资者提供有关湖南浏阳花炮股份有限公司(以下简称"本公司"或"发行人")和本次股票上市的基本情况。

经中国证监会证监发行字[2001]49号文核准,并经财政部财企便函[2001]65号文《关于湖南浏阳花炮股份有限公司国有股存量发行有关问题的函》的批复,本公司于2001年7月31日通过"上网定价发行"的方式成功发行2,200万股人民币普通股(其中国有股存量发行200万股),每股面值1.00元,每股发行价为人民币10.00元。

经上海证券交易所上证上字[2001]127号《上市通知书》同意,本公司通过上网定价发行的2,200万股股票将于2001年8月28日起在上海证券交易所挂牌交易。股票简称"浏阳花炮",股票代码"600599"。

本公司已于2001年7月27日在《中国证券报》、《上海证券报》和《证券时报》上刊登了《招股说明书摘要》,招股说明书正文及其附注材料刊载于上海证券交易所网站(http://www.sse.com.cn),距今不足三个月,故与其重复的内容在此不再重述,敬请投资者查阅上述内容。

四、发行人概况

(一)发行人的基本情况

1、发行人名称:湖南浏阳花炮股份有限公司

2、英文名称:Hunan Liuyang Fireworks Co.,Ltd.

3、注册资本:70,000,000元

4、法定代表人:汤贤富

5、发行人成立日期:1999年12月12日

6、注册地址:湖南省浏阳市金沙北路369号

7、经营范围:销售烟花鞭炮及其原材料;提供烟花鞭炮燃放服务;自营和代理除国家组织统一联合经营的16种出口商品和国家实行核定公司经营的14种进口商品以外的其它商品及技术的进出口业务,经营来料加工和"三来一补"业务;经营对销贸易和转口贸易。销售电气机械及器材、五金、交电、化工产品(不含危险品)、建筑装饰材料(不含硅酮胶)、纸张(不含新闻纸)及包装材料。

8、主营业务:烟花鞭炮的销售、生产投资及花炮新型原辅材料的开发

9、所属行业:其它制造业

10、联系电话:0731-3620966　　传　真:0731-3611670

11、电子信箱:liuhua@public.cs.hn.cn

12、董事会秘书:唐和平

(二)发行人的历史沿革

本公司是经湖南省人民政府湘政函[1999]208号文批准,由浏阳市对外经济贸易鞭炮烟花公司(以下简称"外贸花炮公司")作为主发起人,联合湖南省安泰有限责任公司、凯达(湖南)房地产开发有限公司、魏祥鲁、熊孝勇共同发起设立的股份有限公司。其中浏阳市对外经济贸易鞭炮烟花公司将其与主营业务不相关的资产剥离后,以经营烟花、鞭炮产品相关业务的所有经营性净资产投入,湖南省安泰有限责任公司以部分不动产投入,凯达(湖南)房地产开发有限公司以部分不动产和现金投入,其他两位自然人发起人以现金投入。1999年12月12日,本公司在湖南省工商行政管理局领取了营业执照,注册登记号:4300001004497。

外贸花炮公司因改制进入股份公司,已于2000年注销,相应股权3293.24万股由浏阳市国有资产管理局持有。

经中国证券监督管理委员会证监发行字[2001]49号文批准,本公司2,200万社会公众股已于2001年7月31日在上海证券交易所上网定价发行成功,每股面值1.00元,发行价格10.00元。本公司于2001年8月9日办理了验资手续,并于2001年8月17日在湖南省工商行政管理局变更了注册登记,注册资本变更为7000万元。

(三)发行人的主要经营情况

本公司以经营花炮产品销售为主体,充分利用业已形成的市场优势、技术优势和人才优势,对外在国际市场上推广花炮产品、建立品牌效应,对内在促进生产企业产品销售的同时协助进行花炮产品的创新、进步,以巩固扩大烟花鞭炮出口,同时积极拓展进口贸易,开拓国内销售市场,逐步形成面向国际、国内市场,集产供销为一体的功能完备的花炮集团公司。

公司2000年全年国内、国外销售情况如下:

	金额(万元)	比例(%)
出口产品销售收入	19,635.33	98.05
内销产品销售收入	390.39	1.95
合计	20,025.72	100.00

1、公司的优势

浏阳是花炮生产的原产地,具有悠久的生产贸易历史,积蓄了丰富的花炮生产技术和经验,有一支庞大的生产加工队伍和成熟的专业技术人才队伍,产业密集度高,具有良好的规模效应。公司是湖南省最大的专业花炮出口企业之一,出口额占全国花炮产品出口总量的10%。公司拥有的"浏花"商标,为花炮行业的知名品牌,在国际市场享有良好的声誉。通过多年的积累,公司已与国内外一百余家客户建立了长期、稳定的合作关系,业务市场遍及五大洲五十余个国家和地区,并将浏阳地区一批优秀的生产厂家集聚在自己的周围,良好的商业信誉保证了公司的利润来源。

2、公司的劣势

公司由于尚未自行生产花炮产品,没有独立的生产加工企业,所供应的产品不能迅速适应市场变化,急需建立自己的花炮生产基地,以进一步提高盈利水平。公司主要利润来源于花炮产品的出口销售收入,业务结构较为单一,抗风险能力较差。

3、主要财务指标

项　　目	2001年1-6月	2000年度	1999年度
流动比率	1.62	1.35	1.18
速动比率	1.31	1.17	0.88
资产负债率(%)	33.12	41.27	48.93
应收帐款周转率(次)	8.31	9.14	14.0
存货周转率(次)	10.16	9.81	6.96
每股净资产(元)	1.66	1.55	1.47
每股经营活动现金流量(元)	-0.16	0.03	0.01

项　　目	1998年度
流动比率	1.15
速动比率	0.63
资产负债率(%)	68.94
应收帐款周转率(次)	10.23
存货周转率(次)	4.88
每股净资产(元)	0.58
每股经营活动现金流量(元)	0.30

本公司2001年1-6月净资产收益率和每股收益如下:

报告期利润	净资产收益率		每股收益	
	全面摊薄	加权平均	全面摊薄	加权平均
主营业务利润	16.84%	17.42%	0.28	0.28
营业利润	8.86%	9.17%	0.15	0.15
净利润	6.68%	6.91%	0.11	0.11
扣除非经常性损益后的净利润	5.78%	5.98%	0.11	0.11

4、商标

公司现拥有"浏花"、"啄木鸟"、"888"、"LYFC-TXQ"4个注册商标,均由外贸花炮公司投入,有关商标变更手续已办理完毕,其中"浏花"和"啄木鸟"为花炮行业知名品牌。

5、特许经营权

本公司现持有2000年6月2日浏阳市公安局颁发的浏(99)公爆证字491号《烟花炮竹销售许可证》;2000年6月6日中华人民共和国对外贸易经济合作部根据外经贸政审函字[1997]第49号文批准、进出口企业代码为430071704801X号的《中华人民共和国进出口企业资格证书》,其经营范围为自营和代理除国家组织统一联合经营的出口商品和国家核定公司经营的进口商品以外的其它商品及技术的进口业务,经营对销贸易和转口贸易,经营进料加工和"三来一补"业务。

五、股票发行与股本结构

(一)本次股票上市前首次公开发行股票的情况

1、社会公众股发行数量:2,200万股(其中国有股存量发行200万股)

2、股票发行价格:10.00元/股

3、募股资金总额:22,000万元(其中国有股存量发行募股资金2,000万元)

4、发行方式:上网定价发行

5、发行费用总额及项目:本次股票发行费用共1002.2万元(其中国有股存量发行费用91.1万元),主要包括承销费用、审计费用、评估费用、律师费用、发行手续费用、审核费等。

6、每股发行费用:0.456元　　7、发行日期:2001年7月31日　　8、中签率:0.32278397%

9、有效申购户:610,578户　　10、持有1000股以上的户数:21,258户

(二)本次股票上市前首次公开发行股票的承销情况

本次公开发行的社会公众股2,200万股已全部被投资者认购,承销团无余额包销。

(三)本次上市前首次公开发行股票所募股资金的验资报告

验 资 报 告

天夜验字[2001]第0889号

湖南浏阳花炮股份有限公司全体股东:

本事务所接受湖南浏阳花炮股份有限公司(以下简称贵公司)委托,对贵公司截止2001年7月31日公开发售22,000,000股A股增加的实收股本进行了验证。按照国家相关法律、法规的规定和协议、章程的要求出资,提供真实、合法、完整的验资资料,保护资产的安全完整是全体股东及贵公司的责任。我们的责任是对贵公司注册资本的实收情况发表审验意见。我们的审验是依据《独立审计实务公告第1号—验资》进行的。在审验过程中,我们结合贵公司的实际情况,实施了检查等必要的审验程序。

经中国证券监督管理委员会证监发行字[2001]49号文核准,同意贵公司利用上海证券交易所交易系统,采用上网定价发行方式向社会公众发行人民币普通股股票2,000万股;另根据财政部财企便函[2001]65号批复,贵公司国有股减持200万股,共发行2,200万股。贵公司于2001年7月31日以每股发行价格人民币10.00元,发行每股面值1.00元的社会公众股22,000,000股。

经审验,截至2001年8月9止,贵公司已收到发售22,000,000股的股款扣除承销费、上市推荐费,发行手续费和上缴财政部国有股减持收入后的净收入192,800,000元,其中实收股本为人民币贰仟万元整(¥20,000,000),公司累计缴纳的注册资本金人民币柒仟万元整(¥70,000,000)。

本验资报告仅供贵公司申请工商变更登记及申请A股上市交易使用,不应将其视为是对贵公司验资报告日后资本保全、偿债能力和持续经营能力等的保证。因使用不当造成的后果,与执行业务的注册会计师及会计师事务所无关。

附件:1、注册资本变更情况明细表

2、验资事项说明

中国注册会计师：皮佑曾　　中国·长沙
中国注册会计师：汪再彦　　二〇〇一年八月九日

（四）募股资金入帐情况
入帐时间：2001 年 8 月 6 日　　入帐金额：19,280 万元
入帐帐号：36808010172408　　开户银行：中国农业银行浏阳市支行帐户

（五）发行人上市前股权结构及各类股东的持股情况
1、本次上市前股权结构

类别	本次发行后 股数（万股）	占总股本的比例（%）
发起人股	4800.00	68.57
国家股	3093.24	44.19
发起人法人股	1500.00	21.43
发起人自然人股	206.76	2.95
社会公众股	2200.00	31.43
总股本	7000.00	100.00

2、本公司前十名股东持股情况

序号	前十名股东名称	持股数量（股）	持股比例（%）
1	浏阳市国有资产管理局	30,932,400	44.19
2	凯达（湖南）房地产开发有限公司	7,500,000	10.715
3	湖南省安泰有限责任公司	7,500,000	10.715
4	魏祥鲁	1,927,400	2.75
5	熊孝勇	140,200	0.20
6	国信证券	134,000	0.191
7	国泰君安	132,000	0.189
8	大鹏证券	96,000	0.137
9	华宝信托	72,000	0.103
10	华泰证券	57,000	0.081

六、董事、监事、高级管理人员及核心技术人员

（一）董事会成员

汤贤富先生：四十九岁，大学文化，政工师，曾任浏阳市对外经济贸易鞭炮烟花公司出口花炮产品质量检验员、生产技术股股长、副经理、总经理、书记等职务。现任本公司董事长。

乐根成先生：三十五岁，大学本科，曾任长沙机床厂技术员、长沙金属文具厂工程师、湖南省华宇房地产开发公司副总经理等职务。现任凯达（湖南）房地产开发有限公司董事长、总经理兼本公司副董事长。

易怀泉先生：三十八岁，大学本科，曾任浏阳市对外经济贸易鞭炮烟花公司业务员、业务经理等职务。现任本公司董事、总经理。

蒋新怀先生：四十岁，大专文化，曾任华容县广播电视局编辑、岳阳市广播电视局副台长等职务。现任湖南省安泰有限公司副董事长兼本公司董事。

黄　平先生：五十四岁，大学文化，政工师，曾任浏阳市对外经济贸易鞭炮烟花公司业务调运员、仓库主任、支部书记等职务。现任本公司董事、副总经理。

魏祥鲁先生：三十八岁，大学本科，曾任浏阳市审计局股长、浏阳市审计事务所所长兼主任会计师等职务。现任本公司董事、财务总监。

寻贵阳先生：三十八岁，研究生毕业，曾先后在浏阳市财政局、浏阳市国资局、浏阳市对外经济贸易鞭炮烟花公司任职。现任本公司董事。

（二）监事会成员

罗卓长先生：五十六岁，高中文化，曾任浏阳市对外经济贸易鞭炮烟花公司业务股长、部门副经理、副总经理等职务。现任本公司监事会召集人。

熊孝勇先生：五十二岁，大专文化，曾在浏阳市城关镇制药厂任职。现任浏阳有机化工有限公司董事长兼本公司监事。

刘明远先生：五十二岁，高中文化，曾任浏阳市对外经济贸易鞭炮烟花公司仓库主任、业务经理等职务。现任本公司监事。

（三）高级管理人员及核心技术人员

易怀泉先生：本公司总经理（见董事会成员介绍）。

黄　平先生：本公司副总经理（见董事会成员介绍）。

魏祥鲁先生：本公司财务总监（见董事会成员介绍）。

黎仲畦先生：五十五岁，大学文化，高级工程师，中国工艺美术大师，国家有突出贡献专家，享受国务院颁发的政府特殊津贴，其主持研究的礼花弹产品获第 21 届摩纳哥国际焰火大赛第一名，并获国家金杯奖。曾任全国花炮检测中心技术副主任，浏阳花炮研究所所长等职务。现任中国工艺美术学会理事、湖南省人事厅浏阳专家组组长兼本公司技术总监。

唐和平先生：四十五岁，大学本科，曾在浏阳市市委组织部、宣传部任职。现任本公司董事会秘书。

上述人员之间不存在配偶、三代以内直系或旁系亲属关系。

（四）、董事、监事、高级管理人员持股情况

人员	职务	持有股数（万股）	发行前持股比例
魏祥鲁	董事、财务总监	192.74	3.86%
熊孝勇	监事	14.02	0.28%

人员	发行后持股比例
魏祥鲁	2.75%
熊孝勇	0.20%

魏祥鲁先生和熊孝勇先生均为本公司发起人，根据《公司法》及目前国家有关规定，所持股份在股份公司成立后三年之内不得转让，且在任职期间内不得转让。

七、同业竞争与关联交易

（一）同业竞争

本公司主发起人外贸花炮公司因所有资产经过剥离和重组进入发行人，已于 2000 年注销而失去法人资格，相应股权由浏阳市国有资产管理局持有。发行人与浏阳市国有资产管理局和其控制的法人不存在从事相同、相似业务的情况。

（二）关联方及关联关系

根据中国证监会证监发[2000]41 号文规定的范围，目前本公司存在的关联方包括公司股东及公司控股、参股公司

关联方名称	与本公司关系
1、浏阳市国有资产管理局	本公司股东
2、凯达（湖南）房地产开发有限公司	本公司股东
3、湖南省安泰有限责任公司	本公司股东
4、湖南浏花烟花有限公司	参股公司
5、湖南美华烟花有限公司	参股公司

关联方有关情况介绍见湖南浏阳花炮股份有限公司招股说明书"第四章、发行人基本情况"

（三）关联交易

1、湖南浏花烟花有限公司

发行人与湖南浏花烟花有限公司（以下简称"浏花公司"）存在关联交易。为了确保关联交易的公正性，发行人与浏花公司签订了二份合同，即《2000 年订货总合同》和《原材料供应意向协议》。1999 年度发行人向浏花公司采购货物共计 25,530,156.65 元，销售货物 1,696,854.41 元。2000 年度发行人向浏花公司采购货物共计 18,018,140.62 元，销售货物 1,212,881.68 元。

（1）发行人与浏花公司在《2000 年订货总合同》的基础上于 2000 年 12 月 25 日签订了《2001 年订货总合同》该合同规定了由在发行人各业务部门根据客户订货要求向浏花公司下生产订单，浏花公司接到发行人生产订单后及时组织生产，双方以市场价格为标准自愿公平确定供货方式、供货价格、付款方式、产品质量标准和收货和货物验收方法等，确保关联交易的公正、公平、公开。合同有效期一年，合同期满后将根据届时的市场情况决定是否续签。

（2）发行人于 2000 年 1 月 10 日与浏花公司签订了《原材料供应意向协议》。合同的具体内容是由发行人供应部分原材料给浏花公司，双方以市场价格为标准自愿公平确定各品种的价格和原材料质量、交货地点、结算方式及违约责任等，确保关联交易的公正、公平、公开。合同有效期为五年，合同期满后将根据届时的市场情况决定是否续签。

2、熊孝勇及浏阳有机化工有限公司

发行人股票发行上市前，发起人熊孝勇及其所担任董事长的浏阳有机化工有限公司不存在关联交易。

发行人募集资金到位后将有 4910 万元投入年产三千吨 BPP 阻燃剂建设工程项目。浏阳市有机化工有限公司和安徽省化工研究院将以 128 万元的转让费和指导费一次性转让该项目技术给发行人，技术转让后发行人与熊孝勇及其所担任董事长的浏阳有机化工有限公司不存在关联交易。

（四）发行人律师和主承销商对关联交易发表的意见

1、发行人律师意见

发行人律师认为：上述关联交易不会损害发行人的利益，而且与浏花公司的关联交易为发行人履行与外商签订的各售货合同提供了货源保证；发行人在《招股说明书》中已就上述关联交易事项进行了充分披露，且不存在遗漏和虚假陈述的事实。

2、主承销商意见

主承销商认为：公司的关联交易不存在由于公司与关联企业的关联关系而影响公司重大合同履行的情况；有关关联交易协议合法有效，未发现有损害公司及公司股东利益的内容。

八、财务会计资料

本公司截止 2000 年 12 月 31 日的财务会计资料，已于 2001 年 7 月 27 日在《中国证券报》、《上海证券报》和《证券时报》刊登的《招股说明书摘要》中进行了披露，投资者欲了解详细内容，请查阅上述报纸或刊载于上海证券交易所网站（http://www.sse.com.cn）的本公司招股说明书全文。

（一）注册会计师意见

本公司聘请了湖南天职孜信会计师事务所有限责任公司对本公司 1998 年度、1999 年度、2000 年度及 2001 年中期会计报表进行了审计，并出具了标准无保留意见的审计报告。

（二）简要会计报表

以下内容摘自业经审计的公司财务报告。

简要资产负债表　　单位：元

项目	2001 年 6 月 30 日	2000 年 12 月 31 日
流动资产合计	66,639,304.97	73,381,028.26
固定资产合计	41,317,291.42	42,177,009.97
无形资产及其他资产合计	12,044,533.65	12,093,406.47
资产总计	124,149,427.49	131,947,190.47
流动负债合计	41,116,325.46	54,459,488.80
长期负债合计	-	-
负债合计	41,116,325.46	54,459,488.80
股本	50,000,000.00	50,000,000.00
资本公积	25,632,987.64	25,632,987.64
未分配利润	5,621,907.29	76,506.93
股东权益合计	83,033,102.03	77,487,701.67
负债及股东权益合计	124,149,427.49	131,947,190.47

简要利润表　　单位：元

项目	2001 年 1-6 月	2000 年度
一、主营业务收入	71,425,645.95	200,257,176.27
二、主营业务利润	13,984,507.25	48,909,925.36
三、营业利润	7,367,020.87	16,674,142.12
四、利润总额	8,064,923.58	17,214,801.88
五、净利润	5,545,400.36	11,854,714.03

简要现金流量表　　单位：元

项目	2001 年 1-6 月	2000 年度
一、经营活动产生的现金净流量	-8,186,825.28	1,253,683.59
二、投资活动产生的现金净流量	-259,341.00	-163,067.94
三、筹资活动产生的现金净流量	2,814,289.12	-6,761,973.57
四、汇率变动对现金的影响额	371.14	
五、现金及现金等价物净增加额	-5,631,506.02	-5,671,357.92

（三）公司 2001 年中期审计报告

1、审计报告

审 计 报 告

天孜审字(2001)第 0898 号

湖南浏阳花炮股份有限公司全体股东：

我们接受委托，审计了贵公司 1998 年 12 月 31 日、1999 年 12 月 31 日、2000 年 12 月 31 日、2001 年 6 月 30 日的资产负债表，1998 年度、1999 年度、2000 年度、2001 年 1 月至 6 月的利润表，1999 年度、2000 年度、2001 年 1 月至 6 月的利润表分配表以及 2001 年 1 月至 6 月的现金流量表。这些会计报表由贵公司负责，我们的责任是对这些会计报表发表审计意见。我们的审计是依据中国注册会计师独立审计准则进行的。在审计过程中，我们结合贵公司实际情况，实施了包括抽查会计记录等我们认为必要的审计程序。

我们认为，上述会计报表符合《企业会计准则》和《企业会计制度》的有关规定，在所有重大方面公允地反映了贵公司 1998 年 12 月 31 日、1999 年 12 月 31 日、2000 年 12 月 31 日、2001 年 6 月 30 日的财务状况和 1998 年度、1999 年度、2000 年度、2001 年 1 至 6 月的经营成果及 2001 年 1 月至 6 月的现金流量情况，会计处理方法的选用遵循了一贯性原则。

中国注册会计师：皮佑曾　　中国·长沙
中国注册会计师：汪再彦　　二〇〇一年八月十九日

2、本公司近三年的财务报表（见附表）

3、会计报表附注

湖南浏阳花炮股份有限公司会计报表附注

一、公司简介

湖南浏阳花炮股份有限公司（以下简称"本公司"）是经湖南省人民政府湘政函(1999)208 号文批准，以浏阳市对外经济贸易鞭炮烟花公司改制，同时联合湖南省安泰有限责任公司、凯达（湖南）房地产开发有限公司、魏祥鲁、熊孝勇共同发起设立的股份有限公司。根据浏阳市人民政府浏政复(1999)58 号文，主发起人浏阳市对外经济贸易鞭炮烟花公司将其不属于主营业务范围的资产及相应负债予以剥离，以经剥离后的净资产投入；发起人湖南省安泰有限责任公司以其部分经营性固定资产、凯达（湖南）房地产开发有限公司以其部分经营性固定资产和部分现金投入；魏祥鲁、熊孝勇以现金投入。发起各方投入的资产经评估确认后以相同比例折价入股。本公司于 1999 年 12 月 12

日经湖南省工商行政管理局登记注册，企业法人营业执照注册号为 4300001004497，注册资本为人民币 5000 万元，公司住所：湖南省浏阳市金沙北路 369 号，法定代表人：汤贤富，本公司经营范围为：开发、生产销售烟花鞭炮及其原材料；提供烟花鞭炮燃放服务；自营和代理除国家组织统一联合经营的 16 种出口商品和国家实行核定公司经营的 14 种进口商品以外的其他商品及技术的进出口业务，经营进料加工和"三来一补"业务；经营对销贸易和转口贸易；销售电气机械及器材、五金、交电、化工产品（不含危险品）、建筑装饰材料（不含硅酮胶）、纸张（不含新闻纸）及包装材料。本公司包括公司本部和长沙、岳阳两个分公司。

二、会计报表编制的方法和基准

三、主要会计政策和会计估计

四、会计政策变更

五、税项

1、增值税：出口商品增值税率为零；内销商品增值税率为 17%，在抵扣进项税额后缴纳；

截止 2000 年度，长沙、岳阳两分公司均为小规模纳税人，增值税征收率为 4%，2001 年 1 月 1 日起，长沙分公司改变为一般纳税人，增值税率变更为 17%。

2、营业税：根据餐饮、房租、代理等收入的 5%计缴。

3、房产税：根据房租收入的 12%计缴或房屋原值减除 30%后按 1.2%计缴。

4、城市维护建设税：按应纳流转税的 7%计缴。

5、教育费附加：公司本部和长沙分公司按应纳流转税的 5%计缴，岳阳分公司按应纳流转税的 3%计缴。

6、企业所得税：本公司含分公司利润一并在浏阳市缴纳企业所得税，本公司报告期企业所得税率为 33%。根据湖南省人民政府湘政发(1996)14 号文、浏阳市人民政府浏政函(1997)148 号文的规定，本公司 1997—2000 年度，企业所得税由浏阳市财政局全额返还。2000 年 1 月 1 日以后，根据国务院有关规定，本公司不再享受所得税返还政策。

7、其他税项：按国家有关税收法规计缴。

8、出口退税：花炮类商品 1999 年 7 月 1 日前出口退税率为 24%（增值税 9%、消费税 15%），1999 年 7 月 1 日后出口退税率为 28%（增值税 13%、消费税 15%）。

六、会计报表主要项目注释

以下各项目如无特别指明，金额单位均为人民币元。

1.货币资金

项 目	2000.12.31 金额	2001.6.30 金额
现 金	11,087.16	13,482.08
银行存款	10,612,920.16	4,979,019.22
合 计	10,624,007.32	4,992,501.30

本项目余额比上年末减少 53%，主要原因是本期减少应付帐款及增加预付帐款所致。

19、股本

项 目	2001.6.30	2000.12.31	1999.12.31	1998.12.31
股本	50,000,000.00	50,000,000.00	50,000,000.00	–
合 计	50,000,000.00	50,000,000.00	50,000,000.00	–

本公司 1999 年 12 月 12 日设立时，股本明细如下所示，业经长沙孜信有限责任会计师事务所长孜验字(1999)164 号验资报告验证，截止 2001 年 6 月 30 日没有变动。

股东名称	出资金额（元）	出资比例%
浏阳市国有资产管理局	32,932,400.00	65.86
湖南省安泰有限责任公司	7,500,000.00	15.00
凯达(湖南)房地产开发有限公司	7,500,000.00	15.00
魏祥鲁	1,927,400.00	3.86
熊孝勇	140,200.00	0.28
合 计	50,000,000.00	100.00

20、资本公积

项 目	2001.6.30	2000.12.31	1999.12.31	1998.12.31
股本溢价	25,632,987.64	25,632,987.64	25,632,987.64	–
合 计	25,632,987.64	25,632,987.64	25,632,987.64	–

1999 年 12 月 12 日公司设立时，各发起人投入资本 75,632,987.64 元，按 1:0.66109 折为股本 5,000 万股，形成股本溢价 25,632,987.64 元。

21、未分配利润

项 目	2001 年 1–6 月	2000 年度	1999 年度
期初数	76,506.93	–2,175,459.62	–1,990,572.24
加：发起人弥补		2,175,459.62	
加：本期净利润转入	5,545,400.36	11,854,714.03	10,364,479.18
减：99 年 1—10 月净利润折股		–	9,890,740.66
99 年 11—12 月净利润分配		–	658,625.90
提取盈余公积		1,778,207.10	
应付利润		10,000,000.00	
期末数	5,621,907.29	76,506.93	–2,175,459.62

由于变更坏帐准备计提方法，本公司追溯调整，减少 1999 年初未分配利润 1,990,572.24 元，减少 1999 年度利润 127,460.12 元，截止 1999 年 12 月 31 日累积影响减少未分配利润 2,118,032.36 元。本公司 1999 年度申报利润为 10,496,002.38 元，是在剥离该年度营业费用 131,523.20 元后得出的，而利润分配并不考虑这一剥离因素，因此 1999 年度的"本期净利润转入"数按 10,364,479.18 元列示。

22、股东权益

项目	2001.6.30	2000.12.31	1999.12.31
净资产			
股本	50,000,000.00	50,000,000.00	50,000,000.00
资本公积	25,632,987.64	25,632,987.64	25,632,987.64
盈余公积	1,778,207.10	1,778,207.10	
未分配利润	5,621,907.29	76,506.93	–2,175,459.62
合计	83,033,102.03	77,487,701.67	73,457,528.02

项目	1998.12.31
净资产	31,188,464.42
股本	–
资本公积	–
盈余公积	–
未分配利润	–1,990,572.24
合计	29,197,892.18

由于变更坏帐准备计提方法，本公司追溯调整，截止 1998 年 12 月 31 日累积影响减少未分配利润 1,990,572.24 元。

23、主营业务收入

项目	2001 年 1–6 月	2000 年度	1999 年度
出口商品销售收入	68,179,498.14	196,353,321.78	216,654,400.67
内销商品销售收入	3,246,147.81	3,903,854.49	18,932,547.24
合 计	71,425,645.95	200,257,176.27	235,586,947.91

项目	1998 年度
出口商品销售收入	151,622,366.95
内销商品销售收入	34,193,879.67
合 计	185,816,246.62

24、主营业务税金及附加

项目	2001 年 1–6 月	2000 年度	1999 年度	1998 年度
营业税	40,000.00	81,529.94	54,900.25	60,685.47
城市维护建设税	4,200.00	5707.09	3,843.02	4,247.98
教育费附加	3,000.00	4076.50	2,745.01	3,034.27
合计	47,200.00	91,313.53	61,488.28	67,967.72

25、其他业务利润

2001 年 1–6 月

项 目	其他业务收入	其他业务支出	其他业务利润
花炮材料销售	2,173,261.31	2,034,693.70	138,567.61
纸品销售	4,824,103.18	4,554,840.78	269,262.40
印刷包装材料销售	181,752.74	94,084.57	87,668.17
租赁	915,305.38	381,978.01	533,327.37
燃放服务	–	–	–
餐饮住宿	103,177.50	95,761.80	7,415.70
建材销售	751,800.42	592,046.57	159,753.85
其他	1,494,134.61	1,105, 737.93	388,396.68
合计	10,443,535.14	8,859,143.16	1,584,391.78

26、营业费用

项目	2001 年 1–6 月	2000 年度	1999 年度	1998 年度
营业费用	4,235,175.10	27,786,478.04	29,481,298.72	18,637,674.96

1999 年比 1998 年增加 58.18%，主要是由于运费增加 11,145,942.99 元。

27、管理费用

项目	2001 年 1–6 月	2000 年度	1999 年度	1998 年度
管理费用	3,746,860.18	7,932,569.13	8,202,329.67	3,830,773.90

1999 年比 1998 年增加，主要是由于 1999 年工资总额增加 1,233,767.94 元和核销坏帐 1,752,693.89 元。

28、财务费用

项目	2001 年 1–6 月	2000 年度	1999 年度	1998 年度
利息支出	215,451.25	586,826.82	665,143.44	537,488.13
减：利息收入	26,755.52	70,529.14	49,080.08	48,925.58
汇兑损失（减收益）	–371.14	–	–63,231.71	–
其他	31,518.29	141,480.45	12,080.28	10,528.70
合计	219,842.88	657,778.13	564,911.93	499,091.25

29、投资收益

投资收益均为长期股权投资取得的收益。

项目	2001 年 1–6 月	2000 年度	1999 年度	1998 年度
成本法核算	81,183.15	195,098.15	108,693.92	131,414.59
权益法核算	152,551.68	249,500.97	137,582.80	–
合计	233,734.83	444,599.12	246,276.72	131,414.59

对湖南浏花烟花有限公司的长期投资采用权益法核算，对其他企业采用成本法核算。

30、补贴收入

项目	2001 年 1–6 月	2000 年度	1999 年度	1998 年度
出口贴息收入	433,898.00	–	314,194.00	–

根据长沙市外经委、财政局、招商局联合颁布的长外经贸发（1999）079 号文，本公司出口享受财政贴息，本年补贴款按实际收到数入帐。

31、营业外收入

项目	2001 年 1–6 月	2000 年度	1999 年度	1998 年度
罚款收入		58,752.62	–	–
索赔收入		31,661.64	100,000.00	–
固定资产盘盈		–	625,064.02	–
违约金收入		–	26,270.00	–
处理固定资产收益		–	–	3,600.00
其它	49,399.55	73,438.98	2,444.81	102,112.63
合 计	49,399.55	163,853.24	753,778.83	105,712.63

32、营业外支出

项目	2001 年 1–6 月	2000 年度	1999 年度	1998 年度
罚款支出		13,950.00	–	–
赞助支出		24,407.00	38,700.00	–
处理固定资产损失	10,754.67	27,435.60	81,005.33	–
赔款支出		–	36,661.64	–
捐赠支出		–	49,650.00	16,120.00
其它	8,375.00	2000.00	12,290.00	–
合计	19,129.67	67,792.60	218,306.97	16,120.00

33、所得税

项目	2001 年 1–6 月	2000 年度	1999 年度	1998 年度
所得税	2,519,523.22	5,360,087.85	3,400,019.64	2,668,867.17

项目	备 注
所得税	各年税率均为 33%

34、所得税返还

项目	2001 年 1–6 月	2000 年度	1999 年度	1998 年度
所得税返还	–	–	3,400,019.64	2,668,867.17

根据湖南省人民政府湘政发(1996)14 号文、浏阳市人民政府浏政函(1997)148 号文的规定，本公司 1997—2000 年度，企业所得税由浏阳市财政局全额返还。2000 年 1 月 1 日以后，根据国务院有关规定，本公司不再享受所得税返还政策。

七、关联方关系及其交易

本公司关联方均为不存在控制关系的关联方，明细如下：

名 称	与本公司关系
凯达(湖南)房地产开发有限公司	持有本公司 15%的股份
湖南省安泰有限责任公司	持有本公司 15%的股份
湖南浏花烟花有限公司	本公司持有其 34%的股份

八、或有事项

本公司没有需要披露的重大或有事项。

九、承诺事项

本公司没有需要披露的重大承诺事项。

十、期后事项

1、由于评估基准日 1999 年 10 月 31 日至公司设立日 1999 年 12 月 12 日，以及公司设立日 1999 年 12 月 12 日至 1999 年 12 月 31 日期间，本公司应按评估值提取固定资产折旧、摊销无形资产、结转存货成本，应相应减少 1999 年 11 月 1 日至 1999 年 12 月 31 日期间净利润 57,427.26 元；由于变更坏帐准备会计政策，追溯调整累积影响减少 1999 年末未分配利润 2,118,032.36 元；两项合计使得本公司 1999 年 12 月 31 日未分配利润为-2,175,459.62 元，根据本公司 2000 年度股东大会决议，由各发起人进行弥补，具体方法是：浏阳市国资局首先弥补原享有的属于评估基准日 1999 年 10 月 31 日至公司建帐日 1999 年 12 月 31 日期间的净利润 658,625.90 元，余下的 1,516,833.72 元由各发起人按股权比例分摊弥补。

2、根据本公司 2000 年度股东大会决议，2000 年度利润分配方案为：发起人弥补年初未分配利润-2,175,459.62 元，本年度净利润 11,854,714.03 元，提取法定公积金和公益金共计 1,778,207.10 元，余额 10,076,506.93 元，拟对各股东按每 10 股派现 2.00 元（含税），共计应付股利为 10,000,000.00 元。

3、本公司于 2001 年 7 月 31 日公开发行新股 22,000,000 股，同时减持国有股 2,000,000 股，股本增加到 70,000,000 元。

十一、其他重要事项

1、分公司基本情况

长沙分公司主营业务收支为商品销售收入及成本，岳阳分公司主营业务收支为租赁业务收支，由于分公司的业务收入不属于花炮销售收入，所以在与公司本部合并编制会计报表时，分公司 2000 年度及 2001 年 1-6 月各损益项目均计入“其他业务利润”。

2、1998、1999 年度净利润备考

1998、1999 年度如不享受所得税返还政策，则相应减少 1998 年度净利润 2,668,867.17 元，减少 1999 年度净利润 3,400,019.64 元。调整后的 1998 年度净利润为 5,961,822.56 元，1999 年度净利润为 7,095,982.74 元。

十二、主要财务指标

1、公司财务报告期间的各项指标

项　目	2001 年 1-6 月	2000 年	1999 年	1998 年
流动比率	1.62	1.35	1.18	1.15
速动比率	1.31	1.17	0.88	0.63
资产负债率	33.12	41.27	48.93	68.94
应收帐款周转率(次)	8.31	9.14	14.00	10.23
存货周转率(次)	10.16	9.81	6.96	4.88
无形资产比率				
①按总资产计算	9.70	9.17	8.58	1.65
②按净资产计算	14.51	15.61	16.81	5.32
每股净资产	1.66	1.55	1.47	0.58
每股经营活动现金流量	-0.16	0.03	0.01	0.30

2、净资产收益和每股收益

2001 年 1-6 月

报告期利润	净资产收益率 全面摊薄	净资产收益率 加权平均	每股收益 全面摊薄	每股收益 加权平均
主营业务利润	16.84%	17.42%	0.28	0.28
营业利润	8.86%	9.17%	0.15	0.15
净利润	6.68%	6.91%	0.11	0.11
扣除非经常性损益后的净利润	5.78%	5.98%	0.10	0.10

2000 年度

报告期利润	净资产收益率 全面摊薄	净资产收益率 加权平均	每股收益 全面摊薄	每股收益 加权平均
主营业务利润	63.12%	61.61%	0.98	0.98
营业利润	21.52%	21.00%	0.33	0.33
净利润	15.30%	14.93%	0.24	0.24
扣除非经常性损益后的净利润	15.17%	14.81%	0.24	0.24

九、其它重要事项

1、本公司股票首次公开发行后至本上市公告书公布之日，本公司严格依照《公司法》、《证券法》等法律法规的要求，规范运行，生产经营情况正常；所处行业、市场无重大变化；主要投入、产出物供求及价格无重大变化；主要业务发展目标无重大进展。

2、本公司募股资金到位时间较短，截止上市公告书公布之日尚未进行项目投资及其他重大投资活动，无重大资产(股权)收购、出售行为。

3、截止本公司上市公告书公布之日本公司住所未发生变更，不存在尚未了结的重大诉讼、仲裁案件，本公司会计政策未发生重大变动，会计师事务所未发生变动。

4、截止本公司上市公告书公布之日，本公司未发生新的重大负债或重大债项发生变化。

5、根据公司 2001 年 3 月 28 日召开的 2000 年年度股东大会决议，本公司 2000 年可供分配利润 10,076,506.93 元。以 2000 年末总股本 5000 万股为基数，向全体股东每 10 股派发现金红利 2 元(含税)，共计 1000 万元，结余未分配利润 76,506.93 元结转下年供新老股东共享。根据公司 2000 年 11 月 7 日召开的 2000 年第一次临时股东大会决议，本公司发行当年实现的利润由社会公众股股东与发起人共享。本公司发行股票后首次股利分配的时间预计在 2001 年度股东大会后两个月内。

6、依据《上海证券交易所股票上市规则》，本公司第一大股东浏阳市国有资产管理局已向上海证券交易所承诺，自发行人股票上市之日起 12 个月内，不转让所持有的股份，也不由上市公司回购其持有的股份。

7、除本公司招股说明书及其摘要和本上市公告书披露的事项外，本公司董事会认为没有其它对本公司资产、负债及股东权益有较大影响的重要事项。

十、董事会上市承诺

本公司董事会承诺将严格遵守《中华人民共和国公司法》、《中华人民共和国证券法》、《股票发行与交易管理暂行条例》、《公开发行股票公司信息披露实施细则》和《上海证券交易所股票上市规则》等国家法律、法规和有关规定，并自股票上市之日起作到：

(一)承诺真实、准确、完整、公允和及时地公布定期报告，披露所有对投资者有重大影响的信息，并接受中国证监会、证券交易所的监督管理；

(二)承诺本公司在知悉可能对股票价格产生误导性影响的任何公共传播媒介中出现的消息后，将及时予以公开澄清；

(三)本公司董事、监事、高级管理人员和核心技术人员将认真听取社会公众的意见和批评，不利用已获得的内幕消息和其他不正当手段直接或间接从事发行人股票的买卖活动；

(四)本公司没有无记录的负债。

依据《上海证券交易所股票上市规则》，本公司全体董事、监事将按照有关规定，在本公司股票上市后两个月内签署《董事(监事)声明及承诺书》并送达上海证券交易所备案。

十一、上市推荐人

(一)上市推荐人情况

上市推荐人：中信证券股份有限公司　　法定代表人：常振明

注册地址：　深圳市罗湖区湖贝路 1030 号海龙王大厦

联系电话：　0755-2485201　　传真：0755-2485221　　联系人：易辉平、李壮、刘涛

上市推荐人：湘财证券有限责任公司　　法定代表人：陈学荣

注册地址：　长沙市黄兴路 63 号中山国际大厦 12 楼

联系电话：　021-68634510　　传真：021-68865411　　联系人：张儒平

(二)上市推荐人意见

本公司上市推荐人认为：本公司章程符合《中华人民共和国公司法》、《中华人民共和国证券法》及《上海证券交易所股票上市规则》等法律、法规和中国证监会的有关规定；本公司本次股票发行完全符合《中华人民共和国公司法》、《中华人民共和国证券法》及《上海证券交易所股票上市规则》的法律、法规和中国证监会的有关规定，已具备了上市条件；公司董事了解法律、法规、上海证券交易所上市规则及股票上市协议规定的董事的义务与责任；本公司建立健全了法人治理结构，制定了严格的信息披露制度与保密制度。上市推荐人已对上市文件所载的资料进行了核实，认为上市文件真实、准确、完整，符合规定要求，没有虚假记载、误导性陈述或重大遗漏，并对其承担连带责任。上市推荐人与本公司不存在关联关系。上市推荐人愿意推荐本公司的股票在上海证券交易所上市交易，并且在上市推荐过程中，保证不利用获得的内幕信息进行内幕交易，为自己或他人谋取利益。

湖南浏阳花炮股份有限公司

二零零一年八月二十三日

附：湖南浏阳花炮股份有限公司 2001 年中期财务报表

资产负债表　　会企 01 表

编制单位：湖南浏阳花炮股份有限公司　　单位：人民币元

项　目	注释	2001 年 6 月 30 日	2000 年 12 月 31 日
流动资产：			
货币资金	1	4,992,501.30	10,624,007.32
应收帐款	2	12,730,074.33	21,656,082.23
其他应收款	3	7,863,133.57	7,517,969.79
预付帐款	4	15,175,022.83	10,579,448.15
应收补贴款	5	13,115,486.29	13,160,993.03
存货	6	12,763,086.65	9,842,527.74
流动资产合计		66,639,304.97	73,381,028.26
长期投资：			
长期股权投资	7	4,148,297.45	4,295,745.77
长期投资合计		4,148,297.45	4,295,745.77
固定资产：			
固定资产原价	8	50,645,897.09	50,459,151.09
减：累计折旧	8	9,328,605.67	8,282,141.12
固定资产净值	8	41,317,291.42	42,177,009.97
固定资产净额		41,317,291.42	42,177,009.97
固定资产合计		41,317,291.42	42,177,009.97
无形资产	9	12,044,533.65	12,093,406.47
无形资产及其他资产合计		12,044,533.65	12,093,406.47
资产总计		124,149,427.49	131,947,190.47
流动负债：			
短期借款	10	12,000,000.00	7,000,000.00
应付票据	11	2,000,000.00	3,000,000.00
应付帐款	12	9,680,482.10	14,256,644.92
预收帐款	13	8,665,244.16	18,925,154.73
应付工资		2,155,258.99	55,258.99
应付福利费		327,724.05	701,226.76
应付股利	14	6,475,836.38	10,000,000.00
应交税金	15	-1,103,945.24	79,754.25
其他应交款	16	14,110.57	13,190.35
其他应付款	17	880,494.45	398,258.80
预提费用	18	21,120.00	30,000.00
流动负债合计		41,116,325.46	54,459,488.80
负债合计		41,116,325.46	54,459,488.80
股本	19	50,000,000.00	50,000,000.00
股本净额		50,000,000.00	50,000,000.00
资本公积	20	25,632,987.64	25,632,987.64
盈余公积		1,778,207.10	1,778,207.10
其中:法定公益金		592,735.70	592,735.70
未分配利润	21	5,621,907.29	76,506.93
股东权益合计	22	83,033,102.03	77,487,701.67
负债和股东权益总计		124,149,427.49	131,947,190.47

利润表　　会企 02 表

编制单位：湖南浏阳花炮股份有限公司　　单位：人民币元

项　目	注释	2001 年 1-6 月
一、主营业务收入	23	71,425,645.95
减：主营业务成本		57,393,938.70
主营业务税金及附加	24	47,200.00
二、主营业务利润(亏损以"-"号填列)		13,984,507.25
加：其他业务利润(亏损以"-"号填列)	25	1,584,391.78
减：营业费用	26	4,235,175.10
管理费用	27	3,746,860.18
财务费用	28	219,842.88
三、营业利润(亏损以"-"号填列)		7,367,020.87
加：投资收益(损失以"-"号填列)	29	233,734.83
补贴收入	30	433,898.00
营业外收入	31	49,399.55
减：营业外支出	32	19,129.67
四、利润总额(亏损总额以"-"号填列)		8,064,923.58
减：所得税	33	2,519,523.22
加：所得税返还	34	
五、净利润(净亏损以"-"号填列)		5,545,400.36

利润分配表　　会企 02 表附表 1

编制单位：湖南浏阳花炮股份有限公司　　人民币元

项　目	2001 年 1-6 月	2000 年度
一、净利润	5,545,400.36	11,854,714.03
加：年初未分配利润	76,506.93	-2,175,459.62
发起人弥补	-	2,175,459.62
二、可供分配的利润	5,621,907.29	11,854,714.03
减：99 年 11-12 月分给原股东利润	-	-
提取法定盈余公积	-	1,185,471.40
提取法定公益金	-	592,735.70
三、可供投资者分配的利润	5,621,907.29	10,076,506.93
减：应付普通股股利	-	10,000,000.00
四、未分配利润	5,621,907.29	76,506.93

青岛啤酒股份有限公司

一、公司简介

1 、法定中文名称:青岛啤酒股份有限公司
英文名称:TSINGTAO BREWERY COMPANY LIMITED
2 、法定代表人:李桂荣
3 、董事会秘书:张学举、袁璐
证券事务代表:张瑞祥
联系地址:青岛市香港中路五四广场青啤大厦 1703 室
联系电话:(0532)5713831 ;传真:(0532)5713240
4 、注册地址:中国山东省青岛市登州路 56 号
办公地址:中国山东省青岛市香港中路五四广场青啤大厦
邮政编码:266071
公司网址:http://www.tsingtao.com.cn
电子信箱:info@tsingtao.com.cn
5 、公司选定信息披露报纸:《中国证券报》、《上海证券报》、香港《文汇报》、《HongKong iMail》
登载公司年度报告的中国证监会指定网址:http://www.sse.com.cn
公司年度报告备置地点:公司董事会秘书室
6 、公司股票上市地: A 股:上海证券交易所
股票简称:青岛啤酒;编号:600600

二、会计数据和业务数据摘要

(一)会计数据和业务数据摘要(合并)

1 、本年度利润总额及其构成(元)

利润总额	161,200,541.2
净利润	95,201,759
扣除非经常性损益后的净利润	35,802,452
主营业务利润	1,187,150,040
其他业务利润	12,900,524
营业利润	91,686,101
投资收益	16,090,060
补贴收入	53,277,980
营业外收支净额	146,400
经营活动产生的现金流量净额	334,096,685
现金及现金等价物净增加额	179,647,719

注:非经常性损益项目及金额

(1)股权投资差额摊销	11,334,575
(2) 补贴收入	53,277,980
(3) 处置固定资产损失	(5,213,248)

2 、A 股与 H 股差异

按中国会计准则与香港公认会计原则编制的净利润的差异(人民币千元)

	二零零零年	一九九九年
按中国会计准则计算之除税后利润	95,202	82,651
香港公认会计原则下所作之调整:		
因一九九四年一月一日以前实行之双汇率制度		
而须多提的固定资产折旧	(11,480)	(11,480)
H 股年报中须多提的应付职工福利费	(2,041)	(3,286)
H 股年报中须多提的职工住房周转金	(2,326)	(9,791)
H 股年报中须列支实际发生的技术开发费	(6,797)	(7,977)
H 股年报中须调整的开办费	(1,481)	(812)
A 股年报中长期投资差异摊销	(11,606)	(7,196)
其它	2,519	(1,450)
按香港公认会计原则计算之净利润	61,991	40,659

3 、主要会计数据和财务指标(合并报表)

	2000 年度	1999 年度调整前	1999 年度调整后	1998 年度
主营业务收入	3,766,259,130	2,445,436,497	2,445,436,497	1,722,713,205
净利润	95,201,759	89,472,227	82,650,588	98,998,453
总资产	6,995,231,025	5,172,518,356	5,165,337,683	3,931,838,740
股东权益(不含少数股东)	2,235,378,634	2,247,007,213	2,240,185,573	2,247,534,986
每股收益	0.1058	0.0994	0.0918	0.1100
每股收益(加权)	0.1058	0.0994	0.0918	0.1100
扣除非经常性损益后的每股收益	0.0398	0.0486	0.0490	0.0967
每股净资产	2.48	2.50	2.49	2.50
调整后每股净资产	2.36	2.41	2.35	2.48
每股经营活动产生的现金流量净额	0.37	0.34	0.34	0.19
净资产收益率	4.26%	3.98%	3.69%	4.40%
净资产收益率(加权)	4.16%	3.90%	3.61%	4.31%
扣除非经常性损益后的净资产收益率(加权)	1.56%	1.91%	1.93%	3.79%

注:根据财政部财会字[2001]17 号财政部关于印发《贯彻实施〈企业会计制度〉有关政策衔接问题的规定》的通知,公司对属于 1999 年的固定资产按减值处理,作为 2000 年度资产负债表日后的调整事项,调整了 1999 年度的有关数据。

三、股东情况介绍

(1)报告期末股东总数为 76,394 户。
(2)报告期末本公司前十名股东

持有人	持股种类	持股数	占总股本比例(%)	持股增减
青岛市国有资产管理局	A	399,820,000	44.42	0
香港中央结算(代理人)公司	H	331,030,048	36.78	1,978,200
中国银行山东省分行	A	29,250,000	3.25	
中国建设银行青岛市分行	A	19,080,000	2.12	
青岛华青财务服务有限公司	A	5,000,000	0.56	
香港宝生银行	H	3,472,500	0.39	
香港汇丰银行代理人有限公司 A/C14	H	1,200,000	0.13	
香港汇丰银行代理人有限公司	H	1,099,699	0.12	
张增龙	A	890,000	0.10	
泰和基金	A	618,100	0.07	

上海方正延中科技集团股份有限公司

(一)公司简介

1、公司法定中文名称:上海方正延中科技集团股份有限公司
法定英文名称:SHANGHAI FOUNDER YANZHONG SCIENCE&TECHNOLOGY GROUP CO.,LTD 缩写:FST
2、公司法定代表人:张玉峰先生
4、董事会秘书:王晓青先生 董事会授权代表:侯郁波先生
联系地址:上海市南京西路 1515 号嘉里中心九楼 联系电话:(021)52986118-9017
传真:(021)52985038 电子信箱:houyb@foundertech.com
4、公司注册地址:上海市南京西路 1515 号嘉里中心九楼公司
办公地址:上海市南京西路 1515 号嘉里中心九楼 邮政编码:200040
公司网址:http://www.foundertech.com
5、公司选定的信息披露报纸:《上海证券报》、《中国证券报》
登载公司年度报告的中国证监会指定国际互联网网址:http://www.sse.com.cn
6、股票上市地:上海证券交易所 股票简称:方正科技 股票代码:600601

(二)会计数据和业务数据摘要

1、主要财务数据 单位:元

利润总额:	155,336,973.61
净利润:	124,831,373.16
扣除非经常性损益后的净利润:	125,840,957.97
主营业务利润:	362,232,355.05
其他业务利润:	1,298,513.55
营业利润:	99,278,383.48
投资收益:	29,745,064.69
补贴收入:	27,323,110.25
营业外收支净额:	-1,009,584.81
经营活动产生的现金流量净额:	6,450,758.76
现金及现金等价物净增加额:	211,277,884.71

非经常性损益主要内容为:①营业外收入中包括违约金滞纳金收入、废品收入、存货盘盈等项共计 528,103.33 元;②营业外支出中包括存货报废、评估减值、捐赠等项共计 1,537,688.14 元。

2、截止报告期末公司前三年的主要会计数据和财务指标

项目	2000 年	1999 年 调整前	1999 年 调整后	1998 年
主营业务收入	2,698,527,300.26	1,652,792,891.02	296,921,739.59	252,071,740.92
净利润	124,831,373.16	33,856,938.63	35,992,445.29	1,316,326.85
总资产	1,308,750,890.49	843,241,351.71	1,004,372,636.96	698,701,148.87
股东权益(不含少数股东权益)	517,426,220.15	391,924,828.93	352,604,866.72	85,729,904.96
每股收益(摊薄)	0.67	0.18	0.23	0.01
每股收益(加权)	0.67	0.21	0.31	0.01
扣除非经常性损益后的每股收益	0.67	0.20	0.24	0.02
(摊薄)扣除非经常性损益后的每股收益	0.67	0.23	0.33	0.03
(加权)每股净资产	2.77	2.10	2.27	0.55
调整后的每股净资产	2.67	1.95	2.18	0.39
每股经营活动产生的现金流量净额	0.03	-0.60	-0.44	-0.4
净资产收益率(%)(摊薄)	24.13	8.64	10.21	1.54

3、净资产收益率和每股收益指标

	净资产收益率 全面摊薄	净资产收益率 加权平均	每股收益 全面摊薄	每股收益 加权平均
(1)主营业务利润	70.01%	79.73%	1.94	1.94
(2)营业利润	19.19%	21.85%	0.53	0.53
(3)净利润	24.13%	27.48%	0.67	0.67
(4)扣除非经常性损益后的净利润	24.32%	27.70%	0.67	0.67

注:净资产收益率和每股收益按《公开发行证券公司信息披露编报规则第 9 号—净资产收益率和每股收益的计算及披露》方法计算。

(三)股本情况介绍

1、主要股东持股情况:

股东名称	持股数(股)	持股比例(%)
北大方正	7031961	3.77
金鑫基金	4891399	2.62
虹兴仓储	3153252	1.69
江苏长虹	2272650	1.22
金泰基金	2027806	1.09
泰和基金	1932471	1.03
同盛基金	1500250	0.80
北大科技	1108020	0.59
沈阳旷源	1070971	0.57
鑫达铜材	875393	0.47

(1)本报告期末公司股东总数为:132686 名。
(2)以上股东中,北大方正、北大科技为关联企业。虹兴仓储、江苏长虹为关联企业。
(3)截止报告期末,本公司无持股 5%以上股东及合并持有 5%以上股东。

(四)股东大会简介

报告期内召开了九九年度股东大会召开公司股东大会 1999 年度会议的通知公告于 2000 年 4 月 21 日刊登在《中国证券报》和《上海证券报》上,该次股东大会的股权登记日为 2000 年 5 月 10 日。参会股东的登记时间为 2000 年 5 月 15 日。

公司股东大会 1999 年度会议于 2000 年 5 月 22 日在上海举行,出席和委托出席会议的股东 348 人,持股总额 15641673 股,占本公司总股本的 8.38%。会议审议通过了如下决议:
一、1999 年董事会工作报告。
二、1999 年监事会工作报告。
三、1999 年财务报告及利润分配方案。
四、关于提取各项资产减值准备和损失处理的内部控制制度。
五、授权董事会行使部分职权的议案。

上海真空电子器件股份有限公司

一、公司简介

(一)公司法定中文名称:上海真空电子器件股份有限公司
公司法定英文名称:SHANGHAI VACUUM ELECTRON DEVICES CO., LTD. 缩写:SVEC
(二)公司法定代表人:董事长顾培柱先生
(三)公司信息披露机构:股份制办公室 公司董事会秘书:胡之奎先生
其他联系人:周祁顺先生、肖敏小姐
联系地址:上海市长寿路97号世纪商务大厦26楼
电话:62980202转646或647 传真:62982121
(四)公司注册地址:上海市浦东即墨路95-97号2号楼4层
公司办公地址:上海市长寿路97号世纪商务大厦26楼
邮政编码:200060
公司国际互联网网址:http://www.svec.com.cn
电子信箱:csvec@online.sh.cn
(五)公司选定的信息披露报纸名称:《上海证券报》、香港《南华早报》
登载公司年度报告的中国证监会指定国际互联网网址:http://www.sse.com.cn
公司年度报告备置地点:公司股份制办公室
(六)公司股票上市交易所:上海证券交易所
股票简称:真空电子 真空B股
股票代码:600602 900901

二、会计数据和业务数据摘要

(一)1、本年度主要利润指标情况(单位:人民币元)

利润总额	625,284,038.12
其中:主营业务利润	884,735,514.35
其他业务利润	-11,321,088.73
营业利润	429,681,138.17
投资收益	214,852,377.69
补贴收入	360,705.01
营业外收支净额	-19,610,182.75
净利润	300,875,042.36
扣除非经常性损益后的净利润	308,685,878.69
经营活动产生的现金流量净额	375,239,040.02
现金及现金等价物净增加额	-357,778,086.67

说明扣除非经常性损益后的净利润包括补贴收入360,705.01元,罚款收入与支出的净额114,290.17元,捐赠-270,800元,处置资产损益-19,805,718.36元,土地补偿收支净额11,790,686.85元。

(二)截至报告期末公司前三年主要会计数据和财务指标:(单位:人民币元)

项目	2000年	1999年(调整前)	1999年(调整后)	1998年
主营业务收入	5,055,646,755.07	4,374,000,131.03	4,374,000,131.03	3,359,112,117.79
净利润	300,875,042.36	323,269,075.81	304,320,303.60	129,512,727.63
总资产	7,739,914,912.66	7,018,488,612.80	6,999,539,840.59	5,324,417,230.71
股东权益(不含少数股东权益)	2865,122,853.87	2,689,870,113.11	2,670,921,340.90	1,180,820,765.22
每股收益(全面摊薄)	0.357	0.422	0.397	0.203
每股收益(加权平均)	0.357	0.507	0.478	0.203
扣除非经常性损益后的每股收益	0.366	0.166	0.141	0.004
每股净资产	3.40	3.51	3.49	1.85
调整后的每股净资产	3.33	3.47	3.47	1.85
每股经营活动产生的现金流量净额	0.45	0.81	0.81	0.37
净资产收益率%(摊薄)	10.50	12.02	11.39	10.97
净资产收益率(加权)	10.66	24.08	22.83	11.09

(三)利润表附表

报告期利润	净资产收益率(%)		每股收益(元)	
	全面摊薄	加权平均	全面摊薄	加权平均
主营业务利润	30.88	31.36	1.050	1.050
营业利润	15.00	15.23	0.510	0.510
净利润	10.50	10.66	0.357	0.357
扣除非经常性损益后的净利润	10.77	10.94	0.366	0.366

三、股东情况介绍

(一)股东情况介绍

1、报告期末公司股东总数为233517户,其中未上市流通国有股1户,A股226215户,B股7301户。

2、报告期末持有本公司5%以上股份的股东仍为上海广电(集团)有限公司,报告期末持股数量为313,947,548股。由于公司1999年度利润分配方案中每10股进行公积金转增股本1股,国有股由1999年末的285,406,862股增至2000年末的313,947,548股。

报告期末公司主要股东持股情况.

股东名称	持股数(股)	占总股本比例(%)
(1)上海广电(集团)有限公司(国有股)	313,947,548	37.24
(2)上海久事公司	7,730,000	0.92
(3)CBNY S/A PNC/SKANDIA SELECT FUND/CHINA EQUITY AC	5,943,913	0.71
(4)上海置业集团(上海)有限公司	5,500,000	0.65
(5)上海天原(集团)有限公司	4,000,000	0.47
(6)WARBURG DILLON READ NOMINEES (HONGKONG) LTD-GENERAL A/C	3,844,665	0.46
(7)WATTSBURG CO.LTD.	3,162,456	0.38
(8)君安证券上海常德路营业部	2,966,000	0.35
(9)钱月霞	2,632,602	0.31
(10)上海贝岭股份有限公司	2,400,000	0.28

说明:以上十名股东中,第1名为国有股股东;第3、6、7、8、9名股东均为B股股东;第2、4、5、10名股东为参与公司1999年度增发新股(A股)配售的战略投资者,至报告期末其所持股份全部上市流通。前十名股东之间不存在关联关系。

上海兴业房产股份有限公司

(一)公司简介

1、公司法定中文名称:上海兴业房产股份有限公司
公司英文名称:SHANGHAI XINGYE HOUSING CO., LTD
公司英文名称缩写:XYHC
2、公司法定代表人:唐相道
3、公司董事会秘书:祁勇
联系地址:上海市四川南路38号
邮政编码:200002
联系电话:021-63735258
传真电话:021-63735197
电子信箱(E-mail):Xingyeb @ online.sh.cn
4、公司注册地址:上海市四川南路38号2
邮政编码:200002
联系电话:021-63735258
传真号码:021-63735197
公司办公地址:上海市长乐路333号
邮政编码:200031
联系电话:021-54042455
传真号码:021-64739488
电子信箱(E-mail):Xingyeb @ online.sh.cn
5、公司选定的信息披露的报纸名称:《上海证券报》
登载公司年度报告的中国证监会指定的国际互联网网址:
http: // www. sse. com. cn
公司年度报告备置地点:上海市长乐路333号公司办公室
6、公司股票上市交易所:上海证券交易所
公司股票简称:兴业房产
公司股票代码:600603

(二)会计数据和业务数据摘要

1、本年度主要利润指标情况:(单位:元)

(1)利润总额:	5,624,184.13
(2)净利润:	4,035,603.26
(3)扣除非经常性损益后的净利润:	4,035,603.26
(4)主营业务利润:	25,886,902.23
(5)其它业务利润:	2,368,940.87
(6)营业利润:	1,177,788.13
(7)投资收益:	4,957,234.77
(8)营业外收支净额:	-510,838.77
(9)经营活动产生的现金流量净额:	-191,012,497.32
(10)现金及现金等价物净增加额:	-103,540,654.56

2、截止报告期末公司前三年主要会计数据和财务指标

指标项目	2000 年度	1999 年度	调整前	1998 年度 调整后
(1)主营收入(万元)	22,597.00	33,196.00	16,167.00	16,167.00
(2)净利润(万元)	404.00	2,713.00	3,762.00	3,454.00
(3)总资产(万元)	114,618.00	99,016.00	72,721.00	71,996.00
(4)股东权益(万元)(不含少数股东权益)	37,857.00	37,453.00	35,461.00	34,741.00
(5)每股收益(元)摊薄	0.02	0.17	0.28	0.26
(6)扣除非经营性损益后的每股收益(元)	0.02	0.17	0.25	
(7)每股净资产(元)	1.94	2.31	2.62	2.57
(8)调整后的每股净资产(元)	1.94	2.30	2.62	2.56
(9)每股经营活动产生的现金净流量(元)	-0.98	-1.22	-0.03	
(10)净资产收益率(%)	1.07	7.24	10.61	9.94

3、报告期利润表附表:

报告期利润	净资产收益率%		每股收益(元)	
	全面摊薄	加权平均	全面摊薄	加权平均
主营业务利润	6.84	6.87	0.13	0.13
营业利润	0.31	0.31	0.01	0.01
净利润	1.07	1.07	0.02	0.02
扣除非常性损益后的净利润	1.07	1.07	0.02	0.02

(三)股东情况介绍

(1)截止二000年十二月三十一日,公司的股东总数为93,690户。
(2)主要股东持股情况

名次 股东名称	年末持股数(股)	占总股本比例(%)
①上海城开集团有限公司	4,161,891	2.14
②福建兴业证券有限公司	1,465,329	0.757
③中华企业股份有限公司	1,008,189	0.52
④上海迅发房产有限公司	814,120	0.42
⑤泰和基金	625,300	0.32
⑥刘亚	555,857	0.29
⑦古井房产	398,000	0.20
⑧苏佩玉	384,000	0.20
⑨黄谨	353,980	0.18
⑩李伟兵	339,158	0.17

说明:A、本公司无持有5%以上公司股票的法人股东和个人股东。
B、前十位股东之间非关联企业。

(四)股东大会简介

二000年七月一日公司在《上海证券报》上刊登了《上海兴业房产股份有限公司一九九九年度股东大会决议公告》、《上海兴业房产股份有限公司一九九九年度股东大会表决结果》、《上海兴业房产股份有限公司关于实施一九九九年度利润分配方案的公告》。

上海二纺机股份有限公司

一、公司简介

1.公司法定中文名称:上海二纺机股份有限公司
公司法定英文名称:SHANGHAI ERFANGJI CO.,LTD.
2.公司法定代表人:张文卿
3.公司董事会秘书:朱建忠　　公司董事会秘书授权人:吴　涛
联系地址:上海市场中路 687 号　　电话:(021)65318888*2673　传真:(021)65421963
电子信箱:master @shej.com　　公司国际互联网址:http://www.shej.com
4.公司注册及办公地址:上海市场中路 687 号　邮编:200434
5.公司选定的信息披露报纸名称,境内《上海证券报》、《中国证券报》;境外:《大公报》、《商报》
登载公司年度报告的中国证监会指定国际互联网网址: http://www.sse.com.cn
公司年度报告备置地点:上海市场中路 687 号公司本部发展筹划部
6.公司股票上市地:上海证券交易所
股票简称:二纺机　二纺 B 股　　A 股股票代码:600604;B 股股票代码:900902

二、会计数据和业务数据摘要

(一)公司本年度会计数据 (单位:元)

1	利润总额	8,407,024.10
2	净利润	6,917,087.71
3	扣除非经营性损益后的净利润	-87,693,367.29
4	主营业务利润	37,141,922.84
5	其它业务利润	12,182,439.35
6	营业利润	-92,613,809.14
7	投资收益	102,268,239.50
8	补贴收入	161,984.15
9	营业外收支净额	-1,409,390.41
10	经营活动产生的现金流量净值	88,634,929.43
11	现金及现金等价物的净增加值	61,906,093.94

注:非经营性损益包括股权转让收益 9461.05 万元。

(二)截止报告期末公司前三年主要会计数据和财务指标(合并报表)　　(单位:万元)

	项　目	2000 年	1999 年		1998 年	
			调整前	调整后	调整前	调整后
1	主营业务收入	46,529.56	29,103.99	28,169.75	30,768.17	30,768.17
2	净利润	691.71	680.58	675.16	467.86	280.29
3	总资产	164,148.27	160,207.55	158,502.10	175,618.66	172,671.24
4	股东权益	86,286.14	89,671.94	89,498.58	91,601.24	88,976.84
5	每股收益(元)	0.012	0.012	0.012	0.008	0.005
6	每股收益(元.加权)	0.012	0.012	0.012	0.008	0.005
7	扣除非经营损益后的每股收益(元)	-0.155	-0.223	-0.223	-0.092	-0.095
8	每股净资产(元)	1.523	1.583	1.580	1.617	1.571
9	调整后每股净资产(元)	1.391	1.414	1.414	1.496	1.449
10	每股经营活动产生的现金净流量(元)	0.156	0.133	0.133	0.089	0.089
11	净资产收益率(%)	0.80	0.759	0.754	0.511	0.315

(三)根据中国证监会关于《公开发行证券公司信息披露编报规则》第 9 号通知精神,公司 2000 年按全面摊薄法和加权平均法计算的净资产收益率及每股收益:

报告期利润	净资产收益率(%)		每股收益(元)	
	全面摊薄	加权平均	全面摊薄	加权平均
主营业务利润	4.30	4.30	0.066	0.066
营业利润	-10.73	-10.73	-0.163	-0.163
净利润	0.80	0.80	0.012	0.012
扣除非经营性损益后利润	-10.16	-10.16	-0.15	-0.15

(四)报告期内股东权益变动情况(单位:元)

项目	期初数	本期增加数	本期减少数	期末数
股本	566,449,189.46	-------	-------	566,449,189.46
资本公积	317,323,700.05	-------	-------	317,323,700.05
盈余公积	160,707,900.66	396,952.40	1,221,536.92	159,883,316.14
其中:公益金	5,462,449.61	132,317.47	407,178.98	5,187,588.10
未分配利润	-148,010,598.42	6,917,087.71	38,439,890.12	-179,533,400.83
未确认的投资损失	-1,484,432.22	222,994.50	-------	-1,261,437.72
股东权益合计	894,985,759.53	7,537,034.61	39,661,427.04	862,861,367.10

三、股本变动及股东情况介绍

1 、股本变动情况(单位:股)
期末股份总数　566,449,189.00
2 、报告期末公司股东总数为:57,672 户
3 、报告期末公司主要股东持股情况

股东名称	年末持数量(股)	占总股本比例(%)
(国有资产)授权经营单位:太平洋机电(集团)有限公司	262,342,309	46.31
应维勤	3,833,000	0.67
WISEMAX INTERNATIONAL LIMITED 智万国际有限公司	3,813,474	0.67
WORLDSEC INTERNATIONAL LTD	2,371,621	0.41
MERRILL LYNCH NOMINEES(HK)LTD	1,604,702	0.28
华夏证券有限公司上海业务部	1,548,000	0.27
王威昌	1,488,000	0.26
鲍世颖	1,443,767	0.25
吴滨	1,350,000	0.23
HUANG XIAO QIANG	1,208,269	0.21

注:(1)、太平洋机电(集团)有限公司代表国家持有本公司 46.31%股份。
法定代表人:朱斌.经营范围:纺织机械,纺织器材,服装机械,机电产品,环保设备,建筑装潢,计算机工程,办公室自动化,金属材料,建筑材料,纺织原料,五金交电,日用百货,服装服饰,设备租赁,外经贸委批准的自营进出口业务。
(2)、排名第二至第十位的股东均为 B 股股东

上海轻工机械股份有限公司

一、公司简介

1、公司中文法定名称:上海轻工机械股份有限公司
公司英文名称:SHANGHAI LIGHT INDUSTRY MACHINERY CO.,LTD. 缩写:SLIMC
2、公司法定代表人:郭海祥
3、公司信息披露人员:
董事会秘书:沈　军　　联系地址:上海南京西路 1576 号　　电话:021 —62560000 ×147
传真:021 —62566022　　电子信箱:slimcf@online.sh.cn
4、公司注册地址:上海浦东新区川沙镇东河浜路 10 号
公司办公地址:上海南京西路 1576 号　　邮政编码:200040
公司国际互联网网址:http://www.china-slimc.com　　公司电子信箱:slimcf@online.sh.cn
5、公司选定的信息披露报纸名称:《上海证券报》
登载公司年度报告指定的国际互联网网址:http://www.sse.com.cn
公司年度报告备置地点:上海南京西路 1576 号
6、公司股票上市交易所:上海证券交易所
股票简称:轻工机械　　股票代码:600605

二、会计数据与业务数据摘要

1、公司本年度利润总额及构成(合并报表)　　单位:元

利润总额:	3748169.73
净利润:	8465481.71
扣除非经常性损益后的净利润:	8465481.71
主营业务利润:	20934594.49
其他业务利润:	9152796.52
营业利润:	-14035397.51
投资收益:	2803792.74
补贴收入:	641000.00
营业外收支净额:	14338774.50
经营活动产生的现金流量净额:	5038474.29
现金及现金等价物净增加额:	-23755245.92

2、公司近三年的主要会计数据和财务指标:单位:元

指标项目	2000 年	1999 年	1998 年	
			调整后	调整前
主营业务收入	219749970.76	271148095.45	352322700.77	352322700.77
净利润	8465481.71	31943644.91	24778192.75	33087176.13
总资产	615925320.46	636751144.53	599372232.24	636872920.14
股东权益	321279933.99	312814452.28	280870807.37	317920048.27
每股收益	0.04	0.15	0.14	0.19
每股净资产	1.53	1.49	1.60	1.82
调整后的每股净资产	1.44	1.42	1.52	1.73
每股经营活动产生的现金流量净额	0.024	0.13	-0.007	-0.007
净资产收益率%	2.63	10.21	8.82	10.41
扣除非经常性损益后的每股收益	0.04	0.13	0.14	0.19

注:按中国证监会《公开发行证券公司信息披露编报规则》(第 9 号)通知要求,
计算的 2000 年年度每股收益和净资产收益率如下:

报告期利润	净资产收益率(%)		每股收益(元)	
	全面摊薄	加权平均	全面摊薄	加权平均
主营业务利润	6.52	6.60	0.10	0.10
营业利润	-4.37	-4.43	-0.067	-0.067
净利润	2.63	2.67	0.04	0.04
扣除非经常性损益后的净利润	2.63	2.67	0.04	0.04

3、报告期内股东权益变动情况:　　单位:元

项目	股本	资本公积	盈余公积	其中:公益金	未分配利润	合计
期初数	210192000	35273086.49	65847189.26	18355915.23	1502176.53	312814452.28
本期增加	/	/	1807934.02	903967.01	6657547.69	8465481.71
本期减少	/	/	/	/	/	/
期末数	210192000	35273086.49	67655123.28	19259882.24	8159724.22	321279933.99

变动原因: (1)盈余公积金本期增加系提取法定公积金和公益金所致;
(2)未分配利润增加系本年度净利润转入扣除两金所致。

三、股本变动及股东情况

(一)股本变动情况:
(二)股东情况介绍:
(1) 报告期末股东总数 10341 户,其中国家股股东 1 户,社会公众股股东 10340 户。
(2) 主要股东持股情况(前十名):

名次	股 东 名 称	年末持股数	占总股本比例
①	上海电气(集团)总公司(国家股)	186192000	88.58%
②	福建兴业	347865	0.17%
③	鹏宇东方	333100	0.16%
④	陈玉瑟	330000	0.16%
⑤	京比林徽	298700	0.15%
⑥	金色话筒	236400	0.11%
⑦	京捷安奇	195000	0.09%
⑧	泰和基金	175500	0.08%
⑨	林玉华	172000	0.08%
⑩	宁波工信	170000	0.08%

注:上海电气(集团)总公司系本公司母公司,法人代表夏毓灼,注册地点:上海市四川中路 110 号,邮编:200002

四、股东大会简介

(一)年度股东大会情况:
1、上海轻工机械股份有限公司第九次股东大会于二 OOO 年三月二十五日在上海文艺活动中心召开。到会股东 168 人,代表股本 186318542 股,占公司总股本的 88.64%,符合上市公司有关法规和公司章程的要求

上海金丰投资股份有限公司

一、公司简介

1 、法定中文名称:上海金丰投资股份有限公司
法定英文名称:Shanghai Jinfeng Investment Co.,Ltd.(缩写:JF)
2 、法定代表人:徐林宝
3 、董事会秘书:王 南
4 、联系地址:上海市延安西路 129 号华侨大厦 17 楼
联系电话:(021)62496858
联系传真:(021)62496860
电子信箱:wangnan@online.sh.cn
注册地址:上海市浦东新区松林路 111 号
办公地址:上海市延安西路 129 号华侨大厦 17 楼
邮政编码:200040
公司网址:www.ehousee.com
5 、公司信息披露报纸名称:《中国证券报》、《上海证券报》
登载公司年度报告的中国证监会指定国际互联网网址:http://www.sse.com.cn
年度报告备置地点:公司董事会秘书室
6 、股票上市地:上海证券交易所
股票简称:金丰投资
股票代码:600606

二、会计数据和业务数据摘要

1 、本年度利润总额及其构成(单位:人民币元)

利润总额:	56,596,968.46
净利润:	44,147,656.54
扣除非经常性损益后的净利润	13,978,014.03((注 1)
主营业务利润:	104,530,847.88
其他业务利润:	6,591,934.61
营业利润	6,947,833.20
投资收益:	28,764,590.88
补贴收入:	0.00
营业外收支净额:	20,884,544.38
经营活动产生的现金流量净额:	20,932,102.95
现金及现金等价物净增加额:	169,901,680.23

注 1:扣除非经常性损益项目涉及金额具体如下:
(1)股权转让收益 13,296,917.84 元;
(2)划拨土地补偿收益 14,625,004.89 元;
(3)固定资产处置收益 2,176,054.40 元;
(4)合并价差摊入: 71,665.38 元

2 、近三年主要会计数据及财务指标(单位:人民币元)

项 目	2000 年度	1999 年度	1998 年度	
			调整后	调整前
主营业务收入	240,205,482.12	140,293,623.34	177,422,368.07	190,810,535.65
净利润	44,147,656.54	41,778,801.07	21,845,471.53	21,098,093.98
总资产	1,097,530,609.56	768,840,675.07	552,345,747.32	588,402,551.69
股东权益	231,184,283.60	205,069,834.58	163,809,256.10	163,061,878.55
每股收益(摊薄)	0.268	0.482	0.252	0.243
(加权)	0.268	0.482	0.252	0.243
扣除非经常性损益后的每股收益	0.085	0.435	0.150	0.141
每股经营活动产生的现金流量净额	0.127	--0.27	0.24	0.24
每股净资产	1.403	2.364	1.889	1.880
调整后每股净资产	1.097	2.027	1.873	1.823
净资产收益率(%)(摊薄)	19.10	20.37	13.34	12.94
净资产收益率(%)(加权)	19.44	20.37	13.34	12.94

三、股本变动及股东情况介绍

1 、股本变动情况表:(单位:股)
2 、股东情况介绍:
(1)、截止 2000 年 12 月 31 日,本公司股东总户数为 42960 户,其中:国家股股东 1 户,社会流通股股东 42959 户。
(2)、持有本公司 5%以上股份的股东只有本公司的国家股股东上海房地(集团)公司,由于年度内实施了每 10 股送 4.5 股转增 4.5 股的利润分配方案,其持股数由年初的 64,781,992 股增加至 123,085,785 股,持股比例未发生变动。上海房地(集团)公司所持有的本公司 74.69%的国家股未作任何质押或冻结,亦无其他法律争议。
(3)、公司前十名股东情况

股东名称	持股数	所占比例%
上海房地(集团)公司	123,085,785	74.69
嘉政房产	949,796	0.58
天泰精化	177,650	0.11
方维	130,000	0.08
兴和基金	93,076	0.06
唐健	80,000	0.05
陈净	80,000	0.05
徐卫军	75,510	0.05
张伟	72,990	0.04
周家棉	69,000	0.04

注:前十名股东之间不存在关联关系。

四、股东大会简介

(一)报告期内股东大会的召开情况及决议内容
报 告期内共召开一次股东大会:
2000 年 2 月 23 日,公司在《中国证券报》、《上海证券报》刊登召开 1999 年度股东大会的公告。2000 年 3 月 24 日本公司 1999 年度股东大会在上海影城召开,会议由董事长徐林宝先生主持,公司董事、监事及高级管理人员出席了会议。出席会议的股东及委托代理人共 251 人,代表股份 65,157,063 股,占公司总股本的 75.72%。
本次股东大会审议并通过了如下决议:
①审议通过《1999 年度董事会工作报告》。
②审议通过《1999 年度监事会工作报告》。

上海实业联合集团股份有限公司

一、公司简介

1、公司法定中文名称:上海实业联合集团股份有限公司(以下简称"本集团")
公司英文名称: Shanghai Industrial United Holdings Co., Ltd.
2、公司法定代表人: 丁忠德
3、公司董事会秘书: 施祖琪
联系地址:上海市桃江路 8 号宝轻大厦 5 楼
电话:021-64331098、64319966
传真:021-64337533
电子信箱:Suiljim@public3.sta.net.cn
证券事务代表: 李德芳
4、公司注册地址:上海市浦东新区郭守敬路 351 号海泰楼 2 号 628 室
公司办公地址:上海市桃江路 8 号宝轻大厦 5 楼 邮政编码:200031
电话:021-64331098 传真:021-64337533
国际互联网网址:http://www.siuc.com.cn
电子信箱:Suiljim@public3.sta.net.cn
5、公司选定的信息披露报纸:《中国证券报》、《上海证券报》、《证券时报》
登载公司年度报告的中国证监会指定国际互联网网址:http://www.sse.com.cn
公司年度报告备置地点:上海市桃江路 8 号宝轻大厦 5 楼
6、公司股票上市交易所:上海证券交易所
股票简称:上实联合 股票代码:600607

二、会计数据和业务数据摘要

1、2000 年度(以下简称"本年度"或"报告期")本集团会计数据及业务数据摘要
单位:元

利润总额	135,202,038.76
净利润	97,083,798.95
扣除非经常性损益后的净利润	92,166,512.57
主营业务利润	205,360,972.51
其他业务利润	14,224,278.23
营业利润	43,483,590.02
投资收益	68,157,690.92
补贴收入	16,798,290.70
营业外收支净额	6,762,467.12
经营活动产生的现金流量净额	64,834,039.32
现金及现金等价物净增加额	511,055,887.59

注 1:本年度非经常性损益项目包括: 单位:元

项目	金额
新股申购利息收入	996,832.68
处置固定资产净收益	2,076,804.85
资产盘盈收益	4,514,985.00
房产过户手续费及印花税	-217,330.05
股本变更相应税费	-1,074,970.00
其他非经常性费用	-1,379,036.10
合计	4,917,286.38

2、本集团近三年主要会计数据和财务指标 单位:元

项目	本年度	1999 年度		1998 年度	
	调整前	调整后	调整前		调整后
主营业务收入	921,439,492.40	543,409,409.48	543,377,442.38	274,506,415.13	274,506,415.13
净利润	97,083,798.95	65,715,341.59	63,524,388.92	62,360,000.38	52,769,343.51
总资产	2,373,790,935.30	1,056,086,726.59	1,055,761,350.86	902,407,819.11	873,117,711.58
股东权益(不含少数股东权益)	1,361,676,781.43	459,178,511.14	456,816,358.47	436,655,413.43	409,711,856.37
每股收益(摊薄)	0.4751	0.4258	0.4116	0.4040	0.3419
每股收益(加权)	0.5413				
扣除非经常损益后每股收益(摊薄)	0.4510	0.4116	0.3974	0.3847	0.3226
扣除非经常损益后每股收益(加权)	0.5139				
每股净资产	6.6637	2.9751	2.9598	2.8300	2.6546
调整后每股净资产	6.4400	2.8088	2.7935	2.7190	2.5634
每股经营活动产生的现金流量净额(摊薄)	0.3173	0.7511	0.7511	0.2296	0.2296
每股经营活动产生的现金流量净额(加权)	0.3615				
净资产收益率(摊薄)	7.13%	14.31%	13.91%	14.28%	12.88%
净资产收益率(加权)	10.55%				

三、股东情况介绍

1、报告期末(2000 年 12 月 31 日)本集团股东总户数为 53,025 户。
2、报告期末主要股东持股情况(2000 年 12 月 31 日)

股东名称或简称	持股数量(万股)	持股比例(%)	年度内持股变动情况(万股)
(1)上海上实(集团)有限公司	4,564.8000	22.34	0
(2)CITY NOTE HOLDINGS LTD.	3,935.1735	19.26	0
(3)上海纺织发展总公司	1,845.9000	9.03	0
(4)香港联沪毛纺织厂有限公司	656.0820	3.21	0
(5)上海爱建股份有限公司	570.0672	2.79	0
(6)普惠基金	248.2032	1.21	
(7)安顺基金	148.2000	0.73	
(8)沪财金山	104.2500	0.51	
(9)金泰基金	99.0000	0.48	
(10)同盛基金	92.5798	0.45	

据本集团所知,上海上实(集团)有限公司、CITY NOTE HOLDINGS LTD.及上海纺织发展总公司各自持有的本集团的股份未作任何质押,亦未被冻结。
上海上实(集团)有限公司为代表国家持有股份单位,CITY NOTE HOLDINGS LTD.和香港联沪毛纺织厂有限公司为外资股东。

上海宽频科技股份有限公司

一、公司简介

1.公司名称:中文名称:上海宽频科技股份有限公司　公司简称:上海科技
公司法定英文名称:SHANGHAI BROADBAND TECHNOLOGY CO.,LTD.　缩写:SBT
2.公司法定代表人:张杰
3.公司董事会秘书:胡兴堂　联系部门:投资管理部
联系电话:021-64569832　传真电话:021-64568423
4.公司注册地址:上海浦东新区曹化路 2 号　邮政编码:201209
公司办公地址:上海中山南二路 777 号 1 号楼　邮政编码:200032
公司网页:http:\ \ www.sbt.sh.cn　电子信箱:invest@sbt.sh.cn
5.信息披露报刊名称:上海证券报　公司年报的网址:http:\ \ www.sse.com.cn
公司年度报告备置地点:投资管理部
6.公司股票上市地点:上海证券交易所　股票简称:上海科技　股票代码:600608

二、会计数据和业务数据摘要

1.本年度利润总额及其构成:单位:人民币元

利润总额	27,880,202.47
净利润	21,438,373.73
扣除非经常性损益后利润	17,505,840.83
主营业务利润	44,136,667.70
其它业务利润	5,739,771.04
营业利润	23,046,171.08
投资收益	2,244,266.25
补贴收入	
营业外收支净额	2,589,765.14
经营活动产生的现金流量净额	141,992,795.07
现金及现金等价物净增加额	62,529,679.78

注:本年度非经常性损益为 393.3 万元, 其中, 出售热轧钢管分公司的收入为 338.01 万元, 国债投资收益为 110 万元, 支付协介费 132.3 万元。

2.主要会计数据和财务指标:

指标项目单位	2000 年	1999 年	1998 年 调整后	1998 年 调整前
主营业务收入万元	181,173,331.89	176,875,308.76	205,596,154.10	205,596,154.10
净利润万元	21,438,373.73	13,047,421.35	20,131,161.57	22,368,489.56
总资产万元	467,806,962.77	323,252,885.90	326,653,934.38	342,701,002.68
股东权益万元	304,505,539.57	211,619,607.54	198,572,186.19	214,493,465.76
每股净资产	2.01	1.82	1.70	1.84
调整后每股净资产	1.94	1.68	1.59	1.67
摊薄	0.1417	0.1119	0.1727	0.1919
每股收益加权 0.1434				
摊薄	7.04	6.17	10.14	10.43
净资产收益率加权%	7.45			
摊薄	0.1157	0.1097	0.0951	0.1135
扣除非经常性损益后的每股收益加权	0.1171			
摊薄	5.75	6.17	5.88	6.17
扣除非经常性损益后的净资产收益率加权	6.08	6.24	5.88	6.51
每股经营活动产生的现金流量净额	0.9387	0.0871		-0.053

注:主要财务指标计算方法:
每股收益=净利润/年度末普通股股份总数
每股净资产=年度末股东权益/年度末普通股股份总数
调整后的每股净资产=(年度末股东权益-三年以上的应收款项净额-摊费用-待处理(流动、固定)资产净损失-开办费-长期待摊费用-住房周转负数余额)/年度末普通股股份总数
每股经营活动产生的现金流量净额=经营活动产生的现金流量净额/年度末普通股股份总数
净资产收益率=(净利润/年度末股东权益)×100%

3、新增财务计算指标:

报告期利润	净资产收益率(%) 全面摊薄	加权平均	每股收益(元) 全面摊薄	加权平均
主营业务利润	14.49	15.33	0.2918	0.2952
营业利润	7.57	8.01	0.1514	0.1541
净利润	7.04	7.45	0.1417	0.1434
扣除非经常性损益后的净利润	5.75	6.08	0.1157	0.1171

三、股本变动及股东情况

1.股本变动情况:
①报告期末股东数量:36,097 户
②主要股东持股情况:

股东名称	年末持股数(股)	占总股本(%)
南京斯威特集团有限公司	38,500,000	25.45
宝钢集团上海第一钢铁有限公司	19,554,508	12.93
宁工上证	684,500	0.45
陈国杰	615,000	0.41
岑玉金	450,000	0.30
莘庄工业公司	417,800	0.28
怡鸿房产	340,008	0.22
苏州投资	308,302	0.20
梁栋	301,082	0.20
王发枝	276,650	0.18

持股 5%以上股东所持股份没有质押。
③持股 10%以上的法人股东情况:南京斯威特集团有限公司 法定代表人 严晓群
经营范围:研制、生产、销售电子产品及通信设备;电力设备,多媒体网络;计算机软件;生物工程,医疗机械;普通机械;化工原料及产品(不含危险品)销售,房屋租赁及服务。
宝钢集团上海第一钢铁有限公司 法定代表人 伏中哲经营范围:金属材料加工及原辅料、科技开发、实业投资、国内贸易、水陆货物装卸联运,对外贸易经济合作部批准的进出口业务。

一汽金杯汽车股份有限公司

一、公司简介

(一)公司名称法定中文名称:一汽金杯汽车股份有限公司 中文缩写:一汽金杯
法定英文名称:FAW JINBEI AUTOMOTIVE COMPANY LIMITED　英文缩写:FAW-JINBEI
(二)公司法定代表人:王镇昆
(三)公司董事会秘书:汤琪　证券事务代表:乔广海
联系地址:一汽金杯汽车股份有限公司董事会办公室
电话:(024)24823002　传真:(024)24823284
(四)公司注册地址:沈阳市沈河区万柳塘路 38 号
公司办公地址:沈阳市东陵区方南路 6 号　邮政编码:110015
公司国际互联网网址:http://www.faw-jinbei.com　电子信箱:jbstar@mail.sy.ln.cn
(五)公司选定的信息披露报纸名称:《上海证券报》、《中国证券报》
登载公司年度报告的中国证监会指定国际互联网网址:htt://www.sse.com.cn
公司年度报告备置地点:公司董事会办公室
(六)公司股票上市交易所:上海证券交易所　股票简称:一汽金杯　股票代码:600609

二、会计数据和业务数据摘要

1、公司本年度利润实现情况(单位:人民币元)

利润总额:	249,597,163.00 元
净利润:	249,850,505.40 元
扣除非经常性损益后的净利润:	128,709,962.99 元
主营业务利润:	111,928,913.15 元
其他业务利润:	4,631,144.81 元
营业利润:	-163,036,126.58 元
投资收益:	413,889,971.19 元
补贴收入:	40,486.76 元
营业外收支净额:	-1,297,168.37 元
经营活动产生的现金流量净额:	-424,540,558.32 元
现金及现金等价物净增加额:	488,311,367.27 元

注:扣除的非经常性损益项目及涉及金额

(1)补贴收入	40,486.76 元
(2)股权投资差额摊销	-639,091.10 元
(3)股权转让收益	135,445,409.77 元
(4)营业外收支净额	-1,297,168.37 元
扣除:	
(5)诉讼及担保损失	12,409,094.65 元
合计:	121,140,542.41 元

2、主要财务数据和指标(单位:人民币元)

指标项目	2000 年	1999 年(调整后)	1998 年(调整后)
主营业务收入	824,992,433.79	786,037,403.16	880,148,986.87
净利润	249,850,505.40	192,570,260.43	139,429,749.08
总资产	5,473,010,345.22	5,310,921,315.14	3,877,189,986.39
股东权益	2,560,285,655.86	1,741,778,279.17	1,509,817,120.15
每股收益(摊薄)	0.2287	0.1982	0.1435
加权平均每股收益	0.2545	0.1982	0.1435
扣除非经常性损益后的每股收益	0.1178	0.2132	0.1464
每股净资产	2.3432	1.7923	1.5536
调整后的每股净资产	1.8677	0.7554	1.1564
每股经营活动产生的现金流量净额	-0.3885	-0.0864	0.02588
净资产收益率(摊薄)	9.76%	11.06%	9.24%
加权平均净资产收益率	13.05%	11.99%	9.68%
扣除非经常性损益后加权净资产收益率	6.94%	12.84%	9.87%

利润表附表(单位:人民币元)

报告期利润	净资产收益率(%) 摊薄	加权	每股收益(元) 摊薄	加权
主营业务利润	4.37	5.85	0.1024	0.1140
营业利润	-6.36	-8.52	-0.1492	-0.1660
净利润	9.76	13.05	0.2287	0.2545
扣除非经常性损益后的净利润	5.03	6.94	0.1178	0.1311

注:根据《合并会计报表暂行规定》,从本期开始不再合并金客公司的会计报表,相应地对 1999 年、1998 年度的各项财务指标进行了调整。

三、股东情况介绍

1、股东情况介绍
(1)截止 2000 年 12 月 31 日,本公司股东总数为 178,697 户。
(2)截止 2000 年 12 月 31 日,前 10 名股东持股情况:

股东名称	持股数(万股)	占总股本比例(%)
①中国第一汽车集团公司	49,592.38	45.36%
②沈阳汽车工业股权投资有限公司	12,242.72	11.20%
③沈阳资产经营有限公司	11,061.61	10.12%
④中信证券	1,274.29	1.17%
⑤中信证券	305.50	0.28%
⑥中信证券	244.00	0.22%
⑦同益基金	139.39	0.13%
⑧泰和基金	104.00	0.10%
⑨长江证券	95.00	0.09%
⑩上国投	93.50	0.09%

(3)持有本公司 10%以上股份的法人股东情况
①中国第一汽车集团公司　法定代表人:竺延风　经营范围:汽车及汽车配件、小轿车及小轿车配件、旅游车及旅游车配件、汽车修理、动能输出、机械加工、建筑一级。中国第一汽车集团公司持有的一汽金杯汽车股份有限公司 45.36%国有法人股未作任何质押,亦未有其他法律争议。
②沈阳汽车工业股权投资有限公司　法定代表人:展万金 经营范围:主营:股权投资、证券咨询　兼营:汽车配件销售、金属材料、建材机械设备、橡胶制品沈阳汽车工业股权投资有限公司持有的一汽金杯汽车股份有限公司 11.20%法人股未作任何质押,亦未有其他法律争议。
③沈阳资产经营有限公司　法定代表人:田英杰
公司关于法人股股权转让的提示性公告,已于 2000 年 11 月 30 日在《上海证券报》和《中国证券报》上进行了披露。

中国纺织机械股份有限公司

一、公司简介

1 、公司的法定中文名称:中国纺织机械股份有限公司
公司的英文名称:CHINA TEXTILE MACHINERY STOCK LTD. 缩写:CTM
2 、公司法定代表人:张文卿
3 、公司董事会秘书:石李芬　董事会证券事务代表:应民刚　地址:上海市长阳路 1687 号
电话:(021)65432970　传真:(021)65455130　电子信箱:ctmzjbk @online.sh.cn
4 、公司注册地址:上海市长阳路 1687 号
公司办公地址:上海市长阳路 1687 号　邮政编码:200090
公司国际互联网网址:http://www.ctmco.com.cn　电子信箱:ctmzjbk @online.sh.cn
5 、公司选定的信息披露报纸:上海证券报、香港文汇报
登载公司年度报告的中国证监会指定国际互联网网址:　http://www.sse.com.cn
公司年度报告备置地点:中国纺织机械股份有限公司证券部
6 、公司股票上市交易所:上海市证券交易所
股票简称:A 股 ST 中纺机 B 股 ST 中纺 B
股票代码:A 股 600610 B 股 9009063

二、会计数据和业务数据摘要

1 、公司本年度利润总额及构成(合并报表)

项目	单位:人民币元
利润总额	4,550,864.96
净利润	3,254,687.88
扣除非经常性损益后的净利润(注)	-41,806,224.14
主营业务利润	44,872,648.51
其他业务利润	8,998,246.44
营业利润	-46,391,485.76
投资收益	32,166,257.98
补贴收入	
营业外收支净额	18,776,092.74
经营活动产生的现金流量净额	37,263,914.82
现金及现金等价物净增加额	11,250,087.13

注:扣除的非经常性损益项目及涉及金额

其中:1 、周家嘴路土地置换净收益	19,535,221.62
2 、长发集团公司股权转让收益	25,525,690.40
合计	45,060,912.02

4 、按国内、国际会计准则审计所产生的净利润差异说明:
公司本年度经上海众华沪银会计师事务所审计,净利润 325.47 万元,经浩华国际会计师事务所(中国.深圳)审计,净利润 169.34 万元。
按符合国际会计准则之调整对除税后亏损和资产净值影响:

项 目	除税后亏损 二○○○年度 人民币千元	资产净值 二○○○年度 人民币千元
本公司法定财务报表列载	3,255	88,155
调整之影响:		
(1)存货损失准备	-3,868	4,506
(2)坏帐准备	5,632	-13,654
(3)财务费用资本化多计	1,215	-3,711
(4)加速及补提折旧	-4,541	-45,362
此财务报表所列数额	1,693	29,934

3 、截止报告期末公司近三年主要会计数据和财务指标(合并报表)
(单位:人民币元)

项目	2000 年	1999 年 调整后	1999 年 调整前	1998 年 调整后	1998 年 调整前
主营业务收入	386,688,212.00	276,886,492.80	276,886,492.80	274,984,436.52	274,984,436.52
净利润	3,254,687.88	-186,391,170.81	-175,911,847.54	-206,500,983.28	-169,130,769.86
总资产	831,130,344.17	897,337,540.59	958,244,678.37	1,159,884,142.87	1,213,072,969.69
股东权益	88,155,221.76	84,900,533.88	152,719,127.99	328,630,975.53	382,294,979.45
每股收益	0.01	-0.52	-0.493	-0.578	-0.474
每股收益(加权)	0.01	-0.52	-0.493	-0.578	-0.474
扣除非经营性损益后的每股收益	-0.12	-0.58	-0.433	-0.46	
扣除非经营性损益后的每股收益(加权)	-0.12	-0.58	-0.433	-0.46	
每股净资产	0.25	0.24	0.43	0.92	1.07
调整后的每股净资产	0.05	0.21	0.23	0.82	0.93
每股经营活动产生的现金流量净额	0.10	-0.069	-0.069	0.092	0.092
净资产收益率	3.69%	-219.54%	-115.19%	-62.84%	-44.24%

三、股本变动及股东情况

1 、股东情况介绍
(1)截止 2000 年 12 月 31 日,公司股东总数为 21,448 户,其中 A 股股东户数为 17,458 户,B 股股东户数为 3,990 户。
(2)截止 2000 年 12 月 31 日,公司前十名股东持股情况

名次	股东名称	年末持股数(股)	占总股本(%)
1	太平洋机电(集团)有限公司	188,923,535	52.91
2	上海中纺机职工技术开发经营服务公司	4,440,000	1.24
3	上海双鹿电器股份有限公司	3,432,000	0.96
4	上海第十七棉纺织总厂	3,432,000	0.96
5	上海南上海商业房地产有限公司	3,432,000	0.96
6	申银万国证券股份有限公司	2,077,504	0.58
7	上海国际信托投资公司	1,741,740	0.49
8	上海申达股份有限公司	1,716,000	0.487
9	上海水仙电器股份有限公司	1,716,000	0.48
10	海通证券有限公司	1,678,510	0.47

注:太平洋机电(集团)有限公司所持 188,923,535 股为国家股,其所持本公司股份未作任何抵押。第 3 、4 、5 、8 、9 名均为募集法人股。其余均为流通股。

大众交通(集团)股份有限公司

一、公司简介

1、公司名称:　大众交通(集团)股份有限公司
公司英文名称:　DAZHONG TRANSPORTION (GROUP) CO.,LTD. 缩写:DZT
2、公司法定代表人:杨国平
3、公司董事会秘书:顾华
联系地址:上海中山西路 1515 号大众大厦 12 楼 电话:021-64289122 传真:021-64288660
4、公司注册地址:　上海市浦东新区龙阳路 100 号
办公地址:上海中山西路 1515 号大众大厦 12 楼　邮政编码:200235
公司网址:WWW.DZCGROUP.COM　E-MAIL:DZJT@82222.COM
5、公司选定的信息披露报纸名称:《上海证券报》、《中国证券报》
登载公司年度报告的中国证监会指定国际互联网网址:http://www.sse.com.cn
公司年度报告备置地点:公司本部计财部
6、公司股票上市交易所:上海证券交易所　股票名称:大众交通
股票代码:　A 股 600611　B 股 900903

二、会计数据与业务数据摘要

1、本年度主要利润指标情况(单位:人民币元)

利润总额	205,673,440.99
净利润	196,041,042.19
扣除非经常性损益后的净利润	200,216,325.93
主营业务利润	395,474,687.50
其他业务利润	15,624,231.75
营业利润	155,934,596.04
投资收益	57,400,959.08
补贴收入	
营业外收支净额	-7,662,114.13
经营活动产生的现金流量净额	361,656,414.15
现金及现金等价物净增加额	-178,836,790.34

注:扣除非经常性损益项目和涉及金额:　赔偿与罚款收入与其他支出差额(-)2,752,146.58 元,合并差价摊入(-)1,423,137.16 元。
本年度利润表附表

2000 年利润	净资产收益率% 全面摊薄	净资产收益率% 加权平均	每股收益(元) 全面摊薄	每股收益(元) 加权平均
主营业务利润	20.67	20.21	0.70	0.70
营业利润	8.15	7.97	0.28	0.28
净利润	10.25	10.02	0.35	0.35
扣除非经常性损益后的净利润	10.46	10.23	0.35	0.35

按两种会计制度计算的净利润差异说明:
实现净利润按中国会计准则审计为 19604.10 万元,按国际会计准则审计为 17078.10 万元,具体差异如下:

项目	税后利润 (人民币千元)
按中国会计准则编制	196041
按国际会计准则调整:	
(1)加速折旧	-40596
(2)旧车处置收益	4262
(3)时间性差异之调整	-2176
(4)其他	13250
调整合计	-25260
按国际会计准则编制	170781

2、至报告期末公司前三年会计数据与财务指标:　金额单位:元

指标名称	2000 年	1999 年 调整前	1999 年 调整后	1998
主营业务收入	1,349,820,680.01	1,016,480,662.19	1,037,013,708.31	741,281,612.92
净利润	196,041,042.19	187,017,419.99	180,836,364.29	170,556,302.20
总资产	3,922,468,656.35	3,244,164,781.51	3,404,397,374.57	2,552,928,931.45
股东权益	1,913,289,816.54	1,866,730,434.12	1,858,335,297.36	1,339,310,361.73
每股收益	0.35	0.33	0.32	0.40
每股收益(加权)	0.35	0.38	0.36	0.40
扣除非经常性损益后的每股收益	0.35	0.29	0.28	0.40
每股净资产	3.38	3.3	3.28	3.15
调整后的每股净资产	3.21	3.19	3.18	3.09
每股经营活动产生的现金流量	0.64	0.44	0.44	0.69
净资产收益率%	10.25	10.02	9.73	12.73

三、股东情况介绍

1、股东情况介绍
(1)报告期末公司股东总数:A 股股东数 49915 户;B 股股东数 7902 户。
(2) 持有本公司 5%以上的股东为大众科创和国家股, 年末持股数量分别为 14000 万股和 11357.82 万股;大众科创和国家股年度内未发生变动情况。
上海大众科技创业(集团)股份有限公司法定代表人:杨国平;经营范围:投资高新技术、海洋生物、新药和保健品、通讯网络等项目研制开发,相关成果的技术咨询与转让;出租汽车、汽车配件。
(3)公司报告期末前十名股东持股情况:

名次	股东名称	年末持股数	占总股本比例(%)
1.	上海大众科技创业(集团)股份有限公司	140000000	24.74
2 .	国家股	113578180	20.07
3.	HKSBCSB A/C STATE STREET BANK AND TRUST S/A THE CHINA FUND	6530000	1.15
4.	HKSBCSB S/A-BANQUE INT.A LUXEMBOURG S/A HSBC GLOBAL INV. FUNDS CHINESE EQUITY	5000000	0.884
5.	WARBURG DILLON READ NOMINEES (HONG KONG) LTD - GENERAL A/C	4982752	0.881
6.	TOYO SECURITIES ASIA LTD. A/C CLIENT	4972207	0.879
7.	SCBHK A/C BROWN BROTHERS HARRIMAN & CO SUB A/C THE GREATER CHINA FUND INC	4013160	0.709
8.	天津欧马国际贸易有限公司	3310000	0.585
9.	CHANG LEE CHUNG MIEN	3109600	0.550
10.	HKSBCSB S/A HSBC(NOM)S/A ABN AMRO BANK NV	2275040	0.402

中国第一铅笔股份有限公司

一、公司简介

1 、公司法定名称　中文名称:中国第一铅笔股份有限公司
英文名称:CHINA FIRST PENCIL CO.,LTD　缩写:C.F.P
2 、公司法定代表:胡书刚
3 、公司董事会秘书:周富良　联系地址:上海徐家汇路 550 号 24 楼(宝鼎大厦)
电话:(021)64453300　传真:(021)64720802　电子信箱:pencil@mail.china first pencil.com
4 、公司注册地址:上海浦东金桥出口加工区川桥路 1295 号
公司办公地址:上海徐家汇路 550 号 24 楼(宝鼎大厦)　邮政编码:200025
国际互联网网址:http://www.china first pencil.com
5 、公司选定的信息披露报纸名称:《上海证券报》
登载公司年度报告的中国证监会指定国际互联网　网址:http://www.sse.com.cn
6 、公司年度报告备置地点:公司总经理办公室
7 、股票上市交易所:上海证券交易所　股票简称:第一铅笔　中铅 B 股
股票代码:600612 900905

二、会计数据和业务数据摘要

1 、公司本年度实现利润情况(合并报表)

序号 项目	金额(单位:人民币元)
(1)利润总额	20,051,234.83
(2)净利润	12,205,195.22
(3)扣除非经营性损益后的净利润	8,966,547.09
(4)主营业务利润	171,072,921.71
(5)其他业务利润	8,396,034.00
(6)营业利润	4,552,439.76
(7)投资收益	11,529,179.99
(8)补贴收入	3,975,419.60
(9)营业外收支净额	−5,804.52
(10)经营活动产生的现金流量净额	25,545,079.79
(11)现金与现金等价物净增加额	−22,280,839.87

注:(1)"扣除非经常性损益后的净利润"是指:扣除补贴收入 3,975,419.60,营业外收支净额−5,804.52,股权投资差额摊销−730,966.95 的净利润

(2)根据中国会计准则编制的净利润 12,205,千元
根据国际会计准则编制的净利润 1007 千元
按两种不同会计准则编制净利润的差异 11198 千元,内容如下:
①根据财政部财会(2000)25 号文及财会(2001)17 号文的规定,公司提取在建工程准备−6431 千元。
②调整可提或多提坏帐准备−3877 千元
③少数股东权益及摊销递延资产和开办费等不同会计处理方法−890 千元

2 、截止本报告期末公司前三年主要会计数据和财务指标　(单位:人民币元)

序号	项目	2000 年	1999 年(调整后)	1998 年(调整后)
(1)	主营业务收入	1000755791.81	900604096.43	266317462.86
(2)	净利润	12205195.22	13751788.91	27480285.95
(3)	总资产	1451024639.88	1452364977.21	768949548.77
(4)	股东权益	461766743.07	449501594.35	435744805.44
(5)	每股收益(元)(摊薄)	0.0485	0.0546	0.1419
(6)	每股净资产(元)	1.8340	1.7853	2.2499
(7)	调整后的每股净资产(元)	1.5775	1.5441	2.0954
(8)	每股经营活动产生的现金流量净额(元)	0.1015	0.0934	0.0114
(9)	净资产收益率(%)(摊薄)	2.6432	3.0593	6.3065
	净资产收益率(%)(加权)	2.6787	3.1069	6.5255
(10)	加权法计算的每股收益(元)	0.0485	0.0617	0.1419
(11)	扣除非经常性损益后的每股收益(元)	0.0356	0.044	0.0322

3 、按中国证监会《公开发行证券公司信息披露编报规则》(第 9 号文)通知要求:计算的 2000 年度每股收益和净资产收益率如下:

报告期利润	净资产收益率(%)		每股收益(元)	
	全面摊薄	加权平均	全面摊薄	加权平均
主营业务利润	37.05	37.55	0.6795	0.6795
营业利润	0.99	1.00	0.0181	0.0181
净利润	2.64	2.68	0.0485	0.0485
扣除非经常性损益后的净利润	1.94	2.45	0.0356	0.0356

三、股东情况介绍

(1)报告期末股东总数:
截止 2000 年 12 月 31 日,公司股东合计 24889 户,其中 A 股股东总数为 21096 户,包括国家股股东 1 户,境内募集法人股股东 29 户,境内社会个人股股东 21066 户;B 股股东总数为 3793 户。

(2)前十名股东持股情况(截止 2000 年 12 月 31 日)

序号	股东名称	年末持股数(股)	持股比例(%)
①	上海轻工控股(集团)公司[国家股]	83328128	33.09
②	交通银行上海分行	9996730	3.97
③	丁仁祥	3967199(B 股)	1.58
④	CBNY S/A PNC/SKANDIA SELECT	3882530(B 股)	1.54
⑤	FUWD/CHINA EQUITY ACHSBC N/UBS AG	3379839(B 股)	1.34
⑥	中国建行上海分行第二营业部	2791322	1.11
⑦	上海富利贸易有限公司	2219818	0.88
⑧	万国证券公司	2038000(B 股)	0.81
⑨	华夏证券有限公司公司上海分公司	1600000(B 股)	0.64
⑩	上海市第一百货商店股份有限公司	1449677	0.58

注:(1)公司前 10 名股东之间未发现有关联关系。

上海永生股份有限公司

一、公司简介

1 、公司法定名称:上海永生股份有限公司
公司英文名称:Shanghai Wingsung Co.,Ltd.　英文缩写 ::Wingsung
2 、公司法定代表人:陈国平
3 、公司董事会秘书:陆正芝　联系地址:斜土路 2669 号 11 楼
联系电话:64397553 64399900 传真:64399900*832
4 、注册地址:上海市浦东新区上川路 995 号　公司办公地址:上海市斜土路 2669 号 11 楼
邮政编码 :200030　电子信箱 :wingsung@online.sh.cn　公司网址 :www.wingsung.com.cn
5 、公司选定的信息披露报纸:《上海证券报》、《香港商报》
登载公司年度报告的中国证监会指定国际互联网网址: http://www.sse.com.cn
公 司年度报告备置地址:斜土路 2669 号 11 楼
6 、公司股票上市地点:上海证券交易所
股票简称:A 股 永生股份　B 股:永生 B 股
股票代码:A 股 600613　B 股:900904

二、会计数据和业务数据摘要

1 、公司本年度利润总额及构成(合并报表)

项目	单位:人民币元
利润总额	16,190,002.39
净利润	6,704,585.05
扣除非经常性损益后的净利润(注)	−2,743,557.49
主营业务利润	28,908,939.38
其他业务利润	4,556,541.20
营业利润	6,500,117.99
投资收益	3,153,028.17
补贴收入	7,065,295.29
营业外收支净额	−528,439.06
经营活动产生场地现金流量净额	26,851,635.52
现金及现金等价物净增加额	−12,580,330.07

注:扣除的非经常性损益项目及涉及金额

补贴收入	7,065,295.29
资　产处置损益	2,382,847.25
合　计	9,448,142.54

2 、公司 2000 年度净利润 670.50 万元,按国际值须作以下调整

1)呆帐准备	−243.8
2)储备分类差异	−211.7
3)累计折旧	5.4
4)存货变现准备	−50.1
5)按权益法分占联营公司亏损减利润	--
6)合作经营企业投资损失	--
7)其他投资项目投资损失	--
8)附属公司合并差异	−859
9)终止生产笔类业务预提费用	275.5
10)房屋机器及设备评估增值	--
11)长期投资增加资本公积--	111.4
13)其他	−25.4

按国际会计准则计算金额　−327.2 万元。

3 、截止报告期末公司近三年的主要会计数据及财务指导(合并报表)　(单位:人民币元)

项目	2000 年	1999 年	1998 年 调整后	1998 年 调整前
主营业务收入	55,807,659.80	104,785,605.11	115,469,053.35	115,469,053.35
净利润	6,704,585.05	6,442,950.24	3,888,497.69	3,888,497.69
总资产	530,131,246.95	486,198,168.63	743,587,572.77	747,539,280.78
股东权益	329,639,283.32	323,938,345.14	318,739,808.22	322,691,516.23
每股收益	0.0453	0.0436	0.0263	0.0263
每股收益(加权)	0.0453	0.0436	0.0263	0.0263
扣除非经常性损益后每股收益	−0.0185	−0.1048	0.0201	0.0201
扣除非经常性损益后每股收益(加权)	−0.0185	−0.1048	0.0201	0.0201
每股净资产	2.2287	2.1902	2.1551	2.1817
调整后每股净资产	2.2074	2.1772	2.0545	2.0831
每股经营活动产生的现金流量净额	0.18154	−0.0222	0.4912	0.04912
净资产收益率	2.034	1.99	1.22	1.21

按 中国证监会发布的《公开发行证券公司信息披露编报规则》第 9 号的要求计算的净资产收益率及每股收益。

报告期利润	净资产收益率(%)		每股收益(元)	
	全面推薄	加权平均	全面摊薄	加权平均
主营业务利润	8.77	8.77	0.1955	0.1955
营业利润	1.972	1.972	0.0439	0.0439
净利润	2.034	2.034	0.0453	0.0453
扣除非经常性损益后的净利润	−0.832	−0.832	−0.0185	−0.0185

三、股东情况介绍

1)股东总数:截止 2000 年 12 月 29 日公司共有股东 9915 名。
2)前十名股东持股情况:

股东名称	年末持股数(万股)	占总股本比例(%)
1 、上海飞天投资有限责任公司	8037.77	54.34
2 、浙江工业大学	310.26	2.10
3 、郭进明(B 股)	128.2	0.87
4 、郁玉生(B 股)	98.4	0.66
5 、狄亚雄(B 股)	95.4	0.64
6 、华联商厦股份有限公司	91.25	0.62
7 、第一百货商店股份有限公司	89.4	0.60
8 、DAIWA SECURITIES CO.,LTD.TOKYO	77.1	0.52
9 、顾育军(B 股)	71.6	0.48
10 、南商房产	60.2	0.41

上海胶带股份有限公司

一、公司简介

1 、公司法定中文名称:上海胶带股份有限公司
公司法定英文名称:SHANGHAI RUBBER BELT CO.,LTD.　缩写:SRB
2 、公司法定代表人:张国勋 先生(现任赵新先先生)
3 、公司董事会秘书:洪 波 先生(现任于炳瀚先生)　联系地址:上海市海门路 630 号
电话:021-65415210-234　传真:021-65123671　E-MAIL:sysrb-k@online.sh.cn
4 、公司注册地址:上海浦东东昌路 600 号　邮 编:200120
公司办公地址:上海市海门路 630 号　邮 编:200086
公司国际互联网网址:http//www.srbsh.com　公司电子信箱:sysrb-k@online.sh.cn
5 、公司选定的信息披露报纸:《上海证券报》、《香港商报》。
登载年度报告的国际互联网网址:http://www.sse.com.cn
公司年度报告备置地点:公司董事会办公室
6 、公司股票上市地:上海证券交易所
股票简称:胶带股份 胶带 B 股　股票代码:600614 900907

二、会计数据与业务数据摘要

1 、公司本年度财务数据如下:(单位:元)

利润总额:	24,188,448.69
净利润:	20,578,038.20
扣除非经常性损益后的净利润:	-34,141,251.92
主营业务利润:	26,699,792.18
其他业务利润:	10,572,269.16
营业利润:	-9,792,498.71
投资收益:	-21,441,995.72
补贴收入:	
营业外收支净额:	55,422,943.12
经营活动产生的现金流量净额:	42,873,692.68
现金及现金等价物净增加额:	12,094,444.17

注:扣除的非经常性损益项目和涉及金额:

本公司与三九企业集团签订了资产转让协议，本公司出售海门路、高阳路房地产，获利 54284419.95 元。

2 、A 、B 股净利润的差异说明

经浩华国际会计师事务所按国际会计准则审计,本年度实现净利润 18,250,676.25 元,净资产为 159,789,534.30 元。经上海长江会计师事务所有限公司按国内会计准则审计,本年度实现净利润 20,578,028.20 元，净资产为 159,789,534.30 元。两种会计准则、制度计算的净利润差异为 2,327,361.95 元,净资产差异为 20,241,078.56 元。

具体差异调整如下:(单位:元)

	净利润	净资产
A 股审定数:	20,578,028.20	180,030,612.86
B 股审定数	18,250,676.25	159,789,534.30
差异:	2,327,361.95	20,241,078.56
其中:		
坏帐准备	(3,180,598.60)	6,960,881.42
存货跌价	(950,079.49)	2,944,809.23
长期投资减值准备		
长期资产减值	5,221,230.00	
合并准则差异	1,437,727.53	4,994,629.90
应核销之费用	2,026,243.99	
其他	2,994,068.52	69,438.01

3 、截至报告期末公司近三年的主要会计数据和财务指标如下:

项目	2000 年	1999 年	1998 年(调整后)	1998 年(调整前)
主营业务收入	150,969,732.58	236,011,445.96	271,225,128.59	271,225,128.59
净利润	20,578,038.20	1,071,236.62	-18,563,406.17	655 ,886.70
总资产	599,596,903.76	786,789,747.97	678,101,125.94	755,114,448.05
股东权益	180,030,612.86	161,811,539.90	161,473,179.02	238,437,739.84
每股收益 -摊薄	0.179	0.009	-0.161	0.006
-加权	0.179	0.009	-0.169	0.006
每股净资产	1.564	1.405	1.402	2.071
调整后的每股净资产	0.568	0.757	0.883	1.840
每股经营活动产生的现金流量净额	0.372	0.119		
净资产收益率	11.43%	0.66%	-11.50%	0.28%

4 、根据中国证监会《公开发行证券公司信息披露编报规则》(第九号)规定,利润附表如下:

报告期利润	净资产收益率		每股收益	
	全面摊薄	加权平均	全面摊薄	加权平均
主营业务利润	14.83%	15.60%	0.232	0.232
营业利润	-5.44%	-5.72%	-0.085	-0.085
净利润	11.43%	12.02%	0.179	0.179
扣除非经常性损益后的净利润	-18.96%	-19.94%	-0.297	-0.297

三、股东情况介绍

(1)截止报告期末,持有本公司股票的股东总人数为 8409 名,其中:国有法人股股东 1 名,社会法人股股东 72 名,B 股股东 1686 名,A 股股东 6723 名。

(2)前十名股东持股情况(单位:股)

股东名称	期末持股数	占总股本(%)	备注
①上海华谊(集团)公司	56,690,378	49.24	国有股
②ESAKI RISA	2,165,323	1.88	外资股
③上海宝钢(集团)公司	1,669,800	1.45	法人股
④谌瑞奇	915,888	0.80	外资股
⑤上海纺织机械总厂	868,296	0.75	法人股
⑥ZHU JULIE	862,847	0.75	外资股
⑦陈素辛	707,100	0.61	外资股
⑧ASIA GUARANTEE FUNDS.INC	662,497	0.58	外资股
⑨廖晓柳	660,331	0.57	外资股
⑩沪财闸北	592,773	0.51	法人股

说明:　①以上列出的股东持股情况中代表国家持有股份的单位是上海华谊(集团)公司。

上海丰华圆珠笔股份有限公司

一、公司简介

(一)公司法定中、英文名称及缩写 中文名称:上海丰华圆珠笔股份有限公司
公司英文名称:SHANGHAI FENGHWA BALLPFN CO.,LTD　缩写:SFH
(二)公司法定代表人:王延涛
(三)公司董事会秘书:王结根 证券事务代表:张国丰
地址:上海市浦东新区东方路 3601 号
电话:(021)58811688×333　传真:(021)58811023
电子信箱:office@fenghwa.com.cn
(四)公司注册和办公地址:上海市浦东新区东方路 3601 号
邮政编码:200125
国际互联网网址:www.fenghwa.com.cn
电子信箱:office@fenghwa.com.cn
(五)公司选定的信息披露报纸名称:《上海证券报》
登载公司年度报告的中国证监会指定国际互联网网址:　http://www.sse.com.cn
公司年度报告备置地点:股份制办公室
(六)公司股票上市交易所:上海证券交易所
股票简称:丰华圆珠　股票代码:600615

二、会计数据与业务数据摘要

(一)本年度主要会计数据和业务数据(单位:人民币元)

利润总额	2,091,556.09
净利润	2,052,037.90
扣除非经常性损益后的净利润	-5,049,197.62
主营业务利润	5,457,174.34
其它业务利润	5,183,200.64
营业利润	-7,717,594.03
投资收益	8,890,518.02
补贴收入	
营业外收支净额	918,632.10
经营活动产生的现金流量净额	128,668,363.20
现金及现金等价物净增加额	-201,642.69

注:扣除的非经常性损益项目和涉及金额:出售法人股 4,548,400.00 元,扣除成本费用 1,748,400.00 元,获利 2,800,000.00 元,出售长期投资 2998 万元,扣除成本费用 25,678,764.48 元,获利 34,301,235.52 元。

(二)截止报告期末公司前三年主要会计数据和其它财务指标(单位:元)

指标项目	2000 年	1999 年	1998 年	
			调整前	调整后
主营业务收入	3,506,206.64	210,581,007.31	384,595,324.38	384,595,324.38
净利润	2,052,037.90	63,524,824.26	56,531,304.13	56,614,880.69
总资产	821,685,338.31	863,403,266.96	825,786,333.79	829,282,324.93
股东权益	614,622,229.41	620,091,011.81	556,643,578.76	555,680,968.29
股本	150,416,406.00	150,416,406.00	150,416,406.00	150,416,406.00
每股收益	0.014	0.422	0.376	0.376
扣除非经营性损益后每股收益	-0.034	0.142		
每股净资产	4.086	4.12	3.70	3.70
调整后的每股净资产	4.081	4.11	3.68	3.68
每股经营活动产生的现金流量净额	0.855	0.259		
净资产收益率(%)	0.344	10.24	10.05	10.19

(三)根据中国证监会《公开发行证券公司信息披露编报规则》第九号通知的要求,本公司利润数据计算如下:

项目	净资产收益率(%)		每股收益(元/股)	
	全面摊薄	加权平均	全面摊薄	加权平均
主营业务利润	0.888	0.879	0.036	0.036
营业利润	-1.256	-1.243	-0.051	-0.051
净利润	0.334	0.330	0.014	0.014
扣除非经常性损益后的净利润	-0.822	-0.813	-0.034	-0.034

三、股东情况介绍

1.报告期末股东总数为 18,723 户。

2.本公司前 10 名股东持股情况 7

股东名称	持股数量(股)	占总股本%
1.汉骐集团有限公司	43,620,758	29.00
2.三河东方科技有限公司	31,775,602	21.13
3.冠生园(集团)有限公司	3,790,000	2.52
4.上海第十七棉纺织总厂	3,168,000	2.11
5.上海国际信托投资公司	2,073,600	1.38
6.申银万国证券股份有限公司	1,947,369	1.29
7.上海市泰康食品有限公司	1,621,400	1.08
8.国泰证券有限公司	1,484,743	0.99
9.中国纺织机械股份有限公司	1,267,200	0.84
10.上海东方明珠股份有限公司	1,036,800	0.69

3.持有本公司 5%以上股份的股东情况

持有本公司 5%以上股份的股东两名,为本公司国有法人股股东汉骐集团有限公司、东方三河科技有限公司,本年度内持有股份后无增减变动,所持股份无质押和冻结情况。

4.报告期内本公司第一大股东变更为汉骐集团有限公司。

四、股东大会简介

(一).1999 年度股东大会于 2000 年 6 月 29 日在上海鑫乐普陀影剧院召开.大会决议于 200 年 7 月 1 日刊登于《上海证券报》。

(二)临时股东大会

1.2000 年第一次临时股东大会(通讯方式)于 2000 年 2 月 28 日召开,大会决议 3 月 1 日刊登于《上海证券报》。

2.2000 年第二次临时股东大会于 2000 年 10 月 27 日在上海银河宾馆召开。大会决议于 20 月 28 日刊登于《上海证券报》。

3.2000 年第三次临时股东大会于 2000 年 10 月 27 日在上海影城多功能厅召开。大会决议 11 月 30 日刊登于《上海证券报》。

上海市第一食品商店股份有限公司

一、公司简介

(一)公司法定中文名称:上海市第一食品商店股份有限公司
公司英文名称:SHANGHAI FIRST PROVISIONS STORE COMPANY LIMTED 缩写:SFPS
(二)公司法定代表人:吴顺宝 董事长
(三)公司董事会秘书:邝志强 董事会证券事务代表:张黎云
联系地址:上海南京东路720 号 电话:021-63529086 63222777 ×433 、421
传真:021-63517595 电 子信箱:kuangzhiqiang@firstfood-cn.com
(四)公司注册地址:上海市浦东新区商城路381—385 号
公司办公地址:上海市南京东路720 号 邮政编码:200001
公司国际互联网网址: http://www.firstfood-cn.com 电子信箱:sfps@firstfood-cn.com
(五)公司选定的信息披露报纸名称:《上海证券报》
登载公司年度报告的中国证监会指定国际互联网网址:http://www.sse.com.cn
公司年度报告备置地点:公司董事会秘书处
(六)公司股票上市交易所:上海证券交易所 股票简称:第一食品 股票代码:600616

二、会计数据和业务数据摘要

(一)本年度主要利润指标情况 单位:元

1、利润总额	31,033,858.01
2、净利润	26,502,642.07
3、扣除非经常性损益后的净利润	26,434,642.07
4、主营业务利润	90,322,502.76
5、其他业务利润	7,294,443.87
6、营业利润	28,995,970.70
7、投资收益	1,252,286.47
8、补贴收入	80,000.00
9、营业外收支净额	705,600.84
10、经营活动产生的现金流量净额	35,049,439.05
11、现金及现金等价物净增加额	49,954,990.34

注:在"扣除非经常性损益后的净利润"中,公司扣除的项目是公司配合南京东路步行街透亮工程黄浦区经贸委给予的部分补贴款计8 万元,所得税后的净利润为6.80 万元。

(二)主要会计数据和财务指标 单位:元

项目	2000 年	1999 年	1998 年
1、主营业务收入	593,764,367.95	463,186,824.09	506,701,535.61
2、净利润	26,502,642.07	17,937,759.00	16,779,690.99
3、总资产	510,786,459.98	305,929,086.34	284,887,419.57
4、股东权益(不含少数股东权益)	322,219,472.42	176,243,344.03	163,751,641.93
5、每股收益(摊薄)	0.21	0.16	0.15
6、每股收益(加权)	0.23	0.16	0.20
7、扣除非经常性损益后的每股收益	0.21	0.16	0.10
8、每股净资产	2.54	1.62	1.50
9、调整后每股净资产	2.17	0.90	0.83
10、净资产收益率(摊薄)%	8.23	10.18	10.25
11、每股经营活动产生的现金流量净额	0.28	0.27	0.27

(三)利润表附表

报告期利润		净资产收益率(%)		每股收益(元)	
		全面摊薄	加权平均	全面摊薄	加权平均
主营业务利润	90,322,502.76	28.03	36.85	0.71	0.78
营业利润	28,995,970.70	9.00	11.83	0.23	0.25
净利润	26,502,642.07	8.23	10.81	0.21	0.23
扣除非经常性损益后的净利润	26,434,642.07	8.20	10.79	0.21	0.23

注:主要财务指标计算方法:

1、全面摊薄每股收益=报告期利润/年度末普通股股份总数

2、加权平均每股收益=报告期利润/(期初股份总数+报告期因公积金转增股本或股票股利分配等增加股份数+报告期内因发行新股或债转股等增加股份数?w增加股份下一月份起至报告期期末的月份数/报告期月份数)

3、每股净资产=年度末股东权益/年度末普通股股份总数

4、调整后的每股净资产=(年度末股东权益-三年以上的应收款项净额-待摊费用-待处理(流动、固定)资产净损失?D开办费?D长期待摊费用?D住房周转金负数余额)/年度末普通股股份总数

5、每股经营活动产生的现金流量净额=经营活动产生的现金流量净额/年度末普通股股份总数 6、全面摊薄净资产收益率=报告期利润/年度末股东权益?w100%

7、加权平均净资产收益率=[报告期利润/(期初净资产+报告期净利润/2+报告期发行新股或债转股等增加的净资产?w新增资产下一月份起至报告期末的月份数/报告期月份数-报告期回购或现金分红等减少净资产?w新增资产下一月份起至报告期末的月份数/报告期月份数)] ?w100%

(三)股东情况介绍

1、报告期末股东总数为23,387 户。

2、前10 名股东持股情况

股东名称	年末持股数(股)	增减变动情况	持股比例(%)	股份性
(1)上海市糖业烟酒(集团)有限公司持有]	56251655	因配股增持	44.31	国家股
(2)裕阳基金	4132985	因二级市场交易增持	3.26	流通股
(3)上海市商业投资公司	2736115	无增减变化	2.16	法人股
(4)上海国际信托投资公司	2405376	无增减变化	1.90	法人股
(5)上海捷强烟草糖酒(集团)有限公司	1651601	因配股增持	1.30	法人股
(6)上海华联商厦股份有限公司	1443225	无增减变化	1.14	法人股
(7)叶秀英	978241	因二级市场交易增持	0.77	流通股
(8)上海冰箱压缩机股份有限公司	962151	无增减变化	0.76	法人股
(9)上海烟草(集团)公司	781747	无增减变化	0.62	法人股
(10)上海南上海商业房地产有限公司	691545	法人股受让增持	0.54	法人股

(1)报告期内,持有本公司5%以上(含5%)股份的股东仅为上海市糖业烟酒(集团)有限公司一家。该公司持有的国家股无质押、冻结情况。

上海联华合纤股份有限公司

一、公司简介

1 、公司名称 中文名称: 上海联华合纤股份有限公司
公司英文名称及缩写: Shanghai Lian Hua Fibre Corporation (LH FIBRE)
2 、公司法定代表人: 李克让
3 、公司董事会秘书: 李寿南 联系电话:021-59534839-116 分机 、021-59528713
传真:021-59528433 E-Mail :lh-zb@lh-fibre com
4 、公司注册地址: 上海市浦东新区恒大路62 号
公司办公地址: 上海市嘉定区沪宜公路4290 号 邮政编码: 201800
网址:http : // www.lh-fibre.com E-Mail :lhfibre@public4.sta.net.cn
5 、公司选定的信息披露报纸名称:《上海证券报》香港《文汇报》
刊登公司年度报告的中国证监会指定的国际互联网网址:http://www.sse.com.cn
公司年度报告备置地点:公司总经理办公室
6 、公司股票上市交易所: 上海证券交易所
股票简称: 联华合纤 联华B 股 股票代码: 600617 900913

二、会计数据和业务数据摘要

1 、2000 年业务数据(单位:人民币元)

利润总额	6,492,483.73
净利润	6,192,170.82
扣除非正常性损益后的净利润	6,266,934.02
主营业务利润	26,335,215.56
其它业务利润	1,111,397.48
营业利润	6,090,200.31
投资收益	477,046.02
补购收入	0
营业外收支净额	-74,763.20
经营活动产生的现金流量净额	20,225,304.30
现金及现金等价物净增加额	-5,959,909.00

注:扣除非经常性损益项目和涉及金额

(1)、营业外收入

违约金收入	16,186.00

(2)、营业外支出

丧葬抚养费	30,287.00
固定资产清理	60,662.20
以上项目涉及金额共计	74,763.20

按国内、国际会计准则审计所产生的净利润差异说明

公司本年度经上海上会会计师事务所审计,净利润为619.2 万元,经沪江德勤会计师事务所按国际会计准则审计净利润为510.40 万元,差异108.82 万元。

单位:万元

中国会计准则报告净利润金额 619.2
国际会计准则调整:
调整少计折旧 (84.7)
其它 (24.1)
按国际会计准则调整后的净利润510.4

2 、主要会计数据和财务指标 (单位:人民币万元)

指标项目	2000 年	1999 年	1998 年 调整后	1998 年 调整前
主营业务收入	41,430.44	27,825.45	24,567.48	24,567.48
净利润	619.22	524.99	53.17	53.17
总资产	53,244.37	52,408.35	50,963.90	50,978.68
股东权益(不含少数股东权益)	28,364.15	28,179.64	27,981.66	27,996.38
每股收益(元/股)	0.037	0.0314	0.0032	0.0032
每股收益加权	0.037	0.0314	0.0032	0.0032
扣除非经常性损益	0.0375	0.03	0.003	0.003
每股净资产(元)	1.70	1.69	1.67	1.67
调整后的每股净资产(元)	1.60	1.60	1.58	1.58
每股经营活动产生的现金流量净额(元)	0.12	0.19	0.17	0.17
净资产收益率(%)	2.18	1.86	0.19	0.19

3 、按中国证监会《公开发行证券公司信息披露编报规则》(第9 号)要求,本公司利润数据计算如下

报告期利润	净资产收益率(%)		每股收益(元)	
	全面摊薄	加权平均	全面摊薄	加权平均
主营业务利润	9.28	9.24	0.158	0.158
营业利润	2.15	2.14	0.036	0.036
净利润	2.18	2.17	0.037	0.037
扣除非经常性损益后的净利润	2.21	2.20	0.037	0.037

三、股东情况介绍

(1)报告期末股东总数8,022 户,其中A 股股东6,232 名, B 股股东1,790 名。

(2)主要股东持股情况

股东名称	年末持股(单位:股)	持股比例
香港佳运集团有限公司 (外资股东)	28,558,440	17.08
上海化纤(集团)有限公司(国有法人股东)	24,870,960	14.88
中信兴业信托投资公司(国有法人股东)	15,989,220	9.56
中国银行上海分行(国有法人股东)	12,309,480	7.36
上海市上投实业公司(国有法人股东)	11,949,480	7.15
上海纺织工业经营开发公司(国有法人股东)	11,207,880	6.70
上海爱建股份有限公司 (社会法人股东)	5,641,740	-3.37
珍德塑胶有限公司(外资股东)	1,674,000	1.00
常熟经济技术开发(集团)总公司	1,440,000	0.86
陈素幸(B 股)	753,000	0.45

注:① 香港佳运集团系本公司发起人股东之一,地址:香港干诺道中200 号 1710 室,总裁:廖超然,经营范围: 投资、咨询。所持股份没有质押冻结。

② 上海化纤(集团)有限公司系本公司发起人股东之一, 办公地点:上海新华路643 号,法定代表人:郑伟康, 经营范围:化学纤维及制品,化纤用浆粕,合成纤维单体及聚合物等。所持股份没有质押冻结。

上海氯碱化工股份有限公司

一.公司简介

1.公司法定中文名称:上海氯碱化工股份有限公司
公司法定英文名称:SHANGHAICHLOR-ALKALICHEMICALCO.,LTD. 缩写:SCAC
2.公司法定代表人:周波
3.公司董事会秘书:许沛文　董事会证券事务代表:刘志平　地址:上海市龙吴路 4747 号
电话:021-64342640　传真:021-64341341　E-mail:office@styc.com.
公司年度报告备置地点:董事会秘书室　联系地址:上海市龙漕路华南宾馆 403 室
电话:021-64703609　传真:021-64086550　邮编:200233
4.公司注册地址和办公地址:上海市龙吴路 4747 号　邮政编码:200241
电话:021-64340000　网址:www.scacc.com　E-mail:office@styc.com
5.公司选定的信息披露报纸:上海证券报、中国证券报、亚洲华尔街报
登载年报网址:http://www.sse.com.cn
6.公司股票上市交易所:上海证券交易所
股票简称:氯碱化工　氯碱 B 股　股票代码:600618(A 股)900908(B 股)

二、会计数据和业务数据摘要

(一)公司本年度主要利润指标情况(合并报表)单位:人民币元

项目	2000 年度
利润总额	74,389,753.96
净利润	50,674,579.82
扣除非经常性损益后的净利润	43,797,047.02
主营业务利润	486,385,607.92
其他业务利润	2,123,412.96
营业利润	61,898,086.10
投资收益	-197,031.80
补贴收入	6,877,532.80
营业外收支净额	5,811,166.86
经营活动产生的现金流量净额	426,325,813.00
现金及现金等价物净增加额	150,085,186.44

注:非经常性损益包括补贴收入 6,877,532.80 元,系 CFC 装置拆除补贴。按两种会计准则、制度计算的净利润及差异说明。

项目	2000 年净利润(单位:人民币千元)
A 股	50675
B 股	24143

差异原因:(1)出售原职工住房会计处理方法不同;(2)提取资产减值准备金不同。

近三年主要会计数据和财务指标(合并报表)单位:人民币元

项目	2000 年度	1999 年度	1998 年度 调整前	1998 年度 调整后
主营业务收入	2942367857.26	2224600381.60	2021068779.24	2021068779.24
净利润	50674579.82	35757732.47	6890878.43	442001.40
总资产	4902459050.76	5003222267.76	5314749778.77	5231961934.26
股东权益	3051264977.95	3000465398.13	3048372720.71	2964355707.26
(不含少数股东权益)				
每股收益(摊薄)	0.044	0.034	0.0065	0.0004
每股收益(加权)	0.046	0.034	0.0065	0.0004
每股收益	0.038	0.0023	0.0065	0.0004
(扣除非经常性损益)				
每股净资产	2.62	2.83	2.88	2.80
调整后的每股净资产	2.30	2.47	2.51	2.45
每股经营活动产生的现金流量净额	0.37	0.23	0.10	0.10
净资产收益率	1.66%	1.19%	0.23%	0.01%

按照中国证监会《公开发行证券公司信息披露编报规则》(第 9 号)要求计算的净资产收益率及每股收益(合并报表)。

报告期利润	净资产收益率 全面摊薄	净资产收益率 加权平均	每股收益 全面摊薄	每股收益 加权平均
主营业务利润	15.94%	16.07%	0.418	0.438
营业利润	2.02%	2.07%	0.053	0.055
净利润	1.66%	1.67%	0.044	0.046
扣除非经常性损益后的净利润	1.44%	1.45%	0.039	0.040

三、股东情况介绍

(1)报告期末股东共有 35394 户。

(2)持有本公司 5%(含 5%)以上的股份为国家股,年度内未发生股份变动及所持股份的质押或冻结情况。

前十名股东持股情况

股东名称	年末持股数(股)	占总股本%
(1)国家股	611510647	52.51
(2)BNPNOMINEESSINGAPOREPTELTD.(B 股)	16789755	1.44
(3)BNP PARIBAS HONGKONG.(B 股)	11677457	1.00
(4)上海国际信托投资公司(B 股)	6717134	0.58
(5)宁波金港信托投资责任有限公司(法人股)	6050000	0.52
(6)上海申银万国证券有限公司(法人股)	5055001	0.43
(7)HSBC N/UBS AG (法人股)	4245208	0.36
(8)上海天原(集团)有限公司(法人股)	4142907	0.35
(9)HKIT S/A 006-113039-431(B 股)	3504000	0.30
(10)大和证券(香港)有限公司	3491130	0.29

以上(1)、(8)之间有关联关系。

(3)持股 10% 以上的股东仅有一家,为国家股。上海华谊(集团)公司是国有资产授权经营单位,法定代表人:俞德雄;注册资本 406624 万元;经营范围:授权范围内的国有资产经营和管理,实业投资,化工医药产品及设备的制造和销售,从事化工医药装备工程安装、维修及承包服务。上海天原(集团)有限公司是上海华谊(集团)公司的全资子公司,受托管理本公司的国家股,该公司法定代表人:徐荣一;经营范围:化工生产及设备制造,实业投资,国内贸易(除专项规定外),房地产开发、经营及物业管理,经营外经贸委批准的进出口业务。上海天原集团是全国 120 家企业集团试点单位和 520 家重点企业之一。国家股未作任何质押。

(4)报告期内控股股东无变更。

上海冰箱压缩机股份有限公司

一、公司简介

1 、公司法定中文名称: 上海冰箱压缩机股份有限公司
公司法定英文名称: SHANGHAI REFRIGERATOR COMPRESSOR CO., LTD.缩写:SRC
2 、公司法定代表人:顾惠龙
3 、公司董事会秘书: 钟 磊　联系地址:中国上海长阳路 2555 号
电话: (021) 65190000　传真: (021) 65430941
电子信箱:zhonglei@china-src.com
4 、公司注册地址: 中国上海浦东金桥出口加工区 26 号地块
公司办公地址: 中国上海长阳路 2555 号　邮政编码: 200090
公司国际互联网网址:http://www.china-src.com
电子信箱:srcmailbox@ china-src.com
5 、公司选定的信息披露报纸名称:《上海证券报》、香港《南华早报》
登载公司年报的中国证监会指定国际互联网网址:http://www.sse.com.cn
公司年度报告备置地点:公司办公地
6 、公司股票上市地: 上海证券交易所
股票简称: 冰箱压缩(A 股)冰箱 B 股(B 股)
股票代码: 600619 (A 股)900910 (B 股)

二、会计数据和业务数据摘要

(一)、本年度会计数据和业务数据

利润总额	140,647,316.69	元
净利润	66,944,760.26	元
扣除非经常性损益的净利润	58,868,932.33	元
主营业务利润	475,663,147.16	元
其他业务利润	1,378,902.88	元
营业利润	153,375,962.35	元
投资收益	-14,665,532.18	元
补贴收入	0.00	元
营业外收支净额	1,936,886.52	元
经营活动产生的现金流量净额	312,172,577.42	元
现金及现金等价物净增加额	-63,952,508.89	元

说明: 扣除非经常性损益项目和涉及的金额为股票投资收益 8,846,465.75 元;债券投资收益 1,012,500 元;出售上海森林电器有限公司股权损失-2,714,537.05 元;股权投资差额摊销-665,916.10 元;营业外收入 3,112,740.79 元;营业外支出 151,545.76 元。

(二)、公司前三年主要会计数据和财务指标(合并报表):

项 目	2000 年	1999 年 调整前	1999 年 调整后	1998 年 调整前	1998 年 调整后
主营业务收入(万元)	175,677	131,255	131,255	121,354	121,354
净利润(万元)	6,694	1,149	1,149	135	133
总资产(万元)	267,764	254,578	252,781	282,281	281,419
股东权益(万元)	92,074	95,928	94,131	96,105	95,169
净利润的每股收益(元/股) (摊薄)	0.176	0.027	0.027	0.003	0.003
净利润的每股收益(元/股) (加权)	0.164	0.027	0.027	0.003	0.003
扣除非经常性损益后的净利润每股收益(元/股)	0.155	0.019	0.019	-0.034	-0.034
每股净资产(元/股)	2.420	2.270	2.230	2.274	2.252
调整后每股净资产(元/股)	2.332	2.237	2.194	2.232	2.209
每股经营活动产生的现金流量净额	0.82	1.18	1.18	0.68	0.68
净利润的净资产收益率(%)(摊薄)	7.27	1.20	1.22	0.68	0.68
净利润产生的净资产收益率(%)(加权)	7.09	1.20	1.22	0.14	0.14
扣除非经常性性损益后的净资产收益率(%)(加权)	6.24	0.85	0.87		

三、股东情况介绍

(一)、报告期末公司股东总数为 21842 户,其中 A 股流通股 14973 户,B 股 6781 户。

(二)、持有 5%以上的股东情况

本年度内持有公司 5%以上股份的股东为上海轻工控股(集团)公司。因本公司回购其持有的授权经营的国家股,其持有的股份由 162062753 股减少至 120000000 股,持股比例由 38.35%降为 31.53%.。其所持股份无质押或冻结。

(三)、前十名股东持股情况

持 股 者	期末持股数	比例
①上海轻工控股(集团)公司(国家股股东)	120000000	31.53%
②上海久事公司	13609908	3.58%
③上海国际信托投资公司	6692400	1.76%
④中国工商银行上海市分行第二营业部	5772702	1.52%
⑤泰纪投资有限公司(B 股股东)	4587336	1.21%
⑥上海新工联实业总公司	3528720	0.93%
⑦上海上立物资贸易公司	3301800	0.87%
⑧上海电气(集团)总公司	3102840	0.82%
⑨TOYO SECURITIES ASIA LTD. A/C CLIENT	2988690	0.79%
⑩展佳国际发展有限公司(B 股股东)	2368168	0.62%

四、股东大会简介

1 、公司股东大会第九次会议于 2000 年 5 月 18 日召开,该次股东大会决议公告分别刊登于 2000 年 5 月 19 日的《上海证券报》和香港《南华早报》。

2 、股东大会 2000 年第一次临时会议于 2000 年 11 月 17 日召开,该次会议决议公告刊登于 2000 年 11 月 18 日的《上海证券报》及香港《南华早报》。

五、董事会报告

(一)、公司经营情况

1 、公司所处行业情况

公司所处行业为电器机械及器材制造业。据中国轻工业信息中心统计,2000 年公司销售空调压缩机 360.80 万台,占全国市场份额为 26.41%,其中出口 23.05 万台,占全国空调压缩机出口的 51.26%,销售和出口均居全国行业之首。公司销售冰箱压缩机及除湿机压缩机 87.39 万台,占全国市场份额为 8.04%。

上海市天宸股份有限公司

上海市天宸股份有限公司2000年年度报告摘要

重要提示：本公司董事会保证本报告所载资料不存在任何虚假记载、误导性陈述或者重大遗漏，并对其内容的真实性、准确性和完整性负个别及连带责任。

(一)公司简介

1、公司法定中文名称：上海市天宸股份有限公司

公司法定英文名称：SHANGHAI TIANCHEN CO.,LTD.

公司英文简称：SHSTC

2、公司法定代表人：叶立润

3、公司董事会秘书：吕楠

联系地址：上海市徐家汇路550号15楼

联系电话：(021)64453550*1520;传真：(021)64456910

电子信箱：shstc@online.sh.cn

4、公司注册地址：上海市沪闵路6200号

公司办公地址：上海市徐家汇路550号15楼公司邮政编码：200025

公司电子信箱：shstc@online.sh.cn

5、公司选定信息披露报纸名称：《上海证券报》

登载年报指定网址：http://www.sse.com.cn

年报备置地点：上海市徐家汇路550号15楼

6、公司股票上市交易所：上海证券交易所

股票简称：天宸股份

证券代码：600620

(二)会计数据和业务数据摘要

会计数据和业务数据摘要：(单位：元)

1、利润总额：	41,320,214.88
净利润：	31,654,210.27
扣除非经常性损益后的净利润：	25,141,717.38
主营业务利润：	57,871,162.88
其他业务利润：	415,451.72
营业利润：	5,047,233.63
投资收益：	1,597,416.02
补贴收入：	2,046,088.07
营业外收支净额：	32,629,477.16
经营活动产生的现金流量净额：	121,261,925.01
现金及现金等价物净增加额：	4,535,460.37

报告期利润	净资产收益率(%)		每股收益(元)	
	全面摊薄	加权平均	全面摊薄	加权平均
主营业务利润	15.4	15.7	0.217	0.217
营业利润	1.3	1.4	0.019	0.019
净利润	8.4	8.6	0.119	0.119
扣除非经常性损益后的净利润	6.67	6.83	0.094	0.094

全面摊薄净资产收益率和每股收益的计算公式如下：

全面摊薄净资产收益率=报告期利润÷期末净资产

全面摊薄每股收益=报告期利润÷期末股份总数

加权平均净资产收益率(ROE)的计算公式如下：

$ROE=P/(Eo+NP\div 2+Ei\times Mi\div Mo-Ej\times Mj\div Mo)$

其中：P为报告期利润；NP为报告期净利润；Eo为期初净资产；Ei为报告期发行新股或债转股等新增净资产；Ej为报告期回购或现金分红等减少净资产；Mo为报告期月份数；Mi为新增净资产下一月份起至报告期期末的月份数；Mj为减少净资产下一月份起至报告期期末的月份数。

加权平均每股收益(EPS)的计算公式如下：

$EPS=P/(So+S1+Si\times Mi\div Mo-Sj\times Mj\div Mo)$

其中：P为报告期利润；So为期初股份总数；S1为报告期因公积金转增股本或股票股利分配等增加股份数；Si为报告期因发行新股或债转股等增加股份数；Sj为报告期因回购或缩股等减少股份数；Mo为报告期月份数；Mi为增加股份下一月份起至报告期期末的月份数；Mj为减少股份下一月份起至报告期期末的月份数。

注："扣除非经常性损益后的净利润"说明：

扣除项目	涉及金额(元)
补贴收入	1,739,174.86
资产处置等非经常性损益	4,773,318.03

2、截止报告期末公司前三年的主要会计数据和财务指标： (单位：元)

	2000年	1999年	1998年(调整后)	1998年(调整前)
主营业务收入	274,648,754.60	170,550,031.90	111,673,653.71	111,673,653.71
净利润	31,654,210.27	37,063,462.99	62,732,596.49	97,974,734.03
总资产	998,007,046.71	1,165,539,339.82	920,286,668.38	961,109,476.51
股东权益	377,005,643.26	358,690,149.08	321,626,686.09	366,209,331.52
每股收益(摊薄)	0.119	0.139	0.353	0.551
(加权)	0.119	0.161	0.446	0.551
扣除非经常性损益后每股收益	0.094	-0.046	0.130	0.328
每股净资产	1.413	1.3445	1.824	2.060
调整后每股净资产	1.190	1.160	1.585	1.824
每股经营活动产生的现金流量净额	0.455	-0.566	0.029	0.029
净资产收益率(摊薄)	8.400%	10.333%	19.500%	26.750%
(加权)	8.600%	10.798%	20.950%	30.880%

计算公式：每股收益=净利润/年度末普通股股份总数

每股净资产=年度末股东权益/年度末普通股股份总数

调整后的每股净资产=[年度末股东权益-三年以上的应收款项净额-待摊费用-待处理(流动、固定)资产净损失-开办费-长期待摊费用-住房周转金负数余额]/年度末普通股股份总数

每股经营活动产生的现金流量净额=经营活动产生的现金流量净额/年度末普通股股份总数

净资产收益率=净利润/年度末股东权益×100%

3、报告期内股东权益变动情况： (单位：元)

项目	股本	资本公积	盈余公积	未分配利润	股东权益合计
期初数	266,774,324.84	42,464,909.92	48,638,736.66	812,177.66	358,690,149.08
本期增加			4,748,131.54	26,906,078.73	31,654,210.27
本期减少				13,338,716.25	13,338,716.25
期末数	266,774,325.00	42,464,909.92	53,386,868.20	14,379,540.14	377,005,643.26
变动原因	股本取整数		本年度计提数	本年利润增加转应付股利	本年利润增加

(三)股东情况介绍

(1)报告期末股东总数(截止2000年12月31日)

(2)主要股东持股情况：

股东名称	1999年末持股数(万股)	2000年末持股数(万股)	比例%	变动原因
上海仲盛虹桥房地产开发有限公司	3717.9461	7972.7889	29.89	受让
上海市牛奶公司	1171.4820	1171.4820	4.39	
上海展览中心友谊实业公司	1096.6275	1123.5375	4.21	子公司股权合并
上海前峰建筑工程有限公司	666.4083	666.4083	2.50	
上海农业展览馆	577.4802	577.4802	2.16	
上海双鹿电器股份有限公司	502.3200	502.3200	1.88	
上海强生集团	448.5000	448.5000	1.68	
上海展览中心	426.9720	426.9720	1.60	
上海嘉定区长征镇工业公司	378.6012	378.6012	1.42	
西安万国	334.5000	334.5000	1.25	

说明：(1)上海仲盛虹桥房地产开发有限公司通过协议受让方式，受让上海县房地产总公司持有的本公司法人股4146.2928万股、受让隆新物资公司持有的本公司法人股108.55万股，至2000年12月31日共持有本公司非流通的法人股7972.7889万股，占公司总股本29.89%。(9月13日《上海证券报》披露)

(2)本公司前十名股东之间不存在关联关系。

(3)对持股10%(含10%)以上的法人股东情况说明：

上海仲盛虹桥房地产开发有限公司，法定代表人叶立润，注册资金2.5亿元人民币，经营范围为：房地产开发经营、物业管理、装饰、装修工程、建筑装饰材料、房地产业咨询等。

(四)股东大会简介

报告期内召开二次股东大会会议，一次是股东大会(1999年)年会；一次是股东大会(2000年)第一次临时会议。具体情况如下：

1、公司于2000年4月18日、4月22日二次在《上海证券报》刊登关于召开公司股东大会(1999年)年会的公告，会议于2000年5月24日上午在上海兰心大戏院召开。出席会议股东及股东代表共488人，代表股份14555.8248万股，占股份总数54.56%。会议审议并通过如下决议：(1)审议并通过了《公司董事会工作报告》；(2)审议并通过了《公司监事会工作报告》；(3)审议并通过了《公司1999年度财务决算报告》；(4)审议并通过了《公司1999年度利润分配预案》；(5)审议并通过了关于调整公司董事会组成人员的预案。(6)审议并通过了关于续聘上海上会会计师事务所有限公司担任本公司2000年度审计工作的预案。[股东大会(1999年)年会决议公告刊登于2000年5月25日《上海证券报》]

2、公司于2000年7月25日在《上海证券报》刊登关于召开公司股东大会(2000年)第一次临时会议公告，定于2000年8月28日在上海兰心大戏院召开公司股东大会(2000年)第一次临时会议。参加会议投票表决的股东为130名，代表股权数为9646.4731万股，占股本总数36.16%。会议经审议并通过如下决议：(1)审议并通过增选江林根先生任公司董事的议案；(2)审议并通过增选施嘉伟先生任公司监事的议案；(3)审议并通过增选曹俭民先生任公司监事的议案；(4)审议并通过了公司受让芦潮港人工半岛500亩土地联合开发权关联交易的议案。[股东大会(2000年)第一次临时会议决议公告刊登于2000年8月29日《上海证券报》]

(五)董事会报告

1、公司经营情况：

(1)公司所处行业以及公司在本行业中的地位：

报告期内，联农驾驶员培训中心在经营规模和培训人数上，继续保持在全市同行业名列前茅的地位，联农客运有限公司在全市同类中小型客运公司中，经济效益良好。公司投资控股的上海南方综合物流中心已报批核准为以公路汽车运输为主的综合物流基地，其规模为目前上海最大的基地。

(2)公司主营业务范围及经营状况：

公司的主营业务为：实业投资、国内贸易(除专项规定外)、信息网络安全产品开发、房地产开发经营。

公司经营状况：

a.部分调整了房地产项目，增大对土地资源的储备

报告期内，公司"和泰玫瑰园"项目全面竣工销售，工程质量获市级优秀工程奖，实现销售收入19,718万元，在虹口区形成了房产市场的销售热潮。"华一新城"在抓紧做好动迁工作的同时，积极进行了部分商品房的建设和销售工作，完成了销售收入6,022万元。

公司以高起点对房地产开发项目作出新的规划，适度调整了对一般房地产业的投资，公司出让了"圣陶沙"项目，迅速有效地回收了资金，并利用资金的优势，集中精力开拓更有发展潜力和规模效应的项目，收购了位于上海火车站商业圈的"太阳山大厦"项目、杨浦区滨临黄浦江畔的第十二棉纺织厂地块，并投资上海晨星房地产开发有限公司开发的金山区"金海岸花园"项目。为公司房地产业的后续发展提供了优质土地资源的储备。

b.通过整合，实现交通运输板块的联动效应

联农驾驶员培训中心在保持ISO9002质量认证体系的水平上，继续全面提高服务质量，全年招收培训学员6400人，在全市同行业名列前茅，并创出了"学驾驶，到联农"的企业品牌。

联农客运有限公司面对竞争日趋激烈的市场环境，通过在管理、分配、用人等方面的配套改革，激活了企业内部的运行机制，实现业务收入3,052万元。

无论是联农驾驶员培训中心、和泰航运公司还是联农客运公司在市场的占有率都是相对较低，将它们有机地结合起来，并与物流中心项目相配套，建立起天宸交通运输板块。通过优势互补，资源共享，以取得更大的市场份额。

c.挖掘科技优势，建立企业新的行业发展

公司投资控股的上海南方综合物流中心已报批核准为上海市政府规划的重大项目，是目前规划建设中的上海最大的以公路汽车运输为主的综合物流基地。在诸多课题如车辆运输、货物配载、仓储管理、第三方物流管理及网络工具在物流管理中的运用，增大科学技术的含量，实现物流管理和信息技术在服务中的增值效应，真正达到新经济与传统经济相互促进，以创造更好的效益。

d.加强成本控制，减少亏损

莱福制药有限公司由于在年初涉及诉讼，直接造成公司在经营上的困难，加上产品老化，管理落后等等原因，报告期内企业持续亏损。公司采取了一系列的减亏措施，在最大限度上控制亏损的扩大。2000 年末，公司已胜诉。

2 、公司财务状况：（单位：元）

内容	期初数	期末数	变动原因
总资产	1,165,539,339.82	998,007,046.71	公司总负债减少
长期负债	34,413,916.00	45,588,100.70	长期借款增加
股东权益	358,690,149.08	377,005,643.26	未分配利润增加
主营业务利润	51,919,636.47	57,871,162.88	主营业务收入增加
净利润	37,063,462.99	31,654,210.27	非经营性收益减少

由于 2000 年 12 月，公司全资子公司上海联农房产有限公司与上海闵行房地产发展总公司签订真南小区退房协议（原售房协议书签于 1997 年 12 月 19 日）。此项交易冲减主营业务收入 65,654,940.00 元，冲减主营业务利润 14,827,367.60 元，使原来的主营业务利润由 72,698,530.48 元降至为现在的 57,871,162.88 元。

3 、公司投资情况：

(1)报告期内公司无募集资金，也无报告期前募集资金的使用延续到报告期内。

(2)非募集资金投资情况及项目进展情况：

① 对公司全资子公司上海天宸浦东发展有限公司增加 6000 万元人民币投资。增资后，浦东发展公司注册资本从 2000 万元增加到 8000 万元。

② 全资子公司上海天宸浦东发展有限公司对上海晨星房地产开发有限公司投资 3000 万元人民币，参与在金山区山阳镇建造近 20 万平方米商品住宅小区"金海岸花园"的项目。该项目前期工作已基本结束。

③ 全资子公司上海天宸浦东发展有限公司以 7000 万元人民币总价，购买位于杨浦区腾越路 113.198 亩土地使用权，规划建造商品住宅。报告期内已支付 350 万元人民币。该项目目前处于前期阶段。

④ 出资 650 万元人民币参股上海人工半岛建设发展有限公司，占该公司 4.165%股份。上海人工半岛建设发展有限公司注册资金 15071 万元人民币，由上实置业集团（上海）有限公司控股，上海市农业投资总公司等 8 家公司共同参股。人工半岛公司主要经营范围是：促淤造地、圈围工程、土地基础工程、滩涂及相关项目的开发规划。为大、小洋山深水港建设，提供海港新城建设用地。随着深水港项目规划的确定，海港新城建设也将在 2001 年有实质性启动。

⑤ 投资 2634 万元受让上海深水港基地—芦潮港人工半岛共计 500 亩滩涂的开发权（含土地使用权及符合整体规划的开发权）。此项投资为关联交易，获 2000 年临时股东大会批准。已支付 2550 万元人民币受让款。该滩涂经过围滩造地、综合开发，将建成海港新城。具有一定增值潜力。

⑥ 投资 3300 万元受让上海深水港基地—芦潮港人工半岛共计 600 亩滩涂的土地使用权。已支付 1050 万元人民币受让款。

⑦ 投资 1575 万元人民币，收购上海太阳山经济发展有限公司股权和债权，以有效推进"太阳山大厦"项目的进展。

4 、新年度业务发展计划：

(1)积极参与上海市重点发展项目

在新的世纪中，物流和港口建设已被列为上海市政建设的重点项目。天宸股份投资并控股的上海市南方综合物流中心建设已纳入市府重点发展项目。同时，天宸股份将借在人工半岛建设开发公司所持有的股份和持有人工半岛 1100 亩土地资源为契机，再联合在上海火车站附近的"太阳山大厦"项目，为上海市提供全方位的物流服务。

(2)新房地产项目的开发和销售将成为公司今后一两年内的主要盈利保证。

在保证从"金海岸花园"项目在第一季度内全面开工的同时，努力确保隆昌路地块、原国棉十二厂地块和"太阳山大厦"项目的前期工程在年内陆续开工。在新的一年内，公司将不断寻求引进新的、效益更好的房地产开发项目。除住宅项目的开发建设之外，公司也将向房地产开发的其它方面拓展，实现房地产开发的多元化。

(3)交通运输业方面，在经过一轮调整后，传统的行业将发挥新的活力，联农客运和联农驾驶员培训中心的稳定增长将为公司的现金流量产生积极的作用。

(4)高新技术将成为天宸股份新的增长点。莱福制药有限公司将在改善管理的基础上，通过引进新的品种，增加更多高新技术的成份。物流管理、信息流是物流产业中所谓增值服务中重要的组成部分。公司将通过技术引进的方式，引进世界上一流的物流管理和信息服务技术，并努力将其转化为有中国特色的物流管理模式。

(5)公司将大力推行以市场经济为基础的体制改革，建立更加合理的激励机制以调动全体员工的主观能动性和工作积极性。

5 、董事会日常工作情况：

(1)报告期内，公司共召开 10 次董事会会议，具体情况如下：

1)2000 年 3 月 20 日上午在公司总部会议室召开董事会三届八次会议，会议通过如下决议：审议并通过了公司董事会工作报告；审议并通过了公司"关于计提四项准备及内部控制制度"；审议并通过了公司"关于计提资产减值准备的议案"；审议并通过了公司（1999 年）年度报告；审议并通过了公司财务决算报告；审议并通过了公司 1999 年度利润分配预案；审议并通过了关于续聘会计师事务所的预案；决定召开公司股东大会（1999 年）年会。（详细情况刊登于 2000 年 3 月 21 日《上海证券报》）

2)2000 年 4 月 20 日--21 日以通讯表决方式召开董事会三届九次会议。会议通过如下预案：原董事张令庆、陈富林、俞新民、郭聪聪、翟世强、戴宇等六人辞去公司董事职务；拟提名李志鼎、陆国贤、杨有华、秦同蔚、钱继辉、倪惠芝等六人为公司董事候选人。（详细情况刊登于 2000 年 4 月 22 日《上海证券报》）

3)2000 年 5 月 24 日上午在上海兰心大戏院召开董事会三届十次会议。会议通过如下决议：选举李珩女士为公司副董事长；因原总经理郭聪聪、副总经理俞新民、陈富林等辞职，决定聘任叶宗男任公司总经理；因原董事会秘书周尔忠辞职，决定聘任吕楠任公司董事会秘书。（详细情况刊登于 2000 年 5 月 25 日《上海证券报》）

4)2000 年 4 月 18 日--24 日以通讯表决方式召开董事会。经研究，同意将本公司拥有的凯泰公司 80%股权以 800 万元转让给上海闵行房地产发展总公司，上海联农房产有限公司将其拥有的凯泰公司 20%股权以 200 万元转让给苏州广厦房地产公司。（详细情况刊登于 2000 年 6 月 7 日《上海证券报》）

5)2000 年 6 月 19 日，以通讯表决方式召开董事会。审议通过如下决议：天宸公司将其拥有的上海海基业高科技公司 60%的股权转让给"海基业"法定代表人肖伟；股权转让的价格以及债权债务等问题的处理，将由专业评估机构和国资部门对"海基业"整体资产状况评估确认后，在股权转让协议中确定。（详细情况刊登于 2000 年 6 月 21 日《上海证券报》）

6)2000 年 7 月 21 日在公司总部召开董事会三届十一次会议，会议通过如下决议：审议通过聘任夏辉明、秦同蔚任公司副总经理，李志鼎任公司财务总监议案；审议通过张玉良、杨有华辞去公司董事议案；审议通过增选江林根任公司董事的议案；审议通过关于受让芦潮港人工半岛 500 亩土地开发权的议案；决定召开公司 2000 年第一次临时股东大会。（详细情况刊登于 2000 年 7 月 25 日《上海证券报》）

7)2000 年 8 月 2 日上午在上海名都城俱乐部召开公司董事会三届十二次会议，会议审议通过了公司 2000 年度中期报告。

8)2000 年 8 月 29 日以通讯表决方式召开董事会。会议审议通过决议：上海市天宸股份有限公司全资子公司上海天宸浦东发展有限公司受让上海市第十二棉纺织厂 113.198 亩土地。（详细情况刊登于 2000 年 8 月 31 日《上海证券报》）

9)2000 年 10 月 13 日--21 日以通讯表决方式召开董事会。审议并通过如下决议：本公司对所属的全资子公司联农浦东发展公司增资扩股，将原来的注册资本金由 2000 万元增加至 8000 万元，将原来公司名称"上海联农浦东发展有限公司"更名为"上海天宸浦东发展有限公司"，同时，由联农浦东发展公司兼并和泰房产公司。（详细情况刊登于 2000 年 10 月 24 日《上海证券报》）

10)2000 年 12 月 18 日--19 日，以通讯表决方式召开董事会。会议审议通过如下决议：同意我司全资子公司上海联农房产有限公司与上海闵行房地产发展总公司签订真南小区退房协议。（详细情况刊登于 2000 年 12 月 21 日《上海证券报》）

(2)公司董事会将审议通过须报请股东大会审议通过的有关预案，都按规定提交股东大会审议。股东大会审议通过后的决议，均由董事会负责落实。

6 、公司管理层及员工情况：

(1)董事、监事、高级管理人员：

董事基本概况：

叶立润 男 65 岁 本公司董事长。任期至 2001 年。未持有本公司股票。

李珩 女 48 岁 本公司副董事长。任期至 2001 年。未持有本公司股票。

叶宗男 男 38 岁 现任本公司总经理、本公司董事。任期至 2001 年。未持有本公司股票。

王佳芬 女 51 岁 本公司董事。任期 1998 年到 2001 年。未持有本公司股票。

李龙弟 男 48 岁 本公司董事。任期 1998 年到 2001 年。未持有本公司股票。

吴学模 男 57 岁 本公司董事。任期 1998 年到 2001 年。未持有本公司股票。

叶立培 男 56 岁 本公司董事。任期至 2001 年。未持有本公司股票。

倪大乾 男 55 岁 本公司董事。任期 1998 年到 2001 年。未持有本 公司股票。

蔡成志 男 49 岁 本公司董事。任期 1998 年到 2001 年。未持有本 公司股票。

叶茂菁 男 29 岁 本公司董事。任期至 2001 年。未持有本公司股票。

秦同蔚 女 65 岁 现任本公司副总经理、本公司董事。任期到 2001 年。未持有本公司股票。

李志鼎 男 66 岁 现任本公司财务总监、本公司董事。任期到 2001 年。未持有本公司股票。

陆国贤 男 72 岁 本公司董事。任期到 2001 年。未持有本公司股票。

倪惠芝 女 56 岁 本公司董事。任期到 2001 年。未持有本公司股票。

钱继辉 男 40 岁 现任联农房产公司副经理、本公司董事。任期到 2001 年。未持有本公司股票。

江林根 男 51 岁 本公司董事。任期到 2001 年。未持有本公司股票。

监事基本概况：

刘智愚 男 51 岁 现任本公司人事部经理、本公司监事。任期 1998 年到 2001 年。未持有本公司股票。

郑笑荣 男 47 岁 本公司监事。任期 1998 年到 2001 年。未持有本 公司股票。

黄汉忠 男 67 岁 现任本公司党委常务副书记、本公司监事长。任 期 1998 年到 2001 年。未持有本公司股票。

施嘉伟 男 45 岁 现任本公司办公室主任、本公司监事。任期到 2001 年。未持有本公司股票。

曹俭民 男 44 岁 现任心仪房产公司副总经理、本公司监事。任期到 2001 年。未持有本公司股票。

高级管理人员基本概况：

夏辉明 女 45 岁 现任本公司常务副总经理。未持有本公司股票。

吕楠 女 32 岁 现任本公司董事会秘书、法律顾问。未持有本公 司股票。

公司董事、监事、高级管理人员年度报酬情况：

数额(人民币)	4-8 万元	8-15 万元	18 万元	合 90.2659 万元
人数	7	3	1	计 11

未在本公司领取报酬的董事、监事姓名：

董事：王佳芬、叶立润、叶立培、叶茂菁、李珩、江林根、陆国贤、李龙弟、吴学模、倪大乾、蔡成志、倪惠芝。

(2)报告期内董事、监事离任情况：

因公司股权结构发生变动，原董事张令庆、陈富林、俞新民、郭聪聪、翟世强、戴宇、张玉良辞去公司董事职务，并提名李志鼎、陆国贤、倪惠芝、秦同蔚、钱继辉、江林根任公司董事。原监事夏辉明、唐秀珍辞去公司监事职务，并提名施嘉伟、曹俭民任监事。以上提名已分别经公司股东大会(2000 年)年会及(2000)年第一次临时股东大会选举通过。

(3)公司员工基本概况：

报告期内公司员工总数为 502 人，其中财务人员 28 人，行政人员 196 人，生产人员 306 人，退休人员 15 人。管理人员中受教育程度：博士 1 人，硕士研究生在读 8 人，本科 18 人，大专 70 人，中专 46 人。技术职称评定：高级 5 人，中级 44 人，初级 72 人。

7 、2000 年度利润分配预案：

公司 2000 年度实现净利润 31,654,210.27 元，年初未分配利润 812,177.66 元，公司以 2000 年度净利润数为基数，提取 10%法定公积金 3,165,421.03 元；提取 5%法定公益金 1,582,710.51 元，可供分配净利润数 27,718,256.39 元。为了保持公司稳定发展，董事会提议 2000 年度利润分配方案为每股派发现金红利 0.05 元(含税)，并提交 2000 年年度股东大会审议批准。

8 、预计公司 2001 年度利润分配政策：

公司 2000 年度未分配利润不再用于 2001 年度股利分配，预计公司 2001 年度分配次数一次，分配方式为现金分红，分配比例以公司 2001 年度净利润数为基数，按可供分配利润数的 20%-40%实施分配。具体分配方案依当时实际情况由董事会提出预案后，报股东大会审议通过。

（六）监事会报告

本年度监事会按照"法制、监管、自律、规范"的要求，根据《公司法》、《证券法》及其他有关法律、法规和公司章程，围绕股东大会的决议开展工作。

一 、2000 年内监事会召开会议的情况：

1 、2000 年 3 月 20 日召开了公司三届五次监事会会议，会议审议通过了 1999 年度监事会工作报告及 1999 年董事会工作报告和 1999 年年度报告。

2 、2000 年 7 月 10 日召开了公司三届六次监事会会议，会议审议并通过了夏辉明女士辞去监事职务的请求。

3 、2000 年 7 月 18 日召开了公司三届七次监事会会议，会议审议并通过了唐秀珍女士辞去监事职务的请求，同时，会议还审议通过了提名施嘉伟先生和曹俭民先生为监事候选人的议案。

4 、2000 年 8 月 2 日召开了公司三届八次监事会会议，会议审议并通过了公司 2000 年中期报告。

5 、2000 年 8 月 28 日召开了公司三届九次监事会会议，会议组织全体监事进一步学习了《公司法》、《公司章程》及《公司监事会议事规则》，进一步明确了监事肩负的职责。监事们还对本人向上海证券交易所所作的承诺进行了再学习。

6 、2000 年 10 月 27 日召开了公司三届十次监事会会议，会议听取公司财务总监李志鼎先生介绍了公司 2000 年下半年的财务状况。

二 、2000 年内监事会实施监管的情况：

1 、对董事会的重大决策和经营管理层的经营行为进行监督

公司全体监事都列席了董事会 2000 年的历次会议。部分监事还列席了重要的总经理办公会议，对公司的经营目标、投资方向进行必要的监督。

2 、对公司高级管理人员的经营行为进行监督

监事会认为，公司高级管理人员在履行职责时能廉洁自律、恪尽职守，未发现违反法律、法规、公司章程或损害公司利益的行为。

3 、对公司的关联交易进行监督

监 事会认为,公司本年度在收购芦潮港人工半岛土地开发权的关联交易中,按照公平、合理的原则进行,未有损害上市公司利益的行为。

4 、对公司的财务管理状况进行监督

本 年度内,公司在财务管理上作了重大改革,在管理模式上,采取了财务经理集中办公,财务经理接受总公司与子公司双重领导的管理机制;在人员配置上,采取了财务经理的委派制;在财务制度建设上,严格按照《会计法》的要求进行运作,取得了显著的效果。

上 海上会会计师事务所有限公司受公司的委托对 2000 年度会计报表和会计帐目进行了审计,监事会认为,公司本次股东大会公布的所有财务报表都真实、客观、准确地反映了公司的财务状况和经营成果。

三 、对公司二 000 年经营管理状况的总体评价

二 000 年由于股权结构的变化,公司的董事会和经营管理层都作了较大的调整。中高级管理人员,特别是主要经营者的更换,使公司的经营理念,经营方法和管理模式都发生了较大的变化。监事会认为,调整后的公司管理层在以下几方面的工作成绩是显著的。

1 、大大压缩了对外担保的数额,减少了因担保而造成的风险。

2 、加大了催讨应收款的力度,使应收帐款额明显下降。

3 、清理了公司的对外投资项目,收回了获利能力差的股权和资金,盘活资产,集中财力发展支柱产业。

4 、加大了资产重组的力度,整合主业,为公司的持续发展提供了良好的物质资源与人力资源。

5 、发挥优势,发展新兴产业。物流业在我国是新兴的业态,具有良好的发展前景。公司经营班子抓住这个契机,集中各方面的资源,加快筹建速度,成功地使这个行业涉及面宽,科技含量高,竞争优势明显的项目成了上海市政府规划的重大项目, 大大增强了公司发展的后劲和潜在的优势。

6 、本年度内,公司的财务指标说明:公司的资产质量正在逐步提高,主营业务的获利能力正在增强,利润结构正在优化。

(七)重要事项

1 、重大诉讼:

中国银行上海市宝山支行、上海市有色金属总公司、上海胶带股份有限公司诉我司与上海莱福(集团)股份有限公司关于上海莱福制药有限公司股权转让侵权一案。(侵权行为涉及标的价值 1.08 亿元人民币)我司曾于 2000 年 3 月 16 日公告、2000 年 8 月 4 日中报和 2000 年 11 月 22 日公告,三次在《上海证券报》披露。截止 2000 年 11 月 16 日,此案原告方全部撤诉,并由原告方承担此案受理费、诉讼保全费共计人民币 400,525 元。

公司全资子公司---上海联农运通工贸公司与上海市朝阳农工商汽车服务公司(简称朝阳汽车公司)关于车辆款诉讼一案,朝阳汽车公司已向二审法院提起上诉,2000 年 11 月 3 日朝阳汽车公司向法院申请撤诉,一审法院关于朝阳汽车公司向我司归还 9,453,800 元车辆款的判决生效。

2 、报告期内,公司、公司董事及高级管理人员未受监管部门处罚。

3 、报告期内,公司原董事张令庆、陈富林、俞新民、郭聪聪、翟世强、戴宇、张玉良辞去公司董事职务,公司新选董事李志鼎、陆国贤、秦同荫、钱继辉、倪惠芝、江林根。公司原总经理郭聪聪、副总经理俞新民、陈富林、财务经理翟世强、董事会秘书周尔忠辞职。公司新聘总经理叶宗男、副总经理夏辉明、秦同荫、财务总监李志鼎、董事会秘书吕楠。(详细情况分别刊登于 2000 年 5 月 25 日、2000 年 7 月 25 日《上海证券报》)

4 、2000 年 5 月 18 日我司与全资子公司上海联农房产有限公司作为转让方 与受让方上海闵行房地产发展总公司和苏州广厦房地产公司签署了上海联农凯泰置业有限公司《股权转让协议书》(详细情况刊登于 2000 年 6 月 7 日《上海证券报》)。协议书明确规定了合同成立的有效要件,即受让方将受让的上海联农凯泰置业有限公司的股权质押给天宸公司,6 月 13 日双方签订了上海联农凯泰置业有限公司的股权质押合同。

5 、报告期内,公司原第二大股东上海仲盛虹桥房地产开发有限公司,通过协议受让公司原第一大股东上海县房地产总公司持有的本公司非流通法人股 41,462,928 股, 截止 2000 年 12 月 31 日,上海仲盛虹桥房地产开发有限公司共持有本公司非流通法人股 79,727,889 股,为公司第一大股东。(详细情况刊登于 2000 年 9 月 13 日《上海证券报》)

6 、2000 年 10 月 13 日--21 日以通讯表决方式召开董事会。审议并通过如下决议:本公司对所属的全资子公司联农浦东发展公司增资扩股,将原来的注册资本金由 2000 万元增加至 8000 万元,将原来公司名称"上海联农浦东发展有限公司"更名为"上海天宸浦东发展有限公司",同时,由联农浦东发展公司兼并和泰房产公司。(详细情况刊登于 2000 年 10 月 24 日《上海证券报》)

7 、2000 年 11 月 28 日,公司第一大股东上海仲盛虹桥房地产开发有限公司因参与市政重大工程建设的需要,以其持有的天宸公司非流通的法人股 79,727,889 股向中国农业银行上海市莘庄支行办理股权质押贷款手续。(详细情况刊登于 2000 年 11 月 30 日《上海证券报》)

8 、重大关联交易

上海仲盛虹桥房地产开发有限公司(公司第一大股东,交易时公司第二大股东)将上海深水港基地------芦潮港人工半岛第 B2 —9,B1 —6 —2,C3 —11 地块共 500 亩的联合开发权(含土地使用权,配合项目整体规划的开发权等)转让给本公司。(详细情况分别刊登于 2000 年 7 月 25 日、2000 年 8 月 29 日《上海证券报》)

9 、公司做到人员独立,资源完整,财务独立,严格按独立的运作体系运行,实行了与控股股东的"三分开"。

(1)在人员方面,公司在劳动、人事及工资管理等方面是独立的,总经理、副总经理等高级管理人员均在公司领取薪酬。

(2)在资产方面,公司拥有独立的生产系统和配套设施、独立拥有采购和销售业务部门。

(3)在财务方面,公司拥有独立的财务部门和财务人员,并建立了独立的会计核算体系和财务管理制度,开立有独立的银行帐户。

10 、承诺事项:

公司和本公司持股 5%以上股东没有在任何指定报纸和网站上作出任何事项承诺。

11 、报告期内,公司未发生托管、承包、租赁其他公司资产或其他公司托管、承包、租赁本公司资产的事项。

12 、本年度继续聘任上海上会会计师事务所有限公司为公司审计机构。

13 、其他重大合同(含担保等)及其履行情况

(1)公司预付给上海县房地产总公司的购房款 11,003,634.00 元,因上海县房地产总公司未按协议如期交房, 现已终止原购房协议,2000 年 6 月 30 日上海县房地产总公司已向天宸公司归还全部预付款。

(2)2000 年 8 月 29 日公司全资子公司上海天宸浦东发展有限公司与上海市第十二棉纺织厂签订了腾越路 195 号房屋土地动迁补偿合同。(详细情况刊登于 2000 年 8 月 31 日《上海证券报》)

(3)2000 年 12 月 19 日,公司全资子公司上海联农房产有限公司与上海闵行房地产发展总公司签订了真南小区 26,689 平方米住宅使用权退房协议。(详细情况刊登于 2000 年 12 月 21 日《上海证券报》)

(4)报告期内,公司对外担保总金额 22,600 万元,与 1999 年 12 月 31 日对外担保总金额 34,589 万元相比,下降了 34.66%。报告期内,公司大股东单方为公司提供担保 1.5 亿元,公司在资金得到保证的情况下,大量减少了前期与其他企业的相互担保。

(八)财务报告

见 审计报告、会计报表及会计报表附注。

(九)公司的其他有关资料

1 、公司注册情况: 首次注册日期:1992 年 7 月 1 日

首次注册地点:上海市工商行政管理局

2 、企业法人营业执照注册号:3100001000311 。

3 、税务登记号码:310106132210173 。

4 、公司未流通股票的托管机构:上海证券中央登记结算公司

5 、公司聘请的会计师事务所:

上海上会会计师事务所有限公司 办公地点:上海四川北路 1318 号 9 楼。

6 、公司聘请的法律顾问: 德恒上海律师事务所

办公地点:上海浦东陆家嘴东路 161 号招商局大厦 9 楼

(十)备查文件

1 、载有法定代表人、财务总监、会计主管人员签名并盖章的会计报表;

2 、载有会计师事务所盖章,注册会计师签名并盖章的审计报告原件;

3 、报告期内在《上海证券报》上公开披露的所有公司文件的正本及公告的原稿。

上海市天宸股份有限公司

二 00 一年二月十四日

资产负债表

编制单位:上海市天宸股份有限公司 20000-12-31 单位:元

	期初数(合并)	期初数(母公司)	期末数(合并)	期末数(母公司)
流动资产:				
货币资金	113005538.53	74119062.48	117540998.9	75299982.83
短期投资	15737256.74			
减:短期投资跌价准备				
短期投资净额	15737256.74			
应收票据				
应收股利	4000000	4000000		
应收利息				
应收帐款	55112315.12		9081972.56	
其它应收款	180180209.36	98009187.36	162073757.68	105661708.97
减:坏帐准备	33962253.29	22933000.11	19789347.96	16565037.25
应收帐款净额	201330271.19	75076187.25	151366382.28	89096671.72
预付帐款	16080732.74		42839480.24	40500000
应收补贴款				
存货	357316419.83	354288.43	199668855.7	
减:存货跌价准备	2281419.12		2678801.49	
存货净额	355035000.71	354288.43	196990054.21	
待摊费用	342265.9	77859.32	949789.65	
待处理流动资产净损失				
一年内到期的长期债权投资				
其它流动资产		299861480.83		138311979.13
流动资产合计	705531065.81	453488878.31	509686705.28	343208633.68
长期投资:				
长期股权投资	75151990.97	300038734.44	37816743.02	323284630.83
长期债权投资				
其它长期投资				
长期投资合计	75151990.97	300038734.44	37816743.02	323284630.83
减:长期投资减值准备	5225492.71	4280330.01	4040000	3640000
长期投资净额	69926498.26	295758404.43	33776743.02	319644630.83
其中:合并价差				
股权投资差额				
固定资产:				
固定资产原值	172329322.43	15224140.97	225459889.59	15142444.17
减:累计折旧	42535130.12	1457185.55	57767438.94	1759455.64
固定资产净值	129794192.31	13766955.42	167692450.65	13382988.53
工程物资				
在建工程	92642586.6	656538.69	97481930.52	5155842
固定资产清理				
待处理固定资产净损失				
固定资产合计	222436778.91	14423494.11	265174381.17	18538830.53
无形及其它资产:				
无形资产	145123973.48		168088547.95	26340000
开办费	3676344.27		4643687.67	
长期待摊费用	18844679.09	7473278.84	16636981.62	8580531.77
其它长期资产				
无形资产及其它资产合计	167644996.84	7473278.84	189369217.24	34920531.77
递延税项:				
递延税款借项				
资产总计:				
资产总计	1165539339.82	771144055.69	998007046.71	716312626.81
流动负债:				
短期借款	527530000	387480000	464250000	317500000
应付票据	11894307.93	11000000		
应付帐款	84403672.81		17726310.19	
预收帐款	63234059.25		19529285.43	
代销商品款				
应付工资	3743907.35		423666.5	100000
应付福利费	2872911.58	219235.12	3065037.19	424452.9
应付股利	137279.94	137279.94	13475996.19	13475996.19
应付税金	2676668.34	9152.03	7002270.11	11873.03
其它应交款	-8683.01		-39970.65	
其它应付款	67415287.55	13608239.52	22451051.29	7794661.43
应付短期债券				
预提费用	35863		29656.5	
一年内到期的长期负债			19000000	
其它流动负债				
职工奖励及福利基金				
流动负债合计	763935274.74	412453906.61	566913302.75	339306983.55
长期负债:				
长期借款	34000000		45000000	

应付债券				
长期应付款	413916		588100.7	
住房周转金				
其它长期负债				
长期负债合计	34413916		45588100.7	
递延税项：				
递延税项贷款				
负债合计：				
负债合计	798349190.74	412453906.61	612501403.45	339306983.55
少数股东权益：				
少数股东权益	8500000		8500000	
股东权益：				
股本	266774324.84	266774324.84	266774325	266774325
资本公积金	42464909.92	42464909.92	42464909.92	42464909.92
盈余公积	48638736.66	48638736.66	53386868.2	53386868.2
其中：公益金	13711580.3	13711580.3	15294290.81	15294290.81
未确认的外资损失				
未分配利润	812177.66	812177.66	14379540.14	14379540.14
外币报表折算差额				
股东权益合计	358690149.08	358690149.08	377005643.26	377005643.26
负债和股东权益总计：				
负债和股东权益总计	1165539339.82	771144055.69	998007046.71	716312626.81

利润及利润分配表

编制单位：上海市天宸股份有限公司　　20000-12-31　　单位：元

	上年同期数		本年累计数	
	合并	母公司	合并	母公司
一、主营业务收入	170550031.9	61843500	274648754.6	
减：折扣与折让				
主营业务收入净额	170550031.9	61843500	274648754.6	
减：主营业务成本	111609851.51	39294666.55	203933180.82	
主营业务税金及附加	7020543.92	3441590.79	12844410.9	
二、主营业务利润	51919636.47	19107242.66	57871162.88	
加：其他业务利润	15713768.19	250000	415451.72	
减：存货跌价损失			853889.96	
营业费用	7604710.65		7454461.89	
管理费用	27721064.87	10937746.08	24923210.71	3031011.65
财务费用	22296148.98	20001889.28	20007818.41	11633322.87
三、营业利润	10011480.16	-11582392.7	5047233.63	-14664334.52
加：投资收益	17423322.77	46068084.1	1597416.02	45861464.16
期货损益				
补贴收入	13637427.39	1964447.88	2046088.07	
营业外收入	2553838.55	613323.71	33453434.43	664469.03
以前年度损益调整				
减：营业外支出	2632171.36		823957.27	8104
分给外单位利润				
四、利润总额	40993897.51	37063462.99	41320214.88	31853494.67
减：所得税	3930434.52		9666004.61	199284.4
少数股东损益				
职工奖励及福利基金				
购并利润				
加：未确认的投资损失				
所得税返还				
五、净利润	37063462.99	37063462.99	31654210.27	31654210.27
加：年初未分配利润	40448054.12	40448054.12	812177.66	812177.66
盈余公积转入数				
年初未分配利润调整				
减少注册资本减少的未分配利润				
外币报表折算差额				
减：股份公司成立前利润分配				
六、可供分配的利润	77511517.11	77511517.11	32466387.93	32466387.93
减：提取法定盈余公积金	3706346.3	3706346.3	3165421.03	3165421.03
提取法定公益金	1853173.15	1853173.15	1582710.51	1582710.51
提取职工奖励福利基金				
七、可供股东分配的利润	71951997.66	71951997.66	27718256.39	27718256.39
减：应付优先股股利				
提取任意盈余公积金				
应付普通股股利			13338716.25	13338716.25
转作股本的普通股股利	71139820	71139820		
八、未分配利润	812177.66	812177.66	14379540.14	14379540.14

现金流量表

编制单位：上海市天宸股份有限公司　　20000-12-31　　单位：元

	合并	母公司
一、经营活动产生的现金流量：		
销售商品、提供劳务收到的现金		207240786.56
收取的租金	5089399.8	
收到的增值税销项税款和退回的增值税款		
收到的除增值税以外的其它税费返还	3590609.13	1546087.5
收到的其它与经营活动有关的现金	122070239.03	132704470.37
经营活动产生的现金流入小计	337991034.52	134250557.87
购买商品、接受劳务支付的现金	121863746.26	
经营租赁所支付的现金	2143745.8	
支付给职工以及为职工支付的现金	23513905.79	6520925.76
支付的增值税款	277529.63	
支付的所得税款	4722370.27	199284.4
支付的除增值税、所得税以外的其它税费	13939477.15	81266.77
支付的其它与经营活动有关的现金	50268334.61	19500000
经营活动产生的现金流出小计	216729109.51	26301476.93
经营活动产生的现金流量净额	121261925.01	107949080.94
二、投资活动产生的现金流量：		
收回投资所收到的现金	59140909.74	44103653
分得股利或利润所收到的现金	563035.16	548660.36
取得债券利息收入所收到的现金		
处置固定资产、无形资产和其它长期资产而收回的现金净额	1446243.68	443005.03
收到的其它与投资活动有关的现金		
投资活动产生的现金流入小计	61150188.58	45095318.39
购建固定资产、无形资产和其它长期资产所支付的现金	79154904.41	25500000
权益性投资所支付的现金	6500000	66500000
债权性投资所支付的现金		
支付的其它与投资活动有关的现金		
投资活动产生的现金流出小计	85654904.41	92000000
投资活动产生的现金流量净额	-24504715.83	-46904681.61
三、筹资活动产生的现金流量：		
吸收权益性投资所收到的现金		
其中：子公司吸收少数股东权益性投资收到的现金		
发行债券所收到的现金		
借款所收到的现金	814550000	626753784.54
收到的其它与筹资活动有关的现金		
筹资活动产生的现金流入小计	814550000	626753784.54
偿还债务所支付的现金	877830000	667660133.82
发生筹资费用所支付的现金	126979.29	126979.29
分配股利或利润所支付的现金		
其中：子公司支付少数股东的股利		
偿付利息所支付的现金	28510434.87	18830150.41
融资租赁所支付的现金		
减少注册资本所支付的现金		
其中：子公司依法减资支付给少数股东的现金		
支付的其它与筹资活动有关的现金	304334.65	
筹资活动产生的现金流出小计	906771748.81	686617263.52
筹资活动产生的现金流量净额	-92221748.81	-59863478.98
四、汇率变动对现金的影响：		
汇率变动对现金的影响		
五、现金及现金等价物净增加额：		
现金及现金等价物净增加额	4535460.37	1180920.35
附注：		
1、不涉及现金收支的投资和筹资活动：		
以固定资产偿还债务		
以投资偿还债务		
以固定资产进行长期投资		
以存货偿还债务		
融资租赁固定资产		
2、将净利润调节为经营活动的现金流量：		
净利润	31654210.27	31654210.27
加：少数股东损益		
购并利润		
计提的坏帐准备或转销的坏帐	7136632.53	3325733.66
固定资产折旧	16364285.64	946357
无形资产及其他资产摊销	8892649.22	5057797.38
待摊费用的减少(减增加)	-607523.75	77859.32
预提费用的增加(减减少)	-6206.5	
处置无形资产、固定资产和其它长期资产的损失(减收益)	-141765.6	-355811.13
固定资产报废损失	167482.22	
财务费用	20007818.41	11633322.87
投资损失(减收益)	-1597416.02	-45861464.16
递延税款贷项(减借项)		
存货的减少(减增加)	157647564.13	
经营性应收项目的减少(减增加)	35924368.11	106976714.88
经营性应付项目的增加(减减少)	-154180173.65	-5505639.15
增值税增加净额		
其它		
经营活动产生的现金流量净额	121261925.01	107949080.94
3、现金及现金等价物净值增加情况：		
货币资金的期末余额	117540998.9	75299982.83
减：货币资金的期初余额	113005538.53	74119062.48
现金等价物的期末余额		
减：现金等价物的期初余额		
现金及现金等价物净增加额	4535460.37	1180920.35

上海金陵股份有限公司

一、公司简介

(一)公司法定中文名称:上海金陵股份有限公司
公司英文名称:SHANGHAI JINLING CO., LTD.
(二)公司法定代表人:佘宝庆
(三)公司董事会秘书:陈炳良　地址:上海福州路 666 号 26F 上海金陵股份有限公司办公室
电话:(021)63222658　传真:(021)63502688　电子信箱:jin-ling@online.sh.cn
(四)公司注册地址:上海浦东杨高南路 475~483 号　办公地址:上海福州路 666 号 26 F
邮政编码:200001　网址:http://www.jin-ling.com　电子信箱:jin-ling@online.sh.cn
(五)公司选定的中国证监会指定报纸名称:《中国证券报》、《上海证券报》
登载公司年度报告的中国证监会指定国际互联网网址:http://www.sse.com.cn
公司年度报告备置地点:公司办公室
(六)公司股票上市交易所:上海证券交易所　股票简称:上海金陵　股票代码:600621

二、会计数据和业务数据摘要

(一)本年度主要利润指标情况(单位:人民币元)

利润总额	221,838,600.63
净利润	202,018,024.56
扣除非经常性损益后的净利润	116,270,225.18
主营业务利润	195,310,169.28
其他业务利润	22,558,978.92
营业利润	61,723,240.05
投资收益	149,989,339.91
补贴收入	1,144,811.97
营业外收支净额	8,981,208.70
经营活动产生的现金流量净额	6,823,929.68
现金及现金等价物净增加额	167,950,238.16

注:"扣除非经常性损益的净利润"中扣除的项目及涉及金额分别为固定资产清理净收益 7,215,063.47 元,获得补贴收入 973,090.17 元,股权投资差额摊入-25,755.40 元,获得股票投资收益 77,585,401.14 元。

(二)公司近三年主要会计数据和财务指标(单位:人民币元)

指标项目	2000 年	1999 年	1998 年(调整后)
主营业务收入	869,666,425.72	562,779,730.72	378,400,472.35
净利润	202,018,024.56	108,696,413.76	87,970,238.45
总资产	1,820,180,054.39	1282462,253.62	888,599,106.93
股东权益	966,775,756.08	764,757,731.52	492,636,278.76
每股收益	0.5011	0.27	0.38
每股收益(加权)	0.5011	0.31	0.38
扣除非经常性损益后每股收益	0.2884	0.20	0.21
每股净资产	2.40	1.90	2.11
调整后每股净资产	2.26	1.75	1.98
每股经营活动产生的现金流量净额	0.02	0.15	-0.06
净资产收益率(%)	20.90	14.21	17.86

(三)报告期利润表附表

报告期利润	净资产收益		每股收益	
	全面摊薄	加权平均	全面摊薄	加权平均
主营业务利润	20.20%	22.56%	0.4845	0.4845
营业利润	6.38%	7.13%	0.1531	0.1531
净利润	20.90%	23.33%	0.5011	0.5011
扣除非经常性损益后的利润	12.03%	13.43%	0.2884	0.2884

三、股东情况介绍

1、报告期末公司股东总数为 33,583 户.
2、持有本公司 5%以上股份的股东:
上海仪电控股(集团)公司:持有 106,383,201 股,占 26.39%
上海汇龙仪表电子有限责任公司:持有 31,045,066 股,占 7.7%
上海金陵集体基金合作联社:持有 20,725,977 股,占 5.14%
持有本公司 10%以上的法人股东情况:
上海仪电控股(集团)公司为国有股授权持股单位。法定代表人:张林俭;持股比例:26.39%。无质押情况及法律争议事项。
3、前 10 名股东持股情况:

股东名称	持股数(股)	比例(%)
国有股	106,383,201	26.39
上海汇龙仪表电子有限责任公司	31,045,066	7.70
上海金陵集体基金合作联社	20,725,977	5.14
上海同裕创业合作联社	18,000,000	4.46
上海由由集团股份有限公司	9,934,658	2.47
上海第十七棉纺织总厂	9,139,520	2.27
上海双鹿电器股份有限公司	9,139,520	2.27
上海恒欣投资发展有限公司	8,001,625	1.98
上海怡泉企业发展有限公司	7,634,120	1.89
上海华联商厦股份有限公司	6,214,874	1.55

持有 5%股份以上的股东上海仪电控股(集团)公司(持股份 26.39%)、上海汇龙仪表电子有限责任公司(持股份 7.70%)和上海金陵集体基金合作联社(持股份 5.14%)所持股份在报告期内无质押及冻结情况。

四、股东大会简介

1、上海金陵股份有限公司第九次股东大会(1999 年年会)于 2000 年 5 月 25 日下午在上海展览中心友谊会堂召开。出席会议股东和授权代表 904 人,代表股权 22,933.4285 万股(占公司总股本的 56.887%)的股东出席了本次股东大会。
2、公司于 2000 年 7 月 22 日召开了 2000 年第一次临时股东大会。大会于 2000 年 7 月 22 日下午在上海图书馆报告厅召开。出席会议股东和授权代表 415 人,代表股权 21,546.109 万股(占公司总股本的 53.446%)的股东出席了本次股东大会。
3、选举和更换公司董事和监事情况:

上海嘉宝实业(集团)股份有限公司

(一)公司简介

1、公司法定中文名称:上海嘉宝实业(集团)股份有限公司
公司英文名称:SHANGHAI JIABAO INDUSTRY &COMMERCE (GROUP)CO.,LTD.
缩写:JB
2、公司法定代表人:汤富祥
3、公司董事会秘书:孙红良
4、联系地址:上海市嘉定区嘉戬路 118 号三楼董秘办公室
电话:021-59162518　传真:021-59161452
5、公司注册地址:上海市嘉定区嘉戬路 118 号
公司办公地址:上海市嘉定区嘉戬路 118 号　公司邮政编码:201822
公司电子信箱:jb88@mail.xinlian.com.cn　公司电话:021-59161888 转接各部室
6、公司信息披露的报刊:《上海证券报》
登载公司年度报告的中国证监会指定的国际互联网网址:http://www.sse.com.cn
公司年度报告备置地点:上海市嘉定区嘉戬路 118 号三楼董秘办公室
7、公司股票上市地:上海证券交易所　股票简称:嘉宝实业　股票代码:600622

(二)会计数据和业务数据摘要

1、本年利润总额及构成(单位:元 合并报表)

利润总额	-91,142,393.37
其中:主营业务利润	26,618,211.49
其他业务利润	11,390,784.18
投资收益	4,034,269.35
补贴收入	1,714,481.50
营业外收支净额	-27,088,921.60
净利润	-89,052,218.63
扣除非经常性损益后的净利润	-91,772,104.15
经营活动产生的现金流量净额	138,236,359.42
现金及现金等价物净增加额	14,875,781.86
注:扣除非经常性损益项目和涉及金额:	-
(1)补贴收入	1,714,481.50
(2)营业外收入	1,005,404.02

2、截至报告期末公司前三年的主要会计数据和财务指标

序号	项目	单位	2000 年度	1999 年度 调整后	1999 年度 调整前
1	主营业务收入	(元)	228,435,218.70	219,557,271.13	219,935197.69
2	净利润	(元)	-89,052,218.63	764,298.25	4,221,406.29
3	总资产	(元)	1,079,162,312.94	1,182,602,978.24	1,252,459,471.09
4	股东权益	(元)	654,142,055.91	745,295,041.04	811,345,358.48
5	每股经营活动产生的现金净流量	(元/股)	0.414	0.280	0.280
6	每股收益(摊薄)	(元/股)	-0.267	0.0023	0.013
7	扣除非经常性损益后的每股收益	(元/股)	-0.275	-0.05	-0.038
8	每股净资产	(元/股)	1.960	2.23	2.431
9	调整后的每股净资产	(元/股)	1.937	2.19	2.383
10	净资产收益率	(%)	-13.61	0.1	0.52

续上表:

序号	项目	1998 年度 调整后	1998 年度 调整前
1	主营业务收入	236,037,668.29	236,037,688.29
2	净利润	44,333,967.76	44,333,967.76
3	总资产	1,170,048,226.29	1,221,925,976.82
4	股东权益	755,246,226.29	807,123,952.19
5	每股经营活动产生的现金净流量	0.043	0.043
6	每股收益(摊薄)	0.133	0.188
7	扣除非经常性损益后的每股收益	-0.115	
8	每股净资产	2.263	2.951
9	调整后的每股净资产	2.178	2.800
10	净资产收益率	5.87	6.38

说明:
(1)1998、1999 年度调整后主要数据和财务指标因会计政策、会计估计变更、以及会计差错更正追溯调整以前年度计算所得。
(2)本报告年度内股本总额未发生变动,故每股收益的加权数仍为-0.267 元。

(三)股东情况介绍

(1)截止本报告期末股东总数为 58,813 户。
(2)前十名股东情况:

名次	股东名称	年末持股数(股)	占总股本%	年初持股数(股)	占总股本%	变动原因
1	嘉定建业投资开发公司	46,536,143	13.95	0	0	受让股权
2	上海戬浜工业总公司	21,614,672	6.48	21,614,672	6.48	
3	上海南翔资产经营有限公司	17,383,287	5.21	19,152,170	5.74	出让股权
4	上海嘉加(集团)有限公司	17,238,417	5.17	0	0	受让股权
5	上海徐行经济实业总公司	13,706,226	4.11	13,706,226	4.11	
6	上海嘉西工业总公司	12,889,904	3.86	12,889,904	3.86	
7	上海南翔经济发展总公司	11,000,000	3.30	11,000,000	3.30	
8	上海国平房产有限公司	8,759,768	2.63	8,759,768	2.63	
9	上海华亭资产经营有限公司	8,419,768	2.52	10,279,768	3.08	转让股权
10	农行上海市信托投资公司	6,739,200	2.02	6,739,200	2.02	

注:① 公司与前十名股东之间存在关联交易详见"重大关联交易事项"。
② 上海南翔经济发展总公司 11,000,000 股股票全部质押给浦东发展银行。
(3)持股 10%以上法人股股东情况简介:
嘉定建业投资开发公司成立于 1993 年 5 月 7 日,经营范围:财政信用、融资、投资开发;法定代表人:卢伟。

上海轮胎橡胶(集团)股份有限公司

一、公司简介

1.公司法定中文名称:上海轮胎橡胶(集团)股份有限公司
公司法定英文名称:SHANGHAI TYRE & RUBBER CO., LTD.
公司英文名称缩写:STRC
2.公司法定代表人:范宪
3.公司董事会秘书:周建辉
董事会证券事务代表:吴志文
联系地址:上海市徐家汇路560号
电 话:021-64735577-2214
传 真:021-64735921
4.公司注册地址:上海市四川中路63号
公司办公地址:上海市徐家汇路560号
邮 政 编 码 :200025
公 司 网 页 :www.cstarc.com
公司电子信箱:company@cstarc.com
5.公司选定的信息披露报纸:《上海证券报》、香港《南华早报》
登载年度报告的国际互联网网址:http:// www.sse.com.cn
公司年度报告备置地点:上海市徐家汇路560号公司办公室
6.公司股票上市地:上海证券交易所
股票简称:轮胎橡胶、轮胎B股
股票代码:轮胎橡胶 600623
轮胎B股 900909

二、会计数据与业务数据摘要

1 、公司本年度实现利润及主要现金流量指标(单位:人民币元)

利润总额	–436,129,713.73
净利润	–430,742,890.70
扣除非经常性损益后的净利润	–542,042,890.70
主营业务利润	174,971,230.14
营业利润	–438,954,179.12
投资收益	9,715,929.28
营业外收支净额	–12,459,938.98
经营活动产生的现金流量净额	72,032,835.09
现金及现金等价物净增加额	–206,998,864.28

注:非经常性损益主要为大中华橡胶厂搬迁补偿11,130万元。

2 、公司近三年主要会计数据和财务指标(单位:人民币元)

		1999年		1998年	
项目	2000年	调整前	调整后	调整前	调整后
主营业务收入	3,704,348,266.48	3,345,671,393.18	4,028,490,455.18	4,920,468,404.54	4,237,649,342.54
净利润	–430,742,890.70	2,595,778.30	13,260,218.05	1,292,232.28	–284,904,204.90
总资产	6,716,684,714.18	7,700,605,020.88	7,777,995,975.58	7,696,825,090.26	7,498,750,208.54
股东权益	1,516,497,460.98	2,219,642,849.91	1,944,110,852.49	2,213,702,955.92	1,927,506,518.75
每股收益	–0.484	0.003	0.015	0.001	–0.320
扣除非经常性损益后的每股收益	–0.61	–0.18	–0.17	0.001	–0.320
每股净资产	1.70	2.50	2.19	2.49	2.17
调整后每股净资产	1.45	2.35	1.92	2.35	1.92
每股经营活动产生的现金流量净额	0.08	0.59	0.59	0.09	0.09
净资产收益率	–28.40	0.12	0.68	0.06	–14.78

3 、根据中国证监会《公开发行证券公司信息披露编报规则》第九号通知,利润附表列示如下:

报告期利润	净资产收益率%		每股收益(元)	
	全面摊薄	加权平均	全面摊薄	加权平均
主营业务利润	11.54	11.54	0.197	0.197
营业利润	–28.95	–28.95	–0.494	–0.494
净利润	–28.40	–28.40	–0.484	–0.484
扣除非经常性损益后的净利润	–35.74	–35.74	–0.609	–0.609

三、股东情况介绍

1 、报告期末股东总数

截止到2000年12月31日,本公司股东总数为21,370户,A股股东总数为14,063户,B股股东为7,307户(其中持有公司美国存托凭证(ADR)的股东2户,计持有公司ADR35,101 份,折合B股351,010股)。

2 、本公司前10 名股东持股情况(截止到2000年12月31日)

序号	股东名称	持股数(股)	持股比例
1	国家股(上海华谊(集团)公司)	608,357,461	68.40%
2	徐州轮胎(集团)公司	9,410,261	1.06%
3	HKSBCSB A/C STATE STREET BANK AND TRUST S/A THE CHINA FUND	6,623,030	0.74%
4	SCBHK A/C BANK OF NEW YORK S/A CMG CH CHINA INVESTMENTS LIMITED	3,799,650	0.43%
5	MSCI S/A EVEREST CAPITAL FRONTIER FUND L.P.	3,754,305	0.42%
6	NAMEOF INSUTNTIONAL	3,718,000	0.42%
7	UNION INVESTMENT LUXEMBOURG S.A.RE:EM FERNOST FONDS (LUX)	3,028,157	0.34%
8	DEBORAH WANG LIN	2,782,000	0.31%
9	杨余波	2,628,400	0.30%
10	HKIT S/A 06-113039-431	2,305,000	0.26%

以上股东间无关联关系。

持有本公司5%以上股份的股东为上海华谊(集团)公司,其所持有的股份年度内无增减变动,无质押或冻结。

四、股东大会简介

公司三届一次(1999年度)股东大会于2000年5月30日在上海举行,本次股东大会决议公告刊登在2000年6月1日的《上海证券报》和香港《南华早报》上。

公司二OOO年第一次临时股东大会于2000年9月4日在上海举行,本次股东大会决议公告刊登在2000年9月6日的《上海证券报》和香港《南华早报》上。

上海复华实业股份有限公司

一 、公司简介

1 、公司法定中文名称:上海复华实业股份有限公司
公司英文名称:FORWARD GROUP LIMITED 公司英文缩写:FORWARD
2 、公司法定代表人:陈苏阳
3 、公司董事会秘书:徐文一 公司董事会证券事务代表:张茜
联系地址:上海市国权路525 号复华科技楼十楼 电话:(021)65103021 63872288
传真:(021)65107402 63869700 电子信箱:shareholder@forwardgroup.net
4 、公司注册地址:上海市浦东金张路1167 号
公司办公地址:上海市国权路525 号 公司邮政编码:200433
公司国际互联网网址:http://www.forwardgroup.net 公司电子信箱:forward@forwardgroup.net
5 、公司选定信息披露报纸:《上海证券报》
登载公司年度报告的中国证监会指定国际互联网网址:http://www.sse.com.cn
公司年报备置地点:上海市国权路525 号复华科技楼十楼
6 、上市交易所:上海证券交易所 公司股票简称:复华实业 公司股票代码:600624

二 、会计数据和业务数据摘要

(一)本年度利润总额及构成(单位:人民币元)

利润总额	27,140,316.59
净利润	28,416,324.93
扣除非经常性损益后的净利润	22,137,495.88
主营业务利润	69,128,052.05
其他业务利润	10,926,742.32
营业利润	10,378,175.67
投资收益	10,483,311.87
补贴收入	1,452,232.00
营业外收支净额	4,826,597.05
经营活动产生的现金流量净额	–12,129,937.82
现金及现金等价物净增加额	42,438,889.67

注:扣除非经常性损益项目及金额具体如下:
(1)补贴收入 1,452,232.00 元;
(2)营业外收支净额 4,826,597.05 元。

(二)本报告期末公司前三年主要会计数据及财务指标

项 目	单位	2000年度	1999年度	1998年度
1.主营业务收入	万元	25,251.51	22,363.05	21,690.05
2.净利润	万元	2,841.63	1,883.76	1,510.87
3.总资产	万元	95,321.82	84,907.60	78,930.80
4.股东权益	万元	50,630.41	49,492.75	49,833.79
5.每股收益(摊薄)	元	0.1079	0.0929	0.0895
(加权)	元	0.1079	0.1014	0.0895
6.扣除非经常性损益后的每股收益	元	0.0840		
7.每股经营活动产生的现金流量净额	元	–0.0460	–0.2337	–0.3838
8.每股净资产(摊薄)	元	1.9216	2.4420	2.9506
(加权)		2.188		
9.调整后每股净资产(摊薄)	元	1.6927	2.2285	2.5998
10.净资产收益率(摊薄)	%	5.61	3.81	3.03
(加权)	%	5.68	3.86	3.11

根据中国证监会《公开发行证券公司信息披露规则(第9 号)》要求计算2000 年报告期利润的净资产收益率和每股收益:

报告期利润	净资产收益率(%)		每股收益(元/股)	
	全面摊薄	加权平均	全面摊薄	加权平均
主营业务利润	13.65	13.58	0.2624	0.2624
营业利润	2.05	2.04	0.0394	0.0394
净利润	5.61	5.58	0.1079	0.1079
扣除非经营性损益后的净利润	4.37	4.35	0.0840	0.0840

三、股东情况介绍

(一)截止报告期末,公司股东总数为127,561户。

(二)持有本公司5%以上(含5%)股份的股东情况:

序号	股东名称	年末持股数	占总股本%	股份性质
1	复旦大学	86,251,685	32.736	国有法人股
2	上海市国有资产管理办公室	15,503,523	5.884	国家股
3	金盛基金	3,354,869	1.273	上市流通股
4	金鑫基金	1,062,831	0.403	上市流通股
5	吴宏伟	905,399	0.344	上市流通股
6	王保善	792,448	0.301	上市流通股
7	普惠基金	721,898	0.274	上市流通股
8	李玉花	630,866	0.239	上市流通股
9	泰和基金	615,641	0.234	上市流通股
10	兴安基金	500,083	0.190	上市流通股

注:上述前10 名股东之间不存在关联交易。

四 、股东大会简介

公司董事会召开三届七次会议决定召开1999 年度股东大会,并于2000 年4 月28 日在《上海证券报》刊登召开1999 年度股东大会的公告。

2000 年6 月28 日下午,公司在复旦大学李达三楼会议室召开1999 年度股东大会,出席会议的股东和委托代理人共332 名,代表股权数98,262,270 股,占总股本的48.48%,符合《公司法》及《公司章程》的有关规定。会议以投票表决的方式,通过了如下决议:《董事会工作报告》;《监事会工作报告》;《1999 年度财务决算报告》;《1999 年度利润分配方案》。本年度股东大会全过程均由上海市第一律师事务所陈荣律师、吴宝琛律师见证并出具法律意见书。2000 年6 月29 日,公司在《上海证券报》刊登1999 年度股东大会的决议公告。

2000 年7 月6 日 ,,公司在《上海证券报》刊登公司转增股公告。按公司1999 年度总股本202,674,714 股为基数,向全体股东每10 股转增3 股,2000 年7 月11 日股权登记日,2000 年7 月12 日除权日。

上海水仙电器股份有限公司

一、公 司 简 介

1 、公司法定中文名称:上海水仙电器股份有限公司
公司英文名称:Shanghai Narcissus Electric Appliances Co.,Ltd.
公司英文名称缩写:SNEC
2 、公司法定代表人:宋伟民先生
3 、公司董事会秘书:赵钟忆先生
联系地址:上海市汶水路 19 号
联系电话:(021)56651410
传 真:(021)56651093
4 、公司注册地址、办公地址:上海市汶水路 19 号
邮政编码:200072
电子信箱:shuixian @public.sta.net.cn
5 、公司选定的信息披露报纸:《上海证券报》、《香港商报》
登载公司年度报告的中国证监会指定国际互联网网址:http://www.sse.com.cn
公司年度报告备置地点:公司办公室
6 、公司股票上市交易所:上海证券交易所
公司股票简称:A 股:PT 水仙 B 股:PT 水仙 B
公司股票代码:A 股:600625 B 股:900931

二、会计数据和业务数据摘要

1 、本年度会计数据和业务数据:(单位:人民币元)

利润总额	-144563039.33
净利润:	-145706664.74
扣除非经营性损益后的净利润:	-151296409.74
主营业务利润:	14209008.92
其他业务利润:	570994.29
营业利润:	-157127653.76
投资收益:	6269446.18
补贴收入	167278.53
营业外收支净额:	6127889.72
经营活动产生的现金流量净额	-10280769.81
现金及现金等价物净增加额	-6689183.87

非经营性损益:
处置资产净收入 5589745 元。

2 、截止报告期末,公司前三年主要会计数据和财务指标(单位:人民币元)

项 目	2000 年度	1999 年度		1998 年度	
		调整前	调整后	调整前	调整后
主营业务收入	110,441,837.07	175,128,566.22	174,779,938.53	184,873,170.05	184,873,170.05
净利润	-145,706,664.74	197,137,470.95	-199,093,527.83	-63,985,092.03	-138,783,178.61
总资产	423,150,994.40	638,259,237.02	623,786,273.10	1,025,868,566.23	1,025,868,566.23
股东权益(不含少数股东权益)	-59,959,276.72	80,833,118.90	84,788,447.08	373,154,262.56	277,970,589.85
每股收益(摊薄)	-0.62	-0.834	-0.84	-0.271	-0.587
每股收益(加权)	-0.62	-0.834	-0.84	-0.271	-0.587
每股净资产	-0.25	0.34	0.36	1.58	1.18
调整后的每股净资产	-0.86	0.16	0.13	1.42	1.10
每股经营活动产生的现金流量净额	-0.04	-0.16	-0.16	-0.14	-0.14
净资产收益率(摊薄)(%)	243.01	-243.88	-234.81	-17.15	-23.02
净资产收益率(加权)(%)	-1220.82	-109.89	-111.58	-15.79	-38.81

按照中国证监会《公开发行证券公司信息披露编报规则(第 9 号)》要求计算的净资产收益率和每股收益:

报告期利润		净资产收益率(%)		每股收益(元)	
		全面摊薄	加权平均	全面摊薄	加权平均
主营业务利润	14,209,008.92	-23.7	108.82	-0.06	-0.06
营业利润	-157,127,653.76	262.06	-2524.29	-0.66	-0.66
净利润	-145,706,664.74	252.33	-1220.82	-0.62	-0.62

三、股东情况介绍

1 、报告期末公司股东总数:14329 户
2 、报告期末公司前 10 名股东的持股情况:

股东名称	年末持股数(股)	占总股本比例
上海纳赛斯投资发展中心	51066020	21.60%
上海新工联实业有限公司	31834000	13.47%
COMPLEX SHIPPING COMPANY LIMITED	5237930	2.22%
上海氯碱化工股份有限公司	2640000	1.12%
上海国际信托投资公司	2640000	1.12%
中国纺织机械股份有限公司	2200000	0.93%
晏福有	2023000	0.86%
建行信托	1746800	0.74%
蔡发祥	1663510	0.70%
许建新	1378000	0.58%

说明:
(1)外资股股东有 COMPLEX SHIPPING COMPANY LIMITED 、晏福有、蔡发祥、许建新
(2)持有本公司 5%以上股份的股东年度内股份变动情况:上海新工联实业有限公司于 2000 年 9 月 20 日受让良庆交电 88000 股社会法人股。
(3)本报告期内持有 5%以上股份的股东无质押或冻结的情况。

四、股东大会简介

2000 年 6 月 28 日,公司召开 1999 年股东年会,会议审议通过了:
①审议批准公司董事会 1999 年度工作报告;
②审议批准公司监事会 1999 年工作报告;
③审议批准公司 1999 年度经营情况和 2000 年度经营计划报告;
④审议批准公司 1999 年度财务决算 2000 年度财务预算报告;

上海申达股份有限公司

一、公司简介

1、公司的法定中、英文名称及缩写
法定中文名称: 上海申达股份有限公司
法定英文名称: SHANGHAI SHENDA CO.,LTD
公司英文名称缩写: SHSD
2、公司法定代表人: 席时平
3、公司董事会秘书: 丁振华
公司证券事务代表: 玛天羽
联系地址: 上海市武宁南路 448 号申达大厦 邮编: 200042
联系电话: 021-62319898 传真: 021-62317250
电子信箱地址: dzh@shenda.com.cn
4、公司注册地址: 上海市浦东南路 3888 号
公司办公地址: 上海市武宁南路 448 号申达大厦 邮编: 200042
公司国际互联网网址: http://www.chinashenda.com
电子信箱: shenda@public1.sta.net.cn
5、公司选定的信息披露报纸名称: 上海证券报、证券时报
登载年度报告的国际互联网网址:http://www.sse.com.cn
公司年度报告备置地点: 上海市武宁南路 448 号申达大厦 415 室
6、公司股票上市交易所: 上海证券交易所
股票简称: 申达股份 股票代码: 600626

二、会计数据和业务数据摘要

1、项目	金额
利润总额	152,264,113.36 元
净利润	123,366,200.45 元
扣除非经常性损益后的净利润	125,777,147.66 元
主营业务利润	299,651,340.52 元
其它业务利润	11,571,762.66 元
营业利润	109,259,270.27 元
投资收益	30,331,119.42 元
补贴收入	13,091,620.72 元
营业外收支净额	-417,897.05 元
经营活动产生的现金流量净额	71,435,408.77 元
现金及现金等价物净增加额	82,526,345.02 元

注: 非经常性损益金额-2,410,947.21 元,其内容包括:
a.新股申购冻结资金利息 1,806,140.10 元,系我司 98 年 6 月增发新股 7500 万股所获得的无效申购冻结资金利息 903.07 万元按五年分摊的本年度摊入额。
b.补贴收入 13,091,620.72 元,其中:新产品减免税 1,484,000.00 元,职工交通补贴 49,056.99 元,外贸出口补贴 11,558,563.73 元。
c.资产处置收益额:出售固定资产清理收入净额为-1,807,922.53 元。
d. 转让 6150 万股欣龙无纺股权形成的一次性投资损失-15,500,785.50 元 (99 年作投资收益,2000 年按原价转让并冲回已入账的收益而形成的损失)。

2、前三年主要会计数据和财务指标:

项目	2000 年	99 年	98 年 调整后	98 年 调整前
主营业务收入:	2,805,826,560.81	2,401,629,006.61	1,550,431,815.05	1,550,431,815.05
净利润:元	123,366,200.45	104,412,219.44	81,652,955.36	83,135,098.62
总资产:元	2,249,512,887.52	2,001,065,039.33	1,768,583,910.82	1,770,573,510.76
股东权益:元	891,315,007.76	798,350,925.91	721,623,502.63	723,109,977.82
每股收益:元	0.406 元	0.379 元	0.295 元	0.301 元
每股净资产:元	2.93	2.89	2.61	2.62
调整后的每股净资产	2.85	2.84	2.54	2.55
每股经营活动产生的现金流量净额:元	0.23	0.65	0.52	0.52
净资产收益率:%	13.84	13.10	11.32	11.50
加权平均的每股收益:元	0.406	0.379	0.351	0.357
加权平均的净资产收益率	14.34	13.49	16.17	16.43
扣除非经常性损益后的每股收益:元	0.414	0.368	0.289	0.295
扣除非经常性损益后的加权净资产收益率	14.62	13.10	16.03	16.28

利润表附表:
净资产收益率和每股收益:

报告期利润	净资产收益率%		每股收益元	
	全面摊薄	加权平均	全面摊薄	加权平均
主营业务利润	33.62	34.84	0.986	0.986
营业利润	12.26	12.70	0.359	0.359
净利润	13.84	14.34	0.406	0.406
扣除非经营性损益后的净利润	14.11	14.62	0.414	0.414

三、股东情况介绍

1、2000 年末本公司的股东总数: 72204 户。
2、前 10 名大股东持股情况

股东单位	持股情况	股份性质	备注
上海申达(集团)有限公司	147,450,600	国家股	
中国电力财务有限公司	3,717,120	法人股	原华诚财务有限公司转让所形成
城市房产有限公司	3,484,800	法人股	原恒通集团股份公司转让所形成
上海市投资信托公司	3,484,800	法人股	
上海第十七棉纺织总厂	2,904,000	法人股	原上海龙头股份有限公司转让所形成
中国纺织品进出口公司	2,323,200	法人股	
上海纺织原料公司	2,323,200	法人股	
上海第一百货股份有限公司	2,288,352	法人股	
中国银行上海投资咨询公司	1,858,560	法人股	
申银万国证券有限公司	1,556,544	法人股	

注: 代表国家持有我司股份的单位是: 上海申达(集团)有限公司,持有本公司 48.50%的股份。年度内该股东所持股份由于本公司向全体股东实施每 10 股送 1 股红股而增加了 13,404,600 股。

上海电器股份有限公司

一、公司简介

1、公司法定中文名称:上海电器股份有限公司
公司英文名称:Shanghai Electrical Apparatus Co.,Ltd. 公司英文名称缩写:SEAC
2、公司法定代表人:周飞达
3、董事会秘书:程彦敏 证券事务代表:顾晓燕
联系地址:上海市福州路89号
联系电话:021-63216717 传真:021-63297808
电子信箱:cym@eastday.com
4、公司注册地址:上海市东方路428号
公司办公地址:上海市福州路89号 公司邮政编码:200002
公司国际互联网网址:www.seacg mb.online.sh.cn
公司电子信箱:seac@smeic.online.sh.cn
5、公司选定中国证监会指定报纸名称:《上海证券报》
登载公司中期报告的中国证监会指定的国际互联网网址:http://www.sse.com.cn
公司年报报告备置地点:公司证券部
6、公司股票上市交易所:上海证券交易所
股票简称:电器股份 股票代码:600627

二、主要财务数据和指标

1、本年度主要会计数据(单位:人民币元)

序号	项目	2000年
1	利润总额	121801205.63
2	净利润	106182395.08
3	扣除非经营性损益后的净利润	56887446.63
4	主营业务利润	441646639.80
5	其他业务利润	30694381.41
6	营业利润	23129004.13
7	投资收益	49692336.19
8	补贴收入	5847000
9	营业外收支净额	43132865.31
10	经营活动产生的现金流量净额	105472940.22
11	现金及现金等价物净增加额	41780230.29

注:扣除非经营性损益的项目和涉及金额:土地置换收入,金额为43447948.45元(已在2000年中期报告予以披露)和补贴收入。

2、截止报告期末公司前三年的主要会计数据及财务指标:(单位:人民币元)

序号 项目	2000年度	1999年度		1998年度	
		调整前	调整后	调整前	调整后
主营业务收入	2365013336.01	1665898458.79	1665898458.79	1505264866.79	1448958723.20
净利润	106182395.08	29695466.70	31182183.70	10758138.27	4798578.13
总资产	4367967102.26	4472820309.55	4402667824.63	2557890025.16	2423118651.80
股东权益	895756415.35	804204079.92	805173819.58	825576554.68	771208093.24
每股收益	0.20	0.06	0.06	0.02	0.01
扣除非经常性损益后的每股收益	0.11	0.01	0.02	-0.09	-0.10
每股净资产	1.73	1.55	1.55	1.59	1.49
调整后的每股净资产	1.25	0.99	1.02	1.01	0.96
每股经营活动产生的现金流量净额	0.20	0.38	0.38	0.063	0.06
净资产收益率	11.85	3.69	3.87	1.30	0.62

三、股东情况介绍

1、股东情况介绍:
(1)、报告期末股东总数:34437户
(2)、报告期内公司前十名股东情况: 单位:万股

序号	股东名称	持股数	持股比例(%)
1	国家股	43380.7200	83.75
2	上海申银万国证券股份有限公司	269.2800	0.52
3	上海投资信托有限公司	204.0000	0.39
4	工二支行	162.2400	0.31
5	上海电器工业有限公司	153.8364	0.30
6	沈阳联亚	110.4000	0.21
7	金泰基金	107.3734	0.21
8	汉盛基金	100.0056	0.19
9	陈玉和	93.4300	0.18
10	上海电器职工技协	92.0856	0.18

①、国家股83.75%股份,该股份由上海电气(集团)总公司持有,并且在本年度内未发生增减变动,也未发生质押、冻结等情况。
②、上海电器工业有限公司为上海电气(集团)总公司的国有全资子公司。
(3)本报告期内控股股东未发生变更;持股5%以上的股东无质押或冻结情况,也未在本公司指定披露的报纸和网站上披露承诺事项。
(4)国家股持有单位介绍:
上海电气(集团)总公司 法定代表人:夏毓灼
经营范围:电力工程项目总承包、设备总成套或分交,对外承包劳务,实务投资,机电产品及相关行业的设备制造销售,为国内和出口项目提供有关技术咨询及培训;市国资委授权范围内的国有资产经营与管理,国内贸易(除专项规定)。

四、股东大会简介

1、公司于2000年5月24日在《上海证券报》上刊登召开第九次股东大会的公告,并于2000年6月26日在上海兰心大戏院召开,出席会议的股东及股东代表共131人,代表股份438433540股,占公司总股本的84.6453%。会议审议通过了《董事会1999年度工作报告》、《监事会1999年度工作报告》、《关于用盈余公积弥补亏损的预案》、《1999年度财务决算和2000年度财务预算报告》、《1999年度利润分配预案》;审议通过了《董事会换届选举议案》,选举周飞达先生、马新生先生、冯木梁先生、翟云飞先生、陈乐颡女士、周国仁先生、张晓明先生、左山虎先生为公司第二届董事会董事;审议通过了《监事会换届选举议案》,选举金红军先生、乔政英女士为公司第二届监事会监督;审议通过了《修改公司章程议案》。本次股东大会决议等信息刊登在2000年6月28日在《上海证券报》上。

上海新世界股份有限公司

一、公司简介

1. 公司名称
公司法定中文名称:上海新世界股份有限公司
公司英文名称及缩写:SHANGHAI NEW WORLD CO., LTD. (SNW)
2.公司法定代表人:董事长江锡洲先生
3.公司董事会秘书:马炳芳先生 证券事务代表:财务主管周丽芬女士
联系电话:(021)63588888 转3322 传真:(021)63583331 (021)63582189
电子信箱:nwuser@public2.sta.net.cn
电子信箱:zlf@newworld-china.com
联系地址:上海市南京西路2~68号 公司董事会办公室和财务部
4.公司注册及办公地址:上海市南京西路2号~68号 邮政编码:200003
公司网址:http://www.newworld-china.com
电子信箱:newworld@newworld-china.com
5.公司选定的信息披露报纸:《上海证券报》
登载公司年度报告的中国证监会指定国际互联网网址:http://www.sse.com.cn
公司年度报告备置地点:公司董事会办公室、财务部
6.公司股票上市交易所:上海证券交易所 股票简称:新世界 股票代码:600628

二、会计数据和业务数据摘要

1. 本年度会计数据和业务数据摘要 单位:元

项目	2000年
(1)利润总额	88,678,984.37
(2)净利润	75,731,039.12
(3)扣除非经营性损益后的净利润	60,541,839.99
(4)主营业务利润	305,046,171.92
(5)其他业务利润	5,802,249.04
(6)营业利润	73,804,361.56
(7)投资收益	15,151,973.93
(8)补贴收入	
(9)营业外收支净额	-277,351.12
(10)经营活动产生的现金流量净额	213,353,488.49
(11)现金及现金等价物净增加额	75,090,832.05

2.公司近三年主要会计数据与财务指标
追溯调整后:单位:元

项目	2000年	1999年	1998年
(1)主营业务收入	1,998,670,377.90	1,914,805,386.97	1,836,347,037.74
(2)净利润	75,731,039.12	59,256,012.42	64,455,422.22
(3)总资产	2,047,491,534.99	1,733,550,348.79	1,832,329,629.84
(4)股东权益	757,655,356.26	483,223,164.82	423,967,152.40
(5)每股收益	0.3420	0.3137	0.3412
(6)每股净资产	3.42	2.56	2.24
(7)调整后每股净资产	3.37	2.54	2.20
(8)每股经营活动产生的现金流量净额	0.9634	1.3572	0.7358
(9)净资产收益率	10.00%	12.26%	15.20%
(10)扣除非经营性损益后的每股收益	0.273	0.3137	0.2805

3.报告期净资产收益率和每股收益
按照中国证监会《公开发行证券公司信息披露编报规则第9号》的要求,计算如下:

项目	净资产收益率(%)		每股收益(元/股)	
	全面摊薄	加权平均	全面摊薄	加权平均
主营业务利润	40.26	48.30	1.377	1.487
营业利润	9.74	11.69	0.333	0.360
净利润	10.00	11.99	0.342	0.369
扣除非经营性损益后的净利润	7.99	9.59	0.273	0.295

三、股东情况介绍

1.报告期末股东总数为53,620户。
2.主要股东持股情况 单位:股

名次 股东名称	期末持股数	占总股本%
(1)上海市黄浦区国有资产管理办公室	96,818,890	43.72
(2)上海新世界(集团)有限公司	3,477,247	1.57
(3)上海申银万国证券公司	1,660,263	0.75
(4)冠和实业	1,357,171	0.61
(5)浦发静安	1,285,895	0.58
(6)上海第一百货商店股份有限公司	969,408	0.44
(7)上海华联商厦股份有限公司	969,408	0.44
(8)上海黄浦区对外经济技术开发合作公司	969,408	0.44
(9)蔡同德堂药号	775,526	0.35
(10)上海汇丰资产经营公司	775,526	0.35

(三)报告期内控股股东未发生变更

四、股东大会简介

上海新世界股份有限公司第九次股东大会暨1999年度股东年会,于2000年6月27日下午在鑫乐普陀影剧院召开。
本次股东大会,公司董事会聘请康达律师事务所叶 涵律师出席会议并出具了康股意字【2000】26号法律意见书。该意见书认为:公司本次股东大会的召开程序符合法律、法规及公司章程的规定, 与会股东及股东代表的资格合法有效。会议表决程序符合有关法律、法规及 公司章程的规定。
本次股东大会决议公告,刊登在2000年6月28日《上海证券报》第16版上。

五、董事会报告

1.公司经营情况
(1)公司所处行业及主营业务范围
新世界始建于1914年,至今已有87年历史,是一家从事商业零售和批发为主的大型商业企业。公司经营范围为:国内贸易,自营和代理内销商品范围内商品的出口业务;自营本企业零售和自用商品的进口业务;经营进料加工和"三来一补"业务,经营对销贸易和转口贸易;摄影、美容美发、沐浴、中西餐、娱乐服务、主办商场(限百货)、商务办公房出租、经营医疗器械、储运服务等。

上海棱光实业股份有限公司

一 、公司简介

1 、公司的法定中文名称:上海棱光实业股份有限公司
公司的法定英文名称:SHANGHAI LENGGUANG INDUSTRIAL CO.,LTD.
英文缩写:LICO
2 、公司法定代表人:杨博
3 、公司董事会秘书:李恒广
联系地址:上海市龙吴路 4900 号
电话:(021)64342772 转
传真:(021)64345664 公司
4 、公司注册地址:上海市浦东新区钱仓路 400 号
邮编:200120
公司办公地址:上海市龙吴路 4900 号
邮编:200241
电子信箱:lgzqb @online.sh.cn
5 、公司选定的信息披露报纸名称:《上海证券报》
刊登公司年度报告的中国证监会指定国际互联网网址:http://www.sse.com.cn
公司年度报告备置地点:上海市龙吴路 4900 号公司董事会秘书处
6 、公司股票上市地:上海证券交易所
股票简称:ST 棱光
股票代码:600629

二 、会计数据和业务摘要

1 、本年度利润总额及构成(2000 年度合并)(单位:人民币元)

项目	2000 年
利润总额	–40,009,482.17
净利润	–39,991,239.42
扣除非经常性损益后的净利润	–39,522,313.65
主营业务利润	2,879,702.45
其他业务利润	1,257,391.79
营业利润	–39,679,908.65
投资收益	108,971.12
补贴收入	0.00
营业外收支净额	–438,544.64
经营活动产生的现金流量净额	1,908,823.77
现金及现金等价物净增加额	–518,799.54

注:非经常性损益的内容及金额:
A 、处置固定资产损失 447,275.77 元;
B 、税务滞纳金支出 21,650.00 元。

2 、截止报告期末公司前三年的主要会计数据及财务指标(单位:人民币元)

项 目	2000 年	1999 年	1998 年	
			调整前	调整后
主营业务收入	28,405,448.35	31695461.69	39854600.47	39854600.47
净利润	–39,991,239.42	–37479566.71	30184638.69	3754688.21
总资产	542,841,709.75	556791303.25	575100469.96	542712238.09
股东权益	122,003,312.11	161994551.53	231862349.11	199474118.24
每股收益	–0.264	–0.248	0.20	0.025
每股净资产	0.81	1.07	1.53	1.32
调整后每股净资产	0.29	1.04	1.50	1.29
每股经营活动产生的现金流量净额	0.01	–0.096	–1.32	–1.32
净资产收益率	–32.78	–23.14	13.02	1.88

3 、利润表附表

报告期利润	净资产收益率		每股收益	
	全面摊薄	加权平均	全面摊薄	加权平均
主营业务利润	2.36	2.03	0.019	0.019
营业利润	–32.52	–27.94	–0.26	–0.26
净利润	–32.78	–28.16	–0.26	–0.26
扣除非经常性损益后的净利润	–32.39	–27.83	–0.26	–0.26

三 、股东情况介绍

(1)报告期末股东总数为 35819 户。
(2)主要股东持股情况

序号 股东名称	年末持股数量(股)	占总股本比例(%)
①恒通集团股份有限公司	53745120	35.50
②上海建筑材料(集团)总公司	25140864	16.61
③无锡新江南股份有限公司	3084941	2.04
④上海第十七棉纺织总厂	1229580	0.81
⑤中国纺织机械股份有限公司	1092960	0.72
⑥申银万国证券公司	956340	0.63
⑦上海氯碱股份有限公司	819720	0.54
⑧上海嘉宝股份有限公司	710424	0.47
⑨上海盛递贸易商行	710424	0.47
⑩上海商业网点股份有限公司	546480	0.36

注:恒通集团股份有限公司、上海建筑材料(集团)总公司本年度内所持股份没有发生变动。

恒通集团股份有限公司持股比例 35.50%,法定代表人:杨博。1997 年 12 月 18 日恒通集团向上海浦东发展银行社会保险基金部贷款并签订了股票质押合同(期限一年),质押股份 4885.92 万股。因 98 年度 10 送 1 分配方案实施,质押股份增加至 5374.512 万股,其中的 4400 万股由于上海浦东发展银行已向法院申请执行,法院委托上海拍卖行举行了三次拍卖,但均未成交。

3、报告期间内控股股东未发生变更

四 、股东大会简介

报告期内召开一次年度股东大会,有关情况如下:

2000 年 6 月 28 日召开了 1999 年度股东年会,大会审议并表决如下决议:《1999 年度董事会工作报告》;《1999 年度监事会工作报告》;《1999 年度财务决算报告》;《1999 年度利润分配方案 》即不分配、不转增;《更换部分董事、监事的议案》,同意免去柳佳骧先生、徐锷先生的董事职务,增补姚有成先生、夏楚珩先生担任董事职务。

公司 1999 年度股东大会决议公告刊登在 2000 年 6 月 29 日的《上海证券报》。

上海龙头股份有限公司

一、公司简介

1 、公司法定中文名称:上海龙头股份有限公司
公司法定英文名称:SHANGHAI DRAGON HEAD CO., LTD (缩写:SDH)
2 、公司法定代表人:朱匡宇
3 、公司董事会秘书:袁 梅
联系地址:上海市虹桥路 1488 号
联系电话:(021)62199000
传 真:(021)62082116
电子信箱:longtou@dragonhead.com.cn
4 、注册地址:上海市浦东南路 360 号新上海国际大厦
联系电话:(021)68863888
传 真:(021)68863889 邮编:200120
5 、办公地址:上海市虹桥路 1488 号
邮 编:200336
公司电子信箱:longtou@dragonhead.com.cn
公司网址:www.dragonhead.com.cn www.600630.com.cn
6 、公司信息披露报纸名称:《中国证券报》、《上海证券报》
公司登载年报指定网址:http://www.sse.com.cn
公司年报备置地点:上海市虹桥路 1488 号 7 楼公司本部办公室
7 、公司股票上市地:上海证券交易所
股票简称:龙头股份
股票代码:600630

二、会计数据和业务数据摘要

1 、本年度主要利润指标情况(单位:人民币元)

利润总额	180608255.94
净利润	151788665.10
扣除非经常性损益后的净利润	151172115.58
主营业务利润	454094333.27
其他业务利润	8223911.87
营业利润	71768773.59
投资收益	101216427.16
补贴收入	7594355.86
营业外收支净额	28699.33
经营活动产生的现金流量净额	154483888.42
现金及现金等价物净增加额	27373959.48

非经常性损益项目为:

营业外支出	1,667,594.65
营业外收入	1,696,293.98
一次性补贴收入	415,000.00
合并价差摊销	–172,850.19

2 、公司近三年主要会计数据和财务指标 (单位:人民币元)

指标项目	2000 年	1999 年	1998 年	
			调整后	调整前
主营业务收入	1948658834.35	1801140263.83	1648811214.06	1648811214.06
净利润	151788665.10	118954686.89	117598117.26	124505962.29
总资产	3972265115.19	3565299245.80	3100497359.58	3217407435.06
股东权益(不含少数股东权益)	1290512748.70	1188496439.23	1107061967.74	1223972043.22
每股收益	0.405	0.317	0.313	0.332
每股净资产	3.440	3.17	2.95	3.26
扣除非经常性损益后每股收益	0.403	0.317	0.313	0.332
调整后的每股净资产	2.916	2.70	2.58	2.90
每股经营活动产生的现金流量净额	0.412	–0.03	–0.009	–0.009
净资产收益率(%)	11.762	10.01	10.62	10.17

* 公司于 2001 年 3 月 2 日实施了 10 配 3 的配股方案,配股后,公司股本增加至 424,861,597 股。变化后的全面摊薄每 SHANGHAI DRAGON HEAD CO. , LTD 股收益为 0.356 元。

3 、按全面摊薄和加权平均计算的净资产收益率及每股收益:

报告期利润	净资产收益率		每股收益	
	全面摊薄	加权平均	全面摊薄	加权平均
主营业务利润	35.19%	35.89%	1.210	1.210
营业利润	5.56%	5.67%	0.191	0.191
净利润	11.76%	12.00%	0.405	0.405
扣除非经常性损益后的净利润	11.71%	11.95%	0.403	0.403

三、股东情况介绍

(1)报告期末股东总数:
截止 2000 年 12 月 31 日,公司股东总数为 93840 户。
(2)主要股东持股情况(前十名股东)

股东名称	年末持股数	占总股本%	流通股份数	未流通股份数
①上海纺织控股(集团)公司(国家股)	185314754	49.39	0	185314754
②上海国际信托投资公司	15156000	4.04	0	15156000
③申北证券公司营业部	3600000	0.96	0	3600000
④天迪投资	2401100	0.64	0	2401100
⑤中国纺织机械股份有限公司	2401000	0.64	0	2401000
⑥上海申达股份有限公司	2400000	0.64	0	2400000
⑦宏维企发	2400000	0.64	0	2400000
⑧南商房产	2160000	0.58	0	2160000
⑨上海双鹿股份有限公司	1800000	0.48	0	1800000
⑩上海第五钢铁(集团)有限公司	1710000	0.46	0	1710000

3 、持股 10%(含 10%)以上的法人股东情况:

代表国家持有 10%以上股份的上海纺织控股(集团)公司,其注册资本 64 亿元人民币,法定代表人:朱匡宇。拥有 9 家全资子公司、3 家控股子公司及 7 家直属子公司。现有企业共 385 家,按照棉、毛、色织、印染、服装、巾被、装饰、手帕、化学纤维、纺织机械、产业用纺织品等大类产品进行专业化生产经营。全公司占地面积 800 万平方米,近年来还形成了房地产、商贸、餐饮、娱乐、宾馆、旅游等第三产业。公司年销售收入 158 亿元、出口创汇 12.8 亿美元。

上海市第一百货商店股份有限公司

一、公司简介

(一)公司法定中文名称:上海市第一百货商店股份有限公司
英文名称:SHANGHAI №1 DEPARTMENT STORE CO.,LTD
英文简写:№1 SDS
(二)公司法定代表人:董绍诚先生
(三)公司董事会秘书:张锡援女士
公司董事会证券事务代表:朱俊女士
联系地址:上海市南京东路800 号新一百大厦18 楼
电话:(021)63223344 转
传真:(021)63517447
电子信箱:stock @no-1.com.cn
(四)公司注册地址:浦东新区浦东南路1111 号
公司办公地址:上海市南京东路800 号新一百大厦18 楼
邮政编码:200001
公司国际互联网网址:www.sh100.net
公司电子信箱:office @no-1.com.cn
(五)公司选定的信息披露报纸:《上海证券报》
登载公司年度报告的中国证监会指定国际互联网址:
www.sse.com.cn
公司年度报告备置地点:公司总经理办公室
(六)公司股票上市交易所:上海证券交易所
股票简称:第一百货
股票代码:600631

二、会计数据和业务数据摘要

(一)本年度主要利润指标情况:单位:元

项目	2000 年
利润总额	78188521.34
净利润	58665089.34
扣除非经常性损益后的净利润	58665089.34
主营业务利润	582921104.14
其他业务利润	85236774.51
营业利润	57043292.34
投资收益	3164690.41
补贴收入	5800.00
营业外收支净额	463422.11
经营活动产生的现金流量净额	450968403.63
现金及现金等价物净增加额	161629108.88

(二)主要会计数据与财务指标:(单位:元)

项 目	2000 年	1999 年 调整前	1999 年 调整后	1998 年 调整前	1998 年 调整后
主营业务收入	4269918939.56	4988193800.55	4899193800.55	4014893926.99	3941841372.45
净利润	58665089.34	128890573.75	119261834.92	143256469.26	123356410.83
总资产	4585248031.39	4707865856.75	4657781526.79	2798954685.38	2722328185.91
股东权益(元) (不含少数股东权益)	1757732928.59	1736156571.50	1707781609.44	1414463996.00	1337436012.85
每股收益(元)	0.11	0.24	0.22	0.31	0.27
每股收益(元)(按月平均加权法)	0.11	0.25	0.23	0.31	0.27
每股收益(元)(扣除非经常性损益后)	0.11	0.17	0.12	0.22	0.18
每股净资产(元)	3.32	3.28	3.22	3.05	2.88
调整后的每股净资产	2.62	2.75	2.70	1.71	1.54
每股经营活动产生的现金流量净额(元)	0.85	0.44	0.44	0.15	0.15
净资产收益率(%)	3.34	7.42	6.98	10.12	9.22

注:1 、按照中国证监会《公开发行证券公司信息披露编报规则》(第9 号)要求计算的利润数据列表如下:

报告期利润	净资产收益率(%) 全面摊薄	净资产收益率(%) 加权平均	每股收益(元) 全面摊薄	每股收益(元) 加权平均
主营业务利润	33.16	33.56	1.10	1.10
营业利润	3.25	3.28	0.11	0.11
净利润	3.34	3.38	0.11	0.11
扣除非经常性损益后的净利润	3.34	3.38	0.11	0.11

2 、以上会计数据和财务指标均按照年报准则规定的公式进行计算。

三、股东情况介绍

(一)截止报告期末公司股东总数为126416 户。
(二)报告期末公司前10 名股东的持股情况:

名次	名 称	年末持股数	占总股本(万股)%
1	上海一百(集团)有限公司	23940.81	45.18
2	申银万国证券股份有限公司	861.42	1.63
3	松江粮油总公司	673.37	1.27
4	华兴信托	549.06	1.04
5	浙经投资	436.79	0.82
6	上海市妇女用品商店	416.51	0.79
7	上海华联商厦股份有限公司	402.41	0.76
8	上海富士德服饰有限公司	376.51	0.71
9	华闽实业	270.00	0.51
10	友谊集团	210.39	0.40

注:(1)上海市妇女用品商店系上海华联商厦股份有限公司之全资子公司,即上海华联股份实际持有本公司股票818.92 万股。

(2)上海一百(集团)有限公司是公司国家股的授权经营单位,系国有独资有限责任公司。法定代表人:董绍诚先生。经营范围:主营业务是授权范围内的国有资产经营与管理,实业投资,国内贸易(除专项规定外),房地产开发经营及物业管理等,其所持股份无质押和冻结。

上海华联商厦股份有限公司

一、公司简介

(一)公司法定中文名称:上海华联商厦股份有限公司
公司法定英文名称及缩写:SHANGHAI HUA LIAN CO.,LTD.　公司法定英文缩写:SHHL
(二)公司法定代表人:董事长 张新生先生
(三)公司董事会秘书:肖树森先生　联系地址:上海市南京东路635 号631 室
电话:021-63224466　传真:021-63226105　电子信箱:shhualian@sohu.com
(四)公司注册地址:上海市浦东新区张杨路655 号　邮政编码:200120
公司办公地址:上海市南京东路635 号　邮政编码:200001
公司国际互联网网址:shhl.sh.cn　公司电子信箱:shhlcob@online.sh.cn
(五)公司选定的信息披露报纸:《上海证券报》
登载公司年度报告的中国证监会指定国际互联网网址:http://www.sse.com.cn
公司年度报告备置地点:公司董事会秘书室
(六)公司股票上市交易所:上海证券交易所
股票简称:华联商厦　股票代码:600632

二 、会计数据和业务数据摘要

(一)本年度主要利润指标情况:
根 据中国会计准则审计后的主要利润指标:　单 位:元

利润总额	135,796,611.74
净利润	114,812,565.14
扣除非经常性损益后的净利润	54,759,838.88
主营业务利润	417,206,988.33
其他业务利润	19,304,134.99
营业利润	55,181,585.35
投资收益	76,565,693.73
补贴收入	603,784.28
营业外收支净额	3,445,548.38
经营活动产生的现金流量净额	327,363,276.71
现金及现金等价物净增加额	−224,068,302.43

注:非经常性损益是指:
(1)股权转让收益　66,770,603.09 元;
(2)三年以上无法支付的应付款项 4,162,715.53 元;
(3)股权投资差额　−283,052.43 元。

(二)截止报告期末公司前三年的主要会计数据和财务指标　单 位:元

项目	2000 年度	1999 年度	1998 年度 调整前	1998 年度 调整后
主营业务收入	3619562425.82	3706137904.74	3754437688.62	3754437688.62
净利润	114812565.14	94817563.84	95902310.73	90194029.76
每股收益	0.30	0.25	0.30	0.28
每股收益(加权)	0.30	0.27	0.30	0.29
扣除非经常性损益后的每股收益	0.14	0.20	0.30	0.28
净资产收益率	10.77	9.58	10.13	9.67

	2000 年12 月31 日	1999 年12 月31 日	1998 年12 月31 日 调整前	1998 年12 月31 日 调整后
总资产	2236293234.92	2558266875.11	2472520181.76	2458593038.86
股东权益(不含少数股东权益)	1066447233.16	990030086.09	946944397.53	933022321.40
每股净资产	2.77	2.57	2.95	2.91
调整后的每股净资产	2.60	1.97	2.31	2.27
每股经营活动产生的现金流量净额	0.85	1.13	0.27	0.27

净资产收益率和每股收益的计算及披露

报告期利润	净资产收益率 全面摊薄	净资产收益率 加权平均	每股收益 全面摊薄	每股收益 加权平均
主营业务利润	39.12	35.18	1.08	1.08
营业利润	5.17	5.49	0.14	0.14
净利润	10.77	11.10	0.30	0.30
扣除非经营性损益后的净利润	5.13	5.45	0.14	0.14

注:主要财务指标计算方法:
(1)每股收益=净利润/年度末普通股股份总数
(2)每股净资产=年度末股东权益/年度末普通股股份总数
(3)调整后的每股净资产=(年度末股东权益-3 年以上应收款项净额-待摊费用-待处理(流动、固定)资产净损失-开办费-长期待摊费用-住房周转金负数余额)/年度末普通股股份总数
(4)每股经营活动产生的现金流量净额=经营活动产生的现金流量净额/年度末普通股股份总数
(5)净资产收益率=净利润/年度末股东权益×100%

三 、股本变动及股东情况

(一)股本变动情况
(二)股东情况介绍:
1 、报告期末股东总数为68486 户。
2 、报告期末前10 名股东持股情况:(单位:股)

名 次 股东名称	期末持股数	占总股本%
(1)华联(集团)有限公司	139725283	36.33
(2)上海一百(集团)有限公司	11992120	3.11
(3)上海国际信托投资公司	5729011	1.49
(4)中国糖业酒类集团公司	5227200	1.36
(5)交通银行上海分行	2886899	0.75
(6)上海申银万国证券公司	2597264	0.68
(7)上海友谊集团公司	2388015	0.62
(8)上海南上海房地产有限公司	2221560	0.58
(9)中国工商银行上海市分行营业部	2000532	0.52
(10)上海金陵集体基金合作联社	1812788	0.47

说 明:
(1)公司控股股东华联(集团)有限公司持有本公司36.33%股份,该公司系国家股授权经营单位。

上海双鹿电器股份有限公司

一、公司简介

1-1 、公司法定中文名称:上海双鹿电器股份有限公司
英文名称:SHANGHAI SHUANGLU ELECTRIC APPLIANCES CO.,LTD. 缩写:SSEC
1-2 、公司法定代表人:施亚龙
1-3 、公司董事会秘书:强月玲 联系地址:(021)62346197
传真:(021)62346197
1-4 、公司注册地址及办公地址:上海市天山路651号 邮政编码:200336
1-5 、公司年报备置地点:公司总经理办公室
公司选定的信息披露报纸:上海证券报
登载公司年报的国际互联网网址:http:/www.sse.com.cn
1-6 、公司股票上市交易所:上海证券交易所
股票简称:PT 双鹿股票代码:600633

二、会计数据和业务数据摘要

2-1 、本年度主要利润指标情况 (单位:元)

利润总额	-177,311,931.87
净利润	-177,311,931.87
扣除非经营性损益后的净利润	-83,732,281.48
主营业务利润	0.00
其它业务利润	2,835.00
营业利润	-83,732,281.48
投资收益	-93,418,346.02
补贴收入	0.00
营业外收支净额	-161,304.37
经营活动产生的现金流量净额	-658,455.46
现金及现金等价物净增加额-	158,429.86

注:扣除的非经常性损益为:

项目	涉及金额
投资收益	-93418346.02
营业外收支净额	-161304.37

2-2 、截止本报告期末公司前三年主要会计数据和财务指标

项目	2000 年	1999 年	1998 年
主营业务收入(元)	0.00	/	22,654,797.83
净利润(元)	-177,311,931.87	-46,082,509.59	-11,898,102.89
总资产(元)	557,603,233.83	706,536,307.74	707,599,839.78
股东权益(元)	-160,104,444.03	18,957,124.23	65,039,178.48
每股收益(元/股)	-1.166	-0.303	-0.078
每股收益(元/股)(加权)	-1.166	-0.303	-0.078
每股净资产(元)	-1.053	0.12	0.43
调整后的每股净资产(元)	-1.168	-0.13	0.27
每股经营活动产生的现金流量净额(元)	-0.004	-0.003	-0.036
净资产收益率(%)	/	-243.09	-18.29
加权净资产收益率(%)	/	-243.09	-18.97
扣除非经常损益后的加权净资产收益率(%)	/	-242.96	-136.58

利润表附表	净资产收益率(%)		每股收益(元)	
	全面摊薄	加权平均	全面摊薄	加权平均
主营业务利润				
营业利润	/	/	-0.5507	-0.5507
净利润	/	/	-1.1661	-1.1661
扣除非经常损益后的净利润	/	/	-0.5507	-0.5507

三、、股东情况介绍

3-1 股东总户数:
截止 2000 年 12 月 29 日,持有本公司股份的股东总户数为 6142 户。
3-2 前 10 名股东持股情况

名次	股东名称	持股数(股)	占总股本(%)
1	上海双联联社	67632269	44.48%
2	上海新工联实业有限公司	15383940	10.12%
3	上海国际投资信托公司	3484800	2.29%
4	中国纺织机械股份有限公司	2904000	1.91%
5	上海金陵联社	2904000	1.91%
6	上海上菱电器股份有限公司	2191200	1.44%
7	上海第十七棉纺总厂	2178000	1.43%
8	上海氯碱化工股份有限公司	1452000	0.95%
9	上海旗忠集团	1161600	0.76%
10	上海青浦制冷公司	955997	0.63%

持有本公司 5%以上(含 5%)股份的股东,在本年度内股份没有发生增减变动,质押和冻结情况。

四、股东大会简介

4-1 、股东大会情况
报告期召开过一次股东大会,即 2000 年 6 月 21 日召开的第十次(1999 年度)股东大会。
4-2 、股东大会决议公告已于 2000 年 6 月 22 日在《上海证券报》刊登。股东大会法律意见书的公告已于 2000 年 6 月 24 日在《上海证券报》刊登。

五、董事会报告

5-1 、公司经营情况
由于公司债务负担重,严重缺乏资金,产品技术落后,市场拓展困难,以及种种历史原因,2000 年处于停产状态。主要的经营活动如下:
1 、在上海轻工控股(集团)公司领导下,继续依托大股东上海双联联社和间接控股大股东上海白猫(集团)有限公司实施资产重组。按预定的资产重组基本思路和计划,公司应付帐款和其他应付款自 2000 年 1 月起,经与债权人协商,以支付部分货款、实物抵偿和债务转让等方式已结清部分债务,该项工作目前仍在进行之中,但是仍有困难。

上海海鸟电子股份有限公司

一、公司简介

1 、公司中文名称:上海海鸟电子股份有限公司
公司英文名称:SHANGHAI ALBATRONICS CO.,LTD.
2 、公司法定代表人:唐海根
3 、公司董事会秘书:吴裕芹
联系地址:上海市余姚路 317 号
电话:(021)62188866
传真:(021)62725056
4 、公司注册及办公地址:上海市余姚路 317 号
邮政编码:200042
电子信箱:shrf@guomai.sh.cn
5 、公司指定信息披露报刊:
上海证券报
登载公司年度报告的中国证监会指定国际互联网网址:
http://www.sse.com.cn
公司年度报告备置地点:公司本部
6 、公司股票上市交易所:上海证券交易所
股票简称:海鸟电子
股票代码:600634

二、会计数据和业务数据摘要

(一)公司本年度主要会计数据(金额单位:元)

1 、利润总额:	4,742,783.76
2 、净利润:	4,185,575.64
3 、扣除非经常性损益的净利润:	4,185,575.64
4 、主营业务利润:	1,279,705.48
5 、其他业务利润:	5,601,782.34
6 、营业利润:	4,306,532.15
7 、投资收益:	423,931.70
8 、补贴收入:	0
9 、营业外收支净额:	12,319.91
10 、经营活动产生的现金流量净额:	-4,263,969.92
11 、现金及现金等价物净增加额:	21,208,164.04

(二)近三年主要会计数据及财务指标

项目	2000 年度	1999 年度	1998 年度	
			调整后	调整前
主营业务收入(元)	181,350,068.98	258,151,068.94	231,758,862.07	231,758,862.07
净利润(元)	4,185,575.64	6,409,734.17	8,182,451.55	8,909,004.07
总资产(元)	276,460,114.94	254,574,934.99	278,432,994.73	279,307,766.50
股东权益(元)	184,532,900.69	180,347,325.05	173,937,590.88	174,812,362.65
每股收益(摊薄)(元)	0.05	0.07	0.11	0.12
(加权)	0.05	0.08	0.12	0.12
每股净资产(元)	2.12	2.07	2.39	2.41
调整后的每股净资产(元)	2.11	2.06	2.39	2.40
每股经营活动产生的现金流量净额	-0.05	0.10		
净资产收益率(%)	2.27	3.55	4.70	5.10

2 、按照中国证监会《公开发行证券公司信息披露编报规则(第 9 号)》通知,公司 2000 年按全面摊薄法和加权平均法计算的净资产收益率及每股收益:

报告期内利润	净资产收益率(%)		每股收益(元/股)	
	全面摊薄	加权平均	全面摊薄	加权平均
主营业务利润	0.69	0.70	0.0147	0.0147
营业利润	2.33	2.36	0.0494	0.0494
净利润	2.27	2.29	0.0480	0.0480

三、股东情况介绍

1 、截止本报告期末股东总数为 19000 户
2 、前十名股东持股情况:

股东名称	期初持股数	期末持股数	占总股本(%)
(1)上海东宏实业投资有限公司		22,674,000	26.00
(2)香港新科创力有限公司	18,959,017	18,959,017	21.74
(3)香港美泰国际有限公司	3,317,829	3,317,829	3.80
(4)上海华成无线电厂	25,120,700	2,446,700	2.81
(5)张志全		239,200	0.27
(6)泰和基金		232,100	0.27
(7)姚德全		220,000	0.25
(8)翟明东		190,000	0.22
(9)王红梅		184,343	0.21
(10)梁晓芸		175,349	0.20

(1)上述股东中第(1)至第(4)名股东所持股份属于未上市流通股份,其余股东所持股份均为已上市流通股份。
(2)持有本公司 5%以上股份的股东所持股份未发生质押、冻结等情况。
3 、本公司原第一大股东上海华成无线电厂于 2000 年 9 月 8 日与上海东宏实业投资有限公司签署了股权转让协议。上海华成无线电厂将其持有的本公司发起法人股 2,512.07 万股(占总股本的 28.81%)中的 2,268.4 万股(占总股本的 26%),以 15,700 万元总价转让给上海东宏实业投资有限公司。本次股权转让后,上海东宏实业投资有限公司成为本公司第一大股东,上海华成无线电厂为第四大股东,该公告刊登於 2000 年 10 月 25 日"上海证券报"。
4 、上海东宏实业投资有限公司,法定代表人:唐海根;经营范围:实业投资与股权投资、资产管理和企业托管、重组与购并项目投资、融资策划及财务顾问。

四、股东大会简介

1 、公司 1999 年度股东大会于 2000 年 6 月 20 日召开,审议通过以下决议:
(1)1999 年度董事会工作报告
(2)1999 年度监事会工作报告
(3)1999 年度财务决算报告
(4)1999 年度利润分配方案
此次本次股东大会决议公告刊登于 2000 年 6 月 21 日"上海证券报"。

上海大众科技创业(集团)股份有限公司

上海大众科技创业(集团)股份有限公司2000年年度报告摘要

重要提示：本公司董事会保证本报告所载资料不存在任何虚假记载、误导性陈述或者重大遗漏，并对其内容的真实性、准确性和完整性负个别及连带责任。本年度报告摘要摘自年度报告，投资者欲了解详细内容，应阅读年度报告。

一、公司简介

1、公司法定中、英文名称及缩写

公司法定中文名称：上海大众科技创业(集团)股份有限公司

公司法定英文名称：SHANGHAI DAZHONG ENTERPRISES OF SCIENCE AND TECHNOLOGY , LTD.

英文缩写：DEST

2、公司法定代表人：杨国平

3、公司负责信息披露事务人员：董事会秘书 陈靖丰

联系地址：上海中山西路1515号大众大厦806室

电话：64288888×5609　　传真：64288727

4、公司注册地址：上海浦东商城路518号24楼

公司办公地址：上海中山西路1515号8楼　　邮政编码：200235

5、公司选定信息披露报纸名称：《中国证券报》、《上海证券报》、《证券时报》

登载公司年度报告的国际互联网网址：http://www.sse.com.cn

公司年度报告备置地点：上海中山西路1515号806室

6、公司股票上市地：上海证券交易所

股票简称：大众科创　　股票代码：600635

二、会计数据和业务数据摘要

1、本年度会计数据和业务数据摘要　　单位：元

项目	2000年
利润总额	148,075,436.62
净利润	128,167,150.82
扣除非经常性损益后的净利润	95,301,664.82
主营业务利润	106,902,375.15
其他业务利润	1,844,001.97
营业利润	58,186,712.68
投资收益	72,075,771.20
补贴收入	18,041,142.47
营业外收支净额	−228,189.73
经营活动产生的现金流量净额	69,246,516.24
现金及现金等价物净增加额	−108,265,139.59

注：非经常性损益项目

(1) 补贴收入　18,041,142.47元

(2) 国债收益　12,065,510.64元

(3) 股票收益　895,012.06元

(4) 转让收益　1,863,820.83元

2、截止2000年末，公司近三年主要会计数据和财务指标　单位：人民币元

指标项目	2000年	1999年 调整后	1999年 调整前
(1)主营业务收入	231,174,641.29	334,782,509.30	334,782,509.30
(2)净利润	128,167,150.82	123,032,036.32	125,107,162.95
(3)总资产	1,789,808,208.39	1,730,856,309.19	1,732,931,435.82
(4)股东权益	1,161,063,446.80	1,127,900,986.75	1,129,976,432.28
(5)每股收益 (摊薄)	0.2692	0.2584	0.2627
(加权)	0.2692	0.2584	0.2627
扣除非经营性损益 (摊薄)	0.2001	0.2080	0.2125
后的每股收益 (加权)	0.2001	0.2080	0.2125
(6)每股净资产 (摊薄)	2.44	2.37	2.37
(加权)	2.44	2.37	2.37
(7)净资产收益率(摊薄)	11.04%	10.91%	11.07%
(加权)	11.04%	10.91%	11.07%
扣除非经营性损益后(摊薄)	8.21%	8.78%	8.97%
的加权净资产收益率(加权)	8.21%	8.78%	8.97%
(8)每股经营活动产生的现金流量净额：	0.1454	0.2633	0.2633
(9)调整后每股净资产	2.37	2.35	2.35

注：主要财务指标计算方法：每股收益=净利润÷年度末普通股股份总数

每股净资产=年度末股东权益/年度末普通股股份总数

调整后每股净资产=（年度末股东权益-三年以上的应收款项-待摊费用-待处理(流动固定)资产净损失-开办费-长期待摊费用-住房用转金负数余额）÷ 年度末普通股股份总数

净资产收益率=净利润÷年度末股东权益×100%

三、股本变动及股东情况

1 截止2000年12月29日，本公司股东总数为100362户。

2 本公司前十名股东持股情况

序号	股东名称	持股数(股)	占总股本比例(%)
1	上海大众企业管理有限公司	134,016,212	28.14
2	上海煤气销售(集团)有限公司	57,861,250	12.15
3	安玻公司	7,334,424	1.54
4	交通银行浦东分行	7,012,500	1.47
5	上海大众万祥汽车修理公司	5,184,830	1.09
6	上海天投	4,953,290	1.04
7	无锡客运总公司	4,800,000	1.01
8	上海双发投资有限公司	4,600,000	0.97
9	大众保险股份有限公司	3,750,000	0.79
10	轻质材料	3,707,197	0.78

注：a、前10名股东中第2、4、7为国有法人股东。b、本公司在2000年12月28日《中国证券报》、《上海证券报》、《证券时报》刊登公告，上海大众企业管理有限公司于2000年12月26日协议受让上海大众万祥汽车修理公司所持有的本公司法人股30951670股，占公司总股本6.5%。转让后大众企管仍为本公司第一大股东，万祥汽修由原本公司第三大股东变为第五大股东，上述股权交割尚在办理中。

四、股东大会简介

本公司1999年度股东大会于2000年5月16日在上海影城召开，经股东大会投票表决，通过了如下决议：

（1）审议通过了公司1999年度董事会工作报告；

（2）审议通过了公司1999年度财务决算报告和2000年度财务预算报告；

（3）审议通过了公司1999年度税后利润分配预案；

（4）审议通过了公司1999年度监事会工作报告；

（5）审议并通过了公司关于聘请独立董事的议案；

（6）审议并通过了关于修改公司《章程》的说明；

（7）审议并通过了关于拟组建"上海大众植物胶囊有限公司"的议案；

（8）审议并通过了关于控股"上海大众科技有限公司"的议案；

（9）审议并通过了关于拟参与发起"大众电子商务股份有限公司"的议案；

（10）审议并通过了关于授权公司对海南大众凌伟生化股份有限公司进行改制的议案；

（11）审议并通过了关于计提资产减值准备的会计政策变更的议案。

本次股东大会经上海市普陀区公证处公证。该决议公告刊登于2000年5月17日的《中国证券报》、《上海证券报》、《证券时报》。

五、董事会报告

1、公司经营情况

（1）本公司前身"浦东大众"为上海市出租汽车行业知名企业。

（2）公司主营业务的范围及其经营状况

1999年，经股东大会通过，本公司对主营业务范围进行了调整，由原来经营出租汽车、公交营运为主的传统交通运输领域，转变为发展投资高新技术、海洋生物技术、保健品及植物药业工程等，从而形成海洋生物、医药保健品、高新技术投资等板块。具体开展了以下几项工作：

1)对海洋板块经营结构进行了调整，强化了海洋生物产品开发的力度。

为了进一步提高公司海洋产业的竞争能力，使公司海洋产业的两个主要企业即上海大众凌伟公司和海南大众凌伟公司优势互补、协调发展，决定将两个企业的生产经营进行结构性的调整，将上海大众凌伟公司和海南大众凌伟公司进行了业务整合，统一管理公司海洋产业的生产、营销、研发及后续发展工作。

a. 根据对国内卡拉胶市场现状的分析和中国加入WTO后卡拉胶市场变化及发展的预测，公司已制订出在3年内发展成为国内最大的卡拉胶生产企业的规划。海南大众凌伟公司正式申报了"麒麟菜养殖及卡拉胶加工技术改造工程项目"，该项目于2000年3月获国家经贸委立项并列入国家"双高一优"重点技术改造项目。目前该项目正加紧进行工艺论证及设备调研，正在加快实施的进度。2000年12月，海南大众凌伟公司被海南省政府命名为海南省水产品加工龙头企业。

b. 利用独特的海洋自然资源，开拓多种养殖试点。启动特种水产种苗繁殖及养殖项目，培养新的利润增长点。公司下属的琼海海洋中心，成功孵化出南美白对虾幼体及虾苗，成虾养殖也取得了较好成果，既取得了一定的经济效益，也为该项目的后续发展积累了经验。

2)医药板块以市场营销为工作重点，推动企业稳步发展。

a. 上海中医大药业股份有限公司进入快速转轨建设期。上海中医大药业股份有限公司全面开展了市场营销机制的转换，规范市场销售运作，强化品牌的宣传和推广，扩大产品市场占有率。2000年该公司已顺利完成换证验收工作。为扩大公司规模，经该公司董事会讨论通过，拟建造新的GMP标准厂房，该厂房的奠基典礼已在2000年12月27日举行，新厂建设正在加快进行之中。

b. 完成投资青海金诃藏药药业股份有限公司的工作。2000年8月，公司董事长杨国平随市委书记黄菊市长徐匡迪率领的上海市党政代表团进行了西部考察，并代表公司与青海金诃藏医药集团有限公司签订了合作协议书。参与改制了青海金诃藏药药业股份有限公司，我公司投资2538万元，占其股份的30.82%，为其第二大股东。它成为上海市党政代表团访问西部后，上海与西部省区合作过程中第一个成功实施的项目。最近，公司与上海市静安区中心医院、青海金诃藏医药集团有限公司，在上海市静安区中心医院进行藏医药文化博览中心、青海金诃藏药驻上海办事处成立的揭牌仪式，标志着本次合作项目取得了新的进展。该企业已作为青海省首批创业板推荐候选企业之一。

c、加快了植物空心硬胶囊项目产品试制和生产的进程。公司自主研制成功的植物空心硬胶囊，其配方和生产工艺被国家知识产权局批准为发明专利，已初审通过。项目研发小组经过多次中试，获得了较为成熟的工艺指标，并试制出成品率和上机率接近标准的植物空心硬胶囊。植物空心硬胶囊生产立项，经报上海市药品监督管理局和国家药品监督管理局审批，已于2000年7月27日获上海市药品监督管理局同意立项生产的批复。同时，该产品的申报已获国家药品监督管理局同意按仿制药品申报的批复。

3)上海大众科技实业有限公司步入发展快车道。

2000年3月，上海大众科技实业有限公司实施改制。大众科创全资子公司上海大众科技研究发展有限公司出资750万元，成为其第一大股东，占其总股本的50%。改制后的上海大众科技实业有限公司依托原有业务，快速向GPS集成系统、IC卡系统等信息工程领域拓展。2000年销售额约达2000万元，税后利润约达420万元，净资产收益率约达23%。2001年经营目标是销售额力争超过2500万元，税后利润力争突破500万元。

4)广纳贤才，构筑科技人才高地。

人力资本是企业最宝贵的财富，公司根据现有高科技产业发展的需要，更加注重人力资源的开发和管理。首先，公司对原有的组织结构进行了整合，对原有的人员进行了调整。目前，集团公司现有管理人员平均年龄35岁，大学本科及以上占72%，其中硕士研究生及以上的占35%，中级职称及以上的占48%。其次，公司进一步加强吸纳各类英才的力度，大力引进各类人才。2000年成功招聘了一批符合公司主营产业发展的高素质复合型人才，目前这些人才正在各自岗位上发挥他们的才能，为公司的高科技产业进一步发展创造了有利的条件。

2、公司财务状况：

公司财务状况简表　　单位：万元

项目	2000年	1999年(调整后)	1999年(调整前)	增减(%)
总资产	178,980.82	173,085.63	173,293.14	3.41
长期负债	5,353.54	769.23	769.23	595.96
股东权益	116,106.34	112,790.10	112,997.64	2.94
主营业务利润	10,690.24	13,087.51	13,087.51	−18.32
净利润	12,816.72	12,303.20	12,510.72	4.17

上海三爱富新材料股份有限公司

上海三爱富新材料股份有限公司2000年年度报告摘要

本公司董事会保证本报告所载资料不存在任何虚假记载、误导性陈述或者重大遗漏，并对其内容的真实性、准确性和完整性负个别及连带责任。

(一)公司简介

1、公司法定中文名称：上海三爱富新材料股份有限公司

公司英文名称：SHANGHAI 3F NEW MATERIALS COMPANY LIMITED(缩写 3FNM)

2、公司法定代表人：周云鹤

3、公司董事会秘书：张经仪　　董事会证券事务代表：何兰娟

联系地址：上海市衡山路20号6A

联系电话：021-64310558　　传　　真：021-64310700

电子信箱：ssafdb@online.sh.cn

4、公司注册地址：上海市浦东新区蔡路

邮政编码：　201201

公司办公地址：上海市衡山路20号6A

邮政编码：　200031

国际互联网网址：sh-3f.com

电子信箱：webmaster@sh-3f.com

5、公司选定的信息披露报纸名称：《上海证券报》

登载公司年度报告的中国证监会指定国际互联网网址：http://www.sse.com.cn

公司年度报告备置地点：上海市衡山路20号6A

6、公司股票上市交易所：上海证券交易所

股票简称：三爱富　　股票代码：600636

(二)会计数据和业务数据摘要

1、本年度利润总额及构成(2000年度合并)单位：元

利润总额	58,713,349.98
净利润	41,768,779.99
扣除非经常性损益后的净利润	42,097,182.29
主营业务利润	119,040,412.74
其他业务利润	7,671,113.43
营业利润	57,503,174.78
投资收益	1,538,577.50
补贴收入	1,916,431.73
营业外收支净额	-2,244,834.03
经营活动产生的现金流量净额	39,272,156.95
现金及现金等价物净增加额	17,741,876.81

扣除非经常性损益项目及涉及金额

项目	金额
补贴收入	1,916,431.73
营业外收入	435,116.82
营业外支出	2,679,950.85
合计	-328,402.30

2、截止报告期末公司前三年的主要会计数据及财务指标　　单位：元

项　　目	2000年	1999年	1998年调整后
主营业务收入	488,586,141.44	404,093,158.77	292,583,517.84
净利润	41,768,779.99	23,455,564.59	20,184,932.93
总资产	490,076,779.02	436,932,107.63	372,984,287.79
股东权益	252,230,946.52	221,349,545.53	197,893,980.90
每股收益(摊薄)	0.3599	0.2021	0.226
(加权)	0.3599	0.2240	0.243
(扣除非经常性损益后)	0.3627	0.2010	0.206
每股净资产(摊薄)	2.17	1.91	2.22
调整后的每股净资产	2.14	1.86	2.22
每股经营活动产生的现金流量净额	0.338	0.386	
净资产收益率(%)	16.56	10.60	10.20
扣除非经常性损益后的净资产收益率(%)	16.69	10.54	9.29

注：每股收益=净利润/年度末普通股股份总数

每股净资产=年度末股东权益/年度末普通股股份总数

调整后的每股净资产=(年度末股东权益-三年以上的应收款项净额-待摊费用-待处理(流动、固定)资产净损失-开办费-长期待摊费用-住房周转金负数余额)/年度末普通股股份总数

每股经营活动产生的现金流量净额=经营活动产生的现金流量净额/年度末普通股股份总数

净资产收益率=净利润/年度末股东权益×100%

利润表附表

报告期利润	净资产收益率(%)		每股收益(元)	
	全面摊薄	加权平均	全面摊薄	加权平均
主营业务利润	47.20	49.14	1.03	1.03
营业利润	22.80	23.74	0.495	0.495
净利润	16.56	17.24	0.359	0.359
扣除非经常性损益后的净利润	16.69	17.38	0.36	0.36

全面摊薄净资产收益率和每股收益的计算公式如下：

全面摊薄净资产收益率=报告期利润/期末净资产

全面摊薄每股收益=报告期利润/期末股份总数

加权平均净资产收益率(ROE)计算公式如下：

ROE=P/(EO+NP÷2+Ei×Mi÷MO-Ej×Mj÷MO)

其中：P为报告期利润；NP为报告期净利润；EO为期初净资产；EI为报告期发行新股或债转股等新增净资产；Ej为报告期回购或现金分红等减少净资产；MO为报告期月份数；Mi为新增净资产下一月份起至报告期期末的月份数；Mj为减少净资产下一月份起至报告期期末的月份数。

加权平均每股收益(EPS)计算公式如下：

EPS=P/(SO+S1+Si×Mi÷MO-Sj×Mj÷MO)

其中：P为报告期利润；SO为期初股份总数；S1为报告期因公积金转增股本或股票股利分配等增加股份数；Si为报告期因发行新股或债转股等新增加股份数；Sj为报告期因回购或缩股等减少股份数；MO为报告期月份数；Mi为增加股份下一月份起至报告期期末的月份数；Mj为减少股份下一月份起至报告期期末的月份数。

3、股东权益变动情况

项　　目	股本	资本公积	盈余公积
期初数	116,064,000	58,712,832.24	30,897,899.58
本期增加数		719,021.00	13,370,492.35
本期减少数			
期末数	116,064,000	59,431,859.24	44,268,391.93

续上表：

项　　目	法定公益金	未分配利润	股东权益合计
期初数	12,737,797.01	15,674,807.71	221,349,545.53
本期增加数	5,850,574.65	16,791,887.64	30,881,400.99
本期减少数			
期末数	18,588,371.66	32,466,695.35	252,230,946.52

变动原因：

(1)资本公积增加系本年度投资增加及增值所致；

(2)盈余公积增加系本年度提取法定盈余公积金及公益金所致；

(3)未分配利润增加系本年度利润增加所致。

(三)股本变动及股东情况

1、股本变动情况

(1)公司股份变动情况表　　单位：股

	期初数	本期增减(+,-) 配股	送股	公积金转股	其他	小计	期末数
一、未上市流通股份							
1、发起人股份							
其中：国家持有股份	32497920	-	-	-	-	-	32497920
境内国有法人持有股份	23662080	-	-	-	-	-	23662080
2、募集法人股份	14976000	-	-	-	-	-	14976000
未上市流通股份合计	71136000	-	-	-	-	-	71136000
二、已上市流通股份							
1、人民币普通股	44928000	-	-	-	-	-	44928000
已上市流通股份合计	44928000	-	-	-	-	-	44928000
三、股份总数	116064000	-	-	-	-	-	116064000

(2)股票发行和上市情况

①到报告期末为止的前三年，本公司未发行新股及衍生证券。

②报告期内没有因送股、转增股本、配股、增发新股、吸收合并、减资及其他原因引起公司股份总数及结构的变动。

2、股东情况介绍

(1)报告期末股东总数为32031户。

(2)本公司前十名股东持股情况　　单位：股

股东名称	年初持股数量	期末持股数量	占总股本(%)	股份性质
上海华谊(集团)公司	32497920	32497920	28.00	国家股
有机氟所	23662080	23662080	20.39	发起人国有法人股
三甲港	1797120	1797120	1.548	社会法人股
浙江经协	1494343	1494343	1.288	社会法人股
投资信托	913536	913536	0.787	社会法人股
艺冠贸易	0	500000	0.431	社会法人股
十二棉纺	431808	431808	0.372	社会法人股
联诚实业	449280	349280	0.301	社会法人股
申银公司	449280	338083	0.291	社会法人股
张家港	299520	299520	0.258	社会法人股

华谊(集团)公司与上海市有机氟材料研究所为关联关系。

(3)持有本公司10%以上国家股、法人股东情况介绍：

上海华谊(集团)公司(前身为上海化工控股集团公司)成立于1996年11月4日，注册资本人民币叁拾贰亿捌仟壹百零捌万元，属国有独资企业；法定代表人：俞德雄；经营范围：授以范围内的国有资产经营与管理，实业投资，化工医药产品及设备的制造和销售，从事化工医药装备工程安装，维修及承包服务。公司为上海市国有资产管理办公室授权国有资产经营单位。

上海市有机氟材料研究所系公司发行人，法定代表人：周克经。业务范围：有机氟材料及其制品，有机化工产品，技术咨询，技术转让，技术培训，技术服务。

上海市有机氟材料研究所持有的全部发起人国有法人股分别被上海市第二中级人民法院、杭州市中级人民法院、济南市中级人民法院冻结，至本报告期末尚未解冻。

(四)股东大会简介

1、股东大会会议的通知、召集、召开情况：

公司于2000年4月22日在《上海证券报》向全体股东公告召开上海三爱富新材料股份有限公司1999年度股东大会。会议于2000年5月25日下午在中国科学院上海学术活动中心召开。出席会议的股东(或授权代表)共282人，代表股份60220905股，占公司总股本的51.8859%，大会以记名投票表决的方式逐项通过了如下议案：

(1)审议通过了《公司1999年度董事会工作报告》。

(2)审议通过了《公司1999年度监事会工作报告》。

(3)审议通过了《公司1999年度财务决算和2000年财务预算》。

(4)审议通过了《公司1999年度利润分配预案》。

1999年公司实现净利润23,455,564.59元，按净利润的10%提取法定公积金2,340,381.65

元,10%法定公益金为2,340,381.65元，减去常熟子公司本年度提取的 两金80%部分3,279,362.43元,加上年初未分配利润179,368.85元,可供股东分配的利润为15,674,807.71元。为了有利于公司以后的发展,本次不进行股利分配，资本公积金也不转增股本。

(5)审议通过了关于吴玉明先生辞去公司董事的议案。

(6)审议通过了关于续聘上海长江会计师事务所有限公司的议案。

(7)审议通过了公司《2000年配股预案》。

(8)审议通过了《公司2000年配股募集资金运用的可行性报告》。

(9)审议通过了公司前次募集资金使用用途变更的议案。

(10)审议通过了董事会关于对前次募集资金使用情况说明的议案。

(11)审议通过了关于公司本次配股有关的关联交易事项的议案。

(12)审议通过了提请股东大会授权公司董事会全权负责办理与本次配股有关事宜的议案。

(13)审议通过了授权公司董事会在本次配股完成后按股本变动情况对照公司章程相应条款进行调整和变更工商登记的议案。

上述股东大会的决议公告刊登于2000年5月26日指定披露报刊《上海证券报》上 。

(五)董事会报告

1、公司经营情况

(1) 公司所处行业及在本行业中的地位

本公司所处行业为有机硅氟制造业,据行业协会统计资料证明,

我公司聚全氟乙丙烯树脂、氟橡胶、氟利昂代用品、氟致冷剂系列产品产量稳居国内同行业前列。公司连续多年被评为上海市高新技术企业,科研开发和产品级提升能力均居国内同行领先地位,多项氟材料技术和产品获国家科技进步奖。2000年2月公司通过了上海质量体系审核中心的ISO9002质量体系认证。

(2) 公司主营业务的范围及其经营情况

①公司主营业务的范围:主要从事含氟材料的研究、生产、销售及化工设备的制造与贸易,主营产品为聚四氟乙烯、聚全氟乙丙烯、氟橡胶、氟精细化学品、氟致冷剂、CFC替代品和其他化工产品;

②公司经营情况:长期以来,公司一直处于国内氟产品市场的主导地位,品种齐全,技术力量雄厚,具有品牌优势,公司生产的聚四氟乙烯、聚全氟乙丙烯、氟橡胶在市场上占有较大份额。公司在注重国内市场规模扩大的同时,积极开拓国际市场,全年完成销售收入4.885亿元,出口交货值1360万美元,较99年增长22.9%,实现主营业务利润11904万元,实现利润总额5871万元,净利润4177万元。公司主导产品销售 收入比去年同期增长20.9%。

(3)公司主要全资附属企业几控股子公司的经营情况及业绩

① 母公司(吴泾工厂)

全年完成销售收入1.17亿元,同比增长34%。其中,外贸销售收

入3500万元,同比增长72.7%;内贸销售收入8200万元,同比增长16%。主要产品除聚全氟乙丙烯(F46)销量微跌之外,其他产品都呈增长趋势,摆脱了近几年来国 内销售徘徊的经营状态,国际销售也出现了增长势头。

② 常熟三爱富氟化工有限责任公司

该公司仍为本公司利润的主要来源。全年完成销售收入3.1亿元,同比增长15%,实现出口交货值998万美元,同比增长86.4%。主要原因是在经营上紧紧抓住了产品内外贸机遇,适时调整经营方针和产品结构,降低成本,增产增销。

③三爱富顾路工厂

全年完成销售收入500万元,实现净利51万元,同比增长6.3%。

④三爱富公司蔡路工厂

全年实现工业总产值552万元,同比下降32.2%。主要原因为产品结构调整,预计2001年将完成调整。

⑤三爱富广角创业公司

全年完成贸易额5820万元,实现利润总额33.9万元。

⑥励精实业有限责任公司

全年完成销售收入22万元,实现利润总额22.7万元。

⑦三爱富实业公司歇业。

(4) 经营中出现的问题与困难及解决方案

①四氟乙烯单体生产能力一直制约着公司产品规模的扩大,吴泾工厂在2000年的工作中,主要依靠技术进步,不断挖潜增产,突破生产瓶颈,三大单体和主要产品均创历史新高,为市场销售创造了有利条件。如进一步大规模提高现有生产能力,公司将面临较大的装置扩容和更新压力,为此,公司计划利用资本市场,扩建和购买相关生产装置,解决产品生产和市场需求的矛盾,以获得更大的规模效益。

② 现有产品中某些产品的品级和质量与国际市场需求尚有距离。

公司将落实重点科研项目,强化一批与市场需求、产业化程度密切的课题,逐步提高研制开发、在线产品改进、工程放大和应用后加工研究等科研能力。

③随着《中国逐步淘汰消耗臭氧层物质的国家方案》修正案的出台和实施,我国将加快淘汰ODS生产线的步伐,国家也将限制CFCS生产原料的进出口,常熟子公司因F11、F12、F113配额的限制,业务增长受到遏止,这对公司未来的发展将产生重要影 响。公司将逐步增强氟利昂代用品的开发和试制工作。

2、公司财务状况 单位:万元

指标名称	2000年	1999年	增减比例(%)
总资产	490,076,779.02	436,926,107.63	12.2
长期负债	39,283,848.85	41,547,370.88	-5.4
股东权益	252,230,946.52	221,349,545.53	14.0
主营业务利润	119,040,412.74	78,117,688.80	52.4
净利润	41,768,779.99	23,455,564.59	78.1

变动原因:

① 总资产:股东权益增加

② 长期负债:银行贷款减少

③ 股东权益:利润增加

④ 主营业务利润:产销量增加

⑤ 净利润:产销量增加,成本下降

3、公司投资情况

(1) 本年度公司未进行资金募集及投资

(2) 2000年度公司以非募集资金共计投入1507万元,主要包括:

① 年产1000吨氟橡胶项目,投入资金705万元;

② 年产240吨TFP项目,投入资金204万元,生产装置已试产;

③ 年产300吨冷冻改造项目,投入资金128万元;

④ F46技术改造项目,投入资金75万元,目前已批量生产出合格产品;

⑤ FR301B乳液后处理改造项目,投入资金91万元,目前项目已完成并运转;

⑥公用工程投入资金176万元。

4、新年度的业务发展计划

(1)工作方针:开拓求新、快速发展

(2)生产经营活动

2001年在保证安全、环保、质量的前提下,充分发挥现有生产装置的能力,提高产品产量。同时,要进一步拓展、挖掘潜在市场,提倡服务第一、客户至上的经营宗旨,掌握市场信息,了解用户需求,灵活应用营销策略,扬长避短,稳定新老客户。

(3)科研计划

以市场为导向,加强科研开发力度,重点开展产业化程度高、有利提高公司经济效益的课题研究。主要包括新工艺的研究和开发、现有产品性能稳定性的研究、产品品级提升的应用研究等,同时,加快现有研究项目如室温固化氟树脂涂料用树脂等的产业化步伐。

(4)管理工作

①深化改革力度,调整机构设置,进行合理人才资源配制;提高服务意识,实行管理绩效与奖金挂钩的考核制度;

②在母公司划小经济核算单位,形成技术发展中心、氟橡胶生产实体、氟塑料生产实体、精细氟化学品生产实体等格局,实行产值、成本考核;

③ 加强财务预算和财务控制,抓好各子公司的财务管理,进一步细化和分解三项费用,抓好费用控制点,提高资金利用效率;

④加快人才引进速度,确保公司科研、生产、经营的良性循环和持续发展;

⑤继续千吨级氟橡胶项目的实施工作,加强中途监管管理,配套项目的招标管理,确保工程双优。

⑥加强产品质量管理意识,严格执行ISO9002标准,防止质量事故的发生;

⑦加强安全、环保的监督和检测,杜绝重大伤亡事故及泄毒事故的发生,防止污水超标排放;

6、董事会日常工作情况

(1) 报告期内董事会的会议情况及决议内容

本年度共召开五次董事会会议

①2000年4月20日公司召开三届十次董事会会议,全体董事参加会议,会议一致 通过《公司1999年度董事会工作报告》、《公司1999年度财务决算和2000年度财务预算报告》、《公司1999年度利润分配预案》、《公司1999年度报告》和《公司1999年度报告摘要》、《公司2000年配股预案》、决定5月25日召开99年度股东大会等共二 十项决议。

②2000年8月7日公司召开三届十一次董事会会议,全体董事参加会议,会议一致通过《2000年上半年总经理工作汇报》、《公司2000年中期报告》和《2000年中期报告摘要》及决定2000年中期利润不进行分配,资本公积金不转增股本等三项决议。

③2000年8月31日公司采用通讯表决方式召开三届十二次董事会议，经全体董事 表决通过,同意徐鹤基先生辞去总经理职务,同意聘任黄炯炯先生为公司代总经理。

④2000年10月24日公司召开三届十三次董事会会议,会议通过了关于周克经先生辞去常熟三爱富氟化工有限责任公司董事、董事长职务决议、关于推荐黄炯炯先生为常熟三爱富氟化工有限责任公司董事、董事长职务决议、关于更换三爱富戈尔公司董事的决议、关于向建行四支行申请办理公开授信业务的议案。

⑤2000年12月29日公司召开三届十四董事会会议,会议审议通过《关于聘任黄炯炯先生为上海三爱富新材料股份有限公司总经理的议案》、《关于聘任徐卫华先生为上海三爱富新材料股份有限公司财务总监的议案》及《公司2001年全面预算》的决议。

(2) 董事会对股东大会决议的执行情况

1999年度股东大会决议通过了公司《2000年配股预案》,根据股东大会授权,公司董事会全权负责办理与本次配股有关事宜。完成了公司配股资料的制作、上报、修改工作。目前,本公司2000年增资配股资料已上报中国证监会，并根据证监会及第一次发审会提出的要求对上报资料作进一步补充说明和修改。

7、公司管理层及员工情况

(1)现任董事、监事和高级管理人员:

姓 名	性别	年龄	职务	任期	年初持股数	年末持股数	变动原因	年度报酬万元
周云鹤	男	51	董事长	3年	-	-	- .	4-5
周克经	男	51	副董事长	3年	5990	5990	-	4-5
徐鹤基	男	56	董事	3年	-	-	-	2-3
姚锡福	男	76	董事	3年	-	-	-	未在公司领取报酬
沈新璋	男	58	董事	3年	5990	5990	-	未在公司领取报酬
曹 伟	男	35	董事	3年	-	-	-	2-3
戴旭旺	男	39	董事	3年	-	-	-	未在公司领取报酬
张亚曼	女	57	监事长	3年	-	-	-	未在公司领取报酬
黄玉贵	男	49	副监事长	3年	5990	5990		3-4
陈利华	男	43	监事	3年	-	-	-	3-4
周建峰	男	30	监事	3年	-	-	-	2-3
金志明	男	35	监事	3年	-	-	-	3-4
黄炯炯	男	38	总经理	3年	898	898		4-5
江建安	男	59	副总经理	3年	5990	5990		4-5
张建平	男	46	副总经理	3年	-	-	-	3-4
徐卫华	男	37	财务总监	3年	-	-	-	尚未在公司领取报酬
张经仪	男	42	董秘	3年	1040	1040		3-4

徐鹤基为1-8月收入。

注:第三届董事会董事、监事会监事、高级管理人员任期自1998年10月至2001年10月。

聘任或解聘公司经理、董事会秘书的情况:

2000年8月31日公司召开三届十二次董事会议，会议同意徐鹤基先生辞去总经理 职务;聘任黄炯炯先生为公司代总经理;2000年12月29日公司召开三届十四次董事会议，会议同意聘任黄炯炯先生为公司总经理。

报告期内聘任董事会秘书没有发生变化。

(2)公司员工的数量、专业构成:

母公司拥有员工765名,其中生产人员488名,供应销售人员16名,技术人员213 名,财务人员21名,行政人员27名,大中专以上文化程度234人,占30.6%,高中文 化程度329人,初中及以下文化程度202人,离退休人员382人。

7、本次利润分配预案及资本公积金转增股本预案:

(1)经上海立信长江会计师事务所有限公司审计,公司2000年实现净利润41,768,779.99元,提取10%法定公积金4,181,231.59元,10%法定公益金4,181,231.59元,减去常熟子公司80%部分本年度提取的10%法定公积金3,338,686.11元,5%法定公益金1,669,343.06元,加上上年未分配利润15,674,807.71元,可供股东分配的利润 合计为44,073,095.35元。

董事会提议本年度利润分配预案为:以2000年末总股本116,064,000

股为基数，向全体股东以每10股派发现金1.00元（含税），合计利润支出总额为11,606,400元。剩余32,466,695.35元结转2001年度一起分配。

2000年12月31日公司资本公积金为59,431,859.24元,董事会提

议本年度资本公积金不转增股本。

以上分配预案尚待本公司2000年度股东大会决议通过。

(2)预计本公司2001年度利润分配政策的方案:

本公司预计2001年中期及2001年度结束各进行一次利润分配。

实施方式为送红股或派发现金,其中用于现金股息占股利分配约25%。

对该预计利润分配方案,公司董事会保留根据实际情况进行调整的权利。

(六)监事会报告

2000年公司监事会按照《公司法》和《公司章程》赋予的职责和权力,认真履行监督职能,对公

司资产运作、财务状况以及高级管理层的经营行为实施了监督，维护了公司和股东的合法权益。现在，我代表公司监事会向大会报告工作，请各位股东审议。

在报告期内，本届公司监事会共召开了二次监事会议。

2000年4月20日公司召开三届五次监事会会议，全体监事参加会议，会议内容：

1、审议通过一九九九年度监事会工作报告；

2、审议通过一九九九年度公司年度报告及年度报告摘要；

3、审议通过一九九九年度总经理工作报告；

4、审议通过一九九九年度财务决算和二OOO年度预算报告；

5、审议通过一九九九年度利润分配预案；

6、审议通过关于计提四项减值准备的议案。

2000年8月7日公司召开三届六次监事会会议，全体监事参加会议，会议内容：

1、审议通过2000年公司中期报告和中期报告摘要；

2、审议通过2000年上半年公司利润分配预案。

报告期内，公司监事会列席了每次董事会会议，听取董事会对重大问题的审议的决策，依法履行了监事会的职责。在对公司的资产管理、生产经营状况、重大事项决策以及执行的情况进行专题了解的基础上，严格进行了监督。监事会定期审阅公司的资产负债表、损益表和现金流量表，了解和掌握公司的财务会计状况。监事会还就加强比价采购管理、成本管理和基础管理、加强预算执行情况的控制和分析、应收账款等事项，从强化公司基础管理，指导生产经营活动，防止资产流失的角度进行经常性地跟踪了解和分析，及时向公司董事会作出提醒并得到董事会的高度重视。采纳监事会建议，建立了比价采购管理制度，招投标实施制度，每月召开资金平衡会，建立资金使用预警办法等。

监事会认为，在激烈的市场竞争下，公司董事会、总经理班子，抓住主要矛盾，积极拓展市场，建立快速反应市场机制，以优质服务争夺市场，突破竞争难点，加大 考核力度，搞活激励机制，充分挖掘生产能力，突破生产瓶颈，抓住系统管理，积极开展成本核算，建立比价采购制度，开展物资招投标工作，使成本进一步下降，使公司的净资产收益率再次超过10%，净利润同比增长78.1%，超额完成预算目标，成绩显著，来之不易。

监事会认为，公司在关联交易中交易公平，未损害本公司的利益。公司调整坏账准备金计提比例符合公司情况。

监事会对立信长江会计师事务所有限公司出具的审计意见及报告中所涉及事项，认真进行了审议和核对，认为该审计意见真实地反映公司的财务状况和经营成果。

报告期内，监事会依照公司法和公司章程，对董事会和公司高级管理人员职务行为进行了监督，未发现公司董事、总经理及高级管理人员有违反法律、法规和公司章程的行为。

为了提高监事会的监督有效性，进一步规范监事会的运作，一年来，监事会十分注重自身的业务学习，不断丰富自身的财务、审计、资本运作和法律方面的知识，使监事依法依规开展工作。全体监事还根据上海证券交易所的要求，签署了书面声明与承诺，忠于职守，兢兢业业履行了监督职责。

各位股东，新的一年，对三爱富公司是一个新的挑战，同时，也给三爱富带来了新的发展机遇，随着中国加入世界贸易组织，经营环境必将发生显著变化，面对新的形势和要求，全体监事将不辜负股东的重托，在全体股东的支持和推动下，为确保公司资产保值增值，确保全体股东的权益，认真履行监督职责，推进公司做大做强，取得更好的成效。

(七)重要事项

1、报告期内公司无重大诉讼、仲裁事项。

2、报告期内公司、公司董事及高级管理人员未发生任何受监管部门处罚的情况 。

3、2000年9月2日公司在《上海证券报》公告同意徐鹤基先生辞去总经理职务；聘任黄炯炯先生为公司代总经理；2001年1月3日公司在《上海证券报》公告同意聘任黄炯炯先生为公司总经理。

4、报告期内公司没有发生收购兼并、资产重组事项。

5、报告期内重大关联交易事项：

公司于2000年3月21日与上海天原(集团)有限公司就受托管理上海天原(集团)有限公司氟化学品厂事宜签订了《资产托管协议书》(以下简称"协议书")，并于2000年3月22日在《上海证券报》公告。根据《中华人民共和国公司法》、《中华 人民共和国证券法》、上海证券交易所股票上市规则的规定，公司于4月19日在上海 与上海天原(集团)有限公司就"协议书"的相关内容进行了修改，并就此项重大关联交易事项于2000年4月22日在《上海证券报》作补充公告(详见2000年4月22日《上海证券报》)。

根据协议内容，双方严格履行各自的权利和义务。截止2000年12月31日，公司收到上海天原(集团)有限公司氟化学品厂托管费用774,092.76元。

6、公司三分开情况：

(1)人员方面，公司在劳动、人事及工资管理等方面独立于上海华谊(集团) 公司；经理、副经理等高级管理人员在公司领取报酬，在股东单位不担任任何职务；

(2)资产方面，公司拥有独立的生产系统、辅助生产系统和配套设施；公司独 立拥有工业产权、商标、非专利技术等无形资产；公司独立拥有采购和销售系统；

(3)财务方面，公司设独立的财会部门，并建立了独立的会计核算体系和财务 管理制度；独立开设银行帐户。

7、公司或持股5%以上股东没有在指定报纸和网站上曾披露承诺事项。

8、年内公司没有变更会计师事务所。

9、年内公司无重大合同及担保事项发生。

10、年内公司无更改名称或股票简称的情况。

11、年内公司重要信息披露的报刊和日期汇总：

《上海证券报》 2000年3月22日 《上海证券报》 2000年4月22日

《上海证券报》 2000年5月26日 《上海证券报》 2000年9月02日

《上海证券报》 2001年1月3日

(八)财务会计报告

1 、审计报告(信长会师报字(2001)第10119号)

上海三爱富新材料股份有限公司全体股东：

我们接受委托，审计了贵公司二OOO年十二月三十一日的母公司及合并的资产负 债表、二OOO年度的母公司及合并的利润及利润分配表和现金流量表。这些会计报表 由贵公司负责，我们的责任是对这些会计报表发表审计意见。我们的审计是依据中国注册会计师独立审计准则进行的。在审计过程中，我们结合贵公司实际情况，实施了包括抽查会计记录等我们认为必要的审计程序。

我们认为，上述会计报表符合《企业会计准则》、《股份有限公司会计制度》的有关规定，在所有重大方面公允地反映了贵公司二OOO年十二月三十一日的财务状况 及二OOO年度经营成果和现金流量情况，会计处理方法的选用遵循了一贯性原则。

本报告附送材料：

一、上海三爱富新材料股份有限公司二OOO年十二月三十一日母公司及合并的资 产负债表；

二、上海三爱富新材料股份有限公司二OOO年度母公司及合并的利润及利润分配 表；

三、上海三爱富新材料股份有限公司二OOO年度母公司及合并的现金流量表；

四、上海三爱富新材料股份有限公司会计报表附注。

上海立信长江会计师事务所有限公司　　中国注册会计师

王凤妹　施国梁

地址：中国·上海

南京东路61号

新黄浦金融大厦四楼

电话：(021)63606600

传真：(021)63501004

邮编：200002　　二OO一年二月二十六日

2、会计报表：(附后)

3、2000年会计报表附注

(以下金额单位除注明者外，均人民币元)

一、公司简介：

上海三爱富新材料股份有限公司(以下简称"公司")的发起人系上海市有机氟材料研究所，成立于1960年，是国内唯一从事有机氟材料科研开发和中试生产的研究所。1992年5月27日经上海市人民政府"沪科(92)第125号文"批准发起组建上海三爱富新材料股份有限公司，1993年3月16日在上海市证券交易所上市。1999年经国家有关部门批准，上海市有机氟材料研究所将原持有公司股份中的32,497,920.00股(占总股本28%)转让给上海华谊(集团)公司，股权性质界定为国家股。本次转让后，上海华 谊(集团)公司成为公司第一大股东。至2000年12月31日，公司股本总额为11,606.40万元。

公司所处行业为化工行业，经营范围：主要从事含氟材料的研究、开发、生产和经营，由上海市科委认定为高新技术企业。公司在含氟材料的科技开发和产品品级方面 处于国内领先地位，多项氟材料技术和产品获国家科技进步奖。

二、公司主要会计政策、会计估计和合并会计报表的编制方法：

三、税项：

公司主要税种和税率为：

税种	税率
增值税	17%
营业税	5%

所得税：母公司按上海市财政局、上海市税务局沪财企(1992)209号文"关于同意对上海三爱富新材料股份有限公司暂减按15%比例税率征收所得税的批复"，公司的所得税率为15%。

常熟三爱富氟化工有限公司属高新技术企业，所得税税率为15%；

上海三爱富广角创业公司，所得税税率为33%。

四、控股子公司及合营企业：

(一)公司所控制的所有子公司、合营企业情况及其合并范围：

被投资单位全称	注册资本(万元)	经营范围
常熟三爱富氟化工有限公司	2,830.00	有机氟产品生产及销售
上海三爱富广角创业公司	197.00	零售、批发、服务
上海三爱富新材料股份有限公司蔡路工厂	479.60	有机氟产品生产及销售
上海三爱富新材料股份有限公司顾路工厂	450.00	有机氟产品生产及销售
上海励精实业有限公司	60.00	零售、服务
上海三爱富实业公司	468.00	零售、服务

本期合并范围未发生变化。

(二)未纳入合并会计报表范围的子公司：

1、未纳入合并会计报表范围的子公司：详见上述附注四(一)。

2、未合并的原因：未纳入合并会计报表范围的子公司因规模较小，其加总的资产总额、销售收入和本期净利润占母子公司该三项指标的比例均在10%以下，符合不合并条件。

3、对财务状况的影响：

未纳入合并会计报表范围的子公司加总的资产总额为2,358.08万元，占母子公司资产总额的3.93%；销售收入为999.09万元，占母子公司收入总额的2%；净利润37.65万元，占母公司净利润的0.9%。对未纳入合并会计报表范围的子公司净利润母公司已按权益法核算，计入投资收益48.99万元。

五、会计报表主要项目注释：

(一)货币资金：

项　目	期 初 数	期 末 数
现　金	512,895.51	602,794.87
银行存款	90,372,797.78	108,024,775.23
合　计	90,885,693.29	108,627,570.10
其中美元：		
外币金额	274,488.24	30,235.00
折算汇率	1 ：8.2793	1 ：8.2781
折合人民币	2,272,570.49	250,288.35

(二十)股本：	期初数	比例	期末数	比例
1、未上市流通股份：				
(1)发起人股份：	56,160,000.00	48.39%	56,160,000.00	48.39%
其中：国家持有股份	56,160,000.00	48.39%	56,160,000.00	48.39%
其中：国有股	32,497,920.00	28.00%	32,497,920.00	28.00%
国有法人股	23,662,080.00	20.39%	23,662,080.00	20.39%
境内法人持有股份	---	---	---	---
(2)募集法人股：	14,976,000.00	12.90%	14,976,000.00	12.90%
未上市流通股份合计	71,136,000.00	61.29%	71,136,000.00	61.29%
2、已上市流通股份：				
人民币普通股	44,928,000.00	38.71%	44,928,000.00	38.71%
已上市流通股份合计	44,928,000.00	38.71%	44,928,000.00	38.71%
3、股份总数：	116,064,000.00	100.00%	116,064,000.00	100.00%

本期内股本总额及结构均无变动。

(二十一)资本公积：

项目	期初数	本期增加	期末数
股本溢价	42,424,102.62	---	42,424,102.62
股权投资准备	2,978,108.90	674,781.00	3,652,889.90
被投资单位评估增值准备	6,141,115.44	---	6,141,115.44
被投资单位股权投资准备	2,549,462.40	44,240.00	2,593,702.40
其他资本公积转入	4,620,048.88	---	4,620,048.88
合计	58,712,838.24	719,021.00	59,431,859.24

本期资本公积增加719,021.00元，其中：常熟三爱富氟化工公司收到财政部返回 款，用于企业再投入，按投资比例计入44,240.00元。母公司以非货币性资产对外投资 ，其增值部分扣除未来应交的所得税后计入674,781.00元。

(二十二)盈余公积：

项目	期初数	本期增加数	期末数
法定盈余公积	17,800,690.32	7,519,917.70	25,320,608.02
公益金	12,010,902.54	5,850,574.65	17,861,477.19
任意盈余公积	1,086,306.72	---	1,086,306.72
合计	30,897,899.58	13,370,492.35	44,268,391.93

(二十三)未分配利润：　　金 额　　提取或分配比例

期初未分配利润	15,674,807.71	
加:本期净利润	41,768,779.99	
减:提取法定盈余公积	7,519,917.70	母公司、常熟三爱富氟化公司均计提 10%
提取法定公益金	5,850,574.65	母公司计提 10%,常熟三爱富氟化公司计提 5%
应付普通股股利	11,606,400.00	按每 10 股分配红利 1 元
期末未分配利润	32,466,695.35	

(二十四)财务费用:

类别	本年发生数	上年发生数
利息支出	2,517,896.03	2,622,552.02
减:利息收入	891,731.02	622,822.51
汇兑损失	---	3,710.49
减:汇兑收益	148.72	---
其他	606,379.09	299,846.09
合计	2,232,395.38	2,303,286.09

(二十五)管理费用:

本年发生数	上年发生数
46,925,362.49	31,967,576.26

管理费用本年发生数比上年增加 14,957,786.23 元,增加比例为 46.79%,增加原因 是公司的大修理费用支出幅度比上年上升。

(二十六)其他业务利润:

类别	本年发生数		
	收入	成本	利润
材料销售	42,024,985.39	36,004,491.47	6,020,493.92
租赁业务	1,085,350.55	59,189.70	1,026,160.85
提供劳务	2,356,785.81	2,464,204.69	107,418.88
托管收入	774,092.76	42,215.22	731,877.54
其他	---	---	---
合计	46,241,214.51	38,570,101.08	7,671,113.43

本年托管收入 774,092.76 元,系收取上海天原(集团)有限公司氟化学厂资产委托经营管理费。

(二十七)投资收益:

1、本年发生数:

类别	合 计
短期投资	535,395.22
长期股权投资	1,003,182.28
长期债权投资	--
合计	1,538,577.50

(二十八)补贴收入:

内容	本年发生数	上年发生数
增值税退回	1,916,431.73	2,249,994.61
合计	1,916,431.73	2,249,994.61

(二十九)营业外收入:

类别	本年发生数	上年发生数
处理固定资产净收益	161,508.74	616,429.50
无法支付的应付款项	53,409.21	458,285.18
赔偿及罚款收入	87,485.87	45,251.60
其他	132,713.00	14,205.00
合计	435,116.82	1,134,171.28

(三十)营业外支出:

类别	本年发生数	上年发生数
处理固定资产净损失	2,457,890.12	2,253,675.04
赔偿及罚款支出	40,171.77	121,313.73
其他	181,888.96	889,539.53
合计	2,679,950.85	3,264,528.30

七、关联方关系及其交易:

八、或有事项:

公司无需披露的重大或有事项。

九、承诺事项:

公司无需披露的承诺事项。

十、资产负债表日后事项中的非调整事项:

公司无资产负债表日后事项中的非调整事项。

十一、债务重组事项:

公司本期未发生债务重组事项。

十二、其他事项:

经公司董事会决议通过,决定自 2001 年起提高对应收款项坏帐准备计提比例。具体调整如下:

帐 龄	计提比例
1 年以内	5%
1-2 年	10%
2-3 年	20%
3-4 年	40%
4-5 年	80%
5 年以上	100%

此项会计估计变更后,预计将影响 2001 年利润 50 万元。

(九)公司的其他有关资料

公司于 1999 年 6 月 10 日在上海市工商局变更注册资本。

工商登记号码:150107600　　税务登记号码:310043101409110

公司未流通股票的托管机构名称:上海证券中央登记结算公司

公司报告期内证券主承销机构名称:上海申银证券公司

公司聘请的会计师事务所:上海立信长江会计师事务所有限公司

办公地点:上海市南京东路 61 号 4 楼

(十)备查文件

1、载有法定代表人、主管会计工作负责人、会计机构负责人签名并盖章的会计 报表。

2、载有会计师事务所有限公司盖章、注册会计师签名并盖章的审计报告原件。

3、报告期内在《上海证券报》上公开披露过的公司文件的正本及公告原稿。

上海三爱富新材料股份有限公司　　二〇〇一年二月二十七日

资产负债表　单位:(人民币)元

资产	期末数 合并
货币资金	108,627,570.10
短期投资	258,190.00
短期投资净额	258,190.00
应收票据	16,310,646.49
应收帐款	37,883,705.79
其他应收款	20,428,613.51
减:坏帐准备	4,930,251.52
应收款项净额	53,382,067.78
预付帐款	6,581,721.36
存货	94,665,235.47
存货净额	94,665,235.47
待摊费用	414,365.20
流动资产合计	280,239,796.40
长期投资:	
长期股权投资	78,944,413.77
长期债权投资	13,460.00
长期投资合计	78,957,873.77
减:长期投资减值准备	1,000,000.00
长期投资净额	77,957,873.77
固定资产:	
固定资产原价	160,526,834.71
减:累计折旧	54,497,237.92
固定资产净值	106,029,596.79
在建工程	19,660,583.08
固定资产合计	125,690,179.87
无形资产及其他资产:	
无形资产	4,148,059.65
长期待摊费用	2,040,869.33
无形资产及其他资产合计	6,188,928.98
递延税项:	
资产总计	490,076,779.02
流动负债:	
短期借款	41,820,000.00
应付票据	12,041,972.00
应付帐款	25,192,839.02
预收帐款	14,305,288.59
应付工资	4,242,088.08
应付福利费	3,444,039.82
应付股利	15,956,131.64
应交税金	11,247,677.62
其他应交款	3,310,581.12
其他应付款	35,791,147.07
预提费用	548,871.40
一年内到期的长期负债	10,500,000.00
流动负债合计	178,400,636.36
长期负债:	
长期借款	33,559,910.97
长期应付款	4,735,260.00
住房周转金	988,677.88
长期负债合计	39,283,848.85
递延税项:	
递延税款贷项	644,627.63
负债合计	218,329,112.84
少数股东权益(合并报表填列)	19,516,719.66
股东权益:	
股本	116,064,000.00
资本公积	59,431,859.24
盈余公积	44,268,391.93
其中:公益金	17,861,477.19
未分配利润(未弥补亏损以"-"号表示)	32,466,695.35
股东权益合计	252,230,946.52
负债和股东权益总计	490,076,779.02

利润及利润分配表　单位:(人民币)元

项目	本期数 合并
一、主营业务收入	488,586,141.44
主营业务收入净额	488,586,141.44
减:主营业务成本	366,717,441.00
主营业务税金及附加	2,828,287.70
二、主营业务利润(亏损以"-"号填列)	119,040,412.74
加:其他业务利润(亏损以"-"号填列)	7,671,113.43
营业费用	20,050,593.52
管理费用	46,925,362.49
财务费用	2,232,395.38
三、营业利润(亏损以"-"号填列)	57,503,174.78
加:投资收益(损失以"-"号填列)	1,538,577.50
补贴收入	1,916,431.73
营业外收入	435,116.82
减:营业外支出	2,679,950.85
四、利润总额(亏损总额以"-"号填列)	58,713,349.98
减:所得税	8,611,318.85
减:少数股东损益(合并报表填列、亏损以"-"号填列)	8,333,251.14
五、净利润(净亏损以"-"号填列)	41,768,779.99
加:年初未分配利润(未弥补亏损以"-"号填列)	15,674,807.71
六、可供分配的利润(亏损以"-"号填列)	57,443,587.70
减:提取法定盈余公积金	7,519,917.70
减:提取法定公益金	5,850,574.65
七、可供股东分配的利润(亏损以"-"号填列)	44,073,095.35
应付普通股股利	11,606,400.00
八、未分配利润(未弥补亏损以"-"号填列)	32,466,695.35
主营业务利润	47.20
营业利润	22.80
净利润	16.56
扣除非经常性损益后的净利润	16.69

上海广电股份有限公司

一、公司简介

1.公司的法定中、英文名称及缩写 中文名称:上海广电股份有限公司
公司英文名称:Shanghai Video & Audio Electronics Co., Ltd. 缩写:广电股份
公司英文名称缩写:SVA
2. 公司法定代表人:王成明
3. 公司董事会秘书:戴金宝 联系地址:上海市斜土路1646号
联系电话:021-64038833 传真:021-64189828
4. 公司注册地址:上海市田林路140号 邮编:200233
公司办公地址:上海市斜土路1646号 邮编:200032
公司国际互联网网址:www.sva.com.cn. 电子信箱:svaoffice@online.sh.cn
5.公司选定的信息披露报纸名称:上海证券报
登载公司年度报告的中国证监会指定国际互联网网址:http://www.sse.com.cn
))公司年度报告备置地点:上海证券交易所、上海广电股份有限公司董事会秘书处
6. 公司股票上市交易所:上海证券交易所 股票简称:广电股份 股票代码:600637

二、会计数据和业务数据摘要

1、公司本年度会计数据(单位:万元)

利润总额	20019
净利润	17,378
扣除非经常性损益后的净利润	18,214
主营业务利润	38.883
其他业务利润	3,521
营业利润	-2,399
投资收益	23,684
补贴收入	184
营业外收支净额	-1,450
经营活动产生的现金流量净额	-28,504
现金及现金等价物净增加额	11,919

注:"扣除非经常性损益后的净利润"说明:
①处置固定资产净损失1,764万元;
②土地动迁补贴928万元。

报告期末至摘要披露日,由于公司实施增发A股方案,公司股本比报告期末增加了13000万股,为74528万股,报告期末的净利润,若按变化后的股本计算,每股收益为0.2332元。

2、前三年主要会计数据和财务指标(单位:万元)

指标项目	2000年	1999年	1998年调整前	1998年调整后
主营业务收入	270,361.01	222,354.49	210,171.03	211,228.81
净利润	17,378.36	11,802.50	11,247.91	12,680.39
总资产	468,414.47	382,458.48	407,552.26	403,432.80
股东权益	123,665.54	113,719.66	108,348.13	101,917.04
(注:不含少数股东权益)				
每股收益(元)				
(摊薄)	0.2824	0.1918	0.1828	0.2061
(加权)	0.2824	0.1918	0.1828	0.2061
扣除非经常性损益后的每股收益(元)	0.2960	0.1911	0.1661	0.1894
每股净资产(元)	2.0099	1.8482	1.7609	1.6564
调整后的每股净资产(元)	1.7420	1.6513	1.5729	1.4943
每股经营活动产生的现金流量净额(元)	-0.4633	0.4481	0.4623	-
净资产收益率(%)				
(摊薄)	14.05	10.38	10.38	12.44
(加权)	14.20	10.95	10.95	12.74

3.按照中国证监会《公开发行证券公司信息披露编报规则(第9号)》要求计算相关指标:

报告期利润	净资产收益率(%)		每股收益(元)	
	全面摊薄	加权平均	全面摊薄	加权平均
主营业务利润	31.44	31.77	0.6320	0.6320
营业利润	-1.94	-1.96	-0.0390	-0.0390
净利润	14.05	14.20	0.2824	0.2824
扣除非经常性损益后净利润	14.73	14.88	0.2960	0.2960

三、股本变动及股东情况

(1)报告期末股东总数为41490户。
(2)前十名股东持股情况:

股东名称	年末持股数(股)	占总股本(%)
①上海广电(集团)有限公司(国家股)	476551603	77.45
②申银万国证券股份有限公司	7953330	1.29
③金泰基金	2799259	0.45
④上海市宋庆龄基金会	2613600	0.42
⑤上海爱建股份有限公司	2178000	0.35
⑥上海电气集团总公司	1579050	0.25
⑦安信基金	1428508	0.23
⑧上海九百(集团)有限公司	1415700	0.23
⑨上海宏维企业发展有限公司	1352104	0.22
⑩上海望春花实业股份有限公司	1306800	0.21

本公司未发现上述十大股东之间存在关联关系。

持有本公司10%以上股份的股东:上海广电(集团)有限公司持有本公司77.45%的股份(国家股),所持股份在报告期内未发生增减变化,也无质押或冻结的情况。

(3)本报告期内控股股东未发生变更。

四、股东大会简介

1、公司1999年度股东年会的召开公告于2000年4月22日在《上海证券报》刊登,股权登记日为2000年5月8日,于2000年5月16日在公司办理出席会议登记手续。股东年会于2000年5月26日在上海展览中心友谊会堂召开,出席会议的股东340人,代表股权50706.1537万股,占公司总股本的82.41%,符合《公司法》和公司章程的有关规定。本次大会经徐汇区公证处公证,以书面表决方式通过了如下议案:公司董事会1999年工作报告、2000年工作纲要。

上海新黄浦置业股份有限公司

一、公司简介

1、公司名称: 中文名称:上海新黄浦置业股份有限公司
英文名称:SHANGHAI NEW HUANG PU REAL ESTATE CO.,LTD. 缩写:NHPRECL
2、公司法定代表人:吴明烈
3、公司董事会秘书:李薇洁
联系地址:上海市北京东路668号西楼6层
电话:(021)63238888 传真:(021)63237777
电子信箱:stock@nhpcn.com
4、公司注册地址:上海市延安东路110号7楼
邮政编码:200002
公司办公地址:上海市北京东路668号西楼6层 邮政编码:200001
公司国际互联网网址:http://www.600638.com 公司电子信箱:600638@600638.com
5、公司选定的信息披露报纸:《上海证券报》、《中国证券报》
登载公司年度报告的中国证监会指定国际互联网网址:http://www.sse.com.cn
公司年度报告备置地点:公司证券部
6、公司股票上市地:上海证券交易所
股票简称:新黄浦 股票代码:600638

二、会计数据和业务数据摘要

1、本年度利润总额构成及现金流量(单位:元)

项目	金额
利润总额	138,114,404.97
净利润	122,951,854.46
扣除非经常性损益后的净利润	116,293,795.56
主营业务利润	155,401,868.23
其他业务利润	2,253,085.30
营业利润	131,967,092.00
投资收益	-62,483.25
补贴收入	4,476,710.50
营业外收支净额	1,733,085.72
经营活动产生的现金流量净额	219,239,363.43
现金及现金等价物净增加额	-23,173,787.79

注:"扣除非经常性损益后的净利润"说明:

扣除项目	涉及金额(元)
营业外收入	2,181,348.40
补贴收入	4,476,710.50

2、前三年主要会计资料及财务指标(单位:元)

项目	2000年	1999年		1998年	
		调整前	追溯调整后	调整前	追溯调整后
主营业务收入	480,675,976.55	418,828,901.10	418,828,901.10	1,026,570,764.62	1,022,113,684.93
净利润	122,951,854.46	95,475,118.99	95,475,118.99	158,707,145.72	161,103,289.69
总资产	2986279,532.17	3131971,093.31	3,136,086,811.05	2,991,202,197.32	2,814,698,013.91
股东权益	1677958,961.50	1550891,389.30	1,555,007,107.04	1,694,566,865.54	1,533,162,376.41
(不含少数股东权益)					
每股收益	0.2372	0.1842	0.1842	0.3062	0.3108
加权每股收益	0.2372	0.1842	0.1842	0.3062	0.3108
扣除非经常性损益后的每股收益	0.2244	0.0887	0.0887	0.2791	0.2837
每股净资产	3.2374	2.9922	3.0000	3.2694	2.9580
调整后每股净资产	3.2176	2.9451	2.9531	3.2570	2.9447
每股经营活动产生的现金流量净额	0.4230	0.5939	0.5939	0.1443	0.1443
净资产收益率%(摊薄)	7.33%	6.16%	6.14%	9.37%	10.51%
净资产收益率%(加权)	7.61%	5.48%	6.04%	9.78%	9.92%

3、报告期按全面摊薄法和加权平均法计算的净资产收益率及每股收益:

报告期利润	净资产收益率(%)		每股收益(元/股)	
	全面摊薄	加权平均	全面摊薄	加权平均
主营业务利润	9.26%	9.61%	0.2998	0.2998
营业利润	7.86%	8.16%	0.2546	0.2546
净利润	7.33%	7.61%	0.2372	0.2372
扣除非经常性损益后的净利润	6.93%	7.19%	0.2244	0.2244

三、股东情况介绍

1、截止2000年12月31日,本公司股东总数为105088户。
2、主要股东持股情况:(前10名股东)

股东名称	持股数(股)	比例(%)
1.国家股(新黄浦集团授权管理)	194701118	37.56
2.上海众鑫实业有限责任公司	29786258	5.75
3.上海新黄浦(集团)有限责任公司	18269595	3.52
4.上海东亚建筑装饰实业有限公司	13701261	2.64
5.申银万国证券公司	11091600	2.14
6.广州美盈鞋业公司	9504000	1.83
7.上海新黄浦楼宇装备公司	7000531	1.35
8.上海城市建设投资公司	5791500	1.12
9.上海春申江实业总公司	3000384	0.58
10.永华房地产公司	2592000	0.50

持股5%以上的法人股股东上海新黄浦(集团)有限责任公司、上海众鑫实业有限责任公司所持股份无质押和冻结,亦无其它法律争议。

上海众鑫实业有限责任公司、上海东亚建筑装饰实业有限公司、上海新黄浦楼宇装备公司系上海新黄浦(集团)有限责任公司控股子公司。

3、本公司没有持股10%以上的法人股东。

上海金桥出口加工区开发股份有限公司

一、公司简介

1 、公司法定名称:上海金桥出口加工区开发股份有限公司
SHANGHAI JINQIAO EXPORT PROCESSING ZONE DEVELOPMENT CO., LTD.
2 、公司法定代表人:杨小明
3 、公司董事会秘书:桂华况　 证券事务代表:吴海燕
电 话:(021)58991818　 传真:(021)58991533 、58991812
4 、注册办公地址:上海浦东新金桥路 28 号　 邮政编码:201206
公司国际互联网网址:http://www.goldenbridge.sh.cn
电子信箱:jqepz@public1.sta.net.cn
5 、公司选定信息披露报纸名称:《上海证券报》、香港《大公报》
登载公司年度报告指定国际互联网网址:http://www.sse.com.cn
公司年度报告备置地点:公司董事会办公室
6 、公司股票上市地:上海证券交易所
股票简称及代码:A 股　 浦东金桥 600639　.B 股　 金桥 B 股 900911

二、会计数据和业务数据摘要

1 、公司 2000 年度主要业务数据:

项 目	金额(单位:元)
利润总额	85,482,387.26
净利润	70,250,375.89
扣除非经常性损益后净利润	69,219,900.96
主营业务利润	139,185,319.40
其他业务利润	35,255.96
营业利润	77,453,621.16
投资收益	6,998,291.17
营业外收支净额	1,030,474.93
经营活动产生的现金流量净额	-149,963,544.06
现金及现金等价物净增加额	86,853,144.67

注:"扣除非经常性损益后的净利润"中扣除项目为:营业外收支净额 1,030,474.93 元。

2 、截至报告期末公司前三年的主要会计数据和财务指标:

项 目	2000 年	1999 年调整后	1999 年调整前	1998 年调整前	1998 年调整后
(1)主营业务收入	569,822,694.13	627,815,189.29	627,815,189.29	302,208,328.24	302,208,328.24
(2)净利润	70,250,375.89	47,396,971.17	47,396,971.17	43,803,478.42	33,398,881.43
(3)总资产	2,740,914,790.06	2982996,631.48	2911611,932.05	3015873,579.16	2757936,054.62
(4)股东权益(不含少数股东权益,元)	1,695,930,510.88	1619898,494.99	1619898,494.99	1828183,413.29	1570245,888.75
(5)每股收益(摊薄)	1.101	0.075	0.075	0.069	0.053
(6)每股收益(加权)	0.101	0.075	0.075	0.069	0.053
(7)扣除非经营性损益后的每股收益(摊薄,元)					
(8)每股净资产(元)	2.43	2.55	2.55	2.88	2.48
(9)调整后的每股净资产(元)	2.28	2.41	2.37	2.59	2.32
(10)每股经营活动产生的现金流量净额	-0.215	-0.041	-0.035	-0.45	-0.45
(11)净资产收益率(摊薄)	4.14	2.93	2.93	2.40	2.13

注:2000 年数据系公司本部及上海金桥出口加工区房地产发展有限公司、上海新金桥广场开发建设有限公司的合并数。合并户数与 1999 年度相比，增加了上海新金桥广场开发建设有限公司。1999 年调整后数据系为按 2000 年数据同口径调整。

按中国证监会《公开发行证券公司信息披露编制规则(第 9 号)》计算的利润数据:

报告期利润	净资产收益率%		每股收益(元)	
	全面摊薄	加权平均	全面摊薄	加权平均
主营业务利润	8.21	8.41	0.199	0.199
营业利润	4.57	4.68	0.111	0.111
净利润	4.14	4.24	0.101	0.101
扣除非经常性损益后的每股收益	4.08	4.18	0.099	0.099

三、股东情况介绍

(1)至报告期末,公司股东总数为 134,923 户。

(2)主要股东持股情况

持 股 者	持股数(股)	持股比例(%)
1. 国家股	343,200,000	49.18
2.上海国际信托投资公司(发起人法人股	33,000,000	4.729
3 、TOYO SECURITIES ASIA LTD. A/C CLIENT	4,744,824	0.679
4 、蔡光天	2,243,360	0.321
5 、THE NOMURA SECURITIES CO. LTD.	2,034,488	0.291
6 、HKIT S/A 006-113039-431	1,780,000	0.255
7 、WISEMAX INTERNATIONAL LIMITED 智万国际有限公司	1,760,844	0.252
8 、京华山一国际(香港)有限公司	1,678,691	0.241
9 、NAITO SECURITIES CO.,LTD.	1,539,295	0.221
10 、华夏证券	1,307,850	0.188

上海金桥(集团)有限公司是国家股授权经营者。

上海金桥(集团)有限公司主营业务为房地产开发、工程承包。法定代表人为杨小明先生。

四、股东大会简介

1 、2000 年 5 月 15 日公司在《上海证券报》和香港《大公报》上刊登召开股东大会通知。

2000 年 6 月 16 日公司在南市影剧院召开 99 年度股东大会。出席本次股东大会的股东和股东授权代表 736 人，代表股份 345,756,525 股（其中:B 股股数 3,063,947)，占公司总股本的 54.50%,大会表决通过以下议案:1 、董事会工作报告;2 、监事会工作报告;3 、1999 年度财务决算的报告;4 、盈余公积弥补未分配利润的议案;5 、1999 年度利润分配方案的报告;6 、关于计提资产减值准备的报告 7 、2000 年度经营计划和财务预算的报告;8 、关于公司董监事的调整议案，原董事:张玑、严和海、宋金江、桂华况,原监事虞家弼不再担任公司董监事。新当选的董事有王泽仁、虞家弼,新当选的监事有朱勤荣;9 、关于聘用会计师事务所的议案;10 、关于修改公司章程的报告。6 月 17 日公司 1999 年度股东大会决议公告在《上海证券报》和香港《大公报》上刊登。

联通国脉通信股份有限公司

一、 公司简介

(一)公司法定名称:　 中文:联通国脉通信股份有限公司
英文:UNICOM GUOMAI COMMUNICATIONS CO.,LTD.　 英文名称缩写:UGM
(二)公司法定代表人:董事长:葛镭
(三)公司董事会秘书及证券事务代表的姓名、联系地址、电话、传真:
董事会秘书:赵一雷　上海市江宁路 1207 号国脉大厦 1407 室
021-62763321(连传真)
证券事务代表:王飚　 上海市江宁路 1207 号国脉大厦 1510 室
021-62769616
(四)公司地址:
注册地址:上海市浦东新区川北公路 2626 号　邮编:201204
办公地址:上海市江宁路 1207 号国脉大厦　 邮编:200060
电子信箱:E-mail:sgm@guomai.sh.cn..　 网址:http://www.guomai.sh.cn.
(五)公司信息披露方式:
选定的报纸:《上海证券报》
中国证监会指定登载公司年度报告的国际互联网网址:
http://www.sse.com.cn.
年度报告备置地点:国脉大厦 1407 室董事会办公室
(六)公司股票交易:
上市交易所:上海证券交易所
股票简称:联通国脉　 股票代码:600640

二、会计资料和业务资料摘要

(一)本年度利润总额构成及现金流量:　　　单位:元

项目	2000 年 12 月 31 日余额
利润总额	72,136,606.47
净利润	61,725,803.69
扣除非经常性损益后的净利润	63,886,925.44
主营业务利润	81,309,418.04
其它业务利润	8,565,382.49
营业利润	1,811,928.13
投资收益	72,438,376.14
补贴收入	
营业外收支净额	-2,113,697.80
经营活动产生的现金流量净额	75,429,352.07
现金及现金等价物净增加额	127,928,065.72

注:"扣除非经常性损益后的净利润"说明:

扣除项目	涉及金额
资产处置损益	-2,113,697.80
合并差价	-47,423.95
合计	-2,161,121.75

(二)前三年主要会计资料和财务指标:　　　单位:元

项目名称	2000 年	1999 年	1998 年(调整后)	1998 年(调整前)
主营业务收入	385,764,778.79	501,998,849.46	525,977,000.65	525,977,000.65
净利润	61,725,803.69	123,484,829.23	105,204,120.76	129,345,821.91
总资产	1,360,093,889.42	1,408,758,989.51	1,381,358,864.72	1,412,536,766.59
股东收益(不含少数股东权益)	1,209,640,152.05	1,184,324,298.84	1,123,750,425.63	1,144,324,133.68
每股收益(摊簿)	0.17	0.34	0.29	0.35
每股收益(加权)	0.17	0.34	0.29	0.35
扣除非经常性损益后的每股收益	0.18	0.34	0.29	0.36
每股净资产	3.32	3.25	3.08	3.14
调整后的每股净资产	3.11	3.15	2.99	3.08
每股经营活动产生的现金流量净额	0.21	0.40	0.47	0.47
净资产收益率(摊簿)	5.10%	10.43%	9.36%	11.30%
净资产收益率(加权)	5.08%	10.60%	9.10%	11.08%

(三)报告期按全面摊薄法和加权平均法计算的净资产收益率及每股收益:

报告期利润	净资产收益率(%)		每股收益(元/股)	
	全面摊薄	加权平均	全面摊薄	加权平均
主营业务利润	0.7	0.7	0.22	0.22
营业利润	0.1	0.2	0.01	0.01
净利润	5.1	5.1	0.17	0.17
扣除非经常性损益后的净利润	5.3	5.2	0.18	0.18

三、股东情况介绍

1 、报告期末股东总数 37,580 户。

2 、前十名股东情况:

股东名称	期末持有股数(股)	持股比例(%)
国信寻呼有限责任公司	214,852,514	58.88
陆家嘴(集团)有限公司	12,200,000	3.34
上海市电话局	8,471,922	2.32
上海长途电信综合公司	6,499,726	1.78
上海捷时达邮政专递公司	5,490,935	1.50
中国邮电工会上海市委员会	4,781,400	1.31
上海申银万国证券研究所	2,765,880	0.76
上海财政证券公司	1,706,562	0.47
上海鸿讯贸易有限公司	1,240,102	0.34
裕隆基金	1,209,644	0.33

四、股东大会简介

报告期内召开了一次股东大会会议,按序排列为第十七次会议。会议通知刊登在 2000 年 5 月 30 日的《上海证券报》,会议于 2000 年 6 月 30 日召开。会议决议刊登在 2000 年 7 月 1 日的《上海证券报》。

中远发展股份有限公司

中远发展股份有限公司2000年年度报告摘要

重要提示:本公司董事会保证本报告所载资料不存在任何虚假记载、误导性陈述或者重大遗漏,并对其内容的真实性、准确性和完整性负个别及连带责任。本年度报告摘要摘自年度报告。投资者欲了解详细内容,应阅读年度报告。

一、公司简介

1、公司的法定中文名称:中远发展股份有限公司
公司的法定英文名称:COSCO DEVELOPMENT CO.,LTD　　英文名称及缩写:CDC
2、公司注册及办公地址:上海市浦东南路2161号　　邮政编码:200127
电子信箱:zhyfzh@online.sh.cn
3、公司法定代表人:李建红
4、公司董事会秘书:李澜
联系地址:上海市浦东南路2161号
电话:021-58700678　　传真:021-58703267
5、公司选定的中国证监会指定报纸名称:《中国证券报》、《上海证券报》
公司选定的中国证监会指定国际互联网网址:http://www.sse.com.cn
公司中期报告备置地点:公司办公室
6、公司股票上市交易所:上海证券交易所
股票简称:中远发展　　股票代码:600641

二、会计数据和业务数据摘要

(一)本年度主要利润指标:项目(单位:元)

利润总额	325,398,468.76
净利润	281,403,771.41
扣除非经常性损益后的净利润	180,170,791.33
主营业务利润	131,803,983.94
其他业务利润	71,311,296.16
营业利润	173,003,899.11
投资收益	152,366,796.03
补贴收入	0.00
营业外收支净额	27,773.62
经营活动产生的现金流量净额	-253,997,628.77
现金及现金等价物净增加额	178,068,060.75

说明:扣除的非经常性损益的项目、涉及金额如下(税后收益):
海南大鼎旅业发展有限公司股权转让收益73,371,872.50元;海南博鳌投资控股有限公司股权转让收益27,837,500元;固定资产清理收益391.00元;没收租房押金22,666.78元;无法退回的预收帐款549.80元;以上合计为101,232,980.08元。

(二)截止报告期末公司前三年主要会计数据和财务指标(单位:元)

项目	2000年	1999年	1998年
主营业务收入	292,491,363.50	532,845,167.59	502,550,236.69
净利润	281,403,771.41	220,796,493.66	140,183,149.37
总资产	2,410,746,408.75	1,394,793,619.15	747,048,078.38
股东权益	1,008,221,166.75	800,390,589.54	579,594,095.88
每股收益(摊薄)	0.765	0.840	0.533
每股收益(加权平均)	0.765	0.840	0.533
每股收益(扣除非经常性损益)	0.490	0.840	0.533
每股净资产	2.74	3.05	2.21
调整后的每股净资产	2.73	3.04	2.20
每股经营活动产生的现金流量净额	-0.690	-1.752	0.485
净资产收益率(摊薄,%)	27.91	27.59	24.19
净资产收益率(加权平均,%)	29.90	32.00	27.51

(三)利润分配表附表

报告期利润	净资产收益率(%)		每股收益(元/股)	
	全面摊薄	加权平均(ROE)	全面摊薄	加权平均
主营业务利润	13.07	14.01	0.358	0.358
营业利润	17.16	18.38	0.470	0.470
净利润	27.91	29.90	0.765	0.765
扣除非经常性损益后的净利润	17.87	19.14	0.490	0.490

三、股东情况介绍

(一)截止报告期末,公司股东总户数为31456户。
(二)持有本公司5%以上(含5%)股份的股东情况:中远置业集团有限公司,报告期末持有本公司国有法人股25150.371万股,占公司总股本68.37%。
报告期初中远置业集团有限公司持有本公司股份17964.5507万股,报告期内因实施1999年度每10股送4股的利润分配方案,增加股份7185.8203万股,报告期末股份增加至25150.371万股。其所持有的全部股份未有发生质押和冻结。
(三)报告期末公司前10名股东持股情况:

序号	股东名称	期末持股数(股)	占总股本比例(%)	股份性质
1	中远置业集团有限公司	251503710	68.37	国有法人股
2	上海国际信托投资公司	17296021	4.70	国有法人股
3	金泰基金	10132531	2.75	流通股
4	万国发行	1764694	0.48	流通股
5	金创投资	1500000	0.41	流通股
6	深圳汇鹏	1351017	0.37	流通股
7	大连鸿丰	1253983	0.34	流通股
8	银孚技术	1252814	0.34	流通股
9	张妹娣	752563	0.20	流通股
10	谭爱妹	627332	0.17	流通股

注:上述前10名股东之间未存在关联关系。

四、股东大会简介

(一)股东年会
1、公司1999年度股东年会于2000年4月25日召开,本次股东年会决议公告刊登于2000年4月26日《中国证券报》、《上海证券报》。
(二)临时股东大会2000年12月22日,公司召开2000年临时股东大会,本次临时股东大会决议公告刊登于2000年12月23日《中国证券报》、《上海证券报》。

五、董事会报告

(一)公司经营情况
1、公司所处行业及在本行业中的地位
本公司主要从事房地产开发、经营以及房地产配套产业的投资、经营等业务,具备房地产开发企业二级资质。近年来,随着上海乃至全国房地产市场的整体好转,公司正大规模投资开发的上海"中远两湾城"项目以高品质的工程形象、高速度的工程建设和骄人的市场销售业绩,在上海房地产市场树立了良好的品牌形象。
2、公司主营业务范围及其经营状况
公司主营业务范围:实业投资、资产经营、房地产开发经营、国内贸易(除专项规定外)、钢材、木材、建筑材料、建筑五金。
报告期内,公司围绕可持续发展目标,坚持生产经营与资本经营联动发展,以"中远两湾城"项目为重点,全方位地推进项目开发和经营,通过各种十分有效的营销措施和手段,不断加大对房地产配套业务的投资和整合,努力构造房地产产业链,获得规模经济效益和协同效应,以进一步巩固和扩大公司在上海房地产市场的地位和作用。2000年度,公司实现主营业务收入29,249.14万元,实现主营业务利润13,180.40万元。实现净利润28,140.38万元。全年公司围绕业务发展计划,重点开展以下工作:
(1)积极做好房地产主业的开发和经营工作
全年重点做好"中远两湾城"房产项目的开发和营销工作。确保了年内完成项目工程开发进度。超额完成项目预售计划,其中完成项目一期(Ⅰ)预售95.69%;项目一期(Ⅱ)自2000年10月底开盘至2000年底,已实现预售24.33%。为了确保楼盘质量,公司注重工程质量管理,"中远两湾城"项目获得参建新建住宅创建质量无渗漏试点小区和环线内创建21世纪"四高"示范小区资格;并参加2000年由建设部召集的全国"创新风暴"竞赛,获特别奖(住宅设计);参加2000年由联合国人类居住中心、中国建设报联合召集的全国优秀住宅社区环境奖评比,获"东方园林杯"金奖;入选建设部编著的"中国优秀住宅小区"名录;并于上半年度获得市重大工程文明工地、安全标化工地荣誉;一期五栋建筑均被评为上海市优质、优良结构工程;公司工程部还荣获1999——2000年度上海市重大实事工程"先进集体"称号。
此外,公司还以增量开发带动众城商厦销售,众城大厦、众城公寓租赁等存量盘活。
(2)加大对房地产配套业务的投资和整合
为了拓展公司房地产业务的广度和深度,公司投资参股经联合改制重组后设立的大型建材生产企业——上海汇丽集团有限公司;投资参股上海中远置业销售策划公司;对属下物业公司进行重组,参股集团内大型物业管理公司——中远物业管理发展有限公司,利用集团内部优势扩大物业管理的经营规模。初步形成房地产开发上、下游产业链的配套发展。
(3)加强对投资企业管理力度,确保公司资产增值
公司采用多种方式,投资参股国家重点支持且有较大发展潜力的企业。为了确保公司资产增值,公司加大对投资企业的管理力度,使各投资企业保持稳定、良好的发展态势。其中重点加强对海南博鳌投资控股有限公司的经营管理。该公司根据已确定的以国际会议为中心的旅游和综合生态环境开发为主的经营目标,经过各投资方和公司经营者及建设者日夜奋战,在中央各部委和海南省政府及参与亚洲论坛各国政要的支持下,博鳌开发区(现已定名为"博鳌水城")一期工程已于2000年10月底竣工并交付使用。旨在增进亚洲各国之间、亚洲各国与世界其它地区之间交流与合作的论坛组织——"亚洲论坛"也随着将中国海南博鳌作为论坛的永久性会址和博鳌一期工程的成功开发,将论坛组织正式命名为"博鳌亚洲论坛"。
2000年11月18、19日"博鳌亚洲论坛"专家会议在博鳌成功召开;2001年2月26、27日,举世瞩目的"博鳌亚洲论坛"筹委会、"博鳌亚洲论坛"成立大会在海南博鳌隆重举行,中国国家主席江泽民、尼泊尔国王、马来西亚总理等来自25个国家的政要和前政要及代表出席会议。江主席在成立大会上致辞并为"博鳌亚洲论坛"作诗:"万泉气象新,水阔晚风纯,四海群贤聚,博鳌更喜人"。"博鳌水城"一期工程得到了与会代表的高度评价,今后,每年一度的"论坛"年会将使世界聚焦海南博鳌,"博鳌水城"已开始走出中国、走向世界。
(二)公司财务状况(单位:元)

指标	报告期末数	上年期末数	比上期增减(+/-)	增减原因
总资产	2,410,746,408.75	1,394,793,619.15	1,015,952,789.60	借款增加及实现利润
长期负债	580,000,000.00	80,132,000.00	499,868,000.00	增加银行贷款
股东权益	1,008,221,166.75	800,390,589.54	207,830,577,21.00	本期利润增加
主营业务利润	131,803,983.94	257,626,495.53	-125,822,511.59	主营业务收入减少
净利润	281,403,771.41	220,796,493.66	60,607,277.75	投资收益及其他业务利润增加

(三)公司投资情况
1、报告期内未募集资金,也无报告期前募集资金延续至报告期内使用的情况。
2、报告期内公司投资额总计为14141万元人民币,比上年3500万元增加了10641万元人民币。具体如下:
(1)出资2400万元人民币投资参股海南博鳌投资控股有限公司,占该公司8%股权;
(2)出资2500万元人民币投资参股海南科力电子信息股份有限公司,占该公司25%股权;
(3)出资200万元人民币投资参股上海远洋广场餐饮有限公司,占该公司20%股权;
(4)出资200万元人民币投资参股上海中远物业管理发展有限公司,占该公司20%股权;
(5)出资100万元人民币投资参股北京百慧勤投资管理有限公司,占该公司6.67%股权;
(6)出资6300万元人民币投资参股上海汇丽集团有限公司,占该公司18%股权;
(7)出资1696万元人民币投资参股上海银行,持股数为800万股;
(8)出资245万元人民币投资参股上海中远置业销售策划有限公司,占该公司49%股权;
(9)出资500万元人民币投资参股上海中远龙东置业发展有限公司,占该公司50%股权。
3、报告期内非募集资金投资的重大项目情况
报告期内公司非募集资金投资的重大项目——中远两湾城,该项目的进度为:一期(Ⅰ)工程已于2000年9月份完成结构封顶。截止报告期末完成主体工程内粉刷70%施工量,外粉刷60%施工量,设备安装70%施工量。基本完成二期地块内的动迁工作。一期(Ⅱ)工程于同年7月底正式动工。截止报告期末,该项目的预售情况为:一期(Ⅰ)楼盘已预售96%,一期(Ⅱ)楼盘于2000年10月底正式开盘对外预售,完成预售24.33%。此外,公司还就该项目积极与市、区两级政府协调,推进市政配套工程全面实施。其中:中潭路和远景路(暂名)于8月份正式开工,年底专业排管基本结束;昌化路桥于11月份开工,王家宅桥、真如港管线箱涵于年底全部结束;彭越浦河桥于10月下旬开工。

申 能 股 份 有 限 公 司

申能股份有限公司2000年度报告摘要

重要提示：本公司董事会保证本报告所载资料不存在任何虚假记载、误导性陈述或者重大遗漏，并对其内容的真实性、准确性和完整性负个别及连带责任。

一、公司简介

1、公司法定名称：申能股份有限公司
公司英文名称：Shenergy Company Limited
英文缩写：Shenergy
2、公司法定代表人：杨祥海
3、公司董事会秘书：王敏文
董事会秘书授权代表：周燕飞
联系地址：上海市复兴中路1号
电话：021-63900145、63900143
传真：021-63900119
电子信箱：zhouyf@shenergy.com.cn
4、公司注册地址：上海市浦东银城东路139号
公司办公地址：上海市复兴中路1号24楼
邮政编码：200021
公司网址：www.shenergy.com.cn
公司电子信箱：zhenquan@shenergy.com.cn
5、公司信息披露报纸：《上海证券报》和《中国证券报》
登载公司年度报告的中国证监会指定国际互联网网址：http://www.sse.com.cn
公司年度报告备置地：公司策划部
6、公司股票上市地：上海证券交易所
股票简称：申能股份
股票代码：600642

二、会计数据和业务数据摘要

1、主要利润指标情况（单位：元）

利润总额：	1,419,065,143.20
净利润（调整后）：	1,523,040,275.23
扣除非经常性损益后的净利润：	865,565,202.81
主营业务利润：	542,990,758.47
其他业务利润：	407,766.42
营业利润：	215,356,910.47
投资收益：	1,203,702,336.67
补贴收入：	0.00
营业外收支净额：	5,896.06
经营活动产生的现金流量净额：	814,697,330.15
现金及现金等价物净增加额：	-421,767,718.97

注：扣除的非经常性损益项目和涉及金额(税后收益)是指：

石洞口第二电厂"非正常经营项目收益调整"	290,545,463.20
转让石洞口电厂1号机组资产转让收益	281,588,212.50
股权投资差额(借差)	85,341,396.72

2、截至报告期末公司前三年主要会计数据和财务指标（单位：元）

项　目	2000年	
	调整后	调整前
主营业务收入	1,423,971,949.88	1,423,971,949.88
净利润	1,523,040,275.23	1,232,494,812.03
总资产	9,915,345,805.95	9,915,345,805.95
股东权益（不含少数股东权益）	4,786,455,121.80	4,786,455,121.80
每股收益（摊薄）	0.933	0.755
每股收益（按月平均加权法）	0.933	0.755
每股收益（扣除非经常性损益）	0.530	0.530
每股净资产	2.93	2.93
调整后的每股净资产	2.862	2.862
每股经营活动产生的现金流量净额	0.499	0.499
净资产收益率（摊薄）	31.82%	25.75%
净资产收益率（加权平均）	30.42%	25.36%

注：1.表中"调整后"财务指标说明：为客观、公允、合理地反映公司2000年度的经营成果，公司按调整出让华能上海石洞口第二电厂"非正常经营项目收益"后，计算公司的净利润和相关财务指标，以科学、合理地评价公司经营业绩。

2.主要财务指标计算方法：
每股收益=净利润/年度末普通股股份总数；
每股净资产=年度末股东权益/年度末普通股股份总数；
调整后的每股净资产=(年度末股东权益—三年以上的应收款项净额—待摊费用—待处理(流动、固定)资产净损失—开办费—长期待摊费用—住房周转金负数余额)/年度末普通股股份总数；
每股经营活动产生的现金流量净额=经营活动产生的现金流量净额/年度末普通股股份总数；
净资产收益率=净利润/年度末股东权益×100%。

3、利润分配表附表

报告期利润	净资产收益率(%)	
	全面摊薄	加权平均(ROE)
主营业务利润	11.34	10.85
营业利润	4.50	4.30
净利润	31.82	30.42
扣除非经常性损益后的净利润	18.08	17.29

报告期利润	每股收益(元/股)	
	全面摊薄	加权平均
主营业务利润	0.332	0.332
营业利润	0.132	0.132
净利润	0.933	0.933
扣除非经常性损益后的净利润	0.530	0.530

财务指标计算公式
1) 全面摊薄净资产收益率和每股收益的计算公式如下：
全面摊薄净资产收益率=报告期利润÷期末净资产；
全面摊薄每股收益=报告期利润÷期末股份总数；
2) 加权平均净资产收益率(ROE)的计算公式如下：
$ROE=P/(E0+NP/2+Ei\times Mi/M0-Ej\times Mj/M0)$
其中：P为报告期利润；NP为报告期净利润；E0为期初净资产；Ei为报告期发行新股或债转股等新增净资产；Ej为报告期回购或现金分红等减少净资产；M0为报告期月份数；Mi为新增净资产下一月份起至报告期期末的月份数；Mj为减少净资产下一月份起至报告期期末的月份数。
3) 加权平均每股收益(EPS)的计算公式如下：
$EPS=P/(S0+S1+Si\times Mi/M0-Sj\times Mj/M0)$
其中：P为报告期利润；S0为期初股份总数；S1为报告期因公积金转增股本或股票股利分配等增加股份数；Si为报告期因发行新股或债转股等增加股份数；Sj为报告期因回购或缩股等减少股份数；M0为报告期月份数；Mi为增加股份下一月份起至报告期期末的月份数；Mj为减少股份下一月份起至报告期期末的月份数。

4、报告期内股东权益变动情况（单位：元）

项目	股本	资本公积
期初数	1,633,087,769.00	976,366,274.95
本期增加	0.00	44,437,500.00
本期减少	0.00	0.00
期末数	1,633,087,769.00	1,020,803,774.95
变动原因		所得税返回和收到财政补贴

项目	盈余公积	其中：法定公益金
期初数	897,065,936.87	208,981,697.74
本期增加	839,259,658.89	110,382,179.39
本期减少	0.00	0.00
期末数	1,736,325,595.76	319,363,877.13
变动原因	本年利润提取数	本年利润提取数

项目	未分配利润	非正常经营项目收益调整	股东权益合计
期初数	156,801,398.60	581,090,926.40	4,244,412,305.82
本期增加	1,523,040,275.23	0.00	2,406,737,434.12
本期减少	1,574,149,154.94	290,545,463.20	1,864,694,618.14
期末数	105,692,518.89	290,545,463.20	4,786,455,121.80

三、股本变动及股东情况

（一）股本变动情况：
1、股份变动情况表　数量单位：股

	本次变动前	本次变动增减	本次变动后
一、未上市流通股份			
1、国家股	1113096700	0	1113096700
2、募集法人股	268999069	0	268999069
3、其他：转配股	89640000	-89640000	0
未上市流通股份合计	1471735769	-89640000	1382095769
二、已上市流通股份			
人民币A股	161352000	+89640000	250992000
已上市流通股份合计	161352000	+89640000	250992000
三、股份总数：	1633087769	0	1633087769

2、股票发行与上市情况：
1999年12月21日，公司回购并注销了10亿股国家股，回购价格按1998年底调整后每股净资产2.51元，回购金额25.1亿元，公司以现金方式支付。
2000年11月20日，公司8964万股转配股在上海证券交易所上市流通。该部分转配股上市后，公司股份总数不变，未流通股份减少8964万股，已上市流通部分股份增加8964万股。
（二）股东情况介绍
1、股东总数：截止2000年12月29日，公司共有股东84698名。
2、前十名股东持股情况：

股东名称	年末持股数(股)	占总股本比例(%)
(1)申能(集团)有限公司(国家股)	1113096700	68.16
(2)上海市电力公司	17981000	1.10
(3)国泰君安证券公司	14882600	0.91
(4)上海申能实业有限公司	13311426	0.82
(5)上海久事公司	11604833	0.71
(6)上海国际信托投资公司	7929500	0.49
(7)华东电力集团公司	6700000	0.41
(8)安徽国际信托投资公司	6050000	0.37
(9)建行信托投资公司	5143240	0.32
(10)交通银行上海分行	5000000	0.31

以上股东中，上海申能实业有限公司与申能(集团)有限公司存在关联关系，即上海申能实业有限公司为申能(集团)有限公司的控股子公司，申能(集团)有限公司占上海申能实业有限公司注册资本的80%。
（三）持股10%以上股东情况介绍：
申能(集团)有限公司系公司国家股股东，持有公司股份1113096700股，占总股本68.16%。
法定代表人：许冠庠
经营范围：从事电力、能源基础产业的投资开发和经营管理，实业投资，国内贸易，房地产开发

经营,高科技产业。

该公司持有本公司的股份无质押情况。

四、股东大会简介

公司在报告期内召开了一次股东大会,具体情况如下:

公司于 2000 年 6 月 26 日在上海召开第十二次股东大会,出席会议股东及股东代理人共 1922 人,代表股份 118174.1959 万股,占公司总股本的 72.36%,会议通过记名投票表决方式逐项通过了以下决议:

1、表决通过了《公司 1999 年度董事会工作报告》;

2、表决通过了《公司 1999 年度财务决算和 2000 年度财务预算报告》;

3、表决通过了《公司 1999 年度利润分配方案》;

4、表决通过了《公司 1999 年度监事会工作报告》;

5、表决通过了将石洞口电厂一号机组长期投资有偿转让给申能(集团)有限公司的议案。

有关该次股东大会通知刊登于 2000 年 5 月 24 日及 2000 年 6 月 21 日《上海证券报》、《证券时报》;股东大会决议公告刊登于 2000 年 6 月 27 日的《上海证券报》、《证券时报》。

报告期内,公司未发生选举、更换董事、监事情况。

五、董事会报告

1、公司经营情况。

(1)公司主要从事电力、能源项目的投资、建设、经营,为公用事业类,是上海地区电力能源建设的主力军之一。

(2)公司主营业务范围:电力建设,能源、节能、资源综合利用及相关项目,与能源建设相关的原材料、高新技术和出口创汇项目的开发,投资和经营。公司还投资参股银行、证券公司等金融机构。

(3)公司主要全资企业及控股公司的经营情况(详见"3、公司投资情况")

2、公司财务状况

指标	报告期末数	上年期末数
总资产	9,915,345,805.95	12,359,586,893.74
长期负债	2,667,747,017.73	5,668,936,135.59
股东权益	4,786,455,121.80	4,244,412,305.82
主营业务利润	542,990,758.47	433,820,198.36
净利润(调整后)	1,523,040,275.23	829,541,482.74

指标	较上期增减(+/-)	增减原因
总资产	-2,444,241,087.79	归还到期债务
长期负债	-3,001,189,117.86	归还到期债务
股东权益	542,042,815.98	本期利润增加
主营业务利润	109,170,560.11	注 1
净利润(调整后)	693,498,792.49	注 2

注 1:主营业务利润的增加主要是合并单位上海吴泾第二发电有限责任公司 1 号机组正式投产增加主营业务利润,以及上海外高桥发电有限责任公司主营业务利润较去年有较大增长。

2:净利润的增加主要是增加石洞口电厂 1 号机组资产转让收益、公司投资的上海石油天然气总公司本期利润增加以及合并单位上海外高桥发电有限责任公司净利润的增加。

3、公司投资情况

(1)本报告期内未募集资金,也没有报告期前募集资金使用延续到报告期内的情况。

(2)报告期内非募集资金投资的重大项目说明。

上海外高桥发电有限责任公司由公司与上海电力股份有限公司共同投资建设,其生产规模为 4 台 30 万千瓦燃煤机组,公司占 50%股权。该公司 2000 年各项生产和技术经济指标全面超过 1999 年,达到公司投产发电以来的最好水平。年度发电量 76.2 亿千瓦时,比 1999 年同期增长 16.9%,供电煤耗下降 3 克/千瓦时。公司连续安全生产 671 天,各项安全指标在国内同类发电机组中处于领先水平。2000 年该公司实现销售收入 22 亿元。

上海吴泾第二发电有限责任公司由公司与上海电力股份有限公司共同投资建设,生产规模为 2 台 60 万千瓦亚临界燃煤发电机组。该公司注册资本金 20 亿元,公司占 50%股权。第一台机组已于 2000 年 7 月正式投产。新机组运行稳定,完成发电量 18 亿千瓦时,超过计划 50%,实现销售收入 4.17 亿元。

上海外高桥第二发电有限责任公司 2 台 90 万千瓦进口超临界参数燃煤发电机组为国家批准的利用世界银行贷款项目,建成后将成为我国目前单机容量最大的火电机组,该公司由公司与上海市电力公司、国家电力公司华东公司共同出资建设,注册资本金 32.2 亿元,公司出资比例为 40%。目前,项目公司已成立,项目开工报告已上报国家计委。

由公司控股(投资比例为 36.8%)的东海平湖油气田项目 1996 年 1 月开工建设,该项目的建设规模为日供气 120 万立方米。原油开采已于 1998 年 11 月正式投产,1999 年 4 月向上海供应天然气。2000 年度上海石油天然气总公司全面超额完成年度经营计划指标,天然气产量 26047 万立方米,原油产量 52.73 万吨,实现销售收入 14.33 亿元。目前东海平湖油气田扩建工程前期准备工作正在积极进行中。

为配合国家"西气东输"重点工程的建设和上海能源结构战略调整,2000 年 8 月,公司董事会决定拟由公司与上海市政资产经营发展公司分别按 60%和 40%的比例投资组建上海天然气管网有限公司,并由该公司负责建设、经营上海天然气主干输气管网工程,并负责上海天然气资源落实和供应工作。上海天然气主干输气管网一期工程总投资约 27 亿元,天然气管网公司注册资本金 15 亿元。2000 年 11 月,上海天然气主干输气管网一期工程的项目建议书获得了上海市计委批准。

上海申能创业投资有限公司成立于 2000 年 4 月,注册资本金 2 亿元,由公司与申能(集团)有限公司共同出资组建,公司占 49%股权。该公司主要业务范围为信息、生物医药、环保等高新技术产业的开发和应用;新能源的投资开发;股权投资;投资咨询、企业兼并及资产管理。2000 年度该公司取得了较好的经营业绩。

上海星火热电公司注册资本金 6000 万元,公司占 90%股权。生产规模为 2 台 1.2 万千瓦供热机组,2000 年发电 1.26 亿千瓦时,供热 133.3 万百万千焦,实现销售收入 1.01 亿元。

天荒坪抽水蓄能电站项目公司注册资本金 7.2 亿元,公司出资比例 25%,生产规模为 6 台 30 万千瓦机组。该项目最后一台机组 6 号机于 2000 年 12 月 22 日通过启动验收,同月 25 日投入试生产。至此,该项目 6 台机组全部投产,这对华东电网的调峰填谷,改善电源结构,提高供电质量将起到十分重要的作用。该电站 2000 年全年完成发电量 14.51 亿千瓦时,上网电量 14.34 亿千瓦时,抽水电量 17.94 亿千瓦时,电站综合效率 80%。全年电量销售收入达 8.16 亿元。

拟建项目浙江桐柏抽水蓄能电站装机容量为 4 台 30 万千瓦单极可逆式抽水蓄能发电机组。项目总投资 42.05 亿元,项目公司注册资本金 8.4 亿元,公司出资比例为 20%。项目建成后预计年发电量将达 21.18 亿千瓦时,年抽水电量 28.13 亿千瓦时,设计综合效率为 75.3%。目前,项目公司已成立,可研报告已经国家计委批准。

经 2000 年 8 月董事会决定,公司拟投资建设的上海化学工业区热电联供项目建设规模为 2 套 20 万千瓦级燃气联合循环机组并配套建设 4 台 110 吨/小时快速启动锅炉,供热能力 850 吨/小时。项目总投资约 27 亿元,项目公司注册资本金 6.75 亿元,公司出资比例为 20%,项目采用天然气、轻油等清洁能源,实现集中供热。目前,《合资意向书》已签署,项目建议书已上报国家计委。

另外,公司还在积极参与投资华能上海燃气发电项目的前期准备工作。

4、本报告期内,公司的生产经营环境及宏观政策没有发生重大变化。

5、2001 年业务发展计划。

(1)做好现有电力项目的经营管理,抓紧在建项目的建设。

外高桥发电有限责任公司将继续加强管理,确保安全运行。该公司 2001 年度计划发电 65 亿度,实现销售收入 19.88 亿元。天荒坪抽水蓄能电站 2001 年计划发电 18.9 亿度,实现销售收入 12 亿元。上海吴泾第二发电有限责任公司 2 号机组将在 2001 年上半年整套启动,完成 168 小时试运行后并网发电,2001 年计划发电 50 亿度,实现销售收入 17.65 亿元。申能星火热电公司计划发电 1.2 亿度,供热 148 万百万千焦,计划实现销售收入 1.02 亿元。外高桥电厂二期工程按计划完成工作进度。

(2)以天然气行业作为公司新的发展重点,积极推进东海平湖油气田扩建工程和天然气主干输气管网一期工程的建设。

上海石油天然气总公司计划生产原油 50 万吨,供应天然气 3.45 亿立方米,实现销售收入 12.8 亿元。同时公司将积极实施东海平湖油气田扩建工作,争取工程早日上马。在天然气管网项目方面,以"西气东输"项目为契机,在稳定发展浦东天然气的基础上,以规划为龙头,以市场为导向,以"以点布线,逐步成网、总体规划、分期实施"为原则,抓早做好天然气主干输气管网的一期工程设计,并适时开工,为 2003 年西气输入上海作好准备。

(3)切实做好新一轮电力能源项目的建设及准备工作。

抓紧新一轮项目的建设、准备和跟踪,继续与其他投资方一起做好外高桥电厂二期工程的建设工作及漕泾热电厂、桐柏抽水蓄能电站、华能上海燃气发电项目的前期准备工作,争取年内部分项目开工。

(4)积极参与电力体制改革,切实保障公司的合法权益。

完善现有三个电力项目公司的运作及管理,提高各项经济合同及财务资金方面的管理力度。积极关注并参与电价政策的研究制定,加强电力市场的研究。积极参与本市电力体制改革,努力维护公司的合法权益。

(5)继续加强公司资产运作和财务管理,有效提高资金使用效益。

根据公司发展需要,进一步加强内控制度建设,修订和完善公司资金、财务管理制度,强化财务计划、资产、收入、成本、费用管理,有效提高公司资金使用效益和公司投资项目的获利能力。

在前些年顺利完成回购、资产置换的基础上,从进一步夯实股份公司资产质量,优化产业结构出发,积极争取集团的支持,适时对申能股份再作进一步资产运作。

6、董事会日常工作。

(1)董事会会议情况及决议内容

A、公司于 2000 年 4 月 4 日召开第三届董事会第四次全体会议。会议应到董事 12 名,参加表决董事 12 名,会议审议并通过了如下决议:

1)《公司资产减值准备内部控制的暂行规定》;

2)公司与申能(集团)有限公司石洞口电厂一号机组的资产置换方案;

3)决定投资组建上海申能创业投资有限公司;

4)决定投资组建上海外高桥第二发电有限责任公司。

B、公司于 2000 年 4 月 21 日召开第三届董事会第五次全体会议。会议应到董事 12 名,参加表决董事 12 名,会议审议并通过了如下决议:

1)《公司 1999 年度工作报告》;

2)《公司 1999 年度财务决算报告和 2000 年度财务预算报告》;

3)《公司 1999 年度利润分配预案》:经大华会计师事务所审计,公司 1999 年度调整后净利润 82954 万元,从 1999 年净利润中提取 10%法定盈余公积金 8295 万元,提取 5%法定公益金 4148 万元,提取 40%任意盈余公积金 33182 万元,当年可供分配利润 37329 万元,加年初未分配利润 19178 万元,合计可供股东分配利润 56507 万元。公司拟按 1999 年末总股本 163308.78 万元为基数,每股派发现金红利 0.25 元(社会公众股含个人所得税),合计 40827 万元,尚余未分配利润 15680 万元,结转至下一年度。

4)《公司 1999 年年度报告及摘要》;

5)同意续聘大华会计师事务所为公司 2000 年度审计机构;

6)决定委任周燕飞女士为董事会秘书授权代表;

7)决定召开公司第十二次股东大会。

C、公司于 2000 年 8 月 9 日召开第三届董事会第六次全体会议。会议应到董事 12 名,参加表决董事 12 名。会议审议并通过了如下决议:

1)《公司 2000 年中期报告及其摘要》;

2)拟投资组建上海天然气管网有限公司;

3)拟投资建设浙江桐柏抽水蓄能电站;

4)拟投资建设上海化学工业区热电联供项目;

5)决定召开公司第十三次股东大会。

(2)董事会对股东大会决议的执行情况。

1)董事会按照第十二次股东大会通过的决议将石洞口电厂一号机组长期投资资产原值有偿转让给申能(集团)有限公司。至 2000 年 6 月底,该项转让行为已全部完成。具体情况详见本报告第七章"重大事项"中"关联交易"部分。

2)董事会按照第十二次股东大会通过的决议执行利润分配事宜。公司于 2000 年 7 月 15 日在《上海证券报》、《证券时报》上刊登分红派息公告。2000 年 7 月 19 日为股权登记日,2000 年 7 月 20 日为除息日。社会公众股的现金红利委托上海证券中央登记结算公司通过其资金清算系统向股权登记日在册并在上海证券交易所各会员单位办理了指定交易的股东派发;法人股红利自 2000 年 7 月 25 日起前往上海申能实业公司领取。

7、公司管理层及员工情况。

(1)董事、监事及高级管理人员(按姓氏笔划顺序排列)

持股单位:股

姓名	职务	年龄	性别	任期	期初持股数	期末持股数
王益民	董事	50	男	1999.6-2002.6	0	0
王敏文	董事、董事会秘书	38	男	1999.6-2002.6	0	0
史兴祥	董事	48	男	1999.6-2002.6	0	0
刘承泽	董事、副总经理	64	男	1999.6-2002.6	0	0
许冠庠	董事	64	男	1999.6-2002.6	0	0
牟继祥	董事	63	男	1999.6-2002.6	0	0
陈光华	董事、副总经理	64	男	1999.6-2002.6	16800	16800
陈铭锡	董事、总经理助理	34	男	1999.6-2002.6	0	0
何怀芥	董事	58	男	1999.6-2002.6	0	0
沈芳珍	董事	49	女	1999.6-2002.6	0	0
吴家骅	副董事长、总经理	53	男	1999.6-2002.6	16800	16800
杨祥海	董事长	49	男	1999.6-2002.6	0	0
王知	监事	45	男	1999.6-2002.6	0	0
仇伟国	监事长	49	男	1999.6-2002.6	0	0
张行	监事	41	女	1999.6-2002.6	0	0

以上董事、监事中有 6 位在公司领取报酬,年度报酬总额为 74.76 万元,个人报酬在 10—15 万元之间。王益民、王知、史兴祥、许冠庠、杨祥海、仇伟国、牟继祥、沈芳珍、张行未在公司领取报酬。

本报告期内,公司董事、监事及其他高级管理人员未发生变更。

(2)公司员工的数量、专业构成、教育程度及退休职工人数情况。

公司在职员工总数 46 人。其中:

1)按专业划分:

专业	人数	占总人数的比例%
技术管理人员	35	76.1
财务人员	6	13.0

行政人员	5	10.9

2)按受教育程度划分：

教育程度	人数	占总人数比例%
博士生	1	2.2
硕士生	8	17.4
大学学历	19	41.3
大专学历	10	21.7
其他	8	17.4

8、本次利润分配预案

公司2000年调整后净利润为152304万元，从中提取法定盈余公积金19581万元，提取法定公益金11038万元，为满足2001年度电力、能源项目建设资金需求，提取35%的任意盈余公积金53307万元，当年尚余可供股东分配利润68378万元，加年初未分配利润15680万元，本次可供股东分配利润合计为84058万元。公司拟按2000年末总股本163308.78万元为基数，每股派发现金红利0.45元(社会公众股含个人所得税)，共 计分配股利73489万元，尚余未分配利润10569万元，结转至下年度。

9、2001年度利润分配政策

预计公司2001年度的利润分配政策如下：

(1)公司2001年度至少分配股利一次，分配时间在2001年中期或年度结束后；

(2)公司2001年度实现净利润加2000年度结转未分配利润合并用于股利分配，分配比例在45%以上；

(3)股利分配拟采用现金、送红股的形式，现金股息占股利分配的比例不低于30%。

六、监事会报告

报告期内，监事会成员积极开展工作，认真履行职责。2000年度监事会成员列席了本届董事会第四、五、六次会议。监事长列席了总经理办公会议。监事会独立召开了第四次会议。

1.本报告期内，监事会成员通过列席历次董事会议，对董事会履行职权、执行 公司决策程序和议事规则进行了监督。监事会认为本年度的以下决策事项，积极实施公司发展目标，符合《公司法》和《公司章程》的有关规定。

按中国证监会"证监公司字(1999)138号"文，制定《公司资产减值准备内部 控制制度的暂行规定》；

决定投资组建上海申能创业投资有限公司；

决定投资组建上海外高桥第二发电有限责任公司；

拟投资组建上海天然气管网有限公司；

拟投资建设浙江桐柏抽水蓄能电站；

拟投资建设上海化学工业区热电联供项目；

上述重大决策事项均按规定程序实施。

2.本报告期内，在监事会列席的历次董事会议及监事长列席历次总经理办公会 议中，公司董事、经理和高层管理人员都能认真执行股东大会、董事会决策事项，并在履行公司职务时遵守《公司法》与《公司章程》的规定，遵守国家法律、法令、法规和公司制度、章程；维护公司利益、维护股东利益。没有发现有违法、违规和损害公司利益的行为。

3.本报告期内，监事会认真独立审议了经大华会计师事务所审计出具无保留意见 的2000年度财务报告等资料。审议中，监事会对公司财务报告的有关附注事项进行了质询；了解了公司财务决算计提四项准备金的事项、方法、比例。

监事会认为：公司2000年年度财务报告、财务报表，大华会计师事务所对公司2000年度财务报告的审计，客观反映了本公司财务状况、经营成果。公司按国家有关财务制度规定和公司制度准确计算并提取了四项准备金。本公司2000年度实现的工作业绩是真实的。公司各项费用支出基本合理，各项留符合法律、法规和公司章程的规定。公司财务结构良好，资产质量优良，信誉良好。本年度公司制定了"内部会计控制暂行规定"，制定了"加强法律事务管理的

试行规定"，并对本公司原有规章制度，结合近年法规、法令的新要求及公司的实际情况进行全面清理、修订。公司的内部管理进一步完善、提高。

4.本报告期内，公司按照第十二次股东大会通过的决议，报经上海市国有资产 办公室审核批准，聘请东洲资产评估事务所进行资产评估，将石洞口电厂一号机组长期投资资产有偿转让给申能集团有限公司。至2000年6月底，该项转让行为已全部完 成，转让资金也全部收到入帐。该项举措增加了公司现金流量，优化了公司资产结构。全部关联交易严格遵照国家有关规定，按程序进行评估和审批，手续完备、交易公平，维护了公司和股东的权益。

监事会认为：在本报告期内，由于国际油价大幅上涨，上海电力需求增长，作为清洁能源的天然气进入市场，使公司以往正确的投资决策，取得良好的经济和社会效益。公司报告期创造了每股收益0.933元的优良业绩。公司董事会、总经理班子团结 协调、开拓进取，务实高效，为维护股东权益和公司的进一步发展作了积极的努力。

监事会建议：公司多年经营已经形成良好的电力、天然气能源的投资经营主业，并在拓展金融证券投资领域方面取得进展。下一步应加强对公司长远规划、发展战略的研究，抓紧研究新的发展思路，拓宽新的投资领域，提升、强化公司的综合竞争能 力。在募集社会资金后，为公司长期、持续、稳定发展，切实抓好一批新一轮重大项目的投资建设。

七、重要事项

1、报告期内公司无重大诉讼、仲裁事项。

2、报告期内公司、公司董事及高级管理人员未受到任何监管部门的处罚。

3、报告期内公司控股股东未发生变更。公司董事会成员、总经理、董事会秘书 均未发生变更。

4、报告期内公司收购及出售资产、吸收合并的简要情况。

报告期内，公司实施了将石洞口电厂一号机组长期投资有偿转让给申能(集团)有限公司的方案。具体内容详见本章第5项"重大关联交易事项"。

5、重大关联交易事项。

报告期内，公司与申能(集团)有限公司进行石洞口电厂一号机组长期投资资产转让，具体内容如下：

关联交易方：申能(集团)有限公司。

关联关系：申能(集团)有限公司系公司国家股控股股东。

关联交易内容：公司将投资于石洞口电厂一号机组5.6395亿元长期投资原值有偿转让给申能(集团)有限公司。

定价原则：以经上海资产评审中心确认的上海东洲资产评估有限公司查帐验证结果为依据。

资产帐面价值：截止1999年12月31日，该项资产帐面价值为4.8072亿元人民币。

交易价格：8.12亿元人民币。

结算方式：申能(集团)有限公司以现金方式一次性支付

转让收益：公司通过上述关联交易，获得转让收益3.31亿元人民币。

有关上述事项董事会决议、股东大会决议、交易实施完成情况公司已分别于2000年5月24日、2000年6月27日、2000年7月21日在《上海证券报》及《证券时报》上予 以披露。

6、公司与控股股东在人员、资产、财务上的"三分开"情况。

(1)人员方面：公司在劳动、人事及工资管理等方面完全独立；总经理、副总 经理等高级管理人员均在公司领取薪酬；

(2)资产方面：公司在资产上与控股股东一申能(集团)有限公司完全独立。

(3)财务方面：公司设立独立的财会部门，并建立了独立的会计核算体系和财 务管理制度，独立开立银行帐户。

7、聘任、解聘会计师事务所情况

报告期内公司聘任的会计师事务所仍为大华会计师事务所有限公司，该项聘任已经公司第十二次股东大会通过。

8、其他重要合同履行情况

报告期内，公司继续履行1999年11月18日与申能(集团)有限公司签署的关于10亿股国家股《回购协议》。至2000年上半年，有关《回购协议》已经全部履行完毕。

9、公司对外担保事项

报告期末，公司无需要披露的重大担保事项。

10、公司在报告期内未发生更改名称和股票简称事宜。

11、公司及持股5%以上股东在指定网站和报刊没有披露承诺事项。

八、财务会计报告

(一)审计报告

公司本年度财务报告已经大华会计师事务所有限公司注册会计师陆永炜、秦文君审计，并出具了无保留意见的审计报告。(华业字(2001)第198号)

(二)会计报表(附后)

1、资产负债表；

2、利润及利润分配表；

3、现金流量表。

(三)会计报表附注

九、公司其他有关资料

1、公司首次注册日期：1993年2月22日，最近一次变更日期：1999年12月21日。注册地：上海浦东银城东路139号。

2、企业法人营业执照注册号：3100001000494

3、税务登记号码：地税沪字310044132208495

4、公司未流通股票的托管机构名称：上海证券中央登记结算公司。

5、公司聘请的会计师事务所名称、地址：大华会计师事务所有限公司，上海市 昆山路146号。

十、备查文件目录

1、载有法定代表人、财务负责人签名并盖章的会计报表；

2、载有会计师事务所盖章、注册会计师签名并盖章的审计报告原件；

3、报告期内在《上海证券报》、《中国证券报》上披露的年度报告、中期报告 及临时报告的正本及公告的原稿。

申能股份有限公司董事会

2001年2月20日

审 计 报 告

华业字(2001)第198号

申能股份有限公司全体股东：

我们接受委托，审计了贵公司2000年12月31日资产负债表和合并资产负债表、2000年度利润及利润分配表和合并利润及利润分配表以及现金流量表和合并现金流量表。这些会计报表由贵公司负责，我们的责任是对这些会计报表发表审计意见。我们的审计是依据中国注册会计师独立审计准则进行的。在审计过程中，我们结合贵公司的实际情况，实施了包括抽查会计记录等我们认为必要的审计程序。

我们认为，上述会计报表符合《企业会计准则》和《股份有限公司会计制度》的有关规定，在所有重大方面公允地反映了贵公司2000年12月31日的财务状况及2000年度经营成果和现金流动情况，会计处理方法的选用遵循了一贯性原则。

大华会计师事务所有限公司　　　　中国注册会计师

陆永炜　　秦文君

(公章)　　　　(签名盖章)

中国·上海·昆山路146号　　　　2000年2月8日

* 公司基本情况

1、公司于1992年6月24日经上海市人民政府以沪计调(1992)568号文批准，由 原申能电力开发公司改组而成。1993年2月23日由上海市工商行政管理局颁发企业法 人营业执照，1993年4月在上海证券交易所上市交易。上市初总股本为240,273.67万 元，1993年7月公司转让国有法人股5,976万元给公众流通股。1996年以10配8转配10 股的比例进行配股，配股后总股本变更为263,308.78万元。1999年12月17日，公司回购国有法人股100,000万股，现注册资本为人民币163,308.78万元，并于1999年12月21日换发了企业法人营业执照。经大华会计师事务所验证并出具了华业字(99)第1190号验资报告。现公司法定代表人为杨祥海。

公司经济性质为股份有限公司，所属行业为服务业。

公司经营范围：开发、建设和经营电力、能源、节能、资源综合利用及相关项目。

兼营：与电力能源相关的其他经营。

2、主要产品和提供的劳务：供电、供热、石油及天然气等。

3、生产经营的概况：公司2000年度主营业务收入142,397万元，投资收益120,370万元，实现净利润(非正常经营项目损益调整后)152,304万元。2000年12月31日的资产总额达到991,535万元，净资产额达478,646万元。

二、公司主要会计政策、会计估计和合并会计报表的编制方法

1、会计制度：

公司执行《股份有限公司会计制度》及其补充规定。

2、会计年度：

自公历1月1日至12月31日。

3、记账本位币：人民币

4、记账基础：权责发生制；计价原则：历史成本。

5、外币业务核算方法：

会计年度内涉及外币的经济业务，按业务发生当日中国人民银行公布的市场汇价(中间价)折合人民币入帐。月末将货币性项目中的外币余额按月末市场汇价(中间价)进行调整，发生的差额，与购建固定资产有关的予以资本化，属于筹建期间的计入开办费，属于生产经营期间的计入当期费用。

6、现金等价物的确定标准：

母公司及子公司持有的期限短、流动性强、易于转换为已知金额现金，价值变动风险很小的投资，确认为现金等价物。公司本报告期内无现金等价物。

7、坏账的核算方法：

坏账的确认标准：

(1)因债务人破产或死亡，以其破产财产或遗产清偿后，仍不能收回的应收账款；

(2)因债务人未履行偿债义务超过5年，并且具有足够证据表明确实无法收回的应收账款。

以上确实不能收回的应收账款，报经董事会批准后作为坏账转销。

坏账损失核算采用备抵法。坏账准备的计提范围为账龄超过1年的应收账款和其 他应收款；坏账准备的计提方法为：按账龄分析计提，账龄1~2年按10%计提，2~3 年按20%计提，3~4年按30%计提，4~5年按40%计提，5年以上按100%计提。

8、存货核算方法：

公司存货分类为燃料、原材料。燃料的日常核算采用实际成本核算，领用与发出按先进先出法计价；原材料的日常核算按计划成本核算，月末按上月材料成本差异率，将发出存货的计划成本调整为实际成本。

公司对期末存货中存在毁损、全部或部分陈旧过时或销售价格低于成本等情况，按成本与可变现净值孰低法，并采取单项比较法提取存货跌价准备计入当期损益。

本期期末公司存货中未存在上述需计提准备的情况，故未计提存货跌价准备。

9、短期投资核算方法：

根据《企业会计准则-投资》的规定，短期投资以实际支付的全部价款（包括税金、手续费和相关费用）扣除已宣告发放但未领取的现金股利（或已到期尚未领取的债券利息）入账；在处置时，按所收到的处置收入与短期投资账面价值的差额确认为当期投资损益。短期投资在期末按成本与市价孰低法计价，市价低于成本的部分确认为跌价准备。具体计提方法为：按投资类别计算并确定所计提的跌价损失准备，并计入当期损益。

10、长期投资核算方法：

（1）长期债券投资的计价及收益确认方法：按取得时实际支付的全部价款（包 含支付的税金、手续费等各项附加费用）扣除实际支付的分期付息债券价款中包含的已到期尚未领取的债券利息后的余额作为实际成本记账，并按权责发生制原则按期计提利息，并计入投资收益。

（2）长期债券投资溢价和折价的摊销方法：在债券购入后至到期日止的期间内 按直线法，于确认相关债券利息收入的同时摊销。

（3）长期股权投资计价和收益确认方法：长期股权投资包括股票投资和其他股 权投资，按投资时支付的全部价款入账。

公司对被投资单位无控制、无共同控制或无重大影响的，长期股权投资采用成本法核算；公司对被投资单位具有控制、共同控制或重大影响的，长期股权投资采用权益法核算。

（4）对外长期股权投资采取权益法核算时，其取得成本与其在被投资单位所有 者权益中所占份额之间的差额，计入长期股权投资差额，借方差额按五年，贷方差额按十年平均摊销计入损益。

（5）长期投资减值准备的提取方法：采用逐项计提的方法。根据公司董事会决 议，公司对投资单位由于市价持续下跌或被投资单位经营情况变化等原因，导致其可收回价值低于长期股权投资账面价值，并且这种降低的价值在可预计的将来期间内不能恢复时，按可收回金额低于长期股权投资账面价值的差额，计提长期投资减值准备。预计的长期投资减值损失计入当年度损益类账项。

11、固定资产计价和折旧方法：

（1）固定资产标准：①使用期限超过一年的房屋、建筑物、机器、机械、运输 工具以及其他与生产经营有关的设备、器具、工具等；②单位价值在2,000元以上，并且使用期超过两年的，不属于生产、经营主要设备的物品。

（2）固定资产分类为：房屋建筑物、通用设备、专用设备、运输设备、其他设 备。

（3）固定资产计价：按实际成本计价。

（4）固定资产折旧一般采用直线法平均计算，并按各类固定资产的原值和估计 的经济使用年限扣除残值（原值的4%或5%）制定其折旧率。固定资产各类折旧率如下：

资产类别	使用年限	年折旧率	预计残值率
房屋建筑物	40年	2.40%	4%
通用设备	40年	2.38%	5%
专用设备	40年	2.38%	5%
运输设备	7年	13.71%	4%
其他设备	5年	19.20%	4%

12、在建工程核算方法：

在建工程按实际发生的支出入账，并在完工交付使用时，按工程的实际成本确认为固定资产；在建工程借款所发生的利息支出在交付使用前计入工程成本，交付使用后，计入当期财务费用。

13、无形资产计价和摊销方法：

房屋使用权按购入的实际支出计价，从购入当月起按35年摊销。

14、长期待摊费用的摊销方法：

（1）吴泾热电厂六期工程外汇差从1994年起按受益期平均摊销；

（2）其他长期待摊销费用从1996年起按五年平均摊销。

15、收入确认原则：

销售商品：公司已将商品所有权上的重要风险和报酬转移给买方，公司不再对该商品实施管理权和实际控制权，相关的收入已经收到或取得了收款的证据，并且与销售该商品相关的成本能够可靠地计量时，确认营业收入的实现。

他人使用本公司资产：利息收入，按使用现金的时间和适用利率计算确定；发生的使用费收入按有关合同或协议规定的收费时间和方法计算确定。上述收入的确定同时满足：①与交易相关的经济利益能够流入公司，②收入的金额能够可靠地计量。

16、所得税的会计处理方法：应付税款法。

17、合并会计报表的编制方法：

合并会计报表的合并范围及所采用的会计方法：根据财政部财会字（1995年）11号《关于印发<合并会计报表暂行规定>的通知》和财会二字（96）2号《关于合并报 表合并范围请示的复函》等文件的规定，以公司本部和纳入合并范围的子公司2000年度的会计报表以及其他有关资料为依据，合并各项目数额编制而成。合并时，公司的重大内部交易和资金往来均相互抵销。

合营企业根据《股份有限公司会计制度》规定按比例合并的方法进行合并。即将合营企业的资产、负债、收入、费用、利润和现金流量均按照公司对合营企业的投资比例进行合并。合并时，对公司与合营企业之间的内部交易，均按比例予以抵销，但不抵销内部未实现的亏损。

公司在编制合并报表时，对按原行业会计制度编制的2000年度会计报表，已按《会计准则》和《股份有限公司会计制度》的规定进行了调整及重新表述。

18、会计政策的变更、会计估计和合并范围的变更：

本期未发生变更。

三、税项

公司适用的税种与税率：

税种	税率
所得税	15%或33%
增值税	17%或13%
营业税	5%或8%
城建税	7%或1%

税种	计税基数
所得税	应纳税所得额，吴泾二发电按33%计，其他按15%计
增值税	按销项税额扣除当期可抵扣的进项税额后的差额，电力及电力管理费按17%计，热力按13%计
营业税	营业额，电力管理费按5%计，委贷利息收入及其他按8%计
城建税	应纳增值税额和营业税额，星火热电按1%计，其他按7%计

适用15%所得税率的公司为注册地在浦东新区的公司。

四、控股子公司及合营企业

公司所控制的境内外所有子公司和合营企业情况，以及公司合并报表的合并范围：

被投资单位名称	主营业务	注册资本
①上海申能联合发展有限公司	投资能源项目、原材料及高新技术的开发、投资	360,000,000.00元
②上海申能星火热电有限责任公司	电力和热力	60,000,000.00元
③上海外高桥发电有限责任公司	火力发电综合利用及开发	1,803,840,000.00元
④上海吴泾第二发电有限责任公司	电力工程建设、电力生产、销售	2,000,000,000.00元

被投资单位名称	本公司投资额	本公司持股比例	是否合并
①上海申能联合发展有限公司	335,500,000.00元	92%	是
②上海申能星火热电有限责任公司	54,000,000.00元	90%	是
③上海外高桥发电有限责任公司	901,920,000.00元	50%	是
④上海吴泾第二发电有限责任公司	1,000,000,000.00元	50%	是

五、会计报表主要项目注释

（一）合并会计报表主要项目注释

1、货币资金：

项目	期初数	期末数
现金	39,860.27	28,155.82
银行存款	924,192,009.16	502,476,192.91
其他货币资金	40,833.00	634.73
合计	924,272,702.43	502,504,983.46

货币资金年末余额减少45.63%，主要原因系本年支付申能（集团）有限公司国家股回购款人民币15.1亿元。

2、短期投资：

项目	年初数 投资金额	年初数 跌价准备	期末数 投资金额	期末数 跌价准备	市价总额
股票投资	56,176,432.50	100,000.00	0.00	0.00	
其中：A股	56,176,432.50	100,000.00	0.00	0.00	
债券投资	397,856,118.70	901,118.70	0.00	0.00	
小计	454,032,551.20	1,001,118.70	0.00	0.00	
其他投资	433,358,785.28	8,321,185.28	95,870,550.55	8,321,185.28	
合计	887,391,336.48	9,322,303.98	95,870,550.55	8,321,185.28	

其他投资主要系合并单位上海吴泾第二发电有限责任公司委托资金经营管理6000万元，本年度未计提短期投资跌价准备。

3、应收票据：

出票单位	出票日期	到期日	期末数
上海南森贸易有限公司	2000.12.25	2001.2.25	924,535.84
深圳九星印刷包装中心	2000.8.27	2001.2.28	800,000.00
河南省烟草公司济源市公司	2000.11.28	2001.5.28	600,000.00
深圳九星印刷包装中心	2000.10.30	2001.4.30	600,000.00
锡山市宏达彩印厂	2000.11.30	2001.5.27	600,000.00
青州市热电厂	2000.7.25	2001.1.24	500,000.00
浙江衢州家电城有限责任公司	2000.8.23	2001.1.24	500,000.00
其　他			1,220,000.00
合计			5,744,535.84

4、应收利息：

	期初数	期末数
应收利息	42,481,966.17	0.00

5、应收账款：

期初数

帐龄	金额	比例(%)	坏帐准备
1年以下	552,435,452.01	99.23	0.00
1~2年	1,341,395.65	0.24	0.00
2~3年	0.00	0.00	0.00
3年以上	2,970,000.00	0.53	2,970,000.00
合计	556,746,847.66	100.00	2,970,000.00

期末数

帐龄	金额	比例(%)	坏帐准备
1年以下	399,494,199.43	99.26	0.00
1~2年	21,670.31	0.00	2,167.03
2~3年	0.00	0.00	0.00
3年以上	2,970,000.00	0.74	2,970,000.00
合计	402,485,869.74	100.00	2,972,167.03

本账户期末余额中无持本公司5%（含5%）以上股份的股东单位的欠款。

应收账款期末余额中，欠款最大的五位债务人情况如下：

债务人名称	期末欠款余额	欠款原因
上海市电力公司	391,647,572.17	上网电费
上海化纤浆粕有限公司	3,936,691.84	热费
海滨造纸厂	2,543,840.00	热费
上海新伦纸业有限公司	1,311,055.42	热费
远纺工业（上海）有限公司	1,190,200.00	热费

债务人名称	期末欠款时间（帐龄）
上海市电力公司	其中2,970,000.00元3年以上，其余1年以下
上海化纤浆粕有限公司	1年以下
海滨造纸厂	1年以下
上海新伦纸业有限公司	1年以下
远纺工业（上海）有限公司	1年以下

6、其他应收款：

期初数

帐龄	金额	比例(%)	坏帐准备
1年以下	145,521,443.17	85.99	0.00
1~2年	9,963,574.95	5.89	1,243,814.72
2~3年	443,626.68	0.26	105,280.00
3年以上	13,298,531.43	7.86	3,779,391.25
合计	169,227,176.23	100.00	5,128,485.97

期末数

帐龄	金额	比例(%)	坏帐准备
1年以下	11,561,537.51	77.37	0.00
1~2年	969,151.31	6.49	96,915.13
2~3年	106,307.08	0.71	21,261.42
3年以上	2,305,575.97	15.43	2,049,867.01
合计	14,942,571.87	100.00	2,168,043.56

7、预付账款：

账龄	期初数 金额	期初数 占总额比例(%)	金额	占总额比例(%)

1 年以下	61,181,575.63	20.42	12,689,404.89	96.65
1~2 年	195,425,986.75	65.23	40,000.00	0.30
2~3 年	42,883,965.00	14.32	300,000.00	2.29
3 年以上	100,000.00	0.03	100,000.00	0.76
合计	299,591,527.38	100.00	13,129,404.89	100.00

本账户期末余额中无持公司 5%以上(含 5%)股份的股东单位欠款。

预付账款期末余额中,期末欠款余额最大的前五位债务人情况如下:

债务人名称	期末欠款余额	欠款原因
上海市电力燃料公司	8,603,770.01	预付货款
上海外高桥保税区热电有限公司	2,305,361.30	预付货款
北京华王盛世通讯设备有限公司	349,500.00	预付货款
上海西门子开关有限公司	326,000.00	预付货款
上海电力修造厂	250,000.00	预付货款

债务人名称	期末时间(帐龄)
上海市电力燃料公司	1 年以下
上海外高桥保税区热电有限公司	1 年以下
北京华王盛世通讯设备有限公司	1 年以下
上海西门子开关有限公司	1 年以下
上海电力修造厂	其中 50,000.00 元 1 年以下 ,100,000.00 元 2-3 年,其余系 3-4 年

8、存货:

	期初数		期末数	
类别	金额	跌价准备	金额	跌价准备
燃料	9,344,757.52	0.00	30,063,003.89	0.00
原材料	21,591,719.60	0.00	25,595,874.18	0.00
合计	30,936,477.12	0.00	55,658,878.07	0.00

存货中原材料为备品备件,用于设备维修,不存在毁损过时的情况;燃料主要是发电用煤,周转快,不存在毁损过时的情况,故未计提存货跌价损失准备。

9、待摊费用:

类别	期初数	本期增加	本期摊销	期末数
河道疏浚费	0.00	750,000.00	500,000.00	250,000.00
合计	0.00	750,000.00	500,000.00	250,000.00

10、长期投资:

(1)明细项目如下:

	年初数		
项目	金额	减值准备	本期增加
长期股权投资	1,227,685,352.17	130,000,000.00	758,569,509.28
长期债权投资	3,841,741,811.92	22,000,000.00	297,775,857.81
合计	5,069,427,164.09	152,000,000.00	1,056,345,367.09

		期末数	
项目	本期减少	金额	减值准备
长期股权投资	137,000,000.00	1,849,254,861.45	130,000,000.00
长期债权投资	1,983,380,513.31	2,156,137,156.42	22,000,000.00
合计	2,120,380,513.31	4,005,392,017.87	152,000,000.00

11、固定资产和累计折旧:

固定资产净值: 2,439,138,314.44 3,940,145,472.21

固定资产原值和累计折旧年末余额分别比年初余额增加 58.50%和 46.51%, 主要原因系合并单位上海吴泾第二发电有限责任公司 1 号机组本年投产,在建工程以 50%比例合并转入固定资产 17.9 亿元,相应计提折旧 0.53 亿元。

12、工程物资:

类别	期初数	期末数
吴泾二发电 2# 机组	470,869,113.39	241,232,795.62
合计	470,869,113.39	241,232,795.62

13、在建工程:

14、无形资产:

15、开办费:

项目	期初数	本期增加	本期摊销	期末数
开办费	0.00	10,082,233.26	1,008,223.32	9,074,009.94

16、长期待摊费用:

类别	期初数	本期增加	本期摊销	期末数
吴泾六期外汇差	74,267,310.32	0.00	9,959,091.58	64,308,218.74
培训费	11,534,192.14	0.00	5,177,650.98	6,356,541.16
微波通信工程	4,650,000.00	0.00	1,800,000.00	2,850,000.00
ELF 项目	973,461.47	0.00	973,461.47	0.00
港作拖轮	8,925,000.00	0.00	3,150,000.00	5,775,000.00
其他	9,911,013.18	0.00	6,723,629.55	3,187,383.63
合计	110,260,977.11	0.00	27,783,833.58	82,477,143.53

17、短期借款:

		期初数		期末数	
借款类别	币种	原币	本位币	原币	本位币
担保	人民币元	0.00	0.00	859,000,000.00	859,000,000.00
合计		0.00	0.00	859,000,000.00	859,000,000.00

18、应付账款:

无应付给持本公司 5%以上(含 5%)股份的主要股东的欠款。

19、应交税金:

税种	期末欠(溢)交额
增值税	12,401,586.80
企业所得税	11,815,176.72
城市维护建设税	988,573.95
个人所得税	9,633.78
营业税	2,113.10
合计	25,217,084.35

20、其他应付款:

其中应付持本公司 5%以上(含 5%)股份的主要股东的款项 8,924,300.00 元,其明细情况在附注八中披露。

21、预提费用:

费用类别	年初余额	期末余额	结存原因
提前投产奖励	0.00	3,750,000.00	尚未支付
利息支出	0.00	3,767,395.07	尚未支付
其他	102,838.40	0.00	
合计	102,838.40	7,517,395.07	

22、一年内到期的长期负债:

(1)一年内到期的长期借款:

		年初数		期末数
借款类别	币种	原币	本位币	原币
信用	人民币元	2,268,000.00	2,268,000.00	2,268,000.00
担保	美元	18,379,769.85	152,171,628.52	63,176,818.24
			154,439,628.52	

借款类别	本位币
信用	2,268,000.00
担保	522,939,795.32
	525,207,795.32

(2)一年内到期的长期应付款 2000 年 12 月 31 日的余额为人民币 103,356,740.09 元,均为外币转贷款。

23、长期借款:

24、长期应付款:

债务人名称	性质和内容	期初余额
申能(集团)有限公司	往来款	14,958,000.00
申能(集团)有限公司	国有股准备金	2,277,969,892.61
财政部	吴泾六期美元转贷款	248,054,969.06
建行一支行	久事公司转贷款	151,787,260.61
合　计		2,692,770,122.28

债务人名称	期末余额
申能(集团)有限公司	0.00
申能(集团)有限公司	0.00
财政部	231,455,111.09
建行一支行	50,567,460.17
合　计	282,022,571.26

长期应付款年末比年初减少 89.53%,主要原因为归还申能(集团)有限公司借款 22.78 亿元。

25、股本:

26、资本公积:

项目名称	年初数	本期增加	本期减少
资产评估增值准备	10,000,000.00	0.00	0.00
其他资本公积转入	966,366,274.95	44,437,500.00	0.00
	976,366,274.95	44,437,500.00	0.00

项目名称	期末数
资产评估增值准备	10,000,000.00
其他资本公积转入	1,010,803,774.95
	1,020,803,774.95

资本公积增加系公司根据沪财企一(1996)83 号文规定,将返回的所得税 3830 万元列作资本公积及天荒坪抽水蓄能有限公司收到财政补贴款 613.75 万元所致。

27、盈余公积:

项目	期初数	本期增加	本期减少	期末数
法定盈余公积	97,893,071.75	195,813,383.17	0.00	293,706,454.92
公益金	208,981,697.74	110,382,179.39	0.00	319,363,877.13
任意盈余公积	590,191,167.38	533,064,096.33	0.00	1,123,255,263.71
	897,065,936.87	839,259,658.89	0.00	1,736,325,595.76

28、未分配利润:

内容	金额
年初未分配利润(1999 年年报数字)	156,801,398.60
加:2000 年度"调整后"净利润	1,523,040,275.23
减:提取法定盈余公积	152,304,027.52
提取法定公益金	76,152,013.76
提取任意盈余公积	533,064,096.33
子公司提取法定盈余公积	43,509,355.65
子公司提取公益金	34,230,165.63
减:预分 2000 年股利	734,889,496.05
2000 年 12 月 31 日未分配利润余额	105,692,518.89

报告期利润分配情况:根据《公司法》规定,按当年度"调整后"的净利润的 10%,5%分别提取法定盈余公积和公益金后,按三届七次董事会有关利润分配预案决 议,提取 35%任意盈余公积,分配普通股股利 0.45 元/股(含税)。

上年利润分配情况:根据股东大会十二次会议决议,按上年度"调整后"的净利润的 10%,5%分别提取法定盈余公积和公益金后,提取 40%任意盈余公积,分配普 通股股利 0.25 元/股(含税)。

29、财务费用:

项目名称	上年发生额	本年发生额
利息支出	208,229,072.73	219,730,760.82
减: 利息收入	73,129,760.75	9,807,422.05
汇兑损失	10,129,733.19	10,052,272.55
减: 汇兑收益	109,589.46	265,138.05
其他	252,400.94	39,139.00
合计	145,371,856.65	219,749,612.27

本年度财务费用比上年增加 51.16%, 主要原因为合并单位上海吴泾第二发电有 限责任公司 1 号机组本年 7 月投产,相应的利息支出入当期财务费用。

30、投资收益:

项目名称	上年发生数	本年发生数
股票投资收益(战略持股)	0.00	35,926,754.36
债权投资收益	369,537,827.05	415,297,892.56
联营或合营公司分配来的利润	80,297,756.47	78,722,375.89
年末调整的被投资公司所有者权益净增减	1,948,108.52	342,475,063.86
其他(如股权投资处置损益)	0.00	331,280,250.00
合　计	451,783,692.04	1,203,702,336.67

本公司投资收益比上年增加 166.43%,主要为公司转让石洞口电厂 1 号机组实现 收益及公司投资企业权益增加和电力项目的债权投资收益增加。

六、其他报表项目

1、递延税款贷项 2000 年 12 月 31 日余额为人民币 15,894,258.00,系子公司上海外高桥发电有限责任公司资产评估增值调账形成,原始值为人民币 21,192,344.00 元。

2、非正常经营项目收益调整 2000 年 12 月 31 日余额为人民币 290,545,463.20 元,系调整公司出让华能上海石洞口第二电厂"非正常经营项目收益"的摊销余额。

七、分行业资料

收入占主营业务收入 10%以上的行业的营业收入、营业成本和营业毛利情况如下 :

	营业收入		营业成本
行业			
上期发生数	本期发生数	上期发生数	本期发生数
电力	1,144,791,088.65	1,423,971,949.88	697,090,639.96

合计	1,144,791,088.65	1,423,971,949.88	697,090,639.96

营业毛利

行业	上期发生数	上期发生数	本期发生数
电力	864,498,673.68	447,700,448.69	559,473,276.20
合计	864,498,673.68	447,700,448.69	559,473,276.20

八、关联方关系及其交易的披露

(一)存在控制关系的关联方情况：

存在控制关系的关联方注册资本及其变化

企业名称	期初数	本期增加数
申能(集团)有限公司	300,000 万元	0.00
上海申能星火热电有限责任公司	6,000 万元	0.00
上海申能联合发展有限公司	36,000 万元	0.00
上海外高桥发电有限责任公司	180,384 万元	0.00
上海吴泾第二发电有限责任公司	200,000 万元	0.00

企业名称	本期减少数	期末数
申能(集团)有限公司	0.00	300,000 万元
上海申能星火热电有限责任公司	0.00	6,000 万元
上海申能联合发展有限公司	0.00	36,000 万元
上海外高桥发电有限责任公司	0.00	180,384 万元
上海吴泾第二发电有限责任公司	0.00	200,000 万元

九、或有事项

本报告期内公司无需披露的重大或有事项。

十、承诺事项

本报告期内无重大承诺事项。

十一、资产负债表日后事项中的非调整事项

1.2000 年 8 月 9 日召开的第三届董事会第六次会议通过了关于公司投资上海天然 气管网有限公司的决议，管网公司注册资本金 15 亿元人民币，公司资本金出资额为 9 亿元人民币，占 60%股权。截至 2000 年 12 月 31 日止，公司已前期投入人民币 500 万元 。

2.2000 年 8 月 9 日召开的第三届董事会第六次会议通过了关于公司投资浙江桐柏 抽水蓄能电站的决议，该项目公司注册资本金为 8.4 亿元人民币，由公司与中国华东 电力集团公司、浙江省电力公司、上海市电力公司等七家公司共同投资组建。公司资本金出资额为 1.68 亿元人民币，占 20%股权。截至 2000 年 12 月 31 日止，公司已前期投入人民币 1756 万元。

3.2000 年 8 月 9 日召开的第三届董事会第六次会议通过了关于公司投资漕泾热电 项目的决议，该项目公司注册资本金约为 6.75 亿元人民币，由公司与上海市电力公司、上海化学工业区发展有限公司及三家外方公司共同投资组建。公司资本金出资额约为 1.35 亿元人民币，占 20%股权。截至 2000 年 12 月 31 日止，公司尚未发生资金投入。

4.根据财政部财会[2001]5 号文《关于印发<住房企业制度改革中有关会计处理 问题的规定>的通知》、财政部财企[2000]878 号文《关于企业住房制度改革中有关财务处理问题的补充通知》和财政部财企[2000]295 号文《关于企业住房制度改革中有 关财务处理问题的通知》的要求，本公司 2000 年末其他长期负债余额中住房周转金的余额为人民币-19,744,390.17 元， 系合并单位上海外高桥发电有限责任公司和上海星火热电有限责任公司所产生。

十二、非货币性交易事项

公司本报告期内无非货币性交易事项。

十三、债务重组事项

公司本报告期内无债务重组事项。

十四、其他重要事项

公司本报告期内无其他重要事项。

资产负债表　单位：(人民币)元

资产	期末数 合并
货币资金	502,504,983.46
短期投资	95,870,550.55
减：短期投资跌价准备	8,321,185.28
短期投资净额	87,549,365.27
应收票据	5,744,535.84
应收股利	–
应收利息	–
应收帐款	402,485,869.74
其他应收款	14,942,571.87
减：坏帐准备	5,140,210.59
应收款项净额	412,288,231.02
预付帐款	13,129,404.89
应收补贴款	–
存货	55,658,878.07
其中：工程施工	–
减：存货跌价准备(含工程亏损准备)	–
存货净额	55,658,878.07
待摊费用	250,000.00
待处理流动资产净损失	–
一年内到期的长期债权投资	47,270.00
其他流动资产	–
流动资产合计	1,077,172,668.55
长期投资：	
长期股权投资	1,849,254,861.45
长期债权投资	2,156,137,156.42
长期投资合计	4,005,392,017.87
减：长期投资减值准备	152,000,000.00
长期投资净额	3,853,392,017.87
其中：合并价差(贷差以"–"号表示合并报表填列)	–731,458,722.51
其中：股权投资差额(贷差以"–"号表示母公司报表填列)	–731,458,722.51
固定资产：	
固定资产原价	4,847,371,967.01
减：累计折旧	907,226,494.80
固定资产净值	3,940,145,472.21
工程物资	241,232,795.62
在建工程	686,146,590.38
固定资产清理	66,544.88
待处理固定资产净损失	–
固定资产合计	4,867,591,403.09
无形资产及其他资产：	
无形资产	25,638,562.97
开办费	9,074,009.94
长期待摊费用	82,477,143.53
其他长期资产	–
其中：临时设施净额	–
无形资产及其他资产合计	117,189,716.44
递延税项：	
递延税款借项	–
资产总计	9,915,345,805.95
流动负债：	
短期借款	859,000,000.00
应付票据	–
应付帐款	84,530,313.63
预收帐款	–
代销商品款	–
应付工资	6,094,961.57
应付福利费	979,539.35
应付股利	734,889,496.05
应交税金	25,217,084.35
其他应交款	684,657.95
其他应付款	50,790,526.21
预提费用	7,517,395.07
一年内到期的长期负债	628,564,535.41
流动负债合计	2,398,268,509.59
长期负债：	
长期借款	2,405,468,836.64
长期应付款	282,022,571.26
住房周转金	–19,744,390.17
长期负债合计	2,667,747,017.73
递延税项：	
递延税款贷项	15,894,258.00
负债合计	5,081,909,785.32
少数股东权益(合并报表填列)	46,980,898.83
股东权益：	
股本	1,633,087,769.00
资本公积	1,020,803,774.95
盈余公积	1,736,325,595.76
其中：公益金	319,363,877.13
非正常经营项目收益调整	290,545,463.20
未分配利润(未弥补亏损以"–"号表示)	105,692,518.89
股东权益合计	4,786,455,121.80
负债和股东权益总计	9,915,345,805.95

利润及利润分配表　单位：(人民币)元

项目	本期数 合并
一、主营业务收入	1,423,971,949.88
减：销售折让	–
主营业务收入净额	1,423,971,949.88
减：主营业务成本	864,498,673.68
主营业务税金及附加	16,482,517.73
二、主营业务利润(亏损以"–"号填列)	542,990,758.4700
加：其他业务利润(亏损以"–"号填列)	407,766.42
减：存货跌价损失	–
营业费用	–
管理费用	108,292,002.15
财务费用	219,749,612.27
三、营业利润(亏损以"–"号填列)	215,356,910.4700
加：投资收益(损失以"–"号填列)	1,203,702,336.67
补贴收入	–
营业外收入	18,011.50
减：营业外支出	12,115.44
四、利润总额(亏损总额以"–"号填列)	1,419,065,143.20
减：所得税	168,446,810.01
减：少数股东损益(合并报表填列、亏损以"–"号填列)	18,123,521.16
加：未确认的投资损失(合并报表填列)	–
减：非正常经营项目收益调整	–290,545,463.20
五、净利润(净亏损以"–"号填列)	1,523,040,275.23
加：年初未分配利润(未弥补亏损以"–"号填列)	156,801,398.60
减：减少注册资本减少的未分配利润	–
盈余公积转入	–
六、可供分配的利润(亏损以"–"号填列)	1,679,841,673.83
减：提取法定盈余公积金	195,813,383.17
减：提取法定公益金	110,382,179.39
职工奖福基金(子公司为外商投资企业，合并报表填列)	–
七、可供股东分配的利润(亏损以"–"号填列)	1,373,646,111.27
减：应付优先股股利	–
提取任意盈余公积	533,064,096.33
应付普通股股利	734,889,496.05
转作股本的普通股股利	–
八、未分配利润(未弥补亏损以"–"号填列)	105,692,518.89
附注：非常项目：	
1.出售处置部门或被投资单位	–
2.自然灾害发生的损失	–
3.会计政策更改	–
4.其他	–
主营业务利润	11.34
营业利润	4.50
净利润	31.82
扣除非经常性损益后的净利润	18.08

上海爱建股份有限公司

一、公司简介

1 、公司法定中文名称:上海爱建股份有限公司
法定英文名称:SHANGHAI AJ CORPORATION
2、公司法定代表人:陈铭珊
3、公司董事会秘书:周浩奎
授权代表:张禾
联系地址:上海市零陵路583号14楼
电话:021-64396600
传真:021-64392118
电子信箱:ajcoob@mail2.online.sh.cn
4、公司注册地址:上海市浦东新区云桥路848号
邮政编码:200122
公司办公地址:上海市零陵路583号14楼
邮政编码:200030
公司电子信箱:ajcorp@online.sh.cn
5、公司选定的信息披露报纸:中国证券报、上海证券报
登载公司年度报告的国际互联网网址:http://www.sse.com.cn
公司年度报告备置地点:上海市零陵路583号14楼
6、公司股票上市交易所:上海证券交易所
股票简称:爱建股份
股票代码:600643

二、会计数据和业务数据摘要

㈠、本年度主要利润指标情况(单位:人民币元)

项目利润总额	139,885,996.22
净利润	135,482,321.57
扣除非经常性损益后的净利润	137,459,880.37
主营业务利润	71,117,187.92
其他业务利润	1,470,543.29
营业利润	-16,033,411.77
投资收益	157,896,966.79
补贴收入	463,796.92
营业外收支净额	-2,441,355.72
经营活动产生的现金流量净额	-54,197,847.31
现金及现金等价物净增加额	87,475,791.50

注:非经常性损益项目和涉及金额

补贴收入(营业税等返还)	463,796.12
营业外收入(处理固定资产净收益等)	892,558.46
营业外支出(处理固定资产净损失等)	3,333,914.18

㈡、截至报告期末公司前三年主要会计数据和财务指标(单位:人民币元)

项目	2000年	1999年	1998年	
			调整后	调整前
主营业务收入	564,751,292.16	656,126,648.77	793,448,978.07	793,448,978.07
净利润	135,482,321.57	124,667,275.62	118,032,894.19	173,310,198.52
总资产	2,611,081,012.52	2,358,596,110.37	1,721,649,874.57	1,790,925,210.80
股东权益(不含少数股东权益)	2,046,649,233.27	1,979,557,944.89	1,378,748,124.09	1,447,706,777.88
每股收益(摊薄)	0.294	0.298	0.355	0.521
每股收益(按月平均加权法计算)	0.308	0.321	0.369	0.542
每股收益(扣除非经营损益)	0.298	0.299	0.356	0.522
每股净资产	4.44	4.73	4.14	4.35
调整后每股净资产	4.27	4.61	4.02	4.20
净资产收益率(摊薄)	6.62%	6.30%	8.56%	11.97%
每股经营活动产生的现金流量净额	-0.118	0.131	0.038	0.038

㈢、利润表附表(单位:人民币元)

报告期利润	合并报表	净资产收益率(%)		每股收益(元)	
		全面摊薄	加权平均	全面摊薄	加权平均
主营业务利润	71,117,187.92	3.47%	3.47%	0.154	0.154
营业利润	-16,033,411.77	-0.78%	-0.78%	-0.035	-0.035
净利润	135,482,321.57	6.62%	6.62%	0.294	0.294
扣除非经常性损益后的净利润	137,459,880.37	6.72%	6.71%	0.298	0.298

三、股东情况介绍

1、报告期末股东总数:126,459人。
2、报告期末持股前十名股东情况:

股东名称	持股数(股)	持股比(%)
上海工商界爱国建设特种基金	104457560	22.67
上海国际信托投资公司	6250163	1.36
上海市工商业联合会	4734972	1.03
刘靖基	4058113	0.88
爱群实业	3210805	0.70
久事公司	3125081	0.68
荣智丰	3013736	0.65
丁鹤寿	2927510	0.64
丁眉寿	2570996	0.56
二纺机	2083388	0.45

3、持有10%以上股份的法人股东情况:

上海工商界爱国建设特种基金,社团法人,法定代表人:郭秀珍。基金的宗旨是发扬上海工商界"爱国建设"的传统精神,为上海的繁荣振兴和祖国社会主义现代化建设作贡献。上级业务主管部门上海市对外经济贸易委员会。

四、股东大会简介

公司第九次股东大会(1999年年会)于2000年5月18日在上海肇嘉浜路777号青松城百花厅召开。本次股东大会决议公告已于2000年5月19日在《中国证券报》、《上海证券报》上刊登。

乐山电力股份有限公司

一、公司简介

1、公司法定中、英文名称及缩写　中文名称:乐山电力股份有限公司
英文名称:LESHANELECTRICPOWERCO.,LTD。　英文缩写:LEP
2、公司法定代表人:刘虎廷
3、公司董事会秘书及证券事务代表的姓名、联系地址、电话、传真　董事会秘书:李江
董事会证券事务代表:吴炷忠　联系地址:四川省乐山市市中区嘉定北路46号
联系电话:0833-24458000833-2445801　传真:0833-2445900
4、公司注册地址、办公地址、邮政编码、公司国际互联网网址及电子信箱
注册地址:四川省乐山市市中区嘉定北路46号　邮政编码:614000
公司国际互联网网址:www.lsep.com.on　电子信箱:Lslep@ls-public.sc.cninfo.net
5、公司指定的信息披露报纸、登载公司年度报告的中国证监会指定国际互联网网址、公司年度报告备置地点
信息披露报纸名称:《中国证券报》、《上海证券报》
中国证监会指定的国际互联网网址:http://www.sse.com.cn
年度报告备置地点:四川省乐山市市中区嘉定北路46号公司董事会办公室。
6、公司股票上市交易所:上海证券交易所　股票简称:乐山电力　股票代码:600644

二、会计数据和业务数据摘要

1、本年度利润情况及构成:　项目单位:元

1、利润总额	48,600,073.71
2、净利润	37,130,911.30
3、扣除非经常性损益后的净利润	32,882,364.78
4、主营业务利润	81,072,204.19
5、其他业务利润	11,355,444.68
6、营业利润	44,127,027.40
7、投资收益	-38,209.27
8、补贴收入	1,928,309.35
9、营业外收支净额	2,582,946.23
10、经营活动产生的现金流量净额	72,147,188.59
11、现金及现金等价物净增加额	763,173.42

注:扣除的非经常性损益项目和涉及的金额

股权转让收益	-2,399,272.90
营业外收入	-9,685,967.55
非经营性补贴收入	-1,361,267.26
营业外支出	+8,812,309.71
股权投资差额摊销	+390,651.48
以上共涉及金额	-4,243,546.52

2、前三年主要会计数据和财务指标(单位:元)

项目	2000年	1999年	1998年	
			调整前	调整后
主营业务收入	284,691,306.05	265,786,854.35	185,612,349.61	185,612,349.61
净利润	37,130,911.30	29,117,360.51	30,729,333.04	28,599,179.13
扣除非经常性损益后的净利润	32,887,364.78	30,922,453.58	27,201,213.44	25,071,059.53
总资产	1,103,302,434.71	1,038,159,069.73	710,737,363.70	667,659,818.35
股东权益	477,126,704.22	448,089,795.88	301,387,924.10	258,332,506.39
每股收益(摊薄)	0.15	0.19	0.24	0.22
每股收益(加权)	0.15	0.19	0.24	0.22
扣除非经常性损益后每股收益(摊薄)	0.13	0.20	0.21	0.19
每股净资产	1.91	2.87	2.31	1.98
调整后的每股净资产	1.69	2.76	2.27	1.95
每股经营活动产生的现金流量净额	0.29	0.25	0.02	0.02
净资产收益率(%)	7.78	6.57	10.20	11.07

注:根据中国证监会关于发布《公开发行证券公司信息披露编报规则》第9号通知精神,公司2000年按全面摊薄法和加权平均法计算净资产收益率及每股收益:

	净资产收益率(%)		每股收益(元)	
	全面摊薄	加权平均	全面摊薄	加权平均
主营业务利润	16.99	17.43	0.33	0.33
营业利润	9.25	9.49	0.18	0.18
净利润	7.78	7.98	0.15	0.15
扣除非经常性损益后净利润	6.89	7.07	0.13	0.13

三、股东情况介绍

⑴、报告期末公司股东总户数为13663户;
其中:国家股股东:1户
法人股股东:8户　社会公众股股东:13654户
⑵、前十名股东持股情况(万股)

	持股数股份	性质	占总股本比例(%)
①、乐山市资产经营公司	7315.3822	国家股	29.34
②、四川信都建设投资开发有限责任公司	2666.6600	法人股	10.70
③、川投峨眉铁合金(集团)有限责任公司	1594.0459	法人股	6.39
④、万国证券	249.4325	法人股	1.00
⑤、博联科技	211.3060	公众股	0.85
⑥、刘长云	159.6570	公众股	0.64
⑦、四川峨眉水泥厂综合经营公司	124.7162	法人股	0.50
⑧、乾坤金属	103.7484	公众股	0.42
⑨、黄凤英	92.4671	公众股	0.37
⑩、赵智霖	78.3112	公众股	0.31

注:(1)报告期内,公司原股东川投控股股份有限公司持有的公司法人股1594.0459万股协议转让给川投峨眉铁合金(集团)有限责任公司;川投峨眉铁合金(集团)有限责任公司所持本公司1594.0459万股股份被四川省高级人民法院于2000年12月20日予以冻结。乐山碱厂持有的公司法人股49.8866万股,由乐山市中级人民法院判决转让给乐山市国诚资产评估有限公司,四川金顶(集团)股份有限公司持有的公司法人股124.7162万股转让给四川峨眉水泥厂综合经营公司。

上海望春花(集团)股份有限公司

一、公司简介

1 、公司法定中文名称:上海望春花(集团)股份有限公司
公司法定英文名称:SHANGHAI MET (GROUP)CORPORATION
2 、公司法定代表人:李培佩
3 、公司负责信息披露事务人员:王建明、严建中
联系地址:上海市北翟路 1168 号
电话:(021)62398803*5315 、5308 传真:(021)62399024
e-mail :yanjz@online.sh.cn
4 、公司注册地址及办公地址:上海市北翟路 1168 号 邮政编码:200335
公司网址:http://www.met-china.com
5 、公司信息披露报纸:上海证券报
登载公司年度报告的国际互联网网址:http://www.sse.com.cn
公司年度报告备置地点:公司证券部
6 、公司股票上市交易所:上海证券交易所
股票简称:望春花 股票代码:600645

二、会计数据和业务数据摘要

1 、本年度利润总额及构成(单位:元)

利润总额	55,196,617.32
净利润	47,399,139.84
扣除非经常性损益后的净利润	35,905,660.59
主营业务利润	19,003,947.46
其他业务利润	1,984,569.08
营业利润	156,587.36
投资收益	54,786,522.32
补贴收入	616,617.47
营业外收支净额	-363,109.83
经营活动产生的现金流量净额	31,707,538.04
现金及现金等价物净增加额	23,449,658.93

注:非经常性损益是指公司正常经营损益之外的、一次性或偶发性损益。本公司扣除的非经常性损益包括的项目、涉及金额为:

(1)处置长期投资净收益	11,691,694.70 元
(2)赔款收入	890,037.84 元
(3)处置固定资产净收入	-1,121,286.85 元
(4)星火项目贴息款	33,033.56 元
合计	11,493,479.25 元

2 、近三年主要会计数据和财务指标(单位:元)

指标项目	2000 年	1999 年		1998 年	
		调整后	调整前	调整后	调整前
主营业务收入	200,936,590.60	100,207,573.60	100,207,573.60	186,509,056.50	186,280,741.99
净利润	47,399,139.84	19,894,676.32	25,687,142.45	19,439,118.43	24,400,707.64
总资产	678,355,994.84	652,210,749.25	659,363,983.63	642,052,194.80	673,159,984.40
股东权益(不含少数股东权益)	418,139,181.37	372,302,716.48	396,717,803.63	368,384,057.22	404,730,537.17
每股收益					
—摊薄	0.303	0.127	0.164	0.124	0.156
—加权	0.303	0.127	0.164	0.128	0.161
—扣除非经常性损益	0.230	-0.062	-0.012		
每股净资产	2.676	2.382	2.538	2.357	2.590
调整后的每股净资产	2.486	2.194	2.350	2.214	2.452
每股经营活动产生的现金流量净额	0.203		0.026		
净资产收益率(%)	11.33	5.34	6.47	5.28	6.03

3 、按照中国证监会《公开发行证券公司信息披露编报规则(第 9 号)》要求计算的利润表附表

报告期利润	净资产收益率(%)		每股收益(元/股)	
	全面摊薄	加权平均	全面摊薄	加权平均
主营业务利润	4.54	4.80	0.122	0.122
营业利润	0.037	0.039	0.001	0.001
净利润	11.33	11.97	0.303	0.303
扣除非经常性损益后的净利润	8.59	9.07	0.230	0.230

三、股本变动及股东情况

1 、股东情况介绍
(1)报告期末公司股东总数为 9,686 户。
(2)报告期末公司前十名股东持股情况

序号	股东名称	年末持股数量	占总股本比例(%)
1	华银投资控股有限公司	45,580,512	29.17
2	厦门奇胜股份有限公司	34,717,321	22.22
3	上海望春花贸易商行	15,200,000	9.73
4	津信发展	3,387,474	2.17
5	王意珍	659,301	0.42
6	青阳绒布	655,200	0.42
7	周力	593,549	0.38
8	吕良	592,644	0.38
9	陈八斤	551,598	0.35
10	赵红星	521,832	0.33

注:华银投资控股有限公司持股中包含流通股 2,959,000 股;厦门奇胜股份有限公司持股中包含流通股 9,400,000 股;上海望春花贸易商行持股中包含流通股 200,000 股。

报告期内,厦门奇胜股份有限公司将所持股份中的 10,317,321 股法人股质押给华银投资控股有限公司,质押期限为 2000 年 4 月 28 日起至 2001 年 4 月 28 日止;将 15,000,000 股法人股质押给光彩事业投资集团有限公司,质押期限为 2000 年 1 月 7 日起至 2001 年 1 月 7 日止;将 9,400,000 股转配股质押给光彩事业投资集团有限公司,质押期限为 2000 年 1 月 6 日起至 2001 年 1 月 6 日止。

报告期内,厦门奇胜股份有限公司所持望春花公司转配股 6,517,081 股被冻结,冻结期限为 2000 年 5 月 19 日至 2000 年 11 月 19 日;所持望春花公司法人股 11,970,203 股被冻结,冻结期限为 2000 年 9 月 7 日至 2001 年 3 月 6 日;

公司前十名股东之间无关联关系。

上海国嘉实业股份有限公司

一、公司简介

1.公司中文名称:上海国嘉实业股份有限公司
公司英文名称:SHANGHAI CITIC-JIADING INDUSTRIAL CO.,LTD.
2.公司法定代表人:王英玲
3.公司董事会秘书:李文利 董秘授权代表:竺显烔
联系电话:021—63916888 转 338
传真:021—63916777 电子信箱: gjsy@600646.com.cn
联系地址:上海淮海中路 381 号中环广场 32 层
4.公司注册地址:上海余庆路 134 弄 3 号
公司办公地址:上海淮海中路 381 号中环广场 32 层 邮政编码:200020
公司电子信箱:gjsy@600646.com.cn
网址:www.gotrade.com.cn www.wizabc.net
5.公司信息披露报纸:《上海证券报》、《中国证券报》、《证券时报》
6.登载公司年报的国际互联网网址: www.sse.com.cn
7.公司年报备置地点: 公司董事会办公室
8.公司股东接待日:每周五下午 1:00-5:00 接待人: 竺显烔
9.公司股票上市地:上海证券交易所 股票简称:国嘉实业 股票代码:600646

二、会计数据和业务数据摘要

1.本年度会计数据摘要: 单位:人民币元

利润总额	47,361,422.27 元
净利润	45,452,079.82 元
扣除非经常性损益后的净利润	45,649,764.62 元
主营业务利润	109,741,226.61 元
其它业务利润	555,154.47 元
营业利润	53,497,202.30 元
投资收益	-5,938,095.23 元
补贴收入	-
营业外收支净额	-197,684.80 元
经营活动产生的现金流量净额	-4,873,575.63 元
现金及现金等价物净增加额	17,124,590.03 元
注:非经常性损益	-197,684.80

2.截至报告期末前三年主要会计数据和财务指标:

指标项目(单位:元)	2000 年	1999 年	1998 年	
			调整前	调整后
主营业务收入	211,668,693.05	385,864,228.53	1,409,398,517.22	1,409,398,517.22
净利润	45,452,079.82	73,338,510.82	114,062,916.83	101,961,033.90
总资产	900,115,872.72	812,832,365.17	774,880,127.62	746,496,374.95
股东权益(不含少数股东权益)	387,571,501.37	341,423,759.12	290,929,854.07	265,998,202.20
每股收益(摊薄)	0.253	0.408	1.32	1.18
每股收益(按月平均加权计算)	0.253	0.408	1.32	1.18
每股收益(扣除非经营性损益后)	0.254	0.455	1.35	1.21
每股净资产	2.16	1.90	3.36	3.07
调整后的每股净资产	2.12	1.88	3.26	2.99
净资产收益率	11.73%	21.48%	39.21%	38.33%
每股经营活动产生的现金流量净额	-0.027	-1.09	-0.644	-0.644

3.根据中国证监会关于《公开发行证券公司信息披露编报规则(第 9 号)——净资产收益率和每股收益的计算及披露》通知精神,公司 2000 年按全面摊薄法和加权平均法计算的净资产收益率及每股收益:

报告期利润		净资产收益率		每股收益	
		全面摊薄	加权平均	全面摊薄	加权平均
主营业务利润	109,741,226.61	28.32%	30.14%	0.611	0.611
营业利润	53,497,202.30	13.80%	14.69%	0.298	0.298
净利润	45,452,079.82	11.73%	12.48%	0.253	0.253
扣除非经常性损益后的净利润	45,649,764.62	11.78%	12.54%	0.254	0.254

续上表:

项目	未分配利润	股东权益合计
期初数	61,984,655.87	341,423,759.12
本期增加	45,452,079.82	75,191,979.12
本期减少	23,775,802.87	29,044,236.87
期末数	83,660,932.82	387,571,501.37
变动原因	实现利润	实现利润

三、股东情况介绍

(1)截至 2000 年 12 月 31 日,公司股东总数为 31087 户,其中,法人股股东 113 户,社会公众股股东 30974 户。
(2)主要股东持股情况(截止 2000 年 12 月 31 日)

股东名称	年末持股数量	年度内股份增减	持股比例
北京和德实业公司	64967301		36.15%
U.S.I.I.I.	51411838		28.61%
上海浦东任辰贸易有限公司	3485418	3485418	1.94%
深圳巨兴泰实业公司	3038008		1.69%
上海岩鑫实业投资有限公司	3000000	3000000	1.67%
嘉定区建业投资公司	2570581		1.43%
上海隆德歧工贸有限公司	2105125	2105125	1.17%
上海上科科技投资有限公司	1000000	1000000	0.56%
上海国脉通信股份有限公司	607602		0.34%
上海新锦江大酒店股份有限公司	607602		0.34%

注:
1.US-I.I.I 所持股份为外资法人股,截至 2000 年 12 月 31 日止,其所持股份中的 1200 万股于 2000 年 5 月 8 日质押给中国科学器材进出口总公司;2000 年 11 月 28 日,US-I.I.I 将 2350 万股质押给福建兴业银行广州市分行。

上海粤海企业发展股份有限公司

(一)公司简介

1、公司法定中文名称:上海粤海企业发展股份有限公司
公司法定英文名称:SHANGHAI GD ENTERPRISES DEVELOPMENT CO.,LTD. 缩写:SGD
2、公司法定代表人:陈玉华先生
3、公司董事会秘书:胡嘉捷先生　联系地址:上海市华山路1336号玉嘉大厦九楼
联系电话:(021)62265281 传真:(021)62264639
4 、公司注册地址:上海市华山路1336号玉嘉大厦九楼
公司办公地址:上海市华山路1336号玉嘉大厦九楼　邮政编码:200052
公司电子信箱:gd600647@online.sh.cn
5、公司选定的信息披露报纸:《上海证券报》
登载公司年度报告的中国证监会指定国际互联网网址:http://www.sse.com.cn
公司年度报告备置地点:上海市华山路1336号玉嘉大厦九楼
6、公司股票上市地:上海证券交易所　股票简称:ST 粤海发　股票代码:600647

(二)会计数据和业务数据摘要

1 、本年度主要利润指标情况(金额单位:人民币元)

项目	金额
利润总额	-7,917,361.03
净利润	-7,909,806.82
扣除非经常性损益后的净利润	-7,445,366.37
主营业务利润	7,064,649.10
其他业务利润	1,500.00
营业利润	-10,155,003.66
投资收益	2,221,001.80
补贴收入	/
营业外收支净额	16,640.83
经营活动产生的现金流量净额	915,764.38
现金及现金等价物净增加额	-821,613.01

2 、主要会计数据和财务指标(金额单位:人民币元)

指标项目	2000年度	1999年度		1998年度	
		调整后	调整前	调整后	调整前
主营业务收入	27,489,164.65	24,583,305.06	515,995,215.92	23,022,784.39	31,706,942.96
净利润	-7,909,806.82	3,044,681.42	5,864,695.59	-26,046,657.56	24,690,404.39
总资产	166,773,810.50	173,456,846.81	850,953,089.09	231,714,417.11	309,715,092.23
股东权益	10,416,279.04	8,926,884.86	9,096,692.54	5,882,376.37	58,635,466.62
每股收益(摊薄)	-0.1478	0.0569	0.1096	-0.4867	0.4614
扣除非经常性损益后的每股净利润	-0.1391	0.0656	0.1184	-0.2157	-0.1770
每股净资产	0.1946	0.1668	0.1700	0.1099	1.0956
调整后的每股净资产	0.0945	-0.0667	0.0052	-0.0420	0.7292
每股经营活动产生的现金流量净额	0.0171	-0.6099	-1.9225	-0.2645	-0.2589
净资产收益率摊薄	-75.94	34.11	64.47	-442.79	42.11

注:(1)、主要财务指标计算方法
每股收益=净利润/年度末普通股股份总数
每股净资产=年度末股东权益/年度末普通股股份总数
调整后每股净资产=(年度末股东权益-三年以上的应收款项净额-待摊费用-待处理(流动、固定)资产净损失-开办费-长期待摊费用-住房周转金负数余额)/年度末普通股股份总数
每股经营活动产生的现金流量净额=经营活动产生的现金流量净额/年度末普通股股份总数
净资产收益率=净利润/年度末股东权益×100%
(2) 、以上数据以公司合并会计报表数填列
(3) 、根据中国证监会《公开发行证券公司信息披露编报规则第9号——净资产收益率和每股收益的计算及披露》要求,计算的2000年净资产收益率和每股收益如下:

报告期利润	净资产收益率		每股收益	
	全面摊薄	加权平均	全面摊薄	加权平均
主营业务利润	0.6782	0.7305	0.1320	0.1320
营业利润	-0.9749	-1.0500	-0.1898	-0.1898
净利润	-0.7594	-0.8178	-0.1478	-0.1478
扣除非经营性损益后的净利润	-0.7148	-0.7698	-0.1391	-0.1391

(三)股东情况介绍

1、报告期末股东总数:
本年度末股东总数:6693 户。
2、公司前十名股东持股情况(至本年度末):

股东名称	期末持股数(股)	持股比例(%)
(1)中国信达信托投资公司	22,370,000.00	41.80
(2)上海新亚(集团)股份有限公司	2,670,000.00	4.99
(3)上海嘉宝实业(集团)股份有限公司	945,000.00	1.77
(4)上海强生集团有限公司	945,000.00	1.77
(5)中银万国证券股份有限公司	630,000.00	1.18
(6)上海永生股份有限公司	630,000.00	1.18
(7)上海申达股份有限公司	630,000.00	1.18
(8)上海二纺机股份有限公司	535,500.00	1.00
(9)上海棱光实业股份有限公司	315,000.00	0.59
(10)上海天迪投资有限公司	315,000.00	0.59

3 、持股5%以上的法人股股东深圳粤海实业投资发展有限公司本年度内所持股份于2000年8月17日过户给中国信达信托投资公司,至此深圳粤海实业投资发展有限公司不再持有本公司股票,中国信达信托投资公司持有本公司2237万股,占公司总股本的41.8%,为本公司第一大股东【详见2000年8月23日《上海证券报》公司重大事件公告】。

(四)股东大会简介

报告内召开了二次股东大会,具体情况如下:
1 、1999年度股东大会 本公司第三届第一次股东大会(九九年度股东大会)于2000年6月28日在上海宾馆八楼多功能厅举行,出席会议股东(或代理人)110名,代表股数24,034,321股,占公司总股本44.9099%,会议通过如下决议:① 审议通过公司1999年度董事会工作报告。② 、审议通过公司1999年度监事会工作报告。③ 审议通过1999年度财务决算及利润分配方案报告。

上海外高桥保税区开发股份有限公司

一、公司简介

1 、公司名称:上海外高桥保税区开发股份有限公司
公司英文名称:SHANGHAI WAI GAOQIAO FREE TRADE ZONE DEVELOPMENT CO.,LTD(缩写:WGQ)
2 、公司法定代表人:刘新民
3 、公司董事会秘书:高海明、仲春明
证券事务代表:刘捷
联系地址:中国上海浦东杨高北路889号贵宾楼(200131)
电话:58669217 传真:58680808
电子信箱:wgq@mail.shini.net.cn
4 、公司注册地址及办公地址:中国上海浦东杨高北路889号
邮政编码:200131
公司国际互联网网址:http://www.waigaoqiao.com.cn
5 、公司选定信息披露报纸:上海证券报、香港商报
登载公司年度报告的中国证监会指定国际互联网网址:
http://www.sse.com.cn
公司年度报告备置地址:中国上海浦东杨高北路889号贵宾楼
6 、公司股票上市交易所:上海证券交易所
公司股票简称(A股):外高桥 代码:600648
(B股):外高B股 代码:900912

二、会计数据和业务数据摘要

1 、业务数据摘要(单位:人民币元)

利润总额	3,307,783.24
净利润	23,778,105.21
扣除非经常性损益后净利润	-1,295,257.71
主营业务利润	38,762,334.93
其他业务利润	859,769.37
营业利润	-63,891,620.13
投资收益	57,888,106.38
补贴收入	19,089,088.00
营业外收支净额	-9,777,791.01
经营活动产生的现金流量净额	22,913,329.42
现金及现金等价物净增加额	-139,950,286.37

注:扣除的非经常性损益项目和涉及金额

(1)营业外收支净额	-9,777,791.01
(2)补贴收入	19,089,088.00
(3)股权处置收益	15,762,065.93
合计	25,073,362.92

2 、主要会计数据和财务指标:(单位人民币万元,每股单位元)

	2000	1999	1999	1998	
		调整后	调整前	调整后	调整前
主营业务收入(万元)	9,249.24	11,819.29	11,819.29	14,872.79	16,400.24
净利润(万元)	2,377.81	3,049.54	3,049.54	11,053.41	13,271.67
总资产(万元)	279,740.53	291,519.99	291,763.95	260,518.41	263,468.42
股东权益(不含少数股东权益)(万元)	141,259.25	140,920.09	141,164.04	138,246.45	135,419.92
每股收益(元)	0.0351	0.0450	0.0450	0.1795	0.216
按月加权平均每股收益(元)	0.0351	0.0468	0.0468	0.1795	0.216
扣除非经常性损益后每股收益	-0.0019	-0.0358	-0.0358		
每股净资产(元)	2.0855	2.0805	2.0841	2.2452	2.199
调整后的每股净资产(元)	2.0695	2.0437	2.0473	2.2364	2.138
每股经营活动产生的现金流量净额(元)	0.0338	-0.0904	-0.0904	0.2440	0.2440
净资产收益率(摊薄)	1.68	2.16	2.16	7.9	9.8

注:因调整了2000年度合并资产负债表部分帐户的期初数,故1999年度会计数据也作了相应的调整,详细请见财务报告中其他重要事项1 。

3 、利润表附表

报告期利润	净资产收益率		每股收益	
	全面摊薄	加权平均	全面摊薄	加权平均
主营业务利润	2.744	2.728	0.0572	0.0572
营业利润	-4.523	-4.496	-0.0943	-0.09434
净利润	1.683	1.673	0.0351	0.0351
扣除非经常性损益后的净利润	-0.0917	-0.0911	-0.0019	-0.0019

三、股本变动及股东情况

1 、股本变动情况:
①报告期末为止前三年未发生任何股票发行情况。
②2000年4月3日公司2,805万股转配股上市流通。
③本公司无现存内部职工股。
2 、股东情况介绍:
(1)报告期末为止公司股东总数为A股33167 、B股10841 人。
(2)前10 名股东情况:

	股东持股数(股)		
1 上海外高桥(集团)有限公司	396,000,000	未上市流通	代表国家持有
2 上海国际信托投资公司	49,500,000	未上市流通	法人股东
3 TOYO SECURITIES ASIA LTD.A/C CLIENT	4,597,250	已上市流通	外资股东
4 HKIT S/A 006-113039-431	1,914,298	已上市流通	外资股东
5 WARDLEY JAMES CAPEL FAR EASTLTD	1,664,009	已上市流通	外资股东
6 华夏证券有限公司上海业务部	1,250,000	已上市流通	外资股东
7 赵展岳	1,150,000	已上市流通	外资股东
8 京华山一国际(香港)有限公司	1,141,055	已上市流通	外资股东
9 鲍世颖	1,127,017	已上市流通	外资股东
10 NAITO SECURITIES CO.,LTD.	1,102,600	已上市流通	外资股东

(3)持股10%以上的股东为上海外高桥(集团)有限公司,法定代表人刘新民,经营范围是对国有资产投资控股,房地产经营开发,工程承包,保税仓储运输,国内贸易,货运代理,实业投资,外商投资咨询,转口贸易,旅游。

上海市原水股份有限公司

一 、公司简介

(一)公司名称:上海市原水股份有限公司
英文名称:SHANGHAI MUNICIPAL RAW WATER CO.,LTD.
英文缩写:SMRWC
(二)公司法定代表人:芮友仁
(三)公司董事会秘书:王钅享柔
联系地址:上海市四川北路818号五楼
电话:(021)63564899(总机)
传真:(021)63564880
(四)公司注册地址:上海市浦东新区北艾路1540号
公司办公地址:上海市四川北路818 号五楼
邮政编码:200085
电子信箱:smrwc@online.sh.cn
(五)公司选定的信息披露报纸:《上海证券报》
登载公司年度报告的中国证监会指定国际互联网网址:http://www.sse.com.cn
公司年度报告备置地点:上海市四川北路818号五楼516室
(六)公司股票上市交易所:上海证券交易所
股票简称:原水股份
股票代码:600649

二、会计数据和业务数据摘要

(一)本年度利润总额及其构成(单位:人民币元)

项目	2000年度
利润总额	479289789.33
净利润	406494704.60
扣除非经常损益后的净利润	404750406.27
主营业务利润	470558613.18
其他业务利润	14292486.31
营业利润	400986466.38
投资收益	80047621.28
补贴收入	
营业外收支净额	-1744298.33
经营活动产生的现金流量净额	834324664.65
现金及现金等价物净增加额	687839064.35

(二)公司前三年主要会计数据和财务指标

指标项目	单位	2000年	1999年	1998年	
				调整后	调整前
主营业务收入	元	808619499.09	913574837.30	864218651.84	864218651.84
净利润	元	406494704.60	435311776.23	399162370.34	418495928.05
总资产	元	7051404419.89	5181941115.96	5287861696.55	5319804699.66
股东权益	元	4498731640.31	4391724195.66	4134884847.94	4166827851.05
每股收益(摊薄)	元	0.22	0.25	0.23	0.24
每股收益(加权)	元	0.22	0.25	0.23	0.24
扣除非经常性损益后的每股收益		0.22	0.25	0.23	0.24
每股净资产	元	2.39	2.56	2.41	2.43
调整后每股净资产	元	2.38	2.55	2.41	2.43
每股经营活动产生的现金流量净额		0.44	0.29	0.15	0.15
净资产收益率(摊薄)%		9.04	9.91	9.65	10.04
净资产收益率(加权)%		8.85	10.00	9.49	10.00

(三)利润分配表附表

报告期利润	净资产收益率		每股收益	
	全面摊薄	加权平均	全面摊薄	加权平均
主营业务利润	10.46%	10.24%	0.25	0.25
营业利润	8.91%	8.73%	0.21	0.21
净利润	9.04%	8.85%	0.22	0.22
扣除非经常性损益后的净利润	9.00%	8.81%	0.22	0.22

三、股东情况介绍

(一)报告期利润

截至2000年末,公司股东总数为300350户,其中:国家股股东1户,法人股股东902户,社会公众股股东299447户。

(二)前十名股东名单及所持股份情况　　单位:股

序号	股东名称	期末持股数	持股比例	备注
1	上海市国有资产管理办公室(国家股)	987762727	52.42%	
2	申银万国证券股份有限公司	55065450	2.92%	
3	金华金基	25200207	1.34%	均为流通股
4	金信投资	20000000	1.06%	均为流通股
5	中国建设银行上海信托投资公司	8099795	0.43%	
6	华夏证券公司	7716500	0.41%	
7	中国国际海运集装箱股份有限公司	3795000	0.20%	
8	苏州电视机组件厂	3275718	0.17%	
9	上海市城市建设投资开发总公司	2972750	0.16%	
10	交通银行上海分行	2530000	0.13%	
10	公路房地产联合开发经营公司	2530000	0.13%	
10	深圳市特力机电股份有限公司	2530000	0.13%	

说明:1、持有本公司5%(含5%)以上股份的股东,仅国家股股东1户,占公司总股本的52.42%,由上海市城市建设投资开发总公司代表国家持有,报告期内所持股份未发生变动,亦未发生质押或冻结的情况。

2、前10名股东之间不存在关联关系。

四、股东大会简介

(一)股东大会的通知、召开情况

报告期内公司召开一次股东大会。董事会于2000年5月25日在《上海证券报》刊登关于召开1999年度股东大会的通知公告,会议于2000年6月26日在上海浦煤俱乐部举行,会议由董事长芮友仁召集,参加1999年度股东大会的股东2488名,代表股份98105.6523万股,占公司总股本57.2684%。

上海新锦江股份有限公司

一、公司简介

1 、公司法定名称:中文名称:上海新锦江股份有限公司
英文名称:Shanghai Jin Jiang Tower Co.,LTD.　英文缩写:JJT
2 、公司法定代表人:董事长 沈懋兴 先生
3 、公司董事会秘书:王均行 先生　证券事务代表:胡韵 先生
联系地址:上海市长乐路161 号822 室
电话:(021)64151188 传真:(021)64726815
4 、公司注册地址:上海市浦东大道1 号　公司办公地址:上海市长乐路161 号
邮政编码:200020　公司网址:www.jjtcn.com　电子信箱:jjtrsv@public.sta.net.cn
5 、公司选定的信息披露报纸名称:《上海证券报》、香港《南华早报》。
登载公司年度报告的中国证监会指定互联网网址:http://www.sse.com.cn
公司年报备置地点:上海市长乐路161 号822 室
6 、公司股票上市交易所:上海证券交易所
股票简称:A 股"新锦江"　B 股"新锦B 股"　股票代码:A 股 600650 B 股 900914

二、会计数据和业务数据摘要

1 、本年度实现的利润总额及其构成:(单位:人民币元)

利润总额	8,125,441
净利润	5,677,682
扣除非经营性损益后的净利润	5,677,682
主营业务利润	168,751,820
营业利润	-1,338,276
其他业务利润	-
投资收益	10,088,744
补贴收入	-
营业外收支净额	-625,027
经营活动产生的现金流量净额	56,877,418
现金及现金等价物净增加额	-8,120,7422

2 、香港德勤·关黄陈方会计师行为符合国际会计准则对沪江德勤会计师事务所审计后的税后利润及资产净值作如下调整:

项目	除税后溢利		资产净值	
	2000 年	1999 年	2000 年	1999 年
	人民币千元	人民币千元	人民币千元	人民币千元
按中国会计准则报告	5,678	149	1,513,894	1,508,697
为符合国际会计准则所作之调整				
折旧及摊销	(3,004)	(14,239)	102,861	105,865
无形资产、递延资产摊销 *	(56,241)	(18,697)	(103,596)	(44,922)
准备金提取	-	(2,011)	7,535	7,535
呆帐准备及存货准备	-	7,199	-	-
资产重估差异	-	-	(241,782)	(241,782)
递延税款	15,141	2,783	(6,485)	(21,626)
其他	229	798	3,143	-
按国际会计准则报告	(38,197)	(24,018)	1,275,570	1,313,767

注*:无形资产、递延资产摊销增幅较大,主要是新锦江大酒店装修改造增加待摊费用。

3 、截至报告期末公司前三年主要会计数据和财务指标(单位:人民币元)

项目	2000 年	1999 年	1998 年
主营业务收入	217,602,519	185,364,535	204,580,814
净利润	5,677,682	148,872	11,035,820
总资产	1,877,720,864	1,822,311,148	1,664,927,431
股东权益	1,513,894,187	1,508,697,493	1,508,548,621
每股收益 (摊薄)	0.011	0.00029	0.026
(加权)	0.011	0.00033	0.026
扣除非经营性损益后的每股收益	0.011	0.00033	0.026
每股净资产 (摊薄)	3.02	3.01	3.61
(加权)	3.02	3.33	-
调整后每股净资产 (摊薄)	2.78	2.91	3.53
(加权)	2.78	3.22	-
每股经营活动产生的现金流量净额	0.113	0.057	0.124
净资产收益率(%)(摊薄)	0.38	0.01	0.73
(加权)	0.38	0.01	0.73

4 、按全面摊薄和加权平均法计算的净资产收益率及每股收益

报告期利润	净资产收益率(%)		每股收益	
	全面摊薄	加权平均	全面摊薄	加权平均
主营业务利润	11.15	11.15	0.337	0.337
营业利润	-0.088	-0.088	-0.003	-0.003
净利润	0.38	0.38	0.011	0.011
扣除非经营性损益后的净利润	0.38	0.38	0.011	0.011

三、股东情况介绍

1 、股本变动情况(数量单位:股)

2 、报告期末的公司股东总数为36,289 户,其中境内上市外资股股东5167 户。

3 、主要股东持股情况(单位:股)

股东名称	期末持股数	占总股本比例
锦江(集团)有限公司	205,397,027	40.96%
上海海通证券公司	4,379,347	0.87%
上海国际信托投资公司	3,706,560	0.74%
蔡青峰	3,530,640	0.70%
上海锦江饭店	3,356,813	0.67%
友谊汽车	3,212,352	0.64%
工行二营	2,851,200	0.57%
石德毅	2,584,370	0.52%
上海国泰君安证券有限公司	2,262,001	0.45%
上海爱建股份有限公司	1,710,720	0.34%

(注):锦江(集团)有限公司法定代表人为余永梁,持有股份无质押情况。上述股东中2 、4 、8 、9 位股东为B 股股东。

上海飞乐音响股份有限公司

一、公司简介

1 、公司法定中文名称：上海飞乐音响股份有限公司

公司英文名称：FEILO ACOUSTICS CO.,LTD.SHANGHAI　公司英文名称缩写：FACS

2 、公司法定代表人：唐岷

3 、公司董事会秘书：施正明　联系地址：上海市长寿路468 号中环商务大楼A 幢9 楼

邮政编码：200060 电话：(021)62770068-1833　传真：(021)62982217

4 、注册地址：上海市江苏路61 号 办公地址：上海市长寿路468 号中环商务大楼A 幢9 楼

邮政编码：200060　电子信箱：feileyinxiang @sh-ed.com

5 、公司信息披露指定报刊：上海证券报

公司登载年度报告的国际互联网网址：http://www.sse.com.cn

公司年度报告备置地点：公司董事会秘书处

6 、公司股票上市交易所：上海证券交易所

公司股票简称：飞乐音响　公司股票代码：600651

二、会计数据和业务数据摘要

1 、本年度会计数据摘要(单位：人民币/元)

利润总额	95,162,433.37
净利润	79,802,937.27
扣除非经常性损益后的净利润	48,401,296.72
主营业务利润	97,425,632.00
其他业务利润	24,896.75
营业利润	65,464,745.85
投资收益	24,908,663.00
补贴收入	77,000.00
营业外收支净额	4,712,024.52
经营活动产生的现金流量净额	90,691,726.05
现金及现金等价物净增加额	301,278,988.47

注：扣除的非经常性损益项目和涉及金额有：

(1)法人股转让收益	14,327,661.35
(2)补贴收入	77,000.00
(3)租金减免收入	4,638,000.00
(4)短期投资收益	11,650,000.00
(5)合并价差摊入	708,979.20

2 、前三年主要会计数据和财务

指标项目	2000 年	1999 年	1998 年(调整后)
主营业务收入(元)	275,715,715.19	210,535,090.05	146,422,977.74
净利润(元)	79,802,937.27	18,166,369.92	11,370,117.11
总资产(元)	820,973,261.64	289,242,806.36	247,388,280.62
股东权益(元)	246,006,125.36	165,709,861.04	147,747,131.85
每股收益(元/股)	0.541	0.123	0.108
扣除非经常性损益后的每股收益(元/股)	0.328	0.078	
每股净资产(元/股)	1.67	1.12	1.40
调整后的每股净资产(元/股)	1.59	1.07	1.31
每股经营活动产生的现金流量净额(元)	0.61	0.067	-0.29
净资产收益率(%)	32.44	10.96	7.70

注：(1)主要财务指标计算公式：

每股收益=净利润/年度末普通股股份总数

每股净资产=年度末股东权益/年度末普通股股份总数

调整后的每股净资产=(年度末股东权益-三年以上的应收款项净额-待摊费用-待处理(流动、固定)资产净损失-开办费-长期待摊费用-住房周转金负数余额)/年度末普通股股份总数。

每股经营活动产生的现金流量净额=经营活动产生的现金流量净额/年度末普通股股份总数。

净资产收益率=净利润/年度末股东权益×100%

(2)自报告期末至年报披露日，因本公司于2001 年2 月实施2000 年度增资配股，按股本变动后的股份总数19192.992 万股计算，每股收益为0.416 元。

3 、报告期利润表附表

报告期利润	净资产收益率(%)		每股收益(元/股)	
	全面摊薄	加权平均	全面摊薄	加权平均
主营业务利润	39.60	47.38	0.660	0.660
营业利润	26.61	31.84	0.443	0.443
净利润	32.44	38.81	0.541	0.541
扣除非经常性损益后净利润	19.67	23.54	0.328	0.328

注：以上指标按中国证监会《公开发行证券公司信息披露编报规则第9 号—净资产收益率和每股收益的计算及披露》计算公式计算。

三、股本变动及股东情况

1 、股本变动情况

2 、股票情况介绍　(1)报告期末，公司股东总数为9519 户。

(2)前十名股东持股情况

股东名称	持股数量(股)	持股比例(%)
①上海仪电控股(集团)公司	21779385	14.75
②上海飞乐股份有限公司	9515000	6.44
③物群实业	2483333	1.68
④汇虹电子	2312712	1.57
⑤华铭投资	2005000	1.36
⑥爱建信托	1943114	1.32
⑦爱建投资	1535300	1.04
⑧建富投资	1230000	0.83
⑨上海爱建	1138509	0.77
⑩爱建公司	1051214	0.71

说明：(1)持股5%以上股东持股增减情况说明：公司股份全部为上市流通股份，上海仪电控股(集团)公司年度末持有本公司14.75%股权，本年度增持股份7001159 股；上海飞乐股份有限公司年度末持有本公司6.44%股权，本年度减持股份2297000 股。

上海爱使股份有限公司

一、公司简介

1.公司的法定中文名称：上海爱使股份有限公司

英文名称：SHANGHAI ACE CO.,LTD.

英文缩写：SACE

2.公司法定代表人：邓景顺

3.公司董事会秘书：许汉章

董事会授权代表：陆佩华

联系地址：上海市石门二路333 弄3 号6 楼(振安广场)

联系电话：(021)62559299 转8005　传真：(021)62556597

电子信箱：SHACE@online.sh.cn

4.公司注册地址：上海市石门二路333 弄3 号6 楼(振安广场)

公司办公地址：上海市石门二路333 弄3 号6 楼(振安广场)　邮政编码：200041

公司国际互联网网址：httP://www.sse.com.cn

电子信箱：SHACE@online.sh.cn

5.公司选定的信息披露报纸名称：《上海证券报》

登载公司年度报告的中国证监会指定国际互联网网址：http://www.sse.com.cn

公司年度报告备置地点：上海市石门二路333 弄3 号6 楼(振安广场)

董事会办公室

6.公司股票上市交易所：上海证券交易所

股票简称：爱使股份　股票代码：600652

二、会计数据和业务数据摘要

1.公司本年度会计数据(合并表)单位：元

利润总额	76,777,900.08
净利润	67,223,146.81
扣除非经常性损益后的净利润	56,797,426.81
主营业务利润	74,399,072.65
其他业务利润	-239,971.02
营业利润	31,125,239.05
投资收益	45,018,616.35
补贴收入	296,396.16
营业外收支净额	337,648.52
经营活动产生的现金流量净额	-30,255,662.04
现金及现金等价物净增加额	71,414,872.09

注：扣除非经常性损益项目：

子公司转让净收益	11,102,970.00
合并价差摊入	-677,250.00

2.截至报告期末公司前三年的主要会计数据和财务指标(单位：元)3

项　目	2000 年度	1999 年度	1998 年度 调整前	1998 年度 调整后
主营业务收入	317356192.66	275933559.08	153402481.21	114219930.41
净利润	67223146.81	25413359.50	23145166.66	1043018.22
总资产	1015062280.34	509299529.22	576309870.93	479525739.32
股东权益(不含少数股东权益)	589612565.21	195805134.55	220175795.78	178883786.44
每股收益(摊薄)	0.2244	0.1309	0.191	0.009
(加权)	0.2314	0.1309	0.191	0.009
扣除非经常性损益后的每股收益(摊薄)	0.1896	0.068		
(加权)	0.1955	0.068		
每股净资产	1.97	1.0059	1.82	1.4747
调整后的每股净资产	1.94	0.8989	1.65	1.3774
每股经营活动产生的现金流量净额	-0.10	0.347		
净资产收益率(%)(摊薄)	11.40	13.02	10.51	0.58
(加权平均)	13.62	13.58	11.10	0.55

3.利润分配表附表

报告期利润	净资产收益率(%)		每股收益(元/股)	
	全面摊薄	加权平均	全面摊薄	加权平均
主营业务利润	12.62	15.07	0.2483	0.2561
营业利润	5.28	6.31	0.1039	0.1071
净利润	11.40	13.62	0.2244	0.2314
扣除非经常性损益后的净利润	9.63	11.51	0.1896	0.1955

三、股本变动及股东情况

1.股本变动情况

(1)股东情况介绍

截止2000 年12 月31 日，公司股东总数为135151 户，全部为社会公众股股东。

(2)主要股东持股情况：(前10 名股东)

股东名称	年末持股数(股)	占总股本比例(%)6
重油公司	11189140	3.73
天天科技	9701159	3.24
同达网络	5280198	1.76
港联公司	3826978	1.28
金明华	3388826	1.13
明天控股	2257340	0.75
恒辉永泰	1399956	0.47
刘微	945100	0.32
上海航嘉	880628	0.29
王丽佳	813388	0.27

注：报告期内重油公司、港联公司由期初的8079352 股，6651621 股增至11189140 股、9701159 股是因公司实施了1999 年度配股(每10 股配1.875 股)和2000 年中期实施了资本公积金转增股本(每10 股转增3 股)的分配方案所致。

(3)关联关系说明：重油公司、港联公司均为大港油田集团有限责任公司的关联企业，二家公司合并持有本公司股票占总股本的5.01%。.

天天科技、同达网络均为明天控股有限公司的关联企业，三家公司合并持有本公司股票占总股本的5.75%。

上述企业所持股份在报告期内没有发生质押、冻结等情况。

上海华晨集团股份有限公司

一、公司简介

(一)公司法定名称：
中文名称：上海华晨集团股份有限公司
英文名称：Shanghai Brilliance Group Co., Ltd.　英文缩写：SBGC
(二)公司法定代表人：仰融
(三)公司总裁：苏强
(四)公司注册地址：上海市宁波路1号
公司办公地址：上海市宁波路1号　邮政编码：200002
公司电子信箱：stock@bgh.com.cn
(五)公司董事会秘书：朱胜良　联系地址：上海市宁波路1号
电话：(021)63372010,63372011　传真：(021)63372000
(六)公司选定的信息披露报纸：《中国证券报》、《上海证券报》、《证券时报》
登载公司年报的国际互联网址：http://www.sse.com.cn
公司年度报告备置地点：上海市宁波路1号公司董事会秘书处
(七)公司股票上市交易地点：上海证券交易所
股票简称：华晨集团　股票代码：600653

二、会计数据和业务数据摘要

(一)公司本年度会计数据和业务数据：

利润总额(元)：	378,168,147.24
净利润(元)：	225,938,067.65
扣除非经常性损益后的净利润(元)：	131,024,858.29
主营业务利润(元)：	423,605,761.54
其他业务利润(元)：	28,825,141.07
营业利润(元)：	263,706,064.74
投资收益(元)：	78,867,344.70
补贴收入(元)：	28,190,834.62
营业外收支净额(元)：	7,403,903.18
经营活动产生的现金流量净额(元)：	102,576,531.60
现金及现金等价物净增加额(元)：	721,735,461.49

注：非经常性损益项目及金额：(单位：元)

1、转让“浦发银行”、“第一百货”等法人股净收益：	51,013,724.59
2、转让“大众科创”等转配股净收益：	4,891,189.52
3、企业综合发展扶持资金增值税返还净收益：	23,962,209.42
4、处置申华宾馆等存量资产净收益：	15,046,085.83
合　　计：	94,913,209.36

(二)净资产收益率和每股收益指标

	净资产收益率		每股收益	
	全面摊薄	加权平均	全面摊薄	加权平均
1、主营业务利润	40.98%	45.86%	0.773	0.773
2、营业利润	25.51%	28.55%	0.481	0.481
3、净利润	21.86%	24.47%	0.412	0.412
4、扣除非经常性损益后的净利润	12.68%	14.19%	0.239	0.239

注：净资产收益率和每股收益按《公开发行证券公司信息披露编报规则第9号-净资产收益率和每股收益的计算及披露》方法计算。

(三)截止报告期末公司前三年的主要会计数据和财务指标

项　目	2000年	1999年	1998年	
			调整前	调整后
主营业务收入(千元)	5,511, 417	2,431,761	105,113.75	
净利润(千元)	225, 938	187,803	63,249.60	63,029.23
总资产(千元)	3,531,302	1,591,102	1,099,902.54	1,098,079.92
股东权益(千元)(不含少数股东权益)	1,033,572	810,537	624,557.06	622,734.45
每股收益(元)(摊薄)	0.412	0.514	0.294	0.293
(加权)	0.450	0.596	0.294	0.293
扣除非经常性损益后的每股收益(元)(摊薄)	0.239	0.222		
(加权)	0.261	0.258		
每股净资产(元)	1.89	2.22	2.90	2.899
调整后的每股净资产(元)	1.77	2.21	2.89	2.882
每股经营活动产生的现金流量净额(元)	0.187	0.07		
净资产收益率(%)(摊薄)	21.86	23.17	10.13	10.12

三、股东情况介绍

1、截止报告期末，公司计有股东261120户。
2、本公司前10名股东的持股情况(截止至2000年12月29日交易结束)

股东名称	年末持股数量	占总股本比例(%)
1 君安投资发展有限公司	83207322	15.19
2 瞿建国	3765012	0.687
3 拓普实业	3458798	0.631
4 北京财政	1795000	0.328
5 东晟广告	1320000	0.241
6 天赐福	1188000	0.217
7 王海燕	1047000	0.191
8 石志平	1040000	0.190
9 张迎春	1035000	0.189
10 万永刚	955500	0.174

说明：
1、报告期内，公司第一大股东深圳市君安投资发展有限公司于2000年3月1日将其持有的本公司股份55,471,548股，质押给国泰君安证券股份有限公司，质押期限自2000年3月1日起至2000年6月30日止。双方于2000年7月3日在上海证券中央登记结算公司办理了撤销上述股票质押的手续。上述事宜，本公司已于2000年7月4日在《中国证券报》、《上海证券报》和《证券时报》上予以公告。
2、截止报告期末，公司前10名股东所持公司股份无质押或冻结的情况。

上海飞乐股份有限公司

(一)公司简介

1、公司的法定中文名称：上海飞乐股份有限公司
公司法定英文名称：SHANGHAI FEILO CO.,LTD　公司英文名称缩写：FEILO LTD
2、公司法定代表人：郁建福
3、公司董事会秘书：刘仁仁　证券事务代表：毛丽建　联系地址：上海市昭化路54号
联系电话：021-62512629　传真：021-62517323
E-Mail：feilo-zq@mail2.online.sh.cn
4、公司注册地址：上海市浦东新区新金桥路201号
办公地址：上海市昭化路54号　邮政编码：200050
公司国际互联网网址：http://www.feilo.com.cn
E-Mail 信箱：flrr@feilo.com.cn
5、公司选定的信息披露报纸名称：《中国证券报》、《上海证券报》
刊载公司年度报告的中国证监会
指定国际互联网网址：http://www.sse.com.cn
公司年度报告备置地点：上海市昭化路54号
6、公司股票上市交易所：上海证券交易所　股票简称：飞乐股份　股票代码：600654

(二)会计数据和业务数据摘要

1、公司本年度实现利润情况：单位：元

利润总额	107,178,534.01
净利润	76,666,829.15
扣除非经常性损益后的净利润	46,094,921.01
主营业务利润	166,444,153.17
其他业务利润	12,742,132.85
营业利润	10,179,546.00
投资收益	95,011,002.37
补贴收入	1,179,622.27
营业外收支净额	808,363.37
经营活动产生的现金流量净额	5,619,661.03
现金及现金等价物净增加额	68,947,611.98

注：扣除的非经常性损益项目和涉及金额：

(1)财政所得税退税	201,589.70
(2)财政补贴	1,179,622.27
(3)股票投资收益	47400,219.96
减(1)当期企业歇业损失	7,121,495.98
(2)当期提取短期投资跌价准备	215,050.00
(3)当期提取长期投资跌价准备	10,872,977.81

2、截止本年度末公司前三年主要会计数据和财务指标：

项　目	2000年	1999年	1998年调整后
主营业务收入(元)	552,288,474.85	532,683,982.01	499,159,324.65
净利润(元)	76,666,829.15	75,046,405.32	65,054,672.50
总资产(元)	1,649,743,927.90	1,545,703,429.30	1,414,995,710.68
股东权益(元)(不含少数股东权益)	705,598,130.18	637,046,170.88	565,167,274.21
每股收益(元/股)	0.20	0.20	0.17
扣除非经常性损益后的每股收益	0.12	0.18	0.12
每股净资产(元/股)	1.88	1.70	1.51
调整后的每股净资产(元/股)	1.55	1.59	1.41
每股经营活动产生的现金流量净额	0.02	0.06	-0.15
净资产收益率(%)	10.87	11.78	11.51

注：(1)主要财务指标计算公式：
每股收益=净利润/年度末普通股股份总数
每股净资产=年度末股东权益/年度末普通股股份总数
调整后的每股净资产=[年度末股东权益-三年以上的应收款项净值-待摊费用-待处理(流动、固定)资产净损失-开办费-长期待摊费用-住房周转金负数余额]/年度末普通股股份总数
每股经营活动产生的现金流量净额=经营活动产生的现金流量净额/年度末普通股股份总数
净资产收益率=[净利润/年度末股东权益]×100%
(2)1998、1999、2000年度股本均按37477.3082万股计算
(3)以上数据和指标均按合并会计报表数填列或计算
(4)报告期末至年报披露日，公司股本发生变化后的每股收益为0.1743元。
3、报告期利润

报告期利润	净资产收益率(%)		每股收益(元/股)	
	全面摊薄	加权平均	全面摊薄	加权平均
主营业务利润	23.59	24.64	0.44	0.44
营业利润	1.44	1.51	0.03	0.03
净利润	10.87	11.35	0.20	0.20
扣除非经常性损益后的净利润	6.5	6.8	0.12	0.12

(三)股本变动及股东情况

(1)报告期末股东总数：152070户
(2)前10名股东的持股情况：

名次 股东名称	年末持股数量(股)	占总股本比例(%)
1 上海仪电控股(集团)公司	97,258,602	25.95
2 景宏基金	3,462,119	0.92
3 内蒙信托	870,212	0.23
4 董红芬	820,000	0.22
5 郭琛	684,975	0.18
6 杨新泽	658,242	0.18
7 蒋建忠	634,400	0.17
8 肖春霞	571,285	0.15
9 张美英	570,000	0.15
10 梁翠娟	560,444	0.15

上海仪电控股(集团)公司代表国家持有股份的单位，其持有本公司股份没有质押或冻结的情况。

上海豫园旅游商城股份有限公司

一、公司简介

1、公司的法定中文名称:上海豫园旅游商城股份有限公司
公司的英文名称:SHANGHAI YUYUAN TOURIST MART CO.,LTD
英文缩写:YYTM
2、公司法定代表人:董事长　　程秉海
3、公司董事会秘书:曹有源
联系地址:上海市方浜中路 269 号
联系电话:(021)63559999　传真:(021)63550558
电子信箱:yuyuanobd@online.sh.cn
4、公司注册地址:中国上海市文昌路 19 号
办公地址:中国上海市方浜中路 269 号　邮政编码:200010
公司国际互联网网址:www.yuyuantm.com
5、公司选定的信息披露报纸:《上海证券报》、《中国证券报》
登载公司年度报告的中国证监会指定国际互联网网址:http://www.sse.com.cn
公司年度报告备置地点:上海市方浜中路 269 号董事会办公室
6、公司股票上市交易所:上海证券交易所
股票简称:豫园商城
股票代码:600655

二、会计数据和业务数据摘要

1、公司本年度会计数据和业务数据(单位:元)

项目	2000 年度
(1)利润总额	127,510,173.32
(2)净利润	104,422,243.80
(3)扣除非经常性损益后的净利润	98,029,531.41
(4)主营业务利润	472,743,906.04
(5)其他业务利润	37,339,483.12
(6)营业利润	102,068,475.81
(7)投资收益	23,884,222.15
(8)补贴收入	128,810.54
(9)营业外收支净额	1,428,664.82
(10)经营活动产生的现金流量净额	133,367,405.99
(11)现金及现金等价物净增加额	-7,947,193.87

注:扣除的非经常性损益项目为"合并价差摊入",涉及金额为 6,392,712.39 元。

2、截止报告期末公司前三年的主要会计数据及财务指标(单位:元)

项目	2000 年	1999 年	1998 年	
			追溯调整后	追溯调整前
主营业务收入	3,616,405,990.37	3,570,293,910.25	3,278,749,878.10	3,278,749,878.10
净利润	104,422,243.80	95,959,661.66	140,496,272.21	142,048,055.54
总资产	3,439,286,155.46	3,218,263,132.72	2,791,554,980.75	2,809,659,095.66
股东权益(不含少数股东权益)	1,692,226,508.49	1,426,034,025.64	1,376,429,651.05	1,393,159,273.79
每股收益(摊薄)	0.22	0.22	0.33	0.33
(加权)	0.23	0.22	0.33	0.33
扣除非经常性损益后的每股收益	0.21	0.22	0.33	0.33
每股净资产	3.64	3.33	3.21	3.25
调整后的每股净资产	3.34	3.12	3.05	3.09
每股经营活动中产生的现金流量净额	0.29	0.22	-0.13	-0.13
净资产收益率(%)				
(摊薄)	6.17	6.73	10.21	10.20
(加权)	6.39	6.74	10.14	10.25
扣除非经常性损益后的的净资产收益率(摊薄)	5.79	6.73	10.21	10.20
(加权)	6.00	6.74	10.14	10.25

3、报告期按全面摊薄法和加权平均法计算的净资产收益率和每股收益

报告期利润	净资产收益率%		每股收益(元)	
	全面摊薄	加权平均	全面摊薄	加权平均
主营业务利润	27.94	28.92	1.02	1.04
营业利润	6.03	6.24	0.22	0.22
净利润	6.17	6.39	0.22	0.23
扣除非经常性损益后的净利润	5.79	6.00	0.21	0.22

三、股本变化及股东情况介绍

1、股本变动情况
2.股东情况介绍:
(1)截止本报告期末,公司计有股东 97,949 户。
(2)本公司前 10 名股东的持股情况:

股东名称	年度内股份增减变动情况(股)	年末持股数量(股)	占总股本(%)
上海豫园旅游服务公司		61,661,601	13.25
国家持股(授权上海豫园(集团)	7,638,944	57,566,683	12.37
有限公司经营管理)豫园商场	3,151,066	15,249,383	3.28
上海嘉港城房地产开发有限公司	11,000,000	11,000,000	2.36
上海中国国际旅行社股份有限公司		7,732,256	1.66
上海南房(集团)有限公司		6,298,435	1.35
上海浦东钢铁(集团)有限公司		4,162,158	0.89
上海振南投资发展公司		4,054,050	0.87
中国纺织机械股份有限公司	-1,059,072	3,697,680	0.79
南市区果品总公司		3,667,230	0.79

1)本报告期内国家持股(授权上海豫园(集团)有限公司经营管理)配股 7,638,944 股;年末持股数为 57,566,683 股,占总股本的 12.37%。国家持股授权上海豫园(集团)有限公司经营管理。

2)上海豫园(集团)有限公司与南市区果品总公司均为上海豫园集团成员。上海豫园集团是以上海豫园(集团)有限公司为核心企业,按控股、参股和有契约关系的企业根据自愿、平等、互利原则组合起来的,以资产为纽带,联合组成的经济联合体。

3)本报告期内持有 5%以上股份的股东所持股份无质押、冻结的情况。

上海华源制药股份有限公司

一、公司简介

1、公司法定中文名称:上海华源制药股份有限公司
公司法定英文名称:SHANGHAI WORLDBEST PHARMACEUTICALS CO., LTD.
2、公司法定代表人:张勇鹤
3、公司董事会秘书:王长虹
联系电话:021—62030205
4、公司注册地址:上海市浦东新区张江高科技园区郭守敬路 351 号
公司办公地址:上海市中山北路 1958 号华源世界广场 25 层
邮政编码:200063
5、公司选定的信息披露报纸:《上海证券报》、《中国证券报》
登载公司年度报告的中国证监会指定的国际互联网网址是:http://www.see.com.cn
公司《年度报告》备置地点:上海市中山北路 1958 号华源世界广场 25 层
公司董事会办公室
6、公司股票上市地:上海证券交易所
股票简称:华源制药
股票代码:600656

二、会计数据和业务数据摘要

1、公司本年度实现的利润总额及其构成:(单位:人民币元)

项目	金额
利润总额	19,170,873.73
净利润	13,801,832.09
扣除非经常性损益后的净利润	12,007,422.32
主营业务利润	53,483,629.55
其它业务利润	1,455,173.46
营业利润	15,492,264.38
投资收益	5,099,441.60
补贴收入	120,000.00
营业外收支净额	1,540,832.25
经营活动产生的现金流量净额	25,972,249.10
现金及现金等价物净增加额	(15,625,417.02)

注:扣除非经常性损益主要项目和金额:环保治理达标补贴收入 120,000 元;股权投资贷方差额摊销 2,594,088.43 元;营业外收入 729,376.87 元,营业外支出 1,649,055.53 元。

2、截至报告期末公司前三年的主要会计数据及财务指标:(单位:人民币元)

项目	2000 年	1999 年	1998 年 调整前	调整后
主营业务收入	264445693.61	331134759.67	426672012.02	426672012.02
净利润	13801832.09	9360539.87	20919574.80	17773797.88
总资产	405158837.58	784896191.84	827230222.78	813603793.39
股东权益	141505128.21	127703296.12	126151062.74	117384540.66
每股收益(元/股)	0.148	0.10	0.224	0.191
扣除非经常性损益后的每股收益(元/股)	0.129	0.036	0.139	0.105
每股净资产	1.518	1.37	1.353	1.259
调整后每股净资产	1.26	0.86	0.92	0.78
每股经营活动产生的现金流量净额	0.27	0.19	0.12	0.12
净资产收益率%	9.75	8.55	16.58	15.14

根据中国证监会《公开发行证券公司信息披露编报规则》第 9 号的通知精神,以利润表附表形式列示的有关指标如下:

报告期利润	净资产收益率(%)		每股收益(元/股)	
	全面摊薄	加权平均	全面摊薄	加权平均
主营业务利润	37.88	39.54	0.57	0.57
营业利润	10.95	11.45	0.166	0.166
净利润	9.75	10.20	0.148	0.148
扣除非经常性损益后的净利润	8.49	8.88	0.129	0.129

三、股东情况介绍

(一)本报告期末股东总数为 30079 户。
(二)报告期末公司前十名股东持股情况如下:

股东名称	年末持股数(股)	占总股本(%)	备注
①中国华源集团有限公司	38,304,000	41.0906%	法人股
②兰溪市财政局	3,954,456	4.24%	国有股
③王辉	264,100	0.28%	流通股
④田文辉	200,328	0.21%	流通股
⑤顾丽华	191,000	0.20%	流通股
⑥胡燕	171,000	0.18%	流通股
⑦朱文君	166,526	0.17%	流通股
⑧姚建国	159,000	0.17%	流通股
⑨唐开华	158,797	0.16%	流通股
⑩柳福贞	156,900	0.16%	流通股

注:上述前十名股东中唯一持有本公司 5%以上(含 5%)的股份的股东为中国华源集团有限公司。该公司期初和期末持股数不变。报告期内其所持本公司的全部股份未进行任何形式的质押。

四、股东大会简介

(一)1999 年度股东大会:公司 1999 年度股东大会于 2000 年 6 月 20 日召开。会议决议公告刊登于 1999 年 6 月 21 日《上海证券报》、《中国证券报》。

(二)2000 年临时股东大会:公司 2000 年临时股东大会于 2000 年 10 月 31 日召开,大会决议公告刊登于 1999 年 12 月 15 日《上海证券报》、《中国证券报》。

五、董事会报告

(一)公司经营情况:
1、公司所属的行业及公司在行业中的地位:
本公司所属的行业为日用化工行业,2000 年度公司的生产经营规模处于全国日用化工行业前列。天然脂肪醇产品通过技术改造,产销量扩大,其市场占有率居全国同行业前列。报告期内公司实施了资产置换,其资产结构和产业结构得到改善,已由原来的日用化工行业逐步向现代高科技生物医药产业拓展。

北京天桥北大青鸟科技股份有限公司

一、公司简介

1、公司法定中文名称:北京天桥北大青鸟科技股份有限公司　中文缩写:青鸟天桥
英文名称:Beijing Tianqiao Beida Jade Bird Sci—Tech Co.,Ltd.　英文缩写:JBTQ
2、公司注册地址:北京市崇文区永内大街1号　邮政编码:100050
办公地址:北京市海淀区成府路207号(北大青鸟楼)邮政编码:100871
国际互联网网址:www.jbbis.com.cn　电子信箱:jbtq@jbbis.com.cn
3、公司法定代表人:许振东
4、公司董事会秘书:侯琦　联系地址:北京市海淀区成府路207号(北大青鸟楼)
电话、传真:(10)62757128　电子信箱:hq@jbbis.com.cn
董事会证券事务代表:于明
联系地址:北京市海淀区成府路207号(北大青鸟楼)
电话:(10)62757125　传真:(10)62752664
电子信箱:ym@jbbis.com.cn
5、公司选定的中国证监会指定报纸:《上海证券报》、《中国证券报》
中国证监会指定国际互联网网址:www. sse. com. cn
公司年度报告备置地点:公司董事会秘书办公室
6、股票上市交易所:上海证券交易所
股票简称:青鸟天桥　股票代码:600657

二、会计数据和业务数据摘要

1、公司本年度主要会计数据:(单位:人民币元)

利润总额:	95938368.89
净利润:	68957940.76
扣除非经常性损益后的净利润:	70021333.54
主营业务利润:	233146846.71
其他业务利润:	2261188.06
营业利润:	92732166.58
投资收益:	4269595.09
补贴收入:	0.00
营业外收支净额:	-1063392.78
经营活动产生的现金流量净额:	-602273622.62
现金及现金等价物净增加额:	309939965.38

注:扣除的非经常性损益项目及金额:营业外收支净额:1063392.78

2、截至报告期末公司前三年的主要会计数据和财务指标

项目	2000年	1999年	1998年	
			调整前	调整后
主营业务收入	489,210,310.56	273,176,987.99	219,704,356.28	
净利润	68,957,940.76	47,685,862.01	36,981,283.06	34,159,393.47
总资产	2,650,453,721.56	415,244,285.24	365,149,780.17	354,129,869.73
股东权益	743,186,592.90	289,098,650.65	252,430,821.23	241,412,788.64
每股收益(摊薄法)	0.5006	0.40	0.40	0.37
每股收益(加权法)	0.557	0.43	0.43	
扣除非经常性损益后的每股收益	0.5083	0.33		
每股净资产	5.3951	2.43	2.76	2.64
调整后的每股净资产	5.1229	2.35	2.66	2.54
每股经营活动产生的现金流量净额	-4.37	0.24	0.16	
净资产收益率	9.28%	16.49%	14.65%	

主要财务指标的计算公式:
每股收益=净利润/年度末普通股股份总数
每股净资产=年度末股东权益/年度末普通股股份总数
调整后的每股净资产=(年度末股东权益-三年以上的应收款项净额-待摊费用-待处理(流动、固定)资产净损失-开办费-长期待摊费用-住房周转金负数余额)/年度末普通股股份总数
每股经营活动产生的现金流量净额=经营活动产生的现金流量净额/年度末普通股股份总数
净资产收益率=净利润/年度末股东权益×100%R

3、按照中国证监会《公开发行证券公司信息披露编报规则(第9号)》要求计算的利润数据表:

报告期利润	净资产收益率(%)		每股收益(元)	
	全面摊薄	加权平均	全面摊薄	加权平均
主营业务利润	31.37	55.09	1.6925	1.8843
营业利润	12.48	21.91	0.6732	0.7495
净利润	9.28	16.29	0.5006	0.5573
扣除非经常性损益后利润	9.42	16.55	0.5083	0.5659

三、股本变动及股东情况

1、报告期末股东总数:32197个。
2、前10名股东的持股情况

股东名称	年末持股数	占总股本比例
北京北大青鸟有限责任公司	28768672	20.88%
北京市崇远投资经营公司(代表国家持有股份)	17861442	12.97%
北京市电影公司	2995200	2.17%
兴华基金	2880000	2.09%
对外友好合作服务中心	1497600	1.09%
河南财政	1466860	1.06%
交通银行北京分行	1329804	0.97%
北京铁建工贸公司	1198080	0.87%
北京中关村科技发展股份有限公司	1190800	0.86%
开元基金	1087825	0.79%

上述10名股东所持股份无质押或冻结情况。
3、持股10%以上的法人股东单位情况
北京北大青鸟有限责任公司法定代表人:杨芙清,经营范围:技术开发、技术服务、技术转让、技术咨询;销售计算机软硬件、电子产品、机电设备、交电化工、建筑材料、医疗器械、通信设备(不含无线电发射设备)及本公司开发后的产品。
北京崇远投资经营公司法定代表人:乔国林,经营范围:接受委托、经营管理国有资产。(未经专项审批的项目除外)
4、报告期内控股股东无变更情况。

北京市天龙股份有限公司

一、公司简介

1、公司法定名称:北京市天龙股份有限公司
公司英文名称:BEIJING TIANLONG COMPANY LTD.　公司名称缩写:BJTL
2、公司法定代表人:鲍玉桐
3、公司董事会秘书:王剑飞　联系电话:010-64372784　传真:010-84567917
4、公司注册地址:北京市崇文区永定门外琉璃井东街3号楼
公司办公地址:北京市朝阳区酒仙桥路14号　公司邮政编码:100016
5、公司选定的信息披露报纸:<上海证券报>
刊登公司年度报告的国际互联网址:http://www.sse.com.cn
6、公司股票上市交易所:上海证券交易所　股票简称:ST京天龙　证券代码:600658

二、会计数据和业务数据摘要

(一)年度利润总额及构成

1、利润总额:	7,206,824.48
2、净利润:	5,528,077.74
3、扣除非经常性损益后的净利润:	-10,200,293.01
4、主营业务利润:	39,142,252.27
5、其他业务利润:	1,787,532.25
6、营业利润:	-17,015,571.24
7、投资收益:	24,850,616.03
8、补贴收入:	774,182.99
9、营业外收支净额:	-1,402,403.30
10、经营活动产生的现金流量净额:	55,813,337.28
11、现金及现金等价物净增加额:	61,098,319.18
12、扣除非经常性损益项目及涉及金额合计:	15,728,370.75
其中:证券投资收益转让股权收益	17,016,620.00
营业外收支净额	-1,402,403.30
集体法人股价值准备	
长期股权溢价摊销	114,154.05

(二)前三年主要会计数据和财务指标

项目	2000年	1999年	1998年追溯法调整后
1、主营业务利润(元)	39,142,252.27	17,770,345.34	16,918,544.24
2、净利润(元)	5,528,077.74	-68,330,947.97	-33,715,173.31
3、总资产(元)	553,936,671.38	491,682,193.29	631,283,495.18
4、股东权益(元)(不含少数股东权益)	188,560,681.33	183,032,603.59	251,363,551.56
5、每股收益(摊薄)(元)	0.0331	-0.4091	-0.202
6、每股收益(加权)(元)	0.0331	-0.4091	-0.202
7、扣除非经常性损益后的每股收益(摊薄)(元)	-0.0611	-0.2534	-0.115
8、扣除非经常性损益后的每股收益(加权)(元)	-0.0611	-0.2534	-0.115
9、每股净资产(元)	1.129	1.096	1.505
10、调整后的每股净资产(元)	1.104	0.574	1.041
11、每股经营活动产生的现金流量净额(元)	0.3342	-0.002	0.043
12、净资产收益率(%)	2.93%	-37.33%	-13.41%
13、加权平均净资产收益率(%)	2.98%	-31.46%	-12.33%

依据中国证监会《公开发行证券公司信息披露编报规则(第9号)》要求计算的净资产收益率和每股收益:

项目	净资产收益率(%)		每股收益(元)	
	全面摊薄	加权平均	全面摊薄	加权平均
主营业务利润	20.76%	21.07%	0.2344	0.2344
营业利润	-9.02%	-9.16%	-0.1019	-0.1019
净利润	2.93%	2.98%	0.0331	0.0331
扣除非经常性损益后的利润	-5.41%	-5.49%	-0.0611	-0.0611

注:上述财务指标计算公式如下:
每股收益(摊薄)=报告期利润/年度末普通股股份总数
每股收益(加权)=报告期利润/[期初股份总数+报告期因公积金转增股本或股票股利分配等增加股份数+报告期因发行新股或债转股等增加股份数×自增加股份下一月份至报告期期末的月份数/报告期月份数-报告期因回购或缩股等减少股份数×自减少股份下一月份至报告期期末的月份数/报告期月份数]
每股净资产=年度末净资产/年度末普通股股份总数调整后的每股净资产=[年度末股东权益-三年以上的应收款项净额-待摊费用-待处理(流动、固定)资产净损失-开办费-长期待摊费用-住房周转金负数余额]/年度末普通股股份总数

三、股本变动及股东情况

(一)股本变动情况
(二)股东情况介绍
1、报告期末股东总数截止2000年12月31日,公司股东总数为20,267户,其中:未上市流通股股东3户,已上市流通股股东20,264户。
2、主要股东持股情况

股东名称	2000年末持股数	占总股份比例
(1) 北京兆维电子(集团)有限责任公司	48587432	29.09%
(2) 北京市供销合作总社	17390908	10.41%
(3) 北京市崇文区商业网点开发公司	5974800	3.59%
(4) 长城证券	2665064	1.60%
(5) 兴科基金	1800000	1.08%
(6) 拓展置业	1133200	0.68%
(7) 赵鹏	426500	0.26%
(8) 楚云州	400157	0.24%
(9) 王强	400000	0.23%
(10) 陈彩云	386130	0.23%

关联股东之说明:上述前十名股东中,前三名为非流通股股东,无关联关系。其余七名为流通股股东,未知其是否有关联关系。

福建省福联股份有限公司

一、公司简介

1、公司法定名称 福建省福联股份有限公司
英文名称:fujian fulian co.,LtD. 英文缩写:FJFL.
2、公司法定代表人 陈克恩
3、公司董事会秘书 何佳
联系地址:福建省福州市省府路一号金皇大厦十七层
联系电话:0591-7503366 传真:0591-7503068
电子信箱:fjhj@sina.com
4、公司注册地址:福建省福州市省府路一号金皇大厦十七层
公司办公地址:福建省福州市省府路一号金皇大厦十七层
邮政编码:350001
电子信箱:fjfl_659@sina.com
5、公司年度报告备置地点公司董事会秘书室公司选定的信息披露报纸:
《上海证券报》、《中国证券报》
信息披露网址:http://www.sse.com.cn
6、公司股票上市地 上海证券交易所
股票简称:福建福联 股票代码:600659

二、会计数据和业务数据摘要

1、本年度实现利润及主要现金流量指标(单位:元)

项目	2000 年度
利润总额	47,627,543.09
净利润	25,014,672.46
扣除非经常性损益后净利润	24,844,576.71
主营业务利润	30,870,780.32
其他业务利润	28,587,068.42
营业利润	40,161,290.11
投资收益	4,953,005.78
补贴收入	668,184.00
营业外收支净额	1,845,063.20
经营活动产生的现金流量净额	-110222819.29
现金及现金等价物净增加	-961601.16

注:报告期内本公司扣除的非经常性损益项目和金额:
1. 出售福建龙安塑胶工业有限公司股权 67%溢价收入 100 万元,福建省晋江服饰有限公司 75%股权溢价收入 6217.73 元。
2.股权投资差额摊销-836,121.98 元。
2、近三年主要会计数据及财务指标(元)

项目	2000 年	1999 年		1998 年度	
		调整前	调整后	调整前	调整后
主营业务收入	346315972.72	2142233916.03	214223916.03	143699443.19	143699443.19
净利润	25014672.46	24318564.26	29850700.48	25078950.60	22446702.72
总资产	1285358898.55	634075112.78	639607249.00	434586822.48	431990091.87
股东权益(不含少数股东权益)	242053588.96	214640882.45	220173018.67	200625536.45	190322318.19
每股收益(元/股)	0.20	0.20	0.24	0.20	0.18
每股收益(加权)	0.20	0.20	0.24	0.20	0.18
扣除非经常性损益后每股收益	0.20	0.023	0.07		
每股净资产	1.95	1.73	1.78	1.62	1.54
调整后每股净资产	1.73	1.35	1.40	1.16	1.08
每股经营活动产生的现金流量净额	-0.88	-0.90	-0.73		
净资产收益率(%)	10.33	11.33	13.5	12.5	11.78
净资产收益率(加权)	10.33	12.01	13.5	12.5	11.78

注一:按照中国证监会《公开发行证券公司信息披露编报规则》(第 9 号)的通知要求,计算 2000 年年度的利润数据如下:

报告期利润	净资产收益率(%)		每股收益(元)	
	全面摊薄	加权平均	全面摊薄	加权平均
主营业务利润	12.75	13.36	0.25	0.25
营业利润	16.59	17.38	0.32	0.32
净利润	10.33	10.82	0.20	0.20
扣除非常性损益后的净利润	10.26	10.75	0.20	0.20

注二:1999 年调整后数字是因为本年度资产置换冲回长期投资收益 553 万元,按规定调整以前年度未分配利润所致。

三、股本情况介绍

1、报告期末股东总数 3273 户。
2、截止 2000 年 12 月 31 日,公司前十名股东持股情况

股东名称	报告期末持股数(股)	占总股本(%)
福建省神龙企业集团有限公司	21492042	17.35
福建省华兴实业公司	15219600	12.29
中国纺织物资(集团)总公司	10731732	8.66
厦门化学纤维厂	6388800	5.16
福建永泰永昌贸易公司	5297160	4.28
建行福建分行直属支行	5132160	4.14
中国化纤总公司	3438600	2.78
建行厦门分行	2964984	2.39
中国丝绸工业总公司	2418306	1.95
上海纺织原料总公司	1880736	1.52

以上股东间无关联关系。
3、持有公司 5%以上股份的股东所持股份质押、冻结情况:
1999 年 1 月,本公司控股股东神龙企业集团有限公司,将其持有的本公司全部股份(21492042 股),为福联公司向中国农业银行福州华林支行两年期贷款作质押担保,已于 2001 年 1 月到期(贷款金额 2400 万元)。2001 年 1 月 18 日,神龙集团仍以所持有的福联公司全部股份为此笔贷款(期限九个月)继续作质押担保,质押期限 2001 年 1 月 18 日起至 2003 年 10 月 17 日止。
1999 年 7 月,本公司第二大股东福建华兴实业公司,以其持有的本公司全部股份(15219600 股),为福州中威实业有限公司向福建省农业银行两年期贷款作质押担保。

福耀玻璃工业集团股份有限公司

一、公司简介

1、公司中文名称:福耀玻璃工业集团股份有限公司
公司英文名称:FUYAO GROUP GLASS INDUSTRY CO.,LTD.
公司英文缩写:FYG
2、法定代表人:曹德旺
3、董事局秘书:高华
联系地址:福建省福清市福耀工业村
电话:0591-5383777 0591-5382723
传真:0591-5383666 0591-5382719
E-mail:fuyao@fuyaogroup.com
4、注册地址:福建省福清市融侨经济技术开发区
办公地址:福建省福清市福耀工业村
邮政编码:350301
国际互联网网址:http://www.fuyaogroup.com
E-mail:info@fuyaogroup.com
5、公司信息披露报刊:《上海证券报》、《中国证券报》
6、公司股票上市交易所:上海证券交易所
股票简称:福耀玻璃
股票代码:600660

二、会计数据和业务数据摘要

1、本年度主要会计数据:
单位:人民币元

1	利润总额	153,889,976
2	净利润	150,034,203
3	扣除非经常性损益后的净利润	155,146,839
4	主营业务利润	293,916,930
5	其他业务利润	3,050,571
6	营业利润	159,002,612
7	投资收益	-6,089,551
8	补贴收入	337,100
9	营业外收支净额	639,815
10	经营活动产生的现金流量净额	226,323,165
11	现金及现金等价物净增加额	50,952,795

扣除非经营性损益的净利润调整项目:
(1)、调增投资收益 6,089,551 元。
(2)、调减营业外收支净额 639,815 元。
(3)、调减补贴收入 337,100 元。
2、近三年主要会计数据和财务指标

项目	2000 年度	1999 年度	1998 年度	
			调整后	调整前
主营业务收入(元)	754,999,237	608,741,151	489,364,967	497,525,273
净利润(元)	150,034,203	70,573,213	-18,630,429	-17,899,914
总资产(元)	1,382,430,389	1,118,620,987	1,121,915,263	1,126,571,609
股东权益(元)	483,514,062	401,781,206	330,601,899	335,258,245
每股收益(摊薄)(元)	0.59	0.28	-0.07	-0.07
每股收益(加权)(元)	0.59	0.28	-0.07	-0.07
每股收益(元)(扣除非经常性损益)	0.61	0.25	-0.11	-0.10
每股净资产(元/股)	1.90	1.58	1.30	1.32
调整后每股净资产(元/股)	1.79	1.51	1.23	1.22
每股经营活动产生的现金流量净额	0.89	0.55	0.40	0.40
净资产收益率(摊薄%)	31.03%	17.57%	-5.64%	-5.34%
净资产收益率(加权%)	31.47%	19.27%	-5.45%	-5.21%

备注:1、1999 年每股经营活动产生的现金流量净额原为 0.56 元,依据审计师事务所 2000 年审计报告调整为 0.55 元。
2、1998 年调整前数值系当年审计数,1998 年调整后数值系追溯调整数。

三、股本变动及股东情况

1、股本变动情况
2、股东情况介绍
(1)、本报告期末股东总数为 6,139 户。
(2)、公司前 10 名股东持股情况:

序号	股东名称	年度内股份在增减变动	持股数量	占总股本比例(%)	持股性质
1	香港三益发展有限公司	-	63,413,532	24.89%	外资法人股
2	福建省耀华工业村开发有限公司	+12,400,000	54,814,606	21.52%	法人股
3	香港鸿侨海外有限公司	-	43,994,166	17.27%	外资法人股
4	福建省外贸汽车修理厂	-3,720,000	6,000,331	2.36%	法人股
5	福州福敏科技有限公司	+3,720,000	3,720,000	1.46%	法人股
6	能泰经贸	-	2,573,576	1.01%	公众股
7	机械制造	-	2,563,194	1.01%	公众股
8	华脉通讯	-	2,454,811	1%	公众股
9	建设公司	-	2,356,728	0.93%	公众股
10	胜兰德	-	2,352,573	0.92%	公众股

备注:A、前三名股东之主要投资者为同一家族成员。
B、福建省耀华工业村开发有限公司本年增持股份 12,400,000 股,主要为受让部分原闽辉大厦有限公司持有的股份,转让后闽辉大厦有限公司持股由原 13, 827 ,031 股减少至 1,427,031 股。
C、福州福敏科技有限公司本年度持有本公司法人股 3,720,000 股,主要为受让部分原福建省外贸汽车修理厂持有的股份,转让后福建省外贸汽车修理厂持有的股份由原 9,720,331 股减少至 6,000,331 股。
D、福建省耀华工业村开发有限公司将其持有的本公司法人股 42,414,606 股质押于中国工商银行福清市分行,为本公司之全资子公司福州绿榕玻璃有限公司的贷款提供担保。其中 25,448,763 股质押期限自 1999 年 12 月 6 日起至 2002 年 11 月 27 日止; 16,965,843 股质押期限自 2000 年 4 月 17 日起至 2002 年 12 月 20 日止。 福建省耀华工业村开发有限公司上述 42,414,606 股之质押股权已于 2001 年 2 月 8 日办妥解除股权质押手续。

上 海 交 大 南 洋 股 份 有 限 公 司

上海交大南洋股份有限公司2000年年度报告摘要

公司董事会保证本报告所载资料不存在任何虚假记载、误导性陈述或重大遗漏,并对其内容的真实性、准确性和完整性负个别及连带责任。

一、公司简介

1、公司法定中文名称:上海交大南洋股份有限公司
公司法定英文名称:SHANGHAI JIAODA NAN YANG CO.,LTD.
(缩写:SJN)
2、公司法定代表人:王宗光
3、公司董事会秘书:吴 伟
联系地址:上海市番禺路667 号六楼
电话:021-62800217 62814035 转
传真:021-62801900
电子信箱:jdnyww@mail.situ.edu.cn
公司董事会证券事务代表:陈谋亮
联系地址:上海市番禺路667 号六楼
电话:021-62818544 62814035 转
传真:021-62801900
4、公司注册地址:上海浦东金桥纬七路口17地块杉达大厦
办公地址:上海市番禺路667 号
邮政编码:200030
电子信箱 Email:nanyang@jd-ny.com
5、公司信息披露的报刊为《上海证券报》
登载公司年度报告的中国证监会指定国际互联网网址:http://www.sse.com.cn
公司年度报告备置地点:上海市番禺路667 号6 楼董事会秘书室
6、公司股票上市交易所:上海证券交易所
股票简称:交大南洋
股票代码:600661

二、会计数据和业务数据摘要

1 、本年度实现的利润情况(单位:人民币元)

利润总额	46,005,292.74
主营业务利润	61,345,146.69
其他业务利润	2,978,112.28
营业利润	34,083,813.61
投资收益	10,414,485.95
补贴收入	1,398,000.00
营业外收支净额	108,993.18
净利润	30,177,244.98
扣除非经常性损益后的净利润	29,949,018.45
经营活动产生的现金流量净额	37,404,022.97
现金及现金等价物净增加额	--8,033,185.01

注:非经常性损益项目和涉及金额

资产处置损益	298,449.37
处理子公司转让损失	--113,496.20
股权投资差额摊入	43,273.36

2 、截止报告期末公司前三年的主要会计数据及财务指标
(单位:人民币元)

序号 指标项目	2000年度	1999年度		1998年度	
		调整后	调整前	调整后	调整前
1 主营业务收入	415,508,061.05	141,995,803.29	141,650,700.31	130,809,084.10	130,809,084.10
2 净利润	30,177,244.98	24,825,755.01	25,016,284.24	4,276,581.94	8,248,304.33
3 总资产	514,360,292.16	458,936,206.83	455,758,040.02	405,820,931.25	414,856,512.64
4 股东权益	284,570,787.85	276,102,676.37	276,293,205.60	251,420,383.62	260,289,336.97
5 每股收益(摊薄)	0.21	0.17	0.17	0.05	0.09
6 扣除非经常性损益后的每股收益	0.21	0.08	0.08	–0.02	0.03
7 每股收益(加权)	0.21	0.17	0.17	0.05	0.09
8 每股净资产	1.97	1.91	1.91	2.87	2.97
9 调整后的每股净资产	1.91	1.88	1.88	2.48	2.57
10 每股经营活动产生的现金流量净额	0.26	0.15	0.15	–0.10	–0.10
11 净资产收益率	10.60	9.00	9.05	1.70	3.17

说 明:(1)99 、98 年度调整后主要数据和财务指标指因追溯调整以前年度计算所得。
(2)本报告期内股本未发生变动。

3、净资产收益率及每股收益指标结构分析附表

报告期利润	净资产收益率(%)		每股收益(元)	
	全面摊薄	加权平均	全面摊薄	加权平均
主营业务利润	21.56	21.07	0.42	0.42
营业利润	11.98	11.70	0.24	0.24
净利润	10.60	10.36	0.21	0.21
扣除非经常性损益后的净利润	10.52	10.28	0.21	0.21

全面摊薄净资产收益率和每股收益的计算公式如下:
全面摊薄净资产收益率=报告期利润÷期末净资产
全面摊薄每股收益=报告期利润÷期末股份总数
加权平均净资产收益率(ROE)的计算公式如下:

$$ROE = \frac{P}{Eo+NP \div 2+Ei \times Mi \div Mo-Ej \times Mj \div Mo}$$

其中:P 为报告期利润;NP 为报告期净利润;E0 为期初净资产;Ei 为报告期发行新股或债转股等新增净资产;Ej 为报告期回购或现金分红等减少净资产;M0 为报告期月份数;Mi 为新增净资产下一月份起至报告期期末的月份数;Mj 为减少净资产下一月份起至报告期期末的月份数。

加权平均每股收益(EPS)的计算公式如下:

$$EPS = \frac{P}{So+S1+Si \times Mi \div Mo-Sj \times Mj \div Mo}$$

其 中:P 为报告期利润;S0 为期初股份总数;S1 为报告期因公积金转增股本或股票股利分配等增加股份数;Si 为报告期因发行新股或债转股等增加股份数;Sj 为报告期因回购或缩股等减少股份数;M0 为报告期月份数;Mi 为增加股份下一月份起至报告期期末的月份数;Mj 为减少股份下一月份起至报告期期末的月份数。

三、股本变动及股东情况

(一)股东情况介绍
1.报告期末公司股东总数为21657 户。
2.报告期末公司主要股东持股情况

股东名称	持股数(股)	占总股本比例(%)	股份类别
(1)上海交通大学	63252569	43.70	国有法人股
(2)上海市国资办	10801065	7.46	国家股
(3)仪电控股	9475620	6.55	社会法人股
(4)徐汇集团	6000000	4.15	社会法人股
(5)交大工会	2593436	1.79	社会法人股
(6)住宅科技	2000000	1.38	社会法人股
(7)新黄集团	1361250	0.94	社会法人股
(8)万国证券	1311213	0.91	社会法人股
(9)南京证券	1080000	0.75	上市流通股
(10)第五钢铁	907500	0.63	社会法人股

注:① 报告期内自仪股份将其所持有的9475620 股社会法人股,于2000 年12 月28 日全部转让给仪电控股。
②报 告期内徐汇集团于2000 年11 月14 日受让万国证券所持有的6000000 股社会法人股,万国证券相应由期初持有的7311213 股减至期末的1311213 股。
③报告期内持有公司5%以上股份的股东,其所持股份无质押或冻结的情况。

四、股东大会简介

公 司于2000 年3 月31 日召开了1999 年度股东大会。大会审议并经投票表决通过的决议有:《董事会关于公司的业务报告》、《监事会1999 年度工作报告》、《董事会关于1999 年度财务决算及利润分配预案的报告》、《董事会关于修改公司章程的报告》。
本次股东大会的决议公告刊登在2000 年4 月1 日的《上海证券报》。
报告期内,公司未召开过临时股东大会;董事、监事会未发生变化。

五、董事会报告

(一)公司经营情况
1.公司经营情况
根 据股东大会确定的工作目标,在董事会的正确领导下,公司完善法人治理结构和议事决策程序,在经营、管理、发展等方面取得了较好的业绩,完成了年初确定的各项主要工作任务:
(1) 全年实现销售收入4.16 亿元,同比增长192.6%;实现净利润3017.72 万元,同比增长21.6%;每股收益和净资产收益率均有较大幅度增长,经营业绩在上年显著提高的基础上,报告期达到了公司改制上市以来的最好水平。
(2)按照公司的发展要求,拟定了2001 年至2005 年的发展战略主体规划,明确了公司未来发展的总体思路和分阶段实施的步骤,依据可持续发展的基本要求,拟定了主导产业各板块的整合发展规划以及各阶段的主要工作目标和任务,公司及所属企业奋斗目标和方向更为明确。
(3)在上年介入信息和教育产业的基础上,报告期继续加大了对信息、能源、教育等新兴产业的投资,年内新增投资近5000 万元。报告期内高新技术产业实现营业收入7658 万元,营业毛利2366 万元,同比分别增长72%和157%。一批符合公司产业发展方向且科技含量高的高新企业加盟公司,进一步优化了产业结构,为公司构建主导产业基础及持续发展奠定了基础。
(4)结合主导产业板块的整合发展规划,完成了青铜公司等部分企业的改制或股权调整。同时,完善法人治理结构,落实了对投资企业的董事、监事委派制度,规范了母子公司的运作关系。在结合现代企业制度建设,制定并实行新的企业考核办法及探索、试行主要经营者持股方案等新的约束和激励机制方面,也取得了初步的成效。
(5)为配合实现公司战略发展目标,增进公司内部的凝聚力和认同感,报告期拟定并实施了公司企业文化建设的规划,确立了公司经营理念和企业精神。同时建成、启用网络办公系统,组织干部技术培训等,营造积极向上的企业氛围和工作环境,进一步激发全体员工的积极性和创造性。
2.按行业分类的主营业务经营状况

行业	营业收入(元)		营业成本(元)	
	本年数	上年数	本年数	上年数
高新技术产业	76,582,959.96	44,490,372.99	52,926,185.21	35,285,037.86
精密加工业	14,879,548.48	15,504,157.88	13,192,417.72	13,637,654.68
贸易服务业	209,391,276.33	26,866,370.14	190,881,299.34	21,678,629.26
房地产业	114,654,276.28	55,134,902.28	89,784,134.71	42,842,661.87
合计	415,508,061.05	141,995,803.29	346,784,036.98	113,443,983.67

续上表:

行业	营业毛利(元)	
	本年数	上年数
高新技术产业	23,656,774.75	9,205,335.13
精密加工业	1,687,130.76	1,866,503.20
贸易服务业	18,509,976.99	5,187,740.88
房地产业	24,870,141.57	12,292,240.41
合计	68,724,024.07	28,551,819.62

(二)公司财务状况

项目	2000年度	1999年度	同比增长(%)
总资产	51,436.03	45,893.62	12.08
长期负债	42.16	372.16	–88.67
股东权益	28,457.08	27,610.27	3.07
主营业务利润	6,134.51	2,473.92	147.97
净利润	3,017.72	2,482.58	21.56

变 动原因:
1.总资产年末数比年初数增加12.08%,是合并范围变动增加所致。
2. 长期负债年末数比年初数下降88.67%,是长期借款转作流动负债"一年内到期的长期负债"。

3.股东权益年末数比年初数增加 3.07%，是本年实现的净利润扣除预分配后净增。

4.主营业务利润本年比上年增长 147.97%，主要是报告期内主营业务收入增加。

5.净利润本年数比上年增长 21.56%，是报告期内公司主营业务利润增加。

2000 年度公司在抓生产经营的同时，更重视优化各项资产质量，使公司财务状况不断趋于好转，现金流量得到了进一步的改善。2000 年度公司经营活动产生的现金净流量 3,740 万元，占净利润 3,018 万元的 123%，表明公司本年度净利润的收现能力较上年 87%有大幅提高；"销售商品、提供劳务收到的现金"42,125 万元，与主营业务收入比较，实现了销售资金的超回笼。

（三）公司投资情况

1.报告期内非募集资金投资情况

(1)投资上海南广电子技术有限公司

公 司对上海南广电子技术有限公司投资人民币 468 万元，占其注册资本 900 万元的 40%，为其第一大股东。该公司为 2000 年上海市高新技术企业，主要业务是基于有线电视网络的数字信息广播系统等高科技信息产品的开发、销售。

(2)投资上海交大国飞绿色能源有限公司

公 司投资 500 万元人民币参股上海交大国飞绿色能源有限公司，占其注册资本 2000 万元的 25%。该公司主要从事太阳能产品的生产、开发和销售，拥有完全自主开发的晶体硅太阳能电池生产线，可大规模生产各系列太阳能电池组件。

(3)投资上海交大中华青铜艺术工程股份有限公司

公 司原所属企业上海交通大学中华青铜文化艺术工程公司完成股份制改制工作，公司投资额由原定的出资 900 万元调整为出资 600 万元，占其总股本 1500 万元的 40%，公司所属子公司上海交大南洋知识创新基地管理有限公司投资 300 万元，占其总股本的 20%，合计仍持其总股本的 60%。

(4)增资上海交通大学教育发展有限公司

公 司对上海交通大学教育发展有限公司追加投资 1500 万元人民币，追加投资后，占该公司增资后注册资本 4500 万元的 50%。该公司主要从事教育辅助配套服务、高等职业教育、成人教育的研究和开发、教育产业的投资、教育及教育产业专业内的技术开发、技术转让等八技服务。

(5)投资深圳市文正明信息技术有限公司

公 司对深圳市文正明信息技术有限公司投资 1575 万元人民币，占其增资后注册资本 1230 万元的 51.22%。该公司的主要产品包括 Unicenter 多功能客户服务中心、银证理财系统、"红精灵"远程综合服务系统等。

2.报告期内无募集资金投资。

（四）2001 年业务发展计划

2001 年将贯彻落实"以市场为导向、以效益为中心、以人才为本源、以创新为动力"的指导方针，把扩大、巩固主导产业基础作为全面推进各项主要工作的突破口，努力实现公司五年规划第一年的各项工作目标，在上年经营状况得到持续改善的基础上进一步提升经营业绩。

1.发挥上市公司的融资功能，努力争取以增资扩股为主筹措发展资金，以加快公司主导产业板块的建设发展，积极夯实、扩大以信息、新能源主导的产业基础和规模。

2.不断优化现有产业结构，进一步提升科技含量和技术附加值，扩大经营规模，促进作为公司主营业务的高新技术产品日趋凸现和成熟。

3.继续按公司主导产业板块整合目标对有条件的子公司进行适时改制和整合，并对有上市潜力的参股企业做好上市方案和推进工作。

4.狠抓职工队伍建设，强化人力资源管理工作，有效地提高经营骨干队伍综合素质，以满足公司经营业务和发展的需要。

5.提高资产使用效率，继续控制存量资产增长，确保增量资产质量，以不断优化财务结构和资产质量。

6.扎实推进企业文化的内涵建设和公共关系的外部延伸，年内完成公司 CI 整合，以促进完成各项经营目标任务和提升公司的社会形象。

（五）董事会日常工作情况

1.董事会会议情况

报告期内共召开过五次董事会会议

(1)2000 年 2 月 1 日召开三届四次董事会议，会议通过了以下决议：公司与上海交通大学共同投资、设立生产企业，生产销售硅烷交联聚乙烯基料，总股本为 1000 万元，公司投资 600 万元，占其总股本的 60%；公司投资 468 万元参股上海南广电子技术有限公司，占其总股本的 40%；同意所属上海交通大学青铜艺术工程有限公司改制为发起式股份有限公司，并使其注册资本从 94 万元增资扩股为 1500 万元，其中公司投资 900 万元，占其总股本的 60%；就公司有关减值准备和坏帐核销事项作出决定；聘任朱其棕先生为公司常务副总经理，不再担任总会计

师职务；聘任朱玉旭先生为公司总会计师，不再担任财务总监职务；聘任沈建山先生为公司总经济师；决定陈谋亮先生为公司董事会秘书授权代表。

会议决议公告刊登于 2000 年 2 月 15 日的《上海证券报》。

(2)2000 年 2 月 24 日召开三届五次董事会会议，会议审议通过了：公司 1999 年年度报告正文和摘要；公司 1999 年度利润分配预案；召开 1999 年度股东大会的时间、地点和议程及其他事宜；公司投资 500 万元人民币参股上海交大国飞绿色能源有限公司，占其总股本 2000 万元人民币的 25%。

会议决议公告刊登于 2000 年 2 月 26 日的《上海证券报》。

(3)2000 年 6 月 20 日召开三届六次董事会会议，会议讨论通过以下决定：同意公司对上海交通大学教育发展有限公司追加投资 1500 万元人民币，占该公司增资后总股本的 50%；决定对上海交通大学附属工厂进行改制搬迁；聘任吴伟先生担任公司董事会秘书，夏声川先生因工作变动，不再担任公司董事会秘书。

会议决议公告刊登于 20900 年 6 月 22 日的《上海证券报》。

(4)2000 年 7 月 26 日召开三届七次董事会会议，会议审议通过了：公司 2000 年中期报告正文和摘要；公司中期利润分配预案；决定对公司与上海交通大学等共同投资、生产销售固态硅烷交联聚乙烯基料的项目，暂时中止投资；同意公司对经确认无法收回、已提坏帐准备金的坏帐予以核销。

会议决议公告刊登于 2000 年 7 月 29 日的《上海证券报》。

(5)2000 年 9 月 30 日召开三届八次董事会会议，会议就以下事项形成决议：同意公司向深圳文正明信息技术有限公司投资 1575 万元人民币，占该公司增资扩股后股本的 51.2%；同意向上海交通大学转让公司持有的上海交大慧谷信息产业股份有限公司的 7.67%的股权，共 230 万股，转让价格共 414 万元，转让后公司持该公司 19%的股份。

会议决议公告刊登于 2000 年 10 月 10 日的《上海证券报》。

2、报告期内没有进行股利分配和资本公积金转增股本，也没有进行配股和增发新股。

（六）公司管理层及员工情况

1.董事、监事、高级管理人员

职务	姓名	性别	年龄	任期起止日期	持股数量(股) 年初	年末
董事长	王宗光	女	62	1999.5-2002.5	1018	1018
副董事长	谢绳武	男	57	1999.5-2002.5	0	0
董事兼总经理	许晓鸣	男	43	1999.5-2002.5	0	0
董事	盛焕烨	男	57	1999.5-2002.5	0	0
董事	杨朝军	男	40	1999.5-2002.5	0	0
董事	王子安	男	45	1999.5-2002.5	0	0
董事	黄晓蔚	男	44	1999.5-2002.5	0	0
监事长	王永华	男	55	1999.5-2002.5	0	0
监事	季学玉	男	57	1999.5-2002.5	1018	1018
监事	王伊宁	男	44	1999.5-2002.5	1018	1018
监事	孙卫军	男	41	1999.5-2002.5	0	0
监事兼审计室主任	陈慧娟	女	36	1999.5-2002.5	0	0
常务副总经理	朱其棕	男	51	2000.2-2002.5	0	0
副总经理	高云霞	女	43	1999.1-2002.5	0	0
副总经理	黄剑雄	男	47	1999.7-2002.5	0	0
总会计师	朱玉旭	男	37	2000.2-2002.5	0	0
董事会秘书	吴 伟	男	48	2000.6-2002.5	0	0

注：(1)报告期内上述董事、监事和高级管理人员中，共有 7 人在公司领取薪酬，总额为 56.9 万元。其中年度薪酬在 7-12 万元区间的有 3 人，在 6-9 万元区间的有 2 人，在 4-7.5 万元区间的有 2 人。未在公司领取报酬的共 10 人，有王宗光、谢绳武、盛焕烨、杨朝军、王子安、黄晓蔚、王永华、季学玉、王伊宁、孙卫军。

(2)2000 年 6 月 20 日，三届六次董事会聘任吴伟先生担任公司董事会秘书，夏声川先生因工作变动不再担任董事会秘书。

(3)沈建山先生因工作变动，不再担任公司总经济师职务。

（七）本次利润分配预案或资本公积金转增股本预案

2000 年度公司实现净利润 30,177,244.98 元，按母公司实现的净利润分别提取 10%的法定盈余公积和公益金共计 6,016,153.78 元，所属合资企业提取法定盈余公积 369,646.99 元，提取法定公益金 363,726.28 元，提取任意盈余公积 241,882.92 元，中外合资企业提取奖福基金 107,503.52 元，加年初未分配利润 16,027,627.90 元，本报告期末可供股东分配的利润为 39,105,959.39 元。

2001 年 2 月 20 日，公司第三届第十次董事会作出决议，本次利润分配预案为：以 2000 年末公司股本总额 144,730,688 股为基数，向全体股东按每 10 股派发现金红利 1.50 元（含税），共计分配股利 21,709,603.20 元，累计剩余未分配利润 17,396,356.19 元结转 2001 年度。本年度不进行资本公积金转增股本。

上 述分配预案需经股东大会审议通过后实施。

六 、监事会报告

报 告期内公司监事会共召开过三次会议。

1 、2000 年 1 月 24 日召开第三届第三次监事会会议，会议听取了公司经营班子关于 1999 年度公司经营状况的总结汇报和对 2000 年的工作展望，听取公司汇报了证监会对公司的巡检工作情况。

2.2000 年 7 月 4 日召开第三届第四次监事会会议，会议上全体监事签署了《监事声明及承诺书》，会议听取了公司经营班子关于 2000 年上半年经营目标完成情况和上半年财务监管工作、内部审计工作、公司对外投资完成情况以及公司借款和担保情况等汇报。

3.2000 年 7 月 26 日召开第三届第五次监事会会议，会议审议通过了公司 2000 年中期报告及摘要。此外，监事长列席了报告期内的各次董事会会议，并在会上就各种事项从监事会角度发表独立意见，起到了监事会应有的监督作用。

对公司在报告期内的工作情况，监事会根据《公司法》和《公司章程》发表下列独立意见：

1.公司依法运作情况。监事会认为董事会和经营班子在 2000 年的工作中遵守国家法律法规和《公司章程》的有关规定，并认真贯彻执行股东大会的各项决议。2000 年中，公司在上一年资产重组、人员调整等基础上，重点围绕完成公司的年度经营目标，继续调整公司内部产业结构，提高产业结构中的科技含量，加大了对教育产业和高新产业的投入，加强了对公司资金财务管理、法人治理结构、企业文化建设等方面的工作，较好地完成了公司的年度经营目标和各项工作任务。董事会成员、总经理及其他高级管理人员在履行公司职务时能秉公守法，未发现有违反法律、法规和公司章程或损害公司利益的行为。

2.检查公司财务情况。监事会认为公司的财务制度是健全的，整个财务运作正常，公司的资产负债表、现金流量表、利润分配表等财务报表真实反映了公司的财务状况和经营成果。

3.对募集资金使用情况的说明。本报告期内，公司无募集资金。

4.关于公司收购、出售资产的情况。公司在转让上海南洋医用材料公司，受让上海南广电子技术有限公司等 3 家公司的股权的过程中，交易程序合法，交易价格合理，未发现内幕交易，没有损害股东权益或造成公司资产流失。

5.关于关联交易。公司与关联方的交易主要是资产和股权交易。经查，有关关联交易程序合法，价格合理、公平，没有损害公司利益。

6.其他说明。对 2000 年中期报告和年度报告中的公司财务状况，大华会计师事务所均出具了无保留意见的审计报告。

七、重要事项

1.本年度公司无重大诉讼、仲裁事项。

2.报告期内公司、公司董事及高级管理人员没有发生受监管部门处罚的情况。

3.报告期内公司控股股东没有变动。公司董事会成员和公司总经理均没有发生变动。经公司三届四次董事会会议决定：夏声川先生不再担任董事会秘书，聘任吴伟先生担任董事会秘书。

4.报告期内公司收购及出售资产、吸收合并事项

2000 年 2 月 1 日，经公司三届四次董事会议讨论决定：公司参股上海南广电子技术有限公司，占其总股本的 40%，有关工商变更手续于 2000 年 6 月办理完毕。

2000 年 9 月 30 日，经公司三届董事会第八次会议讨论决定：公司向深圳文正明信息技术有限公司投资 1575 万元人民币，占该公司增资扩股后的 51.2%的股权。该事项刊登在 2000 年 10 月 10 日的《上海证券报》。有关工商变更手续于 2000 年 12 月办理完毕。

5.重大关联交易事项

为 了支持上海交大慧谷信息产业股份有限公司(下称"慧谷信息")进一步发展，并同时满足公司调整投资结构的需要，经公司董事会三届八次会议同意，公司于 2000 年 9 月 30 日与关联方上海交通大学在上海签订协议，将公司持有慧谷信息的 7.67%的股权共 230 万股转让给上海交通大学。协议经上海技术产权交易所于 2000 年 10 月 8 日鉴证盖章生效。本次交易定价以经评估的每股净资产（每股净资产为 1.77 元）为基准，按每股 1.80 元的价格共计 414 万元转让。本次关联交易公告已刊登在 2000 年 10 月 10 日的《上海证券报》。有关工商手续正在办理之中。

6.公司与控股股东在人员独立、资产完整、财务独立上已按上市公司规范运作的要求做到"三分开"。

（1）在人员方面，公司在劳动、人事及工资管理等方面独立运行，公司高级管理人员均在上市公司领取薪酬，上海交大副校长许晓鸣先生担任公司董事兼总经理，公司其他高级管理人员未在股东单位担任职务。

（2）在资产方面，公司拥有独立的生产系统、辅助生产系统和配套设施；工业产权、商标、非专利技术等无形资产也归公司独立拥有；公司独立拥有自己的采购与销售系统。

（3）在财务方面，公司设有独立的财会部门；建立了独立的会计核算体系和财务管理制度；公司独立在银行开户。

7.报告期内公司没有发生托管、承包其他公司资产或其他公司托管、承包公司资产的事项。

8.继续聘请大华会计师事务所有限公司为公司的审计单位。

9.其他重大合同（含担保等）及其履行情况：报告期内，公司发生的担保事项详见本报告中（财务会计报告<九>或有事项）。

10.报告期内公司无更改名称或股票简称的情况。

11.公司或持股 5%以上股东在指定报纸和网站上未披露承诺事项。

八、公司的其他有关资料

(一)审计报告:

公 司财务会计报告经大华会计师事务所有限公司审计,由注册会计师吕秋萍、王美娟出具了无保留意见审计报告:华 业字(2001)第 158 号

(二)会计报表(附后)

(三)会计报表附注

<一>公司主要会计政策、会计估计和合并报表的编制方法

1.坏帐核算方法

(1)坏帐的确认标准

① 债务人破产或死亡,以其破产财产或遗产清偿后,确实不能收回的应收款项;

② 因债务人逾期未履行偿债义务超过三年,并确实不能收回的应收款项。

以 上确实不能收回的应收款项,按经董事会批准的审批核销权限和程序规定批准后,作为坏帐核销。

(2)坏帐损失核算采用备抵法。公司原按资产负债表期末应收帐款余额的 3 ‰计提坏帐准备,现根据二届四次董事会决议,调整为对应收款项(包括应收帐款和其他应收款)按年末余额的5%提取一般坏帐准备金,并对单项金额大、逾期时间长的应收款项,根据该项债权实际收回的可能程度,再提取特别坏帐准备金。

2.存货核算方法

存 货分类为:原材料、在产品、开发成本、库存商品、低值易耗品(在库)。

(1)存货核算原则及计价方法

① 原材料、库存商品均按实际成本计价,发出时按先进先出法核算成本;

② 在产品按实际成本计价,完工时按分批法或定额比例法核算成本;

③ 开发成本项目销售时按个别认定法计价;

④ 低值易耗品领用时采用一次摊销法计入有关费用。

(2)存货跌价准备

根 据三届四次董事会决议,公司的期末存货按其可变现净值低于经确认的单项存货项目的成本的差额提取跌价准备计入当期损益。

3.短期投资核算方法:根据《企业会计准则-投资》的规定;短期投资以实际支付的全部价款(包括税金、手续费和相关费用)扣除已公告发放但未领取的现金股利(或已到期尚未领取的债券利息)入帐;在处置时,按所收到的处置收入与短期投资帐面价值的差额确认为当期的投资收益。短期投资期末按成本与市价孰低法计价,若成本高于市价则按其差额提取跌价准备,并计入当期损益。

4.长期投资核算方法

(1)长期债券投资的计价及收益确认方法:按取得时实际支付的全部价款扣除支付的税金、手续费等各项附加费用及扣除实际支付的分期付息债券价款中包含的已到期尚未领取的债券利息后的余额作为实际成本记帐,并按权责发生制原则按期计提利息,并计入投资收益。

(2)长期债权投资溢价和折价的推销方法:在债券购入后至到期日止的期间内按直线法,于确认相关债券利息收入的同时摊销。

(3)长期股权投资的计价及收益确认方法:长期股权投资包括股票投资和其他股权投资。长期股权投资,按投资时实际支付的价款入帐。

公 司对被投资单位无控制、无共同控制或无重大影响的,长期股权投资采用成本法核算;公司对被投资单位具有控制、共同控制或重大影响的,长期股权投资采用权益法核算。

(4)长期股权投资采用权益法核算时,其取得成本与其在被投资单位所有者权益中所占份额之间的差额,计入股权投资差额,并按 10 年平均摊销计入损益。

(5)长期投资减值准备:根据三届四次董事会决议,公司长期股票投资和长期债券投资按期末的市价低于成本的差额计提长期投资减值准备;其他股权投资按成本法核算时,按被投资单位的亏损额,依据公司对其拥有的股权份额提取长期投资减值准备。

5 、固定资产计价和折旧方法

(1)确定固定资产标准为:使用期限在一年以上,单位价值在 2000 元(含 2000 元)以上的作为固定资产核算。

(2)固定资产折旧采用直线法平均计算。残值率为 4%,采用分类折旧率。

固定资产的分类及使用年限如下:

类别名称	折旧年限(年)	年折旧率(%)
房屋及建筑物	8 ~40	12.0 ~2.4
通用设备	4 ~15	24.0 ~6.4
专用设备	5 ~8	19.2 ~12.0
运输设备	6	16.0
其他设备	6	16.0

* 中外合资企业的固定资产折旧按《外商投资企业财务制度》的有关规定执行。

6 、收入确认原则

(1)商品销售(含房产):公司已将商品所有权上的重要风险和报酬转移给买方,公司不再对该商品实施管理权和实际控制权,相关的收入已经收到或取得了收款的证据,并且能够可靠地计量该销售商品的有关成本时,确认营业收入的实现。

(2)提供劳务:劳务已经提供,相关的收入已经取得或取得了收款证据时,确认营业收入的实现。

7 、所得税的会计处理方法:采用应付税款法。

8 、合并会计报表编制方法

根据财政部财会字[1995] 11 号《关于印发<合并会计报表暂行规定>的通知》和财会二字(96)2 号《关于合并报表合并范围请示的复函》等文件的规定,以母公司和纳入合并范围的子公司会计报表以及其他有关资料为依据,合并各项目数据编制而成。合并时,公司的重大内部交易和资金往来均相互抵销。

<四>控股子公司及合营企业

1 、公司合并报表的合并范围

金额单位:万元

被投资企业名称	注册地址	经营范围
上海交大中京锻压有限公司	上海市闵行沧源路 925 号	锻压及辅助件加工
上海交大南洋知识创新基地管理有限公司	番禺路 667 号	高新技术产品研制开发等
上海交大南洋锻压有限公司	上海市虹桥路 591 号	锻压及辅助件加工
上海交大南洋房地产开发有限公司	上海市番禺路 667 号	房地产
上海思南科技发展有限公司	松江区张泽镇辕门路	液压铸件
上海交大中华青铜艺术工程股份有限公司	松江区大港镇新港路 52 号	工艺品制作、销售等
深圳文正明信息技术有限公司	深圳市福田区爱地大厦西座十八层 A	通信产品、计算机软硬件的开发销售等

续上表:

金额单位:万元

被投资企业名称	注册资本	母公司持股比例(%)	是否合并
上海交大中京锻压有限公司	104(美元)	75	是
上海交大南洋知识创新基地管理有限公司	3000(人民币)	90	是
上海交大南洋锻压有限公司	250(人民币)	90	是
上海交大南洋房地产开发有限公司	5000(人民币)	80	是
上海思南科技发展有限公司	200(人民币)	60	是
上海交大中华青铜艺术工程股份有限公司	1500(人民币)	40	是
深圳文正明信息技术有限公司	1230(人民币)	51.22	否

2 、公司本报告期的合并报表范围发生变更

(1)、本年度合并范围增加了上海交大南洋知识创新基地管理有限公司,并相应调整了年初数。该公司系 1999 年 9 月 6 日新设立的公司,注册资本为人民币 3,000 万元,经营期限为 1999 年 9 月 6 日至 2009 年 9 月 5 日;

(2)、本年度合并范围增加了上海交大南洋房地产开发有限公司,该公司于 2000 年 11 月 16 日从全资公司改制为合资公司,注册资本从原来 3,000 万元增加到 5,000 万元,经营期限为 1993 年 1 月 21 日至 2017 年 1 月 19 日。原上海南洋绿都房地产开发有限公司及上海南洋豪森置业有限公司均为上海交大南洋房地产开发有限公司的子公司,并纳入上海交大南洋房地产开发有限公司的合并范围;

(3)、本年度合并范围增加了上海交大中华青铜艺术工程股份有限公司,该公司于 2000 年 9 月 27 日从全资公司改为合资公司,注册资本从原来 94 万元增加到 1,500 万元,经营期限为长期。

(4)、深圳市文正明信息技术有限公司,注册资本为人民币 1230 万元,本公司投资 1575 万元,占注册资本的 51.22%,因其 2000 年 12 月 31 日的资产总额、营业收入及利润总额均为超过母公司的 10%,故本年未列入合并范围。

注:2000 年 4 月,公司已将所属南洋医用材料公司南洋方 90%股权转让给四个自然人,2000 年 5 月 25 日已办妥产权转让交割手续,工商变更手续已办妥。该交易活动不影响合并范围。

3 、公司在本报告期根据协议投资了二家参股企业的部分股权,明细如下:

被投资企业名称	购买日	股权比例	金额	已支付金额
上海南广电子技术有限公司	6.05	40%	4,680,000.00	4,680,000.00
上海交大国飞绿色能源有限公司	5.24	25%	5,000,000.00	5,000,000.00

其确认方法:被收购企业以其净资产和经营的控制权上的主要风险和报酬已经转移,并且相关的经济利益能够流入。

<三>或有事项

截 止 2000 年 12 月 31 日,本公司对外提供担保共计人民币 9,000 万元,美元 140 万元,明细如下: 金额单位:万元

借款单位名称	担保金额	担保期限
中纺投资发展股份有限公司	人民币 1000	2000.08.17~2001.02.17
中纺投资发展股份有限公司	人民币 500	2000.09.15~2001.04.17
中纺投资发展股份有限公司	人民币 1500	2000.02.18~2001.01.04
中纺投资发展股份有限公司	人民币 1000	2000.09.13~2001.09.10
上海交大南洋房地产开发有限公司	人民币 800	2000.06.01~2001.02.16
上海交大南洋房地产开发有限公司	人民币 2000	1999.10.29~2001.05.18
上海南洋豪森置业有限公司	人民币 1000	2000.06.22~2001.06.22
上海南洋豪森置业有限公司	人民币 1200	2000.11.03~2001.08.02
上海交通大学模具研究所	美元 140	1996.05.10~2015.05.01

九、公司的其分有关资料

1.公司首次注册登记日期为 1992 年 12 月 2 日

地 址:上海浦东大道 2516 号

公 司变更注册登记日期为 1995 年 5 月 4 日

公 司现注册法定地址:上海浦东金桥纬七路口 17 地块杉达大厦

2.企业法人营业执照注册号:155003800

3.税务登记号码:国税沪字 310104521460399

4.公司未流通股票的托管机构名称:上海证券中央登记结算公司

5.公司聘请的会计师事务所名称:大华会计师事务所

办公地址:上海市昆山路 146 号

邮政编码:200080

6.公司聘请的律师事务所名称:国浩律师集团(上海)事务所

十、备查文件目录

1、载有法定代表人、总会计师和会计主管人员签名并盖章的会计报表。

2、载有会计师事务所盖章、注册会计师签名并盖章的审计报告原件。

3、报告期内在中国证监会指定报纸上公开披露过的所有公司文件的正本及公告的原稿。

4、载有董事长亲笔签名的年度报告正本。

资产负债表

编制单位:上海交大南洋股份有限公司　　2000 年 12 月 31 日　　金额单位:元

资产	合并	
流动资产:	年初数	年末数
货币资金	101159473.79	93126288.78
短期投资	1179023.38	15783249.94
减:短期投资跌价准备		
短期投资净额	1179023.38	15783249.94
应收票据	50000	350000
应收股利	23457.63	339357.63
应收利息		
应收帐款	21815991.16	40172257.91
其它应收款	21430598.94	4338293.07
减:坏帐准备	5667826.31	4117409.09
应收帐款净额	37578763.79	40393141.89
预付帐款	19054828.59	21337027.02
应收补贴款		
存货	143906375.62	122252640.69
减:存货跌价准备	679803.38	440370.17
存货净额	143226572.24	121812270.52
待摊费用	605526.94	74040.2
待处理流动资产净损失		
一年内到期的长期债权投资		
其它流动资产		
流动资产合计	302877646.36	293215375.98
长期投资:		
长期股权投资	91749032.38	144485268.3
长期债权投资	3000	3000
其它长期投资		
长期投资合计	91752032.38	144488268.3
减:长期投资减值准备		
长期投资净额	91752032.38	144488268.3
其中:合并价差		
股权投资差额		
固定资产:		
固定资产原值	62365925.95	61754086.65
减:累计折旧	15134816.4	17600425.78
固定资产净值	47231109.55	44153660.87
工程物资		

在建工程		12200000
固定资产清理		
待处理固定资产净损失		5767.88
固定资产合计	47231109.55	56359428.75
无形及其它资产：		
无形资产	9229055.7	9032443.74
开办费	793278.42	2294347.94
长期待摊费用	1056283.09	2868994.12
其它长期资产	5996801.33	6101433.33
无形资产及其它资产合计	17075418.54	20297219.13
递延税项：		
递延税款借项		
资产总计：		
资产总计	458936206.83	514360292.16
流动负债：		
短期借款	82000000	88750000
应付票据		
应付帐款	14766613.09	8852506.24
预收帐款	10885010.94	12078707.83
代销商品款		
应付工资		32000
应付福利费	3214975.18	3607263.92
应付股利	277952.98	21955705.55
应付税金	6403314.79	9881122.96
其它应交款	69235.25	104417.78
其它应付款	43350835.74	41823262.59
应付短期债券		
预提费用	71942.72	232564.22
一年内到期的长期负债	1600000	3300000
其它流动负债		
职工奖励及福利基金		
流动负债合计	162639880.69	190617551.09
长期负债：		
长期借款	3300000	
应付债券		
长期应付款	421621.51	421621.51
住房周转金		
其它长期负债		
长期负债合计	3721621.51	421621.51
递延税项：		
递延税项贷款		
负债合计：		
负债合计	166361502.2	191039172.6
少数股东权益：		
少数股东权益	16472028.26	38750331.71
股东权益：		
股本	144730688	144730688
资本公积金	91069568.01	91177541.23
盈余公积	24274792.46	31266202.43
其中：公益金	7710353.1	11082156.27
未确认的外资损失		
未分配利润	16027627.9	17396356.19
外币报表折算差额		
股东权益合计	276102676.37	284570787.85
负债和股东权益总计：		
负债和股东权益总计	458936206.83	514360292.16

资产负债表

编制单位：上海交大南洋股份有限公司　2000年12月31日　金额单位：元

资产	母公司	
流动资产：	年初数	年末数
货币资金	72924344.44	34475795.24
短期投资	1179023.38	15783249.94
减：短期投资跌价准备		
短期投资净额	1179023.38	15783249.94
应收票据	50000	200000
应收股利	23457.63	339357.63
应收利息		
应收帐款	10724284.86	10910243.73
其它应收款	42918362.81	11680098.23
减：坏帐准备	3633816.91	2333748.58
应收帐款净额	50008830.76	20256593.38
预付帐款	2051986.21	2478771.89
应收补贴款		
存货	24879521.13	22694091.19
减：存货跌价准备	239433.21	
存货净额	24640087.92	22694091.19
待摊费用	98664.94	50378.2
待处理流动资产净损失		
一年内到期的长期债权投资		
其它流动资产		
流动资产合计	150976395.28	96278237.47
长期投资：		
长期股权投资	160065512.87	233551686.48
长期债权投资		
其它长期投资		
长期投资合计	160065512.87	233551686.48
减：长期投资减值准备		
长期投资净额	160065512.87	233551686.48
其中：合并价差		
股权投资差额		
固定资产：		
固定资产原值	42507025.95	42671867.49
减：累计折旧	10561980	12575119.34
固定资产净值	31945045.95	30096748.15
工程物资		
在建工程		200000
固定资产清理		
待处理固定资产净损失		5767.88
固定资产合计	31945045.95	30302516.03
无形及其它资产：		
无形资产	6935125	6781045
开办费		
长期待摊费用	906651.89	1200987.2
其它长期资产	6596801.33	6701433.33
无形资产及其它资产合计	14438578.22	14683465.53
递延税项：		
递延税款借项		
资产总计：		
资产总计	357425532.32	374815905.51
流动负债：		
短期借款	50000000	30000000
应付票据		
应付帐款	4231644.66	5096124.25
预收帐款	7697786.98	7153807.87
代销商品款		
应付工资		
应付福利费	2518860.55	2473603.02
应付股利	92051.6	21800433.8
应付税金	2950585.22	2757305.75
其它应交款	22560.42	29778.68
其它应付款	9520394	17634064.29
应付短期债券		
预提费用		
一年内到期的长期负债	1000000	3300000
其它流动负债		
职工奖励及福利基金		
流动负债合计	78033883.43	90245117.66
长期负债：		
长期借款	3300000	
应付债券		
长期应付款		
住房周转金		
其它长期负债		
长期负债合计	3300000	
递延税项：		
递延税项贷款		
负债合计：		
负债合计	81333883.43	90245117.66
少数股东权益：		
少数股东权益		
股东权益：		
股本	144730688	144730688
资本公积金	91069568.01	91177541.23
盈余公积	22546296.47	28562450.25
其中：公益金	7680820.99	10688897.88
未确认的外资损失		
未分配利润	17745096.41	20100108.37
外币报表折算差额		
股东权益合计	276091648.89	284570787.85
负债和股东权益总计：		
负债和股东权益总计	357425532.32	374815905.51

利润及利润分配表

编制单位：上海交大南洋股份有限公司　2000年度　金额单位：元

项目	合并	
	上年数	本年数
一、主营业务收入	141995803.29	415508061.05
减：折扣与折让		
主营业务收入净额	141995803.29	415508061.05
减：主营业务成本	113443983.67	346784036.98
主营业务税金及附加	3812609.84	7378877.38
二、主营业务利润	24739209.78	61345146.69
加：其他业务利润	3463640.63	2978112.28
减：存货跌价损失	491007.67	76935.88
营业费用	4041792.95	5673561.51
管理费用	14502413.15	22141932.1
财务费用	3344395.03	2347015.87
三、营业利润	5823241.61	34083813.61
加：投资收益	18847416.37	10414485.95
期货损益		
补贴收入	1525666.78	1398000
营业外收入	6168437.8	348470.46
以前年度损益调整		
减：营业外支出	207550.28	239477.28
分给外单位利润		
四、利润总额	32157212.28	46005292.74
减：所得税	5750173.56	9068882.16
少数股东损益	1581283.71	6759165.6
职工奖励及福利基金		
购并利润		
加：未确认的投资损失		
所得税返还		
五、净利润	24825755.01	30177244.98
加：年初未分配利润	1615383.65	16027627.9
盈余公积转入数		

年初未分配利润调整		
减少注册资本减少的未分配利润		
外币报表折算差额		
减:股份公司成立前利润分配		
六、可供分配的利润	26441138.66	46204872.88
减:提取法定盈余公积金	2516346.72	3377723.88
提取法定公益金	2496658.64	3371803.17
提取职工奖励福利基金	143462.26	107503.52
七、可供股东分配的利润	21284671.04	39347842.31
减:应付优先股股利		
提取任意盈余公积金	5257043.14	241882.92
应付普通股股利		21709603.2
转作股本的普通股股利		
八、未分配利润	16027627.9	17396356.19

利润及利润分配表

编制单位:上海交大南洋股份有限公司　2000年度　金额单位:元

项目	母公司	
	上年数	本年数
一、主营业务收入	53680519.84	237889187.3
减:折扣与折让		
主营业务收入净额	53680519.84	237889187.3
减:主营业务成本	42306940.43	211373826.6
主营业务税金及附加	664042.73	807669.66
二、主营业务利润	10709536.68	25707691.04
加:其他业务利润	1579685.19	1426654.92
减:存货跌价损失	50637.5	76935.88
营业费用	1961131.32	1661405.17
管理费用	9968998.45	15479661.42
财务费用	1076454.35	2324087.14
三、营业利润	-767999.75	7592256.35
加:投资收益	22333469.65	25067855.02
期货损益		
补贴收入		
营业外收入	6106853.8	140277.63
以前年度损益调整		
减:营业外支出	50733.95	168020.73
分给外单位利润		
四、利润总额	27621589.75	32632368.27
减:所得税	2950324.48	2551599.33
少数股东损益		
职工奖励及福利基金		
购并利润		
加:未确认的投资损失		
所得税返还		
五、净利润	24671265.27	30080768.94
加:年初未分配利润	2942337.26	17745096.41
盈余公积转入数		
年初未分配利润调整		
减少注册资本减少的未分配利润		
外币报表折算差额		
减:股份公司成立前利润分配		
六、可供分配的利润	27613602.53	47825865.35
减:提取法定盈余公积金	2467126.53	3008076.89
提取法定公益金	2467126.53	3008076.89
提取职工奖励福利基金		
七、可供股东分配的利润	22679349.47	41809711.57
减:应付优先股股利		
提取任意盈余公积金	4934253.06	
应付普通股股利		21709603.2
转作股本的普通股股利		
八、未分配利润	17745096.41	20100108.37

现金流量表

编制单位:上海交大南洋股份有限公司　2000年度　金额单位:元

项目	合并	母公司
一、经营活动产生的现金流量:		
销售商品、提供劳务收到的现金	421253911.97	255621068.2
收取的租金	13689323.67	11338397.12
收到的增值税销项税款和退回的增值税款		
收到的除增值税以外的其它税费返还	2334771.08	754045.14
收到的其它与经营活动有关的现金	40453654.3	50027377.17
经营活动产生的现金流入小计	477731661.02	317740887.63
购买商品、接受劳务支付的现金	354366279.17	223001763.38
经营租赁所支付的现金	1702847.51	812847.51
支付给职工以及为职工支付的现金	20300608.03	13791967.67
支付的增值税款	3107062.53	1360718.97
支付的所得税款	5468273.53	2848288.29
支付的除增值税、所得税以外的其它税费	9424131.6	2085238.28
支付的其它与经营活动有关的现金	45958435.68	19179678.06
经营活动产生的现金流出小计	440327638.05	263080502.16
经营活动产生的现金流量净额	37404022.97	54660385.47
二、投资活动产生的现金流量:		
收回投资所收到的现金	23966603.08	23966603.08
分得股利或利润所收到的现金	1600011.17	2444778.64
取得债券利息收入所收到的现金		
处置固定资产、无形资产和其它长期资产而收回的现金净额	222300	83300
收到的其它与投资活动有关的现金	126557.12	
投资活动产生的现金流入小计	25915471.37	26494681.72
购建固定资产、无形资产和其它长期资产所支付的现金	2887643.36	2025784.9
权益性投资所支付的现金	48803212.29	55502843.8
债权性投资所支付的现金	23000000	23000000
支付的其它与投资活动有关的现金	14937532.56	14937532.56
投资活动产生的现金流出小计	89628388.21	95466161.26
投资活动产生的现金流量净额	-63712916.84	-68971479.54
三、筹资活动产生的现金流量:		
吸收权益性投资所收到的现金	14160000	
其中:子公司吸收少数股东权益性投资收到的现金	14160000	
发行债券所收到的现金		
借款所收到的现金	184050000	140000000
收到的其它与筹资活动有关的现金	5652402.15	35584.62
筹资活动产生的现金流入小计	203862402.15	140035584.62
偿还债务所支付的现金	178940502.51	161000000
发生筹资费用所支付的现金		
分配股利或利润所支付的现金	631797.52	1221
其中:子公司支付少数股东的股利		
偿付利息所支付的现金	6014474.28	3171899.77
融资租赁所支付的现金		
减少注册资本所支付的现金		
其中:子公司依法减资支付给少数股东的现金		
支付的其它与筹资活动有关的现金		
筹资活动产生的现金流出小计	185586774.31	164173120.77
筹资活动产生的现金流量净额	18275627.84	-24137536.15
四、汇率变动对现金的影响:		
汇率变动对现金的影响	81.02	81.02
五、现金及现金等价物净增加额:		
现金及现金等价物净增加额	-8033185.01	-38448549.2
附注:		
1、不涉及现金收支的投资和筹资活动:		
以固定资产偿还债务		
以投资偿还债务		
以固定资产进行长期投资		
以存货偿还债务		
融资租赁固定资产		
2、将净利润调节为经营活动的现金流量:		
净利润	30177244.98	30080768.94
加:少数股东损益	6759165.6	
购并利润		
计提的坏帐准备或转销的坏帐	869816.03	571747.24
固定资产折旧	4278435.94	2795193.09
无形资产及其他资产摊销	1062085.68	523247.17
待摊费用的减少(减增加)	518226.71	35026.71
预提费用的增加(减减少)	160621.5	
处置无形资产、固定资产和其它长期资产的损失(减收益)	-35208.33	30680.43
固定资产报废损失	34055.51	34055.51
财务费用	5355523.64	3136234.13
投资损失(减收益)	-10414485.95	-25067855.02
递延税款贷项(减借项)		
存货的减少(减增加)	18531077.48	242297.26
经营性应收项目的减少(减增加)	-34310299.1	8464077.43
经营性应付项目的增加(减减少)	14417763.28	33814912.58
增值税增加净额		
其它		
经营活动产生的现金流量净额	37404022.97	54660385.47
3、现金及现金等价物净值增加情况:		
货币资金的期末余额	93126288.78	34475795.24
减:货币资金的期初余额	101159473.79	72924344.44
现金等价物的期末余额		
减:现金等价物的期初余额		
现金及现金等价物净增加额	-8033185.01	-38448549.2

上海强生出租汽车股份有限公司

一、公司简介

1.公司法定中文名称:上海强生出租汽车股份有限公司
公司法定英文名称:Shanghai QiangSheng Taxi CO.,LTD
2.公司法定代表人:张同恩
3.公司董事会秘书:吴本初 联系电话:021--62151181
联系地址:中国上海南京西路920号18楼 传真:021--62538782
4.公司注册地址:浦东新区浦建路145号
公司办公地址:上海市南京西路920号18楼 邮政编码:200041
公司国际互联网网址:http//www qiangsheng-taxi.om.cn
公司电子信箱:qiangshenggufen @ qiangsheng-taxi.com.cn
5.公司选定的信息披露报纸名称:上海证券报、中国证券报 证券时报
公司年度报告登载的互联网网址:http//www sse.com.cn
公司年度报告备置地点:上海市南京西路920号18楼
6.公司股票上市交易所:上海证券交易所 股票简称:上海强生 股票代码:600662

二、会计数据和业务数据摘要

1.本年度会计数据和业务数据摘要 单位:元

项 目	
(1)利润总额	105745419.97
(2)净利润	92310996.88
(3)扣除非经常性损益后的净利润	84672539.57
(4)主营业务利润	200894412.72
(5)其他业务利润	11715167.40
(6)营业利润	84520502.94
(7)投资收益	25525198.18
(8)补贴收入	
(9)营业外收支净额	-4300281.15
(10)经营活动产生的现金流量净额	249395194.33
(11)现金及现金等价物净增加额	3551460.29

2.公司近三年主要会计数据和财务指标
追溯调整后

项 目	2000年	1999年	1998年
(1)主营业务收入	606681328.04	514167367.88	392064255.68
(2)净利润	92310996.88	89691559.66	97019108.48
(3)总资产	1383965406.68	1223807796.38	957906630.81
(4)股东权益	852551361.84	788334404.96	698642845.30
(5)每股收益	0.33	0.32	0.35
(6)每股净资产	3.03	2.81	2.49
(7)调整后的每股净资产	2.92	2.71	2.42
(8)每股经营活动产生的现金流量净额	0.89	0.94	0.68
(9)净资产收益率	10.83%	11.38%	13.89%
(10)加权每股收益	0.33	0.32	0.36
(11)扣除非经常性损益后的每股收益	0.30	0.32	0.35

3.按照《公开发行证券公司信息披露编报规则(第9号)》要求计算的利润数据:

报告期利润	净资产收益率(%)		每股收益(元)	
	全面摊薄	加权平均	全面摊薄	加权平均
主营业务利润	23.56	24.07	0.72	0.72
营业利润	9.91	10.13	0.30	0.30
净利润	10.83	11.06	0.33	0.33
扣除非经常性损益后的利润	9.93	10.15	0.30	0.30

4.股东权益变动情况

项目	股本	资本公积	盈余公积	法定公益金
期初数	280940400	255410793.94	118081715.98	34531114.77
本期增加			31,537484.30	15768742.15
本期减少				2631881.20
期末数	280,940400	255410793.94	149619200.28	47667975.72

续上表:

项目	未分配利润	股东权益合计
期初数	133901495.04	788334404.96
本期增加	92310996.88	123848481.18
本期减少	59631524.30	87725564.30
期末数	166580967.62	852551361.84

三、股本变动和股东情况

1 截止本报告期末股东总数为40241人,其中未流通发起人法人股股东4户,流通股东40237户。

2 前10名股东情况

名次	股东名称	年末持股数(股)	占总股本%
1	上海强生集团有限公司	92350900	32.87
2	上投实业公司	13662000	4.86
3	陆家嘴金融贸易区开发股份有限公司	12295800	4.38
4	建设银行上海分行	12295800	4.38
5	金华证券	7188264	2.56
6	华夏证券	2307672	0.82
7	景宏基金	1952800	0.69
8	汉盛基金	1001174	0.36
9	兴科基金	999292	0.36
10	贺宇平	508600	0.18

前10名股东之间不存在关联关系。

3 报告期内控股股东仍为上海强生集团有限公司,持有本公司股份 9235.09 万股,占全部股本32.87%。为多元投资有限责任公司

公司法定代表人张同恩。

公司经营范围:客运、房地产、国际贸易及相关产业(专项审批除外)。

上海陆家嘴金融贸易区开发股份有限公司

一 、公司简介

1 、公司法定中、英文名称及缩写:
中 文:上海陆家嘴金融贸易区开发股份有限公司
英 文:Shanghai Lujiazui Finance &Trade Zone Development Co.,Ltd.
英文缩写:SLDC
2 、公司法定代表人:康慧军
3 、公司董事会秘书:朱蔚
联系地址:中国上海市浦东大道981 号
电话:86-21-58878888 传真:86-21-58877100
电子信箱:invest @ljz.com.cn
4 、公司注册及办公地址:中国上海市浦东大道981 号
邮政编码:200135
国际互联网网址:www.shld.com
电子信箱:invest @ljz.com.cn
5 、公司信息披露报刊:上海证券报、亚洲华尔街日报
登载年度报告的国际互联网网址:www.sse.com.cn (中国证监会指定网站)
www.shld.com (公司网站)
公司年度报告备置地点:中国上海市浦东大道981 号
6 、公司股票上市交易所:上海证券交易所
股票简称及代码:A 股:陆家嘴 600663
B 股:陆家B 股 900932

二 、会计数据和业务数据摘要

1 、公司本年度主要会计数据: 单位:人民币元

利润总额	420,521,321.99
净利润	350,012,451.11
扣除非经常性损益后的净利润	290,249,245.86
主营业务利润	444,868,846.21
其他业务利润	75,807,240.20
营业利润	278,955,973.78
投资收益	140,720,642.28
补贴收入	0.00
营业外收支净额	844,705.93
经营活动产生的现金流量净额	286,532,751.05
现金及现金等价物净增加额	939,429.51
扣除非经常性损益涉及项目	金额
股权转让收益	58,642,600.00
营业外收支净额	844,705.93
股权投资差额摊销	275,899.32
合计	59,763,205.25

2 、前三年主要会计数据和财务指标:
① 主要财务数据 单 位:人民币

项 目	2000 年	1999 年	1998 年
主营业务收入(万元)	66331.75	64178.83	59343.43
净利润(万元)	35001.25	2185.05	12276.56
总资产(万元)	738460.17	786055.19	775120.95
股东权益(万元)	430798.03	414667.45	412482.39
全面摊薄每股收益(元)	0.187	0.012	0.092
加权平均每股收益(元)	0.187	0.012	0.092
扣除非经常性损益	-	-	-
后的每股收益(元)	0.155	0.012	0.092
每股净资产(元)	2.31	2.22	3.09
调整后的每股净资产(元)	2.30	2.19	3.07
每股经营活动产生的现金流量净额(元)	0.15	0.27	-0.10
全面摊薄净资产收益率(%)	8.12	0.527	2.98
加权平均净资产收益率(%)	8.10	0.528	3.02

注:2000 、1999 年底公司总股本186768.4 万股,1998 年底总股本133406 万股。

② 利润分配表附表

报告期利润	净资产收益率(%)		每股收益(元/股)	
	全面摊薄	加权平均	全面摊薄	加权平均
主营业务利润	10.33	10.29	0.24	0.24
营业利润	6.48	6.45	0.15	0.15
净利润	8.12	8.10	0.19	0.19
扣除非经常性损益后的净利润	6.74	6.72	0.16	0.16

三 、股本变动及股东情况

1 、股本变动情况
2 、股东情况介绍
(1)2000 年12 月31 日,本公司股东总数合计169119 名(其中B 股股东19560 名)。
(2)公司前十名股东持股情况

①国家股	1,121,120,000	60.03%
②上海国际信托投资公司	58,800,000	3.15%
③TOYO SECURITIES ASIA LTD.A/C CLIENT	12,546,357	0.67%
④京华山一国际(香港)有限公司	9,529,274	0.51%
⑤上海陆家嘴(集团)有限公司	8,820,000	0.47%
申银万国证券股份有限公司	8,820,000	0.47%
⑥THE NOMURA SECURITIES CO.LTD.	7,866,604	0.42%
⑦野村国际(香港)有限公司	6,897,907	0.37%
⑧NAITO SECURITIES CO.,LTD.	6,887,512	0.37%
⑨HONGKONG SUCCESS LTD.	5,581,964	0.30%
⑩HKIT S/A 006-113039-431	4,832,000	0.26%

注:1 、本公司国家股受权经营单位为上海陆家嘴(集团)有限公司,法定代表人康慧军,主营业务房地产经营、市政公用基础设施开发、设计、工程承包、建筑设备安装、工程装饰、仓储、运输、汽车出租、旅游。国家股不存在质押或冻结情况。

2 、前十名股东中第3 、第4 位、第6 至第10 位均为B 股股东,公司未知其所持股份有无质押情况

哈药集团股份有限公司

哈药集团股份有限公司2000年年度报告摘要

重要提示：本公司董事会保证本报告所载资料不存在任何虚假记载、误导性陈述或者重大遗漏，并对其内容的真实性、准确性和完整性负个别及连带责任。

一、公司简介

1、公司法定中文名称：哈药集团股份有限公司

英文名称：HARBIN PHARMACEUTICAL GROUP CO.,LTD.　英文缩写：HPGC

2、公司法定代表人：刘存周

公司董事会秘书：林本松　联系地址：哈尔滨市道里区友谊路431号

联系电话：0451-4604688　传真：0451-4604688　董秘电子信箱：sec@hpgc.com

4、公司注册地址：哈尔滨市南岗区学府路109号

公司办公地址：哈尔滨市道里区友谊路431号　邮编：150018

公司互联网网址：WWW.Hayao.com　电子信箱：hyyghb@public.hr.hl.cn

5、公司信息披露报纸：上海证券报　中国证券报

登载年度报告的国际互联网网址：WWW.sse.com.cn

年报备置地点：哈药集团股份有限公司证券部

6、公司股票上市地：上海证券交易所　股票简称：哈药集团　股票代码：600664

二、会计数据和业务数据摘要

指标项目	单位：万元
本公司本年度实现利润总额	34,573.74
净利润	22,806.34
扣除非经常性损益后的净利润	22,139.18
主营业务利润	321,218.19
其他业务利润	1,085.69
营业利润	33,391.02
投资收益	0.71
补贴收入	52.15
营业外收支净额	1,129.87
经营活动产生的现金流量净额	54,169.65
现金及现金等价物净增加额	-17,617.85

2、主要会计数据和财务指标

指标项目	2000年	1999年	1998年 调整前	1998年 调整后
主营业务收入(万元)	644,445.84	448,697.40	292,475.80	292,475.80
净利润(万元)	22,806.34	14,557.51	9,761.78	8,483.82
总资产(万元)	444,940.01	441,468.14	340,025.12	338,747.16
股东权益(万元)(不含少数股东权益)	160,950.69	143,996.20	104,815.83	103,537.88
每股收益(元)摊薄	0.51	0.31	0.25	0.22
加权	0.51	0.32	0.25	0.22
扣除非经常性损益后的每股收益	0.49	0.33	0.23	0.20
每股净资产(元)	3.58	3.19	2.74	2.71
调整后的每股净资产(元)	3.48	2.81	2.40	2.37
净资产收益率(%)摊薄	14.13	9.63	9.28	8.16
加权	14.68	10.31	9.59	8.56
每股经营活动产生的现金流量净额(元)	1.20	0.96	0.58	0.58

按照中国证监会《公开发行证券公司信息披露编报规则(第9号)》要求计算2000年度的加权净资产收益率和加权每股收益。

报告期利润		净资产收益率(%) 全面摊薄	净资产收益率(%) 加权平均	每股收益(元) 全面摊薄	每股收益(元) 加权平均
主营业务利润	3212181859.42	199.00	206.70	7.12	7.12
营业利润	333910206.81	20.69	21.49	0.74	0.74
净利润	228063414.38	14.13	14.68	0.51	0.51
扣除非经常性损益后的净利润	221391757.59	13.72	14.25	0.49	0.49

财务指标的计算公式如下：

每股收益=净利润/年度末普通股股份总数

每股净资产=年度末股东权益/年度末普通股股份总数

调整后的每股净资产=(年度末股东权益-三年以上的应收款项净额-待摊费用-待处理(流动、固定)资产净损失-开办费-长期待摊费用-住房周转金负数余额)/年度末普通股股份总数

每股经营活动产生的现金流量净额=经营活动产生的现金流量净额/年度末普通股股份总数

净资产收益率=净利润/年度末股东权益×100%

全面摊薄净资产收益率和每股收益的计算公式：

全面摊薄净资产收益率=报告期利润/期末净资产

全面摊薄每股收益=报告期利润/期末股份总数

3、报告期内股东权益变动情况及原因　单位：元

项目	股本	资本公积	盈余公积	法定公益金
期初数	450,860,357	585,845,113.76	384,468,990.09	67,182,287.81
本期增加		14,083,300.00	46,351,994.64	23,043,946.82
本期减少				
期末数	450,860,357	599,928,413.76	430,820,984.73	90,097,405.84

项目	未分配利润	股东权益合计
期初数	18,787,521.72	1,439,961,982.57
本期增加	113,764,419.12	174,199,713.76
本期减少		
期末数	132,551,940.84	1,614,161,696.33

变动原因：

(1)资本公积增加的原因是由于财政国债专项资金投入。

(2)盈余公积和法定公益金增加的原因是由于本报告期内计提增加。

(3)未分配利润增加的原因是由于本年新增利润所致；减少的原因是由于提取盈余公积和送红利所致。

三、股本变动及股东情况

1、股本变动情况

(1)股份变动情况表　单位：股

	本次变动前	配股	送股	公积金转股	增发	其他	小计	本次变动后
一、未上市流通股份								
1、发起人股份								
其中：国家持有股份	184489686							184489686
其中：转配股	23162771					-23162771	-23162771	0
未上市流通股份合计	207652457					-23162771	-23162771	184489686
二、已上市流通股份								
1、人民币普通股	243207900					23162771	23162771	266370671
已上市流通股份合计	243207900					23162771	23162771	266370671
三、股份总数	450860357					0	0	450860357

(2)股票发行与上市情况

①本公司于1990年1月12日经中国人民银行哈尔滨市分行哈银管字[1990]22号文批准，向社会个人发行人民币A种股票6500万元，发行价格按面值发售，股票上市时间为1993年6月29日；公司于1997年4月23日按10:3的比例向全体股东派送红股，流通部分红股上市日为1997年4月24日；公司于1997年7月15日实施增资配股，以10:2.3的比例向全体股东配股，并向社会公众股股东以10:2.7的比例转让国家股配股权，配股价格4.80元，本次配股可流通部分上市日为1997年9月9日；公司于1999年3月8日按1997年12月31日的总股本实施增资配股，配股比例10:3，配股价格4.80元，本次配股可流通上市日为1999年4月20日。

②根据上海证券交易所的规定，本公司国家股转配股23,162,771股于2000年12月8日上市流通，该部分转配股流通后，公司社会流通公众股份总数由原来的243,207,900增加为266,370,671股，占公司股本总额的59.08%，国家股184,489,686股，占公司股本总额的40.92%，公司股本总额未发生变化。

③公司无内部职工股。

2、股东情况介绍

(1)截至2000年末，公司股东总数为135077户，其中国有股东1户，社会公众股股东135076户。

(2)前十名股东持股情况：

序号	股东名称	年末持股数(股)	占总股本比例%	是否流通
1	哈药集团有限公司	184489686	40.92	否
2	金鑫基金	7663468	1.70	是
3	同盛基金	5650000	1.25	是
4	裕隆基金	5151400	1.14	是
5	汉盛基金	5000244	1.11	是
6	万国深圳	4868033	1.08	是
7	南正房产	1645000	0.36	是
8	南方证券	1576328	0.35	是
9	汉兴基金	1500000	0.33	是
10	福建兴业	1210000	0.27	是

持有本公司5%以上股份的股东是哈药集团有限公司，本报告期内未发生股份变动情况。报告期内公司持股5%以上的股东所持股份未发生质押或冻结的情况。

(3)持有本公司10%以上股份的股东是哈药集团有限公司，法定代表人：刘存周，主营业务：医药制造、医疗器械及医药器械制造，医药化工原料、医药商业等。目前持有公司股份40.92%。

四、股东大会简介

1、本公司于2000年2月13日在《上海证券报》和《中国证券报》上刊登了《哈尔滨医药股份有限公司二届十二次董事会决议公告和召开2000年度第一次临时股东大会的公告》，并于2000年3月15日召开临时股东大会。审议通过了《关于变更公司名称的议案》，该次股东大会决议公告刊登在2000年3月16日的《上海证券报》和《中国证券报》上。

2、本公司于2000年4月20日在《上海证券报》和《中国证券报》上刊登了《哈药集团股份有限公司二届十五次董事会决议公告及召开1999年度股东大会的公告》，并于2000年5月24日召开年度股东大会。审议通过了：1999年度董事会工作报告；1999年度监事会工作报告；1999年度财务决算及2000年度财务预算的报告；1999年度利润分配方案；关于将7—ACA由年产100吨调整为年产200吨的议案；关于公司第三届董事会、监事会候补人选的议案。该次股东大会决议公告刊登在2000年5月25日的《上海证券报》和《中国证券报》上。

3、本公司于2000年8月15日在《上海证券报》和《中国证券报》上刊登了《哈药集团股份有限公司三届二次董事会决议公告及召开2000年度第二次临时股东大会的公告》并于2000年9月14日召开临时股东大会。审议通过了：关于变更公司注册地址的议案；关于增加公司经营范围的议案。该次临时股东大会决议公告刊登在2000年9月15日的《上海证券报》和《中国证券报》上。

4、由于本公司二届董事会、监事会的董事、监事成员任期已满三年，因此公司1999年年度股东大会重新选举了公司第三届董事会、监事会成员，具体人员情况请查阅2000年5月25日的《上海证券报》和《中国证券报》。

五、董事会报告

1、公司经营情况

(1)本公司属医药制造业上市公司，据中国化学制药企业协会对全国139个重点企业统计，本公司销售收入居全国同行业第一位。

(2)公司主营业务范围及其经营情况

①公司主营业务范围是：医药原料药及制剂、名牌中成药及中药粉针剂、滋补保健品制造，生物制药和医药商业等。

②经营情况：2000年，公司实现主营业务收入644,445.84万元，占营业收入的99.56%，其它业务收入2850.2万元，占营业收入的0.44%；主营业务利润321,218.2万元，其它业务利润1085.7万元，占主营业务利润的0.34%。从主营业务收入和主营业务利润的构成情况分析，公司的生产经营完全是围绕公司主业开展的，并保持稳健增长的态势。

③公司的主营业务及结构较前一期未发生较大变化，占主营业务收入和主营业务利润10%以上的产品主要有青霉素粉针、严迪、葡萄糖酸钙、盖中盖等。

(3)公司主要全资附属企业及控股子公司的经营情况

a. 公司所属4家主要全资附属企业经营业绩如下：

企业名称	主要经营活动	主营业务收入(万元)	净利润(万元)
哈药集团制药总厂	制药生产	196,160.34	11,745.63
哈药集团制药三厂	制药生产	120,230.87	3636.44
哈药集团制药六厂	制药生产	205,725.48	10102.30

b. 公司所属3家主要控股子公司经营业绩如下：

企业名称	主营业务收入(万元)	净利润(万元)
哈尔滨加滨药业有限公司	3,622.44	635.88
哈尔滨环球塑胶制品有限公司	42.29	0.25
哈尔滨天利天然补品有限公司	205.10	-0.63

⑷在经营中出现的问题与困难及解决方案

2000年，医药市场的竞争已经由原来的单一企业及单一产品的竞争，向区域化、集团化的企业综合实力方面的竞争演变，各地纷纷组建了工商一体化的大型医药企业集团。药品市场的价格波动较大。随着入关的临近，国外制药企业进驻国内，对国内制药企业带来较大冲击，使国内医药市场的国际化竞争日益激烈，面对这种市场环境，公司主要采取了如下措施：

①加快市场创新和产品创新步伐，抢占产品市场份额，放大产品规模效益，充分挖掘和发挥产品品牌优势和企业品牌优势，以市场占有率和产品竞争能力的提高拉动企业整体竞争能力的增强。2000年，公司重点强化30个规模优势品种的增产增销，年内完成销售额45.6亿元。

②加快新产品开发和报批速度，增强后续产品的补给能力。新产品的开发突出"双高一特"，即高效益、高技术、特色产品的开发，年内已有盐酸喹那普利等12个新产品获得新药生产批文，另有待批品种10个，在研品种18个。同时科学进行新产品的市场投放和营销策划，阿莫西林、葡萄糖酸锌、朴雪等产品当年投放市场即实现销售收入超亿元，另外，司乐平、脑安片等新产品也保持了较高的增长速度。

③不断推进技术进步，做好结构调整的"硬件"准备。年内围绕六大基地建设，新开项目和续建项目24项，完成投资额2.2亿元，目前部分品种已投产见效，六大基地格局已经初步形成，其中抗生素产品生产基地接近建成，为公司经济长期持续高速发展奠定了坚实的基础。

④降低产品成本，增强产品的市场竞争能力。通过提高技术水平和产品工艺水平，加强管理，全面推行比价采购，使主要原材料的采购成本不断下降。

⑤通过CI导入和完善信息化手段及塑造和凝聚企业文化，进一步提升公司管理层次。公司集团化、集约化运作水平不断提高，为公司进一步树立大公司、大手笔、大发展的企业形象创造了良好的开端。

2、公司财务状况　　单位:万元

指标项目	2000年	1999年	增长比例(%)
总资产	444,940.00	441,468.14	0.79
长期负债	22,062.30	3,274.96	-32.73
股东权益	161,416.17	143,996.20	12.10
主营业务利润	321,218.19	167,457.82	91.82
净利润	22,806.34	14,557.51	56.66

变动情况说明：

⑴总资产增加系本年实现利润所致。

⑵长期负债减少系本年按照财政部财会[2001]5号文件对住房周转金进行会计处理，导致住房周转金负数所致。

⑶股东权益增加系本年度获得专项拨款、及本年度实现净利所致。

⑷主营业务利润增加系市场需求增加，销售大幅增长所致。

⑸净利润增加系营业利润增加所致。

以上情况表明，报告期内公司的财务状况仍保持着健康平稳的发展势头。

3、公司投资情况

⑴募集资金使用情况

本公司实际募集资金净额为276,392,856元，所募集资金已于1999年4月8日到帐。截止2000年12月31日，本公司前次募集资金已投入技术改造项目使用25131.7万元，实际使用情况如下：　　单位:人民币万元

投资项目	计划投资	本期投资	累计投资	完工情况
1、中药粉针改造项目	13500	6429.78	13688.41	试车阶段
2、年产200吨7—ACA技术改造项目(调整项目)	2747	7914.33	9696.05	在建
3、世一堂制药厂综合制剂改造项目	2988	——	3012.14	正式生产
4、塑料瓶输液生产线技术改造项目	1988	1701.92	1766.31	已完工
5、医药公司经营	1200	575.30	1251.50	已完工部分投入使用
6、年产150吨氨苄青霉素钠盐冻干车间改造项目	2990	——	2930.39	正式生产
合　计	25,413	16,621.33	32,344.80	

具体情况说明：

1、中药粉针改造项目，该项目承诺投资13500万元，本期投资6429.78万元，截止2000年12月31日已累计完成投资额13688.41万元，超支部分以企业自筹资金及贷款解决，项目建设已全部完工，目前正在进行设备调试。该项目顺利投产后，将进一步扩大中药粉针剂的生产能力，提高产品工艺水平和技术水平，并为增强中药产品市场竞争能力，加快中药西制的开发力度奠定稳定的基础。

2、年产200吨7—ACA技术改造项目公司，1999年配股募集的资金按《配股说明书》已投向100吨7—ACA改造项目，但原项目的规模已不能适应我公司头孢类产品快速发展的需要，提高公司1999年度股东大会审议批准(详见2000年5月25日《上海证券报》)，将100吨7—ACA改造项目调整为年产200吨7—ACA及系列产品整体改造项目。截止2000年12月31日该项目已累计完成投资额9696.05万元，原承诺投资的2747万元募股资金已全部投入使用，其余资金为企业贷款及自筹资金。

3、世一堂制药厂综合制剂车间改造项目，该项目承诺投资额2988万元，已于1999年全部建成投产，实际投资额3012.14万元，其中募股资金2988万元，其余资金企业自筹解决。截止2000年12月31日已累计新增利润1267.48万元。

4、塑料瓶输液生产线技术改造项目，该项目承诺投资1988万元，截止2000年12月31日已累计完成投资额1766.31万元，剩余资金用于补充企业流动资金。目前，项目建设已完工。

5、医药公司经营场所改造项目，该项目承诺投资1200万元，本期投资575万元，截止2000年12月31日已累计完成投资额1251.50万元，超支部分资金为企业自筹解决。目前，经营场所改造工程已初见成效，新增销售收入7012万元。

6、年产150吨氨苄青霉素钠盐冻干车间改造项目，该项目承诺投资额2990万元，项目已于1999年上半年建成投产，实际完成投资额2930.39万元，剩余部分用于补充企业流动资金。截止2000年12月31日已累计新增利润861万元。

7、截止2000年12月31日实际补充流动资金为2507.59万元，流动资金的投入为解决本公司的生产经营所需资金，促进公司的发展起到了积极的作用。

⑵其他投资情况

①本报告期内公司投资1000万元与黑龙江锐普实业公司共同组建了哈尔滨三精锐普高科技产业有限公司，占该公司注册资金的55%。三精锐普高科技产业有限公司主要生产以三精锐普降糖仪为主的纳米材料高科技医疗器械产品。

②本报告期内制药总厂污水处理工程已经全部完工，项目总投资7715万元，截止本报告期末，该项目

已累计完成投资额5395万元，该项目的实施将彻底解决该厂抗生素污水处理问题。

4、生产经营环境变化对公司的影响

2000年，医药产品的价格波动较为激烈，国家先后三次下调药品零售价格，并对非国管药品在2001年起实行市场定价的原则，给医药市场带来了一定的冲击，但公司通过扩大产品市场份额，提高产品规模效益，加快技术改造提高工艺水平，降低产品成本，加大新产品开发和销售力度等措施，上述不利因素尚未对公司经营产生重大影响。

2000年5月，国家税务总局下发了国税发[2000]84号《企业所得税税前扣除办法》的通知，规定纳税人每一纳税年度发生的广告费支出不超过营业收入2%的部分可据实扣除；超过部分可无限期向以后纳税年度结转。此项政策的颁布，对公司生产经营产生了一定程度的影响，经公司与政府有关部门沟通，被获准允许公司上半年广告费用在税前列支，下半年广告费用按照84号文件规定执行。对此，公司调整营销策略和手段，降低了此项政策对公司经营的影响。

5、新年度业务发展计划

2001年，公司根据国内外市场环境的整体发展趋势，及宏观经济的运行状态，结合公司具体实际情况，提出新的战略指导思想：做大做强主业，优化发展相关产业，产品扩张与资本扩张同步，体制创新与管理创新并重，全面实施信息化、集约化和规模化经营。其具体工作思路是：以实现经济效益为中心，坚持高速发展，加快创新速度，培育核心竞争力，以预算管理、市场创新、结构调整、体制变革为手段，确保全面实现年度计划，为"十五"规划创造良好的开端。

①加快市场营销网络建设，推进营销方式及市场结构的重组再造。购建多元化网络结构，在继续巩固提高11个超亿元战略品种市场占有率的基础上，重点抓好头孢拉定、益萨林、铃兰欣、头孢他定、司乐平、脑安片、世一治感佳等第二层次规模优势品种市场份额的快速放大，为战略品种群的扩充，提供有潜力的补充品种。继续全面推进品牌经营战略，认真分析因广告费政策调整及处方药不得在大众媒体刊登广告等规定对公司经营方面的影响，科学研究广告策划形式和广告投放频率、突出新产品广告力度，提高广告费用使用效率，减少广告费支出，调整营销策略，整合营销网络，继续占领和掌握产品竞争和市场竞争的制高点和主动权；同时，进一步加紧与政府有关部门沟通汇报，争取批准本公司提高广告费税前扣除比例，为进一步推进品牌经营战略的实施创造更为适宜的条件和环境。

②以科技创新为手段，加快产品结构的动态调整。一是重点开发一、二类新药，突出产品的科技含量，力争全年15个左右新产品获得生产批文。二是加快技术改造的步伐，严格按照GMP标准规划和完善六大基地，推进"双高一优"项目的实施。三是加大技术质量工作的力度，进一步实现产品技术的升级换代。四是加快老产品的二次开发工作，通过改进剂型、改进包装，开发新的治疗领域，以崭新的产品形象营造新的市场亮点。

③紧紧依托资本市场，加大资本运营力度。结合公司六大基地建设的实际情况，研究和探讨切实可行的筹融资手段，多方筹集资金，为公司的长远发展奠定坚实的资金保障。同时，坚持集团化经营的思路，大力开辟资本运营的渠道和空间，实施跨区域的收购、兼并、联合、重组，在夯实主业的同时，大力发展相关产业，打造中国制药业的航空母舰。

6、董事会日常工作情况

⑴报告期内董事会的会议情况及决议内容

①公司于2000年2月13日召开二届十二次董事会会议，审议并通过了关于将公司名称变更为哈药集团股份有限公司的议案及以通讯表决的方式召开公司2000年度第一次临时股东大会的议案。本次董事会决议刊登在2000年2月14日的《上海证券报》和《中国证券报》上。

②公司于2000年3月16日召开二届十三次董事会会议，审议并通过了关于评选公司标识的议案和计提四项减值准备、建立内部控制制度的议案。

③公司于2000年3月16日召开二届十四次董事会会议，审议并通过了公司董事及高级管理人员年薪试行方案。

④公司于2000年4月18日召开二届十五次董事会会议，审议并通过了：1999年度董事会工作报告；1999年度财务决算和2000年度财务预算的报告；1999年度利润分配预案；1999年年度报告正本及摘要；关于将7—ACA由年产100吨调整为年产200吨的议案；公司董事会第三届人选的议案；关于召开1999年度股东大会的议案。本次董事会决议刊登在2000年4月20日的《上海证券报》和《中国证券报》上。

⑤公司于2000年5月24日召开三届一次董事会会议，审议并通过了选举产生公司三届董事会领导成员的议案。本次董事会决议刊登在2000年5月25日的《上海证券报》和《中国证券报》上。

⑥公司于2000年8月11日召开三届二次董事会会议，审议并通过了2000年度中期报告；关于收购哈尔滨中药一厂部分资产的关联交易议案；关于投资设立哈尔滨三精锐普高科技产业公司的议案；关于变更公司注册地址的议案；关于增加公司经营范围的议案；关于召开2000年度第二次临时股东大会的议案。本次董事会决议刊登在2000年8月15日的《上海证券报》和《中国证券报》上。

⑦公司于2000年11月2日召开三届三次董事会会议，审议并通过了关于投资组建三精制药有限公司的议案和关于收购张家口国际制药公司股权的议案。本次董事会决议刊登在2000年11月3日的《上海证券报》和《中国证券报》上。

⑧公司于2000年12月22日召开三届四次董事会会议，通报关于对证监会哈尔滨特派办巡检中所发现问题整改情况的报告。

⑵报告期内公司实施了1999年度利润分配方案，以1999年12月31日的总股本450,860,357股为基数，每10股派发现金红利1.20元(含税)。本次利润分配方案的派息公告刊登在2000年7月19日的《上海证券报》和《中国证券报》上。

7、管理层及员工情况

⑴董事、监事及高级管理人员情况

姓名	性别	年龄	职务	任期起止日期	年初持股(股)	年末持股(股)
刘存周	男	57	董事长	2000.5-2003.5	7483	7483
郝伟哲	男	49	副董事长	2000.5-2003.5	0	0
孙树林	男	52	副董事长	2000.5-2003.5	0	0
姜　路	男	54	董事	2000.5-2003.5	11226	11226
刘　永	女	48	董事	2000.5-2003.5	0	0
吴志军	男	44	董事	2000.5-2003.5	0	0
杨忠臣	男	60	董事	2000.5-2003.5	0	0
徐效鹏	男	52	董事	2000.5-2003.5	0	0
姜林奎	男	40	董事	2000.5-2003.5	0	0
李作文	男	55	董事	2000.5-2003.5	0	0
汪兆金	男	54	董事	2000.5-2003.5	0	0
刘　巍	男	47	董事	2000.5-2003.5	0	0
冷国庆	男	46	董事	2000.5-2003.5	0	0
张利君	男	44	董事	2000.5-2003.5	52	52
李淑琦	女	51	监事长	2000.5-2003.5	0	0
金乃晶	女	54	监事	2000.5-2003.5	0	0
蔡贵良	男	57	监事	2000.5-2003.5	0	0
李大平	男	38	总助		0	0
林本松	男	37	董秘		0	0
于国英	女	48	财务部长		0	0

公司董事、监事及高级管理人员年度报酬总额在13万元以上的有4人，在10—13万元之间的有7人，在5—10万元之间的有4人，5万元以下的有5人。

⑵公司员工情况

本公司现有员工 18016 人。

①学历结构	人数	占职工比例
大专及大专以上	4561	25.8%
中专、高中	8345	46.3%
高中以下	5020	27.9%

②专业结构	人数	占职工比例
生产人员	12148	67.4%
销售人员	1985	11%
技术人员	1966	10.9%
财务人员	507	2.8%
行政人员	1410	7.9%

公司现有退休人员 4171 人。

8、本次利润分配预案或资本公积金转增股本预案。

公司 2000 年实现净利润(合并报表)228,063,414.38 元。

①按 10%提取法定盈余公积金 23,436,876.61 元。(其中含有子公司提取法定盈余公积 521,758.58 元)

②按 10%提取法定公益金 22,915,118.03 元。

加年初未分配利润后,可供股东分配的利润 200,180,994.39 元。

③子公司提取职工奖福基金 317,947.07 元。

④拟分配普通股股利以每 10 股派发现金红利 1.50 元(含税),计 67,629,053.55 元。

⑤剩余利润 132,551,940.84 元,结转下一年度。

该预案将提请 2000 年股东大会审议通过后,方可实施。

9、公司 2001 年度股利分配政策

①公司拟在 2001 年结束后分配利润一次。

②公司下一年度实现的净利润用于股利分配的比例为 20%-40%。

③公司 2000 年度及以前年度的未分配利润在 2001 年度不进行分配。

④公司主要采用派发现金红利的形式进行利润分配,现金股息占股利分配的比例为不低于 20%。

⑤公司 2001 年度具体分配方案视当时实际情况由董事会提出预案报股东大会审议决定。公司董事会保留根据公司发展及当年实际情况对分配政策进行调整的权利。

六、监事会报告

1、报告期内监事会共召开三次监事会会议:

2000 年 5 月 24 日召开三届一次监事会会议,议题是:选举产生公司三届监事会领导成员。

2000 年 8 月 11 日召开三届二次监事会会议,议题是:审议公司 2000 年度中期报告;审议关于收购哈尔滨中药一厂部分资产的报告。

2000 年 11 月 2 日召开三届三次监事会会议,议题是审议关于投资组建哈药集团三精制药有限公司的议案;审议关于收购张家口国际制药公司股权的议案。

2、监事会认为,公司已经建立起了较为完善的内部控制制度,公司董事、经理在执行职务时无违反法律、法规、公司章程或损害公司利益的行为。

3、监事会认为,辽宁天健会计师事务所出具的审计报告真实地反映了公司的财务状况和经营成果。目前公司的财务状况良好,参与市场竞争和抵御风险的能力都较以前年度有所提高。

4、公司于 1999 年 3 月实施了增资配股,监事会认为,本次配股募集资金所投入的项目对公司加快技术改造,提高产品的科技含量,增强产品的市场竞争能力等方面具有十分重大的意义。目前,配股募集资金均按照《配股说明书》所承诺投资项目投入使用,有些项目已达产见效,其它项目进展顺利。

5、监事会认为,公司的关联交易完全履行了公平交易的原则,没有损害上市公司的利益,也没有侵害全体股东利益的情况发生。

七、重要事项

1、重大诉讼、仲裁事项

⑴公司在本报告期内无重大诉讼、仲裁事项发生。

⑵公司本年度中期报告中披露的本公司所属哈尔滨药材分公司与哈尔滨百货大楼合作建房、侵权纠纷一案,本公司已胜诉,目前仍在执行中。

2、报告期内公司、公司董事及高级管理人员无受监管部门处罚的情况。

3、报告期内公司控股股东、总经理及董事会秘书聘任情况:

①报告期内公司控股股东无变更情况。

②报告期内公司总经理、董事会秘书无变更情况。

4、报告期内公司二届董事会成员任期已满三年,公司 1999 年度股东大会审议通过了三届董事会候补人选的议案,具体情况刊登在 2000 年 5 月 25 日的《上海证券报》和《中国证券报》上。

5、报告期内公司收购及出售资产、吸收合并事项:

⑴收购哈尔滨中药一厂部分资产的情况:

为进一步优化和改善公司的组织结构和资产结构,解决本公司哈药集团制药三厂场地不足的问题,并为满足下一步哈尔滨市政府对城区内企业进行异地搬迁改造的要求,本公司于 2000 年 8 月 11 与哈尔滨中药一厂签定收购资产协议,本公司以现金 29,898,297.70 元收购哈尔滨中药一厂工业用地、厂房等实物资产。此次资产收购行为属关联交易行为,其关联交易公告刊登在 2000 年 8 月 12 日的《上海证券报》和《中国证券报》上。本次关联交易金额占报告期公司利润总额的 8.65%。

6、重大关联交易事项

①本公司为解决制药三厂场地不足问题及市政府异地搬迁改造的要求,收购哈尔滨中药一厂工业用地、厂房等资产,资产评估价值 3319.8 万元,转让价格 2989.8 万元,采取现金支付和带资安置职工的方式结算,本公司已向哈尔滨中药一厂支付现金 2989.8 万元。

②本公司出售给控股股东哈药集团有限公司厂房一栋,评估价值 1620.5 万元,转让价格 1954 万元。

7、上市公司与控股股东在人员、资产、财务上的"三分开"情况。

本报告期内,公司与控股股东在财务、资产方面已完全分开,拥有独立的生产系统、辅助生产系统和配套设施;工业产权、商标、非专利技术等无形资产由上市公司拥有;公司采购和销售系统由公司独立拥有。在人员方面尚未完全分开,对此,公司于 2001 年 3 月 8 日召开三届六次董事会会议,已经彻底实现了上市公司与控股股东在人员方面的分立(详见 2001 年 3 月 10 日的《上海证券报》和《中国证券报》。主要表现在:

⑴在人员方面,公司在劳动、人事及工资管理等方面已经独立,总经理、副总经理等高级管理人员均在公司领取薪酬,不在股东单位担任重要职务。

⑵在财务方面,公司已经拥有独立的财务部门和财务人员,建立了独立的会计核算体系和财务管理制度,并开立了独立的银行帐户。

8、公司或持股 5%以上股东未在指定报纸和网站上披露承诺事项。

9、因为原承担本公司审计业务的哈尔滨祥源会计师事务所在会计师事务所扩大业务过程中已被注销资格,公司三届五次董事会会议决定聘用辽宁天健会计师事务所为本公司 2000 年度财务审计机构,并将提交 2000 年度股东大会追认通过。

10、报告期内公司无重大合同及担保事项。

11、报告期内公司于 2000 年 3 月 15 日召开的 2000 年度临时股东大会通过了《关于变更公司名称的议案》,公司名称由原"哈尔滨医药股份有限公司"变更为"哈药集团股份有限公司"。2000 年 4 月 5 日起公司股票简称由"哈医药"变更为"哈药集团"。

八、财务会计报告

哈药集团股份有限公司全体股东:

我们接受委托,审计了贵公司 2000 年 12 月 31 日母公司及合并的资产负债表、2000 年度母公司及合并的利润及利润分配表和现金流量表。这些会计报表由贵公司负责,我们的责任是对这些会计报表发表审计意见。我们的审计是依据《中国注册会计师独立审计准则》进行的。在审计过程中,我们结合贵公司实际情况,实施了包括抽查会计记录等我们认为必要的审计程序。

我们认为,上述会计报表符合《企业会计准则》和《股份有限公司会计制度》的有关规定,在所有重大方面公允地反映了贵公司 2000 年 12 月 31 日的财务状况及 2000 年度经营成果和现金流量情况,会计处理方法的选用遵循了一贯性原则。

辽宁天健会计师事务所　中国注册会计师:高风元　陆红

九、公司的其他有关资料

1、2000 年 9 月 25 日公司注册地址由哈尔滨市道里区工厂街 94 号变更为哈尔滨市南岗区学府路 109 号。

2、营业执照注册号:2301001000360　3、税务登记号:12817503—7

4、公司未流通股份托管在上海中央登记结算公司

5、公司聘请的会计师事务所为:辽宁天健会计师事务所

十、备查文件

1、载有法定代表人、主管会计工作负责人、会计机构负责人签名盖章的会计报表。

2、载有会计师事务所盖章、注册会计师签名并盖章的审计报告原件。

3、报告期内在中国证监会指定报纸上公开披露的所有公司文件的正本及公告原稿。

哈药集团股份有限公司董事会　二○○一年三月十五日

会计报表附注

一、公司简介

哈药集团股份有限公司(以下简称公司或本公司)是 1991 年 12 月 28 日经哈尔滨市经济体制改革委员会哈体改发(1991)39 号文批准,由原"哈尔滨医药集团股份有限公司"分立而成的股份有限公司,1993 年 6 月在上海证券交易所上市。2000 年 4 月,公司由原哈尔滨医药集团股份有限公司更名为哈药集团股份有限公司。截止 2000 年 12 月 31 日,本公司注册资本为 450,860,357.00 元,其中:国家股 184,489,686.00 元,社会公众股 266,370,671.00 元。

本公司由哈药集团制药总厂等十一家分公司组成,主要生产抗生素及制剂、中药粉针剂、滋补保健品、高档中成药、生物工程药品等六大系列产品计 700 多个品种,主导产品青霉素钠原粉和粉针、葡萄糖酸钙、葡萄糖酸锌等产销量居国内同行业前列,经过几年的发展,公司已成为集科工贸于一体的国内特大型、综合性制药企业之一。

二、公司主要会计政策、会计估计和合并会计报表的编制方法

1、会计制度　执行《股份有限公司会计制度》及其补充规定。

2、会计年度　公历 1 月 1 日至 12 月 31 日。

3、记账本位币　采用人民币为记账本位币。

4、记账基础和计价原则　以权责发生制为记账基础,以实际成本为计价原则。

5、外币业务核算方法　会计年度内涉及外币的经济业务,按发生当月初中国人民银行公布的市场汇率中间价折合人民币入账。月末将外币账户余额按月末市场汇率中间价进行调整,产生的汇兑损益,与购建固定资产有关的予以资本化,属于筹建期间的计入开办费,属于生产经营期间的计入财务费用。

6、现金等价物的确定标准　凡同时具备期限短(从购买日起,三个月内到期)、流动性强、易于转换为已知金额的现金、价值变动风险很小等四个条件的投资确认为现金等价物。

7、坏账核算方法　⑴坏账确认标准:因债务人破产或者死亡,以其破产财产或者遗产清偿后,仍然无法收回的款项;债务人逾期未履行其偿债义务且有明显特征表明确实无法收回的款项。

⑵坏账核算方法:采用备抵法。公司对应收款项(包括应收账款和其他应收款)采用帐龄分析法。其他应收款同时采用个别确认法计提坏账准备,并计入当期损益,采用帐龄分析法计提比例如下:

一年以内	5%
1~2 年	10%
2~3 年	30%
3~4 年	50%
4~5 年	80%
5 年以上	100%

三、主要税项

⑴工业企业按销售额的 17%计算销项税;

⑵商业企业药材类按销售额的 13%计算销项税,成药类按销售额的 17%计算销项税;其他按营业额的 5%计算营业税;

⑶按应缴增值税、营业税的 7%计算城建税,4%计算教育费附加;

⑷本公司在经国务院批准的哈尔滨高新技术产业开发区注册,并被开发区管理委员会认定为高新技术企业。根据财政部国家税务总局财税字[1994]1 号文件《关于企业所得税若干优惠政策的通知》规定,减按 15%的税率缴纳所得税;

⑸合并会计报表范围内的子公司,按销售额的 17%计算销项税,按应纳税所得额的 12%-30%计算所得税。

四、控股子公司及合营企业

五、合并会计报表主要项目注释

27、资本公积

项　目	期初数	本期增加数	本期减少数	期末数
股本溢价	448,579,233.71			448,579,233.71
接受捐赠	11,689.50			11,689.50
资产评估增值	117,515,190.55			117,515,190.55
其他	19,739,000.00	14,080,000.00		33,819,000.00
股权投资准备		3,300.00		3,300.00
合　计	585,845,113.76	14,083,300.00		599,928,413.76

本项目-其他本期增加系财政拨付的专用款项。

28、盈余公积

项　目	期初数	本期增加	本期减少	期末数
法定盈余公积金	157,471,917.76	23,436,876.61		180,908,794.37
公益金	67,182,287.81	22,915,118.03		90,097,405.84
任意盈余公积金	159,814,784.52			159,814,784.52
合　计	384,468,990.09	46,351,994.64		430,820,984.73

本项目本期增加数含控股子公司本年度计提的法定盈余公积金 521,758.58 元。

29、未分配利润

期初数	本期增加	本期减少	期末数
18,787,521.72	228,063,414.38	114,298,995.26	132,551,940.84

根据公司董事会 2000 年度利润分配预案,按净利润的 10%分别提取法定盈余公积金和公益金,并按 2000 年末股本每 10 股派发 1.50 元现金股利,剩余未分配利润结转下年。

本项目及盈余公积期初数因调整上年所得税费用而作相应调整。

30、主营业务收入

本年发生数　　上年发生数
6,444,458,354.56　4,486,974,024.44

本项目本年比上年增幅较大的原因主要系公司改进营销策略、调整产品结构、扩大生产规模所致。

31、营业费用

本年发生数　　上年发生数
1,962,643,131.18　826,247,628.93

本项目本年比上年增幅较大的原因主要系广告费增加所致。

32、财务费用

项　目	本年发生数	上年发生数
利息支出	45,056,337.05	66,132,473.65
减:利息收入	8,575,659.66	31,059,618.05
汇兑损失	3,219.10	8,162.75
减:汇兑收益	444,501.00	52,447.74
其　他	568,247.52	354,475.98
合　计	36,607,643.01	35,383,046.59

33、营业外收入

本年发生数　　上年发生数
23,540,920.33　2,302,505.26

本项目本年比上年增幅较大的原因主要系本公司将所属分公司哈药集团制药四厂一栋房屋出售给哈药集团有限公司而产生的处理固定资产收益。

34、支付的其他与经营活动有关的现金为 2,156,441,842.00 元

其中大额明细如下:

项　目	金额
差旅费	26,597,570.33
广告费	1,783,549,151.59
运输费	71,282,632.45
办公费	19,149,271.91
研究开发费	23,020,080.46
保险费	4,181,644.40

七、分行业资料

行　业	营业收入 上期数	本期数	营业成本 上期数
工　业	3,754,821,491.82	5,745,004,112.98	2,131,328,094.69
商　业	733,150,075.81	803,224,184.82	644,585,158.03
公司内行业间相互抵减	997,543.19	103,769,943.24	982,424.17
合　计	4,486,974,024.44	6,444,458,354.56	2,774,930,828.55

行　业	本期数	营业毛利 上期数	本期数
工　业	2,569,934,048.05	1,623,493,397.13	3,175,070,064.93
商　业	697,405,387.17	88,564,917.78	105,818,797.65
公司内行业间相互抵减	103,351,404.63	15,119.02	418,538.61
合　计	3,163,988,030.59	1,712,043,195.89	3,280,470,323.97

八、关联方关系及其交易

九、或有事项

本公司 2000 年度中期披露的所属哈尔滨药材分公司与哈尔滨百货大楼合作建房、侵权纠纷一案,经中华人民共和国最高人民法院终审判决,哈尔滨百货大楼应向哈尔滨药材分公司赔偿人民币 6,523,606.33 元。但对方尚未完全执行司法部门的判决。

十、承诺事项

截止 2000 年 12 月 31 日本公司无承诺事项。

十一、资产负债表日后事项中的非调整事项? 1、根据哈药集团股份有限公司三届三次董事会决议,公司以其所属分公司哈药集团制药三厂经评估的净资产出资与哈药集团有限公司共同投资组建哈药集团三精制药有限公司。该公司于 2001 年 1 月 20 日注册成立,注册资本为 15,700 万元,其中哈药集团股份有限公司出资占注册资本 93%。

2、本公司 2001 年 1 月 1 日"住房周转金"科目借方余额 114,173,431.44 元,将按财政部财会[2001]5 号文件《企业住房制度改革中有关会计处理问题的规定》进行相应处理。

十二、债务重组事项

本年度无债务重组事项。

十三、其他重要事项

本公司本年度无其他重要事项。

资产负债表　单位:(人民币)元

资产	期末数 合并
流动资金:	
货币资金	323,648,969.96
应收票据	19,183,660.00
应收帐款	1,053,232,410.59
其他应收款	448,410,820.62
减:坏帐准备	221,235,910.19
应收款项净额	1,280,407,321.02
预付帐款	173,032,754.33
存货	1,015,972,199.15
减:存货跌价准备(含工程亏损准备)	85,612,882.57
存货净额	930,359,316.58
待摊费用	4,586,425.69
待处理流动资产净损失	300,000.00
一年内到期的长期债权投资	436,244.00
其他流动资产	181,199.80
流动资产合计	2,732,135,891.38
长期投资:	
长期股权投资	2,093,708.29
长期债权投资	66,000.00
长期股权投资差额	
长期投资合计	2,159,708.29
长期投资净额	2,159,708.29
固定资产:	
固定资产原价	1,845,882,915.10
减:累计折旧	725,935,004.99
固定资产净值	1,119,947,910.11
工程物资	3,092,226.55
在建工程	490,380,777.66
固定资产合计	1,613,420,914.32
无形资产及其他资产:	
无形资产	93,955,917.95
开办费	1,328,815.49
长期待摊费用	6,398,857.66
无形资产及其他资产合计	101,683,591.10
递延税项:	
资产总计	4,449,400,105.09
流动负债:	
短期借款	412,727,500.00
应付帐款	503,802,287.04
预收帐款	235,070,478.09
应付工资	549,493,436.81
应付福利费	36,314,384.99
应付股利	72,076,411.09
应交税金	215,032,559.35
其他应交款	6,168,348.53
其他应付款	320,440,756.24
预提费用	731,494.82
一年内到期的长期负债	251,580,664.46
流动负债合计	2,603,438,321.42
长期负债:	
长期借款	326,301,380.00
长期应付款	300,000.00
住房周转金	-114,173,431.44
其他长期负债	8,195,527.50
递延利息收益	
长期负债合计	220,623,476.06
递延税项:	
负债合计	2,824,061,797.48
少数股东权益(合并报表填列)	11,176,611.28
股东权益:	
股本	450,860,357.00
资本公积	599,928,413.76
盈余公积	430,820,984.73
其中:公益金	90,097,405.84
未分配利润(未弥补亏损以"-"号表示)	132,551,940.84
股东权益合计	1,614,161,696.33
负债和股东权益总计	4,449,400,105.09

利润及利润分配表　单位:(人民币)元

项目	本期数 合并
一、主营业务收入	6,444,458,354.56
减:销售折让	-
主营业务收入净额	6,444,458,354.56
减:主营业务成本	3,163,988,030.59
主营业务税金及附加	68,288,464.55
二、主营业务利润(亏损以"-"号填列)	3,212,181,859.42
加:其他业务利润(亏损以"-"号填列)	10,856,939.03
减:存货跌价损失	20,477,509.04
营业费用	1,962,643,131.18
管理费用	869,400,308.41
财务费用	36,607,643.01
三、营业利润(亏损以"-"号填列)	333,910,206.81
加:投资收益(损失以"-"号填列)	7,050.54
补贴收入	521,500.00
营业外收入	23,540,920.33
减:营业外支出	12,242,234.16
四、利润总额(亏损总额以"-"号填列)	345,737,443.52
减:所得税	116,665,738.39
减:少数股东损益(合并报表填列、亏损以"-"号填列)	1,008,290.75
加:未确认的投资损失(合并报表填列)	-
应付福利及奖励基金	
五、净利润(净亏损以"-"号填列)	228,063,414.38
加:年初未分配利润(未弥补亏损以"-"号填列)	18,787,521.72
减:减少注册资本减少的未分配利润	-
盈余公积转入	-
六、可供分配的利润(亏损以"-"号填列)	246,850,936.10
减:提取法定盈余公积金	23,436,876.61
减:提取法定公益金	22,915,118.03
职工奖福基金(子公司为外商投资企业,合并报表填列)	317,947.07
七、可供股东分配的利润(亏损以"-"号填列)	200,180,994.39
减:应付优先股股利	-
提取任意盈余公积	-
应付普通股股利	67,629,053.55
转作股本的普通股股利	-
利润分配给原发起股东的数额	
八、未分配利润(未弥补亏损以"-"号填列)	132,551,940.84
附注:非常项目:	
1.出售处置部门或被投资单位	-
2.自然灾害发生的损失	-
3.会计政策更改	-
4.其他	-

报告期利润	净资产收益率 全面摊薄
主营业务利润	199.00
营业利润	20.69
净利润	14.13
扣除非经常性损益后的净利润	13.72

上海沪昌特殊钢股份有限公司

一、公司简介

(一)公司中文名称:上海沪昌特殊钢股份有限公司
公司英文名称:SHANGHAI HU CHANG SPECIAL STEEL CO.,LTD 英文缩写:SHC
(二)公司法定代表人:谢蔚
(三)公司董事会秘书:史美健 授权代表:金惟 联系地址:上海宝杨路 1988 号
电话:021-56126920 传真:021-56128176
电子信箱:shcrx@online.sh.cn 公司网址:http://www.600665shc.com
(四)公司注册地址:上海同济路 332 号 公司办公地址:上海宝杨路 1988 号
邮政编码:200940 电子信箱:shcrx@online.sh.cn
(五)公司信息披露报纸:上海证券报
登载公司年报的中国证监会指定国际互联网网址: http://www.see.com.cn
公司年度报告备置地点:公司总经理办公室
(六)公司股票上市交易所:上海证券交易所 股票简称:沪昌特钢 股票代码:600665

二、会计数据和业务数据摘要

(一)本年度主要会计数据和业务数据(合并报表)

利润总额:	16,374,377.35 元
净利润:	12,815,719.70 元
扣除非经常性损益后的净利润:	12,628,719.70 元
主营业务利润:	33,067,709.49 元
其他业务利润:	17,255,574.34 元
营业利润:	10,348,615.24 元
投资收益:	5,852,472.67 元
补贴收入:	187,000.00 元
营业外收支净额:	-13,710.56 元
经营活动产生的现金流量净额:	125,633,972.57 元
现金及现金等价物净增加额:	9,370,479.61 元

扣除"非经常性损益后的净利润"系净利润扣除补贴收入 87,000.00 后的余额

(二)前三年主要会计数据和财务指标 (单位:元)

项 目	2000 年	1999 年	1998 年 调整前	1998 年 调整后
主营业务收入	752,431,469.89	1,121,260,925.10	802,992,562.39	802,992,562.39
净利润	12,815,719.70	11,069,757.07	51,588,598.95	31,615,053.70
总资产	1,587,070,243.81	1,722,305,134.62	1,708,722,059.45	1,676,410,621.23
股东权益	1,337,042,644.53	1,324,226,924.83	1,344,244,880.06	1,313,157,167.76
每股收益(摊薄)	0.0178	0.0154	0.07	0.04
每股收益(加权)	0.0178	0.0154	0.07	0.04
扣除非经常性损益后的每股收益	0.0175	0.0153	0.07	0.04
每股净资产	1.86	1.84	1.87	1.82
调整后每股净资产	1.84	1.83	1.83	1.813
每股经营活动产生的现金流量净额	0.17	-0.14	-0.11	-0.14
净资产收益率(摊薄)	0.959	0.836	3.84	2.41
净资产收益率 (加权)	0.963	0.839	3.91	2.42

(三)按照中国证监会《公开发行证券公司信息披露规则》第 9 号的通知要求计算净资产收益和每股收益:

报告期利润	净资产收益率(%) 全面摊薄	净资产收益率(%) 加权平均	每股收益(元) 全面摊薄	每股收益(元) 加权平均
主营业务利润	2.473	2.485	0.046	0.046
营业利润	0.774	0.778	0.014	0.014
净利润	0.959	0.963	0.018	0.018
扣除非经常性损益后的净利润	0.945	0.949	0.017	0.017

三、股东持股情况

(1)报告期末股东总数:82293 户
(2)报告期末前 10 名股东持股情况 5

股东名称	持股数量(股)	持股比例(%)
上海五钢有限公司	482,708,420	67.03
上海五钢有限公司	15,875,592	2.21
上海申银万国证券有限公司	10,560,000	1.47
上海金属材料总公司	2,847,600	0.40
中国工商银行上海市分行第二营业部	2,358,000	0.33
上海汽车工业有限公司	2,358,000	0.33
交通银行上海市分行	2,358,000	0.33
中国建设银行上海市分行第二营业部	2,358,000	0.33
上海轴承集团有限公司	1,880,400	0.26
上海柴油机股份有限公司	1,680,000	0.23

持有 10%以上股份的上海五钢有限公司系国有独资公司,其注册资本为十二亿人民币,法人代表谢蔚,主营业务为炼钢、轧钢,主导产品为优质合金钢和钢材,产品广泛用于航空、航天、汽车制造、石油化工、机械加工等领域。

四、股东大会简介

报告期内召开的年度股东大会情况

2000 年 5 月 29 日公司在上海五钢有限公司俱乐部召开 1999 年度股东大会。出席会议的股东代表 310 人,代表公司股份 522,060,901 股,占公司总股本的 72.50%。大会以记名投票表决方式,审议通过了以下决议:

1 、1999 年度董事会工作报告;
2 、1999 年度监事会工作报告;
3 、1999 年度财务决算报告;
4 、1999 年度利润分配方案;
5 、董事会换届选举议案;
6 、监事会换届改选议案;

股东大会决议公告刊登于 2000 年 5 月 30 日《上海证券报》。

西南药业股份有限公司

一、公司简介

1、公司法定中文名称:西南药业股份有限公司
公司英文名称:SOUTHWEST PHARMACEUTICAL CO.LTD. 缩写:SWP
2、公司注册及办公地址:重庆市沙坪坝区天星桥 21 号 邮政编码:400038
电子信箱:swpcom@public.cta.cq.cn
3、公司法定代表人:张逸屏
4、公司董事会秘书:张新力 董事会证券事务代表:牟晓
联系地址:重庆市沙坪坝区天星桥 21 号 电话:(023)65313118—5027 传真:65311721
5、公司信息披露报纸名称:《中国证券报》、《上海证券报》
公司登载年度报告国际互联网网址:http://www.sse.com.cn
公司年度报告备置地点:公司证券办公室
6、股票上市地:上海证券交易所 股票简称:西南药业 股票代码:600666

二、会计数据和业务数据摘要

1、本年度财务数据如下: 单位:元

利润总额	22,618,687.35
净利润	20,249,089.90
扣除非经常性损益后的净利润	20,916,269.70
主营业务利润	87,667,259.01
其他业务利润	554,641.64
营业利润	16,376,477.91
投资收益	7,018,725.08
补贴收入	
营业外收支净额	-776,515.64
经营活动产生的现金流量净额	26,411,023.20
现金及现金等价物净增加额	9,913,500.95

注:扣除的非经常性损益项目和涉及的总额:
(1)营业外收支净额项目-776,515.64 其中:处理固定资产损失 708,581.33 捐赠支出 67,934.31
(2)本期摊销的合并价差 109,335.84

2、截至报告期末公司前二年的主要会计数据和财务指标 单位:元指标

项目	2000 年	1999 年 调整前	1999 年 调整后	1998 年 调整前	1998 年 调整后
主营业务收入	293,660,431.28	285,710,598.22	285,710,598.22	279,375,054.02	279,375,054.02
净利润	20,249,089.90	17,620,616.56	17,620,616.56	25,078,611.97	19,274,819.24
总资产	408,349,351.53	357,884,468.16	356,097,256.16	407,017,570.42	376,704,148.25
股东权益	248,519,077.30	229,789,155.90	228,269,987.40	255,842,128.61	225,528,706.44
每股收益(摊薄)	0.14	0.12	0.12	0.17	0.13
(加权)	0.14	0.12	0.12	0.17	0.13
扣除非经营性损益后的每股收益	0.14	0.12	0.12	0.17	0.13
每股净资产	1.67	1.54	1.53	1.72	1.52
调整后的每股净资产	1.53	1.39	1.40	1.61	1.40
每股经营活动产生的现金流量净额	0.18	0.39	0.39	0.11	0.11
净资产收益率(摊薄)	8.15	7.67	7.72	9.8	8.55
净资产收益率(加权)	8.49	7.47	7.52	10.62	9.23

注 1:按照中国证监会《公开发行证券公司信息披露编报规则(第 9 号)》要求计算的净资产收益率和每股收益。

报告期利润		净资产收益率(%) 全面摊薄	净资产收益率(%) 加权平均	每股收益(元) 全面摊薄	每股收益(元) 加权平均
主营业务利润	87,667,259.01	35.28	36.77	0.59	0.59
营业利润	16,376,477.91	6.59	6.87	0.11	0.11
净利润	20,249,089.90	8.15	8.49	0.14	0.14
扣除非经常性损益后的净利润	20,916,269.70	8.42	8.77	0.14	0.14

注 2:98 年、99 年每股收益(加权)、净资产收益率(加权)已按照证监会《公开发行证券公司信息披露编报规则(第 9 号)》的要求调整。

3、股东权益变动情况 单位:元

项目	股本	资本公积	盈余公积	其中:法定公益金
期初数	148,792,973	43,502,672.20	33,410,546.31	11,608,009.64
本期增加			4,817,440.32	2,408,720.16
本期减少期末数	148,792,973	43,502,672.20	38,227,986.63	14,016,729.80

续上表:

项目	未分配利润	股东权益合计
期初数	2,563,795.89	228,269,987.40
本期增加	15,431,649.58	20,249,089.90
本期减少期末数	17,995,445.47	248,519,077.30

三、股东情况介绍

1、2000 年 12 月 31 日,公司股东总数为 40398 户。
2、前十名股东持股情况

股东名称	持股数(股)占总股本	占总股本比例(%)
重庆市国有资产管理局	83,949,180	56.42
成都市吉隆实业有限公司	1,650,000	1.11
煤气二管	362,229	0.24
代先明	291,500	0.20
徐平	277,100	0.19
韩富杰	250,045	0.17
曾粉	250,000	0.17
周利	207,073	0.14
徐建昌	165,300	0.11
顾维浩	159,500	0.11

重庆市国有资产管理局代表国家持有 83,949,180 股未上市流通,其所持股份无质押或冻结情况。成都市吉隆实业有限公司于 2000 年 7 月 7 日受让汕头南北制药厂所持有 1,650,000 股法人股,其所持股份为募集法人股未上市流通。

无锡市太极实业股份有限公司

一、公司简介

1、公司名称：无锡市太极实业股份有限公司
英文名称：WUXI TAIJI INDUSTRY LIMITED CORPORATION　英文缩写：TJ
2、公司法定代表人：李文海
3、公司董事会秘书：朱巨雄　联系地址：无锡市芦村下甸桥南堍
电话：(0510)5425660 5404840--208　传真：(0510)5423742
电子信箱：tjgf@public1.wx.js.cn
4、公司注册地址：无锡市锡澄路化工桥南
公司办公地址：无锡市芦村下甸桥南堍　邮政编码：214024
电子信箱：tjgf@public1.wx.js.cn
5、公司选定的信息披露报纸名称：上海证券报
登载公司年度报告的中国证监会指定国际互联网网址：　http://www.sse.com.cn
公司年度报告备置地点：公司证券部
6、公司股票上市交易所：上海证券交易所　股票简称：太极实业　股票代码：600667

二、会计数据和业务数据摘要

1、本年度实现的利润总额及构成 ((单位：元)

利润总额	-38650275.26
其中：主营业务利润：	79049064.98
其他业务利润：	1574253.75
营业利润：	-60025222.75
投资收益：	24845813.58
补贴收入：	202924.00
营业外收支净额：	-3673790.09
净利润：	-41053670.48
扣除非经常性损益后的净利润：	-41256594.48
经营活动产生的现金流量净额：	132398184.32
现金及现金等价物净增加额：	52985872.35

注：扣除非经常性损益项目及金额：
补贴收入：　202924.00

2、截止报告期末公司前三年主要会计数据和财务指标

指标项目	2000年	1999年	1998年
(1)主营业务收入(元)	623975205.91	611398292.83	690652738.7
(2)净利润(元)	-41053670.48	19308160.76	12508571.12
(3)总资产(元)	2096114296.90	2127612605.26	2088211460.96
(4)股东权益(元)	894557680.55	936577614.49	921060231.59
(5)每股收益(摊簿)(元/股)	-0.111	0.052	0.037
(6)每股收益(加权)(元/股)	-0.111	0.052	0.042
(7)扣除非经常性损益后的每股收益(元/股)	-0.112	-0.028	-0.113
(8)每股净资产(元/股)	2.43	2.54	2.75
(9)调整后的每股净资产(元/股)	2.28	2.46	2.70
(10)每股经营活动产生的现金流量净额(元/股)	0.359	0.074	-0.409
(11)净资产收益率(%)	-4.59	2.07	1.36

3.利润分配表附表

报告期利润	净资产收益率(%)		每股收益(元/股)	
	全面摊簿	加权平均	全面摊簿	加权平均
主营业务利润	8.84	8.63	0.214	0.214
营业利润	--6.71	-6.55	-0.163	-0.163
净利润	--4.59	-4.48	-0.111	-0.111
扣除非经常性损益后的净利润	--4.61	-4.50	-0.112	-0.112

三、股东持股情况

(2) 主要股东持股情况(2000 年末前十名股东)

股东名称	持股数量(股)	比例(%)	持股性质
无锡纺织控股(集团)公司	71128776	19.29	国家股
无锡市新中亚投资开发公司	52709100	14.29	法人股
中国新技术创业投资公司	45097120	12.23	法人股
中国烟草物资公司	4710288	1.28	法人股
河北证券	2613600	0.71	法人股
珠海富华投资公司	1452000	0.39	法人股
刘传华	654545	0.18	流通股
中国纺织设计院	493680	0.13	法人股
无锡广厦房屋开发公司	363000	0.10	法人股
张玉	318630	0.08	流通股

注：a、前 10 名股东之间无关联关系。
b、中国新技术创业投资公司已于 1998 年 6 月 22 日被关闭，中国人民银行依法组织成立清算组对其进行清算。其它股东所持股份无质押或冻结。

四　、股东大会简介

公司于 2000 年 5 月 26 日召开股东大会 1999 年年会，通过的决议于 2000 年 5 月 27 日刊登于《上海证券报》。

五、董事会报告

1、公司经营情况　(1)公司所处的行业及地位

公司处毛纺、化纤、服装行业，公司产品丙纤烟用过滤丝束是中国烟草总公司的定点生产基地，产销量均名列全国同行之首(从中国烟草总公司获知)。

(2)公司主营业务范围及其经营状况

公司的主营业务包括毛纺行业的精纺呢绒、化纤行业的丙　纤烟用过滤丝束和涤纶工业丝帘帆布、服装行业的衬衫服装四大　系列产品，本年度的经营情况如下：

A　精纺呢绒产量 453　万米，比上年下降 5.93%，销售收入 23713 万元，比上年增长 5.91%；利润 1659　万元，比上年下降 17.65%。

B 丙纤烟用过滤丝束产量 9581　吨，比上年下降 0.8%；销售收入 10582　万元，比上年下降 15.52%；利润-776　万元，首次出现亏损。

浙江尖峰集团股份有限公司

一、公司简介

1、公司法定中文名称：浙江尖峰集团股份有限公司
英文名称：ZHEJIANG JIANFENG GROUP CO., LTD.(英文缩写:ZJJF)
2、公司法定代表人：杜自弘
3、公司董事会秘书：徐飞　证券事务代表：章文明　地址：浙江省金华市婺江东路 88　号
电话：0579-2326868　传真：0579-2324666　电子信箱：zjjfo@mail.jhptt.zj.cn
4　、公司注册地址：浙江省金华市罗店镇
办公地址：浙江省金华市婺江东路 88　号　邮政编码：321000
网址：http://www.jianfeng.com.cn　电子信箱：zjjfo@mail.jhptt.zj.cn
5、公司选定的信息披露报纸：《上海证券报》
登载公司年报的指定互联网网址：http://www.sse.com.cn
公司年度报告备置地点：浙江省金华市婺江东路 88　号尖峰大厦 907　室
6　、公司股票上市地：上海证券交易所　股票简称：尖峰集团　股票代码：600668

二、会计数据和业务数据摘要

1、本年度主要利润指标情况：(单位：人民币元)

利润总额	43,145,984.10
净利润	38,862,084.44
扣除非经营性损益的净利润	37,720,287.13
主营业务利润	188,723,585.57
其他业务利润	3,097,869.63
营业利润	-17,884,044.22
投资收益	60,627,703.85
补贴收入	0.0
营业外收支净额	402,324.47
经营活动产生的现金流量净额	55,659,728.052
现金及现金等价物净增加额	44,826,497.15

注：扣除的非经常性损益项目和涉及金额(按证监公司字[1999] 137　号文所指的内容)：
资产处置损益　3238029.51
合并价差摊入　-2096232.20

2　、截止报告期末公司前三年主要会计数据和财务指标(单位：万元)

指标项目	2000年	1999年	1998年	
			调整前	调整后
主营业务收入	94239.02	64694.68	61586.17	61586.17
净利润	3886.21	3420.00	5084.42	2549.13
总资产	158683.40	138284.62	130883.81	124060.73
股东权益	51720.79	47807.76	49948.04	43783.04
每股收益(元/股)	0.13	0.11	0.17	0.08
扣除非经常性损益后每股收益	0.13	0.11	0.16	0.08
加权每股收益	0.13	0.11	0.17	0.08
每股净资产(元/股)	1.72	1.59	1.66	1.46
调整后的每股净资产(元/股)	1.59	1.47	1.66	1.36
每股经营活动产生的现金流量净额	0.19	0.29	0.22	0.22
净资产收益率(%)	7.51	7.15	10.18	5.82

3　、利润表附表：

	净资产收益率%		每股收益	
	全面摊薄	加权平均	全面摊薄	加权平均
主营业务利润	36.49	37.92	0.63	0.63
营业利润	-3.46	-3.59	-0.06	-0.06
净利润	7.51	7.81	0.13	0.13
扣除非经营性损益后的净利润	7.29	7.58	0.13	0.13

4、股东权益变动情况

项目	股本	资本公积金	盈余公积金	法定公益金	未分配利润	合计
期初数	300459139.00	148329227.51	41313804.78	13587850.61	-12024617.52	478077553.77
本期增加	-	8967784.41	4691496.25	1563832.08	38862084.44	52521365.10
本期减少	-	8699546.87	-	-	4691496.25	13391043.12
期末数	300459139.00	148597465.05	46005301.03	15151682.69	22145970.67	517207875.75

注 1：资本公积金增减原因及依据说明：

1)股本溢价本期减少 13822.77 元，国家扶持基金本期减少 8685724.10 元，其他资本公积金转入本期相应增加 8699546.87 元，系本期联营企业天津天士力制药集团有限公司以截至 2000 年 3 月 31 日的净资产等额折成股份整体变更为股份有限公司，原按投资比例计入的该公司资本公积相应转至"其他资本公积转入"项目。

2)未分类资本公积本期增加 268237.54 元，系下属控股子公司金华市医药有限公司其他专项基金按本公司投资比例入额。

2、盈余公积、法定公益金增加系受坏帐准备追溯调整的影响，2000 年初母公司可供分配的利润出现红字，相应原经股东大会批准提取的法定盈余公积金和法定公益金，已在本期如数冲回。

3、未分配利润增加系本年度实现的净利润未予分配所致。

三、股东情况介绍

1　、至 2000　年 12　月 31　日止，公司股东总数为 84159　户，其中：国家股股东 1　户，法人股股东 181　户，社会公众股股东 83977　户。

2　、前十名股东持股情况。

序号	股东名称	年末持股数(股)	占总股本比例(%)
①	金华市通济国有资产投资有限公司	95000000	31.62
②	金华经济开发区峰联实业有限公司	20349446	6.77
③	深圳昌圳投资有限公司	15000000	4.99
④	杭州康和工贸有限公司	5395228	1.80
⑤	深圳顺鑫达投资有限公司	3000000	1.00
⑥	金华市工联建材实业有限公司	2050000	0.68
⑦	曹宅信合	1790000	0.60
⑧	浙江电力	1314576	0.44
⑨	英特电子	1291512	0.43
⑩	上海共富	1278629	0.43

其中持有 5%以上股份的股东中金华市通济国有资产投资有限公司是国家股股东；金华经济开发区峰联实业公司所持的股份中有 60750　股为流通股，余额为非流通股，该公司在报告期间因受让增加了 104760　股，并已有 2000　万股进行贷款质押

鞍山合成(集团)股份有限公司

一、公司简介

1、公司法定中文名称:鞍山合成(集团)股份有限公司
公司法定英文名称:ANSHAN CO-OPERATION(GROUP)CO.,LTD
缩写:ACOC
2、公司法定代表人:贺殿斌先生
3、公司董事会秘书:郭燕琳女士　证券事务代表:王月红女士
联系地址:中国辽宁省鞍山市铁西区柳西街168号
电话:(0412)8895218
传真:(0412)8813178　电子信箱:ashcjt@china.com
4、公司注册地址:中国辽宁省鞍山市铁西区柳西街168号
公司办公地址:中国辽宁省鞍山市铁西区柳西街168号　邮政编码:114011
公司国际互联网网址:http://www.ashcjt.com　电子信箱:ashc@ashcjt.com
5、公司选定信息披露的报纸:《中国证券报》、《上海证券报》
中国证监会指定登载公司年度报告的网址:http ://www.sse.com.cn
公司年度报告备置地点:公司股权事务部
6、公司股票上市交易所:上海证券交易所
股票简称:鞍山合成　股票代码:600669

二、会计数据和业务数据摘要

1、本年度利润总额及构成(合并报表)　单位:人民币元

利润总额:	22,527,855.38
(1)净利润:	22,447,008.54
(2)扣除非经常性损益后的净利润:	-840,735.66
(3)主营业务利润:	39,227,743.36
(4)其他业务利润:	4,402,768.82
(5)营业利润:	-11,003,004.24
(6)投资收益:	35,494,433.32
(7)补贴收入:	-
(8)营业外收支净额:	-1,963,573.70
(9)经营活动产生的现金流量净额:	-8,828,328.31
(10)现金及现金等价物净增加额:	24,621,346.97

非经常性损益:出售控股子公司鞍山胜宝医学生物工程有限公司75%股权获取收益1079.80万元人民币和出售全资子公司鞍山合成彩蕾制衣有限公司90%股权获取收益1,848.99万元人民币。

2、报告期末公司前三年主要会计数据和财务指标:(合并报表)　单位:人民币元

项目	2000年度	1999年度		1998年度	
		调整前	调整后	调整前	调整后
主营业务收入	182,789,881.68	220,828,447.03	134,613,105.16	261,513,997.43	261,513,997.43
净利润	22,447,008.54	39,623,698.33	30,881,170.90	111,264,241.25	91,496,336.35
总资产	992,763,321.11	992,996,045.32	880,915,512.90	804,353,461.27	784,392,817.72
股东权益(不含少数股东权益)	328,771,180.25	314,197,316.13	306,324,171.71	302,645,616.84	282,747,546.12
每股收益	0.097	0.17	0.133	0.623	0.512
加权平均的每股收益	0.097	0.19	0.15	0.753	0.750
扣除非经常性损益的每股收益	-0.0036	0.01	-0.289	0.24	0.13
每股净资产	1.42	1.35	1.32	1.69	1.58
调整后的每股净资产	1.20	1.14	1.13	1.47	1.44
每股经营活动产生的现金流量净额	-0.038	-0.06	-0.120	-0.145	-0.145
净资产收益率	6.83	12.61	10.05	36.76	32.36

注:1)按照中国证监会《公开发行证券公司信息披露编报规则(第9号)》要求计算的利润数据

报告期利润		净资产收益率		每股收益	
		全面摊薄	加权平均	全面摊薄	加权平均
主营业务利润	39,227,743.36	0.119	0.121	0.169	0.169
营业利润	-11,003,004.24	-0.033	-0.034	-0.047	-0.047
净利润	22,447,008.54	0.068	0.070	0.097	0.097
扣除非经常性损益后的净利润	-840,735.66	-0.0025	-0.0026	-0.0036	-0.0036

2)2000年末、1999年末的普通股总数分别为232,170,832股,1998年末的普通股总数为178,592,948股。

三、股东情况介绍

1、截止2000年12月31日本公司股东总户数为93,516户,其中国家股股东1户,社会法人股股东2户,社会公众股93,513户。

2、公司前10名股东情况

序号	股东名称	持股数(股)	持股比例(%)
1	鞍山市国有资产管理局	37,111,382	15.98
2	上海中科生命科学发展有限公司	34,802,408	14.99
3	上海复旦生物科技有限公司	11,608,542	5.00
4	张小明	385,781	0.17
5	马俊	304,799	0.13
6	邓跃友	283,449	0.12
7	马普安	203,800	0.09
8	陈进发	200,000	0.09
9	王锡峰	180,000	0.08
10	赵吉昌	178,835	0.08

注:1)报告期内,本公司国家股持有者———鞍山市国有资产管理局将国家股的46,410,950股分别转让给上海中科生命科学发展有限公司和上海复旦生物科技有限公司,并于2000年9月19日在上海证券中央登记结算公司办理过户手续。本次股权转让公告于2000年9月20日刊登在《中国证券报》和《上海证券报》。

2)报告期内,持有本公司5%以上(含5%)股份的股东为公司第一大股东国家股股东———鞍山市国有资产管理局,占公司总股本的15.98%,公司第二、三大股东社会法人股股东———上海中科生命科学发展有限公司和上海复旦生物科技有限公司,分别占公司总股本的14.99%和5.00%。上述所持股份本期未发生质押、冻结等情况。

长春高斯达生物科技集团股份有限公司

一、公司简介

1.公司法定名称:长春高斯达生物科技集团股份有限公司
公司英文名称:Changchun Goldenstar Biology Science andTechnology Group Co., Ltd.
英文缩写:CCGS2.公司
法定代表人:唐群雁
3.公司董事局秘书:王巍巍
联系地址:长春市解放大路62号中吉大厦2314号
联系电话:(0431)8931333
传真:(0431)8931333
4.公司办公地:长春市解放大路62号中吉大厦
邮编:1300225.公司信息披露报纸名称:《上海证券报》、《中国证券报》
登载公司年度报告的中国证监会指定国际互联网网址:
http:www.sse.com.cn
公司年度报告备置地点:董事局秘书处
6.公司股票上市地:上海证券交易所
股票简称:ST高斯达
股票代码:600670

二、会计数据和业务数据摘要

1.本年度利润总额及其构成(单位:元)

利润总额	29,841,967.57
净利润	29,841,967.57
扣除非经常性损益后的净利润*	16,347,629.07
主营业务利润	9,763,156.01
其它业务利润	27,407,561.06
营业利润	23,499,279.07
投资收益	-618,856.97
补贴收入营业外收支净额	6,961,545.47
经营活动产生的现金流量净额	-24,622,495.35
现金及现金等价物净增加额	-2,348,231.43

* 扣除项目为:资产处置收益6,532,793.03元和债权债物清理收益6,961,545.47元,计13,494,338.50元。

2.报告期末公司前三年主要会计数据和财务指标(单位:元)

指标项目	2000年	1999年	1998年	
			调整前	调整后
主营业务收入	36,220,791.63	3,109,442.19	3,109,442.19	2,680,872.58
净利润	29,841,967.57	20,789,028.76	20,789,028.76	3,326,179.88
总资产	315,694,389.18	254,178,131.25	277,704,222.36	249,928,818.83
股东权益(不含少数股东权益)	162,129,909.43	119,222,306.55	132,287,941.55	98,433,277.79
每股收益(元/股)	0.213	0.148	0.148	0.024
扣除非经常性损益后的每股收益	0.116			
每股净资产	1.155	0.85	0.943	0.701
调整后的每股净资产	0.922	0.71	0.803	0.63
每股经营活动产生的现金流量净额	-0.175	-0.0158	-0.0158	-0.0069
净资产收益率(%)	18.41	17.44	15.71	3.38

根据中国证监会《公开发行证券公司信息披露编报规则》第9号的通知精神,以利润表附表形式列示的有关指标如下:

报告期利润	净资产收益率(%)		每股收益	
	全面摊薄	加权平均	全面摊薄	加权平均
主营业务利润	6.02	6.63	0.0696	0.0696
营业利润	14.49	15.96	0.168	0.168
净利润	18.41	20.27	0.213	0.213
扣除非经常性损益后的净利润	10.08	11.11	0.116	0.116

3.报告期内股东权益变动情况

项目	股本	资本公积	盈余公积	法定公益金	未分配利润	股东权益合计
期初	140333684	190512135.39	11,427,754.73	4,005,158.90	-209,985,632.26	32,287,941.86
本期增加					209985632.26	29,841,967.57
本期减少		172,721,068.86	7,422,595.83			
期末数	140333,684	17791066.53	4,005,158.90	4,005,158.90	-	162,129,909.43

变动原因:(1)由于2000年度盈利导致未分配利润与股东权益发生变动;(2)本公司根据2001年2月8日董事局决议和3月12日和股东大会决议,用盈余公积7,422,595.83元和资本公积172,721,068.86元弥补亏损导致其发生变动。

三、股东情况介绍

1.本报告期末股东总数为46183户。

2.报告期末公司前十名股东持股情况

股东名称	持股数(股)	持股比例(%)
(1)长春高斯达生化药业集团股份有限公司	23,199,132	16.54
(2)吉林省国际信托投资有限责任公司	13,170,000	9.38
(3)辽源市国有资产管理局	6,038,039	4.3
(4)广州经济技术开发区广开经贸有限公司	2,310,000	1.65
(5)太原兆和投资发展有限公司	2,310,000	1.65
(6)深圳鸿基集团股份有限公司	2,100,000	1.50
(7)深圳市通海生物工程投资股份有限公司	1,155,000	0.82
(8)吉林省工商银行信托投资股份有限公司白山市办事处	1,155,000	0.82
(9)深圳百花州实业有限公司	577,500	0.41
(10)深圳蛇口旭业投资发展公司	577,500	0.41

持有本公司5%(含5%)以上股权的长春高斯达生化药业集团股份有限公司于1999年11月4日将所持股份向中国农业银行长春市北安支行作最高限额质押担保借款,质押期叁年;吉林省国际信托投资有限责任公司所持股权因债务关系被吉林省融资中心冻结。2001年3月1日吉林省国际信托投资有限责任公司根据中国人民银行的有关决定被依法撤销,有关情况本公司已于2001年3月13日向社会公告(详见2001年3月13日《上海证券报》和《中国证券报》)。

杭州天目山药业股份有限公司

一、公司简介

1、公司法定中文名称:杭州天目山药业股份有限公司
公司英文名称:HANGZHOU TIAN-MU-SHAN PHARMACEUTICAL ENTERPRISE CO.,LTD.
公司英文名称缩写:TMSP
2、公司法定代表人:钱永涛
3、董事会秘书:周群林　联系地址:浙江省临安市锦城镇安阁弄3号
电话:0571-3722229　传真:0571-3715401　电子信箱:tmsp@la.hz.zj.cn
4、公司注册地址:浙江省临安市锦城镇安阁弄3号
公司办公地址:浙江省临安市锦城镇安阁弄3号　邮政编码:311300
公司国际互联网网址:http://www.hztm.com　公司电子信箱:tmsp@la.hz.zj.cn
5、信息披露报纸名称:上海证券报、中国证券报
中国证监会指定登载公司年度报告的国际互联网网址:http://www.sse.com.cn
公司年度报告备置地点:浙江省临安市锦城镇安阁弄3号董事会秘书处
6、公司股票上市交易所:上海证券交易所　公司股票简称:天目药业　公司股票代码:600671

二、会计数据和业务数据摘要

1、本年度主要利润指标情况:(单位:人民币元)

利润总额:	5,206,088.40
净利润:	2,484,971.26
扣除非经常性损益后的净利润:	2,778,106.02
主营业务利润:	54,086,668.89
其他业务利润:	95,732.72
营业利润:	5,499,223.16
投资收益:	449,029.72
补贴收入:	549,547.67
营业外收支净额:	-1,291,712.15
经营活动产生的现金流量净额:	-9,668,653.87
现金及现金等价物净增加额:	43,273,607.99

注:"扣除非经营性损益"中扣除的项目涉及金额为:投资收益:44.9万元;营业外收入:39.72万元;补贴收入:54.96万元;营业外支出:168.89万元。

2、截至报告期末公司前三年主要会计数据和财务指标(合并报表):

项目	2000年度	1999年度	1998年度 调整前	1998年度 调整后
主营业务收入(万元)	9417.55	13779.43	12942.53	12942.53
净利润(万元)	248.50	1386.15	2258.99	2127.64
总资产(万元)	40588.11	33977.79	32301.49	31785.67
股东权益(万元)	22663.28	22765.13	22026.24	21523.56
普通股每股收益(元/股)	0.01	0.12	0.20	0.19
扣除非经常性损益后普通股每股收益(元/股)	0.01	0.11		
普通股每股净资产(元)	2.00	2.02	1.96	1.89
调整后的普通股每股净资产(元)	1.90	1.94	1.88	1.81
每股经营活动产生的现金流量净额(元)	-0.09	0.48	0.02	0.02
净资产收益率(%)	1.10	6.09	10.26	9.89

注:主要财务指标的计算公式:
普通股每股收益=(报告期末利润-优先股股利)/报告期末普通股股份总数
普通股每股净资产=(报告期末股东权益-优先股股利-优先股股本)/报告期末普通股股份总数
净资产收益率=报告期利润/期末净资产×100%
每股经营活动产生的现金流量净额=经营活动产生的现金流量净额/年度末普通股股份总数

3、利润分配表附表:

报告期利润	净资产收益率(%) 全面摊薄	净资产收益率(%) 加权平均	每股收益(元/股 全面摊薄	每股收益(元/股 加权平均
主营业务利润	23.87	23.63	0.51	0.51
营业利润	2.43	2.40	0.039	0.039
净利润	1.10	1.10	0.01	0.01
扣除非经常损益后的净利润	1.23	1.21	0.01	0.01

注:计算公式:
主营业务利润每股收益=(主营业务利润-优先股股利)/报告期末普通股股份总数×100%
营业利润每股收益=(营业利润-优先股股利)/报告期末普通股股份总数×100%
净利润每股收益=(净利润-优先股股利)/报告期末普通股股份总数×100%
扣除非经常损益后的净利润每股收益=(扣除非经常损益后的净利润-优先股股利)/报告期末普通股股份总数×100%

三、股本变动及股东情况

(一) 报告期末股东总数:本报告期末,公司股东总数为40811户。
(二) 持有本公司5% (含5%)以上股份的股东情况:
1、杭州天目山药厂是本公司发起人法人股东,持有本公司股份3672.8911万股(其中优先股790万股)。本报告期内,杭州天目山药厂改制后经工商行政管理部门核准变更为杭州天目永安集团有限公司,股权过户手续正在按国家相关法律、法规的规定办理。该股权无质押和冻结情况。
2、报告期内,浙江省临安天目山石材公司受让临安内燃机配件厂1517.6万股的股权(其中优先股1100万股),成为公司第二大股东。该股权无质押和冻结情况。
3、前10名主要股东的持股情况:(单位:万股)

序号	股东名称	年末持股数	占股份总数比例%	说明
(1)	杭州天目山药厂	3672.8911	30.16	未上市流通
(2)	浙江临安天目山石材公司	1517.6000	12.46	未上市流通
(3)	临安市医药包装用品厂	293.0787	2.41	未上市流通
(4)	杭州临安半唐斋旅游商品有限公司	174.0000	1.43	未上市流通
(5)	曹昱	152.8079	1.25	流通股份
(6)	深圳天久实业有限公司	115.0000	0.94	未上市流通
(7)	崔琳	49.1000	0.40	流通股份
(8)	张小妹	49.0669	0.40	流通股份
(9)	上海汇垄经贸有限公司	35.0000	0.29	未上市流通
(10)	鲍维刚	29.6000	0.24	流通股份

注:临安市医药包装用品厂系杭州天目山药厂的子公司;杭州天目山药厂是浙江临安天目山石材公司的主要股东之一。

四川英豪科技教育投资股份有限公司

一、公司简介

一、公司法定中文名称:四川英豪科技教育投资股份有限公司
公司法定英文名称:SICHUAN YINGHAO SCIENCE-TECHNOLOGY&EDUCATION INVESTMENT CO.,LTD.
英文缩写:YHSE
二、公司法定代表人:陈忠联先生
三、公司董事会秘书:金楠女士
董事会证券事务授权代表:于尹先生
联系地址:四川省广汉市南昌路
电话:0838-5102333转6812 510477　传真:0838-5104776
四、公司注册地址:四川省广汉市南昌路公司
办公地址:四川省广汉市南昌路　邮政编码:618300
公司国际互联网网址:http://www.600672.com
电子信箱:yhkj@dy-public.sc.cninfo.net
五、公司选定的信息披露报纸名称:《中国证券报》、《上海证券报》
登载公司年度报告的中国证监会指定国际互联网网址:http://www.sse.com.cn
公司年度报告备置地点:公司董事会办公室
六、公司股票上市交易所:上海证券交易所
股票简称:英豪科教　股票代码:600672

二、会计数据和业务数据摘要

一、本年度主要财务指标情况(单位:人民币元)

利润总额:	133,710,570.56
净利润:	116,246,588.14
扣除非经常性损益后的净利润:	109,779,417.13
主营业务利润:	190,088,026.73
其他业务利润:	64,280.35
营业利润:	135,170,142.76
投资收益:	-2,592,620.31
补贴收入:	18,174,147.81
营业外收支净额:	-17,041,099.70
经营活动产生的现金流量净额:	100,324,551.75
现金及现金等价物净增加额:	15,998,216.246666

注:扣除的非经常性损益项目和涉及金额:补贴收入18,174,147.81;营业外损益-17,041,099.70×67%=-11,417,536.80;股权转让损失-432,000.00×67%=-289,440.00。合计扣除:6,467,171.01。

二、截止报告期末公司前三年的主要会计数据和财务指标(单位:人民币元)

项目	2000年	1999年	1998年	
		调整后	调整前	调整后
主营业务收入	635,388,561.68	695,519,339.27	435,291,989.14	435,291,989.14
净利润	116,246,588.14	242,328,430.82	89,887,986.48	86,193,617.73
总资产	1,207,101,863.60	903,831,659.90	571,600,927.95	539,146,071.28
股东权益(不含少数股东权益)	616,737,317.87	554,113,261.13	319,260,226.73	311,784,830.31
每股收益(摊薄)	0.26	0.88	0.65	0.62
每股收益(加权)	0.26			
扣除非经常性损益后的每股收益	0.25	0.84		0.59
每股净资产	1.40	2.01	2.32	2.26
调整后的每股净资产	1.39	1.99	2.26	2.20
每股经营活动产生的现金流量净额	0.23	0.58		0.12
净资产收益率摊薄(%)	18.85	43.73	28.16	27.65
净资产收益率加权(%)	18.99			

注:2000年年末的普通股总数为440976960万股,1999年年末的普通股总数为275610600万股,1998年年末的普通股总数为137805300万股。

三、利润表附表

报告期利润		净资产收益率(%) 全面摊薄	净资产收益率(%) 加权平均	每股收益(元) 全面摊薄	每股收益(元) 加权平均
主营业务利润	190,088,026.73	30.82	31.05	0.43	0.43
营业利润	135,170,142.76	21.92	22.08	0.31	0.31
净利润	116,246,588.14	18.85	18.99	0.26	0.26
扣除非经常性损益后的净利润	109,779,417.13	17.80	17.93	0.25	0.25

三、股东情况介绍

一、报告期末股东总数截止2000年12月31日,公司股东总计209685户。
二、公司前十名股东持股情况(截止2000年12月31日)

名次	股东名称	期初持股数	期末持股数	占总股本比例(%)
1	从化市博大实业有限公司	82049740	131279584	29.77
2	深圳市英迈尔实业有限公司	22000000	35200000	7.98
3	广汉市国有资产管理局	11560860	18497376	4.19
4	王定学		1491808	0.34
5	林樱		662400	0.15
6	唐恒香		576000	0.13
7	王刚		544000	0.12
8	肖慧芬		445320	0.10
9	晏福庆		437981	0.10
10	王彦宁		400000	0.09

注:(1)报告期内从化市博大实业有限公司持有的法人股由期初的82049740股增加至131279584股、深圳市英迈尔实业有限公司持有的法人股由期初的22000000股增加至35200000股、广汉市国有资产管理局持有的国家股由期初的11560860股增加至18497376股,是因为公司于2000年5月9日实施了每10股送6股的1999年度利润分配方案。
(2)从化市博大实业有限公司、深圳市英迈尔实业有限公司为公司的法人股股东。从化市博大实业有限公司所持股份131,279,584股中的82,049,740股质押在中国银行广东省分行并冻结,质押期从1999年7月至2002年7月,已于2000年6月30日提前解冻;34,019,896股质押给中国光大银行广州五羊分行并冻结,质押期从2000年11月28日至2003年12月1日。深圳市英迈尔实业有限公司所持股份无质押和冻结。
(3)广汉市国有资产管理局为公司国家股股东。前十名股东中第4--10位为流通股股东。
(4)前10名股东之间不存在关联关系。

成都量具刃具股份有限公司

一、公司简介

1 、公司法定中文名称:成都量具刃具股份有限公司

公司法定英文名称:CHENGDU MEASURING &CUTTING TOOLS.CO.LTD　缩写:CMCTC

2 、公司法定代表人:夏义宝

3 、公司董事会秘书:唐晓林　公司证券事务代表:徐兵

联系地址:四川省成都市二环路东一段十四号　联系电话及传真:(028)3242494

4 、公司注册地址:四川省成都市

公司办公地址:四川省成都市二环路东一段十四号　公司邮政编码:610056

公司国际互联网网址:www.Chinachengliang.com　公司电子信箱:CMCTC@Chinachengliang.com

5 、公司指定信息披露报刊:《上海证券报》

刊载公司年报的证监会指定互联网址:http://www.sse.com cn

公司年度报告备置地点:本公司董事会办公室、证券部

6 、公司上市交易所:上海证券交易所　股票简称:成量股份　公司股票上市交易代码:600673

二、会计数据和业务数据摘要

1 、公司本年度主要会计数据(合并数据)单 位:元

利润总额	1,721,648.27
净利润	1,255,630.14
扣除非经常性损益后的净利润	1,255,630.14
主营业务利润	33,152,104.81
其他业务利润	996,861.96
营业利润	703,644.82
投资收益	390,025.61
补贴收入	
营业外收支净额	627,977.84
经营活动产生的现金流量净额	13,344,424.22
现金及现金等价物净增加额	3,596,628.99

2 、截止报告期末公司前三年会计数据和财务指标(合并数)　单 位:元

项目	2000 年	1999 年		1998 年	
		调整前	调整后	调整前	调整后
主营业务收入	113,749,405.57	93,185,619.69	93,185,619.69	107,750,873.65	107,750,873.65
净利润	1,255,630.14	2,465,084.35	-2,116,993.07	-36,755,132.96	-52,390,558.19
总资产	339,077,058.98	366,379,482.48	350,057,414.50	461,667,915.89	385,365,266.35
股东权益(不含少数股东权益)	128,410,059.43	139,906,255.46	127,154,429.29	214,068,918.41	137,441,171.11
每股收益(摊薄)	0.01	0.02	-0.02	-0.33	-0.47
每股收益(加权)	0.01	0.02	-0.02	-0.33	-0.47
每股净资产(摊薄)	1.16	1.26	1.15	1.93	1.24
每股净资产(加权)	1.16	1.26	1.15	1.93	1.24
调整后的每股净资产(摊薄)	1.03	1.03	1.00	1.64	0.95
调整后的每股净资产(加权)	1.03	1.03	1.00	1.64	0.95
每股经营活动产生的现金流量净额	0.12	0.09	0.09	0.07	0.07
净资产收益率(摊薄)	0.98%	1.76%	-1.91%	-17.16%	-38.11%
净资产收益率(加权)	0.98%	1.76%	-1.91%	-17.16%	38.11%

注:按照证监会《公开发行证券公司信息披露编报规则》(第九号)通知要求,计算 2000 年度利润数据如下:

项 目		净资产收益率		每股收益	
		全面摊薄	加权平均	全面摊薄	加权平均
主营业务利润	33,152,104.81	29.12%	29.12%	0.30	0.30
营业利润	703,644.82	0.61%	0.61%	0.006	0.006
净利润	1,255,630.14	0.98%	0.98%	0.01	0.01
扣除非经常性损益后净利润	1,255,630.14	0.98%	0.98%	0.01	0.01

②:主要财务指标计算方法

1)全面摊薄后的计算方法

每 股收益=净利润÷年度末普通股股份总数

每 股净资产=年度末股东权益÷年度末普通股股份总数

净 资产收益率=净利润÷年度末股东权益 *100%

调 整后的每股净资产=(年度末股东权益-三年以上的应收帐款净额-待摊费用-待处理财产净损失-开办费-长期待摊费用-住房周转金负数余额)÷年度末普通股股份总数

每 股经营活动产生的现金流量净额=经营活动产生的现金流量净额÷年度末普通股股份总数

净 资产收益率=净利润÷年度末股东权益 *100%

2)加权后的计算方法

每 股收益=当期净利润/[期末普通股份总数/(1+配股比例或增发新股比例)+期末普通股份总数/(1+配股比例或增发新股比例)* 配股比例或增发新股比例 * 缴款结束日下一月份至报告期末的月份/12]

三、股东情况介绍

(1) 本公司股东中持股比例超过 5%股东只有国家股持有人?D?D 成都成量集团公司，共计 4710.4394 万股,比例为 42.52%,并未有质押。

(2)截止 2000 年 12 月 31 日,公司股东总户数为 19152 户,其中国家股 1 户,未流通法人股股东 220 户,流通 A 股股东 18931 户。

序号	持股股东名称	年末持股数(万股)	占总股本%	
1	成都成量集团公司	4710.4394	42.52	(国有股)
2	成都市工商行信托投资公司	181.5	1.67	(社会法人股)
3	金鑫基金	130.8	1.18	(上市流通股)
4	重庆特殊钢公司	102.85	0.93	(社会法人股)
5	中国四川国际经济技术合作股份有限公司	96.8	0.87	(社会法人股)
6	上海机电设备总公司	96.8	0.87	(社会法人股)
7	重庆机电设备总公司	96.8	0.87	(社会法人股)
8	深圳广顺公司	48.4	0.44	(社会法人股)
9	长城实业公司	44.77	0.40	(社会法人股)
10	四川第一纺织	36.3	0.33	(社会法人股)

成都成量集团公司为本公司控股股东,持有本公司国有股。

本公司前十名股东之间不存在关联交易。

(3)本公司无持股 10%以上的社会法人股东

四川川投控股股份有限公司

一、公司简介

(一)公司法定中、英文名称及缩写：中文名称:四川川投控股股份有限公司

英文名称:SICHUAN CHUANTOU HOLDING STOCK CO.,LTD. 缩写:SCTHC

(二)公司法定代表人:陈宽金

(三)公司董事会秘书及证券事务代表的姓名、联系地址、电话、传真、电子信箱。

董事会秘书:许克义　董事会证券事务代表:穆婷云

联系地址:四川省峨眉山市九里镇

联系电话:0833--5576179 0833--5576237 传真:0833- 5576490

(四)公司注册地址、办公地址、邮政编码及电子信箱。

1、公司注册地址及办公地址:四川省峨眉山市九里镇;　2、邮政编码:614222

3、电子信箱:Scemfa@LS-Public.Sc.cninfo.net

(五)公司选定的信息披露报纸名称,登载公司年度报告的中国证监会指定国际互联网网址,公司年度报告备置地点:1、信息披露报纸名称:《中国证券报》、《上海证券报》

2、证监会指定的国际互联网网址:http://www.sse.com.cn

3、年度报告备置地点:公司董事会办公室。

(六)公司股票上市交易所、股票简称和股票代码:

1、上市交易所:上海证券交易所　2、股票简称:川投控股　股票代码:600674

二、会计数据和业务数据

二、会计数据和业务数据

(一)利润情况:　金额:元

项目	2000 年	1999 年度	比例(%)
1、利润总额	160350451.54	44794507.85	257.97
2、净利润	123152889.28	33680081.09	265.65
3、扣除非经常性损益后的净利润	92349782.98	24051588.24	283.97
4、主营业务利润	143179042.34	39911644.96	258.74
5、其他业务利润	1925799.85	1321208.56	45.76
6、营业利润	124204496.28	24622670.81	404.43
7、投资收益	14457495.53	9960918.79	45.14
8、补贴收入	-11114426.76		
9、营业外收支净额	-21688459.73	-903508.51	-
10、经营活动产生的现金流量净额	-58302136.71	3153612.27	-
11、现金及现金等价物净增加额	74255981.33	-19099296.92	-

其中,非经常性损益总额 30,803,106.30 元:

(1)转让乐山电力股份有限公司法人股股权净收益:11,992,166.29 元

(2)转让峨眉山双龙光通信有限责任公司股权净收益:375,749.04 元

(3)大连钢铁集团有限责任公司违约金净收益:18,801,885.36 元

(4)处理固定资产净收益:1,378,277.83 元

(5)支付乐山电力股份有限公司电费违约金净损失:1,608,503.22 元

(6)其他净损失:136,469.00 元

(二)前三年主要会计数据和财务指标(单位:元)

序号	项目	2000 年	1999 年		1998 年	
			调整后	调整前	调整后	调整前
1	主营业务收入	595897999.41	302993082.74		281158086.83	280295227.43
2	净利润	123152889.28	33680081.09		43981976.66	43586638.48
3	总资产	956615840.21	653205756.40		893328287.79	956419713.08
4	股东权益	522210136.93	416146658.91		382466577.81	431667180.40
5	每股收益	0.51	0.14		0.20	0.20
6	每股收益(加权平均)	0.51	0.14		60.20	0.20
7	每股收益(扣除非经常性损益)	0.38	0.10		0.01	80.015
8	每股净资产	2.16	1.72		1.74	1.97
9	调整后的每股净资产	2.10	1.70		1.71	1.95
10	每股经营活动产生的现金流量净额 -	0.24	0.01		30.01	90.019
11	净资产收益率(%)	23.58	8.09		11.50	10.10

三、股东情况

(一)本公司报告期末股东总数为 13421 户。

(二)前 10 名股东持股情况表(单位:股)

序号	持股者单位或姓名	期初持股数	期末持股数	占总股本比重(%)	持股性质
1	四川省投资集团有限责任公司		130958110	54.25	国有法人股
2	峨眉铁合金综合服务开发公司	6,854,650	6,854,650	2.84	法人股
3	四川汇达科技开发公司	6,231,500	6,231,500	2.58	法人股
4	四川证券		708,876	0.29	公众股
5	成都铁路分局	623,150	623,150	0.26	法人股
6	李运富		443,499	0.18	公众股
7	兴科基金		400,046	0.17	公众股
8	杨双莲		381,700	0.16	公众股
9	郑淑英		338,370	0.14	公众股
10	吕树林		337,285	0.14	公众股

在以上股东中,四川省投资集团有限责任公司是公司控股股东。

四、股东大会简介

(一)1999 年度股东大会:

公司于 2000 年 4 月 23 日分别在《中国证券报》和《上海证券报》上以公告形式刊登了关于召开 1999 年度股东大会的通知,说明了会议召开的时间、地点、审议事项及其他有关事项。2000 年 5 月 19 日,股东大会如期在公司办公大楼一楼会议室召开,会议由公司董事长陈宽金先生主持,会议审议通过了:

1、董事会工作报告;

2、监事会工作报告;

3、公司 1999 年度财务决算及 2000 年度财务预算报告;

4、利润分配及资本公积金转增股本的提案;

5、关于调整董事会成员的提案;

免去:袁国德、曹筱萍、刘永富、俞平董事职务,选举:金群、李壮、李放、毛明坤、王清泉为董事。股东大会决议公告已于 2000 年 5 月 20 日在《中国证券报》和《上海证券报》上刊登。

中华企业股份有限公司

一、公司简介

1、公司法定中文名称:中华企业股份有限公司
公司英文名称:CHINA ENTERPRISE COMPANY LTD.
英文缩写:CECL.
2、公司法定代表人:朱胜杰
3、公司董事会秘书:印学青
联系地址:上海市华山路2号中华企业大厦
联系电话:(021)62170088 传真:(021)62179197
电子信箱:ZHQYDM@ONLINE.SH.CN
4、公司注册地址:上海市浦东大道1700弄17号
公司办公地址:上海市华山路2号中华企业大厦(200040)
公司国际互联网网址:http://www.cescl.com
公司电子信箱:ZHQY@SH.COL.COM.CN
5、公司选定的信息披露报纸名称:上海证券报
登载公司年报的中国证监会指定国际互联网网址:http://www.sse.com.cn
公司年度报告备置地点:上海市华山路2号中华企业大厦
6、公司股票上市交易所:上海证券交易所
公司股票简称:中华企业
股票代码:600675

二、会计数据和业务数据摘要

1、本年度主要财务指标情况(单位:元)

利润总额	157,428,513.46
净利润	108,101,726.40
扣除非经常性损益后的净利润	13,360,497.08
主营业务利润	207,914,695.50
其他业务利润	2,605,623.22
营业利润	63,448,493.80
投资收益	89,569,510.16
补贴收入	220,000.00
营业外收支净额	4,190,509.50
经营活动产生的现金流量净额	-6,490,867.72
现金及现金等价物净增加额	177,823,243.92

注:扣除的非经常性损益项目和涉及金额

(1)违约补偿款	8,348,374.18
(2)六里高层剥离收益	24,667,698.79
(3)红旗水泥厂剥离收益	3,000,000.00
(4)股权转让收益	64,238,667.26
(5)项目赔偿费	-4,113,510.91
(6)捐赠	-1,400,000.00
合计	94,741,229.32

2、截至报告期末公司前三年的主要会计数据和财务指标(单位:元)

项目	1999年	2000年		1998年
		调整前	调整后	
主营业务收入	588,764,612.80	123,777,219.07	335,871,233.07	305,846,511.36
净利润	108,101,726.40	117,539,287.30	120,582,590.63	102,109,222.45
总资产	3,578,349,788.10	1,924,055,482.92	3,371,409,228.15	1,761,059,701.81
股东权益	1,211,303,028.29	1,173,714,551.75	1,176,852,344.77	1,055,817,563.50
每股收益(摊薄)	0.19	0.30	0.31	0.26
每股收益(加权)	0.19	0.30	0.31	0.30
扣除非经常性损益后的每股收益	0.02	0.02	0.03	0.26
每股净资产	2.08	3.03	3.04	2.72
调整后的每股净资产	2.00	3.01	2.91	2.68
每股经营活动产生的现金流量净额	-0.01	-0.01	-0.02	-0.24
净资产收益率(摊薄)	8.92%	10.01%	10.25%	9.67%
净资产收益率(加权)	8.78%	10.55%	10.80%	12.35%

3、利润表附表

项目	报告期利润	净资产收益率(%)		每股收益(元/股)	
		全面摊薄	加权平均	全面摊薄	加权平均
主营业务利润	207,914,695.50	17.16%	16.89%	0.36	0.36
营业利润	63,448,493.80	5.24%	5.15%	0.11	0.11
净利润	108,101,726.40	8.92%	8.78%	0.19	0.19

三、股东情况介绍

(1)报告期末公司股东总数129,264名。
(2)主要股东持股情况
持有本公司5%以上股份的股东为上海房地(集团)公司,因送股和资本公积金转增股本,报告期内其所持股份增加96,617,064股,其年末所持股份无质押或冻结的情况。
(3)报告期末公司前10名股东持股情况如下表所示:

序号	股东名称	年末持股数(股)	持股比例(%)
1	国家股	289,851,191	49.87
2	金泰基金	5,544,629	0.95
3	沪通实业	5,396,787	0.93
4	海证实业	4,160,000	0.72
5	李军	3,711,486	0.64
6	童兆飞	3,430,000	0.59
7	朱勇军	2,172,808	0.37
8	古北工会	2,041,875	0.35
9	深圳医保	2,000,000	0.34
10	爱建公司	1,960,200	0.33

目前代表国家持有股份的是上海房地(集团)公司,系我公司的控股股东,报告期内控股股东无变更情况。上海房地(集团)公司注册资本89,290万元,经营范围:经营与管理授权范围的国有资产,房地产开发经营,物业管理,建筑设计、营造、装饰,建筑总承包,建筑装饰材料生产、营销,房屋设备生产、销售和安装,房地产交易及咨询服务。
上述前10名股东之间未存在关联关系。

上海交运股份有限公司

一、公司简介

1、公司中文名称:上海交运股份有限公司 英文:SHANGHAI JIAO YUN CO.,LTD.缩写:JYC.
2、公司法定代表人:刘世才
3、公司董事会秘书:李汝德 授权代表:华志明 联系地址:上海市延安西路704号
电话:021-62520140*203 传真:021-62525274 电子信箱:jydm@public1.sta.net.cn
4、公司注册地址:上海市浦东新区浦东南路2304号 邮政编码:200127
办公地址:上海市延安西路704号、邮政编码:200050 电子信箱:jygf@public1.sta.net.cn
5、公司信息披露报刊名称:《上海证券报》
登载公司年报的中国证监会指定的国际互联网网址:http:www.sse.com.cn
公司年报备置地点:上海市延安西路704号公司本部总经理办公室
6、公司股票上市交易所:上海证券交易所 股票简称:交运股份 股票代码:600676

二、会计数据和业务数据摘要

1、本报告年度利润总额及构成(合并报表 单位:元)

利润总额	68,110,374.69
主营业务利润	97,865,733.47
其他业务利润	5,439,188.53
营业利润	47,476,575.85
投资收益	19,666,956.09
补贴收入	809,897.43
营业外收支净额	156,945.32
净利润	55,433,268.55
扣除非经常性损益后的净利润	54,793,215.25
经营活动产生的现金流量净额	36,332,231.81
现金及现金等价物净增加额	323,998,908.66

注:扣除非经常性损益项目和涉及的金额:
增发新股申购冻结资金利息(已扣除所得税)640,053.30元。

2、会计数据和业务数据摘要

指标项目	2000年	1999年	1998年
(1)主营业务收入(万元)	26,173.67	21,360.82	22,164.02
(2)净利润(万元)	5,543.33	4,067.08	4,817.81
(3)总资产(万元)	125,186.29	37,301.20	28,818.35
(4)股东权益(不含少数股东权益)(万元)	90,917.02	21,307.21	17,371.99
(5)每股收益(元)(摊薄)	0.3281	0.3419	0.5265
(6)扣除非经常性损益后的每股收益(元)(摊薄)	0.3243		
(7)每股净资产(元/股)	5.381	1.791	1.898
(8)调整后的每股净资产(元/股)	5.331	1.714	1.866
(9)每股经营活动产生的现金流量净额(元)	0.22	0.12	
(10)净资产收益率(%)(摊薄)	6.10	19.09	27.73

根据中国证监会《公开发行证券公司信息披露规则(第9号)》要求,计算2000年报告期利润的净资产收益率和每股收益:

报告期利润	净资产收益率		每股收益:	
	全面摊薄	加权平均	全面摊薄	加权平均
主营业务利润	10.76%	21.01%	0.5792	0.7216
营业利润	5.22%	10.19%	0.2810	0.3500
净利润	6.10%	11.90%	0.3281	0.4087
扣除非经常性损益后的净利润	6.03%	11.76%	0.3243	0.4040

注:① 本报告年度公司财务报告主体合并范围与上年度发生较大变化,增加了收购企业设立为全资子公司的上海交运便捷货运有限公司(下简称交运便捷)、上海交通出租汽车有限公司(下简称交通出租)、上海水上油运有限公司(下简称水上油运)、上海交运高速客运站有限公司(下简称交运客站)和公司分别控股88.54%、88.46%的上海交运大件起重运输有限公司(下简称交运大件)、上海交运化工储运有限公司(下简称交运化工)以及公司控股86.96%的上海时空信息传播有限公司(下简称时空信息)。

3、报告期内股东权益变动情况

项目	股本	资本公积	盈余公积	法定公益金	未分配利润
期初数	118961856.00	29,876,763.19	38,668,320.06	8,469,974.89	25,565,185.52
本期增加	50000000.00	625,029,218.20	18,262,905.34	6,460,445.45	36,598,359.21
本期减少	0	0	0	0	33,792,371.20
期末数	168961856.00	654,905,981.39	56,931,225.40	14,930,420.34	28,371,173.53

续上表:

项目	股东权益合计
期初数	213,072,124.77
本期增加	729,890,482.75
本期减少	33,792,371.20
期末数	909,170,236.32

变动原因:(1)股本变动,是本报告期内公司实施了新增发行5000万股社会公众股所致。
(2)资本公积金变动,是本报告期内公司溢价增发新股所致。
(3)盈余公积、法定公益金变动,是本报告年度公司利润分配提取法定盈余公积、法定公益金和任意盈余公积(包括子公司提取盈余公积、公益金或提取生产发展基金、储备基金)所致。
(4)未分配利润变动,是本报告年度公司实现利润及利润分配所致。

三、股本变动及股东情况

1、股本变动情况
2、股东情况介绍 (1)本报告年度末股东总数:43256户(含国家股、法人股18户)。
(2)主要股东持股情况(前十名股东):

股东名称	年末持股数	持股比例(%)
①上海交运(集团)公司	64,361,856	38.09
②上海巴士实业(集团)股份有限公司	9,750,000	5.77
③大众交通(集团)股份有限公司	9,750,000	5.77
④申银万国证券股份有限公司	5,775,705	3.42
⑤上海中华企业股份有限公司	2,340,000	1.38
⑥景福基金	1,355,881	0.80
⑦上海物资贸易中心股份有限公司	1,190,475	0.70
⑧景阳基金	919,302	0.54
⑨华联(集团)有限公司	884,520	0.52
⑩重庆国投	671,876	0.40

浙江中汇(集团)股份有限公司

一、公司简介

1、公司法定中方名称:浙江中汇(集团)股份有限公司
公司英文名称:ZHEJIANG ZHONGHUI(GROUP)CO.,LTD.
公司缩写:ZJZH
2、公司法定代表人:应土歌
3、公司董事会秘书:丛培育
公司董事会证券事务代表:叶瑞忠
联系地址:浙江省杭州市解放路 138 号
联系电话:0571 —7075755
传真:0571 —7077662
电子信箱:zhonghui@mail.hz.zj.cn
4、公司注册及办公地址:浙江省杭州市解放路 138 号
邮政编码:310009
公司电子信箱:zhonghui@mail.hz.zj.cn
5、登载公司年度报告的中国证监会指定国际互联网网址:
http://www.sse.com.cn
公司年度报告备置地点:公司证券部
6、公司股票上市地:上海证券交易所
股票简称:浙江中汇
股票代码:600677

二、会计数据和业务数据摘要

1、2000 年主要会计数据(单位:元):

利润总额:	127667966.23 元
净利润:	92081528.82 元
扣除非经常性损益后的净利润:	68775551.21 元
主营业务利润:	200869616.09 元
其他业务利润:	35525168.58 元
营业利润:	79757768.96 元
投资收益:	20564743.75 元
补贴收入:	7581021.60 元
营业外收支净额:	19764431.92 元
经营活动产生的现金流量净额:	99540089.51 元
现金及现金等价物净增加额:	26356125.64 元

注:扣除的非经常性损益项目、涉及金额(单位:元):

项 目	涉及金额
营业外收入	30830062.03
补贴收入	5077980.49
营业外支出	12602064.91

二 、前三年的主要会计数据和财务指标:

	2000 年	1999 年		1998 年
		调整后	调整后	调整前
主营业务收入(万元)	157064.85	138991.08	113400.93	113400.93
净利润(万元)	9208.15	6446.48	3726.58	4266.55
总资产(万元)	156883.43	148042.21	150568.16	153997.81
股东权益(万元)	52619.63	45561.33	41513.21	44496.30
每股收益(元)	0.2823	0.2569	0.1485	0.17
加权平均每股收益(元)	0.2823	0.2569	0.1689	0.1933
扣除非经常性损益后的每股收益(元)	0.2109	0.196	0.0618	0.083
每股净资产(元)	1.613	1.816	1.65	1.773
调整后的每股净资产(元)	1.43	1.56	1.33	1.46
每股经营活动产生的现金流量净额(元)	0.305	0.418	–0.088	–0.088
净资产收益率(%)	17.50	14.15	8.98	9.59

注:按照中国证监会《公开发行证券公司信息披露编报规则》(第 9 号)计算的每股收益和净资产收益率如下:

a 、每股收益(元):

报告期利润	2000 年		1999 年	
	全面摊薄	加权平均	全面摊薄	加权平均
主营业务利润	0.616	0.616	0.5233	0.5233
营业利润	0.2445	0.2445	0.203	0.203
净利润	0.2823	0.2823	0.2569	0.2569
扣除非经常性损益后的净利润	0.2109	0.2109	0.196	0.196

b 、净资产收益率(%):

报告期利润	2000 年		1999 年	
	全面摊薄	加权平均	全面摊薄	加权平均
主营业务利润	38.17	40.67	28.82	28.82
营业利润	15.16	16.15	11.18	11.18
净利润	17.50	18.64	14.15	14.15
扣除非经常性损益后的净利润	13.07	13.11	10.83	10.83

三 、股东情况介绍

1 、截止 2000 年末,本公司共有股东 30363 户。
2 、前 10 名股东持股情况

股 东	持股数(股)	比例(%)
1、中国航天机电集团公司	73078800	22.40
2、浙江国信控股集团有限责任公司	32626273	10.00
3、中国电力信托投资有限公司	6886880	2.11
4、中国纺织物资总公司	5685680	1.74
5、杭州洁翔职工持股协会	3668055	1.12
6、苏州投资	3120000	0.96
7、杭州兴达物资贸易公司	2202200	0.68
8 、中国人民建设银行浙江省信托投资公司	2002000	0.61
9、陶佳龄	1981720	0.61
10、海通证券有限公司	1950000	0.60

四川金顶(集团)股份有限公司

一、公司简介

1、公司法定中文名称:四川金顶(集团)股份有限公司
公司法定英文名称:SICHUAN GOLDEN SUMMIT (GROUP) JOINT- STOCK CO.,LTD.
英文名称缩写:SCSG
2、公司法定代表人:蔡昌庆
3、公司董事会秘书:许毅刚　　董事会秘书授权代表:魏良益
联系地址:四川省峨眉山市名山路东段　　电话:0833-5521271
传真:0833-5521205,5521244　　E-mail:S6512288@ls-public.sc.cninfo.net
4、公司注册地址:四川省峨眉山市名山路东段
公司办公地址:四川省峨眉山市名山路东段　　邮政编码:614200
5、《中国证券报》、《上海证券报》为公司选定信息披露报纸
中国证监会指定的登载公司年度报告的国际互联网网址:http://www.sse.com.cn.
公司年度报告备置地点:四川省峨眉山市名山路东段公司办公楼董事会办公室
6、公司股票上市交易所:上海证券交易所　　股票简称:四川金顶　　股票代码:600678

二、会计数据和业务数据摘要

1、本年度利润总额及构成:(单位:元)

利润总额	20,242,605.84
净利润	17,380,829.56
扣除非经常性损益后的净利润	18,352,613.87
主营业务利润	87,232,938.24
其他业务利润	–1,086,517.62
营业利润	19,653,328.79
投资收益	1,561,061.36
补贴收入营业外收支净额	–971,784.31
经营活动产生的现金流量净额	13,609,493.98
现金及现金等价物净增加额	–19,598,580.68

注:扣除非经常性损益项目及金额

项目	金额
营业外收支净额	–971,784.31

2、截止报告期末前三年的主要会计数据和财务指标:

指标名称	2000 年	1999 年		1998 年	
		调整前	调整后	调整前	调整后
主营业务收入(万元)	21,289.37	23,298.26	23,298.26	20,533.95	21,097.38
净利润(万元)	1,738.08	897.95	818.05	1,326.35	–2257.72
总资产(万元)	73,638.55	67,834.15	67,354.76	87,951.06	65,008.61
股东权益(万元)	42,886.12	41,537.27	41,143.74	63,192.57	40,325.69
全面摊薄每股收益(元)	0.075	0.039	0.035	0.057	–0.097
加权平均每股收益(元)	0.075	0.039	0.035	0.057	–0.097
扣除非经常性损益后的每股收益(元)	0.079	0.047	0.044	0.058	–0.096
每股净资产(元)	1.84	1.79	1.77	2.716	1.733
调整后的每股净资产(元)	1.511	1.697	1.694	2.498	1.637
每股经营活动产生的现金流量净额(元)	0.0585	0.064	0.064	–0.031	–0.031
全面摊薄净资产收益率(%)	4.05	2.16	1.99	2.10	–5.60
加权平均净资产收益率(%)	4.14	2.19	2.01	2.44	–5.27

3、利润表附表:

项目	净资产收益率(%)		每股收益(元)	
报告期利润	全面摊薄	加权平均	全面摊薄	加权平均
主营业务利润	20.34	20.76	0.375	0.375
营业利润	4.58	4.68	0.084	0.084
净利润	4.05	4.14	0.075	0.075
扣除非经常损益后的净利润	4.28	4.37	0.079	0.079

三、股本变动及股东情况

1、股份变动情况表数量　　单位:股
2、股票发行与上市情况
(1)发行日期:1988 年 9 月 28 日至 1992 年 6 月
发行价格:按面值发行(每股面值 200 元,1992 年 6 月 24 日拆细为每股面值 1.00 元)发行数量:15,480 万股
上市日期:1993 年 10 月 8 日(上海证券交易所)获准上市交易量:社会公众股 4,000 万股
(2)报告期内公司无送股、转增股本、配股、增发新股、吸收合并、可转换公司债券转股等事项,故本年度公司股本结构未发生变化。
3、股东情况介绍
(1)截止 2000 年 12 月 31 日,公司股东总数为 73832 户。
(2)报告期末前 10 名股东持股情况

股东名称	持股数量(股)	占总股本比例(%	股份性质
a、乐山市国有资产经营有限公司	131,160,000	56.37	国有股
b、上海申银万国证券公司	2,000,000	0.86	法人股
c、乐山电业局	1,500,000	0.64	法人股
d、乐山资信产权经纪有限公司	1,000,000	0.43	法人股
e、西昌铁路分局	1,000,000	0.43	法人股
f、孟宪忠	490,000	0.21	流通股
g、陈军	255,700	0.11	流通股
h、东凤英	240,000	0.10	流通股
i、陈纯玲	236,895	0.10	流通股
j、沈军	203,311	0.09	流通股

注:(1)前 10 名股东之间不存在关联关系;
(2)乐山资产经营有限公司于 2000 年 3 月 28 日将名称变更注册为乐山市国有资产经营有限公司,变更后的公司性质、业务范围不变,该股东代表国家持有本公司 56.37%的股份,所持股份无质押或冻结情况;
(3)持股 10%(含 10%)以上股东情况简介:
乐山市国有资产经营有限公司
法定代表人:黄明全
经营范围:在授权范围内以独资、参股、控股的方式从事资产经营活动。

凤凰股份有限公司

一、公司简介

1、公司名称:(中文)凤凰股份有限公司 (英文)PHOENIX CO.,LTD.
2、公司法定代表人:陈国强
3、公司信息披露机构:董事会秘书室 董事会秘书:曹琦
电话:(86)021 65954641
传真:(86)021 65952565 65956731 联系地址:中国上海市高阳路168号
4、公司注册地址:中国上海市浦东塘南路20号 注册地址邮编码:200125
公司办公地址:中国上海市高阳路168号 办公地址邮编:200080
公司国际互联网网址:http:// www..Sunrise-cn.com 电子信箱:cq @sunrise-cn.com
5、公司指定信息披露报纸:《上海证券报》、《南华早报》或《香港商报》
登载公司年度报告的中国证监会指定国际互联网网址:http://www.sse.com.cn
公司年度报告备置地点:中国上海市高阳路168号董事会秘书室
6、公司股票上市交易所:上海证券交易所
股票简称:凤凰股份(A股)凤凰B股(B股) 股票代码:600679(A股)900916(B股)

二、会计数据及业务数据摘要

1.本年度利润总额构成:(金额单位:元 合并报表)

利润总额:	28,595,521.74
净利润:	25,588,916.45
扣除非经营性损益后的净利润	-17,197,185.93
主营业务利润:	92,594,313.50
其他业务利润:	2,052,378.77
营业利润:	13,755,828.25
投资收益:	15,119,681.38
补贴收入:	509,850.31
营业外收支净额:	-789,838.20
经营活动产生的现金流量净额:	-120,190,874.78
现金及现金等价物净增加额:	122,871,362.09
扣除非经营性项目涉及金额:	42,786,102.38

扣除非经营性损益后的净利润是指扣除财政补贴收入51万元、投资收益1512万元及因股权转让冲回的四项准备3932万元后的差额

2.中国会计准则与国际会计准则计算的税后利润之间的差异:(金额单位:千元)
按中国会计准则计算,公司本年度合并除税后利润 25,589
按国际会计准则之调整:
(以前年度按照国际会计准则而作出的调整)

计提的坏帐准备	(3477)
计提的滞销存货准备	(1177)
计提的投资减值准备	(3828)
其他	46346

按国际会计准则计算,公司本年度合并除税后利润 63,453

3/(1)截止报告期末公司前三年的主要会计数据和财务指标:

栏目单位	2000年	1999年	1998年
主营业务收入元	689,950,906.88	669,564,475.55	1,061,979,473
净利润元	25,588,916.45	5,439,677.25	-188,298,006
总资产元	1,753,177,089.67	1,874,446,332.59	1,924,141,447
股东权益元	925,661,264.74	883,335,079.78	877,759,814
每股收益(摊薄)	0.0551	0.0117	-0.406
每股收益(加权)	0.0551	0.0117	-0.406
扣除非经营损益每股收益	-0.0370	-0.2148	
每股净资产元/股	1.9936	1.9024	1.89
调整后每股净资产元/股	1.9366	1.8130	1.73
每股营业活动产生的现金流量净额	-0.2589	0.043	0.088
净资产收益率%	2.7644	0.6158	-21.45
加权净资产收益率%	2.8501	0.6178	-19.38
扣除非经营损益加权净资产收益率	-1.9154	-11.2918	

4.报告期内股东权益变动情况(单位:元)

项目	股本	资本公积	盈余公积	其中法定公益金	未分配利润	股东权益合计
期初数	464322817	568689044	61349725	24541901	-211026507	883335079
本期增加		16737269				
本期减少						
期末数	464322817	585426313	61349725	24541901	-185437590	925661264

资本公积变动原因:转让六家子公司资产评估增值
未分配利润变动原因:本年度经营利润增加
股东权益变动原因:资产评估增值和经营利润增加

三、股东情况介绍

1.报告期末股东总数11588户。A股股东数为7302户,B股股东数为4286户。
2.报告期内第一大股东仍为上海轻工控股(集团)公司,持有国家股292,722,804股,占总股本63.04%。
报告期内控股股东无变化,持股比例无变化,其所持股份无质押。
3.前十名股东持股情况:(截止2000年12月31日)

股东名称	年末持股数量(股)	占总股本比例(%)
1.上海轻工控股(集团)公司(国家股)	292722804	63.04
2.海通证券有限公司	3289265	0.71
3.CENTURY TREASURE INC	2018282	0.435
4.鲍世颖	1886360	0.41
5.李玉英	1856274	0.40
6.申银万国证券公司	1320000	0.284
7.上海国际信托投资公司	1320000	0.284
8.许经源	1056000	0.23
9.张怀安	1000000	0.22
10.HKSBCSB A/C BANQUE NATIONALE DE PARIS LUXEMBOURG/IMI	1971484	0.21

注:(1)公司与上述2名股东之间不存在关联交易。
(2)以上10名股东中,第2、3、4、5、8、9、10名均为B股股东,第6、7名均为境内社会法人股股东。

上海邮电通信设备股份有限公司

一、公司简介

1、公司法定中文名称:上海邮电通信设备股份有限公司
英文名称:SHANGHAI POSTS & TELECOMMUNICATIONS EQUIPMENT CO.,LTD.
英文缩写:P & T
2、公司法定代表人:李永林
3、公司董事会秘书:杨家霖
公司董事会证券董事务代表:周应昕
联系地址:上海市宜山路680号邮通商苑221室
电话:86-21-64834310 86-21-64360900-2371
传真:86-21-64333435、86-21-64834310 邮政编码:200233
4、公司注册、办公地址:上海市宜山路700号 邮政编码:200233
公司国际互联网网址:http://www.shpte.com.cn 电子信箱:spte@public6.sta.net.cn
5、公司选定的信息披露报纸:上海证券报、香港商报、南华早报
登载公司年度报告的国际互联网网址:http://www.sse.com.cn
公司年度报告备置地点:上海市宜山路680号邮通商苑221室
6、公司股票上市交易所:上海证券交易所
股票简称及代码:A股:上海邮通 600680 B股:邮通B股 900930

二、会计数据和业务数据摘要

1、本年度主要会计数据:(单位:人民币元)

利润总额	29865814.36
净利润	27673041.06
扣除经常性损益后的净利润	27060109.87
主营业务利润	110912735.67
其他业务利润	14733980.85
营业利润	3265153.18
投资收益	27087181.22
补贴收入	130026.93
营业外收支净额	-616546.97
经营活动产生的现金流量净额	35812618.63
现金及现金等价物净增加额	68117536.33

注:扣除的非经常性项目和涉及金额:补贴收入130026.93元、固定资产处理损失13523.92元、股权投资差额摊销490956.08元,股权转让净收益989240.26元、罚金支出1856元。

2、境内外审计差异说明 2000年 人民币千元

按中国会计规定所计算的2000年度利润	27673
按国际会计准则作出的调整数:	
(1)山崎部分股权转让因以前年度调整而产生的损失	-2127
(2)计提存货及坏帐准备的差异	2841
(3)按国际会计准则冲减开办费	-3570
(4)按国际会计准则冲回开办费摊销	512
(5)其他	165
按国际会计准则所计算的全年度净利润	25494

3、近三年主要会计数据及财务指标 单位:人民币元

指标项目	2000年	1999年	1998年
主营业务收入	555540379.27	515312958.76	554233169.70
净利润	27673041.06	12132538.36	6494119.80
总资产	1177456246.04	1031593656.99	974113885.11
股东权益	540769819.06	522185462.13	510591880.85
每股收益(摊薄)	0.091	0.04	0.036
(加权)	0.091	0.05	0.036
扣除非经常性损益后的每股收益	0.089	0.03	
每股净资产	1.773	1.71	2.68
调整后的每股净资产	1.65	1.63	2.57
每股经营活动产生的现金流量净额	0.117	-0.14	0.33
净资产收益率(%)	5.12	2.32	1.27

三、股东情况介绍

1、报告期末股东总数
截至2000年12月31日止,公司股东合计数为14236户。其中A股股东数为9362户,B股股东数为4874户。
2、主要股东持股情况(前10名股东)

股东名称	年末持股数(万股)	占总股本(%)
1、中国普天信息产业集团公司	12874.9337	42.22
2、TOYO SECURITIES ASIA LTD.A/C CLIENT	1014.8856	3.33
3、海通证券有限公司	552.9680	1.81
4、深圳万科企业股份有限公司	429.9360	1.41
5、深圳经济特区证券公司上海业务部	418.6874	1.37
6、裕元基金	370.1107	1.21
7、MERRILL LYNCH NOMINEES(HK)LTD	318.7069	1.05
8、NAITO SECURITIES CO.,LTD.	297.8784	0.98
9、NIKKO SECURITIES TOKYO LTD.	276.6784	0.91
10、东方投资	229.4000	0.75

注:以上10名股东中,第1名股东为国有法人股股东,第2、7、8、9股东均为B股股东,第3、4、5、10股东均为境内社会法人股股东。前十名股东不存在关联关系。
持有本公司5%(含5%)股份的股东所持股份报告期内无质押和冻结情况。

四、股东大会简介

1、报告期内召开年度股东大会的有关概况
公司董事会于2000年5月22日在《上海证券报》上刊登了《关于召开公司1999年度股东大会》的公告,并于2000年6月21日在上海召开了上海邮电通信设备股份有限公司1999年度股东大会。会议审议通过了《公司董事会1999年度工作报告》、《公司监事会1999年度工作报告》、《公司1999年度财务决算报告》、《公司2000年度财务预算报告》、《公司1999年度利润分配报告》、《2000年度投资计划报告》、《关于公司董事会换届选举的议案》及《关于公司监事会换届选举的议案》及《关于公司监事会换届选举的议案》。本次股东大会由上海市联合律师事务所提供法律见证。
公司1999年度股东大会决议公告刊登于2000年6月23日《上海证券报》、《香港商报》、《南华早报》。

武汉诚成文化投资集团股份有限公司

(一)公司简介

1 、公司中文名称:武汉诚成文化投资集团股份有限公司
公司英文名称:WUHAN CHENG CHENG INVESTMENT IN CULTURE GROUP CO.,LTD
2 、公司法定代表人:刘 波
3 、公司董事会秘书:邹毅生 董事会证券事务代表:黄 博
联系地址:武汉市汉口民意四路 55 号 联系电话:027-85863470
传真:027-85863470 E-MAIL:STOCK@WHCCIC.COM
4 、公司注册及办公地址:武汉市汉口民意四路 55 号 邮政编码:430022
互联网址:http://WWW.WHCCIC.COM
5 、公司选定的信息披露报纸:《上海证券报》、《中国证券报》
登载公司年度报告的国际互联网网址:http://WWW.SSE.COM.CN
公司年度报告备置地点:董事会秘书办公室
6 、公司股票上市地:上海证券交易所 股票简称:诚成文化 股票代码:600681

(二)会计数据与业务数据摘要

1 、本年度利润总额及构成(单位:元)

利润总额	53,720,736.05
净利润	30,974,170.81
扣除非经常性损益后的净利润	29,356,636.56
主营业务利润	89,363,161.77
其他业务利润	1,408,682.69
营业利润:	50,223,217.63
投资收益:	4,168,019.63
补贴收入: 0	
营业外收支净额:	-670,501.27
经营活动产生的现金流量净额:	17,126,086.82
现金及现金等价物净增加额:	-26,643,261.51

注:扣除非经常损益项目及金额(元):

(1)固定资产清理损益影响净利润	-41,708.30
(2)按新会计准则确认资产置换形成的损失而影响的净利润	-2,358.66
(3)处置长期股权投资形成净利润	1,661,601.19

2 、近三年主要会计数据和财务指标(单位:元)

指标项目	2000 年度	1999 年度		1998 年度	
		调整后	调整前	调整后	调整前
主营业务收入	238,036,238.77	157,591,014.98	273,675,324.07	174,813,735.80	289,337,030.00
净利润	30,974,170.81	3,503,513.42	6,098,866.86	14,945,013.23	23,921,151.55
总资产	670,673,781.40	575,257,799.57	661,908,681.17	543,763,504.92	636,029,073.17
股东权益	359,876,311.85	338,382,470.69	367,523,015.77	335,418,786.99	361,424,148.91
每股收益(摊薄)	0.15	0.025	0.04	0.11	0.17
每股收益(加权)	0.15	0.025	0.04	0.11	0.17
扣除非经常性损益后的每股收益	0.025	0.04	0.11	0.17	
每股净资产	1.73	2.44	2.65	2.42	2.61
调整后每股净资产	1.66	2.37	2.43	2.35	2.49
每股经营活动产生的现金流量净额	0.02	0.01	0.82	0.78	
净资产收益率(摊薄)	8.61	1.035	1.66	4.46	6.62
净资产收益率(加权)	8.75	1.04	1.67	4.58	6.84

(说明:2000 年末公司股本为 208,068,030 股,1998 、1999 年末公司股本为 138,712,020 股,由于公司 2000 年度因资产置换及股权转让导致合并报表范围有较大改变,且根据《企业会计制度》对固定资产减值准备进行了追溯调整,调减年初留存收益 2398.94 余万元,上表中 98 、99 年度所指"调整后" 数据及指标即为报表合并范围变更之后及根据《企业会计制度》提取固定资产减值准备后的数据。(详细参见审计报告附注)

上表中各项指标的计算公式如下:

(1)每股收益=净利润/年度末普通股股份总数
(2)每股净资产=年度末股东权益/年度末普通股股份总数
(3)调整后每股净资产=(年度末股东权益-三年以上的应收帐款净额-待摊费用-待处理流动、固定资产净损失-开办费-长期待摊费用-住房周转金负数余额)/年度末普通股股份总数
(4)每股经营活动产生的现金流量净额=经营活动产生的现金流量净额/年度末普通股股份总数
(5)净资产收益率=净利润/年度末股东权益 x100%

(三)股本变动及股东情况

1 、股本变动情况表
2 、股东情况介绍
(1)报告期末本公司股东数量 46274 户,其中国家股东 1 户,法人股东 38 户,社会个人股 46235 户 。
(2)报告期末公司前 10 名股东持股情况:

股东名称	持股数量(股)	占总股本比例(%)
1)海南诚成企业集团有限公司	43500000	20.91
2)武汉国有资产经营公司	14678862	7.05
3)平安信托	5940000	2.85
4)开元基金	3714683	1.79
5)农业银行武汉信托投资公司	3711628	1.78
6)工商银行武汉信托投资公司	3674880	1.77
7)万科企业股份有限公司	2871000	1.38
8)工商银行武汉市分行桥口支行	2388672	1.15
9)正银房产	2388672	1.15
10)鄂保房产	2388672	1.15

注:公司前 10 名股东之间不存在关联关系。
公司持股 5%(含 5%)以上的法人股股东所持股份无抵押、冻结情况。
武汉国有资产经营公司为国家股份代表单位。
主要股东持股情况变动,是因为公司实施 99 年度每 10 股转增 5 股的公积金转增股本方案所致。
报告期内无控股股东变更情况。

南京新街口百货商店股份有限公司

(一)公司简介

1.公司名称:南京新街口百货商店股份有限公司
英文全称:Nanjing XinjieKou Department StoreC0.ltd 英文缩写:NXDSC
2.公司法定代表人:黄树森先生
3.公司董事会秘书:凌泽幸先生 授权代表:陈苹女士
联系地址:南京市中山南路三号新七楼 联系地址:公司新七楼证券办
电话:(025)4721829 传真:(025)4724722
电子信箱:lzx@njxb.com
4.公司注册地址:南京市中山南路三号
公司办公地址:南京市中山南路三号 邮政编码:210005 公司
电子信箱:njxbgs.z@public1.ptt.js.cn
公司国际互联网网址:http://www.njxb.com
5.公司选定的信息披露报纸:《中国证券报》、《上海证券报》
刊登公司年度报告的中国证监会指定国际互联网网址:http://www.sse.com.cn
公司年度报告备置地点:南京市中山南路 3 号新七楼证券办
6.公司股票上市地:上海证券交易所
股票简称:南京新百 证券代码:600682

(二)会计数据和业务数据摘要

1.本年度会计数据与业务数据摘要单位:元

项目	2000 年
①利润总额	87,467,741.20
②净利润	71,825,892.47
③扣除非经常性损益后的净利润	71,825,892.47
④主营业务利润	243,783,380.58
⑤其它业务利润	9,858,127.74
⑥营业利润	90,518,104.66
⑦投资收益	-3,592,243.44
⑧营业外收支净额	541,879.98
⑨经营活动产生的现金流量净额	155,336,434.72
⑩现金及现金等价物净增加额	182,353,287.77

2、公司近三年主要会计数据及财务指标单位:元

项目	二000年	九九年		九八年	
		调整前	调整后	调整前	调整后
主营业务收入	1347402,812.86	1275059339.39	1275059,339.39	1,241,013,030.04	1,241,013,030.04
净利润	71,825,892.47	57,168,531.98	54,762,817.69	64,385,300.97	45,877,905.99
总资产	1409894,100.18	1129872387.28	1129872,387.28	1,095,030,690.66	1,035,946,019.00
股东权益	852106,845.20	514354740.80	511949026.51	535,388,513.61	476,303,841.95
每股收益(摊薄)	0.31	0.30	0.29	0.34	0.24
加权平均每股收益	0.36	0.30	0.29	0.34	0.24
每股净资产	3.70	2.69	2.68	2.80	2.49
调整后的每股净资产	3.51	2.65	2.64	2.75	2.44
净资产收益率%(摊薄)	8.43	11.11	10.70	12.03	9.63
加权平均净资产收益率	12.02	10.14	10.87	11.89	9.33
每股经营活动产生的现金流量净额	0.82	0.67	0.50	0.50	0.81
扣除非经营性损益后的每股收益	0.31	0.30	0.29	0.34	0.24

注:①上表中九九年度会计数据及财务指标的调整是因为本报告期按税法规定,对上一年度的纳税所得进行纳税调整,影响期初未分配利润 2,405,714.29 元。

②上表中各年度的加权平均净资产收益率及加权平均每股收益均已按《公开发行证券公司信息披露编报规则(第 9 号)———净资产收益率和每股收益的计算及披露》的要求计算。

3.股东权益变动情况

项目	股本	资本公积	盈余公积	其中:法定公益金	未分配利润	股东权益合计
期初数	191176331.30	260375258.30	62558812.29	859219.51	-2161375.38	511949,026.51
本期增加	39031880.00	263831277.92	36925769.54	7236261.05	42,957,351.75	382746,279.21
本期减少	_	_	8,057,228.82	8057,228.82	34,531,231.70	42588460.52
期末数	230208211.30	524206536.22	91427353.01	38,251.74	6,264,744.67	852106,845.20

变动原因:
(1)本报告期股本增加为本年度配股所致。
(2)本报告期资本公积增加为公司本年度溢价配股所致。
(3)本报告期其他权益变动的原因是按规定提取盈余公积金及分配股利所致。
(4)本报告期法定公益金减少的原因是购买职工住房所致。

(三)股东情况介绍

(1)报告期末的股东数量
截止 2000 年 12 月 31 日,公司股东数量为 86752 户,其中国家股 1 户,法人股 247 户,社会个人股 86504 户。
(2)主要股东持股情况(前十名股东)

名次 股东名称	年末持股数(万股)	占总股本(%)
①南京市国有资产经营控股有限公司(国家股)	5638.26	24.49
②工商信息	300	1.30
③南京商业网点	195	0.85
④华泰证券	158.64	0.69
⑤上海世兴公司	122.75	0.53
⑥深圳天久实业有限公司	75	0.33
⑦江苏财政证券	60	0.26
⑧南京熊猫电子	50.32	0.22
⑨南京安泰实业公司	43.5	0.19
⑩张花	40.49	0.18

说明:前十名股东中不存在有关联关系。
(3)、本公司没有持股 5%以上的法人股东。
(4)、本报告期内,本公司控股股东未发生变更情况。
(5)、持有本公司 10%以上股份的南京市国有资产经营控股公司,其法人代表为周发亮,其重要经营范围为对所属企业及全资控股、参股企业的国有资产进行产权管理和经营,其持有的本公司股份未发生任何质押或担保,且该公司未曾在指定报纸或网站披露任何承诺事项。

宁波华联集团股份有限公司

宁波华联集团股份有限公司2000年年度报告摘要

重要提示：本公司董事会保证本报告所载资料不存在任何虚假记载、误导性陈述或者重大遗漏，并对其内容的真实性、准确性和完整性负个别及连带责任。本年度报告摘要摘自年度报告，投资者欲了解详细内容，请阅读年度报告。

一、公司简介

(一)公司法定中英文名称
中文名称:宁波华联集团股份有限公司
英文名称:NINGBO HUALIAN GROUP CO.,LTD
英文缩写:NBHL
(二)公司法定代表人:沈国军
(三)公司董事会秘书:钟明海
董秘授权代表:马林霞
联系地址:宁波市东渡路55号华联大厦
联系电话:(0574)7361088—3801、3802
传真:(0574)7367652
(四)公司注册地址:宁波市中山东路238号
办公地址:宁波市东渡路55号华联大厦
邮政编码:315000
公司网址:http://www.nbhl.com
电子信箱E-mail:hualian@ public.nbptt.zj.cn
(五)公司选定的信息披露报纸名称:中国证券报
登载公司年度报告的国际互联网网址:http://www.sse.com.cn
公司年度报告备置地点:本公司总经理办公室
(六)公司股票上市交易所:上海证券交易所
股票简称:ST甬华联
股票代码:600683

二、会计数据和业务数据摘要

(一)本年度主要会计数据(单位:元)

利润总额	6,511,044.42
净利润	6,839,588.25
扣除非经常性损益后的净利润	-16,212,444.50
主营业务利润	52,351,503.18
其他业务利润	7,518,434.29
营业利润	-22,071,353.84
投资收益	7,046,082.03
补贴收入	587,310.89
营业外收支净额	20,949,005.34
经营活动产生的现金流量净额	8,028,109.71
现金及现金等价物净增加额	3,076,749.89

注:扣除的非经常性损益项目和涉及的金额:
23,052,032.75

项目:股权转让收益	670,990.00
处置不动产收益	18,856,395.07
拆迁赔偿收益	3524,647.68

(二)前三年主要会计数据和财务指标(单位:元)

指标项目	2000年度	1999年		1998年	
		调整前	调整后	调整前	调整后
主营业务收入	660,535,684.55	733,092,144.75	733,092,144.75	775,574,661.49	775,574,661.49
净利润	6,839,588.25	-308,940,185.81	-280,629,305.64	-67,555,441.80	-71,511,436.74
总资产	884,181,289.17	975,079,431.88	975,426,173.74	1,286,161,144.84	1,265,808,319.23
股东权益	233,000,681.44	198,574,929.41	226,885,809.58	527,511,035.19	507,200,857.55
每股收益(全面摊薄)	0.03	-1.55	-1.41	-0.34	-0.36
每股收益(加权平均)	0.03	-1.55	-1.41	-0.34	-0.36
扣除非经营性损益后的每股收益	-0.08	-1.36	-1.37	-0.33	-0.35
每股净资产	1.17	1.00	1.14	2.65	2.55
调整后的每股净资产	1.12	0.96	1.10	2.51	2.44
每股经营活动产生的现金流量净额	0.04	0.11	0.11	0.09	0.09
净资产收益率(%)	2.94	-155.58	-123.69	-12.81	-14.10

(三)利润表附表(按《公开发行证券公司信息披露编报规则第9号》规定计算及披露)

报告期利润	净资产收益率(%)		每股收益(元)	
	全面摊薄	加权平均	全面摊薄	加权平均
主营业务利润	22.47	22.73	0.26	0.26
营业利润	-9.47	-9.58	-0.11	-0.11
净利润	2.94	2.97	0.03	0.03
扣除非经常性损益后的净利润	-6.96	-7.04	-0.08	-0.08

三、股东情况介绍

(一)股东总数截止2000年12月31日，持有本公司股份的股东总数为35544户。
(二)前10名股东持股情况

股东名称	年末持股数(股)	持股比例(%)	备注
中国银泰投资公司	42,655,600	21.41	未上市流通
宁波金港信托投资有限公司	4,018,820	2.02	未上市流通
交通银行宁波市分行	3,338,000	1.70	未上市流通
中国糖业酒类集团公司	3,042,000	1.53	未上市流通
宁波市工商银行劳动服务公司	2,535,000	1.27	未上市流通
南京新港开发总公司	2,197,000	1.10	未上市流通
宁波国际经济技术合作公司	1,352,000	0.68	未上市流通
宁波保税区华能联合开发有限公司	1,183,000	0.59	未上市流通
宁波市燃料公司	1,183,000	0.59	未上市流通
浙江物产元通机电(集团)有限公司	1,014,000	0.52	未上市流通

注:持有公司5%以上股份的中国银泰投资公司年度内股份增加42,655,600股，系协议受让原国家股所致，其所持股份无质押或冻结情况。上述前10名股东之间不存在关联关系。

四、股东大会简介

(一)本公司第十次股东大会(1999年度股东年会)于2000年5月12日召开。此次会议的决议公告刊登于2000年5月13日《中国证券报》。

(二)本公司第十一次股东大会(临时)于2000年10月23日召开。此次会议的决议公告刊登于2000年10月24日《中国证券报》。

五、董事会报告

(一)公司经营情况

1、公司所处行业及在行业中的地位

公司所处行业为商业，据宁波市人民政府财贸办公室统计资料，系目前本市规模最大的百货零售业企业。

2、主营业务范围及其经营状况

公司主要经营百货、服装、家电等商品的零售、批发业务，自营和代理核准产品的进出口业务，房地产开发和写字楼出租业务。报告期内，公司控股股东顺利变更，各项工作平稳过渡，主营业务健康发展，经营业绩有了明显的改善。期内销售毛利率比上年同期提高8.5个百分点，主营业务利润比上年同期增加5,683万元。费用率比上年同期下降8.9个百分点，费用支出合计减少7,471万元。实现净利润683.96万元，一举扭转连续二年亏损的局面。

按行业划分，各主营业务收入和主营业务利润构成情况如下(单位:万元):

行业名称	主营业务收入	占总额比例(%)	主营业务利润	占总额比例(%)
商业(内贸)	45,414.99	68.75	4,140.68	79.09
外贸业	15,732.90	23.82	693.57	13.25
房地产业	3,346.92	5.07	-349.59	-6.68
其他	1,558.76	2.36	750.49	14.34
合计	66,053.57	100.00	5,235.15	100.00

3、经营中出现的问题与困难及解决办法

经营中的主要问题和困难，是业务营运质量不高，资产运行状况欠佳，费用负担依然沉重，冗员压力不堪重负。对此，本年度通过不断提高经营毛利率，加大写字楼等存量房产出租力度，提高闲置资产处置收益，规范费用审批程序，依法进行企业经济性裁员等工作，使上述问题得到一定的解决，并取得了良好的成效。

(二)公司财务状况报告期内，公司财务状况分析如下:

1、增减变动情况(单位:元)

项目	2000年12月31日	1999年12月31日	增减金额	增减比例(%)
总资产	884,181,289.17	975,426,173.74	-91,244,884.57	-9.35
长期负债	64,771,085.96	45,214,611.83	19,556,474.13	25.44
股东权益	233,000,681.44	226,885,809.58	6,114,871.86	2.70

项目	2000年1-12月	1999年1-12月	增减金额	增减比例(%)
主营业务利润	52,351,503.18	-4,475,820.07	56,827,323.25	-
净利润	6,839,588.25	-280,629,305.64	287,468,893.89	-

2、增减变动主要原因:

(1)总资产减少，系应收款项、存货和固定资产减少所致;

(2)长期负债增加，系长期借款增加所致;

(3)股东权益增加，系当年实现的净利润;

(4)主营业务利润增加，系毛利率大幅度上升所致;

(5)净利润增加，系毛利额和营业外收入大幅度增加，存货跌价损失和各项费用大幅度减少所致。

(三)公司投资情况

1、募集资金使用情况

公司自1995年至报告年度末未有新增募集资金，亦无前期募集资金的使用延续到本报告年度内。

2、非募集资金投资情况

报告期内，公司未有非募集资金投资重大项目的情况。

(四)新年度业务发展计划

1、提高业务营运质量。充分挖掘现有业务的经营潜力，进一步提高零售额的比重和自营出口能力，促进经营毛利率的持续上升，提升零售等各项主营业务的经营业绩。

2、大力盘活存量资产。继续通过出售、出租、置换等各种行之有效的方式，盘活华联2号楼剩余写字楼等存量房产、仓库等闲置建筑，以及回报较差的长期对外股权，使资产运行状况得到根本性改善。

3、加快制度建设步伐。按照国家有关规定和上市公司的运作特点，结合公司实际和未来发展的目标及管理模式，全面修订与完善公司基本管理制度并贯彻落实之，为规范经营管理行为，加强内部监控，防范和化解经营风险，提供制度上的有力保证。

4、加大资产重组力度。根据公司资产、债务、业务状况，认真进行进一步资产重组与整合的可行性研究，积极探索可持续发展的道路，推进资产、债务结构的战略性调整与重组，努力培植企业新的利润增长点和形成企业核心竞争力。

(五)董事会日常工作情况

1、董事会会议情况及决议内容

(1)2000年4月10日,公司召开三届五次董事会。会议审议通过了1999年度的董事会工作报告、总经理业务报告、财务决算报告、利润分配预案、公司年度报告及年报摘要;审议通过《关于续聘立信会计师事务所有限公司的预案》、《关于计提华联2号楼存货跌价准备的预案》、《关于董敏芳女士辞去董事职务的预案》、《关于公司经理及其他高级管理人员年度年酬事项的决定》和《公司四项准备金计提和损失处理的内部控制制度》;通过解聘赵骏先生公司副总经理职务的决定,聘任钟明海先生为公司总经理助理的决定。

(2)2000年8月3日,公司召开三届六次董事会。会议审议通过:公司2000年中期报告及中期报告摘要;变更公司住所,由"宁波江厦街21-23号"变更为"宁波市中山东路238号"。

(3)2000年9月15日,公司召开三届七次董事会(临时)。会议审议通过《关于王家兴先生等辞去董事等职务的预案》;同意王家兴先生等7位先生辞去董事职务,王家兴先生辞去公司董事长、总经理职务;《关于改组董事会更换董事的预案》:同意公司董事会组成人员由原11名减至7名,并提名沈国军先生、冷玉文先生、厉玲女士、邱中伟先生为董事候选人;《关于修改公司章程的预案》。

(4)2000年10月23日,公司召开三届八次董事会(临时)。会议选举沈国军先生为公司第三届董事会董事长;聘任邱中伟先生为公司总经理、李铁先生为公司副总经理、杨大勇先生为公司财务总监;解聘杨大勇先生、张连明先生的公司副总经理职务。

上述会议决议公告分别刊登于2000年4月12日、8月24日、9月16日和10月24日的《中国证券报》。

2、报告期内公司利润分配等方案执行情况

本年度公司未进行上一年度的利润分配,也没有资本公积金转增股本、配股和增发新股等方案的实施情况。

(六)公司管理层及员工情况

1、现任董事、监事和高级管理人员

姓名	职务	性别	年龄	任期起止日期	年初持股数	年末持股数
沈国军	董事长	男	38岁	2000.10-2002.05	0	0
杨大勇	副董事长、财务总监	男	42岁	1999.05-2002.05	34476	34476
邱中伟	董事、总经理	男	32岁	2000.10-2002.05	0	0
冷玉文	董事	男	29岁	2000.10-2002.05	0	0
厉玲	董事	女	42岁	2000.10-2002.05	0	0
朱佳平	董事	男	37岁	1999.05-2002.05	0	0
李晓新	董事	女	44岁	1999.05-2002.05	0	0
陈震芳	监事会召集人	男	35岁	1999.05-2002.05	0	0
李幸勇	监事	男	40岁	1999.05-2002.05	0	0
郭昭	监事	男	42岁	1999.05-2002.05	0	0
李铁	副总经理	男	32岁	2000.10-2002.05	0	0
钟明海	董事会秘书、总助	男	43岁	1999.05-2002.05	0	0

年度报酬情况:上述12位人员本年度共有5人在公司领取报酬,报酬总额为9.14万元,其中报酬数额在2.5万元至3万元之间的2人;1.5万元至2万元之间的1人;1万元以下的2人。未在公司领取报酬的人员7人:沈国军、冷玉文、厉玲、朱佳平、李晓新、李幸勇、郭昭。

2、报告期内离任董事与监事

离任董事:王家兴、王世理、张连明、陈伟忠、史明亮、董敏芳、洪征宇、钟明海,系辞职离任。

离任监事:王勤、张英君,系辞职离任。

3、报告期内聘任或解聘公司总经理、董事会秘书情况

2000年9月15日公司三届七次董事会(临时),王家兴先生辞去总经理职务,同年10月23日公司三届八次董事会(临时)聘任邱中伟先生为公司总经理。公司董事会秘书在任人员无变动。

4、公司员工情况

2000年末公司在册员工493人,较上年末减少1,118人。在在册员工中,其中销售营业人员419人,技术人员18人,财务人员38人,行政人员18人。具有大专以上学历的133人,占员工总数的27%;中专学历的46人,占员工总数的9%。至年末退休职工人数为292人。

(七)利润分配预案或资本公积金转增股本预案

1、2000年度利润分配预案

2000年度公司实现净利润6,839,588.25元,减子公司分别按其净利润10%和5%提取的法定公积金209,268.97元、法定公益金104,634.48元,加闭歇子公司盈余公积金转入182,451.10元,加年初未分配利润-339,609,584.79元,年末未分配利润为-332,901,448.89元。因公司未分配利润为负数,本年度未能进行利润分配。

本年度无资本公积金转增股本预案。

2、预计2001年度利润分配政策

鉴于公司以前年度发生巨额亏损,致2000年末未分配利润仍为负数332,901,448.89元。因预计2001年可实现利润不足于弥补以前年度亏损,根据《公司法》和本公司章程的有关规定,2001年度公司将不进行利润分配。

(八)其它报告事项

本年度公司选定的信息披露报刊为《中国证券报》,无变更。

六、监事会报告

(一)监事会会议情况及决议公告

1、2000年4月10日,公司召开三届三次监事会会议。会议审议通过了三届五次董事会会议的决议内容及涉及的所有文件。

2、2000年8月3日,公司召开三届四次监事会会议。会议审议通过了公司2000年中期报告及报告摘要。

3、2000年9月15日,公司召开三届五次监事会会议。会议审议通过了《关于改组监事会成员的预案》,通过了王勤、张英君二位女士辞去监事的报告,推选陈震芳先生为公司监事会召集人。

上述会议的决议公告分别刊登于2000年4月12日、8月5日、9月16日的《中国证券报》。

(二)监事会独立意见

1、公司依法运作情况。报告期内,公司严格按照国家法律、法规、公司的章程规范运作,决策程序合法,建立和完善了公司的内部控制制度。公司董事、经理执行职务时,没有违反法律、法规、公司章程以及损害公司利益的行为。

2、检查公司财务的情况。公司本年度财务报告经上海立信长江会计师事务所审计,出具了无保留意见的审计报告。报告真实反映了公司的财务状况和经营成果。

3、公司募集资金使用情况。报告期内,公司未有新增募集资金,亦无前期募集的资金延续到本报告年度内。

4、本年度公司无收购资产或关联交易情况。在出售仓库等闲置资产过程中,其出售价格合理,未发现内幕交易,也未损害部分股东的权益或造成公司的资产流失。

七、重要事项

(一)重大诉讼、仲裁事项

1、公司所属全资子公司宁波华联(集团)上海经济发展有限公司对外提供担保被诉承担连带清偿责任一案,详见本报告财务报表附注第十二"或有事项"。有关该事项的公告刊登于2000年11月20日《中国证券报》。

2、2000年12月,北京市高级人民法院就中国进出口银行诉本公司为宁波天地(集团)股份有限公司向原告贷款4000万元人民币提供担保承担连带责任一案,依法作出终审判决;驳回原告对本公司的上述诉讼请求,维持一审受理法院北京市第一中级人民法院的原判。公司1999年年报中对此事项计提的有关律师费用后调整增加年初未分配利润2,360万元。该公告刊登于2001年1月5日《中国证券报》。

(二)受监管部门处罚情况报告期内,公司、公司董事及高级管理人员均未受监管部门任何处罚。

(三)公司控股股东变更,董事会及董事、总经理变动情况

1、报告期内,公司控股股东由原宁波市国有资产管理局变更为中国银泰投资公司。

2、于2000年10月23日召开的第十一次股东大会(临时)批准改组董事会和改选部分董事,董事会组成人员由原11名减至7名,王家兴等7名董事辞去董事职务,沈国军等4人当选董事,杨大勇、朱佳平、李晓新董事在任无变动。

3、报告期内,解聘王家兴先生的公司总经理职务,聘任邱中伟先生为公司总经理。

(四)收购及出售资产、吸收合并事项报告期内公司无收购和吸收合并事项。为盘活存量,期内先后出售数座闲置仓库及其土地使用权,回笼资金2,836万元,取得不动产处置收益1,885.64万元,为公司当年度利润总额的289.61%。

(五)重大关联交易事项报告期内公司无重大关联交易事项。

(六)公司与控股股东在人员、资产、财务"三分开"情况

1、人员分开方面:公司的劳动、人事及工资管理等方面完全独立;公司总经理、副总经理及其他高级管理人员均在本公司领取薪酬,均未在控股股东单位担任任何职务。

2、资产完整方面:公司拥有独立的生产经营系统和经营设施,土地及房屋使用权等无形资产均由本公司拥有。

3、财务独立方面:公司设有独立的财务部门,建立了独立的会计核算体系和财务管理制度,并独立在银行开户,独立依法纳税。

(七)托管、承包、租赁资产事项

报告期内公司未发生托管、承包、租赁其他公司资产或其他公司托管、承包、租赁本公司重要资产的事项。

(八)聘任会计师事务所事项

在本年度公司继续聘任上海立信长江会计师事务所有限公司为本公司提供审计服务。

(九)其他重大合同及其履行情况

1、截止2000年12月31日,公司为宁波华联商旅发展有限公司向银行贷款100万元提供担保,借款到期日为2001年12月,尚在正常履行期内。

2、抵押资产:公司以宁波市江厦街23号1-6楼(固定资产)以及宁波市中山东路238号(开发产品及出租开发产品)74,168.16万元作抵押借款人民币32,250万元。

(十)股票简称

变更情况

公司因自1998年起连续两个会计年度发生亏损,公司股票于2000年4月12日起实行特别处理,股票简称由"宁波华联"更改为"ST甬华联"。该公告刊登于2001年4月12日《中国证券报》。

(十一)承诺事项

1、报告期内,公司未在指定报纸和网站上披露承诺事项。

2、持股5%以上股东中国银泰投资公司在《中国证券报》刊登协议受让本公司国家股的公告中承诺:自受让国家股之日起三年内不转让本次受让的股权。

八、财务会计报告

八、财务会计报告

(一)审计报告本公司2000年度财务报表经上海立信长江会计师事务所审计并出具了无保留意见的审计报告(信长会报字[2001]10600号)。

(二)会计报表(资产负债表、利润及利润分配表、现金流量表附后)。

(三)会计报表附注

1、外币业务核算方法

2、外币会计报表的折算方法

3、坏帐核算方法

4、存货核算方法

5、短期投资核算方法

6、长期投资核算方法

7、固定资产计价和折旧方法

8、收入确认原则

9、所得税的会计处理方法采用应付税款法。

10、合并会计报表的编制方法

11、控股子公司及合营企业

12、或有事项

(1)公司所属全资子公司宁波华联(集团)上海经济发展有限公司(保证方)分别于1997年9月、11月为上海广泰房地产有限公司(借款方)向福建兴业银行上海分行(贷款方)借款400万元和200万元人民币出具不可撤销保证函,期限均为半年。借款到期后,因借款方未能按约履行还款义务,贷款方于1999年12月向上海闵行区人民法院提起诉讼。经法院公开审理,判定借款方立即偿还借款本金600万元及利息130.69万元,保证方承担连带清偿责任,并分别于2000年3月、6月下达上海市闵行区人民法院民事判决书(1999)闵经初字第2759号、(2000)闵经初字第287号以及上海市闵行区人民法院执行通知书(2000)闵执第2324号、(2000)闵执第2325号,截止报告日尚无保证方资产受强制执行情况,由于截止2000年12月31日,保证方已资不抵债且公司无保证方任何债权,上述连带清偿责任对本公司无重大影响。

(2)截至2000年12月31日公司对外提供担保情况:

被担保单位名称	担保事由	担保金额
宁波华联商旅发展有限公司	贷款	100万元

13、承诺事项

公司以宁波市海曙区江厦街23号1-6楼房产(固定资产)4,090.85万元、宁波市柳庄巷18号房产(固定资产)198.11万元以及宁波市海曙区中山东路238号房产(开发产品及出租开发产品)70,077.31万元作抵押借款人民币35,250.00万元。其中:短期借款27,450.00万元、一年内到期的长期借款1,300.00万元、长期借款6,500.00万元。

14、公司无资产负债表日后事项中的非调整事项。

15、公司本年度未发生债务重组事项。

宁波华联集团股份有限公司

二OO一年四月九日

广州珠江实业开发股份有限公司

广州珠江实业开发股份有限公司2000年年度报告摘要

本 公司董事会保证本报告所载资料不存在任何虚假记载、误导性或者重大遗漏,并对其内容的真实性、准确性和完整性负个别及连带责任。

一、公司简介

1 、公司名称:广州珠江实业开发股份有限公司
英文名称:GUANGZHOU PEARL RIVER INDUSTRIAL DEVELOPMENT CO.LTD
英文缩写:GZPR
2 、公司法定代表人:周孟尝
3 、公司董事会秘书:黄宇文
联系地址:广州市华乐路 49 号二楼 董事会秘书处
联系电话:020-83838056 传 真:020-83808469
电子信箱:黄宇文@fm365.com
公司董事会证券事务代表:黄静
联系地址:广州市华乐路 49 号二楼 董事会秘书处
联系电话:020-83808496 传 真:020-83808469
电子信箱:黄静(珠江)@fm365.com
4 、公司注册地址及办公地址:广州市华乐路 49 号二楼 邮 政编码:510060
公司国际互联网网址:http://www.gzzjsy.com. 公司电子信箱:Gzzjsy@gzzjsy.com
5 、公司选定的信息披露报纸名称:《上海证券报》
登载公司年度报告的中国证监会指定国际互联网网址:http://www.sse.com.cn
公司年度报告备置地点:公司董事会秘书处
6 、公司股票上市交易所:上海证券交易所
股票简称:珠江实业 股票代码:600684

二、会计数据和业务数据摘要

1 、公司本年度主要指标情况(金额单位:人民币元)

利润总额	-101,452,384.43
净利润	-102,035,837.32
扣除非经营性损益后的净利润	-23,396,727.65
主营业务利润	-12,135,012.55
其他业务利润	6,898,993.03
营业利润	-110,674,565.89
投资收益	10,997,926.98
补贴收入	0
营业外收支净额	-1,775,745.52
经营活动产生的现金流量净额	-39,711,957.53
现金及现金等价物净增加额	-4,940,764.45

2 、公司报告期和前三年的主要会计数据和财务指标

指标名称	2000 年年度	1999 年度	1998 年年度
主营业务收入(元)	103,307,384.27	6,724,779.73	117,271,513.89
净利润(元)	-102,035,837.32	20,291,228.73	37,469,218.41
总资产(元)	1,060,046,539.50	1,206,347,594.97	1,206,397,801.67
股东权益(元)	575,404,274.01	677,424,775.56	666,460,300.43
每股收益(元)	-0.55	0.11	0.20
每股净资产(元)	3.08	3.62	3.56
调整后的每股净资产(元)	2.11	3.51	3.47
每股经营活动产生现金流量净额(元)	-0.21	-0.47	-1.18
净资产收益率(%)	-17.73	3.00	5.62
扣除非经营性损益后的净资产收益率(%)	-4.07	3.01	7.54

注:1 、以上数据根据公司合并会计报表数据填列或计算后填列。
2 、报告期末止,公司股本无变化。
3 、报告期内股东权益变动情况(单位:人民币元)

项 目	股本	资本公积	盈余公积	法定公益金	未分配利润	股东权益合计
期 初数	187,039,387.20	358,158,513.11	109,916,421.19	19,556,057.37	22,310,454.06	677,424,775.56
本 期增加			15,335.77		-102,035,837.32	-102,020,501.55
本 期减少						
期 末数	187,039,387.20	358,158,513.11	109,931,756.96	19,556,057.37	-79,725,383.26	575,404,274.01

变 动原因:
1 、盈余公积本年度增加 15,335.77 元,是本公司控股的合资企业广州侨兴房产开发有限公司计提的生产发展基金占 70%的比例而构成。
2 、未分配利润本年度增加-102,035,837.32 元,是本年度实现的利润总额转入数而构成。
3、根据中国证监会《公开发行证券公司信息披露编报规则》(第九号)要求,利润附表列示如下:

项目	净资产收益率(%)		每股收益(元)	
	全面摊薄	加权平均	全面摊薄	加权平均
主营业务利润	-2.11	-2.11	-0.06	-0.06
营业利润	-19.23	-19.23	-0.59	-0.59
净利润	-17.73	-17.73	-0.55	-0.55
扣除非经常性损益后的净利润	-4.07	-4.07	-0.13	-0.13

三、股本变动及股东情况

(一)股本变动情况
1 、股份变动情况表 数 量单位:股

	期初数	本次变动增减(+,-) 配股	送股	公积金转股	增发	其他	小计	期末数
一、未上市流通股份								
1 、发起人股份								
其中:国家持有股份	12903437.00							12903437.00
境内法人持有股份	74100940.20							74100940.20
2 、优先股或其他								
其中:转配股	27878500.00							0
未 上市流通股份合计	114791877.20							87004377.20
二、已上市流通股份								
1 、人民币普通股	72247510.00							100035010.00
已上市流通股份合计	72247510.00							100035010.00
三、股份总数	187039387.20							187039387.20

2 、股票发行与上市情况
2.1 报告期为止的前三年内公司的总股本没有变化,均为 187,039,387.20 股。
2.2 根据中国证监会《关于安排上市公司转配股分期、分批上市的通知》,经上海证券交易所安排,本公司已于 2000 年 4 月 3 日上市流通,本次上市的转配股总数为 27,787,500.00 股,上市前未流通股份总数为 114,791,877.20 股,上市前流通股份数为 72,247,510.00 股。
(二)股东情况介绍
1 、报告期末股东总数为 59,679 户。
2 、前十名股东持股情况

序号	股东名称	持股数(股)	比例(%)
1	广州珠江实业集团有限公司	74,100,940.20	39.62
2	广州市国有资产管理局	12,903,437.00	6.89
3	哈里投资股份有限公司	1,344,658.00	0.72
4	姚桂花	444,144.00	0.24
5	科技投资有限公司	333,260.00	0.18
6	李玉青	310,800.00	0.17
7	崔承珠	304,500.00	0.16
8	孙剑萍	303,688.00	0.16
9	谢池林	228,600.00	0.12
10	曹立洁	210,874.00	0.11

注:1 、以上各股东之间不存在关联关系。
2 、持有本公司 39.62%股份的股东是广州珠江实业集团有限公司,在本报告期内股份无增减变动。但以国有法人股 7,410 万股中的 4,500 万股做质押,向中国工商银行广州市分行贷款人民币 9,500 万元。
3 、广州珠江实业集团有限公司的法定代表人是周孟尝。经营范围是:境内外房地产投资、开发和商品房销售、经营、工程承包,酒店、物业投资。
4 、报告期内控股股东无变更。

四、股东大会简介

1 、1999 年度股东大会情况
公 司于 2000 年 5 月 27 日在《上海证券报》刊登了关于召开 1999 年度股东大会的公告,大会依期于 2000 年 6 月 27 日在广州珠江实业集团有限公司职工活动中心举行。出席大会的股东(包括股东代理人)共 53 人,代表股份 87,310,352.20 股,占公司股份的 46.68%,符合《公司法》和公司章程的有关规定。大会审议通过了《1999 年度董事会工作报告》、《1999 年度总经理业务工作报告》、《1999 年度监事会工作报告》、《1999 年度财务决算情况报告》、《1999 年度利润分配和分红方案》。
2 、股东大会决议在 2000 年 6 月 29 日的《上海证券报》上刊登。

五、董事会报告

(一)公司经营情况
1 、公司所处行业及在本行业中的地位:
公 司属房地产行业,主要从事房地产开发、经营以及物业租赁、管理等业务。具备房地产开发企业一级资质。公司自 1985 年 4 月成立之后一直从事房地产开发业务,为广州市较早进入住宅商品房开发市场的企业之一。公司先后开发了广州淘金北小区、昌岗中路小区、华乐路建筑团、松柏岗小区、番禺市南浦小区等商品房、公寓、写字楼,以优良的质量和完善的物业管理在广州房地产市场树立了良好的品牌形象。
2 、公司的主营业务范围:
经 营土地开发、承建、销售、租赁商品房。实业投资、物业管理。承接小区建设规划和办理拆迁、报建,工程咨询及自用有余的建筑物业展销。车辆保管(限分支机构经营)。
3 、2000 年主要经济指标情况:
3.1 总资产:2000 年底公司总资产合计为 1,060,046,539.50 元, 其中: 流动资产占总资产的 85.35%,固定资产占总资产的 0.68%,长期投资占总资产的 13.87%,无形资产及其他资产占总资产 0.10%。资产负债率为 41.55%。
3.2 营业收入:2000 年主营业务收入 103,307,384.27 元,比上年增加 1436.22%。其中:金山阁项目销售收入为 9,236,542.21 元;金威大厦销售项目收入为 6,310,782.00 元;金昌大厦项目销售收入为 55,219,057.72 元;松柏岗项目销售收入为 28,261,081.04 元;华侨乐园项目销售收入为 4,002,778.55 元;其他收入为 277,142.75 元。
3.3 净利润:2000 年实现净利润为-102,035,837.32 元, 比上年度减少 122,327,066.05 元。其中:主营业务利润亏损 12,135,012.55 元,主要是松柏岗项目负担了小学等配套项目所致;其他业务利润 6,898,993.03 元,是物业经营实现的利润;投资收益 10,997,926.98 元,是投资"又一居"项目以及投资华南通讯投资有限公司的收益;根据财政部[1999] (35)号文,本年度增加计提资产减值准备,其中:计提存货跌价准备为 52,798,540.84 元,计提坏账准备为 24,064,823.31 元。
3.4 工程项目完成情况:金山阁项目 2000 年 5 月竣工,竣工面积 29,451 平方米;金威大厦项目 2000 年 5 月竣工,竣工面积 11,369 平方米;金鑫楼在建工程项目总建筑面积 55,657 平方米,预算总投资 20,000 万元(未计土地成本),2000 年完成工作量 2886.86 万元,工程完成第 22 层框架结构,完成结构面积 420,000 平方米。
3.5 商品房销售情况:2000 年,金山阁、金昌大厦、金威大厦实现预售面积 9,982.52 平方米,合同销售金额 5,208.27 万元。其中:金山阁预售面积 4,403.12 平方米,合同销售金额 2,438.45 万元;金昌大厦预售面积 3,930.10 平方米,合同销售金额 2,067.31 万元;金威大厦预售面积 1,653.24 平方米,合同销售金额 702.5 万元。
3.6 公司主要全资附属企业及控股子公司的经营情况:目前,公司拥有控股企业二家。其中,广

州侨兴房地产开发有限公司主营业务收入 440.28 万元，净利润 54.77 万元；广州珠江物业管理有限公司主营业务收入 1427.89 万元，净利润 44.10 万元。

4 、2000 年的主要工作

报告期，公司按照“清理、重整、规范、发展”的指导思想，以提高公司综合竞争力和经济效益为目标开展各项经营管理工作。

4.1 通过对公司资产全面的清理和评估分析，对公司经营物业的面积、分布、经营状况全面的摸查，对公司在销楼盘市场定价、销售策略的重新评估，对历史遗留问题全面清理，摸清了家底，全面评估了公司的经营管理状况，明确了工作思路和工作重点。同时，根据财政部和证监会的要求，计提了四项资产减值准备，释放了公司的经营风险。

4.2 进行了机构调整和人事制度改革，适应市场经济的发展和公司经营管理工作的需要。引入了竞争激励机制，加强竞争意识，提高了工作效率。

4.3 调整销售策略，加大广告宣传的力度，采取“竞投拍卖”等多种促销手段，发挥“珠江实业”的品牌优势，促进了商品房的销售。下半年商品房销售量比上半年有了较大的增长，加快了资金的回笼，改善了资产结构。

4.4 组织专门人员，全力以赴清理、解决历史遗留问题。处理、完成了数个前期开发项目的清理工作，共收回资金 1,239.28 万元。跟进东风路 S2 地块(广隆大厦)项目拆迁承包费仲裁案、又一居项目三角债仲裁案和拆迁房产权的办理工作等历史问题。

4.5 组建物业经营分公司，统筹经营公司自有物业，包括经营房、车库、市场、拆迁安置房等，通过加强管理，适当调租，增加了公司的利润。

4.6 加快进行物业管理公司的体制改革，转换机制，实行市场化、专业化的管理，提高了服务质量和水平，业主对物业管理的满意度逐步上升。并通过加强财务管理，提高了收费率，增加了公司的收益。

4.7 开展资本运营，探索公司新的利润增长点以及进行公司发展战略和产业结构调整的研究。

4.8 严格按照《公司法》、《证券法》、公司章程规范公司管理、运作，按照《上市公司上市规则》披露信息。落实广东省上市公司规范发展会议的要求，对公司董事会引入独立董事进行了研究。

5 、经营管理的存在问题与困难及解决方案

5.1 公司应收账款中代理酬金挂账 2.16 亿元使公司出现虚增资产和负债，存在经营风险。公司已积极与代理公司和有关部门协商寻求解决办法，并寻求通过法律手段维护公司合法权益的方法和途径。

5.2 公司存货比例过高以及高成本的滞销积压商品房和土地构成了存货的大部分，占用了大量的资金。在报告期，公司按照财政部有关规定计提了资产减值准备，基本释放了经营风险。针对公司现有楼盘单体楼、户型设计不合理，竞争力差的状况，公司正通过灵活的营销策略、合理的价格调整，尽快实现销售；

5.3 公司的长期投资基本上没有回报。公司拟通过对所投资项目进行债权债务重组、转让的方法解决；

5.4 公司存在人才结构不合理，高素质经营管理人才缺乏以及管理水平较低的问题。将通过引进人才、加强培训、规范管理等办法提高员工素质和管理水平。

(二)公司财务状况

项目	2000 年年度	1999 年年度	对比差异
总资产(元)	1,060,046,539.50	1,206,347,594.97	-146,301,055.47
长期负债(元)	20,347,578.85	20,060,090.43	287,488.42
股东权益(元)	575,404,274.01	677,424,775.56	-102,020,501.55
主营业务利润(元)	-12,135,012.55	3,729,666.97	-15,864,679.52
净利润(元)	-102,035,837.32	20,291,228.73	-122,327,066.05

分析变化原因：

1 、总资产比上年末减少 146,301,055.47 元，主要是年末将预收售房款转结利润 58,482,579.38 元及派发 99 年度现金红利 3,553,880.21 元以及报告期内计提四项减值准备 76,863,364.15 元后，利润亏损 102,035,837.32 元，致使股东权益减少 102,020,501.55 元而构成。

2 、股东权益比上年减少 102,020,501.55 元，主要原因是报告期内计提四项减值准备后，本年利润亏损 102,035,837.32 元所致。

3 、主营业务利润比去年减少了 15,864,679.52 元，主要是主营业务收入增幅小于主营业务成本增幅引致。主营业务成本增加 107,107,102.31 元，主营业务税金增加 5,340,181.75 元的因素所构成。

4 、净利润比上年度减少了 122,327,066.05 元，主要是报告期计提四项减值准备中的坏账准备 24,064,823.31 元，存货跌价准备 52,798,540.84 元，造成本期利润亏损 76,863,364.15 元，及主营业务利润亏损 12,135,012.55 元所致。

(三)公司投资情况

报告期内非募集资金投资的较大项目有：

1 、珠江新城投资 1,148 万元；

2 、金山阁、金鑫楼等项目工程进度款 5,812.06 万元。

(四)公司的经营环境和宏观政策

2001 年，随着国家宏观经济形势的好转，政府继续实施适当的货币政策和积极的财政政策，我国加入 WTO，以及广州市将房地产业作为支柱产业发展等积极因素的影响，房地产业面临新的发展机遇。但 1999 年福利分房末班车造成的超前消费，使广州市的房地产市场需求疲软，加剧了供过于求的矛盾。据有关部门统计，2000 年广州市竣工商品房面积 930 万平方米，同比增长 8.4%，其中住宅 750 万平方米，同比增长 11.90%；商品房预售均价为 4,562 元每平方米，其中住宅 4,165 元每平方米，分别比上年同期下降 13.63%和 11.14%。商品房空置面积继续上升，存量商品房的消化压力增加，到 2000 年底商品房空置面积已达 550 多万平方米，同比上升 13.17%，其中空置住宅 340 万平方米，同比上升 19.72%。同时，市场对楼宇质素的要求越来越高的状况，制约了公司现有以经济型为主单体楼盘的销售空间。总的来说，广州市房地产市场机遇与挑战并存，优胜劣汰将加快，竞争将越趋激烈。

(五)新年度的业务发展计划

2001 年公司计划完成营业收入 27,240 万元，预售房屋面积 38,800 平方米，销售房屋面积 25,150 平方米，完成开发工作量 21,800 万元，实现扭亏为盈。

公司 2001 年的工作重点将放在以下几个方面：

1 、房地产主营业务：

1.1 继续把金山阁、金昌大厦、金盛大厦项目的销售工作作为重点来抓，以“珠江实业”品牌宣传、良好的服务和质量保障、价格优势等作为主要的促销手段进行销售。

1.2 筹集资金，加快金鑫楼项目的建设，要严格控制成本，保持成本优势，以超前的营销理念，做好该楼盘的销售策划、市场定位工作，争取 2001 年开始销售。

1.3 做好珠江新城地块开发准备工作，根据珠江新城规划的调整，做好项目的市场分析，从项目规划设计开始，做好营销策划，控制开发成本、质量和周期，以精品工程重塑珠江实业品牌，提升公司在房地产市场中的竞争力。

1.4 加强对房地产细分市场和房地产边缘产业的研究，开拓实现公司房地产业持续发展的项目。

2 、物业经营、管理业务

2.1 按市场化的标准合理调整租金，提高物业经营的水平，深挖潜力，降低成本，增加物业经营收入。

2.2 物业管理要通过提高服务品质，降低服务成本，努力创造良好品牌。

3 、发展战略研究和多元化发展

加强对公司发展战略的研究，逐步介入具有广阔市场前景、技术领先和收入稳定的高新技术产业。

4 、理顺和加快解决历史遗留问题

4.1 抓紧完成松柏岗小区、又一居和百事佳花园等项目的清算工作，处理东风路 S2 地块(广隆大厦)拆迁承包费仲裁案、又一居项目三角债仲裁案等历史遗留问题，全面评估公司经营的法律事务，化解公司的潜在经营风险。

4.2 盘活资产，做好对外投资项目的债权债务重组。

5 、提升公司的核心竞争力

5.1 加强人力资源的管理工作。引入人才优胜劣汰的竞争机制，改变员工的观念，增加竞争意识；通过加强员工培训和引进高素质人才相结合的办法，提高员工的总体素质；根据公司的发展需要，适当调整机构设置，合理划分各岗位职责和人员配置，提高公司的运作效率；完善人力资源管理制度，建立市场化的薪酬体系和考核、奖惩、激励机制，规范人力资源管理。力争人力资源管理工作上一台阶，促进公司的发展。

5.2 提高公司的管理水平。完善企业管理制度，规范运作程序，逐步实现电脑自动化办公，提高管理水平及工作效率，提升公司的企业形象。

5.3 建立预算内控制度，努力降低成本。通过预算管理，树立全体员工节约成本意识，从每一个环节降低管理成本，争取最大的效益。

6 、完善公司法人治理结构

认真贯彻广东省上市公司规范发展会议要求的精神和研究上交所《上市公司治理指引》征求意见稿，进一步完善公司的法人治理结构。

(六)董事会日常工作情况

1 、董事会会议情况及决议内容

2000 年 2 月 1 日在公司会议室召开了第三届董事会 2000 年第一次会议，会议审议了《公司 1999 年主要工作报告和 2000 年主要工作安排》、《1999 年度利润分配预案》、《1999 年度财务状况报告》、《公司各项资产减值准备和损失处理的内部控制制度》。

2000 年 4 月 13 日在公司会议室召开了第三届董事会 2000 年第二次会议，会议审议通过了《公司 1999 年年度报告及其摘要》、《公司 1999 年度董事会工作报告》、《公司 1999 年度财务决算报告》、《公司各项资产减值准备和损失处理的内部控制制度》、《1999 年度利润分配预案》、《关于召开 1999 年度股东大会的议案》。

2000 年 5 月 19 日在公司会议室召开了第三届董事会 2000 年第三次(扩大)会议，会议审议通过了公司部分机构调整方案，决定了 1999 年度股东大会于 2000 年 6 月 27 日召开。

2000 年 7 月 18 日在广东高明皇家银海大酒店会议室召开了第三届董事会 2000 年第四次会议，会议审议通过了《公司 2000 年上半年主要工作情况和下半年主要工作安排》、《2000 年中期财务报告》，并一致表决同意如下人事变动：增补翁亚绪先生任公司董事、聘任郑暑平先生任公司总经理、聘任孙笑涛女士任公司董事会证券事务代表；免去黄承荫先生公司董事职务、免去谢汉秋先生公司总经理职务、免去丘宝文女士公司董事会秘书职务。

2000 年 8 月 24 日在广州珠江实业集团有限公司会议室召开了第三届董事会 2000 年第五次会议，会议审议通过了《2000 年中期报告补充计提四项准备的报告》及调整后的各项经济指标、《关于松柏岗项目利润情况的报告》。

2000 年 9 月 5 日在广州珠江实业集团有限公司会议室召开了第三届董事会 2000 年第六次会议，会议听取了公司新经营班子的工作汇报，原则审议通过了公司机构改革方案，并对公司下一阶段工作指导、提出了要求。

2000 年 10 月 24 日在公司会议室召开了第三届董事会 2000 年第七次会议，会议一致表决通过了如下事项：增补张穗南先生任公司董事、聘任黄宇文先生代理公司董事会秘书职务、聘任黄静女士代理公司董事会证券事务代表职务；谢汉秋先生辞去公司董事及副董事长职务、孙笑涛女士辞去公司董事会证券事务代表职务。

2000 年 11 月 9 日在公司会议室召开了第三届董事会 2000 年第八次(扩大)会议，会议原则上通过了《关于对公司谢汉秋总经理离任经济责任的审计报告》、《公司 2000-2001 年度工资总额控制及薪酬分配方案》。

以上会议决议内容，凡要求公告的，均作了及时公告。

2 、董事会对股东大会决议的执行情况

公司已按照 1999 年度股东大会通过的 1999 年度利润分配方案执行。

(七)公司管理层及员工情况

1 、董事、监事、高级管理人员

姓名	性别	年龄	职务	任期	年初及年末持股数	年度报酬(元)
周孟尝	男	57	董事长	1999.06-2002.06	0	不在本公司领取报酬
冯劲	男	41	董事	1999.06-2002.06	0	不在本公司领取报酬
刘昌伟	男	52	董事	1999.06-2002.06	0	不在本公司领取报酬
翁亚绪	男	45	董事	2000.07-2002.06	0	不在本公司领取报酬
郑暑平	男	37	董事/总经理	1999.06-2002.06	6,435	63,594
张穗南	男	46	董事/书记/副总经理	1999.07-2002.06	0	63,201
蒋明	男	42	董事/副总经理	1999.06-2002.06	7,618	54,959
杨秀云	女	57	监事会召集人	1999.06-2002.06	0	不在本公司领取报酬
吴惠芳	女	55	监事	1999.06-2002.06	0	不在本公司领取报酬
王荣先	女	55	监事	1999.06-2002.06	1,144	不在本公司领取报酬
刘晓莉	女	43	监事/副书记	1999.06-2002.06	0	55,202
李世聪	男	47	监事	1999.06-2002.06	1,355	47,666
王勇基	男	49	财务总监	1999.11-2002.06	0	55,586
黄宇文	男	36	董事会秘书(代理)	2000.10-2002.06	0	(9-12 月)14,888

注：1 、在本公司领取报酬的人员当中，年度报酬在 60,000 元以上的 2 人，在 50,000-60,000 元区间的 3 人，40,000-50,000 元区间的 2 人。

2 、在报告期内，原副董事长、总经理谢汉秋先生、原董事黄承荫先生因达到退休年龄，分别于 2000 年 7 月、10 月离任。原董事会秘书丘宝文女士因私人原因辞职。公司根据工作需要，聘任郑暑平先生任总经理，增补翁亚绪先生、张穗南先生任董事，聘任黄宇文先生代理董事会秘书。

2 、公司员工情况

至 2000 年年末，公司从业人员 86 人，其中在岗员工 81 人，财务人员 16 人。技术人员当中具有高级职称的 2 人，中级职称的 31 人，初级职称的 33 人。在岗员工当中，硕士研究生 3 人，大学本科 12 人，大专 45 人，中专 5 人，高中(中技)12 人。公司退休人员 21 人。

(八)公司 2000 年度计提四项资产减值准备的情况

根据财政部会字[1999] 35 号文“〈股份有限公司会计制度〉有关会计处理问题补充规定”及证监会[1999] 138 号文〈关于上市公司做好各项资产减值准备等有关事项的通知〉，并根据公司制定的“各项资产减值准备和损失处理的内部控制制度”的要求，依据“会计政策一致性”及“配比和谨慎”的原则，本着实事求是的态度，公司在 2000 年度中期计提四项资产减值准备 58,806,880.59 元，其中应收款项坏账准备 16,222,646.19 元，存货跌价准备 42,511,235.90 元，长期投资减值准备 72,998.50 元。并于 2000 年 8 月 26 日在《上海证券报》披露《2000 年度中期报告补充公告》。在 2000 年末，公司根据下半年市场的变化和会计师事务所的意见，调整计提 2000 年度四项资产减值准备为 76,863,364.15 元。其中：计提存货跌价准备为 52,798,540.84 元，计提应收款项坏账准备

为 24,064,823.31 元。董事会认为本次调整计提资产减值准备较为符合广州市目前房地产市场的状况和公司的实际情况。

(九)本次利润分配预案及 2001 年度预计股利分配政策

1 、本次利润分配预案:

公 司 2000 年度实现净利润-102,035,837.32 元,2000 年度年末未分配利润-79,725,383.26 元。根据公司财务及经营情况,公司董事会决定,本年度不进行利润分配,也不进行资本公积金转增。

2 、2001 年度预计股利分配政策

因 公司 2000 年度末未分配利润为-79,725,383.26 元,根据公司财务及经营情况,预计 2001 年度若实现利润不能弥补以前年度亏损,故预计 2001 年度不进行利润分配。

(十)报告期内,公司选定的信息披露报纸为《上海证券报》。

六、监事会报告

公 司监事会于 2000 年召开了 5 次会议,审议通过了《1999 年监事会报告》。并审议了《1999 年度报告、财务决算报告》、《2000 年中期报告》、《2000 年中期报告补充计提四项准备的报告》、《关于对广州珠江实业开发股份公司 2000 —2001 年度工资总额控制及薪酬分配方案》,派员参加了对公司资产的全面清理和经营管理状况的评估工作。年内公司监事列席了历次董事会会议和股东大会。根据《公司法》、《公司章程》赋予的职权,公司监事会对公司的依法运作情况、财务状况和董事会提交给股东大会的报告进行了检查,并监督董事会和经营班子人员遵守法律、法规及公司章程和执行股东大会的情况。

公司监事会认为:

1 、在 2000 年度内,公司董事会及经营班子能够守法经营,规范运作,认真执行股东大会决议,决策程序合法,内部控制制度健全,未见违反法规、公司章程及损害公司股东、员工利益的行为。

2 、公司能按照中国证监会的要求,做到与控股股东的"三分开",即人员独立、资产完整、财务独立。

3 、本年度公司按照有关规定履行信息披露义务,各类公告均及时、准确、全面披露,没有出现信息披露滞后或内幕交易行为。

4 、公司计提资产减值准备的决议程序是合法的、依据充分的。

5 、经深圳大华天诚会计师事务所审定的公司 2000 年度财务报告是客观公正的,真实反映了公司的财务状况和经营成果。

七、重要事项

1 、重大诉讼、仲裁事项:

1.1 本报告期内重大仲裁事项——又一居项目仲裁情况:

本 公司与广州合富房地产发展有限公司 (下称合富发展) 于 1997 年 4 月 23 日签订了一份《合作开发经营商住楼项目合同》。报告期内合富发展就该合同以本公司尚欠其 5,000 万元为由,向广州仲裁委员会申请仲裁,要求本公司向其支付 5,000 万元及其资金使用费 1,500 万元。该案广州仲裁委员会于 2000 年 6 月 22 日受理,现正在审理中。

公 司在 1997 年 4 月 23 日与合富发展签订了《合作开发经营商住楼项目合同》合作开发合富花园(后更名为又一居花园)项目。合同签订后,本公司已依约付足包括该笔 5,000 万元争议款项在内的应付工程款。合富发展于 1999 年 5 月 5 日开出包括该款项在内的 6,600 万元的发票给本公司。至 1999 年 11 月 15 日,合富发展在出具给本公司的《又一居花园初步结算表》中确认本公司已付投资款 188,490,659.73 元(包括前述的 5,000 万元在内),并于 1999 年 12 月 29 日退回本公司多付投资款 14,488,659.68 元(又一居花园项目本公司应投资的工程款为 17,369 万元)。

2000 年 5 月 19 日合富发展违反诚实信用原则,在合同执行多年并超过两年合同仲裁时效的情况下,向广州仲裁委员会申请仲裁,要求本公司向其支付 5,000 万元及其资金使用费用 1,500 万元。对此,本公司非常重视,组织了有关人员参加仲裁答辩,力争维护股东的权益。此外,本公司对合富发展无理申请仲裁给本公司造成的损失和额外支出费用,保留追究的权利。

合 富发展原仲裁请求为 500 万元,后在 2000 年 10 月 16 日开庭前变更为现仲裁请求,请求标的(6,500 万元)接近本公司 1999 年度经审计净资产值的 10%。本公司根据《上海证券交易所股票上市规则》7.4.2(一)的要求已于 2000 年 10 月 16 日在《上海证券报》予以公告。现该案仍在审理,未作出裁决。

1.2 以前年度已披露的诉讼、仲裁事项在报告期内的进展——关于东风路 S2 地块(广隆大厦)项目仲裁情况:

香 港汇德丰公司拒不支付本公司东风路 S2 地块拆迁承包费 3,864.02 万元一案, 本公司于 1997 年 10 月曾经向中国国际经济贸易仲裁委员会申请行政仲裁,要求裁决港方无条件偿还欠本公司的拆迁费及其应付的利息。仲裁委员会曾于 1998 年 6 月、1998 年 10 月、1999 年 1 月、2000 年 3 月 共四次召开仲裁听证会议,但至今仍未作出裁决。

2 、报告期内,公司、公司董事及高级管理人员无受过监管部门处罚。

3 、报告期内,谢汉秋先生不再担任公司副董事长、总经理;董事会聘任郑暑平先生为公司总经理,增补翁亚绪先生、张穗南先生为公司董事。监事会成员无变更。丘宝文女士不再担任公司董事会秘书,董事会聘任黄宇文先生代理董事会秘书。

4 、报告期内,公司收购及出售资产、吸收合并事项:

4.1 报告期内,公司无收购、吸收合并事项。

4.2 报告期内公司减少投资项目:

4.2.1 公司 2000 年 6 月转让广州市华南通讯投资有限公司股权,收回本金 1,000 万元,投资收益 263.50 万元;

4.2.2 公司收回广州合富房地产有限公司项目投资本金 1,228 万元, 其中 2000 年 3 月收回 888.64 万元,4 月收回 339.36 万元;

4.2.3 公司 2000 年 4 月收回华夏证券有限公司投资本金 480 万元;

4.2.4 公司 2000 年 11 月收回广州侨辉房地产开发有限公司投资本金 1,500 万元;

4.2.5 公司收回投资深圳珠江实业公司本金 1,000 万元, 其中 2000 年 6 月收回 500 万元,12 月收回 500 万元。

5 、重大关联交易事项:

5.1 关于权资广州捷星房地产开发有限公司 4,066 万元事项。

一 九九三年五月三日本公司与广州珠江实业总公司(现改称为广州珠江实业集团有限公司,以下简称为珠江集团)及其海外企业瑞士中星投资有限公司(以下简称中星公司)签定合作意向书,以中外合作方式开发及经营广州地铁一号线沿线 JY-8 地块物业,本公司占 30%的投资比例。后因市场变化等原因,为降低投资风险,分别于一九九五年一月三十日签订了"合作开发及经营广州地铁一号线沿线 JY-8 地块物业协议书"。于一九九八年五月二十日签订了"广州捷星房地产开发有限公司股权转让和出资确认合同",于二 OOO 年三月二十八日签订了"广州捷星房地产开发有限公司股权转让和出资确认合同补充合同"。根据协议,明确了合作三方投资比例调整为:本公司占 10%,珠江集团占 30%,中星公司占 60%。同时追认了本公司于一九九四年六月投入该项目的 300 万美金和 1,300 万港币(折合人民币 4,066 万元)除按 10%的比例及合作方珠江集团、中星公司同期实际注资额计算,本公司应到位注册资金折合 700 万元人民币,比其他股东先到位的融资本金多投 3,366 万元人民币。一九九九年六月十七日前按同期银行一年期定期存款利率,一九九九年六月十七日后按同期一年期贷款利率计息。计息期限直至珠江集团和中星公司注资额达到按比例应到位数额为止。所计利息仍作为本公司对该项目的注资。

JY-8 项目地处广州市中山四路以南,德政中路以东,是广州市繁华的商业中心地带。项目总用地面积 10,181 平方米,可建写字楼 65,844 平方米,商业、旅业 22,000 平方米。项目立项时正处房地产高潮期,获利前景非常良好。前几年由于房地产市场持续低迷,特别是广州市写字楼严重供过于求,为降低投资风险,九四年以来本公司已暂缓对了该项目的投入。目前该项目已完成拆迁及土地平整工作,合作各方正积极寻找出路,以早日实现投资回报。

5.2 关于本公司对海南珠江国际置业有限公司的债权事宜。

本 公司分别于一九九四年五月和一九九六年三至六月共投资 5,489 万元到海南珠江实业股份有限公司上海房地产公司开发的上海"珠江玫瑰花园"项目,截止九七年八月止,共收回投资收益 1,682 万元。经双方确认,截止九九年六月三十日,海南珠江实业股份有限公司还欠本公司本金及投资收益共计 6,549.749 万元,其中本金 6,092.79 万元。

由 于海南珠江实业股份有限公司进行资产重组,为确保投资回收,经公司董事会三届二次会议决议:"同意将本公司对海南珠江实业股份有限公司上海玫瑰花园项目的投资自一九九九年七月一日起全额(6,549.74925 万元人民币)转为本公司对海南珠江国际置业有限公司的债权,并与海南珠江国际置业有限公司签订了《债权债务金额确认书》。与广州珠江实业集团有限公司签订了《债权债务担保协议》。

广 州珠江实业集团有限公司是国家一级房地产开发企业,总资产:137,692 万元,净资产:33,397 万元,资产负债率为:75.75%。公司董事会认为,该公司有能力承担该债权的担保责任。同时董事会也充分认识到该债权拖欠的时间过长,一定程度影响公司的资金周转及经济效益,也存在一定的回收风险,目前正积极与有关各方寻求解决办法。

5.3 关于平价转让广州珠江实业集团财务有限责任公司股权事宜。

一 九九九年七月二十八日公司董事会作出决议,同意以人民币 2,000 万元的价格向广州珠江实业集团有限公司转让本公司持有的广州珠江实业集团财务有限责任公司 10%的股权。并于九九年九月与广州珠江实业集团有限公司签订了《关于转让广州珠江实业集团财务有限公司部份股权问题协议书》。根据广州珠江实业集团财务有限公司章程,股权转让需经中国人民银行批准,目前有关股权转让的手续还需完善。

广 州珠江实业集团财务有限公司是经中国人民银行银办发[1997] 20 号《关于广州珠江信托投资公司改建为企业集团财务公司的通知》批准组建。目前财务公司的经营非常困难,本公司持有的股权如能顺利转让,将有利于投资资金的回收,降低投资风险。

现 在本公司与广州珠江实业集团公司研究有关债权、债务重组方案,积极寻求解决以上三个关联交易的办法。

6 、公司与控股股东在人员、资产、财务上的"三分开"情况:

6.1 人员方面。公司在劳动、人事及工资管理等方面与控股股东分离,独立运行,公司总经理、副总经理、财务总监、董事会秘书等高级管理人员均在公司领取报酬,并均不在股东单位任职。

6.2 资产方面。公司拥有独立的房产开发系统;独立的土地使用权;各类房产所有权,除了原珠江房产公司(本公司改制前名称)名下 18,232.23 平方米的物业房屋。该物业房屋在公司组建时由控股股东作为法人股的股权投入本公司,尚未办理产权过户手续(现办理过户需要补交地价等过户费用,原因是由于 1992 年本公司改制时广州市没有地价的有关规定,因此,在上述房产入股作价时没有将地价评估进去。现在若由控股公司广州珠江实业开发集团有限公司交纳,不尽合理且会导致国有资产流失;若由本公司交纳则会损害股东的利益。因此,本公司已报告市政府,请求办理上述房产产权过户手续时免交地价。);拥有独立的采购和销售系统。

6.3 财务方面。公司设立独立的财务部门,并建立了独立的会计核算体系和财务管理制度,并独立在银行开户。

7 、公司无托管、承包、租赁其他公司资产或其他公司托管、承包、租赁本公司资产的事项。

8 、公司根据业务发展需要,改聘广州天诚会计师事务所(经深注协秘字[2000] 115 号文批准, 深圳大华会计师事务所吸收广州天诚会计师事务所为分所并更名为深圳大华天诚会计师事务所,具备证券、期货相关业务资格。)为公司财务审计机构,负责公司 2000 年度财务报表审计工作。(已按有关规定于 2001 年 2 月 15 日在〈上海证券报〉公告。)

9 、公司无重大合同(担保)事项。

10 、"其他应收款"及"其他应付款"造成虚增资产、虚增负债各 216,074,616.30 元的原因:

" 其他应收款"中有 216,074,616.30 元主要是公司占 70%股权的控股子公司广州侨兴房产开发有限公司(需合并报表)支付给代理商的代理酬金(包括宣传推广广告费、提高楼盘档次增加的工程费以及代理费等。由于侨兴公司为中外合作企业,所建楼盘 70%外销,代理商均为港澳地区代理公司。而港澳地区代理商的销售单据须经当地会计师事务所审核才具法律效力。因在本报告期内代理商仍未能提供有效凭证,致使侨兴公司无法销账,故合并报表后,该笔款项在本公司的财务报表的"其他应收款"中反映。对提供代理商有效凭证问题,公司已积极与代理商、税务部门协商,寻求解决办法,必要时将会通过法律途径解决。如代理商提供有效凭证后,即可作冲减"其他应收款"处理,同时亦冲减"其他应付款"。

11 、公司名称和股票简称无更改。

八、财务会计报告

审计报告

深 华(2001)股审字第 031 号

广 州珠江实业开发股份有限公司全体股东:

我 们接受贵公司委托,对贵公司提供的 2000 年 12 月 31 日的资产负债表和合并资产负债表以及 2000 年度利润表和利润分配表及合并利润表和合并利润分配表、2000 年度现金流量表和合并现金流量表进行了审计。这些会计报表由贵公司负责,我们的责任是对这些会计报表发表审计意见。我们的审计是依据《中国注册会计师独立审计准则》进行的。在审计过程中,我们结合贵公司的实际情况,实施了包括抽查会计记录等我们认为必要的审计程序。

我 们认为,上述会计报表符合《企业会计准则》和《股份有限公司会计制度》的有关规定,在所有重大方面公允地反映了贵公司 2000 年 12 月 31 日的财务状况及 2000 年度的经营成果和现金流量情况,会计处理方法的选用遵循了一贯性原则。

会计报表见附表　　中 国注册会计师:范　荣

深 圳大华天诚会计师事务所　　中 国注册会计师:钟国梁

中 国·深圳　　2001 年 2 月 28 日

九、公司的其他有关资料

1 、公司首次注册日期:1992 年 12 月 23 日

地 点:广州市华乐路 49 号华乐大厦二楼。至今无变更。

2 、企业法人营业执照注册号:4401011104119

3 、税务登记号码:地税粤字 44010019048157X 号

4 、公司未流通股票的托管机构名称:上海证券中央登记结算公司。

5 、公司聘请的会计师事务所:深圳大华天诚会计师事务所广州分所

办 公地址:广州天河北路 689 号光大银行大厦七楼 A1

十、备查文件

1 、载有公司董事长亲笔签名的公司 2000 年度报告正文。

2 、载有法定代表人、财务总监、会计机构负责人签名并盖章的会计报表。

3 、载有会计师事务所盖章、注册会计师签名并盖章的审计报告原样正本。

4 、报告期内在《上海证券报》公开披露过的公司文件正本及公告原稿。

广州珠江实业开发股份有限公司

二 OO 一年四月十六日

中国石化上海石油化工股份有限公司

中国石化上海石油化工股份有限公司 2000 年度报告摘要

重要提示:本公司董事会保证本报告所载资料不存在任何虚假记载、误导性陈述或者重大遗漏,并对其内容的真实性、准确性和完整性负个别及连带责任。本年度报告摘要摘自年度报告正本,投资者欲了解详细内容,应阅读年度报告。

一、公司简况

1. 公司名称:中国石化上海石油化工股份有限公司　　简称:上海石化
英文名称:Sinopec Shanghai Petrochemical Company Limited　简称:SPC
2. 公司法定代表人:陆益平
3. 公司秘书:张经明　　联系电话:(8621) 57943143
传真:(8621) 57940050　　电子信箱:zhangjm@spc.com.cn
4. 公司注册地址:上海市、金山区金一路 48 号
办公地址:上海市、金山区金一路 48 号　　邮政编码:200540
网址:http://www.spc.com.cn　　电子信箱:spc@spc.com.cn
5. 公司选定的信息披露报纸为:《上海证券报》、《中国证券报》、香港的《南华早报》及《文汇报》。如中英文发生歧义,以中文为准。
刊登公司年度报告指定网址为:http://www.sse.com.cn
公司年度报告备置地点:董事会秘书室
6. 公司股票上市地、股票简称、股票代码

股票种类	股票上市地	股票简称	股票代码
A 股	上海	上海石化	600688
H 股	香港	上海石化	338
ADR	纽约	SHI	

二、主要财务数据和业务数据摘要

(一)、按中华人民共和国会计准则编制
1.公司 2000 年度主要业务数据

项目	金额(人民币千元)
主营业务利润	2,768,375
其他业务利润	84,194
营业利润	1,165,218
投资损失	17,748
补贴收入	5,465
营业外收支净额	(72,290)
利润总额	1,080,645
净利润及扣除非经常性损益后的净利润	903,932
经营活动产生的现金流量净额	2,945,750
现金及现金等价物净减少额	937,734

2.财务数据与财务指标

指标项目	2000 年	1999 年	1998 年
主营业务收入(人民元千元)	20,467,583	14,386,482	11,080,854
净利润(人民币千元)	903,932	737,814	237,119
总资产(人民币千元)	22,099,657	21,908,455	22,209,191
股东权益(人民币千元)	13,817,038	12,958,736	12,580,922
每股收益(人民币元)	0.126	0.102	0.033
每股净资产(人民币元)	1.92	1.80	1.75
调整后每股净资产(人民币元)	1.85	1.74	1.71
每股经营活动产生的现金流量净额(人民币元)	0.41	0.43	0.26
净资产收益率(%)(年末)	6.54	5.69	1.88
净资产收益率(%)(加权)	6.75	5.78	1.89

注:以上指标按 1998、1999 年及 2000 年经审计财务报表数据计算;总股本按截至 1998 年 12 月 31 日、1999 年 12 月 31 日及 2000 年 12 月 31 日已发行在外的总股数 7,200,000,000 股计算。

3.报告期内股东权益变动情况(其中:单位:人民币千元

项目	股本	资本公积	盈余公积	法定公益金	未分配利润	股东权益合计
期初数	7,200,000	2,469,908	2,747,830	651,569	540,998	12,958,736
本期增加	-	386,370	180,786	90,393	903,932	1,471,088
本期减少	-	-	-	-	(612,786)	(612,786)
期末数	7,200,000	2,856,278	2,928,616	714,962	832,144	13,817,038

注:法定公益金已包含在盈余公积。

本公司 2000 年度合并净利润为为人民币 903,932,000 元,其中分别提取法定公积金及法定公益金各人民币 90,393,000 元。本公司于本年收到人民币 386,370,000 元的政府补助以资助购建技术改造设备。该补助按有关规定计入资本公积。

每股收益=净利润/年度末普通股股份总数每股净资产=年度末股东权益/年度末普通股股份总数

调整后的每股净资产=(年度末股东权益-三年以上的应收款项-待摊费用-待处理(流动、固定)资产净损失-开办费-长期待摊费用-住房周转金负数金额)/年度末普通股股份总数

每股经营活动产生的现金流量净额=经营活动产生的现金流量净额/年度末普通股股份总数净资产收益率(年末)=净利润/年度末普通股股份总数 x100%　　净资产收益率(加权)=净利润/[(年初股东权益+年末股东权益)/2]x100%

(二)按照国际会计准则编制(单位:人民币千元)

指标项目	2000 年	1999 年(重报)	1998 年(重报)
(1). 营业额	19,918,870	14,036,587	10,708,507
(2). 净利润	856,510	605,726	237,119
(3). 总资产	21,701,310	21,947,204	22,248,692
(4). 股东权益	13,501,634	13,005,124	12,615,398
(5). 基本每股盈利(人民币元)*	0.119	0.084	0.033

注:* 基本每股盈利乃按股东应占溢利人民币 865,510,000 元(1999 年:人民币 605,726,000 元,1998 年:人民币 237,119,000 元)及本公司年度内已发行股份 7,200,000,000 股(1999 年:7,200,000,000 股、1998 年:7,200,000,000 股)计算。

(三) 依据中国证监会《公开发行证券公司信息披露编报规则(第 9 号)》要求计算的净资产收益率和每股收益:

报告期利润	净资产收益率 全面摊薄(%)	净资产收益率 加权平均(%)	每股收益 全面摊薄 人民币元	每股收益 加权平均 人民币元
主营业务利润	17.1	17.5	0.33	0.33
营业利润	7.9	8.2	0.15	0.15
净利润及扣除非经常性损益后净利润	6.5	6.8	0.13	0.13

三、股本结构及股东情况

1.股本结构情况截至 2000 年 12 月 31 日止,本公司的股本结构及变化如下:

	于 2000 年 12 月 31 日 股数(千股)	百分比 %	于 2000 年 1 月 1 日 股数(千股)	百分比 %
(一) 尚未流通股份				
中国石油化工集团公司持股(A 股)	-	-	4,000,000	55.56
中国石油化工股份有限公司持股(A 股)	4,000,000	55.56	-	-
社会法人持股(A 股)	150,000	2.08	150,000	2.08
小计	4,150,000	57.64	4,150,000	57.64
(二) 已流通股份境内上市的				
人民币普通股(A 股)	720,000	10.00	720,000	10.00
境外上市的外资股(H 股)	2,330,000	32.36	2,330,000	32.36
小计	3,050,000	42.36	3,050,000	42.36
(三) 股份总数	7,200,000	100.00	7,200,000	100.00

本公司原控股股东中国石油化工集团公司("中石化")于 2000 年 2 月 25 日完成了一项重组。重组完成后,中国石油化工股份有限公司成立。作为该重组的一部分,中石化将其所持有的本公司 4,000,000,000 股股份,占本公司总股份 55.56%,出让给中国石油化工股份有限公司持有。中国石油化工股份有限公司因而成为本公司第一大股东。

2. 报告期末股东总数为 385,093 人,其中 A 股股东为 381,208 人,H 股股东为 3,885 人。

3. 主要股东持股情况

于 2000 年 12 月 31 日止,持有本公司股本的前 10 名股东如下:

名次	股东名称	股数(股)	占总股本比例(%)	持股种类
1.	中国石油化工股份有限公司	4,000,000,000	55.56	国家股
2.	香港中央结算(代理人)有限公司	1,841,233,401	25.57	H 股
3.	香港汇丰(代理人)有限公司	354,402,000	4.92	H 股
4.	上海康利工贸有限公司	16,730,000	0.23	社会法人股
5.	浙江省经济建设投资公司	12,000,000	0.17	社会法人股
6.	香港汇丰(代理人)有限公司	7,932,000	0.11	H 股
7.	上海市纺织原料公司	5,500,000	0.08	社会法人股
8.	杨国强	5,373,044	0.07	A 股
9.	上海广发公司	4,960,000	0.07	社会法人股
10.	Cheung Chah Sun	4,240,000	0.06	H 股

四、股东大会简介

上海石化 1999 年度股东大会于 2000 年 6 月 15 日召开,股东大会决议公告刊登于 2000 年 6 月 16 日的《上海证券报》、《中国证券报》、香港的《南华早报》及《文汇报》。

五、董事会报告

(一)业绩回顾及展望业绩回顾

二零零零年,是本公司发展史上不平凡的一年,公司面对复杂的市场形势,经受了十年来未遇过的国际原油市场价格高企和原油结构调整的考验,经受了生产、检修、建设任务的多种挑战并取得较好经济效益的一年。

生产保持高负荷稳定运行,产品实物量创出历史新高

二零零零年,本公司抓住国内市场需求旺盛、成品油价格同国际市场接轨的有利时机,加强运行管理和设备管理,努力确保生产装置高负荷、稳定运行。主要生产装置的非计划停车次数和时间分别较上年下降 27.03%和 19.01%。1 号常减压、丙烯腈等七套装置保持全年非计划停车为零的记录。1 号乙烯装置和 2 号乙烯装置分别为中石化集团公司内唯一一套连续两年未发生非计划停车的乙烯装置和唯一一套运行周期长达 34 个月的乙烯装置。通过两套常减压装置和催化、焦化等装置优化原油加工方案,公司年度轻油收率达到 74.17%,创历史新高。

二零零零年,本公司累计加工原油 601.16 万吨,比上年增长 12.91%(其中加工进口原油 276.14 万吨,比上年增长 135.40%),再创历史新高;生产汽油 87.98 万吨(其中城市清洁汽油 76.94 万吨),柴油 158.10 万吨,比上年分别增长 38.46%、75.80%;生产乙烯 59.05 万吨、丙烯 32.09 万吨,与一九九九年基本持平;生产合纤原料 35.29 万吨、合纤聚合物 40.85 万吨、合成纤维 30.53 万吨,分别比上年增长 6.7%、9.08%、39.85%;生产合成树脂 57.92 万吨,比上年增长 44.73%;主要产品的产量均达到本年度计划要求。同时,本公司产品质量继续保持优质稳定。

优化资源配置,减轻原油成本上涨影响

原油成本的波动直接影响公司的经营业绩。二零零零年,在国际原油价格持续上涨,以及国内原油价格与国际原油价格接轨的影响下,本公司原油成本与上年相比有很大的上升。截至二零零零年十二月三十一日止,本公司共加工原油 601.16 万吨:其中大庆原油 192.89 万吨,胜利原油 112.49 万吨,海洋原油 19.64 万吨,进口原油 276.14 万吨。本公司销售成本中,原油成本开支为人民币 106.91 亿元,占本公司年度销售成本的 58.58%,加工原油的平均成本价格为人民币 1,802 元/吨,(不含增值税,含运输费),比上年同期上升 63.82%,原油价格的上升和加工量的增加,使本公司成本增加人民币 49.98 亿元。面对挑战,本公司实施了有效的经营战略,如动态把握生产平衡,原料资源实现优化配置等,部分减轻原油成本上涨带来的负面影响。

石化产品需求旺盛,价格大幅上升

二零零零年,中国石化行业继续得到国家各方面的有力支持,如严厉打击走私,加强来(进)料加工监管,加强行业自律,规范经营行为,进行产业结构调整,关闭小炼油、小化工装置。此外,国内成品油继二零零零年二月、五月两次上调价格后,从二零零零年六月开始实现与国际市场基本接

轨，为石化产品销售创造了较好的内外部环境。二零零零年年初，国内石化产品需求逐渐旺盛，截止二零零零年十二月三十一日止，本公司的合成纤维、树脂及塑料、中间石化产品和石油产品等四大类产品的综合价格与上年相比有大幅度提高，分别增加了20.1%、17.1%、37.9%、48.5%。本公司抓住这一市场机遇，积极开展市场分析研究，调整产品结构，调整营销策略，稳固与客户的联系。各类产品的销售总量比上年增加11.9%，巩固提高了本公司产品的市场占有率。

把握市场脉搏，产品销售实现量价较好配合，销售收入创历史新高

本公司在健全内部营销管理体制和机制的同时，认真总结以往销售工作的得失，通过对市场的分析、预测和判断，努力把握销售节奏。特别是抓住原油价格持续上涨后，石化产品价格整体上调的良好时机，积极做好产品销售和货款回笼工作。全年主要产品的销售量和价格较好配合的程度较以往有明显提高，公司销售收入比上年增加41.91%，达199.189亿元，创本公司历史新高。产品产销率达到100.04%，货款回笼率达到100.24%。在优化和拓宽销售渠道方面，公司积极与有实力、资信度高、重合同、守信用的用户建立起长期、稳定的供货关系，不仅扩大了直销比例，还与下游有关企业建立起战略联盟。

完善技术创新体系，新产品、新技术开发成效显著

作为国家级的技术创新试点企业，公司进一步探索并完善技术创新体系，通过继续加大科研投入，加强新产品新技术的开发应用，加紧重点项目的实施，以及加快科研成果的产业化。二零零零年，公司生产新产品总量达到125.78万吨(其中清洁汽油为76.94万吨)，比上年增加195.88%，新产品产销率达到97.07%。在探索并完善技术创新体系的基础上，公司继续抓紧新产品、新技术的开发和市场应用。二零零零年新产品产值率为25.64%，合成纤维差别化率和合成树脂专用料比例分别达到29.48%和69.47%，并在专用树脂生产方面形成了专用料系列化的优势。公司生产的新一代城市清洁汽油自二零零零年三月份投放市场以来，取得了良好的经济效益和社会效益。

强化内部管理，全力实施降本增效

面对原油价格上涨带来的巨大成本压力，公司全面加强了安全、设备、质量、成本、生产运行等各项基础管理；进一步强化了全面预算管理，提高预算管理的准确性和权威性，从而使公司各项成本、费用开支控制在合理的范围之内。同时也进一步加强了审计监督工作，充分发挥审计公司一级管理体制的优势，积极开展生产经营、工程投资审计，内部控制制度评审和其他专项审计。通过实施各类审计，对公司企业规范经营行为、健全内部控制系统起到了积极的作用。通过合理的资金运作，减少了公司的财务费用，降低了资产负债比例。

资本开支计划进展顺利

二零零零年度，本公司以"四期"工程为主的各项资本开支项目进展顺利。作为公司未来几年重要效益增长点的"四期"工程，自二零零零年六月十八日开工以来，各项工作进展顺利。到目前为止，各项目设计审查、合同谈判、长周期设备采购等工作已基本完成，并先后进入土建施工。其中，70万吨乙烯改造主体工程，已完成装置场地和35KV总降区域的三通一平、裂解炉和综合楼的基础施工等工作；新建3PP

装置，已完成挤压区、界区管廊和聚合区等桩基施工，部分地下管线施工正在进行；新建4PE装置，已完成成品车间的桩基施工；6.6万吨腈纶改造工程，基础施工已基本完成，部分设备进入安装；电厂扩建项目的烟囱施工、主厂房桩基及锅炉基础施工已经完成，钢结构进入安装。此外，120万吨/年柴油精制加氢装置于二零零零年十一月投料开车成功，顺利实现"当年开工，当年建成"的目标；3.5万吨/年碳五分离改造项目于二零零零年三月投料开车；2万吨/年醋酸乙酯项目于二零零零年内基本建成；两个5万立方米成品油罐项目已经安装结束，具备进油条件；2号长丝聚酯装置改造项目已于二零零零年十二月生产出合格的聚酯产品。

二零零零年，公司还开展了与bP公司合资乙烯项目的可行性研究、合资合同及章程等的商务谈判工作。目前，该项目的可行性研究报告和环境评价报告已经完成，合资双方编制的市场报告和项目融资方案也已经确定，有关工作正在推进实施。二零零零年五月份成立了上海石化化学工业区开发办公室，为尽快把上海石化的优势扩展到上海化学工业区，积极了解、掌握开发市场的动态，先后成立了上、下水项目，管廊项目，供氧、氮气体项目和物流项目等项目组。经过调研，各项目的初步方案已基本编写完成。

二零零一年展望及工作安排

二零零一年，本公司预计在世界经济和贸易总体仍会呈现一定增长的大环境下，国际石化行业将会出现较好的发展态势；从国内形势看，我国将坚持扩大国内需求的战略方针，继续实施积极有利的财政政策和稳健的货币政策，加强和改善宏观调控；依靠体制改革和科技进步，推进经济结构和国有经济布局的战略性调整，坚韧不拔地推进国有企业改革。这些都为我们的生产经营和建设发展创造了良好的外部环境，特别是国家、中石化集团公司和上海市的"十五"发展规划，把二十一世纪石油化工的发展放到重要的地位，另外，国家着手实施的西部地区大开发战略、积极扩大出口和有效利用外资等一系列措施，也会给本公司带来新的发展机遇。

二零零一年，本公司将着重于：

(一)保持生产安、稳、长运行，尽最大努力增加生产适应市场、效益好的产品

公司将特别注重安全生产；认真研究加工进口含硫原油的设备及管线的防腐蚀问题和安全问题，及早采取防治措施；认真做好资源的综合利用和优化平衡；重点抓好节能降耗工作；进一步完善、落实环保责任制，积极推行清洁生产。

(二)强化"以用户为中心"的经营理念，积极拓展市场，扩大产品销售

进一步完善产品价格体系；进一步拓展、优化销售渠道；进一步推进与下游企业的战略联盟；积极发展网络营销和现代物流；进一步扩大产品出口；进一步改善物资供应工作。

(三)确保"四期"工程、重大技术改造项目和合资乙烯项目建设按计划到达节点

确保"四期"工程和重大技术改造项目按期完成；进一步完善项目投资决策程序，加强投资控制，强化设计审查、管理与监督；按照"安全第一、质量至上、文明施工"的原则；加快合资乙烯工程的工作进度，力争二零零一年年中成立合资公司。

(四)加快推进技术进步、技术创新工作

加快具有自主知识产权的成套技术的开发和攻关；集中力量抓紧重点项目的开发和市场推广；进一步完善技术创新体制和机制；抓紧科研设施的建设；继续结合公司重点技术改造项目和装置大检修，抓紧技措技改工作。

(五)不断完善人力资源开发和管理机制，继续深化公司体制、机制改革

加大各类人才的培养、使用和引进的力度；大力推进全体员工素质教育和培训；完善和深化"能上能下、能进能出"的用人机制；完善和深化收入分配机制改革。

(六)全面加强企业内部管理

进一步完善管理体系；结合质量管理体系程序文件的编制，修订、完善公司的管理制度；切实加强以财务预算、资金、成本管理为中心的内部管理；加强和完善财务、审计、监察"三位一体"的内部监控体系；用信息技术提升生产经营管理水平。

(二)董事会日常工作情况

本公司董事会全体成员遵照《中华人民共和国公司法》("《公司法》")及公司章程的规定，认真履行公司章程赋予的职责，认真执行股东大会决议，积极开展工作。

报告期内本公司共召开了3次董事会，具体情况如下：1.2000年1月26日召开了第三届董事会第四次会议，会议审议通过了有关奖励公司管理层的议案及通过了上海石化投资发展公司改制为有限责任公司的议案。2.2000年4月10日召开了第三届董事会第五次会议。会议审议通过了1999年度董事会工作报告、1999年度财务报告、1999年度利润分配方案、1999年年报、1999年年报摘要、审议通过了提呈美国SEC的20F表格、并审议通过了关于提呈1999年度股东大会的议案和总经理工作报告。有关公告刊载于2000年4月11日的《上海证券报》、《中国证券报》、香港的《南华早报》、《文汇报》。3.2000年8月16日召开了第三届董事会第六次会议。会议审议通过了2000年度中期业绩报告、关于不派发2000年度中期股利的决议。有关公告刊载于2000年8月17日的《上海证券报》、《中国证券报》、香港的《南华早报》、《文汇报》。

(三)、本公司现任董事、监事与高级管理人员资料

姓名	年龄	职务	任期	年初持股数	年末持股数	变动原因
陆益平	55	董事长兼总经理	1999/6-2002/6	3,600	3,600	–
许开程	44	副董事长	1999/6-2002/6	3,600	3,600	–
戎光道	45	董事兼副总经理	1999/6-2002/6	3,600	3,600	–
冯建平	47	董事兼副总经理	1999/6-2002/6	3,600	3,600	–
张志良	47	董事兼副总经理	1999/6-2002/6	3,600	3,600	–
蒋宝兴	56	董事	1999/6-2002/6	3,600	3,600	–
励伟昌	47	董事	1999/6-2002/6	1,000	1,000	–*
刘文龙	60	董事	1999/6-2002/6	---*		
张保鉴	56	董事	1999/6-2002/6	---*		
张洪林	58	董事	1999/6-2002/6	---*		
黄　鉴	59	董事	1999/6-2002/6	---*		
王永寿	61	董事	1999/6-2002/6	3,600	3,600	–*
顾传训	66	独立董事	1999/6-2002/6	---*		
王行愚	56	独立董事	1999/6-2002/6	---*		
何　斐	45	独立董事	1999/6-2002/6	---		
杜重骏	46	监事会主席	1999/6-2002/6	1,000	1,000	–
金维城	57	监事	1999/6-2002/6	1,000	1,000	–
夏简英	52	监事	1999/6-2002/6	1,000	1,000	–*
张建军	49	监事	1999/6-2002/6	---*		
刘兴汉	55	监事	1999/6-2002/6	---*		
陈信元	36	独立监事	1999/6-2002/6	---*		
刘向东	50	独立监事	1999/6-2002/6	---		
刘训峰	36	副总经理	1999/6-2002/6	1,500	1,500	–
吴海君	39	副总经理	1999/6-2002/6	2,000	1,500	减持
韩志浩	51	总会计师	1999/6-2002/6	---		
张经明	44	董事会秘书	1999/6-2002/6	---		

注：以上人士所持股份均为本公司A股股票，均为其个人权益。除上所述，各董事、监事和高级管理人员及彼等之关联人士于2000年度内概无在本公司已发行之股本中拥有任何实际权益。

本公司现任董事、监事度报酬情况

年度报酬在人民币80,000元~120,000元者2人；年度报酬在120,000元~150,000元者7人；年度报酬在年度报酬在150,000元以上者1人。* 彼等人士均为本公司外部董、监事，均未在本公司领取报酬。增选监事

于2000年6月15日召开1999年度股东大会增选张建军、刘兴汉、陈信元和刘向东文为本公司监事会成员。有关公告刊登于2000年6月16日《上海证券报》、《中国证券报》、香港的《南华早报》和《文汇报》

公司员工

本公司共有员工33,911人，其中18,079人为生产人员，370人为销售人员，3,892人为技术人员，384人为财务人员，3,668人为行政人员，3,967人为服务人员，3,551人为其他人员。本公司14.62%的员工是大专或以上学历毕业生。退休职工人数有6,809人。

(四)最佳应用守则

截至2000年12月31日，本公司遵守了香港联合交易所有限公司制定的上市规则附录十四《最佳应用守则》的规定要求。

(五)购买、出售和赎回股份报告期内，本公司及其附属公司概无购买、出售或赎回本公司股份。

(六)1999年末期股利

本公司1999年度利润分配方案以1999年12月31日的总股本7,200,000,000股为基数，派发1999年末期股利每10股人民币0.50元(含税)，方案经1999年股东大会表决通过，并于2000年6月向全体股东派发。

(七)本年度利润分配预案

中国石化上海石油化工股份有限公司2000年利润分配预案如下：本公司2000年度按中华人民共和国会计准则之税后利润为人民币903,932,000元，按国际会计准则审计之净利润为人民币856,510,000元。提取10%法定公积金人民币90,393,000元，提取10%法定公益金人民币90,393,000元；则可分配利润为人民币723,146,000元(国际会计准则为人民币675,724,000元)；加上年初未分配利润人民币540,998,000元(国际会计准则为人民币632,273,000元)，可供股东分配利润为人民币1,264,144,000元(国际会计准则为人民币1,307,997,000元)。董事会建议向全体股东派发末期股利每10股人民币0.6元(含税)，计人民币432,000,000元。

六、监事会报告

(一)监事会会议情况本报告期内本公司监事会共召开五次会议，具体情况如下：

1.二零零零年一月二十四日召开了第三届监事会第四次会议，审议通过了一九九九年度监事会工作小结及二零零零年监事会工作要点，审议通过了对公司长期投资分析等三份报告。

2.二零零零年四月七日召开第三届监事会第五次会议，会议审议通过了一九九九年度监事会工作报告、一九九九年度公司年报摘要。同时，还审议了公司关于提取各项资产减值准备制度及一九九九年度各项资产减值准备提取的报告。

3.二零零零年五月三十一日召开第三届监事会第六次会议，学习证监会发布的《上市公司股东大会规范意见》的通知，讨论一九九九年度股东大会的准备工作。

4.二零零零年六月十五日召开第三届监事会第七次会议，确定了公司监事会工作流程，决定加强对公司资产运作情况调研合扩大对公司月度财务状况评价的范围，作为下半年监事会的主要工作。

5.二零零零年八月十五日召开第三届监事会第八次会议，审议通过了公司董事会中期报告书和中期财务报告摘要。同时，还讨论通过了监事会对公司上半年财务状况的分析报告。

(二)监事会意见

1.在报告期内，公司运作规范，决策程序合法，没有发现公司董事、总经理及其他高级管理人员在履行公司职务时，有违反法律、法规、公司章程和有损公司及股东利益的行为。

2.公司财务报告真实地反映了公司的财务状况和经营成果，本公司中国境内核数师毕马威华振会计师事务所和国际核数师毕马威会计师事务所分别对公司财务报表出具了无保留意见的审计报告。

七、管理层讨论与分析

总论

以下呈列的资料乃对根据国际会计准则所编制的本公司会计帐项而作的分析。有关按美国公认会计准则所编制的本公司会计帐项的分析，已列于本公司向美国证券交易管理委员会所呈交有关年度报告之20-F表格内。任何股东均可以书面方式向本公司索阅该份文件作参考。

以下资料仅供参考之用，并不构成本公司的国际核数师毕马威会计师事务所所审核会计帐项的一部分。

在二零零零年中，进口和国内海洋原油价格以及本公司购买的部分国内陆上原油价格上涨较大，然而本公司大部分的产品价格也随之上涨，从而使得本公司的业绩未受不利影响。

本公司的经营业绩一直受若干基于计划经济体系内经营所引致而超出其控制范围的因素所影响，包括中国政府的原油分配等。但是，随着中国实施经济开放政策，这些因素的影响已逐渐减弱。

本公司自外部购入的唯一重要原料是原油。二零零零年，本公司共加工原油601万吨，原油成

本约占本公司销售成本的 58.6%。中国原油的价格和供应近年来发生了变化，国内原油价格与国际原油价格基本接轨。原油供应及价格是决定本公司盈利能力的关键因素。

由于国内陆上原油产量的增长不能满足国内石化行业增长的需求，本公司已逐步实施增加公司加工的进口原油比例的策略。本公司加工的原油组合将取决于将来向本公司分配国内陆上原油的多少，以及进口原油的可获得性、价格、品质和加工的效益，以及与本公司提炼能力的兼容性。如果现有的原油分配政策不再进一步进行重大修改，本公司相信国内或国际市场的原油供应将足以满足本公司的需求。

中国的国内陆上原油价格由中国政府控制，但定价的基础是国际市场相关原油的月度平均价格。进口和国内海洋原油通常以国际市场原油价格分配给本公司。二零零零年进口和国内海洋原油的平均成本分别为每吨人民币 1,856 元和人民币 1,746 元。二零零零年，本公司加工了 20 万吨国内海洋原油和 276 万吨进口原油。

从一九九八年开始，国家计划委员会每个月一次为各类国内陆上原油确定基准价，该基准价格基于可比的国际市场价格并且包含原油进口的关税因素。从二零零零年一月一日起，中国石化采用了一种新的价格机制以决定集团内部的原油供应价格，根据这种机制，提供给本公司的中国石化所属胜利油田生产的胜利原油价格也根据国际通行石油价格决定。二零零零年，本公司加工的大庆原油平均成本为每吨人民币 1,868 元，胜利原油平均成本为每吨人民币 1,563 元。二零零零年，本公司分别加工了 193 万吨大庆原油和 112 万吨胜利原油。

为了配合经济改革方面普遍取得的成绩，中国政府已于一九九八年底将一般关税的税率由 23%降为 17%。石化产品的关税已由 9%至 40%降为 5%至 21%。由于关税获调低，并且其贸易限制可获准进一步放宽，届时来自外国的竞争将会加剧。根据本公司的预测，关税调低后本公司主要产品的定价与进口同类产品的价格相近，因而不会对本公司造成重大影响。

自一九九三年一月一日起，经国家税务机关批准，适用于本公司所得税税率为税前利润（按适用于股份有限公司的中华人民共和国会计准则确定）的 15%。国务院于一九九三年十一月二十六日颁布的企业所得税条例自一九九四年一月一日开始实施，该条例规定，适用于中国所有企业所得税税率是税前利润的 33%。根据财政部、国家税务总局的一个通知，第一批九家 H 股上市公司在一九九六年和一九九七年继续适用 15%所得税率。一九九八年、一九九九年和二零零零年，国家有关部门并未收回这项税收优惠措施，但本公司并不保证财政部、国家税务总局不会在二零零一年收回此税率。

下表列明本集团在所示年度内的销售量及缴纳销售税后的净销售额：

截至十二月三十一日止年度

	一九九八年			一九九九年			二零零零年		
	销售量	净销售额		销售量	净销售额		销售量	净销售额	
	千吨	人民币百万元	百分比	千吨	人民币百万元	百分比	千吨	人民币百万元	百分比
自制产品合成纤维	246	2,053	19.2	310	2,698	19.2	306	3,207	16.1
树脂及塑料	620	3,339	31.2	727	4,291	30.6	811	5,601	28.1
中间石化产品	619	1,670	15.6	648	1,853	13.2	566	2,232	11.2
石油产品	2,292	2,788	26.0	2,908	4,208	30.0	3,458	7,429	37.3
贸易及其他项目	–	859	8.0	–	987	7.0	–	1,450	7.3
合计	3,777	10,709	100.0	4,593	14,037	100.0	5,141	19,919	100.0

下表列明所示年度的收入报表概要：

截至十二月三十一日止年度

	一九九八年		一九九九年		二零零零年	
	人民币	占净销售额	人民币	占净销售额	人民币	占净销售额
	百万元	百分比	百万元	百分比	百万元	百分比
净销售额	10,708.5	100.0	14,036.6	100.0	19,918.9	100.0
销售成本	(10,133.6)	(94.6)	(12,532.6)	(89.3)	(18,250.8)	(91.6)
毛利总额	574.9	5.4	1,504.0	10.7	1,668.1	8.4
销售及管理费用	(201.5)	(1.9)	(275.0)	(2.0)	(314.9)	(1.6)
经营利润	373.4	3.5	1,229.0	8.7	1,353.2	6.8
其他业务收入	310.1	2.9	122.0	0.9	175.9	0.9
其他业务支出	(64.1)	(0.6)	(261.8)	(1.9)	(111.8)	(0.6)
应占联营公司损失	–	–	–	–	(64.5)	(0.3)
财务费用净额	(366.6)	(3.4)	(368.3)	(2.6)	(272.2)	(1.4)
税前利润	252.8	2.4	720.9	5.1	1,080.6	5.4
所得税费用	(58.8)	(0.6)	(99.2)	(0.7)	(200.8)	(1.1)
税后利润	194.0	1.8	621.7	4.4	879.8	4.3

经营业绩截至二零零零年十二月三十一日止年度与截至一九九九年十二月三十一日止年度的比较。本集团二零零零年净销售额达人民币 199.189 亿元，较一九九九年的人民币 140.366 亿元，上升了 41.91%，其原因是本集团的产品价格和销售量于二零零零年中有所上升。二零零零年，中国石化行业继续得到国家各方面的有力支持，如严厉打击走私，加强来（进）料加工监管，加强行业自律，规范经营行为，进行产业结构调整，关闭小炼油、小化工装置。本集团的合成纤维、树脂及塑料、中间石化产品以及石油产品于二零零零年的加权平均价格较一九九九年分别上涨了 20.1%、17.1%、37.9%和 48.5%，总销售量上升了 11.9%。

合成纤维产品的净销售额为人民币 32.074 亿元，较一九九九年的人民币 26.978 亿元上升 18.9%。这主要是由于加权平均价格上涨 20.1%所致。合成纤维占集团净销售额的比例则比一九九九年有所下降，为 16.1%。在合成纤维中，腈纶短纤维的平均售价上升了 32.5%，销售量下降 12.1%；涤纶短纤维平均售价上升 10.5%，销售量上升 16.8%。

树脂及塑料的净销售额较一九九九年的人民币 42。907 亿元增加了 30.5%，为人民币 56。005 亿元。这是由于加权平均价格上涨 17.1%和销售量增加 11.5%，此类产品占总销售额的比重比一九九九年略有下降，为 28.1%。聚脂切片的平均售价比一九九九年上升了 15.7%，销售量上升了 10.5%。聚乙烯醇、聚丙烯的平均价格比一九九九年分别上升了 21.2%、13.7%。销售数量比一九九九年分别增加了 9.9%、17.9%。

中间石化产品的净销售额从一九九九年的人民币 18.530 亿元增加至人民币 22.323 亿元，上涨了 20.5%。这是因为加权平均价格上升了 37.9%。中间石化产品占集团总销售额的比重从一九九九年的 13.2%减少至 11.2%，这是因为销售量有所减少。乙烯、纯苯、丁二烯和环氧乙烷的价格分别上升了 40.9%、62.2%、56.4%、38.2%。纯苯、丁二烯的销售量与一九九九年基本持平，环氧乙烷的销售量比一九九九年上升了 6.8%。

石油产品的净销售额较一九九九年的人民币 42.081 亿元上升 76.5%，为人民币 74.293 亿元。这主要因为加权平均价格上升 48.5%和销售量增加 18.9%。石油产品占总销售额的比例从一九九九年的 30.0%上升至 37.3%。由于国际市场原油价格的上涨，石油产品的加权平均售价比一九九九年有大幅上涨。二零零零年度，本公司石油产品中的汽油和柴油价格比一九九九年分别上升了 45.2%和 45.1%。柴油的销售量上升了 75.8%，汽油的销售量上升了 44.2%。贸易及其他收入由一九九九年的人民币 9.870 亿元增加至二零零零年的人民币 14.495 亿元，上升了 46.9%。销售成本由一九九九年的人民币 125.326 亿元（占净销售额的 89.3%）增加至二零零零年的人民币 182.508 亿元（占净销售额的 91.6%），这主要归因于原油成本的上升。每吨原油所付加权平均成本由一九九九年的人民币 1,100 元至二零零零年的人民币 1,802 元，上升 63.8%。原油总成本上升 87.8%，由一九九九年的人民币 56.929 亿元升至二零零零年的人民币 106.910 亿元，占销售成本的 58.6%。二零零零年本公司加工原油 601 万吨，比一九九九年增加了约 69 万吨。

其他辅料的支出由一九九九年的人民币 27.078 亿元增加至人民币 31.977 亿元。这主要是由于本公司增加了中间原料的采购。折旧开支由一九九九年的人民币 14.511 亿元增加至二零零零年的人民币 15.147 亿元。维修保养成本比一九九九年的人民币 6.002 亿元上升了 5.2%，为人民币 6.315 亿元。

销售及管理费用由一九九九年的人民币 2.750 亿元增至二零零零年的人民币 3.149 亿元。主要是本公司增加促销力度，增加了产品销售数量所致。

经营利润由一九九九年的人民币 12.290 亿元增至二零零零年的人民币 13.532 亿元，上升 10.1%。主要原因是产品的综合加权平均价格上升和产品销量增加提高了本集团的净销售额，而此项提高大于由于原油价格上升带来的销售成本的增加对经营利润的负面影响。此外本集团调整产品结构，增产边际利润较高的产品也有效地增加了本集团的经营利润。

其他业务收入由一九九九年的人民币 1.220 亿元上升到人民币 1.759 亿元，上升 44.2%。

其他业务支出由一九九九年的人民币 2.618 亿元降至二零零零年的人民币 1.118 亿元，下降了 57.3%。

财务费用净额由一九九九年的人民币 3.683 亿元下降至二零零零年的人民币 2.722 亿元，主要是本集团利用中国人民银行的调息及时调整了贷款结构，因而有效地降低了财务费用。

税前利润从一九九九年的人民币 7.208 亿元增加至人民币 10.806 亿元，增幅为 49.9%。利润上升主要是由于经营利润的增加以及其他业务收支等由上年的亏损 1.398 亿元转为盈利 0.641 亿元，净增 2.039 亿元所致。

由于税前利润增加，以致所得税费用由一九九九年的人民币 9,919 万元增至人民币 20,084 万元。

二零零零年税后利润较一九九九年的人民币 6.217 亿元增加 41.53%，为人民币 8.798 亿元。

资产流动性和资本来源

二零零零年的经营活动现金净流入量为人民币 24.730 亿元，而一九九九年则为人民币 24.508 亿元。这项上升综合反映了(1)税前利润从一九九九年的人民币 7.208 亿元上升至人民币 10.806 亿元；(2)存货增加了人民币 11.334 亿元（一九九九年减少人民币 8,830 万元）；(3)应收帐款、应收票据、订金、其他应收帐款及预付款项增加了人民币 3.463 亿元，而一九九九年减少了人民币 3.275 亿元；(4) 欠控股公司及其附属公司款项增加了人民币 8.755 亿元，而一九九九年减少了 1.196 亿元；(5)应付帐款、其他应付帐款及应付票据增加了人民币 7.387 亿元，而一九九九年增加 2.437 亿元；(6)支付利息从一九九九年的人民币 6.660 亿元减少至二零零零年的 3.785 亿元。

因此，税前利润大幅上升、应付利息的减少、应付帐款、其他应付帐款及应付票据的增加和欠控股公司及其附属公司款项的增加对二零零零年经营活动现金流入量的影响，超出了存货、应收帐款、应收票据、订金、其他应收帐款及预付款项的增加对经营活动现金流出量的影响，从而导致二零零零年的经营活动现金净流入量较一九九九年为高。

二零零零年本集团的总借款额下降了人民币 21.428 亿元，为人民币 50.640 亿元，这主要是因为一年内到期的借款减少了 15.428 亿元，以及一年以上到期的借款减少了 6.000 亿元为 18.638 亿元。

于二零零零年十二月三十一日，本集团向银行为联营公司、合资企业及第三者作出的担保，所需承担的或有负债为人民币 4.394 亿元。

本公司目前的银行贷款的条款对本公司就其股份派发股利的能力并无限制。

二零零零年和一九九九年的资本开支分别为人民币 15.729 亿元和人民币 13.801 亿元。二零零零年资本开支主要是用于公司"四期"工程各项目、120 万吨/年柴油精制加氢装置、3.5 万吨/年碳五分离改造项目、2 万吨/年醋酸乙酯项目，两个 5 万立方米成品油罐以及 2 号长丝聚酯装置改造项目。

预计二零零一年的资本开支约为人民币 52 亿元，主要包括 70 万吨乙烯改造项目、新建聚乙烯、聚丙烯项目，腈纶短纤装置扩充，以及其他技术改造项目的投资。

计划的资本开支可以由经营所得现金及本公司所获得的银行信贷融资拨付。

比对美国公认会计准则

本公司按国际会计准则编制的会计帐项，与美国公认会计准则编制的会计帐项有若干差异。由于此等差价以及其调整带来的税务后果，二零零零年根据美国公认会计准则计算出来的本集团股东应占溢利，与根据国际会计准则计算的股东应占溢利相比，高出人民币 1.634 亿元。而与根据国际会计准则计算的股东权益相比，根据美国公认会计准则计算出的股东权益在二零零零年十二月三十一日和一九九九年十二月三十一日分别减少人民币 7.912 亿元和人民币 9.546 亿元。

八、重要事项

1.增选监事

1.本公司于 2000 年 6 月 15 日股东大会上，增选监事会成员，详情见"董事会报告"。

2.特别股东大会

2.报告期内，本公司没有召开特别股东大会。

3.收购项目

3.报告期内，本公司没有重大收购项目。

4.控股公司

本公司最终控股股东中国石油化工集团公司（"中石化公司"）于 2000 年 2 月 25 日完成了一项重组。重组完成后，中国石油化工股份有限公司（"中石化股份公司"）成立。作为该重组的一部分，中石化公司将其持有的本公司 4,000,000,000 股国有法人股股份，占本公司总股份的 55.56%，出让给中石化股份公司持有。中石化股份公司因而成为本公司第一大股东。

5.职工宿舍

根据财政部财会字(2001)第 5 号文件要求，住房制度改革于 2000 年停止。本公司在本年度内没有按住房制度改革之条例出售职工住房。

6.更改公司名称及法定地址

经本公司 2000 年 6 月 15 日股东大会批准，经国家政府有关机构批准，本公司于 2000 年 10 月 12 日，本公司更名为中国石化上海石油化工股份有限公司，法定地址更改为中华人民共和国上海市金山区金一路 48 号。本公司更改公司名称及法定地址不会对本公司任何股东的权利构成任何影响。有关公告刊登于 2000 年 10 月 16 日的《上海证券报》、《中国证券报》、《南华早报》和《文汇报》。

7.重大关联交易

本公司之独立董事已确认本集团在 2000 年内所参与之所有关联交易均属于普通及一般业务的一部分，而所有参与之交易均按一般商业条款成立，或按对股东公平及合理之条款成立。

8.核数师 2000 年度内，本公司续聘毕马威华振会计师事务所和毕马威会计师事务所分别为境内核数师和国际核数师。

9."三分开"情况

(1)在人员方面，本公司在劳动、人事及工资管理等方面独立；经理、副经理等高级管理人员在本公司领取薪酬，没有在股东单位担任重要职务。

(2)在资产方面，本公司拥有独立的生产系统、辅助生产系统和配套设施，独立拥有公司的无形资产；本公司拥有供销系统。

(3)在财务方面，本公司设立独立的财务部门，并建立了独立的会计核算体系和财务管理制度，独立在银行开户。

10.本年度公司无重大诉讼、仲裁事项。

11.公司或持股 5%以上股东在指定报纸和网站上，没有批露过承诺事项。

九、财务报告

（一） 审计报告

本公司及本集团按中华人民共和国会计准则编制的财务报表经毕马威华振会计师事务所罗铮及金乃雯注册会计师审计，并出具无保留意见的审计报告。同时，本公司及本集团按国际会计准则编制的财务报表经毕马威会计师事务所审计，并出具无保留意见的审计报告。

(二) 按照中华人民共和国会计准则编制的会计报表(附后)

会计报表附注

1.公司基本情况

中国石化上海石油化工股份有限公司(以下简称"本公司")，原上海石油化工股份有限公司，于1993年6月29日在中华人民共和国组建，本公司是国有企业上海石油化工总厂("上海石化")重组的一部分组成之股份有限公司。上海石化由中国石油化工集团公司("中国石化")直接监管与控制。中国石化是中华人民共和国的部级企业，负责中华人民共和国石油化工行业的管理与开发。

中国石化于2000年2月25日完成了一项重组。重组完成后，中国石油化工股份有限公司成立。作为该重组的一部分，中国石化将其所持有的本公司4,000,000,000股国有法人股股份，占本公司总股份的55.56%，出让给中国石油化工股份有限公司持有。中国石油化工股份有限公司因而成为本公司第一大股东。

于2000年10月12日，本公司更改名称为中国石化上海石油化工股份有限公司。

本公司主要从事石油化工业务，将原油加工以制成合成纤维、树脂和塑料、中间石化产品及石油产品。本公司的主要子公司资料载于注释3(a)"长期股权投资"一节。

2.主要会计政策

编制本报表所采用的主要会计政策是根据中华人民共和国财政部颁布的《企业会计准则》、《股份有限公司会计制度》及其他有关规定所制定的。

税项

本集团适用的主要税种及税率如下：

(i)企业所得税

所得税是按纳税影响会计法计提。按本年度利润或亏损计算的所得税包括即期税项及递延税项。即期税项

即期税项是根据年内应税收入以在结算日施行或实质上施行的税率计算的预计应付税项，以及就以往年度应付税项作出的有关调整。

根据国家有关税务法规，本公司于2000年的所得税率为15%。子公司按国家有关税务法规规定的税率缴纳所得税。

递延税项

递延税项是以资产负债表负债法计算，就资产与负债在财务报表的帐面值与计税所用的数额之间的暂时性差异计提准备，但不会就无法扣税的商誉及在初次确认时不会影响会计或应税利润的资产或负债的暂时性差异计提准备。递延税项数额的计算是根据预期在资产变现或负债结算期间施行的税率计算的。因税率改变而对递延税项造成之影响将被计入利润表内。

递延税项资产只有在未来有足够的应税利润可用作抵销补税务亏损时才会确认。如相关的税项利益不再可能获实现，则会将递延税项资产减记至可实现的数额。

(ii)增值税

根据国家有关税务法规，本集团需就集团大部分产品按销售发票价的17%计缴增值税(销项增值税)。销项增值税由顾客负担，连同发票价一起支付。本集团在采购物料时所缴付之增值税(进项增值税)，可从销货予顾客时所收的增值税中扣除。

(iii)消费税

根据国家有关税务法规，本集团需就集团销售的汽油及柴油分别按每吨人民币277.6元及人民币117.6元缴纳消费税。

3.长期股权投资

(a)本公司的主要子公司均是在中华人民共和国建立及经营的有限公司。于2000年12月31日对本集团的业绩或资产由重要影响的主要子公司之具体情况如下：

公司	注册资本千元	本公司持有股权%	子公司持有股权%	主要业务
上海石化投资发展公司	人民币650,000	100	–	投资管理
上海石化市场经营开发公司	人民币25,000	100	–	石化产品贸易
中国金山联合贸易公司	人民币25,000	70	–	石化产品及机器进出口贸易
上海金化实业有限公司	人民币25,500	–	81.46	石化产品贸易
上海金东石油化工实业公司	人民币40,000	–	60	石化产品贸易
上海金阳腈纶厂	人民币177,797	100	–	腈纶产品生产
浙江金浙石化联合股份有限公司	人民币40,000	–	53.4	石化产品贸易
上海金威石油化工有限公司	美金3,460	–	75	醋酸乙烯产品生产
上海金昌工程塑料有限公司	美金4,750	–	50.84	改性聚丙烯产品
上海金菲石油化工股份有限公司	美金50,000	–	60	聚乙烯产品生产
浙江金甬腈纶有限公司	人民币50,000	75	–	腈纶产品生产
上海石化企业发展有限公司	人民币220,000	100	–	投资管理
上海石化江海弹力丝厂	人民币3,000	–	100	涤纶弹力丝产品生产

所有子公司均未发行任何债券。

本公司因兼并子公司而产生的有关投资成本与子公司资产净值中本公司所持有的份额之差额计入股权投资差额。股权投资差额在10年内按直线法摊销。剩余摊销年限为6至7年。

本集团在合资企业的权益，包括于中华人民共和国成立的上海化学工业区发展有限公司的38.26%，共计人民币250,000,000元的权益。上海化学工业区发展有限公司的主营业务是规划、开发和经营位于中华人民共和国上海的化学工业区。由于该公司仍处于建设化学工业区的初步阶段，并且尚未开始运作，故未对其按权益法入帐。于2000年12月31日，本集团对上海化学工业区发展有限公司由人民币657,770,000元的资本承担。

本集团其他的合资企业的权益，包括非控股的股份投资。这些企业主要从事与本集团业务有关的制造或贸易活动。本集团在截至2000年12月31日止年度内因这些权益而应占的业绩，对本集团的利润并不重要，故未按权益法入帐。

在未合并的子公司的权益，指本公司在对本集团的业绩或资产并没有重要影响，因而未作合并的子公司的权益。

(b) 本公司的主要联营公司是在中华人民共和国建立及经营的有限公司。于2000年12月31日对本集团的业绩或资产由重要影响的主要联营公司之具体情况如下：

公司	注册资本千元	本公司持有股权百分比	主要业务
上海金地石化有限公司	美金35,640	48	石化产品贸易
上海金森石油树脂有限公司	美金14,695	40	树脂产品生产

4.关联方及关联交易

(a)存在控制关系的关联方

企业名称：中国石油化工股份有限公司

注册地址：北京市朝阳区惠新东街甲六号

主营业务：石油及天然气业务包括业务勘探、开发及生产原油及天然气；管输原油、天然气及产品；将原油提炼为石油制品；以及营销原油、天然气合成品油。化工业务包括制造及营销广泛的工业用化工产品

于本企业关系：控股公司

经济性质：股份有限公司

法定代表人： 李毅中

注册资本：人民币839亿元

于2000年12月31日，中国石油化工股份有限公司持有本公司股份40亿股。

(b)其他关联方中国石油化工集团公司(最终控股公司)中国石化财务有限责任公司(最终控股公司属下子公司)中国石化镇海炼油化工股份有限公司(控股公司属下子公司)

(c)本集团在截至2000年12月31日止年度内所进行的大部分交易对象及条款，均由中国石油化工股份有限公司及有关政府机构所决定。

中国石油化工股份有限公司代表其集团于供应商洽谈及协定原油供应条款，然后酌情分配给其附属公司(包括本集团)。在本年度内，本集团按中国石油化工股份有限公司分配基准所购买的原油价值如下：

	2000年	1999年
	人民币千元	人民币千元
原油价值	11,641,888	5,749,527
已付原油加权平均成本制度的净补差	–	36,950

(d)本年度本集团与其他关联方进行的其他交易如下：

	2000年	1999年
	人民币千元	人民币千元
销售	7,317,930	2,459,739
采购	312,101	417,062
维修费	102,476	112,450
保险费	73,506	70,757
利息收入	2,903	2,102
研究及开发费用	75,000	72,721

本集团于注释(b)所披露的其他关联方的销售及采购交易约占同类关联交易的80%。

本公司的董事会认为上述交易是一般的普通业务往来及基于普通的商业交易条件或有关交易的协议。以上均得到本公司非执行董事确认。

(e)应收/(应付)关联方款项

	集团		公司	
	2000年	1999年	2000年	1999年
	人民币千元	人民币千元	人民币千元	人民币千元
应收子公司	–	–	358,557	402,498
应收控股公司	27,916	–	27,916	–
应付控股公司	(37,391)	(23,409)	(37,391)	(23,409)
应收其他关联方	129,158	346,932	129,158	343,917
应付其他关联方	(800,871)	(129,255)	(800,871)	(129,255)

上述应收及应付关联方款项分别包括在其他应收款及其他应付款中。

(f)存于关联方的货币资金

	集团		公司	
	2000年	1999年	2000年	1999年
	人民币千元	人民币千元	人民币千元	人民币千元
货币资金	386,189	258,826	386,189	258,826

5.资本承担于12月31日，除于注释(3)所披露的资本承担外，其他资本承担如下：

	集团及公司	
	2000年	1999年
	人民币千元	人民币千元
已签约但未提准备	6,583,805	1,661,425
已被董事会批准但未签约	1,159,875	5,881,367
合计	7,743,680	7,542,792

6.或有负债于12月31日，或有负债如下：

	集团		公司	
	2000年	1999年	2000年	1999年
	人民币千元	人民币千元	人民币千元	人民币千元
为下列单位向银行作出的担保–子公司	–	–	1,052,378	1,399,586
–联营公司	283,640	–	283,640	–
–合资公司	100,700	389,554	100,700	389,554
–第三方	55,100	36,000	55,100	36,000
合计	439,440	425,554	1,491,818	1,825,140

为子公司、联营公司和合资公司向银行作出的担保，以本公司在这些单位的个别权益为限。

(三)、按照国际会计准则编制

1.合并损益表

单位：人民币千元

项目	2000年	1999年
营业额	19,918,870	14,036,587
销售成本	(18,250,790)	(12,532,636)
毛利	1,668,080	1,503,951
销售及管理费用	(314,870)	(275,003)
其他业务收入	178,325	121,979
其他业务支出	(114,213)	(261,797)
营业利润	1,417,322	1,089,130
应占联营公司损失	(64,491)	–
财务费用净额	(272,186)	(368,287)
税前利润	1,080,645	720,843
所得税费用	(200,837)	(99,185)
税后利润	879,808	621,658
少数股东权益	(23,298)	(15,932)
股东应占溢利	856,510	605,726
每股盈利	人民币0.12元	人民币0.08元

2.帐项附注

(1)主要会计政策及修订

本报表之会计帐项按照国际会计准则及香港公司条例之披露规定编制而成。除股利之会计政策外[见附注(7)]，本公司所采用的会计政策与1999年年度财务报告相同。

(2)其他业务收入	2000年	1999年
	人民币千元	人民币千元
合资企业及其他投资收益	56,887	19,133
服务收入	84,194	69,477
递延收益摊销	14,822	14,822
其他	22,422	18,547
	178,325	121,979

(3)其他业务支出	2000年	1999年
	人民币千元	人民币千元
出售职工住房的亏损	–	155,398
变卖固定资产的亏损	18,946	41,385

服务费用支出	46,000	15,700
商誉摊销	13,448	13,448
捐赠支出	15,126	12,445
其他	20,693	23,421
	114,213	261,797

(4)财务费用净额

	2000 年	1999 年
	人民币千元	人民币千元
银行及其他贷款利息支出	375,517	482,625
减:在建工程资本化的金额 *		
	(20,048)	(47,331)
利息净支出	355,469	435,294
利息收入	(71,922)	(91,226)
汇兑净(收益)/亏损	(11,361)	24,219
	272,186	368,287

* 借贷成本已就在建工程按每年 5.85%至 8.91%(1999 年:6.2%至 10.98%)的比率资本化。

(5)税前利润税前利润已扣除:

	2000 年	1999 年
	人民币千元	人民币千元
存货成本 #	18,250,790	12,532,636
折旧		
土地及建筑物 #	297,869	281,465
厂房、机器、设备及其他 #		
	1,216,841	1,169,673
	1,514,710	1,451,138
维修及保养开支 #	631,454	600,235
研究及开发费用 #	108,043	106,811
雇主退休金供款		
市政府退休金 #	176,415	143,701
补充养老保险金 #	26,516	25,971
职工成本 #	1,061,455	1,007,956
核数师酬金	5,796	6,623

于 2000 年, 平均职工人数为 33,911 人 (1999 年:35,826 人)。 存货成本包括人民币 3,518,593,000 元(1999 年:人民币 3,335,812,000 元)的职工成本、折旧、维修及保养开支、研究及开发费用以及退休金供款。有关数额亦已记入各类费用在上文分开列支的数额中。

已包括在本公司财务报表之股东应占溢利为人民币 856,510,000 元(1999 年:人民币 605,726,000 元)。

(6)税项

中华人民共和国所得税是按有关的税务规定按利润的 15%(1999 年:15%)来计算。由于本集团并未有业务在中华人民共和国境外,故并不需为中华人民共和国境外的所得税做准备。财政部并未有通知本公司于 2001 年可继续沿用 15%的税率。因此,本公司的适用税率有可能在 2001 年内上升。

(7)股利

本公司在 2000 年采用了《国际会计准则》第 10 号(1999 年修订)"资产负债表日后事项"[注释(10)]。采用了该准则后,本公司需在拟派股利时把股利确认为当期负债。1999 年财政年度的末期股息每股人民币 0.05 元已于 2000 年 4 月 10 日拟派, 并于 2000 年度支付 (1999 年: 每股人民币 0.03 元)。

就截至 2000 年 12 月 31 日止年度而言,根据于 2001 年 4 月 13 日举行的董事会会议中通过的决议,拟派截至 2000 年 12 月 31 日止年度的末期股息为每股人民币 0.06 元(1999 年:每股人民币 0.05 元),合共为人民币 432,000,000 元(1999 年:人民币 360,000,000 元)。

(8)每股盈利

每股股利是按股东应占溢利人民币 856,510,000 元(1999 年:人民币 605,726,000 元)及本公司于年度内已发行股份 7,200,000,000 股(1999:7,200,000,000 股)计算。

(9)储备变动情况截至 2000 年 12 月 31 日止年度,本集团储备余额从期初的人民币 13,005,124,000 元增至期末的人民币 13,501,634,000 元。其中,股本溢价期末余额为人民币 2,420,841,000 元,与期初比未有变化;法定公积金由期初的人民币 733,658,000 元增加至期末的人民币 824,051,000 元,其增加是从 2000 年股东应占溢利中提取法定公积金人民币 90,393,000 元;法定公益金由期初的人民币 651,569,000 元增加至期末的人民币 741,962,000 元,其增加是从 2000 年股东应占溢利中提取法定公益金人民币 90,393,000 元;一般盈余公积金期末余额人民币 82,089,000 元,与期初比未有变化;任意公积金期末余额为人民币 1,280,514,000 元,因本年未提取任意公积金,与期初比没有变化;资本储备基金期末余额为人民币 4,180,000 元,与期初比没有变化。

(10)会计政策的变动本集团于年内采用了《国际会计准则》第 10 号(1999 修订)——资产负债表日后事项。

采用《国际会计准则》第 10 号(1999 修订)导致股息在宣派当日确认为负债。在以往年度,某段会计期间后宣派的股利在该会计期间内予以确认。这项变动具有追溯效力,故已经透过重报比较数字及调整 1999 年 1 月 1 日保留溢利的期初结余计入帐项内。

会计政策的变动在 2000 年及 1999 年度的影响如下:

	集团及公司	
	2000 年	1999 年
	人民币千元	人民币千元
按早前报告的期初保留溢利	272,273	174,109
采用《国际会计准则》第 10 号(1999 修订)的影响	360,000	216,000
重报的期初保留溢利	632,273	390,109

(11) 分行业报告本集团分行业资料如下:

	2000 年	1999 年
	人民币千元	人民币千元
净销售		
制造的产品		
合成纤维		
对外销售	3,207,388	2,697,791
行业间销售	21,102	14,451
小计	3,228,490	2,712,242
树脂及塑料		
对外销售	5,600,463	4,290,720
行业间销售	25,401	19,585
小计	5,625,864	4,310,305
中间石化产品		
对外销售	2,232,250	1,853,008
行业间销售	4,920,795	3,338,464
小计	7,153,045	5,191,472
石油产品		
对外销售	7,429,253	4,208,108
行业间销售	582,112	449,940
小计	8,011,365	4,658,048
其他		
对外销售	1,449,516	986,960
行业间销售	1,382,080	1,003,039
小计	2,831,596	1,989,999
行业间销售相互抵减	(6,931,490)	(4,825,479)
净销售合计	19,918,870	14,036,587

对外销售包括对中国石化属下公司的销售。

	2000 年	1999 年
税前利润	人民币千元	人民币千元
营业利润合成纤维	175,211	84,668
树脂及塑料	574,644	621,960
中间石化产品	189,096	94,983
石油产品	350,122	268,539
其他	128,249	18,980
营业利润合计	1,417,322	1,089,130
应占联营公司损失其他	(64,491)	-
合并应占联营公司损失	(64,491)	-
财务费用净额	(272,186)	(368,287)
税前利润	1,080,645	720,843

(12) 按照国际会计准则和中华人民共和国会计准则编制的会计报表差异

就国际会计准则和中华人民共和国会计准则编制的会计表表重大差异对股东应占溢利的影响总结如下:

	截至 12 月 31 日止年度	
	2000 年	1999 年
	人民币千元	人民币千元
按国际会计准则编制的		
会计报表之股东应占溢利	856,510	605,726
调整:员工宿舍房屋使用权清理	-	155,398
递延税项的影响	47,422	(23,310)
按中华人民共和国会计准则编制的		
会计报表之股东应占溢利	903,932	737,814

	于 12 月 31 日	
	2000 年	1999 年(重报)
	人民币千元	人民币千元
已于从前年度披露的按国际会计准则编制的会计报表之股东权益		12,645,124
采用国际会计准则第 10 号(1999 年修订)的影响		360,000
按国际会计准则编制的会计报表之股东权益(1999 年:重报)	13,501,634	13,005,124
调整:员工宿舍房屋使用权清理	316,147	316,147
递延税项的影响	-	(47,422)
评估差异	44,887	44,887
政府补助	386,370	-
于资产负债表日后宣布之股利	(432,000)	(360,000)
按中华人民共和国会计准则编制的		
会计报表之股东权益	13,817,038	12,958,736

(四) 供北美投资者参考补充资料就国际会计准则及美国公认会计准则之重大差别对股东应占溢利及股东权益影响总结如下:

	注释	截至 12 月 31 日止年度		
		2000 年	2000 年	1999 年
		美元千元	人民币千元	人民币千元
按国际会计准则编制的财务报告之股东应占溢利		103,467	856,510	605,726
按美国公认会计准则之调整:				
汇兑损益	(a)	4,476	37,054	37,054
固定资产的资本化	(b)	2,622	21,703	21,703
重估固定资产而产生的额外折旧	(c)	16,126	133,491	133,491
以上调整对税项之影响		(3484)	(28,837)	(28,837)
大约按美国公认会计准则编制的财务报告之股东应占溢利		123,207	1,019,921	769,137
按美国公认会计准则编制的财务报告之每股盈利	(d)	美元 0.017 元	人民币 0.142 元	人民币 0.107 元
按美国公认会计准则编制的财务报告之美国预托证券每股盈利	(d)	美元 1.711 元	人民币 14.166 元	人民币 10.682 元

	注释	于 12 月 31 日		
		2000 年	2000 年	1999 年
		美元千元	人民币千元	人民币千元
已于从前年度披露的按国际会计准则编制的会计报表之股东权益				12,645,124
采用国际会计准则第 10 号(1999 年修订)的影响				360,000
按国际会计准则编制的财务报告之股东权益(1999 年:重报)	26,(e)	1,631,006	13,501,634	13,005,124
按美国公认会计准则之调整:				
汇兑损益	(a)	(13,727)	(113,635)	(150,689)
固定资产的资本化	(b)	(10,486)	(86,816)	(108,519)
重估固定资产	(c)	(88,227)	(730,352)	(863,843)
以上调整对税项之影响		16,866	139,621	168,458
按美国公认会计准则编制的财务报告之股东权益		1,535,431	12,710,452	12,050,531

载有上市规则附录 16 第 45(1)至 45(3)条所规定全部资料之详细业绩公布,本公司将于稍后在本公司网站及香港联合交易所有限公司网站上公布。

公司董事长李禄安先生为公司股票上市开锣

国旅联合股份有限公司
CHINA UNITED TRAVEL CO.,LTD.

国旅联合股份有限公司(以下简称“公司”)是经国家经济贸易委员会、国家旅游局批准，由中国国际旅行社总社、南京市旅游总公司、浙江富春江旅游股份有限公司、上海大世界(集团)公司、杭州之江发展总公司等五家企业共同发起设立的股份有限公司，公司于1998年12月28日获准登记。2000年9月22日经中国证监会批准，公司在上海证券交易所发行社会公众股5000万股，发行价每股人民币5.86元，使公司总股本达到14000万元。

旅游业是世界公认的朝阳产业。公司主要从事旅游产业投资、旅游服务、汽车客运、出租汽车经营、旅游信息服务、旅游电子商务和国内贸易。

公司从建立市场网络出发，重点推进面向中国本地客源市场的营销网络的建设，并运用电子商务平台为客户进行旅行预订;坚持发展“阳光旅程”和“绿色家园”为品牌的旅游客运和休闲度假地经营两大系列产品的主营业务。

股票简称：国旅联合　　股票代码：600358

地址：南京市汉中路89号金鹰国际商城18层A座
电话：(025)4700028　传真：(025)4702099　邮编：210029
电子信箱：gllh@publicl.ptt.js.cn
公司网址：http://www.utcompany.com

公司董事长、总经理：马兴田　　全国劳动模范

KANGMEI

广东康美药业股

Guangdong Kangmei Pharmaceu

广东康美药业股份有限公司是以化学合成制药、生物工程制药为主导产业，集药品生产、研究开发、经营批发、连锁配送于一体的国家重点高新技术企业。公司于1997年6月以发起方式设立，1998年在全国6000多家制药企业中率先通过国家药品生产质量管理体系GMP认证，1999年通过了医药经营质量管理体系GSP验收；2000年被认定为国家重点高新技术企业。2001年3月公司股票在上海证券交易所发行上市，现有总股本7080万，流通A股1800万股（证券代码：600518）。根据中国证券报社和清华大学企业研究中心公布的《2000年中国上市公司综合绩效排序》，康美药业在1082家上市公司中名列171位；在《2000年中国上市公司盈利能力排序》中列第44位。

公司现有总资产4.5亿、净资产3.2亿元，2000年净利润2445万元。公司药品生产基地位于普宁市下架山工业区，首期投资1.8亿元，占地面积近3万平方米。基地一期工程建成了符合国际药品GMP标准的片剂车间、胶囊车间、中试车间，形成了年生产片剂6亿片、胶囊3亿粒的规模。公司与中国医学科学院、北京协和医院、中国医科大学、江苏省药物研究所、暨南大学医药生物技术研究开发中心等多所大专院校和科研机构保持着长期的业务联系，培育出了以康美利乐、康美诺沙、康美络欣平为代表的、具有相当强市场竞争优势的拳头产品，并通过规范化的营销运作，使企业发展走上良性循环的健康轨道。

公司发行股票所募集的2.1亿元资金，将用于引进先进的生产、检测设备，以完成公司四大主产品生产线的新建、扩建工作。在公司的主要产品中，康美络欣平（甲磺酸多沙唑嗪片）是国家二类新药，并入选广东省科技创新百项工程、国家重点火炬计划项目以及国家创新基金项目。因具有高效、长效、安全和使用方便等特点，并且在降低血压的同时有降低血脂的作用，该药被列为治疗高血压病的一线治疗药物。脲胺（盐酸丙哌唯林片）是国家二类新药，为治疗尿频、尿急、尿失禁的新型理想药物，被列入国家创新基金项目。抗感冒药康美利乐（氨酚伪麻片）是国家三类新药，具有不打瞌睡、不伤肠胃、起效快等特点。新型抗菌素康美诺沙（克拉霉素分散片）是国家四类新药，具有抗菌作用强、副作用小，且剂型特别适应老人、儿童等吞咽困难的患者的特点。预计2002年公司募股项目全部完成达产后，公司的盈利能力将较现有水平有大幅度提高。

自成立以来，公司的经营业绩和资产规模保持了快速、稳定增长，已在较短时间内成长为粤东地区少有的大型医药生产经营企业。1997年公司被国家农业部核准为国家大型企业，1998年被广东省科委确认为广东省高新技术企业；1999年通过国家科技部和中国科学院组织的"双高"认证；2000年被认定为国家重点高新技术企业。公司董事长马兴田先生荣获"全国劳动模范"称号，并先后被评为"广东省优秀青年企业家"、"广东省优秀乡镇企业家"、"揭阳市优秀青年企业家"、"普宁市十佳青年"等。

份有限公司

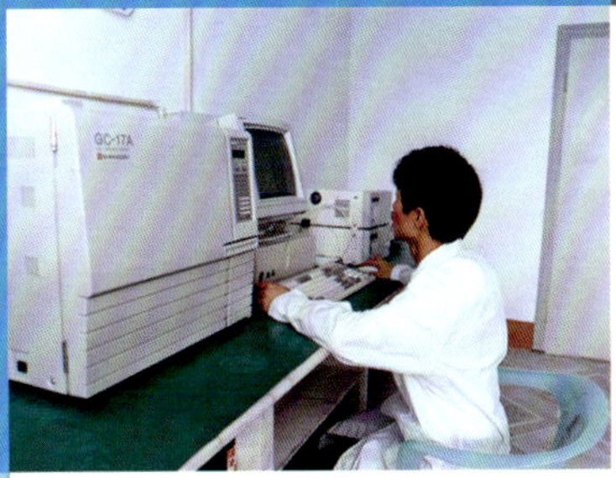

ai Co.,Ltd

地址：广东省普宁市流沙镇长春路
电话：(0663)2913819
传真：(0663)2916111
邮编：515300

股票简称:北生药业 股票代码:600556

广西北生药业股份

公司董事长：何玉良

广西北生药业股份有限公司前身为北海通发实业股份有限公司，成立于1993年11月28日。公司是国家生物工程制药中试基地，国家定点血液制品企业，通过国家药监局GMP认证的血液制品生产企业之一，全国首批通过GMP认证的基因工程干扰素制药企业。1999年，公司经广西壮族自治区科学技术厅认定为高新技术企业，同年通过国家科技部和中国科学院组织的"双高"评审。

GUANG XI BEISHENG PHARMACEUTICAL CO.,LTD

有限公司

公司主要从事生物生化药品、基因工程制品、血液制品和人体组织工程材料等的研制开发、生产和销售等业务。注册地址在广西壮族自治区北海市，法定代表人何玉良，注册资金9000万元，总资产65000万元，净资产46000万元，现有在册员工650人。公司具有1000万支(瓶)针剂的生产能力，拥有水针剂、粉针剂、胶囊、小输液等生产线9条，批准文号53个。主要产品包括：基因工程干扰素a-2b、异体真皮、胸腺肽和系列血液制品等。

公司下辖三家分公司：辽阳血液技术分公司、长春凯旋制药分公司和柳州生物制品分公司；二家控股子公司：浙江汉生制药有限公司、北京桀亚莱福生物技术有限公司。

公司拥有的生物药品种类与技术含量居国内同行前列，产品涵盖生化技术、基因工程、细胞培养等多个领域。随着募集资金投资项目的实施，公司将形成年产胸腺肽600万支、a-2b注射用重组人干扰素250万支、冻干口服福氏2a、宋内氏痢疾双价活菌苗500万人份、J-1型脱细胞异体真皮600平方米，5%声振人血白蛋白10万支，年处理血浆300吨、白蛋白75kg、肌注丙球300kg、静注丙球600kg的生产能力。竞争优势进一步提升。

公司主导产品及拟上市产品中，宋内氏痢疾双价活菌苗为国家一级新药及国家863计划项目、注射用重组人干扰素a-b、新型心脏造影剂5%声振人血白蛋白注射液为国家二类新药、J-1型脱细胞异体真皮为国家纺火炬计划项目。冻干口服液福氏2a、宋内氏痢疾双价活菌苗、注射用重组人干扰素a-b、J-1型脱细胞异体真皮为国家计委、科技部《当前优先发展的高技术产业化重点领域指南》(1999年度)中提出的近期产业化重点产品。新型心脏造影5%声振人血白蛋白注射液、J-1型脱细胞异体真皮系列等为国内独家生产，填补国内空白，具有较高的科技水平和广阔的市场前景。

公司在全国建立了完善的营销网络，已在全国25个省市自治区及大中城市建立了20多个总代理、总经销、数百个代理商及公司直设的七个销售办事处，客户网点已达900多个。可以有效地保证公司产品的产销平衡和敏锐的市场应能力。

公司有一批以博士为主的高素质的研发人员队伍，加之股东单位沈阳药科大学的技术支持以及与国内科研院所良好协作关系，形成了公司研究、开发、储备、生产的产品梯队。

公司将以生物制药为主营业务，以"使公司成为最具发展潜力的制药企业"为发展宗旨，力争在5至10年内建成国内最大的生物制药生产基地之一和领先的研究开发中心，年产值达15亿元，年利润达4-5亿元，成为一家集生物制品、生化药品和血液制品的研究开发、生产、销售和科研成果转让与服务一体的高新技术企业集团。

公司办公楼外景

公司门牌

公司评为高新技术企业

公司产品

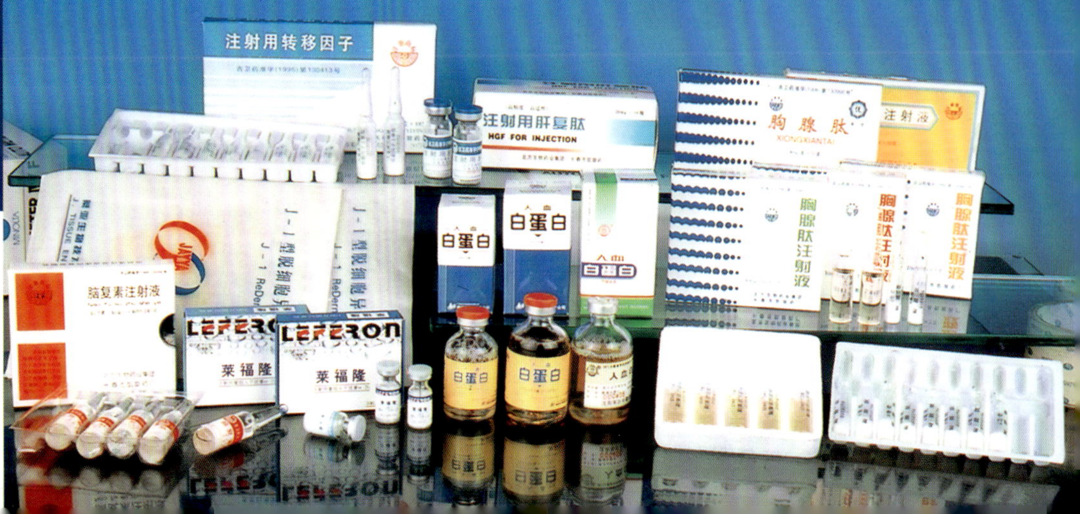

大连冰山橡

DALIAN BINGSHAN

公司董事长：穆传江

公司总经理：刘庆禄

大连冰山橡塑股份有限公司是由大连冰山集团联合其他四家企业作为发起人，以大连橡胶塑料机械厂的经营性资产作为主体资本，于1999年3月正式成立的股份有限公司，注册资本10500万元人民币。公司的前身大连橡胶塑料机械厂始建于1907年。

公司位于渤海之滨的明星城市大连，是中国橡胶塑料机械行业中历史最悠久，研发和制造能力最强大的企业之一。

公司主要为石化、农业、汽车、电讯、水利、建材、包装等行业提供高附加值的橡胶塑料制品生产线和各类大、中型设备。主要产品有：橡胶、塑料密炼生产线，橡胶、塑料压延生产线，塑料挤出生产线，各种开炼机、轮胎定型硫化机、塑料辅助加工及二次成型加工设备。通过数十年不懈的努力，公司开发的橡塑机械产品获得省市以及国家级科技进步和优秀新产品奖56项。

公司现有各类专业技术人员300多人，有国家级专家1人，享受国务院和市政府津贴的专家10人。产品的研发和设计工作，全部采用CAD和CAPP等先进的技术手段完成。公司生产技术装备精良，检测手段先进，质量管理完善，是国内同行业中唯一的国家一级计量单位，并于1996年率先通过ISO9001质量体系认证。公司于2000年被科技部授予国家863计划CIMS示范应用企业称号。

公司通过不断完善的营销服务网络，为用户提供各种橡塑机械和配套产品，以及安装、调试、维修、技术培训等全方位服务，用户遍及全国和世界60多个国家、地区。

公司外景

塑股份有限公司

BBER & PLASTICS CO.,LTD.

开放式炼胶(塑)机

密闭式炼胶(塑)机

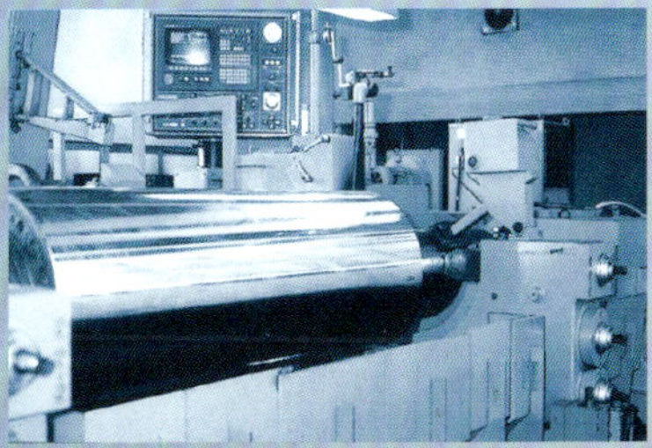

数控精密磨床

数控龙门加工中心

橡胶压延机

塑料吹塑薄膜机组

地址：辽宁省大连市甘井子区周水子广场1号
邮编：116033　　电话：(0411) 6641896

公司董事长：翁景庆　　公司总经理：曹义

中铁二局股份有

法定住所：成都高新区创业东路18号高新大厦10楼
邮编：610041
联系地址：成都市通锦路16号
邮编：610032
电话：(028)7684612
传真：(028)7680396
电子邮箱：ztejbgs@mail.sc.cninfo.net

建成当今世界最大导流洞—开挖断面达628平方米、长1088米的四川二滩水电站左导流洞

承建我国第一条快速铁路—秦沈客运专线两个标段，均评为站前工程“优秀标段”。图为长10.26公里的月牙河特大桥

修建的跨越长江大桥—丰都长江大桥

建成深圳市最大立交桥—雅园立交桥，获鲁班奖

限公司

中铁二局股份有限公司是经国家经贸委批准，由中铁二局集团有限公司作为主发起人，联合宝鸡桥梁厂、成都铁路局、铁道部第二勘测设计院和西南交通大学，于1999年9月24日发起设立。公司已通过ISO9001质量体系认证，是四川省科委认定的高新技术企业。经中国证监会核准，2001年5月8日在上海证券交易所上网定价发行1.1亿股社会公众股。

公司具有承担各类型工业、能源、交通、民用等工程项目施工的总承包一级资质。主营业务包括：铁路、公路、桥梁、机场、港口码头、水利电力、市政工程等建设项目的施工总承包和机械租赁，主要产品为铁路、公路等工程，年产值超过40亿元。

公司现有员工4450人，其中各类专业技术人员2851人，从事科技开发的研究人员1250人，分别占员工总数的64.07%和28.09%；具有中、高级职称的专业技术人员有786人，占员工总数的17.7%。

公司拥有总资产30.6亿元，净资产18.5亿元，固定资产原值6.06亿元，固定资产净值4.1亿元。拥有各类机械设备2800余台（套），技术装备率人均60269元，动力装备率人均40.28千瓦，企业实力居全国铁路建筑施工企业前列。

公司实施“科技兴业”战略，大力推进技术创新，应用高新技术改造和提升传统产业，通过与科研院所及其他企业的合作，在高速铁路、高速公路、城市地铁、深水基础、大跨度桥梁、长大隧道、大断面导流洞、大面积软土、膨胀土和控制爆破等重点技术领域的128个高难新技术专题展开研究和攻关，多项科技成果荣获国家和省部级科技进步奖。

公司坚持“科技先导、质量为本、重誉守约、用户至上”的质量方针，严格运行ISO9001质量体系，确保了工程质量合格率100%，优良率达95.7%以上。施工的成渝高速公路缙云山隧道、京九铁路湖南编组站工程荣获鲁班金像奖；丰都长江大桥荣获国优工程银质奖和部优一等奖；厦门仙岳山隧道获中国市政工程金杯奖；徐连线新浦车站站房和中运河特大桥、京九铁路工程荣获部优一等奖。此外还有大量工程获地方优质样板工程称号。

公司先后被评为“全国优秀施工企业”、“全国工程质量管理先进企业”和“全国用户满意施工企业”，跻身全国55家优秀施工企业行列。

股票公开发行是公司发展的新里程碑，作为中国铁路建设第一股，公司将抓住机遇，努力开创改革发展的新局面。

广铁路复线连源段谱写了中国路史上首段“全段创优”新篇章，鲁班奖和国家优质工程银奖

参建30多条高速公路。图为获海南省公路建设“金光大道”奖的海南环岛高速公路路段

建成深圳机场停机坪、站坪，评为优良工程

承建了广州地铁三站两区间和深圳地铁两个多标段工程。图为广州农讲所站

高123米的五星级宾馆——东莞银城酒店

总长5005米的成渝高速公路缙云山隧道，获国家鲁班奖

公司董事长：赵东杰　　公司总经理：巴峥嵘

北京天鸿宝业房地产股份有限公司

北京天鸿宝业房地产股份有限公司是经北京市经济体制改革委员会京体改字(93)第128号文《关于批准设立北京宝业房地产股份有限公司批复》批准，由北京市房地产开发经营总公司(1998年9月，北京市房地产开发经营总公司更名为北京天鸿集团公司，即天鸿集团)、北京华澳房产有限公司、北京市房屋建筑设计院共同发起并拟向其他社会法人和内部职工定向募集股份设立的股份有限公司。1996年12月24日，经北京市人民政府批准，公司由原以定向募集方式设立的股份有限公司重新确定为以发起方式设立的股份有限公司，并于1996年12月31日在北京市工商行政管理局重新登记注册。公司原名为北京宝业房地产股份有限公司，2000年4月经公司股东大会批准更名为北京天鸿宝业房地产股份有限公司，并于2000年5月26日在北京市工商行政管理局办理了变更手续。2001年1月15日，本公司在上海证券交易所公开发行4000万股社会公众股，公司总股本达到10825万股。

公司的经营范围：房地产开发、商品房销售；房屋租赁；建筑工程咨询；室内外装饰装潢；技术开发、技术服务；销售自行开发的产品；购销建筑材料、化工轻工材料、工艺美术品、家具、机械电器设备(汽车除外)、五金交电、纺织品、百货、计算机软硬件、日用杂品；经贸信息咨询；劳务服务。本公司主要从事房地产的开发与经营，具体为商品住宅小区的开发建设，包括商品房、经济适用房、普通办公楼、商业设施以及土地等的开发与销售。

公司是经建设部于2000年7月7日审批认定的具有房地产开发一级资质的房地产开发企业(证书号：建开企(2000)011号)、先后开发建设了回龙观(龙华园)小区、恩济庄二区北工程(定慧东里1、2、3号楼)、曙光花园小区等适合工薪阶层的文、教、卫系统及企事业单位职工的住宅项目。公司开发的恩济庄二区北工程2号楼(定慧东里3号楼)于1996年被评为北京市“长城杯”奖工程，曙光花园于2000年3月被中国建筑文化中心、房地产世界杂志社入选“跨世界最佳住宅环境和最佳住宅房型”。2000年1月曙光花园小区荣获第六届首都建筑设计汇报展“城市绿化规划设计奖”。公司1997、1998、1999、2000年分别实现销售收入13009.61万元、7406.53万元、15805.75万元、35096.22万元，实现净利润1098.12万元、1864.90万元、3305.54万元、7275.16万元。截止2001年6月30日，公司资产总额85384.00万元，净资产63169.33万元。

地址：北京市东城区安定门外大街183号京宝花园二层 电话：(010)64256268 传真：(010)64256258

公司董事长：孙明　　公司总裁：白玲

中外建发展股份

[追求创造　发展永恒]

中外建发展股份有限公司是由中国对外建设总公司、武汉市当代科技发展总公司、天津机电工业总公司、天津泰鑫实业开发有限公司、天津华泽(集团)有限公司以及北京金豪力机电设备有限公司等六家企业发起，在对原天津天工工程机械有限公司改制的基础上组建的股份制企业，新组建的公司于1999年3月26日在天津工商局注册成立，完全按现代企业制度运营。

中发展公司主营业务为系列平地机、装载机及工程机械配件的生产制造与销售服务，是我国工程机械制造业的重点骨干企业，是国家500家最大机械工业企业之一。多年来，经过不间断的技术引进和技术改造，特别是利用世界银行贷款进行技术改造项目完成后，已形成技术、产品、人才、市场的综合优势。近年，中发展公司已建立了自主技术开发体系，现正全速开发国家亟待发展的水泥混凝土路面施工机械化成套设备等；与天津大学合作实施的CIMS（计算机集成制造系统）应用示范工程，将形成覆盖企业内产品设计、生产管理、质量管理、经营管理及现代化办公与决策等各个领域的计算机信息集成管理系统。与此同时，中发展公司还组建并实施了“建设与机械世纪联盟网站”，并与美国北美商务网络中心洽谈更广泛的合作，建立统帅全行业的电子信息站和网上交易平台。经过上述一系列项目的实施，中发展公司已形成我国工程建设机械行业中集研究、开发、生产、销售、使用、维修为一体的现代企业。

“中发展”股票的上市，为中发展公司提供了良好的发展契机，公司将抓住这一契机，以“追求创造、发展永恒”为宗旨，牢牢把握“高起点、高质量、多品种、专业化”这一主线，加快发展新产品，以工程建设机械为主，逐步形成一个跨行业、跨地区的科工贸一体化的大型企业集团。

有限公司

徐州维维食品饮料

要实践中华民族的健康就是维维的最大理想的诺言，

要做21世纪中国最大、最好的健康食品企业。

金色的维维　绿色的维维

徐州维维食品饮料股份有限公司成立于1994年，几年来，坚持加快发展不动摇，发扬“追求卓越”的企业精神，以深化改革为动力，积极创名牌、上规模，裂变式发展，使企业从一个只有50多名职工、40多万元固定资产、10多万元利税的小型国营米厂，发展成为拥有1600余名正式职工、7亿元资产集生产经营、科研开发为一体，以食品经营为主导的综合性发展跨行业、跨地区的大型企业，成为江苏省贸工农一体化重点龙头企业。2000年实现销售收入11.7亿元，利税总额1.5亿元。先后荣获“中国500家最佳经济效益工业企业”、“中国10家最大食品制造企业”称号，并荣获国际“科学与和平”贡献奖。

公司现有6个原料供应基地，30多个生产基地，120多条现代化食品生产线，是全国最大的豆奶食品生产企业。主产品“维维”牌豆奶粉成为中国最畅销商品之一，国内市场占有率多年位居同行之首，被誉为“中国豆奶大王”。

公司于97年10月一次性通过ISO9002质量体系认证。维维豆奶粉获得国家绿委颁发的“绿色食品”证书。“维维”商标被国家工商局商标局认定为“中国驰名商标”。

股份有限公司

维维系列产品

现代化的生产设备

维维股份形成了具有维维特色的良好运营机制。董事长崔桂亮因其卓越的贡献，被授予″全国劳动模范″、第四届″全国十大杰出青年″称号，并当选为第九届全国人大代表。

在这具有历史意义的时刻、维维股份提出了新的奋斗目标，准备在全国建成最大的食品加工基地和全国食品龙头企业的基础上，进一步向建设在国际上有一定影响力的跨国公司的目标迈进。

在产品开发上向科学技术要高质量、要新产品，要经济效益。要以″金色食品″为主导，″绿色食品″为内涵，全面开发以大豆为主，包括玉米、麦片等纯天然、高蛋白、低脂肪，富含维生素及矿物质的各类食品，积极介入奶、蛋、肉等健康营养食品的开发。

维维将采用国际现代营销方式，建设安全可靠、功能强大的全国一体化营销网络，在全国设立30个区域配售中心。维维将在企业周边地区培植奶源基地，带动养殖企业的发展，造福千家万户。

云南红河光明股份有限公司

云南红河光明股份有限公司(以下简称公司)成立于1993年1月，是云南省首批三十六户现代企业制度试点单位之一和酿酒行业骨干企业，具有年产啤酒五万吨、果酒八千吨的生产规模，公司连续三年被授予"云南省纳税大户"称号。1993年以来，公司所产光明啤酒次次获"云南省消费者喜爱商品"称号，公司利润和边贸出口量连续十一年居云南省同行业首位。1999年9月1日，公司2000万A股股票在上海证券交易所上网定价发行，同年12月2日在上海证券交易所挂牌上市。公司一举成为全国啤酒行业第六家、云南省啤酒行业第一家上市公司。

公司主要产品为"滇泉牌"红河红啤酒、"光明牌"啤酒、红河红系列葡萄酒、各种果汁饮料、天然锶矿泉水及印楝系列生物产品的加工、开发、销售，产品已行销云南省、上海市、广东省、江西省、四川省、内蒙古及东南亚周边国家和地区。

经过送股及转增股，截止2001年6月22日，公司总股本7584.9万股(其中：流通股3000万股)，总资产2.2亿元，净资产1.98亿元。2000年度，公司实现利润2913万元，缴纳各项税金2046万元，到今年上半年，公司已经实现税利2335万元，企业实力大大增强。目前，公司配股工作已经结束，再次募集资金近1.5亿元，按计划，将投入公司的重要产业-印楝种植、研究与开发中，公司将为开远市、红河州生物资源开发、创新及地方经济发展作出新的贡献。

董事长、总经理：王铨

地址：云南省开远市市西南路23号
邮编：661600
电话：(0873)7123420 7122171
传真：(0873)7122528

公司董事长：夏增文

公司总经理：郭长印

吉林华微电子

华微电子厂貌

半导体电子大功率器件生产基地

华微电子创立大会暨董事会、监事会会

JILIN HUAWEI DIANZI

吉林华微电子股份有限公司是由吉林华星电子集团有限公司作为主要发起人，以与半导体功率器件业务相关的净资产出资，联合厦门永红电子有限公司等四个公司共同发起设立的股份制企业，是通过中国科学院和国家科技部认定的高新技术企业。公司目前主要从事功率半导体器件的设计、开发、芯片加工及封装业务，拥有国内领先、与国际水平接近的工艺设备及净化厂房，芯片加工能力为年投三英寸硅片三十六万片，封装能力为年封装功率晶体管两亿只左右，是目前国内最大的，实力最强的功率晶体管开发和制造商之一，主导产品硅NPN高反压大功率晶体管系列，产销量及市场占有率连续多年在同行业名列前茅。

公司具有较强的自主开发能力，拥有一整套具有自主知识产权的高反压大功率晶体管的专有生产技术，并通过合作开发及自主创新，先后研制成功传输保护二级管、肖特基管、快恢复二极管、高频大功率晶体管、达林顿晶体管、静电感应晶体管、稳压集成电路等一系列新产品，基本形成了"生产一代、储备一代、开发一代"的技术创新格局，为公司的持续发展奠定了良好的基础。

吉林华微电子股份有限公司将以经济效益为中心，以市场需求为导向，以技术创新为动力，以人力资本为依托，以科学化管理为基础，以资本运营为手段，力争用3-5年的时间，将公司建成具有相当经济规模和一定国际竞争实力的国内一流的微电子企业。到2005年，本公司产品品种将扩充至15个系列左右，应用范围扩展至消费类电子产品、计算机、通信及网络产品、办公电子设备、汽车电子、工业自动控制、节能照明等广泛领域，计划形成年投3英寸、4英寸、5英寸、6英寸硅片30万片以上及年封装30亿只功率半导体器件的生产能力，年销售额计划达到12亿，净利润达到1.5亿，出口比重在40%以上，成为我国功率半导体器件领域的主导厂商。到2010年，公司销售额计划达到50亿元，净利润达到6亿元，出口比重达到80%以上，成为具有国际竞争实力的功率半导体器件开发和制造商。

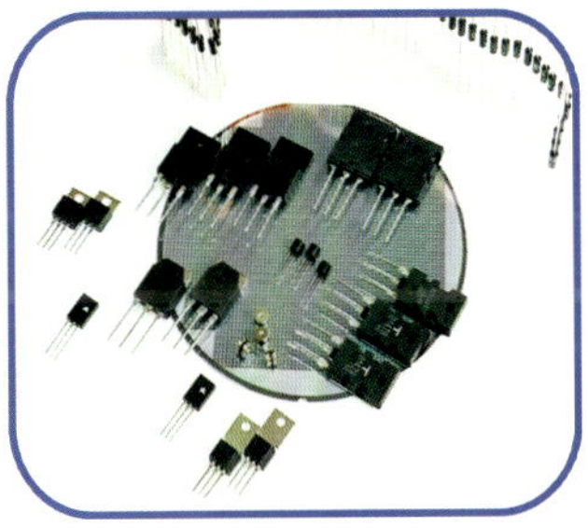

华微电子部分产品

股份有限公司

华微电子团委组织的业余活动

半导体电子大功率器件生产基地技术改造项目--净化车间

净化车间员工调试设备

中外运空运

SINOTRANS AIR TRAN

公司董事长：张斌

公司副董事长：刘光德

中外运空运发展股份有限公司系由中国对外贸易运输(集团)总公司作为主要发起人，联合其他四家共同发起设立的股份有限公司。公司股票上市发行时，总股本为27716万股，其中流通股7000万股。截止2001年10月1日前，公司的总股本30487万股，其中流通股7700万股。截止2001年6月30日公司总资产1997191700.38元，净利润123911608.57元，每股收益0.41元，每股净资产4.92元，资产负债率16.64%，净资产收益率8.25%。

公司拥有完善的自有国内业务网络和完善的国际代理网络，目前公司下属有35家分公司，遍布全国华北、东北、华东、华南、西南、西北各主要城市。公司还持有中外运—敦豪国际航空快件有限公司、中外运—欧西爱斯国际快递有限公司、金鹰国际货运代理有限公司、华捷国际运输代理有限公司50%的股权、持有华力环球运输有限公司20%的股权。

公司的业务范围是：承办进出口货物的国际航空货运、代理业务，包括：揽货、分拨、订舱、包机、仓储、中转、货物集散及物流业务、集装箱拼装拆箱、结算运杂费、报关、报验、保险、多式联运、过境运输、展品运输、国内航空货运，以及相关的短途运输服务及业务，国内客货运

公司办公楼远景

公司第一届董事会成员

公司股票于2000年12月28日在上交所挂牌交易

公司挂牌上市庆祝会

发展股份有限公司

ORTATION DEVELOPMENT CO.,LTD.

秉承传统　发展创新

CO.,LTD.

输，经营国际快递(不含私人信函)业务，包括：报关、报检、保险、仓储、分拨、短途运输业务及相关运输和咨询服务。

公司主营业务是国际货运业务、国际快件业务和物流业务，公司分别与国际知名的快件品牌公司合作经营国际快件并占国内市场份额达50%左右。作为公司未来的发展方向的物流业务，具有良好的发展前景，是21世纪的朝阳行业。目前公司已开始从传统运输业向综合物流服务提供商转化，公司具有发展中国国内物流的良好的网络基础，拥有国内最有经验的业务力量。我们将依托完善的国内网络，利用先进的物流网络及信息技术手段，依靠以人为本的企业文化，为客户提供全面、高效、优质的快速物流解决方案。并且以优质的服务为基础，在实现客户利益基础上实现公司的价值。将公司提升成为具有核心竞争力的综合性的大型物流企业集团。

展望未来，我们相信，具有深厚的外运文化底蕴基础的中外运空运发展股份有限公司将成为中国最具影响力的快速物流服务提供商，市场竞争力将大大增强，市场知名度将不断提高，将成为新世纪我国一流的货运代理企业。成为21世纪最有活力的朝阳行业。

ON DEVELOPMENT CO.,LTD.

公司创立大会暨第一次股东大会

公司第一届监事会成员

公司宣传图片

河南平高电气股份有限公司

公司董事长、总经理：张

河南平高电气股份有限公司是我国研发和制造高压、超高压开关设备的三大基地之一，全国高压开关行业首家通过中科院、科技部“双高
认证的高新技术企业；公司拥有国家级技术中心，先后荣获河南省优秀高新技术企业，河南省优秀企业，全国“五一”劳动奖状，全国精神文
先进单位。

公司现有职工2467人，工程技术人员753人，公司建立了集新产品设计、工艺、标准、情报、试制、检测、试验为一体国家级技术中心，
术力量雄厚。

公司主导产品63—550KV高压开关设备是国家重大技术装备，在国民经济尤其是电力建设中具有重要地位，其产品广泛应用于国家“八五”
“九五”时期重点工程，并出口东南亚、中东、拉美、南非等国家和地区。主导产品在国内市场占有率达30%以上。公司先后与TOSHIBA、ABB、
尔斯通等国际500强企业达成合作意向，并成功地与日本东芝公司进行合资生产世界一流的封闭组合电器，并将成为中国首家封闭组合电器研
生产基地，总投资额2100万美元；同时与清华大学、湖南大学、西交大、西高所等国内十余家高校和研究机构建立技术合作关系，从而使公司
为国内行业中自主开发能力、制造能力、创新能力最强的企业。

公司具有自主创新开发新产品的优良传统，自主开发了SW4和SW7系列少油断路器作为主导产品；引进国外技术后，又注重引进技术的消化
吸收、改进、延伸开发；公司提出“自主开发和引进技术相结合”、“适应性开发和战略性开发相结合”、“产学研相结合”的方针，并制定了分
步走的战略；第一步，发挥已有引进技术的优势，主导产品达到国内先进水平；第二步，继续进行主导产品的延伸开发，从产品品种和技术参
上进一步完善提高，达到或接近国际先进水平，并形成品种和质量优势；第三步，主导产品达到国际先进水平，实现产品再次升级换代。自能
高压断路器的研制和智能型中压电器的研制等，成果更加显著。公司至今是我国开关行业中自主开发新产品（特别是SF6断路器）型号品种最多
企业，其持续创新能力一直得到原机械部的好评。公司在进一步加强技术中心和技术开发条件建设的同时，正进一步扩大与国内科研院所和大
院校进行更紧密的合作，走产、学、研相结合、优势互补的技术创新发展之路；如“平高电气清华研究所”的建立，将对提高公司的持续创新
力发挥重要作用。

公司属于机械工业中的电力设备制造业，新型电力设备属于国家重大技术装备，也是高新技术产品。我国的经济结构调整把机械工业作为
柱产业，并将电力设备等重大装备作为机械工业的四大支柱之一。所以公司的主营业务是国家重点支持的产业，符合国家经济结构调整方向。

地址：河南省平顶山市南环东路22号　邮编：467001
电话：(0375)3934922　直拨：(0375)3932047　传真：(0375)3930414

公司断路器在孟加拉运行

公司全封闭组合电器

工频耐压试验装置

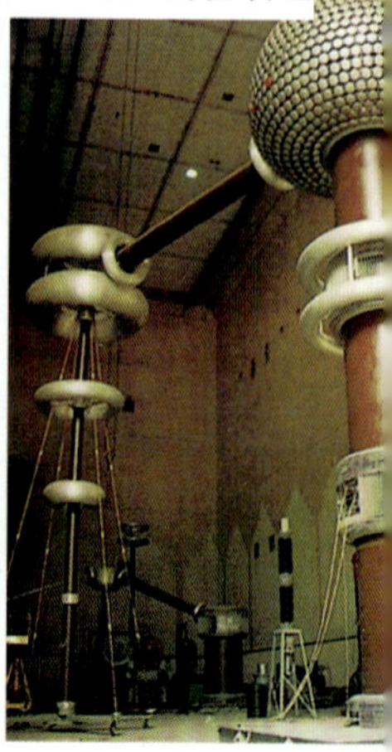

公司董事长：王大雄

公司总经理：陈昌海

中海（海南）海盛船务股份有限公司
CHINA SHIPPING HAISHENG CO.,LTD

地址：海南省海口市龙昆北路2号珠江广场帝豪大厦25层
邮编：570125
电话：(0898)66764777

公司前身为海南海盛船务实业有限公司，成立于1989年，1993年以定向募集方式改制为股份有限公司，1996年经中国证监会批准发行股票并在上海证券交易所挂牌交易，1997年中国海运（集团）总公司成立，并成为公司的控股股东，公司更名为中海（海南）海盛船务股份有限公司（简称中海海盛）。

公司成立以来，坚持以回馈广大股东为经营宗旨，围绕航运主业，多元发展，规范运作，经营规模和实力不断壮大。截止2001年6月底，公司资产规模已达11.1亿元，管理包括散货、化学品、沥青等多种运输船舶，航线已延伸至十几个国家和地区。公司作为海南省规模最大的航运企业，主要承运海南省电力工业所需的进岛煤炭；国内大型钢厂所需的出岛铁矿石及国际间化学品、沥青等特种货物的运输，目前在海南省大宗散货运输市场上占据主导地位。

公司在牢固确立航运主业地位的同时，涉足高新技术产业，参与发起设立清华紫光科技创新投资有限公司；涉足证券金融业务，实行资本运作，参股国通证券有限责任公司和发起设立中国海运集团财务有限公司，为公司发展创造了广阔的空间。

公司在广大股东和社会各界的支持下，将争取更大的成绩回馈股东和社会。

法定代表人、董事长：钟虹光
公司董事会秘书：杨人彦
地址：江西省乐平市东风路15号
邮政编码：333300
电话：0798-6803483
传真：0798-6803406
E-Mail: dfzqb@163.net
公司网址：Http://www.jxdfp.com

江西东风药业股份有限公司

股票简称：东风药业　股票代码：600750

董事长：钟虹光

JIANGXI DONGFENG PHARMACEUTICAL CO.,LTD

本公司的主要股东为江中制药（集团）有限公司。本公司属医药制药行业，是江西省医药行业的重点企业，江西省高新技术企业，同时也是我国南方区域重要的抗生素生产企业。公司产品曾多次荣获国家质量奖。

公司主营抗生素原料药、抗生素制剂、中药制剂及医药中间体的生产和销售。2000 年，国内抗生素市场受国内药品原材料价格上涨以及国际市场青霉素工业钾盐供求关系改变的影响，抗生素类药物价格稳中有升。2000 年公司主营业务收入36,846 万元，比上年增长183.21%，主营业务利润17,862 万元，比上年增长466.5%，利润总额75472322.80元。

随着我国加入WTO 的日益临近，医药市场的形势将更加严峻，但也同时面临着新的发展机遇，公司将按照“强化目标管理，拓展内、外市场，控制成本消耗，争创更大效益”的发展思路，以市场为导向，以销售为龙头，加快产品结构调整，加大新产品开发力度，尽快形成新的利润增长点。按照国际国内两个市场并举的方针，加强营销管理，调整营销策略，大力拓展外销业务，提高产品出口比例。

公司生产车间

生产车间一角

公司外景

董事长：周有道

上海证券有限责任公司是根据国务院有关规定，经上海市人民政府同意和中国证监会批准，在对原上海财政证券公司和上海国际信托投资公司证券部整合重组的基础上，按规范化要求组建成立的证券公司。公司注册资本金15亿元人民币，总资产逾100亿元，现有32家营业网点和700多名员工。

上海证券将以稳健为原则，创新为重点；以市场为导向，效益为中心；规范经营，积极进取；立足上海，服务全国，促进证券市场的繁荣稳定。

上海证券有限责任公司经营范围：证券的代理买卖；代理证券的还本付息和分红派息；证券的代保管、鉴证、代理证券登记开户；证券的自营买卖；证券的承销和上市推荐；证券投资咨询；资产管理；发起设立证券投资基金和基金管理公司；中国证监会批准的其他业务。

总经理：赵叶龙
上海證券有限責任公司
SHANGHAI SECURITIES CO.,LTD.
Http://www.shsec30.com
公司地址：上海市九江路111号
电话：（021）63231111 邮编：200002
业务总部地址：上海市临平北路19号
电话：（021）65076608 邮编：200086

西南证券有限责任公司

http://www.fayhoo.com

公司董事长：张引

公司总裁：孙兵

西南证券有限责任公司成立于1999年12月，注册资本11.28亿元人民币。公司总部设于重庆，在重庆、北京、上海、深圳、济南、成都、昆明、广州等中心城市设有26家证券营业部，并在重庆、北京、上海、深圳、兰州、长沙等地设有投资银行部及代表处。公司经营范围：证券代理买卖；代理还本付息、分红派息；证券代保管、鉴证；代理登记开户；证券自营买卖；证券的承销和上市推荐；证券投资咨询；资产管理；发起设立证券投资基金和基金管理公司等。

作为全国性大型证券公司，西南证券以“拥有优秀企业文化和一流经营业绩的现代国际投资银行”为发展目标，将“以人为本，追求卓越”作为自身的企业文化精髓，始终致力于建立真正意义的现代企业制度及科学完善的法人治理结构，并以此为基础广纳人才、拓展市场、塑造高品质的企业品牌形象。2000年，西南证券秉承“诚信、稳健、创新、求精”的经营理念，努力创建科学、务实、规范而高效的组织体系、业务流程和管理机制，积极开展全方位、面对面、精品化的客户服务，在证券承销、证券经纪、证券自营、资产管理、研究咨询、基金管理等各项业务上均取得了飞速发展，多项业务指标已位列全国各大证券公司前列，经营业绩较公司成立之初显著提高。公司2000年净利润22503万元，比上年的2470万元增长911.05%，上缴税金17419万元，比上年的3235万元增长538.45%，营业收入79651万元，比上年的32041万元增长248.59%，净资产135778万元，比上年的113275万元增长119.87%，总资产643946万元，比上年的351588万元增长183.15%。

创新为西南证券赢得了发展的先机，更是西南证券持续、稳健、高速发展的不竭动力。2000年，西南证券向传统经纪业务领域引入“券商＋网站＋银行”这一证券电子商务模式，借助世纪飞虎的网络技术平台和遍布城乡的银行结算体系，为广大股民提供证券在线交易、个性化证券分析咨询以及证券投资知识培训等网上服务(http://www.fayhoo.com)，在国内同业中独具特色，受到监管部门的充分肯定。

東英亞洲有限公司

地址：香港皇后大道中183號中遠大厦42樓
42/F, Cosco Tower, 183 Queen's Road Central, Hong Kong
電話：+852-28425888　傳真：+852-28425800
電子信箱：e-post@oriental-patron.com.hk
公司網址：www.oriental-patron.com.hk

榮譽主席：劉鴻儒先生

常務主席：張志平先生

董事總經理：張高波先生

東英亞洲有限公司（"東英亞洲"）是東英金融集團有限公司全資附屬公司。東英金融集團有限公司，是一家獨立的、專門提供國際投資銀行服務的公司。成立于1993年，總部設于香港，隨著業務的迅速拓展，在深圳、北京及紐約亦設有分公司、辦事處。

東英亞洲有限公司負責集團的財務顧問和企業融資業務。服務範圍包括企業融資、上市保薦及財務顧問、收購合并、私人/公司配售、上市包銷等。東英亞洲作爲保薦人、主承銷商和主經辦人已成功使超過61間公司在香港聯合交易所上市，當中更包括大型的H股公司和紅籌股（窗口）公司。此外，東英亞洲亦參與了多宗上市公司的股票包銷工作。截止2001年8月底，東英亞洲曾參與的包銷活動涉及集資額超過478億港幣。除股本融資外，東英亞洲還成功組織了多項衍生工具融資和銀團貸款。

1999年，東英亞洲有限公司更首批獲得香港"創業板注册保薦人"資格。至2001年8月，東英亞洲已先后保薦6家公司于香港創業板成功上市。由于東英亞洲在選擇擬上市公司時審慎嚴謹，獨具慧眼，著重于發掘公司業務的發展潛力，同時掌握市場脉搏，從而令到公司上市時有不錯的表現，其中更有公司以其卓越的業績成爲市場的焦點并受到追捧。

東英亞洲的成功在于植根香港，對亞洲及中國的經濟環境和區内客户的財政需要有透徹的了解，亦深切理解香港市場及其與國内唇齒相依的關系，可根據企業和個人客户獨特需求，提供"度身訂造"金融服務。

另外，東英亞洲的管理層由經驗豐富及百分百投入業務的專業人士組成：

榮譽主席：劉鴻儒先生　中國證監會第一任主席，也是前中國人民銀行副行長和前中國國家經濟改革委員會副主任。劉先生在中國乃至國際金融界享有聲譽，參與、領導了中國的金融改革與發展，開創了中國企業在海外交易所上市的先河。

常務主席：張志平先生　畢業于中國人民銀行金融研究所研究生院，是中國證監會第一任機構部主任，在此之前曾任中國人民銀行金融管理司副處長和海南證券公司董事長兼總經理。張先生有近二十年的證券業經驗，對中國金融市場有十分透徹的了解。

董事總經理：張高波先生　北京大學經濟學碩士。曾任海南省省長秘書、政策處副處長、中國人民銀行海南省分行金融市場管理委員會副主任以及海南證券交易中心理事長。張先生參與了多間H股和紅籌企業在港上市的工作，對中國和國際金融市場有超過十多年的豐富經驗。

董事：陳立基先生　陳先生持有國際市場學碩士學位及中國經貿投資文憑。曾任職于大型國際銀行，對銀行運作、企業財務和證券市場有十多年的寶貴經驗。

董事：陳立德先生　持商學學士學位，是香港和澳洲會計師公會及香港證券學院會員。陳先生曾任職于國際大型會計師行，對會計、企業財務和證券經紀有超過十年的經驗。

董事：梁展勝先生　梁先生是澳洲證券學會會員，曾受聘于香港政府參與經濟研究工作。在企業財務和證券經紀方面擁有超過十年的經驗，已成功負責及主持多間公司在香港上市的工作。

籍中國即將加入世界經濟貿易組織之際，東英亞洲有限公司願提供高質量的服務、貢獻自己的寶貴經驗、分享創新及專業的精神，共同面對經濟轉變中的挑戰。

金鼎香港公司董事总经理：戴吉庆

金鼎综合證券(香港)有限公司
TIS Securities (HK) Limited

金鼎综合证券（香港）有限公司（简称金鼎香港）为金鼎证券集团的子公司。金鼎证券集团于1988年成立，现为台湾十大综合证券商及三大承销商。金鼎香港业务始于1993年，现时资本额达2.15亿港元，为香港五大台资证券公司之一。金鼎香港的业务全面，主要业务包括(一)企业融资：公司已于2000年初获取香港创业板上市保荐人资格，为首批获取此等资格的台资公司，可为企业募集资金、公开承销上市、私募配售及提供企业财务顾问等服务；(二)资产管理及直接投资：提供投资咨询及资产管理等服务，如大中华直接投资基金管理及风险投资等；(三)证券交易：现时以成交金额计算为全港排名前100名之券商，并于中港台及其它主要海外市场提供证券买卖服务；(四)衍生商品交易：从事衍生性金融商品如认股权证买卖及回购协议买卖等业务。

自1996年开业迄今的短短五年间，金鼎香港已迈向了多方面发展，并就上述之业务范畴提供全面及多元化的服务。如在企业融资方面，金鼎香港及有关人员无论于创业板、主板、中国B股、独立财务顾问、上市前配售及可转换债券等范畴均曾为不少本地、H股、民企及海外大型知名企业服务。

在香港主板上市的个案包括中铝国际、广深铁路、上海实业、广州制药H股、洛阳玻璃H股、天津发展、首富国际、亚洲铝业及CEC国际等；在创业板上市的个案包括浩伦集团、华燊燃气、吉林长龙、山河控股、实时科研、东光集团及新利软件等。

在中国B股上市的个案包括深圳大洋、东方电子、万科及武锅等；在独立财务顾问方面的个案包括香港首钢集团、粤海投资重组、广州越秀关连交易、CEC国际配售认股权证、方正迁拆百慕达及亚洲证券收购等。

此外还有其它业务，包括上市前配售、次级市场配售、承办印尼资本市场个案如CITATAH上市案及APP浮动利率票券、增资、可转换股票及修订雇员购股权计划等，均突显了金鼎香港在企业融资方面的成就，并已吸引不同企业寻求合作。

事实上，金鼎香港之整体业务均能互相配合，提供一条龙的一站式服务。如在资产管理及直接投资方面，金鼎香港能提供上市前的辅导，安排在创业板或主板上市。另外在证券交易方面，于中港台及其它海外市场为机构及个人客户提供证券买卖服务，并设有研究部对有关证券及行业作出深入分析，为客户提供专业意见。除此之外，金鼎香港在衍生商品交易的范畴中亦将转趋积极，如认股权证买卖及回购协议买卖等新兴产品，相信能够配合未来市场对衍生商品日益增加的需求。

金鼎香港亦与金鼎证券集团在上海及北京之代办处有着紧密的联系，除了解当地的市场状况及信息交流外，更重要的是就拓展客户网及开拓新业务互相补足，成为金鼎集团在大中华区内的重要联络及操作枢纽。

证券业乃注重人才与经验的行业，为此金鼎香港的管理层从事证券行业多年，相信其所具备丰富的行业知识及管理经验能够符合不同企业及投资者的要求。金鼎香港的主要管理层包括张平沼先生、陈淑珠女士及戴吉庆先生。

地址：香港金钟道89号力宝中心第二座1010室　电话：(852)2973-0989　传真：(852)2501-5637

第一上海

FIRST SHANGHAI GROUP

第一上海融資有限公司于1993年成立，爲香港聯合交易所主板上市公司第一上海投資有限公司旗下從事金融服務業的全資附屬公司。第一上海融資有限公司是同時具有香港主板及創業板保薦人資格的投資銀行，其服務宗旨乃爲我國包括香港之企業提供全面的金融及財務顧問服務.

第一上海

高效 诚信 稳健 创新

公司党委书记、总裁：潘剑秋先生

华泰证券有限责任公司

HUATAI SECURITIES CO.,LTD.

华泰证券积极探索购并业务的合理定位和拓展空间，与诸多企业形成良好的合作关系，在收购兼并方面积累了丰富经验，被南京新港、江淮动力等多家企业聘为财务顾问，在业内享有较高声誉。2001年，公司对投资银行业务组织和运作的体系进行了调整，开始实行适合投资银行特点的考评和激励机制，项目覆盖区域遍及全国，业务品种较往年有所增加。

在证券经纪业务方面，华泰证券营业部分布于江苏省内13个大中城市及北京、上海、广州、武汉、成都、沈阳、天津、深圳等全国经济发达或具有地域影响力的大中城市。公司具有较强的竞争实力和盈利能力，形成较为完整的业务网络。2001年上半年，在全国证券市场上半年的总成交量比去年同期下降约28%的情况下，公司沪、深市场交易量达1012亿元，其中A股(含基金)交易量达802亿元，市场占有率为17.87‰，较去年同期上升5.1个千分点，上升幅度为40%；B股交易量达161亿元，市场占有率为21.7‰，债券、回购等交易量达49亿元；A股客户数达63.07万，比去年同期增长28.8%，实现利润1.42亿元，与去年同期相比略有下降，但下降幅度小于全国市场交易量下降的幅度。据《上海证券报》报道，2001年上半年，公司在沪、深两个交易所的股票基金交易额排名中位列全国第九。

公司技术力量雄厚，开发了多个证券交易品种和交易手段，在全国率先开通了卫星双向、电话委托、无形席位、网上交易、银证联网等业务，在业内拥有美誉。基于技术创新和业务创新的有效结合，华泰证券网上交易取得巨大成功，中国证券业协会先后两次在全国券商经纪业务研讨会上介绍华泰证券网上经纪经验。《中国证券报》、《证券时报》、《上海证券报》等国内主要证券媒体均对华泰证券网上交易作了重点报道，2000年与2001年，在《证券时报》主办、全景网络协办的“首届最受股(网)民喜爱的‘优秀证券网站”评比中，华泰证券网均力拔头筹，名列“十佳”之首。2001年1—6月份实现网上A、B股委托成交金额183亿元，比去年同期增长127%，

高效 诚信 稳健 创新

华泰证券大厦

华泰证券有限责任公司
HUATAI SECURITIES CO.,LTD.

并呈稳定增长势头。

在资产管理业务方面，华泰证券将资产管理业务作为业务拓展重点之一，经过多年探索，华泰证券形成了符合市场发展规律的投资理念，开发、引进先进的风险控制系统，建立起科学的自营投资决策体系，取得了良好的效益。华泰证券参与组建了富国基金管理公司、南方基金管理公司和华夏基金管理公司，并出任富国基金管理公司的监事长。华泰证券委托资产品种具有多样性，包括现金、国债、公司债券、股票、基金等；公司能根据客户的风险偏好，为其度身定做各种个性化投资组合，最大限度保障客户的收益。

历经我国证券市场的动荡与发展，华泰证券在开拓创新和规范自律方面均积累了丰富的经验，造就了一支管理和业务骨干队伍，形成了完善的内部控制和风险防范体制，完备的人事、行政、业务、财务管理制度，有力地保证了公司业务和各项工作的平稳运行和健康发展。公司证券从业人员逾千人，大学本科以上的员工占总人数的49%，目前公司已有三分之二的员工通过了证券从业资格考试，居全国券商领先水平。

进入新世纪，面对国内外变化的新形势，华泰证券具有强烈的危机意识，公司总裁室适时向全体员工提出“二次创业”的号召。华泰证券将继续开拓进取，积极探求科学高效的经营管理模式，进一步加强新业务的研究开发，努力保持创新优势，加强国际间合作与竞争，做强做大，追求卓越，不断提升自身的核心竞争能力和持续发展能力。

迎接新挑战 开创新局面

世纪之交题赠中国证券报

周小川

世纪之交，中国证监会主席周小川题赠中国证券报寄语证券市场：“迎接新挑战 开创新局面”。

关于会计准则国际化问题

中国证券监督管理委员会主席　周小川

去年中国民生银行首次公开发行股票并上市，我想以此为例，谈谈资本市场对会计制度改革和会计准则国际化的需求。

有一段时间，由于银行改革进展不快，基本不让银行到资本市场公开发行股票并上市。后来在1999年，浦东发展银行在上交所公开发行上市。去年5月份，我们专门开了一个会，决定对各个行业都取消歧视，都可以上市。同时，我们认为，上市公司行列中应有各种各样的企业，包括金融企业（银行、保险公司、证券公司），对上市公司整体结构是有好处的。但是，我们强调上市必须把保护投资者的利益放在第一位，这也是其他国家证监会的首要宗旨。保护投资者利益，首先就要提高会计准则和披露准则，使广大投资者能够正确判断企业财务状况和经营成果。如果做不到这点，投资者就会被蒙蔽。这样的话，资本市场很难发展。而且，以后投资者会有越来越多的疑问。中国资本市场建立总共只有十年左右的时间，从居民到领导都要求资本市场要规范化。规范化必须强调投资者根据企业的经营效益和未来前景进行投资决策，而不要有过多的投机色彩。这就必然要建立在一个合理的、能够真实反映企业财务状况和经营成果的会计准则基础之上。否则投资者说，根据你这个会计准则编制的财务报告，让我看不清楚企业的真实盈利水平和能力，怎么要求我进行理性投资呢？据我们观察，这些年，中国在企业会计制度方面进行了一系列改革，改革的胆略很大，进度也非常快，但是终究比较集中在典型的工商业企业，覆盖面还不全，特别是涉及到金融类企业，当前的会计准则尚不能真实反映它们的财务状况和经营成果。

金融企业改革上市是中国改革的一个大局，因为金融企业在经济体制改革过程中出现了比较多的不良资产，他们的资本充足率不够，亟需利用资本市场。这件事若做好，不仅是一两家银行、证券公司、保险公司的事，而且对整个中国经济也是件重大的事情，也是促进改革开放的重大举措。中国银行业在一定程度上成了改革中的成本之"筐"，改革过程中的很多成本和代价最后都扔到银行业这个"筐"里了。所以消化银行的不良资产，实际上是消化改革过程中的一系列代价。中国证监会本着这种看法，觉得推进银行和其他金融类企业改制、上市具有重大的意义。当我们将新的政策精神通知到金融界，并就此开会研讨以后，就有一些银行申请上市。去年11月份，中国民生银行，一家中小型、完全民营化的银行成功地首次公开发行股票并上市，融资40多亿元人民币。在这个过程中，遇到了相当多的会计准则和披露准则方面的问题。我们采用的办法是提高披露准则。披露准则显得要比会计准则高。同时我们也感到，会计准则如果能尽快地进行下一步改革，能跟上来的话，对这项工作是有利的。

其中所反映出的首先是银行不良资产累积和准备金提取的会计制度方面的问题。我国的银行在转轨过程中积累了比较多的不良资产，按规定，只能按年末贷款总额的1%计提准备金。对于多数银行来说，按这个标准提取的准备金严重不足，也很难消化不良资产，还会高估盈利数字。

第二个方面的问题是，应收未收利息如何计入财务报表，这一方面，当时的规定还是180天以内的应收未收利息要进帐，同时还要照章纳税。最近这一规定做了新的改变，从180天降到90天。再向前一两年，这个数字是360天。所以这些会计准则不利于反映真实的利润水平，也容易造成虚假纳税的现象。

第三个方面，金融企业比一般工商企业复杂，应该对常规贷款以外的风险及风险准备予以反映，目前的会计准则偏低，不能正确反映。比如信用证方面的风险、表外担保业务的风险、抵押品价格方面的风险、银行金融机构相互拆借的风险，以及承兑汇票之类支付工具的风险。这些风险按中国目前的会计制度难以充分反映，对这一方面的风险所计提的准备也很不充分。这种风险可以大到什么程度呢？以进出口信用证为例，据我了解，一家比较大的银行，仅进口信用证垫款已经造成的损失实际上就达十亿美元之多。这类事情，如果按照当前的会计准则，有可能得不到真实的反映。

再下面的一个问题和会计制度有联系，也有区分，那就是贷款的分类问题，或者，更广泛地说，就是对银行资产的分类问题。当前我们的分类采用的是期限法。因为贷款时间都比较长，国际普遍采用的办法是按照风险概率进行分类，即不管贷款是否到期，都要进行评估，都要按其概率分为不同的类别，同时要按照这个损失概率提取准备金。我们现在的制度则不是这样。这既涉及到中央银行对贷款分类的要求，又涉及会计制度对各类贷款计提准备金的要求。

上述方面，总的来说都容易导致高估银行的利润，同时也容易多交税，减少了银行消化不良资产的能力。投资者如果不弄清楚这些事实的话，很容易在投资中造成失误。因此，我们觉得在这方面是需要改进的。

与此同时，中国现行的制度中也有一些低估银行实际盈利的因素，这些因素最主要的表现是营业税。中国对商业银行征收营业税，营业税的税基是商业银行的一切利息毛收入和手续费收入。银行收到的利息，不管它付出多少利息，首先已经交了8%的营业税，今年税率会改为7%。不管怎么改，都是非常之高，而且作为税基来讲是不尽合理的。从资本市场的角度来看，这也会影响投资者对银行实际财务状况和经营效果的判断。因此，尽管我国在工商业企业会计制度方面的改革已经取得了很多进展，也还存在一定的差距，但是在特殊类型的企业，特别是金融类企业方面，应该说，我们通过去年民生银行的上市，感觉差距还是比较大的，还是需要进一步加大改革的动力和压力。

在现行会计准则的情况下，我们是如何提高披露标准的呢？国际通行的会计准则对于金融企业都有特别规定，于是，我们就要求金融类企业按照国际通行的会计准则进行披露。另外在会计服务上，因为中国的会计师不熟悉金融类企业，也不熟悉国际会计通行的准则，因此我们认为，在一段时间内，应该允许有经验的国际会计师事务所对金融类企业进行审计。所谓有经验，实际上指的是国际上知名的会计师事务所或者它们在国内的合资所。这样的话，才能把这项工作搞好。尽管这样做对国内的会计师事务所会有一定的冲击，但我们想，不能因小失大，这么大的投资者队伍及国家，都需要把这些金融机构的经营状况看得清清楚楚。我们用模糊性来换得少部分人的就业，恐怕是很不妥当的。

在披露标准上这样做了以后，所取得的整体效果是比较好的，加快了商业银行改革的进程，同时也使投资者获得比较真实的信息。

下面我再讲一下这样做也存在的一系列问题，主要是两方面的问题。第一个是关于我们要求按照国际通行的会计准则以及聘请有经验的国际会计师事务所做的备考审计报告的问题。该报告在披露时是作为附录出现的。附录中披露的财务评价和按照国内会计准则做出的会计评价之间是有差异的。这种差异会带来诸多问题，投资者也会提出很多问题。但这类问题也有其好处，就是大家可以弄明白，这中间为什么会有差异。有时候这种差异也会造成一些混乱，大家说这个问题应该怎么解决，特别是在涉及利益的情况下。

第二个问题是关于银行如果有比较高的、历史上累积的不良资产，同时又不能通过正常提取准备金来消化的问题。没有提取准备金的部分，在历史上形成的超额盈利可能已经通过分红分掉了，所造成的历史问题会一次性地出现在现年的盈利和净资产数字上。当期两个会计准则得出的盈利等财务数据不一样，往往反映了以前积累下来的问题。多年积累下来的问题在处理上是比较棘手的。在民生银行上市的过程中，所采用的办法，是将以前积累的、按照当时的会计制度没有提取准备或者核销的不良资产，相对隔离起来，如果出现了问题，由老股东承担。这样，新股东就没有把他们投入的钱用于消化历史上已经形成的不良资产或者核销这些不良资产。这种办法能够把新老股东之间的利益划分得比较清楚，但并不能解决所有的问题。

总之，会计制度问题的真正解决还有待于我们进一步加快企业会计制度的改革，使得它们能够真实地反映财务状况和经营成果。这样的话，我们今后遇到的这类问题会越来越少，直到全部消失，这才是最好的解决办法。当前所采取的只是一种临时办法，即所谓披露准则高于会计准则。

最后我想讲一点个人的结论性意见。第一，我想强调的是，会计准则的提高是中国资本市场规范化的前提。前一段时间，对中国资本市场讨论得比较多，其中，议论比较多的是规范与发展的关系问题。有人说要以规范为前提进行发展，有人说只有发展才能提供更规范的空间。但我想说的是基础建设与规范的关系。基础建设在一定意义上也属于发展，是从无到有，它应该包括法治、规治、会计制度、会计准则以及对法人治理结构等方面的最基本的要求，这些都是基础性建设。只有基础性建设搞好，才能够有规范。大家可以想象，中国在几年以前，《证券法》还没有出台，再往前数几年，连《公司法》也没有，说实在的，当时的许多条例也不尽合理。这种情况下，能讲什么规范呢？当然是很困难的。会计准则作为对证券市场如此重要的一个基础性东西，如果说质量不够高，规范化很难取得进展。

第二，在典型工商业企业会计方面我们确实取得了很多成绩，我个人也非常赞赏财政部以及我们会计业界在这一方面所做的卓越努力。有业界人士反映，中国会计制度已经有很大进步了，距离国际会计准则已经很近了。但是我想提醒一点，就是会计准则在典型工商业企业以外，还有很多特殊领域需要覆盖，还有许多特殊问题需要做出规定。中国在市场化的过程中经历的年头还很少，经验也很少。因此在许多旁门别类方面的差距应该说还相当之大，所以参考国际经验是必要的。

最后一个观点是，中国将来的会计准则应该既参照成熟市场经济中的会计准则，同时也考虑中国国情和特色。但是我想区分一下，我们在会计准则中所看到的有些特色，并不是按照中国经济发展和改革开放需要所设计出的，而是过去传统计划经济的特色。这些特色恰恰是需要我们改掉的。不能说我们强调会计准则要适应中国特色，就把一些需要改革的、实际上已经不适应当前经济环境的东西继续保留下去。因此，我认为应更多地参考国际经验，在这方面更多地向国际标准靠拢，这至少是我们资本市场监管者搞好资本市场的迫切需要。

（根据周小川同志2001年4月11日在“政府预算管理与会计改革”国际研讨会上的讲话整理）

中文版·总第九期

下

中國證券業年鑒

上海证券交易所
深圳证券交易所
协办

2001

CHINA SECURITIES YEAR BOOK

南方证券有限公司
中国证券业年鉴编辑委员会
中国经济出版社

图书在版编目(CIP)数据

中国证券业年鉴．2001/中国证券业年鉴编委会编．
北京:中国经济出版社，2001.12
ISBN 7—5017—5378—4

Ⅰ.中…　Ⅱ.中…　Ⅲ.证券市场—中国—2001—年鉴　Ⅳ.F832.51—54

中国版本图书馆 CIP 数据核字(2001)第 075281 号

责任编辑:张玲玲

中國證券業年鑒
2001
(中文版·总第九期)
中国证券业年鉴编辑委员会编
※
中国经济出版社出版发行
新华书店经销
北京中证鉴文化传播有限公司数据处理植字
北京中证鉴文化传播有限公司设计制作
天时印刷(深圳)有限公司承印
※
开本:850×1168mm　1/16　印张:108　插页:480　字数:4800 千字
2001 年 12 月第一版　　2001 年 12 月第一次印刷
ISBN　7—5017—5378—4/F·4061
广告经营许可证:京工商广临字 200101145
总代理:北京中证鉴文化传播有限公司
总定价:人民币 550 元　港币 550 元　美元 100 元

编辑说明

中国证券市场创办十年来，一大批国有企业发行上市，在国有企业建立现代企业制度的改革实践中起到示范作用，也为经济结构战略调整开辟了直接融资渠道。与中国证券市场同步成长，反映证券市场发展历史的《中国证券业年鉴》是一部综合的史料性年刊，创刊于1993年，每年出版一次，从1995年起，同时出版中文版和英文版，国内外公开发行。并从2000年版起推出《中国上市公司专辑》，重点反映上市公司的企业制度建设、经营业绩、成就展示等情况。《年鉴》主要反映上一年中国证券、期货、基金、产权市场及企业制度建设和发展方面的情况和最新动态，供海内外有关机关、社团、学校、研究部门、企事业单位及社会各界人士进一步了解和研究参考使用，为推动中国证券业的规范化和国际化、建设有中国特色的社会主义市场经济服务。

《中国证券业年鉴》(2001·中文版·总第九期)共分22编，内容设置图片新闻、专论、金融市场、证券市场、期货市场、基金市场、产权市场、证券管理与交易机构、中介机构、上市股份公司、香港上市股份公司、非上市股份公司、证券经营机构、证券业理论研究、新闻出版、科技教育、社会团体、证券业人物、大事记、市场统计资料、政策与法规、企事业单位选介等部分。另有彩色和黑白插页图片920幅。

《中国证券业年鉴》按部类分编，采用编、章、节、目、段五个层次的结构形式，不同层次的标题在字体、字号和版式设计方面都有明显的区别。其中全书出现最多的"目"一级标题统一用黑体字加【 】表示，内容较多的"目"的文内则用楷体表示"段"一级的标题。在编辑过程中尽可能将内容条目化。

《中国证券业年鉴》(2001·中文版)基本上保持了上一期的内容和体例的连续性，充实了金融市场部分内容，并充实了各省、自治区、直辖市、计划单列市的证券期货市场的内容和香港创业板上市公司。在香港上市股份公司整编内容、香港联合交易所整节内容中除标明货币单位外均以港币为单位。香港上市公司的中文名称并非注册名称。由于会计制度及统计方法差异，可能使在香港上市的刁陆企业的数据有所不同。《年鉴》的资料直接来源于公司的公告或报告、国务院有关部门及各省、市提供的材料，保证了《年鉴》的权威性和准确性，但由于中国证券业仍处于发展阶段，加上各地区的发展不平衡以及我们的水平有限，难免出现一些疏漏，敬请读者谅解和指正。

《中国证券业年鉴》由中国证券业年鉴编辑部组织编辑，由中国经济出版社出版，在编辑出版过程中得到了国务院有关部门、省、自治区、直辖市证券管理机构、上海证券交易所、深圳证券交易所、香港联合交易所、证券界有关领导、专家的指导和支持，在此我们表示最诚挚的感谢。

中国证券业年鉴编辑部

中国证券业年鉴编辑委员会

中国证券业年鉴编辑委员会

宿　庸　　中国证券监督管理委员会沈阳证券监管办公室　主任
黄湘平　　中国证券监督管理委员会武汉证券监管办公室　主任
窦汝广　　中国证券监督管理委员会天津证券监管办公室　主任
蔡浩仪　　中国人民银行研究局　副局长
颜建军　　审计署办公厅　副主任
潘履孚　　中国保险学会常务　副会长
薛文石　　中国证券监督管理委员会西安证券监督管理办公室　主任
魏书松　　中国证券监督管理委员会福州证券监管特派员办事处　主任

特约编辑：（按姓氏笔画为序）

马季华　　国家发展计划委员会经济政策协调司证券处　处长
马建华　　中国证券监督管理委员会成都证券监管办公室　处长
万里虹　　中国人寿保险公司发展研究部　高级经济师
万景初　　中国证券监管管理委员会青岛证券监管特派员办事处　综合处负责人
于海联　　中国证券监督管理委员会沈阳证券监管办公室　主任科员
王欣欣　　中国人民银行上海分行统计研究处　副处长、副教授
王宏斌　　中国证券监督管理委员会西安证券监管办公室　办公室主任
方向瑜　　中国证券监督管理委员会兰州证券监管特派员办事处　办公室主任
尹献生　　中国证券监督管理委员会南宁证券监管特派员办事处　处长
孙春生　　中国证券监督管理委员会太原证券监管特派员办事处　处长
孙利平　　中国人民银行成都分行统计研究处　科长、经济师
孙利伟　　中国证券监督管理委员会大连证券监管特派员办事处　处长
孙裕亭　　中国证券监督管理委员会石家庄证券监管特派员办事处　主任科员、经济师
厉淑华　　中国农业发展银行宣传处　副处长
李　杰　　中国注册会计师协会综合部　主任
李　飒　　郑州商品交易所综合部秘书处　处长、研究生
李　惠　　中国证券监督管理委员会广州证券监管办公室　信息调研处
李　德　　中国人民银行研究局　处长、高级经济师
李大春　　中国国债协会　副秘书长、副译审、高级经济师
李木祥　　中国人民银行重庆营业管理部统计研究处　副处长、硕士
李士松　　北京注册会计师协会　副会长兼秘书长
阮　路　　中国证券监督管理委员会重庆证券监管办事处　处长
邢力红　　中国证券监督管理委员会海口证券监管特派员办事处　副处长、硕士研究生
江晓明　　中国人民银行西安分行　主任科员、经济师
买文广　　中国证券监督管理委员会银川证券监管特派员办事处　副主任
初乃祯　　中国证券监督管理委员会天津证券监管办公室　处长
里　红　　中华全国律师协会业务委员会工作部　主任
何　洁　　中国证券监督管理委员会乌鲁木齐证券监管特派员办事处　主任科员
金　伟　　中信实业银行办公室　副主任
周晓阳　　中国人民银行武汉分行　经济师
周　军　　中国证券监督管理委员会武汉证券监管办公室综合处　处长
郎立研　　全国社会保障基金理事会　助理研究员、硕士
张　锐　　财政部国库支付局国债处　副处长
张仁良　　中国证券监督管理委员会长沙证券监管特派员办事处　处长
张建东　　中国证券监管管理委员会郑州证券监管特派员办事处综合处　处长
胡　静　　中国证券监督管理委员会昆明证券监管特派员办事处　主任科员
胡　杰　　中国证券监督管理委员会贵州证券监管特派员办事处　处长
郭　浩　　国家开发银行政研室　硕士
姜诗明　　中央电视台《中国财经报道》　制片人

姜再勇　中国人民银行北京营业管理部办公室　副主任、博士
赵东方　中国证券监督管理委员会哈尔滨证券监管特派员办事处　高级经济师
赵洪军　中国证监督管理委员会济南证券监督管理办公室综合处　处长
贾　青　国家外汇管理局宣传信息处　副处长
唐理斌　中国证券监督管理委员会合肥证券监管特派员办事处　副处长
常　青　中国农业银行宣传处　处长
黄　祥　中国证券监督管理委员会拉萨证券监管特派员办事处证券处　处长
黄宗福　中国证券监督管理委员会福州证券监管特派员办事处　副主任、硕士
梁盛红　中国证券监督管理委员会重庆证券监管办事处　办公室负责人
崔　健　中国人民银行南京分行　科长
崔书文　经济日报社财经证券部　主任、高级编辑
傅　依　中国证券监督管理委员会会计部　处长
程策希　中国证券监督管理委员会贵州证券监管特派员办事处　综合处
褚永珊　中国证券监督管理委员会呼和浩特证券监管特派员办事处综合处　处长
董素民　中国证券监督管理委员会长春证券监管特派员办事处　副处长
喻达志　中国证券监督管理委员会南昌证券监管特派员办事处　处长、高级经济师
靳东升　国家税务总局政策法规司　处长
满国丰　人民银行沈阳分行营业部　主任科员

中国证券业年鉴编辑部

主　　任：邹良贤
副 主 任：胡贵华　张　涛　曹文乔
编　　辑：陈月明　邹艳囡　柳　华　邢　达　王才贵　胡泽锋　胡国礼　胡荒生
黄爱斌　秦　朝　罗争鸣　威泽锋　胡泽元　黄八一　胡　森　张学军
邱　天　吴祚银　王福庭

中国证券业年鉴编辑部
北京中证鉴文化传播有限公司
联系地址
北京：北京市东城区胜古中路 1 号院 3 号楼安贞苑 1102 室
联系人：柳华　邮编：100029　传真：(010)64447537
电话：(010)64447535　64447536　64447537
上海：上海市平凉路 1359 弄万汇公寓 7 号楼 701 室
联系人：曹文乔　邮编：200090
电话：(021)65393616　传真：(021)65194336
深圳：深圳市罗湖区田贝一路 2 号华丽园南楼 14A 座
联系人：张　涛　邮编：518020
电话：(0755)5532871　5500056　传真：(0755)5500056
广东：广州市黄埔大道西 191 号牡丹阁 501 室
联系人：王才贵　邮编：510620
电话：(020)87561159　传真：(020)87561159
山东：济南市岔路街小区 601 号楼 1 单元 301 室
联系人：胡荒生　邮编：250021　电话：(0531)7037682

中國證券業年鑒

特别祝贺

北京城建投资发展股份有限公司

福建新大陆电脑股份有限公司

北京中证鉴文化传播有限公司

目　录

第三编　中国证券市场

第四编　中国期货市场

第五编　中国基金市场

第六编　中国产权市场

第七编　证券管理与交易机构

第八编　上交所上市股份公司

第九编 深交所上市股份公司

第十编　香港上市股份公司

· 0623 利丰雅高印刷集团有限公司 …………… 1996
· 0626 日本信用保证集团有限公司 …………… 1996
· 0627 佑威国际控股有限公司 ………………… 1996
· 0630 辉影国际集团有限公司 ………………… 1996
· 0631 爱美高中国集团有限公司 ……………… 1996
· 0632 启祥集团有限公司 ……………………… 1996
· 0635 彩星互动科娱有限公司 ………………… 1996
· 0636 港基国际银行有限公司 ………………… 1996
· 0638 建溢集团有限公司 ……………………… 1996
· 0639 福辉控股有限公司 ……………………… 1996
· 0641 立信工业有限公司 ……………………… 1997
· 0643 恒富控股有限公司 ……………………… 1997
· 0645 港台集团有限公司 ……………………… 1997
· 0647 Joyce Boutique Holdings Ltd. ………… 1997
· 0648 软库发展有限公司 ……………………… 1997
· 0649 东建科讯控股有限公司 ………………… 1997
· 0650 顺昌集团有限公司 ……………………… 1997
· 0651 和成国际集团有限公司 ………………… 1997
· 0655 香港华人银行集团有限公司 …………… 1997
· 0657 环科国际集团有限公司 ………………… 1997
· 0659 太平洋港口有限公司 …………………… 1997
· 0660 耐力国际集团有限公司 ………………… 1998
· 0661 添发庆丰(集团)有限公司 ……………… 1998
· 0662 亚洲金融集团有限公司 ………………… 1998
· 0663 恒光行实业有限公司 …………………… 1998
· 0665 大福证券集团有限公司 ………………… 1998
· 0666 禹铭投资有限公司 ……………………… 1998
· 0668 香港饮食管理有限公司 ………………… 1998
· 0669 创科实业有限公司 ……………………… 1998
· 0670 中国东方航空股份有限公司 …………… 1998
· 0673 恒利国际集团有限公司 ………………… 1998
· 0674 友力投资(控股)有限公司 ……………… 1998
· 0675 坚宝国际(控股)有限公司 ……………… 1999
· 0676 创信集团有限公司 ……………………… 1999
· 0677 金源米业国际有限公司 ………………… 1999
· 0678 丽星邮轮有限公司 ……………………… 1999
· 0679 亚洲联网科技有限公司 ………………… 1999
· 0680 Savoy Concepts Ltd. ………………… 1999
· 0681 基电控股有限公司 ……………………… 1999
· 0682 超大现代农业(控股)有限公司 ………… 1999
· 0683 嘉里建设有限公司 ……………………… 1999
· 0684 亚伦国际集团有限公司 ………………… 1999
· 0685 明报企业有限公司 ……………………… 2000
· 0686 Gay Giano International Group Ltd. …… 2000
· 0687 泰升集团有限公司 ……………………… 2000
· 0688 中国海外发展有限公司 ………………… 2000
· 0689 长城数码广播有限公司 ………………… 2000
· 0692 正兴(集团)有限公司 ………………… 2000
· 0693 陈唱国际有限公司 ……………………… 2000
· 0694 北京首都国际机场股份有限公司 ……… 2000
· 0697 首长国际企业有限公司 ………………… 2000
· 0698 通达集团控股有限公司 ………………… 2000
· 0700 八佰伴国际集团有限公司 ……………… 2001
· 0701 北海集团有限公司 ……………………… 2001
· 0702 百姓食品控股有限公司 ………………… 2001
· 0704 嘉利美商国际有限公司 ………………… 2001
· 0706 实达科技控股有限公司 ………………… 2001
· 0709 佐丹奴国际有限公司 …………………… 2001
· 0710 精电国际有限公司 ……………………… 2001
· 0711 俊和集团有限公司 ……………………… 2001
· 0713 世界(集团)有限公司 ………………… 2001
· 0715 ICG Asia Works Ltd. ………………… 2001
· 0716 胜狮货柜企业有限公司 ………………… 2001
· 0717 第一太银控股有限公司 ………………… 2002
· 0718 Bestway International Holdings Ltd. … 2002
· 0719 山东新华制药股份有限公司 …………… 2002
· 0720 和记行(集团)有限公司 ……………… 2002
· 0723 安历士国际控股有限公司 ……………… 2002
· 0724 千禧智慧控股有限公司 ………………… 2002
· 0725 恒都集团有限公司 ……………………… 2002
· 0726 东南国际集团有限公司 ………………… 2002
· 0727 金英控股(香港)有限公司 ……………… 2002
· 0728 南顺食品工业有限公司 ………………… 2002
· 0729 巨川国际(集团)有限公司 ……………… 2002
· 0730 首长四方(集团)有限公司 ……………… 2003
· 0731 森信纸业集团有限公司 ………………… 2003
· 0732 信利国际有限公司 ……………………… 2003
· 0735 齐翔食品国际有限公司 ………………… 2003
· 0736 北方兴业控股有限公司 ………………… 2003
· 0738 利信达集团有限公司 …………………… 2003
· 0745 菱电发展有限公司 ……………………… 2003
· 0747 沈阳公用发展股份有限公司 …………… 2003
· 0751 创维数码控股有限公司 ………………… 2003
· 0752 笔克远东集团有限公司 ………………… 2003
· 0754 合生创展集团有限公司 ………………… 2004
· 0755 四海互联网有限公司 …………………… 2004
· 0757 中联系统控股有限公司 ………………… 2004
· 0758 德信控股(亚太)有限公司 ……………… 2004
· 0759 CEC 国际控股有限公司 ……………… 2004
· 0760 明日国际集团有限公司 ………………… 2004
· 0761 北京时装(集团)有限公司 ……………… 2004
· 0762 中国联通股份有限公司 ………………… 2004
· 0764 海洋集团有限公司 ……………………… 2004
· 0765 威发国际集团有限公司 ………………… 2004
· 0767 太平洋实业控股有限公司 ……………… 2004
· 0768 开明投资有限公司 ……………………… 2005
· 0769 中国稀土控股有限公司 ………………… 2005
· 0770 沪光国际上海发展投资有限公司 ……… 2005
· 0771 自动系统集团有限公司 ………………… 2005
· 0818 粤海建业有限公司 ……………………… 2005
· 0835 Ehealthcareasia Limited ……………… 2005
· 0851 建美集团有限公司 ……………………… 2005
· 0855 易达兴业电子(集团)有限公司 ………… 2005
· 0857 中国石油天然气股份有限公司 ………… 2005
· 0858 精优药业控股有限公司 ………………… 2005
· 0859 华基电脑科技有限公司 ………………… 2006
· 0862 亚洲物流科技有限公司 ………………… 2006
· 0866 Sunday Communications Ltd. ………… 2006
· 0870 恒丰金业科技有限公司 ………………… 2006
· 0873 威乐控股有限公司 ……………………… 2006

第十一编 非上市股份公司

第十二编　中介机构

第十三编　证券经营机构

第十四编　证券业科技教育

第十五编　证券业新闻传媒

第十六编 证券业社会团体

第十七编 证券业人物

第十八编 证券业理论研究

第十九编　证券业大事记

第二十编　市场统计资料

第二十一编　政策与法规

第二十二编　中国企事业单位选介

插页目录

工商股份制企业

■ 工商企业

金融证券机构

■ 金融机构

■ 保险机构

■ 证券公司

■ 投资基金单位

期货经营机构

■ 期货经营机构

中介机构

■ 中介机构

综合机构

综合机构

中国证券业年鉴编委介绍

中国证券业年鉴编委介绍

NEWS PICTURE
新闻图片

随着中国高等教育体制的改革，高等院校校办产业发展形成了一定的经济规模，产业发展具有新科学、高技术的特点。图为中共中央总书记、国家主席、中央军委主席江泽民视察上海交通大学

国有大中型企业的改革是我国经济体制改革的重点，要同时利用国内和国际资本市场的功能为国有企业的发展服务。图为中共中央总书记、国家主席、中央军委主席江泽民视察兖州煤业股份有限公司

中共中央政治局委员、国务院副总理吴邦国考察河南安彩高科股份有限公司，就国有企业改革和发展问题进行调研

中共中央政治局委员、国务院副总理温家宝考察广西贵糖(集团)股份有限公司的发展情况

NEWS PICTURE

新闻图片

中共中央政治局委员、国务院副总理吴邦国考察安徽江淮汽车底盘股份有限公司的生产情况

中共中央政治局候补委员、国务委员吴仪考察江铃汽车股份有限公司的发展情况

2001年7月27日，深圳证券通信中心落成，中国证券监督管理委员会主席周小川等领导为落成典礼剪彩

中国证券监督管理委员会副主席高西庆在中国证监会南宁特派办主任娄必元、副主任杨志华陪同下就证券市场规范与发展等问题进行调研

2001年太平洋保险公司再度获得“商业创新方向”国际组织颁发的2001年度“国家质量白金奖”

NEWS PICTURE

新闻图片

中国证券報

>> 报社领导研究版面规划

>> 报社编辑部内景

>> 报社创办的网络互动版

《中国证券报》的办报宗旨是：宣传党和国家有关经济、金融、证券的方针、政策，传递金融、证券信息，评析金融、证券市场，普及金融、证券知识，促进中国证券、金融市场健康发展，做可信赖的投资顾问。《中国证券报》主要报道证券市场和股份制经济的方方面面，报道国际国内经济大势、宏观政策，以及影响证券市场变化的重大政治和经济问题，全面对上市公司、股份制企业和证券公司、中介机构的经营业绩、发展状况以及经验和问题进行报道与评析，宣传投资理念和证券文化。在坚持以证券报道为主的同时，还系统报道货币、保险、基金、期货、房地产、外汇、邮币卡等市场。作为一张全国性的证券专业报纸，《中国证券报》努力弘扬报道的权威性，帮助读者把握宏观政策精神，客观认识市场走势；着力增加有效信息量，方便读者及时了解国民经济、行业部委、上市公司和证券市场等各个层面的信息，为其投资决策提供有效参考；注重市场报道的实用性。《中国证券报》希望通过这些努力，把做可信赖的投资顾问的办报宗旨落到实处。同时，也十分重视发挥媒体的监督功能，揭露并抨击重大违法违规行为，维护投资者利益，促进证券市场健康发展。

新闻板块由要闻、综合新闻、公司新闻和国际新闻组成，主要报道我国财经生活中的新政策、新变化，我国各行各业发展中的新特点、新趋势，我国上市公司运作中的新动向、新问题，以及可能直接或间接影响财经生活的国内外重大政治、经济、军事、外交事件。

市场板块从基本面、资金面、技术面等多角度立体切入，重点评析A股市场、B股市场、债券市场、外汇市场、基金市场和期货市场等投资市场的走势，其中包括大势研判、板块透析、个股点评和行情数据等内容。

专版板块由读者热线、证券理论、证券文化、金融高科技、保险、房地产和邮币卡等组成。其中读者热线重在反映广大读者和投资者的心声、解答他们的疑问；证券理论版重在对我国证券市场建设及时进行理性思考，用理论来指导实践、推进实践；证券文化版重在用轻松的笔调、用文学的浪漫来书写财经生活中的"凡人小事"，来贬斥证券市场中的"奇观怪物"；金融高科技版重在报道计算机、网络等高科技在证券行业里的应用，介绍适用于证券行业的新产品和新技术。

网络互动版-中证网是中国证券报社于1996年在全国率先推出的专业证券报纸网络版，经过多年的积累与发展，中证报网络已成为我国最有影响力的证券网站之一。其目标是建成国内最有影响的金融证券网站，为金融证券界人士提供一个全面即时的政策观象、市场评析、资料检索、理论研讨和发表观点的网上中心。中证网开设的频道有：新闻中心、上市公司、证券投资、股市众议院、投资基金、投资理财、演播中心、政策法规、创业板。

NEWS PICTURE
新闻图片

大连商品交易所

＞＞大连商品交易所党委书记、总经理：朱玉辰

＞＞交易大厅全貌

大连商品交易所(以下简称大商所)成立于1993年2月。1994年，大商所成为国内15家试点期货交易所之一。1998年8月，经国务院批准，大商所继续保留进行开展期货试点，成为国内三家期货交易所之一。大商所的权力机构是会员大会，理事会是会员大会常设机构。2000年，大商所沈阳和长春交易分厅先后开通；远程交易席位由年初的20个发展到90个；场内席位由年初的20个增加到37个。截止到年底，大商所共拥有162家会员，来自全国27个省、市、自治区，客户总数达21000余个，中国粮油食品进出口总公司、中国饲料进出口公司、中谷集团、黑龙江北大荒粮油经销总公司、吉林省吉粮集团、河南省粮油进出口公司等都是大商所的骨干会员。大商所下设市场、交易、交割、结算、技术、稽查、研究、综合8个部门，共有员工60余人，大部分为硕士研究生以上学历。大商所通过“早礼”、“大商所讲坛”等新颖独特的形式，开展经常性的思想政治工作，带动了各项工作的开展。2000年5月，共青团中央、中央金融工委授予该所“1999年度全国青年文明号”光荣称号，大商所是全国证券期货系统中唯一获此称号的单位，也是全国金融系统唯一一家以单位整体入选的单位。2000年11月，经国家人事部批准，大商所设立我国期货行业第一家博士后科研工作站。

2000年大商所成交期货合约3496.0万手，成交额7817.23亿元，比1999年分别上升15%和22%，占全国总成交量和成交额的比重为64%和49%，位居全国首位。大商所2000年创造了多项记录：日最高成交量706982手，日最高成交额159亿元。全年日均成交量14.5万手，日均成交额32.44亿元，银行日均存款余额10.5亿元，分别比1999年提高16%、22%和17%。7月17日，豆粕合约正式上市交易，成为国务院对期货市场治理整顿后第一个上市的品种，经过半年的交易，该品种已初步得到了投资者的认可，年底的持仓量和成交量分别达到1.08万手和1.14万手，是上市之初的8倍。大商所成立七年来，累计成交期货合约21872万张，累计成交额51228亿元人民币，累计实物交割量近200万吨。

2000年，大商所大豆成交量是芝加哥期货交易所(CBOT)大豆成交量的9%，比1999年提高1个百分点，是东京谷物交易所(TGE)大豆成交量的1.7倍。大商所是世界大豆期货市场中发展势头最为强劲的市场，也是目前亚洲最大、世界第二大的大豆期货市场。大商所经过七年多的发展，已经搭建起农产品期货市场的基本框架，初步具备了向亚洲最大的农产品期货交易中心冲击的实力。

大商所始终坚持规范管理，自建所以来，市场没有出现过任何重大风险事故，实物交割履约率达到100%。2000年，由于国家豆粕进出口关税以及粮改政策的调整，导致大商所大豆、豆粕价格出现大幅波动，大豆期货年高低价差达600元/吨。面对严峻的市场形势，大商所严格按照《期货交易管理暂行条例》和有关规定，进一步修改完善交易规则和风险管理制度，加大市场稽查力度，切实做好一线监管工作，确保了全年交易的平稳运行。

地址：辽宁省大连市会展路18号
电话：(0411)4808888
邮编：116023

NEWS PICTURE

新闻图片

HKEx

香港交易及结算所有限公司

> > 香港交易及结算所有限公司董事、集团行政总裁：邝其志

在本报告所述期间结束时，香港交易所的保留盈利结余达28.92亿元，发展储备为1.36亿元。有关储备将继续用以支援发展基础设施以及引进市场产品及服务等工作。

香港交易所於3月6日成为证券和期货两家交易所及相关结算所的控股公司，旗下设有四个业务单位一股本证券（或现货市场产品）、衍生产品、电子商务及资讯服务以及结算及交收，全属推动香港交易所业务增长的职能。今年会再设立"资讯科技及系统"单位，进一步提升公司内部的资讯科技管理工作。完成合并后，香港交易所设立了现货市场、衍生产品市场以及结算等三个咨询小组，在产品、交易结算的发展工作中牵涉到政策制订、策略举措和重大投资时可向各咨询小组征询有关意见。整个合并整合计划包括一个有关员工编制及职能的详尽分析，以免合并完成后出现资源重叠。到今年6月底，公司员工总数将会从开始合并时的1052人减至860人。

本年度的集资金额达4670亿元，远比1997年的纪录2480亿元为高。年内共有90家公司进行首次公开招股，其中43家公司在主板上市，集资1170亿元，47家在创业板上市，集资150亿元。公司上市后的集资额亦创出3350亿元的新高。H股发行人及红筹公司透过首次公开招股及上市后的招股活动共筹集资金3460亿元，是历年之最，占年内市场集资总额74%。

本报告所述的12个月期间适是创业板首个完整的运作年度：以集资金额计，创业板可说是亚洲同类型市场之中一个成功例子。创业板的服务对象主要是中、小型公司。创业板的47家上市公司中，透过首次公开招股集资逾3亿元者只占11家。创业板的流通量亦足以媲美其他二板市场。在8月份，创业板获美国证券交易委员会认可为指定的离岸证券市场，此后所有创业板股份不论在美国境内外均可转售予美国人士或非美国人士而不受限制。年内，地铁有限公司上市，是香港特别行政区首家公营机构私有化，市场反应热烈。

年内市场成交金额达31320亿元，仅次於1997年37890亿元的纪录。恒生指数更於3月28日收市时创下18302点新高水平。据最近一项调查显示，香港的个人投资者已超过100万人，相信与政府推出盈富基金以及地铁公司投股均广受散户欢迎有关。

10月份，我们推出了第三代自动对盘及成交系统（AMS/3）：系统增设了多项新功能，交易量处理能力也比以前提高。AMS/3可配合互联网使用；有部分交易所参与者已透过本身的"经纪自设系统"，为客户提供网上交易服务。2001年2月，香港交易所推出AMS/3系统中的"买卖盘传递系统"（ORS）部份。透过ORS，投资者可采用电子方式落盘，输入的买卖盘会自动传递至交易所参与者处，获得批准后即传送到市场执行。这系统可配合多种电子渠道使用，包括互联网、流动电话以及其他电子方式。AMS/3也可配合多市场模式运作，香港交易所推出新产品及服务时更形灵活。今年年中，香港交易所计划推出地区性的"交易所买卖基金"。此外，我们也计划提供本地性的"交易所买卖基金"的市场。

九年成功　岂一时打造

《中国证券业年鉴》在各级领导的支持下，由上海证券交易所、深圳证券交易所协办，得到了香港交易及结算所有限公司支持。《中国证券业年鉴》已建立了由国务院有关部门及各地证券监管机构负责人组成的特约编委、特约编辑队伍。现有员工30余人，在北京、上海、深圳、广州、济南等地设有办事机构和联络处。

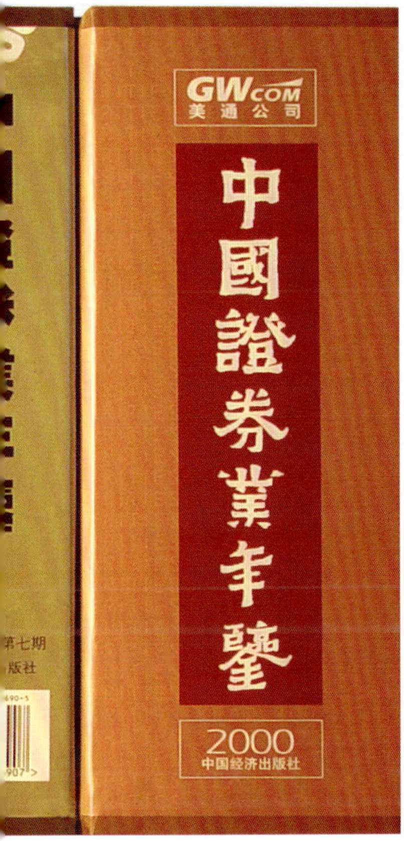

中國證券業年鑒
CHINA SECURITIES YEAR BOOK

客户的需求　我们的追求

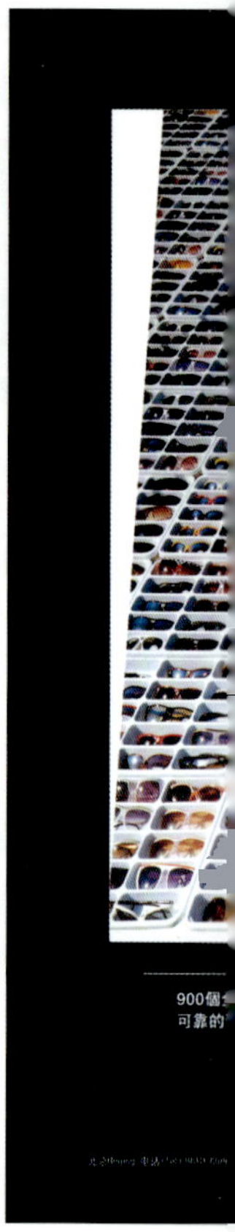

几年来，《中国证券业年鉴》编辑和出版得到了社会各界的大力支持，我们的客户包括：

金融业：中国工商银行、中国农业银行、中国建设银行、中国银行、交通银行、中国民生银行、上海浦东发展银行、深圳发展银行等。

证券业：国泰君安证券股份有限公司、南方证券有限公司、华夏证券有限公司、上海证券有限公司、申银万国证券股份有限公司、华泰证券有限公司、联合证券有限公司、大鹏证券有限公司等。

基金业：南方基金管理有限公司、华夏基金管理有限公司、国泰基金管理有限公司、大成基金管理有限公司、银华基金管理有限公司等。

上市公司：上海宝钢股份有限公司、上海汽车股份有限公司、贵州茅台酒股份有限公司、广深铁路股份有限公司、深圳开发科技股份有限公司、北京城建股份有限公司、莱钢股份有限公司、东风汽车股份有限公司等。

境外公司：恒生银行、路透集团、大福证券集团、ING霸菱公司、东英亚洲有限公司、上海第一投资、群益亚洲有限公司、工商东亚金融控股有限公司。

中國證券業年鑒
CHINA SECURITIES YEAR BOOK

一切 当然在设计

我们致力于为企业提供企业形象规划、品牌全程服务、市场资源整合、项目运营实施、媒介发布代理，为产品创造有价值的个性化品牌。

形象规划

中国证券市场走势图

上 证 A 股

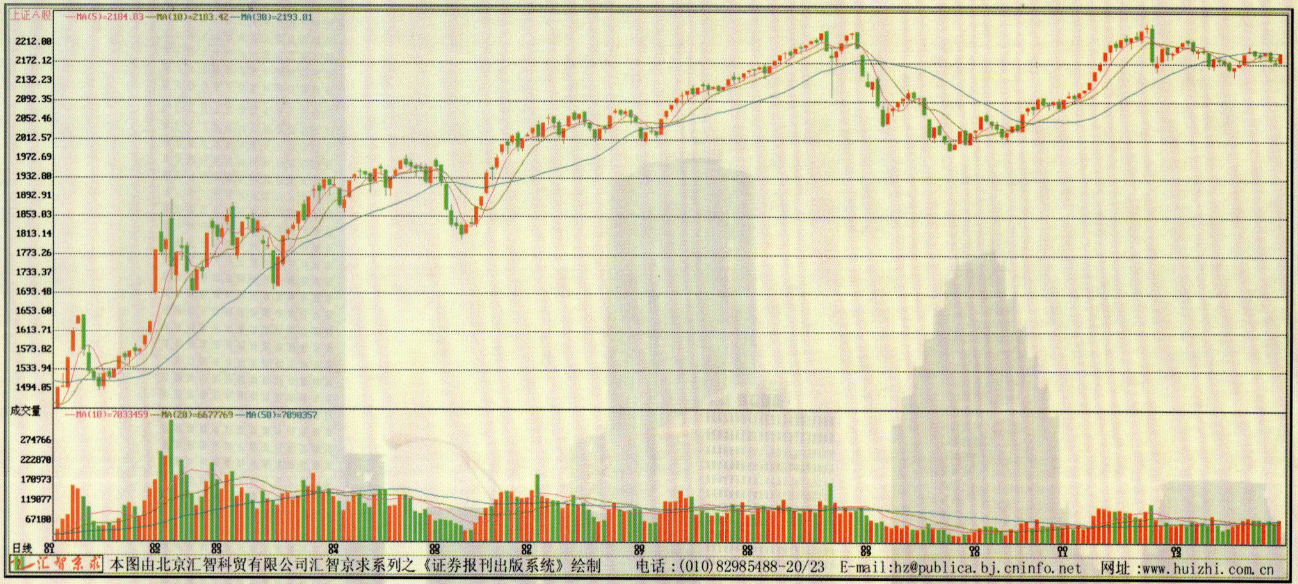

深 证 A 股

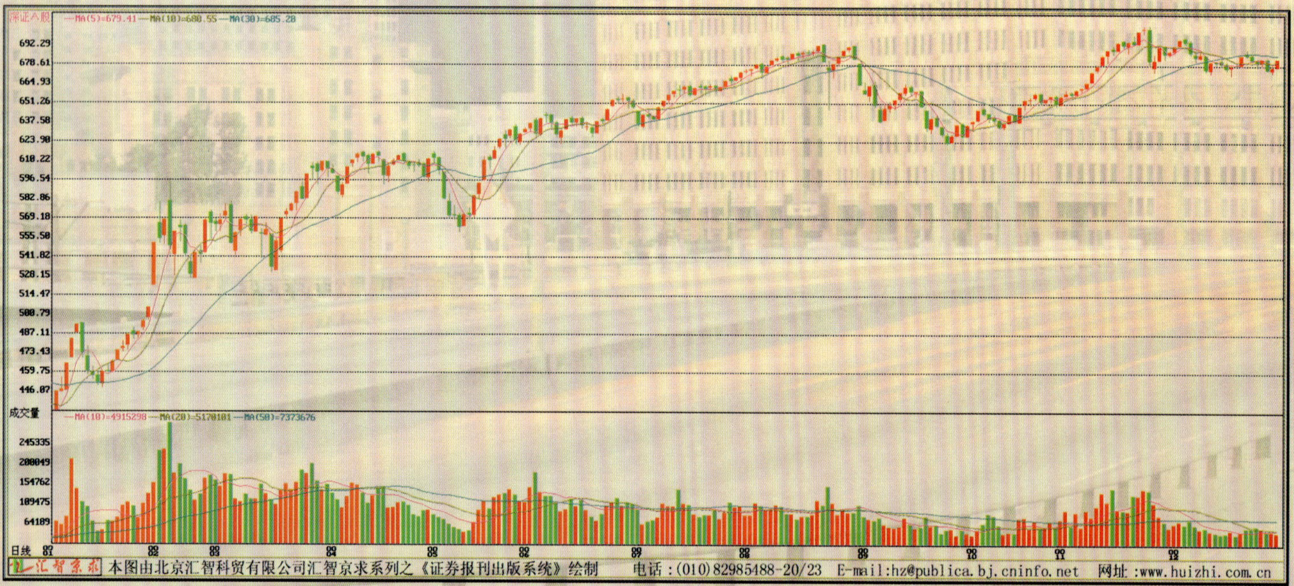

China Securities Year Book 2000

河南思达高科技股份有限公司

河南思达高科技股份有限公司始创于1988年，现为公众持股的上市公司，股票名称：思达 高科，股票代码：000676。公司下辖7个分公司及一个研究发展中心（省级企业技术中心），总资产5.36亿元，员工总数近900人，其中研发人员占职工总数的25%，每年的科技开发投入占销售收入的6%。

公司是国家火炬计划重点高新技术企业、河南省重点高新技术企业、河南省火炬计划先进企业、郑州市重点保护企业，内设有省级企业技术中心，承担了十几项国家及省级火炬计划项目，近20种产品被评为高新技术产品，软件产品曾在全国行业评比中获第2名，多项产品获河南省火炬奖及河南省电子行业科技进步一、二、三等奖，年申报专利近20项。

公司主营业务为设计、生产、销售电力系统二次配套设备及信息技术产品的开发、应用，是国内较大的电力仪器仪表及电力自动化设备的生产基地之一。其中标准电能表及电能表标准装置约占国内市场的20%，变电站综合自动化系统是原电力部定点生 产厂，是国内同类产品的主要供应商之一。信息产品主要是用电营业信息管理系统和连锁商业电子商务平台。

公司建立的质量体系，于1997年12月通过了英国 MOODY国际认证有限公司的现场审核，并荣获质量体系认证证书。至今，公司的质量体系运行良好，连续四年一次性通过MOODY公司的监督审核。为验证产品质量，保证产品质量，公司引进了一批高准确度的检测与标准仪器。具备健全的型式试验手段，能对产品开展安全、运输、环境、电磁兼容及可靠性等模似条件试验。针对公司产品的高技术、高可靠性的要求，公司引进了大型自动化表面贴装生产线（SMT）、波峰焊接生产线、在线测试系统等系列专用设备；为检验产品老化，还建立了大型的高低温冲击室，为设计和生产一流的产品提供了良好的条件。

公司的产品以先进的技术、精良的生产制造工艺、可靠的质量在国内市场上得到了广大用户的认可。公司的全电子式电能表系列产品以优异的质量价格比在国际市场上稳固地树立起自己的品牌，不仅在东南亚、非洲地区的国际招标中中标，而且开始了技术出口，先后为中东地区国家大型电表厂设计了二十一种规格型号的电表产品，并正在和东南亚、中东地区一些国家谈判，商讨合作建厂事宜。

以创新求发展，以质量求生存，以服务求信誉，以管理求效益，是思达公司的一贯的经营理念。立足中原，放眼中国，展望全球，迎接新经济时代的到来，为树立思达国际品牌，我们将锲而不舍。

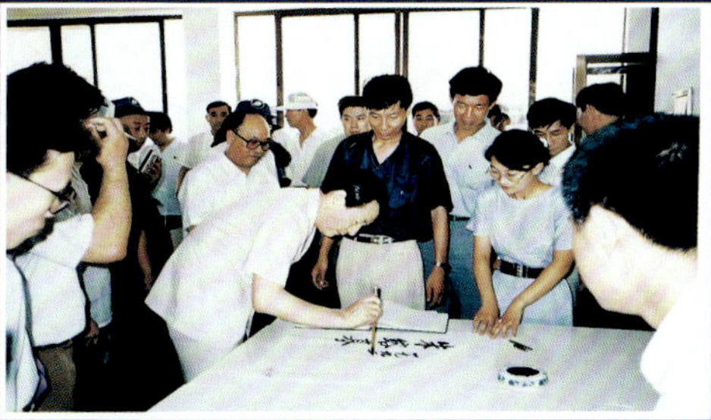

朱镕基总理视察思达高科

思达高科仪器仪表生产基地

思达高科配网自动化生产基地

地址：郑州高新技术产业开发区金梭路38号　邮编：450001　电话：0371-7982833　传真：0371-7982830　http://www.hnstar.com

公司董事长：吴希荣

湛江发电厂发电机组

发电厂集控

吴希荣：男，60 岁，广东电力发展股份有限公司董事长，中共党员，大学文化度，高级工程师。他从事电力生产、建设和电力行业管理三十多年，历任韶关发电厂副厂长、沙角 A 电厂厂长以及广东省电力工业局总工程师、副局长，现任广东省电力集团公司董事长、党组书记，是我国卓有成绩的电力行业专家，为广东省的电力事业作出出贡献。他继公司成立开始就一直任董事长，是广东电力发展股份有限公司创始人之一，是公司成长发展的领头人。他以高超的管理水平、丰富的实践经验，稳健、高效、务实的工作作风带领着全公司快速发展壮大、迈向更加光辉的未来！

广东电力发展股份有限公司(简称：粤电力)成立于1992年11月，1993年、1995年分别发行A股和B股，在深圳证券交易所挂牌上市，现今为一同时拥有A、B股，总股本265940.4万股的大型电力上市公司。

公司成立以来，一直坚持“取资于民，用之于电，惠之于众”的宗旨和“办电为主”的经营方针，充分发挥证券市场的融资功能，致力于广东省的电力建设。公司通过发行A股、B股和增发A股共向社会募集资金18.8亿元，先后投资建设了湛江电厂(1200MW)和梅县B电厂(250MW)，收购了粤江电力有限公司(全资拥有韶关电厂#10机组300MW)65%股权和沙角A电厂二期(600MW)。截止至今，粤电力已从成立之初的一家电厂发展为四家大型火力发电厂，装机容量由600MW增长到2950MW，总资产从13.84亿元增长到2000年的112.99亿元，股东权益从13.84亿元增长到47.36亿元，分别增长了392%、716%和242%。公司得到持续、快速发展，成为广东省目前最大的电力上市公司的上市公司之一。

随着中国电力体制改革的深入及广东省电力体制改革措施的实施，粤电力一方面将利用自身优势，通过“收购老电厂，兴建新电厂”，加快主业的发展，同时，积极、稳妥地参与高科技领域，走多元化发展的道路；另一方面将深化改革，建立完善适应市场经济的现代企业制度，进一步提高管理水平和效率，力争在本世纪初将公司建设成为广东省最大、在全国范围内有一定影响力和竞争力的大型电力上市公司。

梅县B 电厂发电机组

沙角A 电厂外景

输电线路

公司董事长：陈青光

桂林旅游股份有限公司

GUILIN TOURISM CORPORATION LIMITED

桂林旅游股份有限公司是以桂林旅游发展总公司为主，桂林五洲旅游股份有限公司、桂林中国国际旅行社、桂林集琦集团有限公司、桂林三花股份有限公司共五家企业共同发起组建的股份有限公司。公司主要从事旅游服务及与旅游服务相关的业务，包括：游船客运、公路旅行客运、出租汽车、旅游航空、旅行社、饭店和景区服务等。包括两个分公司：漓江游船公司、出租汽车公司；一个全资附属企业：桂林山水国际旅行社；三个控股子公司：广西集联旅游运输有限责任公司、桂林荔浦丰鱼岩旅游有限责任公司、桂林旅游航空服务有限责任公司；两个参股子公司：青海庆泰信托投资有限责任公司、防城港务股份有限公司。公司股票于2000年5月18日在深圳证券交易所挂牌交易。

公司股票上市后，遵循"团结、创新、质量、效益、争创一流"的宗旨和"发展主业、积极、慎重地拓展相关产业"的经营原则，根据国际、国内旅游市场需求和公司的实际，以市场为导向，加大了公司内部资源整合和旅游产品品质的提升力度。严格规范、科学管理、狠抓经营、提高质量，努力实现从资源优势向经济优势，从分散经营向集约经营，从资产经营向资本经营，从地方经营向区域经营的转变，力争以良好的经济效益回报社会、回报股东。

股票简称：桂林旅游　　股票代码：0978

董事长：陈青光　总经理：周益平　董事会秘书：周茂权

地址：广西桂林市榕湖北路17号榕湖饭店四号楼4301房

电话：(0773)2863839　　2823811-4301

传真：(0773)2863880　　邮编：541001

公司国际互联网网址：http://www.guilintravel.com

中国银河

CHINA GALAX

合力图强 建设中国一流投资银行

中国银河证券有限责任公司总裁

中国银河证券是按照党中央、国务院的部署，在原五家信托公司证券业务和证券营业部的基础上组建的。在不到一年的时间里，经过全体员工的共同努力，中国银河迅速完成了筹备工作，并形成了统一、团结的团队，公司转入正常经营，初步搭建起经营管理框架，各项工作呈现出良好的发展态势。2000年全年中国银河累计股票、基金交易量7922亿元，名列深沪市场第一，客户总量达210万户；完成营业收入33.3亿元，实现利润总额11.6亿元。投资银行业务也在迅速恢复的同时储备了一批项目，为拓展业务打好了基础；资产管理业务在建章建制的基础上，开发了一批重点客户；证券投资业务正在恢复运作，总体上把握了大势，效益不错；基金和风险投资业务的各项准备工作也正在加紧进行。进入新世纪，中国银河将坚持规范经营、坚持以客户和利润为中心的经营理念，坚持严格管理和稳健发展并重，培育核心竞争能力，建设中国一流投资银行。首先，我们要进一步提升在经纪业务方面的综合服务能力，通过和中国银河渊源深厚的国有商业银行及信誉较高的金融机构合作，为客户提供一揽子金融服务。另一方面要大力发展投资银行、资产管理和基金业务，针对大型客户提供综合服务，充分发挥综合类券商业务门类齐全的优势，使经纪业务、投资银行和资产管理、基金业务成为三足鼎立的核心业务竞争能力。第二，我们要下更大的力量加强研发队伍的培养和建设。努力提升公司的研发能力，充分发挥研发成果在公司经营和发展中的先导作用。第三，我们要增加公司在业务和管理方面的高科技含量，抢占高科技的制高点，加大投入，提高计算机的建设水平，配备先进的、统一的硬件和软件，构建高效的计算机技术平台，形成公司在行业内的信息技术领先优势。第四，公司在国内同行中规模最大，在成本控制方面有相当大的潜力。我们必须通过财务预算管理，实现规模效益，使成本控制逐渐成为我们在市场竞争中制胜的又一法宝。第五，引进和培训人才，通过有效的人力资源开发和管理，形成富有竞争力的高素质团队。在规范中发展壮大，是中国银河证券全体员工的希望和共识。我们将通过自己的不断努力，持久强化公司的信誉，树立中国银河证券的品牌，实现可持续发展，取得最后的胜利。

人本
承诺

- 公司注册资本10.02亿元，从1996年公司成立至2000年底，总资产增长27倍，净资产增长9.2倍，以优良的资产质量和独特的发展模式引领市场。
- 出身高等院校，是目前唯一一家具有高校背景的证券公司，与全国二十多所著名高校保持密切联系，与北京大学等十所高校签署了合作协议。
- 中国首家增资扩股成为综合类证券公司，首家与国有商业银行签署股票质押贷款协议，第一批进入全国银行间同业拆借市场。

辽宁证券有限责任公司

LIAO NING ZHENG QUAN YOU XIAN ZE REN GONG SI

辽宁证券有限责任公司（以下简称“公司”）的前身为辽宁省证券公司，是经中国人民银行批准成立最早的证券专营机构之一，设立于1988年。1997年经中国人民银行批准改组为有限责任公司，总部设在东北最大的城市沈阳。

在“规范经营、创新发展”的经营思想指导下，经过十多年的发展，公司在网点建设、人才储备、业务开拓等方面取得了长足进展。目前，公司拥有辽宁、上海、深圳、天津等地营业部22个，证券服务部19个。拥有员工800余人，平均年龄28岁，拥有博士、硕士、中国注册会计师和注册评估师60多人，80%以上员工具有大专以上学历。

董事长：邵荣第先生

公司是东北地区最早较全面开展投资银行业务的证券公司，也是东北地区最早担任主承销商的证券公司。从1993年开始，公司先后对辽宁省70多家企业进行咨询服务，为40多家企业提供股份制改组方案，其中已有20余户企业发行了股票成功上市，占辽宁上市公司的近一半。公司先后承销证券金额50多亿元，为繁荣地方经济和证券市场做出了贡献。

LIAO NING ZHENG QUAN

地址:沈阳市和平区总站路81号　电话：024-22528910　传真：024-22526310　邮编：110002

新大陆
NEWLAND

www.newland.com.cn
地址：福州市高桥路26号阳光假日大酒店13-14楼
邮编：350005
电话：86-591-3330658
传真：86-591-3362320

福建新大陆电脑股份有限公司

福建新大陆电脑股份有限公司成立于1994年，公司自成立以来始终积极致力于计算机外部设备的研究发展、行业应用软件开发与系统集成服务，经过连续6年销售额和利润两位数同步高速增长，现已发展为一个净资产逾6亿元人民币，员工逾400人的高科技上市企业，并成为新大陆集团在电子信息产业方面的支柱企业。

6年来，新大陆立足国内金融电子化和经济信息化建设领域，坚持技术创新，发展具有自有品牌和自主知识产权的产品和技术，并建立了一个拥有庞大行业客户群的全国性直销服务网络。新大陆产品广泛地应用于金融、邮电、保险、税务等行业，公司目前已经成为国内最知名的计算机外部设备专业厂商之一。

在行业应用软件开发与系统集成服务领域，新大陆以移动通信支撑技术、高速公路管理支撑技术、金融系统应用支撑技术为主要发展方向，为行业用户提供具有自有知识产权的应用解决方案。尤其在国内移动通信行业，公司已经成为一家技术实力领先和较有影响力的技术支撑商。

1999年新大陆先后投资控股了北京义驰美迪技术开发有限责任公司、南京东富石油自动化设备有限公司，并注资成立了福建中安电子技术有限公司，开始涉足软件服务、税控设备领域和二维条码识读设备和应用领域。以新大陆电脑公司为旗舰，发挥各自优势并有机结合，开始形成新大陆电子信息产业的企业群。

面对中国加入WTO和网络经济浪潮带来的新的机遇和挑战，新大陆在积极发展自有品牌产品及自主知识产权技术的同时，一方面与众多国际知名IT企业建立并保持良好的合作伙伴关系，另一方面也积极寻找新的增长点，为公司国际化发展和向网络IT经济转型做准备。

2000年8月7日，新大陆电脑股份有限公司股票(0997)在深圳证券交易所挂牌上市，这是公司发展史上的重要里程碑，标志着公司进入了一个稳健、高速发展的新阶段。公司将以此为契机，继续秉承“向社会提供实用的高品质信息类产品和服务，推进民族信息产业的发展”的宗旨，依托技术创新，与客户、股东、社会大众共享高科技带来的便利和财富。

国产高速动车组

公司董事长张正清

广深铁路股份有限公司

公司党政主要领导（中为董事长张正清、右为董事党委书记李代华、左为董事总经理吴遗全）

广深铁路股份有限公司成立于1996年3月6日，作为中国铁路最优秀的代表，经国务院批准进行股份制改造和股票在香港和美国纽约上市，是中国第一个也是目前唯一一个在境外上市的铁路运输企业。公司经营的铁路运输业一直是国家重点扶持发展的重要基础产业，是国民经济发展的命脉。广深铁路是中国南方铁路网的重要组成部分，是通往香港的唯一铁路线。公司主营广州至深圳的铁路客货运输业务，兼营与铁路运输有关的仓储、装卸、配套服务等业务，并与香港九广公司合作经营广州至香港之间的直通列车，与国内其它铁路企业合作经营经过京广铁路、京九铁路、三茂铁路等往返于国内其它重要城市的长途列车。

广深铁路是中国铁路现代化程度最高的铁路。拥有中国唯一的准高速铁路及时速160公里的准高速列车和时速200公里的高速列车，广深铁路高速线已实现全程电气化，其科技水平、技术装备均达到国内领先水平，部分技术指标达到或接近国际先进水平。

广深铁路是中国铁路效益最好的铁路，其客货运输收入和盈利水平均处于同行业领先水平，广深铁路的毛利率也是世界铁路最高之一。

广深铁路是珠江三角洲最具竞争力和良好前景的运输工具。1996年以来，广深铁路实施了以“高速度、高密度、小编组”为主要内容的高速列车发展计划，广深间高速列车由96年初的4对增加到31对，旅客列车对数由96年初的38对增加到85对，成为中国铁路列车运行密度最大的铁路线。

2000年，公司抓住广深铁路吸引区内经济环境改善带来的商业机会，致力发展公司核心业务，促使公司客货运输出现了1998年以来的全面增长。公司高速列车发展计划又有新的进展，并开始实施广深高速旅客列车公交化计划。公司顺利完成了广深铁路两条高速线的提速工程，使广深铁路两条高速线达到时速210公里的技术要求。公司已购买了原租赁的一列新时速高速电动车组和5台高速机车，新增租赁于2001年年底前到位的八列高速电动车组，其中一列“蓝箭”号新时速已于2000年12月28日正式运营，并完成了广深第三线电气化和深圳西站房工程。

公司根据运输市场的变化，不断调整营销策略和市场推广措施，推进客运产品升级换代，实行运输组织和服务技术创新，适时调整列车运行图，科学安排列车停点，增加旅客列车班次，使广州东站到发列车的平均间隔时间缩短为12.9分钟一班，深圳车站缩短至12分钟一班，高速和准高速列车达到约30分钟一班。公司以市场为导向，继续对广九直通车团体旅客实施票价优惠，从而有效提高了公司客运竞争力和经营收益。

公司2000年客运业务继续全面增长。全年完成客运总量3494.7万人，比1999年增长10.5%，广深本线客运量1490.5万人，同比增长11.7%，其中广深高速客运量724万人，同比增长27.2%，广九直通客运量190.6万人，同比增长13.6%；国内长途客运量1813.6万人，同比增长9.1%。全年实现客运运输总收入12.373亿元，比上年增长11%。

在货运方面，公司面临日益加剧的竞争形势，加大营销力度，继续推行全程代理；实行港站联合营销，组织多式联运；开行集装箱专列；实施以卸补装策略，加强到达货源组织；加强与专业市场的合作，建立稳定的货源关系；改进货物运输技术服务手段，扭转了货物发送下降的局面，货物接运继续持续增长。全年完成货运量2873.3万吨，比上年增长3.4%。2000年，本公司完成货运收入5.497亿元，比上年增长2.2%。

2000年，本公司致力发展物业租赁，旅游和广告业务，使其他业务营业额达1.934亿元，比上年增长约达16%。

深圳车站外景

风驰电掣的高速列车

公司大厦

与民族共进　和时代同行

2000年，本公司营业额为19.804亿元，比上年增长8.9%。本公司营业利润5.194亿元，比上年增长8.7%。

2000年，公司实现税后利润4.92亿元人民币。至2000年末，公司总资产为108亿元，净资产为100亿元。

2001年，本公司将继续实施产品升级战略、客货营销战略、资本扩张战略、现代化管理战略和人力资源开发战略，继续推进管理创新、组织创新、制度创新和技术创新，致力把广深铁路建成高速度、高密度、高科技、高效益的现代化铁路，建成广州、深圳和香港三大现代都市间安全、快捷、便利、舒适的交通工具。在2001年，本公司将不懈努力，稳健实施三大发展计划。一是建设广深第四线电气化铁路。以创造今后运量增长和市场竞争所需的运输条件。该项目完成后，能满足京广电气化、京九复线和深圳市地铁建成后运量增长对广深铁路运输需求，有利于本公司客货运输核心业务快速发展，并将成为本公司新的经济增长点。二是本公司拟计划采用公募方式增发不超过5.5亿股A股计划，拟募集约19.8亿元资金，投资广深第四线电气化铁路建设。该项目目前进展顺利。三是广深铁路高速旅客列车"公交化"计划。今年底以前，本公司租赁8列国产高速动车组，继续增开高速旅客列车，争取广深高速线在高峰期平均每15分至20分钟开行一列高速列车。在广深第四线电气化铁路完成后，本公司拟计划再购置或租赁适量动车组，争取广深高速线每10至15分钟开行一对高速列车，并致力发展网络售票和磁卡售票。

公司董事长：张正清（公司法人代表）
地址：深圳市和平路1052号　电话：(0755)5587920　5598693　传真：(0755)5591480　邮编：518010

中国外汇交易中心

CHINA FOREIGN EXCHANGE TRADE SYSTEM

广州分中心

GUANGZHOU BRANGH

地址：广州市环市中路天秀大厦B座25楼
电话：(020)83543878 邮编：510050

中国外汇交易中心暨全国银行间同业拆借中心广州分中心(下称“中心”)是中国人民银行广州分行和国家外汇管理局广州分局领导下的非盈利性事业单位，下设市场部、资金部、港币支票清算部、财务部、电脑部和综合部。

基本职能包括：货币市场组织和服务，包括银行间外汇交易、人民币同业拆借和债券交易、办理外汇交易的资金清算交割、提供货币市场信息服务等、外资金融机构外汇存款准备金和外汇管运保证金的收缴与营运，粤港两地港币支票联合结算。

中心前身是国家外汇管理局广东省外汇调剂中心，于1994年4月与全国外汇交易系统联网运作，并以该系统的物理网络为依托，分别于1996年1月和1997年6月连通全国银行间人民币同业拆借和债券交易系统，至今已发展外汇市场会员24家，人民币市场交易成员21家，成为我国货币市场的一个重要组成部分。2000年，中心银行间外汇市场共成交15.2亿美元(折合)，人民币拆借、现券和回购交易分别成交1114.5亿元、72.29亿元、1971亿元，在全国货币市场上名列前茅。

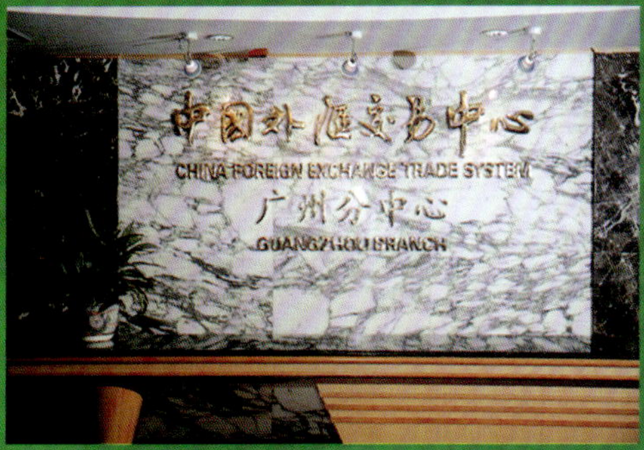

中心铭牌

中心领导与员工们在一起

先进的办公设施

经营范围：组织本地外汇市场会员银行以现场或远程方式进入全国联网的外汇交易系统，进行自营或代理的人民币对美元、港元、日元三种货币的即期交易，并为其提供资金清算交割服务；为广东省内(深圳除外)所有经中国人民银行批准，具有独立法人资格的金融机构和授权分支机构从事人民币同业拆借、现券买卖及回购交易提供业务和技术支持，为所有货币市场有关成员提供信息服务，维护本地外汇及人民币交易系统的稳定运行；运作对外资金融机构缴存的外汇存款准备金和外汇营运保证金；粤港两地港币支票联合结算业务。

SIHC Introduction

深圳市投资管理公司
SHENZHEN INVESTMENT HOLDING CORPORATION

深圳市投资管理公司

深圳市投资管理公司成立于1987年，是全国成立最早的国有资产经营管理公司。作为深圳市规模最大的综合性国有控股公司，深圳市投资管理公司代表深圳市人民政府经营、管理授权范围内的市属国有资产，为国有资产的保值增值作出巨大贡献。到2000年底，公司资产总额已达1021亿元，国有净资产235.5亿元；产业覆盖基础设施、能源、交通运输、工业及高新技术、公用事业、金融证券等，具有显著的资源、机制、对外开放等优势。公司积极参与资本市场，强化资本运作，调整产业结构，追求资本效益的最大化。

SHENZHI

（控股／参股之上市公司）

- 深圳国际控股股份有限公司（香港上市公司）
- 深圳科技控股股份有限公司（香港上市公司）
- 深圳发展银行股份有限公司
- 深圳机场股份有限公司
- 深圳盐田港股份有限公司
- 深圳高速公路股份有限公司（香港上市公司）
- 深圳能源投资股份有限公司
- 深圳赛格股份有限公司
- 深圳市赛格三星股份有限公司
- 深圳市赛格达声股份有限公司
- 深圳华发电子股份有限公司
- 深圳石化工业集团股份有限公司
- 深圳市纺织（集团）股份有限公司
- 深圳市一致药业股份有限公司
- 深圳市特发信息股份有限公司
- 深圳市特力（集团）股份有限公司
- 深圳市国际企业股份有限公司
- 华源实业（集团）股份有限公司
- 深圳市莱英达集团股份有限公司
- 深圳中华自行车（集团）股份有限公司
- 中国南玻科技控股（集团）股份有限公司
- 深圳天马微电子股份有限公司
- 深圳市深宝实业股份有限公司
- 深圳南山热电股份有限公司
- 中国科健股份有限公司
- 深圳市深信泰丰股份有限公司
- 深圳大通实业股份有限公司
- 金地（集团）股份有限公司
- 深圳市物业集团股份有限公司
- 深圳市农产品股份有限公司

www.sihc.com.cn

INVESTMENT HOLDING CORPORATION

地址：深圳市福田区深南大道4009号投资大厦　电话：86-755-2712021　2712002　传真：86-755-2712003　邮编：518026

www.ssaocorp.com

法定代表人、总裁：祝世寅

上海国有资产经营有限公司

地址：上海市徐家汇路555号
邮编：200023
电话：0086-21-63901008
传真：0086-21-63901110
电子信箱：ssaoco@online.sh.cn
网址：http://www.ssaocorp.com

上海国有资产经营有限公司是经上海市人民政府批准成立的国有独资有限责任公司，成立时间1999年10月15日，注册资本金25亿元，公司设指导委员会对公司业务行使指导监督职能，指导委员会由市政府副秘书长担任主任，由市国资局、市财政局、市计委、市经委、市上市公司重组领导小组的领导和公司总裁担任委员，公司下设上海国有资产处置有限公司、上海国禾投资有限公司、上海国鑫投资发展有限公司、上海国智置业发展有限公司等子公司。

作为上海市政府新批准成立的一家市级综合性国有资产经营公司，其主要任务是通过市场手段，盘活市政府授权经营的国有资产。公司通过资产经营，参与国有资产的买卖，包括证券化和非证券化的企业资产收购、包装和出让，资产及上市公司重组，产权经纪，房地产中介等，为国有企业强强联合，及国有资产退出一般性竞争领域服务。公司接受资产托管，对银行、企业的质押物进行管理、处置提供服务。公司受政府委托对本市国有企业不实资产核销中相关资产进行处置，最大限度地追索、保全国有资产。公司还根据市政府指示，参与市级大公司改制和重大项目投资，并根据资本运作需要投资高新科技项目和上市公司。公司已控股国泰君安证券股份有限公司，并是上海国际集团有限公司、上海银行、浦东发展银行、交通银行、国泰君安证券股份有限公司、申银万国证券有限责任公司、中国太平洋保险公司、东方寿险股份有限公司(筹)等金融企业股东。同时还是上海世界展览会议有限公司、强生(集团)有限公司、上海农工商(集团)有限公司、金泰股份有限公司、光明乳业股份有限公司、金桥出口加工区开发股份有限公司、复华实业股份有限公司、交大南洋股份有限公司、新药研究开发中心、置信集团有限公司、思道科投资有限公司等的股东。2000年公司盘活国有资产存量24.5亿元。

何国杰董事长

地址：广州市先烈中路100号
高中心大楼14-15楼
电话：(020) 87620388
传真：(020) 87612766

GUAN DONG TECHNOLOGY

廣東省風險投資集團

GUANG DONG TECHNOLOGY VENTURE CAPITAL GROUP CO.,LTD

VCGC

广东省风险投资集团是经广东省人民政府批准设立，并授权经营的国有投资公司，于2000年9月正式挂牌运营。集团公司根据国家的有关政策，可以运用全额资本金进行投资。

公司宗旨：通过风险投资，参与高新技术企业的建立、重组与营运管理等业务；运用本集团的自有风险资本及通过多渠道募集风险资金，促使高新技术实现产业化，推动我省高新技术及其产业的发展。

公司的主要业务有：风险投资，组建风险投资基金，投融资咨询，企业购并重组及资本运营，证券投资，国际风险投资业务合作，创办高新技术成果产业化基地。

集团公司拥有广东省科技创业投资公司、广东科技风险投资有限公司、广东清华科技创业开发中心等八家风险投资机构和实业公司。公司资产总额11.5亿元人民币，净资产8.5亿元人民币。

集团公司现有员工五十余人，60%以上拥有硕士、博士研究生学历。专业涉及电子、生物、材料、自动控制、化学、经济、金融、法律、工商管理等。

董事会成员：(左起)陈桂谷董事、何国杰董事长、何荣董事总经理、黎全辉董事

公司接待前台

GUAN DONG TECHNOLOGY
VENTURE CAPITAL GROUP CO.,LTD

广州科技风险投资有限公司
CANTON VENTURE CAPITAL CO.,LTD.

公司成立于1999年12月23日，注册资本为人民币6亿元。公司主要的业务是对高新技术企业和技术创新企业进行投资；发起和设立各类科技风险投资基金；管理科技风险投资基金和其他资产管理业务；开展高新技术企业、技术创新企业的融资担保；投资咨询、中介服务。

公司遵循“专家管理，科学决策”的原则，通过创业投资、融资担保、投资咨询及中介服务等形式，促进科学成果的商品化和高新技术的产业化。除对高新技术企业提供资金支持外，还将为企业提供各项增值服务，协助企业提高管理水平和增强竞争能力，全方位扶持企业成长。

公司作为广州风险投资体系的重要组成部分，得到广州市委、市政府及各界的大力支持，现有的资金是市政府组织多种渠道筹集而来，至2003年将达到10亿元人民币。公司在发展中，还肩负着探索风险投资机制的重任，将多种渠道吸收民间资金、海外资本，扩大资产管理的规模。

2000年，公司对外投资项目12个，投资金额为11027万元人民币，公司还为所投资的企业引入近亿元人民币资金。

公司期望在今后的经营中，与社会各界广泛合作，为推动科研成果商品化、高新技术产业化、扶持科技企业的成长作出积极的努力。

高效整洁的环境

高素质的投资管理队伍

大都会广场

公司总经理：王鸿茂
地址：广州市天河北路183号大都会广场11楼
电话：(020) 87556020 传真：(020) 87556023
邮编：510075 网址：www.c-vcc.com
电子邮箱：E-mail:cvcc@c-vcc.com

山东省高新技术投资有限公司

山东省高新技术投资有限公司(以下简称山东高新投)成立于2000年6月，是山东省人民政府出资设立的国有独资企业，现有注册资本6亿元人民币，今年底将达到12亿元人民币，目前是国内规模最大的风险投资公司之一。

山东高新投是专门从事高新技术领域创业投资的公司，投资对象是在山东省内注册的高新技术企业，主要是高新技术领域里处于成长期、扩张期的高新技术成果转化项目；能够取得自主知识产权且有巨大市场潜力的中试项目；用高新技术改造的传统产业项目。投资重点是电子与信息工程、医药与生物工程、新材料等领域内的科技成果转化项目。投资方式以股权投资为主。

正确与卓越是山东高新投的一贯追求，为此，山东高新投坚持政策性引导，市场化运作，按经济规律办事，向国际惯例靠拢的原则，建立了新型的项目推荐方式和投资决策机制，按照现代企业制度的要求，建立了面向市场的崭新的用人、分配机制和业务运作机制。山东高新投的目标是成为国内一流的风险投资公司，创出品牌，造就一批一流的职业经理人和专业人才。总裁王绍东是英国伦敦大学毕业的博士，博士生导师，曾在国外从事科技风险投资多年，在风险投资和资本运作等方面有深厚的理论基础和丰富的实践经验。公司现有30多名员工中，有6名具有博士学位或海外学习工作经历，其他大部分员工都具有硕士学位。

山东高新投从2000年9月开始运作以来，积极开拓创新，呈现出良好的发展态势。目前，已接收项目400多个，已对7个项目进行了投资，投资额达2.5亿元。从已投资情况来看，这些项目不仅技术水平高，绝大部分都是国际或国内先进水平，而且市场前景较好。例如，招远金宝电子材料有限公司的“18微米高档电解铜箔”、烟台科耐思电子有限公司“表面贴装石英谐振器”和淄博博航电子陶瓷有限公司“氧化铝陶瓷基片”这3个项目建成后，将使这些企业的技术水平和规模达到全国同行业第一。此外，山东高新投还通过收购法人股成为四砂股份有限公司的第一大股东，从而为公司的高科技风险投资项目打造起了资本运作的平台。

山东高新投的事业刚刚起步，作为高新技术企业的“助推器”，山东高新投将继续团结拼博，开拓创新，以新的精神面貌，迎接新的挑战，创出公司的品牌，开创辉煌业绩。

山东省委书记吴官正、省长李春亭为公司成立揭牌

公司地址：山东省济南市解放路166号
电话：(0531)6965156 邮编：250013
传真：(0531)6969598

创造一流的风险投资公司

深圳证券通信有限公司（原深圳证券卫星通信有限公司）成立于一九九三年八月，股东单位包括深圳证券交易所、中国空间技术研究院、中国通信广播卫星公司，是一家为证券市场提供数据通信服务的专业通信公司，承担着深交所与全国各地证券营业部之间全部的证券信息传输任务。王侯先生为现任董事长，孙辰健先生为现任董事、总经理。

深圳证券通信有限公司成立以来，一直以为证券市场提供优质的通信服务为己任，努力吸收先进的卫星通信技术和地面通信技术，力争建设一流的证券通信网络，为确保证券市场信息的安全传输做出了重要的贡献。

公司分别于1993年和1994年在全国率先推出了证券卫星单向通信网和证券卫星双向通信网，为解决深圳证券市场通信瓶颈问题和推动交易自动化进程做出了突出的贡献。目前公司的单、双向卫星小站已经遍布全国除台湾、香港和澳门之外的所有省、市、自治区。截止2001年底，双向卫星网在全国各地开通用户小站2196家，单向卫星网开通小站3238家。

为了满足我国证券市场长远发展的需要，适应通信技术飞速发展的要求，进一步提高深圳证券市场的通信能力和通信安全，深圳证券通信有限公司从1998年开始筹建深圳证券通信中心，并在全国率先推出证券地面通信系统，同时还对原有卫星通信系统进行了升级。2001年7月27日，深圳证券通信中心胜利落成竣工，中国证监会主席周小川等领导莅临庆典现场，带来了上级主管部门的关怀和祝贺。该证券通信中心集卫星通信和地面通信于一体,通信能力达到原通信主站的4至5倍,并形成了天地实时互备、自动切换和通信枢纽微波／光纤互备的备份格局,不仅可以支持证券市场现有和未来业务的交易结算通信,还可提供实现数据、话音、视频等信息传输的多媒体通信网络平台，能够满足证券市场中、长期发展需要。

安全、高效、实时、畅通是公司服务证券市场永远不变的理念。近年来，为了进一步确保证券通信安全，更好地向客户提供专业化和标准化的服务，公司采取了一系列的服务措施。一方面，公司制定了严密的主站安全运行管理制度，加强主站通信安全，另一方面，公司一直坚持把“服务为本，用户至上”作为公司用户服务工作的宗旨，确保用户小站通信安全。公司通过36小时内排障、定期用户培训、小站巡检、网上远程服务等措施，使得文明服务走上规范化、制度化的轨道，大大降低了用户小站的故障率，赢得了用户的广泛赞誉。对于证券地面通信网的接入申请，公司为用户提供一点咨询、一点受理、一点结算的一站式服务，即由公司负责用户到电信机房的线路申请、所有相关路由器配置、用户端通信软硬件的安装调试以及系统运行时的线路、设备和软件的维护、管理、升级。专业的管理和一揽子的解决方案可以使券商避免在通信系统的管理和维护中花费过多的人力、物力，从而可以集中精力参与日趋激烈的市场竞争。

“卓越追求，永无止境”。对于公司全体员工来说，过去所取得的成绩既是荣誉，更是激励和鞭策。面对证券市场和通信技术迅猛发展所带来的机遇和挑战，他们决心齐心协力，奋勇拼搏，用勤劳和智慧为中国证券市场的发展做出更大的贡献。

中国证监会主席周小川等领导
为深圳证券通信中心落成典礼剪彩

地址:深圳市福田区滨海大道1002号
电话:（0755）3183333
运行热线:（0755）3182222
邮编:518040
传真:（0755）3851029
网址:www.ssscc.com.cn

太平洋保险保太平

中国太平洋保险（集团）股份有限公司是经营各类保险业务的全国性股份制商业保险公司，实行董事会领导下的总经理负责制，总部设在上海。其前身是设立于1991年4月的中国太平洋保险公司。目前在国内设有专业经营财产保险业务的中国太平洋保险财产股份有限公司和专业经营人寿险业务的中国太平洋人寿保险股份有限公司两个全资子公司，在美国纽约设有中国太平洋（美国）服务公司，在香港设有中国太平洋保险（香港）有限公司，在伦敦和纽约设有代表处，还在100多个国家和地区的170多个主要港口城市聘请了保险检验、理赔、追偿代理人。1998年，公司与美国安泰人寿保险公司在上海合资组建了太平洋安泰人寿保险有限公司。中国太平洋财产保险股份有限公司和中国太平洋人寿保险股份有限公司在国内主要城市设有900个分支机构，从而使公司拥有了比较完善的保险服务网络。

公司已建成中国保险业界第一个贯通全国，连接全球的保险电子商务网络系统，网址：www.cpic.com.cn；并设有全国统一客户服务电话：95500

公司召开产寿险分业经营机构体制改革大会

2000年公司凭借规范的管理、雄厚的经营实力和良好社会信誉，被商业创新方向国际组织授予“国际质量金星奖”，2001年公司再次被该组织授予“国际质量白金奖”。

公司开展了各种形式的社会公益活动，近年来，公司向全国各地的724名援疆干部、上海市援滇干部和援藏干部赠送人身意外伤害和人身意外伤害医疗保险。

董事长：骆家刚先生　　总经理：刘刚先生

浙江金迪期货经纪有限公司

公司总部办公地址：　杭州市文晖路108号浙江出版物资大厦16楼
杭州营业部地址：　杭州市文晖路108号浙江出版物资大厦16楼
上海营业部地址：　上海市徐汇区长乐路1219号长鑫大厦12楼
金华业务部地址：　金华市八一北路190号汽车大厦3楼
乐清营业部地址：　乐清市乐成镇乐怡路2号乐怡大厦11楼C座

散户大厅

浙江金迪期货经纪有限公司是经中国证券监督管理委员会批准成立（许可证号为A025011016），取得国家工商行政管理局企业法人营业执照（注册号为1000001002263）专营国内期货经纪业务的有限责任公司。公司股东实力雄厚，注册地为浙江省金华市，在杭州、上海、乐清设有营业部，委托有丰富实践经验的金华信托投资公司进行管理，是浙江省规范化程度高、信誉好的大型期货公司之一。

公司是上海期货交易所、大连商品交易所、郑州商品交易所的全权会员，拥有七个场内交易席位，并全面开通了三家交易所的异地交易系统。公司现有营业面积2500多平方米，公司配备世华行情显示和动态分析系统，使用上海复旦金仕达计算机公司设计的结算及交易软件。公司目前建成的自助委托交易系统、远程网络交易系统，在国内同行业中处于领先水平。

公司追求企业现代化、规范化的管理，奉行“发展不忘稳健，服务必尽忠良”的经营宗旨，严格贯彻执行国家有关政策法规，不断完善内部规范管理，建成了包括网络交易在内的新技术条件下的交易、结算和风险控制体系。

公司现有员工40余人，大专以上学历占84%，多年期市实践培养和炼就了一大批年纪轻、素质高、操作规范的管理和经营人才。公司将客户交易的迅捷、资金的安全、增值作为工作核心，视客户成功为自己的荣耀。

良好的办公环境

律师们研讨案例

主任：谢炳光

华联律师事务所

1985 年 1 月，经中华人民共和国司法部审核批准，由司法部和中国侨联共同领导的华联经济律师事务所在北京成立。华联经济律师事务所是受司法部直接领导和管理的成立最早的几家律师事务所之一。1998 年经司法部批准，华联经济律师事务所更名为华联律师事务所。2001 年 6 月，根据国务院办公厅和司法部有关文件精神，华联律师事务所改制为合伙制律师事务所，同时，根据属地管辖的原则，华联律师事务所归属北京市司法局管理，名称为北京市华联律师事务所。

华联律师事务所的合伙人，均是在华联律师事务所从业多年的资深专职律师，在多年的工作中有着较好的业绩和良好的声誉。华联律师事务所的专职律师和兼职律师由在原华联执业多年的律师及新近吸收的各方优秀律师组成，既有具有丰富实践经验的资深法律专业人才，又有一批在各行各业有特殊才能和贡献的专门人才担任兼职律师，还有从事法学教育和研究的理论专家，还有一批法学界的知名人士担任顾问。

华联律师事务所共设立：公司法律事务部、金融证券法律事务部、房地产法律事务部、刑事法律事务部、民事法律事务部、知识产权法律事务部、国际法律事务部等机构。公司法律事务部：为客户提供包括公司的设立、收购、兼并、改组、股权（出资）转让、股票（可转债）发行与上市、产权纠纷和产权界定、公司的破产清算等法律服务。金融证券法律事务部：为银行和非银行金融机构提供各项法律服务。1993 年 7 月，华联经济律师事务所获得司法部和中国证监会颁发的证券从业资格，成为第一批获得该资格的律师事务所。作为发行人或券商律师为盐湖钾肥、同仁铝业、华北制药、许继电气、中通客车、大恒科技、大成基金所属的基金景业等多家公司的股份制改造和股票（债券）发行上市提供法律服务，受到当事人的好评。房地产法律事务部：为客户提供有关房地产方面全方位的法律服务。知识产权法律事务部：受托办理有关专利、商标、著作权、专有技术、计算机软件等方面的法律事务。刑事法律事务部：为犯罪嫌疑人提供法律帮助，接受委托作为辩护人为被告辩护，接受委托作为被害人的代理人提起刑事附带民事诉讼，接受委托作为原告的代理人代理原告提起自诉。民事法律事务部：为客户提供包括经济和房地产纠纷、损害赔偿、建筑工程、劳动、保险、婚姻、继承等方面的法律服务、代理当事人进行诉讼或仲裁。国际法律事务部：代理境外机构在我国以及国内机构或个人在国外的法律事务。

地址：北京市新中街68号聚龙花园7楼4E　电话：8610-65515885　65515886-88　传真：8610-65515889　邮编：100027

江苏武晋会计师

JIANGSU WUJIN CERTIFIED PUBLIC

以质量求生存　以信誉求发展

会计师们开展建设工程决算审计

财务会计珠算培训

会计电算化培训

江苏武晋会计师事务所系省属独立法人所，成立于1988年12月，坚持"以质量求生存，以信誉求发展"的办所方针。经省财政厅、省体改委批准具有从事组建定向募集股份有限公司的审计及资产评估业务资格。执业范围：审查企业会计报表，出具审计报告；验证投入资本，出具验资报告；办理企业合并、分立、清算事宜中的审计业务，出具有关报告；基建预决算审计；各种类型资产评估；设计财务会计制度，担任常年会计顾问，提供财务、会计、税务、经济管理咨询，代理记帐、提供会计电算化业务服务；培训财会人员；法律、法规规定的其他审计和会计咨询服务业务。

本所是经国家财政部门批准成立的具有独立法人资格的社会中介机构，经江苏省建设委员会批准具有工程造价咨询管理资格。承办各种资产评估、建筑工程项目预决算审计等业务。主要开展业务：新设立企业、单位注册资本评估；合资、合作、投资、联营、合并、兼并、股份制改造企业的资产评估；拍卖、转让、出租、承包资产的评估；贷款抵押资产、保险及受损资产、仲裁及公证资产的评估；各种自然资源资产、土地使用权、房屋建筑物的评估；解散、倒闭、破产企业资产的清算与评估；技术改造项目资产、安装工程资产、设备投资资产的评估；各类无形资产和流动资产的评估；企业所有者权益及负债的评估；建设工程项目的预、决算审计；其他各种经济活动需要的资产评估。

江苏武晋会计师事务所共有从业人员75人，其中：中国注册会计师25人，中国注册资产评估19人，中国注册造价工程师5人，房地产估价师5人。职称分类：高级会计师5人，高级经济师4人，会计师11人，高级建筑工程师2人，机械设备及建筑工程师7人。

事务所为200余家中外合资、独资公司、外商投资及企业集团提供服务。主要单位有（排名不分先后）：江苏新科电子集团、江苏五菱集团（现B股上市公司）、新加坡（武进）大众钢铁有限公司、法国VALLOUREC GROUP常州法力诺长城焊管公司、香港ROAD KING INFRASTRUCTURE LIMITED、德国MANNESMANN REXROTH GMBH常州公司、马来西亚·文秀（常州）房地产开发公司、江苏武进钢铁集团、江苏江南铁合金集团、江苏新华昌集团、江苏武进物资集团、武进商业集团、武进粮食集团、江苏华喜毛纺集团、江苏奥普集团、武进创成塑机集团、江苏远宇电子集团、江苏江浪减速机集团、武进制药集团、江苏新中装饰集团、江苏红联集团、常州飞达电梯集团、武进柴油机厂、武进齿轮厂、常州液压成套设备厂、常州运来生物化工有限公司、常州丰厚服装有限公司、常州申新制冷机械有限公司、常州鸿联灯饰有限公司、武进亚能热电有限公司、武进供销社（集团）公司、江苏常恒集团、武进天工经编机集团、武进农机集团、江苏新亚化工集团、江苏华东机房设备集团、江苏中华多宝集团、江苏东方石油化工集团、江苏亚邦集团、江苏金牛线缆集团、武进晨阳工业公司、江苏中东集团、武进通达集团、武进电机厂、武进路劲常漕公路开发有限公司、五菱柴油机德州有限公司、常州东方精细化工有限公司、常州翔达纺织印染有限公司、常州亨运服装有限公司、常州创成塑料机械有限公司、江苏多宝珠保健药品有限公司。

事务所

CCOUNTANTS

董事长、所长、主任会计师：陈华康

中国注册会计师　江苏省注册咨询专家　江苏省注册会计师协会理事

五菱集团资产评估项目

办公大厅场景

事务所办公门厅

http://www.jswjcpa.com　E-mail:jswjcpa@public.cz.js.cn

http://www.jswjcpv.com　E-mail:chenhk@public.cz.js.cn

楼外景

联系电话：

0519-6613818（所长室、顾问室）6613808（副所长室）

6613128（资产评估业务一部）6670876（资产评估业务二部）

6670873（建设工程造价审计部）6673712（国内业务部）

6673723（咨询管理业务部）6673601（财会培训部）

6673603（中华函校武进函授站）6673603（计算机财会培训中心）

6673612（代理记帐业务部）6610117（涉外业务一部）

6612400（涉外业务二部）6674159（行政事务部）6558648（城区分所）

本所地址：常州市关河西路25-3号武青大厦8楼　邮编：213002　传真：(0519)6673723

城区分所地址：湖塘镇花园新村207幢3楼　邮编：213161

REANDA

利安達信隆會計師事務所

CERTIFIED PUBLIC ACCOUNTANTS

事务所揭牌仪式

具有证券业执业资格的中国注册会计师
中国对外经济贸易会计学会理事
中国注册资产评估师
中国注册税务师
董事长兼主任会计师：黄锦辉先生

利安达信隆会计师事务所有限责任公司（简称利安达信隆），是按照财政部关于会计师事务所上规模、上档次、上水平的要求，经中华人民共和国财政部批准，国家工商行政管理局注册登记，由利安达会计师事务所（原挂靠对外贸易经济合作部）与黑龙江龙源会计师事务所（原挂靠黑龙江省财政厅）、珠海经济特区嘉信达会计师事务所（原挂靠珠海市审计局）实行合并而成、独立承担风险、独立执业的有限责任会计师事务所。利安达信隆由中国注册会计师发起设立，注册资本300万元人民币，执业风险金超过1000万元人民币。

主要负责人

利安达信隆坚持集团化、规范化、国际化的发展战略。经过多年的努力奋斗，利安达信隆目前具有财政部和中国证监会批准的执行证券、期货相关业务资格、财政部和中国人民银行批准的从事金融相关审计业务资格及承担大型国有企业审计资格，并且在中国各大城市设有14个分支机构和成员所，已发展成为能够为广大客户提供审计、会计、税务、评估、咨询、培训等全方位服务的大型综合性中介机构，以雄厚的实力跻身于中国知名会计师事务所的行列。遍布国内各大城市的利安达网络及其与之紧密联系的国际网络，将便利地满足客户在全国范围乃至全球范围拓展业务的需要。

人类已经迎来了充满希望的新世纪，迎接我们的是更大的发展机遇和挑战。在新的世纪里，利安达信隆将竭诚为广大客户的业务持续发展和成功提供最完备的服务。

北京总部

利安达信隆会计师事务所有限责任公司
主任会计师：黄锦辉
地址：北京市东城区王府井大街138号新东安市场写字楼2座8层808号
邮编：100006
电话：010－65263760　65263766
传真：010－65263767
网址：http://www.reanda.com
电子信箱：Reanda@public3.bta.net.cn

分支机构

哈尔滨
利安达信隆会计师事务所黑龙江分所
地址：黑龙江省哈尔滨南岗区民益街80号
邮编：150001
电话：0451－3630706
传真：0451－3621420

珠海
利安达信隆会计师事务所珠海分所
地址：广东省珠海市新香洲兴业路富和新城3栋2层
邮编：519001
电话：0756－2611818　传真：0756－2611719

紧密成员所

沈阳
辽宁利安达会计师事务所有限公司
地址：辽宁省沈阳市和平区和平北大街156号昊源大厦20层
邮编：110013
电话：024－23283418　传真：024－23283426转188

厦门
厦门利安达会计师事务所有限公司
地址：福建省厦门市湖滨南路国贸大厦13层A区
邮编：361004
电话：0592－5163228　传真：0592－5164597

长沙
湖南利安达正益有限责任会计师事务所
地址：湖南省长沙市五一东路80号
邮编：410001
电话：0731－4449241

西安
陕西利安达正益会计师事务所有限公司
地址：陕西省西安建国路北口甲字118号5层
邮编：710001
电话：029－7421176

北京
北京六合正旭资产评估有限责任公司
地址：北京海淀区复兴路12号恩菲科技大厦B区308
邮编：100038
电话：010－63951387
传真：010－63950272

丹东
丹东中朋会计师事务所有限公司
地址：辽宁省丹东市振兴区锦山大街46号
邮编：118000
电话：0415－2165602
传真：0415－2165601

武汉
湖北利安达金茂会计师事务所有限公司
地址：湖北省武汉市江汉北路金茂大楼14层
邮编：430022
电话：027－85775126

长春
吉林利安达会计师事务所有限公司
地址：吉林省长春市清和街19号
邮编：130061
电话：0431－8564747　传真：0431－8561171

独
立
客
观
公
正

京市西城区德
五路通街19号
2号楼
编:100011
d Building, 19Wulutong
reet Deshengmenwai,
icheng District,
ijing100011,China
l:8610-62378090
8610-62378083
x:8610-62378010
mail: hyao@163bj .com

华寅

会计师事务所有限责任公司

HUAYIN CERTIFIED PUBLIC ACCOUNTANTS LTD.

华寅会计师事务所有限责任公司前身——华银审计事务所（又名华银会计师事务所），1995年初经审计署批准，设立署管的社会审计组织。1999年经财政部批准，改制为华寅会计事务所有限责任公司，并在国家工商管理总局进行登记注册。

华寅会计师事务所现有职员200余人，其中注册会计师120多名，注册评估师、注册税务师、注册造价工程师70多名。

1995年**取得证券、期货相关业务审计资格**，2000年获得重新换发的证券、期货相关业务许可证；

2000年经中国人民银行、财政部审核，该所为**首批获准从事金融相关审计业务资格的会计师事务所。**

该所其他执业资格还包括：企业年度会计报表审计；工程造价咨询；工程预决（结）算审核；企业合并、分立、清算兼并或改组的审计；资产评估业务；验资查证等，并在不断的拓展业务领域。

1998年英国特许公认会计师公会总部授权该所设立中国会计师事务所唯一的一家 **"ACCA"** 培训中心，为该所和社会培养国际水准会计师，开展国际业务输送、储备人才。

Zhong Di Bu Dong Chan Ping Gu

ZHONGDi Ping gu

中地不动产评估有限公司

公司领导合影

前台大厅

公司严谨的工作氛围

ZD

中地不动产评估有限公司的前身是国土资源部直属的中地资产评估事务所。中地资产评估事务所由原国家土地管理局（现为国土资源部）批准设立，是其下属土地评估机构中唯一在国家工商管理局注册登记的机构。2001年10月经国土资源部批准与国土资源部脱钩，变更登记为完全由自然人出资的有限责任公司。公司持有国土资源部批准认证的土地评估"A"级资格以及北京市国土资源和房屋管理局颁发的房地产评估资格，可从事包括上市公司在内的各类土地资产及房地产咨询评估。公司注册资金100万元，由十一位长期从事不动产咨询评估、经验丰富的估价师共同出资组成，改制后公司内部结构和组织管理得到进一步完善和加强，是目前国内最具实力和规模的土地评估机构之一。

截至目前中地不动产评估有限公司已先后完成了100多个上市公司的土地资产评估项目。50余个公司合资、土地出让。房地产抵押、城市基准地价等项目评估和多个开发区土地经济评价分析以及房地产开发可行性研究咨询，项目涉及的行业和领域有：通信、邮电、电力、航空、房地产、煤炭、石油、化工、钢铁治金、建材、旅游、信息、科研等，不仅在这些行业的评估中积累了丰富的评估和项目组织经验，而且通过优质规范服务树立了良好的机构形象，为国有企业改制及其资产管理做出了积极贡献。

◆土地评估
◆房地产评估
◆项目开发及可行性研究
◆项目及各类政策咨询
◆房地产中介代理

地址：北京市西城区金融街通泰大厦B座601室
电话：010-88086889 010-88086862
邮编：100032
传真：010-88086860
电子邮件：zhongdi@263.net

云南千和律师事务所

云南千和律师事务所是直属于云南省司法厅的合伙制律师事务所，现有专职律师十九名，兼职律师五名，所有律师均具有大学本科及以上学历（其中九名律师具有法律研究生学历，三名律师具有证券从业资格，两名律师具有产权界定资格，一名律师具有外贸企业改制资格）。

本所具有司法部和中国证监会颁发的证券从业资格，在经济诉讼、证券业务、企业改制以及外商投资业务等方面有着丰富的实践经验。近年来，本所律师承办经济、民事、刑事案件数百起，并曾担任省内十余家企业股票发行的专项法律顾问。本所律师现担任云天化、云南铜业、云维股份、云大科技、锡业股份、红河光明、景谷林业、南天信息、交大昆机（均为上市公司）及英茂通信、天浩集团、昆明水泥、昆明电缆、云南驰宏锌锗公司、罗平锌电公司、隆格兰园艺公司等四十多家公司的常年或专项法律顾问。

多年的执业实践表明，本所律师不仅专业能力强，而且具有良好的人品和职业道德。“与客户共发展”是本所的宗旨。本所在与客户签约时，均由多名律师承办，共同负责；重大疑难业务还需经所务会集体讨论“会诊”，以避免律师单兵作战时因个人能力以及突发、偶然事件等原因影响客户委托业务办理的事件发生，切实维护了委托人的合法权益。

主任：伍志

公司总经理：熊晴川

深圳市金牛证券经纪有限责任公司是根据中国证监会证监机构字[2000]77号文《关于原深圳有色金属期货联合交易所改组筹建证券公司方案的批复》精神改制组建而成的。公司注册资金6000万元人民币。

金牛证券公司拥有一支年轻、高素质的员工队伍，平均年龄不到30岁，95%的员工具有大专以上学历，其中拥有硕士学位的占25%。新的金牛证券以新的服务理念，新的管理机制，活跃在深圳乃至中国证券市场上。

为适应证券行业飞速发展的要求，保证客户资金及交易的安全、可靠和高效，公司营业部采用了业界一流水平的具有容错性能的网络系统，而先进的千兆网的应用则为客户提供了更加高效的交易通道，从而构造了国内领选的、最安全可靠的真三层结构的交易系统。除此之外，营业部还拥有丰富、全面的信息资讯，拥有宽敞舒适的交易环境和为客户提供全方位、系统的服务。良好的投资环境，严格规范的内部管理和一流的服务水平，使营业部从2000年8月18日开业到2001年底的一年多时间里，业绩稳步上升。

面对证券市场竞争激烈的形势，公司在明确自身定位的前提下，提出了扩大规模，增强实力，稳步发展，提高效益的指导思想。目前在杭州市已新设了一家营业部，在深圳宝安新设了一家服务部。

深圳市金牛证券经纪有限责任公司

地址：深圳市华富路海外装饰大厦A座十一楼、B座一、四楼

邮编：518031

电话：（0755）3255958 3217439

传真：（0755）3217469

孟卫民律师

袁恩毅律师

孔晓艳律师

李天力律师

方国庆律师

嘉德律师事务所

嘉德律师事务所是一家立足于本土化服务同时又面向世界提供国际化服务的专业法律服务机构。嘉德律师事务所自成立以来，始终活跃于金融、证券、投资、公司、贸易、海事海商、房地产等诸多领域，致力于成为在广阔的本土及海外市场上为客户提供多元化法律服务的组织。

嘉德律师事务所拥有一支近三十人的优秀律师队伍。多名律师具有硕士学位。许多律师曾在国外或香港的律师事务所工作和学习。大部分律师是有双语工作能力。嘉德律师事务所于2000年5月取得从事证券法律业务的资格。同年，又获得证监会和司法部授予从事涉外证券法律业务的资格，成为全国五十九家中天津唯一具有该资格的律师事务所。

一、嘉德律师事务所的律师在公司股票发行与上市及重组领域已完成的主要法律服务项目如下：天津环球磁卡股份有限公司上市A股、天津美伦股份有限公司上市A股、天津百货大楼股份有限公司上市A股、香港大福国际集团有限公司上市、天津发展控股有限公司香港上市、天津汽车夏利股份有限公司上市、宁夏圣雪绒股份有限公司上市A股、天津市房地产发展(集团)股份有限公司上市A股、天津特精液压股份有限公司上市A股。为天津的国营企业、民营企业的股份制改造提供法律服务。

二、嘉德律师事务所在投资、股权等领域已从事的主要法律服务项目如下：代表香港津联集团为香港津联集团收购天津彩虹路桥发展有限公司股权项目提供法律服务；代表新加坡Sembcorp建筑有限公司为新加坡Sembcorp收购保定泰利陶瓷有限公司股权项目提供法律服务；代表中国银行总行及天津分行为中国银行总行及天津市分行对天津大唐盘山发电有限公司融资项目(正在进行)提供法律服务；代表天津市复印设备公司为天津市复印设备公司与日本国佳能公司（Canon)合资设立天津佳能有限公司项目提供法律服务；代表正大集团(天津)实业有限公司为美国Cargill公司购买正大集团(天津)实业有限公司整体资产项目(正在进行)提供法律服务；代表澳洲澳维奶制品有限公司为澳维奶制品有限公司与天津市凌云饮料厂合资设立大M奶项目提供法律服务；代表天津津能投资公司为天津津能投资公司与香港和记电力收购天津陈塘庄热电厂并增资扩股项目提供法律服务；代表STARWELL HOLDINGS CO.，LTD. 为STARWELL HOLDINGS CO.，LTD.收购天津市卫生科贸总公司股权项目提供法律服务；代表STARWELL HOLDINGS CO.，LTD.为STARWELL HOLDINGS CO.，LTD.与南开大学合资成立天津南大星运生物医药开发有限公司项目提供法律服务；代表中国银行塘沽分行为中国银行塘沽分行对津滨高速公路建设融资项目提供法律服务。

山东颐通地产评估有限公司

YITO

地址：济南市闵子骞路27号诚信商务楼
电话：(0531)8589799　8589299
传真：(0531)8558556
邮编：250013
E-mail:yitonggongsi@263.net

山东颐通地产评估有限公司是根据国务院关于经济鉴证类中介机构脱钩改制的要求，由原山东省地产估价事务所所长、副所长、总工程师等人发起设立，并在山东省工商局注册登记的专业地产评估机构。具有国土资源部认证的A级土地评估资质和山东省经济体制改革办公室认证的从事股份制改制业务资格。

从业范围：1、基准地价评估，2、出让或国家收回土地的地价评估，3、转让、出租、抵押、作价入股土地的评估，4、股份有限公司或有限责任公司涉及的土地评估，5、企业兼并、破产、清产核资涉及的土地估价，6、司法仲裁中涉及到的土地估价，7、征收土地税费涉及到的土地估价，8、其他依照法律、法规需要进行的土地估价，9、地产代理及相关业务，10、地产咨询和人员培训。

从业业绩及主要发起人简介：公司有着良好的业绩记录，在企业改制中涉及的包括评估在内的土地策划、处置方案优化、相关手续办理等方面积累了丰富的经验。其主要人员自1992年以来，一直从事土地估价的理论与实践工作，先后指导过数十个县、市、区的城镇土地定级与估价工作，主持过中国石化、中国移动、中国电信(山东部分)等大型土地评估项目，先后承担完成了胜利股份、东阿阿胶、泰山旅游、鲁北化工、新华制药、石油济柴、东方电子、华光陶瓷、鲁能泰山、烟台冰轮、烟台发展、济南轻骑、鲁西化工、中通客车、新潮实业、莱钢股份、鲁润股份、山东临工、兖州煤业、江泉实业、烟台张裕、南山实业、华泰纸业、中鲁渔业等数十家公司改制、上市、配股或吸收合并等100多个评估项目工作。

公司发起人刘占增，原为山东省地产估价事务所所长、高级工程师，现任颐通公司总经理、中国土地估价师协会理事，具有土地估价师和房地产估价师资格。1988-1992年在原山东省土地管理局地籍处工作期间，即参加了全国城镇土地分等定级及基准地价试点工作，1992年底参与筹备组建山东省地产估价事务所，是全国土地评估业务起步阶段最早参与、组织、推动并实践该项工作的人员之一，曾担任山东省历次土地估价师培训主讲工作，指导过全省数十个地市县的基准地价工作，主持过中国石化集团公司涉及全省各县市区3万余宗土地，30余万亩土地的大型评估项目，执笔完成的土地评估报告曾在全国A级估价机构研讨会报告集中列为首篇报告。

公司发起人姜文明，原为山东省地产估价事务所副所长、总工程师，高级工程师，现任颐通公司副总经理。具有土地估价师资格。曾先后主持和参加过近30余项土地评估项目，项目涉及石油、煤炭、化工、机械、医药、轻工、电子、纺织、通讯、商业等众多领域，项目类型包括境内外上市公司、大型中外合资项目、重点国有企业改制等，曾主持完成了多家山东省遗留问题股份有限公司的上市土地评估工作，主持过中国移动(香港)集团公司收购山东移动通讯公司权益和中国电信集团公司山东省电信公司多元化经营重组改制等涉及全省17地市的大型土地评估项目。

新世纪、新形势给改制后的颐通公司带来了新的机遇和挑战。本着“团结、诚实、勤勉、高效”的宗旨，本着把颐通地产办成全国一流的土地专业评估机构的目标，公司严格执业标准，严守职业道德。以集体的智慧、团队的精神，为社会各界提供规范高效的专业服务。

华夏证券有限公司

[江西管理总部]

总经理：方惠明
地址：江西省南昌市中山路275
邮编：330008
电话：(0791)6691027
传真：(0791)6691013
网址：www.csc108.com

<专户室

<中心机房

<中户室

<交易大

华夏证券有限公司江西管理总部成立于1993年底，该部自成立以来，在总公司的正确领导和政府有关部门的支持下，秉承“携客户同发展，与世界共繁荣”的理念，以“规范经营，控制风险，狠抓主营业务，努力提高市场占有率”为任，充分发挥整体优势，各项业务发展迅速，成为江西省同行业中的佼佼者，中国证监会驻赣办评为先进单位，出席全国首届证券业协会组织的经验交流会，并在会上作了经验介绍。其所辖南昌市中山路证券营业部曾被华夏证券总公司予全系统“优质服务文明窗口”的光荣称号。

江西管理总部目前在南昌、赣州、上饶、吉安等地市设有八个营业网点及个服务部，营业面积总计20000余平方米，开户人数10万余人。管理总部凭借身的技术实力和优势，在辖内采用智能化、集成化、模块化的综合布线，建立一套安全、稳定、高速的网络系统，配备多台先进的COMPAQ企业级服务器、CISCO高端交换机和路由器、3000多台586品牌工作站，并备有一套完整的安全份系统，高效的主机设备、先进的电脑配置和完善的网络系统，确保了全辖交系统的安全、畅通、及时和准确。同时通过全辖内建立的高速广域网系统还实了辖内的高速信息共享与办公自动化。完善的行情分析系统实现各类指标任意索，上市公司基本资料齐全，令操作得心应手。

交易品种、手段多元化。A股、B股等业务均可通过电话委托、钱龙热自助托、小键盘自助委托、柜台委托、远程委托及网上交易(华夏证www.csc108.com网站)等手段实现。沪深各两套双向卫星传送系统保证营业部托与成交数据的实时、高速、快捷。

与工、农、建、中行的联网，实现了银证转帐业务，即将开通的银证通又为股民提供更为便利的交易手段，为该部经纪业务的进一步发展打下良好基础。

2000年，江西管理总部在强化内部管理，转变经营机制和用人机制的基上，一如既往地狠抓规范经营，防范金融风险，自觉维护证券市场经营秩序，导同业公平竞争，经纪业务创历史最好水平，实现代理股票交易216.16亿元，易额连续七年居江西省同业前列。

江西管理总部在注重经济效益的同时，把提高员工整体素质作为发展之本，先后开设了证券业务基础培训班、专业知识培训班，并多形式、多渠道地开展工品德教育、行为规范教育等，积极创建学习型企业。

办公楼外景

第一营业部：	南昌市象山北路170号 (0791)6785188	第五营业部：	南昌市井冈山大道338号 (0791)5207158
第二营业部：	南昌市北京西路513号 (0791)8502298	吉安营业部：	吉安市韶山西路149号 (0796)8239071
第三营业部：	南昌市中山路275号 (0791)6691118	赣州营业部：	赣州市健康路35号 (0797)8215188
第四营业部：	南昌市青山南路186号 (0791)8616198	上饶营业部：	上饶市解放路37-41号 (0793)8222337

栏目协办

兖州煤业股份有限公司

第八编

上交所上市股份公司

1332/1500

上 海 三 毛 纺 织 股 份 有 限 公 司

上海三毛纺织股份有限公司 2000 年年度报告摘要

本公司董事会保证本报告所载资料不存在任何虚假记载,误导性陈述或者重大遗漏,并对其内容的真实性、准确性和完整性负个别及连带责任。

一、公司简介

(一)、公司法定中文名称:上海三毛纺织股份有限公司
英文名称:SHANGHAI SANMAO TEXTILE CO.,LTD.
(二)、公司法定代表人:倪志华
(三)、公司董事会秘书:张黎芳
联系地址:上海许昌路 1150 号
联系电话:021 —65121377
传真:021 —65453247
公司 E-Mail 地址:sanmao@public6.sta. net .cn
(四)、公司注册地址:浦东大道 1476 号
邮政编码:200135
公司办公地址:上海许昌路 1150 号
邮政编码:200082
公司 E-Mail 地址:sanmao@public6.sta. net .cn
(五)、公司选定的信息披露报纸名称:《上海证券报》、《香港文汇报》
登载公司年度报告的中国证监会指定国际互联网网址:http ://WWW.SSE.COM.CN
公司年度报告备置地点:许昌路 1150 号公司总经理办公室
(六)、公司股票上市交易所:上海证券交易所
股票简称:上海三毛　股票代码:A600689　B900922

二、会计数据与业务数据

(一)、本年度利润总额及其构成　单位:人民币元

项目	金额
1 、利润总额	83,624,069.74
2 、净利润	65,212,759.15
3 、扣除非经常性损益后的净利润	4,944,005.72
4 、主营业务利润	88,538,840.13
5 、其他业务利润	22,487,066,27
6 、营业利润	16,651,372.35
7 、投资收益	66,281,137,59
8 、补贴收入	639,530.57
9 、营业外收支净额	52,029.23
10 、经营活动产生的现金流量净额	-37,384,326.03
11 、现金及现金等价物净增加额	15,220,774.86

注:非经常性损益金额 60,268,753.43 元,其内容包括:
a 、上海三翔毛纺针织厂斜土路部分地块动迁补偿收入 20,210,878.46 元;
b 、转让上海浦东发展银行股份有限公司、上海华源股份有限公司法人股股权收益 39,514,273.99 元;
c 、外贸贴息 543,600.98 元。

为了供境内外投资者的比较,本公司还委托香港安永会计师事务所,按国际会计准则对公司已经审计的 2000 年度的报告进行差异调整,其结果为今年年度的税后利润为 61,984 千元。按国际会计准则核实的税后利润比按中国会计准则制度核实的税后利润减少 3,229 千元,具体项目是:　单位:千元

A 股净利润:	65,213
B 股调整:坏帐准备	(164)
冲回存货减值准备	1960
其他应收款坏帐损失	(3058)
开办费一次性转入费用	(986)
固定资产减值准备	(2062)
递延资产转入成本	(750)
多计产成品成本	(936)
少数股东本期损失	3420
其他	(653)
B 股审计净利润	61,984

(二)、前三年主要会计数据和财务指标(合并报表)
(单位:人民币元)

项目	2000 年	1999 年	1998 年	
			调整后	调整前
主营业务收入	663,984,616.54	298,353,087.32	265,806,353.05	258,229,290.50
净利润	65,212,759.15	40,657,719.20	32,685,090.90	31,721,339.37
总资产	1,030,910,220.15	825,715,984.37	724,459,415.63	729,291,182.04
股东权益	534,889,096.33	480,709,746.08	442,457,603.96	442,573,436.31
每股收益(摊薄)	0.3893	0.2719	0.222	0.2121
每股收益(加权)	0.4114	0.2719	0.2590	0.2513
每股收益(扣除非经营性损益)	0.0295	0.0906	0.1570	0.1520
每股净资产	3.1935	3.2144	2.9586	2.9594
调整后的每股净资产	3.0900	3.1700	2.9300	2.9400
每股经营活动产生的现金流量净额	–0.2232	–0.2307	–0.2525	–0.2525
净资产收益率(%)(摊薄)	12.1920	8.4580	7.3870	7.1670
净资产收益率(%)(加权)	12.7000	8.7900	9.6500	- 9.3800
净资产收益率(%)(扣除非经常性损益)	0.9200	2.8200	4.8900	4.6800

利润表附表:
净资产收益率和每股收益:

报告期利润	净资产收益率(%)		每股收益(元)	
	全面摊薄	加权平均	全面摊薄	加权平均
1 、主营业务利润	16.5500	17.2500	0.5286	0.5585
2 、营业利润	3.1100	3.2400	0.0994	0.1050
3 、净利润	12.1900	12.700	0.3893	0.4114
4 、扣除非经常性损益后的净利润	0.9200	0.9600	0.0295	0.0312

(三)、报告期内股东权益变动情况

项目	股本	资本公积	盈余公积	法定公益金	未分配利润	股东权益合计
期初数	149,547,130	233,842,025.84	25,499,325.47	8,643,787.87	66,662,637.87	48,070,746.08
本期增加	17,945,656		7,642,284.02	3,821,142.01	65,212,759.15	54,179,350.25
本期减少					39,458,649.19	
期末数	167,492,786	233,842,025.84	33,141,609.49	12,464,929.88	92,416,747.83	534,889,096.33

注:
1 、变动原因:计提当年法定盈余公积及法定公益金;
2 、股本变更情况:本年度实施利润分配每 10 股送 1.2 股红股,增加股数 17,945,656 股。

三、股东情况

(一)、本公司报告期末股东总数为 31031 户;
(二) 、前十名股东持股情况表(单位:股)

序号	持股单位或姓名	持股数	占总股本比重(%)	持股性质
(1)	上海纺织控股(集团)公司	60,476,786	36.11	国家股
(2)	上海纺织控股(集团)公司	2,795,162	1.67	法人股
(3)	上海工缝股份有限公司	2,422,358	1.45	法人股
(4)	白蔚	1,005,760	0.6	流通股
(5)	陈玲芳	765,015	0.46	流通股
(6)	中国纺织机械	739,200	0.44	流通股
(7)	蓝毅	739,200	0.44	流通股
(8)	智万国际有限公司	596,553	0.36	流通股
(9)	朱桂明	582,712	0.35	流通股
(10)	COLINKYLAM	492,800	0.29	流通股

3 、持股 10%以上股东介绍
代表国家持有我公司股份的单位是:上海纺织控股(集团)公司,注册资本 64 亿人民币,法定代表人:朱匡宇;经营范围:上海市国资委授权范围内的国有资产经营和管理。持有本公司总股本 36.11%的股份,年度内本公司向全体股东实施每 10 股送 1.2 股红利的分配方案,所持股份由 53,997,130 股增加到 60,476,786 股。

四、股东大会简介

(一)、1999 年度股东大会
公司于 2000 年 3 月 31 日分别在《上海证券报》、《香港文汇报》刊登关于召开 1999 年度股东大会的公告,说明了会议召开的时间、地点、审议事项及其他有关事项。因部分会议议程准备事项尚未完成,公司于 2000 年 4 月 28 日分别在《上海证券报》、《香港文汇报》刊登了关于延期召开 1999 年度股东大会的公告, 并于 2000 年 5 月 9 日再次公告定于 2000 年 5 月 26 日召开及股东大会增加关于变更募股资金投向的内容。2000 年 5 月 15 日刊登了关于变更募股资金投向的补充公告。公司 2000 年度股东大会于 2000 年 5 月 26 日在远洋宾馆召开,本次股东大会出席股东或股东代理人 198 人,代表股份 6069.1673 万股,占公司有表决权总股份的 40.58%,其中:B 股股东 41 人,代表股份 71.7188 万股,占 B 股总数的 1.98%。会议由董事长倪志华主持,经审议通过如下决议:
1 、一九九九年度董事会工作报告;
2 、一九九九年度监事会工作报告;
3 、一九九九年度财务报告;
4 、一九九九年度利润分配报告;(每 10 股送 1.2 股红股)
5 、关于修改公司章程的报告
(1)、公司董事会由九人组成,监事会由五人组成;
(2)、公司经营范围增加自营进出口业务;
(3)、公司注册地址变更为浦东大道 1476 号;
6 、关于公司董事会成员变动的议案报告
(1)、增补蒋卫东先生为公司董事会董事;
(2)、庄玲妹女士不再担任公司董事职务。
7 、关于公司监事会成员变动的议案报告
姚克勤先生不再担任公司监事职务。
8 、关于变更募股资金投向项目的报告
(1)、投资控股上海迪伊毛纺织有限公司;
(2)、投资控股上海友谊企业有限公司;
(3)、投资控股上海裕丰毛纺织服饰有限公司;
(4)、投资收购上海高雅服装有限公司部分股权;
(5)、投资参股上海华纶有限公司;
(6)、投资参股上海双龙高科技开发有限公司。
上海沪东律师事务所律师对本次股东大会作了见证并出具法律意见书。
股东大会决议公告分别刊登于 2000 年 5 月 27 日《上海证券报》、《香港文汇报》。
(二)、2000 年临时股东大会
公司于 2000 年 11 月 17 日分别在《上海证券报》、《香港文汇报》刊登于 2000 年 12 月 28 日召开 2000 年临时股东大会的公告,说明了会议召开的时间、地点、审议事项及其他有关事项。因增加会议议程,公司于 2000 年 11 月 28 日分别在《上海证券报》、《香港文汇报》刊登了关于延期召开 2000 年临时股东大会的公告,并于 2000 年 12 月 21 日、2000 年 12 月 23 日二次在《上海证券报》、《香港文汇报》刊登了临时股东大会审议内容的补充公告。公司 2000 年度股东大会于 2000 年 12 月 28 日在公司本部召开,出席股东或股东代理人 171 人,代表股份 6586.85 万股,占公司有表决权总股份的 39.3262%,(其中:A 股股东 147 人, 代表股份 6522.0121 万股,B 股股东 24 人,代表股份 64.8379 万股)。会议由董事长倪志华主持,经审议通过如下决议:
一、关于变更募股资金投向项目的提案
1 、投资收购上海青山服装有限公司部分股权;
2 、用于部分毛纺织染整后整理设备技术改造项目 3718 万元;
3 、补充流动资金 1200 万元。

青岛海尔电冰箱股份有限公司

青岛海尔电冰箱股份有限公司2000年年度报告摘要

本公司董事会保证本报告所载资料不存在任何虚假记载、误导性陈述或者重大遗漏，并对其内容的真实性、准确性和完整性负个别及连带责任。

一、公司简介

1 、公司法定中文名称：青岛海尔电冰箱股份有限公司
公司法定英文名称：QINGDAO HAIER REFRIGERATOR CO.,LTD.　缩写：QHRC
2 、公司法定代表人：张瑞敏
3 、公司董事会秘书：崔少华　　证券事务代表：纪东
联系地址：青岛市高科园海尔工业园
青岛海尔电冰箱股份有限公司证券部　　邮政编码：266101
联系电话：(0532)8938138　　传真：(0532)8938313　　电子信箱：cuish@haier.com
4 、公司注册地址：青岛市高科园海尔路海尔园
公司办公地址：青岛市重庆南路 99 号
联系电话：(0532)5751323　　传真：(0532)5751608　　邮政编码：266032
公司网址：http://www.haier.com　　电子信箱：ref@haier.com
5 、公司2001 年选定的信息披露报纸：《上海证券报》、《证券时报》
公司年度报告登载网址：http://www.sse.com.cn
公司年度报告备置地点：青岛市高科园海尔工业园
青岛海尔电冰箱股份有限公司证券部
6 、公司股票上市交易所：上海证券交易所
股票简称：青岛海尔　　股票代码：600690

二、会计数据和业务数据摘要

(一)公司本年度实现的利润情况：

项目	2000 年度(元)
利润总额	502,277,993.42
净利润	424,089,888.87
扣除非经常性损益后的净利润	422,610,294.67
主营业务利润	869,933,457.36
其他业务利润	12,886,331.24
营业利润	370,601,496.21
投资收益	130,196,903.01
补贴收入	0.00
营业外收支净额	1,479,594.20
经营活动产生的现金流量净额	477,725,679.48
现金及现金等价物净增加额	-108,884,086.57

注：非正常性损益是指营业外收支净额，金额为 1,479,594.20 元。

(二)公司近三年主要业务数据和财务指标：

项目	2000 年	1999 年	1998 年	
			调整前	调整后
主营业务收入(万元)	482,838	397,427	382,337	382,337
净利润(万元)	42,409	31,064	27,415	26,589
总资产(万元)	403,509	378,055	345,089	339,231
股东权益(万元)(不含少数股东权益)	289,070	258,302	185,968	181,026
每股收益(元)	0.75	0.66	0.65	0.63
每股净资产(元)	5.12	5.49	4.41	4.29
调整后的每股净资产(元)	5.12	5.49	4.41	4.29
每股经营活动产生的现金流量净额(元)	0.85	-0.14	0.08	0.08
净资产收益率(%)	14.67	12.03	14.74	14.69
加权平均每股收益(元)	0.75	0.71	0.65	0.63
扣除非经常性损益后的每股收益(元)	0.75	0.66	0.65	0.63
按目前股本计算的每股收益(元)	0.64			

注：报告期末至年报披露日，由于公司实施增发 A 股方案，使公司目前股本比报告末增加了10,000 万股，为 664,706,902 股。

(三)按照中国证监会《公司发行证券公司信息披露编报规则(第 9 号)》要求计算的相关指标：

报告期利润	净资产收益率(%)		每股收益(元/股)	
	全面摊薄	加权平均	全面摊薄	加权平均
主营业务利润	30.09	31.12	1.54	1.54
营业利润	12.82	13.26	0.66	0.66
净利润	14.67	15.17	0.75	0.75
扣除非经常性损益后的净利润	14.62	15.12	0.75	0.75

三、股本变动及股东情况

(一)股本变动情况：

1 、股本变动情况表：（数量单位:股　每股面值:1 元）

	期初数	报告期内变动增减(+/-)						期末数
		配股	送股	公积金转股	增发	其他(转配股上市)	小计	
一、未上市流通股份								
1 、发起人股份	241493894	+48298779					+48298779	289792673
4 、优先股或者其他	26344361	+5268872				-31613233	-26344361	0
其中：转配股	26344361	+5268872				-31613233	-26344361	0
未上市流通股份合计	267838255	+53567651				-31613233	+21954418	289792673
二、已上市流通股份								
1 、人民币普通股	202750830	+40550166				+31613233	+72163399	274914229
已上市流通股份合计	202750830	+40550166				+31613233	+72163399	274914229
三、股份总数	470,589,085	+94,117,817				0	+94117817	564706902

(二)股东情况介绍：

1 、截至 2000 年 12 月 31 日，本公司股东总数为 207,098 个，其中法人股东 3 个，社会公众股东 207,095 个。

2 、公司前十名股东持股情况：

股东名称	期初		期末	
	持股数(股)	所占比例(%)	持股数(股)	所占比例(%)
海尔集团公司	147,956,880	31.44%	177,548,256	31.44
海尔电器国际股份有限公司	84,391,781	17.93%	101,270,137	17.93
二轻联社	9,145,233	1.94%	10,974,280	1.94
泰和基金			2,629,601	0.47
汉兴基金			2,454,205	0.43
申银万国	2,392,199	0.51%	2,385,600	0.42
普惠基金			1,655,456	0.29
甄强			1,356,000	0.24
张英莉	1,100,000	0.23%	1,320,000	0.23
同盛基金			1,237,394	0.22

(1)持股 5%以上的法人股东所持股份在报告期内没有发生质押、冻结等情况。

(2) 海尔电器国际股份有限公司是海尔集团公司的控股子公司，海尔集团公司对其控股93.09%。

(3)未知其他股东有关联关系。

四、股东大会简介

(一)股东大会简介：

1、公司 1999 年度股东大会于 2000 年 5 月 30 日召开。大会审议通过了以下决议：《公司1999 年度工作总结及 2000 年发展规划的报告》；《公司 1999 年度财务决算报告》；《公司 1999 年度税后利润分配方案报告》；《公司 1999 年度监事会工作报告》；《关于修改公司章程的报告》；《关于利用 99 年度配股资金向海尔集团收购章丘电机厂的报告》；《关于授权公司董事会 5,000 万元以下(含 5,000 万元)规模投资的报告》。

此次股东大会决议公告刊登在 2000 年 5 月 31 日的《上海证券报》和《证券时报》上。

2 、公司 2000 年第一次临时股东大会于 2000 年 9 月 28 日召开。会议审议通过了以下决议：《关于公司增发不超过 10000 万股 A 股的议案》；《关于增发不超过 10000 万股 A 股募集资金计划投资项目可行性的议案》；《关于公司前次募集资金使用情况说明的议案》。

公司此次临时股东大会决议公告刊登在 2000 年 9 月 29 日的《上海证券报》、《证券时报》和《中国证券报》上。

五、董事会报告

(一)公司经营情况：

1 、公司所处行业及在本行业中所处地位：

本公司属家电行业。据北京中怡康经济咨询有限公司提供的全国 1000 家重点商场的调查数据显示，海尔冰箱、冷柜报告期内各月市场占有率均位居同行业第一，2000 年的市场占有率分别为：31.2%和 38.4%。

在国际市场上，据 AHAM(美国家电生产商协会)2000 年一至九月份对美国国内冰箱销量统计：在 183 —266L 中型冰箱容积段中，海尔冰箱已占市场份额的 35.88%；在 124L 以下容积段的小型冰箱中，海尔冰箱的市场份额为 30.1%；在 80L 以下的小冰箱中，海尔冰箱已由过去的 20%提升至 35.52%。

另据海关 2000 年数据统计，海尔冷柜出口创汇额高居同行业榜首，是第二、第三名总和的 5.5 倍，在欧洲、中东，海尔冷柜出口分别占全国总量的 99.56%和 92.91%，海外出口已占总产量的 45%。

公司报告期内先后通过了节能、EMC 、ISO9001 、ISO14001 等监督复审，其中节能技术提前 1 年达到美国的 DOE 标准；五月份，海尔冰箱获"全球优秀管理论坛"唯一特别奖"全球品质优胜奖"及由联合国开发计划署和美国政府颁发的"全球气候奖"；中国节能产品认证中心对 1999 年家用电冰箱节能认证情况及能效状况进行的统计数据分析显示，海尔冰箱是国内申请类型和数量最多的企业，认证的类型齐全，占总获证产品型号的 31.6%，以超出第二位 1.8 倍的明显优势位居第一，如果加上海尔冷柜的认证数，海尔品牌占认证总数的 37.5%。

2 、公司主营业务范围及其经营状况：

(1)主营业务范围：

电器、电子产品、机械产品、通讯设备及相关配件制造；家用电器及电子产品技术咨询服务；房地产开发；进出口业务(按外经贸部核准范围经营)；批发零售；国内商业(国家禁止商品除外)；矿泉水制造、饮食、旅游服务(限分支机构经营)。

(2)主营业务经营状况：

公司 2000 年实际生产电冰箱 279.4 万台，同比增长 8%。全年完成主营业务收入 48.3 亿元，同比增长 22%；实现净利润 4.2 亿元，同比增长 35 %。公司 2000 年共出口电冰箱 83.6 万台，同比增长 47%。

公司 2000 年分产品经营情况如下：(单位：万元)

分类指标	产品			
	电冰箱	电冰柜	模具、注塑件	其他
主营业务收入	317,777	60,387	62,163	42,511
主营业务利润	58,810	14,389	10,439	4,411

(3)本年度占公司主营业务收入或主营业务利润 10%以上的经营活动为：电冰箱、电冰柜及模具、注塑件业务。

3 、公司主要全资附属企业及控股子公司经营情况及业绩：

截至报告期末，上市公司主要子公司经营情况及业绩如下：

青岛海尔电冰箱有限公司 2000 年实现主营业务收入 80,275 万元，利润总额 9,370 万元。

青岛海尔电冰箱(国际)有限公司 2000 年实现主营业务收入 86,149 万元，利润总额 1,368 万元。

青岛海尔电冰柜有限公司 2000 年实现主营业务收入 60,387 万元，利润总额 1,646 万元。

青岛家电工艺装备研究所 2000 年实现主营业务收入 62,163 万元，利润总额 3,450 万元。

青岛海尔智能电子有限公司 2000 年实现主营业务收入 32,536 万元，利润总额 2,028 万元。

青岛海尔健康家电有限公司 2000 年实现主营业务收入 9,974 万元，利润总额 494 万元。

4 、在经营中出现的问题与困难及解决方案：

2000 年，公司在经营过程中发现的问题主要表现为：业务流程的整合尚需完善、基础管理的升级跟不上经营方向的变化及个性化消费与网络经济的发展对产品提出的全新挑战。

东新电碳股份有限公司

一、公 司 简 介

1 、公司法定中文名称:东新电碳股份有限公司
公司英文名称:DONGXIN ELECTRICAL CARBON CO.,LTD 缩写:DONGXIN
2 、公司注册地址:四川省自贡市自流井区东光路桌子山 22 号 邮编:643000
3 、公司法定代表人:席平波
4 、董事会秘书:杜东海 联系电话:(0813)2600860 传真:(0813)2600861
电子信箱地址:dxt888@163.net
5 、公司选定的信息披露报纸:《上海证券报》 报告指定登载网址:http://www.sse.com.cn
6 、公司股票上市地:上海证券交易所 股票简称:东新电碳 股票代码:600691

二、会计数据和业务数据摘要

1 、本年度利润总额及构成(单位:元)

利润总额	-11560753.34
净利润	-11549050.38
扣除非经常性损益后的净利润	-11549050.38
主营业务利润	13955015.61
其他业务利润	350119.80
营业利润	-10896311.27
投资收益	-49124.83
补贴收入	
营业外收支净额	-615317.24
经营活动产生的现金流量净额	-12145414.49
现金及现金等价物净增加额	-7445462.79

2 、公司前三年主要会计数据和财务指标 (单位:元)

指标项目	2000 年度	99 年度	98 年度	
			调整前	调整后
主营业务收入	62788961.78	61953250.54	56153954.11	56153954.11
净利润	-11549050.38	4589342.35	-42108915.96	-45738045.56
总资产	244490891.49	252130570.61	257918792.54	243211921.05
股东权益	100880365.40	112429415.78	108563894.92	104934765.32
每股收益(摊薄)	-0.149	0.059	-0.545	-0.592
每股收益(加权)	-0.149	0.059	-0.545	-0.592
每股净资产	1.305	1.45	1.40	1.36
调整后的每股净资产	0.785	1.02	1.12	1.07
每股经营性活动产生的现金流量净额	-0.157	-0.007	-0.031	-0.031
净资产收益率%(摊薄)	-11.4	4.08	-38.79	-43.59
净资产收益率%(加权)	-10.6	4.22	-32.49	-35.79

按照中国证监会《公开发行证券公司信息披露编报规则第 9 号》的规定计算的"每股收益"和"净资产收益率"系列指标:

报告期利润	净资产收益率		每股收益	
	全面摊薄	加权平均	全面摊薄	加权平均
主营业务利润	13.83%	13.08%	0.18	0.18
营业利润	-10.80%	-10.22%	-0.14	-0.14
净利润	-11.45%	-10.83%	-0.15	0.15
扣除非经常性损益后的净利润	-11.45%	-10.83%	-0.15	0.15

3 、报告期内股东权益变动情况 ((单位:元)

项目	股本	资本公积	盈余公积	法定公益金	未分配利润	股东权益合计
期初数	77274499.00	59288495.76	13147716.35	2365105.02	-37281295.33	112429415.78
本期增加					-11549050.38	-11549050.38
本期减少						
期末数	77274499.00	59288495.76	13147716.35	2365105.02	-48830345.71	100880365.40

注:股东权益减少系本年发生亏损所致。

三、股东情况介绍

1 、股东情况介绍

① 截止 2000 年 12 月 30 日,公司股东总计 15186 户。其中,国家股东 1 户,法人股东 43 户,社会公众股东共计 15142 户。

② 前十名股东持股情况

股东名称	持有股份(万股)	占总股本(%)
自贡市国有资产管理局(国家股)	2208.2299	28.58
四川省信托投资公司	360	4.66
中国银行四川省分行国际信托投资公司	240	3.11
自贡市银河贸易公司	240	3.11
中国人民保险公司自贡市分公司	121.2	1.57
东方电器集团财务公司	120	1.55
中国工商银行四川省分行信托投资公司	120	1.55
自贡市邮电局	60	0.78
四川省烟草公司自贡分公司	60	0.78
成都华能物资供销公司	60	0.78

3 、本公司股东中,持股比例超过 10%的只有自贡市国有资产管理局(国家股),持有本公司股份占总股本 28.58%。

4 、报告期内控股股东的变更情况

本报告期内控股股东股份无变化。

四、股东大会简介

公司关于召开四届一次股东大会的公告于 2000 年 5 月 27 日在《上海证券报》上刊登。2000 年 6 月 28 日公司四届一次股东大会如期召开,出席会议的股东 59 人,代表的股份数 39958283 股,占公司总股本的 51.71%,符合《公司法》及公司《章程》的有关规定。经大会审议并表决,通过如下决议:

1 、审议批准了《董事会 1999 年度工作报告》。
2 、审议批准了《监事会 1999 年度工作报告》。
3 、审议批准了《1999 年度财务工作报告》。
4 、审议批准了《1999 年度利润分配方案》。经四川君和会计师事务所审计,1999 年度本公司实现利润总额 4601046.13 元,净利润 4589342.35 元。1999 年度利润不分配,用于弥补以前年度的亏损。

上海亚通股份有限公司

一、公司简介

1、公司法定中文名称:上海亚通股份有限公司
公司法定英文名称:SHANG HAI YA TONG CO., LTD. 英文缩写:YT
2、公司法定代表人:郁蒽
3、董事会秘书:赵柳滨 董事会代表证券事务代表:蔡福生
联系地址:上海崇明八一路 9 号
联系电话:021-69612738 021-69612714
传真:021-69612782 电子信箱:E-mail:shytcl@online.sh.cn
4、公司注册及办公地址:上海崇明八一路 9 号
邮政编码:202150
5、公司选定的信息披露报纸为《上海证券报》
登载公司年度报告的国际互联网网址:http://www.sse.con.cn
公司年报备置地点:上海崇明八一路 9 号公司总经理办公室
6、公司股票上市交易所:上海证券交易所
股票简称:亚通股份 股票代码:600692

二、会计数据和业务数据摘要

1、公司本年度实现利润情况(合并报表)单位:元

项目	2000 年度
(1)利润总额:	28856470.67
(2)净利润:	25631802.72
(3)扣除非经常性损益后的净利润:	19652843.54
(4)主营业务利润:	41684380.31
(5)其他业务利润:	774460.47
(6)营业利润:	11400427.32
(7)投资收益:	17034062.56
(8)补贴收入:	763994.50
(9)营业外收支净额:	-342013.71
(10)经营活动产生的现金流量净额:	53648391.61
(11)现金及现金等价物净增加额:	20373957.34

注:扣除非经常性损益项目为一般法人投资者网下申购股票投资收益 7034062.56 元。

2、公司前三年主要会计数据和财务指标(合并报表)单位:元

项目	2000 年度	1999 年度	1998 年度	
			调整后	调整前
(1)主营业务收入	169786628.18	152515315.05	122889820.41	122889820.41
(2)净利润	25631802.72	19483396.79	28968942.53	31651413.04
(3)总资产	536850060.30	496594992.57	405516808.40	408869896.58
(4)股东权益	339053555.45	313421752.73	303164192.49	305846663.00
(5)每股收益	0.203	0.15	0.23	0.25
每股收益(加权)	0.203	0.15	0.23	0.25
(6)扣除非经常性损益后的每股收益(摊薄)	0.155	0.128	0.21	0.24
扣除非经常性损益后的每股收益(加权)	0.155	0.128	0.21	0.24
(7)每股净资产	2.68	2.48	2.40	2.42
(8)调整后的每股净资产	2.63	2.39	2.38	2.37
(9)每股经营活动产生的现金流量净额(摊薄)	0.42	-0.26	0.28	0.28
每股经营活动产生的现金流量净额(加权)	0.42	-0.26	0.28	0.28
(10)净资产收益率(%)	7.56	6.22	9.56	10.35
净资产收益率(加权)%	7.86	6.42	9.96	10.91

3、按照中国证监会《公开发行证券公司信息披露编报规则》(第 9 号)要求计算的净资产收益率及每股收益。

报告期利润	净资产收益率		每股收益(元)	
	全面摊薄	加权平均	全面摊薄	加权平均
主营业务利润	12.29%	12.78%	0.33	0.33
营业利润	3.36%	3.49%	0.09	0.09
净利润	7.56%	7.86%	0.203	0.203
扣除非经常性损益后的净利润	5.79%	6.02%	0.155	0.155

三、股本变动及股东情况

1 、股本变动情况
2 、股东情况介绍
(1 报告期末股东总数为 26435 户。
(2)公司前 10 名股东持股情况

股东名称	持股数量(股)	占总股本(%)
崇明县国资委	59079168	46.74
上海银马实业公司	4995216	3.95
上海振泰实业公司	3019638	2.39
国泰证券有限公司	2672173	2.11
上海吴桥旅游用品公司	2016000	1.59
上海申银万国证券公司	1478220	1.17
湖北证券公司	798296	0.63
征信经济	792000	0.63
无锡军湖商行	792000	0.63
崇明轮综	531060	0.42

(3)本报告期内持有 10%以上股东为:①中宏资产经营管理有限公司,该公司法定代表人为王建,经营范围为:工业、房地产、旅游业、文化体育产业、证券、高科技产业投资等。但在报告期内股份进行了转让。②上海市崇明县国有资产管理委员会,系国家股持有者。

(4)崇明国资委为公司的控股股东,报告期内持有公司 59079168 股。在报告期内本公司原第一大股东中宏资产经营管理有限公司所持有的 34506973 股,占公司总股本 27.30%的股权转让给了崇明国资委,并于 2000 年 10 月 16 日在上海证券中央登记结算公司办理过户手续,本次股权转让公告于 2000 年 10 月 14 日刊登在《上海证券报》上。

(5)报告期内,持有本公司 5%以上(含 5%)股份的股东无质押或冻结情况。

福建东百集团股份有限公司

一 、公司简介

1 、公司法定中文名称:福建东百集团股份有限公司
公司法定英文名称:FUJIAN DONGBAI (GROUP)CO.,LTD 缩写:FJDB
2 、公司法定代表人:陈明魁
3 、公司董事会秘书:陈 玲
4 、公司注册与办公地址:福建省福州市八一七北路 84 号东百大厦 18 层 邮政编码:350001
联系电话:(0591)7531724 传真:(0591)7531804 电子信箱:fjdbjt@pub5.fz.fj.cn
5 、公司选定的信息披露报纸名称:《上海证券报》
登载公司年度报告的中国证监会指定国际互联网网址:http:\ \ www.sse.com.cn
公司年度报告备置地点:公司股证部
6 、公司股票上市交易所:上海证券交易所 股票简称:东百集团 股票代码:600693

二、会计数据和业务数据摘要

1 、本年度效益情况(单位:人民币元):

项目	金额
利润总额:	8,820,446.89
净利润:	7,484,282.63
扣除非经常性损益后的净利润:	2,790,043.22
主营业务利润:	63,975,327.91
其他业务利润:	18,681,039.63
营业利润:	5,902,642.24
投资收益:	807,931.51
补贴收入:	76,231.38
营业外收支净额:	2,033,641.76
经营活动产生的现金流量净额:	36,550,447.09
现金及现金等价物净增加额:	-5,942,201.94

注:"扣除非经常性损益后净利润"中非经常性损益项目为:

股权转让收益:	9,507,005.27
投资清算损失:	-6,822,055.09
出口商品贴息收入:	76,231.38
莆田东百房产处置收入:	1,933,057.85
合计:	4,694,239.41

2 、前三年主要会计数据和财务指标:

项目	2000 年	1999 年	1998 年
主营业务收入(元):	585,598,083.08	537,117,640.11	533,868,852.37
净利润(元):	7,484,282.63	11,944,516.70	45,199,118.19
总资产(元):	781,879,931.53	798,142,401.76	720,846,574.63
股东权益(元):	382,559,647.80	388,276,234.17	376,331,717.47
每股收益(元/股):	0.057	0.090	0.342
加权平均每股收益(元/股):	0.057	0.090	0.342
每股净资产(元/股):	2.898	2.941	2.851
调整后的每股净资产(元/股):	2.070	2.090	2.100
净资产收益率(%):	1.956	3.076	12.010
扣除非经常性损益后的每股收益(元/股):	0.021	0.090	0.292
每股经营活动产生的现金流量(元/股):	0.277	0.037	0.247

按照中国证监会《公开发行证券公司信息披露编报规则》第 9 号文的通知,计算 2000 年度公司净资产收益率和每股收益:

项目	净资产收益率(%)		每股收益(元/股)	
	全面摊薄	加权平均	全面摊薄	加权平均
主营业务利润:	16.723	16.319	0.485	0.485
营业利润:	1.543	1.506	0.045	0.045
净利润:	1.956	1.909	0.057	0.057
扣除非经常性损益后的净利润:	0.729	0.712	0.021	0.021

注:(1)全面摊薄每股收益=报告期净利润/期末股份总数;
(2)每股净资产=期末股东权益/期末股份总数;
(3)全面摊薄净资产收益率=报告期净利润/期末净资产;
(4)调整后的每股净资产=(期末股东权益?D 三年以上的应收款项净额?D 待摊费用?D 待处理(流动 、固定)资产净损失?D 开办费?D 长期待摊费用?D 住房周转金负数余额)/期末股份总数;
(5)每股经营活动产生的现金流量净额=经营活动产生的现金流量净额/期末股份总数;

三、股本变动及股东情况

1 、股本变动情况表: 股份单位:股
2 、股东情况介绍:
(1)报告期末股东总数:截 止 2000 年末,公司股东总数为 22723 户,其中:国家股股东 1 户,社会法人股股东 80 户,社会公众股股东 22642 户。
(2)包括持有公司 5%以上股份的前 10 名股东的持股情况(单位:万股)

股东名称	流通股数	未流通股数	总持股数	占总股本比例(%)
福州市财政局		5197.192	5197.192	39.37
长城证券	362.996		362.996	2.75
上大巴士	133.6118		133.6118	1.01
川化股份	120.41		120.41	0.91
安徽元丰	55.00		55.00	0.42
欧庆龙	49.9658		49.9658	0.38
兴业三明	43.3818		43.3818	0.33
福州华昌制衣公司		36.30	36.30	0.27
段亚安	33.80		33.80	0.26
福建中闽实业公司		31.46	31.46	0.24

注:①报告期内无控股股东变更;
② 公司前 10 名股东之间不存在有关联关系;
③ 福州市财政局持有本公司股份 5197.192 万股为国家持有的股份。
④ 公司原第二大股东兴业证券股份有限公司年初持有本公司股份 1103.45 万股,占总股本 8.36%,根据中国证监会《关于安排上市公司转配股分期、分批上市的通知》规定,兴业证券股份有限公司所持有本公司股份已于 2000 年 5 月 8 日上市流通

大商集团股份有限公司

一、公司简介

1.公司法定中文名称:大商集团股份有限公司
英文名称:DASHANGGROUPCO.,LTD 英文缩写:DSG
2.公司法定代表人:牛钢
3.公司董事会秘书:姜福德 董事会证券事务代表:刘艳华
联系地址:大连市中山区青三街 1 号证券部 电话:0411-3643215
传真:0411-3630358
4.公司注册(办公)地址:大连市中山区青三街 1 号 邮政编码:116001
公司国际互联网网址:http://www.dsjt.com
电子信箱:dsjt@dalian-gov.net
5.公司信息披露报刊:《上海证券报》或《中国证券报》
登载年度报告的国际互联网网址:http://www.sse.com.cn
年度报告备置地点:大连市中山区青三街 1 号证券部
6.公司股票上市交易所:上海证券交易所
股票简称:大商股份 股票代码:600694

二、会计数据和业务数据摘要

1.本年度主要利润指标情况(单位:人民币元)

利润总额	101,183,746.17
净利润	84,093,636.61
扣除非经常性损益后的净利润	81,272,381.92
主营业务利润	220,499,506.30
其他业务利润	66,813,849.52
营业利润	109,483,540.72
投资收益	-9,163,217.72
补贴收入	197,000.00
营业外收支净额	666,423.17
经营活动产生的现金流量净额	109,496,076.40
现金及现金等价物净增加额	-155,818,207.12

注:"扣除非经常性损益后的净利润"指标中,扣除的非常性损益项目及涉及金额:大连大商集团有限公司物业管理费 260 万元,补贴收入 197,000.00 元,营业外收支净额 666,423.17 元。

2.主要会计数据和财务指标
单位:人民币元

项目	2000 年	1999 年	1998 年调整前	1998 年调整后
主营业务收入	1,357,857,674.15	1,237,846,877.19	816,406,466.14	814,994,860.99
净利润	84,093,636.61	54,365,790.39	60,740,499.57	57,214,998.19
总资产	1,298,900,443.18	1,174,740,518.42	838,222,097.80	787,800,524.14
股东权益(不含少数股东权益)	812,657,331.59	783,087,886.09	440,363,941.23	390,356,499.16
每股净资产	3.59	3.46	2.49	2.21
调整后每股净资产	3.46	3.32	2.24	1.99
每股经营活动产生现金流量净额	0.48	0.51	0.41	0.41
净资产收益率	10.35%	6.94%	13.79%	14.66%
每股收益	0.37	0.24	0.34	0.32
加权平均每股收益	0.37	0.25	0.34	0.32
扣除非经常性损益的每股收益	0.36	0.23	0.34	0.32

按照中国证监会《公开发行证券公司信息披露编报规则(第 9 号)要求计算 2000 年报告期利润的净资产收益率和每股收益:

项目	净资产收益率(%)		每股收益(元)	
	全面摊薄	加权平均	全面摊薄	加权平均
主营业务利润	27.13	26.72	0.975	0.975
营业利润	13.47	13.27	0.484	0.484
净利润	10.35	10.19	0.372	0.372
扣除非经常性损益后的净利润	10.00	9.85	0.359	0.359

三、股东情况介绍

1.报告期末公司股东总数为 66577 户。
2.前十名股东持股情况

股东名称	年末持股数量(股)	占总股本比例(%)
(1)大连市国有资产管理局	94,978,000	42.00
(2)大连商场	2,758,080	1.22
(3)大连国际信托投资公司	2,287,350	1.01
(4)大连信托投资公司	1,105,000	0.49
(5)李云	440,000	0.19
(6)华建荣	414,350	0.18
(7)叶东生	373,007	0.16
(8)林镇生	280,000	0.12
(9)马奕明	271,160	0.12
(10)初淑柏	265,960	0.12

注:A、大连市国有资产管理局所持股份为国家股,报告期末发生变动,亦无质押或冻结情况。
B.1996 年 5 月,根据上海证券交易所和上海证券中央登记结算公司上证中登(96)定第 005 号文件要求,公司未流通股份在上海证券中央登记结算公司进行了集中托管,因公司法人股单位小而分散,致使部分单位未联系上,根据上交所和登记公司要求,暂将这部分法人股股份计 2758080 股托管存入本公司帐户中,待取得联系后逐渐转存各法人股帐户中。
C、第 3、4 名股东所持股份为法人股。根据天津市高级人民法院[1999]高经初字第 9 号民事裁定书,大连国际信托投资公司持有本公司 2287350 股法人股股份被冻结。
D、第 5-10 名股东所持股份为流通股,公司未知其之间是否存在关联关系。

四、股东大会简介

1.年度股东大会
公司于 2000 年 5 月 12 日在大连市中山区青三街 1 号公司南九楼会议室召开 1999 年度股东大会。会议审议、通过了 1999 年度董事会工作报告、财务决算报告、利润分配方案、监事会工作报告、关于公司改名的议案、修改公司章程报告及增补公司董事、监事提案等全部七项决议,决议公告刊登于 2000 年 5 月 13 日《上海证券报》。

上海大江(集团)股份有限公司

一、公司简况

1 、公司法定中文名称:上海大江(集团)股份有限公司
公司法定英文名称:SHANGHAI DAJIANG (GROUP)STOCK CO.,LTD. 缩写:SDJ
2 、公司法定代表人:Mr. Thanakorn Seriburi (李绍祝先生,董事长)
3 、董事会秘书:顾德明先生 地址:上海市松江区谷阳南路 26 号
电话:86-21-57817566
传真:86-21-57820072 电子信箱:dajiang@dajiang.com
公司咨询服务机构:公司行政部
4 、公司注册地址:上海市松江区谷阳南路 26 号
公司办公地址:上海市松江区谷阳南路 26 号 邮政编码:201600
国际互联网网址:http://www.dajiang.com
电子信箱:dajiang@dajiang.com
5 、公司选定的信息披露报纸:《上海证券报》(境内)、《香港商报》(境外)。
登载公司年度报告的国际互联网网址:http://www.sse.com.cn
公司年度报告备置地点:公司行政部
6 、公司股票上市交易所:上海证券交易所
股票简称:大江股份(A 股)大江 B 股(B 股)
证券代码:600695 (A 股)900919 (B 股)

二、会计数据和业务数据摘要

(一)、本年度利润总额及构成(合并报表,金额单位:人民币元)

1 、利润总额及构成

利润总额	28,551,968.73
其中:主营业务利润	262,204,166.20
其他业务利润	-1,324,704.65
营业利润	2,370,700.24
投资收益	6,221,837.74
补贴收入	5,816,908.20
营业外收支净额	14,142,522.55
净利润	7,925,200.56
扣除非经常性损益后的净利润	-12,034,230.19
经营活动产生的现金流量净额	92,310,640.29
现金及现金等价物净增加额	68,871,281.98

说明:扣除的非经常性损益项目是:营业外收支净额 14,142,522.55 元,补贴收入 5,816,908.20 元。

(二)主要会计数据及财务指标(合并,金额单位:人民币万元)

1 、主要会计数据及财务指标

指标项目	2000 年	1999 年		1998 年	
		调整前	调整后	调整前	调整后
(1)主营业务收入	162043.13	178276.56	177580.89	227483.13	227483.13
(2)净利润	792.52	690.39	690.39	-13255.48	-12107.22
(3)总资产	216287.00	197511.92	197228.67	214609.90	215503.61
(4)股东权益	97170.28	96430.03	96430.03	94911.84	95804.04
(5)每股收益(元)(摊薄)	0.012	0.010	0.010	-0.196	-0.179
(加权)	0.012	0.010	0.010	-0.217	-0.198
(6)扣除非经常性损益后的每股收益(元)	-0.018	-0.004	-0.004	-0.187	-0.170
(7)每股净资产(元)(摊薄)	1.437	1.426	1.426	1.40	1.42
(8)净资产收益率(%)(摊薄)	0.82	0.72	0.72	-13.97	-12.64
(加权)	0.82	0.72	0.72	-13.08	-11.88
(9)调整后每股净资产(摊薄)	1.39	1.38	1.38	1.39	1.37
(10)每股经营活动产生的现金净额	0.13	0.33	0.33	0.53	0.53

2 、利润表附表

报告期利润	净资产收益率(%)		每股收益(元)	
	全面摊薄	加权平均	全面摊薄	加权平均
主营业务利润	26.98	27.08	0.388	0.388
营业利润	0.24	0.24	0.004	0.004
净利润	0.82	0.82	0.012	0.012
扣除非经常性损益后的净利润	-1.24	-1.24	-0.018	-0.018

三、股东变动情况

1、报告期末股东总数

截止 2000 年 12 月 31 日,本公司股东总数为 19,134 名。

2 、前十名股东持股情况

股东名称	年末持股数(股)	占总股本比例(%)
1. 正大上海有限公司	286,672,848	42.39
2. 上海市松江区饲料公司	172,003,709	25.43
3. 上海市松江区畜禽公司	114,669,139	16.96
4. 上海松林工贸有限公司	3,186,612	0.47
5. WAH CHUN INTERNATIONAL LIMITED	3,181,596	0.47
6. 长江经济联合发展集团股份有限公司	1,716,000	0.25
7. 正大(汕头)投资有限公司	1,630,200	0.24
8. CBNY S/A PNC/SKANDIA SELECT FUND/CHINA EQUITY AC	1,510,896	0.22
9. 宁波国成塑料有限公司	1,372,800	0.20
10.汪胜虹	1,000,000	0.15

注:持有本公司 5%(含 5%)以上股份的股东所持股份无质押或冻结情况,前 10 名股东之间不存在关联关系。

四、股东大会简介

报告期内召开了公司第八次股东大会(1999 年年会)和 2001 年第一次临时股东大会。

1 、关于第八次股东大会(1999 年年会)的有关情况

2000 年 6 月 20 日(星期二)召开第八次股东大会(1999 年年会),会议审议通过了《1999 年度董事会工作报告》、《1999 年度财务决算和 2000 年度财务预算报告》、《1999 年度利润分配方案》、《1999 年度监事会工作报告》、《关于第二届董事会及监事会换届选举的议案》,并选举产生第三届董事会董事和监事会监事。会议聘请国浩律师集团(上海)事务所吕红兵律师和陈毅敏律师出席并出具法律意见书。会议决议公告刊登于 2000 年 6 月 21 日的《上海证券报》和《香港商报》。

豪盛(福建)股份有限公司

一、公司简介

1、公司法定中文名称:豪盛(福建)股份有限公司
公司法定英文名称:HAWSON(FUJIAN)LIMITED 英文缩写:HSG
2、公司法定代表人:陈隆基先生
3、公司董事会秘书:黄晖先生 公司授权代表:赵瑜小姐
联系地址:福建省泉州市城东仕公岭 电话:0595-2688168
传真:0595-2688618 电子信箱:hawson@public.qz.fj.cn
4、公司注册地址:福建省泉州市城东仕公岭(办公地址) 邮政编码:362000
电子信箱:hawson@public.qz.fj.cn
5、公司选定的信息披露报纸名称:《上海证券报》、《中国证券报》
登载公司年度报告的中国证监会指定国际互联网 http://www.sse.com.cn
公司年报置地点:公司股证办
6、公司股票上市交易所:上海证券交易所 股票简称:福建豪盛 股票代码:600696

二、会计数据和业务数据摘要

1、公司本年度主要利润指标 (单位:人民币元)

利润总额	7,917,605.07
净利润	7,917,605.07
扣除非经常性损益后的净利润	-47,737,187.65
主营业务利润	-10,304,275.59
其他业务利润	-34,042.33
营业利润	-47,737,187.65
投资收益	55,654,387.72
补贴收入营业外收支净额	405.00
经营活动产生的现金流量净额	-43,084,999.10
现金及现金等价物净增加额	1,100,324.55

非经常性损益项目及金额:投资收益 55,654,387.72 元;营业外收入 405.00 元。

2、截止报告期末公司前三年的主要会计数据和财务指标(单位:人民币元)

项目	2000 年度	1999 年度	1998 年度	
			调整前	调整后
主营业务收入	61,638,152.70	101,089,757.35	143,435,555.41	143,435,555.41
净利润	7,917,605.07	-96,080,504.99	-47,690,389.48	-50,985,816.59
总资产	720,113,393.76	775,919,216.18	891,384,183.16	934,130,098.97
股东权益	382,246,082.32	374,328,477.25	482,730,697.53	470,408,982.24
每股收益(摊薄)	0.0302	-0.3668	-0.182	-0.195
(加权)	0.0302	-0.3668	-0.182	-0.195
扣除非经常性损益后的每股收益(摊薄)	-0.1822	-0.3668	-0.182	-0.195
(加权)	-0.1822	-0.3668	-0.182	-0.195
每股净资产	1.46	1.43	1.84	1.80
调整后的每股净资	1.46	1.38	1.83	1.79
净资产收益率(摊薄)	2.07%	-25.67%	-9.29%	-10.84%
(加权)	2.09%	-25.67%	-9.29%	-10.84%
扣除非经常性损益后的加权净资产收益率	-12.62%	-25.67%	-9.29%	-10.84%
每股经营活动产生的现金流量净额	-0.1645	0.078		

[备注]主要财务指标计算方法:

每股收益 (摊薄)=净利润/年度末普通股股份总数每股净资产=年度末股东权益/年度末普通股股份总数

调整后的每股净资产=(年度末股东权益-三年以上的应收款项净额-待摊费用-待处理(流动、固定)资产净损失-开办费-长期待摊费用-住房周转金负数余额)/年度末普通股股份总数

每股经营活动产生的现金流量净额=经营活动产生的现金流量净额/年度末普通股股份总数净资产收益率=净利润/年度末股东权益×100%

加权平均净资产收益率=当期净利润/(期初净资产+当期净利润/2+当期发行新股或配股新增净资产×自新增资产下一月份起至报告期末的月份数/12-当期回购或现金分红等减少净资产×减少净资产下一月份起至报告期期末的月份数/12)×100%

加权平均每股收益=当期净利润/(期初普通股股份总数+报告期因公积金转增资本或股票股利等增加股份数+当期因发行新股或债转股等增加股份数×增加股份下一月份起至报告期期末的月份数/12-当期因回购或缩股等减少股份数×减少股份下一月份起至报告期期末的月份数/12)×100%

3、报告期内股东权益变动情况及其原因(单位:人民币元)

项目	股本	资本公积	盈余公积	法定公益金	未分配利润	股东权益合计
期初数	261,973,500	213,355,264.49	23,792,879.62	7,930,959.87	-124,793,166.86	374,328,477.25
本期增加					7,917,605.07	7,917,605.07
本期减少						
期末数	261,973,500	213,355,264.49	23,792,879.62	7,930,959.87	-116,875,561.79	382,246,082.32

[备注]变动原因:

未分配利润及股东权益合计的增加数为本年度实现的利润。

三、股本变动及股东情况

1、股东情况介绍 (1)本报告期末,公司股东总数为 23907 户。

(2)报告期末前十名股东持股情况(单位:股)

股东名称	期末持股数	占总股本%
豪盛(香港)有限公司	113,085,100	43.17
泉州市区经济发展公司	29,618,160	11.31
泉州市经济开发公司	23,118,160	8.82
福建投资开发总公司	6,500,000	2.48
汉兴基金	2,000,000	0.76
信达资产管理公司	1,120,840	0.43
农自营	1,000,000	0.38
宁克绳	314,990	0.12
宁粱	292,738	0.11
李建勇	273,800	0.10

持有本公司 5%以上股份的股东在报告期内,持股数及持股比例未发生变化。前十名股东之间、股东与公司之间不存在关联交易。

长春欧亚集团股份有限公司

一、公司简介

1.公司法定中文名称:长春欧亚集团股份有限公司
英文名称:CHANG CHUN EURASIA GROUP CO.LTD　英文缩写:CCEG
2.公司法定代表人:曹和平
3.公司董事会秘书:席汝珍　联系地址:长春市工农大路 14 号
电 话:0431-5620053　传 真:0431-5666517
4.公司注册及办公地址:长春市工农大路 14 号　邮政编码:130021
公司国际互联网网址:www.cn-eurasiagroup.com　电子信箱:ouya@public.cc.jl.cn
5.公司选定的信息披露报纸名称:上海证券报
登载公司年度报告的国际互联网网址:http://www.sse.com.cn
公司年度报告备置地点:公司证券部
6.公司股票上市交易所:上海证券交易所　股票简称:欧亚集团　股票代码:600697

二、会计数据和业务数据摘要

1.本年度利润总额及构成(2000 年度合并)单位:元

利润总额	48,512,118.21
净利润	44,150,239.91
扣除非经常性损益后的净利润	34,968,056.48
主营业务利润	59,499,842.63
其他业务利润	33,536,653.52
营业利润	45,535,746.53
投资收益	-151,292.48
营业外收支净额	3,127,664.16
经营活动产生的现金流量净额	46,115,687.35
现金及现金等价物净增加额	12,052,416.88

2.主要会计数据及财务指标(单位:元)

项目	2000 年	1999 年	1998 年	
			调整后	调整前
主营业务收入	604784536.77	499128304.10	326699899.87	326824695.69
净利润	44150239.91	33449900.21	30294808.17	29559749.81
总资产	675642709.78	551063606.12	380978060.07	397859396.88
股东权益	436382104.44	417145283.07	267500956.72	288040068.65
每股收益(摊薄)	0.360	0.273	0.297	0.289
(加权)	0.360	0.276	0.297	0.289
扣除非经常性损益后的每股收益	0.285	0.246	0.271	0.263
每股净资产(摊薄)	3.56	3.40	2.62	2.82
调整后的每股净资产	3.49	3.34	2.54	2.68
每股经营活动产生的现金流量净额	0.376	0.266	0.397	0.397
净资产收益率(摊薄)	10.12%	8.02%	11.33%	10.262%

3.利润表附表

报告期利润	净资产收益率		每股收益(元)	
	全面摊薄	加权平均	全面摊薄	加权平均
主营业务利润	13.63%	13.55%	0.485	0.485
营业利润	10.43%	10.37%	0.371	0.371
净利润	10.12%	10.05%	0.360	0.360
扣除非经常性损益后净利润	8.01%	7.96%	0.285	0.285

4.报告期内股东权益变动情况

项目	股本	资本公积	盈余公积	其中:公益金	未分配利润	合计
期初数	122737186.00	215923952.90	27138810.14	12015308.06	51345334.03	417145283.07
本期增加	-	-	8830047.98	4415023.99	44150239.91	52980287.89
本期减少		365981.34	-	-	33377485.18	33743466.52
期末数	122737186.00	215557971.56	35968858.12	16430332.05	62118088.76	436382104.44
变动原因		评估增值计提折旧	净利润提取	净利润提取	净利润增加	净利润增加提取盈余公积

三、股本变动及股东情况

(1)截止 2000 年 12 月 31 日,股东总数为 27762 户。
(2)前 10 名股东持股情况

股东名称	年末持股数(股)	占总股本
1.长春市汽车城商业总公司(国家股代表)	43,072,428	35.09%
2.长春市朝阳区双欧机构制造有限公司	3,305,500	2.69%
3.金鑫基金	2,992,397	2.44%
4.长春市兴业百货贸易公司	2,474,700	2.02%
5.万科企业股份有限公司	2,200,000	1.79%
6.沈阳万众企业集团股份有限公司	1,650,000	1.34%
7.深圳市蛇口安达实业股份有限公司	1,100,000	0.90%
8.深圳市赛格达声股份有限公司	1,100,000	0.90%
9.吉林省证券有限责任公司	679,518	0.55%
10.富岛基金	550,000	0.45%

注:金鑫基金所持股份为上市流通股份,其余均为未上市流通股份。
长春市汽车城商业总公司所持股份无质押、冻结或其他股权转让受限制情况。

四、股东大会简介

1.股东大会的通知、召集、召开情况及通过的决议
本报告期召开了二次股东大会。
公司董事会于 2000 年 4 月 18 日在《上海证券报》刊登了《长春欧亚集团股份有限公司关于召开一九九九年度股东大会的公告》,并于 2000 年 5 月 31 日上午 9:00 时在本公司八楼会议室召开了 1999 年度股东大会。本次股东大会以投票表决方式,审议通过了 1999 年度董事会工作报告、1999 年度监事会工作报告、1999 年度财务决算报告、1999 年度利润分配方案、关于董事会换届选举的议案、关于监事会换届选举的议案。决议刊登在 2000 年 6 月 1 日的《上海证券报》。
公司董事会于 2000 年 12 月 12 日在《上海证券报》刊登了《长春欧亚集团股份有限公司关于召开 2000 年临时股东大会的公告》,并于 2001 年 1 月 12 日上午 9:00 时在公司十楼会议室召开了 2000 年临时股东大会。本次临时股东大会以投票表决的方式审议通过了更换会计师事务所的议案。决议刊登在 2001 年 1 月 13 日的《上海证券报》。

济南轻骑摩托车股份有限公司

一、公司简介

1、公司法定中文名称:济南轻骑摩托车股份有限公司
公司中文缩写:济南轻骑
公司英文名称:JINAN QINGQI MOTORCYCLE CO.,LTD
公司英文缩写:JNQQ
2、公司法定代表人:杨仁发
3、公司董事会秘书:韩金科
联系地址:山东省济南市历下区和平路 34 号
电话:0531-6953325-2206　传真:0531-6954219
证券事务代表:宋义才
电子信箱:songyicai@chinaren.com
联系地址:山东省济南市历下区和平路 34 号
电话:0531-6414419　传真:0531-6960676
4、公司注册地址:山东省济南市历下区和平路 34 号
公司办公地址:山东省济南市历下区和平路 34 号　邮政编码:250014
电子信箱:cnjnqq@jn-public.sd.cninfo.net
5、公司选定的信息披露报纸:《中国证券报》、《上海证券报》、香港《文汇报》
登载本公司年度报告的中国证监会指定国际互联网网址:http://www.sse.com.cn
公司年度报告备置地点:本公司证券投资部
6、公司股票上市交易所:上海证券交易所
股票简称:济南轻骑(A 股) 轻骑 B 股(B 股)
股票代码:600698(A 股)　900946(B 股)

二、会计数据和业务数据摘要

1、本年度利润总额及构成(单位:人民币元)

利润总额:	-272,430,339.02
净利润(元):	-272,432,967.32
扣除非经常性损益后的净利润:	-266,053,039.05
主营业务利润:	-68,203,561.86
其他业务利润:	7,457,450.83
营业利润:	-266,047,936.56
投资收益:	-2,474.19
补贴收入:	
营业外收支净额:	-6,379,928.27
经营活动产生的现金流量净额:	-322,639,956.87
现金及现金等价物净增加额:	33,453,637.13

注 A:非经常性损益是指公司正常经营损益之外的、一次性或偶发性损益,本公司扣除的非经营性损益有:营业外收入 80,944.03 元、营业外支出 6,460,872.30 元。
注 B:按照国际会计准则审计的净利润为-357,584 千元,按中国会计准则审计的净利润为-272,432 千元,差额为-85152 千元。
按国际会计准则调整对税后利润的影响
2000 年税后利润(人民币千元)

本公司法定帐目所载金额	-272,432
调整:一回转坏帐准备	
一提列停用机器设备的折旧	-21,698
一提列长期投资减值准备	-63,454
一其他按国际会计准则重编后之金额	-357,584

2、公司主要会计数据及财务指标　单位:人民币元

项目	2000 年	1999 年(调整后)	1998 年(调整后)
主营业务收入	534116193.41	901597548.37	1949992135.32
净利润	-272432967.32	19725048.29	340084547.08
总资产	4146817121.07	3848896833.37	3249498763.29
股东权益	2715954708.69	2988387676.01	2968662627.72
每股收益(全面摊薄)	-0.28	0.02	0.35
扣除非经营性一损益后的每股收益	-0.27	0.014	0.27
每股收益(加权平均)	-0.28	0.02	0.35
每股净资产	2.79	3.08	3.05
调整后的每股净资产	2.79	3.08	3.05
每股经营活动一产生的现金流量净额	-0.33	0.09	0.01
净资产收益率(%)	-10.03	0.66	11.32
净利润的加权每股收益	-0.28	0.02	0.35
净利润的加权净资产收益率(%)	-10.03	0.66	11.32
扣除非经常收益后的净利润一的加权净资产收益率(%)	-9.3	0.46	9.47

三、股本变动及股东情况

1、股本变动情况
2、股东情况介绍
(1)、报告期末公司股东总数为 254639 户。
(2)、主要股东持股情况:

股东名称	期末持股数(万股)	占总股本比例(%)
1、济南市国有资产管理局(国家股)	39748.80	40.902
2、轻骑集团轻型车厂(法人股)	780.78	0.803
3、NAITOSECURITIESCO.,LTD.(B 股)	715.56	0.736
4、京华山一国际(香港)有限公司(B 股)	658.40	0.677
5、孙文雄(B 股)	627.32	0.646
6、WARDLEYJAMESCAPELFAREASTLTD(B 股)	502.40	0.517
7、CBHKA/CHWALININTERNATIONALLIMITED(B 股)	480.00	0.494
8、TOYOSECURITIESASIALTD.A/CCLIENT(B 股)	471.76	0.485
9、VIHONGNOMINESSLTD	350.00	0.360
10、NEWJAPANSECUTIRIESINT'L(HK)(B 股)	343.88	0.354

注 1、本公司十大股东之间不存在关联关系。
2、持有本公司 5%以上股份的股东只有济南市国有资产管理局,该局将其持有的国有股份授权给中国轻骑集团有限公司管理。2000 年 6 月 21 日,济南市国有资产管理局将其所持有的本公司 20000 万股国家股质押给华夏银行济南分行,质押期限为两年。

辽源得亨股份有限公司

一、公司简介

1、公司法定中文名称：辽源得亨股份有限公司

公司英文名称：LIAOYUAN DEHENG COMPANY LIMITED. 称缩写：LYDH

2、公司法定代表人：孟祥杰 电话：0437-3520181 传真：0437-3521012

公司总经理：孟祥杰 电话、传真：同前

3、董事会秘书：由春玲 联系电话：0437-3512077 3513931-335

联系地址：吉林省辽源市福兴路3号

电子信箱：lyycl@public.ly.jl.cn lydhb@163.net

4、公司注册地址：辽源市福兴路3号

公司注册英文地址：No.3 FuXing Road LiaoYuan City JiLin China.

公司办公地址：吉林省辽源市福兴路3号 邮政编码：136200

5、公司信息披露的报刊为：《上海证券报》和《证券时报》

登载公司年度报告的中国证监会指定的国际互联网网址： http://www.sse. com.cn

公司年度报告备置地点：吉林省辽源市福兴路3号(公司办公地)

6、公司股票上市地：上海证券交易所

股票简称：辽源得亨 股票代码：600699

二、会计数据和业务数据摘要

1、本年度利润总额及构成(单位：元 合并报表)

利润总额	57,827,126.16
净利润	46,588,425.32
主营业务利润	62,009,365.10
其他业务利润	1,146,994.00
营业利润	52,188,338.57
投资收益	538,940.90
补贴收入	5,000,000.00
营业外收支净额	99,846.69
扣除非经常性损益后的净利润	41,588,425.32
经营活动产生的现金流量净额	119,283,187.31
现金及现金等价物净增加额	79,579,995.46

注：扣除非经营性损益项目及金额

经辽源市人民政府辽府函[2000]42号及辽源市财政局辽财字[2000]233 号文件批准，上半年取得财政补贴500万元。

2、截至报告年度末公司前三年的主要会计数据及财务指标　　单位：元

项　目	2000年度	1999年度	1998年度 调整前	1998年度 调整后
主营业务收入	227,624,529.17	151,778,284.59	65,840,462.82	65,840,462.82
净利润	46,588,425.35	22,980,585.98	29,059,190.30	28,048,748.20
总资产	566,589,773.67	405,859,263.25	347,546,580.32	331,696,896.07
股东权益	281,504,332.01	240,875,238.88	233,744,337.15	217,894,652.90
每股经营活动产生的现金流量	0.75	-0.11	0.23	0.23
每股收益(摊薄)	0.293	0.174	0.22	0.212
扣除非经营性损益后的每股收益	0.26	0.0644		
每股净资产	1.77	1.82	1.77	1.65
调整后的每股净资产(摊薄)	1.59	1.38	1.44	1.46
调整后的每股净资产(元/股)(加权)	1.748	1.38	1.63	1.65
净资产收益率(摊薄)	16.55	9.54	12.43	12.87
净资产收益率(加权)	17.84	10.02	13.26	13.31

※公司1999年度原按33%所得税率计缴所得税，本年度冲回上年多缴所得税2 ,225,603.83 (18%)元，并相应调整了年初未分配利润，会计报表相关项目的年初数及1999年度财务指标已进行了相关调整。

三、股本变动及股东情况

1、股本变动情况

(1)股本变动情况表　　单位：万股

	期初数	送股	公积金转增	期末数
1)未上市流通股份				
国家持有股份	4,125.8524	206.2926	618.8779	4,951.0229
募集法人股份	3,117.9720	155.8986	467.6958	3,741.5664
未上市流通股份合计	7,243.8244	362.1912	1,086.5737	8,692.5893
2)已上市流通股份				
人民币普通股	5,999.1360	299.9568	899.8704	7,198.9632
3)股份总数	13,242.9604	662.1480	1,986.4441	15,891.5525

公司于2000年度中期向全体股东送、转股份，使公司总股本由期初的13242 .9604万股增加到期末的15891.5525万股。

(2)股票发行与上市情况

截至本报告期末为止，公司近三年无股票发行情况。

2、股东情况介绍

(1)报告期末股东总数

截至本报告期末股东总数为29,743户。

(2)前十名股东情况

名　　称	年度末持股数(万股)	占总股份比例(%)
辽源市国有资产管理局(国家股)	4,951.0229	31.15
上海二纺机股份有限公司	1,420.8480	8.94(已质押)
辽源市涤纶制品厂	753.0494	4.73
吉林省东丰化纤厂	738.8410	4.64
吉林省信托投资公司	375.1038	2.36
长春市工行信托投资公司	198.9187	1.25
深圳建艺集团股份有限公司	189.4464	1.19
吴光正	69.3294	0.44
常州喷丝板厂	65.3590	0.41
安徽证券	65.3215	0.41

持股5%以上股东情况说明：

1) 辽源市国有资产管理局持有本公司国家股，年初持股数4125.8524万股，年末持股数4951.0229万股，年末数比年初数增加系中期送转股份所至，无抵押及之质押。

陕西煤航数码测绘(集团)股份有限公司

一、公司简介

1. 公司的法定中、英文名称及缩写

中文名称：陕西煤航数码测绘(集团)股份有限公司

英文名称：SHAANXI MEIHANG DIGITAL SURVEYING (GROUP)CO .,LTD 缩写：SMDS

2. 公司法定代表人：宋理

3. 公司董事会秘书：穆耀 联系地址：西安市南新街28号 联系电话：(029)7216331-259

传真：(029)7218622 电子信箱：Greenmu@public.xa.sn.cn

4. 公司注册地址：西安市南新街28号公司

办公地址：西安市南新街28号 邮政编码：710004

公司国际互联网网址：http://www.mhsmch.com.cn

电子信箱：sbl@public.xa.sn.cn

5. 公司选定的信息披露报纸名称：《中国证券报》、《上海证券报》

登载公司年度报告的中国证监会指定国际互联网网址：http://www.sse.com.cn

公司年度报告备置地点：公司董事会秘书处

6. 公司股票上市交易所：上海证券交易所

股票简称：数码测绘 股票代码：600700

二、会计数据和业务数据摘要

(一)本年度主要利润指标情况(单位：人民币元)

利润总额:	60,444,503.30
净利润:	56,185,886.86
扣除非经常性损益后的净利润:	56,513,410.90
主营业务利润:	116,446,507.40
其他业务利润:	6,691,272.39
营业利润:	60,748,677.34
投资收益:	23,350.00
补贴收入:	
营业外收支净额:	-327,524.04
经营活动产生的现金流量净额:	-49,042,477.05
现金及现金等价物净增加额:	83,502,505.99

说明：扣除非经常性损益项目为处理固定资产损失，涉及金额-327,524.04元。

(二)截至报告期末公司前三年的主要会计数据和财务指标(合并报表数)

1、主要会计数据和财务指标指标

项目	2000年度	1999年度	1998年度 调整前	1998年度 调整后
主营业务收入(元)	586,977,876.20	602,692,558.51	569,940,280.29	569,940,280.29
净利润(元)	56,185,886.86	46,330,907.87	22,732,845.06	15,181,038.20
总资产(元)	1,057,527,822.95	748,947,853.61	643,586,528.66	651,755,033.19
股东权益(元)(不含少数股东权益)	402,143,185.97	202,438,462.31	188,981,391.26	164,939,204.44
每股收益(元)(摊薄)	0.39	0.35	0.26	0.17
(加权)	0.42	0.47	0.27	0.20
扣除非经常性损益后的每股收益(元)	0.39	0.35	0.26	0.17
每股净资产(元)	2.76	1.53	2.14	1.87
调整后的每股净资产(元)	2.67	1.36	2.03	1.72
每股经营活动产生的现金流量净额(元)	-0.34	0.04	-0.93	-0.93
净资产收益率(%)	13.97	22.89	12.03	9.20
加权净资产收益率(%)	24.37	25.22	13.82	11.58

2、根据中国证监会《公开发行证券公司信息披露编报规则第9号》的要求计算的净资产收益率、每股收益如下：

报告期利润	净资产收益率% 全面摊薄	净资产收益率% 加权平均	每股收益(元) 全面摊薄	每股收益(元) 加权平均
主营业务利润	28.96	50.51	0.80	0.88
营业利润	15.11	26.35	0.42	0.46
净利润	13.97	24.37	0.39	0.42
扣除非经营性损益后的净利润	14.05	24.51	0.39	0.43

三.股东情况介绍

1、截止报告期末，本公司股东总数为4216户。

2、公司前十名股东持股情况：

股东名称	持股数(股)	持股比例(%)
(1)煤航(集团)实业发展有限公司	39560457	27.20
(2)陕西省国资局	30645030	21.06
(3)景福基金	6658508	4.45
(4)惠能实业有限公司	3881163	2.67
(5)浙江港澳	1800000	1.24
(6)凡尼思	1800000	1.24
(7)厘鑫公司	1800000	1.24
(8)金诚信投	1200000	0.82
(9)京润科贸	360000	0.25
(10)黄光珍	341000	0.23

说明：

报告期内煤航(集团)实业发展有限公司持股数由期初的38249396股增加至期末的39560457股，系在报告期内公司实施了2000年配股方案所致。其中6555305股转配股分别在上海证券中央登记结算公司办理了质押手续，质押期及质押数量分别为：3845305股质押期为2000年10月13日至2001年3月26日；271万股质押期为2000年10月13日至2001年6月20日；公司前十名股东中第1位股东所持股份中31694091股为法人股，7866366股为转配股。第2位股东所持股份为国家股，报告期内所持股份未有变化无质押冻结情况；第4位为法人股；第3、10位为流通股；第5、6、7、8、9位为转配股；本公司未知股东间关联关系。

四、股东大会简介

①2000年3月24日召开公司1999年度股东大会，会议决议刊登于2000年3月25日的《中国证券报》。

②2000年12月29日召开公司2000年临时股东大会，会议决议刊登于2000年12月30日的《中国证券报》。

哈尔滨工大高新技术产业开发股份有限公司

一、公司简介

1 、公司名称 中文名称:哈尔滨工大高新技术产业开发股份有限公司
公司英文名称:HABIN GONG DA HIGH-TECH ENTERPRISE DEVELOPMENT CO.,LTD
公司英文名称缩写:HGDHTED
2 、公司法定代表人:张大成
3 、公司董事会秘书:张海英 地址:哈尔滨市南岗区西大直街 118 号
电话:0451 —6219247 传真:0451 —6253555 电子信箱:godagaxi@public.hr.hl.cn
4 、公司注册地址:哈尔滨市南岗区护军街 40 号
公司办公地址:哈尔滨市南岗区西大直街 118 号 邮编:150001
5 、公司选定的信息披露报纸:上海证券报
登载公司年度报告的国际互联网网址:http://www.sse.com.cn
公司年度报告备置地点:公司董事会秘书办公室
6 、公司股票上市地:上海证券交易所 股票简称:工大高新 股票代码:600701

二、会计数据与业务数据摘要

1 、本年度主要利润指标情况(单位:人民币元)

利润总额:	76,400,306.57
净利润:	62,501,202.56
扣除非经常性损益后的净利润:	57,708,710.64
主营业务利润:	114,595,443.47
其他业务利润:	6,740,284.79
营业利润:	71,607,814.65
投资收益:	4,590,907.12
营业外收支净额:	201,584.80
经营活动产生的现金流量净额:	74,812,811.90
现金及现金等价物净增加额:	83,844,768.05

注:扣除的非经常性损益包括投资收益 4,590,907.12 元和营业外收支净额 201,584.80 元,总计 4,792,491.92 元。

2 、截止 2000 年末,公司前三年主要会计数据与财务指标(单位:人民币元)

项目	2000 年	1999 年	1998 年 调整前	1998 年 调整后
(1)主营业务收入	559,364,991.65	633,709,366.67	301,353,290.00	301,353,290.00
(2)净利润	62,501,202.56	58,741,173.58	77,475,734.73	79,070,999.20
(3)总资产	1,585,780,131.05	1362800,608.31	778,323,925.58	769,247,990.09
(4)股东权益	771,927,195.67	741,835,089.91	693,066,672.97	688,428,719.12
(5)每股收益摊薄	0.193	0.181	0.430	0.439
加权	0.193	0.233	0.559	0.571
(6)扣除非经常性损益后的每股收益	0.178	0.181	0.430	0.439
(7)每股净资产	2.38	2.29	3.85	3.82
调整后每股净资产	2.34	2.19	3.82	3.80
(8)每股经营活动产生的现金流量净额	0.23	-0.21	0.28	0.28
(9)净资产收益率(%)	8.10	7.92	11.18	11.49

3 、按照中国证监会《公开发行证券公司信息披露编报规则(第 9 号)》要求计算的利润数据:(单位:人民币元

)报告期利润	净资产收益率(%) 全面摊薄	加权平均	每股收益(元) 全面摊薄	加权平均
主营业务利润	14.85	14.82	0.35	0.35
营业利润	9.28	9.26	0.22	0.22
净利润	8.10	8.08	0.193	0.193
扣除非经常性损益后的净利润	7.48	7.46	0.178	0.178

4 、报告期内股东权益变动情况:

项目	股本	资本公积	盈余公积	法定公益金	未分配利润	股东权益合计
期初数	324,090,968.00	317,970,934.50	43,431,099.88	14,115,777.78	56,342,087.53	741,835,089.91
本期增加			16,392,769.81	5,047,858.12	46,108,432.75	62,501,202.56
本期减少					32,409,096.80	32,409,096.80
期末数	324,090,968.00	317,970,934.50	59,823,869.69	19,163,635.9	70,041,423.48	771,927,195.67

变动原因:
A 、报告期内公司股本总量及资本公积数额均未发生变化。
B 、盈余公积增加系本年度实现净利润提取法定盈余公积金和公益金所致。
C 、法定公益金增加系本年度实现净利润提取法定公益金所致。
D 、未分配利润增加系本年净利润提取两金后转入所致,未分配利润减少系本年利润分配派发现金红利所致。

三、股本变动及股东情况

1、股东数量:
截 止到报告期末公司股东数量为 143968 户。
2、主要股东持股情况(前十名股东)

名 次	股东名称	年末持股数(万股)	占总股本(%)
1	哈尔滨工业大学高新技术开发总公司	11340	34.99
2	哈尔滨哈飞实业总公司	2880	8.89
3	上海福成商贸有限公司	720	2.22
4	沈阳保营有限公司	76.7	0.23
5	秦亚飞	48	0.15
6	吴志明	34.55	0.107
7	魏婷	34.1	0.105
8	上海飞龙工程有限公司	30	0.092
9	南京江苏华苏有限公司	30	0.092
10	文素梅	30	0.092

说明: A 、本公司法人股股东哈飞实业总公司因融资需要,将持有的本公司法人股股份 2880 万股(占本公司总股本的 8.89%),质押给哈尔滨市商业银行,自 2000 年 10 月 31 日起,质押期一年。
B 、公司发起人股东没有转让所持本公司股份的情况。
C 、前十名股东之间不存在关联关系。
3、持股 10%以上法人股股东情况介绍:

四川沱牌曲酒股份有限公司

一、公司简介

1、公司法定中文名称:四川沱牌曲酒股份有限公司
英文名称:TUOPAI YEAST LIQUOR CO.,LTD.SICHUAN
2、公司注册及办公地址:四川省射洪县柳树镇中街 149 号
邮政编码:629209 国际互联网网址:http://www.chinatuopai.com
电子信箱:tuopai@mail.sc.cninfo.net
3、公司法定代表人:李家顺 4、公司董事会秘书:谢常荣
联系地址:四川省射洪县柳树镇中街 149 号
电话:(0825)6766322 传真:(0825)6766322 6766868 电子信箱:tpzqb@21cn.com
5、公司选定的中国证监会指定报纸:中国证券报、上海证券报
中国证监会指定国际互联网网址:http//www.sse.com.cn
公司中期报告备置地点:公司证券部
6、公司股票上市交易所:上海证券交易所
股票简称:沱牌曲酒 股票代码:600702

二、会计数据和业务数据摘要

1、本年度会计数据摘要

项目	金额(元)
利润总额	128,025,235.64
净利润	106,491,104.44
扣除非经常性损益后的净利润	97,319,457.25
主营业务利润	249,676,851.78
其他业务利润	6,051,413.58
营业利润	118,853,588.45
投资收益	-
补贴收入	8,000,000.00
营业外收支净额	1,171,647.19
经营活动产生的现金流量净额	108,651,343.82
现金及现金等价物净增加额	250,462,766.36

注:"扣除非经常性损益后的净利润"指标中,扣除了补贴收入—财政专项拨款 8,000,000.00 元以及营业外收支净额 1,171,647.19 元。

2、公司前三年的主要会计数据和财务指标(单位:元)

项目	2000 年度	1999 年度	1998 年度
主营业务收入	940,908,459.49	846,161,481.82	821,267,983.05
净利润	106,491,104.44	101,626,431.21	121,235,991.12
总资产	2,059,127,243.45	1638,952,691.48	1600,662,253.69
股东权益	1,656,379,599.63	1166,953,190.22	1154,808,479.01
每股收益	0.316	0.341	0.406
月平均加权每股收益	0.353	0.341	0.436
扣除非经常性损益后的每股收益	0.289	0.33	0.41
每股净资产	4.91	3.91	3.87
调整后的每股净资产	4.90	3.90	3.86
每股经营活动产生的现金流量净额	0.32	0.62	0.25
净资产收益率(%)	6.43	8.71	10.50

(2)根据中国证监会《信息披露编报规则(第九号)》要求计算的数据

报告期利润	净资产收益率(%) 全面摊薄	加权平均	每股收益(元) 全面摊薄	加权平均
主营业务利润	15.07	19.94	0.740	0.828
营业利润	7.18	9.49	0.352	0.394
净利润	6.43	8.50	0.316	0.353
扣除非经常性损益后的净利润	5.88	7.77	0.289	0.323

三、股本变动及股东情况介绍

1、股本变动情况
(1)报告期末,公司股东总数 54351 户。
(2)报告期末,公司前 10 名股东情况

股东名称	年末持股数(股)	占总股本(%)
1、四川沱牌集团有限公司	155,081,400	45.98
2、四川射洪广厦房地产开发公司	17,000,000	5.04
3、四川射洪顺发贸易公司	5,800,000	1.72
4、四川射洪融达房地产综合开发公司	4,000,000	1.19
5、中国工商银行四川省分行总府支行	3,000,000	0.89
6、遂宁市金宁商贸有限公司	3,000,000	0.89
7、广发证券有限责任公司	2,359,166	0.70
8、大鹏证券有限责任公司	1,621,100	0.48
9、罗治亮	1,362,000	0.40
10、代君友	969,542	0.29

注:1)公司前 10 名股东之间不存在关联关系。
2)四川沱牌集团有限公司,代表国家持有本公司股份。

四、股东大会简介

报告期内,公司召开的股东大会的有关情况如下:
(1)2000 年 3 月 6 日,公司董事会在《上海证券报》和《中国证券报》刊登了召开 1999 年度股东大会的"公告",会议于 2000 年 4 月 6 日在公司总部召开。会议审议通过了公司 1999 年度董事会工作报告、1999 年度监事会工作报告、1999 年年度报告、1999 年度财务决算报告、1999 年度利润分配方案、2000 年度配股预案、续聘会计师事务所等议案,股东大会决议公告于 2000 年 4 月 7 日刊登在《上海证券报》、《中国证券报》。
(2)2000 年 10 月 12 日,公司董事会在《上海证券报》、《中国证券报》刊登了召开 2000 年度临时股东大会的"公告",会议于 2000 年 11 月 13 日在公司总部召开。会议审议通过了改选公司部分董事、监事的议案,大会决议于 2000 年 11 月 14 日刊登在《上海证券报》、《中国证券报》。

沙市活力二八股份有限公司

一、公司简介

1、公司法定中文名称:沙市活力二八股份有限公司
公司法定英文名称:SHASHI POWER28 CO.,LTD　英文缩写:SSP28
2、公司法定代表人:何陟华
3、公司负责信息披露事务人员:饶进　易生泽
联系地址:中国湖北省荆州市沙市区临江路1号
电话:0716-8202081
传真:0716-8202259
E-MAIL:hl28zqb@jz-mail.hb.cninfo.net
4、公司注册地址:中国湖北省荆州市沙市区临江路1号
公司办公地址:中国湖北省荆州市沙市区临江路1号　邮政编码:434000
电子信箱:hl28zqb@jz-mail.hb.cninfo.net
5、公司信息披露报纸:《上海证券报》
登载公司年度报告的国际互联网网址:http://www.sse.com.cn
公司年度报告备置地点:活力28证券部
6、公司股票上市地:上海证券交易所
股票简称:活力28
股票代码:600703

二、会计数据与业务数据摘要

1、公司本年度主要利润指标情况　单位:人民币(元)

利润总额	-24815816.73
净利润	-24727783.36
扣除非经常性损益后的净利润	-23727783.36
主营业务利润	6658854.39
其他业务利润	6930282.63
营业利润	-23550181.93
投资收益	
补贴收入	276411.32
营业外收支净额	-1542046.12
经营活动产生的现金流量净额	97041982.24
现金及现金等价物净增加额	-9805452.59

注:扣除的非经常性损益的项目和额度:中国证监会对公司罚款100万元。

2、截止2000年末,公司前三年主要会计数据和其财务指标　单位:人民币(元)

指标项	2000年	1999年		1998年	
		调整后	调整前	调整后	调整前
主营业务收入	71746564.41	113765780.74	113765780.74	190639480.76	190639480.76
净利润	-24727783.36	-117546580.08	-117509565.79	-40289269.90	46721741.75
总资产	307355266.85	431605063.98	431681580.03	346559669.06	518833087.87
股东权益(不含少数股东权益)	101774183.37	126501966.73	126538981.02	235447278.11	423785772.79
每股净资产	0.85	1.06	1.06	1.97	3.55
每股收益	-0.207	-0.98	-0.98	-0.337	0.39
调整后的每股净资产	0.67	0.93	0.93	1.965	3.53
每股经营活动产生的现金流量净额	0.81	-0.195	-0.195	0.002	0.002
净资产收益率-	24.30	-92.92	-92.45	-16.83	11.02

注:主要财务指标公式:
每股收益=净利润/年度末普通股股份总数
每股净资产=年度末股东权益/年末普通股股份总数
调整后的每股净资产=(年度末股东权益-三年以上的应收款项净额-待摊费用-待处理(流动、固定)资产净损失-开办费-长期待摊费用-住房周转金负数余额)/年度末普通股股份总数
每股经营活动产生和现金流量净额=经营活动产生的现金流量净额/年度末普通股股份总数
净资产收益率=净利润/年度末股东权益×100%

三、股东情况介绍

1、报告期末股东总数为23653户。
2、持有本公司5%以上及前十名股东持股情况:

名次	股东名称	持股数(股)	占总股本(%)
1	荆州市国有资产管理局	54297000	45.43
2	中国信达信托投资公司	2860000	2.39
3	工行湖北信托投资公司荆州办事处	1300000	1.09
4	湖北京源	676000	0.57
5	武汉证券公司	624000	0.52
6	甄仲豪	396400	0.33
7	广发证券	380350	0.32
8	唐刚羽	360100	0.30
9	颜琼	337700	0.28
10	陈茂	315700	0.26

注1:根据财政部财企[2000]122号文和中国证券监督管理委员会证监函[2001]5号文批准,本公司第一大股东荆州市国资局将其持有的本公司国家股5429.70万股以每股1.10元的价格转让给湖北天发集团公司,转让后湖北天发集团公司持有本公司国有法人股5429.70万股,成为本公司的第一大股东。该公告刊登于2001年1月19日《上海证券报》。

注2:根据财政部财企(2000)12号文,本公司第一大股东荆州市国有资产管理局于2000年8月1日与湖北天发集团签定了股权转让协议,荆州市国资局将持本公司国家股5429.70万股以每股1.10元的价格全部转让给湖北天发集团公司,本次股权转让尚需报中国证监会批准豁免全面要约收购义务(公告见2000年8月2日《上海证券报》)。

注3:本公司国有股股东为荆州市国有资产管理局,也是本公司持股5%以上的唯一股东,所持股份未质押,该局法人代表为钱胜利,经营范围为负责对国有资产的产、股、权进行专项管理。

四、股东大会简介

报告期内,本公司共召开了三次股东大会,分别为一九九九年度股东大会,二000年第一次临时股东大会和二000年第二次临时股东大会。

1、公司1999年度股东大会于2000年6月16日上午在公司总部东二楼会议室召开。本次股东大会经武汉正信律师事务所现场见证,并出具了法律意见书。该决议公告刊登于2000年6月17日《上海证券报》。

浙江中大集团股份有限公司

一、公司简介

1、公司法定中文名称:浙江中大集团股份有限公司
公司英文名称:ZHEJIANG ZHONGDA GROUP CO.,LTD.　公司英文名称缩写:ZD
2、公司法定代表人:陈继达
3、公司董事会秘书:邱亦军　联系地址:杭州市中大广场A座
电话:0571-5155000转　5777029　传真:0571-5777050
4、公司注册地址:杭州市中大广场A座
公司办公地址:杭州市中大广场A座　邮政编码:310003
公司网站:http://www.zhongda.com
公司电子信箱:zdinc@mail.hz.zj.cn
5、公司选定的信息披露报纸名称:上海证券报、中国证券报
登载公司年度报告的中国证监会指定国际互联网网址:http://www.sse.com.cn
公司年度报告备置地点:公司董事会办公室
6、股票上市交易所:上海证券交易所　股票简称:中大股份　股票代码:600704

二、会计数据与业务数据摘要

(一)、公司本年度利润总额及构成(单位:元　合并报表)

1、利润总额:	193,002,900.21
2、净利润:	72,079,984.37
3、扣除非经营性损益后的净利润:	64,370,627.85
4、主营业务利润:	459,466,397.00
5、其他业务利润:	-1,826,930.73
6、营业利润:	141,925,345.75
7、投资收益:	34,957,067.19
8、补贴收入:	20,830,814.91
9、营业外收支净额:	-4,710,327.64
10、经营活动产生的现金流量净额:	-28,659,757.61
11、现金及现金等价物净增加额:	-1,982,342.20

扣除的非经营性损益项目和涉及的金额:

项目	金额
1、营业外收支净额项目:	-4,710,327.64
2、资产转让损失:	-8,411,130.75
3、补贴收入:	20,830,814.91
小计	7,709,356.52

(二)、截止报告期末公司前三年主要会计数据和财务指标(单位:人民币　元)

指标项目	2000年	1999年		1998年
			调整前	调整后
主营业务收入	6,521,683,697.55	4,133,081,278.02	3,080,543,002.65	3,080,543,002.65
、净利润	72,079,984.37	93,785,511.72	102,686,411.54	86,091,480.23
总资产	2,784,939,810.88	2,784,939,810.86	2,343,041,036.96	2,266,734,035.76
股东权益	1,040,453,146.98	755,242,519.68	777,218,413.34	708,773,531.64
每股收益	0.25	0.36	0.40	0.33
、每股收益(加权)	0.28	0.36	0.40	0.33
每股收益(扣除非经营性损益	0.22	0.29	0.41	0.35
每股净资产	3.61	2.94	3.02	2.76
调整后的每股净资产	3.48	2.79	2.93	2.65
每股经营活动产生的现金流量净额	-0.10	-0.42	-0.39	-0.39
净资产收益率(%)	6.93	12.42	13.21	12.15

注:主要财务指标的计算方法:
每股收益=净利润/年度末普通股股份总数
每股净资产=年度末股东权益/年度末普通股股份总数
调整后的每股净资产=(年度末股东权益-三年以上的应收款项-待摊费用-待处理(流动、固定)资产净损失-开办费-长期待摊费用-住房周转金负数余额)/年度末普通股股份总数
每股经营活动产生的现金流量净额=经营活动产生的现金流量净额/年度末普通股股份总数
净资产收益率=净利润/年度末股东权益×100%

(三)、按照中国证监会《公开发行证券公司信息披露规则第9号》计算的每股收益和每股净资产收益率如下:

	净资产收益率(%)		每股收益(元)	
	全面摊薄	加权平均	全面摊薄	加权平均
主营业务利润	44.16	58.07	1.59	1.79
营业利润	13.64	17.94	0.49	0.55
净利润	6.93	9.11	0.25	0.28
扣除非经营性损益后的利润	6.19	8.14	0.22	0.25

三、股东情况介绍

1、报告期末股东总数
截止2000年12月31日公司报告期末股东总数68468户。
2、截止2000年12月31日公司前十名股东持股情况:

名次	股东名称	持股数(万股)	占总股本比例(%)
(1)	国家股(授权浙江中大集团控股有限公司经营)	10073.4446	34.94
(2)	浙江中大集团控股有限公司(法人股)	1836.27	6.37
(3)	中国纺织品进出口总公司	1507.5	5.23
(4)	大鹏证券有限责任公司	898.3467	3.12
(5)	浙江东方集团控股有限公司	645.66	2.24
(6)	青岛金牛经济信息有限公司	371.8	1.29
(7)	浙江银海实业有限公司	360	1.25
(8)	金华华银实业公司	270	0.94
(9)	宁波胜利工贸公司	180	0.62
(10)	义乌衬衫厂	180	0.62

3、公司前十名股东不存在关联关系。
4、持有公司5%以上股份的股东为浙江中大集团控股有限公司和中国纺织品进出口总公司。浙江中大集团控股有限公司在国家股授权经营的同时还持有本公司法人股,公司法定代表人:李润云,经营范围:授权范围内国有资产的经营管理,实业投资开发。因增资配股,本年度其所持国家股份由9924.58万股增加到10073.44万股。上述公司所持本公司股份未做质押和冻结。

北亚实业(集团)股份有限公司

一、公司简介

1.公司法定中文名称:北亚实业(集团)股份有限公司
公司法定英文名称:BEIYA INDUSTRIAL(GROUP)CO.,LTD.
英文缩写:BIG
2.公司法定代表人:何洪达
3.公司董事会秘书:陈东
联系地址:黑龙江省哈尔滨市南岗区红军街26号北亚大厦
联系电话:(0451)3600764
传真:(0451)3600770
电子信箱:mr.chendong@263.net
4.公司注册地址:哈尔滨市南岗区衡山路12号
公司办公地址:哈尔滨市南岗区红军街26号
邮政编码:150001
电子信箱:beiya@beiya.com.cn
公司网址:http://www.beiya.com.cn
5.公司选定的信息披露报纸:
《上海证券报》、《中国证券报》
登载公司年度报告的国际互联网网址:http://www.sse.com.cn
公司年度报告备置地点:北亚实业(集团)股份有限公司投资证券部
6.公司股票上市交易所:上海证券交易所
公司股票简称:北亚集团
公司股票代码:600705

二、会计数据和业务数据摘要

1. 公司本年度主要会计数据和业务数据(单位:人民币元)

利润总额	111,382,594.97
净利润	100,834,470.78
扣除非经常性损益后的净利润	95,877,253.67
主营业务利润	190,294,833.06
其他业务利润	475,524.91
营业利润	91,296,310.05
投资收益	21,044,936.23
补贴收入	--
营业外收支净额	-958,651.31
经营活动产生的现金流量净额	83,182,659.01
现金及现金等价物净增加额	-1,028,518.09

备注:扣除的非经常性损益项目及额度
股权转让净收益2,032,337.86元;基金转让净收益2,924,879.25元。

2.公司近三年主要会计数据和财务指标　　单位:人民币元

项目	2000年	1999年	1998年(调整后)
主营业务收入	314,002,464.83	325,342,119.39	203,942,663.84
净利润	100,834,470.78	82,773,503.70	54,040,066.11
总资产	1,473,003,371.46	1300767,735.30	884,102,092.97
股东权益	804,149,809.24	713,198,104.57	456,873,035.11
每股收益(摊薄)	0.20	0.247	0.22
扣除非经常性损益后的每股收益	0.191	0.325	0.25
每股净资产	1.60	2.13	1.90
调整后的每股净资产	1.55	1.95	1.49
每股经营活动产生的现金流量净额	0.165	0.04	-0.22
净资产收益率(%)	12.54	11.6	11.8
净资产收益率(加权%)	13.3	14.1	12.6

注:加权净资产收益率=净利润/ [(期初净资产+ 期末净资产)/2]

三、股东情况介绍

(一)股东情况介绍
1.报告期末公司股东总数为30,267户。
2.报告期末公司前十名股东持股情况

股东名称	持股数量(股)	比例(%)
(1)哈尔滨铁路局	62,421,840	12.41
(2)黑龙江虹通运输服务有限责任公司	36,504,000	7.26
(3)哈尔滨财政证券公司	31,538,936	6.27
(4)鞍山市财政证券公司	15,000,000	2.98
(5)大庆石油管理局	13,068,432	2.60
(6)上海市金展电脑网络有限公司	10,038,600	2.00
(7)黑龙江省大正投资集团有限责任公司	7,750,000	1.54
(8)中国石油大庆石油化工总厂	7,720,596	1.53
(9)交通银行哈尔滨分行	7,665,840	1.52
(10)鞍山钢铁集团公司	6,935,760	1.38

注:以上股东所持股份均为法人股;公司法人股股东黑龙江虹通运输服务有限责任公司是法人股股东哈尔滨铁路局的子公司。

3.主要法人股股东变动情况本公司原法人股股东广州华南通信投资有限公司将所持本公司法人股36,504,000股,全部转让给黑龙江虹通运输服务有限责任公司,有关情况刊登于2000年10月19日《上海证券报》、《中国证券报》。2000年11月29日本公司法人股股东哈尔滨财政证券公司将所持本公司法人股15,000,000股转让给鞍山市财政证券公司;2000年11月30日哈尔滨财政证券公司将所持本公司法人股7,750,000股转让给黑龙江省大正投资集团有限责任公司;2000年11月30日哈尔滨财政证券公司在上海证券中央登记结算公司办理质押手续,将所持本公司股份31,538,936股质押给哈尔滨经济开发投资公司。

四、股东大会简介

(一)股东大会情况

1.公司1999年度股东大会会议于2000年5月16日召开,会议召开公告刊登于2000年4月6日《上海证券报》、《中国证券报》。出席会议股东及股东代表20名,代表股份15,913.3104万股,占公司股份总数的47.44%。会议审议通过如下决议:1999年度董事会工作报告;1999年度监事会工作报告;1999年度财务决算报告;1999年度利润分配方案;修改《公司章程》的议案;发行企业债券的议案;调整公司董事的议案;调整公司监事的议案。会议决议公告刊登于2000年5月17日《上海证券报》、《中国证券报》。

长安信息产业(集团)股份有限公司

(一)公司简介

1、公司的法定中、英文名称及缩写　中文:长安信息产业(集团)股份有限公司
英文:CHANG AN INFORMATION INDUSTRY (GROUP)CO.,LTD. 缩写:CIIC
2、公司法定代表人:蔡世杰
3、公司董事会秘书及董事会证券事务代表:董事会秘书张安平、董事会证券事务代表高艳
联系地址:陕西省西安市友谊东路41号　电话:(029)2214266
传真:(029)2233943　电子信箱:cadsh@pub.xaonline.com
4、公司注册地址:陕西省西安市友谊东路41号　公司办公地址:同注册地址
邮政编码:710054　网址:http://www.changxin.com　电子信箱:cainfor@pub.xaonline.com
5、公司选定的信息披露报纸名称:上海证券报、中国证券报、证券时报
登载公司年度报告的中国证监会指定国际互联网网址:http://www.sse.com.cn
公司年度报告备置地点:公司董事会秘书处
6、公司股票上市交易所:上海证券交易所　股票简称:长安信息　股票代码:600706

(二)会计数据和业务数据摘要

1、公司本年度实现利润情况　单位:元

利润总额	15,973,586.86
净利润	10,941,625.47
扣除非经常性损益后的净利润	10,941,625.47
主营业务利润	55,734,920.79
其他业务利润	22,922,275.87
营业利润	11,909,135.35
投资收益	1,306,411.20
补贴收入	0.00
营业外收支净额	-391,478.98
经营活动产生的现金流量净额	52,080,863.11
现金及现金等价物净增加额	57,654,429.64

2、截止报告期末公司前三年的主要会计数据和财务指标

指标项目		2000年	1999年	1998年	
				调整前	调整后
1.主营业务收入		377,108,523.84	183,973,798.88	179,357,583.98	322,604,425.01
2. 净利润(元)		10,941,625.47	-100,519,531.60	-100,716,046.93	2,115,743.61
3. 总资产(元)		724,758,299.51	482,437,007.30	356,131,981.40	450,931,273.95
4. 股东权益(不含少数股东权益)(元)		119,731,508.42	110,233,109.98	110,334,443.98	210,752,636.96
5. 每股收益(元)	摊薄	0.125	-1.151	-1.153	0.024
	加权	0.125	-1.151	-1.153	0.025
扣除非经常性损益后的每股收益(元)		0.125	-1.151	-1.153	
6. 每股净资产(元)		1.37	1.26	1.26	2.41
7. 调整后的每股净资产(元)		1.23	1.19	1.20	2.33
8.每股经营活动产生的现金流量净额(元)		0.60	-0.48	-0.48	
9. 净资产收益率(%)	摊薄	9.14	-91.19	-91.28	1.00
	加权	9.45	-62.63	-62.79	0.97

注:1.报告期末至年报摘要披露日,公司股本未发生变化。
2.1999年调整后数字是北京长安人信息技术有限责任公司因歇业、金狮长安通信发展有限公司因清算未纳入合并范围,相应调整2000年相关报表年初数产生的。

3、根据中国证监会《公开发行证券公司信息披露编报规则(第9号)》要求计算的利润数据

报告期利润	净资产收益率(%)		每股收益(元)	
	全面摊薄	加权平均	全面摊薄	加权平均
主营业务利润	46.55	48.13	0.64	0.64
营业利润	9.95	10.28	0.14	0.14
净利润	9.14	9.45	0.125	0.125
扣除非经常性损益后的净利润	9.14	9.45	0.125	0.125

4、报告期内股东权益变动情况

项目	股本	资本公积	盈余公积	法定公益金
*期初数	87,333,441.00	86,210,507.90	12,992,178.70	6,307,609.12
本期增加	/	/	439,710.14	34,098.54
本期减少	/	/	/	/
期末数	87,333,441.00	86,210,507.90	13,431,888.84	6,341,707.66

续上表:

项目	未分配利润	股东权益合计
*期初数	-76,201,683.62	110,334,443.98
本期增加	8,957,354.30	9,397,064.44
本期减少	/	/
期末数	-67,244,329.32	119,731,508.42

*为调整后的期初数。
变动原因:1. 盈余公积增加439,710.14为子公司本年度提取盈余公积额;
2. 未分配利润增加8,957,354.30为本年度净利润增加额。

(三)股本变动及股东情况

(1)报告期末股东总数　报告期末公司股东总数为13363户。
(2)前十名股东持股情况

	股东名称	年末持股数量(股)	占股份总数比例(%)
1	西安万鼎实业(集团)有限公司	14,300,000	16.37
2	陕西省国有资产管理局(国家股东)	14,049,750	16.09
3	西安华未杰电子新技术有限责任公司	9,849,999	11.28
4	陕西省裕华金属机电有限公司	4,017,000	4.60
5	陕西省国际信托投资股份有限公司	3,900,000	4.47
6	咸阳市永达实业发展公司	1,430,000	1.64
7	建行陕西省信托投资公司	1,430,000	1.64
8	航天总公司第四研究院	1,430,000	1.64
9	咸阳市渭城区信用合作社联社	1,430,000	1.64
10	西安金龙城市信用社	1,430,000	1.64

彩虹显示器件股份有限公司

一、公司简介

1、公司名称公司法定中文名称：彩虹显示器件股份有限公司
公司英文名称：IRICO DISPLAY DEVICES CO.,LTD(缩写：IDD)
2、公司法定代表人：薛宝明
3、董事会秘书：路西良
证券事务代表：郑涛
联系电话：(029)8214865
传真：(029)8214864
电子信箱：stock@iricoltd.com
4、公司注册地址：西安高新产业开发区西区
公司办公地址：西安高新技术开发区西区高新一路16号
邮政编码：7100750
公司网址：http://www.iricoltd.com
5、公司选定的信息披露刊物：《中国证券报》、《上海证券报》
登载公司年报的证监会指定互联网网址：
http://www.sse.com.cn
公司年报备置地点：公司证券部
6、公司股票上市交易所：上海证券交易所
股票简称：彩虹股份
股票代码：600707

二、会计数据和业务数据摘要

1、公司本年度主要会计数据

	2000年度
利润总额	134,899,748.18元
净利润	115,143,113.94元
扣除非经常性损益的净利润	115,143,113.94元
主营业务利润	212,256,192.77元
其他业务利润	1,542,499.31元
营业利润	132,917,024.59元
投资收益	1,966,171.82元
补贴收入	0.00元
营业外收支净额	16,551.77元
经营活动产生的现金流量净额	51,355,007.50元
现金及现金等价物净增加额	-90,453,729.67元

2、主要会计数据和财务指标

指标项目	2000年度	1999年度	1998年度
主营业务收入(元)	1,905,630,595.34	1,020,477,484.20	1,149,549,098.97
净利润(元)	115,143,113.94	163,485,885.01	81,516,090.38
总资产(元)	2,245,496,217.95	1,251,490,073.75	1,282,386,817.05
股东权益(元)	1,548,749,320.20	941,157,783.45	777,671,898.44
每股收益(元)-摊薄	0.273	0.454	0.226
-加权	0.280	0.454	0.226
每股净资产(元)	3.677	2.614	2.160
调整后的每股净资产(元)	3.675	2.613	2.153
每股经营活动产生的现金流量净额	0.122	0.263	-0.352
净资产收益率(%)-摊薄	7.430	17.37	10.48
-加权	7.930	17.37	10.48

报告期利润	净资产收益率(%) 全面摊薄	加权平均	每股收益(元) 全面摊薄	加权平均
主营业务利润	13.71%	14.63%	0.504	0.516
营业利润	8.58%	9.16%	0.316	0.323
净利润	7.43%	7.93%	0.273	0.280
扣除非经常性损益后的净利润	7.43%	7.93%	0.273	0.280

三、股东情况介绍

1、报告期末股东总数报告期末本公司股东总数为74660名。
2、主要股东持股情况(单位：股)

股东名称	持股数	持股比例
彩虹集团公司	236440000	56.14%
浙江兰溪兰申新科电脑开发公司	7200000	1.71%
西安雅轩有限责任公司	6000000	1.42%
普惠基金	4510386	1.07%
中国建设银行陕西分行第二直属直行	3720000	0.88%
深圳蛇口社会保险公司	3600000	0.85%
陕西省华通物资公司	2400000	0.57%
乌鲁木齐幸福城市信用社	2400000	0.57%
中化国际石油有限公司	2400000	0.57%
金鑫基金	1967150	0.47%

注：持有本公司5%(含5%)以上股份的法人股东彩虹集团公司原持有本公司股份20844万股，报告期内因配股增至23644万股，没有发生质押、冻结等情况。公司前十名股东之间不存在关联关系。

四、股东大会简介

1、本公司第八次股东大会于2000年4月6日召开，股东大会决议公告刊登于4月7日《中国证券报》和《上海证券报》。

2、本公司2000年第一次临时股东大会于2000年1月28日召开，股东大会决议公告刊登于1月29日《中国证券报》和《上海证券报》。

3、本公司2000年第二次临时股东大会于2000年8月4日召开，股东大会决议公告刊登于8月5日《中国证券报》和《上海证券报》。

4、本公司2000年第三次临时股东大会于2000年11月21日召开，股东大会决议公告刊登于11月22日《中国证券报》和《上海证券报》。

上海东海股份有限公司

一、公司简介

1 、公司法定中文名称：上海东海股份有限公司
公司法定英文名称：Shanghai Donghai Co.,Ltd　公司英文简称：SDH
2 、公司法定代表人：应国强
3 、公司董事会秘书：王忠达
证券事务代表：王 华　联系地址：上海南汇东海农场境内
电话：021-58291285　传真：021-58292687　电子信箱：whdhgfnh@online.sh.cn
4 、公司注册地址：上海浦东北艾路1638号
公司办公地址：上海南汇东海农场境内　邮政编码：201303
5 、公司选定的信息披露报纸名称：<<上海证券报>>
登载公司年度报告的中国证监会指定互连网网址：http://www.sse.com.cn
公司年度报告备置地点：公司信息部
6 、公司股票上市交易所：上海证券交易所　股票简称：东海股份　股票代码：600708

二、会计数据和业务数据摘要

1 、公司本年度主要利润指标情况(单位：人民币元)

利润总额：	11,722,164.07元
净利润：	5,521,859.77元
扣除非经常性损益后的净利润：	4,366,485.35元
主营业务利润：	32,912,183.68元
其他业务利润：	16,823,370.14元
营业利润：	-6,092,966.15元
投资收益：	16,464,822.83元
补贴收入：	953,110.20元
营业外收支净额：	397,197.19元
经营活动产生的现金流量净额：	29,414,639.50元
现金及现金等价物净增加额：	16,429,505.54元

扣除的非经常性损益项目包括(补贴收入：953,110.20元；处理固定资产净损益：197,080.20元；罚款收入：5,184.00元。

2 、公司近三年主要会计数据和财务指标：

项　目	2000年度	1999年度	1998年度
主营业务收入(元)	180,556,269.90	133,831,851.59	190,431,781.06
净利润(元)	5,521,859.77	-61,039,566.44	-41,657,666.47
总资产(元)	1,341,275,678.62	1,431,291,526.39	1,594,574,081.78
股东权益(元)	255,143,311.69	238,254,991.40	300,950,887.35
每股收益(元/股)	0.0232	-0.2565	-0.1751
扣除非经常性损益后每股收益	0.0184	-0.4434	
每股净资产(元/股)	1.0723	1.0013	1.2648
调整后每股净资产(元/股)	1.0354	0.9649	1.2018
每股经营活动产生现金流量净额	0.1236	-0.0788	-0.2524
净资产收益率(%)	2.16	-25.62	-13.84

3 、根据中国证监会关于发布《公开发行证券公司信息披露编报规则》第9号通知精神，公司2000年度按照全面摊薄法和加权平均法计算的净资产收益率和每股收益：

报告期利润	净资产收益率(%) 全面摊薄	加权平均	每股收益(元) 全面摊薄	加权平均
主营业务利润	12.90	13.00	0.1383	0.1383
营业利润	-2.39	-2.41	-0.0256	-0.0256
净利润	2.16	2.18	0.0232	0.0232
扣除非经常性损益后的净利润	1.71	1.72	0.0184	0.0184

三、股东情况介绍

(1)截止2000年末，公司股东总数为34494户。

(2)持有本公司5%以上股份的股东有上海农工商(集团)总公司和上海农工商集团东海总公司。其中，上海农工商(集团)总公司代表国家持有股份105262848股，年度内没有发生变动。上海农工商集团东海总公司持有19200000股，已质押。

报告期末前十名股东情况(截止2000年12月31日)：

序号	股东名称	年末持股数(股)	占总股本(%)
1	国家股	105262848	44.24
2	上海农工商集团东海总公司	19200000	8.07
3	上海金鸿实业总公司	4627200	1.94
4	珠海申光电子股份有限公司	3840000	1.61
5	闵行联合发展有限公司	960000	0.40
6	南汇县信用合作社联社	960000	0.40
7	李爱平	631352	0.27
8	东方明珠	576000	0.24
9	谷丰公司	576000	0.24
10	汽车房产	576000	0.24

注：国家股持有人与上海农工商集团东海总公司存在关联关系。

四、股东大会简介

(一)、报告期内召开的年度股东大会及临时股东大会情况

A.上海东海股份有限公司1999年度股东大会于2000年5月26日下午召开，会议审议并通过了《公司1999年度董事会工作报告》、《公司1999年度监事会工作报告》、《公司1999年度业务工作报告》、《公司1999年度财务决算报告》、《公司1999年度利润分配预案》、关于"调整公司董事会董事人选"的议案(应国强先生、赵才标先生为公司三届董事会董事；李龙海先生由于工作变动，不再担任公司三届董事会董事职务)。

该股东大会决议刊登于2000年5月27日的<<上海证券报>>上。

B.上海东海股份有限公司2000年第一次临时股东大会，于2000年12月16日召开，会议审议通过了"调整公司三届董事会董事人选"的议案(吴锡森先生不再继续担任公司董事职务，补选王金宝先生为公司三届董事会董事)"调整公司三届监事会监事人选"的议案(潘建军先生因工作调动，辞去公司监事、监事长职务，补选梁福珠女士为公司三届监事会监事。)"关于公司托管经营有关事宜"的议案

(上海市农工商(集团)总公司为支持上海东海股份有限公司资产重组，优化配置资源，将优质资产向上市公司倾斜，增强上市公司的竞争力，经集团总公司董事会决议：授权上海东海股份有限公司托管经营集团总公司控股的上海市农工商出租汽车有限公司和上海农工商绿化有限公司。)

该股东大会决议刊登于2000年11月16《上海证券报》上。

湖北蓝田股份有限公司

一、公司简介

1、中文名称：湖北蓝田股份有限公司
英文名称：HubeiLantianCO.,ltd(缩写：LANTIAN)
2、法定代表人：保田
3、董事会秘书：王意玲
电话 0716-2742181
传真 0716-2742275
4、注册及办公地址：湖北省洪湖市瞿家湾开发区
邮政编码：433228
国际互联网网址：http://www.lantianstock.com.cn
E-mail 地址：sysltgf@pub.ln.cninfo.net
5、指定信息披露报刊：《中国证券报》、《上海证券报》
证监会指定国际互联网址：http://www.sse.com.cn
年度报告备置地点：公司证券部上海证券交易所
6、股票上市交易所：上海证券交易所
股票简称：蓝田股份
股票代码：600709

二、会计数据和业务数据摘要

1、本年利润情况：

项目	金额(单位：元)
1、利润总额	501,554,839.42
2、净利润	431,628,612.17
3、扣除非经常性损益后的净利润	431,628,612.17
4、主营业务利润	598,300,345.87
5、其他业务利润	166,422.84
6、营业利润	503,349,653.24
7、投资收益	0
8、补贴收入	0
9、营业外收支净额	-1,794,813.82
10、经营活动产生的现金流量净额	785,829,627.56
11、现金及现金等价物净增加额	-25,611,169.08

2、主要会计数据和财务指标(单位：元)

项目	2000\12\31	1999\12\31	1998\12\31
主营业务收入	1,840,909,605.20	1,851,429,973.84	1,621,781,252.49
净利润	431,628,612.17	513,027,676.07	364,723,426.91
总资产	2,837,651,897.83	2,337,962,510.16	1,618,420,360.65
股东权益	2,178,418,146.29	1,746,789,534.12	1,618,420,360.65
每股收益(摊薄)	0.97	1.15	0.82
(加权平均)	0.97	1.15	0.82
(扣除非经营性损益后)	0.97	1.15	0.82
每股净资产(摊薄)	4.88	3.93	2.78
(调整后)	4.46	3.68	2.46
每股经营活动产生的现金流量净额	1.76	1.15	0.68
净资产收益率(摊薄%)	19.81	29.28	28.94
(加权%)	21.99	34.30	

3、利润附表：

报告期利润	净资产收益率(%)		每股收益	
	全面摊薄	加权平均	全面摊薄	加权平均
主营业务利润	27.46	30.49	1.341	1.341
营业利润	23.11	25.65	1.128	1.128
净利润	19.81	21.99	0.968	0.968
扣除非经常性损益后的净利润	19.79	21.97	0.966	0.966

三、股东情况介绍

截至2000年12月31日，本公司股东共160559户，前10名股东为：

股东名称	期末数	持股比例
1、洪湖蓝田	159253320	35.70%
2、洪福水产	84097098	18.85%
3、青海盐湖	2000000	0.448%
4、历程林	850700	0.19%
5、王秀娟	556766	0.125%
6、季永军	518454	0.116%
7、中滨粮油	500000	0.112%
8、中石物资	439577	0.099%
9、浙余物再	337566	0.076%
10、河南开祥	298000	0.067%

上述前10名股东之间不存在关联关系。

洪湖蓝田经济技术开发有限公司法定代表人：瞿兆玉，经营范围：农副水产品种、养、加工。报告期内洪湖蓝田经济技术开发有限公司所持发起人法人股协议出让2,938,400股。

湖北洪福水产股份有限公司(国有股)法定代表人：王际刚，经营范围：淡水养殖；渔药、渔具、渔肥生产和销售。

四、股东大会简介

公司1999年度股东大会公告刊登于2000年3月7日《中国证券报》、《上海证券报》公司2000年临时股东大会会议审议通过了延长1999年增资配股方案有效期的议案。临时股东大会决议公告刊登于2000年5月16日《中国证券报》、《上海证券报》

常林股份有限公司

一 、公司简介

1 、公司名称　中文名称：常林股份有限公司
公司法定英文名称：CHANGLIN COMPANY LIMITED　缩写：CHL
2 、公司法定代表人：董事长尚德鑫先生
3 、公司董事会秘书：高智敏先生　授权代表：冯伟国先生
联系地址：常州市常林路10 号　联系电话：(0519)6751888-3119
传真：(0519)6750025
公司国际互联网网址：http://www.changlin.com.cn
公司电子信箱：clcdm@pub.cz.jsinfo.net
4 、公司注册地址：江苏省常州市新区常澄路55 号
公司办公地址：江苏省常州市常林路10 号　邮政编码：213002
5 、公司指定信息披露报纸：《上海证券报》
中国证监会指定登载公司年度报告的网址：http://www.sse.com.cn
公司年度报告备置地点：董事会秘书室
6 、公司股票上市地：上海证券交易所
股票简称：常林股份　股票代码：600710

二、会计数据和业务数据摘要

(一)公司本年度实现的利润总额及构成(单位：人民币元)

利润总额	10,331,198.28
净利润	9,832,478.90
扣除非经常性损益的净利润	4,203,138.03
主营业务利润	57,745,277.34
其它业务利润	4,238,472.58
营业利润	-2,377,173.10
投资收益	12,500,677.40
补贴收入	
营业外收支净额	207,693.98
经营活动产生的现金流量净额	24,935,158.72
现金及现金等价物净增加额	18,120,790.23

注：本年度公司非经常性损益构成如下：

项目	金额
申购冻结资金利息收入	1,379,090.87
商标使用权及专有技术转让收入	4,250,250.00

(二)主要会计数据和财务指标

项目	2000 年	1999 年	1998 年	
			调整后	调整前
1、主营业务收入(万元)	40295.36	38827.56	32765.88	32765.88
2、净利润(万元)	983.25	620.96	157.52	440.51
3、总资产(万元)	78677.78	78237.27	79093.99	81373.17
4、股东权益(万元)	46017.06	45033.81	43534.44	45813.62
5、每股收益(元)	0.060	0.038	0.0095	0.027
6、每股收益(元)(加权)	0.060	0.038	0.0095	0.027
7、每股收益(元)(扣除非经常性损益后)	0.025	0.029	0.0012	0.018
8、每股净资产(元)	2.79	2.73	2.64	2.78
9、调整后每股净资产(元)	2.71	2.69	2.61	2.70
10 、每股经营活动产生的现金净流量净额(元)	0.15	0.103	-0.332	-0.332
11、净资产收益率%	2.14	1.38	0.36	0.96
12、净资产收益率(加权)%	2.16			
13、净资产收益率(加权)%(扣除非经常性损益后)	0.92			

(三)报告期内股东权益变动情况

项目	股本	资本公积	盈余公积	法定公益金	未分配利润
期初数	165,000,000	244,870,448.21	10,733,533.86	5,366,766.93	29,734,135.33
本期增加			1,966,495.78	983,247.89	9,832,478.90
本期减少					1,966,495.78
期末数	165,000,000	244,870,448.21	12,700,029.64	6,350,014.82	37,600,118.45
变动原因			本年度利润提取数	本年度利润提取数	本年度利润增

项目	股东权益合计
期初数	450,338,117.40
本期增加	11,798,974.68
本期减少	1,966,495.78
期末数	460,170,596.30

三.股本变动及股东情况

1 、股本变动及股东情况　单位：万股
2 、股东情况介绍
(1)截至2000 年12 月31 日公司的股东总数为17835 户
(2)主要股东持股情况 单位：股

股东名称	持股数(股)	占总股本(%)
中国福马林业机械集团有限公司	90,600,000	54.91
王磊	600,000	0.36
杨新华	600,000	0.36
杨小君	600,000	0.36
徐青	600,000	0.36
余东平	600,000	0.36
王德胜	600,000	0.36
向宝庆	600,000	0.36
邓修玉	600,000	0.36
吴静	562,378	0.34

(3)中国福马林业机械集团有限公司持有国有法人股股份为本公司最大股东，其法人代表是蒋祖辉先生。主要经营范围是：林机设备、营林机械、木材采集机械等。

(4)持有本公司股份5%以上的股东只有中国福马林业机械集团有限公司，本年度内其所持股份未发生变更，未发生质押、冻结情况。

(5)前十名股东中其他股东为流通股股东，前十名股东不存在关联关系。

厦门雄震集团股份有限公司

一、公司简介

1、公司法定中文名称:厦门雄震集团股份有限公司
中文缩写:雄震集团
公司英文名称:XIAMEN EAGLE GROUP CO.,LTD
英文缩写:EIG
2、公司注册地址、办公地址:
厦门市厦禾路189号银行中心17楼6-8单元
邮政编码:361003
公司电子信箱:xmeig@chinaeig. com
3、公司法定代表人:姚雄杰
4、公司董事会秘书:丁笑
联系地址:厦门市厦禾路189号银行中心17楼6-8单元
邮政编码:361003
联系电话:0592-2394735
传真:0592-2394706
电子信箱:dingxiao@chinaeig.com
5、公司选定的信息披露报纸:
中国证券报、上海证券报
公司登载年报的国际互联网网址:http:\www. sse. com.cn
公司中期报告备置地点:公司董事会秘书室
6、公司股票上市交易所:上海证券交易所
股票简称:雄震集团
股票代码:600711

二、会计数据和和业务数据摘要

1、公司本年度主要会计数据(单位:元)

利润总额	4284446.23
净利润	588328.77
扣除非经常性损益后的净利润	-4629892.41
主营业务利润	10436540.31
其他业务利润	4855327.60
营业利润	3921552.65
投资收益	-992469.97
补贴收入	-
营业外收支净额	1355363.55
经营活动产生的现金流量净额	4656174.69
现金及现金等价物净增加额	-1022763.69
(注:扣除的非经常性损益的项目及金额:	-
营业外收支净额:	1355363.55
投资收益:	992469.97

其它业务利润;4,855,327.60)

2、近三年主要会计数据和财务指标

	2000	1999		1998	
		调整前	调整后	调整前	调整后
主营业务收入(万元)	3240.00	1899.57	1881.26	3648.91	3589.14
净利润(万元)	58.83	60.43	204.28	375.62	9.20
总资产(万元)	14714.35	13873.48	14001.60	11244.87	10878.45
每股收益(摊薄)(元)	0.009	0.01	0.03	0.062	0.0015
每股收益(加权)(元)	0.009	0.01	0.03	0.062	0.0015
扣除非经常性损益	-				
后的每股收益(元)	-0.077				
每股净资产(元)	1.06	1.089	1.05	1.079	1.02
调整后的每股净资产(元)	0.87	1.08	1.04	0.98	0.92
每股经营活动产生的	-				
现金流量净额(元)	0.077	-0.05	-0.05	0.02	0.02
净资产收益率(%)	0.92	0.92	3.20	5.77	0.15

注:"调整前"和"调整后"分别系考虑四项计提和调整以前年度利润的数据。

三、股本变动及股东情况

1、报告期末股东总数为7278人。
2、前十名股东持股情况

股东名称	持股数	持股比例
深圳市雄震投资有限公司	24000000	39.76%
厦门市思明区建设发展总公司	19200000	31.81%
深圳秦年投资咨询有限公司	1200000	1.99%
深圳恩辉实业有限公司	600000	0.99%
深花商场	514892	0.85%
东方证券	380000	0.63%
鑫达铜材	285520	0.47%
厦门中山房屋开发公司	240000	0.40%
洁水工贸	211163	0.35%
安徽农业	187385	0.31%

本公司第一大股东深圳市雄震投资有限公司于1999年7月30日将其持有的本公司法人股2400万质押给易先贸易(深圳)有限公司,质押期限三年。

本公司第二大股东厦门市思明区建设发展总公司于2000年6月2日将其持有的本公司法人股1000万股质押给中国建设银行厦门市分行,质押期限二年。截止公告日,该笔质押已解除。

前十名股东之间不存在关联关系。

截至公告日止,公司股权结构已发生变更:公司第二大股东厦门市思明区建设发展总公司于2001年1月11日与上海泰登实业股份有限公司签订协议,将其所持1920万股本公司法人股中的1677.6万股转让给上海泰登实业股份有限公司,由此上海泰登实业股份有限公司成为本公司第二大股东,厦门市思明区建设发展总公司仍持有本公司242.4万股法人股,为本公司第三大股东。

四、股东大会简介

报告期内召开一次股东大会:

公司1999年度股东大会于2000年6月26日上午在厦门宾馆会议室召开,本次股东大会决议于2000年6月27日在《中国证券报》、《上海证券报》上披露。

南宁百货大楼股份有限公司

公司简介

一、公司中文名称:
南宁百货大楼股份有限公司
二、公司英文名称:NANNING DEPARTMENT STORE CO.,LTD.
三、英文名称缩写:N.N.STORE
四、法定代表人:覃章新
五、董事会秘书:张燕辉
电话:(0771)2610906
联系地址:广西南宁市朝阳路39号公司证券部
传真:(0771)2810261
六、公司注册、办公地址:
广西南宁市朝阳路39-41,45号
邮政编码:530012
七、公司选定的信息披露报纸名称:
上海证券报、中国证券报
上海证券交易所国际互联网网址:
http://www.sse.com.cn;
公司年度报告备置地点:公司南楼证券部
八、公司股票上市地:上海证券交易所
股票简称:南宁百货
股票代码:600712

会计数据和业务数据摘要

一、本年度主要经济指标:(单位:元)

利润总额	20,030,976.48
净利润	17,937,770.63
扣除非经常性损溢后的净利润	17,931,537.63
主营业务利润	70,229,852.64
其他业务利润	4,749,480.82
营业利润	10,826,040.65
投资收益	9,311,641.61
补贴收入	6,233.00
营业外收支净额	-112,938.78
经营活动产生的现金流量净额	30,810,292.76
现金及现金等价物净增加额	-1,258,443.69

二、近三年主要会计数据和财务指标

	2000年	1999年		1998年	
项目		调整前	调整后	调整前	调整后
主营业务收入(万元)	46,788.67	38,975.53	38,975.53	39,736.25	39,736.25
净利润(万元)	1,793.78	1,744.06	1,741.63	2,311.95	2,167.12
资产总额(万元)	62,799.04	58,935.11	58,192.47	66,703.71	58,424.52
股东权益(万元)	27,596.71	26,668.96	26,185.45	33,606.40	25,467.42
每股收益(元/股)	0.198	0.193	0.193	0.256	0.239
每股收益(元/股)(加权)	0.198	0.193	0.193	0.256	0.239
扣除非经常性损益后的每股收益(元/股)	0.198	0.111	0.110	0.256	0.239
每股净资产(元/股)	3.05	2.95	2.93	3.72	2.82
调整后的每股净资产(元/股)	2.45	2.72	2.66	2.52	2.61
每股经营活动产生的现金流量净额(元/股)	0.34	0.49	0.94	0.64	0.64
净资产收益率(%)	6.50	6.54	6.58	6.88	8.51
净资产收益率(%)(加权)	6.61	6.69	6.68	7.12	8.89

三、根据中国证监会《公开发行证券公司信息披露编报规则(第9号)》要求计算的2000年报告期利润的净资产收益率和每股收益如下:

报告期利润	净资产收益率(%)		每股收益(元)
	全面摊薄	加权平均	
主营业务利润	25.45	25.88	0.78
营业利润	3.92	3.99	0.12
净利润	6.50	6.61	0.20
扣除非经常性损益后的净利润	6.50	6.61	0.20

注:本公司报告期内股份总额没有发生变动,故采用全面摊薄和加权平均计算的每股收益一致。

股东情况介绍

1、本报告期末,公司股东总数为8886户;
2、报告期末前10名股东持股情况。(单位:万股)

股东名称	期初持股数	期末持股数	占股本比例%
1、南宁市国有资产管理局	2226	2226	24.62
2、深圳世通贸易有限公司	0	499.8	5.53
3、深圳市永丰国投资发展有限公司	431.5	434.8	4.81
4、汕头市佳和贸易有限公司	145.38	426.376	4.72
5、深圳市强泰实业有限公司	378.904	415.904	4.60
6、深圳市佳佳发展有限公司	410	410	4.53
7、汕头市升平区天亿发展有限公司	400.46	400.46	4.43
8、深圳市执新投资顾问有限公司	0	97	1.07
9、刘翠兰	0	36.4093	0.403
10、邹文华	18.88	35.805	0.396

注:前十名股东中,国家股持有者为南宁市国有资产管理局,该股份已经财政部、广西区政府同意无偿划拨给南宁沛宁资产经营有限责任公司持有,报告期末未完成公告及过户手续;第9名、第10名持股者为流通股股东,其余为法人股股东。

股东大会简介

2000年5月8日召开99年度股东大会,会议决议公告刊登在5月9日《中国证券报》。

2000年10月27日召开2000年临时股东大会,会议决议公告刊登在10月28日《中国证券报》。

南京医药股份有限公司

一.公司简介

公司名称:南京医药股份有限公司
英文名称:NANJING MEDICAL COMPANY LIMITED 英文缩写:NJMC
公司法人代表:李家森
公司负责信息披露人员:董事会秘书王永利女士 咨询电话:(025)4415515 —1407
传真:(025)4453856 公司证券事务代表:梁毅宁
电话:(025)4525221 传真:(025)4525221
注册地址:南京市经济技术开发区(中山东路486 号) 办公地址:南京市中山东路486 号
邮政编码:210002 电子信箱:info@njyy.com 公司网址:www.njyy.com.cn
公司年度报告刊登报纸:《上海证券报》
公司年度报告登载网址:www.sse.com.cn
公司年度报告备置地点:公司证券部
公司股票上市地:上海证券交易所 股票简称:南京医药 股票代码:600713

二、会计数据和业务数据摘要

1. 本年度财务指标 金额单位:元

利润总额	66,098,824.35
净利润	48,526,729.58
扣除非经常性损益后的净利润	47,201,680.60
主营业务利润	214,724,429.48
其它业务利润	5,071,058.42
营业利润	48,278,652.58
投资收益	19,419,979.44
补贴收入	1,325,048.98
营业外收支净额	2,924,856.65
经营活动产生的现金流量净额	87,678,049.61
现金及现金等价物净增加额	-66,275,624.36

注:扣除的非经营性损益项目和涉及金额:补贴收入1,325,048.98 元。

2、1998 年-2000 年主要财务数据与财务指标

指标项目	2000 年	1999 年	1998 年	
			调整前	调整后
主营业务收入(万元)	132,987.64	114,667.37	88,018.51	88,018.51
净利润(万元)	4,852.67	7,401.54	5,941.43	5,364.89
总资产(万元)	122,923.83	94,617.86	86,723.06	84,650.67
股东权益(万元)(不含少数股东权益)	45,651.30	43,464.91	41,938.84	39,948.59
每股收益(元)	0.25	0.381	0.306	0.276
每股平均加权收益(元)	0.25	0.381	0.368	0.332
扣除非经营损益后的每股收益	0.243	0.380	0.300	0.27
每股净资产(元)	2.35	2.24	2.16	2.06
调整后的每股净资产(元)	2.32	2.21	2.10	2.00
每股经营活动产生的现金流量净额	0.45	0.26	0.40	0.40
净资产收益率(%)	10.63	17.03	14.16	13.43
平均加权净资产收益率(%)	10.89	17.75	15.38	16.50

注:主要财务数据的计算方法:
每股收益=净利润/年度末普通股股份总数
每股净资产=年度末股东权益/年度末普通股股份总数
调整后的每股净资产=(年度末股东权益-三年以上的应收款项净额-待摊费用-待处理(流动、固定)资产净损失-开办费-长期待摊费用-住房周转金负数余额)/年末普通股股份总数
每股经营活动产生的现金流量净额=经营活动产生的现金流量净额/年度末普通股股份总数
净资产收益率=净利润/年末股东权益×100 %

3、利润表附表

报告期利润	净资产收益率(%)		每股收益(元)	
	全面摊薄	加权平均	全面摊薄	加权平均
主营业务利润	44.04	46.79	1.105	1.105
营业利润	9.90	10.52	0.249	0.249
净利润	9.95	10.57	0.25	0.25
扣除非经营性3 损益后的净利润	9.68	10.29	0.243	0.243

* 全面摊薄净资产收益率=报告期利润/期末净资产
* 全面摊薄每股收益=报告期利润/期末股份总数

三、股本变动及股东情况

股东情况介绍

(1)股东数量截止2000 年12 月31 日,公司股东数为34928 户,其中国有法人股1 户,法人股116 户,社会公众股34811 户。

(2)主要股东持股情况

	股东名称	持股数量(万股)	占总股本(%)
1	南京医药集团有限责任公司	5266.332	27.11
2	南京市证券公司	1485.00	7.64
3	江苏兴宏达投资有限公司	1187.10	6.11
4	淮海投资	958.00	4.93
5	深圳泰华房地产有限公司	461.70	2.38
6	上海申银万国证券股份有限公司	295.9783	1.52
7	南京福康贸易公司	189.00	0.97
8	浦发保险	180.00	0.93
9	南京市房产经营总公司	153.00	0.79
10	江苏鑫苏投资公司	126.00	0.65

*前十名股东中:南京市证券公司持有的1485 万股中,1395 万股为转配股;上海申银万国证券股份有限公司持有的295.9783 万股为转配股;浦发保险持有的180 万股为转配股。2001 年1 月18 日,公司转配股已上市流通。

*本报告期内,公司法人股东江苏兴宏达投资有限公司持有的公司1187.10 万股法人股被苏州市中级人民法院查封、冻结。公司公告刊登于2000 年6 月15 日的《上海证券报》。其余持有公司股份5%以上的法人股东的股份无质押或冻结事项。

青海山川铁合金股份有限公司

一、公司简介

1、公司法定中文名称:青海山川铁合金股份有限公司
公司法定英文名称:QINGHAI SHANCHUAN FERROALLOY CO.,LTD
2、公司法定代表人:尚凤和
3、公司董事会秘书:张光周 联系地址:青海省西宁市朝阳西路112 号
电 话:0971 ——5509464 传 真:0971 ——5507586
4、公司注册地址:青海省西宁市朝阳西路112 号
办公地址:青海省西宁市朝阳西路112 号
邮政编码:810028 网址:www.china-shanchuan.com E-mail:shch@public.xn.qh.cn
5、公司选定的信息披露报纸名称:《上海证券报》
刊登公司年报的中国证监会指定国际互联网网址:www.sse.com.cn
公司年报备置地点:公司证券部
6、公司股票上市地点:上海证券交易所 股票简称:山川股份 股票代码:600714

二、会计数据和业务数据摘要

1、本年度公司主要利润指标情况(单位:人民币元)

序号	项目	数据
1	利润总额	23,846,638.04
2	净利润	20,819,738.52
3	扣除非经常性损益后的净利润	20,907,612.40
4	主营业务利润	42,253,008.35
5	其他业务利润	992,221.50
6	营业利润	18,309,925.17
7	投资收益	5,624,586.75
8	补贴收入	
9	营业外收支净额	-87,873.88
10	经营活动产生的现金流量净额	-6,671,022.46
11	现金及现金等价物净增加额	-10,463,603.60

[注] :扣除非经常性损益项目及金额

项目	涉及金额
营业外收入	50,000.00
其中:补贴收入	0.00
营业外收入	50,000.00
营业外支出	137,873.88

2、近三年主要会计数据和财务指标

序号	项目	2000 年度(或2000 年12 月31 日)	1999 年度(或1999 年12 月31 日)	1998 年度(或1998 年12 月31 日)调整后	调整前
1	主营业务收入(元)	156,934,680.65	142,763,755.29	134,458,940.21	134,458,940.21
2	净利润(元)	20,819,738.52	18,719,478.05	-7,820,701.13	482,334.66
3	总资产(元)	332,572,644.42	335,916,358.81	295,787,225.04	313,194,601.82
4	股东权益(元)	198,018,080.61	181,835,842.09	163,116,364.04	180,523,740.82
5	每股收益(元)	0.1931	0.1997	-0.0834	0.0051
6	每股收益(加权)(元)	0.1931			
7	每股收益(扣除非经常性损益)	0.1939	0.2017		
8	每股净资产(元)	1.8367	1.9396	1.7399	1.926
9	调整后的每股净资产(元)	1.7859	1.8952	1.5957	1.879
10	净资产收益率(%)	10.51	10.29	-4.79	0.267
11	净资产收益率(加权)(%)	10.83			
12	每股经营活动产生的现金流量净额	-0.062	0.40	0.2543	0.2543

[注] :主要财务指标计算公式:
每股收益=报告期净利润/报告期末普通股份总数
调整后每股净资产=(期末净资产-三年以上的应收款项净额-待摊费用-待处理(流动、固定)资产净损失-开办费-长期待摊费用-住房周转金负数余额)/期末股份总数
每 股经营活动产生的现金流量净额=经营活动产生的现金流量净额/期末股份总数
净资产收益率=报告期利润/期末净资产×100%

3、净资产收益率和每股收益的计算及披露

报告期利润	净资产收益率(%)		每股收益(元)	
	全面摊薄	加权平均	全面摊薄	加权平均
主营业务利润	21.34	21.98	0.39	0.39
营业利润	9.25	9.52	0.17	0.17
净利润	10.51	10.83	0.19	0.19
扣除非经营性损益后的净利润	10.56	10.88	0.19	0.19

三、股份变动及股东情况

(1)报告期末股东总户数为6846 户。

(2)至报告期末公司前10 名股东持股情况:

序号	股东名称	年内股份增减(+,-)	年末持股数(股)	占总股本的比例(%)
1	青海山川铸造铁合金集团有限责任公司	-26,250,000	34,500,000	36.80
2	青海省电力公司	+26,250,000	26,250,000	28.00
3	五矿国际有色金属贸易公司		3,750,000	4.00
4	青海百货股份有限公司		2,750,000	2.93
5	青海三普药业股份有限公司		500,000	0.53
6	肖玉琴		279,325	0.30
7	程建永		265,600	0.28
8	中国冶金进出口青海公司		250,000	0.27
9	中国磨料磨具进出口联营公司海南分公司		250,000	0.27
10	贵州省机械进出口有限公司		250,000	0.27

[注] :前10 名股东中544925 股为已上市流通的股份,占总股本的0.58%;其余68500000 股为未上市流通股份,占总股本的73.07%。

前10 名股东中1 、2 所持股份为国有法人股,在本报告期内无增减变动和质押、冻结情况。

(3)本报告期内控股股东变更情况:

海南深海进出口有限公司为本公司发起人之一,持有本公司社会法人股1272.875 万股,占总股本的13.58%,为公司第二大股东。海南省高级人民法院以(1999)琼高法执字第26-4 号文下达《民事裁定书》,将该股权抵债给中国建设银行海南省分行。海南建行根据有关规定,不能持有该股权,经与青海省投资公司协商,以协议转让方式,将该股权出让给青海省投资公司。

松辽汽车股份有限公司

一、公司简介

1、公司法定名称

公司法定的中文名称:松辽汽车股份有限公司

公司法定的中文名称缩写:松辽汽车公司

法定的英文名称:Song Liao Automobile Co;Ltd.

公司法定英文名称缩写:SLA

2、公司法定代表人:韩志军

3、公司董事会秘书:孙华东

联系地址:沈阳市苏家屯区白松路 22 号

联系电话:024-89811610

传真:024-89811259@

4、公司注册地址:沈阳市苏家屯区白松路 22 号

公司办公地址:沈阳市苏家屯区白松路 22 号

邮政编码:110101

5、公司选定的信息披露报刊:《中国证券报》

登载公司年度报告的中国证监会指定国际互联网址:http://www.sse.com.cn

公司年度报告备置地:公司证券办公室

6、公司股票上市交易所:上海证券交易所公司

股票简称:松辽汽车公司

股票代码:600715

二、会计数据和业务数据摘要

1、公司本年度业务数据摘要(单位:人民币元)

利润总额:	31,076,996.45
净利润:	31,076,996.45
扣除非经营性损益后的净利润:	2,197,240.16
主营业务利润:	2,197,240.16
其他业务利润:	11,082,527.09
营业利润:	8,396,416.15
投资收益:	11,955.90
补贴收入:	---------
营业外收支净额:	---------
经营活动产生的现金流量净额:	5,701,599.71
现金及现金等价物净增加额:	-20,405,303.13

扣除的非经营性损益的项目及金额:营业外收入 2264 万元,营业利润 839 万元。

2、截止报告期末,公司前三年主要会计数据和财务指标

项目	2000 年	1999 年	1998 年	
			调整后	调整前
主营业务收入(元)	10,384,502.59	-3,044,372.75	42,765,206.42	427,652,06.42
净利润(元)	31,076,996.45	20,736,601.14	-118,992,979.99	-98,099,664.07
总资产(元)	652,892,392.98	652,406,423.61	632,010,448.55	698,448,925.48
股东权益(不含少数股东权益)	238,277,092.77	207,212,828.82	186,476,227.68	261,536,245.98
每股收益(元)	0.22	0.147	-0.85	-0.70
每股净资产(元/股)	1.70	1.48	1.33	1.87
调整后的每股净资产(元/股)	1.56	1.31	1.16	1.53
股经营活动产生的现金流量净额	0.04	-0.06	-0.23	----
净资产收益率(%)	13.03	10.00	-63.81	-37.51

三、股东情况介绍

1 、报告期末,公司总股东数 11538 户;

2、公司前十名股东情况:

名次	股东 名称	期末持股数(万股)	占总股本比例(%)
1	沈阳松辽企业(集团)有限公司	7440000	53.08
2	金鼎基金	3330000	2.38
3	中国工商银行沈阳市信托投资公司	2400000	1.71
4	张丽娜	181.51	1.30
5	中浩信	140	1.00
6	戈小庄	86.22	0.61
7	曹铁中	59.46	0.42
8	孙桂霞	59.04	0.42
9	代凤英	42	0.30
10	李军	41.49	0.296

注:(1)持有公司 5%以上(含 5%)股份的股东所持股份未发生质押或冻结情况;

(2)前 10 名股东之间不存在任何关联关系;

(3)持股 10%(含 10%)以上的法人股东情况

沈阳松辽企业(集团)有限公司

法定代表:王晓岩

经营范围:组织管理成员企业的汽车(除小轿车)、汽车零部件的生产、加工、销售、科技等开发。

四、股东大会简介

(一)公司 1999 年度股东大会于 2000 年 5 月 13 日在本公司召开。以上相关信息刊登在 2000 年 5 月 16 日的《中国证券报》上。

(二)公司 2000 年度第一次临时股东大会于 2000 年 11 月 18 日在本公司召开。以上相关信息刊登在 2000 年 11 月 21 日的《中国证券报》上。

秦皇岛耀华玻璃股份有限公司

(一)公司简介

1、公司名称:秦皇岛耀华玻璃股份有限公司

英文名称:QINHUANGDAOYAOHUAGLASSCO.,LTD

英文名称缩写:YHGC

2、公司法定代表人:曹田平

3、公司董事会秘书:宋英利　证券事务代表:陈幸　联系地址:河北省秦皇岛市西港路

联系电话:(0335)3028173　传真:(0335)3028173　电子信箱:syl@yhgc.com.cn

4、公司注册、办公地址:河北省秦皇岛市西港路　邮政编码:066013

公司国际互联网网址:http://www.yhgc.com.cn　电子信箱:yhgc@yhgc.com.cn

5、公司信息披露报纸:中国证券报、上海证券报

登载公司年报的国际互联网网址:http://www.sse.com.cn

公司年度报告备置地点:公司董事会秘书处

6、公司股票上市地:上海证券交易所　股票简称:耀华玻璃　股票代码:600716

(二)会计数据和业务数据摘要

1、本年度会计数据　单位:元

利润总额	40113671.88
净利润	32457798.90
扣除非经常性损益后的净利润	32457798.90
主营业务利润	85716454.50
其他业务利润	-88090.64
营业利润	41012299.75
投资收益	-456424.56
补贴收入	202114.99
营业外收支净额	-644318.30
经营活动产生的现金流量净额	51034539.92
现金及现金等价物净增加额	89544832.93

2、主要会计数据和财务指标

项目	单位	2000 年	99 年		98 年
				调整前	调整后
主营业务收入	万元	31502.95	29966.50	21429.86	21429.86
净利润	万元	3245.78	1703.90	3214.93	2106.56
总资产	万元	86050.99	80480.52	71105.89	69389.38
股东权益	万元	53093.06	52866.30	52883.83	51162.61
每股收益	元	0.100	0.0526	0.0992	0.065
扣除非经常性损益后	元	0.100	0.0526	-0.0032	-0.0243
的每股收益每股净资产	元	1.64	1.63	1.63	1.58
调整后每股净资产	元	1.51	1.49	1.55	1.50
每股经营活动产生的现金流量净额	元	0.158	0.11	0.09	0.09
净资产收益率	%	6.11	3.22	6.08	4.12

注 1、财务指标计算公式

每股收益=净利润/年度末普通股股份总数

每股净资产=年度末股东权益/年度末普通股股份总数

净资产收益率=净利润/年度末股东权益×100%

调整后每股净资产=[年度末股东权益-三年以上的应收款项净额-待摊费用-待处理(流动、固定)资产净损失-开办费-长期待摊费用-住房周转金负数余额]/年度末普通股股份总数

每股经营活动产生的现金流量净额=经营活动产生的现金流量净额/年度末普通股股份总数

注 2、公司报告期内未发行新股,也未进行配股,故每股收益、每股净资产加权数与摊薄数相同。

3、利润表附表:

报告期利润	净资产收益率(%)		每股收益(元)	
	全面摊薄	加权平均	全面摊薄	加权平均
主营业务利润	16.14	15.73	0.265	0.265
营业利润	7.72	7.53	0.127	0.127
净利润	6.11	5.96	0.100	0.100
扣除非经常性损益后的净利润	6.11	5.96	0.100	0.100

(三)股东情况介绍

1、报告期末公司股东总数为 47140 户。

2、前 10 名股东持股情况

股东名称	持股数(万股)	持股比例(%)
中国耀华玻璃集团公司	24156	74.56
秦皇岛玻璃工业设计研究院	36	0.11
渤海铝业有限公司	36	0.11
河北省建设投资公司	36	0.11
秦皇岛北山发电股份有限公司	36	0.11
范蕴华	18.80	0.06
张秀贞	18.52	0.06
基金兴和	18.29	0.06
朱惠君	17.93	0.06
尹芳琪	14.18	0.04

注:中国耀华玻璃集团公司持有本公司 74.56%股份,所持股份性质为国有法人股。该公司所持股份未发生质押、冻结等情况。

(四)股东大会简介

本报告期内公司召开了两次股东大会。

1、2000 年 5 月 16 日,公司召开 1999 年度股东大会。会议审议通过了以下议项:

①公司 1999 年度董事会工作报告。

②公司 1999 年度监事会工作报告。

③公司 1999 年度四项资产减值准备计提报告。

④公司 1999 年度财务决算报告及利润分配方案。

⑤审议通过关于更换部分董事的议案。

股东大会决议公告刊登在 2000 年 5 月 17 日《中国证券报》、《上海证券报》上。

天津港(集团)股份有限公司

一、公司简介

1、公司法定中文名称:
天津港(集团)股份有限公司
2、公司法定代表人:王恩德
3、公司董事会秘书:李全勇
联系地址:天津市塘沽区新港二号路35号
联系电话:(022)25706615
传真:(022)25706615
电子信箱:tjpsec@tianjinport.ptacn.com
4、公司注册地址:天津市塘沽区新港二号路卡子门内
公司办公地址:天津市塘沽区新港二号路35号
邮政编码:300456 公司
电子信箱:tjpgroup@tianjinport.ptacn.com
5、公司选定的信息披露报刊《上海证券报》、《中国证券报》
登载公司年度报告的中国证监会指定国际互联网网址:
http://www.sse.com.cn
公司年度报告备置地点:公司证券融资部
6、公司股票上市交易所:
上海证券交易所
股票简称:天津港
股票代码:600717

二、会计数据摘要

1、公司本年度主要会计数据和财务指标指标项目 2000年度

利润总额(万元)	23,166.36
净利润(万元)	19,164.32
扣除非经常性损益后的净利润(万元)	19,164.32
主营业务利润(万元)	33,942.03
其他业务利润(万元)	58.19
营业利润(万元)	21,634.97
投资收益(万元)	1,909.03
补贴收入(万元)	0.00
营业外收支净额(万元)	-377.64
经营活动产生的现金流量净额(万元)	33,424.52
现金及现金等价物净增加额(万元)	1,682.96

2、公司前三年的主要会计数据和财务指标

指标项目	2000年	1999年		1998年
		调整前	调整后	
主营业务收入(万元)	65,616.90	49,779.72	51,315.00	49,500.71
净利润(万元)	19,164.32	11,814.41	11,684.39	10,627.38
总资产(万元)	219,120.20	200,596.11	166,881.53	164,844.36
股东权益(万元)	148,263.96	114,015.27	114,612.52	113,171.33
每股收益(元)(摊薄)	0.52	0.35	0.345	0.31
(加权平均)	0.53	0.35	0.34	0.31
扣除非经常性损益后的每股收益(元)	0.52	0.35	0.34	0.31
每股净资产(元)(摊薄)	4.04	3.36	3.38	3.34
(调整后)	3.98	3.32	3.34	3.30
每股经营活动产生的现金流量净额(元)	0.91	0.77	0.88	0.88
净资产收益率(%)(全面摊薄)	12.93	10.36	10.19	9.39

报告期利润	净资产收益率(%)		每股收益(元)	
	全面摊薄	加权平均	全面摊薄	加权平均
主营业务利润	22.89	24.38	0.93	0.94
营业利润	14.59	15.54	0.59	0.60
净利润	12.93	13.77	0.52	0.53
扣除非经常性损益的净利润	12.93	13.77	0.52	0.53

三、股东情况介绍

1、报告期末公司股东总数为48927户。
2、公司前十名股东

序号	股东名称	报告期末持股数量(股)	占总股本比例(%)
1	天津港务局(代表国家持有)	230,307,036	62.82
2	天津北方国际信托投资公司	1,568,000	0.43
3	中国电子系统工程总公司	1,372,000	0.37
4	天津信托投资公司	980,000	0.27
5	天津市药材集团公司	980,000	0.27
6	沈阳建设投资公司	980,000	0.27
7	深圳渔丰实业股份有限公司	980,000	0.27
8	建设银行天津分行直属支行	784,000	0.21
9	交通银行天津分行	784,000	0.21
10	泰和基金	713,371	0.19

前十名股东之间不存在关联关系。
3、公司不存在持股10%(含10%)以上的法人股东。
4、报告期内,公司控股股东未发生变更。

四、股东大会简介

报告期内,公司召开了1999年度股东年会。2000年4月8日,公司在《中国证券报》、《上海证券报》上刊登召开1999年度股东年会会议公告。

公司1999年股东年会于2000年5月9日在天津港(集团)股份有限公司储运分公司业务楼十楼会议室召开。公司董事、监事及高级管理人员出席了会议。出席会议的股东37人,代表股份234389400股,占公司总股本的63.94%,经大会审议并以占出席会议股东所持股份的100%表决通过了如下决议:

1、审议通过《天津港(集团)股份有限公司1999年度董事会工作报告》;
2、审议通过《天津港(集团)股份有限公司1999年度监事会工作报告》;
3、审议通过《天津港(集团)股份有限公司1999年度总裁业务报告》;
4、审议通过w天津港(集团)股份有限公司1999年度财务决算及2000预算报告》;

沈阳东大阿尔派软件股份有限公司

一、公司简介

1、公司法定中文名称
沈阳东大阿尔派软件股份有限公司
公司法定英文名称及缩写:Shenyang Neu-Alpine Software Co., Ltd.　缩写:NEU-ALPINE
2、公司注册地址　沈阳市和平区文化路3号巷11号
公司办公及通讯地址:　沈阳市高新技术产业开发区浑南产业区东大软件园
邮政编码:110179　公司因特网址 http://www.neu-alpine.com
投资者可以通过上述网址取得公司年报及其他有关信息
3、公司法定代表人:刘积仁
4、公司咨询服务机构:董事会办公室　电话:024-23783000
传真:024-23783375　电子信箱:investor@neu-alpine.com
董事会秘书:王自栋　董事会证券事务代表:徐庆荣
5、公司选定的信息披露报纸名称:中国证券报、上海证券报
刊载公司年报的中国证监会指定的因特网址:http://www.sse.com.cn
公司年度报告置备地点:
沈阳市高新技术产业开发区浑南产业区东大软件园公司办公室
6、股票上市交易所　上海证券交易所
股票简称:东大阿派　股票代码:600718

二、会计数据和业务数据摘要

1、2000年度公司主要经营指标

利润总额	195,065,292.44元
净利润	162,893,430.11元
扣除非经常性损益后的净利润	163,351,572.80元
主营业务利润	368,908,088.38元
其他业务利润	2,624,549.98元
营业利润	197,109,763.86元
投资收益	-1,586,328.73元
补贴收入无营业外收支净额	-458,142.69元
经营活动产生的现金流量净额	65,840,283.15元
现金及现金等价物净增加额	-128,917,198.38元

说明:"扣除非经常性损益后的净利润"扣除的项目及金额如下:

项目	涉及金额(元)
营业外收入	383,103.37
营业外支出	841,246.06

2、截止2000年末,公司前三年主要会计数据和财务指标

项目	2000年	比上年增长	1999年	1998年
主营业务收入(万元)	110,899.94	50.93%	73,475.55	52,471.63
净利润(万元)	16,289.34	29.67%	12,562.09	9,314.33
总资产(万元)	198,102.13	26.23%	156,931.32	80,341.41
股东权益(万元)(不含少数股东权益)	116,341.56	1.94%	114,128.12	56,850.03
每股收益(元) --(全面摊薄)	0.58	0.00	0.58	0.60
--(加权平均)	0.58	-6.45%	0.62	0.62
--扣除非经常性损益	0.58	5.45%	0.55	0.61
每股净资产(元)	4.13	-21.63%	5.27	3.67
调整后的每股净资产(元)	4.02	-22.09%	5.16	3.60
净资产收益率(%)				
--全面摊薄	14.00%	27.28%	11.00%	16.38%
--加权平均	13.32%	-33.07%	19.9%	19.34%
每股经营活动产生的现金流量净额(元/股)	0.23	-54.9%	0.51	0.01

3、按照中国证监会《公开发行证券公司信息披露编报规则(第9号)》要求计算的利润数据:

报告期利润(元)		净资产收益率(%)		每股收益(元/股)	
		全面摊薄	加权平均	全面摊薄	加权平均
主营业务利润	368,908,088.38	31.71%	30.17%	1.31	1.31
营业利润	197,109,763.86	16.94%	16.12%	0.70	0.70
净利润	162,893,430.11	14.00%	13.32%	0.58	0.58
扣除非经常性损益后的净利润	163,351,572.80	14.04%	13.36%	0.58	0.58

注:每股收益和净资产收益率按照《公开发行证券公司信息披露编报规则(第9号)》方法计算。

三、股本情况介绍

1、截止2000年末,公司股东总数为54,277户。
2、截止2000年末,前十名股东持股情况

序号	股东名称	持股数量(股)	比例(%)
1	东方软件有限公司	99,065,366	35.2
	其中:转配股	1,360,788	0.48
2	阿尔派电子(中国)有限公司	70,488,819	25.04
3	普惠基金	7,275,292	2.58
4	裕隆基金	5,672,402	2.02
5	裕阳基金	5,300,003	1.88
6	普丰基金	4,991,462	1.77
7	汉盛基金	3,208,329	1.14
8	兴和基金	3,158,971	1.12
9	裕元基金	2,753,461	0.98
10	天元基金	2,566,100	0.91

说明:①2000年12月,公司第一大股东东方软件有限公司一次性受让中国建设银行沈阳通汇支行(原中国建设银行沈阳市信托投资股份有限公司)持有的本公司股份15,240,826股(其中社会法人股13,880,038股;转配股1,360,788股,使其持股数增加至99,065,366股。

②持股5%以上的2名法人股股东所持股份未发生被质押、冻结的情况。

③在以上10名股东中,裕阳基金、裕隆基金、裕元基金为同属于博时基金管理有限公司管理的证券投资基金;普丰基金、普惠基金为同属于鹏华基金管理有限公司管理的证券投资基金。

四、股东大会简介

公司1999年度股东大会于2000年4月23日在大连东大软件园召开。会议的召开通知刊登于2000年3月21日的《中国证券报》、《上海证券报》上。1999年度股东大会的决议公告刊登于2000年4月25日的《中国证券报》、《上海证券报》上。

大连热电股份有限公司

一、公司简介

1.公司的法定中文名称:大连热电股份有限公司
公司的英文名称:DALIAN THERMAL POWER CO.,LTD. 英文名称缩写:DTPC
2.公司法定代表人:秦宏伟
3.公司董事会秘书:张耀和 联系地址:大连市沙河口区香周路210号
电话:0411-6642089-2188 传真:0411-6667184
4.公司注册地址:大连市沙河口区香周路210号
公司办公地址:大连市沙河口区香周路210号 邮政编码:116021
公司国际互联网网址:http://www.dlredian.com 电子信箱:webmaster@dlredian.com
5.公司选定的信息披露报纸名称:《上海证券报》
登载公司年度报告的中国证监会指定国际互联网网址:http://www.sse.com.cn
公司年度报告备置地点:公司证券部
6.公司股票上市交易所:上海证券交易所 股票简称:大连热电公司 股票代码:600719

二、会计数据和业务数据摘要

1.本年度公司实现利润情况(单位:人民币元)

利润总额:	71,853,849.50
净利润:	61,146,972.41
扣除非经常性损益后的净利润:	60,943,727.41
主营业务利润:	102,993,178.63
其他业务利润:	10.79
营业利润:	71,240,362.47
投资收益:	489,488.17
补贴收入:	0.00
营业外收支净额:	123,998.86
经营活动产生的现金流量净额:	279,857,404.38
现金及现金等价物净增加额:	-1,261,742.53

2.截至报告期末公司前三年的主要会计数据和财务指标

项目	2000年度	1999年度		1998年度	
		调整前	调整后	调整前	调整后
主营业务收入	320,450,367.38	277,393,797.66	275,710,647.36	275,791,090.39	278,921,276.55
净利润	61,146,972.41	42,096,003.48	42,070,501.02	49,384,699.25	40,272,759.72
总资产	1199620,316.31	1,074,326,037.01	1,069,663,058.98	999,884,600.32	974,813,180.69
股东权益	637,088,656.17	647,936,306.15	646,921,884.49	453,625,029.62	423,754,187.67
每股收益	0.30	0.21	0.21	0.28	0.23
加权平均每股收益	0.30	0.22	0.22	0.28	0.23
扣除非经常性损益后的每股收益(元)	0.30	0.21	0.21	0.27	0.21
每股净资产	3.15	3.20	3.20	2.58	2.41
调整后的每股净资产	3.10	3.15	3.14	2.55	2.39
每股经营活动产生的现金流量净额(元)	1.38	0.01	0.01	0.02	0.02
.净资产收益率	9.60	6.50	6.50	10.89	9.50

3.利润表附表

按照中国证监会《公开发行股票公司信息披露》(第9号)文件要求计算的利润数据如下:

报告期利润	净资产收益率		每股收益(元)	
	全面摊薄	加权平均	全面摊薄	加权平均
主营业务利润	16.17%	15.20%	0.51	0.51
营业利润	11.18%	10.52%	0.35	0.35
净利润	9.60%	9.03%	0.30	0.30
扣除非经常性损益后的净利润	9.57%	9.00%	0.30	0.30

全面摊薄净资产收益率和每股收益的计算公式如下:

全面摊薄净资产收益率=报告期利润÷期末净资产

全面摊薄每股收益=报告期利润÷期末股份总数

加权平均净资产收益率(ROE)的计算公式如下:$ROE=P/(E0+NP\div 2+Ei\times Mi\div M0-Ej\times Mj\div M0)$

其中:P为报告期利润;NP为报告期净利润;E0为期初净资产;Ei为报告期发行新股或债转股等新增资净资产;Ej为报告期回购或现金分红等减少净资产;M0为报告期月份数;Mi为新增净资产下一月份起报告期期末的月份数;Mj为减少净资产下一月份起至报告期期末的月份数。加权平均每股收益(EPS)的计算公式如下:$EPS=P/(S0+S1+Si\times Mi\div M0-Sj\times Mj\div M0)$

其中:P为报告期利润;S0为期初股份总数;S1为报告期因公积金转增股本或股票股利分配等增加股份数;Si为报告期因发行新股或债转股等增加股份数;Sj为报告期因回购或缩股等减少股份数;M0报告期月份数;Mi为增加股份下一月份起至报告期期末的月份数;Mj为减少股份下一月份起至报告期期末的月份数。

三、股东情况介绍

1.报告期末,公司股东总数61884户。

2.公司主要股东持股情况(截至2000年12月31日,前十名股东)

数量单位:万股

名次	股东名称	年末持股数	占总股本(%)
1	大连市国有资产管理局	8124.98	40.16
2	武汉宝信科技公司	2430.00	12.01
3	大连市电力发展公司	1800.00	8.90
4	大连市经济技术协作总公司	270.00	1.33
5	林良三	36.33	0.18
6	苟中钊	32.65	0.16
7	陆香勤	24.10	0.12
8	朱添春	19.05	0.09
9	包秀清	18.00	0.09
10	叶青华	18.00	0.09

说明:(1)报告期末,持有本公司5%以上(含5%)股份的股东没有发生股份质押或冻结情况。

(2)公司前10名股东之间不存在关联关系,代表国家持有股份的单位为大连市国有资产管理局。

(3)2000年3月29日,公司法人股股东大连电业局劳动服务公司与大连市电力发展公司签订股权转让协议,大连电业局劳动服务公司将其持有的本公司法人股份1800万股(占本公司总股本20229.98万股的8.90%),全部转让给大连市电力发展公司,每股转让价1.00元人民币。本次股份转让后,大连市电力发展公司持有本公司法人股1800万股,成为本公司第三大股东,大连电业局劳动服务公司不再持有本公司股份。

甘肃祁连山水泥股份有限公司

一、公司简介

1.公司法定中文名称:甘肃祁连山水泥股份有限公司
公司英文名称:GANSU QILIANSHAN CEMENT CO.,LTD. 公司英文名称缩写:QLS
2.公司法定代表人:韩超然
3.公司董事会秘书:王云鹏 证券事务代表:陈军
联系地址:甘肃省兰州市永登县中堡镇 电话:(0931)6479298 6476501 传真:(0931)6476538
4.公司注册、办公地址:甘肃省兰州市永登县中堡镇 邮政编码:730301
公司电子信箱:QLSCJ@263.NET
5.公司指定信息披露报刊名称:《上海证券报》、《中国证券报》
登载公司年度报告指定网址:http://www.sse.com.cn 公司年度报告备置地点:公司证券部
6.股票上市交易所:上海证券交易所 股票简称:祁连山 股票代码:600720

二、会计数据和业务数据摘要

(一)本年度主要利润指标情况(单位:人民币元 合并报表)

润总额	66,664,815.48
净利润	54,894,234.12
扣除非经常性损益后的净利润	49,894,234.12
主营业务利润	98,676,904.02
其他业务利润	4,030,262.59
营业利润	61,980,721.39
投资收益	46,072.56
补贴收入	5,000,000.00
营业外收支净额	-361,978.47
经营活动产生的现金流量净额	23,500,198.22
现金及现金等价物净增加额	203,647,650.70

备注:扣除的非经常性损益项目和涉及金额

非经营性损益所扣除的项目为补贴收入(甘建材司发[2000]第43号文),金额为人民币500万元。

(二)近三年主要会计数据和财务指标(单位:人民币元)

项目	2000年	1999年	1998年	
			调整后	调整前
主营业务收入	274292956.33	243518271.46	227641215.11	224110014.97
净利润	54894234.12	41510774.97	22484812.39	29158242.45
总资产	808485510.41	581843723.47	540813119.84	549159775.42
股东权益(不含少数股东权益)	526106846.42	342537587.72	297030883.03	311157319.65
每股收益	0.253	0.33	0.18	0.232
每股收益(按月平均加权法计算)	0.253	0.33	0.19	0.238
扣除非经常性损益后的每股收益	0.23	0.28	0.18	0.238
每股净资产	2.43	2.72	2.36	2.47
调整后的每股净资产	2.27	2.61	2.34	2.45
每股经营活动产生的现金流量净额	0.11	0.06	-0.08	-0.09
净资产收益率	10.43%	12.12%	7.57%	9.38%

注:(1)按照中国证监会《公开发行证券公司信息披露编报规则(第9号)》要求计算的利润数据:

报告期利润		净资产收益率		每股收益	
		全面摊薄	加权平均	全面摊薄	加权平均
主营业务利润	98676904.02	18.76%	24.55%	0.46	0.44
营业利润	61980721.39	11.78%	15.42%	0.29	0.28
净利润	54894234.12	10.43%	13.66%	0.25	0.25
扣除非经常性损益后的净利润	49894234.12	9.48%	12.41%	0.23	0.23

(2)2000年度总股本按216,846,407股计算,1999年、1998年度总股本按125,772,488股计算。

(3):主要财务指标计算方法:

每股收益=净利润/年度末普通股股份总数

每股净资产=年度末股东权益/年度末普通股股份总数

调整后的每股净资产=(年度末股东权益-三年以上应收款项净额-待摊费用-待处理(流动、固定)资产净损失-开办费-长期待摊费用-住房周转金负数余额)/年度末普通股股份总数每股经营活动产生的现金流量净额=经营活动产生的现金流量净额/年度末普通股股份总数

净资产收益率=净利润/年度末股东权益×100%

全面摊薄净资产收益率和每股收益的计算公式如下:

全面摊薄净资产收益率=报告期利润÷期末净资产

三、股本变动及股东情况

1、报告期末股东总数21779名。

2、主要股东持股情况(截止2000年12月29日)

股东名称	年末持股数量(股)	占总股本比例(%)
(1)永登水泥厂	95021856	43.82
(2)永登金路投资有限责任公司	9298217	4.29
(3)大鹏证券有限责任公司	4600800	2.12
(4)甘肃长青置业发展有限公司	3983044	1.84
(5)兰州铁路局兰州铁路分局	2453760	1.13
(6)甘肃省建筑材料总公司	1226880	0.57
(7)甘肃省建筑构件工程公司	1226880	0.57
(8)平凉地区峡中水泥厂	1226880	0.57
(9)天津精密	635329	0.29
(10)富灵投资	520000	0.24

说明:2000年12月,公司第二大股东兰州长青房地产开发公司、第七大股东包钢综合企业(集团)公司与永登金路投资有限责任公司签署《股权转让协议》,分别将其持有的本公司社会法人股8071337股、1226880股转让给永登金路投资有限责任公司持有,共计9298217股,占公司总股本的4.29%。上述股权转让均依法在上海证券中央登记结算公司办理了股权过户手续。永登金路投资有限责任公司简介:永登金路投资有限责任公司是由永登水泥厂工会、永登永青水泥有限责任公司工会、永登水泥厂祁连山实业公司工会共同发起设立的有限责任公司。

新疆百花村股份有限公司

一、公司简介

1、公司名称： 公司法定中文名称:新疆百花村股份有限公司
公司法定英文名称:XIN JIANG BAI HUA CUN CO.LTD 英文缩写:B H C
2、公司法定代表人:李万佰
3、董事会秘书:苗 军
联系地址:新疆乌鲁木齐市中山路 141 号
电子信箱:miaojun@mail.xj.cninfo.net
4、公司注册地址:新疆乌鲁木齐市中山路 141 号
办公地址:新疆乌鲁木齐市中山路 141 号
公司邮政编码:830002
5、公司信息披露报刊:《上海证券报》
公司登载年度报告网址:http://www.sse.com.cn
公司年度报告备置地点:公司董事会秘书办公室
6、公司股票上市地:上海证券交易所
股票简称:ST 百花村 股票代码:600721

二、会计数据和业务数据摘要

1、本年度主要利润指标情况:单位:人民币元

利润总额	-90,691,135.00
净利润	-87,194,059.002
扣除非经常性损益后的净利润	-68,033,247.00
主营业务利润	20,033,202.00
其他业务利润	-225,059.00
投资收益	-5,242,717.00
补贴收入:	
营业外收支净额	-1,898,466.00
经营活动产生的现金流量净额:	-3,312,339.00
现金及现金等价物净增加额:	-2,374,655.00

2、主要会计数据和财务指标:单位:人民币元

项目	2000 年	1999 年	1998 年	
			调整前	调整后
主营业务收入	92621676	107054344	114839513	114839513
净利润	-87194059	-39835271	-19987162	-24089057
总资产	346922524	427514421	477661549	468575397
股东权益	126880350	214074410	262952128	253909681
每股收益	-0.92	-0.42	-0.21	-0.25
每股净资产	1.34	2.26	2.77	2.68
每股经营活动产生的现金流量净额	-0.0349	-0.0047		
净资产收益率(%)	-68.74	-18.6	-7.6	-9.49
调整后的每股净资产	1.27	2.13	2.66	2.57
加权平均每股收益	0.92	-0.42	-0.218	-0.56
加权平均净资产收益率	-51.15	-17	-8.6	-28

报告期利润	净资产收益率%		每股收益(元/股)	
	全面摊薄	加全平均	全面摊薄	加全平均
主营业务利润	15.79	11.75	0.21	0.21
营业利润	-52.40	39.00	-0.70	-0.70
净利润	-68.72	51.15	-0.92	-0.92
损益后的净利润	-53.62	39.91	-0.72	-0.72

3、股东权益变动情况

项目	股本	资本公积金	盈余公积金	法定公益金	未分配利润	合计
期初数	94800750	167962277	6067373		-54756010	214074410
本期增加					-87194059	
本期减少						
期末数	94800750	167962277	6067373		-141950069	1268803503

变动原因:因本年度经营亏损,导致本年度股东权益减少。

三、股本变动及股东情况

(一)股本变动情况
(二)股东情况介绍
1、报告期末股东总数为 11054 户。
2、主要股东持股情况(前十名)

名次	股东名称	期末持股数额	占总股本比例(%)
1	新疆兵团商业贸易发展中心	16554110	17.46
2	北京北亚工业科技开发集团	14220113	15.00
3	陕西大合实业集团公司	9480075	10.00
4	药业集团	3153742	3.32
5	西安市秦兴房地产开发有限公司	2597540	2.74
6	新疆兵团石油有限公司	2015000	2.13
7	欧庆龙	1189975	1.254
8	新疆兵团商业贸易总公司	1108250	1.17
9	韩贵连	1008442	1.063
10	新疆通久经济发展集团公司商业旅游服务公司	1007500	1.062

3、兵团商业贸易发展中心为公司国有法人股股东,其所持股份无质押和冻结。法定代表人:谢传英,其主要经营范围为:五金交电化工、机电产品、装饰材料、房地产开发等。
北京北亚科技开发集团为公司社会法人股股东,其所持股份无质押和冻结。法定代表人:李万佰,其主要经营范围为:技术开发引进、房地产开发及商品销售、经济信息咨询服务、餐饮服务等。
陕西大合实业集团公司为公司社会法人股股东,其所持股份无质押和冻结。法定代表人:乔连学,其主要经营范围为:物业代理、建材、通讯器材、电子产品等。

4、报告期内,本公司国有法人股股东新疆生产建设兵团商业贸易发展中心于 2000 年 5 月 24 日分别与北京北亚工业科技开发集团(以下简称北亚科技)、陕西大合实业集团公司(以下简称陕西大合)、西安市秦兴房地产开发有限公司(以下简称西安秦兴)正式签订了《股权转让协议》。根据转让协议,北亚科技受让 1422.0113 万股,占本公司总股本的 15%,转让后股权性质为社会法人股;陕西大合受让 948.0075 万股,占本公司总股本的 10%,转让后股权性质为社会法人股;西安秦兴受让 259.754 万股,占本公司总股本的 2.74%,转让后股权性质为社会法人股。本公司股权转让协议披露于 2000 年 5 月 26 日《上海证券报》上。

沧州化学工业股份有限公司

一 、公司简介

1 、公司名称:沧州化学工业股份有限公司
英文名称:CANGZHOU CHEMICAL INDUSTRIAL CO.,LTD
公司注册地址:河北省沧州市南环中路 18 号
公司办公地址:河北省沧州市南环中路 18 号 电子信箱:info@czchem.com
公司网址:http://www.czchem.com
2 、法定代表人:周振德
3 、董事会秘书:高润东、郑玉珍 授权代表:邢金生
联系电话:(0317)3030719 传真:(0317)3042321 邮编:061000
5 、公司选定的信息披露刊物:《上海证券报》
刊登公司年报的中国证监会指定的国际互联网址:http://www.sse.com.cn
公司年报备置地点:公司证券部
6 、股票上市地:上海证券交易所
7 、股票简称:沧州化工
股票代码:600722

二 、主要财务数据和指标

(一)、本年主要会计数据(单位:人民币元)

1 、利润总额	122957616.36
2 、净利润	104168287.06
3 、扣除非经常性损益的净利润	105398960.84
4 、主营业务利润	247625076.84
5 、其他业务利润	11511787.13
6 、营业利润	123627233.85
7 、投资收益	561056.29
8 、补贴收入	0.00
9 、营业外收支净额	-1230673.78
10 、经营活动产生的现金流量净额	135674129.35
11 、现金及现金等价物净增加额	91103238.86

注:扣除非经常性损益的项目和金额
1 、减营业外收入: 42224.96
2 、加营业外支出: 1272898.74

(二)、近三年主要会计数据和财务指标

序号 项目	2000 年度	1999 年度	1998 年度	
			调整前	调整后
1 主营业务收入	1357635825.68	670,674,037.96	416,240,886.95	416,240,886.95
2 净利润(万元)	104168287.06	138,120,895.81	55,945,390.02	58,589,272.97
3 总资产(万元)	2679522375.96	2,107,186,322.24	1,450,440,701.44	1,444,088,121.05
4 股东权益(万元)	1018908929.56	741,746,499.31	618,805,868.29	612,453,287.90
5 (1)每股收益(元/股)	0.247	0.352	0.285	0.299
(2)按加权计算的每股收益(元/股)	0.258	0.352		
(3)扣除非经常性损益的每股收益(元/股)	0.25	0.35		
6 (1)每股净资产(元/股)	2.42	1.90	3.15	3.12
(2)调整后的每股净 资产(元/股)	2.37	1.87	3.05	3.03
7 每股经营活动产生的现金流量净额	0.32	0.09	0.45	0.45
8 净资产收益率(%)	10.22	18.50	9.04	9.06

注:每股收益=净利润/年度末普通股股份总数
每股净资产=年度末股东权益/年度末普通股股份总数
净资产收益率=净利润/年度末股东权益 *100%
调整后的每股净资产=(年末股东权益-帐龄三年以上的应收帐款-年末待摊费用-年末递延资产-年末待处理财产净损失)/年度末普通股股份总数

(三)按公开发行证券公司信息披露编报规则第九号要求计算的净资产收益率和每股收益

报告期利润	净资产收益率		每股收益(元/股)	
	全面摊薄	加权平均	全面摊薄	加权平均
主营业务利润	24.30%	28.47%	0.59	0.61
营业利润	12.13%	14.21%	0.29	0.31
净利润	10.22%	11.97%	0.25	0.26
扣除非经常性损益后的净利润	10.34%	12.12%	0.25	0.26

注:(1)全面摊薄的净资产收益率和每股收益的计算公式如下:
全面摊薄的净资产收益率=报告期利润/期末净资产
全面摊薄的每股收益=报告期利润/期末股份总数

三 、股本情况介绍

1 、股东情况介绍
(1)截止 2000 年 12 月 31 日,本公司股东总数为 90658 人,除国家股外,全部为社会公众股。
(2)主要股东持股情况(前十名股东)

姓 名	持股数(股)	比例(%)
1.河北沧州化工实业集团有限责任公司	306420000	72.71
2.兴和基金	238016	0.06
3.陈诚	230000	0.06
4.刘艳秋	178000	0.04
5.吕卫东	149000	0.04
6.李永财	129553	0.03
7.章宝梅	124115	0.03
8.赵伟	124000	0.03
9.何文军	116865	0.03
10.朱素风	113000	0.03

(3)河北沧化实业集团有限公司持有本公司国家股 30642 万股,占 72.71%,其所持有股份未作任何抵押,亦未有其他法律争议。法定代表人:周振德,经营范围:聚氯乙烯树脂、氢氧化钠、液氯、塑料制品、造粒

北京市西单商场股份有限公司

一、公司简介

1、公司名称(中文):北京市西单商场股份有限公司
(英文):BEIJING XIDAN MARKET COMPANY LIMITED(BJXMCO.LTD)
2、公司法定代表人:刘秀玲
3、公司董事会秘书:王健
联系地址:北京市西城区西单北大街120号
电话:(010)66024984
传真:(010)66014196
4、公司办公地址:北京市西城区西单北大街120号　　邮政编码:100031
公司网址:www.xdsc.com.cn
5、公司信息披露报刊名称:《中国证券报》、《上海证券报》
公司年度报告登载网址 www.sse.com.cn
公司年报备置地址:公司证券办公室
6、公司股票上市地:上海证券交易所
股票简称:西单商场
股票代码:600723

二、会计数据和业务数据摘要

1、本年度实现利润总额及构成(单位:人民币元)

利润总额:	74,686,523.91
净利润	62,940,425.52
扣除非经常性损益后的净利润	62,940,425.52
主营业务利润	253,796,474.03
其他业务利润	30,142,714.58
营业利润	71,106,816.55
投资收益	3,258,122.60
营业外收支净额	321,584.76
经营活动产生的现金流量净额	89,879,219.30
现金及现金等价物净增加额	-24,722,391.36

2、主要会计数据及财务指标

指标项目	2000年	1999年	1998年
主营业务收入	1,737,939,174.35	1,635,382,643.03	1,684,451,106.69
净利润	62,940,425.52	74,463,061.65	89,366,776.11
总资产	1,554,112,137.42	1,433,612,855.94	1,334,476,225.82
股东权益	913,781,060.13	887,246,991.41	867,393,464.96
每股收益	0.17	0.20	0.25
每股净资产	2.51	2.44	2.38
调整后的每股净资产	2.43	2.35	2.23
每股经营活动产生的现金流量净额	0.25	0.32	0.19
净资产收益率(%)	6.89	8.39	10.30

注:有关财务指标计算公式如下:
每股收益=净利润/年度末普通股股份总数
每股净资产=年度末股东权益/年度末普通股股份总数
调整后每股净资产=(年度末股东权益-三年以上应收款项净额-待摊费用-待处理(流动、固定)资产净损失-开办费-长期待摊费用-住房周转金负数余额)/年度末普通股股份总数
每股经营活动产生的现金流量净额=经营活动产生的现金流量净额/年度末普通股股份总数
净资产收益率=净利润/年度末股东权益*100%

报告期利润	净资产收益率		每股收益	
	全面摊薄	加权平均	全面摊薄	加权平均
主营业务利润	27.77%	27.77%	0.6971	0.6971
营业利润	7.78%	7.78%	0.1953	0.1953
净利润	6.89%	6.89%	0.1729	0.1729
扣除非经常性损益后的净利润	6.89%	6.89%	0.1729	0.1729

3、报告期内股东权益变动情况及原因

项目	股本	资本公积	盈余公积	法定公益金	未分配利润	股东权益合计
期初数	364063568.00	437619,632.72	81,730,360.06	37,506,086.59	3,833,430.63	887,246,991.41
本期增加	______		14,271,314.86	7,105,441.98	48669,110.66	62,940,425.52
本期减少	______	______	36,406,356.80			36,406,356.80
期末数	364063568.00	437619632.72	96,001,674.92	44,611,528.57	16,096,184.49	913,781,060.13

变动原因:本期权益变动是由于提取公积金及分配股利所影响。

三、股东情况介绍

1、截止2000年12月31日,本公司共有股东99,835户。
2、持有本公司5%以上(含5%)股份的股东情况:
年末前十名股东及持股情况

股东名称	持股数量(股)	持股比例%
1 北京西单友谊集团	183,329,557	50.36
2 武汉宝信	7,124,111	1.95
3 中国工商银行北京信托投资公司	6,760,000	1.85
4 中国五金矿产进出口总公司	6,760,000	1.85
5 中国信达信托投资公司	6,760,000	1.85
6 北京市国有资产经营公司	1,352,000	0.37
7 全国华联	845,000	0.23
8 北京市商业房地产开发公司	845,000	0.23
9 余菁	643,381	0.18
10 崔竣山	635,197	0.18

以上股东间无关联关系。5%以上股东所持股份无质押或冻结情况。
3、持股10%以上法人股东简介
国有法人股东北京西单友谊集团持有本公司股份18,332.96万股,占总股本的50.36%,系本公司控股股东。北京西单友谊集团法人代表:臧洪阁注册地址:北京市西单北大街120号。经营范围主要包括:国内商业,本系统商品的进出口业务,文化娱乐服务,饮食服务,出租汽车客运,集团所辖范围内国内外广告业务等。
4、本年度控股股东未发生变更。

宁波富达电器股份有限公司

一、公司简介

㈠、公司法定中文名称:宁波富达电器股份有限公司
公司英文名称:NINGBO FUDA ELECTRIC APPLIANCE CO., LTD. 缩写:NINGBO FUDA
㈡、公司法定代表人:白小易
㈢、公司董事会秘书:陈建新　　　　证券事务代表:施亚琴
电话:(0574)2814275　　　　传真:(0574)2813915
㈣、公司地址:浙江省余姚市阳明西路355号　邮编:315400
㈤、公司国际互联网网址、电子信箱:　　http://www.Fudachina.com
E-mail:nbfuda@pub.nb.zj.cninfo.net
㈥、公司选定的信息披露报纸名称:《上海证券报》、《中国证券报》
㈦、登载公司年度报告的中国证监会指定国际互联网网址:http://www.sse.com.cn
㈧、公司年度报告备置地点:浙江省余姚市阳明西路355号公司董事办
㈨、公司股票上市交易所:上海证券交易所　㈩、股票简称:宁波富达　　股票代码:600724

二、会计数据和业务数据摘要

㈠、会计数据及财务指标(合并报表)

序号 栏目	2000年度(元)
1.利润总额	52,591,526.73
2.净利润	43,285,722.81
3.扣除非经常性损益后的净利润	41,183,553.22
4.主营业务利润	105,797,449.49
5.其它业务利润	31,621,866.66
6.营业利润	40,905,436.48
7.投资收益	1,068,811.89
8.补贴收入	10,176,589.76
9.营业外收支净额	440,688.60
10.经营活动产生的现金流量净额	26,701,038.98
11.现金及现金等价物增加额	25,033,234.9

非经常性损益所涉及的项目及金额:
1、土地转让收益2,036,750.25元;
2、营业外收入757,235.79元,其中:处置固定资产收益690,684.06元;
3、营业外支出:316,547.19元,其中:固定资产、在建工程处置损失144,885.37元,损失赔偿76,608.16元。
㈡、公司前三年主要会计数据和财务指标(截止2000年12月31日)

栏目	2000年度	1999年度	1998年度	
			调整前	调整后
主营业务收入(万元)	46,879.07	33,694.92	21,864.64	21,864.64
净利润(万元)	4,328.57	2,702.40	2,673.28	2,358.27
总资产(万元)	54,795.88	43,171.13	39,628.15	38,771.66
股东权益(万元)	29,948.59	25,738.60	23,868.21	23,036.20
每股收益(元/股)(摊薄)	0.21	0.26	0.26	0.23
每股收益(元/股)(加权)	0.24			
扣除经常性损益后的每股收益(元/股)	0.20	0.25		
每股净资产(元)	1.46	2.51	2.33	2.25
调整后的每股净资产(元)	1.39	2.43	2.27	2.19
每股经营活动产生的现金流量净额(元/股)	0.13	-0.01	-0.11	-0.11
净资产收益率(%)	14.45	10.50	11.20	10.24

注:公司在2000年12月29日—2001年1月12日通过上交所结算系统实施了"2000年度配股方案",配股后公司总股本增至227,730,538股,股本变动后的每股收益为0.19元。
㈢、利润表附表　　　　单位:元

报告期利润	净资产收益(%)		每股收益	
	全面摊薄	加权平均	全面摊薄	加权平均
主营业务利润	35.33	37.92	0.52	0.52
营业利润	13.66	14.66	0.20	0.20
净利润	14.45	15.51	0.21	0.21
扣除非经常性损益后的净利润	13.75	14.76	0.20	0.20

三、股东情况介绍

㈠、报告期末股东总数截止2000年12月31日公司股东总数量为4827户,其中法人股股东23户,社会公众股股东4804户。
㈡、公司前十名股东报告期末持股情况

序号 名称	所持非流通股股份数(股)	所持流通股份数(股)	占公司股份比率(%)
1.宁波城建投资控股有限公司	65,655,840	0	32.02
2.宁波市金茂资产管理有限公司	17,280,000	0	8.43
3.工商银行浙江省信托投资公司	13,600,000	0	6.63
4.农业银行宁波市信托投资公司	10,296,000	0	5.02
5.宁波证券有限责任公司	9,014,440	0	4.40
6.宁波大榭开发区天宇贸易有限公司	8,240,000	0	4.02
7.宁波龙冠实业有限公司	7,379,968	0	3.60
8.杭州财务开发公司	4,944,908	0	2.41
9.浙江省二轻企业集团	2,516,894	0	1.23
10.杭州市信托投资公司	2,516,894	0	1.23

注:宁波市金茂资产管理有限公司,2000年7月4日有偿受让宁波保税区中特置业有限公司持有的本公司股份1728万股(占总股本的8.43%),成为公司第二大股东。该公司是由宁波市财政局全额出资的国有独资企业,主要从事资产经营、物业管理等业务。注册资本为人民币500万元,法人代表:林新华。转让信息披露在2000年7月11日的《上海证券报》、《中国证券报》上。其次,宁波龙冠实业有限公司于2000年9月12日向宁波市江北富君贸易有限公司有偿转让其所持本公司法人股200万股。公司其他前八名股东报告期均未发生股份增减变动及质押冻结情况,亦未持有流通股。
㈢、持股10%以上法人股股东情况介绍
宁波城建投资控股有限公司,1999年度无偿受让余姚市交通投资有限公司所持本公司6565.584万股法人股(占公司总股本32.02%),已成为公司第一大股东,该公司是由宁波市人民政府授权宁波城乡建设委员会依法设立的国有独资有限责任公司。经营范围是以宁波市城市建设、能源环保为主的国有资产经营、管理、实业项目投资经营,注册资本5.08亿元,法定代表人:张鸿兴。

云南云维股份有限公司

一、公司简介

1 、公司法定中文名称:云南云维股份有限公司
公司法定英文名称:YUNNAN YUNWEI COMPANY LIMITED
英文缩写:YNYW
2 、公司法定代表人:李剑秋
3 、公司董事会秘书:滕仕喜
联系地址:云南省曲靖市沾益县花山镇云维公司办公室
电话:0874 —3064195
传真:0874 —3068590
电子信箱:tsx0424@sina.com
授权代表:蒋观华
电话:0874 —3068588
传真:0874--3068590
电子信箱:ywjgh@china.com
4 、公司注册及办公地址:云南省曲靖市沾益县花山镇
公司国际互联网网址:http://www.yunweigroup.com
电子信箱:yunwei@hi2000.com &ywgroup@hi2000.com
邮政编码:655038
5 、公司信息披露报纸名称:《中国证券报》、《上海证券报》
登载公司年度报告的中国证监会指定国际互联网网址:http://www.sse.com.cn
6 、公司股票上市交易所:上海证券交易所
股票简称:云维股份
股票代码:600725

二、会计数据和业务数据摘要

1 、本年度实现利润及构成(合并报表数据,单位:元)

项目	金额
利润总额	23,041,061.05
净利润	21,116,592.35
扣除非经常性损益后的净利润	21,013,163.38
主营业务利润	47,744,094.26
其他业务利润	1,237,120.14
营业利润	21,069,663.26
投资收益	2,101,829.48
补贴收入营业外收支净额	--130,431.69
经营活动产生的现金流量净额	39,339,316.73
现金及现金等价物净增加额	10,398,542.11

扣除非经常性损益项目及金额(元)如下:

(1)环保贷款贴息收入	190,000.00
(2)其他收入	48,565.00
(3)处理固定资产净损失	120,163.82
(4)其他支出	14,972.21

2 、近三年主要会计数据和财务指标(单位:万元)

指标项目	2000 年度	1999 年度	1998 年度	
			调整前	调整后
主营业务收入	15,401.96	14,432.00	12,726.71	12,726.71
净利润	2,111.66	326.06	–2,226.88	–3,017.49
总资产	38,046.57	35,379.84	40,452.67	38,804.64
股东权益(不含少数股东权益)	34,261.44	31,974.79	33,282.43	31,648.73
每股收益(元)(按净利润全面摊薄计算)	0.1920	0.0296	–0.2024	–0.2743
每股收益(元)(按净利润加权平均计算)	0.1920	0.0296	–0.2024	–0.2743
每股收益(元)(扣除非经常性损益)	0.1910	0.0296	–0.2024	–0.2743
每股净资产(元)	3.11	2.91	3.03	2.88
调整后每股净资产(元)	3.00	2.79	2.95	2.84
净资产收益率%(按净利润全面摊薄计算)	6.16	1.02	–6.69	–9.53
净资产收益率%(按净利润加权平均计算)	6.39	1.02	–6.47	–9.10
每股经营活动产生的现金流量净额(元)	0.36	0.117	0.104	0.104

按中国证监会《公开发行证券公司信息披露编报原则(第 9 号)》要求计算 2000 年报告期利润的净资产收益率和每股收益如下:

报告期利润		净资产收益率%		每股收益(元)	
		全面摊薄	加权平均	全面摊薄	加权平均
主营业务利润	47,744,094.26	①13.94	②14.45	③0.4340	④0.4340
营业利润	21,069,663.26	6.15	6.38	0.1915	0.1915
净利润	21,116,592.35	6.16	6.39	0.1920	0.1920
扣除非经常性损益后的净利润	21,013,163.38	6.13	6.36	0.1910	0.1910

三、股本变动及股东情况介绍

1、报告期末股东数量

截 止 2000 年 12 月 31 日,公司共有股东总数 28153 户,其中,国有法人股股东 1 户(云南云维集团有限公司),社会公众股股东 28152 户。

2、公司前 10 名股东持股情况

股东名称	持股数量	占总股本的比例(%)
云南云维集团有限公司	72,500,000	65.900
俞专飞	153,050	0.139
温伟	150,260	0.137
张云秋	132,000	0.120
赵国君	125,580	0.114
万柏花	96,000	0.087
勒孚任	95,968	0.087
勒孚仕	94,900	0.086
李文花	80,000	0.073
宋德芬	78,000	0.071

云南云维集团有限公司代表国家持有本公司 65.90%的股份。公司前 10 名股东之间不存在关联关系。

公司前 10 名股东中,云南云维集团有限公司持有的 7,250 万股国有法人股为未上市流通股份,其余 9 名自然人股东持有的股份均为已上市流通的社会公众股。

黑龙江电力股份有限公司

一、公司简介

1 、公司法定中文名称:黑龙江电力股份有限公司
公司英文名称:HEILONGJIANG ELECTRIC POWER COMPANY LIMITED 缩写:HLJEPCL
2 、公司法定代表人:郑宝森
3 、公司董事会秘书:梅君超 联系地址:哈尔滨市南岗区大成街 209 号
电话:0451-2525778 传真:0451-2525878 电子信箱:mjc@Londian.com
4 、公司注册地址:哈尔滨市香坊区市高新技术开发区 12 号楼 B 座
公司办公地址:哈尔滨市南岗区大成街 209 号 邮编:150001
国际互联网网址:http://www.londian.com 电子信箱:dlgf@public.hr.hl.cn
5 、公司信息披露 报纸:《上海证券报》、《文汇报》、《南华早报》
国际互联网网址:http://www.sse.com.cn 公司年报备置地点:公司股权管理部
6 、公司股票上市地址:上海证券交易所
股票代码:600726(A 股)900937(B 股) 股票简称:龙电股份(A 股)龙电 B 股(B 股)

二、会计数据和业务数据摘要

(一)公司本年度主要利润指标(合并报表)

单位:人民币元

利润总额	243,963,206.28
净利润	224,700,092.53
扣除非经常性损益后的净利润	211,287,592.53
主营业务利润	247,086,366.00
其他业务利润	6,660,752.55
营业利润	221,237,744.61
投资收益	22,752,730.46
营业外收支净额	(27,268.79)
经营活动产生的现金流量净额	191,483,439.01
现金及现金等价物净增加额	585,581,780.75

扣除非经常性损益项目和涉及的金额: 转让黑龙江省华富电力投资有限公司 650 万股股权,涉及净利润 13,412,500 元。

按国际会计准则对净利润及净资产进行调整之影响 单位:人民币万元

	净利润 2000 年	净资产 2000 年 12 月 31 日	净利润 999 年	净资产 1999 年 12 月 31 日
根据中国会计准则列报	22,470.0	274,919.0	18,412.9	168,600.2
按国际会计准则调整				
______ 折旧	1,263.8	3,979.4	925.3	2,715.6
______ 拟派发之股利	8,409.5			
小计	1,263.8	12,388.9	925.3	2,715.6
根据国际会计准则列报	23,733.8	287,307.9	19,338.2	171,315.8

(二)前三年主要会计数据和财务指标

单位:人民币元

指标项目	2000 年	1999 年	1998 年
主营业务收入	807,498,682.91	775,585,732.49	688,973,247.65
净利润	224,700,092.53	184,128,143.51	235,140,795.91
总资产	3,305,762,720.89	2,498,674,464.44	2,466,878,310.31
股东权益	2,749,190,141.90	1,686,001,518.30	1,501,873,374.79
每股净资产(元/股)	3.92	2.87	2.56
调整后每股净资产(元/股)	3.91	2.85	2.53
每股经营活动产生的现金流量净额	0.27	1.26	0.03

按公开发行证券公司信息披露编报规则第九号计算的净资产收益率和每股收益:

报告期利润	净资产收益率(%)						每股收益(元)					
	全面摊薄			加权平均			全面摊薄			加权平均		
	00 年	99 年	98 年	00 年	99 年	98 年	00 年	99 年	98 年	00 年	99 年	98 年
主营业务利润	8.99	13.64	11.33	13.28	15.27	11.56	0.35	0.39	0.29	0.41	0.39	0.29
营业利润	8.05	10.12	8.44	11.89	11.33	8.60	0.32	0.29	0.22	0.37	0.29	0.22
净利润	8.17	10.92	15.66	12.07	12.23	15.97	0.32	0.31	0.40	0.37	0.31	0.40
扣除非经常性损益后的净利润	7.69	10.92	15.66	10.64	12.23	15.97	0.30	0.31	0.40	0.33	0.31	0.40

注:主要财务指标计算方法

每股净资产=年度末股东权益/年度末普通股股份总数

全面摊薄每股收益=报告期净利润/期末股份总数

全面摊薄净资产收益率=报告期利润/期末净资产

加权平均净资产收益率=P/(E0+NP/2+Ei*Mi/M0–Ej*Mj/M0)

其中:P 为报告期利润,NP 为报告期净利润,E0 为期初净资产,Ei 为报告期发行新股或债转股等新增净资产,Ej 为报告期回购或现金分红等减少净资产,M0 为报告期月份数,Mi 为新增净资产下一月份起至报告期期末的月份数,Mj 为减少净资产下一月份起至报告期期末的月份数

三、股本变动及股东情况介绍

1 、股本变动情况

2 、股东情况介绍(1)截至 2000 年 12 月 31 日,本公司股东总数为 35748 户,A 股 25969 户,其中法人 11 户,B 股 9779 户。

(2)2000 年 12 月 31 日主要股东持股情况(前十名)

名次	股东名称	持股数(万股)	占总股本比例(%)
1	黑龙江省电力有限公司	23997.8	34.24
2	黑龙江华源电力开发公司	1847.87	2.64
3	黑龙江电力实业集团有限公司	1485.33	2.12
4	TOYO SECURITIES ASIA LTD.A/C CLIENT	1473.38	2.10
5	黑龙江省华富电力投资有限公司	1212	1.73
6	NAITO SECURITIES CO.,LTD	990.78	1.41
7	WAH CHUN INTERNATIONAL LIMITED	868.08	1.24
8	黑龙江省电力开发公司	532.125	0.76
9	龙电集团有限公司	498.4	0.71
10	中国电力投资有限公司	450	0.64

注:因截止报告期末公募增发 4500 万股的股份未在登记公司完成托管登记手续,故上述股东情况介绍中,未含增发股份 4500 万股的股东情况资料,公司股份变动及增发 A 股上市事宜已于 2001 年 2 月 13 日公告。

山东鲁北化工股份有限公司

一、公司简介

1、中文名称:山东鲁北化工股份有限公司
英文名称:SHANDONGLUBEICHEMICALCo.,LTD
英文缩写:LBC
2、法定代表人:冯久田
3、董事会秘书:田玉新
联系地址:山东省无棣县埕口镇东
电话:(0543)6451265
传真:(0543)6451057
电子信箱:bz683@public.bzptt.sd.cn
4、公司注册地址:山东省无棣县马山子镇
邮政编码:251907
办公地址:山东省无棣县埕口镇东
邮政编码:251909
公司网址:www.Lubei.com
电子信箱:Lubei@public.bzptt.sd.cn
5、信息披露报刊:《中国证券报》、《上海证券报》,登载公司年度报告的国际互联网网址:http://www.sse.com.cn,年报备置地点:公司证券部
6、股票上市地:上海证券交易所
股票简称:鲁北化工
股票代码:600727

二、会计数据和业务数据摘要

(一)公司本年度利润情况　　单位:元

利润总额:	228992734.51
净利润:	196056819.62
扣除非经常性损益后的净利润	196056819.62
主营业务利润:	184995319.98
其他业务利润:	109503.29
营业利润:	135116115.92
投资收益:	0.00
补贴收入:	93714513.40
营业外收支净额:	162105.19
经营活动产生的现金流量净额:	390267082.45
现金及现金等价物净增加额:	410012535.02

(二)主要会计数据和财务指标　　单位:元

指标项目	2000年	1999年	1998年	1998年调整前
1、主营业务收入	838625788.66	955706977.74	450462873.36	450462873.36
2、净利润	196056819.62	274803798.72	216544408.53	214746866.72
3、总资产	3089928242.83	2043200269.86	1696399411.97	1704037583.41
4、股东权益	2095365734.73	1171888646.13	897084847.41	904723018.85
5、每股收益	0.52	0.83	0.975	0.97
每股收益(加权)	0.55	0.96	1.04	1.03
扣除非经常性损益后的每股收益	0.52	0.83	0.975	0.97
6、每股净资产	5.52	3.52	4.04	4.08
7、调整后的每股净资产	5.52	3.52	4.04	4.08
8、每股经营活动产生的现金流量净额	1.03	1.00	1.24	1.24
9、净资产收益率(%)	9.40	23.45	24.13	23.74

注:按照中国证监会《公开发行证券公司信息披露编报规则(第9号)》要求计算的利润数据:

报告期利润	净资产收益率(%)		每股收益(元)	
	全面摊薄	加权平均	全面摊薄	加权平均
主营业务利润	8.80	13.30	0.49	0.54
营业利润	6.40	9.70	0.36	0.40
净利润	9.40	14.10	0.52	0.57
扣除非经营性损益后的净利润	9.40	14.10	0.52	0.57

三、股东情况介绍

1、报告期末股东总数为104934户。
2、前十名股东持股情况:

股东名称	持股数量(股)	比例(%)
山东鲁北企业集团总公司	227200000	59.9%(未上市流通股份)
景福基金	1356168	0.36%(流通股份)
昆明国投	1334000	0.35%(流通股份)
冯怡生	803300	0.21%(流通股份)
龙东升	673322	0.18%(流通股份)
钱江生化	418546	0.11%(流通股份)
曹恒贵	325000	0.09%(流通股份)
冯久田	309777	0.08%(流通股份)
泰达中心	297000	0.08%(流通股份)
徐海敏	282956	0.07%(流通股份)

前十名股东中,山东鲁北企业集团总公司代表国家持有国有法人股,期初为21600万股,由于公司2000年实施了10:3比例配股方案,山东鲁北企业集团总公司用实物资产认购1120万股,其所持股数期末变为22720万股。1999年,集团总公司为发行企业债券,已将其持有的本公司9000万股国有法人股作为质押反担保,质权人为山东证券有限责任公司,质押期限为1999年7月6日至2004年7月5日。

公司前十名股东中,第四大股东冯怡生先生系第八大股东冯久田先生之父,其他股东之间不存在关联关系。

3、公司国有法人股股东--山东鲁北企业集团总公司,法定代表人:冯怡生,经营范围:原盐、硬脂酸等。

4、报告期内,公司控股股东未发生变更。

四、股东大会简介

报告期内,公司召开了一次股东大会。2000年5月9日,公司1999年度股东大会召开。本次股东大会决议公告已于1999年5月10日刊登在《中国证券报》和《上海证券报》。

辽宁新太科技股份有限公司

一、公司简介

1、公司法定中文名称:辽宁新太科技股份有限公司
公司法定英文名称:LIAONING SUNTEK TECHNOLOGY CO.LTD　　缩写:LSTC
2、公司法定代表人:邓龙龙
3、公司董事会秘书:潘福久　　联系地址:大连市甘井子区大连湾镇
电话:0411-7125455　　传真:0411-7600329　　电子信箱:PANFJ@LFG.COM.CN
董事会证券事务代表:刘颖
联系地址:广州市天河高新技术产业开发区工业园建中路51号
电话:020-85520635　　传真:020-85538988　　电子信箱:ly@chinasuntek.com
4、公司注册及办公地址:大连市甘井子区大连湾镇　　邮编:116113
公司电子信箱:LPFC@LFG.COM.CN
5、公司选定的信息披露报纸:上海证券报、中国证券报。
登载公司年度报告的国际互联网网址:HTTP://WWW.SSE.COM.CN
公司年度报告备置地:公司计划财务证券部
6、公司股票上市交易所:上海证券交易所
股票简称:新太科技　　股票代码:600728

二、会计数据和业务数据摘要

(一)本年度主要会计数据和业务数据(合并报表)　　单位:元

利润总额	73,750,524.55
净利润	63,453,178.28
扣除非经营性损益后的净利润	61,185,301.56
主营业务利润	176,567,798.83
其他业务利润	1,556,986.31
营业利润	67,335,023.63
投资收益	3,636,384.20
补贴收入	0.00
营业外收入净额	2,779,116.72
经营活动产生的现金流量净额	2,236,151.67
现金及现金等价物净增加额	330,269,749.74

说明:扣除非经常性损益的项目和金额:

1、减:营业外收入	4,577,792.02
2、加:营业外支出	1,798,675.30
3、加:长期股权投资差额摊销	511,240.00

(二)主要会计数据和财务指标(合并报表)　　单位:元

项目/年份	2000年	1999年	1998年 调整前	1998年 调整后
主营业务收入	725,291,886.45	611,227,190.78	378,204,427.36	378,204,427.36
净利润	63,453,178.28	47,260,544.60	45,782,700.89	44,177,363.84
总资产	1,170,275,084.86	871,759,140.21	537,330,782.87	532,882,112.60
股东权益(不含少数股东权益)	811,013,299.23	441,916,527.18	399,104,652.85	394,655,982.58
每股收益(摊薄)	0.305	0.249	0.242	0.233
每股收益(加权)	0.335	0.249	0.286	0.276
扣除非经常性损益后的每股收益	0.294	0.188	0.229	0.221
每股净资产	3.896	2.333	2.106	2.083
调整后每股净资产	3.890	2.259	2.098	2.075
每股经营活动产生的现金流量净额	0.011	0.439	0.425	0.425
净资产收益率(摊薄)(%)	7.824	10.694	11.471	11.194
净资产收益率(加权)	13.397	11.298	17.164	16.562

(三)全面摊薄和加权平均法计算的净资产收益率及每股收益

根据中国证监会关于《公开发行证券公司信息披露编报规则》第9号通知精神,公司2000年按全面摊薄和加权平均法计算的净资产收益率及每股收益如下:

报告期利润	净资产收益率(%)		每股收益(单位:元)	
	全面摊薄	加权平均	全面摊薄	加权平均
主营业务利润	21.771	37.279	0.848	0.932
营业利润	8.303	14.216	0.323	0.355
净利润	7.824	13.397	0.305	0.335
扣除非经常性损益后净利润	7.544	12.918	0.294	0.323

全面摊薄净资产收益率和每股收益的计算公式如下:
全面摊薄净资产收益率=报告期利润÷期末净资产
全面摊薄每股收益=报告期利润÷期末股份总数

三、股东情况介绍

1、截止2000年12月31日,公司股东总数为10,930户。无内部职工股。
2、主要股东持股情况(前十名股东)

序号	股东名称	持股数(股)	持股比例%
1	辽宁省大连海洋渔业集团公司	61,411,586	29.5
2	广州新太新技术研究设计有限公司	56,648,594	27.21
3	汉兴基金	7,740,897	3.72
4	景宏基金	7,652,307	3.68
5	景业基金	6,544,935	3.14
6	景博基金	4,990,538	2.40
7	大连海洋渔业进出口公司	3,000,000	1.44
8	大连冷冻机股份有限公司	3,000,000	1.44
9	中国水产总公司	3,000,000	1.44
10	景阳基金	2,844,799	1.37

公司第一大股东--辽宁省大连海洋渔业集团公司为国有法人股股东,第三、四、五、六、十名股东为流通股股东,第二、七、八、九名股东为社会法人股股东。在前十名股东中,大连海洋渔业进出口公司是辽宁省大连海洋渔业集团公司的全资子公司。

3、辽宁省大连海洋渔业集团公司持有本公司国有法人股61,411,586股,占公司总股本的29.50%,其法定代表人为张毅先生,经营范围为:近海、远洋捕捞生产、水产品加工、国内外贸易及修船、网具制造、海陆运输、港口航运、房地产开发等。该股东所持本公司股份无任何质押。

重庆百货大楼股份有限公司

一、公司简介

1 、公司法定中文名称：重庆百货大楼股份有限公司
英文名称：ChongQing Department Store Co.Ltd　英文简称：CBDL
2 、法定代表人：龚小力
3 、董事会秘书：张邕
董秘联系地址：重庆市渝中区民权路 2 号
联系电话：023 —63843197
传真：023 —63844212
4 、公司注册地址：重庆市渝中区民权路 2 号
办公地址：重庆市渝中区民权路 2 号　邮政编码：400010
公司网址：http://www.cqbhdl.com
电子邮件地址：600729@cqbhdl.com
5 、公司信息披露报纸：上海证券报
年度报告登载网址：http://www.sse.com.cn
年度报告备置地点：公司证券部
6 、公司股票上市交易所：上海证券交易所
股票简称：重庆百货
股票代码：600729

二、会计数据和业务数据摘要

1 、会计数据(单位：元)

利润总额	83,471,685.75
净利润	70,877,992.58
扣除非经常性损益后的净利润	70,374,586.83
主营业务利润	241,027,181.95
其他业务利润	7,926,999.69
营业利润	55,547,932.56
投资收益	30662771.56
补贴收入	0
营业外收支净额	–2,739,018.37
经营活动产生的现金流量净额	111,945,561.29
现金及现金等价物净增加额	18,956,597.22

注："扣除非经常性损益后的净利润"指标扣除的项目、涉及金额

项目	金 额
捐赠支出	100,663.84
多年未支付的款项	–604,069.59

2 、业务数据摘要(单位：元)

项目	2000 年度	1999 年度	1998 追溯调整前	1998 调整后
主营业务收入	2,043,514,687.49	1,730,830,354.76	1,350,505,460.37	1,350,505,460.37
净利润	70,877,992.58	72,913,636.11	67,388,629.08	70,926,057.52
总资产	1,022,722,032.04	801,320,061.00	949,870,623.19	943,732,628.17
扣除非经常性损益后的每股收益	0.3450	0.3714	0.3341	0.3514
每股净资产	1.91	1.74	1.72	1.71
调整后每股净资产	1.67	1.61	1.62	1.62
每股经营活动产生的现金流量净额	0.55	0.10	0.54	0.54

2000 年度利润	净资产收益率		每股收益	
	全面摊薄	加权平均	全面摊薄	加权平均
主营业务利润	61.88%	60.99%	1.1815	1.1815
营业利润	14.26%	14.06%	0.2723	0.2723
净利润	18.20%	17.94%	0.3474	0.3474
扣除非经常性损益后的净利润	18.07%	17.81%	0.3449	0.3449

1999 年度利润	净资产收益率		每股收益	
	全面摊薄	加权平均	全面摊薄	加权平均
主营业务利润	54.01%	56.27%	0.9938	0.9938
营业利润	12.24%	12.75%	0.2253	0.2253
净利润	19.42%	20.24%	0.3574	0.3574
扣除非经常性损益后的净利润	20.18%	21.03%	0.3714	0.3714

1998 年度利润	净资产收益率		每股收益	
	全面摊薄	加权平均	全面摊薄	加权平均
主营业务利润	43.09%	42.85%	0.7378	0.7378
营业利润	12.11%	12.04%	0.2073	0.2073
净利润	20.30%	20.19%	0.3477	0.3477
扣除非经常性损益后的净利润	20.52%	20.41%	0.3514	0.3514

三、股东变动及股东情况

(1) 、报告期末股东总数：17265 户。
(2) 、大股东持股情况(单位：股)

持股单位名称	持有数量	持有类别	持有比例
①重庆华贸国有资产经营有限公司	36720000	国家股	18.00%
②重庆路桥股份有限公司	35020000	法人股	17.17%
③重庆农行渝中区支行	3400000	法人股	1.67%
④重庆建行渝中区支行	3400000	法人股	1.67%
⑤重庆市银桥贸易服务公司	3400000	法人股	1.67%
⑥重庆银海租赁有限责任公司	3060000	法人股	1.50%
⑦重庆牙膏厂	2975000	法人股	1.46%
⑧重庆有价证券公司	2550000	法人股	1.25%
⑨重庆市商业银行	1700000	法人股	0.83%
⑩太平洋保险公司重庆分公司	1700000	法人股	0.83%

四、股东大会简介

1 、本年度召开 1999 年度(二届二次)股东大会及 2000 年第一次临时股东大会(二届三次)。

1999 年度股东大会于 2000 年 6 月 28 日召开，通过 7 项决议，此次大会决议公告刊登于 2000 年 6 月 29 日《上海证券报》。2000 年第一次临时股东大会于 2000 年 12 月 19 日召开，通过 3 项决议，此次大会决议公告刊登于 2000 年 12 月 21 日《上海证券报》。

2 、1999 年度股东大会上，大会同意免去张雪瑜监事职务，选举张林英为公司监事。2000 年第一次临时股东大会上，接受王定基同志辞职申请，选举陈志勇同志为公司董事。

中国高科集团股份有限公司

一、公司简介

1、公司的法定中文名称：中国高科集团股份有限公司
英文名称：CHINA HI-TECH GROUP CO.,LTD.
2、公司法定代表人：张海
3、公司董事会秘书：王珍宝　联系地址：上海市成都北路 333 号招商局广场南幢 17 层
电话：(021)52980008　传真：(021)52980816　电子信箱：hi-tech@china-hi-tech.com
4、公司注册地址：上海市浦东新区银桥路 549 号　邮政编码：201206
公司办公地址：上海市成都北路 333 号招商局广场南幢 17 层　邮政编码：200041
公司国际互联网网址：http:\\www.china-hi-tech.com　电子信箱：hi-tech@china-hi-tech.com
5、公司指定的信息披露报纸名称：《上海证券报》、《中国证券报》
登载公司年度报告的中国证监会指定国际互联网网址：http:\\www.sse.com.cn
公司年度报告备置地点：上海市成都北路 333 号招商局广场南幢 17 层
6、公司股票上市交易所：上海证券交易所　股票简称：中国高科　中国高科：600730

二、会计数据和业务数据摘要

1、主要利润指标情况(单位：人民币元)

利润总额：	37,891,334.70
净利润：	29,394,468.00
扣除非经常性损益后的净利润	28,294,240.94
主营业务利润：	34,092,347.04
其他业务利润：	37,293,123.23
营业利润	26,151,771.71
投资收益：	10,789,459.75
补贴收入：	17,740.20
营业外收支净额：	932,363.04
经营活动产生的现金流量净额：	458,780,782.46
现金及现金等价物净增加额：	113003,124.27

注：公司已扣除的非经常性损益项目具体明细如下：

补贴收入	17,740.20
营业外收支净额：	932,363.04
长期股权投资差额摊销损益	190,723.49
股权投资处置损益	–40,599.67

2、近三年主要会计数据及财务指标

项目	2000 年	1999 年	1998 年
主营业务收入(元)	865,613,182.74	347,842,467.14	185,950,509.57
净利润(元)	29,394,468.00	4,140,138.03	–50,072,501.85
总资产(元)	1,579,076,867.70	670,177,318.19	462,623,447.28
股东权益(元)	324,017,854.93	243,296,798.94	226,371,860.86
每股收益(元/股)	0.17	0.02	–0.29
加权每股收益(元/股)	0.17	0.02	–0.29
扣除非经常性损益后的每股收益	0.16	0.01	
每股净资产(元/股)	1.86	1.39	1.30
调整后的每股净资产(元/股)	1.83	1.32	1.28
每股经营活动产生的现金流量净额	2.63	0.02	–0.29
净资产收益率(%)	9.07	1.70	–22.11
加权平均净资产收益率(%)	10.36	1.76	–14.22

3、本报告期内股东权益变动情况

单位：万元

项目	股本	资本公积	盈余公积	其中：法定公益金	期末未分配利润	股东权益合计
期初数	17,460.00	9,023.93	3,218.77	1,090.70	–5,240.36	24,329.68
本期增加	–	5,000.00	539.78	179.39	2,939.45	7,939.45
本期减少	–	–	–	–	539.78	132.66
期末数	17,460.00	14,023.93	3,758.55	1,270.09	–2,840.69	32,401.79
变动原因		子公司评估增值	有盈利子公司按规定提取		本期减少未确认的投资损失132.66 万	

三、股东情况

1、股东情况介绍

(1)报告期末股东总数：截止 2000 年 12 月 31 日，本公司股东总数为 25662 户。

(2)主要股东情况：前十名股东

名次 股东名称	年度内股份增减变动情况	年末持股数量(万股)	占总股本比例(%)
1.东方时代投资有限公司	+1140	4650 万	26.63
2.复旦大学(上海医科大学并入复旦)	+540	900 万	5.15
3.交大产业	+330	510 万	2.92
4.成都创先	+438	438 万	2.50
5.同济大学(上海铁道大学、上海建材学院并入同济大学)	+420	420 万	2.40
6.清华大学	0	240 万	1.37
7.北京大学	0	240 万	1.37
8.北京邮电大学	0	240 万	1.37
9.上海外国语大学	0	240 万	1.37
10.中国华云	0	240 万	1.37

注：前十名股东的关联交易详见财务报告第(六)项。持有本公司 5%以上(含 5%)股份的股东所持股份在报告期内无质押和冻结情况。

四、股东大会简介

1、报告期内召开年度股东大会的有关情况

公司董事会于 2000 年 4 月 15 日在《中国证券报》、《上海证券报》刊登了《关于召开 1999 年度股东大会》的公告，并于 2000 年 5 月 15 日在上海召开了 1999 年度股东大会。会议审议通过了《公司 1999 年度董事会工作报告》、《2000 年度经营工作报告》、《公司 1999 年度监事会工作报告》、《公司 1999 年度财务决算报告》、《公司 1999 年度利润分配报告》、《公司 2000 年度财务预算报告》、《调整董事的情况报告》、《调整监事的情况报告》、《公司章程修订说明报告》

公司 1999 年度股东大会决议公告刊登于 2000 年 5 月 16 日《中国证券报》、《上海证券报》。

湖南海利化工股份有限公司

一、公司简介

1.公司法定中文名称:湖南海利化工股份有限公司
公司英文名称:Hunan Haili Chemical Industry Co.,Ltd.　公司英文名称缩写:HLC
2.公司法定代表人:王晓光
3.公司董事会秘书:肖光普　联系地址:湖南省长沙市芙蓉中路 399 号
电话:(0731)5552484　传真:(0731)5540475
电子信箱:Hnhlzq03@public..cs.hn.cn
4.公司注册、办公地址:湖南省长沙市芙蓉中路 399 号　邮编:410007
公司网址:http://www.hnhlc.com　电子信箱:hnhlzq01@public..cs.hn.cn
5.公司信息披露报纸名称:《中国证券报》、《上海证券报》
登载年报的指定网址:http://www.sse.com.cn
公司年报备置地点:公司证券部
6.公司股票上市交易所:上海证券交易所
股票简称:湖南海利　股票代码:600731

二、会计数据和业务数据摘要

1、公司本年度主要利润指标情况(单位:元)

利润总额	41444645.58
净利润	36102715.13
扣除非经常性损益后的净利润	34647598.88
主营业务利润	81468975.97
其它业务利润	2622791.79
营业利润	39963797.99
投资收益	25731.34
补贴收入	2000000.00
营业外收支净额	-544883.75
经营活动产生的现金流量净额	6987904.33
现金及现金等价物净增加额	205045015.61

扣除非经常性损益后的净利润中扣除了补贴收入 2000000 元、营业外收支净额-544883.75 元,共涉及金额 1455116.25 元。

2、截止报告期末公司前三年的主要会计数据和财务指标(单位:人民币元)

指标项目	2000 年	1999 年	1998 年	
			调整后	调整前
主营业务收入	333164394.89	300148666.67	285234924.67	285234924.67
净利润	36102715.13	26375793.11	26258773.68	28957563.20
总资产	917451509.99	525610945.82	461018395.49	471244374.15
股东权益(不含少数股东权益)	452614594.02	298224840.19	271849047.08	281690997.05
每股收益				
摊薄	0.154	0.1874	0.1866	0.206
加权	0.16	0.1874	0.202	0.223
每股净资产	1.93	2.1193	1.9319	2.002
调整后每股净资产	1.89	2.110	1.9286	1.986
每股经营活动产生的现金流量净额	0.03	0.0212	0.0143	0.0143
净资产收益率(%) 摊薄	7.98	8.844	9.659	10.28
加权	9.75	9.253	12.298	13.26

3、按照中国证监会《公开发行证券公司信息披露编报规则》(第 9 号)要求计算的净资产收益率及每股收益:

报告期利润	金额(元)	净资产收益率(%)		每股收益(元/股)	
		全面摊薄	加权平均	全面摊薄	加权平均
主营业务利润	81468975.97	18.00	21.99	0.35	0.36
营业利润	39963797.99	8.83	10.79	0.17	0.177
净利润	36102715.13	7.98	9.75	0.154	0.16
扣除非经常性损益后的净利润	34647598.88	7.65	9.35	0.148	0.154

4、报告期内股东权益变动情况及原因(单位:元)

项目	股本	资本公积	盈余公积	法定公益金	未分配利润	股东权益合计
期初数	140715413	98150231.28	20354039.47	8127536.83	39005156.44	298224840.19
本期增加	93205763	115783824.50	5599556.44	1866518.82	36102715.13	250691859.07
本期减少	0	79006490.00	0	0	17295615.24	96302105.24
期末数	233921176	134927565.78	25953595.91	9994055.65	57812256.33	452614594.02

注:股本增加系实施 2000 年配股及 2000 年中期资本公积金转增股本所致;

资本公积金增加系实施 2000 年配股资本溢价所致,减少系实施 2000 年中期资本公积金转增股本所致;

盈余公积增加系本年度净利润计提所致;法定公益金增加系本年度净利润计提所致;

未分配利润增加系本年度净利润转入所致;减少系根据公司章程本年度提取有盈余公积金及分配现金股利所致。

三、股本变动及股东情况

1、报告期末股东总数

截止 2000 年 12 月 31 日,公司股东总数为 7806 户,其中国有法人股股东 1 户,社会法人股股东 58 户,社会公众股股东 7747 户。

2、主要股东持股情况(前十名股东)　　(数量单位:股)

股东名称	报告期末持股数	年度内股份增加数	占总股本%
湖南化工研究院	117054016	42296168	50.04
湘化工会	5565694	1879804	2.38
湘化学会	4726828	1596478	2.02
科旺公司	3827850	1292850	1.64
大榭公司	3827850	1292850	1.64
京信泰珂	3827850	1292850	1.64
长化经营	3827850	1292850	1.64
贵溪工行	2754614	2554614	1.18
电力公司	1913925	646425	0.82
国贸公司	1913925	646425	0.82

注 1:湖南化工研究院所持有本公司 50.04% 的股份为国有法人股股份,截止 2000 年末该院持有的"湖南海利"股份未进行质押。

注 2:前 10 名股东之间不存在关联关系。

3、报告期内控股股东未发生变更。

上海港机股份有限公司

一、公司简介

1、公司法定中文名称:上海港机股份有限公司
公司英文名称:Shanghai Port Machinery Co.,Ltd.缩写:SPMC
2、公司法定代表人:潘钟林
3、公司董事会秘书:蔡爱国　联系地址:上海市浦东南路 3500 号董事会秘书室
电话:(021)58395139　传真:(021)58398836　电子信箱:dms@mail.spmp.com
4、公司注册地址及办公地址:上海市浦东南路 3500 号　邮政编码:200125
国际互联网网址:http://www.spmp.com　电子信箱:spmc@mail.spmp.com
5、公司选定的信息披露报纸:《中国证券报》、《上海证券报》
登载公司年度报告的中国证监会指定国际互联网网址:
http://www.sse.com.cn
公司年度报告备置地点:公司董事会秘书室
6、公司股票上市地:上海证券交易所
股票简称:上海港机　股票代码:600732

二、会计数据和业务数据摘要

1、本年度利润总额及构成(合并报表)

(单位:元)

利润总额:	24,862,603.24
净利润:	20,144,675.74
扣除非经常性损益后的净利润:	11,137,902.71
主营业务利润:	59,597,584.38
其他业务利润:	1,230,300.44
营业利润:	9,180,831.99
投资收益:	11,457,254.06
补贴收入:	0
营业外收支净额:	4,224,517.19
经营活动产生的现金流量净额:	-102,474,684.14
现金及现金等价物净增加额:	-4,901,686.84

注:扣除的非经常性损益项目和涉及金额如下:

营业外收支净额:　4,224,517.19 元,
股权转让净收益:　5,053,274.50 元,
合并价差摊入:　- 271,018.66 元。

2、近三年主要会计数据和财务指标(合并报表)　(单位:元)

指标项目	2000 年	1999 年	1998 年	
			调整前	调整后
主营业务收入	495,044,179.90	548,019,878.24	607,703,510.36	607,703,510.36
净利润	20,144,675.74	10,535,377.84	6,539,718.74	-5,678,437.55
总资产	1,196,649,900.55	1,037,080,219.82	932,645,047.64	913,255,943.20
股东权益	407,183,606.36	387,038,930.62	414,968,857.22	395,579,752.78
每股收益(摊薄)	0.081	0.055	0.034	-0.030
每股收益(加权)	0.081	0.055	0.034	-0.030
扣除非经常损益后的每股收益	0.045	0.034	0.012	-0.052
每股净资产	1.64	2.13	2.18	2.07
调整后的每股净资产	1.55	2.00	2.16	2.06
每股经营活动产生的现金流量净额	-0.41	0.301	-0.137	-0.137
净资产收益率(%)(摊薄)	4.95	2.59	1.58	-1.44
净资产收益率(%)(加权)	5.07	2.59	1.58	-1.44

3、按照中国证监会《公开发行证券公司信息披露编报规则(第 9 号)》要求计算的有关数据:

(单位:元)

2000 年利润	净资产收益率(%)		每股收益	
	全面摊薄	加权平均	全面摊薄	加权平均
主营业务利润	14.64	15.01	0.24	0.24
营业利润	2.25	2.31	0.037	0.037
净利润	4.95	5.07	0.081	0.081
扣除非经常性损益后的净利润	2.74	2.80	0.045	0.045

注:1998 年按总股本 19,076.2 万股计算,1999 年按总股本 19,076.2 万股计算,2000 年按总股本 24,799.06 万股计算。

三、股东情况介绍

1、截至 2000 年末,公司股东总数为 10050 户。

2、主要股东持股情况:

序号	股东名称	本年末持股数(股)	占总股本比例(%)
1	上海港口机械制造厂	165050600	66.560
2	刘开芬	284,680	0.115
3	裘云霞	260,000	0.105
4	支文梅	233,000	0.094
5	孟天焕	231,000	0.093
6	成万美	230,100	0.093
7	范维欠	221,000	0.089
8	武长科	220,993	0.089
9	张余妹	217,430	0.088
10	密全琴	216,010	0.087

注:上海港口机械制造厂为公司国有法人股股东,持股数为 165,050,600 股,且其所持股份未作任何质押或冻结。

四、股东大会简介

报告期内公司共召开了两次股东大会:

1、公司于 2000 年 4 月 26 日在《中国证券报》、《上海证券报》上刊登召开公司第六次股东大会(1999 年度股东年会)的公告,并于 2000 年 6 月 20 日召开,出席股东大会的股东及授权代表 275 人,代表股份 127,248,574 股,占公司总股本的 66.7105%。会议审议并通过了"1999 年度董事会工作报告"、"1999 年度监事会工作报告"、"1999 年度财务决算报告"、"1999 年度利润分配预案"、"董事会换届选举的议案"、"监事会换届选举的议案"、"投资 21 世纪科技投资有限责任公司的议案"、"更换会计师事务所的议案"。此次股东大会决议公告刊登于 2000 年 6 月 21 日的《中国证券报》和《上海证券报》。

成都前锋电子股份有限公司

一、公司简介

1、公司法定中文名称：成都前锋电子股份有限公司
公司法定英文名称：ChengDu QianFeng Electronics Co., Ltd　英文缩写：QFEC
2、公司法定代表人：杨晓斌
3、公司董事会秘书：姜久富　联系电话：(028)6525719　联系传真：(028)6525725
电子信箱：jiangjiufu@qianfeng.com　授权代表：邓红光
联系电话：(028)6525723　联系传真：(028)6525725　电子信箱：stock@qianfeng.com
4、公司注册及办公地址：四川省成都市西玉龙街211号交银大厦16楼
电话：(028)6525733　传真：(028)6525732　邮政编码：610015
公司网址：http://www.qianfeng.com　公司电子信箱：info@qianfeng.com
5、公司信息披露报纸名称：《上海证券报》、《中国证券报》
证监会指定年报披露国际互联网网址：http://www.sse.com.cn
公司年度报告备置地点：本公司董事会办公室
6、公司股票上市交易所：上海证券交易所
股票简称：前锋股份　股票代码：600733

二、会计数据和业务数据摘要

1、本年度利润情况及构成（单位：元）

利润总额	33,027,996.07
净利润	24,904,903.11
扣除非经常性损益后的净利润*	19,695,696.52
主营业务利润	57,911,122.20
其他业务利润	761,990.24
营业利润	24,078,491.64
投资收益	2,416,300.00
补贴收入营业外收支净额	6,533,204.43
经营活动产生的现金流量净额	48,303,842.98
现金及现金等价物净增加额	50,708,170.07

*注："扣除非经常性损益后的净利润"中扣除项目金额：

(1)股权转让收益	2,288,800.00
(2)固定资产出售收入	2,920,406.59
合计	5,209,206.59

2、主要会计数据和财务指标　单位：元

项目	2000年	1999年 合并后	1999年 合并前	1998年 调整后	1998年 调整前
主营业务收入	136,910,641.43	153,961,933.98	152,652,369.90	171,403,890.42	171,403,890.42
净利润	24,904,903.11	13,669,645.90	26,320,236.00	24,658,006.29	28,074,725.26
总资产	445,872,044.80	454,599,926.75	458,939,875.78	389,939,322.06	474,381,136.17
股东权益	278,241,948.42	208,591,395.90	221,241,986.00	171,718,895.40	256,160,709.51
每股收益	0.126	0.069	0.133	0.225	0.256
扣除非经常性损益后的每股收益	0.100	-0.141	-0.076	0.086	0.117
每股净资产	1.408	1.056	1.120	1.564	2.334
调整后的每股净资产	1.406	1.053	1.120	1.564	2.239
每股经营活动产生的现金流量净额	0.244	-0.461	-0.255	-0.523	-0.523
净资产收益率摊薄	8.95	6.55	11.90	14.36	10.96
净资产收益率加权	10.72	7.55	14.05	14.69	11.21

注：主要财务指标的方法每股收益=净利润/年度末普通股股份总数
每股净资产=年度末股东权益/年度末普通股股份总数
调整后的每股净资产=[年度末股东权益-三年以上应收款项净额-待摊费用-待处理（流动、固定）资产净损失-开办费-专项待摊费用-住房周转金负数余额]/年度末普通股股份总数
每股经营活动产生的现金流量净额=经营活动产生的现金流量净额/年度末普通股股份总数
净资产收益率=净利润/年度末股东权益×100%
3、按照中国证监会《公开发行证券公司信息披露编报规则（第9号）》要求计算的净资产收益率和每股收益。

报告期利润		净资产收益率(%) 全面摊薄	净资产收益率(%) 加权平均	每股收益 全面摊薄	每股收益 加权平均
主营业务利润	57,911,122.20	20.81	24.94	0.293	0.293
营业利润	4,078,491.64	8.65	10.37	0.122	0.122
净利润	24,904,903.11	8.95	10.72	0.126	0.144
扣除非常性损益后的净利润	19,695,696.52	7.07	8.48	0.100	0.118

三、股本变动及股东情况

1、股本变动情况：本年度公司股份总数及股本结构未发生变化。
2、股东情况介绍：
（一）截止2000年月12月31日，公司股东总数为8338户。其中：国家股股东1户，法人股股东74户，流通股股东8263户。
（一）主要股东持股情况（截止2000年12月31日）

名次	股东名称	持股数量(股)	占总股本比例(%)
①	四川新泰克数字设备有限责任公司	45000000	22.778
②	成都市国有资产投资经营公司	36270000	18.368
③	天华基金	12138320	6.148
④	国投电子公司	8370000	4.248
⑤	成都市龙泉驿区龙都租赁服务中心	6750000	3.428
⑥	四川东方电气集团财务公司	4050000	2.058
⑦	成都市煤气公司	2700000	1.378
⑧	国光电子管总厂职工技术服务部	2700000	1.378
⑨	昆明燃气实业公司	1350000	0.688
⑩	华源集团	1350000	0.68

股东所持股份无质押或冻结情况。成都市国有资产投资经营公司为本公司国家股持股单位。
（二）持有10%（含10%）以上股份的法人股东情况简介：
四川新泰克数字设备有限责任公司持有本公司法人股45000000股，占本公司总股本的22.77%，为本公司第一大股东。四川新泰克数字设备有限责任公司经营范围：开发、生产、销售广播电视设备、交电、通信设备；信息工程的承建及设备销售；计算机应用服务及设备销售。法定代表人：于楠。

福建实达电脑集团股份有限公司

一、公司简介

1、公司的法定中文名称：福建实达电脑集团股份有限公司
公司的法定英文名称：FUJIAN START COMPUTER GROUP CO.LTD
英文名称缩写：SCG
2、公司法定代表人：明德平
3、公司董事会秘书：沐昌茵
联系地址：福州市福二工业区实达科技城九层
联系电话：(0591)3708128
传真：(0591)3796501
4、公司注册地址：
福州市经济技术开发区科技工业区A小区C号楼
公司办公地址：福建省福州市福二工业区实达科技城
公司电子信箱：mcy@start.com.cn　gzwb@start.com.cn
公司网址：http://www.start.com.cn
5、公司年度报告披露报纸：中国证券报、上海证券报
公司年度报告披露网址：http://www.sse.com.cn
公司年度报告备置地点：本公司董事会办公室
6、公司股票上市交易所：上海证券交易所公司
股票简称：实达电脑公司
股票代码：600734

二、会计数据和业务数据摘要

1、公司本年度会计数据　单位：人民币元

(1)利润总额：	-237,416,045.96
(2)净利润：	-252,112,175.11
(3)扣除非经常性损益后的净利润：	-254,043,418.55
（主要扣除无效申购资金利息、合并价差摊销、处理固定资产损益）	
(4)主营业务利润：	390,247,609.80
(5)其他业务利润：	12,866,105.74
(6)营业利润：	-216,950,712.48
(7)投资收益：	-22,779,812.26
(8)补贴收入：	----
(9)营业外收支净额：	2,314,478.78
(10)经营活动产生的现金流量净额：	-66,171,641.21
(11)现金及现金等价物净增加额：	156,065,792.56

2、公司前三年主要会计数据和财务指标　单位：人民币元

指标项目	2000		1999		1998	
主营业务收入	3,201,611,925.02		2,193,859,422.98		1,906,227,455.61	
净利润	-252,112,175.11		-53,390,328.17		84,871,137.20	
总资产	1,777,744,940.58		1,789,073,301.28		1,504,731,213.32	
股东权益（不含少数股东权益）	531,487,862.41		786,336,119.17		634,459,530.91	
	摊薄	加权	摊薄	加权	摊薄	加权
每股收益	-0.7171	-0.7171	-0.1519	-0.1609	0.261	0.261
扣除非经常性损益后	-0.7226	-0.7226	-0.2120			
的每股收益每股净资产	1.5118	1.5118	2.2367		2.13	
净资产收益率	-47.44	-38.16	-6.7898	-6.92	12.23	13.02
扣除非经常性损益后	-47.80	-38.53				
的净资产收益率调整						
后的每股净资产	1.4608	1.4608	2.2060		2.02	
每股经营活动产生	-0.1882	-0.1882	-0.1519			
的现金流量净额						

3、报告期内股东权益变动情况

项目	股本	资本公积金	盈余公积金	法定公益金	未分配利润
期初数	351,558,394	367,092,651.65	89,873,880.10	25,350,488.77	-22,128,899.97
本期增加	0		1,794,952.03	101,584.60	
本期减少	0				256,698,259.35
期末数	351,558,394	367,092,651.65	91,668,832.13	25,452,073.37	-278,827,159.32
变动原因			本年提取	本年提取	本年利润亏损及以前年度损益调整

续上表：

项目	合计
期初数	784,336,119.17
本期增加	1,794,952.03
本期减少	256,698,259.35
期末数	531,487,862.41
变动原因	

三、股本变动及股东情况

(1)报告期末本公司股东总数：截止2000年12月31日，共有股东96527户。
(2)公司前10名股东的名称，年度内股份增减变动的情况，年末持股数量及所持股份的质押或冻结的情况。

股东名称	年度内股份增减变动情况	年末持股数量	持股比例
福建计算机外部设备厂	496,125	58,771,125	16.72%
福建实达电脑集团股份有限公司工会	0	54,620,125	15.54%
中国富莱德实业公司	-26,077,932	51,517,818	14.65%
中国华润总公司	13,200,000	13,200,000	3.75%
福州开发区科技园建设发展公司	0	11,250,000	3.20%
福建奔达投资有限公司	9,855,000	9,855,000	2.80%
福建国际信托投资有限公司	7,521,925	7,521,925	2.14%
福州市马尾工业建设总公司	0	5,996,190	1.71%
福州闽融科技有限公司	4,156,007	4,156,007	1.18%
四川川油	2,834,000	2,834,000	0.81%

股份变动情况说明：报告期内，中国富莱德实业公司将所持有的本公司国有法人股中的1320万股转让给中国华润总公司，7521925股转让给福建国际信托投资公司，4156007股转让给福州市闽融科技开发公司，120万股转让给福建华闽实业有限公司。
福建计算机外部设备厂报告期内受让福建省电子工业工会496125股。

山东兰陵陈香酒业股份有限公司

一、公司简介

1、公司法定名称：山东兰陵陈香酒业股份有限公司

英文名称：SHANDONG LANLING CHENXIANG JIUYE CO.LTD　英文缩写：LLCX

2、公司法定代表人：张兴华先生

3、公司董事会秘书：陈东辉先生　证券事务代表：宁纪太先生

联系地址：山东省临沂市沂蒙路 426 号　电话：(0539)8322568-3058/3068

传真：(0539)8315880　董秘电子信箱：ml_cdh@sina.com

证券事务代表电子信箱：1262286833@sina.com

4、公司注册地址、办公地址：山东省临沂市沂蒙路 426 号　邮政编码：276004

电子信箱：llzqb@ly-public.sd.cninfo.net

5、公司信息披露报纸：中国证券报、上海证券报

公司年报指定披露的网址：http://www.sse.com.cn

年度报告备置地：山东省临沂市沂蒙路 426 号公司办公室

6、公司股票上市地：上海证券交易所　股票简称：兰陵陈香　股票代码：600735

二、会计数据和业务数据摘要

1、公司本年度主要利润指标情况：

项目	数额(元)
利润总额	23,178,313.18
净利润	20,444,927.03
扣除非经常性损益后的净利润	19,371,083.71
主营业务利润	42,406,065.92
其他业务利润	1,609,811.54
营业利润	22,396,270.38
投资收益	54,971.26
补贴收入	0.00
营业外收支净额	727,071.54
经营活动产生的现金流量净额	-42,995,969.06
现金及现金等价物净增加额	43,662,263.91

注：扣除的非经营性项目损益项目及金额：固定资产盘盈 1,055,140.14 元，固定资产处置收入 3,894.05 元，罚款收入 14,809.13 元。

2、会计数据和财务指标：(单位：元)

指标项目	2000 年	1999 年	1998 年
主营业务收入	224,891,007.18	227,092,853.30	249,531,511.40
净利润	20,444,927.03	22,225,470.92	22,090,180.26
总资产	425,057,024.26	314,303,849.08	315,131,192.87
股东权益	311,679,277.91	203,642,376.67	181,416,905.75
每股收益(摊薄)	0.172	0.254	0.252
每股收益(加权)	0.188	0.254	0.252
每股净资产	2.617	2.325	2.072
调整后的每股净资产	2.589	2.302	2.062
每股经营活动产生的现金流量净额	-0.361	0.026	-0.035
净资产收益率%(摊薄)	6.6	10.9	12.2
净资产收益率%(加权)	8.7	10.9	12.2
扣除非经常性损益后的每股收益	0.163	0.159	

利润表附表：

报告期利润	净资产收益率%		每股收益(元)	
	全面摊薄	加权平均	全面摊薄	加权平均
主营业务利润	13.6	18.1	0.356	0.391
营业利润	7.2	9.7	0.188	0.206
净利润	6.6	8.7	0.172	0.188
扣除非经常性损益后的净利润	6.2	8.3	0.163	0.178

三、股东情况介绍

(一)股东情况介绍：

1、股东数量：截止 2000 年 12 月 31 日公司股东共 6957 户。

2、公司前十名股东持股情况：

股东名称	年末持股数	占总股本比例%
国家股	54,885,697	46.09
樊润春	626,000	0.52
彭伟	546,600	0.46
范方介	509,800	0.43
罗大福	477,800	0.40
韩兆玉	466,000	0.39
凌小清	460,000	0.39
华福兰	416,504	0.35
秦旭东	401,779	0.34
刘文超	388,958	0.33

公司前 10 名股东之间不存在关联关系。

3、控股股东情况：

山东兰陵企业(集团)总公司经营管理公司 54885697 股国家股，占公司总股本的 46.09%；公司法定代表人崔学文；经营范围：主营饮料酒、饮料、食品的生产与销售业务，兼营服务、投资业务。

公司国家股无质押和冻结情况。

四、股东大会简介

公司于 2000 年内召开 1999 年度股东大会一次和临时股东大会二次：

(一)公司 1999 年度股东会：

1、本公司 1999 年度股东大会召开的通知刊登于 2000 年 3 月 21 日中国证券报、上海证券报；本次股东大会于 2000 年 4 月 24 日召开。

2、本次股东大会决议刊登于 2000 年 4 月 25 日中国证券报、上海证券报；本次会议通过了以下决议：

(1)1999 年度董事会工作报告；

(2)1999 年度监事会工作报告；

(3)1999 年度财务工作报告及利润分配方案；

(4)审议通过公司 1999 年度报告及摘要；

(5)修改公司章程的议案；

苏州新区高新技术产业股份有限公司

一 、公司简介

1.公司中文名称：苏州新区高新技术产业股份有限公司

英文名称：SUZHOU NEW DISTRICT HI-TECH INDUSTRIAL CO.,LTD　英文缩写：SZNH

2.公司法定代表人：吴友明

3.公司董事会秘书：许良枝　证券事务代表：吴晓颖

联系地址：江苏省苏州市新区运河路 8 号　电话：(0512)8251888-8636

传真：(0512)8099281　电子信箱：XU.LZH@MAIL.CS-SND.COM.CN

WU.XY@MAIL.CS-SND.COM.CN

4.公司注册地址：江苏省苏州市新区运河路 8 号

办公地址：江苏省苏州市新区运河路 8 号新区管理中心 6 楼　邮政编码：215011

国际互联网网址：HTTP//WWW.SNDHT.COM.CN　电子信箱：SZGX@MAIL.CS-SND.COM.CN

5.公司信息披露报纸：上海证券报、中国证券报

登载公司年度报告的国际互联网网址：HTTP//WWW.SSE.COM.CN

公司年度报告备置地点：公司董事会秘书处

6.公司股票上市交易所：上海证券交易所　股票简称：苏州高新　股票代码：600736

二 、会计数据和业务数据摘要

(一)公司本年度的主要会计数据与业务数据摘要(单位：元)

	2000 年
利润总额	144,036,839.35
净利润	108,082,221.42
扣除非经常性损益后的净利润	103,625,472.34
主营业务利润	195,240,704.17
其他业务利润	603,048.05
营业利润	119,815,277.20
投资收益	9,778,568.42
补贴收入	8,112,731.86
营业外收支净额	6,330,261.87
经营活动产生的现金流量净额	-28,977,139.55
现金及现金等价物净增加额	-120,873,760.30

注：公司扣除非经常性损益的项目为：分摊新股无效申购冻结资金利息 4,827,874.68 元，股权投资差额摊销-371,125.60 元。

(二)前三年主要会计数据及财务指标(单位：元)

项目	2000 年	1999 年	1998 年
主营业务收入	460,741,547.59	536,230,572.46	592,763,412.94
净利润	108,082,221.42	149,183,884.99	239,568,798.15
总资产	2,465,207,866.88	2,416,167,192.56	1,751,538,735.25
股东权益(不含少数股权)	960,992,009.07	922,016,531.51	815,887,503.60
每股收益(摊薄)	0.26	0.35	0.85
每股收益(加权)	0.26	0.35	0.89
按截止披露日最新股本计算的每股收益	0.24		
扣除非经常性损益后的每股收益(摊薄)	0.25	0.34	
每股净资产	2.27	2.18	2.90
调整后的每股净资产	2.25	2.17	2.86
净资产收益率(摊薄)	11.25%	16.18%	29.36%
净资产收益率(加权)	11.28%		
扣除非经常性损益的加权净资产收益率	10.81%		
每股经营活动产生的现金流量净额	-0.07	-0.49	-0.19

按照中国证监会《公开发行证券公司信息披露编报规则(第九号)》要求计算的利润数据如下：

利润表附表

报告期利润	2000 年				1999 年			
	净资产产收益率(%)		每股收益(元)		净资产收益率(%)		每股收益(元)	
	全面摊薄	加权平均	全面摊薄	加权平均	全面摊薄	加权平均	全面摊薄	加权平均
主营业务利润	20.32	20.37	0.46	0.46	25.09	25.99	0.55	0.55
营业利润	12.47	12.50	0.28	0.28	18.67	19.33	0.41	0.41
净利润	11.25	11.28	0.26	0.26	16.18	16.76	0.35	0.35
扣除非经常性损益后的净利润	10.78	10.81	0.25	0.25	15.48	16.03	0.34	0.34

三.股东情况介绍

(1)2000 年 12 月 31 日，本公司股东共 109625 名。

(2)主要股东持股情况　单 位：万股

股东名称或姓名	年末持股数	年度增减	占总股本(%)
苏州新区经济发展集团总公司	22230	-	52.60
中信兴业信托投资公司	2592	-	6.13
苏州新城花园酒店(集团)	-	1539	3.64
苏州乐星工商实业公司	1387	-650	3.28
苏州工业园区股份有限公司	1003.7586	+1003.7586	2.37
江苏鑫苏投资管理公司	500	-310	1.18
江苏省苏高新风险投资股份有限公司	450	+450	1.06
苏州机械控股(集团)有限公司	292.2414	+292.2414	0.69
普发贸易	200	+200	0.47
苏州新星异型铜材厂	150	-	0.35

2000 年 9 月 5 日，公司第一大股东苏州新区经济发展集团总公司与中国光大银行苏州直属支行签定一亿元人民币的综合授信协议，苏州新区经济发展集团总公司以其所拥有的本公司 7500 万股国有法人股出质，为上述一亿元人民币的综合授信额度提供担保，质押期限自 2000 年 9 月 27 日起至 2001 年 9 月 25 日止。

截止报告日，苏州新区经济发展集团总公司持有本公司股份 222300000 股，占本公司总股本的 52.60%，此次质押的股份数额占本公司总股本的 17.75%。

新疆屯河投资股份有限公司

一、公司简介

1 、公司法定中文名称:新疆屯河投资股份有限公司
公司英文名称:Xinjiang Tunhe Investment Co.,ltd.
2 、公司法定代表人:何贵品
3 、公司董事会秘书:刘涛
联系地址:新疆昌吉市乌伊东路 33 号
电话:0994-2350079
传真:0994-2337689
电子信箱:build-cj@mail.xj.cninfo.net
4 、公司注册地址:新疆昌吉市河滩北路 8 号
公司办公地址:新疆昌吉市乌伊东路 33 号
邮政编码:831100
公司国际互联网网址:http://www.tunhe.com
5 、公司选定的信息披露报纸名称:《中国证券报》、《上海证券报》
登载公司年度报告的中国证监会指定的国际互联网网址:http://www.sse.com.cn
公司年度报告备置地点:公司证券发展部
6 、公司股票上市交易所:上海证券交易所
股票简称:新疆屯河
股票代码:600737

二、会计数据和业务数据摘要

1 、本年度主要利润指标情况 ((单位:人民币元)

利润总额:	105,082,917.89
净利润:	91,857,924.47
扣除非经营性损益后的净利润:	84,915,502.42
主营业务利润:	148,734,846.13
其他业务利润:	1,556,584.62
营业利润:	44,844,621.54
投资收益:	32,258,138.29
补贴收入:	21,037,736.01
营业外收支净额:	6,942,422.05
经营活动产生的现金流量净额:	47,345,194.24
现金及现金等价物净增加额:	36,638,311.25

注:扣除的非经营性损益项目及金额:
营业外收支净额　6,942,422.05

2 、截止报告期末公司前三年主要会计数据和财务指标 (单位:人民币元)

项目	2000 年	1999 年	1998 年 调整后	1998 年 调整前
主营业务收入	454,075,534.08	311,765,951.68	210,627,771.37	210,627,771.37
净利润	91,857,924.47	88,750,214.93	86,010,330.78	87,441,718.18
总资产	1,910,917,770.78	1,030,122,150.13	706,419,917.94	709,431,580.98
股东权益(不含少数股东权益)	836,295,923.99	523,038,709.11	434,288,494.18	436,754,484.77
每股收益(摊薄)	0.24	0.515	0.500	0.508
每股收益(加权)	0.24	0.515	0.515	0.524
扣除非经营性损益后的每股收益	0.22	0.507	0.493	0.502
每股净资产	2.18	3.037	2.522	2.536
调整后的每股净资产	2.16	2.970	2.485	2.500
每股经营活动产生的现金流量净额	0.12	0.251	0.378	0.378
净资产收益率(摊薄)(%)	10.98	16.97	19.80	20.02
净资产收益率(加权)(%)	12.69	16.97	23.65	23.97

3 、根据中国证监会《公开发行证券公司信息披露编报规则第 9 号》的要求计算的净资产收益率、每股收益如下:

报告期利润	净资产收益率(%) 全面摊薄	净资产收益率(%) 加权平均	每股收益(元) 全面摊薄	每股收益(元) 加权平均
主营业务利润	17.78	20.55	0.39	0.39
营业利润	5.36	6.20	0.12	0.12
净利润	10.98	12.69	0.24	0.24
扣除非经营性损益后的净利润	10.15	11.73	0.22	0.23

三、股东情况介绍

(1)报告期末股东总数
截止 2000 年 12 月 31 日,公司股东总数为 11928 户。
(2)前十名股东持股情况

序号	股东名称	期初持股数	本期增加	期末持股数	占总股本比例(%)
1	新疆屯河集团有限责任公司	57261600	861600	58123200	15.15
2	新疆八一钢铁集团有限责任公司	14558400	14558400	29116800	7.59
3	新疆三维投资有限责任公司	0	28400000	28400000	7.40
4	新疆德隆(集团)有限责任公司	14104800	14104800	28209600	7.36
5	上海创基投资发展有限公司	0	28000000	28000000	7.30
6	新疆石油管理局	9151200	9151200	18302400	4.77
7	北京绿松石投资顾问有限公司	5882630	5882630	11765260	3.07
8	海通证券有限公司	5630250	5630250	11260500	2.94
9	许志纯			1737248	0.45
10	李荣			1120800	0.29

说明:
① 新疆屯河集团有限责任公司、新疆八一钢铁集团有限责任公司、新疆三维投资有限责任公司、新疆德隆(集团)有限责任公司、上海创基投资发展有限公司、新疆石油管理局所持股份为法人股,北京绿松石投资顾问有限公司、海通证券有限公司所持股份为转配股(以上两公司持有的转配股已于 2001 年 1 月 12 日获准流通),许志纯、李荣所持股份为流通股。
② 持股 5%(含 5%)以上的五位法人股东所持股份均未质押和冻结。
③ 根据法人股股权转让协议,新疆屯河集团有限责任公司于 2000 年 3 月 15 日将其持有的本公司法人股 1420 万股、1400 万股分别转让给新疆三维投资有限责任公司和上海创基投资发展有限公司,已于 2000 年 3 月 16 日公告。

兰州民百(集团)股份有限公司

一、 公司简介

1.公司法定中文名称:兰州民百(集团)股份有限公司
公司法定英文名称:LANZHOU MINBAI SHAREHOLDING(GROUP)CO.,LTD
2.公司法定代表人:范余祯
3.公司董事会秘书:甘培万　授权代表:孙志民
联系地址:兰州市中山路 368 号亚欧商厦九楼投资部
联系电话:(0931)8473891 8435839　传真:(0931)8473891
4. 公司注册地址:兰州市中山路 368 号
公司办公地址:兰州市中山路 368 号亚欧商厦 8 -10 层　公司邮政编码:730030
5.公司信息披露报纸名称:《上海证券报》
登载年度报告的中国证监会指定国际互联网网址:http:\\www.sse.com.cn
公司年度报告备置地点:公司投资部
6.公司股票上市交易所:上海证券交易所　股票简称:兰州民百　股票代码:600738

二、会计数据和业务数据摘要

1.本年度公司重要经营数据

项目	单位:元
利润总额:	61,492,226.70
净利润:	52,153,318.71
扣除非经常损益后净利润:	2,497,244.73
主营业务利润:	102,422,131.27
其他业务利润:	47,084,395.94
营业利润:	32,796,069.29
投资收益:	3,922,226.10
补贴收入:	4,400,000.00
营业外收支净额:	20,373,931.31
经营活动产生的现金流量净额:	66,490,108.42
现金及现金等价物净增加额:	79,132,730.76

注:非经常性损益为公司本年度与兰州佛慈制药厂资产置换收益 18,638,463.10.3 元,补贴收入 4,400,000.00 元,所得税返还 9,614,910.33 元,托管资产收入 17,002,700.55 元。

2.主要会计数据和财务指标,

项目	2000 年	1999 年	1998 年
主营业务收入(万元)	61279	58700.52	60743.38
净利润(万元)	5215	2129.27	2262.12
总资产(万元)	106601	104149.32	72960.83
股东权益(万元)	37180	33397.67	23207.61
每股收益(元/股)	0.445	0.182	0.2349
加权平均每股收益(元/股)	0.445	0.191	0.2349
扣除非经常性损益后的每股收益(元/股)	0.02	0.08	
每股净资产(元/股)	3.17	2.85	2.41
调整后每股净资产(元/股)	3.14	2.82	2.40
每股经营活动产生的现金流量净额(元/股)	0.57	0.39	0.72
净资产收益率(%)	14.03	6.38	9.75
加权平均净资产收益率(%)	15.08	7.15	10.20

按照中国证监会《公开发行证券公司信息披露编报规则第 9 号》的要求,计算的公司 2000 年度净资产收益率和每股收益如下:

项目	净资产收益率(%) 全面摊薄	净资产收益率(%) 加权平均	每股收益(元/股) 全面摊薄	每股收益(元/股) 加权平均
主营业务利润	27.55	29.61	0.87	0.87
营业利润	8.82	9.48	0.28	0.28
净利润	14.03	15.08	0.45	0.45
扣除非经常性损益后的净利润	0.67	0.72	0.02	0.02

3.报告期内股东权益变动情况 (单位:元)

项目	股本	资本公积	盈余公积	其中公益金	未分配利润	股东权益合计
期初数	117198560.00	178340964.59	12840387.74	5405923.51	11438671.36	319818583.69
本期增加			7822997.80	2607665.93	52153318.71	59976316.51
本期减少			168560.40	168560.40	7822997.80	7991558.20
期末数	117198560.00	178340964.59	20494825.14	7845029.04	55768992.27	371803342.00

变动原因:(1)盈余公积、公益金本期增加部分本年度提取数。盈余公积减少部分为公司向离岗职工支付的经济补偿金。

(2)未分配利润增加部分为本年净利润扣除两金后转入数, 减少部分为根据财政部有关文件的规定,在年初未分配利润中核减的住房周转金余额数。

三、股本变动及股东情况

股东名称(姓名)	持股数(股)	持股比例(%)
1、民百佛慈	39554000	33.75
2、厦华石材	5480000	4.7
3、甘肃世安	1497600	1.28
4、兰州城建	1153152	0.98
5、荆门投资	1123392	0.96
6、广州蓝粤	733800	0.62
7、北陆药业	715350	0.61
8、兰州金汇	524160	0.44
9、厦华石材	510400	0.44
10、陈守海	494807	0.42

注:①报告期内,本公司控股股东发生变更。根据国家财政部财企[2000]304 号文的批准,公司原国家股及国有法人持股单位(兰州市一商国有资产经营公司和兰州第三产业集团公司)将所持有的 2112 万股国家股和 1843.4 万股国有法人股划转给兰州民百佛慈集团有限公司持有。划转后,兰州民百佛慈集团有限公司为公司控股股东。
②报告期内,持本公司 5%以上股份的股东与所持股份未发生质押、冻结情况。
③上述 10 名股东中,除第 1 股东所持股份为国家股,第 6 、7 、10 股东所持股份为流通股外,其余股东所持股份均为法人股。
④公司未知第 6 、7 、10 股东之间是否存在关联关系。

辽宁成大股份有限公司

一、公司简介

1.公司法定中、英文名称及缩写　中文名称：辽宁成大股份有限公司
英文名称：LIAONING CHENG DA CO.,LTD　英文名称缩写：LNCD
2.公司法定代表人：尚书志
3.公司董事会秘书：罗启库　联系地址：大连市人民路71号
电话：0411-2803736　传真：0411-2656051　电子信箱：LUOQK@LNCDGRP.COM.CN
4.公司注册地址：大连市人民路71号公司
办公地址：大连市人民路71号　邮政编码：116001
公司国际互联网网址：WWW.LNCDGRP.COM.CN
电子信箱：WUCS@LNCDGRP.COM.CN
5.公司选定的信息披露报刊为《中国证券报》、《上海证券报》。
登载公司年度报告的中国证监会指定国际互联网网址：http://www.sse.com.cn
公司年度报告备置地点：大连市人民路71号成大大厦26楼2610室。
6.公司股票上市交易所：上海证券交易所
股票简称：辽宁成大　股票代码：600739

二、会计数据和业务数据摘要

1.本年度会计数据摘要（单位：人民币元）

利润总额：	184,500,895.24
净利润：	173,897,894.53
扣除非经常性损益后的净利润：	170,538,357.95
主营业务利润：	196,750,659.49
其他业务利润：	2,698,975.08
营业利润：	54,699,372.07
投资收益：	127,811,734.14
补贴收入：	
营业外收支净额：	1,989,789.03
经营活动产生的现金流量净额：	-6,456,792.69
现金及现金等价物净增加额：	42,864,187.60
注：扣除的非经常性损益项目	
和涉及金额：	3,359,536.58
补贴收入：	
冻结资金利息：	3,325,273.66
处理固定资产净损失：	18,942.56
其他支出：	15,320.36

2.近三年主要会计数据和财务指标（合并报表）

追溯调整后：

项目	2000年	1999年	1998年
主营业务收入（元）	1,244,832,754.60	1,320,314,028.22	1,058,961,223.06
净利润（元）	173,897,894.53	145,748,112.94	60,505,593.42
总资产（元）	1,276,929,768.16	929,036,426.35	749,017,451.53
股东权益（元）	714,339,796.57	608,624,277.62	457,513,449.32
每股收益（元/股）	0.70	1.06	0.44
扣除非经常性损益后的每股收益	0.69	0.83	0.24
加权每股收益（元/股）	0.82	1.06	0.48
每股净资产（元/股）	2.88	4.43	3.33
调整后的每股净资产（元/股）	2.74	4.25	3.20
每股经营活动产生的现金流量净额	-0.03	0.40	0.83
净资产收益率(%)	24.34	23.95	13.22
加权净资产收益率(%)	26.52	27.45	16.25

追溯调整前：

项目	1999年	1998年
主营业务收入（元）	1,320,314,028.22	1,069,444,014.97
净利润（元）	145,748,112.94	69,033,151.58
总资产（元）	929,036,426.35	778,862,459.78
股东权益（元）	608,624,277.62	481,910,781.26
每股收益（元/股）	1.06	0.502
加权平均每股收益（元/股）	1.06	0.58
每股净资产（元/股）	4.43	3.50
调整后的每股净资产（元/股）	4.25	3.44
每股经营活动产生的现金流量净额（元/股）	0.40	0.83
净资产收益率(%)	23.95	14.32
加权平均净资产收益率(%)	27.45	17.59

三、股本变动及股东情况

股东情况介绍
(1)截止本报告期末公司股东总数为19115户。
(2)前十名股东情况

名次	股东名称	年末持股数（股）	占总股本(%)
①	辽宁成大集团有限公司	51,376,320	20.75
②	广发证券有限责任公司工会	46,828,800	18.92
③	大连利方投资有限公司	25,649,100	10.36
④	天元基金	9,587,042	3.87
⑤	中国平安保险(大连)公司	7,488,000	3.02
⑥	万恒投资	5,575,680	2.25
⑦	三霖投资	4,953,600	2.00
⑧	锦州女儿河纺织厂	1,872,000	0.76
⑨	隆元基金	1,248,532	0.50
⑩	普市华联	1,209,600	0.49

说明：
①上述前10名股东不存在关联关系。
②持有公司5%以上（含5%）股份的股东为辽宁成大集团有限公司、广发证券有限责任公司工会委员会、大连利方投资有限公司。辽宁成大集团有限公司年内持股数增加15040420股。广发证券有限责任公司年内持股数增加20812800股。大连利方投资有限公司年内持股数增加25649100股。以上股东所持股份无质押和冻结。
③辽宁成大集团有限公司所持51376320股份为代表国家持有的股份。

山西焦化股份有限公司

一、公司简介

1.公司法定中文名称：山西焦化股份有限公司
公司法定英文名称：ShanXi Coking Co.,Ltd　英文缩写：SCC
2.公司法定代表人：薛佩珍
3.公司董事会秘书：席国旺　电话：0357-6626012
传真：0357-6625045　地址：山西省洪洞县广胜寺镇
4.公司注册地址和办公地址：山西省洪洞县广胜寺镇　邮政编码：041606
电子信箱：sjgf@public.lf.sx.cn
5.公司选定的信息披露报纸：《中国证券报》、《上海证券报》
登载公司年度报告的中国证监会指定国际互联网网址：http://www.sse.com.cn
公司年度报告备置地点：董事会秘书处
6.公司股票上市交易所：上海证券交易所　股票简称：山西焦化　股票代码：600740

二、会计数据和业务数据摘要

㈠本年度主要利润指标　单位：人民币元

项目	金额
利润总额	71258913.78
净利润	47714210.73
扣除非经常性损益后的净利润	49754795.85
主营业务利润	146228644.70
其他业务利润	397565.02
营业利润	74304563.22
投资收益	0
补贴收入	0
营业外收支净额	-3045649.44
经营活动产生的现金流量净额	188517803.23
现金及现金等价物净增加额	402405229.70

㈡截止报告期末公司前三年的主要会计数据和财务指标　单位：人民币元

序号	项目	2000年	1999年	1998年 调整前	1998年 调整后
1	主营业务收入	325646717.17	265298822.58	265298822.58	267797807.01
2	净利润	47714210.73	44727044.07	35841478.39	44901636.63
3	总资产	1614101860.14	934591891.24	934591891.24	723008672.13
4	股东权益(不含少数股东权益)	633585823.89	430423771.52	431991812.53	384629525.99
5	每股收益（元/股）(全面摊薄)	0.2352	0.246	0.197	0.247
6	每股收益（元/股）(加权平均)	0.2627	0.246	0.197	0.28
7	扣除非经常性损益后的每股收益	0.2453	0.225	0.225	0.247
8	每股净资产（元/股）	3.12	2.37	2.38	2.12
9	调整后的每股净资产（元/股）	2.97	2.37	2.38	2.12
10	每股经营活动产生的现金流量净额（元/股）	0.93	-0.016	-0.016	0.0004
11	净资产收益率(%)(全面摊薄)	7.53	10.39	8.30	11.67
12	净资产收益率（%）(加权平均)	10.47	10.39	8.30	14.32
13	扣除非经常性损益后的净资产收益率（%）	7.85	9.49	9.49	11.62

(三)根据中国证监会关于发布《公开发行证券公司信息披露编报规则》第9号通知精神，公司2000年按全面摊薄和加权平均法计算的净资产收益率及每股收益：

项目	净资产收益率（%）		每股收益（元）	
	全面摊薄	加权平均	全面摊薄	加权平均
主营业务利润	23.08	32.08	0.7209	0.8052
营业利润	11.73	16.30	0.3663	0.4092
净利润	7.53	10.47	0.2352	0.2627
扣除非经常性损益后的净利润	7.85	10.91	0.2453	0.2740

注：1.非经常性损益是指公司正常经营之外的、一次性或偶发性损益，公司扣除的非经常性损益项目指：营业外收入523143.20元，营业外支出3568792.64元。
2.主要财务指标计算公式：
全面摊薄每股收益=净利润/年度末普通股股份总数
加权平均每股收益=净利润/（期初股份总数+报告期因公积金转增股本或股票股利分配等增加股份数+报告期因发行新股或债转股等增加股份数＊增加股份下一月份起至报告期期末的月份数/12-报告期因回购或缩股等减少股份数＊减少股份下一月份起至报告期期末的月份数/12）
全面摊薄净资产收益率=净利润/年度末股东权益

三、股本变动及股东情况

㈠股本变动情况
㈡股东情况介绍
1.报告期末公司股东总数为35203户。
2.报告期末公司前十名股东持股情况：

股东名称	持股数(股)	所占比例(%)
山西焦化集团有限公司	118350000	58.34
保定惠源	1075100	0.53
汉兴基金	669341	0.33
普惠基金	500000	0.25
金泰基金	419862	0.21
刘鹏	392910	0.19
蔡得胜	341970	0.17
胜兰德	329617	0.16
景阳基金	282158	0.14
蒋玉文	276000	0.14

说明：(1)上述前10名股东不存在任何关联关系；
(2)山西焦化集团有限公司代表国家持有股份
(3)报告期内无控股股东变更情况。

上海巴士实业(集团)股份有限公司

一、公司简介

1、公司法定中文名称:上海巴士实业(集团)股份有限公司　中文缩写:巴士股份
公司法定英文名称:Shanghai Bashi Industrial(Group)Co.,Ltd.　英文简称:BashiGroup
2、公司法定代表人:金晓林
3、公司董事会秘书:王国军　董事会证券事务代表:周沧桑、徐峥嵘
联系地址:上海市建国东路525号巴士大厦18楼　联系电话:(021)63848484
传真:(021)63863118　电子信箱:office@ba-shi.com
4、公司注册地址:上海市浦东南路500号
公司办公地址:上海市建国东路525号巴士大厦　邮政编码:200025
公司国际互联网网址:http://www.ba-shi.com　公司电子信箱:office@ba-shi.com
5、公司选定的信息披露报纸:《上海证券报》、《中国证券报》
登载公司年度报告的中国证监会指定的国际互联网网址:http://www.sse.com.cn
公司年度报告备置地点:公司证券部
6、公司股票上市交易所:上海证券交易所　股票简称:巴士股份　股票代码:600741

二、会计数据和业务数据摘要

1、公司2000年度主要会计数据和业务数据:

项目金额(单位:元)	
利润总额	217,866,145.18
净利润	162,069,677.61
扣除非经常性损益后的净利润	165,848,370.45
主营业务利润	590,396,499.05
其他业务利润	80,848,587.63
营业利润	185,277,834.71
投资收益	36,490,480.56
补贴收入	2,638,539.15
营业外收支净额	6,540,709.24
经营活动产生的现金流量净额	466,352,545.31
现金及现金等价物净增加额	82,322,148.79

*注:扣除的非经常性损益项目和涉及金额:资产处置损失11,189,923.99元(其中:营运车辆更新损失11,124,458.17元);补贴收入2,638,539.15元;新股申购冻结资金利息收入6,146,314.90元;合并价差摊入1,373,622.90元,合计3,778,692.84元。

2、截至报告期末公司前三年的主要会计数据和财务指标:

项目	2000年	1999年	1998年
主营业务收入(万元)	220,561	166,161	95,167
主营业务利润(万元)	59,040	48,303	26,648
净利润(万元)	16,207	13,817	9,964
总资产(万元)	407,844	278,243	199,086
股东权益(不含少数股东权益,万元)	132,350	86,607	72,780
每股收益(摊薄,元)	0.31	0.46	0.33
每股收益(加权,元)	0.40	0.46	0.43
扣除非经常性损益后的每股收益(元)	0.32	0.45	0.33
每股净资产(摊薄,元)	2.55	2.89	2.43
每股净资产(加权,元)	3.27	2.89	3.20
调整后的每股净资产(元)	2.41	2.70	2.32
每股经营活动产生的现金流量净额(摊薄,元)	0.90	1.60	0.51
每股经营活动产生的现金流量净额(加权,元)	1.15	1.60	0.66
净资产收益率(摊薄,%)	12.25	15.95	13.69
净资产收益率(加权,%)	15.51	15.95	15.47
扣除非经常性损益后的净资产收益率(加权,%)	15.87	15.57	15.38

按照中国证监会《公开发行证券公司信息披露编报规则(第9号)》的要求计算的相关指标:

项目	报告期利润	净资产收益率(%)		每股收益(元)	
		全面摊薄	加权平均	全面摊薄	加权平均
主营业务利润	590,396,499.05	44.61	56.49	1.14	1.46
营业利润	185,277,834.71	14.00	17.73	0.36	0.46
净利润	162,069,677.61	12.25	15.51	0.31	0.40
扣除非经常性损益后的净利润	165,848,370.45	12.53	15.87	0.32	0.41

三、股东情况介绍

1、报告期末股东总数153,091户。其中,未上市流通法人股股东15户,流通股股东153,076户。
2、前十名股东持股情况

股东名称	持股数量(万股)	持股比例(%)	股权性质
上海公交控股有限公司	16,058.00	30.96	国有法人股
上海原水股份有限公司	2,376.00	4.58	社会法人股
大众交通(集团)股份有限公司	2,232.00	4.30	社会法人股
上海强生集团有限公司	2,160.00	4.16	国有法人股
上海市政资产经营发展有限公司	1,488.00	2.87	国有法人股
上海上投房地产公司	992.00	1.91	国有法人股
上海交大南洋股份有限公司	660.00	1.27	社会法人股
上海公路房地产联合开发经营公司	480.00	0.93	国有法人股
联通国脉通信股份有限公司	385.00	0.74	社会法人股
上海交大企业管理公司	300.00	0.58	社会法人股

*注:①本公司前10名股东之间不存在关联关系。
②上海公交控股有限公司持有公司5%以上股份。
其所持股份质押和冻结情况:2000年10月9日,接上海市第二中级人民法院通知,上海公交控股有限公司因银行贷款担保冻结的1030万股公司股份已全部解冻。
③原上海市煤气制气(集团)有限公司持有的本公司960万股国有法人股,报告期内因其母公司资产划拨,该部分股份划归上海市政资产经营发展有限公司持有。

四、股东大会简介

公司1999年度股东大会于2000年4月25日召开。大会审议通过了《1999年度董事会工作报告》、《1999年度监事会工作报告》、《1999年度总经理业务工作报告》、《公司1999年度报告》、《1999年财务决算和2000年财务预算报告》、《公司1999年度利润分配方案》、《2000年公司投资计划》、《关于变更公司法定名称的决议》等决议。

有关本次股东大会的公告刊登在2000年4月26日的《上海证券报》和《中国证券报》上。

长春一汽四环汽车股份有限公司

一、公司简介

1、公司法定中英文名称及缩写
公司法定中文名称:长春一汽四环汽车股份有限公司
公司法定英文名称:CHANG-CHUN FAW SIHUAN AUTOMOBILE CO.,LTD
英文缩写:FAWSH
2、公司法定代表人:徐建一
3、公司信息披露机构:公司证券部　董事会秘书:范希军
联系电话:0431-7629115
传　　真:0431-7629113
联系地址:长春市普阳街99号　邮政编码:130011
电子信箱:FAWSH@PUBLIC.CC.JL.CN
4、公司注册地址:长春市普阳街99号
公司办公地址:长春市普阳街99号
5、公司选定的信息披露报纸名称:《上海证券报》
登载公司年度报告的中国证监会指定国际互联网网址:http://www.sse.com.cn
公司年度报告备置地点:公司证券部
6、公司股票上市地:上海证券交易所
股票简称:一汽四环
股票代码:600742

二、会计数据和业务数据摘要

(一)公司本年度主要会计数据如下:　单位:元

利润总额	112,243,156.72
净利润	109,946,393.60
扣除非经营性损益后的净利润	105,923,948.46
主营业务利润	141,246,843.37
其它业务利润	-6,293,403.67
营业利润	104,134,763.70
投资收益	5,947,893.05
补贴收入	
营业外收支净额	2,160,499.97
经营活动产生的现金流量净额	73,871,108.17
现金及现金等价物净增加额	269,327,270.89

(二)截止报告期末公司前三年主要会计数据和财务指标:
单位:元

指标项目	2000年度	1999年度
主营业务收入	837,032,260.46	788,259,127.09
净利润	109,946,393.60	107,163,190.80
总资产	1,247,797,511.97	635,087,476.84
股东权益(不含少数股东权益)	967,164,029.45	470,460,728.66
每股收益(元/股)	0.520	0.585
按月平均加权法计算的每股收益(元/股)	0.60	0.877
扣除非经常性损益后的每股收益(元/股)	0.50	0.56
每股净资产(元/股)	4.57	2.57
调整后的每股净资产(元/股)	4.33	2.52
每股经营活动产生的现金流量净额	0.35	0.44
净资产收益率(%)	11.37	22.78

指标项目	1998年度
主营业务收入	588,197,825.64
净利润	66,148,047.47
总资产	638,599,876.69
股东权益(不含少数股东权益)	411,389,487.86
每股收益(元/股)	0.542
按月平均加权法计算的每股收益(元/股)	0.607
扣除非经常性损益后的每股收益(元/股)	0.51
每股净资产(元/股)	3.37
调整后的每股净资产(元/股)	3.31
每股经营活动产生的现金流量净额	0.63
净资产收益率(%)	16.08

(三)净资产收益率及每股收益指标结构分析附表:

报告期利润	净资产收益率(%)		每股收益(元)	
	全面摊薄	加权平均	全面摊薄	加权平均
主营业务利润	14.60	26.89	0.67	0.77
营业利润	10.77	19.82	0.49	0.57
净利润	11.37	20.92	0.52	0.60
扣除非经常性损益后的	10.95	20.16	0.50	0.58

三、股东情况介绍

1、报告期末,公司股东总数33,557户。
2、前十名股东持股情况如下:

名次　前十名股东	年末持股数(股)
(1)一汽集团公司	66776400
(2)一汽四环企业总公司	25515000
(3)国投机轻有限公司	4050000
(4)机械工业部长春汽车研究所中实改装车厂	2430000
(5)一汽四环热电安装工程公司	1620000
(6)机械工业部长春汽车研究所科技服务部	1350000
(7)一汽四环钢圈厂	1215000
(8)湖南证券(流通股份)	1105430
(9)王利民(流通股份)	721882
(10)雨花实业(流通股份)	650400

湖北幸福实业股份有限公司

一、公司简介

公司法定中文名称：湖北幸福实业股份有限公司
公司法定英文名称：HUBEI XINGFU INDUSTRY CO.,LTD
英文名称缩写：HBXF
公司法定代表人：刘道明
公司董事会秘书：李军
联系地址：湖北省潜江市张金镇幸福北路1号
联系电话：0728-6641566
传真：0728-6641999 6641566
公司注册地址和办公地址：
湖北省潜江市张金镇幸福北路1号
邮政编码：433140
公司指定信息披露报纸：上海证券报
登载公司年度报告国际互联网网址：
http://www.sse.com.cn
公司年度报告备置地点：本公司证券部
公司股票上市交易所：上海证券交易所
公司股票简称：幸福实业
公司股票代码：600743

二、会计数据和业务数据摘要

1.公司本年度会计数据(单位：人民币元)

利润总额	-306,013,278.53
净利润	-306,013,278.53
扣除非经常性损益后的净利润	-26,994,641.20
主营业务利润	4,002,018.29
其它业务利润	-973,433.57
营业利润	-168,410,510.72
投资收益	-60,940,302.67
营业外收支净额	-76,662,465.14
经营活动产生的现金流量净额	2,960,013.02
现金及现金等价物净增加额	-1,058,652.07

2.公司近三年财务指标

项目	2000年度	1999年度	1998年度调整后
主营业务收入	295,577,882.15	144,899,980.24	718,758,437.92
净利润	-306,013,278.53	-65,876,271.70	37,589,063.59
总资产	286,279,655.51	534,087,259.31	608,028,670.76
股东权益(不含少数股东权益)	149,132,439.29	456,952,164.22	522,858,174.50
每股收益	-0.9783	-0.2107	0.1202
扣除非经常性损益后的每股收益	-0.0863	-0.2246	0.106
每股净资产	0.4768	1.46	1.67
调整后的每股净资产	0.4695	1.31	1.66
每股经营活动产生的现金流量净额	0.009	-0.016	0.143
净资产收益率	-14.42%	7.19%	

二000年度	净资产收益率(%)		每股收益(元)	
	全面摊薄	加权平均	全面摊薄	加权平均
主营业务利润	2.68	1.32	0.0128	0.0128
营业利润	-112.93	-55.57	-0.5340	-0.5340
净利润	-205.20	-100.98	-0.9783	-0.9783
扣除非经常性损益后的净利润	-18.10	-8.91	-0.0863	-0.0863

三、股本变动及股东情况介绍

股东情况介绍
(1)报告期末公司股东总数为51118户。
(2)报告期末前十名股东持股情况

	股东名称	持股数(股)	持股比例%
①	名流投资有限公司	60,000,000	19.182
②	幸福集团公司	38,625,995	12.348
③	湖北省国际信托投资公司	34,576,930	11.054
④	潜江市农村信用合作社联合社	28,266,200	9.037
⑤	君安新兴	25,000,000	7.992
⑥	中化国际信息公司	12,800,000	4.092
⑦	君安大连	5,910,000	1.889
⑧	上海城市房地产有限公司	5,314,006	1.698
⑨	中国科技国际信托投资公司	5,000,000	1.598
⑩	国泰兰州	4,374,005	1.398

注：①前十名股东均为本公司法人股东。其中：A.名流投资有限公司通过拍卖以竞买方式取得本公司法人股6000万股，成为本公司第一大股东。

B.现第二大股东幸福集团公司年初持有本公司法人股38,625,995股，报告期内，其所持有的本公司法人股731,033股转让给无锡市宏裕百货公司。

C.君安新兴、君安大连、国泰兰州为同一法人实体，合并持有本公司法人股35,284,005股，占本公司总股本的11.28%，为本公司第三大股东。

D.湖北省国际信托投资公司年初持有本公司法人股143,286,930股，占总股份的45.808%，为本公司第一大股东，年末对本公司法人股减持为34,576,930股，合计减少了108,710,000股，本报告期末为本公司第四大股东。主要原因是湖北省国际信托投资公司与多家单位有债权债务纠纷，其所持有的本公司法人股被法院裁定转让给君安证券大连营业部591万股，君安证券天津新兴路营业部2500万股、中科财务公司500万股，被法院裁定拍卖给名流投资有限公司6000万股，协议转让给中化国际信息公司1280万股。2000年12月15日，湖北省国际信托投资公司所持有的本公司法人股16,276,930股(占本公司总股本的5.20%)被进行公开拍卖，海口昌亿实业投资有限公司竞买该部分法人股成功，并于2001年1月5日完成了股权过户手续，因此成为本公司第六大股东。截止目前，湖北省国际信托投资公司还持有本公司法人股1830万股，占总股本的5.85%，已退居本公司第五大股东。

E.截止目前，湖北省国际信托投资公司所持有的本公司法人股1830万股全部被债权人申请司法冻结。幸福集团公司所持有的本公司法人股中3300万股亦被债权人申请司法冻结。

② 本报告期内，前十名股东中，君安新兴、君安大连、国泰兰州为同一法人实体，合并持有本公司法人股35,284,005股，除此以外其他股东之间不存在任何关联关系。

湖南华银电力股份有限公司

一、公司简介

1、公司法定中文名称：湖南华银电力股份有限公司
英文名称：HUNAN HUAYIN ELECTRIC POWER CO.,LTD 英文缩写：HHEP
2、公司法定代表人：李维建
3、公司董事会秘书：金毓江 电话：(0731)5543400 电子信箱：hyjyj@cs.hn.cn
董事会证券事务代表：刘杰 电话：(0731)5543457 电子信箱：hhteplj@cs.hn.cn
联系地址：湖南省长沙市韶山北路428号 公司传真：(0731)5502984
4、公司注册及办公地址：湖南省长沙市韶山北路428号 邮政编码：410007
公司国际互联网网址：www.hypower.com.cn 电子信箱：hyep@cs.hn.cn
5、信息披露报纸：《中国证券报》、《上海证券报》 信息披露网址：www.sse.com.cn
年度报告备置地点：本公司办公室
6、股票上市交易所：上海证券交易所 股票简称：华银电力 证券代码：600744

二、会计数据和业务数据摘要

1、本年度利润总额及构成(单位：元)

利润总额	212244212.620
净利润	177490551.48
扣除非经常性损益后的净利润	163122614.48
主营业务利润	236064434.65
其他业务利润	1162421.15
营业利润	151522867.89
投资收益	46353407.73
补贴收入	1000000.00
营业外收支净额	13367937.00
经营活动产生的现金流量净额	303468180.80
现金及现金等价物净增加额	162526001.16

2、截止至报告期末公司前三年主要会计数据和财务指标(单位：元)

项目	2000年	1999年	1998年(调整后)	1998年(调整前)
主营业务收入	1067713009.79	960150744.67	1040888527.74	1040888527.74
净利润	177490551.48	197938027.85	123257660.33	130610597.12
总资产	4576837256.28	4410898092.04	2527211833.09	2530624602.28
股东权益	2595632004.11	2500660752.85	1078817632.59	1086170569.38
每股收益	0.2751	0.3068	0.3210	0.3401
每股收益(加权平均)	0.2751	0.4367	0.3210	0.3401
扣除非经常性损益后每股收益	0.2529	0.2882	0.2849	0.3014
每股净资产	4.023	3.876	2.809	2.8286
调整后每股净资产	3.998	3.843	2.797	2.816
每股经营活动产生的现金流量净额	0.470	0.039	0.372	0.372
净资产收益率(%)	6.84	7.92	11.43	12.02

注：(1)主要财务指标计算方法：
每股收益=净利润/年度末普通股股份总数
每股净资产=年度末股东权益/年度末普通股股份总数
调整后的每股净资产=(年度末股东权益-三年以上的应收款项净额-待摊费用-待处理(流动、固定)资产净损失-开办费-长期待摊费用-住房周转金负数余额)/年度末普通股股份总数
每股经营活动产生的现金流量净额=经营活动产生的现金流量净额/年度末普通股股份总数
净资产收益率=净利润/本年度末股东权益×100%
(2)利润表附表

报告期利润	净资产收益率(%)		每股收益	
	全面摊薄	加权平均	全面摊薄	加权平均
主营业务利润	9.09	9.12	0.3659	0.3659
营业利润	5.84	5.85	0.2349	0.2349
净利润	6.84	6.85	0.2751	0.2751
扣除非经常性损益后的利润	6.28	6.30	0.2529	0.2529

注：全面摊薄净资产收益率=报告期利润/期末净资产
全面摊薄每股收益=报告期利润/期末股份总数净资产收益率(加权平均)=P/(E0+NP/2+Ei*Mi/M0-Ej*Mj/M0)
其中：P为报告期利润；NP为报告期净利润；EO为期初净资产；Ei为报告期发行新股或债转股等新增净资产；Ej为报告期回购或现金分红等减少净资产；MO为报告期月份数；Mi为新增净资产下一月份起至报告期期末的月份数；Mj为减少净资产下一月份起至报告期期末的月份数
每股收益(加权平均)=P/(S0+S1+Si*Mi/M0-Sj*Mj/M0)
其中：P为报告期利润；SO为期初股份总数；SI为报告期因公积金转增股本或股票股利分配等增加股份数；Si为报告期因发行新股或债转股等增加股份数；Sj为报告期因回购或缩股等减少股份数；MO为报告期月份数；Mi为增加股份下一月份起至报告期期末的月份数；Mj为减少股份下一月份起至报告期期末的月份数

三、股东情况介绍

1、报告期末公司股东总数为170316户。
2、报告期末公司主要股东持股情况

股东名称	持股数(股)	占总股本比例(%)	是否上市流通
①湖南省电力公司	309855045	48.03	否
②工行湖南省信托投资公司	39512669	6.12	否
③建行湖南省信托投资公司	26341780	4.08	否
④湖南省银宏实业发展总公司	13646946	2.12	否
⑤中国湖南国际经济技术合作煤炭公司	13170889	2.04	否
⑥中电信电力开发有限责任公司	12821782	1.99	否
⑦湖南省华厦房地产开发公司	8010889	1.24	否
⑧湖南恒益贸易公司	000000	0.93	是
⑨张蔚然	570000	0.09	是
⑩江忠	380000	0.06	是

说明：①报告期内持有本公司5%以上股份的股东持股数未发生变化，也未有质押或冻结情况。

②前7名股东之间不存在关联关系，第8、9、10名股东为流通股东，本公司未知其之间是否存在关联关系。

3、湖南省电力公司(持股48.03%)法定代表人为周绍文，其经营范围：主营电力生产、销售；电力规划、勘测设计、科研；电力工程施工、设备安装；电力设备修造；电力器材生产、加工、修理、销售。

4、报告期内无控股股东变更情况。

黄石康赛股份有限公司

(一)公司简介

1、公司法定中文名称:黄石康赛股份有限公司　缩写:康赛集团
公司法定英文名称:HUANGSHI KANGSAI SECTION LIMITED　缩写:HSKG
2、公司法定代表人:居少宏
3、公司董事会秘书:吴年有
联系地址:湖北省黄石市黄石大道512号
联系电话:(0714)6226987　传真:(0714)6223612
电子信箱:WLYksai@163.net
4、公司注册地址:湖北省黄石市芜湖路85号
公司办公地址:湖北省黄石市黄石大道512号
邮政编码:435000　公司互联网网址:http://www.kangsai.Com.Cn
5、公司选定信息披露报纸:《中国证券报》、《上海证券报》、《证券时报》
登载公司年度报告的中国证监会指定国际互联网网址:http://www.sse.com.cn.
公司年度报告备置地点:公司证券部
6、公司股票上市交易所:上海证券交易所
股票简称:康赛集团　股票代码:600745

(二)会计数据和业务数据摘要

1、公司本年度主要利润指标情况:(单位:人民币元)

项　目	2000 年
利润总额	-106,263,871.71
净利润	-91,378,711.87
扣除非经常性损益后的净利润	-59,180,290.33
主营业务利润	8,718,393.05
其他业务利润	-1,983,601.80
营业利润	-72,079,022.84
投资收益	-1,327,838.31
补贴收入	/
营业外收支净额	-32,857,010.56
经营活动产生的现金流量净额	-6,263,979.69
现金及现金等价物净增加额	-16,569,413.72

注:扣除非经常性损益的项目及金额如下:
① 营业外收入1,372,435.37;②投资收益1,327,838.31;
③ 或有损失32,110,709.71;④营业外支出—其他132,308.89

2、截至报告期末公司前三年的主要会计数据和财务指标(单位:人民币元)

指标项目	2000 年	1999 年 调整前	1999 年 调整后	1998 年 调整前	1998 年 调整后
1.主营业务收入	81,721,196.39	58,203,268.09	56,990,266.07	205,186,188.43	205,186,188.43
2.净利润	-91,378,711.87	-62,035,540.63	-76,791,205.01	37,348,079.10	-76,508,874.47
3.总资产	400,554,545.62	665,820,178.31	645,477,766.81	861,007,826.11	669,669,227.13
4.股东权益(不含少数股东权益)	97,988,057.19	216,132,488.38	189,205,627.24	454,796,045.94	278,168,029.01
5.每股收益((摊薄)	-0.75	-0.51	-0.63	0.31	-0.63
6.每股收益(加权)	-0.75	-0.51	-0.63	-0.36	-0.74
7.扣除非经常性损益后的每股收益	-0.49	-0.53	-0.64	0.07	-0.87
8.每股净资产	0.80	1.77	1.55	3.74	2.29
9.调整后的每股净资产	0.16	1.75	1.00	3.70	2.22
10.每股经营活动产生的现金流量净额	-0.05	0.01	0.01	-1.63	-1.63
11.净资产收益率(摊薄)	-93.25%	-28.79%	-40.59%	8.21%	-27.5%
12.净资产收益率(加权)	-63.67%	-28.79%	-40.59%		

3、利润表附表

报告期利润	净资产收益率		每股收益	
	全面摊薄	加权平均	全面摊薄	加权平均
主营业务利润	8.9%	6.07%	0.072	0.072
营业利润	-73.56%	-50.22%	-0.59	-0.59
净利润	-93.25%	-63.67%	-0.75	-0.75
扣除非经常性损益后的净利润	-60.40%	-41.24%	-0.49	-0.49

(三)、股东情况介绍

(1)报告期末股东总数为24996户,其中法人股5户,流通股东24991户。
(2)公司前十名股东持股情况(截止2000年12月29日)

股东名称	持股数(股)	占总股本比例(%)	股份性质
① 黄石康赛实业发展有限公司	64049456	52.61	法人股份
② 襄阳汽车	4968000	4.08	法人股份
③ 国泰湖北	2484000	2.04	法人股份
④ 中保财险	2484000	2.04	法人股份
⑤ 涌金财金	1000000	0.82	法人股份
⑥ 陈　浩	512000	0.42	上市流通股份
⑦ 冯　军	230008	0.19	上市流通股份
⑧ 吴　思	22000	0.18	上市流通股份
⑨ 李成耀	173150	0.14	上市流通股份
⑩ 贺　彬	172500	0.14	上市流通股份

注:公司前十名股东之间不存在关联关系

报告期内本公司第一大股东黄石康赛实业发展有限公司将其持有的本公司法人股2050万股(占本公司总股本的16.84%)质押给招商银行黄石支行,为其在招行黄石支行的短期流动资金贷款4460万元及本公司在招行黄石支行的短期流动资金贷款2700万元提供担保。

江苏索普化工股份有限公司

一、公司简介

1、公司名称:江苏索普化工股份有限公司
英文名称:JIANGSU SOPO CHEMICAL CO.LTD
2、公司法定代表人:宋勤华
3、公司董事会秘书:许逸中
联系地址:江苏省镇江市谏壁镇越河街50号
电话:(0511)-3366244　传真:(0511)-3362036
电子信箱:suopo@pub.zj.jsinfo.net
4、公司注册地址:江苏省镇江市谏壁镇越河街50号
公司办公地址:江苏省镇江市谏壁镇越河街50号
邮政编码:212006
电子信箱:suopo@pub.zj.jsinfo.net
5、公司选定的信息披露报纸为《上海证券报》
登载公司年度报告的中国证监会指定国际互联网网址为:http://www.sse.com.cn
公司年度报告备置地点:本公司
6、公司股票上市交易所:上海证券交易所
股票简称:江苏索普
股票代码:600746

二、会计数据和业务数据摘要

1、本年度主要财务指标((单位:元)

利润总额	43,911,650.34
净利润	37,398,454.65
扣除非经常性损益后的净利润	28,302,805.16
主营业务利润	52,022,187.53
其它业务利润	54,235.40
营业利润	36,139,764.06
投资收益	7,810,011.33
补贴收入	---
营业外收支净额	-38,125.05
经营活动产生的现金流量净额	54,969,447.63
现金及现金等价物净增加额	22,344,405.20
说明:扣除非经常性损益情况:	9,394,057.48
(1)新股申购冻结资金利息	1,989,386.58
(2)所得税返还	7,404,670.90

2、公司前三年的主要会计数据和财务指标:

项目	2000 年	1999 年	1998 年
主营业务收入(万元)	24792.82	20415.11	21186.17
净利润(万元)	3739.85	1870.71	2541.61
总资产(万元)	53747.68	30912.78	27024.46
股东权益(不含少数股东权益)(万元)	34885.57	22672.99	20504.13
每股收益(元/股)	0.2197	0.1195	0.1948
每股收益(元/股)(加权)	0.2242	0.1195	0.1948
扣除非经常性损益后的每股收益(元/股)	0.1663	0.0851	0.144
每股净资产(元/股)	2.049	1.448	1.572
调整后的每股净资产(元/股)	1.996	1.418	1.521
每股经营活动产生的现金流量净额(元/股)	0.3229	0.1026	0.542
净资产收益率(%)	10.72	8.25	12.40
净资产收益率(%)(加权)	11.88	8.25	12.40

3、根据证监会《公开发行证券公司信息披露编报规则》第9号通知,列表如下:

报告期利润	净资产收益率		每股收益	
	全面摊薄	加权平均	全面摊薄	加权平均
主营业务利润	14.91%	16.52%	0.3056	0.3119
营业利润	10.36%	11.48%	0.2123	0.2166
净利润	10.72%	11.88%	0.2197	0.2242
扣除非经常性损益后的净利润	8.11%	8.99%	0.1663	0.1697

全面摊薄净资产收益率=报告期利润÷期末净资产
全面摊薄每股收益=报告期利润÷期末股份总数
加权平均净资产收益率(ROE)=P/(E0+NP/2+Ei ×Mi/M0-Ej ×Mj/M0)

其中:P为报告期利润;NP为报告期净利润;E0为期初净资产;EI为报告期发行新股或债转股等新增资净资产;Ej为报告期回购或现金分红等减少净资产;M0为报告期月份数;MI为新增净资产下一月份起至报告期期末的月份数;Mj为减少净资产下一月份起至报告期期末的月份数。　加权平均每股收益(EPS)=P/(SO+S1+Si ×Mi/MO-Sj ×Mj/MO)

其中:P为报告期利润;SO为期初股份总数;S1为报告期因公积金转增股本或股票股利分配等增加股份;SI为报告期因发行新股或债转股等增加股份数;Sj为报告期因回购或缩股等减少股份数;MO为报告期月份数;MI为增加股份下一月份起至报告期期末的月份数;Mj为减少股份下一月份起至报告期期末的月份数。

三、股本变动及股东情况

1.股本变动情况介绍
(1)报告期末公司股东总数2978户。
(2)公司前10名股东持股数量　单位:股

股东名称	年度内股份增减(+、-)情况	年末持股数	持有比例(%)
①江苏索普(集团)有限公司	+6700000	117976990	69.30
②景业基金		2442066	1.43
③景博基金		1282383	0.75
④兴安基金		1200032	0.70
⑤上海爱建		1110136	0.65
⑥爱建信托		1035674	0.61
⑦镇江精细化工有限公司		978076	0.57
⑧镇江市第二化工厂		978076	0.57
⑨镇江硫酸厂		978074	0.57
⑩爱建公司		969858	0.57

说明:① 江苏索普(集团)有限公司报告期内持股增加6700000股,系认购本年度公司配股,公司前10名股东中第①⑦⑧⑨股东所持股份为法人股,其余6户股东所持股份为社会公众股。
② 镇江市第二化工厂系江苏索普(集团)有限公司全资子公司;

大连大显股份有限公司

一、公司简介

1、公司法定中文名称:大连大显股份有限公司

公司法定英文名称:DALIAN DAXIAN CO., LTD 缩写:DXGF

2、公司法定代表人:刘秉强

3、公司董事会秘书:王忠全授权代表:原隆欣

电话:0411—6428775—992 0411—6428612 传真:0411—6428328

4、公司注册地址:辽宁省大连市甘井子区革镇堡

公司办公地址:辽宁省大连市甘井子区革镇堡 邮政编码:116035

E-mail:dxdl@mail.dlptt.ln.cn http://www.dxdl.com

5、公司选定的信息披露报纸:上海证券报、中国证券报

登载公司年报的指定,网址:http://www.sse.com.cn

公司年报备置地点:公司证券投资部

6、公司股票上市地:上海证券交易所 股票简称:大显股份股票代码:600747

二、会计数据和业务数据摘要

1、本年度主要利润指标情况单位:

人民币元利润总额:	160,218,036.70
净利润:	134,076,148.89
扣除非经常性损益后的净利润:	115,217511.79
主营业务利润:	229,967,707.14
其它业务利润:	812,726.72
营业利润	130,089,308.65
投资收益:	27,574,382.41
补贴收入:	446,319.00
营业外收支净额:	2,108,026.64
经营活动产生的现金流量净额:	82,351,889.72
现金及现金等价物净增加额:	80,325,201.21

2、主要会计数据和财务指标单位:人民币元

年度	2000 年	1999 年		1998 年	
项目		调整前	调整后	调整前	调整后
主营业务收入	633,629,069.34	482,005,158.42	409,377,805.69	409,377,805.69	333,588,670.27
净利润	134,076,148.89	84,309,514.51	77,433,019.90	74,899,571.45	42,460,150.40
总资产	1,389,262,315.21	1,208,064,904.33	820,897,243.84	806,554,519.52	568,922,366.47
股东权益	792,366,079.65	672,119,212.12	601,269,421.06	588,418,846.36	306,028,177.36
每股收益	0.54	0.34	0.47	0.45	0.33
每股收益(加权)	0.54	0.45	0.53	0.53	0.33
每股净资产	3.19	2.71	3.64	3.56	2.38
调整后的每股净资产	3.15	2.67	3.60	3.52	2.31
净资产收益率	16.92	12.45	12.88	12.73	13.87
扣除非经常性损益后的每股收益	0.46	0.32	0.44	0.42	0.30
每股经营活动产生的现金流量净额(元/股)	0.33		0.28		0.72

注:主要财务指标的计算方法每股收益=净利润/年度末普通股股份总数每股净资产=年度末股东权益/年度末普通股股份总数

调整后的每股净资产=(年度末股东权益-三年以上的应收款项净额-待摊费用-待处理(流动、固定)资产净损失-开办费-长期待摊费用-住房周转金负数余额)/年度末普通股股份总数

每股经营活动产生的现金流量净额=经营活动产生的现金流量净额/年度末普通股股份总数

净资产收益率=净利润/年度末股东权益×100%˝˝

扣除非经常性损益后的净利润=净利润-营业外收入+营业外支出-补贴收入-股权转让收入+长期股权投资差额摊销

注:扣除非经常性损益项目和涉及金额:

3、净资产收益率和每股收益系列指标(根据中国证监会《编制规则第 9 号》编制)

报告期利润	净资产收益率		每股收益(元)	
	全面摊薄	加权平均	全面摊薄	加权平均
主营业务利润	29.02	31.11	0.93	0.93
营业利润	16.42	17.60	0.52	0.52
净利润	16.92	18.14	0.54	0.54
扣除非经常性损益的净利润	14.54	15.59	0.46	0.46

财务指标的计算公式如下:每股收益(摊薄)=报告期利润/年度末普通股股份总数每股收益(加权)=P/(So+S1+Si×Mi÷Mo-Sj×Mj÷Mo)

其中:P 为报告期利润,So 为期初股份总额,S1 为报告期因公积金转增股本或股票股利分配等增加股份数,Si 为报告期因发行新股或债转股等增加股份数,Sj 为报告期因回购或缩股等减少股份数,Mo 为报告期月份数,Mi 为增加股份下一月份起至报告期期末的月份数,Mj 为减少股份下一月份起至报告期期末的月份数。

三、股东情况

截止 2000 年 12 月 31 日股东总数为 28229 户。

主要股东持股情况公司前十名股东持股情况如下:

股东名称	年末持股数(股)	占总股本比例(%)
(1)大连大显集团有限公司	140,400,000	56.60
(2)裕阳基金	5,506,579	2.22
(3)景阳基金	3,769,157	1.52
(4)大连工行	2,925,000	1.18
(5)连鑫商贸	2,475,000	1.00
(6)南京显象	2,250,000	0.91
(7)中信上海	2,210,591	0.89
(8)同盛基金	1,945,626	0.78
(9)上海永新	1,462,500	0.59
(10)同益基金	1,422,037	0.57

说明:

(1)持有本公司 5%以上股份的股东只有本公司的国家股股东大连大显集团公司,大连大显集团有限公司所持股份无质押和冻结。

(2)公司发起人股东未发生转让本公司所持本公司股份情况。

(3)前十名股东之间不存在关联关系。

上海浦东不锈薄板股份有限公司

(一)公司简介

1、公司法定中文名称:上海浦东不锈薄板股份有限公司

公司法定英文名称:SHANGHAI PUDONG STAINLESS SHEET CO., LTD. 缩写:SPSS

2、公司法定代表人:朱铧

3、公司董事会秘书:阚兆森 公司董事会证券事务代表:陈水林

联系地址:上海市浦东新区上南路 300 号 电话:(021)58723089 传真: (021)68630598

4、公司注册地址:上海市浦东新区上南路 300 号

公司办公地址:上海市浦东新区上南路 300 号 邮政编码:200126

公司电子信箱:spssa@shtel.net.cn

5、公司选定的信息披露报纸:上海证券报

登载公司年度报告的国际互联网网址:http://www.sse.com.cn

公司年度报告备置地点:公司证券办公室

6、公司股票上市交易所:上海证券交易所 股票简称:浦东不锈 股票代码:600748

(二)会计数据和业务数据摘要

1、本年度主要利润指标情况:(单位:元合并报表)

利润总额	16,421,515.85
净利润	14,705,404.13
扣除非经常性损益后的净利润	7,238,704.76
主营业务利润	29,715,405.71
其他业务利润	13,680,659.16
营业利润	8,053,412.32
投资收益	730,931.46
补贴收入	200,000.00
营业外收支净额	7,437,172.07
经营活动产生的现金流量净额	-9,314,927.06
现金及现金等价物净增加额	-18,795,464.56

2、主要会计数据和财务指标(合并报表)

项目	2000 年	1999 年	1998 年(调整后)	1998 年(调整前)
主营业务收入	516,343,018.34	330,206,646.19	512,576,259.80	512,576,259.80
净利润(元)	14,705,404.13	24,234,014.82	92,668,191.35	108,512,363.65
总资产(元)	1,212,340,524.76	1,242,911,270.87	1,202,878,734.52	1,255,305,680.04
股东权益(元)	1,064,158,321.70	1,049,452,917.57	1,025,218,902.75	1,075,190,835.71
每股收益(元/股)(摊薄)	0.025	0.041	0.252	0.296
每股收益(扣除非经常性损益后)	0.012	0.028	0.232	0.276
每股净资产(元/股)	1.811	1.786	2.792	2.930
净资产收益率(%)(摊薄)	1.38	2.31	9.04	10.09
调整后的每股净资产(元/股)	1.811	1.786	2.79	2.930
每股经营活动产生的现金流量净额	-0.016	-0.065	-0.294	-0.294

注: 非经常性损益是公司本年度获得的堤防费补贴 200,000.00 元和申购冻结资金利息摊销 7,266,699.37 元,共计 7,466,699.37 元。

报告期利润	净资产收益率(%)		每股收益(元)	
	全面摊薄	加权平均	全面摊薄	加权平均
主营业务利润	2.79	2.81	0.051	0.051
营业利润	0.76	0.76	0.014	0.014
净利润	1.38	1.39	0.025	0.025
扣除非经常性损益后的净利润	0.68	0.68	0.012	0.012

(三)股东情况介绍

(1)报告期末股东总数为 71990 户。

(2)主要股东持股情况(截止 2000 年 12 月 31 日): 单位:股

序号	股东名称	期末持股数	期内增减	占总股本(%)
1	浦钢公司(国有法人股)	345671808	/	58.83
2	上海冶控(国家股)	84899814	/	14.45
3	赵信元	855143	/	0.15
4	马光宇	770100	/	0.13
5	李如元	748808	/	0.13
6	郭定超	747713	/	0.13
7	钟海山	681178	/	0.12
8	杨雪婷	574706	/	0.10
9	杨妹珍	559100	/	0.10
10	李学福	549207	/	0.09

注:①持有 5%以上的国家股上海冶金控股(集团)公司和国有法人股上海浦东钢铁(集团)有限公司所持有的股份无质押、冻结。

②持有本公司 5%以上股份的股东有上海浦东钢铁 (集团) 有限公司持有本公司股份 34567.1808 万股和上海冶金控股(集团)公司持有本公司股份 8489.9814 万股,期初数至期末数均未发生变化。

(3)上海冶金控股(集团)公司系上海浦东钢铁(集团)有限公司的控股公司。

(四)股东大会简介

在报告期内, 本公司于 2000 年 5 月 24 日召开了 1999 年度股东大会 (公司于 2000 年 4 月 12 日在《上海证券报》、《中国证券报》进行了召开股东大会有关事宜的公告)。

(五)董事会报告

1、公司经营情况

(1)本公司属于冶金行业,根据上海工业股份制企业信息(截止 2000 年 6 月底),按销售收入排序第 12 位。(2)公司主营业务的范围:生产、加工、销售各类冷轧不锈薄板、热轧薄板及延伸制品,生产、销售煤气(仅限浦钢公司范围内),经销各类钢材。本公司的薄板产品广泛应用于化工、医药、汽车、食品机械、电机等行业,其中生产的高温合金和钛合金板材用于航空航天及国防尖端科技产业。公司钢材产品销售主要分布于华东、华南地区。2000 年国内钢材新增资源有所增长,虽然有关方面实施钢材限产,但 2000 年总体钢材产量仍出现增长,再加上进口钢材冲击,使得下半年钢材价格出现较大幅度回落,从而对公司的生产经营及整体产品盈利能力的持续提高带来了一定程度的影响。面对竞争激烈的市场,公司及时进行了品种结构的调整,实施生产适销对路的产品和努力扩大销售的措施,使公司的主营业务仍保持了一定的规模。公司全年主营业务收入为 516,343,018.34 元,较去年同期增加了 186,136,372.15 元,实现利润 16,421,515.85 元,较去年同期减少了 10,296,602.98 元。

西藏圣地股份有限公司

西藏圣地股份有限公司2000年年度报告摘要

本公司董事会保证本报告所载资料不存在任何虚假记载、误导性陈述或者重大遗漏，并对其内容的真实性、准确性和完整性负个别及连带责任。本年度报告摘要摘自年度报告，投资者欲了解详细内容，应阅读年度报告。

一、公司简介

（一）、公司法定中文名称：西藏圣地股份有限公司
公司法定英文名称：TIBET SHENGDI CO.,LTD
（二）、公司法定代表人：夏汉忠
（三）、董事会秘书：谢勤　　授权代表：张芸霞
联系电话：(0891)6339150　(0510)7990732
传真：(0891)6339041　(0510)7990732
联系地址：西藏自治区拉萨市林廓东路6号
（四）、公司注册和办公地址：西藏自治区拉萨市林廓东路6号　　邮编：850000
公司国际互联网网址：Http:// www.tibet-shengdi.com　　电子信箱：tsdc@public.ls.xz.cn
（五）、公司选定的信息披露报纸名称：《中国证券报》、《上海证券报》
刊登公司年报的指定网址：http//www.sse.com.cn
公司年度报告备置地点：公司证券部
（六）、公司股票上市交易所：上海证券交易所
股票简称：西藏圣地　　股票代码：600749

二、会计数据和业务数据摘要

（一）、公司本年度主要利润指标情况：(单位：元)

利润总额	7791,015.53
净利润	6,672,902.04
扣除非经常性损益后的净利润	4,417,204.51
主营业务利润	20,656,470.83
其他业务利润	3,998,605.68
投资收益	-591,872.43
补贴收益	---
营业外收支净额	2,255,697.53
经营活动产生的现金流量净额	674,939.20
现金及现金等价物净增加额	-1,944,381.97

注：扣减非经常性损益项目及金额
(1)、营业外收入　105,523.03
(2)、营业外支出　174,122.44
(3)、新股申购冻结资金利息　2,324,296.91

（二）、公司前三年的主要会计数据和财务指标(单位：元)

指标	2000年	1999年(调整后)	1998年(调整后)
主营业务收入	38,182,824.94	42,777,254.30	38,478,878.62
净利润	6,672,902.04	957,662.50	4,263,402.58
总资产	204,093,362.62	192,851,651.29	171,847,596.19
股东权益	110,853,385.46	104,180,483.42	103,459,790.75
每股收益	0.083	0.012	0.053
每股净资产	1.39	1.30	1.40
调整后的每股净资产	1.20	1.15	1.34
每股经营活动产生的现金流量净额	0.008	0.021	-0.058
净资产收益率(%)	6.02	0.92	3.81

财务指标计算公式如下：
每股收益=净利润/年度末普通股股份总数
每股净资产=年度末股东权益/年度末普通股股份总数
净资产收益率=净利润/年度末股东权益×100%
调整后的每股净资产=(年度末股东权益-三年以上的应收款项净额-待摊费用-待处理(流动、固定)资产净损失-开办费-长期待摊费用-住房周转金负数余额)/年度末普通股股份总数
每股经营活动产生的现金流量净额=经营活动产生的现金流量净额/年度末普通股股份总数
（三）、根据中国证监会关于发布《公开发行证券公司信息披露编报规则》第9号通知精神，公司2000年按全面摊薄法和加权平均法计算的净资产收益率及每股收益：

报告期利润	净资产收益率(%)		每股收益(元/股)	
	全面摊薄	加权平均	全面摊薄	加权平均
主营业务利润	18.63	19.21	0.26	0.26
营业利润	5.53	5.70	0.077	0.077
净利润	6.02	6.21	0.083	0.083
扣除非经常性损益后净利润	3.98	4.11	0.055	0.055

三、股本变动及股东情况

1、股东数量：截止2000年12月31日，公司股东总数9353户。
2、主要股东持股情况(截止2000年12月31日)　　数量单位：股

股东名称	期初持股数	期末持股数	持股比例
(1)西藏体旅	16017606	16017606	20.02%
(2)宜兴中广		13289649	16.61%
(3)锡山中广		12768486	15.96%
(4)西藏交通工业总公司	5370974	5370974	6.71%
(5)西农集团	4072992	4072992	5.09%
(6)西藏信托投资公司	4072992	4072992	5.09%
(7)西南边贸	407301	407301	0.52%
(8)国泰君安		303000	0.38%
(9)董维保		201900	0.25%
(10)仝超美		192684	0.24%

3、持股10%以上法人股东简介
西藏国际体育旅游公司法定代表人：苏平经营范围：旅游运输、广告、电子通讯等。持有本公司股份没有质押和冻结情况。
宜兴市中广网络有限公司法定代表人：夏汉忠经营范围：广播电视娱乐节目传输；视频点播；影视广告制作、经营、播出、发布业务；器材贸易等。持有本公司股份没有质押和冻结情况。
锡山市中广物资公司法定代表人：刘国强经营范围：有线电视光缆、多媒体传输设备、广播电视器材、五金交电等百货的零售批发。持有本公司股份没有质押和冻结情况。
4、报告期内控股股东变更情况
2000年4月12日，拉萨啤酒股份有限公司、四川省鑫盛网络科技实业有限公司与宜兴中广、锡山物资分别签订了《西藏圣地股份有限公司法人股股份转让合同》，拉萨啤酒将其所持有的西藏圣地法人股22856035股中的13289649转让给宜兴中广，将其余的9566386股以协议方式转让给锡山物资，四川省鑫盛网络科技实业有限公司将其所持有的西藏圣地法人股3202100股以协议方式转让给锡山物资。本次股份转让后，西藏体旅为本公司第一大股东(20.02%)，宜兴中广为本公司第二大股东(16.61%)，锡山物资为本公司第三大股东(15.96%)。有关信息披露于2000年4月13日《中国证券报》、《上海证券报》。

四、股东大会简介

报告期内，公司召开了1999年年度股东大会和2000年度第一次临时股东大会。
（一）、1999年年度股东大会(第五届)
2000年6月28日，公司第四届股东大会暨1999年股东年会在成都市加州花园酒店召开，出席会议的股东代表7人，代表股份55,594,699股，占公司总股本的69.49%，符合《公司法》与《公司章程》的规定，会议由苏平董事长主持，大会审议并全票通过了如下事项：
1、审议通过了1999年度公司董事会工作报告；
2、审议通过了1999年度公司监事会工作报告；
3、审议并通过了1999年度财务决算及2000年财务预算报告；
4、审议通过了1999年度利润分配方案；
5、审议通过了董事会换届及增补董事的议案；
6、审议通过了监事会换届选举的议案；
7、审议通过了关于解决历史遗留问题的议案；
8、审议通过了关于修改公司章程的议案。
本次会议经四川联一律师事务所证券从业律师杨飞雁见证，并出具了法律意见书，会议决议公告于2000年6月29日《中国证券报》和《上海证券报》，法律意见书送上交所备案。
（二）、2000年第一次临时股东大会
2000年11月5日，公司2000年第一次临时股东大会在上海市龙柏森林花园酒店召开，出席本次会议的股东及股东代理人13名，代表股份数为51,529,957股，占公司股份总数的64.41%，符合《公司法》和《公司章程》的有关规定。会议由公司董事长夏汉忠先生主持，会议审议并以全票通过如下事项：
1、审议通过了公司与宜山中广、锡山物资进行资产置换的议案；
2、审议通过了关于资产置换后是否产生关联交易或形成同业竞争等问题的议案；
3、审议通过了提请股东大会授权董事会全权办理本次资产置换事宜的议案；
4、审议通过了关于修改公司章程的议案。
本次会议经北京广盛律师事务所证券从业律师张美贤先生见证，并出具了法律意见书。会议决议公告于2000年11月7日《中国证券报》和《上海证券报》，法律意见书送上海证券交所备案。

五、董事会工作报告

（一）、公司经营情况
1、公司所处行业情况
本公司是西藏本土第一家上市公司，其主导产业为西藏大型旅游服务业，下属西藏圣地国际体育旅游公司是区内规模最大的旅游服务公司。报告期内组团人数、营业收入和实现利润均居区内同行业前列。
2、公司主营业务范围及其经营情况
公司主营业务为旅游、酒店、矿泉水、进出口贸易和有线电视网络等；
报告期内，公司实现营业收入总额3818万元，实现利润667万元，比上年度增长597%。
(1)、旅游、酒店业：西藏圣地国际体育旅游公司和喜玛拉雅饭店是我公司的主要收入和利润来源，面对我区旅游市场竞争激烈的现状，公司加大宣传力度，提高服务质量，加强市场开拓，抓住西藏旅游逐渐成为热点，内宾团队大幅增加的大好形势，发挥公司自身拥有饭店、旅游车队和导游等优势，为游客提供旅游接待一条龙综合服务，赢得了客源，圣地国际体育旅游公司荣获自治区政府颁发的"先进集体"光荣称号。全年接待团队335个，共3019人，实现营业收入2455万元，利润920万元，圆满完成了年度计划。喜玛拉雅饭店全年实现营业收入908万元，利润196万元。
(2)、进出口业务：利用公司拥有贸易进出口自营权的优势，将公司控股子公司北京圣地防水材料有限公司的高档防水涂料销往西藏周边国家，同时，防水产品自去年投放西藏市场以来，得到广大用户的认可，今年上半年的销量有较大的增长，实现营业收入504万元，利润278万元。
(3)、资产重组工作：由于公司产业结构多元化，且关联度较小，一时难以形成核心竞争力，为此，在报告期内，公司制定了通过资产重组调整产业结构的战略决策，将矿泉水厂、喜玛拉雅饭店的资产及西藏圣地矿业勘察开发公司50%的股权、北京圣地防水材料有限公司71.4%的股权与宜兴中广、锡山物资的优质网络资产进行置换，有关工作在报告期内尚未结束。
3、在经营中出现的问题及解决方案：
(1)报告期内，公司股权转让纠纷和历史遗留问题未能得到及时解决，在一定程度上影响了公司的正常生产经营。为此，公司董事会和经营领导班子投入了大量的精力，寻求最佳途径，使有关问题得到妥善解决，为公司规范、健康、稳定发展奠定了基础。
(2)人力资源不足。由于西藏地理位置偏僻，自然环境相对艰苦，高素质专业人才一时难以引进。公司将制定引进人才和培养人才相结合的措施，为公司的长远发展着想。
（二）、公司财务状况　　单位：元

指标名称	2000年	1999年	增长数额	增长比率
总资产	204,093,362.62	192,851,651.29	11,241,711.33	5.83%
长期负债	40,000,000.00	2,324,296.91	37,675,703.09	1621%
股东权益	110,853,385.46	104,180,483.42	6,672,902.64	6.41%
主营业务利润	20,656,470.83	18,913,644.79	1,742,826.04	9.21%
净利润	6,672,902.04	957,662.50	5,715,239.54	597%

江 西 东 风 药 业 股 份 有 限 公 司

江西东风药业股份有限公司2000年度报告摘要

重要提示：本公司董事会保证本报告所载资料不存在任何虚假记载、误导性陈述或者重大遗漏，并对其内容的真实性、准确性和完整性负个别及连带责任。

一、公司简介

1、公司法定中文名称：江西东风药业股份有限公司
公司英文名称：JIANGXI DONGFENG PHARMACEUTICAL CO.,LTD　　缩写：DFPC
2、法定代表人：钟虹光
3、公司董事会秘书：杨人彦
董秘授权代表：王晨曦
联系地址：江西省乐平市东风路15号
电话：0798-6803483
传真：0798-6803406
E-Mail：dfzqb@163.net
4、注册、办公地址：江西省乐平市东风路15号
邮政编码：333300
公司网址：Http://www.jxdfp.com
E-Mail:jxdfp@public1.jdptt.jx.cn
5、公司选定的信息披露报纸：《上海证券报》
登载公司年度报告的中国证监会指定国际互联网网址：
Http://www.sse.com.cn
年度报告备置地点：公司证券部
6、公司股票上市交易所：上海证券交易所
股票简称：东风药业　　股票代码：600750

二、会计数据和业务数据摘要

1、2000年度利润实现情况（单位：元）

项　　目	2000年度
利润总额	75,472,322.80
净利润	27,615,978.36
扣除非经常性损益后的净利润	27,615,978.36
主营业务利润	178,625,692.60
其他业务利润	3,448.09
营业利润	72,914,432.84
投资收益	2,691,218.02
补贴收入	22,722.78
营业外收支净额	-156,050.84
经营活动产生的现金流量净额	121,768,643.80
现金及现金等价物净增加额	74,919,850.31

2、主要会计数据及财务指标：

项　目	单位	2000年	99年
主营业务收入	元	368,460,145.52	130,097,647.79
净利润	元	27,615,978.36	29,227,972.91
总资产	元	708,467,229.90	669,322,206.42
股东权益（不含少数股东权益）	元	523,167,613.57	507,864,126.37
每股收益	元	0.19	0.20
每股净资产	元	3.58	3.48
调整后的每股净资产	元	3.56	3.46
每股经营活动产生的现金流量净额	元	0.83	-0.15
净资产收益率	%	5.28	

3、利润分配表附表：

利润指标	净资产收益率(%) 全面摊薄	净资产收益率(%) 加权平均	每股收益(元/股) 全面摊薄	每股收益(元/股) 加权平均
主营业务利润	34.14	34.64	1.22	1.22
营业利润	13.94	14.14	0.50	0.50
净利润	5.28	5.36	0.19	0.19
扣除非经常性损益后的净利润	5.28	5.36	0.19	0.19

注：主要财务指标计算方法：
每股收益=净利润/年度末普通股股份总数
每股净资产=年度末股东权益/年度末普通股股份总数
调整后的每股净资产=(年度末股东权益-三年以上的应收款项净额-待摊费用-待处理(流动、固定)资产净损失-开办费-长期待摊费用-住房周转金负数余额)/年度末普通股股份总数
每股经营活动产生的现金流量净额=经营活动产生的现金流量净额/年度末普通股股份总数
净资产收益率=净利润/年度末股东权益×100%
加权平均每股收益=当期净利润/[期末普通股股份总数/(1+配股比例)+期末普通股股份总数/(1+配股比例)×配股比例×缴款结束日下一月份至期末的月份数/12]
加权平均净资产收益率(ROE)的计算公式如下：
ROE=P/(EO+NP÷2+Ei×Mi÷MO-Ej×Mj÷MO)
其中：P为报告期利润；NP为报告期净利润；EO为期初净资产；Ei为报告期发行新股或债转股等新增净资产；Ej为报告期回购或现金分红等减少净资产；MO为报告期月份数；Mi为新增净资产下一月份起至报告期期末的月份数；Mj为减少净资产下一月份起至报告期期末的月份数。
加权平均每股收益(EPS)的计算公式如下：
EPS=P/(SO+S1+Si×Mi÷MO-Sj×Mj÷MO)
其中：P为报告期利润；SO为期初股份总数；S1为报告期因公积金转增股本或股票股利分配等增加股份数；Si为报告期因发行新股或债转股等增加股份数；Sj为报告期因回购或缩股等减少股份数；MO为报告期月份数；Mi为增加股份下一月份起至报告期期末的月份数；Mj为减少股份下一月份起至报告期期末的月份数。

三、股本变动及股东情况介绍

1、股本变动情况
(1)股份变动情况表　　　　数量单位：万股

	本次变动前	本次变动增减(+、-) 配股	送股	公积金转股	增发	其他	小计	本次变动后
一、尚未流通股份								
1、发起人股份								
其中：国家持有股份	8371.2							8371.2
未上市流通股份合计	8371.2							8371.2
二、已流通股份								
1、人民币普通股	6240							6240
已上市流通股份合计	6240							6240
三、股份总数	14611.2							14611.2

(2)股票发行与上市情况
①本公司于1996年8月29日经中国证监会批准发行2400万股A股股票（其中公司职工股240万股），每股发行价为6.80元，1996年9月23日，本公司2160万股社会公众股获准在上海证券交易所上市交易；1997年3月，公司240万职工股获准上市流通。1997年5月5日经股东大会审议批准，公司实施了每10股送红股1股，另以资本公积金每10股转增9股的分配方案，公司股本总额增至12480万股，其中国有法人股7680万股，社会流通股4800万股。
②1999年9月，中国证监会证监公司字(1999)87号文核准了公司1999年度配股方案，配股实施后，公司总股本增至14611.2万股，其中国有法人股8371.2万股，社会流通股6240万股。
2、股东情况介绍
(1)至报告期末，公司股东总户数为21208户；
(2)持有本公司5%(含5%)以上股份的股东以及公司前10名股东的持股情况：

名次	股东名称	期末持股数（股）	总股本比例（%）
1	江中制药(集团)有限公司	83,712,000	57.29
2	海通证券	2,443,738	1.67
3	海通证券	1,758,250	1.20
4	魏东波	1,018,800	0.70
5	杨　娜	730,898	0.50
6	严万青	686,300	0.47
7	海通证券	617,290	0.42
8	李洁华	596,500	0.41
9	海通证券	592,650	0.41
10	海通北京	562,280	0.38

注：江中制药(集团)有限责任公司系本公司控股母公司，其持有本公司股份为8371.2万股，本报告期内所持股份无变动，亦无质押及冻结等情况；
(3)江中制药(集团)有限责任公司持有公司国有法人股8371.2万股，占公司总股本的57.29%。
公司法定代表人：洪广祥
公司经营范围：抗生素原料、化学药制剂、中成药。

四、股东大会简介

报告期内，公司只召开了1次股东大会。
公司二届三次董事会于2000年3月29日在《上海证券报》上刊登了关于召开公司1999年度股东大会的通知，并于2000年5月10日在公司会议室召开了公司1999年度股东大会。出席本次股东大会的股东共12名（其中国有股股东委托代表一名），代表股份8377万股（其中国有法人股8371.2万股），占全部股份总额的57.33%，符合公司法及公司章程的规定。经全体股东审议，通过以下决议：
1、审议通过1999年度年报及年报摘要；
2、审议通过1999年度董事会工作报告；
3、审议通过1999年度监事会工作报告；
4、审议通过1999年度总经理业务报告；
5、审议通过1999年度财务决算报告；
6、审议通过1999年度利润分配预案；
7、审议通过董事会成员调整议案；
根据工作需要，同意易敏之先生辞去公司董事的申请。增补何行真先生为公司董事。
上述决议事项刊登于2000年3月29日《上海证券报》。

五、董事会报告

1、公司经营情况
(1)公司所属行业及在行业中的地位：
本公司属医药制药行业，是江西省医药行业的重点企业，江西省高新技术企业，同时也是我国南方区域重要的抗生素生产企业。公司产品曾多次荣获国家质量奖。
(2)公司主营业务的范围及其经营状况：
公司主营抗生素原料药、抗生素制剂、中药制剂及医药中间体的生产和销售。2000年，国内抗生素市场受国内药品原材料价格上涨以及国际市场青霉素工业钾盐供求关系改变的影响，抗生素类药物价格稳中有升，但竞争仍然十分激烈。2000年公司主营业务收入36,846万元，比上年增长183.21%，主营业务利润17,862万元，比上年增长466.5%，2000年公司主营业务收入和主营业务利润构成如下：

品　种	销售收入（万元）	利润（万元）	占主营业务收入比例(%)	占主营业务利润比例(%)
青霉素针剂	5,449	765	14.78	4.28
青霉素原料药	4,353	356	11.81	1.99
中药制剂	26,861	16,755	72.90	93.80
其　他	183	-14	0.51	-0.07
合　计	36,846	17,862	100	100

(3)公司主要全资附属企业及控股子公司的经营情况及业绩：
江西江中药业有限责任公司系本公司控股子公司，该公司坚持以质量为前提，以控制消耗，降低成本为中心，克服困难，锐意进取，生产经营继续取得较大发展，2000年该公司主营业务收入27,044万元，实现利润总额7,630万元，其中净利润3,313万元。
(4)在经营中出现的问题与困难及解决方案。
本报告期内，国内医药市场竞争激烈，公司生产经营面临较大困难，产品单一在一定程度上制约了公司的发展，为此，公司加大新产品开发力度，加速品种储备，合理调配资金，提高资金使用效率，公司生产经营仍然取得较好成绩。

2、公司财务状况　　　　（金额单位:元）

指标项目	2000 年	1999 年	增减比例
资产总额	708,467,229.90	669,322,206.42	5.85%
长期负债	13,000,000.00	25,000,000.00	-48.00%
股东权益	523,167,613.57	507,864,126.37	3.01%
主营业务利润	178,625,692.60	31,534,146.70	466.45%
净利润	27,615,978.36	29,227,972.91	-5.52%

变动原因:

(1)资产总额增加主要是净资产增加所致。

(2)长期负债减少其原因是将一年内到期的借款 1200 万元转入流动负债,年内到期的 1800 万元借款已如期归还。

(3)股东权益增加原因有二,其一是资产投资评估增值;其二是净利润增加。

(4)主营业务利润增幅大其主要原因是统计口径的变化,上年 1-10 月的主营业务利润未纳入统计范围,而是以净利润的方式合并。

3、公司投资情况

募集资金使用情况:

99 年 10 月实施配股共募集资金 13900 万元,全额延续到本年度内使用,原配股承诺项目中的阿司匹林缓释胶囊及制剂工程项目在本年度内实施并已完工,计划投资 2900 万元,其中:流动资金 900 万元,实际投资 866.00 万元,补充流动资金 634 万元。本期共使用配股资金 1500 万元。

原承诺的其余四项目均在建设中,因有国债贴息贷款来源而未使用该配股资金,故而本年度配股资金共计结余 12400 万元,均存于银行存款帐上。

因新项目尚未确定,待后按规定程序报请批准并及时披露。

4、新年度的业务发展计划

2001 年,随着我国加入 WTO 的日益临近,医药市场的形势将更加严峻,但也同时面临着新的发展机遇,公司将按照"强化目标管理,拓展内、外市场,控制成本消耗,争创更大效益"的发展思路,重点做好以下工作:

(1)以市场为导向,以销售为龙头,加快产品结构调整,加大新产品开发力度,尽快形成新的利润增长点。

(2)设立生化工程研究所,进一步优化生产工艺,改进生产装备,提高主导产品的技经指标,增强市场竞争力。

(3)按照国际国内两个市场并举的方针,加强营销管理,调整营销策略,大力拓展外销业务,提高产品出口比例。

(4)加强内部管理,完善目标考核体系,建立有效的激励机制,进一步提高员工积极性。

5、董事会日常工作情况

(1) 报告期内董事会的会议情况及决议内容:

报告期内,公司共召开 4 次董事会会议,有关决议情况如下:

①2000 年 1 月 13 日召开了二届三次董事会,会议审议通过了以自有资金 4000 万元进行短期国债投资的议案;

②2000 年 3 月 27 日召开第二届四次董事会,会议审议通过了(a)1999 年年度报告;(b)1999 年度董事会工作报告;(c) 1999 年度总经理业务报告;(d)1999 年度财务决算报告;(e)关于公司四项计提资产减值准备及损失处理的内部控制制度;(f) 关于董事会成员调整的预案;(g)1999 年度利润分配方案;(h)关于召开股东大会的有关事项;

③2000 年 5 月 28 日召开二届五次董事会、会议审议通过了将公司部分产品的销售业务委托江西江中医药贸易有限责任公司经营的议案;

④ 2000 年 8 月 14 日召开二届六次董事会,会议审议通过了:(a)2000 年中期报告;(b)2000 年中期分配方案;不进行利润分配,也不以公积金转增股本。

以上相关内容分别刊登在 2000 年 3 月 29 日、5 月 31 日、8 月 17 日的《上海证券报》上。

(2) 董事会对股东大会决议的执行情况:

① 公司董事会认真执行了报告期股东大会的有关决议;

② 报告期内公司无利润分配及资本公积金转增股本方案执行情况;

6、公司管理层及员工情况

(1) 董事、监事、高级管理人员情况:

① 现任董事、监事、高级管理人员情况:　　　　单位:股

		性别	年龄	任期	年初持股数	年末持股数
董事长	钟虹光	男	43	1999.11-2002.11	0	0
董　事	何行真	男	38	1999.11-2002.11	0	0
董　事	万素娟	女	48	1999.11-2002.11	0	0
董　事	许金发	男	38	1999.11-2002.11	0	0
董　事	廖礼村	男	49	1999.11-2002.11	0	0
董　事	刘旭海	男	39	1999.11-2002.11	0	0
董　事	张　浩	男	39	1999.11-2002.11	2100	2100
董　事	董寿法	男	47	1999.11-2002.11	2100	2100
董　事	杨建坤	男	47	1999.11-2002.11	0	0
监事长	陈富香	女	51	1999.11-2002.11	0	0
监　事	何孝平	男	51	1999.11-2002.11	0	0
监　事	罗万根	男	53	1999.11-2002.11	2600	2600
总会计师	乐珍荣	男	43	1999.11-2002.11	7800	7800
董事会秘书	杨人彦	男	52	1999.11-2002.11	5200	5200

本报告期内公司董事、监事和高管人员持股数未发生变化。

② 公司董事、监事、高级管理人员年度报酬

公司董事、监事、高级管理人员年度报酬的区间范围为:1 万至 2 万的 6 人,2 万至 4 万的 8 人。其中,不在公司领取报酬的董事、监事及高级管理人员是:钟虹光、何行真、万素娟、廖礼村、刘旭海、杨建坤、陈富香、何孝平。

③根据工作需要,易敏之先生不再担任公司董事,增补何行真先生为公司董事。

④ 报告期内,公司无解聘公司经理、董事会秘书的情况。

(2) 报告期内公司共有员工 1231 人,其中生产人员 898 人,销售人员 67 人,技术人员 176 人,财务人员 10 人,行政人员 80 人。上述人员中大学本科 89 人,专科 95 人,高中及中专、中技 882 人,初中 165 人,公司现有退休职工 234 人。

7、本年度利润分配预案或资本公积金转增股本预案

2000 年度公司共实现净利润 27,615,978.36 元,提取 10%的法定公积金 2,761,597.84 元,提取 10%法定公益金 2,761,597.84 元,本年度可供股东分配的利润为 22,092,782.68 元,加上年度未分配利润 69,931,892.36 元,2000 年度实际可供股东分配的利润为 86,393,094.44 元。经董事会研究,拟以本年度末公司总股本为基数,向全体股东每 10 股派现金 1 元(含税),共计派发现金 14,611,200 元,所余未分配利润 71,781,894.44 元,全额结转下一年度。

以上分配方案尚须经公司 2000 年度股东大会审议通过后实施。

8、预计 2001 年利润分配政策:

(1)公司拟在 2001 年会计年度结束后分配利润一次;

(2)公司下一年度实现净利润用于股利分配的比例约为 10%-20%;

(3)公司下一年度分配将采取送红股或派发现金的形式,其中派发现金的比例不低于 20%。

以上利润分配政策为预计方案,具体分配方案将根据届时实际情况而定。

9、本年度,公司指定的信息披露报纸为《上海证券报》。

六、监事会报告

2000 年度,公司监事会依照国家法律法规和公司章程,对公司的运作情况、财务状况、董事会决议和董事会提交股东大会的报告进行了检查,对董事会和经营管理人员遵守法律、法规和公司章程以及执行股东大会决议的情况进行了监督。

公司监事会列席了历次董事会会议,并召开了监事会会议,审议了董事会对生产经营作出的相关决议,审议了 2000 年度中期报告和年度报告。

公司监事会认为:

1、公司在 2000 年内能够依照法律规范操作,决策程序合法,董事会关于将公司部分销售业务委托江中医贸公司经营和关于公司四项计提减值等决议程序合法,依据充分,对公司生产经营活动产生了积极作用。

2、公司董事及经营管理人员能够守法经营,认真执行股东大会决议,未见违反公司法、公司章程及损害股东权益的行为。

3、公司在激烈的市场竞争中,充分调动各方面的积极性,克服了各种困难,生产经营取得良好效益,达到了生产经营的预期目标。

4、经广东恒信德律会计事务所审定的公司 2000 年度财务报告是客观公正的,真实反映了公司的财务状况和经营成果。

七、重要事项

1、重大诉讼、仲裁事项:

报告期内,公司无重大诉讼、仲裁事项。

2、报告期内,公司董事及高级管理人员无受监管部门处罚的情况。

3、报告期内,公司无董事会换届、更换总经理、解聘董事会秘书情况。

4、报告期内,公司无收购及出售资产、吸收合并事项

5、重大关联交易事项

为充分利用江西江中医药贸易有限责任公司的优势资源,提高公司产品的营销能力,公司二届五次董事会决定将公司部分产品的销售业务委托江西江中医药贸易有限责任公司经营。根据公司与江中医药贸易有限责任公司签订的销售协议,公司生产的抗生素制剂、东青、V 钾、苄星等内销业务委托江西江中医药贸易有限责任公司经营,该协议自 2000 年 4 月 1 日起执行,双方以市场价为定价依据及时结算。公司的原料药及出口业务仍由本公司经营。

有关该项重大关联交易的董事会决议及关联交易公告刊登在 2000 年 5 月 31 日《上海证券报》上。

公司关联交易均按公平公正的原则与各关联方签订关联交易协议,具体关联交易情况详见《会计报表附注》。

6、公司与控股股东在人员、资产、财务上的三分开情况

(1)本公司拥有独立的劳动、人事及工资管理体系;公司总经理未在公司领取报酬,副总经理在公司领取报酬;总经理、副总经理在控股股东处均不担任其他职务。

(2)公司拥有独立的生产系统和配套设施;使用的"江东"牌商标所有权由公司控股股东拥有,公司采取向控股股东租赁的形式使用该商标;公司拥有独立的采购系统,公司生产的抗生素制剂、东青、V 钾、苄星等内销业务委托江西江中医药贸易有限责任公司经营,公司原料药及出口业务仍由本公司独立经营。

(3)公司设有独立的财务机构,并建立了独立的会计核算体系和财务管理制度;独立在银行开户。

7、报告期内,公司未发生托管、承包、租赁其它公司资产或其它公司托管、承包、租赁本公司资产的事项。

8、报告期内,公司无解聘会计师事务所情况。

9、报告期内,公司无其他重大合同及担保执行情况。

10、报告期内,公司无更改名称及股票简称的情况。

11、报告期内其他重要事项:

本公司 1999 年 12 月 22 日召开的第二次临时股东大会审议通过的公司以原江中制药厂通过配股等方式注入本公司的实物资产与由该部分资产相关职工组成的职工持股会,共同投资设立的子公司,原拟定名称为江西江中制药厂有限责任公司,经江西省工商行政管理局(赣)名称预核(99)第 280 号文正式核准名为江西江中药业有限责任公司,该公司已于 2000 年 1 月 20 日正式登记成立,并于 2000 年 6 月 30 日进行变更登记。有关注册登记及变更情况已刊登于 2000 年 7 月 8 日《上海证券报》上。

12、报告期内,公司及持股 5%以上股东未在指定报纸和网站批露过承诺事项。

八、财务报告

广东恒信德律会计师事务所有限公司

(2001)恒德赣审字 047 号

审 计 报 告

江西东风药业股份有限公司全体股东:

我们接受委托,审计了贵公司 2000 年 12 月 31 日的合并资产负债表,2000 年度的合并利润表及利润分配表、2000 年度合并现金流量表。这些会计报表由贵公司负责,我们的责任是对这些会计报表发表审计意见。我们的审计是依据中国注册会计师独立审计准则进行的。在审计过程中,我们结合贵公司实际情况,实施了包括抽查会计记录等我们认为必要的审计程序。

我们认为,上述会计报表符合《企业会计准则》和《股份有限公司会计制度》的有关规定,在所有重大方面公允地反映了贵公司 2000 年 12 月 31 日 的财务状况及 2000 年度经营成果以及 2000 年度的现金流量情况,会计处理方法的选用遵循了一贯性原则。

广东恒信德律会计师事务所　　　　　　中国注册会计师:

有限公司

中国 . 南昌　　　　　　　　　　二〇〇一年三月十四日

会 计 报 表 附 注

一、公司简介

本公司系以生产抗生素原料药、中成药及其制剂为主的大型制药企业。1996 年 8 月 29 日,经中国证监会(96)153 号文批准,江西东风药业 2400 万 A 股股票以每股 6.80 元的价格在上海证券交易所上网发行,并于同年 9 月 23 日在上交所正式挂牌上市。公司股票代码为 600750,总股本为 6240 万股,其中国有法人股 3840 万股,社会公众股 2400 万股(含公司职工股 240 万股)。1997 年 5 月 5 日股东年会审议通过了 1996 年利润分配及资本公积金转增股本方案,总股本增至 12480 万股,其中社会公众股 4800 万股,国有法人股 7680 万股。

1999 年 9 月,中国证监会(1999)87 号文核准了公司 1999 年配股方案。配股实施后,公司总股本增至 14611.2 万股,其中国有法人股 8371.2 万股。社会流通股 6240 万股。

通过配股和资产置换后,公司成为生产和销售抗生素原料药、抗生素制剂、胶囊、医药中间体、中成药制剂、生物制药的大型制药企业。

二、公司主要会计政策、会计估计和合并会计报表的编制方法

1、会计制度:公司执行《企业会计准则》、《股份有限公司会计制度》及其补充规定。

2、会计年度:公历 1 月 1 日起至 12 月 31 日止为一个会计年度。

3、记帐本位币:人民币。

4、记帐基础和计价原则:以历史成本为计价基础,以权责发生制为记帐原则。

5、外币业务核算方法:本公司会计年度涉及的经济业务,按业务实际发生日人民币市场汇价(中间价)折合为人民币记帐,期末对各种外币帐户的外币期末余额按期末的市场汇价进行调整,所产生的汇兑损益列入本年损益。

6、合并会计报表编制基础和方法:本公司对拥有 50%以上权益的子公司的会计报表进行合

并，合并会计报表根据财政部《合并会计报表暂行规定》编制，以公司本部为母公司，并将母公司与子公司权益金额、内部往来及内部交易予以抵销后合并。

7、现金等价物的确认标准：现金等价物是指公司持有的期限短、流动性强、易于转换为已知金额现金、价值变动风险很小的投资。

8、坏帐核算方法：采用备抵法。

本公司的应收款项（包括应收帐款和其它应收款）按帐龄分析法计提坏帐准备，坏帐准备计提的比例列示如下：

帐龄	计提比例
一年以内	5%
一至二年	8%
二至三年	15%
三至四年	20%
四至五年	40%
五年以上	100%

坏帐的确认标准为：①债务人破产或死亡，以其破产财产或者遗产清偿后仍然不能收回；②债务人逾期未履行其偿债义务，且具有明显特征表明无法收回，经批准后作为坏帐损失处理。

9、存货核算方法：原材料、包装物购入与入库按计划成本计价，领用、发出时调整为实际成本；自制半成品、产成品入库按实际成本计价，领用、发出时按加权平均法计价；低值易耗品领用时根据不同情况采用一次或分次摊销法。

本公司本年新增子公司江西江中药业有限责任公司存货核算方法：原材料、包装物取得时以实际成本计价，领用、发出时按加权平均法计价；自制半成品、产成品入库按计划成本计价，领用、发出时调整为实际成本；低值易耗品采用一次摊销法。

本公司中期期末或年度终了提取存货跌价准备。其确认标准为：期末存货由于遭受毁损，全部或部分陈旧过时或销售价格低于成本等原因，其存货成本不可收回的部分，应提取存货跌价准备。

存货跌价准备系根据期末单个存货项目帐面成本高于其可变现净值的差额提取。

10、短期投资核算方法：本公司的短期投资按成本与市价孰低计价，短期投资跌价损失的确认标准为：期末按成本与市价孰低法计价时，市价低于成本的部分确认跌价准备，短期投资跌价准备按投资总额计提，预计的短期投资跌价损失计入当年度损益类帐项。已确认跌价损失的短期投资又得以恢复时，则在已确认的投资损失的金额内转回。

11、长期投资核算方法：

①长期债权投资的入帐价值及收益确认，按实际支付的价格扣除支付的税金、手续费等各项附加费用，以及支付的自发行日起至购入债券止的应计利息后的余额作为实际成本记帐，并按权责发生制原则计算应计利息。

②长期股权投资：长期股权投资包括股票投资和其他股权投资。公司对外股权投资，按投资时实际支付的价格或评估协议确定的价值记帐，凡投资额占被投资单位实收资本20%以下(含20%)的，按成本法核算；凡投资额占被投资单位实收资本20%以上的，按权益法核算。

③长期股权投资差额摊销方法：按合同规定的投资期限摊销。

④长期投资减值准备。本公司对被投资单位经营状况恶化等原因导致其可收回金额低于投资的帐面价值，应当提取减值准备。

长期投资减值准备的确认标准为：有市价的长期投资公司对所投资的单位由于市价下跌或经营状况恶化等原因导致其可收回金额低于长期股权投资的帐面价值所造成的暂时性减值或永久性减值，按可收回金额低于长期股权投资帐面价值的差额计提长期投资减值准备，长期投资减值准备按个别投资项目计算确定。

长期投资减值准备的提取方法：采用逐项计提的方法。如由于市价持续下跌或被投资单位经营情况变化等原因，导致其可收回价值低于帐面价值，则将可收金额低于长期投资帐面价值的差额，首先冲抵该项投资的资本公积准备项目，不足冲抵的差额部分，确认为损失。已确认损失的长期投资的价值又得以恢复的，则在原已确认的投资损失的范围内转回。

12、固定资产计价及折旧方法：

固定资产按实际成本计价，计价标准为单位价值2,000元以上，使用年限一年以上的资产；折旧方法为直线法，残值率4%-5%，各类固定资产的折旧年限和年折旧率如下：

类别	折旧年限(年)	年折旧率(%)
房屋及建筑物	30-45	2.11-3.20
机械设备	10-15	6.33-9.50
动力设备	11	8.64-8.73
传导设备	15	6.33-6.40
化工设备	10	9.50-9.60
运输设备	6-10	9.50-16.00
电子设备	5-15	6.33-19.20
其它设备	10-15	6.33-9.60

注：本公司新增子公司江西江中药业有限责任公司的折旧年限和折旧率，是按固定资产评估值和固定资产剩余使用年限采用固定资产个别折旧法。

13、在建工程核算方法：

①在建工程是指公司为建造或修理固定资产而进行的各项建筑和安装工程，包括固定资产新建工程、改扩建工程、大修理工程等，按实际成本核算，于完工交付使用时转入固定资产；已完工交付使用但尚未办理竣工结算手续的预转为固定资产，待竣工结算后调整固定资产成本。

②专项用于在建工程的借款所产生的利息支出，按下列原则处理：

A.工程完工之前的利息予以资本化；

B.工程完工后的利息计入财务费用。

C.工程发生非正常中断时间较长的，其中断期间发生的借款利息，计入财务费用。直到工程建设重新开始。

③完工前的外汇折算差额计入该工程成本。在工程完工验收合格并交付使用后转入固定资产。

14、无形资产计价和摊销方法：

无形资产按实际发生额核算，在有效使用期限内分期平均摊销。

15、开办费、长期待摊费用摊销方法：

开办费按实际发生额核算，按5年平均摊销。长期待摊费用能确定受益期限的，按受益期限分期平均摊销，不能确定受益期限的，按不超过十年的期限平均摊销。

16、收入确认原则：

商品销售，公司已将商品所有权上的重要风险和报酬转移给买方，公司不再对该商品实施继续管理权和实际控制权，相关的收入已经收到或取得了收款的证据，并且与销售该商品有关的成本能够可靠地计量时，确认收入的实现。

17、所得税会计处理方法：所得税的会计处理采用应付税款法。

三、税项

(1)增值税：按销售收入的17%计算销项税。抵扣进项税后的余额交纳。

(2)城建税和教育费附加：分别按照应交流转税的7%和3%交纳。

(3)营业税：按营业额的5%计算缴纳。

(4)房产税：按税务局核定的标准缴纳。

(5)土地使用税：按税务局核定的标准缴纳。

(6)所得税：按33%税率计征，根据江西省人民政府赣府(1996)91号文按18%返还。实际税负15%。

四、控股子公司

1. 名称	注册地	法定代表人	注册资本	经营范围	投资所占比例	是否纳入合并范围
江西江中药业有限公司	南昌	钟虹光	RMB12340万	医药	5%	是

1. 名称

2、本公司以原江中制药厂通过配股、置换等方式注入本公司的资产与该部分资产相关职工组成的职工持股会出资共同投资设立子公司---江西江中药业有限责任公司，本公司投资所占比例为85%，本期纳入本公司报表合并范围。

3、根据本公司子公司江西江中药业有限责任公司2000年7月28日股东大会审议通过，决定按照股东投入资本的实际到位时间对公司2000年1-6月增加的净资产按月进行加权平均，1-3月由东风药业投入的资本67,120,000.00元和江中职工持股会投入的资本2,443,548.21元，分享公司的权益；公司应向东风药业分配权益7,430,044.23元，应向江中职工持股会分配权益262,668.85元。从4月份开始按照东风药业85%和江中职工持股会15%的比例进行分配。合并会计报表已按以上方案进行合并披露。

五、会计报表项目注释

25、资本公积

项目	期初数	本期增加数	本期减少数
资产评估增值准备	9,464,848.95	2,298,708.84	-
股本溢价	263,004,791.70	-	-
合计	272,469,640.65	2,298,708.84	-

项目	期末数
资产评估增值准备	11,763,557.79
股本溢价	263,004,791.70
合计	274,768,349.49

注：本期增加2,298,708.84元系本公司向子公司江西江中药业有限责任公司投资中实物资产评估增值。

26、盈余公积

项目	期初数	本期增加数	本期减少数	期末数
法定盈余公积	9,675,296.68	5,577,388.14	-	15,252,684.82
公益金	9,675,296.68	5,577,388.14	-	15,252,684.82
合计	19,350,593.36	11,154,776.28	-	30,505,369.64

27、未分配利润

期初数	本期增加数	本期减少数	期末数
69,931,892.36	16,461,202.08	14,611,200.00	71,781,894.44

注:1、本期调整年初未分配利润8,211,556.91元，系根据江西省人民政府赣府(1996)91号文应收1999年度所得税18%返还部分，上述应交所得税系1999年度由本公司受江中制药(集团)有限责任公司委托经营的利润所产生，因江中制药(集团)公司属校办企业，造成企业应收补贴款未及时处理，此部分按财政部财会[2000]3号文予以冲回，待收到返还款时再冲减当期所得税费用。

2、本期减少数为根据董事会决议派发现金股利。

28、主营业务收入

业务种类	金额
青霉素针剂	52,821,599.23
青霉素口服药	1,673,929.94
青霉素原药	43,529,066.62
中药制剂	268,613,619.26
博洛克	1,821,930.47
合计	368,460,145.52

29、主营业务成本

业务种类	金额
青霉素针剂	46,302,103.20
青霉素口服药	541,841.09
青霉素原药	39,968,046.40
中药制剂	98,017,738.19
博洛克	1,963,076.45
合计	186,792,805.33

30、财务费用

类别	本年发生数	上年发生数
利息支出	2,309,302.40	1,191,224.88
减：利息收入	6,545,997.89	314,474.93
汇兑损失	8,798.12	-
减：汇兑收益	-	-
其他	66,208.08	10,656.03
合计	-4,161,689.29	887,405.98

注：①利息收入6,545,997.89元，其中资金占用费收入5,319,399.84元，银行存款利息收入1,226,598.05元。资金占用费收入是根据江中集团所属各子公司与本公司签订的资金占用协议收取，按照中国人民银行半年期贷款利率向资金占用方收取。

②本期利息支出较上期增加1,118,077.52元，主要原因是720吨普鲁卡因青霉素及制剂在建工程，因停缓建，从2000年7月起其长期借款利息计入财务费用所致。

31、投资收益

项目	金额
股权投资收益	-1,853,504.98
债权投资收益	4,544,723.00
合计	2,691,218.02

注:1.股权投资收益：①计提长期投资减值准备减少投资收益200万元（见附注7长期投资）。②非控股公司分配来的利润146,495.02元。其中：上海久和企业发展有限责任公司1,000,000.00元，江西医疗器械公司48,000.00元，江西东星化学有限公司亏损，损益调整-883,257.50元，投资差额摊销-18,247.48元。

2.债权投资收益均为的委托国债投资收益。本年共计国债投资收益4,544,723.00元，其中：①本公司子公司江西江中药业有限责任公司委托长城证券南昌经营部投资2,000万，固定年收益率8%，投资期限2000年2月21日至2000年6月21日，投资收益515,556.00。②委托新疆金新信托投资股份有限公司投资1,000万元，固定收益率13.5%，投资期限5个月，投资收益562,500.00元。

③本公司委托新疆金新信托投资股份有限公司投资2,000万，固定年收益率13%，投资期限5个月，付款时一次性收取投资收益105万。④本公司委托福建省闽发证券有限公司投资2,000万，投资期限2000年元月19日至2000年11月19日，年收益率12%，投资收益200万。⑤本公司委托上海静华科技投资有限公司投资购买国债1,000万元，投资期限2000年7月21日至2000年12月20日，年收益率10%，投资收益416,667.00元。

32、补贴收入

项目	金额	备注
补贴收入	22,722.78	出口药品退税收入
合计	22,722.78	

33、所得税

项目	金额
利润总额	75,472,322.80
加：纳税调整增加额	57,189,922.20

其中:(1)超标准计提工资薪金	10,426,351.69
(2)超标准计提福利费	1,459,689.24
(3)超标准计提工会经费	208,527.03
(4)超标准计提教育经费	46,272.00
(5)广告费超营业收入2%部分	40,698,007.17
(6)超标准业务招待费	496,763.66
(7)超标准坏帐准备	1,600,197.80
(8)超标准排污费	124,650.24
(9)罚款支出	39,663.37
(10) 赞助费	89,800.00
(11) 长期投资减值准备	2,000,000.00
减:纳税调整减少额	-
应纳税所得额	132,662,245.00
适用所得税率	33%
本年应纳所得税额	43,778,540.85

六、关联方关系及关联交易

七、或有事项 本公司本报告期内无需要披露的或有事项。

八、承诺事项 本公司本报告期内无需要披露的重大承诺事项。

九、资产负债表日后事项

①2001年1月5日本公司子公司江中药业与江西江中医药贸易有限公司签订协议,将江中药业生产的复方草珊瑚含片、健胃消食片的销售业务,委托江西江中医药贸易有限公司经营。上述委托经营业务约占江中药业全部产品销售业务的90%,该协议从2001年1月1日起执行。(已公告)

②本公司2001年1月9日董事会决议拟定于2001年3月恢复青霉素工业盐部分生产 线的生产。

③本公司2001年1月9日董事会决议中止与上海久和企业发展有限责任公司的协议,并依法向上海市第一中级人民法院提起诉讼,要求追回公司在该项目中的全部投资。

④本公司2001年1月9日董事会决议接受江中制药厂申请的国债贴息贷款专项资金转入本公司下属子公司江中药业有限责任公司,有关手续正在办理中。

十、债务重组事项

本公司本报告期内无需要披露的债务重组事项。

十一、其他重大事项

本公司1999年12月22日召开的第二次临时股东大会审议通过的公司以原江中制药厂通过配股等方式注入本公司的实物资产与由该部分资产相关职工组成的职工持股会共同投资设立的子公司江西江中药业有限责任公司于2000年1月20日正式登记成立,并于2000年6月30日进行变更登记。

变更后的江中药业,注册资本为12340万元,本公司持股85%,江中药业持股会持股15%。从本期开始江中药业纳入本公司合并会计报表范围内。

江西东风药业股份有限公司 二00一年三月十四日

九、公司的其他有关资料

1、公司首次注册登记日期:1996年9月18日 最近一次变更登记注册日:1998年10月16日 注册登记地点:江西省乐平市

2、企业法人营业执照注册号:3600001130740 3、税务登记号码:360281158307408

4、公司未流通股票的托管机构的名称:上海证券中央登记结算公司

5、公司聘请的会计师事务所名称:广东恒信德律会计师事务所(原江西恒信会计师事务所)

办公地址:江西省南昌市叠山路246号

十、备查文件

1、载有公司法定代表人、财务负责人签名并盖章的公司 2000 年的会计年度报表。

2、载有广东恒信德律会计师事务所盖章、注册会计师毛英莉、李国平签名并盖章的审计报告正本。

3、报告期内在中国证监会指定报纸上公开报露过的所有公司文件的正本及公告原稿。

董 事 长:钟虹光 二00一年三月十六日

资产负债表 单位:(人民币)元

资产	期末数 合并
流动资金:	
货币资金	230,159,857.37
短期投资	10,000,000.00
短期投资净额	10,000,000.00
应收帐款	96,170,136.82
其他应收款	96,638,216.86
减:坏帐准备	7,644,125.93
应收款项净额	185,164,227.75
预付帐款	5,981,072.02
存货	49,274,372.09
减:存货跌价准备(含工程亏损准备)	129,327.95
存货净额	49,145,044.14
待摊费用	339,863.37
流动资产合计	480,790,064.65
长期投资:	
长期股权投资	22,791,691.79
长期债权投资	-
长期投资合计	22,791,691.79
减:长期投资减值准备	2,000,000.00
长期投资净额	20,791,691.79
固定资产:	
固定资产原价	215,902,352.29
减:累计折旧	85,416,930.46
固定资产减值准备	
固定资产净值	130,485,421.83
工程物资	1,002,655.03
在建工程	70,707,746.60
固定资产合计	202,195,823.46
无形资产及其他资产:	
无形资产	4,495,095.85
长期待摊费用	194,554.15
其他长期资产	-
其中:临时设施净额	-
无形资产及其他资产合计	4,689,650.00
递延税项:	
资产总计	708,467,229.90
流动负债:	
短期借款	6,100,000.00
应付票据	2,000,000.00
应付帐款	32,704,923.13
预收帐款	3,165,400.17
应付工资	1,285,026.57
应付福利费	2,870,018.73
应付股利	14,611,200.00
应交税金	61,539,089.11
其他应交款	956,417.45
其他应付款	7,699,256.61
预提费用	3,648,281.10
一年内到期的长期负债	12,000,000.00
其他流动负债	-
流动负债合计	148,579,612.87
长期负债:	
长期借款	13,000,000.00
应付债券	-
长期应付款	-
住房周转金	-
其他长期负债	-
长期负债合计	13,000,000.00
递延税项:	
递延税款贷项	1,132,199.87
负债合计	162,711,812.74
少数股东权益(合并报表填列)	22,587,803.59
股东权益:	
股本	146,112,000.00
资本公积	274,768,349.49
盈余公积	30,505,369.64
其中:公益金	15,252,684.82
未确认的投资损失	-
调整期初未分配利润	
未分配利润(未弥补亏损以"-"号表示)	71,781,894.44
外币报表折算差额(合并报表填列)	-
股东权益合计	523,167,613.57
负债和股东权益总计	708,467,229.90

利润及利润分配表 单位:(人民币)元

项目	本期数 合并
一、主营业务收入	368,460,145.52
减:销售折让	-
主营业务收入净额	368,460,145.52
减:主营业务成本	186,792,805.33
主营业务税金及附加	3,041,647.59
二、主营业务利润(亏损以"-"号填列)	178,625,692.60
加:其他业务利润(亏损以"-"号填列)	3,448.09
减:存货跌价损失	-652,898.00
营业费用	78,752,954.08
管理费用	31,776,341.06
财务费用	-4,161,689.29
拨回若干资产的损失准备	
三、营业利润(亏损以"-"号填列)	72,914,432.84
加:投资收益(损失以"-"号填列)	2,691,218.02
补贴收入	22,722.78
营业外收入	150,186.88
减:营业外支出	306,237.72
四、利润总额(亏损总额以"-"号填列)	75,472,322.80
减:所得税	43,778,540.85
减:少数股东损益(合并报表填列、亏损以"-"号填列)	4,077,803.59
加:未确认的投资损失(合并报表填列)	-
五、净利润(净亏损以"-"号填列)	27,615,978.36
加:年初未分配利润(未弥补亏损以"-"号填列)	69,931,892.36
减:减少注册资本减少的未分配利润	-
盈余公积转入	-
资本公积金弥补亏损	
六、可供分配的利润(亏损以"-"号填列)	97,547,870.72
减:提取法定盈余公积金	5,577,388.14
减:提取法定公益金	5,577,388.14
职工奖福基金(子公司为外商投资企业,合并报表填列)	-
七、可供股东分配的利润(亏损以"-"号填列)	86,393,094.44
减:应付优先股股利	-
提取任意盈余公积	-
应付普通股股利	14,611,200.00
转作股本的普通股股利	-
八、未分配利润(未弥补亏损以"-"号填列)	71,781,894.44
附注:非常项目:	
1.出售处置部门或被投资单位	-
2.自然灾害发生的损失	-
3.会计政策更改	-
4.其他	-

报告期利润	净资产收益率 全面摊薄
主营业务利润	34.14
营业利润	13.94
净利润	5.28
扣除非经常性损益后的净利润	5.28

天津市海运股份有限公司

天津市海运股份有限公司2000年年度报告摘要

本公司董事会保证本报告所载资料不存在任何虚假记载、误导性陈述或者重大遗漏，并对其内容的真实性，准确性和完整性负个别及连带责任。

(一)公司简介

1.公司法定中文名称：天津市海运股份有限公司　　缩写：天津海运
公司法定英文名称：TIANJIN MARINE SHIPPING CO.,LTD.　　缩写：TMSC
2.公司法定代表人：宋兴庭
3.公司董事会授权代表：姜涛
联系地址：天津市河西区马场道207号
电　话：86-22-23288000　传　真：86-22-23286115
电子信箱：tmsc@public.tpt.tj.cn
4.公司注册地址：天津市河西区马场道207号
公司办公地址：天津市河西区马场道207号　邮政编码：300204
公司国际互联网址：http//www.tmsc-tj.com.cn　公司电子信箱：tmsc@public.tpt.tj.cn
5.公司选定的信息披露报纸名称：《中国证券报》《亚洲华尔街日报》
登载公司年度报告的中国证监会指定的国际互联网网址：http//www.sse.com.cn
公司年度报告备置地点：公司董事会秘书处
6.股票上市交易所名称：上海证券交易所
公司A股股票名称及交易代码：天津海运　600751
公司B股股票名称及交易代码：天海B股　900938

(二)会计数据和业务数据摘要

1、本年度利润总额及构成　　单位：人民币元

利润总额	95,995,082.23
净利润	82,266,981.42
扣除非经常性损益后的净利润	81,908,143.19
主营业务利润	189,122,621.26
其他业务利润	12,358,900.77
营业利润	97,326,986.04
投资收益	-1,690,742.04
补贴收入	0
营业外收支净额	358,838.23
经营活动产生的现金流量净额	-47,570,837.34
现金及现金等价物净增加额	74,745,888.46

注：(1)其中扣除非经常性损益后的净利润中扣除的项目为：营业外收支净额扣除非经常性损益后的净利润中扣除的金额为：358,838.23元

(2)根据国际会计准则，本公司有关业务数据如下：

增加坏帐准备：	-9800千元
递延资产冲销：	-1973千元
冲回天燕轮重估增值影响：	3188千元
其他：	170千元

根据国际会计准则，本公司2000年度净利润为73852千元

2.本年度及前两年会计数据及财务指标　　(单位：人民币元)

	2000年	1999年 调整前	1999年 调整后
主营业务收入	848197717.94	504873162.60	504873162.60
净利润	82266981.42	49533108.79	49532640.79
总资产	1629455003.25	1370003181.16	1369914943.98
股东权益(不含少数股东权益)	855989729.30	745582650.45	745536767.12
每股收益	0.1765	0.1063	0.1063
扣除非经常性损益后的每股收益	0.1758	0.1108	0.1108
每股净资产	1.8369	1.6000	1.5999
调整后的每股净资产	1.7427	1.3489	1.5012
每股经营活动产生的现金流量净额	-0.1021	0.2262	0.2262
净资产收益率(%)	9.6107	6.6435	6.6439

3.报告期内按全面摊薄法和加权平均法计算的净资产收益率和每股收益　(单位：人民币元)

报告期利润		净资产收益率(%) 全面摊薄	净资产收益率(%) 加权平均	每股收益 全面摊薄	每股收益 加权平均
主营业务利润	189,122,621.26	22.0940	24.0409	0.4058	0.4058
营业利润	97,326,986.04	11.3701	12.3720	0.2089	0.2089
净利润	82,266,981.42	9.6107	10.4576	0.1765	0.1765
扣除非经常性损益后的净利润	81,908,143.19	9.5688	10.4120	0.1758	0.1758

注(1)全面摊薄净资产收益率=报告期利润/期末净资产
(2)全面摊薄每股收益=报告期利润/期末股份总数
(3)加权平均净资产收益率(ROE)的计算公式为：

$$ROE=\frac{P}{E_o+NP\div 2+E_i\times M_i\div M_o-E_j\times M_j\div M_o}$$

其中：P为报告期利润；NP为报告期净利润；E。为期初净资产；Ei为当期发行新股或债转股等新增资产；Ej为当期回购或现金分红等减少净资产；M。为报告期月份数；MI为新增净资产下一月份至报告期期末的月份数；Mj为减少净资产下一月份至报告期期末的月份数。

(4)加权平均每股收益(EPS)的计算公式如下：

$$EPS=\frac{P}{S_o+S_1+S_i\times M_i\div M_o-S_j\times M_j\div M_o}$$

其中：P为报告期利润；S。为期初股份总数；S1为因公积金转增股本或股票股利分配等增加股份数；Si为当期因发行新股或债转股等增加股份数；Sj为当期因回购或缩股等减少股份数；Mo为报告期月份数；Mi为自增加股份下一月份至报告期期末的月份数；Mj为自减少股份下一月份至报告期期末的月份数。

(三)股本变动及股东情况

一.股本变动情况：

1.股份变动情况表　　数量单位：股

	本次变动前	本次变动增减(+,-) 配股	送股	公积金转股	增发	其它	小计	本次变动后
一、未上市流通股份								
1、发起人股份								
其中：国家拥有股份	181368000							181368000
境内法人持有股份	24871000							24871000
未上市流通股份合计	206239000							206239000
二、已流通股份								
1、人民币普通股	79761000							79761000
2、境内上市的外资股	180000000							180000000
已上市流通股份合计	259761000							259761000
三、股份总数	466000000							466000000

2.股票发行与上市情况

至报告期末前三年公司没有发行新股，报告期内没有股份变动情况，公司内部职工股已于1999年9月9日上市流通。经中国证券监督管理委员会证监公司字[2001]11号文批准，公司以2000年末总股本466,000,000股为基础，向全体股东实施了10:3比例的配股。截止2001年3月20日，实际配售26,648,820股，其中向国有法人股股东配售2,720,520股，向人民币普通股股东配售23,928,300股。经上交所安排，本次配售的人民币普通股已于2001年4月3日在上交所挂牌交易，目前公司总股本为492,648,820股。

二.报告期末公司股东总数为44440名。

三.报告期末公司前十名股东的持股情况：

股东名称	年末持股数(万股)	所占比例(%)
1.天津市天海集团有限公司(法人股)	18136.8	38.92
2.WICARR(OVERSEAS) NOMINEES LTD.(B股)	506.5	1.09
3.北京雪莲羊绒有限公司(法人股)	440	0.94
4. HKSBCSB A/C STATE STREET BANK AND TRUST S/A THE CHINA FUND(B股)	350	0.75
5.万丰资产管理有限公司(法人股)	308	0.66
6.HKSBCSB S/A-BANQUE INT. A LUXEMBOURG S/A HSBC GLOBAL INV.FUND CHINESE(B股)	280	0.60
7.智万国际有限公司(B股)	241.03	0.52
8.中国抽纱上海进出口公司(B股)	220.98	0.47
9.卢锦彬(B股)	200	0.43
KSA S/A HBK SPAARBANK NV(B股)	200	0.43

四.本公司未知前十名股东是否存在关联关系。

五.持有本公司5%以上股份的股东为天津市天海集团有限公司，法定代表人为宋兴庭，其所持有本公司的股份未有质押或冻结情况。

(四)股东大会情况

1999年度股东大会于2000年6月29日在公司会议室召开，经大会审议并逐项表决，通过了以下议案：1999年度董事会工作报告，1999年度监事会工作报告，1999年度财务决算报告，1999年度利润分配方案，2000年度配股方案，关于本次配股募集资金拟投资项目的可行性说明，关于前次募集资金使用及效益情况的说明，关于推行激励机制的方案。股东大会未有否决议案事项，未有选举更换董事监事情况。以上决议于2000年6月30日选用《中国证券报》及《亚洲华尔街日报》予以公告。本次股东大会经国方律师事务所见证。

(五)董事会报告

一.公司经营情况

1.公司所处行业为海上运输，资产规模及经济效益与全国地方航运公司相比，具有一定的整体优势和较强的竞争实力。

2.公司主营业务为国际近洋集装箱班轮运输及船务代理和货运代理业务，本年度公司较好地完成了各项工作。全年完成主营业务收入848,197,717.94元人民币，实现利润总额95,995,082.23元人民币，净利润82,266,981.42元人民币。

3.公司主营业务经营情况：拥有完善的国际近洋集装箱运输网络，经营及管理天津至香港，日本，韩国及上海至日本四条国际近洋直航班轮运输航线，并可通过二程船公司的中转，完成通往世界各地的集装箱运输服务。本年度公司集装箱运输收入完成848,197,717.94元，占主营业务收入100%，实现业务利润189,122,621.26元，占主营业务利润100%。

4.公司主要子公司子公司经营情况及业绩　　单位：人民币元

	主营业务收入	主营业务利润
天津市天海货运代理公司	9204953.21	8694205.64
上海天海海运有限公司	185787338.95	20311238.62
亚洲先锋船务公司	194831772.55	70718079.87
天津市天海国际船务代理公司	4398467.82	4154352.82

5.今年上半年，我国外贸进出口增加，航运市场货量也同步增涨，公司通过租船增加运力，以适应市场变化，但下半年航运市场竞争加剧，运价回落，同时燃油价格继续上涨，船舶租金也在上升，均导致公司成本增加。针对本年度经营中出现的问题与困难，公司重点采取了以下措施：

(1)增加航次，扩大运量，加大运费回收力度；
(2)对各航线船舶运力，船期，运价，船舶挂港，配套服务和货运代理进行调整；
(3)加强船舶租赁工作，提高运力；
(4)巩固安全管理，提高船舶准班率，保证安全运营。

二.公司财务状况　　(单位：人民币元)

	2000年	1999年	增减比例(%)
总资产	1,629,455,003.25	1,369,914,943.98	18.95
长期负债	166,079,381.25	140,030,664.78	18.60
股东权益	855,989,729.30	745,536,767.12	14.82
主营业务利润	189,122,621.26	121,250,402.87	55.98
净利润	82,266,981.42	49,532,640.79	66.09

哈 慈 股 份 有 限 公 司

哈慈股份有限公司2000年度报告摘要

本公司董事会保证本报告所载资料不存在任何重大遗漏、虚假陈述或者严重误导,并对其内容的真实性、准确性和完整性负个别及连带责任。

一、公司简介

1、公司法定中文名称:哈慈股份有限公司

公司法定英文名称:HACI COMPANY LIMITED　　英文缩写:HACI

2、公司注册及办公地址:哈尔滨市动力区通乡街169号　　邮政编码:150046

公司国际互联网网址:www.hacico.com　　公司电子信箱:feedback@hacico.com

3、公司法定代表人:郭立文

4、公司董事会秘书:张文博　　董事会证券事务代表:赵雪梅

联系地址:哈尔滨市动力区通乡街169号

联系电话:0451-2688688　　传真电话:0451-5672268

电子信箱:zhangwenbo@hacico.com

5、公司选定的信息披露报纸名称:《上海证券报》、《中国证券报》;

登载公司年度报告的中国证监会指定国际互联网网址:http://www.sse.com.cn ;

公司年度报告备置地点:哈尔滨市动力区通乡街169号

6、公司股票上市地点:上海证券交易所　　股票简称:哈慈股份　股票代码:600752

二、会计数据和业务数据摘要

1、公司本年度实现利润情况(单位:人民币元)

利润总额	54,396,955.59
净利润	53,046,530.95
扣除非经常性损益后的净利润:	48,062,945.91
主营业务利润:	284,240,796.00
其他业务利润:	462,370.92
营业利润:	41,132,616.81
投资收益:	9,664,035.54
补贴收入:	1,212,377.00
营业外收支净额:	2,387,926.24
经营活动产生的现金流量净额:	33,731,149.99
现金及现金等价物净增加额:	-39,779,652.42

注:扣除的非经营性损益项目和涉及金额:

(1)股票申购冻结资金利息3,337,943.6元;

(2)收购固安县哈慈V26健康产品有限责任公司股权负商誉摊销433,264.44元;

(3)补贴收入1,212,377.00元。

2、截止2000年末,公司前三年主要会计数据和财务指标　　单位:人民币元

项目	2000年	1999年	调整后
主营业务收入	395,522,904.15	208,244,501.94	315,967,433.67
净利润	53,046,530.95	68,431,166.05	134,792,730.15
总资产	899,045,325.85	811,008,250.55	654,355,196.07
股东权益	669,370,144.19	616,323,613.24	623,226,447.19
每股收益	0.18	0.23	0.45
扣除非经常性损益后的每股收益	0.16	0.22	
每股净资产	2.22	2.05	2.07
调整后的每股净资产	2.16	1.9	2.04
每股经营活动产生的现金流量净额	0.11	0.08	
净资产收益率(%)	7.92	11.1	21.6

注:主要财务指标计算方法:

每股收益=净利润/年度末普通股股份总数

每股净资产=年度末股东权益/年度末普通股股份总数

调整后的每股净资产=(年度末股东权益-三年以上的应收款项净额-待摊费用-待处理(流动、固定)资产净损失-开办费-长期待摊费用-住房周转金负数余额)/年度末普通股股份总数

每股经营活动产生的现金流量净额=经营活动产生的现金流量净额/年度末普通股股份总数

净资产收益率=净利润/年度末股东权益×100%

加权净资产收益率=净利润/[(期初净资产+期末净资产)/2]

3、股东权益变动情况

项目	期初数	本期增加	本期减少	期末数
股本	301,336,000.00			301,336,000.00
资本公积金	156,358,910.78			156,358,910.78
盈余公积金	78,455,842.16	7,956,979.65		86,412,821.81
法定公益金	20,216,489.58	2,652,326.55		22,868,816.13
未分配利润	80,172,860.30	53,046,530.95	7,956,979.65	125,262,411.60
股东权益合计	616,323,613.24	61,003,510.60	7,956,979.65	669,370,144.19

变动原因:盈余公积金、法定公益金增加是按可供分配的利润正常计提所致,未分配利润增加是本年实现利润所致,减少是计提两金所致。

三、股本变动和股东持股情况

1、股本变动情况

(1)股份变动情况表　　数量单位:股

	期初数	本次变动增减(+,-) 其它	小计	期末数
一、尚未流通股份				
1、发起人股份	177575575			177575575
尚未流通股份合计	177575575			177575575
二、已流通股份				
境内上市的人民币普通股	123760423			123760423
已流通股份合计	123760423			123760423
三、股份总数	301335998			301335998

(2)股票发行与上市情况

到报告期末为止的前三年股票发行情况:

1998年7月公司经中国证监会批准,实施了增资配股,配股方案为以总股本18190万股为基数,向全体股东按10:1.5的比例配售,向社会公众股股东配售690万股,向内部职工股股东配售339.6万股,法人股东放弃本次配股权,共计配售1029.6万股,配股价格8.8元/股,于1998年7月2日实施,于1998年8月17日上市。

(3)报告期内公司股份总数及结构无变化,公司现无内部职工股。

2、主要股东持股情况

(1)截止2000年12月29日,本公司共有股东84731户。

(2)持有本公司5%以上股份的股东是哈慈集团有限公司,2000年12月末持股数量为177575575股,本报告期内哈慈集团有限公司将其中的7700万股质押给哈尔滨市商业银行动兴支行,质押期限为2000年7月21日--2003年7月21日,已在上海证券中央登记结算公司办理完质押登记手续,并经哈尔滨市公证处以(2000)哈证经字第2429号公证书公证。

本次公告刊登于2000年7月25日的《中国证券报》、《上海证券报》上。

前十名股东持股情况如下:

股东名称	持股数量(股)	持股比例(%)
哈慈集团	177575575	58.93
景福基金	985500	0.327
裕阳基金	829383	0.275
韩亚坤	568300	0.188
左志江	489165	0.162
李新英	439300	0.146
叶自强	362600	0.12
苗国东	343601	0.114
韩宝峰	288486	0.095
单越强	193605	0.064

其中所持股票为未流通股的股东为哈慈集团有限公司,其余为流通股。以上各股东之间不存在关联关系。

(3)持有本公司10%以上法人股股东--哈慈集团有限公司

法定代表人:郭子鉴

经营范围:从事医疗器械、普通机械、电器机械、建筑材料、电子产品、通信设备、农业机械、化工产品、工艺美术品、医疗保健品、锅炉配件的技术开发、技术转让、技术咨询、技术服务及上述产品的售后服务;服装、玩具及塑料制品制造。兼营:物资供销业,国内贸易(国家有专项规定的除外),通过代理开展易货贸易,销售易货换回的商品,按经贸部核准的项目从事进出口的业务。

(4)报告期内公司控股股东哈慈集团公司为建立现代企业制度,根据国家有关规定进行改制,企业性质变为有限责任公司,企业名称变为哈慈集团有限公司,注册资本变为17,758万元。

本次公告刊登于2000年7月25日的《中国证券报》、《上海证券报》上。

四、股东大会简介

本报告期内公司召开一次股东大会暨1999年度股东大会。

2000年3月21日公司董事会在《中国证券报》、《上海证券报》上发布了《哈慈股份有限公司第三届董事会第四次会议决议和关于召开1999年度股东大会的公告》;

哈慈股份有限公司1999年度股东大会于2000年4月21日召开,出席会议的股东及股东代表16人,代表股份17,801.37万股,占公司总股本30,133.6万股的59.07%,经大会审议与表决,通过了以下决议:

1、公司第三届董事会第一次会议提出的关于修改《公司章程》的议案。

2、公司《1999年度董事会报告》

3、公司《1999年度监事会报告》

4、公司《1999年度财务决算报告》

5、公司《1999年度利润分配预案》

6、《关于前次配股募集资金使用情况的说明》

7、公司《2000年配股预案》

8、《关于公司2000年配股募集资金拟投资项目的可行性报告》

9、《关于修改公司董事、监事津贴的议案》

本次股东大会决议刊登于2000年4月22日的《中国证券报》和《上海证券报》。

五、董事会报告

1、公司经营情况

(1)公司所处行业及在本行业中的地位

本公司从事行业为医药、保健食品、医疗器械和绿色食品四大行业。

2000年在公司董事会的正确决策和领导下,公司经理层带领全体员工,根据企业发展需求调整产业结构,进军医药行业,并取得成功。1999年5月公司成功收购黑龙江双鸭山制药厂,经过一年多的整合,对其注入哈慈独特的营销理念和科学的经营机制,使其由亏损、濒临破产的企业,取得了2000年销售收入近1.8亿元的骄人业绩,员工由过去的148人增至近500人,员工月收入由过去的不足300元增至千余元。

据国家药品监督管理局、南方医药经济研究所主办的《中国药品零售分析系统报告》2000年11期报道,2000年10月份全国医药生产企业零售市场销售金额排序前100名中,我公司药品销售额排在第41位,医疗器械排序中我公司哈慈五行针排在第一位,表明我公司医疗保健行业继续保持全国排头兵地位,医药行业也进入全国领先地位,保健食品行业继V26减肥沙淇之后,又推出一种能帮助病人快速康复的特殊营养食品"康复快",形成了公司以医药为龙头、以医保和绿色食品为两翼的新的经营战略格局。

(2)公司主营业务的范围及其经营状况

现公司产品分为四大系列:即以哈慈五行针为代表的医疗器械系列;以驱虫消食片为代表的医药系列;以V26减肥沙淇和"康复快"为代表的保健食品系列;以绿色饲料和"天鲜猪肉"为代表的绿色食品系列。

报告期内,公司实现主营业务收入39,552万元,比99年增长89.9%,净利润5,304.7万元,比99年下降22.4%。净利润下降主要原因是公司调整产业结构,新涉足的医药行业市场竞争激烈,开拓市场增加营业费用所致。

①按行业分析:

行业	主营业务收入(元)	主营业务利润(元)
医药行业	183,778,193.08	157,901,475.98
保健食品行业	142,425,128.74	95,026,297.89
医疗保健行业	69,319,582.33	31,313,022.13

②占公司主营业务或主营业务利润10%以上的产品包括哈慈五行针、V26减肥沙淇、驱虫消食片和康复快，其业务情况如下：

产品名称	主营业务收入(元)	主营业务利润(元)	所属行业
驱虫消食片	179,813,182.02	154,735,806.42	医药
V26减肥沙淇	98,276,869.08	59,381,056.75	保健食品
哈慈五行针	52,715,167.16	24,774,672.94	医疗保健
康复快	44,148,259.66	35,644,241.14	保健食品

(3)公司主要全资附属企业的经营情况及业务

①哈尔滨分公司：本年度以公司总部从事生产经营的实体部分为主体设立的分公司，是公司医疗保健产品的生产基地。报告期内实现主营业务收入5408万元，主营业务利润2505万元。

②哈慈双鸭山制药厂：分公司，是公司医药产品的生产基地。报告期内实现主营业务收入17981万元，主营业务利润15474万元。

③固安健康产业公司：分公司，是公司保健食品的生产基地。现主要产品为V26减肥沙淇、康复快。报告期内实现主营业务收入14243万元，主营业务利润9503万元。

④黑龙江哈慈儿童药业公司：本年度通过收购望奎新康药业有限责任公司股权，设立的分公司。是公司医药产品的生产基地，报告期内实现主营业务收入396.5万元，主营业务利润316.6万元。

⑤南京分公司：分公司，是公司医疗保健产品的生产基地，报告期内实现主营业务收入326.3万元。

⑥望奎绿色实业公司：分公司，是公司绿色饲料及天鲜猪肉项目的生产基地，现基本建设处于收尾阶段，未产生效益。

⑦烟台养马岛哈慈贵宾酒厂、阿城食品厂：分公司，是公司贵宾酒、营养保健食品的生产基地，由于公司经营方向转移和产业结构调整，暂停营业，公司正积极探索新的发展途径。

(4)经营中存在的问题与困难及采取的主要措施

报告期内公司调整产业结构，克服行业产品单一带来的经营风险，构筑以医药为龙头，以医保和绿色食品为两翼的新的经营战略格局，培育新的利润增长点。为此，公司采取了以下措施：

①继续调整公司产业结构，完成了公司主业由医疗保健行业向医药行业的转变。报告期内公司收购了望奎新康药业有限责任公司股权，同时完成了对药厂GMP改造的可行性研究立项及前期准备工作。

②加强公司科研开发能力，与北京中医药大学合作，利用其科研优势、人才优势，进行项目储备，提高产品科技含量及附加值，提高公司在医药行业的竞争力。

③加大新产品开发力度，拓展其深度、广度。报告期内新药及保健食品"康复快"上市，为公司培育了新的利润增长点。

④增强品牌意识，积极开拓市场，为新产品哈慈健脑降压梳上市做了前期铺垫。

⑤强化内部管理，注意人才引进及培养，以规范运作求发展。

2、公司财务状况：(单位：万元)

指标名称	2000年	1999年	变动情况
总资产	89,905	81,100.8	+10.9%
长期负债	166	543.2	-69.4%
股东权益	66,937	61,632.4	+8.60%
主营业务利润	28,424	10,702.5	+165.6%
净利润	5,305	6,843.1	-22.5%

变动的主要原因：(1)总资产增加是由于本年实现利润、收购望奎新康药业有限公司股权所致；(2)股东权益增加是因为本年实现利润所致；(3)主营业务利润增加是公司新产品上市，增加销售所致；(4)净利润减少是由于新产品开拓市场，营业费用增加所致。(5)长期负债减少原因是转销冻结资金利息所致。

3、公司投资情况

(1)募集资金投资情况：

公司于98年7月实施配股，实际募集资金8700万元，承诺投资7973万元，余727.93万元用于补充流动资金，投资延续到报告期内。具体情况如下：

单位：万元

序号	投资项目	承诺投资额	截止2000年底投资额	进度	报告期内实现收入
1	妇科理疗冲洗器	3,000	3,334.4	正在办理转固手续	326.3
2	绿色饲料	4,973	5,628.6	正在办理转固手续	
3	补充流动资金	727.93			
4	合计	8,700.93	8,963		326.3

募集资金实际投入比承诺多投入262.07万元，是用企业自有资金投入的。

绿色饲料于2000年10月10日获得国家食品发展中心颁发的证书，使我公司成为全国第一家也是目前唯一获得绿色饲料生产资料证书的企业，与公司天鲜猪肉项目相配套，采用"公司+农户"的生产管理模式，生产无污染猪肉。2000年试生产加工饲料340吨，已发给签约农户使用，生产天鲜猪肉。天鲜猪肉于2001年元旦后在哈尔滨道里菜市场设一个专柜试销，25天实现销售收入34万元，试销效果很好。2001年将投产形成规模，为公司多创效益。

妇科理疗冲洗仪对治疗妇科疾病有特效，目前部分产品已投放市场并产生效益，报告期内实现销售收入326.3万元。2001年将开发新型妇科理疗冲洗器，积极开拓市场，使其成为公司新的经济增长点。

上述两项目建设已基本完成，转固手续正在办理之中。

(2)报告期内非募集资金的投资情况：

①公司以5432万元价格受让望奎新康药业有限责任公司100%股权；

②公司以自有资金1000万元对股票二级市场追加投资；

③哈慈双鸭山制药厂厂房、设备更新改造投入649万元；

④哈尔滨分公司厂房扩建工程投入187万元；

⑤望奎绿色实业公司预付土地出让金176万元；

⑥固安健康产业公司康复快项目投入124万元。

4、公司所处行业为医疗保健行业、医药行业(中草药)、保健食品行业及绿色食品行业，根据公司掌握的情况和信息分析，中国加入世界贸易组织后，对公司未来经营情况的影响利大于弊。

5、新年度业务发展计划：

2001年公司拟通过增资配股，抓住我国即将加入WTO的机遇，加快公司产业结构调整步伐，增强公司整体实力提高企业市场竞争力。

(1)加大科研开发力度，与北京中医药大学共同发起设立北京(哈慈)中医药研究开发创新中心(暂定名)，开发一、二类新药，加强公司科研开发力度，提高公司医药产品的科技含量，增强产品的竞争力；

(2)对公司所属药厂进行GMP认证技术改造，扩大医药产品品种及生产能力，开发新药提高产品质量，降低成本，使公司医药行业进入国内龙头企业行列。

(3)加快绿色饲料及"天鲜"猪肉项目的进度，树"哈慈天鲜猪肉"品牌。"天鲜猪肉"争取在本年度取得国家绿色食品认证。

(4)巩固公司在医保行业的龙头地位，树立哈慈品牌，新年度内推出新产品-- 哈慈健脑降压梳及新型妇科理疗仪，提高医保产品占公司主营业务收入的比例，使其为公司多创效益。

(5)加强市场研究和销售队伍建设，加大营销力度，完善终端网络建设，减少营业费用，提高企业效益，建立自己独立的销售体系，彻底解决关联交易问题。

(6)采用现代管理手段，加强物质管理，减少支出和损耗，向管理要效益。

(7)运用资本经营手段，实现低成本扩张，加快公司发展以实现预定目标。

6、董事会日常工作情况：

(1)报告期内，本公司董事会共召开8次会议：

①2000年1月2日公司董事会召开了第三届第一次会议，会议审议并通过了如下决议：

a.选举郭立文先生担任公司第三届董事会董事长；

b.选举刘森林先生、张文博女士担任公司第三届董事会副董事长；

c.聘任郭立文先生为公司总裁；

d.聘任张文博女士为公司董事会秘书；

e.根据总裁提名，聘任刘森林先生、赵力先生为公司执行总裁；

f.根据总裁提名，聘任王刚先生为公司财务负责人；

g.对公司机构进行改革，把公司资本经营与资产经营分为两大事业部。新机构设置为：资本经营事业部、实业发展事业部、计财部、党委办公室、董事会办公室、总裁办公室；

h.提请下次股东大会追议修改《公司章程》。

此次董事会决议刊登于2000年1月5日的《中国证券报》、《上海证券报》上。

②2000年1月20日，公司董事会召开了第三届第二次会议，会议审议通过了如下决议：

a.同意以公司总部从事生产经营的实体部分为主体，设立哈慈股份有限公司哈尔滨分公司；

b.同意用公司自有资金对股票市场追加投资1000万元。至此我公司对股票市场投资总额为3000万元；

③2000年3月6日，公司董事会召开了第三届第三次会议，会议审议通过了如下决议：

a.公司1999年年度报告及摘要；

b.公司1999年度财务决算报告；

c.公司1999年度利润分配方案；

d.董事会关于授权董事长、经理层资金审批权限的议案。

此次董事会决议刊登于2000年3月7日的《中国证券报》、《上海证券报》上。

④2000年3月18日，公司董事会召开了第三届第四次会议，会议审议通过了如下决议：

a.关于公司前资募集资金使用情况的说明；

b.公司2000年配股预案；

c.关于公司2000年配股募集资金拟投资项目的可行性报告；

d.关于修改公司董事、监事津贴的议案；

e.关于召开1999年度股东大会的有关事宜。

此次董事会决议刊登于2000年3月19日的《中国证券报》、《上海证券报》上。

⑤2000年7月25日，公司董事会召开了第三届第五次会议，会议审议通过了如下决议：

a.2000年中期报告及摘要；

b.同意邱宇华因工作变动，辞去公司董事职务；

c.同意公司控股股东哈尔滨哈慈集团有限公司补提王刚为公司董事候选人，并递交下次股东大会审议；

d.聘任赵雪梅女士为公司董事会证券事务代表。

此次董事会决议刊登于2000年7月26日的《中国证券报》、《上海证券报》上。

⑥2000年8月8日，公司董事会召开了第三届第六次会议，会议审议通过了如下决议：

a.根据国家税务总局国税发[2000]84号文《企业所得税税前扣除办法》的规定，补充公司坏帐准备计提政策，关联企业应收款项不再计提坏帐准备。

b.鉴于公司部分存货成本低于其可变现净值的状况，公司从2000年末起计提存货跌价准备。

⑦2000年9月12日，公司董事会召开了第三届第七次会议，会议审议通过了如下决议：

a.同意刘森林先生辞去公司董事、副董事长、执行总裁职务的申请，董事更换事宜递交下次股东大会审议；

b.聘任张文博女士为公司执行总裁。

此次董事会决议刊登于2000年9月13日的《中国证券报》、《上海证券报》上。

⑧2000年12月26日，公司董事会召开了第三届第八次会议，会议审议通过公司整体收购望奎新康药业有限公司全部股权的议案。

此次董事会决议刊登于2000年12月27日的《中国证券报》、《上海证券报》上。

(2)董事会对股东大会决议的执行情况：

公司董事会严格执行股东大会决议，现将有关情况说明如下：

①1999年度利润分配方案：向全体股东每10股派发现金红利2.5元(含税)。本次利润分配方案已于2000年6月28日实施。

②2000年度配股预案：本次配股方案在配股有效期内未能获准实施。

③修改《公司章程》：已按要求完成。

7、公司管理层及员工情况：

(1)董事、监事、高级管理人员：

姓名	职务	性别	年龄	任期	年初持股数	年末持股数
郭立文	董事长 总裁	男	60岁	1999.12-2002.12	36060	36060
于静波	董事 党委书记	男	56岁	1999.12-2002.12	15678	15678
郭尚军	董事	男	49岁	1999.12-2002.12	18030	18030
张文博	副董事长 执行总裁 董秘	女	34岁	1999.12-2002.12	3606	3606
赵　力	董事 执行总裁	男	31岁	1999.12-2002.12	18030	18030
王　宇	董事 总裁助理	女	31岁	1999.12-2002.12	12982	12982
刘振国	董事	男	39岁	1999.12-2002.12	0	0
段炬红	董事	女	30岁	1999.12-2002.12	0	0
李学林	董事	男	55岁	1999.12-2002.12	0	0
魏　峰	董事	男	40岁	1999.12-2002.12	0	0
徐风宁	董事	男	37岁	1999.12-2002.12	0	0
李童金	监事会主席	男	58岁	1999.12-2002.12	0	0
王承祥	监事 审计总监	男	53岁	1999.12-2002.12	0	0
葛文清	监事	女	44岁	1999.12-2002.12	14424	14424
谷万春	监事	男	28岁	1999.12-2002.12	0	0
邹同品	监事	男	31岁	1999.12-2002.12	0	0
王　刚	财务负责人	男	41岁	1999.12-2002.12	0	0

公司董事、监事及高级管理人员年度报酬情况：

报告期内公司董事、监事及高级管理人员从公司领取的年度报酬总额为102.5万元，根据公司具体情况，将在本公司领取报酬的董事、监事按领取报酬额划分为5个区间，其中2.5-5万的3人，5-7万的6人，7-10万的2人，10万以上3人。

报告期内未在公司领取报酬的董事为郭尚军、邱宇华、魏峰。

报告期内董事、监事及高级管理人员离任情况：

a.经公司第三届第五次董事会决议，同意邱宇华因工作变动，辞去公司董事职务；

b.经公司第三届第七次董事会决议，同意刘森林辞去公司董事、副董事长、执行总裁职务；

以上董事变更事宜递交下次股东大会审议。

报告期内聘任公司经理、董事会秘书情况：
经公司第三届董事会第一次会议决议，聘任郭立文先生为公司总裁，张文博女士为公司董事会秘书。
(2)公司员工情况：
公司现有员工 2028 人，其中生产人员 1087 人，销售人员 325 人，技术人员 305 人，行政管理人员 205 人，财务人员 106 人。公司员工中博士 2 人，硕士 18 人，大学 340 人；有高级职称人员 45 人，中级职称人员 208 人。
8、本次利润分配预案
(1)2000 年利润分配预案：
公司 2000 年实现净利润为 53,046,530.95 元，提取 10%的法定公积金 5,304,653.10 元，提取 5%法定公益金 2,652,326.55 元，加上年末未分配利润 80,172,860.30 元，可供股东分配的利润为 125,262,411.60 元。考虑到本公司尚处产业结构调整初期，公司新涉入医药行业及原有医保行业所需流动资金较大，公司于 2000 年 6 月已实施了现金分红，本年度利润不再进行分配。未分配利润 125,262,411.60 元，结转下一年度。
(2)预计 2001 年利润分配政策：
①拟在 2001 年结束后分配利润 1 次。
②公司下一年度用实现净利润的 10%左右用于股利分配。
③公司本年度利润 10%左右用于下年度股利分配。
④分配形式：以现金分配为主。具体分配办法将根据公司当时情况确定。
该预案须递交股东大会审议。

六、监事会报告

2000 年，监事会按照《公司法》和《公司章程》所赋予的职责，积极开展各项工作，列席了公司历次董事会会议，对公司的经营决策、投资项目是否符合国家法规，是否符合股东利益，均进行了有效监督。
1、监事会会议情况：
(1)2000 年 1 月 2 日召开了第三届第一次会议，会议选举李童金为监事会主席。
(2)2000 年 3 月 5 日召开了第三届监事会第二次会议，会议审议通过了公司 1999 年年度报告。
(3)2000 年 7 月 15 日召开了第三届监事会第三次会议，会议审议通过了公司 2000 年中期报告。
2、根据报告期内公司运作及董事会工作情况，监事会认为：
(1)公司董事、经理层在履行其职务时，能够按照有关制度及程序，从公司及股民的利益出发，无违反法律、法规、公司章程及损害公司利益的行为。
(2)公司聘请的会计师事务所所出具的年度审计报告真实地反映了公司的财务状况及经营成果。
(3)公司前次募集资金实际投入项目与承诺项目一致。
(4)公司在收购资产过程中，程序规范合法，交易价格合理，无内幕交易，无损害股东权益或造成公司资产流失的行为。
(5)公司关联交易公平合理，没有损害公司利益。

七、重要事项

1、本年度公司无重大诉讼仲裁事项。
2、报告期内公司、公司董事及高级管理人员没有受监管部门处罚的情况。
3、报告期内公司控股股东哈慈集团公司为建立现代企业制度，根据国家有关规定进行改制，企业性质变为有限责任公司，企业名称变为哈慈集团有限公司，注册资本变为 17,758 万元。本次公告刊登于 2000 年 7 月 25 日的《中国证券报》、《上海证券报》上。
报告期内公司没有董事会换届、改选或半数以上成员变动的情况。经公司第三届董事会第一次会议决议，聘任郭立文先生为公司总裁，张文博女士为公司董事会秘书。本次董事会决议刊登在 2000 年 1 月 3 日的《中国证券报》和《上海证券报》上。
4、报告期内公司整体收购望奎新康药业有限公司全部股权事项。
经公司第三届董事会第八次会议决议，公司与望奎新康药业有限公司的全体股东于 2000 年 12 月 26 日签署《股权转让合同》收购其全部股权，受让完成后望奎新康药业有限公司的法人资格将注销，变为哈慈股份有限公司的分公司。
转让价格，以该公司 2000 年 11 月 30 日净资产评估值确定转让价格为 5432 万元人民币。
支付方式：在《股权转让合同》签署后 5 个工作日内本公司以现金人民币一次付清全部转让价款。
本次收购完成后将扩大公司医药生产规模并增强公司产品的市场辐射力，促进公司医药产业的发展。
此重要事项的董事会决议刊登在 2000 年 12 月 28 日的《中国证券报》和《上海证券报》上。
5、重大关联交易事项
本报告期内公司在购销商品、债权和担保事项及专利费提取上发生关联交易。
(1)购销商品的关联交易
关联交易方--控股公司哈慈集团有限公司，交易内容为医疗保健产品的销售。交易价格执行公司董事会制定的出厂价，购货以现金付款形式结算。
公司除依赖自身销售系统进行外，还借助于哈慈集团有限公司及其子公司在全国各地的销售网络来进行，其中借助哈慈集团有限公司 2000 年实现销售收入 28,705,750.59 元，占公司全年销售收入的 7.26%，比 1999 年度下降 51.1%；借助哈慈集团有限公司的子公司 2000 年实现销售收入 65,422,921.61 元，占公司全年销售收入的 16.53%，比 1999 年度下降 34.9%。关联交易事项对公司的利润没有影响。哈慈集团有限公司在全国有一个管理科学、高水平、覆盖全国成熟的销售网络，短期对公司产品的销售是非常必要的。随着公司产业结构的调整，逐年减小与关联方的关联交易，如保健食品和医药产品已建立独立的销售网络，2001 年公司拟采取可行措施，建立自己独立的营销网络体系，彻底解决关联交易问题。
(2)债权和担保事项
①债权：
a.本公司控股股东哈慈集团有限公司的应收帐款 50,504,401.35 元，此款为销售占用货款。
b.本公司控股股东下属十一家子公司的其他应收款总额为 537.3 万元，是公司为巩固医保行业的龙头地位，为 2001 年新产品哈慈健脑降压梳及新型妇科理疗冲洗器上市开拓市场，对哈慈集团有限公司重点子公司进行的先期铺垫投资。
②担保：本公司控股股东哈慈集团有限公司与中国工商银行哈尔滨市和平支行签定最高额保证合同，为本公司于 2000 年 7 月 21 日至 2002 年 7 月 21 日期间提供 20000 万元人民币贷款限额。本公司在上述保证合同限额内与中国工商银行和平支行签订流动资金借款合同，借款总金额为 14,090 万元。
③专利费提取关联事项，本年度专利权人郭立文先生提取专利费 327.2 万元。
6、公司与控股股东已实行人员、资产、财务上三分开。
(1)在人员方面，公司已实行劳动、人事、工资管理独立；股份公司经理、副经理等高级管理人员均在上市公司领取薪酬，没有在股东单位担任重要职务的情况；
(2)在资产方面，公司拥有独立的生产体系，辅助生产系统和配套设施；商标权、专利权等无形资产不是由我公司独立拥有，商标权属哈慈集团有限公司拥有，两公司共同使用，专利权由郭立文先生拥有，我公司有独家使用权；公司有独立的采购系统，保健食品和药品有独立的销售系统，医疗保健产品则借助于哈慈集团有限公司的销售网络进行销售；
(4)在财务方面，公司设立独立的财会部门，并建立了独立的会计核算体系和财务管理制度，有独立的银行帐户。
7、公司或持有 5%以上股东没有在指定报纸和网站上披露承诺事项。
8、公司租赁情况：
租赁：本公司与控股股东哈慈集团有限公司于 2000 年 6 月 20 日签定《房屋租赁协议书》(续签)，将哈慈大厦部分闲置办公室租给哈慈集团有限公司使用，租赁期为 2000 年 1 月 1 日--12 月 31 日。出租面积为 2225 平方米，每平方米租金为 200 元，共计人民币 445,000.00 元。
9、公司继续聘任哈尔滨祥源会计师事务所为公司审计。
10、公司无重大合同(担保)情况。
11、公司报告期内没有更改名称和股票简称情况。
12、在报告期内没有发生《证券法》第六十二条《股票条例》第六十条和《信息细则》第十七条所列举的重大事件，以及公司董事会判断为重大事件的事情。

八、财务报告

(一)审计报告哈慈股份有限公司全体股东：
我们接受委托，审计了贵公司 2000 年 12 月 31 日的资产负债表，2000 年度利润及利润分配表和 2000 年度现金流量表。这些会计报表由贵公司负责，我们的责任是对这些会计报表发表审计意见。我们的审计是依据《中国注册会计师独立审计准则》进行的。在审计过程中，我们结合贵公司实际情况，实施了包括抽查会计记录等我们认为必要的审计程序。
我们认为，上述会计报表符合《企业会计准则》和《股份有限公司会计制度》的有关规定，在所有重大方面公允地反映了贵公司 2000 年 12 月 31 日的财务状况及 2000 年度经营成果和 2000 年度现金流量，会计处理方法的选用遵循了一贯性原则。

哈尔滨祥源会计师事务所	中国注册会计师	徐少璞
中国·哈尔滨	中国注册会计师	毕雅娟

(二)会计报表
资产负债表、利润及利润分配表和现金流量表见附表
(三)会计报表附注：
1、公司主要会计政策和会计估计
(1)会计制度：《股份有限公司会计制度》及其补充规定。
(2)会计年度：自公历 1 月 1 日至 12 月 31 日。
(3)记帐本位币：人民币。
(4)记帐基础和计价原则：权责发生制和历史成本。
(5)现金等价物的确定标准：将持有的期限短、购入日至到期日不超过三个月，流动性强、易于转化为已知金额现金、价值变动风险小的投资确定为现金等价物。
(6)坏帐核算方法：
①坏帐的确认标准：
A.因债务人破产或者死亡，以其破产财产或者遗产清偿后，仍然不能收回的款项；
B.因债务人逾期未履行偿债义务超过三年，仍不能收回，且具有明显特征表明无法收回的款项。
以上不能收回的应收款项报董事会批准后作为坏帐。
②坏帐损失的核算方法：采用备抵法。本公司于中期期末和年末依据应收款项余额(包括应收帐款和其他应收款)按帐龄分析法计提坏帐准备。坏帐准备计提比例列示如下：

帐龄	计提比例
1 年以内	5%
1-2 年	10%
2-3 年	20%
3-5 年	50%
5 年以上	100%

根据公司董事会决议以及国税发[2000]84 号文件要求，对关联企业应收款项不再提取坏帐准备。
(7)货核算方法：
①存货分类：库存商品、原材料、在产品、低值易耗品、包装物、发出商品等。
②存货计价方法：存货取得时按实际成本记账，存货发出采用加权平均法计价，存货核算实行"永续盘存制"；低值易耗品摊销采用"五五摊销法"。
③存货跌价准备的确认标准及计提方法：存货如遭受毁损、全部或部分陈旧及销售价格明显低于成本时，对存货成本不可收回的部分提取存货跌价准备。存货跌价准备依据单项存货的成本高于其可变现净值的差额提取。
(8)短期投资核算方法：
根据《企业会计准则-投资》规定，短期投资以实际支付的全部价款(包括税金、手续费和相关费用)扣除已宣告发放但尚未领取的现金股利(或已到期尚未领取的债券利息)入帐，在处置时按所收到的处置收入与短期投资帐面价值的差额确认为当期投资损益。
短期投资跌价准备的确认标准为：
持有的短期投资如有市价的，在期末以成本与市价孰低计价，并将市价低于成本的金额确认为当期投资跌价损失，已确认跌价损失的短期投资价值又得以恢复，在原已确认的投资损失的金额内转回。
短期投资跌价准备按单项提取。
(9)长期投资核算方法：
①长期股权投资计价和收益确认方法：
长期股权投资包括股票投资和其他股权投资。长期股权投资按投资时支付的全部价款入帐。投资企业对被投资单位无控制、共同控制或重大影响的，长期股权投资按成本法核算；投资企业对被投资单位具有控制、共同控制或重大影响的，长期股权投资采用权益法核算；
②长期股权投资差额摊销方法：合同规定投资期限的，按投资期限摊销；没有规定投资期限的，无论借方还是贷方差额均按 10 年采用直线法摊销。
③长期债权投资计价及收益确认方法：
按取得时实际支付的全部价款扣除实际支付的分期付息债券价款中包含的已到期尚未领取的债券利息后的余额作为实际成本记帐，并按权责发生制原则按期计提利息，计入投资收益；
④长期债权投资溢价和折价的摊销方法：在债券购入后至到期日止的期间按直线法，于确认相关债券利息收入的同时摊销；
⑤长期投资减值准备的确认标准：对于有市价的长期投资出现以下迹象的，即应计提长期投资减值准备：a 市价持续两年低于帐面价值；b 该项投资暂停交易一年；c 被投资单位当年发生严重亏损；d 被投资单位持续两年发生亏损；e 被投资单位进行清理整顿、清算或者出现其他不能持续经营的迹象。对于无市价的长期投资，出现下列迹象之一的，即应计提长期投资减值准备：a 政治或法律环境出现了不利于被投资单位的重大变化；b 被投资单位所供应的商品或所提供的劳务不能适应市场需求的变化，从而导致被投资单位财务状况发生严重恶化；c 被投资单位失去竞争能力，从而导致被投资单位财务状况发生严重恶化；d 被投资单位的财务状况、现金流量发生严重恶化，如进行清理整顿、清算、被投资单位的所有者权益为负数等。
⑥长期投资减值准备的计提方法：采用逐项计提的方法。如由于市价持续下跌或被投资单位经营情况变化等原因，导致其可收回金额低于投资帐面价值，应将可收回金额低于长期投资帐面价值的差额，首先冲抵该项投资的资本公积准备项目，不足冲抵的差额部分确认为当期投资损失。已确认损失的长期投资的价值又得以恢复的，应在原已确认的投资损失范围内转回。
根据公司董事会决议，考虑重要性原则，本公司目前不计提长期投资减值准备。
(10)固定资产计价和折旧方法：
①固定资产的标准：使用期限超过一年的房屋、建筑物、机器设备、运输工具、器具、工具等资

产,以及不属于生产经营主要设备的物品,单位价值在 2,000 元以上 ,并且使用期限超过两年的资产。

2、主要税项

(1)流转税

①增值税:

适用 17%的增值税率。应纳税收入额按适用税率计算销项税额,扣除允许抵扣的进项税额后,缴纳增值税。

②消费税:

以应税产品(酒类)销售收入的 10%计征消费税。

③营业税:

租赁收入及其他应税收入适用 5%的营业税率。

(2)所得税

根据财税字【1994】001 号《关于企业所得税若干优惠政策的通知》规定"国务 院批准的高新技术产业开发区内的高新技术企业减按 15%的税率征收所得税",以及 哈地税函字[1994]13 号文"开发区企业从被认定之日起免征所得税三年,免征期满后经批准再给予减半三年的优惠,此后按 15%的税率征收所得税"的规定,公司做为国务院批准的高新技术产业开发区-哈尔滨高新技术产业开发区内 94 年新办企业,享受上述税收优惠。

公司总部及哈尔滨分公司:本年度按 15%的所得税税率缴纳所得税;

哈慈双鸭山制药厂:根据国家安置下岗、失业职工的有关规定,经主管税务机关确认,自生产经营之日起(1999 年),前三年免征企业所得税,后二年减半征收所得税;

固安健康产业公司:根据国家安置下岗、失业职工的有关规定,经主管税务机关确认,自生产经营之日起(1999 年),免征企业所得税三年;

黑龙江哈慈儿童药业公司:根据国家安置下岗、失业职工的有关规定,经主管税务机关确认,自 2000 年 12 月份起享受减免企业所得税三年的优惠政策。

(3)固定资产投资方向调节税:

①南京分公司:根据南京江宁经济技术开发区(国家级)管理委员会优惠政策,免征固定资产投资方向调节税;

②望奎县绿色实业公司:根据《中华人民共和国固定资产投资方向调节税暂行条例》,配合及混合饲料和畜禽繁育场投资项目,固定资产投资方向调节税适用 0%税率。

3、会计报表主要项目注释

本附注会计报表项目注释除单独标注外,单位均为人民币元。

(1)货币资金

项 目	期初数	期末数
现 金	6,794.93	353,569.37
银行存款	161,322,425.49	93,430,998.63
其他货币资金	3,000,000.00	30,765,000.00
合 计	164,329,220.42	124,549,568.00

(2)短期投资

项目	期初数		期末数	
	投资金额	跌价准备	投资金额	跌价准备
股票投资	11,982,046.89	654,589.26	21,375,362.30	1,055,971.33
债券投资	--	--	--	--
其他投资	--	--	--	--
合 计	11,982,046.89	654,589.26	21,375,362.30	1,055,971.33

注:报表日股票市价总额 25,121,079.74 元;

资料来源摘自上海、深圳证券交易所 2000 年 12 月 29 日 A 股股票收盘价。

(3)应收票据

期初数	期末数
----	250,000.00

(4)应收帐款

帐 龄	期初数			
	金额	比例(%)	坏帐准备	金额
1 年以内	108,251,968.59	97.86	5,412,598.43	151,896,033.90
1---2 年	630,558.79	0.57	63,055.88	5,607.91
2---3 年	204,774.29	0.19	40,954.86	627,511.74
3 年以上	1,531,230.10	1.38	793,648.18	1,729,194.39
合 计	110,618,531.77	100.00	6,310,257.35	158,668,347.94

帐 龄	期末数	
	比例(%)	坏帐准备
1 年以内	95.73	1,281,647.31
1---2 年	2.78	441,560.79
2---3 年	0.40	125,502.35
3 年以上	1.09	658,169.15
合 计	100.00	2,506,879.60

在本帐户中持有本公司 5%(含 5%) 以上股份的主要股东哈慈集团有限公司的应 收帐款为 50,504,401.35 元,是对哈慈集团有限公司各分公司销售货物而形成的款项 。

于 2000 年 12 月 31 日,前五名欠款单位明细列示如下:

序号	单位名称	所欠金额	欠款时间	欠款原因
1)	哈慈集团有限公司	50,504,401.35	1 年以内	销售欠款
2)	安徽省太和县新特药有限责任公司	10,111,636.10	1 年以内	销售欠款
3)	哈慈集团公司广东销售公司	9,979,839.88	1 年以内	销售欠款
4)	上海哈慈健康产品有限公司	6,745,383.75	1 年以内	销售欠款
5)	四川哈慈商贸有限公司	6,151,881.38	1 年以内	销售欠款
	合 计	83,493,142.46		

注:关联往来见本附注五(四)项

(5)其他应收款

帐 龄	期初数			
	金额	比例(%)	坏帐准备	金额
1 年以内	19,888,597.38	80.04	994,429.87	25,761,197.27
1---2 年	4,478,587.68	18.02	447,858.77	4,324,385.23
2---3 年	249,954.93	1.01	49,990.98	1,052,498.28
3 年以上	231,215.30	0.93	115,607.65	404,930.23
合 计	24,848,355.29	100.00	1,607,887.27	31,543,011.01

帐 龄	期末数	
	比例(%)	坏帐准备
1 年以内	81.67	962,524.30
1---2 年	13.71	432,438.52
2---3 年	3.34	210,499.66
3 年以上	1.28	204,864.05
合 计	100.00	1,810,326.53

本帐户中无持有本公司 5% (含 5%)以上股份的股东单位的欠款。

于 2000 年 12 月 31 日,前五名欠款单位明细列示如下:

序号	单位名称	所欠金额	欠款时间	欠款原因
1)	北京达朴广告艺术中心	2,857,990.30	1 年以内	发票未回
2)	深圳哈慈投资发展有限公司	1,648,590.00	1 年以内	暂借款
3)	上海哈慈健康产品有限公司	1,327,878.00	1 年以内	暂借款
4)	潘洪涛	1,250,000.00	1 年以内	借出国费用
5)	哈慈集团公司广东销售公司	991,017.20	1 年以内	暂借款
	合 计	8,075,475.50		

注:关联往来见本附注五(四)项

(6)预付帐款

帐 龄	期初数		期末数	
	金额	比例(%)	金额	比例(%)
1 年以内	23,280,851.27	56.11	51,074,550.12	86.84
1---2 年	15,899,478.41	38.33	6,952,644.95	11.82
2----3 年	1,564,426.42	3.77	409,996.00	0.70
3 年以上	743,930.66	1.79	375,990.00	0.64
合 计	41,488,686.76	100.00	58,813,181.07	100.00

本帐户中无持有本公司 5% (含 5%)以上股份的股东单位的欠款。

于 2000 年 12 月 31 日,前五名欠款单位明细列示如下:

序号	单位名称	所欠金额	欠款时间	欠款原因
1)	南京江宁开发区国土局	14,998,050.40	1 年以内	预付征地款
2)	天津北斗保健用品厂	6,426,378.13	1 年以内	预付货款
3)	江苏文扬保健用品厂	6,372,874.04	1 年以内	预付货款
4)	天津鹏程商务印刷厂	4,890,302.53	1 年以内	预付货款
5)	浙江电视台	2,350,000.00	1 年以内	预付广告费
	合 计	35,037,605.10		

(7)存货

项 目	期初数		期末数	
	金 额	跌价准备	金 额	跌价准备
原材料	57,706,393.21	----	36,680,815.67	266.00
库存商品	73,494,149.95	----	75,030,413.39	11,601.20
低值易耗品	2,068,023.47	----	3,394,184.66	----
在产品	1,707,943.70	----	5,938,116.56	----
包装物	----	----	8,259,304.65	277,325.93
发出商品	----	----	2,015,231.80	----
合 计	134,976,510.33	----	131,318,066.73	289,193.13

(8)待摊费用

类 别	期初数	本期增加	本期摊销
广告费	26,752,260.00	6,705,102.00	33,457,362.00
未投产新产品开发费	54,315.43	6,731.00	----
房屋租赁费	94,332.46	192,730.00	287,062.46
康复快检验费	----	1,383,404.10	383,404.10
其他	----	804,353.00	477,151.50
合 计	26,900,907.89	9,092,320.10	34,604,980.06

类 别	期末数
广告费	----
未投产新产品开发费	61,046.43
房屋租赁费	----
康复快检验费	1,000,000.00
其他	327,201.50
合 计	1,388,247.93

(9)长期投资

①项 目	期初数		本期增加	本期减少
	金额	减值准备		
长期股权投资	1,049,300.00			
长期债权投资				
合 计	1,049,300.00			

①项 目	期末数	
	金额	减值准备
长期股权投资	1,049,300.00	----
长期债权投资	----	----
合 计	1,049,300.00	----

②长期股权投资

a.股票投资:

被投资公司名称	股份性质	股票数量	占被投资公司注册资本的比例
哈尔滨第一百货商店股份有限公司	法人股	50,000	0.5%
哈尔滨百货大楼股份有限公司	法人股	20,000	0.2%
黑龙江金国城旅游股份有限公司	法人股	600,000	1.2%
合 计	---	670,000	----

被投资公司名称	投资金额	减值准备
哈尔滨第一百货商店股份有限公司	90,000.00	----
哈尔滨百货大楼股份有限公司	36,000.00	----
黑龙江金国城旅游股份有限公司	600,000.00	----
合 计	726,000.00	----

b.其他股权投资

被投资单位名称	投资起止期	投资金额	占被投资单位注册资本比例
哈尔滨市商业银行动兴支行	无	323,300.00	2.3%
合 计	---	323,300.00	---

被投资单位名称	减值准备
哈尔滨市商业银行动兴支行	----
合 计	----

(10)固定资产及累计折旧单位:元

项 目	期初数	本年增加	本年减少	期末数
固定资产原值				
房屋及建筑物	180,977,596.34	33,759,329.03	3,003.28	214,733,922.09
通用设备	22,071,601.34	509,870.00	1,159,132.00	21,422,339.34
专用设备	8,813,914.95	16,397,202.51	313,522.40	24,897,595.06
运输设备	9,136,716.30	1,508,595.40	34,503.28	10,610,808.42
其他	6,540,941.17	1,633,306.19	48,000.00	8,126,247.36
合 计	227,540,770.10	53,808,303.13	1,558,160.96	279,790,912.27

累计折旧

房屋及建筑物	17,044,269.58	7,882,831.03		24,927,100.61
通用设备	4,416,535.80	649,572.42	94,121.59	4,971,986.63
专用设备	1,042,842.00	3,176,271.19	41,684.99	4,177,428.20
运输设备	3,827,230.97	1,181,468.92	5,008,699.89	3,857,043.18
其他	3,003,609.27	853,433.91		42,942,258.51
合　计	29,334,487.62	13,743,577.47	135,806.58	236,848,653.76
净　值	198,206,282.48			

注：(1)本期在建工程转入 16,880,460.74 元，其中：
a.哈尔滨分公司厂房竣工验收转入固定资产 5,858,329.43 元；
b.哈慈双鸭山制药厂设备更新改造转入固定资产 2,837,514.27 元；
c.哈慈双鸭山制药厂厂房更新改造竣工验收转入固定资产 4,208,748.93 元；
d.固安健康产业公司康复快生产线竣工验收转入固定资产 1,237,393.96 元；
e.望奎县绿色实业公司钢板结构仓竣工验收转入固定资产 2,610,000.00 元；
f.其他工程项目竣工验收转入固定资产 128,474.15 元。
(2)出售固定资产说明
哈慈双鸭山制药厂本期出售专用设备 245,000.00 元。

(11)在建工程

工程名称	期初数	本期增加数	本期转固数
	16,687,039.93	5,357,873.21	----
②20 万吨全价饲料及配套工程	13,025,319.42	435,990.30	2,610,000.00
③办公楼装修工程	1,172,138.40	49,519.68	49,519.68
④厂房扩建工程	3,992,100.43	1,866,229.00	5,858,329.43
⑤热水供热工程	723,949.48	37,875.50	----
⑥种猪场工程	9,721,702.70	367,584.92	----
⑦药厂设备更新改造	659,898.77	2,278,445.50	2,837,514.27
⑧药厂厂房更新改造	----	4,214,231.93	4,208,748.93
⑨康复快生产线	----	1,237,393.96	1,237,393.96
⑩其他工程	----	308,445.94	78,954.47
合计	45,982,149.13	16,153,589.94	16,880,460.74

工程名称	其他减少	期末数	资金来源	工程进度
	----	22,044,913.14	募股资金	收尾
②20 万吨全价饲料及配套工程	----	10,851,309.72	募股资金	其他收尾
③办公楼装修工程	----	1,172,138.40	其他	收尾
④厂房扩建工程	----	----	其他	100%
⑤热水供热工程	----	761,824.98	其他	80%
⑥种猪场工程	----	10,089,287.62	其他	60%
⑦药厂设备更新改造	----	100,830.00	其他	待安装
⑧药厂厂房更新改造	5,483.00	----	其他	100%
⑨康复快生产线	----	----	其他	100%
⑩其他工程	----	229,491.47	其他	5%
合计	5,483.00	45,249,795.33	----	----

在建工程无利息资本化支出。

(12)无形资产

类　别	原始金额	期初数	本期增加
总部土地使用权	726,500.00	651,428.43	----
总部土地使用权	220,000.00	211,200.00	----
阿城土地使用权	289,800.00	266,616.00	----
山东土地使用权	526,200.00	484,981.00	----
固安土地使用权	3,647,284.29	3,537,865.89	----
双鸭山土地使用权	3,000,000.00	----	3,000,000.00
儿童药业土地使用权	3,046,371.27	----	3,046,371.27
双鸭山非专利技术	102,000.00	----	102,000.00
双鸭山非专利技术	300,000.00	260,000.00	----
儿童药业非专利技术	31,474,300.00	----	31,474,300.00
V26 经销权	2,824,360.60	39,510,358.00	----
合　计	86,156,816.16	44,922,449.32	37,622,671.27

类　别	本期转出	本期摊销	期末数	剩余摊销年限
总部土地使用权	----	14,529.88	636,898.55	43 年 10 个月
总部土地使用权	----	4,400.12	206,799.88	47 年
阿城土地使用权	----	5,796.00	260,820.00	45 年
山东土地使用权	----	10,524.00	474,457.00	45 年 1 个月
固安土地使用权	----	72,945.60	3,464,920.29	47 年 6 个月
双鸭山土地使用权	----	35,000.00	2,965,000.00	49 年 5 个月
儿童药业土地使用权	----	----	3,046,371.27	50 年
双鸭山非专利技术	----	12,143.33	89,856.67	6 年 2 个月
双鸭山非专利技术	----	32,499.99	227,500.01	6 年 7 个月
儿童药业非专利技术	----	----	31,474,300.00	10 年
V26 经销权	----	2,854,956.00	36,655,402.00	12 年 10 个月
合　计	----	3,042,794.92	79,502,325.67	----

(13)开办费

类　别	期初数	本期增加	本期摊销
阿城食品厂开办费	4,293.39	------	4,293.39
望奎绿色实业公司开办费	3,273,380.63	708,950.90	730,094.09
南京分公司开办费	731,850.92	809,526.89	----
固安健康产业公司开办费	517,019.21	----	129,254.76
合　计	4,526,544.15	1,518,477.79	863,642.24

类　别	期末数	备注
阿城食品厂开办费	----	
望奎绿色实业公司开办费	3,252,237.44	
南京分公司开办费	1,541,377.81	未开业
固安健康产业公司开办费	387,764.45	
合　计	5,181,379.70	

(14)长期待摊费用

种　类	期初数	本期增加	本期摊销
租赁费	8,550,000.00	----	180,000.00
中华预防医学会推荐认定费	1,200,000.00	----	600,000.00
合　计	9,750,000.00	----	780,000.00

种　类	期末数
租赁费	8,370,000.00
中华预防医学会推荐认定费	600,000.00
合　计	8,970,000.00

(15)短期借款

借款类别	期初数	期末数	备　注
担保借款	51,700,000.00	140,900,000.00	哈慈集团有限公司担保
抵押借款	----	----	
信用借款	----	----	
合　计	51,700,000.00	140,900,000.00	

(16)应付票据

期初数	期末数
----	4,000,000.00

(17)应付帐款

期初数	期末数
15,301,921.93	16,127,753.28

应付帐款中无欠持有本公司 5% (含 5%)以上股份的股东单位的款项。

(18)预收帐款

期初数	期末数
1,490,005.36	10,215,610.09

预收帐款中无欠持有本公司 5% (含 5%)以上股份的股东单位的款项。

(19)应交税金

项　目	期初数	期末数
增　值　税	6,636,118.97	20,325,108.84
营　业　税	113,912.50	22,250.00
城市维护建设税	474,530.14	522,951.52
所　得　税	2,587,027.68	638,257.42
个人所得税	1,263,284.82	6,991,454.22
房　产　税	----	129,339.78
合　计	11,074,874.11	28,629,361.78

(20)其他应付款

期初数	期末数
31,905,971.71	11,760,525.14

其他应付帐款中无欠持有本公司 5% (含 5%)以上股份的股东单位的款项。

(21)预提费用

费用类别	期初数	期末数	年末结存余额原因
广告费	----	12,759,684.00	本期费用未取得发票
水电费	----	88,258.32	12 月份水电消耗未付款
合　计	----	12,847,942.32	

(22)股本

(23)资本公积

项　目	期初数	本期增加数
股本溢价	156,287,800.00	----
接收捐赠资产准备	500.00	----
资产评估增值准备	4,227.29	----
其他资本公积转入	66,383.49	----
合　计	156,358,910.78	----

项　目	本期减少数	期末数
股本溢价	----	156,287,800.00
接收捐赠资产准备	----	500.00
资产评估增值准备	----	4,227.29
其他资本公积转入	----	66,383.49
合　计	----	156,358,910.78

(24)盈余公积

项　目	期初数	本期增加数
法定盈余公积金	40,432,978.90	5,304,653.10
法定公益金	20,216,489.58	2,652,326.55
任意公积金	17,806,373.68	----
合　计	78,455,842.16	7,956,979.65

项　目	本期减少数	期末数
法定盈余公积金	----	45,737,632.00
法定公益金	----	22,868,816.13
任意公积金	----	17,806,373.68
合　计	----	86,412,821.81

(25)未分配利润

期初数	本期增加数	本期减少数	期末数
80,172,860.30	53,046,530.95	956,979.65	125,262,411.60

公司本年实现净利润 53,046,530.95 元，加上期初未分配利润 80,172,860.30 元，可供分配的利润为 133,219,391.25 元，提取 10%法定盈余公积金 5,304,653.10 元和 5%法定公益金 2,652,326.55 元后，可供股东分配的利润为 125,262,411.60 元。根据公司董事会 2000 年度利润分配预案，本次可供股东分配的利润不分配，未分配利润 125,262,411.60 元结转下次分配。

(26)主营业务收入

本年发生数	上年发生数
395,522,904.15	208,244,501.94

主营业务收入本年较上年同期增加 89.93%，主要原因为主导产品驱虫消食片、V26 减肥沙琪晶、康复快系列产品收入增加所致。

(27)营业费用

本年发生数	上年发生数
216,631,976.56	27,407,430.47

营业费用本年较上年同期增加 690.41%，主要原因为本期加大广告费投入所致。

(28)财务费用

类　别	本年发生数	上年发生数
利息支出	2,457,405.64	127,683.14
减：利息收入	762,576.52	2,553,119.60
其　他	38,023.38	7,174.48
合　计	1,732,852.50	-2,418,261.98

财务费用本年较上年同期增加为本期短期借款增加所致。

(29)投资收益

项　目	收益金额
股票投资收益	9,664,035.54
债权投资收益	----
非控股公司分配来的利润	----
合　计	9,664,035.54

(30)补贴收入

项目	金额	取得收入来源和依据
固安健康产业公司		
增值税地方留成返还	362,963.00	固安县人民政府固政[2000]6 号
双鸭山制药厂		
增值税地方留成返还	844,694.00	双鸭山市财政局双财字[2000]97 号
哈尔滨分公司出口商品补贴	4,720.00	哈尔滨市财政局返款凭证
合计	1,212,377.00	

(31)支付的与经营活动有关的现金中价值较大的项目：

项目	金额
广告费支出	152,756,332.02
支付专利许可费	6,588,651.66
合计	159,344,983.68

(32)支付的与投资活动有关的现金中价值较大的项目：

项目	金额
望奎绿色实业公司预付土地出让金	1,760,000.00

4、关联方关系及其交易

(1)存在控制关系的关联方情况

①存在控制关系的关联方

企业名称	注册地址	主营业务	与本企业关系
哈慈集团有限公司	哈市动力区通乡街 169 号	医疗器械、贸易、药品制造、建安工程等	控股母公司

企业名称	经济性质	法定代表人
哈慈集团有限公司	有限责任公司	郭子鉴

②存在控制关系的关联方的注册资本及其变化(单位：万元)

企业名称	年初数	本年增加数	本年减少数	年末数
哈慈集团有限公司	8,000	9,758	--	17,758

③存在控制关系的关联方所持股份或权益及其变化(单位：万元)

企业名称	年初数		本年增加	
	金额	%	金额	%
哈慈集团有限公司	17,757.60	58.93	--	--

企业名称	本年减少		年末数	
	金额	%	金额	%
哈慈集团有限公	--	--	17,757.60	58.93

②房屋租赁

本公司与控股股东哈慈集团有限公司于 2000 年 6 月 20 日签订《房屋租赁协议书》(续签)，将哈慈大厦部分闲置办公房间租给哈慈集团有限公司使用，租期自 2000 年 1 月 1 日至 12 月 31 日。出租面积由 1999 年度的 9,113 平方米减少至 2,225 平方米，每平方米租金由 1999 年度的 500 元调整为 200 元，共计人民币 445,000.00 元。

企业名称	2000 年度租金收入	1999 年度租金收入	依据
哈慈集团有限公司	445,000.00	4,556,500.00	房屋租赁协议书

③提供担保

2000 年 7 月 21 日，本公司控股股东哈慈集团有限公司与中国工商银行哈尔滨市和 平支行签订最高额保证合同，为本公司于 2000 年 7 月 21 日至 2002 年 7 月 21 日期间提供贰亿元人民币贷款限额。本公司在上述保证合同限额内，与中国工商银行哈尔滨市和平支行签订流动资金借款合同，借款总金额为 14,090 万元人民币。

5、或有事项

截止报告日，本公司无重大或有事项。

6、承诺事项

截止报告日，本公司无重大承诺事项。

7、资产负债表日后事项中的非调整事项

截止报告日，本公司无重大资产负债表日后事项。

8、其他重要事项

(1)公司第三届第九次董事会于 2001 年 1 月 31 日决议通过 2000 年度利润分配预案：

公司本年实现净利润 53,046,530.95 元，加上期初未分配利润 80,172,860.30 元，可供分配的利润为 133,219,391.25 元，提取 10%

法定盈余公积金 5,304,653.10 元和 5%法定公益金 2,652,326.55 元后，可供股东分配的利润为 125,262,411.60 元，本次利润不分配，未分配利润 125,262,411.60 元结转下次分配。

上述利润分配预案须提交 2000 年度股东大会审议。

(2)本公司第三届董事会第八次会议专题审议并通过整体收购望奎新康药业有限 公司全部股权的议案，分别受让固安县颐通健康产业有限责任公司所持有的 80%和隋 玉伟所持有的 20%股权。受让完成后望奎新康药业有限公司的法人资格注销，设立为 本公司分支机构–黑龙江哈慈儿童药业公司。上述董事会决议公告登载于 2000 年 12 月 28 日的《上海证券报》。

九、公司的其它有关材料

1、公司变更注册日期：1998 年 9 月 29 日

变更注册地点：黑龙江省哈尔滨市工商行政管理局

2、企业法人营业执照注册号；12758774–2

3、税务登记号：230107127587742

4、公司聘请的会计师事务所：哈尔滨祥源会计师事务所

地址：哈尔滨市道里区东安街 5 号

十、备查文件

1、载有董事长亲笔签名的年度报告文本。

2、载有公司法定代表人、财务负责人、主管会计签名并盖章的会计报表。

3、载有会计师事务所盖章、注册会计师签名并盖章的审计报告正本。

4、报告期内在中国证监会指定的报纸上公开披露的所有公司文件的正文及公告 的原稿。

5、公司章程。

哈慈股份有限公司

二 OO 一年一月三十一日

资产负债表

资产	注释	期初数	期末数
流动资产：			
货币资金	1	164,329,220.42	124,549,568.00
短期投资		11,982,046.89	21,375,362.30
减：短期投资跌价准备		654,589.26	1,055,971.33
短期投资净额	2	11,327,457.63	20,319,390.97
应收票据	3		250,000.00
应收帐款	4	110,618,531.77	158,668,347.94
其它应收款	5	24,848,355.29	31,543,011.01
减：坏帐准备		7,918,144.62	4,317,206.13
应收款项净额		127,548,742.44	185,894,152.82
预付帐款	6	41,488,686.76	58,813,181.07
存货		134,976,510.33	131,318,066.73
减：存货跌价准备			289,193.13
存货净额	7	134,976,510.33	131,028,873.60
待摊费用	8	26,900,907.89	1,388,247.93
其它流动资产			
流动资产合计		506,571,525.47	522,243,414.39
长期投资：			
长期股权投资		1,049,300.00	1,049,300.00
长期投资合计		1,049,300.00	1,049,300.00
长期投资净额	9	1,049,300.00	1,049,300.00
固定资产：			
固定资产原价		227,540,770.10	279,790,912.27
减：累计折旧		29,334,487.62	42,942,258.51
固定资产净值	10	198,206,282.48	236,848,653.76
在建工程	11	45,982,149.13	45,249,795.33
固定资产清理			457.00
固定资产合计		244,188,431.61	282,098,906.09
无形及其它资产：			
无形资产	12	44,922,449.32	79,502,325.67
开办费	13	4,526,544.15	5,181,379.70
长期待摊费用	14	9,750,000.00	8,970,000.00
无形资产及其它资产合计		59,198,993.47	93,653,705.37
递延税项：			
资产总计		811,008,250.55	899,045,325.85
流动负债：			
短期借款	15	51,700,000.00	140,900,000.00
应付票据	16		4,000,000.00
应付帐款	17	15,301,921.93	16,127,753.28
预收帐款	18	1,490,005.36	10,215,610.09
应付工资		15,701.70	
应付福利费		2,113,464.36	3,177,215.62
应付股利		75,334,000.00	
应交税金	19	11,074,874.11	28,629,361.78
其它应交款		316,643.17	355,926.50
其它应付款	20	31,905,971.71	11,760,525.14
预提费用	21		12,847,942.32
流动负债合计		189,252,582.34	228,014,334.73
长期负债：			
其它长期负债		5,432,054.97	1,660,846.93
长期负债合计		5,432,054.97	1,660,846.93
递延税项：			
递延税款贷项			
负债合计		194,684,637.31	229,675,181.66
股东权益：			
股本	22	301,336,000.00	301,336,000.00
资本公积	23	156,358,910.78	156,358,910.78
盈余公积	24	78,455,842.16	86,412,821.81
其中：公益金		20,216,489.58	22,868,816.13
未分配利润	25	80,172,860.30	125,262,411.60
股东权益合计		616,323,613.24	669,370,144.19
负债和股东权益总计		811,008,250.55	899,045,325.85

利润及利润分配表

编制单位:哈慈股份有限公司　　2000 年度　　单位：　元

项目	注释	上年同期数	累计数
一、主营业务收入	26	208,244,501.94	395,522,904.15
减：折扣与折让			
主营业务收入净额		208,244,501.94	395,522,904.15
减：主营业务成本		98,773,952.47	106,456,217.02
主营业务税金及附加		2,445,997.97	4,825,891.13
二、主营业务利润		107,024,551.50	284,240,796.00
加：其他业务利润		4,362,788.61	462,370.92
减：存货跌价损失		–	289,193.13
营业费用	27	27,407,430.47	216,631,976.56
管理费用		15,007,187.97	24,916,527.92
财务费用	28	–2,418,261.98	1,732,852.50
三、营业利润		71,390,983.65	41,132,616.81
加：投资收益	29	–654,589.26	9,664,035.54
补贴收入	30	–	1,212,377.00
营业外收入		3,512,405.44	3,421,233.75
减：营业外支出		270,791.52	1,033,307.51
四、利润总额		73,978,008.31	54,396,955.59
减：所得税		5,546,842.26	1,350,424.64
五、净利润		68,431,166.05	53,046,530.95
加:年初未分配利润		97,340,369.16	80,172,860.30
盈余公积转入			–
六、可供分配的利润		165,771,535.21	133,219,391.25
减:提取法定盈余公积		6,843,116.61	5,304,653.10
提取法定公益金		3,421,558.30	2,652,326.55
提取任意盈余公积			
七、可供股东分配的利润		155,506,860.30	125,262,411.60
减:应付优先股股利			
提取任意盈余公积			
应付普通股股利		75,334,000.00	
转作股本的普通股股利			
八、未分配利润		80,172,860.30	125,262,411.60

河南冰熊保鲜设备股份有限公司

一 、公司简介

(一)公司法定中文名称:河南冰熊保鲜设备股份有限公司
公 司英文名称:HENAN BINGXIONG FRESH-PRESER VATION EQUIPMENIS CO.LTD
(二)公司注册和办公地址:河南省民权县府后街 22 号 邮政编码:476800
国际互联网网址:http//www.bingxiong.com.cn 电子信箱:bxiong@public2.zz.ha.cn
(三)公司法定代表人:王绍杰
(四)公司董事会秘书:杨平原 联系地址:河南省民权县府后街 22 号
联系电话:(0370)8522789 传真:(0370)8526256 电子信箱:yangpingyuan@371.net
(五)公司信息披露报纸:上海证券报 公司信息披露互联网址:http//www.sse.com.cn
公司中期报告备置地点:公司董秘办公室
(六)公司股票上市交易所:上海证券交易所 股票简称:冰熊股份 股票代码:600753

二 、会计数据和业务数据摘要

(一)主要财务会计数据和业务数据摘要

利润	-43,699,736.85
净利润	-43,699,736.85
扣除非经常性损益后的净利润	-49,016,365.19
主 营业务利润	16,104,687.28
其他业务利润	911,059.28
营业利润	-49,016,365.19
投资收益	3,322,490.99
补贴收入	0
营业外收支净额	1,994,137.35
经营活动产生的现金流量净额	10,944,522.29
现金及现金等价物净增加额	-35,521,182.28

注:非经常性损益 5,316,628.34 元,其中:投资收益 3,322,490.99 元;营业外收入 2,233,518.37 元;营业外支出 239,380.82 元。

(二)公司近三年的主要会计数据和财务指标

指标项目	2000 年	1999 年 调整前	1999 年 调整后	1998 年 调整前	1998 年 调整后
主营业务	103,397.009.41	97,065,850.99	97,065,850.99	164,059,739.27	94,507,602.50
净利润	-43,699,736.85	1,146,934.75	-28,438,958.64	27,060,104.72	-6,172,948.85
总资产	394,708,016.43	413,656,181.45	382,551,481.18	432,490,963.61	351,845,564.32
股东权益	96,131,281.40	197,738,380.74	139,831,018.25	257,595,275.28	174,669,976.89
每股收益	-0.34	0.009	-0.22	0.21	-0.05
每股收益(加权)	-0.34	0.005	-0.22	0.23	-0.05
每股净资产	0.75	1.54	1.09	2.01	1.36
调整后的每股净资产	0.68	1.49	1.06	1.99	1.35
每股经营活动产生的现金净流量	0.08	0.45	0.45	0.03	0.03
净资产收益率	-0.45	0.60	-0.20	10.50	-0.04
净资产收益率(加权)	-0.37	0.60	-0.17	10.50	-0.04
扣除非经营性损益后加权净资产收益率(%)	-0.37	0.60	-0.17	10.50	-0.03

说明 1:主要财务指标的计算方法:每 股收益=净利润/年度末普通股股份总数

每股净资产=股东权益/年度末普通股股份总数

调整后的每股净资产=(年度末股东权益 — 三年以上的应收款项净额 — 待摊费用 — 待处理(流动、固定)资产净损失 — 开办费 — 长期待摊费用 — 住房周转金负数 余额)/年度末普通股股份总数

每股经营活动产生的现金流量净额=经营活动产生的现金流量净额/年度末普通股股份总数

净资产收益率=净利润/年度末股东权益 × 100%%

说 明 2:

(1)1998 年调整前净利润 27,060,104.72 元,调整后净利润-6,172,948.85 元,前后相差 33,233,053.57 元,由于两次调整所形成,详细情况如下:

一 是 1999 年度根据会计政策追溯调整减少净利润 8,604,352.54 元。

二 是注册会计师审计中根据会计差错调减利润 24,628,701.03 元。

其 中:①1998 年公司多计产品销售收入 69.552.136.77 元,而多计利润 24,371,211.7 元,现根据会计差错准则调减冲回,予以纠正,相应减少 1998 年利润。

② 由于多计收入增提应收帐款坏帐准备 1,087,581.42 元,应随着第①项销售收入的冲回,相应增加 1998 年利润。

③1998 年产品销售费用 1,345,070.75 元挂帐未计损益,应调减 1998 年利润。

在 以上情况下,如果扣除 1999 年年报根据会计政策对 1998 年利润追溯调整的影响,只考虑会计差错的调整,1998 年净利润为 2,431,403.69 元。

(2)1999 年差错调整前净利润 1,146,934.75 元,调整后净利润-28,438,958.64 元,差额 29,585,893.39 元。

三 、股本变动和股东情况

(一)股本变动情况

(二)股东情况介绍

1 、报告期末股东总数 19672 户。

2 、报告期末本公司前 10 名股东的持股情况:

名 次	股东名称	持股数量	所占比例(%)	持股种类
1	河南冰熊集团有限公司	60,160,000	47	国有法人股
2	北京同达志远网络系统工程有限公司	35,840,000	28	社会法人股
3	惠雅文化	331,660	0.26	流通股
4	男博万	130,000	0.10	流通股
5	姚华岳	126,731	0.10	流通股
6	曹前前	124,092	0.10	流通股
7	戴亚娟	120,800	0.09	流通股
8	胡金福	120,000	0.09	流通股
9	邢雨扬	119,300	0.09	流通股
10	冯文娟	107,775	0.08	流通股

注:(1)上述 10 名股东之间不存在关联关系。

(2)报告期持有本公司 5%以上股份的股东持股情况没有变化。

(3)以上两家持股 5%以上的法人股东所持股份无任何质押和冻结的情况。

上海新亚(集团)股份有限公司

一 、公司简介

1、公司名称:上海新亚(集团)股份有限公司
公司英文名称:SHANGHAI NEW ASIA (GROUP)CO.,LTD 公司英文缩写:SNAC
2、公司法定代表人:俞敏亮
3、公司董事会秘书:康鸣
联系地址:上海市天目西路 285 号 4 楼
电话:86-21-63538008 ×2404 ,86-21-63536304 传真:86-21-63533021
4、公司注册地址:上海市浦东新区浦电路 389 号 12 楼
公司办公地址:上海市天目西路 285 号 4 楼
邮政编码:200070
5、公司选定的信息披露报纸名称:《上海证券报》、《香港商报》
登载公司年度报告的中国证监会指定国际互联网网址:http://www.sse.com.cn
公司年度报告备置地点:公司董事会秘书室
6、公司股票上市地:上海证券交易所
股票简称:新亚股份(A 股)新亚 B 股(B 股)
股票代码:600754(A 股)900934(B 股)

二、会计数据和业务数据摘要

1、本年度利润总额及构成(2000 年度合并)(单位:人民币元)

利润总额	140,606,532.03
净利润	118,109,497.34
扣除非经常性损益后的净利润	13,911,871.94
主营业务利润	340,278,581.93
其他业务利润	13,973,041.73
营业利润	7,954,671.44
投资收益	126,904,477.43
补贴收入	3,420,143.01
营业外收支净额	2,327,240.15
经营活动产生的现金流量净额	478,283,478.00
现金及现金等价物净增加额	262,381,153.00

说明:扣除的非经常性损益项目及金额为:补贴收入 3,420,143 元,转让股票投资收益 101,378,735 元,建国宾馆合并价差-601,253 元。

2、普华永道(中国)有限公司为符合国际会计准则对上海普华永道中天会计师事务所有限公司审计后的税后利润及资产净值所作之调整如下:

	税后利润 2000 年度 人民币千元	资产净值 2000 年 人民币千元
按中国会计准则编制之合并报表	118,109	1,221,311
为符合国际会计准则所作的调整:		
按权益计入合营企业及联营公司的业绩	84	1,285
按国际会计准则编制之合并报表中不予确认的拟派股利		60,324
按国际会计准则编制之合并报表	118,193	1,282,920

3、截止报告年度末公司前三年的主要会计数据及财务指标(单位:元)

项目	2000 年度	1999 年度	1998 年度
主营业务收入	696,376,729.21	672,204,026.15	640,659,884.26
净利润	118,109,497.34	117,941,740.96	104,566,188.18
总资产	1,917,986,029.68	1,916,723,414.11	1,685,539,111.73
股东权益	1,221,311,116.72	1,162,506,262.63	1,044,564,521.67
每股收益((摊薄)	0.213	0.213	0.189
(加权)	0.213	0.213	0.189
扣除非经常性损益后的每股收益 ((摊薄)	0.025	-0.008	0.09
每股净资产	2.21	2.10	1.89
调整后的每股净资产	1.94	1.91	1.69
每股经营活动产生的现金流量净额	0.86	0.11	0.20
净资产收益率(%)(摊薄)	9.67	10.15	10.01

注:报告期末至本年报披露日,由于公司实施增发 A 股方案,使公司目前股本比报告期末增加了 5000 万股,为 603240740 股。

4、按照中国证监会:《公开发行证券公司信息披露编报规则(第 9 号)》要求计算相关指标:

报告期利润	净资产收益率(%) 全面摊薄	净资产收益率(%) 加权平均	每股收益 全面摊薄	每股收益 加权平均
主营业务利润	27.86	27.86	0.615	0.615
营业利润	0.65	0.65	0.014	0.014
净利润	9.67	9.67	0.213	0.213
扣除非经常性损益后净利润	1.14	1.14	0.025	0.025

三、股本变动及股东情况

1、报告期末股东总数 39592 户,其中 B 股 5135 户。

2、股东情况介绍

股东名称	年末持股	占总股本比例	股份性质
①上海新亚(集团)有限公司	255,280,740	46.14%	国家股
②上海国际信托投资公司	14,040,000	2.54%	法人股
③上海久事公司	12,480,000	2.26%	法人股
④上海轮胎橡胶(集团)股份有限公司	9,360,000	1.69%	法人股
⑤上海市城市建设投资开发总公司	9,360,000	1.69%	法人股
⑥交通银行上海分行	7,800,000	1.41%	法人股
⑦上海市陆家嘴金融贸易开发区股份有限公司	7,800,000	1.41%	法人股
⑧上海闵行联合发展有限公司	7,800,000	1.41%	法人股
⑨HKSBCSB A/C STATE STREET BANK AND TRUST S/A THE CHINA FUND	5,700,000	1.03%	B 股
⑩HKSBCSB S/A-BANQUE INT.A LUXEMBOURG S/A HSBC GLOBAL INV.FUNDS CHINESE EQUITY	5,500,000	0.99%	B 股

注:前十名股东不存在关联关系。

持有本公司 5%以上股份的股东为上海新亚(集团)有限公司,代表国家持有上述股份,年度内持有股份无变动,也无质押或冻结情况。

厦门国贸集团股份有限公司

一、公司简介

1、公司法定中文名称:厦门国贸集团股份有限公司
公司法定英文名称:XIAMEN INTERNATIONAL TRADE GROUP CORP.,LTD
公司英文名称缩写:ITG
2、公司法定代表人:何福龙
3、公司董事会秘书:肖伟　联系电话:0592—5161888
联系地址:厦门市湖滨南路国贸大厦 8—18 层　传真:0592—5160280
4、公司注册地址及办公地址:厦门市湖滨南路国贸大厦 8—18 层　邮政编码:361004
互联网网址:http://www.itgchina.com　电子信箱:itg@public.xm.fj.cn
5、公司选定的信息披露报纸:《中国证券报》和《上海证券报》
登载公司年度报告的中国证监会指定互联网网址:http:www.sse.com.cn
公司年度报告备置地点:厦门国贸集团股份有限公司企划部
6、公司股票上市交易所:上海证券交易所
股票简称:厦门国贸　股票代码:600755

二、会计数据和业务数据摘要

1、本年度主要会计数据:

利润总额	14,267,394.31
净利润	4,133,481.47
扣除非经常性损益后的净利润	34,869,199.22
主营业务利润	188,252,908.46
其他业务利润	18,978,887.90
营业利润	34,370,051.18
投资收益	–22,367,098.67
补贴收入	3,309,102.80
营业外收支净额	–1,044,661.00
经营活动产生的现金流量净额	103,648,251.20
现金及现金等价物净增加额	22,924,167.93

注:非经常性损益项目金额

营业外收支净额–1,044,661.00 股权转让收益 7,996,882.13* 按权益法确认的一次性投资损失–37,687,938.88 合计–30,735,717.75* 我司参股投资的厦门华侨电子企业有限公司的成本为 6500 万元,我司 1999 年度对该投资项目提取了长期投资减值准备 27,312,061.12 元。2000 年度该司仍发生巨额亏损,根据《公司法》关于股东承担有限责任的规定,我司按权益法将剩余的投资成本 37,687,938.88 元全额确认为投资损失。

2、公司近三年主要会计数据和财务指标:

指标项目	2000 年度	1999 年度		1998 年度	
		调整后	调整前	调整后	调整前
主营业务收入(万元)	227,456.60	234,141.06	234,141.06	239,603.32	251,482.66
净利润(万元)	413.35	5,119.20	5,709.07	–2,598.60	1,122.11
总资产(万元)	148,940.83	157,758.60	165,409.99	174,602.36	194,778.10
股东权益(万元)	65,300.09	63,919.88	71,340.58	65,942.48	75,622.17
每股收益(元)	0.021	0.258	0.288	–0.131	0.056
每股收益(加权,元)	0.021	0.258	0.288	–0.139	0.060
扣除非经常性损益后的每股收益(元)	0.18	0.31	0.31	–0.217	–0.027
每股净资产(元)	3.296	3.22	3.60	3.33	3.82
调整后每股净资产(元)	3.27	3.16	3.54	3.24	3.77
每股经营活动产生的现现金流量净额	0.523	–0.069	–0.069	–0.672	–0.672
净资产收益率(%)	0.633	8.00	8.00	–3.94	1.48

3、根据中国证监会《分开发行证券公司信息披露编报规则》(第九号)要求,利润附表例示如下:

项目	净资产收益率(%)		每股收益(元)	
	全面摊薄	加权平均	全面摊薄	加权平均
主营业务利润	28.83	28.83	0.95	0.95
营业利润	5.263	5.263	0.173	0.173
净利润	0.633	0.633	0.021	0.021
扣除非经常性损益后的净利润	5.34	5.34	0.18	0.18

三、股本变动和股东情况

(一)股本变动情况:

1、股票发行与上市情况:

1997 年 5 月 6 日,公司根据 1996 年度股东大会决议,以期初总股本 7800 万股为基数,每 10 股送红股 4 股,送股后,公司总股本增至 10920 万股;1997 年 10 月 23 日,公司根据第二届第二次临时股东大会决议,实施中期分红,以 10920 万股为基数,每 10 股送红股 2 股,另以资本公积金按 10:4 的比例转增股本,二者合计 10 股送转 6 股,送转后,公司总股至 17472 万股。

1998 年 6 月 12 日至 6 月 25 日,公司根据第二届第二次临时股东大会决议,实施 1997 年度配股,以 17472 万股为基数,每 10 股配 1.339 股,配股后,公司总股本增至 19812 万股。

根据有关规定,公司内部职工股 7620 万股于 1999 年 9 月 20 日上市流通,至此,公司内部职工股数为 0,流通股增至 12,700 万股。

(二)股东情况介绍 1、截止 2000 年 12 月 31 日,公司在册股东为 87465 户。

2、前十名股东持股情况

名称	持股数(万股)	占股本比例(%)
1、厦门商贸国有资产投资有限公司(国有持股单位)	7112	35.90
2、厦门证券有限公司	31.20	0.16
3、厦门证券登记公司	27.92	0.14
4、赖瑞荣	26.88	0.14
5、吴道标	23.52	0.12
6、枫苑饭店	22.37	0.11
7、青旅股份	21.20	0.11
8、温信房产	20.01	0.11
9、吕雪眉	19.00	0.10
10、陈志清	18.10	0.09

说明:(1) 厦门商贸国有资产投资有限公司为公司国家股股东,其所持股份无质押或冻结情况。

(2)公司前十位股东中第 2——10 位为流通股股东,本公司未知其关联关系。

山东浪潮齐鲁软件产业股份有限公司

一公司简介

1、公司的法定中文名称:山东浪潮齐鲁软件产业股份有限公司
公司的法定英文名称:Shandong Langchao Cheeloosoft Co.,Ltd.
2、公司的法定代表人:孙丕恕
3、公司董事会秘书:罗万里　联系地址:山东省泰安市虎山路 100 号
电话:0538-8418777　传真:0538-8412066
4、公司注册地址:山东省泰安市虎山路 100 号　公司办公地址:山东省泰安市虎山路 100 号
邮政编码:271000　公司电子信箱:tssd @ public.taptt.sd.cn
5、公司信息披露报纸:《中国证券报》、《上海证券报》
登载公司年度报告的中国证监会指定国际互联网网址:http://www.sse.com.cn
公司年度报告备置地点:公司证券部
6、公司股票上市交易所:上海证券交易所　股票简称:泰山旅游　证券代码:600756

二会计数据和业务数据摘要

1、公司本年度主要利润指标情况(单位:元)

利润总额	23,523,455.90
净利润	17,470,650.59
扣除非经常性损益后的净利润	16,774,650.59
主营业务利润	35,576,144.81
营业利润	22,400,328.49
投资收益	891,115.40
营业外收支净额	232,012.01
经营活动产生的现金流量净额	13,838,410.27
现金及现金等价物净增加额	–17,913,316.28

注:扣除非经常性损益的项目和涉及金额:
冻结无效申购资金利息收入 696,000.00 元。

2、①公司前三年的主要会计数据和财务指标(单位:元)

项目	2000 年	1999 年		1998 年	
		调整后	调整前	调整后	调整前
主营收入	57,137,745.11	73,262,089.83	73,262,089.83	58,268,677.00	58,268,677.00
净利润	17,470,650.59	27,979,431.97	28,131,782.25	27,744,821.92	30,458,686.12
总资产	297,674,330.69	261,166,934.64	261,000,950.64	244,155,257.58	244,511,876.46
股东权益	236,187,553.30	229,731,622.71	232,731,152.99	201,752,190.74	205,121,964.62
每股收益	0.16	0.25	0.26	0.25	0.28
加权每股收益	0.16	0.25	0.26	0.25	0.28
扣除非经常性损益后的每股收益	0.15	0.19	0.19	0.19	0.21
每股净资产	2.14	2.09	2.11	1.83	1.86
调整后的每股净资产	2.10	2.05	2.08	1.83	1.86
每股经营活动产生的现金流量净额	0.13	0.27	0.27	0.45	0.45
净资产收益率(%)	7.40	12.18	12.09	13.75	14.85
加权净资产收益率	7.50	12.97	12.87	14.74	16.04

注:主要财务指标计算方法

(1)每股收益=净利润/年度末普通股股份总数

(2)每股净资产=年度末股东权益/年度末普通股股份总数

(3)调整后的每股净资产=(年度末股东权益–三年以上的应收款项净额–待摊费用–待处理(流动、固定)资产净损失–开办费–长期待摊费用–住房周转金负数余额)/年度末普通股股份总数

(4)每股经营活动产生的现金流量净额=经营活动产生的现金流量净额/年度末普通股股份总数

(5)净资产收益率=净利润/年度末股东权益×100%

②公司本期按全面摊薄法和加权平均法计算的净资产收益率及每股收益。

报告期利润	净资产收益率(%)				每股收益(元/股)			
	全面摊薄		加权平均		全面摊薄		加权平均	
	2000 年	1999 年	2000 年	1999 年	2000 年	1999 年	2000 年	1999 年
主营业务利润	15.06	20.52	14.92	21.80	0.32	0.43	0.32	0.43
营业利润	9.48	14.37	9.39	15.26	0.20	0.30	0.20	0.30
净利润	7.40	12.18	7.33	12.94	0.16	0.25	0.16	0.25
扣除非经营损益后净利润	7.10	11.88	7.03	12.62	0.15	0.25	0.15	0.25

三股本变动及股东情况

1、报告期末股东总数:截至 2000 年 12 月 29 日,在上海证券中央登记结算公司登记在册的股东总数共为 2788 户。

2、公司前十名股东持股情况

序号	股东名称	持股数(股)	占总股本比例(%)
①	泰安市国有资产管理局	48,000,000	43.58
②	汉兴基金	5,494,100	4.99
③	汉盛基金	3,946,612	3.58
④	武汉银星	560,000	0.51
⑤	赵秀梅	534,700	0.49
⑥	张临明	354,240	0.32
⑦	祁铁丁	307,770	0.28
⑧	宋德珍	300,000	0.27
⑨	刘勇	299,000	0.27
⑩	张万荣	294,750	0.27

注:年度内持有本公司 5%以上(含 5%)股份的股东名称为泰安市国有资产管理局,持有 4800 万股国家股,所持股份年度内无质押和冻结情况,也没有增减变动情况。公司前十名股东之间不存在任何关联关系。

报告期内本公司的第一大股东——泰安市国有资产管理局于 2000 年 12 月 16 日与山东齐鲁软件产业有限公司签署了《股权转让协议》,拟向山东齐鲁软件产业有限公司出让 3282 万股国家股股份,占本公司股本总额的 29.80%。转让后山东齐鲁软件产业有限公司将持有本公司 29.80%的股份,成为本公司的第一大股东。本次股权转让尚须国家财政部批准。以上信息已于 2000 年 12 月 20 日在《中国证券报》和《上海证券报》上进行披露。

上海华源企业发展股份有限公司

一、公司简介

1.公司法定中文名称:上海华源企业发展股份有限公司
公司英文名称:SHANGHAI WORLDBEST INDUSTRY DEVELOPMENT CO.,LTD.
英文缩写:SWID
2.公司法定代表人:周玉成
3.公司董事会秘书:杨林峰
证券事务代表:夏澜
联系地址:上海市浦东新区商城路 660 号乐凯大厦 20 层 2010 室
电话:(021)58792716,58793617
传真:(021)58792223
电子信箱:office@shworldbest.com
4.公司注册地址:上海市浦东新区商城路 660 号
公司办公地址:上海市浦东新区商城路 660 号乐凯大厦 20 层
邮政编码:200120
公司国际互联网网址:http://www.shworldbest.com
电子信箱:office@shworldbest.com
5.公司选定的信息披露报纸:中国证券报、上海证券报
登载公司年度报告的中国证监会指定国际互联网网址:
http://www.sse.com.cn
公司年度报告备置地点:公司董事会办公室
6.公司股票上市交易所:上海证券交易所
股票简称:华源发展
股票代码:600757

二、会计数据与业务数据摘要

1. 公司本年度主要会计数据(单位:人民币元)

利润总额	139,187,129.06
净利润	104,462,502.68
扣除非经常性损益后的净利润	96,718,738.36
主营业务利润	253,175,980.54
其他业务利润	46,804,240.99
营业利润	125,612,976.63
投资收益	-1,873,849.01
补贴收入	1,424,401.94
营业外收支净额	14,023,599.50
经营活动产生的现金流量净额	205,211,048.69
现金及现金等价物净增加额	353,097,380.71

注:扣除非经常性损益后的净利润指扣除正常经营损益之外的一次性或偶发性损益,包括①资产处置损益 4,485,889.72 元、②临时性获得的补贴收入 1,424,401.94 元、③新股申购冻结资金利息 3,662,513.76 元、④合并价差摊入-1,829,041.10 元,共计 7,743,764.32 元。

2. 截止本报告期末公司前三年的主要会计数据和财务指标

指标 项目	2000 年	1999 年	1998 年 调整后	1998 年 调整前
主营业务收入(万元)	208419.68	146098.19	133099.34	133099.34
净利润(万元)	10446.25	7239.89	4377.79	5862.80
总资产(万元)	288541.33	177228.74	162618.82	165410.04
股东权益(万元)	122804.85	70388.84	65307.69	67724.38
全面摊薄每股收益(元)	0.33	0.34	0.20	0.27
加权平均每股收益(元)	0.37	0.34	0.24	0.33
扣除非经常性损益后的每股收益(元)	0.31	0.30	0.18	0.25
每股净资产(元)	3.90	3.28	3.05	3.16
调整后的每股净资产(元)	3.85	3.24	3.01	3.12
每股经营活动产生的现金流量净额(元)	0.65	0.54	-0.65	-0.65
全面摊薄净资产收益率(%)	8.51	10.29	6.70	8.66
加权平均净资产收益率(%)	13.15	10.50	11.03	14.18
扣除非经常性损益后的净利润的加权平均净资产收益率(%)	12.18	9.41	---	

注:2000 年底公司总股本 31476.2818 万股,1999 年底、1998 年底总股本 21427.38 万股。

三、股本变动及股东情况

1.股东情况介绍
(1)截止 2000 年末,公司股东总数为 35300 户。
(2)公司前十名股东持股情况(数量单位:股)

名次	股东名称	年末持股	年度内增减	持股比例(%)
1	中国华源集团有限公司	126,751,400	+41,311,400	40.2688
2	江苏新雅鹿集团有限公司	33,095,400	+7,637,400	10.5144
3	江苏双猫纺织装饰集团有限公司	27,222,218	+8,572,418	8.6485
4	香港冠丰国际投资有限公司	11,349,000	+2,619,000	3.6056
5	上海外高桥保税区联合发展有限公司	5,686,200	+1,312,200	1.8065
6	嘉丰纺织(香港)有限公司	5,686,200	+1,312,200	1.8065
7	博德基因	5,686,200	+5,686,200	1.8065
8	丰业房产	2,170,481	+2,170,481	0.6896
9	上海嘉丰棉纺织总厂	2,086,200	-3,600,000	0.6628
10	高投公司	1,900,000	+1,900,000	0.6036

注 1:在持有本公司股份 5%以上的前三位股东中,江苏新雅鹿集团有限公司已将其持有的全部股份质押,该事项已刊登在 2000 年 9 月 29 日的《上海证券报》和《中国证券报》,其它两位股东持有的公司股份无质押或冻结情况。

注 2:香港冠丰国际投资有限公司和嘉丰纺织(香港)有限公司为外资股东,分别各自为中国华源集团有限公司和上海嘉丰棉纺织总厂在香港注册之子公司。

四、股东大会简介

报告期内召开股东大会的有关情况
2000 年 4 月 15 日,公司董事会在《上海证券报》和《中国证券报》刊登关于召开股东大会(1999 年年会)的通知,就会议时间、地点、内容、出席对象及登记方式等依法通知全体股东。5 月 16 日,公司股东大会(1999 年年会)如期召开。本次股东大会的有关决议刊登在 5 月 18 日的《上海证券报》和《中国证券报》。

辽宁金帝建设集团股份有限公司

一、公司简介

1、公司法定中文名称:辽宁金帝建设集团股份有限公司
公司法定英文名称:LIAONING JINDI CONSTRUCTION CONSORTIUM CO., LTD.
2、公司法定代表人:胡毅力
3、公司董事会秘书:朱丹石　　董秘授权代表人:李飚
联系地址:沈阳市沈河区青年大街 118 号　　联系电话:024-22870330
传真:024-22855430　　电子信箱:zdscyp@Chinaren.com
4、公司注册地址:沈阳市沈河区青年大街 118 号
公司办公地址:沈阳市沈河区青年大街 118 号　　邮政编码:110014
电子信箱:jindice@ pub.sy.ln.cn
5、公司选定的信息披露报纸:《上海证券报》、《中国证券报》
中国证监会指定登载公司年度报告的国际互联网网址:http://www.sse.com.cn
公司年度报告备置地点:本公司董事会办公室
6、公司股票上市交易所:上海证券交易所　　股票简称:金帝建设　　股票代码:600758

二.会计数据和业务数据摘要

1、本年度主要利润指标情况　　单位:元

利润总额	5,273,191.69
净利润	5,038,462.52
扣除非经常性损益后的净利润	-18,165,181.42
主营业务利润	19,734,391.00
其他业务利润	2,351,288.17
营业利润	-19,231,064.69
投资收益	1,300,612.44
补贴收入营业外收支净额	23,203,643.94
经营活动产生的现金流量净额	32,314,653.74
现金及现金等价物净增加额	28,650,430.91

扣除非经常损益项目包括:减营业外收入 24,288,108.71,加营业外支出 1,084,464.77

2、截至本报告期末公司前三年的主要会计数据和财务指标　　单位:元

项目	2000 年	1999 年	1998 年 调整前	1998 年 调整后
主营业务收入	593,073,913.23	546,024,539.04	496,517,905.29	612,536,270.22
净利润	5,038,462.52	11,076,881.41	-34,162,859.21	-38,665,214.76
总资产	1,122,472,624.78	1,019,021,049.05	1,009,681,885.42	987,113,608.47
股东权益	356,801,294.04	351,762,831.52	403,521,425.01	340,451,093.74
每股收益	0.0315	0.069	-0.21	-0.24
每股净资产	2.23	2.20	2.53	2.13
调整后的每股净资产	1.71	1.82	2.32	1.93
每股经营活动产生的现金流量净额	0.202	0.01	-0.07	-0.07
净资产收益率	1.412%	3.149%	-8.47%	-11.36%

3、利润表附表

报告期利润	净资产收益率(%) 全面摊薄	净资产收益率(%) 加权平均	每股收益(元) 全面摊薄	每股收益(元) 加权平均
主营业务利润	5.531	5.570	0.1235	0.1235
营业利润	-5.390	-5.428	-0.1204	-0.1204
净利润	1.412	1.422	0.0315	0.0315
扣除非经常性损益后的净利润	-5.091	-5.127	-0.1137	-0.1137

4、股东权益变动情况

项目	期初数	本期增加	本期减少	期末数	变动原因
股本	159,755,200.00	———	———	159,755,200	———
资本公积	201,700,068.73	———	———	201,700,068.73	———
盈余公积	29,898,295.23	———	———	29,898,295.23	———
法定公益金	7,127,006.01	———	———	7,127,006.01	———
未分配利润	-39590,732.44	5,038,462.52	———	-34,552,269.92	利润转入
股东权益合计	351,762,831.52	5,038,462.52	———	356,801,294.04	利润转入

三、股东情况介绍

1、股东情况介绍
(1)、截至本报告期末,公司共有股东 42,112 户。
(2)、公司前十名股东情况:　　单位:万股

股东名称	期初数	期末数	占总股本比例%	持股类别
上海新绿复兴城市开发有限公司	4,230	4,230	26.48	法人股
辽宁省建设集团公司	3,315	3,315	20.75	国有法人股
辽建集团国际经济技术合作公司	500	500	3.13	法人股
辽宁万利商品混凝土有限公司	500	465	2.91	法人股
上海市城市合作银行川南支行	270	270	1.69	法人股
沈阳岁盛高科技产业有限公司	200	200	1.25	法人股
北京鑫宏威经济技术开发有限责任公司	100	100	0.63	法人股
中国泛华工程有限公司	100	100	0.63	法人股
中海直		80	0.50	法人股
鞍钢集团		50	0.31	法人股

注:1、上海新绿复兴城市开发有限公司持有的 4,230 万股法人股,被上海市徐汇区人民法院以(1998)徐执字第 326 号协助执行通知书执行冻结,冻结期限为 2000 年 7 月 13 日至 2001 年 1 月 12 日止。辽宁省建设集团公司持有的 3315 万股法人股被武汉市中级人民法院冻结,冻结期限为 2000 年 10 月 24 日至 2001 年 4 月 23 日。

2、辽建集团国际经济技术合作公司是辽宁省建设集团公司的子公司。

(3)、对持股 10%(含 10%)以上的法人股东情况简介:

①、上海新绿复兴城市开发有限公司。

法定代表人:李功韬;

经营范围:房地产开发经营、自建联建参建房屋、房产物业管理服务、房地产代理经租业务、房地产业务咨询、委托代理动拆迁、建材、装潢材料、五金交电、金属材料。

②、辽宁省建设集团公司。

法定代表人:刘向阳

经营范围:主营:各类型工程建设项目的勘察、设计、工程管理与施工,工程材料与设备采购、工程技术开发与应用等的承包、海外经济技术合作。

海南华侨投资股份有限公司

一、公司简介

(一)公司法定名称： 中文:海南华侨投资股份有限公司

英文:Hainan Overseas Chinese Investment CO.LTD. 英文缩写:OCI

(二)公司法定代表人:孙小钢先生

(三)公司董事会秘书:宋 扬先生

联系地址:海口市南航东路28号侨企大楼B 座第八层

电话:0898 -6787220 6788559 传真:0898 -6773665

电子信箱:songy69@163.net

(四)公司注册地址、办公地址 海口市南航东路28号侨企大楼B 座第八层

邮政编码:570206 电子信箱:HQTZ@263.net

(五)公司选定的披露信息报纸:《上海证券报》

登载公司年度报告的中国证监会指定国际互联网网址:http ://www.sse.com.cn

公司年度报告备置地点:

海口市南航东路28号侨企大楼B座第八层公司董事会秘书处

(六)公司股票上市交易所:上海证券交易所 股票简称:ST 琼华侨 股票代码:600759

二、会计数据和业务数据摘要

(一)本年度主要利润指标情况(单位:人民币元)

项目	金额
本年度实现利润总额	-92,424,181.11
净利润	-68,332,242.47
扣除非经常性损益后的净利润	-67,815,387.80
主营业务利润	-123,360.43
其他业务利润	0.00
营业利润	-84,333,084.15
投资收益	-7,574,242.29
补贴收入	0.00
营业外收支净额	-516,854.67
经营活动产生的现金流量净额	-3,109,405.06
现金及现金等价物净增加额	-2,566,297.06

注:"扣除非经常性损益"项目及涉及金额:

营业外收支净额 -516,854.67

(二)截止报告期末公司前三年的主要会计数据和财务指标(单位:人民币元)

项 目	2000 年	1999 年调整后	1999 年调整前	1998 年调整后	1998 年调整前
主营业务收入	434,108.48	3,468,046.13	3,468,046.13	43,095,302.91	175,175,141.34
净利润	-68,332,242.47	-172,803,515.61	-151,792,930.13	-92,507,563.96	-62,434,523.61
总资产	252,435,676.44	275,893,405.51	272,355,247.51	469,540,620.63	553,845,329.55
股东权益	-478,032,357.50	-388,008,176.39	-348,788,872.04	-122,493,384.32	193,526,831.97
每股收益(摊薄)	-0.3277	-0.8286	-0.73	-0.44	-0.30
每股收益(加权)	-0.3277	-0.8286	-0.73	-0.44	-0.30
每股收益(扣除非经常性损益)	-0.3252	-0.79	-0.71	-0.44	-0.30
每股净资产	-2.292	-1.86	-1.67	-0.98	0.933
调整后的每股净资产	-2.773	-2.218	-2.03	-1.12	-0.11
每股经营活动产生的现金流量净额	-0.0149	-0.01	-0.01	-0.04	-0.04
净资产收益率%(摊薄)					
净资产收益率%(加权)					

(三)利润表附表

	报告期利润(元)	净资产收益率(%) 全面摊薄	加权平均	每股收益(元) 全面摊薄	加权平均
主营业务利润	-123,360.43			-0.0006	-0.0006
营业利润	-84,333,084.15			-0.4044	-0.4044
净利润	-68,332,242.47			-0.3277	-0.3277
扣除非经营性损益后的净利润	-67,815,387.80			-0.3252	-0.3252

三、股股东情况介绍

1 、截止2000年12月31日公司股东总数为30409 户。

2 、本报告期末前十名股东持股情况

股东名称	持股数量(万股)	持股比例(%)
1、海南新产业投资公司	4646.40	22.28
2、海南亚太工贸有限公司	1584.00	7.59
3、海南物业投资公司	1584.00	7.59
4、亚太奔德有限公司	1267.20	6.07
5、海南正兴投资发展有限公司	1117.84	5.36
6、比欧特国际工程有限公司	739.20	3.54
7、正大国际财务有限公司	633.60	3.04
8、上海财政证券公司	480.00	2.30
9、厦门国际信托投资公司	340.00	1.63
10、航天信托投资公司	300.00	1.44

注:1.海南新产业投资公司所持公司法人股中的4346万股被海南省洋浦经济开发区人民法院冻结。该项股权冻结严重违反有关法律规定，该股权的违法冻结是造成本公司无法重组的直接原因。新产业公司和本公司一直在向当地各级主管法院和海南省政府反映情况，但至今仍未有结果。另300万股已由法院裁定抵偿给琼山市建行，截止本报告编制日，尚未过户。

2. 海南亚太工贸有限公司持有的1584万股法人股已质押给中国科技国际信托投资有限责任公司，质押期限为1999年6月29日至2001年6月29日。

3.海南物业投资公司持有1584万股法人股已质押给中国科技国际信托投资有限责任公司，质押期限为1999年5月23日至2001月5月23日。

四、股东大会简介

本报告期内公司共召开二次股东大会

(一)公司2000年第一次临时股东大会于3月29日上午在公司会议室举行。本次股东大会决议刊登于2000年3月30日的《上海证券报》。

(二)公司1999年年度股东大会于5月30日上午在公司会议室举行。本次股东大会决议刊登于2000年5月31日的《上海证券报》。

山东黑豹股份有限公司

一、公司简介

1 、公司法定中文名称:山东黑豹股份有限公司

公司英文名称:SHANDONG HEIBAO CO.,LTD

公司英文缩写:SDHB

2 、公司法定代表人:孙军亮

3 、董事会秘书:孙军芳

联系电话:0631-8352083 传真:0631-8352228

联系地址:山东省文登市龙山路107 号证券部

电子信箱:wdnyys@public.whptt.sd.cn

4 、公司注册地址:山东省文登市龙山路107 号

公司办公地址:山东省文登市龙山路107 号 邮政编码:264400

公司国际互联网网址:http://www.heibao.com.cn

公司电子信箱:wdnyys@public.whptt.sd.cn

5 、公司选定的信息披露报纸名称:上海证券报

登载公司年度报告的中国证监会指定国际互联网网址:http://www.sse.com.cn

公司年度报告备置地点:董事会秘书处

6 、股票上市地:上海证券交易所

股票简称:山东黑豹 股票代码:600760

二、会计数据和业务数据摘要

(一)本年度主要会计数据(单位:人民币元)

项目	金额
利润总额	29868273.36
净利润	25635177.03
扣除非经常性损益后的净利润	10635177.03
主营业务利润	44352206.43
其它业务利润	3624207.50
营业利润	22251646.86
投资收益	-7400152.17
补贴收入	15000000.00
营业外收支净额	16778.67
经营活动产生的现金流量净额	5644841.46
现金及现金等价物净增加额	-652987.63

注:非经常性损益涉及的项目为补贴收入，金额1500000000.00 元

(二)截止报告期末公司前三年主要会计数据和财务指标

项目	2000 年度	1999 年度	1998 年度 调整前	调整后
主营业务收入(万元)	29295.68	37459.45	40383.86	40383.86
净利润(万元)	2563.52	4939.81	8824.69	4640.66
总资产(万元)	102626.76	105834.37	100898.86	96507.73
股东权益(万元)	80692.01	79493.49	78944.80	74553.68
每股收益(元/股)	0.094	0.181	0.32	0.17
每股收益(元/股)(加权)	0.094	0.181	0.33	0.17
每股收益(扣除非经常性损益)	0.039	0.181	0.32	0.17
每股净资产(元/股)	2.96	2.90	2.89	2.73
调整后每股净资产(元/股)	2.92	2.90	2.88	2.72
每股经营活动产生的现金流量净额(元)	0.02	-0.09	-0.19	-0.19
净资产收益率(%)	3.18	6.21	11.18	6.22

注:主要财务指标的计算公式如下:

每 股收益=净利润/年度末普通股股份总数

扣 除非经常性损益后的每股收益=扣除非经常性损益后的净利润/年度末普通股股份总数

每股净资产=年度末股东权益/年度末普通股股份总数

调 整后的每股净资产=(年度末股东权益-三年以上的应收款项净额-待摊费用-待处理 (流动、固定)资产净损失-开办费-长期待摊费用-住房周转金负数余额)/年度末普通股股份总数

每 股经营活动产生的现金流量净额=经营活动产生的现金流量净额/年度末普通股股份总数

净 资产收益率=净利润/年度末股东权益×100%

(三)报告期利润表附表

报告期利润	净资产收益率(%) 全面摊薄	加权平均	每股收益(元/股) 全面摊薄	加权平均
主营业务利润	5.50	5.49	0.16	0.16
营业利润	2.76	2.75	0.082	0.082
净利润	3.18	3.17	0.094	0.094
扣除非经常性损益后的净利润	1.32	1.32	0.039	0.039

注:(1)全面摊薄净资产收益率和每股收益的计算公式如下:

净 资产收益率=报告期利润÷期末净资产

每 股收益=报告期利润÷期末股份总数

三、股东情况介绍

1 、截止2000 年末，公司股东总数为111314 户。

2 、前十名股东持股情况

序号 股东名称	年末持股数(万股) 已上市流通股份	未上市流通股份	占总股本比例(%)
1 山东黑豹集团有限公司		14063.3986	51.512
威海烟草		78.00	0.29
3 尹淑云	60.00		0.22
4 盛中碧	57.85		0.21
5 徐寿山	54.00		0.20
6 陈秀养	26.00		0.10
7 郭秀萍	23.33		0.09
8 王瑞英	22.10		0.08
9 徐承萍	19.50		0.07
10 程延辉	18.72		0.07

注:以上前10 名股东之间不存在关联关系。

山东黑豹集团有限公司本报告期内所持股份无变化，无质押、冻结的情况。

安徽合力股份有限公司

一、公司简介

1.公司法定中文名称:安徽合力股份有限公司
公司法定英文名称:ANHUI HELI CO., LTD　　公司英文缩写:AHHL
2. 公司法定代表人:刘汉生
3. 公司董事会秘书:徐琳　　联系地址:安徽省合肥市望江西路 15 号　电话:(0551)3648005
传真:(0551)3633431　电子信箱:heli-xl@990.net　　授权代表:周星琪
联系电话:(0551)3648005—6902　　电子信箱:heli-zxq@990.net4.
公司注册地址:安徽省合肥市望江西路 15 号　办公地址: 安徽省合肥市望江西路 15 号
邮政编码:230022　网址:WWW.helichina.com　电子信箱:heli@helichina.com5.
公司信息披露报刊名称:《上海证券报》
刊登公司年度报告的上海证券交易所国际互联网网址:http://www.sse.com.cn
公司年报备置地点:安徽省合肥市望江西路 15 号公司证券办
6.公司股票上市交易所:上海证券交易所　　股票简称:安徽合力　　股票代码:600761

二、会计数据和业务数据摘要

(一)本年度实现的利润总额及相关项目(单位:人民币元)

项目	金额
利润总额	68,953,015.08
净利润	58,324,838.41
扣除非经常性损益后的净利润	56,957,799.74
主营业务利润	100,885,920.29
其他业务利润	6,054,088.66
营业利润	63,095,822.73
投资收益	4,490,153.68
补贴收入	1,042,269.99
营业外收支净额	324,768.68
经营活动产生的现金流量净额	100,042,139.53
现金及现金等价物净增加额	243,421,880.29

注:扣除非经常性损益项目和涉及金额

1.　营业外收支净额项目	324,768.68
A.　处理固定资产净收益	760,697.36
B.　罚款收入	252,398.50
C.　子弟学校经费	−688,327.18
2.　补贴收入项目(铸锻行业增值税退税)	1,042,269.99
3.以上项目涉及金额	1,367,038.67

(二)截止报告期末公司前三年主要会计数据及财务指标(单位:人民币元)

项目	2000 年	1999 年	1998 年
主营业务收入	485,076,904.58	372,507,714.38	383,246,116.03
净利润	58,324,838.41	40,470,932.53	51,683,212.06
总资产	875,629,754.06	631,850,758.92	678,905,873.54
股东权益	654,119,309.76	505,568,910.69	464,940,097.02
每股收益(摊薄)	0.29	0.22	0.29
每股收益(加权)	0.30	0.22	0.36
扣除非经常性损益后每股收益(摊薄)	0.28	0.22	0.28
扣除非经常性损益后每股收益(加权)	0.30	0.22	0.35
每股净资产	3.20	2.80	2.64
调整后每股净资产	3.18	2.80	2.57
每股经营活动产生的现金流量净额	0.49	0.06	0.13
净资产收益率摊薄(%)	8.92	8.01	11.12
净资产收益率加权(%)	9.43	8.01	12.44

注: 以上指标计算涉及股份总数 2000 年为 204,636,311 股,1999 年、1998 年均为 180,856,000 股。(2)主要财务指标计算公式如下:

①每股收益(摊薄)=报告期净利润/年度末普通股股份总数
②每股净资产=年度末股东权益/年度末普通股股份总数
③调整后的每股净资产=(年度末股东权益−三年以上的应收款项净额−待摊费用−待处理(流动、固定)资产净损失−开办费−长期待摊费用−住房周转金负数余额)/年度末普通股股份总数
④每股经营活动产生的现金流量净额=经营活动产生的现金流量净额/年度末普通股股份总数
⑤净资产收益率=报告期净利润/年度末股东权益×100%

(三)报告期利润表附表

报告期利润	净资产收益率(%) 全面摊薄	加权平均	每股收益(元) 全面摊薄	加权平均
主营业务利润	15.42	16.31	0.49	0.52
营业利润	9.65	10.20	0.31	0.33
净利润	8.92	9.43	0.29	0.30
扣除非经常性损益后的净利润	8.71	9.21	0.28	0.30

三、股本变动及股东情况

(一)股本变动情况:
(二)股东情况介绍　(1)报告期末公司股东总数为 49743 户。
(2)报告期末公司前十名股东持股情况:　　(单位:万股)

	股东名称	期末持股数	占总股本(%)
1	安徽叉车集团公司	11041.60	53.96
2	中信兴业	480.00	2.35
3	张风	104.00	0.51
4	马爱娟	97.28	0.47
5	章金富	62.40	0.31
6	陈蓉	62.40	0.31
7	陆雪琴	62.40	0.31
8	陆昌英	62.40	0.31
9	郑明珠	62.40	0.31
10	杨十方	62.40	0.31

注:前十名股东之间不存在关联关系。

(3) 持股 5%以上法人股东情况　安徽叉车集团公司为本公司国有法人股股东,报告期内因配股增加 321.6 万股,期末持股数为 11041.6 万股,占本公司总股本的 53.96%。法定代表人刘汉生,主要生产经营叉车、工程机械、起重运输机械等系列产品及配件。其持有的本公司股票无质押或冻结情况。

衡阳市金荔科技农业股份有限公司

一、公司简介

(一)公司法定中文名称:衡阳市金荔科技农业股份有限公司
英文名称:HUNAN HENGYANG JINLI TECHNOLOGY(AGRICULTURAL CO.,LTD
(二)公司法定代表人:刘作超
(三)公司董事会秘书:欧阳述安　　公司董事会证券事务代表:王剑军
联系地址:湖南省衡阳市沿江北路 168 号
电话:0734-8709868　　传真:0734-8709892
公司证券事务电子信箱:jinlikj@163.com
(四)公司地址:湖南省衡阳市沿江北路 168 号　　邮政编码:421001
(五)公司信息披露报纸名称:《中国证券报》、《上海证券报》
上海证券交易所网址:HTTP//WWW.SSE.COM.CN 公司年度报告备置地点:公司董秘办
(六)公司股票上市地:上海证券交易所
股票简称:ST 金荔　　股票代码:600762

二、会计数据和业务数据摘要

1、本年度主要财务指标情况(单位:人民币元)

利润总额:	9441165.36
净利润:	9441165.36
主营业务利润:	48250236.16
其它业务利润:	0
营业利润:	0
补贴收入:	114026.53
营业外收支净额:	−83966.68
经营活动产生的现金流量净额:	64833152.42
现金及现金等价物净增加额:	27981384.61
扣除非经常性损益后的净利润:	8749172.15

注:扣除非经常性损益后的净利润是扣除了以下项目,营业外收支、补贴收入,金额计 691993.21 元。

项目	1999 年	1998 年 调整前	调整后
主营业务收入	49611192.48	84605659.30	84605659.30
净利润	−54590165.10	−66375548.99	−64712829.62
总资产	368897359.71	336668481.96	−109078569.89
股东权益	−32801416.05	80369623.25	21788749.05
每股收益	−0.826	−1.005	−0.980
每股净资产	−0.496	1.217	0.330
调整后的每股净资产	−0.617	1.19	0.149
每股经营活动产生的现金流量余额	0.131	−0.384	
净资产收益率		−58.45%	

2.主要会计数据情况(单位:人民币元)

项目	2000 年
主营业务收入	194374345.12
净利润	9441165.36
总资产	592205958.82
股东权益	124826941.49
每股收益	0.14
每股净资产	1.89
调整后每股净资产	−0.44
每股经营活动产生的现金流量净额	0.98
净资产收益率	7.56%

注:主要财务指标计算公式:每股收益=净利润/年度末普通股股份总数
每股净资产=年度末股东权益/年度末普通股股份总数
调整后的每股净资产=(年度末股东权益−三年以上的应收款项−待摊费用−待处理(流动、固定)资产净损失−开办费−长期待摊费用−住房周转金负数余额)/年度末普通股股份总数
每股经营活动产生的现金流量净额=经营活动产生的现金流量净额/年度末普通股股份总数
净资产收益率=净利润/年度末股东权益×100%

2、按照中国证监会《公开发行证券公司信息披露编报规则(第 9 号)》要求计算的利润数字:

项目	净资产收益率 全面摊薄 2000 年度	加权平均 2000 年度	每股收益 全面摊薄 2000 年度	加权平均 2000 年度
主营业务利润	38.65%	54.56%	0.73	0.73
营业利润	16.17%	22.80%	0.31	0.31
净利润	7.56%	10.67%	0.14	0.14
扣除非经常性损益后的净利润	7.54%	10.64%	0.14	0.14

三、股东情况介绍

(一)股本变动情况

1、股票发行与上市情况公司于 1989 年、1993 年先后定向向社会发行股票,共计 5080 万股,经中国证监会批准,公司股票作为历史遗留问题于 1996 年 10 月 25 日在上海证券交易所上市交易。

(二)股东情况介绍

1、截止 2000 年 12 月 31 日,本公司股东总数为 4659 户。

2、主要股东持股情况

股东名称	持股数量(股)	占总股本的比例(%)
1、广东金荔投资有限责任公司	29822000	45.15
2、深圳市旭能投资有限公司	1300000	1.97
3、衡阳市工商局劳动服务公司	520000	0.97
4、衡阳市金龙大酒店	513890	0.77
5、张晓华	353100	0.53
6、刘义超	307034	0.46
7、衡阳市铝制品厂技协服务部	304200	0.46
8、刘冰	266000	0.41
9、衡治咨询	264810	0.40
10、衡阳市城北机电公司	257010	0.39

注:①本公司前 10 名股东之间无关联关系。
②广东金荔投资有限责任公司情况介绍:
法定代表人:何雪梅,注册资本:8500 万元人民币,公司住址:广州天河北路中信广场 31 楼 08 室,经营范围:股权投资、实业投资、企业委托管理、计算机网络技术开发、信息咨询。

北京中燕探戈羽绒制品股份有限公司

一、公司简介

1、公司的法定中、英文名称及缩写。
公司中文名称:北京中燕探戈羽绒制品股份有限公司
公司英文名称:BEIJING ZHONGYAN TANGO DOWN PRODUCTS SHARE CO.,LTD
缩写:BJZY
2、公司法定代表人:肖爱军
3、公司董事会秘书:赵凤龙　联系地址:北京市平谷县兴谷开发区 25 号
电话:010-69972854 010-69968811　传真:010-69968811
4、公司注册地址:北京市平谷县北杨桥乡
办公地址:北京市平谷县兴谷开发区 25 号
邮编:1012005、公司选定的信息披露报刊为《中国证券报》、《上海证券报》。
登载公司年度报告的中国证监会指定国际互联网网址:www.sse.com.cn
公司年度报告备置地点:北京市平谷兴谷开发区 25 号
6、公司股票上市交易所:上海证券交易所　股票简称:北京中燕　股票代码:600763

二、会计数据和业务数据摘要

1.本年度会计数据(单位:人民币元)

利润总额:	-23813171.31
净利润:	-23813171.31
扣除非经常性损益后的净利润:	-25257275.35
主营业务利润:	-560653.99
其它业务利润:	-244482.01
营业利润:	-25257275.35
投资收益:	8125.15
补贴收入:	2250000.00
营业外收支净额:	-814021.11
经营活动产生的现金流量净额:	-6345206.80
现金及现金等价物增加额:	-6212916.80

注:扣除的非经常性损益项目和涉及金额:

①营业外收支净额项目:	
处理固定资产损失	814021.11
②补贴收入项目:	
财政局超税免返还	2250000.00
③投资收益	8125.15

2.截止报告期末公司前三年主要会计数据和财务指标

指标名称	2000 年	1999 年		1998 年	
		调整前	调整后	调整前	调整后
主营业务收入(万元)	11.67	8098.95	8098.95	2937.14	2937.14
净利润(万元)	-2381.32	1656.04	1656.04	-3078.28	-3033.19
总资产(万元)	20507.43	23921.73	23921.73	222182.02	21675.47
股东权益(万元)	20000.27	22381.58	22381.58	21076.30	20725.54
摊薄每股收益(元)	-0.149	0.103	0.103	-0.192	-0.189
加权每股收益(元)	-0.149	0.103	0.103	-0.192	-0.189
扣除非经常性损益后每股收益	-0.158	0.135	0.135	-0.190	-0.190
每股净资产(元)	1.25	1.40	1.40	1.31	1.29
调整后每股净资产(元)	1.18	1.32	1.32	1.30	1.28
每股经营活动产生现金净流量	-0.04	0.13	0.13	-0.06	-0.06
净资产收益率(%)	-11.91	7.4	7.4	-14.61	-14.64

注:主要财务指标计算公式
每股收益=净利润/年度末普通股股份总数
每股净资产=年度末股东权益/年度末普通股股份总数
净资产收益率=净利润/年度末股东权益×100%
调整后的每股净资产=(年度末股东权益-三年以上的应收款项-待摊费用-待处理(流动、固定)资产净损失-开办费-长期待摊费用)/年度末普通股股份总数
每股经营活动产生的现金流量净额=经营活动产生的现金流量净额/年度末普通股股份总数
3.根据中国证监会公开发行证券公司信息披露细则(第 9 号)要求计算的数据。

	报告期利润	净资产收益率		每股收益	
		全面摊薄	加权平均	全面摊薄	加权平均
主营业务利润(万元):	-56.07	-0.28	-0.56	-0.003	-0.003
营业利润(万元):	-2525.73	-12.63	-25.26	-0.158	-0.158
净利润(万元):	-2381.32	-11.91	-23.81	-0.149	-0.149
扣除非经常损益后的利润(万元):	-2525.73	-12.63	-25.26	-0.158	-0.158

4.报告期内股东权益变动情况:

项目	股本	资本公积	盈余公积	其中:法定公益金	未分配利润	股东权益合计
期初数	160320000	68177077.84	1845422.66	615140.89	-6526669.60	223815830.90
本期增加					-23813171.31	-23813171.31
本期减少						
期末数	160320000	68177077.84	1845422.66	615140.89	-30339840.91	200002659.59

变动原因:本年利润减少所致

三、股本变动及股东情况

1、股本变动情况表数量　单位:股
2、股东情况介绍
(1)报告期末股东总数。截止 2000 年 12 月 31 日本公司股东总数为 8308 户。
(2)本公司前 10 名股东的持股情况(截止 2000 年 12 月 31 日交易结束)

序号　股东名称	持股数量(万股)	占总股本比例(%)
①中国北京国际经济合作公司	4760	29.69
②北京中燕实业集团公司	2500	15.59
③内蒙古苦豆籽投资有限公司	2040	12.72
④中土畜羽毛羽绒制品进出口公司	990	6.18
⑤北京农工商开发贸易公司	990	6.18
⑥南方证券有限公司	720	4.49
⑦福建兴业	59.68	0.37
⑧福建兴业	48.38	0.30
⑨贾亚雄	46.73	0.29
⑩兴业三明	46.18	0.29

甘肃三星石化(集团)股份有限公司

一　公司简介

1　、法定中文名称:甘肃三星石化(集团)股份有限公司
简称:三星公司
法定英文名称:GANSU TRISTAR PETROCHEMICAL(GROUP)CO.,LTD.
2　、法定代表人:周国勋先生
3　、董事会秘书:韩永杰先生
授权代表:王淳女士
联系地址:甘肃省兰州市西固区玉门街 10 号三星公司证券部
联系电话:(0931)7933051 7557333
传真:(0931)7551922
电子信箱:SXjlb@Lanlian.com.cn
4　、注册地址:甘肃省兰州市高新技术产业开发区科技街 66 号
办公地址:甘肃省兰州市西固区玉门街 10 号
邮政编码:730060
公司国际互联网网址:http:www.ciwo.com.cn
5　、信息披露报刊:《上海证券报》
登载公司年报国际互联网网址:http:www.sse.com.cn.
公司年度报告备置地点:三星公司证券部
6　、公司股票上市交易所:上海证券交易所
股票简称:三星石化
股票代码:600764

二　会计数据和业务数据摘要

1、2000 年度会计数据(单位:人民币元)

利润总额	77204254.18
净利润	54016090.41
扣除非经常性损益后的净利润	53499953.41
主营业务利润	91084486.18
其他业务利润	9805975.21
营业利润	76284506.22
营业外收支净额	-2612053.01
经营活动产生的现金流量净额	62253697.48
现金及现金等价物净增加额	12018564.08

2　、前三年主要会计数据和财务指标(单位:人民币元)

项　目	2000 年	1999 年	1998 年	
			调整前	调整后
主营业务收入	595431305.96	424,909,543.52	328,549,500.54	328,549,500.54
净利润	54016090.41	29,623,432.19	39,727,196.70	36,880,046.41
总资产	544425483.69	520,657,386.11	428,993,531.91	426,044,591.71
股东权益	415972719.08	398,592,960.27	373,876,124.55	370,730,890.18
每股收益(摊薄)	0.295	0.162	0.282	0.262
每股收益(加权)	0.295	0.196	0.334	0.310
扣除非经常性损益后的每股收益	0.292	0.162	0.282	0.262
每股净资产	2.271	2.176	2.653	2.631
调整后每股净资产	2.268	2.152	2.641	2.619
净资产收益率(%)	12.99	7.43	10.63	9.95
净资产收益率(加权)(%)	12.78	7.70	17.23	15.97
每股经营活动产生的现金流量净额	0.34	-0.0057	0.1367	

利润表附表

报告期利润	净资产收益率(%)		每股收益	
	全面摊薄	加权平均	全面摊薄	加权平均
主营业务利润	21.76	21.56	0.50	0.50
营业利润	18.23	18.05	0.42	0.42
净利润	12.99	12.78	0.295	0.295
扣除非经常性损益后的净利润	12.86	12.66	0.292	0.292

三　股东情况介绍

1　、截止报告期末股东总数为:41823 户。
2　、报告期内前 10 名股东持股情况

股　东　名　称	年末数	年初数	比例(%)
中国石油天然气股份有限公司(国有法人)	94512227	94512227	51.60
兰州天益特种润滑油脂厂(法人股份)	23023696	23023696	12.57
中国石油兰州炼油化工总厂(国有法人)	2895698	0	1.58
兰州市商业银行银炼支行(法人股份)	2895698	2895698	1.58
兰州市商业银行科技支行(法人股份)	868709	868709	0.47
麦桃清(流通股份)	841332	0	0.46
泰和基金(流通股份)	327950	2599973	0.18
国际贸易(流通股份)	287500	357500	0.16
宗敏(流通股份)	284300	0	0.16
君安证券(流通股份)	115892	115892	0.06

说明:
1.公司前十名股东无关联关系。
2.按照中国石油天然气集团公司财务资产部《关于资产划转的通知》(财资字[2000]第 229 号)精神,经国家财政部批准,中国石化国际事业兰炼公司的财务资产全额划归中国石油天然气集团公司所属的兰州炼油化工总厂。兰州炼油化工总厂决定将中国石化国际事业兰炼公司所持三星石化国有法人股 2895698 股全部过户给兰州炼油化工总厂。过户手续正在办理。
3　、持股 10%以上法人股股东情况
(1)中国石油天然气股份有限公司持有法人股 94512227 股,占公司总股本的 51.6%。
法定代表人:马富才
经营范围:主营陆上石油、天然气勘查、生产、销售;炼油、石油化工、化工产品的生产、销售;石油天然气管道运营。
(2)兰州天益特种润滑油脂厂持有法人股 23023696 股,占公司总股本的 12.57%。
法定代表人:刘宗福先生
经营范围:主营特种润滑油脂的生产加工及销售;兼营机械、仪表、阀门配件的研制与修理。
4　、持有公司 5%以上(含 5%)股份的法人股东所持股份未发生质押、冻结等情况。

贵州力源液压股份有限公司

一、公司简介

1.公司中文名称:贵州力源液压股份有限公司
公司英文名称:GUIZHOU LIYUAN HYDRAULIC COMPONENTS CO.,LTD. 缩写:LYHC
2.公司法定代表人:李 利
3.公司董事会秘书:舒代游 联系地址:贵阳市九十九号信箱公司办公室
联系电话:(0851)6132002 传真:(0851)6132590
4.公司注册地址:贵州省贵阳国家高新技术产业开发区
公司办公地址:贵州省贵阳市乌当区新场乡 邮政编码:550202
公司电子信箱:lkccx@public.gzzt.net.cn
5.公司选定的信息披露报纸名称:《上海证券报》
登载公司年度报告的中国证监会指定国际互联网网址:http://www.sse.com.cn
公司年度报告备置地点:公司董事会秘书处
6.公司股票上市交易所:上海证券交易所 股票简称:力源液压 股票代码:600765

二、会计数据和业务数据摘要

1.公司本年度主要会计数据

项目	金额(元)
利润总额:	408,530.85
净利润:	408,530.85
扣除非经常性损益后的净利润:	599,599.46
主营业务利润:	13,893,792.23
其它业务利润:	112,732.52
营业利润:	568,826.57
投资收益:	30,772.89
补贴收入:	48,050.92
营业外收支净额:	-239,119.53
经营活动产生的现金流量净额:	7,344,566.31
现金及现金等价物净增加额:	-4,570,020.34
注:扣除非经常性损益项目及涉及金额:	-191,068.61
(1)补贴收入:	48,050.92
(2)营业外收支净额:	-239,119.53

2.近三年主要会计数据与财务指标

指标项目	2000 年	1999 年	1998 年	
			调整前	调整后
主营业务收入(元):	43,948,159.87	36,850,455.80	44,558,236.16	44,558,236.16
净利润(元):	408,530.85	-7,457,881.70	6,043,884.34	6,633,684.34
总资产(元):	237,991,731.93	241,457,889.37	260,979,740.77	252,216,140.77
股东权益(元):	182,504,563.33	181,836,412.53	198,057,894.23	189,294,294.23
每股收益(摊薄)(元):	0.004	-0.067	0.054	0.060
(加权)(元):	0.004	-0.067	0.059	0.064
扣除非经营性损益后				
每股收益(摊薄)(元):	0.005	-0.064	0.058	0.063
(加权)(元)	:0.005	-0.064	0.062	0.068
每股净资产(元):	1.644	1.638	1.78	1.705
调整后的每股净资产(元):	1.629	1.619	1.75	1.693
每股经营活动产生的现金流量净额:	0.066	0.130	0.08	0.08
净资产收益率(%)(摊薄):	0.224	-4.101	3.05	3.504
(加权):	0.224	-4.019	3.78	4.270

根据中国证监会《公开发行证券公司信息披露细则(第 9 号)》要求计算的利润表数据如下:

报告期利润	净资产收益率(%)		每股收益(元/股)	
	全面摊薄	加权平均	全面摊薄	加权平均
主营业务利润:	7.613	7.360	0.125	0.125
营业利润:	0.312	0.312	0.005	0.005
净利润:	0.224	0.224	0.004	0.004
扣除非经常性损益后的净利润:	0.329	0.329	0.005	0.005

3.按下表列示报告期内股东权益变动情况逐项说明变化原因 单位:万元

项目	股本	资本公积	盈余公积	法定公益金	未分配利润	股东权益合计
期初数	11103.2	7595.07	417.92	139.31	-932.55	18183.64
期初损益调整					25.96	25.96
本期增加					40.85	40.85
本期减少						
期末数	11103.2	7595.07	417.92	139.31	-865.74	18250.45

变动原因:本年度实现净利润 40.85 万元,全部用于弥补以前年度亏损。期初未分配利润中住房周转金转入 13.62 万元,同时调整以前年度损益 12.34 万元,合计 25.96 万元转入上年度未分配利润,致使股东权益增加。

三、股本变动及股东情况

(1)截止 2000 年 12 月 31 日,本公司共有股东 16947 户。

(2)前十名股东持股情况如下:

股东名称	持股数(股)	持股比例(%)	股份性质
贵阳航空液压件厂	76532000	68.93	国有法人股
孙建民	593068	0.53	社会公众股
戚菊仙	260389	0.23	社会公众股
姜杉	185000	0.17	社会公众股
瞿申娜	156815	0.14	社会公众股
沈佳	146000	0.13	社会公众股
韩志正	142200	0.13	社会公众股
朱景磊	139600	0.13	社会公众股
王玉洁	126310	0.11	社会公众股
陈佩芬	123890	0.11	社会公众股

前 10 名股东之间不存在任何关联关系

3、贵州力源液压股份有限公司的独家发起人,贵阳航空液压件厂按照国家、中国航空第一集团公司以及贵航集团公司有关建立现代企业制度的要求,已正式将贵阳航空液压件厂改制为有限责任公司,并根据贵航计[2000] 213 号文办理了营业执照变更手续,公司注册名称为贵州金江航空液压有限责任公司,但在报告期内尚未办理国有法人股东的过户手续,公司法

人股年内未发生冻结和质押情况。

烟台华联发展集团股份有限公司

一、公司简介

1.公司法定中文名称:烟台华联发展集团股份有限公司
公司法定英文名称:Yantai Hualian Development Group CO.,LTD.
2.公司法定代表人:孙锦庆
3.公司董事会秘书:杨剑波 联系地址:山东省烟台市南大街 9 号金都大厦 26 楼
电话:0535--6624347 传真:0535--6603260 电子信箱:dshbgs@yt-public.sd.cninfo.net
4.公司注册地址:山东省烟台市南大街 261 号
公司办公地址:山东省烟台市南大街 9 号金都大厦 26 楼 邮政:264001
公司选定的信息披露报纸:《中国证券报》、《上海证券报》
登载公司年度报告的中国证监会指定国际互联网网址:http://www.sse.com.cn
5.公司年报备置地点:董事会办公室
6.公司股票上市交易所:上海证券交易所 股票简称:烟台发展 股票代码:600766

二、会计数据和业务数据摘要

(一).公司本年度部分会计数据(单位:元)

利润总额:	28,484,782.93
净利润:	21,226,271.10
扣除非经常性损益后的净利润:	19,865,739.29
主营业务利润:	74,430,812.04
其他业务利润:	2,327,299.80
营业利润:	17,438,793.95
投资收益:	9,685,457.17
补贴收入	112,659.07
营业外收支净额:	1,247,872.74
经营活动产生的现金流量净额:	-2,412,361.83
现金及现金等价物净增加额:	35,215,269.13

注:扣除的非经常性损益为:

项目	涉及金额
补贴收入	112,659.07 元
营业外收支净额	1,247,872.74 元
合计	1,360,567.81 元

(二).主要会计数据和财务指标

年份项目	2000 年	1999 年	1998 年	
			调整前	调整后
主营业务收入(元)	308,731,893.55	422,402,677.94	261,624,016.12	261,612,743.85
净利润(元)	21,226,271.10	21,142,422.12	23,522,431.81	20,359,264.98
总资产(元)	780,707,398.62	609,791,059.33	655,856,358.72	622,761,754.54
股东权益(不含少数股东权益)	232,902,353.82	210,504,976.97	223,038,846.32	189,532,133.87
每股收益(元/股)(全面摊薄)	0.1327	0.1983	0.22	0.1910
每股收益(元/股)(加权平均)	0.1593	0.1983	0.28	0.2545
扣除非经常损益后的每股收益	0.1242	0.1531	0.16	0.1258
每股净资产(元/股)	1.4565	1.9747	2.09	2.0375
调整后的每股净资产(元/股)	1.2455	1.7544	1.92	1.8608
每股经营活动产生的现金流量净额	-0.0151	0.5875	0.59	0.5945
净资产收益率(%)	9.1138	10.0437	10.55	9.3733
加权净资产收益率(%)	9.5742	9.8863	7.43	7.0769
扣除非经常损益后的加权净资产收益率(%)	8.9605	7.6303	10.96	9.9704

1. 2001 年 3 月 1 日,根据 1999 年度股东大会通过的《2000 年配股方案》,本公司以 2000 年 12 月 31 日总股本为基数,按每 10 股配 2 股的比例配股,配股后总股本为 17,116.55 万股。按此总股本摊薄计算,每股收益为:0.124 元。

(三).利润表附表

	净资产收益率(%)		每股收益(元)	
	全面摊薄	加权平均	全面摊薄	加权平均
主营业务利润	31.96	33.57	0.4655	0.5586
营业利润	7.4876	7.8658	0.1091	0.1309
净利润	9.1138	9.5742	0.1327	0.1593
扣除非经常损益后的净利润	8.5296	8.9605	0.1242	0.1647

三、股本变动及股东情况

(一).股东情况介绍

1.截止 2000 年 12 月 31 日,本公司股东总户数 17,657 户,其中:未流通国家股股东 1 户,法人股股东 11 户,流通股股东 17,645 户。

2.报告期末本公司前 10 名股东及持股情况 单位:万股

	年初持股数	本年增加数 送及转增股	配股股数	年末持	占总股本百分比(%)
山东鲁信国际经济股份有限公司	3060	1530	0	4590	28.70
烟台市国有资产经营公司(国家股)	2136	1068	0	3204	20.04
中国糖业酒类集团公司	1600	800	0	2400	15.01
天元基金				859.62	5.38
建行烟台市分行	200	100	0	300	1.88
烟台张裕葡萄酿酒公司	85	42.5	0	127.5	0.80
烟台市聚氨酯制品工业公司	85	42.5	0	127.5	0.80
烟台华侨商品供应公司	40	20	0	60	0.38
山东省龙口发电厂	40	20	0	60	0.38
刘明杨				36.54	0.23

本公司前 10 名股东中第 4 名和第 10 名均为流通股股东,本公司未知其之间的关联关系;其余为国家股及法人股股东,除下例情况外所持股份无质押和冻结情况,其之间无关联关系。

因借款担保,烟台市聚氨酯制品工业公司持有的本公司法人股 127.5 万股被山东省烟台市中级人民法院于 2000 年 12 月 13 日冻结。

3.持有本公司股票 10%以上的法人股东

(1).山东鲁信国际经济股份有限公司,法定代表人:李世杰,经营范围:机械、纺织、建材、化工、食品、交通、房地产、娱乐行业的投资开发、经营;国内贸易(不含专营);咨询及中介服务、机械及成套设备的租赁;企业经营管理技术服务。年末持有本公司股票 4590 万股。所持股份无质押和冻结。

(2).烟台市国有资产经营公司 法定代表人:赵清雪,经营范围:服务;管理托管范围内的国有资金、资产,运用国有资金和筹集资金入股、参股、合资;国有资产转让、出售、拍卖。年末持有本公司股票 3,204 万股。所持股份无质押和冻结。

运盛(福建)实业股份有限公司

一、公司简介

公司名称:运盛(福建)实业股份有限公司
公司英文名称:WINSAN (FUJIAN) INDUSTRIAL CORPORATION LTD.
注册地址及办公地址:福州市湖东路169号天骜大厦11楼
公司法定代表人:倪健鹤　公司电话:0591-7609998、7542845
传真:0591-7542843　邮政编码:350003
公司电子信箱:wsfj@pub2.fz.fj.cn　董事会秘书姓名:李威
电话:0591-7609998-368　电子信箱:wszj@pub3.fz.fj.cn
公司指定信息披露报纸:《中国证券报》、《上海证券报》
登载公司中期报告正文的中国证监会指定国际互联网网址:Http://www.sse.com.cn
公司中期报告文备置地点:公司证券部
公司股票上市地点:上海证券交易所
股票简称:运盛实业　股票代码:600767

二、会计数据和业务数据摘要

(币种:人民币　单位:元)

1.本年度主要利润指标情况利润总额:

利润总额:	6,411,257.48
净利润:	2,418,444.21
扣除非经常性损益后的净利润:	2,966,403.65
主营业务利润:	18,782,155.74
其他业务利润:	6,715,254.79
营业利润:	10,268,675.37
投资收益:	-3,309,458.11
补贴收入:	0
营业外收支净额:	-547,959.44
经营活动产生的现金流量净额:	-4,131,016.27
现金及现金等价物净增加额:	-26,186,234.85

注:扣除的非经常性损益项目系营业外收支净额
-547,959.44

2.截止报告期末公司前三年主要会计数据和财务指标:

指标	2000年	1999年		1998年
		调整前	调整后	
(1)主营业务收入	264,817,804.45	342,479,506.61	342,479,506.61	131,616,042.89
(2)净利润	2,418,444.21	12,770,473.72	4,229,691.7	14,748,728.82
(3)总资产	1,296,942,504.26	1123561,165.9	1116,134,799.42	1225181,996.15
(4)股东权益(不含少数股东权益)	603,427,510.18	609,174,597.01	600,633,814.99	596,404,123.29
(5)每股净资产	1.77	2.68	2.64	3.94
(6)调整后的每股净资产	1.75	2.67	2.64	3.94
(7)每股收益(全面摊薄)	0.01	0.06	0.02	0.10
每股收益(加权平均)	0.01	0.08	0.03	0.13
(8)净资产收益率%(全面摊薄)	0.4%	2.10%	0.7%	2.47
净资产收益率%(加权平均)	0.4%			3.72
(9)扣除非经常性损益后每股收益	0.01	0.05	0.014	
(10)每股经营活动产生的现金流量净额	-0.01	0.49	0.49	-0.40

注:财务指标的计算方法:

每股收益(全面摊薄)=净利润/期末股份总数

每股收益 (加权平均)=净利润/[期末股份总数/(1+配股比例或增发新股比例)+期末股份总数/(1+配股比例或增发新股比例)* 配股比例或增发新股比例 * 自缴款结束日下一个月至报告期末的月份数/12]

扣除非经常性损益后的每股收益=净利润-(扣除非经常性损益后收益)/年末普通股股份总数

每股净资产=年度末股东权益/年度末普通股股份总数

净资产收益率(全面摊薄)=净利润/期末股东权益

净资产收益率(加权平均)=净利润/[(年初股东权益+年末股东权益)/2+当期发行新股或配股新增净资产 *(自缴款结束日下一个月至报告期末的月份数-6)/12]

调整后的每股净资产=(年度末股东权益-三年以上的应收款项-待摊费用-待处理(流动、固定)资产净损失-开办费-长期待摊费用-住房周转金负数余额)/年度末普通股股份总数

每股经营活动产生的现金流量净额=经营活动产生的现金流量净额/年度末普通股股份总数

3.利润表附表

报告期利润	净资产收益率%		每股收益	
	全面摊薄	加权平均	全面摊薄	加权平均
主营业务利润	3.11	3.12	0.06	0.06
营业利润	1.70	1.71	0.03	0.03
净利润	0.4	0.4	0.01	0.01
扣除非经常性损益后的净利润	0.5	0.5	0.01	0.01

三、股东情况介绍

1.截止2000年12月31日止,公司股东共计52019户。

2.截止2000年12月31日止,公司前10名股东情况如下:(单位:万股)

单位	年末持股数	年初持股数	股份变动原因	比例
香港运盛有限公司	15741.5625	10494.375	资本公积转增股本所致	46.16%
中国银宏实业发展公司	5175	3450	资本公积转增股本所致	15.18%
运盛(南京)实业有限公司	1462.5	975	资本公积转增股本所致	4.29%
福建华兴信托投资公司	1096.875	731.25	资本公积转增股本所致	3.22%
兴业证券	947.4699	744.6612		2.78%
南京钢铁集团有限公司	511.875	341.25	资本公积转增股本所致	1.5%
中福实业股份有限公司	438.75	292.5	资本公积转增股本所致	1.29%
王俊刚	72.06	/		0.21%
曾嘉	32.03	/		0.09%
汪澜	30.6577	/		0.09%

其中:运盛(南京)实业有限公司为香港运盛有限公司的全资子公司。

报告期内以上股东所持股份质押情况:

A. 香港运盛有限公司以其持有股权为本公司银行贷款8600万元人民币、200万美元提供质押,共计12250万股,目前尚未解除。

B.中国银宏实业发展公司所持有的1950万股股份已质押。

宁波华通集团股份有限公司

一、公司简介

1、公司法定中文名称:宁波华通集团股份有限公司　缩写:宁波华通
英文名称:NINGBO HUATONG GROUP Co.,LTD　缩写:NBHT
2、公司法定代表人:宋汉平
3、公司联系人:马晓勇、唐剑江
联系地址:宁波市中山东路336号
电话:(0574)7725920.7375767　传真:(0574)7375883
电子信箱:tjj6768@sina.com.cn
4、公司注册及办公地址:宁波市中山东路336号　邮政编码:315040
5、公司选定的信息披露报纸:《中国证券报》
公司网站网址:http://www.nbht2000.com
登载公司年度报告的中国证监会指定国际互联网网址:http://www.sse.com.cn
公司年度报告备置地点:公司资产运营部
6、公司股票上市交易所:上海证券交易所
股票简称:宁波华通　股票代码:600768

二、会计数据和业务数据摘要

(一)本年度主要利润指标情况:(单位:元)

1、利润总额	-28,636,493.98
2、净利润	-28,613,413.58
3、扣除非经常性损益后的净利润	-28,570,341.98
4、主营业务利润	3,821,460.52
5、其他业务利润	21,600.97
6、营业利润	-20,571,198.08
7、投资收益	-8,022,224.30
8、补贴收入	0
9、营业外收支净额	-43,071.60
10、经营活动产生的现金流量净额	3,268,487.52
11、现金及现金等价物净增加额	-6,844,675.59

说明:扣除非经常性损益项目(单位:元)

(1)罚款支出	16,171.46
(2) 处置财产损失	26,900.14
合计	43,071.60

(二)前三年主要会计数据和财务指标

指标项目	2000年	1999年		1998年	
		调整后	调整前	调整后	调整前
主营业务收入	134,165,263.33	123,860,284.43	151,136,407.68	113,036,688.66	147,169,395.06
净利润	-28,613,413.58	-22,118,682.88	9,200,794.59	4,056,039.84	17,870,240.75
总资产	234,249,093.87	251,622,911.06	293,164,417.00	191,871,501.34	217,932,334.24
股东权益	81,530,890.32	110,144,303.90	149,830,431.37	132,176,628.87	153,944,982.32
每股收益(元/股)	-0.31	-0.24	0.10	0.08	0.35
每股收益(加权)	-0.31	-0.24	0.12	0.08	0.35
扣除非经常性损益后的每股收益	-0.31	-0.24	0.10	0.08	0.35
净资产收益率(%)	-35.10	-20.08	6.14	3.07	11.60
每股净资产(元/股)	0.88	1.19	1.61	2.56	2.98
调整后的每股净资产(元/股)	0.76	1.15	1.60	2.53	2.95
每股经营活动产生的现金流量净额	0.04	0.05	0.05	0.35	0.37

(三)按中国证监会《公开发行证券公司信息披露编报规则第9号》的要求,计算的公司2000年度净资产收益率和每股收益如下:

报告期利润	净资产收益率(%)		每股收益(元/股)	
	全面摊薄	加权平均	全面摊薄	加权平均
主营业务利润	4.69%	3.99%	0.04	0.04
营业利润	-25.23%	-21.46%	-0.22	-0.22
净利润	-35.10%	-29.86%	-0.31	-0.31
扣除非经常性损益后的净利润	-35.04%	-29.81%	-0.31	-0.31

三、股本变动及股东情况

1、截止2000年12月31日,股东总户数为20136户。

2、前十名股东持股情况

持股单位	期末持股数	占总股本的比例	股份性质
(1)宁波市第三运输公司	20,448,000	22%	法人股
(2)宁波轻工控股(集团)有限公司	20,160,000	21.7%	法人股新增
(3)上海雄龙科技有限公司	13,392,000	14.4%	法人股
(4)宁波交通投资开发公司	10,296,000	11.1%	法人股
(5)宁波保税区银盛投资发展有限公司	1,800,000	1.9%	法人股新增
(6)陆远珍	173,000	0.19%	流通股
(7)何小军	149,900	0.16%	流通股
(8)何秀芬	131,101	0.14%	流通股
(9)肖海林	130,000	0.14%	流通股
(10)胡智勇	124,000	0.13%	流通股

注:a.上述前10名股东之间不存在关联关系。

b.报告期内,本公司持股5%(含5%)以上的股东所持股份未发生质押及冻结情况。

c.2000年6月8日山西晋德拍卖有限责任公司对中物投资有限公司所持的本公司2016万股法人股进行拍卖,最终结果为宁波轻工控股(集团)有限公司以2700万元的价格成交,公司于2000年6月10日在《中国证券报》上发布提示公告,披露了有关情况。2000年6月15日宁波轻工控股(集团)有限公司在上海证券中央登记结算公司办理完毕股权转让的相关手续,正式成为本公司的法人股股东。宁波轻工控股(集团)有限公司持有本公司法人股2016万股,占本公司总股份21.7%,为本公司第二大股东。中物投资有限公司已不再持有本公司股份。公告发布于2000年6月16日的《中国证券报》上。

d.2000年9月25日宁波保税区晶盛发展有限公司将其持有的本公司法人股180万股转让给宁波保税区银盛投资发展有限公司,转让后宁波保税区银盛投资发展有限公司成为本公司第五大股东,宁波保税区晶盛发展有限公司不再持有本公司股份。

武汉祥龙电业股份有限公司

一、公司简介

1、公司法定中文名称:武汉祥龙电业股份有限公司
公司法定英文名称:WUHAN XIANGLONG POWER INDUSTRY CO.LTD 缩写:XLD
2、公司法定代表人:江泳清
3、公司董事会秘书:郭唐明 电话:027-87600367 传真:027-87600367
联系地址:武汉市洪山区葛化街化工路31号
4、公司注册及办公地址:武汉市洪山区葛化街化工路31号 邮政编码:430078
E-mail:xldy@public.wh.hb.cn
5、公司信息披露报纸:《中国证券报》、《上海证券报》
登载公司年报的中国证监会指定国际互联网址:http://www.sse.com.cn
公司年报备置地点:本公司证券部
6、公司上市地点:上海证券交易所
股票简称:祥龙电业 股票代码:600769

二、会计数据和业务数据摘要

(一)、公司本年度主要会计数据和业务数据摘要(单位:元)

利润总额	25,897,552.42
净利润	21,328,537.31
扣除非经常性损益后的利润	17,462,404.76
主营业务利润	72,939,266.52
其他业务利润	1,134,172.94
营业利润	27,382,238.01
投资收益	2,431,140.46
营业外收支净额	-3,915,826.05
经营活动产生的现金流量净额	-22,663,190.54
现金及现金等价物净增加额	25,298,822.55

(二)、前三年主要会计数据和财务指标

指标项目	2000年	1999年	1998年
主营业务收入(万元)	49,947.03	36,693.84	34,902.52
净利润(万元)	2,132.85	5,630.36	8,122.09
总资产(万元)	120,014.27	113,559.77	100,235.22
股东权益(万元)	93,270.54	91,137.69	86,786.85
每股收益(元/股)(摊薄)	0.06	0.16	0.23
扣除非经常性损益后的每股收益(元)	0.05	0.16	0.37
每股净资产(元)	2.67	2.61	3.92
调整后的每股净资产(元)	2.67	2.61	3.92
每股经营活动中产生的现金流量净额(元)	-0.06	-0.19	-0.13
净资产收益率(%)(摊薄)	2.29	6.18	9.50

按照中国证监会《公开发行证券公司信息披露编报规则(第9号)》的要求计算的相关指标。

报告期利润	净资产收益率		每股收益	
	全面摊薄	加权平均	全面摊薄	加权平均
主营业务利润	7.82%	7.91%	0.21	0.21
营业利润	2.94%	2.97%	0.08	0.08
净利润	2.29%	2.31%	0.06	0.06
扣除非经常性损益后的净利润	1.87%	1.89%	0.05	0.05

注:扣除非经常性损益后的净利润所扣除的项目

投资收益	2,299,140.46
资产处置收益	-3,874,484.46
补贴收入	5,441,476.55

注:加权平均净资产收益率 ROE=P÷(E0+NP÷2+Ei×Mi÷M0-Ej×Mj÷M0)

其中:P为报告利润;NP为报告期净利润;E0为期初净资产;Ei为报告期发行新股或债转股等新增净资产;Ej为报告期回购或现金分红等减少净资产;M0为报告期月份数;Mi为新增净资产下一个月份起至报告期期末的月份数;Mj为减少净资产下一月份起至报告期期末的月份数。

加权平均每股收益 EPS=P÷(S0+S1+Si×Mi÷M0-Sj×Mj÷M0)

其中:P为报告期利润;S0为期初股份总数;S1为报告期因公积金转增股本或股票股利分配等增加股份数;Si为报告期因发行新股或债转股等增加股份数;Sj为报告期因回购或缩股等减少股份数;M0为报告期月份数;Mi为增加股份下一月份起至报告期末的月份数;Mj为减少股份下一月份起至报告期末的月份数。

三、股本变动及股东情况

(一)、股东情况介绍

1、报告期末股东总数截止报告期末,公司股东总数为65969户。

2、主要股东持股情况

A、报告期末持有本公司5%以上股份的股东持股情况

序号	股东名称	年末持股数(股)	占总股本
1	武汉葛化集团有限公司	199280000	57.13%
2	武汉华原能源物资开发公司	26816000	7.69%

公司第一大股东武汉葛化集团有限公司所持祥龙电业部分国有法人股112837796股于2000年4月25日被湖北省汉江中级人民法院冻结。武汉葛化集团有限公司与中国信达资产管理公司根据湖北省汉江中级人民法院[(2000)汉经初字第10号]民事调解书,于2000年7月3日达成股权转让协议,将其持有的祥龙电业法人股112837796股转让给中国信达资产管理公司,截止报告期末,股权过户交割手续正在办理中。(公司已于2000年12月20日在《中国证券报》和《上海证券报》上进行了披露。

B、前十名股东持股情况

序号	股东名称	年末持股数(股)	占总股本
1	武汉葛化集团有限公司	199280000	57.13%
2	武汉华原能源物资开发公司	26816000	7.69%
3	武汉建设投资公司	15200000	4.36%
4	武汉市电力开发公司	13760000	3.94%
5	葛化运输	3200000	0.92%
6	吕墩农工	3200000	0.92%
7	傅华美	258000	0.07%
8	兴和基金	235735	0.07%
9	张麦香	234653	0.07%
10	刘细蓉	209236	0.06%

3、持有本公司10%以上股份的股东情况

江苏综艺股份有限公司

一、公司简介

(一)公司法定中文名称:江苏综艺股份有限公司
英文名称:JIANGSU ZONGYI CO.,LTD 英文缩写:JSZY
(二)公司法定代表人:昝圣达
(三)公司董事会秘书:李风华 授权代表:顾政巍 联系地址:江苏省通州市兴东镇黄金村
电话:0513-6639999 6563931 6563932 传真:0513--6563502
电子信箱:zyjs.n@public.nt.js.cn
(四)公司注册地址:江苏省通州市兴东镇黄金村
办公地址:江苏省通州市兴东镇黄金村
邮政编码:226376 公司网址:http://www.600770.com
电子信箱:zy600770@public.nt.js.cn
(五)公司指定信息披露报纸:《中国证券报》、《上海证券报》、《证券时报》
年度报告披露网址:http://www.sse.com.cn 年度报告备置地点:公司证券部
(六)公司股票上市交易所:上海证券交易所 股票简称:综艺股份 股票代码:600770

二、会计数据和业务数据摘要

(一)公司本年度主要利润指标情况(单位:人民币元)
利润总额:144680644.25
净利润:90603742.18
扣除非经常性损益后的净利润:36418310.49
主营业务利润:80409228.80
其他业务利润:17258499.85
营业利润:44319000.86
投资收益:70806352.92
补贴收入:29099008.19
营业外收支净额:456282.28
经营活动产生的现金流量净额:21572073.10
现金及现金等价物净增加额:-2246240.40
注:扣除的非经常性项目和涉及金额:
股权转让(税后):29535431.69元
补贴收入(税后):24650000.00元

(二)公司近三年主要会计数据和财务指标:

项目	2000年	1999年	1998年	
			调整前	调整后
主营业务收入(元)	375217317.33	404140926.48	253429941.32	253429941.32
净利润(元)	90603742.18	83924386.80	76713238.31	78479809.22
总资产(元)	972655371.89	763584319.96	645189131.68	638311156.03
股东权益(元)	564950417.36	501346675.18	423190911.31	417435507.21
每股收益(元)	0.336	0.311	0.43	0.436
每股净资产(元)	2.09	1.86	2.35	2.32
调整后的每股净资产(元)	1.98	1.83	2.28	2.25
每股经营活动所产生现金流量净额:	0.0799	0.237	--	0.043
净资产收益率(%)	16.04	17.27	18	18.13

根据中国证监会《公开发行证券公司信息披露编报规则》(第9号)通知精神,利润表附表列示如下:报告期利润

报告期利润		净资产收益率(%)		每股收益(元)	
		全面摊薄	加权平均	全面摊薄	加权平均
主营业务利润	本年度	14.2	14.7	0.298	0.298
	上年度	20.09	21.93	0.373	0.373
营业利润	本年度	7.84	8.1	0.164	0.164
	上年度	17.6	19.2	0.327	0.327
净利润	本年度	16.04	16.57	0.336	0.336
	上年度	16.74	18.27	0.311	0.311
扣除非经常性损益后的净利润	本年度	6.45	6.66	0.135	0.135
	上年度	16.74	18.27	0.311	0.311

注:全面摊薄净资产收益率和每股收益的计算公式如下:
全面摊薄净资产收益率=报告期利润/期末净资产
全面摊薄每股收益=报告期利润/期末股份总数
加权平均净资产收益率(ROE)的计算公式如下:
ROE=P÷(Eo+NP÷2+Ei×Mi÷Mo-Ej×Mj÷Mo)
其中:P为报告期利润;NP为报告期净利润;Eo为期初净资产;Ei为报告期发行新股或债转股等新增净资产;Ej为报告期回购或现金分红等减少净资产;Mo为报告期月份数;Mi为新增净资产下一月份起至报告期期末的月份数;Mj为减少净资产下一月份起至报告期期末的月份数。
加权平均每股收益(EPS)的计算公式如下:
EPS=P÷(So+ S1+Si×Mi÷Mo-Sj×Mj÷Mo)

三、股本情况介绍

(一)、截至2000年末,公司股东总数为106191户。

(二)、主要股东持股情况(截至2000年12月底)

名次	股东名称	年末持股数(万股)	占总股本(%)
1	南通绣衣时装集团公司	12323.66	45.64
2	南通大兴服装绣品有限公司	2571.35	9.52
3	通州市建设投资中心	1350.00	5.00
4	陈荣	76.00	0.28
5	彭矛文	39.00	0.14
6	北盈房产	31.00	0.11
7	殷立东	30.00	0.11
8	周翔	28.60	0.11
9	李国诚	26.05	0.10
10	福建华福	24.50	0.09

持有公司5%(含5%)以上的公司法人股东南通绣衣时装集团公司、南通大兴服装绣品有限公司、通州市建设投资中心所持股份年度内没有变动。

南通绣衣时装集团公司法定代表人昝圣达,公司主要生产经营各类中高档服装。

公司前十名股东中,南通绣衣时装集团公司和南通大兴服装绣品有限公司的法定代表人均为昝圣达,其它股东之间不存在关联关系。

东盛科技股份有限公司

一、公司简介

1.公司法定中文名称:东盛科技股份有限公司
公司法定英文名称:topsun science and technology CO.,Ltd
2.公司注册地址:青海省西宁市
公司办公地址:陕西省西安市南二环西段九号永安大厦　邮政编码:710068
3.公司法定代表人:郭家学
4.公司董事会秘书:田　红
联系地址:陕西省西安市南二环西段九号永安大厦
电话:029-8378949 转 8085　传真:029-8378954　Email:QIHLUM@PUBLIC.XN.QH.CN
5.公司选定的信息披露报纸名称:《上海证券报》、《中国证券报》、《证券时报》
中国证监会指定国际互联网网址:http://www.sse.com.cn
公司年度报告备置地点:公司证券部
6.公司股票上市交易所:上海证券交易所
股票简称:东盛科技　股票代码:600771

二、会计数据和业务数据摘要

(一)、本年度实现的利润情况(单位:人民币元)

利润总额:	55,838,745
净利润:	53,154,569
扣除非经常性损益后的净利润:	54,428,994
主营业务利润:	114,664,274
其他业务利润:	4,437,586
营业利润:	57,113,170
补贴收入:	-
营业外收支净额:	63,008
投资收益:	(1,337,433)
经营活动产生的现金流量净额:	11,518,539
现金及现金等价物净增加额:	76,672,172

注:扣除的非经常性损益项目和涉及金额:营业外收入:213,506 元，营业外支出:150,498 元,合并价差(股权投资差额)摊销:1,685,389 元，一次性分红收入:347,956 元。

(二)、截至报告期末公司前三年主要会计数据和财务指标:(单位:人民币元)

项　目	2000 年	1999 年	1998 年
主营业务收入	311,038,666	237,201,504	130,369,926
净利润	53,154,569	28,623,097	11,329,620
总资产	659,554,900	371,327,238	288,227,662
股东权益(不含少数股东权益)	292,202,163	239,047,594	139,391,472
每股收益(加权)	0.284	0.312	0.14
每股收益	0.284	0.306	0.14
扣除非经常性损益后的每股收益	0.291	0.305	0.34
每股净资产	1.564	2.56	1.76
调整后的每股净资产	1.504	2.455	1.64
每股经营活动产生的现金流量净额	0.062	(0.34)	0.19
净资产收益率%	18.19	11.97	8.13

注:以上指标计算涉及股本总数时 1999 年指标按原有股本 93,443,480 股计算；2000 年指标按现有股本 186,886,960 股计算(系本报告期实施了 1999 年度利润分配方案及资本公积金转增股本方案:10 送 3 转赠 7)。

报告期利润	净增收益率(%) 全面摊薄	加权平均	每股收益(元) 全面摊薄	加权平均
主营业务利润	39.24	43.17	0.614	0.614
营业利润	19.55	21.50	0.306	0.306
净利润	18.19	20.01	0.284	0.284
扣除非经常性损益后的净利润:	18.63	20.49	0.291	0.291

(三)、报告期内股东权益变动情况

项目	期初数	本期增加	本期减少	期末数	变动原因
股本	93,443,480	93,443,480	-	186,886,960	送红股及资本公积金转增
资本公积	88,696,822	-	65,410,436	23,286,386	公积金转增股本
盈余公积	11,174,964	10,630,914	-	21,805,878	提取盈余公积
法定公益金	5,484,235	5,315,457	-	10,799,692	提取公益金
未分配利润	45,732,328	53,154,569	38,663,958	60,222,939	赢利及分配利润
合计	239,047,594	157,228,963	104,074,394	292,202,163	

三、股本变动及股东情况

(一)、股本变动情况
(二)、股东情况介绍
1、报告期末股东总数
截至 2000 年 12 月 31 日,本公司股东总数为 20758 户,其中法人股股东 8 户,持股 137,386,960 股,社会公众股股东 20750 户,持股 49,500,000 股。
2、公司前十名股东持股情况

股东名称	持股数(股)	占总股本比例(%)
1 西安东盛集团有限公司	54,048,280	28.92
2 陕西东盛药业股份有限公司	45,080,000	24.12
3 鞍山钢铁集团公司	13,796,782	7.38
4 青海省电力公司	6,600,000	3.53
5 中色(南海)恒达发展有限公司	6,040,000	3.23
6 南京钢铁集团公司	5,400,000	2.89
7 校办产业兰州物资总公司	3,721,898	1.99
8 广发证券	2,700,000	1.44
9 杨天华	486,028	0.26
10 中国三九	442,690	0.24

注:1 西安东盛集团有限公司、陕西东盛药业股份有限公司均为本公司社会法人股股东。公司法人股东没有关联关系,也没有股权质押情况。

2 西安东盛集团有限公司法定代表人为郭家学先生，经营范围为：科学仪器的开发、生产、销售;机电设备、工业原辅材料、百货纺织品、建筑材料、金属材料销售;汽车租赁业务、人才培训、技术服务。

3 陕西东盛药业股份有限公司法定代表人为王定珠先生,经营范围为:医药片剂、胶囊剂(冲剂)、注射剂、口服液的生产、销售,保健品的生产、销售,药用植物的开发、种植。

4 报告期内控股股东无变化。

中油龙昌(集团)股份有限公司

一、公司简介

1、公司法定中文名称:中油龙昌(集团)股份有限公司
公司英文名称:PETROLEUM LONG CHAMP (GROUP) CO., LTD. 缩写 LONG CHAMP
2、公司法定代表人:黄维和
3、公司董事会秘书:赵伟文　联系地址:河北省廊坊市爱民东道 158 号
电话(0316) 2075875　传真(0316) 2077066　电子信箱 E?Mail:hjlflc@public.lfptt.he.cn
4、公司注册地址:河北省廊坊市经济技术开发区公司
办公地址:河北省廊坊市爱民东道 158 号　邮政编码:065000
公司电子信箱:E?Mail:hjlflc@public.lfptt.he.cn
5、指定信息披露报纸《中国证券报》
登载年报指定国际互联网网址 http://www.sse.com.cn
公司年度报告备置地点董事会秘书处
6、公司股票上市交易所:上海证券交易所
股票简称:石油龙昌　股票代码:600772

二、会计数据和业务数据摘要

1、本年度主要利润指标

项目	金额	单位:元
利润总额	94,656,528.77	
净利润	51,078,554.36	
扣除非经常性损益后的净利润	53,160,578.94	
主营业务利润	141,423,766.44	
其他业务利润	63,184.83	
营业利润	103,821,268.06	
投资收益	-6,904,176.41	
补贴收入	4,161.22	
营业外收支净额	-2,264,724.10	
经营活动产生的现金流量净额	150,505,923.75	
现金及现金等价物净增加额	-18,316,294.10	

2、三年主要会计数据与财务指标

项目	2000 年	1999 年	1998 年 调整后	调整前
主营业务收入(万元)	35527.78	31793.37	31793.37	28949.69
净利润(万元)	5107.68	6312.10	6528.80	5589.26
总资产(万元)	135826.69	128605.00	128714.44	161385.85
股东权益(万元)	48226.93	43119.07	43228.51	35314.32
每股收益(摊薄)(元)	0.225	0.2781	0.2877	0.3693
扣除非经常性损益后的每股收益(元)	0.2342	0.2793	0.2889	
每股收益(加权)(元)	0.225	0.3229	0.334	0.3693
每股净资产(元)	2.12	1.90	1.90	2.33
调整后每股净资产(元)	2.06	1.85	1.86	2.30
每股经营活动产生的现金流量净额(元)	0.66	1.41	1.41	0.22
净资产收益率(%)	10.59	14.64	15.10	15.82
净资产收益率加权(%)	11.18	16.41	16.93	17.55
扣除非经常性损益后的净资产收益率加权(%)	11.64	16.48	16.99	17.55

3、利润分配表附表:

项目	净资产收益率(%) 全面摊薄	加权平均	每股收益(元) 全面摊薄	加权平均
主营业务利润	29.32	30.96	0.6231	0.6231
营业利润	21.53	22.73	0.4574	0.4574
净利润	10.59	11.18	0.225	0.225
扣除非经常性损益后的净利润	11.02	11.64	0.2342	0.2342

主要财务指标的计算方法:
(1)全面摊薄的计算方法每股收益=净利润/年度末普通股股份总数
每股净资产=年度末股东权益/年度末普通股股份总数
调整后的每股净资产=(年度末股东权益-三年以上的应收款项净额-待摊费用-待处理(流动、固定)资产净损失-开办费-长期待摊费用-住房周转金负数余额)/年度末普通股股份总数
每股经营活动产生的现金流量净额=经营活动产生的现金流量净额/年度末普通股股份总数
净资产收益率=净利润/年度末股东权益×100%
(2)加权平均的计算方法每股净收益=净利润/加权平均股本

三、股本变动及股东情况

1、股本变动情况
2、股东情况介绍
(1)本报告期末股东总数为 37327 户。
(2)报告期末公司主要股东持股情况
(截止 2000 年 12 月 31 日)(单位:股)

序号 股东	年初持股数量(股)	年末持股数量(股)	年末持股占总股本比例(%)
1、中国石油天然气股份有限公司		86018841	37.90
2、秦皇岛开发区中油管道商贸中心		25061679	11.04
3、张家港保税区中油管道国际商贸有限公司		11278800	4.97
4、光大银行上海分行		10920000	4.81
5、潍坊胜利管道安装工程公司		3354000	1.48
6、中策投资		1765920	0.78
7、北京管输液化气站		1500000	0.66
8、景福基金		1009042	0.44
9、北京万达意装饰装修公司		936000	0.41
10、上海朗吉科技投资有限公司		863300	0.38

说明:1)、秦皇岛开发区中油管道商贸中心为中国石油天然气管道局下属全资企业,张家港保税区中油管道国际商贸有限公司为中国石油天然气管道局控股公司。

公司 9559.68 万股国有法人股,其中:中国石油天然气股份有限公司持有 8601.8841 万股、秦皇岛开发区中油管道商贸中心持有 957.7959 万股。

西 藏 金 珠 股 份 有 限 公 司

西藏金珠股份有限公司2000年年度报告摘要

重要提示：本公司董事会保证本报告所载资料不存在任何虚假记载、误导性陈述或重大遗漏，并对其内容的真实性、准确性和完整性负个别及连带责任。本年度报告摘要摘自年度报告，投资者欲了解详细内容，应阅读年度报告。

公司简介

一、公司法定中、英文名称及缩写
1、公司法定中文名称：西藏金珠股份有限公司
2、公司中文简称名：西藏金珠
3、公司法定英文名称：TIBET JINZHU CO.,LTD.
4、公司英文简称名：TJZC
二、公司法定代表人：董事长董金江先生
三、公司总经理：孙勇先生
四、公司董事会秘书：次仁多吉先生
公司证券事务代表：西虹女士、邵滨江先生
拉萨总部联系电话及传真：TEL：(0891)6832913、6833922
FAX：(0891)6824804、6833922
成都总部联系电话及传真：TEL：(028)6747688---888
FAX：(028)6744378
公司国际互联网网页：http://www.jinzhu.com
电子信箱：cdxhsbj@163.com
五、公司地址
1、公司注册地址：西藏自治区拉萨市北京中路182号
2、公司办公地址：
拉萨总部：西藏自治区拉萨市北京中路182号，邮编850000
成都总部：四川省成都市鼓楼南街117号世贸中心A座20楼2002室，邮编610015
六、公司信息批露事项
1、公司年度报告备置地点：
西藏金珠股份有限公司拉萨总部证券部西藏金珠股份有限公司成都总部总经办
2、公司信息披露报刊：《中国证券报》、《上海证券报》
3、登载年度报告的互联网网址：http://www.sse.com.cn
4、公司网页：http://www.jinzhu.com
七、公司股票事项
1、股票上市地：上海证券交易所
2、股票简称：西藏金珠
3、股票代码：600773

会计数据与业务数据摘要

一、本年度主要利润指标情况
1、利润总额：29,414,031.46元
2、净利润：24,181,587.35元
3、扣除非经常性损益后的净利润：21,284,350.74元
4、主营业务利润：53,305,650.54元
5、其他业务利润：-96,360.90元
6、营业利润：31,206,794.85元
7、投资收益：-3,040,000.00元
8、补贴收入：1,248,836.90元
9、营业外收支净额：-1,600.29元
10、经营活动产生的现金流量净额：15,571,031.31元
11、现金及现金等价物净增加额：103,364,712.18元
注：2000年1月至12月扣除的非经常性损益及涉及金额：
1、补贴收入：1,248,836.90元
2、营业外收支净额：-1,600.29元
3、投资收益（合作项目分利）：1,650,000.00元
二、公司前三年主要会计数据和财务指标：　　单位：人民币元

指标项目	2000.12.31	1999.12.31 调整后	1999.12.31 调整前	1998.12.31 调整后	1998.12.31 调整前
主营业务收入	111,351,020.74	108,392,015.41	107,494,921.38	71,844,841.32	71,844,841.32
净利润	24,181,587.35	18,438,586.44	18,706,401.34	22,474,725.03	22,774,601.96
总资产	388,271,748.30	251,597,712.66	253,823,571.60	225,127,733.28	227,346,056.50
股东权益(不含少数股东权益)	324,327,633.95	220,085,286.25	220,957,488.61	202,251,087.27	205,172,934.91
每股收益	0.25	0.21	0.21	0.25	0.26
每股收益(加权)	0.27	0.21	0.21	0.26	0.27
每股收益(扣除非经常性损益后)	0.24	0.21	0.21	0.20	0.21
每股净资产	3.42	2.48	2.48	2.27	2.31
调整后每股净资产	3.29	2.21	2.43	2.20	2.23
每股经营活动产生的现金流量净额	0.16	0.15	0.15	-0.005	-0.005
净资产收益率(%)	7.24	8.38	8.47	11.11	11.10
净资产收益率(加权)(%)	10.42	8.72	8.84	12.54	12.60

三、按照中国证监会《公开发行证券公司信息披露编报规则（第9号）》要求计算的利润数据

报告期利润	净资产收益率 全面摊薄	净资产收益率 加权平均	每股收益(元) 全面摊薄	每股收益(元) 加权平均
主营业务利润	15.96%	22.96%	0.55	0.60
营业利润	9.34%	13.44%	0.32	0.35
净利润	7.24%	10.42%	0.25	0.27
扣除非经常性损益后的净利润	6.37%	9.17%	0.22	0.24

注：主要财务指标的计算方法：

全面摊薄每股收益=报告期利润/期末普通股股份总数加权平均每股收益=报告期利润/（期初股份总数+报告期因公积金转增股本或股票股利分配等增加股份数+报告期因发行新股或债转股等增加股份数×增加股份下一月份起至报告期期末的月份数/报告期月份数-报告期因回购或缩股等减少股份数×减少股份下一月份起至报告期期末的月份数/报告期月份数）

全面摊薄净资产收益率=报告期利润/期末净资产加权平均净资产收益率=报告期利润/（期初净资产+报告期净利润/2+报告期发行新股或债转股等新增净资产×新增净资产下一月份起至报告期期末的月份数/报告期月份数-报告期回购或现金分红等减少净资产×减少净资产下一月份起至报告期期末的月份数/报告期月份数）

每股净资产=期末股东权益/年度末普通股股份总数调整后的每股净资产=（期末股东权益-三年以上应收款项净额-待摊费用-待处理（流动、固定）资产净损失-开办费-长期待摊费用-住房周转金负数余额）/期末普通股股份总数

每股经营活动产生的现金流量净额=经营活动产生的现金流量净额/年度末普通股股份总数

四、股东权益变动情况

项目	股本	资本公积	盈余公积	其中：法定公益金	未分配利润	股东权益合计
期初数	88923200.00	81,126,383.94	11,175,098.55	3,725,032.85	38,860,603.76	220085286.25
本期增加	8658000.00	81,160,880.35	3,627,238.10	1,209,079.36	24,181,587.35	117627705.80
本期减少					13385358.10	
期末数	97581200.00	162287264.29	14,802,336.65	14802,336.65	49,656,833.01	324327633.95

变动原因：1、2000年度实施配股；2、实施配股后股本溢价；3、提取15%的盈余公积金及公益金；
4、2000年度的净利润增加；
5、2000年度实施配股和净利润增加。

股本变动及股东情况

1、股本变动情况报告期内经中国证监会批准，公司以10:3的比例向社会公众股股东配售865.80万股，于2000年12月份实施。公司总股本变更为9,758.12万股。

2、股东总数：截止2000年12月31日，本公司期末股东总数为16488户。

3、报告期末持有公司股份的前10名股东持股情况：

股东名称	年末持股数量(股)	占总股本比例(%)	持股性质
金珠集团公司	58530496	59.98%	国有法人股
中国基地西藏公司	384800	0.394%	境内法人股
西藏国际公司	384800	0.394%	境内法人股
西藏信托公司	384800	0.394%	境内法人股
西藏包装公司	384800	0.394%	境内法人股
朱美娇	150214	0.154%	社会公众股
高莲英	148100	0.152%	社会公众股
金鑫	121000	0.124%	社会公众股
陕西证券公司	115178	0.118%	社会公众股
吕景宝	114680	0.118%	社会公众股

说明：（1）报告期内公司前10名股东之间不存在关联关系。
（2）持股5%（含5%）以上股东所持股份未发生质押、冻结等情况。

股东大会简介

一、股东大会会议事项本报告期内公司共召开了两次股东大会，具体会议事项如下：
（一）2000年第一次股东大会暨1999年度股东年会。

公司于2000年4月20日在拉萨市北京中路182号金珠公司综合楼三层会议室召开了2000年第一次股东大会暨1999年度股东年会。公司于本次股东大会召开前30日在《中国证券报》刊登了大会召开的有关通知事项和延期召开通知。（注：2000年第一次股东大会原定于3月28日召开，后由于2000年度配股预案未取得有关部门的批复，故而进行了两次延期。第一次延期至4月10日召开，第二次延期至4月20日召开）。出席本次大会的股东和股东委托人共61名，共计代表股份6060.39万股，占公司总股本的68%，符合《公司法》和《公司章程》的有关规定，经大会对公司董事会、监事会提交的七项议题逐项审议并表决，形成以下决议：
1、审议通过了《关于公司计提资产减值准备的报告》，并形成决议；
2、审议通过了《公司1999年度报告》、《年报摘要》及有关内容更正说明的报告，并形成决议；
3、审议通过了公司1999年度利润分配预案和公积金转增预案，并形成如下决议；
4、审议通过了《公司前次募集资金使用情况说明的报告》，并形成如下决议；
6、审议通过了《公司第二届董事会人选的报告》。
7、审议通过《公司第二届监事会人选的报告》，并形成如下决议；
有关股东大会的决议公告刊登在2000年4月22日的《中国证券报》上。
（二）2000年第二次股东大会。

公司于2000年8月18日在西藏拉萨市北京中路182号金珠公司综合楼三层会议室召开了2000年第二次股东大会。公司于大会召开前30日在《中国证券报》公告了会议召开的有关事项。出席大会的股东及股东代表56名，共计代表股份6065.25万股，占公司总股本的68.2%，并由律师进行现场见证，会议符合《公司法》及《公司章程》的有关规定，经大会审议并表决，形成了如下决议：
1、审议通过了公司中期报告及财务审计报告，并形成决议；
2、审议通过了公司中期利润分配预案和资本公积金转增预案，并形成决议；
3、审议通过董事会关于授权经理班子投资规模权限报告，并形成决议；
4、审议通过了1998年第一次临时董事会关于设立总经理基金的议题，并形成决议；
5、审议通过了修订完善后的《公司财务内部控制制度》，并形成决议；
6、通报了中国证监会拉萨特派员办事处对公司的巡回检查意见；
有关决议公告刊登在2000年8月22日的《中国证券报》上。

董事会报告

一、公司经营情况
（一）公司所处的行业及行业地位

西藏金珠股份有限公司是一家综合性的贸易与实业并举的企业，主要从事进出口贸易、国内贸易、出口商品的制造与加工、西藏优势生物资源的开发生产、矿产品加工、农牧林业产品开发生产、照相器材购销与图片制作；公司兼营实业投资开发、文化及旅游服务、经济技术开发与咨询。2000年，公司主营业务收入大部分仍然依靠进出口贸易和边境贸易。公司在西藏自治区被列为30家重点企业单位，在西藏外经贸行业中处于前列位置。

武汉市汉商集团股份有限公司

武汉市汉商集团股份有限公司2000年度报告摘要

一、公司简介

公司法定中文名称:武汉市汉商集团股份有限公司
英文名称:WUHAN HANSHANG GROUP CO.,LTD
公司英文名称缩写:HSGC 公司法定代表人:张宪华
公司董事会秘书:张晴
联系地址:湖北省武汉市汉阳大道134#
联系电话:(027)84843197
传真:(027)84842384
电子信箱:hssd@public.wh.hb.cn
公司注册及办公地址:湖北省武汉市汉阳大道134号
邮编:430050
公司国际互联网网址:http://www.hanshang.com.cn
电子信箱:hanshang@public.wh.hb.cn
公司选定的信息披露报纸名称:《中国证券报》、《上海证券报》
登载公司年度报告的中国证监会指定国际互联网网址:http://www.sse.com.cn
公司年度报告备置地点:公司股证部
公司股票上市交易所:上海证券交易所
股票简称:汉商集团
股票代码:600774

二、会计数据和业务数据摘要

(一)本年度利润表及现金流量表主要数据摘要: 单位:人民币元

项目	金额
利润总额	32,023,420.67
净利润	27,215,562.14
扣除非经常性损益后的净利润	26,454,112.14
主营业务利润	74,447,269.56
其他业务利润	21,446,010.29
营业利润	32,109,517.05
投资收益	761,450.00
营业外收支净额	–847,546.38
经营活动产生的现金流量净额	50,294,142.16
现金及现金等价物净增加额	12,253,094.82

注:本年度扣除非经常性损益为投资债券等收益761,450元

(二)主要会计数据及财务指标 单位:人民币元

项目	2000年	1999年	1998年	
			调整前	调整后
主营业务收入	624,378,858.28	802,768,207.81	1,003,368,221.22	1,003,368,221.22
净利润	27,215,562.14	26,288,706.96	23,879,290.58	23,702,284.49
总资产	675,585,178.19	624,837,529.60	633,365,829.74	633,050,376.59
股东权益	371,634,448.06	343,685,703.44	317,325,624.46	317,057,507.28
每股收益(摊薄)	0.315	0.30	0.28	0.27
每股收益(加权)	0.315	0.30	0.29	0.28
扣除非经常性损益后的每股收益(摊薄)	0.306	0.30	0.28	0.27
扣除非经常性损益后的每股收益(加权)	0.306	0.30	0.29	0.28
每股净资产	4.30	3.97	3.67	3.67
调整后的每股净资产	4.12	3.85	3.40	3.40
每股经营活动产生的现金流量净额	0.58	0.63	0.58	0.58
净资产收益率(%)(摊薄)	7.32	7.65	7.53	7.48
净资产收益率(%)(加权)	7.62	9.31	8.50	8.44

注:公司2000年度配股工作已于2001年3月15日全部结束,总股本由8,648万股变为9,446.72万股,变化后的每股收益为0.288元。

(三)根据中国证监会关于发布《公开发行证券公司信息披露编报规则(第9号)》要求,公司按全面摊薄法和加权平均法计算的净资产收益率及每股收益。

项目	报告期利润	净资产收益率(%)		每股收益(元)	
		全面摊薄	加权平均	全面摊薄	加权平均
主营业务利润	74,447,269.56	20.03	19.54	0.861	0.861
营业利润	32,109,517.05	8.64	8.93	0.371	0.371
净利润	27,215,562.14	7.32	7.62	0.315	0.315
扣除非经常性损益后的净利润	26,454,112.14	7.12	7.41	0.306	0.306

注:主要指标计算公式如下:

1、全面摊薄每股收益=净利润÷年度末普通股股份总数

2、每股净资产=年度末股东权益÷年度末普通股股份总数

3、调整后的每股净资产=[年度末股东权益-三年以上应收款项净额-待摊费用-待处理(流动、固定)财产净损失-开办费-长期待摊费用]÷年度末普通股股份总数

4、每股经营活动产生的现金流量净额=经营活动产生的现金流量净额÷年度末普通股股份总数

5、全面摊薄净资产收益率=净利润÷年度末股东权益×100%

6、加权平均净资产收益率(ROE)=P/(E0+NP÷2+Ei×Mi÷Mo-Ej×Mj÷Mo)

其中:P为报告期利润;NP为报告期净利润;E0为期初净资产;Ei为报告期发行新股或债转股等新增净资产;Ej为报告期回购或现金分红等减少净资产;Mo为报告期月份数;Mi为新增净资产下一月份起至报告期期末的月份数;Mj为减少净资产下一月份起至报告期期末的月份数。

7、加权平均每股收益(EPS)=P/(S0+S1+Si×Mi÷Mo-Sj×Mj÷Mo)其中:P为报告期利润;S0为期初股份总数;S1为报告期因公积金转增股本或股票股利分配等增加股份数;Si为报告期因发行新股或债转股等增加股份数;Sj为报告期因回购或缩股等减少股份数;Mo为报告期月份数;Mi为增加股份下一月份起至报告期期末的月份数;Mj为减少股份下一月份起至报告期期末的月份数。

(四)报告期内股东权益变动情况 单位:人民币元

项目	股本	资本公积	盈余公积	其中:法定公益金	未分配利润
期初数	86,480,000.00	120,268,866.50	45,992,472.81	13,455,802.61	90,944,364.13
本期增加		733,182.48	4,082,334.32	1,360,778.11	23,133,227.82
本期减少					
期末数	86,480,000.00	121,002,048.98	50,074,807.13	14,816,580.72	114,077,591.95

续上表:

项目	股东权益合计
期初数	343,685,703.44
本期增加	27,948,744.62
本期减少	
期末数	371,634,448.06

变动原因:

1、资本公积增加是接受捐赠固定资产198,242元,住房公积金转入534,940.48元。

2、盈余公积、法定公益金增加部分为公司本年提取数。

3、未分配利润增加数为公司提取两金后的净利润数。

三、股本变动及股东情况介绍

(一)股本变动情况公司股份变动情况表数量 单位:股

项目	期初数	本次变动增减(+、-)						期末数
		配股	送股	公积金转股	增发	其他	小计	
一、未上市流通股份								
1.国有持有股份	32,000,000							32,000,000
2.发起人法人股	4,800,000							4,800,000
3.定向法人股	23,056,000							23,056,000
未上市流通股份合计	59,856,000							59,856,000
二、已上市流通股份								
其中:人民币普通股	26,522,080							26,522,080
董事、监事及高级管理人员持股	101,920							101,920
已流通股份合计	26,624,000							26,624,000
三、股份总额	86,480,000							86,480,000

(二)股票发行和上市情况

1990年元月30日,武汉汉阳百货商场全部资产净值折为1181万股国家股,公司向社会公众公开发行1280万股,每股面值1元,发行价每股1元,发起法人股认购300万股;1992年5月6日,公司增资扩股,募集法人股1441万股,每股面值1元,发行价每股2.8元;1993年2月3日,公司土地使用权价值折为国家股819万股,此时公司总股本5021万股。

1996年11月8日,公司股票在上海证券交易所挂牌交易,总股本5021万股,其中:国家股持股2000万股,法人股1741万股,流通股1280万股。

1997年4月11日,公司以1996年末总股本5021万股为基数向全体股东按每10股送6股的比例派红股,97年4月16日所送红股上市流通,公司总股本增至8033.6万股。

1998年5月,公司以1997年末总股本8033.6万股为基数,按10股配3股的比例向全体股东实施配股,每股配售价格为人民币8元,实际配售股份614.4万股(均为流通股),所获配股于同年6月17日上市流通。配股后公司总股本增至8648万股。

2001年元月,公司以2000年末总股本8648万股为基数,按每10股配股的比例向全体股东实施配股,每股配售价格为人民币12元。实际配售股份798.72万股(均为流通股),所获配股于同年3月16日上市流通。配股后公司总股本增至9,446.72万股。

(三)股东情况介绍

本年度末股东总数为12411户。其中:国家股东1户,法人股东44户,公众股股东12366户。

公司前10名大股东持股情况 单位:股

股东名称	持股数	占总股本比例%
1.武汉市汉阳区国有资产管理局	32000000	37.00
2.交通银行武汉市分行	4800000	5.55
3.建设银行武汉市信托投资公司	3200000	3.70
4.中国工商银行武汉市信托投资公司	3200000	3.70
5.中国农业银行武汉市信托投资公司	3200000	3.70
6.中国工商银行湖北省信托投资公司	1600000	1.85
7.武汉国际租赁公司	832000	0.96
8.武汉证券公司	800000	0.93
9.中国五环化学工程总公司	800000	0.93
10.海通证券有限公司	800000	0.93

持股前10名股东均无质押及冻结情况,与公司也无关联交易关系。武汉市汉阳国有资产管理局代表国家持有公司国家股股份。

四、股东大会简介

本年度公司召开了一次年度股东大会,一次临时股东大会。会议情况如下:

(一)年度股东大会召开情况

公司于2000年2月29日向全体股东发出召开1999年度股东大会通知,并于2000年4月11日上午9:30在公司总部五楼会议室召开此次会议。出席会议的股东及委托代理人52名,代表股份59,750,064股,占公司总股本的69.09%,会议以记名投票方式逐项审议通过了如下决议:

1、公司1999年度报告正文及年度报告摘要;

2、公司董事会1999年度工作总结和2000年工作意见的报告;

3、公司1999年度监事会工作报告;

4、公司1999年度财务决算的报告;

5、公司1999年度利润分配方案。

公司1999年实现净利润26,288,706.96元,按10%提取法定公积金2,628,870.20元,按5%提取法定公益金1,314,425.35元,加上上年未分配利润68,598,963.22元,1999年度可供股东分配的利润总额为90,944,364.13元。本年度不进行利润分配,也不转赠股本。

6、公司2000年增资配股募集资金投向及可行性方案;

7、公司2000年增资配股方案;

(1)配售发行股票类型:人民币普通股;

(2)配售股份总额:以1999年末股本总额8648万股为基数,按每10股配3股的比例向全体股东配售,预计配售总额为2,594.4万股。其中国家股东应配售960万股,发起法人股东应配144万股,募集法人股东应配691.68万股,社会公众股东应配798.72万股。

(3)配股价格为12元。

(4)募集资金用途：拟投资4,000万元人民币，与原武汉展览馆共同发起组建武汉国际会展中心股份有限公司。拟投资6,000万元人民币，与原武汉展览馆共同发起设立武汉会展商业有限公司。

(5)配股有效期自本次股东大会决议通过之日起计算，一年内有效。

(6)股东大会授权董事会根据国家有关法律、法规全权办理配股有关事宜。

8、关于资产减值准备和损失处理的内部控制制度的议案；

9、关于美国实发国际有限公司更名为汉商美国中式店的议案；

10、关于续聘会计师事务所的议案；

11、关于更换董事会成员的议案；

董事易怀钦先生因工作变动，提出不再担任公司董事的辞呈，并提名中国建设银行汉阳支行行长石章振先生为缺额董事候选人。

12、关于前次募集资金使用情况的说明。

本次股东大会经公司聘请的湖北省正信律师事务所律师乐瑞鉴证，符合法定程序。决议公告刊登在2000年4月12日的《中国证券报》和《上海证券报》上。

(二)、2000年第一次临时股东大会召开情况

公司于2000年4月29日向全体股东发出召开第一次临时股东大会的通知，并于5月3日上午9:30在公司总部五楼会议室召开，出席会议的股东41人，代表股份58,854,144股，占公司总股份的68.06%。大会采取记名投票的方式，逐项审议并通过了如下决议：

1、关于取消部分配股募集资金投向的议案。

2、关于前次募集资金使用情况的说明。此次股东大会经公司聘请的湖北正信律师事务所鉴证，符合法定程序。决议公告刊登在2000年5月31日的《中国证券报》和《上海证券报》。

五、董事会报告

(一)、公司经营情况。

(1)、公司是百货商业公司，主营百货零售，是一家集零售、旅游、餐饮、进出口贸易等业务为一体的集团公司。

(2)、公司主营业务的范围及其经营状况。公司主营业务范围为：百货、针纺织品、五金交电、其他食品、副食品、劳保用品、化工原料、中西药、通讯器材、建筑装饰材料、工艺美术品、日用杂品、家具、保健品、图书报刊零售批发；金银首饰、玉器零售；家电维修；儿童游乐及电子秤服务；住宿、饮食服务；摄影；茶社；信息咨询服务；汽车货运；发布灯箱、橱窗、招牌、霓虹灯、路牌广告；广告设计、制作；服装、副食品加工；自营和代理内销商品范围内商品出口业务；自营本企业零售和自用商品进口业务；经营进料加工和"三来一补"，对销贸易和转口贸易。

2000年公司在外部市场竞争环境复杂多变，企业内部全面调整的双重压力下，迎难而上，知难而进，大胆调整经营结构，稳健务实，推进发展，坚持以经营效益为中心，以创新为主线，坚定不移地走低成本营运和低成本扩张的内涵式发展道路。全年实现主营业务收入(含税)73,052万元，实现利润3,202万元，同比增长3.46%。

(3)、在经营中出现的问题、困难及解决方法。

2000年武汉商业竞争空前激烈，价格战处于白热化，商业网点急剧增加；国际商业资本进入更加活跃，商业竞争在更大范围和更高层次上进行。

公司在董事会的正确领导下，面对外部市场竞争环境复杂多变，企业内部经营结构全面调整的双重压力，坚定信心，奋力拼搏，务实进取，积极探索汉商新形势下的经营发展战略，坚持以效益为中心，坚定不移地走低成本营运和低成本扩张的内涵式发展道路。

①调整结构、突出效益，千方百计扩销增利，实现经营质量的突破。一是以调整为重点，创立经营特色。坚持"有所为有所不为"的原则，按照贴近市场、贴近消费、贴近需求的要求，效益为先，突出重点，对经营定位，商品结构，经营布局、经营方式进行全方位的深度调整。公司根据三大卖场各自的基础条件和所处商圈的经济状况，对三大卖场作了进一步明确和规范，打破大而全、小而全的经营格局，实行错位经营。在经营方式上，按照效益优先的原则，采取灵活多样的经营方式，宜自营则自营，宜租赁则租赁，宜扣点则扣点，宜买断则买断。二是以假日为重点组织多种促销活动。抓住假日消费的商机，瞄准市场热点，用新思路、新招数争抢市场。把"假日经济"做足做火。三是以渠道为重点，提高商品的竞争力。四是转换商场职能为重点，灵活应变区域市场。

②稳步推进各个发展项目，拓展发展空间。在零售发展空间越来越窄的形势下，集团公司坚持巩固本体、强健本业、多触角延伸，稳步推进各个发展项目，拓展发展空间。

③开展机制创新，深化改革，进一步增强企业活力。开展机制创新，深化机制改革。一年来提任干部8人，调整干部44人次，降职6人，免职14人。压缩后勤管理体制，一年节约费用80多万元。加强培训教育，先后举办了柜长培训班、设备管理培训班、微机收款培训班和英语培训班，共有1528人参加培训。为激励先进，在奖金分配上实行有差异化的分配方法，建立起公平竞争、合理分配、按劳取酬，具有竞争激励机制的分配制度。

④深化满意服务，深化"十满意工程"，塑造良好的服务形象。2000年优质服务围绕搞活经济，提高效益的中心，紧抓"十满意"优质服务工程的主题，在统一服务理念、统一服务主题、统一服务规范、统一创新目标上着力，在创造特色上着力，在创新服务手段上着力，在提高素质上着力，促进了汉商的优质服务和规范管理再上新台阶。紧紧围绕经营开展优质服务竞赛，大力落实服务规范，培育服务品牌。加强基础工作，强化各项专业管理。通过科学运营，盘活存量，强化管理，化不利为有利，化挑战为机遇，使各项工作有了新发展。

(二)、公司财务状况

项目	2000年	1999年	增减比例(%)	变动原因
总资产	675,585,178.19	624,837,529.60	8.12	增加借款和本年新增利润
长期负债	68,147,362.15	92,969,989.32	-26.70	长期借款减少
股东权益	371,634,448.06	343,685,703.44	8.13	新增利润
主营业务利润	74,447,269.56	72,103,152.85	3.25	毛利上升
净利润	27,215,562.14	26,288,706.96	3.53	主营业务利润增加

(三)、公司投资情况。

1、前次募集资金使用情况说明

(1)、募集资金的数额和资金到位时间

经中国证监会监上字(98)34号文批准，公司以1997年末总股本8,033.6万股为基数，按每10股配3股；扣除国家股、法人股放弃配股1,795.68万股，实际配售614.4万股，每股配股价8元，共募集资金4,915.2万元，扣除发行费用150万元，实际募集资金4,765.2万元。资金于1998年6月10日全部到位。资金情况经武汉会计师事务所武会股字(98)050号验资报告验证确认。

(2)、募集资金的实际使用情况

公司承诺用配股募集资金投资项目有两个：改建三层停车场项目和扩建四层营业大厅项目，承诺项目投资分别为2,980万元和2,978万元。因拆迁问题影响，公司调整了建设计划，改建三层停车场项目实际投资1,243.22万元，购置的公汽公司停车场改造成为汉阳商场停车场，1999年实现效益50.48万元。扩建四层营业大厅项目实际未投入。公司为保证募集资金的合理运用，于1999年10月变更了资金投向，将募集资金未投入的3,521.98万元变更为公司流动资金，促进了公司1999年度经营业务的开展，对公司1999年度业绩提高产生了积极的影响。

序号	承诺项目名称	承诺投资	实际项目名称	实际投资	进度与效益
1	改建三层停车场项目	2980万元	与承诺一致	1,243.22万元	99年产生效益50.48万元
2	扩建四楼营业大厅项目	2978万元	补充流动资金	3,521.98万元	对99年度业绩提高产生了积极的影响

改建三层停车场项目预测1999年实现年利润314万元，实际实现50.48万元，扩建四楼营业大厅项目预测1999年实现年利润684万元，由于该项目在实施过程中遇到拆迁阻力，无法实施原投资计划，经临时股东大会决议，改变为公司流动资金，改投后促进了公司1999年度经营业务的开展，对经营业绩的提高产生了积极的影响。

公司1998年配股发行费用为150万元，其中：承销费90.85万元，律师费8万元，审计费20万元，其他费用31.15万元。

(3)、募集资金的变更程序

变更募集资金投向的议案由1999年公司第二次董事会会议提出，经1999年10月5日召开的临时股东大会审议通过，募集资金中公司除按承诺投入停车场建设的1,243.22万元外，存入银行的3,521.98万元，变更为补充企业流动资金。并于1999年10月9日在《中国证券报》、《上海证券报》上进行了披露。

公司董事会认为：前次配股募集资金的变更，严格遵守了有关法律法规，变更程序合法有效，变更事宜也及时进行了公开披露。

2、2000年募集资金情况说明

经2000年股东大会审议通过的公司2000年配股计划，由中国证监会武汉证券监管办公室武证监字(2000)36号文初审同意，并获中国证券监督管理委员会证监公司字(2000)248号文核准，于2001年3月15日完成了全部配股工作，实际募集资金9,253.14万元(已扣除发行及相关费用)。公司承诺投资5,000万元人民币组建楚雄家居装饰中心，投资5,000万元人民币组建古田家居装饰中心。

募集资金于2001年3月6日到位，在募集资金到位之前，公司以自有流动资金1,000万元用于前期准备工作。

3、非募集资金投资情况。

(1)、千步滩工程预计投资4,000万元，目前已投入1,100万元。

(2)、21购物中心三期工程共投入3,120万元，工程已完工转固、投入使用。

(3)、21购物中心四期工程投入2,900万元，工程进度90%。

(四)、中国加入WTO的影响。

随着中国加入WTO进程的加快，商业领域对外开放的可能性加大，公司将以此为契机，深化企业内部制度的改革，拟通过多种形式，改善公司的资产结构，找准切入点，向技术含量高的产业进军。

(五)、2001年度的业务发展计划。

2001年公司将以经济效益为中心，以经营结构调整为主线，增强企业的整体实力和竞争力，紧紧围绕"品牌低价、满意服务"的经营理念，树立特色，抢占市场；继续走低成本营运和低成本扩张的内涵式发展道路，盘活存量，壮中求大，滚动发展；充分发挥上市公司的优势，积极稳妥地寻求经济效益好、科技含量高、符合国家产业政策的发展项目，不断优化公司的资产结构；进一步完善机制，精于组织，规范管理，增强活力。

实施国际会展购物中心项目和大型仓储式家居装饰建材超市项目，积极开展汉商大厦写字楼招商，为公司在新世纪发展创造良好的开局。

(六)、董事会日常工作情况

1、2000年公司共召开董事会2次，临时董事会2次，会议情况如下：

[1]、公司2000年的第一次董事会于2000年2月25日上午9:30在公司总部806会议室召开，参加会议董事应到9人，实到7人，2名董事因公请假，并委托其它董事代为行使表决权，3名监事会成员列席了会议。经到会董事讨论审议，一致通过了以下决议：

(1)、公司1999年度报告正文及年度报告摘要；

(2)、董事会1999年度工作报告和2000年工作意见的报告；

(3)、公司1999年财务决算的报告；

(4)、公司1999年利润分配预案；

(5)、2000年增资工作及募集资金投向及可行性的议案；

(6)、2000年增资配股预案；

(7)、关于前次募集资金使用情况的说明；

(8)、关于资产减值准备和损失处理的内部控制制度的议案；

(9)、关于美国汉商实发国际有限公司更名的议案；

(10)、关于续聘会计师事务所的议案；

(11)、关于更换董事会成员的议案；

(12)、关于召开1999年度股东大会的议案。决议公告及年报摘要刊登在2000年2月29日的《中国证券报》及《上海证券报》上。

[2]、公司董事会第一次临时会议于2000年4月5日上午9:30在公司总部806会议室召开，参加会议的董事应到9人，实到8人，1名董事因公请假，并委托其他董事代为行使表决权。3名监事会成员列席了会议。到会董事一致通过了2000年配股募集资金投向增加两个项目。

决议公告刊登在2000年4月7日的《中国证券报》和《上海证券报》上。

[3]、公司董事会第二次临时会议于2000年4月28日上午9:30在公司总部806会议室召开，参加会议的董事应到9人，实到9人；3名监事会成员列席了会议。经到会董事讨论审议一致通过了以下决议：

①、关于取消部分配股募集资金投向的议案；

②、补充审议前次募集资金使用情况的说明；

③、关于召开2000年第一次临时股东大会的议案。决议公告刊登在2000年4月29日的《中国证券报》和《上海证券报》上。

[4]、公司2000年第二次董事会于2000年7月18日上午9:30在公司总部806会议室召开，参加会议的董事应到9人，实到6人，3名董事因公请假，委托其他董事代为行使表决权，监事会3名成员列席了会议，经到会董事讨论审议，一致通过了如下决议：

①、公司2000年上半年工作报告；

②、公司2000年中期财务报告及中期报告摘要；

③、关于总经理专职的议案。决议公告刊登在2000年7月20日的《中国证券报》和《上海证券报》上。

2、董事会对报告期内股东大会决议的执行情况。

公司1999年度股东大会于2000年4月11日审议通过了2000年配股方案，并授权董事会根据国家有关法律法规全权办理配股有关事宜。

董事会根据股东大会授权，以1999年末总股本8648万股为基数，向全体股东按每10股配3股的比例配售新股。国家股股东和法人股股东承诺全部放弃此次配股权，社会公众股股东可配售股份798.72万股。每股配售价格12元人民币，可募集资金9584.64万元。股权登记日为2001年2月14日，除权交易日为2001年2月15日。《配股说明书》刊登在2001年元月17日的《中国证券报》和《上海证券报》上。

此次配股缴款工作于2001年2月28日结束，扣除发行及相关费用后，实际募集资金共计9,253.14万元，全部为货币资金，于2001年3月6日全部到位，并已经湖北中正会计师事务所有限公司出具鄂中正一[2001]第1037号验资报告。

经公司申请，上海证券交易所安排此次配股可流通股份于2001年3月16日上市交易，其中公司董事、监事、高级管理人员获配新增的股份按有关规定暂时冻结。

2000年配股股份变动公告及配股可流通股份上市公告刊登在2001年3月13日的《中国证券报》和《上海证券报》上。

3、报告期内公司利润分配方案、资本公积金转增股本方案执行情况。

1999年度公司未进行利润分配，也未转增股本。

(七)、公司管理层及员工情况

1、董事、监事、高级管理人员情况

职务	姓名	性别	年龄	任期起止日期	年初年末持股数	年报酬(元)
董事长	张宪华	男	46	1997.12-2000.12	16,640	33,308
副董事长兼党委书记	魏汉华	女	46	1997.05-2000.12	10,400	31,094

副董事长	叶明娥	女	47	1999.05-2000.12	0	未在公司领取报酬
董事兼总经理	麻建雄	男	46	1997.12-2000.12	10,400	28,904
董事兼常务						
副总经理及董秘	张晴	女	43	1997.12-2000.12	10,400	28,348
董事	石章振	男	36	2000.12-2000.12	0	未在公司领取报酬
董事	胡爱民	男	42	1999.05-2000.12	0	未在公司领取报酬
董事	张杰	男	38	1999.05-2000.12	0	未在公司领取报酬
董事	王汉桥	男	42	1997.12-2000.12	0	未在公司领取报酬
监事会主席	曾华眉	男	57	1997.12-2000.12	10,400	27,560
监事	荆汝辉	男	44	1997.12-2000.12	0	未在公司领取报酬
监事	杨汉生	男	42	1997.12-2000.12	2,080	19,756
副总经理	姚贤华	男	46	1997.12-2000.12	10,400	28,164
副总经理	刘家信	男	52	1997.12-2000.12	10,400	27,560
副总经理	黄守长	男	44	1997.12-2000.12	10,400	28,102
副总经理	方国建	男	46	1997.12-2000.12	0	27,362
副总经理	庄汉林	男	47	1997.12-2000.12	0	27,470

以上部分董事、监事及高级管理人员的年度报酬总额为30.7万元。其中33,308至28,000元年度报酬数额区间内,领取报酬的董事及高级管理人员6人;在28,000至19,700元年度报酬数额区间内,领取报酬的副总经理3人,监事2人。

报告期内,董事易怀钦先生因工作变动,提出不再担任公司董事的辞呈,并提名中国建设银行汉阳支行行长石章振先生为缺额董事候选人。

根据中国证券监督管理委员会1999年证监公司字(22)号文的规定,公司2000年第二次董事会决定实行总经理专职,根据董事长张宪华先生提名,董事会一致通过,决定聘任麻建雄先生为公司总经理,张宪华先生不再兼任公司总经理职务;麻建雄先生不再担任公司常务副总经理职务。决议公告刊登在2000年7月20日的《中国证券报》和《上海证券报》上。

报告期内,聘任副总经理张晴女士为公司常务副总经理。

2、公司员工及专业构成情况

公司员工2744人,其中:经营人员2368人,技术人员187人,行管人员189人。公司员工大专以上学历342人,中专425人,占公司员工的27.95%。退休人员774人。

(八)、2000年利润分配预案及2001年利润分配政策。

1、2000年利润分配预案

经湖北中正会计师事务有限公司审计,公司2000年度实现利润总额32,023,420.67元,实现税后净利润27,215,562.14元。

(1)、提取"两金":

①、按10%提取法定公积金2,721,556.21元;

②、按5%提取法定公益金1,360,778.11元。

(2)、红利分配:本年度可供股东分配利润23,133,227.82元,加上1999年末未分配利润90,944,364.13元,本次可供股东分配利润114,077,591.95元。

公司拟以现有总股本94,467,200股为基数,从2000年实现的可分配利润中,向全体股东按每10股派现金1元(含税)的比例派发红利,计派红利9,446,720元,剩余未分配利润104,630,871.95元,转入下一年度。

2、公司二○○一年度利润分配政策

①、公司在2001年拟采用送股形式进行一次利润分配;

②、公司下一年度实现的净利润用于股利分配的比例在10%以上;

③、公司本年度未分配利润用于下一年度股利分配的比例在10%以上;

④、具体分配方案,将由董事会根据公司实际情况制定预案,提请年度股东大会审议批准。

(九)、报告期内公司信息披露的报纸为《中国证券报》和《上海证券报》。

六、监事会报告

(一)、监事会工作情况

2000年度,公司监事会根据《公司法》和《公司章程》的规定,依法独立行使职权,规范运作,全面行使监事会职责。报告期内,全体监事列席了各次董事会会议和股东大会,参与公司重大决策和决定的研究,检查公司依法运作情况。

(二)、监事会发表独立意见

1、报告期内公司能够严格按照《公司法》、《证券法》、《公司章程》及国家有关规定运作,公司决策程序合法,建立了完善的内部控制制度,公司董事及高级管理人员能认真履行自己的职责,无违法违纪、损害公司利益的行为。

2、监事会对公司财务情况进行认真细致的检查,认为会计师事务所出具的审计意见及所涉及事项,真实地反映了公司的财务状况和经营成果。

3、公司前次募集资金实际投入项目与承诺投入项目基本一致,对部分项目的变更,其程序合法。

4、报告期内公司无收购、出售资产及关联交易项目。

七、重要事项

1、报告期内无重大诉讼、仲裁事项;

2、报告期内公司、公司董事及高级管理层无受监管部门处罚情况;

3、报告期内,公司控股股东无变更情况;

4、公司董事会成员、总经理及董事会秘书变更情况:

①、公司报告期内,董事易怀钦先生因工作变动,辞去董事职务,增补石章振先生为董事。

②、公司实行总经理专职,原公司董事长兼总经理张宪华先生不再兼任公司总经理职务;并提名公司常务副总经理麻建雄先生为公司总经理职务。

③、董事会秘书未变更。

5、报告期内公司无收购及出售资产、吸收合并事项;

6、报告期内公司无重大关联交易事项;

7、报告期内公司无托管、承包、租赁其他公司等事项;

8、公司与控股股东在人员、资产、财务"三分开"情况:在人员分开方面:公司设立了劳动人事部,管理公司的劳动人事及薪酬工作,并制定一系列员工考核奖罚规章制度。公司总经理、副总经理等高级管理人员没有在公司股东单位担任行政职务,均在本公司领取薪酬。

在资产完整方面:公司拥有独立的采购和销售系统;独立拥有商标等无形资产。公司资产完整,与控股股东严格分开。

在财务独立方面:公司设立独立的财会部门,建立独立的会计核算体系和财务管理制度;独立在银行开设账户。

9、本报告期内,公司原聘请的武汉三正会计师事务所有限责任公司经湖北省财政厅批准于2000年8月23日与原湖北中申会计师事务有限公司合并,更名为湖北中正会计师事务有限公司。为了保持公司财务审计事务的连续性,经研究决定,继续聘请"湖北中正会计师事务有限公司"为公司2001年度公司财务报告审计机构;

10、报告期内公司没有更改名称及股票简称;

11、报告期内公司持股5%以上股东未在指定报纸和网站上披露承诺事项;

12、根据财政部财税[2000]99号文,本公司享受企业所得税先征收33%再返还18%(实际税率15%)的政策,执行到2001年12月31日止。

八、财务会计报告

(一)、审计报告

审计报告

鄂中正证一字(2001)1041号

武汉市汉商集团股份有限公司全体股东:

我们接受委托,审计了武汉市汉商集团股份有限公司(以下简称贵公司)2000年12月31日的资产负债表、合并资产负债表和2000年度利润及利润分配表、合并利润及利润分配表以及2000年度现金流量表、合并现金流量表。这些会计报表由贵公司负责,我们的责任是对这些会计报表发表审计意见。我们的审计是依据《中国注册会计师独立审计准则》进行的。在审计过程中,我们结合贵公司的实际情况,实施了包括抽查会计记录等我们认为必要的审计程序。

我们认为,上述会计报表符合《企业会计准则》和《股份有限公司会计制度》的有关规定,在所有重大方面公允地反映了贵公司2000年12月31日的财务状况及2000年度经营成果和2000年度现金流动情况,会计处理方法的选用遵循了一贯性原则。

湖北中正会计师事务有限公司　　中国注册会计师 许凯

中国注册会计师 姚舜

中国·武汉　　2001年2月28日

报表附注

A、公司简介

武汉市汉商集团股份有限公司已经中国证券监督管理委员会证监发字[1996] 297号文复审同意和上海证券交易所上证上字[1996] 097号文同意于1996年11月8日在上海证券交易所挂牌交易。

公司经济性质:股份有限公司。

法定代表人:张宪华

注册地址:武汉市汉阳大道134号。

B、重要会计政策

1、会计制度:公司会计核算执行《股份有限公司会计制度》及其有关补充规定。

2、会计年度:采用公历日历年度,自公历年元月1日至12月31日为一个会计年度。

3、记帐原则和计价基础:会计核算采用权责发生制原则,采用借贷复式记帐法记帐,会计计价以实际发生的历史成本为计价基础。

4、现金等价物的确定标准:从购买日起,三个月内到期的短期债券。

5、坏帐核算方法:

(1)、确认标准根据各应收款项的特性、金额的大小、信用期限、债务人的信誉等因素,凡符合下列条件之一的,应确认为坏账:

①债务人死亡,以其遗产清偿后仍然无法收回;

②债务人破产,以其破产财产清偿后仍然无法收回;

③债务人较长时期内未履行其偿债义务,并有足够的证据表明无法收回或收回的可能性极小。

(2)、对已确认为坏账的应收账款,公司保留其追索权,一旦重新收回,应及时入账。

(3)、核算方法采用备抵法,并按账龄分析法估计坏账损失。

(4)、提取比例:

①应收账款和其他应收款坏账准备账龄1年以内的,按其余额的3‰计提;账龄1年(含1年,下同)以上至2年以内的,按其余额的5%计提;账龄2年以上至3年以内的,按其余额的10%计提;账龄3年以上的,按其余额的20%计提。

②有确凿证据表明该项应收款项不能收回或收回可能性不大的全额计提坏账准备。

6、存货计价方法:

(1)库存商品实行售价金额核算。

(2)库存材料按实际成本核算,发出和领用采用加权平均法。

(3)低值易耗品的发出和领用采取五五摊销法。

(4)存货跌价准备的计提方法:

①确认标准为单个存货项目的成本与可变现净值孰低。

②核算方法采用备抵法,按单个存货项目的成本高于可变现净值的差额计提存货跌价准备。

7、短期投资核算方法:

(1)公司对短期投资按实际成本价计价入帐,短期投资转让或收回时,按实际成本转帐,超过成本部分作为投资收益的实现,但不同时调整已计提的短期投资跌价准备,待中期期末或年度终了再作调整。

(2)短期投资跌价准备的计提方法:

①确认标准为单项投资计算的成本与市价孰低。中期期末或年度终了,短期投资的市价低于成本的差额,应当计提短期投资跌价准备,并计入当期损益。

②核算方法采用备抵法计提短期投资跌价准备。

8、长期投资核算方法:

(1)公司投资占被投资单位权益性资本20%以上按权益法核算,对于拥有实际控制权的编制合并会计报表;占被投资单位权益性资本20%以下(含20%)按成本法核算。

(2)长期投资减值准备计提方法:

①确认标准为:

a、由于市价持续下跌或因被投资单位经营状况变化等原因导致其可收回金额低于投资的账面价值,且这种降低的价值在可预计的未来期间内不可能恢复;

b、对于无市价的长期投资,被投资单位在经营期内因政治或法律环境、市场因素的变化,导致亏损或财务状况恶化。

②核算方法采用备抵法计提长期投资减值准备。中期期末或年度终了,长期投资可收回金额低于长期投资帐面价值的差额,应当计提长期投资减值准备,并计入当期损益。

9、固定资产及其折旧:

(1)固定资产的单位价值标准为2,000元以上,使用年限一年以上;

(2)固定资产按实际成本计价;

(3)固定资产折旧采用平均年限法,各类固定资产折旧年限,预计残值率及折旧率如下:

项目	残值率%	使用年限	年折旧率%
房屋及建筑物	5	30-35年	3.17%-2.71%
通用设备	5	12年	7.92
专用设备	5	12年	7.92
运输工具	5	10年	9.50
其他	5	8年	11.88

10、在建工程核算方法:工程完工交付使用时,按工程的实际成本转入固定资产核算。用借款进行的工程发生的借款利息,属于在固定资产尚未交付使用之前发生的,计入在建固定资产成本。

11、无形资产、开办费及长期待摊费用摊销:

(1)土地使用权按5年摊销;

(2)开办费按5年摊销;

(3)装修支出按5年摊销;

(4)大修理支出按2年摊销。

12、所得税的会计处理方法:所得税的会计处理是采用应付税款法。

13、利润分配:按净利润提取法定公积金10%,法定公益金5%至10%,按照股东大会决议提取任意公积金和分配利润。

14、收入确认原则:公司以商品的所有权上的主要风险和报酬已经转移,收讫价款或取得收取价款的凭证,且相关成本能够可靠计量为标志确认收入的实现。

15、合并会计报表的编制方法:对所属全资子公司及对外投资占被投资单位权益性资本50%

以上(不含50%)或拥有实际控制权者,按财政部《合并会计报表暂行规定》要求,编制合并会计报表。

16、会计估计变更说明:本公司坏帐准备计提标准增加1年以内的应收款项按其余额的3‰计提,由此本年利润减少8,922.40元。

C、税项:

(1)增值税:税率为17%;

(2)营业税:税率5%;

(3)消费税:税率5%;

(4)企业所得税:税率按33%征收,18%返还,实际执行税率15%(根据财政部财税[2000]99号文,先征后返政策允许保留到2001年12月31日);

(5)城建税等附加税按国家规定执行。

D、控股子公司及合营企业

被投资单位名称	注册地址	法人代表	经营范围	注册资本	母公司持股比例	是否合并
汉商集团旅业有限公司	汉阳大道134号	张宪华	住宿、餐饮	569.2万元	100%	是
武汉青松摄影有限公司	鹦鹉大道79号	喻思文	摄影、摄像	159.5万元	80%	是
百福乐食品有限公司	汉阳大道287号	庄汉林	食品加工	50万元	100%	是

公司股权占被投资单位50%的汉商美国中式店、70%的黄海美机电因已停业,故未纳入合并范围。

E、会计报表主要项目注释(金额单位:元)

1.货币资金

项目	期初数	期末数
现金	72,313.96	316,433.45
银行存款	57,726,012.16	69,734,987.49
合计	57,798,326.12	70,051,420.94

2.短期投资

项目	期初数		期末数	
	金额	跌价准备	金额	跌价准备
债券投资	6,001,000.00		11,001,000.00	

短期投资较年初增加5,000,000.00元,增加83.32%,系委托中国科技信托股份有限公司武汉证券交易营业部进行国债投资。

短期投资中电力建设债券投资1,000.00元,委托中国科技信托股份有限公司武汉证券交易营业部进行国债投资11,000,000.00元,由于投资收益能得到保证,故未计提短期投资跌价准备。

3.应收帐款

帐龄	期初数			期末数		
	金额	比例%	坏帐准备	金额	比例%	坏帐准备
1年以内	770,981.83	57.70		2,120,558.06	97.17	6,361.67
1-2年	565,297.93	42.30	28,264.90	32,410.00	1.49	1,620.50
2-3年				29,350.00	1.34	2,935.00
合计	1,336,279.76	100	28,264.90	2,182,318.06	100	10,917.17

欠款金额前五名的单位:

单位名称	金额	时间	原因
应收出口退税	931,319.13	1年以内	出口退税
汉商美国中式店	500,960.62	1年以内	应收货款
深圳市恩特利贸易公司	208,516.64	1年以内	应收货款
武汉汉福超市有限公司	5,161.92	1年以内	应收水电费
农行武汉市汉阳支行	4,922.28	1年以内	应收水电费

在应收帐款中无持5%(含5%)以上股份的股东单位欠款。

应收帐款较年初增加846,038.30元,增加63.31%,主要是公司本年度销售回款较上年降低所致。

4.其他应收款

帐龄	期初数			期末数		
	金额	比例%	坏帐准备	金额	比例%	坏帐准备
1年以内	6,641,000.31	73.82		853,574.90	25.28	2,560.73
1-2年	2,355,343.09	26.18	117,767.15	2,270,869.78	67.27	113,543.49
2-3年				251,398.66	7.45	25,139.87
合计	8,996,343.40	100	117,767.15	3,375,843.34	100	141,244.09

欠款金额前五名的单位:

单位名称	金额	时间	原因
北京长青益康公司	468,000.00	1年以内	软件款
中保人寿汉阳支公司	406,919.46	1-2年	保险费
希特普电子有限公司	165,000.00	1-2年	硬件设备款
河南言其电脑公司	66,000.00	1年以内	软件款
武昌商场	28,000.00	1-2年	往来款

其他应收款中无持5%(含5%)以上股份的股东单位欠款。

其他应收款较年初减少5,620,500.06元,减少62.48%,主要是公司收回电力集资、微机设备等款项。

5.预付账款

年限	期初数		期末数	
	金额	比例%	金额	比例%
1年以内	8,172,222.68	100	28,202,708.69	99.04
1-2年			272,911.49	0.96
合计	8,172,222.68	100	28,475,620.18	100

欠款金额前五名的单位:

单位名称	金额	时间	原因
无锡小天鹅股份有限公司	3,530,591.00	1年以内	预付货款
武汉海尔工贸有限公司	3,314,385.72	1年以内	预付货款
武汉星威春兰贸易有限公司	1,950,116.59	1年以内	预付货款
广东科龙电器股份有限公司	1,333,615.33	1年以内	预付货款
广东科龙空调器有限公司	1,235,204.81	1年以内	预付货款

预付货款中无持5%(含5%)以上股份的股东单位欠款。

预付帐款较年初增加20,303,397.50元,增加248.44%,主要是公司采购量加大所致。

6.存货

项目	期初余额		期末余额	
	金额	跌价准备	金额	跌价准备
库存材料	1,123,266.94		913,938.18	
低值易耗品	1,359,548.59		1,238,008.25	
库存商品	90,674,640.28	897,333.80	85,075,840.65	685,466.70
合计	93,157,455.81	897,333.80	87,227,787.08	685,466.70

7.待摊费用

类别	期初数	本期增加	本期摊销	期末数
期初未摊销进项税	3,718,122.63		1,289,060.00	2,429,062.63
维修费	2,254,738.69	8,164,426.80	7,897,400.00	2,521,765.49
合计	5,972,861.32	8,164,426.80	9,186,460.00	4,950,828.12

8.待处理流动资产净损失

项目	年初数	年末数
库存商品损失	614,784.51	222,015.73

待处理流动资产净损失较年初减少392,768.78元,减少63.89%,主要是经董事会批准核销的库存商品损失。

9.长期投资

项目	期初数		本年增加	本年减少	期末数	
	金额	减值准备			金额	减值准备
长期股权投资	4,860,000.00		50,000.00	45,000.00	4,865,000.00	
长期债券投资	1,800.00			600.00	1,200.00	
合计	4,861,800.00		50,000.00	45,600.00	4,866,200.00	

Ⅰ:股权投资

(1)、股票投资

被投资公司名称	股份性质	股票数量	占被投资公司注册资本的比例%	投资金额
黄石美尔雅股份有限公司	法人股	135万股	0.38	800,000.00
武汉中商集团股份有限公司	法人股	31.2万股	0.17	280,000.00
武汉双虎涂料股份有限公司	法人股	27.3万股	0.21	360,000.00
合计				1,440,000.00

(2)、其他股权投资

被投资公司名称	投资金额	公司股权占被投资的比例%	减值准备
太阳服饰(原汉派服饰)	900,000.00	10	
常州自行车厂	50,000.00		
汉商美国中式店	835,000.00	50	
海南黄海美机电公司工贸大厦	1,400,000.00	70	
安琪儿股份	240,000.00	0.22	
合计	3,425,000.00		

长期投资由于股权投资主要为原始法人股投资,故未计提长期投资减值准备。

Ⅱ、债权投资

债券种类	期初余额	本期增加	本期减少	期末余额
电力债券	1,800.00		600.00	1,200.00

电力债券属集资性质,无利息。

10.固定资产及累计折旧

(1)、固定资产原值

固定资产类别	期初数	本年增加	本年减少	期末数
房屋及建筑物	320,964,196.38	21,500,221.70	254,671.00	342,209,747.08
运输工具	8,271,406.95	1,129,222.00	1,520,963.00	7,879,665.95
专用设备	19,843,634.10	1,925,663.85	1,021,339.26	20,747,958.69
通用设备	13,554,754.22	11,411,420.07	553,767.60	24,412,406.69
其他	13,133,263.00		720,467.85	12,412,795.15
合计	375,767,254.65	35,966,527.62	4,071,208.71	407,662,573.56

(2)、累计折旧

固定资产类别	期初数	本年增加	本年减少	期末数
房屋及建筑物	49,886,185.40	10,509,117.44		60,395,302.84
运输工具	3,547,488.08	1,276,892.07	930,873.05	3,893,507.10
专用设备	8,871,578.02	2,283,994.81	297,290.57	10,858,282.26
通用设备	3,581,225.45	1,315,583.32	502,452.46	4,394,356.31
其他	3,649,535.89	1,047,808.10		4,697,343.99
合计	69,536,012.84	16,433,395.74	1,730,616.08	84,238,792.50
净值	306,231,241.81			323,423,781.06

11.在建工程(万元)

工程名称	预算数	期初数	本期增加数	本期完工转出数	期末数	资金来源
汉商大厦维修	2875	261,843.51	1,987,080.64	604,128.05	1,644,796.10	自筹
其中:利息		39,151.51	22,089.14	5,008.05	56,232.60	
设备用房	850	9,871,760.02	695,472.86		10,567,232.88	自筹
其中:利息		886,560.02	33,860.46		920,420.48	
改造三层停车场	2980	9,673,431.91	1,078,356.68		10,751,788.59	自筹
其中:利息		1,143,698.78	1,078,356.68		2,222,055.46	
营业大厅扩建工程	2978	5,105,204.79	395,177.83		5,500,382.62	自筹
其中:利息		972,729.42	395,177.83		1,367,907.25	
购物中心三期扩建	1200	29,420,995.86	1,769,951.61	31,190,947.47		自筹
其中:利息		2,325,879.60	1,464,554.62	3,790,434.22		
购物中心四期扩建		9,529,122.60	20,028,415.29		29,557,537.89	自筹
其中:利息		1,274,727.45		1,274,727.45		
千步滩工程	4000	8,448,629.69	3,199,538.89		11,648,168.58	自筹
其中:利息		348,313.59	929,453.61		1,277,767.20	
咸宁工程	1500	152,040.00	647,567.96	799,607.95		自筹
其中:利息		12,040.00	9,307.98	21,347.98		
天合超市工程		879,008.83	941,226.41		1,820,235.24	自筹
其中:利息		80,035.77	22,996.41		103,032.18	
建材超市		10,403,857.33		10,403,857.33		自筹
其中:利息		122,926.82		122,926.82		
零星装修		5,050.00	15,050.00	20,100.00		自筹
合计		73,347,087.21	41,161,695.50	32,614,783.48	81,893,999.23	
其中:利息		5,808,408.69	5,353,451.00	3,816,790.25	7,345,069.44	

12.无形资产

种类	原始金额	期初数	本期增加	本期减少	本期摊销	期末数
土地使用权	55,064,524.55	49,393,718.19			1,101,290.52	48,292,427.67

剩余摊销年限为43年7个月。

13.开办费

种类	期初数	本期增加	本期减少	本期摊销	期末余额
开办费	1,604,868.14			404,105.80	1,200,762.34

14.长期待摊费用

种类	期初数	本期增加	本期减少	本期摊销	期末余额
水电增容费	2,725,764.41			545,152.88	2,180,611.53
博物馆装修	463,342.96			92,668.59	370,674.37
其他装修费	3,979,544.15	2,174,143.21		903,752.86	5,249,934.50
清算费用	1,183,836.58			236,767.31	947,069.27

合计	8,352,488.10	2,174,143.21	1,778,341.64	8,748,289.67

15.短期借款

借款类别	期初数	期末数
抵押贷款	72,000,000.00	107,690,000.00

短期借款全部系营业用房屋抵押贷款。

16.应付票据

项目	期初数	期末数
货款	14,200,000.00	10,587,011.72

无应付持有5%以上股份股东款项。

17.应付账款

项目	期初数	期末数
货款	104,382,483.55	109,414,915.35

无应付持有5%以上股份股东款项。

18.应交税金

税种	期初数	期末数
增值税	-11,730,621.19	-4,500,270.57
营业税	829,777.92	-205,627.05
消费税	289,662.26	383,417.76
城市维护建设税	-2,849,812.99	-1,663,337.18
所得税	745,850.46	4,500,032.52
合计	-12,715,143.54	-1,485,784.52

应交税金较年初减少-11,229,359.02元,减少-88.32%,主要是多交税金形成红字,公司在2000年税务结算抵扣后,调整应交税金所致。

19.其他应付款

项目	期初数	期末数
金额	10,871,581.83	11,283,316.72

无应付持有5%以上股份股东款项。

20.长期借款

借款单位	金额	借款期限	年利率%	借款条件
工行汉阳区支行	30,000,000.00	1999.9.30-2001.9.30	5.445	抵押
工行汉阳区支行	30,000,000.00	1997.12-2001.12	5.363	抵押
工行汉阳区支行	1,310,000.00	1999.5-2001.5	5.55	抵押
合计	61,310,000.00			

长期借款全部系营业用房屋抵押贷款。

21.股本

公司股份变动情况表数量　　单位:股

项目	期初数	本次变动增减(+,-)						期末数
		配股	送股	公积金转股	增发	其他	小计	
一、未上市流通股份								
1.国有持有股份	32,000,000							32,000,000
2.发起人法人股	4,800,000							4,800,000
3.定向法人股	23,056,000							23,056,000
未上市流通股份合计	59,856,000							59,856,000
二、已上市流通股份								
其中:人民币普通股	26,522,080							26,522,080
董事、监事及高级管理人员持股	101,920							101,920
已流通股份合计	26,624,000							26,624,000
三、股份总额	86,480,000							86,480,000

22.资本公积

项目	期初数	本年增加	本期减少	期末数
接受捐赠	3,342,922.18	198,242.00		3,541,164.18
法定资产评估增值	41,289,584.32			41,289,584.32
资本溢价	75,636,360.00			75,636,360.00
住房公积金转入		534,940.48		534,940.48
合计	120,268,866.50	733,182.48		121,002,048.98

23.盈余公积

项目	期初数	本期增加	期末数
法定盈余公积	20,170,773.70	2,721,556.21	22,892,329.91
公益金	13,455,802.61	1,360,778.11	14,816,580.72
任意盈余公积	12,365,896.50		12,365,896.50
合计	45,992,472.81	4,082,334.32	50,074,807.13

24.未分配利润

项目	金额
期初数	90,944,364.13
加:本年净利润	27,215,562.14
减:(1)提取法定公积金	2,721,556.21
(2)提取公益金	1,360,778.11
期末未分配利润	114,077,591.95

25.其他业务利润

项目	收入	支出	利润
咸宁温泉山庄营业收入	4,489,769.46	3,707,449.94	782,319.52
广告收入	11,059,602.36	1,189,675.85	9,869,926.51
装修收入	5,571,534.54	235,884.74	5,335,649.80
房屋租赁收入	18,729,453.90	13,993,788.97	4,735,664.93
其他	786,736.79	64,287.26	722,449.53
合计	40,637,097.05	19,191,086.76	21,446,010.29

26.财务费用

项目	上年发生数	本年发生数
利息支出	4,499,666.48	3,874,898.60
减:利息收入	528,354.02	657,878.51
利息净支出	3,971,312.46	3,217,020.09
金融机构手续费	210,651.94	14,242.98
合计	4,181,964.40	3,231,263.07

27.投资收益

项目	上年发生数	本年发生数
债券投资收益		700,000.00
股权投资收益	8,000.00	61,450.00
合计	8,000.00	761,450.00

投资收益761,450.00元,系收武汉中商集团法人股股息31,200.00元、中国科技信托股份有限公司武汉证券交易营业部700,000.00元、其他收益30,250.00元。

28.营业外收入

项目	上年发生数	本年发生数
金额	662,305.39	996,412.36

主要是处理固定资产净收入和罚款收入。

29.营业外支出

项目	上年发生数	本年发生数
金额	1,301,171.27	1,843,958.74

主要是处理固定资产净损失,平抑基金,堤防费和捐赠支出。

30.财务指标

项目	计算公式	期初数	期末数
(1)流动比率	流动资产/流动负债	0.96	0.88
(2)速动比率	速动资产/流动负债	0.47	0.49
(3)存货周转率	销售成本/存货平均余额	7.79	6.05
(4)股东权益比率	股东权益总额/资产总额×100%	55%	55.01%
(5)每股收益	净利润/期末股本总数	0.30	0.31
(6)净资产收益率	净利润/净资产×100%	7.65%	7.32%
(7)每股净资产额	股东权益总额/股本总额	3.97	4.30

F、母公司会计报表主要项目说明

1.应收帐款

帐龄	期初数			期末数		
	金额	比例%	坏帐准备	金额	比例%	坏帐准备
1年以内	690,078.51	55.22		2,110,980.06	98.63	6,332.84
1-2年	559,489.41	44.78	27,974.47			
2-3年				29,350.00	1.37	2,935.00
合计	1,249,567.92	100	27,974.47	2,140,330.06	100	9.267.94

在应收帐款中无持5%(含5%)以上股份的股东单位欠款。

2.长期投资

项目	期初数		本年增加	本年减少	期末数	
	金额	减值准备			金额	减值准备
长期股权投资	13,422,029.81		50,000.00	1,075,065.07	12,396,964.74	

(1)、股票投资

被投资公司名称	份性质	股票数量	占被投资公司注册资本的比例%	投资金额
黄石美尔雅股份有限公司	法人股	135万股	0.38	800,000.00
武汉中商集团股份有限公司	法人股	31.2万股	0.17	280,000.00
武汉双虎涂料股份有限公司	法人股	27.3万股	0.21	360,000.00
合计	1,440,000.00			

(2)、其他股权

投资被投资公司名称	投资金额	公司股权占被投资的比例%	减值准备
太阳服饰(原汉派服饰)	900,000.00	10	
常州自行车厂	50,000.00		
汉商美国中式店	835,000.00	50	
黄海美机电公司工贸大厦	1,400,000.00	70	
安琪儿股份	240,000.00	0.22	
合计	3,425,000.00		

长期投资由于股权投资主要为原始法人股投资,故未计提长期投资减值准备。

(3)、已合并报表的股权投资

被投资公司名称	投资金额	公司股权占被投资的比例%	减值准备
武汉市汉商集团旅业有限公司	5,689,753.89	100	
武汉市青松摄影公司	844,847.15	80	
汉商集团百福乐食品有限公司	997,263.70	100	
合计	7,531,964.74		

3.主营业务收入

项目	上年发生数	本年发生数
商品销售收入	795,196,378.40	619,098,660.26

4.主营业务成本

项目	上年发生数	本年发生数
商品销售成本	726,584,341.59	544,301,147.58

5、投资收益

项目	上年发生数	本年发生数
债券投资收益		700,000.00
股权投资收益	1,003,030.24	-24,119.65
合计	1,003,030.24	675,880.35

九、公司的其他有关资料

㈠、公司首次注册登记或变更注册登记日期、地址:

首次注册登记日期:1990年4月20日

最近变更注册登记日期:2000年7月31日

地址:武汉市汉阳大道134号

㈡、企业法人营业执照注册号:4201001101372

㈢、税务登记号码:

国税鄂字420105177918415

㈣、公司未流通股票托管机构:

上海中央登记结算公司

㈤、公司聘请的会计师事务所及办公地址:

湖北中正会计师事务有限公司(原武汉三正会计师事务所有限责任公司)

地址:武汉市武昌区中南路80号中南大厦4-5楼

十、备查文件

1、董事长亲笔签名的年度报告正本;

2、法定代表人、财务负责人、会计经办人签字并盖章的会计报表;

3、会计师事务所盖章、注册会计师签名并盖章的审计报告正本;

4、期内在《中国证券报》、《上海证券报》上公开披露过的所有公司文件正本及公告原稿。

5、备查文件均完整备置于公司股证部。

武汉市汉商集团股份有限公司董事会

二〇〇一年三月三十一日

南京熊猫电子股份有限公司

一、公司简介

1、公司法定中文名称:南京熊猫电子股份有限公司
公司法定英文名称:NANJING PANDA ELECTRONICS COMPANY LIMITED
公司英文名称缩写:NPEC
2、公司法定代表人:李安建
3、公司董事会秘书及授权代表:施秋生
联系地址:中国南京市中山东路 301 号
联系电话:(8625)-4801144
传真:(8625)-4820729
电子信箱:gfb@panda.nj.js.cn
4、公司注册地址:中国南京市南京高新技术产业开发区 05 幢北侧 1-2 层
公司办公及通讯地址:中国南京市中山东路 301 号
邮政编码:210002
公司国际互联网网址:http://www.chinapanda.com.cn
5、公司选定的信息披露报纸名称:《上海证券报》、《中国证券报》、香港《文汇报》、《HongKongi-Mail》。
登载公司年度报告的中国证监会指定的国际互联网网址:http://www.sse.com.cn
公司年度报告及备查文件备置地点:公司董事会秘书室
6、公司股票上市交易所:H 股香港交易及结算所有限公司
A 股上海证券交易所
公司股票简称及代码:H 股南京熊猫 0553
A 股南京熊猫 600775

二、会计数据与业务数据摘要

(一)按照中华人民共和国股份有限公司会计制度编制
1、公司本年度实现利润情况: 单位:人民币千元

(1)利润总额	138,117
(2)净利润	132,823
(3)扣除非经常性损益的净利润	108,594
(4)主营业务利润	102,211
(5)其他业务利润	5,762
(6)营业利润	(109,313)
(7)投资收益	241,290
(8)补贴收入	256
(9)营业外收支净额	5,884
(10)经营活动产生的现金流量净额	(173,562)
(11)现金及现金等价物净增加额	(79,819)

注:第(3)项所扣的项目、涉及金额分别为补贴收入 256 千元,营业外收支 5,884 千元,处置长期股权收益 18,089 千元。
2、公司近三年主要会计数据和财务指标
单位:人民币

指标项目	2000 年	1999 年	1998 年
(1)主营业务收入(千元)	1,224,434	1,430,391	1,668,923
(2)净利润(千元)	132,823	54,246	(495,328)
(3)总资产(千元)	2,456,215	2873,945	3,388,937
(4)股东权益(千元) (不含少数股东权益)	796,166	663,319	609,072
(5)每股收益(元)	0.20	0.08	(0.76)
(6)每股收益(加权)(元)	0.20	0.08	(0.76)
(7)每股净资产(元)	1.22	1.01	0.93
(8)调整后的每股净资产(元)	1.14	0.91	0.68
(9)每股经营活动产生的现金流量净额(元)	(0.26)	0.41	(0.23)
(10)净资产收益率(%)	16.68	8.18	(81.32)

注:本公司在本年度总股本未发生变化。
3、利润表附表:

报告期利润	净资产收益率(%)		每股收益(人民币. 元)	
	全面摊薄	加权平均	全面摊薄	加权平均
主营业务利润	12.84	14.01	0.16	0.16
营业利润	(13.73)	(14.98)	(0.17)	(0.17)
净利润	16.68	18.20	0.20	0.20
扣除非经常性损益后的净利润	13.64	14.88	0.17	0.17

(二) 按照香港普遍采纳会计准则编制

三、股东情况介绍

1、截至二OOO年十二月三十一日止,本公司共有股东 18,943 户,其中 A 股股东 18,876 户,H 股股东 67 户。
2、截至二OOO年十二月三十一日止公司前十名股东持股情况

股东名称	种类	年末持股数量	占总股本比例(%)
(1) 熊猫电子集团有限公司	国有股	355,015,000	54.20
(2) 香港中央结算代理人有限公司	H	239,,918,899	36.63
(3) 开元基金	A	2,600,858	0.397
(4) 汉鼎基金	A	1,503,494	0.33
(5) 申银万国证券股份有限公司	A	1,049,799	0.16
(6) 普润基金	A	950,749	0.145
(7) 汉博基金	A	662,981	0.10
(8) TSE WING PAK	H	550,000	0.084
(9) 景福基金	A	424,650	0.065
(10) 金元基金	A	408,283	0.062

附注:(1)以上列出的股东情况中代表国家持有股份的单位为熊猫电子集团有限公司,其法定代表人为奚永明,经营范围为无线电通信设备,广播电视设备,电器机械及器材,电子系统工程等。其所持股份无质押或冻结的情况。
(2)香港中央结算代理人有限公司所持有股份乃分别代表其多个客户所持有,其中摩根斯坦利(MOR-GAN STANLEYD DEAN WITTER)透过香港汇丰银行代理人有限公司持有本公司 H 股 34,170,000 股,占 H 股总数比例为 14.12%,占本公司总股本比例为 5.22%。除此之外,本公司并不知悉任何个别客户持有本公司已发行股本 10%以上的权益。

东方通信股份有限公司

一、公司简介

公司法定名称:东方通信股份有限公司
简称:东方通信公司英文名称:EASTERN COMMUNICATIONS CO.,LTD.
缩写:EASTCOM
公司注册地址:中国浙江省杭州市文三路 80-84 号
公司办公地址:中国浙江省杭州市文三路 398 号 邮政编码:310013
公司网址:www.eastcom.com
电子信箱:webmaster@eastcom.com
公司法定代表人:施继兴
公司董事会秘书:沈余银
授权代表:蔡祝平
电子信箱:czp@eastcom.com
电话:86-571-8865228(总机)8865242
传真:86-571-8865243
公司选定信息披露报纸:《中国证券报》、《上海证券报》、《香港文汇报》、《南华早报》
公司年度报告登载互联网网址:http//www.sse.com.cn
公司年度报告备置地点:杭州市文三路 398 号东信大厦
股票上市交易所名称:上海证券交易所
公司 A 股股票简称及交易代码:东方通信,600776
公司 B 股股票简称及交易代码:东信 B 股,900941

二、主要财务指标

1、本年度利润总额及构成(合并报表) (单位:元)

利润总额	415,141,677.21
其中:主营业务利润	1,070,839,477.63
其他业务利润	2,262,777.67
投资收益	120,925,576.15
营业外收支净额	-5,476,263.25
补贴收入	541,944.36
净利润	378,624,495.53
扣除非经常性损益后的净利润	385,267,529.61
经营活动产生的现金流量净额	862,057,585.72
现金及现金等价物净增加额	360,320,221.60
非经常性损益差异说明:	
净利润	378,624,495.53
减:1)营业外收支净额	-5,476,263.25
2)补贴收入	541,944.36
3)广州邮通投资额摊销	-2,407,821.08
4)新股申购冻结利息	699,105.89
扣除非经常性损益后的净利润	385,267,529.61

2、会计数据及财务指标(合并报表)

项目	2000 年	1999 年	1998 年
主营业务收入	7,713,900,606.51	6,910,346,448.66	5,686,202,036.82
净利润	378,624,495.53	287,790,359.59	222,061,715.49
总资产	7,945,672,486.67	4,902,172,072.87	5,129,460,389.74
股东权益 (不含少数股东权益)	3,565,283,104.21	1,960,144,082.24	1,795,201,677.92
每股收益(摊薄)	0.60	0.50	0.39
每股收益(加权)	0.64		
每股收益(扣除非经常性损益,摊薄)	0.61	0.50	0.47
每股收益(扣除非经常性损益,加权)	0.65		
每股净资产	5.68	3.44	3.15
调整后的每股净资产	5.54	3.37	3.13
每股经营活动产生的现金流量净额	1.37	0.69	-1.00
净资产收益率	10.62%	14.68%	12.37%

3、报告期利润指标说明(合并报表)

项目	净资产收益率(%)		每股收益(元/股)	
	摊薄	加权	摊薄	加权
主营业务利润	30.04%	43.82%	1.71	1.82
营业利润	8.39%	12.24%	0.48	0.51
净利润	10.62%	15.49%	0.60	0.64
扣除非经常性损益的净利润	10.81%	15.76%	0.61	0.65

三、股东情况介绍

1、报告期末股东总数截止 2000 年 12 月 31 日止,公司股东总数为 42722 户,其中法人股股东 2 户,社会公众股(A 股)股东 36749 户,境内上市外资股(B 股)股东 5971 户。
2、公司前十名股东的持股情况:

序号	股东名称	持股数量	所占比例	股份类别
1	浙江东方通信集团有限公司	324,000,000	51.59%	国有法人股
2	浙江东信控股有限公司	36,000,000	5.73%	一般法人股
3	天元基金	12,610,017	2.01%	社会公众股
4	TOYO SECURITIES ASIA LTD. A/C CLIENT	11,836,221	1.88%	外资股
5	WAH CHUN INTERNATIONAL LIMITED	9,773,550	1.56%	外资股
6	NAITO SECURITIES CO., LTD.	9,184,605	1.46%	外资股
7	MOTOROLA INTERNATIONAL DEVELOPMENT CORPORATION	7,500,000	1.19%	外资股
8	金鑫基金	5,000,000	0.80%	法人配售新股
9	普惠基金	3,940,839	0.63%	社会公众股
10	FI-CTBLUX S/A THE BATTERYMARCH GEM FUND	3,144,500	0.50%	外资股

浙江东信控股有限公司由浙江东方通信集团有限公司工会(占 95%)和杭州东信实业有限公司(占 5%)共同投资设立。浙江东方通信集团有限公司占有杭州东信实业有限公司的 90%的股权。
金鑫基金因在本报告期配售新股成为前十名股东,约定持股期间为 2000 年 9 月 29 日到 2001 年 3 月 29 日。

烟台新潮实业股份有限公司

一、公司简介

1.公司法定中、英文名称及缩写
公司法定中文名称:烟台新潮实业股份有限公司
英文名称:YANTAI XINCHAO INDUSTRY CO.,LTD
英文缩写:XCIC
2.法定代表人:孙树刚
3.公司董事会秘书:卢作明、于德海
证券事务代表:于德海
联系电话:(0535)4259777　　联系传真:(0535)4225688
4.公司注册地址及办公地址:
烟台市牟平区牟山路98 号
邮政编码:264100
网址:http://WWW.xinchao shi ye.com
电 子信箱:xinchao@public.ytptt.sd.cn
5.公司选定的信息披露报纸名称:上海证券报
登载公司年度报告的上海证券交易所网址:
http://WWW.sse.com.cn
公司年度报告备置地点:公司证券部
6.公司股票上市地:上海证券交易所
股票简称:新潮实业
股票代码:600777

二、会计数据和业务数据摘要

(一)本年度主要会计数据和业务数据　　　单 位:元

利润总额:	96,903,391.71
净利润:	64,557,139.06
扣除非经常性损益后的净利润:	64,645,980.57
主营业务利润:	149,249,871.54
其他业务利润:	515,548.53
营业利润:	97,035,990.98
投资收益:	-36,556.86
补贴收入:	
营业外收支净额:	-96,042.41
经营活动产生的现金流量净额:	80,785,166.31
现金及现金等价物净增加额:	139,380,753.02

注:扣除非经常性损益项目及所涉及的金额
1.营业外收支净额-96,042.41 元;
2.投资收益-36,556.86 元。

(二)公司前三年的主要会计数据和财务指标　　　单 位:元

项 目	2000 年	1999 年	1998 年(调整后)
(1)主营业务收入	585,073,727.45	389,509,671.11	317,323,559.74
(2)净利润	64,557,139.06	57,630,640.01	51,624,204.58
(3)总资产	977,387,540.23	720,406,455.57	587,721,522.21
(4)股东权益(不含少数股东权益)	724,727,553.53	515,805,856.07	459,902,105.33
(5)每股收益	0.32	0.309	0.277
(6)每股净资产	3.54	2.76	2.465
(7)调整后的每股净资产	3.52	2.74	2.45
(8)每股经营活动产生的现金流量净额:	0.39	0.153	0.219
(9)净资产收益率(%)	8.91	11.17	11.26
(10)加权平均每股收益	0.33	0.309	0.225
(11)加权平均扣除非经常性损益后的每股收益:	0.33	0.269	0.254

(三)按照中国证监会《公开发行证券公司信息披露编报规则》(第 9 号)的通知要求,计算 2000 年年度的利润数据如下:

报告期利润	净资产收益率(%)		每股收益(元)	
	全面摊薄	加权平均	全面摊薄	加权平均
主营业务利润	20.59	24.01	0.73	0.77
营业利润	13.39	15.61	0.47	0.50
净利润	8.91	10.38	0.32	0.33
扣除非经常性损益后的净利润	8.92	10.40	0.32	0.33

三、股本变动及股东情况

1.报告期末股东总数
截止 2000 年 12 月 31 日,本公司共有股东 32450 户。
2.前十名股东持股变动情况
(1)前十名股东持股变动情况表　　　数量单位:股

名次	股东名称	期初数	年度内股份增减(+,-)	期末数	占总股本(%)
1	新牟国际集团公司	88,829,233	0	88,829,233	43.36
2	烟台全洲海洋运输公司	18,500,940	0	18,500,940	9.03
3	山东证券有限责任公司	0	3,664,253	3,664,253	1.79
4	中信证券	0	2,539,288	2,539,288	1.24
5	黄河证券	0	818,013	818,013	0.40
6	浙江证券	0	747,044	747,044	0.36
7	烟台新豪酒店	681,849	0	681,849	0.33
8	泰和基金	0	569,743	569,743	0.28
9	周明庆	332,200	0	332,200	0.16
10	迟忠福	331,567	0	331,567	0.16

注:①上述前十名股东中新牟国际集团公司、烟台全洲海洋运输公司、山东证券有限责任公司、黄河证券、浙江证券、烟台新豪酒店、周明庆、迟忠福所持股份全部为未上市流通股份;中信证券所持股份中,含已上市流通股份 298,156 股,未上市流通股份 2,241,132 股;泰和基金所持股份全部为已上市流通股份。

② 烟台全洲海洋运输公司是新牟国际集团公司的全资子公司;烟台新豪酒店是新牟国际集团公司的控股子公司。

新疆友好(集团)股份有限公司

一、公司简介

1、公司法定中文名称:新疆友好(集团)股份有限公司
公司法定英文名称:XINJIANG　FRIENDSHIP(GROUP) CO.,LTD
2、公司法定代表人:马雍全
3、公司董事会秘书:王建平　　联系地址:乌鲁木齐市友好北路 14 号
电话:(0991)4841698　　传真:(0991)4815090　　电子信箱:yhzqb@mail.xj.cninfo.net
4、公司注册地址:乌鲁木齐市友好北路 14 号
公司办公地址:乌鲁木齐市友好北路 14 号　　邮政编码:830000
公司国际互连网网址:http://www.xjyh.com.cn　　电子信箱:xjyhjt@mail.xj.cninfo.net
5、公司选定的信息披露报纸名称:《上海证券报》、《中国证券报》
登载公司年度报告的中国证监会指定国际互连网网址:http:/www.sse.com.cn
公司年度报告置备地点:公司证券投资部
6、公司股票上市交易所:上海证券交易所　　股票简称:友好集团　　股票代码:600778

二、会计数据和业务数据摘要

1、本年度利润总额及构成单位:元

项目	金额
利润总额	34,936,093.65
净利润	29,671,032.96
扣除非经常性损益后的净利润	28,689,586.25
主营业务利润	154,163,553.49
其他业务利润	18,292,269.45
营业利润	28,884,578.29
投资收益	6,022,005.91
补贴收入	
营业外收支净额	29,509.45
经营活动产生的现金流量净额	58,390,186.20
现金及现金等价物净增加额	162,916,207.03

2、截止报告期末公司近三年的主要会计数据和财务指标单位:元

项目	2000 年	1999 年	1998 年 调整前	1998 年 调整后
主营业务收入	982893671.44	914409178.96	756885737.52	756885737.52
净利润	29671032.96	54146783.30	44155165.21	44035795.95
总资产	1435721134.24	1036749395.37	995702240.54	995582871.28
股东权益	453803775.39	468737980.21	466038466.17	465919096.91
每股收益(摊薄)	0.12	0.21	0.26	0.26
(加权)	0.12	0.21	0.28	0.28
扣除非经常性损益	0.12	0.21	0.18	0.18
配股完成后每股收益(摊薄)	0.10			
每股净资产	1.77	1.83	2.72	2.72
调整后的每股净资产	1.65	1.92	2.50	2.57
每股经营活动产生的现金流量净额	0.23	0.36	0.15	0.15
净资产收益率(%)	6.54%	11.55%	9.47%	9.45%

注:主要财务指标的计算方法
每股收益=净利润/报告期末普通股股份总数
每股净资产=报告期末股东权益/报告期末普通股股份总数
调整后的每股净资产=[报告期末股东权益-三年以上的应收款项净额-待摊费用-待处理 (流动、固定)资产净损失-开办费-长期待摊费用-住房周转金负数余额]/报告期末普通股股份总数
每股经营活动产生的现金流量净额=经营活动产生的现金流量净额/报告期末普通股股份总数
净资产收益率=净利润/报告期末股东权益×100%

3、利润表附表

报告期利润	净资产收益率 全面摊薄板	净资产收益率 加权平均	每股收益(元) 全面摊薄板	每股收益(元) 加权平均
主营业务利润	33.97%	33.23%	0.60	0.60
营业利润	6.36%	6.23%	0.11	0.11
净利润	6.54%	6.40%	0.12	0.12
扣除非经营性损益后的净利润	6.53%	6.39%	0.12	0.12

注:计算公式
全面摊薄净资产收益率=报告期利润/期末净资产
全面摊薄每股收益=报告期利润/期末股份总数
加权平均净资产收益率=报告期利润/[期初净资产+报告期净利润/2+报告期发行新股或债转股等新增净资产×新增净资产下一月份起至报告期末的月份数/报告期月份数-报告期回购或现金分红等减少净资产×减少净资产下一月份起至报告期期末的月份数/报告期月份数]
加权平均每股收益=报告期利润/[期初股份总数+报告期因公积金转增或股票股利分配等增加股份数+报告期因发行新股或债转股等增加股份数×增加股份下一月份起至报告期期末月份数/报告期月份数-报告期因回购或缩股等减少股份数×减少股份下一月份起至报告期期末月份数/报告期月份数]

三、股份变动及股东情况

1、股份变动情况
(1)报告期末公司股东总数为 71933 户。
(2)主要股东持股情况(截止 2000 年 12 月 31 日)

股东名称	年末持股数量(股)	占总股本比例(%)
乌鲁木齐国有资产经营有限公司	51060375	19.896
新疆建银设备租赁总公司	19954347	7.775
新疆天正实业总公司	10516500	4.098
新疆天山毛纺织股份有限公司	10147500	3.954
乌鲁木齐市财政证券	6503652	2.534
新疆证券登记公司	4457507	1.737
乌鲁木齐市国债服务中心	3064950	1.194
乌鲁木齐市商业银行诚信支行	2121750	0.827
乌鲁木齐烟烨公司	2011050	0.784
新疆独山子石化总厂	1845000	0.719

注:a. 公司原第一大股东乌鲁木齐市国有资产管理局期初持有本公司股份 5106.0375 万股,1998 年 8 月 10 日乌鲁木齐市国有资产管理局决定将其持有的本公司国有股股权全部无偿划拨乌鲁木齐市国有资产经营有限公司管理。

四 川 全 兴 股 份 有 限 公 司

四川全兴股份有限公司2000年年度报告摘要

本公司董事会保证本报告所载资料不存在任何虚假记载、误导性陈述或者重大遗漏，并对其内容的真实性、准确性和完整性负个别及连带责任。本年度报告摘要摘自年度报告，投资者欲了解详细内容，应阅读年度报告。

(一)公司简介

1、公司法定中文名称：四川全兴股份有限公司

公司法定英文名称：SICHUAN QUANXING CO., LTD

2、公司注册地址：成都市人民中路二段68号全兴大厦

3、公司法定代表人：杨肇基

4、公司董事会秘书：张光前　　公司董事会证券事务代表：张宗俊

联系地址：成都市人民中路二段68号全兴大厦

联络电话：(028)6252847　　传真：(028)6252847

邮政编码：610031　　公司电子信箱：quanxing@mail.sc.cninfo.net

5、公司指定信息披露报刊：《中国证券报》、《上海证券报》

登载公司年度报告的国际互联网网址：http://www.sse.com.cn

公司年度报告备置地点：公司董事会办公室

6、公司股票上市地点：上海证券交易所

公司股票简称：全兴股份　　公司股票代码：600779

(二)会计数据和业务数据摘要

1、本年度主要利润指标情况(单位：人民币元)

利润总额：	220368199.38
净利润：	178967152.14
扣除非经常性损益后的净利润：	179451692.35
主营业务利润：	355146250.48
其他业务利润：	22868026.09
营业利润：	220595193.06
投资收益：	257546.53
补贴收入：	-
营业外收支净额：	484540.21
经营活动产生的现金流量净额：	139930476.21
现金及现金等价物净增加额：	84343573.29

说明："扣除非经常性损益后的净利润"其扣除项目为营业外收入188,937.33元和 营业外支出673,477.54元两项

2、截止报告期末公司前三年的主要会计数据和财务指标(单位：人民币元)

项目	2000年	1999年		1998年	
		调整后	调整前	调整后	调整前
主营业务收入	1280558496.74	1181068079.12	1181068079.12	317257870.84	317257870.84
净利润	178967152.14	220523182.61	228595210.13	35524437.11	36400163.97
总资产	1680054059.91	1388629784.79	1399586661.50	665907717.41	676601909.91
股东权益	677963666.92	536734033.15	548676755.31	319874545.18	330568737.68
(不含少数股东权益)			-		
每股收益(摊薄计算)	0.439	0.812	0.841	0.235	0.241
每股收益(加权计算)	0.439	0.812	0.841		
扣除非经常性损益后的每股收益	0.440	0.804	0.833	0.238	0.244
每股净资产	1.66	1.98	2.02	2.12	2.19
调整后的每股净资产	1.63	1.93	1.97	2.10	2.18
每股经营活动产生的现金流量净额	0.34	0.56	0.56	0.30	0.30
净资产收益率(%)	26.40	41.09	41.66	11.11	11.01

(三)股东情况介绍

(1)报告期末，公司股东总数87099户。

(2)前十名股东持股情况如下：

名次　前十名股东	年末持股数(股)	占总股本比例(%)
(1)成都市国有资产管理局	218791653	53.69
(已授权四川成都全兴集团有限公司代行股东权利)	-	
(2)成都自强药业包装材料厂	12438900	3.05
(3)工行滨江	11016000	2.70
(4)成都菊乐(集团)股份有限公司	2019600	0.50
(5)山西省大同第二制药厂	1836000	0.45
(6)天进信息	1836000	0.45
(7)网纵实业	1836000	0.45
(8)成都市金禾粮油	1836000	0.45
(9)金堂淀粉	1836000	0.45
(10)成都淀粉	1836000	0.45

以上第1名为国家股持股单位，第2、3、4、5、6、7、8、9、10名股东为法人股 东，其间不存在关联关系；其持股数量在本年度的变化，皆因1999年年度利润分配(每10股送红股5股)所致。

本公司国有股由成都市国资局持有，成都市国资局授权四川成都全兴集团有限公司代行股东权利。本报告期内，控股股东无变更。

成都市国资局持有本公司的股份没有任何质押。

(四)股东大会简介

本报告期内，公司召开了一次股东大会：

1999年年度股东大会于2000年5月23日召开，本次股东大会决议公告刊登在2000 年5月24日的《中国证券报》、《上海证券报》上。

(五)董事会报告

1、公司经营情况

(1)公司所处的行业为白酒行业，主导产品全兴大曲早在六十年代即跻身全国 八大名酒之列，近几年国家名酒产销量和人均税利居行业前列。2000年，公司所使用的"全兴"商标荣获中国"驰名商标"称号；同时，公司被评为"中国食品工业优秀企业"，并荣获"四川省先进集体"、"四川省重合同、守信用企业"称号。

(2)公司主营业务范围及经营情况：

公司原主营生产抗生素原料药和制剂，经实质性重组后转变为以传统生物发酵工程为主包括酒类、药类、生物医学材料三大类产品的企业。为规范完善母子公司体制，促进药业的生产经营和资本运作，2000年5月23日经1999年度股东大会审议通过，并报成都市体改委批准后，将公司的药业资产经评估后全部剥离出来，作为全兴股份公司的对外投资，发起设立四川制药股份有限公司(公司控股50.58%)。

2000年，全国白酒市场呈现出"货源充足，需求不平衡，销量有升有降，品种有 冷有热，市场趋于饱和，竞争更加激烈"的新特点。公司围绕产品结构调整、质量优 先、品牌创新、稳定市场等方面，主抓市场的巩固、开发建设与产品的更新换代及提升附加值等工作，成功推出了"新品种、新风格、新包装"的精制全兴大曲，以"品质 更醇更爽"赢得了众多消费者的认同与青睐。公司全面加强生产管理、质量管理、成 本管理、市场营销工作，以市场为核心，使生产、技改、包装、后勤、管理快速高效地围绕市场运转，在大规模的产品结构调整和市场资源整合中保持了良好的经营业绩。2000年公司完成主营业务收入为1,280,558,496.74元，实现主营业务利润355,146,250.48元，其中酒业主营收入9.46亿元，较1999年增长9%；药业主营收入3.34亿元，较1999年增长7%。

(3)公司主要控股子公司的经营情况及业绩：

①成都水井坊有限公司及成都水井坊销售有限公司：

在原全兴酒厂曲酒车间考古发掘出的水井街酒坊遗址，是唯一经过权威部门正式考古鉴定、迄今为止全国以至全世界发现的年代最早、保存最完整的白酒酿酒遗址，被我国考古界、史学界、白酒界专家称为"中国白酒第一坊"，2000年被国家文物局评为"1999年全国十大考古新发现"之一。公司投资控股95%组建了成都水井坊有限公司 和水井坊销售有限公司，利用水井街酒坊的重大考古发现和研究成果，采用现代生物技术对水井坊古窖中的酿酒生物菌群及生产工艺等进行了深入地研究，开发出新型、高档、优质的古窖酒。在今年8月强力地推出了具有大都市、高品位的历史文化名酒 --水井坊酒，现已在香港、广东、四川等地具备了一定的知名度和美誉度，并获得了众多消费者广泛好评和赞叹，其市场前景良好，有望迅速成为公司新的效益增长点。水井坊销售公司年底前已完成主营收入5479万元，实现投资当年盈利。在第30届国际包装设计奖评选中，"水井坊"包装已荣获代表国际广告包装艺术创意最高成就的"莫 必乌斯"金杯奖。

②四川制药股份有限公司：

公司控股50.58%的四川制药股份有限公司，在2000年积极适应市场变化，以"抓住机遇、观念创新、加大调整、适应市场、增创效益"为经营方针，面对国内外市场的巨大变化、国家成品药三次价格下浮调整、医疗体制及医疗制度改革等形势，经营层及时转变观念、果断决策、调整产品生产结构，连续三次青霉素扩产，使主导产品青霉素出现重大突破，抓住机遇占领了青霉素产品较大的国内外市场份额，从而使公司药业生产经营发生了根本性的转变。该公司报告期内实现主营收入3.34亿元，其中自营出口创汇859万美元(比去年同期增长41%)。

③成都太合生物材料有限公司：

该公司从2000年3月组建以来，仅用9个月时间即建成符合国家GMP标准的生产科 研大楼，并于年底正式迁址扩产成功，现手术缝合线已达到月销售量近3万根的水平 。2000年公司实现主营收入321万元，并在投资当年实现盈利。

(4)在经营中出现的问题与困难及解决方案：

白酒市场历经无情和无序竞争后，需求总量出现下降，结构性变化极大，竞争异常激烈。为了公司的长远发展，2000年公司加大了新品升级换代工作力度，营销重点和毛利水平在结构调整中产生了一定的波动。2001年公司将按照"改革创新、整合资 源、拓展市场、提升品牌"的方针，继续狠抓提高产品质量、优化产品结构、提高中 高档产品比重，全面实施品牌创新战略，提升科技、文化含量，提升认同度、美誉度；通过生产要素资源的整合和外部市场网络资源的整合，采取更加积极的适应市场变化的营销策略，加快主导产品的全面升级换代，下大力气抓好市场建设、市场培育、宣传促销工作，扩大产品的市场份额，提高企业经济效益，并在此基础上加快实施产业创新战略的步伐。

(5)公司对报告期利润实现数未进行过任何预测。

2、公司财务状况

项目	2000年度	1999年度	增减(%)
总资产	1680054059.91	1388629784.28	21
长期负债	29300000.00	127000000.00	-77
股东权益	677963666.92	536734033.15	26
主营业务利润	355146250.48	331589227.64	7
净利润	178967152.14	220523182.61	-19

说明：(1)"总资产"增加，是接受资产投资、借款增加、本年实现利润增加股东权益所致。

(2)"长期负债"减少，是由于药业子公司归还贷款及转入一年内到期的长期 负债所致。

(3)"股东权益"增加，是由于公司报告期内盈利所致。

(4)"主营业务利润"增加，是由于成都全兴销售公司1999年1--2月未纳入合 并范围所致。

(5)"净利润"下降，是由于部分协作厂停产、半停产导致技术协作费等其他 业务利润大幅下降及营业费用、管理费用、财务费用上升所致。

3、公司投资情况

(1)报告期内公司未募集资金，也没有前报告期内募集资金延续到本报告期内 使用的情况。截止1999年12月31日，公司前次募集资金已全额按《招股说明书》、董事会决议、股东大会决议的规定使用完毕，并由武汉众环会计师事务所出具《前次募集资金使用情况的专项报告》。(详见4 月22日中国证券报、上海证券报公告)

(2)报告期内公司使用非募集资金投资的项目情况如下：

①2000年2月17日召开的公司二届董事会十五次会议审议通过，本公司斥资375万元(控股75%)与民营科技企业家李民友、曾桂华在四川生物医学材料科技产业基地 内共同组建成都太合生物材料有限公司。其经营情况前已介绍。

②经2000年3月23日召开的公司二届董事会十六次会议审议通过，本公司斥资1000万元(占注册资本5%)与清华大学企业集团、首钢集团等共同发起设立清华科技创 业投资有限公司。该公司已完成组建工作，并办理了工商登记手续。目前公司正式投入运营，2000年已投资7个高科技项目，实现经营收入215万元。

③经2000年4月2日召开的公司二届董事会十七次会议审议通过，本公司斥资2700万元(占注册资本49%)与清华大学企业集团联合收购、重组设立深圳清华源兴药业 有限公司。目前收购重组工作已全部完成。

④经2000年5月23日召开的公司1999年度股东大会审议通过，本公司以评估确认 后的药业净资产8572万元作为出资(控股50.58%)，与四川成都全兴集团有限公司、成都淀粉厂等五家单位共同发起设立四川制药股份有限公司。6月份该公司已完成组 建工作，并办理了工商登记手续。其经营情况前已介绍。

⑤经 2000 年 6 月 20 日召开的公司三届董事会二次会议审议通过，本公司分别斥资 1140 万元、950 万元与四川成都全兴集团有限公司共同组建成都水井坊有限公司(控股 95%)、成都水井坊销售有限公司(控股 95%)。7 月该公司已完成组建及工商登记手续，并正式投资营运。其经营情况前已介绍。

⑥公司按 11 月 21 日第三次董事会第二项决议的授权，经与北京清华大学企业集团、北京清华科技创业投资有限公司、深圳市源政投资发展有限公司、深圳清华源兴药业有限公司、海南磁力线实业投资有限公司协商，一致同意发起设立注册资本为 15000 万元的"深圳市清华源兴生物医药科技股份有限公司"。本公司原与清华大学企业集团共同出资收购、重组清华源兴药业有限公司的 5510 万元，转为对新公司的出资，其中本公司的出资 2700 万元，占新公司总股本的 18%。

⑦公司 1999 年度投资 600 万元与四川大学、华西医科大学组建的四川生物材料科技产业基地开发有限公司，2000 年度该公司投资与四川大学、华西医科大学共同组建了"四川国佳生物医学材料工程技术研究中心"，现该中心有 3 项新产品已进入中试和临床试验阶段，其中一项的企业标准已通过有关部门的批准，即将获取试生产许可证，另二项的审批工作正在进行。

报告期内公司使用非募集资金投资比上年有较大增加，共计投入 14737 万元，投资项目 5 项，形成生产实体 3 个，均当年投资当年受益；其中参与投资清华科创投资一项，参与高科技产业开发一项，二个项目均在正常运营之中。

4、中国加入 WTO 对公司未来经营产生的影响

(1)加入 WTO 对酒业的影响

加入 WTO，逐步破除酒类关税壁垒，对生物发酵酿造的中国名酒进军国际市场创造了有利的机遇和条件，但国内外酒类市场的竞争将会更加激烈。为此公司正在做积极的临战准备：在国际大市场的竞争中，不断学习国外企业的市场网络建设等先进经验，降低生产成本、管理成本和销售成本，增强核心竞争能力，增强战略意识和大市场意识、营销策划意识，打好文化牌，开辟新渠道，进军港台市场、海外华人市场乃至国际市场。

(2)加入 WTO 对药业控股子公司的影响

因药业控股子公司出口主导产品盐酸四环素是通过美国 FDA 认证的产品，有国际通行证，并已形成一定的国际市场销售网络，公司的青霉素工业盐今年以来出口势头良好，因此入关以后将更有利于国际市场的开拓。

5、新年度的业务发展计划：

(1)近年来随着人民生活水平的提高，酒类消费需求向个性化、多样化发展的趋势日益明显。在国家产业政策的导向下，国内白酒行业结构调整加快，产销总量下降，但获得国家质量金奖的生态型中国名酒所占比重上升，仍有较大的市场拓展空间。针对名酒行业的发展现状，公司将突出生物酿酒和主产国家名酒的优势，按照"改革创新(机制创新、技术创新、品牌创新、营销创新)、资源整合(各项生产要素资源整合和外部社会资源整合、市场网络资源整合)、拓展市场(向非主销区市场、海外市场拓展)、提升品牌(提升品牌科技含量、文化含量和消费者认同度、美誉度)"的方针，主抓市场的创新、巩固与开发建设，促进主导产品的市场销售工作；并充分利用水井街酒坊遗址的历史文化资源，全面整合品牌资源，使"全兴"、"水井坊"品牌互为支撑，辉映，有效提升、扩展品牌的内涵，提高企业盈利水平，力争酒业销售收入稳定增长和实现利润同步增长。

(2)公司药业将实施"国内外两大市场两手抓"和"原料药与成品制剂药两大产品系列并驾齐驱"的发展战略，以观念创新、思路创新、科技创新、体制创新、管理创新适应市场国际化和经济全球化趋势，推动药业生产经营加快发展，力争药业销售收入稳定增长和实现利润同步增长。

(3)加快生物产业的开发，一方面积极拓展成都太和生物材料有限公司产品的市场占有率，改进生产工艺，完善销售网络，追求较高的投资回报；另一方面抓紧公司其他现代生物技术产业项目的立项筹资工作，力争新项目尽快投资建设；

(4)在进一步搞好公司规范运作的基础上，拟争取获准进行增发新股，加快实施产业创新战略，积极调整产业结构，促使公司向以生物医学材料、生物基因工程为重点的现代生物技术产业方向持续发展；

(5)抓住我国即将加入 WTO 的机遇，加大川药出口创汇的力度，加强名酒的出口外销工作，抢占国际市场，争创更大的效益；

(6)进一步推进公司内部经营管理制度的改革，整合人力资源、强化企业基础管理，激发企业创新活力，调动员工积极性。

6、董事会日常工作情况

(1)报告期内，公司共召开了董事会会议七次。

①公司二届董事会 2000 年 2 月 18 日以传真方式召开了会议，此次会议决议刊登在 2000 年 2 月 21 日的《上海证券报》、《中国证券报》上。

②公司二届董事会 2000 年第二次会议，于 2000 年 3 月 23 日召开此次会议决议刊登在 2000 年 3 月 27 日的《上海证券报》、《中国证券报》上。

③公司二届董事会 2000 年第三次会议于 2000 年 4 月 2 日召开，此次会议决议刊登在 4 月 4 日的《中国证券报》、《上海证券报》上。

④公司二届董事会 2000 年第四次会议于 2000 年 4 月 20 日召开，本次会议决议刊登在 2000 年 4 月 22 日的《上海证券报》、《中国证券报》上。

⑤公司于 2000 年 5 月 23 日召开的股东年会上选举产生了公司第三届董事会、监事会。第三届董事会第一次会议亦于 5 月 23 日在全兴大厦 16 楼会议室召开，本次会议决议及本公司 1999 年度股东大会决议同时刊登在 2000 年 5 月 24 日的《上海证券报》、《中国证券报》上。

⑥公司 2000 年 6 月 20 日在全兴大厦十六楼会议室召开了第三届董事会二次会议，本次会议决议刊登在 2000 年 6 月 21 日的《上海证券报》、《中国证券报》上。

⑦公司 2000 年 7 月 21 日在全兴大厦召开了公司三届董事会第三次会议，本次会议决议刊登在 2000 年 7 月 25 日的《上海证券报》、《中国证券报》上。

⑧公司董事会 2000 年 12 月 19 日在全兴大厦召开专题工作会议，根据中国证监会成都证管办 2000 年巡回检查的整改意见，研究制订了进一步规范整改的措施，并向中国证监会成都证管办书面汇报。

(2)报告期内公司利润分配方案、执行情况

报告期内，公司董事会实施了经公司 1999 年股东大会通过的 1999 年度每 10 股送红股 5 股的利润分配方案。股权登记日：2000 年 7 月 13 日，除权日及新增红股上市交易日：2000 年 7 月 14 日。该实施方案及股份变动的公告刊登于 2000 年 7 月 7 日的《中国证券报》、《上海证券报》上。

7、公司管理层及员工情况

(1)董事、监事、高级管理人员

职务	姓名	性别	年龄	年初持股数(股)	年末持股数(股)	年度报酬(元)	任期起止日
董事长	杨肇基	男	53	0	6000	29603.80	2000.5-2003.5
常务副董事长	陈可	男	51	0	4000	28028	2000.5-2003.5
副董事长兼副总经理	杨小郁	男	43	9792	14688	14456(在子公司领取)	2000.5-2003.5
董事	卢忠捷	男	54	0	4000	未在公司领取报酬	2000.5-2003.5
董事兼常务副总经理	徐学成	男	47	9792	14688	13088(在子公司领取)	2000.5-2003.5
董事兼副总经理	赖登	男	52	0	4000	27449	2000.5-2003.5
董事兼副总经理	李溢中	男	54	0	5080	27108.40	2000.5-2003.5
董事	张光义	男	41	3672	5508	12870(在子公司领取)	2000.5-2003.5
董事	沈华	男	46	1224	2336	未在公司领取报酬	2000.5-2003.5
董事兼总经济师	多增强	男	46	0	4000	26660.60	2000.5-2003.5
董事	周新伟	男	44	7344	11016	13064(在子公司领取)	2000.5-2003.5
监事会主席	邓禄银	男	53	0	4000	27955	2000.5-2003.5
监事	郭海安	男	58	9792	14688	13964(在子公司领取)	2000.5-2003.5
监事	王国平	男	37	2448	3672	12741(在子公司领取)	2000.5-2003.5
监事	刘绍熙	男	52	7344	11016	未在公司领取报酬	2000.5-2003.5
监事	黄才芹	男	57	0	4000	27488	2000.5-2003.5
监事	朱国英	女	46	0	4000	23516	2000.5-2003.5
监事	陈继源	男	34	500	750	13476(在子公司领取)	2000.5-2003.5
总经理	黄建勇	男	35	0	4000	25467	2000.5-2003.5
副总经理	蔡惠忠	男	55	7344	11016	13088(在子公司领取)	2000.5-2003.5
副总经理	薛常有	男	52	0	4000	26554	2000.5-2003.5
副总经理	王仲滋	男	45	0	4000	26047	2000.5-2003.5
财务总监	唐兴东	男	42	0	4000	25699	2000.5-2003.5
董秘	张光前	男	59	3672	5508	13278(在子公司领取)	2000.5-2003.5

注：持股情况变化原因：

1.根据董事会基金管理办法，用董事会基金给年初持股数为 0 股的董、监事、高管人员在二级市场购买本公司股票，并在上交所办理锁定手续。

2. 公司 2000 年 7 月 13 日实施每 10 股送红股 5 股的分配方案。

3. 公司董、监事、高管人员所持本公司股票，均按交易所规定予以锁定。

(2)报告期内，在公司领取报酬的公司董事、监事及高级管理人员年度报酬区间：

2 万元以上：12 人

1 万元以上：9 人

未在公司及控股子公司领取报酬的董事、监事：卢忠捷、沈华、刘绍熙

(3)报告期内，董事、监事变动情况

报告期内公司第二届董事会、监事会任期届满，于 2000 年 5 月 23 日 1999 年度股东大会上举行换届选举，该选举结果已刊登于 2000 年 5 月 24 日的《中国证券报》、《上海证券报》上。

(4)报告期内，公司总经理、董事会秘书任职情况。

在公司三届董事会第一次会议上，经公司董事长提名，董事会通过，聘任黄建勇先生任公司总经理，聘任张光前先生为公司董事会秘书、张宗俊先生为公司证券事务代表。

8、本次利润分配预案：

经武汉众环会计师事务所审计，公司 2000 年度实现净利润 178,967,152.14 元，提取 10%法定公积金 17,896,715.20 元，提取 5%法定公益金 8,948,357.60 元，加上年初未分配利润 184,296,532.93 元，在实施 1999 年度每 10 股送红股 5 股后，本期可供股东分配利润为 200,574,461.27 元。经董事会研究提出以下分配预案：

以 2000 年末股本总数 407532453 股为基数，每 10 股派送现金红利 1.00 元(含税)，计 40,753,245.32 元，余 159,821,215.95 元，留存部分待下一年度分配。

以上预案需经公司 2000 年年度股东大会审议通过后执行。

根据中国证监会要求，公司必须制定下一年度的利润分配政策。董事会根据实施产业创新战略、加快发展现代生物医药产业的资金需求，下一年度拟实行的利润分配政策如下：

2001 年度公司分配利润一次。

公司 2001 年度实现的净利润拟用于股利分配的比例为 30%。

公司本年度未分配利润拟用于下一年度股利分配的比例为 20%。

在分配方式中拟采用派发现金与送红股相结合的方式，二者的比例为 1:3。

以上 2001 年度拟实施的分配政策，需在具体实施时，由董事会以分配预案形式提交公司股东大会审议通过后实施，届时公司董事会可根据公司盈利情况作局部调整。

(六)监事会报告

1、监事会会议情况

(1)2000 年 2 月 18 日董事会以传真方式召开，全体监事亦收到传真文件，了解会议内容及情况；

(2)2000 年 3 月 23 日列席董事会；

(3)2000 年 3 月 23 日召开监事会二 OOO 年二次会议，会议审议通过了公司 1999 年度监事会工作报告、公司关于四项准备金计提及核销的内部控制制度及执行情况、公司 1999 年财务决算报告、公司 1999 年年度报告及 1999 年年度报告摘要等议案，此次会议决议刊登在 2000 年 3 月 27 日的《中国证券报》和《上海证券报》上；

(4)2000 年 4 月 2 日列席董事会并召开监事会工作会议；

(5)2000 年 4 月 20 日列席董事会；

(6)2000 年 4 月 20 日召开监事会二 OOO 年四次会议，会议通过了调整监事会席位、监事会换届选举等议案，此次会议决议刊登在 2000 年 4 月 22 日的《上海证券报》、《中国证券报》上。

(7)2000 年 5 月 23 日列席董事会；

(8)2000 年 5 月 23 日召开三届监事会一次会议，会议审议通过了选举邓禄银先生为公司三届监事会召集人的议案，此次会议决议刊登在 2000 年 5 月 24 日的《上海证券报》、《中国证券报》上；

(9)2000 年 6 月 20 日列席董事会并召开监事会工作会议；

(10)2000 年 7 月 21 日列席董事会；

(11)2000 年 7 月 21 日召开三届监事会三次会议，会议审议通过了公司 2000 年中报、公司监事会工作细则，此次会议决议刊登在 2000 年 7 月 25 日的《上海证券报》、《中国证券报》上；

(12)2000 年 12 月 19 日监事会列席董事会专题工作会议。

(13)2000 年 12 月 25 日监事会召开专题工作会议，根据中国证监会成都证管办 2000 年巡回检查整改意见，研究制订规范整改的措施。

2、监事会对公司依法运作情况的意见：

(1)报告期内，公司严格按国家法律、法规、公司章程规范运作，公司决策程 序合法，已建立完善的内部控制制度，公司董事、经理执行公司公务时无违反法律、法规、公司章程或损害公司利益的行为。

(2)报告期内，公司的投资项目均经过审慎的研究部署，其中两个项目做到了 当年投资当年受益。所投资的清华科创和清华源兴项目也运作正常。

(3)检查公司财务情况。公司监事会对公司的财务状况进行了认真检查，认为 公司2000年度财务结构合理、财务状况良好。武汉众环会计师事务所出具的审计报告及所涉及事项，能真实反映公司的财务状况和经营成果。

(4)报告期内公司无收购、出售资产情况。

(5)报告期内公司生产往来方面的关联交易已在财务报告中披露。关联交易按 照公允的原则进行，无损害公司利益和股东利益的行为。

(6)公司与控股股东四川成都全兴集团有限公司在人员、资产、财务上"三分 开"。

(七)重要事项

1、报告期内本公司无重大诉讼、仲裁事项。

2、公司、公司董事及高级管理人员未受到监管部门的处罚。

3、报告期内，公司控股股东未发生变更。

4、报告期内公司根据《公司法》和《章程》的规定，对董事会、监事会、经理 及其他高管人员进行了换届选举、聘任。(详见2000年5月24日中国证券报、上海证 券报公告)

5、报告期内公司无收购兼并、资产重组事项。

6、报告期内在生产往来方面的关联交易，已在财务报告中予以披露。

7、公司与控股股东在人员、资产、财务上的"三分开"情况

本公司与控股股东四川成都全兴集团有限公司之间已实现人员独立、资产完整、财务独立。具体情况如下：

①在人员方面，公司在劳动、人事及工资管理等方面实行独立。经理、副经理及高级管理人员在公司或子公司领取报酬，未在控股股东单位担任职务。

②在资产方面，公司拥有独立的生产系统、辅助生产系统、完整的厂区和配套设施，工业产权、非专利技术等无形资产由公司拥有，公司独立拥有采购和销售系统。公司酒业中所使用的中国驰名商标"全兴"酒商标由四川成都全兴集团有限公司拥有，公司与全兴集团公司之间签订有商标租用协议，每年应按"全兴"品牌酒类销售收入的1%计付商标许可使用费(本年度约为891万元)；公司在成都市城区租用全兴集 团公司的部分土地，房屋及设备，按双方在资产重组时签订的协议每年应付其租赁费489万元；全兴集团公司为支持本公司加快实施产业创新战略、增强核心竞争能力，2经集团董事会决议批准并与本公司签定相关补充协议，同意在2002年12月31日以前 全额免收本公司上述两项费用。

③在财务方面，本公司设有独立的财务部门，并建立了独立的会计核算系统和财务管理制度，并在银行独立开户。

8、报告期内未发生聘任、解聘会计师事务所情况。

9、报告期内公司未发生更改名称的情况

10、报告期内公司未发生对外担保事宜。

11、公司三届董事会第三次会议决定：为了支持公司加快实施产业创新战略，本公司中期不进行利润分配，也不进行资本公积金转增股本。

12、公司上年度利润分配及公积金转增股本方案：每10股送红股5股，不进行公 积金转增股本。该方案于2000年5月23日股东大会通过，并已于2000年7月14日实施。(详见2000年5月24日、7月7日中国证券报、上海证券报公告)

13、本公司控股股东成都市国资局未在指定报纸上披露过任何承诺事项。

14、本公司按四川省财政厅文件川财税(2001)2号文件精神享受企业所得税先 征33%后返18%的政策。

(八)财务会计报告

1、审计报告：

本公司2000年度财务会计报告，经武汉众环会计师事务所注册会计师胡家望、吴杰审计，并出具了无保留意见审计报告，文号武众会(2001)015号。

2、财务报表：(附后)

3、会计报表附注：

(1)外币业务的核算方法

本公司以人民币为记帐本位币。会计年度内涉及外币的业务，按发生时当日中国人民银行公布的基准汇价折合人民币记帐。年度终了，各外币帐户余额，按中国人民银行公布的期末基准汇价折合人民币金额，由此产生的各外币项目折合人民币余额与原帐面人民币余额的差额记入财务费用、在建工程等科目。

(2)坏帐损失的核算方法：

本公司坏帐损失采用备抵法核算。经对所有应收帐款和其他应收款进行逐户核查，本公司应收帐款和其他应收款整体质量较好。同时，经对母公司及子公司近年坏帐发生情况进行统计，本公司坏帐率较低，故本公司按年末应收帐款和其他应收款余额的1.5%计提坏帐准备。子公司四川制药股份有限公司按年末应收帐款和其他应收款余额的2.5%计提坏帐准备。

对因债务人破产或者死亡，以其破产财产或者遗产清偿后，仍然不能收回或因债务人逾期未履行偿债义务超过三年确定不能收回而发生的坏帐损失，作为坏帐核销并冲减坏帐准备余额。

(3)存货核算方法：

A.本公司存货包括：原材料、在产品、库存商品、低值易耗品、自制半成品、包装物等。

B.本公司除四川制药股份有限公司原材料采用计划成本核算外，存货均采用实际成本核算，发出采用加权平均法结转成本。四川制药股份有限公司原材料采用计划成本核算，实际成本与计划成本的差异平时记入材料成本差异，月末，对材料成本差异按加权平均法进行分摊。

C.低值易耗品采用一次摊销法摊销。

D.存货实行永续盘存制。

E.本公司存货按帐面成本与可变现净值孰低原则计价，对存货帐面成本低于可变现净值的，按帐面成本与可变现净值的差额计提存货跌价准备。

(4)长期投资的核算方法

A.本公司对外股权投资，按投资时实际支付的价款或确定的价值记帐。本公司对其他单位的投资占该单位有表决权资本总额20%或20%以上，或虽投资不足20%但有重 大影响，采用权益法核算。并对拥有50%以上股权或拥有实际控股权的长期投资单位 纳入会计报表合并范围。本公司对其他单位的投资占该单位有表决权资本总额20%以 下，或对其他单位的投资虽占该单位有表决权资本总额20%或20%以上，但不具有重大影响的，采用成本法核算。

B.本公司对债权投资按实际支付的价款入帐，债权投资收益根据权责发生制原则 计算。

C.本公司股权投资差额按合同规定的投资期限平均摊销。

D.本公司年末对长期投资逐项进行检查，如果市价持续下跌或被投资单位经营状况恶化等原因，导致其可回收金额低于帐面价值，且该降低价值在可预计的未来期间不可恢复，将按可回收金额低于长期投资帐面价值的差额计提长期投资减值准备。

(5)固定资产计价及其折旧政策

A.固定资产的标准为使用年限在一年以上的房屋建筑物、机器、运输工具以及其他与生产、经营有关的设备、器具、工具等。不属于生产、经营主要设备的物品，单位价值在2,000元以上，并且使用期限超过二年的，也作为固定资产。

B.固定资产按实际成本计价。

C.固定资产折旧采用直线法，预留残值3%，按分类折旧率计提折旧。

D.各类固定资产使用年限及年折旧率如下：

类别	预计使用年限	年折旧率(%)
房屋及建筑物	10-40年	2.425-9.700
机器设备	5-15年	6.470-19.40
运输设备	5-10年	9.700-19.40
其他设备	5-10年	9.700-19.40

(6)收入的确认

本公司销售商品时已将商品所有权上的重要风险和报酬转移给买方，公司不再对该商品实施继续管理权和实际控制权，相关的收入已经收到或取得了收款的证据，并且与销售该商品有关的成本能够可靠地计量时，确认营业收入的实现。

(7)所得税的会计处理方法

本公司所得税会计处理采用应付税款法。

(8)合并会计报表的编制方法

根据财政部财会字(1995)11号文关于印发《合并会计报表暂行规定》的通知的有关规定，以母公司和纳入合并范围的子公司的会计报表及其他有关资料为依据，合并各会计报表项目数额后编制而成。合并时，本公司的重大内部交易和资金往来均相互抵销。

2000年6月，本公司经股东大会决议批准，将下属药业分公司拥有的净资产经评 估作价折股发起设立了四川制药股份有限公司。四川制药股份有限公司股本总额16948万股，本公司以净资产作价折股8572万股，占50.58%的股份。故药业分公司2000年1-5月损益纳入母公司利润表，四川制药股份有限公司2000年6-12月会计制表纳入合并会计报表。

(9)控股子公司及合营企业

子公司名称	注册资本(万元)	经营范围	投资额(万元)	拥有权益比例
成都全兴销售公司	1000	销售酒类产品	7089	99.50%
四川制药股份有限公司	16948	生产销售药品	8572	50.58%
成都水井坊有限公司	1200	生产销售酒类产品	1140	95.00%
成都水井坊销售有限公司	1000	销售酒类产品	950	95.00%
成都太合生物材料有限公司	500	生产销售医用材料	375	75.00%

注：上述投资额均系按权益法核算的期末投资额。

(10)承诺事项

本公司无应披露而未披露的重大承诺事项。

(11)或有事项

本公司无应披露而未披露的重大或有事项。

(九)公司的其他有关资料

1、公司首次注册日期：1993年12月18日

2、公司首次注册地点：成都市杉板桥路1号

3、企业法人营业执照注册号：5101001802381

4、税务登记号码：川地税蓉字51010072341539-X　川国税蓉字51010572341539X

5、公司聘请的会计师事务所名称：武汉众环会计师事务所　法定代表人：黄光松

住址：江汉区单洞路特1号武汉国际大厦B栋16层

电话：(027)5426261　传真：(027)5424329　经办注册会计师：胡家望、吴杰

(十)备查文件

1、载有公司负责人、财务负责人、会计经办人员亲笔签名并盖章的会计报表；

2、载有武汉众环会计师事务所盖章，注册会计师亲笔签名并盖章的审计报告正 本；

3、载有公司董事长亲笔签名的年度报告文本。

4、报告期内在中国证监会指定报纸《中国证券报》、《上海证券报》上公开披 露的所有公司文件的正文及公告原件。

5、公司章程

四川全兴股份有限公司董事会

二〇〇一年元月二十日

资产负债表

编制单位：四川全兴股份有限公司　　单位：人民币

	1999年12月31日 合并	1999年12月31日 母公司	2000年12月31日 合并	2000年12月31日 母公司
流动资产：				
货币资金	155945440.2	43895026.2	240289013.49	70712632.76
应收票据	75590692.73	3655010	139390935.03	
应收帐款	275660438.35	88243189.24	286081862.44	5816249
其它应收款	24835902.34	43686483.8	23041911.05	11264484.01
减：坏帐准备	5145581	2334322.26	5578416.87	168976.26
应收帐款净额	295350759.69	129595350.78	303545356.62	16911756.75
预付帐款	7385577.09	7385577.04	7452573.17	5672458.42
应收补贴款				
存货	418436259.94	358521809.35	435414081.04	310285027.24
减：存货跌价准备	4573005.35	4573005.35	1898577.06	
存货净额	413863254.59	353948804	433515503.98	310285027.24
待摊费用	1523528.8	1198728.8	1573485.05	1003632.44
一年内到期的长期债权投资	125000	125000	125000	
流动资产合计	949784253.1	539803496.82	1125891867.34	404585507.61
长期投资：				
长期股权投资	8708301.64	271830483.86	50567676.96	593662005.93
长期债权投资	250000	250000	125000	
长期投资合计	8958301.64	272080483.86	50692676.96	593662005.93
长期投资净额	8958301.64	272080483.86	50692676.96	593662005.93
固定资产：				
固定资产原值	549146353.53	547493462.92	675960951.69	343957570.54
减：累计折旧	197521906.66	196915432.5	259600983.43	128615459.08
固定资产净值	351624446.87	350578030.42	416359968.26	215342111.46

工程物资	323707.3	323707.3	4315909.03	4064454.03
在建工程	12511085.17	12511085.17	18960350.92	14949629.45
固定资产合计	364459239.34	363412822.89	439636228.21	234356194.94
无形及其它资产:				
无形资产	65427990.71	65427990.71	63717819.81	55563248.61
开办费	115467.59			
无形资产及其它资产合计	65427990.71	65427990.71	63833287.4	55563248.61
递延税项:				
递延税款借项				
资产总计:				
资产总计	1388629784.79	1240724794.28	1680054059.91	1288166957.09
流动负债:				
短期借款	323150000	315150000	412150000	216600000
应付票据	5000000	5000000		
应付帐款	185435562.03	140798390.69	205349671.8	46589335.07
预收帐款	4299332.68	100197.07	6271177.87	139356526.5
代销商品款				
应付工资	21894467.33	21625531.81	17735090.16	9691263.44
应付福利费	28770905.55	25802809.23	15657861.17	11368056.64
应付股利	8500.37	8500.37	40761745.69	40753245.32
应付税金	23704240.81	11422908.12	47124741.02	35529714.95
其它应交款	1379471.53	348228.15	11458184.03	3023907.68
其它应付款	95688646.93	75097543.76	63859006.77	47539329.8
应付短期债券				
预提费用	4564624.41	4564624.41	781340.44	
一年内到期的长期负债	31000000	31000000	60000000	50000000
流动负债合计	724895751.64	630918733.61	881148818.95	600451379.4
长期负债:				
长期借款	127000000	65000000	25000000	
应付债券				
长期应付款		4300000		
长期负债合计		127000000	65000000	29300000
递延税项:				
负债合计:				
负债合计	851895751.64	695918733.61	910448818.95	600451379.4
少数股东权益:				
少数股东权益			91641574.04	
股东权益:				
股本	271688302.24	271688302.24	407532453.24	407532453.24
资本公积金	26540559.56	26540559.56	29556286.51	29556286.51
盈余公积	54208638.42	55419442.56	81053711.22	82516497.87
其中:公益金	17069546.14	17473147.52	26825106.5	26505499.29
未分配利润	184296532.93	191157756.31	159821215.95	168110340.07
股东权益合计	536734033.15	544806060.67	677963666.92	687715577.69
负债和股东权益总计:				
负债和股东权益总计	1388629784.79	1240724794.28	1680054059.91	1288166957.09

利润分配表

编制单位:四川全兴股份有限公司　　单位:人民币

	1999年度		2000年度	
	合并	母公司	合并	母公司
一、主营业务收入	1181068079.12	585710090.9	1280558496.74	429041085.89
减:折扣与折让				
主营业务收入净额	1181068079.12	585710090.9	1280558496.74	429041085.89
减:主营业务成本	808552790.3	530372055.44	852351872.88	320766719.56
主营业务税金及附加	40926061.18	31826428.42	73060373.38	64408691.87
二、主营业务利润	331589227.64	23511607.04	355146250.48	43865674.46
加:其他业务利润	89137018.45	89137018.45	22868026.09	22537551.73
减:存货跌价损失	1898577.06			
营业费用	33669784.52	3669542.07	47918015.77	1833030.24
管理费用	73696483.49	58689251.97	79454135.55	55430813.02
财务费用	19082482.38	9284611.61	28148355.13	5521181.54
三、营业利润	294277495.7	41005219.84	220595193.06	3618201.39
加:投资收益	183127.54	192407136.49	257546.53	178040263.11
期货损益				
补贴收入				
营业外收入	3278029.33	2935792.2	188937.33	38512.95
以前年度损益调整				
减:营业外支出	1074785.55	949119.83	673477.54	274027.3
分给外单位利润				
四、利润总额	296663867.02	235399028.7	220368199.38	181422950.15
减:所得税	46037949.79	6803818.57	37572089.57	775914.76
少数股东损益	30102734.62		3828957.67	
五、净利润	220523182.61	228595210.13	178967152.14	180647035.39
加:年初未分配利润	27039416.71	27039416.71	184296532.93	191157756.31
盈余公积转入数				
年初未分配利润调整				
减少注册资本减少的未分配利润				
外币报表折算差额				
减:股份公司成立前利润分配				
六、可供分配的利润	247562599.32	255634626.84	363263685.07	371804791.7
减:提取法定盈余公积金	22052318.26	22859521.02	17896715.2	18064703.54
提取法定公益金	11026159.13	11429760.51	8948357.6	9032351.77
提取职工奖励福利基金				
七、可供股东分配的利润	214484121.93	221345345.31	336418612.27	344707736.39
应付普通股股利	40753245.32	40753245.32		
转作股本的普通股股利	30187589	30187589	135844151	135844151
八、未分配利润	184296532.93	191157756.31	159821215.95	168110340.07

现金流量表

编制单位:四川全兴股份有限公司　　单位:人民币

2000年度

	合并	母公司
一、经营活动产生的现金流量:		
销售商品、提供劳务收到的现金	1395512822.8	623763020.96
收取的租金	256800	90000
收到的除增值税以外的其它税费返还	37649500	
收到的其它与经营活动有关的现金	15456512.27	6409425.57
经营活动产生的现金流入小计	1448875635.07	630262446.53
购买商品、接受劳务支付的现金	957299945.42	434406673.59
经营租赁所支付的现金	59751.1	
支付给职工以及为职工支付的现金	75845381.52	48485063.75
支付的增值税款	77366467.6	27444485.19
支付的所得税款	62339734.24	6072105.47
支付的除增值税、所得税以外的其它税费	45475881.75	41812164.45
支付的其它与经营活动有关的现金	90557997.23	9641162.64
经营活动产生的现金流出小计	1308945158.86	567861655.09
经营活动产生的现金流量净额	139930476.21	62400791.44
二、投资活动产生的现金流量:		
收回投资所收到的现金	1397550.18	1272550.18
它长期资产而收回的现金净额	16078.67	10000
收到的其它与投资活动有关的现金	7014963.53	336229.78
投资活动产生的现金流入小计	8428592.38	1618779.96
购建固定资产、无形资产和其		
它长期资产所支付的现金	17199485.54	9618616.28
权益性投资所支付的现金	37000000	81753944.64
投资活动产生的现金流出小计	54199485.54	91372560.92
投资活动产生的现金流量净额	-45770893.16	-89753780.96
三、筹资活动产生的现金流量:		
吸收权益性投资所收到的现金	3499432.09	
借款所收到的现金	634850000	471300000
收到的其它与筹资活动有关的现金	330273.61	
筹资活动产生的现金流入小计	638679705.7	471300000
偿还债务所支付的现金	618850000	411300000
偿付利息所支付的现金	29638465.36	5829403.92
支付的其它与筹资活动有关的现金	7250.1	
筹资活动产生的现金流出小计	648495715.46	417129403.92
筹资活动产生的现金流量净额	-9816009.76	54170596.08
四、汇率变动对现金的影响:		
五、现金及现金等价物净增加额:		
现金及现金等价物净增加额	84343573.29	26817606.56
附注:		
1、不涉及现金收支的投资和筹资活动:		
以固定资产进行长期投资		116064697.49
2、将净利润调节为经营活动的现金流量:		
净利润	178967152.14	180647035.39
加:少数股东损益	3828957.67	
购并利润		
计提的坏帐准备或转销的坏帐	2997212.65	704595.6
固定资产折旧	35545158.64	26445717.92
无形资产及其他资产摊销	1999250.9	1892548.5
待摊费用的减少(减增加)	31960	31960
预提费用的增加(减减少)	897763.22	897763.22
处置无形资产、固定资产和其		
它长期资产的损失(减收益)	-16638.67	-10560
固定资产报废损失	369039.34	252896.14
财务费用	28147794.93	5521181.54
投资损失(减收益)	-257546.53	-178040263.11
存货的减少(减增加)	-16977821.1	107667654.89
经营性应收项目的减少(减加)	-74234638.26	-17818272.56
经营性应付项目的增加(减减少)	-21367168.72	-65791466.09
经营活动产生的现金流量净额	139930476.21	62400791.44
3、现金及现金等价物净值增加情况:		
货币资金的期末余额	240289013.49	70712632.76
减:货币资金的期初余额	155945440.2	43895026.2
现金及现金等价物净增加额	84343573.29	26817606.56

山西通宝能源股份有限公司

一 公司简介

(一)公司法定中、英文名称及缩写
1 、中文名称:山西通宝能源股份有限公司
2 、英文名称:TOP ENERGY COMPANY LTD.SHANXI 缩写:TEC
(二)公司法定代表人:郭明
(三)公司董事会秘书姓名、联系地址、电话、传真:
1 、董事会秘书:刘会成 地址:山西省太原市高新技术产业开发区学府工 业园区 V-6 区
2 、电 话:0351-7021877 传真:0351-7021877
(四)公司注册地址,办公地址及其邮政编码,公司国际互联网网址 、电子信箱。
1 、公司注册及办公地址:山西省太原市高新技术产业开发区 学府工业园区 V-6 区
2 、邮政编码:030006 网址:http://www.600780.com 电子信箱:top600780@sina.com
(五)公司选定的信息披露报纸名称,登载公司年度报告的中国证监会指定
国际互联网网址,公司年度报告备置地点:
1 、信息披露报纸名称:《上海证券报》
2 、证监会指定网址:http://www.sse.com.cn.
3 、年度报告备置地点:公司投资证券部
(六)公司股票上市交易所、股票简称和股票代码:
1 、上市交易所:上海证券交易所
2 、股票简称:通宝能源 、股票代码:600780

二 主要财务数据和指标

1 、本年度主要会计数据 单位:人民币元

利润总额	68,319,706.00
净利润	52,866,019.14
扣除非经常性损益后的净利润	46,873,225.45
主营业务利润	90,943,122.37
其他业务利润	0.00
营业利润	62,439,535.63
投资收益	1,727,777.78
补贴收入	4,265,015.91
营业外收支净额	-112,623.32
经营活动产生的现金流量净额	133,941,305.44
现金及现金等价物净增加额	-6,792,045.33

注:公司非经常性损益项目及金额:

(1)投资收益	1,727,777.78
(2)补贴收入	4,265,015.91

2 、公司近三年主要财务指标

项 目	2000 年	1999 年	1998 年 调 整后	1998 年 调整前
主营业务收入(万元)	24,065.74	17,620.07	22,117.82	22,896.10
净利润(万元)	5,286.60	6,072.09	1,866.94	2,615.40
总资产(万元)	77,964.91	87,050.40	77,832.24	86,031.35
股东权益(万元)	48,105.97	45,515.55	23,979.34	25,896.39
每股收益(元)(摊薄)	0.25	0.28	0.18	0.245
(加权)	0.25	0.32	0.18	0.245
扣除非经常性损益后的每股收益(元)	0.22	0.19		
每股净资产(元)	2.23	2.11	2.25	2.42
调整后的每股净资产(元)	2.23	2.11	1.97	1.97
每股经营活动产生的现金流量净额	0.62	0.53	0.295	0.295
净资产收益率(%)(摊薄)	10.99	13.34	7.79	10.10
(%)(加权)	10.98			

3 、按照中国证监会《公开发行证券公司信息披露编报规则(第 9 号)》要求计算本报告期的净资产收益率和每股收益:

项目	净资产收益率(%) 全 面摊薄	净资产收益率(%) 加权平均	每股收益 全面摊薄	每股收益 加权平均
主营业务利润	18.90	18.88	0.42	0.42
营业利润	12.98	12.97	0.29	0.29
净利润	10.99	10.98	0.25	0.25
扣除非经常性损益后的净利润	9.74	9.73	0.22	0.22

注:2000 年度总股本与 1999 年度总股本均按 21569.4612 万股计算,1998 年度总股本按 10680 万股计算。

4 、股东权益变动情况(单位:元)

项目	股本	资本公积	盈余公积	法定公益金	未分配利润	股东权益合计
期初数	215,694,612.00	162,624,784.32	29,778,850.32	14,730,465.66	47,057,221.32	455,155,467.96
本期增加	0.00	0.00	10,573,203.82	5,286,601.91	15,330,988.83	25,904,192.65
本期减少						
期末数	215,694,612,00	162,624,784,32	40,352,054,14	20,017,067.57	62,388,210.15	481,059,660.61

三 股东情况介绍

1 、截止 2000 年末,公司股东总数 63117 户。

2 、公司前十名股东持股情况

序 号	股东名称	期末数(股)	占总股本比例(%)
①	山西省地方电力公司	106,968,140	49.59
②	山西统配煤炭经销公司	5,735,923	2.66
③	潞安矿务局	2,458,253	1.14
④	晋城矿务局	2,458,253	1.14
⑤	阳泉矿务局	2,458,253	1.14
⑥	大同铁路分局力通公司	1,024,272	0.47
⑦	山西晋煤实业开发总公司	819,418	0.38
⑧	王永宽	543,000	0.25
⑨	泰达科投	373,950	0.17
⑩	赵德兴	278,552	0.13

注:报告期内前十名股东之间无关联交易。

上海民丰实业股份有限公司

一、公司简介

1 、公司的法定中文名称:上海民丰实业股份有限公司
公司的英文名称:SHANGHAI MINFENG HOLDING CO.,LTD 缩写:MF
2 、公司法定代表人:郑逢利
3 、公司董事会秘书:戴海维 公司董事会秘书授权人:孙佩琳
联系地址:上海市徐家汇路 300 号 电话:(021)63843680 传真:(021)63841960
4 、公司注册地址:中国上海市徐家汇路 300 号
公司办公地址:中国上海市徐家汇路 300 号 邮政编码:200025
网址:http://www.minfeng holding.com 电子信箱:ZZ@MINFENGHOLDING.COM
5 、公司选定的信息披露报纸名称:上海证券报
登载公司年度报告的中国证监会指定国际互联网网址:http://www.sse.com.cn
公司年度报告备置地点:上海民丰实业股份有限公司
6 、公司股票上市地:上海证券交易所
股票简称:民丰实业 股票代码:600781

二、会计数据和业务数据摘要

1 、公司本年度利润及构成:(单位:元)

利润总额:	1,517,677.41
净利润:	1,983,262.65
扣除非经常性损益后的净利润:	1,356,526.79
主营业务利润:	22,085,101.33
其他业务利润:	8,796,000.83
营业利润:	-9,498,736.99
投资收益:	10,433,076.02
补贴收入:	71,000.00
营业外收支净额:	512,338.38
经营活动产生的现金流量净额:	32,918,105.08
现金及现金等价物净增加额:	24,810,356.90

2 、公司前三年主要会计数据和财务指标(单位:元)

项目	2000 年度	1999 年度 调整后	1999 年度 调整前	1998 年度 调整后	1998 年度 调整前
主营业务收入	294,920,634.49	318,151,039.29	317,586,408.69	394,509,708.58	380,757,126.21
净利润	1,983,262.65	1,966,666.78	1,966,666.78	-10,698,871.83	9,973,844.46
总资产	860,136,634.41	724,174,797.80	722,526,251.09	617,516,904.24	667,264,675.29
股东权益(不含少数股东收益)	293,745,226.91	291,761,964.26	291,761,964.26	289,795,297.48	341,501,600.69
每股收益(摊薄)(元/股)	0.02	0.02	0.02	-0.09	0.08
每股收益 (加权)(元/股)	0.02	0.02	0.02	-0.10	0.09
扣除非经常性损益后的每股收益	0.01	0.01	0.01	-0.09	0.08
每股净资产(元/股)	2.48	2.46	2.46	2.45	2.88
调整后每股净资产(元/股)	2.29	2.41	2.41	2.38	2.78
每股经营活动产生的现金流量净额	0.28	-0.27	-0.27	- 0.07	-0.07
净资产收益率(%(摊薄)	0.68	0.67	0.67	-3.69	2.92

3 、利润分配表附表

报告期	净资产收益率(%) 全面摊薄	净资产收益率(%) 加权平均	每股收益(元/股) 全面摊薄	每股收益(元/股) 加权平均
主营业务利润	7.52	7.54	0.19	0.19
营业利润	-3.26	-3.24	-0.08	-0.08
净利润	0.68	0.67	0.02	0.02
扣除非经营性损益后的净利润	0.46	0.46	0.01	0.01

注:扣除的非经营性损益项目和涉及的金额:(元)

扣除项目	涉及金额
(1)补贴收入	71,000.00
(2)营业外收支净额	512,338.38
(3)股权投资差额摊销	43,397.48
合计	626,735.86

计算公式如下:
每股收益=净利润/年度末普通股股份总额
每股净资产=年度末股东权益/年度末普通股股份总额
调整后的每股净资产=(年度末股东权益-三年以上的应收款项净额-待摊费用-待处理 (流动、固定)资产净损失-开办费-长期待摊费用-住房周转金负数余额)/年度末普通股股份总额

三、股东情况

1、股东情况介绍
(1) 2000 年末本公司的股东总数:4094 户。
(2) 前 10 名股东持股情况 单位:股

序号	股东名称	年末持股数	占总股本比例(%)	增减变动情况	股份性质
1	上海第十印染厂	36,715,575	31.01	无增减变动	发起人法人股
2	香港金礼发展有限公司	32,636,064	27.57	无增减变动	发起人法人股
3	香港民亿实业有限公司	3,263,604	2.76	无增减变动	发起人法人股
4	上海久事公司	3,096,000	2.62	无增减变动	法人股
5	松江区泗泾镇工业公司	1,680,000	1.42	无增减变动	法人股
6	上海棉纺织印染联合有限公司	600,000	0.51	无增减变动	法人股
7	蔡建坤	578,800	0.49	二级市场买卖增持	流通股
8	上海真如实业公司	540,000	0.46	无增减变动	法人股
9	马宇	475,600	0.40	二级市场买卖增持	流通股
10	裕丰供销	420,000	0.35	无增减变动	法人股

(3) 持有公司 10 %以上股东情况简介

①上海第十印染厂持有我司 31.01%股权,法定代表人:谢裕中,该公司的经营范围是:印染布。公司系国有发起人法人股持有者,所持股份无质押情况。②香港金礼发展有限公司(台湾民兴国际开发股份有限公司的转投资公司)持有我司 27.57%股权,法定代表人:陈居德。经营范围:投资控股公司。公司系发起人法人股持有者,所持股份无质押情况。

以上股东之间不存在关联关系。

新华金属制品股份有限公司

一 、公司简介

1.公司中文名称:新华金属制品股份有限公司
英文名称:XINHUA METAL PRODUCTS CO.,LTD.　英文缩写:XMPC
2.公司法定代表人:施嘉良
3.公司董事会秘书及其授权代表的姓名、联系地址、电话、传真及电子信箱
董事会秘书:游绍诚　授权代表:张伟国
联系地址:江西省新余市城东经济开发区
电话:0790-6460888　传真:0790-6460089
电子信箱:xmpc@publicl.xyptt.jx.cn
4.公司注册地址、办公地址、邮政编码、电子信箱
注册地址:江西省新余市铁焦路 邮编:338001
办公地址:江西省新余市城东经济开发区 邮编:338004　电子信箱:xmpc@publicl.xyptt.jx.cn
5.公司选定的信息披露报纸名称:《上海证券报》
登载公司年度报告网址:http://www.sse.com.cn　年度报告备置地点:公司证券部
6.公司股票上市交易所、股票简称和股票代码
股票上市交易所:上海证券交易所
股票简称:新华股份　股票代码:600782

二 、会计数据和业务数据摘要

(一)本年度主要会计数据
金额单位:人民币元

序	项 目	单位	金 额
1	利润总额	元	30,419,714.43
2	净利润	元	26,887,935.16
3	扣除非经常性损益后的净利润	元	23,570,057.33
4	主营业务利润	元	50,235,512.93
5	其他业务利润	元	1,113,520.66
6	营业利润	元	26,516,328.75
7	投资收益	元	2,927,259.12
8	补贴收入	元	0.00
9	营业外收支净额	元	976,126.56
10	经营活动产生的现金流量净额	元	-8,263,258.23
11	现金及现金等价物净增加额	元	31,205,556.10

注:1.非经常性损益是指公司正常经营损益之外的、一次性或偶发性损益,例如资产处置损益、临时性获得的补贴收入、新股申购冻结资金利息、合并价差摊入等。

2.本年扣除的非经常性损益项目、金额如下:

序	项 目	金 额
1	投资收益—短期投资收益	2,488,170.25
2	营业外收入—固定资产盘盈	809,860.45
3	营业外收入—其他	43,173.21
4	营业外支出	23,326.08
合 计		3,317,877.83

(二)截至报告期末公司前三年的主要会计数据和财务指标

序号 项 目	单位	2000 年	1999 年	1998 年 调整后	1998 年 调整前
1 主营业务收入	元	254,390,271.81	165,309,240.50	145,436,304.93	145,436,304.93
2 净利润	元	26,887,935.16	14,976,640.52	19,690,833.41	20,159,884.34
3 总资产	元	384,082,282.86	274,634,122.32	241,401,808.65	243,897,894.70
4 股东权益(不含少数股东权益)	元	261,249,302.41	245,230,013.31	148,696,585.18	151,192,671.23
5 每股收益(摊薄)	元	0.2227	0.1240	0.1824	0.1868
(加权)	元	0.2227	0.1360	0.1824	0.1868
6 扣除非经常性损益后每股收益(摊薄)	元	0.1952	0.1191	0.1382	0.1426
7 每股净资产(摊薄)	元	2.1633	2.0307	1.3775	1.4006
8 调整后的每股净资产(摊薄)	元	2.1326	1.9788	1.3356	1.3587
9 每股经营活动产生的现金流量净额 (摊薄)	元	-0.0684	0.2990	0.3057	0.3057
10 净资产收益率(摊薄)	%	10.29%	6.11%	13.24%	13.33%
(加权)	%	10.39%	8.73%	12.59%	12.71%

(三)利润表附表

序号	报告期利润	净资产收益率(%) 全面摊薄	净资产收益率(%) 加权平均	每股收益(元) 全面摊薄	每股收益(元) 加权平均
1	主营业务利润	19.23%	19.42%	0.4160	0.4160
2	营业利润	10.15%	10.25%	0.2196	0.2196
3	净利润	10.29%	10.39%	0.2227	0.2227
4	扣除非经常性损益后的净利润	9.02%	9.11%	0.1952	0.1952

三 、股本变动及股东情况

(一)报告期末股东总数:截止 2000 年 12 月 31 日,公司股东总数为 12,579 户。
(二)前 10 名股东的持股情况 单位:股

次序	股东名称	年内增减(±)	年末持股数	占总股本(%)
1	新余钢铁有限责任公司		52,204,441	43.23
2	香港巍华金属制品有限公司		20,236,765	16.76
3	江西省国际信托投资公司		12,142,058	10.05
4	江西金世纪冶金股份有限公司		539,735	0.45
5	江西省冶金供销公司		539,735	0.45
6	罗添富		176,106	0.15
7	林民魁		158,700	0.13
8	王迄立		152,000	0.13
9	达星电器		150,000	0.12
10	倪素发		146,000	0.12

持有本公司 5%以上股份的股东其年度内股份未发生增减变化的情况,所持股份无质押或冻结情况。上述股东中,新余钢铁有限责任公司、江西省国际信托投资公司、江西金世纪冶金股份有限公司、江西省冶金供销公司代表国家持有股份,香港巍华金属制品有限公司为外资股东。

四砂股份有限公司

一、公司简介

1、公司法定中文名称:四砂股份有限公司　法定英文名称:SISHACO.LTD
2、公司法定代表人:李忠兴
3、公司董事会秘书:李晶　证券事务代表:王子虞
联系地址:北京市顺义区化工西路　联系电话:010-89492229
传真:010-89492229　公司电子信箱:sisha@zb-public.sd.cninfo.net
公司网址:http://www.sisha.com
4、公司注册地址:山东省淄博市张店区南定车站街 69 号公司
办公地址:山东省淄博市张店区南定车站街 69 号　公司邮政编码:255055
董事会办公地址:北京市顺义区化工西路
5、公司选定的信息披露报纸名称:《中国证券报》、《上海证券报》
刊登公司年度报告的中国证监会指定网址:http://www.sse.com.cn
公司年报备置地点:董事会秘书处
6、公司股票上市交易所:上海证券交易所　股票简称:四砂股份　股票代码:600783

二、会计数据和业务数据摘要

1、本年度主要利润指标情况(单位:人民币元)

利润总额:	-26899527.13
净利润:	-32810144.49
扣除非经营性损益后的净利润:	-31815162.00
主营业务利润:	44,959,006.08
其它业务利润:	4,618,625.12
营业利润:	-24,417,138.19
投资收益:	-1487406.45
补贴收入:	873,794.34
营业外收支净额:	-1,868,776.83
经营活动产生的现金流量净额:	14,360,587.73
现金及现金等价物净增加额:	-12,171,203.46

注:(1)扣除非经营性项目和涉及金额
财政退税补贴　873,794.34
营业外收入　892,371.40
营业外支出　2,761,148.23

2、报告期末,公司前三年主要会计数据和财务指标(单位:人民币元)

指标项目	2000 年	1999 年 调整前	1999 年 调整后	1998 年 调整前	1998 年 调整后
主营业务收入	859079.90	288664855.42	289176393.86	254017974.55	254017974.55
净利润	810144.49	22853372.33	18366611.58	50041527.41	48805324.99
总资产	063688.39	653621929.43	637400233.73	607781600.06	593802275.19
股东权益	155645.97	362126174.44	338051942.46	351978217.05	324950130.88
每股收益	-0.1622	0.113	0.0908	0.370	0.362
扣除非经营性损益后的每股收益	-0.1573	0.095	0.0909	0.319	0.310
每股净资产	1.509	1.79	1.67	2.55	2.41
调整后每股净资产	1.419	1.73	1.61	2.25	2.20
每股经营活动产生的现金流量净额	0.081	-0.14	-0.14	0.08	0.08
净资产收益率(%)	-10.75	6.31	5.43	14.22	14.43

注:上述财务指标主要计算公式如下:
每股收益=净利润/年度末普通股股份总数
每股净资产=年度末股东权益/年度末普通股股份总数
调整后每股净资产=(年度末股东权益-三年以上的应收款项-待摊费用-待处理(流动、固定)资产损失-开办费-长期待摊费用)/年度末普通股股份总数
每股经营活动产生的现金流量净额=经营活动产生的现金流量净额/年度末普通股股份总数

3、利润表附表

报告期利润	净资产收益率(%) 全面摊薄	净资产收益率(%) 加权平均	每股收益(元) 全面摊薄	每股收益(元) 加权平均
主营业务利润	14.73	13.97	0.2223	0.2223
营业利润	-8.00	-7.59	-0.1207	-0.1207
净利润	-10.75	-10.20	-0.1622	-0.1622
扣除非经常性损益后的净利润	-10.42	-9.88	-0.1573	-0.1573

注:上述财务指标主要计算公式如下:
全面摊薄净资产收益率=报告期利润/期末净资产
全面摊薄每股收益=报告期末利润/期末股份总数
加权平均净资产收益率(ROE)=P/(E0+NP/2+Ei*Mi/M0-Ej*Mj/M0)
P 为报告期利润;NP 为报告期净利润;E0 为期初净资产;Ei 为当期发行新股或债转股等新增净资产;Ej 为当期回购或现金分红等减少净资产;M0 为报告期月份数;Mi 为新增净资产下一月份至报告期末的月份数;Mj 为减少净资产下一月份至报告期末的月份数。

三、股本变动及股东情况

1、股本变动情况
2、股东情况介绍　(1)报告期末股东总数:40008 人
(2)报告期末前十名股东持股情况:

股东名称	年末持股量(股)	占总股份比例(%)
1.通辽艾史迪集团	69750000	34.48
2.淄博市国资局	59052900	29.19
3.淄博泰利	6045000	2.99
4.淄博发展	2535000	1.25
5.周继红	255200	0.13
6.于俊尧	163700	0.08
7.刘吉芬	160000	0.08
8.华建国	150000	0.07
9.汤燕	149579	0.07
10.华建国	138500	0.07

注:①淄博市国资局所持有的 59052900 股为代表国家持有股份;
②国有股已授权淄博工业发展有限公司管理(简称:淄博发展);

鲁银投资集团股份有限公司

一、公司简介

1、公司的法定中文名称:鲁银投资集团股份有限公司
公司的法定英文名称:LUYIN INVESTMENT GROUP CO.,LTD.
2、公司法定代表人:刘歧鸣
3、公司董事会秘书:刘方潭　联系地址:山东省济南市经十路128号
联系电话:0531-2024156　传真:0531-2024179
4、公司注册地址:山东省济南市经十路128号
公司办公地址:山东省济南市经十路128号　邮政编码:250001
电子信箱:luyin@public.jn.sd.cn
5、公司信息披露报纸:《上海证券报》
登载公司年报的中国证监会指定国际互联网网址:http://www.sse.com.cn
公司年度报告备置地点:董事会秘书办公室
6、公司股票上市交易所:上海证券交易所　股票简称:鲁银投资　股票代码: 600784

二、会计数据和业务数据摘要

1、本年度主要会计数据:(单位:元)

利润总额	54528832.22
净利润	43057159.31
扣除非经常性损益后的净利润	43552452.65
主营业务利润	28504264.41
其他业务利润	3934761.34
营业利润	-25229500.46
投资收益	79747957.72
补贴收入	505668.30
营业外收支净额	-495293.34
经营活动产生的现金流量净额	-45002485.61
现金及现金等价物净增加额	11961813.44

注:扣除的非经常性损益项目和金额

项　目	金额(元)
固定资产租赁收入	22,000.00
罚款净收入	5,259.00
其　他	224,389.19
处理固定资产损失	—
罚款支出	394,430.51
捐赠支出	210,000.00
其他支出	142,511.02
合　计	-495,293.34

2、截止报告期末公司前三年的主要会计数据和财务指标:
(单位:元)

项目	2000年	1999年	1998年
主营业务收入	99672697.54	138646871.59	137785089.99
净利润	43057159.31	47661365.04	48516288.98
总资产	1246006487.91	1048530491.36	766973272.27
股东权益	533091857.17	508093379.54	460432014.50
每股收益	0.1907	0.2323	0.2364
(加权)	0.1907	0.2323	0.2364
扣除非经常性损益后的每股收益	0.1929	0.2340	
每股净资产	2.3616	2.4759	2.2437
调整后的每股净资产	2.3295	2.4735	2.241
每股经营活动产生的现金流量净额	-0.1994	0.0257	0.1898
净资产收益率(%)	8.08	9.38	10.53

按中国证监会发布的《公开发行证券公司信息披露编报规则>>第9号的要求计算的净资产收益率及每股收益

报告期利润	净资产收益率% 2000 全面摊薄	2000 加权平均	1999 全面摊薄	1999 加权平均	每股收益(元/股) 2000 全面摊薄	2000 加权平均	1999 全面摊薄	1999 加权平均
主营业务利润	5.35	5.38	4.58	4.8	0.13	0.13	0.11	0.11
营业利润	-4.73	-4.76	-2.98	-3.1	-0.11	-0.11	-0.07	-0.07
净利润	8.08	8.13	9.38	9.84	0.1907	0.1907	0.2323	0.2323
扣除非经常性损益后的净利润	8.17	8.22	9.45	9.91	0.1929	0.1929	0.2339	0.2339

注: 主要财务指标的计算公式:
全面摊薄净资产收益率=报告期利润/期末净资产
全面摊薄每股收益=报告期利润/期末股份总数

三、股本变动和主要股东持股情况

1、股本变动情况
2、股东情况介绍
(1)报告期末股东总数为83246户。
(2)前10名股东持股情况:

股东名称	年初持股数	报告期内股份增减变动(+、-)	期末股数(股)	占总股本比例(%)
九洲泰和实业发展有限公司	0	+23889938	23889938	10.58
山东省经济开发投资公司	15136875	1513688	16650563	7.38
山东省黄金集团总公司	12150000	1215000	13365000	5.92
佛山照明	0	+2657241	2657241	1.18
景宏基金	0	+1382970	1382970	0.61
景阳基金	0	+1000000	1000000	0.44
普丰基金	0	+690024	690024	0.31
京玫别墅	0	ı636982	636982	0.28
东西担保	0	+500000	500000	0.22
景福基金	0	+439415	439415	0.19

(注:山东省经济开发投资公司代表山东省国有资产管理局持有国家股)
(3)九洲泰和实业发展有限公司持有本公司 10.58%的股份,其法定代表人和经营范围如下:
1.法定代表人:田伟

银川新华百货商店股份有限公司

(一)公司简介

1、公司名称:　公司法定名称:银川新华百货商店股份有限公司
公司英文名称:YinChuan XinHua Department Store CO.LTD
缩写:XHDS
2、公司法定代表人:徐鸣凤
3、公司董事会秘书:马卫红　电话:0951-4010058
授权人:张凤琴
电话:0951-6022866
联系地址:宁夏回族自治区银川市新华东街29号
传真:0951-6041983
4、公司注册地址:宁夏回族自治区银川市新华东街29号
邮政编码:750004
5、公司信息披露报纸:中国证券报
登载年报的中国证监会指定国际互联网网址:http://www.sse.com.cn
公司年度报告备置地点:公司证券部
6、公司股票上市交易所:上海证券交易所
股票简称:新华百货　股票代码:600785

(二)会计数据和业务数据摘要

1、公司本年度主要会计数据和业务数据　单位:元

利润总额	38,041,013.21
净利润	34,786,952.21
扣除非经常性损益后的净利润	31,893,952.21
主营业务利润	74,989,021.02
其他业务利润	6,115,181.28
营业利润	32,882,181.29
投资收益	2,548,766.05
补贴收入	2,893,000
营业外收支净额	-282,934.13
经营活动产生的现金流量净额	4,496,318.74
现金及现金等价物净增加额	-59,460,525.49

注:扣除非经常性损益的项目包括:
先征后返退回的流转税收入计2,893,000元;

2、截止报告期末公司前三年的主要会计数据和财务指标　单位:人民币元

项目	2000	1999年	1998年 调整前	1998年 调整后
主营业务收入	506,361,364.96	255,074,458.84	201,960,538.41	201,960,538.41
净利润	34,786,952.21	21,025,982.06	22,359,224.16	22,180,636.79
总资产	510,653,832.10	476,969,780.99	248,195,912.94	247,312,702.84
股东权益(不含少数股东权益)	275,590,147.20	250,819,646.85	186,087,499.89	185,204,289.79
每股收益	0.395	0.239	0.292	0.29
扣除非经常性损益	0.363	0.195	0.22	0.211
后的每股收益每股净资产	3.133	2.851	2.43	2.421
调整后的每股净资产	3.112	2.835	2.43	2.421
每股经营活动产生的	0.051	0.785	-0.11	0.11
现金流量净额净资产收益率%	12.62	8.38	12.01	

注:①主要财务指标的计算方法如下:
每股收益=净利润/年度末普通股股份总数每股净资产=年度末股东权益/年度末普通股股份总数调整后
每股净资产=(年度末股东权益-三年以上的应收款净额-待摊费用-待处理(流动、固定)资产净损失-开办费-长期待摊费用-住房周转金负数)/年度末普通股股份总数
每股经营活动产生的现金流量净额=经营活动产生的现金流量净额/年度末普通股股份总数
净资产收益率=净利润/年度末股东权益×100%
②以上数据和指标以公司合并会计报表数填列和计算。
③由于会计政策变更,根据财政部财会字(1999)35号文、49号文的有关规定,采用了追溯调整法,调整前后的以前年度会计数据如前列示。

3、报告期内股东权益变动情况　单位:元

项目	股本	资本公积	盈余公积	法定公益金	未分配利润	股东权益合计
期初数	87,975,000	119,053,137.30	6,378,900.97	5,741,010.86	31,671,597.72	250,819,646.85
本期增加			3,478,695.22	3,130,825.70	33,568,000.09	40,177,521.01
本期减少					15,407,020.92	15,407,020.92
期末数	87,975,000	119,053,137.30	9,857,596.19	8,871,836.56	49,832,576.89	275,590,146.94

(三)股本变动及股东情况

1、报告期内,公司股份总量未发生变化。
2、股东情况介绍
(1)报告期末,公司股东总数12440户,(其中内部职工股东9名,系高级管理人员)。
(2)报告期末主要股东持股情况

股东名称	持股数(股)	所占比例(%)
银川市新华百货商店	28,500,000	32.4
宁夏长城机器制造厂	3,000,000	3.41
宁夏制药厂	3,000,000	3.41
宁夏糖酒副食品公司	2,250,000	2.56
银川市电信局顺达开发公司	1,500,000	1.71
李俊侠	435,341	0.49
彭建春	395,000	0.45
景博基金	337,420	0.38
高崇	325,985	0.37
程立业	299,680	0.34

注:持有本公司5%以上股份的股东,只有本公司的国家股股东银川市新华百货商店,该股东年初、年末持有本公司股份2850万股。报告期内持有本公司5%以上股份的股东与所持股份没有发生质押冻结的情况。
(3)报告期内,公司无持股10%以上的法人股股东。
(4)报告期内,本公司控股股东没有发生变更。

东方锅炉(集团)股份有限公司

一 、公司简介

1.公司法定中文名称:东方锅炉(集团)股份有限公司
公司英文名称:Dongfang Boiler Group Co.,Ltd. 公司英文名称缩写:DBC
2.公司法定代表人:李太顺
3.董事会秘书:贺建强
联系地址:四川省自贡市五星街黄桷坪路 150 号
电话:0813-4735000 4734600
传真:0813-2203200
电子信箱:dbcdm@zg-public.sc.cninfo.net
4.公司注册地址及办公地址:
注册(办公)地址:四川省自贡市五星街黄桷坪路 150 号 邮政编码:643001
公司国际互联网址:http://www.dbc-cn.com
电子信箱:dbc@zg-public.sc.cninfo.net
5.信息披露:
指 定报刊:上海证券报
指 定披露网址:http://www.sse.com.cn
年 度报告备置地点:公司董事会秘书处
6.股票上市交易所:上海证券交易所
股票简称:东方锅炉 股票代码:600786

二 、会计数据和业务数据摘要

1.本年度会计数据摘要(单位:元)

项目	数额(元)
利润总额	-117,262,787.31
净利润	-118,095,992.55
扣除非经常性损益后的净利润	-127,389,678.20
主营业务利润	-1,047,961.50
其他业务利润	2,770,774.16
营业利润	-121,464,663.63
投资收益	-5,323,089.94
补贴收入	6,338,253.82
营业外收支净额	3,186,712.44
经营活动产生的现金流量净额	41,793,234.68
现金及现金等价物净增加额	23,333,051.06

注:“非经常性损益”是指公司正常经营损益之外的、一次性或偶发性损益。2000 年度本公司“非经常性损益” 项目扣除额为 9,293,685.65 元,其中:资产置换 3,331,776.58 元;投资处置-376,344.75 元;补贴收入 6,338,253.82 元。

2.近三年主要会计数据和财务指标

指标	2000 年	1999 年	1998 年
主营业务收入(元)	358,762,828.96	785,988,523.69	930,774,189.34
净利润(元)	-118,095,992.55	6,787,321.94	-12,615,680.52
总资产(元)	1,255,809,834.65	1,418,247,990.22	1,736,772,532.62
股东权益(元)	375,530,656.02	493,234,653.83	486,447,331.89
每股收益(元)	-0.5590	0.0321	-0.0597
每股净资产(元)	1.7775	2.3346	2.3025
调整后的每股净资产(元)	1.1467	1.5434	2.1223
每股经营活动产生的现金流量净额(元)	0.1978	0.0562	0.3847
净资产收益率(%)	-31.4478	1.376	-2.593

注:(1)主要指标计算公式:
每股收益=净利润/年度末普通股股份总数
每股净资产=年度末股东权益/年度末普通股股份总数
调整后的每股净资产=(年度末股东权益-三年以上的应收款项净额-待摊费用-待处理(流动、固定)资产净损失-开办费-长期待摊费用-住房周转金负数余额)/年度末普通股股份总数
每股经营活动产生的现金流量净额=经营活动产生的现金流量净额/年度末普通股股份总数
净资产收益率=净利润/年度末股东权益×100%
(2) 上述数据和指标以合并会计报表数填列或计算。
(3) “应收款项”包括:应收帐款、其他应收款、预付帐款、应收股利、应收利息、应收补贴款。
(4) 按照中国证监会《公开发行证券公司信息披露编报规则(第 9 号)》要求计算的《利润分配附表》如下:

报告期利润	净资产收益率(%)		每股收益(元/股)	
	全面摊薄	加权平均	全面摊薄	加权平均
主营业务利润	-0.2791	-0.2414	-0.0050	-0.0050
营业利润	-32.3448	-27.9752	-0.5749	-0.5749
净利润	-31.4478	-27.1994	-0.5590	-0.5590
扣除非经常损益后的净利润	-33.923	-29.3400	-0.6030	-0.6030

①全面摊薄净资产收益率=报告期利润÷期末净资产
②全面摊薄每股收益=报告期利润÷期末股份总数

三 、股本变动及股东情况

1.股本变动情况
(1) 截止 2000 年 12 月 31 日,公司股东总数为 32169 户,其中,国有法人股股东 1 户,社会公众股股东 32168 户。
(2) 前十名股东持股情况

序号	股东名称	持股数(股)	占总股本比例(%)	备注
1	东方锅炉厂	157,271,181	74.4404	发起人国有法人股
2	褚吉焕	215,811	0.1021	
3	林其三	175,690	0.0832	
4	范润金	165,300	0.0782	
5	杜沛华	163,800	0.0775	
6	兴和基金	119,325	0.0565	
7	刘璐	113,300	0.0536	
8	张音	112,620	0.0533	
9	吴万青	96,500	0.0457	
10	侯国建	96,400	0.0456	

(3)报告期内,公司控股股东未发生变动。

中储发展股份有限公司

一、公司简介

1 、公司法定中文名称:中储发展股份有限公司
公司英文名称:Zhongchu development stock Co.,LTD.
公司英文名称缩写:ZDS
2 、公司法定代表人:洪水坤
3 、公司董事会秘书:薛斌
电话:(022)26616266 传真:(022)26616222
E-mail:zcgfxjf@263.net
联系地址:公司证券部
4 、公司注册地址:天津市北辰经济开发区开发大厦
公司办公地址:天津市北辰区顺义道 邮政编码:300400
公司国际互联网网址:www.zcgfc.com
公司电子信箱:zcgfzh@shell.tjvan.net.cn
5 、公司信息披露报纸名称:上海证券报
登载公司年度报告的中国证监会指定国际互联网网址:
http://www.sse.com.cn
公司年度报告备置地点:公司证券部
6、公司股票上市交易所:上海证券交易所
公司股票简称:中储股份 公司股票代码:600787

二、会计数据和业务数据摘要

(一)本年度主要会计数据:(单位:人民币元)

1、利润总额	56,677,328.53
2、净利润	47,425,274.87
3、扣除非经常性损益后的净利润	47,425,274.87
4、主营业务利润	130,699,155.17
5、其他业务利润	7,311,508.65
6、营业利润	55,670,723.10
7、投资收益	56,649.90
8、补贴收入	0
9、营业外收支净额	949,955.53
10、经营活动产生的现金流量净额	98,631,984.17
11、现金及现金等价物净增加额	340,212,521.98

(二)近三年主要会计数据和财务指标:

序号 项 目	2000 年度	1999 年度	1998 年度	
			调整前	调整后
1 主营业务收入(万元)	44389.81	58091.64	58803.14	58803.14
2 净利润(万元)	42.53	13522.22	3653.52	3481.93
3 总资产(万元)	94255.05	57265.22	49790.01	49311.87
4 股东权益(不含少数股东权益)(万元)	75205.90	44178.97	31134.48	30656.33
5 ①每股收益(元/股)	0.153	0.71	0.326	0.311
②按加权计算的每股收益(元/股)	0.165	0.71	0.364	0.347
③扣除非经常性损益后的每股收益(元/股)	0.153	0.244	0.251	0.236
6 ①每股净资产(元/股)	2.42	2.32	2.78	2.74
②调整后的每股净资产(元/股)	2.39	2.27	2.69	2.66
7 每股经营活动产生的现金流量净额(元/股)	0.318	0.43	0.23	0.15
8 净资产收益率(%)	6.31	30.61	11.73	11.35

注:主要财务指标计算方法:
(1)每股收益=净利润/年度末普通股股份总数
(2)每股净资产=年度末股东权益/年度末普通股股份总数
(3)调整后的每股净资产=[年度末股东权益-三年以上的应收款项净额-待摊费用-待处理(流动、固定)
资产净损失-开办费-长期待摊费用-住房周转金负数余额] /年度末普通股股份总数
(4)每股经营活动产生的现金流量净额=经营活动产生的现金流量净额/年度末普通股股份总数
(5)净资产收益率=净利润/年末股东权益×100%
(三)按公开发行证券公司信息披露编报规则第 9 号要求计算的净资产收益率和每股收益

报告期利润	净资产收益率		每股收益(元/股)	
	全面摊薄	加权平均	全面摊薄	加权平均
主营业务利润	17.38%	26.74%	0.42	0.45
营业利润	7.4%	11.39%	0.18	0.19
净利润	6.31%	9.7%	0.153	0.165
扣除非经常性损益后的净利润	6.31%	9.7%	0.153	0.165

注:(1)全面摊薄净资产收益率和每股收益的计算公式如下:
全面摊薄净资产收益率=报告期利润/期末净资产
全面摊薄每股收益=报告期利润/期末股份总数

三、股东情况介绍

1、本报告期末股东总数为 97971 户。
2 、前十名股东持股情况

名次	股东名称	年末持股数量(股)	持股比例(%)
1	中国物资储运总公司	184173905	59.35
2	寿建鸿	255662	0.082
3	兴和基金	191694	0.062
4	顺隆投资	186000	0.06
5	杨浦工贸	173000	0.056
6	胡蓓君	153855	0.05
7	张维峡	151550	0.049
8	夏代珍	150000	0.048
9	李玉琪	148200	0.048
10	顾翔宇	136230	0.044

本公司前十名股东间不存在关联关系。中国物资储运总公司为本公司国有法人股股东,持股比例为 59.35%,本报告期内因公司实施 10 送 4 转增 1 的分配方案并实施 2000 年度配股方案,其股份增加 63801835 股,年末持股数量为 184173905 股,本报告期内其持有的本公司的股份没有质押或冻结。

西安达尔曼实业股份有限公司

一、公司简介

1、公司法定名称:西安达尔曼实业股份有限公司
公司英文名称:XI'AN DIAMOND CO.,LTD
2、公司法定代表人:许宗林
3、公司董事会秘书:王全胜 公司董事会证券事务代表:杨宏伟
联系地址:西安市建工路19号 电话:(029)2238824 传真:(029)2244503
4、公司注册地址:西安市建工路
公司办公地址:西安市建工路19号 邮政编码:710043
公司网址:www.cndiamond.com.
E-MAIL地址:cdiamond@pub.xaonline.com
5、公司选定的信息披露报纸:《上海证券报》、《中国证券报》
登载公司年度报告的中国证监会指定的国际互联网网址:http://www.sse.com.cn
公司年度报告备置地点:公司证券部
6、股票上市交易所:上海证券交易所 股票简称:达尔曼 股票代码:600788

二、会计数据和业务数据摘要

1、本年度主要会计数据和业务数据(单位:人民币元)

项目	数据
利润总额	139,953,772.14
净利润	107,614,687.12
扣除非经常性损益后的净利润	111,052,250.83
主营业务利润	161,230,314.20
其他业务利润	22,675,664.90
营业利润	142,521,335.85
投资收益	870,000.00
补贴收入	1,670.16
营业外收支净额	-3,439,233.87
经营活动产生的现金流量净额	60,012,222.38
现金及现金等价物净增加额	-157,542,958.02

说明:"扣除非经常性损益后的净利润"中扣除的项目和涉及的金额:

项目	涉及金额(元)
营业外收支净额	-3,439,233.87
补贴收入	1,670.16

2、截止报告期末,公司前三年主要会计数据和财务指标(单位:人民币元)

项目	2000年	1999年	1998年 调整前	1998年 调整后
主营业务收入	306,564,887.22	282,082,697.40	297,055,138.86	297,055,138.86
净利润	107,614,687.12	133,911,981.28	117,903,263.85	113,087,534.41
总资产	1,652,177,447.58	1,440,522,590.43	1,086,382,209.62	1,077,984,448.20
股东权益	1,047,054,080.07	937,023,999.55	849,260,241.91	841,928,184.27
(不含少数股东权益)每股收益				
全面摊薄	0.416	0.517	0.456	0.437
加权平均	0.416	0.517	0.529	0.515
扣除非经常性损益	0.429	0.412	0.424	0.405
每股净资产	4.046	3.62	3.28	3.25
调整后的每股净资产	3.92	3.55	3.26	3.23
每股经营活动产生的现金流量净额	0.23	0.56		-0.279
全面摊薄净资产收益率	10.28%	14.29%	13.88%	13.43%
加权平均净资产收益率	11.01%	14.73%		

因2001年2月28日实施配股,总股本达286,639,440股。
按最新股本计算的每股收益 0.375

3、根据中国证监会关于发布《公开发行证券公司信息披露编报规则》第九号通知精神,公司2000年度按全面摊薄法和加权平均法计算的净资产收益率及每股收益:

	净资产收益率(%) 全面摊薄	净资产收益率(%) 加权平均	每股收益(元) 全面摊薄	每股收益(元) 加权平均
主营业务利润	15.40	16.50	0.62	0.62
营业利润	13.61	14.59	0.55	0.55
净利润	10.28	11.01	0.416	0.416
扣除非经常性损益后净利润	10.61	11.37	0.429	0.429

三、股本变动及股东情况

一、股本变动情况

二、股东情况介绍 1、截止2000年12月31日,公司股东总数为62671户,其中:法人股股东30户,社会公众股股东62641户。

2、公司前十名股东持股情况:

股东名称	持股数	占总股本比例
(1)西安翠宝实业集团公司	7920万股	30.61%
(2)西安市新城农工商总公司	1980万股	7.65%
(3)西安市新城区生产资金管理所	1670万股	6.45%
(4)新疆祥合投资有限公司	1650万股	6.38%
(5)海南秦信实业投资公司	1650万股	6.38%
(6)西安铁路局宏达科工贸实业公司	1125.3万股	4.35%
(7)南方证券有限公司	924万股	3.57%
(8)陕西电力投资公司	237.6万股	0.92%
(9)西安市工商银行开发区支行劳司	165万股	0.64%
(10)西安石油机械厂	165万股	0.64%

说明:(1)持有本公司10%以上法人股股东情况介绍

股东名称:西安翠宝实业集团公司

法定代表人:杨红

经营范围:本企业及成员企业自产产品与相关技术出口业务(国家统一联合经营出口商品除外)和生产科研所需要原辅材料、机械设备、仪器仪表等配件及相关技术进口业务(国家实行核定公司经营进口商品除外)并本企业进料加工与三来一补业务。珠宝、玉器、工艺美术品(带金银制品限零售)、陶瓷制品、墙体材料及地砖的研制开发、加工销售等。

报告期内,西安翠宝实业集团公司以其持有的西安达尔曼实业股份有限公司法人股2000万股股权作为质押担保,向银行贷款。质押期限为一年。上述股权质押事宜已在上海证券中央登记结算公司办理有关手续。

山东鲁抗医药股份有限公司

一、公司简介

1.公司法定中文名称:山东鲁抗医药股份有限公司
公司法定英文名称:SHANDONG LUKANG PHARMACEUTICAL CO., LTD.
2.公司法定代表人:章建辉先生
3.公司董事会秘书:田立新先生
联系地址:山东省济宁市太白楼西路173号鲁抗公司证券部
联系电话:(0537)2213961----3324
传真电话:(0537)2278572 电子信箱:tlx1@zdl.net
4.公司注册地址:山东省济宁市太白楼西路173号
公司办公地址:山东省济宁市太白楼西路173号 公司邮政编码:272021
公司国际互联网网址:www.chinalukang.com 电子信箱:zqwlk@public.jiptt.sd.cn
5.公司选定的信息披露报纸名称:《中国证券报》、《上海证券报》
登载公司年度报告的中国证监会指定互联网网址:www.sse.com.cn
公司年度报告备置地点:公司证券部办公室
6.公司股票上市交易所:上海证券交易所
公司股票简称:鲁抗医药 公司股票代码:600789

二、会计数据与业务数据摘要

1、公司本年度利润总额及构成(单位:人民币元)

项目	数据
利润总额	70,422,058.75
净利润	59,755,484.84
扣除非经常性损益后的净利润	59,755,484.84
主营业务利润	182,939,429.66
其他业务利润	6,508,663.80
营业利润	70,261,326.64
投资收益	98,586.30
补贴收入	
营业外收支净额	62,145.81
经营活动产生的现金流量净额	22,357,319.76
现金及现金等价物净增加额	92,535,392.31

2、前三年主要会计数据和财务指标

指标项目	2000年	1999年	1998年 调整后	1998年 调整前
主营业务收入	701,322,197.30	592742084.23	563447694.33	563447694.33
净利润	59,755,484.84	46269194.57	58862741.69	60223682.91
总资产	2,269,924,797.20	1791820551.38	1511356023.09	1556179490.91
股东权益	1,130,474,241.98	1099899093.94	1075447015.05	1120270482.87
每股收益(元)	0.16	0.13	0.16	0.17
每股收益(元)(加权)	0.16	0.13	0.18	0.18
每股收益(元)(扣除非经常性损益)	0.16	0.13	0.16	0.17
每股净资产(元)	3.10	3.02	2.95	3.07
调整后的每股净资产(元)	3.05	2.92	2.82	3.04
每股经营活动产生的现金流量净额	0.061	0.096	0.117	0.117
净资产收益率(%)	5.29	4.21	5.47	5.38

3、按中国证监会《公开发行证券公司信息披露编报规则(第9号)》要求计算的利润数据:

报告期利润	净资产收益率(%) 全面摊薄	净资产收益率(%) 加权平均	每股收益(元) 全面摊薄	每股收益(元) 加权平均
主营业务利润	16.18	16.19	0.50	0.50
营业利润	6.22	6.22	0.19	0.19
净利润	5.29	5.29	0.16	0.16
扣除非经常性损益后的净利润	5.29	5.29	0.16	0.16

注:以上有关数据计算方法

每股收益=净利润/年度末普通股股份总数。

每股净资产=年度末股东权益/年度末普通股股份总数。

调整后的每股净资产=(年度末股东权益-三年以上的应收款项净额-待摊费用-待处理<流动、固定>资产净损失-开办费-长期待摊费用-住房周转金负数余额)/年度末普通股股份总数。

每股经营活动产生的现金流量净额=经营活动产生的现金流量净额/年度末普通股股份总数。

净资产收益率=净利润/年度末股东权益*100%

全面摊薄的净资产收益率=报告期利润/期末净资产

全面摊薄的每股收益=报告期利润/期末股份总数

加权的平均净资产收益率计算公式:

$$PROE=P/(E_O+NP\div2+E_i\times M_i\div M_o-E_j\times M_j\div M_o)$$

其中:P为报告期利润,NP为报告期净利润,E_o为期初净资产,E_i为报告期发行新股或债转股等新增净资产,E_j为报告期回购或现金分红等减少净资产,M_o为报告期月份数,M_i为新增净资产下一月份起至报告期期末的月份数,M_j为减少净资产下一月份起至报告期期末的月份数。

加权的平均每股收益率计算公式:

$$PEPS=P/(S_o+S_1+S_i\times M_i\div M_o-S_j\times M_j\div M_o)$$

三、股本变动及股东情况介绍

1、截止2000年12月31日,公司股东共99427户。

2、公司前十名股东持股情况:

股东名称	年末持股数量	占股本比例
(1)山东鲁抗医药集团公司	142997400	39.21%
(2)香港中国置业(控股)有限公司	63658870	17.45%
(3)国投兴业	1331840	0.365%
(4)河北农行	718937	0.197%
(5)卢淑儿	675545	0.185%
(6)康金梅	450000	0.123%
(7)崔玉倜	349000	0.096%
(8)王莹	286000	0.078%
(9)杨曼丽	285000	0.078%
(10)张林峰	268497	0.074%

浙江中国轻纺城集团股份有限公司

一、公司简介

1、公司法定中文名称：浙江中国轻纺城集团股份有限公司
公司法定英文名称：ZheJiang China Light & Textile Industrial City Group Co.,Ltd
公司英文名称缩写：L&T City
2、公司法定代表人：谢方员
3、公司董事会秘书：唐国灿　联系地址：浙江省绍兴县柯桥镇鉴湖路6号中轻大厦
联系电话：0575-4116158　传真：0575-4116045
4、公司注册地址：浙江省绍兴县柯桥轻纺大厦
公司办公地址：浙江省绍兴县柯桥镇鉴湖路6号中轻大厦　邮政编码：312030
公司国际互联网网址：http://www.zjctc.com.cn 电子信箱：qfcjt@mail.sxptt.zj.cn
5、公司选定的信息披露报纸：《上海证券报》、《中国证券报》
登载公司年度报告的中国证监会指定国际互联网网址：http://www.sse.com.cn
公司年度报告备置地点：公司董事会秘书室
6、公司股票上市交易所：上海证券交易所
股票简称：轻纺城　股票代码：600790

二、会计数据和业务数据摘要

1、公司本年度实现利润情况

序号	项目	金额（元）
1	利润总额	113,422,241.54
2	净利润	86,953,850.34
3	扣除非经常性损益后的净利润	80,407,718.77
4	主营业务利润	198,455,694.41
5	其他业务利润	13,610,774.87
6	营业利润	91,087,930.41
7	投资收益	16,854,652.37
8	补贴收入	3,284,336.00
9	营业外收支净额	2,195,322.76
10	经营活动产生的现金流量净额	65,484,521.11
11	现金及现金等价物净增加额	544,722,487.30

备注：根据《公开发行股票公司信息披露的内容与格式准则第二号<年度报表的内容与格式>》(1999年修订稿)所列举的应当扣除的非经常性损益项目包括：
(1)补贴收入3,284,336.00；
(2)处置固定资产净收益(减损失)1,224,453.83；
(3)股权投资差额摊销2,037,341.74。

2、截止本报告期末公司前三年的主要财务数据和财务指标

序号	项目	2000年度	1999年度	1998年度
1	主营业务收入	984,676,067.96	787,956,607.95	286,517,763.45
2	净利润	86,953,850.34	79,511,194.42	80,267,255.73
3	总资产	2,678,111,395.04	1,903,082,155.89	1,785,760,015.14
4	股东权益(不含少数股东权益)	1,042,009,133.37	571,562,590.25	539,099,346.79
5	每股收益	0.374	0.406	0.409
6	每股净资产	4.48	2.92	2.75
7	调整后的每股净资产	4.22	2.78	2.60
8	每股经营活动产生的现金流量净额	0.282	0.763	0.266
9	净资产收益率(%)	8.34	13.91	14.89
10	按月加权平均计算的每股收益	0.444	0.406	0.513
11	扣除非经常性损益后的每股收益	0.346	0.398	0.405

(1)主要财务指标的计算公式：
每股收益=净利润/报告期末普通股股份总数
净资产收益率=净利润/报告期末股东权益×100%
每股净资产=报告期末股东权益/报告期末普通股股份总数
调整后的每股净资产=(报告期末股东权益-三年以上的应收款项-待摊费用-待处理(流动、固定)资产净损失-开办费用-长期待摊费用-住房周转金负数余额)/报告期末普通股股份总数。
(2)2000年末总股本为23241.2929万股，1999年、1998年末总股本均为19603.3129万股。以上指标均按当期实现数除以当期总股本所得。
(3)2000年1-11月总股本为19603.3129万股，12月总股本为23241.2929万股。以上述月份相关数据作为加权平均的计算基础。
(4)本年由于公司减持杭州新中大软件股份有限公司(原名杭州新中大软件有限公司)股份(由原来的51%减至26%)，从而使得该公司不再具备纳入合并范围的条件，对有关年初数已按有关规定作了相应调整。

3、按中国证监会信息披露编报规则(第9号)要求计算的数据

项目	数额(元)	净资产收益率(%)		每股收益(元/股)	
		全面摊薄	加权平均	全面摊薄	加权平均
1、主营业务利润	198,455,694.41	19.05	32.27	0.854	1.012
2、营业利润	91,087,930.41	8.74	14.81	0.392	0.465
3、净利润	86,953,850.34	8.34	14.14	0.374	0.444
4、扣除非经常性损益后的净利润	80,407,718.77	7.72	13.07	0.346	0.410

三、股本变动及股东情况

(一)股本变动情况
(二)股东情况介绍　(1)本公司报告期末股东总数为36449户。
(2)持有本公司股份的前十名股东情况：

股东名称	年初持股数(股)	年内增减(股)	年末持股数(股)	占总股本(%)
①绍兴县彩虹实业公司	29834944	0	29834944	12.84
②浙江省国际信托投资公司	18254004	0	18254004	7.85
③绍兴县国有资产投资经营有限公司	8297274	0	8297274	3.57
④浙江省财务开发公司	5710480	0	5710480	2.46
⑤绍兴县柯桥红建村委	3221295	0	3221295	1.39
⑥绍兴市越通房地产公司	2684413	0	2684413	1.16
⑦绍兴县银翔经济实业总公司	1932777	0	1932777	0.83
⑧长江经济联合发展(集团)股份有限公司	1610648	0	1610648	0.69
⑨宁波经济开发区太洲贸易公司	1073765	0	1073765	0.46
⑩中国太平洋保险公司	1073765	0	1073765	0.46

以上股东所持股份均系未上市流通股份，以上股东所持股份没有质押或冻结情况。

贵州华联旅业(集团)股份有限公司

一、公司简介

1、公司法定中、英文名称及缩写
法定中文名称：贵州华联旅业(集团)股份有限公司
法定英文名称：GUIZHOU HUALIAN TOURSIM(GROUP)CO.,LTD.
英文缩写：GZHLTCO
2、公司法定代表人：王少武
3、公司董事会秘书：江帆
联系地址：贵州省贵阳市省府路8号贵阳市外贸粮油大厦16楼
电话：0851—5804453　5804482
传真：0851—5804482
电子信箱：ghlydm@163.net
4、公司注册地址：贵州省贵阳市中华中路137号公司
办公地址：贵州省贵阳市省府路8号贵阳市外贸粮油大厦16楼
邮政编码：550001
公司电子信箱：hualian@public1 gy.gz.cn
5、公司指定信息披露报刊：中国证券报、上海证券报
中国证监会指定登载公司年度报告的国际互联网网址：
http://www.sse.com.cn
公司年度报告备置地点：公司董事会办公室
6、公司股票上市交易所：上海证券交易所公司
股票简称：贵华旅业公司
股票代码：600791

二、会计数据和业务数据摘要

1、本年度公司实现利润情况：单位：人民币元

项目	
利润总额	－46,774,791.06
净利润	－46,882,620.82
扣除非经常性损益后的净利润	－46,802,063.75
主营业务利润	－1,281,263.49
其他业务利润	6,085,659.16
营业利润	－47,253,770.25
投资收益	566,469.40
补贴收入/营业外收支净额	－87,490.21
经营活动产生的现金流量净额	–8,629,671.94
现金及现金等价物净增加额	–23,807,551.56

注："扣除非经常性损益后的净利润"指标中，扣除项目和涉及金额为：

项目	金额(元)
处理固定资产损失	80,557.07

2、截止本年度末公司前三年的主要会计数据和财务指标：

项目	2000年	1999年		1998年	
		调整后	调整前	调整后	调整前
主营业务收入(万元)	11,871	19,794.34	19,794.34	34,971.30	35,008.90
净利润(万元)	－4,688.3	1,564.59	1,721.89	1,481.88	1,512.37
总资产(万元)	25,240.0	31,563.78	31,682.73	32,876.03	33,567.93
股东权益(万元)	11,219.2	15,907.45	16,165.14	14,443.25	14,773.43
每股收益摊薄	–0.47	0.158	0.174	0.150	0.153
按月平均加权	–0.47	0.158	0.174	0.20	0.2046
扣除非经常性损益	–0.47	0.158	–0.096	0.15	0.153
每股净资产(元)	1.13	1.61	1.63	1.46	1.49
调整后的每股净资产(元)	0.85	1.49	1.51	1.31	1.34
每股经营活动产生的现金流量净额	–0.09	–0.33	–0.33	0.61	0.61
净资产收益率摊薄	–41.79	9.84	10.65	10.26	10.24
加权	–33.92	10.31	11.25	16.24	10.79

3、按照中国证监会《公开发行证券公司信息披露编报规则(第9号)》要求计算2000年报告期利润的净资产收益率和每股收益：

报告期利润	净资产收益率(%)		每股收益(元)	
	全面摊薄	加权平均	全面摊薄	加权平均
主营业务利润	－1.14	－0.94	－0.013	－0.013
营业利润	－42.12	－34.73	－0.477	－0.477
净利润	－41.79	－34.46	－0.473	－0.465
扣除非经常性损益后的净利润	－41.72	－34.40	－0.472	－0.459

注：计算公式如下：
(1)全面摊薄净资产收益率=报告期利润/ 期末净资产
(2)全面摊薄每股收益=报告期利润/ 期末股份总数

三、股东情况介绍

1、报告期末，本公司拥有股东4864户。
2、报告期末，本公司前10名股东持股情况：单位：万股

股东名称	年初持股数	年度内股份变动情况(+,–)	年末持股数	占总股本比例(%)	备注
北京市天创房地产开发公司	2929.80		2929.80	29.59	
贵州省旅游投资有限公司	0	1603.39	1603.39	16.20	国家股
贵州赤天化集团有限责任公司	346.50		346.50	3.50	
贵州水城钢铁集团公司	330		330	3.33	
贵州省技术改造投资公司	330		330	3.33	
北京市金亚光房地产开发有限公司	0	297	297	3.00	
贵州中天(集团)股份有限公司	165		165	1.67	
中国贵州航空工业公司	165		165	1.67	
贵州神奇制药有限责任公司	83.50		83.50	0.84	
中国商业建设开发公司	75		75	0.76	

注：(1)持股5%(含5%)以上的法人股东所持本公司股份均未发生质押、冻结等情况。
(2)经国家财政部1999年12月27日财管字[1999]398号文批复，贵州省国有资产管理局将其持有的本公司股份1603.39万股(占公司总股本的16.2%)划转给贵州省旅游投资有限公司。双方已于2000年3月28日完成股权过户手续。该公司持有本公司16.2%的股份。

云南马龙化建股份有限公司

一、公司简介

1.公司法定中文名称:云南马龙化建股份有限公司
公司法定英文名称:YUNNAN MALONG CHEMICALS&CONSTRUCTION CO.,LTD
公司英文名称缩写:MLCC
2.公司法人代表:赵家友先生
3.公司董事会秘书:杨林清先生
联系电话:0874-8010050
联系传真:0874-8010036
4.公司注册地址:云南省曲靖市马龙县王家庄镇
公司办公地址:云南省曲靖市马龙县王家庄镇
邮 政 编 码 :655102
5.公司选定的信息披露报纸名称 :《上海证券报》
登载公司年度报告网址:http://www.csrc.gov.cn/csrcsite/www.sse.com.cn
公司年度报告备置地点 :董事会办公室
6.公司股票上市交易所 :上海证券交易所
股票简称:云南马龙
股票代码:600792

二、会计数据和业务数据摘要

1.本年度主要利润指标情况(单位 :人民币元)

项 目	余 额
利润总额:	-13,786,748.82
净利润:	-13,786,748.82
扣除非经常性损益后的净利润:	-13,786,748.82
主营业务利润:	11,268,943.35
其它业务利润:	-146,443.21
营业利润:	-13,622,692.63
补贴收入:	0
营业外收支净额:	-197,156.19
经营活动产生的现金流量净额:	-47,812,164.77
现金及现金等价物净增加额:	-51,213,122.12

2.截止报告期末公司前三年主要会计数据和财务指标(单位:人民币元):

主要指标	2000 年	1999 年	1998 年	
			调整后	调整前
主营业务收入	59,566,561.68	56,501,457.78	79,153,195.50	79,153,195.50
净利润(元)	-13,786,748.82	7,465,083.85	-26,423,949.33	-25,067,815.30
总资产(元)	160,743,324.23	192,121,387.55	183,977,621.55	186,569,235.06
股东权益(不含少数股东权益)	97,311,902.92	112,641,633.15	105,176,549.30	107,768,162.81
每股收益(摊薄)	-0.270	0.146	-0.52	-0.492
每股收益(加权)	-0.270	0.146	-0.52	-0.492
扣除非经常性损益后的每股收益	-0.27	-0.06	-0.52	-0.492
每股净资产(元)	1.91	2.21	2.06	2.11
调整后的每股净资产	1.81	2.09	1.92	1.97
每股经营活动产生的现金流量净额	-0.94	0.22	-0.04	-0.04
净资产收益率(摊薄)	-14.17	6.63	-25.12	-23.26
净资产收益率(加权)	-13.23	6.77	-22.32	20.84

利润表附表

报告期利润	净资产收益率(%)		每股收益(元/股)	
	全面摊薄	加权平均	全面摊薄	加权平均
主营业务利润	11.58	10.81	0.221	0.221
营业利润	-14.00	-13.07	-0.267	-0.267
净利润	-14.17	-13.23	-0.270	-0.270
扣除非经常性损益后的净利润	-14.17	-13.23	-0.270	-0.270

3.报告期内股东权益变动情况(单位:人民币元)

项目	股本(股)	资本公积	盈余公积	法定公益金	未分配利润	股东权益合计
期初数	51,000,000	71,248,939.87	1,870,311.76	935,155.88	-13,020,599.89	111,098,651.74
本期增加	0	0	0	0	-13,786,748.82	-13,786,748.82
本期减少	0	0	0	0	0	
期末数	51,000,000	71,248,939.87	1,870,311.76	935,155.88	-26,807,348.71	97,311,902.92

变动原因:
1 、未分配利润减少,本年亏损所致;
2 、股东权益减少,系本年亏损及住房周转金借方余额调整所致;

三、股本变动及股东情况

2.股东情况介绍:
(1)截止 2000 年 12 月 31 日公司股东总数为:5402 户。
(2)前 10 名股东持股情况

股东名称	持股数量(股)	占总股本比例(%)
马龙县国有资产管理局	36000000	70.60
福建兴业	687539	1.35
社会帮团	530500	1.04
复旦创投	327985	0.64
应雄耀	312122	0.61
俞林荣	298050	0.58
南平电缆	286900	0.56
田纪英	260434	0.51
杨琴昌	246654	0.48
向文选	234251	0.46

①.上述前 10 名股东中,马龙县国有资产管理局持有公司股本中的国有股,按国家现行规定,暂不上市流通。
②.公司持股 5%(含 5%)以上的股东只马龙县国有资产管理局一家,其所持股份无质押、冻结情况。

宜宾纸业股份有限公司

一、公司简介

1、公司中文名称:宜宾纸业股份有限公司
公司英文名称:YIBIN PAPER INDUSTRY CO.,LTD.
公司英文缩写:YB PAPER
2、公司法定代表人:田心和
3、公司董事会秘书:鹿彪
授权代表:刘锋
电话:(0831)3554569,3551975
传真:(0831)3551965
联系地址:四川省宜宾市岷江西路 54 号
4、公司注册地址:四川省宜宾市岷江西路 54 号
公司办公地址:四川省宜宾市岷江西路 54 号
公司邮政编码:644007
5、公司网址:http://www.ybzy.com.cn
电子信箱:dsh@mail.ybzy.com.cn
6、信息披露报刊:《中国证券报》、《上海证券报》
年报指定披露网址:http://www.sse.com.cn
公司年报备置地点:上海证券交易所、本公司董事会秘书室
7、公司股票上市地:上海证券交易所公司
股票简称:宜宾纸业公司
股票代码:600793

二、会计数据和业务数据摘要

(一)本年度主要利润指标情况(单位:人民币元)

1、利润总额:	14,091,840.63
2、净利润:	12,558,357.60
3、扣除非经营性损益后的净利润:	12,049,048.31
4、主营业务利润:	70,834,565.19
5、其他业务利润:	26.30
6、营业利润:	13,582,531.34
7、投资收益:	0
8、补贴收入:	1,360,000.00
9、营业外收支净额:	-850,690.71
10、经营活动产生的现金流量净额:	54,585,784.46
11、现金及现金等价物净增加额:	-48,685.50

注:扣除的非经营性损益包括补贴收入和营业外收支净额。

(二)公司近三年的主要会计数据及财务指标(单位:人民币元)

项目/年度	2000 年	1999 年		1998 年	
		调整后	调整前	调整后	调整前
主营业务收入	412,769,141.46	295,308,503.59	295,308,503.59	208,237,809.90	208,237,809.90
净利润	12,558,357.60	5,621,356.92	12,821,225.37	8,205,820.68	12,622,729.39
总资产	793,208,423.11	752,775,063.32	789,820,757.76	755,817,296.80	771,945,376.73
股东权益(不含少数股东权益)	170,201,711.93	157,643,354.33	206,475,046.32	193,653,820.95	210,149,854.57
每股收益	0.119	0.053	0.122	0.078	0.12
加权每股收益(扣除非经营性损益)	0.114	-0.019	0.029	0.019	0.023
每股净资产	1.616	1.497	1.96	1.84	2.00
调整后的每股净资产	1.544	1.525	1.96	1.73	1.85
净资产收益率(摊薄)	7.38	-1.28	6.21	4.24	6.01
加权净资产收益率(扣除非经营性损益)	7.35	-1.15	6.41	4.33	6.19
每股经营活动产生的现金流量净额	0.52	0.38	0.38	0.26	0.26

注:(1)主要财务指标计算方法:
每股收益=净利润/年度末普通股股份总数
净资产收益率=净利润/年度末股东权益×100%
每股净资产=年度末股东权益/年度末普通股股份总数
调整后的每股净资产=(年度末股东权益-三年以上的应收帐款净额-待摊费用-待处理(流动、固定)资产净损失-开办费-长期待摊费用-住房周转金负数余额)/年度末普通股股份总数
加权平均净资产收益率=当期净利润/[(期初净资产+期末净资产)/2+当期发行新股或配股新增资产×(自缴款结束日下一月份至报告期的月份数-6)/12]
每股经营活动产生的现金流量净额=经营活动产生的现金流量净额/年度末普通股股份总数
(2)由于本公司 2000 年度末实施配股和增发新股,加权的每股收益指标与摊薄的相同。

三、股东情况介绍

(一)股东数量:
截止 2000 年 12 月 31 日,公司股东总数为 15996 户,其中国家股股东 1 户,境内法人股股东 1 户,社会公众股股东 15994 户。
(二)前十名股东持股情况:

股东名称	持股数量(股)	占总股本比例(%)
(1) 宜宾市国有资产管理局	51,760,000	49.15
(2) 宜宾五粮液集团有限公司	20,000,000	19.00
(3) 胡燕	161,400	0.15
(4) 陈嘉德	154,070	0.15
(5) 石国忱	135,600	0.13
(6) 陈光明	111,400	0.11
(7) 王永强	99,999	0.09
(8) 陈瑞战	95,790	0.09
(9) 罗照付	91,000	0.09
(10) 余汉江	90,500	0.09

注:(1)本公司股东中持有比例超过 10%的为宜宾市国有资产管理局、宜宾五粮液集团有限公司,比例分别为 49.15%和 19%,未有质押。宜宾市国有资产管理局 1998 年 10 月起授权宜宾纸业集团有限公司经营其所持 5176 万国家股权。宜宾纸业集团有限公司经营范围:纸制品、造纸原料、金属材料、机电产品、建筑材料等,法定代表人:田心和。

云南新概念保税科技股份有限公司

云南新概念保税科技股份有限公司 2000 年年度报告摘要

重要提示：本公司董事会保证本报告所载资料不存在任何虚假记载、误导性陈述或者重大遗漏，并对其内容的真实性、准确性和完整性负个别及连带责任。

一、公司简介

1、公司法定中文名称：云南新概念保税科技股份有限公司
法定英文名称：YUNNAN FREETRADE SCIENCE AND TECHNOLOGY CO.LTD.
英文名称缩写：YNFT
2、公司注册地址：云南省昆明市春城路 62 号 证券(基)大厦四楼
公司办公地址：云南省昆明市春城路 62 号 证券大厦 15 楼　　邮政编码：650011
3、公司法定代表人：叶 效 良
4、公司董事会秘书：肖 功 伟　　董事会证券事务代表：刘 露
通信地址：云南省昆明市春城路 62 号 证券大厦 15 楼
电　　话：(0871)3186316　(0872)2224214　　传真：(0871)3186312　(0872)2223645
5、公司信息披露报刊：上海证券报
刊登公司年度报告的国际互联网址：http://www.sse.com.cn
公司年度报告备置地点：公司总部董事会秘书办公室
6、公司股票上市地：上海证券交易所　　股票简称：保税科技　　股票代码：600794

二、会计数据和业务数据摘要

(一) 本年度实现主要利润指标　(单位：元)

利润总额	41020627.05
净利润	20670053.94
扣除非经常性损益后的净利润	19104661.34
主营业务利润	58972482.97
其他业务利润	305460.52
营业利润	37423790.60
投资收益	3565392.60
营业外收支净额	31443.85
经营活动产生的现金流量净额	2377093.78
现金及现金等价物净增加额	2345118.89

注：扣除非经常性损益 1565392.60 元，为股权投资差额年初数-23462.64 元，本年度公司分别出资 2573 万元和 2600 万元受让张家港保税区外商投资服务有限公司 20.10% 和 20.32% 的股份，受让后本公司持有张家港保税区外商投资服务有限公司的股份增至 91.20%，由此产生投资成本与应享有被投资单位所有者权益份额的差额(贷差)15627856.44 元，按 10 年平均摊销。本公司本期共摊销股权投资差额 1565392.60 元，尚余贷差 14085926.48 元。在编制合并会计报表时，列入合并价差-14085926.48 元。

(二) 公司近三年主要会计数据和财务指标　　(单位：元)

指标项目	2000 年	1999 年	1998 年
主营业务收入	161881822.14	130732482.30	105309129.62
净　利　润	20670053.94	19109448.88	14565086.59
总　资　产	373665294.67	372814916.78	264414084.20
股 东 权 益	190344485.97	169638886.03	152015377.07
每 股 收 益	0.192	0.177	0.216
扣除非经常性损益后的每股收益	0.177	0.177	-
每股净资产	1.77	1.59	2.35
调整后每股净资产	1.69	1.56	2.22
每股经营活动产生的现金流量净额	0.022	0.40	0.59
净资产收益率 (%)	10.86	11.17	9.58

主要财务指标计算公式：
每股收益= 净利润 / 年度末股份总数
每股净资产= 年度末股东权益 / 年度末股份总数
调整后的每股净资产=(年度末股东权益-三年以上的应收款项净额-待摊费用 -待处理（流动、固定）资产净损失-开办费-长期待摊费用-住房周转金负数余额)/ 年度末股份总数
每股经营活动产生的现金流量净额=经营活动产生的现金流量净额/年度末股份总数
净资产收益率=净利润 / 年度末股东权益 ×100%报告期利润表附表(全面摊薄)

报告期利润	净资产收益率(%)	每股收益
主营业务利润	30.98	0.548
营业利润	19.66	0.348
净利润	10.86	0.192
扣除非经常性损益后的净利润	10.04	0.177

注：计算公式如下：
全面摊薄净资产收益率=报告期利润/期末净资产
全面摊薄每股收益=报告期利润/期末股份总数

(三)报告期内股东权益变动情况(单位：元)

项目	股本	资本公积	盈余公积	法定公益金	未分配利润	股东权益合计
期初数	107673600	27824668.42	18490069.11	6528018.85	15650548.50	169638886.03
本期增加	35546.00	7427472.39	2475824.13	20670053.94	28133072.33	
本期减少	7427472.39	7427472.39				
期末数	107673600	27860214.42	25917541.50	9003842.98	28893130.05	190344485.97

三、股本变动和股东情况

(一) 股本变动情况 (单位：股)

项　　目	年初数	本次变动增减(+,—) 配股	送股	公积金	其他转股	小计	年末数
一、尚未流通股份							
1、发起人股份	53,760,000.00						53,760,000.00
其中：国家拥有股份	26,272,000.00				-9,852,000.00	-9,852,000.00	16,420,000.00
境内法人持有股份	27,488,000.00				9,852,000.00	9,852,000.00	37,340,000.00
2、募集法人股	15,360,000.00						15,360,000.00
3、内部职工股	4,953,600.00				-4,953,600.00	-4,953,600.00	
尚未流通股份合计	74,073,600.00				-4,953,600.00		
二、已流通股份							
1、境内上市的							
人民币普通股	33,600,000.00				4,953,600.00	-4,953,600.00	69,120,000.00
已流通股份合计	33,600,000.00				4,953,600.00	4,953,600.00	38,553,600.00
三、股份总数	107,673,600.00						107,673,600.00

股本结构变动原因：

1、公司股东云南大理造纸厂期初持有本公司国有股 2627.2 万股，经国家财政部财管字(2000) 242 号文批准，将其持有股份中的 985.2 万股国有股份(占总股本的 9.15%)转让给江苏省张家港保税区开发总公司，股份过户手续于 2000 年 6 月 13 日完成。转让后，云南大理造纸厂、张家港保税区开发总公司分别持有本公司总股份的 15.25%、9.15%。股份转让的相关公告刊载于 2000 年 6 月 13 日《上海证券报》。

2、2000 年 2 月 21 日经上海证券交易所安排，公司内部职工股 495.36 万股上市交易，公司上市流通股变动为 3855.36 万股。

(二)股票发行与上市情况

1、经中国证券监督管理委员会证监发字(1997)29 号文和证监发字(1997)30 号文批准，1997 年 2 月 19 日至 2 月 21 日，向社会公开定价发行人民币普通股(A)股 1578 万股，每股发行价 3.75 元。1997 年 3 月 6 日，公司 1750 万股社会公众股(含内部职工股 172 万股)在上海证券交易所挂牌上市(其中公司高级管理人员持有的股份暂时锁定)。

2、1998 年 7 月 9 日，公司实施以 1997 年末公司总股本 5608 万股为基数，每 10 股送红股 2 股的 1997 年度利润分配方案。1998 年 7 月 10 日新股上市流通。该方案实施后，公司总股本为 6729.6 万股，其中上市流通股 2100 万股(公司高级管理人员持有的股份暂时锁定)。

3、1999 年 10 月 15 日，公司实施以 1999 年中期末总股本 6729.6 万股为基数，每 10 股送 3 股转增 3 股的 1999 年中期利润分配方案。1999 年 10 月 18 日新股上市流通。公司总股本增至 10767.36 万股，其中上市流通股 3360 万股(公司高级管理人员持有的股份暂时锁定)。

4、2000 年 2 月 21 日经上海证券交易所安排，495.36 万股内部职工股全部上市流通，公司上市流通股增至 3855.36 万股(公司高级管理人员持有的股份暂时锁定)。

(三)股东情况介绍

截至 2000 年 12 月 31 日，公司股东总数为 27325 户，前 10 名股东持股情况如下(单位：股)：

股东名称	持股数(股)	占总股本比例(%)
张家港保税区保税实业有限公司	27488000	25.53
云南大理造纸厂	16420000	15.25
张家港保税区开发总公司	9852000	9.15
大理卷烟厂	7680000	7.13
昆明水泥股份有限公司	7680000	7.13
周宏	154700	0.14
陆文龙	152000	0.14
高宇洁	143095	0.13
高宇静	140521	0.13
刘立桃	140000	0.13

持有 10%以上股份的股东有：(1)江苏省张家港保税区保税实业有限公司，法定代表人：叶效良，经营范围：保税区基础设施建设、房地产开发经营、转口贸易、保税区企业间贸易、国内外贸易、储运集散、参与项目投资等，持有本公司法人股 2748.8 万股，占总股本的 25.53%。(2)云南大理造纸厂，法定代表人：程云川，经营范围：机制纸制造、纸制品加工，持有本公司国有股 1642 万股，占总股本的 15.25%　。

持有本公司 5%以上股东之间无关联关系。

2000 年 5 月 16 日，股东张家港保税区保税实业有限公司为支持本公司发展，将所持有股份 27488000 股质押给中国光大证券有限责任公司，用于贷款 2000 万元补充本公司流动资金。

其他持有本公司 5%以上股份的股东所持股份报告期内无质押或冻结的情况。

四、股东大会简介

(一)本年度内公司共召开了五次股东大会

1、2000 年第一次临时股东大会

2000 年 1 月 13 日，公司董事会在《上海证券报》刊登了召开大会的公告。

2000 年 2 月 18 日，公司 2000 年第一次临时股东大会在公司供销楼三楼会议室召开，出席大会的股东及股东委托人共 4 人，代表股权 6912 万股，占公司总股本的 64.19%。会议表决通过了如下决议：

审议通过了《关于聘请公司财务报表审计会计师事务所的议案》。我公司原聘请的会计报表审计机构云南亚太会计师事务所的聘任期已到，根据中国证监会有关规范公司运作和信息披露的精神，以及本公司章程的规定，公司股东大会决定聘请"山东乾聚会计师事务所"为公司会计报表审计机构。

审议通过了《授权董事会办理限额两千六百万元以内投资事宜，授权期限一年的议案》，根据公司发展的需要，为使公司董事会能够及时把握时机抓好公司经营，授权董事会办理限额两千六百万元以内投资的事宜，授权期限一年。

大会决议公告刊载于 2000 年 2 月 19 日《上海证券报》。

2、1999 年度股东大会

2000 年 3 月 8 日，公司董事会在《上海证券报》刊登了召开大会的公告。

2000 年 4 月 17 日，公司 1999 年度股东大会在公司供销楼三楼会议室召开，出席股东大会的股东及股东委托人共 5 人，代表股权 6917 万股，占公司总股本的 64.24%，大会表决通过了以下决议：

审议通过了《公司董事会 1999 年度工作报告》、《公司监事会 1999 年度工作报告》、《公司 1999 年度财务报告》、《公司 1999 年度利润分配方案》：1999 年度不分配，也不转增股本。

审议通过了《更改公司名称的议案》、《增加公司经营范围的议案》：增加经营范围后公司的经营范围为：

生物高新技术应用、开发；高新技术及电子商务、网络应用开发；基础设施开发建设，房地产开发经营；转口贸易，国际贸易；储运集散；参与项目投资。

机制纸及纸板系列产品制造、销售；纸制品制造、销售；纸浆生产、销售；塔尔油销售；机制纸新产品开发及销售；造纸技术开发、应用及咨询服务。

审议通过了《关于公司总部迁移及购买房产的议案》。决定将公司总部迁移昆明市，投入资金 2255.7598 万元，购买昆明正基房地产有限公司房产 3537.032 平方米用作公司总部用房。

审议通过了《股东大会提案》，对公司章程的有关条款进行了修改。

审议通过了设立云南大理造纸股份有限公司子公司"东鑫投资咨信公司"的提案内容。

大会决议公告刊载于 2000 年 4 月 19 日《上海证券报》。

3、2000 年第二次临时股东大会

2000 年 7 月 28 日、8 月 22 日，公司董事会在《上海证券报》刊登了召开大会、大会延期召开的

公告。

2000 年 9 月 8 日,公司 2000 年第二次临时股东大会在上海银河宾馆三楼宴会厅召开,出席本次股东大会的股东及股东委托人共 35 人,代表股权 69358800 股,占公司总股本的 64.42%。大会表决通过了如下决议:

审议通过了《公司 2000 年配股募集资金投向及可行性的议案》、《公司 2000 年配股预案》:以 1999 年 12 月 31 日公司股本总额 10767.36 万股为基数,按 10:3 比例向全体股东配售股份,共可配股份 3230.208 万股,其中:国有法人股及募集法人股股东均放弃认配股份,流通股可配股份 1156.608 万股;审议通过了本次配股募集资金用途为:投资额约 1.5 亿元,用于新建云-保公司多用途码头项目。

审议通过了《关于提请股东大会追认确定公司名称为"云南新概念保税科技股份有限公司"的议案》、以及《关于李畅根先生因退休而提出辞去公司监事职务的议案》。

大会决议公告刊载于 2000 年 9 月 9 日《上海证券报》。

4、2000 年第三次临时股东大会

2000 年 9 月 13 日,公司董事会在《上海证券报》刊登了召开大会的公告。

2000 年 10 月 15 日,公司 2000 年第 4 次临时股东大会在云南昆明市春城路 62 号证券大厦九楼会议室召开,出席本次股东大会的股东及股东委托人共 6 人,代表股权 6912.21 万股,占公司总股本的 64.20%。大会表决通过了如下决议:

审议通过了《胡剑鹏先生辞去公司董事的辞呈》、《关于变更董事的提案》,选举叶效良先生为本公司董事。

大会决议公告刊载于 2000 年 10 月 17 日《上海证券报》。

5、2000 年第四次临时股东大会

2000 年 10 月 26 日,公司董事会在《上海证券报》刊登了召开大会的公告。

2000 年 11 月 29 日,公司 2000 年第 4 次临时股东大会在云南昆明市绿洲大酒店召开,出席本次股东大会的股东及股东委托人共 5 人,代表股权 6912 万股,占公司总股本的 64.19%,

大会表决通过了决议:审议通过了程云川先生的辞职书,同意程云川先生辞去本公司董事职务。

大会决议公告刊载于 2000 年 11 月 30 日《上海证券报》。

报告期内选举、更换董事、监事情况

2000 年 9 月 8 日公司召开 2000 年第二次临时股东大会,审议了《关于李畅根先生因退休而提出辞去公司监事职务的议案》,同意李畅根先生因退休而提出辞去公司监事职务。

2000 年 10 月 15 日公司召开 2000 年第三次临时股东大会,审议通过了《胡剑鹏先生辞去公司董事的辞呈》、股东张家港保税区保税实业有限公司提交的《关于变更董事的提案》,选举叶效良先生为本公司董事。

2000 年 11 月 29 日公司召开 2000 年第 4 次临时股东大会,审议通过了程云川先生的辞职书,同意程云川先生辞去本公司董事职务。

五、董事会报告

(一)公司经营情况

1、公司所处的行业及在本行业中的地位

本公司及所属企业主要从事机制纸及纸产品制造销售、为外商投资提供相关服务、土地转让、房地产开发、基础设施建设等,是跨地区跨行业的企业,融合了东部带动西部联合发展的内涵。公司将继续向规模化、集团化、多元化发展。

2、公司主营业务范围及其经营状况

公司经营范围:生物高新技术应用、开发;高新技术及电子商务、网络应用开发;机制纸及纸板系列产品制造、销售;纸制品制造、销售;纸浆生产、销售;塔尔油销售;机制纸新产品开发及销售;造纸技术开发、应用及咨询服务。

公司控股子公司经营范围:江苏省张家港保税区涉及外商投资、建设、生产、经营、管理全过程中的相关服务;及土地转让、房地产开发、基础设施建设;生物高新技术应用、开发;高新技术及电子商务、网络应用开发;国际保税转口贸易、储运集散;国际贸易;参与项目投资。

公司经营状况:

2000 年是公司经过重组后调整总体结构和发展方向,迈出关键步伐的一年。在这一年里,董事会以党中央、国务院的方针政策为指针,从企业生存和发展的客观实际出发,对公司的经营状况和发展方向进行了细致调研,积极深化资本运作,调整增持子公司出资额比例,保证了公司的利润来源;为加快实施公司发展高科技产业的规划做好前期准备,及时作出增加公司经营范围、更改公司名称、公司总部搬迁的决策,为公司今后的发展奠定了软件和硬件基础。同时,积极推行发达地区先进的管理经验,深化企业内部改革,建立、完善各项管理制度,实行了财务委派制,严格控制各项费用的支出,不断完善公司的内部竞争机制和激励机制,实行全员销售承包责任制,增加催收货款的投入,加快劳动人事制度改革的步伐,加大减员分流的力度,尽一切努力开源节流。一年来,尽管公司造纸业务经济效益大幅滑坡,但经过全体员工的努力,公司总体经营业绩仍然取得了较好的成绩。2000 年公司实现主营业务收入 16188.18 万元,主营业务利润 5897.25 万元,净利润 2067 万元。

造纸业务方面:主要产品有纸袋纸、强韧箱板纸、牛皮卡纸、高强瓦楞原纸。生产所需原料为云南松木材、兰桉木材、外购浆板及废纸浆。2000 年度生产机制纸及纸板 21638 吨,回收活性碱 3394 吨,业务收入 6078.82 万元,营业利润-1117.46 万元。造成造纸业务效益大幅下滑主要原因是:(1)销售市场萎缩严重,销售量急剧减少,销售价格降低。(2)购入的造纸木材、外购浆板及废纸浆等原料价格上涨,使产品成本较去年增加 11.7%。(3)为治理污染,部分生产车间短期停机进行技改,产品产量较去年减少 11.4%。(4)按环保规定,本年度缴纳排污费较去年增加 23%。

外商投资服务等方面:依托国家保税区开放灵活的机制和独特的政策优势,抓住中国加入 WTO 及房地产行业整体好转和近年来进入保税区的外资企业迅速增加的有利时机,积极拓展对外招商,盘活土地资产存量,开发房地产业务,做好外商投资服务的各项工作,2000 年度取得了较好的经济效益,全年业务收入 10109.37 万元,营业利润达到 4859.84 万元。

2000 年度公司业务收入情况分类如下:

业务内容	业务收入(元)	较前一年度增加(减少)(%)	占公司本年度业务收入比例(%)
机制纸及纸板	60788166.14	-8.82	37.55
土地转让及外商服务	101093656.00	+57.81	62.45

报告期内,公司造纸业务收入较前一年度减少 8.82%,主要原因是(1)销售市场萎缩严重,销售量减少,销售价格降低。(2)原料价格上涨,产品成本较去年增加 11.7%。(3)产品产量较去年减少 11.4%。(4)缴纳的排污费较去年增加 23%。

报告期内,公司控股子公司江苏省张家港保税区外商投资服务有限公司有 4859.84 万元营业利润合并至本公司报表。截止报告期末,该公司资产总计 223463071.99 元,2000 年度实现业务收入 101093656.00 元,利润总额 48598359.12 元。该项业务收入占本公司业务收入比例 62.45%,其主要业务收入为土地批租。

3、在经营中出现的问题与困难及解决方案

2000 年度在经营中存在的主要问题是:销售市场萎缩;生产用原、辅料价格上涨,产品成本上升;受造纸设备限制,产品产量、质量难以提高,缺乏市场竞争力;治理污染任务重时间紧。

为解决上述问题,(1)增加营销投入,进一步完善落实销售承包责任制。(2)积极取得政府支持,加快落实造纸原料基地建设,争取尽早实现部分原料自给,以降低生产成本。(3)调整产品结构,强化质量管理、成本费用管理及用工制度管理。(4)加大污染治理投入,经技改后使排污、排烟达标。

(二)公司财务状况

项目	2000 年(元)	1999 年(元)	增减幅度(%)
总资产	373665294.67	372814916.78	0.23
长期负债	27000000.00	30000000.00	-10
股东权益	190344485.97	169638886.03	12.2
主营业务利润	58972482.97	52830402.14	11.6
净利润	20670053.94	19109448.88	8.2

长期负债较上年度减少的原因主要是长期借款减少所致。

股东权益较上年度增加的原因主要是本年度盈利后提取公积金和公益金。

主营业务利润和净利润较上年度增加的原因主要是:子公司张家港保税区外商投资服务有限公司在 2000 年度积极拓展市场,土地批租业务和外商投资相关服务工作取得较好效益。

(三)公司投资情况

1、募集资金使用情况(单位:元)

项目名称	计划投资额	2000 年投资额	实际投入资金额	尚未投入资金额	备注
碱回收节能项目	30447900.00	0.00	25410000.00	5037900.00	

2、募股资金使用说明

日处理 100 吨浆黑液碱回收节能项目

原计划总投资 6044.79 万元,其中运用募股资金 3044.79 万元。该项目于 1997 年 3 月投入建设,截止本报告期末实际共投入募股资金 2541 万元,目前该项目建设期已基本结束,剩余募股资金 503.79 万元,按招股说明书承诺应在生产期投入使用。该项目与"年产两万吨兰桉造强韧箱板纸项目"是部分配套设计,正常生产时所需的部分原料是使用"年产两万吨兰桉造强韧箱板纸项目"投产后排出的废液,因"年产两万吨兰桉造强韧箱板纸项目"已停止建设,该项目在目前下投产势必形成大马拉小车的状况,造成生产成本增加。为尽量降低影响,目前公司正组织有关专家进行论证,以求尽快妥善解决问题,使其产生效益。

尚未投入使用的募股资金现暂用作补充公司生产流动资金。

3、报告期内公司投入自筹及部分贷款 610 万元,用于建设纸箱分厂工程、污水处理工程和瓦楞原纸生产线技改工程。至报告期末,纸箱分厂建设工程和瓦楞原纸生产线技改工程已基本完成,进入试运行阶段,这两项工程的建设和改造目的在于调整造纸产品结构,提高产品质量和产量,适应市场需求,开拓新的市场。预计运行投产后,对公司造纸业务经济效益的改善发挥较大作用。

(四)宏观政策变化对公司经营状况的重要影响

1、国务院作出长江流域中上游全面禁止采伐天然林的决定后,云南省各级政府积极响应,并实施了天然林保护工程,公司造纸业务生产所在地大理州有部分县处于金沙江流域,为云南省人民政府规定的天然林禁伐区;大理又是国家级风景名胜旅游区,随着环保意识的提高,有关环保立法和政策对污染进行了越来越严格的限制。公司的造纸生产需要大量消耗木材,同时还要排放大量的烟尘和废水,目前经过治理,烟尘及废水的排放虽已达标,但保护环境、保护生态是基本国策之一,天然林禁伐的政策将会长期执行,环境保护的执法力度也会不断加强。是这将会对公司造纸业务的生产经营和经济效益造成影响,造纸业务的规模发展也将会受到很大限制。

2、因中国加入 WTO 后,平均关税水平降低,国际进出口贸易、外商投资等将会增加,这些有利因素将会促进公司控股子公司张家港外商投资服务有限公司有关业务的发展。

(五)新年度的业务发展计划

在新的一年里,公司董事会将充分利用好国家对西部开发和国家保税区的优惠政策,利用储备充分的资源和优势,开拓思路,努力寻求高起点多方位的经济增长点,促进高新技术产业项目的开创与发展,真正实现公司产业结构的调整,以改革为动力,抓管理为手段,以市场为导向,抓质量求生存,开发新品求效益,推动经济再上新台阶,保证公司发展的成长性、持续性和稳定性。

1、统一思想,振奋精神自强不息

在全体员工中确立"三个坚定不移"的思想:即发挥优势,加快发展的思想坚定不移;负重拼搏、战胜困难的信心坚定不移;自强不息、实现造纸业务扭亏为盈的目标坚定不移。

2、更新观念,深化改革挖掘潜力

深化改革:第一、在人事制度方面,搬掉干部的"铁交椅",取消终身制,实行竞争上岗,能者上,庸者下,择优录用。第二、用工制度方面,打破"铁饭碗",激发员工爱厂、敬业的精神。第三、分配制度方面,打破"铁工资",实行全浮动效益工资制,充分调动员工工作热情和自觉性。

3、真抓实干,促进经营全面发展

加快稳产达产,加快产品结构调整,开发新品求效益;搞活营销机制,完善营销责任制,实行"四定一包"即:定销量、定时间、定回笼、定奖罚、包费用,让每一个营销人员充分发挥其在营销网络中应有的作用,千方百计找回市场,实现产销两旺。

抓住中国即将加入 WTO 的契机,充分发挥地处张家港苏锡常经济发达地区的优势,抓住近年来进入保税区的外资企业迅速增加的大好时机,积极拓展业务,加快房地产开发、转口贸易,搞好外商投资服务,为公司发展再创佳绩。

4、寻找新的市场热点,注入科技活力

国务院西部地区开发领导小组确定的西部开发 5 项工作重点:"加快基础设施建设;切实加强生态环境保护和建设;积极调整产业结构;发展科技和教育,加快人才培养;加大改革开放力度",给地处西部的上市公司带来了难得的发展机遇。我们要充分利用好一系列西部开发的优惠政策,加大产业结构的调整力度,不失时机地寻找新的市场热点,尽快注入科技活力,加快公司的壮大发展。

(六)董事会日常工作情况

1、报告期内董事会的会议情况及决议内容

报告期内董事会共召开了十二次会议:

公司董事会 2000 年第一次会议于 2000 年 1 月 11 日召开,会议审议通过了《关于聘请公司财务报表审计会计师事务所的预案》、《公司各项资产减值准备和损失处理内部控制制度》、《公司 1999 年度计提资产减值准备报告》、《公司 1999 年度利润分配方案》、《提请公司股东大会授权董事会办理限额两千六百万元以内投资,授权期限一年的议案》;对公司内部职工股到期上市的有关工作做了安排;决定于 2000 年 2 月 18 日召开公司 2000 年第一次临时股东大会。决议公告刊载于 2000 年 1 月 13 日《上海证券报》。

公司董事会 2000 年第二次会议于 2000 年 3 月 3 日召开。会议审议通过了:《公司 1999 年年度报告》、《1999 年度总经理工作报告》、《公司 1999 年度财务报告》、《公司 1999 年度分配方案》、《关于更改公司名称的议案》、《增加公司经营范围的议案》;决定 2000 年 4 月 17 日召开 1999 年度股东大会。决议公告刊载于 2000 年 3 月 8 日《上海证券报》。

公司董事会 2000 年第三次会议于 2000 年 4 月 17 日召开,会议审议通过了:《关于修改公司章程的报告》、《关于设立云南大理造纸股份有限公司子公司"东鑫投资咨信有限公司"的议案》、《关于聘任胡波先生为公司执行总经理的决定》。决议公告刊载于 2000 年 4 月 19 日《上海证券报》。

公司董事会 2000 年第四次会议(通信方式)于 2000 年 6 月 21 日召开,会议根据 2000 年 2 月 18 日召开的公司 2000 年第一次临时股东大会"关于授权董事会办理限额两千六百万元以内投资事宜,授权期限一年"的授权,审议通过了:本公司与江苏省张家港保税区开发总公司签订的《出资额转让协议》,由本公司出资 2600 万元购买江苏省张家港保税区开发总公司持有的张家港保税区外商投资服务有限公司 2600 万元出资额的事项。决议公告刊载于 2000 年 6 月 27 日《上海证券报》。

公司董事会 2000 年第五次会议于 2000 年 7 月 21 日召开,会议审议通过了《公司 2000 年中期报告》、《公司 2000 年中期利润分配预案》:2000 年中期利润不分配,也不进行转增股本;决定聘任高福兴先生为公司副总经理。决议公告刊载于 2000 年 7 月 25 日《上海证券报》。

公司董事会 2000 年第六次会议于 2000 年 7 月 26 日召开,会议审议通过了《公司 2000 年配股募集资金投向及可行性的议案》,2000 年配股募集资金计划投资项目为:云-保 90 万吨件杂码头,项目总投资额约 1.5 亿元,建设期一年,建设地点:江苏省张家港市十字港河口上游,为新建设计代表船型 2.5 万吨杂货船、年杂货运量 90 万吨的杂货码头;审议通过了《公司 2000 年配股预案》:以 1999 年 12 月 31 日公司股本总额 10767.36 万股为基数,按 10:3 比例向全体股东配售股份,配股价格的浮动范围为 9-14 元;审议通过了《关于提请股东大会追认确定公司名称为"云南新概念保税科技股份有限公司"的议案》;根据云南省工商行政管理局核定的本公司名称"云南新概念保税科技股份有限公司"与前次股东大会通过的公司名称"云南保税科技股份有限公司"有差异,提请股东大会追认确定该事项。决定于2000年8月29日召开公司2000年第二次临时股东大会,将《公司2000年配股募集资金投向及可行性的议案》、《公司2000年配股预案》、《关于提请股东大会追认确定公司名称为"云南新概念保税科技股份有限公司"的议案》、《关于李畅根先生因退休而提出辞去公司监事职务的议案》提交股东大会审议。决议公告刊载于2000年7月28日《上海证券报》。

公司董事会2000年第七次会议于2000年8月14日召开,会议审议通过了《云南新概念保税科技股份有限公司关于前次募集资金使用情况及效益的说明》。决议公告刊载于2000年8月15日《上海证券报》。

公司董事会2000年第八次会议于2000年9月8日召开,会议经过认真研究,作出以下决议:1.同意胡剑鹏先生由于工作变动提出辞去公司董事及董事长职务的辞呈;2.同意公司股东张家港保税区保税实业有限公司推荐叶效良先生为新的董事候选人的提案;3.决定于2000年10月15日召开公司2000年第三次临时股东大会,将《胡剑鹏先生辞去公司董事及董事长职务的辞呈》、《关于变更董事的提案》提交大会审议。决议公告刊载于2000年9月13日《上海证券报》。

公司董事会2000年第九次会议于2000年10月15日召开,会议作出决议:选举叶效良先生为本公司董事长。决议公告刊载于2000年10月17日《上海证券报》。

公司董事会2000年第十次会议于2000年10月21日召开,会议作出决议:通过了程云川先生因工作变动辞去公司董事、副董事长、总经理等职务的辞呈,决定于2000年11月29日召开临时股东大会,审议程云川先生因工作变动辞去公司董事的辞呈。决议公告刊载于2000年10月26日《上海证券报》。

公司董事会2000年第十一次会议于2000年11月9日召开,会议作出决议:本着互惠互利的原则,经公司与江苏省张家港保税区管委会友好协商,公司2000年配股募集资金投向的云-保公司多用途码头项目,由云南新概念保税科技股份有限公司和江苏省张家港保税区管委会合作兴建,项目投资总额1.5亿元人民币,其中云南新概念保税科技股份有限公司投资占总额1.5亿元的80%,江苏省张家港保税区管委会投资占总额1.5亿元的20%。决议公告刊载于2000年11月14日《上海证券报》。

公司董事会2000年第十二次会议于2000年11月29日召开,作出如下决议:1.审议通过了股东张家港保税区保税实业有限公司《变更董事提案》:"因工作变更原因,王金光、钱国芳先生不再担任贵公司董事,提议梁一波先生为新的董事候选人。" 2.审议通过了股东江苏省张家港保税区开发总公司《关于要求调整董事的提案》:"我公司持有贵公司国有法人股股份985.2万股,占总股本的9.15%,提议我公司郭家骏先生为贵公司新的董事候选人。"

3.决定将上述提案提交公司股东大会审议,股东大会会议召开的时间、地点另行通知。 4.免去胡波先生的公司执行总经理职务。 5.聘任刘光伟先生为公司副总经理。决议公告刊载于2000年11月30日《上海证券报》。

2.报告期内董事会对股东大会决议的执行情况

(1)根据公司2000年第一次临时股东大会"关于授权董事会办理限额两千六百万元以内投资事宜,授权期限一年"的授权,2000年3月25日,公司与江苏省张家港保税区开发总公司签订了《出资额转让协议》,由本公司出资2600万元,购买了江苏省张家港保税区开发总公司持有的张家港保税区外商投资服务有限公司2600万元出资额,使本公司持有该公司的股份达11673万股,占总股份的91.2%,有利于我公司整体结构调整及经济效益的稳定增长,符合本公司利益,也保证了广大中小股东的根本利益。

(2)公司1999年度股东大会审议通过了《更改公司名称的议案》、《增加公司经营范围的议案》、《关于公司总部迁移及购买房产的议案》,根据股东大会决议,董事会办理了有关工商变更登记。经云南省工商行政管理局核定,于2000年7月17日核发了营业执照(注册号:5300001004596)。

目前该大厦的建筑装修尚未结束,公司总部办公地址暂时未能迁入。

(3)公司1999年度股东大会审议通过了设立子公司"东鑫投资咨询公司"的提案内容。在办理该子公司的工商登记时,因名称与张家港保税区内另一公司的名称重合,需经公司股东大会调整确认后再办理工商登记。

(4)公司2000年第二次临时股东大会审议通过了2000年配股方案,大会闭会后,董事会立即投入各项报批工作,经过多番努力,配股方案已由中国证券监督管理委员会昆明特派办[2000]141号文初审通过,获得中国证券监督管理委员会证监公司字[2001]1号文核准。公司于2001年2月9日在《上海证券报》刊登了《配股说明书》,并于2001年2月份开始实施该配股方案。

(七)公司管理层及员工情况

1.董事、监事、高级管理人员

现任董事、监事及高级管理人员的姓名、年初数和年末持股数量、年度内股份增减变动量及变动原因:(单位:股)

姓名	性别	年龄	职务	年初持股数	年末持股数
叶效良	男	52	董事长	0	0
钱国芳	男	40	董事	0	0
王金光	男	38	董事	0	0
董银	男	55	董事	10560	10560
叶世兴	男	49	董事	0	0
吴卫国	男	48	董事	0	0
张国维	男	57	监事会召集人	0	0
鲍建平	男	41	监事	0	0
李泽林	男	48	监事	6278	6278
杨源	男	56	监事	0	0
肖功伟	男	48	董事会秘书	7078	7078
高福兴	男	38	财务总监、副总经理	0	0
刘光伟	男	42	副总经理	3000	3000
刘露	女	44	证券事务代表	3733	3733

注:(1)以上在公司领取报酬的董事、监事及高级管理人员共有6人,年度报酬总额为136140元。其中年度报酬在2.5万元区间内的有1人,在2-2.5万元区间内的有3人,在1.5-2万元区间内的有2人,在1万元以下区间内的有1人;年度内未在公司领取报酬的有7人,他们是董事长叶效良先生、董事钱国芳先生、董事王金光先生、董事叶世兴先生、董事吴卫国先生、监事鲍建平先生、监事杨源先生。

(3)报告期内,原董事胡剑鹏先生因工作变动离任;原董事兼总经理程云川先生因工作变动离任;原监事李畅根先生因退休离任;原执行总经理胡波先生因工作变动离任。

(4) 报告期内,董事会聘任刘光伟先生任副总经理。

2.公司员工情况

报告期末,公司员工总数为1155人(包括公司退休职工186人),员工专业构成为:生产人员743人,销售人员27人,技术人员124人,财务人员21人,行政人员199人。

(八)本次利润分配预案

2000年度公司共实现净利润20,670,053.94元,按10%比例提取法定公积金4,951,648.26(含子公司相同比例提取数),按5%比例提取法定公益金2,475,842.13元(含子公司相同比例提取数),加年初未分配利润15,650,548.50元,可供股东分配的利润为28,893,130.05元。为使公司稳健运作,本年度利润不进行分配,也不进行资本公积金转增股本。此利润分配预案需经股东大会审议批准。

(九)2001年度分配计划

公司2001年度年分配政策计划为:不进行现金分红,不送股,不进行资本公积金转增股本。公司董事会将根据2001年实际经营情况保留调整分配方案的权力。

(十) 报告期内,公司选定的信息披露报刊无变更。

六 、监事会报告

1.报告期内公司监事会共召开了两次会议

2000年3月4日召开会议,审议通过了公司1999年度报告、公司1999年度财务报告、监事会1999年度工作报告,并形成会议决议。决议公告刊登于2000年3月8日《上海证券报》。

2000年7月21日召开会议,审议通过了公司2000年中期报告;同意李畅根先生因年龄已超过企业内退年龄限制而提出辞去公司监事职务的辞呈,并提交公司股东大会审议批准。决议公告刊登于2000年7月25日《上海证券报》。

2.2000年度,监事会按照《公司法》、《证券法》和《公司章程》以及中国证监会的要求,贯彻"法制、监督、自律、规范"的方针,从维护广大股东权益、公司利益和员工的合法权益出发,独立自主开展工作,进一步发挥了应有的作用。

3.2000年内,监事会列席了公司董事会的各次会议,对公司董事和高级管理人员的重大决策及财务进行了监督。监事会认为,一年来董事会较好地贯彻了股东大会决议,规范运作,公司董事、高级管理人员能恪守职责,未发现滥用职权侵犯公司及股东利益的行为。董事会所作重大决策的程序是符合有关法律法规,公司内部管理制度基本建立完善。

4.监事会认为:一年来,公司的财务核算体制是合理的,会计事项的处理、全年报表的编制及公司执行的会计制度符合《企业会计准则》和《股份制企业会计制度》要求,山东烟台乾聚会计师事务所为我公司2000年度财务报告出具了无保留意见的审计报告:乾聚审字[2001]80号,财务报告真实反映了公司的财务状况和经营成果。

5.公司前次募股资金投资"日处理100 吨浆黑液碱回收节能项目 ",本年度末实际共投入募股资金2541万元,占应投募股资金的83.5%,目前项目建设期已基本结束,剩余募股资金503.79万元,按招股说明书应在生产期投入使用。由于宏观政策变化使公司造纸业务扩大规模的计划受到限制,"日处理100吨浆黑液碱回收节能项目"在目前的状况下投产,经济效益将会受到一定影响。为尽量降低影响,目前公司正组织有关专家进行论证,以求妥善解决问题,使其尽快产生效益。

6、本年度内,公司以协议方式出资2600万元购买的张家港保税区外商投资服务有限公司2600万元出资额时产生关联交易。监事会认为,公司该次收购资产的程序合法,交易价格合理,未发现内幕交易和损害部份股东的权益及造成公司资产流失。

七、重要事项

1.本年度公司无重大诉讼、仲裁事项。

2.报告期内公司、公司董事及高级管理人员未受监管部门的处罚。

3.报告期内原公司总经理程云川先生、执行总经理胡波先生因工作变动离任后,目前公司总经理人选暂未确定。

4.报告期内公司收购股权的情况

为有效规避由于国家宏观政策改变给我公司造纸业务带来的不利因素,确保公司的生存和发展,也为保障全体股东权益,经1999年第三次临时股东大会批准,将前次募集资金中投向"年产两万吨兰桉造强韧箱板纸项目"的资金,用于投向购买张家港保税区开发总公司持有的张家港保税区外商投资服务有限公司2573万元出资额,使本公司持有张家港保税区外商投资服务有限公司的股份增至9073万股,占该公司总股本的70.88%。股东大会决议公告刊载于1999年12月28日《上海证券报》。股权确认时间为2000年1月28日。

2000年3月25日,公司2000年第一次临时股东大会决议"关于授权董事会办理限额两千六百万元以内投资事宜,授权期限一年"的授权,公司再次与江苏省张家港保税区开发总公司签订《出资额转让协议》,出资2600万元,购买其持有的张家港保税区外商投资服务有限公司2600万元出资额。该信息披露于2000年6月27日《上海证券报》。

目前,本公司共持有张家港保税区外商投资服务有限公司股份11673万股,占总股份的91.2%。由于该公司所处的地理环境优势以及随着中国入关后各项贸易的发展,该公司的经营将会具有更好的发展前景。该公司盈利能力强,经济效益稳定、优良。增持其股份,有利于本公司整体结构调整和发展,符合本公司利益,也保证了广大中小股东的根本利益。2000年度该公司为本公司创造了较高的经济效益。

5.重大关联交易事项

(1)销售货物发生的关联交易

报告期内向本公司法人股东昆明水泥股份有限公司销售产品,交易金额2259087.16元,交易按照当月市场公允价格进行,结算方式采用现金结算。

(2) 股权转让发生的关联交易

2000年3月25日,公司以协议方式出资2600万元购买江苏省张家港保税区开发总公司持有的张家港保税区外商投资服务有限公司2600万元出资额。由于江苏省张家港保税区开发总公司于2000年3月25日与本公司股东云南大理造纸厂签订了股份转让协议,受让本公司国有法人股股份985.2万股,占总股本的9.15%,成为本公司股东。根据《上海证券交易所股票上市规则》的规定,本次股权转让事项属于关联交易。

关联方:江苏省张家港保税区开发总公司成立于1992年12月17日,注册资本2000万元,是经江苏省人民政府批准,隶属于张家港保税区管理委员会领导和管理的国有企业;企业法定代表人:季颂元;注册地址:江苏省张家港市港区镇长江中路5号;主营:基础设施建设开发、房地产开发经营、转口贸易、进出口业务、储运集散、包装、参与区内项目投资;1999年主营收入4354万元、利润总额475万元。

交易合约的主要内容

(1) 合约名称:出资额转让协议

本次出资额出让方的法定名称为:江苏省张家港保税区开发总公司,

本次出资额受让方的法定名称为:云南大理造纸股份有限公司。

(2)本次出资额转让协议的签署日期:2000年3月25日。

(3)本次出资额转让协议在云南大理造纸厂和江苏省张家港保税区开发总公司签订的《股份转让协议》经国家财政部批准后,由双方的股东大会批准(或授权批准)正式生效。

(4)本次出资额转让涉及金额合计2600万元,其中6,493,040元由本公司在12个月内以现金方式支付,应付款中的19,506,960元按照同日由本公司、江苏省张家港保税区开发总公司、云南大理造纸厂共同签订的《付款协议》规定的办法由云南大理造纸厂支付。

本次交易定价原则:根据双方协商定价交易。

该信息披露于2000年6月27日《上海证券报》。

6.公司与控股股东在人员、资产、财务上的"三分开"情况

本公司在劳动、人事及工资管理等方面保持独立,总经理、副总经理、董事会秘书及财务总监均为专职,在本公司领取薪酬,在股东单位无任职情况。

公司资产独立,拥有独立的产、供、销系统和相应的辅助生产系统及配套设施。本公司纸产品使用的"云松牌"注册商标,其所有权属于本公司。

公司设有独立的财务会计部门,建立了独立会计核算体系和财务管理制度,独立开设银行帐户,独立纳税。

公司在人员、资产、财务方面已与控股股东实现三分开。

7.报告期内,本公司未与其他公司发生托管、承包、租赁的事项。

8.报告期内,本公司原聘请的会计报表审计机构云南亚太会计师事务所的聘任期已到,根据中国证监会有关规范公司运作和信息披露的精神,以及本公司章程的规定,公司于2000年2月18日召开2000年第一次临时股东大会作出决议,聘请"山东乾聚会计师事务所"为本公司会计报表审计机构。股东大会决议公告刊载于2000年2月19日《上海证券报》。

9.报告期内公司无其它重大合同(担保、抵押等)的签订事项发生。

10.报告期内更改名称或股票简称的情况

经过1999年成功重组后,公司经营业务从单一的造纸,拓展到了具有保税区独特优惠政策的外商投资、土地转让、房地产开发、基础设施建设等领域,成为跨地区跨行业的上市公司,为适应公司多元化发展的需要,加快实施公司调整产业结构,发展高科技产业的规划,提高公司战略性资产重组后的形象,经公司2000年4月17日召开的1999年度股东大会及2000年9月8日召开的

2000 年第二次临时股东大会审议确认,将公司原名称"云南大理造纸股份有限公司"改为"云南新概念保税科技股份有限公司"。经云南省工商行政管理局核定后,于 2000 年 7 月 17 日核发了营业执照(注册号:5300001004596)。经上海证券交易所安排,公司股票简称从 2000 年 7 月 24 日起变更为"保税科技",证券代码"600794"不变。

八、财务会计报告

(附后)

九、期后事项

公司 2000 年配股方案,已经中国证券监督管理委员昆明特派办[2000]141 号文初审通过,并获得中国证券监督管理委员会证监公司字[2001]1 号文核准。《配股说明书》刊登于 2001 年 2 月 9 日《上海证券报》。

配股方案:配股类型为人民币普通股,每股面值人民币 1.00 元;配股价格每股人民币 13.80 元;配售比例为以 1999 年 12 月 31 日总股本 107673600 股为基数每 10 股配售 3 股;国家股、法人股股东皆承诺放弃本次全部配股权,因此本次配股数量为社会公众股 11566080 股。股权登记日:2001 年 2 月 23 日;除权基准日:2001 年 2 月 26 日;配股缴款起止日期:自 2001 年 2 月 26 日起至 2001 年 3 月 9 日止;逾期未被认购的社会公众股配股余股由承销商包销。获配股票中可流通部分的上市交易日期,将于配股缴款结束,本公司刊登股份变动公告后由上海证券交易所安排。

本次配股的主承销商是光大证券有限责任公司,副主承销商是广州证券有限责任公司,分销商是湖南证券有限责任公司。

本次配股资金主要投资于张家港保税区 79 万吨多用途码头项目。该项目总投资 15000 万元,由江苏省张家港保税区管委会与本公司合资建设,其中江苏省张家港保税区管委会投资 20%计 3000 万元,本公司投资 80%计 12000 万元,拟全部以本次配股募集资金投入,其余部分暂用于补充公司流动资金。该项目总投资 15105.69 万元,年吞吐量 79 万吨,建设期一年,内部收益率 15.53%,投资回收期 7.03 年。码头建成投用后将成为一个为苏、锡、常及长江中上游地区保税货物的中转集散基地。随着中国加入 WTO 后对外贸易量急剧增大,将会给公司带来很好的收益。

公司将在 2001 年抓紧组织实施配股项目"云-保码头"的建设,争取提前建成投入营运,早日为公司和广大投资者创造良好的经济效益。

十、公司的其他有关资料

1、公司首次注册登记日期:1994 年 6 月 18 日
变更注册登记日期:2000 年 10 月 18 日
注册登记地址:云南省昆明市春城路 62 号 证券(基)大厦四楼
2、企业法人营业执照注册号:5300001004596
3、税务登记号码:云地税 53290152110071 号
4、公司聘请的会计师事务所名称:山东乾聚会计师事务所
办公地址:云南省昆明市金碧路昆铁得胜大厦 B 座 2003 室

十一、备查文件

1、载有法定代表人、财务负责人、会计经办人员签名并盖章的会计报表
2、载有会计师事务所盖章、注册会计师签名并盖章的审计报告原件
3、报告期内在《上海证券报》上公开披露过的所有公司文件的正本及公告的原稿
云南新概念保税科技股份有限公司董事会
2001 年 3 月 28 日

审计报告

乾聚审字[2001]80 号

云南新概念保税科技股份有限公司全体股东:

我们接受委托,审计了贵公司 2000 年 12 月 31 日的资产负债表及 2000 年度的利润及利润分配表和现金流量表。这些会计报表由贵公司负责,我们的责任是对这些会计报表发表审计意见。我们的审计是依据《中国注册会计师独立审计准则》进行的。在审计过程中,我们结合贵公司实际情况,实施了包括抽查会计记录等我们认为必要的审计程序。

我们认为,上述会计报表符合《企业会计准则》和《股份有限公司会计制度》的有关规定,在所有重大方面公允地反映了贵公司 2000 年 12 月 31 日的财务状况及 2000 年度的经营成果和现金流量情况,会计处理方法的选用遵循了一贯性原则。

山东乾聚会计师事务所　　中国注册会计师:赵永兰
中国注册会计师:孙祥祚
2000 年 3 月 27 日

会 计 报 表 附 注

一、公司简介

云南新概念保税科技股份有限公司(原名"云南大理造纸股份有限公司",经 2000 年 4 月 17 日公司 1999 年度股东大会通过决议并经云南省工商局 2000 年 7 月 17 日核定批准,公司更名为"云南新概念保税科技股份有限公司",以下简称"本公司"或"公司")是 1993 年 3 月 28 日经云南省体改委"云体改复兴(1993)39 号"文批准,由云南大理造纸厂独家发起成立的定向募集股份有限公司,注册资本 4030 万元。1996 年 12 月 6 日经云南省人民政府"云政复(1996)147 号"文批复,同意本公司由定向募集公司改为社会募集公司,并向社会公开发行普通股 1750 万股(含内部职工股占额度上市 172 万股)。本公司于 1997 年 2 月向社会发行普通股 1578 万股后,注册资本达 5608 万元。

1998 年 5 月 18 日股东大会决议通过以截止 1997 年末可供分配利润 25,659,311.88 元,按 1997 年末公司总股本 56,080,000 股为基数,向全体股东按每 10 股派送红股 2 股,共计派送红股 11,216,000 股。1998 年 7 月 9 日除权,送股后,公司股本为 6729.6 万元。

1999 年 6 月 22 日,本公司的股东云南大理造纸厂与张家港保税区保税实业有限公司签订《股权转让协议》,经财政部财管字(1999)159 号批复同意,将其持有的本公司的国有法人股 3,360 万股中的 1,718 万股转让给张家港保税区保税实业有限公司。转让后,云南大理造纸厂,张家港保税区保税实业有限公司分别持有本公司总股份的 24.40%,25.53%。

1999 年 9 月 26 日第二次临时股东大会决议,以 1999 年 6 月 30 日公司总股本 67,296,000 股为基数,向全体股东按每 10 股送 3 股转增 3 股,除权日为 1999 年 10 月 18 日,送转股后,本公司股本增至 107,673,600 元。

2000 年 6 月 5 日,经财政部财管字(2000)242 号批复同意,本公司的股东云南大理造纸厂将其持有的国有法人股 2627.2 万股中的 985.2 万股转让给江苏省张家港保税区开发总公司,转让后,云南大理造纸厂,张家港保税区开发总公司分别持有本公司总股份的 15.25%,9.15%。

1999 年 6 月 22 日,本公司与张家港保税区开发总公司签订《股权转让协议》,本公司出资 6500 万元受让该公司持有的张家港保税区外商投资服务有限公司(总股本 128,000,000 元)97%股份中的 52.35%股份,受让后,本公司持有张家港保税区外商投资服务有限公司 50.78%的股份。

2000 年 1 月 28 日,经股东大会同意,本公司与张家港保税区开发总公司签订《出资额转让协议》,本公司出资 2573 万元受让该公司持有的张家港保税区外商投资服务有限公司 20.10%的股份,受让后,本公司持有张家港保税区外商投资服务有限公司的股份增至 70.88%。

2000 年 3 月 25 日,本公司董事会经股东大会授权批准,本公司与张家港保税区开发总公司签订《出资额转让协议》,出资 2600 万元受让张家港保税区开发总公司持有的张家港保税区外商投资服务有限公司 20.32%的股份,受让后,本公司持有张家港保税区外商投资服务有限公司的股份增至 91.20%。

公司经营范围:

江苏省张家港保税区基础设施开发建设,房地产开发经营,转口贸易,江苏省张家港保税区企业间贸易,国内外贸易,储运集散,参与项目投资,高新技术开发。

机制纸及纸板系列产品制造、销售;纸制品制造、销售;纸浆生产、销售;塔尔油销售;机制纸新产品开发及销售;造纸技术开发、应用及咨询服务。

二、公司主要会计政策、会计估计和合并会计报表的编制方法

1、会计制度

公司执行《企业会计准则》和《股份有限公司会计制度》及有关规定。

2、会计年度

采用公历年度,即以每年 1 月 1 日-12 月 31 日为一个会计年度。

3、记帐本位币

以人民币为记帐本位币。

4、记帐基础和计价原则

以权责发生制为记帐基础,以历史成本为计价原则。

三、税项

(1)增值税

销项税额:本公司按销售收入的 17%计缴。

进项税额:本公司按规定抵扣。

本公司下属控股子公司未发生应计缴增值税的业务。

(2)营业税:

本公司控股子公司张家港保税区外商投资服务有限公司按营业收入的 5%计缴。

(3)城建税:

本公司按应交增值税税额的 7%计缴;

本公司控股子公司张家港保税区外商投资服务有限公司按应交营业税税额的 4%计缴。

(4)教育费附加:

本公司按应交增值税税额的 3%计缴;

本公司控股子公司张家港保税区外商投资服务有限公司按应交营业税税额的 5%计缴。

(5)所得税:

本公司根据云南省人民政府[云政复(1997)24 号]文和云南省财政厅、云南省国有资产管理局、中国人民银行云南省分行联合会签的[云财工(1997)169 号]文之规定,本公司所得税按 33%的税率计缴,超过 15%税率的部份,可享受"先征后返"的政策照顾,即所得税实际上缴负担率为 15%;根据财政部[财税(2000)99 号]文的规定,该政策执行至 2001 年 12 月 31 日止;

本公司下属控股子公司张家港保税区外商投资服务有限公司所得税税率为 33%。

四、控股子公司

子公司名称	注册地	法定代表人	注册资本(万元)	本公司所占比例
张家港保税区外商投资服务有限公司	江苏省张家港市保税区	叶效良	12,800	91.20%

子公司名称	经营范围
张家港保税区外商投资服务有限公司	涉及外商投资、建设、生产、经营,受理全过程的相关服务及土地转让、房地产开发、基础设施建设

五、合并会计报表主要项目注释

以下会计报表项目注释,若无特别说明均为合并会计报表项目,年初数是指 1999 年 12 月 31 日余额,年末数是指 2000 年 12 月 31 日余额,上年实际数是指 1999 年 1 月 1 日至 12 月 31 日发生额,本年实际数是指 2000 年 1 月 1 日至 12 月 31 日发生额。

1、货币资金

项目	年初数	年末数
现金	355,821.35	283,340.60
银行存款	26,100,100.13	36,008,389.51
其他货币资金	27,698.71	2,537,008.97
合计	26,483,620.19	38,828,739.08

货币资金年末较年初增加 46.61%,主要原因是子公司张家港保税区外商投资服务有限公司本年收入增长较多,收到货款较上年增多所致。

注:银行存款中有期限为 9 个月的定期存款 10,000,000.00 元已用于抵押贷款。

2、短期投资和短期投资跌价准备

项目	年初数 投资金额	跌价准备	年末数 投资金额	跌价准备
其他投资	20,000,000.00			
合计	20,000,000.00			

年初其他投资 20,000,000.00 元系本公司 1998 年 7 月 1 日与云南证券交易中心签订《资产委托管理协议》,用于各期国债的认购回购及其他债券的交易。期限自 1998 年 7 月 1 日■1999 年 6 月 30 日。根据本公司 1999 年度股东大会通过的《关于公司总部迁移及购买房产的议案》,决定购买昆明正基房地产有限公司开发的位于云南省昆明市春城路的证券大厦的房产,并与云南证券交易中心签定《委托购房协议》,由该中心以该项投资及收益为本公司支付购房款 2200 万元。截止 2000 年 12 月 31 日,该购房事项已完成,故确认投资收回并确认投资收益 200 万元。

3、应收款项

(1)应收帐款

A、帐龄

	年初数 金额	比例	坏帐准备	年末数 金额	比例	坏帐准备
1 年以内	35,427,457.32	58.75%	1,842,227.78	79,606,360.26	75.47%	3,837,396.21
1-2 年	12,643,427.50	20.97%	1,011,474.20	13,045,968.74	12.37%	1,001,005.50
2-3 年	11,884,939.30	19.71%	2,376,987.86	5,711,085.84	5.41%	1,142,217.17
3 年以上	343,797.38	0.57%	137,518.95	7,117,586.33	6.75%	2,847,034.53
合计	60,299,621.50	100.00%	5,368,208.79	105,481,001.17	100.00%	8,827,653.41

应收帐款年末余额 105,181,001.17 元中,有 6,343,679.18 元本公司已在资产负债表日后收回,其中帐龄 1 年以内的 5,810,279.24 元,1-2 年的 533,399.94 元。此部份已收回的应收帐款未计提坏帐准备。

应收账款年末较年初增加 74.93%,主要原因是子公司张家港保税区外商投资服务有限公司本年收入增长较多,部分销售款尚未收到所致。

年末余额中有持有本公司 5%以上股份的股东单位欠款(详见关联方关系及其交易)。

B、欠款金额前五名的非关联方欠款列示

单位名称	金额	内容和性质
张家港市长江城市综合开发公司	33,980,320.00	土地款
陆丰锦泰纸品有限公司	10,007,897.21	纸款
张家港保税区统清食品有限公司	6,629,525.00	土地款
昭通纸箱厂	4,860,150.88	纸款
通海烟丝厂	3,934,145.40	纸款

(2)其他应收款

A、帐龄

	年初数 金额	比例	坏帐准备	年末数 金额	比例	坏帐准备
1 年以内	4,626,345.71	15.02%	83,000.92	13,310,527.11	62.80%	672,417.12
1 — 2 年	25,315,647.73	82.19%	7,685.47	7,038,335.91	33.20%	10,117.59
2 — 3 年	16,593.72	0.05%	3,318.74	12,546.62	0.06%	2,509.32
3 年以上	843,172.07	2.74%	337,268.83	835,277.34	3.94%	334,110.94

合计	30,801,759.23	100%	431,273.96	21,196,686.98 100.00%	1,019,154.97

其他应收款坏帐准备计提的说明：

(1)其他应收款年末余额21,196,686.98元中，有108,296.40元(1年以内)本公司已在资产负债表日后收回。此部份已收回的其他应收款未计提坏帐准备；

(2)其他应收款余额中财政应返还的所得税(1-2年)6,911,866.02元及关联方云南大理造纸厂欠本公司的款项(1年以内)271,132.34元。由于无不能收回的可能，对上述两项其他应收款未计提坏帐准备；

(3)母子公司间内部往来不计提坏帐准备。

年末余额中有持有本公司5%以上股份的股东单位欠款(详见关联方关系及其交易)。

B、欠款金额前五名的非关联方欠款列示

单位名称	金额	内容和性质
张家港保税区管委会	3,668,727.50	代垫款
大理市财政局	6,911,866.02	应返还的所得税
永平县林业局	560,000.00	林业基地培育借款
张家港保税区外事汽车贸易公司	290,000.00	往来款
大理市林业局	222,000.00	林业基地培育借款

(3)预付帐款

A、帐龄

帐龄	年初数		年末数	
	金额	比例	金额	比例
1年以内	317,336.85	77.82%	2,591,865.05	96.45%
1—2年	1,174.10	0.29%	6,920.00	0.26%
2—3年	42,621.94	10.45%	42,570.00	1.58%
3年以上	46,666.43	11.44%	45,966.43	1.71%
合计	407,799.32	100.00%	2,687,321.48	100.00%

年末余额中无持有本公司5%以上股份的股东单位欠款。

B、欠款金额前五名的非关联方欠款列示

单位名称	金额	内容和性质
张家港保税区万力市政建筑工程公司	2,000,000.00	预付货款
大名装饰工程有限公司	200,000.00	预付货款
四川科为高达测控公司	188,000.00	预付货款
云南正基物业管理公司	100,000.00	预付货款
云南物资贸易昆明分公司	42,570.00	预付货款

4、存货

项目	年初数		年末数	
	金额	跌价准备	金额	跌价准备
原材料	22,694,810.12		16,952,102.07	
库存商品	9,141,447.43		15,454,716.05	
开发产品	105,499,200.00		63,028,006.51	
低值易耗品			6,800.00	
合计	137,335,457.55		95,441,624.63	

年末本公司存货成本均低于可变现净值，故未计提存货跌价准备。

5、待摊费用

类别	年初数	本期增加	本期摊销	年末数
企业财产保险费	97,341.85	436,117.55	441,652.34	91,807.06
大修理费	489,886.12	3,105,054.61	3,594,940.73	
合计	587,227.97	3,541,172.16	4,036,593.07	91,807.06

6、长期投资

(1)项目

项目	年初数		本期增加	本期减少
	金额	减值准备		
长期股权投资	100,000.00	20,000.00		
股权投资差额	-23,462.64		-15,627,856.44	-1,565,392.60
合计	76,537.36	20,000.00	-15,627,856.44	-1,565,392.60

项目	年末数	
	金额	减值准备
长期股权投资	100,000.00	20,000.00
股权投资差额	-14,085,926.48	
合计	-13,985,926.48	20,000.00

(2)长期股权投资-其他股权投资

被投资单位名称	投资金额	投资减值准备	占被投资单位注册资本比例	备注
西南造纸联营供销公司	100,000.00	20,000.00	16.66%	成本法

(3)股权投资差额-14,085,926.48元

股权投资差额年初数-23,462.64元，2000年1月28日和3月25日，经股东大会同意，本公司与张家港保税区开发总公司两次签订《出资额转让协议》，本公司分别出资2573万元和2600万元受让该公司持有的张家港保税区外商投资服务有限公司20.10%和20.32%的股份，受让后，本公司持有张家港保税区外商投资服务有限公司的股份增至91.20%，由此产生投资成本与应享有被投资单位所有者权益份额的差额(贷差)15,627,856.44元，按10年平均摊销。本公司本期共摊销股权投资差额1,565,392.60元，尚余贷差14,085,926.48元。在编制合并会计报表时，列入合并价差-14,085,926.48元。

7、固定资产

项目	年初数	本期增加	本期减少	年末数
固定资产原值				
房屋建筑物	31,114,894.70	23,319,377.20		54,434,271.90
机器设备	53,410,568.49	2,579,259.79		55,989,828.28
电子设备	3,314,777.70	221,356.00		3,536,133.70
运输设备	4,146,939.73	2,882,687.50	2,176,930.50	4,852,696.73
办公设备	29,300.00	70,720.00		100,020.00
合计	92,016,480.62	29,073,400.49	2,176,930.50	118,912,950.61
累计折旧				
房屋建筑物	15,283,268.61	938,936.69		16,222,205.30
机器设备	32,907,213.62	2,925,056.78		35,832,270.40
电子设备	1,505,006.56	255,211.00		1,760,217.56
运输设备	1,175,624.11	191,789.90	186,674.50	1,180,739.51
办公设备	1,510.50	8,559.92		10,070.42
合计	50,872,623.40	4,319,554.29	186,674.50	55,005,503.19
净值				
房屋建筑物	15,831,626.09	22,380,440.51		38,212,066.60
机器设备	20,503,354.87	-345,796.99		20,157,557.88
电子设备	1,809,771.14	-33,855.00		1,775,916.14
运输设备	2,971,315.62	2,690,897.60	1,990,256.00	3,671,957.22
办公设备	27,789.50	62,160.08		89,949.58
合计	41,143,857.22	24,753,846.20	1,990,256.00	63,907,447.42

本公司固定资产54,372,607.45元(其中：房产18,393,819.52元、土地89,146平方米9,415,645.54元、机器设备22,744,141.91元、车辆3,819,000.48元)已作为向银行借款的抵押物。

8、在建工程

9、开办费

类别	年初数	本期增加	本期摊销	年末数
开办费	698,306.87		284,854.20	413,452.67
合计	698,306.87		284,854.20	413,452.67

10、长期待摊费用

类别	年初数	本期增加	本期摊销	年末数
租入固定资产改良支出	308,932.54	66,909.21	34,842.84	340,998.91
合计	308,932.54	66,909.21	34,842.84	340,998.91

11、短期借款

借款类别	年初数	年末数
抵押借款	40,000,000.00	84,000,000.00
担保借款		500,000.00
信用借款	18,466,500.00	520,000.00
合计	58,466,500.00	85,020,000.00

短期借款年末较年初增加45.42%，主要原因是为补充流动资金增加向银行借款所致。

12、应付款项

(1)应付帐款

年初数	年末数
11,672,061.04	11,648,908.92

年末余额中无欠持有本公司5%以上股份的股东单位款项。

(2)预收帐款

年初数	年末数
61,726.15	128,806.06

年末余额中无欠持有本公司5%以上股份的股东单位款项。

(3)其他应付款

年初数	年末数
5,381,401.61	1,597,086.14

年初数调增646,996.22元，详见“未分配利润”项目注释。

年末余额中有欠持本公司5%以上股份的股东单位款项(详见关联方关系及其交易)。

13、应交税金

税种	年初数	年末数
增值税	1,419,725.78	190,731.17
城建税	638,654.82	807,364.14
企业所得税	9,578,794.12	25,580,369.16
营业税	3,188,689.98	8,228,838.66
房产税	289,961.02	193,465.60
个人所得税		-568.86
合计	15,115,825.72	35,000,199.87

应交税金年末较年初增加131.55%，主要原因是本年子公司张家港保税区外商投资服务有限公司本年实现利润较高，故所得税费用较高。

年初数调增854,177.70元，详见“未分配利润”项目注释。

14、预提费用

项目	年初数	年末余额	结存原因
水费	36,000.00	28,520.42	正常结存
电费	804,136.14		
合计	840,136.14	28,520.42	

15、一年内到期的长期负债

借款单位	金额	借款到期日	年利率	备注
大理州工行经济开发区办事处	5,000,000.00	2001.12.10	7.20%	云南人造纤维厂担保
大理州工行经济开发区办事处	66,000.00			提取的长期借款利息
合计	5,066,000.00			

16、长期借款

借款单位	金额	借款期限	年利率	借款条件
大理州工行经济开发区办事处	15,000,000.00	1997. 5.22—2002. 5.22.	7.20%	担保
大理州工行经济开发区办事处	10,000,000.00	1998. 3.19—2003. 3.19	7.20%	担保
大理市环境保护投资有限责任公司	2,000,000.00	2000.8—2003.12	5.94%	信用
合计	27,000,000.00			

借款单位	担保单位
大理州工行经济开发区办事处	云南人造纤维厂
大理州工行经济开发区办事处	云南人造纤维厂
大理市环境保护投资有限责任公司	
合计	

17、股本

2000年6月5日，经财政部财管字(2000)242号批复同意，本公司的股东云南大理造纸厂将其持有的国有法人股2627.2万股中的985.2万股转让给江苏省张家港保税区开发总公司，转让后，云南大理造纸厂、张家港保税区开发总公司分别持有本公司总股份的15.25%、9.15%。

18、资本公积

项目	年初数	本期增加	本期减少
股本溢价	20,213,304.97		
接收捐赠实物资产			
住房周转金转入			
资产评估增值	5,596,129.45		
投资准备			
被投资单位接受捐赠准备	15,234.00		
其他资本公积转入	2,000,000.00	35,546.00	
合计	27,824,668.42	35,546.00	

项目	年末数
股本溢价	20,213,304.97
接收捐赠实物资产	
住房周转金转入	
资产评估增值	5,596,129.45
投资准备	
被投资单位接受捐赠准备	15,234.00
其他资本公积转入	2,035,546.00
合计	27,860,214.42

19、盈余公积

项目	年初数	本期增加	本期减少	年末数
法定盈余公积	9,108,125.80	4,951,648.26		14,059,774.06

公益金	6,528,018.85	2,475,824.13	9,003,842.98
任意盈余公积	2,853,924.46		2,853,924.46
合计	18,490,069.11	7,427,472.39	25,917,541.50

盈余公积年初数调整 225,170.09 元,调整原因见"未分配利润"项目注释。

20、未分配利润

项目	年初数	年末数
本期净利润	19,109,448.88	20,670,053.94
年初未分配利润	22,411,965.74	15,650,548.50
可供分配利润	41,521,414.62	36,320,602.44
减:提取盈余公积金	3,788,044.09	4,951,648.26
提取公益金	1,894,022.03	2,475,824.13
转作股本的普通股股利	20,188,800.00	
年末未分配利润	15,650,548.50	28,893,130.05

A.本年对年初未分配利润作了调整,原因如下:

(1)本年税局查补本公司 1998 年企业所得税 663,347.12 元,房产税 190,830.58 元,两项合计调增年初应交税金 854,177.70 元,调减年初未分配利润 854,177.70 元;

(2)本年补交 1998 年养老保险金 646,996.22 元,调增年初其他应付款 646,996.22 元,调减年初未分配利润 646,996.22 元;

(3)上述两项调整相应调减盈余公积年初数,其中法定盈余公积 150,117.39 元,公益金 75,058.70 元;

上述三项合计影响调减年初未分配利润 1,275,997.83 元。

B.根据 2001 年 3 月 26 日本公司董事会会议决议,分别按净利润的 10%、5%提取法定盈余公积和法定公益金后不分配利润。

21、其他业务利润

项目	本年实际数	上年实际数
A.其他业务收入	868,735.60	195,274.41
出售材料收入	847,155.04	195,274.41
加工收入	21,580.56	
B.其他业务支出	563,275.08	144,593.53
出售材料成本	550,381.39	144,593.53
加工成本	12,893.69	
其他业务利润	305,460.52	50,680.88

22、财务费用

项目	本年实际数	上年实际数
利息支出	4,151,664.26	2,117,019.37
减:利息收入	105,117.20	2,091,258.11
其他	2,840.23	2,130.80
合计	4,049,387.29	27,892.06

23、支付的其他与经营活动有关的现金

本年实际数

72,108,984.34

支付的与经营活动有关的现金主要是支付的营业费用和管理费用及一些垫付款项,其中主要项目为:

明细项目	本年实际数
排污费	1,321,997.87
租赁费	868,662.75
业务招待费	506,018.86
代张家港保税区管委会垫支款项	52,255,758.22
代张家港保税区开发总公司垫支款项	4,967,188.83
合计	59,919,626.53

24、支付的其他与投资活动有关的现金

支付的其他与投资活动有关的现金系银行存款中期限为 9 个月的定期存款 10,000,000.00 元作为抵押品用于向中信实业银行广州分行的贷款,故在编制现金流量表时列示为支付的其他与投资活动有关的现金。

七、关联方关系及其交易

1、关联方关系

2、关联交易

3、其他应披露事项

(1)按本公司 1996 年 12 月 8 日与云南大理造纸厂签订的《土地使用权租赁合同》的规定,本年度应向其支付土地租赁费 1,737,325.50 元。根据大理市国有资产管理局决定,免交本公司上半年土地租赁费,12 月份支付了下半年的租赁费 868,662.75 元。

(2)本公司年初向江苏省张家港保税区保税实业有限公司借款的余额为 17,966,500.00 元,2000 年 6 月 20 日又向该公司借款 4,000,000.00 元,2000 年 12 月该两笔款项已全部归还。

八、或有事项

截止 2000 年 12 月 31 日公司无应披露的重大或有事项。

九、承诺事项

截止 2000 年 12 月 31 日公司无应披露的重大承诺事项。

十、资产负债表日后事项中的非调整事项

根据公司 2000 年 9 月 8 日临时股东大会决议,并经中国证监会昆明特派员办事处昆证办[2000]141 号文批准和中国证券监督管理委员会证监公司字[2000]1 号文批准,以 1999 年 12 月 31 日公司总股本 107,673,600 股为基数,向全体股东每 10 股配售 3 股。除社会公众股东外,其余股东均放弃其全部配股权,因此公司本次实际配售新股总数为 11,566,080 股,配股价格为每股 13.80 元,截至 2001 年 3 月 16 日止,公司已收到本次配股募集的资金 154,314,986.46 元,扣除配股审核费 30,000.00 元,律师费 260,000.00 元,差旅费等 347,239.58 元后,实际到位募集资金 153,677,746.88 元。

十一、其他重要事项:

本公司于本期两次与张家港保税区开发总公司签订协议,分别受让了该公司持有的张家港保税区外商投资服务有限公司 20.10%和 20.32%的股权,受让后本公司持有的张家港保税区外商投资服务有限公司的股份增至 91.20%,本公司本期所计该项长期股权投资的投资收益系对张家港保税区外商投资服务有限公司在本公司增持股份前后所产生的净利润分别按相应的持股比例分段计算本公司应分享的份额所得。

资产负债表　单位:(人民币)元

资产	期末数 合并
流动资金:	
货币资金	38,828,739.08
应收帐款	105,481,001.17
其他应收款	21,196,686.98
减:坏帐准备	9,846,808.38
应收款项净额	116,830,879.77
预付帐款	2,687,321.48
存货	95,441,624.63
存货净额	95,441,624.63
待摊费用	91,807.06
流动资产合计	253,880,372.02
长期投资:	
长期股权投资	-13,985,926.48
合并价差	
长期投资合计	-13,985,926.48
减:长期投资减值准备	20,000.00
长期投资净额	-14,005,926.48
其中:合并价差(贷差以"-"号表示合并报表填列)	-14,085,926.48
固定资产:	
固定资产原价	118,912,950.61
减:累计折旧	55,005,503.19
减:固定资产减值准备	
固定资产净值	63,907,447.42
工程物资	1,721,482.55
在建工程	67,407,467.58
固定资产合计	133,036,397.55
无形资产及其他资产:	
开办费	413,452.67
长期待摊费用	340,998.91
无形资产及其他资产合计	754,451.58
递延税项:	
资产总计	373,665,294.67
流动负债:	
短期借款	85,020,000.00
应付帐款	11,648,908.92
预收帐款	128,806.06
应付工资	176,905.17
应付福利费	-162,279.53
应交税金	35,000,199.87
其他应交款	498,818.66
其他应付款	1,597,086.14
预提费用	28,520.42
一年内到期的长期负债	5,066,000.00
预计负债	
流动负债合计	139,002,965.71
长期负债:	
长期借款	27,000,000.00
长期负债合计	27,000,000.00
递延税项:	
负债合计	166,002,965.71
少数股东权益(合并报表填列)	17,317,842.99
股东权益:	
股本	107,673,600.00
资本公积	27,860,214.42
盈余公积	25,917,541.50
其中:公益金	9,003,842.98
调整期初未分配利润	
未分配利润(未弥补亏损以"-"号表示)	28,893,130.05
股东权益合计	190,344,485.97
负债和股东权益总计	373,665,294.67

利润及利润分配表　单位:(人民币)元

项目	本期数 合并
一、主营业务收入	161,881,822.14
主营业务收入净额	161,881,822.14
减:主营业务成本	96,938,535.48
主营业务税金及附加	5,970,803.69
二、主营业务利润(亏损以"-"号填列)	58,972,482.97
加:其他业务利润(亏损以"-"号填列)	305,460.52
营业费用	2,170,163.18
管理费用	15,634,602.42
财务费用	4,049,387.29
三、营业利润(亏损以"-"号填列)	37,423,790.60
加:投资收益(损失以"-"号填列)	3,565,392.60
营业外收入	351,527.25
减:营业外支出	320,083.40
四、利润总额(亏损总额以"-"号填列)	41,020,627.05
减:所得税	16,968,503.14
减:少数股东损益(合并报表填列、亏损以"-"号填列)	3,382,069.97
减:购买日前净利润	
五、净利润(净亏损以"-"号填列)	20,670,053.94
加:年初未分配利润(未弥补亏损以"-"号填列)	15,650,548.50
1999 年 1 4 月利润	
六、可供分配的利润(亏损以"-"号填列)	36,320,602.44
减:提取法定盈余公积金	4,951,648.26
减:提取法定公益金	2,475,824.13
七、可供股东分配的利润(亏损以"-"号填列)	28,893,130.05
八、未分配利润(未弥补亏损以"-"号填列)	28,893,130.05

附注:非常项目:

报告期利润	净资产收益率
	全面摊薄
主营业务利润	30.98
营业利润	19.66
净利润	10.86
扣除非经常性损益后的净利润	10.04

国电电力发展股份有限公司

一.公司简介

1.公司法定中、英文名称及缩写
公司法定中文名称:国电电力发展股份有限公司
公司中文名称缩写:国电电力
公司英文名称:SP POWER DEVELOPMENT CO.,LTD
公司英文名称缩写:SPPD
2.公司法定代表人:高严
3.公司董事会秘书:陈景东
4.联系地址:北京市宣武区南滨河路1号高新大厦
电话:010-86362025　　传真:010-63428555
电子信箱:600795@sina.com
授权代表人:刘曙光
5.公司注册地址:大连经济技术开发区黄海西路4号公司
办公地址:北京市宣武区南滨河路1号高新大厦
邮政编码:100055
公司国际互联网网址:http//www.netp.com
公司电子信箱:dnhpdcl@mail.dl.ln.cn
6.公司选定的信息披露报纸名称:中国证券报、上海证券报刊载
公司年度报告的中国证监会指定国际互联网网址
:http://www.sse.com.cn
公司年度报告置备地点:北京市宣武区南滨河路1号高新大厦
7.公司股票上市交易所:上海证券交易所
股票简称:国电电力　　股票代码:600795

二. 会计数据和业务数据摘要

(一)、本年度实现的利润情况　　单位:元

利润总额:	353429767.24
净利润:	281844969.61
扣除非经常性损益后的净利润:	278429678.70
主营业务利润:	404697634.12
其他业务利润:	7740215.29
营业利润:	344701517.55
补贴收入:	0.00
营业外收支净额:	-797276.25
投资收益:	5312958.78
经营活动产生的现金流量净额:	351881721.85
现金及现金等价物净增加额:	278364361.98
* 注:扣除的非经常性损益项目和涉及金额	-
(1)营业外支出	4662995.17
(2)营业外收入	3865718.92
(3)以前年度损益调整	4212567.16

(二)、报告期末公司前三年的主要会计数据和财务指标项目

	2000年	1999年	1998年
主营业务收入(元)	1407253837.65	685114934.17	272707720.35
净利润(元)	281844969.61	220246608.89	137488867.20
总资产(元)	8513498560.86	813950522.98	362641940.64
股东权益(元)	4077316815.33	584801688.16	315319033.60
每股收益(元/股)	0.615	0.865	0.810
(加权)	1.038	0.865	0.810
扣除非经常性损益后的每股收益	0.608	0.865	0.810
每股净资产(元/股)	8.897	2.297	1.858
调整后的每股净资产(元/股)	8.872	2.285	1.849
每股经营活动产生的现金流量净额(元/股)	0.198	0.935	1.545
净资产收益率(%)	6.913	37.66	43.60
(加权)	29.43	48.94	55.26

(三)、股东权益变动情况

项目	期初数	本期增加	本期减少	期末数	变动原因
股本	254592000.00	203673600.00		458265600.00	配股
资本公积	58141502.39	3037990127.37		3096131629.76	配股
盈余公积	77581822.72	42276745.44		119858568.16	利润计提
法定公益金	25860607.49	14092248.48		39952855.97	利润计提
未分配利润	163492793.24	239568224.17		403061017.41	本年利润未分配
合计	553808118.35	3523508696.98		4077316815.33	

三、股本变动及股东情况介绍

(一)、股本变动情况
(二)、股东情况介绍
1、报告期末股东总数
截止二零零零年十二月二十九日公司股东总数13851户,其中:未流通法人股股东3户,流通股股东13848户。
2、公司前10名股东持股情况
截止一九九九年十二月三十一日公司前10名股东持股情况如下:

股东名称		持股数	占股本比例(%)
1	国家电力公司	155810340	34.00
2	辽宁省电力有限公司	142071300	31.00
3	龙源电力集团公司	45368280	9.90
4	景福基金	9527622	2.10
5	景阳基金	5117199	1.11
6	景博基金	4426057	0.97
7	恒信咨询	4412380	0.96
8	中电信托	4154977	0.91
9	抚高湾	3668400	0.80
10	电力开发	3633042	0.79

以上股东中,存在关联关系的有法人股股东国家电力公司和辽宁省电力有限公司、龙源电力集团公司,国家电力公司是辽宁省电力有限公司和龙源电力集团公司的母公司。

浙江钱江生物化学股份有限公司

一、公司简介

(一)公司中文名称:浙江钱江生物化学股份有限公司
缩写:钱江生化
公司英文名称:Zhejiang Qianjiang Biochemical Co.,Ltd.　　缩写:QJBIOCH.
(二)公司法定代表人:马　炎
(三)公司董事会秘书:胡　明
联系地址:浙江省海宁市硖石镇西山路598号
浙江钱江生物化学股份有限公司董事会办公室
电话:0573-7042800　　传真:0573-7035640
电子信箱:qjbioch@mail.jxptt.zj.cn
(四)公司注册地址:浙江省海宁市硖石镇西山路598号(亦为总部地址)
邮政编码:314400　　公司网址:www.qianjiang-bioch.com
公司电子信箱:qjbioch @mail.jxptt.zj.cn
(五)公司选定的信息披露报刊:上海证券报、中国证券报
刊登年度报告的中国证监会指定的国际互联网网址:
http://www.cninfo.com.cn
公司年度报告备置地点:浙江海宁硖石西山路598号
浙江钱江生物化学股份有限公司
董事会办公室
(六)公司上市交易所:上海证券交易所
股票简称:钱江生化
股票代码:600796

二、会计数据和业务数据摘要

(一)本年度利润总额及构成:(单位:元)

栏目	2000年度(元)
利润总额	41,893,867.87
净利润	39,129,652.12
扣除非经常性损益后的净利润	35,745,691.89
主营业务利润	61,800,347.88
其它业务利润	-172,106.05
营业利润	31,964,226.09
投资收益	6,545,681.55
补贴收入	3,463,200.00
营业外收支净额	-79,239.77
经营活动产生的现金流量净额	42,094,158.82
现金及现金等价物净增加额	-27,100,654.28
注:扣除的非经常性损益项目和涉及金额	
补贴收入:	3,463,200.00
营业外收支净额:	-79,239.77

(二)公司前三年主要会计数据及财务指标

栏目	2000年度	1999年度 调整后	1999年度 调整前	1998年度
主营业务收入(元)	198,601,692.48	161,268,931.86	206,133,723.59	206,133,723.59
净利润(元)	39,129,652.12	36,659,383.56	37,407,570.69	25,501,865.36
总资产(元)	413,050,741.16	350,126,367.19	350,126,367.19	235,863,909.10
股东权益(不含少数股东权益)(元)	250,764,376.44	227,611,824.32	260,314,211.45	151,307,427.76
每股收益(摊薄)(元/股)	0.3674	0.3442	0.3512	0.463
(加权)(元/股)	0.3674	0.3631	0.3696	0.3166
(扣除非经常性损益)	0.3356	0.3095	0.3166	
每股净资产(摊薄)	2.354	2.137	2.444	2.748
调整后的每股净资产(摊薄)	2.341	2.124	2.431	2.724
每股经营活动产生的现金流量净额	0.395	0.17	0.17	0.39
净资产收益率(摊薄)	15.604	15.83	14.38	19.166
(加权)(%)	16.106	19.55	16.85	18.51

(三)按照中国证监会《公开发行证券公司信息披露编报规则〈第9号〉》要求计算的利润数据:

	报告期利润(元)	净资产收益率(%) 全面摊薄	净资产收益率(%) 加权平均	每股收益(元/股) 全面摊薄	每股收益(元/股) 加权平均
主营业务利润	61,800,347.88	24.645	25.00	0.5802	0.5802
营业利润	31,964,226.09	12.747	12.93	0.3001	0.3001
净利润	39,129,652.12	15.604	15.83	0.3674	0.3674
扣除非经常性损益后的净利润	35,745,691.89	14.255	14.46	0.3356	0.3356

三 、股东情况介绍

1 、截止2000年12月31日,公司股东总数为9114户。
2 、截止2000年12月31日,公司前十名股东持股情况。

名次	股东名称	年末持股数(股)	占总股本(%)
一	海宁市资产经营公司	55590150	52.19
二	海宁市鼎兴投资有限公司	15859850	14.89
三	浙江证券有限责任公司	2754759	2.59
四	浙江证券有限责任公司	2291746	2.15
五	浙江省化工进出口公司	823680	0.77
六	海宁市兴达贸易有限责任公司	772200	0.72
七	何勇	685100	0.64
八	海宁兴达包装用品厂	514800	0.48
九	鲍亚南	299164	0.28
十	田银香	288572	0.27

注:(1)经浙江省国资局浙国资企[1999]36号文转报财政部并于2000年1月经财政部财管字[2000]19号文批准,海宁市资产经营公司将其持有的本公司1,585.985万股国家股按1999年度中期每股净资产1.77元的价格转让给海宁市鼎兴投资有限公司,使海宁市资产经营公司持有的国有股从71,450,000股减少至55,590,150股,海宁市鼎兴投资有限公司持有的股份增加至15,859,850股。

浙江天然科技股份有限公司

一、公司简介

(一)公司法定中文名称:浙江天然科技股份有限公司
公司英文名称:ZHEJIANG NATURAL TECHNOLOGY CO.,LTD. 缩写:ZJTR
(二)公司法定代表人:沈水荣
(三)公司董事会秘书:商洁尔　联系地址:绍兴市胜利东路 17 号
电话:0575-5126146　传真:0575-5126892　电子信箱:Shangje@163.net
公司证券事务代表:叶栋　联系地址:绍兴市胜利东路 17 号
电话:0575-5123901　传真:0575-5126892
(四)公司注册地址:绍兴市胜利东路 17 号　办公地址:绍兴市胜利东路 17 号
邮政编码:312000　电子信箱:tianran@public.sxptt.zj.cn
(五)公司指定信息披露报纸:《上海证券报》、《中国证券报》
中国证监会指定登载公司年度报告的网址:http://www.sse.com.cn
公司年度报告备置地点:绍兴市胜利东路 17 号公司董事会办公室
(六)公司股票上市地:上海证券交易所　股票简称:天然科技　股票代码:600797

二、会计数据和业务数据摘要

(一)公司本年度利润总额及构成(合并报表):(单位:人民币元)

利润总额	104554727.48
净利润	65940006.66
扣除非经常性损益后的净利润	-8664936.92
主营业务利润	251066918.91
其他业务利润	14306896.63
营业利润	35846716.10
投资收益	57053110.56
补贴收入	12121313.24
营业外收支净额	-466412.42
经营活动产生的现金流量净额	124958938.10
现金及现金等价物净增加额	149197188.47

注:"扣除非经常性损益后的净利润"中扣除项目包括:

1、营业外收支净额	-466412.42
2、股权投资差额	-9232017.62
3、补贴收入	12121313.24
4、所得税返还	9722805.25
5、股权转让收益	20749325.29
6、委托理财收益	29959929.84
7、托管费收入	11750000.00

(二)公司前三年的主要会计数据和财务指标(合并报表):(单位:人民币元)

指标项目	2000 年	1999 年	1998 年	
			调整前	调整后
主营业务收入	644374338.92	582793583.01	869404560.69	869404560.69
净利润	65940006.66	60527556.15	40156867.96	31388095.96
总资产	1756525539.97	1037785588.84	885242729.82	860451545.64
股东权益	547004036.29	516384894.92	477025316.16	455766072.20
每股收益(摊薄)	0.28	0.25	0.29	0.22
每股收益(加权)	0.28	0.25	0.32	0.25
扣除非经常性损益后的每股收益(摊薄)	-0.04	0.03	0.26	0.20
扣除非经常性损益后的每股收益(加权)	-0.04	0.03	0.29	0.22
每股净资产	2.28	2.16	3.39	3.24
调整后的每股净资产	2.22	2.08	3.31	3.16
每股经营活动产生的现金流量净额	0.52	-0.57	-0.03	-0.03
净资产收益率(%)(摊薄)	12.05	11.72	8.42	6.89

注:因 2000 年度公司会计报表合并范围发生变化,调整了会计报表年初数。调整后的有关数据详见公司会计报表。

(三)按照中国证监会《公开发行证券公司信息披露编报规则(第 9 号)》要求计算 2000 年报告期利润的净资产收益率和每股收益如下:报告期利润

	净资产收益率(%)		每股收益(元)	
	全面摊薄	加权平均	全面摊薄	加权平均
主营业务利润	45.90	47.19	1.05	1.05
营业利润	6.55	6.74	0.15	0.15
净利润	12.05	12.39	0.28	0.28
扣除非经常性损益后的净利润	-1.58	-1.63	-0.04	-0.04

三、股东情况介绍

(一)报告期末公司股东总数为 8614 户。
(二)报告期末主要股东的持股情况(前十名股东):

股东名称	年末持股数(股)	占总股本比例(%)
绍兴市天然羽绒制品总公司	53150000	22.19
浙江天声信息产业投资有限公司	48000000	20.04
浙江中泰投资管理有限公司	27880000	11.64
番禺市东深羽绒厂	4080000	1.70
裕华基金	2440060	1.02
裕阳基金	1646227	0.69
裕隆基金	1583278	0.66
温信投资	1470000	0.61
浙江长龙电机有限公司	1360000	0.57
绍兴越通房地产开发公司	1360000	0.57

注:1、报告期内公司第二大股东金华市天声信息产业投资有限公司更名为浙江天声信息产业投资有限公司。

2、关联情况:绍兴市天然羽绒制品总公司持有浙江天声信息产业投资有限公司 35%股份,系浙江天声信息产业投资有限公司第一大股东。

宁波海运股份有限公司

一、公司简介

1、公司中文名称:宁波海运股份有限公司
公司英文名称:NINGBO MARINE COMPANY LIMITED 缩写:NBMC
2、公司法定代表人:夏刚
3、公司董事会秘书:吴明越
联系地址:宁波市中马路 202 号　电话:(0574)7356271
传真:(0574)7355051　电子信箱:wmingyue@pub.cnnb.net
4、公司注册、办公地址:宁波市中马路 202 号　邮政编码:315020
公司电子信箱:nbmcl@mail.nbptt.zj.cn
5、公司选定的信息披露报纸:《中国证券报》、《上海证券报》
登载公司年度报告的中国证监会指定国际互联网网址:http://www.sse.com.cn
公司年度报告置备地点:宁波市中马路 202 号
6、公司股票上市交易所:上海证券交易所
股票简称:宁波海运
股票代码:600798

二、会计数据和业务数据摘要

(一)公司利润的构成及现金流量(单位:人民币元)

项目	金额
利润总额	102,774,025.59
净利润	83,384,455.97
扣除非经常性损益的净利润	83,807,219.93
主营业务利润	95,112,399.00
其他业务利润	
营业利润	80,219,398.62
投资收益	22,758,355.17
补贴收入	
营业外收支净额	203,728.20
经营活动产生现金流量净额	100,476,633.74
现金及现金等价物净增加额	-92,446,873.49

(二)截止报告期末公司前三年的主要会计数据和财务指标(单位:人民币元)

项目	2000 年	1999 年	1998 年
主营业务收入	262,153,438.84	208,402,921.54	189,802,047.38
净利润	83,384,455.97	107,357,353.56	100,741,097.97
追溯调整后净利润		82,670,241.04	
总资产	927,484,340.84	889,349,268.74	799,152,295.68
股东权益	758,272,044.70	738,871,963.73	589,444,468.40
每股收益(元/股)	0.163	0.21	0.41
每股净资产(元/股)	1.48	1.44	2.40
调整后每股净资产(元/股)	1.48	1.44	2.40
每股经营活动产生现金 0.196	0.18	0.32	
流量净额(元/股)净资产收益率(%)	11.00	14.53	17.10
追溯调整后净资产收益率(%)	11.00	11.19	17.10
扣除费经常性损益的每股收益(元/股)----	0.164	0.162	0.41

(三)根据中国证监会关于《公开发行证券公司信息披露编报规则》第 9 号通知精神,报告期按全面摊薄法和加权平均法计算的净资产收益率及每股收益:

	净资产收益率(%)		每股收益(元/股)	
报告期利润	全面摊薄	加权平均	全面摊薄	加权平均
主营业务利润	12.54	12.54	0.186	0.186
营业利润	10.58	10.58	0.157	0.157
净利润	11.00	11.00	0.163	0.163
扣除费经常性损益的净利润	11.00	11.00	0.164	0.164

注:1、上年同期期末净利润中非经常性损益为 24,687,112.52 元,系债务重组收益,现遵照《企业会计准则-----债务重组》准则追溯调整至资本公积。2、上述财务指标遵照《公开发行股票公司信息披露的内容与格式准则第二号<年度报告的内容与格式>》与《公开发行证券公司信息披露编报规则》第 9 号通知精神计算。

三、股东情况介绍

1、报告期末股东总数为 101327 户。
2、前 10 名股东持股情况(截止 2000 年 12 月 29 日)

	股东名称	持股数(万股)	占总股本比例(%)
(1)	宁波海运(集团)总公司	26143.92	51.07
(2)	浙江省电力燃料总公司	9160.32	17.89
(3)	宁波经济技术开发区顺风贸易公司	854.88	1.67
(4)	东胜聚力有限责任公司	688.80	1.34
(5)	宁波市交通投资开发公司	194.58	0.38
(6)	兴和基金	31.92	0.06
(7)	钱寿森	30.00	0.06
(8)	杨福振	26.00	0.05
(9)	徐丽华	24.63	0.05
(10)	王道富	22.34	0.04

持有公司 5%以上股权的股东是宁波海运(集团)总公司和浙江省电力燃料总公司,报告期内上述两家法人股东所持有的股份均没有变动,同时未有质押和冻结情况。

四、股东大会简介

(一)1999 年度股东大会情况公司召开 1999 年度股东大会 2000 年 4 月 11 日召开。会议通过了如下决议:

1、1999 年度董事会工作报告;
2、1999 年度总经理业务报告;
3、1999 年度监事会工作报告;
4、1999 年度财务决算和 1999 年度利润分配方案
5、选举产生了公司第二届董事会组成人员;
6、选举产生了公司第二届监事会组成人员;本次股东大会决议公告刊登在 2000 年 4 月 12 日的《中国证券报》和《上海证券报》上。

黑龙江省科利华网络股份有限公司

一、公司简介

公司法定中文名称:黑龙江省科利华网络股份有限公司
公司法定英文名称:HeiLong Jiang Clever Net Corp.Ltd.
公司名称英文缩写:HLJCN CORP.LTD.
(二)公司法定代表人:宋朝弟
(三)公司董事会秘书:孙 斌 授权代表:郑 婷
联系地址:北京市海淀区上地信息产业基地创业东路33号科利华网络大厦
电话:010-82899731 传真:010-82899731
电子信箱:sunbin@clever.com.cn
(四)公司注册地址:黑龙江省阿城市北环路2号
办公地址:北京市海淀区上地信息产业基地创业东路33号科利华网络大厦
通讯地址:北京2657信箱
邮政编码:100084
公司国际互联网网址:www.clever.com.cn
公司电子信箱:webmaster@clever.com.cn
(五)公司信息披露报刊名称:《中国证券报》、《上海证券报》、《证券时报》
登载公司年报的国际互联网网址:www.sse.com.cn
公司年报备置地点:北京市海淀区上地信息产业基地创业东路33号科利华网络大厦发展部
(六)公司股票上市交易所:上海证券交易所
股票简称:科利华
股票代码:600799

二、会计数据和业务数据摘要

(一)本年度主要会计数据和业务数据 (单位:人民币元)
1、主要财务指标

项 目	2000年12月31日
利润总额	132,903,460.70
净利润	119,637,776.91
扣除非经常性损益后的净利润	119,868,502.78
主营业务利润	194,687,156.69
其他业务利润	519,878.09
营业利润	110,540,481.75
投资收益	-472,076.98
补贴收入	23,065,781.80
营业外收支净额	-230,725.87
经营活动产生的现金流量净额	62,451,344.07
现金及现金等价物净增加额	31,772,418.59

注:"扣除非经营性损益后的净利润"中扣除项目包括:
营业外收支净额 -230,725.87

按照中国证券监督管理委员会《公开发行证券公司信息披露编报规则(第9号)》要求,按全面摊薄法和加权计算的净资产收益率及每股收益。

报告期利润	净资产收益率(%)		每股收益(元)	
	全面摊薄	加权平均	全面摊薄	加权平均
主营业务利润	27.27	29.24	0.4994	0.4994
营业利润	15.48	16.60	0.2836	0.2836
净利润	16.76	17.97	0.3069	0.3069
扣除非经常性损益后的净利润	16.79	18.00	0.3075	0.3075

(二)截止到报告期末前三年主要会计数据和财务指标(单位:人民币元)

	2000年	1999年	1998年	
项目	项目调整后	项目调整后	项目调整后	项目调整前
主营业务收入	343825218.49	311766612.81	167462880.89	167462880.89
净利润	119637776.91	117806072.10	33966402.04	43414160.43
总资产	1339855258.69	1225075988.12	1005792683.97	1020722119.41
股东权益	714025545.19	606083088.28	499743016.18	514672451.62
每股收益(摊薄)	0.307	0.513	0.148	0.189
每股收益(加权)	0.307	0.513	0.148	0.189
每股收益(扣除非经营损益)	0.307	0.518	-0.196	-0.154
每股净资产	1.832	2.643	2.179	2.244
调整后的每股净资产	1.783	2.609	2.090	2.155
每股经营活动产生的现金流量净额	0.160	-0.405	-0.792	-0.792
净资产收益率	16.755	19.437	6.797	8.435

1、1998年调整数是根据财政部财会字[1999]35号文、49号文的有关规定, 采用了追溯调整法,调整了相关的帐项。
2、1998年度、1999年度总股本按22,932万股计算,2000年度总股本按38,984 .4万股计算。

三、股本变动及股东情况

(一)股本变动情况
1、截止到2000年12月31日,公司股东总户数 57,523户。
2、截止到2000年12月31日,公司前十名股东持股情况如下:

股东名称	持股数	持股比例
北京科利华教育软件技术有限责任公司	109,156,320	28%
中国信达资产管理公司	50,240,000	12.89%
黑龙江大金钢铁有限责任公司(原黑龙江省阿城钢铁集团公司)	27,700,000	7.11%
哈尔滨晟裕实业发展有限公司	17,000,000	4.36%
温州市奇美美肤品有限公司	2,900,000	0.74%
黑龙江虹升激光图象技术开发公司	2,040,000	0.52%
崔蔺山	1,562,650	0.40%
上海兰宁投资咨询有限公司	800,000	0.21%
杜菊人	735,000	0.19%
崔宏欣	700,000	0.18%

说 明:1 本公司第一大股东北京科利华教育软件技术有限责任公司将其持有的本公司44,946,720股法人股质押给上海浦东发展银行北京分行,用于贷款,贷款期限自2000年6月23日至2001年8月23日。

天津环球磁卡股份有限公司

一、公司简介

1、公司法定中文名称:天津环球磁卡股份有限公司
公司法定英文名称:Tian Jin Global Magnetic Card CO.,LTD. 缩写:GMCC
2、公司法定代表人:刘栋来
3、公司董事会秘书:万晓彦
联系地址:天津市河西区解放南路325号
邮政编码:300202 联系电话:022-2326401
传真:022-23269333
4、公司注册地址:天津市河西区解放南路325号
公司办公地址:天津市河西区解放南路325号
邮政编码:300202
公司国际互连网网址:http:// www.gmcc.com.cn
公司电子邮箱:gmcc@tjlink.tistic.ac.cn
5、公司年度报告备置地点:公司金融证券部
公司信息披露报纸:《中国证券报》《上海证券报》
中国证监会指定披露年报的国际互联网网址:http:// www.sse.com.cn
6、公司股票上市交易所:上海证券交易所
股票简称:天津磁卡 股票代码:600800

二、会计数据和业务数据摘要

1、本年度主要利润指标情况(单位:元)

利润总额:	115,003,313.75
净利润:	110,886,419.20
扣除非经常性损益后的净利润:	110,886,419.20
主营业务利润:	169,127,188.74
其他业务利润:	20,623,932.09
营业利润:	77,440,983.18
投资收益:	37,561,420.03
补贴收入:	0.00
营业外收支净额:	910.54
经营活动产生的现金流量净额:	-347,087,956.52
现金及现金等价物净增加额:	6,416,974.58

2、主要会计数据和财务指标:(单位:元)

指标项目	2000年	1999年调整前	1999年调整后	1998年调整前	1998年调整后
主营业务收入	376,710,752.59	339,625,344.26	339,625,355.26	310,354,365.40	310,354,365.40
净利润	110,886,419.21	147,464,914.77	147,464,914.77	128,466,953.93	86,929,689.71
总资产	2,335,960,131.09	1,724,649,929.24	1,724,649,929.24	1,064,463,023.50	1,001,307,056.73
股东权益(元)(不含少数股东权益)	1,086,763,596.45	1,004,436,331.95	1,004,436,331.95	549,544,212.98	485,198,447.68
每股收益	0.302	0.601	0.601	0.602	0.407
每股净资产	2.95	4.10	4.10	2.56	2.28
调整后的每股净资产	2.84	3.94	3.94	2.51	2.21
每股经营活动产生的现金流量	-0.94	-0.40	-0.40	-0.22	-0.22
净资产收益率	10.20%	14.68%	14.68%	23.51%	17.92%
按月平均加权法计算的每股收益	0.302	0.67	0.67	0.67	0.46
扣除非经常性损益后的每股收益	0.302	0.60	0.60	0.51	0.32

3、本报告期内股东权益变动情况 单位:元

项目	股本	资本公积	盈余公积	法定公益金	未分配利润
期初数	245,181,868	438,885,437.13	96,185,244.12	39,958,257.12	224,183,782.70
本期增加	122,590,934	320,093.79	22,177,283.84	11,088,641.92	110,886,419.20
本期减少					167,857,379.26
期末数	367,772,802	439,205,530.92	118,362,527.96	51,046,899.04	167,212,822.64

续上表:

项目	股东权益合计
期初数	1,004,436,331.95
本期增加	255,974,730.83
本期减少	167,857,379.26
期末数	1,086,763,596.45

变动原因:
1、年度内股本增加122,590,934股是因为公司以1999年度股本期末数245,181,868股为基数,实施10股送红股5股方案所致;
2、年度内资本公积增加32,009,379,是本年度财政拨款及其他增加;
3、本年度盈余公积金、法定公益金、未分配利润增加是本年度实现利润所致。

三、股东情况介绍

1、截止2000年12月31日,股东总数为42490户。
2、本公司前十二名股东持股情况:

	股东名称	年末持股数(股)	占总股本(%)
1	天津市一轻总公司	146705050	39.89
2	天津美莱实业公司	10698750	2.91
3	天津国际信托投资公司	6750000	1.84
4	天津证券有限责任公司	5400000	1.47
5	一德集团	5242574	1.43
6	交通银行天津分行	4050000	1.10
7	天津劝业场股份有限公司	3375000	0.92
8	兴华基金	2510000	0.68
9	天津南开戈德股份有限公司	2250000	0.61
10	中国国际信托投资公司天津证券部	2025000	0.55
11	北方国际信托投资公司	2025000	0.55
12	国泰证券有限公司天津分公司	2025000	0.55

说明:(1)公司国家股股东天津市一轻总公司,年初持有公司股份97803367股,由于2000年5月公司实施送股方案,年末持有公司股份146705050股。且所持股份无质押或冻结的情况。
(2)上述股东之间不存在关联关系。

华新水泥股份有限公司

一、公司简况

公司法定名称:华新水泥股份有限公司
英文名称:HUAXIN CEMENT CO., LTD. 缩写:HUAXINCEM
公司法定代表人:陈木森先生
公司董事会秘书:王锡明先生 联系地址:湖北省黄石市黄石大道 897 号
电话:(0714)6224971 转 310 传真:(0714)6235204
公司信息披露事务联系人:证券办公室彭普新先生 联系电话:(0714)6224971 转 471、474
电子信箱:stock@huaxincem.com
公司注册及办公地址:湖北省黄石市黄石大道 897 号 邮政编码:435002
公司国际互联网网址:http//www.huaxincem.com 电子信箱:stock@huaxincem.com
公司选定的信息披露报纸名称:《中国证券报》、《上海证券报》、《香港商报》
登载公司年度报告的中国证监会指定国际互联网网址:http//www.sse.com.cn
年度报告备置地点:公司证券办公室
公司股票上市地:上海证券交易所
股票简称:华新水泥 华新 B 股 股票代码:A 股 600801 B 股 900933

二、会计数据与业务数据摘要

(一) 本年度主要会计数据(单位:人民币元)

项目	金额
利润总额	21,506,285
净利润	16,523,105
扣除非经常性损益后的净利润	15,341,605
主营业务利润	178,947,752
其他业务利润	976,173
营业利润	20,830,236
投资收益	–419,578
补贴收入	1,390,000
营业外收支净额	–189,602
经营活动产生的现金流量净额	138,031,345
现金及现金等价物净增加额	–22,504,356

注:扣除的非经常性损益项目及涉及金额为补贴收入 1,390,000 元。

(二) 两种不同会计准则报表差异国际会计准则及其其他调整对中国法定帐目的影响:

截至二000年十二月三十一日	股东应占综合溢利 人民币千元	综合资产净值 人民币千元
中国法定帐目所列	16,523	715,314
国际会计准则和其它调整之影响:		
—拨回以往已全部撇销之商誉摊销	260	(3,164)
—坏帐及呆帐准备	–	(6,821)
—冲销联营公司之开办费	(1,102)	(1,102)
—国家补贴拨作递延收入	863	(9,485)
—资产负债表日后宣布派发的现金股利	–	13,136
—递延税项	1,559	1,559
经国际会计准则和其它调整后所重列	18,103	709,437

(三) 近三年主要会计数据和财务指标

	单位	2000 年	1999 年	1998 年	
				调整后	调整前
主营业务收入	元	594,625,818	455,379,709	340,463,838	340,463,838
净利润	元	16,523,105	4,235,628	–2,442,504	5,200,252
总资产	元	2,015,350,070	2,022,367,960	1,646,655,050	1,655,715,328
股东权益	元	715,313,852	710,261,747	541,345,093	550,405,371
全面摊薄每股收益	元	0.05	0.013	0.010	0.021
加权平均每股收益	元	0.05	0.014	0.010	0.021
扣除非经常性损益后每股收益	元	0.047	0.013		
每股净资产	元	2.18	2.16	2.15	2.19
调整后的每股净资产	元	2.11	2.11	2.14	2.17
每股经营活动产生的现金流量净额	元	0.42	0.36	0.5	0.5
净资产收益率	%	2.31	0.6	–0.5	0.9

报告期利润	净资产收益率(%)				每股收益(元/股)			
	全面摊薄		加权平均		全面摊薄		加权平均	
	2000	1999	2000	1999	2000	1999	2000	1999
主营业务利润	25.02	18.58	24.87	19.92	0.54	0.40	0.54	0.43
营业利润	2.91	0.75	2.89	0.80	0.06	0.02	0.06	0.02
净利润	2.31	0.60	2.30	0.64	0.05	0.01	0.05	0.01
扣除非经常性损益后的净利润	2.14	0.60	2.13	0.64	0.05	0.01	0.05	0.01

三、股东情况介绍

1、报告期末,公司股东总数为 29763 户。

2、前十名股东持股情况。

股东名称	期末持股数(股)	比例(%)
国家拥有股份(由华新集团有限公司代国家持有)	91,526,880	27.9
HOLCHIN B.V.	77,000,000	23.4
华新集团有限公司	11,994,000	3.7
STANDARD CHARTERED BANK HONG KONG A/C CREDIT SUISSE FIRST BOSTON (H.K.) LTD.	8,761,366	2.7
黄石市铁路联营公司	2,520,000	0.8
HKIT S/A 006-113039-431	1,571,000	0.5
TOYO SECURITIES ASIA Ltd. A/C CLIENT	1,397,500	0.4
DAIWA SECURITIES CO., LTD. TOKYO	1,204,000	0.4
武汉石化鹏鹤物资公司	1,200,000	0.4
NAITO SECURITIES CO., LTD.	1,183,000	0.4

注:前 10 名股东有 6 名是境外股东,其持股符合国家有关规定。

3.报告期内国家拥有股份及 HOLCHIN B.V.持有的股份无变动,也没有质押或冻结情况。

4.本公司无持有 10%以上股份的境内法人股东。

福建水泥股份有限公司

一、公司简介

1 、公司中文名称:福建水泥股份有限公司
英文:FUJIAN CEMENT INC. 缩写:FJCINC.
2 、公司法定代表人:丁仕达
3 、董事会秘书:林成潮 联地址:福建省福州市杨桥路 118 号宏杨新城建福大厦
联系电话:0591 —7527300 传真:0591 —7527300
电子信箱:dmcement@pub5.fz.fj.cn
董秘授权人:林国金; 公司年度报告备置地点:公司股证办
联系地址:福建省福州市杨桥路 118 号宏杨新城建福大厦
邮编:350001 电话:0591 —7527300 传真:0591 —7501911
4 、公司注册地址:福建省福州市杨桥路 118 号宏杨新城建福大厦 邮编:350001
公司办公地址:福建省福州市杨桥路 118 号宏杨新城建福大厦
公司国际互联网网址:www.jianfu.com
公司电子信箱:cement@pub5.fz.fj.cn
5 、信息披露报纸名称:《上海证券报》
登载公司年度报告的中国证监会指定国际互联网网址:http://www.sse.com.cn;
6 、公司股票上市交易所:上海证券交易所股
票简称:福建水泥
股票代码:600802

二、会计数据和业务数据摘要

(一)本年度实现利润情况(单位:人民币元)

利润总额:	36,497,471.95
净利润:	52,423,893.00
扣除非经常性损益后的净利润:	17,350,381.19
主营业务利润:	176,699,818.71
其他业务利润:	2,473,581.94
营业利润:	676,734.89
投资收益:	21,070,134.93
补贴收入:	16,770,000.00
营业外收支净额:	–2,019,397.87
经营活动产生的现金流量净额:	–60,946,356.74
现金及现金等价物净增加额:	10,448,687.42

注:扣除非经常损益项目计 35,073,511.81 元,包括以下项目金额:
补贴收入(99 年度国有股收益返还)16,770,000.00
所得税返还: 18,021,411.79
利息补贴: 1,998,588.21
营业外收支净额:–1,716,488.19(税前为–2,019,397.87)

(二)截至报告期末前三年公司主要会计数据及财务指标

单位:人民币元

项 目	2000 年度	1999 年度	1998 年度	
			调整后	调整前
主营业务收入	542,123,770.13	593,244,585.81	347,452,143.38	347,452,143.38
净利润	52,423,893.00	74,054,935.49	64,523,685.21	66,013,271.70
总资产	1,678,259,579.22	1,361,427,508.20	1,304,496,014.32	1,307,511,110.67
股东权益	858,927,236.22	643,270,039.89	642,028,564.71	645,018,466.92
每股收益	0.185	0.293	0.256	0.26
按月平均加权的每股收益	0.202	0.293	0.264	0.27
扣除非经常性损益后的每股收益	0.0661	0.077	0.008	0.014
每股净资产	3.04	2.69	2.54	2.56
调整后的每股净资产	2.84	2.549	2.46	2.47
每股经营活动产生的现金流量净额	–0.215	0.355	–0.158	–0.158
净资产收益率%	6.10	11.51	10.05	10.23

(三)报告期利润表附表

报告期利润	净资产收益率(%)		每股收益(元)	
	全面摊簿	加权平均	全面摊簿	加权平均
主营业务利润	20.57	20.57	0.6247	0.6797
营业利润	0.08	0.09	0.0024	0.0026
净利润	6.10	7.38	0.1853	0.2016
扣除非经常性损益后的净利润	2.02	2.44	0.0613	0.0667

注:上述指标的计算方法:
1 、全面摊簿净资产收益率=报告期利润/期末净资产
2 、全面摊簿每股收益=报告期利润/期末股份总数

三、股东情况介绍

1 、报告期末股东总数

经上海证券中央登记结算中心审核,截至 2000 年 12 月 31 日,登记注册股东总户数为 77768 户,其中:国家股股东 1 户,法人股股东 12 户,社会公众股股东 77755 户。

2 、前十名股东情况(截止 2000 年 12 月 31 日)

名 称	年末持股数(股)	占总股本比例(%)
1、福建省国有资产管理局	145,145,000	51.32
2、兴业证券(社会公众股)	1,591,670	0.56
3、张志红	780,000	0.28
4、福建省青山纸业股份有限公司	698,500	0.25
5、泰和基金	655,422	0.23
6、福建投资开发总公司	550,000	0.19
7、福建兴业(法人股)	550,000	0.19
8、福建省石化经济发展公司	419,100	0.15
9、中保财产保险有限公司福建省分公司	330,000	0.12
10、福建五矿	298,400	0.11

注:持有本公司 5%以上股份的股东为福建省国有资产管理局,报告期内所持股份未发生增减变动情况,其所持股份中 12025 万股已质押,为本公司作贷款担保,其中 6400 万股向中国工商银行福建省分行营业部质押,5625 万股向中国银行福建省分行质押

河北威远生物化工股份有限公司

一、公司简介

1. 公司法定中文名称:河北威远生物化工股份有限公司
公司英文名称:Hebei Weiyuan Bio-chemical Stock Co.,Ltd.
2. 公司法定代表人:霍丽君
3. 公司董事会秘书:白岩 联系地址:河北省石家庄市新石北路166号
电话:0311-3834233-8016 传真:0311-3833524
公司证券事务授权代表:郑德河 电话:0311-3834233 传真:0311-3833524
4. 注册地址:河北省石家庄市新石北路166号 办公地址:河北省石家庄市新石北路166号
邮政编码:050091 公司互联网址:http://www.weiyuan.com
5. 公司选定的信息披露报纸名称:《上海证券报》
登载公司年度报告的中国证监会指定互联网网址:http://www.sse.com.cn
公司年度报告备置地点:本公司股份办
6. 公司股票上市交易所:上海证券交易所 股票简称:威远生化 股票代码:600803

二、会计数据和业务数据摘要

1. 本年度主要会计数据和业务数据(单位:元)

项目	2000年
利润总额	28,220,132.18
净利润	23,067,171.63
扣除非经常性损益后的净利润	22,583,301.96
主营业务利润	59,361,085.78
其他业务利润	848,670.51
营业利润	22,911,748.10
投资收益	4,820,588.90
补贴收入	461,625.13
营业外收支净额	26,170.05
经营活动产生的现金流量净额	-25,966,223.71
现金及现金等价物净增加额	24,380,543.82

注:扣除非经常性损益涉及金额:补贴收入461,625.13元,营业外收入219,821.17元,营业外支出193,651.12元。

2. 前三年的主要会计数据和财务指标((单位:万元)

项目	2000年	1999年调整前	1999年调整后	1998年
主营业务收入	23,682.60	25,739.06	25,739.06	20,730.11
净利润	2,306.72	2,142.01	2,246.24	2,461.96
总资产	58,596.17	48,722.63	48,640.39	21,002.38
股东权益	32,457.14	31,340.66	31,289.34	21,002.38
每股收益(元/股)摊薄	0.20	0.18	0.19	0.33
加权	0.20	0.18	0.19	0.33
扣除非经常性损益后的每股收益(元/股)	0.19	0.18	0.19	0.33
每股净资产(元/股)	2.75	2.65	2.65	2.78
调整后每股净资产	2.75	2.59	2.59	2.72
净资产收益率(%)摊薄	7.11	6.83	7.18	11.72
加权	7.11	9.70	10.15	12.10
每股经营活动产生的现金流量净额(元/股)	-0.22	-0.10	-0.10	0.13
扣除非经常性损益后的加权净资产收益率(%)	6.96	10.15	12.10	

3. 利润附表

报告期利润	净资产收益率(%) 全面摊薄	加权平均	每股收益(元) 全面摊薄	加权平均
主营业务利润	18.29	18.30	0.50	0.50
营业利润	7.06	7.06	0.19	0.19
净利润	7.11	7.11	0.20	0.20
扣除非经常性损益后的净利润	6.96	6.96	0.19	0.19

4. 报告期内股东权益变动情况及原因(单位:元)

项目	股本	资本公积	法定盈余公积	法定公益金	未分配利润
期初数	118,221,713	141,045,122.79	10,557,948.31	4,764,650.37	38,303,916.41
本期增加	0	433,089.45	2,902,694.61	1,503,933.55	23,067,171.63
本期减少	0	0	0	0	16,228,799.46
期末数	118,221,713	141,478,212.24	13,460,642.84	6,268,583.92	45,142,288.58

续上表:

项目	股东权益合计
期初数	312,893,350.88
本期增加	27,906,889.24
本期减少	16,228,799.46
期末数	324,571,440.66

变动原因:①资本公积金增加系以非专利技术向海南威远宏昶生物药业有限公司投资40万元,调整上年评估减值3.3万元所致;②盈余公积增加系本年提取法定盈余公积和公益金所致;③未分配利润增加数系本年实现净利润,减少系提取法定公积金、法定公益金、应付普通股股利所致。

三、股东情况介绍

1. 报告期末本公司共有股东8209户,其中:国家股股东1户,社会流通股股东8208户。
2. 前十名股东持股情况

股东姓名	持股数(万股)	持股比例(%)
河北威远集团有限公司	5212.57	44.09
河北农行	151.02	1.28
蒋伟明	65.78	0.56
方福根	64.09	0.54
陈炳生	64.08	0.54
王兰香	64.07	0.54
林丽敏	64.04	0.54
陈树毅	63.99	0.54
于龙女	60.75	0.51
刘进磊	60.28	0.51

注:河北威远集团有限公司为代表国家持股单位。

成都工益冶金股份有限公司

一、公司简介

1、公司法定中文名称:成都工益冶金股份有限公司
公司英文名称:CHENDU GONGYI METALLURGY CO.,LTD 缩写名称:CDGY
2、公司法定代表人:王群英 3、公司董事会秘书:何斌
电话:(028)4460046 传真:(028)4460046 E-MAIL:gonyi@mail.sc.cninfo.net
4、公司注册地址:中国四川成都市经华南路3号 公司办公地址:同上
邮政编码:610069
5、公司信息披露报纸:上海证券报
登载年度报告的中国证监会国际互联网网址:http://www.sse.com.cn
6、公司年度报告备置地点:四川成都市经华南路3号公司证券投资部
7、公司股票上市交易所:上海证券交易所 股票简称:工益股份 股票代码:600804

二、财务数据摘要

1、公司本年度的主要会计数据(单位:人民币元)

项目	金额
利润总额	-31,473,526.82
净利润	-31,473,526.82
主营业务利润	-22,335,839.63
其他业务利润	3,541.72
投资收益	186,334.86
营业外收支净额	-384,665.46
经营活动产生的现金流量净额	14,368,642.88
现金及现金等价物净增加额	6,252,894.60

2、截止本报告期末公司前三年的主要会计数据和财务指标
(单位:人民币元)

项目	2000年	99年	98年 调整前	98年 调整后
主营业务收入(元)	234,171,875.11	261,568,377.04	372,226,750.70	372,226,750.70
净利润(元)	-31,473,526.82	830,893.89	27,596,663.39	12,430,943.81
总资产(元)	368,894,974.96	404,222,598.29	552,781,001.86	458,582,971.61
股东权益(元)	200,111,178.56	235,866,731.13	329,012,547.80	237,875,551.73
每股收益(元)	-0.27	0.0071	0.2367	0.1066
每股净资产(元)	1.71	2.02	2.82	2.04
调整后的每股净资产(元)	1.62	1.91	2.60	1.95
每股经营活动产生的现金流量净额(元)	0.123	0.056	0.017	0.017
净资产收益率(%)(全面摊薄)	-15.73	0.35	8.72	5.23

3、利润表附表

报告期利润	净资产收益率% 全面摊薄	加权平均	每股收益(元/股) 全面摊薄	加权平均
主营业务利润	-11.16	-10.15	-0.19	-0.19
营业利润	-15.63	-14.21	-0.27	-0.27
净利润	-15.73	-14.30	-0.27	-0.27
扣除非经常性损益	-15.73	-14.30	-0.27	-0.27

4、报告期内股东权益变动情况(单位:万元)

项目	股本	资本公积	盈余公积	法定公益金	未分配利润	股东权益合计
期初数	11661.12	8592.29	3279.33	683.19	53.93	23586.67
本期增加	0.00					
本期减少	0.00	428.21				
期末数	11661.12	8164.09	3279.33	683.19	-3093.42	20011.12

变动原因:
(1)资本公积金减少数系根据财政财会函字(1998)16号文调整资本公积金并相应调整累计折旧。
(2)未分配利润减少系报告期利润亏损所致。

三、股本变动及股东情况

1、股本变动情况
(1)股本结构情况(截至1999年末 数量单位:股)

	期初数	本次增减变动(+,-)	期末数
一、尚未流通股份			
发起人股份	43,214,400	0	43,214,400
境内法人持有股份	43,214,400	0	43,214,400
外资法人持有股份			
募集法人股	1,440,000	0	1,440,000
尚未流通股份合计	44,654,400		44,654,400
二、已流通股份			
境内上市的人民币普通股	71,956,800	0	71,956,800
已流通股份合计	71,956,800	0	71,956,800
三、股份总额	116,611,200	0	116,611,200

2、股东情况介绍 (1)年末股东户数:25045人
(2)前十名股东持股情况

名称	持股数	占总股权比例(%)
攀钢集团成都无缝钢管有限责任公司	43214400	37.01
长城证券	3685663	3.16
德能投资	767159	0.66
叶强	593782	0.59
彭礼武	574891	0.58
张新	531603	0.46
郑之香	528600	0.45
罗长英	519153	0.45
梁菊	517000	0.44
刘廷珍	500553	0.43

注1:前十名股东之间未有任何关联关系 2:攀钢集团成都无缝管有限责任公司是代表国家持股。

江苏悦达投资股份有限公司

一、公司简介

1、公司的法定中、英文名称
法定中文名称:江苏悦达投资股份有限公司
法定英文名称:JIANGSU YUEDA INVESTMENT CO.,LTD.
2、公司法定代表人:胡友林
3、公司董事会秘书:高一山
联系地址:江苏省盐城市通榆中路36号
电话号码:(0515)8334056
传真:(0515)8227190、8334601
电子信箱:gao-yishan@163.net
董事会证券事务代表:周亚来
联系地址:江苏省盐城市通榆中路途6号
电话号码:0515-8332667
传真:0515-8227190、8334601
电子信箱:jsyd@public.js.cn
4、公司注册及办公地址:江苏省城盐市通榆中路36号
邮政编码:224002
国际互联网网址:http://www.yueda.com
电子信箱:yueda@public.yc.ja.cn
5、公司选定的信息披露报纸:《上海证券报》
凳载公司年度报告的国际互联网网址:http://www.sse.com.cn
公司年度报告备置地点:江苏省城盐市通榆中路36号公司总部三楼证券部
6、公司股票上市地:上海证券交易所
股票简称:悦达投资
股票代码:600805

二、会计数据及业务数据摘要

(一)本年度主要利润指标情况(单位:元)

利润总额:	142527916.91
净利润:	134429083.92
扣除非经常性损益后的净利润:	121806603.01
主营业务利润:	219999407.67
其他业务利润:	11754296.36
营业利润:	57449772.21
投资收益:	78817167.44
补贴收入:	6427726.41
营业外收支净额:	-166749.15
经营活动产生的现金流量净额:	500722816.12
现金及现金等价物净增加额:	910208440.13

注:扣除的非经常性损益项目和涉及金额:(单位:元)
1、拖拉机销售补贴:11950000.00
2、增发新股申购冻结资金利息:672480.91

(二)截止报告期末前三年主要会计数据和财务指标(单位:元)

项目	2000年	1999年	1998年	
			调整后	调整前
主营业务收入	1037094863.66	649680952.54	655209791.20	655209791.20
净利润	134429083.92	131806019.43	58175349.47	61530915.10
总资产	3545020116.88	2273654102.31	1611937366.59	1649381739.83
股东权益(不含少数股东权益)	1729210836.20	1104339270.19	972533250.76	1009952782.83
每股收益:摊薄	0.246	0.283	0.125	0.13
加权	0.256	0.283	0.13	0.137
扣除非经常性损益后每股收益	0.223	0.05		
每股净资产	3.17	2.37	2.09	2.17
调整后每股净资产	3.15	2.27	2.05	2.11
每股经营活动产生的现金流量净额	0.92	0.28	-0.55	0.55
净资产收益率(%)	7.77	11.94	5.98	6.09

三、股东情况介绍

1、报告期末股东总数为146571户。
2、本公司前十名股东持股情况:

股东名称	持有数量(股)	持股比例(%)
江苏悦达集团有限公司	128234486	23.51
江苏省国际信托投资公司	72144000	13.23
盐城市国有资产经营公司(国家股)	32988148	6.05
宋言莲	2223000	0.41
刘可牧	1404000	0.26
王连荣	1404000	0.26
桑军庆	1404000	0.26
潘太军	1404000	0.26
桑会庆	1177556	0.22
张玉华	799980	0.15

注:(1)江苏悦达集团有限公司为公司国有法人股股东,1997年8月21日,江苏悦达集团有限公司以其持有的我公司国有法人股3169.091万股为质押物,为其控股的盐城悦银汽车有限公司向浙江兴业银行香港分行贷款1800万元美元提供担保,宽限期2年,计7年;1999年11月10日,江苏悦达集团有限公司以其持有的我公司国有法人股6100万元为质押物,为本公司向国有开发银行贷款2亿元人民处提供担保。

四、股东大会简介

报告期内召开了两次股东大会
1、公司1999年度股东大会年会于2000年4月28日上午在海悦大酒店南楼一楼会议室(盐城市通榆中路36号)召开,此次股东大会决议刊登于2000年4月29日的《上海证券报》第23、24版。
2、公司于2000年第一次临时股东大会于2000年12月28日上午在海悦大酒店南楼一楼会议室(盐城市通榆中路36号)召开,此次股东大会决议刊登于2000年12月29日的《上海证券报》第38版。

昆明机床股份有限公司

一、公司简介

公司法定名称(中文):昆明机床股份有限公司
公司法定名称(英文):KUNMING MACHINE TOOL COMPANY LIMITED
公司英文名称缩写:KMTC
公司注册和办公地址:中华人民共和国云南省昆明市茨坝路23号
公司法定代表人:高扬仁先生
公司董事会秘书:冯思忠先生
公司董事会秘书授权代表(境内):曲莘野女士
电话:86-871-5212410 86-871-5212411
传真:86-871-5150317
邮政编码:650203
公司国际互联网网址为:http://www.cnkmtc.com
电子信箱:KMMTCL@public.km.yn.cn
公司选定的信息披露报纸:《上海证券报》及香港《商报》、《虎报》
公司登载年报内地和香港指定的国际互联网网址分别为:http://www.sse.com.cn 和 http://www.hkex.com.hk
公司年度报告备置地点:昆明机床股份有限公司董事会秘书室
公司股票境内上市交易所:上海证券交易所
公司股票境内上市交易所的代码:600806
公司股票简称:ST 昆机
公司股票香港上市交易所:香港联合交易所有限公司
公司股票香港上市交易所的代码:0300
公司股票简称:昆明机床

二、会计数据和业务数据

1.公司主要会计数据和业务数据
(1)根据中国会计准则　单位:人民币千元

利润总额	3,576
净利润	3,576
扣除非经常性损益后的净利润	2,251
主营业务利润	22,235
其他业务利润	691
营业利润	1,555
投资收益	540
补贴收入	1,325
营业外收支净额	156
经营活动产生的现金流量净额	12934
现金及现金等价物净增加额	42,946

2.公司主要会计数据和财务指标
(1)根据中国会计准则　至12月31日止年度

	单位	2000	1999	1998	1997	1996
主营业务收入	人民币千元	91071	46247	47314	74347	61790
净利润	人民币千元	3576	(46568)	(25671)	1195	2,086
总资产	人民币千元	669435	575,903	613,271	646,870	659,967
股东权益	人民币千元	509337	505,761	552,329	578,000	576,805
每股收益	人民币元/股	0.015	(0.19)	(0.105)	0.0049	0.0085
每股净资产	人民币元/股	2.08	2.06	2.25	2.36	2.35
净资产收益率	%	0.70	(9.21)	(4.65)	0.21	0.36
调整后的每股净资产	人民币元/股	2.01	2.00	2.23	2.34	2.33
每股经营活动产生的现金流量净额	人民币元/股	0.05	-0.04	-0.07		

〔3〕按照中国证监会《公开发行证券公司信息披露编报规则(第九号)》要求计算的利润表附表:
单位:人民币元

报告期利润	净资产收益率		每股收益	
	全面摊薄	加权平均	全面摊薄	加权平均
主营业务利润	0.044	0.044	0.091	0.091
营业利润	0.003	0.003	0.006	0.006
净利润	0.007	0.007	0.015	0.015
扣除非经常性损益后的净利润	0.004	0.004	0.009	0.009

三、股本变动及股东情况

(1)股东人数:
于2000年12月31日止,本公司之股东数详情如下:
股东总数:13282个
A股股东:12937个
国家股东:1个
法人股股东:1个
个人股东:12935个
H股股东:345个
(2)主要股东:

股东名称或姓名	年末持股数	年初持股数	股份类别	占总股数比例(%)
①云南省人民政府	102,397,700股	102,397,700股	A股	41.79
②香港中央结算(代理人)有限公司	60,613,999股	60,349,499股	H股	24.74
③昆明精华公司	17,609,700股	17,609,700股	A股	7.19
④国信证券	1,036100股		A股	0.42
⑤许国超	503,668股		A股	0.21
⑥刘立平	499,269股		A股	0.20
⑦卢福嫦	498,800股		A股	0.20
⑧陈文能	498365股		A股	0.20
⑨杨金山	498000股		A股	0.20
⑩胡付其	491,670股		A股	0.20

注:前10名股东中(1)为国家股,持股单位是云南省人民政府;(2)、(4)、(7)是外资股股东。

山东济南百货大楼(集团)股份有限公司

(一)公司简介

1、公司的法定中、英文名称及缩写
中文名称:山东济南百货大楼(集团)股份有限公司
英文名称:SHANDONG JINANDE PARTMENTSTORT(GROUP)STOCK 缩写:S.J.D.S.G
2、公司法定代表人:李增起　3、公司董事会秘书:赵川辉
联系地址:济南市泉城路 264 号　电话:(0531)6030094　传真:(0531)6914416
4、公司注册地址:中国山东济南市泉城路 264 号　邮政编码:250011
网址:http://www.JNBH.com.cn
5、公司信息披露报纸名称:上海证券报中国证券报
上交所网址:http://www.sse.com.cn
公司年度报告备置地点:公司资产运营管理部
6、公司股票上市地:上海证券交易所　股票简称:济南百货　股票代码:600807

(二)会计数据和业务数据摘要

1、公司本年度会计数据　单位:人民币元

利润总额	402,315.91
净利润	158,839.76
扣除非经常性损益后的净利润	158,839.76
主营业务利润	5,393,606.03
其他业务利润	11,119,794.16
营业利润	-18,028,502.20
投资收益	18,249,088.00
营业外收支净额	-70,269.89
经营活动产生的现金流量净额	-39,361,990.68
现金及现金等价物净增加额	17,203,963.77

2、公司近三年主要财务数据指标指标

项目	2000 年	1999 年	1998 年
主营业务收入	159,696,903.25	189,086,797.72	144,609,052.64
净利润	158,839.76	24,352,492.37	21,673,483.85
总资产	506,419,539.83	465,333,532.62	405,326,600.02
股东权益	229,465,146.26	229,306,306.50	204,953,814.13
每股收益	0.0015	0.226	0.261
扣除非经常性损益后的每股收益	0.0015	0.197	0.254
每股净资产	2.126	2.125	2.469
调整后的每股净资产	2.098	2.065	2.047
每股经营活动产生的现金流量净额	-0.365	0.047	-0.459
净资产收益率(%)	0.0692	10.62	10.575

3、利润分配表附表

报告期利润		净资产收益率%		每股收益元	
		全面摊薄	加权平均	全面摊薄	加权平均
主营业务利润	5,393,606.03	2.35	2.35	0.05	0.05
营业利润	-18,028,502.20	-7.86	-7.86	-0.167	-0.167
净利润	158,839.76	0.0692	0.0692	0.0015	0.0015
扣除非经常性损益后的净利润	158,839.76	0.0692	0.0692	0.0015	0.0015

注:一、主要财务指标计算方法
1.每股收益=净利润/年度末普通股股份总数
2.每股净资产=年度末股东权益/年度末普通股股份总数
3. 调整后的每股净资产=(年度末股东权益-三年以上的应收款项净额-待摊费用-待处理(流动、固定)资产净损失-开办费-长期待摊费用-住房周转金负数余额)/年度末普通股股份总数
4.每股经营活动产生的现金流量净额=经营活动产生的现金流量净额/年度末普通股股份总数
5.净资产收益率=净利润/年度末股东权益×100%
6.全面摊薄净资产收益率=报告期利润/期末净资产
7.全面摊薄每股收益=报告期利润/期末股份总数
8.加权净资产收益率
PROE= ——————————EO+NP÷2+Ei×Mi÷Mo-Ej×Mj÷Mo
其中 P 为报告期利润;NP 为报告期净利润;EO 为期初净资产;Ei 为报告期发行新股或债转股等新增净资产;Ej 为报告期回购或现金分红等减少净资产;MO 为报告期月份数;Mj 为新增净资产下一月份起至报告期期末的月份数。
9.加权平均每股收益
PEPS= ——————————SO+S1+Si×Mi÷Mo-Sj×Mj÷Mo
其中 P 为报告期利润;SO 为期初股份总数;S1 为报告期因公积金转增股本或股票股利分配等增加股份数;Si 为报告期发行新股或债转股等增加股份数;Sj 为报告期回购或缩股等减少股份数;MO 为报告期月份数;Mi 为增加股份下一月份起至报告期期末的月份数;Mj 为减少股份下一月份起至报告期期末的月份数。

(三)股东变动及股东情况

1.股本变动情况
(1)报告期末股东总数为:10933 户,其中国有股东 1 户,法人股东 22 户,社会公众股股东 10910 户。
(2)主要股东持股情况

名次	股东名称	持股数量(股)	占总股本比例(%)
1	济南市国资局	36270000	33.69%
2	建信济南办事处	2047500	1.89%
3	汉兴基金	2005382	1.86%
4	济南高新建设公司	1755000	1.63%
5	山东国际信托	1170000	1.08%
6	行者公司	560100	0.52%
7	高静	721619	0.67%
8	黄盛法	440100	0.41%
9	泰安兴融	409500	0.38%
10	申银万国	397234	0.37%

说明:本公司前十名股东不存在关联关系,持有本公司 5%以上股份的股东是本公司的国有股股东—济南市国有资产管理局,占总股本的 33.69%,报告期内所持股份无质押或冻结情况发生。

马鞍山钢铁股份有限公司

一、公司简介

公司名称:马鞍山钢铁股份有限公司((简称"马钢")
英文名称:MAANSHAN IRON &STEEL COMPANY LIMITED (MAS C.L.)
公司法定代表人:顾建国
公司注册及办公地址:安徽省马鞍山市红旗中路 8 号
公司网址:http://www.magang.com.cn
董事会秘书:苏鉴钢 王大鹏　办公地址:安徽省马鞍山市红旗中路 8 号
联系地址:安徽省马鞍山市红旗中路 8 号
电话:86-555-2888158　传真:86-555-2887284
邮政编码:243003　电子信箱:MGGFDMS@mail.magang.com.cn
公司信息披露报纸:《上海证券报》、香港《南华早报》、香港《文汇报》
中国证监会指定的年度报告登载网址:http://www.sse.com.cn
公司年度报告备置地点:马鞍山钢铁股份有限公司董事会秘书室
股票上市地:上海证券交易所(A 股)香港联合交易所有限公司(H 股)
股票简称:马钢股份 马鞍山钢铁
股票代码:600808 323

二、会计数据和业务数据摘要

1 、本公司及其附属公司(简称"本集团")本年度实现利润总额及构成(单位:人民币千元)按

	中国会计准则	按香港会计准则
利润总额	197,087	123,357
净利润	176,031	102,301
扣除非经常损益后的净利润	175,799	102,069
主营业务利润	1,191,753	1,220,844
其他业务利润/(亏损)	(2,298)	(2,298)
营业利润	545,759	326,851
投资收益	2,676	2,676
补贴收入	232	232
营业外收支净额	(351,580)	(390,423)
经营活动产生的现金流量净额	1,467,573	1,549,898
现金及现金等价物净增加额	458,516	452,918

注:(1)本集团本年度按中国会计准则和制度计算的净利润为人民币 176,031 千元,按香港会计准则计算的净利润为人民币 102,301 千元,差异原因是由于本集团本年度计提人民币 73,730 千元的住房补贴所致,详情载列于按香港会计准则编制的财务报表附注 37(B)及按中国会计准则和制度编制的会计报表附注 37(B)。
(2)按香港会计准则及按中国会计准则和制度计算的净利润中所扣除的非经常损益项目为出口补贴收入,金额为人民币 232 千元。
2 、主要财务数据和财务指标(人民币)
(1)按中国会计准则和制度编制

指标项目	2000 年	1999 年	1998 年
主营业务收入(千元)	8,185,687	6,668,436	6,429,425
净利润/(亏损)(千元)	176,031	13,112	(167,941)
总资产(千元)	16,857,270	17,299,627	17,805,165
股东权益(千元)	11,887,985	11,861,932	11,848,820
每股收益/(亏损)(元)			
全面摊薄	0.027	0.002	(0.026)
加权平均	0.027	0.002	(0.026)
每股净资产(元)	1.84	1.84	1.84
调整后每股净资产(元)	1.78	1.77	1.76
每股经营活动产生的现金流量净额(元)	0.2273	0.1668	0.0858
净资产收益/(亏损)率(%)			
全面摊薄	1.48	0.11	(1.42)
加权平均	1.48	0.11	(1.41)

注:计算上述财务指标时,待转销汇兑差异人民币 1,373,630,913 元乃计入股东权益。
3 、按照中国证监会《公开发行证券公司信息披露编报规则(第 9 号)》要求计算的利润数据(按中国会计准则和制度编制)

报告期利润	净资产收益率(%)		每股收益(人民币元)	
	全面摊薄	加权平均	全面摊薄	加权平均
主营业务利润	10.02	10.04	0.185	0.185
营业利润	4.59	4.60	0.085	0.085
净利润	1.48	1.48	0.027	0.027
扣除非经常性损益后的净利润	1.48	1.48	0.027	0.027

三、股本变动及股东情况

(1)于二○○○年十二月三十一日,本公司股东总数为 244,863 名,其中:A 股股东 238,704 名,H 股股东 6159 名。
(2)于二○○○年十二月三十一日前 10 名股东的持股情况:
A 、马钢(集团)控股有限公司(原马鞍山马钢总公司)(简称「集团公司」)持有本公司股份总数为 408,148 万股 A 股,比上年增加 250 万股,其中代表国家持有 403,456 万股 A 股(占本公司总股本约 62.5%)及法人股 A 股 4692 万股。
B 、香港 HKSCC NOMINEES LIMITED 持有本公司股份总数为 153264 万股 H 股,占本公司总股本约 23.74%,比上年增加 1301 万股。
其余于二○○○年十二月三十一日名列本公司前十名最大股东如下:

股东名称	持股量(股)	占总股本(%)
HSBC NOMINEES LIMITED	26,430,000	0.409
上海全隆实业有限公司	9,800,000	0.152
CHAN CHIU CHI	3,000,000	0.046
中国人民保险公司安徽省分公司	3,000,000	0.046
航空公司	3,000,000	0.046
兴和基金	2,667,171	0.041
HUI BUN	1,454,000	0.023
甬工上证	1,,400,000	0.022

注:(1)前十名股东之间不存在关联关系。
(2)持有本公司 5%(含 5%)以上股份股东所持股份没有质押或冻结情况。

山西杏花村汾酒厂股份有限公司

一、公司简介

1.公司法定中文名称:山西杏花村汾酒厂股份有限公司
公司法定英文名称:SHANXI XINGHUACUN FEN WINE FACTORY CO.,LTD.
2.公司法定代表人:高玉文
3.公司董事会证券事务代表:郭志宏　联系地址:山西省汾阳市杏花村
电话:0358—7229381　传真:0358—7220394　电子信箱:xhc_guo@21cn.com
4.公司地址:山西省汾阳市杏花村　邮政编码:032205
公司国际互联网网址:Http://www.fenjiu.com.cn　公司电子信箱:info@fenjiu.com.cn
5.公司选定的信息披露报纸:《上海证券报》、《中国证券报》
中国证监会指定登载年报的国际互联网网址:Http://www.sse.com.cn
公司年度报告备置地点:董事会秘书处
6.公司股票上市交易所:上海证券交易所　股票简称:山西汾酒　股票代码:600809

二、主要财务数据和指标

1、本年度利润指标情况(金额:元)

项目	
利润总额	17283674.83
净利润	12726091.11
扣除非经常性损益后净利润	9498368.49
主营业务利润	108143528.52
其他业务利润	8240.69
营业利润	17078526.22
投资收益	179351.78
营业外收支净额	25796.83
经营活动产生的现金流量净额	-4597565.92
现金及现金等价物净增加额	2624949.65
[注]扣除的非经常性损益项目和涉及金额	
所得税返还款	3100000.00
处理固定资产净收益	127722.62

2.主要会计数据和财务指标

项目	2000 年	1999 年	1998 年	
			调整后	调整前
主营业务收入	372471598.72	303288197.33	250016078.34	250016078.34
净利润	12726091.11	4647301.43	5055784.74	5323617.41
总资产	1137407064.40	1106784925.21	1111301986.73	1119781134.25
股东权益(不含少数股东权益)	790844295.80	778118204.69	773470903.26	780623990.93
每股收益	0.0294	0.0107	0.0117	0.0123
扣除非经常性损益后每股收益	0.0219	0.0039	0.0092	0.0097
每股净资产	1.8268	1.7974	1.7866	1.8031
调整后每股净资产	1.7288	1.7418	1.7267	1.7428
每股经营活动产生的现金流量净额	-0.01	0.04	0.03	0.03
净资产收益率%	1.61	0.60	0.65	0.68

注:主要财务指标的计算方式:
每股收益=净利润/年度末普通股股份总数
每股净资产=年度末股东权益/年度末普通股股份总数
调整后的每股净资产=(年度末股东权益-三年以上应收款项净额-待摊费用-待处理(流动、固定)资产净损失-开办费-长期待摊费用-住房周转金余额)/年度末普通股股分总数
每股经营活动产生的现金流量净额=经营活动产生的现金量净额/年度末普通股股份总数
净资产收益率=净利润/年度末股东权益×100%

3.按照《公开发行证券公司信息披露编报规则(第9号)》要求计算的利润数据:

报告期利润净	资产收益率		每股收益	
	全面摊薄	加权平均	全面摊薄	加权平均
主营业务利润	13.67	13.78	0.2498	0.2498
营业利润	2.16	2.18	0.0394	0.0394
净利润	1.61	1.62	0.0294	0.0294
扣除非经常性损益后净利润	1.20	1.21	0.0219	0.0219

4、报告期内股东权益变动情况(单位:万元)

项目	股本	资本公积	盈余公积	法定公益金	未分配利润	股东权益合计
期初数	43292.4133	29924.20	4248.33	1743.75	346.88	77811.82
本期增加	-	-	191.02	63.67	1081.59	1272.61
本期减少						
期末数	43292.4133	29924.20	4439.35	1807.42	1428.47	79084.43

变动原因:
1. 盈余公积、法定公益金本期增加数为税后利润提取。
2. 未分配利润本期增加数为本年可供股东分配利润数。

三、股东情况介绍

1.股东变动情况表数量
2.股东情况介绍　(1)报告期末股东总数为:48557户
(2)主要股东持股情况

股东名称	年末持股(万股)	占总股本%
①山西杏花村汾酒(集团)公司	32824	75.82
②汾酒(集团)公司晋泉涌贸易公司	913.83	2.11
③义泉涌酒业股份有限公司	173.67	0.40
④山西省糖酒副食公司	124	0.29
⑤汾酒(集团)公司进出口公司	110	0.25
⑥太原汾酒大厦	100	0.23
⑦北京市糖烟酒公司	50	0.12
⑧潘雪敏	37.5	0.09
⑨泰和基金	31.996	0.07
⑩天龙集团	30	0.069

注:汾酒(集团)公司系代表国家持有股份的单位;晋泉涌贸易公司、义泉涌酒业公司、汾酒(集团)公司进出口公司、太原汾酒大厦系汾酒(集团)公司子公司。

神马实业股份有限公司

一、公司简介

1.公司法定中文名称:神马实业股份有限公司缩写:神马实业
公司法定英文名称:SHEN MA INDUSTRY CO.LTD 缩写:SMIC
2.公司法定代表人:宋春迎
3.公司董事会秘书(负责信息披露):刘臻
联系地址:河南省平顶山市建设中路63号
联系电话:0375-3921231
传真:0375-3921500
电子信箱:liuzh@371.net
公司董事会证券事务代表:李旭东
联系地址:河南省平顶山市建设中路63号
联系电话:0375-3921231　传真:0375-3921500
电子信箱:lixudong@371.net
4.公司注册地址:河南省平顶山市建设中路63号
公司办公地址:河南省平顶山市建设中路63号　邮政编码:467000
公司电子信箱:shenma@public.pdptt.ha.cn
5.公司选定的信息披露报纸:上海证券报
登载公司年度报告的中国证监会指定国际互联网网址:
http://www.sse.com.cn
公司年度报告备置地点:神马实业股份有限公司证券办公室
6.公司股票上市交易所:上海证券交易所
股票简称:神马实业
股票代码:600810

二、会计数据和业务数据摘要

1.本年度主要财务指标((单位:元)

公司本年度实现利润总额:	178,845,824.82
净利润:	110,594,794.17
扣除非经常性损益后的净利润:	110,594,794.17
主营业务利润:	215,999,102.22
其他业务利润:	34,658,663.86
营业利润:	178,978,004.15
投资收益:	
补贴收入:	
营业外收支净额:	-132,179.33
经营活动产生的现金流量净额:	55,383,282.21
现金及现金等价物净增加额:	47,054,338.90

2.公司三年主要会计数据和财务指标　单位:人民币元

	2000 年度	1999 年度	1998 年度(调整前)	1998 年度(调整后)
主营业务收入	1040443506.81	1193118253.55	1405404563.87	1405404563.87
净利润	110594794.17	95502259.39	188619876.77	163967962.12
总资产	3963357156.13	3845350286.92	2158735007	2137859283.17
股东权益	3451196882.99	3340602088.82	1307659636.35	1266978115.96
每股收益(摊薄)	0.215	0.186	0.550	0.478
(加权)	0.215	0.191	0.550	0.478
扣除非经常性损益后的每股收益	0.215	0.186	0.550	0.478
每股净资产(摊薄)	6.704	6.489	3.810	3.692
(加权)	6.704	6.675	3.810	3.692
调整后每股净资产(摊薄)	6.651	6.474	3.720	3.602
(加权)	6.651	6.658	3.720	3.602
每股经营活动产生的现金流量净额	0.108	0.115	0.195	0.195
净资产收益率(摊薄)	3.20%	2.86%	14.42%	12.94%
(加权)	3.20%	3.00%	14.42%	12.94%

注:(1)经河南省财政厅豫财企[2001]30号文件、平顶山市财政局平财工字[2001]4号文件批准,公司享受所得税先按33%的法定税率征收,扣除2000万元上交省财政后,再计算返还18%的数额,执行时间为1997年1月1日起至2001年12月31日止。公司自2000年开始执行该政策,需调减2000年期初未分配利润2618.19万元;调减1999年期初未分配利润1745.46万元;调减1999年净利润1090.91万元;调减1998年净利润1090.91万元。本表相关项目已按调整后的数据填列。

3.根据证监会《公开发行证券公司信息披露编报规则》第9号通知,列表如下:

	净资产收益率		每股收益(元/股)	
	全面摊薄	加权平均	全面摊薄	加权平均
主营业务利润	6.26%	6.26%	0.42	0.42
营业利润	5.19%	5.19%	0.35	0.35
净利润	3.20%	3.20%	0.21	0.21
扣除非经常性损益后的净利润	3.20%	3.20%	0.21	0.21

三、股本变动及股东情况

1.股东情况介绍
(1)报告期末股东数量:88157户。
(2)报告期末公司前十名股东持股情况

股东名称	年末持股数(股)	比例%	股份性质
①神马集团	386100000	75.00	国有法人股
②毛明杰	573810	0.111	上市流通股
③北京财政	551571	0.107	上市流通股
④爱建公司	531700	0.103	上市流通股
⑤许放	346817	0.067	上市流通股
⑥黄燕新	300000	0.058	上市流通股
⑦兴和基金	290822	0.056	上市流通股
⑧方日初	257790	0.050	上市流通股
⑨余永顺	204880	0.040	上市流通股
⑩梁裕纯	199000	0.039	上市流通股

注:1)上述10名股东之间不存在关联关系;
2)神马集团所持股份本年度内没有发生增减变化,未发生质押或冻结情况;
3)持股10%以上的法人股东

东方集团股份有限公司

一、公司简介

1、公司法定中文名称:东方集团股份有限公司
公司法定英文名称:ORIENT GROUP INCORPORATIAN　缩写:OGI
2、公司法定代表人:张宏伟
3、公司董事会秘书:关卓华　联系地址:哈尔滨市南岗区花园街235号
电话:0451-3666028　传真:0451-36660300451-3643214
电子信箱:dfgzh@mail.hl.cn
4、公司注册地址:哈尔滨市南岗区长江路科工贸2号楼公司
办公地址:哈尔滨市南岗区花园街235号　邮政编码:150001
公司国际互联网网址:http://www.china-orient.com
电子信箱:dflfh@mail.hl.cn
5、公司选定的信息披露报纸名称:《上海证券报》、《中国证券报》
公司年度报告的国际互联网网址:http://www.sse.com.cn
公司年度报告备置地址:本公司证券部
6、公司股票上市交易所:上海证券交易所
股票简称:东方集团　股票代码:600811

二、会计数据和业务数据摘要

1、本年度主要利润指标情况(单位:人民币元)

利润总额:	299,352,091.86
净利润:	184,395,800.46
扣除非经营性损益后的净利润:	169,029,780.78
主营业务利润:	321,429,240.19
其他业务利润:	16,058,215.98
营业利润:	193,143,512.47
投资收益:	103,230,179.49
补贴收入:	2,900,729.70
营业外收支净额:	77,670.20
经营活动产生的现金流量净额:	335,092,937.91
现金及现金等价物净增加额:	647,853,173.02

注:"扣除非经营性损益后的净利润"中扣除项目:
1)2000年度本公司转让部分子公司股权收益15,300,000.00元;
2)营业外收支净额66,019.68元;

2、截止报告期末公司前三年的主要会计数据和财务指标(单位:人民币元)

项目	2000年	1999年	
		调整前	调整后
主营业务收入	976,910,794.40	980,875,188.89	609,318,618.73
净利润	184,395,800.46	155,785,392.47	164,510,199.47
总资产	5,367,862,255.47	3,627,322,125.66	3,565,950,414.45
股东权益	2,505,858,265.77	1,510,109,990.13	1,518,834,797.13
(不含少数股东权益)			
每股净资产(摊薄计算)	4.80	3.55	3.57
调整后的每股净资产	4.63	3.41	3.44
每股经营活动产生的现金流量净额	0.64	0.49	0.49
每股收益(摊薄计算)	0.353	0.37	0.39
净资产收益率	7.36%	10.32%	10.83%

续上表:

项目	1998年	
	调整前	调整后
主营业务收入	760,391,704.44	853,345,508.90
净利润	139,341,295.45	143,615,117.47
总资产	1,864,813,311.48	3,408,658,527.10
股东权益	1,359,567,298.91	1,354,324,597.66
(不含少数股东权益)		
每股净资产(摊薄计算)	3.83	3.82
调整后的每股净资产	3.76	3.74
每股经营活动产生的现金流量净额	0.56	0.56
每股收益(摊薄计算)	0.39	0.40
净资产收益率	10.25%	10.60%

3.根据中国证监会关于发布《公开发行证券公司信息披露编报规则》第9号通知精神,公司2000年按全面摊薄法和加权平均法计算的净资产收益率和每股收益

报告期利润	净资产收益率		每股收益(元)	
	全面摊薄	加权平均	全面摊薄	加权平均
主营业务利润	12.83%	19.20%	0.62	0.74
营业利润	7.71%	11.54%	0.37	0.45
净利润	7.36%	11.01%	0.353	0.43
扣除非经营性损益后的净利润	6.75%	10.1%	0.324	0.39

三、股东情况介绍

1.报告期末股东总数181,198户 2.主要股东持股情况(前十名股东)

名次	股东名称	本年内股份增减变动	年末持股数(股)	占股本比例
①	东方集团实业股份有限公司	25,145,512	166,854,698	31.97%
其中:未上市流通股份		23,100,000	156,627,140	
已上市流通股份		2,045,512	10,227,558	
②	南方证券		3,053,699	0.59%
③	张宏伟		2,478,965	0.47%
④	李树仁		1,797,478	0.34%
⑤	席业男		1,769,592	0.34%
⑥	刘庆余		1,656,097	0.32%
⑦	邱朗傑		1,559,807	0.30%
⑧	安英		1,551,178	0.30%
⑨	关国亮		1,395,330	0.27%
⑩	南京证券		920,032	0.18%

注1:东方集团实业股份有限公司是本公司的母公司。张宏伟系公司董事长,关国亮、安英、刘庆余系公司董事。

华北制药股份有限公司

一、公司简介

1、公司法定名称:华北制药股份有限公司
英文名称:NORTH　CHINA　PHARMACEUTICAL COMPANY.LTD 缩写:NCPC
2、公司法定代表人:吕渭川
3、公司董事会秘书:李妍如　授权代表:曹正平
联系电话:(0311)5051133　传真:(0311)6060942
4、公司注册地址:河北省石家庄市和平东路388号
公司办公地址:河北省石家庄市体育北大街56号　邮政编码:050015
公司国际互联网网址:www.ncpc.com.cn　电子信箱:ncpcgfb@sj-user.he.cninfo.net
5、公司信息披露报纸名称:《中国证券报》、《上海证券报》
登载公司年度报告的国际互联网网址:http://www.sse.com.cn
公司年度报告备置地点:公司股份制管理办公室
6、公司股票上市交易所:上海证券交易所
股票简称:华北制药　股票代码:600812

二、会计数据和业务数据摘要

1、公司本年度会计和业务数据摘要

指标项目	单位:元
本公司本年度实现利润总额	148 274 006.11
净利润	111 182 351.31
扣除非经营性损益后的净利润	115 596 968.79
主营业务利润	344 730 063.00
其他业务利润	21 112 923.78
营业利润	109 741 232.82
投资收益	42 947 390.77
补贴收入	82 199.00
营业外收支净额	-4 496 816.48
经营活动产生的现金流量净额	133 486 047.04
现金及现金等价物净增加额	15 810 804.65

注:非经营性损益的项目
(1)补贴收入(元)　82 199.00
(2)营业外收支净额(元)　-4 496 816.48

2、公司近三年主要会计数据和财务指标(单位:元)

指标项目	2000年	1999年	1998年	
			调整前	调整后
主营业务收入	1667889472.36	1630338043.36	1152675570.21	1331917632.51
净利润	111182351.31	103681862.85	112280416.47	100076644.02
总资产	5971115837.17	5551187618.16	3920165717.89	4038720718.38
股东权益	2527735164.38	2478068262.51	1838047299.21	1803968193.41
(不含少数股东权益)				
每股收益(元)摊薄	0.10	0.09	0.11	0.10
扣除非经营性损益后的每股收益	0.10	0.09	0.11	0.10
每股净资产(元)	2.16	2.12	1.83	1.80
调整后的每股净资产(元)	2.06	2.02	1.79	1.73
净资产收益率(%)摊薄	4.40	4.18	6.11	5.55
每股经营活动产生的现金流量净额(元)	0.1141	-0.3195	-0.3255	-0.3255

3、按照中国证监会《公开发行证券公司信息披露编报规则(第9号)》要求计算2000年度的加权净资产收益率和加权每股收益。

	报告期利润	净资产收益率(%)		每股收益(元/股)	
		全面摊薄	加权平均	全面摊薄	加权平均
主营业务利润	344730063.00	13.64	13.61	0.29	0.29
营业利润	109741232.82	4.34	4.33	0.09	0.09
净利润	111182351.31	4.40	4.39	0.10	0.10
扣除非经营性损益后的净利	115596968.79	4.53	4.52	0.10	0.10

4、本报告期内股东权益变动情况:　单位:元

项目	股本	资本公积	盈余公积	法定公益金	未分配利润	股东权益合计
期初数	1169394189	1072466846.43	194153698.53	60945946.18	42053528.55	2478068262.51
本期增加		2677614.19	20624861.91	6113583.17	111182351.31	134484827.41
本期减少			84817925.54	84817925.54		
期末数	1169394189	1075144460.62	214778560.44	67059529.35	68417954.32	2527735164.38

变动原因:
1、资本公积增加是由于控股子公司华北制药天星公司所得税返还增加所致。
2、盈余公积与法定公益金增加系按公司章程从当年净利润中提取所致。
3、未分配利润增加是实现利润所致,减少是由于提取盈余公积金及现金分配红利所致。

三、股本变动及股东情况

1.报告期末股东总数

截止2000年末,本公司股东数量为:264331户,其中国家股股东1户,社会公众股东264330户。

2.主要股东持股情况(前10名股东)

股东名称	年末持股数(股)	占总股本%
(1).华北制药集团有限责任公司(国家股)	700125565	59.87
(2).华夏上证	2000000	0.17
(3) 王成茂	1400000	0.12
(4).滕文宏	1306370	0.11
(5).黄秀娣	851400	0.07
(6).兴和基金	749448	0.06
(7).张凤琴	700000	0.06
(8).昊宇公司	680000	0.06
(9).恒益化学	670000	0.06
(10).李敏	660047	0.06

持有本公司10%以上的股东是代表国家持有股份的华北制药集团有限责任公司。所持股份无质押行为。

鞍山第一工程机械股份有限公司

一、公司简介

1、公司的法定中文名称:鞍山第一工程机械股份有限公司　中文简称:鞍山一工
英文简称:ANSHAN NO.1 CONSTRUCTION MACHINERY CO.,LTD.　简称:ASCM
2、公司法定代表人:沈铁方
3、公司董事会秘书:谭泓　授权代表:米嘉扬
联系地址:辽宁省鞍山市立山区红旗路 30 号
电话:0412--6211526 6213830　传真:0412--6211644
4、公司注册地址:辽宁省鞍山市立山区红旗路 30 号
公司办公地址:辽宁省鞍山市立山区红旗路 30 号　邮政编码:114042
公司网址:http://www.as-cm.com.cn　电子信箱:Yggfgs@mail.asptt.ln.cn
5、公司选定的信息披露报纸名称:《上海证券报》
中国证监会指定刊登公司年度报告国际互联网网址:http://www.sse.com.cn
公司年度报告备置地点:公司董事会秘书处
6 :公司股票上市交易所:上海证券交易所　股票简称:ST 鞍一工　股票代码:600813

二、会计数据和业务数据摘要

1、公司本年度主要会计数据(单位:人民币元)

利润总额	-127,353,418.90
净利润	-127,398,340.10
扣除非经营性损益后的净利润	-127,649,752.38
主营业务利润	-15,015,359.33
其他业务利润	-1,487,768.99
营业利润	-124,761,663.01
补贴收入	
营业外收支净额	-251,412.28
经营活动产生的现金流量净额	-5,568,988.98
现金及现金等价物净增加额	5,263,741.73

注:扣除的非经常性损益项目及金额:1 、固定资产清理收入及罚没款 80,513.90 元;2 、固定资产清理支出 331,926.18 元。

2、报告期末前三年的主要会计数据和财务指标(单位:人民币元)

指标项目	2000 年	1999 年	1998 年	
			调整前	调整后
主营业务收入	130,704,911.45	118,263,213.20	173,215,601.35	173,215,601.35
净利润	-127,398,340.10	-25,459,270.51	1,442,644.85	-32,660,327.24
总资产	1,330,096,515.08	1,405,246,158.03	1,510,811,534.59	1,394,569,826.23
股东权益	14,809,338.34	141,207,678.44	280,052,407.63	163,810,699.27
每股收益(摊薄)	-0.49	-0.10	0.01	-0.13
每股收益(加权)	-0.49	-0.10	0.01	-0.13
扣除非经营性损益后的每股收益	-0.49	-0.37	-0.06	-0.19
每股净资产	0.06	0.55	1.09	0.63
调整后的每股净资	-0.99	-0.39	0.46	0.10
每股经营活动产生的现金流量净额	-0.02	-0.21	0.05	0.05
净资产收益率(加权)	164.04	-16.86	0.52	-12.45
净资产收益率(摊薄)	-858.56	-18.03	0.52	-19.94

3、按照中国证监会《公开发行证券信息披露编报规则(第 9 号)》要求计算 2000 年报告期利润的净资产收益率和每股收益。

报告期利润	净资产收益率(%)		每股收益(元)	
	全面摊薄	加权平均	全面摊薄	加权平均
主营业务利润	-101.39	-19.37	-0.06	-0.06
营业利润	-842.45	-160.97	-0.48	-0.48
净利润	-860.26	-164.37	-0.49	-0.49
扣除非经营性损益后的净利润	-858.56	-164.04	-0.49	-0.49

主要财务指标计算公式如下:
* 全面摊薄净资产收益率=报告期利润/期末净资产
* 全面摊薄每股收益=报告期利润/期末股份总数
加权平均净资产收益率(ROE)=P/(EO+NP/2+EI ×MI/MO-EJ ×MJ/MO)
其中:P 为报告期利润;NP 为报告期净利润;EO 为期初净资产;EI 为报告期发行新股或债转股等新增净资产;EJ 为报告期回购或现金分红等减少净资产;
MO 为报告期月份数;MI 为新增净资产下一月份起至报告期期末的月份数;MJ 为减少净资产下一月份起至报告期期末的月份数。
加权平均每股收益(EPS)=P/(S0+S1+SI ×MI/MO-SJ ×MJ/MO)
其中:P 为报告期利润;S0 为期初股份总数;S1 为报告期因公积金转增股本或股票股利分配等增加股份数;SI 为报告期因发行新股或债转股等增加股份数;SJ 为报告期因回购或缩股等减少股份数;MO 为报告期月份数;MI 为新增资产下一月份起至报告期期末的月份数;MJ 为减少净资产下一月份起至报告期期末的月份数。

三、股东情况介绍

(1)报告期末公司股东总数为 36236 户。
(2)前十名股东持股情况

	股东名称	持股数(万股)	所占比例(%)
1	鞍山市国有资产管理局	8026.32	31.11
2	海城第三建筑公司第三分公司	730.80	2.83
3	海南银山租赁公司	720.00	2.79
4	鞍山市宏达房屋开发公司	412.32	1.59
5	鞍山铸钢厂	360.00	1.40
6	鞍山市五环实业股份有限公司	360.00	1.40
7	红拖金达经销处	295.44	1.15
8	沈阳万众企业股份有限公司	264.00	1.02
9	海南华通股份有限公司	240.00	0.93
10	灯塔县前进金属制品厂	240.00	0.93

注:鞍山市国有资产管理局代表国家持有股份

根据辽宁省人民政府《关于将鞍山一工划转鞍山市管理的通知》辽政(1999)173 号],省政府决定将原由辽工集团持有的鞍山一工国有股股权转由鞍山市国有资产管理局持有,相关手续正在办理。

杭州解百集团股份有限公司

一、公司简介

1、公司法定中文名称:杭州解百集团股份有限公司
公司法定英文名称:HANGZHOU JIEBAI GROUP CO.,LIMITED. 缩写:HJBG
2、公司法定代表人:胡崇杏
3、公司董事会秘书:诸雪强　联系地址:浙江省杭州市解放路 211 号
联系电话:0571-7016888 转 5015　传真:0571-7012247
4、公司注册及办公地址:浙江省杭州市解放路 211 号
邮政编码:310001
公司网址:http://www.jiebaigroup.com.cn
5、公司选定的信息披露报纸名称:《中国证券报》、《上海证券报》
登载公司年度报告的国际互联网网址:http://www.sse.com.cn
年度报告备置地点:公司董事会秘书处
6、公司股票上市交易所:上海证券交易所
股票简称:杭州解百　股票代码:600814

二、会计数据和业务数据摘要

一、本年度实现利润情况(合并报表):(单位:元)

项目	2000 年
1、利润总额	39,531,742.12
2、净利润	32,914,421.69
3、扣除非经常性损益后的净利润	25,281,463.30
4、主营业务利润	116,179,655.72
5、其他业务利润	8,632,062.43
6、营业利润	31,120,834.28
7、投资收益	7,769,568.43
8、补贴收入	9,376.00
9、营业外收支净额	631,963.41
10、经营活动产生的现金流量净额	69,795,770.34
11、现金及现金等价物净增加额	1,122,687.33

注:扣除的非经常性损益项目和涉及金额

1、无须支付的应付款:	1,411,385.84
2、固定资产清理收入:	72,458.11
3、处理固定资产净损失:	135,360.04
4、捐赠支出:	50,000.00
5、股权转让收入:	6,334,474.48

二、公司前三年的主要会计数据和财务指标:(单位:元)

	2000 年	1999 年		1998 年	
				调整前	调整前
1、主营业务收入	858,837,770.28	745,370,937.38	745,370,937.38	827,478,611.11	827,478,611.11
2、净利润	32,914,421.69	25,740,720.41	19,717,532.87	41,123,496.23	41,847,345.35
3、总资产	791,378,713.67	770,710,317.08	764,687,129.54	735,561,876.18	775,208,294.92
4、股东权益	408,292,852.11	397,035,022.26	386,123,493.25	371,240,995.18	410,899,178.46
5、每股收益(摊薄)	0.139	0.1627	0.1246	0.2599	0.2644
(加权)	0.139	0.165	0.163	0.194	0.264
6、每股净资产(摊薄)	1.72	2.51	2.44	2.35	2.60
7、调整后的每股净资产	1.61	2.45	2.378	2.316	2.49
8、每股经营活动产生的现金流量净额	0.294	0.44		0.34	
9、净资产收益率	8.061	6.48		11.08	

注:每股收益=净利润/年度末普通股股份总数
每股净资产=年度末股东权益/年度末普通股股份总数
调整后的每股净资产=(年度末股东权益-三年以上的应收款项净额—待摊费用-待处理(流动、固定)资产净损失-开办费-长期待摊费用—住房周转金负数余额)/年度末普通股股份总数
每股经营活动产生的现金流量净额=经营活动产生的现金流量净额/年度末普通股股份总数
净资产收益率=净利润/年度末股东权益×100%
利润分配表附表

报告期利润	净资产收益率		每股收益	
	全面摊薄	加权平均	全面摊薄	加权平均
主营业务利润	28.45%	28.10%	0.489	0.489
营业利润	7.62%	7.53%	0.131	0.131
净利润	8.06%	7.96%	0.139	0.139
扣除非经常性损益后的净利润	6.19%	6.11%	0.107	0.107

注:全面摊薄净资产收益率=报告期利润÷期末净资产
全面摊每股收益=报告期利润÷期末股份总数
加权平均净资产收益率(ROE)
计算公式:ROE=P÷(E0+NP÷2+Ei×Mi÷Mo-Ej×Mj÷Mo)

三、股东情况介绍

1、报告期末股东总数为 85494 户。
2、前十名股东持股情况。

股东名称	年初持股数(股)	年末持股数(股)	所占比例(%)
(1)杭州市投资控股有限公司	55390049	83085074	35
(2)杭州股权	6816279	10678559	4.49
(3)浙江省商业集团公司	2202200	3303300	1.39
(4)浙江省商业厅机关工会	786500	1179750	0.497
(5)杭州西湖电子集团公司	759759	1139638	0.48
(6)浙粮储贸	660660	990990	0.417
(7)浙江经协	629200	943800	0.398
(8)杭州房建	620831	931247	0.392
(9)杭州价格	572100	858150	0.362
(10)浙江银鹰	539854	809781	0.341

杭州市投资控股有限公司持有的股份为国家股。

前十名股东持股变动原因:a、实施 1999 年度每 10 股送 2 股转增 3 股的分配方案。b、其中第二名股东除年初持股数实施以上分配方案增加股数外,还以协议受让的方式增持法人股 454140 股。

前十名股东的股权在本报告期内没有质押和冻结情况。前十名股东中的浙江省商业厅机关工会为浙江商业集团公司之下属机构,其余股东之间不存在关联关系。

厦门工程机械股份有限公司

一、公司简介

1、公司法定名称：中文名称:厦门工程机械股份有限公司

英文名称:XIAMEN ENGINEERING MACHINERY CO.,LTD 缩写:XEMC

2、公司注册地址及办公地址:厦门市厦禾路668号 邮政编码:361004

公司互联网网址:www.xiagong.com.cn 电子信箱:xggfzqb@public.xm.fj.cn

3、公司法定代表人:王昆东

4、公司董事会秘书:王智勇 联系地址:厦门市厦禾路668号 公司董事会秘书处

电话:0592-2115449 传真:0592-2036720 电子信箱:xggfzqb@public.xm.fj.cn

5、公司选定的信息披露报纸名称:《上海证券报》

登载年度报告的中国证监会指定国际互联网网址:http://www.sse.com.cn

公司年度报告备置地点:公司董事会秘书处

6、公司股票上市交易所:上海证券交易所 股票简称:厦工股份 股票代码:600815

二、会计数据及业务数据摘要

1、本年度利润及构成((单位:人民币元)

项目	
利润总额	24,656,049.76
净利润	20,331,876.53
扣除非经常性损益后的净利润	13,834,476.53
主营业务利润	126,960,791.38
其它业务利润	3,932,408.77
营业利润	23,211,988.39
投资收益	-1,250,467.90
补贴收入	3,020,000.00
营业外收支净额	-325,470.73
经营活动产生的现金流量净额	57,184,155.38
现金及现金等价物净增加额	-12,907,961.33

注:扣除非经营性损益后的净利润,扣除的项目包括补贴收入302万元和所得税返还347.74万元。

2、截止报告期末公司前三年的主要会计数据和财务指标(单位:人民币元)

项目	2000年度	1999年度		1998年度	
		调整后	调整前	调整后	调整前
主营业务收入	716803166.34	555161779.98	555161779.98	529065686.42	529065686.42
净利润	20331876.53	26652211.21	27944300.37	20659031.96	22939083.79
总资产	1110448695.56	1091434281.39	1087462315.64	1116247189.84	1121383418.16
股东权益	784464854.11	867089537.21	864218202.01	836273901.64	845383514.23
每股收益(摊薄)	0.068	0.089	0.093	0.069	0.08
每股收益(加权)	0.068	0.089	0.093	0.069	0.08
扣除非经常性损益后的每股收益	0.046	0.073	0.077	0.046	0.042
每股净资产	2.62	2.89	2.88	2.79	2.82
调整后的每股净资产	2.52	2.74	2.74	2.71	2.73
每股经营活动产生的现金流量净额	0.19	0.30	0.19		
净资产收益率(摊薄)	2.59%	3.07%	3.23%	2.71%	2.47%
净资产收益率(加权)	2.33%	3.14%	3.29%	2.40%	2.66%

3、按照中国证监会《公开发行证券公司信息披露编报规则》(第9号)的通知要求,计算2000年年度的利润数据如下:

报告期利润	净资产收益率%		每股收益(元)	
	全面摊薄	加权平均	全面摊薄	加权平均
主营业务利润	16.18%	14.57%	0.424	0.424
营业利润	2.96%	2.66%	0.077	0.077
净利润	2.59%	2.33%	0.067	0.067
扣除非经常性损益后的净利润	1.76%	1.59%	0.046	0.046

注1、主要财务指标的计算公式如下:

每股收益=净利润÷年度末普通股股份总数

每股净资产=年度末股东权益÷年度末普通股股份总数

调整后的每股净资产=(年度末股东权益-三年以上的应收款项净额-待摊费用-待处理(流动、固定)资产净损失-开办费-长期待摊费用-住房周转金负数余额)÷年度末普通股股份总数。

净资产收益率=净利润÷年度末股东权益×100%

每股经营活动产生的现金流量净额=经营活动产生的现金流量净额÷年度末普通股股份总数

加权平均净资产收益率(ROE)的计算公式如下:

$EPS=P \div (Eo+NP \div 2+Ei \times Mi \div Mo-Ej \times Mj \div Mo)$

其中:P为报告期利润;NP为报告期净利润;Eo为期初净资产;Ei为当期发行新股或债转股等新增净资产;Ej为当期回购或现金分红等减少净资产;Mo为报告期月份数;Mi为新增净资产下一月份到报告期期末的月份数;Mj为减少净资产下一月份至报告期期末的月份数。

三、股本变动和主要股东持股情况

1、股本结构情况:

2、主要股东持股情况:

(1)截止2000年12月29日止,本公司股东总数为41343户,其中,国家股东1户,社会公众股东41342户。

(2)公司前十名股东持股情况:

序号	名称	年末持股数	占总股本比例(%)
1	厦门厦工集团	219809100	73.37
2	叶淑玉	235000	0.08
3	李小莉	229400	0.08
4	幺恩远	220000	0.07
5	张桂芳	206000	0.06
6	徐亚芬	186312	0.06
7	兴和基金	169218	0.05
8	余绍展	158573	0.05
9	王小平	153500	0.05
10	范锦辉	148000	0.04

(3)厦门厦工集团有限公司系国家股股东,法人代表卓志平;

鞍山市信托投资股份有限公司

一、公司简介

1、公司名称:鞍山市信托投资股份有限公司

英文名称:ANSHANTRUST&INVESTMENTCO.,LTD

英文缩写:ASTI

2、公司法定代表人:曲玉春

3、公司信息咨询服务机构:董事会秘书处

负责信息披露事务人员:梁清德(董事会秘书)

公司证券事务代表:刘铁铭

咨询电话:0412-2234351 传真:0412-2217080

电子信箱:axmsc@mail.asptt.ln.cn

4、公司注册地址:鞍山市千山区汪峪路215号

办公地址:鞍山市铁东区五道街55号 邮政编码:114001

国际互联网网址:http://www.asxt.com.cn

电子信箱:axmsc@mail.asptt.ln.cn

5、公司选定的信息披露报纸:中国证券报

登载公司年度报告的网址:http://www.sse.com.cn

公司年度报告备置地点:公司办公楼703室

6、股票上市地:上海证券交易所

股票代码:600816 股票简称:鞍山信托

二、会计数据和业务数据摘要

1、主要经济指标完成情况

利润总额:	117,079,910.86元
净利润:	93,127,084.12元
扣除非经常性损益后的净利润:	94,642,984.11元
主营业务利润:	118,595,810.85元
其他业务利润:	0.00元
营业利润:	118,595,810.85元
投资收益:	5,522,263.42元
补贴收入:	1,671,000.00元
营业外收支净额:	-3,186,899.99元
经营活动产生的现金流量净额:	273,922,005.71元
现金及现金等价物净增加额:	289,904,130.88元

注:计算"扣除非经常性损益后的净利润"指标时,所扣除的项目是:补贴收入1,671,000.00元、营业外收入135,005.48元、营业外支出3,321,905.47元。

2、主要会计数据和财务指标 单位:元

指标项目	2000年	1999年	1998年 调整后	1998年 调整前
(1)营业收入	279,472,292.86	234,548,694.29	236,153,364.46	232,832,950.00
(2)净利润	93,127,084.12	80,620,139.19	83,979,737.32	68,393,316.38
(3)总资产	2,830,106,648.02	2,423,090,612.30	2,422,870,345.79	2,246,883,091.67
(4)股东权益	886,682,481.31	820,206,288.24	825,074,848.25	740,642,860.93
(5)每股收益(摊簿)	0.2666	0.23	0.24	0.196
(加权)	0.2666	0.23	0.24	0.208
(6)每股净资产	2.538	2.348	2.36	2.12
(7)调整后的每股净资产	1.6829	1.705	1.757	1.966
(8)每股经营活动产生的现金流量净额	0.7842	0.16	0.16	-0.11
(9)净资产收益率(摊簿)	10.50%	9.83%	10.18%	9.23%

注:①计算公式如下:

每股收益=净利润/年度末普通股股份总数每股净资产=年度末股东权益/年度末普通股股份总数

调整后的每股净资产=(年度末股东权益-三年以上的应收款项净额-待摊费用-待处理(流动、固定)资产净损失-开办费-长期待摊费用—住房周转金负数余额)/年度末普通股股份总数

每股经营活动产生的现金流量净额=经营活动产生的现金流量净额/年度末普通股股份总数净资产收益率=净利润/年度末股东权益×100%#### 加权每股收益=当期净利润/[期末普通股股份总数/(1+配股比例或增发新股比例)+期末普通股股份总数/(1+配股比例或增发新股比例)X配股比例或增发新股比例X缴款结束日下一月份至期末的月份数/12]:

②1999年会计数据的调整:本公司所属子公司鞍山市社科咨询服务中心信托投资咨询部因歇业未纳入本期合并报表及调整收入支出所致。

3、利润表附表:

	报告期利润	净资产收益率(%) 全面摊薄	净资产收益率(%) 加权平均	每股收益(元) 全面摊薄	每股收益(元) 加权平均
主营业务利润	118,595,810.85	13.38	13.68	0.3395	0.3395
营业利润	118,595,810.85	13.38	13.68	0.3395	0.3395
净利润	93,127,084.12	10.50	10.74	0.2666	0.2666
扣除非经常性损益后的净利润	94,642,984.11	10.67	10.92	0.2709	0.2709

注:上述指标按中国证监会《公开发行证券公司信息披露编报规则第9号通知》的方法计算。

三、股本变动及股东情况

(一)股本变动情况

1、报告期末股东总数120,625人。其中:国家股东1人、法人股东25人、个人股东120,599人。

2、前十名股东持股情况 单位:股

股东单位	期初数	期末数	占总股本比例
(1) 鞍山市财政局	85,943,112	85,943,112	24.60%
(2) 鞍山信玉公司	0	10,003,709	2.86%
(3) 鞍信工会	0	7,833,000	2.24%
(4) 鞍山炼油厂	4,878,720	4,878,720	1.39%
(5) 中国工商银行鞍山市分行	4,878,720	4,878,720	1.39%
(6) 鞍钢附属企业公司	4,555,729	4,555,729	1.30%
(7) 鞍山市化纺总厂	3,171,168	3,171,168	0.91%
(8) 鞍山冷弯型钢厂	3,171,168	3,171,168	0.91%
(9) 鞍山钢铁公司矿山公司	3,171,168	3,171,168	0.91%
(10)中国农业银行鞍山市分行	3,171,168	3,171,168	0.91%

说明:在前10名股东中,新增股东所持有的股份是协议受让中国第三冶金建设公司、鞍山市物资回收公司等股东所持有的股份所致。

上海宏盛科技发展股份有限公司

(一)公司简介

1 、公司的法定中文名称:上海宏盛科技发展股份有限公司
公司的法定英文名称:SHANGHAI HONGSHENG TECHNOLOGY CO.,LTD. 缩写:HST
2 、公司法定代表人:龙长生
3 、公司董事会秘书:黄德丰 董事会证券事务代表:陈建梅
联系地址:上海市浦东新区商城路 618 号 电话:(8621)58822100
传真:(8621)58870670 电子信箱:slhec@online.sh.cn
4 、公司注册地址:上海市浦东新区商城路 618 号 邮编:200120
公司办公地址:上海市浦东新区商城路 618 号 邮编:200120
公司互联网网址:http://www.Norcent.com.cn 公司电子信箱:slhec@online.sh.cn
5 、公司选定的信息披露报纸名称:上海证券报
中国证监会指定国际互联网网址:http://www.sse.com.cn
公司年度报告备置地点:公司董事会秘书办公室
6 、公司股票上市交易所:上海证券交易所
股票简称:宏盛科技 股票代码:600817

(二)会计数据和业务数据摘要

1 、本年度主要会计数据(单位:元):

利润总额	28,472,392.96
净利润	23,333,975.95
扣除非经常性损益后的净利润	23,046,951.95
主营业务利润	67,261,380.42
其他业务利润	2,455,076.53
营业利润	28,645,326.04
投资收益	-381,398.83
补贴收入	294,000.00
营业外收支净额	-85,534.25
经营活动产生的现金流量净额	-46,201,207.50
现金及现金等价物净增加额	38,405,154.63

非经常性损益扣除的项目:下属子公司上海良华企业发展中心营业税及所得税返回作补贴收入 294,000.00 元;投资上海良华科技发展有限公司的股权投资差额摊销-6,356.00 元;下属子公司上海良华企业发展中心处置固定资产作营业外支出-620.00 元。

2 、主要财务数据和财务指标

	2000 年度	1999 年度	1998 年度 调整前	1998 年度 调整后
主营业务收入(元)	678,665,465.67	96,265,603.43	119,198,052.37	110,958,357.83
净利润(元)	23,333,975.95	5,859,371.33	-30,027,762.37	-34,077,706.55
总资产(元)	412,959,564.91	294,568,953.48	346,526,073.81	322,757,509.40
股东权益(不含少数股东权益)	114,231,241.75	90,897,265.80	97,168,117.58	85,037,894.47
每股收益(元/股)	0.28	0.071	-0.364	-0.413
每股收益(加权平均	0.28	0.071	-0.364	-0.413
扣除非经常性损益后 的每股收益	0.28	0.03		
每股净资产(元/股)	1.38	1.102	1.178	1.031
调整后的每股净资产(元/股)	1.104	1.013	1.07	0.941
每股经营活动产生的 现金流量净额(元/股)	-0.56	0.443		
净资产收益率	20.43	6.45	-30.9	-40.1

注:计算公式:
每股收益=净利润/年度末普通股股份总数
每股净资产=年度末股东权益/年度末普通股股份总数
调整后的每股净资产=(年度末股东权益-三年以上的应收款项净额-待摊费用-待处理(流动、固定)资产净损失-开办费-长期待摊费用-住房周转金负数余额)/年度末普通股股份总数
每股经营活动产生的现金流量净额=经营活动产生的现金流量净额/年度末普通股股份总数
净资产收益率=净利润/年度末股东权益 *100%

3 、利润表附表:

报告期利润	净资产收益率(%) 全面摊薄	净资产收益率(%) 加权平均	每股收益(元/股) 全面摊薄	每股收益(元/股) 加权平均
主营业务利润	58.88	65.58	0.82	0.82
营业利润	25.08	27.93	0.35	0.35
净利润	20.43	22.75	0.28	0.28
扣除非经常性损益后的净利润	20.18	22.47	0.28	0.28

注:计算公式:
全面摊薄净资产收益率=报告期利润/期末净资产
全面摊薄每股收益=报告期利润/期末股份总数
加权平均净资产收益率=P/(Eo+NP/2+Ei*Mi/Mo-Ej*Mj/Mo),其中:P 为报告期利润;NP 为报告期净利润;Eo 为期初净资产;Ei 为报告期发行新股或债转股等新增净资产;Ej 为报告期回购或现金分红等减少净资产;Mo 为报告期月份数;Mi 为新增净资产下一月份起至报告期期末的月份数;Mj 为减少净资产下一月份起至报告期期末的月份数。

(三)股本变动及股东情况

1 、股本变动情况
(1)报告期末股东总数:10118 名
(2)持有本公司 5%以上股份的股东:

序号	股东名称	年末持股比例(%)	年末持股数量(股)
1	上海宏普实业投资有限公司	29.8048	24,594,330
2	上海市粮食储运公司	11.7667	9,709,645
3	上海市油脂公司	4.1009	3,383,960
4	中国粮食贸易公司	3.8792	3,201,000
5	上海面粉有限公司	3.8439	3,171,902
6	中国植物油公司	2.9327	2,420,000
7	上海亿安科技发展有限公司	2.0262	1,672,000
8	建设银行浦东分行	1.4663	1,210,000
9	上海氯碱化工总厂	1.4663	1,210,000
10	上海双鹿电器股份有限公司	1.4663	1,210,000

说明 1:持有公司 5%以上股份的股东所持股份年度内没有发生变动;
说明 2:持有公司 5%以上股份的股东所持股份在年度末没有发生质押或冻结;

上海永久股份有限公司

(一)公司简介

1 、公司法定名称: 中文名称:上海永久股份有限公司
英文名称:SHANGHAI FOREVER CO,.LTD. 缩 写:SF
2 、公司法定代表人:郑盛道先生 3 、公司董事会秘书:陈正国先生
授权代表:袁志坚先生 联系地址:上海市周家嘴路 1357 号
电 话:021-65419538 传 真:021-65458657
4 、公司注册地址:公司办公地址 上海市周家嘴路 1357 号
邮政编码:200092 公司互联网网址:http://www.cnforever.com
公司电子信箱:E-mail:forever@cnforever.com
5 、公司选定的信息披露报刊名称:《上海证券报》
登载公司年度报告的中国证监会指定国际互联网网址: http://www.sse.com.cn
公司年度报告备置地点:公司办公室
6 、公司股票上市地:上海证券交易所
股票简称:ST 永久 ST 永久 B 股票代码:600818 900915

(二)会计数据与业务数据摘要

1 、本年度主要利润指标情况(单位:人民币元)

利润总额:	(251,401,186.79)
净利润:	(246,669,077.94)
扣除非经常性损益后的净利润:	(233,938,073.63)
主营业务利润:	18,209,630.52
其它业务利润:	1,083,725.36
营业利润:	(175,525,697.19)
投资收益:	8,718,254.54
补贴收入:	
营业外收支净额:	(84,593,744.14)
经营活动产生的现金流量净额:	12,216,872.38
现金及现金等价物净增加额:	8,437,485.11

注:扣除非经常性损益项目和涉及金额:

公司场中联营厂清算损失:	12,412,889.92
上海永久助力车九江有限公司停业计提减值准备	318,150.39
存货跌价准备:	17,711,814.07

按两种会计制度计算的净利润差异说明:
股东所占溢利:按上海众华会计师事务所审计为-246,669,077.94 元,按柏德豪国际会计师行审计为-205,223 千元,具体差异如下:

项 目	股东溢利(千元)
按中国会计准则编制	(246,669)
按国际会计准则调整	
(1)房屋、机器及设备折旧	(698)
(2)冲销在建工程	35,204
(3)呆帐准备	39,006
(4)长期投资减值准备	4,973
(5)存货变现准备	8,546
(6)资产评估盈余及无形资产摊销	1,881
(7)其它	(340)
(8)合并附属公司(亏损)/利润	(5,962)
(9)把直接储备中处理文收入及支出重新分类	(41,164)
按国际会计准则编制	(205,223)

2 、至报告期末公司前三年会计数据与财务指标:(单位:元)

指标项目	2000 年	1999 年 调整后	1999 年 调整前	1998 年 调整后	1998 年 调整前
主营业务收入	279,728,858.73	359,179,789.57	359,179,798.57	494,493,770.92	494,493,770.92
净利润:	(246,669,077.94)	(350,298,751.85)	(339,550,060.52)	(194,602,858.35)	(169,624,785.92)
总资产:	278,075,636.24	483,053,515,73	532,508,511.26	959,029,820.22	982,442,927.31
股东权益:	(341,902,442.50)	(94,484,580.73)	(55,184,571.10)	264,791,818.32	288,204,925.41
每股收益:	(0.93)	(1.32)	(1.28)	(0.73)	(0.6385)
扣除非经常损益后的每股收益		(0.88)	(1.28)	(1.24)	
每股净资产:	(1.29)	(0.36)	(0.21)	0.99	1.0849
调整后的每股净资产:	(1.29)	(0.32)	(0.6537)	(0.94)	0.9912
每股经营活动产生的现金流量:	0.05	0.02	0.02	0.04	0.04
净资产收益率:	/	/	/	(73.49)	(58.86)

3 、按中国证监会《公开发行证券公司信息披露编报规则(第九号)》要求计算的净资产收益率和每股收益:

	报告期利润	净资产收益(%) 全面摊薄	净资产收益(%) 加权平均	每股收益(元) 全面摊薄	每股收益(元) 加权平均
主营业务利润	18,209,630.52	(5,33)	(8.36)	0.07	0.07
营业利润	(175,525,697.19)	51.34	80.58	(0.66)	(0.66)
净利润	(246,669,077.94)	72.15	113.24	(0.93)	(0.93)
扣除非经常损益后的净利润	(233,938,073.63)	68.42	107.4	(0.61)	(0.61)

(三) 股东情况介绍

(1)报告期末股东总数为 10362 人。
(2)报告期末公司前十名股东持股情况:

股 东 名	称持股数(万股)	比例(%)
1)国有股	17020.94	64.07
2)上工股份有限公司	445.05	1.69
3)蓝毅(B 股)	197.03	0.74
4)孟令翠(B 股)	110.00	0.41
5)王世学(B 股)	97.50	0.37
6)赵展岳(B 股)	70.00	0.26
7)孙亚军(B 股)	60.11	0.23
8)九百集团	57.50	0.22
9)永胜自车	57.50	0.22
10)王锡如(B 股)	56.79	0.21

上海轻工控股(集团)公司为国有股授权经营单位。

上海耀华皮尔金顿玻璃股份有限公司

上海耀华皮尔金顿玻璃股份有限公司2000年年度报告摘要

本公司董事会保证本报告所载资料不存在任何虚假记载、误导性陈述或者重大遗漏,并对其内容的真实性、准确性和完整性负个别及连带责任".本年度报告摘要摘自年度报告,投资者欲了解详细内容,应阅读年度报告。

一、公司简介

(一)公司法定中文名称: 上海耀华皮尔金顿玻璃股份有限公司
公司英文名称: SHANGHAI YAOHUA PILKINGTON GLASS COMPANY LTD.
英文名称缩写: SYP
(二)公司法定代表人: 朱伯安先生
(三)公司董事会秘书: 金闽丽女士
联系地址: 上海市浦东新区济阳路100号
电　　话: 0086-21-58839305
传　　真: 0086-21-58801554
电子信箱: sypmd@online.sh.cn
(四)公司注册地址和办公地址: 上海市浦东新区济阳路100号
邮政编码: 200126
公司国际互联网网址: www.sypglass.com
电子信箱: sypmd@online.sh.cn
(五)公司选定的信息披露报纸名称、登载公司年度报告的国际互联网网址及年度报告备置地点:
公司选定的信息披露报纸名称:《上海证券报》、《南华早报》
登载公司年度报告的中国证监会指定国际互联网网址:www.sse.com.cn
年报备置地点: 上海市浦东新区济阳路100号
(六)公司股票上市地: 上海证券交易所
(七)股票简称: A股 耀皮玻璃　B股 耀皮B股
股票代码: A股 600819　B股 900918

二、会计数据和业务数据摘要

(一) 2000年度主要业务财务指标 (单位:人民币元)

利润总额	185,262,090.64
净利润	154,621,226.87
扣除非经常性损益后的净利润	154,621,226.87
主营业务利润	368,329,356.68
其它业务利润	5,338,770.39
营业利润	189,551,575.59
投资收益	-3,496,307.03
营业外收支净额	-793,177.92
经营活动产生的现金流量净额	258,138,006.85
现金及现金等价物净增加额	110,396,538.94

(二)境内外审计差异

经香港罗兵咸永道会计师事务所按国际会计标准审计,净利润为15,838.50万元,两种会计准则、制度计算的税后净利润差异及调整项目如下:

单位:千元

根据中国法定财务报表税后利润	154,621
呆坏帐准备拨回	5,950
员工成本分配作生产费用	(2,186)
经国际会计准则及其他调整后净利润	158,385

(三)近三年主要会计数据和财务指标

(单位:人民币元)

项目	2000年	1999年	1998年
主营业务收入	866,873,752.96	658,259,055.00	631,254,916.00
净利润	154,621,226.87	94,185,705.42	38,890,671.07
总资产	2,022,734,266.17	1,703,819,813.55	1,787,032,947.37
股东权益	1,608,729,242.31	1,561,358,015.44	1,515,922,310.02

	2000年	1999年	1998年
净利润每股收益(全面摊薄)	0.317	0.193	0.08
净利润每股收益(加权平均)	0.317	0.193	0.08
每股净资产	3.30	3.20	3.11
调整后的每股净资产	3.12	3.00	3.07
每股经营活动产生的现金流量净额	0.53	0.36	0.31
净利润净资产收益率(%)(全面摊薄)	9.61	6.03	2.57
净利润净资产收益率(%)(加权平均)	9.44	6.03	2.57
扣除非经常性损益的利润净资产收益率(全面摊薄)	9.61	6.03	2.57
扣除非经常性损益的利润净资产收益率(加权平均)	9.44	6.03	2.57

加权平均净资产收益率=报告期利润/(期初净资产+报告期净利润/2)×100%

三、股东情况介绍

(一)、报告期末股东总数:28,394户

(二)、主要股东持股情况

名　称	股权性质	年初持股数	占总股本%
皮尔金顿国际控股公司	外资法人股	8,139.91万股	16.70
中国无机材料科技实业集团公司	国有法人股	8,139.91万股	16.70
中国银行上海信托咨询公司	国有法人股	8,139.91万股	16.70
上海耀华玻璃厂	国有法人股	8,139.91万股	16.70
孙文雄	外资股	1,920.68万股	3.94
金环国际有限公司	外资股	1,155.37万股	2.37
TOYO SECURITIES ASIA LTD.A/C CLIENT	外资股	1,023.50万股	2.10
ABU DHABI, UNITED ARAB EMIRATES	外资股	642.94万股	1.32
JUMBO BUILDER LTD	外资股	526.64万股	1.08
HKSBCSB S/A-BANQUE INT.A LUXEMBOURG S/A HSBC GLOBAL INV. FUNDS CHINESE EQUITY	外资股	0股	0

名　称	年末持股数	占总股本%
皮尔金顿国际控股公司	8,385.62万股	17.20
中国无机材料科技实业集团公司	8,139.91万股	16.70
中国银行上海信托咨询公司	8,139.91万股	16.70
上海耀华玻璃厂	8,139.91万股	16.70
孙文雄	1,473.44万股	3.02
金环国际有限公司	1,151.04万股	2.36
TOYO SECURITIES ASIA LTD.A/C CLIENT	981.74万股	2.01
ABU DHABI, UNITED ARAB EMIRATES	642.94万股	1.32
JUMBO BUILDER LTD	528.00万股	1.08
HKSBCSB S/A-BANQUE INT.A LUXEMBOURG S/A HSBC GLOBAL INV. FUNDS CHINESE EQUITY	340.00万股	0.69

(三)、持股10%以上法人股东情况介绍

1、皮尔金顿国际控股公司:法定代表人 A.M.罗布;经营范围:参股、筹资并管理其他公司、集团和企业,参与金融交易,收购、控制、处置动产及不动产等;系英国皮尔金顿有限公司的控股子公司。

2、中国银行上海信托咨询公司:法定代表人董唯俭;经营范围:信托投资、委托存放款及其咨询业务。

3、上海耀华玻璃厂:法定代表人何交游;经营范围:生产、销售 平板玻璃及加工玻璃制品、玻璃纤维及制品及相关机械设备制造。

4、中国无机材料科技实业集团公司:法定代表人苏昭佩;经营范围:平板玻璃、加工玻璃、特种玻璃、玻璃纤维及复合材料、建筑陶瓷、工业陶瓷、其他无机非金属材料和制品及相关生产、工艺、技术、装备的研制、设计、销售等。

附注:1、以上股东除上海耀华玻璃厂持有的8,139.91万股于1998年3月15日被上海建材(集团)总公司质押外,其他股东无质押或冻结。

2、皮尔金顿国际控股公司于报告期内增持245.71万股,成为公司第一大股东,增持股份系从B股市场购入。

四、股东大会简介

股东大会简况

2000年4月20日,公司在《上海证券报》、香港《南华早报》上刊登召开股东大会公告,于2000年6月28日在公司召开1999年度股东大会,到会股东117名,代表股份33,618.65万股,占公司总股本的68.96%。会议审议通过了《董事会工作报告》、《监事会工作报告》、《1999年度财务决算和2000年度财务予算报告》、《1999年度利润分配方案》、《公司章程修正案》、《关于收购上海福华玻璃公司部分股权的议案》、《关于2000年度续聘公司财务审计机构的议案》以及《关于董事会、监事会换届选举的议案》等7个议案;大会选举朱伯安、理查德·霍特、张三福、安德鲁·罗伯、苏德昌、苏昭佩、张庆亮、申涛、何交游等9人为第三届董事会董事;选举龙万里、金海、王金川、汤为民、江济洛等5人为第三届监事会监事。以上大会决议于2000年6月30日刊登在《上海证券报》、香港《南华早报》上公告。

五、董事会报告

(一) 公司经营情况

公司所属玻璃行业系我国建材工业的主要行业之一,与我国国民经济支柱产业的汽车工业、建筑业以及近几年呈快速增长的建筑装璜业有着紧密的配套、协作关系,在我国和上海市经济发展中居于重要的地位。

公司作为国内平板玻璃和建筑加工玻璃的大型骨干企业,主营透明与本体着色浮法玻璃及其深加工系列产品,全年完成高品质浮法玻璃和建筑加工玻璃产量、实现销售收入、利润总额和出口创汇均居全国同行之前茅。

2000年,国内玻璃市场供求状况继续有所改善,国际玻璃市场总体亦处于较好状态;但同时,重油、纯碱等主要原燃材料价格大幅上扬,又为公司经营带来不利影响。对此,公司管理层和全体员工以追求利润最大化为目标,不断自我加压,进一步转变、更新观念,抓住有利时机,切实做好生产经营、新产品开发和投资发展等工作,赢得了经营、发展双丰收;其中浮法玻璃产量、年度销售收入、新产品研发获奖及低成本扩张等均获得历史性突破,从而为耀皮公司在二十世纪里划上了一个园满的句号。

2000年共生产浮法玻璃295,223吨,完成加工玻璃4,267,439平方米,实现销售收入86,687.38万元,其中出口创汇2,588.66万美元,实现税后利润15,462.12万元。公司自行研制的低辐射镀膜玻璃、充气中空玻璃与可热加工阳光控制膜玻璃被选入国家重点新产品。与此同时,耀皮公司利用自身优势,运用低成本扩张成功地收购了上海福华玻璃有限公司、广东浮法玻璃有限公司部分股权,在国内玻璃行业引起了极大的震动,得到了国家建材局领导的高度评价。从而使耀皮公司改制后的首届董事会在股份公司创立大会上向全体股东作出的"把SYP建成我国最大、技术最先进的玻璃生产和出口基地"的庄严承诺即将变成现实。

(二) 公司财务状况

截止2000年底,公司总资产为202,273.43万元,比去年同期增加18.72%,主要是公司在报告期内增加流动负债与未分配利润;长期负债为零;股东权益为160,872.29万元,比去年同期增加3.03%;主营业务利润为36,832.94万元,比去年同期增加49.85%;净利润为15,462.125万元,比去年同期增加64.17%。公司盈利状况继续保持较大幅度的提高,为未来的发展提供了良好的资信保证。

(三) 公司投资情况

1、报告期内公司无募集资金事项,也没有报告期之前募集资金的使用延续到报告期内事项;

2、公司对外投资情况

投资项目名称	投资金额	占总股本比例
上海福华玻璃有限公司	247.34万美元 1,391.34万元人民币	40%
广东浮法玻璃有限公司	1,762.5万美元	75%

附注: (1)公司1999年内未发生重大对外投资项目,故无同比之依据。

(2)截止2000年末,由于公司收购广东浮法玻璃有限公司股权的变更手续尚未完成,款项亦未全部支付,故公司尚未注入"长期投资"帐户。

上 海 隧 道 工 程 股 份 有 限 公 司

上海隧道工程股份有限公司 2000 年年度报告摘要

重要提示:本公司董事会保证本报告所载资料不存在任何虚假记载、误导性陈述或者重大遗漏,并对其内容的真实性、准确性和完整性负个别及连带责任。本年度报告摘要摘自年度报告,投资者欲了解详细内容,应阅读年度报告。

一、公司简介

1、公司法定中文名称:上海隧道工程股份有限公司

公司法定英文名称:SHANGHAI TUNNEL ENGINEERING CO.,LTD.

缩写:STEC7

2、公司法定代表人:姜先赋

3、公司董事会秘书:金波

联系地址:上海市肇嘉浜路 239 号

电话:021-64312461

传真:021-64377289

电子信箱:stecjb@guomai.sh.cn

4、公司注册地址:上海市肇嘉浜路 239 号

公司办公地址:上海市肇嘉浜路 239 号

邮政编码:200032

公司国际互联网网址:www.stec.net

电子信箱:stecodd@public.sta.net.cn

5、公司选定的信息披露报纸名称:《中国证券报》、《上海证券报》登载公司年度报告的中国证监会指定国际互联网网址:www.sse.com.cn

公司年度报告备置地点:公司董事会秘书室

6、公司股票上市交易所:上海证券交易所

股票简称:隧道股份

股票代码:600820

二、会计数据和业务数据摘要

1、本年度主要利润指标:(单位:人民币元)

利润总额 :	154,400,841.57
净利润:	136,610,576.90
扣除非经常性损益后的净利润:	131,501,393.13
主营业务利润:	333,575,354.55
其他业务利润:	-159,647.52
营业利润:	91,871,920.98
投资收益:	55,149,685.19
补贴收入:	4,907,413.10
营业外收支净额:	2,471,822.30
经营活动产生的现金流量净额:	-155,368,179.05
现金及现金等价物净增加额:	131,449,956.55

注:扣除的非经常性损益项目和涉及金额:5,109,183.87

(1)营业外收支净额:2,471,822.30

(2)投资差额摊销:-2,270,051.63

(3)补贴收入:4,907,413.10

2、截止报告期末公司前三年主要会计数据和财务指标:

币种:人民币

项目	2000 年	1999 年	1998 年 调整前	1998 年 调整后
主营业务收入(元)	2,761,477,290.39	2,165,449,311.55	1,896,407,014.19	1,896,407,014.19
净利润(元)	136,610,576.90	94,586,764.48	106,725,488.46	79,118,632.06
总资产(元)	4,431,554,950.08	3,960,056,721.99	1,784,007,608.86	1,659,436,017.97
股东权益(元)	1,296,137,524.25	1,180,210,764.63	555,645,519.60	434,227,988.75
每股收益(元/股)(摊薄)	0.3633	0.2515	0.4019	0.2980
每股收益(元/股)(加权)	0.3633	0.2715	0.4019	0.2980
扣除非经常性损益后的每股收益	0.3497	0.2393		0.3074
每股净资产	3.45	3.14	2.09	1.64
调整后的每股净资产	3.13	2.96	1.99	1.58
每股经营活动产生的现金流量净额	-0.4131	-0.3975	-0.4172	-0.4172
净资产收益率%	10.54	8.01	19.21	18.22

3、根据中国证监会关于分布《公开发行证券公司信息披露编报规则》第 9 号通知精神,公司 2000 年度按照全面摊薄法和加权平均法计算的净资产收益率和每股收益。

报告期利润	净资产收益率 全面摊薄	净资产收益率 加权平均 ROE	每股收益 全面摊薄	每股收益 加权平均 EPS
主营业务利润	25.74%	25.74%	0.8870	0.8870
营业利润	7.09%	7.09%	0.2443	0.2443
净利润	10.54%	10.54%	0.3633	0.3633
扣除非经常性损益后的净利润	10.15%	10.15%	0.3497	0.3497

4、报告期内股东权益变动情况

项目	股本	资本公积	盈余公积	法定公益金	未分配利润	股东权益合计
期初数	376069405	695894566.40	90279052.76	10160876.17	17967740.47	1180210764.63
本期增加	-	-	28867314.46	9506644.34	87059445.16	115926759.62
本期减少		-				
期末数	376069405	695894566.40	119146367.22	19667620.51	105027185.63	1296137524.25

变动原因:

(1)盈余公积金比期初增加,系本年度提取所致。

(2)法定公益金比期初增加,系本年度提取所致。

(3)未分配利润增加,系根据第三届第四次董事会通过的利润分配预案后所增加的利润所致。

(4)股东权益合计增加,系本年度实现利润所致。

三、股本变动及股东情况

1、股本变动情况

(1)截止 2000 年 12 月 31 日,本公司股东总数为 97231 户。

(2)本公司前十名股东持股情况(截止报告期末)

股东名称	期末持股数(股)	占总股本比例(%)
上海城建(集团)公司	204,965,633	54.50
(国资办授权经营)伟盟建材	7,517,625	2.00
浦东市政	1,484,451	0.395
深业投资	1,012,862	0.269
石春桂	1,005,574	0.267
夏慧芬	995,411	0.265
金彩凤	984,788	0.262
严莉莉	970,474	0.258
汤玮	935,288	0.249
金建敏	935,100	0.248

说明:持有本公司 5%以上(含 5%)股东所持股份未有质押或冻结情况。

(3)持股 10%(含 10%)以上法人股东情况。

上海城建(集团)公司代表国家持股,持有我公司 54.50%股份。

法定代表人:高亢。

经营范围:施工建设总承包,实业投资,国内贸易(除专项规定外),国有资产运作。

四、股东大会简介

报告期内公司召开了一次股东大会:

公司于 2000 年 5 月 30 日召开第二届第七次股东大会(1999 年年会),本次股东大会决议公告刊登于 2000 年 5 月 31 日的《上海证券报》和《中国证券报》上。

五、董事会报告

1、公司经营情况。

(1)本公司系从事建筑业的设计施工总承包企业,列 1999 年度上海综合实力前五十家建筑企业。(见由上海市统计局和上海现代统计产业发展中心主编的《上海行业经济统计分析资料公布》,刊登于 2000 年 8 月 29 日的《解放日报》)。

(2)公司主营业务的范围及其经营状况

公司主营业务范围为:土木工程建设项目总承包;甲级市政公用(城市排水、道路、桥梁、隧道、公共交通等)工程设计和工程总承包;及外经贸部批准的国际经济技术合作业务等。

2000 年是隧道股份继续进行战略优化的一年,广大员工积极贯彻党的十五大精神,解放思想,团结一致,加强管理,不断创新,进行了主营业结构调整,在经营地域、领域上取得了突破,经营业绩良好。公司实现主营业收入 27.61 亿元,比上年同期增长 27.52%,实现净利润 13661.06 万元,比上年同期增长 44.43%,创历史最好水平。今年主要的项目收入有隧道、地铁工程 75072.84 万元,占主营收入的 27.19%;高架道路与立交桥工程 64911.71 万元,占主营收入的 23.51%;道路、下水道工程 67681.01 万元,占主营收入的 24.51%;机场跑道工程 41007.57 万元,占主营收入的 14.85%;商住楼民用建筑及地下基础工程 12103.73 万元,占主营收入的 4.38%;环保工程 11086.82 万元,占主营收入的 4.01%;能源工程 1520 万元,占主营收入的 0.55%。同时完成了科研开发项目 19 项,获得科研成果奖 8 项,企业得到了进一步发展。

2000 年,我公司荣获"全国最佳施工企业"、"第二届全国先进建筑施工企业"和"全国质量效益型企业"的称号,并获得了市立功竞赛建设金杯三连冠的殊荣,永久留住了建设金杯。同时,公司成为上海市首家通过 ISO14001 环境管理体系认证的建筑施工企业。]

2000 年,公司全体员工发扬"拼搏奉献、争创一流"的企业精神,主营业务得到进一步发展,施工业绩显著。公司承建的上海外滩观光隧道、苏州河整治工程的部分标段、杭州萧山机场跑道、哈尔滨太阳岛斜拉桥、轨道交通明珠一期七标段、新加坡地铁东北线三个标段等近四十个工程项目已提前完成或相继完成。同时,一批重大工程项目如:宁波常洪隧道、广州地铁和漳汨、甬台温、乍嘉苏、宁靖盐高速公路等正在按计划施工,并已进入高潮。上海外环线越江隧道、外环线高架道路、嘉浏、沪青平高速公路、明珠线二期、地铁一号线北延伸段、莘闵轻轨交通线、外高桥电厂循环水泵房区域土建、广州花都机场跑道、温州罗凤立交等工程项目相继开工。

(3)在经营中出现的问题与困难及解决方案。

2000 年,由于更多的企业进入基本建设领域,建筑市场竞争相当激烈。虽然公司积极参与和努力,中标承接的工程项目和工作量有了较大增加,但赢利率仍受到一定影响。为此公司将采取以下措施:一、抓住上海新一轮城市基础设施建设新高潮的机遇,加大经营力度和深度,提高经营的质量,进一步拓展经营领域和地域,争取承接更多的任务;二、适应市场要求,改革体制机制,强化管理,通过推行项目经理责任制和加强目标成本控制,降本增效;三、加大资本运作力度,利用股份公司自身优势,投资收益好的项目,寻求新的经济增长点,实现新的收益增长。

2、公司财务状况:

	2000 年度(元)	1999 年度(元)	增减%
总资产	4,431,554,950.08	3,960,056,721.99	11.91%
长期负债	22,962,024.16	7,791,950.09	194.69%
股东权益	1,296,137,524.25	1,180,210,764.63	9.82%
主营业务利润	333,575,354.55	279,352,333.52	19.41%
净利润	136,610,576.90	94,586,764.48	44.43%

增减变动的主要原因是报告年度增强了公司的综合施工能力;同时募股资金投资本年度取得了较好的收益,公司提高了市场抗风险能力,使公司平稳向上健康地发展。

3、公司投资情况:

(1)1999 年募集资金使用情况:

公司 1999 年 2 月实施增资配股方案,实际募集货币资金 405,680,908.65 元,已按照 1999 年 1 月 26 日《上海证券报》登载的《配股说明书》中募股资金使用计划实施。其中 39675 万元于 1999 年

3月31日用于购买上海公路建设总公司拥有的中外合作上海建泰有限公司24.86%股权（17年沪嘉高速公路经营权），募集资金余额8,930,908.65元用于补充流动资金。2000年实现收益4602.30万元,配股募集资金的投资产生了较好的收益。上海立信长江会计师事务所已对本次募集资金的使用情况出具了专项审计报告。

⑵公司非募集资金投资情况

公司报告期内非募集资金共投资9272.19万元,比上年9091.10万元增加1.99%。

项目　名称	计划投资（万元）	实际投资（万元）	占被投资公司的权益比例(%)
投资参股上海地铁	5900	5900	21.56%
建设有限公司设备投资	2400	2650.20	100
塘湾基地建设	500	678.14	100
外高桥机械厂	500	43.85	100

A、投资参股上海地铁建设有限公司5900万元,占其股权21.56%,该公司经营范围为轨道交通方案编制,可行性研究、勘察设计、工程总承包、招投标承包等。该公司尚处于开办期间。　B、施工设备更新是为了适应市场竞争,进一步提高技术装备能力和综合施工能力。其收益已体现在工程施工利润中。

C、塘湾基地建设投资主要是继续完善生产设施及配套设施，其收益已体现在工程施工利润中。

D、机械厂的建设投资,主要是生产附属设施的完善,提高机械设备的加工能力。

E、根据2000年12月13日上海隧道工程股份有限公司第三届第三次董事会决议,发起成立上海铭源数码股份有限公司,公司决定出资400万元,占其注册资金的20%。公司于2001年2月21日将款项汇入指定的验资帐户,正在办理验资手续。

5、新年度业务发展计划。

公司2001年指导思想是:认真学习邓小平理论,以经济建设为中心,围绕发展这个主题,清醒地认识和抓住历史性发展机遇,按照江泽民同志关于“发展要有新思路”的要求,进一步解放思想,在体制创新、科技创新、管理创新上寻求新的突破;坚持大胆实践,全面推行项目经理责任制;在业务流程上实现公司管理结构扁平化;创建学习型企业,提高隧道股份的综合竞争能力,实现隧道股份新世纪的发展战略。

公司的主要任务和措施是:抓住机遇,练好内功,发挥优势,进一步开拓市场,继续扩大优势领域的市场占有率和增加市场份额。

完善资本经营职能,建立以资产为纽带的管理体系,积极开展资本经营,进行多元化的投资运作,实现新的效益增长。

坚持科教兴业、科技创新,重点开发地下工程掘进施工机械、沉管隧道施工技术,研究地下建筑新材料、地下工程施工新工艺,保持国内领先水平,达到和接近国际先进水平。

建立和完善适应市场变化的企业运行机制,完善法人治理机构,加强人才的培养和引进,营造良好的工作氛围,提高企业及员工的整体素质,增强综合竞争能力。

新建及在建主要项目的预期进度:

公司参股投资的宁波常洪隧道工程于1999年12月28日开工,建设期为30个月,计划2002年10月完成,目前已进入关键性的隧道管段沉放阶段,该项目工期预计可提前半年完成。

6、董事会日常工作情况。

⑴报告期内董事会的会议情况及决议内容。

①公司第二届第十四次董事会会议于2000年4月12日召开，董事会决议于2000年4月13日公告。

②公司第三届第一次董事会会议于2000年5月30日召开，董事会决议于2000年5月31日公告。

③公司第三届第二次董事会于2000年7月17日召开,董事会决议于2000年7月19日公告。

④公司第三届第三次董事会会议于2000年12月13日召开，董事会决议于2000年12月14日公告。

以上公告均刊登于《上海证券报》、《中国证券报》。

⑵本报告期内,未进行利润分配,也未进行资本公积金转增股本。

7、董事、监事、高级管理人员情况

姓名	职务	性别	年龄	任期起止日期	年初持股	年末持股	年度内增减变动量	增减变动原因
姜先	赋董事长	男	56	2000.6~2003.6	15011	15011		
张焰	副董事长总经理	男	39	2000.6~2003.6	14927	14927	0	
陈金章	董事	男	49	2000.6~2003.6	11478	11478	0	
周松	董事副总经理	男	32	2000.6~2003.6	10000	10000	0	
白云	董事总工程师	男	42	2000.6~2003.6	13541	13541	0	
杨印昌	董事	男	54	2000.6~2003.6	0	0	0	
陈洪彰	董事	男	52	2000.6~2003.6	0	0	0	
沈秀芳	董事	女	56	2000.6~2003.6	0	0	0	
黄晓蔚	董事	男	44	2000.6~2003.6	0	0	0	
高亢	监事长	男	43	2000.6~2003.6	0	0	0	
崔建跃	副监事长	男	42	2000.6~2003.6	13156	13156	0	
薛大伟	监事	男	52	2000.6~2003.6	13247	13247	0	
徐健	监事	男	48	2000.6~2003.6	0	0	0	
朱美君	监事	女	48	2000.6~2003.6	0	0	0	
姜允肃	副总经理	男	54	2000.6~2003.6	0	0	0	
周国鑫	副总经理	男	52	2000.6~2003.6	10000	10000	0	
周文波	副总经理	男	36	2000.6~2003.6	0	0	0	
沈于荣	总经济师	男	49	2000.6~2003.6	13156	13156	0	
蔡剑霞	财务	女	52	2000.6~2003.6	18101	18101	0	
部主任	金波董秘	男	29	2000.6~2003.6	1739	1739	0	

公司董事、监事及高级管理人员的年度报酬总额为1244731元,其中在10~15万领取报酬的3人,在7~9万领取报酬的9人,在4~7万领取报酬的3人;其中姜先赋先生、陈金章先生、黄晓蔚先生、高亢先生、朱美君女士未在本公司领取报酬。

报告期内,因换届改选及工作变动,董事程骁先生、华学新先生、陈彬先生、沈于荣先生、汤文洲先生、王培君女士、曹龙金先生,监事姜先赋先生、张思众先生、吴杰先生、王永军先生等离任。

报告期内,因换届改选,董事会秘书宋天祥先生离任。8、本次利润分配预案或资本公积金转增股本预案。

经上海立信长江会计师事务所有限公司审计，本公司2000年度共实现净利润136,610,576.90元,根据《公司法》和本公司及各控股子公司章程的规定,提取法定盈余公积金计17,877,732.11元(其中母公司按净利润10%提取12,694,821.49元),提取法定公益金计9,506,744.34元(其中母公司按净利润5%提取6,347,410.75元),扣除子公司提取任意盈余公积金1,482,838.01元,加上1999年度结转未分配利润17,967,740.47元，本年度可供分配利润为125,711,002.91元，经董事会讨论决定,以公司2000年末总股本376,069,405股为基数,向全体股东每10股派发现金红利0.55元(含税),计20,683,817.28元,尚余未分配利润105,027,185.63元结转下一年度。

经上海立信长江会计师事务所有限公司审计，本公司2000年末资本公积金为695,894,566.40元,经董事会讨论决定,拟以公司2000年末总股本376,069,405股为基数,向全体股东每10股转增3股，计资本公积金112,820,821.50元，即转增112,820,821.50股，剩余资本公积金为583,073,744.90元。

以上利润分配和资本公积金转增股本预案将提交本公司2000年年度股东大会审议。

9、本公司信息披露的报刊为《上海证券报》和《中国证券报》,本报告期内没有变更。

六、监事会报告

1、报告期内监事会的会议情况

(1)2000年5月30日召开三届一次会议,本次监事会决议公告刊登在5月31日的《上海证券报》和《中国证券报》上。

(2)2000年7月17日召开了三届二次会议,本次监事会决议公告刊登于2000年7月19日的《上海证券报》和《中国证券报》上。

2、监事会对公司运作情况的意见

(1)关于公司依法运作情况

在股东大会的授权下,2000年度公司董事会按照股东大会决议的要求,切实履行各项决议,较好地贯彻了“法制、监管、自律、规范”的要求,开展各项生产经营活动,其决策程序符合《公司法》和《公司章程》的规定。公司已建立了较为完善的内部控制制度,公司运行健康有序,公司董事、经理、高级管理人员在执行公司章程、履行职责、遵纪守法、维护股东权益等方面是尽职尽责的,没有发现违反法律、法规、公司章程、损害公司及股东利益的行为。在激烈的市场竞争中,企业坚持“以信为本、以特为主、以技夺优、以质取胜”的宗旨和“专领域、深开发、广覆盖”的经营方针,提高了企业的综合竞争能力。

(2)关于公司财务检查的情况

通过对公司财务活动的检查和财务报告的审议,监事会认为,公司的财务活动、财务报表的编制等符合《企业会计准则》和《股份制企业会计制度》的有关规定。2000年公司的财务核算体制更加健全,会计事项的处理,全年报表的编制及公司执行的会计制度符合有关制度的要求,财务报告中的主营业务收入、利润总额等数据是真实的。

(3)关于冲销住房周转金的情况

根据财政部的有关规定,将取消住房周转金。现根据上海市住房制度改革的有关规定和公司相应制定的职工住房分配细则的相关规定,董事会决定提交2000年度股东大会审议关于冲销经审计的住房周转金余额的议案,经批准后,将住房周转金余额转入“利润分配-未分配利润”,按规定冲销2001年初未分配利润及相关所有者权益项目。

(4)关于公司前次募集资金使用情况

公司前次(1999年)募集资金实际投入项目和承诺投入项目基本是一致的。前次增资配股实际募集货币资金净额为40,568.09万元,其他非现金资产净额为24,571.51万元,共计65,139.60万元。公司已将本次增资配股筹集到的现金39,675万元用于购买上海公路建设总公司拥有的中外合作上海建泰有限公司24.86%的股权。1999年《配股说明书》中承诺,如实际募集现金超过该部分股权的价值,则增加部分的现金用于扩大对建泰公司的股权投资。前次募集资金余额为893.09万元。经与上海市外国投资工作委员会、中外合作上海建泰有限公司的各方股东协商,因前次募集资金余额太小,不宜追加购买上海公路建设总公司拥有的中外合作上海建泰有限公司的股权,因此公司决定前次募集资金余额893.09万元用于补充流动资金。(该议项将提交本公司2000年年度股东大会审议。)

(5)报告期内公司无收购、出售资产的情况。

(6)关于关联交易的情况

公司2000年所有的关联交易均按市场原则,进行公平交易,是公正的、合法的,未发现内幕交易,没有损害股东的权益和公司利益的行为。

(7)关于审计报告

本年度上海立信长江会计师事务所有限公司对公司2000年度财务报告出具了无保留意见审计报告,亦无解释性说明。

七、重要事项

1、本年度公司无重大诉讼、仲裁事项。

2、报告期内公司、公司董事及高级管理人员无受监督管理部门处罚的情况。

3、报告期内,公司无控股股东变更情况;公司董事会、监事会因换届改选人员发生较大变动;公司总经理未变更;解聘董事会秘书宋天祥先生并新聘金波先生担任董事会秘书。

4、报告期内公司无收购及出售资产、吸收合并事项。

5、重大关联交易事项

(1)向关联方销售货物:

a、关联交易方为上海城建(集团)公司,交易内容为接受工程分包,定价原则为完全市场化定价,交易金额251,566,300.00元,占合并报表营业成本比重的10.55,对公司利润贡献影响不大。

b、关联交易方宁波常洪隧道发展有限公司,交易内容为接受工程分包,定价原则为完全市场化定价,交易金额165,643,924.85元,占合并报表营业成本比重的6.94%,对公司利润贡献影响不大。

(2)公司为全资子公司上海隧峰房地产开发公司借款担保8000万元,主要是在我公司自有地块上海市肇嘉浜路239号开发嘉瑞花苑住宅小区用款,目前该小区销售情况良好,该公司本报告期实现主营业务收入26,055,141.61元和净利润4,718,594.25元主要来源于该小区,担保基本无风险。

6、公司相对于其控股股东上海城建(集团)公司是人员独立、资产完整、财务独立的。在人员方面,上市公司在劳动、人事及工资管理等方面是独立的,公司总经理、副总经理、总经济师、财务部主任、董事会秘书等高级管理人员均在上市公司领取薪酬,未在股东单位担任职务;在资产方面,上市公司拥有独立的生产系统、辅助生产系统和配套设施,工业产权、非专利技术等无形资产均由上市公司拥有,同时,上市公司的采购和销售系统由上市公司独立拥有;在财务方面,上市公司设立独立的财务部门,并建立了独立的会计核算体系和财务管理制度,且独立在银行开户。

7、公司没有发生因托管、承包、租赁其他公司资产或其他公司托管、承包、租赁本公司资产、且为本公司带来当年利润总额的10%(含10%)以上的事项。

8、报告期内公司继续聘请立信会计师事务所有限公司为我公司审计机构,该公司于2000年6月26日更名为上海立信长江会计师事务所有限公司。

9、其它重大合同(含担保等)及其履行情况:

(1)2000年度重大合同

A、2000年1月与新加坡环境部签署《新加坡深隧道阴沟系统T01标———樟宜隧道工程中标通知书》,中标合同金额为新币8060万元,施工总工期为47个月。该工程总承包商为“和合-上海隧道联营体”。

B、2000年3月全资子公司市政二公司中标并与福建省宁德地区福宁高速公路有限公司签署了《宁德至福鼎高速公路A14标段工程》总承包合同,合同金额:12482万元,工期24个月。

C、2000年5月子公司上海市城市建设设计研究院中标并与上海市公路管理处签定了《沪青平高速公路入城段工程》设计合同,合同金额:860万元。

D、2000年6月中标并与上海市电力公司签署了《外高桥电厂二期3#标循环水泵房区域土建工程》总承包合同,合同金额:9792万元,工期24个月。

E、2000年9月中标并与上海地铁建设有限公司签署了《轨道交通明珠线二期工程》(含地铁车站,区间隧道等)总承包合同,合同金额:39142万元,工期14个月。

F、2000年9月中标并与深圳市地铁有限公司签署了《深圳地铁一期第二A标工程》总承包合同,合同金额:20367万元,工期27个月。

G、2000年12月中标并与南京市地下铁道总公司签署了《南京地铁南北线一期盾构试验段工程》总承包合同,合同金额:12464万元,工期32个月。

H、2000年12月中标并与上海沪青平高速公路建设发展有限公司签署了《沪青平高速公路三标工程》总承包合同,合同金额:16151万元,工期23个月。

I,2000 年 12 月中标并与上海市浦东市政工程建设处签署了《大连路越江隧道工程》总承包合同,合同金额:82662 万元,工期 36 个月。

J,2000 年 12 月控股子公司上海市第一市政工程有限公司中标并与上海沪青平高速公路建设发展有限公司签署了《沪青平高速公路一标段立交工程》总承包合同,合同金额:12000 万元,工期 12 个月。

⑵报告期内公司无其它重大担保事项。

10、报告期内公司没有更改名称或股票简称的情况。

11、其他期后重要事项:

八、财务会计报告

(一)审计报告:

公司财务报告经具有从事证券相关业务资格的上海立信长江会计师事务所有限公司审计,由有从事证券相关业务资格的中国注册会计师朱建弟、朱颖出具了无保留意见报告。

审计报告

信长会师报字(2001)第 10614 号

上海隧道工程股份有限公司全体股东:

我们接受委托,审计了贵公司二 OOO 年十二月三十一日母公司及合并的资产负债表、二 OOO 年度母公司及合并的利润及利润分配表和现金流量表。这些会计报表由贵公司负责,我们的责任是对这些会计报表发表审计意见。我们的审计是依据中国注册会计师独立审计准则进行的。在审计过程中,我们结合贵公司实际情况,实施了包括抽查会计记录等我们认为必要的审计程序。

我们认为,上述会计报表符合《企业会计准则》、《股份有限公司会计制度》的有关规定,在所有重大方面公允地反映了贵公司二 OOO 年十二月三十一日的财务状况及二 OOO 年度经营成果和现金流量情况,会计处理方法的选用遵循了一贯性原则。

本报告附送材料:

一、上海隧道工程股份有限公司二 OOO 年十二月三十一日母公司及合并的资产负债表;

二、上海隧道工程股份有限公司二 OOO 年度母公司及合并的利润及利润分配表;

三、上海隧道工程股份有限公司二 OOO 年度母公司及合并的现金流量表;

四、上海隧道工程股份有限公司二 OOO 年度会计报表附注。

上海立信长江会计师事务所有限公司　　　　中国注册会计师　　朱建弟、朱颖

地址:中国·上海市南京东路 61 号 4 楼

电话:(021)63606600　　传真:(021)63501004　　邮编:200002

二 OO 一年三月二十五日

(二)会计报表(见附表)

(三)会计报表附注:

1、公司主要会计政策、会计估计和合并会计报表的编制方法:

(1)外币会计报表的折算方法:按照财政部财会字(1995)11 号《关于印发<合并会计报表暂行规定>的通知》,除所有者权益类项目(不含未分配利润项目)以发生时的人民币市场汇价折算为人民币外,资产负债、损益类项目均以合并会计报表决算日的人民币市场汇价折算为人民币。

(2)坏帐核算方法:

①坏帐的确认标准:对因债务人撤销、破产,依照法律清偿程序后确实无法收回的应收款项;因债务人死亡,既无遗产可清偿,又无义务承担人,确实无法收回的应收款项;因债务人逾期未履行偿债义务超过三年,确实无法收回的应收款项,由公司经理提交书面材料,按照公司管理权限,由董事会或股东大会批准。

②坏帐损失的核算方法:采用备抵法核算,坏帐损失发生时,冲销已提取的坏帐准备。③坏帐准备的计提方法和计提比例:除个别认定法外,按应收帐款、其他应收款年末余额的 5%计提坏帐准备。

(3)存货核算方法:

①存货的分类为:工程施工、开发成本、开发产品、出租开发产品、原材料、委托加工物资、低值易耗品、周转材料、在产品等。

②取得和发出的计价方法:日常核算取得时按实际成本计价,发出时按加权平均法计价。工程成本核算以所订立的单项合同为对象。

③低值易耗品、周转材料、出租开发产品的摊销方法:低值易耗品采用分次摊销法,周转材料按使用期限平均摊 销,出租开发产品摊销比照同类固定资产折旧年限平均摊销。

④存货跌价准备的确认标准、计提方法:对工程施工按单项工程已发生未结算成本大于预计可结算收入的差额,计提工程预计亏损准备;对其余存货逐项按帐面成本大于预计可变现净值的差额,计提存货跌价准备。

(4)短期投资核算方法:

取得投资时按实际支付的全部价款扣除价款中包括的尚未领取的现金股利或已到期的分期付息债券利息后计价。取得投资后,实际收到短期投资现金股利或利息时,冲减短期投资的帐面价值,实际收到取得投资时已记入应收项目的现金股利或利息时,冲减应收项目。

持有的短期投资出售或收回时,按实际成本结转。在中期或期末按成本与市价孰低计价,并根据报告期末收盘价低于成本的差额调整跌价准备,已确认跌价损失的短期投资价值又得以恢复,在原已确认的投资损失金额内转回。

按投资总体计算并确定计提的跌价损失准备。如某项短期投资占整个短期投资 10%以上,则按单项投资为基础计算并确定计提的跌价损失准备。

(5)长期投资核算方法:

①长期股权投资的计价及收益确认方法:

长期股权投资取得时的成本为:取得长期股权投资时支付的全部价款,或放弃非现金资产的公允价值,或取得长期股权投资的公允价值,包括税金、手续费等相关费用。

对被投资单位能实施控制、共同控制或重大影响的,长期股权投资采用权益法核算,对被投资单位无控制、无共同控制且无重大影响的,长期股权投资采用成本法核算。

若对被投资单位有其他额外的责任(如提供担保)、投资帐面价值不以减记至零为限。

②股权投资差额的摊销方法:

合同规定了投资期限的按投资期限摊销;没有规定投资期限的按 10 年摊销,如金额较小,则在产生股权投资差额的当年全部摊销。

③长期债权投资的计价及收益确认方法:

长期债权投资取得时的成本,为取得长期债权投资时支付的全部价款,包括税金、手续费等相关费用。

长期债权投资按期计提利息,计提的利息按债权面值以及票面利率或合同规定的利率计算,并计入当期投资收益。

④债券投资溢价和折价的摊销方法:

长期债券投资溢价或折价,在债券购入后至到期前的期间内摊销,摊销方法采用直线法。长期债券投资溢价或折价的摊销,与确认相关的债券利息收入同时进行。

⑤长期投资减值准备的确认标准、计提方法:

对由于市价持续下跌或被投资单位经营状况变化等原因导致其可收回金额低于投资的帐面价值,由公司经理提交书面材料,按照公司管理权限,由董事会或股东大会批准后,将可收回金额低于长期投资帐面价值的差额,计提长期投资减值准备。已确认损失的长期投资价值又得以恢复,在原已确认的投资损失金额内转回。

长期投资减值准备按照个别投资项目计算确定。

(6)固定资产计价和折旧方法:

①固定资产的标准:指使用期限超过一年的房屋建筑物、专用设备、运输工具以及其他与生产、经营有关的设备、器具、工具等;不属于生产、经营主要设备的物品,单位价值在 2,000 元以上,并且使用年限超过二年的,也作为固定资产。

②固定资产计价:按实际成本计价原则计价。

③折旧方法、折旧年限及折旧率:固定资产折旧采用直线法。根据固定资产类别、估计经济使用年限和预计净残值率确定折旧率。按行业财务制度规定的预计使用年限和 4%-5%的预计残值率,各类固定资产的折旧年限和月折旧率如下:

类别	折旧年限	月折旧率
房屋建筑物	9-30 年	8.8‰-2.6‰
施工设备	7-9 年	11.3‰-8.8‰
生产设备	7-9 年	11.3‰-8.8‰
运输工具	9 年	8.8‰
试验设备	7-9 年	11.3‰-8.8‰
行政及其他设备	9 年	8.8‰

电脑按原值扣除 5%净残值后一次计入有关费用成本。

盾构按施工工程项目实际工作量计提折旧,计入相关工程成本。

(7)收入确认原则:

①工程结算收入:在一个会计年度内完成的建造合同,在完成时确认合同收入的实现;对开工与完工日期分属不同会计年度的建造合同,如果建造合同的结果能够可靠估计,在资产负债表日按完工百分比法确认合同收入的实现。

②销售商品:公司已将商品所有权上的重要风险和报酬转移给买方,公司不再对该商品实施继续管理权和实际控制权,相关的收入已经收到或取得了收款的证据,并且与销售商品有关的成本能可靠地计量时,确认营业收入实现。

③提供劳务:在同一年度内开始并完成,在劳务已经提供,收到价款或取得收取价款的依据时,确认劳务收入的实现;如劳务的开始和完成分属不同的会计年度,在提供劳务交易的结果能够可靠估计的情况下,在资产负债表日按完工百分比法确认相关的劳务收入。

④他人使用本企业资产:与交易相关的经济利益能够流入企业,收入的金额能可靠地计量时确认为收入。

(8)所得税的会计处理方法:采用应付税款法。

(9)合并会计报表的编制方法:

①合并会计报表按照《合并会计报表暂行规定》及有关文件,以母公司和纳入合并范围的子公司的个别会计报表以及其他资料为依据进行编制。但对行业特殊及子公司规模较小,符合财政部财会二字(1996)2 号《关于合并会计报表合并范围请示的复函》文件的规定,则不予合并。合并时对内部权益性投资与子公司所有者权益、内部投资收益与子公司利润分配、内部交易事项、内部债权债务进行抵销,对合并盈余公积进行调整。对纳入合并范围的合营企业,采用比例合并法编制合并会计报表。

②母公司与子公司采用的会计政策和会计处理方法无重大差异。

(二)抵押资产情况:

1999 年 12 月 14 日上海隧峰房地产开发公司向中国农业银行上海市分行卢湾支行取得抵押贷款人民币 900 万元,抵押物为存货项目中的康吉大厦 6-8 层(西部),贷款到期日为 2001 年 11 月 12 日。

上海隧道工程股份有限公司

2001 年 3 月 25 日

上海市股份有限公司 2001 年度会计报表

比较合并利润及利润分配表

编制单位:上海遂道工程股份有限公司

资产	2001.6.30	2000	1999	1998	
	(未经审计)			调整后	调整前
一、主营业务收入	1828565876.31	2761477290.39	2165449311.55	1896407014.19	1896407014.19
减:销售折让					
主营业务收入净额		2761477290.39	2165449311.55	1896407014.19	1896407014.19
减:主营业务成本	1628782162.89	2385613944.32	1857502016.03	1611278874.01	1611278874.01
主营业务税金及附加	24761684.05	42287991.52	28594962.00	31173529.59	31173529.59
二、主营业务利润	175022029.37	333575354.55	279352333.52	253954610.59	253954610.59
加:其他业务利润	-427538.85	-159647.52	16224962.03	10913845.39	10913845.39
减:存货跌价损失		9168094.07	16303523.68	18054386.64	
营业费用	5863419.69	40796284.86	10150146.41	7925103.97	7925103.97
管理费用	60198204.56	165371560.61	166317234.52	111391810.93	101891825.34
财务费用	25565050.59	56207846.51	44387826.45	25092436.41	25092436.41
三、营业利润	82967815.68	91871920.98	58418564.49	102404718.03	129959090.26
加:投资收益	26013153.81	55149685.19	47272457.07	-3700011.06	-3646079.11
加:期货收益					
补贴收入		844100.00	4907413.10	4531200.00	
营业外收入	2063011.04	7598938.84	6024851.66	2002806.85	2002806.85
减:营业外支出	1062597.58	5127116.54	5425078.57	3929347.05	3929347.05
四、利润总额	110825482.95	154400841.57	110821994.65	96778166.77	124386470.95
减:所得税	9793410.07	17995756.83	16015902.11	18035617.59	18035617.59
减:少数股东损益	1187483.40	-205492.16	219328.06	-376082.88	-374595.10
加:未确认的投资损失					
五、净利润	99844589.48	136610576.90	94586764.48	79118632.06	106725448.46

比较合并利润及利润分配表(续表)

金额单位:元

项目	2001 年 6 月 30 日(未经审计)	2000 年度
加:年初未分配利润(未弥补亏损以"-"号填列)	-1012156.60	119568070.97
减:减少注册资本减少的		

未分配利润
加:盈余公积金转入
六、可供分配的利润(亏损
以"-"号填列) 98832432.88 256179097.31
减:提取法定盈余公积 17877732.11
提取法定公益金 9506744.34
职工奖福基金(合并报表填
列,子公司为外商投资企业
项目)
七、可供股东分配的利润(亏
损以"-"号填列) 98832432.88 228794620.86
减:应付优先股股利
提取任意盈余公积 4489432.93 1482838.01
应付普通股股利 20683817.28
转作股本的普通股股利
八、未分配利润(未
弥补亏损以"-"号填列) 94342999.95 206627965.57
附注:非常项目:
1.出售、处置部门或被投资
单位
2.自然灾害发生的损失
3.会计政策变更
4.其他

上海市股份有限公司2000年度会计报表
比较合并资产负债表
编制单位:上海遂道工程股份有限公司(合并)

资产 2001.6.30 2000.12.31 1999.12.31 1998.12.31
(未经审计) 调整后 调整前
流动资产
货币资金
545315658.36 547832514.73 416382558.18 177592451.59 177592451.59
短期投资 1868280.16
减:短期投资跌价准备
短期投资净额 1868280.16
应收股利 12000.00 12000.00
应收帐款
1264443165.15 1313049119.10 1243044781.82 564941048.02 564941048.02
其他应收款
316328757.18 293845823.77 371794393.33 64374897.10 67424897.10
减:坏帐准备
95333953.22 92799692.76 43523531.27 5649410.48
应收款项净额
1511560989.65 1522039482.39 585792413.85 626716534.64
预付帐款
110347345.06 235162764.01 204978442.59 210613212.51 210613212.51
存货
610087152.81 859540230.38 563022112.32 333905443.85 320859463.91
其中:工程施工
416949347.03 257491956.18 124566918.27 111520938.33
减:存货跌价准备
98202571.75 99950993.78 83647470.10
存货净额
761337658.63 463071118.54 250257973.75 320859463.91
待摊费用
907555.02 241188.07 436414.52 6497943.71 649794.71
待处理流动资产净损失
一年内到期的长期债券投资 87500.00 88700.00 88700.00
其他流动资产
流动资产合计
2847429633.58 3058003395.25 2606995516.22 1225006546.41 1336532157.36
长期投资:
长期股权投资
691280251.86 686550869.18 663088105.47 100433877.23 100433877.23
长期债权投资
1000.00 1000.00 1000.00
长期投资合计
691281251.86 686551869.18 663089105.47 100433877.23 100433877.23
减:长期投资减值准备
长期投资净额
其中:合并价差
11496288.43 14325940.82 14138087.51
其中:股权投资差额
11496288.43 14325940.82 14138087.51
固定资产:
固定资产原值
1096270153.98 1033842813.84 914188815.39 382584834.55 382584834.55
减:累计折旧
503575491.54 481941202.39 439393059.20 204884487.25 204884487.25
固定资产净值
592694662.44 551901611.45 474795756.19 177700347.30 177700347.30
减:固定资产减值准备
75486922.22
固定资产净值
517207740.22
在建工程
19423942.25 52454345.93 93509382.91 110308812.31 110308812.31
固定资产清理
29425.87 6400.00
待处理固定资产净损失
固定资产合计
536661108.34 604362357.38 568305139.10 288009159.61 288009159.61
无形资产及其他资产:
无形资产
73677204.65 74752994.76 106094167.26 36790576.37 36790576.37
开办费
107776.38 255384.79 259291.34 259291.34
长期待摊费用
6016278.37 6462638.07 13336573.00 8936567.01 21982546.95
其他长期资产
1732755.16 1313919.06 1980836.15
其中:临时设施净值
1313919.06 1980836.15
无形资产及其他资产合计
81426238.18 82637328.27 121666961.20 45986434.72 59032414.66
递延税项
递延税款借项
资产总计
4156798231.96 4431554950.08 3960056721.99 1659436017.97 1784007608.86
负债和股东权益
流动负债:
短期借款
1523250000.00 1260020000.00 888580000.00 399770000.00 399770000.00
应付票据
应付帐款
479956528.40 911761413.44 872969228.49 522381927.40 522381927.40
预收帐款
175527216.29 224665419.85 201592138.02 74475901.77 74475901.77
代销商品款
应付工资
126868210.63 135273997.20 137110337.13 23919308.89 23919308.89
应付福利费
17558646.95 20247923.00 19643961.94 12548298.30 12548298.30
应付股利
1358243.37 23912145.62 2602400.19 37874980.17 37874980.17
应交税金
50339560.36 53141780.87 29395797.01 18327230.75 18327230.75
其他应交款
804349.60 905950.59 754142.56 274565.91 274565.91
其他应付款
417068922.92 439083978.78 557311147.00 100690011.62 103740011.62
预提费用
3011530.48 3023123.72 3716201.41 1277419.88 1277419.88
其他流动负债
流动负债合计
2795743209.00 3076885733.07 2738525353.75 1191539644.69 1194589644.69
长期负债:
长期借款
61500000.00 61500000.00 1500000.00 24850000.00 24850000.00
应付债券
长期应付款
14221270.10 13840771.74 15600588.55 5885265.55 5885265.55
住房周转金
-52378747.58 -9308638.46 2608574.73 2608574.73
其他长期负债
长期负债合计
75721270.10 22962024.16 7791950.09 33343840.28 33343840.28
递延税款
递延税款贷项
负债合计
2871464479.10 3099847757.23 2746317303.84 1224883484.97 1227933484.97
少数股东权益
31536839.83 35569668.60 33528653.52 324544.25 428604.29
股本
488890226.00 376069405.00 376069405.00 265531118.00 265531118.00
资本公积
583073745.40 695894566.40 695894566.40 155036842.00 155036842.00
盈余公积
87489941.68 119146367.22 90279052.76 72364737.72 92181488.63
其中:公益金
10563832.93 19667620.51 10160876.17 4139533.45 17896588.47
未确认的投资损失
未分配利润
94342999.95 105027185.63 17967740.47 -58704708.97 42896070.97
外币报表折算差额
股东权益合计
1253796913.03 1296137524.25 1180210764.63 434227988.75 555645519.60
负债和股东权益总计
4156798231.96 4431554950.08 3960056721.99 1659436017.97 1784007608.86

天津劝业场(集团)股份有限公司

一.公司简介

1.公司法定中文名称:天津劝业场(集团)股份有限公司
公司英文名称:TIANJIN QUANYE BAZAAR(GROUP)COMPANY LIMITED
公司英文缩写:TJQYC
2.公司法定代表人:汪恒广
3.公司董事会秘书:赵熙珍
联系地址:天津市和平区和平路290号
联系电话:(022)27211111-2869
传真:(022)27305348
4.公司注册及办公地址:天津市和平区和平路290号
邮证编码:300022
公司国际互联网网址:www.tjqy.com.cn
电子信箱:goubin@tjqy.com.cn
5.公司选定的信息披露报纸名称:上海证券报
登载公司年度报告的中国证监会指定国际互联网网址:http://www.sse.com.cn
公司年度报告备置地点:天津市和平区和平路290号公司证券部
6.公司股票上市交易所:上海证券交易所
股票简称:津劝业
证券代码:600821

二.会计数据和业务数据摘要

1、公司本年度业务数据和会计数据

项目	金额
利润总额	38,756,028.87
净利润	34,752,594.16
主营业务利润	142,378,377.76
其他业务利润	23,038,756.94
营业利润	6,604,500.55
投资收益	20,093,381.33
补贴收入	873,800.00
营业外收支净额	12,594,660.43
经营活动产生的现金流量净额	8,612,192.80
现金及现金等价物净增加额	-10,296,901.03

2、截止报告期末公司前三年的主要会计数据及财务指标

指标项目	2000年	1999年	1998年	
			调整前	调整后
主营业务收入	1,773,016,411.98	1,833,895,413.61	1,997,717,609.15	1,997,717,610.15
净利润	34,752,594.16	32,790,823.02	76,603,378.04	57,106,221.84
总资产	1,385,481,730.52	1,328,088,347.66	1,194,999,035.49	1,175,501,879.29
股东权益	750,868,658.82	754,556,814.93	748,360,061.02	728,862,904.82
每股收益(摊薄)	0.12	0.11	0.26	0.195
每股收益(加权)	0.12	0.11	0.27	0.18
每股净资产	2.57	2.58	2.55	2.49
调整后每股净资产	2.38	2.43	2.48	2.40
每股经营活动产生的现金流量净额	0.03	-0.05	-0.28	-0.28
净资产收益率(摊薄)	4.63	4.35	10.23	7.83
净资产收益率(加权)	4.50		11.80	7.24

注:主要财务指标计算公式如下:
(1).每股收益=净利润/年末普通股股份总数
(2).每股净资产=年末股东权益/年末普通股股份总数
(3).调整后的每股净资产=(报告期末股东权益-三年以上的应收款项-待摊费用-待处理(流动、固定)资产净损失-开办费-长期待摊费用-住房周转金负数余额)/报告期末普通股份总数
(4).每股经营活动产生的现金流量净额=经营活动产生的现金流量净额/年末普通股股份总额
(5).净资产收益率=净利润/年末股东权益×100%
3、根据中国证监会《公开发行证券公司信息披露编报规则》第9号要求,公司2000年度按照全面摊薄法和加权平均法计算的利润表附表:

报告期利润	净资产收益率(%)		每股收益(元)	
	全面摊薄	加权平均	全面摊薄	加权平均
主营业务利润	18.96	18.44	0.49	0.49
营业利润	0.88	0.86	0.02	0.02
净利润	4.63	4.50	0.12	0.12

三.股本变动及股东情况

1.股本变动情况
(2).股票发行与上市情况
到报告期为止的前三年,公司没有发行股票及其衍生证券。根据中国证监会《关于安排上市公司转配股分期、分批上市的通知》,经上海证券交易所安排,本公司于二零零零年十一月一日在《上海证券报》刊登《天津劝业场(集团)股份有限公司关于转配股上市的公告》,公司转配股于二零零零年十一月六日起上市流通,本次上市流通的转配股总数为3801545股。
2.股东情况介绍
(1).截止2000年12月31日,公司股东总数为83147户。
(2).本公司前十名股东持股情况(截止2000年12月31日)

股东名称	持股数	占总股本比例%
天津劝业华联集团有限公司(代表国家持有股份)	97023592	33.17
天津环海公司	6920000	2.37
天津市证券公司	3080618	1.05
天津市益商集团总公司	1434658	0.49
贝奇商贸	1373498	0.47
邦联投资	941674	0.32
泰和基金	872286	0.30
中国拆船	807149	0.28
海南兴安	538100	0.18
立达国商	470837	0.16

以上股东间无关联关系。

上海物资贸易中心股份有限公司

一、公司简介

1.公司的法定中英文名称及缩写 中文名称:上海物资贸易中心股份有限公司
英文名称:SHANGHAI MATERIAL TRADING CENTRE CO., LTD. 缩写:SMTC
2.公司法定代表人:陈伟宝 董事长
3.公司董事会秘书:傅绍平 联系地点:中国上海市中山北路2550号520室
电 话:(86)-021-62570000 传 真:(86)-021-62572959 电子信箱:fusp@shwmzx.com
公司董事会秘书:蔡嘉德 联系地点:中国上海市中山北路2550号522室
电 话:(86)-021-62570000 传 真:(86)-021-62168718
电子信箱:caijd@shwmzx.com
4.公司注册地址:中国上海市浦东新区陆家嘴东昌路东园一村139号201室
办公地址:中国上海市中山北路2550号 邮政编码:200063
电子信箱:smtc@shwmzx.com 公司国际互联网网址:http://www.shwmzx.com
5.公司选定的信息披露报纸名称:境内《上海证券报》、境外《香港商报》
登载公司年度报告的中国证监会指定国际互联网网址:http://www.sse.com.cn
公司年度报告备置地点:中国上海市中山北路2550号522室
公司董事会秘书室
6.公司股票上市交易所:上海证券交易所
股票简称及代码:A股 物贸中心 600822 B股 物贸B股 900927

二、会计数据和业务数据摘要

(一)本年度主要利润指标情况:(单位:人民币元)

利润总额	2,921,670.85
净利润	2,668,257.15
扣除非经常性损益后的净利润	-16,943,925.22
主营业务利润	39,122,496.30
其他业务利润	1,181,681.46
营业利润	-832,852.96
投资收益	9,169,809.28
补贴收入	154,739.92
营业外收支净额	-5,570,025.39
经营活动产生的现金流量净额	-11,064,279.84
现金及现金等价物净增加额	65,405,851.17

说明:扣除非经常性损益后的净利润,包括:补贴收入增值税返回154,739.92元。公司本年营业外收入处理固定资产净收益81,373.92元,无法支付的应付款项340,292.36元,赔偿及罚款收入5,131.51元,固定资产盘盈6,645.17元,其他235,074.37元。本年营业外支出处理固定资产净损失31,766.94元,罚款支出12,796.25元,赞助支出2000元,预计或有负债5,642,581.30元,其他支出549,398.23元。本年资产重组置换不良资产,使管理费用中计提坏帐准备金冲回25,027,467.84元。

(二)截至报告期末前三年的主要会计数据和财务指标(合并报表)

项目	2000年	1999年	1998年	
			调整前	调整后
主营业务收入	1,266,320,252.05	1,097,755,191.81	1,052,107,813.41	1,052,107,813.41
净利润(元)	2,668,257.15	-9,664,271.84	2,726,146.18	-19,144,868.57
总资产(元)	841,702,232.53	757,933,322.71	708,719,915.68	676,862,526.16
股东权益(不含少数股东权益)(元)	342,573,549.13	339,905,291.98	381,367,513.74	349,510,124.2
每股收益(摊薄)	0.011	-0.038	0.012	-0.083
每股收益((加权)	0.011	-0.038	0.012	-0.083
扣除非经常性损益后每股净利润(元/股)	-0.067	-0.095	0.004	-0.091
每股净资产(元/股)	1.355	1.345	1.66	1.52
调整后的每股净资产	1.138	0.92	1.59	1.46
每股经营活动产生的现金流量净额(元/股)	-0.044	-0.11	-0.01	-0.01
净资产收益率(%)(摊薄)	0.779	-2.84	0.715	-5.48
净资产收益率(%)(加权)	0.782	-2.8	0.718	-5.34
扣除非经常损益后的净利润的加权净资产收益率	-4.965	-6.978	0.275	-5.82

(四)利润表附表(按中国会计准则)

报告期利润	净资产收益率%		每股收益(元)	
	全面摊薄	加权平均	全面摊薄	加权平均
主营业务利润	11.420	11.465	0.155	0.155
营业利润	-0.243	-0.244	-0.003	-0.003
净利润	0.779	0.782	0.011	0.011
扣除非经营性损益后的净利润	-4.946	-4.965	-0.067	-0.067

三、股东情况介绍

1.报告期末股东总数:12,075户。
2.主要股东持股情况(前十名股东)

序号	股东名称	股票类型	年末持股数	占总股本(%)
1	上海物资(集团)总公司(国有持股)	国家股	144,381,298	57.13
2	上海华生化工有限公司	法人股	16,500,000	6.53
3	HAITONG SECURITIES LTD.	B股	2,481,948	0.98
4	上海期货交易所	法人股	1,996,500	0.79
5	广西玉柴机器集团公司	法人股	1,996,500	0.79
6	SALOMON SMITH BARNEY INC.2	B股	1,586,552	0.63
7	长江经济联合发展(集团)股份有限公司	法人股	1,331,000	0.53
8	THE NOMURA SECURITIES CO.,LTD.	B股	1,127,113	0.45
9	SHENYIN WANGUO NOMINEES(H.K.)LTD	B股	1,064,353	0.42
10	HUANG XIAO QIANG	B股	768,395	0.30

说明:持有本公司5%以上股份的股东:
(1)上海物资(集团)总公司代表国家持有股份,法定代表人肖文家。
经营范围:各类生产资料,生活资料,仓储,实业投资开发,物资调剂串换,及与上述业务有关的技术咨询服务,经贸部批准的进出口业务,汽车(不含轿车)。
(2)上海华生化工有限公司,法人股。
上述股东报告期内无股票质押或冻结事项。
(3)报告期内无控股股东变更情况。

上海万象(集团)股份有限公司

一 、公司简介

1 、公司的法定中英文名称及缩写:
中文:上海万象(集团)股份有限公司
英文:Shanghai Wan Xiang Group Co.,Ltd
英文缩写:SWXGCLTD
2 、公司法定代表人:许荣茂先生
3 、公司董事会秘书:祝木英女士
联系电话:021-63745428
授权 代 表:俞峰先生
联系电话:021-63746472
联系地址:上海市金陵东路 358 号 6 楼
传真:021-63260888 电子信箱:zmy @a 8888.com
4 、公司注册地址:上海市南京东路 819 号
公司办公地址:上海市金陵东路 358 号 邮政编码:200021
公司国际互联网网址:www.a8888.com
电子信箱:hyx888 @public4.sta.net.cn
5 、公司选定的信息披露报纸名称:《上海证券报》
登载公司年度报告的中国证监会指定国际互联网网址海 http://www.sse.com.cn
公 司年度报告备置地点:上海市金陵东路 358 号 6 楼董事会办公室
6 、公司股票上市交易所:上海证券交易所
股票简称:万象集团
股票代码:600823

二 、会计数据和业务数据摘要

(一)利润情况 单位:元

1、利润总额:	-31,547,531.97
2、净利润:	-36,488,841.04
3、扣除非经常性损益后的净利润	-5,127,053.71
4、主营业务利润:	40,950,964.99
5、其他业务利润:	46,318,943.17
6、营业利润:	-30,692,176.89
7、投资收益:	9,924,471.53
8、补贴收入:	0.00
9、营业外收支净额:	-10,779,826.61
10、经营活动产生的现金流量净额	63,531,286.80
11、现金及现金等价物净增加额:	-85,539,182.30

注: 非经常性损益项目金额(负数为损失)
资产处置损益: -20,717,862.00 (帝王百货装修费摊销)
合并价差: 135,901.28
营业外收入 271,695.07
营业外支出 -11,051,521.68 (主要系:固定资产及在建工程清理损失 7,813,928.02 元,诉讼及仲裁损失 2,668,321.00 。)
合计 -31,361,787.33

(二)截至报告期末公司前三年的主要会计数据及财务指标:

项目	2000 年	1999 年	1998 年	
			调整后	调整前
主营业务收入	229,301,867.15	276,351,545.27	276,368,924.31	513,681,628.95
净利润	-36,488,841.04	67,666,412.60	67,992,950.07	42,454,772.71
总资产	1,656,783,770.58	1,719,983,759.14	1,762,802,489.23	1,626,880,680.45
股东权益	507,550,041.45	544,038,882.49	544,365,419.97	533,119,216.50
每股收益	-0.1543	0.3577	0.3595	0.2244
每股收益(加权平均)	-0.1543	0.3577	0.3595	0.2450
每股收益(扣除非经常性损益)	-0.0217	0.1531	0.1548	0.1879
每股净资产	2.15	2.88	2.88	2.82
调整后的每股净资产	2.04	2.80	2.80	2.74
每股经营活动产生的现金流量净额	0.2687	-0.1413	-0.1413	0.2549
净资产收益率(%)	-7.19%	12.44%	12.49%	7.96%
净资产收益率(加权平均%)	-6.94%	11.94%	11.99%	9.37%

(三)按照中国证监会<<公开发行证券公司信息披露编报规则>>(第 9 号)要求计算的利润数据:

报告期利润	净资产收益率%		每股收益	
	全面摊薄	加权平均	全面摊薄	加权平均
主营业务利润	8.07%	7.79%	0.1732	0.1732
营业利润	-6.05%	-5.84%	-0.1298	-0.1298
净利润	-7.19%	-6.94%	-0.1543	-0.1543
扣除非经常性损益后的净利润	-1.01%	-0.98%	-0.0217	-0.0217

三 、股本变动及股东情况

1 、股东变动情况
2 、股东情况介绍:
(1) 报告期末股东总数 62517 户
(2) 前十名股东持股情况:

单位 名 称	期末持股数量(股)	占公司总股份比例(%)
1、上海世茂投资发展有限公司	62,500,000	26.43
2、上海市黄浦区国有资产管理办公室	38,158,250	16.14
3、沪通实业有限公司	5,920,250	2.50
4、上海国际信托投资公司	4,777,500	2.02
5、浦东新区国有资产投资管理公司	4,095,000	1.73
6、康嘉物业	1,912,500	0.81
7、海通证券	1,437,625	0.61
8、金泰基金	1,195,339	0.51
9、海南依波	1,127,219	0.48
10、兴华基金	1,117,569	

上海益民百货股份有限公司

一、公司简介

公司法定中文名称:上海益民百货股份有限公司
公司英文名称:SHANGHAI YIMIN DEPARTMENT STORES COMPANY LTD.
公司英文名称缩写:YIMIN
公司法定代表人:罗传钧
公司董事会秘书:邵振耀 公司授权代表:钱国富
联系地址:上海市淮海中路 645 —659 号六楼
公司董事会办公室
电话:021-53067597
传真:021-53066576
公司注册及办公地址:上海市淮海中路 645 —659 号六楼
邮编:200020
公司国际互联网网址:www.yimin-stores.com
公司电子信箱:ymdept@online.sh.cn
公司信息披露报纸名称:上海证券报
登载公司年度报告的中国证监会指定的国际互联网网址:
http://www.sse.com.cn
公司年度报告备置地点:上海市淮海中路 645—659 号六楼董事会办公室
公司股票上市交易所:上海证券交易所
股票简称:益民百货 股票代码:600824

二、会计数据和业务数据摘要

1 、本年度主要利润指标情况
单位:元

利润总额	53,881,143.90
净利润	44,017,707.55
扣除非经常性损益后的净利润	44,009,876.17
主营业务利润	166,625,005.80
其他业务利润	7,422,327.61
营业利润	49,383,646.40
投资收益	4,977,620.69
补贴收入	7,831.38
营业外收支净额	-487,954.57
经营活动产生的现金流量净额	77,790,186.24
现金及现金等价物净增加额	47,632,559.95

2 、主要会计数据和财务指标 单位:元

项 目	2000 年	1999 年	1998 年
主营业务收入	601,996,131.60	555,086,661.44	549,147,685.36
净利润	44,017,707.55	38,791,518.25	31,364,701.37
总资产	1,011,602,189.64	823,500,230.49	797,139,071.11
股东权益	487,802,512.41	468,583,447.83	455,240,493.78
净利润的每股收益	0.259	0.228	0.185
净利润的每股收益(加权)	0.259	0.228	0.192
扣除非经常性损益后的净利润的每股收益	0.259	0.228	0.185
每股净资产	2.87	2.76	2.68
调整后的每股净资产	2.79	2.66	2.55
每股经营活动产生的现金流量净额	0.458	0.645	-0.538
净利润的净资产收益率	9.02%	8.28%	6.89%
净利润的加权净资产收益率	8.97%	8.17%	7.80%
扣除非经常性损益后的净利润的加权净资产收益率	8.97%	8.17%	7.80%

根据中国证监会《公开发行证券公司信息披露编报规则第 9 号—净资产收益率和每股收益的计算及披露》要求,计算的净资产收益率和每股收益如下:

报告期利润	净资产收益率		每股收益	
	全面摊薄	加权平均	全面摊薄	加权平均
主营业务利润	34.16	33.96	0.981	0.981
营业利润	10.12	10.07	0.291	0.291
净利润	9.02	8.97	0.259	0.259
扣除非经营性损益后的净	9.02	8.97	0.259	0.259

三 、股东情况介绍

(1)报告期末股东总数
本年度末股东总数:31656 户,其中国家股股东 1 户,社会公众股股东 31655 户。
(2)公司前十名股东持股情况(至本年度末)

股东名称	年末持股数(股)	持股比例(%)
1、国家股	100,760,800	59.31
2、金鼎基金	2,770,000	1.63
3、国泰物业	1,068,792	0.63
4、福建兴业	509,567	0.30
5、陈裕华	275,748	0.16
6、泰阳实业	227,894	0.13
7、冯娟	224,400	0.13
8、王猛	200,000	0.12
9、左军亮	183,413	0.11
10、太合诚信	180,000	0.11

注:持有本公司 5%(含 5%)以上的股东系国家股,持有单位是卢湾区国有资产管理办公室,其所持股份本期内未发生质押、冻结等情况。

四、股东大会简介

本公司 1999 年度股东大会于 2000 年 3 月 24 日在上海青松城大酒店百花厅召开。出席会议的股东及代表 605 人,代表股份 110433545 股,占公司总股份的 65%。会议审议通过了董事会 1999 年度工作报告、1999 年度总经理业务报告及 2000 年度经济工作目标、监事会 1999 年度工作报告、公司 1999 年度财务决算和 2000 年财务预算报告、公司 1999 年度利润分配方案、公司 2000 年度增资配股方案。

本次股东大会决议公告刊登于 2000 年 3 月 25 日《上海证券报》。

华联超市股份有限公司

一、公司简介

1 、公司法定中文名称：华联超市股份有限公司
公司法定英文名称：HUALIAN SUPERMARKET CO.,LTD. 缩写：HLS
2 、公司法定代表人：华洲
3 、公司董事会秘书：王孟瑾　联系地址：上海市隆昌路 609 号
联系电话：021-65201818 转　传真：021-65432001
4 、公司注册地址：上海市张扬路 655 号
公司办公地址：上海市隆昌路 609 号　邮政编码：200090
国际互联网网址：www.hualian-supermarket.com　电子信箱：hlscoltd@online.sh.cn
5 、公司选定的信息披露报纸：《上海证券报》
登载公司年度报告的中国证监会指定国际互联网网址：www.sse.com.cn
公司年度报告备置地点：上海市隆昌路 609 号
6 、公司股票上市交易所：上海证券交易所
股票简称：华联超市　股票代码：600825

二、会计数据和业务数据摘要

(一)、本年度主要利润指标情况 单位：元

利润总额	31,707,633.52
净利润	28,583,501.68
扣除非经常性损益后的净利润	28,583,501.68
主营业务利润	239,765,499.70
其他业务利润	4,217,381.55
营业利润	32,529,454.43
投资收益	−715,392.66
补贴收入	——
营业外收支净额	−106,428.25
经营活动产生的现金流量净额	157,664,660.35
现金及现金等价物净增加额	132,764,823.47

注：在"扣除非经常性损益后的净利润"中，公司无应扣除的项目。

(二)主要会计数据和财务指标　单位：元

项 目	2000 年度	1999 年度	1998 年度 调 整前	1998 年度 调整后
主营业务收入	1,703,381,125.90	258,603,679.32	258,603,679.32	270,234,787.25
净利润	28,583,501.68	12,582,767.71	12,783,712.09	19,627,249.73
总资产	1,184,113,447.31	308,187,048.01	308,187,048.01	356,241,397.09
股东权益(不含少数股东权益)	227,658,709.46	206,475,906.20	206,676,850.58	193,893,138.49
每股收益(按摊薄法计算)	0.278	0.12	0.12	0.19
每股收益(按月加权平均法计算)	0.278	0.12	0.12	0.24
每股收益(扣除非经常性损益后)	0.278	0.03	0.03	----
每股净资产	2.213	2.00	2.01	1.89
调整后的每股净资产	0.627	1.86	1.86	1.71
每股经营活动产生的现金流量净额	1.533	0.92	0.92	−0.37
净资产收益率(%)	12.56	6.09	6.19	10.12

(三)、净资产收益率和每股收益的计算及披露　单位：元

报告期利润	净资产收益率 全 面摊薄	净资产收益率 加权平均	每股收益 全面摊薄	每股收益 加权平均
主营业务利润	105.32%	108.51%	2.331	2.331
营业利润	14.29%	14.72%	0.316	0.316
净利润	12.56%	12.94%	0.278	0.278
扣除非经营性损益后的净利润	12.56%	12.96%	0.278	0.278

三、股东情况介绍

1 、报告期末股东总数 2895 户。

2 、前 10 名股东持股情况

股东名称	年末持股数(万股)	占总股本比例(%)	增减变动情况	股份性质
(1)上海华联商厦股份有限公司	5,142.5082	50	国家股受让增持	法人股
(2)华联(集团)有限公司	1,028.4918	10	国家股转让减持	国家股
(3)友谊集团	292.6905	2.84	法人股受让增持	法人股
(4)九百集团	205.70	2	无增减变动	法人股
(5)申银万国证券股份有限公司	64.0344	0.62	无增减变动	法人股
(6)宁波杉杉股份有限公司	61.71	0.60	无增减变动	法人股
(7)徐梅仙	61.3556	0.59	二级市场买卖增减	流通股
(8)贝泽贸易	58.6245	0.57	二级市场买卖增减	流通股
(9)李玉霞	54.4135	0.53	二级市场买卖增减	流通股
(10)东莞皮具有限公司	51.425	0.50	无增减变动	法人股

持有本公司 5%以上股份股东为：上海华联商厦股份有限公司和华联(集团)有限公司，年末所持股份无质押或冻结的情况。

公司前 10 名之间存在关联关系：华联(集团)有限公司是上海华联商厦股份有限公司的控股股东。

四、股东大会简介

本 年度公司召开一次年度股东大会和一次临时股东大会。内容如下：

(一)1999 年度股东大会的通知、召集、召开情况

上海时装股份有限公司召开 1999 年度股东大会的公告于 2000 年 5 月 27 日刊登在《上海证券报》，会议于 2000 年 6 月 28 日下午在上海世博会议大酒店召开，出席会议的股东共 181 人，代表股份 7,161.2393 万股，占公司总股本 10,285.0165 万股的 69.63%，经大会审议，以投票表决的方式通过如下决议：

1 、1999 年度董事会工作报告；
2 、1999 年度监事会工作报告；
3 、1999 年度财务决算报告；

上海兰生股份有限公司

一 、公司简介

1.公司法定中文名称：上海兰生股份有限公司
公司英文名称：SHANGHAI LANSHENG CORPORATION 缩写：LANSHENG
2.公司法定代表人：赵效定
3.公司董事会秘书及证券事务代表：　董事会秘书：张铸
证券事务代表：杨敏　联系地址：上海市中山北一路 1230 号
电话：(021)65445880 ×2041　传真：(021)65446061
电子信箱：lllsss @public.sta.net.cn
4.公司注册地址：上海市浦东新区三林路 95 号 邮政编码：200124
公司办公地址：上海市中山北一路 1230 号 邮政编码：200437
公司国际互联网网址：http://www.lanshengcorp.com 电子信箱：lllsss @public.sta.net.cn
5.公司选定的信息披露报纸名称：《上海证券报》、《中国证券报》
登载公司年度报告的中国证监会指定国际互联网网址：http://www.sse.com.cn
公司年度报告备置地点：公司总经理办公室
6.公司股票上市交易所：上海证券交易所　股票简称：兰生股份　股票代码：600826

二 、会计数据和业务数据摘要

(一)本年度主要利润指标情况(合并报表)(单位：元)

1.利润总额	68,469,996.21
2.净利润	59,112,317.21
3.扣除非经常性损益后的净利润	50,167,709.21
4.主营业务利润	164,035,743.87
5.其他业务利润	1,133,281.10
6.营业利润	52,855,380.30
7.投资收益	5,381,309.92
8.补贴收入	8,944,608.00
9.营业外收支净额	1,288,697.99
10.经营活动产生的现金流量净额	257,076,546.06
11.现金及现金等价物净增加额	--117,500,208.77

注：(1)现金及现金等价物净增加额为负数，主要是本期对外投资额增加。

(2)非经常性损益项目及金额：补贴收入：8,944,608.00 元。

(二)截止报告期末公司前三年主要会计数据和财务指标(合并报表)：　(单位:元)

项 目	2000 年	1999 年	1998 年 调整前	1998 年 调整后
1.主营业务收入	1,715,761,906.82	1,570,709,381.34	1,552,848,220.50	1,543,885,089.87
2.净利润	59,112,317.21	5,525,147.41	83,025,617.24	60,842,526.79
3.总资产	1,377,039,079.85	1,309,190,951.64	1,089,447,874.76	1,024,700,534.75
4.股东权益	786,196,943.89	728,907,486.03	731,747,821.37	705,012,134.41
5.每股收益	0.21	0.27	0.30	0.22
6.每股收益(加权)	0.21	0.27	0.30	0.22
7.扣除非经常性损益后的每股收益	0.18	0.25	0.30	0.22
8.每股净资产	2.80	2.60	2.61	2.51
9.调整后每股净资产	2.62	2.41	2.50	2.40
10.每股经营活动产生的现金净流量	0.92	−0.33	0.32	0.32
11.净资产收益率(%)	7.52	10.36	11.35	8.63

(三)按中国证监会《公开发行证券公司信息披露编报规则(第 9 号)》要求计算的净资产收益率和每股收益：

报告期利润	净资产收益率(%) 全面摊薄	净资产收益率(%) 加权平均	每股收益(元) 全面摊薄	每股收益(元) 加权平均
1.主营业务利润	20.86	21.65	0.58	0.58
2.营业利润	6.72	6.98	0.19	0.19
3.净利润	7.52	7.80	0.21	0.21
4.扣除非经常性损益后的净利润	6.38	6.62	0.18	0.18

三、股东情况介绍

1.报告期末股东数量　截止 2000 年末，公司股东总数为 85,002 户。

2.报告期末公司主要股东持股情况(前 10 名)：

名 次	股东名称	持股数量	占总股本比例%
(1)	上海兰生(集团)有限公司	185,288,192	66.073
(2)	宏大公司	980,000	0.349
(3)	潘福妹	350,000	0.124
(4)	萧立宪	329,114	0.117
(5)	葛秀英	268,000	0.096
(6)	陈守斌	219,264	0.078
(7)	天信咨询	200,000	0.071
(8)	程庆芬	200,000	0.071
(9)	张奇	171,036	0.061
(10)	何得泉	165,900	0.059

公司前 10 名股东中，除上海兰生(集团)有限公司持有的股份为非流通股外，其余皆为流通股。

持有本公司 10%(含 10%)以上股份的股东为 1 家，即上海兰生(集团)有限公司 ，，代表国家持有股份，年末持有本公司股份 185,288,192 股，报告期内未发生增减变动，未发生质押、冻结等况。

四 、股东大会简介

(一)报告期内召开的年度股东大会情况

2000 年 4 月 10 日，公司在《上海证券报》上刊登召开 1999 年度股东大会的公告，并于 2000 年 5 月 12 日在上海蓝天剧场召开股东大会。会议通过如下：(1)通过公司 1999 年度董事会工作报告；(2)通过公司 1999 年度总经理业务工作报告；(3)通过公司 1999 年度监事会工作报告；(4)通过公司 1999 年度财务决算报告；(5)通过公司 1999 年度利润分配方案：以公司总股本 280,428,192 股为基数，向全体股东每 10 股派发现金红利 2.00 元(含税)。(6)通过《关于董事会换届选举及第三届董事会候选人推荐名单的议案》，选举赵效定、钱福昌、陆宗英、王志慧、华佩云、张铸、陈岚为公司第三届董事会董事。(7)通过《关于监事会换届选举及第三届监事会候选人推荐名单的议案》，选举陈建民、章仁波、陈仲德为公司第三届监事会监事。根据《公司法》及本公司章程的规定，程康、韩霞由公司职工代表大会推选为监事，进入第三届监事会。

上海友谊集团股份有限公司

一 、公司简介

1.公司中文名称:上海友谊集团股份有限公司
公司英文名称:SHANGHAI FRIENDSHIP GROUP INCORPORATED COMPANY
2.公司法定代表人:王宗南
3.公司董事会秘书:叶凯联系地址:上海市浦东新区商城路518 号23 楼
电话:021-58799358 传真:021-58883303 电子信箱:sfic@sh.cnuninet.net
4.公司注册地址:上海市浦东新区商城路518 号8 楼
公司办公地址:上海市浦东新区商城路518 号23 楼邮政编码:200120
公司国际互联网网址:http://www.shfriendship.com
5.公司选定信息披露报纸:《上海证券报》、《香港商报》
登载公司年度报告的中国证监会指定国际互联网网址:http://www.sse.com.cn
公司年度报告备置地点:公司股份制办公室
6.公司股票上市交易所:上海证券交易所
股票简称:友谊股份(A 股)友谊B 股(B 股) 股票代码:600827(A 股)900923(A 股)

二 、会计数据和业务数据摘要

1.本年度主要利润指标情况
(1) 根据中国会计准则审计后的主要利润指标

金额单位:人民币元

利润总额:	66,955,852.01
净利润:	54,169,982.56
扣除非经常性损益后的净利润:	53,373,241.93
主营业务利润:	393,650,561.25
其他业务利润:	25,286,596.45
营业利润:	18,842,985.48
投资收益:	44,682,579.47
补贴收入:	937,341.92
营业外收支净额:	2,492,945.14
经营活动产生的现金流量净额:	242,775,453.44
现金及现金等价物净增加额:	147,952,963.02

注:在"扣除非经常性损益后的净利润"中,扣除的项目为:补 贴收入937,341.92 元。
(2) 根据中国会计准则审计与国际会计准则审计的净利润差异的说明

单位:人民币千元

根据中国会计准则编制的股东应占溢利	54,170
为遵照国际会计准则而作出的调整:	
1 冲销以前年度停业整顿期间装修费用资本化所导致的额外的折旧	2,856
2 冲销开办费及其他无形资产	(2,516)
3 由于采用不同的固定资产和无形资产摊销政策而产生的差异	(2,009)
4 以前年度固定资产和无形资产摊销政策不同导致对置换出资产之净值的差异	4,019
5 由于采用不同摊销年限而产生的负商誉摊销差异	8,432
6 由于采用不同摊销年限而产生的无形资产商誉摊销差异	(5,623)
7 收入冲减与其相关的资本化支出	(6,317)
8 由于采用不同摊销年限而产生的职工安置费摊销差异	(3,681)
9 调整新购附属公司于收购日的净资产所导致的差异	(886)
10 其他	25
--遵照国际会计准则调整后的股东应占溢利:	48,660

2.截至报告期末公司近三年主要会计数据和财务指标:

金额单位:元

项目	2000 年	1999 年	1998 年 年报数	1998 年 调整后
主营业务收入	2,468,244,674.14	575,801,723.40	442,452,054.79	442,452,054.79
净利润	54,169,982.56	40,734,228.53	40,761,799.63	52,962,224.51
总资产	3,259,236,221.31	1,309,181,736.01	1,167,292,139.96	1,155,324,059.90
股东权益(不含少数股东权益)	541,086,724.58	407,164,159.93	401,436,624.73	390,073,585.04
每股收益(摊薄)	0.22	0.18	0.21	0.28
每股收益(按月平均加权法)	0.23	0.20	0.21	0.32
扣除非经常性损益后的每股收益	0.22	0.11		
每股净资产	2.21	1.79	2.12	2.06
调整后的每股净资产	1.16	1.51	2.01	1.95
每股经营活动产生的现金流量净额	0.99	0.11	0.88	0.88
净资产收益率	10.01	10.00	10.15	13.58

备 注:(1) 1998 年调整数是根据财政部财会字[1999] 35 号文、49 号文的有关规定,采用了追溯调整法,调整了相关的帐项。
(2) 2000 年3 月公司实施配股,本次共配售16,751,412 股;

三 、股本变动及股东情况

1.报告期末股东总数
截止报告期末,公司股东总数为15806 户(其中:A 股股东12314 户,B 股股东3492 户)。
2.报告期末公司前十名股东持股情况:

股东名称	持股数量(股)	占总股本比例(%)	备注
1 上海友谊(集团)有限公司	90347400	36.98	国家股
2 IEONG CHONG MANG HDSBCSB S/A-BANQUE INT.A	5838505	2.39	B 股
3 LUXEMBOURG S/A HSBC GLOBAL INV.FUNDS CHINESE EQUITY	53004800	2.17	B 股
4 上海华联(集团)有限公司	4030698	1.65	法人股
5 上海国际信托投资公司	3346200	1.37	法人肥
6 朱刚	2444390	1.00	B 股
7 刘如霖	2340876	0.96	B 股
8 上海九百(集团)有限公司	2256143	0.92	法人股
9 NAITO SECURITIES CO., LTD.	2232582	0.94	B 股
10 孙文雄	2180000	0.89	B 股

成都人民商场(集团)股份有限公司

一、公司简介

1 、公司法定中文名称:成都人民商场(集团)股份有限公司
公司英文名称:CHENGDU PEOPLE'S DEPARTMENT STORE (GROUP)CO., LTD.
英文名称缩写:CPDS
2 、公司法定代表人:吕根旭
3 、公司董事会秘书:张学勤 联系地址:四川省成都市东御街19 号
电话:028-6665088 传真:028-6651176
4 、公司注册、办公地址:四川省成都市东御街19 号 邮政编码:610011
公司电子信箱:cdmarkt@mail.sc.cninfo.net
5 、公司选定的信息披露报纸:《上海证券报》、《中国证券报》
登载年度报告的中国证监会指定国际互联网网址:http://www.sse.com.cn
公司年度报告备置地点:公司董事会办公室
6 、公司股票上市交易所:上海证券交易所
股票简称:成商集团 股票代码:600828

二、会计数据和业务数据摘要

1 、本年度主要会计数据(合并报表数据)(单位:元)

项目	2000 年
⑴利润总额	29,546,295.98
⑵净利润	24,123,808.33
⑶扣除非经常性损益后的净利润	18,123,808.33
⑷主营业务利润	158,876,390.70
⑸其他业务利润	21,421,818.89
⑹营业利润	-7,294,363.62
⑺投资收益	31,814,925.65
⑻补贴收入	6,000,000.00
⑼营业外收支净额	-974,266.05
⑽经营活动产生的现金流量净额	23,082,028.28
⑾现金及现金等价物净增加额	-10,157,030.70

注:扣除的非经常性损益项目和涉及金额为:成都市国有资产管理局为公司1997 年度接收原市针织品公司基本建设贷款而给予的补贴600 万元列帐。
2 、公司近三年主要会计数据和财务指标(单位:元)

项目	2000 年	1999 年	1998 年
⑴主营业务收入	1,439,517,540.81	1,368,886,804.73	1,155,056,441.99
⑵净利润	24,123,808.33	34,341,896.24	43,527,273.23
⑶总资产	992,697,472.55	991,504,702.27	970,800,184.64
⑷股东权益	431,354,081.37	423,841,039.36	438,601,090.09
⑸每股收益(摊薄)	0.142	0.203	0.257
⑹每股收益(加权)	0.142	0.203	0.257
⑺扣除非经常性损益后的每股收益(摊薄)	0.107	0.156	0.198
⑻扣除非经常性损益后的每股收益(加权)	0.107	0.156	0.198
⑼每股净资产	2.55	2.50	2.59
⑽调整后的每股净资产	2.30	2.21	2.28
⑾每股经营活动产生的现金流量净额	0.14	0.27	-0.05
⑿净资产收益率(%)(摊薄)	5.59	8.10	9.92
⒀净资产收益率(%)(加权)	5.76	8.44	10.40
⒁扣除非经常性损益后的加权净资产收益率	4.33	6.48	8.01

利润表附表:

报告期利润	净资产收益率% 全面摊薄	净资产收益率% 加权平均	每股收益(元/股) 全面摊薄	每股收益(元/股) 加权平均
主营业务利润	36.83	37.92	0.938	0.938
营业利润	-1.69	-1.74	-0.043	-0.043
净利润	5.59	5.76	0.142	0.142
扣除非经常性损益后的净利润	4.20	4.33	0.107	0.107

三、股东情况介绍

1 、报告期末股东总数:11878 户。
2 、前十名股东持股情况:

名次	股东名称	年末持股数(股)	持有类别	持股比例(%)
①	成都市国有资产投资经营公司	110690733	国家股	65.39
②	成都市华盛房地产有限责任公司	13491567	法人股	7.97
③	金鑫基金	1819320	流通股	1.07
④	上大巴士	396800	流通股	0.23
⑤	上地置业	369163	流通股	0.22
⑥	贝泽贸易	303600	流通股	0.18
⑦	陈钢	266200	流通股	0.16
⑧	梁伯仁	260000	流通股	0.15
⑨	邗江建设	247500	法人股	0.15
⑩	张维钦	200500	流通股	0.12

注:①报告期内,成都市国有资产投资经营公司持有本公司股份110690733 股,占公司总股本的65.39%,无质押与冻结的情况。
成都市华盛房地产有限责任公司持有本公司股份13,491,567 股,占公司总股份的7.97%,其中550 万股用于向成都市三圣信用社借款提供质押担保,300 万股用于向成都市农行玉沙支行借款提供质押担保,75 万股用于向成都市南郊信用联社借款提供质押担保,4,241,576 股用于向成都市商行营业部借款提供质押担保。
②报告期内本公司无持股10%以上的法人股东。
③报告期内本公司控股股东发生变更。经国家财政部财管字(2000)259 号文批准,本公司原国家股持有单位——成都市国有资产管理局将所持有的110690733 股国家股划转给成都市国有资产投资经营公司持有。本次划转后,股权性质仍为国家股。本次国家股股权划转公告刊登在2000 年7 月20 日的《上海证券报》第26 版。

哈尔滨天鹅实业股份有限公司

一 、公司简介

1 、公司名称:
中文:哈尔滨天鹅实业股份有限公司
英文:HARBIN SWAN INDUSTRY COMTANY LIMITED
缩写:HS
2 、公司法定代表人:丁洪利
3 、公司董事会秘书:乔克荣
联系地址:哈尔滨市道里区共乐街 182 号
联系电话:0451 —4624124 传真:0451 —4624142
电子信箱:haswan@public.hr.hl.cn
4 、公司注册地址、办公地址:哈尔滨市道里区共乐街 182 号
邮政编码:150076
公司电子信箱:haswan@public.hr.hl.cn
5 、公司指定信息披露报刊名称:《上海证券报》
登载公司年报的国际互联网网址:http://www.sse.com.cn
公司年度报告备置地点:公司公关部
6 、公司股票上市交易所:上海证券交易所
股票简称:天鹅股份
股票代码:600829

二 、会计数据和业务数据摘要

(一)本年度主要会计数据及业务数据 ((单位:人民币元 合并报表)

(1)利润总额	70,123,724.09
(2)净利润	61,543,119.65
(3)扣除非经常性损益后的净利润	32,332,353.49
(4)主营业务利润	127,605,151.54
(5)其他业务利润	678,044.42
(6)营业利润	58,618,108.14
(7)投资收益	4,175,435.00
(8)补贴收入	8,813,719.07
(9)营业外收支净额	–1,483,538.12
(10)经营活动产生的现金流量净额	61,854,082.94
(11)现金及现金等价物净增加额	–3,366,075.41

备注:扣除的非经常性损益项目和涉及金额说明:

扣除非经常性损益扣除项目为一次性免息冲减财务费用 23,509,811.62 元;补贴收入 8,813,719.07 元;处理固定资产净损失 1,765,744.62 元;减免企业所得税 2,918,813.97 元。考虑所得税影响数 4,265,833.88 元,实际扣除金额为 29,210,766.16 元。

(二)公司近三年的主要会计数据和财务指标 ((单位:人民币元)

项目	2000 年	1999 年	1998 年调整后	1998 年调整前
主营业务收入	516,969,629.74	385,944,704.35	352,810,907.85	352,810,907.85
净利润	61,543,119.65	2,322,593.64	–6,987,020.56	780,862.25
总资产	1,001,094,572.91	709,693,028.37	655,486,926.75	672,443,720.05
股东权益	466,355,406.53	415,198,337.28	414,399,415.23	430,688,009.46
每股收益(摊薄)	0.4656	0.0176	–0.0529	0.0059
每股收益(加权)	0.4656	0.0176	–0.0529	0.0059
扣除非经常性损益后每股收益	0.2440	0.0176	–0.0529	0.0059
每股净资产	3.53	3.14	3.20	3.26
调整后的每股净资产	3.36	2.72	2.75	2.78
每股经营活动产生的 现金流量净额	0.47	0.44	0.31	0.31
净资产收益率(摊薄)(%)	13.20	0.56	–1.69	0.18
净资产收益率(加权)(%)	15.72	1.99	1.68	1.62

注:(1)按照中国证监会《公开发行证券公司信息披露编报规则(第 9 号)》要求计算的利润数据:

报告期利润	净 资产收益率		每股收益	
	全面摊薄	加权平均	全面摊薄	加权平均
主营业务利润	27.36	29.19	4.09	4.09
营业利润	12.57	13.41	0.44	0.44
净利润	13.20	14.08	0.47	0.47
扣除非经常性损益后的净利润	6.93	7.37	0.24	0.24

三 、股本变动及股东情况

股东情况介绍

1 、截止 2000 年 12 月 29 日,本公司股东总数 18025 户,其中:发起人国有股股东 1 户,社会公众股股东 18051 户。

2 、公司前十名股东持股情况(截止 2000 年 12 月 29 日)

股东 名 称	年末持股	比例(%)	年初持股	比例(%)
哈尔滨建筑材料工业(集团)公司	98,893,300	74.82	98,893,300	74.82
边江	278,363	0.21		
南京证券	200,000	0.15		
马凤珍	200,000	0.15		
惠百利宏	160,584	0.12		
韦海斌	160,000	0.12		
李宁	142,000	0.11		
田 晓娜	117,500	0.09		
关树艳	112,795	0.08		
李晓刚	110,000	0.08		

说明:本公司前十名股东中,哈尔滨建筑材料工业(集团)公司代表国家持有本公司 74.82%的股份无质押冻结情况,其余九名股东所持股份为上市流通股份,本公司不知其有无关联关系和质押冻结情况。

3 、持股 10%(含 10%)以上的法人股东简介

哈尔滨建筑材料工业(集团)公司法 定代表人:丁洪利;公司经营范围:主要经营组织水泥等建筑材料及金属矿物材料和制品、无机非金属新材料、新型建材、建材机械、建材包装材料的科研、设计、生产采掘、运输;供应和销售为集团成员单位代购和储运生产所需原材料、代销产品、维修生产设备和加工设备配件。

4 、报告期内公司控股股东无变更。

宁波城隍庙实业股份有限公司

一、公司简介

(一)公司法定中文名称:宁波城隍庙实业股份有限公司
公司法定英文名称:NINGBO CHENGHUANGMIAO INDUSTRY CO., LTD.
公司法定英文缩写:NCHMI
(二)公司法定代表人:赵万兴
(三)公司董事会秘书:林蔚晴
公司咨询服务机构:总经理办公室
联系地址:浙江省宁波市开明街 130 弄 48 号公司总经理办公室
联系电话:0574-7315310 0574-7299688-2005、2045
传真: 0574-7294676
公司电子信箱:nbchmi@cnnb.net
(四)公司注册地址:浙江省宁波市开明街 130 弄 48 号
公司办公地址:浙江省宁波市开明街 130 弄 48 号
公司邮政编码:315000 公司电子信箱:nbchmi@cnnb.net
(五)公司选定的信息披露报纸:《中国证券报》、《上海证券报》
登载公司年度报告的中国证监会指定国际互联网网址:http://www.sse.com.cn
公司年度报告备置地点:公司总经理办公室
(六)公司股票上市交易所:上海证券交易所
股票简称:甬城隍庙 股票代码:600830

二、会计数据和业务数据摘要

(一)本年度主要利润指标

利润总额	57,578,053.94 元
净利润	36,785,572.12 元
扣除非经常性损益后的净利润	8,691,768.20 元
主营业务利润	61,981,630.07 元
其他业务利润	8,410,176.47 元
营业利润	6,988,745.92 元
投资收益	26,809,358.25 元
补贴收入	23,133,338.00 元
营业外收支净额	646,611.77 元
经营活动产生的现金流量净额	16,478,296.77 元
现金及现金等价物净增加额	8,717,575.83 元

注:扣除的非经常性损益项目和涉及金额

项目	金额
1、处置财产净收益	19,975,663.50 元
2、补贴收入	22,600,000.00 元
3、长期投资差额摊销	644,612.88 元
4、以上项目涉及金额	41,931,050.62 元

(二)截至报告期末公司前三年的主要会计数据和财务指标(合并报表)(单位:人民币元)

项目	2000 年度	1999 年度	1998 年度	
			调整前	调整后
主营业务收入	442,655,000.10	367,898,758.67	352,698,776.14	251,824,676.73
净利润	36,785,572.12	33,386,421.60	31,176,683.55	35,514,063.29
总资产	601,431,844.29	489,682,533.25	708,360,560.12	633,796,417.81
股东权益	366,304,201.13	329,518,629.01	303,517,725.65	296,378,629.95
每股收益(摊薄)	0.233	0.211	0.296	0.337
(加权)	0.233	0.282	0.296	0.337
扣除非经常性损益后的每股收益	0.055	0.089		
每股净资产(摊薄)	2.318	2.085	2.881	2.813
(加权)	2.318	2.780	2.881	2.813
调整后每股净资产	2.126	1.928	2.712	2.665
每股经营活动产生的现金流量净额	0.104	0.269		
净资产收益率(%)(摊薄)	10.042	10.132	10.272	11.983
(加权)	10.573	10.664	10.091	11.852
扣除非经常性损益后的净资产收益率(%)(摊薄)	2.373	4.273		
(加权)	2.498	4.497		

(三)按中国证监会《公开发行证券公司信息披露编报规则第 9 号》的要求,计算的公司 2000 年度净资产收益率和每股收益如下:

报告期利润	净资产收益率(%)		每股收益(元/股)	
	全面摊薄	加权平均	全面摊薄	加权平均
主营业务利润	16.921	17.815	0.392	0.392
营业利润	1.908	2.009	0.044	0.044
净利润	10.042	10.573	0.233	0.233
扣除非经常性损益后的净利润	2.373	2.498	0.055	0.055

三、股东情况介绍

(一)报告期末股东总数截止报告期末,本公司股东总数为 30821 户。

(二)前十名股东持股情况

股东名称	年末持股数(股)	持股比例(%)
中国烟草总公司浙江省公司	40344450	25.53
宁波市郡庙企业总公司	7678161	4.86
浙江省烟草总公司宁波分公司	6435000	4.07
宁波大红鹰经贸有限公司	6068700	3.84
杭州烟萃	2245164	1.42
宁波市商业银行海曙支行	2166450	1.37
绍兴香叶	1694137	1.07
恒丰发展	1500000	0.95
宁波药材股份有限公司	1072500	0.68
宁波日报	750750	0.48

注:1、浙江省烟草公司宁波分公司系中国烟草总公司下属企业,存在关联关系。
2、持有公司 5%以上股份的中国烟草总公司浙江省公司所持股份无质押、冻结等情况。
3、报告期内控股股东无变更。

黄河机电股份有限公司

一、公司简介

1.公司法定中文名称:黄河机电股份有限公司
公司英文名称:HUANGHE MACHINERY AND ELECTRONICS.CO.LTD
公司英文名称缩写:HMEC
2.公司法定代表人:代志军
3.公司董事会秘书:李道光
联系地址:西安市幸福北路 21 号公司证券部
联系电话:(029)2526902 、(029)2541899
传真:(029)2521831
电子信箱(E-mail):hhkjcw@pub.xaonline.com
4.公司注册地址:西安市幸福北路 21 号
公司办公地址:西安市幸福北路 21 号 邮政编码:710043
公司网址:http://www.hhkj.com
电子信箱(E-mail):HHKJ01@pub.xaonline.com
5.公司信息披露报纸名称:《上海证券报》、《证券时报》
公司年度报告登载网址:http://www.sse.com.cn
公司年度报告备置地点:公司证券部
6.公司股票上市交易所:上海证券交易所
股票简称:ST 黄河科 股票代码:600831

二、会计数据和业务数据摘要

(一)本年度主要利润情况 ((单位:元)

项目	2000 年
利润总额	−24,573,464.85
净利润	−24,600,576.55
扣除非经常性损益后的净利润	−24,600,576.55
主营业务利润	−1,732,491.82
其他业务利润	30,884.86
营业利润	−24,572,659.61
投资收益	
补贴收入	
营业外收支净额	−805.24
经营活动产生的现金流量净额	−22,033,592.81
现金及现金等价物增加额	−26,661,201.30

(二)公司近三年主要会计数据和财务指标

项目	2000 年	1999 年	1998 年	
			调整前	调整后
主营业务收入	28,291,087.46	106,616,581.70	106,616,581.07	231,362,022.99
净利润	−24,600,576.55	39,040,153.43	−21,927,062.15	6,363,529.80
总资产	456,308,760.41	664,950,569.31	664,950,569.31	505,460,139.12
股东权益	101,103,015.78	113,670,807.91	108,703,592.33	74,630,654.48
每股收益(元/股)	−0.221	0.35	−0.197	0.06
每股收益(加权)	−0.221	0.35	−0.197	0.06
扣除非经常性损益后的每股收益	−0.221	−0.44	−0.197	−0.08
每股净资产(元/股)	0.908	1.02	0.9768	0.67
调整后的每股净资产	0.4636	0.55	0.5095	0.35
净资产收益率(%)	−24.33	34.34	−0.2018	8.53
每股经营活动产生的现金流量净额	−0.198	−0.22	−0.198	0.34

注:主要财务计算公式如下:
每股收益=净利润/年度末普通股股份总数
每股净资产=年度末股东权益/年度末普通股股份总数
调整后的每股净资产=(年度末股东权益−三年以上的应收款项净额−待摊费用−待处理(流动、固定)资产净损失−开办费−长期待摊费用−住房周转金负数余额)/年度末普通股股份总数
每股经营活动产生的现金流量净额=经营活动产生的现金流量净额/年度末普通股股份总数
净资产收益率=净利润/年度末股东权益×100%

(三)按照中国证监会《公开发行证券公司信息披露编报规则》第 9 号要求计算的相关指标

报告期利润	净资产收益率		每股收益	
	全面摊薄	加权平均	全面摊薄	加权平均
主营业务利润	−0.017	−0.017	−0.016	−0.016
营业利润	−0.243	−0.243	−0.221	−0.221
净利润	−0.243	−0.243	−0.221	−0.221
扣除非经常性损益后的净利润	−0.243	−0.243	−0.221	−0.221

注:主要财务计算公式如下:
全面摊薄净资产收益率和每股收益的计算公式如下:
全面摊薄净资产收益率 ==报告期利润 ÷ 期末净资产
全面摊薄每股收益 ==报告期利润 ÷ 期末股份总数

三、股本变动及股东情况

(一)股本变动情况
(二)股东情况介绍
1 、截止报告期末,公司股东总数为 15748 户,其中国有股东 1 户,法人股 248 户。
2 、公司前十名股东持股情况

名次	股东名称	年末持股数(股)	持股比例(%)
1	黄河机器制造厂	59197000	53.2
2	东方证券	3774750	3.39
3	西安证交	1835220	1.649
4	东方川南	476700	0.428
5	汉博基金	415013	0.373
6	汉鼎基金	413600	0.372
7	东方中兴	356117	0.320
8	中信证券	350000	0.315
9	西无二厂	283500	0.255
10	林奇公司	254667	0.229

持有本公司 5%以上股份的股东有一名,即黄河机器制造厂,报告期内其持股情况无变动,也无质押或冻结情况。代表国家持有股份的单位为黄河机器制造厂。

上海东方明珠股份有限公司

一 、公司简介

1 、公司名称:
中文:上海东方明珠股份有限公司
英文:SHANGHAI ORIENTAL PEARL CO.,LTD
缩写:S.O.P
2 、公司法定代表人:盛重庆
3 、董事会秘书:曹志勇
董事会证券事务代表:刘海英
联系地址:上海市北京东路 2 号
电话:021-63617788 ×6204
传真:021-53088424
4 、公司注册地址:上海浦东世纪大道 1 号
邮编:200120
公司办公地址:上海市北京东路 2 号
邮编:200002
电子信箱:shpearl@online.sh.cn
公司网址:www.shpearl.com
5 、公司选定的信息披露报纸:《上海证券报》
登载公司年度报告的中国证监会指定国际互联网网址:http://www.sse.com.cn
公司年度报告备置地点 ::上海北京东路 2 号东方明珠股份有限公司董事会办公室
6 、公司股票上市交易所:上海证券交易所
股票简称:东方明珠
股票代码:600832

二 、会计数据和业务数据摘要

1 、公司本年度利润情况 单位:元

利润总额	224,556,946.46
净利润	199,874,737.67
扣除非经常性损益后的净利润	199,874,737.67
主营业务利润	292,473,162.85
其他业务利润	28,684,978.11
营业利润	196,348,089.29
投资收益	28,340,209.89
补贴收入	
营业外收支净额	(−)131,352.72
经营活动产生的现金流量净额	(−)48,405,227.31
现金及现金等价物净增加额	210,192,752.15

2 、截止报告年度末公司前三年的主要会计数据及财务指标 单位:元

项 目	2000 年	1999 年	1998 年调整后	1998 年调整前
主营业务收入	716,805,254.04	537,989,894.21	566,894,064.62	566,894,064.62
净利润	199,874,737.67	186,882,802.28	140,146,733.19	161,508,085.39
总资产	3,814,142,707.53	3,078,743,592.36	3,027,341,006.83	3,057,807,712.01
股东权益	1,647,846,143.74	1,589,590,095.02	1,520,792,177.14	1,551,379,188.98
每股收益(摊薄)	0.309	0.289	0.22	0.25
每股收益(加权)	0.309	0.289	0.22	0.25
扣除非经常性损益后的每股收益	0.309	0.259	0.193	0.218
每股净资产	2.55	2.46	2.35	2.40
调整后的每股净资产	2.38	2.34	2.29	2.33
每股经营活动产生的现金流量净额	−0.07	0.293	0.244	0.244
净资产收益率(%)	12.13	11.76	9.22	10.41
净资产收益率(加权)%	12.35	11.98	9.284	10.59

3 、报告期利润表附注

报告期利润	净资产收益率(%)		每股收益	
	全面摊薄	加权平均	全面摊薄	加权平均
主营业务利润	17.75%	18.07%	0.453	0.453
营业利润	11.92%	12.13%	0.304	0.304
净利润	12.13%	12.35%	0.309	0.309
扣除非经常性损益后的净利润	12.13%	12.35%	0.309	0.309

三 、股本变动及股东情况

1 、股本变动情况
(2)股票发行与上市情况 经 2000 年 7 月 7 日公司临时股东大会审议通过,以 1999 年底总股本为基数,向全体股东每 10 股配 3 股,配股价每股 25.00 元。
2 、股东情况介绍
(1)报告期末股东总数 89999 户
(2)报告期末前十名股东持股情况

		持股数(股)	占总股本比例(%)
1	上海广播电影电视发展有限公司	351,247,998	54.35
2	上海有线电视台	54,000,000	8.36
3	上海精文投资有限公司	27,000,000	4.18
4	上海大型活动办	14,400,000	2.22
5	上海东方电视台	13,680,000	2.12
6	上海电视台	13,500,000	2.09
7	上海东亚集团公司	13,500,000	2.09
8	上海「每周广播电视报」	6,750,000	1.04
9	兴华基金	4,578,679	0.71
10	上海申银万国证券公司	4,102,680	0.63

上 述十名股东之间不存在关联关系。
(3)持股 10%(含 10%)以上的法人股东情况:
上 海广播电影电视发展有限公司,成立于一九八四年,是上海市广播电影电视局进行资产投资和开拓多种经营项目的主要经济窗口。法定代表人陈锡强,经营范围为广播电影电视舞美设计制作及相关产品、设备销售;信息咨询、文化交流、传播服务;企业投资、国内贸易等。公司除拥有东方明珠股份外,同时对上海国际会议中心,上海八万人体育场,上海广电(集团)有限公司等重大项目均拥有股份。
(4)报告期内公司控股股东无变更。

上海商业网点发展实业股份有限公司

一、公司简介

㈠ 公司的法定中文名称:上海商业网点发展实业股份有限公司
公司的法定英文名称:SHANGHAI COMMERCIAL REAL ESTATE DEVELOPMENT INDUSTRY CO.,LTD. 英文缩写:SCD
㈡ 报告期内公司法定代表人:凌承进女士
㈢ 公司董事会秘书、联系地址、电话、传真:
董事会秘书:陈介文先生
联系地址:上海市南市区外马路 974 号 5 楼
联系电话:(021)63136510 、(021)63136511 传真:(021)63135518
㈣ 公司注册地址、办公地址、邮政编码及电子信箱:
公司注册地址:上海市浦东新区浦三路 1260 弄 4 号 邮编:200125
公司办公地址:上海市南市区外马路 974 号 5 楼 邮编:200011
电子信箱:shcred @ online.sh.cn
㈤ 公司选定的信息披露报刊名称、登载公司年度报告的中国证监会指定国际互联网网址、公司年度报告备置地点:
信息披露报纸:上海证券报
中国证监会指定的国际互联网网址:http://www.sse.com.cn
年度报告备置地点:上海市南市区外马路 974 号 5 楼
㈥ 公司股票上市交易所、股票简称和股票代码:
上市交易所:上海证券交易所
股票简称:PT 网点 股票代码:600833

二、主要财务数据和指标

㈠ 本年度会计数据和业务数据(单位:元)

项目	2000 年
利润总额	-136,539,890.30
净利润	-136,539,890.30
扣除非经常性损益后的净利润	-115,577,376.45
主营业务利润	-7,845,185.87
其他业务利润	161,040.35
营业利润	-105,098,582.84
投资收益	-8,967,822.97
补贴收入	0.00
营业外收支净额	-22,473,484.49
经营活动产生的现金流量净额	2,008,680.73
现金及现金等价物净增加额	249,973.84

非经常性损失主要是债务重组损失 2097.21 万元,及赔款、罚息、违约金等非常损失。

㈡ 公司近三年主要会计数据与财务指标(单位:元)

项目	2000 年	1999 年	1998 年	
			调整前	调整后
主营业务收入	4,190,595.72	-10,992,515.04	-51,851,805.50	-51,851,805.50
净利润	-136,539,890.30	-181,076,304.79	-140,280,227.20	-274,134,520.18
总资产	479,138,776.44	735,030,974.84	986,828,120.70	801,535,949.85
股东权益	-400,760,732.08	-264,220,841.78	99,474,313.89	-85,817,856.96
每股收益(摊薄)	-0.857	-1.136	-0.88	-1.720
每股净资产	-2.515	-1.658	-0.624	-0.539
调整后每股净资产	-2.558	-1.693	0.271	-0.834
每股经营活动产生的现金流量净额	0.013	-0.012	-0.833	-0.833
净资产收益率			-141.02%	--
扣除非经常性损益后的每股收益	-0.725	-1.061	-0.799	-1.461

*2000 年度合并会计报表范围变动已调整上年财务数据

㈢ 利润表附表

报告期利润	利润额	净资产收益率(%)		每股收益(元)	
		摊薄	加权	摊薄	加权
主营业务利润	-7,845,185.87	--	--	-0.049	-0.049
营业利润	-105,098,582.84	--	--	-0.660	-0.660
净利润	-136,539,890.30	--	--	-0.857	-0.857
扣除非经营损益后的净利润	-115,577,376.45	--	--	-0.725	-0.725

三、股东持股情况

1. 报告期末股东总数:据上海证券中央登记结算公司统计,截止至 2000 年 12 月 31 日本公司股东总数 24113 户。

2. 前十名股东持股情况:

持股单位	股数	占总股本
上海商业网点发展有限责任公司	35003265	21.97%;
上海友谊(集团)有限公司	9202050	5.77%;
上海新亚(集团)股份有限公司	9202050	5.77%;
交通银行上海分行	6134700	3.85%;
上海市土产物资总公司	4719000	2.96%;
上海国际信托投资公司	3680820	2.31%;
上海徐汇区商业建设总公司	3062197	1.92%;
上海申银万国证券股份有限公司	2688471	1.69%;
上海市虹口区商业建设公司	2453880	1.54%;
上海氯碱化工股份有限公司	2453880	1.54%;
上海南上海商业投资公司	2453880	1.54%;

3. 持有本公司 10%以上法人股东的情况:
法人股东名称:上海商业网点发展有限责任公司
法定代表人:朱广军
经营范围:商业网点用房的开发、建筑材料(除专项规定)、业务咨询。

4. 报告期内控股股东未发生变更情况。

四、股东大会简介

报告期内公司召开了一次股东大会,即第九次股东大会。会议于 2000 年 6 月 27 日下午在岳阳路 1 号上海教育会堂召开。决议公告刊登在 2000 年 6 月 29 日《上海证券报》上。

上海凌桥自来水股份有限公司

一 、公司简介

1 、公司法定名称:上海凌桥自来水股份有限公司
公司英文名称:ShangHai LingQiao Tap Water Co.,Ltd. 缩写:SHLQTW
2 、公司法定代表人:费立夫
3 、公司董事会秘书:仲 辉 联系地址:上海市浦电路 389 号(由由燕乔大厦 5F)
电话及传真:(021)58308595
4 、公司注册地址及办公地址:上海市浦电路 389 号(由由燕乔大厦 5F) 邮政编码:200122
5 、公司选定的信息披露报纸名称:上海证券报
登载公司年度报告的中国证监会指定国际互联网网址:http://www.see.com.cn
公司年度报告备置地点:上海市浦电路 389 号(由由燕乔大厦 5F)
6 、公司股票上市交易所:上海证券交易所 股票简称:凌桥股份 股票代码:600834

二 、会计数据和业务数据摘要

1 、本年度会计数据和业务数据摘要 单位:元

项 目	
(1)利润总额	63,745,763.24
(2)净利润	54,232,672.07
(3)扣除非经常性损益后的净利润	54,232,672.07
(4)主营业务利润	60,709,130.49
(5)其他业务利润	0.00
(6)营业利润	57,063,824.19
(7)投资收益	6,724,012.75
(8)补贴收入	0.00
(9)营业外收支净额	--42,073.70
(10)经营活动产生的现金流量净额	119,916,659.45
(11)现金及现金等价物净增加额	--23,097,612.13

2 、公司近三年主要会计数据和财务指标 单位:元

项 目	2000 年	1999 年	1998 年	
			调整后	调整前
(1)主营业务收入	107,948,113.20	103,494,098.81	118,831,606.96	118,831,606.96
(2)净利润	54,232,672.07	44,735,904.39	47,419,757.84	47,619,757.84
(3)总资产	593,541,020.07	485,473,448.14	542,474,656.22	542,674,656.22
(4)股东权益	476,484,723.12	473,712,551.05	428,976,646.66	429,176,646.66
(5)每股收益(摊薄)	0.16	0.19	0.20	0.20
每股收益(加权)	0.19	0.19	0.20	0.20
(6)每股净资产(摊薄)	1.39	2.00	1.81	1.81
(7)调整后的每股净资产	1.39	2.00	1.81	1.81
(8)每股经营活动产生的现金流量净额	0.35	0.22	0.13	0.13
(9)净资产收益率(%)	11.38	9.44	11.05	11.10

注:重要会计数据和财务指标的计算公式
(1)每股收益=净利润/年度末普通股股份总数
(2)每股净资产=年度末股东权益/年度末普通股股份总数
(3)调整后的每股净资产=[年度末股东权益-三年以上的应收款项净额-待摊费用-待处理(流动、固定)资产净损失-开办费-长期待摊费用-住房周转金负数余额] /年度末普通股股份总数
(4)每股经营活动产生的现金流量净额=经营活动产生的现金流量净额/年度末普通股股份总数
(5)净资产收益率=净利润/年度末股东权益×100%

利润表附表

报告期利润	净资产收益率(%)		每股收益(元)	
	全面摊薄	加权平均	全面摊薄	加权平均
(1)主营业务利润	12.74	12.12	0.18	0.18
(2)营业利润	11.98	11.39	0.17	0.17
(3)净利润	11.38	10.83	0.16	0.16
(4)扣除非经常性损益后的净利润	11.38	10.83	0.16	0.16

全面摊薄净资产收益率和每股收益的计算公式如下:
全面摊薄净资产收益率=报告期利润/期末净资产
全面摊薄每股收益=报告期利润/期末股份总数
加权平均净资产收益率(ROE)的计算公式如下:

$$ROE=P/(E0+NP \div 2+Ei \times Mi \div M0-Ej \times Mj \div M0)$$

其中:P 为报告期利润;NP 为报告期净利润;E0 为期初净资产;Ei 为报告期发行新股或债转股等新增净资产;Ej 为报告期回购或现金分红等减少净资产;M0 为报告期月份数;Mi 为新增净资产下一月份起至报告期期末的月份数;Mj 为减少净资产下一月份起至报告期期末的月份数。

三 、股本变动及股东情况

(一)股东变动情况:
(二)股东情况介绍
(1)、报告期末股东总数:23017 户。
(2)、前 10 名股东情况:

序号 股东名称	期末持股数(股)	占股本比例(%)
(1)国家持股	218,370,000	63.65
(2)上海市自来水公司	29,000,000	8.45
(3)上海城市建设投资开发总公司	7,250,000	2.11
(4)申银万国证券股份有限公司	6,119,000	1.78
(5)上海市自来水浦东有限公司	1,450,000	0.42
(6)崔克敏	1,450,000	0.42
(7)南洋制衣有限公司	870,000	0.25
(8)上水神速	696,000	0.20
(9)上海住安建设发展公司	580,000	0.17
(10)大众交通(集团)股份有限公司	565,000	0.16

注:(1)持有本公司 5%以上股份的股东在报告期内没有发生质押冻结情况。
(2)第 2 、第 3 和第 5 名股东与公司有关联关系。
(3)报告期内控股股东没有发生变更。

上海上菱电器股份有限公司

一、公司简介

1、公司法定中文名称：上海上菱电器股份有限公司
公司法定英文名称：SHANGHAI SHANGLING ELECTRIC APPLIANCES CO.,LTD.
公司英文缩写：SLEC
2、公司法定代表人：夏毓灼
3、公司董事会秘书：曹俊　联系地址：上海市浦东新区建平路2号
电话：(021)58857888(总机)-2273　传真：(021)58857367
电子信箱：sldsh@shangling.com
4、公司注册及办公地址：上海市建平路2号
公司邮政编码：200135
公司国际互联网网址：http://www.shangling.com
电子信箱：sldsh@shangling.com
5、公司选定的信息披露报纸名称：
上海证券报(境内)、香港南华早报(境外)
登载公司年度报告的中国证监会指定国际互联网网址：http://www.sse.com.cn
公司年度报告备置地点：公司董事会秘书办公室
6、公司股票上市地：上海证券交易所
股票简称：上菱电器　上菱B股
A股股票代码：600835；B股股票代码：900925

二、会计数据和业务数据摘要

1、公司本年度实现（单位：人民币元）

利润总额	576,493,905.16
净利润	275,868,909.14
扣除非经常性损益后的净利润	260,121,291.71
主营业务利润	1,131,815,342.49
其他业务利润	12,057,951.10
营业利润	462,562,748.75
投资收益	116,410,829.402
补贴收入	54,717.43
营业外收支净额	-2,534,390.42
经营活动产生的现金流量净额	678,152,932.48
现金及现金等价物净增加额	428,534,876.07

注：扣除非经常性损益项目和涉及金额：(单位：人民币元)

1、国债利息	15,692,900.00
2、补贴收入	54,717.43
以上项目涉及金额共计	15,747,617.43

(单位：人民币千元)

根据中国法定帐目实现的净利润	275,869
根据国际会计准则实现的净利润	231,036

2、主要会计数据和财务指标(单位：人民币元)

项　目	2000年	1999年		1998年	
		调整后	调整前	调整后	调整前
主营业务收入	3628284505.64	3503166528.14	3503166528.14	444323044.92	444323044.92
净利润	275868909.14	240646168.09	244333013.37	-4849916.66	3284791.33
总资产	7059816173.41	6880077974.15	6886955811.52	4964466467.28	4969582156.82
股东权益(不含少数股东权益)	2744244752.94	2637048454.06	2645724841.43	1087127973.88	1093192213.42
每股收益	0.615	0.537	0.545	-0.015	0.010
每股收益(按月平均加权法计算)	0.615	0.636	0.646	-0.015	0.010
扣除非经常性损益后的每股收益	0.580	0.355	0.365	-0.015	0.010
每股净资产	6.12	5.88	5.90	3.31	3.33
调整后每股净资产	5.87	5.64	5.67	3.16	3.18
每股经营活动产生的现金流量净额	1.51	0.55	0.55	-0.27	-0.27
净资产收益率	10.05	9.13	9.24	-0.45	0.303

3、按全面摊薄和加权平均法计算的净资产收益率及每股收益

报告期利润	净资产收益率		每股收益(元)	
	全面摊薄	加权平均	全面摊薄	加权平均
主营业务利润	41.24%	42.06%	2.524	2.524
营业利润	16.86%	17.19%	1.032	1.032
净利润	10.05%	10.25%	0.615	0.615
扣除非经常性损益后的净利润	9.48%	9.67%	0.580	0.580

三、股东情况介绍

(1)报告期末公司股东总数为28049户。
(2)主要股东持股情况：

股东名称	年末持股数量(股)	占总股本比例(%)
1、上海电气(集团)总公司	211,981,080	47.28
2、安顺基金	5,166,256	1.15
3、TOYO SECURITIES ASIA LTD.A/C CLIENT(B股)	4,699,476	1.05
4、裕隆基金	4,200,175	0.945
5、海通证券	3,989,481	0.89
6、海通国际	3,293,500	0.73
7、金盛基金	3,163,742	0.71
8、兴安基金	2,869,600	0.64
9、新民生(B股)	1,964,588	0.44
10、钱月霞(B股)	1,875,000	0.42

注：①上海电气(集团)总公司持有本公司国家股股权为21,198.108万股，占总股本的47.28%。上海电气(集团)总公司法定代表人：夏毓灼先生，该公司经营范围：电力工程项目总承包，设备总成套或设备分交，开展对外承包劳务业务，实业投资，机电产品及相关行业的设备制造和销售，为国内和出口项目提供有关技术咨询及培训，市国资委授权范围内的国有资产经营与管理，国内贸易。

②除特别注明外，其他均为A股股东。

上海界龙实业股份有限公司

(一)公司简介

1、公司法定中文名称：上海界龙实业股份有限公司
公司法定英文名称：SHANGHAI JIELONG INDUSTRY CORPORATION LIMITED
公司英文名称缩写：J.I.C
2、公司法定代表人：费钧德
3、公司董事会秘书：楼福良
联系地址：上海市宁海东路200号(申鑫大厦16楼)
联系电话：021-63746888
传真：021-63732586
邮政编码：200021
电子信箱：JLSYGF@ISDNNET.STA.NET.CN
4、公司注册地址：上海市浦东新区川周公路7111号
公司办公地址：上海市浦东新区川周公路7111号
邮政编码：201205
公司国际互联网网址：HTTP://WWW.JIELONG-PRINTING.COM
公司电子信箱：JLSYGF@ISDNNET.STA.NET.CN
5、公司选定的信息披露报纸：上海证券报　中国证券报
登载公司年度报告的国际互联网网址：
HTTP://WWW.SSE.COM.CN
公司年度报告备置地点：上海市宁海东路200号(申鑫大厦16楼)
6、公司股票上市交易所：上海证券交易所
股票简称：界龙实业
股票代码：600836

(二)会计数据及业务数据摘要

1、本年度实现利润及主要现金流量指标(单位：人民币元)

项目	金额
利润总额	13,333,917.94
净利润	8,266,171.49
扣除非经常性损益后的净利润	8,442,196.14
主营业务利润	86,037,223.40
其它业务利润	2,993,811.10
营业利润	12,616,702.51
投资收益	314,469.60
补贴收入	578,770.48
营业外收支净额	-176,024.65
经营活动产生的现金流量净额	23,777,963.07
现金及现金等价物净增加额	3,236,777.73

注：扣除非经常性损益项目和涉及余额，扣除非经常性损益为营业外收支净额-176,024.65元，其中：出售固定资产、罚金收入、保险公司赔偿收入等收益622,328.06元；处置旧机器、赔偿金、罚金支出，捐款支出等支出798,352.71元。

2、截止报告其末公司前三年主要会计数据和财务指标(合并报表)

项目	2000.12.31	1999.12.31	1998.12.31	1998.12.31
			调整后	调整前
主营业务收入(元)	408,120,751.85	304,648,912.66	238,869,451.85	248,853,562.15
净利润(元)	8,266,171.49	3,991,553.68	-36,528,498.27	-29,846,751.65
总资产(元)	720,450,911.40	669,906,578.62	565,329,104.66	587,900,630.93
股东权益(不含少数股东权益)(元)	209,003,674.80	200,871,633.54	196,799,547.07	211,856,897.97
每股收益(元)	0.074	0.036	-0.327	-0.267
加权每股收益(元)	0.074	0.036	-0.327	-0.267
扣除非经常性损益后的每股收益(元)	0.076	0.038	-0.112	-0.052
每股净资产(元)	1.87	1.80	1.76	1.90
调整后的每股净资产(元)	1.26	1.42	1.46	1.81
每股经营活动产生的现金流量净额(元)	0.21	-0.042	0.318	0.318
净资产收益率(%)	3.96	1.99	-18.56	-14.09
扣除非经常性损益后的加权净资产收益率(%)	4.12	2.16	-5.72	-2.48

根据中国证监会《公开发行证券公司信息披露编报原则(第9号)》要求计算的利润数据：

报告期利润	净资产收益率(%)		每股收益(元)	
	全面摊薄	加权平均	全面摊薄	加权平均
主营业务利润	41.17	41.17	0.77	0.77
营业利润	6.04	6.04	0.11	0.11
净利润	3.96	3.96	0.074	0.074
扣除非经常性损益后的净利润	4.04	4.12	0.076	0.076

(三)股东情况介绍

(1)截止2000年12月31日止公司股东户数为27024户。
(2)报告期末公司前十名股东持股情况。　数量单位：股

序号　股东名称	期末持股数量(股)	持股比例(%)	股份性质
①上海界龙发展总公司	58695008	52.55	发起人股
②海通证券有限公司	4765313	4.26	法人股
③上海浦东联合信托投资有限责任公司	3001774	2.68	法人股
④上海界龙食品有限公司	891250	0.80	法人股
⑤谭　玮	230505	0.21	流通股
⑥上海市农业投资公司	230000	0.20	法人股
⑦华润集团	191831	0.17	流通股
⑧上海东方明珠股份有限公司	186875	0.17	法人股
⑨上海浦东华厦房地产公司	186875	0.17	法人股
⑩上海浦东汽车修配厂	186875	0.17	法人股

注：上海界龙食品有限公司是上海界龙发展总公司的控股子公司，界龙发展持有界龙食品75%股权，界龙食品主要经营范围：生产销售糖果、巧克力食品、膨化食品、饼干、佐餐。

上海市农垦农工商综合商社股份有限公司

一、公司简介

1 、公司的法定中英文名称及缩写:
公司法定中文名称:上海市农垦农工商综合商社股份有限公司
公司法定英文名称:SAIC MULTIPLE TRADING CO.,LTD.
公司英文缩写:SAICMT
2 、公司法定代表人:庄国蔚
3 、公司董事会秘书:汪培毅
联系地址:上海市天山路 800 号
联系电话:021-62749295 传 真:021-62748871
电子信箱:SAICTCL@mail2.online.sh.cn
4 、公司注册地址:上海市天山路 800 号
公司办公地址:上海市天山路 800 号 邮政编码:200051
电子信箱:SAICTCL@mail2.online.sh.cn
公司选定的信息披露报刊:《上海证券报》
登载公司年度报告的国际互联网网址:http://www.sh-forune.com
公司年度报告备置地点:上海市天山路 800 号
5 、公司股票上市交易所:上海证券交易所
股票简称:PT 农商社 股票代码:600837

二、会计数据和业务数据摘要

1 、公司本年度会计数据 单位:人民币(元)

利润总额	-67,235,870.07
净利润	-68,897,581.13
扣除非经营性损益后的净利润	-68,897,581.13
主营业务利润	28,796,194.73
其他业务利润	8,987,788.69
营业利润	-66,861,115.03
投资收益	-820,509.94
补贴收入	276,000.00
营业外收支净额	169,754.90
经营活动产生的现金流量净额	-17,729,797.86
现金及现金等价物净增加额	2,314,492.48

2 、公司近三年的主要财务指标 单位:人民币(万元)

财务指标项目	2000 年度	1999 年度	1998 年度
主营业务收入	28,702.19	57697.06	74908.54
净利润	-6,889.75	-40243.74	-10967.42
总资产	56,910.62	70692.76	111696.76
股东权益	-57,321.35	-50431.59	-10187.84
每股收益(摊薄)	-1.06	-6.17	-1.68
每股收益(加权)			
扣除非经营性损益后的每股收益	-1.06		
每股净资产	-8.97	-7.73	-1.56
调整后的每股净资产	-8.93	-9.64	-3.12
每股经营活动产生的现金流量净额	-0.27		
净资产收益率(摊薄)%			
净资产收益率(加权)%			

3 、报告期利润表附表

报告期利润	净资产收益		每股收益	
	全面摊薄	加权平均	全面摊薄	加权平均
主营业务利润			0.44	
营业利润			-1.02	
净利润			-1.06	
扣除非经营性损益后的利润			-1.06	

注:主要财务指标的计算方法如下:
全面摊薄每股收益=报告期利润/期末股份总数
全面摊薄净资产收益率=净利润/年度末股东权益×100%
加权平均每股收益(EPS):EPS=P/SO+S1+Si ×Mi ÷MO-Sj ×Mj ÷MO
其中:P 为报告期利润;SO 为起初股份总数;Sl 为报告期因公积金转增股本或股票股利分配等增加股份数;Si 为报告期因发行新股或债转股等增加股份数;Sj 为报告期因回购或缩股等减少股份数;MO 为报告期月份数;Mi 为增加股份下一月份起至报告期期末的月份数;Mj 为减少股份下一月份起至报告期期末的月份数。

三、股东情况

(1)报告期末公司股东总数为 6045 户;
(2)持有本公司 5%以上(含 5%)股份股东:
持有本公司 74.89%股份的国家股股东为上海市农工商(集团)总公司,法定代表人为叶维华,主营:国有资产的经营与管理,实业投资,居民服务,科研及咨询服务;兼营:农、林、牧、渔,水利及其服务业,建筑安装、设计,国内商业批发零售(除专项规定),房地产开发经营,四技服务。其所持有本公司股份没有质押。
(3)公司前 10 名股东持股情况:

股东名称	持股数量(股)	持股比例(%)
上海市农工商(集团)总公司	48864920	74.89
何阿九	219900	0.3
郭志江	180300	0.28
刘锁强	170000	0.26
北京奥连	160700	0.25
何焕贤	106500	0.163
马运东	104000	0.159
张天疏	101400	0.15
杜恒礼	93800	0.143
李夏梁	89800	0.138

上海九百股份有限公司

一、公司简介

1 、公司法定中文名称:上海九百股份有限公司
公司英文名称:SHANGHAI JOIN BUY CO.,LTD 公司英文名称缩写:SJB
2 、公司法定代表人:黄富贵
3 、公司董事会秘书:冯幼苏 授权代表:鲍培年
联系地址:上海市南京西路 873-881 号静安新时代大厦 9 楼
联系电话:(021)62729898 转 838 分机 传真:(021)62175212
4 、公司注册地址:上海市万航渡路 50 号
公司办公地址:上海市南京西路 873-881 号静安新时代大厦 9 楼
邮政编码:200041
公司国际互联网网址:WWW.sh9buy.com 公司电子信箱:shjb @guomai.sh.ch
5 、公司选定的信息披露报刊名称:《中国证券报》、《上海证券报》
登载公司年度报告的中国证监会指定的国际互联网网址:http://www.sse.com.cn
公司年度报告备置地点:公司证券部
6 、公司股票上市交易所:上海证券交易所
股票简称:上海九百 股票代码:600838

二、 会计数据和业务数据摘要

㈠ 本年度利润总额及其构成
金额单位:人民币元

利润总额	62,734,608.34
净利润	51,737,517.72
扣除非经常性损益后的净利润	46,820,124.56
主营业务利润	125,078,281.06
其他业务利润	9,828,915.97
营业利润	42,813,153.34
投资收益	19,709,291.17
补贴收入	204,779.06
营业外收支净额	7,384.77
经营活动产生的现金流量净额	147,832,976.70
现金及现金等价物净增加额	76,409,780.83

注:扣除非经常性损益的项目是:
1 、转配股净收益 3,217,393.16 元
2 、九百集团支付的资金使用费净收益 1,700,000.00 元
㈡ 截至报告期末公司近三年主要会计数据和财务指标
金额单位:人民币元

指标项目	2000 年	1999 年	1998 年	
			调整前	调整后
主营业务收入	776,158,105.27	601,568,049.38	500,279,942.03	500,279,942.03
净利润	51,737,517.72	27,706,090.63	43,226,880.14	37,513,485.93
总资产	1,079,180,493.12	979,974,131.41	799,826,429.54	775,536,268.88
股东权益	504,375,550.31	452,316,632.59	465,839,000.52	448,303,626.76
每股收益	0.2184	0.1169	0.1824	0.1583
每股收益(加权)	0.2184	0.1169	0.1849	0.1605
扣除非经常性损益后的每股收益	0.1976	0.0783	0.070	0.0459
每股净资产	2.13	1.91	1.97	1.89
调整后的每股净资产	1.96	1.700	1.91	1.83
每股经营活动产生的现金流量净额	0.624	㈠0.858	㈠0.5415	
净资产收益率(%)	10.26%	6.13%	9.28%	8.37%

注:主要财务指标计算方法:
每股收益=净利润/年度末普通股股份总额
每股净资产=年度末股东权益/年度末普通股股份总数
调整后的每股净资产=[年度末股东权益-3 年以上的应收款项净额-待推费用-待处理 (流动、固定)资产净损失-开办费-长期待摊费用-住房周转金负数余额]/年度末普通股股份总数
每股经营活动产生的现金流量净额=经营活动产生的现金流量净额/年度末普通股股份总数
净资产收益率=净利润/年度末股东权益×100%
㈢ 根据中国证监会《公开发行证券公司信息披露编报规则》第 9 号要求,公司 2000 年度按照全面摊薄法和加权平均法计算的利润表附表:

报告期利润(元)	净资产收益率(%)		每股收益(元)	
	全面摊薄	加权平均	全面摊薄	加权平均
主营业务利润	24.80	24.80	0.5279	0.5279
营业利润	8.49	8.49	0.1807	0.1807
净利润	10.26	10.26	0.2184	0.2184
扣除非经常性损益后的净利润	9.28	9.28	0.1976	0.1976

三、股本变动及股东情况介绍

㈠ 报告期末股东总数:38087 ,其中国家股股东 1 户。
㈡公司前十名股东持股情况:

股东名称	持股数	占总股本的比例(%)
1、上海九百(集团)有限公司	110255880	46.54
2、上海国宏置业有限公司	4000000	1.69
3、上海华联(集团)有限公司	3483648	1.47
4、上海友谊(集团)有限公司	2827239	1.19
5、上海电气(集团)有限公司	1999550	0.84
6、李鹏	981550	0.41
7、金水来	806400	0.34
8、上海林奇公司	614000	0.26
9、沈华龙	578200	0.24
10、章时耀	531311	0.22

注:⑴ 持有本公司 10 %以上股份的股东,系代表国家持有股份的单位:
上海九百(集团)有限公司。公司法定代表人:李庆苏,经营范围:国内贸易、(除专项规定)、实业投资、服装加工、贸易咨询等。
⑵ 前 10 名股东之间不存在关联关系

四川长虹电器股份有限公司

一、公司简介

1、公司法定中文名称:四川长虹电器股份有限公司
法定英文名称:SICHUAN CHANGHONG ELECTRIC CO.,LTD 英文缩写:CHANGHONG
2、公司法定代表人:倪润峰
3、公司董事会秘书:谭明献 联系地址:四川省绵阳市高新区绵兴东路35号
联系电话:(0816)2417979 传真:(0816)2417979 电子邮箱: tan.mx@changhong.com
4、公司注册地址:四川省绵阳市高新区绵兴东路35号公司
办公地址:四川省绵阳市高新区绵兴东路35号 邮政编码:621000
公司国际互联网网址:http://www.changhong.com
5、公司选定的信息披露报纸名称:《上海证券报》、《中国证券报》
公司登载年度报告的国际互联网址:http://www.sse.com.cn
年度报告备置地点:公司资本运作本部
6、公司股票上市交易所:上海证券交易所 股票简称:四川长虹 股票代码:600839

二、会计数据和业务数据摘要

(一)、公司本年度主要会计数据:(单位:元)

利润总额	326,976,209.96
净利润	274,236,481.37
扣除非经常性损益的净利润	194,446,811.66
主营业务利润	1,547,987,164.47
其他业务利润	88,917,690.06
营业利润	308,039,343.54
投资收益	16,436,724.50
补贴收入	517,320.66
营业外收支净额	1,982,821.26
经营活动产生的现金流量净额	2,274,977,940.10
现金及现金等价物净增加额	–438,365,009.75

注:非经常性损益系指营业外收入、其他业务利润中的咨询利润、补贴收入(出口贴息及税费返还),涉及金额为79,789,669.71元。

(二)、前三年会计数据和业务数据摘要

项目	2000年	1999年		1998年	
		调整后	调整前	调整后	调整前
主营业务收入	10707213,930.95	9917246804.28	10095155587.34	11,645,790,606.67	1,602,666,517.24
净利润	274,236,481.37	511039243.16	525,318,232.31	1,743,570,187.19	1742,715,752.83
总资产	16605009,799.64	16786299388.81	16506878997.69	18831,438,817.38	18,574,137,795.12
股东权益	13174,629,453.19	12899725064.74	12925279839.88	10675,070,468.39	10,687,006,368.04
每股收益	0.127	0.236	0.243	0.877	0.8762
每股净资产	6.087	5.960	5.972	5.367	5.373
调整后的每股净资产(元)	5.978	5.928	5.938	5.352	5.357
净资产收益率	2.08%	3.9	4.06	16.34	16.31
每股经营活动产生的现金流量净额(元)	1.05	1.411	1.401	1.111	1.099

注:主要财务指标的计算方法:每股收益=净利润/年度末普通股股份总数每股净资产=年度末股东权益/年度末普通股股份总数

调整后的每股净资产=(年度末股东权益-三年以上的应收款项净额-待摊费用-待处理(流动、固定)资产净损失-开办费-长期待摊费用-住房周转金负数余额)/年度末普通股股份总数

每股经营活动产生的现金流量净额=经营活动产生的现金流量净额/年度末普通股股份总数
净资产收益率=净利润/年度末股东权益×100%

(三)按中国证监会《公开发行证券公司信息披露编报规则(第9号)》

要求计算的净资产收益率和每股收益:

报告期利润	净资产收益率(%)		每股收益(元)	
	全面摊薄	加权平均	全面摊薄	加权平均
1、主营业务利润	11.75%	11.87%	0.72	0.72
2、营业利润	2.34%	2.36%	0.14	0.14
3、净利润	2.08%	2.10%	0.13	0.13
4、扣除非经常性损益后的净利润	1.48%	1.49%	0.09	0.09

注:(1)全面摊薄净资产收益率和每股收益的计算公式如下:

全面摊薄净资产收益率=报告期利润/期末净资产全面摊薄每股收益=报告期利润/期末股份总数

(2)加权平均净资产收益率(ROE)的计算公式如下 ROE=P/(EO+NP/2+EI*MI/MO-EJ*MJ/MO)其中:P为报告期利润;EO为期初净资产;NP为报告期净利润;EI为报告期发行新股或债转股等新增净资产;EI为报告期回购或现金分红等减少净资产;MO为报告期月份数;MI为新增净资产下一月份起至报告期期末的月份数;MJ为减少净资产下月份起至报告期期末的月份数;

三、股东情况介绍

(一)报告期末股东总数截止2000年12月31日,公司共有股东712433名,其中社会公众股东712359名,法人股东74名。

(二)公司前10名股东持股情况

名次 股东名称	年末持股数	占总股本比例(%)
(1).国营长虹机器厂	1160682845	53.63%
(2).中经开	17872625	0.83%
(3).涪陵建筑陶瓷股份有限公司	10366649	0.48%
(4).杨香娃	5990400	0.28%
(5).雷鸣	4842670	0.22%
(6).嘉陵投资	4752384	0.22%
(7).金鑫基金	4544911	0.21%
(8).石在	4012900	0.19%
(9).海通证券	3722081	0.17%
(10).成晓舟	2207164	0.10%

注:上述股东之间不存在关联关系。

国营长虹机器厂代表国家持有股份占公司总股本的53.63%,年初持股数116034.3392万股,年末持股数116068.2845万股,年度内股份增加了33.9453万股。本次持股变动为国营长虹机器厂向社会法人股东购买所致。

浙江安平创业投资股份有限公司

(一)公司简介

1、公司的法定中文名称:浙江安平创业投资股份有限公司
公司英文名称:ZHEJIANG ANPING VENTURE INVESTMENT CO., LTD.
2、公司法定代表人:刘全民
3、公司董事会秘书:林俊波 联系地址:杭州市体育场路479号7楼
电话及传真:0571-7055977 7055978
4、公司注册地址:杭州市体育场路479号7楼公司
办公地址:杭州市体育场路479号7楼 邮政编码:310007 电子信箱:zjcy2001@sina.com
5、公司选定的信息披露报纸:《中国证券报》、《上海证券报》
登载公司年度报告的中国证监会指定国际互联网网址:http://www.sse.com.cn
公司年度报告备置地点:公司董事会秘书处
6、公司股票上市交易所:上海证券交易所
股票简称:浙江创业 股票代码:600840

(二)会计数据和业务数据摘要

1、本年度主要会计数据(单位:人民币元)

项目	金额
利润总额	24,328,055.54
净利润	20,929,661.76
扣除非经常性损益后的净利润	12,966,635.25
主营业务利润	10,239,709.35
其他业务利润	23,391,329.85
营业利润	11,590,482.53
投资收益	4,332,274.55
补贴收入	9,434,582.36
营业外收支净额	–1,029,283.90
经营活动产生的现金流量净额	38,236,317.31
现金及现金等价物净增加额	92,094,782.22

注:扣除的非经常性损益项目和涉及金额
A、补贴收入: 9,434,582.36
B、营业外收入: 121,058.00
C、营业外支出(扣除水利建设基金): –1,138,820.16
D、合并价差摊入:–453,793.69

2、截止报告期末公司前三年的主要会计数据和财务指标 单位:人民币元

项目	2000年	1999年	1998年	
			调整后	调整前
主营业务收入	116,868,668.04	73,090,951.36	139,530,445.56	139,530,445.56
净利润	20,929,661.76	8,899,197.72	–28,906,716.53	–28,040,189.28
总资产	327,646,294.13	206,998,210.49	266,249,297.94	270,973,463.38
股东权益(不含少数股东权益)	166,914,361.92	145,677,142.69	136,777,944.97	141,789,789.34
每股收益	0.150	0.064	–0.207	–0.201
按月平均加权每股收益	0.150	0.064		
扣除非经常性损益后的每股收益	0.093	0.048		
每股净资产	1.19	1.04	0.98	1.01
调整后的每股净资产	1.07	0.95		0.99
每股经营活动产生的现金流量净额	0.274	0.038		–0.342
净资产收益率	12.54%	6.11%	–21.13%	–19.78%

3、根据中国证监会《公开发行证券公司信息披露编报规则第9号》的要求计算的净资产收益率和每股收益如下:

报告期利润	净资产收益率		每股收益	
	全面摊薄	加权平均	全面摊薄	加权平均
主营业务利润	6.135%	6.550%	0.0733	0.0733
营业利润	6.944%	7.415%	0.0829	0.0829
净利润	12.539%	13.389%	0.1498	0.1498
扣除非经营性损益后的净利润	7.768%	8.295%	0.0928	0.0928

注:主要财务指标计算公式
A、每股收益(全面摊薄)=净利润/年度末普通股股份总数
B、每股净资产=年度末股东权益/年度末普通股股份总数

(三)股本变动及股东情况

1、股本变动情况
(2)股票发行与上市情况
①至报告期末为止的前三年公司没有发行股票及衍生证券;
②本公司转配股计49500股于2000年10月9日上市流通。
③公司无内部职工股。
2、股东情况介绍
(1)根据上海证券中央登记结算公司提供的数据,截止2000年12月29日,本公司股东总数为19968户;
(2)截止2000年12月29日,公司前十名股东持股情况:

股东名称	年末持股数量(股)	比例	股份性质
1.宁波嘉源实业发展有限公司	30550854	21.86%	法人股
2.杭州市财务开发公司	15000000	10.73%	法人股
3.浙江新湖集团股份有限公司	9982500	7.14%	法人股
4.绍兴市国有资产经营公司	7183614	5.14%	国家股
5.温州三瑞投资有限公司	6993939	5.00%	法人股
6.海通绍兴	3000000	2.15%	法人股
7.浙江天杭股份有限公司	1293600	0.93%	法人股
8.和鼎贸易	993000	0.71%	法人股
9.黄林德	797125	0.57%	流通股
10.胡建平	697950	0.50%	流通股

本公司第三大股东浙江新湖集团股份有限公司是本公司第一大股东宁波嘉源实业发展有限公司的控股股东,两家公司合计持有本公司29%的股份。

(3)持股10%以上的法人股东介绍

宁波嘉源实业发展有限公司法定代表人:刘全民;经营范围:国际贸易、转口贸易、出口加工、能源开发、经营建筑材料、木材加工、五金交电、百货等。

上海柴油机股份有限公司

一、公司简介

1 、公司名称:上海柴油机股份有限公司
英文名称:SHANGHAI DIESEL ENGINE COMPANY LIMITED
英文缩写:SDEC
2 、公司法定代表人:陈龙兴
3 、公司董事会秘书:梁宝泉
联系地址:上海市军工路 2636 号
电 话:(021)65745656 -2207 传 真:(021)65749845 65740047
电子信箱:sdecdsh@ sh163c.sta.net.cn
4 、公司注册地址:上海市浦东大道 2748 号 邮编 200129
公司办公地址:上海市军工路 2636 号 邮编 200432
公 司 网 址:http://www.sdec.com.cn
公司电子信箱:sdecdsh@sh163c.sta.net.cn
5 、公司信息披露报纸:上海证券报 香港南华早报
公司刊登年度报告网址:http://www.sse.com.cn
公司年度报告备置地点:公司董事会秘书室
6 、公司股票上市交易所:上海证券交易所
股票简称:上柴股份 上柴 B 股 股票代码:600841 900920

二、会计数据和业务数据摘要

1 、本年度主要指标情况(单位:人民币元)

利润总额	47,555,683
净利润	39,038,061
扣除非经常性损益后的净利润	39,038,061
主营业务利润	320,409,941
其他业务利润	1,471,605
营业利润	29,141,819
投资收益	12,166,955
补贴收入	2,372,546
营业外收支净额	3,874,363
经营活动产生的现金流量净额	118,883,232
现金及现金等价物净增加额	(35,000,310)

境内外净利润审计差异说明(单位千元)

本集团法定帐目余额	39,038
冲转按规定记录于利润表之固定资产评估增值部分的折旧	(12,671)
对 1994 年 1 月 1 日前用外币购置之固定资产重新估算其原值并调整相应的折旧费用	(457)
冲销作价投资于子公司之资产的价值及相关递延收益,并调整相关的摊销	5,798
冲销开办费	97
将住房补助计入损益	(1,403)
其他	255
根据国际准则重编之余额	30,657

2 、截止报告期末公司前三年的主要会计数据和财务指标 单位:人民币元

指标名称	2000 年	1999 年	1998 年
主营业务收入	1,262,440,917	1,150,108,381	1,679,550,047
净利润	39,038,061	75,932,731	73,119,681
总资产	2,364,938,705	2,338,776,635	2,343,905,774
股东权益	1,656,850,212	1,664,047,557	1,660,018,812
每股收益	0.081	0.158	0.152
每股收益(加权)	0.081	0.158	0.152
扣除非经常性损益后的每股收益	0.081	0.158	0.152
每股净资产	3.45	3.46	3.46
调整后的每股净资产	3.28	3.43	3.40
每股经营活动产生的现金流量净额	0.25	0.41	0.68
净资产收益率(%)	2.36	4.56	4.40
净资产收益率(%)(加权)	2.36	4.57	4.23

3 、根据按照中国证监会《公开发行证券公司信息披露编报规则(第 9 号)》要求的利润数据:

报告期利润	净资产收益率		每股收益	
	全面摊薄	加权平均	全面摊薄	加权平均
主营业务利润	19.34	19.34	0.67	0.67
营业利润	1.76	1.76	0.06	0.06
净利润	2.36	2.36	0.08	0.08
扣除非经常性损益后的净利润	2.36	2.36	0.08	0.08

三、股东情况介绍

1 、截止 2000 年 12 月 31 日,本公司股东总数为 21095 户。其中国家股股东 1 户,人民币普通股股东 14545 户,境内上市外资股股东 6549 户。

2 、截止 2000 年 12 月 31 日,本公司前十名股东持股情况

股东名称	年末持股数	占总股本比例(%)
(1)上海东风机械(集团)有限公司	241,709,280	50.32
(2)HKSBCSB S/A-BANQUEINT.A LUXEMBOURG S/A HSBC GLOBAL NV .FUNDS CHINESE EQUITY	6,449,214	1.35
(3)诚忠元	3,557,581	0.74
(4)SCBHK A/C BANK OF NEW YORK S/A CMGCH CHINA INVESTMENTS LIMITED	3,557,581	0.74
(5)智万国际有限公司	3,077,610	0.63
(6)HSBC N/UBS AG	2,719,820	0.57
(7)TOYO SECURITIES ASIA LTD.A/C CLIENT	2,521,900	0.53
(8)中亚化学公司 USA	2,502,000	0.52
(9)张锐光	2,290,500	0.48
(10)HKIT S/A 006-113039-431	2,057,000	0.43

以上股东之间无关联关系。

上海中西药业股份有限公司

一、公司简介

1、公司名称:
公司法定中文名称:上海中西药业股份有限公司
公司法定英文名称:SHANGHAI ZHONG XI PHARMACEUTICAL CO.,LTD。
公司英文名称缩写:ZXP
2、公司法定代表人: 王海钧
3、公司信息披露机构:公司投资部
董事会秘书: 朱工政
联系地址:上海交通路 1515 号 1006 室
联系电话:021-56082188
传真电话:021-56083743
4、公司注册地址:上海浦东江心沙路 9 号
公司办公地址:上海交通路 1515 号
邮政编码:200065
公司电子信箱:zxjsjb @onlinen.sh.cn
5、公司选定的信息披露报纸名称:《上海证券报》
登载公司年度报告的国际互联网网址:http://www.sse.com.cn
公司年度报告备置地点:投资部
6、公司股票上市交易所:上海证券交易所
股票简称:中西药业
股票代码: 600842

二、会计数据和业务数据摘要

1、本年度主要利润指标情况: 单位:元

利润总额	-139493279.95
净利润	-140431907.83
扣除非经营性损益后的净利润	-140431907.83
主营业务利润	65063132.56
其他业务利润	16619302.99
营业利润	-105894504.36
投资收益	-16637029.88
补贴收入	0.00
营业外收支净额	-16961745.71
经营活动产生的现金流量净额	68747834.04/
现金及现金等价物净增加额	63187564.69

2、主要会计数据和财务指标:

指标项目	单位	2000 年	1999 年		1998 年
				调整后	调整前
主营业务收入	元	239345209.81	370914294.70	596733597.54	435966775.90
净利润	元	-140431907.83	37847335.24	46435153.60	32329333.84
总资产	元	1254015100.05	1178491221.44	1373747926.39	1192594407.88
股东权益(不含少数股东权益)	元	222997410.15	363963623.12	372551441.48	325945287.88
每股收益	元/股	-0.6514	0.1755	0.2154	0.2249
每股收益(加权)	元/股	-0.6514	0.2431	0.2982	0.2401
每股净资产	元/股	1.0343	1.6882	1.7280	2.2678
调整后的每股净资产	元/	0.8261	1.48	1.52	2.02
每股经营活动产生的现金流量净额	元/股	0.3189		0.2590	-0.6286
净资产收益率	%	-62.97	10.40	12.46	9.92
净资产收益率(加权)	%	-47.85	10.97	14.29	11.00
扣除非经营性损益后的每股收益	元/股	-0.6514	0.1755	0.2154	0.2249

3、按照中国证监会《公开发行证券公司信息披露编报规则(第 9 号)》的要求计算的相关指标:

报告期利润	净资产收益率(%)		每股收益(元)	
	全面摊薄	加权平均	全面摊薄	加权平均
主营业务利润	28.93	23.71	0.3017	0.3017
营业利润	-47.08	-38.59	-0.4912	-0.4912
净利润	-62.97	-47.85	-0.6514	-0.6514
扣除非经常性损益后的净利润	-62.97	-47.85	-0.6514	-0.6514

三、股东情况介绍

1、报告期末股东总数 39800 户,其中,国家股股东 1 户,未上市流通法人股股东 10 户,流通股股东 39789 户。

2、前十名股东持股情况

股东名称	持股数量(股)	持股比例(%)	股权性质
国家持股(上海医药集团)	56939896	26.41	国家股
中科创业投资有限公司	43125000	20.00	社会法人股
海南禾华投资管理有限公司	12561343	5.83	社会法人股
海南中网投资管理有限公司	10785000	5.00	社会法人股
华夏证券公司浦东分公司	9865273	4.58	社会流通股
上海斯米克机电陶瓷有限公司	3663000	1.70	社会法人股
上海医药对外经济技术合作公司	3052500	1.42	社会法人股
上海浦东星火联合发展总公司	858606	0.40	社会流通股
陈晓东	650000	0.30	社会流通股
李朝霞	516671	0.24	社会流通股

注:(1)公司前十名股东中,中科创业投资有限公司和海南中网投资管理有限公司之间存在关联关系,海南中网投资管理有限公司为中科创业投资有限公司的第一大股东,持有其 31.25%的股权。

3、持有公司 10%以上股东情况:

股东名称	持公司股份	占总股本(%)
国家持股	56939896	26.41
中科创业投资有限公司	43125000	20.00

注:(1) 国家股年初持有本公司股份 110849896 股,年末持有本公司股份 56939896 股,减少 53910000 股,减少原因系分别转让给中科创业 43125000 股和海南中网 10785000 股。

上工股份有限公司

一、公司简介

1 、公司法定中文名称:上工股份有限公司
公司英文名称:SHANGGONG CO., LTD.缩写:SGC.15
2 、公司法定代表人:倪永刚
3 、公司董事会秘书:张一枫
联系地址:上海市浦东新区世纪大道 1500 号东方大厦 12 楼
联系电话:(021)68407700-617　传真:(021)63302939　电子信箱:shggg@public3.sta.net.cn
4 、公司注册地址:上海市浦东新区罗山路 1201 号
公司办公地址:上海市浦东新区世纪大道 1500 号东方大厦 12 楼　邮政编码:200122
公司网址:http://www.shanggonggroup.com
5 、公司选定的信息披露报纸:《上海证券报》及《香港商报》
登载公司年度报告的中国证监会指定国际互联网网址:http://www.sse.com.cn
公司年度报告备置地点:公司董事会办公室
6 、公司股票上市交易所:上海证券交易所
股票简称:上工股份(A)股 上工 B 股(B 股)　股票代码:600843 900924

二、会计数据和业务数据摘要

1.公司本年度实现利润情况
(单位:人民币元)

利润总额	40,772,400.02
净利润	35,008,460.17
扣除非经常性损益后的净利润	28,398,235.87
主营业务利润	116,067,963.56
其他业务利润	11,924,713.01
营业利润	23,808,729.21
投资收益	10,353,446.51
补贴收入	1,042,063.93
营业外收支净额	5,568,160.37
经营活动产生的现金流量净额	–7,631,707.32
现金及现金等价物净增加额	–47,546,868.37

注:扣除非经常性损益的项目涉及金额:补贴收入 1,042,063.93 元,营业外收入 7,716,361.71 元,营业外支出 2,148,201.34 元。

2 、公司近三年的主要会计数据和财务指标:(合并报告)(单位:人民币元)

项 目	2000 年度	1999 年度	1998 年度	
			调整后	调整前
主营业务收入	559,084,567.97	378,249,956.49	319,013,120.80	319,013,120.80
净利润	35,008,460.17	5,725,485.66	1,061,909.85	2,838,767.97
总资产	1,324,735,394.84	1,302,263,364.49	1,333,370,169.29	1,356,471,541.23
股东权益	667,925,692.55	632,917,232.38	627,171,084.15	650,250,390.13
每股收益(摊薄)	0.1387	0.0227	0.0042	0.01
每股收益(加权)	0.1387	0.0227	0.0042	0.01
扣除非经常性损益后的每股收益	0.1125	–0.1152	–0.2027	–
每股净资产	2.6456	2.5069	2.4842	2.58
调整后的每股净资产	2.4414	2.2734	2.3465	2.48
每股经营活动产生的现金流量净额	–0.0302	1.2304	–0.3069	–
净资产收益率(%)	5.2414	0.9046	0.1693	0.44

4.利润表附表

项 目	净资产收益率(%)		每股收益(元)	
	全面摊薄	加权平均	全面摊薄	加权平均
主营业务利润	17.38	17.85	0.4597	0.4597
营业利润	3.56	3.66	0.0943	0.0943
净利润	5.24	5.38	0.1387	0.1387
扣除非经常性损益后的净利润	4.25	4.37	0.1125	0.1125

三、股东情况介绍

(1)报告期末股东人数
截止 2000 年 12 月 31 日止,本公司在册股东总数 13,928 户。其中:国有法人股股东 2 户,社会法人股股东 147 户,A 股股东 10,367 户,B 股股东 3,412 户 。
(2)前十名股东持股情况(截止 2000 年 12 月 31 日)

名次　股 东 名 称	股份性质	期末持股数	占总股本比例(%)
1.上海轻工控股(集团)公司	国家股	117,018,082	46.35
2.上海国际信托投资公司	国有法人股	9,348,288	3.70
3.上海永久股份有限公司	社会法人股	4,771,000	1.89
4.徐岚	B 股	2,142,000	0.85
5.上海三毛纺织股份有限公司	社会法人股	1,762,800	0.70
6.华生	B 股	1,510,050	0.60
7.CLEARSTREAM S/A BANKHAUS ELLWANGER GEIGER STUTTGART/GER MAY	B 股	1,300,000	0.51
8.申银万国证券股份有限公司	社会法人股	1,300,000	0.51
9.兰毅	B 股	1,279,200	0.51
10.朱金鸣	B 股	1,020,000	0.40

注 (1)上海轻工控股(集团)公司系本公司控股股东,其法人代表:张立平经营范围:市国资委授权范围内的国有资产经营和管理、实业投资和国内贸易报告期内所持有的股份数无变化,也无质押、冻结情况。
(2)公司与第(2)及第(4)至第(10)名股东之间不存在关联关系。

四、股东大会简介

1. 2000 年 5 月 29 日公司在上海影城召开 99 年度股东大会,出席会议的股东有 7327 人,代表股份 13,904.64 万股,占公司总股本的 55.08%(其中:B 股股东 97 名,代表股份 667.88 万股,占公司 B 股股份的 6.85%)。大会审议通过:《董事会工作报告》、《监事会工作报告》、《财务工作报告》和《1999 年度利润分配方案》,同时选举产生了第三届董事会、监事会成员。决议公告刊登在 2000 年 5 月 30 日的《上海证券报》和香港《商报》上。

英雄(集团)股份有限公司

(一)公司简介

1、公司名称:英雄(集团)股份有限公司
公司英文名称:HERO(GROUP)CO.,LTD　公司名称缩写:HERO
2、公司法定代表人:黄永昌
3、公司董事会秘书:蒋 伟　联系地址:上海祁连山路 127 号
电 话:021 —62509596　传 真:021 —62506181
4、公司注册地址:浦东新区川北公路 807 号
公司办公地址:上海祁连山路 127 号　邮政编码:200331
公司国际互联网网址:http://www .hero.com.cn　电子信箱:webmaster@hero.com.cn
5、公司选定的信息披露报纸名称:《上海证券报》、香港《商报》
登载公司年度报告的中国证监会指定国际互联网网址:http://www .sse.com.cn
公司年度报告备置地点:上海市祁连山路 127 号集团公司办公室
6、公司股票上市交易所:上海证券交易所
股票简称和股票代码:英雄股份 600844　英雄 B 股 900921

(二)会计数据和业务数据摘要

1、公司本年度会计数据和业务数据:

利润总额(元):	–7,385,182.56
其中:主营业务利润(元):	35,557,823.92
其他业务利润(元):	3,583,369.033
投资收益(元):	31,101,972.44
补贴收入(元):	602,460.92
营业外收支净额(元):	29,528,452.93
净利润(元):	13,760,970.24
扣除非经常性损益后的净利润(元):	–47,471,916.05
经营活动产生的现金流量净额(元):	54,923,693.15
现金及现金等价物净增加额(元):	11,964,180.81

注:非经常性项目　金　额

营业外支出	218,897.35
营业收入	29,747,350.28
补贴收入	602,460.92
投资收益	31,101,972.44

2、境内外审计净利润差异说明:
(1) 按中国会计制度计算的净利润为:1376.10 万元
(2) 按国际会计制度计算的净利润为:–2477.40 万元
(3) 主要差异说明:
商誉摊销:1579.90 万元
坏帐准备:1289.60 万元
加速折旧及存货跌价准备等:984.00 万元
3、截止报告期末公司前三年的主要会计数据和财务指标 单位:元

项目	2000 年	1999 年	1998 年	
			调整后	调整前
主营业务收入	432,753,233.05	463,193,639.30	519,859,132.85	519,859,132.85
净利润	13,760,970.24	13,113,667.98	43,173,910.07	46,542,196.73
总资产	1,605,329,965.46	1625,930,852.41	1383,176,644.79	1,391,537,934.26
股东权益	641165,124.74	646,921,006.84	642,721,714.11	655,487,159.68
每股收益(元/股)摊薄	0.045	0.043	0.163	0.176
加权	0.045	0.044	0.163	0.176
扣除非经常性损益后的每股收益(元/股)	–0.156	–0.054	–0.109	–0.1214
每股净资产	2.105	2.124	2.427	2.475
调整后的每股净资产	1.980	1.98	2.224	2.272
每股经营活动产生的现金流量净额(元/股)	0.18	–0.046		–0.122
净资产收益率(%)	2.15	2.03	6.72	7.10

4、利润表附表
根据中国证监会发布的《公开发行证券公司信息披露编报规则》第 9 号通知的精神,公司 2000 年按全面摊薄法和加权平均法计算的净资产收益率及每股收益:

报告期利润	净资产收益率%		每股收益(元)	
	全面摊薄%	加权平均%	全面摊薄%	加权平均%
主营业务利润	5.55	5.55	0.117	0.117
营业利润	–10.70	–10.72	–0.225	–0.225
净利润	2.15	2.15	0.045	0.045
扣除非经常性损益后的净利润	–7.40	–7.42	–0.156	–0.156

(三)、股东情况介绍

(1) 报告期末股东总数
A 股 19809 户;B 股 4263 户
(2) 本公司前 10 名股东的持股情况(截止至 2000 年 12 月 30 日交易结束)

股东名称	年度内股份增减变动情况(+,–)	年末持股数量(股)	占总股本比例(%)
上海轻工控股(集团)公司(国家股)	0	161,157,847	52.92
上海财政证券公司(法人股)	0	14,705,871	4.83
XIA　YU(B　股)	+2,180,078	2,180,078	0.72
摹赓科技(法人股)	+2,000,000	2,000,000	0.66
刘晓东(B 股)	+1,599,318	1,599,318	0.53
WISEMAX INTERNATIONAL LIMITED(B 股)	+1,023,207	1,023,207	0.34
HKIT(B 股)	+965,896	965,896	0.32
BG INVESTMENTS LTD (B 股)	+930,999	930,999	0.31
金永康(B 股)	+863,006	863,006	0.28
冠亚国际(B 股)	+853,500	853,500	0.28

注:1 、截止到报告期,公司前 10 名股东所持公司股份无质押或冻结的情况;
2、上海轻工控股(集团)公司 法定代表人:张立平
经营范围:市国资委授权范围内的国有资产经营和管理,实业投资和国内贸易。

上海钢管股份有限公司

一、公司简介

1 、公司法定中文名称:上海钢管股份有限公司
公司英文名称:SHANGHAI STEEL TUBE CO.,LTD.
英文缩写:SSTC
2 、公司法定代表人:夏斌
3 、公司董事会秘书:胡德康
联系地址:上海逸仙路 3950 号
邮编:200940　电话:56441257　传真:56441491
4 、公司注册及办公地址:上海逸仙路 3950 号
邮编:200940
5 、公司信息年披露报刊:上海证券报、香港商报
登载公司年度报告的中国证监会指定国际互联网址:http://www.sse.com.cn
公司年报备置地点:公司证券办
6 、股票上市交易所:上海证券交易所
股票简称:ST 钢管 600845
ST 钢管 B 900926

二、会计数据和业务数据摘要

(一)、本年度主要会计数据:(合并报表)
1 、公司本年度实现利润及主要现金流量指标(单位:人民币元)

利润总额	-116,444,523.52
净利润	-116,201,886.15
扣除非经营性损益后的净利润	-99,268,343.82
主营业务利润	-1,778,064.64
营业利润	-99,197,679.39
投资收益	-4,627,651.44
营业外收支净额	-12,619,192.69
经营活动产生的现金流量净额	31,621,951.43
现金及现金等价物净增加额	-43,050,746.11

注:非经营性损失包括计提的担保损失 7,200,000.00 元和固定资产清理损失 9,733,542.33 元.
单位:人民币千元

按中国会计准则编制的合并净亏损:-116,202
为符合国际会计准则之调整:

(1)坏帐准备	3,077
(2)闲置固定资产折旧	-11,352
(3)合并基准差异	-3,377
(4)转销冲转的在建工程	2,800
(5)无形资产摊销	1,811
(6)其他	4,707
按国际会计准则编制的合并净亏损	-118,536

2 、公司近三年主要会计数据和财务指标(单位:人民币元)

项　目	2000 年	1999 年	1998 年
主营业务收入	231,286,851.22	213,959,230.51	295,344,973.70
净利润	-116,201,886.15	-182,831,138.41	-76,069,336.25
总资产	643,793,311.97	746,600,281.52	947,722,841.25
股东权益	213,304,858.34	329,252,158.59	512,912,249.68
每股收益	-0.44	-0.70	-0.29
扣除非经营性收益后的每股收益	-0.38	-0.70	-0.29
每股净资产	0.81	1.26	1.96
调整后每股净资产	0.73	1.20	1.84
每股经营活动产生的现金流量净额	0.12	0.07	0.05
净资产收益率(%)	-54.48	-55.53	-14.83

3 、利润表附表

报告期利润	净资产收益率		每股收益	
	全面摊薄	加权平均	全面摊薄	加权平均
主营业务利润	-0.83%	-0.66%	-0.01	-0.01
营业利润	-46.51%	-36.57%	-0.38	-0.38
净利润	-54.48%	-42.83%	-0.44	-0.44
扣除非经营性损益的净利润	-46.54%	-36.59%	-0.38	-0.38

三、股东情况介绍

(1)报告期末股东总数为 7976 户(其中 B 股 2362 户)。
(2)主要股东持情况

股东名称	年末持数	占股本%
1 、上海宝钢集团公司	150044070	57.22
2 、曹中南	3588895	1.36
3 、万国发行	2794550	1.06
4 、李军辉	1954910	0.74
5 、王皎皓	1919800	0.73
6 、倪　琦	1665520	0.63
7 、SHENYIN WANGVO	1422990	0.54
8 、电气实业	1400000	0.53
9 、吴鸣霄	1373000	0.52
10 、吴嘉毅	1252000	0.47

注:一、本公司控股股东为上海宝钢集团公司。根据财政部财企(2000)499 号文《关于上海冶金控股(集团)公司和上海梅山(集团)有限公司资产划转问题的通知》精神,原上海冶金控股(集团)公司持有的上海钢管股份有限公司国家股已划转给上海宝钢集团公司持有,并已办理有关手续,详见 2000 年 11 月 22 日《上海证券报》、《香港商报》。

二、第 2 、4 、5 、6 、7 、9 、10 名为 B 股。

四、股东大会简介

在报告期内,本公司于 2000 年 6 月 28 日召开了 1999 年度股东大会,并于 6 月 29 日在《上海证券报》、《香港商报》刊登了股东大会决议公告。

有关本次会议的通知,召集情况见 2000 年 5 月 28 日《上海证券报》、《香港商报》

上海同济科技实业股份有限公司

一、公司简介

公司法定中文名称:上海同济科技实业股份有限公司
英文名称:SHANGHAI TONGJI SCIENCE &TECHNOLOGY INDUSTRIAL CO.,LTD
缩写:STJC
法定代表人:王建云
董事会秘书:林学言
证券事务代表:柴育筑
联系地址:上海市赤峰路 83 号
邮政编码:200092　电话:021-65985860
传真:021-65984903
注册地址:上海市浦东新区栖山路 33 号
邮政编码:200135
办公地址:上海市赤峰路 83 号
邮政编码:200092
电子信箱:T J K J S Y @O N L I N E.S H.C N
公司选定的信息披露报纸:《上海证券报》
登载公司年度报告的中国证监会指定国际互联网网址:http://www.sse.com.cn
公司年度报告备置地点:董事会秘书室
公司股票上市交易所:上海证券交易所
股票简称:同济科技
股票代码:600846

二、会计数据及业务数据摘要

(一) 公司本年度会计数据及业务数据:

利润总额(元):	45,015,829.99
净利润(元):	34,553,609.37
扣除非经常性损益后的净利润(元):	34,553,609.37
主营业务利润(元):	91,687,580.80
其它业务利润(元):	4,688,255.75
营业利润(元):	13,332,824.98
投资收益(元):	30,359,105.10
补贴收入(元):	1,477,633.93
营业外收支净额(元):	-153,734.02
经营活动产生的现金流量净额	49,962,445.54
现金及现金等价物净增加额(元):	-39,385,681.50

本 年度无非经常性损益项目。

(二) 截止报告期末公司前三年的主要会计数据和财务指标:

指标项目	2000 年	1999 年	1998 年	
			调整前	调整后
主营业务收入(元)	675,914,906.85	563,016,533.66	303,969,913.00	302,139,200.62
净利润(元)	34,553,609.37	34,944,396.35	30,826,037.13	29,045,461.37
总资产(元)	1,055,490,066.44	985,002,037.22	852,423,010.86	851,550,366.86
股东权益(元)	358,425,622.80	348,314,377.78	315,178,778.36	313,398,202.60
每股收益(元/股)(摊簿)	0.1414	0.2288	0.3028	0.2853
每股收益(元/股)(加权)	0.1741	0.2747	0.3028	0.2853
每股净资产(元/股)	1.4671	2.2811	3.0962	3.0787
调整后的每股净资产(元/股)	1.4056	2.1915	2.9893	2.9720
每股经营活动产生的现金流量净额(元)	0.2045	-0.059		
净资产收益率(%)(摊簿)	9.64	10.03	9.78	9.27
净资产收益率(%)(加权)	9.78	10.57	10.29	9.73

*2000 年度合并会计报表范围变动已调整上年财务数据。

(三) 利润表附表:

报告期利润(元)		净资产收益率(%)		每股收益(元)	
		摊　簿	加　权	摊　簿	加　权
主营业务利润	91,687,580.80	25.58	25.95	0.3753	0.4619
营业利润	13,332,824.98	3.72	3.77	0.0546	0.0672
净利润	34,553,609.37	9.64	9.78	0.1414	0.1741
扣除非经营损益后的净利润	34,553,609.37	9.64	9.78	0.1414	0.1741

三、股东情况介绍

1. 截止 2000 年 12 月 31 日,公司共有股东 106376 户,其中:
国家股东　1 户
国有法人股东　1 户
社会公众股东 106374 户
2. 公司前 10 名股东

股 东 名 称	持股数量(股)	占总股本比例(%)
同济大学	103105541	42.20
★ 上海市国有资产管理办公室	22486742	9.20
陈奎豫	661800	0.27
闽侨信托	452566	0.18
沙勇	241716	0.12
高荣华	233700	0.09
刘兴元	192000	0.08
马金聪	158620	0.06
夏玲莉	152850	0.06
郭长财	151079	0.06

(注:★ 者代表国家持股)
3. 持股 10%以上法人股东情况

名称	法定代表人	持股数量	质押情况
同济大学	吴启迪	103105541 股	无

四、股东大会简介

公司董事会于 2000 年 6 月 9 日召开 1999 年度第七次股东大会,大会通过的决议刊登在 2000 年 6 月 10 日的《上海证券报》。

重庆万里蓄电池股份有限公司

一、公司简介

(一)公司的法定中文名称:重庆万里蓄电池股份有限公司
英文名称:CHONGQING WANLI STORAGE BATTERIES CO.,LTD
英文缩写:CQWLSB
(二)公司法定代表人:王敬武
(三)公司董事会秘书:朱茂沛　电话:(023)62597905
传真:(023)62591155　电子信箱:cqwanli @ cta.cq.cn
(四)公司注册地址及办公地址:重庆市巴南区苦竹坝31号　邮政编码:400054
公司电子信箱:cqwanli @ cta.cq.cn
(五)公司选定的信息披露报纸:《上海证券报》
登载公司年度报告的中国证券会指定国际互联网网址:http:www .sse.com.cn
公司年报备置地点:公司董事会秘书处
(六)公司股票上市交易所:上海证券交易所　股票简称:万里电池　股票代码:600847

二、会计数据和业务数据摘要

(一)公司本年度主要会计数据(单位:人民币元)

利润总额:	9037606.12
净利润:	9037606.12
扣除非经常性损益后的净利润:	-3224668.11
主营业务利润:	21886773.64
其它业务利润:	5615749.45
营业利润:	1125014.70
投资收益:	7632785.19
补贴收入:	
营业外收支净额:	279806.23
经营活动产生的现金流量净额:	27326122.41
现金及现金等价物净增加额:	8017379.02

注:扣除非经常性损益项目有:
托管收益565.50万元,委托投资收益754.74万元,担保诉讼损失94万元.

(二)报告期末前三年的主要会计数据和财务指标

项目	单位	2000年	1999年	1998年	
				调整前	调整后
主营业务收入	元	97054802.92	85860255.44	102131156.22	102131156.22
净利润	元	9037606.12	5832817.35	-32010914.41	-30288327.42
总资产	元	198552129.40	192351802.41	201296665.76	197360418.40
股东权益(不含少数股东权益)	元	98476455.94	89438849.82	87482279.83	83546032.47
每股收益(摊薄)	元	0.1019	0.0658	-0.36	-0.3416
每股收益(加权)	元	0.1019	0.0658	-0.36	-0.3416
扣除非经常性损益后的每股收益(摊薄)	元	-0.0364	-0.14		
扣除非经常性损益后的每股收益(加权)	元	-0.0364	-0.14		
每股净资产	元	1.11	1.01	0.99	0.94
调整后的每股净资产	元	0.91	0.86	0.84	0.80
净资产收益率(摊薄)	%	9.18	6.52	-36.59	-36.25
净资产收益率(加权)	%	9.62	6.75	-32.16	-15.35
扣除非经常性损益后的净资产收益率	%	-3.28	-13.88		
每股经营活动产生的现金流量净额	元	0.308	0.01	0.04	0.04

(三)、利润表附表

报告期利润	净资产收益率		每股收益	
	全面摊薄	加权平均	全面摊薄	加权平均
主营业务利润	22.23	23.29	0.2469	0.2469
营业利润	1.14	1.20	0.0127	0.0127
净利润	9.18	9.62	0.1019	0.1019
扣除非经常性损益后的净利润	-3.28	-3.43	0.0364	0.0364

(四)报告期内股东权益变动情况(单位:元)

项目	股本	资本公积	盈余公积	法定公益金	未分配利润	股东权益合计
期初数	88660000	43085854.11	11681769.57	2114535.60	-56103309.46	89438849.82
本期增加					9037606.12	9037606.12
本期减少						
期末数	88660000	43085854.11	11681769.57	2114535.60	-47065703.34	98476455.94
变动原因					本年利润	本年利润

三、股东情况介绍

1.报告期末股东总数为11935户
2.前10名股东持股情况

股东名称	持股数(股)	占总股本比例(%)
①北京新富投资有限公司	26000000	29.33
②国家股(重庆市财政局)	22763000	25.67
③尹闯	395750	0.44
④王凌云	337300	0.37
⑤解忠南	291700	0.32
⑥黎先觉	263925	0.29
⑦冉长峰	246351	0.27
⑧王瑜霞	220000	0.24
⑨朱道君	218408	0.24
⑩代云海	214960	0.24

注:公司前10名股中,北京新富投资有限公司是报告期内受让公司2600万股国家股而成为第一大股东。重庆市财政局是公司国家股持有单位(原公司国家股持有单位为重庆市国有资产管理局,报告期内因机构改革而撤销,其职能已并入重庆市财政局),报告期内所持股份减少2600万股,系转让给现公司第一大股东所致,第一名和第二名股东之间不存在关联关系,也无股份质押、冻结的情况。第三至第十名股东之间本公司未知其是否存在关联关系。

上海自动化仪表股份有限公司

(一)公司简介

1.公司的法定中文名称:上海自动化仪表股份有限公司
公司的法定英文名称:Shanghai Automation Instrumentation Co.,Ltd.
公司的英文名称缩写:SAIC
2.公司的法定代表人:肖宗义
3.公司董事会秘书:黄鼎发　证券事务代表:沈瑞芳
联系地址:上海市延安西路1599号怡翔大楼七楼
联系电话:021-62800705　传真:021-62801680
电子信箱:bod@saic.sh.cn
4.公司注册地址及办公地址:上海市延安西路1599号怡翔大楼七楼
邮政编码:200050
国际互联网网址:http://www.saic.sh.cn
电子信箱:bod@saic.sh.cn
5.公司信息披露报纸名称:《上海证券报》、香港《南华早报》
登载公司年报的国际互联网网址:http://www.sse.com.cn
公司年报备置地点:上海市延安西路1599号怡翔大楼七楼
6.公司股票上市交易所:上海证券交易所
股票简称:A股:自仪股份 B股:自仪B股
股票代码:A股:600848 B股:900928

(二)会计数据和业务数据摘要

1.本年度主要会计数据:(单位:元)

项目	
利润总额:	-215,577,353.72
净利润:	-215,633,300.42
扣除非经常性损益后的净利润:	-273,564,300.25
主营业务利润	174,381,358.87
其它业务利润	18,063,561.06
营业利润	-291,844,734.59
投资收益:	68,365,848.87
补贴收入:	1,122,000.00
营业外收支净额:	6,779,532.00
经营活动产生的现金流量净额:	64,345,252.43
现金及现金等价物净增加额:	16,554,402.16

注:扣除非经常性损益的项目及金额:(单位:元)

项目	
新品增值税退税	1,088,000
固定资产清理收入	7,584,877.32
固定资产清理净损失	550,367.63
股权投资差额摊销数	558,426.44
房屋置换收益	2,959,598.08
法人股转让收益	47,463,355.20

2.公司前三年的主要会计数据和财务指标:(单位:元)

财务指标名称	2000年	1999年	1998年(调整前)	1998年(调整后)
主营业务收入	541,961,090.50	480,725,329.96	844,419,861	844419861
净利润	-215,633,300.42	-140,159,089.72	1,563,193	-16,093,293
总资产	1,118,608,202.13	1476,612,214.16	1815,344,391	1,607,571,387
股东权益(不含少数股东权益)	180,384,236.05	401,341,168.04	729,581,463	541,776,561
每股收益(摊薄)	-0.54	-0.35	0.0039	-0.0403
每股收益(加权)	-0.54	-0.35	0.0039	-0.0403
扣除非经常性损益后的每股收益:	-0.685	-0.347	0.0039	-0.0403
每股净资产:	0.45	1.01	1.83	1.3569
调整后的每股净资产:	0.25	0.55	1.27	0.8889
每股经营活动产生的现金流量净额:	0.16	0.135	0.0288	0.0288
净资产收益率(%)	-119.54	-34.92	0.214	-2.97

注1:以上数据和指标均按合并会计报表数计算。

(三).股东情况介绍

(1).报告期末股东总数为27021户。
(2).本公司前十名股东情况:

股东名	年末持股数(股)	占总股本比例(%)
①上海仪电控股(集团)公司	207842149	52.06
②上海国际信托投资公司(国有法人股)	35318441	8.85
③上海申银万国证券有限公司(法人股)	9200000	2.30
④CBNY S/A PNC/SKANDIA SELECT FUND/CHINAEQU	8670168	2.17
⑤TOYO SECURITIES ASIA LTD.A/C CLIENT(外资股)	5071838	1.27
⑥上海交大南洋股份有限公司(法人股)	3307248	0.83
⑦万国发行(法人股)	1530650	0.38
⑧SHANIA CHLOR-ALKALI CHEMICAL (AUSTRALIA)P	1233374	0.31
⑨NBP S/A FRUCTILUX SICAV(外资股)	1162008	0.29
⑩WISEMAX INTERNATIONAL LIMITED(外资股)	1142591	0.29

注:1、持有本公司5%以上(含5%)股份的股东所持股份,报告期内没有质押或冻结。

2、股份变动情况:报告期内本公司的控股股东-上海仪电控股(集团)公司经财政部管字(2000)54号文批准将其持有的本公司24360590股国家股本中的35318441股,以每股4.50元人民币转让给上海国际信托投资公司。有关本次国家股转让的公告刊登于2000年3月22日的《上海证券报》和香港《南华早报》。

(四)股东大会简介

(一)公司第七次股东大会(1999年年会)于2000年6月20日下午召开,有关股东大会决议公告于2000年6月21日刊登于《上海证券报》、香港《南华早报》。

(二)公司第八次股东大会(临时)于2000年12月25日上午召开,有关股东大会决议公告于2000年12月26日刊登于《上海证券报》、香港《南华早报》。

上海市医药股份有限公司

(一)公司简介

1、公司法定中文名称:上海市医药股份有限公司
公司法定英文名称:SHANGHAI PHARMACEUTICAL CO.,LTD
缩写:SHAPHAR
2、公司注册地址:上海浦东新区金桥路 1399 号
公司办公地址:上海浦东新区金桥路 1399 号
邮政编码:201206
国际互联网网址:www.china-pharma.com;
www.shanghai-pharma.com
3、公司法定代表人:沈培达先生
4、公司董事会秘书:曹伟荣先生
董事会证券事务代表:顾志浩先生
联系地址:上海浦东新区金桥路 1399 号
联系电话:(021)58999999
传真:(021)58995835
5、公司选定的信息披露报纸名称:《上海证券报》《中国证券报》
登载公司年度报告的中国证监会指定国际互联网网址:
http://www.sse.com cn
公司年度报告备置地点:公司董事会办公室
6、公司股票上市交易所:上海证券交易所
股票简称:上海医药　股票代码:600849

(二)会计数据和业务数据摘要

1、本年度主要利润指标情况(单位:人民币元)

利润总额:	222,279,251.53
净利润:	184,837,458.67
扣除非经常性损益后的净利润:	182,520,099.28
主营业务利润:	582,332,058.05
其他业务利润:	5,470,098.10
营业利润:	149,133,664.42
投资收益:	69,312,002.63
补贴收入:	4,871,707.00
营业外收支净额:	−1,038,122.52
经营活动产生的现金流量净额:	146,221,378.81
现金及现金等价物净增加额:	94,192,476.84

2、载至 2000 年末公司前三年主要会计数据和其财务指标:(单位:人民币元)

项目	2000 年	1999 年	1998 年	
			调整后	调整前
主营业务收入	4,607,774,837.80	4,537,194,771.14	4,420,605,979.82	4,420,605,979.82
净利润	184,837,458.67	94,425,543.75	60,197,460.88	78,734,414.80
总资产	3,535,292,560.58	3,055,633,524.17	2,566,175,330.87	2,611,212,284.79
股东权益	817,003,659.43	627,790,204.57	552,926,315.09	597,963,269.01
每股收益	0.81	0.41	0.40	0.51
扣除非经营损益后的每股收益	0.80	0.41	0.40	0.30
每股净资产	3.56	2.73	3.61	3.91
调整整后的每股净资产	3.34	2.50	3.41	3.70
每股经营活动产生的现金净流量	0.64	0.72	−1.85	−1.85
净资产收益率%	22.62%	15.04%	10.89%	13.17%

3、净资产收益率及每股收益指标结构分析附表:
本报告期内股本未发生变动

报告期利润	净资产收益率(%)		每股收益(元)	
	全面摊薄	加权平均	全面摊薄	加权平均
主营业务利润	71.27%	71.27%	2.5369	2.5369
营业利润	18.25%	18.25%	0.6496	0.6496
净利润	22.62%	22.62%	0.8052	0.8052
扣除非经营性损益后的净利润	22.34%	22.34%	0.7951	0.7951

全面摊薄净资产收益率和每股收益的计算公式如下:
全面摊薄净资产收益率=报告期利润÷期末净资产
全面摊薄每股收益=报告期利润÷期末股份总数
加权平均净资产收益率(ROE)的计算公式如下:

$$ROE=\frac{P}{EO+NP\div 2+Ei\times Mi\div Mo-Ej\times Mj\div Mo}$$

其中:P 为报告期利润;NP 为报告期净利润;Eo 为期初净资产;Ei 为报告期发行新股或债转股等新增净资产;Ej 为报告期回购或现金分红等减少净资产;Mo 为报告期月份数;Mi 为新增净资产下一月份起至报告期期末的月份数;Mj 为减少净资产下一月份起至报告期期末的月份数。

(三)股东情况

1.股东情况介绍
(1) 截止本报告期末股东总数为 34,801 户。
(2)报告期内控股股东为上海医药(集团)总公司,持股数占总股本比例为 45.37%。
(3)前十名股东持股情况

序号	股东名称	持股数量(股)	占总股本比例%
1	上海医药(集团)总公司(国家股)	104,152,878	45.37
2	申银万国	4,625,891	2.02
3、	安信基金	3,449,114	1.50
4、	久祥实业	3,349,746	1.46
5、	安顺基金	2,803,340	1.22
6、	谢勤才	1,441,400	0.63
7、	灵讯通讯	878,607	0.38
8、	南郊实业	809,750	0.35
9、	杰姆公司	760,351	0.33
10、	王洪艳	695,700	0.30

注:前 10 名股东之间不存在关联交易,上海医药(集团)总公司所持股份在报告期内未发生股份质押和冻结。

上海华东电脑股份有限公司

一、公司简介

1 、公司法定中文名称:上海华东电脑股份有限公司
英文名称:Shanghai East-China Computer Co.,Ltd.缩写:ECC
2 、公司法定代表人:孙德炜
3 、公司董事会秘书:吴志明　联系地址:上海市桂林路 418 号
电话:021-64753347　传真:021-64700357　电子信箱:dm@shecc.com
4 、公司注册和办公地址:上海市桂林路 418 号　邮政编码:200233
公司国际互联网网址:www.shecc.com　公司电子信箱:ecczb@shecc.com
5 、公司选定的信息披露报纸:上海证券报
登载公司年度报告的中国证监会指定国际互联网网址:http://www.sse.com.cn
6 、公司股票上市交易所:上海证券交易所
股票简称:华东电脑　股票代码:600850

二、会计数据和业务数据摘要

(一)本年度利润总额及构成(单位:人民币元)

利润总额	23,895,915.19
净利润	17,559,037.60
扣除非经常性损益后的净利润	11,412,693.79
主营业务利润	83,580,449.84
其他业务利润	2,408,312.56
营业利润	17,763,991.92
投资收益	6,195,673.27
营业外收支净额	−53,268.32
经营活动产生的现金流量净额	42,091,505.88
现金及现金等价物净增加额	19,391,486.62

(二)主要会计数据和财务指标:(单位:人民币元)

项目	2000 年度	1999 年度	1998 年度
主营业务收入	1,390,738,077.77	1,186,337,682.85	803,632,329.88
净利润	17,559,037.60	16,297,436.98	14,540,382.35
总资产	529,034,485.39	495,403,621.00	377,901,039.88
股东权益	218,924,941.98	137,297,223.42	120,986,656.20
每股收益	0.1540	0.2264	0.2423
每股收益(加权)	0.1626	0.2264	0.2423
每股净资产	1.92	1.91	2.02
调整后的每股净资产	1.88	1.86	1.98
每股经营活动产生的现金流量净额	0.37	−0.29	−1.11
净资产收益率(%)	8.02	11.87	12.02
净资产收益率(%)(加权)	12.02	12.62	12.40

(三)根据中国证监会关于发布《公开发行证券公司信息编报规则》第 9 号通知精神,公司 2000 年度按照全面摊薄法和加权平均法计算的净资产收益率和每股收益:

报告期利润	净资产收益率		每股收益	
	全面摊薄	加权平均	全面摊薄	加权平均
主营业务利润	38.18%	57.22%	0.7330	0.7739
营业利润	8.11%	12.16%	0.1558	0.1645
净利润	8.02%	12.02%	0.1540	0.1626
扣除非经常性损益后的净利润	5.21%	7.81%	0.1001	0.1057

三、股东情况介绍

1 、报告期末股东总数:6793 户。
2 、前 10 名股东持股情况

股东名称	年初持股数	配股	送股	公积金转股
华东计算技术研究所	41382720	621000	10345680	10345680
建行上海第二营业部	2877120		719280	719280
国家持股	1817280		454320	454320
上海华兴贸易公司	1584000		396000	396000
万科财务顾问有限公司	1440000		360000	360000
上海亿安科技发展有限公司				
中国信达信托投资公司	1080000		270000	270000
北京恒强勤业商贸有限公司				
北京仁达公司	720000		180000	180000
上海华双信息技术发展有限公司				

续上表:

股东名称	年末持股数	占总股本%	股份性质
华东计算技术研究所	62695080	54.98	发起人法人股
建行上海第二营业部	4315680	3.78	募集法人股
国家持股	2725920	2.39	国有法人股
上海华兴贸易公司	2376000	2.08	募集法人股
万科财务顾问有限公司	2160000	1.89	募集法人股
上海亿安科技发展有限公司	1944000	1.70	募集法人股
中国信达信托投资公司	1620000	1.42	募集法人股
北京恒强勤业商贸有限公司	1209600	1.06	募集法人股
北京仁达公司	1080000	0.95	募集法人股
上海华双信息技术发展有限公司	432000	0.38	募集法人股

以上列出的股东中代表国家持有股份的单位为信息产业部,持有 54.98%股份的华东计算技术研究所系本公司发起人,所持股份在报告期内无质押、冻结的情况。上海华双信息技术发展有限公司系华东计算技术研究所控股的中电东华高科技实业有限公司的子公司。

四、股东大会简介

报 告期内公司召开了一次股东大会, 即于 2000 年 5 月 9 日在上海漕宝路 509 号新园大厦三楼会议室,召开了 1999 年度股东大会。

大会审议通过《一九九九年度董事会工作报告》、《一九九九年度监事会工作报告》、《一九九九年度财务决算和二 000 年度财务预算报告》、《一九九九年度利润分配方案》、《关于资本公积金转增股本的方案》、《二 000 年增资配股预案》、《关于前次募集资金使用及效益情况的说明》、《关于修改公司章程部分条款的议案》,选举产生公司第三届监事会监事,审议 通过《关于续聘上海上会会计师事务所有限公司为公司财务报告审计单位的议案》。

大会决议公告刊登在 2000 年 5 月 10 日《上海证券报》。

上海海欣集团股份有限公司

一、公司简介

1.公司法定中文名称:上海海欣集团股份有限公司
英文名称:SHANGHAI HAIXIN GROUP CO.,LTD　英文缩写:HX GROUP
2.公司法定代表人:严镇博
3.公司董事会秘书:沈岩
联系地址:上海市福州路 666 号 19A　联系电话:6391 7000/6391 7921
传　真:6391 7678　电子信箱:shenyan@haixin.com
4.公司注册地址及办公地址:上海市松江区洞泾镇　邮政编码:201601
互联网址:www.haixin.com　电子信箱:haixin@haixin.com
5.公司指定信息披露报纸名称:境内:《上海证券报》　境外:《南华早报》
登载公司年报的中国证监会指定址:www.sse.com
公司年报备地点:上海市福州路 666 号 19A
联系电话:6391 7000/6391 7921　邮政编号:200001
6.公司股票上市交易所:上海证券交易所
A 股股票简称:海欣股份股票代码:600851　B 股股票简称:海欣 B 股股票代码:900917

二、会计数据和业务数据摘要

1. 本年度主要利润指标情况(单位:元):

利润总额:	135,591,329.81
净利润:	117,315,056.15
扣除非经常性损益后的净利润:	117,315,056.15
主营业务利润:	229,734,497.89
其他业务利润:	1,723,574.17
营业利润:	102,107,428.32
投资收益:	33,428,112.54
补贴收入:	448,295.50
营业外收支净额:	-392,506.55
经营活动产生的现金流量净额:	-17,712,449.16
现金及现金等价物净增加额:	362,973,301.57

2. 按香港会计准则计算的净利润及差异说明

按国内会计准则,2000 年公司的净利润为人民币 11,731.5 万元,而按照香港会计实务准则,公司当年度净利润为 11,623.10 万元,两者差异为 108.40 万元,具体差异及形成原因如下:

	净利润	
	2000 年	1999 年
	人民币千元	人民币千元
按中国会计制度	117,315	94,540
固定资产重估增值	-1,598	-1598
合并之商誉	497	743
采用不同汇率之差异	-403	-864
递延支出之注销	-956	-3,250
职工奖励福利基金调整	-259	-774
其他	354	-192
以上事项对少数股东权益的影响	1,281	940
按香港会计实务准则	116,231	89,545

3. 近三年主要财务指标

指标项目	单位	2000 年	1999 年	1998 年
主营业务收入	元	964,915,421.59	758,344,591.42	788,082,575.53
净利润	元	117,315,056.15	94,539,793.03	90,285,649.56
总资产	元	2,670,020,168.55	1,747,997,102.88	1,505,061,668.11
股东权益(不含少数股东权益)	元	1,621,983,114.38	811,688,112.37	721,667,891.87
每股收益(摊薄)	元/股	0.35	0.34	0.33
每股收益(加权)	元/股	0.41	0.34	0.33
每股净资产	元/股	4.84	2.95	2.62
调整后每股净资产	元/股	4.76	2.88	2.53
每股经营活动产生的现金流量净额	元/股	-0.05	0.44	0.35
净资产收益率	%	7.24	11.68	12.82

注:净资产收益率按公司 2000 年度增发 A 股后的年末净资产计算。

4. 利润分配附表

根据中国证监会发布的《公开发行证券公司信息披露编报规则》第 9 号通知的精神,公司 2000 年按全面摊薄法和加权平均法计算的净资产收益率及每股收益:

报告期利润	净资产收益率		每股收益	
	全面摊薄%	加权平均%	全面摊薄%	加权平均%
主营业务利润	14.18	22.89	0.69	0.81
营业利润	6.30	10.17	0.31	0.36
扣除非经常性损益后的净利润	7.24	11.68	0.35	0.41

三、股东情况介绍

1.股东情况介绍

报告期末公司股东总数为 39340 名,其中境内上市人民币普通股 35041 名,境内上市外资股股东 4299 名,国有法人股 2 名(其中 1 名系发起人股东),其他发起人 2 名,社会法人股东 2 名。

2. 公司前 10 名股东持股情况

股东名称	报告期末持股数(股)	持股比例(%)	增减变动(+/-)
上海松江洞泾工业公司	49,712,221	14.83	-
香港申海有限公司	47,361,261	14.13	-
上海玩具进出口公司	24,091,587	7.19	-
上海开隆投资有限公司	16,406,926	4.89	-
上海松江经济技术开发建设总公司	12,802,665	3.82	-
基金安顺	10,407,049	3.10	+10,407,049
基金安信	8,547,513	2.50	+8,547,513
香港裕礼发展有限公司	7,800,000	2.33	-
基金安瑞	2,350,000	0.70	+2,350,000
交大产业投资管理(集团)有限公司	1,860,465	0.55	+1,860,465
佛山电器照明股份有限公司	1,860,465	0.55	+1,860,465

中国四川国际合作股份有限公司

一、公司简介

1 、公司法定中文名称:中国四川国际合作股份有限公司
英文名称:China Sichuan International Cooperation Co.,Ltd.　缩写:SIETCO
2 、公司法定代表人:沈国钧董事长
3 、公司董事会秘书:陈　璞
联系地址:四川省成都市顺城大街 206 号四川国际大厦 24 层
电话:028-6520852　传真:028-6521326　电子信箱:sietcodb@sina.com
4 、公司注册地址:四川省成都市永兴巷 15 号
公司办公地址:四川省成都市顺城大街 206 号四川国际大厦 24 层　邮编:610012
电子信箱:sietco@mail.sc.cninfo.net　公司国际互联网网址:http://www.sietco.com.cn
5 、公司选定的信息披露报纸名称:《上海证券报》
刊载公司年度报告的中国证监会指定的国际互联网网址:http://www.sse.com.cn
公司年度报告备置地点:四川省成都市顺城大街 206 号公司董事会办公室
6 、公司股票上市地:上海证券交易所
公司股票简称:中川国际　股票代码:600852

二、会计数据和业务数据摘要

1 、本年度主要利润指标(单位:人民币元)
利润总额:43,582,989.73
净利润:40,287,026.20
扣除非经常性损益后的净利润:38,731,978.48
主营业务利润:100,686,797.11
其他业务利润:4,551,380.90
营业利润:41,064,971.02
投资收益:2,532,109.32
补贴收入:-
营业外收支净额:-14,090.61
经营活动产生的现金流量净额:21,047,654.51
现金及现金等价物净增加额:-25,594,102.57
注:扣除的非经常性损益项目和涉及金额:1,555,047.72
其中:
a.处理固定资产收益:188,088.55
b.处理长期投资收益:1,366,959.17

2 、截至报告期末公司前三年主要会计数据和财务指标 ((金额单位:人民币元)

项目	2000 年	1999 年	1998 年	
			调整后	调整前
主营业务收入	287,801,284.29	215,278,995.87	262,280,552.18	262,280,552.18
净利润	40,287,026.20	18,145,393.63	19,678,692.81	25,487,746.71
总资产	1,095,741,306.76	917,491,513.08	918,660,002.40	1,076,045,839.60
股东权益(不含少数股东权益)	252,139,746.88	208,130,863.81	189,985,470.18	367,421,422.07
每股收益	0.25	0.11	0.18	0.23
扣除非经营性损益后的每股收益	0.24	0.08	0.06	0.11
每股净资产	1.53	1.27	1.73	3.35
调整后的每股净资产	1.41	1.09	0.92	2.14
每股经营活动产生的现金流量净额	0.13	0.90	-0.08	-0.08
净资产收益率%	15.98	8.72	10.36	6.93

注:(1)主要财务指标计算方法:每　股收益=净利润/年度末普通股股份总数

报告期利润	净资产收益率		每股收益	
	全面摊薄	加权平均	全面摊薄	加权平均
主营业务利润	39.93%	44.11%	0.61	0.61
营业利润	16.29%	17.99%	0.25	0.25
净利润	15.98%	17.65%	0.25	0.24
扣除非经常性损益后的净利润	15.79%	16.97%	0.24	0.24

其计算公式为:
全面摊薄净资产收益率=报告期利润/期末净资产
全面摊薄每股收益=报告期利润/期末股份总数
加权平均净资产收益率=报告期利润/(期初净资产+报告期净利润/2+报告期发行新股或债转股等新增净资产 x 新增净资产下一月份起至报告期末的月份数/12-报告期回购或现金分红等减少净资产 x 减少净资产下一月份起至报告期末的月份数/12)
加权平均每股收益=报告期利润/(期初股份总数+报告期因公积金转增股本或股票股利分配等增加股份数+报告期因发行新股或债转股等增加股份数 x 增加股份下一月份起至报告期末的月份数/12-报告期因回购或缩股等减少股份数 x 减少股份下一月份起至报告期末的月份数/12)

三 、股东情况介绍

(1)报告期末公司股东总数为 15362 户。
(2)报告期末主要股东持股情况

	股东姓名	持股数(股)	占总股本比例
①	深圳市通富达实业发展有限公司	84,000,000	51.12%
②	四川省国有资产投资管理有限责任公司	24,000,000	14.61%
③	陆苹	400,000	2.43%
④	白磊	300,001	1.83%
⑤	尹强杰	240,325	1.46%
⑥	赵心源	230,100	1.40%
⑦	东方经纪	225,000	1.37%
⑧	张秀莲	193,000	1.17%
⑨	郑建勇	187,334	1.14%
⑩	文新玉	167,907	1.02%

注:
① 持有本公司 5%股份以上的股东所持股份无质押、冻结情况。
② 报告期末,深圳市通富达实业发展有限公司持有本公司股份 84,000,000 股,四川省国有资产投资管理有限公司持有本公司股份 24,000,000 股,报告期内这两名股东所持本公司股份无变动。

北满特钢股份有限公司

北满特钢股份有限公司2000年年度报告摘要

本公司董事会保证本报告所载资料不存在任何虚假记载、误导性陈述或者重大遗漏,并对其内容的真实性、准确性和完整性负个别及连带责任。

一、公司简介

1 、公司中文名称:北满特殊钢股份有限公司
英文名称:BEIMAN SPECIAL STEEL COMPANY LIMITED
2 、公司注册地址:齐齐哈尔市富拉尔基区红岸大街7 号
公司办公地址:齐齐哈尔市富拉尔基区红岸大街7 号
邮政编码 :161041
公司电子信箱:E-mail:BMTG88@public.qqhr.cn
公司互联网地址:http://www.beimantegang.com.cn/
3、公司法定代表人:高 崇
4、公司董事会秘书:刘晓东
联系地址:齐齐哈尔市富拉尔基区红岸大街7 号
联系电话:(0452)6802291
传真:(0452)6801662
电子信箱:liuxiaod@0451.com
5、公司选定的信息披露报纸名称:《上海证券报》
公司登载中报指定互联网址:http://www.sse.com.cn
公司年度报告备置地点:董事会秘书办公室
6、公司股票上市地:上海证券交易所
股票简称:北满特钢 股票代码:600853

二、会计数据和业务数据摘要

(一)公司利润总额的构成及现金流量(单位:人民币元)2

项目	金额
利润总额	-191,284,419.61
净利润	-191,284,419.61
扣除非经营性损益后的净利润	-230,788,176.29
主营业务利润	-62,086,281.81
其他业务利润	5,704,544.00
营业利润	-188,028,591.95
投资收益	3,447,552.51
补贴收入	1,200,000.00
营业外收支净额	-7,903,380.17
经营活动产生的现金流量净额	170,614,602.30
现金及现金等价物净增加额	-36,726,553.16

注:报告期内涉及的非经营性损益项目及金额

项 目	金 额
出售报废资产收入	101,265.00
固定资产评估增值	38,554,615.22
补贴收入	1,200,000.00
出售固定资产净损失	352,123.54

(二)截止报告期末公司前三年的主要会计数据和财务指标(单位:人民币元)

项目	2000 年	1999 年	1998 年	
			调整前	调整后
主营业务收入	1,140,573,739.17	1,150,454,827.55	1,220,025,575.35	1,220,025,575.35
净利润	-191,284,419.61	-141,782,273.24	10,122,024.92	17,232,890.20
总资产	2,218,514,134.13	3,035,467,437.44	2,996,465,258.06	2,822,797,997.60
股东权益	787,707,197,.29	978,991,616.90	1,294,441,150.60	1,120,773,890.14
每股收益	-0.3593	-0.2663	0.019	0.0324
每股净资产	1.48	1.84	2.43	2.11
调整后每股净资产	1.29	1.59	1.92	1.82
每股经营活动产生的现金流量净	0.3205	-0.1113	-0.2982	-0.2982

注:计算公式:
每股收益=净利润/报告期末普通股股份总数
每股净资产=报告期末股东权益/报告期末普通股股份总数
净资产收益率=净利润/报告期末股东权益×100%3
调整后的每股净资产=(报告期末股东权益-三年以上的应收款项净额-待摊费用)/报告期末普通股股份总数
每股经营活动产生的现金流量净额=经营活动产生的现金流量净额/报告期末普通股股份总数
加权平均净资产收益率=报告期利润/(期初净资产+报告期净利润/2)

(三)根据中国证监会关于(公开发行证券公司信息披露编报规则)第9 号通知精神,报告期按全面摊薄法和加权平均法计算的净资产收益率及每股收益。

报告期利润	资产收益率(%)		每股收益(元/股)	
项目	全面摊薄	加权平均	全面摊薄	加权平均
主营业务利润	-7.88%	-7.03%	-0.12	-0.12
营业利润	-23.87%	-21.29%	-0.35	-0.35
净利润	-24.28%	-21.65%	-0.36	-0.36
扣除非经营性损益后的净利润	-29.30%	-26.13%	-0.43	-0.43

3 、报告期内股东权益变动情况(单位:人民币万元)

项目	股本	资本公积	盈余公积	其中:公益金	未分配利润	合 计
期初数	53240	52019	12125	2451	-19485	97899
本期增加	-	-	-	-	-19128	
本期减少						
期末数	53240	52019	12125	2451	-38613	78771

变动原因未分配利润变动系本报告期增加亏损所致。

三、股东情况介绍

1、截止2000 年末,公司股东总数为71622 户,其中国有法人股1 户,法人股东9 户,社会公众股股东71612 户。

2、前十名股东持股情况

序号 股东名称	期末持股数(万股)	占总股本比例(%)
(1)北钢集团有限责任公司	34243	64.32
(2)北京大地广告公司	968	1.82
(3)广东佛山南发实业总公司	484	0.91
(4)黑龙江省电力工业公司	242	0.45
(5)中国第一汽车集团公司	242	0.45
(6)齐齐哈尔证券公司	121	0.23
(7)黑龙江兴达贸易公司	121	0.23
(8)哈尔滨铁路局齐齐哈尔分局	121	0.23
(9)交通银行齐齐哈尔支行	121	0.23
(10)黑龙江省证券公司	121	0.23

注:北钢集团有限责任公司持有国家股34243 万股,占公司总股本的64.32%,其中13500 万国有股(占国家股的39.42%)已向国家开发银行进行质押,质押期限为8 年,即从2000 年1 月17 日起至2008 年1 月17 日止。公司法人代表:高崇。

公司生产经营范围:钢冶炼、钢压延加工、机械设备制造、轴承、耐火材料。

四、股东大会简介

1 、2000 年5 月27 日,在《上海证券报》上刊登了召开公司1999 年度股东大会的公告。

2 、2000 年6 月28 日在公司招待所二楼大会议室召开了1999 年度股东大会,出席会议的股东及股东代理人24 人,代表股份365,794,350 股,占公司总股本68.7%,符合《公司法》及《公司章程》的规定。

经大会审议,投票表决通过了以下议案:
(1)公司1999 年度董事会工作报告;
(2)公司1999 年度监事会工作报告;
(3)公司1999 年度财务决算暨2000 年度财务预算报告;
(4)公司2000 年度生产经营计划和技术改造计划的报告;
(5)公司2000 年度计提资产减值准备的报告;
(6)公司2000 年度利润分配预案;
(7)北满特钢与北钢集团《资产剥离及债务划分协议书》及《关于对<资产剥离及债务划分协议书>进行修改的临时提案》;
(8)关于改选和增选公司董事的议案。因原公司董事郭海洲先生、秦子云先生辞去董事职务,选举赵华、许明先生为公司董事。

本次股东大会决议刊登在2000 年6 月30 日的《上海证券报》上。

五、董事会报告

(一)公司经营情况

1 、公司所处的行业为冶金(特殊钢冶炼与压延)行业,按销售额排序,2000 年在全国23 家特钢企业中排名第11 位(资料来源:特钢协会交换资料)。

2 、公司主营业务范围及其经营状况

2000 年共生产钢35.40 万吨,同比增加0.14%;生产钢材26.00 万吨,同比减少2.41%;实现主营业务收入114057 万元,同比减少988 万元;实现利润-19128 万元,亏损同比增加4950 万元,全年实现产销率103.95%,同比提高1.23%。

公司继续把挖潜、增效、创收作为贯穿全年的头等大事来抓,主体分厂在生产制造成本连续多年降低的情况下,继续扩大战果,通过制定成本费用考核办法和内部挖潜等奖惩措施,又降低制造成本1451 万元,降低率1.23%。在铁合金及废钢资源严重短缺的情况下,全年处理积压废钢,并通过改进工艺消化组别料共计2 万余吨,缓解了废钢紧张局面,并为公司节约800 余万元。

2000 年,经营部门在总结历年经营管理工作中存在的问题的基础上,通过完善制度、狠抓落实、兑现承诺,全年实现现款回笼比例有了较大幅度增加、外滞货款下降1.5 亿元、产销率超过103%。

为了扭转公司生产经营的被动局面,使其早日步入良性发展的轨道,公司紧紧抓住"三改一加强"这根主线不放松。

2000 年上半年,针对股份公司资产结构不合理,母子公司关系不规范等问题,实施了进一步资产重组和管理重组,在企业内部管理上继续深化分配、劳动用工、干部聘任等经营机
制上的改革,班组建设工作开展的扎扎实实,平稳有序,成效显著。

公司围绕生产经营工作目标,以提高技术创新能力和产品实物质量、降低工艺成本为重点,扎扎实实地开展质量攻关、技术创新和工艺研究工作。为提高产品实物质量,精心组织开展了多项攻关工作,收到了良好效果。继续实施了以创名优产品为重点的名牌战略,经过不懈努力攻关,又有汽车齿轮钢和弹簧钢两项产品获得国家产品质量"金杯奖",公司荣获"金杯奖"的产品数量已增至7 个,公司顺利通过了由东北质量体系中心对我公司进行的复评审核。同时我公司在众多企业科研单位的竞争中脱颖而出,被授予国家级企业技术中心。

在抓好项目建设的同时,高度重视新老系统的衔接和老系统技术改造工作,近三年,包括环保项目在内,已累计投入了1 亿多元的资金,进行了280 飞剪机、轧钢分厂七辊矫直机、500 高刚度轧机、精炼炉和可控气氛连续退火炉等老设备改造项目,倍受关注的环保项目6#、8#
电炉的除尘工程最近已经通过省环保部门验收并投入运行。

占公司主营业务收入10%以上的主要产品有:优质合金钢热轧材、冷拔材和合金钢锻件。

3 、在经营中出现的问题与困难及解决方案

同国际、国外同行特钢企业相比,由于公司起点低、负担重、内部消耗高,再加之市场上的无序竞争,使企业经受着严峻的考验。虽然国家出台了控制钢铁总量的政策,从去年下半年开始形势有所好转,但钢材市场的结构性供大于求局面仍未得到根本解决,市场竞争十分激烈,产品竞相降价,使得公司生产经营面临十分严峻的挑战,主要困难是:市场萎缩,产品价格下滑,回款率低,资金短量运行、重点物资、原燃材料资源紧缺,缺少竞争力强的产品,为此公司采取了以下解决方案:
(1)经销部门通过加大现款合同订货比例,来调解公司资金短量的问题;
(2)通过调整产品结构,开发高合金品种,提高钢材合金比,以解决产品价格下滑问题。
(3)开展招标采购,努力降低原燃材料采购成本,以进口方式确保部分重点物资和原燃材料供应问题。
(4)加大科研攻关力度,加快新产品开发、研制及转化的进度,争取早日形成一系列具有北钢特色的拳头产品。

(二)公司财务状况

1 、公司财务状况

(1)本报告期总资产比上年减少816,953,303.31 元,主要是本年下半年资产重组,部分资产出售给母公司北钢集团有限责任公司所致。

江苏春兰制冷设备股份有限公司

江苏春兰制冷设备股份有限公司2000年年度报告摘要

本公司董事会保证本报告所载资料不存在任何虚假记载、误导性陈述或者重大遗漏，并对其内容的真实性、准确性和完整性负个别及连带责任。

公司年度财务会计报告已经江苏天衡会计师事务所审计并出具无保留意见的审计报告。

(一)公司简介

1、公司的法定中文名称:江苏春兰制冷设备股份有限公司

英文名称:Jiangsu chunlan refrigerating equipment stock co., ltd.缩写:chunlan

2、公司法定代表人:张鸿志

3、公司董事会秘书:陈震证券事务代表:田森

联系地址:江苏省泰州市春兰工业园区春兰路1号

联系电话:0523-6661688*305 6663800 6663663 传真:0523-6663839

电子邮件信箱:clzlgstz@pub.tz.jsinfo.net

4、公司注册地址、办公地址:江苏省泰州市春兰工业园区春兰路1号 邮编:225300

公司国际互联网网址:http://www.chunlan.com.cn 电子邮件信箱:clzl.tz@public.tz.js.cn

5、公司选定的信息披露报纸名称:《中国证券报》、《上海证券报》

登载公司年度报告的中国证监会指定国际互联网网址:http://www.sse.com.cn

年度报告备置地点:江苏省泰州市春兰工业园区春兰路1号本公司证券办公室

6、公司股票上市交易所:上海证券交易所 股票简称:春兰股份 股票代码:600854

(二)会计数据和业务数据摘要

1、公司本年度实现的利润指标情况 单位:元

利润总额:	317625177.02
净利润:	266523026.07
扣除非经常性损益后的净利润:	254266985.50
主营业务利润:	499286498.41
其他业务利润:	1193357.41
营业利润:	308644524.25
投资收益:	2906516.71
补贴收入:	
营业外收支净额:	6074136.06
经营活动产生的现金流量净额:	147989946.38
现金及现金等价物净增加额:	-66697289.21

非经常性损益系处理固定资产损益及罚款收入,金额为12256040.57

2、主要财务指标: 单位:元

	2000年	1999年	1998年 调整后	1998年 调整前
主营业务收入	1824980951.86	1947367406.71	1914308804.73	1914308804.73
净利润	266523026.07	264936748.85	272037474.19	275287334.83
总资产	2560996512.49	2323715250.63	1941978710.24	1943361642.02
股东权益(不含少数股东权益)	1741853649.13	1536600812.40	1416898863.55	1427556777.14
每股收益(摊薄)	0.87	0.865	1.15	1.17
每股收益(加权)	0.87	0.865	1.24	1.26
扣除非经常性损益后的每股收益	0.83	0.858	1.24	1.26
每股净资产	5.69	5.02	6.01	6.06
调整后的每股净资产	5.67	5.02	6.01	6.06
每股经营活动产生的现金流量净额	0.48	0.11	0.51	0.51
净资产收益率(%)	15.30	17.24	19.20	19.28

注:以上数据和指标均按合并报表数计算。

(三)股本变动及股东情况

1、报告期末公司股东总数53191户。

2、股东情况介绍

(1)本公司前十名股东情况

股东名称	年末持股数	年内股份增减	占总股本的比例	质押或冻结
1、春兰(集团)公司	114645940	-41750300	37.43%	无
2、泰州国有资产经营有限公司	55135100	55135100	18.00%	无
3、BERNIE INDUSTRIAL LIMITED	53539200	53539200	17.48%	无
4、泰州春兰特种空调器厂	1915056		0.63%	无
5、春兰销售公司	1276704		0.42%	无
6、百乐电器	1235043		0.40%	
7、苏州投资	982300	-216614	0.32%	
8、天元基金	672980	672980	0.22%	
9、汉鼎基金	400099	400099	0.13%	
10、北钢证券	360541	360541	0.12%	

泰州春兰特种空调器厂和泰州春兰销售公司为春兰(集团)公司的全资子公司。

(2)持股10%(含10%)以上的法人股东:

①春兰(集团)公司 法定代表人:陶建幸

经营范围:制造销售各类空调、除湿设备、制冷设备、冷冻设备、制冷压缩机、摩托车、电子原器件。制造销售普通机械、化工产品、塑料制品、投资开发第三产业。

②泰州国有资产经营有限公司 法定代表人:潘山元

经营范围:投资经营。

③BERNIE INDUSTRIAL LIMITED 法定代表人:陆健

BERNIE INDUSTRIAL LIMITED为1999年在英属维尔京群岛成立的股份有限公司,系香港钟山有限公司全资拥有的子公司。该股东为港资股东。

(四)股东大会简介

1、公司于2000年5月18日在春兰集团泰州宾馆召开了股东大会,出席会议的股东及代表共20人,代表股权数227832156股,占总股本的74.38%,符合《公司法》及《公司章程》的规定。会议通过了如下决议:

(1)公司1999年度董事会工作报告。 (2)公司1999年度监事会工作报告。

(3)公司1999年度财务决算报告。 (4)公司1999年度利润分配方案。

(5)2000年公司生产经营计划。 (6)关于修改公司章程的决议。

(7)关于董事会换届选举的决议。 (8)关于监事会换届选举的决议。

(9)关于参股投资与春兰(集团)公司共同设立春兰电子商务有限公司的决议。该股东大会决议公告于2000年5月19日刊登在《中国证券报》、《上海证券报》上。

2、公司于2000年11月13日在春兰集团泰州宾馆召开了第一次临时股东大会,出席会议的股东及代表共16人,代表股权数227833559股,占总股本的74.38%,符合《公司法》及《公司章程》的规定。会议通过了如下决议:

(1)修改公司章程的决议。

(2)增补董事的决议。该股东大会决议公告于2000年11月14日刊登在《中国证券报》、《上海证券报》上。

3、公司于2000年12月22日在春兰集团泰州宾馆召开了第二次临时股东大会,出席会议的股东及代表共18人,代表股权数229822913股,占总股本的75.03%,符合《公司法》及《公司章程》的规定。会议通过了如下决议:

(1)关于增发新股的决议。

(2)关于授权董事会办理本次增发新股相关事宜的决议。该股东大会决议公告于2000年12月23日刊登在《中国证券报》、《上海证券报》上。

(五)董事会报告

1、公司经营情况

(1)公司所处行业及公司在本行业中的情况我公司是生产、销售各种窗式、柜式和1.5匹及以下壁挂式空调器及洗涤机械的专业化企业。多年来,在激烈的市场竞争中,始终保持着稳健的发展势头。2000年公司共生产空调器490574台、洗衣机42880台,实现主营业务收入182498万元,其中空调主营业务收入176483万元,主营业务利润49922万元,继续保持同行业的领先地位。

(2)公司主营业务范围及经营状况

①主营业务范围:生产、销售各种窗式、柜式、1.5匹及以下壁挂式空调器、洗涤机械等。

②主营业务经营状况:公司认真贯彻实施1999年度股东大会的决议,通过强化公司的内部管理和目标成本管理,积极开拓国内外两个市场,深入开展科技创新活动,通过研究市场的潜在需求和分析空调器的发展趋势,充分利用掌握的核心技术,瞄准国际先进水平,坚持高起点,采用新技术、新工艺、新材料,优化产品的设计,不断挖掘企业潜力,利用建立的全球采购网络,实施招标定点,存优劣汰,进一步提升了公司的品牌,降低了产品成本,使公司新开发的产品更具有较强的竞争力,从而在激烈的市场竞争中,始终保持着稳健的发展势头,国际市场的开拓尤为显著,出口产品同比增长了137%。

本公司主营业务收入及主营业务利润主要为生产、销售空调器所得。

③在经营中出现的问题及解决方案公司本年度圆满完成了经营计划,取得了预期的经营业绩。但由于日益激烈的市场竞争。公司现有的管理水平与国际化竞争的要求尚存在一定的差距。对此公司将围绕"新品、质量、成本"三要素,继续强化企业内部的管理工作,加大市场开发力度,拟采取以下措施:加大科研投入,研究市场的潜在需求和分析空调器的发展趋势,瞄准国际先进水平,坚持高起点,开发技术领先、引导消费的产品。进一步保持技术、市场及品牌优势。

全面深入开展目标成本管理,采用新技术、新工艺、新材料,优化产品的设计,不断挖掘企业内部潜力,建立全球采购网络,努力降低设计成本和采购成本。

强化对员工的多层面、专业化的业务培训,并针对市场,培养一支既能适应多岗位生产的需要,又能服务于市场的复合型两用人才员工队伍。同时引进高层次科技人才实行用工制度改革,充分利用竞争激励机制,促进员工业务素质的提高。

2、公司财务状况:

	2000年	1999年末	增长%	原因
总资产	2,560,996,512.49	2,323,715,250.63	10.21	当期实现利润
长期负债	3,827,460.10	5,801,605.14	-34.03	转出住房公积金
股东权益	1,741,853,649.43	1,536,600,812.40	13.36	当期实现利润
主营业务利润	499,286,498.41	510,857,163.45	-2.26	价格调整
净利润	266,523,026.07	264,936,748.85	0.60	非常性收益增加

3、公司投资情况

(1)筹集资金使用情况公司在本年度内没有募集资金,也没有将上次募集的资金在本期使用。

(2)其它投资情况公司于2000年5月18日召开的1999年度股东大会通过了如下决议,公司利用自有资金出资5000万元参与设立春兰电子商务有限公司,注册资本为20000万元,公司占注册资本的25%。详情已在2000年5月19日《中国证券报》、《上海证券报》披露。公司在本年度内未有其他投资。

(3)公司长期投资各子公司情况见财务报告有关附注。

4、本年度公司没有发生国家的宏观政策、法规等方面的重大变化对公司的财务状况和经营成果而产生重要的影响。

5、新年度的业务发展计划公司为了适应全球经济一体化的市场竞争环境:

(1)积极参与资本市场运作,确立新的投资理念。利用证券市场增发新股募集资金:

a、拟收购春兰制冷技术研究所,将加强对新的核心技术的研究和开发,同时对空调行业的发展趋势作前瞻性的技术储备,开发具有个性化的引导市场消费的新产品,以适应消费者新的需求。

b、收购泰州春兰空调器厂,使空调器产品系列化,进一步扩大市场份额,提高国内市场的占有率。

c、增资春兰电子商务有限公司,利用春兰电子商务有限公司的运作来改造传统产业的同时,拥有公司独立的营销体系,扩大销售网点,建立高效受控的服务网络,提高服务质量,提升公司品牌形象。

(2)积极推进科技进步,生产高科技优质产品,注重产品向智能化、网络化,节能型、环保型等方向发展。

(3)根据市场发展需要,不断降低产品成本,重点降低设计成本,达到优化设计,不断采用新工艺,开发性能价格比优异的产品,实现低成本竞争。

6、董事会日常工作情况

(1)报告期内董事会工作情况

①公司第二届第十三次董事会于2000年4月15日在春兰集团泰州宾馆召开,会议讨论通过了如下决议:

a、1999年度董事会工作报告

b、四项减值准备的内部控制制度

c、1999年度财务决算报告

d、1999 年度利润分配预案　e、1999 年年度报告及其摘要

f、2000 年度经营计划　g、关于副总经理任免的报告

h、关于修改公司章程的报告　i、董事会换届选举报告　j、聘用董事会秘书的报告

k、关于召开 1999 年度股东大会的报告以上决议于 2000 年 4 月 18 日刊登在《中国证券报》、《上海证券报》上。

②公司第三届第一次董事会于 2000 年 5 月 18 日在春兰集团泰州宾馆召开，会议讨论选举了新一任董事长、副董事长、法定代表人。该决议于 2000 年 5 月 19 日刊登在《中国证券报》、《上海证券报》上。

③公司第三届第二次董事会于 2000 年 8 月 9 日在春兰集团泰州宾馆召开，会议审议通过了 2000 年中期报告,该报告于 2000 年 8 月 11 日刊登在《中国证券报》、《上海证券报》上。

④公司第三届第三次董事会于 2000 年 10 月 10 日在春兰集团泰州宾馆召开，会议审议通过了修改公司章程、增补董事和召开 2000 年第一次临时股东大会的决议。以上决议于 2000 年 10 月 12 日刊登在《中国证券报》、《上海证券报》上。

⑤公司第三届第四次董事会于 2000 年 11 月 20 日在春兰集团泰州宾馆召开,会议通过了增发新股、授权董事会办理本次增发新股相关事宜、召开 2000 年第二次临时股东大会及副总经理、董事会秘书、证券事务代表任免的决议,以上决议于 2000 年 11 月 21 日刊登在《中国证券报》、《上海证券报》上。

⑥公司第三届第五次董事会于 2000 年 12 月 22 日在春兰集团泰州宾馆召开,会议审议通过了公司副总经理任免的决议,该决议于 2000 年 12 月 23 日《中国证券报》、《上海证券报》上。

(2) 董事会对股东大会决议的执行情况在报告期内公司董事会严格按股东大会决议及授权工作。执行报告期内的利润分配方案;按股东大会的授权,办理有关增发新股相关事宜,增发新股的有关工作正在进行之中。

7、公司管理层及员工情况

(1)董事、监事、高级管理人员现任董事、监事、高级管理人员的姓名、性别、年龄、任期、年初和年末持股数量、年度内股份增减变动量及增减变动的原因、年度报酬总额。

姓名	职务	性别	年龄	任期	年初持股数	年末持股数	增减变动量
张鸿志	董事长	男	52	2000-2003		21278	21278
李家成	副董事长	男	35	2000-2003		1000	1000
徐炜副	董事长	男	54	2000-2003			
许承业	董事	男	45	2000-2003		13299	13299
朱永祖	董事、总经理	男	51	2000-2003		10639	10639
马绍倩	董事	女	44	2000-2003		13299	13299
严敦信	董事	男	56	2000-2003			
潘山元	董事	男	48	2000-2003			
傅升	董事	男	35	2000-2003			
刘顺余	监事	男	47	2000-2003		10639	10639
赵延山	监事	男	56	2000-2003		15959	15959
朱大勇	监事	男	30	2000-2003			
周晓明	副总经理	男	33	2000-2003			
吴兆太	副总经理	男	33	2000-2003			
陈震	董事会秘书	男	29	2000-2003			

不在公司领取报酬的董事、监事:张鸿志、李家成、徐炜、许承业、马绍倩、严敦信、潘山元、傅升、赵延山、朱大勇。在公司领取报酬的董事、监事:朱永祖、刘顺余。

在公司领取报酬的董事、监事、公司高级管理人员年度报酬情况:年薪在 20000-40000 元的有 2 人,年薪在 40000-60000 元的有 3 人。

(2)在报告期内离任的高级管理人员:

姓名	原职务	离任原因
赵延山	副总经理	工作变动
候再起	副总经理、董事会秘书	工作变动
朱世平	副总经理	工作变动
马旭宇	副总经理	工作变动

8、公司 2000 年度利润分配预案:经江苏天衡会计师事务所审计,2000 年公司实现净利润(合并)266,523,026.07 元,按净利润(母公司)的 10%提取法定公积金 26,651,403.67 元,按净利润(母公司)的 10%提取法定公益金 26,651,403.67 元,加上年初未分配利润(合并)40,020,954.67 元,可供股东分配利润(合并)249,845,640.48 元。董事会决定:提取任意公积金 188,584,440.48 元,按现行股本 30630.6 万股,向全体股东每 10 股派发现金红利 2.00 元(含税),计 61,261,200.00 元。以资本公积金转增股本,按现行股本 30630.6 万股每 10 股转增 5 股。以上分配预案,须经公司 2000 年年度股东大会表决通过后实施。

9、公司 2001 年选定的信息披露报纸为《中国证券报》、《上海证券报》。

(六)监事会报告

2000 年度监事会根据《中华人民共和国公司法》及本公司章程的有关规定,对公司的经营和管理活动进行了必要的监督和质询,列席了董事会有关会议,在重大事项上与董事会进行了充分的交流,实施了有效的监督。

报告期内,公司共召开了三次监事会会议,基本情况为:2000 年 4 月 15 日召开了二届六次监事会会议,认真检查分析了 1999 年度公司的财务和生产经营活动情况,审议了 1999 年度董事会工作报告并通过了监事会的独立工作意见。

2000 年 5 月 18 日召开了三届一次监事会会议,选举赵延山同志为监事会主席。2000 年 8 月 9 日召开了三届二次监事会会议,审议了 2000 年度中期报告。

(七)重要事项

1、本年度公司无重大诉讼、仲裁事项。

2、本年度没有发生公司、公司董事及高级管理人员受监管部门处罚的情况。

3、报告期内公司控股股东变更,董事会换届、改选或半数以上成员变动,公司总经理变更,解聘、新聘董事会秘书的情况

控股股东变更情况: 香港钟山有限公司将其持有的本公司法人股中 1338.48 万股转让给春兰(集团) 公司,5353.92 万股转让其全资子公司 BERNIE INDUSTRIAL LIMITED, 该股权变动报告于 2000 年 7 月 6 日刊登于《中国证券报》、《上海证券报》上。春兰(集团)公司将其持有本公司法人股中 5513.51 万股转让给泰州国有资产经营有限公司,该股权变动报告于 2000 年 9 月 27 日刊登在《中国证券报》、《上海证券报》上。

高级管理人员变更情况:

(1)公司于 2000 年 5 月 18 日召开了 1999 年度股东大会,会议通过了如下决议:决定由张鸿志先生、李家成先生、徐炜先生、许承业先生、朱永祖先生、马绍倩女士、严敦信先生等七人组成公司第三届董事会;决定由赵延山先生、朱大勇先生、刘顺余先生等三人组成公司第三届监事会。公告刊登在 2000 年 5 月 19 日《上海证券报》、《中国证券报》上。

(2)2000 年 5 月 18 日公司召开了第三届一次董事会,会议通过了如下决议:选举张鸿志先生为公司董事长、法定代表人,李家成先生、徐炜先生为公司副董事长。公告刊登在 2000 年 5 月 19 日《上海证券报》、《中国证券报》上。

(3)2000 年 5 月 18 日公司召开了第三届一次监事会,会议通过了如下决议:选举赵延山先生为公司监事会主席。公告刊登在 2000 年 5 月 19 日《上海证券报》、《中国证券报》上。

(4)2000 年 4 月 15 日公司召开了第二届十三次董事会,会议通过了如下决议:决定正式聘用侯再起先生为董事会秘书;免去赵延山先生副总经理的职务,聘用侯再起先生、马旭宇先生为公司副总经理。公告刊登在 2000 年 4 月 18 日《上海证券报》、《中国证券报》上

(5)2000 年 11 月 13 日公司召开了第 1 次临时股东大会,会议通过了如下决议:增补潘山元、傅升为公司董事会董事。公告刊登在 2000 年 11 月 14 日《上海证券报》、《中国证券报》上。

(6)2000 年 11 月 20 日公司召开了第三届四次董事会,会议通过了如下决议:决定免去侯再起先生公司董事会秘书及副总经理职务;聘任陈震先生为公司董事会秘书。公告刊登在 2000 年 11 月 21 日《上海证券报》、《中国证券报》上。

(7)2000 年 12 月 22 日公司召开了第三届五次董事会,会议通过了如下决议:决定免去朱世平先生、马旭宇先生副总经理职务;聘任周晓明先生,吴兆太先生为公司副总经理。公告刊登在 2000 年 12 月 23 日《上海证券报》、《中国证券报》上。

4、重大关联交易事项。公司所发生的关联交易均依据双方协议按市场价格进行交易,没有损害股东权益的行为,具体关联交易事项见财务报表有关附注。

5. 本公司与控股股东实行人员、资产、财务"三分开",在经营上做到人员独立、资产完整、财务独立。

(1)在人员方面,公司在劳动、人事及工资管理等方面完全独立,公司总经理、副总经理均在本公司领取薪酬,且未在股东单位担任任何职务。

(2)在资产方面,公司拥有独立的生产系统、辅助生产系统和配套设施,拥有独立的采购系统,拥有独立的工业产权和专利、非专利技术。

本公司的主要产品使用春兰(集团)公司拥有的"春兰"商标,根据 1993 年 6 月 25 日春兰(集团)公司《"春兰"商标使用许可》(春兰集团[1993]81 号)文,春兰(集团)公司许可股份公司自 1993 年 6 月 25 日起至 2008 年 12 月 2 日止非独占使用"春兰"商标,春兰(集团)公司以 15 年的非独占使用权作价 2000 万元人民币投入股份公司。

公司现阶段生产的产品通过春兰销售公司和春兰电子公司的销售网络销售。如增发新股募集资金,增资春兰电子商务有限公司收购春兰星威连锁店有限公司后,将拥有公司独立的营销体系。

(3)在财务方面,公司设立了独立的财务部门,并建立了独立的会计核算体系和财务管理制度,拥有独立的银行帐户。

6、本年度公司没有发生托管、承包、租赁其他公司资产或其他公司托管、承包、租赁本公司资产的事项。

7、本公司及持股 5%以上股东本年度在指定的报纸和网站上没有过披露承诺事项。

8、本年度公司聘请的会计师事务所未发生变化,仍聘请江苏天衡会计师事务所。

9、本年度公司未签定其他重大合同。

10、本年度公司未发生更改名称或股票简称的情况。

(八)财务会计报告

审计报告　　　　　　　　　　天衡审字(2001)109 号

江苏春兰制冷设备股份有限公司全体股东:

我们接受委托,审计了贵公司 2000 年 12 月 31 日的资产负债表、合并资产负债表及 2000 年度利润及利润分配表、合并利润及利润分配表和 2000 年度现金流量表、合并现金流量表。这些会计报表由贵公司负责,我们的责任是对这些会计报表发表审计意见。我们的审计是依据中国注册会计师独立审计准则进行的。在审计过程中,我们结合贵公司实际情况,实施了包括抽查会计记录等我们认为必要的审计程序。

我们认为,上述会计报表符合《企业会计准则》和《股份有限公司会计制度》的有关规定,在所有重大方面公允地反映了贵公司 2000 年 12 月 31 日的财务状况及 2000 年度的经营成果和现金流量情况,会计处理方法的选用遵循了一贯性原则。

江苏天衡会计师事务所有限公司　　　　中国注册会计师:荆建明

中国·南京　　　　2001 年 2 月 15 日　中国注册会计师:杨宏斌

江苏春兰制冷设备股份有限公司

合并会计报表附注

一、公司简介

江苏春兰制冷设备股份有限公司(以下简称公司)是经江苏省体改委苏体改生[1993]66 号文和中华人民共和国对外贸易经济合作部[1993]外经贸资二函字第 780 号文件批准,由江苏春兰制冷设备有限公司和泰州春兰特种空调器厂及泰州春兰销售公司共同发起设立的股份有限公司。公司于 1994 年 2 月 2 日经中国证监会证监发审字(1994)10 号文批准,向社会公开发行股票 3,000 万股,并于同年 4 月 25 日在上海证券交易所挂牌交易。1998 年 4 月 24 日公司将原在上海证券中央登记结算公司登记的发起人股东江苏春兰制冷设备有限公司恢复登记为春兰(集团)公司及香港钟山有限公司。

公司经营范围:生产及销售空调器等制冷产品、空调用红外线遥控、专用集成电路、电子元器件、制冷压缩机等动力机械。

公司注册资本为 30,630.60 万元(注册号:3200001104536)。

二、公司主要会计政策、会计估计及其变更

1、会计制度:公司执行《股份有限公司会计制度》。

2、会计年度:以公历一月一日起至十二月三十一日止为一个会计年度。

3、记帐本位币:人民币。

4、记帐基础和计价原则:以权责发生制为记帐基础,以历史成本为计价原则。

5、外币业务核算方法:公司对所发生的非记帐本位币经济业务,均采用业务发生日的市场汇价折合为记帐本位币记帐,期末外币帐户余额按当日中国人民银行公布的基准汇价进行调整,除为工程项目而筹措的外币借款折算差额,在固定资产尚未交付使用前计入在建固定资产成本外,其余折算差额均计入当期损益。

6、现金等价物的确定标准:系指公司持有的期限短、流动性强、易于转换为已知金额现金、价值变动风险很小的投资。

7、坏帐核算方法 (1)坏帐损失采用备抵法核算;

(2)坏帐准备根据期末应收款项(包括应收帐款和其他应收款)余额采用帐龄分析法按一定比例计提。公司根据债务单位实际财务状况、现金流量情况等确定的坏帐准备提取比例如下:

帐龄	计提比率
一年以内	1%
一至二年	10%
二至三年	30%
三至四年	50%
四至五年	80%
五年以上	100%

(3)坏帐确认的标准为:

A、债务人破产或死亡,以其破产财产或者遗产清偿后仍无法收回;

B、债务人逾期未履行其偿债义务,并且具有明显特征表明无法收回。

8、存货核算方法

(1)公司存货包括:原材料、在产品、产成品、低值易耗品;

(2)原材料按计划成本计价,实际成本与计划成本的差异记入材料成本差异,并于月末结转生产成本时分配材料成本差异,将发出材料的计划成本调整为实际成本;在产品按实际成本计价,期末结存在产品成本按实际消耗的材料成本保留;产成品按实际成本计价,发出时采用加权平均法核算;

(3)低值易耗品采用领用时一次摊销法核算;

(4)存货跌价准备的确认标准和计提方法:

A、对由于遭受毁损、全部过时，使成本无法收回的存货，按单个存货项目全额计提存货跌价损失准备；

B、对于部分陈旧或过时的存货，根据成本扣除估计可变现净值后的差额，按单个存货项目计提存货跌价损失准备；

C、对于销售价格低于成本的存货，按成本与可变现净值的差额，按单个存货项目计提存货跌价损失准备。

(5)公司存货采用永续盘存制。

9、长期投资核算方法

(1)长期股权投资　A、按投资时实际支付的价款或确定的价值记帐；

B、公司对其他单位的投资占该单位有表决权资本总额20%以下，或对其他单位的投资虽占该单位有表决权资本总额20%或20%以上，但不具有重大影响的，采用成本法核算；公司对其他单位投资占该单位有表决权资本总额20%或20%以上，或虽投资不足20%，但有重大影响的，采用权益法核算；公司对其他单位的投资占该单位有表决权资本总额50%以上(不含50%)，或虽投资不超过50%，但具有实质控制权的，编制合并会计报表。

C、采用权益法核算的长期股权投资，取得时的成本与其在被投资单位所有者权益中所占有的份额的差额，在"股权投资差额"核算，并在年度终了分期平均摊销，计入损益。如合同规定了投资期限的，按投资期限平均摊销，没有规定投资期限的，按十年平均摊销。

(2)长期债权投资　A、债券投资：按实际支付的价款扣除支付的税金和手续费等各项附加费用，以及支付的自发行日起至购入债券日止的应计利息后的余额作为实际成本记帐；实际成本与债券面值的差额，作为溢价或折价，在债券存续期内于确认相关债券利息收入时采用直线法摊销；债券投资按期计算应计利息。

B、其他债权投资：按实际支付的价款记帐，按期计算应计利息，计入当期投资收益。

三、税项

1、流转税：适用增值税，税率为17%；

2、所得税：根据国家税务总局2000年8月24日国税函[2000]652号《国家税务总局关于江苏春兰制冷设备股份有限公司适用税收法律问题的批复》和泰州市国家税务局涉外税务分局2000年9月18日泰国税外分函[2000]3号《关于江苏春兰制冷设备股份有限公司适用税收法律问题的函》及2000年8月3日《关于免征地方所得税的函》：公司按照国家现行外商投资企业的有关税收法规缴纳各项税收，所得税税率为24%；根据泰州市财政局2000年12月14日泰财预[2000]57号《关于明确江苏春兰制冷设备股份有限公司有关税收问题的通知》：公司在2001年12月31日前，可以享受上市公司企业所得税先征收后返还优惠政策，即先按规定税率缴纳企业所得税，再由市财政返还超过15%税率的部分，同时废止泰财预[2000]31号文件。

3、地方税及附加：执行国家及地方关于外商投资企业地方税及附加的有关规定。

四、控股子公司及合营企业

公司名称	注册地	注册资本	主营业务	所占权益比例	是否合并
苏州春兰空调器有限公司					
	苏州市	人民币4,000万元	制造及销售空调制冷设备	75%	是
江苏春兰洗涤机械有限公司					
	泰州市	美元1,800万元	生产及销售洗涤机械	75%	是

五、合并会计报表主要项目注释(如无特别注明，以下货币单位均为人民币元)

23、资本公积：截止2000年12月31日资本公积余额630,019,664.04元，本期无变动。

24、盈余公积：截止2000年12月31日盈余公积余额805,527,985.09元，其明细项目列示如下：

项目	期初数	本期增加	本期减少	期末数
法定盈余公积	149,856,771.61	28,344,675.46	–	178,201,447.07
公益金	149,856,771.61	28,344,675.46	–	178,201,447.07
任意盈余公积	260,540,650.47	188,584,440.48	–	449,125,090.95
合计	560,254,193.69	245,273,791.40	–	805,527,985.09

25、未分配利润：截止2000年12月31日未分配利润形成过程列示如下：

项目	金额
本期净利润	266,523,026.07
加：年初未分配利润	40,020,954.67
盈余公积转入	–
可供分配的利润	306,543,980.74
减：提取法定盈余公积	28,344,675.46
提取法定公益金	28,344,675.46
提取职工奖励及福利基金	8,989.34
可供股东分配的利润	249,845,640.48
减：应付优先股股利	–
提取任意盈余公积	188,584,440.48
应付普通股股利	61,261,200.00
转作股本的普通股股利	–
期末未分配利润	–

26、主营业务收入：2000年度主营业务收入1,824,980,951.86元，其明细项目列示如下：

项目	本年发生数	上年发生数
空调器	1,764,825,455.15	1,947,367,406.71
洗衣机	60,155,496.71	–
合计	1,824,980,951.86	1,947,367,406.71

27、营业税金及附加：2000年度营业税金及附加1,665,815.44元，系计提的教育费附加。

28、其他业务利润：2000年度其他业务利润1,193,357.41元，系销售材料、试验机等取得的利润。

29、财务费用：2000年度财务费用664,577.09元，其明细项目列示如下：

项目	本年发生数	上年发生数
利息支出	10,860,729.68	7,874,625.93
减：利息收入	11,061,498.57	10,725,973.32
手续费	799,524.80	86,503.14
汇兑损益	65,821.18	–105,574.04
合计	664,577.09	–2,870,418.29

30、投资收益：2000年度投资收益2,906,516.71元，其明细项目列示如下：

项目	本年发生数	上年发生数
股票投资收益	16,756.80	15,918.96
股权投资差额摊销	–9,548,362.56	–9,548,362.55
期末调整的被投资单位所有者权益净增减	12,438,122.47	12,309,537.76
合计	2,906,516.71	2,777,094.17 注

31、营业外收入：2000年度营业外收入12,752,670.43元，其明细项目列示如下：

项目	本年发生数	上年发生数
处理固定资产收益	12,548,109.61 注	476,377.27
质量罚款收入	170,000.00	2,038,188.14
其他	34,560.82	570,939.74
合计	12,752,670.43	3,085,505.15

注：其中向泰州春兰空调器厂转让设备原值31,073,072.31元，净值17,077,408.85元，协议转让价格为28,126,033.44元，转让设备取得收益11,048,624.59元。

32、营业外支出：2000年度营业外支出6,678,534.37元，其明细项目列示如下：

项目	本年发生数	上年发生数
解困资金	3,000,000.00	3,000,000.00
粮食风险基金	1,524,980.53	313,527.65
退休职工医药费	954,443.98	–
处理固定资产损失	462,069.04	622.97
捐赠支出	170,000.00	–
其他	567,040.82	1,111,085.43
合计	6,678,534.37	4,425,236.05

33、支付的其他与经营活动有关的现金：2000年度支付的其他与经营活动有关的现金191,091,545.09元，其主要明细项目列示如下：

项目	金额
销售佣金	153,695,488.66
研究发展费	9,038,684.88
解困资金	3,000,000.00
粮食风险基金	1,524,980.53
差旅费	1,266,268.48
仓储费	2,230,078.26
办公费	963,670.96
其他	19,372,373.32
合计	191,091,545.09

六、母公司会计报表主要项目注释

七、关联方关系及其交易事项

(一)存在控制关系的关联方

1、企业名称：春兰(集团)公司　　注册资本：人民币80,000万元

注册地址：江苏省泰州市口泰路68号

经营范围：制造销售各类空调、除湿设备、制冷设备、冷冻设备、制冷压缩机、摩托车、电子原器件。

与本公司关系：母公司　　经济性质或类型：集体企业

法定代表人：陶建幸　　持有公司股份比例：37.43%

2、企业名称：江苏春兰洗涤机械有限公司　　注册资本：美元1,800万元

注册地址：江苏省泰州市经济开发区经南二路路北

经营范围：生产洗涤机械、销售本企业所生产的产品

与本公司关系：控股子公司　　经济性质或类型：合资经营(港资)

法定代表人：蔡敏　　投资比例：75%

3、企业名称：苏州春兰空调器有限公司　　注册资本：人民币4,000万元

注册地址：江苏省苏州市河西新区狮山路90号

经营范围：制造和销售各类空调制冷设备及家用电器

与本公司关系：控股子公司　　经济性质或类型：有限责任公司

法定代表人：蔡敏　　投资比例：75%

以上存在控制关系的关联方注册资本本期无增减被■

4、存在控制关系的关联方所持股份及其变化

企业名称	货币单位	期初数		期末数	
		金额	比例	金额	比例
春兰(集团)公司	人民币万元	15,639.62	51.06%	11,464.59	37.43%
苏州春兰空调器有限公司	人民币万元	3,000.00	75.00%	3,000.00	75.00%
江苏春兰洗涤机械有限公司	万美元	1,350.00	75.00%	1,350.00	75.00%

(二)不存在控制关系的关联方企业

企业名称	与公司关系
1、江苏春兰动力制造有限公司	联营公司，持股30%，且属同一母公司
2、江苏春兰机械制造有限公司	联营公司，持股40%，且属同一母公司
3、江苏春兰摩托车有限公司	联营公司，持股35%，且属同一母公司
4、泰州春兰电子有限公司	联营公司，持股39.58%，且属同一母公司
5、西安庆安制冷设备股份有限公司	联营公司，持股28.51%
6、江苏春兰电器有限公司	同属一母公司
7、泰州春兰特种空调器厂	同属一母公司
8、泰州春兰压缩机厂	同属一母公司
9、泰州春兰橡塑公司	同属一母公司
10、泰州春兰销售公司	同属一母公司
11、江苏春兰进出口有限公司	同属一母公司
12、江苏春兰除湿设备有限公司	同属一母公司
13、泰州春兰空调器厂	同属一母公司

(三)关联方交易事项

1、向关联方销售商品

关联方	交易事项	2000年度	1999年度
泰州春兰销售公司	销售产品	1,704,853,349.14	1,893,750,756.36
江苏春兰电器有限公司	销售产品	92,588,288.75	–
江苏春兰进出口有限公司	销售产品	25,188,381.43	53,616,643.64

2、向关联方销售材料

关联方	交易事项	2000年度	1999年度
江苏春兰电器有限公司	销售材料	7,091,599.45	–
泰州春兰销售公司	销售材料	3,772,910.90	6,161,164.15
泰州春兰电子有限公司	销售材料	477,957.61	2,624,254.93
泰州春兰空调器厂	销售材料	374,258.17	58,119.24
江苏春兰进出口有限公司	销售材料	66,364.97	–
泰州春兰橡塑公司	销售材料	–	3,144,484.77
江苏春兰除湿设备有限公司	销售材料	–	3,655,758.63

3、从关联方采购货物与接受劳务

关联方	交易事项	2000年度	1999年度
泰州春兰压缩机厂	压缩机	123,943,566.67	200,861,246.40
泰州春兰橡塑公司	橡塑件等	55,943,655.47	53,302,324.87
泰州春兰电子有限公司	电子配件	35,957,914.51	30,664,014.70
西安庆安制冷设备股份有限公司	压缩机	32,500,393.16	31,995,358.97
泰州春兰空调器厂	采购模块及支付加工费	18,411,093.80	5,249,577.63

泰州春兰电器有限公司	空调	260,225.61	-
江苏春兰进出口公司	压缩机	-	36,570,449.55

4、公司应收关联方款项

关联方	2000年12月31日	1999年12月31日
泰州春兰销售公司	1,003,674,303.15	723,296,657.82
江苏春兰进出口有限公司	33,466,607.53	54,862,782.73
江苏春兰电器有限公司	17,266,483.16	-
泰州春兰电子有限公司	16,274,493.85	-
春兰(集团)公司	821,451.10	-
江苏春兰摩托车有限公司	680,229.99	-
江苏春兰机械制造有限公司	70,000.00	-
江苏春兰除湿设备有限公司	11,470.46	-
江苏春兰动力制造有限公司	-	2,023,934.42

5、公司应付关联方款项

关联方	2000年12月31日	1999年12月31日
泰州春兰压缩机厂	32,666,025.53	4,791,491.86
泰州春兰电子有限公司	30,041,890.81	13,895,026.88
泰州春兰橡塑公司	24,376,227.25	19,984,787.99
西安庆安制冷设备股份有限公司	9,403,287.82	5,421,514.71
泰州春兰空调器厂	6,441,499.25	14,349,272.86
泰州春兰特种空调器厂	4,226,223.75	4,226,223.75
江苏春兰电器有限公司	1,173,190.77	8,931,786.57
春兰(集团)公司	185,301.31	13,490,897.97
江苏春兰机械制造有限公司	117,435.98	6,064,476.58

6、向关联方转让设备

根据2000年公司与泰州春兰空调器厂签订的协议书：公司转让一批设备，设备原值31,073,072.31元，净值17,077,408.85元，转让价格28,126,033.44元，公司取得设备转让收益11,048,624.59元。

7、向关联方支付销售费用

关联方	交易事项	2000年度	1999年度
泰州春兰销售公司	销售费用 注	150,831,131.20	106,625,999.93
江苏春兰电器有限公司	销售费用 注	2,864,357.46	45,696,857.12

注：根据公司2000年4月15日董事会关于《2000年生产经营计划》并于2000年5月18日经股东大会通过：2000年度销售费用按销售净额的12.19%计提，主要用于销售人员的差旅费、广告宣传费、储运费、售后服务费等。根据2000年7月公司与泰州春兰销售公司签订的协议：2000年7-12月公司不再支付销售费用，此项费用通过降低双方结算价给予补偿。

8、向关联方支付研究发展费

关联方	交易事项	2000年度	1999年度
春兰(集团)公司	研究发展费 注	9,038,684.88	2,123,355.96

注：根据公司2000年4月15日董事会关于《2000年生产经营计划》并于2000年5月18日经股东大会通过：2000年度研究发展费用按销售净额的1%上缴春兰(集团)公司，主要用于企业的中长期发展、技术储备、基础研究等。经春兰(集团)公司同意本年度豁免860万元的研究发展费。

八、或有事项截止资产负债表日公司无需要披露的重大或有事项。

九、承诺事项截止资产负债表日公司无需要披露的重大承诺事项。

十、资产负债表日后非调整事项截止报告日公司无重大需要披露的资产负债表日后非调整事项。

十一、其他重要事项说明

1、公司2000年12月22日第二次临时股东大会审议通过了增发新股的议案：新股发行规模不超过6000万股，每股面值人民币一元，募集的资金用于收购泰州春兰空调器厂、春兰(集团)公司春兰制冷技术研究所及相关专利技术成果和增资江苏春兰电子商务有限公司。

2、公司2001年2月15日第三届董事会第六次会议通过了《关于2000年度利润分配预案的决议》，具体内容如下：

A、2000年公司实现净利润(合并报表)266,523,026.07元，按净利润(母公司)的10%提取法定公积金26,651,403.67元，按净利润(母公司)的10%提取法定公益金26,651,403.67元，加年初未分配利润(合并报表)40,020,954.67元，可供股东分配的利润(合并报表)为249,845,640.48元；

B、提取任意公积金188,584,440.48元；

C、按现行股本30630.6万股，向全体股东每10股派发现金红利2.00元（含税），计61,261,200.00元；

D、以资本公积金转增股本，按现行股本30630.6万股每10股转增5股。

(九)备查文件目录

1、载有董事长亲笔签名的年度报告文本。

2、载有法定代表人、主管会计工作负责人、会计机构负责人签名的会计报表。

3、载有会计师事务所盖章、注册会计师签名并盖章的审计报告原件。

4、报告期内在中国证监会指定报纸上公开披露过的所有公司文件的正本及公告的原稿。

5、公司章程。

江苏春兰制冷设备股份有限公司董事会

二〇〇一年二月十五日

资产负债表

编制单位：江苏春兰制冷设备股份有限公司　　单位：人民币元

资产	2000年度(合并)	2000年度(母公司)
流动资产：		
货币资金	296836457.97	236349239.87
短期投资		
减：短期投资跌价准备		
短期投资净额		
应收票据	488734283.8	473465652.2
应收股利	1333303.08	1333303.08
应收利息		
应收帐款	594283114.6	455461999.54
其它应收款	4801261.52	4619959.33
减：坏帐准备	6735028.57	5330334.4
应收帐款净额	592349347.55	454751624.47
预付帐款	30755733.98	30346759.3
应收补贴款		
存货	65322892.3	43951658.66
减：存货跌价准备		
存货净额	65322892.3	43951658.66
流动资产合计	1475332018.68	1240198237.58
长期投资：		
长期股权投资	568594043.74	821285858.44
长期投资合计	568594043.74	821285858.44
减：长期投资减值准备		
长期投资净额	568594043.74	821285858.44
其中：合并价差	225177338.24	
股权投资差额	225177338.24	
固定资产：		
固定资产原值	529207421.85	285873312
减：累计折旧	107100585.59	81218930.91
固定资产净值	422106836.26	204654381.09
工程物资		
在建工程	30517625.23	6191661.78
固定资产清理		
待处理固定资产净损失		
固定资产合计	452624461.49	210846042.87
无形及其它资产：		
无形资产	59289941.02	10888888.89
开办费	5156047.56	
长期待摊费用		
其它长期资产		
无形资产及其它资产合计	64445988.58	10888888.89
递延税项：		
递延税款借项		
资产总计：		
资产总计	2560996512.49	2283219027.78
流动负债：		
短期借款	61000000	
应付票据	50962306.33	33719342.44
应付帐款	467981547.96	365443217.86
预收帐款	297733.89	
代销商品款		
应付工资	25327980.39	23373226.52
应付福利费	16410363.77	16908914.5
应付股利	70102365.2	70102365.2
应付税金	18509866.48	15149807.51
其它应交款	67308.19	67308.19
其它应付款	20436507.61	13400459.88
流动负债合计	731095979.82	538164642.1
长期负债：		
其它长期负债	3827460.1	3200736.55
长期负债合计	3827460.1	3200736.55
负债合计：		
负债合计	734923439.92	541365378.65
少数股东权益：		
少数股东权益	84219423.44	
股东权益：		
股本	306306000	306306000
资本公积金	630019664.04	630019664.04
盈余公积	805527985.09	791892327.95
其中：公益金	178201447.07	171383618.5
未确认的外资损失		
未分配利润		13635657.14
外币报表折算差额		
股东权益合计	1741853649.13	1741853649.13
负债和股东权益总计：		
负债和股东权益总计	2560996512.49	2283219027.78

利润及利润分配表

编制单位：江苏春兰制冷设备股份有限公司　　单位：人民币元

项目	2000年度(合并)	2000年度(母公司)
一、主营业务收入	1824980951.86	1602594183.78
减：折扣与折让		
主营业务收入净额	1824980951.86	1602594183.78
减：主营业务成本	1324028638.01	1163763223.69
主营业务税金及附加	1665815.44	839907.67
二、主营业务利润	499286498.41	437991052.42
加：其他业务利润	1193357.41	952028.21
减：存货跌价损失		
营业费用	147104876.76	133478188.29
管理费用	44065877.72	24229926.48
财务费用	664577.09	-4020421.68
三、营业利润	308644524.25	285255387.54
加：投资收益	2906516.71	19967332.74
营业外收入	12752670.43	12556333.53
以前年度损益调整		
减：营业外支出	6678534.37	6669491.37
分给外单位利润		
四、利润总额	317625177.02	311109562.44
减：所得税	45415212.3	44595525.71
少数股东损益	5686938.65	
五、净利润	266523026.07	266514036.73
加：年初未分配利润	40020954.67	50270068.23
六、可供分配的利润	306543980.74	316784104.96
减：提取法定盈余公积金	28344675.46	26651403.67
提取法定公益金	28344675.46	26651403.67
提取职工奖励福利基金	8989.34	
七、可供股东分配的利润	249845640.48	263481297.62
减：应付优先股股利		
提取任意盈余公积金	188584440.48	188584440.48
应付普通股股利	61261200	61261200
转作股本的普通股股利		
八、未分配利润		13635657.14

北京旅行车股份有限公司

一、公司简介

1、公司法定中文名称:北京旅行车股份有限公司
公司法定英文名称:BEIJING LIGHTBUS CORP.,LTD. 缩写:BLC
2、公司法定代表人:殷兴良
3、公司董事会秘书:张金奎
联系电话:010-68389404 传真:010-68281182
4、公司注册地址及办公地址:北京市海淀区永定路 50 号
邮政编码:100854
5、公司选定的信息披露报纸名称:《中国证券报》、《上海证券报》
登载公司年度报告的中国证监会指定国际互联网网址:http://www.sse.com.cn
公司年度报告备置地点:公司董事会办公室
6、公司股票上市交易所:上海证券交易所
股票简称:PT 北旅 股票代码:600855

二、会计数据和业务数据摘要

1、2000 年度实现利润情况(单位:元)

项目	金额
利润总额	145,705,396.08
净利润	145,705,396.08
扣除非经常性损益后的净利润	-50,637,265.78
主营业务利润	-8,689,300.28
营业利润	-40,459,357.96
投资收益	33,646.20
补贴收入	17,955,800.00
营业外收支净额	168,175,307.84
经营活动产生的现金流量	1,026,703.70
现金及现金等价物净增加额	22,728,890.69

扣除非经常性损益项目(单位:元)

项目	金额
财政补贴	17,955,800.00
债务重组	152,040,375.74
其它	26,346,486.12
合计	196,342,661.86

注:本公司在本财政年度进行了重大资产重组,通过采取降低费用、财政补贴等多种措施,取得了较大的成效。同时,公司债权人豁免了部分债务,使公司获得了一定的债务重组收益。按照财政部"财会[1998]24 号"《企业会计准则———债务重组》(原准则),该部分债务重组收益应确认为公司营业外收入,计入公司利润。2001 年 2 月 7 日财政部颁布了"财会 [2001]7 号"《企业会计准则———债务重组》(新准则),规定债务重组收益计入资本公积金,并对以前年度相关科目进行追溯调整。按照这一规定,公司 2000 年度债务重组收益不能计入利润。

2、公司近三年主要会计数据和财务指标(单位:元)

指标项目	2000 年	1999 年	1998 年
主营业务收入	41,282,329.86	76,274,364.87	78,236,888.48
净利润	145,705,396.08	-58,978,031.72	-120,902,650.4
总资产	298,959,956.95	326,772,898.35	378,450,608.40
股东权益	179,477,833.54	26,005,465.12	84,983,496.84
全面摊薄每股收益	0.910	-0.368	-0.755
加权平均每股收益	0.910	-0.368	-0.755
扣除非经常性损益后的每股收益	-0.316	-0.368	-0.755
每股净资产	1.121	0.162	0.531
调整后的每股净资产	0.987	0.015	0.376
每股经营活动产生的现金流量净额	0.006	-0.007	-0.019
全面摊薄净资产收益率(%)	81.18	-226.79	-142.27
加权平均净资产收益率(%)	147.39	-106.28	-81.86
扣除非经常性损益后的加权平均净资产收益率(%)	-51.22	-106.28	-81.86

利润表附表(2000 年)

报告期利润	净资产收益率(%)		每股收益(元)	
	全面摊薄	加权平均	全面摊薄	加权平均
主营业务利润	-4.84	-8.79	-0.05	-0.05
营业利润	-22.54	-40.93	-0.25	-0.25
净利润	81.18	147.39	0.91	0.91
扣除非经常性损益后的净利润	-28.21	51.22	-0.32	-0.32

3.本报告期内股东权益变动情况及其原因(单位:元)

项目	股本	资本公积	盈余公积	其中:公益金	未分配利润	合计
期初数	160080000.00	107925161.01	2486547.48	2486547.48	-244486243.37	26005465.12
本期增加		7766972.34			244486243.37	252253215.71
本期减少		98780847.29				98780847.29
期末数	160080000.00	16911286.06	2486547.48	2486547.48	0	179477833.54

三、股东情况

1、股份总数:16008 万股
2、本年度末股东总数 2215 户
3、主要股东持股情况(前十名)

股东名称	拥有股数(万股)	占总股本(%)	持股类别
长峰科技工业集团公司	5739.90	35.86	国有法人股
航天机电集团二院 204 所	1024.512	6.4	国有法人股
航天机电集团二院 206 所	928.464	5.8	国有法人股
北京市南郊农场旧宫分场	823.30	5.14	国有法人股
北京市金鹏房地产公司	500.00	3.12	国有法人股
航天机电集团二院 706 所	448.224	2.8	国有法人股
中国汽车工业投资开发公司	367.40	2.29	国有法人股
国泰证券	286.6207	1.76	社会公众股
国家股	209.9	1.31	国家股
北京轻汽	200	1.24	国有法人股

长春百货大楼集团股份有限公司

(一)公司简介

1、公司的法定中、英文名称及缩写。
公司的法定中文名称:长春百货大楼集团股份有限公司
公司的法定英文名称:CHANGCHUN DEPARTMENT JITUAN STORE COMPANY LIMITED
缩写:CCD
2、公司法定代表:范士良
3、公司董事会秘书:耿文喜
联系地址:长春市人民大街 77 号
电话:0431 -8965414 传真:0431 -8920704
4、公司注册地址:长春市人民大街 77 号 邮政编码:130061
电子信箱地址:http://cbjt @public.cc.jl.cn
5、公司信息披露报纸名称:上海证券报 上交所网址:http://www .sse.com.cn
公司年度报告备置地点:长春市人民大街 77 号
6、公司股票上市地:上海证券交易所
股票简称:长百集团 证券代码:600856

(二)会计数据和业务数据摘要

1、公司本年实现:

项目	金额(单位:元)
利润总额	29,706,958.63
净利润	24,183,279.62
扣除非经常性损益后的净利润	24,046,255.81
主营业务利润	56,163,537.64
其它业务利润	39,180,726.09
营业利润	22,743,935.24
投资收益	6,825,999.58
营业外收支净额	137,023.81
经营活动产生的现金流量净额	70,364,491.09
现金及现金等价物净增加额	103,898,316.55

注:扣除非经常性损益后的净利润中,扣除的项目和金额:
营业外收支净额:137,023.81

2、公司近三年的主要会计数据及财务指标。

	2000 年	1999 年		1998 年	
		追溯调整前	追溯调整后	追溯调整前	追溯调整后
主营业务收入	337,191,429.97	306,687,324.05	306,687,324.05	293,088,943.52	293,088,943.52
净利润	24,183,279.62	56,237,388.13	36,954,989.22	27,370,297.70	22,899,712.92
总资产	715,539,452.55	689,956,499.71	688,496,499.71	456,650,089.32	436,264,794.23
股东权益	365,814,055.56	352,227,661.54	350,767,661.54	360,232,619.38	339,847,324.29
每股收益(摊薄)	0.13	0.31	0.20	0.15	0.13
每股收益(加权)	0.13	0.31	0.20	0.15	0.13
扣除非经常性损益后的每股收益	0.13	0.14	0.13	0.15	0.13
每股净资产	2.00	1.93	1.92	1.97	1.86
调整后每股净资产	1.71	1.65	1.64	1.73	1.62
每股经营活动产生的现金流量净额	0.39	0.04	0.04	0.18	0.18
净资产收益率(摊薄)	6.61%	15.97%	10.54%	7.60%	6.74%
净资产收益率(加权)	6.66%	15.28%	10.31%	7.73%	6.51%

注:根据中国证监会《公开发行证券公司信息披露编报规则(第九号)》要求计算的利润数据:

利润表附表

报告期利润	净资产收益率%		每股收益	
	全面摊薄	加权平均	全面摊薄	加权平均
主营业务利润	15.35	15.48	0.31	0.31
营业利润	6.22	6.27	0.12	0.12
净利润	6.61	6.66	0.13	0.13
扣除非经常性损益后的净利润	6.57	6.63	0.13	0.13

3、报告期内股东权益变动情况

项目	股本	资本公积	盈余公积	法定公益金	未分配利润	股东权益合计
期初数	182,737,712.00	143,321,731.32	24,677,062.98	8,378,463.61	-8,347,308.37	350,767,661.54
本期增加			2,718,351.06	2,192,937.30	19,271,991.26	24,183,279.62
本期减少					9,136,885.60	9,136,885.60
期末数	182,737,712.00	143,321,731.32	27,395,414.04	10,571,400.91	1,787,797.29	365,814,055.56

注:本年资本公积期初金额净调增 17,822,398.91 元,其原因是:(1)按新发布的债务重组准则要求追溯调整上年债务重组收益,而增加资本公积 19282398.91 元。(2)会计差错更正调减资本公积 1,460,000.00 元。本年盈余公积期初余额调减 3,856,479.78 元,系按新发布的《债务重组--准则》要求调减 1999 年度净利润 19,282,398.91 元,相应调减盈余公积期初数。

(三)股本变动及股东情况

一、股本变动情况
报告期内无股份变动,股份总数 182737712 股
二、股东情况介绍
(1)报告期内股东总数为 26 ,157 户。
(2)主要股东持股情况

股东名称	持股数量(万股)	占总股本比例(%)
1、长春市国有资产管理局	5,687.24	31.12
2、中国平安保险公司证券部	700	3.83
3、吉林省信托投资公司	644	3.52
4、深圳蓝天基金管理公司	420	2.30
5、长春信托投资公司	280	1.53
6、吉林省送变电工程公司	210	1.15
7、深圳万科企业股份有限公司	182	1.00
8、新世纪金融租赁有限公司	140	0.77
9、深圳南山风险投资基金公司	140	0.77
10、姬少文	76.87	0.42

持有本公司 5%以上股份的股东为长春市国有资产管理局,占总股本的 31.12%,无质押或冻结情。

宁波首创科技股份有限公司

一、公司简介

1、公司的法定中文名称:宁波首创科技股份有限公司

英文名称:NINGBO SHOUCHUANG TECHNOLOGY CO., LTD.

2、公司法定代表人:王琪

3、公司董事会秘书:江宇程

董事会证券事务代表:张红

联系地址:宁波市和义路45号

电话:(0574)-7347621 7363263 传真:(0574)-7367996

4、公司注册地址和办公地址:宁波市和义路45号 邮政编码:315000

5、公司选定的信息披露报纸名称:中国证券报、上海证券报

登载公司年报的国际互联网址:http://www.sse.com.cn

公司年度报告备置地点:宁波市和义路45号公司办公室

6、公司股票上市交易所:上海证券交易所

股票简称:首创科技 股票代码:600857

二、会计数据和业务数据摘要

(一)本年度业务数据摘要(单位:元)

利润总额	36,487,833.86
净利润	32,959,832.14
扣除非经常性损益后的净利润	21,581,601.95
主营业务利润	54,763,801.58
其他业务利润	--
营业利润	23,148,136.03
投资收益	12,790,466.02
补贴收入	327,644.00
营业外收支净额	221,587.81
经营活动产生的现金流量净额	25,435,331.77
现金及现金等价物净增加额	15,737,553.62

注:扣除非经常性损益项目和涉及金额

项目	涉及金额
投资收益-转让北京世联商业网络中心有限公司部分股权	11,378,230.19

(二)主要会计数据和财务指标(单位:元)

项目	2000年度	1999年度	1998年度	
			调整前	调整后
主营业务收入	661,417,368.57	537,234,186.33	491,948,369.20	491,948,369.20
净利润	32,959,832.14	51,026,310.05	14,873,726.91	15,273,740.25
总资产	456,966,542.67	418,314,468.12	378,952,859.71	378,663,892.63
股东权益	40,467,513.90	322,891,028.96	275,201,595.08	274,912,628.00
每股收益	0.17	0.42	0.12	0.13
扣除非经常性损益后的每股收益	0.11	0.17		
每股净资产	1.77	2.69	2.29	2.29
调整后的每股净资产	1.76	2.64	2.26	2.25
每股经营活动产生的现金流量净额	0.13	0.23	0.05	0.05
净资产收益率(%)	9.68	15.80	5.40	5.56

(三)按中国证监会《公开发行证券公司信息披露编报规则》第9号通知精神计算的净资产收益率和每股收益:

报告期利润	净资产收益率		每股收益	
	全面摊薄	加权平均	全面摊薄	加权平均
主营业务利润	16.08	16.14	0.28	0.28
营业利润	6.80	6.82	0.12	0.12
净利润	9.68	9.71	0.17	0.17
扣除非经常性损溢后的净利润	6.34	6.36	0.11	0.11

三、股东情况介绍

1、报告期末股东总数截止2000年12月31日,公司股东总数为70330户,其中:境内法人股东64户,社会公众股东70266户。

2、前十名股东持股情况(数量单位:股)

股东名称	年末持股数	持股比例(%)	备注
北京经济发展投资公司	51240869	26.65	非流通股,存在关联关系
镇海炼油化工股份有限公司	8985600	4.67	非流通股
宁波联合集团股份有限公司	7395840	3.85	其中流通股69120股
中国百货纺织品公司	5529600	2.88	非流通股
宁波金港信托投资有限责任公司	5529600	2.88	非流通股
宁波成功信息股份有限公司	3193067	1.66	非流通股
交通银行宁波分行	3041280	1.58	非流通股
浙江省商业集团公司	2764800	1.44	非流通股
中国人寿保险公司宁波分公司	1382400	0.72	非流通股
鄞县煤气用具厂	1382400	0.72	非流通股

上述持有本公司5%以上股份的北京经济发展投资公司(以下简称经发投公司),在报告期内因本公司送股和资本公积金转增股本,使期末股份数比期初增加19215326股。该股东所持股份未发生质押、冻结等情况。

四、股东大会简介

本公司第十一次(1999年度)股东大会于2000年4月18日召开,该次股东大会通过的决议刊登于2000年4月19日《中国证券报》和《上海证券报》。

五、董事会报告

(一)公司经营情况

1、公司在行业中的地位本公司在报告期内除继续经营百货批发、零售外,已涉足有关科技投资领域。2000年公司百货批发、零售业务按实现利润额统计,在宁波市财贸系统企业中名列第1位。

2、公司主营业务范围及其经营情况公司主要经营范围:国内商业(国家限制商品凭证经营);电子计算机、信息技术产品、自控设备、光电一体化设备、新能源的技术开发、咨询和转让;对外贸易部有关文件批准的进出口业务;汽车货运、物业管理等。

渤海集团股份有限公司

一、公司简介

(一)公司法定中文名称:渤海集团股份有限公司

英文名称:BOHAI GROUP CO., LTD. 缩写:B.H.GROUP

(二)公司法定代表人:李甫田

(三)公司董事局秘书:王锡忠

联系地址:山东省济南市泺源大街22号20F

电话:0531- 6960858 传真:0531- 6960688

电子信箱:bohai@jn-public.sd.cninfo.net

(四)公司注册地址:山东省济南市泺源大街中段

办公地址:山东省济南市泺源大街22号20 F 邮政编码:250063

电话总机:0531- 6988888 传真:0531- 6966666

国际互联网网址:http:// www.bohai.com 电子信箱:bohai@jn-public.sd.cninfo.net

(五)公司选定的信息披露报纸名称:《上海证券报》、《中国证券报》

登载公司年度报告的中国证监会指定国际互联网网址:http:// www.sse.com.cn

年度报告备置地点:公司董事局办公室

(六)公司股票上市交易所:上海证券交易所

股票简称:渤海集团 股票代码:600858

二、会计数据和业务数据摘要

(一)本年度主要利润指标(单位:元)

利润总额	-23,900,228.06
净利润	-24,040,064.98
扣除非经常性损益后的净利润	-15,217,791.23
主营业务利润	7,154,906.90
其他业务利润	2,809,069.89
营业利润	-15,077,954.31
投资收益	1,513,438.97
补贴收入营业外收支净额	-10,335,712.72
经营活动产生的现金流量净额	-2,646,674.28
现金及现金等价物净增加额	-2,912,440.75

注:扣除非经常性损益项目及涉及金额(单位:元)

(1)营业外收支净额项目

-10,335,712.72

(2)投资收益项目 1,513,438.97

以上项目涉及金额合计

-8,822,273.75

(二)前三年主要会计数据和财务指标(单位:元)

项目	2000年	1999年	1998年
主营业务收入	24,071,293.55	26,958,840.52	22,470,620.43
净利润	-24,040,064.98	4,896,164.71	-14,536,987.98
总资产	240,079,871.98	252,713,920.71	226,861,714.49
股东权益	143,998,993.57	168,039,058.55	163,142,893.84
(不含少数股东权益)			
每股收益			
-全面摊薄	-0.1981	0.0403	-0.1198
-加权平均	-0.1981	0.0403	-0.1198
-扣除非经常性损益	-0.1251	-0.0418	-0.0932
每股净资产	1.1867	1.3848	1.3444
调整后的每股净资产	1.1521	1.3506	1.2613
每股经营活动产生的现金流量净额	-0.0218	0.0187	-0.0232
净资产收益率(%)			
-全面摊薄	-16.6946	2.9137	-8.9106
-加权平均	-15.4084	2.9568	-8.7432

(三)按照中国证监会《公开发行证券公司信息披露编报规则(第9号)》要求计算的利润数据

	报告期利润(元)	净资产收益率(%)		每股收益(元/股)	
		全面摊薄	加权平均	全面摊薄	加权平均
主营业务利润	7,154,906.90	4.9687	4.5859	0.0590	0.0590
营业利润	-15,077,954.31	-10.4709	-9.6642	-0.1243	-0.1243
净利润	-24,040,064.98	-16.6946	-15.4084	-0.1981	-0.1981
扣除非经常性损益后的净利润	-15,217,791.23	-10.5680	-9.7538	-0.1254	-0.1254

三、股东情况介绍

(一)报告期末股东总数报告期末股东总数为31096户。

(二)前10名股东持股情况(单位:股)

名次	股东名称	年度内股份增减(+、-)	年末持股数	占总股份比例(%)
1	国家股	0	17,600,000	14.50
2	潍坊纯碱	0	11,126,720	9.17
3	山东广告	0	9,160,800	7.55
4	新天房产	+4,500,000	4,500,000	3.71
5	山东东华	+2,675,200	3,256,000	2.68
6	济南银鼎	+2,860,000	2,860,000	2.36
7	撬子实业	+2,000,000	2,000,000	1.65
8	中信物业	+1,200,000	1,200,000	0.99
9	长城证券	+883,500	883,500	0.73
10	国泰证券	0	880,000	0.72

注:

(1)上述股份除"长城证券"所持股份为已上市流通股份外,其它均为未上市流通股。

(2)代表国家持有股份的单位为济南市国资局。

(3)持本公司5%以上股份的股东的股权无质押或冻结情况发生。

北京王府井百货(集团)股份有限公司

一、公司简介

1.公司法定中、英文名称及缩写
公司法定中文名称:北京王府井百货(集团)股份有限公司 缩写:王府井百货公司
英文名称:BEIJING WANGFUJING DEPARTMENT STORE(GROUP)CO.,LTD. 缩写:BWDSG
3.董事会秘书:刘冰
联系地址:北京王府井大街255号
电话:(010)65125960或(010)65126677
传真:(010)65133133
电子信箱:wfjcc@wfj.com.cn
4.公司注册地址及办公地址:中国北京王府井大街255号
邮政编码:100006 国际互联网网址:http://www.wfj.com.cn
电子信箱:wfjcc@wfj.com.cn
5.公司选定信息披露报纸名称:中国证券报
中国证监会指定登载年度报告互联网网址:http://www.sse.com.cn
公司年度报告备置地点:公司董事会办公室
6.公司股票上市地:上海证券交易所
股票简称:王府井
股票代码:600859

二、会计数据和业务数据摘要

㈠本年度利润总额及其构成(单位:人民币元)

利润总额	27,652,303.03
净利润	30,503,610.21
扣除非经常性损益后的净利润	24,906,242.33
主营业务利润	359,108,922.64
其他业务利润	16,615,176.79
营业利润	25,124,080.79
投资收益	-3,069,145.64
补贴收入营业外收支净额	5,597,367.88
经营活动产生的现金流量净额	185,081,747.94
现金及现金等价物净增加额	-114,815,223.70

注:扣除的非经常性损益项目涉及金额

1.固定资产处置损失	252,166.67
2.补偿收入	5,665,000.00
3.其他收入	184,534.55

㈡主要会计数据及财务指标(单位:人民币元)

指标项目	2000年度	1999年度	1998年度	
			调整后	调整前
主营业务收入	2,272,359,697.91	1,391,814,914.43	1,615,409,715.33	1,615,409,715.33
净利润	30,503,610.21	3,979,841.10	25,170,246.57	42,061,936.93
总资产	2,916,610,913.48	2,797,107,554.10	2,459,350,303.73	2,481,986,770.71
股东权益	1,553,787,749.84	1,542,485,531.33	1,535,504,299.63	1,558,140,766.61
每股收益	0.078	0.011	0.070	0.118
按月平均加权计 算的每股收益	0.082	0.011	0.071	0.13
扣除非经常性损益后的每股收益	0.063	0.017	0.073	0.12
每股净资产	3.954	4.318	4.30	4.36
调整后每股净资产	3.42	3.71	3.89	4.02
每股经营活动产生的金流量净额	0.47	0.08	0.114	0.114
净资产收益率(%)	1.96	0.26	1.64	2.7

㈢净资产收益率及每股收益(单位:人民币元)

报告期利润	净资产收益率(%)		每股收益	
	全面摊薄	加权平均	全面摊薄	加权平均
主营业务利润	23.11	23.05	0.91	0.91
营业利润	1.62	1.61	0.06	0.06
净利润	1.96	1.96	0.08	0.08
扣除非经常性损益后的净利润	1.60	1.60	0.06	0.06

三、股东情况介绍

1.股东情况介绍

(1)截止2000年12月31日公司股东总数为161536名。

(2)持有本公司股份5%以上(含5%)股份的股东1名,为北京市京联发投资管理中心。截止1999年12月31日北京市京联发投资管理中心持有本公司股份176904000股,本年度内因资本公积金转增股本增加股份17690400股,年末持有本公司股份194594400股,其所持本公司股份无质押或冻结的情况。

(3)截止2000年12月31日前10名股东持股情况:

序号	股东名称	持股数(股)	所占比例(%)
1	京联发(代表国家持股)	194594400	49.5185
2	牛奶公司	1291170	0.3286
3	北控管理	1105372	0.2813
4	海能实业	518814	0.1320
5	黄飞翔	401076	0.1021
6	邵淳	305791	0.0778
7	郭珍宝	302000	0.0769
8	香海会展	300000	0.0763
9	赵国仓	260000	0.0662
10	兴和基金	221950	0.0565

注:本公司前10名股东之间不存在关联关系。

四、股东大会简介

本公司第十二届股东大会(1999年年会)于2000年6月28日召开。会议审议表决通过《1999年度董事会报告》、《1999年度监事会报告》、《1999年度财务决算及2000年度财务预算报告》和《1999年度利润分配及分红派息议案》。关于《增选董事议案》,公司第一大股东北京京联发投资管理中心提议,鉴于公司董事会将进行改组,董事会研究并经股东大会同意取消《增选董事议案》。本次会议决议公告刊登于2000年6月29日《上海证券报》。

北人印刷机械股份有限公司

一、公司简介

1 、公司法定中文名称:北人印刷机械股份有限公司
英文名称:Beiren Printing Machinery Holdings Limited 英文 缩写:BR
2 、公司注册及通讯地址:中国北京市朝阳区广渠路南测44 号
邮政编码:100022 电话:(010)67748470 传真:(010)67714086
公司国际互联网网址:http://www.beirengf.com 电子邮箱:beirengf@beirengf.com
在香港主要营业地点:香港中环怡和大厦27 楼
3 、法定代表:朱武安 4 、董事会秘书:戎佩敏
5 、公司选定的信息披露报纸为:中国《上海证券报》,
香港《文汇报》、《Hong Kong iMail 》(英文报)
6 、登载公司年度报告的中国证监会指定国际互联网网址为:http://www.sse.com.cn
7 、股票上市地:香港H股、上海A股
A股代码:600860 H股简称:北人印刷 H 股代码:187 A股简称:北人股份

二、主要会计数据与业务数据摘要

(一)年度实现利润总额:(单位:人民币千元)

1.利润总额	58,547
2.净利润	51,423
3.扣除非经常性损益的净利润	51,423
4.主营业务利润	146,746
5.其他业务利润	1,603
6.营业利润	61,648
7.投资收益	0
8.补贴收入	0
9.营业外收支净额	(3,101)
10.经营活动产生的现金流量净额	35,682
11.现金及现金等价物净增加额	(76,370)

(二)主要会计数据及财务指标:(单位:人民币千元)

按照中国会计准则编制

指 标 项 目	2000年	1999年	1998年(注(8))	
			调整前	调整后
1.主营业务收入(人民币千元)	442,056	459,834	457,956	457,956
2.净利润(人民币千元)	51,423	48,848	55,096	45,839
3.总资产(人民币千元)	1,357,076	1,164,980	1,212,635	1,182,944
4.股东权益(人民币千元)	974,627	1,003,886	1,016,317	987,037
5.每股收益(人民币元)(注(1))	0.129	0.122	0.138	0.115
6.每股净资产(人民币元)(注(2))	2.44	2.51	2.54	2.47
7.净资产收益率(摊薄)(%)(注(3))	5.28	4.87	5.42	4.64
8.净资产收益率(加权)(%)(注(4))	5.20	4.91	5.48	4.67
9.股东权益比率(%)(注(5))	71.82	86.17	83.81	83.44
10.调整后每股净资产(人民币元)(注(6))	2.29	2.36	2.40	2.33
11.每股经营活动产生的现金流量净额 (人民币元)(注(7))	0.089	0.169	0.103	0.103

按照香港会计准则编制

指 标 项 目	2000年	1999年	1998年
1.营业额(人民币千元)	444,984	454,709	461,318
2.股东应占盈利(人民币千元)	50,831	50,200	43,692
3.总资产(人民币千元)	1,339,781	1,107,408	1,111,732
4.股东权益(人民币千元)	941,210	930,379	912,179
5.每股收益(人民币元)(注(1))	0.127	0.126	0.109
6.每股净资产(人民币元)(注(2))	2.35	2.33	2.28
7.净资产收益率(摊薄)(%)(注(3))	5.40	5.40	4.79
8.净资产收益率(加权)(%)(注(4))	5.43	5.45	4.82
9.股东权益比率(%)(注(5))	70.25	84.01	82.05
10.调整后每股净资产(人民币元)(注(6))	2.25	2.33	2.28
11.每股经营活动产生的现金流量净额 (人民币元)(注(7))	0.112	0.177	0.164

(三)2000 年度股东权益变动情况(单位:人民币千元)

按照中国会计准则编制 合并

项目	股本	资本公积	盈余公积	其中:公益金	未分配利润	外币报表折算差额	合计
期初数	400,000	399,511	126,135	38,752	78,238	1	1,003,885
增加数	-	-	2,199	1,099	(31,458)	1	(29,258)
减少数	-	-	-	-	-	-	-
期末数	400,000	399,511	128,334	39,851	46,780	2	974,627

三、股东情况介绍

1、截至二零零零年十二月三十三日止,本公司A股股东数:33686户,H股股东数:214户,合计:33900户。

2、截至二零零零年十二月三十一日止,本公司前十名最大如下:

股东名称	类别	年末持股数	占总股本比例%
北人集团公司	A	250,000,000	62.50
HKSCC NOMINEES LIMITED	H	91,038,199	22.75
CHEN CHAO YEN	H	1,300,000	0.33
CHEUNG CHU TAK	H	1,000,000	0.25
HUI KAU YU		944,000	0.24
HSBC NOMINEES (HONGKONG) LIMITED	H	510,000	0.13
KWAN KAM ON	H	500,000	0.13
KWOK KOON HIU	H	360,000	0.09
CHONG SUNG SUNG	H	290,000	0.07
陈辉球	A	266,300	0.07

3、(1)持有本公司10%(含10%)以上股份的法人简介:

北人集团公司持有本公司62.5%股份,其法定代表人为朱武安先生。其经营范围为:制造、销售卷筒纸印刷机械、包装机械、机修及系列产品配件。

(2)本报告期内北人集团公司所持有的本公司股份未有质押。

北京城乡贸易中心股份有限公司

一、公司简介

1 、公司法定中文名称:北京城乡贸易中心股份有限公司
公司英文名称:BEIJING URBAN-RURAL TRADE CENTRE CO.,LT D　缩写:BURTC
2 、公司法定代表人:周和平
3 、公司董事会秘书:赵 磊
联系电话:(010)68296595　　传真:(010)68216933
联系地址:北京市海淀区复兴路甲 23 号董事会办公室
4 、公司注册地址:北京市海淀区复兴路甲 23 号
公司办公地址:北京市海淀区复兴路甲 23 号　　邮政编码:100036
5 、公司选定的信息披露报纸名称:《中国证券报》、《上海证券报》
中国证监会指定国际互联网网址:http://www.sse.com.cn
年度报告备置地点:北京城乡贸易中心股份有限公司董事会办公室
6 、公司股票上市地:上海证券交易所
股票简称:北京城乡　　股票代码:600861

二、会计数据和业务数据摘要

1 、本年度主要利润指标情况(单位:人民币元)
利润总额:112,155,844.66
净利润:97,006,614.32
扣除非经营性损益后的净利润:84,365,741.94
主营业务利润:197,695,776.71
其他业务利润:35,299,916.90
营业利润:106,334,736.90
投资收益:6,227,464.72
补贴收入:--
营业外收支净额:-406,356.96
经营活动产生的现金流量净额:567,102,221.06
现金及现金等价物净增加额:373,727,558.15
注:扣除的非经营性损益项目及涉及金额:
其中:待处理流动资产损失 5812362.82 元;子公司及联营公司清理损失 1123710.91 元;合并价差 189064 元;营业外支出 1287289.65 元;所得税返还 20172367.07 元;营业外收入 880932.89 元。

2 、截至报告期末公司前三年主要会计数据和财务指标:

主要会计数据和财务指标　　单位:人民币元

指标项目	2000 年	1999 年	1998 年(调整前)	(调整后)
(1)主营业务收入	1,064,977,538.57	1,203,400,479.26	1,323,248,560.14	1,323,258,683.34
(2)净利润	97,006,614.32	117,795,823.02	112,463,885.00	110,437,174.03
(3)总资产	2,245,983,597.41	2,310,040,408.89	1,958,507,173.68	1,953,720,150.66
(4)股东权益	1,555,675,691.43	1,491,059,142.45	1,107,637,445.18	1,104,235,817.93
(5)每股收益(摊薄)	0.24	0.29	0.49	0.48
(6)每股收益(加权)	0.24	0.29	0.49	0.48
(7)每股净资产	3.83	3.67	4.84	4.83
(8)调整后每股净资产	3.42	3.26	4.32	4.04
(9)每股经营活动产生 的现金流量净额	1.39	-0.52	0.64	0.64
(10)净资产收益率(%)(摊薄)	6.2	7.9	10.15	10
净资产收益率(%)(加权)	6.3	8.36	10.38	9.52

3 、报告期利润表附表

报告期利润	净资产收益率(%)		每股收益(元/股)	
	全面摊薄	加权平均	全面摊薄	加权平均
主营业务利润	12.7%	12.84%	0.49	0.49
营业利润	6.8%	6.91%	0.26	0.26
净利润	6.2%	6.30%	0.24	0.24
扣除非经常性	5.4%	5.48%	0.21	0.21

三、股东情况介绍

(1)截止 2000 年 12 月 31 日,公司在册股东总数 129026 户。
(2)公司前 10 名股东持股情况如下:

名称	年末持股数(万股)	占总股本比例(%)
①北京市郊区旅游实业开发公司	16920	41.7
②北京北航天华科技有限责任公司	2422	5.97
③北京海兴实业公司	1500	3.70
④上海万丰资产管理公司	975	2.40
⑤北京国际信托投资有限公司	750	1.85
⑥华夏证券天宁寺证券营业部	597	1.47
⑦北京仁达国际信息	525	1.29
⑧华苑公司	78	0.19
⑨天马科技	75	0.18
⑩陈兰芳	52	0.13

报告期内持有本公司 5%以上股份的股东中,无质押或冻结情况。
报告期内持有 5%以上股份的股东持股数没有变动.

四、股东大会简介

2000 年度股东大会
公司于 2000 年 5 月 15 日上午 9:00 时,在本公司第一会议室召开大会,决议刊登于 5 月 16 日《中国证券报》、《上海证券报》。

五、董事会报告

1 、公司经营情况
(1)业务经营情况回顾:在"巩固和强化主业经营、全方位发展"的战略思想指导下,公司以商业为龙头,综合经营为重要补充,在商业、高科技产业、房地产经营和教育投资等领域都取得了明显收益,一业为主多方位发展的经营格局已经形成。
在主业方面,为了适应新一轮激烈竞争的需要,公司 2000 年利用四个月的时间在不停业的情况下实行了战略性修整:一是对卖场进行大规模彻底装修改造;二是对商品定位、商品结构进行全面调整,对库存进行彻底清查;三是对人员进行深入培训。成功的装修改造,使卖场内外设施焕然一新,同时将五层办公区改建成 3000 平米手机电脑广场,并在京城商场中率先引入了中国移动通讯营业厅业务。

南通纵横国际股份有限公司

(一)、公司简介

1、公司法定中文名称:南通纵横国际股份有限公司
公司法定英文名称:TONMAC International Co., Ltd.　缩写:TONMAC
2、公司法定代表人:张宗平先生
3、公司董事会秘书:刘西川先生
联系地址:江苏省南京市新街口华新大厦 18 楼
电话:025-4700000　　传真:025-4700002
电子信箱:Liuxichuan@sutech.com
公司董事会证券事务代表:丁 凯先生
联系地址:江苏省南通市任港路 23 号
电话:0513-5516141　　传真:0513-5512271
电子信箱:ntmt@public.nt.js.cn
4、公司注册地址:江苏省南通市任港路 23 号
公司办公地址:江苏省南通市任港路 23 号　　邮政编码:226006
公司国际互联网网址:http://www.tonmac.com.cn
电子信箱:webmaster@tonmac.com.cn
5、公司选定的信息披露报纸名称:《上海证券报》、《中国证券报》、《证券时报》
登载公司年度报告的中国证监会指定国际互联网网址:http://www.sse.com.cn
公司年度报告备置地点:公司证券部
6、公司股票上市交易所:上海证券交易所
股票简称:纵横国际　　股票代码:600862

(二) 会计数据和业务数据摘要

1、本年度主要利润指标情况(单位:人民币元)

利润总额:	101,701,663.95
净利润:	90,082,502.96
扣除非经常性损益后的净利润:	73,389,974.59
主营业务利润:	116,595,563.76
其他业务利润:	7,301,293.21
营业利润:	73,704,052.33
投资收益:	11,305,083.25
补贴收入:	14,013,900.00
营业外收支净额:	2,678,628.37
经营活动产生的现金流量净额:	-38,171,467.31
现金及现金等价物净增加额:	616,684,074.30
注:扣除的非经常性损益项目和涉及金额:	
营业外收支净额项目:	2,678,628.37
补贴收入项目:	14,013,900.00
以上项目涉及金额:	16,692,528.37

2、截至报告期末公司前三年主要会计数据和财务指标:(单位:人民币元)

指标项目	2000 年度	1999 年度	1998 年度 调整后	调整前
主营业务收入	405,921,839.16	231,058,364.24	185,471,519.64	203,545,295.24
净利润	90,082,502.96	63,638,897.76	16,466,818.34	20,160,234.60
总资产	1,594,418,025.48	588,537,944.48	522,867,951.28	720,840,863.22
股东权益 (不含少数股东权益)	925,733,183.47	197,542,560.73	129,599,914.14	148,928,919.37
每股收益(摊薄)	0.45	0.43	0.22	0.27
每股收(加权)	0.51	0.43	0.22	0.27
扣除非经常性损益后的每股收益(摊薄)	0.37	0.40	0.11	0.16
(加权平均)	0.41	0.40	0.11	0.16
每股净资产	4.66	1.33	1.74	2.00
调整后的每股净资产	4.61	1.29	1.56	1.69
每股经营活动产生的现金流量净额	-0.19	0.16	0.17	0.47
净资产收益率%(摊薄)	9.49	32.22	12.71	13.54
(加权)	14.35	19.71	13.96	14.61

3、按照中国证监会《公开发行证券公司信息披露编报规则(第 9 号)》要求计算 2000 年报告期利润的净资产收益率和每股收益。

报告期利润	净资产收益率(%)		每股收益(元)	
	全面摊薄	加权平均	全面摊薄	加权平均
主营业务利润	12.28	18.57	0.59	0.66
营业利润	10.71	16.20	0.51	0.57
净利润	9.49	14.35	0.45	0.51
扣除非经常性损益后的净利润	8.94	13.52	0.43	0.48

(三)股东情况介绍

(1) 报告期末公司股东总数为 14,572 户。
(2) 报告期末公司主要股东持股情况

股东名称	持股数(股)	占总股本比例(%)
1 江苏省技术进出口公司	56,000,000	28.18
2 南通市国有资产管理局	40,730,770	20.50
3 汉盛基金	10,875,572	5.47
4 汉鼎基金	1,000,082	0.50
5 程维怀	770,350	0.39
6 金鑫基金	711,187	0.36
7 江荣娣	422,734	0.21
8 福建华福	364,000	0.18
9 范卫杰	342,028	0.17
10 陈小龙	341,428	0.17

注:1.报告期内,本公司第一大股东江苏省技术进出口公司和第二大股东南通市国有资产管理局的名称及所持本公司股份无变化。
2.江苏省技术进出口公司为公司国有法人股股东,其所持股份无质押和冻结。
3.南通市国有资产管理局为公司国家股股东,其所持股份无质押和冻结。

内蒙古蒙电华能热电股份有限公司

一、公司简介

1 、公司法定中文名称:内蒙古蒙电华能热电股份有限公司
英文名称:Inner Mongolia MengDian HuaNeng Thermal Power Corporation Limited
英文名称缩写:NMHD
2 、公司法定代表人:乌若思
3 、公司董事会秘书:张 彤
联系地址:内蒙古呼和浩特市锡林南路 218 号
邮政编码:010020
电话号码:(0471)6942388
传真电话:(0471)6926658
电子信箱:nmhd@public.hh.nm.cn
4 、公司注册地址:内蒙古呼和浩特市锡林南路 218 号
公司办公地址:内蒙古呼和浩特市锡林南路 218 号
邮政编码:010020
公司国际互联网网址:www.nmhdwz.com
5 、公司选定的信息披露报纸名称:《上海证券报》
登载公司年度报告的中国证监会指定国际互联网网址:www.sse.com.cn
公司年度报告备置地点:公司总经理工作部
6 、公司股票上市交易所:上海证券交易所
股票简称:内蒙华电
股票代码:600863

二、会计数据和业务数据摘要

1、公司本年度实现的利润总额:	356,526,713.20 元
净利润:	304,199,205.52 元
扣除非经常性损益后的净利润:	304,199,205.52 元
主营业务利润:	355,712,538.42 元
其他业务利润:	-8,801.39 元
营业利润:	348,848,951.13 元
投资收益:	7,697,662.07 元
补贴收入:	--------
营业外收支净额:	-19,900.00 元
经营活动产生的现金流量净额:	50,978,235.83 元
现金及现金等价物净增加额:	30,093,100.67 元

2 、公司前三年的主要会计数据和财务指标:单位:元

项 目/年度	2000 年度	1999 年度	1998 年度	
			调整前	调整后
主营业务收入	1,422,842,369.82	1,226,791,369.33	419,114,120.95	419,114,120.95
净利润	304,199,205.52	201,467,231.05	212,140,134.70	200,254,547.47
总资产	3,769,676,074.72	3,684,213,260.65	1,470,307,358.00	1,461,413,953.95
股东权益	3,343,267,422.74	3,227,266,329.41	1,198,916,854.59	1,187,031,267.36
每股收益	0.322	0.213	0.38	0.36
每股净资产	3.538	3.42	2.16	2.14
调整后每股净资产	3.501	3.38	2.11	2.09
每股经营活动产生的现金流量净额	0.054	-0.326	0.075	0.075
净资产收益率(摊薄)	9.10%	6.24%	17.69%	16.87%

注一:以按月平均加权法计算的每股收益:0.322 元
扣除非经常性损益后的每股收益: 0.322 元
注二:应收款项包括:应收帐款、其他应收款、预付款项、应收股利、应收利息、应收补贴款。
3 、报告期内股东权益变化情况。单位:元

项目	股本	资本公积	盈余公积	法定公益金	未分配利润	股东权益合计
期初数	944,980,000	1,927,316,716.52	258,339,022.26	47,941,765.63	96,630,590.63	3,227,266,329.41
本年增加	357,328.18	114,074,702.06	22,814,940.41	304,199,205.52		418,631,235.76
本年减少					302,630,142.43	302630142.43
期末数	944,980,000	1,927,674,044.70	372,413,724.32	70,756,706.04	98,199,653.72	3,343,267,422.74

4、变动原因:
(1)、资本公积金增加是本年接受捐赠。
(2)、本年盈余公积和法定公益金的增加是以本年度实现净利润的 10%提取法定公积金、7.5%提取法定公益金和 20%提取任意盈余公积金所致。
(3)、本年未分配利润的增加是本年实现的净利润。
(4)、本年未分配利润的减少是由于 a 、根据财政部财企[2000] 295 号和财企[2000] 878 号文件规定,将公司现有住房周转金余额 80,948,336.49 元做调整期初未分配利润处理,经股东大会批准后进行帐务处理;b 、根据财政部财企[2000] 295 号和财企[2000] 878 号文件规定,被投资公司内蒙古海勃湾电力股份有限公司将住房周转金余额做调整期初未分配利润处理,本公司按所占权益份额相应调整期初未分配利润 12,809,101.02 元;c 、根据公司第三届董事会第十二次会议批准的分配预案,提取激励基金 300,000.00 元;d 、提取公积金、公益金和预分配股利。

三、股东情况介绍

(1) 、报告期末股东总数:126651 户。
(2) 、前 10 名股东的持股情况。

股东名称	年初持股	本期增加	期末持股	占有比例
内蒙古电力(集团)有限责任公司	589,436,822		589,436,822	62.37%
中国华能集团公司	124,263,178		124,263,178	13.15%
国家股	74,500,000		74,500,000	7.88%
华能内蒙古发电公司	4,680,000		4,680,000	0.50%
兴和基金			564,214	0.06%
李廷文			230,000	0.02%
马国清			210,000	0.02%
蒋迪坤			202,700	0.02%
姜敏			194,000	0.02%
赵凤艳			190,000	0.02%

前十名股东之间的关联情况:代表国家股持股的单位是内蒙古电力(集团)有限责任公司。华能内蒙古发电公司是由内蒙古电力(集团)有限责任公司和华能集团公司共同在呼和浩特市设立的公司。

持有本公司 5%以上的股东所持股份无任何质押或冻结情况

哈尔滨岁宝热电股份有限公司

(一)公司简介

1、公司法定中文名称:哈尔滨岁宝热电股份有限公司 缩写:哈岁宝
公司英文名称:HARBIN SHIRBLE ELECTRIC-HEAT CO.LTD 缩写:HSB
2、公司法定代表人:杨祥波
3、公司董事会秘书:徐建伟
联系地址:哈尔滨市南岗区昆仑商城隆顺街 27 号
联系电话:0451-2333238 联系传真:0451-2332228 电子信箱:hsbzjb@mail.hrb.hl.cninfo.net
4、公司注册地址及办公地址:哈尔滨市南岗区昆仑商城隆顺街 27 号
邮政编码:150090 电子信箱:hsbzjb@mail.hrb.hl.cninfo.net
5、公司选定的信息披露报纸:上海证券报
登载公司年度报告中国证监会指定的国际互联网网址为 http://WWW.sse.com.cn
公司年度报告备置地点:公司董事会秘书办公室
6、公司股票上市交易所:上海证券交易所
公司股票简称:岁宝热电 公司股票代码:600864

(二)会计数据和业务数据摘要

1、公司本年度会计数据	单位:人民币万元
公司本年度实现的利润总额	2876
主营业务利润	6986
其他业务利润	38
净利润	1611
扣除非经常性损益后的净利润	1509
营业利润	2736
补贴收入	102
营业外收支净额	38
经营活动产生现金流量净额	2072
现金及现金等价物净增加额	-3387

注:非经常性损益 102 万元为增值税退税。
2、公司近三年主要会计数据和财务指标 单位:人民币元

指标项目	2000年	1999年
主营业务收入	236,205,237.04	192,422,456.67
净利润	16,111,595.82	23,548,971.73
总资产	827,800,465.57	824,469,346.90
股东权益(不含少数股东权益)	388,608,470.62	373,800,636.68
每股收益(摊薄)	0.118	0.172
每股收益(加权)	0.118	0.20
扣除非经营性损益后的每股收益	0.114	0.16
每股净资产	2.84	2.74
调整后每股净股产	2.79	2.70
每股经营活动产生的现金流量净额	0.152	0.083
净资产收益率(摊薄)	4.15	6.30
净资产收益率(加权)	4.23	7.0
加权净资产收益率(扣除非经常性损益)	4.09	6.46

按照中国证监会《关于发行证券公司信息披露编报规则(第 9 号)》要求计算的利润数据:(单位:人民币元)

报告期利润	净资产收益率		每股收益	
	全面摊薄	加权平均	全面摊薄	加权平均
主营业务利润	17.98	17.09	0.51	0.51
营业利润	7.04	7.06	0.20	0.20
净利润	4.15	4.22	0.118	0.118
扣除非经常性损益后的净利润	4.01	4.08	0.114	0.114

3、报告期内股东权益变动情况

项目	股本(股)	资本公积(元)	盈余公积(元)	法定公益金(元)	未分配利润(元)	股东权益合计
期初数	136,594,549.00	175,901,748.53	26,157,812.79	13,123,402.98	33,842,764.48	372,496,874.80
本期增加			3,218,806.96	1,609,403.48	12,892,788.86	16,111,595.82
期末数	136,594,549.00	175,901,748.53	29,376,619.75	14,732,806.46	46,735,553.34	388,608,470.62

变动原因:(1)盈余公积、法定公益金增加,是从净利润中提取增加
(2)未分配利润增加是本年度不分配所致
(3)本公司本年度发生的调减年初未分配利润的事项合计 1,303,761.88 元,详细说明如下:①本公司控股子公司黑龙江岁宝热电有限公司因应计所得税变动调增年初未分配利润计 330,021.00 元,本公司按所持股权比例,相应调整年初未分配利润 168,310.72 元。②本公司根据财政部财会(2000)295 号文件的有关规定,将因职工住房改革出售公房的净损失 1,472,072.60 元计入年初未分配利润。(4)股东权益期初数变动,由于调整了期初未分配利润所致

(三)股本变动及股东情况介绍

1、股本变动情况: 股份总数 136,594,549
2、股东情况介绍
(1)截止 2000 年 12 月 31 日持有本公司股份的股东共 8676 名。其中国家股 1 名,法人股 2 名,社会公众股 8673 名,无内部职工股和公司职工股。
(2)持有本公司 5%(含 5%)以上股份的股东:
岁宝集团(深圳)实业有限公司与深圳市城市建设开发(集团)公司发生债务纠纷引起的诉讼,该公司持有的岁宝热电 42558120 股份被广东省高级人民法院继续冻结。
中国旅游国际信托投资公司诉岁宝集团(深圳)实业有限公司一案,岁宝集团(深圳)实业有限公司持有本公司的 50 万股股权被北京市高级人民法院查封。
前 10 名股东持股情况

股 东 姓 名	持 股 数	占总股本	说 明
哈尔滨石油化学工业(集团)公司	45351789	33.20%	未上市流通
岁宝集团(深圳)实业有限公司	43058120	31.52%	未上市流通
中西药业	3071013	2.24%	已上市流通
阿城市热电厂	2809640	2.06%	未上市流通
新生生物	1745300	1.28%	已上市流通
野源高科	589900	0.431%	已上市流通
张 健	471000	0.345%	已上市流通
张 艳	438600	0.321%	已上市流通
马书敏	411200	0.301%	已上市流通
邵卫明	408400	0.298%	已上市流通

公司前 10 名股东中,已上市流通股东,本公司未知其关联关系。

百大集团股份有限公司

公司简介

公司法定中文名称:百大集团股份有限公司
公司法定英文名称:BAIDA GROUP CO., LTD 缩写:BAIDA GROUP
公司法定代表人:董伟平
公司董事会秘书:何美云
联系地址:公司投资发展部
联系电话:0571-5109129 公司传真:0571-5150586 电子信箱:defender1@sohu.com
公司注册及办公地址:杭州市延安路546号 邮政编码:310006
公司信息披露报纸:《上海证券报》、《中国证券报》
登载公司年度报告的国际互联网网址:http://www.sse.com.cn
公司年报备置地点:公司投资发展部
公司股票上市交易所:上海证券交易所 股票简称:百大集团 股票代码:600865

会计数据和业务数据摘要

1、本年度利润总额及其构成(合并报表)

主要会计数据	金额(万元)
利润总额	7,256.30
净利润	5,437.79
扣除非经常性损益后的净利润	5,399.54
主营业务利润	16,073.91
其他业务利润	1,254.99
营业利润	6,468.31
投资收益	726.12
营业外收支净额	61.86
经营活动产生的现金流量净额	13,897.20
现金及现金等价物净增加额	2,773.43

注:非经常性损益为公司本年度出售所持有的435万股绍兴咸亨集团股份有公司股权,取得投资净收益38.25万元。

2、公司前三年主要会计数据和财务指标

主要会计数据	2000年度	1999年度	1998年度
主营业务收入(万元)	92,847.95	82,743.00	87,803.31
净利润(万元)	5,437.79	4,906.97	6,049.38
总资产(万元)	137,764.31	139,979.16	113,080.95
股东权益(万元)	65,476.93	64,799.82	62,578.82
每股收益(元/股)	0.20	0.18	0.22
加权平均每股收益(元/股)	0.20	0.18	0.22
扣除非经常性损益后的每股收益(元/股)	0.20	0.19	0.22
每股净资产(元/股)	2.43	2.40	2.32
调整后每股净资产(元/股)	2.23	2.28	2.24
每股经营活动产生的现金流量净额(元/股)	0.52	0.13	0.17
净资产收益率(%)	8.30	7.57	9.67
加权平均净资产收益率(%)	8.05	7.55	11.03

注:财务指标计算方法:
每股收益(摊薄)=报告期净利润/期末普通股股份总数
每股净资产=报告期末股东权益/期末普通股股份总数
调整后的每股净资产=(期末股东权益-三年以上的应收款项-待摊费用-待处理(流动、固定)资产净损失-开办费-长期待摊费用-住房周转金负数余额-应付福利费负数余额)/期末普通股股份总数
净资产收益率=报告期净利润/期末股东权益×100%

3.利润分配表附表的财务指标

报告期利润	净资产收益率%		每股收益(元/股)	
	全面摊薄	加权平均	全面摊薄	加权平均
主营业务利润	24.55	23.81	0.60	0.60
营业利润	9.88	9.58	0.24	0.24
净利润	8.30	8.05	0.20	0.20
扣除非经常性损益后的净利润	8.25	8.00	0.20	0.20

4.报告期内股东权益变动情况

项目	期初余额	本期增加	本期减少	期末余额
股本	269,706,320.00			269,706,320.00
资本公积	318,266,905.42			318,266,905.42
盈余公积	58,311,080.89	8,156,686.44	2,739,933.44	63,727,833.89
其中:法定公益金	17,906,645.28	2,718,895.48	2,739,933.44	17,885,607.32
未分配利润	-2,739,933.44	57,117,843.02	51,309,697.64	3,068,211.94
合计	643,544,372.87	65,274,529.46	54,049,631.08	654,769,271.25

1)盈余公积本年增加系根据董事会通过的2000年度利润分配方案提取数;减少系按照财政部财企(2000)295号文件的要求,弥补因变更住房周转金核算办法造成的年初未分配利润负数。

2)未分配利润本年增加系2000年度净利润和按照财政部财企(2000)295号文件的要求,由盈余公积金弥补因变更住房周转金核算办法造成的年初未分配利润负数;减少系根据董事会通过的2000年度利润分配方案提取法定公积金、法定公益金和分配普通股股利。

股东情况介绍

1、截止2000年12月31日,公司共计股东人数78724户。
2、公司主要股东持股情况股东名称

	持股数(股)	所占比例(%)
杭州市投资控股公司	80,730,000	29.93
杭州市股权交流中心	5,296,340	1.96
杭州工商信托投资公司	4,000,000	1.48
浙江省商业(集团)总公司	3,900,000	1.45
杭州市民生药业集团公司	2,535,000	0.94
余杭市江南实业有限公司	2,340,000	0.87
杭州市烟草分公司	1,950,000	0.72
浙江第三建筑工程公司	1,950,000	0.72
杭州金源物业投资开发总公司	1,864,198	0.69
彭于翠	1,716,432	0.64

杭州市投资控股公司为公司国有法人股股东,公司法人代表郑向炜,经营杭州市政府授权范围内的国有资产,所持股份没有质押。

广东肇庆星湖生物科技股份有限公司

一、公司简介

1、公司法定中文名称:广东肇庆星湖生物科技股份有限公司
公司英文名称:STAR LAKE BIOSCIENCE CO.,INC ZHAOQING GUANGDONG
英文名称缩写:STAR LAKE SCIENCE
2、公司法定代表人:黄增麟
3. 公司董事会秘书:陈 明
联系地址:广东省肇庆市工农北路67号
电 话:(0758)2290079 传 真:(0758)2239449 电子信箱:slmo@pub.zhaoqing.gd.cn
董事会证券事务代表:杨达明
联系地址:广东省肇庆市工农北路67号
电 话:(0758)2227148 传 真:(0758)2239449 电子信箱:slmo@pub.zhaoqing.gd.cn
4. 公司注册及办公地址:广东省肇庆市工农北路67号 邮 编:526060
公司国际互联网网址:http://www.starlake.com.cn
公司电子信箱:slmo@pub.zhaoqing.gd.cn
5. 公司信息披露报纸名称:《上海证券报》、《中国证券报》、《证券时报》
登载年报的指定网址:http://www.sse.com.cn
公司年报备置地点:公司拓展部
6. 公司股票上市交易所:上海证券交易所
股票简称:星湖科技 股票代码:600866

二、会计数据和业务数据摘要

1、本年度主要利润指标情况(单位:元)

利润总额	94,386,015.61
净利润	86,499,731.03
扣除非经常性损益后的净利润	86,103,439.03
主营业务利润	125,695,519.48
其它业务利润	449,366.26
营业利润	83,358,336.09
投资收益	10,736,410.41
补贴收入	396,292.00
营业外收支净额	-105,022.89
经营活动产生的现金流量净额	93,412,020.97
现金及现金等价物净增加额	120,657,314.64

注:"扣除非经常性损益后的净利润"是指从净利润中扣除公司报告期内正常经营损益之外的、一次性或偶发性损益。本年度公司非经常性损益构成如下(单位:人民币元)

项目	金额
补贴收入	396,292.00

2、截止报告期末公司前三年的主要会计数据和财务指标
(1)主要会计数据和财务指标(单位:人民币元)

项目	2000年	1999年	1998年	
			调整后	调整前
主营业务收入	348,874,852.30	290,103,740.77	302,088,927.51	302,088,927.51
净利润	86,499,731.03	70,604,165.68	61,652,108.67	70,088,186.27
总资产	1,082,929,029.11	847,375,955.80	605,356,321.13	613,792,398.73
股东权益	751,398,279.10	703,503,153.18	439,816,314.59	448,252,392.19
每股收益(元/股)	0.345	0.366	0.371	0.422
每股收益(加权)	0.39	0.393	0.419	0.48
每股收益(扣除非经常性损益)	0.343	0.362	0.364	0.414
每股净资产 (元/股)	3.00	3.65	2.647	2.70
调整后的每股净资产(元/股)	2.92	3.50	2.62	2.90
每股经营活动产生的现金流量净额	0.373	0.275	0.428	0.428
净资产收益率(%)(摊簿)	11.51	10.04	14.02	15.64
净资产收益率(%)(加权)	11.61	12.35	14.71	16.46

(2)根据中国证监会关于发布《公开发行证券公司信息披露编报规则》第9号通知精神,公司2000年度按照全面摊簿法和加权平均法计算的净资产收益率和每股收益:

报告期利润	净资产收益率(%)		每股收益(元/股)	
	全面摊簿	加权平均	全面摊簿	加权平均
主营业务利润	16.73	16.99	0.502	0.567
营业利润	11.09	11.26	0.333	0.38
净利润	11.51	11.61	0.345	0.39
扣除非经常性损益后的净利润	11.46	11.64	0.344	0.388

三、股本变动及股东情况

1、报告期末股东总数
截止2000年12月31日,公司股东总数为59496户,其中国家股股东1户,社会公众股股东59495户。
2、主要股东持股情况(前十名股东)
截止2000年12月31日,持有本公司5%以上股份的股东只有发起人股东肇庆市国有资产管理局。1999年度资本公积金转增股本方案于2000年7月21实施后,报告期末肇庆市国有资产管理局持有本公司股份101,006,636股,所持股份无质押和冻结。
前10名股东情况:

股东名称	报告期末持股数(股)	占总股本比例(%)
肇庆市国资局	101,006,636	40.32
金鑫基金	6,123,448	2.44
金泰基金	3,052,550	1.22
安顺基金	2,445,000	0.98
安信基金	2,300,000	0.92
常州嘉热	1,088,923	0.43
刘燎原	1,000,664	0.40
杨晓东	729,758	0.29
曹莹	526,010	0.21
孙奇	451,917	0.18

注:1.肇庆市国资局为国家股股东,所持股份未上市流通。
2.本公司未知其余流通股股东之间是否存在关联关系。

通化东宝药业股份有限公司

通化东宝药业股份有限公司2000年年度报告摘要

重要提示：本公司董事会保证本报告所载资料不存在任何重大遗漏、虚假陈述或者严重误导，并对其内容的真实性、准确性和完整性负个别及连带责任。

一、公司简介

㈠公司法定中文名称：通化东宝药业股份有限公司
公司法定英文名称：TONGHUA DONGBAO MEDICINES CO.,LTD.　缩写：THDB
㈡公司法定代表人：李一奎
㈢公司董事会秘书：王君业
联系地址：通化县东宝新村证券部
电话：(0435)5858025　传真：(0435)5858025
电子信箱：thdb@public.th.jl.cn
㈣公司注册地址：通化县东宝新村
公司办公地址：通化县东宝新村　邮政编码：134123
公司国际互联网网址：http://www.thdb.com
公司电子信箱：thdb@public.th.jl.cn
㈤公司选定的信息年报纸：《上海证券报》
公司登载年报指定网址：http://www.sse.com.cn
公司年报备置地点：公司证券部
㈥公司股票上市交易所：上海证券交易所
股票简称：通化东宝　股票代码：600867

二、会计数据与业务数据摘要

1、本年度主要利润指标情况(单位：元)

利润总额	64,198,255.65
净利润	46,309,015.69
扣除非经营性损益的净利润	38,825,302.81
主营业务利润	94,952,668.96
其他业务利润	2,378,453.69
营业利润	53,474,853.92
投资收益	1,637,972.88
补贴收入	8,552,172.91
营业外收支净额	533,255.94
经营活动产生的现金流量净额	29,123,340.59
现金及现金等价物净增加额	-42,280,842.28

2、主要财务数据与财务指标

指标项目	2000年末	99年末
主营业务收入	199,083,473.09	219,718,509.06
净利润	46,309,015.69	67,608,116.84
总资产	1,469,112,912.38	1,497,388,539.17
股东权益	1,417,940,945.00	1,371,631,929.31
每股收益摊薄	0.1427	0.2083
加权	0.1427	0.2216
每股净资产	4.36	4.2270
调整后的每股净资产	4.26	4.1428
每股经营流动产生的现金流量净额	0.089	-0.2930
净资产收益率摊薄%	3.27	4.93
加权%	3.32	6.23

利润表附表：

	净资产收益率%		每股收益	
报告期利润	全面摊薄	加权平均	全面摊薄	加权平均
主营业务利润	6.69	6.81	0.2926	0.2926
营业利润	3.77	3.83	0.1648	0.1648
净利润	3.27	3.32	0.1427	0.1427
扣除非经营性损益后的净利润	2.74	2.78	0.1196	0.1196

3、报告期内股东权益变动情况(单位：人民币元)

项目	股本	资本公积	盈余公积	法定公益金
期初数	324,493,035.60	741,122,833.33	109,440,276.59	25,505,527.96
本期增加	8,425,972.23	2,808,657.42	37,883,043.46	46,309,015.69
本期减少				
期末数	324,493,035.60	741,122,833.33	117,866,248.82	28,314,185.38

项目	未分配利润	股东权益合计
期初数	196,575,783.79	1,371,631,929.31
本期增加		
本期减少		
期末数	234,458,827.25	1,417,940,945.00

变动原因：
本期盈余公积增加，系本期提取10%法定公积金和5%法定公益金所致；
本期末分配利润增加系本期实现了净利润增加所致；
本期股东权益增加系本期实现了净利润增加所致。

三、股本变动及股东情况

1、股东情况介绍
⑴报告期末股东总数100575户。其中法人股股东3户，社会公众股100572户。
⑵前十名股东持股情况

	持股数	占总股本比例%
东宝实业集团有限公司	158223756	48.76
通化白雪山制药厂	5019300	1.55
通化石油工具厂	2702700	0.83
张仲超	571400	0.18
烟台雨馨	500000	0.15
黄学文	491526	0.15
东昌物业	450000	0.14
余家豪	403800	0.12
颜玉生	394851	0.12
黄新民	355123	0.11

⑶持10%以上的法人股东

四、股东大会简介

1、股东大会的通知、召集召开情况
报告期内公司召开了一次股东大会
2000年4月11日公司在《上海证券报》上刊登召开1999年度股东大会的公告。于2000年5月16日在通化东宝会议礼堂召开，并对会议议程等作了详细披露。
2、股东大会通过的决议
本次股东大会出席会议股东14名，代表股份16742万股，占公司股份总额32449万股的51.59%，符合《公司法》和《公司章程》的规定，本次大会以书面记名表决方式逐项通过了如下内容：
⑴审议通过了1999年度董事会工作报告；
⑵审议通过了1999年度监事会工作报告；
⑶审议通过了公司1999年度财务执行情况和2000年度财务预算报告；
⑷审议通过了公司1999年度利润分配和资本公积金转增股本方案。
上述决议公告刊登在2000年5月17日的《上海证券报》。
3、选举、更换董事、监事情况
报告期内，公司董事会成员以及监事会成员没有更换。

五、董事会报告

1、公司经营情况
⑴公司主营业务的范围
公司经营中西成药、保健品、生物制品、塑料建材等。
⑵公司经营状况：2000年度公司实现主营业务收入199,083,473.09元，其中：药品收入113,130,693.16元，占主营业务收入的56.83%；塑料建材实现收入85,952,779.93元，占主营业务收入的43.17%，主营业务利润94,952,668.96元，其中：药品创利73,958,237.72元，占主营业务利润的77.89%；塑料建材创利20,994,431.24元，占主营业务利润的22.11%。
⑶公司主要全资附属企业及控股子公司的经营情况及业绩

子公司、控股公司名称	所占权益%	2000年主营业务收入(元)
威海东宝制药厂	100%	8,668,451.61
通化东宝波菲丽斯有限公司	100%	85,952,779.93
通化东宝永健制药厂	100%	4,051,955.66
厦门特宝生物工程有限公司	42.24%	32,894,657.83

子公司、控股公司名称	2000年税后利润(元)
威海东宝制药厂	1,008,232.37
通化东宝波菲丽斯有限公司	8,855,900.01
通化东宝永健制药厂	41,088.22
厦门特宝生物工程有限公司	7,550,083.83

⑸在经营中出现的问题与困难及解决方案
随着我国加入WTO的临近，给公司带来了机遇，同时又面临着新的挑战，公司顺应医药体制改革的要求，不断强化市场，调整营销策略。建立计算机销售网络系统，通过网络系统完成销售的发货、财务、信息管理工作；同时公司加强了新产品的开发和人才的培养，并通过了粉针剂、冻干粉针剂、大容量注射剂、小容量注射剂的GMP认证(国家药品监督管理局证书编号B0762、证书编号B0763)，现已生产。
2、公司财务状况
⑴公司财务状况变动(单位:元)

项目	2000年(元)	1999年(元)	增减%
总资产	1,469,112,912.38	1,497,388,539.17	- 1.88
长期负债	42,258.72	14,382,216.19	-99.70
股东权益	1,417,940,945.00	1,371,631,929.31	33.76
主营业务利润	94,952,668.96	137,967,235.66	-31.17
净利润	46,309,015.69	67,608,116.84	-31.50

⑵财务状况变动原因
按照公司总体发展规划，通过近三年产业结构和产品结构调整，完成了胰岛素生产的扩建工程，一次性软袋大输液工程建设，通过了粉针剂、冻干粉针剂、大容量注射剂、小容量注射剂的GMP认证，并获得了国家药品GMP证书，为公司第二次创业奠定了基础。为减少资金成本，公司在2000年偿还银行贷款17,484,000元，使长期负债较上年减少。新建、技改工程已完成，新产品刚刚投放市场，老产品已到成熟期，公司经营暂处于过渡期，财务状况较上年度有所变动。
3、公司投资情况
⑴报告期内募集资金的使用情况
① 公司募集资金对承诺投资项目与实际项目

项目	计划投入(万元)	本年度实际投入(万元)	累计投入(万元)	工程进度
一次性软袋静脉大输液工程	19000	1576	15576	已完工
优质塑钢门窗生产线项目	16478	4548.8	18548.8	已完工

4、生产经营环境以及宏观政策、法规发生重大变化，对公司的财务状况和经营成果产生重要影响的说明
随着我国医疗体制改革，特别是建立处方药非处方药制度，对公司调整生产品种和销售策略有极其重要的意义，积极应对这一变化，制定适应市场的营销策略，提高产品市场占有率及份额。我国加入WTO后，对于中医药走向世界创造了有利的外部条件，医药企业在开发新药上将面临更为困难的状况，而中医药作为我国传统优势领域，将是产生拥有自主知识产权新药的宝库，抓住这一机遇，大力发展中药现代化，为公司提供发展空间。不断开发生物制品，奠定公司主业的综合实力。以雄厚的经济基础和务实的经济实力迎接全球经济一体化挑战。
5、新年度的业务发展计划
⑴强化企业管理机制，加强销售队伍建设，向管理要效益。
为实现2001年经营目标，公司采取以下措施：一是加大市场开发力度，健全市场营销网络，提高市场占有率和扩大市场份额；二是适应公司产业结构和产品结构调整的需要，实施管理创新，创造市场新观念；三是不断提高现有销售队伍自身素质的同时，培养和储备一批有文化、懂业务的年青销售人才，不断为公司销售队伍注入新的血液，四是制定适合市场需要公司长远发展规划方案。

广东梅雁企业(集团)股份有限公司

广东梅雁企业(集团)股份有限公司二000年年度报告摘要

重要提示：本公司董事会保证本报告所载资料不存在任何虚假记载、误导性陈述或者重大遗漏，并对其内容的真实性、准确性和完整性负个别及连带责任。

(一)公司简介

1、公司法定中文名称:广东梅雁企业(集团)股份有限公司
英文名称:GUANG DONG MEI YAN ENTERPRISE (GROUP) CO.,LTD.
(缩写: MEI YAN)
2、公司法定代表人:杨 钦 欢
3、公司董事会秘书:李忠平 董事会证券事务代表:李海明
联系地址:广东省梅州市湾水塘
联系电话:(0753)2218286 传 真:(0753)2232983
电子信箱:LI-HAIMING@21CN.COM
4、公司注册地址:广东省梅州市梅县
公司办公地址:广东省梅州市湾水塘 邮政编码:514011
公司网址:http://www.chinameiyan.com
5、公司选定的信息披露报纸名称:《中国证券报》、《上海证券报》
登载公司年度报告的中国证监会指定国际互联网网址:http://www.sse.com.cn
公司年度报告备置地点:公司董事会秘书室
6、公司股票上市交易所:上海证券交易所
股票简称:梅雁股份 股票代码:600868

(二)会计数据和业务数据摘要

1、 公司本年度实现:

利润总额	187,840,825.54 元;
净利润	181,050,225.32 元;
扣除非经常性损益后的净利润	178,876,156.64 元;
主营业务利润	217,094,228.59 元;
其他业务利润	48,353.00 元;
营业利润	144,932,995.92 元;
投资收益	40,733,760.94 元;
补贴收入	0 元;
营业外收支净额	2,174,068.68 元;
经营活动产生的现金流量净额	226,493,449.16 元;
现金及现金等价物净增加额	32,540,073.84 元;

注:“扣除非经常性损益后的净利润”中扣除项目为营业外收支净额 2,174,068.68。

2、截止报告期末公司主要会计数据与财务指标(合并数)(单位:人民币元)
追溯调整后:

项目	2000 年
(1)主营业务收入	593,774,269.80
(2)净利润	181,050,225.32
(3)总资产	2,439,894,154.55
(4)股东权益(不含少数股东权益)	1,633,827,370.72
(5)每股收益	0.261
每股收益(按月平均加权法计算)	0.261
扣除非经常性损益后的每股收益(摊薄)	0.258
(6)每股净资产	2.353
调整后的每股净资产	2.307
(7)每股经营活动产生的现金流量净额	0.326
(8)净资产收益率(%)	11.08

注(1):公司 2000 年度配股方案,全部工作已于 2001 年 4 月 10 日实施完毕,公司的股本由 694,337,727 股增至 843,614,436 股,股本变更后的每股收益为 0.215 元。

注(2):由于广东梅雁轮胎有限公司和广东梅县梅雁矿业有限公司 2000 年度纳入合并报表,需调整 2000 年度的会计报表的期初数。

注(3):主要财务指标的计算方法:

每股收益=净利润/年度末普通股股份总数

每股净资产=年度末股东权益/年度末普通股股份总数

调整后的每股净资产=(年度末股东权益-三年以上的应收款项净额-待摊费用-待处理 (流动、固定)资产净损失-开办费-长期待摊费用-住房周转金负数余额)/年度末普通股股份总数

每股经营活动产生的现金流量净额=经营活动产生的现金流量净额/年度末普通股股份总数

净资产收益率=净利润/年度末股东权益×100%

按月平均加权法的计算的每股收益=净利润/[期末普通股股份总数/(1+配股比例或增发新股比例)+期末普通股股份总数/(1+配股比例或增发新股比例)×配股比例或增发新股比例×缴款结束日下一月份至报告期末的月份数/12]

扣除非经常性损益后的每股收益 (摊薄)=扣除非经常性损益后的净利润/年度末普通股股份总数

3、根据中国证监会《公开发行证券公司信息披露规则第 9 号》计算净资产收益率及每股利润。

项目	净资产收益率(%)		每股收益(元/股)	
	全面摊薄	加权平均	全面摊薄	加权平均
主营业务利润	13.29	13.29	0.313	0.313
营业利润	8.87	8.87	0.209	0.209
净利润	11.08	11.08	0.261	0.261
扣除非经营性损益后的净利润	10.95	10.95	0.258	0.258

4、报告期内股东权益变动情况

项目	股本	资本公积	盈余公积	法定公益金	未分配利润	股东权益合计
期初数	694,337,727	465,198,081.68	123,538,496.58	35,458,090.32	211,883,561.94	1,494,957,867.20
本期增加	----	----	36,210,045.06	18,105,022.53	181,050,225.32	217,260,270.38
本期减少	----	----	----	----	78,390,766.86	78,390,766.86
期末数	694,337,727	465,198,081.68	159,748,541.64	53,563,112.85	314,543,020.40	1,633,827,370.72

变动原因:

(1)盈余公积、法定公益金的增加是由于 2000 年度利润分配中提取 10%的法定公积金、10%的法定公益金所致;

(2)未分配利润变动是因为本年利润增加及利润分配所致;

(3)股东权益的增加是因为本年度实现的净利润,增加了盈余公积金和未分配利润所致。

(三)股本变动及股东情况

1、股本变动情况

(1) 股份变动情况表:本报告期内,股份未发生变动。

公司股份变动情况表 数量单位:股

	本次变动前	本次变动增减(+、-)					本次变动后
		配股	送股	公积金转股	其他	小计	
一、未上市流通股份							
1、发起人股份	159,374,592.00	–	–	–	–	–	159,374,592.00
其中:国家拥有股份							
境内法人持有股份	159,374,592.00	–	–	–	–	–	159,374,592.00
2、募集法人股	37,374,106.00	–	–	–	–	–	37,374,106.00
未上市流通股份合计	196,748,698.00	–	–	–	–	–	196,748,698.00
二、已上市流通股份							
1、人民币普通股	497,589,029.00	–	–	–	–	–	497,589,029.00
已流通股份合计	497,589,029.00	–	–	–	–	–	497,589,029.00
三、股份总数	694,337,727.00	–	–	–	–	–	694,337,727.00

2、股东情况介绍

(1)至本报告期末,公司股东总户数为 283,635 户。

(2)报告期末公司前 10 名股东持股情况

名次股东名称	年度内股份增减变动(+,-)(万股)	年末持股数(万股)	占总股本比例(%)	质押或冻结情况
1 广东梅县梅雁经济发展总公司	+30.5511	17495.5623	25.19	无
2 梅县蛋鸡场		1670.1235	2.41	无
3 梅州市银科电子服务公司		407.3472	0.59	无
4 赵玉兰		82.0000	0.12	无
5 薄再有		77.0000	0.11	无
6 叠加建设		50.9100	0.07	无
7 谢国强		50.3000	0.07	无
8 张丽君		50.0216	0.07	无
9 兴业基金		50.0000	0.07	无
10 万源实业		50.0000	0.07	无

(3)本公司持股 10%以上的法人股东:广东梅县梅雁经济发展总公司。法定代表人:杨涌辉,经营范围:农林牧渔业;采掘业;制造及加工业;电力、煤气及水的生产供应业; 建筑业;地质勘查;交通运输业;仓储业;批发和零售贸易、餐饮业;房地产业;金融业;科学研究和综合技术服务业;社会服务业等。

(4)报告期内控股股东未发生变更。

(四)股东大会简介

一、股东大会情况介绍

报告期内,公司共召开了二次股东大会:

(1)、公司召开 1999 年度股东大会,董事会以公告的形式通知全体股东,该公告刊登于 2000 年 2 月 19 日的《上海证券报》和《中国证券报》;公司 1999 年度股东大会于 2000 年 3 月 28 日召开,股东大会决议公告刊登于 2000 年 3 月 29 日的《中国证券报》、《上海证券报》。

大会审议、表决通过如下决议:

①大会听取、审议并一致通过杨钦欢董事长所作的公司 1999 年度董事会报告、万文胜副总经理所作的业务报告、财务总监叶新英女士所作的财务报告,以及监事会主席叶侨发先生所作的监事会工作报告。

②大会通过关于修改《广东梅雁企业(集团)股份有限公司章程》的决议。

③大会通过关于 1999 年度利润分配方案的决议。

④大会通过关于投资建设单竹水电站的决议。

⑤大会通过批准王远源、姚永浩因工作原因辞去公司董事职务的决议、通过了关于补选李江平、李信贤为公司第三届董事会董事的决议。

(2)、公司召开 2000 年度临时股东大会,董事会以公告的形式通知全体股东,该公告刊登于 2000 年 8 月 29 日的《上海证券报》和《中国证券报》;公司 2000 年度临时股东大会,于 2000 年 9 月 29 日召开,临时股东大会决议公告刊登于 2000 年 9 月 30 日的《中国证券报》、《上海证券报》。

大会审议、表决通过如下决议:

大会通过了公司 2000 年度增资配股方案的决议,具体事项如下:

A、大会通过了本次配股的配售比例和可配售股份总额;

B、大会通过了本次配股的配股价格及定价方法;

C、大会通过了本次配股募集资金的投向;

D、大会通过了本次配股决议的有效期限;

E、大会通过了本次配股决议的授权事宜;

二、选举、更换公司董事情况

1999 年度股东大会同意王远源、姚永浩因工作原因辞去公司董事职务,选举李江平、李信贤为公司第三届董事会董事。

(五)董事会报告

1、 公司经营情况

(1)本公司是综合性集团公司,实行多元化经营,业务范围涉及一、二、三产业,经近几年的产业结构调整和优化,公司主营业务为建筑及建筑安装业、建筑材料工业、房地产开发、能源水电、藻类养殖、旅游宾馆、饮食服务业、商业、汽车客货运输、食品加工业、畜牧养殖业等。2000 年公司不断克服经营过程中的各种困难,发挥集团公司优势互补的作用,充分调动公司全体员工的工作积极性,努力完成全年计划的各项经济指标,同时,为今后公司的进一步发展积累了宝贵的经验。2000 年公司取得的经济效益,名列梅州市各企业的前茅。根据梅县财政局统计,公司 2000 年上缴国家税收总额,为全县各纳税企业、单位的第一名,为地方经济的发展作出较大的贡献。

(2)公司主营业务的范围及其经营状况

①经广东正中珠江会计师事务所中国注册会计师审核,公司 2000 年全年主营业务收入 59377.43 万元,比 1999 年增长 9.45%。公司按国家和地方政府有关政策交纳税收后,实现净利润 18105.02 万元。各行业情况如下:

	营业收入		营业毛利
行业	1999.12.31	2000.12.31	1999.12.31
生产行业	89,736,330.88	117,061,716.09	44,692,135.41

商业行业	23,451,546.86	44,194,695.17	3,791,503.24
建筑安装行业	342,527,301.45	391,710,559.19	125,337,116.86
交通运输行业	5,413,310.00	6,688,646.81	3,762,629.05
旅游饮食行业	19,973,504.31	24,170,219.49	4,891,353.41
电力行业	-	7,451,114.23	-
转让房产土地收入	111,698,052.92	43,187,660.00	84,623,328.04
公司内行业相互抵减	50,320,403.18	40,690,341.18	10,598,977.55

行业	2000.12.31
生产行业	61,656,418.74
商业行业	6,416,155.72
建筑安装行业	135,092,033.43
交通运输行业	4,092,238.21
旅游饮食行业	5,313,184.58
电力行业	–1,771,026.43
转让房产土地收入	28,606,148.17
公司内行业相互抵减	4,314,984.25

②2000 年占公司主营业务收入 10%以上的行业为建筑及建筑安装行业(占 65.97%),生产行业(占 19.71%)。

建筑及建筑安装是公司的传统业务,公司下属全资企业梅县梅雁建筑工程公司是工业与民用建筑工程施工二级企业。由于行业特点和建筑工程公司在对外承接的施工任务不够饱满时可以承接集团公司的建设项目,因此,公司的该项传统业务的经营业绩比较稳定并增长,2000 年营业收入比上年增长 14.36%。

被联合国粮农组织誉为"人类二十一世纪最理想食品"的螺旋藻,市场前景广阔,也是公司重点发展的利润增长点之一。公司建成 10 万平方米螺旋藻养殖场,是目前全国最大的螺旋藻养殖基地之一。公司生产的螺旋藻粉品质优良,符合国家标准;螺旋藻片加工采用新技术一次成型,生产的梅雁牌螺旋藻片是由国家卫生部批准、中国预防医学科学院监制的具有人体免疫调节、抗辐射作用的保健食品,并获得美国 F.D.A 认证。公司与浙江大学合作,进行螺旋藻基因工程产品的研究开发,其中螺旋藻抗糖尿病因子被列为国家重点技术创新项目之一。公司将不断开发高科技含量、高附加值的螺旋藻系列产品,提高该项目的创利能力。

(3)公司主要全资附属企业及控股子公司的经营情况及业绩

①公司下属全资企业梅县梅雁建筑工程公司是工业与民用建筑工程施工二级企业,本报告年度实现营业收入 35777.47 万元。建筑及建筑安装是公司的传统业务,建筑工程公司一贯坚持以质量求生存,以效益求发展,争创质量一流,满足用户需求的企业宗旨,严抓质量管理,本报告期公司进行了 ISO9002 质量体系认证并于报告期末顺利通过了现场审核。公司在对外承接的施工任务不够饱满时可以承接集团公司的建设项目,因此,公司的该项传统业务经营能比较稳定并增长。由公司施工建设并被评为省市优良样板工程的有中共梅州市委综合楼、梅州市政府大楼、梅州市人大办公楼、梅州市剑英体育馆等。历年来工程合格率均为 100%,优良率 40%以上。

②本报告年度,公司下属全资企业梅县梅雁螺旋藻养殖场、梅县梅雁蓝藻有限公司实现营业收入 8652.98 万元。被联合国粮农组织誉为"人类二十一世纪最理想食品"的螺旋藻,市场前景广阔,也是公司重点发展的利润增长点之一,梅雁螺旋藻养殖场养殖面积 10 万平方米,是目前全国最大的螺旋藻养殖基地之一。公司与浙江大学合作,共建蓝藻高科技研究所,开发高科技含量,高附加值的螺旋藻系列产品。

③本报告期内,公司的电力行业实现营业收入 745.11 万元,坝头水电站实现营业收入 372.15 万元,利润 100.84 万元;梅雁热电有限公司实现营业收入 372.96 万元,该公司是为梅雁轮胎有限公司提供蒸气、电力供应,因梅雁轮胎有限公司尚处于试产期,该公司电力供应出现剩余而滞销,因而出现亏损,随着梅雁轮胎有限公司逐步走向正轨,该公司利润也将能实现。

④报告期内,梅县梅雁矿业有限公司宝山银锑矿山的建设,已完成场地平整工作,井巷工程已完成招标并已落实施工单位,计划 2002 年下半年进行采、选、冶的生产调试工作,开始进入矿山的生产调试阶段。目前,矿山建设正有序进行,各项工作进展顺利。

⑤报告期内,公司控股子公司广东梅雁轮胎有限公司实现营业收入 153.36 万元,该公司 10 月份才开始投产,现尚处于试生产的阶段。

(4)在经营中出现的问题与困难及解决方案

2000 年公司面临市场竞争激烈及市场需求不足的困难,为确保经营目标的实现,公司采取了一系列措施:

A、加强员工队伍建设,做好员工考核、培训工作,大力提高员工素质;

B、积极筹措资金,不断调整和优化公司产业结构,寻找新的利润增长点;

C、强化公司的产品质量管理,提高产品的市场竞争力;

D、加强营销管理工作,充分调动公司员工的积极性,不断开拓新的市场,确保产品的销售;

E、加强经营管理,缩减费用开支,降低成本,保证公司主营业务产值及利润的稳步增长;

F、加强对外投资的管理,确保投资收益的有效实现。

2、公司财务状况

单位:元

公司财务状况	2000 年	1999 年	增减幅度(%)
总资产	2,439,894,154.55	2,007,068,516.93	21.56
长期负债	108,850,000.00	88,950,000.00	22.37
股东权益	1,633,827,370.72	1,494,957,867.20	9.29
主营业务收入	593,774,269.80	542,479,643.24	9.45
主营业务利润	217,094,228.59	227,577,121.63	–4.61
净利润	181,050,225.32	185,610,633.93	–2.45

(1)总资产的增加主要原因是公司增加了 27070 万元的短期借款及 2000 年度实现利润所致。

(2)长期负债的增加主要原因是投资需要增加向银行借款。

(3)股东权益的增加主要原因是本年度实现净利润、利润分配后结存所致。

(4)主营业务利润、净利润的小幅减少,主要原因是公司逐步调整产业结构,主营业务成本有所增加所致。

3、公司投资情况

(1) 报告期内募集资金投资项目

公司最近一次配股募集资金的时间为 1998 年 7 月。本次募集资金与配股说明书中承诺投资的相一致。公司前次配股募集的资金全部用于投资兴建坝头水电站和蓬辣滩水电站项目。

1、投资坝头水电站项目

坝头水电站项目于 1998 年 10 月开工,计划建设期二年,预计总投资为 1.8 亿元。建设期间,经公司与设计单位、承建单位研究、论证,决定将电站规模由原总装机 1.5 万千瓦改为 1.8 万千瓦,总投资额增至 2.0 亿元。至报告期末,累计投入坝头水电站项目 18,819.06 万元,该项目已建成发电,本报告期内,取得发电利润 100.84 万元。配套收尾的有关工程,将于 2001 年上半年全面完成。坝头水电站原定由广东梅雁企业(集团)股份有限公司出资 1.44 亿元,占 80%的股权,梅县电力公司出资 0.36 亿元,占 20%的股权,因梅县电力公司未有任何出资,为此该公司同意退出,坝头水电站由广东梅雁企业(集团)股份有限公司独资兴建,并拥有全部产权(该公告已刊登于 2000 年 6 月 24 日的《中国证券报》、《上海证券报》)。

2、投资蓬辣滩水电站项目

蓬辣滩水电站原定于 1998 年 4 月开工,计划建设期四年。在 1998 年下半年,公司对蓬辣滩水电站项目的工程准备过程中,有关专家发现该项目电站坝址下移 13 公里,可减少受淹面积及移民范围,增大装机容量。为此经有关专家建议并请示当地党委政府同意,公司董事会决议将投资期限推迟至 1999 年下半年(该公告已刊登于 1999 年 6 月 18 日《中国证券报》、《上海证券报》)。电站改址后,单位千瓦投资降低,总装机容量可由原 3.4 万千瓦增至 4.4 万千瓦,每年可增加发电量 4000 万千瓦时,预计总投资由 3.72 亿元增加至 3.9 亿元,该项目计划三年建成发电。至报告期末,已累计投资蓬辣滩水电站项目 14,515.63 万元。

公司前次募集的货币资金人民币 49,364.22 万元,截止 2000 年 12 月 31 日已投入建设资金人民币 28,915.63 万元,募集资金未使用部分 20448.59 万元,全部存于银行。投资以上两个项目,募集资金不足部分,由公司自筹解决。

(2)报告期内非募集资金投资的重大项目、项目进度及收益情况

A、 公司与梅县梅雁经济发展总公司于 2000 年 11 月签订协议,按评估价格,以每平方米 1280.90 元,总价人民币 14,366,928.83 元,购买梅县梅雁经济发展总公司位于梅州市丽都新村的梅雁生物工程研究楼 A、B 栋共 11,216.25 平方米的房产, 用于新设立的梅县梅雁研究院作办公及研究基地。

B、 为加强公司对高新技术产业的研究力量,增强公司的可持续发展力,决定用自有资金投资成立梅县梅雁研究院,注册资本为 500 万元,由董事长杨钦欢先生任梅雁研究院院长。

4、新年度业务发展计划

(1) 巩固、充实和发展原有的企业,如建筑安装、旅游饮食、房地产开发等服务行业,力争创造出比 2000 年更好的效益。对于建筑行业,公司在确保完成既有的施工任务的基础上,逐步向外拓展业务,保持公司该项传统行业的经营能够持续稳定的发展。

(2) 建立更为专业的销售队伍,加大力度做好螺旋藻、轮胎产品的销售工作;继续做好螺旋藻系列产品的研究开发工作,开发、生产出具有高技术含量、高附加值的产品;对于轮胎产品,梅雁轮胎有限公司将加大力度克服市场竞争激烈等经营中的困难,使产、供、销在新的年度上一新的台阶,争取在 2001 年创造出效益。

(3) 保质保量,加速新投资项目的建设:

①全面做好 TFT 彩色液晶显示器导光板项目的各项工作,做到当年建设、当年完成、当年试产,确保产品按期投产,争取产品在 2001 年下半年度试产成功。

②继续做好蓬辣滩水电站、丹竹水电站的建设工作,抓紧丙村水电站的前期准备工作。对于已经建成发电的坝头水电站,公司将继续加强管理,确保安全运行、按计划实现效益;公司丹竹水电站在报告期内,已完成土建工程量的 93%,进入机电设备安装阶段,预计 2001 年 5 月份第一台机组试运行,电站全部工程 2001 年年底竣工,争取配股募集资金投入的当年就能实现效益,回报股东;蓬辣滩水电站土建工程正在紧锣密鼓地进行,公司预计 2001 年 3 月架通坝顶公路桥,4 月份完成船闸围堰,至 2001 年年底可开始安装第一台机组;随着上述水电站的逐步建成发电上网,公司梅江水系的电站将具备一定的规模,电力行业将成为公司的支柱产业之一,也是公司的又一个主要的利润增长点。

(4) 加强与参股企业(广东证券股份有限公司,广发证券有限责任公司,梅州市东达信息有限公司等)的联系,强化投资管理,确保投资收益的实现。

(5) 继续加强公司内控制度建设和财务管理,有效提高资金使用效益和投资项目的获利能力。

5、董事会日常工作情况

(1)报告期内董事会的会议情况及决议内容:

二 000 年董事会一共召开了八次会议,即第三届董事会第十一、十二、十三、十四、十五、十六、十七次、十八次会议。会议情况及决议内容如下:

①公司第三届董事会第十一次会议,于 2000 年 1 月 8 日在公司会议室召开。会议审议通过了"广东梅雁企业(集团)股份有限公司关于各项资产减值准备和损失处理的内部控制制度"。

②公司第三届董事会第十二次会议,于 2000 年 2 月 16 日在公司会议室召开。会议审议通过了广东正中珠江会计师事务所出具的对本公司 1999 年度的财务审计报告;审议通过了公司 1999 年度报告;确定了召开公司 1999 年度股东大会的时间、地点及议程;讨论通过了关于 1999 年度利润分配预案的决议以及提交 1999 年度股东大会审议的其他提案。此次会议决议公告刊登于 2000 年 2 月 19 日的《上海证券报》、《中国证券报》。

③公司第三届董事会第十三次会议,于 2000 年 2 月 25 在公司会议室召开。会议通过了提名李江平、李信贤为 1999 年度股东大会补选董事侯选人的提案。此次会议公告刊登于 2000 年 2 月 26 日的《上海证券报》、《中国证券报》。

④公司第三届董事会第十四次会议,于 2000 年 6 月 23 日,在公司会议室召开。会议通过了如下决议;1、追加对广东梅雁轮胎有限公司投资,将持有该公司的股权由 49%调整为 65%;2、对坝头水电站的投资中,由于合作方梅县电力公司未有任何出资而退出合作股份,决定坝头水电站由本公司独资兴建,其产权属于公司所有。此次会议决议公告刊登于 2000 年 6 月 24 日的《上海证券报》、《中国证券报》。

⑤公司第三届董事会第十五次会议于 2000 年 8 月 2 日,在公司会议室召开。会议审议并通过广东正中珠江会计师事务所出具的对本公司 2000 年度中期财务审计报告;审议通过了公司 2000 年中期报告及摘要;讨论通过了关于 2000 年中期利润分配方案:不进行利润分配,也不以公积金转增股份的决议。此次会议决议公告刊登于 2000 年 8 月 7 日的《上海证券报》、《中国证券报》。

⑥公司第三届董事会第十六次会议,于 2000 年 8 月 22 日在公司会议室召开。会议通过如下决议:1、同意杨钦欢辞去公司总经理职务;2、聘任杨锋源为广东梅雁企业(集团)股份有限公司总经理,任期与本届董事会同期;3、根据杨锋源总经理的提请,继续聘任叶新英为财务总监,万文胜为副总经理。此次会议决议公告刊登于 2000 年 8 月 23 日的《上海证券报》、《中国证券报》。

⑦公司第三届董事会第十七次会议,于 2000 年 8 月 28 日在公司会议室召开。会议通过如下决议:1、审议通过了公司 2000 年增资配股预案;2、审议通过了《本次募集资金运用的可行性报告》;3、审议通过公司《前次配股募集资金使用及效益情况的说明》;4、通过《关于召开公司 2000 年度临时股东大会的议案》。此次会议决议公告刊登于 2000 年 8 月 29 日的《上海证券报》、《中国证券报》。

⑧公司第三届董事会第十八次会议,于 2000 年 12 月 25 日在公司会议室召开。会议通过如下决议:1、成立梅县梅雁研究院,由董事长杨钦欢任院长;2、同意受让梅县雁洋自来水厂持有的梅县雁洋水利发展公司的股份;3、同意购买梅县梅雁经济发展总公司位于梅州市丽都新村的房产;4、同意购买梅县东方房地产开发有限公司位于梅州客都新村的房产。其中 2、3、4 属关联交易,2、4 项涉及金额超过对董事会的授权限额,需经股东大会审议。此次会议决议公告刊登于 2000 年 12 月 27 日的《上海证券报》、《中国证券报》。

(2)董事会对股东大会决议的执行情况。

公司本年度召开的公司临时股东大会审议通过了《公司 2000 年度配股方案》,并授权董事会办理与此次配股有关的其他事项。公司董事会积极开展了此次配股工作,并已获中国证券监督管理委员会复审通过。至 2001 年 4 月 10 日,此次配股有关的工作已实施完毕。

6、公司管理层及员工情况

(1) 董事、监事、高级管理人员(见下表)

姓名	性别	年龄	现任职务	任期起止日期	年初持股数量	年末持股数量
杨钦欢	男	49	董事长	1998--2001	459,733	459,733
杨涌辉	男	53	副董事长	1998--2001	38,635	38,635
万文胜	男	49	董事、副总经理	1998—2001	38,635	38,635
李忠平	男	57	董事、董事会秘书	(同上)	100,875	100,875
叶新英	女	47	董事、财务总监	(同上)	48,293	48,293
李信贤	男	54	董　事	(同上)	2,242	2,242
李永鹏	男	40	董　事	(同上)	43,265	43,265
邵　伟	男	42	董　事	(同上)	38,629	38,629
李江平	男	37	董　事	(同上)	3,200	3,200
夏文梅	男	51	董　事	(同上)	156,462	156,462
黄增孝	男	45	董　事	(同上)	85,456	85,456
叶侨发	男	45	监事会主席	(同上)	6,369	6,369

丘建文	男	43	监　事	(同上)	8,242	8,242
杨国灵	男	39	监　事	(同上)	9,296	9,296
杨锋源	男	27	总经理	2000-2001	0	0

①报酬区间及人数：

报告期内，在公司领取报酬的董事、监事及高级人员中，年度报酬总额在4--6万的有3人；3万--4万的有6人。

报告期内，未在公司领取报酬的董事、监事有以下人员：杨涌辉、李信贤、李永鹏、邵伟、夏文梅、丘建文。

②离任的董事、监事、高级管理人员：

1999年度股东大会通过决议，同意王远源、姚永浩因工作原因辞去公司董事职务，选举李江平、李信贤为公司第三届董事会董事。

③公司第三届董事会第十六次会议通过决议同意董事长杨钦欢辞去总经理职务，聘任杨锋源为公司总经理。

(2) 公司员工的数量、专业构成

截止至2000年12月31日，公司员工总计4010人(包括临时工)，其中，生产人员3146人，销售人员138人，技术人员463人，财务人员103人，行政人员160人。具有大专以上学历的有391人，具有高级技术职称的有43人，具有初、中级技术职称的有201人。退休职工33人。

7、公司2000年度利润分配预案。

经广东正中珠江会计师事务所中国注册会计师吉争雄、熊永忠审核，截止2000年12月31日会计年度，公司全年度实现净利润181,050,225.32元。董事会根据公司章程规定，作出2000年度利润分配预案：按公司2000年度实现的税后利润，提取10%的法定公积金18,105,022.53元，提取10%的法定公益金18,105,022.53元，剩余80%计144,840,180.26元，加年初未分配利润211,883,561.94元共356,723,742.20元为可供股东分配利润，拟按公司实施2000年度配股方案后的总股本843,614,436股为基数，向全体股东每10股送2股红股并派送现金红利0.5元(均为含税)，剩余未分配利润145,820,133.20元结转下年度。此预案需经2000年度股东大会审议通过。

8、预计2001年度利润分配政策

预计2001年度的利润分配政策如下：

(1) 公司2001年度分配股利一次，分配时间在2001年中期或年度结束后；

(2) 公司2001年度实现净利润加以前年度结转未分配利润合并用于股利分配，分配比例在45%以上。

(3) 股利分配拟采用现金、送红股的形式，现金股息占股利分配的比例不低于20%。

9、其他报告事项：

(1)公司1999年度股东大会(2000年3月28日召开)同意公司原董事王远源、姚永浩同志因工作原因辞去公司董事职务，并经大会投票表决，补选李江平同志、李信贤同志为公司第三届董事会董事。该公告已刊登于2000年3月29日的《上海证券报》、《中国证券报》。

(2)公司主营产品之一生物工程第一期项目即下属全资企业梅县梅雁蓝藻有限公司生产的"梅雁牌"螺旋藻获得美国食品药品管理局(F.D.A.)的认证，证书号为:02017HDS00。

(3)公司主营产品之一生物工程第二期项目即由公司下属全资企业梅县梅雁蓝藻有限公司和浙江大学合作承担的螺旋藻抗糖尿病因子技术开发项目被列为国家重点技术创新项目之一。(国家经济贸易委员会文件"国经贸技术[2000]312号")。 该公告已刊登于2000 年6月2日的《上海证券报》、《中国证券报》。

(4)坝头水电站原定由本公司出资1.44亿元，占80%的股份，梅县电力公司出资0.36亿元，占20%的股份。由于坝头水电站现已基本建成发电，而梅县电力公司未有任何出资，为此，该公司同意自动退出合作股份，决定坝头水电站由本公司独资兴建，其全部产权属于公司所有。该公告已刊登于2000年6月24日的《上海证券报》、《中国证券报》。

(5)为使广东梅雁轮胎有限公司尽快进入正常的投产和有利于该公司今后的发展，根据该公司投资双方的实际情况，本公司董事会同意出资比例从原49%，出资5880万元人民币，调整为65%，出资7800万元人民币。该公告已刊登于2000年6月24日的《上海证券报》、《中国证券报》。

(6)公司法人股股东广东省粤侨企业公司梅州分公司持有本公司法人股股份203674股，广东作家书屋持有的101837股分别于2000年5月20日和2000年5月18日签订法人股转让协议，将其持有的"梅雁股份"法人股全部转让给广东梅县梅雁经济发展总公司，并于2000年8月29日在上海证券中央登记结算公司办妥有关法定的登记手续。

本次协议转让后，广东梅县梅雁经济发展总公司本年度协议受让本公司股份合计达到本公司总股本的0.044%，持股总额增加到174,955,623股，占"梅雁股份"总股本的25.197%。公司总股本及股本结构未发生变化。该事项刊登在2000年9月16日的《上海证券报》、《中国证券报》。

(7)公司第三届董事会第十六次会议，于2000年8月22日在公司会议室召开。会议通过如下决议：1、同意杨钦欢辞去公司总经理职务；2、聘任杨锋源为广东梅雁企业(集团)股份有限公司总经理，任期与本届董事会同期；3、根据杨锋源总经理的提请，继续聘任叶新英为财务总监，万文胜为副总经理。此次会议决议公告刊登于2000年8月23日的《上海证券报》、《中国证券报》。

(8)公司第三届董事会第十八次会议作出的同意受让梅县雁洋自来水厂持有的梅县雁洋水利发展公司的股份、同意购买梅县东方房地产开发有限公司位于梅州客都新村的房产的决议，该项交易属关联交易，涉及金额超过对董事会的授权限额，需经股东大会审议通过。此次会议决议公告刊登于2000年12月27日的《上海证券报》、《中国证券报》。

(9)报告期内，公司选定信息披露的报刊仍为《中国证券报》、《上海证券报》。

(六)监事会报告

一、监事会工作情况

公司监事会按照《公司法》、《证券法》及本公司章程赋予的权限，积极认真的履行职责，对公司工作情况进行了认真的监督审查，有效维护了广大股东的权益。报告期内，公司监事列席了各次董事会会议，参加了股东大会，监事会独立召开了二次会议：

1、公司第三届监事会第五次会议，于2000年2月16日在公司会议室召开。会议审议通过了公司监事会1999年度工作报告、董事会1999年度工作报告、公司关于建立各项资产减值准备和核销内部控制制度的报告、公司1999年度财务会计报告、前次募集资金使用情况说明、关联交易情况，会议形成的决议刊登于2000年2月19日的《中国证券报》、《上海证券报》。

2、公司第三届监事会第六次会议，于2000年8月2日在公司会议室召开。会议审议通过了公司2000年度中期报告正文及摘要。会议形成的决议于刊登2000年8月7日的《中国证券报》、《上海证券报》。

二、监事会对公司依法运行情况的意见

(1)2000年度，公司董事会、总经理为公司的发展，为公司的经营业务，为寻求公司新的利润增长点，为股东和职工的利益，尽责尽力地工作。董事会会议、股东大会的召开，以及董事会、股东大会的有关决议，均符合国家的有关法律、法规和公司章程的规定。公司有关信息披露均能执行《公开发行股票公司信息披露实施细则(试行)》以及《上海证券交易所股票上市规则》等有关规定。

公司董事、经理在执行公司职务时，均能遵守国家的有关法律、法规和公司章程，没有任何违反法律、法规、公司章程或任何损害公司利益的行为。

(2)本年度公司聘请广东正中珠江会计师事务所对公司2000年度财务会计报告进行了审计，并由会计师事务所出具了无保留意见的审计报告，审计意见是切实中肯的，财务报告真实地反映了公司的财务状况和经营成果。

(3)公司最近一次配股募集资金是在1998年，资金实际到位时间是1998年7月份，本次募集资金的使用与配股说明书中的承诺投入相一致。

(4)在2000年的经营过程中，公司收购、出售资产的交易价格均是符合交易时间的市场价格，是合理的，无发现内幕交易，无损害中、小股东权益和造成公司资产流失的情况。

(5)有关关联交易，都是公平的，不仅没有损害上市公司的利益，而且，对上市公司的发展，将形成有利的、良好的影响。

(6)公司在2000年的规范运作和经营工作中，董事会成员和总经理表现了对全体股东利益高度负责的责任心，在各项经营活动中，表现了处处维护股东权益的公心。

(七)重要事项

1、本报告年度内公司无重大诉讼、仲裁事项。

2、报告期内，公司、公司董事及高级管理人员无受监管部门处罚情况。

3、报告期内，公司控股股东无变更情况；公司无董事会换届、改选或半数以上成员变动情况；公司同意董事长杨钦欢辞去总经理职务，聘任杨锋源为总经理。

4、报告期内公司收购及出售资产情况。

(1)公司第三届董事会第十四次会议通过了如下决议：1、追加对广东梅雁轮胎有限公司投资1920万元，将持有该公司的股权由49%调整为65%，本次交易，将有利于梅雁轮胎有限公司的经营发展，调整公司的产业结构，本次交易涉及的金额占利润总额的比率为10.22%；2、对坝头水电站的投资中，由于合作方梅县电力公司未有任何出资而退出合作股份，决定坝头水电站由本公司独资兴建，其产权属于公司所有，交易涉及的金额为3600万元，占利润总额的比率为19.16%。此次会议决议公告刊登于2000年6月24日的《上海证券报》、《中国证券报》。

5、　重大关联交易事项：

(1)公司在2000年度与其关联企业提供工程施工收入、成本、税金、费用如下：

关联企业名称	收　入	成　本
梅县梅雁经济发展总公司	59,986,065.25	37,664,200.80
梅县东方房地产开发有限公司	90,447,181.06	61,610,526.14
合　　计	150,433,246.31	99,274,726.94

关联企业名称	税　金	费　用	税前利润
梅县梅雁经济发展总公司	1,947,611.77	2,800,539.19	17,573,713.49
梅县东方房地产开发有限公司	2,984,757.00	4,222,661.94	21,629,235.98
合　　计	4,932,368.77	7,023,201.13	39,202,949.47

(2)关联方销售货物金额：

关　联　企　业　名　称	1999.12.31	2000.12.31
梅县东方房地产开发有限公司	102,558,140.00	43,069,000.00
广东梅雁销售有限公司	44,245,640.00	750,597.65
梅县金盘贸易部	17,936,458.63	39,012,362.77
梅县梅雁经济发展总公司	-	1,487,604.28

(3)关联方采购货物交易金额：

关　联　企　业　名　称	1999.12.31	2000.12.31
梅县金盘贸易部	46,922,415.71	44,162,459.33

(4)关联交易的作价原则以市价为标准。

(5) 资产转让：

公司与梅县梅雁经济发展总公司于2000年11月签订协议，按评估价格，以每平方米1280.90元，总价人民币14,366,928.83元，购买梅县梅雁经济发展总公司位于梅州市丽都新村的梅雁生物工程研究楼A、B栋共11,216.25平方米的房产。

6、公司"三分开"情况。

(1)人员方面：公司在劳动、人事及工资管理等方面完全独立；总经理、副总经理等高级管理人员均在公司领取薪酬。

(2)资产方面：公司在资产上与第一大股东梅县梅雁经济发展总公司完全独立，公司拥有独立的生产系统、辅助生产系统和配套设施；工业产权、非专利技术等无形资产由公司拥有；公司拥有独立的采购和销售系统。

(3)财务方面：公司设立独立的财会部门，并建立了独立的会计核算体系和财务管理制度，独立开立银行帐户。

7、报告期内，公司无托管、承包租赁其他公司或其他公司托管、承包租赁本公司资产情况。

8、公司自上市以来，一直聘请广东正中珠江会计师事务所有限公司(即原广州会计师事务所)对公司的财务会计报表进行审计。

9、报告期内未签署过重大合同(含担保等)。

10、报告期内未更改公司名称及股票简称。

11、公司及持股5%以上股东没有在指定网站及报刊披露承诺事项。

(八)财务会计报告

一、审计报告审　　计　　报　　告广会所审字(2001)第80096号

广东梅雁企业(集团)股份有限公司全体股东：

我们接受委托，审计了 贵公司2000年12月31日的合并资产负债表及2000年合并利润及利润分配表和合并现金流量表。这些会计报表由 贵公司负责，我们的责任是对这些会计报表发表审计意见。我们的审计是依据中国注册会计师独立审计准则进行的。在审计过程中，我们结合 贵公司实际情况，实施了包括抽查会计记录等我们认为必要的审计程序。

我们认为，上述会计报表符合《企业会计准则》和《股份有限公司会计制度》的有关规定，在所有重大方面公允地反映了 贵公司2000年12月31日的财务状况及2000年经营成果和现金流量情况，会计处理方法的选用遵循了一贯性原则。

广东正中珠江会计师事务所　　　　中国注册会计师：吉争雄

中国注册会计师：熊永忠

中国　　　广州　　　　二00一年四月十三日

二、会计报表(附后)

三、会计报表附注

一、公司的基本情况　1、广东梅雁企业(集团)公司组建于1990年，主要经营建筑业、汽车客运业、建材工业、旅游饮食服务业、商业、畜牧养殖业等，是一个多元化综合企业集团公司。1992年报经广东省企业股份制试点联审小组、广东省经济体制改革委员会粤股审(1992)67号文批准，同意广东梅雁企业(集团)公司改组为广东梅雁企业(集团)股份有限公司，为法人和内部职工混合持股的内部公司，总股本为人民币肆仟捌佰叁拾万元。1994年6月9日经国家证监委证监发审字[1994]23号文批准，同意广东梅雁企业(集团)股份有限公司向社会公开发行面值总额为人民币壹仟陆佰壹拾万元的普通股。公司通过1994年至2000年12月31日止的送、配股后，总股本变更为陆亿玖仟肆佰叁拾叁万柒仟柒佰贰拾柒股。

2、公司于1999年5月14日在梅县工商行政管理局重新注册登记(变更前发照日期1998年8月6日)，持有注册号4414211030098企业法人营业执照，注册资本为人民币陆亿玖仟肆佰叁拾叁万柒仟柒佰元。

3、公司经营范围：汽车客货运输、建筑业、建筑材料工业、房地产开发、旅游、饮食服务、商业、生产制造加工业、养殖业、食品加工业、动物饲养，果类种植业、外引内联、投资业务、藻类养殖。

4、公司法定地址：广东梅州市湾水塘。

二、公司的主要会计政策1、会计制度：执行《股份有限公司会计制度》。

2、会计年度：采用公历制，即自每年1月1日起至12月31日止为一个会计年度。

3、记帐基础和计价原则：按权责发生制进行会计核算，以历史成本为计价基础。

4、记帐本位币与外币折算方法：以人民币为记帐本位币。涉及外币的经济业务按每月月初的中国人民银行公布的市场汇价的中间价折合为本位币记帐；月终对外币的货币项目余额按期末中国人民银行公布的市场汇价的中间价进行调整，其差额计入当期损益。

5、现金等价物的确定标准

持有的期限短、流动性强、易于转换为已知金额现金、价值变动风险很小的投资。

6、坏帐核算方法 6.1 坏帐的确认标准(1) 债务人死亡,以其遗产清偿后仍无法收回;

(2) 债务单位破产,以其破产财产清偿后仍无法收回;

(3) 债务单位资不低债,现金流量严重不足;

(4) 债务单位发生严重自然灾害等导致停产无法偿付债务;

(5) 债务人五年内未履行偿债义务,并有足够的证据表明无法收回或收回的可能性极小。

6.2 坏帐准备的核算方法 坏帐准备的核算采用备抵法。

6.3 坏帐准备的计提方法和计提比例于每年中期期末及年度终了按不同帐龄期末应收款项余额计提坏帐准备,坏帐准备的计提比例为:

帐　　龄	计提比例
1 年以内	0%
1-2 年	3%
2-3 年	10%
3 年以上	50%

7、存货核算方法 7.1 存货的分类 存货分为:原材料、在产品、工程施工、低值易耗品及库存商品等。

7.2 存货计价方法 存货的取得按实际成本核算;除商业商品按售价核算外,原材料和库存商品的发出采用加权平均法核算;低值易耗品在领用时采用一次性摊销法核算。

7.3 存货跌价准备的确认标准及计提方法于每年中期期末及年度终了按存货成本与可变现净值孰低法计价,并按预计损失提取存货跌价准备,采用备抵法核算。

7.4 工程施工工程施工期末余额反映按《建造合同》核算的在建合同工程已完工但尚未办理结算的款项。

8、短期投资核算方法 8.1 短期投资的确认 购入能随时变现并且持有时间不准备超过一年(含一年)的投资。

8.2 短期投资取得的计价 短期投资以取得时的投资成本计价。

8.3 短期投资持有期间现金股利和利息的处理(1) 短期投资持有期间所获得的现金股利和利息,除取得时已记入应收项目的现金股利或利息外,以实际收到时作为投资成本的收回,冲减短期投资帐面成本;

(2) 短期投资取得时实际收到的价款中包含的已宣告而尚未领取的现金股利,或已到期尚未领取的利息,以实际收到时冲减已记录的应收股利或应收利息。

8.4 短期投资的期末计价短期投资期末采用成本与市价孰低计价。按期末市价低于成本的差额计提短期投资跌价损失准备,采用备抵法核算。

8.5 短期投资损益的确认按短期投资处置时,所收到的处置收入与短期投资帐面价值的差额确认当期投资损益。

9、长期投资核算方法 9.1 长期债权投资 9.1.1 长期债权投资的计价方法长期债权投资按取得的投资成本计价。即取得时支付的全部价款,包括税金、手续费等相关费用;但不包括其实际支付价款中含有的已到期尚未领取的利息。

9.1.2 长期债权投资溢价或折价的摊销方法长期债权投资溢价或折价的摊销采用直线法。

9.1.3 长期债权投资收益的确认 长期债权投资按债券面值和适用利率计算的当期应收利息扣除当期摊销的溢价,或按债券面值和适用利率计算的当期应收利息与当期摊销的折价的合计,确认为投资收益。

9.2 长期股权投资 9.2.1 长期股权投资的计价 长期股权投资,按取得的投资成本计价,即取得时支付的全部价款,或放弃非现金资产的公允价值,或取得长期股权投资的公允价值,包括税金、手续费等相关费用。

9.2.2 长期股权投资的核算方法(1) 成本法,下列情况下采用成本法:

① 投资企业对被投资单位无控制、无共同控制且无重大影响;

② 不准备长期持有被投资单位的股份;

③ 被投资单位在严格的限制条件下经营,其向投资企业转移资金的能力受到限制。

(2) 权益法:

投资企业对被投资单位具有控制、共同控制或重大影响时,采用权益法核算。

9.2.3 股权投资差额的核算方法(1)股权投资差额,是指采用权益法核算长期股权投资时,投资成本与其在被投资单位所有者权益中所占份额的差额。

(2)股权投资差额按合同规定的投资期限分期平均摊销,记入投资损益;合同没有规定投资年限的,投资成本超过应享有被投资单位所有者权益份额之间的差额,按不超过 10 年(含 10 年)的期限摊销;投资成本低于应享有被投资单位所有者权益份额之间的差额,按不低于 10 年(含 10 年)的期限摊销,摊销金额记入当期投资收益。

9.3 长期投资减值准备于每年中期期末及年度终了,根据该项长期投资的市价情况或被投资单位所处的政治或法律环境的变化、所供应的商品或提供的劳务的市场情况、行业竞争能力、财务状况等因素,以估计该项长期投资未来可收回金额,并确定是否计提长期投资减值准备。

10、固定资产及其折旧 10.1 固定资产的标准及计价固定资产以使用年限一年以上、单位价值在 2000 元以上为标准,按照历史成本计价。

10.2 折旧方法、年限、折旧率固定资产采用直线法计提折旧,并按固定资产的使用年限和估计残值(按原价的 5%

计算)确定其分类折旧率。

类　　别	使用年限	年折旧率
房屋及建筑物	50	1.9%
发电及供热设备	20	4.75%
水利发电设备	18	5.28%
电力配套设备	15	6.33%
专用设备	5	19%
通用设备	3	31.67%
运输设备	5	19%
其他设备	3	31.67%

11、在建工程核算方法 在建工程按各项工程所发生的实际支出核算,并在交付使用后确认为固定资产。用借款进行的工程发生的借款利息,属于固定资产尚未交付使用之前发生的,计入在建工程成本。

12、无形资产及其摊销无形资产按取得时实际支付的价款计价,按平均年限法在合约中约定的受益期或法律规定的期限内分期摊销。

13、开办费及其摊销开办费核算公司在筹建期间发生的费用,自开始生产经营的当月起,5 年内平均摊销。

14、长期待摊费用及其摊销长期待摊费用按实际成本计价,按平均年限法摊销。装修费、文化馆租赁费及客车线路牌费的摊销期限分别为 3 年、12 年、3 年。

15、收入实现的确认原则

15.1 商品销售收入的确认,必须符合以下全部条件(1)已将商品所有权上的重要风险和报酬转移给买方;

(2)既没有保留通常与所有权相联系的继续管理权,也没有对已售出的商品实施控制;

(3)与交易相关的经济利益能够流入公司;

(4)相关的收入和成本能够可靠地计量时。

15.2 提供劳务 15.2.1 不跨年度劳务收入的确认 按完成合同法,即在劳务完成时确认收入。

15.2.2 跨年度劳务收入的确认 在资产负债表日,如果提供劳务的结果能够可靠地计量,则应采用完工百分比法确认劳务收入。

15.3 他人使用本公司资产取得收入确认原则(1) 与交易相关的经济利益能够流入企业;

(2) 收入的金额能够可靠地计量。

15.4 建造合同收入的确认原则(1)建造合同的结果能够可靠地估计,则按完工百分比法在资产负债表日确认合同收入和费用。

(2)建造合同的结果不能可靠地估计,则:

① 合同成本能够收回的,合同收入按能收回的实际合同成本确认;

② 合同成本不能收回的,在发生时即确认为费用,不确认收入。

16、所得税会计处理方法 采用应付税款法核算应交所得税。

17、合并报表的编制方法:

17.1 合并报表范围的确定原则

(1)以直接、间接或直接和间接方式拥有其过半数以上权益性资本的被投资企业;

(2)对于被投资企业虽然不持有其过半数以上的权益性资本,但对被投资企业拥有实质控制权。

符合以上条件之一的被投资企业纳入公司合并报表范围。

17.2 合并报表采用的会计方法合并会计报表时,对母公司与子公司、子公司相互间的内部交易及内部业务往来而形成的债权债务、内部销售收入和未实现内部销售利润等项目以及公司对子公司权益性资本投资项目的金额与子公司所有者权益中公司所持有的份额相互抵销,少数股东权益予以扣除。

项　　目	税　费　率
增值税 —销项税额	一般纳税企业 17%;小规模纳税企业 6%
—进项税额	17%
营业税	5%或 3%(从税法规定)
消费税	5%-10%(从税法规定)
* 城市维护建设税	7%
* 教育费附加	3%

* 按应缴纳税金为基数计缴,应缴纳税金包括营业税、增值税。

(2)所得税根据广东省梅县地方税务局"梅县地税发[2000]29 号"文的批复,同意广东梅雁企业(集团)股份有限公司 2000 年度企业所得税减按 15%税率征收。

公司之全资子公司珠海南珠分公司、二建珠海分公司、珠海客都宾馆、珠海南珠装璜公司、珠海南珠消防工程公司按 15%计缴企业所得税。

公司之全资子公司梅县梅雁蓝藻有限公司根据广东省梅县地方税务局 "梅县地税发[2000]24 号"文的批复于 2000 年度免交企业所得税。

公司之子公司梅县金雁水泥有限公司为中外合作经营企业,其所得税依税法规定,从获利年度起二年免缴,三年减半计缴。2000 年度是第三年获利年度。

公司之全资子公司梅县梅雁建筑工程公司根据"梅县地税发[2000]15 号"文和梅州市地税局所得税带征税率,按营业收入的 1%带征所得税。公司之全资子公司梅雁建筑工程公司装饰分公司按营业收入的 1.5%带征所得税。公司之全资子公司梅县梅雁设备安装公司按营业收入 1.5%带征所得税。

公司的其他子公司所得税率按税法规定执行。

四、控股公司

企 业 名 称	成立年度	注册地点	注　册资　金	拥有权益%
1 梅县梅雁建筑工程公司	1988	梅县	77,767,000	100%
2 梅县顺风客运公司	1985	梅县	1,080,000	100%
3 梅县客都宾馆	1989	梅县	500,000	100%
4 梅县客都商场	1990	梅县	1,100,000	100%
5 梅县惠民贸易公司	1984	梅县	400,000	100%
6 梅县梅雁建筑工程公司装饰分公司	1988	梅县	510,000	100%
7 梅县梅雁石油液化气公司	1988	梅县	300,000	100%
8 梅县顺风小汽车出租公司	1993	梅县	600,000	100%
9 梅县顺风货运公司	1993	梅县	430,000	100%
10 梅县梅雁设备安装公司	1992	梅县	200,000	100%
11 广东梅雁集团股份有限公司珠海市南珠分公司	1992	珠海	20,000,000	100%
12 珠海客都宾馆	1993	珠海	2,000,000	100%
13 珠海市南珠装潢公司	1993	珠海	500,000	100%
14 梅县梅雁建筑工程公司珠海公司	1994	珠海	1,800,000	100%
15 珠海市南珠消防工程公司	1994	珠海	10,000,000	100%
16 梅县长运蓄电池厂	1993	梅县	1,000,000	100%
17 广东梅县莲花饮料公司	1993	梅县	1,000,000	100%
18 梅县金雁水泥有限公司	1993	梅县	22,000,000	70%
19 梅县梅雁蓝藻有限公司	1995	梅县	1,000,000	100%
20 梅县梅雁螺旋藻养殖场	1997	梅县	100,000	100%
21 梅县蓬辣滩水电站	1997	梅县	350,000,000	100%
22 梅县坝头水电站	1997	梅县	150,000,000	100%
23 梅县单竹窝水电站	1999	梅县	300,000,000	100%
24 梅县梅雁热电有限公司	1999	梅县	50,000,000	100%
25 梅县雁洋新型材料有限公司	2000	梅县	3,000,000	100%
26 广东梅雁轮胎有限公司	1995	梅县	120,000,000	65%
27 广东梅县梅雁 TFT 显示器有限公司	2000	梅县	228,189,900	86.77%
28 广东梅县梅雁矿业有限公司	1998	梅县	15,000,000	60%
29 广东梅州市梅雁螺旋藻高科技研究所	2000	梅县	500,000	100%

企 业 名 称	主 要 业 务	法定代表人
1 梅县梅雁建筑工程公司	土木工程建筑	叶侨发
2 梅县顺风客运公司	汽车客运	杨仁尊
3 梅县客都宾馆	住宿、饮食、小汽车出租	杨　慧
4 梅县客都商场	五金交电、日用百货、针棉织品、罐头酒食、旅游用品等	杨清超
5 梅县惠民贸易公司	五金交电、油漆、建材、钢材等	黄丰锐
6 梅县梅雁建筑工程公司装饰分公司	室内外装饰、装璜灯箱等	叶美珍
7 梅县梅雁石油液化气公司	石油液化气	叶福声
8 梅县顺风小汽车出租公司	出租汽车营运	杨仁尊
9 梅县顺风货运公司	汽车货运	杨仁尊
10 梅县梅雁设备安装公司	安全阀校验、锅炉、压力容器及其他机械设备安装维修及配件销售	叶福声
11 广东梅雁集团股份有限	汽车运输业、建筑业、建	杨钦喜

公司珠海市南珠分公司	筑材料、旅游业、商业	
12 珠海客都宾馆	旅馆业、娱乐中心、咖啡厅、浴池业、美容业、商务中心、医疗卫生保健	刘茂兴
13 珠海市南珠装潢公司	装修、装潢、装饰材料	李豪华
14 梅县梅雁建筑工程公司珠海公司	土木工程建筑	罗灵祥
15 珠海市南珠消防工程公司	消防系统和火灾自动报警系统	温国良
16 梅县长运蓄电池厂	蓄电池制造	李江平
17 广东梅县莲花饮料公司	矿泉水	叶思宗
18 梅县金雁水泥有限公司	白水泥	叶炳图
19 梅县梅雁蓝藻有限公司	加工、销售螺旋藻及制品	李江平
20 梅县梅雁螺旋藻养殖场	螺旋藻养殖	张依健
21 梅县蓬辣滩水电站	电站建设	万文胜
22 梅县坝头水电站	电站建设	万文胜
23 梅县单竹窝水电站	电站建设	万文胜
24 梅县梅雁热电有限公司	余热发电	古卫忠
25 梅县雁洋新型材料有限公司	建筑材料	钟其和
26 广东梅雁轮胎有限公司	轮胎	黄增孝
27 广东梅县梅雁 TFT 显示器有限公司	研究、开发、生产、销售电子元件(TFT 显示器)	杨锋源
28 广东梅县梅雁矿业有限公司	开采、加工、销售矿产品	万文胜
29 广东梅州市梅雁螺旋藻高科技研究所	生物工程技术开发、转让、服务	李江平

2000 年公司新增合并会计报表子公司：梅县雁洋新型材料有限公司，注册资本 3,000,000.00 元，持股比例 100%；广东梅雁轮胎有限公司，注册资本 120,000,000 元，持股比例 65%.；广东梅县梅雁 TFT 显示器有限公司，注册资本 228,189,900 元，持股比例 86.77%；广东梅县梅雁矿业有限公司，注册资本 15,000,000 元，持股比例 60%；广东梅州市梅雁螺旋藻高科技研究所，注册资本 500,000 元，持股比例 100%。2000 年未纳入合并会计报表子公司：梅县综合养殖示范场，注册资本 1,000,000.00 元，于 2000 年已作撤消。

广东梅雁轮胎有限公司由于本期增加投资达到控股比例，故纳入合并会计报表范围，同时调整了 2000 年度合并会计报表期初数。

十、承诺事项公司于资产负债表日并不存在重大承诺事项。

十一、其他重要事项 1、公司与梅县雁洋自来水厂于 2000 年 11 月签订协议，以 5532.88 万元的价格受

让梅县雁洋自来水厂持有的梅县雁洋水利发展有限公司 46%出资额；

2、公司与梅县东方房地产开发有限公司于 2000 年 11 月签订协议，按评估价格，以每平方 2723.30 元，总价为人民币 42,155,269 元，购买梅县东方房地产开发有限公司位于梅州市客都新村的底层店铺 15,479.47 平方米的房产。

上述股权受让、资产转让事项属关联交易，并于 2000 年 12 月 25 日召开的第三届董事会第十八次会议决议通过，由于涉及金额较大，有待公司股东大会表决通过后实施。

十二、资产负债表日后非调整事项　1、公司第三届董事会会议决议通过如下利润分配预案：按公司 2000 年度实现的税后利润，提取法定公积金 10%，提取公益金 10%，剩余 80%作普通股红利分配。本年度可分配利润加年初未分配利润，拟按公司实施 2000 年年度配股后的总股本 843,614,436 股，每 10 股送 2 股派 0.5 元(含税)进行分配，剩余部分结转下年度。

2、经中国证券监督管理委员会证监公司字[2001]36 号文关于《广东梅雁企业(集团)股份有限公司申请配股》的批复，同意广东梅雁企业(集团)股份有限公司向社会公众股股东配售 149,276,709 股普通股，每股面值人民币 1 元，每股配售价人民币 6 元，广东梅雁企业(集团)股份有限公司配股工作已于 2001 年 3 月 22 日实施完毕。

(九)公司的其他有关资料

1、公司首次注册登记日期：1993 年 1 月 1 日

最近一次变更注册登记日：1999 年 5 月 14 日。

注册登记地点：广东省梅县

2、企业法人营业执照注册号：28123332-8

3、税务登记号码：441421520500001(16)

4、公司未流通股票的托管机构名称：上海证券中央登记结算公司

5、公司报告期内证券主承销机构名称：国通证券有限责任公司

6、公司聘请的会计师事务所名称：广东正中珠江会计师事务所

办公地址：广州市环市东路 322 号

7、公司驻上海工作处地址：上海延安西路 719 号佳都大厦 F17

联 系 人：陈轶群　电话(021)62259373

(十)备查文件目录

1、　载有公司法定代表人、财务总监、会计主管亲笔签名并盖章的公司 2000 年度会计报表。

2、载有广东正中会计师事务所有限公司盖章，中国注册会计师吉争雄、熊永忠亲笔签名的"广会所审字(2001)第 80096 号"审计报告原件。

3、报告期内在中国证监会指定报纸上公开披露过的所有公司文件的正本及公告的原稿。

广东梅雁企业(集团)股份有限公司

董　事　会　二00一年四月十五日

资产负债表　单位：(人民币)元

资产	期末数 合并
流动资金：	
货币资金	508,136,431.52
应收股利	18,944,261.85
应收利息	1,668,217.50
应收帐款	115,214,524.10
其他应收款	71,746,036.33
减：坏帐准备	2,745,859.28
应收款项净额	184,214,701.15
预付帐款	28,235,894.53
存货	219,741,089.68
减：存货跌价准备(含工程亏损准备)	130,392.05
存货净额	219,610,697.63
待摊费用	2,683,996.77
待处理流动资产净损失	82,196.72
流动资产合计	963,576,397.67
长期投资：	
长期股权投资	262,868,931.85
长期债权投资	3,476,380.00
长期投资合计	266,345,311.85
长期投资净额	266,345,311.85
固定资产：	
固定资产原价	779,805,625.15
减：累计折旧	80,452,353.73
减：固定资产减值准备	
固定资产净值	699,353,271.42
在建工程	432,717,089.68
固定资产合计	1,132,070,361.10
无形资产及其他资产：	
无形资产	50,887,034.23
开办费	19,611,459.57
长期待摊费用	7,403,590.13
无形资产及其他资产合计	77,902,083.93
递延税项：	
资产总计	2,439,894,154.55
流动负债：	
短期借款	486,500,000.00
应付帐款	30,581,021.16
预收帐款	10,570,756.30
应付工资	1,250,906.56
应付福利费	12,522,440.08
应付股利	43,668,078.60
应交税金	8,974,974.73
其他应交款	157,510.59
其他应付款	6,380,311.54
预提费用	3,201,505.66
一年内到期的长期负债	13,500,000.00
职工奖励及福利基金	
流动负债合计	617,307,505.22
长期负债：	
长期借款	108,850,000.00
长期负债合计	108,850,000.00
递延税项：	
负债合计	726,157,505.22
少数股东权益(合并报表填列)	79,909,278.61
股东权益：	
股本	694,337,727.00
资本公积	465,198,081.68
盈余公积	159,748,541.64
其中：公益金	53,563,112.85
储备基金	
企业发展基金	
未分配利润(未弥补亏损以"-"号表示)	314,543,020.40
股东权益合计	1,633,827,370.72
负债和股东权益总计	2,439,894,154.55

利润及利润分配表　单位：(人民币)元

项目	本期数 合并
一、主营业务收入	593,774,269.80
减：销售折让	-
主营业务收入净额	593,774,269.80
减：主营业务成本	358,684,101.63
主营业务税金及附加	17,995,939.58
二、主营业务利润(亏损以"-"号填列)	217,094,228.59
加：其他业务利润(亏损以"-"号填列)	48,353.00
减：存货跌价损失	37,258.14
营业费用	8,235,917.37
管理费用	40,007,712.76
财务费用	23,928,697.40
三、营业利润(亏损以"-"号填列)	144,932,995.92
加：投资收益(损失以"-"号填列)	40,733,760.94
补贴收入	-
营业外收入	2,428,519.82
减：营业外支出	254,451.14
四、利润总额(亏损总额以"-"号填列)	187,840,825.54
减：所得税	7,322,721.06
减：少数股东损益(合并报表填列、亏损以"-"号填列)	-532,120.84
加：未确认的投资损失(合并报表填列)	-
自定义项目 5	
五、净利润(净亏损以"-"号填列)	181,050,225.32
加：年初未分配利润(未弥补亏损以"-"号填列)	211,883,561.94
减：减少注册资本减少的未分配利润	-
盈余公积转入	-
六、可供分配的利润(亏损以"-"号填列)	392,933,787.26
减：提取法定盈余公积金	18,105,022.53
减：提取法定公益金	18,105,022.53
职工奖福基金(子公司为外商投资企业，合并报表填列)	-
七、可供股东分配的利润(亏损以"-"号填列)	356,723,742.20
减：应付优先股股利	-
提取任意盈余公积	-
应付普通股股利	42,180,721.80
转作股本的普通股股利	-
减：已作为发起人出资折股的以前年度滚存未分配利润	314,543,020.40
八、未分配利润(未弥补亏损以"-"号填列)	
附注：非常项目：	-
1.出售处置部门或被投资单位	-
2.自然灾害发生的损失	-
3.会计政策更改	-
4.其他	

青海三普药业股份有限公司

一、公司简介

1.公司法定中文名称:青海三普药业股份有限公司
英 文名称:Qinghai Sunshine and People Pharmaceutical Industry CO.,Ltd 缩写:S&P
2.公司法定代表人:武琪 3.公司董事会秘书:李海军
联系地址:青海省西宁市建国路 88 号
联系电话:(0971)8144025 传真:(0971)8140799
邮政编码:810007 电子信箱:spdm@yeah.net
4.公司注册地址:中国青海省西宁市建国路 88 号
公司办公地址:青海省西宁市建国路 88 号 邮政编码:810007
公司国际互联网网址:http://www.sanpumi.com.cn 电子信箱:sanpu@public.xn.qh.cn
5.公司信息披露报刊名称:《上海证券报》
登载公司年度报告的中国证监会指定国际互联网网址:http://www.sse.com.cn
公司年度报告备置地点:青海省西宁市建国路 88 号公司董事会秘书处
6.公司股票上市交易所:上海证券交易所 股票简称:青海三普 股票代码:600869

二、会计数据和业务数据摘要

(一)本年度实现利润总额及构成(合并报表): 单 位:人民币元

利润总额	11,042,041.62
净利润	9,398,431.03
扣除非经常性损益后的净利润	9,449,679.07
主营业务利润	41,885,568.48
其他业务利润	1,457,457.04
营业利润	9.190,376.46
投资收益	1,902,913.20
补贴收入	\
营业外收支净额	-51,248.04
经营活动产生的现金流量净额	4,001,860.41
现金及现金等价物净增加额	-30,160,931.80

(二)近三年主要会计数据和财务指标:

指标项目	2000 年	1999 年	1998 年	
			调整后	调整前
主营业务收入	123,878,325.04	112,602,244.16	107,828,142.78	107,828,142.78
净利润	9,398,431.03	5,951,138.71	-4,462,794.44	-2,874,911.82
总资产	379,169,725.43	352,870,618.94	325,366,515.12	340,313,702.16
股东权益	227,249,570.94	217,851,139.91	211,900,001.20	226,672,765.22
每股收益(全面摊薄)	0.08	0.05	-0.04	-0.024
每股收益(加权平均)	0.08	0.05	-0.04	-0.024
扣除非经常性损益后每股收益(全面摊薄)	0.08	0.05	-0.04	-0.024
扣除非经常性损益后每股收益(加权平均)	0.08	0.05	-0.024	-0.024
每股净资产	1.89	1.82	1.77	1.89
调整后的每股净资产	1.73	1.48	1.66	1.81
每股经营活动产生的现金流量净额	0.03	0.01	-0.04	-0.04
净资产收益率(全面摊薄)	4.14	2.73	-2.11	-1.27
净资产收益率(加权平均)	4.22	2.77	-2.08	-1.27
扣除非经常性损益后净资产收益率(加权平均)	4.25	3.05	-2.08	-1.27

(三)根据中国证监会《公开发行证券公司信息披露编报规则第 9 号》规定计算的利润数据如下:

报告期利润	净资产收益率%		每股收益(元)	
	全面摊薄	加权平均	全面摊薄	加权平均
主营业务利润	18.43	18.82	0.35	0.35
营业利润	4.04	4.13	0.08	0.08
净利润	4.14	4.22	0.08	0.08
扣除非经常性损益后的净利润	4.16	4.25	0.08	0.08

(四)本报告期内股东权益变动情况:(单位:元)

项 目	期初数	本期增加	本期减少	期末数
股本	120,000,000.00	-	-	120,000,000.00
资本公积金	58,568,986.21	-	-	58,568,986.21
法定盈余公积金	8052467.261.28	1,985.10	-	9,334,452.36
法定公益金	6,618,864.64	1,149,521.26	-	7,768,385.90
任意盈余公积金	16,390,459.95	1,525,586.13	-	17,916,046.08
未分配利润	8,220,361.85	9,398,431.03	3,957,092.49	13,661,700.39
股东权益合计	217,851,139.91	13,355,523.52	3,957,092.49	227,249,570.94

变动原因说明:根据公司章程及董事会决议,按 10%提取法定盈余公积金,按 10%提取法定公益,按 15%提取任意盈余公积金,使盈余公积金增加。未分配利润增加主要是营业利润增加与投资收益增加所至。

三、股本变动及股东情况介绍

(一)股东情况介绍:
1.截止 2000 年 12 月 31 日,本公司股东总数为 17115 户。
2.公司前十名股东持股情况:

股东名称	期末持股数(股)	占总股本(%)
青海创业集团有限公司	47400000	39.50
青海省投资控股有限责任公司	36000000	30.00
中国宝安集团股份有限公司	5400000	4.50
广州白云山制药股份有限公司	600000	0.50
中科院西北高原生物研究所	600000	0.50
王松楠	300000	0.25
王迎华	144000	0.12
王永明	130000	0.11
肖秀英	130000	0.11
王元俊	117340	0.10

厦门华侨电子股份有限公司

一、公司简介

1.公司法定中文名称:厦门华侨电子股份有限公司
英文名称:XIAMENOVERSEASCHINESEELECTRONICCO.LTD 缩写:XOCECO
2.法定代表人:吴小敏
3.公司董事会秘书:贾华 董事会证券事务代表:林旦旦
联系地址:厦门市湖里大道 22 号证券管理投资部 邮政编码:361006
电话:(0592)6021091 转 203 传真:(0592)6021331
电子邮箱:xocecozq@public.xm.fj.cn
4.公司注册及办公地址:厦门市湖里大道 22 号 邮政编码:361006
电传:93030XOCECOCN 电挂:7193 国内域名:http://www.xoceco.com.cn
国际域名:http://www.xoceco.com 电子信箱:xoceco@public.xm.fj.cn
5.信息披露指定报刊:《上海证券报》、《中国证券报》
中国证监会指定国际互联网网址:http://www.sse.com.cn
公司年度报告备置地点:公司证券管理投资部
6.股票上市交易所:上海证券交易所
股票简称:厦华电子 股票代码:600870

二、会计数据和业务数据摘要

(一)公司本年度主要会计数据
利润总额:-297,800,938.74 元
净利润:-291,613,992.43 元
扣除非经常性损益后的净利润 :-287,113,508.90 元
主营业务利润:212,070,360.99 元
其他业务利润:2,400,079.57 元
营业利润:-294,622,784.67 元
投资收益:1,322,329.46 元
补贴收入:2,864,300.00 元
营业外收支净额:-7,364,783.53 元
经营活动产生的现金流量净额:87,969,685.85 元
现金及现金等价物净增加额:520,933,214.17 元
注:扣除的非经常性损益项目涉及金额总计-4,500,483.53 元,具体项目如下:
1、营业外收支金额项目:-7,364,783.53 元
(1)索赔及罚款收入:2,027,206.18 元
(2)呆帐收入:101,616.18 元
(3)保险赔款:1,114,026.38 元
(4)处理固定资产损失:-1,502,428.48 元
(5)非常损失:-6,813,598.93 元
(6)罚款支出:-1,000,673.40 元
(7)滞纳金:-57,390.56 元
(8)材料报废损失:-1,144,101.08 元
(9)其他:-89,439.82
2、补贴收入项目:2,864,300.00 元
(1)境外加工项目前期经费补贴:100,000.00 元
(2)名牌产品奖励金:50,000.00 元
(3)省优秀产品奖:6,000.00 元
(4)技术创新基金:400,000.00 元
(5)财政局科技三项拨款:500,000.00 元
(6)企业转入技改信息:1,000,000.00 元
(7)科技经费:30,000.00 元
(8)开拓海外市场专项补贴:778,300.00 元
(二)截止报告期末,公司前三年的主要会计数据和财务指标
(单位:人民币元)

会计数据和财务指标	2000 年度	1999 年度	1998 年度	
			调整前	调整后
主营业务收入	3447913161.85	2843230362.01	1843382462.87	1843382462.87
净利润	-291613992.43	54209197.70	87752700.59	90935616.75
总资产	4188331390.20	3286436862.67	1458909443.41	1490770917.63
股东权益(不含少数股东权益)	1121033797.96	833056628.99	506782811.41	487038235.04
每股收益	-0.79	0.17	0.32	0.32
每股净资产	3.02	2.60	1.82	1.75
调整后的每股净资产	2.99	2.57	1.82	1.74
每股经营活动产生的现金流量净额	0.24	-1.39	1.82	1.37
净资产收益率(%)	-26.01	6.51	17.32	18.67
加权每股收益	-0.88	0.17	0.42	0.44
扣除非经常性损益后的每股收益	-0.77	0.06	0.27	0.28

三、股本变动及股东情况

(一)股东情况介绍:
1、截止 2000 年 12 月 31 日,本公司股东总数为 54318 户。
2、截止 1999 年 12 月 31 日,公司前 10 名股东持股情况:

名次	股东名称	年末持股数量(股)	持股比例(%)
1	厦门华侨电子企业有限公司	216065176	58.26%
2	华宇轻化	10957743	2.96%
3	华益工贸	3240000	0.87%
4	华夏上证	2591008	0.70%
5	成都卫安	1945500	0.52%
6	华能财务	1434048	0.39%
7	兴业证券	1393500	0.38%
8	凌讯图文	1211745	0.33%
9	厦门亚大	1170000	0.32%
10	付庆欣	1161389	0.31%

注:前 10 名股东中,厦门华侨电子企业有限公司为本公司发起法人股东。其中,厦门华侨电子企业有限公司持有本公司 5%以上股份,年末持股数 216065176 股。

中国石化仪征化纤股份有限公司

中国石化仪征化纤股份有限公司2000年年度报告摘要

重要提示:中国石化仪征化纤股份有限公司董事会保证本报告所载资料不存在任何虚假记载、误导性陈述或者重大遗漏,并对其内容的真实性、准确性和完整性负个别及连带责任。本年度报告摘要摘自年度报告,投资者欲了解详细内容,应阅读年度报告。

中国石化仪征化纤股份有限公司("本公司")董事会("董事会")现欣然呈上本公司及其子公司("本集团")截至二零零零年十二月三十一日止年度经审核年度业绩。

一、公司简介

1. 公司法定名称 : 中国石化仪征化纤股份有限公司
   公司英文名称 : Sinopec Yizheng Chemical Fibre Company Limited
   公司简称 : 仪征化纤
   英文缩写 : YCF
2. 法定代表人 : 傅兴堂先生
3. 注册和办公地址 : 中华人民共和国("中国")江苏省仪征市
   邮政编码 : 211900
   电话 : 86-514-3232235
   传真 : 86-514-3233880
   互联网网址 : http://www.ycfc.com
   电子信箱 : cso@ycfc.com
4. 董事会秘书 : 吴朝阳先生
   董事会助理秘书 : 石敏小姐
   联系地址 : 中国江苏省仪征市
   中国石化仪征化纤股份有限公司
   董事会秘书室
   电话 : 86-514-3231888
   传真 : 86-514-3235880
   电子信箱 : cso@ycfc.com
5. 信息披露报纸 : 中国证券报、上海证券报、证券时报、香港经济日报、南华早报(英文)

登载年度报告的中国证券监督管理委员会("中国证监会")

指定国际互联网网址 : http://www.sse.com.cn

年报备置地点 : 中国石化仪征化纤股份有限公司董事会秘书室

6. 股票上市地点、股票简称和股票代码:

H股上市地点 : 香港联合交易所有限公司("香港联交所")

股票简称 : 仪征化纤

股票代码 : 1033

A股上市地点 : 上海证券交易所

股票简称 : 仪征化纤

股票代码 : 600871

二、会计数据与业务数据摘要

1. 本集团截至二零零零年十二月三十一止年度实现利润情况(按中国会计准则及制度编制)

以人民币千元为单位

利润总额	985,493
净利润	840,228
未计非经常性损失的净利润	915,998
非经常性损失	
处置固定资产损失	(75,770)
主营业务利润	1,840,860
其它业务亏损	(11,356)
营业利润	1,079,493
投资收益	4,182
营业外收支净支出额	(98,182)
经营活动产生的现金流量净额	2,112,533
现金及现金等价物净增加额	193,352

2.本集团主要会计数据和财务指标:

节录自按中国会计准则及制度编制之帐项(合并经审计)

截至十二月三十一日止年度或于十二月三十一日

	二零零零年 人民币千元	一九九九年 人民币千元	一九九八年 人民币千元
主营业务收入	9,014,472	7,075,579	5,633,522
主营业务利润	1,840,860	1,788,717	659,848
其它业务(亏损)/利润	(11,356)	(14,925)	510
营业利润/(亏损)	1,079,493	1,050,758	(284,585)
投资收益	4,182	3,043	49,327
营业外净(支出)/收入	(98,182)	(147,567)	6,861
利润/(亏损)总额	985,493	906,234	(228,397)
所得税	139,391	136,372	(4,216)
少数股东应占本年利润	5,874	15,176	6,717
净利润/(亏损)	840,228	754,686	(230,898)
总资产	11,361,088	11,502,568	11,979,890
总负债	2,483,757	3,105,946	3,904,586
股东权益			
(不含少数股东权益)	8,821,079	8,340,851	8,026,165
少数股东权益	56,252	55,771	49,139
每股收益/(亏损)			
(加权平均及全面摊薄)			
--主营业务利润	人民币0.460	人民币0.447	人民币0.165
--营业利润/(亏损)	人民币0.270	人民币0.263	人民币(0.071)
--净利润/(亏损)	人民币0.210	人民币0.189	人民币(0.058)
--未计非经常性损益			
的净利润/(亏损)	人民币0.229	人民币0.235	人民币(0.058)
股东权益比率	77.64%	72.51%	67.00%
净资产收益率(全面摊薄)			
--主营业务利润	20.87%	21.45%	8.22%
--营业利润/(亏损)	12.24%	12.60%	(3.55%)
--净利润/(亏损)	9.53%	9.05%	(2.88%)
--未计非经常性损益			
的净利润/(亏损)	10.38%	11.26%	(2.88%)
净资产收益率(加权平均)			
--主营业务利润	21.01%	21.29%	8.10%
--营业利润/(亏损)	12.32%	12.50%	(3.50%)
--净利润/(亏损)	9.59%	8.98%	(2.84%)
--未计非经常性损益			
的净利润/(亏损)	10.46%	11.18%	(2.84%)
每股净资产	人民币2.205	人民币2.085	人民币2.007
调整后的每股净资产	人民币2.154	人民币2.047	人民币1.960
每股经营活动产生			
的现金流量净额	人民币0.528	人民币0.500	人民币0.305

3、按中国会计准则及制度计算的合并净利润和按国际会计准则计算的合并股东应占利润的差异见财务会计报告附注2。

4、本集团业务数据摘要:

截至十二月三十一日止年度

销售量(吨)

	二零零零年	一九九九年	增/减(%)
聚酯切片	455,471	409,191	11.3
涤纶短纤维	359,307	334,414	7.4
涤纶中空纤维	35,024	28,401	23.3
涤纶长丝	161,702	143,231	12.9
合计	1,011,504	915,237	10.5

产品平均价格(人民币元/吨)

	二零零零年	一九九九年	增/减(%)
聚酯切片	7,917	6,814	16.2
涤纶短纤维	8,910	7,761	14.8
涤纶中空纤维	9,368	9,372	-0.04
涤纶长丝	11,248	9,593	17.3
加权平均售价	8,858	7,674	15.4

生产量(吨)

	二零零零年	一九九九年	增/减(%)
聚酯切片	531,638	480,640	10.6
涤纶短纤维	359,228	337,191	6.5
涤纶中空纤维	35,063	29,790	17.7
涤纶长丝	216,707	182,339	18.8
合计	1,142,636	1,029,960	10.9

三、股东情况介绍

1、报告期末股东情况

截至二零零零年十二月三十一日止,本公司之股东人数:

类别	股东人数
法人股(A股)	2
社会公众股(A股)	112,007
H股	1,706
合计	113,715

2、主要股东持股情况

于二零零零年十二月三十一日,本公司前十名最大股东之持股情况如下:

股东名称	类别	持股数量(千股)	占总股本比例(%)	本报告期内股数增减*(千股)
中国石油化工股份有限公司("中国石化")	A股	1,680,000	42.00	+1,680,000
香港中央结算(代理人)有限公司	H股	1,336,604	33.42	+5,107
中国国际信托投资公司**	A股	720,000	18.00	0
道里投资	A股	2,583	0.065	-
HSBC Nominees (Hong Kong) Limited A/C BR-13	H股	2,074	0.052	-
Cheung Chak Sun	H股	2,000	0.05	-
HSBC Nominees (Hong Kong) Limited A/C BR-16	H股	1,516	0.038	-
兴和基金	A股	1,505	0.038	
HSBC Nominees (Hong Kong) Limited A/C BR-12	H股	1,484	0.037	-
Wong Kwok Po	H股	1,200	0.03	-

*本报告期内股数增减指持有本公司5%以上股份之股东的股数增减。

经中国国家经济贸易委员会("国家经贸委")国经贸企改(2000)154号文批准,中国石油化工集团公司("中国石化集团公司")及其子公司("中国石化集团")进行了资产重组,在此资产重组基础上,于二零零零年二月二十五日,设立了中国石化。作为上述资产重组的一部分,中国石化集团公司将其全资子公司仪化集团公司(现中国石化集团仪化有限责任公司-"仪化")所持有的1,680,000,000股本公司国有法人股("该等股份")注入中国石化。据此,中国石化持有本公司该等股份,占本公司已发行总股本的42%,中国石化成为本公司第一大股东。

本报告期内持有本公司5%以上股份之股东所持股份未发生质押或冻结情况。

**代表国家持有股份。

中炬高新技术实业(集团)股份有限公司

中炬高新技术实业(集团)股份有限公司2000年年度报告摘要

本公司董事会保证本报告所载资料不存在任何虚假记载、误导性陈述或者重大遗漏,并对其内容的真实性、准确性和完整性负个别及连带责任。本年度报告摘要摘自年度报告,投资者欲了解详细内容,应阅读年度报告

(一)公司简介

1、公司法定中、英文名称及缩写
公司法定中文名称:中炬高新技术实业(集团)股份有限公司
法定英文名称:JONJEE HIGH&NEW TECHNOLOGY AND INDUSTRIAL GROUP CO.,LTD
公司英文名称缩写:JONJEE
2、公司法定代表人:冯梳胜
3、公司董事会秘书:彭海泓
联系地址:广东省中山市中山火炬高技术产业开发区火炬大厦
电话:(0760)5596818-2033
传真:(0760)5596877
电子信箱:penghaihong@163.com
董事会授权代表:熊炜联系地址:广东省中山市中山火炬高技术产业开发区火炬大厦
电话:(0760)5599947
传真:(0760)5596877
4、公司注册地址:广东省中山市中山火炬高技术产业开发区
公司办公地址:广东省中山市中山火炬高技术产业开发区火炬大厦
邮政编码:528437
公司电子信箱:zstorch@pub.zhongshan.gd.cn
公司网址:www.zhongshantorch.com
5、公司选定的信息披露报刊名称:《上海证券报》、《中国证券报》
刊登公司年度报告的中国证监会指定国际互联网网址:http://www.sse.com.cn
公司年度报告备置地点:公司证券部6、公司股票上市交易所:上海证券交易所
股票简称:中炬高新股票代码:600872

(二)会计数据和业务数据摘要

本年度会计数据摘要(单位:人民币元)

利润总额	157,055,431.50
其中	
主营业务利润:	209,078,234.03
其他业务利润:	14,369,184.29
营业利润:	115,237,460.38
投资收益:	42,841,884.53
补贴收入:	697,701.11
营业外收支净额:	-1,721,614.52
净利润:	133,942,241.89
扣除非经常性损益后的净利润:	100,999,117.72
经营活动产生的现金流量净额:	266,601,575.82
现金及现金等价物净增加额:	38,399,234.12
注:扣除的非经常性损益项目和涉及金额:	32,943,124.17
投资收益:	34,664,738.69
营业外收支净额:	-1,721,614.52

2. 截至报告期末公司前三年主要会计数据和财务指标(合并报表)(单位:人民币元)

项目	2000年	1999年	1998年 调整前	1998年 调整后
主营业务收入	760,474,498.77	519,633,608.82	496,169,507.10	96,169,507.10
净利润	133,942,241.89	105,177,393.64	85,946,373.5	75,890,905.00
总资产	2,587,103,561.55	2,174,651,321.74	1,832,099,321.63	1,742,055,993.96
股东权益	1,357,542,555.78	1,232,373,994.15	940,084,021.42	850,040,693.75
每股收益	0.298	0.234	0.319	0.282
扣除非经常性损益后的每股收益	0.224	0.180	0.268	0.231
加权每股收益	0.298	0.39	0.319	0.28
每股净资产	3.016	2.74	3.49	3.15
调整后的每股净资产	2.928	2.396	3.21	2.875
每股经营活动产生的现金流量净额	0.592	-0.103	0.266	0.265
净资产收益率(%)	9.87	8.53	9.14	8.93
扣除非经常性损益后的净资产收益率(%)	7.44	6.56	7.68	7.31

注:(1)主要财务指标的计算方法:每股收益=净利润/年度末普通股股份总数每股净资产=年度末股东权益/年度末普通股股份总数

调整后的每股净资产=(年度末股东权益-三年以上的应收款项净额-待摊费用-待处理(流动、固定)资产净损失-开办费-长期待摊费用-住房周转金负数余额)/年度末普通股股份总数

每股经营活动产生的现金流量净额=经营活动产生的现金流量净额/年度末普通股股份总数净资产收益率=净利润/年度末股东权益×100%&&&&3、按照中国证监会发布的《公开发行证券公司信息披露编报规则》第9号计算的净资产收益率和每股收益:

报告期利润	净资产收益率 全面摊薄	净资产收益率 加权平均	每股收益 全面摊薄	每股收益 加权平均
主营业务利润	15.40%	16.13%	0.4646	0.4646
营业利润	8.49%	8.89%	0.2561	0.2561
净利润	9.87%	10.33%	0.2976	0.2976
扣除非经常性损益后的净利润	7.44%	7.79%	0.2244	0.2244

注:计算公式:

(1)全面摊薄净资产收益率=报告期利润÷期末净资产

全面摊薄每股收益=报告期利润÷期末股份总数

(2)加权平均净资产收益率=P ÷(E0+NP ÷2+Ei ×Mi ÷M0-Ej ×Mj ÷M0)

加权平均每股收益=P ÷(S0+S1+Si ×Mi ÷M0-Sj ×Mj ÷M0)其中:P 为报告期利润;NP 为报告期净利润;E0 为期初净资产;Ei 为报告期发行新股或债转股等新增净资产;Ej 为报告期回购或现金分红等减少净资产;S0 为期初股份总数;S1 为报告期因公积金转增股本或股票股利分配等增加股份数;Si 为报告期因发行新股或债转股等增加股份数;Sj 为报告期因回购或缩股等减少股份数;M0 为报告期月份数;Mi 为新增净资产(增加股份)下一月份起至报告期期末的月份数;Mj 为减少净资产(减少股份)下一月份起至报告期期末的月份数。

4、报告期内股东权益变动情况

项目	股本	资本公积	盈余公积	法定公益金	未分配利润	股东权益合计
期初数	450055950.00	531176041.30	100270034.20	28559387.14	150871968.65	1232373,994.15
本期增加		1,556,057.04	60274008.85	6697112.09	73668233.04	135498298.93
本期减少		10,329,737.30				10,329,727.30
期末数	450,055,950.00	522402,361.04	160544043.05	35256499.23	224540201.69	1357542,555.78

变动原因:

(1)资本公积减少主要系本期冲消了房改房损失及冲回部分投资准备;

(2)盈余公积和法定盈余公积变动系本年度利润提取数额;

(3)未分配利润变动系本年度利润增加。

(三)、股本变动及股东情况

1、股本变动情况(1)

股份变动情况表:(单位:股)

	本次变动前	增减(+,-) 配股	送股	公积金转股	增发	其它	小计	本次变动后
一、未上市流通股份								
1、发起人股份	173,570,302							173,570,302
其中:境内法人持有股份	173,570,302							173,570,302
2、募集法人股份	27,249,574							27,249,574
未上市流通股份合计	200,819,876							200,819,876
二、已流通股份								
人民币普通股	249,236,074							249,236,074
三、股份总数	450,055,950							450,055,950

2、股东情况介绍

(1)截至2000年12月31日,公司股东总户数为141596户。其中法人股股东18户;社会公众股股东141578户。

(2)报告期末公司前10名股东持股情况

股东名称	持股数(股)	占总股本比例(%)
①中山火炬高新技术产业(集团)公司	63,389,031	14.08
②中国信达信托投资公司	25,698,256	5.71
③中山市实业集团有限公司	22,169,301	4.93
④中国工商银行广东省信托投资公司	18,791,849	4.18
⑤中山市信联房地产投资公司	17,346,323	3.85
⑥中国华融信托投资公司	16,703,866	3.71
⑦中山市建设实业公司	12,849,128	2.86
⑧中国工商银行北京信托投资公司	10,439,916	2.32
⑨中山市设备租赁公司	8,351,933	1.86
⑩中国银行中山市信托投资公司	1,043,505	0.23

(3)持股5%(含5%)以上的法人股东所持股份发生增减变动及质押、冻结等情况。

①报告期内中山火炬高新技术产业(集团)公司以其持有的法人股中的1500万股为公司向银行贷款2500万元作质押担保,并已在上海证券中央登记结算公司办理质押冻结手续。

②本公司持股10%以上的法人股东:中山火炬高新技术产业(集团)公司。法定代表人:葛志斌,经营范围:综合开发、生产高技术产品、开发经营房地产、投资办实业、设备租赁、工业生产资料贸易;收购农副产品、家用电器。

(四)股东大会简介

1、公司于2000年5月24日在公司四楼会议室召开了1999年度股东大会。经股东大会投票表决,通过了如下决议:

(1)公司一九九九年工作报告及二OOO年工作计划

(2)公司一九九九年董事会工作报告

(3)公司一九九九年财务决算报告

(4)公司一九九九年利润分配方案

(5)公司监事会报告。

(6)关于变更董事的议案

该次股东大会决议公告刊登于2000年5月25日的《中国证券报》及《上海证券报》。

2、2000年6月26日,公司召开第一次临时股东大会,会议通过了如下决议:因工作变动,何加

武先生不再担任公司董事，增补田惠宇先生为公司董事。股东大会决议公告刊登于 2000 年 6 月 27 日的《上海证券报》及《中国证券报》。

3、2000 年 11 月 30 日，公司召开第二次临时股东大会，大会以记名投票表决方式审议通过了以下决议：

⑴关于转让中山格兰特镀膜玻璃有限公司 70%股权及公司部分长期债权的议案。

⑵关于受让中港客运联营有限公司 60%股权的议案

⑶关于变更董事的议案

⑷关于聘任广东康元会计师事务所为公司财务审计机构的议案

该次股东大会决议公告刊登于 2000 年 12 月 1 日的《上海证券报》及《中国证券报》。

4、2000 年 12 月 30 日，公司召开第三次临时股东大会，大会以记名投票表决方式审议通过了以下决议：

⑴关于公司资产优化的议案

⑵关于新增两名董事并相应修改公司章程的议案

⑶关于公司更改商号并相应修改公司章程的议案

该次股东大会决议公告刊登于 2001 年 1 月 3 日的《上海证券报》及《中国证券报》。

(五)董事会报告

1、公司经营情况

中山火炬高新技术产业开发区是首批获准的国家级高新技术产业开发区，也是国家体改委和国家科委正式批准的推行综合试点改革的 5 家国家级开发区之一，本公司是开发区内的主体企业，主要从事高新技术产品的研制、开发、制造，基础设施建设，招商引资及贸易和服务业的综合性企业。1998 年被列入全国 66 家重点高新技术企业(集团)的行列。

近年来，本公司通过与国内大专院校、科研机构合作，以全资、控股、参股等方式办起了 22 家高新技术企业，实施了国家"863"计划一项，国家级、省级火炬计划项目 45 项，占中山市高新技术企业及项目的 70%，初步形成了新能源、建材、通讯电子、机电一体化及生物制药等高新技术产业群，成为中山市工业立市、科技兴市的重点支柱企业。今后，本公司仍将坚持重点发展高新技术产业投资的主业方向，突出培养重点科技企业和重点产品，提高产销量，扩大规模，同时通过强化资本经营、提高经济效益。

公司全年共完成主营业务收入 760,474,498.77 元，实现净利润 133,942,241.89 元，每股收益 0.298 元。

⑴公司 2000 年主营业务收入和主营业务利润构成如下：

工业

本年度公司控股参股企业的生产和销售收入继续保持稳定快速增长，经济效益明显提高。公司合并报表的主营业务收入及利润中，工业企业实现的销售收入及主营业务利润分别为 30,467 万元和 7,599 万元。

基础设施建设及招商引资

公司继续坚持以诚引商，以商引商的宗旨，加快集中新建区西部地区的开发及厂房宿舍等配套设施的建设，加强土地厂房等物业经营管理工作，使招商引资创历史最好成绩；报告期内新引及增资的外资项目有 15 个，合同利用外资高达 1.15

亿美元，实际利用外资 4252 万美元；目前还有一批项目在洽谈中。全年共取得土地厂房物业租售收入 27,394 万元，实现主营业务利润 11,836 万元。

贸易及服务业

本年度公司鼓励企业扩大出口措施成效显著，全资控股参股企业产品出口出现大幅增长。目前已有 10 个全资控股企业共 15 个以上品种的产品实现出口，全年出口额达 758.24 万美元，比上年净增 494.13 万美元，增幅接近 2 倍。全资控股企业出口额占其销售收入比重的 20%。全年共取得营业收入 19,518 万元，主营业务利润 1472 万元。

⑵在经营中出现的问题与困难及解决方案 *

高新技术产业规模小，名牌产品少，支柱产业不突出。

* 部分企业内部管理管理制度不健全，投资收益率低。

* 公司员工队伍综合素质有待进一步提高。

* 科技创新工作不平衡，部分企业只重视眼前的盈利，缺乏新产品研发的目标筹划、战略储备及主力科研人员。

解决方案：集中力量加大对重点项目的投资，突出发展前瞻性的高新技术产品，培育新的利润增长点；强化企业管理，坚持和完善企业目标管理责任制；完善科技创新体系，鼓励科技创新；建立人力资源竞争激励与约束的机制和管理体系。

2、公司财务状况据广东康元会计师事务所审核的公司资产负债表及损益表，公司截至 2000 年末的主要会计数据和财务指标如下：

(1) 2000 年末公司总资产为 258,710 万元，比去年增加 41,425 万元，比增 1.19 %，主要原因是本年实现利润及其他股东对公司下属企业增加投资。

(2)2000 年末负债总额 109,968 万元，负债比率为 42.5 %。其中，长期负债 21.8 万元，比去年减少 8,939.3 万元，主要原因是归还银行贷款并转短期贷款。

(3)2000 年末股东权益为 135,754 万元，比去年末增加 12,517 万元，主要原因是本年度实现利润。

(4)2000 年主营业务利润为 20,907 万元，比去年增加 6,719 万元，主要原因是主营业务收入增加。

(5)2000 年净利润为 13,394 万元，比去年增加 2,876 万元，主要原因是主营业务利润增加。

3、公司投资情况

⑴报告期内募集资金投资情况

报告期内没有募集资金，也没有前次募集资金延续到报告期使用的情况。

⑵报告期内非募集资金的重大投资情况

报告期内，根据三届八次董事会决议，公司对中山联兴造纸有限公司 15 万吨箱纸板项目投资 441 万美元(折人民币 3,649 万元)，占 30% 股权；该公司注册资金 1,471 万美元，日方和香港方各出资 515 万美元，各占 35%。项目的建设期为二年，建成投产后将新增销售收入 43,846 万元，新增利润 4,603 万元(第 1—2 年 4,603 万元，第 3—5 年 3,912 万元)，投资收益率达 29%，投资回收期 4.6 年。

根据公司 2000 年第二次临时股东大会决议，公司以转让中山格兰特镀膜玻璃有限公司 70%股权及公司部分长期债权所得资金 14630 万元受让中港客运联营有限公司 60%股权，该公司拥有中山港至香港客运的专营权，历年利润水平较高且稳定。随着中国加入 WTO，贸易及旅游业的发展将促使客流量逐步增大，有助于本公司总体盈利能力的提高。2000

年度该公司实现销售收入 13,435 万元，主营业务利润 3,697 万元。

根据公司三届九次董事会决议，公司与广东省科技创业投资公司合作组建中山创新科技有限公司，新公司注册资金 2400 万元。公司以土地作价 1200 万元投入，广东省科技创业投资公司以现金 1200 万元投入，各占 50%。

中山创新科技有限公司主要从事中山火炬创新产业示范园区的开发建设及高新技术项目的孵化。

根据公司 2000 年第三次临时股东大会决议，公司将非重点发展的下属参股十三家企业的股权及公司部分债权按截至 2000 年 9 月 30 日的帐面价值共 4.65 亿元，与中山火炬高技术产业开发区资产经营有限公司位于京珠高速公路西侧、濠头中学北侧的经评估价值为 4.65 亿元的 1500 亩土地进行等值置换。本次置换的地块位于中山市市区与开发区的接合部，环境优美、地质条件良好、开发成本低，市场价值高。随着中山开发区整体环境的不断优化，进区办厂的高科技企业踊跃，外商投资日益增多，公司开发建设的厂房、宿舍等物业的租售已供不应求，土地转让业务活跃。可以预见，随着中国加入 WTO，开发区招商引资形势会进一步发展，为抓住这一历史机遇，公司通过本次资产置换，适当增加优质土地储备，极有利于公司的发展，随着该地块的逐步开发、建设，必将为公司带来丰厚的回报。

4、生产经营环境及宏观政策、法规的影响

中国加入 WTO 为公司的招商引资带来了空前的发展机遇，将有利于公司土地厂房宿舍等物业的出租出售，加快高新技术开发区的建设。

5、新年度的业务发展计划

继续以提高经济效益为中心，抓好资本和品牌经营，强化企业管理，加速科技进步，加大外引内联，推进各项工作再上新台阶。

(1)、规范企业运行机制，强化企业管理，坚持和完善企业目标管理责任制

(2)、充分发挥上市公司优势，搞好资本经营。本着有所为有所不为的思想，进一步强化主业，调整辅业，优化公司资

产，调整产业结构，盈利能力，从整体上提高公司的盈利能力。

(3)、改善投资环境，优化服务，拓展渠道，鼓励公司全员参与招商引资；逐步实现从单纯土地转让向房地产物业综合

经营的转化，提高招商引资的收益。

(4)、建立和完善科技创新体系，加强科技创新，提高企业竞争力。(5)、抓好 CI 策划，传播公司的经营理念及使命，塑造公司新形象。

(6)、贯彻实施现代人力资源管理理念和方法，通过实行竞聘上岗及年终末尾淘汰制，建立并完善权责明确、使用与

培养相结合的竞争激励与约束机制和管理体系。

6、董事会日常工作情况

⑴报告期内董事会的会议情况及决议内容：

2000 年度公司董事会一共召开了五次会议，会议情况及决议内容如下：

*、2000 年 4 月 19 日召开了第三届董事会第五次会议，审议通过了公司 1999 年度各项工作报告和 2000 年工作计划、1999 年度报告及年度报告摘要、1999 年度利润分配方案、关于董事刘亮洲先生退休，推荐黄天柱先生为新任董事候选人的议案及召开 1999 年度股东大会的时间、地点及议程；此次会议决议公告刊登在 2000 年 4 月 21 日的《上海证券报》和《中国证券报》。

*、2000 年 5 月 24 日召开了公司第三届董事会第六次会议，会议审议通过了变更董事及召开 2000 年第一次临时股东大会的议案；因工作变动，何加武先生不再担任公司董事，董事会决定增补田惠宇先生为公司董事。此次会议决议公告刊登于 2000 年 5 月 25 日的《上海证券报》和《中国证券报》。

*、2000 年 8 月 17 日以通讯方式召开公司第三届董事会第七次会议，会议审议通过了公司 2000 年中期报告及摘要。此次会议决议公告刊登于 2000 年 8 月 19 日的《上海证券报》和《中国证券报》。

*、2000 年 10 月 27 日以通讯方式召开公司第三届董事会第八次会议，审议通过了关于合资兴办中山联兴造纸有限公司的议案、关于转让中山格兰特镀膜玻璃有限公司 70%股权及公司部分长期债权的议案、关于受让中港客运联营有限公司 60%股权的议案、关于马志修先生因工作变动不再担任公司董事，推荐高崇辉先生为董事人候选人的议案、关于聘请广东康元会计师事务所为公司财务审计机构的议案及关于召开公司 2000 年第二次临时股东大会的议案。此次会议决议公告刊登于 2000 年 10 月 28 日的《上海证券报》和《中国证券报》。

*、2000 年 11 月 28 日召开了公司第三届董事会第九次会议，会议审议通过了如下决议：

A、关于公司资产优化预案

公司将非重点发展的下属参股十三家企业的股权及公司部分债权按截至 2000 年 9 月 30 日的帐面价值共 4.65 亿元，与中山火炬高技术产业开发区资产经营有限公司位于京珠高速公路西侧、濠头中学北侧的经评估价值为 4.65 亿元的 1500 亩土地进行等值置换。

B、关于公司新增两名董事并相应修改公司章程的预案

董事会决定新增两名董事，推荐傅少杰先生、徐式棉先生为董事候选人。新增董事后，公司董事会人数将由十一名增加到十三名。

C、关于公司更改商号并相应修改公司章程的预案公司商号变更如下：

公司全称：中炬高新技术实业(集团)股份有限公司

公司简称：中炬高新公司

英文简称：JONJEE

公司英文名称：JONJEE HIGH &NEW TECHNOLOGY INDU STRIAL AND COMMERCIAL GROUP CO.,LTD

D、关于组建中山市创新科技有限公司的议案

E、关于召开公司 2000 年第三次临时股东大会的议案此次会议决议公告刊登于 2000 年 11 月 29 日的《上海证券报》和《中国证券报》

7、公司管理层及员工情况

⑴董事、监事、高级管理人员

姓名	性别	年龄	现任职务	任期起止日期
冯梳胜	男	49	董事长	1999/10/28---2002/04
徐波	女	48	副董事长	1999/05/25---2002/04
田惠宇	男	36	副董事长	2000/06/26---2002/04
葛志斌	男	50	董事兼总经理	1999/05/25---2002/04
乔力克	男	50	董事兼副总经理	1999/09/24---2002/04
高崇辉	男	45	董事	2000/10/28---2002/04
钟浦江	女	45	董事	1999/05/25---2002/04
黄天柱	男	28	董事	2000/05/25---2002/04
刘荣健	男	41	董事	1999/05/25---2002/04
肖卓森	男	46	董事	1999/05/25---2002/04
李韬	男	41	董事	1999/05/25---2002/04
徐式棉	男	59	董事	2000/12/30---2002/04
傅少杰	男	45	董事	2000/12/30---2002/04
曾学先	男	42	副总经理	1999/10/28---2002/04
张朗生	男	40	副总经理	1999/10/28---2002/04
熊炜	男	33	总经理助理	1999/10/28---2002/04
邓春华	男	38	总经理助理	1999/10/28---2002/04
黄建驹	男	40	监事长	1999/05/25---2002/04
张卫华	男	33	监事	1999/05/25---2002/04
欧阳锦全	男	30	监事	1999/12/14---2002/04
彭海泓	男	32	董事会秘书	1999/05/25---2002/04

①董事、监事及高级管理人员中仅葛志斌年初持股 16446 股，年末持股 16446 股，年度内股份没有变化；其他高级管理人员没有持有公司股票。

②在本公司领取报酬的董事、监事及高级管理人员的总数为 9 人，其中年收入在 30000 元-50000 元的人数为 3 人，年收入在 50000 元-80000 元的人数为 6 人；董事、监事及高级管理人员中冯梳胜、徐波、田惠宇、高崇辉、钟浦江、黄天柱、刘荣健、肖卓森、李韬、徐式棉、傅少杰、黄建驹均未在本公司领取报酬；

③报告期内，董事刘亮洲因退休、马志修、何家武因工作变动辞去公司董事职务。

8、公司 2000 年度利润分配预案。

经广东康元会计师事务所中国注册会计师何威明、曾研审核，截止 2000 年 12 月 31 日会计年度，公司全年度实现净利润 133,942,241.89 元。董事会根据公司章程规定，作出 2000 年度利润分配

预案的决议：提取法定盈余公积金10%，计13,394,224.19元；提取公益金5%，计6,697,112.09元；提取任意盈余公积金30%，计40,182,672.57元，余73,668,233.04元，加上年初留存的未分配利润150,871,968.65元，累计可供股东分配利润为224,540,201.69元。

由于公司2000年底实施了总额达6.11亿元的资产优化，置入了1500亩土地；目前进区办厂的高科技企业踊跃，外商投资日益增多，公司开发建设的厂房、宿舍等物业的租售已供不应求，土地转让业务活跃；基础设施及厂房、宿舍配套设施建设进入公司成立以来的第二次高潮，急需投入大量资金；公司还需改善公司财务状况。为加速完成公司产业结构的调整，集中力量加大对重点项目的投资，突出发展前瞻性的高新技术产品，培育新的利润增长点，公司拟在2001年申请配股，为控制公司股本扩张速度，保证公司配股工作的顺利进行，本年度公司按2000年度末总股本450,055,950股为基数，每股派发现金红利0.03元(含税)，共计派发现金红利13,501,678.5元。尚余未分配利润211,038,523.19元结转至下年度；本年度不进行资本公积金转增股本。本预案需提交2000年度股东大会审议表决。

公司拟在2001年度进行一次利润分配，利润分配比例为不超过2001度可供分配利润的20%，其中2001年实现净利润用于股利分配的比例与可供分配利润的比例相同；股利分配采取送红股或派发现金形式，其中现金分红比例不超过50%；公司届时将根据实际情况拟定具体方案报董事会及股东大会审议。

9、其他报告事项：公司指定《上海证券报》及《中国证券报》作为信息披露报刊。

(六)监事会报告

1、报告期内会议情况报告期内共召开四次监事会。

①2000年4月19日召开第三届第三次会议，并列席公司三届五次董事会会议，审议通过如下决议:1999年度监事会工作报告;1999年工作总结和2000年工作计划;1999年度报告及摘要;1999年度财务决算报告及利润分配方案；关于提取各项资产减值准备和损失处理的内部控制制度的议案。

②2000年8月17日召开了第三届第四次会议，并列席公司第三届七次董事会会议，审议并通过了公司2000年中期报告及其摘要。

③2000年10月27日召开第三届第五次会议，并列度公司第三届第八次董事会会议，审议并通过了公司合资兴办中山联兴造纸有限公司的决议；转让中山格兰特镀膜玻璃有限公司70%股权及公司部分长期债权的决议；受让中港客运联营公司60%股权的决议；变更公司董事的决议；关于聘请广东康元会计师事务所为公司财务审计机构的决议。

④2000年11月28日召开第三届第六次会议，并列席公司第三届九次董事会会议，审议通过如下决议;公司资产优化的议案；新增两名董事并相应修改公司章程的议案；公司更改商号并相应修改公司章程的议案。

2、2000年度公司的董事、高级管理人员在遵守公司章程、履行职责、遵纪守法、维护股东权益方面是尽职尽责的，无违反法律、法规、公司章程、损害公司及股东利益行为。

3、公司经营业绩和财务状况已由广东康元会计师事务所审计并出具无保留意见的审计报告，如实的反映了公司本年度的生产经营和财务状况。

4、本报告期公司没有发生关联方采购或销售业务。

5、重大交易事项

(1)公司根据2000年第二次临时股东大会决议，以转让中山格兰特镀膜玻璃有限公司70%股权及公司部分长期债权所得资金14630万元受让中港客运联营有限公司60%股权。

(2)公司根据2000年第三次临时股东大会决议，将非重点发展的下属参股十三家企业的股权及公司部分债权按截至2000年9月30日的帐面价值共4.65亿元，与中山火炬高技术产业开发区资产经营有限公司位于京珠高速公路西侧、濠头中学北侧的经评估价值为4.65亿元的1500亩土地进行等值置换。

以上交易价格均根据账面值或评估值确定，价格合理，没有发现内幕交易，有利于公司进一步优化资产质量，改善财务结构，培育新的利润增长点，提高盈利能力，从而稳定和提高公司的整体效益。

本届监事会在2001年的工作中，将严格按照《证券法》、《公司法》和《公司章程》认真贯彻股东大会的有关决议，保护广大股东的合法权益，促进公司2001年各项经济指标的顺利实现。

(七)重要事项

1、重大诉讼、仲裁事项。本报告年度内公司无重大诉讼、仲裁事项。尚未结案的诉讼、仲裁事项：本公司诉中山市旭升制衣厂制衣纠纷案

本公司状告中山市旭升制衣厂违反双方所订运动套装合同，对本公司进出口部预付定金2,480,000.00元及未能提供合格服装一案，一、二审胜诉，目前尚在执行阶段。

2、报告期内，公司、公司董事及高级管理人员无受监管部门处罚情况。

3、报告期内，公司控股股东及总经理、董事会秘书无变更情况。

4、报告期内公司收购及出售资产情况

(1)公司根据2000年第二次临时股东大会决议，以转让中山格兰特镀膜玻璃有限公司70%股权及公司部分长期债权所得资金14630万元受让中港客运联营有限公司60%股权。中港客运联营有限公司拥有中山港至香港客运的专营权，历年利润水平较高且稳定。随着中国加入WTO，贸易及旅游业的发展将促使客流量逐步增大，有助于本公司总体盈利能力的提高。2000年度该公司实现销售收入13,435万元，净利润2,523万元。该次股东大会决议公告刊登于2000年12月1日的《上海证券报》及《中国证券报》。

(2)公司根据2000年第三次临时股东大会决议，将非重点发展的下属参股十三家企业的股权及公司部分债权按截至2000年9月30日的帐面价值共4.65亿元，与中山火炬高技术产业开发区资产经营有限公司位于京珠高速公路西侧、濠头中学北侧的经评估价值为4.65亿元的1500亩土地进行等值置换。此次置换有利于公司进一步优化资产质量，改善财务结构。随着中山火炬开发区招商引资形势的进一步发展，公司通过本次资产置换，适当增加优质土地储备，极有利于公司的发展，该地块的逐步开发、建设，必将为公司带来丰厚的回报。该次股东大会决议公告刊登于2001年1月3日的《上海证券报》及《中国证券报》。

5、重大关联交易事项：报告期内公司没有发生关联方采购或销售业务。

6、公司与控股股东在人员、资产、财务上的三分开情况：本公司相对于控股股东做到了人员独立，资产完整，财务独立。

(1)人员方面：公司在劳动、人事及工资管理等方面均做到独立；公司现任总经理、副总经理和总经理助理等高级管理人员均在公司领取报酬，没有在股东单位任职。公司总经理葛志斌先生兼任中山火炬高新技术产业(集团)公司法人代表，目前正办理法人代表变更手续。

(2)资产方面：公司拥有独立的生产经营系统、辅助系统及配套设施，工业产权、商标、非专利技术等无形资产均由公司拥有，对公司各项资产均拥有独立处置权；公司拥有独立的采购和销售系统。

(3)财务方面。公司设有独立的财会部门，并建立了独立的会计核算体系和财务管理制度，在银行独立开户。

7、公司未发生托管、承包、租赁其他公司资产或其他公司托管、承包、租赁上市公司资产的事项。

8、公司报告期内聘任广东康元会计师事务所作为审计机构。

9、报告期内公司的重大合同履行正常。

10、报告期内公司更改名称或股票简称：

经公司2000年12月30日第三次临时股东大会审议通过、广东省工商行政管理局核准，公司名称由原“中山火炬高新技术实业股份有限公司”变更为“中炬高新技术实业(集团)股份有限公司”，并于2000年2月20日换领了营业执照。2001年2月28日起，经报请上海证券交易所同意，公司股票简称由“中山火炬”变更为“中炬高新”，股票代码不变(该公告刊登于2001年2月24日《中国证券报》及《上海证券报》)。

11、承诺事项：本公司及持有本公司5%以上股份的股东在报告期内无承诺事项。

(八)财务会计报告

1、审计报告

审计报告

粤康元审字(2001)第80838号

中炬高新技术实业(集团)股份有限公司全体股东：

我们接受委托，审计了贵公司二000年十二月三十一日的合并资产负债表及二000年度合并利润及利润分配表和合并现金流量表。这些会计报表由贵公司负责，我们的责任是对这些会计报表发表审计意见。我们的审计是依据中国注册会计师独立审计准则进行的。在审计过程中，我们结合贵公司实际情况，实施了包括抽查会计记录等我们认为必要的审计程序。

我们认为，上述会计报表符合《企业会计准则》和《股份有限公司会计制度》的有关规定，在所有重大方面公允地反映了贵公司二000年十二月三十一日的财务状况及二000年度经营成果和现金流量情况，会计处理方法的选用遵循了一贯性原则。

广东康元会计师事务所　　中国注册会计师：何威明

中国注册会计师：曾妍

中国　广州　　二OO一年三月五日

(除附注第20、21点日期是

二OO一年三月二十五日外)

2、会计报表(附后)

3、会计报表附注

(1)记帐本位币与外币折算方法：公司以人民币为记帐本位币。涉及外币的经济业务发生时按当日中国人民银行公布的市场汇价的中间价折合为本位币记帐；月终对外币帐户外币期末余额按期末中国人民银行公布的市场汇价的中间价进行调整，其差额计入当期损益。

(2)坏帐核算方法

2.1 坏帐的确认标准：

①债务人死亡，以其遗产清偿后仍无法收回；

②债务单位破产，以其破产财产清偿后仍无法收回；

③债务单位资不抵债，现金流量严重不足；

④债务单位发生严重自然灾害等导致停产无法偿付债务；

⑤债务人五年内未履行偿债义务，并有足够的证据表明无法收回或收回的可能性极小。

2.2 坏帐准备的核算方法：坏帐准备的核算采用备抵法。

2.3 坏帐准备的计提方法和计提比例：

公司于每年中期期末或年度终了按期末应收款项余额的6%计提坏帐准备。

(3)存货核算方法

3.1 存货的分类：公司存货分为：原材料、在产品、产成品、低值易耗品及库存商品等。

3.2 存货计价方法：

存货的取得按实际成本核算；原材料和库存商品的发出采用加权平均法核算；低值易耗品在领用时采用一次性摊销法核算。

3.3 存货跌价准备的确认标准及计提方法：

公司于每年中期期末及年度终了按存货成本与可变现净值孰低法计价，并按预计损失提取存货跌价准备，采用备抵法核算。

(4)短期投资核算方法

4.1 短期投资的确认：公司购入能随时变现并且持有时间不准备超过一年(含一年)的投资。

4.2 短期投资取得的计价：短期投资以取得时的投资成本计价。

4.3 短期投资持有期间现金股利和利息的处理：

①短期投资持有期间所获得的现金股利和利息，除取得时已记入应收项目的现金股利或利息外，以实际收到时作为投资成本的收回，冲减短期投资帐面成本；

②短期投资取得时实际收到的价款中包含的已宣告而尚未领取的现金股利，或已到期尚未领取的利息，以实际收到时冲减已记录的应收股利或应收利息。

4.4 短期投资的期末计价：

短期投资期末采用成本与市价孰低计价。按期末市价低于成本的差额计提短期投资跌价损失准备，采用备抵法核算。

4.5 短期投资损益的确认：

按短期投资处置时，所收到的处置收入与短期投资帐面价值的差额确认当期投资损益。

(5)长期投资核算

5.1 长期债权投资

①长期债权投资的计价方法：

长期债权投资按取得的投资成本计价。即取得时支付的全部价款，包括税金、手续费等相关费用；但不包括其实际支付价款中含有的已到期尚未领取的利息。

②长期债权投资溢价或折价的摊销方法：

长期债权投资溢价或折价的摊销采用直线法。

③长期债权投资收益的确认：

长期债权投资按债券面值和适用利率计算的当期应收利息扣除当期摊销的溢价，或按债券面值和适用利率计算的当期应收利息与当期摊销的折价的合计，确认为投资收益。

5.2 长期股权投资

①长期股权投资的计价：

长期股权投资，按取得的投资成本计价。即取得时支付的全部价款，或放弃非现金资产的公允价值，或取得长期股权投资的公允价值，包括税金、手续费等相关费用。

③长期股权投资的核算方法：

* 成本法，下列情况下采用成本法：

A、投资企业对被投资单位无控制、无共同控制且无重大影响；

B、不准备长期持有被投资单位的股份；

C、被投资单位在严格的限制条件下经营，其向投资企业转移资金的能力受到限制。

* 权益法：投资企业对被投资单位具有控制、共同控制或重大影响时，采用权益法核算。

5.3 股权投资差额的核算方法：

①股权投资差额，是指采用权益法核算长期股权投资时，投资成本与其在被投资单位所有者权益中所占份额的差额。

②股权投资差额按合同规定的投资期限分期平均摊销，记入投资损益；合同没有规定投资年限的，投资成本超过应享有被投资单位所有者权益份额之间的差额，按不超过10年(含10年)的期限摊销；投资成本低于应享有被投资单位所有者权益份额之间的差额，按不低于10年(含10年)的期限摊销，摊销金额记入当期投资收益。

5.4 长期投资减值准备

公司于每年中期期末或年度终了，根据该项长期投资的市价情况或被投资单位所处的政治或法律环境的变化、所供应的商品或提供的劳务的市场情况、行业竞争能力、财务状况等因素，以估计该项长期投资未来可收回金额，并确定是否计提长期投资减值准备。

(6)固定资产及其折旧

6.1 固定资产的标准及计价：

公司固定资产以使用年限一年以上、单位价值在2000元以上为标准，按照历史成本计价。

6.2 折旧方法、年限、折旧率：

固定资产采用直线法计提折旧，并按固定资产的使用年限和估计残值(按原价的5%计算)确

定其分类折旧率：

类别	使用年限	年折旧率
房屋及建筑物	40	2.38%
机器设备	10	9.5%
电子设备	3	31.67%
运输设备	5	19%
其他设备	5	19%

(7)收入实现的确认原则

7.1 商品销售收入的确认,必须符合以下全部条件:

①公司已将商品所有权上的重要风险和报酬转移给买方；

②公司既没有保留通常与所有权相联系的继续管理权，也没有对已售出的商品实施控制；③与交易相关的经济利益能够流入公司；

④相关的收入和成本能够可靠地计量。

7.2 他人使用本公司资产取得收入确认原则:

①与交易相关的经济利益能够流入企业；

②收入的金额能够可靠地计量。

(8)所得税会计处理方法：

公司采用应付税款法核算应交所得税。

(9)合并报表的编制方法：

9.1 合并报表范围的确定原则:

①公司以直接、间接或直接和间接方式拥有其过半数以上权益性资本被投资企业；

②公司对于被投资企业虽然不持有其过半数以上的权益性资本，但对被投资企业拥有实质控制权。

③符合以上条件之一的被投资企业纳入公司合并报表范围。

9.2 合并报表采用的会计方法：

公司合并会计报表时，对母公司与子公司、子公司相互间的内部交易及内部业务往来而形成的债权债务、内部销售收入和未实现内部销售利润等项目以及公司对子公司权益性资本投资项目的金额与子公司所有者权益中公司所持有的份额相互抵销，少数股东权益予以扣除。

控股子公司及合营企业

企业名称	注册资金	拥有股权	主营业务
中山市新士达电池有限公司	¥80,000,000	100%	生产各种氢镍、镉镍系列电池产品
中山火炬高新技术产业进出口公司	¥10,000,000	100%	电子信息产品，机电一体化产品等进出口
中山凯旋真空技术工程有限公司	¥22,000,000	50%	生产、销售、研制、开发真空技术品
中山市科威电池公司	¥20,000,000	100%	阴极吸收式全密封蓄电池
中山丰源塑料机械制品有限公司	¥6,000,000	75%	生产经营各款塑料包装材料生产线或成套设备
中山市明佳高技术光电仪器公司	¥10000,000	60%	新型望远镜中的棱镜系列
中山高新技术火炬工程服务公司	¥5000,000	100%	装饰工程、机电安装、给排水工程
中山市南方钛金有限公司	¥6,660,000	90%	加工、制造各种离子镀膜钛金制品不锈钢制品
中山市中山生物工程公司	¥13,000,000	50%	人体免疫缺陷病毒试剂
中山市格兰特玻璃销售有限公司	¥2,000,000	70%	销售浮化玻璃及其深加工产品
中山晨生电子有限公司	¥8,000,000	68.75%	生产经营各类商用收款机、工业开关电源
中山市中山火炬精密焊管有限公司	¥20,000,000	85%	制造、加工金属制管北京市
中山火炬金属制管有限公司	¥2,400,000	63.75%	制造、加工金属制管中山市
中山火炬电力燃料有限公司	¥1,000,000	50%	销售电子产品、燃料
广东美味鲜调味食品有限公司	¥50000,000	75%	生产酱料、调味品(食盐、味精、糖精除外)、非酒精饮料
中港客运联营有限公司	USD19,650,000	60%	中山港至香港客运，附设出租小汽车、关前关后商场和餐厅

说明：

1、合并会计报表范围变更的说明：

①本公司本期转让持有的中山格兰特镀膜玻璃有限公司70%的股权，本年度中山格兰特镀膜玻璃有限公司不再纳入合并报表范围；

②本公司原持有39%股权的中山泰康通信设备有限公司，本年度因其进行股份制改制，改制后本公司仅持有其25%的股权，对其不存在控制权，本年度该公司不再纳入合并会计报表范围；

③本公司本期已转让原控制的子公司：中山市创业通讯工程公司、中山海汇化工助剂公司全部股权，本年度这两家公司不再纳入合并会计报表范围。

④中山市中山火炬电力燃料有限公司及中山火炬高新技术产业进出口公司两家公司，由于公司拟转让、出售，故本年度其相关会计报表未合并，仅按权益法核算其相应的权益增减额。

⑤公司1999年度收购中山市美味鲜食品总厂100%股权，公司本年度以中山美味鲜食品总厂净资产的一部分3750万元作价与香港中兴(科技)贸易发展有限公司组建成立广东美味鲜调味食品有限公司，持有其75%股权，该公司本年度新纳入合并报表范围。

⑥公司上年度通过重组，取得中山晨生电子有限公司68.75%股权，该公司本年度新纳入合并范围。

⑦公司本年度收购中港客运联营有限公司原中方股东持有的60%股权，股权购买日为2000年11月30日，本期将该公司资产负债表纳入了合并会计报表范围，其损益表未予合并，仅按权益法核算股权购买日后应享有的权益份额。

2、股权购买日的确定方法：

①公司购买其他企业，以被购买企业对净资产和经营的控制权实际上转让给本公司的日期作为购买日，即应同时满足以下条件：

②购买协议已获股东大会通过，并已获相关政府部门批准；

③购买公司和被购买公司已办理必要的财产交接手续；

④购买公司已支付购买价款的大部分(一般应超过50%)；

⑤购买公司实际上已经控制被购买企业的财务和经营政策，并从其活动中获得利益或承担风险。

中炬高新技术实业(集团)股份有限公司董事会

2001年3月24日

西藏明珠股份有限公司

西藏明珠股份有限公司2000年年度报告摘要

\ 重要提示:本公司董事会保证本报告所载资料不存在任何虚假记载、误导性陈述或重大遗漏,并对其内容的真实性、准确性和完整性负个别及连带责任。

一 公司简介

(一)公司法定中文名称:西藏明珠股份有限公司
公司法定英文名称:Tibet Pearl Star co.,Ltd. 缩写:TPS
(二)公司法定代表人:何盛秋
(三)公司董事会秘书:傅勇
证券事务代表:余盛
联系地址:四川省成都市长顺中街88 号
联系电话:028 —6601196 028 —6600798
传真:028 —6600928 电子信箱:fuyong10@163.net
(四)公司注册地址:西藏自治区拉萨市北京西路224 号
公司办公地址:四川省成都市长顺中街88 号
邮政编码:610031
电子信箱:pearstar @mail.sc.cninfo.net
国际互联网网址:http//www.e-tibet.com
(五)公司选定的信息披露报纸:《上海证券报》
中国证监会指定的登载公司年度报告国际互联网网址:http//www.sse.com.cn
公司年度报告备置地点:公司董事会秘书室
(六)公司股票上市交易所:上海证券交易所
公司股票简称:西藏明珠 公司股票代码:600873

二 会计数据和业务数据摘要

(一)、公司本年度实现的利润构成及现金流量(单位:人民币元)

项目	金额
利润总额	4,904,464.17
净利润	4,904,464.17
扣除非经常性损益后的净利润	4,631,527.86
主营业务利润	40,403,770.98
其他业务利润	4,398,439.16
营业利润	1,466,527.86
投资收益	3,165,000.00
补贴收入	0
营业外收支净额	272,936.31
经营活动产生的现金流量净额	13,555,986.14
现金及现金等价物净增加额	39,680,618.35

(二)、截止报告期末公司前三年主要财务数据及财务指标

项目	2000	1999	1998(调整前)	1998(调整后)
主营业务收入(元)	50,973,813.67	37,284,152.67	34,646,074.36	34,646,074.36
净利润(元)	4,904,464.17	-45,835,987.44	1,181,847.73	-2,619,253.12
总资产(元)	438,847,255.56	400,681,773.04	440,271,965.50	435,163,966.20
股东权益(元)	258,320,860.71	253,416,396.54	304,660,383.28	299,252,383.98
每股收益(元/股)	0.045	-0.423	0.011	-0.024
扣除非经常性损益后的每股收益(元/股)	0.043	-0.22	0.011	-0.024
每股净资产(元/股)	2.387	2.341	2.815	2.765
调整后每股净资产	2.300	2.242	2.79	2.733
每股经营活动产生的现金流量净额(元)	0.125	0.215	0.005	0.005
净资产收益率(%)	1.9	-18.09	0.39	-0.88

(三)、根据中国证监会关于发布《公开发行证券公司信息披露编报规则》9 号通知精神公司从2000年按全面摊薄法和加权平均法计算的净资产收益率及每股收益:

	净资产收益率%		每股收益	
	全面摊薄	加权平均	全面摊薄	加权平均
主营业务收入	19.73	18.28	0.471	0.471
营业利润	0.57	0.58	0.014	0.014
净利润	1.90	1.92	0.045	0.045
扣除非经常性损益后的净利润	1.79	1.81	0.043	0.043

注:1.扣除非经常性损益项目及金额:营业外收入397,326.31 元 营业外支出:124,390 元

2.主要财务指标计算公式如下:

全面摊薄净资产收益率=报告期利润/期末净资产 100%

加权平均净资产收益率=报告期利润/(期初净资产+报告期净利润/2+报告期发行新股或债转股等新增净资产新增净资产下一月份起至报告期期末的月份数/报告期月份数-报告期回购或现金分红等减少净资产新增净资产下一月份起至报告期期末的月份数/报告期月份数)

全面摊薄每股收益=报告期利润/期末股份总数

加权平均每股收益=报告期利润/(期初股份总数+报告期因公积金转增股本后股票股利分配等增加股份数+报告期发行新股或债转股等增加股份数增加股份下一月份起至报告期期末的月份数/报告期月份数-报告期回购或缩股等减少股份数减少股份下一月份起至报告期期末的月份数/报告期月份数)

每股净资产=年度末股东权益/年度末普通股股份总数

调整后的每股净资产=(年末股东权益-三年以上应收款-待摊费用-待处理(流动、固定)资产净损失-开办费-长期待摊费用-住房周转金负数余额)/年度末普通股股份总数

每股经营活动产生的现金流量净额=经营活动产生的现金流量净额/年度末普通股股份总数

三 股本变动及股东情况

(一)股本变动情况

本报告期内,公司国有股东西藏自治区国有资产管理局将其所持本公司股份48,638,000 股无偿划转至西藏自治区国有资产经营公司;公司于1997 年7 月配股形成的转配股1,436,603 股,按中国证监会《关于安排上市公司转配股分期分批上市的通知》和上海证券交易所的安排,2000 年12 月8 日已上市流通。变动后,股本结构如下:

公司股份变动情况表 数量单位:股

内容	期初数	配股	送股	公积金转股	增发	其它	小计	期末数
1 、尚未流通股份								
(1).发起人股份								
其中:国家持有股份	48,638,000							48638000
境内法人持有股份	7,462,000							7462000
其中:转配股	1,436,603						-1,436,603	
尚未流通股份合计	57,536,603						-1,436,603	56,100,000
2 、已流通股份								
(1).人民币普通股	50,700,000						+1,436,603	52,136,603
(2).境内上市的外资股								
(3).境外上市的外资股								
(4).其他								
已流通股份合计	50,700,000						1,436,603	52,136,603
3、股份总数	108,236,603							108236603

注:表头“本次变动增减(+、—)”涵盖配股、送股、公积金转股、增发、其它、小计各栏。

(二)股东情况介绍((截止2000 年12 月31 日)

1、本公司报告期末股东总数为10202 户。

2、前十名股东持股数及名称

序号 名称	持股数量(股)	占总股本比例(%)
1、西藏自治区国有资产经营公司	48,638,000	44.94
2、光大证券	4,921,026	4.55
3、西藏自治区信托投资公司	3,731,000	3.45
4、西藏兴藏实业开发公司	3,731,000	3.45
5、房开成	495,500	0.46
6、朱敬党	444,082	0.41
7、邹国林	429,300	0.40
8、农技投资	427,840	0.40
9、张芳梅	396,220	0.37
10、范希录	386,880	0.36

注:以上10 名股东不存在关联关系。本报告期内,持有5%以上股份的股东西藏自治区国有资产经营公司,报告期内无质押和冻结情况。

3.持股10%以上的股东情况介绍。

西藏自治区国有资产经营公司是国有独资政府直属企业,主要从事国有股权的营运管理和资本运作,注册资本贰亿壹仟零柒拾贰万肆仟伍佰元,法定代表人:唐泽平。

4.报告期内,控股股东由西藏自治区国有资产管理局变更为西藏自治区国有资产经营公司,相关公告已刊登在2000 年3 月4 日的《上海证券报》上。

四 股东大会简介

报告期内公司召开的股东大会情况如下:

二000年三月二十三日公司在《上海证券报》以公告形式刊登了关于召开一九九九年度股东大会的通知,说明了会议召开的时间、地点、审议事项及其他有关事项,二000 年四月二十六日,公司第八次暨一九九九年度股东大会在四川省成都市长顺中街88 号805 会议室如期召开,到会股东7 名,代表股份56,134,890 股,占总股本的51.86%,符合《公司法》及《公司章程》的规定,会议由公司董事长何盛秋先生主持,审议并通过了以下决议。

1、《公司董事会1999 年度工作报告》
2、《公司1999 年度财务决算报告》
3、《公司1999 年度利润分配方案》
4、《公司2000 年度经营计划和财务预算》
5、《公司监事会1999 年度工作报告》
6、《修改公司章程预案》
7、《改选公司董事会成员的议案》
陈次端先生因已办理退休手续,同意其辞去公司董事职务,改选江春先生为公司董事。
8、《改选公司监事会成员的议案》
同意喻积业先生因退休辞去公司监事会主席职务,改选唐泽平先生为公司监事。

本次股东大会公告已于二000 年四月二十七日在《上海证券报》上刊登。

五 董事会报告

(一)公司经营情况

1、公司所处行业及地位

公司属旅游酒店行业,是西藏自治区旅游行业的重点企业。

2、公司主营业务范围及经营情况

公司主营业务为旅游酒店业,经第八次暨一九九九年度股东大会审议通过,并由西藏自治区工商行政管理局核准,公司经营范围增加以下业务:自营和代理除国家统一联合经营的出口商品和国家实行核定公司的进出口商品以外的其他商品及技术的进出口业务、经营来料加工和“三来一补”业务、经营对外贸易和转口贸易、汽车及配件销售。

二000年是公司经营情况发生重要转折的一年。一九九九年公司发生重大亏损,为扭转这种不利局面,公司董事会进行了一系列的调整,相继完成了对非主营业务参股企业的股权转让事宜,收缩战线,集中资金重点扶持公司主要盈利企业成都西藏饭店。同时,调整新明珠广场的经营结构和方向,减少亏损,集中整合公司优势资源,发挥公司经营特长。通过公司的的努力,经营情况大有好转,成功地实现了扭亏为盈,全年共计实现销售收入5097 万元,净利润490 万元,分别较去年同期增长36.7%,211%,为公司在新的世纪再次腾飞开了一个好局。

二000 年三月,成都西藏饭店大堂、餐饮楼及外墙装修工程的全面完成,大大提升了饭店形象,增强了饭店竞争力。同时,党中央西部大开发政策的实施,掀起了西部投资的热潮,带动了成都市旅游饭店市场的复苏。在这种良好的市场背景下,西藏饭店抓住时机,内练内功,外塑形象,加强管理,提高服务质量,制定了科学完善的营销计划,针对不同的消费群体采取不同的营销策略,外引内联,拓展客源市场,取得了可喜的成绩。全年共计实现营业收入4421 万元,实现利润917 万元,分别较去年同期增长42.6%和254%。

成都新明珠广场1999 年建成投入使用后,由于开业前期费用大,装饰材料市场招商失败等原因,导致开业即告亏损的不利局面。为改变广场持续亏损的现状,公司董事会决定立足现有条件,逐步转向专业酒店经营。在明确经营方向后广场工作逐步走入正轨,全体员工共同努力,加大促销力度,先后参加了乌鲁木齐、上海国际旅游交易会,又前往广州、深圳等地促销,培育了稳定的客源市场,使广场的经营情况有所好转,全年共计实现销售收入676 万元,亏损250 万元,较去年同期大幅减亏。

天津创业环保股份有限公司

天津创业环保股份有限公司2000年年度报告摘要

重要提示:本公司董事会保证本报告所载资料不存在任何虚假记载、误导性陈述或者重大遗漏,并对其内容的真实性、准确性和完整性负个别及连带责任。

一、公司简介

1.公司中文名称:天津创业环保股份有限公司("本公司")
(原称:天津渤海化工(集团)股份有限公司)
公司英文名称:Tianjin Capital Environmental Protection Company Limited
(原称:Tianjin Bohai Chemical Industry (Group)Company Limited)
公司英文名称缩写:TCEPC
2.公司法定代表人:马白玉
3.公司董事会秘书:付亚娜、叶沛森
联系地址:天津市南开区水上公园北路津龙公寓 18 号　　邮政编码:300074
联系电话:86-22-23523036　　传 真:86-22-23523100　　电子信箱:tjcep@public.tpt.tj.cn
4.公司注册地址:天津市南开区水上公园北路津龙公寓 18 号
办公地址:天津市南开区水上公园北路津龙公寓 18 号
邮政编码:300074　　公司电子信箱:tjcep@public.tpt.tj.cn
5.公司选定的信息披露报纸的名称:《上海证券报》、香港《文汇报》和《虎报》;
登载公司年度报告的中国证券监督管理委员会("中国证监会")
指定国际互联网网址为:http://www.sse.com.cn
公司年度报告备置地点:天津市南开区水上公园北路津龙公寓 18 号公司股份制办公室
6.公司股票上市资料:
A 股上市地点:上海证券交易所("上交所")
股票简称:ST 创业　　股票代码 600874
H 股上市地点:香港联合交易所有限公司("香港联交所")
股票简称:天津创业环保　　股票代码 1065

二、会计数据与业务数据摘要

1.本年度主要利润指标情况

(1)按照中华人民共和国股份有限公司会计制度编制,公司本年度实现利润总额 172,387,354 元。其中:

主营业务利润	547,638,274 元
营业利润	181,913,479 元
扣除非经常性损益后的净利润	168,603,658 元
(无扣除项目)	
其他业务利润	8,689,270 元
投资利润	2,353,192 元
补贴收入	6,630,193 元
营业外收支净额支出	18,509,510 元
经营活动产生的现金流量净额	1,055,464,077 元
现金及现金等价物净减少额	148,280,940 元

(2)本年度公司按照中华人民共和国会计准则和制度计算的合并净利润为 168,603,658 元。

按香港普遍采纳之会计准则计算的合并净利润为 178,091 千元。

主要差异为:

①冲回无形资产摊销 4,104 千元

②确认政府技术发展补贴 5,383 千元

2.截至报告期末公司前三年的主要会计数据和财务指标:

(1)按照中国会计准则编制截止 2000 年 12 月 31 日止三个年度

指标项目	2000 年	1999 年	1998 年
①主营业务收入(人民币千元)	3,500,738	2,844,099	2,541,814
②净利润/(亏损)(人民币千元)	168,604	(374,179)	(616,858)
③总资产(人民币千元)	1,419,534	6,964,042	7,144,959
④股东权益(人民币千元)	1,406,654	1,226,452	1,597,845
⑤每股收益/(亏损)(摊薄)(元)	0.13	(0.28)	(0.46)
每股收益/(亏损)(加权)(元)	0.13	(0.28)	(0.46)
⑥每股收益/(亏损)(扣除非经常性损益后的每股收益)/(亏损	0.13	(0.28)	(0.46)
⑦每股净资产(元)	1.06	0.92	1.20
⑧调整后的每股净资产(元)	1.06	0.79	1.07
⑨净资产收益/(亏损)率(%)(摊薄)	11.99	(30.51)	(38.61)
(加权)	12.81	(26.50)	(32.41)

注:按照中国证监会《公开发行证券公司信息披露编报规则》(第 9 号)计算的净资产收益率和每股收益率如下:

报告期利润	净资产收益率(%)		每股收益(元/股)	
	全面摊薄	加权平均	全面摊薄	加权平均
主营业务利润	38.9	41.8	0.41	0.41
营业利润	12.9	13.9	0.14	0.14
净利润	12.0	12.8	0.13	0.13
扣除非经常性损益后的净利润	12.0	12.8	0.13	0.13

(2)按照香港普遍采纳之会计准则编制截止 2000 年 12 月 31 日止三个年度

指标项目	2000 年	1999 年	1998 年
①主营业务收入(千元)	3,499,943	2,844,099	2,541,814
②净利润/(亏损)(千元)	178,091	(364,373)	(608,057)
③总资产(千元)	1,419,534	6,938,993	7,114,128
④股东权益(千元)	1,406,654	1,194,646	1,559,019
⑤每股收益/(亏损)(元)	0.13	(0.27)	(0.46)
⑥每股净资产(元)	1.06	0.90	1.17
⑦调整后的每股净资产(元)	1.06	0.77	1.04
⑧每股经营活动产生的现金流量净额(元)	0.79	0.23	0.07
⑨净资产收益/(亏损)率(%)	12.66	(30.50)	(39)

注:因本年度内公司股份数额未发生变化,加权平均计算的每股收益与全面摊薄计算的相同。

3.报告期内股东权益变动情况

单位:人民币千元

项目	股本	资本公积	盈余公积	法定公益金	未分配利润	股东权益合计
期初数	1,330,000	681,327	51,016	55,452	(891,343)	1,226,452
本期增加	–	11,598	736	368	897,604	910,306
本期减少	–	(623,636)	(51,016)	(55,452)	–	(730,104)
期末数	1,330,000	69,289	736	368	6,261	1,406,654

说明:资本公积金、盈余公积金、法定公益金减少 730104 千元,系紧随资产置换完成后,以本公司的资本公积金及一般储备金弥补本公司的累计亏损所致。除以上原因,未分配利润增加数系本年度净利润人民币 168603658 元,资本公积金增加数为资产置换收益 6,215 千元及子公司获政府补贴 5,383 千元所致;盈余公积金、法定公益金增加数系本年度按中国会计准则计提新业务的净利润的 10%和 5%分别计算。

三、股东情况介绍

(1)报告期末股东总数。截至 2000 年 12 月 31 日本公司股东总数为 39,064 户。其中:国有股股东 1 户,法人股股东 108 户,社会公众股股东 38,514 户、外资股股东 441 户。

(2)本公司前 10 名最大股东持股情况:(截至 2000 年 12 月 31 日)

名次　股 东 名 称	类别	年末持股数(万股)	占总股本(%)
1.天津市政投资有限公司(国家持股单位)	A	83,902	63.09
2.香港中央结算(代理人)有限公司(外资股东)	H	32,367.1	24.34
3.沈阳铁路局(法人股)	A	350	0.26
4.南方证券南京分公司(法人股)	A	272.5	0.20
5.珠海市三灶凌宇新型建筑材料实验研究所(法人股)	A	225	0.17
6.中国东方信托投资公司南昌营业部(法人股)	A	150	0.11
7.吴金枝(普通股)	A	115.03	0.086
8.中信证券(法人股)	A	100	0.075
9.海通沈阳(法人股)	A	100	0.075
10.青岛市南区震远贸易公司 (法人股)	A	100	0.075

注:根据香港中央结算(代理人)有限公司(HKSCC NOMINEESLIMITED)提供的股东名册,其持有之 H 股股份乃代表多个客户所持有,并无任何个别客户持有本公司已发行 H 股股本 10%或以上之权益。

天津市政投资有限公司("天津市政")持有本公司国有股 83,902 万股,占总股本的 63.09%,为本公司的第一大股东("控股股东"),其法定代表人为孙增印先生,主营业务为市政基础设施项目的开发、建设管理;市政基础设施的配套、开发经营;城市建设工程技术引进;市政公路基础设施招商引资、项目开发、建设管理(以上范围内国家有专营专项规定的按规定办理)。报告期内,其所持股票没有质押或冻结的情况。

经国家有关主管部门批准,报告期内本公司控股股东由天津渤海化工集团公司("渤化集团")变更为天津市政投资有限公司。关于本公司国家股出让、转让、受让的三个公告,已刊登在 2000 年 11 月 2 日《上海证券报》和香港《文汇报》、《虎报》上。

说明:前 10 名股东之间不存在关联关系。

四、股东大会简介

报告期内,召开了两次股东大会,即公司第八次股东大会暨 1999 年度股东年会和一次临时股东大会。

1.本公司第八次股东大会暨 1999 年度股东年会,2000 年 6 月 28 日上午 9 时,在中华人民共和国天津市河东区津塘公路 79 号天津职工之家宾馆四楼会议厅召开。会议由副董事长李国平先生主持。这次股东大会共有 49 名股东及股东代理人出席,该次股东大会决议公告刊登在 2000 年 6 月 29 日的《上海证券报》和香港《文汇报》、《虎报》上。

2.本公司临时股东大会 2000 年 12 月 20 日上午 9 时,在中华人民共和国天津市河西区紫金山路天津喜来登大酒店二楼会议厅召开。会议董事长王宝弟先生。该次临时股东大会决议公告刊登在 12 月 21 日的《上海证券报》及香港《文汇报》、《虎报》上。

五、董事会报告

1.公司经营情况

(1)行业总体情况和公司在行业中所处的地位。

本公司实施资产重组前,以生产基本化工原料为主。化学工业是我国国民经济支柱产业之一,公司所处的行业是化学工业的基础行业,属于国家产业政策重点支持发展的基础原材料工业。公司三大主导产品为纯碱、烧碱和聚氯乙烯树脂。

纯碱为最重要的化工原料之一,其市场主要分布在化工、建材、玻璃制造、轻工、冶金、医药等行业。2000 年全国纯碱总产量为 834.32 万吨,本公司纯碱产量为 69.85 万吨,比上年同期增长 4.9%,居全国第五位,占国内市场的 8.37%。

烧碱是一种碱性极强的化工产品,主要用于化工、纺织、印染、冶金、造纸、医药等行业。2000 年全国烧碱总产量为 667.88 万吨,本公司烧碱产量为 37.33 万吨,比上年同期增长 7.97%,居全国第一位,占国内市场的 5.59%。

聚氯乙烯树脂是塑料制品生产的基本原料之一,2000 年全国聚氯乙烯总产量为 239.72 万吨,本公司聚氯乙烯产量为 24.81 万吨,比上年同期增长 11.41%,居全国第二位,占国内市场的 10.35%。

本公司实施资产重组后,从事的行业属于天津市环保和城市基础设施。城市基础设施和环保行业都是国家的重点支持基础产业,环保产业更是二十一世纪重点产业,受到国家政策的保护和支持。天津市作为中国北方重要的沿海城市和环渤海地区的经济和金融中心,污水处理行业和城市基础设施也是其重点发展的基础行业。公司亦受到天津市政府和天津市城乡建设委员会(公司的行业主管)的大力支持,天津市城乡建设委员会还承诺公司将成为天津唯一在其控制之下的于中国境外上市的公司。目前公司业务主要是污水处理业务和城市道路与收费站业务。

污水处理业务是天津市改善市民生活环境的一个重要产业,公司现拥有两座污水处理厂(纪庄子污水处理厂和东郊污水处理厂),在 2000 年 12 月 20 日资产置换生效后至 2000 年 12 月 31 日,纪庄子污水处理厂处理污水 3 ,268 ,126 立方米,东郊污水处理厂处理污水 3 ,124 ,501 立方米。

城市道路业务是天津市的基础产业,收费站业务则为其提供收益来源和经营养护管理的费用。公司拥有的城市道路和收费站业务在 2000 年 12 月 20 日资产置换生效后至 2000 年 12 月 31 日,收费交通流量为 87,476 车次。

(2)公司主营业务及其经营状况

公司截至 2000 年 12 月 20 日实施资产置换以前,主要从事化工产品制造和非银行金融业

务,具体构成见下表:　　　　单位:千元

	主营业务收入		主营业务利润/(亏损)	
	金额	%	金额	%
(1)化工制造业	3,483,874	99.93	534,130	99.63
纯碱	586,223	16.82	113,096	21.10
烧碱	431,472	12.38	(32,894)	(6.14)
PVC	1,384,914	39.72	239,503	44.67
其他化工产品	1,081,265	31.01	214,425	40.00
(2)金融业	2,407	0.07	1,997	0.37
财务公司	2,407	0.07	1,997	0.37
总计	3,486,281	100	536,127	100

公司在资产重组之后主要从事城市道路经营管理和通行费收费站运营和污水处理业务,具体业务收入和利润构成见下表:　　　　单位:千元

	主营业务收入		主营业务利润/(亏损)	
	金额	%	金额	%
污水处理业务	11,890	82.24	9,695	84.22
城市道路和收费站业务	2,567	17.76	1,817	15.78
总 计	14,457	100	11,512	100

(3)公司主要全资附属企业及控股子公司的经营情况及业绩:

本公司资产重组以前,所属主要成员企业产权关系如下:

A 、渤海化工(集团)股份有限公司天津碱厂(天碱)

天碱位于天津市塘沽区,主要生产纯碱及氯化氨、小苏打、氯化钙、苛化法烧碱等产品。2000年主营业务收入为71,452 万元,营业亏损为1,667 万元。

B 、渤海化工(集团)股份有限公司天津化工厂(天化)

天化位于天津市汉沽区,主要生产烧碱、聚氯乙烯等二十多种产品。2000 年主营业务收入为112,358 万元,营业利润为5,060 万元。

C 、渤海化工(集团)股份有限公司天津大沽化工厂(大沽化)

大沽化位于天津市塘沽区。主要生产烧碱和聚氯乙烯等二十多种产品。2000 年主营业务收入为165,404 万元,营业利润为14,860 万元。

D 、天津渤海化工集团供销公司(供销公司)

供销公司成立于1992 年,主要在国内向客户销售化工产品及化工原料。2000 年主营业务收入为192 万元,营业利润为35 万元。

E 、天津渤海集团财务公司(财务公司)

财务公司成立于1992 年,为国家批准设立的非银行金融机构,主要为集团成员企业提供融资及其他财务服务,包括接受存款、放款及委托信贷等业务。2000 年主营业务收入为542 万元,营业利润为919 万元。

控股子公司的营业收入均已进入投资收益。

资产重组后的公司的业务由公司自已经营,其下属机构没有独立的法人地位和自主经营权。

(3)在生产经营中出现的问题与困难及解决方案:

(A)在资产置换完成前公司的情况(不包括以原值变现若干已拨备资产)。

由于受亚洲金融危机及国内通货紧缩的影响,1998 至 1999 年度公司曾连续出现严重亏损。进入2000 年以来,公司经营环境有一定好转,化工市场竞争仍日趋激烈。公司生产的纯碱、烧碱、环氧丙烷及聚氯乙烯糊树脂等主导产品的市场价格逐渐回升。加上公司通过采取深化内部挖潜,强化企业管理和财务管理等一系列强有力的措施,有效地遏制了效益下滑的态势,虽然截止2000年12 月20 日,比上年减亏28,128 万元,但是仍然亏损9,290 万元。

针对生产经营遇到的困难所采取的主要措施:

(a)精心组织生产,千方百计开拓市场,确保增产增收。截至2000年12 月20 日,聚氯乙烯增长11.41%,环氧丙烷增长61.61%,烧碱增长7.97%。年产销率达100.18%。外贸出口和自营出口创汇持续增长,截至2000 年12 月20 日,完成出口交货值35,426 万元,比上年同期增长了14.52%;自营出口创汇完成3.349 万美元,比上年同期增长了11.67%。

(b)以经济效益为中心,强化管理,努力提高经济运行质量。2000年公司坚持以经济效益为中心,以成本网络管理为基础,以实现最佳效益为目标,以动态管理为手段,加强经济运行全过程的监控,努力把减亏增效的措施落到实处。

(c)实施低成本扩张滚动发展项目,形成新的经济增长点。2000年公司克服资金紧缺的困难,依靠自己的力量,千方百计实施低成本扩张滚动发展项目,使环氧丙烷、电石法生产聚氯乙烯等老装置焕发了青春,年生产能力明显提高。

(d)加大企业改革力度,增强企业的市场竞争力。2000 年各子公司普遍加大了分配制度改革和劳动用工制度改革的力度,充分发挥了分配激励机制的作用;加强了劳动定员定额管理,使减员增效取得了新成效。

(B)在资产置换完成后公司的情况。

在资产置换完成后,公司从事的行业在天津市具有优先地位,公司的收入来源较为稳定,公司管理重点在于内部的成本控制和人员管理,以促使公司在较低成本的基础上保证收取应交费车辆的收费和出水水质达到《污水处理委托协议》的要求。

(a)加强收费站的内部控制。由于通行费由收费员在收费亭以现金方式收取,为加强对收费程序的监督和收费现场的保护,公司已开始在收费站设立监视系统,在2000 年12 月31 日止完成了8 个收费交通流量较大的收费站的监控系统的建设,取得了良好的监控效果;

(b)加强人员培养,提高人员素质。公司有一系列的人员培训计划,加强对公司现有员工的培训;公司还招聘具有相关经验的工作人员补充到员工队伍,以提高公司员工的专业水平;同时,公司还设立对员工的考核机制,定期或随时对员工进行考核,不符合条件的员工,公司将进行更换;

(c)加强成本控制,在公司的各项成本支出上实行严格的控制,力求在保证收费和污水处理质量的情况下减少成本支出,提高效益。

(4)公司在报告期内没有对实现利润进行预测.

2 、公司财务状况:

(1)分析公司财务状况

项 目	2000 年(千元)	1999 年(千元)	增减变动%
(1)总资产	1,419,534	6,964,042	(79.62)
(2)长期负债	–	3,026,093	(100)
(3)股东权益	1,406,654	1,226,452	14.69
(4)主营业务利润	547,639	238,524	129.59
(5)净利润/(亏损)	168,604	(374,179)	145.06
(6)净资产收益率%	11.99	(30.51)	139.30
(7)每股收益	0.13	(0.28)	146.43

财务状况变动的主要原因:

①总资产2000 年减少5,545,508 千元,主要是公司2000 年度实施资产置换所致。

②长期负债2000 年减少3,026,093 千元,主要是2000 年实施债务重组所致。

③股东权益2000 年比1999 年增加180,202 千元,主要是公司2000 年度实施资产置换,及变更主营业务增加利润所致。

④主营业务利润2000 年比1999 年增加 309,115 千元, 主要是公司2000 年度实施资产重组,及变更主营业务,业务收入增加,利润增加,成本降低所致。

⑤净利润(亏损)2000 年比1999 年增加542,783 千元,主要是公司2000 年度实施资产置换,变更主营业务,增加利润,期间费用降低所致。

⑥净资产收益率11.99%,与之相比1999 年净资产亏损率为30.51%,主要是公司2000 年度实施资产重组,变更主营业务,增加利润,期间费用降低所致。

⑦每股收益0.13,与之相比1999 年每股亏损为0.28,主要是公司2000 年度实施资产重组,变更主营业务,增加利润,期间费用降低所致。

(2)本公司2000 年度财务会计报告经普华永道中天会计师事务所有限公司和香港罗兵咸永道会计师事务所审计,出具了无保留意见的审计报告。对于1999 年度普华大华会计师事务所和香港罗兵咸会计师事务所审计,出具的无法表示意见的审计报告所涉及的问题,随着2000 年12 月20日公司实施资产置换,已全部解决。

3 、公司投资情况:

在资产置换完成前,2000 年公司投资的项目均为1999 年在建并结转的项目,其中:大沽化的环氧丙烷增产项目,已全部建成投产。天化氯碱技术改造工程项目,已在年底完工,并投入使用。天碱的亚行节能项目已在年初完工。

在资产置换完成后至2000 年12 月31 日,公司没有对新项目进行投入。

4 、本年度由于公司实施了重大的资产和债务重组,变更了主营业务,因此生产经营环境以及适用于本公司的宏观政策、法律、法规的范围均发生了重大变化。

公司在2000 年12 月20 日资产置换完成后,公司的经营范围转变为环保产业和城市基础设施,公司的经营将受到国家关于城市基础设施和环保行业经营的法律、法规的约束。本公司不再享受所得税项目的优惠政策,但这并不影响公司的收益情况。

5 、2001 年的业务发展计划

2001 年是公司完成资产重组后在上海、香港两地资本市场的第一个完整运营年度,公司的任务将更加艰巨。不但要完善、发展现有业务,还要积极开拓新的业务渠道。特别是在中国有可能加入世贸组织的情况下,以及天津市经济更好的发展和天津市政府将“增加环境保护设施、改善城市环境质量”(天津市政府在2001 年1 月2 日天津市人民政府第33 次常务会议通过)的前提下,天津市对城市基础设施建设和污水处理行业提出了更高的要求,这为公司的发展带来了压力,也带来了机会。

6 、董事会日常工作情况

(1)报告期内董事会会议情况及决议内容

公司董事会在报告期内召开了四次会议,会议的召开及主要决议情况如下:

2000 年4 月20 日,召开了公司第二届董事会第十一次会议。会议主要通过了以下决议:《关于王宝弟先生不再担任公司总经理的决议》;《关于聘任龚锁柱先生为公司总经理的决议》;《关于1999 年生产经营完成情况和2000 年生产经营目标及措施的报告》;《公司董事会1999 年度工作报告》;《关于1999 年度利润分配预案的决议》;《境内外会计师事务所审计的公司1999 年度财务会计报告》;《关于公司经境内外会计师事务所出具“无法表示意见”的审计报告的说明》;《关于1999 年度财务决算和2000 年度财务预算报告的决议》;《关于在境内外分别公布1999 年年度报告及报告摘要的决议》;《关于聘请为公司提供审计服务的会计师事务所的决议》;《关于公司部分董事换届选举工作的决议》;《关于召开公司第八次股东大会的决议》;《关于撤消公司在香港上海汇丰银行有限公司设立的两个银行帐号的决议》。上述决议公告刊登在2000 年4 月25 日的《上海证券报》和香港《文汇报》、《虎报》上。

2000 年8 月28 日,召开了公司第二届董事会第十二次会议,会议审议通过了以下决议:批准在境内外分别公布的《天津渤海化工(集团)股份有限公司2000 年度中期报告》及摘要;决定2000年中期不进行利润分配及资本公积金转增股本。上述决议公告刊登在2000 年8月29 日的《上海证券报》和香港《文汇报》、《虎报》上。

2000 年10 月10 日,召开了公司第二届董事会第十三次会议,会议审议通过了以下决议:

(1)获悉并同意渤化集团将其持有的本公司全部国有股股权(共83902 万股,占本公司全部已发行股份的63.09%)无偿转让给天津市政。

(2)通过了本公司以公积金弥补内部亏损的方案,并提交临时股东会审议。

(3)通过了本公司与天津市华泽(集团)有限公司订立的《应收帐款转让协议书》,并提交临时股东大会审议。

(4)通过了提交临时股东大会审议的有关本次资产置换的事项,即本公司将其全部业务、相关资产及负债转至渤化集团;天津市政将其市内道路(天津市外埠车辆进津收费站(16 个)和中环线东南半环(长江道立交桥至洞庭路,不包括长江道立交桥和王顶堤立交桥)、污水处理(东郊污水处理厂和纪庄子污水处理厂)相关的业务、资产及负债转让至本公司。

(5)授权董事长王宝弟或董事/总经理龚锁柱代表本公司办理本次资产置换所需的中国境内和香港有关主管部门/机构的批准及第三方同意的手续,签署或修改本次资产置换所需的有关文件。

(6) 通过了本公司与天津市政和渤化集团订立的《资产置换协议》,并提交临时股东大会审议。

(7)通过了本公司拟签订的《房屋租赁协议》、《关于海河大桥的谅解备忘录》、《关于纪庄子污水处理厂再用水项目的谅解备忘录》、《关于东郊污水处理厂再用水项目的谅解备忘录》、《关于纪庄子污水处理厂扩建项目的谅解备忘录》,并将《房屋租赁协议》提交临时股东大会审议。

(8)通过了向临时股东大会提交的本公司章程修改案。

(9)同意本次资产置换完成后,本公司名称变更为天津创业环保股份有限公司,并提请临时股东大会审议。

(10)同意本公司董事王宝弟、李国平、龚锁柱、张培雨、李鸿翔、曹柏林、宁培海、董玉华、王士忠、张东民、赖振国、王欣、王晓同、郭均、刘汉涛、季崇威和冯树培更换为马白玉、张文辉、王月清、安品东、顾启峰、朱敏、李伟斌及曾文仲;前述变更须经临时股东大会进行审议,并于资产置换完成日生效。

(11) 同意拟在中国境内及香港有关报章上刊登的披露本次资产置换的中英文新闻公告的内容,并于2000 年10 月11 日,或中国和香港有关监管机构指定的稍后日期,在中国境内及香港有关报章上刊登公司拟进行本次资产置换的中文及英文公告, 向A 股和H 股股东披露本次资产置换详情,并授权董事长王宝弟或董事/总经理龚锁柱作出有关该公告的批准及修改。

(12)确认及由每一位董事作出声明,对前段所述公告的准确性单独及连带的承担全部责任,并在作出一切合理查询后,保证该公告无遗漏任何其他事实使公告所载任何声明产生误导。

(13)同意、确认及追认就资产置换委任法国巴黎百富勤融资有限公司为本公司财务顾问,大福融资证券有限公司为本公司独立董事委员会的财务顾问, 华夏证券有限公司为本公司境内财务顾问,普华永道中天会计师事务所有限公司为本公司境内审计师,香港罗兵咸永道会计师事务所为本公司境外审计师,北京市君合律师事务所为本公司境内法律顾问,廖绮云律师事务所为本公司的香港法律顾问,中企华资产评估公司为本公司境内评估顾问,西门国际物业顾问有限公司为本公司境外评估顾问,中华企业咨询公司为本公司境内咨询顾问,并授权董事长王宝弟或董事/总经理龚锁柱签订委任书。

(14)同意根据本公司章程及香港联合交易所上市规则要求,由本公司的独立非执行董事管维立、季崇威和冯树培组成独立董事委员会,以审阅资产置换及有关安排,确定是否公平合理,及建议非关联股东在本公司临时股东大会上如何投票。

(15)同意在资产置换完成后,本公司将受让天津市政签订的《污水处理委托协议》、《道路维修养护委托协议》、《道路维修养护委托协议补充协议》、《土地租赁协议》,并提交临时股东大会审议。

(16)决定本公司临时股东大会于2000 年12 月20 日在天津召开,对本次资产置换事宜作出决议。

上述决议公告刊登在2000 年10 月11 日的《上海证券报》和香港《文汇报》、《虎报》上。

2000 年12 月20 日,召开了公司第二届董事会第十四次会议,会议审议通过了以下决议:《选举马白玉女士为本公司董事长的决议》;《同意龚锁柱先生辞去本公司总经理职务,并聘请马白玉女士担任本公司总经理的决议》;《聘请林文波先生、罗连芳先生、刘文亚先生担任公司副总经理的决议》;《聘请顾启峰先生担任本公司总工程师的决议》;《聘请安品东先生担任本公司总会计师的决议》;《同意陈元祯先生辞去本公司董事会秘书职务,并聘请付亚娜女士担任本公司董事会秘书的决

议》;《决定撤消本公司原有各职能部门,并新设立综合办公室、工程部、财务部、行政管理部、项目开发部、运行管理部、人力资源部、收费管理部、股份制办公室等部门,并由总经理负责具体组织实施的决议》;《决定聘请普华永道中天会计师事务所有限公司作为本公司境内审计师的决议》;《决定由本公司独立董事:李伟斌先生、管维立先生和曾文仲先生组成本公司薪酬审核委员会,以审核本公司董事和监事的薪酬金额及其支付时间和方式的决议》;《批准本公司董事、监事拟与本公司签署的服务协议及其附带文件文本,并同意本公司与本公司董事、监事签署上述文件的决议》;《授权本公司任何一名董事及/或董事会秘书采取一切必要和合理的措施以执行临时股东大会和本次董事会会议通过的所有决议,包括但不限于向中国内地和香港有关监管机构、证券交易所、工商部门及公司注册登记处、股份登记处、银行等部门办理所有必要的批准、变更登记、备案登记或过户等手续的决议》。该决议刊登在 2000 年 12 月 21 日的《上海证券报》和香港的《文汇报》、《虎报》上。

(2)董事会对股东大会决议的执行情况。

报告期内公司未进行利润分配及公积金转增股本。受股东大会授权,公司董事长已与境内外审计会计师事务所(核数师)签订了聘用合同,并确定了其服务报酬。公司临时股东大会通过的各项议案,截至 2001 年 3 月 15 日,已全部付诸实施。

7 、公司管理层及员工情况

(1)公司董事、监事、高级管理人员名单、任期起止日期、年度报酬总额、持股及变动情况

2000 年 12 月 20 日–31 日

职 务	姓名	性别	年龄	任期	酬金(元)	年初持股数	年末持股数
董事长、总经理	马白玉	女	38	2000.12.20–2003.12.20	3,801	0	0
董 事	朱 敏	男	46	2000.12.20–2003.12.20	0	0	0
董 事、总会计师	安品东	男	32	2000.12.20–2003.12.20	3,339	0	0
董 事、总工程师	顾启峰	男	34	2000.12.20–2003.12.20	3,349	0	0
董 事	王月清	男	56	2000.12.20–2003.12.20	0	0	0
董 事	张文辉	男	45	2000.12.20–2003.12.20	0	0	0
董 事	李伟斌	男	39	2000.12.20–2003.12.20	0	0	0
董 事	曾文仲	男	58	2000.12.20–2003.12.20	0	0	0
董 事	管维立	男	57	1999.6.29–2002.6.29	4,000(袍金)	0	0
监事会主席	于瑞华	女	34	2000.12.20–2003.12.20	3,035	0	0
监 事	陈宝森	男	48	2000.12.20–2003.12.20	2,902	0	0
监 事	李凯建	男	48	2000.12.20–2003.12.20	0	0	0
监 事	窦振明	男	49	2000.12.20–2003.12.20	0	0	0
监 事	史春华	男	36	2000.12.20–2003.12.20	0	0	0
监 事	荆世奎	男	54	2001.2.24–2004.2.24	380	0	0
副总经理	林文波	男	43	2000.12.20–2003.12.20	600	0	0
副总经理	罗连芳	男	52	2000.12.20–2003.12.20	3521	0	0
副总经理	刘文亚	男	42	2000.12.20–2003.12.20	380	0	0
董事会秘书	付亚娜	女	29	2000.12.20–2003.12.20	3,084	0	0
董事会秘书	叶沛森	男	40	2000.12.20–2003.12.20	0	0	0

说明:在本公司领取报酬的董事、监事、高级管理人员 2000 年度报酬总额为 57.58 万元,其报酬在 0–30,000 元区间的 22 人;在 30,000 元以上区间的 8 人。其中朱敏、张文辉等 10 名董事;李凯建等 5 名监事未在本公司领取报酬。

报告期内离任的董事有王宝弟、李国平、龚锁柱、张培雨、李鸿翔、曹柏林、宁培海、董玉华、王士忠、张东民、赖振国、王欣、王晓同、郭均、刘汉涛、季崇威和冯树培;离任的监事有李忠汉、刘福存、邱文通、黄富贵、王国胜、幺锦强、吴伟、陈介福、王义民、吴建中、张洪涛。

上述董事均因公司资产重组,不再担任公司董事职务。其他监事均因公司资产重组,不再担任公司监事职务。

龚锁柱先生因公司资产重组,不再担任公司总经理职务,聘任马白玉女士为公司总经理。

陈元祯先生因公司资产重组,不再担任公司董事会秘书职务,聘任付亚娜女士为公司董事会秘书。

(2)公司员工数量和专业构成。

截至 2000 年 12 月 31 日,本公司共有员工 995 人,其中,生产人员 859 人,工程技术人员 78 人,财务人员 7 人,行政管理人员 51 人。

公司注重职工的素质教育,2000 年通过职工岗位技术培训,高级工培训,特殊工种培训及全面质量管理培训,在公司内部逐渐形成了高技能,专业化的经营群体。

8.本次利润分配预案。

经普华永道中天会计师事务所按中国注册会计师独立审计准则及香港罗兵咸永道会计师事务所按香港会计师公会所颁布的核数准则分别进行的审计工作,本公司 2000 年度按中国会计准则及国际会计准则编制的合并净利润分别为人民币 168,603,658 元和 178,090,520 元。在弥补累计亏损后,本公司 2000 年 12 月 31 日未分配利润为人民币 7,364,839 元。根据《中华人民共和国公司法》和本公司《章程》的有关法规,提取 10%的法定盈余公积金 736,484 元,5%的法定公益金人民币 368,242 元,2000 年度可供分配利润为人民币 6,260,113 元。因为本公司在 2000 年 12 月 20 日正式完成重组工作,转换主营业务后的本年度实际经营期仅为 11 天,因此不派发 2000 年度末期股利。本利润分配预案需提交股东大会审议通过.

9 、2001 年度利润分配预案

1 、本公司 2001 年度拟进行一次利润分配,于该会计年度结束后六个月内实施;

2 、本公司 2001 年度实现的净利润用于股利分配的比例不高于 40%,主要采用派发现金的形式分配股利;

3 、本公司 2000 年度末的未分配利润在 2001 年度不进行分配。

10.其他报告事项

报告期内本公司选定的信息披露报刊没有变化.香港为《文汇报》、《虎报》;境内为《上海证券报》。

承董事会命　　马白玉　董事会主席　　中国　香港

二零零一年三月十六日

六、监事会报告

1 、监事会 2000 年主要工作

(1)召开了四次监事会会议

2000 年 4 月 19 日,召开了公司第二届监事会第十一次会议,会议审议并通过了李忠汉主席代表监事会做的《公司监事会一九九九年度工作报告》,提交第八次股东大会审议;《同意公司 1999 年度报告正文及摘要》;《同意公司 1999 年度财务决算和 2000 年度财务预算的报告》;《同意公司 1999 年度利润分配预案建议的报告》。该次监事会决议刊登在 2000 年 4 月 25 日的《上海证券报》。

2000 年 8 月 25 日,公司召开第二届监事会第十二次会议。会议审议并通过了如下议案:《同意公司在境内外分别公布的 2000 年年度中期报告及摘要》,《同意公司关于 2000 年中期不进行利润分配及资本公积金转增股本的建议》。该次监事会决议刊登在 2000 年 8 月 26 日的《上海证券报》和香港《文汇报》、《虎报》上。

2000 年 10 月 10 日,公司召开第二届监事会第十三次会议。会议审议并通过如下议案:同意本公司监事李忠汉、刘福存、邱文通、黄富贵、王国胜、幺锦强、吴伟更换为于瑞华、陈宝森、李凯建、窦振明、史春华;前述变更须经临时股东大会审议通过,并于本公司与天津市政投资有限公司进行的资产置换完成日生效。新的监事会主席在新的监事会成员全部产生后,由监事会另行推选。该次监事会决议刊登在 2000 年 10 月 11 日的《上海证券报》和香港《文汇报》、《虎报》上。2000 年 12 月 20 日,公司召开第二届监事会第十四次会议。

会议审议并通过如下议案:选举于瑞华女士为本公司监事会主席,自资产置换完成日起任期三年,连选可连任。该次监事会决议刊登在 2000 年 12 月 21 日的《上海证券报》和香港《文汇报》、《虎报》上。

2001 年 2 月 14 日本公司召开职工代表大会,选举职工代表荆世奎先生任本公司监事,任期三年。该公告刊登在 2001 年 2 月 15 日的《上海证券报》和香港《文汇报》、《虎报》上。

(2)监事会全体监事列席了公司第二届董事会第十一次会议、第二届董事会第十二次会议、第二届董事会第十三次会议,第二届董事会第十四次会议,实施了监督职能。

(3)参加了第八次股东大会和公司临时股东大会,履行监事会的职责,并协助董事会完成了大会董事、监事选举的监票工作。

(4)加强基础工作建设,开展了相关信息、政策、法规的搜集整理工作等。

2 、监事会核对了拟提交本公司即将召开的二零零零年度股东周年大会之董事长致辞、董事会报告书、财务报告和利润分配方案,认为并无不妥之处。

3 、本监事会认为本公司的董事、总经理及高级管理人员均以本公司整体利益和股东利益为出发点,按照本公司章程、上海证券交易所上市规则、香港联交所上市规则及《中华人民共和国公司法》的规定,积极的履行其职责。

4 、本监事会认为本公司 2000 年年度实施的资产重组等一系列改善经营状况的措施是合理的。

5 、本监事会认为本公司 2000 年年度发生的关联交易是公平的没有损害上市公司利益。

6 、2000 年度,普华永道中天会计师事务所有限公司、罗兵咸永道会计师事务所出具了无保留意见的审计报告。

本监事会对本公司二零零零年报告书表示满意,对董事会为提高本公司经济效益而采取的经营管理措施表示赞同,并将继续关注本公司在二零零一年在天津市内城市基础设施和环保业务中的机遇和挑战。

承监事会命　　于瑞华　监事会主席　　中国　香港

二零零一年三月十六日

七、重要事项

1.报告期内,公司无重大诉讼、仲裁事项。

2.报告期内,公司董事及高级管理人员无受监管部门处罚的情况。

3.报告期内公司控股股东发生变更,经国家有关主管部门批准,报告期内本公司的控股股东已由天津渤海化工集团有限公司变更为天津市政投资有限公司。本公司报告期内无董事会换届情况,因公司实施资产重组,经 2000 年 12 月 20 日临时股东大会选举,王宝弟、李国平、龚锁柱、张培雨、李鸿翔、曹柏林、宁培海、董玉华、王士忠、张东民、赖振国、王欣、季崇威、冯树培、郭钧、王晓同、刘汉涛等人士不再担任本公司董事;批准马白玉、朱敏、安品东、王月清、张文辉、顾启峰、李伟斌、曾文仲等人士任本公司董事;经过 2000 年 12 月 20 日本公司第二届董事会第十四次会议审议通过,同意龚锁柱先生辞去本公司总经理;聘任马白玉女士为本公司总经理;陈元祯先生不再担任本公司董事会秘书;聘任付亚娜女士为本公司董事会秘书。

4.报告期内,本公司与天津市政的城市道路和收费站以及污水处理业务资产,进行资产置换,资产置换在 2000 年 12 月 20 日临时股东大会通过后即生效,相关的变更本公司名称及注册地址的手续已在 2001 年 1 月 10 日完成并公告。

5.报告期内,本公司资产重组以前与渤化集团公司发生的重大关联交易,是根据 1997 年 12 月 26 日本公司 1997 年度临时股东大会《关于天津渤海化工集团公司企业重组后与天津渤海化工(集团)股份有限公司有关关联交易问题的决议》进行的。

在报告期内本公司与控股股东发生重大关联交易,以公司的整体资产和负债与控股股东的城市道路与收费站、污水处理等业务资产进行了整体置换,导致公司主营业务的完全变化。

本公司资产重组发生的重大的关联交易是根据 2000 年 12 月 20 日临时股东大会通过的《污水处理委托协议》、《道路维修养护委托协议》、《道路维修养护委托协议补充协议》和《房屋租赁协议》进行的。

6.本公司与天津市政在人员上虽有兼职,但是,在资产方面,所有与公司生产经营有关的资产均归公司所有;在财务方面,本公司设立独立的财务部门,并建立独立的会计核算体系和财务管理制度,在银行开设独立的帐户。

7.报告期内,本公司无托管、承包、租赁公司资产,亦无其他公司托管、承包、租赁本公司资产等事项。

8.本年度公司继续聘任普华永道中天会计师事务所有限公司(原称普华大华会计师事务所)、香港罗兵咸永道会计师事务所为审计中介机构。

9.报告期内,公司有重大合同事项,根据公司与天津市排水公司签订的《污水处理委托协议》公司获得占其总收入 75%的收入来源;根据公司与天津市市政道桥建筑工程公司签订的《道路维修养护委托协议》和《道路维修养护委托协议补充协议》公司聘任该公司为公司进行天津市中环线东南半环道路的养护维修;根据公司与天津市政签订的《房屋租赁协议》,公司向天津市政租用中国天津市南开区水上公园北路津龙公寓 18 号作为办公地点。

10.报告期内,本公司由天津渤海化工(集团)股份有限公司更改名称为天津创业环保股份有限公司,公司 A 股股票简称由“ST 渤化”改为“ST 创业”。公司 H 股股票简称由“天津渤海化工”改为“天津创业环保”

11.本公司于 2000 年 6 月 28 日召开了 1999 年度股东年会,通过了天津渤化工(集团)股份有限公司 1999 年度利润分配方案,即:不派发 1999 年末期股利。

12.近期经济形势。

2000 年天津市国内生产总值比上年增长 10.8%;全市人均国内生产总值比上年增长 10%(资料来源:天津市统计局)。2001 年天津市的整体经济将继续良好发展,天津市经济增长为本公司的发展提供了良好的空间,2001 年天津市政府有意提高天津市人民的生活水平,这将使公司的经营业绩更加良好。

13.所得税问题。

国家税务总局 1994 年 4 月 30 日以国税函发 (1994)068 号文批准本公司自 1993 年 11 月 1 日起按 15%的所得税税率交纳所得税,该项政策至 2000 年 12 月 20 日并未改变。本公司实施资产重组以后,因变更了公司的主营业务,公司不再享受所得税优惠政策;另外,本公司不存在地方自定税收先征后返的问题,因此国务院发出的《关于纠正地方自定税收先征后返政策的通知》,对本公司没有影响。

14.出售职工住房问题。

在公司资产重组前,根据本公司于 1994 年 H 股在香港上市时进行重组而与渤化集团公司签订的《资产重组协议》和《综合服务合同》,在本公司上市之前已将企业原有全部职工住房之产权,连同职工住房的经营管理部门,一并划归渤化集团所有,从此以后,此住房的一切业务均由渤化集团经营与核算,其盈亏与上市公司无关。在按政府规定的住房改革政策向居住人出售产权或部分产权时,应由居住人交纳的购房款均由居住在该房的职工个人负担;应由出售方承担的折让,由渤化集团承担。因此,此等售房对本公司经营业绩并无影响。

在资产重组后,公司员工住房均通过公积金贷款或其他个人购房方式获得,公司不存在出售职工住房问题。

15.银行存款逾期未能收回问题。

本公司从 1994 年 8 月份开始,陆续将公司资金 7,500 万元分别存于国内多家银行机构,做为定期存款,截至 2000 年 12 月 20 日收回人民币 3,245 万元,根据法院判决胜诉在执行回收程序的存款共人民币 2,300 万元。

上述逾期之存款在总体上对本公司的财务状况及现金流动状况不构成重大影响。

上述问题在公司资产置换时已随原资产和负债一并置出,本公司不再存在该类问题。

16.2000 年电脑问题。

本公司计算机 2000 年问题已全部解决。

17.买卖或赎回本公司之股份。

报告期内,本公司或其任何附属公司概无购买、出售及赎回任何本公司的股份。

18.最佳应用守则。

本公司董事会尚未按照香港联交所上市规则附录十四之《最佳应用守则》(最佳应用守则)之十四段,成立一个旨在检讨及监察本公司的财务汇报程序及内部控制的审核委员会(审核委员会)。但本公司的组织架构内设立一个职能与之相若的监事会,所不同的是本公司的监事会成员由六人组成(其中三分之一以上的成员须为本公司员工),并于股东大会及职工大会选出及罢免及向股东大会负责而非向董事会负责,而一个审核委员会的成员则为一家公司的非执行董事。除此之外,董事概无知晓任何有合理迹象显示本公司在现时或在本期间任何时间内未有遵守最佳应用守则的资料。

八、财务报告

(一)审计报告　　审 计 报 告　　普华永道审字(2001)第 518 号

天津创业环保股份有限公司全体股东:

(原称天津渤海化工(集团)股份有限公司)

我们接受委托,审计了贵公司及贵集团(贵公司及其子公司)2000 年 12 月 31 日的资产负债表、2000 年度的利润及利润分配表和现金流量表。这些会计报表由贵公司负责,我们的责任是对这些会计报表发表审计意见。我们的审计是依据《中国注册会计师独立审计准则》进行的。在审计过程中,我们结合贵公司及贵集团的实际情况,实施了包括抽查会计记录等我们认为必要的审计程序。

我们认为,载于以下的上述贵公司及贵集团会计报表符合中华人民共和国《企业会计准则》和《股份有限公司会计制度》的有关规定,在所有重大方面公允地反映了贵公司及贵集团 2000 年 12 月 31 日的财务状况、2000 年度的经营成果和现金流量情况,会计处理方法的选用遵循了一贯性原则。

普华永道中天会计师事务所有限公司　　注册会计师　周忠惠　王笑

(三)会计报表附注

1.本年度发生的重大变动

本公司是于 1993 年 6 月 8 日在中华人民共和国("中国")成立的一家股份有限公司,原称天津渤海化工(集团)股份有限公司,现称天津创业环保股份有限公司。原控股股东为天津渤海化工集团公司,现控股股东为天津市政投资有限公司。本公司及子公司("本集团")的主要业务原为化工产品的制造及销售("化工业务"),本公司现在的主要业务为污水处理、道路及收费站业务("新业务")。此等重大变动均已于本年度通过以下步骤得以实施:

(a)原控股股东持有的本公司 63.09%股权无偿转让予现控股股东。股权划转于 2000 年 11 月 2 日生效。

(b)本集团原经营的化工业务和相关净资产与现控股股东原经营的新业务和相关净资产进行整体置换,详情见本会计报表附注 2。此项业务和相关净资产整体置换在本公司于 2000 年 12 月 20 日召开的临时股东大会上获得通过,并于当日立即生效。

(c)本公司原名称更改为现名称。此项名称更改在本公司于 2000 年 12 月 20 日召开的临时股东大会上获得通过,并于 2001 年 1 月 8 日正式生效。

11.资本公积金及盈余公积金

(a)资本公积金

资本公积金年末余额由以下部分构成:

	合并	
	2000 年	1999 年
	人民币千元	人民币千元
股本溢价	–	225,870
未分类的资本公积金	69,289	455,457
合计	69,289	681,327

(b)盈余公积金

盈余公积金包含法定盈余公积金和法定公益金

根据本公司章程,应按中国会计制度计算的净利润的 10%计提法定盈余公积金(直至此项公积金结余达注册资本的 50%为止),及净利润的 5–10%计提法定公益金。此等金额须在派发股息之前计提。

本公司于本年度按中国会计制度计算的净利润(均为从新业务获得)的 10%及 5%分别计提了法定盈余公积金人民币 736,000 元(1999:无)和法定公益金人民币 368,000 元(1999:无)。

(c)本公司股东已在 2000 年 12 月 20 日召开的特别股东大会上决议通过,在紧随本公司的资产置换后,以资本公积金及盈余公积金弥补累计亏损。故此在资产置换获通过并随即在当天生效后,资本公积金计人民币 623,636,000 元和盈余公积金计人民币 106,468,000 元已用于弥补累计亏损计人民币 730,104,000 元。本公司董事会已于 2001 年 3 月 16 日作出决议确认该等弥补亏损金额。

12.主营业务收入及分业务资料

(a)主营业务收入　合并

	2000 年	1999 年
	人民币千元	人民币千元
化工业务		
生产及贸易	3,483,874	2,838,127
财务管理	2,407	5,972
	3,486,281	2,844,099
新业务		
路费收入	2,567	–
污水处理收入	11,890	–
	3,500,738	2,844,099

九、公司的其他有关资料

1、公司首次注册或变更登记日期、地点

公司首次注册地点:中国天津市和平区湖北路十号 2

公司首次注册日期:一九九三年六月八日

公司变更登记日期:一九九八年八月二十六日,及二零零一年一月八日

公司变更注册地址:中国天津市南开区水上公园北路津龙公寓 18 号

2、企业法人营业执照注册号 企股津总字第 009079 号

3、税务登记号

国税登记号:国税津字 120101103065501 号

地税登记号:地税津字 120101103065501 号

4、公司未流通股票托管机构名称　天津证券登记公司

5、公司聘请的会计师事务所名称、办公地址

公司境内会计师:普华永道会计师事务所有限公司

地址:中国上海市淮海中路 333 号瑞安广场 12 楼

公司境外会计师:香港罗兵咸永道会计师事务所

地址:香港中环太子大厦 22 楼

十、备查文件目录

1、经公司董事会主席签字的二零零零年年度报告正文

2、经普华永道中天会计师事务所有限公司盖章及该所注册会计师签字的审计报告及根据中国会计准则编制的截止二零零零年十二月三十一日止年度会计报表正文;及香港罗兵咸永道会计师事务所的执业会计师的核数师报告及根据香港会计准则编制的截止二零零零年十二月三十一日止的年度财务报表正文。

3、报告期内在中国证监会指定报纸上公开披露过的所有公司文件的正本及公告原文。

资产负债表

编制单位:天津创业环保股份有限公司　　2000 年 12 月 31 日　　单位:人民币元

资产	2000 年度新业务(合并)	2000 年度新业务(母)
流动资产:		
货币资金	51839000	51839000
应收帐款	11890000	11890000
其它应收款	433000	433000
减:坏帐准备		
应收帐款净额	12323000	12323000
预付帐款	164000	164000
应收补贴款		
存货	2854000	2854000
减:存货跌价准备		
存货净额	2854000	2854000
流动资产合计	67180000	67180000
固定资产:		
固定资产原值	1091591000	1091591000
减:累计折旧	376481000	376481000
固定资产净值	715110000	715110000
固定资产合计	715110000	715110000
无形及其它资产:		
无形资产	637244000	637244000
无形资产及其它资产合计	637244000	637244000
资产总计:		
资产总计	1419534000	1419534000
流动负债:		
应付帐款	1139000	1139000
应付福利费	1632000	1632000
应付股利		
应付税金	4350000	4350000
其它应交款	80000	80000
其它应付款	4879000	4879000
应付短期债券		
预提费用	800000	800000
一年内到期的长期负债		
其它流动负债		
职工奖励及福利基金		
流动负债合计	12880000	12880000
负债合计:		
负债合计	12880000	12880000
少数股东权益:		
少数股东权益		
股东权益:		
股本	1330000000	1330000000
资本公积金	69289000	69289000
盈余公积	1104000	1104000
其中:公益金	1104000	1104000
未确认的外资损失		
未分配利润	6261000	6261000
外币报表折算差额		
股东权益合计	1406654000	1406654000
负债和股东权益总计:		
负债和股东权益总计	1419534000	1419534000

利润及利润分配表

编制单位:天津创业环保股份有限公司　　2000 年度　　单位:人民币元

项目	1999 年度(合并)	1999 年度(母公司)
一、主营业务收入	2844099000	
减:折扣与折让		
主营业务收入净额	2844099000	
减:主营业务成本	2588875000	
主营业务税金及附加	16700000	
二、主营业务利润	238524000	
加:其他业务利润	–7514000	937000
减:存货跌价损失	4224000	
营业费用	33943000	
管理费用	326380000	29011000
财务费用	206358000	13073000
三、营业利润	–339895000	–41147000
加:投资收益	–12935000	–335091000
期货损益		
补贴收入	840000	
营业外收入	5799000	
以前年度损益调整		
减:营业外支出	27303000	
分给外单位利润		
四、利润总额	–373494000	–376238000
减:所得税	685000	
五、净利润	–374179000	–376238000
加:年初未分配利润	–517164000	–438035000
六、可供分配的利润	–891343000	–814273000
七、可供股东分配的利润	–891343000	–814273000
八、未分配利润	–891343000	–814273000

东方电机股份有限公司

一、公司简介

公司法定中文名称:东方电机股份有限公司　　简称:东方电机
公司法定英文名称:DONGFANG ELECTRICAL MACHINERY COMPANY LIMITED
英文缩写:DFEM
公司法定代表人:斯泽夫
董事会秘书:龚丹　　董事会秘书授权代表:黄勇
电话:86-838-2409358　　传真:86-838-2402125　　电子信箱:dsb@dfem.com.cn
公司注册与办公地点:四川省德阳市黄河西路 13 号
网址:http://www.dfem.com.cn　　邮政编码:618000
公司选定境内信息披露报纸:《上海证券报》、《中国证券报》
境外信息披露报纸:《香港文汇报》、《Hong Kong standard 》(英文)
中国证监会指定年报刊登网址:http://www.sse.com.cn
公司年度报告备置地点:四川省德阳市黄河西路 13 号本公司董事会办公室
股票上市地:上海证券交易所、香港联合交易所有限公司
股票简称:东方电机　　股票代码:600875(A 股)、1072(H 股)

二、会计数据和业务数据摘要

1 、2000 年度按照中国及香港公认会计准则审计的业务数据　　单位:人民币千元

项目	按照中国会计准则	按照香港公认会计准则
利润(亏损)总额	3245	(21075)
净利润(亏损)	2310	(21541)
扣除非正常性损益后的净利润(亏损)	(22397)	-
主营业务利润	152692	
其他业务利润	3295	3130
营业利润	(29517)	(53395)
投资收益	8055	7613
补贴收入	24150	
营业外收支净额	557	557
经营活动产生的现金流量净额	175039	150748
现金及现金等价物净增加额	170831	103708

非正常性损益项目为:补贴收入、营业外收支净额,金额分别为 24,150 千元、557 千元。

2 、主要会计数据及财务指标

(1) 、按中国会计准则编制截至 2000 年 12 月 31 日止年度　　单位:人民币千元

指标项目	2000 年	1999 年		1998 年	
		调整前	调整后	调整前	调整后
主营业务收入	644417	757129	757129	820383	820383
净利润	2310	6212	4848	41101	71475
总资产	2397273	2330106	2307875	2603190	2420045
股东权益	1147065	1166159	1142885	1213087	1159890
每股收益(元)	0.0051	0.014	0.011	0.09	0.16
每股净资产(元)	2.55	2.59	2.54	2.70	2.58
净资产收益率(%)	0.20	0.53	0.42	3.39	6.16
调整后的每股净资产(元)	2.00	2.40	2.34	2.49	2.38
每股经营活动产生现金流量净额(元)	0.39	0.025	0.025	0.24	0.24

注:每股收益之摊薄数与加权数一致。

3、报告期内股东权益变动情况

(1) 按中国会计准则编制　　单位:人民币千元

项目	股本	资本公积	盈余公积	其中:公益金	未分配利润	合计
期初数	450,000	604194	53101	25834	35590	1142885
本期增加	0	1871	489	163	1820	4180
本期减少	0					
期末数	450,000	606065	53590	25997	37410	1147065

(2) 按香港公认会计准则编制　　单位:人民币千元

项目	股本	资本公积	盈余公积	其中:公益金	未分配利润	合计
期初数	450,000	636061	56593	11464	24946	1167600
本期回拨	0			15535		
本期减少	0		3003	1001	18538	21541
期末数	450,000	636061	53590	25998	6408	1146059

三、股东情况介绍

于 2000 年 12 月 31 日,本公司之股东总数为 42,895 户,其中发起法人持股(A 股)1 户,境内上市人民币普通股(A 股)42,756 户,境外上市外资股(H 股)138 户。本公司无内部职工股股东。

主要股东持股情况

股东名称	类别	年末持股数(股)	占已发行A股股本比例(%)	占已发行H股股本比例(%)	占总股本比例(%)	本报告期内股数增减(股)
东方电机厂(「东电」)	A 股	220,000,000	78.57	–	48.89	0
香港中央结算(代理人)有限公司	H 股	166,721,999	–	98.07	37.05	1,022,000
CHUK YEE MEN — LIZA	H 股	478,000	–	0.28	0.11	0
黄支前	A 股	438,416	0.16	–	0.10	–
SUEN OI TO	H 股	304,000	–	0.18	0.07	–
黄支前	A 股	277,904	0.10	–	0.06	–
TAM SHEUNGWING	H 股	232,000	–	0.14	0.05	0
寿建鸿	A 股	215,600	0.08	–	0.05	–
陈磊	A 股	200,000	0.07	–	0.04	–
黄支前	A 股	200,000	0.07	–	0.04	–

(1)东电为本公司 220,000,000 股发起法人持股的法定持有者。其法定代表为斯泽夫。其主营范围包括机电设备制造,工矿设备及备件生产,电站技术改造,电器产品制造,汽车运输,汽车修理,技术咨询、服务、转让、培训、开发。本年度内其持有的股份无任何质押情况。

(2)香港中央结算(代理人)有限公司所持股份系代理客户持股。本公司未接获有本公司 H 股股东持股数量超过本公司总股本 10%的情况。

(3)除本年度报告披露外,董事会并无得悉任何人士直接或间接持有须根据香港证券(公开权益) 条例第十六㈠条之规定予以记录在已发行股份登记名册内之权益或按照中国有关规定须予申报之持股数量。

洛阳玻璃股份有限公司

一、公司简介

1、公司法定中文名称:洛阳玻璃股份有限公司　　公司简称:洛阳玻璃
公司法定英文名称:Luoyang Glass Company Limited(英文缩写:LYG)
2、公司法定代表人:郭晓寰先生
3、公司董事会秘书:王捷先生
联系地址:中国河南省洛阳市西工区唐宫中路 9 号洛阳玻璃股份有限公司董事会秘书室
联系人:王凡先生郭兵先生
电话:86-379-3908588
传真:86-379-3251984
电子信箱:lbdms@public2.lyptt.ha.cn
4、公司注册及办公地址:中华人民共和国(“中国”)河南省洛阳市西工区唐宫中路 9 号
邮政编码:471009
公司国际互联网网址:http://www.clfg.com
5、公司信息披露报纸:《中国证券报》、《上海证券报》、《香港文汇报》、《虎报》(英文)
公司登载年报指定互联网网址:http://www.sse.com.cn
公司年度报告备置地点:洛阳玻璃股份有限公司董事会秘书室
6、A 股—上市地点:上海证券交易所
股票代码:600876
股票简称:洛阳玻璃
H 股—上市地点:香港联合交易所有限公司
股票代码:1108
股票简称:洛阳玻璃

二、会计数据和业务数据摘要

1、洛阳玻璃股份有限公司(“本公司”)及其附属公司(“本集团”)本年度实现利润情况(按中国会计准则及制度编制):单位:人民币千元

	二零零零年	一九九九年
利润总额	89,440	35,682
净利润	65,991	52,147
扣除公司非经常性损益后的净利润	65,991	(70,202)
主营业务利润	284,954	151,842
其他业务利润/(亏损)		
营业利润/(亏损)	89,791	(95,484)
投资收益/(损失)	(9,559)	36,059
补贴收入		
营业外净收入/(损失)	9,208	(95,107)
经营活动产生的现金流量净额	46,239	93,472
现金及现金等价物净增加/(减少)额	(62)	6,446

2、本集团前三年主要会计数据和财务指标

(1)按中国会计准则及制度编制(截至十二月三十一日止)

	2000 年 人民币千元	1999 年 人民币千元	1998 年 人民币千元
主营业务收入	901,522	822,082	626,815
净利润/(亏损)	65,991	52,147	(363,361)
总资产	2,889,045	2,878,541	3,073,748
股东权益(不含少数股东权益)	1,552,716	1,486,725	1,434,578
每股净资产(元)	2.22	2.12	2.05
调整后的每股净资产(元)	1.81	1.42	1.73
净资产收益/ (亏损)率(%)	4.25	3.51	(25.33)
每股经营活动产生的现金流量净额(元)	0.064	0.13	0.089

(2)报告期内股东权益变动情况(按中国会计准则及制度编制)

项目	股本(千股)	资本公积 人民币千元	盈余公积 人民币千元	法定公益金 人民币千元	累计亏损 人民币千元	股东权益合计 人民币千元
期初数	700,000	969,988	168,664	55,142	(407,069)	1,486,725
本期增加	-	-	-	-	65,991	65991
本期减少						
期末数	700,000	969,988	168,664	55,142	(341,078)	1,552,716

三、股本变动及股东情况

1、股本变动情况

报告期内本公司股本无变化。

2、截至二零零零年十二月三十一日止,本公司之股东总数:32999 人,其中法人股(A 股)1,社会公众股(A 股)32,809,H 股 189。

3、主要股东持股情况

截至二零零零年十二月三十一日止,本公司前 10 名最大股东之持股情况如下:

股东名称	类别	持股数量(股)	占总股本比例(%)	报告期内持有本公司 5%以上的股东股数增减(+、-)
中国洛阳浮法玻璃集团有限责任公司(代表国家持有)	A 股	400,000,000	57.14	无增减
香港中央结算(代理人)有限公司	H 股	241,956,998	34.57	+1,796,500
SO SUEN SING	H 股	742,000	0.106	
WONG MING SHUN	H 股	470,000	0.067	
CHOW HON YIN	H 股	400,000	0.057	
CHUK YEE MEN LIZA	H 股	374,000	0.053	
YAN TSUN WING	H 股	350,000	0.05	
TAI TUNG PO	H 股	300,000	0.043	
陈进寿	A 股	290,100	0.041	
HUNG CHOU SIM	H 股	218,000	0.031	

报告期内持有本公司 5%以上股份之股东所持有的股份没有质押、冻结等情况。

香港中央结算(代理人)有限公司作为本公司 H 股的代理人,该系统参与者持有本公司 H 股均未超过本公司总股份的 10%。

中国嘉陵工业股份有限公司(集团)

公司简介

1、公司法定中文名称:中国嘉陵工业股份有限公司(集团)
公司法定英文名称:CHINA JIALING INDUSTRIAL CO.,LTD.(GROUP)
英文缩写:JIALING
2、公司法定代表人:何世斌
3、公司董事会秘书:黄经雨
联系地址:重庆市沙坪坝区双碑中国嘉陵工业股份有限公司(集团)
电话:(023)65194095　传真:(023)65196666
董事会证券事务代表:艾亿春
联系地址:重庆市沙坪坝区双碑中国嘉陵工业股份有限公司(集团)证券处
电话:(023)65194095　传真:(023)65194096
4、公司注册及办公地址:重庆市沙坪坝区双碑　邮政编码:400032
公司国际互联网网址:http://www.jialing.com.cn　公司电子信箱:sandytang_78@sina.com
5、公司选定的信息披露报纸:《中国证券报》、《上海证券报》
登载公司年度报告的中国证监会指定国际互联网网址:http://www.sse.com.cn
公司年度报告备置地点:公司证券处
6、公司股票上市交易所:上海证券交易所　股票简称:中国嘉陵　股票代码:600877

会计数据和业务数据摘要

一、本年利润总额及构成(合并报表)　单位:元

项目	2000 年度
1、利润总额	21,326,488.89
2、净利润	23,543,131.82
3、扣除非经常性损益后的净利润	-4,151,092.55
4、主营业务利润	206,673,763.25
5、其他业务利润	29,180,185.03
6、营业利润	-11,198,721.37
7、投资收益	4,540,065.28
8、补贴收入	0
9、营业外收支净额	27,985,144.98
10、经营活动产生的现金流量净额	785,957,136.95
11、现金及现金等价物净增加额	677,395,648.46

注:"扣除非经常性损益后的净利润"指标所涉及的项目和涉及金额:
营业外收支净额:27,985,144.98
合并价差摊入:-290,920.61

二、近三年主要会计数据和财务指标(合并报表)　单位:元

指标项目	2000 年	1999 年	1998 年 追溯调整后	1998 年 追溯调整前
1.主营业务收入	2,572,520,360.98	3,148,600,196.83	2,280,503,791.37	2,280,503,791.37
2.净利润	23,543,131.82	52,928,409.11	167,001,956.93	181,050,794.40
3.总资产	3,854,130,296.82	3,513,362,636.02	3,372,325,298.85	3,661,563,436.13
4.股东权益(不含少数股东权益)	1,521,238,195.25	1,496,269,045.18	1,501,370,173.42	1,779,043,917.24
5.每股收益	0.05	0.11	0.35	0.38
每股收益(加权)	0.05	0.11	0.35	0.38
扣除非经常性损益后的每股收益	-0.01	0.09	0.17	0.20
6.每股净资产	3.21	3.16	3.17	3.75
7.调整后的每股净资产	3.08	3.10	3.10	3.64
8、每股经营活动产生的现金流量净额	1.66	0.17	0.35	0.35
9.净资产收益率(%)	1.55	3.54	11.12	10.18
净资产收益率加权(%)	1.53	3.46	11.78	10.72

股本变动及股东情况

一、股本变动情况 1、股份变动情况表　数量单位:股

	本次变动前	本次变动增减(+,-) 配股	送股	公积金转股	增发	其他	小计	本次变动后
一、未上市流通股份								
1、发起人股份	354270840					-100000000	-100000000	254270840
其中:国家持有股份	354270840					-100000000	-100000000	254270840
未上市流通股份合计	354270840					-100000000	-100000000	254270840
二、已上市流通股份								
1、人民币普通股	119600000					+100000000	+100000000	219600000
4、其他已上市流通股份合计	119600000					+100000000	+100000000	219600000
三、股份总数	473870840					0	0	473870840

二、股东情况介绍

1、股东数量截止 2000 年 12 月 31 日,本公司股东总数为 115703 户,其中国家股股东 1 户,社会公众股股东 115702 户。

2、主要股东持股情况

持股单位	2000 年末持股数(股)	占总股本比例(%)
中国兵器装备集团公司(国家股)	254270840	53.66
铁力证券	2784716	0.59
张莉	1607291	0.34
何国宾	1492907	0.32
张兴明	1367471	0.29
郑仁红	1244036	0.26
英华经贸	1223872	0.26
姚艳萍	1028819	0.22
哈里实业	1000000	0.21
钱文荣	974930	0.21

注:中国兵器装备集团公司是在原中国兵器工业总公司改制的基础上,于一九九九年成立的国有独资公司,主要从事国有资产投资、经营管理及有关军品和民品的开发、设计、制造、销售等,截止 2000 年底作为国家股股东持有我公司 53.66%的股份。年度内其没有质押。

大连北大科技(集团)股份有限公司

一、公司简介

1、中文名称:大连北大科技(集团)股份有限公司
英文名称:DALIANBEEDATECHNOLOGY(GROUP)CO.,LTD.　英文缩写:DBTC
2、法定代表人:洪友声　3、董事会秘书:郭颖利
联系地址:大连市高新园区高新街 1 号大连北大科技(集团)股份有限公司董事会秘书处
电话:0411—4792626　传真:0411—4790101　电子信箱:gyldl@21cn.com
4、公司注册地址:大连市甘井子区凌南路 58 号
公司办公地址:大连市高新园区高新街 1 号　邮政编码:116023
公司国际互联网网址:http://www.beeda.com　电子信箱:dbvt@mail.dlptt.ln.cn
5、指定信息披露报纸:《中国证券报》
登载年报的国际互联网网址:http://www.sse.com.cn
年报备置地点:公司董事会秘书处
6、股票上市地:上海证券交易所　股票简称:北大科技　股票代码:600878

二、会计数据与业务数据摘要

(一)本年度利润指标情况　单位:元

1.利润总额	35,456,501.76
2.净利润	32,488,487.60
3.扣除非经常性损益后的净利润	33,679,671.90
4.主营业务利润	73,834,528.29
5.其他业务利润	48,825.00
6.营业利润	36,644,934.06
7.投资收益	
8.补贴收入	
9.营业外收支净额	-1,188,432.30
10.经营活动产生的现金流量净额	-37508,947.34
11.现金及现金等价物净增加额	-45,613,070.31

净资产收益率及每股收益指标列示如下:

	净资产收益率 全面摊薄	净资产收益率 加权平均	每股收益 全面摊薄	每股收益 加权平均
主营业务利润	14.05%	14.49%	0.26	0.26
营业利润	6.97%	7.19%	0.129	0.129
净利润	6.18%	6.38%	0.14	0.14
扣除非经营性损益后的净利润	6.41%	6.61%	0.118	0.118

注:在"扣除非经常性损益后的净利润"中,扣除项目为营业外支出:1,191,184.30 元

(二)公司前三年主要会计数据和财务指标　单位:元

项目	2000 年	1999 年	1998 年
主营业务收入	259,799,248.98	558,199,727.36	224,925,684.77
净利润	32,488,487.60	120,269,996.66	43,094,983.95
总资产	825,979,134.39	721,286,885.38	474,080,502.38
股东权益	525,666,486.90	493177,999.30	374,574,459.03
每股收益	0.114	0.423	0.197
每股净资产	1.848	1.734	1.71
调整后的每股净资产	1.833	1.713	1.63
每股经营活动产生的现金流量净额(元/股)	-0.13	0.045	0.68
净资产收益率(%)	6.18	24.391	1.51
按月平均加权计算:每股收益(元/股)	0.114		
扣除非经常性损益后的每股收益(元/股)	0.118		

三、股东情况介绍

(一)本报告期末公司股东总数为 90496 户,公司无内部职工股或公司职工股。
(二)本公司前 10 名股东如下:

名称	持股数(股)	持股比例(%)
大连北大企业集团公司	66626468	23.42
中粮国际仓储运输公司	52000000	18.28
大连新虹贸易发展有限公司	9352516	3.29
中国工业机械进出口公司	8700000	3.06
深圳万科企业股份有限公司	5703750	2.01
大连汽车工业贸易集团公司	4614889	1.62
深圳康佳电子(集团)股份有限公司	3802500	1.34
深圳市赛格达声股份有限公司	3802500	1.34
沈阳市信托投资公司	3802500	1.34
深圳鑫和森化工有限公司	3802500	1.34

本报告期末,大连北大企业集团公司持股比去年减少 1400 万股,其中 2000 年 11 月 18 日,经北京市第一中级人民法院执行划转 530 万股;2000 年 11 月 30 日,经北京市第一中级人民法院执行划转 870 万股。本报告期末该公司持有本公司股票 66626468 股,占公司总股本的 23.42%,其中 3000 万股质押给中国民生银行大连分行,质押期至 2001 年 12 月 5 日止;

2001 年 1 月 15 日大连北大企业集团公司所持有的 1500 万股股份经新疆高级人民法院执行转让给上海新理益投资管理有限公司,大连北大企业集团公司持股数变为 51626468 股,占公司总股份的 18.15%,成为我公司第二大股东。中粮国际仓储运输公司成为第一大股东,该公司持有的本公司股份 5200 万股,其中 5000 万股质押给中信银行广州分行,质押期到 2001 年 12 月 20 日止。

四、股东大会简介

(一)2000 年 3 月 24 日召开大连北大车行(集团)股份有限公司 2000 年第 1 次临时股东大会,审议通过了公司变更名称并修改《公司章程》的决议、修改《公司章程》中有关"注册资本"条款的决议。本次决议公告刊登在 2000 年 3 月 27 日《中国证券报》、《上海证券报》。

(二)2000 年 5 月 12 日召开大连北大科技(集团)股份有限公司 1999 年度股东大会,审议了中粮国际仓储运输公司(持股 52000000 股,占总股本的 18.28%)提出的"关于延缓表决'延长前次配股方案有效期限议案'的提案"、公司 1999 年度董事会工作报告、公司 1999 年度监事会工作报告、公司 1999 年度财务决算报告、公司 1999 年度利润分配方案、关于提请股东大会延长前次配股方案有效期限的决议、公司前次募集资金使用情况的说明。本次决议公告刊登在 2000 年 5 月 16 日《中国证券报》、《上海证券报》。

长征火箭技术股份有限公司

一、公司简介

1、公司名称中文名称:长征火箭技术股份有限公司
英文名称:LONG MARCH LAUNCH VEHICLE TECHNOLOGY CO.,LTD.
2、公司法定代表人:厉建中先生　3、公司董事会秘书:吕凡先生
联系地址:武汉市新华路 316 号良友大厦 17 楼
联系电话:(027)85496255　传真:(027)85496252　电子信箱:lufan@rocketstock.com.cn
4、公司注册地址:武汉经济技术开发区高科技园　邮政编码:430056
公司办公地址:武汉市新华路 316 号良友大厦 17 楼
邮政编码:430015 公司国际互联网址:http://www.rocketstock.com.cnQ
5、公司选定的信息披露报纸名称:《中国证券报》、《上海证券报》
登载公司年度报告的中国证监会指定的国际互联网址:http://www.sse.com.cn
年度报告备置地点:武汉市新华路 316 号良友大厦 17 楼公司证券部
6、公司股票上市交易所:上海证券交易所　股票简称:火箭股份　股票代码:600879

二、会计数据和业务数据摘要

(一)本年度主要利润指标及现金流量状况:(单位:人民币元)

栏目	2000 年母公司数	2000 年合并数
利润总额	78,231,514.35	84,130,232.67
净利润	64,227,185.70	64,227,185.70
扣除非经营性损益后的净利润	50,521,334.57	50,615,024.70
主营业务利润	99,333,283.63	43,493,732.77
其它业务利润	108,006.85	168,760.71
营业利润	42,703,610.27	70,518,071.67
投资收益	21,822,052.95	0.00
补贴收入	13,972,101.86	13,972,101.86
营业外收支净额	-266,250.73	-359,940.86
经营活动产生的现金流量净额	-11,849,417.70	9,772,224.97
现金及现金等价物净增加额	-39,451,043.58	-10,713,071.59

本年度非经营性损益项目:

项目	2000 年母公司数	2000 年合并数
补贴收入	13,972,101.86	13,972,101.86
营业外收入	21,911.76	28,604.15
营业外支出	288,162.49	388,545.01
合计	13,705,851.13	13,612,161.00

(二)公司前三年主要会计数据及财务指标

栏目	2000 年度	1999 年度	1998 年度	
	合并	合并	调整前	调整后
主营业务收入(元)	420,292,613.65	266,573,939.57	177,996,569.90	177,996,569.90
净利润(元)	64,227,185.70	32,364,853.51	24,705,815.98	21,221,617.90
总资产(元)	882,939319.44	628,949,205.02	662,300,507.01	658,816,308.93
股东权益	337,502,232.50	272,662,001.31	243,781,345.88	240,297,147.80
全面摊薄每股收益	0.44	0.33	0.25	0.22
加权平均计算的每股收益	0.44	0.33	0.25	0.22
扣除非经营损益后的每股收益	0.35	0.32	0.25	0.22
每股净资产	2.32	2.81	2.51	2.47
调整后的每股净资产	2.32	2.72	2.41	2.37
每股经营活动产生的现金流量净额	0.07	0.99	-0.50	-0.50
全面摊薄净资产收益率(%)	19.03	11.87	10.13	8.83
加权平均净资产收益率(%)	21.07	12.62	15.60	13.55

注:按照中国证监会《公开发行证券公司信息披露编报规则(第 9 号)》要求计算净资产收益率和每股收益。

项目	净资产收益率(%)				每股收益(元/股)			
	全面摊薄		加权平均		全面摊薄		加权平均	
	2000 年	1999 年	2000 年	1999 年	2000 年	1999 年	2000 年	1999 年
主营业务利润	42.52%	33.48%	47.08%	35.59%	0.98	0.94	0.98	0.94
营业利润	20.89%	13.45%	23.14%	14.29%	0.48	0.38	0.48	0.38
净利润	19.03%	11.87%	21.07%	12.62%	0.44	0.33	0.44	0.33
扣除非经常性损益后的净利润	15.00%	11.49%	16.61%	12.22%	0.35	0.32	0.35	0.32

3、报告期内股东权益变动情况(单位:元)

项目	股本	资本公积	盈余公积	其中:公益金	未分配利润	合计
期初数	97,148,090.00	81,281,380.84	25,454,491.82	6,207,880.94	68,778,038.65	272,662,001.31
本年增加数	48,574,038.00	4,513,045.49	9,634,077.87	3,211,359.29	54,593,107.83	117,314,269.19
本年减少数		19,429,615.20			33,044,422.80	52,474,038.00
期末数	145,722,128.00	66,364,811.13	35,088,569.69	9,419,240.23	90,326,723.68	337,502,232.50

三、股本变动及股东情况

1.本报告期末股东总数为 17,643 户。
2.报告期末公司前十名股东持股情况

股东名称	持股数量(股)	占总股本比例(%)	股份性质
(1)中国运载火箭技术研究院	38784600	26.615	国有法人股
(2)武汉国有资产经营公司	17986073	12.343	国家股
(3)普惠基金	5026950	3.450	流通股
(4)北京长征宇通测控通信技术有限责任公司	4371660	3.000	法人股
(5)武汉创科	2612295	1.793	法人股
(6)华通广告	1125000	0.772	法人股
(7)上海泛亚工贸公司	742500	0.510	法人股
(8)华江实业	522928	0.359	流通股
(9)许照秀	404360	0.277	流通股
(10)韩绍林	392696	0.269	流通股

注:①持有公司 5%以上(含 5%)股份的股东为国运载火箭技术研究院以及武汉国有资产经营公司,其股份未发生质押或冻结情况;

②在本报告期内,持有公司 5%以上股份的股东中,运载火箭技术研究院所持股份增加 12,928,200 股,武汉国有资产经营公司所持股份增加 5,995,358 股,增加原因为公司在报告期内实施了 1999 年度利润分配及公积金转增股本方案。

成都博瑞传播股份有限公司

一、公司简介

1、公司法定中文名称:成都博瑞传播股份有限公司
公司法定英文名称:Chengdu B-ray Media Co.,Ltd(缩写:B-Ray Media)
2、公司法定代表人:孙旭军
3、董事会秘书:张跃铭　电话:(028)7651183　传真:(028)7651183
证券事务代表:李良　电话:(028)7688313　传真:(028)7688427
4、公司注册地址:四川省成都市郫县唐昌镇南外街 2 号　邮编:611733
公司办公地址:成都市花牌坊街 185 号　邮编:610031
5、公司选定的信息披露报纸:《上海证券报》、《中国证券报》
登载公司年度报告的中国证监会指定的国际互联网网址:http://www.sse.com.cn
公司年度报告备置地点:公司办公室(成都市花牌坊街 185 号)
6、公司股票上市地:上海证券交易所　公司股票简称:博瑞传播　公司股票代码:600880

二、主要财务指标

1、本年度主要会计数据
利润总额 30,052,574.74 元;
净利润 27,353,798.68 元;
扣除非经常性损益后的净利润 26,568,537.33 元;
主营业务利润 70,404,643.82 元;
其他业务利润 2,076,210.28 元;
营业利润 25,852,992.81 元;
投资收益 3,374,539.37 元;
补贴收入 0.00 元;
营业外收支净额 825,042.56 元;
经营活动产生的现金流量净额 41,314,774.22 元;
现金及现金等价物增加额 20,093,399.32 元。
注:扣除非经常性损益项目和涉及金额:
城建拆迁安置补偿费 785,261.35 元。
2、近三年主要财务指标

指标名称	计量单位	2000 年	1999 年	1998 年	
				调整前	调整后
主营业务收入	万元	22475.80	15617.64	9875.37	9875.37
净利润	万元	2735.38	2459.57	1977.83	1700.47
每股收益	元	0.21	0.19	0.27	0.24
每股收益(加权)	元	0.21	0.27		
扣除非经常性损益的每股收益	元	0.20	0.10	0.19	0.14
净资产收益率	(%)	13.08	13.08	10.50	10.36
每股经营活动产生的现金流量净额	元	0.32	0.06	0.17	0.17
总资产	万元	39864.75	34258.13	29651.14	27982.14
股东权益	万元	20913.20	18806.19	18823.40	16420.40
每股净资产	元	1.61	1.44	2.60	2.27
调整后的每股净资产	元	1.38	1.37	2.59	2.26

3、报告期内股东权益变动情况(单位:元)

项目	股本	资本公积	盈余公积	法定公益金	未分配利润	股东权益合计
期初数	130180050	29871986.37	32137687.31	6379781.24	-4127870.48	188061853.20
本期增加	-	2828914.90	14095816.90	-	4145378.28	21070110.08
本期减少	-	-	4294253.28			
期末数	130180050	32700901.27	46233504.21	2085527.96	17507.80	209131963.28

说明:　1、资本公积增加主要系联营企业成都博瑞广告有限公司收到的财政返还款,本公司按投资比例所享有的财政返还款。

2、期末盈余公积比期初增加 1,409.58 万元,主要原因系本期计提"两金"形成。

3、期初未分配利润-4,127,870.48 元,比上年审定数 1,043,836.45 元减少了 5,171,706.93 元,系公司根据成都市证管办检查情况及公司董事会决议补计以前年度销售费用 7,783,332.46 元,相应调整年初未分配利润及盈余公积.

三、股本变动及股东情况介绍

(一)股本变动情况
(1)股份变动情况表数量单位:股

项目	期初数	本次变动增减(+/-)					期末数
		其他	配股	送股	公积金转股	小计	
一、尚未流通股份							
1、发起人股份	54260406						54260406
其中:国家拥有股份	18260406						18260406
境内法人持有股份	36000000						36000000
2、募集法人股	34042194						34042194
3、转配股	4　437450	-4437450				-4437450	
尚未流通股份合计	92740050	-4437450				-4437450	88302600
二、已流通股份	-						
境内上市的人民币普通股	37440000	4437450				4437450	41877450
已流通股份合计	37440000	4437450				4437450	41877450
三、股份总数	130180050						130180050

2、股东情况介绍
(1)本报告期末股东总数为 9652 户。
(2)前十名股东持股情况(截止 2000 年 12 月 31 日)

股东名称	期末持股数(万股)	占总股本比例(%)
1、成都博瑞投资有限责任公司	3834.00	29.45
2、成都市国有资产管理局	1826.04	14.03
3、成都新阳实业投资有限公司	604.68	4.65
4、四川雪豪投资咨询有限公司	297.00	2.28
5、基金景业	294.23	2.26
6、基金景博	268.87	2.07
7、四川天歌集团股份有限公司	234.00	1.80
8、深圳农村信用合作联社	234.00	1.80
9、深圳市旭能投资有限公司	234.00	1.80
10、吉林轻工股份有限公司	187.20	1.44

吉林亚泰(集团)股份有限公司

一、公司简介

1.公司法定中文名称: 吉林亚泰(集团)股份有限公司
英文名称: JILIN YATAI (GROUP) CO.,LTD.
缩写: YTG
2.公司法定代表人: 董事长 宋尚龙
3.公司董事会秘书: 孙晓峰　　授权代表:王化民
联系地址:长春市吉林大路 281 号
联系电话: (0431) 4956688　传真: (0431) 4951400
电子信箱:yatai@public.cc.jl.cn
4.公司注册及办公地址: 长春市吉林大路 281 号
邮编: 130031
公司国际互联网网址:www.yatai.com
公司电子信箱:yatai@public.cc.jl.cn
5.公司选定的信息披露报纸:《上海证券报》、《中国证券报》、《证券时报》
登载年度报告的国际互联网网址:http://www.sse.com.cn
公司年报备置地点:公司证券投资部
6.公司股票上市交易所: 上海证券交易所
股票简称: 亚泰集团
股票代码: 600881

二、会计数据和业务数据摘要

(一)本年度主要利润指标情况(单位:元)

利润总额	205,310,913.78
净利润	174,345,193.17
扣除非经常性损益的净利润	126,560,943.28
主营业务利润	361,214,600.83
其他业务利润	4,852,150.38
营业利润	151,918,866.25
投资收益	28,783,801.91
补贴收入	29,522,078.65
营业外收支净额	-4,913,833.03
经营活动产生的现金流量净额	3,515,801.41
现金及现金等价物净增加额	250,975,032.07

注:扣除非经常性损益后的净利润:净利润额中扣除下列非经常性收入项目的税后净额

1、热费补贴收入	23,800,000.00 元
2、增值税返还	1,293,766.85 元
3、利息减免	26,867,241.12 元
4、营业外收支净额	-4,176,758.08 元

(二)近三年的主要会计数据和财务指标

年　度	2000	1999
主营业务收入(元)	1,055,335,590.63	824,356,975.67
净利润(元)	174,345,193.17	123,289,240.65
总资产(元)	4,033,217,280.13	3,428,087,375.52
股东权益(元)	1,725,108,951.12	1,181,519,577.30
(不含少数股东权益)		
每股收益(元/股)		
加权平均	0.41	0.33
全面摊薄	0.37	0.30
扣除非经常性损益后	0.27	0.20
每股净资产(元/股)	3.63	2.88
全面摊薄		
每股经营活动产生的现金流量净额(元/股)	0.01	0.26
净资产收益率(%)		
加权平均	12.75	10.81
全面摊薄	10.11	10.43
调整后的每股净资产(元/股)	3.51	2.79

(三)利润表附表

按照中国证监会《公开发行证券公司信息披露编报规则(第 9 号)》要求计算 2000 年报告期利润的净资产收益率和每股收益。

报告期利润	净资产收益率(%) 全面摊薄	净资产收益率(%) 加权平均	每股收益(元) 全面摊薄	每股收益(元) 加权平均
主营业务利润	20.94	26.42	0.76	0.85
营业利润	8.81	11.11	0.32	0.36
净利润	10.11	12.75	0.37	0.41
扣除非经常损益后的净利润	7.34	9.26	0.27	0.30

三、股东情况介绍

(一)股东数量

2000 年 12 月 31 日,公司股东总数为 179,797 户,其中,国家股股东数为 2 户,社会公众股股东数为 179,795 户。

(二)主要股东持股情况

2000 年 12 月 31 日,公司前 10 名股东持股情况

名次	股东名称	年末持股数量(万股)	占总股本比例(%)
1	长春市国有资产管理局	18,063.3065	38.02
2	辽源市国有资产管理局	1,895.7582	3.99
3	江苏联合	264.3520	0.56
4	赵坚	130.0000	0.30
5	上港集箱	64.9067	0.27
6	鑫苏投资	58.9680	0.12
7	宁夏证券	56.0000	0.12
8	晏福有	40.0000	0.08
9	新疆特变	39.8800	0.08
10	兴和基金	26.8338	0.06

其中,长春市国有资产管理局和辽源市国有资产管理局所持有的是国家股。持有本公司 5%以上股份的股东只有长春市国有资产管理局,其所持股份无质押或冻结情况。

山东大成农药股份有限公司

一、公司简介

1、公司的法定中文名称:山东大成农药股份有限公司
公司的法定英文名称:SHANDONG DACHENG PESTICIDE CO.,LTD.
2、公司法定代表人:耿佃杰
3、公司董事会秘书:于 宁
联系地址:山东省淄博市张店区洪沟路 25 号
联系电话:0533-2111999-6358　传 真:0533-2113511
4、公司注册地址:山东省淄博市张店区洪沟路 25 号
公司办公地址:山东省淄博市张店区洪沟路 25 号　　邮政编码:255009
公司国际互联网网址:http://www.shannong.com　　电子信箱:sdny1@zb-public.sd.cninfo.net
5、公司选定的信息披露报纸名称:《上海证券报》
登载公司年度报告的中国证监会指定国际互联网网址:http://www.sse.com.cn
公司年度报告备置地点:公司证券投资部
6、公司股票上市交易所:上海证券交易所
股票简称:山东农药　　股票代码:600882

二、会计数据和业务数据摘要

1、公司本年度主要会计数据　　金额单位:元

利润总额:	12,909,377.23
净利润:	10,909,995.47
扣除非经常性损益后的净利润:	10,909,995.47
主营业务利润:	73,616,110.58
其他业务利润:	-834,248.20
营业利润:	754,575.69
投资收益:	7,686,045.45
补贴收入:	5,126,174.88
营业外收支净额:	-657,418.79
经营活动产生的现金流量净额:	22,323,682.30
现金及现金等价物净增加额:	-4,487,521.46

2 、截止报告期末公司前三年的主要会计数据和财务指标:

项目	2000 年度	1999 年度 调整后	1998 年度 调整前	
主营业务收入(元)	390,147,731.34	399,219031.52	342,138,340.10	342,138,340.10
净利润(元)	10,909,995.47	31,852,054.72	23,529,681.27	31,737,717.17
总资产(元)	937,155,788.34	892,989,083.57	638,625,937.23	664,196,461.32
股东权益(不含少数股东权益)(元)	528,778,551.11	517,868,555.64	305,842,560.92	331,895,843.14
每股收益(元/股)	0.06	0.17	0.15	0.21
每股收益(按月加权)(元/股)	0.06	0.20	0.15	0.21
扣除非经常性损益后每股收益(元/股)	0.06	0.17	0.15	0.21
每股净资产(元/股)	2.85	2.78	2.01	2.18
调整后的每股净资产(元/股)	2.65	2.73	1.87	2.04
每股经营活动产生的现金流量净额(元/股)	0.12	-0.21	0.11	0.11
净资产收益率(%)	2.06	6.15	7.69	9.56

报告期利润	净资产收益率(%) 全面摊薄	净资产收益率(%) 加权平均	每股收益(元/股) 全面摊薄	每股收益(元/股) 加权平均
主营业务利润	13.92	14.07	0.40	0.40
营业利润	0.14	0.14	0.004	0.004
净利润	2.06	2.08	0.06	0.06
扣除非经常性损益后的净利润	2.06	2.08	0.06	0.06

计算公式如下:
全面摊薄净资产收益率=报告期利润 //期末净资产
全面摊薄每股收益=报告期利润 //期末股份总数
加权平均净资产收益率(ROE)=P/(E0+NP ÷2+Ei ×Mi ÷M0-Ej ×Mj ÷M0)

其中:P 为报告期利润;NP 为报告期净利润;E0 为期初净资产;Ei 为报告期发行新股或债转股等新增净资产;Ej 为报告期回购或现金分红等减少净资产;M0 为报告期月份数;Mi 为新增净资产下一月份起至报告期期末的月份数;Mj 为减少净资产下一月份起至报告期期末的月份数。

三、股东情况介绍

1、本报告期末,公司股东数为 64,567 人。

2、本报告期内,持有本公司 5%以上(含 5%)股份的股东只有淄博市国有资产管理局 1 个,其所持股份在本年度内未发生变动,也无质押与冻结情况。

3、前 10 名股东持股情况

股东名称	持股数量(股)	占总股本比例(%)	股份类型
淄博市国有资产管理局	87,739,146	47.21	国家股
陈晖	615,850	0.33	社会公众股
张店向阳化工厂	586,385	0.32	法人股
澳立公司	445,524	0.24	社会公众股
金陵	383,649	0.21	社会公众股
金乐清	377,100	0.20	社会公众股
邹腾	267,000	0.14	社会公众股
陈芸	240,000	0.13	社会公众股
吴炳源	234,195	0.13	社会公众股
喻会芳	210,000	0.11	社会公众股

前 10 名股东中,国家股股东与其余 9 名股东之间不存在关联关系,公司未知后 9 名股东之间的关联关系。

四、股东大会简介

1、本公司于 2000 年 6 月 13 日在公司会议室召开了 1999 年度股东大会,决议公告(临 2000-005)刊登在 2000 年 6 月 14 日的《上海证券报》。

2、本公司于 2000 年 9 月 25 日在公司会议室召开了 2000 年第 1 次临时股东大会(通讯表决),决议公告(临 2000-011)刊登在 2000 年 9 月 26 日的《上海证券报》。

云南富邦科技实业股份有限公司

一 、公司简介

1 、公司中文名称:云南富邦科技实业股份有限公司
英 文:Yunnan Fortune Science&Technology Industry Co.,Ltd. 缩写:YNFSTC
2 、公司法定代表人:吴远之先生
3 、公司信息披露人员
董 事会秘书:张春东 证券事务代表:赵建军
联 系地址:保山市下巷街 52 号(邮编:678000)
电 话:0875-2134198(保山)、010-62187958(北京)
传 真:0875-2134298(保山)、010-62186807(北京)
电 子信箱:yf883@8848.net
4 、公司注册地址:云南省保山市汉庄镇黑石头 ((邮政编码:678000)
董 事会办公室地址:保山市下巷街 52 号 电 子信箱:ynfstc@8848.net
5 、公司信息披露报纸:《上海证券报》
登 载公司年报的国际互联网网址:http://www.sse.com.cn
公 司年报备置地点:公司董事会办公室 6 、公司股票上市交易所:上海证券交易所
股 票简称:富邦科技 股 票代码:600883

二 、会计数据和业务数据摘要

1 、本年度业务数据摘要 单位:人民币元

项 目	金 额
(1)利润总额:	11,856,603.73
(2)净利润:	10,365,164.06
(3)扣除非经营性损益后的净利润:	10,878,165.10
(4)主营业务利润:	24,960,469.75
(5)其他业务利润:	-100,905.93
(6)营业利润	12,412,196.86
(7)投资收益:	-34,841.74
(8)补贴收入:	0.00
(9)营业外收支净额:	-520751.39
(10)经营活动产生的现金流量净额:	3,621,043.42
(11)现金及现金等价物净增加额:	4,024,874.85

说 明:第(3)项指标中扣除的非经常性损益项目及金额为:合并价差摊销贷差 7,750.35 元,营业外收入 132,665.88 元,其中罚没收入 129,925.51 元,处置固定资产净收益 36.09 元,其他收入 6,704.28 元; 营业外支出 653,417.27 元, 其中罚没支出 11,600.30 元, 处理固定资产净损失 612,710.06 元,捐赠支出 24,107.80 元,其他支出 4,999.11 元。

2 、公司近三年主要会计数据和财务指标:

项目	2000 年	1999 年	1998 年调整后	1998 年调整前
(1)主营业务收入(元)	61,699,139.10	72,821,546.12	60,664,243.06	60,664,243.06
(2)净利润(元)	10,365,164.06	20,444,474.81	14,198,723.06	14,255,163.84
(3)总资产(元)	201,171,817.92	185,202,988.56	144,364,701.40	144,479,649.21
(4)股东权益(元)	137,592,027.48	133,995,221.33	113,550,746.52	113,648,452.15
(5)每股收益(元)	0.102	0.3007	0.209	0.2096
扣除非经常性损益后的每股收益(元)	0.107	0.301	0.213	0.2143
(6)每股净资产(元)	1.349	1.97	1.67	1.671
(7)调整后的每股净资产(元)	1.336	1.954	1.654	1.655
(8)每股经营活动产生的现金流量净额(元)	0.036	0.392	0.173	0.173
(9)净资产收益率(%)	7.53%	15.26	12.50	12.54
(10)加权平均净资产收益率(%)	7.47%	16.52	13.34	13.40

按照中国证监会《公开发行证券公司信息披露编报规则(第 9 号)》规定计算的利润指标如下:

报告期利润	净资产收益率		每股收益	
	全面摊薄	加权平均	全面摊薄	加权平均
主营业务利润	18.14%	18.00%	0.2447	0.2447
营业利润	9.02%	8.95%	0.1217	0.1217
净利润	7.53%	7.47%	0.1016	0.1016
扣除非经常性损益后的净利润	7.91%	7.84%	0.1066	0.1066

3 、股东权益变动情况: 单位:元

项 目	股 本	资本公积	盈余公积	法定公益金	未分配利润	股东权益合计
期初数	68,000,000.00	10,728,693.36	17,112,568.11	5,446,146.60	37,648,347.82	133,489,609.52
本期增加	34,000,000.00	402,717.30	1,883,197.50	627,732.50	10,365,164.06	46,651,078.86
本期减少					42,548,660.90	42,548,660.90
期末数	102,000,000.00	11,131,410.66	18,995,765.84	6,073,879.10	5,464,850.98	137,592,027.48
变动原因	实施了送股方案	推散基金转入	按净利润计提	按净利润计提	报告期实施分配	

三 、股东情况介绍

1 、截止 2000 年末,本公司股东总数为 23051 户。其中:发起人国有法人股股东 1 户,社会法人股股东 42 户,社会公众股股东 23008 户。

2 、公司前十名股东持股情况 ((股份单位:万股)

股东名称	期初持股	期内变动	期末持股	期末比例
①富邦投资有限责任公司	2,000	1,000	3,000	29.41%
②深圳市得融投资发展有限公司	1,500	750	2,250	22.06%
③云南省保山建材实业集团公司	1,000	500	1,500	14.71%
④云南省腾冲县保腾商号	100	50	150	1.47%
⑤云南省设计院	100	50	150	1.47%
⑥云南建材机械厂	30	15	45	0.44%
⑦保山市永昌村镇建设开发有限公司	22.2	11.1	33.3	0.33%
⑧保山市下村建筑公司	20	10	30	0.29%
⑨保山化轻建材供销公司	20	10	30	0.29%
⑩保山地区建筑工程总公司	20	10	30	0.29%

说 明:(1)云南省保山建材实业集团公司所持股份为国有法人股。
(2)公司前十名股东所持股份均为未上市流通股份,其股份增加的原因为报告期内公司按 10:5 的比例实施了送股方案。

宁波杉杉股份有限公司

一、公司简介

1、公司法定中文名称:宁波杉杉股份有限公司
英文名称:NINGBO SHANSHAN CO.,LTD.
公司英文名称缩写: NBSS
2、公司法定代表人:郑永刚
3、公司董事会秘书:陈正良
联系地址:宁波市天童北路 1133 号 邮政编码:315192
联系电话:0574—8208358,8203333—3033
分机传真:0574—8208333
电子信箱:chenzzl@163.net
4、公司注册地址:宁波市百丈路 158 号
邮政编码:315040
办公地址:宁波市天童北路 1133 号 邮政编码:315192
公司国际互联网网址:http://www.shanshan.com.cn
电子信箱:stock@shanshan.com.cn
5、公司选定的信息披露报纸:中国证券报、上海证券报
登载公司年度报告的中国证监会指定网址:http://www.sse.com.cn
公司年度报告备置地点:宁波市天童北路 1133 号
6、公司股票上市交易所:上海证券交易所
股票简称:杉杉股份 证券代码:600884

二、会计数据和业务数据摘要

1、本年度利润总额及构成(合并报表数据) 金额单位:人民币元

利润总额	126,260,877
净利润	119,943,479
扣除非经常性损益后的净利润	76,565,175
主营业务利润	310,348,592
其他业务利润	46,301,060
营业利润	128,207,285
投资收益	-15,641,132
补贴收入	16,138,231
营业外收支净额	-2,443,507
经营活动产生的现金流量净额	56,809,327
现金及现金等价物净增加额	-53,990,263

注:非经常性损益项目和涉及金额
1. 股权投资差额 271,096 元;
2. 补贴收入 16,138,231 元。
3. 土地转让收益 43,514,872 元。
4. 清算关闭子公司损失 -16,545,895 元。

2、主要会计数据和财务指标 金额单位:人民币元

指标项目	2000.12.31	1999.12.31	1998.12.31	
			调整前	调整后
主营业务收入	807,048,430	782,382,081	763,407,301	763407301
净利润	119,943,479	87,493,767	87,153,340	70,142,698
总资产	1,229,180,423	1307,031444	1295902,325	1,239,218,088
股东权益(不含少数股东权益)	840,461,759	743,041,529	567,922,606	511,238,369
每股收益(摊薄)	0.504	0.368	0.602	0.484
每股收益(加权)	0.504	0.594	0.79	0.636
扣除非经常性损益后每股收益(摊薄)	0.322	0.298	0.427	0.31
扣除非经常性损益后每股收益(加权)	0.322	0.480	0.561	0.407
每股净资产	3.53	3.12	3.92	3.53
调整后的每股净资产	3.48	3.04	3.78	3.39
每股经营活动产生的现金流量净额	0.239	0.515	0.603	0.603
净资产收益率%	14.27	11.78	15.35	13.72

三、股东情况介绍

(一) 股东情况介绍
1、截止报告期末,公司股东总数为 84553 户。
2、前十名持股股东情况:

股东名称	年度内股份变动	期末持股数	持股比例	变动原因及类型
1、杉杉集团有限公司	0	99,403,920	41.80%	法人股
2、上海一百集团有限公司	0	8,074,080	3.39%	法人股
3、上海永博实业有限公司	0	6,650,280	2.79%	法人股
4、鄞县咨询	0	2,027,781	0.85%	流通股
5、天迪投资	+1,675,000	1,675,000	0.70%	流通股增持
6、宁波甬城房地产总公司	0	1,534,680	0.65%	法人股
7、淮海投资	-30,638	1,500,000	0.63%	流通股减持
8、余姚宝马	+1,023,120	1,023,120	0.43%	法人股转让
9、鑫苏投资	0	831,180	0.35%	流通股
10、宁波南润贸易发展有限公司	0	767,340	0.32%	法人股

注:除法人股无关联外,其它流通股未知其有关联关系。
3、持有 10%以上的法人股股东杉杉集团有限公司所持本公司股份无质押、冻结等情况。
4、报告期内本公司控股股东未发生变更。

四、股东大会简介

本报告期内,公司共召开了二次股东大会。
1、2000 年临时股东大会
2000 年 4 月 6 日,公司举行了 2000 年第一次临时股东大会。
决议公告 (临 2000—002) 刊登在 2000 年 4 月 7 日的《中国证券报》、《上海证券报》上。
2、第八次股东大会公司第八次股东大会于五月十九日召开。
决议公告(临 2000—005)刊登在 2000 年 5 月 20 日的《中国证券报》、《上海证券报》上。

武汉双虎涂料集团股份有限公司

<一>公司简介

1、公司法定名称：武汉双虎涂料集团股份有限公司
英文名称：WuHan Twin-Tigers Coatings Group Co.Ltd　缩写：TTC
2、公司法定代表人：宋胜广先生
3、公司董事会秘书：武亚丽女士
电话：027-83833770　传真：027-83831498　电子信箱：wyl@mail.whttc.com
董事会证券事务代表：刘守明先生
电话：027-83830702　电子信箱：sh_stock@mail.whttc.com
4、公司注册及办公地址：武汉市桥口区古田路17号　邮政编码：430035
互联网址：http://www.whttc.com　电子信箱：sh_office@mail.whttc.com
5、公司年度报告备置地点：公司董事会秘书处
公司选定的信息披露报纸：《中国证券报》、《上海证券报》、《证券时报》
年度报告披露指定网址：http://www.sse.com.cn
6、公司股票上市交易所：上海证券交易所
股票简称：双虎涂料　股票代码：600885

<二>会计数据和业务数据摘要

1、2000年度主要财务数据　(单位：人民币元)

利润总额	-15,393,816.78
净利润	-15,175,126.79
扣除非经常性损益后的净利润	-15,175,126.79
主营业务利润	22,874,611.93
其他业务利润	231,425.22
营业利润	-17,399,759.94
投资收益	2,200,639.44
营业外收支净额	-194,696.28
经营活动产生的现金流量净额	6,072,970.85
现金及现金等价物净增加额	3,384,790.35

2、截至报告期末公司前三年的主要会计数据和财务指标(单位：元)

项　目	2000年	1999年		1998年
		调整前	调整后	
主营业务收入	102,695,905.26	123,069,063.03	123,069,063.03	155,012,371.07
净利润	-15,175,126.79	1,495,285.28	1,311,970.16	-27,211,212.47
总资产	430,348,294.10	423,134,492.25	422,199,892.98	404,657,612.94
股东权益	132,567,702.23	148,860,743.41	147,742,829.02	147,365,458.13
每股净资产	1.02	1.15	1.14	1.59
调整后的每股净资产	0.85	1.01	1.00	1.12
每股经营活动产生的现金流量净额	0.05	-0.10	-0.10	-0.06
净资产收益率%	11.45	1	0.89	-18.47
每股收益	0.117	0.0115	0.01	-0.29
加权每股收益	-0.117	0.0115	0.01	-0.29
扣除非经常性损益后的每股收益	-0.117	-0.09	-0.088	-0.29

3、按全面摊薄法和加权平均法计算的净资产收益率和每股收益：

报告期利润	净资产收益率(%)		每股收益(元)	
	全面摊薄	加权平均	全面摊薄	加权平均
主营业务利润	17.26	16.32	0.176	0.176
营业利润	-13.13	12.41	-0.134	-0.134
净利润	-11.45	-10.83	-0.117	-0.117
扣除非经常性损益后的净利润	-11.45	-10.83	-0.117	-0.117

<三>股本变动及股东情况

1、股本变动情况
(1)公司股份变动情况表(数量单位：股)

	期初数	本次变动增减(+,-)	期末数
一、未上市流通股份			
1.发起人股份	28,727,972	-19,022,640	9,705,332
其中：国家持有股份	4,245,332		4,245,332
境内法人持有股份	24,482,640	-19,022,640	5,460,000
2.募集法人股份	51,211,160	+19,022,640	70,233,800
3.内部职工股	0		0
未上市流通股合计	79,939,132		79,939,132
二、已流通股份			
境内上市人民币普通股	49,868,000		49,868,000
已流通股份合计	49,868,000		49,868,000
三、股份总数	129,807,132		129,807,132

2、股东情况介绍
(1)报告期末股东总数21743人。
(2)期末主要股东(前十名)持股情况

股东名称	年初持股数(万股)	增减(万股)	年末持股数(万股)	占总股本比例(%)
1 陕西东隆集团公司	2853.396		2853.396	21.98
2 陕西东胜绿色食品科技有限公司	1902.264		1902.264	14.66
3 武汉国有资产经营公司(国家股)	424.5332		424.5332	3.27
4 武汉市建行信托投资有限公司	364		364	2.80
5 鸿飞基金	243.0792		243.0792	1.87
6 湖北省工商银行信托投资公司	182		182	1.40
7 武汉科技城市信用社	118.3		118.3	0.91
8 铁道部第四勘测设计院	109.2		109.2	0.84
9 武汉证券公司	91		91	0.70
10 海南东升城市信用社	91		91	0.70

鸿飞基金(原蓝天基金)名下的243.0792万股非流通法人股已置换给其战略投资者，过户手续正在办理之中，此股权资产已不属于鸿飞基金(原蓝天基金)。

以上均为非流通法人股，前十名股东之间不存在关联关系。

中国石化湖北兴化股份有限公司

一、公司简介

1、公司中文名称：中国石化湖北兴化股份有限公司　缩写：湖北兴化
公司英文名称：SINOPEC HUBEI XINGHUA COMPANY LTD.　缩写：HBXH CO.,LTD
2、公司法定代表人：王瑞光
3、公司董事会秘书：周浩
公司咨询服务机构：证券部
联系地址：湖北省荆门市白庙路63号
联系电话：0724—2210632　传真：0724—2210632
4、公司注册及办公地址：湖北省荆门市白庙路63号
邮政编码：448002　电子信箱：hbxhcltd @ jm-mail.hb.cninfo.net
5、公司选定的信息披露报纸：《中国证券报》、《上海证券报》
登载公司年度报告的中国证监会指定的国际互联网网址：http://www.sse.com.cn
公司年报备置地点：证券部
6、公司股票上市交易所：上海证券交易所
股票简称：湖北兴化　股票代码：600886

二、会计数据和业务数据摘要

(一)本年度利润总额及构成(单位：元)

利润总额：	5,923,689.08
其中：净利润：	5,923,689.08
扣除非经常性损益后的净利润：	5,923,689.08
主营业务利润：	68,222,579.76
其他业务利润：	282,446.59
营业利润：	29,696,434.90
投资收益：	−997,944.79
补贴收入：	0
营业外收支净额：	−22,774,801.08
经营活动产生的现金流量净额：	192,465,569.29
现金及现金等价物净增加额：	89,698,024.28

(二)公司前三年主要会计数据和财务指标(单位：元)

项目	2000年度	1999年度	1998年度
1、主营业务收入	1,859,074,053.90	1,314,714,236.11	1,218,895,759.37
2、净利润	5,923,689.08	−60,056,847.41	63,793,837.90
3、总资产	1,167,000,708.87	1,223,902,772.00	1,263,641,875.52
4、股东权益	953,760,130.50	947,836,441.42	1,007,893,288.83
5、每股收益(全面摊薄)	0.021	−0.213	0.226
6、每股收益(加权平均)	0.021	−0.213	0.29
7、每股收益(扣除非经常性损益全面摊薄)	0.021	−0.183	0.226
8、每股收益(扣除非经常性损益加权平均)	0.021	−0.183	0.226
9、每股净资产	3.385	3.364	3.577
10、调整后的每股净资产	3.385	3.348	3.555
11、净资产收益率(全面摊薄)	0.621%	−6.33%	6.32%
12、净资产收益率(加权平均)	0.623%	−6.14%	8.11%
13、净资产收益率(扣除非经常性损益加权平均)	0.623%	−5.24%	8.11%
14、每股经营活动产生的现金流量净额	0.695	0.191	−0.25

(二)利润表附表：
根据中国证监会《公开发行证券公司信息披露编报规则(第9号)》计算

项目	净资产收益率(%)		每股收益	
	全面摊薄	加权平均	全面摊薄	加权平均
主营业务利润	7.15	7.18	0.242	0.242
营业利润	3.11	3.12	0.105	0.105
净利润	0.621	0.623	0.021	0.021
扣除非经常性损益后的净利润	0.621	0.623	0.021	0.021

(四)报告期内股东权益变动情况(单位：元)

项目	股本	资本公积	盈余公积	法定公益金	未分配利润	股东权益合计
期初数	281,745,826.00	505,925,721.48	153,185,287.08	45,678,328.15	6,979,606.86	947,836,441.42
本年增加−	−	−		−	5,923,689.08	5,923,689.08
本年减少−	−	−		−	−	−
期末数	281,745,826.00	505,925,721.48	153,185,287.08	45,678,328.15	12903,295.94	953,760,130.50

三、股本变动及股东情况

(一)、股本变动情况
1、股东数量：截止2000年12月31日，公司共有股东78100户。
2、公司前十名股东持股情况

股东名称	年末持股数(万股)	占总股本比例(%)
中国石化股份有限公司(国家持股单位)	16223.44	57.58
湖北省石油总公司	581.04	2.06
上海浦东实华经济发展公司	344.40	1.22
中国石化销售中南公司	210.00	0.75
武汉京昌商贸发展中心	84.00	0.30
华夏深圳	61.63	0.22
郑钢钢	51.00	0.18
刘伟铭	30.20	0.11
刘明清	27.23	0.10
绍兴百大	26.69	0.09

注：1、持有公司5%以上股份的股东为中国石油化工股份有限公司。该股东所持本公司股份无任何质押和冻结情况。

2、公司第二、四大股东是第一大股东的子公司。

3、持股10%以上法人股东情况简介中国石油化工股份有限公司是中国最大的一体化石油石化公司。法定代表人：李毅中经营范围：石油和天然气的勘探、开发、生产和贸易；石油的加工、石油产品的贸易及运输、分销和营销；石化产品的生产、分销和贸易。

内蒙古伊利实业集团股份有限公司

一、公司简介

1 、公司名称:内蒙古伊利实业集团股份有限公司
INNER MONGOLIA YILI INDUSTRIAL GROUP CO.,LTD.
英文缩写:NMYILI
2 、公司法定代表人:郑俊怀 先生
3 、公司董事会秘书:杨桂琴 女士
联系地址:内蒙古呼和浩特市金川开发区金四道 8 号
电话:(0471)3901621
传真:(0471)3901615 3901621
电子信箱:yangguiqin@yilinet.com.cn
4 、公司注册地址:内蒙古呼和浩特市金川开发区金四道 8 号
办公地址:内蒙古呼和浩特市金川开发区金四道 8 号
邮政编码:010080
公司国际互联网网址:http://www.yilinet.com.cn
电子信箱:info@yilinet.com.cn
5 、公司选定的信息披露报纸:上海证券报
指定的登载公司年度报告互联网网址:http://www.sse.com.cn
公司年度报告备置地点: 内蒙古呼和浩特市金川开发区金四道 8 号伊利实业集团股份有限公司董事会办公室
6 、公司股票上市交易所:上海证券交易所
股票简称:伊利股份
股票代码:600887

二、会计数据和业务数据摘要

1 、本年度利润总额及构成:(单位:人民币元)

利润总额:	128,222,015.38
净利润:	98,476,957.81
扣除非经营性损益后的净利润:	99,074,261.48
主营业务利润:	413,553,831.53
其他业务利润:	-2,467,936.68
营业利润:	125,414,931.44
投资收益:	3,404,387.61
补贴收入:	
营业外收支净额:	-597,303.67
经营活动产生的现金流量净额:	91,530,910.84
现金及现金等价物净增加额:	-62,345,834.61

2 、近三年主要会计数据和财务指标

项目	2000 年	1999 年	1998 年
主营业务收入(元)	1,505,031,981.51	1,150,797,369.38	1,028,371,666.74
净利润(元)	98,476,957.81	89,274,944.51	77,186,338.16
总资产(元)	1,161,153,138.29	996,152,228.19	934,435,512.86
股东权益(元)(不含少数股东权益)	764,980,340.36	723,009,877.22	674,802,832.31
每股收益(元)	0.67	0.61	0.53
每股净资产(元)	5.22	4.93	4.60
调整后的每股净资产(元)	5.05	4.81	4.52
每股经营活动产生的现金流量净额(元)	0.62	1.04	1.20
净资产收益率(%)	12.87	12.35	11.44

根据中国证券监督管理委员会关于《公开发行证券公司信息披露编报规则第 9 号》的规定,应披露的利润数据如下:

报告期利润	净资产收益率		每股收益	
	全面摊薄	加权平均	全面摊薄	加权平均
主营业务利润	54.06	53.55	2.82	2.82
营业利润	16.39	16.24	0.86	0.86
净利润	12.87	12.75	0.67	0.67
扣除非经常性损益后的净利润	12.95	12.83	0.68	0.68

三、股东情况介绍

1 、报告期末股东总数为 50816 名。
2 、公司主要股东及其持股情况

股东名称	持股数	占总股本(%)
呼和浩特国有资产管理局	33028743	22.52
华世商贸	4021700	2.74
呼和浩特生华联合公司	3930000	2.68
内蒙古财信实业有限公司	3620000	2.47
同盛基金	3113749	2.12
内蒙古元和建筑集团公司	2881000	1.96
普丰基金	2843088	1.94
包头市桂圆实业(集团)有限公司	2346000	1.60
裕阳基金	1778579	1.21
建包证券	1459751	0.99

5 、报告期内公司控股股东没有发生变更,其所持股份没有发生质押、冻结等股份转让受限制的情况。

四、股东大会简介

报告期内公司召开了 1999 年度股东大会,具体情况是:

1 、公司三届五次董事会决议通过 2000 年 6 月 16 日召开 1999 年度股东大会,召集会议通知刊登在 2000 年 5 月 16 日的《中国证券报》和《上海证券报》上.

2 、公司 1999 年度股东大会于 2000 年 6 月 16 日在公司总部二楼会议室召开,出席会议的股东及代表共 89 人,参与表决的股份 89723931 股,占公司股份总数的 61.17%。经本次会议审议并通过了如下决议:公司 1999 年度董事会工作报告及董事会关于执行 1999 年股东大会有关事项的情况报告; 公司 1999 年度监事会工作报告及监事会有关公司过去一年的监督专项报告; 公司 1999 年度财务决算及 2000 年度财务预算; 公司 1999 年度利润分配预案;公司 2000 年经营方针与投资计划;公司 2000 年配股预案;公司实施长期激励制度的议案。

本次会议有关情况、决议内容详细披露在 2000 年 6 月 17 日的《中国证券报》和《上海证券报》上

新疆众和股份有限公司

一、公司简介

1、公司法定中文名称:新疆众和股份有限公司
公司简称:新疆众和
公司英文名称:XINJIANG JOINWORLD CO.,LTD.
英文缩写:XJJW
2、公司法定代表人:张英千
3、公司董事会秘书:崔立新
联系地址:新疆维吾尔自治区乌鲁木齐喀什东路 18 号
联系电话:(0991)6635306--2933
传真:(0991)6637493
4 、注册地址:新疆维吾尔自治区乌鲁木齐喀什东路 18 号
办公地址:新疆维吾尔自治区乌鲁木齐喀什东路 18 号
邮政编码:830013
5、公司指定信息披露报纸:《上海证券报》、《新疆经济报》
登载公司年度报告的中国证监会指定国际互联网网址:
http://www.sse.com.cn
公司年度报告备置地点:董事会秘书处
6、股票上市交易所:上海证券交易所
股票简称:新疆众和 股票代码:600888

二、会计数据和业务数据摘要

1、本年度主要会计数据(单位:元):

利润总额	25,191,849.66
净利润	25,000,925.77
扣除非经常性损益后的净利润	23,296,302.24
主营业务利润	71,128,390.91
其它业务利润	2,348,355.15
投资收益	2,546,109.99
补贴收入	
营业外收支净额	2,749,733.00
经营活动产生的现金流量净额	49,014,666.66
现金及现金等价物净增加额	--4,802,452.89

2、近三年会计数据和财务指标(合并报表)

项目	2000 年	1999 年		1998 年	
		调整前	调整后	调整前	调整后
主营业务收入(元)	417,827,000.69	317,979,333.68	317,979,333.68	278,834,293.64	278,834,293.64
净利润(元)	25,000,925.77	4,637,079.29	2,972,642.93	10,985,493.71	-22,866,539.31
总资产(元)	910,076,114.31	716,766,076.44	716,766,076.44	720,427,251.01	679,843,414.70
股东权益(元)	220,918,101.41	195,917,175.64	195,917,175.64	246,717,761.28	189,630,889.78
每股收益(元)	0.242	0.045	0.029	0.106	-0.221
每股净资产(元)	2.14	1.89	1.89	2.38	1.83
调整后的每股净资产(元)	2.03	1.74	1.74	2.28	1.73
每股经营活动产生的现金流量净额	0.47	0.42	0.42	--0.216	-
净资产收益率(%)	11.32	2.37	1.52	4.55	-12.06

3 、根据证监会《公开发行证券公司信息披露编报规则》第 9 号的规定,分别按全面摊薄法和加权平均法计算净资产收益率和每股收益:

报告期利润	净资产收益率		每股收益	
	全面摊薄	加权平均	全面摊薄	加权平均
主营业务利润	32.20	34.13	0.688	0.688
营业利润	11.50	12.18	0.246	0.246
净利润	11.32	12.00	0.242	0.242
扣除非经常性损益后的净利润	10.55	10.85	0.225	0.225

三 、股东情况介绍

(1)本公司报告期末股东总数为 18015 户。其中国家股股东 1 户,境内法人股东 3 户。
(2)主要股东持股情况

股东名称	持有数量(万股))	占总股本例(%)
①自治区国有资产投资经营公司	6450.600	62.39
②新疆金新信托投资股份有限公司	574.600	5.56
③新疆新保房地产开发公司	194.350	1.88
④深圳大通实业股份有限公司	194.350	1.88
⑤刘钟荣	32.375	0.31
⑥叶远璋	24.014	0.23
⑦陈玉琴	15.876	0.15
⑧韩予	12.333	0.12
⑨林鹤	12.15	0.12
⑩沈维娜	12.00	0.12

(3)自治区国有资产投资经营公司是国家股持股单位,该公司的法定代表人为谢亚涛先生。该公司经营范围:自治区国有资产的投资、经营。
(4)本年度内自治区国有资产投资经营公司所持股份未发生变动。

四、股东大会简介

1、股东大会情况简介:
----本公司一九九九年度股东大会于 2000 年 6 月 20 日在公司铝苑会议室召开。出席会议的股东代表 9 人,代表股份 70309980 股,占公司股份总数的 68.01%,会议通过了以下决议:
(1)审议通过《公司 1999 年度董事会工作报告》。
(2)审议通过《公司 1999 年度监事会工作报告》。
(3)审议通过《公司一九九九年度财务决算报告和二 000 年度预算报告》。
(4)审议通过《公司一九九九年度利润分配预案》。
(5)审议通过《关于公司阜明电站建设及新疆阜明电业有限责任公司筹建情况的报告》。
(6)审议通过《刘东先生、陈传永先生辞去公司董事的报告》。
(7)审议通过《更换公司部分监事的议案》。
(8)本次股东大会聘请具有证券法律从业资格的新疆天阳律师事务所金山律师出席会议并出具法律意见。

南京化纤股份有限公司

(一)公司简介

1 、公司名称
公司中文名称:南京化纤股份有限公司
公司英文名称:NANJING CHEMICAL FIBRE CO.LTD　　缩　写:NCFC
2 、法定代表人:周发亮
3 、董事会秘书:陈　桐　　证券事务代表:朱　斌
联系地址:江苏省南京市中央门外伏家场
电话:(025)5561011-3685　　　传真:(025)5562809
4 、公司注册地址:江苏省南京市中央门外伏家场
公司办公地址:江苏省南京市中央门外伏家场　　　邮政编码:210038
公司国际互联网网址:http://www.viscosefibre.com
电子信箱:ncfo@viscosefibre.com
5 、公司选定的信息披露报纸:《上海证券报》
登载公司年度报告的中国证监会指定国际互联网网址:http://www.sse.com.cn
公司年度报告备置地点:公司证券办公室
6 、公司股票上市交易所:上海证券交易所
股票简称:南京化纤　　　股票代码:600889

(二)会计数据和业务数据摘要

一 、公司本年度利润指标情况

利润总额	45,254,986.27 元
净利润	39,763,036.17 元
扣除非经常性损益后的净利润	38,081,110.47 元
主营业务利润	68,024,482.36 元
其他业务利润	212,704.95 元
营业利润	42,637,386.19 元
投资收益	3,188,532.70 元
补贴收入	
营业外收支净额	-570,932.62 元
经营活动产生的现金流量净额	-6,471,578.94 元
现金及现金等价物净增加额	-32,672,454.50 元

注:扣除的非经常性损益项目和涉及金额

1、国产设备投资抵免所得税	2,601,500.00 元
2、合并价差摊入	-919,574.30 元

二 、近三年主要会计数据和财务指标

项目	2000.12.31	1999.12.31	1998.12.31	
			调整后	调整前
主营业务收入(元)	291,519,768.15	1,247,726,534.69	1,903,994,574.12	1,903,994,574.12
净利润(元)	39,763,036.17	36,759,203.75	30,226,968.06	30,358,452.47
总资产(元)	618,322,875.04	520,772,109.42	1,414,361,976.71	1,414,361,976.71
股东权益(元)	456,101,168.79	424,415,502.27	299,463,091.35	299,653,293.04
每股收益(元/股)(摊薄)	0.25	0.296	0.28	0.28
(加权)	0.25	0.32	0.28	0.28
扣除非经常性损益后 的每股收益(元/股)				
(摊薄)	0.24	0.30	0.25	0.25
(加权)	0.24	0.30	0.25	0.25
每股净资产(元/股)	2.82	3.42	2.74	2.74
调整后的每股净资产(元/股)	2.78	3.40	2.17	2.17
每股经营活动产生的现 金流量净额(元)	-0.04	1.27	0.57	0.57
净资产收益率(%)	8.72	8.66	10.09	10.13
(加权)	8.95	10.16	10.63	10.67
扣除非经常性损益后的	8.35	8.88	10.39	10.44
净资产收益率(%)	8.57	10.41	10.95	11.00

附:利润表附表

报告期利润	净资产收益率(%)		每股收益(元)	
	全面摊薄	加权平均	全面摊薄	加权平均
主营业务利润	14.91	15.31	0.42	0.42
营业利润	9.35	9.60	0.26	0.26
净利润	8.72	8.95	0.25	0.25
扣除非经常性损益后净利润	8.35	8.57	0.24	0.24

(三)股东情况介绍

1 、报告期末股东总数:截止 2000 年 12 月 31 日公司在册股东总数为 35090 户;

2 、公司前十名股东持股情况:

股东名称	持股数(股)	持股比例
(1)南京市国有资产经营(控股)有限公司	85,948,499	53.21%
(2)南京纺织产业(集团)公司	2,540,350	1.57%
(3)开元基金	1,700,000	1.05%
(4)南京信业(集团)股份有限公司	1,248,000	0.77%
(5)马鞍山金星化工(集团)有限公司	468,000	0.29%
(6)陈雪英	453,526	0.28%
(7)南京棉麻总公司	390,000	0.24%
(8)陈志伟	350,823	0.22%
(9)南京纺织工贸实业(集团)公司	312,000	0.19%
(10)王坚宏	310,390	0.19%

注:<1>本公司前十名股东中,第 3 、6 、8 及 10 股东所持股份为上市流通股份,其余为未上市流通股份,前十名股东之间无关联关系。

<2>本公司无外资股东,代表国家持有股份的单位为南京市国有资产经营(控股)有限公司和南京纺织控股(集团)公司。

<3>本公司第二大股东南京纺织产业(集团)公司系由原股东南京纺织控股(集团)公司更名,此项信息披露于 2000 年 10 月 28 日《上海证券报》。

3 、持股 10%以上股东简介

长春长铃实业股份有限公司

一、公司简介

1、公司法定中文名称:长春长铃实业股份有限公司
公司英文名称:CHANGCHUN CHANLIN INDUSTRY & COMMERCE CO. , LTD
2、公司法定代表人:黄振山
3、公司董事会秘书:刘相云
联系地址:长春市经济技术开发区临河街 230 号
电　　话:0431-4647632　　　传　　真:0431-4647622
4、公司注册地址:长春市经济技术开发区临河街 230 号
公司办公地址:长春市经济技术开发区临河街 230 号　　　邮政编码:130031
公司国际互联网网址:http://www.chanlin.com　　　电子信箱:Chanlin @ Public.cc.jl.cn
5、公司信息披露报纸名称:上海证券报
登载公司年度报告的中国证监会指定国际互联网网址:http://www.sse.com.cn
公司年度报告备置地点:公司证券部
6、公司股票上市交易所:上海证券交易所
股票简称:长春长铃　　　股票代码:600890

二、会计数据和业务数据摘要

(一)公司本年度会计数据(单位:元)

利润总额:	64,018,915.82
净利润:	66,178,909.69
扣除非经常性损益后的净利润:	62,178,909.69
主营业务利润:	50,293,145.79
其他业务利润:	26,334,801.79
营业利润:	35,308,760.87
投资收益:	24,747,410.30
补贴收入:	4,233,747.31
营业外收支净额:	-271,002.66
经营活动产生的现金流量净额:	-3,484,601.64
现金及现金等价物净增加额:	-28,517,305.85

注:扣除的非经常性损益项目:国债投资收益 184 万元;其他投资收益 216 万元。

(二)公司近三年的主要会计数据及财务指标 (单位:元)

指标项目	2000 年	1999 年
主营业务收入	409,301,551.35	362,797,445.70
净利润	66,178,909.69	60,118,726.85
总资产	1,198,111,177.44	1,152,068,769.73
股东权益	721,766,691.64	689,404,540.56
(注:不含少数股 东权益)		
每股收益(摊薄)	0.23	0.21
每股收益(加权)	0.23	0.21
每股收益(扣除非经营性损益)	0.22	0.21
每股净资产	2.52	2.40
调整后的每股净资产	2.47	2.37
每股经营活动产生的现金流量净额	-0.01	0.25
净资产收益率%(摊薄)	9.17	8.72
净资产收益率%(加权)	9.17	8.79

(三)利润表附表

报告期利润	净资产收益率%		每股收益(元)	
	全面摊薄	加权平均	全面摊薄	加权平均
主营业务利润	6.97	6.99	0.18	0.18
营业利润	4.89	4.91	0.12	0.12
净利润	9.17	9.20	0.23	0.23
扣除非经常性损益后的净利润	8.61	8.65	0.22	0.22

三、股东情况介绍

(一)股东情况介绍

1、公司本年度末股东总数为 14,921 户。

2、本公司前十名股东持股情况

股东名称	持股数量(万股)	占总股本比例(%)
(1)长春长铃集团有限公司(国家股)	14,855.28	51.78
(2)广州华恺贸易发展有限公司	340	1.19
(3)工行长春市分行直属支行	340	1.19
(4)广州市宇华商业配送有限公司	170	0.59
(5)耿道洪	108.16	0.38
(6)九台市卡伦长铃丰鑫实业有限公司	101	0.35
(7)深圳市恒增工贸有限公司	100	0.35
(8)中国财产保险有限公司长春市南关支公司	68	0.24
(9)无锡市宏裕百货商店	65	0.23
(10)李昆	61.33	0.21

3、前十名股东中第 5 名、第 10 名为流通股股东,其余未标明的为社会募集法人股股东。

4、长春长铃集团有限公司所持有的本公司股份本年度内没有发生任何质押、冻结等情况。

5、2000 年 11 月 25 日公司控股股东长春长铃集团有限公司与上海唯亚实业投资有限公司签署了股权转让协议,若本次股权转让成功,上海唯亚实业投资有限公司将持有本公司 29.78%的股权,为本公司第一大股东,长春长铃集团有限公司持有本公司 22%的股权,为第二大股东。本次股权转让手续正在办理之中,关于本次股权转让事宜公告刊登在 2000 年 12 月 22 日的《上海证券报》上。

四、股东大会简介

本年度公司共召开二次股东大会,具体情况如下:

1、1999 年年度股东大会

2000 年 5 月 8 日,公司召开了 1999 年年度股东大会,关于本次股东大会的决议公告刊登在 2000 年 5 月 9 日《上海证券报》上。

2、2000 年第一次临时股东大会

2000 年 9 月 2 日,公司召开 2000 年第一次临时股东大会,关于本次股东大会的决议于公告刊登在 2000 年 10 月 11 日《上海证券报》上。

哈尔滨秋林集团股份有限公司

一、公司简介

1 、公司的法定中、英文名称
中文:哈尔滨秋林集团股份有限公司
英文:HARBIN CHURIN GROUP JOINTSTOCK CO.,LTD.(缩写:HQL)
2 、公司法定代表人:赵廷阁
3 、公司董事会秘书:衣国强
联系地址:哈尔滨市南岗区东大直街 319 号
联系电话:0451 — 3644632 传真电话:0451 — 3649282
4 、公司注册及办公地址:哈尔滨市南岗区东大直街 319 号 邮政编码:150001
公司网址:http://WWW.churin.com.cn
电子信箱:churin @ihw.com.cn
5 、公司选定的信息披露报纸:《中国证券报》、《上海证券报》
登载公司年度报告的国际互联网网址:http://www.sse.com.cn
公司年度报告备置地点:公司证券部
6 、公司股票上市地:上海证券交易所
股票简称:秋林集团 股票代码:600891

二、会计数据和业务数据摘要

㈠本年度利润总额及其构成:单位:人民币元

利润总额	4,583,553.12
净利润	3,133,000.75
扣除非经常性损益后的净利润	−3,023,159.88
主营业务利润	101,438,849.79
其他业务利润	8,800,231.90
营业利润	−2,284,532.09
投资收益	5,422,711.33
补贴收入	
营业外收支净额	1,445,373.88
经营活动产生的现金流量净额	15,903,061.52
现金及现金等价物净增加额	23,508,229.72

注:扣除的非经常性损益项目及涉及的金额:
①股权转让收益 5,114,562.75 元
②营业外收支净额 1,445,373.88 元
③股权投资差额摊销 −403,776.00 元
合计: 6,156,160.63 元

㈡主要会计数据和财务指标 单位:元

指标项目:	2000 年	1999 年	1998 年
主营业务收入	567,408,265.20	602,464,697.28	669,587,100.02
净利润	3,133,000.75	4,488,510.62	45,409,585.31
总资产	1,070,833,352.64	1,086,175,876.42	1,082,048,433.72
股东权益	613,336,006.55	617,110,540.85	615,043,874.66
每股净资产	2.52	2.787	2.778
调整后每股净资产	2.44	2.74	2.72
全面摊薄每股收益(元/股)	0.013	0.02	0.205
加权平均每股收益(元/股)	0.013	0.02	0.205
全面摊薄净资产收益率(%)	0.51	0.727	7.38
加权平均净资产收益率(%)	0.51	0.727	7.57
扣除非经常性损益后的每股收益摊薄(元/股)	−0.012	0.02	0.205
扣除非经常性损益后的每股收益加权(元/股)	−0.012	0.02	0.205
扣除非经常性损益后的净资产收益率摊薄(%)	−0.49	0.83	7.38
扣除非经常性损益后的净资产收益率加权(%)	−0.49	0.83	7.38
每股经营活动产生的现金流量净额(元/股)	0.065	−0.144	−0.23

报告期利润	净资产收益率		每股收益	
	全面摊薄	加权平均	全面摊薄	加权平均
主营业务利润	16.54	16.40	0.42	0.42
营业利润	−0.37	−0.37	−0.009	−0.009
净利润	0.51	0.51	0.013	0.013
扣除非经常性损益后的净利润	−0.49	−0.49	−0.012	−0.012

三、股东情况介绍

1、报告期末股东人数为:39,567 人。
2 、前十名股东持股情况

股东名称	年初数	年末数	占股本比例(%)
①哈尔滨市国有资产管理局(国家股)	54,466,995	59,913,695	24.60
②南方联华	10,486,340	11,534,974	4.74
③康佳集团股份有限公司	8,500,000	9,350,000	3.84
④银江投资	0	9,150,000	3.76
⑤联合证券有限责任公司	3,400,000	3,740,000	1.54
⑥黑龙江天成物业有限公司(外资股)	3,400,000	3,740,000	1.54
⑦秋林公司食品厂	2,822,000	3,104,200	1.27
⑧深圳港京袭单厂有限公司	2,550,000	2,805,000	1.15
⑨北京超能力科技开发有限公司	1,989,000	2,187,900	0.90
⑩哈尔滨医药集团公司	1,700,000	1,870,000	0.77

报告期内持有本公司 5%以上(含 5%)股份的股东无质押或冻结情况;前十名股东之间不存在关联关系;

无持股 10%(含 10%)以上的法人股东。

四、股东大会简介

本公司将召开 1999 年度股东年会的公告刊登在 2000 年 4 月 12 日的《中国证券报》、《上海证券报》上。

石家庄劝业场股份有限公司

一、公司简介

1、公司法定中文名称:石家庄劝业场股份有限公司
公司法定英文名称:SHIJIAZHUANG QUANYECHANG CO.,LTD
2、公司法定代表人:赵立华
3、公司董事会秘书:马欣威 授权代表:牛华豹
联系地址:石家庄市中山东路 51 号
电话:0311-6033034 传真:0311-6033034 电子信箱:shiquanye@sina.com
4、公司注册地址:石家庄市中山东路 51 号
公司办公地址:石家庄市中山东路 51 号四层办公室 邮政编码:050000
公司电子信箱:shiquanye@sina.com
5、公司选定的信息披露报纸名称:《上海证券报》
登载公司年度报告的国际互联网网址:http://www.sse.com.cn
公司年度报告备置地点:公司证券部
6、公司股票上市交易所:上海证券交易所
股票简称:ST 石劝业 股票代码:600892

二、会计数据和业务数据摘要

1、会计数据和业务数据摘要(单位:人民币元)

利润总额:	1,462,959.69
净利润:	1,206,671.76
扣除非经常性损益后的净利润:	627,202.49
主营业务利润:	8,642,884.37
其他业务利润:	12,007,938.07
营业利润:	286,146.09
投资收益:	664,477.71
补贴收入: ---	
营业外收支净额:	−512,335.89
经营活动产生的现金流量净额:	11,226,360.79
现金及现金等价物净增加额:	3,940,363.51
扣除非经常性损益项目:	
呆帐收入:	844976.88
处理固定资产净损失:	63457.23
固定资产盘亏:	172050.38
罚款损失:	30000.00

2、公司前三年的主要会计数据和财务指标:(单位:人民币元)

项目	2000 年	1999 年调整后	1999 年调整前	1998 年
主营业务收入	21,782,959.70	18,071,630.14	18,071,630.14	26,067,191.30
净利润	1,206,671.76	−18,420,441.50	1,802,743.38	−40,557,980.16
总资产	245,460,945.00	152,812,910.46	152,812,910.46	157,708,277.78
股东权益	70,176,967.92	701,482.19	3,007,090.31	−1,795,172.98
每股收益((摊薄)	0.0239	−0.3648	0.0357	−0.8031
每股收益((加权平均)	0.0239	−0.3648	0.0357	−0.8031
扣除非经常性损益后每股收益	0.0124	−0.3648	−0.3785	−0.8031
每股净资产	1.3896	0.0139	0.0595	−0.0355
调整后的每股净资产	1.0194	−0.4078	−0.4316	−0.3020
每股经营活动产生的现金流量净额	0.2223	0.0648	0.0648	−0.2400
净资产收益率(%)(摊薄)	1.7195	−2625.9315	59.9498	2259.2798
净资产收益率(%)(加权平均)	92.4782	167.3765	85.6118	−184.4360

3、利润表附表:

项目	净资产收益率(%)		每股收益(元)	
报告期利润	全面摊薄	加权平均	全面摊薄	加权平均
主营业务利润	12.32	662.38	0.171	0.171
营业利润	0.41	21.93	0.006	0.006
净利润	1.72	92.48	0.024	0.024
扣除非经常损益后的净利润	0.89	48.07	0.012	0.012

3、报告期内股东权益变动情况:单位:万元

项目	股本	资本公积	盈余公积	法定公益金	未分配利润	股东权益合计
期初数	5050	26705122.12	8589664.18	0	−85093304.11	701482.19
本期增加	0	68268813.98	0		1206671.76	69475485.74
本期减少						
期末数	5050	94973936.10	8589664.18	0	−83886632.35	70176967.93

变动原因:资本公积增加是因债务重组收益和资产评估增值所致;累计亏损减少是因本年度盈利所致;股东权益增加是由于资产评估增值和本年度实现利润所致。

三、股东情况介绍

(1)报告期末,公司股东总数为 3276 户。
(2)前十名股东持股情况:(股份单位:万股)

序号	股东名称	持股数量(股)	所占比例(%)
①	湖南大学百泉集团公司	14927000	29.56
②	贵州汇黔实业有限公司	5483800	10.86
③	交通银行石家庄分行	3004800	5.95
④	河北华正国际企业集团	2514240	4.98
⑤	石家庄市桥东区国债服务部	2380000	4.71
⑥	河北省农垦经济技术开发服务中心	2343450	4.64
⑦	石家庄市桥东区绿化管理办公室	1000000	1.98
⑧	石家庄市军兴实业公司	575480	1.14
⑨	石家庄市科隆电	507625	1.01
⑩	石家庄市锅炉安装维修工程处	470035	0.93

说明:1、报告期内本公司股东发生变更:湖南大学百泉集团公司受让河南思达科技(集团)股份有限公司股权,成为本公司第一大股东;贵州汇黔实业有限公司受让河北省飞龙集团第二大股东;原公司第三大股东石家庄市桥东区城市建设开发公司所持股权已划归债全单位,不再持有本公司股份。2、本公司前十名股东之间不存在关联关系。3、公司第四大股东河北华正国际企业集团所持股份,国债务诉讼被石家庄市桥东区人民法院依法冻结。4、持有本公司 10%以上的股份的法人股东为:湖南大学百泉集团公司和贵州汇黔实业有限公司

吉林省吉发农业开发集团股份有限公司

一、公司简介

1 、公司的法定中文名称：吉林省吉发农业开发集团股份有限公司

公司的法定英文名称：JILIN PROVINCE JIFA AGRICULTURAL DEVELOPMENT GROUP-CO.,LTD(缩写 JIFA)

2 、公司法定代表人：刘少敏

3 、公司董事会秘书：唐 昭

联 系 地 址：吉林省长春市人民大街 113-1 号

电话：0431-5630470 、5646655 转 183303

传真：0431-5630485

电 子 信 箱：JFGF@FM365.COM

4 、公司注册地址：长春经济技术开发区浦东路 2 号

公司办公地址：长春市人民大街 113-1 号

邮 政 编 码：130021

电 子 信 箱：JFGF@FM365.COM

5 、公司选定的信息披露报纸《上海证券报》

登载公司年度报告的中国证监会指定国际互联网网址 http://www.sse.com.cn

公司年度报告备置地点：本公司证券部

6 、公司股票上市交易所：上海证券交易所

股 票 简 称：吉发股份

股 票 代 码：600893

二、会计数据和业务数据摘要

1 、本年度会计数据（单位：人民币元）

利润总额	-6,236,767.16
净利润	-11,185,730.87
扣除非经常性损益后的净利润	-15,185,730.87
主营业务利润	165,845,777.87
其他业务利润	2,213,065.52
营业利润	-10,272,484.06
投资收益	6,934,369.47
补贴收入	
营业外收支净额	-2,898,652.57
经营活动产生的现金流量净额	64,791,564.18
现金及现金等价物净增加额	5,257,617.72

说明：“扣除非经常性损益后的净利润” 指标中，扣除的项目为投资收益，涉及金额为 400 万元。

2 、截止报告期末公司前三年的主要会计数据和财务指标(单位：元)

项目	2000 年度	1999 年度	1998 年度	
			调整后	调整前
主营业务收入	1,039,057,842.61	729,263,031.84	757,006,233.19	765,171,066.66
净利润	-11,185,730.87	4,987,562.27	7,975,184.10	13,523,475.02
总资产	1,836,281,159.17	1,889,847,498.00	1,720,167,012.47	1,801,672,156.89
股东权益	656,264,080.58	684,666,353.66	725,439,497.64	764,557,176.11
每股收益	-0.0476	0.021	0.037	0.06
扣除非经常性损益的每股收益（不含少数股东权益）	-0.0646	-0.037		
每股净资产(元/股)	2.79	2.91	3.40	3.58
调整后的每股净资产(元/股)	2.28	2.50	2.81	2.96
每股经营活动产生的现金流量净额	0.28	0.44	4.65	4.65
净资产收益率(%)	-1.70	0.73	1.10	1.77

注：财务指标的计算公式如下

全面摊薄每股收益=报告期净利润/年度末普通股股份总数每股净资产=年度末股东权益/年度末普通股股份总数

调整后的每股净资产=(年度末股东权益-三年以上的应收款项净额-待摊费用-待处理(流动、固定)资产净损失-开办费-长期待摊费用-住房周转金负数余额)/年度末普通股股份总数

每股经营活动产生的现金流量净额=经营活动产生的现金流量净额/年度末普通股股份总数

全面摊薄净资产收益率=报告期净利润/年度末股东权益×100%

3 、利润表附表

报告期利润	净资产收益率%		每股收益(元)	
	全面摊薄	加权平均	全面摊薄	加权平均
主营业务利润	25.27	24.42	0.706	0.706
营业利润	-1.57	-1.51	-0.044	-0.044
净利润	-1.70	-1.65	-0.048	-0.048
扣除非经常性损益后的净利润	-2.31	-2.24	-0.065	-0.065

全面摊薄净资产收益率=报告期利润÷期末净资产

全面摊薄每股收益=报告期利润÷期末股份总数

三、股东情况介绍

1 、报告期末股东总数 54,136 户；

2 、公司前 10 名股东的持股情况

	股东名称	年度内股份增减变动	年末持股数量	质押或冻结
①	吉林省开发建设投资公司	+210860	87189290	已质押、被查封
②	中国人民建设银行吉林省分行直属支行	0	6284740	
③	上海市原材料开发投资公司	0	4006310	
④	深圳市清水河实业公司	0	3927660	
⑤	吉林省证券有限责任公司	0	3142370	
⑥	吉林森工集团松江河林业有限公司	0	2357080	
⑦	吉林省白河林业局	0	1570580	
⑧	惠州市金山实业总公司	0	1276550	
⑨	惠州金吉工贸公司	0	1276550	
⑩	吉林省长白山自然保护区管理局多种经营公司	0	1178540	

注：吉林省开发建设投资公司是代表国家持有股份的法人单位，报告期内持股数增加 210,860 股的原因是其受让公司法人股东吉林省和龙林业局转让所持有的股份所致。

广州钢铁股份有限公司

一、公司简介

1、公司名称：广州钢铁股份有限公司

英文名称：GUANGZHOU IRON AND STEEL CO.,LTD. 缩写：GIS

2、公司法定代表人：陈嘉陵

3、公司董事会秘书：黄立传

联系地址：广州市芳村区白鹤洞广钢证券部 电话并传真：020-81809182

4、公司注册及办公地址：广州市芳村区白鹤洞 邮政编码：510381

公司国际互联网网址：http//www.chinagis.com 电子信箱：chinagis@public.guangzhou.gd.cn

5、公司信息披露选定的报纸：《中国证券报》、《上海证券报》

登载年报的国际互联网网址：http//www.sse.com.cn

年度报告备置地点：公司证券部

6、公司股票上市交易所：上海证券交易所

公司股票简称：广钢股份 股票代码：600894

二、会计数据和业务数据摘要

(一)本年度利润总额构成及现金流量(合并报表) 单位：人民币元

(1)利润总额：	113,651,261.01
(2)净利润	101,226,795.24
(3)扣除非经常性损益后的净利润	42,894,092.24
(4)主营业务利润：	172,335,943.36
(5)其他业务利润：	10,612,097.19
(6)营业利润	70,876,248.98
(7)投资收益：	1,865,340.13
(8)补贴收入：	43,740,621.11
(9)营业外收支净额：	-2,830,949.21
(10)经营活动产生的现金流量净额：	268,934,328.75
(11)现金及现金等价物净增加额：	90,378,562.82

注：非经常性损益系指按财政部财会字(1998)29 号文规定将公司改制时的评估增值额按 10 年期平均转销所增加的利润 14,864,203 元及本年度的电费补贴收入 43,468,500 元。

(二) 近三年主要会计数据及财务指标

指标项目	2000 年度		1999 年度		1998 年度(调整后)	
(1)主营业务收入(元)	2,506,834,905.72		2,207,760,954.94		2,368,435,636.94	
(2)净利润(元)	101,226,795.24		37,957,971.70		79,061,124.92	
(3)总资产(元)	3,431,151,933.85		3,195,812,489.50		3,216,549,647.89	
(4)股东权益(元	1,611,125,242.76		1,595,407,587.52		1,460,550,013.54	
	摊薄	加权	摊薄	加权	摊薄	加权
(5)每股收益(元)	0.148	0.148	0.055	0.056	0.125	0.125
(6)每股净资产(元)	2.35		2.33		2.31	
(7)调整后每股净资产(元)	2.33		2.32		2.26	
(8)净资产收益率(%)	6.28	6.31	2.36	2.39	5.41	5.40
(9)每股经营活动产生的现金流量净额	0.39		0.37		-0.07	

(三)按全面摊薄和加权平均计算的净资产收益率和每股收益：

报告期利润	净资产收益率%		每股收益(元)	
	全面摊薄	加权平均	全面摊薄	加权平均
主营业务利润	10.70	10.75	0.251	0.251
营业利润	4.40	4.42	0.103	0.103
净利润	6.28	6.31	0.148	0.148
扣除非经常性损益后的净利润	2.66	2.68	0.062	0.062

三、股东情况介绍

1、本报告期末公司股东总数为 34009 户。

2、持有本公司 5%以上股份的股东有广州钢铁企业集团有限公司和粤海企业(集团)有限公司，其中，广州钢铁企业集团有限公司代表国家持有股份，是本公司的母公司，年末持有本公司股份 352,969,735 股(本年度持股数量未变)；香港粤海企业(集团)有限公司为外资股东，年末持有本公司股份 171,520,000 股(本年度持股数量未变)，以上两个股东所持股份均没有质押或冻结的情况。

报告期末前十名股东情况(截止 2000 年 12 月 31 日)：

序号	股东名称	持股数量(股)	持股比例
①	广州钢铁集团有限公司	352,969,735	51.44%
②	香港粤海企业(集团)有限公司	171,520,000	25.00%
③	光大证券	8,236,388	1.20%
④	余杭经投	2,498,909	0.36%
⑤	穗美林华	1,146,000	0.17%
⑥	叶廉鸿	720,000	0.10%
⑦	刘兵	649,953	0.09%
⑧	王兆红	586,900	0.09%
⑨	胡启明	540,405	0.08%
⑩	钟伟荣	532,309	0.08%

本公司第三至第十名股东为社会公众股东，公司未知其关联关系。

四、股东大会简介

公司 1999 年度股东大会于 2000 年 5 月 18 日召开，本次大会通过了如下决议：

(1) 通过了《董事会工作报告》、《监事会工作报告》、《总经理业务报告》；

(2) 通过了《1999 年度财务决算和计提、核销资产减值准备的报告》；

(3) 通过了《关于"四项准备金"的内部控制制度》；

(4) 通过了《1999 年度利润分配方案》；

公司 1999 年度实现净利润 37,957,971.17 元，分别提取 10%的法定公积金、法定公益金后，再加上上一年度结转的未分配利润 53,122,063.24 元，本年度可供股东分配利润为 83,488,440.60 元，决定向全体股东每 10 股派发现金红利 1.00(含税)，共 68,618,000 元，其余 14,870,440.60 元结转下一年度分配；

(5) 通过了《2000 年生产经营和投资计划》；

(6) 选举陈明德、袁今昔、陈嘉陵、王成立、马建武、王东胜、杨永泉、张若生、赵锦虎、吕林清、苏群等十一人组成公司第三届董事会。

选举薛武军、郑庆潮、凌乃辉等三人和职工代表大会常务委员会选举的职工代表董兆英、刘瑞强等二人共五人组成公司第三届监事会。

本次股东大会决议公告刊登在 2000 年 5 月 19 日的《中国证券报》和《上海证券报》。

上海张江高科技园区开发股份有限公司

上海张江高科技园区开发股份有限公司2000年年度报告摘要

重要提示：本公司董事会保证本报告所载资料不存在任何虚假记载、误导性陈述或者重大遗漏，并对其内容的真实性、准确性和完整性负个别及连带责任。本年度报告摘要摘自年度报告，投资者欲了解详细内容，应阅读年度报告。

(一)公司简介

1、公司法定中文名称：上海张江高科技园区开发股份有限公司
公司法定英文名称：SHANGHAI ZHANGJIANG HI-TECH PARK DEVELOPMENTCO., LTD
公司英文名称缩写：ZJHTC
2、公司法定代表人：戴海波
3、公司董事会秘书：章曦
联系地址：上海市浦东新区龙东大道200号
电话：(021)50801818
传真：(021)50800492
电子信箱：zjhtc@public2.sta.net.cn
4、公司注册地址：上海市浦东新区龙东大道200号
公司办公地址：上海市浦东新区龙东大道200号
邮编：201203
公司国际互联网网址：http://www.600895.com
公司电子信箱：zjhtc@public2.sta.net.cn
5、公司选定的信息披露报纸名称：《中国证券报》、《上海证券报》、《证券时报》
刊登公司年度报告的中国证监会指定公司国际互联网网址：http://www. sse.com.cn
公司年度报告备置地点：上海市浦东新区龙东大道200号
6、公司股票上市交易所：上海证券交易所
股票简称：张江高科　　股票代码：600895

(二) 会计数据和业务数据摘要

1、指标项目	本年数(元)
利润总额	151,195,630.76
净利润	127,901,565.06
扣除非经常性损益后的净利润	127,392,465.10
主营业务利润	123,475,176.77
其它业务利润	43,286.52
营业利润	101,395,932.90
投资收益	49,290,597.90
补贴收入	
营业外收支净额	509,099.96
经营活动产生的现金流量净额	-84,654,922.21
现金及现金等价物净增加额	110,116,823.63

注：扣除的非经常性损益项目和涉及金额

1. 营业外收支净额项目	
a、处理固定资产净收益	-4,225.40
b、募股利息收入	497,128.73
c、交通重点建设基金支出	
d、其他净收入	16,196.63
2. 补贴收入项目	
3. 以上项目涉及金额	509,099.96

2、截至报告期末公司前三年的主要会计数据和财务指标

指标项目	2000年度	1999年度	1998年度
主营业务收入(万元)	18220	16866	10833
净利润(万元)	12790	6401	5219
总资产(万元)	143046	92770	76144
股东权益(万元)	84848	74391	67990
每股收益(元)	0.55	0.27	0.22
扣除非经常性损益后的每股收益(元)	0.55	0.27	0.25
每股净资产(元)	3.64	3.19	2.91
调整后的每股净资产(元)	3.63	3.19	2.91
每股经营活动产生的现金净流量(元)	-0.36	-0.29	-0.08
净资产收益率(%)	15.07	8.60	7.68

3、报告期利润表附表：

报告期利润	净资产收益率(%)		每股收益(元)	
	全面摊薄	加权平均	全面摊薄	加权平均
主营业务利润	14.55	14.55	0.53	0.53
营业利润	11.95	11.95	0.43	0.43
净利润	15.07	15.07	0.55	0.55
扣除非经常性损益后的净利润	15.01	15.01	0.55	0.55

(三)股东情况介绍

1、截至2000年12月31日，公司的股东总数为21161户。
2、主要股东持股情况

名次	股东名称	年末持股数(股)	占总股本(%)
1	上海市张江高科技园区开发公司	144000000	61.74
2	上海久事公司	29250000	12.54
3	汉兴基金	2622423	1.12
4	金鑫基金	2006629	0.86
5	张江高科职工持股会	1802633	0.77
6	董玉杰	1139588	0.49
7	金泰基金	999891	0.43
8	普惠基金	884877	0.38
9	何旭山	669837	0.29
10	刘圣权	604000	0.26

其中持有本公司5%(含5%)以上股份的股东所持股份数量报告期内无变化，所持股份无质押或冻结的情况。

以上第4、第7名股东同为国泰基金管理有限公司管理的证券投资基金。

(四)股东大会简介

报告期内召开的年度股东大会和临时股东大会的有关情况：

2000年4月29日在《中国证券报》、《上海证券报》上刊登《上海张江高科技园区开发股份有限公司一届十四次董事会会议决议及关于召开1999年度股东大会的公告》。1999年度股东大会于2000年6月1日上午在上海青松城大酒店召开。出席会议的股东及股东代理人共366人，代表股份184328277股，占公司股份总数的79. 03
%，符合法定比例。会议由公司董事长戴海波先生主持。与会股东听取了：1999年度董事会工作报告、1999年度财务决算报告、1999年度利润分配预案、1999年度监事会工作报告、2000年度增资配股预案、公司前次募集资金使用及效益情况的说明、本次配股募集资金运用的可行性报告(摘要)。会议对各项议案进行了审议，与会股东以投票表决方式对上述各项议案进行了表决。与会的股东及股东代表表决通过了大会的各项决议。本次股东大会由上海市百业律师事务所见证、上海市公证处公证。本次股东大会决议公告刊登于2000年6月2日的《中国证券报》、《上海证券报》。

2000年8月18日在《中国证券报》、《上海证券报》上刊登《上海张江高科技园区开发股份有限公司关于召开2000年临时股东大会(通讯表决方式)的公告》。2000年临时股东大会于2000年9月18日以通讯表决方式召开。本次股东大会共收到有效表决票6份，代表股份173288500股，占公司股份总数的74.293%。大会表决
通过了公司贷款担保议案。本次股东大会经具有证券从业资格的上海锦天城律师事务所朱林海、刘成江律师现场见证，并出具法律意见书。本次临时股东大会决议公告刊登于2000年9月19日的《中国证券报》和《上海证券报》。

2000年12月19日在《中国证券报》、《上海证券报》上刊登《上海张江高科技园区开发股份有限公司董事会决议及关于召开2000年第二次临时股东大会的公告》。
2000年第二次临时股东大会于2001年1月18日在上海浦东软件园多功能厅召开。出席本次股东大会的股东及股东代表共258人，代表股份175826372股，占公司股份总数的75.38%。经与会股东认真审议并逐项投票表决，大会通过如下议案：关于授权公司董事会在不超过人民币四亿元的限额内，以适当的方式投资入股中芯国际集
成电路制造(上海)有限公司的议案；关于投资一千万美元参与组建泰隆半导体(上海)有限公司(原公告名称为华测集成电路封装测试有限公司)(暂定名)的议案；关于调整董事人选的议案。本次股东大会经具有证券从业资格的上海锦天城律师事务所朱林海律师、许新志律师现场见证，并出具法律意见书。本次临时股东大会决
议公告刊登于2001年1月19日的《中国证券报》和《上海证券报》。

报告期内公司董事王雅丽女士因退休，不再担任董事职务，经2000年第二次临时股东大会表决通过，选举张建伟先生为公司董事。

(五)董事会报告

1、公司经营情况

(1)2000年度是张江高科技园区发展最快的一年。公司紧紧抓住园区大发展的历史机遇，优化公司的业务结构，加快公司的产业转型，进一步全面实施向高科技投资公司转型的战略决策。

本年度，公司积极寻求符合市场需求的投资方向，进一步树立竞争意识，强化市场观念，加强战略管理，培育新的利润增长点，促进企业的可持续发展。报告期内，公司主要完成了以下几方面的工作：

1)为适应全球经济一体化的发展趋势，尽快融入国际竞争的行列，公司管理层积极应对，主动实施海外拓展战略，努力探索开拓境外投融资渠道。在国家外经贸部、国家外汇管理局以及上海市外经贸委等的关心和鼎力支持下，公司经过近一年的不懈努力，目前正在积极操作受让美国运鸿有限公司股权一事。运鸿将成为公司在海外进行高科技项目投资和资本运作的窗口和基地。公司将从此开拓新的发展空间，开辟新的投融资渠道，为公司更快、更好地与国际接轨奠定坚实的基础。

2)公司紧紧抓住"聚焦张江"的大好机遇，以市场为导向，以"多赢战略"为指导，全面启动"技术创新区"的投资建设。上海市和浦东新区政府领导创造性地提出"充分发挥政府资金的杠杆作用，以利益为纽带，吸引社会和企业资金建设世界一流技术创新区"这一思想，在上海市、浦东新区领导的指导以及政府有关职能部门的配合帮助下，公司探索设立了新颖的技术创新区投融资运作模式，使得公司近期、中期、长期的业绩及发展后劲得到了可靠的保证。根据《张江技术创新区建设与租用协议》，公司已按建设规划、设计和开发建设进度顺利完成了技术创新区一期、二期工程，成功引入中科院上海浦东科技园、中国科技大学研发中心、上海市教委993项目、复旦大学高分子材料工程中心、上海交大模具CAD工程研究中心等创业孵化项目，目前技术创新区已形成相当的规模和气候。同时，根据浦东新区政府与张江开发公司签订的《委托经营管理协议》，张江开发公司将受托全权管理新区政府租用的技术创新区内的土地、房产及其他固定资产，并有权以上述资产作价入股园区内的高科技企业。而该部分股权，依据张江开发公司已出具的不可撤消《承诺函》的规定，本公司将享有回购的权利。报告期内，公司在技术创新区项目上
实现租金收入9800万元。

3)在园区稳步推进信息产业、生物医药以及创业孵化三大基地建设的同时，公司进一步明确高科技投资的产业方向，紧扣生物医药和IT两大产业，加大对具有发展前景的优势高科技项目的投入。报告期内，公司先后实施了对上海金海岸企业发展股份有限公司、上海致达信息产业股份有限公司、上海机械电脑有限公司、上海北大蓝光科技有限公司、嘉事堂药业有限责任公司等项目的投资。同时，公司已对高科技投资项目的资本运营作了有益的探索和尝试，报告期内分别转让了所持有的上海数讯信息技术有限公司16%的股权和上海复旦张江生物医药有限公司6.25%的
股权，共取得股权转让收益2,527万元。在全部收回投资的同时，让全体股东初尝了高科技投资项目巨额资本增值所带来的好处。

4)公司充分利用园区大发展带来的商机，结合高科技产业基地的建设，加强了对园区房产、物业的投资。报告期内，公司25,000平方米的三期标准厂房按原定进度顺利竣工，并已于年内完成工程的初步验收工作。目前标房客户签约率达100%。

5)公司充分利用"聚焦张江"的政策优势，实事求是地分析公司情况，在广大股东的理解和支持下，大胆设计了10:8的高比例配股方案，并集聚公司的优势力量抓紧配股申请工作，在报告期内成功地获取了中国证监会的核准批复。此次配股，公司可募集货币资金7.95亿元，为公司进一步抓住更大的商机提供了雄厚的资金保障，也为公司在不久的将来给予股东更大的回报创造了有利的条件。

6)公司从战略上高度重视人力资源的开发。公司积极引入市场理念，倡导竞争意识，着力创造内部人员柔性流动的良好环境和氛围，充分发掘现有人才的潜能。

同时，不断完善人力资源的开发、提升和整合机制，强化员工的敬业精神和主人翁责任感，营造"以人为本"的企业文化，为公司的高速发展建立强有力的人才保证。

中海（海南）海盛船务股份有限公司

中海(海南)海盛船务股份有限公司2000年年度报告摘要

本公司董事会保证本报告所载资料不存在任何虚假记载、误导性陈述或者重大遗漏，并对其内容的真实性、准确性和完整性负个别及连带责任。

一、公司简介

1、公司法定中文名称：中海(海南)海盛船务股份有限公司
公司法定英文名称：CHINA SHIPPING HAISHENG CO.,LTD
2、公司法定代表人：李克麟
3、公司董事会秘书：胡小波 董事会证券事务代表：孙有若
联系电话：0898-6717985、6764777-308、307 传真：0898-6717486
4、公司办公地址：中国海南省海口市龙昆北路2号珠江广场帝豪大厦25层 邮政编码：570125
5、公司电子信箱：hswzx@public.hk.hi.cn
6、公司选定的信息披露报纸名称：《中国证券报》、《上海证券报》
7、登载公司年度报告的中国证监会指定国际互联网网址：http:/www.sse.com.cn
8、公司年度报告备置地点：中国海南省海口市龙昆北路2号珠江广场帝豪大厦25层公司证券部
9、公司股票上市地：上海证券交易所 股票简称：中海海盛 股票代码：600896

二、会计数据和业务数据摘要

1、本年度利润总额及其构成(合并报表)

序号	栏目	2000年度(单位：人民币元)
(1)	利润总额	91,333,616.95
(2)	净利润	67,449,421.31
(3)	扣除非经常性损益后的净利润	72,396,417.05
(4)	主营业务利润	87,408,646.03
(5)	其它业务利润	5,490,976.76
(6)	营业利润	65,792,961.14
(7)	投资收益	24,405,955.44
(8)	补贴收入	
(9)	营业外收支净额	1,134,700.37
(10)	经营活动产生的现金流量净额	132,710,047.70
(11)	现金及现金等价物净增加额	70,793,799.22

说明：一、扣除的非经常性损益项目和涉及金额

营业外收支净额		1,134,700.37
投资收益	合并价差摊入	-6,081,696.11
小计		-4,946,995.74

2、截止报告期末公司主要会计数据和财务指标

指标项目	2000年度	1999年度
主营业务收入(元)	428,660,912.09	343,526,106.50
净利润(元)	67,449,421.31	64,641,746.41
总资产(元)	1,109,188,724.32	950,340,653.00
股东权益(元) (不含少数股东权益)	778,850,701.89	743,129,535.58
每股收益(摊薄)(元)	0.21	0.20
每股收益(加权)(元)	0.21	0.23
每股收益(扣除非经常性损益)	0.23	0.21
每股净资产(元)	2.45	2.34
调整后的每股净资产(元)	2.35	2.28
每股经营活动产生的现金流量净额	0.42	0.27
净资产收益率(摊薄)(%)	8.66	8.70
净资产收益率(加权)(%)	8.68	11.13

利润分配表附表

报告期利润	净资产收益率(%)		每股收益(元)	
	全面摊薄	加权平均	全面摊薄	加权平均
主营业务利润	11.22	11.25	0.275	0.275
营业利润	8.45	8.47	0.207	0.207
净利润	8.66	8.68	0.213	0.213
扣除非经常性损益后的净利润	9.30	9.32	0.228	0.228

注：①、因增加合并范围和所得税清算调整，1999年度数据已作相应调整。

3、报告期内股东权益变动情况(单位：元)

项目	股本	资本公积	盈余公积	法定公益金
期初数	317,282,550	320,913,989.06	61,502,739.18	22,189,424.78
本期增加			15,196,874.30	5,467,909.92
本期减少				
期末数	317,282,550	320,913,989.06	76,699,613.48	27,657,334.70

项目	股本	未分配利润	股东权益合计
期初数	317,282,550	43,430,257.34	743,129,535.58
本期增加		67,449,421.31	82,646,295.61
本期减少		46,925,129.30	46,925,129.30
期末数	317,282,550	63,954,549.35	778,850,701.89

变动原因：盈余公积金和法定公益金增加是由于本年度提取两金所致，未分配利润增加是公司实现了净利润，减少是由于实施10派1元的派息方案。

三、股本变动及股东情况

(一)股本变动情况

1、股份变动情况表 数量单位：万股

	期初数	本次变动增减(+、-)			期末数
		送股、配股	其他	小计	
一、尚未流通股份	14992.5				14992.5
1、发起人股份					
其中：国家持有股份	14992.5				14992.5
2、募集法人股	1127.955				1127.955
尚未流通股份合计	16120.455				16120.455
二、已流通股份					
1、境内上市的人民币普通股	15607.8				15607.8
已流通股份合计	15607.8				15607.8
三、股份总数	31728.255				31728.255

2、股票发行与上市情况

①1993年元月，经海南省股份制试点领导小组办公室(琼股办字[1993]6号文)批准，公司以定向募集方式发行12500万股人民币普通股，每股面值1元，发行价1元，其中发起人股9250万股，募集法人股750万股，内部职工股2500万股。

②1996年4月11日，经中国证券监督管理委员会(证监发审字[1996]18号文)批准，公司在上海证券交易所以上网定价方式向社会发行4170万股A股，每股面值1元、发行价3.9元，并于5月3日在上交所挂牌交易。公司股本总额由原先的12500万股增至16670万股，新增上市流通股份4170万股。

③1997年8月28日，经中国证券监督管理委员会(证监上字[1997]65号文)批准，公司按每10股配3股的比例实施配股，共配售2002.05万股，每股面值1元，发行价4.5元，其中2001万股流通股于1997年10月10日上市流通，公司股本总额增至18672.05万股，流通股份增至5421万股。

④1998年4月10日，公司1997年度股东大会审议并通过了《公司1997年度利润分配及资本公积金转增股本方案》，以97年末总股本为基数，向全体股东每10股送3股转增2股。1998年4月17日实施上述方案，公司股本总额由原先的18672.05万股增至28008.075万股，其中新增流通股2710.5万股于4月17日上市流通。

⑤1999年5月4日，公司4875万股内部职工股上市流通，上市后，公司股本总额不变，尚未流通股份减至15001.575万股，流通股份由8131.5万股增至13006.5万股。

⑥1999年8月22日，经中国证券监督管理委员会(证监公司字[1999]85号文)核准，公司以1998年末总股本28008.075万股为基数，按每10股配售2股的比例实施配股，共配售3720.18万股，每股面值1元，发行价6元，其中2601.3万股流通股已于1999年11月11日上市流通，公司股本总额增至31728.255万股，流通股份增至15607.8万股。

(二)股东情况介绍

1、报告期末公司股东总数为115312户。

2、公司前十名股东持股情况如下：

股东名称	年末持股数量(万股)	占总股本比例(%)
1、中国海运(集团)总公司(国有法人股)	12292.5	38.74
2、海南电业股份有限公司(国有法人股)	1050	3.31
3、海口港集团公司(国有法人股)	1050	3.31
4、秦皇岛港务局(国有法人股)	600	1.89
5、八所港务总公司	225	0.71
6、上海裕海实业公司	105	0.33
7、海口兴华贸易公司	76.56	0.241
8、海南省农垦第一物资供销公司	75	0.236
9、中国人民保险公司海口分公司	75	0.236
10、海南省船舶引航公司	75	0.236

中国海运(集团)总公司共持有12292.5万股国有法人股，占总股本的38.74%，中国海运(集团)总公司所持股票无抵押或被冻结情况。

3、持股10%(含10%)以上的法人股东情况

第一大股东中国海运(集团)总公司法定代表人：李克麟

经营范围：向国外提供海员、海务、港口技术服务和其他工程、生产技术人员及服务人员；代理进出口业务；沿海、远洋、国内江海直达货物运输、集装箱运输及揽货订舱、运输报关、多式联运、船舶租赁、船舶代理、国际货运代理、船舶物料、淡水供应、船用食品伙食供应、储运及船舶修造及拆船、船舶销售、房地产开发与经营等。

4、本报告期内公司控股股东没有发生变更情况。

四、股东大会简介

(一)报告期内股东大会有关情况

报告期内公司共召开二次股东大会。

1、本公司2000年3月17日在《中国证券报》、《上海证券报》上以公告形式刊登了关于召开1999年度股东大会的通知，说明了会议召开的时间、地点、审议事项及其他有关事项。股东大会如期召开，2000年4月19日在《中国证券报》、《上海证券报》上刊登了1999年度股东大会决议公告。

公司1999年度股东大会于2000年4月18日在海口市龙昆北路2号珠江广场帝豪大厦25层公司会议室举行，审议通过了以下事项：

(1)、审议通过1999年度董事会工作报告；(2)、审议通过1999年度监事会工作报告；
(3)、审议通过1999年度总经理业务报告；
(4)、审议通过1999年度财务决算及2000年度财务预算报告；
(5)、审议通过1999年度利润分配方案；

经大华会计师事务所有限公司审计，公司1999年度实现税后利润64,423,197.00元。根据公司《章程》有关规定，提取法定公积金9,032,729.81元，提取法定公益金5,026,212.94元，加上年初未分配利润45,825,346.72元，1999年可供股东分配利润为96,189,600.97元。，经公司股东大会投票表决通过，以1999年末总股317282550股为基数，向全体股东每10股派发现金红利1.5元(含税)，共派发股利47,592,382.50元，剩余利润47,501,143.89元转入下一年度。

(6)、审议通过关于核销97年度送红股补交的个人所得税的议案；

1999年，海南省地税局要求公司补交97年度所送红股个人股东所得部分应缴纳的个人所得税4,219,308.60元。经审议，所得税款从公司97年度未分配利润中核销。

(7)、审议通过关于公司监事变动的议案；

因退休的原因，黄永照同志辞去公司监事职务，选举庄镇玩同志为公司第三届监事会监事。

(8)、审议通过1999年年度报告。

2、本公司2000年11月29日在《中国证券报》、《上海证券报》上以公告形式刊登了关于召开2000年第一次临时股东大会的通知，说明了会议召开的时间、地点、审议事项及其他有关事项。临时股东大会因“万泉海”轮资产评估报告未能如期完成确认工作，延期至2001年1月5日召开，2001年1月6日在《中国证券报》、《上海证券报》上刊登了2000年第一次临时股东大会决议公告。海南乾诚律师事务所邹志诚律师对大会作了见证并出具了法律意见书。

公司2000年第一次临时股东大会于2001年1月5日在海口市龙昆北路2号珠江广场帝豪大厦25层公司会议室举行，审议通过了以下事项：

(1)、审议通过关于确认公司1999年配股募集资金已使用项目涉及的关联交易的议案；
(2)、审议通过关于变更公司1999年配股募集资金运用计划的议案；
(3)、审议通过修改公司《章程》的议案；
(4)、审议通过关于罗练锦董事辞职的议案；

(5)、审议通过关于吴清平监事辞职的议案。

(二)选举、更换公司董事、监事情况

黄永照先生、吴清平先生辞去公司监事职务，罗练锦先生辞去公司董事职务，选举庄镇玩先生为公司第三届监事会监事。

五、董事会报告

(一)公司经营情况

1、公司所处的行业及地位　公司所处行业属运输行业。公司作为海南省规模最大的航运企业，主要承运海南省电力工业所需的进岛煤炭和国内大型钢厂所需的出岛矿石及化学品、沥青等特种运输货物，目前在海南省大宗散货运输市场上占据主导地位。

2、公司主营业务范围及经营情况　公司主营业务范围：海南省及国内沿海的货物运输，从事以海南省港口为主的近洋国际航线运输，水陆运输服务、船务代理、房地产开发及经营、宾馆酒店经营、旅游服务，石油仓储供应、实业投资、高科技开发。

2000年，中海海盛在董事会的正确领导和股东的大力支持下，贯彻年初确定的“强化管理，确保安全；拓展市场，提高效益；规范运作，稳步发展；重塑形象，回馈股东”的工作方针，遵循稳步发展的原则，以安全生产为重点，以提高效益、回报股东为目标，巩固散货运输，稳步发展特种运输，按照现代企业制度和上市公司的要求，稳妥运用配股募集资金，科学管理，规范运作、严格控制成本、安全稳健经营、积极拓展市场、加大揽货力度、抓紧运费回收、合理按排运力，克服燃油价格攀升、成本上涨带来的困难，不断提高运输效率和经济效益。经全体员工努力，全年完成货运量454.85万吨，货运周转量63.38亿吨海里，主营业务收入42866.09万元，实现净利润6744.94万元，完成董事会年初制定的经营计划。

3、公司全资附属企业及控股子公司的经营情况及业绩

广州振华船务有限公司为公司控股子公司，占有80%股权，主营国内、国际大宗散货运输，2000年全年营业收入789.60万元，净利润2221.46万元。

上海金海船务贸易有限公司为公司控股子公司，占有80%股权，主营化学品货物运输，2000年全年营业收入9503.56万元，净利润1508.57万元。

深圳市中海海盛沥青有限公司为公司控股子公司，占有60%股权，主营沥青仓储和贸易，2000年全年营业收入7919.06万元，净利润418.80万元。

海南中海海盛海连船务有限公司为公司控股子公司，占有51%股权，主营沥青运输，2000年全年营业收入2014.40万元，净利润402.40万元。

中海(海南)海盛贸易有限公司为公司控股子公司，占有95%股权，主营贸易，2000年全年营业收入2378.36万元，净利润-1591.38万元。

4、在经营中出现的问题与困难及解决方案

2000年，燃油价格承接99年以来的上升势头，居高不下，给公司航运生产带来较大的成本压力，再加上99年底运力调整，出售了4万载重吨的散货船“狮子岭”轮，5000吨级的“新安海”轮因全损退出营运，造成动力相对紧张的局面。针对上述生产经营中的问题和困难，公司认真研究，周密布署，细化管理，合理调度，科学组织，紧密衔接运输合同、货物承运、运费回收三个环节，保持较低的应收运费，加强单船航次效率效益管理；同时积极开拓市场，加大揽货力度，完善运输服务，稳住货主，控制成本，深入挖潜，精心选择加油点和油种，走经济航线，有效控制生产成本的上升，消化减利因素；加强安全管理，强化安全意识，提高安全技能，狠抓船舶管理和监控，对船员开展安全宣传和教育，确保公司生产安全进行。

(二)公司财务状况

2000年公司总资产110,918.87万元，比去年增加17%，主要原因是新增合并被投资公司资产。2000年公司长期负债4,963.95万元，比去年增加1397%，主要原因是控股子公司新增长期借款。2000年公司股东权益77,885.07万元，比去年增加5%，主要原因是盈利。2000年公司主营业务利润8,740.86万元，比去年增加34%，主要原因是新增合并利润及加强经营管理。2000年公司净利润6744.94万元，比去年增加4%，主要原因是新增合并利润及加强经营管理。

(三)公司投资情况

1、报告期内前次募集资金使用情况

(1)、本公司1999年9月，通过配股募集资金净额约21818万元，按配股募集资金运用计划，99年已投入配股募集资金10091万元购买并改造三艘沥青运输船，剩余配股募集资金11727万元尚未使用，2000年，公司第三届董事会第九次会议及2000年第一次临时股东大会表决通过变更配股募集资金运用计划。其中在报告年度内投入的项目情况如下表：　单位：万元

承诺投资项目	承诺投资额	实际投资项目
购买并改造“万泉海”轮		2700
组建“海连船务公司”		2550

承诺投资项目	实际投资额		项目进度
购买并改造“万泉海”轮	购买并改造“万泉海”轮	2700	100%
组建“海连船务公司”	组建“海连船务公司”	2550	100%

(2)、募集资金投资项目变更情况如下：

99年公司原计划运用配股募集资金投资12800万元购买4艘散装水泥船，由于国内及沿海散装水泥运输市场并非我们预期的那样快速扩张和发展，散装水泥专用码头建设滞后，国内水泥散装率仍然极低，基本停留在普通散装水泥运输和袋装水泥运输，严重制约了散装水泥运输的发展，且近年来散装水泥运输市场竞争激烈，运价较低，总体效益不理想。为了维护广大投资者的利益和更好地利用募集资金，公司第三届董事会第九次会议和公司2000年第一次临时股东大会审议通过了变更配股募集资金运用计划，尚未投入使用的募集资金变更投资项目为：投资2550万元组建海南中海海盛海连船务有限公司；投资约2700万元购买并改造“万泉海”轮沥青运输船；暂不使用余下的募集资金约6477万元。“万泉海”轮沥青运输船已投入营运，实现盈利260万元；海南中海海盛海连船务有限公司2000年实现投资收益205.22万元；剩余的约6477万元资金暂时存放在银行。

2、报告期内非募集资金的投资情况

(1)、投资2880.64万元增资参股国通证券有限责任公司。共持有国通证券有限责任公司8800万股，占总股本的4%。(2)、投资2000万元参与发起设立清华紫光创业投资有限责任公司，占总股本的11.11%。(3)、投资480万元增资深圳市中海海盛沥青有限公司，共持有深圳市中海海盛沥青有限公司1200万股，占总股本的60%。

(四)新年度的业务发展计划

2001年公司将贯彻“完善机制，深化改革，突出重点，确保安全；拓展主业，积极发展；优化管理，提高效益”的工作方针，狠抓落实以下工作：

(1)、巩固航运主业的中心地位，积极稳妥发展主营业务，提高效益。

(2)、大力发展特种运输，形成规模效益。

(3)、围绕安全管理体系，重点抓好安全生产。

(4)、优化管理，提高企业整体素质。

(5)、提高员工素质，加强人力资源的开发与储备，保持发展后劲。

(6)、继续坚持物质文明建设和精神文明建设一起抓的方针。

(3)2000年4月7日，公司以通讯表决方式召开了第三届董事会第六次会议。会议审议并通过如下决议：

①审议并通过了同意深圳市快海货运有限公司将其所持有的深圳市中海海盛沥青有限公司10%的股权转让给中海集团国际贸易有限公司的议案；

②审议并通过了同意深圳市中海海盛沥青有限公司增资扩股方案；

③审议并通过了公司投资2880.64万元增资参股国通证券有限责任公司的议案；

④审议并通过了公司投资2000万元参与发起设立清华紫光创业投资有限责任公司的议案。

本次董事会决议公告刊登在2000年4月12日的《中国证券报》、《上海证券报》上。

(4)2000年7月27日，公司以通讯表决方式召开了第三届董事会第七次会议，会议审议并通过了公司2000年度中期报告及摘要。

本次董事会决议公告刊登在2000年7月31日的《中国证券报》、《上海证券报》上。

(6)2000年11月28日，公司以通讯表决方式召开了第三届董事会第九次会议，会议审议并通过了如下决议：

①审议并通过了关于确认1999年配股募集资金已使用项目涉及的关联交易的议案；

确认公司分别运用1999年度配股募集资金310万元、1075万元从中海发展股份有限公司购入“新华10”轮、“新宁”轮，并分别运用1999年配股募集资金2690万元、2527万元委托中国海运(集团)总公司下属船厂将其分别改造为“定安海”、“平安海”沥青运输船；确认公司运用1999年度配股募集资金3088万元从中海发展股份有限公司购入“新安海”轮，并运用1999年配股募集资金401万元委托中国海运(集团)总公司下属船厂进行改造。

②审议并通过了关于变更公司1999年配股募集资金运用计划的议案；　放弃投资12800万元购买四艘水泥运输船计划；投资2550万元组建海南中海海盛海连船务有限公司；投资约2700万元购买并改造“万泉海”轮沥青运输船；暂不使用余下的募集资金约6477万元。

③审议并通过了公司关于为海南中海海盛海连船务有限公司提供2550万元银行贷款担保的议案。

④审议并通过了公司关于转让海南海源船舶货运代理有限公司50%股权的议案；

⑤审议并通过了公司关于出售“向安轮”的议案；　⑥审议并通过了《公司董事会议事规则》

⑦审议并通过了公司召开2000年第一次临时股东大会的有关事项。

本次董事会决议公告刊登在2000年11月29日的《中国证券报》、《上海证券报》上。

2、报告期利润分配方案的实施情况：

2000年4月18日召开的1999年度股东大会审议通过了分红派息议案，以1999年末总股本317282550股为基数，向全体股东每10股派发1.5元(含税)，共派发现金47592382.50元；股权登记日为：2000年6月15日，除息日为：2000年6月16日；社会公众股股东的红利通过上海证券中央登记结算公司清算系统发放完成，法人股股东红利由公司发放，已到公司办理领息手续的法人股东，都已按规定发放完成。(详细情况请参阅2000年4月19日刊登于中国证券报、上海证券报的1999年度股东大会决议公告和2000年6月10日刊登于中国证券报、上海证券报的1999年度分红派息公告)

3、董事会对股东大会决议的执行情况：

(1)、关于股东大会批准授权董事会1亿元以内(含1亿元)的投资和资产处置权限的执行情况：董事会严格按股东大会通过的权限按法定程序决策，无越权现象。

(2)、完成1999年度分红派息工作。

(3)、按股东大会决议，变更1999年配股募集资金运用计划，并严格按变更计划使用配股募集资金。

(4)、按股东大会决议，修改公司《章程》。

(5)、按股东大会决议，购买并改造“万泉海”轮沥青运输船。

(6)、按股东大会决议，组建成立海南中海海盛海连船务有限公司。

(六)公司管理层及员工情况

1、董事、监事、高级管理人员情况

姓名	职务	性别	年龄	任期起止日期	持股数 年初	持股数 年末	年度报酬总额(元)
李克麟	董事长	男	58	1999.4.9-2002.12.31	0	0	未在公司领取
王大雄	副董事长	男	40	1999.4.9-2002.12.31	1950	1950	未在公司领取
王康田	董事	男	35	1999.4.9-2002.12.31	4875	4875	未在公司领取
燕明义	董事	男	55	1999.4.9-2002.12.31	0	0	未在公司领取
徐祖远	董事	男	48	1999.4.9-2002.12.31	5850	5850	未在公司领取
朱万顺	董事	男	57	1999.4.9-2002.12.31	750	900	未在公司领取
李伟	董事	男	46	1999.4.9-2002.12.31	0	0	未在公司领取
王阳洋	董事	男	50	1999.4.9-2002.12.31	0	0	未在公司领取
寇来起	监事会主席	男	50	1999.4.9-2002.12.31	0	0	未在公司领取
张云标	监事	男	39	1999.4.9-2002.12.31	0	0	未在公司领取
杨大庆	监事	男	55	1999.4.9-2002.12.31	5850	5850	未在公司领取
梅安健	监事	男	47	1999.4.9-2002.12.31	1950	1950	未在公司领取
庄镇玩	监事	男	48	2000.4.9-2002.12.31	0	0	未在公司领取
陈大维	监事	男	51	1999.4.9-2002.12.31	2925	3510	8.84万元
陈昌海	总经理	男	54	2000.1.27-2002.12.31	0	0	14.27万元
李全根	党委书记	男	50	2000.1.27-2002.12.31	0	0	14.27万元
赵汉顺	副总经理	男	41	1999.4.9-2002.12.31	975	975	12.57万元
刘晓云	副总经理	男	41	1999.4.9-2002.12.31	5850	5850	12.57万元
赵英韬	副总经理	男	40	2000.1.27-2002.12.31	0	0	12.57万元
方楚南	总会计师	男	39	1999.4.9-2002.12.31	0	0	12.57万元
胡小波	董事会秘书	男	29	2000.9.18-2002.12.31	0	0	5.97万元

①本年度公司董事、监事、高级管理人员共8人在公司领取报酬，年度报酬总额93.63万元，本年度报酬数额区间及人数如下：

报酬区间	人数
13-15万元	2
12-13万元	4
5-12万元	2

②未在公司领取报酬人员：李克麟、王大雄、王康田、燕明义、徐祖远、朱万顺、李伟、王阳洋、寇来起、张云标、杨大庆、梅安健、庄镇玩。

2、报告期内离任董事、监事、高级管理人员情况

姓名	原职务	离任原因
罗练锦	董事	工作变动
黄永照	监事	退休
吴清平	监事	工作变动
陈锦浩	总经理	工作变动
何瑞波	党委书记	工作变动
朱关兴	副总经理	工作变动
吴乃虎	副总经理	工作变动
朱良华	总船长	工作变动
殷中原	董事会秘书	工作变动

3、聘任公司经理、董事会秘书的情况

因工作变动原因，董事会对公司总经理、副总经理、董事会秘书进行了调整。董事会聘任陈昌海先生为公司总经理，聘任赵英韬先生为公司副总经理，聘任胡小波先生为公司董事会秘书。李全根先生担任公司党委书记。

4、公司员工情况

公司现有员工187人，其中大专以上学历120人，约占总人数64.2%，员工专业构成：生产人员83人，技术人员20人，财务人员29人，行政人员52人，退休职工3人。

(七)本次利润分配预案及资本公积金转增股本预案

经大华会计师事务所有限公司审计，公司2000年度实现税后利润67,449,421.31元。根据公司《章程》有关规定，提取法定公积金9,728,964.38元，提取公益金5,467,909.92元，加上年初未分配利润43,430,257.34元，本年度可供股东分配利润为95,682,804.35元，经研究拟定以2000年末总股本317,282,550股为基数，向全体股东每10股派发现金红利1元(含税)，共派发股利31,728,255元，

剩余利润 63,954,549.35 元转入下一年度。

本分配预案将提请公司 2000 年度股东大会审议通过后实施。

(八)预计二00一年利润分配政策

(1)公司拟在 2001 年结束后分配利润一次;

(2)公司下一年度实现的净利润在提取公积金和公益金后用于股利分配的比例约为 40%-70%;

(3)公司 2000 年度及以前年度的未分配利润,在 2001 年度不进行分配;

(4)分配全部采用派现形式,现金股息约占股利分配的 100%。

2001 年度具体分配方案视当时实际情况由董事会提出预案报股东大会审议决定。公司董事会保留根据公司发展及当年实际情况对分配政策进行调整的权利。

(九)本公司选定信息披露的报纸为《中国证券报》、《上海证券报》。

六、监事会报告

2000 年,公司监事会本着对全体股东负责的精神,按照《公司法》、公司《章程》及其他有关法律规定,积极开展工作,列席了董事会会议,了解公司经营发展状况和投资决策,对会议内容、决议发表了独立的意见,对公司的生产经营、财务状况和募集资金变更使用情况行使了监督职能,认真履行了监事会职责。

本年度监事会共召开 3 次会议。

1、2000 年 3 月 16 日,公司第三届监事会第二次会议召开,会议审核并通过了《1999 年度监事会工作报告》。会议决议刊登在 2000 年 3 月 17 日《中国证券报》、《上海证券报》上。

2、2000 年 7 月 27 日,公司第三届监事会第三次会议召开,会议以通讯表决的方式审议并通过了公司 2000 年度中期报告及其摘要。会议决议刊登在 2000 年 7 月 31 日《中国证券报》、《上海证券报》上。

3、2000 年 9 月 18 日,公司第三届监事会第四次会议召开,会议同意吴清平同志辞去第三届监事会监事职务。会议决议刊登在 2000 年 9 月 20 日《中国证券报》、《上海证券报》上。

根据报告期内公司运作及董事会工作情况,监事会认为:

1、2000 年度,公司董事会认真贯彻落实股东大会决议,规范管理,依法运作,决策程序依照《公司法》和公司《章程》有关要求进行。公司董事会及高级管理人员认真履行职责,未发现有违反法律、法规、公司《章程》或损害公司利益的行为。

虽然公司因工作疏忽,在 1999 年配股申报、实施过程中及 2000 年第一次临时股东大会延期召开公告程序中存在有违信息披露有关规定的行为,但公司经自查后,主动汇报,并已就此向广大投资者道歉和采取了积极的补救措施。公司将加强信息披露管理,避免发生此类错误。

2、2000 年度,大华会计师事务所有限公司出具的无保留意见的财务审计报告,真实反映了公司本年度的财务状况及经营成果。

3、公司 1999 年配股募集资金共 21818 万元,原计划购买 4 艘沥青运输船和 4 艘水泥运输船。公司已于 1999 年度按计划投资 10091 万元购买并改造了 3 艘沥青运输船。由于市场变化的原因,公司变更了募集资金运用计划,即:放弃购买 4 艘水泥运输船,未使用的 11727 万元募集资金的运用项目变更为投资 2550 元组建海南中海海盛海连船务有限公司和投资约 2700 万元购买并改造沥青运输船"万泉海"轮,另因公司没有合适项目,余下的 6477 万元暂不投入使用,待公司找到合适运用项目后,再按法定程序报董事会、股东大会审议。公司第三届第九次董事会及 2000 年第一次临时股东大会审议通过了上述配股募集资金运用变更计划,并对 1999 年配股募集资金已使用项目涉及的关联交易进行了确认,公司配股募集资金运用及变更程序合法、有效。

4、公司收购、出售资产交易价格合理,在交易活动中,没有发现内幕交易,没有损害股东利益,也未造成公司资产流失。

5、关联交易符合公平、公开、公正的原则,交易价格遵循市场价格原则,协商确定,公平交易,没有损害上市公司利益。

七、重要事项

(一)重大诉讼、仲裁事项

1、本公司截止 2000 年 12 月 31 日已判决但尚未或正在执行的诉讼有:

(1)、应收帐款-海南省莺歌海盐场原诉讼金额为人民币 5,817,931.00 元,经海口海事法院 98 年判胜诉,现正在执行中,截止 2000 年 12 月 31 日帐面余额为人民币 989,135.00 元。

(2)、应收帐款-广州穗成企业发展有限公司 2000 年 12 月 31 日余额为人民币 934,600.00 元,经海南省高级人民币法院 99 年 3 月终审判决胜诉,债务人至今尚未履行。

(3)、应收帐款-广东增城市沿海火电能源有限公司 2000 年 12 月 31 日余额为人民币 1,387,681.55 元,经广东省高级人民法院以(1998)粤法经二上字第 190、191 号民事判决书终审判决,广东增城市沿海火电能源有限公司应向本公司支付人民币 396,500.00 元,至今尚未执行。

(4)、应收帐款-唐山今日贸易公司 2000 年 12 月 31 日余额为人民币 470,797.99 元,2000 年 10 月 26 日经广州海事法院作出(2000)广海法商字第 102 号民事调解书,达成协议:自调解书生效之日起 6 个月内支付本公司运费人民币 500,000.00 元,如逾期未付由担保人-京唐港务局和京唐港船舶货运代理有限公司连带支付运费人民币 300,000.00 元,至今尚未执行。

(5)、应收帐款-海南省京海建设实业总公司截止 2000 年 12 月 31 日余额为人民币 3,920,090.58 元,2000 年 10 月 8 日海口市新华区人民法院以(2000)新经初字第 232 号民事判决书判定京海公司向本公司偿付货款人民币 3,941,787.50 元及相关的违约金等,2000 年 12 月 8 日双方达成和解协议,以价值约 289 万元的房产抵作欠款,剩余款项自 2001 年 5 月 30 日至 2001 年 11 月 30 日止分三期偿还。

(6)、本公司 99 年报披露的"新安海"轮触礁沉船有关保险赔款现已处理完毕,保险公司赔款已全部汇入本公司银行帐户。

2、或有事项

(1)2000 年 11 月公司为海南中海海盛海连船务有限公司 2550 万元借款提供担保,借款到期日为 2005 年 11 月 6 日。

(2)子公司上海金海船务贸易有限公司其他应收款-上海亿德经济发展公司 2000 年 12 月 31 日余额为人民币 11,300,000.00 元,原系存放在浦东发展银行普陀支行的定期存款,1998 年与浦东发展银行普陀支行、上海亿德经济发展公司签订委托贷款协议,将此款项贷给上海亿德经济发展公司,原定期存单一直展期至 2000 年 7 月,由于亿德公司经营不善,项目处于停建状态,定期存单不再转期,可能产生或有损失。截止 2000 年 12 月 31 日已计提坏帐准备 3,390,000.00 元。

(3)子公司中海(海南)海盛贸易有限公司其他应收款-中海集团国际贸易有限公司 2000 年 12 月 31 日余额为人民币 21,170,967.90 元,系 1998 年本公司为与中海集团国际贸易有限公司签订在国内代理运输及销售进口尿素合同后的预付及垫付款(含货款、运费、保险费),该批由中海集团国际贸易有限公司负责进口的尿素入关后被北海海关扣押并变卖,由于委托进口方提供了虚假的化肥进口配额及许可证,并经广西北海海关货物监管科验证,中海集团国际贸易有限公司才与新加坡公司签定进口合同,故中海集团国际贸易有限公司正在以受害人的身份提起诉讼,因此本公司该笔款项一直也未收回。截止 2000 年 12 月 31 日已计提坏帐准备 8,468,387.16 元。

(4)子公司中海(海南)海盛贸易有限公司应收帐款-江门蓬江区威南经贸公司 2000 年 12 月 31 日余额为人民币 1,661,909.43 元,系 98 年销售给江门蓬江区威南经贸公司的燃料油款项,因该公司涉嫌诈骗,已被公安局立案侦察,本公司已报案,已取得部分扣押物资。截止 2000 年 12 月 31 日已计提坏帐准备 992,359.43 元。

(5)子公司中海(海南)海盛贸易有限公司应收帐款-中国汽车贸易总公司郑州联营公司肇庆分公司 2000 年 12 月 31 日余额为人民币 4,357,922.61 元,系 98 年销售给中国汽车贸易总公司郑州联营公司肇庆分公司的煤炭款项,已报案追讨,截止 2000 年 12 月 31 日已提坏帐准备 2,047,961.31 元。

(二)报告期内,没有公司董事、高级管理人员受监管部门处罚的情况。

(三)报告期内,公司罗练锦先生辞去董事职务、吴清平先生、黄永照先生辞去监事职务,选举庄镇玩先生为公司第三届监事会监事,免去陈锦浩总经理、吴乃虎副总经理、朱关兴副总经理、朱良华总船长、殷中原董事会秘书职务,聘陈昌海先生任公司总经理、赵英韬先生任副总经理、胡小波先生任董事会秘书。何瑞波先生不再担任公司党委书记,李全根先生担任公司党委书记。

(四)收购、出售资产

1、公司投资约 2700 万元购买并改造了"万泉海"轮沥青船,该船产地中国,船龄 18 年,载重吨 4858 吨,船况良好。2、将公司所持有的海南海源船舶货运代理有限公司 50%股权转让给中海船务代理有限公司,转让价格为人民币 647,367.71 元,转让后本公司不再持有该公司的股权。

(五)重大关联交易事项

1、关联交易事项

关联交易方	交易内容	交易金额	定价政策
上海金船船务贸易有限公司	修船	269,078.00	市场协议价
中海工业有限公司上海外轮修理厂	修船及改造船	32,255,943.80	市场协议价
上海立丰船厂	修船及改造船	32,428,500.00	市场协议价
上海立新船厂	修船及改造船	5,777,042.00	市场协议价
广州海运英华船员劳务分公司	船员租赁	6,126,135.70	市场协议价
中海上海船员公司	船员租赁	5,231,452.05	市场协议价
广州中海劳务合作有限公司	船员租赁	895,622.31	市场协议价
中海集团国际贸易有限公司	船舶采购	25,430,000.00	市场协议价
上海海运实业总公司	船舶、车辆租入	7,272,082.56	市场协议价
中海集团投资有限公司	船舶、车辆租入	745,619.90	市场协议价
中国海运(香港)航运有限公司	船舶出租	7,896,015.00	市场协议价
中海集装箱运输有限公司	船舶出租	10,484,653.19	市场协议价
中海发展股份有限公司货轮公司	船舶出租	6,630,000.00	市场协议价
中海供贸有限公司	采购石油	10,445,581.81	市场协议价
海南国盛石油有限公司	采购石油	16,790,837.15	市场协议价

2、公司关联方债权、债务往来

关联方	项目	截止 2000 年 12 月 31 日余额
中海发展集团股份有限公司货运公司	应收帐款	2,824,127.60
中海上海船员公司	应付帐款	1,901,493.05
中海集团国际贸易有限公司	应付帐款	10,407,796.44
海南国盛石油有限公司	应付帐款	201,070.35
上海立新船厂	应付帐款	1,074,473.52
上海立新船厂	预付帐款	25,025.00
海南国盛石油有限公司	预付帐款	590,553.60
中海集装箱运输有限公司	其他应收款	30,922.81
广州海运集团有限公司	其他应收款	650.00
海南海源船舶货运代理有限公司	其他应收款	715,550.56
中国海运(香港)航运有限公司	其他应收款	705,870.00
中海集团国际贸易有限公司	其他应收款	21,170,967.90
海南国盛石油有限公司	其他应收款	5,000,000.00
广州海运集团有限公司	其他应付款	3,041,305.12
中海集装箱运输有限公司	其他应付款	20,357,573.20
中海集团国际贸易有限公司	其他应付款	276,879.68

3、本公司年末向中国海运结算中心贷款余额为人民币 1450 万元,本年度共发生相应的利息支出为人民币 31.68 万元;本公司年末存放在中国海运结算中心的存款余额为人民币 4020 万元,本年度共发生相应的利息收入为人民币 165 万元。存贷款利率参照中国人民银行规定的金融机构存贷款利率。

4、本年度广州振华船务有限公司与中海海运(集团)结算中心广州分部达成协议,将 2,200 万元资金有偿提供其使用,使用期限从 2000 年 6 月 1 日至 2000 年 12 月 31 日,年利率 5.85%,本期相应的利息收入为人民币 750,750.00 元。

5、中海集团国际贸易有限公司为子公司深圳市中海海盛沥青有限公司人民币 1,450 万元借款提供担保,其中 1,000 万元借款到期日为 2001 年 7 月 18 日, 450 万元借款到期日为 2001 年 3 月 20 日。

6、中国海运(集团)总公司为本公司 5000 万元借款提供担保,借款到期日为 2001 年 6 月 13 日。

7、公司投资约 2700 万元购买并改造"万泉海"轮沥青船,该船购自中海国贸。该船国籍中国,船龄 18 年,载重吨 4858 吨,船况良好。中海国贸主营国际贸易,注册资本 5000 万元,法定代表人林建清,是本公司控股股东中国海运(集团)总公司的全资子公司。待该船评估确认后,交易双方将参考该船的评估值协商确定该船的交易价格。

8、公司投资 2550 万元与中海客轮有限公司合资组建海南中海海盛海连船务有限公司,该公司注册资本 5000 万元,本公司投入 2550 万元,占出资比例的 51%,中海客运投入 2450 万元,占出资比例的 49%。2000 年投资收益为 205.22 万元。中海客运主营国内沿海客货运输,注册资金 30000 万元,法定代表人李克麟,是本公司控股股东中国海运(集团)总公司的全资子公司。

(六)公司与控股股东中国海运(集团)在人员、资产、财务的"三分开"情况。

1、人员方面:公司的劳动、人事及工资管理等方面独立;公司高管人员全部在公司领取薪酬,未在控股股东单位担任重要职务。

2、资产方面:公司拥有独立的经营系统和配套设施。

3、财务方面:公司拥有独立的财务部门,并建立了独立的会计核算体系和财务管理制度;公司在银行有独立的帐户。

(七)报告期内没有发生托管、承包、租赁其他公司资产情况。

(八)报告期内本公司聘用大华会计师事务所有限公司负责公司审计工作。

(九)其它重大合同(含担保合同)及其履行情况。

1、经公司第三届董事会第八次会议审议通过了公司为深圳市中海海盛沥青有限公司提供 2000 万元银行贷款担保和 500 万元银行保函担保的议案。该决议刊登于 2000 年 9 月 20 日的中国证券报、上海证券报。截止 2000 年 12 月 31 日,公司尚未为深圳市中海海盛沥青有限公司提供上述担保。

2、经公司第三届董事会第九次会议审议通过了公司为海南中海海盛海连船务有限公司提供 2550 万元银行贷款担保的议案。该决议刊登于 2000 年 11 月 29 日的中国证券报、上海证券报。截止 2000 年 12 月 31 日,公司为海南中海海盛海连船务有限公司提供了 2550 万人民币银行贷款担保。

(十)其它重大事项 公司第三届董事会第九次会议审议通过了转让"向安轮"轮的议案,因该轮评估报告尚未确认,待其评估报告确认后,公司将参考评估值决定交易价格并披露有关信息。

(十一)公司报告期内没有更改名称及股票简称。

八、财务会计报告

见审计报告、会计报表、及会计报表附注。

审 计 报 告 华业字(2001)第 368 号

中海(海南)海盛船务股份有限公司全体股东:

我们接受委托,审计了贵公司 2000 年 12 月 31 日合并资产负债表及资产负债表、2000 年度合并利润及利润分配表及利润及利润分配表、合并现金流量表及现金流量表。这些会计报表由贵公司负责,我们的责任是对这些会计报表发表审计意见。我们的审计是根据中国注册会计师独立审计准则进行的。在审计过程中我们结合贵公司的实际情况，实施了包括抽查会计记录等我们认为必要的审计程序。

我们认为，上述会计报表符合《企业会计准则》和《股份有限公司会计制度》的有关规定，在所有重大方面公允地反映了贵公司2000年12月31日的财务状况及2000年度经营成果和现金流量变动情况，会计处理方法的选用遵循了一贯性原则。

大华会计师事务所有限公司　　中国注册会计师　朱蕾蕾　杨晓梅

一、公司简况

公司为于1993年4月经海南省股份制试点领导小组办公室以琼股办(1993)6号文批准设立的定向募集股份公司。公司又于1996年3月26日经中国证券监督管理委员会以证监发字(1996)18号文《关于海南海盛船务实业股份有限公司申请公开发行股票的批复》同意公司向社会公开发行人民币普通股4,170万股。公司于1996年5月3日在上海证券交易所挂牌交易，成为公开上市的股份制公司。公司原注册资本为人民币166,700,000.00元，经历次送配股后，截止1999年1月1日公司注册资本为人民币280,080,750.00元，根据1998年度第一次临时股东大会审议通过并报经海南省证券管理办公室以琼证办[1999]70号文和中国证券监督管理委员会以证监公司字[1999]85号文批准，公司按每10股配售2股的比例向全体股东配售，注册资本变更为317,282,550.00元，经大华会计师事务所有限公司以华业字(99)第1137号验资报告验证。1999年11月由海南省工商行政管理局换发法人营业执照，注册号为(琼企)4600001002067，法定代表人李克麟。

企业经济性质：股份制；所属行业：运输行业。

经营范围：海南省及国内沿海的货物运输，从事以海南省港口为主的近洋国际航线运输、水路运输服务，船务代理，房地产开发及经营，宾馆酒店经营，旅游服务，石油仓储供应、实业投资、高科技开发；兼营燃气、石油制品化工产品及原料(专营除外)矿产品、实用电器、机械产品、金属材料、钢材的销售。

主要提供的劳务：运输。

生产经营的简况：2000年度经过全体员工的努力，完成货运量454.85万吨，货运周转量变63.38亿吨海里，主营业务收入为42,866.09万元，实现净利润6,744.94万元。

四、控股子公司(续)

注：以上子公司未纳入合并范围的原因系根据财政部财会二字(1996)2号《关于合并会计报表合并范围请示的复函》的规定，该部分子公司的资产总额、销售收入和当期净利润中母公司所拥有的数额加总计算出来的比率均未超过母公司的10%，根据重要性原则，未纳入合并范围。

(2)公司本年度的合并会计报表范围发生变更，增加了子公司①海南中海海盛海连船务有限公司，该子公司为2000年7月新组建的有限责任公司，本公司投资2,550万元人民币，占注册资本的51%；②中海(海南)海盛贸易有限公司，本公司对其投资475万元人民币，占注册资本的95%，因其以前年度对财务状况和经营成果影响较小，未纳入合并范围，本年度将其纳入合并范围并相应调整了合并报表的期初数。

五、合并会计报表主要项目注释

投资收益本年发生额比上年发生额增加人民币5,999,155.56元，增加比例为32.59%，主要原因是①公司股票投资收益增加；② 新增委托投资收益；③孙子公司广州海电船务有限公司和深圳三鼎油运贸易有限公司2000年度经营业绩有所上升，增加投资收益。

31、营业外收入：　2000年度发生额为人民币6,265,718.44元，1999年度发生额为人民币8,127,190.69 元，其中收入额无占报告当期利润总额10%(含10%)以上的项目。

32、营业外支出　2000年度发生额为人民币5,131,018.07元，1999年度发生额为人民币5,351,939.24 元，其中支出额无占报告当期利润总额10%(含10%)以上的项目。

33、支付的其他与经营活动有关的现金支出为人民币36,286,226.14元：

其中价值较大的项目有支付中海结算中心借款22,000,000.00元，支付管理费用9,993,737.16元，支付营业费用3,894,864.18元。

34、支付的其他与筹资活动有关的现金支出为人民币80,000.00元，系住房周转金支用数。

35、现金流量表附注中将净利润调节为经营活动的现金流量-其他　数额为人民币-1,287,700.17元，系无效申购资金利息摊销数。

36、合并现金流量表中货币资金期初数比资产负债表中期初数小人民币11,300,000.00元，是因为期初货币资金中含有不得随时支取的定期存单。

十四、重要事项的说明　本公司截止2000年12月31日已判决但尚未或正在执行的诉讼有：

(1)应收帐款-海南省莺歌海盐场原诉讼金额为人民币5,817,931.00元，经海口海事法院98年判胜诉，现正在执行中，截止2000年12月31日帐面余额为人民币989,135.00元。

(2)应收帐款-广州穗成企业发展有限公司2000年12月31日余额为人民币934,600.00元，经海南省高级人民法院99年3月终审判决胜诉，债务人至今尚未履行。

(3) 应收帐款-广东增城市沿海火电能源有限公司2000年12月31日余额为人民币1,387,681.55元，经广东省高级人民法院以(1998)粤法经二上字第190、191号民事判决书终审判决，广东增城市沿海火电能源有限公司应向本公司支付人民币396,500.00元，至今尚未执行。

(4)应收帐款-唐山今日贸易公司2000年12月31日余额为人民币470,797.99元，2000年10月26日经广州海事法院作出(2000)广海法商字第102号民事调解书，达成协议：自调解书生效之日起6个月内支付本公司运费人民币500,000.00元，如逾期未付由担保人-京唐港务局和京唐港船舶货运代理有限公司连带支付运费人民币300,000.00元，至今尚未执行。

(5)应收帐款-海南省京海建设实业总公司截止2000年12月31日余额为人民币3,920,090.58元，2000年10月8日海口市新华区人民法院以(2000)新经初字第232号民事判决书判定京海公司向本公司偿付货款人民币3,941,787.50元及相关的违约金等，2000年12月8日双方达成和解协议，以价值约289万元的房产抵作欠款，剩余款项自2001年5月30日至2001年11月30日止分三期偿还。

九、公司的其他有关资料

1、公司首次注册登记日：1993年4月2日　地点：海南省工商行政管理局

2、企业法人营业执照注册号：4600001002067　3、税务登记号码：460100284077535

4、公司未流通股票的托管机构：上海证券中央登记结算公司

5、公司聘请的会计师事务所：大华会计师事务所有限公司　办公地点：上海昆山路146号

十、备查文件目录

1、载有法定代表人、总会计师、会计机构负责人员签名并盖章的会计报表；

2、载有会计师事务所盖章、注册会计师签名并盖章的审计报告原件；

3、报告期内在《中国证券报》、《上海证券报》上公开披露过的所有公司文件的正本及公告的原稿。

中海(海南)海盛船务股份有限公司　　董事会　　二OO一年三月九日

资产负债表　　单位：(人民币)元

资产	期末数 合并
流动资金：	
货币资金	266,537,942.50
短期投资	1,092,620.00
短期投资净额	1,092,620.00
应收票据	12,853,491.23
应收股利	10,516,758.30
应收帐款	66,529,920.93
其他应收款	72,715,987.90
减：坏帐准备	44,907,296.53
应收款项净额	94,338,612.30
预付帐款	3,899,418.87
存货	34,532,115.58
存货净额	34,532,115.58
待摊费用	130,217.00
待处理流动资产净损失	-949.27
流动资产合计	423,900,226.51
长期投资：	
长期股权投资	223,767,859.06
长期债权投资	2,000.00
长期投资合计	223,769,859.06
长期投资净额	223,769,859.06
其中：合并价差(贷差以"-"号表示合并报表填列)	39,973,390.19
其中：股权投资差额(贷差以"-"号表示母公司报表填列)	39,973,390.19
固定资产：	
固定资产原价	690,707,297.45
减：累计折旧	266,502,343.77
固定资产净值	424,204,953.68
在建工程	400,812.50
固定资产清理	11,082.50
固定资产合计	424,616,848.68
无形资产及其他资产：	
无形资产	9,491,661.79
开办费	1,227,694.91
长期待摊费用	26,182,433.37
无形资产及其他资产合计	36,901,790.07
递延税项：	
资产总计	1,109,188,724.32
流动负债：	
短期借款	64,500,000.00
应付帐款	29,899,978.84
预收帐款	10,801,011.10
应付工资	1,738,628.98
应付福利费	1,607,251.10
应付股利	34,146,585.00
应交税金	3,378,074.59
其他应交款	46,587.48
其他应付款	46,136,438.85
一年内到期的长期负债	415,822.98
流动负债合计	192,670,378.92
长期负债：	
长期借款	50,000,000.00
其他长期负债	-360,490.00
长期负债合计	49,639,510.00
递延税项：	
负债合计	242,309,888.92
少数股东权益(合并报表填列)	88,028,133.51
股东权益：	
股本	317,282,550.00
资本公积	320,913,989.06
盈余公积	76,699,613.48
其中：公益金	27,657,334.70
未分配利润(未弥补亏损以"-"号表示)	63,954,549.35
股东权益合计	778,850,701.89
负债和股东权益总计	1,109,188,724.32

利润及利润分配表　　单位：(人民币)元

项目	本期数 合并
一、主营业务收入	428,660,912.09
主营业务收入净额	428,660,912.09
减：主营业务成本	333,750,524.51
主营业务税金及附加	7,501,741.55
二、主营业务利润(亏损以"-"号填列)	87,408,646.03
加：其他业务利润(亏损以"-"号填列)	5,490,976.76
营业费用	416,211.88
管理费用	27,155,188.29
财务费用	-464,738.52
三、营业利润(亏损以"-"号填列)	65,792,961.14
加：投资收益(损失以"-"号填列)	24,405,955.44
营业外收入	6,265,718.44
减：营业外支出	5,131,018.07
四、利润总额(亏损总额以"-"号填列)	91,333,616.95
减：所得税	13,032,370.63
减：少数股东损益(合并报表填列、亏损以"-"号填列)	10,851,825.01
五、净利润(净亏损以"-"号填列)	67,449,421.31
加：年初未分配利润(未弥补亏损以"-"号填列)	43,430,257.34
六、可供分配的利润(亏损以"-"号填列)	110,879,678.65
减：提取法定盈余公积金	9,728,964.38
减：提取法定公益金	5,467,909.92
七、可供股东分配的利润(亏损以"-"号填列)	95,682,804.35
应付普通股股利	31,728,255.00
八、未分配利润(未弥补亏损以"-"号填列)	63,954,549.35

附注：非常项目：

报告期利润	净资产收益率 全面摊薄
主营业务利润	11.22
营业利润	8.45
净利润	8.66
扣除非经常性损益后的净利润	8.33

厦门机场发展股份有限公司

一 、公司简介

1 、公司法定中文名称:厦门机场发展股份有限公司
英 文名称:Xiamen Airport Development Co.,Ltd. 缩写:XADC
2 、公司法定代表人:王倜傥先生 3 、公司董事会秘书:王建港先生
联 系地址:厦门机场发展股份有限公司
电 话:(0592)6022936-6005 传 真:(0592)6022936-8888
4 、公司董事会授权代表:钱进群先生
联 系地址:厦门机场发展股份有限公司
电 话:(0592)6022936-6005 传 真:(0592)6022936-8888
5 、公司注册地址:厦门高崎国际机场
办 公地址:厦门高崎国际机场内厦门机场发展股份有限公司办公楼
邮 政编码:361006 电 子信箱:airengn@public.xm.fj.cn
6 、公司披露信息的报纸:《上海证券报》
登 载年度报告的网址:www.sse.com.cn
年 度报告备置点:公司办公地点、福建省华福证券厦门营业部。
7 、公司股票上市地:上海证券交易所
股 票简称:厦门机场 股 票代码:600897

二 、会计数据和业务数据摘要

1 、公司本年度主要利润指标及现金流量情况

项目	金额:人民币元
利润总额	61,759,090.49
净利润	51,434,853.72
扣除非经常性损益后的净利润	50,567,663.02
主营业务利润	76,957,776.29
其它业务利润	2,944,890.05
营业利润	60,891,899.79
投资收益	0.00
补贴收入	0.00
营业外收支净额	867,190.70
经营活动产生的现金流量净额	111,548,484.72
现金及现金等价物净增加额	81,005,268.35

本 年度非经常性损益项目

项目	金额:人民币元
营业外收入	950,361.54
营业外支出	83,170.84
合计	867,190.70

注:扣除的非经常性损益项目和金额:台风损失保险赔款 900,000 元,其他营业外收支净额-32,809.30 元。

2 、公司前三年主要会计数据和财务指标

指标项目	2000 年度	1999 年度 (调整后)	1998 年度 (调整后)
主营业务收入(万元)	18,077.96	17,225	16,092.50
净利润(万元)	5,143.49	5,097.71	4,309.88
总资产(万元)	129,196.60	126,097.14	132,538.10
股东权益(万元)	113,292.60	110,849.12	105,886.13
摊薄每股收益(元/股)	0.190	0.189	0.160
按月平均加权法计算的每股收益	0.190	0.189	0.160
扣除非经常性损益后的每股收益	0.187	0.189	
每股净资产(元/股)	4.20	4.11	3.92
调整后每股净资产(元/股)	4.19	4.11	3.92
净资产收益率(%)	4.54	4.60	4.07
每股经营活动产生的现金流量净额	0.41	0.38	0.43
摊薄净资产收益率	4.54	4.60	4.07
加权净资产收益率	4.53	4.70	4.14

3 、利润表附表:

根 据中国证监会发布《公开发行证券公司信息披露编报规则》第 9 号通知精神,公司 2000 年按全面摊薄法和加权平均法计算的净资产收益率及每股收益:

报告期利润	净资产收益率(%)		每股收益(元)	
	全面摊薄	加权平均	全面摊薄	加权平均
主营业务利润	6.79	6.71	0.285	0.285
营业利润	5.37	5.35	0.226	0.226
净利润	4.54	4.53	0.190	0.190
扣除非经常性损益后的净利润	4.46	4.46	0.187	0.187

三 、股本变动及股东情况介绍

(1)截止 2000 年 12 月 31 日,公司在上海证券中央登记结算公司登记的股东共有 64005 户,持股 270000 万股,其中国有法人股股东 1 个,持股 20250 万股,社会公众股股东 64004 户,持股 67500 万股。

(2)公司主要股东持股情况(截止 2000 年 12 月 31 日)

名次 股东	年末持股数(股)	占总股本比例(%)
2.厦门国际航空港集团有限公司	202,500,000	75
3.长春证券	501,000	1.856
4.李伟	465,106	1.722
5.尹翔	287,000	1.062
6.苏州投资	190,650	0.706
7.兴和基金	152,495	0.565
8.李少丽	126,000	0.467
9.刘小姗	120,000	0.444
10.贲英秀	116,000	0.430
(1)袁龙星	108,929	0.403

郑州百文股份有限公司(集团)

一、公司简介

1、公司名称:
公司法定中文名称:郑州百文股份有限公司(集团)
公司英文名称:ZHENGZHOU BAIWEN CO.,LTD(GROUP) 缩 写:ZZBW
2、公司法定代表人:李福乾
3、公司董事会秘书:齐岸屏
电话:0371-3935993-3165
传真:0371-3935819
4、公司注册地址、办公地址:郑 州市南阳路 2 号
邮政编码:450053
公司国际互联网网址:http://www.baiwen.com
E—mail:ZBW@public.ZZ.ha.cn
5、公司选定的信息披露报纸:上海证券报
登载公司年度报告的中国证监会指定国际互联网网址:
http://www.sse.com.cn
公司年度报告备置地点:公司证券部
6、公司股票上市交易所:上海证券交易所
股票简称:ST 郑百文 股 票代码:600898

二、会计数据和业务数据摘要

1、本年度利润总额及其构成:(单位:元)
利润总额:-51679838.82
净利 润:-47050947.58
扣除非经常性损益后的净利润:
-46204518.59
主营业务利润:
-1680042.47
其他业务利润:
7366062.08
营业利润:-50833409.83
投资收益: 634868.61
补贴收入: 0.00
营业外收支净额:
-1481297.60
经营活动中产生的现金流量净额:
13816812.83
现金及现金等价物净增加额:
-15952946.81
注:扣除非经常性损益项目和涉及的金额:
投资收益: 634868.61
营业外收入:1990499.92
营业外支出:3471797.52

2 、公司近三年主要会计数据和财务指标:(单位:元)

项目	2000 年度	1999 年度	1998 年
主营业务收入	535263338.91	1307730523.83	3355018161.95
净利 润	-47050947.58	-956979894.02	-502414550.70
总资 产	961714197.84	1277715141.78	2366069076.13
股东权益	-1334798256.98	-1299419528.24	43746927.80
每股收益(摊薄)	- 0.2381	-4.8435	-2.5428
每股收益(加权)	-0.2381	-4.8435	-2.7255
每股收益(扣除非经常损益后)	-0.2338	-4.8429	-2.5466
每股净资产	-6.7557	-6.5766	0.2214
调整后的每股净资产	-8.3802	-6.9706	-0.1595
每股经营活动产生的现金流量净额	0.0699	0.4178	-1.5166
净资产收益率(摊薄)(%)			-1148.4568%
净资产收益率(加权平均%)			-2.4370

注:截止 2000 年 12 月 31 日,公司净利润、年度末股东权益均为负数,故净资产收益率指标无意义。

3、利润分配附表

报告期利润	净资产收益率(%)		每股收益(元/股)	
	全面摊薄	加权平均	全面摊薄	加权平均
主营业务利润			-0.0085	-0.0085
营业利润			-0.2573	-0.2573
净利润			-0.2381	-0.2381
扣除非经常性损益后的净利润			-0.2338	-0.2338

三、股东情况介绍

(1)报告期末股东总数为 34817 户。
(2)前 10 名股东持股情况

	期初持股数	期末持股数	占总股本比例(%)
郑州百文集团有限公司	28877869	28877869	14.62
南方证券	0	5776082	2.92
鹏程广告	3961360	3961360	2
河南省郑州市区信用合作联社营业部	2535000	2535000	1.28
河南金鑫电脑信息有限公司	2197000	2197000	1.11
郑州人保	1690000	2028000	1
河南省信托投资公司郑州铁路分公司	1859000	1859000	0.94
南证南京	1690000	1690000	0.86
河南省石油总公司	1257360	1257360	0.64
豫郑人信	1183000	1183000	0.6

说明:①持股 5%(含 5%)以上的法人股股东所持股份未发生抵押、冻结等情况。
② 公司前 10 名股东之间不存在关联关系。

浙 江 信 联 股 份 有 限 公 司

浙江信联股份有限公司2000年年度报告摘要

重要提示：本公司董事会保证本报告所载资料不存在任何虚假记载、误导性陈述或者重大遗漏，并对其内容的真实性、准确性和完整性负个别及连带责任。

公司财务会计报告已经深圳大华天诚会计师事务所审计并出具了有解释性说明的审计报告，本公司董事会、监事会对相关事项亦有详细说明，请投资者注意阅读。

一、公司简介

（一）、公司法定中文名称：浙江信联股份有限公司

公司法定英文名称：ZhejiangXinlianCo.Ltd.　　缩写：ZJXL

（二）、公司法定代表人：王宏声

（三）、公司董事会秘书：曹志远

联系地址：杭州市上塘路68号

联系电话：0571-5454614　　传真：0571-5454526

（四）、公司注册地址：杭州市上塘路68号

邮政编码：310014

公司办公地址：杭州市上塘路68号公司

电子信箱：ZJXL@mail.hz.zj.cn

（五）、公司选定的信息披露报纸名称：《中国证券报》、《上海证券报》

刊载公司年度报告的中国证监会指定因特网址：http://www.sse.com.cn

公司年度报告备置地点：杭州市上塘路68号公司证券部

（六）、公司股票上市地：上海证券交易所

公司股票简称：信联股份　　公司股票代码：600899

二、主要财务数据和指标

（一）、2000年度公司主要经营指标（单位：人民币）

利润总额	62,713,957.01
净利润	61,157,661.38
扣除非经营性损益后的净利润	60,372,700.52
主营业务利润	37,518,700.48
其他业务利润	16,782,735.22
营业利润	23,274,372.51
投资收益	38,721,363.07
补贴收入	0
营业外收支净额	784,960.86
经营活动产生的现金流量净额	27,891,101.58
现金及现金等价物净增加额	13,919,119.98

说明："扣除非经常性损益后的净利润"扣除的项目及金额如下：

营业外收入784,960.86元，营业外支出66,589.43元。

（二）、截止2000年末，公司前三年主要会计数据和财务指标（单位：人民币）

指标项目	2000年	1999年	1998年
主营业务收入	155,107,328.31	110,849,634.62	194,323,372.29
净利润	61,157,661.38	37,663,622.92	43,940,080.00
总资产	804,505,320.88	668,943,138.08	546,241,533.16
股东权益	482,885,539.92	436,834,811.68	406,264,499.76
每股收益	0.35	0.21	0.25
扣除非经营性损益后的每股收益	0.34	0.14	0.24
加权每股收益	0.35	0.21	0.25
每股净资产	2.72	2.46	2.29
调整后的每股净资产	2.70	2.45	2.26
每股经营活动产生的现金流量净额	0.16	0.11	0.18
净资产收益率(%)	12.7	8.62	10.81
加权净资产收益率(%)	12.7	8.62	10.81

（三）、利润表附表报告期利润

	净资产收益率		每股收益	
	全面摊薄	加权平均	全面摊薄	加权平均
主营业务利润	7.80	7.80	0.21	0.21
营业利润	4.80	4.80	0.13	0.13
净利润	12.70	12.70	0.35	0.35
扣除非经营性损益后的净利润	12.60	12.60	0.34	0.34

（四）、报告期内股东权益变动情况（单位：元）

项目	期初数	本期增加	本期减少	期末数
股本	177,505,386.00	0	-	177,505,386.00
资本公积	124,418,286.58	0	-	124,418,286.58
盈余公积	56,327,547.62	6,115,766.14	-	56,522,666.85
法定公益金	13,368,502.11	3,057,883.07	-	13,368,502.11
未分配利润	73,931,862.27	41,333,689.01	-	115,265,551.28
股东权益合计	432,183,082.47	50,702,457.45	-	482,885,539.92

变动原因说明：本期股本没有变化。盈余公积、法定公益金、未分配利润、股东权益增加是本期盈利所致。

三、股本变动及股东情况

（一）、股本变动情况

1.股本变动情况表（单位：股）

股份类别	本次变动前	本次变动增减（+、-）				本次变动后
		配股	送股	公积金转股	小计	
㈠未上市流通股份						
(1)发起人股份	123,200,000					123,200,000
其中：国有法人持有股份						
境内法人持有股份	123,200,000					123,000,000
(4)优先股或其他						
其中：转配股	350,386			-305,386	-305,386	0
未上市流通股份合计	123,305,386			-305,386	-305,386	23,200,000
㈡已上市流通股份						
(1)人民币普通股	54,000,000					54,000,000
(4)其他				+305,386	+305,386	
已流通股份合计	54,000,000			+305,386	+305,386	54,305,386
㈢股份总数	177,505,386					177,505,386

（二）、股东情况介绍

1.截止2000年末，公司股东总数为29,389户。

2.截止2000年末，前十名股东持股情况

名次	股东名称	年末持股数（股）	占总股本（%）
1	上海声广投资有限公司	51480000	29.00
2	武汉上行科技有限公司	40830700	23.00
3	浙江省手工业合作社联合社	9883220	5.56
4	北京华信电子企业集团	8350000	4.70
5	武汉汉迅经济发展有限公司	6265930	3.53
6	上海迅宏科技有限公司	5325150	3.00
7	汉盛基金	1003300	0.56
8	建行浙信	450000	0.25
9	陈美华	388500	0.21
10	华源亚太	310699	0.17

说明：①2000年2月，浙江省手工业合作社联合社（简称"浙江联社"）将其持有的本公司法人股835万股协议转让给北京华信电子企业集团（简称"北京华信"），本次转让后，上海声广投资有限责任公司（简称"上海声广"）成为本公司第一大股东。

2000年5月，浙江联社将其持有的本公司法人股2485.07万股协议转让给武汉上行科技有限公司（简称"武汉上行"），本次转让后，武汉上行成为本公司第二大股东。

2000年6月，浙江联社将其持有的本公司法人股626.59万股协议转让给武汉汉迅经济发展有限公司，本次股权转让前，浙江联社将其持有的本公司法人股532.515万股协议转让给武汉迅宏科技有限公司，本次转让后，浙江联社成为本公司第三大股东。

②本公司第二大股东武汉上行因债务纠纷，其持有的本公司法人股2485.07万股已被法院冻结。

3.持股10%（含10%）以上的法人股东如下：

①上海声广投资有限公司，法定代表人：王宏声。经营范围：投资、国内贸易。

②武汉上行科技有限公司，法定代表人：孙激清。经营范围：电子计算机，有线电视网络的开发、研制、技术服务，计算机、通迅设备零售及批发。

4.报告期内，上海声广投资有限公司成为本公司第一大股东，武汉上行成为公司第二大股东，详见2000年4月18日、2000年5月26日《上海证券报》和《中国证券报》

四、股东大会简介

报告期内召开了二次股东大会，具体情况如下：

（一）、1999年度股东大会2000年5月29日在《中国证券报》、《上海证券报》上刊登会议通知，2000年6月30日上午在杭州西子宾馆召开股东大会。参加会议的股东及股东授权代表14人，代表股份112,828,780股，占公司总股本的63.56%。会议通过如下决议：

1.1999年度董事会工作报告

2.1999年度监事会工作报告

3.1999年度财务决算报告

4.1999年度利润分配预案

5.更换会计师事务所议案

6.董、监事更换议案决议公告刊登于2000年7月1日《中国证券报》、《上海证券报》上。

（二）、2000年临时股东大会2000年11月28日在《中国证券报》、《上海证券报》刊登会议通知，2000年12月29日在杭州西子宾馆召开大会。参加会议的股东及代表9人，代表股份108,547,680股，占公司总股本的61.15%。审议通过了同意公司董事会关于信联股份收购武汉迅宏科技有限公司99%股权的议案。

决议公告于2000年12月30日《中国证券报》、《上海证券报》上。

五、董事会报告

（一）、公司经营情况

1.公司所处行业及本行业中的地位公司经1999年重组，已从传统的钢铁企业转型为从事有线电视网络投资建设及网上增值业务开发经营的新型企业。有线电视网络属于信息产业，是目前三大信息网络之一，其特点是单向的宽带网，实现双向改造后可升级为宽带信息网；随着《电信条例》的颁布实施，有线电视网络企业可以从事电信业务，其发展前景广阔。

公司在有线电视网络领域的投资较大，与同类上市公司相比，其市场份额名列前茅。

2.公司主营业务情况

（1）公司主营业务为有线电视网络建设、开发、服务；网络传输软件及设备、材料的开发、销售；网络工程安装、服务；实业投资。2000年因多功能服务尚未展开，仍然依靠收视费等传统业务，未来的增长主要依靠多功能服务的拓展。

（2）本公司2000年完成主营业务收入15,510.33万元，实现主营业务利润3,751.87万元，利润总额为6,271.4万元，净利润6,115.8万元，公司主营业务构成基本情况如下：

	主营业务收入(万元)	比重(%)	主营业务利润(万元)	比重(%)
信息产业收入	14128.02	91.10	3571.16	95.10
金属制品行业	1082.31	6.98	43.21	1.20
其他行业	300.00	1.93	137.50	3.70
合计	15510.33		3751.87	

3.在经营中出现的问题与困难解决办法本公司通过资产重组，已全面转向有线电视网络行业，虽然该行业的发展前景很好，但目前仍需进行双向改造，需要大量的资金投入，对公司的资金造成很大压力。本公司争取在新的一年里，筹措资金向网络上游产业（网络设备制造业）延伸，以解决双向改造中的设备需求问题，同时使公司在信息领域形成产业链。

上海中国国际旅行社股份有限公司

一、公司简介

1 、公司中文名称:上海中国国际旅行社股份有限公司
公司英文名称:SHANGHAI CHINA INTERNATIONAL TRAVEL SERVICE CO.,LTD.
公司英文名称缩写:SCITS
2 、公司法定代表人:宋超麒先生
3 、公司董事会秘书:朱谔言先生　公司董事会授权代表:鞠新兴先生
联系地址:上海市北京西路 1277 号 8 楼
电话:(021)62898899-239　传真:(021)62893487
董事会秘书电子信箱:zhuey@scits.com
董事会授权代表电子信箱:juxx@scits.com
4 、公司注册地址:上海市浦东南路 555 号
公司办公地址:上海市北京西路 1277 号　公司邮政编码:200040
公司国际互联网网址:www.scits.com
公司电子信箱:scits@scits.com
5 、公司信息披露报纸:《上海证券报》、香港《南华早报》
登载公司年度报告的国际互联网网址:http://www.sse.com.cn
公司年度报告备置地点:本公司,上海证交所等
6 、公司股票上市地:上海证券交易所
股票简称:国旅 B 股　股票代码:900929

二、会计数据和业务数据摘要

1 、公司本年度数据(人民币:元)

利润总额	18,307,654
净利润	16,631,455
扣除非经常性损益后的净利润	16,631,455
主营业务利润	84,855,078
其他业务利润	80,314
营业利润	9,806,727
投资收益	10,401,966
补贴收入	
营业外收支净额	−1,901,039
经营活动产生的现金流量净额	41,328,315
现金及现金等价物净增加额	−3,150,020

公司本年度按国际会计准则计算的净利润为 16,631 千元人民币,其与国内会计制度计算的净利润差异为:

	2000 年净利润	2000 年 12 月 31 日净资产
	人民币千元	人民币千元
中国会计准则财务报表	16,631	397,989
按国际会计准则调整:		
其他	–	6,304
国际会计准则财务报表	16,631	404,293

2 、公司前三年会计数据和财务指标(单位:除特别指明外,均为人民币元)

	2000 年	1999 年	1998 年	
			调整后	调整前
主营业务收入	541,062,788	463,479,648	396,734,831	414,302,010
净利润	16,631,455	15,218,194	14,992,240	14,992,240
总资产	686,626,277	646,411,363	599,002,885	604,484,044
股东权益(不含少数股东权益)	397,988,927	387,985,286	389,999,407	389,999,407
每股收益	0.13	0.11	0.11	0.11
加权每股收益	0.13	0.11	0.11	0.12
扣除非经常性损益后每股收益	0.13	0.03	0.11	0.12
每股净资产	3.00	2.93	2.94	2.94
调整后的每股净资产	2.88	2.80	2.84	2.82
每股经营活动产生的现金流量净额	0.31	0.36	–	0.33
净资产收益率(%)	4.18	3.92	3.84	3.84
加权净资产收益率(%)	4.23	3.91	3.92	3.92

3 、报告期利润指标

报告期利润	净资产收益率(%)		每股收益(元)	
	全面摊薄	加权平均	全面摊薄	加权平均
主营业务利润	21.32	21.59	0.64	0.64
营业利润	2.46	2.50	0.07	0.07
净利润	4.18	4.23	0.13	0.13
扣除非经常性损益后的净利润	4.18	4.23	0.13	0.13

三、股东情况介绍

1 、股东情况介绍

(1)本报告期末公司股东总数为 4,112 户,其中国家股股东 1 户、境内上市外资股股东 4,111 户。

(2)公司前 10 名股东持股情况(持股单位:股)

序号	股东名称	持股数	占总股本%
①	国有股股东(上海市国有资产管理办公室)	66,556,270	50.21
②	TOYO SECURITIES ASIA LTD.A/C CLIENT	4,904,830	3.70
③	WAH CHUN INTERNATIONAL LIMITED	1,846,460	1.39
④	展佳国际发展有限公司	1,541,210	1.16
⑤	NAITO SECURITIES CO.,LTD.	1,084,400	0.82
⑥	刘晓东	1,036,280	0.78
⑦	白薇	919,050	0.69
⑧	王春华	849,581	0.64
⑨	王文翔	815,000	0.61
⑩	UNION INVESTMENT LUXEMBOURG S.A.RE:EM FERNOST FONDS(LUX)	670,500	0.51

注:前 10 名股东之间尚未发现存在关联关系。

(3)本报告期内控股股东无任何变化。

上海金泰股份有限公司

一、公司简介

1 、公司法定中文名称:上海金泰股份有限公司
英文名称:SHANGHAI JINTAI COMPANY LIMITED(缩写 SJT)
2 、公司法定代表人:虞网法
3 、公司董事会秘书:沈惠明
联系地址:上海汶水路 400 号 公司董事会秘书室
电话:36030322
传真:56657534
4 、公司注册地址:上海安亭洛浦路 45 号
邮政编码:201805
公司办公地址:上海汶水路 400 号
邮政编码:200072
公司电子信箱:sjtbk@online.sh.cn
5 、公司信息披露报纸:
《上海证券报》、香港《南华早报》;
登载公司年度报告的国际互联网网址:
http://www.sse.com.cn
中期报告备置地点:公司董事会秘书室
6 、公司股票上市地点:上海证券交易所
股票简称:金泰 B
股票代码:900935

二、主要财务数据和指标

公司主要会计数据和财务指标(合并报表)

	单位:元
利润总额	1,880,327
净利润	1,867,445
扣除非经常性损益后的净利润	−1,812,2492
主营业务利润	37,270,630
其他业务利润	6,469,259
营业利润	−1,002,840
投资收益	301,371
补贴收入	396,000
营业外收支净额	2,185,796
经营活动产生的现金流量	26,341,064
现金及现金等价物净增加额	2,850,903
注 1:按照国际会计准则之净利润	2,027,558

国内、国际会计事务所审计差异主要是:
开办费本年摊销额回转　160,113

注 2:扣除的非经常性收益的项目及金额:
(1)部分地块动迁安置结余 1,876,779 元。
(2)房屋设施租赁净收入　1,802,915 元。

2 、公司近三年主要会计数据和财务指标(单位:元)

	2000 年	1999 年	1998 年
主营业务收入	153,850,408	160,472,290	156,486,591
净利润	1,867,445	1,096,431	1,043,199
总资产	432,160,285	419,809,642	426,798,002
股东权益	295,846,763	293,979,318	292,882,887
每股收益(全面摊薄)	0.01	0.006	0.006
每股收益(加权平均)	0.01	0.006	0.006
每股净资产(元/股?	0.6	1.59	1.58
调整后的每股净资产	1.57	1.56	1.50
净资产收益率(%)(全面摊薄)	0.63	0.37	0.36
净资产收益率(%)(加权平均)	0.63	0.37	0.36
每股经营活动产生的现金流量净额	0.14	0.079	0.16

注:按照中国证监会《公开发行证券公司信息披露编报规则》(第 9 号)通知要求,计算的 2000 年度每股收益和净资产收益率如下:

	报告期利润	净资产收益率(%)		每股收益(元)	
		全面摊薄	加权平均	全面摊薄	加权平均
主营业务利润	37,270,630	12.60	12.64	0.20	0.20
营业利润	−1,002,840	−0.34	−0.34	−0.005	−0.005
净利润	1,867,445	0.63	0.63	0.01	0.01
扣除非经常性损益后的净利润	−1,812,249	−0.61	−0.61	−0.010	−0.010

三、股东情况介绍

报告期末股东总数 2186 户,包括 B 股股东 2185 户,A 股(国家股)股东 1 户。
主要股东持股情况(前 10 名)

	股东名称	年末持股数量	%
1	上海东风机械(集团)有限公司(国有股)	105300000	56.83
2	SHENYIN WANGUO NOMINEES (H.K.)LTD.	5907658	3.19
3	陈文伯	1573520	0.85
4	SHANIA CHLOR-ALKALI CHEMICAL (AUSTRALIA)PTY.LTD	1535000	0.83
5	TOYO SECURITIES ASIA LTD.A/C CLIENT	1504200	0.81
6	华夏证券有限公司上海业务部	1465000	0.79
7	中国纺织机械股份有限公司	1444500	0.78
8	胡德生	1403025	0.76
9	WANG XIE	1131000	0.61
10	ORE BURNS (AUSTRALIA)PTY.LIMITED	1129799	0.61

持有本公司 5%以上股份的股东为:

上海东风机械(集团)有限公司,持有本公司 10530 万股,占总股本的 56.83%,系国家股,该公司法人代表:王坚,经营范围:柴油机、工程机械、建筑机械、地质机械等产品及服务。报告期内其对本公司持股份无质押,但于 2000 年 12 月 22 与上海国有资产经营有限公司签订了《股权转让协议书》,拟将所持有的本公司全部国家股 10530 万股转让给上海国有资产经营有限公司,转让价格暂定为本公司 1999 年度报告的每股净资产 1.59 元人民币,最终转让价以政府有关部门批准文件为准(详见 2000 年 2 月 23 日《上海证券报》)。目前股权转让事项有待政府有关部门正式批准。

上海汇丽建材股份有限公司

一、公司简介

1 、公司中文名称为:上海汇丽建材股份有限公司　　简称:汇丽建材
公司英文名称为:SHANGHAI HUILI BUILDING MATERIALS CO.,LTD. 简称:HLBM
2 、公司法定代表人:张永定先生
3 、公司董事会秘书:陶娅龄女士　联系地址:上海浦东周浦川周路 4131 号
电话:(021)68112933　传真:(021)58113874
4 、公司注册地址:上海浦东康桥工业区
公司办公地址:上海浦东周浦川周路 4131 号　邮政编码:201318
公司网址:http://www.huiligp.com　公司电子信箱:huiligp@public.sta.net.cn
5 、公司选定的信息披露报纸为:《上海证券报》和香港《大公报》
刊载公司年度报告的中国证监会指定国际互联网网址:http://www.sse.com.cn
公司年度报告备置地点:董事会秘书处
6 、公司股票上市地:上海证券交易所
股票简称:汇丽 B 股　股票代码:900939

二、会计数据和业务数据摘要

(一)公司本年度主要利润指标(合并报表)

项目	金额(单位:元)
利润总额	26,714,785.74
净利润	21,440,132.02
扣除非经常性损益后的净利润	21,440,132.02
主营业务利润	65,108,969.53
其他业务利润	27,476,510.41
营业利润	28,295,410.21
投资收益	−1,713,644.89
补贴收入	30,000.00
营业外收支净额	103,020.42
经营活动产生的现金流量净额	21,884,391.87
现金及现金等价物净增加额	145,737,790.91

(单位:人民币千元)

根据中国法定帐目实现的净利润	21,440
根据国际会计准则实现的净利润	8,903

有关按两种不同会计准则计算净利润的差异形成原因如下:

	净利润(人民币千元)
根据中国法定帐目	21,440
国际会计准则和其他调整:	
-提取坏帐准备	−3,665
-提取存货呆滞准备	−4,012
-调整固定资产折旧	−2,244
-按权益法认列联营公司投资损失	−654
-其他	−1,962
经国际会计准则及其他调整后所列报	8,903

(二)截止报告期末公司前三年主要会计数据和财务指标(合并报表)　单位:元

项目	2000 年	1999 年	1998 年
主营业务收入	330,231,633.46	227,055,809.72	215,816,338.405
净利润	21,440,132.02	−7,180,035.45	35,812,056.48
总资产	801,256,340.88	629,424,486.20	543,333,422.23
股东权益	311,393,335.05	289,976,025.03	291,362,943.66
每股收益(摊薄)	0.13	−0.043	0.217
(加权)	0.13	−0.043	0.217
扣除非经常性损益后的每股收益(摊薄)	0.13	−0.057	
每股净资产	1.89	1.76	1.77
调整后每股净资产	1.67	1.68	1.72
每股经营活动产生的现金流量净额	0.13	0.18	−0.024
净资产收益率(%)(摊薄)	6.89	−2.48	12.29
(加权)	7.13	−2.47	13.19

(三)利润表附表

报告期利润	净资产收益率(%) 全面摊薄	净资产收益率(%) 加权平均	每股收益(元) 全面摊薄	每股收益(元) 加权平均
主营业务利润	20.91	21.65	0.39	0.39
营业利润	9.09	9.41	0.17	0.17
净利润	6.89	7.13	0.13	0.13
扣除非经常性损益后的净利润	6.89	7.13	0.13	0.13

三、股东情况介绍

(1)截止至 2000 年 12 月 31 日,股东总数为:3635 名。
(2)前十名股东情况如下:

股东名称	年末持股数量(股)	股份增减情况	持股比例
1 上海汇丽集团有限公司	53863000	不变	32.64%
2 中信房地产公司	8998000	不变	5.45%
3 中国通用技术(集团)控股有限公司	8998000	不变	5.45%
4 中国建筑科学研究院	6331000	不变	3.84%
5 BELLINGHAM INTERNATIONAL INC	2630050	增加	1.59%
6 PACIFIC SOURCE DEVELOPMENT LIMITED COMPANY	2615993	减少	1.59%
7 海南国投	1107500	不变	0.67%
8 WEI QUAN LI	1101500	不变	0.67%
9 PACIFIC EXPRESS INVESTMENTS LIMITED COMPANY	1000000	不变	0.61%
10 STAR PACIFIC INVESTMENTS LIMITED COMPANY	1000000	不变	0.61%

注:a 、报告期内,本公司持股 5%(含 5%)以上的股东所持股份未发生质押、冻结的情况。
b 、本公司 10%以上的法人股东之间不存在关联交易。

(3)持股 10 %以上的法人股东情况:

上海汇丽集团有限公司法定代表人张永定,经营范围为化学建材、建筑涂料,防水装潢粘结材料,塑料制品,精细化工产品,房屋配套产品,五金装潢材料,自营进出口业务,木业制品,新型墙体材料,房地产开发,实业投资。

(4)报告期内控股股东无变更。

内蒙古伊泰煤炭股份有限公司

一、公司简介

1、公司法定中文名称:内蒙古伊泰煤炭股份有限公司
英文名称:INNER MONGOLIA YITAI COAL　COMPANY LIMITED　英文缩写:IMYCC
2、公司法定代表人:张双旺
3、公司董事会秘书:田尚万　联系地址:内蒙古东胜市鄂尔多斯西街伊煤集团办公大楼
电话:0477−−8524944　传真: 0477−−8530722　电子信箱:ytzqb@ email.nm.cninfo.net
董事会证券事务代表:菅青娥　电话:0477−8530722 或 8525584 转 2409
4、公司注册地址:内蒙古东胜市鄂尔多斯西街
公司办公地址:内蒙古东胜市鄂尔多斯西街.伊煤集团办公大楼　邮政编码:017000
网址:Http://www.ytmt.nm.cninfo.net　电子信箱:ytmt @ email.nm.cninfo.net
5、公司指定的信息披露报纸:《上海证券报》《南华早报》。
登载公司年度报告的中国证监会指定的国际互联网网址:Http://www.sse.com.cn
公司年度报告备置地点:公司本部董事会秘书办公室、证券部
6、公司股票上市交易所:上海证券交易所
公司股票简称:伊煤 B 股　股票代码:900948

二、会计数据和业务数据摘要

1、本年度主要利润指标情况(单位:人民币元)

利润总额	15,348,676.71
净利润	12,556,109.30
扣除非经常性损益后的净利润	14,256,381.85
主营业务利润	597,423,413.04
其它业务利润	4,992,568.15
营业利润	20,489,035.91
投资收益	−3,440,086.65
补贴收入	-----
营业外收支净额	−1,700,272.55
经营活动产生的现金流量净额	140,478,886.90
现金及现金等价物净增加额	18,986,820.46
扣除非经常性损益是指固定资产处置损益	−1,700,272.55

注:(1)主营业务利润:根据《股份制企业会计制度》计列,尚未扣除营业费用、管理费用和财务费用。

(2)、净利润及差异说明 (单位:人民币元)

经境外审计净利润为	2,122,000.00
经境内审计净利润为	12,556,109.30
差异额	10,434,109.30

国际会计准则及其他调整之净额影响	2000 年
按法定合并财务报表所载金额	12,556
-调整坏帐准备	(4,403)
-冲减法定财务报表所载有形资产及无形资产的评估增值及对损益的影响	5,076
-冲减法定财务报表中未摊销的开办费	89
-车皮成本及其折旧的调整	(11,196)
按国际会计准则重新编列金额	2,122

2、报告期公司前三年的主要会计数据和财务指标(中国会计制度)　单位:人民币元

项目	2000 年度	1999 年度
主营业务收入	832,910,811.27	689,350,691.05
净利润	12,556,109.30	6,509,124.51
总资产	1,268,043,904.67	1,248,082,719.85
股东权益	781,935,186.77	774,869,077.47
每股收益(摊薄)	0.034	0.018
每股收益(加权)	0.034	0.018
扣除非经常损益后的每股收益	0.039	0.020
每股经营活动产生的现金流量净额	0.38	0.13
净资产收益率%	1.61	0.84
每股净资产(摊薄)	2.14	2.12
调整后每股净资产	2.01	1.98

3、按证监会《公开发行证券公司信息披露规则第 9 号》要求计算的净资产收益率和每股收益如下:　(单位:人民币元)

报告期利润	净资产收益率 全面摊薄	净资产收益率 加权平均	每股收益 全面摊薄	每股收益 加权平均
主营业务利润	76.51%	76.59%	163.46%	163.46%
营业利润	2.62%	2.62%	5.60%	5.60%
净利润	1.61%	1.61%	3.43%	3.43%
扣除非经常性损益后的净利润	2.26%	2.27%	4.84%	4.84%

三、股本变动及股东情况

1、股本变动情况

1、股东情况简介:(1)截止 2000 年年末,公司股东总数为 6,168 户,其中,国有法人股东 1 户,社会公众股东 6,167 户。 本公司只发行了境内上市外资股,公司没有内部职工股东。持有公司 5%以上股份的股东只有一家,即内蒙古伊克昭盟煤炭集团公司,受托持有国有法人股 20,000 万股,占本公司股本总额的 54.64%。伊克昭盟煤炭集团公司的经营范围是:主营原煤产、运、销,兼营水泥生产、销售矿山机械、建筑材料,种植、养殖业、餐饮业。法定代表人:张双旺;注册地址:内蒙古东胜市鄂尔多斯西街。所持股份质押情况:没有质押。

(2)主要股东持股情况(前十名股东)　单位:股

名次	股东名称	年末持股数	占总股本比例
1	伊克昭盟煤炭集团公司(代表国家持股单位)	200,000,000	54.64%
2	WISEMAX INTERNATIONAL LIMITED	3,045,622	0.83%
3	ZHANG ZHEN FANG	2,394,300	0.65%
4	WELLPLANNEND LIMITED	2,392,000	0.65%
5	吴明华	2,196,948	0.60%
6	LETEX INVESTMENT LIMITED	2,000,000	0.55%
7	HKIT S/A 006-113039-431	1,574,000	0.43%
8	李迪	1,414,000	0.39%
9	王惠强	1,269,000	0.35%
10	崔歌	1,191,500	0.33%

浙江东南发电股份有限公司

浙江东南发电股份有限公司2000年年度报告摘要

重要提示:本公司董事会保证本报告所载资料不存在任何虚假记载、误导性陈述或者重大遗漏,并对其内容的真实性、准确性和完整性负个别及连带责任。

一、公司简介

浙江东南发电股份有限公司(以下简称"本公司"或"公司")注册资本 20.1 亿元人民币,经营范围为电力投资、开发及经营。

1.公司的法定中文名称:浙江东南发电股份有限公司

公司法定英文名称:ZHEJIANG SOUTHEAST ELECTRIC POWER CO., LTD

公司英文名称缩写:ZSEPC

2.公司法定代表人:庄虎卿

3.公司董事会秘书:戴建成

电话:86-571-7068779-2658

传真:86-571-7077321

电子信箱:djc@zsepc.com

4.公司注册及办公地址:中国浙江省杭州市凤起路451号

邮政编码:310006

互联网网址:http://www.zsepc.com/

电子信箱:webmaster@zsepc.com

5.公司信息披露报纸:上海证券报、香港南华早报、香港文汇报

登载年度报告互联网网址:http://www.zsepc.com/

http://www.sse.com.cn/

公司年度报告备置地点:公司总部、上海证券交易所、伦敦证券交易所

6.B股股票上市地:上海证券交易所

B股股票简称:东电B股

B股股票代码:900949

全球存托凭证(GDR)上市地:伦敦证券交易所

全球存托凭证(GDR)交易代码:0949QLT

二、会计数据和业务数据摘要

1.本年度会计数据摘要(单位人民币千元)

(1)按中国会计准则计算的数据

利润总额	1,015,362
净利润	621,709
扣除非经常性损益后的净利润	768,880
主营业务利润	1,178,444
其他业务利润	1,324
营业利润	1,007,183
投资收益	11,897
营业外收支净额	-3,718
经营活动产生的现金流量净额	1,025,782
现金及现金等价物净增加额	-1,051,673

注:扣除的非经常性损益为补缴以前年度所得税144,134,800元、资产处置损失3,036,823.60元,合计147,171,623.60元。

(2)按国际会计准则计算的数据

营业收入	3,400,223
经营利润	1,034,765
税后利润	611,878

(3)净利润差异说明

按中国会计准则计算的净利润	621,709
根据国际会计准则的调整:	
计提的住房周转金	-9,831
按国际会计准则计算的净利润	611,878

重要说明:由于本公司于2000年补缴了1998年1月至1999年11月期间所得税中央部分税款1.44亿元,直接冲减了本年度损益后实现净利润6.2亿元、每股收益为0.31元。扣除补税原因,按中国会计准则计算,公司实现的净利润应为7.66亿元、每股收益为0.38元/股。

2.前三年主要会计数据和财务指标

(1)根据中国会计师审计报告之数据(单位:人民币元)

	2000年	1999年
主营业务收入	3,400,222,722.54	3,247,237,664.70
净利润	621,708,729.65	823,304,326.67
总资产	7,269,575,449.16	7,638,205,620.01
股东权益	5,147,463,767.90	4,963,935,038.25
每股收益(摊薄)	0.31	0.41
每股收益(加权)	0.31	0.41
扣除非经常性损益后的每股收益	0.38	0.41
每股净资产	2.56	2.47
调整后的每股净资产	2.55	2.47
每股经营活动产生的现金流量净额	0.51	0.75
净资产收益率(%)	12.08	16.59

(2)根据国际会计师审计报告之数据(单位:人民币千元)

	2000年	1999年	1998年
营业收入	3,400,223	3,247,238	2,949,527
税后利润	611,878	763,526	846,171
总资产	7,202,792	7,610,518	7,570,169
股东权益	5,572,480	4,960,602	4,619,176
每股收益(元/股)	0.30	0.38	0.42
每股净资产(元/股)	2.77	2.47	2.3
净资产收益率(%)	10.98	15.39	18.32

3.本报告期利润表附表

	净资产收益率(%)		每股收益(元)	
	全面摊薄	加权平均	全面摊薄	加权平均
主营业务利润	22.89	22.34	0.59	0.59
营业利润	19.57	19.09	0.50	0.50
净利润	12.08	11.79	0.31	0.31
扣除非经常性损益后的净利润	14.94	14.58	0.38	0.38

注1:财务指标计算方法

每股收益=净利润/年度末普通股股份总数

每股净资产=年度末股东权益/年度末普通股股份总数

净资产收益率=净利润/年度末股东权益×100%

调整后的每股净资产=(年度末股东权益-三年以上的应收款项净额-待摊费用-待处理(流动、固定)资产净损失-开办费-长期待摊费用-住房周转金负数余额)/年度末普通股股份总数

每股经营活动产生的现金流量净额=经营活动产生的现金流量净额/年度末普通股股份总数

全面摊薄净资产收益率=报告期利润/期末净资产

全面摊薄每股收益=报告期利润/期末股份总数

加权平均净资产收益率=$P/(E0+NP\div2+Ei\times Mi\div M0-Ej\times Mj\div M0)$

其中:P为报告期利润;NP为报告期净利润,E0为期初净资产;Ei为报告期发行新股或债转股等新增净资产;Ej为报告期回购或现金分红等减少净资产;M0为报告期月份数;Mi为新增净资产下一月份起至报告期期末的月份数;Mj为减少净资产下一月份起至报告期期末的月份数

加权平均每股收益=$P/(S0+S1+Si\times Mi\div M0-Sj\times Mj\div M0)$

其中:P为报告期利润;S0为期初股份总数;S1为报告期因公积金转增股本或股票股利分配等增加股份数;Si为报告期因发行新股或债转股等增加股份数;Sj为报告期因回购或缩股等减少股份数;M0为报告期月份数;Mi为增加股份下一月份起至报告期期末的月份数;Mj为减少股份下一月份起至报告期期末的月份数

三、股本变动及股东情况

(一)股本变动情况

1.股票发行与上市情况

(1)本公司于1997年9月,发行B股及全球存托凭证69,000万股,发行价0.346美元/股。自1997年9月23日起分别在上海证券交易所和伦敦证券交易所上市交易。

(2)本报告期内公司股本未发生变化。

(3)本公司没有发行内部职工股。

(二)股东情况介绍

1.报告期末股东总数

截至本报告期末,本公司股东人数为18256户,其中发起人股东5户,其余为B股股东。

2.前十名股东持股情况

股东名称	持股数(股)	持股比例
浙江省电力开发公司	799,963,200	39.80%
浙江省电力公司	514,036,800	25.57%
TOYOSECURITIESASIALTD A/C CLIENT	?4,502,300	0.72%
SCBHK A/C BROWN BROTHERS HARRIMAN & CO SUB A/C THE GREATER CHINA FUND INC	11,000,000	0.55%
NAITO SECURITIES CO.,LTD	9,568,800	0.48%
CBNY/BMO INVESTORS PACIFIC INTERNATIONAL FUND	8,685,000	0.43%
HKSBCSB A/C STATE STREET BANK AND TRUST S/A THE CHINAFUND	7,000,000	0.35%
HKIT S/A 006-113039-431	6,543,000	0.33%
展佳国际发展有限公司	6,000,000	0.30%
李明公	5,447,646	0.27%

3.持股10%以上股东情况

名称	经营范围	股份变动情况	质押冻结情况
浙江省电力开发公司	电力开发	无变化	无
浙江省电力公司	电力生产供应	无变化	无

本报告期内,两家公司具有同一法定代表人。

4.本报告期内,公司控股股东未发生变化。

四、股东大会简介

本公司于2000年4月11日刊登召开1999年度股东大会公告,5月12日会议如期召开。有关会议决议于2000年5月16日刊登于《上海证券报》、香港《南华早报》、香港《文汇报》。1999年度股东大会上,公司董事会、监事会进行了换届选举。选举庄虎卿、寿德生、朱长荣、谢国兴、张丹、褚嘉华、胡松如、傅木庆、李远、赵元杰、戴建成、王佳富、柯吉欣为第二届董事会成员,选举唐信根、孔繁祥、黄培根、朱海明为第二届监事会股东代表出任的监事。

五、董事会报告

(一)、公司经营状况

本公司主营发电,经营所获收入来源于电力的对外销售。2000年,公司完成发电量113亿千瓦时,上网电量104亿千瓦时,分别比去年增长13.56%和14.01%,年平均发电利用小时达6807小时。

2000年,浙江省社会用电量大幅增长。公司充分利用本年度机组检修较少的有利时机,积极参与电力市场竞争,努力增发电量,谋求发电效益最大化。2000年公司实现主营业务收入34.00亿元、利润总额10.15亿元,分别完成年度股东大会预算指标的109.21%和111.1%。由于2000年公司补缴了98年1月至99年11月份所得税中央部分1.44亿元,直接冲减了当期损益,因此仅实现净利润6.2亿元、每股收益为0.31元。扣除补税原因,公司实现的净利润应为7.66亿元、每股收益为0.38元。

(二)、公司财务状况(单位:元)

项目	2000年实际数	去年同期数	增减(+、-)
总资产	7,269,575,449.16	7,638,205,620.01	-4.83%
长期负债	965,017,126.79	1,500,908,034.73	-35.70%
股东权益	5,147,463,767.90	4,963,935,038.25	3.70%
主营业务利润	1,178,444,029.80	1,228,196,562.89	-4.06%
净利润	621,708,729.65	823,304,326.67	-24.49%

(2000年扣除非经常性损益后的净利润为768,880,353.25元)

增减变动的主要原因:

(1)长期负债减少主要是本年归还到期长期债务本金,同时将 2001 年应付本金转入“一年内到期的长期负债”。

(2)股东权益增加主要为本年度实现净利润增加。

(3)净利润减少主要是因为补缴以前年度所得税所致。

(三)、投资项目情况

2000 年,公司在坚持以发电为主的同时,努力拓展投资领域,积极发展多元化经营,取得明显成效。

参与投资的电源项目有:

1、长兴电厂技改工程(2×300MW)65%的股权;

2、嘉兴电厂二期工程(4×600MW)24%的股权。

上述项目的可行性研究报告目前尚在国家有关部门进行审批。

公司以自有资金参与投资的其他项目有:

1、出资 3.12 亿元认购中国光大银行 1.6 亿股股份;

2、出资 2.85 亿元认购交通银行 1.5 亿股股份;

3、出资 2.2 亿元认购南方证券股份有限公司 2 亿股股份;

上述三项投资,公司均进入该项目的前十大股东之列。

4、出资 1.05 亿元受让招商银行 3000 万股股份;

5、出资 8240 万元认购福建兴业银行 4000 万股股份;

6、出资 1000 万元参与投资浙江省创业投资有限公司 10%的股份;

7、出资 590 万元参与组建浙江富兴电力燃料有限公司。

至本报告期末,公司以自有资金参与投资的项目全部出资完毕,目前尚未产生投资收益。有关公司参与投资的决议公告, 分别于 2000 年 1 月 29 日、11 月 11 日、11 月 22 日、12 月 22 日刊登于《上海证券报》、香港《南华早报》、香港《文汇报》上。

(四)、公司经营环境的变化

电力工业属于国民经济的基础产业,受宏观因素影响较大。2000 年,受浙江省国民经济持续健康发展的大环境推动,全省用电量同比增长 19%,高出全国平均用电增长 10 个百分点。从 1 月 15 日开始,浙江电网开始竞价上网的试运行并进行结算。根据市场规则,基数合约电量和超发合约电量执行经浙江省物价局批准 2000 年公司上网电价和超发电价, 合约电量以外的竞价电量,按市场交易价格进行结算。根据浙江省国家税务局有关文件要求,公司补缴了 1998 年 1 月至 1999 年 11 月以来应缴纳企业所得税中央部分税款。同时根据财政部有关文件的规定,经浙江省财政厅批准,公司所得税地方部分继续执行 18%税率返还、实际按 15%征税的政策。中央部分仍按 33%征税。2000 年公司实际税率为 22%。

本公司已就有关情况分别于 2000 年 1 月 29 日、3 月 21 日、8 月 29 日、11 月 11 日在《上海证券报》、香港《南华早报》、香港《文汇报》刊登公告。

(五)、2001 年工作计划和准备采取的措施

1、坚持不懈的抓好电厂的安全工作,加强安全工作在各项工作中的基础地位,杜绝各类恶性事故的发生。

2、全面加强内部管理,继续推进以预算管理为中心的内部经营责任制,努力挖潜增效。

3、以提高在电力市场中的竞争实力为中心,积极采用新技术、新工艺加强发电机组的整治和改造,提高设备可靠性。深入研究电力市场报价技巧和策略,进一步提高竞价收入。

4、积极做好电力投资项目的报批工作,同时继续拓展在其他有较高增长潜力和稳定获利能力领域的投资。

(六)、董事会日常工作情况

1、报告期内董事会的会议情况及决议内容

本报告期内,公司董事会进行了换届选举。新一届董事会继承首届董事会的一贯优良作风,认真履行股东大会和公司章程赋予的职责,就公司经营运作、发展策略等重大问题进行了研究和讨论,并作出了一系列重大投资决策,为公司今后的发展奠定基础。有关会议的决议内容已刊登在 2000 年 4 月 11 日、5 月 16 日、8 月 11 日、11 月 11 日、11 月 22 日、12 月 22 日出版的《上海证券报》、香港《文汇报》和香港《南华早报》上。

2、执行股东大会决议情况

本报告期内,公司围绕股东大会提出的目标任务开展工作,超额完成了股东大会预定的各项目标,并按有关规定及时完成了 1999 年度红利发放工作。

(七)、公司管理层及员工情况

1、董事、监事、高级管理人员情况

姓名	职务	年龄	持股数	年度报酬情况(元)
庄虎卿	董事长	51	0	不在公司领取
寿德生	董事、总经理	44	0	89518
朱长荣	董事	59	0	不在公司领取
张丹	董事	59	0	不在公司领取
谢国兴	董事	47	0	不在公司领取
褚嘉华	董事	56	0	不在公司领取
赵元杰	董事	44	0	不在公司领取
李远	董事	45	0	不在公司领取
柯吉欣	董事	33	0	不在公司领取
傅木庆	董事	43	0	96587
胡松如	董事	44	0	116352
戴建成	董事、董事会秘书	44	0	69898
王佳富	董事	48	0	94711
唐信根	监事长	54	0	不在公司领取
孔繁祥	监事	59	0	不在公司领取
黄培根	监事	52	0	不在公司领取
朱海明	监事	45	0	不在公司领取
吴宏飞	监事	35	0	69088
王国强	监事	39	0	49290
陈觉民	副总经理	49	0	80047
胡森健	总会计师	47	0	72219

2、员工情况

截至本报告期末,公司员工总数为 3614 员人,其中专业技术人员 963 人。

(八)、本次利润分配预案

2000 年度实现税后利润 621,708,729.65 元(按国际会计准则为 611,878,000 元),分别按 10%提取法定盈余公积金和法定公益金共计 124,341,745.94 元,加年初未分配利润 702,544,563.88 元(按国际会计准则为 700,808,134.70 元)。根据孰低原则, 实际可供股东分配的利润为 1,188,344,388.76 元(按中国会计准则为 1,199,911,547.59 元)。公司以年末股本 20.1 亿股为基数,每股派发现金红利人民币 0.218 元 (含税), 共计 438,180,000.00 元。分配后, 公司尚余未分配利润 761,731,547.59 元(按国际会计准则为 750,164,388.76 元)。

此分配预案须提交 2000 年度股东大会审议批准后实施。

(九)利润分配政策

1、公司拟在 2001 年度结束后分配利润一次

2、2001 年度拟用于股利分配的比例为当年实现净利润的 40%-60%

3、分配方式采用现金派发方式

4、具体分配方案公司将根据实际情况而定

六、监事会报告

2000 年,公司监事会进行了换届选举。新一届监事会本着向股东大会负责的原则,围绕股东大会通过的决议,开展监督工作。在本年度中,监事会成员列席公司董事会会议,督促公司认真贯彻股东大会决议,检查公司生产经营和财务情况,并对其进行了充分讨论。本年度内,监事会认真履行职责,维护股东权益。

监事会认为:

1、2000 年,公司在积极发展发电主业,强化核心竞争能力的同时,慎重进入金融领域,对于加强资金和资本运营管理,提高资金运作效率和效益是十分有益的,符合公司发展战略规划的要求。

2、浙江天健会计师事务所和普华永道中国有限公司对公司 2000 年度财务报告出具了无保留意见的审计报告。监事会认为该报告如实反映了公司的实际情况。

3、2000 年公司净利润较 1999 年度有较大幅度的下降, 主要是因为补缴以前年度的税款所致。扣除此项非经常性损益后,按中国会计准则计算,公司的净利润应为 7.66 亿元,经营状况总体较为稳定。

4、未发现公司董事及高级管理人员在经营活动中违犯法律、法规,违反公司章程或损害公司利益的行为,公司未发生重大诉讼事项。

5、公司各项关联交易均按照政府定价或市场价格进行结算,并按要求进行了信息披露。

七、重要事项

(一)本年度公司无重大诉讼、仲裁事项。

(二)本年度公司董事及高级管理人员未受监管部门的处罚。

(三)经第二届董事会第一次会议审议通过,选举庄虎卿为董事长,聘任寿德生为总经理。

(四)承诺事项

本报告期内,公司与浙江省电力开发公司、浙江省电力公司、北京国华电力有限责任公司、国家电力公司华东分公司和浙江省电力建设总公司签署投资建设嘉兴发电厂二期工程股东协议。公司占注册资本的 24%。本报告期内,公司尚未出资。

(五)重大关联交易事项

1、销售上网电量

公司上网电量全部由浙江省电力公司购买, 其中合约电量和超发合约电量分别按照浙江省物价局批复的上网电价和超发电价进行结算,合约电量以外的竞价电量按照市场清算价格结算。公司 2000 年度上网电价为台州发电厂 0.357 元/千瓦时,萧山发电厂为 0.32 元/千瓦时。超发电价为台州发电厂 0.19 元/千瓦时,萧山发电厂 0.187 元/千瓦时。2000 年公司售电收入为 34 亿元,占主营业务收入的 100%。

2、采购燃煤

根据《燃料供应协议》,公司发电所需燃煤由浙江省电力公司的全资子公司浙江省电力燃料总公司供应。2000 年,公司购买燃煤支出为 13.4 亿元,占年度燃煤采购支出的 100%。

3、偿还长期负债

本报告期内,公司继续加快偿还所欠母公司的长期负债,在原还贷协议的基础上再增加还贷 2 亿元,共偿还债务 5.76 亿元,减少了公司财务费用支出。

(六)、资产、财务、人员“三分开”情况

资产方面,公司拥有独立的生产系统、辅助系统和配套设施。浙江省电力公司为浙江电力的单一购买者,公司生产的电力全部销售给浙江省电力公司。

财务方面,公司设立了独立的财会部门,建立了独立的会计核算体系和财务管理制度,并在银行独立开户。

人员方面,公司总经理、副总经理、总会计师和董事会秘书等高级管理人员全部为专职,在公司领取薪金。公司设专人负责劳动人事及工资工作。职工的劳动聘任合同均与公司签订,职工工资总额由公司核定。

(七)本报告期内,公司继续聘任浙江天健会计师事务所和普华永道中国有限公司为公司提供会计报表审计及其他相关咨询服务的国内及国际会计师事务所。

八、财务会计报告

Ⅰ、审计报告

浙天会审[2001]第 409 号

浙江东南发电股份有限公司全体股东:

我们接受委托,审计了贵公司 2000 年 12 月 31 日的资产负债表,2000 年度的利润及利润分配表,以及 2000 年度的现金流量表。这些会计报表由贵公司负责,我们的责任是对这些会计报表发表审计意见。我们的审计是依据中国注册会计师独立审计准则进行的。在审计过程中,我们结合贵公司实际情况,实施了包括抽查会计记录等我们认为必要的审计程序。

我们认为,上述会计报表符合《企业会计准则》和《股份有限公司会计制度》的有关规定,在所有重大方面公允地反映了贵公司 2000 年 12 月 31 日的财务状况及 2000 年度的经营成果和现金流量,会计处理方法的选用遵循了一贯性原则。

浙江天健会计师事务所　　中国注册会计师　陈曙

中国·杭州　　　　　　　中国注册会计师　王彤

报告日期:2001 年 2 月 8 日

Ⅱ、会计报表(附后)

Ⅲ、会计报表附注

A、公司简介

浙江东南发电股份有限公司(以下简称"本公司"或"公司")是根据浙江省人民政府证券委员会浙证委(1997)49 号《关于同意设立浙江东南发电股份有限公司的批复》和中国证券监督管理委员会国际业务部(1997)4 号《关于对浙江东南发电股份有限公司(筹)先行设立公司后立即增资发行新股的复函》,由浙江省电力公司、浙江省电力开发公司、浙江八达股份有限公司、浙江省电力物资供应公司和浙江电力房地产开发有限责任公司作为发起人,以发起设立方式设立的股份有限公司。发起人股本总额 132,000 万元,经浙江会计师事务所浙会验(1997)第 75 号《验资报告》验证确认。公司于 1997 年 5 月 15 日办妥工商登记,取得 14294345-0(1/1)号企业法人营业执照。2000 年 5 月 23 日,国家对外贸易经济合作部[2000]外经贸资二函字第 373 号文批复同意,公司转为"外商投资股份有限公司",且已办妥工商变更登记手续,取得企股浙总字第 002189 号变更后企业法人营业执照,公司的注册资本(股本)总额和经营范围不变。

经国务院证券委员会证委发(1997)44 号文批准同意,公司发行 69,000 万股境内上市外资股(B 股)股票,其中包括超额配售权 9,000 万股,每股面值人民币 1 元。公司股票于 1997 年 9 月 23 日在上海证券交易所上市。B 股发行后,公司现有总股本为人民币 201,000 万元,公司因此变更了工商登记,营业执照号同前。

本公司的经营范围包括电力的投资、开发和经营。

B、公司主要会计政策、会计估计和合并会计报表的编制方法

(一)会计制度

执行《企业会计准则》和《股份有限公司会计制度》。

(二)会计年度

会计年度自公历 1 月 1 日起至 12 月 31 日止。

(三)记账本位币

采用人民币为记账本位币。

(四)记账基础和计价原则

以权责发生制为记账基础,以历史成本为计价原则。

(五)外币业务核算方法

对发生的外币经济业务,采用当月 1 日中国人民银行公布的市场汇价(中间价)折合人民币记账。对各种外币账户的外币期末余额,按期末市场汇价(中间价)进行调整,发生的差额,与购建固定

资产有关且在其尚未交付使用前的，计入有关固定资产的购建成本；与购建固定资产无关的，属于筹建期间的计入开办费，属于生产经营期间的计入当期财务费用。

(六)现金等价物的确定标准

现金等价物是指企业持有的期限短(一般是指从购买日起3个月内到期)、流动性强、易于转换为已知金额现金、价值变动风险很小的投资。

(七)坏账核算方法

1.采用备抵法核算坏账。

坏账准备按应收款项余额的6%计提。

2. 坏账的确认标准为:

(1)债务人破产或者死亡，以其破产财产或者遗产清偿后，仍然无法收回；

(2)债务人逾期未履行其清偿义务，且具有明显特征表明无法收回。

对确实无法收回的应收账款，经批准后作为坏账损失，并冲销提取的坏账准备。

(八)存货核算方法

存货包括在生产经营过程中为销售或耗用而储备的燃料、辅助材料、修理用备品备件、低值易耗品等。

存货按实际成本计价。购入并已验收入库燃料按实际成本入帐;发出燃料成本采用加权平均法;库存修理用备品备件、三材等辅助材料采用计划成本核算，月末以综合差异率分摊转销材料成本差异;领用低值易耗品按一次摊销法核算。

由于存货遭受毁损、全部或部分陈旧过时和销售价格低于成本等原因造成的存货成本不可收回的部分，期末采用成本与市价孰低计价原则，按单个存货项目的成本高于可变现净值的差额提取存货跌价准备。

(九)短期投资核算方法

1. 短期投资，按实际支付的价款扣除已宣告发放但尚未领取的现金股利或利息入账。

2. 期末短期投资按成本与市价孰低计价，并按各投资项目计提跌价准备。

(十)长期投资核算方法

1. 长期股权投资，按投资时实际支付的价款或确定的价值入账。投资额占被投资企业有表决权资本总额20%以下，或虽占20%或20%以上，但不具有重大影响的，按成本法核算；投资额占被投资企业有表决权资本总额20%或20%以上，或虽投资不足20%但有重大影响的，采用权益法核算；投资额占被投资企业有表决权资本总额50%(不含50%)以上的，采用权益法核算，并合并会计报表。

2. 股权投资差额。在合同规定的投资期限内平均摊销。合同没有规定投资期限的，借方差额在10年内平均摊销；贷方差额按不低于10年平均摊销。

3. 长期债权投资，以实际支付的价款扣除支付的税金、手续费等各项附加费用，以及自发行日至债券购入日的应计利息后的余额记账。溢价或折价在债券存续期间内，按直线法予以摊销。

4. 期末由于市价持续下跌或被投资单位经营状况恶化等原因，导致长期投资可收回金额低于账面价值，按可收回金额低于长期投资账面价值的差额提取长期投资减值准备。公司本年的长期投资无上述情况，无须计提长期投资减值准备。

(十一)固定资产及累计折旧核算方法

1. 固定资产按实际成本计价。固定资产的标准为：使用年限在1年以上的房屋、建筑物、机器、机械、运输工具和其他与生产经营有关的设备、器具、工具等，以及不属于生产经营主要设备，但单位价值在2,000元以上，并且使用期限超过两年的物品。

2. 固定资产折旧采用平均年限法。按固定资产类别、预计使用年限和预计净残值率(原值的0–3%)确定折旧率如下：

固定资产类别	折旧年限(年)	年折旧率(%)
房屋及建筑物	8–35	12.50–2.86
通用设备	4–18	25.00–5.56
专用设备	7–18	14.29–5.56
运输工具	6	16.67
其他设备	5–9	20.00–11.11

(十二)在建工程核算方法

在建工程以各项工程实际发生的支出入账，按工程项目分类核算，并在工程交付使用时按工程的实际成本结转固定资产。用借款进行的工程发生的利息支出和外汇折算差额，在固定资产尚未交付使用前予以资本化；交付使用后计入当期财务费用。

(十三)无形资产核算方法

无形资产按实际发生额入账，在有效使用期限内分期平均摊销。

(十四)开办费核算方法

开办费按实际支出入账，从开始生产经营的当月起，在5年内分期平均摊销。

(十五)长期待摊费用核算方法

长期待摊费用按实际支出入账，在项目的受益期内平均摊销。

(十六)收入确认原则

售电收入:以本年度的实际结算电量分别乘以经批准确认的上网电价和实际竞价计算确定。

公司2000年度的上网电价，根据浙江省电力工业局2000年2月21日的浙电办[2000]0156号《关于浙江电网发电市场试运行的通知》明确，公司自2000年1月15日零时起参与电力市场竞价上网，并按有关规定进行试运行和按实结算，其中参加竞争的电量安排约为15%，合约电量约为85%。竞争电量部分电价按照市场竞价情况实时结算，合约电量部分电价按照浙江省物价局2000年1月28日浙价工[2000]39号文批复确认，公司2000年不含税合约上网电价分别为：台州发电厂1–8号机组357.415元/千千瓦时，萧山发电厂1–2号机组320元/千千瓦时；又根据浙江省物价局浙价工[2000]450号《关于2000年超发电量上网电价的通知》明确，对2000年各有关电厂平均年利用小时的85%与5000小时之差部分所发电量的上网电价，实行超发电量电价，确定台州发电厂1–8号机组按190元/千千瓦时，萧山发电厂1–2号机组按187元/千千瓦时结算。

由于浙江电网发电市场2000年度尚处于试运行阶段，有关的运行规则未正式出台，故公司与浙江省电力公司原签定的《购售电协议》和《<购售电协议>补充协议》，本期暂未修订。

商品销售:在商品所有权上的重要风险和报酬转移给买方，公司不再对该商品实施继续管理权和实际控制权，相关的收入已经收到或取得了收款的证据，并且与销售该商品有关的成本能够可靠地计量时，确认营业收入的实现。

提供劳务:在劳务已经提供，收到价款或取得收取款项的证据时，确认劳务收入。

(十七)所得税的会计处理方法

公司所得税，采用应付税款法核算。

(十八)合并会计报表的编制方法

合并会计报表以母公司、纳入合并范围的子公司的同期会计报表和其他有关资料为依据，按照《合并会计报表暂行规定》编制而成。对合营企业，则按比例合并法予以合并。子公司的主要会计政策按照母公司统一选用的会计政策厘定，母子公司间的重大交易和资金往来等，均已在合并时抵销。

本公司1999年度尚无子公司，无须编制合并会计报表

C、税(费)项

(一)增值税

按17%的税率计缴。

(二)营业税

按5%的税率计缴。

(三)城市维护建设税

按应交流转税税额的7%计缴。

(四)教育费附加

按应交流转税税额的4%计缴。

(五)所得税

公司上年所得税系根据15%的实际税率计缴；本年根据浙江省人民政府浙政发(1997)102号文批复同意，以及财政部财税[2000]99号文通知，公司企业所得税按33%比例税率计缴，其中企业所得税地方部分的18%由地方财政返还。

D、控股子公司及合营企业

本公司无控股子公司及合营公司。

E、利润分配

根据2001年3月25日董事会确定的2000年度利润分配预案，2000年度实现税后利润621,708,729.65元(按国际会计准则为611,878,000元)，分别按10%提取法定盈余公积金和法定公益金共计124,341,745.94元，加年初未分配利润702,544,563.88元(按国际会计准则为700,808,134.70元)。根据孰低原则，实际可供股东分配的利润为1,188,344,388.76元(按中国会计准则为1,199,911,547.59元)。公司按年末股本20.1亿股为基数，每股派发现金红利人民币0.218元(含税)，共计438,180,000.00元。分配后，公司尚余未分配利润761,731,547.59元(按国际会计准则为750,164,388.76元)。

F、会计报表有关项目注释

(一)资产负债表有关项目注释

1. 货币资金　　期末数1,626,910,545.53

(1) 明细情况

项目	期初数	期末数
现金	5,776,96	2,264.90
银行存款	2,678,167,055.37	1,626,559,416.50
其他货币资金	410,960.13	348,864.13
合计	2,678,583,792.46	1,626,910,545.53

(2) 外币货币资金

期初数

原币别及金额	汇率	折人民币金额
USD 140,950,362.80	8.2795	1,166,998,528.80

期末数

原币别及金额	汇率	折人民币金额
USD 148,904,140.15	8,2781	1,232,643,362.57

(3) 变动幅度较大的原因说明

期末数较期初数减少1,051,673,246.93元，主要系本期以货币资金进行长期股权投资增加，使得货币资金相应减少。

2. 短期投资　　期末数0.00

明细情况

项目	期初数		期末数		
	投资金额	跌价准备	投资金额	跌价准备	市价
债券投资	30,000,000.00	257,000.00	–	–	–
合计	30,000,000.00	257,000.00	–	–	–

3. 应收账款　　期末数66,784,304.41

(1) 账龄分析

账龄	期初数			期末数		
	金额	比例(%)	坏账准备	金额	比例(%)	坏账准备
1年以内	70,332,163.08	100	4,219,929.78	66,784,304.41	100	4,007,058.26
1–2年	–	–	–	–	–	–
2–3年	–	–	–	–	–	–
3年以上	–	–	–	–	–	–
合计	70,332,163.08	100	4,219,929.78	66,784,304.41	100	4,007,058.26

(2) 欠款金额前五名的单位账款

单位名称	期末数	欠款时间	欠款原因
浙江省电力公司	66,784,304.41	2000年12月	12月下旬电费未结算
小计	66,784,304.41		

(3) 持有本公司5%(含5%)以上股份的股东单位账款

股东单位名称	期初数	期末数
浙江省电力公司	70,332,163.08	66,784,304.41
小计	70,332,163.08	66,784,304.41

4. 其他应收款　　期末数176,691,319.47

5. 预付账款　　期末数14,061,748.75

(1) 账龄分析

账龄	期初数		期末数	
	金额	比例(%)	金额	比例(%)
1年以内	1,473,914.10	100	14,061,748.75	100
1–2年	–	–	–	–
2–3年	–	–	–	–
3年以上	–	–	–	–
合计	1,473,914.10	100	14,061,748.75	100

(2) 欠款金额前五名的单位账款

单位名称	期末数	欠款时间	欠款原因
上海汽轮机有限公司	6,150,000.00	1年以内	预付购料款
豪顿华工程有限公司	3,120,975.00	1年以内	预付购料款
省五建台州公司	1,000,000.00	1年以内	预付购料款
新华控制工程有限公司	975,000.00	1年以内	预付购料款
北京和利时系统工程股份有限公司	675,000.00	1年以内	预付购料款
小计	11,920,975.00		

(3) 无持有本公司5%(含5%)以上股份的股东单位账款。

6. 存货/存货跌价准备　　期末数116,080,465.78/0.00

(1) 明细情况

项目	期初数		期末数	
	金额	跌价准备	金额	跌价准备
在途物资	1,867,422.97	–	3,610,957.39	–
原材料	40,047,182.85	–	62,993,864.78	–
燃料	38,259,099.37	–	39,471,262.82	–
低值易耗品	571,721.98	–	672,170.81	–
备品备件	7,365,344.78	–	9,332,209.98	–
合计	88,110,771,95	–	116,080,465.78	–

(2) 公司根据单个存货的市场可变现净值确定期末存货公允价值，并按成本与市价孰低原则计提跌价准备，经分析期末存货未出现该等情况，故未计提跌价准备。

7. 长期股权投资　　期末数1,025,794,000.00

8. 固定资产原价/累计折旧　　期末数6,553,829,289.05/2,574,287,758.66

(1)固定资产原价

9. 工程物资　　期末数 394,000.00

期初数	期末数
–	394,000.00

10. 在建工程　期末数 42,554,867.99

(1)台州电厂 1-8 号机相关工程项目

工程名称	期初数	本期增加	本期转入固定资产
1)七号灰库	–	9,537,073.40	–
2)卸煤机改造	–	3,426,000.00	–
3)改造 1-3 期电除尘器	–	1,650,969.45	–
4)一期二次滤网改造	–	633,072.05	–
5)11 号转运站改造	–	282,063.60	–
6)1-3 期输煤系统煤筛设备改造	–	133,600.00	–
7)机组运行调度优化研究工程	335,000.00	17,094.02	–
8)125MW 汽轮机组振动诊断系统	443,498.65	155,000.00	–
9)1、5 号炉给粉机变频调速	–	198,300.00	–
10)125MW 机组分散控制	–	916,057.93	–
11)400T/H 桥式卸煤机钢结构试验研究	–	205,000.00	–
12)零星工程	–	10,000.00	–
13)已完工程	12,067,425.01	127,924,468.58	39,116,846.70
小　计	12,845,923.66	145,088,699.03	39,116,846.70

工程名称	本期其他减少数	期末数	资金来源	工程进度
1)七号灰库	–	9,537,073.40	自有	10%
2)卸煤机改造	–	3,426,000.00	自有	25%
3)改造 1-3 期电除尘器	–	1,650,969.45	自有	35%
4)一期二次滤网改造	–	633,072.05	自有	10%
5)11 号转运站改造	–	282,063.60	自有	8%
6)1-3 期输煤系统煤筛设备改造	–	133,600.00	自有	12%
7)机组运行调度优化研究工程	–	352,094.02	自有	70%
8)125MW 汽轮机组振动诊断系统	–	598,498.65	自有	98%
9)1、5 号炉给粉机变频调速	–	198,300.00	自有	50%
10)125MW 机组分散控制	–	916,057.93	自有	7%
11)400T/H 桥式卸煤机钢结构试验研究	–	205,000.00	自有	50%
12)零星工程	–	10,000.00	自有	
13)已完工程	100,875,046.89	–	自有	100%
小　计	100,875,046.89	17,942,729.10		

(2)萧山电厂相关工程项目

工程名称	期初数	本期增加	本期转入固定资产
1)MIS 信息系统改造	–	583,964.09	–
2)液压升降机	–	483,031.75	–
3)升压站改造	–	402,616.00	–
4)2 号蓄电池改造	–	361,803.20	–
5)装油系统净化装置	79,624.00	137,045.62	–
6)零星工程	–	221,101.23	–
8)已完工程	4,569,656.16	16,164,297.52	9,931,491.87
小　计	4,649,280.16	18,353,859.41	9,931,491.87

工程名称	本期其他减少数	期末数	资金来源	工程进度
1)MIS 信息系统改造	–	583,964.09	自有	81%
2)液压升降机	–	483,031.75	自有	97%
3)升压站改造	–	402,616.00	自有	92%
4)2 号蓄电池改造	–	361,803.20	自有	57%
5)装油系统净化装置	–	216,669.62	自有	99%
6)零星工程	–	221,101.23	自有	
8)已完工程	10,802,461.81	–		
小　计	10,802,461.81	2,269,185.89		

(3)本部相关工程项目

工程名称	期初数	本期增加	本期转入固定资产
新办公大楼	–	22,342,953.00	–
小　计	–	22,342,953.00	–
合　计	17,495,203.82	185,785,511.44	49,048,338.57

工程名称	期初数	本期其他减少数	期末数	资金来源	工程进度
新办公大楼	–	–	22,342,953.00	自有	85%
小　计	–	–	22,342,953.00		
合　计	17,495,203.82	111,677,508.70	42,554,867.99		

(4)本期无资本化利息。

11. 无形资产　　期末数 232,902,181.85

明细情况

无形资产种类	原始金额	期初数	本期增加	本期转出
土地使用权	246,969,027.20	233,680,773.73	–	–
其　他	5,622,837.47	5,113,566,64	–	–
合　计	252,591,864.67	238,794,340.37	–	–

无形资产种类	本期摊销	期末数
土地使用权	4,922,341.08	228,758,432.65
其　他	969,817.44	4,143,749.20
合　计	5,892,158.52	232,902,181.85

12. 长期待摊费用　　期末数 2,469,022.42

明细情况

项　目	期初数	本期增加	本期摊销	期末数
待核销基建支出	3,149,376.80	–	1,717,841.88	1,431,534.92
土地租赁费	–	1,185,700.00	148,212.50	1,037,487.50
合　计	3,149,376.80	1,185,700.00	1,866,054.38	2,469,022.42

13. 应付账款　期末数 134,285,905.79

无持有本公司 5%(含 5%)以上股份的股东单位账款。

14. 应付股利　期末数 438,180,000.00

明细情况

股东名称	期初数	期末数
浙江省电力公司	107,947,728.00	112,060,022.40
浙江省电力开发公司	167,992,272.00	174,391,977.60
浙江八达股份有限公司	840,000.00	872,000.00
浙江省电力物资供应公司	210,000.00	218,000.00
浙江省电力房地产开发有限责任公司	210,000.00	218,000.00
B 股股东	144,900,000.00	150,420,000.00
合　计	422,100,000.00	438,180,000.00

15. 应交税金　期末数 73,708,099.83

明细情况

税　种	期初数	期末数
增值税	48,515,825.82	30,703,404.36
营业税	5,309.66	3,316.00
城市维护建设税	3,217,777.16	9,525,480.83
企业所得税	109,455,970.74	33,114,047.64
代扣代缴个人所得税	7,432.00	361,851.00
合　计	161,202,315.38	73,708,099.83

16. 其他应付款　期末数 50,678,769.68

(1) 持有本公司 5%(含)以上股份的股东单位账款

股东单位名称	期初数	期末数
浙江省电力开发公司	90,000.00	90,000.00
小　　计	90,000.00	90,000.00

(2) 占本项目金额 10%(含 10%)以上大额其他应付款

单位名称	款项性质及内容	金　额
7-8 号机组各有关施工单位	四期工程尾工款	9,082,558.01
企业医疗保险费	应付未付保费	9,435,876.54
职工教育经费	结余款	5,516,196.65
小　　计		24,034,631.20

17. 一年内到期的长期负债　　期末数 326,060,000.00

明细情况

借款类别	期初数	期末数
(1)非银行金融机构借款	284,400,000.00	326,060,000.00
其中:信用借款	284,400,000.00	326,060,000.00
(2)其他单位借款	91,660,000.00	–
合　　计	376,060,000.00	326,060,000.00

期末数系根据本公司、浙江省电力公司和华东电力集团财务有限公司签订的《委托贷款协议书》及本公司、浙江省电力开发公司和上海浦东发展银行杭州分行签订的《委托贷款合同》所确定的长期委贷借款额,按本公司、浙江省电力公司和浙江省电力开发公司三方签定的《2001 年度还款协议》在 2001 年度内须偿还的长期借款额部分(详见本会计报表附注 H(三)第 2 项)。

18. 长期借款　期末数 978,180,000.00

明细情况

贷款单位	期末数	借款期限	年利率	借款条件
华东电力集团财务有限公司	739,761,000.00	1999.12-2004.12	7.2%	信用
上海浦东发展银行杭州分行	238,419,000.00	2000.12-2004.12	7.2%	信用
合　　计	978,180,000.00			

期末长期借款余额系公司所属台州电厂四期扩建工程的原长期债务,1999 年 12 月公司与浙江省电力公司和华东电力集团财务有限公司签订《委托贷款协议书》,浙江省电力公司所属债务部分改为委贷借款,委贷借款总额为 170,638.00 万元,1999 年度和本年度已偿还 72,003.20 万元,2001 年度按《还款协议》应偿还 24,658.70 万元已转入一年内到期的长期负债,期末该长期借款结余 73,976.10 万元;2000 年 12 月 29 日公司与浙江省电力开发公司和上海浦东发展银行杭州分行签订《委托贷款协议书》,浙江省电力开发公司所属债务截止 2000 年末剩余部分改为四年期委贷借款,委贷借款总额为 31,789.20 万元,2001 年度按《还款协议》应偿还 7,947.30 万元已转入一年内到期的长期负债,期末该长期借款结余 23,841.90 万元(详见本会计报表附注八(三)第 2 项)。

19. 长期应付款　　期末数 0.00

债权单位	期 初 数	期　末　数
浙江省电力开发公司	366,640,000.00	–
合　　计	366,640,000.00	–

期末数比期初数减少了 366,640,000.00 元,系按照《还款协议》本年偿付借款 140,408,000.00 元,另余借款 317,892,000.00 元系 2000 年 12 月公司与浙江省电力开发公司和上海浦东发展银行杭州分行签订《委托贷款协议书》,浙江省电力开发公司所属债务部分改为委贷借款。

20. 住房周转金　期末数-13,162,873.21

住房周转金发生超支,系出售职工住房的累计损失。

21. 股本　期末余额 2,010,000,000.00

九、公司的其他资料

1、公司注册日期:1997 年 5 月 15 日

2、公司法人营业执照注册号:企股浙总字第 002189 号

3、公司税务登记号码:

国税浙字 330000520102266、330000142943450

地税浙字 330000520102266、330000142943450

4、公司未流通股票的托管机构:浙江省证券登记中心

5、浙江天健会计师事务所地址:中国浙江杭州体育场路 423 号

6、普华永道中国有限公司地址:中国上海淮海中路 333 号瑞安广场

十、备查目录文件

1、载有法定代表人、总会计师、会计主管人员签名并盖章的会计报表

2、载有会计师事务所盖章、注册会计师签名并盖章的会计报表

3、报告期内在中国证监会指定报纸上公开披露过的所有公司文件的正本及公告的原稿

4、在伦敦证券交易所公布的年度报告

浙江东南发电股份有限公司董事会

2001 年 3 月 25 日

江苏五菱柴油机股份有限公司

一、公司简介

1、公司法定中文名称:江苏五菱柴油机股份有限公司
公司法定英文名称:JIANGSU WULING DIESEL ENGINE CO., LTD. 缩写:JSWL
2、公司法定代表人:吴中达
3、公司董事会秘书:唐云龙　　联系地址:江苏省武进市武宜路 229 号
电话:0519-6506246　传真:0519-6507245　电子信箱:wuling@public.cz.js.cn
4、公司注册地址及办公地址:江苏省武进市武宜路 229 号　邮政编码:213161
公司国际互联网网址:http://www.chinawuling.com　电子信箱:wuling@public.cz.js.cn
5、公司选定的信息披露报纸:《中国证券报》、《上海证券报》、《香港商报》
公司年度报告备置地点:公司企业发展部证券办公室
证监会指定的公司登载年度报告的国际互联网网址:http://www.sse.com.cn
6、公司股票上市交易所:上海证券交易所　股票简称:五菱 B 股　股票代码:900950

二、会计数据和业务数据摘要

1、公司本年度主要综合财务数据(单位:人民币元)

利润总额:	-76,260,077
净利润:	-72,934,824
扣除非经常性损益后的净利润:	-71,136,775
主营业务利润:	80,333,088
其它业务利润:	1,880,256
营业利润:	-74,727,207
投资收益:	184,439
补贴收入:	—
营业外收支净额:	-1,717,309
经营活动产生的现金流量净额:	-63,136,847.61
现金及现金等价物净增加额:	-121,971,900.45

注:(1)按照中国会计准则编制的净利润:-72,934,824
按照国际会计准则编制的净利润:　-77,299,619
按两种会计准则编制的净利润的差异如下:递延税项调整　其他
4,291,835　72,960
(2)本年度内扣除非经常性损益的项目:合并价差摊销　营业外收支净额
金额:　-80,740 元　-1,717,309 元

2、截至报告期末公司前三年的主要会计数据和财务指标:

指标项目	2000 年度	1999 年度	1998 年度 调整前	1998 年度 调整后
主营业务收入(元)	650,269,215	822,375,676	808,908,556	808,908,556
净利润(元)	-72,934,824	5,030,893	27,685,162	1,089,305
总资产(元)	1,230,366,650	1,231,346,973	1,186,258,787	1,112,629,918
股东权益(元)	534,659,921	607,555,501	673,208,975	602,206,368
每股收益(元/股)(摊簿)	-0.220	0.018	0.100	0.004
每股收益(元/股)(加权)	-0.220	0.018	0.105	0.004
扣除非经常性损益后的每股收益	-0.214	0.022	0.101	0.004
每股净资产(元/股)	1.61	2.20	2.43	2.18
调整后的每股净资产(元/股)	1.31	2.13	2.36	2.17
每股经营活动产生的现金流量净额	-0.19	-0.19	-0.44	-
净资产收益率(%)	-13.64	0.82	4.11	0.18
净利润的加权每股收益	-0.2197	-	-	-
净利润的加权净资产收益率(%)	-0.1277	-	-	-
扣除非经常性损益后的净利润的加权净资产收益率(%)	-0.1246	-	-	-

注:主要财务指标的计算方法:
每股收益=净利润/年度末普通股股份总数
每股净资产=年度末股东权益/年度末普通股股份总数
调整后的每股净资产=(年度末股东权益—三年以上的应收款项净额—待摊费用—待处理(流动、固定)资产净损失—开办费—长期待摊费用—住房周转金负数余额)/年度末普通股股份总数
每股经营活动产生的现金流量净额=经营活动产生的现金流量净额/年度末普通股股份总数
净资产收益率=净利润/年度末股东权益×100%

3、报告期内股东权益变动情况　　单位:人民币元

项目	股本	资本公积	盈余公积	法定公益金	未分配利润	股东权益合计
期初数	276,595,000	358,482,983			-27,522,482	607,555,501
本期增加	55,319,000					55,319,000
本期减少		55,319,000			72,895,580	128,214,580
期末数	331,914,000	303,163,983			-100,418,062	534,659,921

变动原因:(1)本公司于 2000 年 6 月 12 日实施了 1999 年度资本公积金转增股本方案,使资本公积减少 5531.9 万元,股本增加 5531.9 万元。

(2)本公司 2000 年对期初未分配利润调整 39,244 元,本年度净利润为-72,934,824 元,合计未分配利润减少 72,895,580 元。

三、股本变动及股东情况

1、公司股本变动情况
(1)截止 2000 年 12 月 31 日,公司股东总数为 4005 户。
(2)公司前 10 名股东的持股情况:

股东名称	持股数(股)	占总股本的比例(%)
(1)、武进柴油机厂(国家股)	195,360,000	58.86
(2)、CBNY S/A PNC/SKANDIA SELECT FUND/CHINA EQUITY AC	3,973,600	1.197
(3)、王志海	3,960,480	1.193
(4)、SHANIA CHLOR-ALKALI CHEMICAL(AUSTRALIA)PTY.LTD	2,350,180	0.71
(5)、CREDIT LYONNAIS SECURITIES(ASIA)LTD.	1,848,000	0.56
(6)、TOYO SECURITIES ASIA LTD. A/C CLIENT	1,723,560	0.52
(7)、NAITO SECURITIES CO., LTD.	1,440,760	0.43
(8)、HKIT S/A 006-113039-431	1,282,000	0.39
(9)、申银万国 APS 投资管理公司	1,271,040	0.39
(10)、耿斌	1,188,000	0.36

注:武进柴油机厂为本公司母公司,持有国家股股份,无质押和冻结的情况。公司前 10 名股东之间不存在关联交易。

大化集团大连化工股份有限公司

一、公司简介

(一)、公司的法定中文名称:大化集团大连化工股份有限公司
英文名称:DAHUAGROUP DALIAN CHEMICAL INDUSTRY CO., LIMITED
英文名称缩写:DLHG
(二)、公司法定代表人:刘平芹
(三)、公司董事会秘书及其授权代表的姓名:李建涛　徐志明
联系地址:大化集团大连化工股份公司证券部
电话:(0411)6672312—4192,13804087758　传真:(0411)6671948
(四)、公司注册地址及办公地址:辽宁省大连市甘井子区工兴路 10 号
公司电子信:dhjtdlhuagong@sina.com　邮政编码:116032
公司国际互联网网址:ttp://www.dahua-gf.com
(五)、公司的信息披露报纸:
境内报刊为:《上海证券报》、《中国证券报》;
境外报刊为:《南华早报》(英文:SouthChinaMorningPost)、《香港商报》(中文)
登载公司年度报告的国际互联网网址:http://www.sse.com.cn
公司年度报告备置地点:大化集团大连化工股份有限公司证券部
(六)、公司股票上市交易所:上海证券交易所　股票简称:大化 B 股　股票代码:900951

二、会计数据和业务数据摘要

(一)、本年度实现的利润总额:	17,961,760.62 元
净利润:	17,961,760.62 元
扣除非经常性损益后的净利润:	18,066,586.62 元
扣除项目涉及的金额:	
处理固定资产净收益:	
处理固定资产净损失:	104,826.00 元
主营业务利润:	83,003,493.75 元
其他业务利润:	-1,955,893.48 元
营业利润:	18,213,201.90 元
投资收益:	
补贴收入:	
营业外收支净额:	-251,441.28 元
经营活动产生的现金流量净额:	-8,834,311.93 元
现金及现金的等价物净增加额:	-9,726,950.58 元

境内外审计差额说明:按两种不同会计准则、制度计算的净利润的差异为(单位:千元):
按照境内会计师计算的净利润为:　17,962
调整对净利润的影响
---(提列)回转坏账损失准备
------提列停用的固定资产折旧　-847
按国际会计准则重编后的金额　17,115

(二)、截止报告期末公司前三年的主要会计数据和财务指标:(单位:元)

	2000 年	1999 年 调整前	1999 年 调整后	1998 年 调整前	1998 年 调整后
主营业务收入:	44,538,594.61	807,029,666.43	807,029,666.43	849,164,403.22	849,164,403.22
净利润:	17,961,760.62	-31,466,729.90	-31,466,729.90	7,292,377.55	-3,724,389.16
总资产:	938,128,717.36	949,919,757.56	949,919,757.56	920,741,817.85	898,300,695.55
股东权益:不含少数股东权益)	557,445,601.45	539,483,840.83	539,483,840.83	593,391,693.03	570,950,570.73
每股收益:	0.065	-0.114	-0.114	0.027	-0.014
每股净资产:	2.03	1.96	1.96	2.16	2.08
调整后的每股净资产:	2.03	1.95	1.95	2.14	2.07
每股经营活动产生的现金流量净额:	-0.032	-0.122	-0.122	-0.349	-0.349
净资产收益率:	3.22	-0.06	-0.06	1.23	-0.007

注 1:按照中国证监会《公开发行证券公司信息披露编报规则》(第九号)通知要求,计算 2000 年度的利润数据如下:

项目		净资产收益率 全面摊薄	净资产收益率 加权平均	每股收益 全面摊薄	每股收益 加权平均
主营业务利润	83,003,493.75	14.89%	15.13%	0.30	20.302
营业利润	18,213,201.90	3.27%	3.32%	0.06	60.066
净利润	17,961,760.62	3.22%	3.27%	0.06	50.065
扣除非经常性损益后的利润	18,066,586.62	3.24%	3.29%	0.06	60.066

注 2:99 年、98 年每股收益(加权)、净资产收益率(加权)已按照证监会《公开发行证券信息披露编报规则》(第 9 号)的要求调整。

三、股东情况介绍

(一)、报告期末股东总数;3300 户。
(二)、本公司无持有 5%以上股份的股东。本公司前十名股东的持股情况:

股东名称	持股数量(万股)	占总股本的比例(%)
(1)大化集团有限责任公司	17500	63.64
(2)SINO CHANNEL INVESTMENTS LIMITED COMPANY	250	0.91
(3)PACIFIC EXPRESS INVESTEMENTS LIMITED COMPANY	180	0.65
(4)WISEMAX INTERNATIONAL LIMITED 智万国际有限公司	162.39	0.59
(5)光大证券有限公司	157.7	0.57
(6)谢仁国	134.1277	0.49
(7)曹中南	112.632	0.41
(8)吴滨	112	0.41
(9)益生堂药业有限公司	112	0.41
(10)王咸昌 WANG XIANCHANG	110.2	0.40

前十名股东之间不存在关联关系。
(三)、本公司持股 10%以上的法人股东:大化集团有限责任公司所持股份数为 17500 万股,占总股本 63.64%。
法人代表:张积泮。
经营范围:生产与销售复合肥料、硫酸、硝酸、硝酸铵、硝酸钠、煤焦油、液氨等。
大化集团有限责任公司所持本公司国有法人股无质押、冻结情况。(四)、报告期内控股股东没有变更。

华源凯马机械股份有限公司

华源凯马机械股份有限公司2000年年度报告摘要

重要提示：本公司董事会保证本报告所载资料不存在任何虚假记载、误导性陈述或者重大遗漏，并对其内容的真实性、准确性和完整性负个别及连带责任。本年度报告摘要摘自年度报告，投资者欲了解详细内容，应阅读年度报告。

一、公司简介

1、公司法定中文名称：华源凯马机械股份有限公司

公司法定英文名称：WORLDBEST KAMA MACHINERY CO.,LTD.(缩写：WKMC)

2、公司法定代表人：周玉成

3、公司董事会秘书：王驰巍　公司证券事务代表：史建萍

联系地址：上海市中山北路1958号华源世界广场6楼　联系电话：(021)62031188-6636

传真号码：(021)62030851　电子信箱：604<kama@chinaworldbest.com>

4、公司注册地址：上海市浦东新区商城路660号

公司办公地址：上海市中山北路1958号华源世界广场6楼　邮政编码：200063

公司国际互联网网址：http://www.kama.com.cn　电子信箱：kama@public7.sta.net.cn

5、公司信息披露报纸：《中国证券报》、《上海证券报》、香港《文汇报》、《南华早报》

登载公司年度报告的中国证监会指定互联网网址：http://www.sse.com.cn

公司年度报告备置地点：公司总经理办公室

6、公司股票上市交易所：上海证券交易所　股票简称：凯马B股　股票代码：900953

二、会计数据和业务数据摘要

1、公司本年度实现经营业绩(单位：元)

利润总额：	107,050,434.52
净利润：	85,606,223.84
扣除非经常损益后的净利润	68,306,223.84
主营业务利润：	391,102,167.94
其他业务利润：	28,062,931.04
营业利润：	74,569,108.71
投资收益：	19,178,287.05
补贴收入：	9,300,000.00
营业外收支净额：	1,464,205.66
经营活动产生的现金流量净额：	25,387,860.10
现金及现金等价物净增加额：	-9,311,807.15

实现净利润按中国会计准则审计为85,606,223.84元，按国际会计准则为86222千元，具体差异如下(单位：千元)：

按中国会计制度编制	85,606
开办费商誉差异调整及其摊销	616
按国际会计准则重新编列	86,222

注：扣除非经常性损益为股权转让收益800万元，补贴收入为930万元。

2、公司近三年主要会计数据和财务指标(单位：元)

项目	2000年	1999年	1998年	
			调整前	调整后
主营业务收入	3,179,359,353.71	2,832,254,806.96	2,975,436,728.18	2,847,194,927.15
净利润	85,606,223.84	80,954,986.22	157,620,206.97	141,503,199.54
总资产	3,642,029,017.91	3,191,134,912.43	3,274,931,483.24	2,807,356,575.09
股东权益(不含少数股东权益)	1,348,631,172.50	1,258,877,617.23	1,200,938,085.68	1,182,288,537.03
每股收益摊薄	0.13	0.13	0.25	0.22
加权	0.13	0,13	0.30	0.26
扣除非经常损益后的每股收益	0.11	0.09	0.25	0.22
每股净资产	2.11	1.97	1.88	1.85
调整后的每股净资产	2.08	1.95	1.84	1.81
每股经营活动产生的现金流量净额	0.04	0.08		
净资产收益率(%)摊薄	6.35	6.43	13.12	11.97
加权	6.57	6.63	18.09	12.58

注：按中国证监会《公开发行证券公司信息披露编报规则》(第9号)通知要求：计算的2000年年度每股收益和净资产收益率如下：

报告期利润	净资产收益率(%)		每股收益(元)	
	全面摊薄	加权平均	全面摊薄	加权平均
主营业务利润	29.00	30.05	0.61	0.61
营业利润	5.53	5.73	0.12	0.12
净利润	6.35	6.58	0.13	0.13
扣除非经常性	5.06	5.25	0.11	0.11

三、股东情况介绍

1、截止2000年12月30日，公司股东总户数为6434户，其中境内发起人11户，B股股东6423户。

2、截止2000年12月30日，公司前十名股东持股情况

名次　股东名称	持股数量(万股)	持股类别	占总股本比例(%)	增减数量(万股)
①中国华源集团有限公司	23,517.1741	发起人股	36.74	
②山东莱动内燃机有限公司	3,686.1602	发起人股	5.76	
③山东拖拉机厂	3,538.7216	发起人股	5.53	
④山东潍坊拖拉机集团总公司	2,349.5783	发起人股	3.67	
⑤江苏行星机械集团公司	2,218.0214	发起人股	3.47	
⑥山东寿光聚宝农用车辆总厂	2,170.5332	发起人股	3.39	
⑦山东光明机器厂	1,293.6891	发起人股	2.02	
⑧TRITON ASIA INVESTMENT LIMITED	900.0000	B股	1.41	
⑨ESTERN LIGHT INVESTMENT LIMITED	783.6000	B股	1.22	8.4000
⑩新联国际	504.7000	B股	0.79	-13.2000

持有本公司5%以上股份的股东年内所持股份未发生质押、冻结的情况。

四、股东大会简介

1、2000年5月22日召开公司99年度股东大会，共有93名股东及股东代理人出席了会议，其中内资股股东11名，外资股股东82名。大会审议通过：《1999年度董事会工作报告》、《1999年度监事会工作报告》、《1999年度总经理业务报告》、《1999年度财务决算和2000年度财务预算报告》、《1999年度利润分配方案》、《公司董事变动的议案》、《公司监事变动的议案》。决议公告同时刊登在5月23日的《上海证券报》、《中国证券报》、香港《文汇报》、《南华早报》。

2、2000年10月27日召开2000年度第一次临时股东大会，共有59名股东及股东代理人出席会议，其中内资股股东11名，外资股股东48名。大会审议通过：《关于申请公募人民币增发普通股(A股)的议案》、《关于公募增发A股募集资金运用可行性分析的议案》、《关于前次募集资金使用情况说明的议案》、《关于修改<公司章程>的议案》、《关于前次募集资金调整情况说明的议案》、《关于公司董事变动的议案》。决议公告同时刊登在10月28日的《上海证券报》、《中国证券报》、香港《文汇报》。

五、董事会报告

1、公司经营情况

(1) 公司所处行业及公司在本行业中的地位

公司所处行业为农机制造行业，拥有从中小功率柴油机到拖拉机、农用车纵向一体化的产业架构，为中国最大的农机企业之一。

(2) 公司主营业务的范围及其经营状况

①公司主营业务范围及主营业务收入和主营业务利润构成情况

公司主要从事内燃机、农用运输车、拖拉机整机及其零部件的研究开发、生产、技术咨询、销售并提供售后服务。

②全年共实现销售收入31.79亿元，其中柴油机销售收入8.54亿元，拖拉机销售收入10.13亿元，农用车销售收入9.79亿元。实现净利润0.856亿元。

(3)在经营中出现的问题与困难及解决方案

公司经营中出现的困难主要是农机行业整体上供过于求，产品附加值低，无序竞争、削价竞争成为市场竞争的主流。公司采取的主要解决方案为：

①加大技术进步和技术创新力度，加快产品结构调整步伐；

②实施"走出去"的海外发展战略，推进国际化经营，实现海外发展的零的突破。

③继续资本经营的拓展，积极实施低成本战略，实现跨地区、跨产业以及向功能性产业的发展。

④加大企业内部的整合力度，强化企业管理，增加企业效益。

2、公司财务状况

(1) 财务状况分析

项目	2000年(万元)	1999年(万元)	增减(%)
总资产	364,203	319,113	+14.13
长期负债	15,852	2,530	+526.56
股东权益	134,863	125,887	+7.13
主营业务利润	39,110	30,501	+28.23
净利润	8,561	8,095	+5.76

报告期内长期负债大幅增加的原因为下属子公司的国债贷款及进出口贴息贷款增加所致。

(2) 本年度内会计师事务所未出具有保留意见或解释性说明的审计报告.

3、公司投资情况

1998年5月公司发行B股实际所筹资金合计524,886,922.39元，期间投资项目未曾改变，至2000年10月28日公告调整的计划总投资51,555万元，未用的募集资金存放在银行(募集资金详细情况见同日刊登的董事会公告，编号临2001-002)。

(2) 非募集资金使用情况

本公司从湖南汽车制造厂受让湖汽公司78%的股权，受让价格为6560万元，从邵二机受让12%的股权，受让价格为1000万元。通过对该公司的股权收购，本公司将获取汽车整车生产目录，为公司农机产品升级进入轻卡领域消除行业进入壁垒。

公司子公司山东华源光明机器有限公司出资6466.2万元收购山东光明机器厂叉车项目全部生产性固定资产(含土地)，这使公司迅速抢占叉车生产销售领域，进一步扩大了公司经营范围。

上述两项受让股权、收购资产议案曾刊登于2000年12月28日的指定报纸。

4、本公司生产经营环境及宏观政策、法规未发生重大变化。

5、公司2000年度业务发展计划

业务发展思路

公司所处的农机行业市场竞争激烈，行业经济效益下降，给公司经济效益的进一步增长带来了更大的挑战。但我们认为中国农业现代化的根本出路在于农业机械化，农机产业具有广阔的发展前景，因此，对凯马而言机遇是比较大的。2001年公司重点做好：

①加快技术进步和技术创新步伐，加大产品开发力度，加快产品结构调整，通过技术管理体制创新、核心技术、核心产品的营造来培育公司的核心竞争力，提高产品附加值，确保经济效益稳步增长。

②加大市场营销力度、加快树立凯马品牌，积极探索新的营销机制，巩固和扩大市场占有率。

③积极实施低成本战略，进一步提高盈利水平。

④发挥纵向一体化产业结构优势，强化内部整合，争创整合效益。

⑤继续深化企业内部改革，巩固现代企业制度，完善以财务管理为中心的各项内部管理制度。积极推进企业经营机制转变，完善内部激励机制和约束机制。

6、董事会日常工作情况

(1)报告期内董事会的会议情况及决议内容

本报告期内公司共召开四次董事会会议

①2000年4月19日上午在华源世界广场608室召开一届七次董事会，会议审议并通过：《1999年董事会工作报告》、《1999年度总经理业务报告》、《1999年度财务决算和2000年度财务预算的报告》、《1999年度利润分配预案》、《1999年度报告及年度报告摘要》、《召开1999年度股东大会说明》、《2000年度B股增发方案》、《四项资产减值准备具体方法的议案》、《陆鸣人先生辞去公司董事、总经理的议案》、《张士兴先生辞去公司董事的议案》、《李伟荣先生辞去公司常务副总经理的议案》、《聘任徐国雄先生为公司总经理的议案》、《推荐徐国雄先生为公司董事的议案》、《推荐李伟荣先生为公司独立董事的议案》。上述决议公告同时刊登在2000年4月20日的《上海证券报》、《中国证券报》、香港《文汇报》、《南华早报》。

②2000年8月7日上午在华源世界广场608室召开一届八次董事会，会议审议并通过：《2000年下半年总经理业务报告》、《公司2000年度中期报告及中期报告摘要》、《选举徐国雄先生为公司

副董事长的议案》、《王之麒先生辞去公司董事的议案》、《向股东大会推荐翁祖亮先生为公司董事的议案》。上述决议公告同时刊登在2000年8月8日的《上海证券报》、《中国证券报》、香港《文汇报》、《南华早报》。

③2000年9月26日以通讯方式召开一届九次董事会，会议审议并通过：《关于申请公募人民币增发普通股(A股)的议案》、《关于公募增发A股募集资金运用可行性分析的议案》、《关于前次募集资金使用情况说明的议案》、《关于修改<公司章程>的议案》、《关于前次募集资金调整情况说明的议案》、《关于公司董事变动的议案》。上述决议公告同时刊登在2000年9月27日的《上海证券报》、《中国证券报》、香港《文汇报》、《南华早报》。

④2000年12月27日以通讯方式召开一届十次董事会，会议审议并通过：《关于收购湖南汽车制造有限公司股权的议案》、《关于收购山东光明机器厂叉车项目固定资产的议案》、《关于聘任王驰巍先生为公司副总经理的议案》。上述决议公告同时刊登在2000年12月28日的《上海证券报》、《中国证券报》、香港《文汇报》。

(2)董事会对股东大会决议的执行情况

关于2000年度第一次临时股东大会审议通过《关于申请公募增发人民币普通股(A股)的议案》，各项前期准备工作已基本完成，现正进行正式材料申报的各项准备工作。

7、董事、监事、管理人员

职务	姓名	性别	年龄	任期起止日期
董事长	周玉成	男	55	1998.6-2001.6
副董事长	周郑生	男	45	1998.6-2001.6
副董事长、总经理	徐国雄	男	45	1999.4-2001.6
董事	张子云	男	54	1998.6-2001.6
董事	牟泽富	男	58	1998.6-2001.6
董事	王银怀	男	53	1998.6-2001.6
董事	王济海	男	47	1998.6-2001.6
董事	孙久余	男	54	1998.6-2001.6
董事	李伟荣	男	48	1999.4-2001.6
董事	翁祖亮	男	38	2000.8-2001.6
董事	申昌明	男	58	1998.6-2001.6
董事	崔本中	男	54	1998.6-2001.6
董事	王智	男	56	2000.9-2001.6
董事	吴敬琏	男	71	1998.6-2001.6
董事	孙效良	男	68	1998.6-2001.6
董事	黄红武	男	42	1998.6-2001.6
监事长	顾光宗	男	59	1998.6-2001.6
副监事长	陆鸣人	男	54	2000.4-2001.6
监事	张建瑛	女	46	1998.6-2001.6
监事	赵大川	男	53	1998.6-2001.6
监事	王长银	男	36	1998.6-2001.6
监事	张国清	男	56	1998.6-2001.6
监事	吴兆常	男	50	1998.6-2001.6
监事	李颜章	男	39	2000.4-2001.6
副总经理	张乃良	男	48	1998.6-2001.6
副总经理	缪维中	男	54	1998.6-2001.6
副总经理	张明杰	男	38	1998.6-2001.6
副总经理	孙莹	男	40	1998.6-2001.6
副总经理兼董事会秘书	王驰巍	男	31	1998.6-2001.6

本公司董、监事、高级管理人员未持有公司股票，年度报酬总额为44.3万元。其中1-2万元的5人，2-3万元的2人，3-4万元的1人，4-5万元的1人，5-6万元1人。

在报告期内，陆鸣人先生因健康原因辞去公司副董事长、总经理职务；选举徐国雄先生为董事、副董事长；选举李伟荣为公司独立董事；选举翁祖亮先生、王智先生为公司董事；王之麒先生、周亚夫先生因工作原因辞去公司董事；选举陆鸣人先生、李颜章先生为公司监事，选举陆鸣人先生为副监事长。在报告期内，聘任王驰巍先生为公司副总经理。

8、本次利润分配预案

(1)、提取10%法定公积金，计889万元；

(2)、提取5%法定公益金，计445万元；

(3)、子公司提取法定公积金、公益金，计799万元；

(4)、加上年初未分配利润8,398万元，剩余可分配利润，计14,827万元。

2000年度不分配股利，资本公积金不转增股本。

利润不分配原因为公司经营业绩虽与上年同比有一定比例的增长，公司项目按原定计划在实施过程中，需资金支持公司长远发展和维护股东利益考虑。因此本年度不分配、不转增。

本利润分配预案须经股东大会审议通过后实施。

9、预计2001年度利润分配政策

(1)公司拟在2001年会计年度结束后分配利润一次；

(2)公司下一年度实现净利润用于股利分配的比例约为15%-20%；

(3)公司本年度未分配利润用于下一年度股利分配的比例不低于15%；

(4)分配采用派发现金红利或送红股的形式。

具体分配方法将根据公司当时实际情况确定

10、其他报告事项

信息披露报纸境内为《上海证券报》、《中国证券报》；境外为《南华早报》、香港《文汇报》，自2000年9月27日起，信息披露报纸变为香港《文汇报》。

六、监事会报告

报告期内，监事会共召开两次会议：

①2000年4月19日下午在华源世界广场1520室召开一届五次监事会，会议审议通过《1999年度监事会工作报告》，并选举了陆鸣人先生、李颜章先生为公司监事。

②2000年8月7日上午，在华源世界广场608室召开一届六次监事会，会议审阅公司《2000年度中期报告及中期报告摘要》，并选举陆鸣人先生为副监事长。

七、重要事项

1、本年度公司无重大诉讼仲裁事项。

2、报告期内公司、公司董事及高级管理人员无受监管部门处罚情况。

3、报告期内公司无控股股东变更，公司董事会没有换届、改选或半数以上成员变动。报告期内公司董事会聘任徐国雄先生为总经理，公司没有解聘、新聘董事会秘书情况。

4、报告期内公司收购及出售资产的简要情况

(1)山东华源山拖有限公司向山东拖拉机厂购入25-30马力拖拉机技改项目的全部资产，价值14,661,702.05元。此外，山东华源山拖有限公司向山东拖拉机厂购入价值28,571,553.37元固定资产。

(2)山东华源光明机器制造有限公司向山东光明机器厂购入价值29,172,186.00元固定资产；另外，山东华源光明机器制造有限公司向山东光明机器厂购入价值33,444,369.00元土地使用权。

(3)公司于2000年底将山东华源莱动内燃机有限公司10%的股权转让给山东莱动内燃机有限公司，以山东华源莱动内燃机有限公司2000年底净资产的10%作价。

5、重大关联交易事项

(1)本公司未有购销商品、提供劳务的重大关联交易。

(2)收购资产的关联交易：公司子公司山东华源机械制造有限公司出资6466.2万元收购山东光明机器厂叉车项目全部生产性固定资产(含土地)，山东光明机器厂为山东省重点叉车生产企业，近年来销售形势较好，通过此次购买有望为公司培育新的利润来源。

(3)报告期内公司大股东中国华源集团公司与下属子公司上海华源机械动力进出口公司贷款，公司应收额1175.7万元，报告期结束，公司已全额收回此笔款项。

6、报告期内，公司租赁资产的说明

山东华源山拖有限公司向山东拖拉机厂租用部分设备，2000年共支付租费2,503,881.04元，1999年度共支付租费3,755,821.56元。

山东华源莱动内燃机有限公司向山东莱动内燃机有限公司租用部分厂房和设备，2000年共支付租费1,666,948.40元，1999年度支付租费1,538,721.58元。

7、聘任、解聘会计师事务所情况

公司续聘大华会计师事务所有限公司；改聘安永会计师事务所为2000年度境内外会计师，决议公告刊登在2001年1月5日《中国证券报》、《上海证券报》、香港《文汇报》。

8、公司对外担保情况

截止2000年12月31日，公司共向其他单位提供担保人民币19,754万元，美元500万元。

详细情况为：

被担保企业	金额	终止日期
中纺联合进出口有限公司	109万元	2001.02.27
中纺联合进出口有限公司	1,000万元	2001.05.22
上海金丰投资股份有限公司	3,500万元	2001.09.22
上海华源凯马进出口有限公司	900万元	2001.12.19
上海华源凯马进出口有限公司	1,000万元	2001.05.30
上海华源凯马进出口有限公司	500万元	2001.08.02
上海华源凯马进出口有限公司	500万元	2001.09.20
上海华源凯马进出口有限公司	500万元	2001.11.20
上海华源凯马进出口有限公司	500万元	2001.10.05
上海华源凯马进出口有限公司	300万元	2001.03.05
上海华源凯马进出口有限公司	500万元	2001.02.10
上海华源凯马进出口有限公司	300万元	2001.04.10
上海华源凯马进出口有限公司	500万元	2001.06.29
上海华源凯马进出口有限公司	700万元	2001.09.29
上海华源凯马进出口有限公司	2,000万元	2001.04.12
上海华源凯马进出口有限公司	500万元	2001.03.16
无锡华源凯马机械有限公司	200万元	2001.06.09
无锡华源凯马机械有限公司	200万元	2001.03.13
无锡华源凯马机械有限公司	100万元	2001.05.21
无锡华源凯马机械有限公司	200万元	2001.06.25
无锡华源凯马机械有限公司	500万元	2001.04.03
无锡华源凯马机械有限公司	300万元	2001.04.28
无锡华源凯马机械有限公司	500万元	2001.12.13
无锡华源凯马机械有限公司	500万元	2001.12.30
无锡华源凯马机械有限公司	445万元	2001.11.10
无锡华源凯马机械有限公司	1,000万元	2001.10.31
无锡华源凯马机械有限公司	300万元	2001.06.15
无锡华源凯马机械有限公司	500万元	2001.05.31
无锡华源凯马机械有限公司	500万元	2001.11.30
无锡华源凯马机械有限公司	500万元	2001.03.17
无锡华源凯马机械有限公司	200万元	2001.01.26
无锡华源凯马机械有限公司	500万元	2001.01.27
上海华源凯马进出口有限公司	美元150万元	2001.04.30
上海华源凯马进出口有限公司	美元100万元	2001.04.30
上海华源凯马进出口有限公司	美元100万元	2001.02.13
上海华源凯马进出口有限公司	美元150万元	2001.04.16

10、公司及持有5%以上股东在指定网站和报刊上没有披露承诺事项。

八、财务会计报告

1、审计报告

大华会计师事务所有限公司中国注册会计师徐逸星、朱鸣里出具了华业字(2000)第265号标准的审计报告。

2、合并报表范围变更情况：

(1)公司对黑龙江省凯马富拖机械制造有限公司投资6,000万元，本年度纳入合并范围。购并日为2000年1月1日。

(2)公司对寿光市凯马奥峰家用车有限公司投资1,920万元，本年度纳入合并范围。购并日为2000年1月1日。

(3)公司对上海华源凯马汽车销售有限公司投资180万元，本年度纳入合并范围。购并日为2000年10月1日。

(4)公司对上海联创传感器有限公司投资1,800万元，本年度纳入合并范围。购并日为2000年12月31日。

华源凯马机械股份有限公司董事会

二00一年三月一日

资产负债表

编制单位;华源凯马机械股份有限公司　　2000年12月31日　金额单位:元(会股01表)

资产	合并	
	年初数	年末数
流动资产：		
货币资金	651373129.66	642061322.51
短期投资	17504662.86	13137443.84
减:短期投资跌价准备	1175298.32	
短期投资净额	16329364.54	13137443.84
应收票据	52810929.7	24152574
应收股利		
应收利息		
应收帐款	477972346.76	526562944.42
其它应收款	530064094.73	309130345.91
减:坏帐准备	25583622.22	30171957.26
应收帐款净额	982452819.27	805521333.07
预付帐款	46688749.12	142945955.6
应收补贴款		34675422.01

存货	657607663.65	854010498.26
减：存货跌价准备	6678333.36	18944542.39
存货净额	650929330.29	835065955.87
待摊费用	126101.85	
待处理流动资产净损失		
一年内到期的长期债权投资		
其它流动资产	38000000	44181519
流动资产合计	2438710424.43	2541741525.9
长期投资：		
长期股权投资	4142000	29217974.71
长期债权投资	4000	4000
其它长期投资		
长期投资合计	4146000	29221974.71
减：长期投资减值准备		
长期投资净额	4146000	29221974.71
其中：合并价差		4500000
股权投资差额		4500000
固定资产：		
固定资产原值	836826878.98	1248220326.5
减：累计折旧	313942237.19	483761815.43
固定资产净值	522884641.79	764458511.07
工程物资		
在建工程	118266517.93	98010465.71
固定资产清理		123782.7
待处理固定资产净损失		
固定资产合计	641151159.72	862592759.48
无形及其它资产：		
无形资产	94333109.85	198729592.31
开办费	11635870.29	8240791.03
长期待摊费用	1158348.14	1502374.48
其它长期资产		
无形资产及其它资产合计	107127328.28	208472757.82
递延税项：		
递延税款借项		
资产总计：		
资产总计	3191134912.43	3642029017.91
流动负债：		
短期借款	878137000	891490000
应付票据	75167335	129959900
应付帐款	621795619.16	758340520.18
预收帐款	84837474.68	100525257.56
代销商品款		
应付工资	3191442.86	5069482.1
应付福利费	13956914.66	18346842.02
应付股利	98890628.96	63306089.25
应付税金	-34368991.01	-6661937.96
其它应交款	225270.64	461088.49
其它应付款	118354566.45	102336969.27
应付短期债券		
预提费用	320856.65	890057.14
一年内到期的长期负债	34570000	28800000
其它流动负债		
职工奖励及福利基金		
流动负债合计	1895078118.05	2092864268.05
长期负债：		
长期借款	25300000	158520000
应付债券		
长期应付款		
住房周转金		
其它长期负债		
长期负债合计	25300000	158520000
递延税项：		
递延税项贷款		
负债合计：		
负债合计	1920378118.05	2251384268.05
少数股东权益：		
少数股东权益	11879177.15	42013577.36
股东权益：		
股本	640000000	640000000
资本公积金	498172988.25	498802656.2
盈余公积	44116383.41	65438202.26
其中：公益金	14705461.14	21812734.09
未确认的外资损失	-7400580.57	-3882917.09
未分配利润	83988826.14	148273231.13
外币报表折算差额		
股东权益合计	1258877617.23	1348631172.5
负债和股东权益总计：		
负债和股东权益总计	3191134912.43	3642029017.91

资产负债表

编制单位：华源凯马机械股份有限公司　2000年12月31日　金额单位：元(会股01表)

资产	母公司	
	年初数	年末数
流动资产：		
货币资金	480713691.38	465533367.73
短期投资	10653793.54	
减：短期投资跌价准备		
短期投资净额	10653793.54	
应收票据		
应收股利	913455.9	31610431.29
应收利息		
应收帐款	4019038.36	60396340.25
其它应收款	501597429.46	375930174.89
减：坏帐准备	1516849.4	1300159.06
应收帐款净额	504099618.42	435026356.08
预付帐款	7278460.32	52859243.43
应收补贴款		
存货	4976615.72	9968660.88
减：存货跌价准备		
存货净额	4976615.72	9968660.88
待摊费用	9715.74	
待处理流动资产净损失		
一年内到期的长期债权投资		
其它流动资产		24751519
流动资产合计	1008645351.02	1019749578.41
长期投资：		
长期股权投资	599901500.47	675180859.6
长期债权投资	4000	4000
其它长期投资		
长期投资合计	599905500.47	675184859.6
减：长期投资减值准备		
长期投资净额	599905500.47	675184859.6
其中：合并价差		
股权投资差额		
固定资产：		
固定资产原值	109720484.11	182542738.01
减：累计折旧	5878517.74	16164150.38
固定资产净值	103841966.37	166378587.63
工程物资		
在建工程	63209778.54	49108202.79
固定资产清理		
待处理固定资产净损失		
固定资产合计	167051744.91	215486790.42
无形及其它资产：		
无形资产	7446816	6750471.48
开办费	10515725.03	7428601.67
长期待摊费用		
其它长期资产		
无形资产及其它资产合计	17962541.03	14179073.15
递延税项：		
递延税款借项		
资产总计：		
资产总计	1793565137.43	1924600301.58
流动负债：		
短期借款	467300000	493500000
应付票据	3366000	30800000
应付帐款	3583733.54	6930436.89
预收帐款	9610.81	267969.59
代销商品款		
应付工资		706383.8
应付福利费	214371.48	278663.57
应付股利	1107088.3	460243.75
应付税金	-229812.84	3056933.79
其它应交款		1086.87
其它应付款	48449150.49	29293793.1
应付短期债券		
预提费用		
一年内到期的长期负债		
其它流动负债		
职工奖励及福利基金		
流动负债合计	523800141.78	565295511.36
长期负债：		
长期借款		
应付债券		
长期应付款		
住房周转金		
其它长期负债		
长期负债合计		
递延税项：		
递延税项贷款		
负债合计：		
负债合计	523800141.78	565295511.36
少数股东权益：		
少数股东权益		
股东权益：		
股本	640000000	640000000
资本公积金	498172988.25	498802656.2
盈余公积	24538801.11	37875320.1
其中：公益金	8179600.37	12625106.7
未确认的外资损失		
未分配利润	107053206.29	182626813.92
外币报表折算差额		
股东权益合计	1269764995.65	1359304790.22
负债和股东权益总计：		
负债和股东权益总计	1793565137.43	1924600301.58

利润及利润分配表

编制单位：华源凯马机械股份有限公司　2000年度　金额单位：元(会股02表)

项目	合并	
	上年实际数	本年实际数
一、主营业务收入	2832254806.96	3179359353.71
减：折扣与折让		
主营业务收入净额	2832254806.96	3179359353.71
减：主营业务成本	2525535095.37	2785663650.84
主营业务税金及附加	1711616.33	2593534.93

二、主营业务利润	305008095.26	391102167.94
加:其他业务利润	41478537.44	28062931.04
减:存货跌价损失	6678333.36	12266209.03
营业费用	107439055.52	135839468.22
管理费用	126265755.3	161445019.52
财务费用	41323965.18	35045293.5
三、营业利润	64779523.34	74569108.71
加:投资收益	22635538.24	19178287.05
期货损益		2538833.1
补贴收入		9300000
营业外收入	396790.9	2660027.63
以前年度损益调整		
减:营业外支出	2597623.87	1195821.97
分给外单位利润		
四、利润总额	85214228.61	107050434.52
减:所得税	9101759.66	13341151.67
少数股东损益	25522.08	4585395.53
职工奖励及福利基金		
购并利润		
加:未确认的投资损失	4868039.35	-3517663.48
所得税返还		
五、净利润	80954986.22	85606223.84
加:年初未分配利润	22830978.82	83988826.14
盈余公积转入数		
年初未分配利润调整		
减少注册资本减少的未分配利润		
外币报表折算差额		
减:股份公司成立前利润分配		
六、可供分配的利润	103785965.04	169595049.98
减:提取法定盈余公积金	13198092.6	14214545.9
提取法定公益金	6599046.3	7107272.95
提取职工奖励福利基金		
七、可供股东分配的利润	83988826.14	148273231.13
减:应付优先股股利		
提取任意盈余公积金		
应付普通股股利		
转作股本的普通股股利		
八、未分配利润	83988826.14	148273231.13

利润及利润分配表

编制单位:华源凯马机械股份有限公司　2000年度　金额单位:元(会股02表)

项目	母公司	
	上年实际数	本年实际数
一、主营业务收入	50398406.4	134409606.44
减:折扣与折让		
主营业务收入净额	50398406.4	134409606.44
减:主营业务成本	41977191.39	100199711.96
主营业务税金及附加		
二、主营业务利润	8421215.01	34209894.48
加:其他业务利润	29262485.69	13342779.97
减:存货跌价损失		
营业费用	3909749.78	1917870.67
管理费用	14539870.16	18673696.04
财务费用	4968918.18	5746377.75
三、营业利润	14265162.58	21214729.99
加:投资收益	69686462.3	57930943.03
期货损益		4202843.1
补贴收入		6000000
营业外收入	8886.48	47482.5
以前年度损益调整		
减:营业外支出	33600	22872
分给外单位利润		
四、利润总额	83926911.36	89373126.62
减:所得税		463000
少数股东损益		
职工奖励及福利基金		
购并利润		
加:未确认的投资损失		
所得税返还		
五、净利润	83926911.36	88910126.62
加:年初未分配利润	35715331.64	107053206.29
盈余公积转入数		
年初未分配利润调整		
减少注册资本减少的未分配利润		
外币报表折算差额		
减:股份公司成立前利润分配		
六、可供分配的利润	119642243	195963332.91
减:提取法定盈余公积金	8392691.14	8891012.66
提取法定公益金	4196345.57	4445506.33
提取职工奖励福利基金		
七、可供股东分配的利润	107053206.29	182626813.92
减:应付优先股股利		
提取任意盈余公积金		
应付普通股股利		
转作股本的普通股股利		
八、未分配利润	107053206.29	182626813.92

现金流量表

编制单位:华源凯马机械股份有限公司　2000年度　金额单位:元(会股02表)

项目	合并	母公司
一、经营活动产生的现金流量:		
销售商品、提供劳务收到的现金	3867785853.62	120030152.03
收取的租金		
收到的增值税销项税款和退回的增值税款		
收到的除增值税以外的其它税费返还	35352826.77	6000000
收到的其它与经营活动有关的现金	25324925.46	10682433.63
经营活动产生的现金流入小计	3928463605.85	136712585.66
购买商品、接受劳务支付的现金	3582139299.7	195672179.17
经营租赁所支付的现金		
支付给职工以及为职工支付的现金	186556760.79	6401671.34
支付的增值税款	32869438.26	5918722.78
支付的所得税款	17193816.7	463000
支付的除增值税、所得税以外的其它税费	5981115.99	326313.17
支付的其它与经营活动有关的现金	78335314.31	575182.8
经营活动产生的现金流出小计	3903075745.75	209357069.26
经营活动产生的现金流量净额	25387860.1	-72644483.6
二、投资活动产生的现金流量:		
收回投资所收到的现金	84467670.21	102350708.32
分得股利或利润所收到的现金	25931361.98	25931361.98
处置固定资产、无形资产和其它长期资产而收回的现金净额	3681776.94	5000
收到的其它与投资活动有关的现金	68978691.03	83861835.63
投资活动产生的现金流入小计	183059500.16	212148905.93
购建固定资产、无形资产和其它长期资产所支付的现金	154353263.55	47343784.03
权益性投资所支付的现金	93160000	102400000
债权性投资所支付的现金	10000000	
投资活动产生的现金流出小计	257513263.55	149743784.03
投资活动产生的现金流量净额	-74453763.39	62405121.9
三、筹资活动产生的现金流量:		
吸收权益性投资所收到的现金	2000000	
其中:子公司吸收少数股东权益性投资收到的现金	2000000	
发行债券所收到的现金		
借款所收到的现金	133973000	26200000
收到的其它与筹资活动有关的现金	30463430.41	30463430.41
筹资活动产生的现金流入小计	166436430.41	56663430.41
偿还债务所支付的现金	40751519	24751519
发生筹资费用所支付的现金		
分配股利或利润所支付的现金	6317594.29	646844.55
其中:子公司支付少数股东的股利		
偿付利息所支付的现金	79576226.07	36169033.9
筹资活动产生的现金流出小计	126645339.36	61567397.45
筹资活动产生的现金流量净额	39791091.05	-4903967.04
四、汇率变动对现金的影响:		
汇率变动对现金的影响	-36994.91	-36994.91
五、现金及现金等价物净增加额:		
现金及现金等价物净增加额	-9311807.15	-15180323.65
附注:		
1、不涉及现金收支的投资和筹资活动:		
以固定资产偿还债务		
以投资偿还债务		
以固定资产进行长期投资		
以存货偿还债务		
融资租赁固定资产		
2、将净利润调节为经营活动的现金流量:		
净利润	85606223.84	88910126.62
加:少数股东损益	4585395.53	
购并利润		
计提的坏帐准备或转销的坏帐	4588335.04	-434490.34
固定资产折旧	49925239.08	5456209.4
无形资产及其他资产摊销	7871761.06	3783467.88
待摊费用的减少(减增加)	126101.85	9715.74
预提费用的增加(减减少)	99360	
处置无形资产、固定资产和其它长期资产的损失(减收益)	-611977.95	2872
固定资产报废损失	272951.65	
财务费用	80083061.47	36206028.81
投资损失(减收益)	-18199456.67	-62133786.13
递延税款贷项(减借项)		
存货的减少(减增加)	-4971109.26	-4992045.16
经营性应收项目的减少(减增加)	-154545119.12	-141020088.22
经营性应付项目的增加(减减少)	-29442906.42	1567505.8
增值税增加净额		
其它		
经营活动产生的现金流量净额	25387860.1	-72644483.6
3、现金及现金等价物净值增加情况:		
货币资金的期末余额	642061322.51	465533367.73
减:货币资金的期初余额	651373129.66	480713691.38
现金等价物的期末余额		
减:现金等价物的期初余额		
现金及现金等价物净增加额	-9311807.15	-15180323.65

上海茉织华股份有限公司

一、公司简介

1、公司法定中文名称:上海茉织华股份有限公司
公司中文名称缩写:茉织华
公司法定英文名称:SHANGHAI MATSUOKA CO., LTD.
2、公司法定代表人:李勤夫
3、公司董事会秘书:汪为民;董事会授权代表:姚洁青
联系地址:上海市延安中路841号8楼
联系电话:021-62893080
传真:021-62893088
电子信箱:matsuoka@public2.sta.net.cn
4、公司注册地址:上海市延安中路841号东方海外大厦8楼
公司办公地址:上海市延安中路841号东方海外大厦8楼
邮政编码:200040
公司国际互联网网址:http://www.matsuoka.com.cn
公司电子信箱:matsuoka@public2.sta.net.cn
5、选定的信息披露报纸:中国证券报、上海证券报、南华早报
登载公司年报的国际互联网网址:http://www.sse.com.cn
年度报告备置地点:公司董事会办公室
6、公司股票上市交易所:上海证券交易所
股票简称:茉织华B 股票代码:900955

二、会计数据和业务数据摘要

1、公司本年度实现利润情况(合并报表) 单位:万元

	2000年度
利润总额	22956
净利润	18517
扣除非经营性损益后的净利润	18061
主营业务利润	37084
其他业务利润	305
营业利润	21758
投资收益	-771
补贴收入	1913
营业外收支净额	55
经营活动产生的现金流量净额	19804
现金及现金等价物净增加额	22272

注:扣除非经营性损益包括:公司正常经营损益以外的、一次性或偶发性损益,如资产处置损益、临时性获得的补贴收入、新股申购冻结资金利息、合并价差摊入等。

公司扣除的非经营性损益指:公司获得的补贴收入1913万元;合并价差摊销-1457万元。按照国际会计准则,公司共实现利润18472万元,其中:冲销开办费-421万元,其他-28万元。

2、公司前三年主要会计数据和财务指标(合并报表)单位:万元

项目	2000年	1999年	1998年
主营业务收入	139424	69099	79693
净利润	18517	10908	14881
总资产	181581	138343	81330
股东权益	65308	60224	57447
每股收益(摊薄)(元)	0.52	0.31	0.42
每股收益(加权)(元)	0.52	0.31	0.42
扣除非经常性损益后的每股收益(元)	0.51	0.29	-
每股经营活动产生的现金流量净额(元)	0.56	0.54	0.51
净资产收益率(%)	24	18	26
每股净资产(摊薄)(元)	1.85	1.7	1.63
调整后每股净资产	1.84	1.69	1.62

注:财务指标计算公式如下:
每股收益=净利润/年度末普通股股份总数
每股净资产=年度末股东权益/年度末普通股股份总数
调整后的每股净资产=(年度末股东权益-三年以上应收帐款-待摊费用-待处理(流动、固定)资产净损失-开办费-长期待摊费用-住房周转金负数余额)/年度末普通股股份总数
每股经营活动产生的现金流量净额=经营活动产生的现金流量净额/年度末普通股股份总数
净资产收益率=净利润/年度末股东权益 X 100%

二〇〇〇年度 本集团

报告期利润	净资产收益率		每股收益	
	全面摊薄	加权平均	全面摊薄	加权平均
主营业务利润	47.1%	53.4%	1.05	1.05
营业利润	27.6%	31.3%	0.62	0.62
净利润	23.5%	26.7%	0.52	0.52
扣除非经常性损益后的净利润	22.9%	25.9%	0.51	0.51

三、股东情况介绍

1、报告期末公司股东总数616户
2、前10名股东为

序号 股东名称	股份性质	持股数(万股)	所占比例
1)平湖茉织华实业发展有限公司	国有股	13392	37.88
2)日本松冈株式会社	境外法人股	9263	26.20
3)The Nomura Securities CO. LTD	B股	9215	26.07
4)平湖市新仓服装二厂	境内法人股	608	1.72
5)平湖市黄姑服装总厂	境内法人股	460	1.30
6)平湖市永华制衣有限公司	境内法人股	456	1.29
7)申银万国APS投资管理公司	B股	366	1.04
8)HKSBCSB A/C THE NORTHERNTRUST CO S/A GOVERNMENT OF SINGAPORE INV.CORPORATION	B股	259	0.73
9)韩国ROMA株式会社	境外法人股	170	0.48
10)HKIT S/A 006-113039-431	B股	113	0.32

注:i)报告期内最大股东为平湖茉织华实业发展有限公司,年末持有本公司股份为13392万股,占公司总股本的37.88%。所持股份为国有法人股,未流通,也无质押和冻结情况。

ii)THE NOMURA SECURITIES CO. LTD所拥有股份中包含了日本Terucom Corpora-tion所持有股份。Terucom Corporation为日本松冈株式会社之全资附属公司。

黄石东贝电器股份有限公司

一、公司简介

1.公司法定名称:中文:黄石东贝电器股份有限公司
英文:HUANGSHI DONGBEI ELECTRICAL APPLIANCE CO.LTD
2.公司法定代表人:杨百昌
3.公司董事会秘书:朱金明 联系地址:湖北省黄石市铁山区武黄路5号
电话:(0714)5415858 传真:(0714)5415588
电子邮箱:zhujm63@163.com
4.公司注册地址:湖北省黄石市铁山区武黄路5号
办公地址:湖北省黄石市铁山区武黄路5号 邮政编码:435006
互联网址:http://www.dongbei.com.cn 电子邮箱:dongbei@public.hs.hb.cn
5.公司信息披露报刊为:《中国证券报》、《上海证券报》、《香港商报》
登载公司年度报告的中国证监会指定互联网址:http://www.sse.com.cn
公司年度报告备置地点:公司证券部
6.公司股票上市交易所:上海证券交易所
股票简称:东贝B股 股票代码:900956

二、会计数据和业务数据摘要

1.本年度会计数据 单位:人民币万元

利润总额	2544.37
净利润	2544.37
扣除非经常性损益后的净利润	2544.37
主营业务利润	3976.93
其他业务利润	6.92
营业利润	1963.58
投资收益	556.47
补贴收入营业外收支净额	24.32
经营活动产生的现金流量净额	1472.27
现金及现金等价物净增加额	-11875.89

按国际会计准则调整对税后利润的影响:(万元)

	税后利润	股东权益
按国际会计准则调整后之金额:	2544	35900
本公司法定帐目所载之金额	2544	36131

股东权益差异的原因主要是固定资产折旧计算标准不同。

2. 截止2000年末,公司主要会计数据和财务指标

指标项目	2000年	1999年
主营业务收入(万元)	17583	18677
净利润(万元)	2544	3097
总资产(万元)	57169	59073
股东权益(万元)	36131	34648
每股收益(按净利润全面摊薄计算)(元)	0.11	0.132
每股收益(按净利润加权平均计算)(元)	0.11	0.166
每股收益(扣除非经常性损益)(元)	0.11	0.132
每股净资产(元)	1.54	1.47
调整后的每股净资产	1.50	1.44
净资产收益率(按净利润全面摊薄计算)(%)	7.04	8.94
净资产收益率(按净利润加权平均计算)(%)	7.06	
每股经营活动产生的现金流量净额(元)	0.063	0.013

按中国证监会《公开发行证券公司信息披露编报原则(第9号)》要求计算2000年报告期利润的净资产收益率和每股收益如下:

报告期利润	净资产收益率(%)		每股收益(元)	
	全面摊薄	加权平均	全面摊薄	加权平均
主营业务利润	11.01	11.04	0.17	0.17
营业利润	5.43	5.45	0.084	0.084
净利润	7.04	7.06	0.11	0.11
扣除非经常性损益后的净利润	7.04	7.06	0.11	0.11

三、股本变动及股东情况

1.股本变动情况
(1)截止2000年末,公司股东总数为4,006户
(2)截止2000年末,前十名股东持股情况

名次	股东名称	年末持股(股)	占总股本(%)
1	黄石东贝冷机集团公司(国家股)	117,600,000	50.04
2	陈杰	3849900	1.64
3	梁好	2074000	0.88
4	徐岚	1700000	0.72
5	WISEMAX INTERNATIONAL LIMITED 智万国际有限公司	1689630	0.72
6	周坚白	1420000	0.60
7	DBS SECURITIES NOMINEES (HK)LTD	1270000	0.54
8	余友清	1100000	0.47
9	HKIT S/A 006-113039-431	1090000	0.46
10	香港铭洋有限公司	1000000	0.43

说明:(1)本年度黄石东贝冷机集团公司所持的国家股未发生变化,其所持股份无质押和冻结。(2)公司前十名股东中,第2—10名为流通股股东,其股份变化系二级市场行为,本公司未知其之间的关联关系。

(3)本公司无持有10%以上股份的法人股东。四.股东大会简介公司于2000年5月16日召开一届二次股东大会,出席本次会议的股东共6人,代表股份12,000万股,占公司总股本的51.06%。会议审议并通过了以下议案:
1. 通过了公司1999年度董事会工作报告;
2. 通过了公司1999年度监事会工作报告;
3. 通过了公司1999年度财务决算及2000年财务预算的报告;
4. 通过了公司1999年度不进行利润分配和不实施公积金转增股本的议案;
5. 通过了公司部分董事变更的议案,同意王梁先生辞去董事职务,同意石中坚先生为公司董事;
6. 通过了续聘安达信公司及安达信·华强会计师事务所为公司境外、境内会计师的议案;本次股东大会决议公告刊登于2000年5月17日《中国证券报》、《上海证券报》和《香港商报》。

上海凌云幕墙科技股份有限公司

上海凌云幕墙科技股份有限公司 2000 年度报告

重要提示：本公司董事会保证本报告所载资料不存在任何虚假记载、误导性陈述或重大遗漏，并对其内容的真实性、准确性和完整性负个别及连带责任。

本报告分别以中、英文两种语言编制，在对两种文本的理解上发生歧义时，以中文文本为准。

一.公司简介

1.公司法定中文名称：上海凌云幕墙科技股份有限公司

英文名称：SHANGHAI LINGYUN CURTAIN WALL SCIENCE &TECHNOLOGY CO., LTD.

2.公司注册地址：上海浦东新区东方路 877 号嘉兴大厦 18 楼

公司办公地址：上海浦东新区东方路 877 号嘉兴大厦 18 楼　邮政编码：200122

公司电子信箱：lyzhsh@online.sh.cn

3.公司法定代表人：陈木林

4.公司董事会秘书：廖应征

证券事务代表：张燕琦　联系地址：上海浦东新区东方路 877 号嘉兴大厦 18 楼

电话：021-50818005　传真：021-50819380　电子信箱：lyzhsh@online.sh.cn

5.本公司选定的信息披露报纸名称：《上海证券报》、《香港文汇报》

本公司年度报告备置地点：本公司董事会秘书处

登载本公司年度报告的中国证监会指定国际互联网网址：http://www.sse.com.cn

6.本公司股票简称：凌云 B 股　股票代码：900957

股票上市交易所：上海证券交易所

二.会计数据和业务数据摘要

(一)公司本年度主要利润指标情况：　(单位：人民币元)

利润总额	81,567,876
净利润	75,490,641
扣除非经常性损益后的净利润	75,490,641
主营业务利润	150,549,616
其它业务利润	631,407
营业利润	78,032,785
投资收益	3,660,370
补贴收入	-
营业外收支净额	-125,279
经营活动产生的现金流量净额	-33,975,337
现金及现金等价物净增加额	465,843,492

(二)境内外审计的净利润差异说明：

经安达信公司国际会计师审计，2000 年度本公司按国际会计准则编制的净利润为人民币 75,570,941 元，与安达信华强会计师事务所按中国会计制度审计之差异调整项目：

单位：人民币元

经安达信华强会计师事务所审计之净利润	75,490,641
(1)减少开办费摊销	80,300
(2)其它	-
经安达信公司国际会计师审计之净利润	75,570,941

(三)截止报告期末公司前三年主要会计数据和财务指标(单位：人民币元)

1、主要财务指标

项　目	2000 年度	1999 年度	1998 年度
主营业务收入	779,412,108	813,399,090	582,981,500
净利润	75,490,641	90,818,773	70,804,687
总资产	1,460,754,268	684,687,712	534,935,485
股东权益	579,076,899	218,046,585	204,423,769
每股收益(全面摊薄)	0.22	0.55	0.43
每股收益(加权平均)	0.31	0.55	0.43
每股净资产	1.66	1.32	1.24
调整后每股净资产	1.65	1.31	1.23
净资产收益率(%)(全面摊薄)	13.04	41.65	34.64
净资产收益率(%)(加权平均)	19.49	36.35	34.22
每股经营活动产生的现金流量净额(元)	-0.10	-0.22	-

2、按照中国证监会《公开发行证券公司信息披露编报规则第 9 号》的要求，计算的公司 2000 年度净资产收益率和每股收益如下：

指标	净资产收益率(%)		每股收益(元/股)	
利润项目	全面摊薄	加权平均	全面摊薄	加权平均
主营业务利润	26.00	38.86	0.43	0.63
营业利润	13.48	20.14	0.22	0.33
净利润	13.04	19.49	0.22	0.31
扣除非经常性损益后的净利润	13.04	19.49	0.22	0.31

3、报告期内股东权益变动情况

金额单位：人民币元

项目	股本(股)	资本公积	盈余公积	法定公益金	未分配利润
期初数	165,000,000	39,423,769	13,622,816	4,540,939	
本期增加	184,000,000	140,552,153	11,323,597	3,774,533	25,154,564
期末数	349,000,000	179,975,922	24,946,413	8,315,472	25,154,564
变动因素	发行股票	发行股票溢价	按税后利润提取	按税后利润提取	本期实现利润

4、每股收益、每股净资产、调整后的每股净资产、每股经营活动产生的现金流量净额和净资产收益率等财务指标的计算公式如下：

1)每股收益=净利润/期末股份总数

2)每股净资产=期末股东权益/期末股份总数

3)调整后的每股净资产=(期末股东权益-三年以上的应收款项净额-待摊费用-待处理(流动、固定)资产净损失-开办费-长期待摊费用-住房周转金负数余额)/期末股份总数

4)每股经营活动产生的现金流量净额=经营活动产生的现金流量净额/期末股份总数

5)净资产收益率=净利润/期末股东权益×100%

三.股本变动及股东情况

(一)股本变动情况

1.股票发行与上市情况

本公司于 2000 年 7 月 6 日在《上海证券报》刊登招股说明书，公开在境内外发行境内上市外资股(B 股)16000 万股，发行价格 0.238 美元，2000 年 7 月 28 日在上海证券交易所挂牌上市，可流通股 16000 万股。2000 年 8 月 10 日完成超额配售 2400 万股，可流通股增为 18400 万股，总股本增为 34900 万股。

(二)股东情况介绍

1、本公司报告期末股东总数为 6134 户，其中法人股股东 5 户，代表股份 16500 万股，社会公众股东(B 股)6129 户，代表股份 18400 万股。

2、主要股东持股情况(前十名股东)

股东名称	期末数(单位：万股)	占总股本比例(%)	股份性质
武汉凌云科技(集团)有限责任公司	8467	24.26%	境内法人股
湖南振升铝材有限公司	6818	19.53%	境内法人股
陈　杰	676.20	1.93%	流通 B 股
湖南日升物资贸易有限公司	567	1.62%	境内法人股
YEUNG,HIU TUNG ADAM	450	1.29%	流通 B 股
上海物流产业投资公司	405	1.16%	境内法人股
WISEMAX INTERNATIONAL LIMITED 智万国际有限公司	317.05	0.90%	流通 B 股
LONGBUSY INVESTMENT LTD.	299.86	0.86%	流通 B 股
深圳新恒利发展公司	243	0.70%	境内法人股
刘 大 胜	240.80	0.69%	流通 B 股

3、公司前十名股东之间不存在关联关系；

4、公司报告期内控股股东无变化；

5、持股 5%以上的法人股东情况：

第一大股东武汉凌云科技(集团)有限责任公司。法定代表人陈木林。公司经营范围：航空电子、光电、幕墙、建材、特种车辆的技术开发、转让、咨询和服务；航空技术装备、飞机维修；建筑装饰、铝门窗、幕墙、土建施工；金属结构、机械、服装制作、非标设备、高空调运、玻璃深加工；汽车修理；氧化处理；建材销售；氟碳喷涂；冷气工程安装；广告设计制作发布；电视塔技术咨询；幕墙保洁。兼营：承包境外工程和境内国际招标工程及所需设备材料出口；外派工程、生产及服务行业的劳务人员(不含海员)；本企业自产产品、相关技术出口业务和其它生产、科研所需原辅材料、机械设备、仪器仪表、零配件及相关的进口及本企业的进料加工和"三来一补"业务；住宿；中餐；车辆加油管理；润滑油零售。

第二大股东湖南振升铝材有限公司。法定代表人彭冀岳。公司经营范围：生产各种铝合金型管棒材、铝合金板材、空调多孔铝扁管、铝箔、不锈钢制品、机械模具、五金配件以及上述产品自销；制作安装各种铝合金门窗、幕墙、货柜货架及招牌灯箱架。

6、本报告期内本公司法人股东所持股份未发生质押、冻结等情况。

四.股东大会简介

本年度公司召开了一次股东年会和三次临时股东大会

(一)一九九九年度股东年会

会议于 2000 年 4 月 19 日在上海浦东本公司会议室召开，出席股东大会的股东及其授权代表 5 人，代表股份 16500 万股，占本公司股份总数的 100%，会议审议通过如下决议：

1、1999 年度董事会工作报告。

2、1999 年度监事会工作报告。

3、审议通过了 1999 年度财务决算报告和利润分配方案。

(二)2000 年第一次临时股东大会

会议于 2000 年 6 月 3 日在上海浦东本公司会议室召开，出席股东大会的股东及其授权代表 5 人，代表股份 16500 万股，占本公司股份总数的 100%，会议审议通过如下决议：

1、在 2000 年发行境内上市外资股(B 股)16000 万股。

2、授权公司董事会全权处理有关发行工作。

(三)2000 年第二次临时股东大会

会议召开通知刊登于 2000 年 8 月 2 日的《上海证券报》、《香港文汇报》。本次股东大会于 2000 年 9 月 13 日在上海浦东宝钢宾馆召开，出席股东大会的股东及授权代表共 37 人，代表股份 176739000 股，占本公司股本的 50.64%，会议审议通过如下决议：

1、董事会工作报告。

2、监事会工作报告。

3、批准祝恒忠先生辞去本公司董事的申请。

4、增选冷智勇先生为本公司董事。

5、增选曾文涛先生为本公司董事。

6、增选马贤明先生为本公司董事。

7、公司更名为"上海凌云幕墙科技股份有限公司"。

8、对公司章程的修改。

本次临时股东大会经方达律师事务所律师黄伟民、周志峰现场见证并出具法律意见书。本次临时股东大会决议刊登在 2000 年 9 月 15 日的《上海证券报》、《香港文汇报》。

(四)2000 年第三次临时股东大会

会议召开通知刊登于 2000 年 11 月 14 日《上海证券报》、《香港文汇报》。本次股东大会于 2000 年 12 月 15 日在湖南长沙国际影视会展中心召开，出席股东大会的股东及授权代表共 5 人，代表股份 16500 万股，占本公司股本的 47.28%，会议审议通过如下决议：

1、成立"武汉凌云建筑装饰工程有限公司。　2、通过本公司董事薪酬方案。

3、通过本公司绩效奖励基金方案。　4、同意于立群先生辞去本公司监事。

5、增补刘辉先生为本公司监事。

本次临时股东大会经湖南启元律师事务所律师袁爱平现场见证并出具法律意见书。本次临时股东大会决议刊登在 2000 年 12 月 16 日的《上海证券报》、《香港文汇报》。

五.董事会报告

(一) 公司经营情况

1、公司所处的行业及在行业中的地位

本公司属建材装饰行业，主要为大型建筑项目设计、生产及安装幕墙，具有一级幕墙安装资质证书，在建筑幕墙行业处于领先地位，在国内享有极高的声誉和知名度，是国内为数很少的、同时具有一级幕墙安装施工资质和拥有先加工后喷涂的制造单元式幕墙技术的企业。公司的另一主营业务为生产建筑用、装饰用和工业用铝合金型材及铝制门窗，在华中、华东地区占有相当大的市场份额，特别是在湖南省具有较高的市场占有率。

公司领导参加公司股票上市仪式

广西贵糖(集团)股份有限公司
GUANGXI GUITANG CO.,LTD.

广西贵糖(集团)股份有限公司由广西贵港甘蔗化工厂独家发起定向募集改组创立。其前身为广西贵县糖厂，于1956年建成投产，是国家“一五”期间的重点建设项目之一。1994年，贵糖完成了股份制改造，组建成定向募集的广西贵糖(集团)股份有限公司。1998年11月11日贵糖股票在深圳证券交易所成功上市。

经过四十五年的建设，特别是“九五”期间的发展，贵糖拥有日榨万吨甘蔗的制糖厂，大型的造纸厂和酒精厂、轻质碳酸钙厂，拥有国家认定的企业技术中心和博士后科研工作站，1998年，贵糖“桂花”牌白砂糖通过了ISO9001国际质量体系认证。主要产品生产能力：年产白砂糖13万吨、加工原糖30万吨、机制纸10万吨、甘蔗渣制浆9万吨、酒精1万吨、轻质碳酸钙2.5万吨、回收烧碱2万吨 。

贵糖是全国100家现代企业制度试点单位和512家重点扶持企业之一，是全国120家企业集团试点之一的广西贵糖企业集团的核心企业，曾荣获“全国资源综合利用先进企业”、“全国环保先进企业”、“全国思想政治工作先进企业”、“全国企业管理优秀奖(金马奖)”、“全国企业管理杰出贡献奖”等荣誉。

贵糖股份公司总股本25268.85万股。2000年贵糖固定资产原值6.25亿元，比1997年的3.38亿元增84.70%；固定资产净值4.31亿元，比1997年的1.82亿元增136.52%。

贵糖通过股票上市募集到资金3.16亿元,按计划有效投入年产四万吨高级文化用纸技改等六个项目的建设。这些项目都已陆续完工并发挥效益。募集资金投资项目的成功，更引起广大投资者及证券机构的高度关注，2000年11月贵糖股份被国家列入农业产业化国家重点龙头企业。

公司大型甘蔗园区

厂区全景

复合肥厂

制糖厂压榨工段

第二造纸厂

年产4 万吨高级文化用纸工程厂房外景

公司董事长兼总经理：熊可模

南宁糖业股份有限公司

NANNING SUGAR MANUFACTURING CO.,LTD.

南宁糖业股份有限公司是由南宁统一糖业有限责任公司作为发起人，采取募集方式组建的股份有限公司，根据中国证券监督管理委员会监发［1999］33号文批准，公司以上网定价方式发行社会公众股5600万股，发行后总股本22400万股。

公司属甘蔗糖业行业，主要从事机制、酒精、文化用纸的生产、加工、销售和提供售后服务。公司主营业务为生产、销售机制糖、酒精、文化用纸、蔗渣浆；出口本企业自产的产品，进口本企业生产、科研所需的原辅助材料、机械设备等。

南宁糖业股份有限公司是广西规模最大的糖业生产经营企业，生产能力为日榨原料蔗2万吨，年产机制糖28万吨、机制纸2万吨、酒精2万吨，还生产其它8大类15种综合利用产品。

截止2000年12月29日，公司股东总数19653户。公司主要股东南宁振宁资产经营有限责任公司年末持股数16800万股，占总股本75%。

公司法定代表人：熊可模
公司董事会秘书：王国庆
董事会授权代表：李静

股票简称：南宁糖业　　股票代码：000911

公司项目投资庆典仪式

公司获得荣誉奖杯

先进的生产设备

公司3.4万吨蔗渣浆厂房

公司领导介绍发展情况

www.nnsugar.com.cn

地址：广西壮族自治区南宁市亭洪路48号
电话：(0771)4914317　邮编：530031
传真：(0771)4910755
公司电子信箱：nnty@nnsugar.com
公司网址：http://www.nnsugar.com.cn

北京控股有限公司

BEIJING ENTERPRISES HOLDINGS LIMITED

http://www.behl.com.hk

北京控股有限公司高级管理层
前排：胡昭广先生(中)、衣锡群先生(左)、熊大新先生(右) 后排左起：毛祥东先生、邓其先生、白金荣先生、刘凯先生、谭振辉先生

1997年5月29日北控在香港成功上市，北控领导与香港各界名流共同剪彩

北京控股有限公司成立于1997年，并于同年5月29日在香港上市，是北京市政府在境外设立的唯一综合性上市公司。北京控股主要经营四大业务板块，即消费品、基建、服务和高科技。其中消费品包括制造、分销与销售啤酒、葡萄酒、奶制品、加工肉类和海鲜产品；基建部分包括管理及经营首都机场高速公路和北京自来水厂的特许经营权；服务部分包括提供旅游、零售及酒店服务；科技部分主要是本公司占有40%权益的国际交换系统有限公司，该公司为北京控股与从事生产交换系统业务的西门子集团合作成立的合资公司。同时，根据北京控股将来发展的需要，现在已展开或计划展开数项高科技项目。

北京控股上市四年来，始终坚持积极、稳健的发展策略和审慎的投资原则，其良好的盈利记录，创新进取的企业精神，赢得了香港股民的认同和信任，并为北京市经济建设筹集了超过40亿港元的建设资金。为繁荣香港、发展首都经济做出自己的努力和贡献。

随着时间的推进，北京控股面对新的形势、新的挑战和发展机遇，提出了“以发展高新技术及其产业为突破口，推动产业结构调整的步伐，提高资产质量；以加快兼并、收购、重组、分拆为重点，适时采取企业扩张及收缩战略，推动企业内部结构的调整，提高企业运营效益”的发展思路，明确了“进军中关村，发展高科技”的发展方向和投资重点，使北控的发展方向更加符合北京市的整体经济规划和部署。有理由相信，北控凭借坚定的信心与特有的实力、活力，一定会有更加灿烂美好的明天。

注册办事处(北京)
中国北京市西城区复兴门金融街33号
通泰大厦B座17层　100032
电话：(010)8808 7800
传真：(010)8808 6298/6299

注册办事处(香港)
香港中环干诺道中200号信德中心西座34楼
电话：(852)2915 2898
传真：(852)2857 5084

公司总经理：殷少彬

上犹江水电厂厂房大坝

水轮发电机组

中央控制室

云南冶金集团总公司董事长、总经理、党委书记
云南铝业股份有限公司董事长：陈智

云南铝业股份有限公司董事、总经理：田永

公司厂景

股票简称：云铝股份　股票代码：000807

限公司

CO.,LTD.

国际先进、国内一流的186KA大型预焙电解生产线

铝型材生产线

云南铝业股份有限公司是云南冶金集团总公司将其全资子公司—云南铝厂的绝大部分生产经营性资产，以独家发起、社会公开募集股份方式设立的股份有限公司，总股本31000万股，云南冶金集团总公司持有23000万股，占74.2%，社会公众持股8000万股，占25.8%。公司于1998年3月20日正式成立，同年4月8日7200万A股“云铝股份”股票在深交所上市。

公司经营范围：重熔用铝锭及铝加工制品、碳素及碳素制品、氧化铝；建筑材料、装饰及装饰材料、金属材料及家具；普通机械、汽车配件、五金、交电、化工、矿产品；日用百货（专项产品按规定经营）。

云铝股份公司是中国国家有色金属工业局确定的中国十三家重点铝企业之一，在全国119家铝冶炼企业中，2000全年铝锭产量占第5位（全国有色金属冶炼统计学会）。云铝股份多年来曾先后荣获中国有色金属工业总公司企业管理“金鹰奖”，冶金部优胜红旗，云南省企业管理优秀奖，双文明建设先进单位，“AAA”银行信用等级等近百项荣誉称号。1996年获全国绿化先进单位和“五·一”劳动奖状，1997年被列为国家重点扶持的512家国有企业之一，1998年取得了ISO9002质量体系认证证书，被评为省级“管理一级企业”和第一批“优秀管理达标企业”，2000年通过了ISO14001国际环保认证，成为中国“百佳环保高新技术企业”，并被国家工商银行评定为“全国200户重点授信企业”。2000年被深交所确定为“上市公司临时报告进行事后审核”的试点公司，免于事前审核。

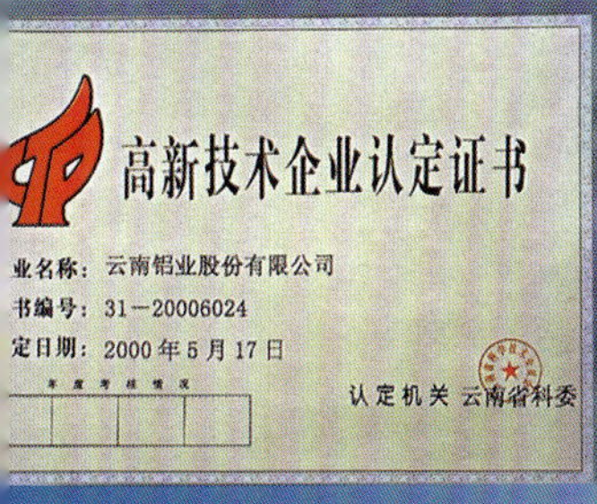

高新技术企业认定证书

现代化的炭素生产线

铝铸轧卷

冷轧铝板、铝卷

焦作鑫安科技股份有限公司

XIN AN KE JI

董事长：张希望先生

焦作鑫安科技股份有限公司（原名焦作市碱业股份有限公司）其前身为焦作市化工三厂，始建于1958年。1989年2月经焦作市政府批准改制为股份制企业；1993年12月经国家体改委批准重新确认为继续实行股份制的试点企业；1997年2月经中国证券监督管理委员会批准，并于1997年3月31日在深圳证券交易所挂牌上市交易。

焦作鑫安科技股份有限公司主营业务为基础化工原料、精细化工、化学制药、燃气供应和安装。基础化工产品有纯碱12.1万吨/年、优质重质纯碱3.99万吨/年、轻质碳酸钙4.5万吨/年、氯化钙2.75万吨/年；精细化工产品有100吨/年照相级硝酸银等200多个试剂品种；制药有扑热息痛粉1944吨/年、针剂5.98万支/年、片剂8.17万支/年等160多个医药品种；燃气供应、安装年主营业务收入1733元。其中纯碱、轻质碳酸钙为部优产品，优质重质纯碱为省优产品，其生产规模分别居全国第11位、3位、2位，均居河南省第1位，是国家大型二类综合性的国家二级企业。

公司现有总资产5.78亿元，净资产2.57亿元，注册资本12937.5688万元。股本结构为国有法人股8020.4488万股，占总股本的61.99%，社会公众股4917.12万股，占总股本的38.01%，总股本12937.5688万股。

公司2000年实现主营业务收入2.57亿元、净利润2401.6万元，分别比上年增长17.7%、28.1%。其中：化工行业主营业务收入15448万元，主营业务利润3922万元；医药行业主营业务收入8476万元，主营业务利润938万元；城市公用事业主营业务收入1733万元，主营业务利润970万元。

焦作鑫安自上市以来，按照《公司法》及有关证券法规的要求，开拓创新，规范运作，先后于1998年、2000年成功地实施了两次配股，从证券市场募集资金1亿多元。同时加强内部管理，实施资产重组，进行低成本扩张，先后收购了焦作鑫安集团有限责任公司燃气发展分公司、制药厂及氯化钙分公司，为公司注入了优良资产，培育了新的利润增长点，使公司在股本扩张的同时，实现了效益的同步增长。2000年经有关证券权威部门统计评比，焦作鑫安在全国1000多家上市公司中，按成长性排序为265名，计79.09分；按偿债能力排序为620名，计58.61分；按综合绩效排序为365名，计74.52分，在全国上市公司中居中上等水平。焦作鑫安通过资本运作，科学管理，正处于由传统产业向高科技、医药化工、精细化工领域进行产品结构调整的关键时期。2000年配股承诺项目6000吨/年对氨基苯酚、省级技术中心、解放罐站改造正在顺利进行中，从而拉开了产品结构调整的帷幕。近期公司制订了“十五”发展规划，预计到2010年，公司将成为以制药为龙头的高新企业。目前公司正在紧锣密鼓地进行ISO9001：2000《质量管理》体系认证，努力创名牌产品，不断提升企业竞争实力，使公司经济发展驶入快车道，进入高速成长期。

董事长张希望先生携全体员工向多年来关心公司、爱护公司的领导及各界同仁表示衷心的感谢！

地址：河南省焦作市解放区环城北路28号　电话：(0391)2925951-288　2925951-256　传真：(0391)2919211　邮编：454000

同在蓝天下　共享红太阳

南京红太阳股份有限公司(证券代码000525)是红太阳集团有限公司控股的专业生产精细化工产品的上市公司。本公司1992年经南京市体改委“宁体改字(92)036号”文批准，由原南京造漆厂改组成股份有限公司。经中国证券监督管理委员会证监发审字(1993)43号文批准发行社会公众股2000万股，于1993年10月28日在深圳证券交易所上市交易。

1997年至1999年，本公司与红太阳集团有限公司进行了资产重组，并于2000年1月18日由南京天龙股份有限公司更名为南京红太阳股份有限公司。经过资产重组，本公司现已形成以生化农药和油漆涂料制造为主业，集产业经营、资本经营于一体的国家重点高新技术企业，主要生产第三代和第四代拟除虫菊酯类和杂环化合物类仿生性杀虫剂以及高档硝基系列、聚酯系列等油漆涂料产品。

公司农药产品具有市场前瞻性，不仅符合国家产业发展政策，而且符合世界产业发展方向。主要产品吡虫啉、高效氯氰菊酯均为国家重点新产品，产销量位居全国第一。几年来，公司与国内各大高校、科研院所合作研究开发了系列高科技农药产品。2000年9月22日，本公司顺利实施配股，每10股配2.5股，共募集资金2.09亿元，投向顺反式高效氯氰菊酯、三氟氯氰菊酯等项目。公司建有一流的农药生产基地，吡虫啉、高效氯氰菊酯、三氟氯氰菊酯已被国家列入高新技术产业化和“双加”工程。

吡虫啉原药为硝基－5－甲基杂环化合物类内吸杀虫剂，它具有超高效、长持效、多性能、用途广、低毒性、环保型等特点。该产品最先由德国拜耳公司开发生产，本公司现生产能力为300吨/年，原药质量达到国际领先水平，产销量位居中国第一，该品种被称为最符合世界潮流的第四代超高效杀虫剂农药。

高效氯氰菊酯为拟除虫菊酯类杀虫剂，它具有高活性、低成本、低残留、广谱性和速效性等特点。该品种目前在我国属高科技、成本最低、使用量最大、使用范围最广的一个拟除虫菊酯类杀虫剂，而且目前该品种在国内外产销量均居第一，本公司的年生产能力为350吨/年。

三氟氯氰菊酯是第三代拟除虫菊酯类杀虫剂，具有杀虫高效、广谱、对人畜低毒、低残留、易生物降解等特点，其工艺技术水平处于国内领先水平。该项目已列入国家高技术产业化专项规划项目计划，本公司的年生产能力为150吨/年。

公司的油漆产业源于1958年创立的国营南京造漆厂，秉承四十余年的制漆经验，现已形成年产4万吨油漆的生产能力，并拥有全套进口检测设备，产品广泛用于现代装潢、建筑、家俱、汽车、桥梁、石油化工、机械仪表、电子家电等领域。公司是铁道部钢铁桥梁系列专用涂料定点生产企业。

多年来，通过不断技术引进，公司先后与德国HERBERTS集团、德国BASF公司、美国DOUPONT、英国ICI等国际化学工业公司及国内多家科研院所建立了合作伙伴关系，相继开发了18大类1000多种油漆涂料产品，其卓越品质得到了市场的高度认可，被授予迄今为止中国涂料行业的最高荣誉—国家产品质量银奖，并获得省、市“名牌产品”、“用户满意产品”等100多项国家、省、市荣誉。

“十五”期间，公司将进一步加快科研体系建设步伐，建立开放型、网络式的农药工程技术中心、除草剂和三药中间体中心以及生化农药工程技术中心，以加快高科技、环保型农药新产品的开发步伐。为把握我国加入WTO的机遇，更好地满足国内外农药市场的需求，公司不断加快销售队伍建设和市场网络建设，积极开拓国际市场，进而提升主营产品—农药在国际国内市场的地位。利用高新技术，逐步调整涂料油漆产业，加快纳米涂料和高档建筑涂料等高科技产品的开发，提高产品的市场竞争能力。

展望未来，公司将通过产业经营、资本经营、技术经营、品牌经营和人才经营，合理整合企业内外资源，生产符合时代潮流和环保要求，具有一流品质保障的高科技农药和油漆涂料。

RED SUN

杨寿海董事长受到党和国家领导人亲切接见(第四排左起第五人)

部分高效农药产品及获得的荣誉

引进德国全流程汽车漆生产线

红太阳工业园

红太阳精细化工工业园

江西万年青水泥股份有限公司顺利通过了ISO9001质量体系认证复评，连续14年保持了出厂水泥的“双百”，连续17年保持了出厂水泥合格率100%。“万年青”牌P.42.5、P.O42.5R和P.C32.5R水泥成为首批国家免检产品，这也是我省唯一进入国家免检行列的水泥产品，“万年青”牌水泥产品成为江西省重点保护产品。在巩固“一控达双标”成果的基础上，继续加大对环保的投入，环保工作上了新台阶。江西万年青水泥股份有限公司还顺利通过了国家环保总局华夏环境管理体系审核中心的认证审核，于2001年12月8日正式取得了ISO14001环境管理体系认证书，同时获得UKAS皇冠标志国际证书，取得了进军国际市场的绿色通行证。

公司属建材行业，主要从事水泥熟料及硅酸盐水泥的制造及销售。公司为国家大型一档企业，江西省最大的水泥生产企业，公司生产的“万年青”牌水泥质量稳定可靠，产品优质品率达90%以上，在市场上具有较高的信誉率和竞争力。

公司主营业务为水泥熟料及硅酸盐水泥的生产、销售。2000年度共生产水泥116.60万吨，比上年度增长0.77%，销售水泥及熟料123.74万吨，比上年度增加3.89%(其中销售熟料10.96万吨)，完成主营业务收入28944.99万元，主营业务利润9538.17万元。

www.gxstrong.com

股票代码：000716
股票简称：广西斯壮

公司董事长：赵明

公司法定代表人：赵明
公司董事会秘书：管自力
地址：广西南宁市民主路8号斯壮大厦
电话：(0771)5629388
传真：(0771)5631879
邮编：530023
电子信箱：gsdm@public.nn.gx.cn
公司网址：www.gxstrong.com

公司办公大楼

广西斯壮股份有限公司

STRONG GUANGXI STRONG CO.,LTD.

广西斯壮股份有限公司于1993年5月31日在广西壮族自治区工商行政管理局注册登记，取得企业法人营业执照。公司经中国证券监督管理委员会批准，于1997年3月28日向社会公众发行人民币普通股(A股)3000万股，并于1997年4月18日获准在深圳证券交易所上市。公司主要股东广西开发投资有限责任公司、海南三鹏实业投资有限公司、广西信托投资公司。

公司经营范围：开发为广西航空提供服务的项目(国家有专项规定的按专项规定办理)，城市综合开发(二级)，物业管理，无线寻呼机销售及寻呼台服务，计算机软件开发，国内商业贸易(国家有专项规定的除外)；自营和代理各类商品及技术的进出口业务；经营对销贸易和转口贸易；设计、制作、发布自有媒体广告；房屋租赁。城市管道燃气和储配站、气化站的开发和经营；燃气、石化工业产品的经营；燃气设备、用具、仪器仪表的销售。

www.gxstrong.com

成就美好生活空间

董事长：欧兆禾

广州宏城发展股份有限公司

地址：中国广州天河南二路19-21号
电话：(020)87598060
传真：(020)87596992
邮编：510620

广州宏城发展股份有限公司是广州市城市建设开发集团有限公司控股的公司，成立于1993年8月18日，是广州市首家以定向募集方式设立的综合型股份制企业。公司注册资本为8006万元人民币，经营范围为：房地产开发、物业租赁、建筑业高科技项目投资等。

公司秉承“高起点、高质量、高效益”的经营方针，充分利用自身优势，不断实施名牌产品发展战略，立足于房地产开发建设，积极开展多元化经营，取得了较好的经济效益和社会效益。

作为房地产综合开发二级企业，公司至今已成功开发建设了二沙岛云影花园、荟雅苑，并与广州市城市建设开发集团有限公司合作开发建设了天河名雅苑、黄石花园等小区。其中名雅苑小区荣获“全国城市小区建设试点优秀小区”等多种荣誉称号；荟雅苑项目获得2001年度“鲁班奖”。此外，公司还被评为“1998-2000年度广州市房地产开发综合实力30强企业。”

公司在房地产发展方面潜力巨大，前景看好。目前，正开发建设二沙岛宏城花园别墅、珠江新城商住楼、聚雅苑、清水濠商住楼等几个大型房地产项目。其中，宏城花园别墅位于广州市豪宅区——二沙岛的西部，临江而建，风景如画，全区分布花园别墅63栋，并设有功能设施齐全的高级住客会所，其设计风格别具一格，将大自然、人与文化艺术融为一体，充分体现出热带海滨风情；而位于海珠区珠江河畔的聚雅苑，南临广州著名的高等学府中山大学，户型分布合理，中国式的园林设计形成清新优雅的生活环境，尽显现代生活的悠然雅趣。

除房地产业外，公司还结合自身发展需要，投资餐饮、康体等行业，控股企业有广州市玫瑰园西餐酒廊有限责任公司及宏城网球俱乐部等，在广州天河黄金地段拥有宏城停车场及经营宏城商业广场等几个大型物业。

公司管理规范，人才充足，实力雄厚，以“团结、求实、开拓、进取”为企业精神，员工质素优良，基本为大专以上学历，有工程师、经济师、会计师、统计师等各类专业人才。

公司董事长：陈杰

股票简称：公用科技

股票代码：000685

中山公用科技股份有限公司

中山公用科技股份有限公司

公司下属港口市场

公司下属板芙市场

公司下属光明市场是全国文明

中山公用科技股份有限公司成立于1992年，是一家以市场经营管理和环保与能源为主营业务的上市公司。1997年在深圳交易所挂牌交易，到2001年6月，公司注册资本为13662万元，总资产43672万元，净资产29439万元。

公司前身为佛山市兴华集团股份有限公司，2000年公司引入新的第一大股东——中山公用事业集团有限公司，并依托大股东的产业优势、金融能力和科技、人才优势，完成了重大的资产重组、战略重构。公司由佛山市迁址至中山市，更名为中山公用科技股份有限公司，股票简称更改为"公用科技"，并改组了董事会、监事会及经营管理层，行业类属变更为公共设施服务业。

目前公司的主营业务是对中山市52个综合市场的经营管理，有稳定的收益和现金保障。在保持市场经营业务稳步增长的基础上，公司正立足"大环保"战略，从环保的源头控制到终端治理择机介入环保与能源产业。2001年初，公司投资设立中山市新迪能源与环境设备有限公司，主要生产经营高科技能源与环境设备及配件产品，并以此为起点，启动公司的环保与能源产业。

公司以致力于环境与能源可持续发展这一人类生存的永恒主题为己任，重点投资具有良好回报的人工环境领域。以清洁能源的高科技项目为新的利润增长点，通过与国内外领先热能技术的广泛合作，发展壮大拥有自主品牌的中国环境与能源产业民族工业，构筑公司快速发展基础和持续发展能力。

展望未来，公司将本着"以人为本、团队合作、奋斗创新、追求卓越"的企业精神，依托优秀的管理团队和人力资源的优势，开拓进取，力争成为环保与能源产业的龙头企业，以良好业绩回报广大股东。

公司领导班子（左起）：
副总经理李洪泉、常务副董事长陈实、
总经理丁兆贵、副总经理刘明达

贵州黔源电力股份有限公司

贵州黔源电力股份有限公司简称“黔源电力”。于1993年，经批准，由贵州省电力投资公司、国投电力公司（原国投中型水电实业公司）、贵州新能实业发展公司、贵州省普定县资源开发公司联合发起，以定向募集方式设立的我省电力行业第一家股份制企业。公司成立以来，根据《公司法》等相关法律、法规运作。公司“三会”制度健全。股东大会是公司最高权力机构；董事会是公司常设权力机构；监事会代表股东行使监督职能。实行董事会领导下的总经理负责制。由于有了完善的法人治理结构和严细的内部管理制度，使“黔源电力”在经营规模上有了长足发展，在经济效益上得到了较大提高。

党中央国务院实施“西部大开发”的重大战略决策，给贵州电力发展带来了千载难逢的机遇，也给本公司带来了广阔的市场发展空间。公司目前在建的引子渡水电站是“西电东送”的首批启动项目之一，也将是其中最早建成发电的工程项目。本公司奉行“团结、勤奋、实效、自律”的工作方针，按照“大力开发水电，加快发展火电，实现股票上市，建成水火互济的大型发电公司”为我们的发展目标。

公司坚持科学管理，层层落实经营责任，经济技术指标明确到位，有一套经营管理制度保证公司高效运转。公司目前拥有的两个发电分公司，即普定发电公司、水城发电厂，装机容量19.9万千瓦，年发电量10亿千瓦时。截止到2000年末，公司总资产5.08亿元，净资产1.55亿元，主营业务收入1.82亿元，利润总额0.40亿元，净利润0.27亿元，每股收益0.31元/股，净资产收益率为17.8%。

建设3×120MW的引子渡水电站不仅是一项紧迫的经济任务，同时也是一项光荣而重大的政治任务。为确保首台机组2003年5月发电，公司从资金筹集、设计优化到施工组织、工程监理和检查监督各方面都推行了目标责任管理，使“抓安全、重质量、抢工期”的意识渗透到每一道工序，争取将引子渡水电站建设成为达标投产的精品工程。本公司即将进行光照水电站（4×300MW）的可行性研究评审工作，届时将以低廉的造价、高效的工期、优质的调峰能力为“西电东送”做出更大贡献。

面对电力企业改革与发展的新形势，坚持“发展才是硬道理”，公司本着“稳健经营，规范运作”的方针，以经营资本为重点，以优质高效为目标。争取“黔源电力”股票尽早上市，以增加更强的投融资能力，拓展更大的经营空间，为全体股东的利益最大化而努力。

总经理：丁兆贵　地址：贵阳市市南路48号黔电发展楼10楼　电话：(0851)5592191　邮编：550002

河南神火煤电股份有限公司

公司董事长：李志经先生，56岁，大学，高级工程师。
公司总经理：张光建先生，43岁，大学，高级工程师，总经理。

公司主营业务是煤炭的生产、洗选加工与销售、发供电，基于本公司在管理上的优势，公司综合经济指标良好。公司2000年生产煤炭304.59万吨，较上年增长0.6%，销售煤炭329.14万吨，较上年增加14.35%。2000年度公司实现利润总额118274041.75元，净利润95646591.54元，扣除非经常性损益后的净利润87634858.57元；其中主营业务利润173503820.79元，其他业务利润15789637.53元，投资收益7801853.03元。总资产1089817169.16万元，每股净资产3.478元，每股收益0.418元。

公司继续执行“安全第一，质量为本，销售龙头，效益中心，科技兴企，管理创新”的工作方针。继续强化管理，努力开源节流，实行成本倒逼，突出经济效益，健全内部承包责任制度，实现成本费用持续下降；进一步深化三项制度改革，充分调动广大员工特别是高级管理人员、科技人员的积极性。突出销售龙头地位，大力开拓国际国内二个市场，提高市场占有率；进一步调整产品结构，优化用户结构，增加适销对路的品种和数量。严格按照ISO9002质量体系运行，提高产品质量，树立神火品牌，增强产品市场竞争力；进一步增强环保意识，提高产品等级。充分利用公司在资金和管理上的优势，积极稳妥地搞好资本经营，防范风险，拓宽思路，培育新的效益增长点。大力实施科技兴企战略，积极进行新产品、新技术的开发研究和推广应用，以机制创新、科技创新、管理创新实现两个根本性转变。在进一步搞好公司规范运作的基础上，积极调整产业结构，提高产品的科技含量和附加值，增强公司的整体竞争能力。公司致力于内挖潜力，外拓市场，走内涵发展的道路，争取实现公司的可持续发展。

股票简称：神火股份　证券代码：0933
公司法定代表人：李志经
公司董事会秘书：王培顺
联系地址：河南省永城市新城区光明路
电话：0370－5114822　5114055
传真：0370－5114822
邮编：476600

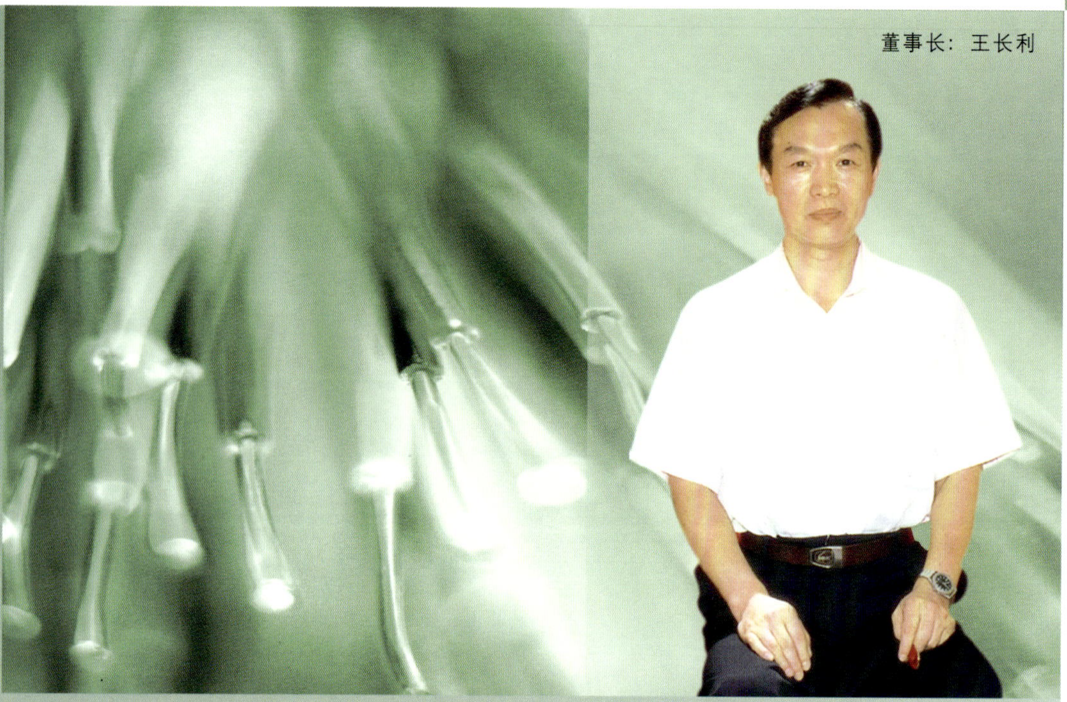

董事长：王长利

地址：广州市环市东路331
电话：(020)83318326
邮编：510066

广东有线广播电视网络股份有限公司

广东省有线广播电视网络已经基本建成，干线网络以广州为中心，连接全省21个省辖市和大部分县(市)，且与海南、广西、湖南、福建四省(区)的国家广播电视干线光缆网连接。干线光缆总长度达6000余皮长公里，形成在珠江三角洲地区为4个交叉环路、粤东和粤西各一个环路，共有6个环路组成的双向自愈拓扑结构。干线网络传输设备使用2.5Gbit/s同步光缆数字设备，目前通过广电光缆网可从广州传送10套电视节目和若干套广播节目至全省各地。正在建设的广东CATV宽带多媒体骨干网络，采用先进的IP技术通过己建成的SDH基础网终建成一个宽带、高性能、综合多种业务的数据通信网，现己开通珠江三角洲的10个省辖市。省有线广播电视网络公司己在广州地区架设光缆15000纤芯公里，开通光节点200多个，用户超过60万户，建起了750MHz双向传输的HFC接入网，并被国家率先推荐参加江总书记重视和支持的中国银行"家居银行"工程。该网己经成为省委、省政府的重要信息网络，在省政府组织的计算机互联网络"五网互联"工程中，该网承担了省信息中心与华南教育科研网、视讯宽带网进行物理联通的任务。全省县以上城市和大部分乡镇及部分大型工矿企业均建了有线电视网，共有1551个有线广播电视台、站，全省有线电视用户700多万户，约占全国有线电视用户的十分之一。21个省辖市和珠江三角洲县级市和乡镇已建成高质量的HFC同轴电缆混合网络。广州、深圳、珠海、汕头、佛山、东莞等市的网络利用ATM、IP、CABLE、MODEM等网络技术在新建改造光纤同轴(HFC)有线电视网上开通了数据通讯服务、电子邮件服务、计算机技术服务等多功能增值业务。

为全面整合全省有线广播电视传输网络资源，充分发挥全省有线广播电视网络的规模优势和特殊产业优势，根据国务院国办发［1999］82号文件和省政府粤办函［2000］304号批复及中共广东省委宣传部、省广电局粤广局发［2000］111号通知精神，广东有线广播电视网络股份有限公司于2000年12月28日正式成立。

该公司由省广电局直属单位和全省21个省辖市及84个建制市(县、区)广播电视事业局、有线电视台及广电系统相关公司共113家股东单位共同发起设立。公司的主要经营范围是：有线广播电视网络建设、升级改造、经营、维护和运营管理；广播电视传输业务、扩展业务、增值业务以及其它业务；技术开发、咨询、服务、转让(电子信息网络技术产品)等。

通过以省为单位发起设立有线广播电视网络股份有限公司，将有利于广东有线广播电视网络股份有限公司充分发挥股份制优势，更好地运用市场经济手段，通过生产经营和资本经营，将各方面的优势资源结合到一起，实现国有资产的保值增值。同时可以将全省网络资源逐步进行全面整合、统一规划、统一经营、统一开发，促使全省有线广播电视网络已具有的一定规模经济效益得以更充分的发挥，从而全面提高公司的市场竞争力和经济效益。

公司法定代表人、董事长：宁远喜

公司法定代表人：宁远喜
公司董事会秘书：周继来
地址：广东省梅州市梅县华桥城香港花园宝丽华综合大楼
电话：(0753)2511298 传真：(0753)2511398 邮编：514788

广东宝丽华实业股份有限公司

广东宝丽华实业股份有限公司是广东宝丽华集团公司对其全资下属企业—广东宝丽华服装有限公司和广东宝丽华公路工程公司进行整体改组，以募集方式设立的上市股份制公司，公司主要从事服装、工程建设及高科技软件产品的开发与经营。公司现有总股本19350万股，其中发起法人股12924万股，占股份总额的69.77%，社会公众股5850万股，占股份总额的30.23%。2000年公司实现主营业务收入2.2亿元，净利润4438万元，每股收益0.23元。

公司下属有广东宝丽华服装有限公司、广东宝丽华建设工程公司及北京联融科技有限公司三个骨干企业，公司恪守“精益求精”的品牌意识，坚持走“名牌发展”之路，结合资本运作，开创了“多业并荣、相映成辉”的事业天地。公司兴建有20000多平方米的全空调标准厂房，引进日本、美国、德国等世界最先进的现代化制衣设备，重金聘请法国、香港等地区的高级服装设计师，创造出服装精品国际名牌—法国绅浪高级服装，在中国服装市场中久负盛名。为了使绅浪服装能更准确地把握瞬息万变的世界服饰文化跳动的脉搏，公司投巨资成立了深圳宝丽华绅浪服装研究中心，使绅浪服装始终站在中国及至世界服饰时尚的潮头。目前，绅浪服装已形成系列，包括衬衫、西装、T恤、领带、皮带、夹克、皮具等。在中国市场的销售网络已覆盖广东、北京、上海、浙江、四川、湖南、湖北、天津、大连等十余个城市，在成功人士中享有盛誉，被视为崇高身份的象征。

公司规划设计并承建的广东梅县华侨城等大型开发项目的整体道路工程、梅雁公路改造工程、梅州大堤改造工程，因设计水平高、工程质量好而享誉梅州。其中，尤其值得一提的是公司投资1亿多元兴建，上自梅州大桥，下至程江河出口，全长3.2公里的梅州大堤改造工程，被誉为梅江河上的“沿江金岸”。工程按百年一遇的防洪标准设计施工，创造性做到堤、路、街“三合一”，围堤建设与城市建设相配套，使其成为既可以抵御百年一遇的特大洪水的坚固河堤，又是新县城整齐美观的沿江大道，成为梅州城市开发中的美丽风景，取得了良好的社会效益和经济效益，被国家水电部及各级领导称之为“宝丽华模式”，并将之向全国推广。

1999年，公司实施了每10股配3股的配股方案，共募集资金6880万元。利用这笔资金，公司完成了梅州大堤第四期改造工程，建立与扩大了服装销售网络，补充了公司流动资金。通过配股，公司的实力与竞争力得到了进一步加强。2000年10月，公司收购北京联融科技有限公司75%的股权，涉足金融与政府监管部门的应用开发、系统集成、产品代理、教育和维护的信息技术综合服务领域，迈出了向高科技领域进军的坚实一步，标志着公司“高科技、高效益、规模化”发展战略正在有条不紊地展开。在取得了良好业绩的基础上，公司还以回报股东为己任。1997年上市当年就实施了每10股送2.5股红股，资本公积金转增股本7.5股的分红方案。以后相继于1998年度实施了每10股派现金1元(含税)，1999年度实施了每10股派现金2元(含税)，2000年度中期实施了每10股送3股，资本公积金转增股本5股，派送现金0.75元的分红及资本公积金转增股本方案，2000年度每10股派现金1元(含税)，深受广大投资者及市场各方面的好评。

海南第一投资招

公司董事长：蒋会成　　公司总裁：许献红

海南第一投资招商股份有限公司(以下简称第一投资)经海南省股份制试点领导小组办公室琼股办字［1993］31号文批准于1993年5月设立，并于1996年按照《公司法》进行了规范和重新登记，是一家规范化股份制企业。经工商登记部门批准，第一投资经营范围为：高科技及信息产业、工业、农牧渔业、商业、旅游业的投资经营，非融资性租赁业务，房地产开发、经营，公路运输服务，能源开发等业务。注册资本10416万元。

公司主发起人为海南第一投资发展有限公司。该公司成立于1988年11月16日，1999年11月18日变更为海南第一投资集团有限公司，注册资本22000万元，是第一投资唯一持股比例超过5%的股东，持有第一投资42.37%的股份。

第一投资目前实际经营的业务为商品零售业和旅游宾馆业。其中，所属海南第一百货商场是海南省最大的单体百货零售商场，控股子公司海南施达商业有限公司在全省拥有6个连锁店，是海南省最大的连锁商场；控股子公司海南望海国际大酒店有限公司是国家旅游局认定的三星级涉外酒店。此外，第一投资还持有著名品牌企业海南可口可乐饮料有限公司37.5%的股权。

商品零售是公司的主导业务，商品零售规模几年来不断增长，在海南商品零售行业的地位不断提高，享有较高的知名度和影响力，初步形成了以海口为中心，向全省各重点市县辐射，并积极向岛外拓展的商业发展格局。公司无论在资产规模、

商股份有限公司

地址：中国海南省海口市滨海大道南洋大厦十五楼 邮编：570105
电话：(0898)68510300 68510299 传真：(0898)68513887

公司总部大楼—南洋大厦

第一百货商场外景

第一百货商场内景

望海国际大酒店外景

物业设施、购物环境、营业面积、商品品种(八万种)、业态多元化，还是在销售总额、从业人数等方面，都堪称海南商业的“第一”。第一投资作为海南商业龙头，对于满足社会需求，繁荣商业经济，规范市场、引导消费潮流，促进海南旅游业的发展等，都将发挥重要的作用。

第一投资始终坚持“服务社会，造福人类”的企业宗旨和“人是我们的第一投资”核心理念，突出“人性化生活和个性化发展”，尊重知识、尊重人才，一贯倡导诚实守信、务实进取、追求第一的企业精神，顺应未来发展趋势，培育核心能力，实行相关多元化发展，显示了强劲的发展势头。第一投资不断提高管理的制度化、规范化、科学化水平，积极同国际惯例接轨，全面贯彻实施ISO9000质量体系标准，其中海南第一百货商场是海南首家通过ISO9000质量体系认证的商业企业，海南望海国际大酒店是海南首家通过该项认证的三星级酒店。

近年来，第一投资及所属企业先后获得“创建全国文明行业先进单位”、“全国优秀大中型商业企业”、“全国用户满意工程先进工作单位”、“消费者信得过单位”等数十项全国及省级荣誉称号。此外，第一投资积极参与国有企业改革、安置下岗职工再就业，积极参与希望工程、扶贫工作，组织开展无偿献血等社会公益活动，涌现出“海南省劳动模范”、“海南省十大优秀青年”、“海南省十大杰出青年经理人”、“海南省优秀营业员”等一批先进人物，为海南两个文明建设作出了突出贡献。

中国石化股份有限公司茂名分公司
中国石化茂名炼油化工股份有限公司

中国石化股份有限公司茂名分公司经理
中国石化茂名炼油化工股份有限公司董事长　何德先

茂名石化创建于1955年，现已发展成为我国含硫原油加工基地和南方最大的石油化工基地，拥有以1350万吨/年原油加工和38万吨/年乙烯为主体，包括设计科研、建筑安装、机械制造、港口和铁路运输等门类的生产经营系统。工艺技术先进，配套设施齐全。1999年以138亿元销售额位居全国500家最大工业企业第19位。2000年销售额超过230亿元，出口创汇一亿多美元。

改革开放以来，茂名石化大力推进科技进步，加强企业管理，采用国际标准组织生产，300多种牌号的"南海牌"石油化工产品在国内外市场享有盛誉。茂名石化先后获得广东省先进企业、文明单位、中国石化集团公司经营管理先进单位、全国企业管理优秀奖、全国思想政治工作优秀企业及全国精神文明建设工作先进单位等荣誉，茂名石化党委两次被评为全国先进基层党组织。

茂名石化地处广东沿海，面向东南亚，背靠大西南，拥有全国第一套25万吨级单点系泊原油接卸系统和吞吐能力达1700万吨/年的现代化港口码头，原油输入、产品输出方便快捷。按照规划，茂名石化在"十五"计划内，把原油加工能力由1350万吨/年扩大到1800万吨/年，乙烯生产能力由38万吨/年扩大到80万吨/年，力争建设成具有国际经济规模和竞争力的石化工业基地。

茂名石化期待着与各界人士和广大客户真诚合作，共创美好明天。

地址：广东省茂名市红旗北路2号
电话：0668-2264248
传真：0668-2269317
邮编：525011

500万吨/年常减压蒸馏是国内单系列最大的原油一次加工装置之一

吞吐能力达1700万吨/年现代化的自营港口

大型炼油污水处理场

300多种牌号的"南海牌"石化产品

南粤明珠石化新城——茂名石化38万吨/年乙烯厂

海南中钨高新材料股份有限公司

CHINA TUNGSTEN AND HIGHTECH MATERALS CO。，LTD

股票简称：中钨高新　股票代码：000657

公司董事长：周菊秋

中钨高新材料股份有限公司原名海南金海股份有限公司，于 1993 年经海南省股份制试点领导小组批准，以定向募集方式设立的股份公司。1996 年 11 月经中国证券监督管理委员会批准，公司发行社会公众股2150万股，内部职工股780万股，于1996年12月5日在深圳证券交易所挂牌交易。公司主要股东有中钨硬质合金集团公司、海南恒润投资有限公司。

公司主营业务范围：硬质合金和钨、钼、钽、铌等稀金属及其深加工产品的研制、开发、生产、销售。公司所处行业为有色金属硬质合金行业，硬质合金以钨、钴等稀有金属为主要原料，具有高硬度、高密度、耐腐蚀、耐磨等特殊性能，广泛应用于机械制造、石油矿山开采、军工、航空航天等多个领域，是具有高技术含量的新型材料，其发展历史只有60多年，其主要原料钨在我国的储量大约占全世界的2/3左右，公司为目前国内最大的硬质合金生产企业。公司以钨为主要原料的硬质合金产品国内市场占有率大约为50%左右。

公司1998 年进行了大规模的资产重组，在控股股东中钨硬质合金集团公司的支持下，公司通过与集团公司部分资产债务的置换，将国内最大的硬质合金生产企业株洲硬质合金厂和自贡硬质合金有限责任公司部分优良的生产经营性资产重组进入公司，从而使公司成为目前国内最大的硬质合金生产企业。公司2000年共实现主营业务收入10.09亿元，主营业务利润1.43亿元，净利润3780万元。

大制品

钽铌制品

钨钼制品

数控切片

公司董事长：周菊秋
公司总经理：陈振亮
地址：海南省海口市龙昆北路2号珠江广场帝都大厦18层
电话：(0898) 66717211
邮编：570125
电子信箱：jinhai zq@public.hk.hi.cn.

董事长：王纪年

总经理：李富生

股票简称：许继电气
股票代码：000400

许继电气
股份有限公司

许继电气是国家电力系统自动化及继电保护控制行业大型骨干和主导企业，公司在不断总结长期以来推进的企业内部三项制度（人事、劳动、分配制度）改革成功经验的基础上，借鉴国际、国内优秀管理成果，持续实施管理创新；公司时刻跟踪国际先进技术，站在专业技术的最前沿，凭借现代科技的不断创新，始终坚持"科技是第一生产力"的方针，实施科技带动战略和人才战略，逐年加大科研投入，优化科研条件和手段，建立了完善的高新技术开发体系、先进的高新技术生产体系、全面的高新技术质量体系、遍布全国的高新技术营销体系和多层次的人力资源开发体系，保持公司在同行业中的科技领先地位，为电力系统安全、稳定运行提供了技术保障。

九十年代以来，公司着力开发的以计算机技术、网络技术和数字通信技术为核心的新一代综合自动化装备和微机型继电保护产品，已成为中国电力二次装备市场的主流，公司产品中电力管理信息系统、电力通信、远程数据采集系统、自动化多载平台、电力市场技术支持系统和电力系统各类高级管理、分析、应用软件等电力IT产业比重逐年加大，已成为公司的主导产业，并为公司带来良好的经济效益。目前，以微机型继电保护、变电站自动化、调度自动化、配电自动化等为代表的高新技术产品的销售额已占公司总销售收入的76%，公司上市以来，销售收入和利润总额保持了年递增40.38%和32.20%的发展速度。

许继电气将继续密切关注科技发展的最新成果，以满足客户需求为主导，进一步加快高新技术产品产业化、市场化进程，面向数字电力系统的未来，以优质的产品和服务，为电力系统的安全、优质、经济运行和国民经济的发展努力奉献，继续以良好的业绩回报广大投资者的厚爱。

许继电力装备展示会一角

公司技术中心夜景

变电站自动化系统

电子式电度表程控自动监测装置

惠泉啤酒
HUIQUAN

跨越新世纪，再创新辉煌！

福建惠泉啤酒集团股份有限公司，始创于1983年，是一家拥有世界先进啤酒生产设备和雄厚科技力量的国家大型企业。

改革开放二十年来，惠泉积极实践“发展才是硬道理”思想，以“敢为人先求发展”的胆略，艰苦奋斗，以质量、科技、机制、效益等为先，成为了全国啤酒行业的新生力量。

作为福建省啤酒行业的龙头企业，惠泉在长年的经营实践中，始终脚踏实地不断求索。无论是创业初期一步一台阶壮大规模，还是如今高瞻远瞩掀起跨世纪发展的第二轮创业，惠泉始终坚持从生产经营的实际能力出发，密切关注国际国内行业发展动向，积极开拓市场生存空间，将消费者的需求取向树为经营决策的晴雨表，取得了令人瞩目的成绩——

2000年，总投资4.6亿元的惠泉异地搬迁技改工程的顺利竣工投产，使惠泉年产规模达50万吨，真正实现结构调整产业升级，跃居全国啤酒行业前列。

2000年，惠泉集团完成啤酒产销量31.5万吨，实现销售收入8.9亿元，创利税总额3.48亿元，其中利润1.728亿元，分别比增23.53%，16%，17.8%和15%。公司总股本由创立时的6880万股增至18700万股，每股净资产由1.529元增至2.1元。各项经济技术指标均居全省行业第一位，处于全国行业领先地位，其中年产销量居全国啤酒行业第10位，创利税总额名列全国啤酒行业第5位，人均实现利税名列全国行业第2位。

卓著的经营业绩和强劲的发展势头，让惠泉赢得了中国啤酒界的瞩目，更给惠泉带来崭新的机遇和挑战，而今，惠泉正积极地筹备股票上市，将以产品和品牌优势为依托，进一步壮大规模优势，在保持持续、快速、健康发展的同时，以不可争辩的实力和无法比拟的魅力迈进全国啤酒行业的领先地位。

惠泉技改工程竣工庆典

露天发酵罐

全自动糖化设备

惠泉纯生

中国福建惠泉啤酒集团股份有限公司

中国环保产业骨干企业

公司总裁：罗浩夫先生

中国环保产业协会废气净化专业委员会副主任委员、广西环保产业协会副会长

桂林利凯特环保实业股份有限公司是一家集研究、开发、生产、销售于一体的环保高新技术企业，致力于机动车尾气净化和环境综合治理。公司成立于1991年，注册资本3073.8万元，在桂林国家级高新区建成3000平方米标准工业厂房，具有年产30万升催化剂，配套生产汽车催化转化器15万套和摩托车催化转化器50万套的生产能力，随着新生产线的建成投产，年产金属载体催化剂可达100万件以上。十年的励精图治，利凯特已发展成为以机动车尾气治理、环境工程、生态环保三大领域为主，多元化经营的大型环保集团公司，并被国家环保总局授予“中国环境保护产业骨干企业”称号。

经多年的市场实用考核及权威机构鉴定，本公司三大系列主导产品：GR系列高效复合催化剂、GWMC系列摩托车排气催化净化（消声）器和、GCP系列汽车排气催化净化（消声）器，技术居国内领先、达到国际先进水平。GWMC系列和GCP系列产品同被列为国家重点环境保护实用技术，已广泛应用于在用车改造和新车配套，在昆明、郑州、广州、南昌、南京等地的在用车改造方面，利凯特的净化器产品都有极高的市场份额，其中在昆明的安装量一直占当地治理安装量的50%以上；为了配合环保达标工作，利凯特积极与各机动车主机厂进行合作，目前，利凯特的摩托车减污系统已为轻骑集团、重庆建设、重庆隆鑫、重庆宗申、北京凯特等摩托车厂进入北京市场的摩托车配套，同时与钱江集团、长铃集团、大长江集团、新大洲集团等众多的摩托车厂家进行密切的技术合作。而且，桂林利凯特新型全自动金属载体催化剂生产线的建成投产，填补了国内不能大规模生产金属载体催化剂的空白，为机动车尤其是摩托车产品满足日益严格的排放标准奠定了更为坚实的物质基础。

为确保公司产品的竞争优势和发展后劲，公司在国内外建立了广泛的合作网络。利凯特公司与清华大学、武汉理工大学发挥“产、学、研”的优势联合承担的“摩托车排气催化净化技术的研究与应用”课题，取得圆满成功，并被评为“九五”国家重点科技攻关计划优秀科技成果。为加快科技成果的产业化进程，2001年2月，国家计委批复以利凯特催化剂技术为基础，建立年产500万件的摩托车催化剂生产基地。随着年产100万件全自动上载涂覆的金属载体催化剂生产线的建成投产，利凯特又迈出了成功的一步。目前，公司正在申报国家“十五”攻关和“863”计划。

桂林利凯特环保实业股份有限公司

GUILIN REECAT ENVIRONMENT INDUSTRY CO.,LTD.

利凯特公司在致力于机动车尾气治理的同时，也具备了组织和实施大型环保工程和项目的能力。不但创建了一系列废水、废气及废弃物处理方面的先进技术，而且在城市生活污水处理、垃圾处理、工业污染源处理方面取得了一定的业绩；同时，桂林利凯特也是“桂林国家生态经济示范园”和“广西环保产业集团”等项目的牵头单位。

利凯特公司借鉴国外先进的管理经验，以环保技术研究和应用为核心，逐步建立了技术研发系统、决策支持系统、市场销售系统以及质量保证系统，形成了一套较为完善和科学的具有利凯特特色的经营管理体系，在同行中率先通过ISO-9001国际质量体系认证。

为壮大利凯特公司的实力，加快建立现代化企业制度的步伐，进一步扩大企业的生产规模，加快高新技术产品的商品化和产业化，今年公司已成功改制为股份有限公司，并在广西区人民政府推荐下，申请作为高新技术企业在国内创业板上市。

1	2	3	4

公司生产线
环保摩托车
金属载体催化剂
GWMC 摩托车催化净化消声器
公司外景

5

法人代表：雷新民
地址：广西桂林市骖鸾路国家高新技术开发区一号小区
电话：(0773)5857355　5819222　邮编：541004
传真：(0773)5815961　5819222
电子信箱：admi@reecat.com　sales@reecat.com
http：//www.reecat.com

安徽飞彩车辆股份有限公司成立于1998年6月，是由安徽飞彩（集团）有限公司为独家发起人，以其全部生产经营性资产出资设立。1998年9月22日，经中国证券监督管理委员会批准，向社会公开发行面值为人民币1元的普通股4000万股（其中内部职工股400万股）。1998年12月3日，公司股票在深圳证券交易所挂牌交易，股票简称：飞彩股份，股票代码：0887。

公司的主导产品为“飞彩”牌系列农用运输车，公司的发起人曾在全国率先研制出三轮农用运输车，成为中国农用运输车的发源地。公司现在是全国最大的农用车生产基地之一，拥有两家控股子公司，在行业内综合实力位居第二。公司董事长洪理芳先生荣获全国劳动模范称号，并担任中国农用运输车协会会长。

公司成立后，通过首次发行和2000年度配股，在资本市场募集了近5亿元的资金，拓宽了发展空间，开始实施一业为主，多种经营的发展战略。一方面通过做强、做大农用车主业，不断开发新产品，提高产品质量和档次，稳固老市场，开拓新市场，另一方面将募集的资金投向具有广阔市场前景的环保高科技产业，创造新的利润增长点，为公司下一步发展打下基础。经过近三年的规范运作，现已具备年产三轮农用运输车50万辆，四轮农用运输车5万辆，康卫水机6万台，工业链条200万米的生产能力，在全国建有800多个销售网点。产品先后荣获全国消费者信的过国产车金奖、首批安徽名牌产品及全国机械工业名牌产品等多项大奖。

公司的经营范围为：农用机动运输车、链条、汽车覆盖件及其配件制造、销售；汽车、挂车、农机修理。截止2000年12月31日，公司总资产151313万元，净资产63420万元。公司2000年度主营业务收入97990万元，净利润4211万元，每股收益（摊薄）0.1504元。公司总股本30100万股，已上市流通股9100万股，在册职工3525人。

飞彩剪草机

飞彩三轮农用车生产线

飞彩轻卡

安徽飞彩车辆股份有限公司

飞彩车身冲压线

法定代表人：洪理芳
公司董事会秘书：陈晖
证券事务代表：彭斌
地址：安徽省宣城市宣南路口
邮编：242000
电话：（0563）2612500（总机）
传真：（0563）2612555
电子信箱：ahfc@mail.ahwhptt.net.cn

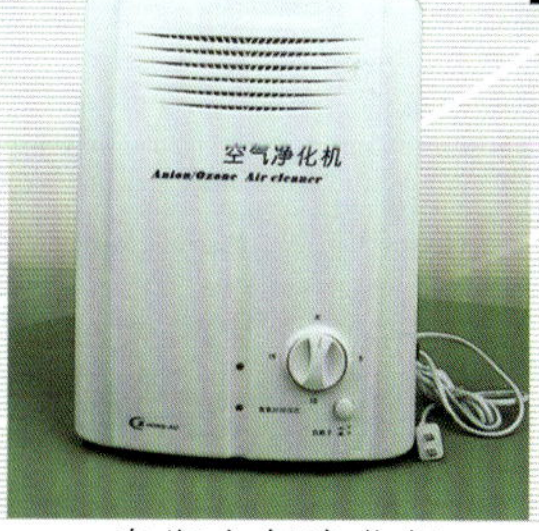

奥润空气净化机

山东永昌股份有限公司

SHANDONG YONGCHANG CO.,LTD.

地址：山东省临沂市海关路97号
邮编：276004
电话：(0539)8320006
传真：(0539)8310193

董事长：李富道

山东永昌股份有限公司是经临沂市体改委临政字［1996］第69号文件确认，省政府［1997］第160号文批准确认，由临沂市钢铝门窗总厂发起，以定向募集方式设立的股份制企业。公司现拥有总资产8000万元，占地面积150亩，职工600余人，通过资产重组，公司总股本3384万股，其中法人股1344万股，内部职工股2240万股。公司现正在进行两大工作：一是作好各项准备工作，迎接今年度的股票上市；二是红红火火进行产业结构的调整，压缩无科技含量、附加值不高、市场困难的产品，调整政策性强、附加值高、市场广阔，具有一定科技含量的产品，为企业的发展打好基础、创造条件、增强后劲。

公司经营范围广泛，主要产品有：钢、铝、塑门窗系列；各类家具系列；绢花、刺绣等工艺品系列；建筑装饰系列等，现已形成八大系列上千个品种。其中，门窗系列是省市建筑系统重点专业生产单位，省市级名牌产品；家具系列被全国轻工会授予“最受消费者欢迎产品”称号；绢花、刺绣等产品出口美国、日本、澳大利亚、法国等三十多个国家和地区，饮誉海内外。

公司自成立以来，本着“开拓、务实、高效、拼搏”的企业精神，在技术、资金、市场等方面进行优化利用，经济效益逐年递增，社会效益广泛显著，连年多次荣获部级“全国质量管理达标企业”，省市级“重合同守信用企业”；省市级“文明单位”及“先进企业”等荣誉称号。

山东永昌股份有限公司将充分利用国际国内两个市场，不断发挥公司经营优势，向具有现代化水平的实业化、集约化、国际化企业迈进。我们将一如继往恪守“信誉第一、优质服务、全国合作、扩大经营”的宗旨，在平等互利的基础上与国内外各界同仁开展广泛的业务合作、共同发展、共创繁荣。

山东永昌集团总公司

山东永昌医用高分子制品有限公司

公司董事长：万隆

火腿肠生产线

彩色印刷生产线

河南双汇投资发展股份有限公司是经河南省人民政府豫股批字［1998］20号文批准，以河南省漯河市双汇实业集团有限责任公司独家发起人，向社会公开发行人民币普通股5000万股，以社会募集方式设立的股份有限公司。

1998年10月15日，经河南省工商行政管理局登记注册，河南双汇投资发展股份有限公司正式成立，公司现有注册资本29237万元，总股本29237万股，其中国家股20787万股，社会公众股8450万股。公司的经营范围为：食品加工及销售，生物产品的开发生产销售，畜牧养殖，化工产品（不含危险品），包装品生产销售，新产品开发、销售，食品行业投资，技术咨询服务。公司所处行业是以肉类制品为终端产品的纵贯农牧养殖、食品加工、商业连锁服务业，横跨生物工程、化工、包装、彩印业，并拟在此基础上营造大型物流配送中心和电子商务交易平台的网络经济产业链。目前，公司已拥有17个子公司和3个生产性分厂，2000年主营业务收入31亿元，净利润15470万元，分别比1999年增长29%和33%，预计2001年公司肉制品产量可达32万吨，公司已成为中国最大的肉类加工基地。

公司的未来发展目标是：“十五”期间，公司将在全国建设1000-2000家双汇连锁专卖店，在全国分别建20家生猪屠宰厂和低温肉制品厂，建设现代化的物流配送中心和计算机信息管理系统，争取早日跨入国家特大型企业。

河南双汇投资发展股份有限公司

双汇大厦

公司董事长：王光华

漳泽电厂全景

漳泽电厂

公司地址：山西省太原市羊市街59号
电话：(0351)3115109
传真：(0351)4069879
邮编：030002

山西漳泽电力股份有限公司是在原山西漳泽发电厂股份制改造的基础上，由山西省电力公司和山西省地方电力公司共同发起，经过定向募集内部职工股于1992年度成立的股份有限公司。

1997年5月，经中国证监会批准，公司向社会公开发行1500万A股股票，1997年6月9日，连同2500万内部职工股共计4000万A股股票在深交所挂牌上市。是全国电力唯一一家拥有百万千瓦发电容量的国内上市公司，开创了大型骨干电厂在国内上市的先河。

公司上市以来，内抓管理，外塑形象，注重内部挖潜，不断改善财务结构，积极进行资本运营的探索，追求股东利益最大化，取得较好的经济效益，保持了公司持续、稳定、健康发展。2000年度，公司实施增资配股，整体收购了山西河津发电厂。公司的资产规模、经济实力和抵御市场风险能力进一步增强。以资本运营为手段，把握重机，参股了两家具有发展前景的科技网络公司。目前，公司装机容量达1740MW，主营电力生产，是山西电网和华北电网的主力发电企业，被山西省人民政府评为“山西省上市公司综合实力五强”之首。公司2000年年度资本收益率33.3%，资产负债率69%，每股收益0.333元，每股净资产3.45元，净资产收益率9.66%。

几年来，公司以达标创一流为主线，以设备治理、创无渗漏工为重点，依靠科技进步，全面提高企业素质。以经济效益为中心，努力挖掘内部潜力，强化内部管理，严格经营目标考核，取得了较好经济效益。以资本运营为手段，把握商机积极向高科技领域探索，向多元化发展迈出了坚实步伐。

公司总股本43500万股，国有法人股31500万股（其中山西省电力公司17955万股，山西省地方电力公司13545万股），社会公众股12000万股。

山西漳泽电力股份有限公司

公司法定代表人：杨钦欢

廣東梅雁企業（集團）股份有限公司

广东梅雁企业（集团）公司组建于1990年，主要经营建筑业、汽车客运业、建材工业、旅游饮食服务业、商业、畜物养殖业等，是一个多元化综合企业集团公司。1992年报经广东省企业股份制试点联审小组、广东省经济体制改革委员会批准，同意广东梅雁企业集团公司改组为广东梅雁企业（集团）股份有限公司，为法人和内部职工混合持股的内部公司，总股本为人民币4830万元。1994年6月9日经中国证监会批准，同意广东梅雁企业（集团）股份有限公司向社会公开发行面值总额为人民币1610万元普通股。公司通过1994年至1998年12月31日止的送、配股后，总股本变更为43396.1079万股。公司于1998年8月6日在梅县工商行政管理局重新注册登记（变更前发照日期1998年4月10日），持有注册号28123332-8企业法人营业执照，注册资本为人民币43396.1079万元。公司经营范围：汽车客货运输、建筑业、建筑材料工业、房地产开发、旅游、饮食服务、商业、生产制造加工工业、养殖业、食品加工业、动物饲养、果类种植业、外引内联、投资业务、藻类养殖。

公司法定代表人：杨钦欢　　副董事长：李忠平　总经理：杨锋源
地址：广东省梅州市湾水塘　邮编：514011　电话：(0753)2218286　传真：(0753)2232983
电子信箱：mzmygf@pub.meizhou.gd.cn

公司董事长：黄卫平

广州协荣发展股份有限公司

广州协荣发展股份有限公司是1987年8月经广东省建委批准成立的、具有法人资格二级城市建设综合开发公司，并于1994年改制为股份制公司。上级控股单位为广州程总承包集团有限公司。本公司另具有建筑装饰装修二级（暂定）企业资质，是省级档案管理达标单位。

经营范围：房地产开发经营、房地产中介服务、物业管理，兴办各类实业及商场，室内装饰。销售：建筑材料。

公司具有较强的专业技术队伍和较雄厚的经济实力，现有员工50人，注册资金2200万元。12年来，公司在激烈的市场竞争中锐意进取，努力为广州市的城市开发建设做出贡献。公司独资、合作开发的项目有赤岗鸿运花园小区、德政中商住楼、长寿路商住楼、东沙角商住小区、河南漱珠岗回迁楼、龙津东商住楼、河南同福中商住楼等项目，完成了北京顺义度假村等项目的装修工程。为开拓经营业务，公司组建了广州鸿昌物业公司，负责本公司开发的商住楼宇（小区）的物业管理和对外物业经营。

物业公司管理的鸿运花园小区被评为区安全文明小区。为适应日趋激烈的市场竞争，两年来，公司对内进一步加强管理，苦练内功，于99年6月以优异的成绩被市档案局认定为省级档案管理达标单位。对外积极参与开发地块的拍卖活动，在今年6月底市国土局举办的拍卖会上，一举以1.52亿元的叫价买下广州市白云区集贤庄14.2万平方米的开发地块，使企业获得了更多的发展空间。公司在经济建设上取得了发展的同时，企业精神文明建设也取得较好成绩，于1998年被评为广州市建委系统精神文明建设先进单位，1999年被评为广州市文明单位。

今后，公司将继续以深化改革为动力，解放思想，树立更贴近市场的经营理念，形成更适应市场的经营模式，以新的姿态推进集贤庄项目（总建筑面积15.2万平方米）的开发，为广州市的城市建设做出更大贡献。

法定代表人：黄卫平
公司地址：广州市德政中路285号
联系电话：(020)83359003

广州发展实业控股集团股份有限公司

公司法定代表人：杨丹地
公司董事会秘书：李红梅
地址：广州市麓景路3号18楼
电话：(020)83573188-1617
传真：(020)83502960
邮编：510091
电子信箱：dshms@gzholdings.com

广州发展实业控股集团股份有限公司于1997年7月18日在上海证券交易所挂牌上市。截止2000年底，公司总股本125280万股，其中国有法人股101880万股，占81.322%，流通股23400万股，占18.678%。

公司上市前，总资产70.8亿元，净资产8.7亿元，资产负债率87.8%，净利润3亿元。截止2000年底，公司总资产82.51亿元，净资产42.55亿元，资产负债率48.4%，净利润8.82亿元。上市四年来，公司积极拓展以基础产业为中心的核心产业群建设，建立战略性资源产业，形成了以能源、交通、信息基础网络、现代物流业等基础设施产业为内容的核心产业群框架，并取得良好的经营业绩。公司1998年入选上证30指数样板股，并于1999年、2000年和2001年连续三年进入《上市公司》杂志评选的"沪市50强"和"深沪50强"，是广州市重点扶持的58家和广东省重点扶持的50家大型企业集团之一。目前，公司拥有广州珠江电力有限公司50%股权和广州东方电力有限公司75%股权，总装机容量120万千瓦，属下拥有广州珠江电力燃料有限公司、广州珠江电力检修公司、广州发展油品经营有限公司等企业，持有广州北二环高速公路有限公司20%股权、广州宽带主干网络有限公司50%股权、广州联合信息发展有限公司50%的股权和上海神通电信有限公司25%股权。

面对21世纪新的发展形势，公司将审时度势，推行核心产业群发展战略，迎接新挑战，实现大发展。

董事长杨丹地先生(前排右)正与南海市等方面代表签订城域宽带网络互联协议。

本公司推进交通产业投资和建设，图为广州北二环高速公路

4×30万千瓦广州珠江电厂厂区全貌

建设中的油品码头场景

广东北大新世纪生物工程股份有限公司(公司前称为梅州市金云生物工程有限公司组建于1996年4月)是一家民营科技企业和高新技术企业，公司位于梅州市锭子桥，通迅交通便利。公司注册资本为1830万元人民币，资产总额达3381万元，公司兴建的新世纪大厦占地面积6千多平方米，建筑面积1万多平方米。该公司管理机构健全，按照股份公司的架构设立相应的部门(科室)，拥有一批高素质的专业科技人员。2001年参加"十五"国家攻关项目投标，荣幸中标承担一项国家科技攻关项目。

董事长：余谭昌

公司新世纪大厦全景

公司生产配套系统采用现代先进设备，管理系统完善，产品质量保证体系采用先进的质量检测仪器，由专业技术人员负责把关，为了检验产品实际使用效果，公司还设有大、中、小试验基地，先后开发了水稻、玉米专用型、蔬菜专用型、

广东北大新世纪生物工程股份有限公司

烟草专用型、水果专用型及茶叶专用型5种系列产品。我司研制的BT固态深层发酵技术在全国同行中居领先地位，1997年被国家化工部核准为生物农药生产定点厂，1999年被国家计委批准列为高技术产业化推进项目，是目前全国唯一一家定为年产3000吨生物农药的生产基地。公司与北京大学科技开发部共同合作攻关，不断壮大经济和技术实力，在提高整体素质的同时，注重塑造现代企业形象，发展前景看好。

目前公司根据市场需求组织生产。公司的主要技术力量以北京大学科技开发部为依托，成立研究中心，配备有中、高级技术职称专业人才，我司所生产的生物农药经过与速效低毒杀虫剂科学组配后，既具有胃毒作用，又具有触杀作用，其显著特点：高效、低毒。经检测在48小时后，无残留，具有国内先进水平，该项技术填补省内空白，产品经临床试验和推广应用，反映效果良好，杀虫率达95%以上。目前产品在全省各农业部门及海南、福建、贵州、江西等地被广泛推广应用，都得到农技部门和广大农民的一致好评，销售量成倍增长，不断提高了产品的市场占有率。

目前公司制定了新的发展战略，在确保产品质量和农民利益的基础上不断开发新产品，以满足广大农民增产增收的需求，随着国家对使用化学农药的限制和国内外对生态环境的保护及人们对健康食品的需求，我司立足以科技兴业，面向农业，面向市场，面向未来，服务全社会，以最好的产品质量、最优的服务质量，满足市场需求，并逐步向全省乃至全国大力推广使用无公害生物农药，让广大顾客满意，让绿色环保事业造福人类。

产品包装样品

地址：广东省梅州市锭子桥新世纪大厦
邮编：514700
电话：(0753)2516544
传真：2519330
网址：http://www.com999.com
电子邮箱：E-mail:BDXSJ@21CN.COM
广州办事处：(020)87725912
董事长：余谭昌
联系手机：13802368123
电话：(0753)2242768

股票代码：0880　　股票简称：山东巨力

《 王清华董事长1998年在深圳证券交易所敲响上市钟声

〈 Wj2310系列四轮农用车

山东巨力股份有限公司

山东巨力股份有限公司是国家定点生产农用运输车的大型骨干企业。经中国证监会批准，1998年3月发行新股2500万股，同年4月，在深圳证券交易所上市交易。公司股本总额为27610万股，其中潍坊巨力机械总厂持有法人股12514.9万股，潍城区国有资产管理局持有国有1881.6万股，社会公众股13213.5万股。

2000年，公司共生产农用车44万辆，主营业务收入169743万元；主营业务利润15303.8万元，每股收益0.4元，净资产收益率13.06%。各项经济指标在全国农用车行业名列前茅。2001年7月，《新财富》杂志公布的以国际标准评价上市公司，“山东巨力”在全国机器机械行业上市公司中，成长性排名第一，在全国上千家上市公司中，成长性位居101位，是最有成长性的上市公司之一。截止2001年6月30日，公司共有总资产114358.1万元，资产负债率37.63%，股东权益(不含少数股东权益)71321.9万元，每股净资产2.58元。公司先后跨入了“全国机械工业百强企业”、“全国500家最大工业企业”和“全国工业企业综合评价最优500家企业”的行列。近十年来，公司累计向农民朋友提供农用车260多万辆，实现销售收入120多亿元，创利税7亿元，上缴国家税收3.6亿元。累计向社会公益事业捐款1000余万元，带动了1000多家配套企业和1000多家农机经销单位的发展。

公司主导产品是三轮农用运输车，现已形成3大系列，600多个规格品种，年生产能力已达到了60万辆，产品远销非洲、东南亚等国家和地区。巨力牌农用车产品质量位居同行业领先水平，产品曾获“山东省名牌产品”、“中国机械工业名牌产品”和“全国用户满意产品”等荣誉称号。1999年，公司通过了ISO9001国际质量体系认证。

〈 Wj2310系列四轮农用车

〈 7YPK-950系列三轮农用车

〈 7YPK-950系列三轮农用车

：山东省潍坊市长松路69号　邮编：261021　电话：(+86-536)8557432　8555878(总机)　传真：(+86-536)8557207　网址：http://www.chinajuli.com

理：姚志方

董事长：何德先
常务副董事长：房广信
副董事长：黄强
总经理：姚志方
党委书记：朱良
地址：广东省茂名市官渡路162号　邮编：525000
电话：(0668)2883198　2276176　2272123
传真：(0668)2281965

股票简称：茂化实华　　股票代码：0637

茂名石化实华股份有限公司是以国家特大型企业—中国石化茂名石油化工公司为发起人，于1988年10月创立的股份制石油化工企业，公司A股股票于1996年11月14日在深圳证券交易所挂牌上市(股票简称：茂化实华，股票代码：0637)，是茂名市第一家上市公司。

公司以实业为主，投资、贸易一体化发展，拥有8家直属生产厂(车间)，4家控股子公司，5家参股联营企业；现有员工600多人，其中中高级技术人员100多人；主要生产装置有7万吨/年聚丙烯、30万吨/年气体分离、10万吨/年轻烃回收等10多套，其中聚丙烯装置是全国最大的间歇式小本体聚丙烯生产装置；主要生产聚丙烯、液化石油气、溶剂油、发泡剂、乙醇胺、塑料制品等系列产品，产品畅销广东、广西、海南、浙江及华南、西南等省区。截止2000年底，公司拥有总资产5.6亿元，净资产4.9亿元，累计实现利税6.6亿元。公司年销售收入已达14亿元，成为茂名市龙头企业和广东省大型企业。

公司坚持“实业固本、科技兴企”的发展战略，积极探索与科研院校合作，大力推进技术进步。公司通过了ISO9002质量体系认证“实华”牌聚丙烯树脂被评为国家监督检测质量十佳放心品牌，自行开发的ST407#印花溶剂油被认定为国家级新产品。公司获得广东省“八五”期间企业科技进步奖，多次荣获广东省先进集体、茂名市“十佳”文明企业和“双文明”竞赛优胜单位等称号。

公司坚持以追求企业效益最大化，股东权益最大化为宗旨，秉承“诚信敬业、务实创新”的经营理念，依托中国石化茂名炼油化工基地，充分利用其充足的资源和广阔的市场空间，规范经营，锐意进取，开拓创新，逐步发展成为产业经营与资本经营相结合的现代化企业集团。

茂名石化实华股份有限公司

贵州钢绳股份有限公司

法人代表、董事长：黄忠渠
董事会秘书：杨期屏
地址：中国贵州遵义市桃溪路47号
电话：(0852)8419247
邮编：563000

打造高原巨轮　驶向明日辉煌

贵州钢绳股份有限公司于2000年10月19日由贵州钢绳(集团)有限责任公司为主发起人，联合水城钢铁(集团)有限责任公司、贵州长征电器股份有限公司、武汉人和置业有限公司、遵义南北铁合金经销有限责任公司采取以发起设立的方式设立。

贵州钢绳股份有限公司是我国目前最大的钢丝、钢丝绳专业生产厂之一，其总体生产装备不但水平较高，而且还具有先进的生产工艺和完善的质量保证体系。公司的生产主体设备主要从德国、日本引进，目前拥有国内最大的8/1600成绳机和同行业最大的4000KN整绳破断试验设备，能生产0.157.0mm各种用途的商品钢丝和φ0.6-φ107mm各种结构规格的钢丝绳，在高强度、高韧性、特粗、特长、特殊结构和特殊用途钢丝绳生产方面更具有突出优势并在全国率先研制和采用高性能的聚丙烯绳芯材料。公司严格按国家标准、国际标准及国外先进标准生产的优质产品“巨龙”牌圆股、三角股、多层股、线接触、面接触等光面、镀锌和涂塑钢丝绳，胎圈用钢丝、弹簧钢丝、预应力钢丝、伞骨钢丝、钢芯铝铰线用镀锌钢丝、光缆钢丝等产品享誉国内外市场，被广泛应用于石油、矿山、交通运输、航空、水利、电力、海洋、旅游、轻工等经济建设部门，形成了具有公司特色和竞争优势的矿用钢丝绳、船舶用钢丝绳、桥梁用钢丝绳、石油用钢丝绳、索道用钢丝绳、特大直径钢丝绳、特殊用途钢丝绳、回火胎圈钢丝八大系列拳头产品；尤其是自行研制开发生产的φ107mm海洋打捞用镀锌钢丝绳，φ48.5mm、长3500米、重33吨的海洋工程用钢丝绳、φ74mm挖泥船用三捻钢丝绳、φ42mm八股线接触金属芯军事工程用钢丝绳、φ30mm海军气象平台用多层股涂塑钢丝绳、φ58mm大型电铲用涂塑钢丝绳、四股不旋转提升用钢丝绳、满充式钢丝绳等产品大量填补了国内空白；一批高难度钢丝绳产品先后用于葛洲坝水利工程、龙羊峡水电站、武钢、宝钢、广州虎门大桥、长江西陵大桥、汕头海湾大桥、长江江阴大桥、厦门海沧大桥以及海上石油钻探、特大型矿山、著名旅游区载人索道等一系列国家重要工程及国防建设，大量替代了进口。公司产品还按照ISO、BS、DIN、JIS、RR—W—410D、AS、LR等国际标准和国外先进水平出口到美国、英国、加拿大、越南、丹麦、荷兰、新加坡等国家和地区。

1 公司董事长：黄忠渠
2 公司生产车间
3 公司产品

茂名永业（集团）有限公司

董事长兼总经理：柯朝南

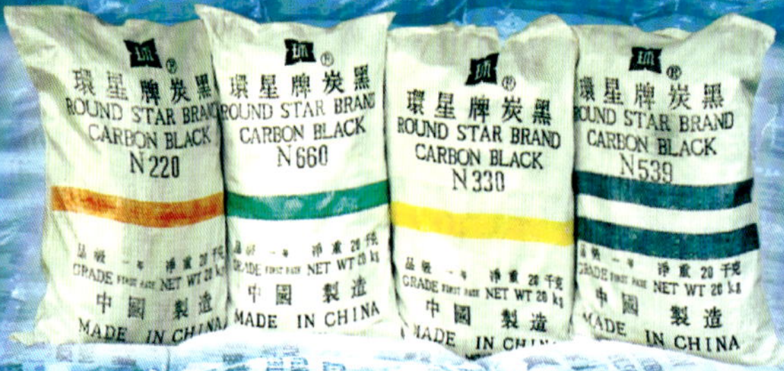

公司总部：中国广东省茂名市环市西路61号
总机：2327411或2327440　传真：2326412
茂名高岭土工业有限公司　电话：2710181

茂名永业(集团)股份有限公司1998年获准向社会公开发行股票，通过股份制改造，注入了新的发展活力，连续几年利润荣获全国炭黑行业第一名。

永业集团下辖炭黑公司、茂名高岭土工业有限公司、余热发电、精细化工厂和油品加工、铁路储运、石油气经营等七个全资控股公司，生产主产品炭黑有三十多年历史，该公司曾先后荣获国家二级企业、中国500家最大化工企业。广东工业200强、全国环保先进企业、茂名市明星企业等称号。主产品炭黑年生产能力4万吨，高岭土系列产品5万吨，其中环星牌N200、N330、N660是省优、部优产品，享受出口免检殊荣；六角牌高岭土享誉全国，其中M01号高岭土填补国内空白，替代国外进口产品。永业集团是原化工部规划的全国四大炭黑生产基地之一，是南方五省(粤、桂、琼、滇、黔)唯一大型碳黑生产厂，是国家经贸委重点扶持的唯一相继批了两炭黑“双加”项目的企业。公司将依托茂石化公司及三十万吨乙烯公司原料方面的支持，进一步发挥上市公司的优势，立足华南及东南亚广阔的市场，扩大炭黑生产能力，在建3万吨/年新工艺炭黑第二期工程2000年底投产，拟引进2万吨/年软质炭黑生产技术，加速炭黑改扩建建设，早日建成全国大型炭黑生产出口基地；公司今后将着力扩大高岭土生产规模，在建3万吨/年高岭土技改工程将于明年竣工，未来3—5年内，将建成20万吨/年的生产规模，质量达到国际一流平，迎接入世的挑战。永业集团资金信用等级是三A级，有进出口经营权。

福建省永安林业(集团)股份有限公司

"永林蓝豹"复合地板总销售部:
电话:(0598)3632954(全国各大城市均设有销售网点)
传真:(0598)3610452
邮编:366000
地址:福建省永安市燕江东路12号
网址:http://www.yonglin.com
电子信箱:info@yonglin.com

公司董事长:吴景贤

福建省永安林业(集团)股份有限公司成立于1994年1月,1996年12月6日,"永安林业"股票在深圳证券交易所正式挂牌上市交易,股票代码:0663,为全国第一家以森林资源为主要经营对象的上市公司。是集森林培育、采伐、木材加工、人造板、林产化工一体化生产的具有自营进出口权的企业集团。公司现有员工2938人,总资产9.06亿元,森林经营面积9.38万公顷,林木蓄积量870万立方米。永安林业创立伊始就坚持以产品为龙头、以质量为核心、以市场为导向、以信誉为准则、以创新为手段的品牌经营发展战略,在生产经营过程中,不断地加大新产品的开发力度,依靠科学技术,研制推出了"永林蓝豹"复合地板、"天然香兰素"等高科技含量产品,广受消费者青睐。

作为"永安林业"拳头产品的"永林蓝豹"复合地板,是"永安林业"引进代表世界先进水平的德国BURKLE和HOMAG公司全套工艺和生产设备,根据中国气候民情设计、生产的高品质地板。产品已通过ISO9002质量认证体系和中国方圆标志产品质量认证,被国家技术监督局确定为"质量信誉跟踪产品",并由中国人民保险公司承保质量15年。"永林蓝豹"复合地板是选用真木制造的E1防潮高密度纤维板,板材中游离甲醛的释放量仅为0.06mg/立方米,远优于国家规定的0.12mg/立方米的标准,属国际标准规定的A级环保产品。在产品销售中,"永林蓝豹"常备有水晶面、麻面板、凹槽面板等三种产品类型,共30多样花色品种和款式,用于满足不同消费者的个性需求,营造不同的学习、生活和娱乐空间。同时,"永林蓝豹"还配备有完善的地板硬件系统,如专用地板接缝保护液、专用踢脚板、扣板等,保证了地板的和谐搭配和长久使用。在长期的服务实践中,"永林蓝豹"形成了一套以上市企业的信誉为保障,以"精诚100、满意100"为核心理念的服务体系,精心培训出了一批配备全套专业工具、最富经验的安装队伍,并以"精益求精"的服务态度保证"永林蓝豹"复合地板安装完美,无懈可击。

以消费者为中心,关注人与自然的和谐统一,是"永林蓝豹"不变的承诺。为此,永林公司在"永林蓝豹"复合地板全国各地经销点均设了永林小蓝豹服务势线365天为您待命,小蓝豹闪电行动组保证24小时内为您上门设计、安装、养护地板,真正让您满意100%。

泉州市名流路橋投資開發股份有限公司

繁忙的泉州刺桐大桥收费站

泉州刺桐大桥雄姿

泉州市名流路桥投资开发股份有限公司是由泉州刺桐大桥投资开发有限公司整体变更设立的股份有限公司,成立于1999年12月27日,注册资本为8500万元。公司作为泉州刺桐大桥的承建业主,采用国际通行的BOT方式,负责大桥的建设和管理。泉州刺桐大桥及接线公路工程总投资3亿元,大桥长1530米,宽27米,全桥并列6车道。连接省道306线和国道324线接线公路8.8公里,形成国道324线过境泉州快捷便利的复线公路,是闽东南重要的交通大动脉。

泉州刺桐大桥以民营经济为主的投资模式,开创了我国以民营经济投资基础设施建设的先河,也是我国采用BOT投融资方式和投资体制改革的成功范例,为我国投融资体制改革提供了借鉴。自1997年1月1日正式营运以来,车辆通行费收入年均增长20%,现日通车量达1.5万辆次,月车辆通行费收入400多万元,取得了良好的经济效益和社会效益。

地址:福建省泉州市温陵路前坂名流办公大楼
电话:(0595)2565157
传真:(0595)2592596
邮编:362000

北方光电科技股份有限公司

追求卓越 / 奉献社会

公司董事长：陈廷昌

北方光电科技股份有限公司（以下简称公司）是由中国北方工业公司联合云南联通科工贸有限公司、上海欣普光电技术有限公司、宁波华光精密仪器有限公司和昆明科兰科技有限责任公司等四家民营企业，遵循“突出光机电产品主业，发挥我国光电产业传统技术优势和民营企业的经营活力，走强强联合的道路”的原则，通过资产重组，经国家经贸委批准，以发起设立的方式组建的股份公司，在广东省工商行政管理局注册登记，取得营业执照，注册资本7298万元人民币，注册地广州高新技术产业开发区科学城。

公司的经营范围是：自营和代理各类商品及技术的进出口业务、经营进料加工和“三来一补”业务；经营对销贸易和转口贸易；光学、电子、机械及光电一体化产品的生产、销售；光学、电子新材料及新产品的科研、开发、推广；与上述业务相关的技术咨询、技术服务。

北方光电科技股份有限公司的经营宗旨是：以人为本，诚信开拓，依法经营，服务至上；以增强我国光电行业竞争为已任，不断创新，追求卓越；以持续的优良业绩回报股东、奉献社会。

北方光电科技股份有限公司是一家集光电产品科研、生产、贸易为一体，具有较强竞争实力的外向型企业。截止2000年12月31日，公司总资产31957万元，净资产10474万元，总股本7298万股。共设置职能部门7个、业务部门4个、控股子公司2个，6个参股公司。2000年12月29日被广州市科委认定为“新办高新技术企业”。公司发展的使命是：综合输出高品质产品和服务，提升客户和员工价值。公司2001年至2005年发展战略目标确定为：依托现代企业制度，面向国际国内市场，以人为本，协作创新，将公司发展成为主业突出，结构合理，管理科学，具有持续的技术创新和优秀的产品与服务品牌支撑的领先光电企业。

董事长：陈廷昌　37619188　37619166
总经理：吕红捷　37619338　37619279
董　秘：路　明　37619768

北京安邦咨询公司

8年前，北京安邦咨询公司（安邦）的首席分析员陈功先生在北京南城的一间16平方米的房间里创办安邦公司时，人们并没有对其投入与众不同的关注。但当8年后的今天，安邦已在国内引领着一个面向社会提供专业信息服务的行业时，人们感受到的是信息时代中国商用信息服务行业的崛起。8年当中，安邦吸引了国内一批具有活力和创造性的经验丰富的经济学家，以其高水平的信息服务和专业化的信息研究，不仅启蒙了中国的商用信息市场，更在世界范围内赢得了极高的声誉。在世界500强企业中，有十分之一已经成为安邦的客户，其中包括中国境内的全部13家企业，而在全国十大投资银行当中，有八家银行已在接受安邦的服务。

安邦能够提供以下方面的研究简报：每日经济、中港台金融、财经数据、房地产业、管理视野等。同时能够提供：金融、银行、保险、石化、汽车、电信、IT、广告等行业的基础资料。在成功推出研究简报为代表的信息研究服务之后，安邦集中精力对国内高新技术企业资本运作进行了系统的研究，并成功地对一些企业进行了有关上市运作的策略咨询，从客户自身利益最大化的角度，为客户提供了区别于券商以及各类事务所等利益相关机构的独立意见，并取得了良好的效果。

安邦将秉承提供“人性化的信息”的精神，用高质量的信息服务以及实干的作风，服务于更广泛的用户。

公司地址：北京市丰台南方庄一号安富大厦151
邮编：100078
服务热线：(010)67686761
研究部热线：(010)67685651
传真：(010)67686760
电邮：service@anbound.com
网址：www.anbound.com

公司董事长：张平

江西长运股份有限公司

- 1994年，公司被评为中国500家最大服务企业公路运输业第50位。
- 1995年，公司被列为江西省首批现代企业制度试点企业。
- 1998年，公司获得中国国内企业最高荣誉-"五一"劳动奖状。
- 2001年，公司又获得国家级企业管理现代化创新成果二等奖。

江西长运股份有限公司是于1993年由江西长途汽车运输公司、中国银行江西省分行共同发起设立，是省内同行业中最早实施股份制改造的企业。它主要从事公路旅客运输、客运站点运营、旅游服务、汽车租赁和商贸物业管理，是江西省内最大的专业运输公司。目前公司拥有职工1423人，各类专业技术人员300余人，总资产2.1亿元，净资产1亿元，下辖有南昌旅游有限公司、南昌长欣商务有限公司、南昌科技大市场有限公司、江西昌泰食品有限公司等七个控股、参股子公司，现已成为国内同行业领先的公路旅客运输企业。

公司旅客运输(简称"客运")一直是公司的主营项目，公司客运拥有南昌长途汽车客运站、青山北站、徐坊客运站等八个客运站点，客运建制589辆，省际、省内客运线路130余条，日发送班次共计1978余班，所开行的线路覆盖全省和广东、福建、浙江、江苏、安徽、湖北、湖南等省份，其中开通了南昌至九江、武汉、合肥、南京、景德镇等五条高速客运班线。2000年度公司完成客运周转量为60437万人公里，占江西省与南昌市市场份额比率分别为4.07%与34.76%。公司最大的汽车站-南昌长途汽车站，是国家交通部部级文明站，是南昌唯一的一个一级站，站内设施齐全，服务优质，为旅客创造了良好的候车、乘车条件，1998年6月通过全司的努力，车站还通过国际质量服务体系ISO9002的认证，成为全国第二家通过中国船级社质量认证体系的公路运输客运车站。公司的管理技术水平在全省同行业中处于领先地位。从在江西省第一家实行股份制改革，到率先在全国公路运输行业实行单车责任经营管理，到把高速公路客运的办法移植到一级公路上，创造江西公路快客的新模式，公司在"求新求变"的经营思想指导下一直积极创新、不断超越自身，致力于改进管理，推出新的服务，满足旅客需求的变化。股份制改革的成功及资产经营型管理产生了企业资产滚动增长的效应，为江西长运赢得了良好的经济效益。公司资产从1996年的1.18亿元上升至2000年的2.1亿元，利润由1996年的1000万元逐年上升至2000年的2700万元。

由于公司优良的业绩，在2000年中信证券有限责任公司对公司进行股票发行上市辅导后，现在公司上下正积极准备上市有关事宜，在不久的将来，江西长运股份有限公司将成为中国上市公司的新成员，不仅要发行A股，条件成熟后还可发行B股或H股。

正清集团

ZHENQIN

一家关爱人类健康的高科技医药产业化集团

000年5月21日，世界风湿病学学会主席 ·德魁克博士(中)在北京人民大会堂会 湖南正清集团董事长吴飞驰博士，中华 学会风湿学会主任委员、北京协和医院 教授董怡(左)参加了会见。

2000年1月20日，正清固体制剂车间通过GMP认证，正清成为湖南省首批通过GMP认证企业。2001年4月20日，顺利通过复检。图为正清GMP综合制剂大楼。

正清集团是以湖南正清制药集团股份有限公司为核心组建的高科技医药产业化集团，注册地址为湖南省怀化市，现有成员企业11家，总资产5.16亿元。核心企业湖南正清制药集团股份有限公司系湖南省十大高新技术企业之一，总资产2.7944亿元，年利税3000万元以上，员工1060人，其中博士9人，硕士29人，大中专以上学历者占员工总数的70%以上。

正清自1992年开始创业，依托武陵山脉、雪峰山脉丰富的中药材资源，实行科工农贸一体化经营，目前已基本形成"现代中药、甾体激素药物、生物工程药物+医药商业"的产业模式，即"3+1"模式。目前正清已成为全国最大的茯苓、天麻、杜仲生产加工基地，被列为全国抗风湿类药物及甾体激素药物的研制、开发、生产中心，其中抗风湿类药物及甾体激素原料中间体产销量均居全国前列。主导产品正清风痛宁、玉清抗宫炎片、正清灵芝口服液均为国家中药保护品种，2000年12月成功推出我国第一个中药缓释制剂-正清风痛宁缓释片。2000年1月正清顺利通过国家GMP认证，成为湖南省首批通过国家GMP认证的企业之一。

从1997年起，正清已经连续3年在湖南省医药行业经济效益十项指标综合考评中名列第一；从1996年起，连续4年被评为全国医药行业先进企业。2001年1月，正清被国务院列入首批农业产业化国家重点龙头企业。董事长吴飞驰博士先后荣获全国五一劳动奖章、享受国务院特殊津贴专家等荣誉。

沙总部
址：长沙市芙蓉南路257号华升大厦
编：410015
话：(0731)5226820/5227060
真：(0731)5216892

怀化总部
地址：湖南省怀化市正清路288号
邮编：418000
电话：(0745)2352540
传真：(0745)2352068

公司成立于1992年，经原国有资产管理局和财政部批准授予专业评估公司资格，已经国家工商管理部门登记注册具备独立法人资格。公司主要业务：中外合资、合作、股份制改造、兼并联营、股权置换等项目的资产评估以及后期帐务处理咨询。技术改造、引进的可行性预测、投资决策项目评估。为银行及保险公司的业务提供资产评估咨询。为同行提供信息资料、评估顾问，为股份制企业提供包括上市前准备等一系列管理咨询服务和企业兼并收购顾问服务。公司宗旨：讲求质量，注重实效，热忱、客观公正、实事求是，竭力维护客户合法权益。

公司已为近千家企业事业单位提供了公正、准确、快捷的资产评估，形成了自己的服务体系和高素质专业队伍。

北京博产评估有限公司

BEIJIN BOCHAN APPRAISAL COMPANY LTD

北京京诚会计师事务所有限责任公司

BEIJIN JINGCHENG CPAsCO.,LTD

公司是经国家工商行政管理部门登记注册，依法独立承办审计、会计查证和咨询的有限责任公司。公司宗旨：讲求质量、注重实效，热忱、客观公正、实事求是，信守合同，为客户保守秘密，竭力维护客户合法权益。本公司拥有注册会计师、各行业专家、工程技术人员。

服务范围包括：1、审查会计报表，出具审计报告。2、验证企业资本，出具验资报告。3、企业合并、分立、股份合作、清算等审计。4、设计企事业内部的审计、财会制度、方法。5、对合资、投资、联营等提出可行性报告。6、代拟合同、契约、章程等。7、对经济谈判、经济案件证据提供咨询、鉴别。8、财务收支、经济效益、经济责任等审计。9、担任常年审计、财会顾问、税务咨询、申报及培训。10、代办出版发行、编译审计、财会、经济资料等，为股份制企业提供包括上市前准备等一系列管理咨询服务。

地址：北京市西城区新街口大七条11号2层　邮编：100035　电话：(010)62252264 62223308　传真：(010)62223307　电子邮箱：pbe@263.r

公司工作会议

华源房地产评估有限公司

华源评估

原中国地产咨询评估中心

华源房地产评估有限公司（原中国地产咨询评估中心）是适应国务院关于经济鉴证类中介机构与政府机关脱钩改制的要求，于2000年8月在原中国地产咨询评估中心的基础上顺延成立的有限责任公司。原中国地产咨询评估中心是经中央机构编制委批准于1992年8月成立的国土资源部直属局级事业单位，拥有国土资源部颁发的A级土地评估资质和建设部颁发的一级房地产评估资质，为我国土地评估业的先驱与资深专业机构。现有人员19人，100%为大学本科学历，80%以上为硕士研究生学历，囊括了经济、土地管理、财会、法律、建筑、房地产经营等专业，形成合理的知识结构和优良的整合功能。技术人员均拥有注册土地估价师从业资格。

主要业务范围有：

◆土地、房地产评估

◆政策法律咨询

◆房地产市场代理及中介服务

自1992年成立到目前为止，已完成100余个大型土地评估项目（主要为股份制改组上市或大型企业合资、购并），以及上一千宗土地评估项目，位居国内各土地评估机构之首。土地评估报告质量及服务质量受到客户广泛好评，在同行处于无可争议的权威地位。

地址：北京市东城区东中东环广场32号楼3层　邮编：100027

电话：010-64174370/71/72/73　传真：010-64174372　E-mail:hyrea@263.net

第九编

深交所上市股份公司

1544/1931

深圳发展银行股份有限公司

一、公司简介

(一)法定中文名称:深圳发展银行股份有限公司　(简称:深圳发展银行,下称"本行")
　法定英文名称:ShenZhen Development Bank Co., Ltd.
(二)法定代表人:陈兆民
(三)董事会秘书:雷鸣　股政事务代表:王勇
　联系地址:中国广东省深圳市罗湖区深南东路 178 号深圳发展银行大厦
　　深圳发展银行董事会秘书处
　联系电话:(0755)2080387　传真:(0755)2080386
　电子邮箱: fzyhdsh@szonline.net
(四)注册地址及办公地址:
　中国广东省深圳市罗湖区深南东路 178 号深圳发展银行大厦　邮政编码:518001
　本行国际互联网网址:http://www.sdb.com.cn　电子邮箱:netbank@sdb.com.cn
(五)本行选定信息披露报刊:《中国证券报》、《证券时报》
　登载本年度报告的中国证监会指定国际互联网网址: http://www.cninfo.com.cn
　本年度报告文本备置地点:本行董事会秘书处
(六)股票上市地:深圳证券交易所
　股票简称:深发展 A　股票代码:0001

二、会计数据和业务数据摘要

(一)2000 年度主要会计数据(货币单位:人民币元):

利润总额	: 546768142
净利润	: 506551785
扣除非经常性损益后的净利润	: 499688478
主营业务利润	: 553631449
营业利润	: 553631449
投资收益	: 356704292
补贴收入	: 0
营业外收支净额	: -6863307
经营活动产生的现金流量净额	:1591065227
现金及现金等价物净增加额	:1317815563

注:扣除的非经常性损益项目及金额是营业外收入及支出相差的净额-6863307 元,详见会计报表附注第 31 项。

(二)截止报告期末本行前三年的主要会计数据和财务指标:　(货币单位:人民币元)

项目	2000 年	1999 年		1998 年	
		调整后	调整前	调整后	调整前
主营业务收入	2789162688	2202737259	2349273246	2486630510	2803533793
利润总额	546768142	274708676	605184420	444210935	857036718
净利润	506551785	223539210	555191092	343357214	764339190
总资产	67227499769	43912394151	45868972050	37421084547	39399858617
股东权益(不含少数股东权益)	4738883655	1141603885	2900830706	1849072970	3676648292
每股收益(全面摊薄)	0.26	0.14	0.36	0.22	0.49
每股收益(加权平均)	0.32	0.14	0.36	0.22	0.49
每股净资产	2.44	0.74	1.87	1.19	2.37
调整后的每股净资产	2.27	-	1.62	-	2.08
每股经营活动产生的现金流量净额	0.82	2.96	3.01	1.58	1.48
净资产收益率(全面摊薄)	10.68%	19.58%	19.14%	18.57%	20.79%
净资产收益率(加权平均)	30.65%	12.38%	16.33%	20.47%	20.23%

三、银行业务数据摘要

根据中国证监会颁布《公开发行证券公司信息披露编报规则第七号〈商业银行年度报告内容与格式特别规定〉》,本行各项商业银行财务指标、业务数据和有关情况如下:

(一) 截止报告期末前三年商业银行重要财务数据
(货币单位:人民币元)

项　目	2000 年	1999 年	1998 年
总负债	62488616114	42968141344	35723495376
存款总额	52265332316	36789163973	31405508398
长期存款及同业拆入总额	7236222602	4321753969	5004667051
贷款总额	38211161373	30475112902	23985631306
各类贷款余额:			
短期贷款	16814317259	15721985895	15339172015
进出口押汇	858057734	1201454265	1308640529
贴现	5967822889	651150094	235581348
中长期贷款	6324061577	2697810951	2186843961
逾期贷款	2897870617	6234145984	2540061609
呆滞贷款	5349031297	3968565713	2375331844

注:1998 年及 1999 年财务指标根据当年披露会计报表数据计算。

四、股份变动及股东情况

(一)截至报告期末止本行股东总户数为 81 万户;
(二)报告期内前十名股东持股情况:

股东名称	年末数	年初数	增加	占总股份比例
深圳市投资管理公司	174422388	162254631	12167757	8.96%
深圳国际信托投资公司	107108441	106608441	500000	5.50%
深圳市社会保险管理局	78338617	72873132	5465485	4.02%
上海海通证券深圳业务部	75351095			3.87%
深圳中电投资股份有限公司	62246616	62246616	0	3.19%
深圳市城建开发集团公司	25757220	25757220	0	1.32%
农业银行深圳分行工会	15567528	15567528	0	0.80%
张绍红	8212670	5050731	3161939	0.42%
深圳国债服务中心	7340670	7340670	0	0.37%
建设银行深圳分行工会	7145052	7145052	0	0.36%

注:
1. 深圳市投资管理公司年末所持股份中含非流通股国有股份 125390017 股,非流通法人股 22552869 股,可流通股份 26479502 股。

万科企业股份有限公司

一、公司简介

1、公司法定中文名称:万科企业股份有限公司
英文名称:CHINA VANKE CO.,LTD. (缩写为 VANKE)
2、法定代表人:王石
3、董事会秘书:肖莉　电子信箱:xiaol@vanke.com.cn
联系地址:公司办公地址　联系电话:0755-5606666　传真:0755-5601764
4、注册地址及办公地址:中国深圳市罗湖区水贝 2 路 27 号　邮政编码:518020
国际互联网网址:www.vanke.com.cn　电子信箱:zb@vanke.com.cn
5、信息披露报刊名称:《中国证券报》、《证券时报》及香港一家英文报刊
登载年报的国际互联网网址:www.cninfo.com.cn
年报备置地点:公司董事会秘书处
6、股票上市地:深圳证券交易所
股票简称及代码:深万科 A 0002　深万科 B 2002

二、会计数据和业务数据摘要

1、本年度主要会计数据(金额单位:人民币元)

利润总额	386,141,816.56
净利润	301,231,499.63
扣除非经常性损益后的净利润	271,737,819.87
主营业务利润	801,913,068.41
其它业务利润	9,642,851.66
营业利润	356,753,157.79
投资收益	12,133,460.55
补贴收入	0
营业外收支净额	17,255,198.22
经营活动产生的现金流量净额	86,048,365.05
现金及现金等价物净增加额	222,913,330.90

注:非经常性收益总额 29,493,679.76 元,明细如下:营业外收支净额 17,255,198.22 元,股权投资差额摊销-2,200,331.82 元,出售、处理部门或投资单位-440,173.40 元,法人股转让收益 14,442,287.99 元,短期投资跌价准备转回 436,698.77 元。

3、近三年主要会计数据及财务指标

项目	2000 年	1999 年	1998 年	
			调整后	调整前
主营业务收入	3,873,296,706.51	2,912,385,561.43	2,268,690,805.06	2,268,690,805.06
利润总额	386,141,816.56	286,600,807.31	246,518,444.24	250,775,500.62
净利润	301,231,499.63	229,142,287.45	197,835,865.07	202,092,921.45
总资产	5,622,247,214.95	4,494,664,465.95	4,008,869,718.53	4,037,977,498.58
股东权益(不含少数股东权益)	2,906,198,742.58	2,093,030,259.17	1,958,453,395.28	1,987,561,175.33
每股收益	0.477	0.420	0.399	0.407
按月平均加权法计算的每股收益	0.483	0.420	0.399	0.407
扣除非经常性损益后的每股收益	0.431	0.391	0.394	0.403
每股净资产	4.61	3.84	3.95	4.01
调整后每股净资产	4.31	3.49	3.73	3.79
每股经营活动产生的现金流量净额	0.14	0.08	-0.28	-0.28
净资产收益率	10.37%	10.95%	10.10%	10.17%
按月平均加权法计算的净资产收益率	10.69%	11.14%	10.47%	10.57%

注:报告期内,公司配股增加股本至 630,971,941 股,按月平均加权法计算的每股收益为 0.483 元。

4、报告期内股东权益变动情况(单位:万元)

项目	股本	资本公积	盈余公积	其中:法定公益金	未分配利润	股东权益合计
期初数	54,554	89,546	61,826	11,636	3,472	209,303
本期增加	8,543	53,995	21,086	1,506	30,123	113,760
本期减少					32,443	32,443
期末数	63,097	143,541	82,912	13,142	1,152	290,620

变动原因:1 股本增加是于 2000 年 1 月完成的 1999 年度配股所致。
2 盈余公积增加是根据董事会 2000 年度利润分配预案提取。
3 法定公益金增加是根据董事会 2000 年度利润分配预案提取。
4 未分配利润减少数系根据董事会 2000 年度利润分配预案进行分配所致。

三、股本变动及股东情况

1、、股东情况介绍

(1) 报告期末股东总数:232,235 名,其中 A 股 228,620 名(含公司高管股东 10 名),B 股 3,615 名。

(2) 于 2000 年 12 月 31 日,本公司前十名股东如下:

股东	报告期末持股数	类别	期末持股比例(%)
中国华润总公司	78,075,749 A	国有股、法人股	12.37
CREDIT LYONNAIS SECURITIES(ASIA) LTD	17,113,957 B		2.71
刘元生	13,258,527 A	其中 11,438,127 股尚未流通	2.10
REXMORE COMPANY LIMITED	10,392,705 B		1.65
CHARM YIELD INVESTMENT LIMITED	6,421,189 B		1.02
同盛证券投资基金	6,200,000 A		0.98
君安代理有限公司	6,176,991 B		0.98
万科企业股份有限公司工会委员会	5,895,078 A	法人股	0.93
陕西证券有限公司	3,679,833 A	法人股	0.58
CBNY S/A PNC/SKANDIA SELECT FUND/CHINA EQUITY AC	3,315,842 B		0.53

注:

1 公司第三大股东 CREDIT LYONNAIS SECURITIES(ASIA) LTD 所持股份中的 17,073,528 B 股(占公司总股本的 2.71%)为香港华润集团之关联公司华润北京置地有限公司实际持有,华润集团与中国华润总公司为关联公司。

2 持有本公司 5%以上股份的股东为中国华润总公司,其所持股份年度内增加 78,075,749 股,是受让深圳经济特区发展(集团)公司及添发庆丰(常州)发展有限公司股份所致。

金田实业(集团)股份有限公司

一、公司简介

1、法定中文名称:金田实业(集团)股份有限公司
英文名称:GINTIAN INDUSTRY(GROUP) CO.,LTD.
2、法定代表人:黄汉清
3、董事局秘书及授权代表:彭 卫 邱学强
4、注册地址及办公地址:广东省深圳市和平路 1199 号金田大厦 23~26 楼 邮政编码:518010
联系电话:86-755-5573548 传真:86-755-5592045,5591994 电子信箱:pw168@163.com
5、信息披露报纸:《证券时报》、《大公报》
中国证监会指定登载公司年度报告的国际互联网网址: http://www.cninfo.com.cn
6、年度报告备置地点:公司董事局办公室
7、公司股票上市地点:深圳证券交易所
股票简称:ST 金田 A、ST 金田 B 股票代码:0003、2003

二、会计数据与业务数据摘要

1、公司本年度会计数据与业务数据 单位:元

利润总额	-587,289,878.57
净利润	-605,271,154.66
扣除非经常性损益后的净利润	-608,204,465.35
主营业务利润	136,008,435.68
其他业务利润	7,812,981.41
营业利润	-541,858,842.97
投资收益	-59,321,842.89
补贴收入	3,101,237.92
营业外收支净额	10,834,354.88
经营活动产生的现金流量净额	183,050,521.36
现金及现金等价物净增加额	-136,164.13

备注:按照国际会计准则调整对净利润的影响(单位:人民币千元)
根据中国会计准则计算,2000 年净利润(605,271)

2、截止报告期末的公司主要会计数据和财务指标

项目	2000	1999		1998	
		调整前	调整后	调整前	调整后
主营业务收入	464,723,527.06	480,417,664.42	480,417,664.42	524199,215.02	524,199,215.02
净利润	-605271154.66	-181996297.42	-250459964.53	-447,44675.75	-273271228.19
总资产	2494445663.71	2985977677.09	2945905333.05	3201168861.96	258032581.11
股东权	-543600839.98	102284962.02	61724740.07	287416424.37	461789871.93
每股收益	-1.815	-0.546	-0.751	-1.343	-0.82
加权平均每股收益	-1.815	-0.546	-0.751	-1.343	-0.82
扣除非经营性损益后的每股收益	-1.824	-0.626	-0.832	-1.358	-0.835
每股净资产	-1.630	0.307	0.185	0.862	1.38
调整后的每股净资产	-2.179	0.001	-0.121	0.627	1.33
每股经营活动产生的现金流量净额	-0.0004	-0.06	-0.06	0.189	0.189
净资产收益率	-111.34%	-177.93%	-405.77%	-155.5%	-59.2%
加权净资产收益率	-251.24%	-64.53%	-95.68%	-87.57%	-45.67%
扣除非经营性损益后的净资产收益率	-111.88%	-204.17%	-338.32%	-157.55%	-60.30%
扣除非经营性损益后的加权净资产收益率	-252.46%	-74.04%	-79.78%	-88.58%	-46.53%

4、报告期内股东权益的变动情况

项目	股本	资本公积	盈余公积	法定公益金	未分配利润	股东权益合计
期初数	333,433,586	609,532,291.78	-	22,848,686.49	-904,030,320.71	61,724,740.07
本期增加						
本期减少:					605,271,154.66	605,271,154.66
期末数	333,433,586	609,532,291.78	-	22,848,686.49	-1,509,301,475.37	-543,600,839.98

三、股本变动及股东情况

1、股本结构及变动情况(单位:股)

项目	期初股数	期末股数
(一)尚未流通股份		
(1)、发起人股份		
其中:国有境内法人股	25,020,309	25,020,309
(2)、募集法人股	42,165,669	42,165,669
(4)、内部职工股	201,894	201,894
尚未流通股份合计	67,554,177	67,554,177
(二)已流通股份		
境内上市的人民币普通股	191,808,910	191,808,910
境内上市的外资股	74,236,802	74,236,802
已流通股合计	265,904,942	265,904,942
(三)股份总数	333,433,584	333,433,584

2、股东情况介绍
1 截止 2000 年 12 月 31 日,本公司共有股东 111,011 名,其中 A 股 104,666 名,B 股 6,345 名。
2 截止 2000 年 12 月 31 日,本公司前十名股东如下:

股东		类别	占总股本比例(%)
1、中国农业银行深圳分行	24,948,000		7.48
2、金田实业(集团)股份有限公司工会	14,358,614		4.31
3、深圳市纺织(集团) 股份有限公司	12,274,495		3.68
4、深圳发展银行	3,805,312		1.14
5、南华证券	2,965,957		0.88
6、深圳市城建开发(集团)公司	2,634,508		0.79
7、中国经济开发信托投资公司	1,814,400		0.54
8、GENERAL WAY (HONG KONG) LTD.	1,775,998	外资股	0.53
SILUX INVESTMENTS LTD.	1,775,998	外资股	0.53
10、SILVER PACIFIC LTD.	1,396,909	外资股	0.50

注:持有本公司 5%以上股份的股东为中国农业银行深圳分行,持股数量为 24,948,000 股,占总股本的 7.48%。持有本公司 5%(含 5%)以上股份的股东所持股份年度内未发生质押或冻结情况。

深圳市北大高科技股份有限公司

一、公司简介

1、公司中文名称:深圳市北大高科技股份有限公司 缩写:北大高科
公司英文名称:SHENZHEN PKU HIGH-TECH CO., LTD. 缩写:PKU HIGH-TECH
2、公司注册地址:深圳市蛇口新时代广场 27 楼 A-D
公司办公地址:深圳市蛇口新时代广场 27 楼 A-D 公司邮政编码:518067
公司电子信箱:szpkuht@pkuhi-tech.com
3、公司法定代表人:陈章良
4、公司董事会秘书:蒋伟诚 联系地址:深圳市蛇口新时代广场 27 楼 A-D
电话:(0755)6826732 传真:(0755)6826779 电子信箱:jwc2001@163.net
证券事务代表:朱强 联系地址:深圳市蛇口新时代广场 27 楼 A-D
电话:(0755)6826724 传真:(0755)6826779 电子信箱:dannyqz@163.net
5、公司选定的信息披露报纸:《证券时报》
刊登公司中期报告的国际互联网址:http:// www.cninfo .com .cn
6、公司中期报告备置地点: 深圳市蛇口新时代广场 27 楼 A-D 公司董事会秘书处
7、股票上市地:深圳证券交易所 股票简称:北大高科 股票代码:0004
8、公司经营范围:通讯、计算机、软件、新材料、生物技术和生物特征识别技术、新药、生物制品、医用检测试剂和设备的研究与开发;信息咨询;计算机软件及生物技术的培训;兴办实业。

二、主要财务数据和指标

(合并报表) 单位:人民币元

项目	2001 年 1-6 月	2000 年 1-6 月	2000 年
净利润	13,580,285.07	6,347,521.67	22,006,373.59
扣除非经常性损益后的净利润	3,970,359.30	5,847,521.67	4,564,586.06
每股收益(摊薄)	0.162	0.076	0.262
每股收益(加权)	0.162	0.076	0.262
净资产收益率(摊薄)(%)	13.246	8.677	24.742
净资产收益率(加权)(%)	14.186	9.055	28.240

	2001 年 6 月 30 日	2000 年 6 月 30 日
总资产	166,712,330.50	310,598,537.91
资产负债率(%)	32.96	63.77
股东权益(不含少数股东权益)	102,525,267.24	73,156,990.80
每股净资产	1.221	0.871
调整后的每股净资产	1.215	0.429
每股经营活动产生的现金流量净额	-0.059	0.373

	2000 年 12 月 31 日
总资产	508,206,707.12
资产负债率(%)	76.21
股东权益(不含少数股东权益)	88,942,337.25
每股净资产	1.059
调整后的每股净资产	0.796
每股经营活动产生的现金流量净额	0.524

* 注:扣除的非经常性损益项目及金额 单位:人民币元

1、整体资产剥离净收益	9,475,913.92
2、处理固定资产净收益	7,782.50
3、地产地销销项税转入	126,727.01
4、地产地销进项税转出	-497.66

三、股本变动和主要股东持股情况

(一)、股本变动情况:公司股本变动情况表 (数量单位:股)

	本次变动前	本次变动增减(+、-) 配股	送股	公积金转增	增发
一、尚未上市流通股份					
1、发起人股份	38,082,256	0	0	0	0
其中:境内法人持有股份	38,082,256	0	0	0	0
2、募集法人股	4,237,200	0	0	0	0
尚未流通股份合计	42,319,456	0	0	0	0
二、已上市流通股份					
1、境内上市的人民币普通股	41,657,228	0	0	0	0
已上市流通股份合计	41,657,228	0	0	0	0
三、股份总数	83,976,684	0	0	0	0

	其他	小计	本次变动后
一、尚未上市流通股份			
1、发起人股份	0	0	38,082,256
其中:境内法人持有股份	0	0	38,082,256
2、募集法人股	0	0	4,237,200
尚未流通股份合计	0	0	42,319,456
二、已上市流通股份			
1、境内上市的人民币普通股	0	0	41,657,228
已上市流通股份合计	0	0	41,657,228
三、股份总数	0	0	83,976,684

(二)、前 10 名股东持股情况(截止 2001 年 6 月 30 日):

	股东名称	持股数(股)	占总股本比例(%)
(1)	招商局蛇口工业区有限公司	31863151	37.94
(2)	招商局蛇口控股股份有限公司	6219105	7.41
(3)	中国银河证券有限责任公司	3744377	4.46
(4)	董慧雯	1214126	1.45
(5)	上海亚安投资有限公司	944571	1.12
(6)	深圳招商石化有限公司	887700	1.06
(7)	中国平安保险股份有限公司	825000	0.98
(8)	深圳华强电子工业总公司	825000	0.98
(9)	徐秀英	735307	0.88
(10)	何书安	657930	0.78

(三)、前十名股东之间存在关联关系说明:
本公司第一大股东招商局蛇口工业区有限公司(以下称"蛇口工业区")分别持有招商局蛇口控股股份有限公司和深圳招商石化有限公司 32.94%和 25%的股权。

深圳世纪星源股份有限公司

一、公司简介

1、公司法定中文名称：深圳世纪星源股份有限公司
英文名称：SHENZHEN FOUNTAIN CORPORATION
2、公司法定代表人：董事长 丁女士
3、公司股证事务授权代表：罗晓春先生、张永奇先生
公司董事会秘书：罗晓春先生 办公地址：深圳市人民南路发展中心大厦13楼
电话：0755—2208888 传真：0755—2207055 电子信箱：fountain@sfc.com.cn
4、公司注册地址：深圳市人民南路发展中心大厦13楼 邮政编码：518001
电子信箱：fountain@sfc.com.cn
5、公司选定《证券时报》为信息披露报纸
登载公司年度报告的国际互联网网址：http://www.cninfo.com.cn
公司年度报告备置于公司总部董事会秘书处
6、公司股票在深圳证券交易所上市 股票简称：世纪星源 股票代码：0005

二、会计数据和业务数据摘要

1、本年度主要业务数据摘要（单位：万元）

利润总额：	-931.19
净利润：	105.75
扣除非经常性损益后的净利润：	-1,310.21
主营业务利润：	7,653.72
其他业务利润：	16.08
营业利润：	-2,347.15
投资收益：	-147.37
补贴收入：	0.00
营业外收支净额：	1,563.33
经营活动产生的现金流量净额：	2,030.57
现金及现金等价物净增加额：	-354.67

注：非经常性损益主要包括：营业外收入、营业外支出、投资收益
涉及金额为：1650.85万元、87.52万元、-147.37万元

2、公司近三年主要会计数据和财务指标：

	2000年	1999年		1998年	
		调整前	调整后	调整前	调整后
主营业务收入(万元)	14,594.75	13,557.27	13,557.27	4,157.13	4,157.13
净利润(万元)	105.75	11,992.47	12,206.69	15,065.13	15,065.13
总资产(万元)	202,066.70	219,843.93	204,523.93	204,123.11	185,680.23
股东权益(万元)	82,458.93	101,272.80	82,829.95	90,575.37	72,132.52
每股收益(摊薄，元)	0.002	0.23	0.24	0.29	0.29
每股收益(加权，元)	0.002	0.23	0.24	0.29	0.29
扣除非经常损益后的每股收益(元)	-0.02	-0.02	-0.01	0.18	0.18
每股净资产(元)	1.45	1.96	1.60	1.75	1.39
调整后的每股净资产(元)	1.42	1.87	1.51	1.73	1.37
每股经营活动产生的现金流量净额(元)	0.04	-0.01	-0.01	0.01	0.01
净资产收益率(摊簿)(%)	0.13	11.84	14.74	16.63	20.89
按净利润计算的加权净资产收益率(%)	0.13	12.42	15.62	18.14	23.32
按净利润计算的扣除非经常损益后的加权净资产收益率(%)	-1.25	-0.83	-0.76	11.05	14.21

3、根据中国证监会《公开发行证券公司信息披露编报规则(第9号)》计算的净资产收益率和每股收益指标。

指标	净资产收益率(%)		每股收益(元)	
项目	全面摊薄	加权平均	全面摊薄	加权平均
主营业务利润	9.28	9.23	0.13	0.13
营业利润	-2.85	-2.83	-0.04	-0.04
净利润	0.13	0.13	0.002	0.002
扣除非经常性收益后的净利润	-1.26	-1.25	-0.02	-0.02

三、股本变动及股东情况

1、股本变动情况
(1) 股份变动情况表 数量单位：股

	期初数	本次变动增减(+、-)						期末数
		配股	送股	公积金转增	增发	其他	小计	
一.尚未流通股份								
1.发起人股份	266,918,382		26,691,838					293,610,220
其中：境内法人持有股份	68,854,392		6,885,439					75,739,831
外资法人持有股份	198,063,990		19,806,399					217,870,389
2.定向法人股	5,469,603		546,960					6,016,563
尚未流通股份合计	272,387,985		27,238,798					299,626,783
二.已流通股份								
境内上市的人民币普通股	245629515		24,562,952					270,192,467
已流通股份合计	245,629,515		24,562,952					270,192,467
三.股份总数	518,017,500		51,801,750					569,819,250

2、股东情况介绍 (1) 截止2000年12月31日，本司股东总数为150443户。
(2) 截止2000年12月31日，本司前10名股东持股情况：

股东名称	年末持股数	所占比例%	股份增减%	股分类型
(香港)中国投资有限公司	217,870,389	38.235%	10%	法人股
深圳市城建开发(集团)有限公司	40,701,375	7.143%	10%	法人股
深圳市国叶实业有限公司	35,038,456	6.149%	10%	法人股
满丰布厂	5,101,239	0.895%	10%	法人股
周友	1,097,030	0.193%	—	流通股
新疆新证联合信息产业发展有限公司	705,000	0.124%	—	流通股
新疆金科电子信息开发公司	545,000	0.096%	—	流通股
深圳市生溢实业发展有限公司	545,000	0.096%	—	流通股
深圳市美芝工业公司	542,685	0.095%	10%	法人股
陈新	441,799	0.078%	—	流通股

深圳市振业(集团)股份有限公司

一、公司简介

1、公司法定名称
中文名称：深圳市振业(集团)股份有限公司
英文名称：SHENZHEN ZHENYE(GROUP) CO.,LTD.
2、公司法定代表人：范明月
3、公司董事会秘书：李富川 股证事务代表：李红光 杜汛
联系地址：深圳市宝安南路振业大厦30层董事会办公室
电 话：(0755)5863061 传 真：(0755)5863012
4、注册及办公地址：深圳市宝安南路振业大厦29-32层 邮政编码：518008
公司电子信箱：szzygp@sz.gd.cninfo.net
5、公司选定的信息披露报纸名称：《证券时报》、《中国证券报》
登载公司年度报告的中国证监会指定国际互联网网址：http://www.cninfo.com.cn
公司年度报告备置地点：公司董事会办公室
6、公司股票上市交易所：深圳证券交易所
股票简称：深振业A 股票代码：0006

二、会计数据和业务数据摘要

1、本年度实现利润情况（单位：元）

利润总额	161,264,781.60
其中：净利润	118,411,960.03
扣除非经常性损益后的净利润	121,834,291.89
主营业务利润	340,191,132.54
其他业务利润	7,214,303.00
营业利润	160,121,906.11
投资收益	2,106,339.39
补贴收入	352,400.00
营业外收支净额	-1,315,863.90
经营活动产生的现金流量净额	45,525,759.91
现金及现金等价物净增加额	152,193,828.33

注：以上数据以合并会计报表数计算填列。扣除非经常性损益项目及涉及金额共计-3,422,331.86元，其中营业外收支净额-1,315,863.90元，补贴收入352,400.00元，合并价差摊销-2,458,867.96元。

2、截止报告期末公司前三年的主要会计数据及财务指标：

项目	2000年	1999年	1998年	
			追溯调整后	追溯调整前
主营业务收入(元)	1,884,124,981.22	1,867,604,044.30	1,630,072,030.83	1,641,848,945.36
净利润(元)	118,411,960.03	89,528,444.34	121,091,829.44	117,895,694.72
总资产(元)	3,787,811,194.43	3,265,709,625.59	3,219,728,682.21	3,385,797,768.44
股东权益(元)	1,122,851,419.82	1,055,157,785.99	990,998,504.75	1,098,700,057.21
摊薄每股收益(元)	0.467	0.353	0.478	0.465
加权平均每股收益(元)	0.467	0.353	0.478	0.465
扣除非经常性损益后的每股收益(元)	0.480	0.287	0.443	0.401
每股净资产(元)	4.43	4.16	3.91	4.33
调整后的每股净资产(元)	4.02	3.86	3.32	3.74
每股经营活动中产生的现金流量净额(元)	0.180	0.579	0.47	0.47
摊薄净资产收益率(%)	10.55	8.48	12.22	10.73
加权平均净资产收益率(%)	10.63	8.44	11.37	10.37

注：以上数据以合并会计报表数计算填列。
利润表附表：

报告期利润	净资产收益率(%)		每股收益(人民币元/股)	
	全面摊薄	加权平均	全面摊薄	加权平均
主营业务利润	30.30	30.53	1.341	1.341
营业利润	14.26	14.37	0.631	0.631
净利润	10.55	10.63	0.467	0.467
扣除非经常性损益后的净利润	10.85	10.93	0.480	0.480

3、报告期内股东权益变动情况如下（单位：元）：

项目	股本	资本公积	盈余公积	法定公益金	未分配利润	股东权益合计
期初数	253591631.00	595184014.32	185766156.90	36603088.58	20615983.77	1055157785.99
本期增加			35523588.00	11841196.00	118411960.03	153935548.03
本期减少					86,241,914.20	86241914.20
期末数	253591631.00	595184014.32	221289744.90		52786029.60	1122851419.82

三、股东情况介绍

1、截止2000年12月31日，股东数量情况如下：
股东总数：109,057户
其中：法人股东5户，社会公众股东109,052户。
2、公司前十名股东持股情况（截止2000年12月31日）

股东名称	年末持股数(股)	持股比例
深圳市建设投资控股公司	71,068,475	28.02%
深圳市长城地产(集团)股份有限公司	12,533,078	4.94%
深圳市建筑机械动力公司	7,597,525	3.00%
深圳市第五建筑工程公司	3,646,242	1.44%
上海佳盈房产开发有限公司	1,921,204	0.76%
泰和证券投资基金	1,749,890	0.69%
景阳证券投资基金	1,674,001	0.66%
景福证券投资基金	1,083,375	0.43%
深圳市深安企业股份有限公司	939,271	0.37%
刘俊芳	510,000	0.20%
合计	102,723,061	40.51%

注1：我公司前十名股东所持股份报告期内无质押或冻结情况。
注2：表中所列示的前10名大股东中，深圳市建设投资控股公司、深圳市长城地产(集团)股份有限公司(长城地产)、深圳市建筑机械动力公司(动力公司)、深圳市第五建筑工程公司(五建公司)、深圳市深安企业股份有限公司(深安公司)系本公司法人股东。其中动力公司是深圳市建设投资控股公司的全资子公司，长城地产、深安公司是建设投资控股公司控股的下属公司，五建公司是长城地产控股的下属公司；其余股东所持有的股份均为社会公众股，本年度增减部分系二级市场交易所致。

深圳市赛格达声股份有限公司

(一)公司简介

1、公司中文名称:深圳市赛格达声股份有限公司
英文名称:ShenZhen SEG. DASHENG Co., Ltd.
2、法定代表人:蓝天辅
3、董事会秘书:孙红霞　　股证事务授权代表:夏林
联系地址:深圳市华强北路赛格工业大厦五楼董事会秘书处
电话:0755-3323300-122,3239242 传真:0755-3780408
电子信箱:szsegds@public.szptt.net.cn
4、公司注册地址:深圳市华强北路赛格工业大厦五楼
公司办公地址:深圳市华强北路赛格工业大厦五楼　　邮政编码:518031
公司国际互联网网址:http://www.segdasheng.com
公司电子信箱:sds0007@public.szptt.net.cn
5、公司选定的信息披露报纸名称:《证券时报》
登载公司年度报告的中国证监会指定国际互联网网址:http:// www.cninfo.com.cn
公司年度报告备置地点:本公司董事会秘书处
6、股票上市交易所:深圳证券交易所
股票简称:深达声 A　股票代码:0007

(二)会计数据和业务数据摘要

1、公司本年度主要会计数据:

利润总额	(178,453,693.37)
净利润	(172,145,218.48)
扣除非经常性损益后的净利润	(101,362,853.31)
主营业务利润	3,557,743.19
其他业务利润	6,544,941.84
营业利润	(107,138,368.58)
投资收益	(70,883,460.56)
补贴收入	6,380.65
营业外收支净额	(438,244.88)
经营活动产生的现金流量净额	(21,810,835.83)
现金及现金等价物净增加额	(18,179,150.76)

注:扣除非经常性损益的项目、涉及金额:
(1)、对部分投资企业进行清理,调整权益:-70,221,703.24 元;
(2)、股权投资差额摊销:-184,257.32 元;
(3)、处理固定资产损益:-376,404.61 元。
以上项目涉及金额合计为-70,782,365.17 元。

2、前三年的主要会计数据和财务指标:

指标项目	2000 年	1999 年		1998 年	
		调整前	调整后	调整前	调整后
主营业务收入(万元)	5,215.13	15,635.72	14,999.46	31,037.00	27,286.95
净利润(万元)	(17,214.52)	157.66	(3,837.14)	3,571.39	786.88
总资产(万元)	95,188.92	110,573.26	107,909.09	109,996.44	98,319.89
股东权益(不含少数股东权益)(万元)	7,748.93	28,958.25	24,963.45	35,507.20	28,789.96
每股收益(元/股)	(1.20)	0.01	(0.27)	0.25	0.05
每股净资产(元/股)	0.54	2.02	1.74	2.47	2.00
调整后的每股净资产(元/股)	0.10	1.33	1.40	1.47	1.36
每股经营活动产生的现金流量净额(元)	(0.15)	0.20	0.20	0.03	0.03
净资产收益率(%)	(222.15)	0.54	(15.37)	10.06	2.73
扣除非经常性损益后的每股收益(元/股)	(0.71)	(0.20)	(0.28)	(0.03)	(0.08)

3、按照中国证监会《公开发行证券公司信息披露编报规则(第 9 号)》要求计算的 2000 年度利润数据:

	净资产收益率(%)				每股收益(元)			
	全面摊薄		加权平均		全面摊薄		加权平均	
	2000 年	1999 年	2000 年	1999 年	2000 年	1999 年	2000 年	1999 年
主营业务利润	4.59	17.73	2.18	16.13	0.02	0.30	0.02	0.30
营业利润	(138.26)	(13.97)	(65.50)	(12.81)	(0.75)	(0.24)	(0.75)	(0.24)
净利润	(222.15)	(15.37)	(105.25)	(14.27)	(1.20)	(0.27)	(1.20)	(0.27)
扣除非经常性损益后的净利润	(130.81)	(16.17)	(61.97)	(15.02)	(0.71)	(0.28)	(0.71)	(0.28)

4、报告期内股东权益变动情况

项目	股本	资本公积	盈余公积	法定公益金	未分配利润	股东权益合计
期初数	143,593,664	85,702,827.11	57,308,103.98	8,998,997.98	(36,970,090.63)	249,634,504.46
本期增加						
本期减少					172,145,218.48	172,145,218.48
期末数	143,593,664	85,702,827.11	57,308,103.98	8,998,997.98	(209,115,309.11)	77,489,285.98
变动原因					经营亏损及权益调减	经营亏损及权益调减

(三)股东情况介绍

1、报告期末股东总数:本公司期末股东总数为 34528 户。
2、前 10 名股东持股情况:

序号	持股单位	年度内股份增减变动的情况	年末持股数量(股)	持股比例(%)
1	深圳赛格股份有限公司		47,338,194	32.967
2	北京电子城有限责任公司	7,684,550	7,684,550	5.352
3	深圳市智雄电子有限公司	4,095,000	4,095,000	2.852
4	深圳市申投投资有限公司	2,673,216	2,673,216	1.861
5	南方证券有限公司		1,365,000	0.951
6	深圳三环电阻有限公	(2,673,216)	873,600	0.608
7	张伟		532,470	0.371
8	李志成		380,000	0.265
9	金盛证券投资基金		304,980	0.212
10	彭学如		300,300	0.209

截止至 2000 年 12 月 31 日 代表国家持有股份的单位为深圳赛格股份有限公司。
本公司前十名法人股东无关联关系。

广东亿安科技股份有限公司

一、公司简介

1.公司法定中英文名称:
　中文名全称:　广东亿安科技股份有限公司
　英文名全称:　YORKPOINT S & T CO.,LTD. GUANGDONG
2.公司法定代表人:　罗　成先生
3.公司董事会秘书:　邱大庆先生
　联系地址:　深圳市罗湖区人民南路深房广场 A 座 10 楼
　联系电话:　0755-5163860
　传　真:　0755-5186271
　电子邮箱:　szjxsj@sz.gd.cninfo.net
4.公司注册及办公地址:　深圳市罗湖区人民南路深房广场 A 座 10 楼
　邮政编码:　518001
5.公司股票上市交易所:　深圳证券交易所
　股票简称:　亿安科技
　股票代码:　0008
6.选定信息披露报刊:　《中国证券报》、《证券时报》
7.年度报告登载国际互联网网址:http://www.cninfo.com.cn
8.公司年报备置地点:　公司办公地点

二、会计数据和业务数据摘要

根据深圳同人会计师事务所按中国会计准则审计的本公司主要会计数据和业务数据摘要如下:

(一) 本年度主要利润指标情况　　单位:人民币元

利润总额:	12,753,658
净利润:	18,091,495
扣除非经常性损益后的净利润:	7,709,766
主营业务利润:	43,596,089
其他业务利润:	12,347
营业利润:	32,506,276
投资收益:	-19,743,508
营业外收支净额:	-9,110
经营活动产生的现金流量净额:	9,133,613
现金及现金等价物增加额:	-1,217,906

注:报告期公司非经常性损益共计 10,381,729 元。其主要构成系公司控股并托管经营的广东亿安网络通信科技有限公司(原名"江门市万燕多媒体通信科技有限公司")获江门市地方税务局以江地税(2000)75 号文批复,根据财政部、国家税务总局(1994)001 号文《关于企业所得税优惠政策通知》第一条第二款"对新办的独立核算的从事咨询业、信息业、技术服务业的企业或经营单位,自开业之日起,第一至第二年免征所得税"的规定,免征该公司 1999 年度企业所得税计 10,390,839 元。

(二)截至报告期末本公司前三年主要会计数据和财务指标　　单位:人民币元

年度	2000 年度	1999 年度		1998 年度	
项目		调整后	调整前	调整后	调整前
主营业务收入	102,721,874	91,511,773	91,511,773	99,187,310	99,187,310
净利润	18,091,495	18,807,878	18,807,878	-55,190,700	-62,623,660
总资产	290,828,409	236,162,688	236,162,688	302,181,943	326,598,053
股东权益	104,283,343	86,191,849	86,191,849	67,383,970	89,888,013
每股收益	0.246	0.255	0.255	-0.749	-0.85
扣除非经常性损益后的每股收益	0.105	0.097	0.097	-0.638	-0.747
每股净资产	1.416	1.17	1.17	0.915	1.22
调整后的每股净资产	1.27	1.00	1.00	0.322	0.60
净资产收益率%	17.35	21.82	21.82	-81.9	-69.7
每股经营活动产生的现金流量净额	0.124	-0.124	-0.124	-0.10	-0.10

注:报告期内本公司总股本未发生变动,故按净利润计算的加权净资产收益率和扣除非经常损益后的加权净资产收益率指标与摊薄指标相同。

(三)利润表附表

	净资产收益率(%)		每股收益	
报告期利润	全面摊薄	加权平均	全面摊薄	加权平均
主营业务利润	41.81	45.78	0.5919	0.5919
营业利润	31.17	34.13	0.4413	0.4413
净利润	17.35	19.00	0.2456	0.2456
扣除非经常性损益后的净利润	7.39	8.10	0.1047	0.1047

三、股东情况介绍

1.报告期末本公司股东总数 13280 户,其中未流通股份股东 6 户,已流通股份股东 13274 户。

2.主要股东持股情况

股东名称	期初持股数	期内增减	期末持股数(股)	所占比例(%)
(1)广东亿安科技发展控股有限公司	20,892,952	0	20,892,952	28.37
(2)深圳天俊实业股份有限公司	6,115,200	0	6,115,200	8.30
(3)深圳天俊实业股份有限公司工会	5,066,353	0	5,066,353	6.88
(4)深圳市商贸投资控股公司	2,453,130	0	2,453,130	3.33
(5)深圳新未来实业发展公司	2,000,000	0	2,000,000	2.72
(6)深圳粤海实业投资发展有限公司	1,835,000	0	1,835,000	2.49
(7)广州恒康置业有限公司			355,054	0.48
(8)冯志伟			324,600	0.44
(9)徐文哲			318,017	0.43
(10)林四娣			252,500	0.34

3.主要股东持股情况说明
(1)前十名股东中,第一至第六名股东为未上市流通股股东,持有股份总数 38,362,635 股(占总股本 52.08%);第七至第十名股东为上市流通股股东,持有股份总数 1,250,171 股(占总股本 1.697%)。
(2)报告期末,本公司法人股东持股质押或冻结情况如下:
广东亿安科技发展控股有限公司以其持有的本公司法人股 19,228,462(占总股本 26.11%)向中国银行江门分行办理质押贷款,贷款期自 1999 年至 2002 年 10 月 31 日,已办理股权质押手续。
深圳天俊实业股份有限公司以其持有的本公司国有法人股 5,066,353 股(占总股本 6.88 %)分别向中国银行深圳分行、中国农业银行深圳分行办理质押贷款,已办理股权质押手续。

中国宝安集团股份有限公司

(一)公司简介

1、公司法定中、英文名称及缩写
中文名称:中国宝安集团股份有限公司　　简称:宝安集团
英文名称:CHINA BAOAN GROUP CO.,LTD
2、公司法定代表人:陈政立
3、公司董事局秘书:娄兵　　电话:0755-5170336　电子信箱:loubing@163.net
公司股证事务代表:陶琴　　电话:0755-5170382　　电子信箱:q-tao@163.net
联系地址:深圳市笋岗东路宝安广场A座28-29层　　传真:0755-5170300,5170367
4、公司注册及办公地址:深圳市笋岗东路宝安广场A座28-29层　　邮政编码:518020
公司国际互联网网址:http://www.baoanfourm.com　公司电子信箱:szzgbajt@sz.gd.cninfo.net
5、公司选定的信息披露报纸名称:《中国证券报》、《证券时报》
登载公司年度报告的中国证监会指定国际互联网网址:http://www.cninfo.com.cn
公司年度报告备置地点:公司董事局秘书处
6、公司股票上市交易所:深圳证券交易所　　公司简称:深宝安A　　公司代码:0009

(二)会计数据和业务数据摘要

1、本年度会计数据摘要:　　单位:人民币　元

利润总额:	59,856,256
净利润:	37,202,395
扣除非经常性损益后的净利润:	12,558,956
主营业务利润:	198,211,020
其他业务利润:	30,388,497
营业利润:	-44,132,446
投资收益:	79,345,264
补贴收入:	2,272,943
营业外收支净额:	22,370,495
经营活动产生的现金流量净额:	141,177,901
现金及现金等价物增加额:	-7,281,049

注:非经常性损益主要系本公司根据最高人民法院终审判决收取深圳盐田港集团有限公司违反土地使用权转让合同的违约金与滞纳金计人民币6,878,482.68元及本公司和下属公司深圳五星企业公司以所拥有的"宝安宾馆"抵偿所欠深圳市农村信用联合社宝安支社借款所形成处置固定资产收益计人民币8,547,783.20元等其他营业外收入所致。

2、公司近三年主要会计数据和财务指标　　单位:人民币　元

指标项目	2000年	1999年 调整后	1999年 调整前	1998年
主营业务收入	637,505,391	858,626,346	858,626,346	566,737,582
净利润	37,202,395	30,873,378	30,873,378	-487,433,248
总资产	4,664,228,632	4,893,258,229	4,893,258,229	4,820,582,441
股东权益(不含少数股东权益)	1,303,500,842	1,266,572,474	1,238,122,768	1,207,128,850
每股收益	0.039	0.032	0.032	-0.508
每股收益(加权)	0.039	0.032	0.032	-0.508
扣除非经常性损益后的每股收益	0.013	0.032	0.032	-0.482
每股净资产	1.36	1.32	1.29	1.26
调整后的每股净资产	1.25	1.23	1.20	1.18
每股经营活动产生的现金流量净额	0.15	-0.035	-0.035	-0.15
净资产收益率(%)	2.85	2.44	2.49	-40.38

4、报告期股东权益变动情况　　单位:人民币　元

项目	股本	资本公积	盈余公积	其中:法定公益金	未分配利润	外币折算差	合计
期初数	958,810,042	704,493,496	637,640,634	498,336,320	-1,034,335,133	-36.565	1,266,572,474
本期增加	—	—	9,619,642	3,531,350	27,582,753	—	37,202,395
本期减少	—	—	—	—	—	274.027	274,027
期末数	958,810,042	704,493,496	647,260,276	3,531,350	-1,006,752,380	-310,592	1,303,500,842

(三)股本变动及股东情况

1、股本变动情况
(1)股份变动情况表
股本结构(2000年12月31日)　　单位:股　　面值:1元

股权设置	期初数	比例	期末数	比例
一、尚未流通股份国家股	218,572,878	22.80	218,572,878	22.80
法人股	160,510,314	16.74	160,510,314	16.74
法人股转配部分	21,000	0.002		
高管人员持股	299,476	0.03	299,476	0.03
小计	379,403,668	39.57	379,382,668	39.57
二、已流通股份				
社会公众股	579,406,374	60.43	579,427,374	60.43
小计	579,406,374	60.43	579,427,374	60.43
三、股份总数	958,810,042	100	958,810,042	100

注:2000年9月6日经深圳证券交易所批准,本集团21000股法人转配股上市流通。
(2)近三年股票发行与上市情况
1998年、1999年、2000年本集团未对外发行股票及衍生证券,也未因送股、转增股本、配股等其他形式引起公司股份总数及结构的变动。
2000年9月6日起,本集团法人转配股21000股经深圳证券交易所批准上市流通。
2、股东情况介绍 (1)截至2000年12月31日止,股东总数为256,628户。其中国家股股东2户,法人股股东105户,其余为社会公众股股东。
(2)前十名股东持股情况截止2000年12月31日,本集团前十大股东持股情况　单位:股

序号	股东名称	股份性质	年末持股数	持股比例%	本年度变动
1	龙岗区投资管理有限公司	国家股	111,622,689	11.64	-
2	宝安区投资管理公司	国家股	106,950,189	11.15	-
3	龙岗区大鹏镇大坑上村	法人股	15,339,865	1.60	-
4	龙岗区大鹏镇大坑下村	法人股	13,077,494	1.36	-
5	深圳市房地产建设开发公司	法人股	12,762,750	1.33	-
6	深圳新安实业股份有限公司	法人股	11,901,263	1.24	-
7	龙岗区横岗镇股份投资有限公司	法人股	10,465,455	1.09	-
8	宝安县沙井镇经济发展总公司	法人股	7,640,246	0.80	-
9	华茂东方控股有限公司	法人股	7,434,301	0.78	-
10	布吉发展公司	法人股	7,019,512	0.73	-

深圳市华新股份有限公司

一、公司简介

1、公司名称:深圳市华新股份有限公司
英文名称:SHENZHEN HUAXIN CO,LTD.
2、公司法定代表人:李振华
3、公司董事会秘书:刘明
联系地址:深圳市福田区深南中路华联大厦1016室
电话:(0755)3668745　　传真:(0755)3668696
4、公司注册和办公地址:深圳市福田区深南中路华联大厦10楼　　邮政编码:518031
电子信箱:szhxgs@sz.gd.cninfo.net
5、公司选定的信息披露报纸:《证券时报》
登载公司年度报告的国际互联网网址:http://www.cninfo.com.cn
公司年度报告备置地点:深圳市福田区深南中路华联大厦1016室　　董事会秘书处
6、公司股票上市交易所:深圳证券交易所
股票简称:ST深华新　　股票代码:0010

二、会计数据和业务数据摘要

1、公司本年度实现利润情况:　　(单位:元)

利润总额	23,596,821.06
净利润	19,942,725.25
扣除非经常性损益后的净利润	9,947,804.99
主营业务利润	48,946,166.66
其他业务利润	678,127.88
营业利润	15,991,230.77
投资收益	-2,389,329.97
补贴收入	0
营业外收支净额	9,994,920.26
经营活动产生的现金流量净额	-28,226,434.04
现金及现金等价物净增加额	3,483,439.07

注:扣除非经常性损益项目及涉及金额:

营业外收入	10,516,095.01
营业外支出	521,174.75

2、截止报告期末公司前三年的主要会计数据和财务指标:　　(单位:元)

项目	2000年	1999年 调整后	1999年 调整前	1998年
主营业务收入	533,285,864.27	416,644,105.05	416,644,105.05	423,142,920.92
净利润	19,942,725.25	-53,746,384.88	-66,196,384.88	2,513,451.21
总资产	351,781,927.80	333,381,953.41	358,177,155.91	331,836,558.17
股东权益	154,065,819.55	134,123,094.30	121,673,094.30	187,869,479.18
每股收益(摊薄)	0.14	-0.37	-0.45	0.03
(加权)	0.14	-0.37	-0.45	0.03
扣除非经常性损益后的每股收益	0.07	-0.17	-0.41	
每股净资产	1.05	0.91	0.83	2.56
调整后的每股净资产	0.99	0.89	0.80	2.47
每股经营活动产生的现金流量净额	-0.19	-0.12	-0.12	0.27
净资产收益率%(摊薄)	12.94	-40.07	-54.41	1.34
净资产收益率%(加权)	12.94	-40.07	-54.41	1.34

注:主要财务指标计算公式如下:
每股收益=净利润/年度末普通股股份总数
每股净资产=年度末股东权益/年度末普通股股份总数
调整后的每股净资产=(年度末股东权益-三年以上的应收款项净额-待摊费用-待处理(流动、固定)资产净损失-开办费-长期待摊费用-住房周转金负数余额)/年度末普通股股份总数
每股经营活动产生的现金流量净额=经营活动产生的现金流量净额/年度末普通股股份总数
净资产收益率=净利润/年度末股东权益X100%
3、根据中国证监会发布的《公开发行证券公司信息披露编报规则(第9号)》要求,报告期末公司按全面摊薄法和加权平均法计算净资产收益率及每股收益:　　(单位:元)

报告期利润	净资产收益率(%) 全面摊薄	净资产收益率(%) 加权平均	每股收益 全面摊薄	每股收益 加权平均
主营业务利润	0.3177	0.3397	0.333	0.333
营业利润	0.1038	0.1110	0.109	0.109
净利润	0.1294	0.1384	0.136	0.136
扣除非经常性损益后的净利润	0.0646	0.0690	0.068	0.068

4、报告期内股东权益变动情况:　　(单位:元)

项目	股本	资本公积	盈余公积	法定公益金	未分配利润	股东权益合计
期初数	147017448	20688128.55	16333461.56	4,481,157.06	-49,915,943.81	134,123,094.30
本期增加						
本期减少		11,852,304.50				
期末数	147017,448	20688,128.55	4481,157.06	4,481,157.06	-18,120,914.06	154,065,819.55
变动原因			盈余公积弥补亏损后减少		本年度盈利及弥补亏损	本年度盈利增加

三、股本变动及股东情况

1、截止2000年12月31日止,公司股东总数为6,450户。
2、报告期末前10名股东持股情况:

名次	股东名称	年末持股数	占总股本比例(%)
1	顺德市容桂镇经济发展总公司	36,093,074	24.55
2	中国信达信托投资公司	27,987,456	19.04
3	顺德市容桂镇容山实业发展总公司	15,824,000	10.76
4	顺德市容进投资控股有限公司	7,300,000	4.97
5	北京永安商业公司	2,912,000	1.98
6	中国纺织机械和技术进出口公司	2,329,600	1.58
7	江苏省南通印染厂	1,032,192	0.70
8	青岛纺织物业有限公司	1,032,192	0.70
9	江苏省南通八一印染厂	645,120	0.44
10	深圳市众业经济发展中心	582,400	0.40

深圳市物业发展(集团)股份有限公司

一、公司简介

1、公司中文名:深圳市物业(发展)集团股份有限公司(简称"物业集团")
公司英文名:ShenZhen Properties & Resources Development (Group) Ltd (PRD)
2、法定代表人:田承刚
3、董事会秘书:郭玉梅
电话: 0755-2253020　　传真: 0755-2252043
4、注册、办公地址:深圳市人民南路国贸大厦42层、39层。
电子信箱:szwygf@sz.gd.cninfo.net　　邮政编码:518014
5、公司信息披露媒体:A股:《证券时报》B股:《大公报》
公司年报备置地点:深圳市国贸大厦42层董事会办公室
登载年报指定网址:http://www.cninfo.com.cn
6、股票上市交易所:深圳证券交易所
简称:深物业A(0011) 深物业B(2011)

二、会计数据和业务数据摘要

(一)公司本年度会计数据(单位:人民币元)

利润总额	61,161,407.94
净利润	53,712,789.16
扣除非经常性损益的净利润	51,612,076.81
主营业务利润	175,766,080.73
其他业务利润	67,681,949.13
营业利润	60,435,953.87
投资收益	-1,375,258.28
补贴收入	-
营业外收支净额	2,100,712.35
经营活动产生的现金流量净额	319,989,321.13
现金及现金等价物净增加额	126,441,987.26

(二)境内、外会计制度计算的净利润及其产生的差异如下:

	2000年度除税后溢利	于2000年12月31日之资产净值
	人民币千元	人民币千元
依据中国会计准则计算列报	53,713	264,250
为符合国际会计准则所作之调整		
递延税项	-4,120	-4,120
费用摊销及其他收入确认	33,854	-10,442
子公司合并	-2,836	-3,070
固定资产确认	463	-2,827
无形资产确认	-1,673	-1,673
其他	-2,974	-4,825
依据国际会计准则计算列报	76,427	237,293

(三)公司前三年的主要会计数据和财务指标(单位:人民币元)

项目	2000年度	1999年度		1998年度	
		调整后	调整前	调整后	调整前
主营业务收入	658,120,332.85	549,238,262.97	549,238,262.97	649,382,629.53	642,541,185.86
净利润	53,712,789.16	42,954,267.75	42,954,267.75	10,991,675.11	12,840,735.40
总资产	2667288668.25	2397362024.53	2373639836.36	2328954940.39	2731125719.71
股东权益(不含少数股东权益)	264,249,800.28	189,270,536.01	167,306,661.92	143,276,129.29	546,605,718.89
每股收益(全面摊薄)	0.100	0.079	0.079	0.020	0.024
每股收益(加权平均)	0.100	0.079	0.079	0.020	0.024
扣除非经常性损益后的每股收益	0.095	0.079	0.079	0.020	0.024
每股净资产	0.488	0.349	0.309	0.264	1.01
调整后的每股净资产*	0.040	0.074	0.048	0.264	0.87
每股经营活动产生的现金流量净额	0.591	0.080	0.080	0.264	0.264
加权平均净资产收益率	24.10%	26.07%	7.56%	2.04%	1.48%
全面摊薄净资产收益率	20.33%	22.69%	25.67%	7.67%	2.35%

2000年扣除的非经常性损益为营业外收支净额210万。

利润表附表:

项目	2000年度			
	净资产收益率		每股收益	
	全面滩薄(%)	加权平均(%)	全面滩薄(元)	加权平均(元)
主营业务利润	66.52	78.85	0.32	0.32
营业利润	22.90	27.11	0.11	0.11
净利润	20.33	24.10	0.10	0.10
扣除非经常性损益后的净利润	19.53	23.15	0.095	0.095

(四)股东权益变动情况　单位:人民币元

项目	股本	资本公积	盈余公积	法定公益金	未分配利润	外币折算差	合计
期初数	541799175.00	284741326.49	62919127.11	62919127.11	704247708.32	4058615.73	189270536.01
本期增加		21,266,475.11			53712789.16		74979264.27
本期减少							
期末数	541799175.00	306007801.60	62919127.11	62919127.11	650534919.16	4058615.73	26424,800.28

三、股东情况介绍

截至2000年12月31日,本公司股东总户数43571户,其中A股39904户,B股3667户;前十名股东为:

股东名称	持股数	比例(%)
深圳市建设投资控股公司	323,747,713	59.75
中国平安保险股份有限公司	56,628,000	10.45
深圳市国利实业公司	2,521,800	0.46
深圳经济特区免税商品公司	1,573,000	0.29
中信证券有限公司	1,573,000	0.29
上海香港万国证券	1,063,000	0.20
EARNGUARD LTD	1,035,328	0.19
正华实业有限公司	900,000	0.17
中国深圳国际合作股份有限公司	887,172	0.16
NORMURA INTERNATIONAL (HK) LTD	878,596	0.16

中国南玻集团股份有限公司

一、公司简介

1、公司法定中文名称:中国南玻集团股份有限公司(南玻集团)
公司法定英文名称:China Southern Glass Holding Co.,Ltd.(CSG)
2、公司法定代表人:盛斌
3、公司董事会秘书:吴国斌　　公司证券事务代表:张志平
联系地址:中国深圳蛇口工业六路一号南玻大厦
联系电话:86-755-6695970　　联系传真:86-755-6692755　　邮编:518067
电子信箱:szcsgcsg@sz.gd.cninfo.net
4、公司注册及办公地址:中国深圳蛇口工业六路一号南玻大厦　　邮编:518067
公司国际互联网网址:http://www.csgholding.com　电子信箱:nbdnb@public.szptt.net.cn
5、公司选定的信息披露报纸名称:《证券时报》、《中国证券报》、《大公报》
登载公司年度报告的国际互联网网址:http://www.cninfo.com.cn
公司年度报告备置地点:中国深圳蛇口工业六路一号南玻大厦五楼证券部
6、公司股票上市地:深圳证券交易所
股票简称:深南玻A、深南玻B　　股票代码:0012(A股)、2012(B股)

二、会计数据和业务数据摘要

1、本年度主要会计数据(单位:人民币元)

(1)利润总额:	177,927,313.59
(2)净利润:	164,228,766.63
(3)扣除非经营性损益后的净利润:	154,288,841.59
(4)主营业务利润:	415,403,650.95
(5)其他业务利润:	4,446,081.50
(6)营业利润	170,423,388.30
(7)投资收益:	-3,341,039.95
(8)补贴收入:	
(9)营业外收支净值:	10,913,213.50
(10)经营活动产生的现金流量净值:	323,291,103.75
(11)现金及现金等价物净增加额:	39,368,223.72
净利润:	164,228,766.63
1)营业外支出:	14,552,775.93
2)营业外收入:	25,465,989.43
3)股权投资差额摊销:	973,288.46
扣除非经营性损益后的净利润:	154,288,841.59

按照安达信公司审计的财务报告,本集团2000年净利润为人民币189,359,453元,按中天勤会计师事务所审计的结果,本集团2000年实现净利润为人民币164,228,767元,两者差异在于:(单位:人民币元)

按中国会计准则:	164,228,767
房地产收入确定,净额	1,967,833
递延税项	-283,910
开办费和长期递延资产支出的撤销	22,084,480
其他	1,362,283
按国际会计准则:	189,359,453

2、近三年主要会计数据和财务指标(单位:人民币元)

项　目	2000年	1999年	1998
主营业务收入	1,116,434,358.18	977,655,785.78	754,107,910.54
净利润	164,228,766.63	-169,700,553.76	15,743,844.62
总资产	2,824,842,003.12	2,865,585,033.30	3,287,068,513.19
股东权益(扣少数股权)	1,831,694,660.67	1,748,225,372.51	1,918,360,114.03
每股收益(摊薄)	0.24	-0.25	0.02
每股收益(加权)	0.24	-0.25	0.02
扣除非经营性损益后的每股收益	0.23	0.025	0.02
每股净资产	2.71	2.58	2.83
调整后的每股净资产	2.59	2.43	2.64
每股经营活动产生的现金流量净值	0.48	0.46	0.31
调整后每股经营活动产生的现金流量净值	0.48	0.46	0.31
净资产收益率%	8.97	-9.71	0.82

3、根据中国证监会关于发布《公开发行证券公司信息披露编报规则》第九号要求计算的利润数据:

报告期利润	净资产收益率(%)		每股收益(元)	
	全面摊薄	加权平均	全面摊薄	加权平均
主营业务利润	22.68	22.70	0.6136	0.6136
营业利润	9.30	9.31	0.2517	0.2517
净利润	8.97	8.97	0.2426	0.2426
扣除非经常性损益后的净利润	8.42	8.43	0.2279	0.2279

三、股本变动及股东情况

1、报告期末公司主要股东持股情况
(1)截止报告期末股东总数:14,536户。
(2)前十名股东持股情况

股东名称	持股数(股)	比例%	性质
招商局(玻璃工业)控股有限公司	102,448,544	15.13	境外股东
中国北方工业深圳公司	87,175,364	12.88	境内股东
怡万实业发展(深圳)有限公司	87,175,364	12.88	境内股东
深圳市怡达贸易公司	76,204,633	11.26	境内股东
上海叶轩印务有限公司	19,364,383	2.86	境内股东
CHINA EVERBRIGHT FINANCIAL HOLDINGS LIMITED	10,895,232	1.61	境外股东
湖北恒瑞科技有限责任公司	10,262,363	1.52	境内股东
轩伟有限公司	6,704,237	0.99	境外股东
深圳君安证券有限公司	5,878,371	0.87	境内股东
湖北安丰资产管理有限责任公司	5,781,789	0.85	境内股东

深圳石化工业集团股份有限公司

一、公司简介

公司法定中文名称:深圳石化工业集团股份有限公司
公司法定英文名称:Shenzhen Petrochemical Industry (Group) Co., LTD (缩写为:SPEC)
公司法定代表人:陈涌庆先生
公司董事会秘书:蔡建平先生
联系地址:深圳市福田区红荔西路石化大厦
电话:(86)755-3344355 传真:(86)755-3324057
电子信箱:caijp@shihua.spec.com.cn
公司注册地址及办公地址:深圳市福田区红荔西路石化大厦
邮政编码:518028
电子信箱:SPEC0013@shihua.spec.com.cn
公司选定的信息披露报纸名称:《证券时报》、《大公报》
登载公司年度报告的中国证监会指定国际互联网网址:http://www.cninfo.com.cn
公司年度报告备置地点:深圳市福田区红荔西路石化大厦四楼公司董事会秘书处
公司股票上市交易所:深圳证券交易所
股票简称和股票代码:深石化 A 0013
深石化 B 2013

二、会计数据和业务数据摘要

1、公司本年度利润总额及构成(单位:人民币元)

利润总额	68,612,008.12
净利润	37,627,761.76
扣除非经常性损益后净利润	36,682,897.70
主营业务利润	150,782,758.90
其他业务利润	10,070,288.84
营业利润	52,189,269.17
投资收益	7,888,178.07
补贴收入	---
营业外收支净额	8,534,560.88
经营活动产生的现金流量净额	28,856,254.67
现金及现金等价物净增加额	-31,711,023.84

2、按国际会计准则调整对净利润的影响(人民币千元)

按中国会计准则申报于经审计综合法定财务报表	37,627
为符合国际会计准则之要求而做出调整	
出售职工住宅损失	(916)
调整后数值	36,711

3、主要会计数据和财务指标(单位:人民币元)

项目	2000 年	1999 年	1998 年	
			调整前	调整后
主营业务收入	819,096,831.89	621,441,096.63	577,959,084.10	577,959,084.10
净利润	37,627,761.76	10,098,265.71	6,229,475.18	-27,846,090.58
总资产	2,329,941,990.90	2,435,308,287.92	2,663,893,275.27	2,462,525,047.11
股东权益	567,329,878.18	530,618,368.70	725,657,165.85	524,288,937.66
每股收益	0.124	0.033	0.021	-0.092
加权平均每股收益	0.124	0.033	0.021	-0.092
扣除非经常性损益后的每股收益	0.121	0.033	0.021	-0.092
每股净资产	1.87	1.75	2.39	1.73
调整后的每股净资产	1.77	1.62	1.59	1.65
每股经营活动产生的现金流量净额	0.095	0.03	0.044	0.044
净资产收益率	6.63%	1.90%	0.86%	-5.31%
加权净资产收益率	6.85%	1.91%		
扣除非经常性损益后加权净资产收益率	6.68%	1.91%		

注:表列本公司 1998 年度会计数据中,调整后数据为本公司根据财政部的有关规定在法定会计报表中计提各项资产减值准备后的相关数据。

4、依据中国证监会《公开发行证券公司信息披露编报规则(第 9 号)》要求计算的净资产收益率和每股收益:

项 目	净资产收益率(%)		每股收益(元)	
	全面摊薄	加权平均	全面摊薄	加权平均
主营业务利润	26.58	24.88	0.497	0.497
净利润	6.63	6.85	0.124	0.124
扣除非经常性损益后的净利润	6.47	6.68	0.121	0.121

三、股东情况介绍

1、报告期末股东总数

截止 2000 年 12 月 31 日,本公司在册股东(包括法人和自然人)共 29,488 人,其中 A 股股东 27,043 人,B 股股东 2,445 人。

2、报告期末本公司前 10 名股东及其持股情况

股东名称	持股数	占总股本比例	股份性质
深圳石化集团有限公司	164,546,553	54.24%	国有股
中国平安保险股份有限公司	23,400,000	7.71%	法人股
国通证券有限公司	19,380,532	6.39%	法人股
深圳晶业塑胶有限公司	2,208,772	0.73%	法人股
中国宝安集团股份有限公司	1,560,000	0.51%	法人股
深圳银地投资股份有限公司	1,560,000	0.51%	法人股
中国光大银行深圳证券业务部	1,484,936	0.49%	法人股
深圳中大投资管理有限公司	936,000	0.31%	法人股
陈劲松	868,700	0.29%	流通 B 股
LISHI TRADING CO.	822,320	0.27%	流通 B 股
合 计	216,767,813	71.45%	

注:持有本公司 5%以上股份的股东深圳石化集团有限公司、中国平安保险股份有限公司和国通证券有限公司所持股份年度内无增减,上述三家股东所持股份均未发生质押、冻结等情况。

华源实业(集团)股份有限公司

一、公司简介

1、公司法定中文名称:华源实业(集团)股份有限公司
公司法定英文名称:HUAYUAN INDUSTRIAL (GROUP) CO.,LTD 缩写:SZHY
2、公司法定代表人:陈平
3、公司董事会秘书:王凡 联系地址:中国深圳市沙河白石洲沙河商城七楼
电话:0755-6900498 传真:0755-6608488 电子信箱:wf555@163.net
4、公司注册地址:中国深圳市沙河白石洲沙河商城七楼
公司办公地址:中国深圳市沙河白石洲沙河商城七楼 邮政编码:518053
公司电子信箱:wf555@163.net
5、公司选定的信息披露报纸名称 :《证券时报》
登载公司年度报告的中国证监会指定国际互联网网址:http://www.cninfo.com.cn
公司年度报告备置地点:公司董事会秘书处
6、公司股票上市交易所:深圳证券交易所
股票简称:ST 深华源 股票代码:0014

二、会计数据和业务数据摘要

1.本年度主要财务数据 单位:人民币元

利润总额:	14,193,886.09
净利润:	12,154,417.21
扣除非经常性损益后净利润:	-32,563,930.30
主营业务利润:	11,704,567.91
其他业务利润:	1,966,918.30
营业利润:	-31,553,898.40
投资收益:	1,029,436.98
补贴收入:	0
营业外收支净额:	44,718,347.51
经营活动产生的现金流量净额:	10,553,988.45
现金及现金等价物净增加额:	2,689,239.86

注:扣除非经常性损益的项目、涉及金额
营业外收支净额: 44,718,347.51

2.公司近三年主要会计数据和财务指标: (金额单位:人民币万元)

指标项目	2000 年	1999 年	1998 年	
			调整前	调整后
主营业务收入	7,818.36	7,025.84	15,134.93	15,134.93
净利润	1,215.44	-7,527.55	-7,056.23	-9,084.86
总资产	31,041.99	32,882.45	46,416.32	40,720.58
股东权益	19.02	-1,177.03	11,917.67	6,294.86
每股收益摊薄	0.14	-0.84	-0.787	-1.01
加权	0.14	-0.84	-0.787	-1.01
扣除非经常性损益	-0.36	-0.36	-0.787	-0.787
每股净资产	0.0021	-0.13	1.33	0.70
调整后每股净资产	-0.201	-0.58	1.00	0.19
每股经营活动产生的现金流量净额	0.12	-0.04	0.04	0.04
净资产收益率(%)摊薄	6391.25	639.54	-59.19	-144.32
加权	-213.49	-297.40	-45.68	-62.94

4.本年度股东权益变动情况:

项目	期初数	本期增加	本期减少	期末数
股本	89,646,750			89,646,750
资本公积	116,047,885.73			116,047,885.73
盈余公积	34,289,242.96			34,289,242.96
法定公益金	7,223,219.24			7,223,219.24
未分配利润	-251,886,291.26	12,154,417.21		-239,731,874.05
股东权益合计	11,770,278.88	11,960,451.56		190,172.68

权益变动原因:未分配利润增加是由于本公司债权人豁免 4558 万元债务计入债务重组收益所致。

三、股本变动及股东情况

1、股本变动情况

(1)股份变动情况表 数量单位:股

	期初数	本次变动增减(+,-)	期末数
一、尚未流通股份			
1. 发起人股份	44,426,399		44,426,399
其中:国家拥有股份			
境内法人持有股份	17,104,424		17,104,424
外资法人持有股份	27,321,975		27,321,975
尚未流通股份合计	44,426,399		44,426,399
二、已流通股份			
1.境内上市的人民币普通股	45,220,351		45,220,351
已流通股份合计	45,220,351		45,220,351
三、股份总数	89,646,750		89,646,750

(2)股票发行与上市情况 :到报告期末为止的前三年没有增发新股,也没有进行配股;报告期内没有因送股、转赠股本、配股、增发新股而引起公司股份总数及结构的变动;

2、股东情况介绍

(1)截止 2000 年 12 月 31 日,持有本公司股东总户数 13467 户。

(2)公司前 10 名股东持股情况

序号	股东名称	持股数量(股)	持股比例(%)	股份性质
1	华源电子科技有限公司	27,321,975	30.48	发起人法人股
2	深圳经济特区发展(集团)公司	10,119,187	11.29	发起人法人股
3	机电工业部第三十三研究所	5,297,737	5.90	发起人法人股
4	深圳工艺品进出口公司	1,687,500	1.88	发起人法人股
5	陈治艇	439,800	0.49	流通股
6	涂小艳	392,259	0.44	流通股
7	刘昌兰	350,000	0.39	流通股
8	黄德安	333,100	0.37	流通股
9	陈金鸿	321,100	0.36	流通股
10	深圳市明诺投资有限责任公司	316,865	0.35	流通股

深圳中浩(集团)股份有限公司

一、公司简介

1.公司的法定中文名称:深圳中浩(集团)股份有限公司
公司的法定英文名称:SHENZHEN ZHONGHAO (GROUP) LTD.
2.公司法定代表人:陈立祥
3.公司董事会秘书:蒋永林
联系地址:广东省深圳市八卦四路中浩大厦十楼
联系电话:(0755)2260864 2262552-308
传真:(0755)2262272 2262552-222
电子信箱:jiangyonglin@21cn.com
4.公司注册地址:深圳市福田区八卦岭工业区八卦四路中浩大厦
公司办公地址:深圳市福田区八卦岭工业区八卦四路中浩大厦九、十层 邮政编码:518029
电子信箱:zhonghaodb@21cn.com
5.公司选定的信息披露报纸名称:《证券时报》、香港《大公报》
登载公司年度报告的国际互联网网址:http://www.cninfo.cn.com
公司年度报告备置地点:公司董事会办公室
6.公司股票上市交易所:深圳证券交易所
股票简称:PT 中浩 A、PT 中浩 B 股票代码:0015、2015

二、会计数据和业务数据摘要

(一) 公司本年度会计数据和业务数据摘要 单位:人民币元

利润总额	(165,719,898.67)
净利润	(174,633,852.64)
扣除非经常性损益后的净利润	(157,840,569.19)
主营业务利润	35,940,599.67
其他业务利润	(4,849,333.36)
营业利润	(138,055,136.54)
投资收益	(10,871,478.68)
补贴收入	-
营业外收支净额	(16,793,283.45)
经营活动产生的现金流量净额	(6,606,906.35)
现金及现金等价物净增加额	(8,196,282.20)

注:扣除非经常性损益项目及涉及金额: 单位:人民币元
营业外收入: 176,628.10
营业外支出: 16,969,911.55

(三)主要会计数据和财务指标 单位:人民币元

指标项目	2000 年	1999 年		1998 年	
		调整后	调整前	调整后	调整前
主营业务收入	103,080,753.84	102,987,655.03	102,987,655.03	36,839,670.03	36,839,670.03
净利润	(174,633,852.64)	(158,335,795.12)	(129,543,621.52)	(360,880,560.75)	(360,880,560.75)
总资产	723,070,531.11	836,896,443.39	833,753,856.64	822,212,417.18	903,056,068.80
股东权益	(701,550,897.91)	(526,917,045.27)	(526,893,367.48)	(397,349,745.96)	(316,506,094.34)
每股收益	(1.11)	(1.01)	(0.82)	(2.295)	(2.295)
扣除非经常性损益后的每股收益	(1.00)	(1.00)	(0.82)		
每股净资产	(4.46)	(3.35)	(3.35)	(2.53)	(2.013)
调整后每股净资产	(4.46)	(3.95)	(3.47)	(2.66)	(2.218)
每股经营活动产生的现金流量净额	(0.04)		(0.06)		(0.06)
净资产收益率(%)					

(四)利润表附表

报告期利润	净资产收益率		每股收益	
	全面摊薄	加权平均	全面摊薄	加权平均
主营业务利润	-5.12%	-5.85%	0.23 元	0.23 元
营业利润	-19.68%	-22.48%	-0.88 元	-0.88 元
净利润	-24.89%	-28.43%	-1.11 元	-1.11 元
扣除非经营性损益后的净利润	-22.50%	-25.70%	-1.00 元	-1.00 元

(五)报告期内股东权益变动情况

项目	股本	资本公积	盈余公积	法定公益金	未分配利润	股东权益合计
期初数	157,213,420.00	154,966,011.69	3,510,356.69	3,510,356.69	(842,606,833.65)	(526,917,045.27)
本期增加	-	-	-	-	-	-
本期减少	-	-	-	-	174,633,852.64	174,633,852.64
期末数	157,213,420.00	154,966,011.69	3,510,356.69	3,510,356.69	(1,017,240,686.29)	(701,550,897.91)

三、股本变动及股东情况

1.报告期末股东总数

截止 2000 年 12 月 31 日,经深圳证券登记有限公司和深圳证券结算有限公司核准,持有公司股份的股东共有 15,309 名,其中:A 股股东 13,206 名,B 股股东 2,103 名。

2.公司前 10 名股东的持股情况(截止 2000 年 12 月 31 日)

序号	股东名称	年初持股数(股)	年度内股份增减变化(+、-)	年末持股数(股)	持股比例(%)
1	深圳市投资管理公司	18,704,712		18,704,712	11.90
2	中国食品工业(集团)公司	18,799,188	- 2,338,098	16,461,090	10.47
3	深圳赛格集团公司	12,783,860		12,783,860	8.13
4	山东证券有限责任公司	11,500,000		11,500,000	7.31
5	三联集团有限公司	10,158,339		10,158,339	6.46
6	中国银行广东省分行	6,370,000		6,370,000	4.05
7	申银万国证券股份有限公司	4,312,037		4,312,037	2.74
8	江苏证券有限责任公司	3,730,000		3,730,000	2.37
9	天津经济建设投资集团总公司	3,460,000		3,460,000	2.20
10	北京财政证券公司	2,700,000		2,700,000	1.72

注:
(1)股东股份变动系股权转让所致;
(2)股东间的关联关系:深圳市投资管理公司持有深圳赛格集团 100%的股份;
(3)深圳市投资管理公司代表国家持有股份;
(4)持股 5%以上的法人股东所持股份的质押、冻结情况(截止 2000 年 12 月 31 日):深圳赛格集团公司所持 5,660,000 股、三联集团有限公司所持 10,158,339 股被冻结。

康佳集团股份有限公司

一、公司简介

1、公司的法定中英文名称及缩写
中文名称:康佳集团股份有限公司
英文名称:KONKA GROUP COMPANY, LMTED 英文缩写:KONKA GROUP CO.,LTD.
2、公司法定代表人:董事局主席 任克雷先生
3、公司董事局秘书:陈旭日先生 联系地址:中国广东深圳华侨城康佳集团
联系电话:(86755)6608866 传真:(86755)6600082 电子信箱:chenxuri@konka.com
股证事务代表:陈旭日先生、杨国彬先生
4、公司注册(办公)地址:深圳市华侨城东部工业区 邮政编码:518053
公司国际互联网址:http://www.konka.com 电子信箱:szkonkas@sz.gd.cninfo.net
5、公司选定的信息披露报纸名称:《中国证券报》、《证券时报》等
登载公司年度报告的中国证监会指定国际互联网网址:http://www.cninfo.com.cn
公司年度报告备置地点:董事局秘书处
6、公司股票上市交易所:深圳证券交易所
股票简称:深康佳 A、深康佳 B 股票代码:0016、2016

二、会计数据和业务数据摘要

1、本年度主要财务指标(单位:人民币元)

利润总额:	298,785,354.52
净利润:	224,883,253.48
扣除非经常性损益后的净利润:	225,660,761.17
主营业务利润:	1,485,091,536.84
其他业务利润:	15,531,826.67
营业利润:	253,689,605.49
投资收益:	-1,967,704.29
补贴收入:	150,000.00
营业外收入:	400,973,782.37
营业外支出:	354,060,329.05
经营活动产生的现金流量净额:	-5,566,367.84
现金及现金等价物净增加额:	-388,339,721.97

说明:(1)本公司是 A、B 股上市公司,2000 年度按中国会计准则审计的净利润为人民币 224,883 千元,按国际会计准则审计的净利润为 230,091 千元,两者之间存在 5,208 千元的差异为本公司下属企业住房周转金。

(2)扣除的非经常性损益项目和涉及金额

项目	金额(人民币元)
资产处置收益	9,801,912.71
资产处置损失	-8,086,895.05
补贴收入	150,000.00
合并价差摊入	-2,642,525.35
合计	-777,507.69

2、截止报告期末公司前三年的主要会计数据和财务指标
(单位:人民币元,标明除外)

项目 年度	2000 年	1999 年	1998 年	
			调整前	调整后
主营业务收入	9,016,554,732.77	10,127,098,593.31	8,573,886,611.13	8,573,886,611.13
净利润	224,883,253.48	497,527,792.65	429,165,782.81	431,915,706.43
总资产	10,063,013,806.96	9,769,410,621.91	7,183,323,011.84	7,174,729,288.36
股东权益	3,614,840,673.89	3,475,067,642.44	2,147,982,956.30	2,135,095,015.35
每股收益(按净利润全面摊薄)	0.3736	0.9091	1.1022	1.1092
每股收益(按净利润加权平均)	0.3736	1.0832	1.1490	1.1564
扣除非经常性损益后的每股收益	0.3751	0.9174	1.1035	1.1105
每股净资产	6.0049	6.35	5.52	5.48
调整后的每股净资产	5.6549	6.15	5.34	5.31
每股经营活动产生的现金流量净额	-0.0092	0.70	3.12	3.12
净资产收益率(按净利润全面摊薄)	6.22%	14.32%	19.98%	20.23%

3、利润表附表 2000 年

报告期利润	净资产收益率		每股收益	
	全面摊薄	加权平均	全面摊薄	加权平均
主营业务利润	41.08%	41.08%	2.4670	2.4670
营业利润	7.02%	7.02%	0.4214	0.4214
净利润	6.22%	6.22%	0.3736	0.3736
扣除非经常性损益后的净利润	6.24%	6.24%	0.3749	0.3749

说明:由于会计政策变更,根据财政部财会字[1999]35 号文件的有关规定,本公司采用追溯调整法,调整了 1998 年度合并会计报表相应项目。

三、股本变动及股东情况

1、股本变动情况:于 2000 年 12 月 31 日,本公司股东总数为 183,577 户,其中 A 股股东数为 181,073 户,B 股股东数为 2,504 户。

2、前 10 名大股东持股情况

序号	股东名称	年度内股份增减	年末持股数	持股类别
01	华侨城集团公司	+15,904,522	174,949,746	境内法人股
02	香港华侨城有限公司	-34,317,935	86,078,883	境外法人股
03	香港中旅(集团)有限公司	+46,357,616	46,357,616	境外法人股
04	浩达实业有限公司	+636,000	6,996,000	B 股
05	港华电子集团有限公司	+600,000	6,600,000	境外法人股
06	F-CLBLUXS/A THE BATTERYMARCH GEM FUND	+1,396,667	4,512,746	B 股
07	泰纪投资有限公司	+340,344	3,743,784	B 股
08	泉广投资有限公司	+302,143	3,323,582	B 股
09	TGSF-GLOBAL GROWTH FUND	+216,737	2,384,112	B 股
10	TOYO SECURTES ASA LTD	+1,596,516	2,212,610	B 股

深圳中华自行车(集团)股份有限公司

(一)、公司简介

1、公司的法定中文名称:深圳中华自行车(集团)股份有限公司
英文名称:SHENZHEN CHINA BICYCLE COMPANY(HOLDINGS)LIMITED　缩写:CBC
2、公司法定代表人:李承友先生
3、公司董事会秘书:李海先生
联系地址:中国广东省深圳市布心路三零零八号 电话:0755-5516998 传真:0755-5516620
电子信箱:szcbclee@sz.gd.cninfo.net;leocbc@163.net
4、公司注册及办公地址:中国广东省深圳市布心路三零零八号　邮政编码:518019
国际互联网网址:www.china-cbc.com　电子信箱:cbc@china-cbc.com
5、公司选定的信息披露报纸名称:《证券时报》《大公报》
指定年度报告国际互联网网址:www.cninfo.com.cn
年度报告备置地点:深圳市布心路三零零八号本公司董事会秘书处
6、公司股票上市交易所、股票简称和股票代码:股票上市交易所:深圳证券交易所
股票简称:ST 中华 A　ST 中华 B　股票代码:A 股为 0017　B 股为 2017

(二)、会计数据与业务数据摘要

1、公司本年度主要会计数据和业务数据:

公司本年度实现的利润总额-180,352,064.92 元,净利润-177,951,320.06 元,扣除非经常性损益后的净利润-179,337,131.06 元,主营业务利润-13,762,216.55 元,其他业务利润 4,767,867.08 元,营业利润-182,585,468.85 元,投资收益 -601,361.32 元,营业外收支净额 2,834,765.25 元,经营活动产生的现金流量净额-6,689,150.56 元,现金及现金等价物净增加额-131,289,481.55 元。

注:扣除非经常性损益性中扣除的是营业外收入为 1,385,811 元。

境内、外审计差异说明:根据中国会计准则和国际会计准则分别确定的资产净值的影响详列如下:(单位:人民币千元)

	二零零零年	一九九九年
按中国注册会计师所审核的财务报告	45,588	207,090
为符合国际会计准则所作出的调整		
递延资产摊销/撇销	-16,463	-10,268
待处理流动资产损失撇销	-5,823	-5,610
处理物业、厂房及设备亏损	-	-60
少数股东权益损失拨备	-3,839	-
按国际会计准则重新列示	-19,463	191,152

2、截至报告期末公司前三年主要会计数据与财务指标:(单位:人民币元)

项　目	2000 年	1999 年 调整前	1999 年 调整后	1998 年
主营业务收入	67,973,081.90	67,573,101.94	67,573,101.94	142,892,208.48
净利润	-177,951,320.06	200,102,834.72	-166,286,593.63	-427,293,587.05
总资产	2,459,306,434.00	2,721,443,364.56	2,704,713,298.46	2,430,875,345.51
股东权益	45,587,737.85	207,089,793.10	190,359,727.00	37,900,661.49
每股收益(全面摊薄)	-0.371	0.417	-0.347	-0.891
每股收益(加权平均)	-0.371	0.417	-0.347	-0.891
扣除非经常性损益的每股收益	-0.374	-0.373	-0.373	-0.891
每股净资产	0.095	0.432	0.397	0.079
调整后的每股净资产	-1.87	-1.47	-1.47	-1.494
每股经营活动产生的现金流量净额	-0.014	0.012	0.012	-0.314
净资产收益率%(全面摊薄)	-390%	97%	-87%	-1127%
净资产收益率%(加权平均)	-390%	97%	-87%	-1127%
扣除非经常性损益后的 加权净资产收益率%	-393%	-86%	-94%	-1128%

3、报告期内股东权益变动的情况:

项目	期初数	本期增加	本期减少	期末数
股本	479,433,003.00	0	0	479,433,003.00
资本公积	954,594,178.70	33,179,330.91	0	987,773,509.61
盈余公积	241,968,036.60	0	0	241,968,036.60
法定公益金	32,673,227.01	0	0	32,673,227.01
未分配利润	-1,482,908,916.32	-177,951,320.06	0	-1,660,860,236.38
股东权益合计	190,359,727.00	0	144,771,989.15	45,587,737.85

报告期内股东权益变动的情况的说明:本期内股东权益减少 14477 万元,主要为本年度净利润-17795 万元及债务重组增加资本公积所致。

(三)、股东情况介绍

(1)、股东变动情况:　年度公司股份变动情况表　(数量单位:股)

	期初数	本次变动增减(+、-)	期末数
一、尚未流通股份			
1、发起人股份			
其中:境内法人持有股份	111,607,002		111,607,002
外资法人持有股份	112,453,352		112,453,352
2、高级管理人员持股	375,300	-240,300	135,000
尚未流通股份合计	224,435,654		224,195,354
二、已流通股份			
1、境内上市的 人民币普通股	76,376,700	+240,300	76,617,000
2、境内上市的外资股	178,620,649		178,620,649
已流通股份合计	254,997,349		255,237,649
三、股份总数	479,433,003		479,433,003

(2)、报告期末股东总数:截止至 2000 年 12 月 31 日,持有本公司股票的股东总人数为,其中 A 股股东 33114 户,B 股股东 10324 户。

(3)、本公司前十名大股东持股情况:

序号 股东名称	年末持股数	类别	年度内股份增减	占总股比例
1、深圳莱英达集团股份有限公司	111,607,002	A 股	-	23.28%
2、香港大环自行车有限公司	93,005,834	B 股	-	19.40%
3、STEPHEN & PARTNERS LIMITED	19,447,518	B 股	-	4.06%
4、罗振芳	2,369,763	B 股	+2,369,763	0.49%
5、陈丽琼	1,835,900	B 股	+1,835,900	0.38%
6、谢映君	1,800,000	B 股		0.38%
7、陈元峰	1,631,040	B 股	+1,631,040	0.34%
8、正华实业有限公司	990,200	B 股	+990,200	0.21%
9、LAM, YUN YU 林润茹	960,500	B 股	+960,500	0.20%
10、NOLCOM INVESTMENTS LIMITED	889,724	B 股	+889,724	0.19%

深圳中冠纺织印染股份有限公司

一、公司简介

1、公司中文名称:深圳中冠纺织印染股份有限公司
公司英文名称:Shenzhen Victor Onward Textile Industrial Co., Ltd.
2、公司法定代表人:董炳根
3、公司董事会秘书:任元卫　授权代表:顾争鸣
公司联系电话:(755)232 0942,(852)2428 1823
公司图文传真:(755)233 9100,(852)2480 5666
公司电子信箱:cthkvo02@hkabc.net
4、公司注册地址:深圳市人民南路房地产大厦 10 楼 C 座
公司办公地址:香港九龙长沙湾道 889 号华创中心 18 楼
公司邮政编码:518018
5、公司信息披露报纸:《证券时报》、《香港商报》
公司信息披露网址:http://www.cninfo.com.cn
公司年报备置地点:深圳市人民南路房地产大厦 10 楼 C 座
6、公司股票上市地点:深圳证券交易所
公司股票简称:深中冠 A 股　股票代码:0018　B 股　2018

二、会计数据和业务数据摘要

1、本公司 2000 年度利润总额及构成(单位:人民币元)

利润总额	5,410,950
净利润	5,063,165
扣除非经常性损益后的净利润	2,565,651
其中:1)主营业务利润	17,733,951
2)其他业务利润	1,119,962
3)投资收益	2,928,224
4)补贴收入	
5)营业外收支净额	(430,710)
6)经营活动中产生的现金流量净额	21,313,641
7)现金及现金等价物净增加额	27,513,461
8)注:扣除的非经常性损益项目和涉及资金	
营业外收入项目:	
其他收益	6,625
营业外支出项目:	
捐赠支出	121,523
计提长期服务金	255,576
其他支出	60,236

2、公司截至报告期末前三年会计数据与财务指标(单位:人民币万元)

	2000 年度	1999 年度	1998 年度
1) 主营业务收入	16376	27602	27357
2) 净利润	506	1092	276
3) 总资产	43773	37191	38129
4) 股东权益	30717	30213	29193
5) 每股收益	0.03 元	0.06 元	0.02 元
6) 每股净资产	1.816 元	1.786 元	1.726 元
7) 调整后的每股净资产	1.80 元	1.784 元	1.717 元
8) 每股经营活动产生的现金流量净额	0.12 元	0.11 元	0.07 元
9) 全面摊薄净资产收益率	1.65%	3.614%	0.946%
10) 加权平均每股收益	0.030 元	0.065 元	0.016 元
11) 扣除非经常性收益后的每股收益	0.015 元	0.037 元	0.004 元
12) 加权平均净资产收益率	1.66%	3.68%	0.93%
13) 扣除非经常性收益后的加权平均净资产收益率	0.84%	2.12%	0.21%

利润表附表

报告期利润	净资产收益率 全面摊薄	净资产收益率 加权平均	每股收益 全面摊薄	每股收益 加权平均
主营业务利润	5.77	5.82	0.105	0.105
营业利润	0.95	0.96	0.017	0.017
净利润扣除非经常性损益后的净利润	0.84	0.84	0.015	0.015

3、报告期内股东权益变动情况

项目	股本	资本公积	盈余公积	法定公益金	未分配利润	货币换算差异	股东权益合计
期初数	169142356	29,734,063	52,355,423	3,436,299	-1,374,546	52,278,715	302,136,011
本期增加	0		616,457	184,000	4,507,292		5,028,992
本期减少	0	-11,166				-83,589	
期末数	9142,356	29722,897	52,971,880	3,620,299	3,132,746	52,195,126	307165,003

变动原因:1)资本公积减少因港币换算成人民币额汇率差; 2) 盈公积金和法定公积的变动是按《公司章程》规定的净利润的 10%和 5%的比例提起, 3) 未分配利润变动原因是,公司 2000 年度实现利润在提取法定公积金、公益金后转入 450.7 万元.

三、股东情况介绍

1、报告期末股东总数:

本公司 2000 年底在册的股东为 17,532 人(法人),其中 A 股股东为 14,899 人(法人)、B 股为股东为 2,633 人(法人)。

2、主要股东持股情况

股东名称及姓名	股数	占比例
1 深圳市华联控股股份有限公司	47,359,589	28%
2 深圳市纺织集团股份有限公司	24,458,231	14.46%
3 Style-Success Ltd.	24,458,229	14.46%
4 华联发展集团有限公司	7,671,163	4.54%
5 香港富冠投资有限公司	6,312,765	3.73%
6 香港侨民有限公司	6,114,556	3.61%
7 香港忻英杰先生	6,114,556	3.61%
8 TSUI KOON TIN	703,340	0.42%
9 陈丽琼	698,750	0.41%
10 文沛荣	464,505	0.28%

深圳市深宝实业股份有限公司

一、公司简介

公司中文名称　深圳市深宝实业股份有限公司
公司英文名称　SHENZHEN SHENBAO INDUSTRIAL CO.,LTD（英文缩写:SB）
公司注册(办公)地址:深圳市罗湖区文锦北路1058号　邮政编码:518020
公司互联网网址 http://www.shen bao.com　电子信箱 szsbsy@cmmail.com
公司法定代表人:林家宏先生　公司董事会秘书:徐于乔先生
电话:0755-5164584、5507480　传真:0755-5603456
电子信箱:yuqiao_xu@sina.com
上市地:深圳证券交易所
股票简称代码　深深宝 A0019　深深宝 B2019
公司法定信息披露报刊　《证券时报》(境内)、《大公报》(境外)
中国证监会指定的公司披露年报告之互联网网址　www.cninfo.com.cn
公司年度报告配置地:公司董事会办公室

二、会计数据与业务数据摘要

(一)本年度实现利润及其构成:　(单位:人民币元)

项目	金额
利润总额	13,091,867.05
净利润	10,620,265.95
扣除非经营性损益后的净利润	-5,408,716.45
主营业务利润	10,324,116.15
其他业务利润	26,367,159.55
营业利润	-13,617,874.79
投资收益	25,374,060.84
补贴收入	0
营业外收支净额	2,489,872.19
经营活动产生的现金流量净额	26,581,652.52
现金及现金等价物净增加额	42,814,430.94

注:非经营性收益总额16,028,982.40元,明细如下:土地补偿收入18,990,000元;无形资产转让1,396,000元;股票投资收益18,735,111元;股权转让2,800,000元;特别坏账准备-12,713,649.18;长期投资跌价准备-11,830,511.11元,营业外收支净额-1,347,968.31元。

(二)境内、外会计师审计的净利润差异说明

2000年度,本公司按中国会计准则审计的净利润1,062万元;按照国际会计准则(IAS)审计的净利润329.4万元。两者之间差异原因:固定资产减值准备732.6万元。

(三)截至报告期末公司前三年主要会计数据和财务指标　(单位:人民币元)

指标项目	2000年	1999年度		1998年度	
		调整前	调整后	调整前	调整后
主营业务收入	70,239,790.88	65,691,006.76	65,691,006.76	90,666,971.70	90,421,886.10
净利润	10,620,265.95	30,143,180.30	29,067,749.73	32,903,237.76	33,998,251.47
总资产	426,110,873.62	470,146,337.74	462,819,804.45	455,455,219.17	418,869,084.98
股东权益	289,644,961.71	288,854,087.75	281,527,554.46	296,268,281.15	258,710,907.45
每股收益	0.064	0.181	0.174	0.197	0.204
加权平均每股收益	0.064	0.181	0.174	0.197	0.204
扣除非经营性损益	-0.0324	-0.019	-0.026	-0.032	-0.025
后的每股收益每股净资	1.737	1.733	1.689	1.777	1.552
调整后的每股净资产	1.730	1.691	1.621	1.611	1.494
每股经营活动产生	0.159	0.108	0.108	0.103	0.103
现金流量净额净资产收益率	3.67%	10.44%	10.33%	11.11%	13.14%

2:以上数以公司合并会计报表数据填列

3:据财政部财会字[1999]35号文的有关规定,公司对前三年会计数据和财务指标进行了追溯调整,并分别以调整前和调整后进行列示。

(四)按照中国证监会颁发的《公开发行证券公司信息披露编报规则第9号-净资产收益率和每股收益的计算及披露》的方法计算的净资产收益率和每股收益:

报告期利润	净资产收益率(%)		每股收益(元)	
	全面摊薄	加权平均	全面摊薄	加权平均
主营业务利润	3.56%	3.60%	0.0619	0.0619
营业利润	-4.70%	-4.75%	-0.0817	-0.0817
净利润	3.67%	3.70%	0.0637	0.0637
扣除非经营性损益后的净利润	-1.87%	-1.89%	-0.0324	-0.0324

(五)报告期内股东权益变动情况及变动原因　(单位:人民币元)

项目	股本	资本公积	盈余公积	法定公益金	未分配利润	合计
期初数	166,707,684.00	52,404,958.10	22,731,190.56	13,837,424.65	25,846,297.15	281,527,554.46
本期增加			1,062,026.60	531,013.30	10,620,265.95	12,213,305.85
本期减少		2,502,858.70			1,593,039.90	4,095,898.60
期末数	166,707,684.00	49,902,099.40	23,793,217.16	14,368,437.95	34,873,523.20	289,644,961.71

三、股东情况介绍

1、股东情况介绍

(1)期末公司股东总数:23833户。其中国家股股东1户,法人股股东1户,高级管理人员股东(内部职工股股东)2户,A股股东21124户,B股股东2707户。

(2)前10名股东的持股情况　(截止至2000年12月31日　单位:股)

序号	股东名称	股份种类	持股数	持股比例
1	深圳市投资管理公司	(国家股)	99,942,086	59.95%
2	中国平安保险公司	(境内定向法人股)	9,900,000	5.94%
3	成磊	B	1,875,503	1.12%
4	黄海琨 WONG HOI KWAN	B	871,200	0.52%
5	KOTO TRANSPORT LTD	B	435,600	0.26%
6	LONG BENEFIT DEVELOPMENT LTD	B	435,600	0.26%
7	立基贸易公司	B	395,628	0.24%
8	达心有限公司	B	368,659	0.22%
9	CHINA PINAN INSURANCE(HK)CO.,LTD(中国平保(香港)有限公司)	B	351,460	0.21%
10	TSANG KAN HING	B	289,440	0.17%

2、报告期内,持有公司5%以上(含5%)股份的股东为深圳市投资管理公司和中国平安保险股份有限公司,所持公司股份在本年度均无变动,亦没有发生被质押或冻结情况。

深圳华发电子股份有限公司

一、公司简介

(一)公司名称
中文名称:深圳华发电子股份有限公司
英文名称:SHENZHEN HUAFA ELECTRONICS CO.,LTD.
(二)法定代表人:李曰聚
(三)公司董事会秘书:胡建平
授权代表:范吉祯
联系地址:深圳市福田区华发北路411栋六层
电话:(0755)3352207　传真:(0755)3352207
E-mail:jphu@huafa.com
(四)公司注册地址:深圳市福田区华发北路411栋
公司办公地址:深圳市福田区华发北路411栋六层
邮政编码:518031
公司国际互联网网址:http://www.huafa.com
E-mail:webmaster@huafa.com
(五)公司信息披露报纸:《证券时报》、香港《大公报》
登载公司年度报告的国际互联网网址:http://www.cninfo.com.cn
公司年度报告备置地点:深圳市福田区华发北路411栋六层
(六)公司股票上市交易所:深圳证券交易所
股票简称:深华发A　深华发B
股票代码:0020　2020

二、会计数据和业务数据摘要

(一)本年度主要会计数据　单位:人民币元

项目	金额
利润总额	2,878,053.63
净利润	2,928,449.28
扣除非经常性损益后的净利润	2,928,449.28
主营业务利润	4,276,616.16
其他业务利润	19,401,041.43
营业利润	605,658.09
投资收益	---
补贴收入	---
营业外收支净额	2,272,395.54
经营活动产生的现金流量净额	4,519,875.94
现金及现金等价物净增加额	-2,210,519.22

说明:华发电子股份有限公司(以下简称"本公司")为A、B股股票上市公司,按中国会计准则和国际会计准则以及相关的制度计算的净利润无差异。

(二)近三年主要会计数据和财务指标　单位:人民币元

项目	2000年	1999年度		1998年度	
		调整前	调整后	调整前	调整后
主营业务收入	118411642	164,663,658	164,663,658	125,173,904	125,173,904
净利润	2,928,449	10,013,131	10,013,131	-52,189,598	-62,398,991
总资产	466,966,588	485,131,947	474,089,130	446,069,467	435,860,074
股东权益	299,330,560	309,892,111	296,692,111	312,788,373	302,578,980
每股收益	0.010	0.035	0.035	-0.18	-0.22
加权平均每股收益	0.010	0.035	0.035	-0.18	-0.22
扣除非经常性损益后的每股收益	0.010	0.035	0.035	-0.18	-0.22
每股净资产	1.057	1.094	1.048	1.10	1.07
调整后的每股净资产	0.855	1.06	0.965	1.09	1.06
每股经营活动产生的现金流量净额	0.016	0.110	0.110	0.016	0.016
净资产收益率	0.98%	3.23%	3.37%	-16.68%	-20.62%
加权净资产收益率	0.98%	3.26%	3.26%	---	---
扣除非经常性损益后加权净资产收益率	0.98%	3.26%	3.26%	---	---

(三)按中国证监会《公开发行证券公司信息披露编报规则(第9号)》要求计算的利润数据

报告期利润	净资产收益率(%)		每股收益(元)	
	全面摊薄	加权平均	全面摊薄	加权平均
主营业务利润	1.429	1.434	0.015	0.015
营业利润	0.202	0.203	0.002	0.002
净利润	0.978	0.982	0.010	0.010
扣除非经常性损益后的净利润	0.978	0.982	0.010	0.010

三、股东情况介绍

(一)报告期末股东总数:报告期末股东总数12,198人,其中A股股东9,946人(含高层管理人员4人),B股股东2,252人。

(二)截止2000年12月31日前10名股东持股情况

序号	股东名称	增减变动	年末持股数(股)	占总股本(%)	股份类别
1	深圳市赛格集团有限公司	---	62,462,914	22.06	A股
2	中国振华电子工业公司	---	62,462,914	22.06	A股
3	陆氏实业有限公司	---	31,405,954	11.09	B股
4	赛格(香港)有限公司	---	31,056,960	10.97	B股
5	中国光大融资有限公司		7,274,000	2.57	B股
6	中国光大银行深圳证券业务部		5,097,798	1.80	A股
7	上海尊泰经贸有限公司		1,310,937	0.46	A股
8	SHANGHAI SHENYIN SEC(H.K.) NOMINEES LTD		1,148,325	0.41	B股
9	上海申豪房地产有限公司		926,769	0.33	A股
10	上海隆辰快递服务有限公司		750,129	0.26	A股

【注1】前四名股东为公司法人股东,所持股分未上市流通。

【注2】深圳市赛格集团有限公司将其持有的本公司A股法人股46,542,304股用于贷款质押;赛格(香港)有限公司持有的本公司B股法人股31,056,960股,因诉讼原因自2000年10月10日起被北京市中级人民法院冻结,冻结期限一年。

【注3】赛格(香港)有限公司系深圳市赛格集团有限公司境外子公司;中国光大融资有限公司系中国光大集团公司境外子公司,中国光大银行深圳证券业务部系中国光大集团公司控股。

深圳开发科技股份有限公司

一、公司简介

1.公司法定中文名称:深圳开发科技股份有限公司
公司法定英文名称:SHENZHEN KAIFA TECHNOLOGY CO., LTD.
2.公司法定代表人:王 之
3.公司董事会秘书:陈燕明 联系地址:深圳市福田区彩田路 7006 号
联系电话:0755-3275000-33187 传真:0755-3275997
电子信箱:jessichen@kaifa.com.hk
4.公司注册及办公地址:深圳市福田区彩田路 7006 号
邮政编码:518035
国际互联网网址:http://www.kaifa.com.cn 电子信箱:jessichen@kaifa.com.hk
5.公司选定的信息披露报纸:《证券时报》、《中国证券报》、《上海证券报》
登载公司年度报告的国际互联网网址:http://www.cninfo.com.cn
公司年度报告备置地点:本公司董事会办公室
6.公司股票上市交易所:深圳证券交易所
股票简称:深科技 A 股票代码:0021

二、会计数据和业务数据摘要

1.公司本年度会计数据 单位:人民币元

项 目	2000 年
利润总额	168,792,023.57
净利润	150,869,984.37
扣除非经常性损益后的净利润	150,869,984.37
主营业务利润	429,150,780.30
其他业务利润	19,646,816.78
营业利润	165,532,669.18
投资收益	2,429,278.05
补贴收入	—
营业外收支净额	830,076.34
经营活动产生的现金流量净额	-439,517,222.73
现金及现金等价物净增加额	-533,812,215.18

2.公司前三年主要会计数据和财务指标 单位:人民币元

指标项目	2000 年	1999 年	1998 年 调整前	1998 年 调整后
主营业务收入	3,864,107,460.46	3,254,546,870.79	2,821,627,220.78	2,821,627,220.78
净利润	150,869,984.37	313,115,473.98	452,333,554.89	449,167,293.62
总资产	3,874,861,637.62	3,822,434,472.45	3,574,516,741.87	3,570,229,818.69
股东权益(不含少数股东权益)	2,327,222,151.55	2,212,998,772.23	1,925,334,208.78	1,920,621,261.28
每股收益	0.206	0.427	0.802	0.797
每股收益(扣除非经常性损益)	0.206	0.427	0.802	0.797
每股净资产	3.175	3.019	3.415	3.407
调整后的每股净资产	3.150	2.978	3.391	3.390
每股经营活动产生的现金流量净额	-0.600	0.677		0.588
净资产收益率(%)	6.48	14.15	23.49	23.39

4.报告期内股东权益变动情况 单位:人民币元

项 目	股 本	资本公积	盈余公积	其中:法定公益金	未分配利润	股东权益合计
期初数	732,932,101	529,642,187.83	673,527,566.49	137,957,479.87	276,896,916.91	2,212,998,772.23
本期增加			75,434,992.19	15,086,998.44	38,788,387.13	114,223,379.32
本期减少						
期末数	732,932,101	529,642,187.83	748,962,558.68	153,044,478.31	315,685,304.04	2,327,222,151.55

三、股本变动及股东情况

1.股本变动情况
(1) 股份变动情况表 数量单位:股

	期初数	本次变动增减(+、-) 配股	送股	公积金转股	增发	其他	小计	期末数
一、尚未流通部份								
1.发起人股份	532,350,000							532,350,000
其中:国家拥有股份								
境内法人股	410,163,000							410,163,000
外资法人股	122,187,000							122,187,000
2.法人股转配公众股	17,256,185					-17,256,185	-17,256,185	
3.优先股或其他								
尚未流通股份合计	549,606,185					-17,256,185	-17,256,185	532,350,000
二、已流通股份								
境内上市的人民币普通股	183,325,916					+17,256,185	+17,256,185	200,582,101
其中:内部职工股(高管股)	1,117,157					-31,842	-31,842	1,085,315
三、股份总数	732,932,101							732,932,101

2.股东情况介绍
(1) 截止 2000 年 12 月 31 日,公司股东总数为 182,973 名,其中内部职工股股东为 6 名。
(2)公司前 10 名股东持股情况

股 东 名 称	持股数(股)	持股比例(%)
长城科技股份有限公司	410,163,000	55.96
博旭(香港)有限公司	68,952,000	9.41
香港秉宏公司	53,235,000	7.26
河北证券有限责任公司	1,674,966	0.23
武汉国兴投资咨询有限公司	982,012	0.13
谭文钅志	714,025	0.10
严龙龙	648,293	0.09
莫春燕	559,665	0.08
丁义增	509,750	0.07
普丰证券投资基金	399,133	0.05

注:前 3 名为本公司法人股股东,长城科技股份有限公司为本公司境内法人股东,博旭(香港)有限公司、香港秉宏公司为本公司外资股东,其他为本公司社会公众股东。

深圳赤湾港航股份有限公司

一、公司简介

1.公司法定中文名称 深圳赤湾港航股份有限公司
公司法定英文名称及缩写 Shenzhen Chiwan Wharf Holdings Limited (CWH)
2.公司法定代表人 王芬 董事长
3.公司董事会秘书 裴姜媛
授权代表 何颖班、唐青松
联系地址 中国深圳市赤湾港赤湾石油大厦 12 楼
电话 +(86)755 6694620,6817332
传真 +(86)755 6694297
电子信箱 szchiwan@public.szptt.net.cn
4.公司注册地址 中国深圳市赤湾港
公司办公地址 中国深圳市赤湾港赤湾石油大厦 11-12 楼
邮政编码 518068
公司电子信箱 szchiwan@public.szptt.net.cn
5. 公司选定的信息披露报纸 《证券时报》、《南华早报》
登载公司年度报告的国际互联网网址 http://www.cninfo.com.cn
公司年度报告备置地点 公司董事会秘书处
6. 公司股票上市交易所 深圳证券交易所
股票简称 深赤湾 A / 深赤湾 B 股票代码 0022/2022

二、会计数据和业务数据摘要

1. 2000 年度利润总额及构成(单位:人民币元)

	2000 年度
利润总额	121,387,682.42
净利润	82,561,186.26
扣除非经常性损益后的净利润	82,278,772.30
主营业务利润	180,825,419.98
营业利润	117,728,745.88
投资收益	2,102,532.01
补贴收入	——
营业外收支净额	1,556,404.53
经营活动产生的现金流量净额	214,328,310.33
现金及现金等价物净增加额	22,913,129.48

● 按中国会计准则和国际会计准则审计的净利润均为 8256.12 万元,二者之间并无差异。
● 扣除的非经常性损益项目及金额:

名 称	金 额
营业外收支净额	1,556,404.53
合并价差摊销	-1,273,990.57

2. 截止 2000 年末前三年主要会计数据和财务指标(单位:人民币元)

	2000 年	1999 年	1998 年
主营业务收入	455,483,184.80	378,929,134.40	318,800,269.16
净利润	82,561,186.26	72,446,699.78	55,411,194.93
总资产	2,301,097,698.67	1,747,586,132.03	1,683,972,239.31
股东权益(不含少数股东权益)	1,079,594,964.21	1,048,313,448.53	1,020,125,508.22
每股收益(元)	0.216	0.190	0.145
按月加权平均每股收益(元)	0.216	0.190	0.145
扣除非经常性损益后的每股收益(元)	0.216	0.196	0.158
每股净资产(元)	2.830	2.748	2.674
调整后的每股净资产	2.784	2.713	2.645
每股经营活动产生的现金流量净额	0.562	0.427	0.322
净资产收益率(%)	7.65%	6.91%	5.43%

3.按照中国证监会《公开发行证券公司信息披露规则(第 9 号)》要求计算净资产收益率和每股收益。

报告期利润	净资产收益率 全面摊薄	净资产收益率 加权平均	每股收益(单位:人民币元) 全面摊薄		每股收益 加权平均	
主营业务利润	16.75%	16.60%	RMB	0.4740	RMB	0.4740
营业利润	10.90%	10.80%	RMB	0.3086	RMB	0.3086
净利润	7.65%	7.58%	RMB	0.2164	RMB	0.2164
扣除非经常性损益后的净利润	7.62%	7.55%	RMB	0.2157	RMB	0.2157

4. 本报告期内股东权益变动情况
(1) 股东权益变动情况表

项 目	股 本	资本公积	盈余公积	法定公益金	未分配利润	股东权益合计
期 初 数	381517000	406032813	263456971	38375425	24225	048313449
本期增加	0	0	33024475	4128060	82561186	115585661
本期减少	0	0	0	0	82240167	84304146
期 末 数	381517000	406032813	296481446	42503485	345244	1079594964

三、股东情况介绍

1. 本报告期末公司股东总数 45,471 人,其中境内法人股股东 1 名,境内上市普通股股东 38,630 人,境内上市外资股股东 6,840 人。
2. 前十名股东持股情况

序号	股东代码	股东名称	持股数量	持股比例
1	00038657	中国南山开发(集团)股份有限公司	224,470,000	58.84%
2	00204641	BERMUDA TRUST(FAR EAST)LTD-VALUE PARTNERS	6,200,420	1.63%
3	00218620	THE SCM CHINA GROWTH FUND LDC	5,872,400	1.54%
4	00222756	IBT BOSTON A/C WILLIAM BLAIR INT"L SHARE FUND	3,999,910	1.05%
5	00301608	BTFE-BOBL/MANULIFE GLOBAL FUND - CHINA VALUE	3,359,535	0.88%
6	00297985	CMB RE BK OF AMERICA RE JAYHAWK CHINA F LTD	2,700,659	0.71%
7	00318494	BTFE/VALUE PARTNERS INTELLIGENT FD-CHINA B SHS FD	2,390,007	0.63%
8	00292772	BTFE/VALUE PARTNERS LIMITED PARTNERSHIP	1,747,984	0.46%
9	00210548	SHELL PENSIONS TST/SHELL CONTRIBUTORY PENSION FUND	1,466,900	0.38%
10	00299967	BTNY A/C WEYERHAEUSER CO MASTER RET TRUST	1,278,600	0.33%
合计			253,486,415	66.44%

深圳市天地(集团)股份有限公司

一、公司简介

1、公司的法定中、英文名称
中文名称:深圳市天地(集团)股份有限公司
英文名称:SHENZHEN UNIVERSE (GROUP)CO.,LTD.
2、公司法定代表人 陈德伦 (董事长)
3、公司董事会秘书及其授权代表的姓名、联系地址、电话、传真、电子信箱
李惟诚 (董事会秘书、董事会办公室主任) 侯剑 (董事会证券事务代表)
联系地址: 深圳市宝安南路天地大厦三楼深圳市天地(集团)股份有限公司董事会办公室
电话: (0755)5566321 传真: (0755)5590169 电子信箱:szunives@sz.gd.cninfo.net
4、公司注册地址、办公地址及其邮政编码,公司国际互联网网址、电子信箱
公司注册地址及办公地址:深圳市宝安南路天地大厦二、三楼 邮政编码:518008
公司国际互联网网址:http://www.universe-sz.com.cn(国内域名)
http://www.universe-china.com(国际域名) 公司电子信箱:szunives@public.topway.net.cn
5、公司选定的信息披露报纸名称、登载公司年度报告的中国证监会指定国际互联网网址,公司年度报告备置地点
公司选定的信息披露报纸名称:《证券时报》
登载公司年度报告的中国证监会指定国际互联网网址:http://www.cninfo.com.cn
公司年度报告备置地点: 公司董事会办公室
6、公司股票上市交易所、股票简称和股票代码
公司股票上市交易所: 深圳证券交易所 股票简称: 深天地 A 股票代码: 0023

二、会计数据和业务数据摘要

1、公司本年度实现利润情况 单位:人民币元

利润总额	23,684,339.75
净利润	17,845,738.01
扣除非经常性损益后的净利润	326,514.63
主营业务利润	39,457,623.07
其他业务利润	3,036,930.57
营业利润	(25,951,026.13)
投资收益	17,758,734.17
补贴收入	0
营业外收支净额	31,876,631.71
经营活动产生的现金流量净额	24,458,801.55
现金及现金等价物净增加额	38,968,945.02

2、截止报告期末公司前三年的主要会计数据和财务指标 单位:人民币元

项目	2000 年度	1999 年度	1998 年度	
			追溯调整前	追溯调整后
主营业务收入	256,863,445.22	301,215,865.26	265,458,760.20	265,458,760.20
净利润	17,845,738.01	25,549,906.12	25,482,853.75	19,713,553.84
总资产	828,554,545.17	737,676,159.73	690,334,891.43	611,463,828.58
股东权益(不含少数股东权益)	270,545,036.32	257,637,805.37	315,103,964.37	239,858,248.69
每股收益	0.1286	0.1841	0.1928	0.1492
加权平均每股收益	0.1286	0.1902	0.2087	0.1615
扣除非经常性损益后的每股收益	0.002	0.1249	0.0521	0.0085
每股净资产	1.95	1.86	2.38	1.82
调整后的每股净资产	1.57	1.41	2.04	1.49
每股经营活动产生的现金流量净额	0.1763	0.1242	0.1275	0.1275
净资产收益率(%)	6.60	9.92	8.09	8.22
加权净资产收益率(%)	6.69	10.11	8.88	9.19
扣除非经常性损益后的净资产收益率	0.12	6.73	2.18	0.47
扣除非经常性损益后的加权净资产收益率	0.12	6.86	2.40	0.52

4、报告期内股东权益变动情况 单位:人民币元

项目	股本	资本公积	盈余公积	法定公益金	未分配利润	股东权益合计
期初数	138,756,240	100,348,725.75	978,038.63	17,500,841.43	53959.56	257637805.37
本期增加	0	0	10,960,563.18	1,992,829.67	19928296.69	32881689.54
本期减少	0	0	-	-	19974458.59	19974458.59
期末数	138,756,240	100,348,725.75	11,938,601.81	19,493,671.10	7797.66	270545036.32

三、股本变动及股东情况

1、股本变动情况 股份变动情况表 数量单位:股

	本次变动前	本次变动增减(+,-)	本次变动后
一、尚未流通股份			
1、发起人股份	92,565,018		92,565,018
其中:国家拥有股份	92,565,018		92,565,018
未上市流通股份合计	92,565,018		92,565,018
二、已上市流通股份			
1、人民币普通股	46,191,222		46,191,222
已上市流通股份合计	46,191,222		46,191,222
三、股份总数	138,756,240		138,756,240

2、股东情况介绍

(1)报告期末股东总数:报告期末股东总数为 28,743 户,其中持有国家股的股东 1 户,持有被冻结股份的公司董事、监事和高级管理人员 5 户。

(2)前十名大股东持股情况 数量单位:股

序号	股东名称	年末持股数量(股) 未上市流通股份	已上市流通股份	持股比例(%)
1	深圳市建设投资控股公司	92,565,018		66.711%
2	蔡书胜		815,979	0.588%
3	王国华		406,242	0.293%
4	涂国成		350,400	0.253%
5	杜芝兰		265,700	0.191%
6	常莉		196,325	0.141%
7	冯志雄		150,076	0.108%
8	北京昌平红冶弹簧厂		148,600	0.107%
9	王利波		129,616	0.093%
10	章先奎		108,675	0.078%

招商局蛇口控股股份有限公司

(一) 公司简介

1. 公司法定中、英文名称:
中文名全称:招商局蛇口控股股份有限公司
中文名简称:蛇口控股
英文名全称:CHINA MERCHANTS SHEKOU HOLDINGS CO., LTD.
英文名简称:CMSH
2. 公司法定代表人:丁克义先生
3. 公司董事会秘书:陈 恳先生
联系地址: 深圳南山区蛇口工业区新时代广场 30 楼
联系电话: (0755)6819600 传 真: (0755)6819680
4. 公司证券事务授权代表:刘 宁女士
联系地址: 深圳南山区蛇口工业区新时代广场 30 楼
联系电话: (0755)6819616 传真:(0755)6819680
电子信箱:ning68@21cn.com
5.公司注册地址:深圳南山区蛇口工业区新时代广场 30 楼
公司办公地址:深圳南山区蛇口工业区新时代广场 30 楼
邮政编码:518067
电子信箱:szcmskpc@sz.gd.cninfo.net
6.公司选定的信息披露报刊:《证券时报》、《中国证券报》和《香港大公报》
中国证监会指定国际互联网网址:http://www.cninfo.com.cn
公司年度报告备置地点:本公司董事会秘书处
7.公司股票上市交易所:深圳证券交易所
公司股票第二上市交易所:新加坡交易所
股票简称:招商局 A、招商局 B 股票代码:0024、2024

(二)公司会计数据及业务数据摘要

【注】本报告中财务数据或金额的本位币均为人民币元(有特别说明的除外)。

1.公司本年度实现主要利润指标

1	利润总额	353,718,275.40
2	净利润	208,910,552.54
3	扣除非经常性损益后的净利润	181,630,687.60
4	主营业务利润	488,727,232.87
5	其他业务利润	2,925,051.58
6	营业利润	304,296,009.31
7	投资收益	5,403,821.15
8	补贴收入	33,828,360.69
9	营业外收支净额	10,190,084.25
10	经营活动产生的现金流量净额	225,847,623.27
11	现金及现金等价物净增加额	338,007,625.36

【注】本公司本年度非经常性损益项目合计 27,279,864.94 元,包括:营业外收支净额 10,190,084.25 元;补贴收入 33,828,360.69 元;短期投资收益 22,194,956.84 元;股权投资差额摊销 38,933,536.84 元。

3.公司主要会计数据和指标

指标项目/年度	2000 年	1999 年 (调整前)	1999 年 (调整后)
主营业务收入	2,917,231,109.51	930,466,426.99	930,466,426.99
利润总额	353,718,275.40	256,014,206.37	256,014,206.37
其中:主营业务利润	488,727,232.87	305,718,517.07	296,982,605.07
其他业务利润	2,925,051.58	4,517,413.27	4,517,413.27
投资收益	5,403,821.15	28,679,694.69	28,679,694.69
补贴收入	33,828,360.69	20,805,845.94	20,805,845.94
营业外收支净额	10,190,084.25	7,752,782.11	7,752,782.11
净利润	208,910,552.54	159,811,387.43	159,811,387.43
总资产	4,888,827,687.37	3,886,228,397.21	3,876,160,050.08
股东权益	2,148,559,123.02	1,337,352,896.43	1,307,339,354.99
每股收益(摊薄)	0.439	0.403	0.403
(加权)	0.458	0.422	0.443
每股净资产	4.51	3.374	3.298
净资产收益率(%)(摊薄)	9.72	11.950	12.22
(加权)	10.78	12.563	12.67
调整后的每股净资产	4.38	3.299	3.299
每股经营活动产生的现金流量净额	0.474	0.381	0.381

(三)股东情况介绍

(1)截至 2000 年 12 月 31 日止,本公司共有 A 股股东 64,319 人,B 股股东 9,923 人。

(2)前十大股东持股情况(单位:股)

股东名称	期初数	本期增减	期末数	占比例
1、招商局蛇口工业区有限公司	156,906,750	0	156,906,750	32.94%
2、香港全天域投资有限公司	52,302,250	0	52,302,250	10.98%
3、Foxtrol International Ltd.	15,400,000	0	15,400,000	3.23%
4、Orienture Investment Ltd.	14,779,525	0	14,779,525	3.10%
5、洋邦国际有限公司	3,120,075	+4,086,093	7,206,168	1.51%
6、The Central Depository(PTE) Ltd	3,842,296	-438,800	3,403,496	0.71%
7、Fair Oaks Development Limited	3,449,733	-113,517	3,336,216	0.70%
8、泰和证券投资基金	0	+2,330,000	2,330,000	0.49%
9、Vickers Ballas Hong Kong Ltd	2,773,720	-506,664	2,267,056	0.48%
10、平安证券有限公司	0	+2,181,037	2,181,037	0.46%

注 1. 97 年招商局蛇口工业区有限公司将其持有的本公司法人股的部分股份 99,750,000 股作为质押,以获得银行贷款,2000 年 12 月 16 日到期,深圳证券登记有限公司将上述质押股份解冻。2001 年 3 月 1 日仍因质押贷款原因,上述招商局蛇口工业区有限公司持有本公司的 99,750,000 股份继续被冻结。其他法人股无冻结、抵押等情况。

注 2.香港全天域投资有限公司、Foxtrol International Ltd.、Orienture Investment Ltd、洋邦国际有限公司和 Fair Oaks Development Limited 五家公司同为香港招商局国际有限公司的全资子公司,因此香港招商局国际有限公司合计间接持有本公司股份 93,024,159 股,占本公司总股本的 19.53%。

深圳市特力(集团)股份有限公司

一、公司简介

1、公　司　名　称:深圳市特力(集团)股份有限公司
英　文　名　称:Shenzhen Tellus Holding Co., Ltd.　　英　文　缩　写:Tellus
2、法 定 代 表 人:宋仁权
3、董 事 会 秘 书:李盛昌
联系地址:深圳市特力(集团)股份有限公司 董事会秘书处
电话: (0755)5536888-315　传真:(0755)5536658
电子信箱:sztljtgf@sz.gd.cninfo.net
董事会秘书授权代表:张　磊
联系地址: 深圳市特力(集团)股份有限公司 计划财务部
电话: (0755)5536888-329　传真: (0755)5536658
电子信箱:sztellus@public.szptt.net.cn
4、注册及办公地址:深圳市罗湖区水贝二路56号特力大厦3楼
邮　政　编　码:518020
国际互联网网址:http://www.sdgtellus.com.cn
电子信箱:sztljtgf@public.szptt.net.cn
5、信息披露的报刊:境内:深圳《证券时报》、境外:香港《大公报》。
登载公司年度报告的中国证监会指定国际互联网网址: http://www.cninfo.com.cn
公司年报备置地点:深圳市罗湖区水贝二路56号特力大厦3楼
6、公司股票上市地:深圳证券交易所
公司股票简称及其代码:ST 特力 A(0025)　ST 特力 B(2025)

二、会计数据和业务数据摘要

(一) 公司本年度的财务数据

项目	金额
利润总额	-118,680,002.72
净利润	-118,383,026.19
扣除非经常性损益后的净利润	-125,978,560.24
其他业务利润	2,297,378.50
营业利润	-106,013,406.96
投资收益	-9,617,983.74
补贴收入	7,595,534.05
营业外收支净额	-10,644,146,07
经营活动产生的现金流量净额	169,437.91
现金及现金等价物净增加额	-8,012,949.85

注:境内、境外会计师审计结果差异说明:

境内会计师审计结果,本年度净利润-11,838.3万元;境外会计师审计结果,本年度净利润-13,681.5万元。后者比前者增加亏损1,843.2万元。原因如下:

1、摊销开办费及长期待摊费用增亏1,160万元;
2、计提存货跌价准备增亏630.2万元;
3、计提坏帐准备增亏83.8万元;
4、冲回长期投资减值准备减亏75.9万元;
5、计提固定资产折旧增亏45万元。

(二) 近三年主要会计数据和财务指标(万元):

项目	2000年度	1999年度	1998年度	2000年与1999年对比增减(±)%
主营业务收入	15,261.6	30,864.6	30,506.6	-50.6
净利润	-11,838.3	-11,618.9	2,213.7	-
总资产	76,648	86,455	95,207	-11.3
股东权益	9,279	21,117.3	32,739.2	-56.1
每股收益	-0.54	-0.53	0.1	-
扣除非经常性损益后的每股收益	-0.57	-0.53	0.1	-
每股净资产	0.42	0.96	1.49	-56.3
调整后的每股净资产	0.30	0.87	1.43	-65.5
每股经营活动产生的现金流量净额	0.0008	-0.64	0.2	-
净资产收益率	-127.6%	-55%	6.76%	-

(三)依据中国证监会《公开发行证券公司信息披露编报规则》(第9号)要求计算的2000年度净资产收益率和每股收益;

净资产收益率(全面摊薄)(%):-127.6
净资产收益率(加全平均)(%):-255.2
每股收益(全面摊薄)(元):-0.54
每股收益(加权平均)(元):-0.54

(四)报告期内股东权益变动情况(万元):

项目	股本	资本公积	盈余公积	其中:公益金	未分配利润	外币报表折算差额	合计
期初数	22,028,16	16,664.6	5,429.6	321.06	-22,974.4	-30.7	21,117.3
本期增加	0	0	0	0	-11,838.3	0	-11,838.3
本期减少							
期末数	22,028.16	16,664.6	5,429.6	321.06	-34,812.7	-30.7	9,279

三、股东情况介绍

(一)报告期末的股东共23,688户
其中: A股股东14,437户(含内部职工股股东1户)
　　B股股东9,251户
(二)报告期末前十名股东持股情况

序号	股东名称	持股数(股)	占总股数的比例(%)
1	深圳经济特区发展(集团)公司(国有股东)	159,588,000	72.45
2	CHINA PINGAN INSURANCE(HK) CO.,LTD 中国平保(香港)(外资股东)	747,360	0.34
3	陈益昌(外资股东)	720,300	0.33
4	EARNGUARD LTD(外资股东)	540,400	0.25
5	王继萍(外资股东)	525,100	0.24
6	李贵	459,800	0.21
7	HONGKONG KEEP GOING DEVE LTD(外资股东)	450,242	0.20
8	张树群(外资股东)	400,000	0.18
9	北京灵根科技发展有限公司	341,578	0.16
10	深圳市蓝波湾投资有限公司	314,600	0.14

以上前十名股东之间不存在关联关系。

深圳市飞亚达(集团)股份有限公司

一.公司简介

1.公司中文名称:深圳市飞亚达(集团)股份有限公司
公司英文名称:SHENZHEN FIYTA HOLDINGS LTD.　　英文缩写:FIYTA
2.公司法定代表人:李志正
3.公司董事会秘书及证券事务代表:郝惠文、陈　卓
联系地址:深圳市振华路163号飞亚达大厦
电话:(0755)3217888-8218　传真:(0755)3348369　电子信箱:szfydjts@sina.com
4.公司注册、办公地址:深圳市振华路163号飞亚达大厦　邮政编码:518041
公司国际互联网网址:http://www.fiyta.com　公司电子信箱:szfiyta@public.szptt.net.cn
5.公司选定《证券时报》、《香港商报》作为公司信息披露的报纸,
登载公司年度报告的中国证监会指定国际互联网网址为:http://www.cninfo.com.cn
公司年度报告备置地点:公司证券部
6.公司股票上市交易所:深圳证券交易所 股票简称及代码:飞亚达A 0026 飞亚达B 2026

二.会计数据和业务数据摘要

1.公司本年度主要会计数据 (单位:人民币元)

利润总额	20,751,689.30
净利润	14,665,210.80
扣除非经常性损益后的净利润	14,520,010.80
主营业务利润	106,126,802.62
其他业务利润	15,852,280.69
营业利润	10,592,458.31
投资收益	7,382,213.47
补贴收入	145,200.00
营业外收支净额	2,631,817.52
经营活动产生的现金流量净额	-3,890,041.79
现金及现金等价物净增加额	-14,332,198.63

2. 扣除非经常性损益项目和涉及金额

项目	金额(人民币元)
补贴收入	145,200.00
合计	145,200.00

3. 境内、外会计师审计的净利润差异说明

经普华永道国际会计公司按国际会计准则审计,2000年度本公司净利润为13,028千元人民币,与中天勤会计师事务所审计之差异调整项目:　　单位:人民币千元

经中天勤会计师事务所审计之净利润:	14,665
(1)计提递延税项	3,422
(2)调整坏帐准备	(3,500)
(3)冲销开办费	1,019
(4)其他	(2,578)
经普华永道国际会计公司按国际会计准则审计之净利润:	13,028

4.公司前三年的主要会计数据和财务指标　　单位:人民币元

项目	2000年	1999年		1998年	
		调整前	调整后	调整前	调整后
主营业务收入	253,028,149.23	280,224,091.78	280,224,091.78	343,995,781.85	343,995,781.85
净利润	14,665,210.80	33,139,195.78	30,834,873.21	51,089,302.07	39,748,930.11
总资产	781,982,535.21	821,940,796.79	821,940,796.79	837,169,638.40	800,548,060.01
股东权益	593,228,796.83	580,867,908.60	578,563,586.03	606,573,704.77	572,660,512.72
每股收益(摊薄)	0.059	0.133	0.124	0.205	0.159
每股收益(加权)	0.059	0.133	0.124	0.211	0.164
扣除非经常性损益后的每股收益	0.058	0.133	0.124	0.205	0.159
每股净资产	2.38	2.33	2.32	2.43	2.30
调整后每股净资产	2.26	2.19	2.17	2.29	2.16
每股经营活动产生的现金流量净额	-0.016	0.151	0.151	0.220	0.220
净资产收益率	2.47%	5.71%	5.33%	8.42%	6.94%

5.根据中国证监会《公开发行证券公司信息披露编报规则第9号》计算的净资产收益率和每股收益:

报告期利润	净资产收益率(%)		每股收益(元/股)	
	全面摊薄	加权平均	全面摊薄	加权平均
主营业务利润	17.89%	18.11%	0.426	0.426
营业利润	1.79%	1.81%	0.043	0.043
净利润	2.47%	2.50%	0.059	0.059
扣除非经常性损益后的净利润	2.45%	2.48%	0.058	0.058

6. 报告期内股东权益变动情况

项目	股本	资本公积	盈余公积	其中:公益金	未分配利润	股东权益合计
期初数	249,317,999	191,108,477.14	127,211,995.85	23,951,729.22	10,925,114.04	578,563,586.03
本期增加	0	0	2,199,781.62	733,260.54	12,465,429.18	14,665,210.80
本期减少						
期末数	249,317,999	191,108,477.14	129,411,777.47	24,684,989.76	23,390,543.22	593,228,796.83

三.股本变动及股东情况

1.股东数量:报告期末,本公司股东总数为23,380人,A股股东19,785人,其中内部职工4人,B股股东3,595人。

2.截止2000年12月31日,本公司前十名股东持股情况:

股东名称	持股数量	股票种类	持股比例
深圳中航实业股份有限公司	130,248,000	A	52.24%
南证国际有限公司	9,528,200	B	3.82%
大鹏国际控股有限公司	1,522,050	B	0.61%
中国平保(香港)	1,007,920	B	0.40%
森生实业公司	700,000	B	0.28%
田庆辉	610,950	B	0.25%
HKIT/006-113039-431	570,851	B	0.23%
FASTLIGHT ELECTRONIC LIMITED	561,500	B	0.23%
林少平	517,699	B	0.21%
陈利琼	501,357	B	0.20%

深圳能源投资股份有限公司

一、公司简介

1、公司的法定中文名称:深圳能源投资股份有限公司
法定英文名称:SHENZHEN ENERGY INVESTMENT CO.,LTD.　英文缩写:SEIC
2、公司法定代表人:劳德容
3、公司董事会秘书:胡坚
股证事务代表:周朝晖
联系地址:深圳市福田区深南中路 2068 号 33 层
联系电话:0755-3684356　传真:0755-3684248
电子信箱:seic@szonline.net
4、公司注册地址:深圳市福田区深南中路 2068 号 33 层
公司办公地址:深圳市福田区深南中路 2068 号 33 层
邮政编码:518031　电子信箱:seic@szonline.net
5、公司选定的信息披露报纸:中国证券报、证券时报
登载公司年度报告的网址:www.cninfo.com.cn
公司年度报告备置地点:公司证券部
6、公司股票上市交易所:深圳证券交易所
股票简称:深能源 A　股票代码:0027

二、会计数据和业务数据摘要

1、公司本年度主要利润指标(单位:人民币元)

利润总额	670513901.66
净利润	354902556.98
扣除非经常性损益后的净利润	399831938.55
主营业务利润	719094613.23
其他业务利润	2437765.16
营业利润	529728208.58
投资收益	61183962.48
补贴收入	116814538.14
营业外收支净额	-37212807.54
经营活动产生的现金流量净额	1240110080.40
现金及现金等价物净增加额	305790740.52

扣除非经常性损益的项目为资产处置损失-39990206.69 元,合并价差摊入-4939174.88 元,合计-44929381.57 元。

2、截至报告期末公司前三年主要会计数据和财务指标(单位:人民币元)

项　目	2000 年度	1999 年度		1998 年度	
		调整后	调整前	调整后	调整前
主营业务收入	2308022916.14	1583749777.70	1583749777.70	1397667961.19	1396308661.70
净利润	354902556.98	326970818.95	291471651.29	257684709.72	265147448.77
总资产	7544313536.46	74135727.24	5051382472.56	5255115246.20	5296252358.66
股东权益(不含少数股东权益)	2557938947.75	1655160072.54	1648409053.39	1531909906.17	1571327448.34
每股收益	0.3542	0.3606	0.3215	0.2842	0.2925
每股收益(加权)	0.3814	0.3606	0.3215	0.2842	0.2925
每股收益(扣除非 经常性损益后)	0.3990	0.3606	0.3229	0.2815	0.2898
每股净资产	2.5526	1.8256	1.8182	1.6897	1.7332
调整后的每股净资产	2.3347	1.6758	1.7300	1.5700	1.6200
每股经营活动产生的现金流量净额	1.2375	0.8678	0.8678	0.9645	0.9645
净资产收益率	13.87	19.75	17.68	16.82	16.87
净资产收益率(加权)	16.85	20.52	18.33	17.37	17.63
净资产收益率(扣除 非经常性损益后)	15.63	19.75	17.76	16.66	16.72

3、根据中国证监会《公开发行证券公司信息披露编报第 9 号-净资产收益率和每股收益的计算及披露》要求计算的利润表附表

报告期利润	净资产收益率(%)		每股收益(元)	
	全面摊薄	加权平均	全面摊薄	加权平均
主营业务利润	28.11	34.14	0.7176	0.7728
营业利润	20.71	25.15	0.5286	0.5693
净利润	13.87	16.85	0.3542	0.3814
扣除非经常性损益后的净利润	15.63	18.98	0.3990	0.4297

4、报告期内股东权益变动情况(单位:人民币元)

项　目	股本	资本公积	盈余公积	法定公益金	未分配利润	股东权益合计
期初数	906616206	93148087.09	615881736.05	121684804.40	39514143.40	1655160172.54
本期增加	95463238	483841463.01	219373525.04	52816013.58	354902556.98	1153580783.03
本期减少					250801907.82	250801907.82
期末数	1002079444	576989550.10	835255161.09	174500817.98	143614792.56	2557938947.75
变动原因	配　股		提取公积金	提取公益金	实现利润	实现利润、配股

三、股东情况介绍

1、截至 2000 年 12 月 31 日,公司股东总数 246242 户。
2、截至 2000 年 12 月 31 日,公司前 10 名股东情况
(1)深圳市能源集团有限公司(国家股)553982467 股,占公司总股本的 55.28%。
(2)广东电力发展股份有限公司 6850051 股,占公司总股本的 0.68%。
(3)景福证券投资基金 5125125 股,占公司总股本的 0.51%。
(4)西北电力建设总公司 4383225 股,占公司总股本的 0.44%。
(5)深圳沙角火力发电厂 B 厂有限公司 3176250 股,占公司总股本的 0.32%。
(6)景宏证券投资基金 3163778 股,占公司总股本的 0.32%。
(7)广东核电投资有限公司 3049200 股,占公司总股本的 0.30%。
(8)泰和证券投资基金 2716115 股,占公司总股本的 0.27%。
(9)深圳市投资管理公司 2541000 股,占公司总股本的 0.25%。
(10)深圳市鸿基(集团)股份有限公司 2541000 股,占公司总股本的 0.25%。
深圳市能源集团有限公司是深圳市投资管理公司的国有独资有限责任公司。
报告期内,深圳市能源集团有限公司所持有的"深能源"股票没有质押和冻结;深圳市能源集团有限公司持有的"深能源"股票由报告期初的 540470700 股增至报告期末的 553982467 股,系配股增加 13511767 股。

深圳市益力矿泉水股份有限公司

一、公司简介

1、公司注册名称:深圳市益力矿泉水股份有限公司
英文名称:Shenzhen Health Mineral Water Co., Ltd.
2、公司法定代表人:刘晓勇
3、公司董事会秘书:陈常兵
联系地址:深圳市人民南路国际贸易中心大厦 11 楼
联系电话:(0755)2251370、2251782 传真:(0755)2222353
电子信箱:champion@szaccord.com.cn
4、公司注册地址:深圳市人民南路国际贸易中心大厦 11 楼
办公地址:深圳市人民南路国贸大厦 11 楼
邮政编码:518014
电子信箱:0028@szaccord.com.cn
5、公司信息披露报纸:《证券时报》、《大公报》
中国证监会指定登载公司年度报告的国际互联网网址:http://www.cninfo.com.cn
公司年度报告备置地点:深圳市人民南路国际贸易中心大厦 11 楼 1107 室
6、公司股票上市地:深圳证券交易所
股票简称:"深益力 A"代码:0028　"深益力 B"　代码:2028

二、会计数据和业务数据摘要

1、本年度主要经营指标情况:

项　目	金额(元)
(1)利润总额	-2,976,111.11
(2)净利润	-1,784,830.34
(3)扣除非经常性损益后的净利润	-20,295,400.18
(4)主营业务利润	38,394,960.82
(5)其他业务利润	9,011,355.47
(6)营业利润	-15,322,894.13
(7)投资收益	-1,611,738.91
(8)补贴收入	—
(9)营业外收支净额	13,958,521.93
(10)经营活动产生的现金流量净额	8,518,754.78
(11)现金及现金等价物净增加额	-46,172,390.60

2、截至报告年度末公司前三年的主要会计数据和财务指标:

指　标	2000	1999		1998	
		调整后	调整前	调整后	调整前
(1)主营业务收入(元)	107,898,952.24	90,186,614.12	90,186,614.12	88,002,072.45	88,002,072.45
(2)净利润(元)	-1,784,830.34	20,585,150.61	20,585,150.61	-11,447,194.31	5,455,090.59
(3)总资产(元)	490,886,574.51	501,982,520.74	538,950,594.14	509,199,742.86	546,167,816.26
(4)股东权益(元)	322,993,436.31	324,778,266.65	341,680,551.55	306,026,116.04	322,928,400.94
(5)每股收益(元)	-0.006	0.129	0.129	-0.072	0.034
(6)扣除非经常性损益后的每股收益(元)	-0.070	-0.115	-0.115	—	—
(7)每股净资产(元)	1.12	2.03	2.13	1.91	2.02
(8)调整后的每股净资产(元)	1.07	1.96	2.06	1.84	1.94
(9)每股经营活动产生的现金流量净额(元)	0.03	0.143	0.143	—	—
(10)净资产收益率(%)	-0.55%	6.34%	6.02%	-3.74%	1.69%

4、股东权益变化情况　单位:万元人民币

项　目	股　本	资本公积	盈余公积	法定公益金	未分配利润	股东权益合计
期初数	16,008.30	11,128.29	7,287.66	—	-1,946.43	32,477.82
本期增加	12,806.64	—	—	—	-178.48	12,628.16
本期减少	—	9,604.98	3,201.66	—	—	12,806.64
期末数	28,814.94	1,523.31	4,086.00	—	-2,124.91	32,299.34

三、股本变动及股东情况

一、股本变动情况表

股份类别	期初数(万股)	配股	送股	公积金转股	其他	期末数(万股)
(一)、尚未流通股份						
(1)发起人股份	8,385.30	—	—	6,708.24	—	15,093.54
其中:国家拥有股份	6,936.93	—	—	5,549.544	—	12,486.474
境内法人持有股份	1,448.37	—	—	1,158.696	—	2,607.066
(2)募集法人股	1,524.60	—	—	1,219.68	—	2,744.28
合　计	9,909.90	—	—	7,927.92	—	17,837.82
(二)、已流通股份						
(1)人民币普通股	3,049.20	—	—	2,439.36	—	5,488.56
(2)境内上市的外资股	3,049.20	—	—	2,439.36	—	5,488.56
合　计	6,098.40	—	—	4,878.72	—	10,977.12
股份总数	16,008.30	—	—	12,806.64	—	28,814.94

二、股东情况
1、截止 2000 年 12 月 31 日,公司股东总数为 8,513 人。
2、前十名股东持股情况(截止 2000 年 12 月 31 日)

股东名称	年末持股数(万股)	占总股数比例(%)	年初持股数(万股)	占总股数比例(%)
深圳市投资管理公司　*	12,486.47	43.33	6,936.93	43.33
深圳市宝安上屋经济发展有限公司	2,744.28	9.52	1,524.60	9.52
深圳市宝安区石岩镇经济发展总公司	2,607.07	9.05	1,448.37	9.05
INTL NEDERLANDEN ＊＊ BANK(ING BANK) GLOBAL CUSTODY N.V.	266.72	0.93	148.18	0.93
NATEXIS BANQUES ＊＊ POPULAIRES MANAGEMENT S.A.	206.47	0.72	94.15	0.59
DB INVESTMENT ＊＊ MANAGEMENT S.A.	159.52	0.55	88.62	0.55
NBP/FRUCTILUX SICAV ＊＊	135.88	0.47	137.86	0.86
CHAN PONG HUNG ＊＊	119.45	0.41	0	0
车启平	83.95	0.29	0	0
翟国强	81.93	0.28	0	0

合计:18,891.745 万股　占总股本:65.55%
注:*为国有股股东;**为境内上市外资股股东

深圳经济特区房地产(集团)股份有限公司

一、公司简介

(一)公司法定中文名称:深圳经济特区房地产(集团)股份有限公司 中文缩写:深房集团
公司法定英文名称:SHENZHEN Special Economic Zone Real Estate&Properties (Group).co.,Ltd. 英文缩写:SPG
(二)公司法定代表人:叶环保
(三)公司董事会秘书:梁煦 证券事务代表:涂志刚
(四)联系地址:深圳市人民南路深房广场47楼
电话:(0755)2293000-4720,4718 传真:(0755)2294024
电子信箱:SZspgcs@public.SZptt.net.cn
(四)公司注册地址: 深圳市人民南路深房广场47楼
公司办公地址: 深圳市人民南路深房广场45—48楼
邮政编码:518001 电子信箱:SZspgcs@public.SZptt.net.cn
(五)公司选定的信息披露报纸境内:《中国证券报》、《证券时报》 境外:《大公报》
登载公司年度报告的中国证监会指定的国际互联网址:http://www.cninfo.com.cn
公司年度报告备置地点:深圳市人民南路深房广场47楼
(六)股票上市交易所: 深圳证券交易所
股票简称及股票代码: 深深房A(代码0029) 深深房B(代码2029)

二、会计数据和业务数据摘要

(一)公司本年度实现的利润总额:	81,884,341元
净利润:	76,551,995元
扣除非经常性损益后的净利润:	76,481,496元
主营业务利润:	274,230,931元
其他业务利润:	24,943,004元
营业利润:	68,913,563元
投资收益:	2,360,289元
营业外收支净额:	10,610,489元
经营活动增加的现金流量净额:	130,611,895元
现金及现金等价物净增加额:	1,413,844元

A、B股差异:

经深圳华鹏会计师师事务所的审计,按国内会计准则及其他调整,本公司2000 年度之税后利润为 76,551,994.63元,股东权益1,061,572,232元,而依据国际会计准则及其他调整,本公司2000年度之税后利润为75,971千元,股东权益 1, 389 ,660千元。其差异调整项目如下:

	本年利润 人民币"000	净资产 人民币"000
中国会计准则下的金额	76,552	1,601,572
因费用的处理及收入的确认	(3,229)	(5,611)
方法不同导致的差异重组债务的收益	10,870	-
拨回投资物业的折旧及摊销费用	12,459	12,459
多提的坏帐准备	(9,107)	(9,107)
调整短期投资至其市值	1,326	1,326
固定资产成本确认的差异	-	(202,148)
因购入附属公司而导致的商誉	(10,005)	(8,831)
其他	(2,895)	-
国际会计准则下的金额	75,971	1,389,660

(二)本公司最近三年的主要会计数据和财务指标

	2000年	1999年		1998年	
		调整后	调整前	调整后	调整前
主营业务收入(万元)	85,284.1	72,360.3	84,915.8	73,345.3	73,345.3
净利润(万元)	7,655.2	10,578.7	10,208.5	-104,561.7	-104,402.5
总资产(万元)	411,391.3	411,289.6	426,214.9	487,431.9	487,747.8
股东权益(不含少数股东权益、单位万元)	160,157.2	155,061.1	152,034.8	140,709.2	141,459.0
每股收益摊薄(元)	0.0757	0.10	0.10	-1.03	-1.03
每股收益加权(元)	0.0757	0.10	0.10	-1.03	-1.03
每股收益扣除非经常损益(元)	0.0756	-0.0047	-0.0047	-1.03	-1.03
每股净资产(元)	1.58	1.53	1.50	1.40	1.40
调整后的每股净资产(元)	1.50	1.40	1.38	1.25	1.28
每股经营活动产生的现金流量净额(元)	0.13	0.14	0.14	-0.02	-0.02
净资产收益率——摊薄(%)	4.78	6.71	6.71	-74.89	-73.80
净资产收益率——加权(%)	4.82	7.00	6.71	-74.89	-73.80

(四)报告期内股东权益变动情况及变化原因

项目	股本	资本公积	盈余公积	其中:公益金	未分配利润	外币报表	合计
期初数	101,166	85,164.34	11,393.63	11,393.63	-42,717.85		155,006.12
本期增加	0	1,087.02	497.44	165.81	7,655.20		9,239.66
本期减少	0	107.35			497.44	3483.77	4,088.56
期末数	101,166	86,144.01	11,891.07	11,559.44	-35,560.09	-3483.77	160,157.22

三、股本变动及股东情况介绍

1、截止2000年12月31日,本公司A股股东数为98239户;B股股东数为9616户,股东数合计为107855户。

2、截止于2000年12月31日,持有本公司5%以上的股东,只有深圳市建设投资控股公司一家。该公司所持股份报告期内无增减变动,亦无被冻结或质押之情况。

本公司前十名大股东名单(截止于2000年12月31日)

序号	股东名称	所持股数(万股)	占总股本比例(%)
1	深圳市建设投资控股公司	74,382.00	73.5247
2	SHUM YIP KWAN WING DEVELOPMENT LTD	161.90	0.1600
3	程晓曙	156.67	0.1549
4	HKIT/006-113039-431	113.79	0.1125
5	智慧屋智能系统(香港)有限公司	100.00	0.0988
6	MORGAN STANLEY INTL(CHINA)--FIRM	95.80	0.0947
7	AMERICAN EASTERN INVESTMENT ADVISORY(HK)LIMITED	94.08	0.0929
8	成磊	92.69	0.0916
9	NORMURA INTERNATIONAL (HK) LTD	82.41	0.0815
10	WONG TSZ YUET	80.96	0.0800

深圳市莱英达集团股份有限公司

一、公司简介

1、公司法定名称:深圳市莱英达集团股份有限公司
2、英文名称:Shenzhen Lionda Holdings Co.,Ltd.(缩写LIONDA)
3、公司法定代表人:李承友先生
4、公司董事会秘书:魏丹先生(2001年3月27日已更改为潘世明先生)
联系电话:(0755)3361666 传真:(0755)3361777 邮编:518031
电子信箱:szlionda@sina.com
5、公司注册地址:中国广东省深圳市华强北路
公司办公地址:深圳市华强北路嘉华大厦 邮编:518031
公司电子信箱:szlionda@sina.com
6、公司选定的信息披露报纸名称:《证券时报》、香港《大公报》
刊登公司年度报告的中国证监会指定国际互联网网址:http://www.cninfo.com.cn/
年度报告备置地点:公司三楼产权及发展部
7、股票上市交易所:深圳证券交易所
8、股票简称:ST英达A、ST英达B 股票代码:0030、2030

二、会计数据和业务数据摘要

1、本年度主要利润指标情况(单位:人民币元)

公司本年度实现的利润总额为:	37,536,560.54
净利润:	4,203,132.20
扣除非经常性经营损益后的净利润:	-8,634,978.86
主营业务利润:	103,629,583.03
其他业务利润:	2,184,781.11
营业利润:	6,131,318.38
投资收益:	18,567,131.10
补贴收入:	29,730.19
营业外收支净额:	12,808,380.87
经营活动产生的现金流量净额:	-29,402,832.41
现金及现金等价物净增加额:	-17,348,177.92
1 补贴收入	29,730.19
2 其他收入	13,615,272.32
1 处理固定资产净损失	-110,411.45
2 各种罚款支出	15,085.88
3 其他支出	902,217.02
非经常性损益合计	12,838,111.06

2、截止本报告期末公司前三年的主要会计数据和财务指标(单位:人民币元)

项目	2000年	1999年	
		调整前	调整后
主营业务收入	739,838,601.55	1,016,658,905.44	1,013,426,361.47
净利润	4,203,132.20	50,221,677.83	45,119,769.09
总资产	1,438,282,665.31	1,620,683,362.71	1,598,991,729.42
股东权益	70,093,729.57	57,686,042.84	31,335,523.61
每股收益	0.0146	0.17	0.16
每股净资产	0.2430	0.20	0.11
调整后的每股净资产	-0.295	-0.24	-0.35
每股经营活动产生的现金流量净额	-0.102	0.40	0.39
净资产收益率	6.00%	87%	143.99%
按月平均加权法计算的每股收益	0.0146	0.17	0.16
扣除非经常性损益后的每股收益	-0.030	-0.035	-0.053

4、报告期内股东权益变动情况

项目	期初数	本期增加	本期减少	期末数
股本	288,420,000.00	0	0	288,420,000.00
资本公积	298,272,803.04	34,590,585.70		332,863,388.74
盈余公积	128,719,872.21	6,123,605.83	35,511.94	134,807,966.10
其中:公益金	14,274,.218.43	2,550,405.74	35,511.94	16,789,112.23
未分配利润	-684,077,151.64	4,203,132.20	6,123,605.83	-685,997,625.27
股东权益合计	31,335,523.61	38,758,205.96		70,093,729.57

三、股本变动及股东情况

1、股份变动情况 数量单位:万股

	期初数	配股	送股	公积金转股	其他	期末数
一、尚未流通股份						
1、发起人股份	20856.00	0	0	0	0	20856.00
其中国家拥有股份	19140.00	0	0	0	0	19140.00
境内法人持有股份	1716.00	0	0	0	0	1716.00
尚未流通股份合计	20856.00	0	0	0	0	20856.00
二、已流通股份						
1、境内上市的人民币普通股	4026.00	0	0	0	0	4026.00
2、境内上市的外资股	3960.00	0	0	0	0	3960.00
已流通股份合计	7986.00	0	0	0	0	7986.00
三、股份总数	28842.00	0	0	0	0	28842.00

2、前10名股东持股情况

序号	股东名称	持股数(万股)	占总股本比例
(1)	深圳市投资管理公司	19140.00	66.36%
(2)	深圳市有色金属财务有限公司	708.45	2.46%
(3)	CHINA EVERBRIGE HOLDINGS CO.LTD	589.50	2.04%
(4)	深圳国际信托投资公司	528.00	1.83%
(5)	深圳市南证实业有限公司	396.00	1.37%
(6)	深圳国银投资发展有限公司	264.00	0.92%
(7)	UNION BANK OF SWITZERLAND	255.00	0.88%
(8)	NEW SULZER DIESEI HONG KONG LTD	113.20	0.39%
(9)	中国平保(香港)	96.456	0.33%
(10)	SHUM YIP NONFEME THONG KONG LTD	62.39	0.22%

深圳市宝恒(集团)股份有限公司

一、公司简介

1、公司名称:深圳市宝恒(集团)股份有限公司
英文名称:SHENZHEN BAOHENG (GROUP) CO.,LTD.
2、公司法定代表人:古焕坤
3、公司董事会秘书:朱海彬　　股证事务代表:汤晓音
联系地址:深圳市宝安区湖滨路5号宝恒大厦
联系电话:7754517、7780713　传真:7789701、7780713
电子信箱:szbhjtgf@sz.gd.cninfo.net
4、公司注册地址:深圳市宝安区湖滨路5号
公司办公地址:深圳市宝安区湖滨路5号宝恒大厦　　邮政编码:518101
公司国际互联网网址:http://www.baoheng.com.cn　　电子信箱:szbhjtgf@sz.gd.cninfo.net
5、公司选定的信息披露报纸名称:证券时报
登载公司年度报告的中国证监会指定国际互联网网址:http://www.cninfo.com.cn
公司年度报告备置地点:深圳市宝安区湖滨路5号宝恒大厦
6、公司股票上市交易所:深圳证券交易所
股票简称:深宝恒A　　股票代码:0031

二、会计数据和业务数据摘要

1.公司本年度实现

利润总额	38,781,238.97
净利润	20,401,096.53
扣除非经常性损益后的净利润	17,896,657.84
主营业务利润	129,698,463.95
其他业务利润	5,490,371.76
营业利润	19,877,048.48
投资收益	16,487,170.42
营业外收支净额	2,417,020.07
经营活动产生的现金流量净额	86,762,865.63
现金及现金等价物净增加额	-38,706,190.63

注:非经常性损益是指公司正常经常损益之外的、一次性或偶发性损益。公司扣除非经常性损益为:深圳市宝恒房地产有限公司收到的工程补偿金2,504,438.69元。

2、公司近三年会计数据和财务指标

项　目	2000年	1999年		1998年	
		调整后	调整前	调整后	调整前
主营业务收入(万元)	31,372.97	25,088.67	31,182.21	38,228.40	37,896.12
净利润(万元)	2,040.11	-11,971.64	-11,649.18	807.95	2,644.19
总资产(万元)	140,670.14	149,177.57	166,118.12	177,839.19	188,597.46
股东权益(万元)	88,890.51	86,850.40	96,958.05	108,607.23	118,478.25
每股收益(元)	0.04	-0.26	-0.25	0.02	0.057
加权平均每股收益(元)	0.04	-0.26	-0.25	0.02	0.057
扣除非经常性损益的每股收益(元)	0.04	-0.228	-0.2219	0.018	0.018
每股净资产　(元)	1.91	1.86	2.08	2.33	2.45
调整后的每股净资产(元)	1.86	1.81	2.00	2.27	2.44
每股经营活动产生的现金流量净额(元)	0.19	0.132			0.132
净资产收益率(%)	2.30	-13.78	-12.01	0.74	2.23
加权平均净资产收益率(%)	2.32	-12.90	-11.19	0.17	2.22

注:1)以上数据和指标均按合并会计报表数填列、计算。
2)1999年数据和指标经审计调整详情见附注。

4、报告期内股东权益变动情况　单位:人民币元

项　目	股　本	资本公积	盈余公积	法定公益金	未分配利润	股东权益合计
期初数	466,302,377	552,796,226.11	164,968,835.59	39,337,725.49	-315,563,427.01	868,504,011.69
本期增加					20,404,096.53	20,404,096.53
本期减少						
期末数	466,302,377	552,796,226.11	164,968,835.59	39,337,725.49	-295,162,330.48	888,905,108.22

三、股本变动及股东情况

1、股本变动情况
2000年年度公司股份变动情况　　数量单位:股

	本次变动前	本次变动增减(+,-) 配股	送股	公积金转股	小计	本次变动后
一、未上市流通股份						
1.发起人股份						
其中:国家持有股份	278,062,500					278,062,500
2.募集法人股份	24,750,000					24,750,000
4.其他:其中:转配股	22,827,378					0
未上市流通股份合计	325,639,878					302,812,500
二、已上市流通股份						
1.人民币普通股	140,662,499				22,827,378	163,489,877
已上市流通股份合计	140,662,499				22,827,378	163,489,877
三、股份总数	466,302,377					466,302,377

注:转配股22,827,378股,经深圳证券交易所批准于2000年11月3日上市流通。本公司转配股上市流通公告于2000年10月31日刊登在证券时报上。

2、股东情况介绍
(1)报告期末本公司股东总户数:89262。
(2)公司前10名股东的持股情况(截止2000年12月31日)

		(万股)	(%)
深圳市宝安区投资管理公司	国有股	27,806	59.63
深圳市宝安区福永镇桥头经济发展公司	法人股	1,588	3.41
深圳市鸿基(集团)股份有限公司	法人股	639	1.37
发展银行	法人股	103	0.21
深圳市汇运贸易有限公司	法人股	83	0.18
深圳市华宝集团股份有限公司	法人股	62	0.13
杨学芳		42	0.09
白秋娟		37	0.08
戴长带		27	0.06
普丰证券投资基金		26	0.06

深圳市桑达实业股份有限公司

一、公司简介

1.公司中文名称:深圳市桑达实业股份有限公司
公司英文名称:SHENZHEN SED INDUSTRY CO.,LTD.
2.公司法定代表人:佟保安
3.公司董事会秘书:金涛
股证事务代表:李红梅
联系地址:深圳市福田区振华路78号西二层
联系电话:0755--3200636
传　　真:0755--3200639
4.公司注册地址、办公地址:深圳市福田区振华路78号西二层
邮政编码:518031
电子信箱:sed@sedind.com
5.公司选定的信息披露报刊:《证券时报》
登载公司年度报告的中国证监会指定国际互联网网址:
www.cninfo.com.cn
公司年度报告备置地点:公司证券部
6.公司股票上市地:深圳证券交易所
股票简称:深桑达A
股票代码:0032

二、会计数据和业务数据摘要

1.公司本年度主要会计和业务数据:　单位:元

(1)利润总额	42,245,574.29
(2)净利润	31,756,182.99
(3)扣除非经常性损益后的净利润	31,756,182.99
(4)主营业务利润	111,692,972.59
(5)其他业务利润	7,488,977.80
(6)营业利润	32,070,566.80
(7)投资收益	6,364,739.22
(8)补贴收入	0.00
(9)营业外收支净额	3,810,268.27
(10)经营活动产生的现金流量净额	-11,883,978.35
(11)现金及现金等价物净增加额	34,300,687.25

2.截至报告期公司近三年的主要会计数据和财务指标:　单位:元

项　目	2000年	1999年	1998年 调整前	1998年 调整后
主营业务收入	1,152,602,985.77	851,657,402.03	497,731,586.74	497,731,586.74
净利润	31,756,182.99	31,003,685.92	17,670,070.95	18,168,313.49
总资产	845,296,102.08	731,148,198.57	666,305,308.38	746,124,183.68
股东权益(不含少数股东权益)	245,233,465.54	226,558,482.55	206,019,756.63	285,847,882.92
每股收益(摊薄)	0.243	0.237	0.135	0.139
每股收益(加权)	0.243	0.237	0.135	0.139
每股净资产(元/股)	1.87	1.73	1.57	2.18
调整后的每股净资产(元/股)	1.60	1.53	1.36	1.92
每股经营活动产生的现金流量净额	-0.09	0.01	0.71	0.71
净资产收益率(摊薄)	12.95%	13.68%	8.58%	6.36%
净资产收益率(加权)	13.10%	13.99%	8.96%	6.56%
扣除非经营性损益的净资产收益率(摊薄)	12.95%	12.98%	8.58%	6.36%
净资产收益率(加权)	13.10%	13.27%	8.96%	6.56%

注:以上数据以公司合并报表数填列

3.净资产收益率和每股收益　单位:元

报告期利润	净资产收益率 全面摊薄	净资产收益率 加权平均	每股收益 全面摊薄	每股收益 加权平均
主营业务利润	45.55%	46.07%	0.85	0.85
营业利润	13.08%	13.23%	0.25	0.25
净利润	12.95%	13.10%	0.24	0.24
扣除非经营性损益后的净利润	12.95%	13.10%	0.24	0.24

4.报告期内股东权益变动情况:(单位:元)

项　目	股　本	资本公积	盈余公积	法定公益金	未分配利润	股东权益合
期初数	130,812,000.00	77,413,487.35	18,002,024.53	8,285,686.94	330,970.67	226,558,482.55
本期增加			18,418,586.13	1,587,809.15	31,756,182.99	50,174,769.12
本期减少		-			31,499,786.13	31,499,786.13
期末数	130,812,000.00	77,413,487.35	36,420,610.66	9,873,496.09	587,367.53	245,233,465.54

变动原因:
盈余公积金、未分配利润变动原因是本年利润转入及实施2000年度利润分配所致。

三、股本变动及股东情况

(1)报告期末的股东总数为28440名,其中高管股股东为4名。
(2)公司前十名股东持股情况

股东名称	持股数量(股)	持股比例(%)
深圳桑达电子总公司	84,384,679	64.51
深圳市龙岗区投资管理有限公司	7,409,036	5.66
无锡市国联发展(集团)有限公司	2,718,282	2.08
金泰基金	704,565	0.54
景阳证券投资基金	516,300	0.39
刘久欢	230,000	0.18
徐福珍	192,000	0.15
王本秀	186,400	0.14
海南华硕实业有限公司	133,500	0.10
北京盈生房地产开发有限公司	110,000	0.08

持有本公司5%以上股份的股东所持股份均无质押或冻结的情况。各股东之间不存在关联关系。深圳市龙岗区投资管理有限公司代表国家持有公司国有股份。

深圳新都酒店股份有限公司

(一)公司简介

1、公司法定中文名称:深圳新都酒店股份有限公司
英文名称:SHENZHEN CENTURY PLAZA HOTEL CO.,LTD
2、公司法定代表人:张润钢
3、公司董事会秘书:董晓栗
电话:0755-2320888 转 382　　传真:0755—2344699
联系地址:深圳春风路一号新都酒店 316 室
电子信箱:szxdjd@public.szptt.net.cn
4、公司注册地址:深圳市春风路一号
办公地址:深圳新都酒店 316 室　　邮政编码:518001
电子信箱:szxdjd@public.szptt.net.cn
5、公司信息披露报纸:《证券时报》
登载公司年报的国际互联网网址:http://www.cninfo.com.cn
公司年度报告备置地点:深圳新都酒店 316 室
6、公司股票上市交易所:深圳证券交易所
公司股票简称:新都酒店 A　　公司股票编号:0033

(二)会计数据和业务数据摘要

1、公司 2000 年度主要业务数据:　　(单位:元)

利润总额	−12,367,812.07
净利润	−12,367,812.07
扣除非经常性损益后的净利润	−11,048,751.03
主营业务利润	79,001,667.58
其它业务利润	0.00
营业利润	−11,048,751.03
投资收益	32,124.77
补贴收入	0.00
营业外收支净额	−1,351,185.81
经营活动产生的现金流量净额	36,403,716.68
现金及现金等价物净增加额	2,584,528.17

注:扣除的非经常性损益项目和涉及金额
(1) 投资收益 32,124.77 元
(2) 营业外收入 120,422.41
(3) 营业外支出 1,471,608.22

2、公司截至报告年度末公司前三年的主要会计数据和财务指标:

指标项目	2000 年	1999 年		1998 年	
		调整后	调整前	调整后	调整前
主营业务收入(万元)	10997	10223	10223	11641	11641
净利润(万元)	−1237	−290	−290	−1596	79
总资产(万元)	66170	68806	71104	75106	79427
股东权益(万元)	42186	43423	45721	46010	50989
每股收益(元)	−0.043	−0.01	−0.01	−0.055	0.003
每股净资产(元)	1.466	1.509	1.589	1.599	1.772
调整后每股净资产(元)	1.41	1.44	1.52	1.41	1.64
每股经营活动产生的现金流量净额	0.126	0.06	0.06	0.10	0.10
净资产收益率(%)	−2.93	−0.067	−0.63	−3.47	0.15
扣除非经常性损益后的每股收益	−0.038	−0.01	−0.01	−0.05	−0.007

3、股东权益变动情况:

项目	期初数	本期增加	本期减少	期末数
股本	287723488.00	0	0	287723488.00
资本公积	226199304.42	0	0	226199304.42
盈余公积	41998675.29	0	0	41998675.29
法定公益金	9816549.88	0	0	9816549.88
未分配利润	−87995527.87	0	12367812.07	−100363339.94
外币报表折算	−33702814.82	0	0	−33702814.82
股东权益合计	434223125.02	0	12367812.07	421855312.95

变动原因:由于本年度亏损造成股东权益减少。

(三)股本变动及股东情况

1、股本变动情况　　单位(万股)
(1) 股本结构

股份类别	年初数	年末数
(I)尚未流通股份		
a.发起人股份	22050	22050
其中:外资法人股	8820	8820
境内法人股	13230	13230
b.其它*	989.3488	0
尚未流通股份合计	23039.3488	22050
(II)已流通股份		
A 股	5733	6722.3488
(III)股份总计	28772.3488	28772.3488

2、股东情况介绍
(1)股东数量　截至 2000 年 12 月 31 日股东总人数 32126 人
(2)主要股东持股情况
截至 2000 年 12 月 31 日本公司前十名股东名单　　持股数(单位:股)

	未上市流通股份	已上市流通股份	合计	占股份总数比例
1.中国东方信托投资公司	66,150,000	0	66,150,000	22.99%
2.(香港)建辉投资有限公司	55,125,000	0	55,125,000	19.16%
3.南油(集团)有限公司	33,075,000	1,050,000	34,125,000	11.86%
4. 深圳贵州经济贸易公司	33,075,000	550,016	33,625,016	11.69%
5. (香港)桂江企业有限公司	33,075,000	0	33,075,000	11.50%
6.王宏		601,311	601,311	0.21%
7.曾腾		483,300	483,300	0.17%
8.陈雪芬		471,326	471,326	0.16%
9.郑明星		360,300	360,300	0.13%
10.夏雪		348,105	348,105	0.12%

深圳市华宝(集团)股份有限公司

一、公司简介

1、公司法定名称　中文名称:深圳市华宝(集团)股份有限公司
英文名称:SHENZHEN WABO GROUP CO., LTD　　缩写:WABO GROUP
2、公司法定代表人:叶连捷
3、公司董事会秘书:刘向阳　　股证事务代表:李莉琨
联系地址:深圳市宝安区宝城宝民一路 102 号
联系电话:(0755)7823898　　传真:(0755)7823626　　电子信箱:zongban@shenzhenwabo.com
4、公司注册地址及办公地址:深圳市宝安区宝城宝民一路 102 号　　邮政编码:518133
国际互联网网址: http://www.shenzhenwabo.com
5、公司选定的信息披露报纸名称:《证券时报》、《中国证券报》
登载公司年度报告的中国证监会指定国际互联网网址: http://www.cninfo.com.cn
公司年度报告备置地点:公司总部董事会秘书处
6、股票上市交易所:深圳证券交易所
股票简称:ST 深华宝　　股票代码:0034

二、会计数据和业务数据摘要

1、公司本年度实现　　(单位:人民币元)

利润总额	273,879,696.02
净利润	271,479,290.97
扣除非经常性损益后的净利润	9,294,285.79
主营业务利润	49,437,241.93
其他业务利润	2,178,912.67
营业利润	7,812,605.19
投资收益	259,191,679.05
补贴收入	
营业外收支净额	6,875,411.78
经营活动产生的现金流量净额	161,366,553.96
现金及现金等价物净增加额	248,433,216.54

注:"扣除非经常性损益后的净利润"是指从净利润中扣除公司报告期内正常经营损益之外的、一次性或偶发性损益。非经常性损益的构成为股权转让收益 255 ,309,593.40 元,营业外净收入 6,875,411.78。

2、主要会计数据与财务指标　　(单位:人民币万元)

项　目	2000 年	1999 年		1998 年	
		调整后	调整前	调整前	调整后
主营业务收入	41,589	54,784	60,870	59, 110	58,534
净利润	27,148	4,556	3,801	−55,182	−54,273
总资产	136,897	84,970	95,001	109, 740	106,640
股东权益	34,277	7,129	6,373	4, 064	2,572
每股收益(元)	0.87	0.15	0.122	−1.77	−1.74
每股净资产(元)	1.10	0.229	0.205	0.13	0.08
调整后的每股净资产(元)	0.89	0.009	0.009	0.05	−0.065
每股经营活动产生的现金流量净额(元)	0.52	0.32	0.30	0.201	0.202
净资产收益率(%)	79.2	64	60	−1357.82	−2,110.15
按月平均加权法计算的每股收益(元)	0.87	0.15	0.122	−1.77	−1.74
扣除非经常性损益后的每股收益(元)	0.0298	−0.028	−0.043	−1.65	−1.65

注:因本年度股本没有发生增减变化,每股收益、每股净资产加权指标与摊薄指标相同。

3、股东权益变动情况及变化原因　　单位:人民币元

项　目	期初数	本期增加	本期减少	期末数
股　本	311,139,400			311,139,400
资本公积	294,711,969.42			294,711,969.42
盈余公积	65,738,593.50			65,738,593.50
其中法定公益金	21,607,239.61			21,607,239.61
未分配利润	−607,858,021.46	279,033,419.91		−328,824,601.55
股东权益合计	63,731,941.46	279,033,419.91		342,765,361.37

变动原因:未分配利润变动:1.本年利润增加 271,479,290.97 元;2.按地税局批复进行税费调整,调增未分配利润 7,554,128.94 元。

三、股东情况介绍

1、报告期末股东总数

截止 2000 年 12 月 31 日,公司股东总数为 21998 人,其中内部职工股股东数为 1 人(高层管理人员)。

2、前十名股东持股情况(截止 2000 年 12 月 31 日)

序号	股 东 名 称	年末持股数(股)	持股比例(%)
1	深圳市宝安区投资管理公司	133,555,572	42.93
2	深圳国际信托投资公司	77,886,656	25.04
3	山西东方投资发展有限公司	8,000,000	2.57
4	深圳经济特区汇华集团有限公司	4,538,306	1.46
5	深圳市物资集团公司	2,500,000	0.81
6	深圳市大信光学工业有限公司	1,456,000	0.47
7	深圳市旭艺实业有限公司	1,077,307	0.35
8	蔚深证券有限责任公司	757,000	0.24
9	谢锡城	504,700	0.16
10	左有红	424,889	0.14

注:1) 公司前 10 名股东之间未发现有关联关系。

2)持有 5%以上股份的股东为深圳市宝安区投资管理公司和深圳国际信托投资公司。深圳市宝安区投资管理公司持有本公司国家股 133,555,572 股,其中 71,335 ,413 股股权(占总股本的 22.93%)已协议转让给深圳国际信托投资公司,24,891 ,152 股股权(占总股本的 8%)已协议转让给深圳泰丰电子有限公司,截止 2000 年 12 月 31 日,两次股权转让均正在办理有关股权转让的审批手续,故暂未办理股权过户手续。深圳国际信托投资公司持有本公司国有法人股 77,886,656 股,其中 57,560,789 股股权(占总股本的 18.5%)已协议转让给深圳泰丰电子有限公司,截止 2000 年 12 月 31 日,正在办理有关股权转让的审批手续,故暂未办理股权过户手续。

3)如以上股权转让完成,深圳国际信托投资公司、深圳泰丰电子有限公司将分别持有本公司 29.47%、26.5%股权,为本公司第一、第二大股东。

中国科健股份有限公司

一、公司简介

1、法定中文名称、中国科健股份有限公司
英文名称:CHINAKEJIANCO.,LTD.
2、公司法定代表人:侯自强
3、公司董事会秘书:董志刚　　授权代表:王敏菁
联系地址:深圳福田区滨河路 5022 号联合广场 B 座六层,邮政编码:518026
电话:0755-2710181　传真:0755-2710095　电子信箱:szkejian@sz.gd.cninfo.net
4、公司注册地址:深圳蛇口工业六路
办公地址:深圳福田区滨河路 5022 号联合广场 B 座六层,邮政编码:518026
互联网网址:http://www.chinakejian.net　电子信箱:kejian@szonline.net
5、公司选定的中国证监会指定报纸名称:《中国证券报》和《证券时报》
中国证监会指定国际互联网网址:http://www.cninfo.com.cn
公司年度报告备置地点:公司董事会秘书办公室
6、公司股票上市交易所:深圳证券交易所
股票简称:中科健 A　股票代码:0035

二、会计数据和业务数据摘要

1、本年度利润总额及构成

项目	2000 年(单位:人民币元)
利润总额	44,914,540.05
净利润	45,464,235.05
扣除非经常性损益后的净利润	40,904,235.05
主营业务利润	144,480,422.78
其他业务利润	1,158,054.05
营业利润	28,407,651.06
投资收益	6,117,432.36
补贴收入	1,559,100.00
营业外收支净额	8,830,356.63
经营活动产生的现金流量净额	235,274,834.64
现金及现金等价物净增加额	189,163,069.86

2、主要会计数据与财务指标

项目	2000 年	1999 年 调整后	1999 年 调整前	1998 年 调整后	1998 年 调整前
主营业务收入(万元)	86615.16	61272.96	61428.92	5510.53	4373.7
净利润(万元)	4546.42	-1049.09	4703.7	2016	2416.2
总资产(万元)	84454.61	46434.01	48890.63	4982	54172.2
股东权益(万元)	21279.56	16733.14	24504.71	9801	21393.0
每股收益(元/股)	0.39	-0.09	0.406	0.18	0.2085
每股净资产(元/股)	1.84	1.44	2.115	1.71	1.846
调整后每股净资产(元/股)	1.51	1.26	1.89	1.38	1.11
每股经营活动产生的现金流量净额	2.03	/	-0.829	/	0.329
净资产收益率(%)	21.37	-6.27	19.20	10.18	11.29

3、股东权益变动情况表

项目	股本	资本公积	盈余公积	法定公益金	未分配利润	股东权益合计
期初数调整前	115887200	103633506.81	13104987.96	3189911.53	11,041,256.27	245,047,108.07
调整(减少)值	/	/	1380157.03	1380157.03	74,955,423.95	77,715,738.01
期初数调整后	115887200	103633506.81	11724830.93	1809754.50	-63,914,167.68	167,331,370.06
本期增加					45,464,235.05	45464235.05
期末数	115887200	103633506.81	11724830.93	1809754.50	-18,449,932.63	212,795,605.11

三、股本变动及股东情况

1、股本变动情况
股本变动情况表
数量单位:股

	期初数	本次变动增减(+、-) 配股	送股	公积金转股	其他	小计	期末数
一、尚未流通股份							
1、发起人股份							
其中:国家拥有股份	33,614,000						33,614,000
境内法人持有股份	31,000,000						31,000,000
2、募集法人股	8,624,000						8,624,000
4、优先股或其他							
其中:转配股	21,199,200				-21,199,200		
高管股	118,662						118,662
未上市流通股份合计	94,555,862				-21,199,200		73356,662
二、已上市流通股份							
1、人民币普通股	21,331,338				+21,199,200		42530,538
已上市流通股份合计	21331,338				+21,199,200		42530,538
三、股份总数	115,887,200						115,887,200

注:根据中国证监会精神,深交所核定并公告,本公司 1995 年度法人股之配股 21,199,200 股于 2000 年 6 月上市流通,期初数和期末数关于上市流通股和未上市流通股的增减变化为转配股上市所致。

2、股东情况介绍
(1)截止报告期末,本公司股东数量 29524 户。
(2)公司前十名股东持股情况:

单位名称	持股数量(股)	比例	股份变动增减(+、-)股
深圳科健集团有限公司	33614000	29.00%	
深圳市智雄电子有限公司	31000000	26.75%	
景福证券投资基金	567500	74.90%	+5675007
中国农村发展信托投资公司	3300000	2.85%	
广发证券有限责任公司	3280401	2.83%	-2518507
深圳市投资管理公司	2574000	2.22%	
上海科技投资股份有限公司	1650000	1.42%	
景阳证券投资基金	1405970	1.21%	+1405970
北京市粮食储运贸易总公司	1100000	0.95%	
景宏证券投资基金	1070882	0.92%	+1070882

深圳市华联控股股份有限公司

一、公司简介

1、公司的法定名称:
中文名称:深圳市华联控股股份有限公司
英文名称:SHENZHEN UNION HOLDINGS CHINA CO.,LTD
2、公司法定代表人:董炳根
3、公司董事会秘书及授权代表:陈建文、孔庆富
注册(办公)地址:深圳市深南中路华联大厦 17 层
电话:(0755)3667257
传真:(0755)3667583
4、公司联系地址:深圳市深南中路华联大厦 17 层 1716 室
邮政编码:518031
电子信箱:Szhzhqgs@sz.gd.cninfo.net
5、公司选定信息披露报纸名称:《证券时报》
登载年报的中国证监会指定国际互联网网址:
http//www.cninfo.com.cn
年度报告备置地点:本公司证券部
6、公司股票上市交易所:深圳证券交易所
股票简称:华联控股　　股票代码:0036

二、会计数据和业务数据摘要

(一)本年度利润总额及其构成(单位:人民币元)

利润总额	200,224,328.58
净利润	94,738,455.02
扣除非经常性损益后的净利润	90,690,738.95
主营业务利润	512,426,931.62
其他业务利润	10,931,072.71
营业利润	195,624,887.27
投资收益	-5,850,130.67
补贴收入	8,037,229.00
营业外收支净额	2,412,342.98
经营活动产生的现金流量净额	302,541,727.60
现金及现金等价物净增加额	28,371,119.79

(二)主要会计数据和财务指标:(单位:人民币元)

指标项目	2000 年	1999 年 调整前	1999 年 调整后	1998 年 调整前	1998 年 调整后
主营业务收	2,438,828,972.33	1,186,310,343.08	1,186,310,343.08	463,367,436.75	428,574,752.73
净利润	94,738,455.02	80,994,306.16	81,394,661.40	72,265,361.90	72,265,361.90
总资产	2629279494.88	2227263104.32	2234825638.53	1459904677.86	1440494428.95
股东权益	860,057,911.95	801,104,833.61	8 01,274,965.43	720,110,527.45	720,110,527.45
每股收益	0.2635	0.3379	0.3396	0.3015	0.3015
扣除非经常性损益后每股收益	0.2522		0.3261		0.3278
每股净资产	2.39	3.34	3.34	3.00	3.00
调整后的每股净资产	2.31	3.15	3.15	2.86	2.86
每股经营活动产生的 现金流量净额	0.84		-0.04		-0.04
净资产收益率(%)	11.02	10.11	10.16	10.04	10.04

注:股东权益中不含少数股东权益

(三)按照中国证监会《公开发行证券公司信息披露编报规则》(第 9 号)要求编制的利润表附表如下:

报告期利润	净资产收益率 全面摊薄	净资产收益率 加权平均	每股收益 全面摊薄	每股收益 加权平均
主营业务利润	59.58%	60.38%	1.43 元	1.43
营业利润	22.75%	23.05%	0.54	0.54
净利润	11.02%	11.16%	0.26	0.26
扣除非经常性损益后的净利润	10.54%	10.69%	0.25	0.25

(四)报告期内股东权益变动情况及变化原因(单位:人民币元)

项目	股本	资本公积	盈余公积	法定公益金	未分配利润	股东权益合计
期初数	239,703,390	467,593,891.72	27,992,965.38	13,121,466.13	65,984,718.33	801,274,965.43
本期增加	119,851,695	0	41,430,001.64	20,452,420.47	94,738,455.02	256,020,151.66
本期减少	0	119,851,695	0	0	77,385,510.14	197,237,205.14
期末数	359,555,085	347,742,196.72	69,422,967.02	33,573,886.60	83,337,663.21	860,057,911.95

变动原因:资本公积金的减少和股本的增加是 2000 年中期实施公积金转增股本所致;盈余公积、法定公益金、未分配利润的增加为本年度实现利润所致。

三、股东情况介绍

1、截止至 2000 年 12 月 31 日,公司总股东人数为 46158 户。其中未流通法人股东 2 户,社会公众股东 46156 户。

2、报告期末公司前十名股东持股情况

股东姓名	持股数量(股)	所占比例(%)	股份性质
华联发展集团有限公司	180476835	50.19	发起法人股
广州合成纤维厂	1905750	0.53	募集法人股
国信证券有限公司	1162815	0.32	社会公众股
关凤珍	771525	0.21	社会公众股
肖燕霞	724051	0.20	社会公众股
马明霞	633036	0.18	社会公众股
陈玉兰	543000	0.15	社会公众股
张　萍	536850	0.15	社会公众股
罗小兰	524600	0.14	社会公众股
秦向国	510875	0.14	社会公众股

说明:(1)持有本公司 5%以上股份的股东没有出现冻结和质押情况。
(2)持股 10%以上的法人股东简介:
华联发展集团有限公司:法定代表人董炳根先生。该公司的经营范围:纺织品、服装、化工、纺织机械等商品的进出口和销售;纺织技术咨询服务;物业管理和租赁服务;承包境外纺织行业工程和境内国际招标工程;上述境外工程所需设备、材料进出口;对外派遣实施上述境外工程的劳务人员。
(3)报告期内控股股东没有发生变化,前十名股东之间不存在关联关系。

深圳南山热电股份有限公司

一、公司简介

1、公司法定中文名称：深圳南山热电股份有限公司
公司法定英文名称：SHENZHEN NANSHAN POWER STATION CO.,LTD
2、公司法定代表人：劳德容女士
3、公司董事会秘书：傅博先生　电话：(0755)6072818　电子信箱：fubo88@21cn.com
股证事务代表：胡琴　电　话：(0755)6650064　传　真：(0755)6650642
联系地址：广东省深圳市南山区月亮湾大道18号
4、公司注册及办公地址：深圳市南山区月亮湾大道18号　邮政编码：518052
电子信箱：sznsrdgf@sz.gd.cninfo.net
5、公司选定的信息披露报纸：《中国证券报》、《证券时报》及《大公报》
中国证监会指定登载公司年度报告的国际互联网网址：http://www.cninfo.com.cn
公司年度报告备置地点：公司办公室
6、股票上市交易所：深圳证券交易所　股票简称及代码：深南电A 0037　深南电B 2037

二、会计数据和业务数据摘要

(一)本年度主要会计数据(单位：人民币元)

利润总额	167,711,534.51
净利润	145,288,240.63
扣除非经常性损益后的净利润	100,703,047.88
主营业务利润	146,455,720.03
其他主营业务利润	—
营业利润	108,551,925.07
投资收益	—
补贴收入	64,844,178.58
营业外收支净额	-5,684,569.14
经营活动产生的现金流量净额	204,510,125.12
现金及现金等价物净增加额	62,242,066.72

注：报告期内非经常性损益49,348,079.17元，
其中：1、1998年度消费税退税收入4,900,000.00元；
2、2000年电费补贴收入32,537,145.30元；
3、营业外收支净额-5,684,569.14元；
4、以前年度坏帐冲回17,595,503.01元，
其中：深圳协孚供油有限公司15,729,760.01元，
河南省济源陶瓷总厂1,865,743.00元。

(三)公司近三年主要会计数据和财务指标(单位：人民币元)

项目	2000年	1999年	
		调整后	调整前
1、主营业务收入	889,714,044.95	600,710,427.02	600,710,427.02
2、净利润	145,288,240.63	117,552,105.92	116,169,677.57
3、总资产	1,341,408,120.93	999,723,146.08	1,004,968,086.60
4、股东权益(不含 少数股东权益)	717,541,627.36	600,926,793.00	594,048,321.66
5、每股收益(元/股)	0.41	0.33	0.33
6、每股净资产(元/股)	2.01	1.69	1.67
7、调整后的每股净资产(元/股)	1.84	1.63	1.63
8、扣除非经常性损益后的每股收益(元)	0.28	0.40	0.40
9、每股经营活动产生的现金流量净额(元/股)	0.57	0.59	0.59
10、净资产收益率(%)	20.25	19.56	19.56

(五)本报告期内股东权益变动情况　单位：人民币元

项　目	股　本	资本公积	盈余公积	法定公益金	未分配利润	股东权益合计
期初数	356,400,000.00	145022083.03	93838753.63	30200106.13	5665956.34	600,926,793.00
本期增加			21,793,236.09	7,264,412.03	45288240.63	167081476.72
本期减少			2,299,806.27	2299806.27	48166,836.09	50,466,642.36
期末数	356400000.00	145022083.03	113332183.45	35164,711.89	102787360.88	717,541,627.36

三、股本变动及股东情况

(一)股本变动情况

1、股份变动情况　数量单位：股

	期初数	本次变动增减(+、-)					期末数
		配股	送股	公积金转股	其他	小计	
一、尚未流通股份							
1、发起人股份	203,940,000				+4,455,000		208,395,000
(1)国家拥股份	20,495,970				+36,371,610		20,495,970
其中：国家股	20,495,970						20,495,970
国有法人股					+36,371,610		36,371,610
(2)境内法人持有股份	107,557,956				- 31,916,610		75,641,346
(3)境外法人持有股份	75,886,074						75,886,074
2、募集法人股	45,540,000				-4,455,000		41,085,000
尚未流通股份合计	249,480,000						249,480,000
二、已流通股份							
1、境内上市的人民币普通股	33,660,000						33,660,000
2、境内上市的外资股	73,260,000						73,260,000
已流通股份合计	106,920,000						106,920,000
三、股份总数	56,400,000						356,400,000

2、前十名股东持股情况

股东名称	期末数(股)	占总股本比例(%)	备注
1、深圳市广聚电力投资有限公司	83,660,346	23.47	
2、香港南海洋行(国际)有限公司	55,677,204	15.62	外资股
3、深圳市能源集团有限公司	41,681,970	11.70	代表国家持有20,495,970股
4、深圳国电科技发展有限公司	36,371,610	10.21	国有法人股
5、腾达置业有限公司	32,088,870	9.00	外资股
6、陈汉桥	2,858,121	0.80	B股
7、SHUM YIP NONFENMET HONG KONG LTD	1,260,002	0.35	B股
8、深圳投资基金管理公司	990,000	0.28	B股
9、吴丽容	766,640	0.22	B股
10、HKIT/006-113039-431	708,551	0.20	B股

深圳大通实业股份有限公司

一、公司简介

1、公司法定名称中文名称：深圳大通实业股份有限公司
英文名称：SHENZHEN CAPSTONE INDUSTRIAL CO., LTD.　缩写：CAPSTONE
2、公司法定代表人：赵玉吉先生
(注：赵玉吉先生为报告期末公司法定代表人，公司现任法定代表人为王华林先生)
3、公司董事会秘书：伍　斌先生　联系地址：深圳市华侨城东部工业区
电话：(0755)6931038　传真：(0755)6600398　电子信箱：szmingaa@sz.gd.cninfo.net
4、公司注册地址：深圳市华侨城东部工业区
公司办公地址：深圳市华侨城东部工业区　邮政编码：518053
公司电子信箱：szmingaa@sz.gd.cninfo.net
5、公司信息披露报纸：《证券时报》
登载公司年度报告国际互联网网址：www.cninfo.com.cn
公司年度报告备置地点：公司董事会秘书处
6、公司股票上市交易所：深圳证券交易所　股票简称：ST深大通　股票代码：0038

二、会计数据和业务数据摘要

1、本年度主要会计数据和业务数据(单位：元)

利润总额	1,889,430.42
净利润	4,139,632.59
扣除非经常性损益后的净利润	603,776.36
主营业务利润	4,315,708.04
其他业务利润	1,176,460.77
营业利润	-1,948,679.21
投资收益	3,755,062.00
补贴收入	/
营业外收支净额	93,047.63
经营活动产生的现金流量净额	-375,376.10
现金及现金等价物净增加额	3,132,282.73

注：扣除非经常性损益项目及涉及金额(单位：元)

非经常性损益项目	涉及金额
固定资产转让	-120,377.19
存货损失	-89,977.00
投资收益	3,755,062.00

2、截至报告期末公司前三年的主要会计数据和财务指标

项目	2000年度	1999年度		1998年度	
		调整后	调整前	调整后	调整前
主营业务收入(元)	58,655,372.31	105,477,641.64	105,477,641.64	149,478,062.90	169,397,630.55
净利润(元)	4,139,632.59	-36,769,462.87	-39,060,464.68	-28,755,807.09	-20,690,978.35
每股收益(元)(摊薄)	0.046	-0.406	-0.432	-0.318	-0.2287
每股收益(元)(加权)	0.046	-0.406	-0.432	-0.318	-0.2287
扣除非经常性损益后的每股收益(元)(摊薄)	0.0067	-0.39	-0.416	/	/
扣除非经常性损益后的每股收益(元)(加权)	0.0067	-0.39	-0.416	/	/
每股经营活动产生的现金流量净额(元)	-0.004	0.083	0.083	0.058	0.07855

	2000年12月31日	1999年12月31日		1998年12月31日	
		调整后	调整前	调整后	调整前
总资产(元)	184,439,703.86	186,282,295.91	183,842,392.31	243,400,245.22	264,048,515.73
股东权益	106,170,844.54	102,031,211.95	99,740,210.14	138,800,674.82	156,132,176.42
每股净资	1.173	1.128	1.102	1.534	1.7254
调整后的每股净资产	1.123	1.071	1.047	1.472	1.6200
净资产收益率%(摊薄)	3.899	-36.037	-39.162	-20.717	-13.252
净资产收益率%(加权)	3.899	-36.037	-39.162	-20.717	-13.252

3、本年度利润表附表

项目	净资产收益率(%)		每股收益(元/每股)	
	全面摊薄	加权平均	全面摊薄	加权平均
主营业务利润	4.06	4.06	0.048	0.048
营业利润	-1.84	-1.84	-0.022	-0.022
净利润	3.90	3.90	0.046	0.046
扣除非经常性损益后的净利润	0.57	0.57	0.0066	0.0066

三、股东情况介绍

1、截止至2000年12月31日，本公司股东总数为8,426户。
2、截止2000年12月31日，公司前十名股东名单及持股情况如下：

序号	股东名称	持股数量(股)	占总股本比例(%)
01	益通投资有限公司	32,105,700	35.48
02	北京华恒创业投资有限公司	12,606,990	13.93
03	国泰君安证券股份有限公司	10,000,000	11.05
04	华夏证券有限公司	9,000,000	9.95
05	深圳市投资管理公司	7,134,600	7.88
06	福建兴业证券公司	330,400	0.37
07	兴业厦门	317,600	0.35
08	福建兴业证券公司	294,845	0.33
09	福建兴业证券公司上海金陵路营业部	294,220	0.33
10	福建兴业证券公司	290,946	0.32
合计		72,375,301	79.99

注：1.报告期内，持有本公司5%以上(含5%)股份的股东股份变动情况如下：

本公司原第二大股东广东华侨信托投资公司在报告期初持股数为19,263,420股，占总股本比例为21.29%。其中，900万股(占总股本比例为9.95%)于2000年10月28日按法院裁定强制过户给华夏证券有限公司，1000万股(占总股本比例为11.05%)于2000年11月7日按法院裁定强制过户给国泰君安证券股份有限公司。本公司原第三大股东运通电子(深圳)实业有限公司在报告期初持股数为12,606,990股，占总股本比例为13.93%。此部分股份于2000年12月15日协议转让给北京华恒创业投资有限公司。以上三次股权转让分别公告于2000年10月28日、2000年11月7日及2000年12月15日《证券时报》。

中国国际海运集装箱(集团)股份有限公司

一、公司简介

1.公司法定中文名称:中国国际海运集装箱(集团)股份有限公司
公司法定英文名称:CHINA INTERNATIONAL MARINE CONTAINERS(GROUP)CO., LTD.
公司英文缩写:CIMC
2.公司法定代表人:李建红
3.公司董事会秘书:吴发沛
联系地址:广东省深圳市蛇口工业区金融中心五楼
电话:0755-6691130　传真:0755-6826579　电子信箱:shareholder@cimc.com
4.公司注册及办公地址:广东省深圳市蛇口工业区金融中心五楼　邮政编码:518067
公司网址:http://www.cimc.com　公司电子信箱:shareholder@cimc.com
5.公司选定信息披露报纸:《证券时报》、香港《信报》或《South China Morning Post》
中国证监会指定年度报告登载网址:http://www.cninfo.com.cn
公司年度报告备置地点:深圳市蛇口工业区金融中心二楼 本公司金融事务部
6.公司股票上市地:深圳证券交易所
股票简称及代码:中集集团 0039　中集B 2039

二、会计数据和业务数据摘要

1. 公司本年度主要会计数据(单位:人民币元)

利润总额	631,860,602.59
净利润	461,965,079.10
非经常性损益合计	116,544,410.28
其中:(1)股票投资收益	121,636,640.92
(2)补贴收入中所得税退税	20,062,578.77
(3)营业外收支净额	-14,846,224.31
(4)合并价差摊入	-10,308,585.10
扣除非经常性损益后的净利润	345,420,668.82
主营业务利润	1,563,378,158.51
其它业务利润	19,237,395.96
营业利润	472,342,397.39
投资收益	153,008,268.08
补贴收入	21,356,161.43
营业外收支净额	-14,846,224.31
经营活动产生的现金流量净额	194,397,349.92
现金及现金等价物净增加额	-192,161,128.57
按国内会计准则计算的2000年度净利润	461,965,000.00

2.公司近三年的主要会计数据及财务指标(单位:人民币元)

项目	2000年度	1999年度	1998年度(调整前)	1998年度(调整后)
集装箱产量(TEU)	715,274	496,000	330,399	330,399
集装箱销量(TEU)	699,355	491,462	335,552	335,552
主营业务收入	8,954,274,836.11	5,196,869,397.40	4,913,500,203.76	4,913,500,203.76
净利润	461,965,079.10	257,633,812.94	245,763,521.76	223,160,537.31
总资产	6,639,791,527.07	6,622,510,638.31	4,307,371,678.78	4,397,167,662.06
股东权益(不含少数股东权益)	2,090,672,553.78	1,696,118,950.11	1,429,549,134.16	1,506,738,263.24
每股收益(全面摊薄)	1.358	0.757	0.722	0.656
扣除非经常性损益后的每股	1.015	0.752	0.731	0.664
每股净资产	6.15	4.99	4.20	4.43
调整后的每股净资产	5.96	4.84	4.01	4.24
净资产收益率	22.10	15.19	17.19	14.81
每股经营活动产生的现金流量净额	0.571	0.845	1.097	1.097

4.股东权益变化及原因

项目	期初数	本期增加	本期减少	期末数	变化原因
股本	340,201,398	0	0	340,201,398	
资本公积	621,497,415.54	0	0	621,497,415.54	
盈余公积	718,221,093.76	52,150,919.59	0	770,372,013.56	利润分配
其中:法定公益金	123,271,819.53	23,098,253.98	0	146,370,073.53	利润分配
未分配利润	0	461,965,079.10	0	341,773,879.92	利润实现
外币报表折算差额	16,199,042.81	628,804.16	0	16,827,846.97	
股东权益合计	1,696,118,950.11	394,553,603.67	0	2,090,672,553.78	净利润增加

三、股东情况介绍

(1) 截止2000年12月31日,本公司共有股东46,274户,其中A股东40,383户,B股股东5,891户。

(2) 前十名股东持股情况

股东名称	年末持股(股)	类别	年度内增减	持股比例
1.中国远洋运输(集团)总公司	68,208,940	A	0	20.05%
2.招商局货柜工业有限公司	68,208,940	B	0	20.05%
3.LONG HONOUR INVESTMENTS LIMITED	26,200,005	B	+5	7.70%
4.FAIR OAKS DEVELOPMENT LIMITED	25,150,521	B	+440,521	7.39%
5.丹麦宝隆洋行有限公司	15,157,542	B	0	4.46%
6.CMB RE BK OF AMERICA RE JAYHAWK CHINA F LTD.	3,277,405	B	+3,277,405	0.96%
7.TOP DYNAMIC INVESTMENTS LTD.	3,180,000	B	+643,700	0.94%
8.钟玉萍	2,418,965	B	+572,997	0.71%
9.BONY A/C CMG CH CHINA INVESTMENTS LTD.	2,298,392	B	+498,056	0.68%
10.SHANGHAI SHENYIN SECURITIES (HK) LTD.	1,467,394	B	+1,467,394	0.43%

注1:第一位、第二位与第五位股东为公司发起人股东,其余均为B股流通股股东。

注2:前十名股东之中,第一位与第三位之间存在关联关系:Long Honour Investments Limited是中国远洋运输(集团)总公司的全资附属公司;第二位与第四位之间存在关联关系:招商局货柜工业有限公司和Fair Oaks Development Limited都是招商局国际有限公司的全资附属公司。

注3:持股5%(含5%)以上的法人所持股份未发生质押、冻结等情况。

深圳市鸿基(集团)股份有限公司

一、公司简介

1.公司法定中文名称:深圳市鸿基(集团)股份有限公司
公司法定英文名称:SHENZHEN HONGKAI(GROUP) CO.,LTD.
2.公司法定代表人:邱瑞亨
3.公司董事局秘书:邓有高　授权代表:沈蜀江
联系地址:深圳市罗湖区东门中路1011号鸿基大厦26楼
联系电话:0755-2367726　传真:0755-2367780
4.公司注册地址:深圳市罗湖区东门中路1011号鸿基大厦25—27楼
公司办公地址:深圳市罗湖区东门中路1011号鸿基大厦25—27楼
公司邮政编码:518001　公司互联网网址:www.0040.com.cn
公司电子信箱:szhkxxzx@public.szptt.net.cn
5.公司指定信息披露报刊:《中国证券报》、《证券时报》
公司年度报告披露中国证监会指定国际互联网网址:http://www.cninfo.com.cn
公司年度报告备置地点:公司董事局办公室
6.公司股票上市交易所:深圳证券交易所
股票简称:深鸿基A　股票代码:0040

二、会计数据和业务数据摘要

(一)本年度主要利润指标情况(单位:人民币元)

1. 利润总额:	16,938,942
2. 净利润:	11,665,948
3. 扣除非经常性损益后的净利润:	11,665,948
4. 主营业务利润:	143,864,694
5. 其他业务利润:	2,213,118
6. 营业利润:	32,830,835
7. 投资收益:	-15,258,407
8. 补贴收入:	0
9. 营业外收支净额:	-633,486
10.经营活动产生的现金流量净额:	34,159,433
11.现金及现金等价物净增加额:	42,019,883

注:报告期内无非经常性损益项目

(二)截止报告期末公司前三年的主要会计数据和财务指标(单位:人民币元)

指标项目	2000年	1999年
1.主营业务收入(元)	374,323,531	590,004,773
2.净利润(元)	11,665,948	120,673,625
3.总资产(元)	2,369,836,206	2,191,060,128
4.股东权益(元)	1,208,530,510	1,196,864,562
5.每股收益(摊薄)	0.025	0.257
每股收益(加权)	0.025	0.263
扣除非经常性损益后的每股收益(元/股)	0.025	0.206
6.每股净资产(元/股)	2.574	2.549
调整后每股净资产(元)	2.421	2.404
7.每股经营活动产生的现金流量净额	0.073	0.315
8.净资产收益率(摊薄)%	0.96	10.08
净资产收益率(加权)%	0.97	12.29
扣除非经常性损益后的加权净资产收益率%	0.97	9.85

续上表:

指标项目	1998年(调整前)	1998年(调整后)
1.主营业务收入(元)	316,028,901.18	316,028,901
2.净利润(元)	61,671,200.03	61,508,150
3.总资产(元)	1,477,302,508.38	1,442,692,187
4.股东权益(元)	916,464,876.59	884,971,557
5.每股收益(摊薄)	0.306	0.305
每股收益(加权)	0.306	0.305
扣除非经常性损益后的每股收益(元/股)	0.306	0.305
6.每股净资产(元/股)	4.544	4.387
调整后每股净资产(元)	4.301	4.096
7.每股经营活动产生的现金流量净额	-0.164	-0.164
8.净资产收益率(摊薄)%	6.73	6.95
净资产收益率(加权)%	6.88	7.12
扣除非经常性损益后的加权净资产收益率%	6.88	7.12

注1:以上数据和指标以本公司合并会计报表数据填列或计算。
注2:报告期末至摘要披露日,本公司股本未发生变化。

三、股东情况

1.截止2000年12月31日,本公司股东总数为194,159户。
2.公司前十名股东持股情况:

股东名称	年末持股数(股)	年内股份增减(股)	持股比例(%)
(1)深圳市东鸿信投资发展有限公司	137,890,896	—	29.36
(2)中国太平洋保险公司深圳分公司	15,730,000	—	3.35
(3)潮洲市意溪工艺实业公司	10,010,000	—	2.13
(4)深圳中农信投资实业公司	5,434,000	—	1.16
(5) 中国太平洋保险公司	3,575,000	—	0.76
(6)深圳丰华电子有限公司	3,003,000	—	0.64
(7)深圳奋高投资开发有限公司	2,860,000	—	0.57
(8)深圳机场侯机楼有限公司	2,145,000	—	0.46
(9)深圳发展银行	1,430,000	—	0.30
(10)北京市证券公司上海营业部	1,072,331	1,072,331	0.23

上述前10名股东中,第(10)名股东为上市流通股股东,其所持股份增减系二级市场股票买卖行为,其他均为公司法人股股东,截止报告期末本公司尚未获悉其之间存在关联关系。

深圳市长城地产(集团)股份有限公司

一.公司简介

1. 法定中文名称:深圳市长城地产(集团)股份有限公司
   法定英文名称:SHENZHEN CHANGCHENG ESTATE GROUP HOLDING CO.,LTD
2. 法定代表人:蒋洪库
3. 董事会秘书:刘莉
   证券事务代表:唐曙
   联系地址:深圳市福田区红荔路 2010 号长兴大厦(圣廷苑酒店)东区裙楼
   电话:(0755)3789776
   传真:(0755)3789776
   电子信箱:szccdcdm@sz.gd.cninfo.net
4. 注册及办公地址:深圳市福田区红荔路 2010 号长兴大厦(圣廷苑酒店)东区裙楼
   邮编:518028
   公司网址:http://www.ccdcjt.com
   电子信箱:ccdcjtsz@szonline.net
5. 信息披露报纸:《证券时报》《中国证券报》
   登载公司年度报告的中国证监会指定国际互联网网址:
   http://www.cninfo.com.cn
   公司年度报告备置地点:本公司董事会办公室
6. 公司股票上市交易所:深圳证券交易所
   股票简称:深长城 A　股票代码:0042

二.会计数据和业务数据摘要

1.本年度主要会计数据(单位:人民币元)

利润总额	159,005,300.72
净利润	111,788,812.88
扣除非经常性损益后的净利润	114,869,728.39
主营业务利润	309,455,052.73
其他业务利润	7,954,130.66
营业利润	114,782,185.08
投资收益	30,685,271.12
补贴收入	0
营业外收支净额	13,537,844.52
经营活动产生的现金流量净额	150,718,109.51
现金及现金等价物净增加额	157,641,725.63

注:非经常性损益总额为-3,080,915.51 元,其中包括扣除"地产地销销项税额转入"和"地产地销进项税额转入"后的营业外收支净额 1,120,022.39 元,及股权投资差额摊销-4,200,937.90 元。

2.截止报告期末公司前三年的主要会计数据和财务指标(单位:人民币元)

项目	2000 年	1999 年		1998 年	
		调整前	调整后	调整前	调整后
主营业务收入	1442886552.45	1211424356.36	1211424356.36	971381738.48	961792988.19
净利润	111788812.88	105362189.37	105362189.37	107420527.84	86459144.94
总资产	3448564853.51	3031004493.58	3034434554.78	3159010441.11	2766696859.57
股东权益	1223040333.21	1122909304.17	1125017382.17	1129182081.2	11053466570.80
每股收益(全面摊薄)	0.467	0.440	0.440	0.449	0.361
扣除非经常性损益后的每股收益(全面摊薄)	0.480	0.417	0.417	0.449	0.361
每股净资产	5.107	4.689	4.698	4.715	4.399
调整后的每股净资产	4.842	4.435	4.446	4.117	3.444
每股经营活动产生的现金流量净额	+0.629	-0.279	-0.279	-0.679	-0.679
净资产收益率(全面摊薄)	9.14%	9.38%	9.37%	9.51%	8.21%

注:根据财政部财会字[1999]35 号和 49 号文的有关规定,报告期本公司对计提各项资产减值准备的会计政策做了相应变更,同时采用追溯法调整了 1999 年度资产负债表期初相关科目.

根据中国证监会《公开发行证券公司信息披露编报规则第 9 号》文的规定,分别按全面摊薄和加权平均法计算 2000 年度净资产收益率和每股收益如下:

报告期利润	净资产收益率		每股收益	
	全面摊薄	加权平均	全面摊薄	加权平均
主营业务利润	25.31%	25.73%	1.292 元	1.292 元
营业利润	9.39%	9.54%	0.479 元	0.479 元
净利润	9.14%	9.30%	0.467 元	0.467 元
扣除非经常性损益后的净利润	9.40%	9.55%	0.480 元	0.480 元

三.股东情况介绍

1.报告期末公司股东总数为 63500 户,其中公司高管股东 5 户。

2.公司前十名股东及其持股情况(单位:股)

股东名称	报告期末持股数	持股比例
深圳市建设投资控股公司	150383147	62.80%
深圳市振业(集团)股份有限公司	19750451	8.25%
天元证券投资基金	320000	0.13%
张海清	251920	0.10%
费云	251321	0.10%
普丰证券投资基金	136825	0.06%
独山子炼油化工建设(集团)有限公司	112000	0.05%
丁万洪	111000	0.05%
韩建波	102600	0.04%
何达强	100000	0.04%

注:1.深圳市建设投资控股公司持有的股份为国有法人股份。

2.深圳市建设投资控股公司同时持有深圳市振业(集团)股份有限公司 28.02%的股份,为振业公司第一大国有法人股东。

3.本公司国有股东、境内法人股东所持股份均不存在质押、冻结情况。

4.本公司前 2 名股东所持有的均为未上市流通的法人股份,其余 3-10 名股东持有的为上市流通股份。

5.本公司持股 5%以上的前 2 名股东在报告期内未在《证券时报》、《中国证券报》和其它任何网站披露与本公司有关的承诺事项。

深圳市南光(集团)股份有限公司

一、公司简介

㈠、公司的法定中英文名称及缩写

中文名称:深圳市南光(集团)股份有限公司

英文名称:SHENZHEN NAN-GUANG(GROUP)PLC　缩　写:SNG

㈡、公司法定代表人:李志正

㈢、公司董事会秘书:霍无非

联系地址:深圳市福田区深南中路 68 号航空大厦 32 层

电话:(0755)3689888 转 13253　传真:(0755)3688903

电子信箱:szngjtgs@public.szptt.net.cn

㈣、公司注册及办公地址:深圳市福田区深南中路 68 号航空大厦 32 层

邮政编码:518041　公司网址:http://www.nan-guang.com.cn

㈤、公司选定的信息披露报纸:《证券时报》

登载公司年度报告的中国证监会指定国际互联网网址:http://www.cninfo.com.cn

公司年度报告备置地点:董事会秘书办公室

㈥、公司股票上市交易所:深圳证券交易所

股票简称:深南光 A　股票代码:0043

二、会计数据和业务数据摘要

㈠、本年度会计数据　(单位:人民币元)

项　目	金　额
利润总额:	28,432,166.75
净利润:	16,456,902.02
扣除非经常性损益后的净利润:	16,456,902.02
主营业务利润:	134,042,273.41
其他业务利润:	1,451,928.15
营业利润:	30,997,496.92
投资收益:	4,301,286.69
补贴收入:	0
营业外收支净额:	(6,866,616.86)
经营活动产生的现金流量净额:	65,735,748.51
现金及现金等价物净增加额:	87,120,575.44

㈡、截至本年度末本公司前三年的主要会计数据和财务指标:(单位:人民币元)

项目	2000 年	1999 年	1998 年	
			调整前	调整后
主营业务收入	876,778,884.11	719,080,995.53	719,179,775.26	658,972,933.78
净利润	16,456,902.02	16,745,292.32	19,486,095.49	17,824,028.61
总资产	1241916738.81	1158171,502.01	1161042,424.98	1148334795.61
股东权益(不含少数股东权益)	436,984,136.19	438,827,826.68	433,950,530.87	437,347,538.92
每股收益(摊薄)	0.12	0.12	0.14	0.13
每股收益(加权)	0.12	0.12	0.14	0.13
扣除非经常性损益后的每股收益	0.12	0.12	0.14	0.13
每股净资产	3.14	3.15	3.11	3.14
调整后的每股净资产	2.31	2.6	2.49	2.66
每股经营活动产生的现金流量净额	0.47	0.36	0.36	(1.02)
净资产收益率(%)(摊薄)	3.77	3.82	4.49	4.08
净资产收益率(%)(加权)	3.79	3.76	4.36	4.14
扣除非经常损益后的加权净资产收益率(%)	3.79	3.76	4.36	4.14

利润表附表:

报告期利润	净资产收益率(%)		每股收益	
	全面摊薄	加权平均	全面摊薄	加权平均
主营业务利润	30.67	30.31	0.96	0.96
营业利润	7.09	7.01	0.22	0.22
净利润	3.77	3.79	0.12	0.12
扣除非经常性损益后的净利润	3.77	3.79	0.12	0.12

㈢本年度股东权益变动情况　(单位:人民币元)

项　目	股　本	资本公积	盈余公积	法定公益金	未分配利润	股东权益合计
期初数	139,325,472	240,422,372.72	53,934,026.22	21,939,359.52	268,659.93	433,950,530.87
本期增加	----	----	2,468,535.30	822,845.10	2,842,328.96	5,310,864.26
本期减少	----	2,277,258.94	----	----	----	2,277,258.94
期末数	139,325,472	238,145,113.78	56,402,561.52	22,762,204.62	3,110,988.89	436,984,136.19

变动原因:

资本公积减少 2,277,258.94 元系依据财政部 (1998)16 号文将股份制评估增值部分的折旧转入营业外收入所致。

股东权益增加 3,033,605.32 元系利润分配计提盈余公积金增加及资本公积减少影响所致。

三、股东情况介绍

㈠本年度末,本公司股东总数为 18,220 户。

㈡本公司前 10 名股东情况

股　东　名　称	持股数量(股)	所占比例(%)
中国航空技术进出口深圳公司	35,748,900	25.66
上海新亚(集团)有限公司	14,829,100	10.64
中国新时代控股(集团)公司	14,300,000	10.26
深圳市国利泰投资有限公司	10,010,000	7.18
中国石油天然气管道局	4,290,000	3.08
深圳乌鲁木齐红山工贸公司	2,860,000	2.05
西安飞机工业集团有限责任公司	2,860,000	2.05
浙江省建工集团有限责任公司	2,860,000	2.05
浙江省新时代科技实业发展公司	1,430,000	1.03
北京城市开发集团有限责任公司	1,430,000	1.03

本公司前 10 名股东在本年度内所持股份无增减,均为法人股,无质押冻结情况。前 10 名股东之间不存在关联关系,也无代表国家持有股份的单位和外资股东。

深圳市纺织(集团)股份有限公司

一、公司简介

1、公司法定中文名称:深圳市纺织(集团)股份有限公司
英文名称:SHENZHEN TEXTILE (HOLDINGS) CO., LTD.
英文缩写:STHC
2、公司法定代表人:管同科　　公司总经理:刘钧厚
3、公司董事会秘书:晁晋
联系地址:深圳市福田区华强北路3号深纺大厦六楼
邮政编码:518031　　电话:0755-3776043
传真:0755-3776139　　电子信箱:cjane@china.com
4、公司注册地址:深圳市福田区华强北路3号深纺大厦六楼
办公地址:深圳市福田区华强北路3号深纺大厦六楼　　邮政编码:518031
公司电子信箱:textilew@public.szonline.net
5、公司选定的信息披露报纸:《证券时报》、《香港商报》
登载公司年度报告的中国证监会指定国际互联网网址:http://www.cninfo.com.cn
公司年度报告备置地点:本公司办公室
6、公司股票上市交易所:深圳证券交易所
股票简称:深纺织A、深纺织B　　股票代码:0045、2045

二、会计数据和业务数据摘要

1、本年度主要利润指标 (单位:人民币元)

利润总额:	27,829,846.46
净利润:	22,717,074.35
扣除非经常性损益后的净利润:	22,717,074.35
主营业务利润:	77,888,993.43
其它业务利润:	1,484,629.51
营业利润:	9,722,012.07
投资收益:	16,242,015.60
补贴收入:	165,618.54
营业外收支净额:	1,700,200.25
经营活动产生的现金流量净额:	71,598,546.97
现金及现金等价物净增加额:	61,413,271.28

2、前三年主要会计数据和财务指标:

	2000年度	1999年度	1998年度
主营业务收入(元)	292,896,328.36	206,691,794.76	159,361,973.31
净利润(元)	22,717,307.04	22,270,547.37	(119,409,022.68)
总资产(元)	696,570 ,046.89	630,278,515.75	592,432,936.09
股东权益(不含少数股东权益:元)	278,339,658.39	255,577,963.77	235,314,762.82
每股收益(元/股)	0.139	0.124	(0.729)
加权每股收益(元/股)	0.139	0.124	(0.729)
扣除非经常性损益后的每股收益(元/股)	0.139	0.093	0.075
每股净资产(元/股)	1.70	1.56	1.42
调整后每股净资产(元/股)	1.56	1.45	0.96
每股经营活动产生的现金流量净额(元/股)	0.44	0.251	(0.086)
净资产收益率(%)	8.16	7.93	(51.26)
加权净资产收益率(%)	8.16	7.93	(51.26)
扣除非经常性损益后的加权净资产收益率(%)	8.16	5.98	5.2

3、利润表附表

报告期利润	净资产收益率(%) 全面摊薄	净资产收益率(%) 加权平均	每股收益(元) 全面摊薄	每股收益(元) 加权平均
主营业务利润	27.98	27.98	0.476	0.476
营业利润	3.49	3.49	0.059	0.029
净利润	8.16	8.16	0.139	0.139
扣除非经常性损益后的净利润	8.16	8.16	0.139	0.139

三、股本变动及股东情况

1、股本变动情况表　　数量单位:股

	本次变动前	配股	送股	公积金转股	增发	其它	小计	本次变动后
一、未上市流通股份								
1、发起人股份	108,240,000							108,240,000
其中:国家拥有股份	08,240,000							108,240,000
未上市流通股份合计	108,240,000							108,240,000
二、已上市流通股份								
1、人民币普通股	22,176,000							22,176,000
2、境内上市的外资股	33,000,000							33,000,000
已上市流通股份合计	55,176,000							55,176,000
三、股份总数	163,416,000							163,416,000

(本次变动增减(+、-))

2、股东情况介绍

(1)截止2000年12月31日,公司共有股东19,670名,其中国家股东1名,A股股东16,348名,B股股东3,321名。

(2)截止2000年12月31日,公司前10名股东持股情况:

股东名称	持有股份	持股数量(股)	占总股本比例(%)
1、深圳市投资管理公司	国家股	108,240,000	66.24
2、Victor Onward Printing & Dyeing (HK) Co., Ltd.	B	1,500,000	0.92
3、Top Form China Holdings Ltd. N/A	B	1,056,000	0.65
4、Best Reliance Investments Ltd.	B	313,300	0.19
5、JING,NING	B	300,000	0.18
6、文沛荣	B	240,299	0.15
7、CHEUNG HON LEUNG 张汉良	B	222,900	0.14
8、KU KIN WA 古建华	B	210,200	0.13
9、TSE KWONG KWAN	B	204,063	0.12
10、文灿荣	B	188,000	0.12

光彩建设股份有限公司

一、公司简介

1、公司中文名称:光彩建设股份有限公司
公司英文名称: GuangCai Construction Co., Ltd.
2、公司法定代表人:卢志强
3、公司董事会秘书:陈家华
联系地址:深圳市南山区学府路8号荟芳园大厦A栋三楼
联系电话:(0755)6648037-215
传真:(0755)6648033
电子信箱:cjh1964@sina.com
公司授权代表:张宇
联系地址:深圳市南山区学府路8号荟芳园大厦A栋三楼
联系电话:(0755)6648037-238
传真:(0755)6072025
电子信箱:zsaner@163.net
4、公司注册地址:深圳市南山区学府路8号荟芳园大厦A栋三楼
公司办公地址:深圳市南山区学府路8号荟芳园大厦A栋三楼
邮政编码:518052
公司电子信箱:sznywyzy@sz.gd.cninfo.net
5、公司选定的信息披露报纸:《中国证券报》、《证券时报》
登载公司年度报告的中国证监会指定国际互联网网址:
http://www.cninfo.com.cn
公司年报备置地点:公司董事会秘书处
6、公司股票上市交易所:深圳证券交易所
股票简称:光彩建设
股票代码:0046

二、会计数据和业务数据摘要

1、主要利润指标情况(单位:人民币元)

利润总额:	52,860,465.08
净利润:	37,843,868.12
扣除非经常性损益后的净利润:	36,945,536.20
主营业务利润:	77,227,300.91
其他业务利润:	867,732.87
营业利润:	52,168,200.21
投资收益:	-206,067.05
补贴收入:	0
营业外收支净额:	898,331.92
经营活动产生的现金流量净额:	59,938,920.61
现金及现金等价物净增加额:	977,242.48

备注:扣除的非经常性损益项目为:营业外收支净额
涉及金额:　　898,331.92元

2、主要会计数据和财务指标

项　　目	2000年	1999年	1998年
主营业务收入(元)	275,170,592.07	103,185,769.62	276,830,834.92
净利润(元)	37,843,868.12	135,419,657.82	52,996,164.72
总资产(元)	1,304,624,597.81	869,563,688.02	841,163,342.10
股东权益(元)	555,223,990.88	537,868,905.26	402,449,247.44
(不含少数股东权益)每股收益(元/股)	0.185	0.661	0.259
每股收益(加权平均)	0.185	0.661	0.259
扣除非经常性损益后的每股收益	0.180	0.019	0.143
每股净资产(元/股)	2.71	2.625	1.964
调整后的每股净资产(元)	2.626	2.475	1.924
每股经营活动产生的现金流量净额	0.293	-0.241	0.181
净资产收益率(%)	6.82	25.18	13.17
净资产收益率(%)(加权)	6.82	25.18	13.17
扣除非经常损益后净资产收益率(%)	6.65	0.96	7.74
扣除非经常损益后加权净资产收益率(%)	6.65	0.96	7.74

3.本年度利润附表

报告期利润	净资产收益率(%) 全面摊薄	净资产收益率(%) 加权平均	每股收益(元/股) 全面摊薄	每股收益(元/股) 加权平均
主营业务利润	13.91	13.91	0.377	0.377
营业利润	9.40	9.40	0.255	0.255
净利润	6.82	6.82	0.185	0.185
扣除非经常损益后利润	6.65	6.65	0.180	0.180

三、股本变动及股东情况

1、截止2000年12月31日,公司股东总数为72183人。

2、公司前10名股东持股情况:

股东名称	持股数(单位:股)	比例
光彩事业投资集团有限公司	107,566,103(未流通)	52.50%
泰和证券投资基金	499,930	0.24%
张小珍	280,000	0.14%
长沙新大新置业有限公司	200,000	0.10%
关赛好	163,200	0.08%
普丰证券投资基金	159,911	0.08%
郁咪婷	154,035	0.08%
袁应碧	150,700	0.07%
周春飞	145,500	0.07%
顾通华	135,800	0.07%

前10名股东不存在关联关系。

持有本公司52.50%股份的法人股东为光彩事业投资集团有限公司。报告期内股份没有增减变动,年末持股数量为107,566,103股。该公司已将所持有的法人股进行了质押,其中,4,000万股的质押期限从2000年10月27日至2002年10月26日,6,756.6103万股的质押期限从1999年7月30日至2001年8月30日。

深圳市中侨发展股份有限公司

一、公司简介

1、法定的中文名称：深圳市中侨发展股份有限公司
法定的英文名称：SHENZHEN OVERGLOBE DEVELOPMENT CO.,LTD.
2、公司法定代表人：黄安民
3、公司董事会秘书：杨玉梅
董事会证券事务授权代表：慕凌霞
联系地址：深圳市罗湖区宝安南路西湖花园三层
联系电话：0755-5894572,5566868
传　　真：0755-5566222
4、公司注册、办公地址：深圳市罗湖区宝安南路西湖花园三层
邮政编码：518008
公司电子信箱：szQDTao@public.szptt.net.cn
5、公司选定信息披露报纸：《证券时报》
登载公司年度报告的网址：www.cninfo.com.cn
公司年度报告备置点：公司董事会秘书处
6、公司股票上市交易所：深圳证券交易所
股票简称：深中侨A
股票代码：0047

二、会计数据和业务数据摘要

1、公司本年度利润指标

（单位：人民币元）

项　　目	金　　额
利润总额	-136,772,311.66
净利润	-120,706,933.10
扣除非经常性损益后的净利润	-106,627,156.17
主营业务利润	-3,451,429.17
其他业务利润	-342,096.91
营业利润	-108,323,691.02
投资收益	-14,368,843.71
补贴收入	—
营业外收支净额	-14,079,776.93
经营活动产生的现金流量净额	35,067,743.67
现金及现金等价物净增加额	-1,174,423.52

注：
扣除非经常性损益后的利润，扣除项目为：营业外收支，涉及金额为：14,079,776.93元。

2、截至报告期末公司前三年的主要会计数据和财务指标

（单位：人民币元）

项目	2000年度	1999年度	1998年度
主营业务收入	75,845,156.69	132,411,197.07	218,289,383.69
净利润	-120,706,933.10	-144,324,331.32	3,608,877.31
总资产	1,371,652,951.74	1,513,533,527.05	1,585,145,492.40
股东权益(不含少数股东权益)	8,421,595.79	139,193,310.38	283,517,641.70
每股收益(按净利润全面摊薄)	-1.00	-1.20	0.03
每股收益(按净利润加权平均)	-1.00	-1.20	0.03
扣除非经营性损益后的每股收益	-0.89	-1.02	0.03
每股净资产	0.07	1.16	2.35
调整后的每股净资产	-1.33	0.86	2.14
每股经营活动产生的现金流量净额	0.29	0.07	0.26

3、利润表附表

（单位：人民币元）

项　　目	净资产收益率(%)		每股收益	
	全面摊薄	加权平均	全面摊薄	加权平均
主营业务利润	-40.98	-5.02	-0.03	-0.03
营业利润	-1,286.26	-157.50	-0.90	-0.90
净利润	-1,433.33	-175.51	-1.00	-1.00
扣除非经常性损益后的净利润	-1,266.12	-155.04	-0.89	-0.89

三、股东情况介绍

1、截止2000年12月29日，公司股东共13709名。
2、前10名股东持股情况：

	股东名称	持股数量(股)	持股比例(%)
(1)	深圳市中侨实业有限公司	87480000	72.655
(2)	李玉凤	517282	0.429
(3)	北京巨鹏投资公司	180000	0.149
(4)	付万言	162500	0.135
(5)	北京德凯利冷冻设备销售有限公司	150000	0.125
(6)	王成娟	112400	0.093
(7)	余启明	110000	0.091
(8)	明月娥	109120	0.091
(9)	林丽萍	107820	0.089
(10)	田锁庄	93000	0.077

注：
前10名股东之间不存在关联关系。持有本公司5%以上股份的股东为深圳市中侨实业有限公司，报告期内持股量未发生变化，其持有本公司法人股中8724万股抵押给贷款银行。

3、持股10%以上的法人股东情况
公司名称：深圳市中侨实业有限公司
法定代表人：黄安民
经营范围：兴办实业（具体项目另行申报）；国内商业、物资供销业（不含专营、专卖、专控商品）。
4、报告期内公司控股股东未发生变更。

深圳市中科创业(集团)股份有限公司

一、公司简介

1、公司的法定中、英文名称及缩写
中文名称：深圳市中科创业(集团)股份有限公司　　中文缩写：中科创业
英文名称：CHINA VENTURE CAPITAL(GROUP)CO., LTD. OF SHENZHEN
2、公司法定代表人：陈枫
3、公司董事会秘书：祝去修　　董事会秘书授权代表：孔力
咨询电话：0755-5425020-288,333　　传　　真：0755-5420155
联系地址：深圳市罗湖区深南东路1086号集浩大厦三楼　　电子信箱：ZK0048@163.net
4、公司注册地址：深圳市罗湖区深南东路1086号集浩大厦二、三楼
公司办公地址：深圳市罗湖区深南东路1086号集浩大厦二、三楼　　邮政编码：518003
公司国际互联网网址：http://www.china0048.com　　电子信箱：ZK0048@163.net.
5、公司选定的信息披露报纸：《中国证券报》、《证券时报》
登载公司年度报告的国际互联网网址：http://www.cninfo.com.cn
公司年度报告备置地点：董事会秘书处
6、公司股票上市交易所：深圳证券交易所
股票简称：中科创业　　股票代码：0048

二、会计数据和业务数据摘要

（一）公司本年度主要会计数据 单位(元)

1、利润总额	-321,418,250
2、净利润	-329,484,651
3、扣除非经常性损益后的净利润	-49,412,566
4、主营业务利润	131,546,531
5、其他业务利润	2,764,777
6、营业利润	-41,346,165
7、投资收益	-280,484,525
8、营业外收支净额	412,440
9、经营活动产生的现金流量净额	104,893,711
10、现金及现金等价物净增加额	162,563,028

注：扣除的非经常性损益项目包括：1、投资收益-280,484,525元，2、营业外支出1,159,806元，3、营业外收入1,572,246元；合计为-280,072,085元。

（二）截至报告期末前三年主要会计数据和财务指标

指标项目	单位	2000年度	1999年度	1998年度
1、主营业务收入		937,695,288	835,056,515	879,759,496
2、净利润		-329,484,651	60,164,447	-5,138,548
3、总资产		1,865,610,798	1,481,253,371	1,368,552,911
4、股东权益		239,312,307	502,796,958	451,132,006
5、每股收益	元/股	-0.84	0.21	-0.02
6、扣除非经常性损益后的每股收益	元/股	-0.13	-0.06	-0.02
7、每股净资产	元/股	0.61	1.78	1.59
8、调整后的每股净资产	元/股	0.56	1.67	1.50
9、每股经营活动产生的现金流量净额	元/股	0.27	0.13	0.16
10、净资产收益率	%	-137.68	11.97	-1.14

注、主要财务指标的计算公式：
每股收益=净利润/年度末普通股股份总数
每股净资产=年度末股东权益/年度末普通股股份总数
调整后的每股净资产=(年度末股东权益-三年以上的应收款项净额-待摊费用-待处理(流动、固定)资产净损失-开办费-长期待摊费用-住房周转金负数余额)/年度末普通股股份总数
每股经营活动产生的现金流量净额=经营活动产生的现金流量净额/年度末普通股股份总数
净资产收益率=净利润/年度末股东权益×100%

（三）按照中国证监会《公开发行证券公司信息披露编报规则第九号》要求计算的相关指标：

报告期利润	净资产收益率		每股收益(元/股)	
	全面摊薄	加权平均	全面摊薄	加权平均
主营业务利润	54.97%	28.98%	0.34	0.34
营业利润	-17.11%	-9.03%	-0.10	-0.10
净利润	-137.68%	-72.64%	-0.84	-0.84
扣除非经常性损益后的净利润	-20.65%	-10.89%	-0.13	-0.13

（四）股东权益变动情况　　本年度股东权益变动情况表　　（单位：股、元）

项目	股本	资本公积	盈余公积	法定公益金	未分配利润	合计
期初数	283,165,704	165,987,227	56,533,114	630,230	-3,519,317	502,796,958
本期增加	107,602,967	66,000,000				173,602,967
本期减少		73,623,083			363,464,535	437,087,618
期末数	390,768,671	158,364,144	56,533,114	630,230	-366,983,852	239,312,307

变动原因：1资本增加系送红股、公积金转增股本所致。
2资本公积金减少系转增股本、增加系公司持有北国投股权。
3调整以前年度利润相应调整盈余公积、法定公益金、未分配利润期初数。
4未分配利润变动原因为本年利润(亏损)转入。

三、股东情况介绍

1、本报告期末的股东总数为14,787户(人)，其中公司高级管理人员持股1人；与期初相比，高级管理人员持股减少3人，系因曾汉山先生、魏代明先生、张伟光先生辞职。

2、公司前十名股东持股情况(截止2000年12月31日)：

股东名称	年初数	年末数	占总股本比例(%)	股份性质
深圳市龙岗区投资管理有限公司	102,385,000	141,291,300	36.16	国有股
海南燕园投资有限公司	63,700,000	87,906,000	22.50	法人股
海南沃和生物技术有限公司	29,400,000	40,572,000	10.38	法人股
北京英特泰投资顾问有限公司	7,320,465	10,102,241	2.59	流通股
民乐燕园投资有限公司	4,900,000	6,762,000	1.73	法人股
盛通科技投资有限公司		1,653,400	0.42	流通股
深圳市信资星投资有限公司		1,133,102	0.29	流通股
张　杰		971,065	0.25	流通股
北京新窗口创业投资顾问有限公司		963,654	0.25	流通股
陈建柳		776,001	0.20	流通股

深圳市万山实业股份有限公司

一、公司简介

证券代码:0049　证券简称:深万山 A
公司全称(中文):深圳市万山实业股份有限公司
　　　(英文):SHENZHEN WORLDSUN ENTERPRISE CO.,LTD
注册地址:深圳市罗湖区桂园路 28 号桂花大厦 A 座 M 层
办公地址:深圳市罗湖区桂园路 28 号桂花大厦 A 座 M 层
邮政编码:518001
电子信箱(E-mail):szhzbing@sz.gd.cninfo.net
法定代表人:刘万国(代)
董事会秘书:何冰洁
联系电话:0755-2131400
传　　真:0755-2131400
公司股票上市交易所:深圳证券交易所
公司选定的信息披露报纸:《证券时报》
刊登公司年度报告的中国证监会指定国际互联网网址
http://www.cninfo.com.cn
公司年度报告备置地点:公司办公室

二、主要财务数据和指标

1.本年度实现利润及构成情况(单位:人民币元)

利润总额:	466,979.37
净利润:	437,192.27
扣除非经常性损益后的净利润:	-3,593,093.24
主营业务利润:	12,136,481.70
其他业务利润:	/
营业利润:	-29,123,281.70
投资收益:	25,559,975.56
补贴收入:	178,653.60
营业外收支净额:	3,851,631.91
经营活动产生的现金流量净额:	-2,582,574.90
现金及现金等价物净增加额:	-3,595,861.19

扣减非经常性损益内容及金额:固定资产处置收入 4,585,004.52 元,补贴收入 178,653.60 元,滞纳金支出 733,372.61 元。

2.近三年的主要会计数据和财务指标(单位:人民币元)

项　目	2000	1999 年调整后	1999 年调整前	1998 年调整后	1998 年调整前
主营业务收入	28,257,410.24	30,649,789.43	161,262,215.30	37,447,529.61	37,447,529.61
净利润	437,192.27	-4,975,287.69	19,649,174.08	4,627,852.64	30,116,796.19
总资产	460,879,727.24	415,185,616.85	444,493,216.77	435,280,930.89	435,280,930.89
股东权益(不含少数股东权益)	202,997,108.57	202,559,916.30	227,184,378.07	207,535,203.99	207,535,203.99
以净利润计算的每股收益(摊薄)	0.003	-0.036	0.144	0.05	0.33
以净利润计算的每股收益(加权)	0.003	-0.044	0.172	0.05	0.33
扣除非经常性损益后的每股收益(摊薄)	-0.026	-0.075	0.105	0.04	0.041
扣除非经常性损益后的 每股收益(加权)	-0.026	-0.09	0.126	0.04	0.041
每股净资产	1.48	1.48	1.66	2.27	2.27
调整后每股净资产	1.27	1.32	1.47	1.89	1.89
每股经营活动产生的现金流量净额	-0.019	0.014	0.014	0.017	0.017
以净利润计算的净资产收益率(摊薄)	0.22%	-2.46%	8.65%	2.23%	14.51%
以净利润计算的净资产收益率(加权)	0.22%	-2.43%	9.03%	2.3%	15.23%
扣除非经常性损益后的 净资产收益率(摊薄)	1.77%	-5.04%	6.34%	1.82%	1.82%
扣除非经常性损益后的 净资产收益率(加权)	1.77%	-4.98%	6.63%	1.91%	1.91%

3.报告期内股东权益变动情况

项目	股本	资本公积	盈余公积	未分配利润	股东权益合计
期初数	136,829,160	84,186,731.72	4,108,891.33	-22,564,866.75	202,559,916.30
本期增加	/	/	/	437,192.27	437,192.27
本期减少					
期末数	136,829,160	84,186,731.72	4,108,891.33	-22,127,674.48	202,997,108.57

变动原因:未分配利润减亏 437,192.27 元及股东权益增加 437,192.27 元之原因为当年实现净利润 437,192.27 元。

三、股本变动及股东情况

1.报告期末股东总数为 6503 户。

2.持有公司 5%以上(含 5 %)股份的股东是深圳市城市建设开发(集团)公司,年度内其所持股份没有发生变动,持股数为 91,025,047 股。该股份已被法院依法冻结。

3.公司前十名股东持股情况(2000 年 12 月 29 日)

名次	股东名称	拥有股数
(1)	深圳市城市建设开发(集团)公司	91025047
(2)	裕泽证券投资基金	1192629
(3)	深圳市丰汇城建发展股份有限公司	1080540
(4)	上海北融资产管理有限公司	1064940
(5)	裕华证券投资基金	988500
(6)	李田发	391570
(7)	潘华凯	322800
(8)	何小爱	307262
(9)	陈　平	292300
(10)	陈满松	267870

深圳天马微电子股份有限公司

(一)、公司简介

1.公司名称:深圳天马微电子股份有限公司
英文名称:SHENZHEN TIANMA MICROELECTRONICS CO., LTD
2.法定代表人:李志正
3.董事会秘书:赵 扬　　授权代表:王 红
联系地址:深圳市深南中路中航苑航都大厦 22 层
联系电话:3790649　3790775　传真:3790431
电子信箱:sztmzq@sz.gd.cninfo.net
4.注册地址:深圳市深南中路中航苑航都大厦 22 层
　办公地址:深圳市深南中路中航苑航都大厦 22 层　　邮政编码:518041
公司国际互联网网址:http://www.tianma.com.cn
公司电子信箱:　admin@tianma.com.cn
5.信息披露报纸:《证券时报》
登载年度报告指定国际互联网网址:http://www.cninfo.com.cn
年度报告备置地址:深圳市深南中路中航苑航都大厦 22 层公司办公室
6.股票上市交易所:深圳证券交易所
股票简称:深天马 A　　股票代码:0050

(二)、会计数据和业务数据摘要

1. 公司本年度实现利润总额 37,651,894.42 元,净利润 32,518,007.34 元,扣除非经常性损益后的净利润 26,037,214.23 元,主营业务利润 71,891,063.00 元,其它业务利润 1,400,637.60 元,营业利润 29,995,120.79 元, 投资收益 1,175,980.52 元,营业外收支净额 6,480,793.11 元,经营活动产生的现金流量净额 9,323,546.54 元,现金及现金等价物净增加额 4,088,368.32 元。

注:扣除非经常性损益项目为营业外收支净额 6,480,793.11 元。

2.报告期末公司前三年的主要会计数据和财务指标(单位:人民币元)

指标项目	2000 年末数	1999 年末数	1998 年末数
主营业务收入	317,613,770.90	269,058,645.97	172,359,929.79
净利润	32,518,007.34	22,006,194.90	30,331,274.54
总资产	606,933,626.94	521,682,494.42	464,702,660.50
股东权益(不含少数股东权益)	345,812,789.66	336,158,439.75	325,911,244.85
每股收益(摊薄)	0.280	0.189	0.261
每股收益(加权)	0.280	0.189	0.261
扣除非经常性损益后每股收益(摊薄)	0.224	0.131	—
每股净资产	2.97	2.89	2.80
调整后的每股净资产	2.89	2.82	2.73
每股经营活动产生的现金流量净额	0.080	-0.197	0.083
净资产收益率(%)(摊薄)	9.40	6.55	9.31
净资产收益率(%)(加权)	9.23	6.53	—

(2)公司于 2001 年 1 月公募增发 1650 万股 A 股,总股本由 11627 万股增加到 13277 万股,按报告日总股本 13277 万股计算,每股收益(摊薄)为 0.245 元,每股收益(加权)为 0.245 元,扣除非经常性损益后每股收益(摊薄)为 0.196 元。

3.报告期利润表附表:

根据中国证监会关于发布《公开发行证券公司信息披露编报规则》第 9 号通知的规定计算出的有关财务指标:

报告期利润	净资产收益率(%) 全面摊薄	净资产收益率(%) 加权平均	每股收益(单位:元) 全面摊薄	每股收益(单位:元) 加权平均
主营业务利润	20.79	20.40	0.6183	0.6183
营业利润	8.67	8.51	0.2580	0.2580
净利润	9.40	9.23	0.2797	0.2797
扣除非经营性损益的净利润	7.53	7.39	0.2239	0.2239

4、报告期内股东权益变动情况　　单位:元

项目	股本	资本公积	盈余公积	法定公益金	未分配利润	股东权益合计
期初数	116,270,000.00	159,458,137.28	37,994,648.56	14,989,605.97	22,435,653.91	336,158,439.75
本期增加	—	—	4,877,701.09	1,625,900.36	4,776,648.82	9,654,349.91
本期减少						
期末数	116,270,000.00	159,458,137.28	42,872,349.65	16,615,506.33	27,212,302.73	345,812,789.66

变动原因说明:

1.盈余公积金较年初增加 4,877,701.09 元,系公司本年度提取法定公积金 3,251,800.73 元和法定公益金 1,625,900.36 元所致;

2.法定公益金较年初增加 1,625,900.36 元,系公司本年度提取法定公益金 1,625,900.36 所致;

3.未分配利润较年初增加 4,776,648.82 元,系公司 2000 年度公司进行利润分配后转入未分配利润 4,386,306.25 元;根据 2000 年 10 月 6 日财政部财会(2000)295 号文的规定将住房周转金期末余额 390,342.57 元未分配利润。

(三)、股东情况介绍

(1) 报告期末股东总数

本公司截止 2000 年 12 月 31 日股东总数为 15,752 户。

(2) 前 10 名股东持股情况(截止 2000 年 12 月 31 日)

股东名称	持股数(股)	持股比例(%)
深圳中航实业股份有限公司	79,464,000	68.344
深圳市投资管理公司	16,909,000	14.543
华夏证券有限公司深圳公司	2,136,405	1.837
景宏证券投资基金	416,297	0.358
景博证券投基金	333,282	0.287
周安邦	182,585	0.157
王　强	179,439	0.154
单正婷	120,000	0.103
辽宁恒谊投资咨讯有限公司	100,000	0.086
周志略	95,031	0.082

注:深圳市投资管理公司持有股份为国家持有股份。

持有本公司 5%以上股份的股东所持股份无质押、冻结情况。

持有本公司 5%以上股份的股东所持股份年度内无增减变动情况。

深圳西林实业股份有限公司

一、公司简介

1、公司法定中文名称：深圳西林实业股份有限公司
公司法定英文名称：SHENZHEN XILIN INDUSTRIAL CO.,LTD.
2、公司法定代表人：刘跃森
3、公司董事会秘书：黄茜华
董事会授权代表：贺 黎
联系地址：深圳市宝安区宝城34区
电 话：7800006-668 7809810
传 真：7808357
E-mail： szszxldm@sz.gd.cninfo.net
4、公司注册地址：深圳市宝安区宝城34区
公司办公地址：深圳市宝安区宝城34区
北京市广安门南街甲12号
邮政编码：(深圳)518133 (北京)100053
公司国际互联网网址：www.szxilin.com
公司E-mail:szxilin@public.szptt.net.cn
5、公司选定的信息披露报刊：《中国证券报》、《证券时报》
登载公司年度报告的中国证监会指定
国际互联网网址：www.cninfo.com.cn
公司年度报告备置地点：公司董事会秘书处
6、公司股票上市交易所：深圳证券交易所
股票简称：深圳西林
股票代码：0065

二、会计数据和业务数据摘要

1、本年度实现主要利润指标情况：

	(单位：元)
利润总额：	18,140,416.92
净利润：	15,184,149.08
扣除非经常性损益后净利润：	13,832,124.09
主营业务利润：	35,024,128.28
其它业务利润：	1,996,241.42
营业利润：	16,216,715.85
投资收益：	333,383.43
补贴收入：	0.00
营业外收支净额：	1,590,317.64
经营活动产生的现金流量净额：	-29,318,442.98
现金及现金等价物净增加额：	-12,022,774.39

注：扣除非经常性损益新股申购冻结资金利息511,721.42元，处置固定资产收益840,303.58元。

2、截止报告期公司前三年的主要会计数据和财务指标：

(单位：元)

项目/年度	2000	1999	1998 调整后	1998 调整前
主营业务收入	321,420,338.66	238,393,408.42	166,809,546.41	166,809,546.41
净利润	15,184,149.08	16,472,082.13	9,466,354.94	3,027,142.41
总资产	306,125,469.81	238,449,837.56	166,396,912.28	169,957,699.75
股东权益	147,435,299.56	132,251,150.48	116,083,710.40	119,644,557.87
每股收益	0.19	0.206	0.19	0.261
每股净资产	1.84	1.65	2.32	2.39
调整后的每股净资产	1.78	1.64	2.32	2.39
每股经营活动产生的现金流量净额	-0.37	-0.008		
净资产收益率	10.30%	12.46%	8.15%	10.89%

三、股东情况介绍

1、股东情况介绍

(1) 报告期末公司股东总数为14742户，其中未流通法人股2户，公众股为14740户(其中：公司高级管理人员持股为8户)；

(2) 持有公司5%以上股份的股东为两家发起人：

名 称	持股数量(万股)	占股本比例	法定代表人	经营范围
中国北方工业深圳公司	5174.4	64.68%	焦志仁	国内商业、进出口业务
西安惠安化工厂	825.6	10.32%	张小增	化工原料

两家发起人持有股份没有质押或冻结情况。

(3) 公司前10名股东的持股情况如下：

名 称	持股数(股)	占股份比例
中国北方工业深圳公司	51744000	64.68%
西安惠安化工厂	8256000	10.32%
浙江财政证券公司	230000	0.29%
浙江省国际信托投资公司	312977	0.39%
张洪文	128384	0.16%
张建芬	120000	0.15%
王毅	101000	0.13%
任庆深	85000	0.11%
张凤林	80000	0.10%
吴名甫	79000	0.09%

前10名股东之间不存在关联关系。

中国长城计算机深圳股份有限公司

一 公司简介

1. 公司法定中文名称：中国长城计算机深圳股份有限公司
公司法定英文名称：CHINA GREATWALL COMPUTER SHENZHEN CO.,LTD
2. 公司法定代表人：王 之先生
3. 董事会秘书：周大庆先生
电 话：0755-6634759 传 真：0755-6631106
4. 公司注册地址：中国深圳南山区科技工业园长城计算机大厦
公司办公地址：中国深圳南山区科技工业园长城计算机大厦 邮政编码：518057
公司电子信箱：stock@greatwall.com.cn 公司国际互连网网址：http://www.greatwall.com.cn
5. 公司选定的信息披露报纸名称：《证券时报》、《中国证券 报》、《上海证券报》
登载公司年度报告的中国证监会指定国际互连网地址：
http://www.cninfo.com.cn
公司年度报告备置地点：公司董事会秘书组
6. 公司股票上市交易所：深圳证券交易所
股票简称：长城电脑 股票代码：0066

二 会计数据和业务数据摘要

1. 公司2000年度会计数据

	单位：人民币元
利润总额	167,074,349.04
净利润	167,312,921.14
扣除非经常性损益后的净利润	167,969,163.78
主营业务利润	152,658,930.49
其他业务利润	16,429,917.53
营业利润	-52,882,001.27
投资收益	217,087,763.04
补贴收入	687,067.06
营业外收支净额	2,181,520.21
经营活动产生的现金流量净额	-61,057,036.20
现金及现金等价物净增加额	7,123,978.42

注：扣除的非经常性损益项目及涉及金额 单位：人民币元

项目	涉及金额
处理固定资产净收益	69,550.00
处理固定资产净损失	-1,967,609.70
补帖收入	687,067.06
新股申购冻结资金利息	554,750.00
合计	-656,242.64

2. 公司前三年主要会计数据和财务指标 单位：人民币元

指标项目	2000年	1999年	1998年
主营业务收入	2,253,158,794.41	1,675,643,929.76	950,319,789.05
净利润	167,312,921.14	231,901,182.51	155,287,042.13
总资产	2,228,055,702.85	1,709,075,615.38	1,389,731,568.85
股东权益(不含少数股东权益)	1,206,897,679.26	887,852,535.38	717,083,553.38
每股收益(元/股)	0.3649	0.804	0.753
每股收益(月均加权)(元/股)	0.3684	0.804	0.753
扣除非经常性损益后的每股收益(元/股)	0.3664	0.794	0.753
每股净资产(元/股)	2.63	3.077	3.479
调整后的每股净资产(元/股)	2.62	3.052	3.439
每股经营活动产生的现金流量净额(元/股)	-0.1332	0.162	-0.697
净资产收益率(%)	13.86%	26.12%	21.66%

3.按照中国证监会《公开发行证券公司信息披露编报规则(第9号)》规定的要求计算的利润数据

	净资产收益率(%)				每股收益(元)			
	全面摊薄		加权平均		全面摊薄		加权平均	
	2000年	1999年	2000年	1999年	2000年	1999年	2000年	1999年
主营业务利润	12.65	17.86	13.63	19.04	0.3330	0.5495	0.3361	0.5495
营业利润	-4.38	3.77	-4.72	4.02	-0.1153	0.1161	-0.1164	0.1161
净利润	13.86	26.12	14.94	27.84	0.3649	0.8036	0.3684	0.8036
扣除非经常性损益后净利润	13.92	25.46	15.00	27.13	0.3664	0.7941	0.3698	0.7941

三 股本变动及股东情况

1.截止2000年12月31日，公司股东总数为115677户，公司董事、监事及高级管理人员数为14人。

2.公司前10名股东持股情况：

单位：股

序号	股东名称及类别	持股比例	年末持股数量
1	长城科技股份有限公司	60.47%	277,231,500
2	同益证券投资基金	2.46%	11,268,925
3	同盛证券投资基金	2.37%	10,847,300
4	汉兴证券投资基金	2.06%	9,444,124
5	兴华证券投资基金	0.75%	3,435,000
6	汉盛证券投资基金	0.62%	2,856,675
7	吴来凤	0.43%	1,977,909
8	中信证券有限责任公司武汉营业部	0.23%	1,076,728
9	中国大千技术进出口公司	0.20%	912,820
10	中技国际招标公司	0.18%	814,450

注：

(1).持有本公司10%以上(含10%)股份法人股股东情况简介

长城科技股份有限公司，是在香港联交所挂牌上市的H股公司，为唯一持有本公司5%以上股份的股东，所持股份无质押、冻结等情况。法定代表人王之先生，注册资本：74387万元，经营范围：投资兴办实业(具体项目另行申报)；国内商业、物资供销业(不含专营、专控、专卖商品)。

(2).其余股东为持有本公司上市流通股的股东，本公司对其之间的关联关系不详。

深圳市赛格三星股份有限公司

一、公司简介

公司名称:深圳市赛格三星股份有限公司
英文名称:SHENZHEN SEG SAMSUNG GLASS CO.,LTD(SSG)
法定代表人:张继良
董事会秘书:王科夫
联系地址:深圳市福田区上梅林26-811信箱
联系电话:3311988-1810
传　　真:3112656
公司注册及办公地址:深圳市福田区梅林工业区101厂房
邮政编码:518049
股票上市交易所:深圳证券交易所
股票简称:赛格三星
股票代码:0068
选定报刊名称:《证券时报》
登载报告网址:www.cninfo.com.cn
年报备置地点:深圳市赛格三星股份有限公司证券部

二、会计数据和业务数据摘要

一、2000年度公司盈利情况

	单位:人民币元
利润总额	151,611,029.11
净利润	146,412,532.31
扣除非经常性损益后的净利润	186,941,971.06
主营业务利润	451,599,402.38
营业外收支净额	21,828,932.59
经营活动产生的现金流量净额	176,351,352.89
现金及现金等价物净增加额	-33,388,241.63

非经常性损失项目为:公司对生产系统冷修改造后无法再使用的价值40,529,438.75元设备进行一次性报废。

二、主要会计数据

单位:人民币元

项　目	2000年	1999年	1998年	
			调整后	调整前
主营业务收入	1,129,780,220.72	853,421,325.42	229,835,449.35	229,835,449.35
净利润	146,412,532.31	5,726,328.45	-103,329,051.46	-97,746,597.46
总资产	3,074,192,412.81	2,868,890,173.38	2,620,452,437.88	2,651,283,528.34
股东权益	1,503,157,249.58	1,419,622,358.63	1,413,896,030.18	1,444,727,120.64
每股收益	0.186	0.007	-0.13	-0.12
每股收益(按月加权)	0.186	0.007	-0.13	-0.12
扣除非经常性损益后的每股收益	0.237	0.007	-0.13	-0.12
每股净资产	1.91	1.81	1.80	1.84
调整后每股净资产	1.81	1.70	1.70	1.72
每股经营活动产生的现金流量净额	0.22	0.40		
净资产收益率	9.74%	0.40%	-7.31%	-6.77%

附表:
(按公司信息披露编报规则第9号要求)

	净资产收益率(%)		每股收益(元)	
	全面摊薄	加权平均	全面摊薄	加权平均
主营业务利润	30.04	30.25	0.575	0.575
营业利润	8.63	8.69	0.165	0.165
净利润	9.74	9.81	0.186	0.186
扣除非经常性损益后净利润	12.34	12.43	0.237	0.237

三、报告期内股东权益变化情况

股东权益变动情况表　　单位:人民币元

项目	股本	资本公积	盈余公积	法定公益金	未分配利润	股东权益合计
期初数	785,970,517	588,999,559.74	14,225,500.50	7,112,750.24	23,314,031.15	1,419,622,358.63
本期增加	—	—	14,641,253.23	7,320,626.62	146,412,532.31	146,412,532.31
本期减少	—	—	—	—	84,839,521.21	62,877,641.36
期末数	785,970,517	588,999,559.74	28,866,753.73	14,433,376.86	84,887,042.25	1,503,157,249.58

三、股东情况介绍

一、报告期末股东总数

截止2000年12月31日,本公司股东总数59611户。其中:国有法人股股东1户,境内法人股股东3户,境外法人股股东1户,高级管理人员股东3户,社会公众股股东59603户。

二、股东情况介绍

1、公司前十名股东持股情况

序号	股东名称	持股数量	持股比例	股份性质
1	深圳市赛格集团有限公司	223,943,608	28.49%	国有法人股
2	深圳赛格股份有限公司	167,957,704	21.37%	境内法人股
3	三星康宁投资有限公司	167,957,704	21.37%	境外法人股
4	普丰证券投资基金	10,833,509	1.38%	社会公众股
5	同盛证券投资基金	1,044,168	0.13%	社会公众股
6	佛山电器照明股份公司	650,120	0.08%	社会公众股
7	刘植秋	600,000	0.08%	社会公众股
8	深圳市赛格进出口公司	555,750	0.07%	境内法人股
9	深圳市赛格储运企业公司	555,750	0.07%	境内法人股
10	郑文民	500,000	0.06%	社会公众股

持有本公司5%(含5%)以上股份的股东所持股份均没有质押或冻结的情况。

本公司前十名股东中深圳市赛格集团有限公司、深圳赛格股份有限公司、深圳市赛格储运企业公司、深圳市赛格进出口公司之间存在关联关系,其中:

赛格股份是赛格集团将所属八家全资、控股及联营公司中的权益进行重组作价为发起人出资,并公开发行A、B股的上市公司,赛格股份持有赛格储运95%的股份。

赛格集团持有赛格股份56.67%的股份,持有赛格进出口100%的股份。

2、报告期内控股股东无变更。

深圳华侨城控股股份有限公司

一、公司简介

1、公司法定中文名称:深圳华侨城控股股份有限公司
公司法定英文名称:Shenzhen Overseas Chinese Town Holdings Company
2、公司法定代表人:任克雷
3、公司董事会秘书:肖德中
授权代表:李珂晖
电话:6909069　　传真:6600517
联系地址:深圳华侨城控股股份有限公司
E-MAIL: szhqc@public.szptt.net.cn
4、公司注册地址及办公地址:广东省深圳市南山区华侨城办公大楼
邮编:518053
网址: www.oct-tour.com.cn
E-MAIL: oct069@public.topway.net.cn
5、公司年度报告指定披露报纸:《中国证券报》、《证券时报》
公司年度报告指定披露网址:http://www.cninfo.com.cn
公司年度报告备置地点:公司证券部
6、公司股票上市交易所:深圳证券交易所
股票简称:华侨城A　　股票代码:0069

二会计数据和业务数据摘要

1.本年度主要财务数据　　单位:元

利润总额:	87,661,917.71
净利润:	85,710,859.25
扣除非经常性损益后净利润:	93,276,719.03
主营业务利润:	45,554,487.56
其他业务利润:	2,565,721.81
营业利润:	-8,377,948.24
投资收益:	96,845,260.56
补贴收入:	0
营业外收支净额:	-805,394.61
经营活动产生的现金流量净额:	50,765,043.79
现金及现金等价物净增加额:	50,342,196.30

注:扣除非经常性损益的项目、涉及金额

资产置换损失	-4,855,845.66
处理固定资产净损失	-154,549.39
股权投资差额	-2,555,464.73

2.公司近三年主要会计数据和财务指标:　　(金额单位:元)

指标项目	2000年	1999年		1998年	
		调整前	调整后	调整前	调整后
主营业务收入	150790894.94	280623689.22	144745737.05	167909234.12	167909234.12
净利润	85710859.25	53332336.52	50153654.59	72963100.98	72698210.95
总资产	1302839207.77	1122580103.33	1103114831.48	1013620213.72	1013355323.69
股东权益	925840506.86	606067906.48	602624334.52	639135569.96	638870679.93
每股收益摊薄	0.230	0.154	0.145	0.211	0.210
加权	0.243	0.154	0.145	0.317	0.316
扣除非经常性损益	0.250	0.154	0.145	0.138	0.137
每股净资产	2.48	1.75	1.74	1.85	1.85
调整后每股净资产	2.41	1.61	1.66	1.72	1.72
每股经营活动产生的现金流量净额	0.136	0.194	0.194	0.086	0.086
净资产收益率(%)摊薄	9.26	8.80	8.32	11.42	11.38
加权	12.16	8.01	7.55	12.01	12..01

4.本年度股东权益变动情况:

项目	期初数	本期增加	本期减少	期末数
股本	345,600,000.00	27,000,000.00		372,600,000.00
资本公积	210,729,627.34	210,505,313.09		421,234,940.43
盈余公积	41,564,916.48	12,856,628.89		54,421,545.37
法定公益金	12,099,056.04	4,285,542.96		16,212,420.40
未分配利润	4,729,790.70	85,710,859.25	12,856,628.89	77,584,021.06
股东权益合计	602,624,334.52	336,072,801.23	12,856,628.89	925,840,506.86

本年度股东权益变动原因:

(1) 股本增加2700万元是由于本报告期实施了每10股配3股的配股方案所致;

(2) 资本公积增加也是由于本报告期实施了配股方案,配股溢价收入所致;

(3) 盈余公积增加12,856,628.89元和法定公益金增加4,285,542.96元均为本年进行利润分配提取数;

(4)未分配利润增加是由于本年度实现利润所致。

三、股东情况介绍

1、报告期末股东总户数为22854户。

2、报告期末前十名股东情况:

报告期末前十名股东情况表:　　单位:股

股东名称及类别	持股比例	年末持股数量
发起人股东(华侨城集团公司)	66.60%	248,166,000
其中:国有股股东		
(华侨城集团公司受托持有)	1.99%	7,434,000
北京国海物业管理有限责任公司	0.83%	3,076,642
大鹏证券有限责任公司	0.76%	2,818,496
金竟昌	0.38%	1,422,215
孙绍忠	0.34%	1,256,900
君安证券深圳联城证券交易部	0.28%	1,055,000
温月妹	0.26%	980,000
李飞	0.25%	928,480
孙进远	0.23%	840,500
长城证券有限责任公司	0.22%	828,300

华侨城集团公司,持股比例:68.60%(其中受托持有国有股1.99%)。

报告期末华侨城集团公司所持股份质押、冻结情况:无。

深圳市特发信息股份有限公司

一、公司简介

1、公司的法定中文名称：深圳市特发信息股份有限公司
2、公司的法定英文名称：Shenzhen SDG Information Co., Ltd.
英文缩写：SDGI
3、公司注册地址：深圳市福田区香蜜湖度假村内西座酒店后侧一号楼
4、办公地址：深圳市福田区香蜜湖度假村内西座酒店后侧一号楼，
邮政编码：510034
5、公司国际互联网网址：www.sdgi.com.cn
6、公司法定代表人：季德钧
7、公司董事会秘书：张大军
联系地址：深圳市福田区香蜜湖度假村内西座酒店后侧一号楼313室
电话、传真：0755-3711473
电子信箱：zhangdj@sdgi.com.cn
董事会证券事务代表：伍历文
联系地址：深圳市福田区香蜜湖度假村内西座酒店后侧一号楼314室
电话：0755-3710594
传真：0755-3710133
电子信箱：wulw@sdgi.com.cn
8、公司选定的中国证监会指定报纸名称：《证券时报》
中国证监会指定国际互联网网址：www.cninfo.com.cn
公司中期报告备置地点：公司董事会秘书处
9、公司股票上市交易所：深圳证券交易所
股票简称：特发信息　　股票代码：0070

二、会计数据和业务数据摘要

1、本年度主要会计数据（单位：人民币元）

利润总额	59,876,017
净利润	55,879,546
扣除非经常性损益后的净利润	22,422,469
主营业务利润	131,960,276
其他业务利润	8,521,301
营业利润	33,291,331
投资收益	20,746,150
补贴收入	47,379
营业外收支净额	5,791,157
经营活动所产生的现金流量净额	-148,102,039
现金及现金等价物净增加额	157,759,458

2、公司近三年的主要会计数据和财务指标（单位：人民币万元）

项目	2000年	1999年	1998年
主营业务收入	57,081	48,796	41,422
净利润	5,588	5,239	4,654
总资产	136,936	73,038	65,091
股东权益	78,062	26,013	19,704
每股收益（全面摊薄）(元)	0.22	0.29	
加权每股收益(元)	0.24	0.29	
主营业务利润每股收益（全面摊薄）(元)	0.53	0.82	
主营业务利润每股收益 （加权平均）(元)	0.57	0.82	
营业利润每股收益 (全面摊薄)(元)	0.13	0.33	
营业利润每股收益 (加权平均)(元)	0.14	0.33	
每股净资产(元)	3.12	1.45	
调整后的每股净资产(元)	2.95	1.25	
净资产收益率(%)（全面摊薄）	7.16	20.14	
加权净资产收益率(%)	8.12	23.43	
扣除非经常性损益后的净资产收益率%	2.87	19.28	
扣除非经常性损益后加权净资产收益率%	3.26	22.43	
主营业务利润净资产收益率(全面摊薄)%	16.90	56.98	
主营业务利润净资产收益率(加权平均)%	19.16	66.29	
营业利润净资产收益率(全面摊薄)%	4.26	22.57	
营业利润净资产收益率(加权平均)%	4.83	26.25	
每股经营活动产生的现金流量净额(元)	-0.59	-0.23	

注1、扣除的非经常损益项目：2000年非经常性损益为非经常性投资收益、关联方利息收入、营业外收支净额及补贴收入等3,34.71万元，1999年非经常性损益为营业外收支净额及补贴收入223.87万元。

注2：以上数据和指标二000年度以本公司的合并报表填列或计算；

注3：应收款项包括应收帐款、其他应收款、预付帐款、应收股利、应收利息、应收补贴款。

三、股东情况介绍

(1)、截止报告期末，股东总数60640户，其中发起人股东7户。

(2)、前十名股东持股情况

序号	名称	期内增减（万股）	报告期末持股数（万股）	比例(%)
1	深圳经济特区发展（集团）公司	0	6952.78	27.81
2	深圳市通讯工业股份有限公司	0	5845.37	23.38
3	企荣贸易有限公司	0	1860.94	7.44
4	深圳市特发龙飞无线电通讯发展公司	0	1616.07	6.46
5	中国五金矿产进出口总公司	0	930.48	3.72
6	汉国三和有限公司	0	484.20	1.94
7	中国通广电子公司	0	310.16	1.24
8	天元证券投资基金	+87.9735	87.9735	0.35
9	扬州市东方集团有限公司	+49.7890	49.7890	0.20
10	普丰证券投资基金	+45.5808	45.5808	0.18

注：1、深圳经济特区发展（集团）公司 、深圳市特发龙飞无线电通讯发展公司、中国五金矿产进出口总公司、中国通广电子公司为国有法人股股东，企荣贸易有限公司、汉国三和有限公司为外资法人股股东，深圳市通讯工业股份有限公司为法人股股东，其余为社会公众股股东。

2、深圳市特发龙飞无线电通讯发展公司、汉国三和有限公司为深圳经济特区发展（集团）公司的全资子公司，深圳市通讯工业股份有限公司为深圳经济特区发展（集团）公司的控股子公司。

深圳市海王生物工程股份有限公司

一、公司简介

1、公司的法定中文名称：深圳市海王生物工程股份有限公司
公司的法定英文名称：Shenzhen Neptunus Bioengineering Co., Ltd
2、公司的法定代表人：张思民
3、公司董事会秘书：冯家信
联系地址：深圳市南山区南油大道海王大厦26层
电话：(0755)6416065，6649838-2671
传真：(0755)6416053
4、公司注册及办公地址：深圳市南山区南油大道海王大厦26层
邮政编码：518054
电子信箱：sznepsw @ public.szptt.net.cn
海王网址：http://www.neptunus.com
5、本公司选定的信息披露报纸名称：《中国证券报》、《证券时报》
公司年报备置地点：公司证券部
登载本公司年度报告的中国证监会指定国际互联网网址：
http://www.cninfo.com.cn
6、公司股票上市交易所：深圳证券交易所
股票简称：海王生物
股票代码：0078

二、会计数据和业务数据摘要

1、公司本年度主要会计数据

（单位：人民币元）

利润总额：	68,153,365.40
净利润　：	61,533,530.18
扣除非经营性损益后的净利润	73,983,271.21
主营业务利润：	156,238,408.77
其他业务利润：	87,185.78
投资收益：	-276,157.20
补贴收入：	390,000.00
营业外收支净额：	399,501.68
经营活动产生的现金流量净额	-109,251,204.99
现金及现金等价物净增加额：	64,372,680.68

注：　扣除非经营性损益后的净利润=净利润+股权投资差额分摊297,873.10+收购产生商誉分摊12,541,867.93-科技拨款390,000

经营活动产生的现金流量净额为-109,251,204.99元，主要是公司本年度为使增发募集资金投资项目尽快产生效益，而对研发、生产、销售各个环节加大投入所致。

2、截止2000年末公司前三年的主要会计数据和财务指标

项目	2000年	1999年	1998年 原数据	1998年 调整后数据
主营业务收入	19,898	8,839	6,448	
净利润	6,153	3,107	2,615	2,447
总资产	87,230	64,228	22,997	22,728
股东权益	23,571	20,474	17,632	17,367
每股收益(元/股)	0.40	0.20	0.34	0.32
*按月平均加权每股收益	0.40	0.27	0.41	0.39
扣除非经营性损益后的每股收益	0.48	0.17	0.30	0.28
每股净资产	1.54	1.34	2.31	2.27
调整后的每股净资产	1.47	1.26	2.29	2.25
每股经营活动产生的现金流量净额	-0.71	-0.13	-0.50	
净资产收益率(%)	26.11	15.17	14.83	14.09

3、报告期利润表附表

报告期利润项目	净资产收益率(%) 全面摊薄	净资产收益率(%) 加权平均	每股收益(元/股)
主营业务利润	66.28	70.95	1.02
营业利润	28.70	30.71	0.44
净利润	26.11	27.94	0.40
扣除非经常性损益后的净利润	31.39	33.59	0.48

三、股东情况介绍

(1) 截止2000年12月31日，本公司的在册股东数量为29878户。

(2) 本公司前10名股东持股情况

股东名称	年初持股数	年内增加数减少数	年末持股数	占总股份比例
深圳海王集团股份有限公司	108870000		108870000	71.25%
深圳市新鹏投资发展有限公司	2292000		2292000	1.5%
深圳市海王广告有限公司	1146000		1146000	0.75%
深圳海王食品有限公司	1146000		1146000	0.75%
北京科梦嘉生物技术开发有限公司	1146000		1146000	0.75%
潘任	619600		619600	0.41%
鸿飞证券投资基金	509030		509030	0.33%
谭亚任	489300		489300	0.32%
江佳	473300		473300	0.31%
谭均	461900		461900	0.30%

注：

深圳海王集团股份有限公司，报告期内所持股份数 为10887万股，占本公司股份总额的71.25%，该公司拥有的股份已作质押。

本公司前10名股东中，深圳海王集团股份有限公司与深圳市海王广告有限公司、深圳海王食品有限公司存在关联关系，深圳海王集团股份有限公司持有深圳海王食品有限公司70%股权，持有深圳市海王广告有限公司30%股权。

(3) 有公司10%以上股权的法人单位情况

深圳海王集团股份有限公司，持有法人股108870000股，占本公司总股本的71.25%，法人代表：张思民，经营范围：生产、销售保健品、食品及医疗器械等。

(4)本报告期内控股股东无变更。

深圳市盐田港股份有限公司

一、公司简介

1、公司法定中文名称:深圳市盐田港股份有限公司
公司法定英文名称:Shenzhen Yan Tian Port Holdings Co.,Ltd
2、公司法定代表人:李选民
3、公司董事会秘书:华　翔　　　授权代表:李翠云
联系电话:(0755)5290180　　传　　真:(0755)5290932
4、公司办公地址:深圳市盐田区盐田港海港大厦十八--二十层　　公司邮政编码:518081
公司电子信箱:szytphcl@sz.gd.cninfo.net　　公司国际互联网网址:http://www.yantian-port.com
5、公司选定的信息披露报纸:《证券时报》
登载年度报告的国际互联网网址:http://www.cninfo.com.cn
公司年度报告备置地点:深圳市盐田港股份有限公司董事会秘书处
6、公司股票上市地:深圳证券交易所
公司股票简称:盐田港 A　　公司股票代码:0088

二、会计数据及业务数据摘要

(一)公司本年度会计数据和财务指标(单位:人民币元)

利润总额	127,875,954.24
净利润	93,938,295.70
扣除非经常性损益后的净利润	99,221,555.56
主营业务利润	107,788,627.87
其他业务利润	2,621,118.59
营业利润	67,554,076.83
投资收益	58,627,175.24
补贴收入	-
营业外收支净额	1,694,702.17
经营活动产生的现金流量净额	102,365,790.69
现金及现金等价物净增加额	-154,702,835.61

注:扣除的非经常性项目和涉及金额:
1.处置固定资产净额-1,472,685.46 元;
2.罚款收支净额-1,890.00 元;
3.股权投资差额摊销-2,447,693.51 元;
4.存货处理净损失-1,098,014.30;
5.处理坏帐损失-392,632.52 元;
6.其它 3,681.93 元;
7.无法支付的款项 125,974.00 元;
8.以上项目涉及金额为-5,283,259.86 元。

(二)公司前三年主要会计数据和财务指标(单位:人民币元)

项　目	2000 年度	1999 年度 调整后	调整前	1998 年度
主营业务收	247,837,342.71	229,047,173.48	275,296,655.60	275,296,655.60
净利润	93,938,295.70	87,131,536.98	125,987,379.98	127,082,578.46
总资产	3,404,245,140.94	1,964,393,078.76	1,841,136,529.92	1,842,323,340.18
股东权益	1,415,241,091.28	1,402,339,535.30	1,389,705,375.98	1,390,859,292.29
全面摊薄每股收益	0.161	0.149	0.215	0.217
加权平均每股收益	0.161	0.149	0.215	0.217
扣除非经常性损益后的 全面摊薄每股收益	0.170	0.149	0.194	0.196
扣除非经常性损益后的 加权平均每股收益	0.170	0.149	0.194	0.196
每股净资产	2.419	2.397	2.376	2.378
调整后的每股净资产	2.396	2.379	2.352	2.354
每股经营活动产生 的现金流量净额	0.175	0.157	0.259	0.259
全面摊薄净资产收益率(%)	6.638	6.213	9.066	9.137
加权平均净资产收益率(%)	6.498	6.079	8.762	8.835
扣除非经常性损益后的 全面摊薄净资产收益率(%)	7.011	6.226	8.221	8.293
扣除非经常性损益后的 加权平均净资产收益率(%)	6.864	6.092	7.946	8.018

(三)本年度利润表附表

按照中国证监会<<公开发行证券公司信息披露编报规则(第 9 号)>>要求计算的净资产收益率及每股收益:

项　目	2000 年度 净资产收益率(%)		每股收益(元/股)		1999 年度 净资产收益率(%)		每股收益(元/股)	
	全面摊薄	加权平均	全面摊薄	加权平均	全面摊薄	加权平均	全面摊薄	加权平均
主营业务利润	7.616	7.456	0.184	0.184	9.093	8.897	0.218	0.218
营业利润	4.773	4.673	0.115	0.115	8.177	8.000	0.196	0.196
净利润	6.638	6.498	0.161	0.161	6.213	6.079	0.149	0.149
扣除非经常性损益后的净利润	7.011	6.864	0.170	0.170	6.226	6.092	0.149	0.149

三、股东情况介绍

1、截止 2000 年 12 月 30 日,公司股东总数为 69457 户,其中发起人股东 1 户。
2、公司前 10 名股东持股情况:

序号	股东名称	持股数量(股)	占总股本比例(%)
1	深圳盐田港集团有限公司	460,000,000	78.632
2	普惠证券投资基金	800,000	0.137
3	普华证券投资基金	799,950	0.137
4	许继电气股份有限公司	714,205	0.122
5	泰和证券投资基金	646,327	0.110
6	徐国政	331,176	0.057
7	陈敬喜	330,382	0.056
8	卢　达	330,000	0.056
9	吴秀燕	308,400	0.053
10	上海金球摩托车培训部	301,200	0.051

深圳市机场股份有限公司

一、公司简介

1、公司的法定中文名称:深圳市机场股份有限公司
公司的法定英文名称:SHENZHEN AIRPORT CO.,LTD.
英文缩写:SACL
2、公司法定代表人:卢胜海
3、公司董事会秘书:谢爱龙　　授权代表:王冀川、曹迪秋
联系地址:深圳市宝安区黄田国际机场第一办公楼
联系电话:(0755)7776331　　传真:(0755)7776327
4、公司注册地址:深圳市宝安区黄田机场第一办公楼三、四层
公司办公地址:深圳市宝安区黄田国际机场第一办公楼　　邮政编码:518128
公司国际互联网网址:http://www.szairport.com　　公司电子信箱:szsacldd@sz.gd.cninfo.net
5、公司选定信息披露报纸:《证券时报》、《中国证券报》、《上海证券报》
刊登公司年度报告的国际互联网网址:http://www.cninfo.com.cn
公司年报备置地点:公司董事会秘书处
6、公司股票上市地:深圳证券交易所
股票简称:深圳机场　　股票代码:0089

二、会计数据和业务数据摘要

1、公司本年度会计数据:　　(单位:人民币元)

利润总额	334,763,075.59
净利润	316,496,561.13
扣除非经常性损益后的净利润	310,619,571.03
主营业务利润	213,347,128.59
其它业务利润	5,425,344.33
营业利润	173,762,355.58
投资收益	154,647,217.20
补贴收入	0
营业外收支净额	6,353,502.81
经营活动产生的现金流量净额	214,841,707.11
现金及现金等价物净增加额	292,902,770.62

2、公司前三年主要会计数据和财务指标　　(单位:人民币元)

	2000 年	1999 年 调整后	调整前	1998 年
主营业务收入	453,900,718.33	367,106,084.78	366,568,680.65	253,494,696.58
净利润	316,496,561.13	250,515,691.06	255,317,265.64	124,083,075.75
总资产	2,623,583,287.45	1,671,796,887.88	1,676,679,534.40	1,161,405,701.73
股东权益	1,984,982,492.00	1,281,219,806.17	1,286,127,067.35	1,030,809,801.71
每股收益	0.633	0.557	0.567	0.414
每股收益(按加权平均法计算)	0.684	0.557	0.567	0.414
扣除非经常性损益后的每股收益	0.621	0.543	0.544	0.411
每股净资产	3.971	2.847	2.858	3.436
调整后的每股净资产	3.942	2.824	2.835	3.413
每股经营活动产生的现金流量净额	0.430	0.483	0.483	0.637
净资产收益率	15.94%	19.55%	19.85%	12.04%
净资产收益率(加权平均)	19.95%	21.67%	22.04%	15.35%
扣除非经常性损益后的加权净资产收益率	19.58%	21.15%	21.14%	14.46%

3、利润表附表　　(单位:人民币元)

	净资产收益率 全面摊薄 2000 年度	1999 年度	加权平均 2000 年度	1999 年度	每股收益 全面摊薄 2000 年度	1999 年度	加权平均 2000 年度	1999 年度
主营业务利润	10.75%	16.38%	13.45%	18.15%	0.427	0.466	0.461	0.466
营业利润	8.75%	14.78%	10.95%	16.38%	0.348	0.421	0.376	0.421
净利润	15.94%	19.55%	19.95%	21.67%	0.633	0.557	0.684	0.557
扣除非经常损益后的净利润	15.65%	19.08%	19.58%	21.15%	0.621	0.543	0.672	0.543

注:2000 年末总股本 49,989 万股;1999 年末总股本为 45,000 万股;1998 年末总股本按 30,000 万股计。

4、报告期内股东权益变动情况

项目	股　本	资本公积	法定盈余公积	法定公益金	未分配利润	股东权益合计
期初数	450,000,000.00	464,896,102.03	51,121,868.34	25,560,934.17	289,640,901.63	1,281,219,806.17
本期增加	49,890,000.00	539,337,690.34	34,917,697.51	17,458,848.77	64,164,014.85	705,768,251.47
本期减少				2,00565.64		2,005,565.64
期末数	499,890,000.00	1,004,233,792.37	86,039,565.85	41,014,217.30	353,804,916.48	1,984,982,492.00

三、股东情况介绍

1、报告期末公司股东共 62,879 户。
2、本公司前 10 名股东的持股情况

序号	股东名称	持股数量(股)	占总股本比例	股份性质
01	深圳机场(集团)公司	319,890,000	63.99%	国有法人股
02	天元证券投资基金	17,801,240	3.56%	社会流通股
03	开元基金	10,081,179	2.02%	社会流通股
04	泰和证券投资基金	964,380	0.19%	社会流通股
05	东方企业经营管理有限公司	920,000	0.18%	社会流通股
06	南方证券有限公司	911,300	0.18%	社会流通股
07	深圳国投证券成都营业部	855,243	0.17%	社会流通股
08	北大方正投资有限公司	695,560	0.14%	社会流通股
09	江苏省丝绸进出口集团股份公司	646,840	0.13%	社会流通股
10	李云	632,700	0.13%	社会流通股

深圳市天健(集团)股份有限公司

一、公司简介

1、公司法定中文名称:深圳市天健(集团)股份有限公司
公司英文名称:SHENZHEN TONGE (GROUP) CO.,LTD.
2、公司法定代表人:邹志远
3、公司董事会秘书:徐肇松
证券事务授权代表:陆炜弘
联系地址:深圳市福田区红荔西路 7058 号市政大厦六楼 619 室 董事会秘书处
联系电话:(0755)3928130 传真:(0755)3915736 电子信箱:xuzhaosong @ 163.net
4、公司注册地址及办公地址:深圳市福田区红荔西路 7058 号市政大厦 邮政编码:518034
公司国际互联网网址:http:// www.tianjian.com 公司电子信箱:sztonge @ sz.gd.cninfo.net
5、公司选定的信息披露报纸名称:《证券时报》、《上海证券报》
登载公司年度报告的中国证监会指定国际互联网网址:http:// www. cninfo .cn
公司年度报告备置地点:公司董事会秘书处
6、公司股票上市交易所:深圳证券交易所
股票简称:深天健 股票代码:0090

二、会计数据和业务数据摘要

1、本年度主要会计数据(单位:人民币元)

利润总额:	119,113,027.63
净利润:	97,104,006.26
扣除非经营性损益后的净利润:	97,104,006.26
主营业务利润:	205,715,904.04
其他业务利润:	14,518,427.99
营业利润:	105,798,430.80
投资收益:	31,360.77
补贴收入:	—
营业外收支净额:	13,283,236.06
经营活动产生的现金流量净额:	-137,491,963.65
现金及现金等价物净增加额:	58,313,319.98

2、截止报告期末公司前三年的主要会计数据和财务指标(单位:元)

指标项目	2000 年度	1999 年度		1998 年度
		调整后	调整前	调整后
主营业务收入	1,546,871,927.36	1,351,203,491.80	902,259,219.58	950,419,405.53
净利润	97,104,006.26	104,137,552.85	80,680,909. 94	74,674,003.47
总资产	3,007,678,477.90	2,438,924,950.80	1,464,155,900.66	1,417,164,450.56
股东权益(不含少数股东权益)	975,829,492.95	912,214,726.69	431,998,677.13	407,431,540.48
每股收益(摊薄)	0.435	0.466	0.488	0.452
每股收益(加权)	0.435	0.536	0.488	0.452
扣除非经常性损益后每股收益(全面摊薄)	0.435	0.454	0.488	0.452
扣除非经常性损益后每股收益(加权平均)	0.435	0.522	0.488	0.452
每股净资产	4.371	4.086	2.614	2.465
调整后的每股净资产	4.103	3.829	2.489	2.353
每股经营活动产生的现金流量净额	-0.615	-1.086	1.072	1.072
净资产收益率(%)(摊薄)	9.95	11.42	18.68	18.33
净资产收益率(%)(加权)	10.28	16.72	18.68	18.33

注:(1)根据财政部财会字[1999]11 号《合并会计报表暂行规定》,下属子公司清水河实业有限公司已资不抵债,本公司对其长期投资已减至为零,本年度未纳入合并报表,已相应调整了年初数。

调整前后会计数据如下(单位:元)

项目	2000 年	1999 年(调整后)	1999 年(调整前)
坏帐准备	41,455,014.93	22,651,303.59	29,468,880.07
存货跌价准备	20,000,000.00	20,000,000.00	29,541,642.28
长期投资减值准备	14,948,897.00	14,948,897.00	20,209,895.00
未分配利润	52,665,453.42	23,037,089.36	23,037,089.36

4、报告期内股东权益变动情况(单位:元)

项目	股本	资本公积	盈余公积	法定公益金	未分配利润
期初数	223,261,600	450,690,150.66	215,225,886.67	46,489,518.82	23,037,089.36
本期增加	—	—	33,986,402.20	9,710,400.63	97,104,006.26
本期减少	—	—	—	—	67,475,642.20
期末数	223,261,600	450,690,150.66	249,212,288.87	56,199,919.45	52,665,453.42
变更原因			利润分配	利润分配	实现利润及利润分配

三、股东情况介绍

1、截止 2000 年 12 月 31 日,公司股东总数为 29,668 户。其中国家股及法人股股东 4 户,内部职工股股东 1424 户,社会公众股股东 28,240 户。

2、前 10 名股东的持股情况

序号 股东名称	年末持股数量(股)	持股比例(%)	股份性质
(1)深圳市建设投资控股公司	113,181,600	50.69%	国家股
(2)上海闵行联合发展有限公司	10,080,000	4.51%	法人股
(3)深圳市金众(集团)股份有限公司	8,400,000	3.76%	法人股
(4)深圳市建业(集团)股份有限公司	8,400,000	3.76%	法人股
(5)开元基金	3,720,402	1.67%	上市流通股
(6)景福证券投资基金	999,250	0.44%	上市流通股
(7)天元证券投资基金	971,242	0.43%	上市流通股
(8)汉盛证券投资基金	500,030	0.22%	上市流通股
(9)中信证券有限责任公司武汉营业部	333,100	0.15%	上市流通股
(10)李志成	267,600	0.12%	上市流通股

注:1 所列前 10 名股东中,深圳市建设投资控股公司为公司控股股东,代表国家持有公司 50.69%的股份,该股份不存在质押或冻结情况;上海闵行联合发展有限公司、深圳市金众(集团)股份有限公司、深圳市建业(集团)股份有限公司为公司募集法人股东;其余为社会公众股股东。
2 本公司未发现前 10 名股东之间存在关联关系。
3、报告期内,公司控股股东无变更。

深圳市广聚能源股份有限公司

一、公司简介

(一)公司的法定中文名称:深圳市广聚能源股份有限公司
英文:SHENZHEN GUANGJU ENERGY GO., LTD.
(二)法定代表人:王建彬
(三)董事会秘书:嵇元弘 股证事务代表:叶启良
联系地址:深圳市蛇口新街蛇口大厦 6 楼
联系电话:(0755)6690988 传真:(0755)6690998 电子信箱:gjny0096@public.szptt.net.cn
(四)公司注册地址:深圳市蛇口新街蛇口大厦 6 楼
办公地址:深圳市蛇口新街蛇口大厦 6 楼 邮政编码:518067
(五)公司信息披露报纸名称:《证券时报》
中国证监会指定国际互联网网址:http://www.cninfo.com.cn
公司年度报告备置地点:董事会秘书处
(六)公司股票上市交易所:深圳证券交易所
股票简称:广聚能源 股票代码:0096

二、会计数据和业务数据摘要

1.本年度主要利润指标情况 单位:人民币元

指标项目	金额
利润总额	72,301,671.83
净利润	70,889,638.01
扣除非经营性损益后的净利润	63,462,884.75
主营业务利润	110,877,865.92
其他业务利润	2,936,592.00
营业利润	194,880.08
投资收益	72,657,813.98
补贴收入	3,374,985.91
营业外收支净额	-3,926,008.14
经营活动产生的现金流量净额	-13,977,185.24
现金及现金等价物净增加额	357,250,547.12

注:扣除的非经营性损益项目及所涉及的金额:
(1)营业外收支净额 -3,926,008.14 元;
(2)股权投资差额摊销 1,119,511.43 元;
(3)短期投资收益 10,233,249.97 元。

2. 近三年主要会计数据和财务指标:(单位:人民币元)

指标项目	2000 年	1999 年	1998 年
1. 主营业务收入	1,118,147,108.44	802,625,000.67	447,298,076.50
2. 净利润	70,889,638.01	45,919,094.67	36,635,104.53
3. 总资产	1,295,618,585.72	805,326,943.93	666,675,205.30
4. 股东权益(不含少数股东权益)	907,297,219.70	383,641,286.39	350,041,920.07
5. 每股收益(元/股)	0.21	0.19	--
6. 扣除非经营性损益后每股收益(元/股)	0.19	0.18	--
7. 每股净资产(元/股)	2.75	1.57	--
8. 调整后的每股净资产(元/股)	2.67	1.46	--
9.每股经营活动产生的现金流量净额(元/股)	-0.04	0.39	--
10.净资产收益率(%)	7.49	11.12	10.47

3.利润表附表:

报告期利润	净资产收益率		每股收益	
	全面摊薄	加权平均	全面摊薄	加权平均
主营业务利润	11.71%	17.76%	0.34	0.40
营业利润	0.02%	0.03%	0.001	0.001
净利润	7.49%	11.36%	0.21	0.25
扣除非经常性损益后的净利润	6.70%	10.17%	0.19	0.23

4. 报告期内股东权益变动情况:(单位:元)

项目	股本(股)	资本公积	盈余公积	法定公益金	未分配利润	股东权益合计
期初数	245,000,000	127,880,351.82	3.647,164.82	3.647.164.82	3,466,604.93	383,641,286.39
本期增加	85,000,000	425,042,075.00	14,177,927.60	7,088.963.80	70.889.638.01	602,198,604.41
本期减少		17,509,174.77			61,033,496.33	78,542,671.10
期末数	330,000,000	535,413,252.05	17,825,092.42	10,736,128.62	13,322,746.61	907,297,219.70

三、股本变动及股东情况

(一)截止 2000 年 12 月 31 日本公司股本变动情况 单位:万股

	期初 1999.12.31	本次变动增减 本次发行	期末 2000.12.31
一、未上市流通股份			
发起人股份			
其中:国家持有股份	6,996.00	-	6,996.00
境内法人持有股份	17,504.00	-	17,504.00
未上市流通股份合计	24,500.00	-	24,500.00
二、已上市流通股			
人民币普通股	-	8,500.00	8,500.00
已上市流通股份合计	-	8,500.00	8,500.00
三、股份总数	24,500.00	8,500.00	33,000.00

(二)股东情况介绍(截止 2001 年 2 月 31 日) 1. 报告期末股东总数为 56063 个。

2. 前十名股东持股情况 单位:万股

序号	股东姓名(名称)	期初数	期内股份增减	期末持股数量	占总股本比例%
1	深圳市深南石油(集团)有限公司	14,628.00	-	14,628.00	44.327
2	深圳市南山区投资管理公司	6,996.00	-	6,996.00	21.200
3	深圳市深南实业有限公司	1,876.00	-	1,876.00	5.685
4	深圳市洋润投资有限公司	900.00	-	900.00	2.727
5	深圳市维思工贸有限公司	100.00	-	100.00	0.303
6	宏安集团有限公司	0.00	40.00	40.00	0.121
7	同盛证券投资基金	0.00	38.50	38.50	0.117
8	无锡锅炉厂	0.00	34.86	34.86	0.106
9	天元证券投资基金	0.00	29.60	29.60	0.090
10	景福证券投资基金	0.00	28.74	28.74	0.087

中信海洋直升机股份有限公司

一、公司简介

(一) 公司法定中文名称:中信海洋直升机股份有限公司
英文名称:CITIC OFFSHORE HELICOPTER CO.,LTD.
(二) 公司法定代表人:李士林先生
(三) 公司董事会秘书:姚旗先生 电话:5590755 传真:5590755
公司董事会证券事务代表:刘丽萍小姐 电话:5590753 传真:5580293
联系地址:深圳市解放西路188号农业银行大厦19层 E-mail:yaoqi777@21cn.com
(四) 公司注册地址:深圳市罗湖区解放西路188号
公司办公地址:深圳市罗湖区解放西路188号 公司邮政编码:518001
(五) 公司选定的信息披露报纸:《中国证券报》、《上海证券报》、《证券时报》
(六) 公司股票上市交易所:深圳证券交易所
股票简称:中信海直 股票代码:0099
(七) 公司年度报告备置地点:深圳市解放西路 188 号农业银行大厦19层1906

二、会计数据和业务数据摘要

(一)公司本年度实现的利润构成及现金流量(单位:人民币元)

项目	金额
利润总额	60,302,940.46
净利润	51,257,499.39
扣除非经常性损益后的净利润	47,475,437.55
主营业务利润	95,332,288.59
其他业务利润	2,646,607.33
营业利润	58,233,077.52
投资收益	297,297.00
补贴收入	
营业外收支净额	1,772,565.94
经营活动产生的现金流量净额	57,902,277.71
现金及现金等价物净增加额	400,254,951.74

(二) 截止报告期末公司前三年主要会计数据和财务指标(单位:人民币元)

	2000年	1999年	1998年
主营业务收入	297,263,986.46	267,559,870.00	287,027,017.31
净利润	51,257,499.39	45,777,633.48	38,163,222.77
总资产	1,094,266,393.25	445,292,874.15	373,346,557.10
股东权益(不含少数股东权益)	825,771,804.46	225,092,794.10	139,178, 051.16
每股收益(元/股)	0.2615	0.3366	0.2806
每股净资产(元/股)	4.2131	1.6550	1.0230
调整后的每股净资产(元/股)	4.1895	1.6340	0.8790
每股经营活动产生的现金流量净额(元/股)	0.2954	0.1175	
净资产收益率	6.21%	20.33%	27.42%
扣除非经常性损益后的每股收益(元/股)	0.2422	0.2904	0.2799
加权净资产收益率	10.25%	28.25%	24.32%
扣除非经常性损益后的加权净资产收益率	7.04%	17.77%	31.84%

(三)根据中国证监会关于发布《公开发行证券公司信息披露编报规则》第9号通知精神,公司2000年按全面摊薄法和加权平均法计算的净资产收益率及每股收益:

	净资产收益率(%)		每股收益(元)	
	全面摊薄	加权平均	全面摊薄	加权平均
主营业务利润	11.54	19.07	0.4863	0.5921
营业利润	7.05	11.65	0.2971	0.3616
净利润	6.21	10.25	0.2615	0.3184
扣除非经常性损益后净利润	5.74	9.50	0.2422	0.2948

注:1、扣除的非经常性损益的项目及金额:扣除2000年新股申购冻结资金利息2,009,495.90元;处理固定资产盘盈、收益等与处理固定资产损失及捐赠支出等差额1,772,565.94元。

2、主要财务指标的计算方法

全面摊薄每股收益=报告期利润/期末股份总数

加权平均每股收益=报告期利润/(期初股份总数+报告期因公积金转增股本或股票股利分配等增加股份数+报告期因发行新股或债转股等增加股份数×增加股份下一月份起至报告期末的月份数÷报告期月份数-报告期因回购或缩股等减少股份数×减少股份下一月份起至报告期期末的月份数÷报告期月份数)

全面摊薄净资产收益率=报告期利润/期末净资产

加权平均净资产收益率=报告期利润/(期初净资产+报告期净利润÷2+报告期发行新股或债转股等新增净资产×新增净资产下一月份起至报告期期末的月份数÷报告期月份数-报告期回购或现金分红等减少净资产×新增净资产下一月份起至报告期期末的月份数÷报告期月份数)

每股净资产=年度末股东权益/年度末普通股股份总数

调整后每股净资产=[年度末股东权益-三年以上应收款项净额-待摊费用-待处理(流动、固定)资产净损益-开办费-长期待摊费用-住房周转金负数余额] / 年度末普通股股份总数

每股经营活动产生的现金流量净额=经营活动产生的现金流量净额/期末普通股股份总数。

三、股东情况介绍

1、截止到2000年12月31日,公司股东总数为47801户,其中:法人股7户,社会公众股47794户。

2、前十名股东持股情况(单位:股)

股东名称	持股数	占总股本比率(%)
中国中海直总公司	134020000	68.38%
安顺证券投资基金	1295276	0.66%
中信国安总公司	330000	0.17%
深圳名商室外运动俱乐部有限公司	330000	0.17%
广东南油经济发展公司	330000	0.17%
中国海洋石油南海东部公司	330000	0.17%
深圳市通发汽车运输有限公司	330000	0.17%
中航黑河民机技贸中心	330000	0.17%
景福证券投资基金	326000	0.166%
同益证券投资基金	310000	0.158%

麦科特光电股份有限公司

一、公司简介

1、公司法定中文名称:麦科特光电股份有限公司
公司法定英文名称:MACAT OPTICS & ELECTRONICS CO.,LTD.
2、公司法定代表人:钟伟贤
3、公司董事会秘书:刘永青 董事会证券事务代表:舒晓玲
联系地址:广东省惠州市麦地路63号麦科特中心15楼
电话:(0752)2119664 传真:(0752)2119678 电子信箱:lyq261@sina.com
4、公司注册地址:广东省惠州市麦地路63号麦科特中心
公司办公地址:广东省惠州市麦地路63号麦科特中心15楼 邮政编码:516001
公司电子信箱:macatoe@pub.huizhou.gd.cn
5、公司选定的信息披露报纸名称:《中国证券报》、《证券时报》
登载公司年度报告的中国证监会指定国际互联网网址:http: //www. cninfo .com.cn
公司年度报告备置地点:本公司证券部
6、公司股票上市交易所:深圳证券交易所 股票简称:麦科特 股票代码:0150

二、会计数据和业务数据摘要

1、本年度主要利润指标情况(单位:人民币元)

本年度实现的利润总额	50,445,765.42
净利润	39,806,308.13
扣除非经常性损益后的净利润	35,819,298.31
主营业务利润	61,689,415.38
其他业务利润	517,169.05
营业利润	46,458,755.60
投资收益	445,560.10
补贴收入	
营业外收支净额	3,541,449.72
经营活动产生的现金流量净额	-17,732,849.11
现金及现金等价物净增加额	107,775,689.08

注:扣除的非经常性损益项目涉及金额合计3,987,009.82元

1 收入类	
新股申购冻结资金利息	3,707,449.72
投资收益	445,560.10
2 支出类	
营业外支出	166,000.00

2、截止报告期末公司前三年的主要会计数据和财务指标: (单位:人民币元)

项 目	2000年	1999年	1998年
主营业务收入	292,859,642.23	294,970,705.05	299,224,184.36
净利润	39,806,308.13	36,202,857.49	32,167,641.11
总资产	766,803,706.34	333,801,250.56	306,150,882.80
股东权益(不含少数股东权益)	666,068,301.62	124,202,857.49	110,000,000.00
每股收益(摊薄)	0.2211	0.3291	4.6755
每股收益(加权)	0.2860	3.5566	4.6755
扣除非经常性损益后每股收益(摊薄)	0.1990	0.3291	4.6755
扣除非经常性损益后每股收益(加权)	0.2574	3.5566	4.6755
每股净资产	3.70	1.13	10.81
调整后的每股净资产	3.68	1.12	10.65
每股经营活动产生的现金流量净额	-0.096	0.78	
净资产收益率(摊薄)%	5.98	29.15	30.15
净资产收益率(加权)%	11.03	28.26	30.15

注:(1)1998每股收益和每股净资产系以有限责任公司实收资本10,178,949 .37元计算。

(3)按中国证监会《公开发行证券公司信息披露编报规则(第9号)》要求计算的利润数据:

报告期利润	净资产收益率%		每股收益(元)	
	全面摊薄	加权平均	全面摊薄	加权平均
主营业务利润	9.26	17.10	0.3427	0.4433
营业利润	6.98	12.88	0.2581	0.3338
净利润	5.98	11.03	0.2211	0.2860
扣除非经常性损益后的每股收益	5.38	9.93	0.1990	0.2574

3、报告期内股东权益变动情况(单位:人民币元)

项目	股本	资本公积	盈余公积	其中:法定公益金	未分配利润	股东权益合计
期初数	110,000,000		5,430,428.63	1,810,142.88	8,772,428.86	124,202,857.49
本期增加	70,000,000	450,059,136.00	11653863.63	3,884,621.21	10,152,444.50	541,865,444.13
本期减少						
期末数	180,000,000	450,059,136.00	17084,292.26	5,694,764.09	18,924,873.36	666,068,301.62

变动原因:1.股本增加是因为报告期内公司发行7000万A股;
2.资本公积增加是因为报告期发行新股股本溢价;
3.盈余公积增加是因为报告期内实现净利润相应计提法定盈余公积金;
4.法定公益金增加是因为报告期内实现净利润相应计提法定公益金;
5.未分配利润变化是因为报告期内实现净利润拟分配后的剩余数;
6.股东权益变化是因为报告期内盈利和发行新股股本溢价所致。

三、股东情况介绍

(一)报告期末公司股东总数为22,661户。
(二)报告期末公司前十名股东持股情况

名次 股东名称	期末持股数量(股)	持股比例(%)
1、麦科特集团有限公司	56,100,000	31.17
2、惠州益发光学机电有限公司	30,019,000	16.68
3、惠州科技投资有限公司	17,600,000	9.78
4、新标志有限公司	4,191,000	2.32
5、上海盛宙贸易有限公司	2,364,908	1.31
6、麦科特集团制冷有限公司	2,090,000	1.16
7、龚峤	1,687,395	0.94
8、江延姣	1,234,358	0.69
9、王水招	1,170,946	0.65
10、上海荣臣贸易发展有限公司	1,150,000	0.64

中成进出口股份有限公司

一、公司简介

1、公司的法定名称：中成进出口股份有限公司

公司的法定英文名称：CHINA NATIONAL COMPLETE PLANT IMPORT&EXPORT CORP. LTD.　　公司的英文名称缩写：COMPLANT

2、公司法定代表人：范全木

3、公司董事会秘书：戎蓓　　联系地址：北京市安定门西滨河路 9 号

电话：010-64218520　　传真：010-64251026

4、公司注册地址：北京市丰台区科学城 10D 地块 2 号楼

公司办公地址：北京市安定门西滨河路 9 号　　邮政编码：100011

公司国际互联网网址：http://www.complant.com.cn　　电子信箱：complant_ltd@sina.com

5、公司选定的信息披露报纸名称：《中国证券报》

登载公司年度报告的中国证监会指定国际互联网网址：http://www.cninfo.com.cn

公司年度报告备置地点：北京市安定门西滨河路 9 号

6、公司股票上市交易所：深圳证券交易所　　股票简称：中成股份　　股票代码：0151

二、会计数据和业务数据摘要

1、本年度主要利润指标情况（单位：人民币元）

利润总额	76,831,387.72
净利润	63,106,115.39
扣除非经常性损益后的净利润	58,792,132.56
主营业务利润	119,699,824.40
其他业务利润	1,362,497.33
营业利润	70,801,390.31
投资收益	1,716,014.58
补贴收入	0
营业外收支净额	4,313,982.83
经营活动产生的现金流量净额	80,133,298.02
现金及现金等价物净增加额	568,884,193.86

注：扣除的非经常性损益项目和涉及的金额

(1)补贴收入，其中：营业税返还	0
所得税返还	0
(2)募股资金冻结资金利息	
本年摊数	3,907,131.58
(3)其他	406,851.25

2、截止报告期末公司近三年主要会计数据和财务指标：（单位：人民币元）

项目	2000 年	1999 年	1998 年
主营业务收入	397,642,834.22	307,544,408.86	283,100,646.66
净利润	63,106,115.39	53,068,976.69	47,770,117.76
总资产	989,095,476.22	389,408,488.18	484,745,488.51
股东权益(不含少数股东权益)	752,083,769.03	207,736,127.78	150,287,469.97
每股收益（摊薄）	0.32	0.42	0.38
每股收益（加权）	0.42	0.42	0.38
扣除经常性损益后的每股收益	0.30	0.42	0.32
每股净资产	3.81	1.63	1.18
调整后的每股净资产	3.80	1.60	1.13
每股经营活动产生的现金流量净额	0.41	0.28	0.19
全面摊薄净资产收益率(%)	8.39	25.55	31.49
加权净资产收益率(%)	15.17	30	33
扣除经常性损益后的加权净资产收益率	14.13%	29.79%	32.86%

注：2000 年末总股本为 19,732 万股，1999 年末总股本为 12,732 万股。

3、净资产收益率和每股收益

报告期利润	净资产收益率		每股收益	
	全面摊薄	加权平均	全面摊薄	加权平均
主营业务利润	15.92%	28.78%	0.61	0.79
营业利润	9.41%	17.02%	0.36	0.47
净利润	8.39%	15.17%	0.32	0.42
扣除非经常性损益后的净利润	7.82%	14.13%	0.30	0.39

三、股本变动及股东情况

1、股本变动情况

(1)股份变动情况　　单位：股

	本次变动前	本次变动增减					本次变动后
		配股	送股	公积金转股	增发	小计	
一、未上市流通股							
1、发起人股份	127,320,000						127,320,000
其中国家持有股份	127,320,000						127,320,000
未上市流通股份合计	127,320,000						
二、已上市流通股份							
1、人民币普通股						70,000,000	70,000,000
三、股份总额	127,320,000						197,320,000

2、股东情况介绍

(1)报告期末股东总数：截止 2000 年 12 月 29 日，持有本公司股票的股东总人数为 42,462 户，持股 19,732 万股，其中含国有股股东 5 户，持有本公司发起人股 12,732 万股；社会公众股东 42,457 户，持股 7,000 万股。

(2)主要股东持股情况（前十名和持股 5%以上股东）

股东名称	持股数(股)	占总股本比例
中国成套设备进出口(集团)总公司	120,000,000	60.81%
浙江中大(集团)股份有限公司	2,330,000	1.18%
中国土产畜产进出口总公司	2,330,000	1.18%
安徽省外经建设(集团)公司	2,330,000	1.18%
南方证券有限公司	2,164,957	1.10%
隆元证券投资基金	701,857	0.36%
景福证券投资基金	539,000	0.27%
天元证券投资基金	368,389	0.19%
中国出国服务人员总公司	330,000	0.17%
同智证券投资基金	300,000	0.15%

安徽新力药业股份有限公司

一、公司简介

1、公司法定中文名称：安徽新力药业股份有限公司　　中文简称：新力药业

公司法定英文名称：ANHUI XINLI PHARMACEUTICAL CO., LTD.

英文简称：XINLI PHARMACEUTICAL

2、公司法定代表人：许克强先生

3、公司董事会秘书：张军先生　　联系地址：安徽省合肥市芜湖路 258 号

电　　话：0551—2886567　　传真：0551—2888056　　电子信箱：xlyyzj@163.com

4、公司注册地址：安徽省无为县北门外大街 108 号

公司办公地址：安徽省合肥市芜湖路 258 号　　邮政编码：230061

5、公司选定的信息披露报纸名称：《证券时报》、《中国证券报》

公司登载年度报告的互联网网址：http://www.cninfo.com.cn

公司年报备置地点：公司证券部

6、公司股票上市交易所：深圳证券交易所　股票简称：新力药业　　股票代码：0153

二、会计数据和业务数据摘要

1、本年度主要会计数据（单位：人民币元）

利润总额	30,855,087.68
净利润	26,269,246.76
扣除非经营性损益后的净利润	25,478,213.52
主营业务利润	43,804,796.83
其他业务利润	0.00
营业利润	30,064,054.44
补贴收入	760,000.00
营业外收支净额	566,213.24
经营活动产生的现金流量净额	25,877,658.51
现金及现金等价物净增加额	376,819,964.45

注：扣除的非经营性损益项目和涉及金额：

（1）营业外收支净额项目	
a.发行股票冻结资金利息收入：	631,065.43
b.摊销股权投资差异：	535,180.00
c.罚款净收入：	-3,129.59
d.处理固定资产净损失：	40,670.60
e.捐赠支出：	8,000.00
f.其他净支出	13,052.00
（2）补贴收入项目	
财政补贴款	760,000.00
（3）以上项目涉及金额	791,033.24

2、近三年主要会计数据和财务指标

项　　目	2000 年	1999 年	1998 年
主营业务收入	114,146,466.06	57,207,948.50	49,633,469.16
净利润	26,269,246.76	8,635,092.69	7,693,348.51
总资产	634,786,180.28	134,632,021.05	110,326,201.36
股东权益	531,421,513.01	51,902,266.25	43,267,173.56
每股收益（全面摊薄）	0.404	0.216	0.192
每股收益（加权平均）	0.568	0.216	0.346
每股净资产	8.175	1.297	1.081
调整后每股净资产	8.106	1.179	1.026
每股经营活动产生的现金流量净额	0.398	0.025	—
净资产收益率%（全面摊薄）	4.94	16.63	17.78
净资产收益率%（加权平均）	14.73	18.14	27.60
扣除非经营性损益后的每股收益	0.392	0.225	0.205

4、股东权益变动情况（单位：人民币元）

项目	股本	资本公积	盈余公积	法定公益金	未分配利润	股东权益合计
期初数	40,002,300	970,075	3,476,765.90	987,672.01	7,453,125.35	51,902,266.25
本期增加	25,000,000	428,250,000	3,940,387.02	1,313,462.34	26,269,246.76	483,459,633.78
本期减少					3,940,387.02	3,940,387.02
期末数	65,002,300	429,220,075	7,417,152.92	2,301,134.35	29,781,985.09	531,421,513.01

三、股本变动及股东情况

1、股东变动情况

(1)股东变动情况表　　　数量单位

	本次变动前	本次变动情况(+,-)					本次变动后
		配股	送股	公积金转股	发行新股	小　计	
一、未上市流通股份							
1、发起人股份							
其中：国家持有股份	32,198,300						32,198,300
境内法人持有股	7,804,000						7,804,000
未上市流通股份合计	40,002,300						40,002,300
二、已上市流通股份							
1、人民币普通股					25,000,000	25,000,000	25,000,000
已上市流通股份合计					25,000,000	25,000,000	25,000,000
三、股份总数	40,002,300				25,000,000	25,000,000	65,002,300

2、股东情况简介

(1) 截止 2000 年 12 月 31 日，公司股东总数为 18,991 户。

(2) 报告期末公司主要股东持股情况

序号	股　东　名　称	持股数(股)	持股比例	股份性质
(1)	安徽省无为制药厂	12,273,000	18.88%	国有法人股
(2)	安徽蚌埠涂山制药厂	12,003,100	18.47%	国有法人股
(3)	安徽省巢湖蜂宝制药厂	7,200,000	11.07%	社会法人股
(4)	安徽省马鞍山生物化学制药厂	6,800,000	10.46%	国有法人股
(5)	金泰基金	1,758,989	2.71%	A 股流通股
(6)	安徽省药物研究所	595,200	0.92%	国有法人股
(7)	安徽省无为县经贸建筑工程有限公司	563,000	0.87%	社会法人股
(8)	安徽省无为县腾飞医药包装厂	527,000	0.81%	国有法人股
(9)	顾兰真	274,430	0.42%	A 股流通股
(10)	延华玲	259,596	0.40%	A 股流通股

川化股份有限公司

一、公司简介

(一)公司法定中、英文名称及缩写
1、中文名称:川化股份有限公司
2、英文名称:SICHUAN CHEMICAL COMPANY LIMITED
3、英文名称缩写:SCC
(二)公司法定代表人:谢木喜
(三)公司董事会秘书及证券事务代表姓名、联系地址、电话、传真、电子信箱
1、董事会秘书:王荣华
2、证券事务代表:易千里
3、联系地址:四川省成都市青白江区大弯镇团结路 311 号
4、联系电话:(028)3308291
5、传真:(028)3308290
(四)公司注册地址、办公地址、邮政编码、国际互联网网址、电子信箱
1、公司注册地址及办公地址:四川省成都市青白江区大弯镇团结路 311 号
2、公司邮政编码:610301
3、公司国际互联网网址:http://www.scwltd.com
4、公司电子信箱:scc33@mail.sc.cninfo.net
(五)公司选定的信息披露报纸名称、登载公司年度报告的国际互联网网址、公司年度报告备置地点
1、信息披露报纸:《中国证券报》、《证券时报》
2、中国证监会指定的国际互联网网址:http://www.cninfo.com.cn
3、年度报告备置地点:公司办公楼董事会秘书室
(六)公司股票上市交易所、股票简称和股票代码
1、上市交易所:深圳证券交易所
2、股票简称:川化股份　3、股票代码:0155

二、会计数据和业务数据摘要

(一)本年度主要利润指标情况　单位:元

利润总额	134,091,235.35
净利润	97,364,208.94
扣除非经常性损益后的净利润	90,533,404.74
主营业务利润	211,920,798.46
其他业务利润	-857,345.36
营业利润	105,742,565.99
投资收益	2,297,325.18
补贴收入	19,500,000.00
营业外收支净额	6,551,344.18
经营活动产生的现金流量净额	74,808,815.38
现金及现金等价物净增加额	207,916,253.42

注:扣除非经常性损益项目涉及金额为:新股申购冻结资金利息收入 6,801,604.20 元;处置固定资产收入 29,200 元。

(二)公司近三年的主要会计数据和财务指标　单 位:元

项　目	2000 年度	1999 年度	1998 年度
主营业务收入	1,042,511,038.28	1,032,797,633.60	1,084,472,152.76
净利润	97,364,208.94	100,596,131.43	92,097,248.95
总资产	1,773,219,082.68	1,300,818,896.03	1,341,613,839.62
股东权益	1,315,127,395.47	552,995,732.39	452,399,600.97
每股收益(摊薄)	0.21	0.30	0.27
每股收益(加权)	0.28	0.30	0.27
每股净资产	2.80	1.63	1.33
扣除非经常性损益后的每股收益	0.19	0.30	0.27
调整后的每股净资产	2.80	1.63	1.33
每股经营活动产生的现金流量净额	0.16	0.28	0.00
净资产收益率(摊薄)%	7.00	18.19	20.35
净资产收益率(加权)%	12.88	20.00	16.00
扣除非经常性损益后净资产收益率(加权) %	11.98	19.00	15.00

注:1、表中所列指标计算涉及股份总数时,2000 年按总股本 47,000 万股计算,1999、1998 年按总股本 34,000 万股计算。
2、表中所列财务指标均按中国证监会规定的计算公式计算。

(三)报告期利润表附表

报告期利润	净资产收益率(%)		每股收益(元/股)	
	全面摊薄	加权平均	全面摊薄	加权平均
主营业务利润	16.11	28.00	0.45	0.62
营业利润	8.00	14.00	0.22	0.31
净 利 润	7.00	12.88	0.21	0.28
扣除非经常性损益后的净利润	7.00	11.98	0.19	0.26

注:表中所列财务数据均按中国证监会规定的计算公式计算。

三、股东情况介绍

1、本公司报告期末股东总数 103,597 户
2、前 10 名股东持股情况表　单位:股

序号	持股股东单位或姓名	期初持股数	期末持股数	占总股本比重(%)	持股性质
1	川化集团有限责任公司	340,000,000	340,000,000	72.34	国有法人股
2	范蕴华		550,000	0.12	公众股
3	普丰证券投资基金		261,612	0.06	公众股
4	石广三		229,200	0.05	公众股
5	苏惠英		200,033	0.04	公众股
6	北京华东鸿基商贸有限公司		180,000	0.04	公众股
7	唐丽萍		164,275	0.03	公众股
8	胡留献		140,900	0.03	公众股
9	林　斌		121,500	0.03	公众股
10	李秀梅		107,000	0.02	公众股

公司前 10 名股东之间未发现关联关系。
3、报告期内控股股东为川化集团有限责任公司,年末持有本公司股份 34,000 万股,占公司总股本的 72.34%,所持股份为国有法人股,未流通,也无质押和冻结情况。

湖南安塑股份有限公司

一、公司简介

1 、公司法定(中文)名称:湖南安塑股份有限公司
公司英文名称:HUNAN ANSU CO.,LTD
2 、公司法定代表人:何述金
3 、董事会证券事务代表:刘亦萍　联系地址:长沙市河西望城坡
电 话:0731-8815031 或 8861888 转 8060 或 8026　传 真:0731—8862888
4 、公司注册地址:湖南省洪江市安江镇大沙坪
公司办公地址:长沙市河西望城坡　邮政编码:410205
5 、公司选定的信息披露报纸名称:《中国证券报》、《证券时报》、《南方财经导报》
登载公司年度报告的中国证监会指定国际互联网网址:http://www.cninfo.com.cn
公司年度报告备置地点:公司证券部
6 、公司股票上市地:深圳证券交易所
股票简称:安塑股份　股票代码:0156

二、会计数据和业务数据摘要

1 、本年度主要会计数据　单位:元

利润总额	25,649,258.64
净利润	22,261,579.26
扣除非经常性损益后的净利润	20,072,955.70
主营业务利润	36,941,519.78
其他业务利润	1,217,230.07
营业利润	23,460,635.08
投资收益	-
补贴收入	-
营业外收支净额	2,188,623.56
经营活动产生的现金流量净额	2,100,965.18
现金及现金等价物净增加额	316,018,456.56

注:报告期内涉及的非经常性
损益项目及金额:
(1)营业外收支净额　2,188,623.56

2 、截至报告期末公司前三年的主要会计数据和财务指标(单位:元):

项　目	2000 年	1999 年	1998 年
主营业务收入	133,875,279.51	114,618,454.92	123,781,259.43
净利润	22,261,579.26	15,174,226.33	9,039,611.98
总资产	641,256,378.03	270,045,485.22	269,627,789.07
股东权益	464,920,914.61	132,156,224.88	116,981,998.55
每股收益	0.23	0.25	0.15
每股收益(加权)	0.31	0.25	0.15
每股收益(扣除非经常性损益后)	0.21	0.24	0.16
每股净资产	4.82	2.18	1.93
调整后每股净资产	4.69	2.09	1.85
每股经营活动产生的现金流量净额	0.02	0.34	-0.80
净资产收益率(滩薄%)	4.79	11.48	7.73
净资产收益率(加权%)	9.02	12.18	8.04

注:主要财务指标的计算公式:
每股收益=净利润/年度末普通股股份总数
每股净资产=年度末股东权益/年度末普通股股份总数
调整后的每股净资产=(年度末股东权益-三年以上的应收款项净额-待摊费用-待处理 (流动、固定)资产净损失-开办费-长期待摊费用-住房周转金负数余额)/年度末普通股股份总数
每股经营活动产生的现金流量净额=经营活动产生的现金流量净额/年度末普通股股份总数
净资产收益率=净利润/年度末股东权益×100%。
3 、根据中国证监会《公开发行证券公司信息披露编报第 9 号-净资产收益率和每股收益的计算及披露》要求计算的利润表附表

报告期利润		净资产收益率(%)		每股收益(元)	
		全面摊薄	加权平均	全面摊薄	加权平均
主营业务利润	36,941,519.78	7.95%	14.97%	0.38	0.51
营业利润	23,460,635.08	5.05%	9.51%	0.24	0.32
净利润	22,261,579.26	4.79%	9.02%	0.23	0.31
扣除非经营性损益后的净利润	20,072,955.70	4.32%	8.13%	0.21	0.28

4 、报告期内股东权益变动情况　单位:元

项　目	股　本	资本公积	盈余公积	未分配利润	股东权益合计
期初数	60500000	35,640,811.03	11,404,002.41	24,611,411.44	132,156,224.88
本期增加	36000000	274,503,110.47	6,526,064.98	22,261,579.26	339,290,754.71
本期减少				6,526,064.98	6,526,064.98
期末数	96500000	310,143,921.50	17,930,067.39	40,346,925.72	464,920,914.61

变动原因:股本、资本公积增加为本年度发行新股所致;盈余公积、法定公益金增加为本年度从净利润中提取数;未分配利润变动是本年度净利润增加所致。

三、股本变动及股东情况

1 、截止 2000 年 12 月 31 日,公司股东总数为 24305 户。
2、前十名股东持股情况:

股东名称	年末持有数量(万股)	持股比例(%)
1 原湖南安江塑料厂集体资产管理委员会	2880.9	29.85
2 怀化四海通有限公司	1130.8	11.72
3 湖南金利塑料制品有限公司	1100.0	11.40
4 洪江市国有资产管理局	99.0	1.03
5 芷江县国有资产管理局	95.7	0.99
6 芷江侗族自治县集体工业联社	79.2	0.82
7 洪江市二轻集体工业联社	59.4	0.61
8 湖南省洪江市汽车配件厂	55.0	0.57
9 兴华证券投资基金	32.77	0.34
10 江阴市达星电器有限公司	30.0	0.31

长沙中联重工科技发展股份有限公司

一、公司简介

1、公司名称(中文):长沙中联重工科技发展股份有限公司
公司英文名称:Changsha zoomlion heavy industry&science Co., Ltd.
2、公司法定代表人:方明华
3、公司董事会秘书:张建国　董事会证券事务代表:陈旭辉
联系地址:湖南省长沙市银盆南路 307 号
电话:(0731)8923799 8923908　传真:(0731)8807313　电子信箱:zljt@public.cs.hn.cn
4、公司注册地址及办公地址:湖南省长沙市银盆南路 307 号　邮政编码:410013
公司网址:http://www.zljt.com　电子信箱:zljt@public.cs.hn.cn
5、公司指定信息披露报刊:《中国证券报》、《证券时报》、《上海证券报》
年报登载网站:http://www.cninfo.com.cn
年度报告备置地点:公司投资发展部
6、公司股票上市交易所:深圳证券交易所
股票简称:中联重科　股票代码:0157

二、会计数据和业务数据摘要

1、本年度公司利润情况	单位:元
利润总额	61,969,823.79
净利润	52,558,172.75
扣除非经常性损益后的净利润	50,931,661.47
主营业务利润	105,920,088.13
其他业务利润	3,499,935.05
营业利润	61,121,971.5
投资收益	-
补贴收入	-
营业外收支净额	847,852.29
经营活动产生的现金流量净额	4,135,202.33
现金及现金等价物净增加额	565,398,931.64
注:扣除的非经常性损益项目及涉及金额	1,626,511.28
(1)冻结资金利息	821,314.86
(2)流动资产盘盈收入	225,196.42
(3)技术拨款	580,000.00

2、截止报告期末公司前三年的主要会计数据和财务指标　(单位:元)

项　目	2000 年	1999 年	1998 年
主营业务收入	244,850,202.70	184,027,606.27	142,474,632.51
净利润	52,558,172.75	44,752,531.04	27,618,186.85
总资产	950,439,785.37	300,457,226.24	230,741,849.04
股东权益	809,674,191.29	144,569,862.08	110,810,586.36
每股收益(摊薄)	0.3504	0.4475	-
每股收益(加权平均)	0.4671	0.4475	-
扣除非经常性损益后的每股收益	0.3395	0.4411	-
每股净资产	5.3978	1.4457	-
调整后的每股净资产	5.3106	1.2771	-
每股经营活动产生的现金流量净额	0.0276	-0.0017	-
净资产收益率(摊薄%)	6.49	30.96	24.92
净资产收益率(加权平均%)	16.04	30.96	24.92

(2)根据中国证监会《公开发行证券公司信息披露编报规则(第九号)》要求计算的利润数据:利润表附表

报告期利润	净资产收益率%		每股收益	
	全面摊薄	加权平均	全面摊薄	加权平均
主营业务利润	13.08	32.32	0.7061	0.9415
营业利润	7.55	18.65	0.4075	0.5433
净利润	6.49	16.04	0.3504	0.4671
扣除非经常性损益后的净利润	6.29	15.54	0.3395	0.4527

全面摊薄净资产收益率 = 报告期利润 ÷ 期末净资产
全面摊薄每股收益 = 报告期利润 ÷ 期末股份总数

3、报告期内股东权益变动情况　单位:元

项　目	股　本	资本公积	盈余公积	法定公益金	未分配利润	股东权益合计
期初数	100000000	34,250,000	5,447,979.31	1,815,993.10	4,871,882.77	144,569,862.08
本期增加	50000000	577546156.46	7,883,725.92	2,627,908.64	29,674,446.83	665,104,329.21
本期减少						
期末数	150000000	611796156.46	13331,705.23	4,443,901.74	4546,329.60	809,674,191.29

变动原因:股本、资本公积增加为本年度发行新股所致;盈余公积、法定公益金增加为本年度从净利润中提取数;未分配利润变动是因本年度净利润增加所致。

三、股本变动及股东情况介绍

1、截止 2000 年 12 月 31 日,公司共有股东 37108 人。
2、公司前 10 名股东持股情况:　单位:股

股 东 名 称	年初持股数	年末持股数	占股比例
建设部长沙建设机械研究院	74,752,500	74,752,500	49.83%
长沙高新技术产业开发区中标实业有限公司	23,757,900	23,757,900	15.83%
安顺证券投资基金	-	2,557,014	1.7%
金泰证券投资基金	-	1,541,869	1.03%
安信证券投资基金	-	1,089,000	0.7%
国信证券有限公司	-	700,795	0.47%
天元证券投资基金	-	500,003	0.33%
景宏证券投资基金	-	499,790	0.33%
南京晨光集团有限责任公司	-	410,498	0.27%
裕泽证券投资基金	-	398,634	0.27%

1 持有本公司 10%以上国有法人股股份的股东名称:建设部长沙建设机械研究院。其所持有的股份无质押或冻结情况。
2 持有本公司的 10%以上法人股股份的股东名称:长沙高新技术产业开发区中标实业有限公司。其持有的股份无质押或冻结情况。
3 本年度公司控股股东未发生变更,持股数量和持股比例未发生变化。
4 前十名股东之间无关联关系。

石家庄常山纺织股份有限公司

一、公司简介

1、公司法定中文名称:石家庄常山纺织股份有限公司
公司法定英文名称:SHIJIAZHUANG CHANGSHAN TEXTILE COMPANY LIMITED
2、公司法定代表人:韩希厚
3、公司董事会秘书:李京朝　联系地址:河北省石家庄市和平东路 183 号
联系电话:(0311)6673856　传真:(0311)6673929　电子信箱:ljc@changshangf.com
董事会证券事务代表:肖荣智　联系地址:河北省石家庄市和平东路 183 号
联系电话:(0311)6673822　传真:(0311)6673929　电子信箱:xrz@changshangf.com
4、公司注册地址和办公地址:河北省石家庄市和平东路 183 号　邮政编码:050011
公司国际互联网网址:http://www.changshangf.com/ 电子信箱:chshgf@sj-user.he.cninfo.net
5、公司选定的中国证监会指定信息披露报纸:中国证券报、证券时报
中国证监会指定国际互联网网址:http://www.cninfo.com.cn
公司年度报告备置地点:石家庄常山纺织股份有限公司证券部
6、公司股票上市交易所:深圳证券交易所
股票简称:常山股份　股票代码:0158

二、会计数据和业务数据摘要

1、本年度主要财务数据和指标(单位:人民币元)	
利润总额	133 624 957.77
净利润	93 610 711.82
扣除非经常性损益后的净利润	102 340 374.62
主营业务利润	333 901 953.39
其他业务利润	3 488 118.37
营业利润	140 978 669.10
投资收益	-1 493 131.53
补贴收入	
营业外收支净额	-5 860 579.80
经营活动产生的现金流量净额	590 729.80
现金及现金等价物净增加额	153 466 458.61
注:扣除的非经常性损益项目涉及项目合计	-8 729 662.80
(1)合并价差摊入	-2 869 083.00
(2)营业外收支净额	-5 860 579.80
其中:新股申购冻结资金利息	1 052 863.00

2、截止报告期末前三年的主要会计数据和财务指标　(单位:人民币元)

项目	2000 年	1999 年	1998 年
主营业务收入	1 832 128 986.45	1 641 870 410.99	1 397 798 536.79
净利润	93 610 711.82	82 294 568.03	28 188 345.90
总资产	1 885 159 536.88	1 330 578 082.40	1 678 360 962.13
股东权益(不含少数股东权益)	1 138 152 662.66	478 663 439.28	440 982 007.82
每股收益(摊薄)	0.23	0.27	0.09
每股收益(加权)	0.27	0.27	0.09
扣除非经营性损益后每股收益(摊薄)	0.26	0.29	0.09
扣除非经营性损益后每股收益(加权)	0.30	0.29	0.09
每股净资产	2.85	1.60	1.47
调整后的每股净资产	2.83	1.55	1.45
每股经营活动产生的现金流量净额	0.0015	0.94	
净资产收益率%(摊薄)	8.22	17.19	6.39
净资产收益率%(加权)	12.08	17.07	7.86

(2)报告期内股东权益变动情况(单位:人民币元)

项目	期初数	本期增加	本期减少	期末数
股本	300 000 000.00	100 000 000.00		400 000 000.00
资本公积	153 600 396.93	526 686 969.28	16 973 637.17	663 313 729.04
盈余公积	24 601 987.16	26 867 285.99		51 469 273.15
法定公益金	9 035 125.83	9 968 487.17		19 003 613.00
未分配利润	-3 373 765.36	93 610 711.82	66 867 285.99	23 369 660.47
股东权益合计	474 828 618.73	747 164 967.09	83 840 923.16	1138 152 662.66

变动原因:1.股本增加是因为报告期内公司发行 1 亿 A 股;
2.资本公积增加是因为报告期内发行新股股本溢价及收到的河北省财政厅以税还贷退税款;
3.盈余公积增加是因为报告期内实现净利润相应计提法定盈余公积金;
4.法定公益金增加是因为报告期内实现净利润相应计提法定公益金;
5.未分配利润变化是因为报告期内实现净利润拟分配后的剩余数;
6.股东权益变化是因为报告期内盈利和发行新股股本溢价所致。

三、股东情况介绍

1.报告期末公司股东总数 69997 户。
2.报告期末公司前 10 名股东持股情况:

股东名称	股份类别	持股数(股)	持股比例(%)
石家庄常山纺织集团有限责任公司	国家股	297,180,000	74.295
河北宁纺集团有限责任公司	法人股	705,000	0.176
河北省纺织品进出口(集团)公司	国有法人股	705,000	0.176
石家庄市星球服装鞋帽联合(集团)公司	法人股	705,000	0.176
河北华鑫集团公司	国有法人股	705,000	0.176
郭　颖	流通股	309,100	0.077
金泰基金	流通股	281,000	0.07
普丰证券投资基金	流通股	258,038	0.06
赖文利	流通股	150,000	0.038
黎大贵	流通股	142,600	0.036

说明:1)前 10 名股东中,1-5 名为发起人股东,6-10 名为社会公众股东。
2)前 10 名股东不存在关联关系。
3)持股 5%及以上法人股东所持股份未发生冻结、质押等情况。
3.持股 10 %及以上法人股东情况:石家庄常山纺织集团有限责任公司为本公司第一大股东,注册资本:125354 万元,负责人:韩希厚。经营范围:针纺织品开发、制造销售,纺织配件配材加工销售等。

新疆国际实业股份有限公司

一、公司简介

(一)、公司法定中、英文名称及缩写:

1、中文名称:新疆国际实业股份有限公司

2、英文名称:XINJIANG INTERNATIONAL INDUSTRY CO.,LTD.　3、英文名称缩写:XIIC

(二)、公司法定代表人:吴敏其

(三)、公司董事会秘书:王芹忠

1、联系地址:乌鲁木齐市团结路45号国际大厦

2、联系电话:0991—2886434　3、传真:0991—2861579　2862528

(四)公司注册地址、办公地址、邮政编码、电子信箱:

1、注册地址:乌鲁木齐市北京路22号龙岭大厦　2、邮政编码:830011

3、办公地址:乌鲁木齐市团结路45号国际大厦　4、邮政编码:830001

5、公司电子信箱:wang_qzh@sina.com

(五)公司选定的信息披露报纸名称、登载公司年度报告的中国证监会指定国际互联网网址、公司年度报告备置地点:

1、信息披露报纸:《中国证券报》、《证券时报》

2、登载公司年度报告的中国证监会指定国际互联网网址: http://www.cninfo.com.cn

3、公司年度报告备置地点:公司证券部

(六)公司股票上市交易所、股票简称和股票代码

1、上市交易所:深圳证券交易所　2、股票简称:国际实业　3、股票代码:0159

二、会计数据和业务数据摘要

(一)、公司本年度利润总额及其构成:(单位:人民币元)

利润总额:	33,370,735.70
净利润:	25,735,958.02
扣除非经常性损益后的净利润:	18,155,144.24
主营业务利润:	80,109,296.73
其他业务利润:	196,617.51
营业利润:	24,780,806.94
投资收益:	1,009,114.98
补贴收入:	1,856,476.67
营业外收支净额:	5,724,337.11
经营活动产生的现金流量净额	–133,206,109.63
现金及现金等价物净增加额	305,517,169.60

注:扣除的非经营性损益项目和涉及金额的说明:

(1)、补贴收入:1,856,476.67元。

(2)、营业外收支净额:5,724,337.11元。其中申购新股冻结资金利息5,926,802.48元。

(二)、近三年主要会计数据和财务指标:(单位:人民币元)

项目	2000年	1999年	1998年
主营业务收入(元)	349,994,072.48	402,216,187.28	812,545,326.66
净利润(元)	25,735,958.02	25,643,309.07	15,269,110.12
总资产(元)	893,303,773.92	650,308,122.98	409,373,341.74
股东权益(元)(不含少数股东权益)	565,553,847.28	141,398,013.07	119,297,184.31
全面摊薄每股收益(元/股)	0.1498	0.2519	--
加权平均每股收益(元/股)	0.1913		
扣除非经常性损益后的每股收益(元/股)	0.1057	0.0574	—
每股净资产 (元)	3.2921	1.3891	--
调整后的每股净资产(元)	3.2793	1.3342	--
每股经营活动产生的现金流量净额	–0.7754	–0.6171	
净资产收益率(%)(摊薄)	4.55%	18.15%	
(加权)	10.15%		

(三)、根据中国证监会《公开发行证券公司信息披露编报规则第9号》第三条的规定,按全面摊薄法和加权平均法计算的净资产收益率及每股收益:

报告期利润	净资产收益率(%)		每股收益(元)	
	全面摊薄	加权平均	全面摊薄	加权平均
主营业务利润	14.16	31.56	0.4663	0.6715
营业利润	4.38	9.76	0.1442	0.2077
净利润	4.55	10.15	0.1498	0.2157
扣除非经常性损益后的净利润	3.21	7.15	0.1057	0.1522

(四)报告期内公司股东权益变动情况(单位:元人民币)

项目	期初数	本期增加	本期减少	期末数
股本	101,792,300	70,000,000.00	0.00	171,792,300.00
资本公积	36,644,250.35	329,572,708.33	0.00	366,216,958.68
盈余公积	2,961,462.72	6,448,573.38	1,152,832.14	8,257,203.96
其中:公益金	1,480,731.36	3,224,286.69	576,416.07	4,128,601.98
未分配利润	0.00	19,287,384.64	0.00	19,287,384.64
股东权益合计	141,398,013.07	425,308,666.35	1,152,832.14	565,553,847.28

股东权益变动原因:

(1)股本增加是因为报告期内公司向社会发行7000万股A股。

(2)资本公积增加是因为报告期内公司发行7000万股A股溢价和固定资产评估增值所致。

(3)盈余公积和法定公益金增加是因为报告期内盈利按规定提取所致。

三、股本变动及股东情况

1、报告期末公司股东总数为51423人。

2、报告期末公司前十大股东的持股情况

股东名称	期末持股数	占总股本(%)
(1) 新疆对外经济贸易集团有限责任公司	91,792,300	53.43
(2) 新疆特变电工股份有限公司	3,500,000	2.04
(3) 新疆新啤(集团)有限责任公司	3,000,000	1.75
(4) 和硕县佳丰果菜种植有限责任公司	2,000,000	1.16
(5) 新疆金邦钢铁有限公司	1,500,000	0.87
(6) 裕阳证券投资基金	531,000	0.31
(7) 贾玉兰	420,155	0.24
(8) 赵云	218,000	0.13
(9) 普丰证券投资基金	148,509	0.08
(10) 郭东东	144,496	0.08

吴江丝绸股份有限公司

一、公司简介

1、公司法定中文名称:吴江丝绸股份有限公司　缩写:"吴江丝绸"

公司法定英文名称:WuJiang Silk Co., LTD.　缩写:"WJSC"

2、公司法定代表人:董东立

3、公司董事会秘书:沈志祥

联系地址:江苏吴江市盛泽镇舜新中路39号　电话:0512-3558328　传真:0512-3552272

电子信箱:SILK-SM @ PUBLIC1.SZ.JS.CN

4、公司注册地址和办公地址及其邮政编码:

注册地址:江苏省吴江市盛泽镇舜新中路39号　邮政编码:215228

公司电子信箱:SILK-SM @ PUBLIC1.SZ.JS.CN 国际互联网网址:http://www.silkgroup.com/

5、公司选定的信息披露报纸:《证券时报》

刊登公司年度报告的国际互联网网址:http://www.cninfo.com.cn

公司年度报告备置地点:公司证券部

6、公司股票上市交易所:深圳证券交易所　股票名称:丝绸股份　股票代码:0301

二、会计数据和业务数据摘要

1、公司本年度会计数据　单位:人民币元

利润总额	130,107,850.28
净利润	108,187,780.56
扣除非经常性损益后的净利润	109,113,576.45
主营业务利润	190,997,363.76
其他业务利润	25,022,879.96
营业利润	130,886,479.80
营业外收支净额	–925,795.89
经营活动产生的现金流量净额	243,936,329.24
现金及现金等价物净增加额	232,662,579.17

2、截止报告期末,公司前三年的主要会计数据和财务指标:

(1)、主要会计数据和财务指标　单位:人民币元

序号	项目	2000年度	1999年度	1998年度
1	主营业务收入	1,326,384,162.20	1,017,635,225.11	1,022,256,145.08
2	净利润	108,187,780.56	83,119,798.65	48,018,753.07
3	总资产	1,788,129,796.29	1,242,302,930.82	1,212,256,374.16
4	股东权益	1,215,189,430.77	503,499,267.17	479,849,468.52
5	每股收益	0.232	0.2656	0.1534
6	每股净资产	2.604	1.6086	1.5331
7	调整后的每股净资产	2.588	1.5480	1.4538
8	每股经营活动产生的现金流量净额	0.523	0.9716	0.1246
9	净资产收益率	8.90%	16.51%	10.01%
10	加权平均每股收益	0.265	0.2656	0.1534

2000年度按月平均加权法计算的每股收益,扣除非经常性损益后的每股收益为0.267元。

3、利润表附注:

报告期利润	净资产收益率		每股收益(元)	
	全面摊薄	加权平均	全面摊薄	加权平均
主营业务利润	15.72%	20.19%	0.409	0.468
营业利润	10.77%	13.84%	0.281	0.321
净利润	8.90%	11.44%	0.232	0.265
扣除非经常性损益后的净利润	8.98%	11.54%	0.234	0.267

4、报告期股东权益变动情况　单位:人民币元

项目	股本	资本公积	盈余公积	其中:公益金	未分配利润	合计
期初数	313000000	167750885.36	19639199.73	6546399.91	3109182.08	503499267.17
本期增加	153600774	473231647.74	16228167.09	5409389.03	91959613.47	735020202.30
本期减少					23330038.70	23330038.70
期末数	466600774	640982,33.10	35867366.82	11955788.94	71738756.85	1215189430.77

三、股本变动及股东情况

1、股本变动情况

(1)股份变动情况表　数量单位:股

项目	期初数	本次变动增减(+,-)					期末数
		配股	送股	公积金转股	其他	小计	
一、未上市流通股份	313,000,000						313,000,000
1,发起人股份	313,000,000						313,000,000
其中:国家拥有股份	292,166,000						292,166,000
境内法人持有股份	20,834,000						20,834,000
2、向法人投资者配售					54,000,000		
其中:战略投资者					54,000,000		
未上市流通股份合计	313,000,000				54,000,000		67,000,000
二、已上市流通股份							
1、人民币普通股					51,000,000		51,000,000
2、其他					48,600,774		48,600,774
已流通上市股份合计					99,600,774		99,600,774
三、股份总数	313,000,000				153,600,774		466,600,774

2、股东情况介绍: (1)报告期末股东总数:截止2000年12月29日,公司共有股东69,620名。

(2)持有本公司5%以上(含5%)股份的股东名称、年度内股份增减变动情况、年末持股数量及所持股份的质押或冻结情况:

股东名称	年末持股数(股)	占总股本%	备注
江苏吴江丝绸集团有限公司	292,166,000	62.67	法人股
江苏弘业国际集团有限公司	15,000,000	3.22	流通股
江苏省丝绸集团有限公司	11,068,000	2.38	法人股
湖南涌金投资(控股)有限公司	9,000,000	1.93	流通股
中国丝绸工业总公司	6,511,000	1.40	法人股
上海汽车股份有限公司	5,000,000	1.07	流通股
吴江英豪化纤有限公司	5,000,000	1.07	流通股
郑州平原实业有限公司	5,000,000	1.07	流通股
中科企投资有限公司	5,000,000	1.07	流通股
上海金陵股份有限公司	5,000,000	1.07	流通股

许 继 电 气 股 份 有 限 公 司

许继电气股份有限公司2000年年度报告摘要

重要提示：本公司董事会保证本报告所载资料不存在任何虚假记载、误导性陈述或者重大遗漏，并对其内容的真实性、准确性和完整性负个别及连带责任。

一、公司简介

1、公司法定中文名称：许继电气股份有限公司

公司法定英文名称：XJ ELECTRIC CO.,LTD.

2、公司法定代表人：王纪年

3、公司董事会秘书：涂东明　董事会证券事务代表：朱庆华

电话：(0374)3212348　传真：(0374)3363549

4、公司注册(办公)地址：河南省许昌市建设路178号　邮政编码：461000

网址：http://www.xjec.com　E-mail:chc @ xjec.com

5、公司年度报告备置地点：公司证券处

公司选定信息披露报纸名称：《中国证券报》、《证券时报》

登载公司年度报告的中国证监会指定的国际互联网网址：http://www.cninfo.com.cn

6、公司股票上市地：深圳证券交易所

股票简称：许继电气　股票代码：0400

二、会计数据和业务数据摘要

(一)2000年度利润情况

项目	2000年度(单位：元)
利润总额	243,002,220.09
净利润	201,164,553.81
扣除非经常性损益后的净利润	200,932,910.31
主营业务利润	415,821,376.05
其他业务利润	1,967,971.30
营业利润	236,376,968.72
投资收益	6,211,500.00
补贴收入	1,664,000.00
营业外收支净额	-1,250,248.63
经营活动产生的现金流量净额	60,834,703.90
现金及现金等价物净增加额	-51,559,092.39

注：扣除非经常性损益项目及金额为：

资产处置损益　231,643.50元

(二)公司前三年主要会计数据和财务指标　单位：元

项　目	2000年	1999年 调整前	1999年 调整后
主营业务收入	979,394,800.85	740,022,768	740,022,768
净利润	201,164,553.81	193,037,297	195,299,770
总资产	2,078,863,979.41	1,821,797,524	1,821,797,524
股东权益	1,407,551,348.59	1,279,660,017	1,281,922,491
每股收益	0.532	0.82	0.83
加权计算的每股收益	0.532	0.91	0.92
扣除非经常性损益后的每股收益	0.531	0.91	0.92
每股净资产	3.72	5.41	5.42
调整后的每股净资产	3.707	5.40	5.41
净资产收益率 %	14.29	15.08	15.23
每股经营活动产生的现金流量净额	0.16	0.46	0.46

注：①根据国家税务总局颁发的《企业技术开发费税前扣除管理办法》及国税发1999年49号文的规定，公司于2000年获准抵免1999年所得税2,262,474.31元，本年度公司采用追溯调整法调增1999年度净利润2,262,474.31元，补提法定盈余公积226,247.43元，法定公益金113,123.72元，调整后年初未分配利润为265,333,966.80元。

②根据财政部财税[2000]99号文件精神，经河南省财政厅[2000]27号文批复，公司企业所得税继续实行"照章纳税、财政返还、实际税负15%"的政策。该政策执行至2001年12月31日止。

③2000年4月份实施了以1999年末总股本23642万股为基数每10股送2股，同时用资本公积金每10股转增4股的分配方案。方案实施后公司总股本增至37827.2万股。

④主要财务指标的计算公式

每股收益=净利润/年度末普通股股份总数

每股净资产=年度末股东权益/年度末普通股股份总数

调整后的每股净资产=[年度末股东权益-三年以上应收款项净额-待摊费用-待处理（流动、固定）资产净损失-开办费-长期待摊费用-住房周转金负数余额]/年度末普通股股份总数

每股经营活动产生的现金流量净额=经营活动产生的现金流量净额/年度末普通股股份总数

净资产收益率=净利润/年度末股东权益×100%

加权平均的每股收益=当期净利润/[期末股份总数/(1+配股比例)+期末股份总数/(1+配股比例)×配股比例×缴款结束日下一月份至期末的月份数/12]

扣除非经常性损益后的每股收益=当期净利润-非经常性损益(资产处置损益、合并价差摊入)/年度末普通股股份总数

注：根据中国证监会《公开发行证券公司信息披露编报规则(第9号)》要求计算的利润数据如下：

报告期利润	净资产收益率(%) 全面摊薄	净资产收益率(%) 加权平均	每股收益(元/股) 全面摊薄	每股收益(元/股) 加权平均
主营业务利润	29.54	30.08	1.099	1.099
营业利润	16.79	17.10	0.625	0.625
净利润	14.29	14.55	0.532	0.532
扣除非经常性损益后的净利润	14.28	14.53	0.531	0.531

注：①全面摊薄净资产收益率和每股收益的计算公式如下：

全面摊薄净资产收益率=报告期利润÷期末净资产

全面摊薄每股收益=报告期利润÷期末股份总数

②加权平均净资产收益率(ROE)的计算公式如下：

$$ROE=P\div(EO+NP\div2+Ei\times Mi\div MO\ -Ej\times Mj\div MO)$$

其中：P为报告期利润；NP为报告期净利润；EO为期初净资产；Ei为报告期发行新股或债转股等新增净资产；Ej为报告期回购或现金分红等减少净资产；MO为报告期月份数；Mi为新增净资产下一月份起至报告期期末的月份数；Mj为减少净资产下一月份起至报告期期末的月份数。

③加权平均每股收益(EPS)的计算公式如下：

$$EPS=P\div(SO+S1+Si\times Mi\div MO-Sj\times Mj\div MO)$$

其中：P为报告期利润；SO为期初股份总数；S1为报告期因公积金转增股本或股票股利分配等增加股份数；Si为报告期因发行新股或债转股等增加股份数；Sj为报告期因回购或缩股等减少股份数；Mo为报告期月份数；Mi为增加股份下一月份起至报告期期末的月份数；Mj为减少股份下一月份起至报告期期末的月份数。

(三)股东权益变动情况

项　目	股本	资本公积	盈余公积	法定公益金	未分配利润	股东权益
期初数	236,420,000.00	684,777,055.00	95,391,470.00	38,344,610.92	265,333,966.80	1,281,922,491.80
本期增加	141,852,000.00		30,732,477.93	10,308,890.69	170,550,778.86	201,283,256.79
本期减少		94,568,000.00			122,938,400.00	75,654,400.00
期末数	378,272,000.00	590,209,055.00	126,123,947.93	48,653,501.61	312,946,345.66	1,407,551,348.59

注：①股本增加因年度内分别实施了送红股及资本公积金转增股本方案。

②资本公积减少系年度内实施了资本公积金转增股本方案所致。

③盈余公积、法定公益金增加系从净利润中按规定提取所致。

④未分配利润增加系净利润增加所致。

三、股本变动及股东情况

(一)股本变动情况：

1、公司股份变动情况表　数量单位：万股

项　目	本次变动前	配股	送股	公积金转股	增发	其他	小计	本次变动后
一、未上市流通股份								
1、发起人股份	10790		2158			4316	6474	17264
其中：国家持有股份	10790		2158			4316	6474	17264
2、募集法人股份	702		140.4			280.8	412.2	1123.2
3、内部职工股	3150		630	1260		-5040	-3150	0
未上市流通股份合计	14642		2928.4	5856.8		-5040	3745.2	18387.2
二、已上市流通股份								
1、人民币普通股	9000		1800	3600		5040	10440	19440
已上市流通股份合计	9000		1800	3600		5040	10440	19440
三、股份总数	23642		4728.4			9456.8	14185.2	37827.2

注：1、公司股本结构变动的原因是2000年4月实施了送股和公积金转增股本方案。

2、经深圳证券交易所批准，公司3150万股内部职工股于2000年4月10日在深圳证券交易所上市流通。

2、报告期止前三年股票发行与上市情况

(1)根据1998年股东大会决议，公司以1998年度末总股本13800万股为基数，每10股送5股，股权登记日为1999年3月23日，除权日为1999年3月24日，本方案实施后，公司总股本增至20700万股。

(2)经中国证券监督管理委员会证监公司字[1999]91号文批准，公司以1997年度末总股本13800万股为基数，每10股配3股，股权登记日为1999年9月27日，除权日为1999年9月28日，本方案实施后公司总股本增至23642万股。

(3)根据1999年度股东大会决议，公司以1999年度末总股本23642万股为基数，每10股送2股，同时用资本公积金每10股转增4股，股权登记日为2000年4月20日，除权日为2000年4月21日，本方案实施后公司总股本增至37827.2万股。

3、内部职工股情况

本公司内部职工股发行日期为1993年1月18日，发行价格为每股人民币1元，发行数量为1750万股。后经过1999年先后实施送股、配股，内部职工股增加至3150万股。内部职工股按规定在深圳证券登记有限公司托管，经中国证券监督管理委员会、深圳证券交易所批准，本公司3150万内部职工股于2000年4月10日在深圳证券交易所上市流通。

(二)股东情况介绍

1、截止2000年12月31日，公司股东总数共60382户。

2、前10名股东持股情况：

股东名称	年末持股数量(股)	持股比例(%)
(1)许继集团有限公司	172,640,000	45.64
(2)安顺证券投资基金	9,865,198	2.61
(3)安信证券投资基金	8,367,306	2.21
(4)许继电控设备公司	5,760,000	1.52
(5)许继电器设备公司	5,472,000	1.45
(6)黑龙江省大正投资集团有限责任公司	4,746,613	1.25
(7)中青旅股份有限公司	2,984,817	0.79
(8)山东黑豹股份有限公司	2,222,288	0.59
(9)上海天太实业有限公司	2,126,687	0.56
(10)枫苑饭店	2,000,000	0.53

注：①许继集团有限公司为国有法人股持股单位，系本公司母公司，持有本公司45.64%股份，本年度因公司实施送红股及公积金转增股本方案，持股数量由年初的10790万股增至17264万股。法定代表人：王纪年。经营范围：经营授权的国有资产；制造、销售继电器、继电保护及综合自动化装置、中压断路器、计算机、通讯设备、高低压开关柜、自动门、变压器、输变电设备、控制设备及其配件；技术开发、建筑安装、商贸、住宿、餐饮等。该公司所持股份无质押、冻结情况。

②许继电控设备公司、许继电器设备公司为法人股持股单位，所持股份无质押、冻结情况。

③前十名股东中，安顺证券投资基金、安信证券投资基金同属华安基金管理有限公司，其他股东之间无关联关系。

④前十名股东中，除(1)、(4)、(5)为法人股股东外，其余均为社会公众股股东。

四、股东大会简介

(一)股东大会会议情况

本公司于2000年3月6日在《中国证券报》、《证券时报》刊登关于召开公司1999年度股东大会的通知，2000年4月8日在公司本部召开了1999年度股东大会。出席会议股东共46人，代表股份118,805,420股，占总股份的50.25%。符合有关法律规定，会议以投票表决方式通过如下决议：

1、审议通过《一九九九年度董事会工作报告》；
2、审议通过《一九九九年度监事会工作报告》；
3、审议通过《一九九九年度财务决算报告》；
4、审议通过《一九九九年度利润分配及公积金转增股本预案》，以1999年度末总股本23642万股为基数，每10股送2股红股，同时用资本公积金每10股转增4股；
5、审议通过《关于延长公司经营期限的议案》；
6、审议通过《关于修改公司章程的议案》；
7、选举公司第三届董事会董事；
8、选举公司第三届监事会股东监事。

本次股东大会决议公告于2000年4月11日在《中国证券报》、《证券时报》上公开披露，在会议的召开过程中没有任何被否决的决议。

(二)选举更换公司董事、监事的情况

经公司1999年度股东大会审议，公司二届董事会董事任期已满，经股东大会投票表决，选举王纪年先生、何光华先生、尚衍国先生、刘金忠先生、涂东明先生、檀国彪先生、杨奇逊先生、郭志忠先生、王道麦先生为公司第三届董事会董事。过克绍先生、杨泽峰先生、苏印峰先生不再担任公司董事会董事职务。公司二届监事会监事任期已满，经股东大会投票表决，选举欧阳俊先生、于尔铿先生、王维俭先生为公司第三届监事会股东监事，公司职工代表大会职工民主选举张森先生、周集堂先生为公司职工监事，共同组成公司第三届监事会。

五、董事会报告

(一)公司经营情况

1、本公司在行业中的地位

本公司系国家电力系统自动化及继电保护控制行业大型骨干和主导企业，是国家520家重点企业和国家重大技术装备国产化基地之一；拥有国家级企业技术中心和企业博士后工作站，2000年先后被河南省科技厅和国家科技部认定为河南省高新技术企业和国家重点高新技术企业，被国家经贸委评定为优秀企业技术中心，入选中证·亚商"中国最具发展潜力上市公司50强"，名列第五位。

2、公司主营业务的范围及其经营状况

本公司的主营业务范围为生产经营电网调度自动化、配电网自动化、变电站自动化、电站自动化、铁路供电自动化、电网安全稳定控制、电力管理信息系统、电力市场技术支持系统、继电保护及自动化控制装置、继电器、电子式电度表、中压开关及开关柜、电力通信设备、变压器、箱式变电站等。2000年公司全体员工通过技术创新、机制创新、思维创新，提升了公司的综合实力，为公司持续发展打下了良好的基础。

(1)生产经营持续增长

今年以来，公司结合高新技术产品市场需求不断增加的特点，以计算机技术、网络技术和系统软件为核心积极进行生产技术整合，调整产品结构和组织结构，克服生产和供货中存在的瓶颈，加快高新技术产品的产业化速度。同时加强市场的研究和细分，利用基于互联网技术的营销平台，以高新技术产品去开拓市场，依靠技术领先去抢占市场；加强设计人员、生产人员与营销人员的沟通、融合，深化技术宣传，技术支持和技术服务，使公司的各项主要经济指标保持了一定的增长。公司年度内实现主营业务收入97939万元，比上年增长32.35%，主营业务利润41582万元，比上年增长20.49%；其中高新技术产品销售收入达76%；净利润20116万元，比上年增长3%。

按产品类别，主营业务收入和利润构成如下：

产品类别	主营收入(%)	主营利润(%)
继电器及装置	5.70	5.11
微机保护	30.70	30.20
电站及变电站自动化	34.00	45.35
一次开关设备	8.93	6.62
干式变压器	15.32	10.72
其他	5.35	2.00

占公司主营业务收入10%以上的产品有：变电站综合自动化系统、干式变压器。

(2)科研开发实现新突破

公司坚持实施科技带动战略，坚持自主开发、联合开发、技术引进相结合，瞄准国际先进技术，走在专业技术的最前沿。为了集中优势，形成合力，公司对研发资源进行了全面规划整合，实现了科研力量的专业化分工和合作。全体科研人员心系许继，以让我们的客户充分享受高可靠性、高科技的装备为使命，日夜奋战，科研成果不断涌现，全年完成科研项目26项。通过国家级鉴定的890系列微机电铁成套保护产品，采用32位DSP系统及大屏幕全汉化液晶显示等配置，整体水平达到国际先进水平，目前该产品已在北京铁路局、成都铁路局批量供货。WXH-801(802)型微机高压线路保护装置、WMH-800型微机母线保护装置、WGQ-11、12型微机故障启动装置、ZSL-900继电保护数字接口装置等新产品，也通过了国家级鉴定，其主要技术指标分别达到国际先进或国内先进水平。变电站综合自动化技术不断提升，并得到市场的认可。公司承担的多项国家重点科技攻关项目进展顺利，其中三峡发变组保护研究项目已通过国家机械工业局组织的验收，目前正在试运行阶段；三峡工程同杆并架线路保护、三峡工程直流控制及保护项目已完成科研阶段的工作，其中直流控制和保护设备已向舟山直流输电工程、嵊泗直流输电工程供货；大机组保护及故障录波分析项目，目前正在进行计算机硬件的升级设计工作；城市轻轨地铁成套保护及自动化系统项目已完成了技术论证工作。2000年公司又有PANS-298电网调度自动化系统、SJK-3000型水电站微机监控系统等21种产品被河南省科技厅认定为高新技术产品。

(3)不断完善国际化的高新技术质量体系

公司把质量作为企业的生命线，实施了"分散式"内部质量体系审核制度，进一步提高了公司的质量管理水平，第六次顺利通过了ISO9001质量管理体系认证监督检查。为了深化ISO9000标准贯彻实施，公司组织有关部门认真研究ISO90002000版标准要求，积极开展新版标准的宣贯。为了加强高新技术产品质量的控制，公司从抓新产品开发设计各阶段的质量做起，制订高新技术产品检验规程，对高新技术产品的检测实现了微机化测试，并对重点高新技术产品在出厂前进行全面的性能测试和质量认可。公司认真开展质量月活动，深入开展质量监督工作、用户质量信息查处和质量教育工作，举办了各种形式的质量培训班，提高员工的质量意识，群众性的质量管理活动得到空前开展。全年共取得QC成果130余项，其中获国家级成果2项，部(省)级7项，市(厅)级8项。公司先后被授予了"河南省质量管理优秀企业"、"全国机械工业质量管理优秀企业"、"全国质量管理先进企业"等称号。

(4)建立多层次的人力资源开发体系

为保证高新技术企业健康发展和高新技术产品的推陈出新，公司将人才的引进和人力资源的开发、使用提升到战略高度，充分发挥企业博士后工作站的资源优势，以前瞻的、明确的战略定位不断完善人才的培养和激励机制，形成多层次人力资源开发体系。2000年186名全国重点大学本科以上学历的高校优秀毕业生加盟许继，公司对他们进行系统培训、深入现场实习、指定专人帮带、严格考评，使他们尽快掌握基础技能。对在职员工采取自我培养、开办职业高等教育和选送高等院校继续深造等措施，加快科技、管理人员的知识更新和员工整体素质的提高。同时，实施了以研发系统为先导，逐步在全公司推行的职能工资制度和人事考评制度，按照职业化的要求，以公平、效率为原则，激活人力资源，使每位员工各尽其责，努力工作，自我价值得到充分发挥。

(5)扎实推进"管理创新年"工作

针对公司经营规模不断扩大，业绩持续增长的现状，为了提供企业健康、稳步发展的保证，公司2000年以抓制度建设入手，以管理和技术相匹配为目的，深入开展"管理创新年"工作：推进零件分厂的改制，使零件分厂感受市场信息，承担市场风险，由生产型为主向生产、科研、工艺、服务一体化转变，增强了适应市场的能力；制订实施了生产经营单位的KPI(Key Performance Indicator)考评体系并试行，通过对关键绩效指标的考核，将企业的发展战略转化为内部行动；构建具有许继特点的ERP(Enterprise Resources Planning)系统，建立了动态的物料需求计划，从而保证了数据完整、准确和方便，进一步提升了公司的管理水平。公司以管理创新带动技术创新、产品创新，从而完善适应市场经济要求、保障企业持续发展的创新体系。

(6)结合企业发展，培育企业文化

以贯彻落实《许继使命宣言》为载体，形成有许继特色的企业文化。企业的发展靠有形的整合，企业的壮大靠文化的凝聚，年度内公司在进行产品、技术整合的同时，着重强调了员工思想理念的转变，强调融合的概念，以合力文化形成许继企业文化的核心。报告期内，公司成功举办了第二届许继电力装备展示会，参加了首届中国国际供电新技术产品展示会、2000年中国上市公司成果博览会等系列大型活动，举办了学习"三个代表"理论的大型报告会和许昌市首届企业文化艺术节，牵头组建了河南省企业经济伦理研究会，既向广大客户、专家及投资者展示了公司不断推陈出新的高新技术产品，同时也展现了公司良好企业形象及鲜明的企业文化，扩大了许继的影响，增强了投资者和社会各界人士的认同度。

3、公司主要控股公司的经营情况及业绩

(1)许继变压器有限公司

该公司引进德国HTT公司先进技术，开发生产具有国际先进水平的三相树脂绝缘干式变压器，2000年4月该公司研制开发的27.5KV以下XKGKL系列干式空心限流电抗器、10KV级环氧树脂绝缘干式铁芯电抗器、10KV级环氧树脂绝缘干式接地变压器、10KV级环氧树脂绝缘干式消弧线圈、10KV级YB系列美式组合变压器通过省级鉴定。2000年12月QZSC9-2500/33型环氧树脂绝缘24相整流干式变压器样机通过国家变压器质量检测中心型式试验。还向三峡工程成功供货18台容量为5000KVA、电压等级为20KV的干式变压器。该公司在通过ISO9001质量体系认证后，2000年又顺利通过ISO14001环境管理体系监督审核，并成为美国ABA国际联营公司中国唯一一家干式变压器合作伙伴。目前，该公司正在进行ZQSC9-2500/35型应用于城市地铁的牵引整流变压器及10kV、35kV级并联电抗器的研制和开发。2000年该公司实现销售收入15000多万元。

(2)北京许继电气有限公司

该公司主要从事电力系统高端产品的研发，2000年完成了Autop2.0多载自动化监控平台的开发，在此平台的基础上可开发电网调度自动化、配电自动化及通讯监控系统，逐步完成与变电站自动化、能量管理系统的兼容，成为具有强大的跨语言、跨网络、跨平台的系统；按国家电力公司的要求，开发并完成了EMS的状态估计、潮流计算、安全分析、负荷预测四项基本功能要求的能量管理系统，为单独或配套供货奠定了基础；完成变电站防误系统的设计和样机研制，已经进入生产阶段，具备批量供货能力；顺利完成WGL-3机组故障录波的升级与改造，新一代故障录波无论从可靠性、先进性还是美观耐用角度均属国内先进水平，并开始进入批量供货阶段；完成了辽宁省电力市场技术支持系统的核心算法部分，并已投入运行；电力系统信息化方面，完成了用户用电管理的技术整合，推出用电营销产品和电力公司MIS系统。同时利用地处北京的地理优势和许继共创事业的文化底蕴，引进学科带头人、博士、硕士等高层次人才，初步奠定了北京研发中心的基础。

(3)珠海许继电气有限公司

该公司研制生产应用于配电自动化系统的FZW28-12(V5P5)户外真空负荷开关，目前已批量供货，产品遍及国内18个省市。引进日本东芝公司技术生产的FDR-4011型故障搜查控制器、TOSDAC-DZ1P11型一体型遥控终端单元(RTU)、LDYII型浪涌电流抑制器已成功运行于河南濮阳电力局、洛阳电力局、山东鲁能物资配送公司、海南中南输变电公司等现场。目前该公司正致力于RTU光信号传输接口及站内馈线自动化线路故障区段指示器(FSI)的研究开发。该公司2000年实现销售收入2615万元。

(4)山东许继科华自动化技术有限公司

公司在成功开发DA-2000型配电自动化系统的基础上，研制开发了AMR-200系列远方集中抄表系统、PFT1-C2W馈线开关监控终端，两项产品2000年均已通过中国电力科学研究院的型式试验，各项指标均符合DL/T698-1999的要求，且承揽了胜利石油管理局建工变自动化工程、福建龙岩电业局配电自动化工程、济南抄表工程、宁波抄表工程等多项工程。该公司2000年实现销售收入312万元。

(5)深圳许继昌达电网控制设备有限公司

该公司主要从事电网监控系统的研究与开发，其主导产品PANS-298电网调度自动化系统性能指标达到国内领先水平，该系统采用Web技术将SCADA系统集成在企业MIS系统中，可广泛应用于地区级、县级调度，大中型企业的动力监控以及大型变电站的当地监控，已在江西广丰、海南琼山、广东兴宁等变电站现场成功运行。目前公司正开发新一代PANS-2000电网调度自动化系统。2000年该公司实现销售收入658万元。

(6)许继电能仪表有限公司

该公司主要从事系列电子式电度表的研制生产，该系列电子式电度表具有体积小、走时精确、寿命长、有与配网自动化相连的通信接口等特点，2000年生产系列电子式电度表16万只，目前正在研制开发DSSD566三相三线、DTSY566三相四线电子式多功能电能表。2000年该公司实现销售收入1159万元。

4、经营中出现的问题与困难及解决方案

2000年虽然是国家城乡电网改造继续推进的一年，但行业市场竞争更加激烈，市场对新技术、新产品的应用更加迫切，对产品的供货周期要求更短，对技术服务的要求更高。公司加快了高新技术研发和高新技术产品产业化进程的速度，但与市场的需要还存在一定的差距，科研、生产、供货和服务中存在一定的问题。另外由于公司所处的地理区位局限，也不利于高科技人才的引进。针对上述问题和困难，公司主要采取了如下措施：

(1)实施科研整合，集中优势，加大、加快科研开发的力度和进度。

(2)大力培训产品调试、现场服务、技术支持人才，扩大高新技术产品批量生产和服务能力。

(3)进一步优化公司合同执行管理程序，减少中间环节，加强和完善合同执行过程中的薄弱环节；同时明确责任，加大考核力度，强化现场服务及现场问题反馈处理，并在设计和生产过程中加以改进，构建快速响应市场、适应市场的经营机制。

(4)制订实施企业员工职业生涯规划管理，有效地激发了人力资源，该项目获河南省现代化管理成果一等奖。

(5)实现合同的全程跟踪监控，及时组织开展生产攻关会战，确保合同的按期完成。

5、完成盈利预测情况

公司对报告期盈利情况未进行过预测。

(二)公司的财务状况变动情况　　单位：元

项目	2000年	1999年	增减(%)
总资产	2,078,863,979.41	1,821,797,524.08	14.11
股东权益	1,407,551,348.59	1,281,922,491.80	9.80
长期负债	1,100,000.00	90,317,205.00	-98.78
主营业务利润	415,821,376.05	345,102,513.88	20.49
净利润	201,164,553.81	195,299,770.82	3.00

注：
①总资产增加，主要原因是生产规模扩大，固定资产增加。
②股东权益增加，主要原因是净利润增加。
③长期负债减少，主要原因是一年内到期的长期负债增加。
④主营业务利润增加，主要原因是主营业务收入增加。
⑤净利润增加，主要原因是主营业务收入增加。

(三)投资情况

1、承诺投资项目与实际投资项目

单位：万元

序号	承诺投资项目	实际投资项目	承诺投资额	实际投资额

	配电网综合自动化系统技改项目	配电网综合自动化系统技改项目	9200	9218
2	城网控制技改项目	城网控制技改项目	9500	7979
3	水电站计算机监控系统技改项目	水电站计算机监控系统技改项目	7300	7329

序号	承诺投资项目	报告期内投资额	项目进度
1	配电网综合自动化系统技改项目	4958	100%
2	城网控制技改项目	4532	84%
3	水电站计算机监控系统技改项目	4309	100%

2、配股募集资金投资项目的进展情况

公司于1999年10月实施配股方案，扣除实物资产和发行费用后共计募集资金27777万元，公司严格按照配股说明书中承诺的投资项目进行资金投入。其中配电网综合自动化系统技改项目和水电站计算机监控系统技改项目已于2000年底完工，城网控制技改项目预计2001年6月底前完工。报告期内项目投资及项目进展情况如下：

(1)配电网综合自动化系统技改项目

报告期内，该项目完成总投资4958万元，其中固定资产投资1695万元，流动资金3263万元，该项目对原有产品DA-2000配电自动化系统增加了配电管理方面系列功能，如空间数据库管理功能、单接线圈输出功能、基于Web的信息发布等，不仅实现配电网运行状态的远程监视，同时实现设备静态属性的远程查看。研制开发的AMR-200远程集中抄表系统、PFT1-C2W馈线开关监控终端已通过中国电力科学研究院的型式试验，并成功供货。同时，为满足电力用户的需求，公司与河南电力建设总公司、日本国株式会社东芝、东芝(中国)有限公司等单位共同投资组建珠海许继芝电网自动化有限公司，开发可分阶段实施的、高可靠性的配电网自动化系统以及配套的产品。该项目2000年实现销售收入3585万元。

(2)城网控制技改项目

报告期内，该项目完成总投资4532万元，其中固定资产投资744万元，流动资金3788万元，该项目研制的10KVSF6断路器及户外高压自动重合器得到市场丰厚的回报，已为广东中山城网改造、新疆城网改造项目批量供货。该项目研制开发的XGN2-40.5型户内高压开关柜于2000年11月在西安通过国家高压电器质量技术监督检测中心的型式试验，研制完成的WGK-600、800微机无功率控制装置、WGK-110/160微机高低压无功功率控制器于6月份通过国家鉴定，其主要技术指标达到国内先进水平，并形成了批量生产能力。已向广东乳源电厂、胜利油田、唐山电业局、锦州开关厂成功供货。为进一步适应国家城网改造的需求，该项目正在进行WGK-1600型微机自动消弧线圈、WGK-2000型高压无功静止发生器、XGN2-12新型组合开关柜等产品的研发工作。该项目实现销售收入8750万元。

(3)水电站计算机监控系统技改项目

报告期内，该项目完成投资4309万元，其中固定资产投资2048万元，流动资金2261万元。该项目继完成SJK-3000水电站微机监控系统之后，研制开发了适用于大中型水电站的SJK-3000水电站综合自动化系统，11月份该项目荣获"河南省科技进步一等奖"。该系统综合运用了新一代数字技术、逻辑控制技术、现场总线技术、网络技术、面向对象编程技术和关系数据库技术，通过网络，将微机监控、微机保护、调速、励磁及其他电站控制设备融为一体，更有效的实现整个系统的安全、稳定运行。该产品已向浙江丽水白鹤水电站、浙江江山水电站、云南华坪出水河电站等工程顺利供货，并承接了四川大渡河电力公司杨村电站、青海仙河水电站、云南弥勒雨补水电站等工程的项目合同。2000年实现销售收入1400万元。

3、报告期内募股资金以外的其他投资事项

(1)本公司作为西安西开高压电气股份有限公司的发起人，投资100万元人民币认购该公司股份67.864万股，占该公司股份总额的0.40%。

(2)本公司投资引进日本东芝公司先进技术，开发新一代配电网急需的三相多功能电能表，以替代进口产品。

(四)生产经营环境及宏观政策变化对公司的影响

1、本公司所处的生产领域及主导产品于2000年9月被国家计委、国家经贸委列为"国家重点鼓励发展的产业及产品"。电力工业正在进行体制改革，加快市场化改革和企业化管理的进程；城乡电网改造、电铁改造正在继续进行，对公司的发展极为有利。

2、根据河南省财政厅[2000]27号文批复，公司企业所得税继续实行"照章纳税、财政返还、实际税负15%"的政策，该政策执行至2001年12月31日止。税收优惠政策有利于公司发展。

(五)新年度业务发展计划

2001年是新世纪的第一年，又是"十五"规划的起始年，公司将继续把握国家电力体制改革和城乡电网及电气铁道改造持续推进的发展机遇，面向数字电力系统的未来，大力拓展新的经济增长点，实现公司新世纪的良好开局。

1、以国家产业政策为导向，以增强企业核心竞争力为目标，继续加大电力系统自动化运行、信息化管理和市场化运营方向的研发力度，提供电力系统全面解决方案。巩固和提升公司以计算机技术、网络技术和系统软件为核心的高新技术产品的市场地位。

2、加强市场的研究和开发，以客户需求为中心，以高新技术产品拓展市场。根据市场特点和需求变化趋势，采取相应的营销战略和手段。整合营销资源，完善营销队伍结构，提高营销人员素质，健全以客户为中心的服务体系。

3、完善公司的薪酬结构和激励机制，建立适应市场要求的KPI考核评价和中期述职制度。通过KPI考核评价体系的建立和严格执行，使各单位的潜能和积极性得到充分激励和有效发挥，最终实现每位员工的岗位职业价值。在条件成熟时实施股票认股权计划，加大高科技人才引进、培养的力度。

4、充分利用公司内部各方面资源，加强高新技术产品的整合，形成合力，进一步提升公司高新技术产品的市场竞争优势，同时不断提高一次设备的档次和电压等级，成为向电力建设"交钥匙工程"的企业。

5、加大人才引进和培养的力度，以岗位职业化为核心价值观，以"求才知心、用才同心、留才留心"为原则，建立面向新世纪的人力资源管理体系。培育合力文化和职业生涯理念，造就一批具有市场观念、战略观念、全局观念、团队观念、沟通观念、利人观念的职业化的技术骨干和职业经理人队伍。

6、实施以成品单位为牵引的市场化管理方案，依照市场规律，构建内部生产经营单位市场化运营机制，将市场的压力直接传递给各单位和每位员工，强化员工的危机和服务意识，树立"一切工作以市场为导向、以客户需求为中心"的工作理念。

(六)董事会日常工作情况

1、报告期内董事会会议情况及决议内容

(1)2000年2月16日，公司二届二十次董事会会议在公司会议室召开，会议审议通过如下决议：

①关于计提资产减值准备及其核销办法；②关于建立资产减值准备的内控制度。

本次董事会决议公告于2000年3月6日在《中国证券报》、《证券时报》上公开披露。

(2)2000年3月1日，公司二届二十一次董事会会议在公司会议室召开，会议审议通过如下决议：

①《一九九九年年度报告及摘要》；②《一九九九年年度财务决算报告》；

③推选公司第三届董事会董事候选人；④《一九九九年度利润分配及公积金转增股本预案》；⑤《关于修改公司章程的议案》；⑥《关于延长公司经营期限的议案》；

⑦召开1999年度股东大会的决定。

本次董事会决议公告于2000年3月6日在《中国证券报》、《证券时报》上公开披露。

(3)2000年4月8日，公司三届一次董事会会议在公司会议室召开，会议审议通过如下决议：

①选举王纪年先生为公司第三届董事会董事长；②聘请檀国彪先生担任公司总经理。

本次董事会决议公告于2000年4月11日在《中国证券报》、《证券时报》上公开披露。

(4)2000年8月16日，公司三届二次董事会会议在公司会议室召开，会议审议通过如下决议：

①2000年中期报告及摘要；②2000年中期利润分配方案。即2000年中期公司不进行利润分配，也不进行公积金转增股本。

本次董事会决议公告于2000年8月21日在《中国证券报》、《证券时报》上公开披露。

(5)2000年8月28日，公司三届三次董事会会议在公司会议室召开，会议通过了关于檀国彪先生因工作变动不再担任公司总经理职务的决议，聘任李富生先生为公司总经理。

本次董事会决议公告于2000年8月30日在《中国证券报》、《证券时报》上公开披露。

(6)2000年10月16日，公司三届四次董事会会议在公司会议室召开，会议审议通过了关于公司与河南电力建设总公司、日本国株式会社东芝、东芝(中国)有限公司等单位共同投资组建"珠海许继芝电网自动化有限公司"的议案。该公司注册资本为2000万元人民币，本公司出资820万元人民币，占注册资本的41%；河南电力建设总公司出资380万元人民币，占19%的股份；日本国株式会社东芝出资600万元人民币，占30%的股份；东芝(中国)有限公司出资200万元人民币，占10%的股份。该公司引进东芝公司先进的技术和科学的经营管理手段，开发可分阶段实施的、高可靠性的配电网自动化系统以及配套的产品，以提高中国电力工业配电网的自动化水平，满足电力用户的需要。

(7)2000年12月7日，公司三届五次董事会会议在公司会议室召开，会议审议通过了如下决议：

①为促进北京哈德威四方保护与控制设备有限公司(简称北京四方)加快进入资本市场，经北京四方要求及友好协商，同意公司将所持有的北京四方14.75%的股权按每股净资产的价格转让给许继集团有限公司；

②同意公司作为西安西开高压电气股份有限公司的发起人，以现金100万元人民币认购该公司的股份67.864万股，占该公司股份总额的0.40%；

③为开发新一代配电网急需的三相多功能电能表，替代进口产品，树立许继在电能仪表行业中的品牌和声誉，同意引进日本东芝公司在该项目上的先进技术，以采取市场主动，使许继电能仪表在行业中进入国内领先方阵。

2、董事会对股东大会决议的执行情况

董事会根据公司1999年度股东大会的有关决议，认真执行并完成了下述工作：

1999年度利润分配及公积金转增股本方案的执行情况。根据公司1999年度股东大会的决议，公司以1999年12月31日总股本23642万股为基数，每10股送2股；同时用资本公积金每10股转增4股。股权登记日为4月20日，除权日为4月21日。本项实施工作已于2000年4月份完成。本方案实施后公司总股本由此增至37827.2万股。

(七)公司管理层及员工情况

1、公司董事、监事、高级管理人员情况

(1)基本情况

姓名	职务	性别	年龄(岁)	任期起止日期	年初持股数(股)	年末持股数(股)	是否在本公司领取报酬
王纪年	董事长	男	51	2000.4~2003.4	16524	23648	否
何光华	董事	男	55	2000.4~2003.4	9000	14400	否
尚衍国	董事	男	52	2000.4~2003.4	13320	21312	否
刘金忠	董事	男	52	2000.4~2003.4	5400	8640	否
涂东明	董事兼董秘	男	56	2000.4~2003.4	13320	21312	否
檀国彪	董事	男	39	2000.4~2003.4	10350	16560	否
杨奇逊	董事	男	62	2000.4~2003.4	0	0	否
郭志忠	董事	男	39	2000.4~2003.4	0	0	否
王道麦	董事	男	52	2000.4~2003.4	5400	8640	否
欧阳俊	监事会主席	男	52	2000.4~2003.4	5400	8640	否
王维俭	监事	男	71	2000.4~2003.4	0	0	否
于尔铿	监事	男	62	2000.4~2003.4	0	0	否
张　森	监事	男	49	2000.4~2003.4	8640	13824	否
周集堂	监事	男	49	2000.4~2003.4	5400	8640	否
李富生	总经理	男	38	2000.8~2003.8	6717	10747	否
于世新	副总经理	男	42	2000.8~2003.8	11826	18921	否
姚致清	副总经理	男	40	2000.8~2003.8	11826	18921	否
姚　武	副总经理	男	34	2000.8~2003.8	10620	16992	否
马保州	总会计师	男	34	2000.8~2003.8	8874	14198	否
赖南阳	总工程师	男	37	2000.8~2003.8	14058	22492	否

注：a.董事、监事、高级管理人员持股数量增加系2000年4月份实施送股及资本公积金转增股本方案所致。

b.董事、监事、高级管理人员共20人，未在本公司领取报酬的共12人。董事、监事、高级管理人员的年度报酬总额为236850元，其中年度报酬在30000元~35000元的2人，年度报酬在25000~30000元的6人。

(2)报告期内，公司二届董事会董事、二届监事会监事任期已满，1999年度股东大会选举产生了公司三届董事会董事和三届监事会监事。其中，过克绍先生、杨泽峰先生、苏印峰先生不再担任公司董事会董事，增选刘金忠先生、郭志忠先生、王道麦先生为公司三届董事会董事；王道麦先生不再担任公司监事会监事，增选王维俭先生、张森先生为公司三届监事会监事。

2、公司员工的数量和专业素质情况

截止本报告期期末，公司拥有员工1980人。

其中：按教育程度分类：

博士学位人员26人，占总人数的1.3%；

硕士学位人员131人，占总人数的6.6%；

学士学位人员869人，占总人数的43.9%；

大专学历人员359人，占总人数的18.1%；

按专业构成分类：

技术开发人员881名，　占44.5%；

生产人员698名，　占35.3%；

销售人员239名，　占12.1%；

管理及财务人员162名，占8.2%。

(八)2000年度利润分配及资本公积金转增股本预案

1、本年度利润分配预案及资本公积金转增股本预案

本公司2000年度财务经营状况经北京兴华会计师事务所审计确认，全年实现主营业务收入979,394,800.85元，利润总额243,002,220.09元，净利润201,164,553.81元。按照《公司法》和《公司章程》的有关规定，提取法定盈余公积金20,304,884.26元，提取法定公益金10,308,890.69元，加上1999年末未分配利润265,333,966.80元，减去转作股本的普通股股利47,284,000.00元，可供股东分配利润为388,600,745.66元；期初资本公积金为684,777,055.00元，减去转增股本的资本公积金94,568,000.00元，期末资本公积金590,209,055.00元。公司董事会研究决定，本年度拟实施以2000年末总股本378,272,000股为基数，每10股派现金2元(含税)，计75,654,400元。剩余312,946,345.66元结转下年度；本年度不再进行资本公积金转增股本。此分配预案尚须提交2000年度股东

大会审议。

2、2001 年度利润分配政策

(1)公司在 2001 年度利润分配至少一次;

(2)当年实现净利润用于股利分配的比例为 15%~35%;

(3)上年度未分配利润用于股利分配的比例为 15%~35%;

(4)分配将采用派发现金和送红股相结合的形式,其中现金股息占股利分配的比例不低于 20%。

上述 2001 年度分配政策为预计方案,公司董事会可根据公司未来实际发展情况,保留对该政策进行调整的权利。

六、监事会报告

(一)监事会会议情况

1、2000 年 3 月 1 日,公司二届八次监事会会议在公司会议室召开,会议审议通过了如下决议:

①1999 年度监事会工作报告。

②推选欧阳俊先生、王维俭先生、于尔铿先生为公司三届监事会监事候选人,提请股东大会审议。

③根据职代会选举结果,同意张森先生、周集堂先生作为职工代表出任公司第三届监事会监事。

本次监事会决议公告于 2000 年 3 月 6 日在《中国证券报》、《证券时报》上公开披露。

2、2000 年 4 月 8 日,公司三届一次监事会会议在公司会议室召开,会议通过表决,选举欧阳俊先生为公司第三届监事会主席。

本次监事会决议公告于 2000 年 4 月 11 日在《中国证券报》、《证券时报》上公开披露。

3、2000 年 8 月 16 日,公司三届二次监事会会议在公司办公室召开,会议审议通过了如下决议:

①2000 年中期报告及摘要。

②2000 年中期利润分配方案。

本次监事会决议公告于 2000 年 8 月 21 日在《中国证券报》、《证券时报》上公开披露。

(二)监事会工作报告

2000 年度公司监事会严格按照《公司法》、《公司章程》的规定,本着对全体股东负责的宗旨,认真履行监事会职责,公司监事会列席审议和监督了报告期内各项董事会和股东大会的议案和程序,为维护公司、股东及全体员工的利益,主要从以下四个方面行使监督职能:

1、对公司依法运作行使监督检查。

监事会通过列席公司董事会会议,参加公司其他重要活动,履行监督职能。认为董事会在报告期内认真贯彻"法制、监管、自律、规范"的八字方针,决策程序符合有关法律法规的要求,股东大会、董事会均建立了相应的议事规则,对公司的定期报告进行审议,使公司信息披露及时、准确、规范,公司董事、经理班子在报告期内勤勉尽责、奉公守法、认真执行股东大会、董事会的决议,没有发生任何违犯法律、法规、《公司章程》的行为,没有发生任何损害公司、股东和员工利益的行为。

2、对公司财务状况进行监督检查

监事会通过对公司财务管理制度及会计报表的检查,认为公司财务制度健全有效,财务报表内容真实合法,客观反映了公司的财务状况和生产经营情况,北京兴华会计师事务所出具的无保留意见的审计报告客观、公正。

3、对募集资金的使用情况进行监督

经检查,公司 1999 年配股承诺投入的项目与实际投入的项目完全一致,没有任何改变,其中配电网综合自动化系统技改项目和水电站计算机监控系统技改项目已完成,城网控制技改项目按计划进度进行。

4、对关联交易进行监督检查

报告期内,监事会对本公司向其母公司--许继集团有限公司支付产品、材料、原器件、水电费、劳务费等款项,向母公司收取厂房、设备、租赁费等关联交易事项进行了监督检查,监事会认为该交易方式及交易价格均依据双方签订的协议进行,以市场价为价格确定依据,没有损害股东权益或造成公司资产流失的情况。

七、重要事项

(一)报告期内公司无重大诉讼仲裁事项发生。

(二)报告期内公司、公司董事及高级管理人员未发生任何受监管部门处罚的情况。

(三)公司控股股东及管理层变更情况

报告期内公司控股股东未发生变化。

经公司三届三次董事会会议通过,檀国彪先生不再担任公司总经理职务,聘任李富生先生为公司总经理。本次董事会决议公告于 2000 年 8 月 30 日在《中国证券报》、《证券时报》上公开披露。

报告期内未发生董事会秘书变更事项。

(四)报告期内公司未发生重大收购、兼并等资产重组事项。

(五)重大关联交易事项

公司所发生的关联交易均依据双方协议进行,没有损害股东权益,重大关联交易事项如下:

关联交易方	与本公司关系	交易内容	交易金额(元)	定价政策
许继集团有限公司	本公司母公司	购买材料	101,762,129.03	市价
		接受劳务、水电费	8,972,916.57	市价
		提供租赁	3,240,401.81	市价
许继电控设备公司	本公司股东	购买商品	15,396,431.20	市价
许继电器设备公司	本公司股东	购买商品	16,042,219.85	市价
许继电源有限公司	受同一母公司控制的子公司	购买材料	48,273,636.95	市价
许继昌南通讯设备有限公司	受同一母公司控制的子公司	购买材料	18,945,263.02	市价

(六)与控股股东的"三分开情况"

公司与控股股东做到了人员独立、资产完整、财务独立。即:

人员方面:公司在劳动、人事及工资管理等方面独立于控股股东;公司总经理及其他高级管理人员均在本公司领取薪酬,并未在控股股东单位担任职务。

资产方面:公司拥有独立的生产系统、辅助生产系统和配套设施,拥有独立的采购系统,实行自行和代理相结合的销售形式,独立拥有工业产权、商标、非专利技术等无形资产。

财务方面:公司设立了独立的财会部门,制订了独立的会计核算体系和财务管理制度,并在银行独立开户。

(七)公司和持股 5%以上股东的承诺事项。

公司和本公司持股 5%以上股东没有在任何指定报纸和网络上作出任何事项的承诺。

(八)报告期内公司无承包、租赁其他公司资产情况。

(九)报告期内,公司聘任的会计师事务所未发生变更,仍为北京兴华会计师事务所。

(十)报告期内公司无其它重大合同事项发生。

(十一)报告期内公司未变更公司名称和股票简称。

八、财务会计报告

(一)审计报告

我们接受委托,审计了贵公司 2000 年 12 月 31 日的资产负债表及 2000 年度的利润表和 2000 年度的现金流量表。这些会计报表由贵公司负责,我们的责任是对这些会计报表发表审计意见。我们的审计是根据《中国注册会计师独立审计准则》进行的。在审计过程中,我们结合贵公司的实际情况,实施了包括抽查会计记录等我们认为必要的审计程序。

我们认为,上述会计报表符合《企业会计准则》和《股份有限公司会计制度》的有关规定,在所有重大方面公允地反映了贵公司 2000 年 12 月 31 日的财务状况及 2000 年度经营成果及 2000 年度的现金流动情况,会计处理方法的选用遵循了一贯性原则。

北京兴华会计师事务所有限责任公司　　　注册会计师:王全洲

地址:阜成门外大街 2 号万通新世界广场 708 室　　　注册会计师:吴亦忻

2001 年 3 月 5 日

(二)会计报表

1、资产负债表(见附表)

2、利润表及利润分配表(见附表)

3、现金流量表(见附表)

(三)会计报表附注

1、公司简介

许继电气股份有限公司(以下简称"本公司")成立于 1993 年 3 月,发起人是许昌继电器厂,1997 年 4 月经批准发行社会公众股 5,000 万股,发行后股本为 13,800 万股。1999 年 3 月 12 日本公司股东大会通过《1998 年度利润分配方案》,本公司以 1998 年 12 月 31 日总股本为基数,每 10 股送 5 股,共送 6,900 万股,于 1999 年 4 月完成。1999 年 9 月,经中国证券监督管理委员会证监公司字(1999)91 号文复审核准,向全体股东配售 2,942 万股普通股,截至 1999 年 10 月 25 日配股完成。上述送配完成后,实际增加股本 98,420,000 元,资本公积 287,700,000 元,共计 386,120,000 元,此次变更后本公司股本为 236,420,000 元。2000 年 4 月 20 日,以 1999 年末总股本为基数,每 10 股送 2 股,同时用资本公积每 10 股转增 4 股,至此,本公司的总股本达到 37,827.2 万股。

本公司主营业务为生产经营电网调度自动化、配电网自动化、变电站自动化、电站自动化、电网安全稳定控制、继电保护及自动化装置、继电器、中压开关、通信设备、高低压开关柜等。

2、公司主要会计政策、会计估计和合并会计报表的编制方法

(1)会计制度:本公司执行《股份有限公司会计制度》。

(2)会计年度:以公历 1 月 1 日至 12 月 31 日为一会计年度。

(3)记帐本位币:人民币。

(4)记帐基础及计价原则:

采用借贷记帐法,按权责发生制原则进行会计核算,以历史成本为计价原则。

(5)外币业务核算方法:

发生外币业务,按当日市场汇价折合成记帐本位币记帐,年末将外币帐户余额按市场汇价进行调整,与原帐面差额记入当期财务费用。

(6)外币会计报表的折算方法:单一汇率法。

(7)现金等价物的确定标准:

公司持有的期限短、流动性高、易于转换为已知金额的现金、价值变动风险很小的短期投资,期限定为 3 个月。

(8)坏帐核算方法:

公司对于因债务人破产或死亡,以其破产财产或者遗产清偿后,仍然不能收回的应收款项和因债务人逾期未履行偿债义务而且具有明显特征表明无法收回的应收款项确认为坏帐损失。

坏帐损失的核算方法为备抵法。本公司原按应收帐款余额的 5‰计提坏帐准备。根据本公司董事会决议,本公司的应收款项(包括应收帐款和其他应收款),自一九九九年起,根据债务单位的财务状况、现金流量等情况,坏帐准备按帐龄分析法计提。坏帐准备的计提方法如下:

应收款项逾期一年以内的,提取比例为 4%,

应收款项逾期一至二年的,提取比例为 6%,

应收款项逾期二至三年的,提取比例为 10%,

应收款项逾期三至五年的,提取比例为 30%,

应收款项逾期五年以上的,提取比例为 50%。

公司控股子公司"许继变压器有限公司"按应收帐款期末余额 3%计提坏帐准备。

公司控股子公司"北京许继电气有限公司"按应收帐款期末余额(扣除关联单位)的 5‰计提坏帐准备。

公司控股子公司"珠海许继电气有限公司"按应收帐款期末余额 5‰计提坏帐准备。

(9)存货核算方法:公司存货实行永续盘存制,其主要存货成本核算方式如下:

①库存原材料日常采用计划成本核算,按大类分设"材料成本差异",期末根据领用或发出的存货按其应负担的成本差异,将计划成本调整为实际成本。

②产成品按实际成本计价,发出时采用加权平均法结转销售成本。

③低值易耗品采用五五摊销法摊销。

期末存货采用成本与可变现净值孰低法计价。以可变现净值低于成本的差额计提存货跌价损失准备并确认为当期损失。

(10)短期投资核算方法:

投资在取得时以投资成本计价。期末时以成本与市价孰低计价,期末以市价低于成本的金额计提短期投资跌价准备。短期投资收益于处置时确认。

(11)长期投资核算方法:

投资在取得时以投资成本计价。

①长期股权投资:对被投资单位具有控制、共同控制或重大影响的,采用权益法核算,否则,采用成本法核算。

采用权益法核算时,按应享有或应分担的被投资单位当年实现的净利润或发生的净亏损的份额,调整投资的帐面价值,并确认为当期投资损益。其中,股权投资差额按一定期限平均摊销,计入损益。

采用成本法核算时,除追加或收回投资外,投资的帐面价值保持不变,被投资单位宣告分派的利润或现金股利,确认为当期投资收益。

②长期债权投资:溢价或折价在购入后至到期前的期间内于确认相关债券利息收入时摊销,摊销采用直线法。

③长期投资减值准备:以由于市价持续下跌或被投资单位经营状况变化等原因导致其可收回金额低于帐面价值的差额,计提长期投资减值准备并确认为当期投资损失。

(12)固定资产计价和折旧方法:

固定资产按照历史成本计价,固定资产的确认标准为:使用期限在一年以上的房屋及建筑物、机器设备、运输工具以及其他与生产经营有关的设备、器具、工具等,以及不属于生产经营主要设备的物品,其单位价值在 2,000 元以上并且使用期限两年以上。固定资产按平均年限法计提折旧。各类固定资产的使用年限、净残值率、年折旧率如下:

名称	使用年限	净残值率	年折旧率
房屋建筑物	20–30	5%	3.16–4.75%
专用设备	10–12	5%	7.92–9.50%
运输工具	6	5%	15.83%
其他	6	5%	15.83%

(13)在建工程核算方法:为购建固定资产而发生的长期借款费用,在固定资产尚未交付使用前所发生的,予以资本化;在建工程按实际成本计价,在完工交付使用时转入固定资产核算。

(14)无形资产计价和摊销方法:无形资产按取得时的实际成本计价,其摊销采用直线法,按受益期限或国家规定的期限摊销。

(15)开办费、长期待摊费用摊销方法:开办费从开始生产经营的当月起,按不超过 5 年的期限平均摊销;长期待摊费用在受益期内平均摊销。

3、税项

所得税:根据河南省人民政府豫政文[1997]24 号文,公司自 1997 年起,所得税实行"照章纳税、

财政返还、实际税负 15%”的政策，根据财税[2000]99 号文件《关于进一步认真贯彻落实国务院<关于纠正地方自行制定税收先征后返政策的通知>的通知》，此政策保留到 2001 年 12 月 31 日。

增值税： 17%

营业税： 5%

城建税： 7%

教育费附加： 3%

4、控股子公司及合营企业

名称	注册资本	经营范围	本公司投资额	所占权益比例
山东许继科华自动化技术有限公司	300 万元	电力系统继电保护及自动化产品开发等	240 万元	80%
许继印制板有限公司	82 万元	印刷线路板的制造及销售	41.6 万元	51%
许继日立电气公司	500 万美元	电力系统继电保护及自动化产品开发等	375 万美元	75%
深圳许继昌达公司	1000 万元	调度自动化的制造及销售	870 万元	87%
许继电子公司	2000 万元	生产销售电子表面贴装组件及相关电子产品	1400 万元	70%
西安许继自动化有限公司	120 万元	水电自动化产品	50 万元	41.67%
河南许继电能仪表有限公司	1050 万元	电子式电度表	700 万元	66.67%
珠海许继芝电网自动化有限公司	2000 万元	配电自动化系统	820 万元	41%

注：根据财政部财工字(1996)2 号《关于合并报表合并范围请示的复函》，上述公司资产总额、销售总额、利润总额未达到母公司的 10%，按规定不予合并报表。

北京许继电气有限公司	1500 万元	技术开发等	1200 万元	80%
许继变压器公司	3900 万元	生产、销售干式变压器	2925 万元	75%
珠海许继电气有限公司	800 万元	生产、销售自动化成套设备和控制系统等	560 万元	70%

5、合并会计报表主要项目注释：

(1)货币资金

项目	期初数	期末数
现金	115,531.28	56,001.33
银行存款	312,140,279.07	255,705,253.79
其他货币资金	4,345,601.49	9,281,064.33
合 计	316,601,411.84	265,042,319.45

货币资金期末比期初减少 16%，主要是用于募集资金投资项目所致。

(2)短期投资和短期投资跌价准备

项目	期初数		期末数	
	投资金额	跌价准备	投资金额	跌价准备
股票投资			83,884,626.18	
其他投资	42,000,000			
合计	42,000,000		83,884,626.18	

(3)应收帐款、预付帐款、其他应收款和应收补贴款

①应收帐款、其他应收款：

帐龄	期初数			期末数		期末数
	金额	比例	坏帐准备	金额	比例	坏帐准备
1 年以内	488,612,531.85	4%	19,933,844.49	605,895,070.06		21,871,117.06
1-2 年	79,909,832.67	6%	2,446,957.86	94,057,272,62		4,960,581.55
2-3 年	29,471,126.57	10%	2,137,824.34	28,165,631.71		1,804,129.17
3 年以上	2,137,099.01	30%	26,800.20	574,970.36		171,291.11
合 计	600,130,590.10		24,545,426.89	728,692,944.75		28,807,118.89

应收款项中无持本公司 5%以上股份的股东单位的欠款。

本期应收款项期末比期初增加 12,856 万元是由于销售收入增加所致。

应收帐款欠款金额前 5 名：

单位名称	所欠金额	欠款时间	欠款原因
中国电工设备总公司	13,394,942.63	2000 年	货款
广州宇能电力工程设备公司	9,103,115.00	2000 年	货款
中国建筑三局三公司安装分公司	6,017,814.00	2000 年	货款
海南福利输变电成套设备供应站	4,819,067.16	2000 年	货款
重庆新兴电力技术公司	4,816,122.28	2000 年	货款

其他应收款欠款金额大额单位：

单位名称	所欠金额	欠款时间	欠款原因
深圳富通达有限公司	15,353,470.51	2000 年	往来款
深圳昌达公司	9,459,062.00	2000 年	往来款

预付帐款欠款金额前 5 名：

单位名称	所欠金额	欠款时间	欠款原因
北京安达房地产公司	16,000,000.00	2000 年	购房款
厦门象屿贸易公司	5,187,605.98	2000 年	货款
深圳顺鑫达实业公司	3,824,962.97	2000 年	货款
西安北开电器公司	3,043,420.15	2000 年	货款
乐清新浦仪表厂	2,315,000.00	2000 年	货款

②应收补贴款

年末余额 29,607,690.22 元，属先征后返所得税款。

根据河南省人民政府豫政文[1997]24 号文，公司自 1997 年起，所得税实行“照章纳税、财政返还、实际税负 15%”的政策。

(4)存货及存货跌价准备：

项目	期初数		期末数	
	金额	跌价准备	金额	跌价准备
原材料	19,373,759.77	119,496.35	22,108,315.17	
在产品	52,903,648.19		54,952,710.56	
产成品	65,157,423.36		95,582,617.55	
低值易耗品	3,361,842.79		3,378,945.32	
材料采购	1,373,825.15			
包装物	125,876.34			
自制半成品	10,280,242.64		9,762,864.36	
合计	152,576,618.24	119,496.35	185,785,452.96	

存货期末比期初增加 22%是由于扩大产量所致。

(5)、待摊费用

类别	期初数	本期增加	本期摊销	期末数
大修理费		321,123.00	101,690.74	219,432.26
课题研究费		2,521,900.00	1,681,266.64	840,633.36
参展费		946,228.38		946,228.38
其他	274,631.49	523,151.22	365,707.52	432,075.19
合计	274,631.49	4,312,402.60	2,148,664.90	2,438,369.19

(6)长期投资

①长期股权投资

项目	期初数		本期增加	本期减少	期末数	
	金额	减值准备			金额	减值准备
长期股权投资	73,364,125		15,700,000	16,800,000	72,264,125	
合计	73,364,125		15,700,000	16,800,000	72,264,125	

根据本公司三届五次董事会决议，本公司将原持有的北京哈德威四方公司的 14.75%的股权按照每股净资产的价格转让给许继集团有限公司。

(7)固定资产及折旧

原值

类别	期初	本期增加	本期减少	期末
房屋建筑物	202,351,215.00	101,162,876.27	14,620,363.96	288,893,727.31
专用设备	247,938,328.74	17,656,024.73	11,402,736.03	254,191,617.44
运输工具	10,502,426.50	2,661,723.59	1,864,342.00	11,299,808.09
其他	43,286,973.91	72,700,623.03	40,594.00	115,947,002.94
合计	504,078,944.15	194,181,247.62	27,928,035.99	670,332,155.78

累计折旧

类别	期初	本期增加	本期减少	期末
房屋建筑物	37,001,843.07	10,153,772.96	1,892,646.02	45,262,970.01
专用设备	54,958,295.67	19,559,160.04	4,008,011.51	70,509,444.20
运输工具	4,699,290.50	2,330,761.81	997,129.55	6,032,922.76
其他	3,411,506.00	869,145.01	8,194.65	4,272,456.36
合计	100,070,935.24	32,912,839.82	6,905,981.73	126,077,793.33
净值	404,008,008.91			544,254,362.45

固定资产增加主要是由于本期将北京许继电气有限公司并入和在建工程转固所致。

(8)在建工程

名称	期初数	本期增加数	本期转固	期末数	资金来源	进度
城网设备改造项目	29,531,829.78	7,441,147.37	34,027,246.00	2,945,731.15	配股资金	84%
配电网综合电气化系统	33,200,000.00	16,953,490.00	4,398,480.00	45,755,010.00	配股资金	100%
水电站计算机监控系统	27,200,334.95	20,481,708.17	47,682,043.12	0	配股资金	
电气化铁路变电站技术改造	40,328,611.00		40,328,611.00	0	募股资金	
青年公寓	6,500,000.00	2,024,000.00	8,524,000.00	0	自筹资金	
其他	14,040,700.00		13,491,549.67	549,150.33		
合计	150,801,475.73	46,900,345.54	148,451,929.79	49,249,891.48		

在建工程期末比期初减少 1 亿元是由于完工转入固定资产所致。

(9)无形资产

类别	期初数	本期增加	本期减少	期末数
土地使用权	7,397,773.93	2,745,981.98	1,332,493.10	8,811,262.81
技术转让费		229,500.00	27,000.00	202,500.00
东芝配电技术	1,848,913.32	63,082.64	235,248.11	1,676,747.85
工业产权及专有技术		1,469,060.98	956,614.44	512,446.54
其他	1,464,793.32	7,111,699.61	1,714,879.96	6,861,612.97
合计	12,410,041.55	9,920,764.23	4,266,235.61	18,064,570.17

(10)开办费

期初数	本期增加	本期摊销	期末数
2,595,765.62	0	228,712.87	2,367,052.75

(11)短期借款

借款类别	期初数	期末数	备注
抵押借款	41,700,000	62,700,000	
担保借款	87,120,000	25,950,000	
信用借款		33,020,000	
合计	128,820,000	121,670,000	

(12)、应付款项

应付帐款年末余额	66,330,368.85
预收帐款年末余额	36,319,907.94
其他应付款年末余额	102,449,490.33
其中：其他应付款-许继集团	445,760.77

其他应付款期末比期初增加 3000 万元，主要是由于往来款增加所致。

(13)应交税金

增值税	8,866,891.52
营业税	250,808.23
所得税	53,868,184.26
城建税	1,412,459.18
其他	176,663.94
合计	64,575,007.13

(14)预提费用

项目	金额
利息	82,136.86
合计	82,136.86

(15)一年内到期的长期借款

借款类别	期初数	期末数	备注
抵押借款	7,000,000	50,000,000	
担保借款	22,950,000	90,000,000	
信用借款		5,000,000	
合计	29,950,000	145,000,000	

(16)长期借款

借款单位	金额	借款期限	年利率	借款条件
中国工商银行	110 万元	00.10.30-02.10.30	7.722%	担保

(17)股本

见附表 1“股本变动明细表”。

1999 年 3 月 12 日本公司股东大会通过《1998 年度利润分配方案》，本公司以 1998 年 12 月 31 日总股本为基数，每 10 股送 5 股，共送 6,900 万股，于 1999 年 4 月完成。1999 年 9 月，经中国证券监督管理委员会证监公司字(1999)91 号文复审核准，向全体股东配售 2,942 万股普通股，截至 1999 年 10 月 25 日配股完成。上述送配方案完成后，实际增加股本 98,420,000 元，资本公积 287,700,000 元，共计 386,120,000 元。此次变更后本公司股本为 236,420,000 元。2000 年 4 月 20 日，以 1999 年末总股本为基数，每 10 股送 2 股，同时用资本公积每 10 股转增 4 股，至此，本公司的总股本达到 37,827.2 万股。

(18)资本公积

项目	期初数	本期增加数	本期减少数	期末数
股本溢价	684,700,000		94,568,000	590,132,000
冻结资金利息	77,055			77,055

合计	684,777,055	94,568,000	590,209,055

2000 年 4 月 20 日，以 1999 年末总股本 236,420,000 元为基数，每 10 股送 2 股，同时用资本公积每 10 股转增 4 股，资本公积因此减少 94,568,000 元。

(19)盈余公积

项目	期初数	本期增加数	本期减少数	期末数
法定盈余公积	57,046,859.08	20,423,587.24	0	77,470,446.32
公益金	38,344,610.92	10,308,890.69	0	48,653,501.61
合计	95,391,470.00	30,732,477.93	0	126,123,947.93

(20)未分配利润

净利润	201,164,553.81
加:年初未分配利润	265,333,966.80
减:提取法定盈余公积	20,304,884.26
提取法定公益金	10,308,890.69
转作股本的普通股股利	47,284,000.00
应付普通股股利	75,654,400.00
未分配利润	312,946,345.66

①根据国家税务总局关于印发《企业技术开发费税前扣除管理办法》的通知，及国税发 1999 年 49 号文的规定，我公司于 2000 年获准抵免 1999 年所得税 2,262,474.31 元，本年度我公司采用追溯调整法调增 1999 年度净利润 2,262,474.31 元，补提法定盈余公积 226,247.43 元，法定公益金 113,123.72 元，调整后年初未分配利润为 265,333,966.80 元。

②根据公司三届六次董事会决议，本年度拟实施以 2000 年末总股本 378,272,000 股为基数，每 10 股派现金 2 元(含税)，共计 75,654,400 元。

(21)财务费用

类别	上年发生数	本年发生数
利息支出	17,588,383.19	22,465,904.56
减:利息收入	3,184,063.66	2,449,877.01
汇兑损失		
减:汇兑收益		
其他	137,518.32	216,120.20
合计	14,541,837.85	20,232,147.75

财务费用增加是由于本期利息支出增加所致。

(22)补贴收入

本公司的控股子公司"许继变压器有限公司"本期补贴收入为 1,664,000 元。该子公司根据许昌市委许发[1994]32 号"关于鼓励许昌市高新技术工业园区投资的暂行规定"，从投资年度起，可将企业当年缴纳的新增增值税地方留成部分全部返还给企业，返还期为 8 年。

(23)支付的其他与经营活动有关的现金 6,655 元。

其中:付深圳昌达公司 700 万元

付深圳富通达公司 300 万元

8、或有事项　无

9、承诺事项　无

10、资产负债表日后事项中的非调整事项　无

11、债务重组事项　无

12、其他重要事项　无

九、公司其他有关资料

1、公司首次注册登记日期:1993 年 3 月 15 日　2、公司变更注册日期:2000 年 9 月 13 日

3、企业法人营业执照注册号:4100001002958　4、税务登记号:411000174273201

5、公司未流通股票托管机构:深圳证券登记有限公司

6、会计师事务所名称及地址:

名称:北京兴华会计师事务所　地址:北京阜成门外大街 2 号万通新世界广场 708 室

董事长:王纪年　总经理:李富生

十、备查文件

1、载有董事长、总经理亲笔签署的年度报告正本;

2、载有董事长、总会计师、会计主管人员亲笔签名并盖章的会计报表;

3、载有会计师事务所盖章、注册会计师亲笔签名并盖章的审计报告原件;

4、报告期内在《中国证券报》、《证券时报》上公开披露过的所有公司文件的正本及公告的原稿。

5、《公司章程》。　许继电气股份有限公司　二00一年三月六日

合并资产负债表

2000 年 12 月 31 日

编制单位:许继电气股份有限公司　单位:人民币元

资产	附注	年初数	年末数
流动资产:			
货币资金	1	316,601,411.84	265,042,319.45
短期投资	2	42,000,000.00	83,884,626.18
减:短期投资跌价准备			
短期投资净额		42,000,000.00	83,884,626.18
应收票据			33,298,819.78
应收股利			
应收利息			
应收帐款	3	540,092,908.55	645,530,893.62
其他应收款	3	60,037,681.55	83,162,051.13
减:坏帐准备	3	24,545,426.89	28,807,118.89
应收款项净额		575,585,163.21	699,885,825.86
预付帐款	3	72,583,964.57	93,704,543.63
应收补贴款	3	25,901,743.59	29,607,690.22
存货	4	152,576,618.24	185,785,452.96
减:存货跌价准备	4	119,496.35	
存货净额		152,457,121.89	185,785,452.96
待摊费用	5	274,631.49	2,438,369.19
待处理流动资产净损失			
一年内到期的长期债权投资			
流动资产合计		1,185,404,036.59	1,393,647,647.27
长期投资:			
长期股权投资	6	73,364,125.00	72,264,125.00
合并价差		−6,785,929.32	−1,031,594.59
长期投资合计		66,578,195.68	71,232,530.41
减:长期投资减值准备			
长期投资净额		66,578,195.68	71,232,530.41
固定资产:			
固定资产原价	7	504,078,944.15	670,332,155.78
减:累计折旧	7	100,070,935.24	126,077,793.33
固定资产净值		404,008,008.91	544,254,362.45
工程物资			
在建工程	8	150,801,475.73	49,249,891.48
固定资产清理			
待处理固定资产净损失			
固定资产合计		554,809,484.64	593,504,253.93
无形资产及其他资产:			
无形资产	9	12,410,041.55	18,064,570.17
开办费	10	2,595,765.62	2,367,052.75
长期待摊费用			47,924.88
其他长期资产			
长期资产及其他资产合计		15,005,807.17	20,479,547.80
递延税项:			
递延税款借项			
资产总计		1,821,797,524.08	2,078,863,979.41
负债和股东权益			
流动负债:			
短期借款	11	128,820,000.00	121,670,000.00
应付票据			
应付帐款	12	54,423,681.85	66,330,368.85
预收帐款	12	67,044,891.76	36,319,907.94
代销商品款			
应付工资		4,783,366.55	4,711,837.15
应付福利费		12,104,574.22	25,096,834.64
应付股利			75,654,400.00
应交税金	13	60,660,129.02	64,575,007.13
其他应交款		196,091.34	560,027.08
其他应付款	12	71,749,128.73	102,449,490.33
预提费用	14	32,772.00	82,136.86
一年内到期的长期负债	15	29,950,000.00	145,000,000.00
其他流动负债			
流动负债合计		429,764,635.47	642,450,009.98
长期负债:			
长期借款	16	90,000,000.00	1,100,000.00
应付债券			
长期应付款			
住房周转金		317,205.00	
其他长期负债			
长期负债合计		90,317,205.00	1,100,000.00
递延税项:			
递延税款贷项			
负债合计		520,081,840.47	643,550,009.98
少数股东权益		19,793,191.81	27,762,620.84
股东权益:			
股本	17	236,420,000.00	378,272,000.00
资本公积	18	684,777,055.00	590,209,055.00
盈余公积	19	95,391,470.00	126,123,947.93
其中:公益金	19	38,344,610.92	48,653,501.61
未分配利润	20	265,333,966.80	312,946,345.66
股东权益合计		1,281,922,491.80	1,407,551,348.59
负债和股东权益总计		1,821,797,524.08	2,078,863,979.41

公司负责人:王纪年　财务负责人:尹卫国　制表人:曾立军

合并利润表

2000 年度

编制单位:许继电气股份有限公司　单位:人民币元

项目	附注	上年数	本年数
一、主营业务收入		740,022,767.79	979,394,800.85
减:折扣与折让			
主营业务收入净额		740,022,767.79	979,394,800.85
减:主营业务成本		389,728,782.25	557,765,392.24
主营业务税金及附加		5,191,471.66	5,808,032.56
二、主营业务利润		345,102,513.88	415,821,376.05
加:其他业务利润		7,507,202.86	1,967,971.30
减:存货跌价损失		119,496.35	−119,496.35
营业费用		41,288,943.53	70,936,278.95
管理费用		68,329,612.05	90,363,448.28
财务费用	21	14,541,837.85	20,232,147.75
三、营业利润		228,329,826.96	236,376,968.72
加:投资收益		502,500.00	6,211,500.00
补贴收入	22	1,381,043.99	1,664,000.00
营业外收入		226,664.65	308,046.96
减:营业外支出		1,137,766.74	1,558,295.59
四、利润总额		229,302,268.86	243,002,220.09
减:所得税		31,987,949.34	34,979,801.41
少数股东损益		2,014,548.70	6,857,864.87
五、净利润		195,299,770.82	201,164,553.81
一、净利润		195,299,770.82	201,164,553.81
加:年初未分配利润		168,229,555.43	265,333,966.80
盈余公积转入			
二、可供分配的利润		363,529,326.25	466,498,520.61
减:提取法定盈余公积		19,446,592.44	20,304,884.26
提取法定公益金		9,748,767.01	10,308,890.69
三、可供股东分配的利润		334,333,966.80	435,884,745.66
减:应付优先股股利			
提取任意盈余公积			
应付普通股股利			75,654,400.00
转作股本的普通股股利		69,000,000.00	47,284,000.00
四、未分配利润		265,333,966.80	312,946,345.66

公司负责人:王纪年　财务负责人:尹卫国　制表人:曾立军

唐山冀东水泥股份有限公司

(一)公司简介

1、公司法定中文名称:唐山冀东水泥股份有限公司
公司英文名称:TANGSHAN JIDONG CEMENT COMPANY LIMITED
2、公司法定代表人:杜金弘
3、公司董事会秘书:张士江　　授权代表:吴志国
联系地址:河北省唐山市新区林荫路
电话:0315-3244005　　传真:0315-3244005
电子信箱:Jdzj@ts-user.he.cninfo.net
4、公司注册地址:河北省唐山市新区林荫路
公司办公地址:河北省唐山市新区林荫路　　公司邮政编码:063031
公司国际互联网网址:http://www.jdsn.com.cn　　公司电子信箱:Jdsnzjb@jdsn.com.cn
5、公司信息披露报纸名称:中国证券报、证券时报
登载公司年度报告的中国证监会指定国际互联网网址:http://www.cninfo.com.cn
公司年度报告备置地点:公司证券部
6、公司股票上市交易所:深圳证券交易所
股票简称:冀东水泥　　股票代码:0401

(二)会计数据和业务数据摘要

1、公司本年度实现的利润指标情况

项目	金额(合并)	金额(母公司)
利润总额(元)	111,393,498.50	111,383,988.52
净利润(元)	93,150,492.97	93,150,492.97
扣除非经常性损益后的净利润(元)	93,150,492.97	93,150,492.97
主营业务利润(元)	241,769,330.74	231,192,179.84
其他业务利润(元)	3,014,864.05	2,453,011.79
营业利润(元)	103,294,008.34	103,263,360.00
投资收益(元)	625,000.00	646,517.68
补贴收入(元)	8,000,000.00	8,000,000.00
营业外收支净额(元)	-525,509.84	-525,889.16
经营活动产生的现金流量净额(元)	88,476,300.20	75,669,829.38
现金及现金等价物净增加额(元)	10,211,402.33	2,802,764.85

2、主要会计数据和财务指标

项目	2000年	1999年	1998年(追溯调整后)	1998年(追溯调整前)
(1) 主营业务收入(元)	654,857,386.91	550,582,360.43	412,146,070.63	426,192,095.05
(2) 净利润(元)	93,150,492.97	105,493,788.64	133,609,906.59	138,879,345.97
(3) 总资产(元)	2,238,243,947.94	2,041,973,225.09	2,059,248,364.52	2,129,918,084.56
(4) 股东权益(元)	1,543,207,427.32	1,309,433,894.63	1,285,407,482.69	1,323,749,610.84
(5)每股收益(元/股)	0.1056	0.1295	0.1641	0.171
加权每股收益(元/股)	0.1113	0.1295	0.1641	0.171
扣除非经常性损益后的每股收益(元/股)	0.1056	0.1017	0.1530	0.171
(6) 每股净资产(元/股)	1.7501	1.6078	1.5783	1.625
(7) 调整后的每股净资产(元/股)	1.6523	1.5433	1.5311	1.578
(8) 每股经营活动产生的现金流量净额(元/股)	0.1003	0.2242	0.4051	0.401
(9) 净资产收益率(%)	6.04	8.06	10.39	10.49

3、按照中国证监会《公开发行证券公司信息披露编报规则(第9号)》要求计算的净资产收益率和每股收益

报告期利润	净资产收益率(%)				每股收益(元/股)			
	全面摊薄		加权平均		全面摊薄		加权平均	
	2000	1999	2000	1999	2000	1999	2000	1999
主营业务利润	15.67	16.69	16.74	16.33	0.2742	0.2683	0.2889	0.2683
营业利润	6.69	7.91	7.15	7.74	0.1171	0.1272	0.1234	0.1272
净利润	6.04	8.06	6.45	7.88	0.1056	0.1295	0.1113	0.1295
扣除非经营性损益后的净利润	6.04	6.32	6.45	6.19	0.1056	0.1017	0.1113	0.1017

(三)股东情况介绍

(1)、报告期末股东总数:截至2000年12月29日,公司股东总数为160,637户。
(2)、截至2000年12月29日,公司前十名股东持股情况

股东名称	持股数量(股)	占总股本比例(%)
1、河北省冀东水泥集团有限责任公司	605,916,500	68.71
2、中信证券有限责任公司	9,683,553	1.10
3、唐山市新区第一运输公司	2,214,615	0.25
4、宋伟铭	1,905,204	0.22
5、程蓉	879,080	0.10
6、普丰证券投资基金	569,451	0.06
7、南京乾鹰商贸有限公司	550,000	0.06
8、北京麦克曼商贸公司	500,000	0.06
9、北京青枝家具有限责任公司	450,181	0.05
10、李光辉	390,000	0.04

说明:

河北省冀东水泥集团有限责任公司所持股份为国家股,年初持有公司股份为600,916,500股,本年度配股增加5,000,000股,年末持有公司股份为605,916,500股,其持有的本公司股份没有任何质押或冻结的情况。

唐山市新区第一运输公司为河北省冀东水泥集团有限责任公司的参股企业,集团公司占其注册资本的15.23%;该公司所持本公司股份全部为定向募集法人股。

金融街控股股份有限公司

一、公司简介

1、公司法定中文名称:金融街控股股份有限公司
公司法定英文名称:FINANCE STREET HOLDING CO., LTD.
2、公司注册地址:重庆市沙坪坝区满山红村7号　　邮政编码:400039
公司办公地址:北京市西城区金融大街33号通泰大厦B座8层
邮政编码:100032
3、公司法定代表人:王功伟
4、公司董事会秘书:许群峰
北京联系地址:北京市西城区金融大街33号通泰大厦B座8层　邮政编码:100032
电话:010-88086184　　传真:010-88086186　电子信箱:xqf@bjjrj.com
重庆联系地址:重庆市渝中区民生路283号重庆宾馆商务大厦16A室
邮政编码:400010　　电话:023-63718898　　传真:023-63718838
5、公司选定的信息披露报纸:《中国证券报》、《证券时报》
中国证监会指定国际互联网网址:http://www.cninfo.com.cn
公司年度报告备置地点:北京市西城区金融大街33号通泰大厦B座8层公司董事会秘书
6、公司股票上市交易所:深圳证券交易所
股票简称:金融街　　股票代码:0402

二、会计数据和业务数据摘要

1、公司本年度实现　　(单位:人民币元)

利润总额	59,182,433.71
净利润	40,138,704.26
扣除非经常性损益后的净利润	40,138,704.26
主营业务利润	72,624,969.95
其他业务利润	19,851.11
营业利润	56,846,349.86
投资收益	1,996,874.24
补贴收入	0.00
营业外收支净额	339,209.61
经营活动产生的现金流量净额	-31,741,104.67
现金及现金等价物净增加额	72,330,878.44

2、主要会计数据与财务指标　　(单位:人民币元)

项目	2000年度	1999年度	1998年度	
			调整前	调整后
主营业务收入	220,558,550.26	172,183,704.06	158,991,473.65	158,991,473.65
净利润	40,138,704.26	11,861,737.27	4,971,831.76	3,817,102.23
总资产	599,748,761.33	317,480,080.07	330,614,604.24	324,195,650.50
股东权益	201,739,085.21	170,106,782.39	163,132,782.06	156,897,366.06
每股收益(摊薄)	0.32元/股	0.15元/股	0.06元/股	0.05元/股
每股收益(加权)	0.32元/股	0.15元/股	0.06元/股	0.05元/股
扣除非经常性损益后的每股收益	0.32元/股	0.03元/股	0.05元/股	0.04元/股
每股净资产	1.60元/股	2.16元/股	2.07元/股	1.99元/股
调整后的每股净资产	1.60元/股	2.14元/股	2.05元/股	1.97元/股
每股经营活动产生的现金流量净额	-0.25元/股	0.13元/股	0.05元/股	0.05元/股
净资产收益率(摊薄)	19.90%	6.97%	3.05%	2.43%
净资产收益率(加权)	21.15%	7.29%	3.10%	2.46%
扣除非经常性损益后的净资产收益率(加权)	21.15%	1.45%	2.45%	2.03%

利润表附表　　(单位:人民币元)

	报告期利润	净资产收益率		每股收益	
		全面摊薄	加权平均	全面摊薄	加权平均
主营业务利润	72,624,969.95	36.00%	38.27%	0.58元/股	0.58元/股
营业利润	56,846,349.86	28.18%	29.95%	0.45元/股	0.45元/股
净利润	40,138,704.26	19.90%	21.15%	0.32元/股	0.32元/股
扣除非经常性损益后的净利润	40,138,704.26	19.90%	21.15%	0.32元/股	0.32元/股

注:(1)根据中国证监会2001年1月19日发布的《公开发行证券公司信息披露编报规则》第9号〈净资产收益率和每股收益的计算及披露〉的有关规定,增加利润表附表部分,并按新规则计算上期净资产收益率和每股收益;

(2)上述数据均以合并报表数填列或计算;

(3)2000年5月公司进行资产置换,合并报表范围发生变化,根据财会字[99]49号文件,调整了合并报表的期初数,2000年度会计数据和财务指标系按2000年度审计报告调整后的数据填列和计算,1999年度及1998年度会计数据和财务指标系按当年审计报告审定数据填列和计算;

(4)公司报告期初总股本为78,691,500股,报告期内因按10:6比例实施公积金转增股本方案,报告期末总股本为125,906,400股;

(5)报告期内,公司没有因发行新股或实施债转股等新增净资产和新增股份的因素,也没有因回购股份或现金分红等减少净资产和减少股份的因素;

三、股本变动及股东情况

1、股本变动情况
(1)报告期末股东总数
截止2000年12月31日,公司股东总数为13574人。
(2)报告期末前十名股东持股情况

名次	股东名称	年末持股数量(股)	持股比例(%)
1	北京金融街建设集团	77,906,400	61.88
2	华勤投资有限公司	2,858,087	2.27
3	上海能泰经贸有限公司	988,940	0.79
4	上海尊泰经贸有限公司	502,240	0.40
5	黄水长	354,929	0.28
6	周羚	321,102	0.25
7	马春林	288,440	0.23
8	冷素碧	251,000	0.20
9	刘长梅	240,960	0.19
10	林曲琼	209,300	0.17

三九宜工生化股份有限公司

一、公司简介

1、公司法定中文名称：三九宜工生化股份有限公司
公司法定英文名称：Sanjiu Yigong Biopharmaceutical & Chemical. Inc
英文缩写：SYB&C
2、公司法定代表人：赵新先
3、公司信息披露人员：
公司董事会秘书：黄鸿伟
联系地址：深圳市福田区联合广场A座35楼
联系电话：0755-2711999
传真：0755-2710777
董事会证券事务代表：黄少林
联系电话：0795-3298234
传真：0795-3228407
4、公司注册地址：江西省宜春市环城西路1号
公司办公地址：深圳福田区联合广场A座35层
邮政编码：518026
江西省宜春市环城西路1号
邮政编码：336000
公司国际互联网网址：http://WWW.999yichun.com.cn
电子信箱：board@39.net
公司选定的信息披露报纸：《证券时报》、《上海证券报》
登载公司年度报告的国际互联网网址：http://WWW.cninfo.com.cn
5、公司年度报告备置地点：公司证券部
6、公司股票上市地：深圳证券交易所
股票简称：三九生化
股票代码：0403

二、公司会计数据和业务数据摘要

1、公司利润总额及构成

	(单位：元)
利润总额：	144,892,417.30
净利润：	119,071,954.21
扣除非经常性损益后的净利润：	110,405,741.66
主营业务利润：	168,931,263.26
其他业务利润：	1,605,065.46
营业利润：	116,387,485.37
投资收益：	6,330,032.71
补贴收入：	0
营业外收支净额：	22,174,899.22
经营活动产生的现金流量净额：	27,363,225.65
现金及现金等价物净增加额：	62,841,945.27

2、截止2000年末，公司前三年主要会计数据和其财务指标单位：

项　目	2000	1999年	1998年	
			调整前	调整后
主营业务收入(万元)	38118.44	34997.40	19157.11	19157.11
净利润(万元)	11907.20	8017.42	2379.54	2161.04
总资产(万元)	117857.53	96074.67	52390.80	52133.74
股东权益(万元)	55146.52	45206.16	22829.61	22611.11
每股收益(元)(摊薄)	0.61	0.61	0.21	0.19
(加权)	0.61	0.64	0.21	0.19
每股净资产(元)	2.80	3.45	2.04	2.02
扣除非经常性损益后的每股收益(元)	0.56	0.52	--	--
调整后每股净资产(元)	2.79	3.41	2.00	1.98
每股经营活动产生的现金流量净额(元)	0.14	-0.18	-0.02	
净资产收益率(%)	21.59	17.74	10.08	7.45

注：财务指标计算公式如下：
每股收益=净利润/年度末普通股股份总数
每股净资产=年度末股东权益/年度末普通股股份总数
净资产收益率=净利润/年度末股东权益×100%
调整后的每股净资产=(年度末股东权益-三年以上的应收款项净额-待摊费用-待处理（流动、固定)资产净损失-开办费-长期待摊费用-住房周转金负数余额）/年度末普通股股份总数
每股经营活动产生的现金流量净额=经营活动产生的现金流量净额/年度末普通股股份总数

三、股东情况介绍

(一)截止2000年12月31日，公司股东总数为22192户，其中高管股东7户。
(二)公司前十名股东情况

股 东 名 称	持股数(股)	占股本比例(%)
1、三九企业集团	80,682,000	41.02
2、宜春工程机械厂劳动服务公司	9,583,291	4.87
3、湘证证券投资基金(裕元基金)	8,624,581	4.39
4、金鑫证券投资基金	7,199,247	3.66
5、裕隆证券投资基金	5,481,492	2.79
6、普惠证券投资基金	3,486,983	1.77
7、金鼎证券投资基金	2,159,485	1.10
8、宜春工程机械油箱厂	1,404,000	0.71
9、宜春工程机械西件厂	1,400,640	0.71
10、江西省分宜驱动桥厂	1,369,500	0.70

注：持股5%以上股东股份本会计年度内没有质押、冻结情况。
三九企业集团所持有的股份为国家股。

华意压缩机股份有限公司

一、公司简介

1、公司法定中文名称：华意压缩机股份有限公司
公司法定英文名称：HUAYI COMPRESSOR CO.,LTD.
公司法定英文名称缩写：HUAYI
2、公司法定代表人：符念平
3、公司董事会秘书：简家凤　授权代表：简家凤
联系地址：江西省景德镇市新厂东路28号
电话：0798-8441770-2215　传真：0798-8441779
电子信箱：hyyszqb@public1.jdptt.jx.cn
4、公司注册地址：江西省景德镇市新厂东路28号
公司办公地址：江西省景德镇市新厂东路28号　邮政编码：333001
公司国际互联网址：www.huayico.com　电子信箱：huayi@public1.jdptt.cn
5、公司选定的信息披露报纸：《证券时报》和《中国证券报》
公司登载年度报告的国际互联网址为：http://www.cninfo.com.cn
公司年度报告备置地点：公司证券办公室
6、公司股票上市交易所：深圳证券交易所
股票简称：华意压缩　股票代码：0404

二、会计数据和业务数据摘要

1、公司本年度会计数据和业务数据摘要　单位：元

项　　目	金　额
利润总额	42,815,111.01
净利润	33,487,317.29
扣除非经常性损益后的净利润	12,843,744.65
主营业务利润	28,130,362.04
其他业务利润	9,997,860.29
营业利润	42,925,276.12
投资收益	3,366,143.70
补贴收入	0
营业外收支净额	-3,476,308.81
经营活动产生的现金流量净额	-9,612,123.23
现金及现金等价物净增加额	26,755,111.16

扣除非经营性损益的项目包括：托管收入：1000万元×67%=670万元
营业外收支净额：-3,476,308.81元×67%=-2,329,126.90元
坏账准备增加净利润：18,939,122.03元×67%=12,689,211.76元
三年以上应收款(扣坏账准备)：33,187.53元×67%=22,235.65元
退还所得税：5,315,301.70元×67%=3,561,252.14元
2、前三年的主要会计数据和财务指标

项目	2000年	1999年		1998年	
		调整前	调整后	调整前	调整后
主营业务收入(万元)	19,882	17,453	17,453	12,928	12,928
净利润(万元)	3,349	3,399	2,867	4,589	5,527
总资产(万元)	69,979	57,789	58,156	66,760	63,572
股东权益(万元)	46,720	46,201	45,744	45,441	42,802
摊薄每股收益(元)	0.14	0.143	0.121	0.19	0.22
加权每股收益(元)	0.14	0.143	0.121	0.19	0.22
扣除非经常性损益后的每股收益(元)	0.054	0.074	0.052	0.066	0.095
每股净资产(元)	1.97	1.947	1.93	1.92	1.80
调整后的每股净资产(元)	1.97	1.947	1.93	1.93	1.82
净资产收益率(%)	7.17	7.36	6.27	10.10	12.32
每股经营活动产生的现金流量净额(元)	-0.04	-0.16	-0.16	-0.086	-0.086

注：公司2000年度配股业已报告日前完成，总股本变为260,853,837股，变化后的每股收益为0.128元。

3、根据证监会发布的《公开发行证券公司信息披露编报规则》第9号通知，经会计师事务所审核，公司2000年净资产收益率和每股收益如下：

利润指标	净资产收益率(%)		每股收益(元)	
	全面摊薄	加权平均	全面摊薄	加权平均
主营业务利润	6.02	5.93	0.119	0.119
营业利润	9.18	9.05	0.181	0.181
净利润	7.17	7.06	0.14	0.14
扣除非经常性损益后的净利润	2.75	2.71	0.054	0.054

三、股东情况介绍

1、经深圳证券交易所安排，本公司转配股2,470,798股于2001年1月5日上市流通。公司未上市流通股份合计：163,800,000股；上市流通股份合计：73,450,798股。

2、截止2000年12月31日本公司共有股东42,223户。其中国有发起人股东1户-景德镇华意电器总公司。

1、2000年12月31日公司前10名股东持股情况：

序号	股东名称	持股数(股)	持股比例
1	景德镇华意电器总公司	104,520,000	44.055%
2	广东科龙电器股份有限公司	59,280,000	24.986%
3	叶东生	258,800	0.109%
4	利灿新	185,300	0.078%
5	黄新生	162,240	0.068%
6	普丰证券投资基金	158,814	0.067%
7	吴军苹	158,215	0.067%
8	王正伟	156,858	0.066%
9	陈文禹	156,028	0.066%
10	杨晓东	156,000	0.066%

注：1 持有本公司股份5%以上的股东--华意电器总公司与广东科龙股份有限公司没有关联关系，所持股份均为未上市流通股份，报告期内持股数量及持股比例均无变动；其他股东所持股份为上市流通股份，未知其是否有关联关系；

2 持有本公司股份5%以上的股东所持股份无任何质押或冻结；

珠海鑫光集团股份有限公司

一、公司简介

1、公司法定中文名称：珠海鑫光集团股份有限公司
公司法定英文名称：ZHUHAI SHINING METALS GROUP INC.
（英文缩写：SMG）
2、公司法定代表人：张健
3、公司董事会秘书：陈飞
授权代表：刘志勇
联系地址：广东省珠海市吉大海洲路金苑大厦
电　　话：(0756)3338333 转 8962、8034、8103
传　　真：(0756)3338123
4、公司注册地址：珠海市吉大海洲路金苑大厦
公司办公地址：珠海市吉大海洲路金苑大厦
邮 政 编 码：519015
公司电子信箱：zhxgzq@pub.zhuhai.gd.cn
5、公司选定的信息披露报纸名称：《证券时报》、《中国证券报》
登载年度报告的网址： http://www.cninfo.com.cn
公司年度报告备置地点：本公司证券部和深圳证券交易所
6、公司股票上市交易所：深圳证券交易所
股票简称：有色鑫光　股票代码：0405

二、会计数据和业务数据摘要

1、本年度主要利润指标情况(单位：人民币元)

项目	金额
利润总额	-102,233,431.41
净利润	-112,195,742.01
扣除非经营性损益后的净利润	-96,544,290.51
主营业务利润	73,104,334.63
其它业务利润	3,117,070.15
营业利润	-83,453,535.33
投资收益	-3,128,444.58
补贴收入	113,319.00
营业外收支净额	-15,764,770.50
经营活动产生的现金流量净额	-17,727,688.47
现金及现金等价物净增加额	-39,077,549.47

2、主要会计数据和财务指标(合并报表)　　单位：元

项目	2000	1999(调整前)	1999(调整后)	1998(调整后)
主营业务收入	655,828,164.00	531,685,043.21	531,685,043.21	361,040,508.74
净利润	-112,195,742.01	89,046,542.85	68,001,266.46	30,791,207.50
总资产	1,049,509,615.90	1,136,567,034.08	1,131,316,204.63	1,026,619,538.39
股东权益(不含少数股东权益)	582,008,929.20	742,823,406.66	694,204,671.21	626,203,404.75
每股收益	-0.295	0.234	0.179	0.081
加权平均每股收益	-0.295	0.234	0.179	0.081
扣除非经常性损益后 的每股收益	-0.253	0.169	0.114	0.072
每股净资产	1.528	1.95	1.822	1.644
调整后的每股净资产	1.017	1.76	1.644	1.549
每股经营活动产生的现金流量净额	-0.047	0.113	0.113	0.027
净资产收益率	-19.277%	11.99%	9.796%	4.917%
加权净资产收益率	-17.583%	12.752%	10.30%	4.315%
扣除非经常性损益后的 加权净资产收益率	-15.13%	9.219%	6.563%	3.850%

3、净资产收益率和每股收益系列指标(根据中国证监会《编报规则第 9 号》编制)

报告期利润	净资产收益率(%)		每股收益(元)	
	全面摊薄	加权平均	全面摊薄	加权平均
主营业务利润	12.561	11.456	0.192	0.192
营业利润	-14.339	-13.078	-0.219	-0.219
净利润	-19.277	-17.583	-0.295	-0.295
扣除非经营性损益后的净利润	-16.588	-15.13	-0.253	-0.253

4、报告期内股东权益变化情况(单位：人民币元)

项目	股本	资本公积	盈余公积	法定公益金	未分配利润	股东权益合计
期初数	380925448	184985449.23	61797096.95	21187892.54	66496677.03	694204671.21
本期增加						
本期减少					112195742.01	112195742.01
期末数	380925448	184985449.23	61797096.95	21187892.54	-45699064.98	582008929.20

变动原因说明：股东权益和未分配利润减少是因为 2000 年度亏损，主要是因为本年度提高坏帐计提比例减少利润 61,039,131.81 元，核销坏帐 10,340,980.60 元，诉讼损失 15,195,360.95 元。

三、股东情况

1、报告期末公司股东总数为 62499 户
2、截止 2000 年末，公司主要股东持股情况如下：

序号	股 东 名 称	期末持股数	占总股本%
1	中国有色金属建设股份有限公司	148,933,274	39.09
2	青海铝厂	16,767,283	4.4
3	珠海经济特区珠光公司	15,530,763	4.07
4	中国有色金属进出口广东公司	12,424,610	3.26
5	中国远东国际贸易公司	11,044,097	2.89
6	山西铝厂	5,313,504	1.39
7	铜陵有色金属公司	4,997,025	1.31
8	兰州连城铝厂	4,935,334	1.29
9	珠海人寿保险股份有限公司	3,561,666	0.94
10	珠海达盛股份有限公司	3,454,734	0.91

说明：1 前 10 名股东所持股份皆为非上市流通股份，且无关联关系。
2 持有本公司 5%以上股份的股东为中国有色金属建设股份有限公司，其所持股份为国有法人股，且无质押或冻结情况。

胜利油田大明集团股份有限公司

(一)公司简介

1、公司法定中文名称：胜利油田大明集团股份有限公司
公司英文名称：SHENGLI OIL FIELD DYNAMIC GROUP CO.,LTP
2、公司法定代表人：孙奎荣
3、公司董事会秘书：西景杰
授权代表：王进洲
联系地址：山东省东营市济南路 228 号大明大厦 511 室
联系电话：0546—8556533
传真：0546—8556533、8558415
4、公司注册和办公地址：山东省东营市济南路 228 号大明大厦
邮政编码：257000
公司电子信箱：zqyw@sydm.com.cn
5、公司选定的信息披露报纸：《证券时报》、《中国证券报》
年度报告备置地：公司证券部
中国证监会指定信息披露国际互联网网址为：
http://www.cninfo.com.cn
6、公司股票上市地：深圳证券交易所
公司股票简称：石油大明
公司股票代码：0406

(二)会计数据和业务数据摘要

1、公司本年度利润总额及构成
(单位：人民币元)

项目	金额
利润总额	330459335.52
净利润	275061114.92
扣除非经常性损益后的净利润	275061114.92
主营业务利润	437660377.02
其他业务利润	1794498.83
营业利润	334698608.48
投资收益	-4627623.46
补贴收入	0.00
营业外收支净额	388350.50
经营活动产生的现金流量净额	281566486.34
现金及现金等价物净增加额	31154359.92

2、公司前三年的主要会计数据和财务指标
(单位：元)

项目	2000 年	1999 年	1998 年
主营业务收入	837809499.91	461490542.93	394624022.41
净利润	275061114.92	52601206.05	43034145.89
总资产	1804069489.54	1078998102.22	1009331738.44
股东权益(不含少数股东权益)	1276219175.96	398500033.08	345898827.03
每股收益(摊薄)	0.91	0.31	0.26
每股收益(加权)	1.02	0.31	0.26
每股净资产	4.21	2.36	2.05
调整后的每股净资产	3.91	1.91	1.74
每股经营活动产生的现金流量净额	0.93	0.50	0.15
净资产收益率%(摊薄)	21.55	13.20	12.44
净资产收益率%(加权)	30.68	13.20	12.44

注：计算公式为：
每股收益=报告期利润/年末股份总数
每股净资产=年度末股东权益/年度末普通股股份总数
调整后的每股净资产=(年度末股东权益-三年以上的应收帐款-待摊费用-待处理（流动、固定)资产净损失-开办费-长期待摊费用-住房周转金负数余额)/年度末普通股股份总数
每股经营活动产生的现金流量净额=经营活动产生的现金流量净额/年度末普通股股份总数
净资产收益率=报告期利润/年末净资产
3、报告期内股东权益变动情况

项目	股本（万股）	资本公积（人民币元）	盈余公积（人民币元）	法定公益金（人民币元）	未分配利润（人民币元）	股东权益合计（人民币元）
期初数	16853.13	132289288.87	55787010.97	21721448.50	41892433.24	398500033.08
本期增加	13482.504	528504255.96	82991431.87	27663810.62	275061114.92	877719142.88
本期减少					143662699.87	
期末数	30335.634	660793544.83	138778442.84	49385259.12	173290848.29	276219175.96
变动原因	10:8 配股	配股溢价增加	利润分配所致	利润分配所致	本期净利润转入	配股和净利润转入

(三)股东情况介绍

1、报告期末股东总数
截止 2000 年 12 月 31 日，公司股东总数为 56842 户。
2、前 10 名股东持股情况(截止 2000 年 12 月 31 日)

股东姓名	持有股数(股)	占总股本(%)
1、中国石油化工股份有限公司	79888680	26.34
2、光大证券有限责任公司	9933635	3.27
3、普惠证券投资基金	6724976	2.22
4、金鑫证券投资基金	4302490	1.42
5、同盛证券投资基金	3434073	1.13
6、同益证券投资基金	2797000	0.92
7、中国银行东营分行中苑劳动服务公司	1944000	0.64
8、武汉农技投资有限公司	1525214	0.50
9、泸州夕阳红酒厂	1360064	0.45
10、泸州奥士伦电子信息技术开发公司	1316088	0.43

上述股东除中国石油化工股份有限公司与中国银行东营分行中苑劳动服务公司两家股东所持股份为非流通股外，其他 8 家所持股份均为流通股。
注：中国石油化工股份有限公司持有的股份为国有法人股，其所持公司股份无质押或冻结情况。前 10 名股东之间不存在关联关系。

山东胜利股份有限公司

一、公司简介

公司法定中文名称:山东胜利股份有限公司
公司法定英文名称:SHANDONG SHENGLI CO., LTD.　英文缩写:SDSL
公司法定代表人:孙建国
公司董事会秘书:于晓峰　刘志强
联系地址:山东省济南市黑虎泉西路 139 号胜利大厦
电　话:(0531) 6920495　传　真:(0531) 6018518　电子信箱:yuxf@vicome.com
公司注册地址及办公地址:山东省济南市黑虎泉西路 139 号胜利大厦
邮政编码:250011　网址:www.vicome.com　电子信箱:slco@public.jn.sd.cn
公司选定的中国证监会指定报纸名称:《证券时报》、《中国证券报》
中国证监会指定国际互联网网址:http://www.cninfo.com.cn
公司年度报告备置地点:公司董事会秘书处
公司股票上市地:深圳证券交易所　股票简称:胜利股份　股票代码:0407

二、会计数据和业务数据摘要

(一) 本年度实现的利润总额及其构成　单位:人民币元

利润总额	57,695,433.36
净利润	41,532,255.13
扣除非经常性损益后的净利润	42,445,770.26
主营业务利润	126,015,771.70
其他业务利润	3,417,645.62
营业利润	51,575,743.05
投资收益	7,033,205.44
补贴收入	0
营业外收支净额	-913,515.13
经营活动产生的现金流量净额	-15,412,183.53
现金及现金等价物净增加额	27,536,368.67

说明:扣除的非经常性损益项目和涉及金额:冻结无效申购资金利息收入 1,337,790.98 元,固定资产清理收入 197,360.13 元,罚款收入 14,490.95 元,固定资产清理损失 752,685.52 元,罚款支出 847,855.70 元,捐赠支出 92,600.00 元,其它偶发性收支净额 - 770,015.97 元。

(二) 截止报告期末公司前三年的主要会计数据和财务指标　单位:人民币元

指标项目	2000 年	1999 年	1998 年 调整前	调整后
主营业务收入	955,042,489.25	1,081,405,368.05	900,497,201.67	900,497,201.67
净利润	41,532,255.13	55,208,196.65	43,233,989.99	38,816,100.64
总资产	1,034,388,362.68	831,467,178.61	766,309,711.87	755,149,750.27
股东权益（不含少数股东股益）	576,216,244.24	368,474,644.92	330,447,972.22	320,702,881.10
每股收益(摊薄)	0.17	0.25	0.30	0.27
每股收益(加权)	0.18	0.25	0.30	0.27
扣除非经常性损益后的每股收益	0.18	0.25	0.29	0.25
每股净资产	2.41	1.69	2.28	2.21
调整后的每股净资产	2.32	1.62	2.23	2.16
每股经营活动产生的现金流量净额	-0.06	-0.20	0.01	0.01
净资产收益率%(摊薄)	7.21	14.98	13.08	12.10
净资产收益率%(加权)	11.23	19.87	17.89	16.37

根据中国证监会关于《公开发行证券公司信息披露编报规则第 9 号》的要求计算的净资产收益率和每股收益如下:

报告期利润	净资产收益率% 全面摊薄	加权平均	每股收益(元) 全面摊薄	加权平均
主营业务利润	21.87	24.53	0.53	0.54
营业利润	8.94	10.02	0.21	0.21
净利润	7.21	8.09	0.17	0.18
扣除非经常性损益后的净利润	7.37	8.26	0.18	0.18

三、股本变动和主要股东持股情况

(一)股本变动情况

1、公司股份变动情况表　数量单位:股

	本次变动前	本次变动增减(+、-) 配股	其它	小计	本次变动后
一、尚未流通股份					
1、发起人股份	52,657,650	+1,053,200	- 36,300,000	-35,247,100	17,410,850
其中:国家拥有股份	52,657,650	+1,053,200	- 36,300,000	-35,247,100	17,410,850
2、募集法人股	41,681,250		+ 36,300,000	+36,300,000	77,981,250
4、转配股	19,961,100	+35,558		+35,558	19,996,658
尚未流通股份合计	114,300,000	+1,088,759		+1,088,759	115,388,759
二、已上市流通股份					
人民币普通股	103,500,000	+20,700,000		+20,700,000	124,200,000
已上市流通股份合计	103,500,000	+20,700,000		+20,700,000	124,200,000
三、股份总数	217,800,000	+21,788,758		+21,788,758	124,200,000

(二)主要股东持股情况

1、股东数量

截止 2000 年末,公司股东总数为 56565 户。

2、公司前 10 名股东持股情况如下:

股东名称	持股数(股)	占总股本(%)
1、山东胜邦企业有限公司	4,1479,765	17.31
2、广州市通百惠服务有限公司	36,300,000	15.15
3、山东省胜利集团公司	16,410,850	6.85
4、上海中科创业投资有限公司	9,000,000	3.76
5、润华集团股份有限公司	7,312,500	3.05
6、山东省交通投资公司	2,925,000	1.22
7、山东储备物资管理局三三四处	1,930,500	0.81
8、山东省农资公司	1,462,500	0.61
9、深圳市奥港实业有限公司	1,000,000	0.42
10、胜利集团劳动服务公司	789,750	0.33

河北华玉股份有限公司

(一)公司简介

1、公司法定中文名称:河北华玉股份有限公司
公司法定英文名称:HEBEI HUAYU COMPANY LIMITED
2、公司法定代表人:张庆民
3、公司董事会秘书:郭宝贵
联系地址:河北省邯郸市峰峰矿区彭新路 21 号
联系电话:(0310)5023927　5022361-811　(010)64275193
联系传真:(0310)5023067　(010)84254748
电子信箱:hydsh@mx.hd.hebei.net.cn
4、公司注册及办公地址:河北省邯郸市峰峰矿区彭新路 21 号
邮政编码:056200
电子信箱:hbhy@mx.hd.hebei.net.cn
5、公司指定信息披露报纸:《中国证券报》、《证券时报》
刊载年报国际互联网网址:http://www.cninfo.com.cn
6、公司股票上市交易所:深圳证券交易所
股票简称:河北华玉　股票代码:0408

(二)会计数据和业务数据摘要

1、公司本年度主要利润指标情况(合并报表)　单位:元

利润总额	41,487,361.34
净　利　润	19,842,005.85
扣除非经常性损益后的净利润	18,842,005.85
主营业务利润	107,609,347.90
营业利润	41,015,666.68
投资收益	—1,252,411.29
补贴收入	658,551.87
营业外收支净额	1,065,554.08
经营活动产生的现金流量净额	10,396,159.85
现金及现金等价物净增加额	—12,207,883.72

注:扣除非经常性损益的项目及涉及金额:收取资金占用费　1,000,000.00

2、公司近三年财务指标　单位:人民币元

指标项目	2000 年度	1999 年度	1998 年度
主营业务收入	447,992,517.99	308,693,323.37	256,206,203.42
净利润	19,842,005.85	34,402,139.93	31,266,877.36
总资产	732,385,463.21	740,949,165.03	723,554,820.36
股东权益	296,034,228.17	291,833,820.63	304,260,814.19
每股收益(摊薄)	0.19	0.33	0.30
每股收益(加权)	0.19	0.33	0.30
扣除非经常性损益后的每股收益	0.18	0.29	0.30
每股净资产	2.85	2.65	2.93
净资产收益率%(加权平均)	6.70	11.79	10.28
调整后的每股净资产	2.74	2.51	2.85
每股经营活动产生的现金流量净额	0.10	0.30	—0.06

3、根据中国证监会关于发布《公开发行证券公司信息披露编报规则》第 9 号通知精神,公司 2000 年按全面摊薄法和加权平均法计算的净资产收益率和每股收益:

报告期利润	净资产收益率(%) 全面摊薄	加权平均	每股收益(元) 全面摊薄	加权平均
主营业务利润	36.35	37.66	1.04	1.04
营业利润	13.86	14.35	0.40	0.40
净利润	6.70	6.75	0.19	0.19
扣除非经常性损益后净利润	6.36	6.59	0.18	0.18

4、股东权益变动情况

项目	股本	资本公积	盈余公积	法定公益金	未分配利润	股东权益合
期初数	103,824,000	142,506,639.76	10,304,803.83	5,152,401.94	13,691,972.79	275,479,818.32
本期增加		712,404.00	4,032,592.88	2,016,296.43	19,842,005.85	26,603,299.16
本期减少					6,048,889.31	6,048,889.31
期末数	103,824,000	143,219,043.76	14,337,396.71	7,168,698.37	27,485,089.33	296,034,228.17

(三)股本变动及股东情况

截止 2000 年 12 月 31 日,公司股东总数为 11649 户。

1、股东变动情况

(1)股份变动情况表　单位:股

	本次变动前	变动增减(+、—) 配股、送股、转增、增发、其它	小计	本次变动后
一、未上市流通股份				
1、发起人股份				
其中:国家持有股份	71,800,000	-38,100,000		33,700,000
境内法人持有股份	704,000	+38,100,000		38,804,000
其他:转配股	420,000			420,000
合计:	72,924,000			72,924,000
二、已上市流通股份				
1、人民币普通股	30,900,000			30,900,000
上市流通股份	30,900,000			30,900,000
三、股份总数	103,824,000			103,824,000

2、主要股东持股情况(截止 2000 年 12 月 31 日)

股东名称	期末持股数	期内增减	占总股本比例
1 邯郸陶瓷集团有限责任公司	33,700,000	-38,100,000	32.45
2 军神实业有限公司	31,100,000	+31,100,000	29.95
3 上海新理益投资管理有限公司	7,000,000	+7,000,000	6.74
4 金鑫证券投资基金	958,361		0.92
5 王纯贵	419,430		0.40
6 深圳南山风险投资基金公司	400,184		0.39
7 王秀芳	327,200		0.32
8 廖泗兰	263,400		0.25
9 洪　亮	250,141		0.24
10 陈丽卿	250,141		0.24

四通集团高科技股份有限公司

一、公司简介

四通集团高科技股份有限公司(以下简称本公司)原名广东华立高科技集团股份有限公司，是经广东省体改委和广东省企业股份制试点联审小组粤股审[1993]38号文批准的股份制企业。1996年6月经中国证监委证监发审字 [1996]81号文批准发行2,100万人民币普通股并在深圳证券交易所上市。本公司总股本和注册资本经历年配股、送股后增至17,137.41万元。

1998年5月经广东省证监委粤证监发(1998)24号文批准，广东华立实业集团公司将其持有本公司2000万法人股转让给四通集团公司，四通集团公司成为本公司的第一大股东，经1998年送股后增至2300万股。同时，经国家工商行政管理局批准，本公司名称变更为"四通集团高科技股份有限公司"。变更后，本公司的经营范围为：新产品、新工艺、新技术、新设备、新材料的开发；生物工程的研究；电子产品、电子计算机软件的开发、销售；石油化工设备、工具及配件和工业专用设备制造；金属材料、建筑材料、装饰材料、矿产品、石油制品、电器机械及器材、化工原料、五金、交电、百货、针纺织品、家具的销售；房地产开发；进出口业务(按深贸管登记字第193号证书经营)；信息服务。

1、公司法定中文名称：四通集团高科技股份有限公司

公司法定英文名称：STONE GROUP HI-TECH CO., LTD.

2、公司法定代表人：朱希铎

3、公司董事会秘书：柯健华

联系地址：广东省深圳市福田中心区深南大道4009号投资大厦

联系电话：0755—2712233　　联系传真：0755—2712266

电子信箱：stonegrp@public.szptt.net.cn

4、公司注册地址：广东省深圳市福田中心区深南大道4009号投资大厦

公司办公地址：广东省深圳市福田中心区深南大道4009号投资大厦

邮 政 编 码 ：518026

5、公司选定的信息披露报纸名称：《中国证券报》、《证券时报》

公司年度报告备置地点：公司董事会办公室

6、股票上市地：深圳证券交易所

股 票 简称：四通高科　　股 票 代码：0409

二、会计数据和业务数据摘要

1、公司本年度会计数据和业务数据

利润总额(元)：		6,780,821.08
净利润(元)：		6,811,441.00
扣除非经常性损益后的净利润(元)：		5,968,249.00
主营业务利润(元)：		9,934,543.00
营业利润(元)		-1,667,296.00
投资收益(元)：		7,604,926.00
补贴收入(元)：		
营业外收支净额(元)：		843,192.00
现金及现金等价物净增加额(元)：		-839,039.90
扣除非经常性损益项目：	营业外收入	营业外支出
涉及金额为：	902,192	59,000

2、截止报告期内末公司前三年的主要会计数据和财务指标

项　目	2000年	1999年	1998年 调整前	1998年 调整后
主营业务收入(元)	91,629,364	5,841,436	49,369,126	
净利润(元)	6,811,441	-18,405,137	3,405,003	2,315,738.99
总资产(元)	321,769,722	264,551,211	315,621,164	290,434,183
股东权益(元)	250,973,372	244,161,932	288,138,858	262,567,068
每股收益(元)(摊薄)	0.04	-0.107	0.02	0.014
每股收益(元)(加权)	0.04	-0.107	0.02	0.014
扣除非经常性损益后的每股收益(元)(摊簿)	0.035	-0.085		
每股收益(元)(加权)	0.035	-0.085		
每股净资产(元)	1.46	1.42	1.68	1.53
调整后的每股净资产(元)	1.13	1.04	1.62	1.47
每股经营活动产生的现金流量净额(元)	-0.076	-0.05		
净资产收益率(%)(摊薄)：	2.71	-7.54	1.18	0.9

三、股本变动及股东情况

(一)股本变动情况：

1、股本变动情况表　　编制日期:2000年12月31日　　数量单位：股

	期初数	配股	送股	公积金转增	其他	小计	期末数
一、尚未流通股份							
1、发起人股份	41,905,577				-5,750,000	-5,750,000	36,155,577
其中：境内法人持有股份	41,905,577				-5,750,000	-5,750,000	36,155,577
2、募集法人股	54,192,100				+5,750,000	+5,750,000	59,942,100
3、内部职工股	273,094				-170,367	-170,367	102,727
尚未流通股份合计	96,370,771				-170,367	-170,367	96,200,404
二、已流通股份							
1、境内上市的人民币普通股	75,003,377				+170,367	+170,367	75,173,744
已流通股份合计	75,003,377				+170,367	+170,367	75,173,744
三、股份总数	171,374,148				0	0	171,374,148

(二)股东情况介绍：　　1、报告期末股东总数：26325户。

2、前十名股东的持股情况：

序号	股东名称	持有股数(股)	占总股本比例(%)
1	四通集团公司	23,000,000	13.42
2	北京大方投资有限公司	8,050,000	4.70
3	中国石化集团北京石油化工工程公司	5,881,008	3.43
4	华金信息产业投资有限公司	5,750,000	3.36
5	海南日冷空调安装工程有限公司	5,184,465	3.03
6	广东粤财信托投资公司	4,608,545	2.69
7	重庆国力科技发展有限公司	3,864,000	2.25
8	中国农村信托投资公司	2,898,000	1.69
9	上海郎吉科技投资有限公司	1,410,000	0.82
10	上海乔爱贸易有限公司	1,400,000	0.82

沈阳机床股份有限公司

一、公司简况

1、公司法定中文名称：沈阳机床股份有限公司

公司法定英文名称：SHENYANG MACHINE TOOL CO.LTD　　英文简写：SMTCL

2、公司法定代表：姚俊喜

3、公司董事会秘书：牟继勋　　公司董事会联系人：任芳贤

联系地址：沈阳市铁西区北二东路10-1号

电　话：024-25876185　　传　真：024-25878762

4、公司注册地址：沈阳市铁西区北二东路10-1号

邮政编码：110025　　公司电子信箱：smtcl@mail.sy.ln.cn

5、公司年度报告备置地点

沈阳市铁西区北二东路10-1号办公楼证券部

公司选定的披露报刊《证券时报》、《中国证券报》

登载年度报告的中国证监会指定国际互联网网址：http://www.cninfo.com.cn

6、公司股票上市交易所：深圳证券交易所

股票简称：沈阳机床　　证券代码：0410

二　会计数据和业务数据摘要

1、本年主要利润指标情况　　单位(元)

利润总额	18,698,453.74
净利润	16,100,044.09
扣除非经常性损益后的净利润	9,014,177.80
主营业务利润	132,085,284.98
其它业务利润	5,701,783.80
营业利润	12,530,004.67
投资收益	-917,417.22
补贴收入	6,333,386.41
营业外收支净额	752,479.88
经营活动产生的现金流量净额	4,740,258.23
现金及现金等价物净增加额	-6,351,239.15

注：扣除非经营性损益项目及金额为：

(1)、返还税收	6,333,386.41
(2)、营业外收支净额	752,479.88

2、截止报告期末公司前三年主要会计数据和财务指标(单位：人民币元)

指标项目	2000年	1999年	1998年
主营业务收入	585,743,750.48	348,909,042.43	515,321,454.69
净利润	16,100,044.09	11,027,664.11	37,946,961.95
总资产	2,864,944,013.91	2,908,220,790.53	2,861,636,150.10
股东权益(不含少数股东权益)	935,961,777.60	928,393,554.70	992,662,677.74
每股收益(按净利润加权平均计算)	0.047	0.032	0.11
扣除非经常性损益后的每股收益(加权平均)	0.026	-0.21	0.037
每股净资产	2.745	2.723	2.91
调整后的每股净资产	2.615	2.513	2.648
每股经营活动产生的现金流量净额	0.014	0.09	-0.24
净资产收益率(%)(按净利润全面摊薄)	1.72	1.19	3.82
加权净资产收益率(%)	1.72	1.19	4.72
扣除非经常性损益后的加权净资产收益率(%)	0.96	-7.89	1.59

按照中国证监会《公开发行证券公司信息披露遍报规则(第9号)》要求计算2000年度的净资产收益率和每股收益。

利润表附表	净资产收益率(%) 全面摊薄	净资产收益率(%) 加权平均	每股收益(元) 全面摊薄	每股收益(元) 加权平均
主营业务利润	14.11	14.10	0.39	0.39
营业利润	1.34	1.34	0.037	0.037
净利润	1.72	1.72	0.047	0.047
扣除非经常性损益后的净利润	0.96	0.96	0.026	0.026

3、报告期内股东权益变动情况及变化原因

项目	股本	资本公积	盈余公积	其中公益金	未分配利润	股东权益合计
期初数	340,919,303	486,175,259	54 ,466,688	12,461,315.19	46,832,304	928,393,555
本期增加			2,415,007	805,002.20	13,685,038	7,568,223
本期减少：		8,531,821				
期末数	340,919,303	477,643,438	56,881,695	13,266,317.39	60,517,342	935,961,778

变化原因：公司本年度实现净利润16,100,044元，按10%提取法定盈余公积1,610,004元，按5%法定公益金805,002元所致。

.本期末分配利润增加，是因为本期实现净利润16,100,044元。

本期末股东权益增加，是因为本期实现净利润16,100,044元。

三、股东情况介绍

1、主要股东持股情况(前十名股东)

至报告期末，本公司前十名股东持股情况如下：

序号	股东名称	持股数(截止2000年12月31日)	所占比例
1	沈阳资产经营有限公司	185,544,503股	54.42%
2	沈阳铜网厂	3,900,000股	1.14%
3	沈阳建设投资公司	1,300,000股	0.38%
4	沈阳市风险投资公司 (北方证券南五马路营业部)	1,300,000股	0.38%
5	辽宁华盛信托投资有限公司	1,040,000股	0.31%
6	工行沈阳融资中心	650,000股	0.19%
7	中国有色金属进出口辽　宁分公司	650,000股	0.19%
8	中国有色冶金总公司辽宁分公司	650,000股	0.19%
9	中国有色金属东北公司	650,000股	0.19%
10	沈阳北方设备工程公司	650,000股	0.19%

杭州凯地丝绸股份有限公司

一、公司简介

1、公司法定名称:杭州凯地丝绸股份有限公司　　缩写:凯地丝绸
公司英文名称:HANG ZHOU KAIDI SILK CO.,LTD.　　缩写:KD
2、公司法定代表人:王先龙
3、公司董事会秘书:包志虎
联系地址:公司证券投资部
电　　话:0571-2696307　　传　　真:0571-2696307
电子信箱:kdbgs@mail.hz.zj.cn
4、公司注册地址:杭州市环城北路15号
办公地址:杭州市萧山经济技术开发区鸿达路北侧　　邮政编码:311231
5、公司选定的信息披露报纸:证券时报
登载公司年度报告的中国证监会指定国际互联网网址:www.cninfo.com.cn
年度报告备置地:公司证券投资部
6、公司股票上市地:深圳证券交易所
股票简称:ST凯地　　股票代码:0411

二、会计数据和业务数据摘要

1、本年度主要会计数据(单位:元)

利润总额	-72,910,303
净利润	-73,666,302
扣除非经常性损益后的净利润	-52,074,586
主营业务利润	-21,718,391
其他业务利润	23,665,447
营业利润	-40,173,825
投资收益	-11,144,761
补贴收入	27,564
营业外收支净额	-21,619,281
经营活动产生的现金流量净额	-7,032,721
现金及现金等价物净增加额	-21,104,941

注:扣除非经常性损益的项目及金额:
补贴收入27,564元,营业外收支净额-21,619,281元。

2、截止本报告期末公司前三年主要会计数据和财务指标　　单位:元

项　目	2000年	1999年	1998年 调整前	1998年 调整后
主营业务收入	88,702,519	81,268,194	100,878,357	100,878,357
净利润	-73,666,302	-69,042,084	-39,440,117	-50,336,235
总资产	292,303,971	430,359,008	525,070,915	465,752,667
股东权益	44,586,110	118,252,412	246,178,795	187,234,681
每股收益	-0.639	-0.599	-0.342	-0.437
每股净资产	0.387	1.026	2.136	1.625
调整后每股净资产	0.279	0.940	1.842	1.503
净资产收益率(摊薄)	-165.22%	-58.39%	-16.02%	-26.88%
每股经营活动产生的现金流量净额	-0.061	-0.106	0.253	

备注:本年度末股本总额未发生变化,故加权计算的每股收益不变,为-0.639元;本年度扣除非经常性损益后的每股收益为-0.452元。

3、利润表附表

报告期利润	净资产收益率(%) 全面摊薄	净资产收益率(%) 加权平均	每股收益(元) 全面摊薄	每股收益(元) 加权平均
主营业务利润	-48.71	-26.67	-0.188	-0.188
营业利润	-90.10	-49.34	-0.349	-0.349
净利润	-165.22	-90.48	-0.639	-0.639
扣除非经常性损益后的净利润	-116.80	-63.96	-0.452	-0.452

三、股东情况介绍

1、报告期末共有股东总数16,292户。
2、公司前十名股东持股情况

单位:股

股东名称	年初数	本期增减	年末数	比例	质押冻结
浙江华龙实业发展总公司	0	20,990,000	20,990,000	18.21%	
四川泰港生物科技股份有限公司	0	20,755,540	20,755,540	18.01%	
中国工商(香港)财务有限公司	12,100,000		12,100,000	10.50%	有
浙江通达房地产开发公司	0	7,000,000	7,000,000	6.07%	
浙江东普实业有限公司	6,300,000		6,300,000	5.47%	
浙江华龙房地产开发公司	5,200,000		5,200,000	4.51%	
浙江省丝绸进出口公司	2,929,000		2,929,000	2.54%	
香港富春丝绸公司	2,321,000		2,321,00	2.01%	
浙江省建行信托投资公司	2,062,500		2,062,50	1.79%	
杭州市工商信托投资公司	2,062,500		2,062,50	1.79%	

备注:
1.中国工商(香港)财务有限公司、香港富春丝绸公司为境外法人。
2.浙江省丝绸进出口公司为香港富春丝绸公司的母公司;浙江华龙实业发展总公司为浙江东普实业有限公司、浙江华龙房地产开发公司母公司。
3.2001年1月2日,浙江省建行信托投资公司所持的股份全部转让给浙江华龙实业发展总公司,并办妥了股权过户手续。截止本报告日,浙江华龙实业发展总公司直接和间接持有本公司股份34,552,500股,占股份总数的29.98%。
4.前十位股东持有的股份均为非流通股。
(3)直接或间接持股10%以上的法人股东情况

股　　东	法定代表人	经营范围
浙江华龙实业发展总公司	王先龙	组织高新技术产品开发、生产和经营,房地产开发
四川泰港生物科技股份有限公司	刘帮成	生物工程的技术开发、生物制品的生产销售、淡水养殖
中国工商(香港)财务有限公司	马仁德	实业投资、房地产业务

长春北方五环实业股份有限公司

一、公司简介

1、公司中文名称:长春北方五环实业股份有限公司
公司英文名称:CHANGCHUN NORTH CHINA WUHUAN CO.,LTD
2、公司法定代表人:张振华
3、公司董事会秘书:姜　渤　　联系地址:长春市宽城区白菊路8号
联系电话:0431-2777666-8418　传真:0431-2777111　电子信箱:dsh@north-wuhuan.com
4、公司注册地址:长春市南关区南岭大街38号
公司办公地址:长春市宽城区白菊路8号　　邮政编码:130051
网　址:Http://www.north-wuhuan.com　　电子信箱:dsh@north-wuhuan.com
5、公司指定信息披露报刊名称为《证券时报》、《中国证券报》和《上海证券报》。
公司登载公司年度报告指定网址为:http//www.cninfo.com.cn
公司年度报告备置地点:公司董事会秘书处
6、公司股票上市交易所:深圳证券交易所
股票简称:北方五环　　股票代码:0412

二、会计数据和业务数据摘要

1、本年度主要利润指标情况(单位:人民币元)

指　　标	2000年
利润总额	-183,283,104.92
净利润	-169,375,672.62
扣除非经常性损益后的净利润	-167,223,861.03
主营业务利润	21,714,475.60
其他业务利润	1,335,982.51
营业利润	-84,159,453.02
投资收益	-7,346,731.71
补贴收入	170,000.00
营业外收支净额	-91,946,920.19
经营活动产生的现金流量净额	-49,696,691.48
现金及现金等价物净增加额	-55,056,092.61

注:扣除的非经常性损益项目和涉及金额(单位:人民币元)

项目	涉及金额
资产处置损益	-787,805.70
其他营业外收支净额	-1,041,314.49
临时性获得的补贴收入	170,000.00
合并价差摊入	-492,691.40
合　　计	-2,151,811.59

2、截止报告期末公司前三年的主要会计数据和财务指标

项目	2000年度	1999年度 调整后	1999年度 调整前	1998年度 调整后	1998年度 调整前
主营业务收入	57,325,637.32	78,512,337.19	78,512,337.19	128,042,809.05	128,042,809.05
净利润	-169,375,672.62	33,694,017.94	35,007,684.88	60,772,916.14	64,087,656.84
总资产	803,754,749.41	949,666,112.26	958,401,287.15	743,678,202.48	751,627,327.48
股东权益	322,964,444.24	505,301,111.91	517,016,928.34	471,607,093.97	482,009,243.46
每股收益	-0.586	0.117	0.121	0.210	0.222
扣除非经常性损益后的每股收益	-0.579	-0.039	-0.034	0.162	0.173
每股净资产	1.118	1.749	1.789	1.632	1.668
调整后的每股净资产	1.002	1.598	1.639	1.519	1.555
每股经营活动产生的现金流量净额	-0.172	-0.101	-0.101	0.176	0.176
净资产收益率(%)	-52.44	6.67	6.77	12.89	13.30

4、报告期内股东权益变动情况(单位:人民币元)

项目	期初数	本期增加	本期减少	期末数
股本	288,961,676.00			288,961,676.00
资本公积	66,389,727.91			66,389,727.91
盈余公积	55,508,296.78			55,508,296.78
法定公益金	17,909,058.49			17,909,058.49
未确认的投资损失		-12,960,995.05		-12,960,995.05
未分配利润	94,441,411.22	-169,375,672.62		-74,934,261.40
股东权益合计	505,301,111.91	-182,336,667.67		-322,964,444.24

三、股本变动及股东情况

(一)股本变动情况
1、股份变动情况表

	期初数	本次股份增减(+、-)	期末数
一、尚未流通股份			
1、发起人股份	125,782,456	0	125,782,456
其中:国家拥有股份	31,935,091	0	31,935,091
境内法人持有股份	93,847,365	0	93,847,365
2、募集法人股份	56,857,500	0	56,857,500
尚未流动股份合计	182,639,956	0	182,639,956
二、已流通股份			
境内上市人民币普通股	106,321,720	0	106,321,720
已流通股份合计	106,321,720	0	106,321,720
三、股份总数	288,961,676	0	288,961,676

(二)股东情况介绍　　1、截止2000年末公司股东总数为63769户。
3、截止2000年末公司前10名股东情况

股东名称	持有股数	已流通股份	未流通股份	持股比例
长春长顺实业集团有限公司	93847365	0	93847365	32.47%
珠海华裕达实业有限公司	56857500	0	56857500	19.68%
长春市国有资产经营公司	31935091	0	31935091	11.05%
赵拾义	330000	330000	0	0.11%
杨玉金	314580	314580	0	0.11%
张春霞	256000	256000	0	0.09%
常　玥	254996	254996	0	0.09%
北京海丰经贸有限公司	215570	215570	0	0.07%
北京丰瑞和贸易有限责任公司	214800	214800	0	0.07%
王韵义	207680	207680	0	0.07%

石家庄宝石电子玻璃股份有限公司

(一)公司简介

1.公司法定名称
中文:石家庄宝石电子玻璃股份有限公司
英文:SHIJIAZHUANG BAOSHI ELECTRONIC GLASS COMPANY LIMITED
英文名称缩写:SJZBS
2.公司法定代表人:董庆祥
3.公司董事会秘书:罗丽娜
授权代表:李新建
联系地址:河北省石家庄市中山东路华清街2号(公司证券部)
电话:0311-6044705 传真:0311-6041503
电子信箱:bsdz@sj-user.he.cninfo.net
4.公司注册地址:河北省石家庄市高新技术产业开发区黄河大道9号
公司办公地址:河北省石家庄市高新技术产业开发区黄河大道9号
邮政编码:050035
电子信箱:baoshi@mx.hebei.net.cn
5.公司选定的信息披露报纸:《中国证券报》、《香港商报》
登载公司年度报告的国际互联网网址:http://www.cninfo.com.cn
公司年度报告备置地点:公司证券部
6.公司股票上市地:深圳证券交易所
股票简称:宝石A、宝石B　股票代码:0413,2413

(二)会计数据和业务数据摘要

1.本年度主要利润指标情况(合并报表)　单位:人民币元

利润总额	100,048,288
净利润	83,961,160
扣除非经常性损益后的净利润	82,939,786
主营业务利润	17,783,922
其他业务利润	18,565,547
营业利润	-46,842,648
投资收益	141,594,479
补贴收入	
营业外收支净额	5,296,457
经营活动产生的现金流量净额	-190,283,403
现金及现金等价物净增加额	29,729,265

说明:扣除非经常性损益后的净利润=净利润-债权人豁免以前年度应付款项-出售固定资产和无形资产收益+处置固定资产损失=83961160-987647-50000+16273=82939786(元)

3.本报告期末公司前三年的主要会计数据和财务指标

指标项目/年度	2000年(合并)	1999年(合并)调整前	1999年(合并)调整后	1998年(合并)
主营业务收入(万元)	4,492	572	572	3,892
净利润(万元)	8,396	3,713	-8,647	-23,681
总资产(万元)	161,690	204,554	204,554	220,450
股东权益(万元)	54,268	43,398	43,398	39,685
每股收益(元)	0.219	0.097	-0.226	-0.618
每股收益(加权)(元)	0.219	0.097	-0.226	-0.618
扣除非经常性损益后的每股收益(元)	0.217	0.200	-0.169	-0.644
每股净资产(元)	1.42	1.13	1.13	1.036
调整后的每股净资产(元)	1.40	1.08	1.08	1.01
每股经营活动产生的现金流量净额(元)	-0.497	-0.035	-0.035	-0.075
净资产收益率(%)	15.47	8.56	-19.93	-59.67
净资产收益率(加权)(%)	17.14	8.94	-18.12	-45.96

注:根据财政部[2001]7号文件《企业会计准则-债务重组》的规定,普华永道中天会计师事务所有限公司对本公司1999年度报表进行了追溯调整。

4.利润表附表

报告期利润	净资产收益率(%)全面摊薄	净资产收益率(%)加权平均	每股收益(元/股)全面摊薄	每股收益(元/股)加权平均
主营业务利润	3.28	3.63	0.046	0.046
营业利润	-8.63	-9.56	-0.122	-0.122
净利润	15.47	17.14	0.219	0.219
扣除非经常性损益后的净利润	15.28	16.94	0.217	0.217

5.报告期内股东权益变动情况　单位:万元

项目	股本(万股)	资本公积	盈余公积	法定公益金	未分配利润	股东权益合计
期初数	38,300	51,110	6,186	2,062	-52,198	43,398
本期增加	2,474				8,396	10,870
本期减少						
期末数	38,300	53,584	6,186	2,062	-43,802	54,268

(三)股本变动及股东情况

(1)报告期末股东总数
截止2000年12月31日,公司有A股股东25385人,B股股东7086人。
(2)公司前十名股东持股情况(截止2000年12月31日)

股东名称	持股数(股)	占总股本%
①石家庄宝石电子集团有限责任公司	230410500	60.16
②DAIWASECURITIESSB.CSPITALMARKETS.HKLTD	130000000	3.39
③CBNYSIAPNC/SKANDIASELECTFUND/CHINA EQUITYAC	5781382	1.51
④长城证券有限责任公司	3000000	0.78
⑤中国电子进出口总公司	2000000	0.52
⑥谢映君	1598500	0.42
⑦冼昭蓉	1200000	0.31
⑧安萍	1000000	0.26
⑨中化河北进出口公司	1000000	0.26
⑩石家庄信托投资股份公司	1000000	0.26

新疆汇通(集团)股份有限公司

一、公司简介

(一)公司法定中文名称:新疆汇通(集团)股份有限公司
英文名称:Xin Jiang Hui Tong(group)Co.,LTD
(二)公司法定代表人:柳志伟
(三)公司董事会秘书:胡敏辉
授　权　代　表:郭秀林
联系地址:新疆乌鲁木齐市黄河路22号汇通大厦619室
电　　话:(0991)5852082
传　　真:(0991)5852082
电子信箱:huminhui@263.net
(四)公司注册地址:新疆乌鲁木齐市黄河路22号汇通大厦
公司办公地址:新疆乌鲁木齐市黄河路22号汇通大厦
公司国际互联网网址:http://www.huitonggroup.com.cn
公司电子信箱:0415@163·net
邮　政　编　码:830000
(五)公司选定的信息披露报纸:《证券时报》
证监会指定的公司登载年度报告的国际互联网网址:
http://www.cninfo.com.cn
公司年度报告备置地点:公司董事会秘书处
(六)公司股票上市交易所:深圳证券交易所
股票简称:汇通水利
股票代码:0415

二、会计数据和业务数据摘要

(一)二000年度主要利润指标情况

单位:人民币元

项　目	金　额
1 利润总额:	49,931,295.72
2 净利润:	46,542,873.32
3 扣除非经常性损益后的净利润:	46,384,492.52
4 主营业务利润:	75,454,995.14
5 其他业务利润:	2,766,155.43
6 营业利润:	39,077,164.92
7 投资收益:	10,695,750.00
8 补贴收入:	21,623.10
9 营业外收支净额:	136,757.70
10 经营活动产生的现金流量净额:	(177,910,444.98)
11 现金及现金等价物净增加额:	(57,587,896.79)

(二)近三年主要会计数据和财务指标:

单位:人民币元

指　标　项　目	2000年	1999年	1998年
1 主营业务收入(元)	170,494,537.70	166,855,508.38	115,708,035.63
2 净利润(元)	46,542,873.32	69,593,186.55	29,867,508.65
3 总资产(元)	774,442,498.53	510,956,704.01	312,208,285.53
4 股东权益(元)	425,649,893.32	386,102,419.88	214,268,832.49
5 每股收益(元/股)	0.200	0.298	0.332
6 加权平均每股收益(元/股)	0.200	0.365	0.332
7 扣除非经常性损益后的每股收益(元/股)	0.199	0.300	0.332
8 每股净资产(元/股)	1.825	1.656	2.381
9 调整后的每股净资产(元/股)	1.782	1.611	2.264
10 每股经营活动产生的现金流量净额	(0.763)	0.056	(0.298)
11 净资产收益率(%)	10.93%	18.02%	13.94%

三、股东情况介绍

1、截止2000年12月31日,公司股东总数71980名。
2、截止2000年12月31日,持有公司股份的前10名股东有:

序号 股东名称	期初持股数	期末持股数	占总股本比例(%)
1)深圳市淳大投资有限公司	32371046	69936343	29.99
2)新疆水利电力建设总公司	65479306	65479306	28.08
3)海南维达实业有限公司	39372099	1806802	0.77
4)吕长和		280000	0.12
5)王玉花		171600	0.073
6)黄瑞华		161499	0.069
7)郭三九		157544	0.068
8)金云阿布		157544	0.068
9)周云仙		152000	0.065
10)曹月芬		150000	0.064

说明:
1.深圳市淳大投资有限公司(原深圳市富士豪实业有限公司)报告期初持有公司3237.1046万股,在报告期内因受让海南维达实业有限公司持有的我公司3756.5297万股(此公告已刊登于2000年元月19日《证券时报》),故报告期末该公司持股数增至6993.6343万股。

该公司于2000年6月7日将持有我公司2400万股(占公司总股本的10.29%)质押给交通银行乌鲁木齐分行,为本公司从该行获得贷款3000万元提供担保,质押期限为6个月(此贷款于2000年11月24日解冻)。于2000年9月1日将持有我公司3640万股(占公司总股本的15.61%)质押给中国银行新疆分行,为本公司从该行获得贷款5000万元提供担保,质押期限为一年。于2000年11月24日将持有我公司3350万股(占公司总股本的14.37%)质押给交通银行乌鲁木齐分行,为本公司从该行获得贷款4000万元提供担保,质押期限为一年。

2.新疆水利电力建设总公司于1999年12月3日将持有我公司1300万股(占公司总股本的5.575%)质押给中国工商银行乌鲁木齐经二路支行,已于2000年12月15日解冻。

3.海南维达实业有限公司报告期初持有公司3937.2099万股,在报告期内因将其持有的本公司部分股份转让给深圳市淳大投资有限公司,故报告期末持股数减至180.6802万股。

4.前10名股东之间不存在关联关系。

青岛国货(集团)股份有限公司

一、公司简介

1.公司法定中文名称：青岛国货(集团)股份有限公司
公司法定英文名称：QINGDAO GUOHUO GROUP CO.,LTD.
2.公司法定代表人：纪家伟
3.公司董事会秘书：陈 波
联系地址：青岛市市南区中山路149号
联系电话：(0532)2857899 传 真：(0532)2857808 电子信箱：ghgs@public.qd.sd.cn
授权代表：杜心强 联系地址：青岛市市南区中山路149号
联系电话：(0532)2857899 传真：(0532)2857808 电子信箱：ghgs@public.qd.sd.cn
4.公司注册及办公地址：青岛市市南区中山路149号 邮政编码：266001
5.公司选定的信息披露报纸：《证券时报》
登载公司年度报告的国际互联网址：www.cninfo.com.cn
公司年度报告备置地点：董事会办公室
6.公司股票上市交易所：深圳证券交易所 股票简称：青岛国货 股票代码： 0416

二、会计数据和业务数据摘要

(一)公司本年度实现的利润总额及构成(金额:元)

利润总额	-23,985,778.86
净 利 润	-23,939,027.99
扣除非经常性损益后的净利润	-23,937,289.57
主营业务利润	21,993,394.53
其他业务利润	4,079,808,21
营业利润	-22,476,752.06
投资收益	-129,618.96
补贴收入	0
营业外收支净额	-1,379,407.84
经营活动产生的现金流量净额	18,862,593.02
现金及现金等价物净增加额	-2,270,989.83

注:扣除非经常性损益项目
固定资产清理净损失 1,738.42

(二)截至报告期末公司前三年主要会计数据和财务指标

项 目	2000年度	99年度	98年度
主营业务收入(元)	164,816,901.45	196,182,159.79	399,779,275.79
净利润(元)	-23,939,027.99	-41,141,778.24	3,003,679.39
总资产(元)	381,474,800.88	435,407,801.31	468,811,957.39
股东权益(元)	224,577,961.15	248,516,989.14	289,658,767.38
每股收益(元)	-0.21	-0.362	0.026
加权每股收益(元)	-0.21	-0.362	0.027
扣除非经常性损益后的每股收益(元)	-0.21	-0.278	
每股净资产(元)	1.98	2.19	2.55
调整后的每股净资产(元)	1.91	2.15	2.51
每股经营活动产生的现金流量净额(元)	0.166	-0.35	
净资产收益率(%)	-10.66	-16.55	1.03

注：1.主要会计数据和财务指标的计算方法：
每股收益=净利润/年度末普通股股份总数
每股净资产=年度末股东权益/年度末普通股股份总数
调整后的每股净资产=[年度末股东权益-三年以上的应收帐款-待摊费用-待处理(流动、固定)资产净损失-开办费-长期待摊费用-住房公积金负数余额] /年度末普通股股份总数
每股经营活动产生的现金流量净额=经营活动产生的现金流量净额/年度末普通股股份总数
净资产收益率=净利润/年度末股东权益×100%
2.以上数据以公司合并报表数据填列。

(三)按照证监会《公开发行证券公司信息披露编报规则第9号》要求编制的利润表附表：

	净资产收益率(%)				每股收益(元)			
	全面摊薄		加权平均		全面摊薄		加权平均	
	2000	1999	2000	1999	2000	1999	2000	1999
主营业务利润	9.79	6.92	9.3	6.39	0.19	0.15	0.19	0.15
营业利润	-10	-12.59	-9.5	-11.6	-0.20	-0.28	-0.20	-0.28
净利润	-10.66	-16.55	-10.1	-15.3	-0.21	-0.36	-0.21	-0.36
扣除非经常性损益后的净利润	-10.66	-12.73	-10.1	-11.75	-0.21	-0.28	-0.21	-0.28

(四)报告期内股东权益变动情况(金额:元)

项 目	股本	资本公积	盈余公积	其中:公益金	未分配利润	合计
期初数	113679049	143309123.26	10963732.10	1308626.92	-19434915.22	248516989.14
本期增加						
本期减少					23939027.99	23939027.99
期末数	113679049	143309123.26	10963732.10	1308626.92	-43376943.21	224577961.15

变动原因:期末未分配利润减少23,939,027.99元,系因2000年度实现净利润为-23,939,027.99元

三、股本变动及股东情况

(一)股本变动情况
1.报告期末股东总数
截止2000年12月31日,公司股东总数为16094户。
2.主要股东持股情况:截止2000年12月31日,公司前10名股东持股情况:

股东名称	持股数量(股)	持股比例(%)
1.青岛市商业总公司	33796800	29.73
2.青岛市弘诚信托投资有限责任公司	1041150	0.92
3.青岛益青房地产公司	825000	0.73
4.魏详明	720000	0.63
5.吕发清	650000	0.57
6.青岛太阳房地产经济发展总公司	577500	0.51
7.国泰君安证券股份有限公司	561000	0.49
8.谭永吉	471950	0.42
9.万源股份	403132	0.35
10.邵林水	345100	0.30

合肥百货大楼股份有限公司

一、公司简介

(一)公司法定中文名称:合肥百货大楼股份有限公司
公司法定英文名称:HEFEI DEPARTMENT STORE CO.LTD
(二)公司法定代表人:董事长郑晓燕女士
(三)公司董事会秘书:赵文武先生 电子信箱:zhao_wenwu@sohu.com
董事会证券事务代表:林翠女士 电子信箱:lin_cui@china.com
联系地址:合肥市长江中路150号公司证券发展部
电话:0551-2647133转3034、2640803 传真:0551-2652936
(四)公司注册地址:安徽省合肥市长江中路150号
公司办公地址:合肥市长江中路150号综合楼2-6层 邮政编码:230001
公司国际互联网网址:http://www.hfbh.com.cn 公司电子信箱:hfbhdl@mail.hf.ah.cn
(五)公司选定的信息披露报纸:《中国证券报》、《证券时报》
登载公司年度报告的中国证监会指定国际互联网网址:http://www.cninfo.com.cn
公司年度报告备置地点:公司证券发展部
(六)公司股票上市交易所:深圳证券交易所 股票简称:合肥百货 股票代码:0417

二、会计资料和业务资料摘要

(一)本年度利润总额及构成 (单位:人民币元)

项 目	2000年度
利润总额	62,934,919.47
净利润	49,856,345.75
扣除非经常性损益后的净利润	32,510,892.91
主营业务利润	100,025,249.18
其他业务利润	13,663,152.27
营业利润	44,621,797.63
投资收益	18,981,748.75
补贴收入	-
营业外收支净额	-668,626.91
经营活动产生现金流量净额	70,481,056.64
现金及现金等价物净增加额	166,583,013.80

注:非经常性损益项目和金额为:
股票投资收益 17,345,452.84

(二)公司前三年主要会计资料及财务指标: (单位:人民币元)

项目	2000年度	1999年度	1998年度 调整前	1998年度 调整后
主营业务收入	792,108,413.03	723,082,691.43	618,883,565.43	618,883,565.43
净利润	49,856,345.75	42,552,511.05	39,759,612.89	38,557,808.46
总资产	974,241,901.62	692,563,053.73	656,912,186.63	654,512,256.12
股东权益(不含少数股东权益)	569,683,735.20	420,617,093.14	391,755,287.10	389,375,156.59
每股收益(摊薄)	0.592	0.564	0.53	0.51
每股收益(加权)	0.649	0.564	0.56	0.54
扣除非经常性损益后 每股收益(摊薄)	0.386	0.564	0.51	0.50
扣除非经常性损益后 每股收益(加权)	0.423	0.564	0.55	0.53
每股净资产	6.76	5.58	5.20	5.16
调整后每股净资产	6.47	5.37	5.09	4.96
每股经营活动产生的现金流量净额	0.84	1.19	0.93	0.93
净资产收益率(摊薄)	8.75	10.12	10.15	9.90
净资产收益率(加权)	10.71	10.12	11.84	11.48

(三)按照中国证监会《公开发行证券公司信息披露编报规则(第九号)》要求计算的相关指标数据:

报告期利润	净资产收益率%		每股收益(元)	
	全面摊薄	加权平均	全面摊薄	加权平均
主营业务利润	17.56	21.48	1.187	1.301
营业利润	7.83	9.58	0.530	0.580
净利润	8.75	10.71	0.592	0.649
扣除非经常性损益后的净利润	5.71	6.98	0.386	0.423

(四)报告期内股东权益变动情况: (单位:人民币元)

项目	股本	资本公积	盈余公积	法定公益金	未分配利润	股东权益合计
期初数	75,403,830.00	235,181,609.92	67,183,403.31	17,164,855.45	34,550,514.91	412,319,358.14
本期增加	8,837,520.00	111,306,713.81	20,967,378.46	5,497,747.20	49,856,345.75	190,967,958.02
本期减少					33,603,580.96	33,603,580.96
期末数	84,241,350.00	346,488,323.73	88,150,781.77	22,662,602.65	50,803,279.70	569,683,735.20

变动原因: 1.股本增加系本年度配股增加股份所致;
2.资本公积增加系本年度配股溢价所致;
3.盈余公积增加系本年度实现净利润进行分本提取所致;
4.未分配利润增加系本年度实现净利润转入所致。

三、股本变动及股东情况

(一)报告期末股东总数:
截止2000年12月31日,公司股东总户数共11012户,其中:国家股股东1户,法人股股东93户,社会公众股股东10910户,内部职工股(高管股)股东8户。
(二)本公司前十名股东持股情况

序号	股东名称	年末持股数量(股)	占总股本比率(%)
1	合肥百货大楼集团控股有限公司	42,206,960	50.10
2	合肥美菱股份有限公司	3,416,600	4.05
3	合肥百货大楼裕安开发部	1,379,240	1.63
4	合肥洗衣机总厂(荣事达)	1,138,800	1.35
5	中国工商银行安徽省分行营业部	1,138,800	1.35
6	安徽省国际信托投资公司	569,400	0.67
7	芜湖鑫达新型铜材有限公司	358,518	0.42
8	合肥市德越化工有限责任公司	305,301	0.36
9	合肥金达利娱乐有限公司	260,160	0.30
10	江月华	213,733	0.25

无锡小天鹅股份有限公司

(一)公司简介

1、公司法定中文名称:无锡小天鹅股份有限公司
公司法定英文名称:Wuxi Little Swan Company Limited
2、公司注册地址:无锡市国家高新技术开发区汉江路1号　邮政编码:214028
公司办公地址:江苏省无锡市惠钱路67号　邮政编码:214035
公司国际互联网网址:http://www.littleswan.com　公司电子信箱:info@littleswan.com.cn
3、公司法定代表人:朱德坤先生
4、公司董事会秘书:乔　立先生
联系地址:江苏省无锡市惠钱路67号无锡小天鹅股份有限公司　邮政编码:214035
联系电话:0510-3704003-2192　传真:0510-3704031　电子信箱:Qiaol@littleswan.com.cn
董事会证券事务代表:王　韧先生
联系地址:江苏省无锡市惠钱路67号无锡小天鹅股份有限公司证券部　邮编:214035
联系电话:0510-3704003-2022　传真:0510-3704031
电子信箱:Wangren@littleswan.com.cn
5、公司选定的信息披露报纸:《中国证券报》、《证券时报》　香港《文汇报》、香港《大公报》
登载公司年报的证监会指定网址:Http://www.cninfo.com.cn
公司年度报告备置地点:公司证券部
6、公司股票上市交易所:深圳证券交易所
公司股票简称:小天鹅A,小天鹅B　公司股票代码:0418,　2418

(二)、会计数据和业务数据摘要

1、本年度利润指标　(单位:人民币元)

利润总额	235,118,841.91
净利润	188,217,652.50
扣除非经常性损益后的净利润	177,747,333.53
主营业务利润	702,948,287.06
其他业务利润	13,403,633.06
营业利润	225,838,200.86
投资收益	17,274,579.83
补贴收入	—
营业外收支净额	-7,993,938.78
经营活动产生的现金流量净额	195,693,176.85
现金及现金等价物净增加额	7,573,566.95

净利润调整　(单位:人民币千元)

根据中国会计准则计算	188,218
按照国际会计准则所作的调整	
加:提取的坏帐准备	5,755
调整后的金额	193,973

说明:本年度公司非经常性损益构成如下:减去营业外收入2,325,710.39元;减去股票投资收益9,557,429.36元;加上部分营业外支出1,412,820.78元。

2、截至报告期末公司前三年的主要会计数据和财务指标

项目	2000年度	1999年度	1998年度 调整前	1998年度 调整后
主营业务收入(万元)	272,486.35	265,963.48	216,716.58	216,716.58
净利润(万元)	18,821.77	20,939.03	22,472.36	22,450.67
总资产(万元)	340,714.94	318,400.25	280,995.49	281,678.81
股东权益(不含少数股东权益)(万元)	199,586.58	191,631.80	184,761.03	181,638.52
每股收益(摊薄)(元)	0.5155	0.5735	0.6155	0.6149
每股收益(加权)(元)	0.5155	0.5735	0.6818	0.6811
扣除非经常性损益后的每股收益(元)	0.4868	0.5729	0.6123	0.6117
每股净资产(元)	5.47	5.25	5.06	4.97
调整后的每股净资产(元)	5.37	5.14	4.99	4.87
每股经营活动产生的现金流量净额(元)	0.5360	0.5905	-0.1393	-0.1393
净资产收益率(%)	9.43	10.93	12.16	12.36

3、净资产收益率及每股收益指标结构分析
本报告期内股本未发生变动。

报告期利润	净资产收益率(%) 全面摊薄	净资产收益率(%) 加权平均	每股收益(元) 全面摊薄	每股收益(元) 加权平均
主营业务利润	35.22	36.98	1.9253	1.9253
营业利润	11.32	11.88	0.6186	0.6186
净利润	9.43	9.90	0.5155	0.5155
扣除非经常性损益后的净利润	8.91	9.35	0.4868	0.4868

4、报告期内股东权益变动情况　(单位:人民币元)

项目	股本	资本公积金	盈余公积金	法定公益金	未分配利润	股东权益合计
期初数	365103840	1104570635.15	441083881.37	96079562.15	5559559.37	1916317955.89
本期增加	——	861301.95	82468445.96	17681281.37	188217652.50	79547802.45
本期减少	——	——	——	——	191999597.96	——
期末数	365103840	1105431937.10	523552327.33	113760843.52	1777653.91	1995865758.34

(三)股东情况介绍

1、报告期末公司股东总数为61,943户,其中A股股东58,403户,B股东股东3,540户。
2、报告期末前10名股东持股情况　单位:股

序号	股东名称	持股数	比例(%)	股份性质
1	江苏小天鹅集团有限公司	101,628,864	27.84	国有法人股
2	大中华发展有限公司	43,357,248	11.88	外资法人股
3	无锡市工业发展基金	16,496,640	4.52	国有股
4	ARRAN INVESTMENT PTE LTD.	11,316,627	3.10	流通B股
5	无锡城镇集体工业联社	7,993,728	2.19	法人股
6	南方证券有限公司	7,570,900	2.07	法人股
7	西安万国房地产开发有限责任公司	4,800,000	1.31	法人股
8	康创投资有限公司	2,725,240	0.75	流通B股
9	BONY-ACTIVEST LUX GREATER CHINA	2,366,750	0.65	流通B股
10	沈阳联亚实业发展公司	2,160,000	0.59	法人股

长沙通程控股股份有限公司

一、公司简介

1、公司法定中文名称:长沙通程控股股份有限公司
公司法定英文名称:CHANGSHA TONGCHENG HOLDINGS CO.,LTD
2、公司法定代表人:周兆达　公司董事会秘书:苏千里
联系地址:长沙市劳动路2号长沙通程控股股份有限公司董事会秘书处
电话:0731-5534994　传真:0731-5535588
4、公司注册及办公地址:中国湖南长沙市劳动路2号　邮编:410007
E-MAIL地址:tcsy@public.cs.hn.cn
5、公司指定信息披露报刊:《证券时报》
登载公司年度报告国际互联网址:www.cninfo.com.cn
公司年度报告备置地点:长沙市劳动路2号长沙通程控股股份有限公司董事会秘书处
6、公司股票上市交易所:深圳证券交易所
股票简称:通程控股　股票代码:0419

二、会计数据和业务数据摘要

(一)公司本年度主要利润指标情况　(单位:元)

利润总额	44,354,307.51
净利润	35,711,498.66
扣除非经营性损益后的净利润	31,866,841.72
主营业务利润	157,231,769.25
其他业务利润	510,579.42
营业利润	28,536,313.85
投资收益	11,287,343.62
营业外收支净额	4,530,650.04
经营活动产生的现金流量净额	102,358,303.37
现金及现金等价物净增加额	217,055,337.98

注:扣除的非经常性损益项目和涉及金额

无效资金申购利息	2,745,771.51
无法支付的应付款项	208,246.88
处理固定资产净损失	-9,471.60
机票代理费收入	276,157.09
市场调节基金	623,953.06
以上项目涉及金额	3,844,656.94

(二)截止报告期末公司前三年主要会计数据和财务指标

指标项目	2000年度	1999年度	1998年度
主营业务收入(元)	658781698.91	646874635.05	600390689.18
净利润(元)	35711498.66	37794543.91	36831569.52
总资产(元)	1109852621.31	895707543.54	868901624.98
股东权益(元)	566269564.41	338581516.94	300786973.03
每股收益(元)	0.2035	0.2367	0.2307
每股收益(加权)(元)	0.2131	0.2367	0.2331
扣除非经营性损益后每股收益	0.1816	0.2139	0.2116
每股净资产	3.2265	2.1208	1.8840
调整后的每股净资产(元)	3.1183	1.9910	1.7350
每股经营活动产生的现金流量净额(元)	0.5832	0.2637	0.4467
净资产收益率(%)	6.31	11.16	12.25
净资产收益率(加权)%	7.74	11.82	13.77

(三)、根据中国证监会关于发布《公开发行证券公司信息披露编报规则》第9号通知精神,公司2000年按全面摊薄法和加权平均法计算的净资产收益率及每股收益。

项目	净资产收益率(%) 摊薄	净资产收益率(%) 加权	每股收益(元) 摊薄	每股收益(元) 加权
主营业务利润	27.77	34.09	0.90	0.94
营业利润	5.04	6.19	0.16	0.17
净利润	6.31	7.74	0.20	0.21
扣除非经常性损益后净利润	5.63	6.91	0.18	0.19

(四)报告期内股东权益变动情况及其原因
(1)股东权益变动情况(单位:元)

项目	期初数	本期增加	本期减少	期末数
股本	159650000.00	15858155.00	0	175508155.00
资本公积	91761556.09	193669209.31	0	285430765.40
盈余公积	21747585.07	7032398.25	0	28779983.32
法定公益金	7249195.02	2344132.75	0	9593327.77
未分配利润	65422375.78	35711498.66	24583213.75	76550660.69
股东权益合计	338581516.94	252271261.22	24583213.75	566269564.41

三、股本变动及股东情况

(一)股本变动情况
1、股份变动情况表　数量单位:股

股份类别	本次变动前	本期变动增减数(+,-) 配股	送股	公积金转股	增发	其他	小计	本次变动后
(一)未上市流通股份								
(1)发起人股份								
其中:国家持有股股	97150000	1000000						98150000
境内法人持有股份	12000000				-3000000			9000000
境外法人持有股份								
(2)募集法人股份	0				+3000000			3000000
(3)内部职工股								
其中:高管股	213600	63180						276780
(4)优先股及其他								
其中:转配股	1000000	8155						1008155
尚未流通股份合计	110396600	1071335						111434935
(二)已上市流通股份								
(1)人民币普通股	49286400	14786820						64073220
已流通股份合计	49253400	14786820						64073220
(三)股份合计	159650000	15858155			0			175508155

吉林化纤股份有限公司

（一）公司简介

1、公司中文名称：吉林化纤股份有限公司
公司英文名称：JILIN CHEMICAL FIBRE CO，. LTD
2、公司法定代表人：傅万才
3、公司董事会秘书：唐家维
电话：0432-3502331　　传真：0432-3058453
联系地址：吉林市九站街516-1号
电子信箱：manage@jlhxjt.com
4、公司注册地址：吉林省吉林市九站街516-1号
公司邮编：132101
公司国际互联网网址：http://www.jlhxjt.com
公司电子信箱：office@jlhxjt.com
5、公司信息披露报纸：《证券时报》
国际互联网网址：http://www.cninfo.com.cn
年度报告备置地点：证券办公室
6、公司股票上市交易所：深圳证券交易所
公司股票简称：吉林化纤　　公司股票代码：0420

（二）会计数据和业务数据摘要

1、本年度公司主要经营数据：

项目	数　据(元)
利润总额	57,043,587.33
净利润	48,308,258.90
扣除非经常性损益后的净利润	43,397,518.21
主营业务利润	124,143,345.03
其它业务利润	1,545,007.87
营业利润	52,378,333.14
投资收益	696,387.98
补贴收入	0.00
营业外收支净额	3,968,866.21
经营活动产生的现金流量净额	-278,145,605.06
现金及现金等价物净增加额	-47,724,358.21

注："扣除非经常性损益后的净利润" 中扣除的非经常性损益为新股申购冻结资金利息收入4,910,740.69元。

2、近三年的主要会计数据和财务指标：

项目	2000年	1999年	1998年
主营业务收入(万元)	86539.72	80127.92	71323.30
净利润(万元)	4830.83	9331.02	8554.90
总资产(万元)	212312.15	143132.50	117482.70
股东权益(万元)	118381.26	90455.16	84436.50
每股收益(元)	0.13	0.28	0.26
扣除非经营性损益后的每股收益(元)	0.11	0.27	0.18
每股净资产(元)	3.13	2.73	2.55
调整后每股净资产(元)	3.08	2.71	2.52
每股经营活动产生的现金流量净额(元)	-0.74	1.01	0.02
净资产收益率(%)	4.08	10.32	10.13

报告期利润		净资产收益率		每股收益	
		全面摊薄	加权平均	全面摊薄	加权平均
主营业务利润	124,143,345.03	10.49	11.90	0.33	0.35
营业利润	52,378,333.14	4.42	5.02	0.14	0.15
净利润	48,308,258.90	4.08	4.63	0.13	0.14
扣除非经常性损益后的净利润	43,397,518.21	3.66	4.16	0.11	0.12

3、股东权益变动情况　　单位：万元

项目	股　本	资本公积	盈余公积	法定公益金	未分配利润	合　计
期初数	33125.48	26430.73	16547.88	5053.63	14351.07	90455.16
本期增加	4700.27	22934.10	966.16	483.08	4830.82	33431.35
本期减少						
期末数	37825.75	49364.83	17514.04	5536.71	13676.64	118381.26

变动原因：(1)股本增加是因为本年度配股所致。
(2)资本公积金增加是因为本年度配股所致。
(3)盈余公积金增加是因为本年度按10%提取法定公积金483.08万元，按10%提取法定公益金483.08万元。
(4)公益金增加原因同上。
(5)未分配利润增加为本年实现净利润4830.83万元，减少为提取20%法定公积金966.16万元，预分配股红利4539.09万元。

（三）股本变动及股东情况

1、报告期末股东总数：120095户。
2、前十名股东名单：

序号　单位名称	持有本公司股数(股)	占总股本的比例(%)
1、吉林化纤集团有限责任公司	147291725	38.94
2、吉林省吉发农业开发集团公司	6120000	1.62
3、吉林省吉林建设开发集团公司	5100000	1.35
4、海宁市化工轻工有限公司	3060000	0.81
5、中国纺织机械进出口公司	3060000	0.81
6、沈阳化工股份有限公司	3060000	0.81
7、萧山市地方物资公司	3060000	0.81
8、中国纺织物资(集团)总公司	2040000	0.54
9、中纺资产管理有限公司	2040000	0.54
10、浙江省余杭市华轻轻纺原料有限公司	1840000	0.49

注：持有本公司5%以上(含5%)股份的股东名称：吉林化纤集团有限责任公司。

南京中北(集团)股份有限公司

一、公司简介

(一)公司中文名称：南京中北(集团)股份有限公司
公司英文名称：Nanjing Zhongbei (Group) Co., Ltd.
公司名称缩写：南京中北
(二)公司法定代表人：朱自强
(三)公司董事会秘书：李庆亮
地址：南京市汉中门大街81号　　邮编：210029
电话：(025)6650169　　传真：(025)6522634
电子信箱：lql@zhong-bei.com　　leeql@jlonline.com
(四)公司注册及办公地址：南京市汉中门大街81号　　邮编：210029
公司国际互联网网址：http://www.zhong-bei.com
电子信箱：securities@zhong-bei.com
(五)公司指定的信息披露报纸：《证券时报》、《中国证券报》
登载公司年度报告的中国证监会指定国际互联网网址：http://www.cninfo.com.cn
公司年度报告备置地点：公司证券部
(六)公司股票上市交易所：深圳证券交易所
股票简称：南京中北　　股票代码：0421

二、会计数据和业务数据摘要

(一)本年度主要会计数据：

项目	金额(元)
利润总额	31,436,516.55
净利润	26,458,541.86
扣除非经常性损益后的净利润	30,937,123.84
主营业务利润	72,503,364.58
其他业务利润	3,964,182.44
营业利润	19,021,655.37
投资收益	14,733,749.93
补贴收入	4,281,300.00
营业外收支净额	-6,600,188.75
经营活动产生的现金流量净额	117,088,496.67
现金及现金等价物净增加额	-7,018,639.21

注：非经常性损益是指公司正常经营损益之外的、一次性或偶发性损益，例如资产处置损益、临时性获得的补贴收入、新股申购冻结资金利息、合并价差摊入等。公司本年度非经常性损益项目为：1、资产处置损益-6,635,079.01元；2、其他临时性损益(如罚款、违约金收入等)1,333,036.86元。两项合计调增利润总额5,302,042.15元。

(二)截止至报告期末公司前三年的主要会计数据和财务指标

项　　目	2000年度	1999年度	1998年度
主营业务收入(万元)	34379.18	29112.03	19037.8
净利润(万元)	2645.85	2723.00	3494.12
扣除非经常性损益后的净利润(万元)	3093.71	2604.98	2454.26
总资产(万元)	82467.01	69597.43	57515.09
股东权益(万元,不含少数股东权益)	41215.46	40319.53	29097.28
每股收益(元/股)	0.134	0.138	0.192
加权平均每股收益(元/股)	0.134	0.146	0.220
扣除非经常性损益后每股收益	0.157	0.132	0.135
每股净资产(元/股)	2.09	2.04	1.60
调整后的每股净资产(元/股)	1.89	1.85	1.34
每股经营活动产生的现金流量净额(元)	0.59	0.08	0.35
净资产收益率(%)	6.42	6.75	12.01
加权平均净资产收益率(%)	6.49	8.02	12.58
扣除非经常损益后加权平均净资产收益率(%)	8.56	7.43	8.84

(四)报告期内股东权益变动情况　　单位：元

项　目	期初数	本期增加	本期减少	期末数
股本	197,183,005.00			197,183,005.00
资本公积	143,229,981.15	2,218,984.00		145,448,965.15
盈余公积	28,096,117.83	5,291,708.38		33,387,826.21
法定公益金	13,379,146.74	2,645,854.19		16,025,000.93
未分配利润	34,686,244.39	1,448,532.98		36,134,777.37
股东权益合计	403,195,348.37	8,959,225.36		412,154,573.73

注1：资本公积增加系公司接收捐赠及享有投资子公司资本公积金而增加的权益所致。
注2：盈余公积金及公益金增加系公司本年度实现净利润计提所致。
注3：未分配利润增加系公司本年度实现净利润所致。

三、股东情况介绍

(一)报告期末股东总数：38381户。
(二)公司前十名股东持股情况

股东名称	年初持股数(万股)	报告期内股份增减(万股,+、-)	年末持股数(万股)	占股本比例(%)
南京市国有资产经营(控股)有限公司(国家股)	5632		5632	28.56
南京公用(控股)集团有限公司	1145.6		1145.6	5.81
南京万众企业管理有限公司	936.7744	3.6	940.3744	4.77
南京万众投资管理咨询有限公司	/	536	536	2.72
中信汽车公司	379.6128		379.6128	1.93
上海大众出租汽车股份有限公司	336		336	1.70
温州开发投资有限公司	299.6457	-4.595	295.0507	1.50
上海强生经济发展(集团)公司	288		288	1.46
上海申银万国证券股份有限公司	288		288	1.46
南京华晨光电子科贸有限公司	288		288	1.46

注1：以上列出的前10名股东所持股份报告期内没有发生质押或冻结情况。
注2：以上列出的前10名股东所持股份报告期内皆为非上市流通股份。
注3：以上列出的前10名股东中，南京万众企业管理有限公司持有南京万众投资管理咨询有限公司90%的股权。其他股东之间不存在关联关系。
注4：以上列出的前10名股东中，代表国家持有股份的单位为"南京市国有资产经营(控股)有限公司"。

湖北宜化化工股份有限公司

（一）公司简介

1、公司法定中文名称：湖北宜化化工股份有限公司
公司法定英文名称：Hubei Yihua Chemical Industry Co., LTD
2、公司法定代表人：张永政先生
3、公司董事会秘书：余晨扬先生
证券事务代表： 张拥军先生
联系地址：湖北省宜昌市猇亭大道 399 号
邮　　编：443007
电　　话：0717-6517249、6516477
传　　真：0717-6516477
4、公司注册地址：湖北省宜昌市猇亭大道 399 号
公司办公地址：湖北省宜昌市猇亭大道 399 号
公司电子信箱：hbyhwxha@yc.hb.cninfo.net
5、公司选定的信息披露报纸：《中国证券报》、《证券时报》
登载年报的互联网网址：http://www.cninfo.com.cn
公司年度报告备置地点：公司证券部
6、公司股票上市交易所：深圳证券交易所
股票简称： 湖北宜化
股票代码： 0422

（二）会计数据和业务数据摘要

1、本年度会计数据摘要

项　　目	金　额(元)
(1) 利润总额	46,027,846.90
(2) 净利润	39,441,996.87
(3) 主营业务利润	53,817,096.93
(4) 其他业务利润	5,807,317.02
(5) 营业利润	44,752,421.81
(6) 投资收益	0.00
(7) 补贴收入	0.00
(8) 营业外收支净额	1,275,425.09
(9) 经营活动产生的现金流量净额	94,313,594.86
(10) 现金及现金等价物净增加额	30,038,142.83
(11) 扣除非经常性损益后的净利润	38,242,506.88

注：扣除的非经常性损益项目及金额为：
固定资产处置净收益　–381,631.88
申购冻结资金利息　1,581,121.87
合　计　1,199,489.99

2、公司前三年主要会计数据及财务指标

项　目	2000.12.31	1999.12.31 调整后	1998.12.31 调整前	1998.12.31 调整后
主营业务收入(万元)	39376.71	42073.07	34237.59	34237.59
净利润(万元)	3944.20	7413.09	10148.38	10207.54
总资产(万元)	103146.27	84725.58	64779.59	64516.32
股东权益(万元)	63160.38	59216.18	52066.36	51803.09
每股收益(元/股)	0.211	0.397	0.543	0.546
按月加权平均的每股收益(元/股)	0.211	0.397	0.672	0.676
扣除非经常性损益后的每股收益(元/股)	0.205	0.396	0.529	0.532
每股净资产(元/股)	3.378	3.167	2.785	2.771
调整后的每股净资产(元/股)	3.340	3.106	2.716	2.702
净资产收益率(%)	6.24	12.52	19.49	19.70
每股经营活动产生的的现金流量净额(元/股)	0.504	0.167	0.845	0.845

（三）股本变动及股东情况

1、报告期末
截止 2000 年 12 月 31 日，公司股东总数为 55047 户。
2、前十名股东持股情况

序号	股　　东	年末持股数	持股比例(%)
1	湖北宜化集团有限责任公司	59934009	32.06
2	建行宜昌市信托投资公司	12314250	6.58
3	宜昌市供电局	6768450	3.62
4	农行宜昌市信托投资公司	5070000	2.71
5	工行宜昌市信托投资公司	5070000	2.71
6	宜昌市财务开发公司	2028000	1.08
7	宜昌市长裕工贸公司	1959750	1.04
8	宜昌市电力实业开发公司	1698450	0.90
9	三峡证券有限责任公司	1635966	0.88
10	宜昌市仕友投资咨询有限公司	1262042	0.68

注：湖北宜化集团有限责任公司持有公司国家股股份 59934009 股，为公司总股本的 32.06%；2000 年 4 月 11 日，本公司与国家开发银行签订了 4750 万元工程贷款合同，湖北宜化集团有限责任公司以其持有的本公司国家股 3000 万股作为此次贷款担保的质押物，并于 4 月 17 日办理了股份质押登记，在质押期间，该部分股份予以冻结，不能转让。

山东东阿阿胶股份有限公司

一、公司简介

公司名称：中文　山东东阿阿胶股份有限公司
　　　　　英文　SHAN DONG DONG-E E-JIAO CO.,LTD
公司注册地址：　山东省东阿县阿胶街 78 号
公司办公地址：　山东省东阿县阿胶街 78 号
公司法定代表人：刘维志
公司董事会秘书：吴怀锋　公司授权代表：　赵立明
公司国际互联网网址：WWW.Dongeejiao.com　　公司电子信箱：　Deej@public.lcptt.sd.cn
公司信息披露报纸：《中国证券报》、《证券时报》、《上海证券报》。
中国证监会指定互联网网址：Http://www.cninfo.com.cn
公司年度报告备置地点：山东东阿阿胶股份有限公司　　邮编：252201
电　　话：(0635)3260016、3264069　　传真：(0635)3260786
股票上市地：深圳证券交易所　股票简称：东阿阿胶　股票代码：0423

二、会计数据和业务数据摘要

1、本年度会计数据	(单位：人民币元)
(1)利润总额	103,562,953.39
(2)净利润	84,444,995.57
(3)扣除非经营性损益后的净利润	86,187,490.08
(4)主营业务利润	251,238,070.17
(5)其他业务利润	1,006,905.72
(6)营业利润	105,744,014.90
(7)投资收益	-438,567.00
(8)补贴收入	330,216.24
(9)营业外收支净额	-2,072,710.75
(10)经营活动产生的现金流量净额	175,931,023.54
(11)现金及现金等价物净增加额	293,084,128.64

2、公司前三年财务指标：

指标项目	2000 年	1999 年	1998 年调整前	1998 年调整后
主营业务收入(元)	423,462,409.45	280,262,552.13	223,902,178.65	223,902,178.65
净利润(元)	84,444,995.57	45,065,031.82	37,844,381.77	36,580,189.22
总资产(元)	871,023,250.11	535,212,776.80	462,739,567.79	455,956,364.79
股东权益(元)	727,045,152.59	377,195,946.22	366,859,935.46	360,077,025.60
每股收益(元)(摊薄)	0.403	0.323	0.27	0.26
每股收益(元)(加权)	0.465	0.323	0.28	0.27
每股净资产(元)	3.469	2.699	2.63	2.58
调整后的每股净资产(元)	3.465	2.689	2.62	2.57
每股经营活动产生的现金流量净额(元)	0.839	—0.14	0.35	0.35
净资产收益率(%)(摊薄)	11.615	11.947	10.32	10.16
扣除非经营性损益后的每股收益(元)	0.411	0.249	0.24	0.23

3、根据中国证监会关于发布《公开发行证券公司信息披露编报规则》第 9 号通知精神，公司 2000 年度按照全面摊薄法和加权平均法计算的净资产收益率和每股收益：

报告期利润	净资产收益率(%) 全面摊薄	净资产收益率(%) 加权平均	每股收益(元/股) 全面摊薄	每股收益(元/股) 加权平均
主营业务利润	34.556	47.676	1.199	1.383
营业利润	14.544	20.066	0.505	0.582
净利润	11.615	16.025	0.403	0.465
扣除非经常性损益后的净利润	11.854	16.355	0.410	0.477

三、股本变动和主要股东持股情况

1、股本变动情况：

股　本　变　动　情　况　表

填报日期：2000 年 12 月 31 日　　数量单位：股　　每股面值：1 元

项　　目	期初数	期内转增股	期内配股	期末数
一、尚未流通股份				
发起人股份				
其中：				
国家拥有股份	41,395,015	8,279,003	12,419,000	62,093,018
尚未流通股份合计：	41,395,015	8,279,003	12,419,000	62,093,018
二、已流通股份				
境内上市的人民币普通股	98,335,541	19,667,108.2	29,500,000	147,502,649.2
其中：高管股	135,510	27,102	40,641	203,253
已流通股份合计	98,335,541	19,667,108.2	29,500,000	147,502,649.2
三、股份总数	139,730,556	27,946,111.2	41,919,000	209,595,667.2

公司在报告期内股本变动情况：(1)实施了每 10 股转增 2 股，派现金 2 元(含税)的分配方案，增加股本 27,946,111.2 股；(2)以 1999 年末总股本 139,730,556 股为基数，每 10 股配 3 股，增加股本 41,919,000 股。

2、股东情况介绍：
(1)报告期末股东总数：2000 年 12 月 31 日止，股东总数为 55,671 人
(2)主要股东持股情况：
公司前十名股东持股情况(2000 年 12 月 31 日)

股东名称	拥有股数(股)	占总股本比例(%)
聊城市国资委	62,093,018	29.62
深圳国投证券成都营业部	1,257,087	0.60
王秀霞	788,620	0.38
高秀英	750,000	0.36
刘　瑛	720,000	0.34
王莲凤	660,000	0.32
江　新	590,000	0.28
陈天益	571,300	0.27
戴世国	500,000	0.24
贾桂芹	479,822	0.23

注：持股 5%(含 5%)以上的股东所持股份无质押、冻结等情况。

徐州工程机械科技股份有限公司

一、公司简介

(一)公司法定中英文名称及缩写:
中文名称:徐州工程机械科技股份有限公司
英文名称:XuGong Science & Technology Co., Ltd.
(二)公司法定代表人:王民
(三)公司董事会秘书及其授权代表的姓名、联系地址、电话、传真、电子信箱
董事会秘书:费广胜
授权代表: 薛国强
联系地址:江苏省徐州市苏堤北路5号
电话:(0516)5756044-2528 传真:(0516)5753151
电子信箱:zqb@xcmg.com
(四)公司注册地址及办公地址、邮政编码、公司国际互联网网址、电子信箱
公司注册地址及办公地址:江苏省徐州市苏堤北路5号
邮政编码:221006
互联网网址:http://www.xcmg.com 电子信箱:zqb@xcmg.com
(五)公司选定的信息披露报纸名称、登载公司年度报告的中国证监会指定国际互联网网址、公司年度报告备置地点:
信息披露报纸名称:《中国证券报》、《证券时报》
证监会指定的网址:http://www.cninfo.com.cn
公司年度报告备置地点:公司证券部
(六)公司股票上市交易所、股票简称和代码
上市交易所:深圳证券交易所
股票简称:徐工科技 股票代码:0425

二、会计数据和业务数据摘要

(一)本年度公司主要利润指标情况 单位:万元

利润总额	9886.1
净利润	7516
扣除非经常性损益后的净利润	7336
主营业务利润	26891.8
其他业务利润	1305
营业利润	9932.6
投资收益	-9.94
补贴收入	0
营业外收支净额	-36.6
经营活动产生的现金流量净额	5309.2
现金及现金等价物净增加额	-3021

注:扣除的非经常性损益项目及涉及金额
冻结资金利息 180

(二)截止2000年末公司近三年的主要会计数据和财务指标

项目	2000年	99年	98年
主营业务收入(万元)	126164.4	114853.82	94566.57
净利润(万元)	7516	7996.89	4039.27
总资产(万元)	151076.78	153000.30	119213.81
股东权益(万元)	63706.5	59012.42	36560.91
全面摊薄每股收益(元)	0.213	0.453	0.259
加权平均每股收益(元)	0.213	0.497	0.259
扣除非经常性损益后的每股收益(元)	0.21	0.443	0.247
每股净资产	1.81	3.35	2.345
调整后的每股净资产(元)	1.42	2.82	1.82
每股经营活动产生的现金流量净额(元)	0.15	0.47	0.343
加权平均净资产收益率(%)	11.97	14.8	12.88
全面摊薄净资产收益率(%)	11.80	13.5	11.05

(三)利润表附表

报告期利润	净资产收益率		每股收益	
	全面摊薄(%)	加权平均(%)	全面摊薄	加权平均
主营业务利润	42.21	42.84	0.76	0.76
营业利润	15.59	15.82	0.28	0.28
净利润	11.80	11.97	0.21	0.21
扣除非经常性损益后的净利润	11.52	11.69	0.21	0.21

三、股东情况介绍

1、截止2000年12月31日,公司共有股东9756人。
2、公司前10名股东持股情况: 单位:股

股东名称	年末持股数	占股比例	股份性质
徐州工程机械集团有限公司	135,440,116	38.4%	国有法人股
徐州回转支承公司	33,592,000	9.5%	募集法人股
徐州工程机械桥箱公司	20,126,078	5.7%	募集法人股
国投机轻有限公司	15,600,000	4.4%	募集法人股
北内集团总公司	5,200,000	1.5%	募集法人股
国泰君安证券股份有限公司	1,300,000	0.4%	募集法人股
贵州轮胎厂	1,300,000	0.4%	募集法人股
徐州第三建筑工程公司	975,000	0.3%	募集法人股
徐州市火花机械修造厂	793,000	0.23%	募集法人股
崔饶荣	769,064	0.22%	流通股

1.持有本公司5%以上(含5%)股份的股东所持股份无质押或冻结情况。
2.徐州工程机械集团有限公司代表国家持有公司股份,为本公司的母公司,徐州回转支承公司、徐州工程机械桥箱公司为徐州工程机械集团有限公司下属全资子公司。
3、持股10%以上的法人股股东为:
徐州工程机械集团有限公司
法定代表人:王民
主营:工程起重机、建筑机械、专用汽车、工程机械基础件等。
4、报告期内控股股东无变更情况。

赤峰富龙热力股份有限公司

一、公司简介

1、公司法定中文名称:赤峰富龙热力股份有限公司
公司法定英文名称:CHIFENG FULONG HEATING CO.,LTD
缩写:CFL
2、公司法定代表人:景树森
3、公司董事会秘书:张春水
证券事务代表: 张旭东
联系地址:内蒙古赤峰市红山区昭乌达路8号富龙大厦
联系电话:0476-8240042 8239823
传 真:0476—8231734
4、公司注册地址:内蒙古赤峰市红山区北环路南4号
公司办公地址:内蒙古赤峰市红山区昭乌达路8号富龙大厦
5、公司选定的信息披露报纸名称:《中国证券报》、《证券时报》
6、公司股票上市交易所:深圳证券交易所
股票简称:富龙热力
股票代码:0426

二、会计数据和业务数据摘要

1、本年度主要利润指标情况

(单位:元)

项目	金额(元)
利润总额	73,906,374.18
净利润	63,242,617.79
主营业务利润	63,875,037.49
其他业务利润	1,001,505.21
营业利润	32,243,493.00
投资收益	4,245,692.46
补贴收入	35,688,000.00
营业外收支净额	1,729,188.72
经营活动产生的现金流量净额	122,598,565.45
现金及现金等价物净增加额	72,436,361.92

2、截止报告期末公司前三年主要会计数据和财务指标:

(单位:人民币)

项目	2000年	1999年	1998年
主营业务收入	172,732,883.68	146,628,853.51	132,881,105.49
净利润	63,242,617.79	66,834,815.95	60,776,687.39
总资产	1,067,870,879.29	981,021,879.05	795,675,679.56
股东权益	737,076,853.22	673,503,362.04	604,590,635.99
每股收益	0.343	0.362	0.395
加权每股收益	0.343	0.389	0.463
每股净资产	4.00	3.65	3.93
调整后的每股净资产	3.79	3.55	3.85
每股经营活动产生的现金净流量	0.665	0.036	-0.329
净资产收益率	8.58%	9.92%	10.05%
扣除非经常损益后的每股收益	0.343	0.216	0.246
加权平均净资产收益率	8.97%	10.48%	14.20%

3、利润表附表

报告期利润	净资产收益率(%)		每股收益(元/股)	
	全面摊薄	加权平均	全面摊薄	加权平均
主营业务利润	8.67	9.05	0.35	0.35
营业利润	4.37	4.68	0.17	0.17
净利润	8.58	8.97	0.34	0.34
扣除非经常损益后的净利润	8.58	8.97	0.34	0.34

三、股东情况介绍

1、报告期末公司股东总数为30182户。
2、报告期末公司前十名股东持股情况

股东名称	持股数量(股)	总股本比例(%)
(1)赤峰富龙公用(集团)有限责任公司	125280000	67.91
(2)赤峰鑫泰资产托管经营有限责任公司	8160000	4.42
(3)黄林贵	238685	0.13
(4)梁志超	178000	0.10
(5)海南龙珠瞬达娱乐有限公司	160434	0.09
(6)姜洁源	150000	0.08
(7)同智证券投资基金	139617	0.08
(8)舒雪紫	139504	0.08
(9)普丰证券投资基金	139132	0.08
(10)黄琪军	127045	0.07

注:
1 持有5%以上股份的股东为赤峰富龙公用(集团)有限责任公司,报告期内所持股份未发生变化。其持有本公司的股份10440万股质押。
2 第1名为公司国家股股东,第2名为公司法人股股东,之间不存在关联关系。其余为公司社会流通股股东,其之间的关联关系本公司不详。
3、持有本公司5%以上股份的股东情况:
赤峰富龙公用(集团)有限责任公司
法定代表人为景树森
经营范围:城市公用企业资产经营管理。
4、报告期内无控股股东变更情况。

湖南华天大酒店股份有限公司

一、公司简介

公司法定中文名称:湖南华天大酒店股份有限公司
英文名称:HUNAN HUATIAN GREAT HOTEL CO.,LTD. (缩写: HHGH)
公司法定代表人:陈纪明
公司董事会秘书:邹长贵 授权代表:李岚
联系地址:长沙市解放东路380号本公司董事会秘书室
电 话:0731-4442888-80928,80842 传 真:0731-4442270
电子信箱:zcgstock@163.net
公司注册地址:长沙市解放东路380号
办公地址:长沙市解放东路380号本公司综合楼八楼 邮政编码:410001
公司国际互联网网址:http://www.huatian-hotel.com 公司电子信箱:resv@huatian-hotel.com
公司信息披露报纸:《证券时报》
登载公司年报网址:http://www.cninfo.com.cn
公司年度报告备置地点:公司综合楼八楼董事会秘书室
公司股票上市交易所:深圳证券交易所
公司股票简称:华天酒店 公司股票代码:0428

二、会计数据和业务数据摘要

1、公司本年度利润总额及构成:
利润总额:4733.87万元
净利润:3629.32万元
扣除非经常性损益后的净利润:3063.4万元
主营业务利润:9662.90万元
其他业务利润:254.08万元
营业利润:3621.73万元
投资收益:267.41万元
补贴收入:0万元
营业外收支净额:844.73万元
经营活动产生的现金流量净额:16440.43万元
现金及现金等价物净增加额7723.49万元
注:非经常性损益包括:营业外收支净额8,447,284.25元。
2、公司前三年主要会计数据和财务指标

项目	2000年	1999年	1998年 调整后	1998年 调整前
主营业务收入(万元)	19280.08	14273.70	15958.34	15961.04
净利润(万元)	3629.32	3452.49	4952.13	5229.21
总资产(万元)	70443.82	62714.89	63633.07	64130.86
股东权益(万元)(不含少数股东权益)	50461.76	46836.15	43590.68	44065.19
每股收益(元)(摊薄)	0.23	0.217	0.312	0.329
(加权)	0.23	0.217	0.27	0.36
每股净资产(元)	3.18	2.95	2.75	2.78
调整后的每股净资产(元)	3.01	2.92	2.72	2.75
每股经营活动产生的现金流量净额(元)	1.035	0.055	0.037	0.037
净资产收益率(摊薄)%	7.19	7.37	11.36	11.87
(加权)%	7.46	7.37	15.20	16.10
扣除非经常性损益后的每股收益(元)	0.19	0.196	0.292	0.309

附表:

项 目	净资产收益率(%) 全面摊薄	净资产收益率(%) 加权平均	每股收益(元) 全面摊薄	每股收益(元) 加权平均
主营业务利润	19.15	19.86	0.61	0.61
营业利润	7.18	7.44	0.23	0.23
净利润	7.19	7.46	0.23	0.23
扣除非经常性损益后的净利润	6.07	6.30	0.19	0.19

3、股东权益变动情况表(单位:万元)

项目	股本	资本公积	盈余公积	法定公益金	未分配利润	股东权益合计
期初数	15880	20166.28	4071.12	1357.04	6718.74	46836.15
本期增加			596.28	150.83	3084.93	3625.61
本期减少		55.59				
期末数	15880	20110.69	4667.40	1507.87	9803.67	50461.76

三、股东情况介绍

1、截止2000年12月31日,公司股东总数为21453户。
2、前10名股东持股情况

股 东 名 称	年末持股数(股)	持股比例(%)
1、湖南华天实业集团公司	112,000,000	70.529
2、刘海全	300,180	0.189
3、李建民	266,700	0.168
4、湘财证券有限责任公司	210,000	0.132
5、张 旭	180,207	0.1135
6、林飞吟	180,000	0.1134
7、长沙银沣工贸有限责任公司	180,000	0.1134
8、魏 军	171,300	0.108
9、贾喜玲	170,200	0.107
10、湘财证券有限责任公司	159,000	0.100

前十名股东之间不存在关联关系。除湖南华天实业集团公司为国有法人股东外,其余均为社会公众股股东。
3、持股10%以上法人股东情况简介
股东名称:湖南华天实业集团公司(国有法人股东)
法定代表人:朱金武
经营范围:旅游、新材料加工、房地产、电脑软、硬件等
股份质押或冻结情况:无质押或冻结

广东省高速公路发展股份有限公司

一、公司简介

1、公司法定名称:
中文名称:广东省高速公路发展股份有限公司
英文名称:GUANGDONG PROVINCIAL EXPRESSWAY DEVELOPMENT CO.,LTD.
英文缩写:GPED
2、公司法定代表人:游国经
3、公司董事会秘书:霍燕滨
电话:(020)83731365 (020)83731388-230 电子信箱:ybhuou@163.net
授权代表:彭晓芳 电话:(020)83731394 传真:(020)83731384
联系地址:广州市白云路85号
4、公司注册地址:广东省广州市白云路85号
公司办公地址:广东省广州市白云路85号 邮政编码:510100
国际互联网网址:www.gpedcl.com.cn 电子信箱:GPEDCL@mx2.gd.cei.gov.cn
5、公司选定的信息披露报纸:证券时报、中国证券报、上海证券报、大公报、香港商报
登载公司年度报告的中国证监会指定国际互联网网址:www.cninfo.com.cn
公司年度报告备置地点:广东省广州市白云路85号本公司证券部
6、公司股票上市地:深圳证券交易所
公司股票简称及代码:粤高速A 0429 粤高速B 2429

二、会计数据和业务数据摘要

1、公司本年度实现的利润总额及其构成: 单位:人民币元

指标项目	2000年度
利润总额	184,136,461.63
净利润	127,015,164.94
扣除非经常性损益后的净利润	132,175,625.12
主营业务利润	154,264,519.27
其他业务利润	5,865,266.12
营业利润	127,394,704.27
投资收益	55,099,624.15
补贴收入	0.00
营业外收支净额	1,642,133.21
经营活动产生的现金流量净额	156,360,664.19
现金及现金等价物净增加额	561,142,170.19

注1:扣除的非经常性损益项目和涉及金额:(元)

股权投资差额	-8,769,019.80
A股冻结资金利息	1,911,204.30
处理固定资产净损失	-844,363.87
以上各项对所得税的影响	2,541,719.19
以上项目涉及金额	-5,160,460.18

注2:公司除按中国会计准则出具财务报告外,还按国际会计准则出具了财务报告,以供境外投资者参考。境内会计师按中国会计准则计算的净利润(合并)127,015,164.94元,境外会计师按国际会计准则计算的净利润(合并)116,528,000元,境外会计师比境内会计师审定净利润少10,487,164.94元,主要是一九九九年出售九江大桥之全部经营权及有关资产予佛开公司而产生之收益中,因本集团占佛开公司百分之三十五权益而作出相应之抵消调整、递延税项、收购联营公司所产生之商誉、商誉摊销、折旧、营业税、冲销广佛公司之住房基金余额、其他长期资产确认及其摊销、以前年度发行A股所得认购款之利息收入以及其他符合稳健性原则之调整。
2、由于本年度发生的调整以前年度损益的事项,截止报告期末公司前三年的主要会计数据和财务指标如下:

指标项目	2000年度	1999年度 调整前	1999年度 调整后
主营业务收入(元)	251,100,909.99	258,208,665.50	258,208,665.50
净利润(元)	127,015,164.94	293,027,003.56	295,895,631.62
总资产(元)	3,791,087,549.15	3,056,506,789.09	3,034,375,223.36
股东权益(元)	3,360,496,535.47	2,452,184,508.92	2,436,391,291.24
每股收益(元/股)(全面摊薄)	0.15	0.38	0.39
每股收益(元/股)(加权)	0.16	0.38	0.39
扣除非经常性损益后的每股收益(元/股)	0.16	0.24	0.24
每股净资产(元/股)	4.01	3.21	3.19
调整后的每股净资产(元/股)	3.89	3.17	3.15
每股经营活动产生的现金流量净额	0.19	0.25	0.25
净资产收益率(全面摊薄)	3.78%	11.95%	12.14%
净资产收益率(加权平均)	4.71%	12.11%	12.22%
扣除非经常性损益后的加权净资产收益率	4.90%	7.49%	7.49%

三、股东情况介绍

1、截止2000年12月31日,公司股东共计37,740户,其中内部职工股股东共计9,182户。
2、主要股东持股情况

股东名称	持股数(股)	年度内股份增减变动的情况	占股本比例(%)
广东省交通集团有限公司	316,520,350	+316,520,350	37.77%
IJM OVERSEAS VENTURES SDN.BHD.	115,411,750	-1,000,000	13.77%
DBS NOMINEES(PRIVATE) LIMITED.	26,580,000	0	3.17%
KEPPEL BANK NOMINEES PTE.LTD	15,948,000	0	1.90%
KEPPEL SECURITIES NOMINEES PTE.LTD	13,971,279	-3,508,271	1.67%
广东省高速公路公司	12,918,125	-285,216,250	1.54%
广东粤财信托投资公司	9,375,000	0	1.12%
上海海通证券深圳业务部	6,110,632	+6,110,632	0.73%
新会市司前镇经济联合总社	3,451,260	+5,480	0.41%
顺德市外经实业发展公司	2,812,500	0	0.34%

(1)持有本公司5%以上(含5%)的股东所持股份报告期内无发生质押、冻结等情况。
(2)前十名股东中,广东省交通集团有限公司代表国家持有国家股316,520,350股;IJM OVERSEAS VENTURES SDN.BHD.持有本公司3000万法人股及85,411,750股B股,DBS NOMINEES (PRIVATE) LIMITED、KEPPEL SECURITIES NOMINEES PTE.LTD、所持有的股份均为B股。

张家界旅游开发股份有限公司

一、公司简介

1、公司法定中文名称:张家界旅游开发股份有限公司
公司法定英文名称:ZHANG JIA JIE TOURISM DEVELOPMENT CO.,LTD
2、公司法定代表人:杨 君先生(杨君先生系本公司报告期末法定代表人,
公司现任法定代表人为禹荣刚先生)
3、公司董事会秘书:晏小平先生
公司董事会证券事务代表:王安棋、祝超文
联系地址:湖南省长沙市城南东路附335号311室、312室
电话:0731-5791320 传真:0731-5791320 邮政编码:410007
电子信箱:sz0430@yahoo.com.cn
4、公司注册地址:湖南省张家界市南庄坪1号花园
公司办公地址:湖南省张家界市南庄坪1号花园
公司电子信箱:sz0430@yahoo.com.cn
公司邮政编码:427000
5、公司选定的信息披露报纸:《证券时报》、《上海证券报》
登载公司年度报告的中国证监会指定国际互联网网址:http://www.cninfo.com.cn
年度报告备置地点:公司办公大楼四楼董事会秘书办公室
6、公司股票上市交易所:深圳证券交易所
股票简称:张家界 股票代码:0430

二、会计数据和业务数据摘要

1、公司本年度主要财务指标 (单位:人民币元)

财务指标	金 额
利润总额	-105,629,358.65
净利润	-102,320,510.22
扣除非经常性损益后的净利润	-78,749,304.22
主营业务利润	9,270,660.39
其他业务利润	16,126.00
营业利润	-85,406,206.73
投资收益	3,598,840.92
营业外收支净额	-23,821,992.84
经营活动产生的现金流量净额	-18,104,846.29
现金及现金等价物净增加额	-7,130,588.82

注:扣除非经常性损益项目如下:

非常损失:23,571,206元(本期非常损失系张家界市政府兴建大庸西路无偿占用的本公司土地52.4亩,及将本公司50亩土地用作道路建设资金补偿所致。本公司根据公司第四届董事会第七次会议决议及2001年第一次临时股东大会决议按成本价23万元/亩转销)

2.截止本报告期末前三年主要会计数据和财务指标(单位:人民币元)

项 目	2000年	1999年	1998年
主营业务收入	33,895,088.60	51,881,314.46	81,679,614.40
净利润	-102,320,510.22	-3,026,424.63	25,548,682.91
总资产	389,930,086.93	382,818,289.09	295,108,051.22
股东权益	92,237,680.59	194,558,190.81	213,678,359.01
每股收益(摊薄)	-0.557	-0.016	0.237
每股收益(加权)	-0.557	-0.021	0.237
扣除非经常性损益后的每股收益	-0.429	0.0091	0.238
每股净资产	0.502	1.060	1.979
调整后的每股净资产	0.447	0.996	1.946
每股经营活动产生的现金流量净额	-0.098	-0.1489	-0.002
净资产收益率(摊薄)	-114.519%	-1.556%	11.957%
净资产收益率(加权)	-71.354%	-1.588%	12.474%
净资产收益率(扣除非经常损益加权)	-85.376%	-1.578%	12.541%

3.利润表附表(单位:人民币元)

报告期利润	净资产收益率		每股收益	
	全面摊薄	加权平均	全面摊薄	加权平均
主营业务利润	10.051%	6.465%	0.050	0.050
营业利润	-92.594%	-59.559%	-0.465	-0.465
净利润	-114.519%	-71.354%	-0.557	-0.557
扣除非经常性损益后的净利润	-85.376%	-54.917%	-0.429	-0.429

4.年内股东权益变动情况及原因(单位:人民币元)

项目	股 本	资本公积	盈余公积	法定公益金	未分配利润	股东权益合计
期初数	183600000	10512036.32	20982489.95	9959616.54	-20536335.46	194558190.81
本期增加						
本期减少					102320510.22	102320510.22
期末数	183600000	10512036.32	20982489.95	9959616.54	-122856845.68	92237680.59
变动原因					本期亏损	本期亏损

三、主要股东持股情况

股东情况介绍
(1)截止2000年12月31日,本公司共有股东50469名。
(2)截止2000年12月31日,公司前十名股东持股情况如下:

股东名称	持股数量(股)		比例(%)
	期初数	期末数	
张家界旅游经济开发有限责任公司	56610000	56610000	30.83
湖南省天通置业有限公司	15300000	15300000	8.33
张家界市金龙房地产开发公司	11199600	11199600	6.10
张家界市土地房产开发公司	7772400	7772400	4.23
张家界市中兴房地产开发公司	6120000	6120000	3.33
工行张家界旅游经济开发区房地产公司	6120000	6120000	3.33
张家界华发房地产综合开发公司	6120000	6120000	3.33
聂尚政	0	1135500	0.61
朱贞陵	0	587072	0.32
广州新源实业发展有限公司	0	320200	0.17

山东晨鸣纸业集团股份有限公司

一、公司简介

1、公司法定中文名称:山东晨鸣纸业集团股份有限公司
公司法定英文名称:SHANDONG CHENMING PAPER HOLDINGS LIMITED
英文名称缩写:SCPH
2、公司注册地址和办公地址:山东省寿光市圣城街595号 邮政编码:262700
公司国际互联网网址: http://www.chenmingpaper.com 电子信箱:cmzqb@public.wfptt.sd.cn
3、公司法定代表人:陈永兴
4、公司董事会秘书:郝 筠 联系地址:山东省寿光市圣城街595号
电 话:0536-5280011 传 真:0536-5228900
5、公司选定的信息披露报纸:《中国证券报》、《证券时报》、《上海证券报》和《香港商报》
中国证监会指定国际互联网网址:http://www.cninfo.com.cn
公司年度报告备置地点:公司资本运营部
6、公司股票上市交易所:深圳证券交易所 股票简称:晨鸣纸业 晨鸣B 股票代码:0488 2488

二、会计数据和业务数据摘要

1、本年度主要利润指标情况(单位:人民币元)

(1)利润总额:	421,819,509.21
(2)净利润:	231,326,965.35
(3)扣除非经常性损益后的净利润:	176,916,948.61
(4)主营业务利润:	683,060,936.29
(5)其他业务利润:	6,610,490.08
(6)营业利润:	367,611,473.11
(7)投资收益:	1,165,785.27
(8)补贴收入:	52,326,460.67
(9)营业外收支净额:	715,790.16
(10)经营活动产生的现金流量净额:	146,105,026.20
(11)现金及现金等价物净增加额:	720,456,626.93

注:扣除的非经常性损益项目和涉及金额共计54,410,016.74元。其中营业外收支净额715,790.16元;补贴收入52,326,460.67元;股权投资差额摊销1,367,765.91元。

公司除按中国会计准则出具财务报告外,还按国际会计准则出具了财务报告,以供境外投资者参考。境内会计师审计的净利润(合并)23,132.6万元,境外会计师审计的净利润(合并)20,860万元,境外会计师比境内会计师审计的净利润少2,272.60万元,主要是境外会计师按国际会计准则

1.扣除由内部评估而产生的商誉及相关的摊销金额,增加利润132.3万元;
2.调整开办费减少利润727.60万元;
3.抵消热电评估增值并调整相关所得税金减少利润927.80万元;
4.调整期初未分配利润中的出售职工住房损失减少利润621.60万元;
5.调整计提的年终分红减少利润127.90万元。

2、截止报告期末公司前三年的主要会计数据和财务指标

指 标 项 目	2000年	1999年 调整后	1999年 调整前	1998年
主营业务收入(元)	2,411,474,316.81	1,720,307,508.38	1,070,232,642.49	1,070,232,642.49
净利润(元)	231,326,965.35	173,348,660.54	128,023,367.36	128,051,584.11
总资产(元)	5,384,263,585.32	3,316,785,771.14	2,476,368,862.24	2,490,568,401.35
股东权益(元)(不含少数股东权益)	2,863,730,747.28	1,341,214,269.86	1,172,626,482.64	1,186,826,021.75
每股收益(摊薄)(元/股)	0.5102	0.452	0.334	0.334
每股收益(加权)(元/股)	0.5943	0.452	0.334	0.334
每股收益(摊薄)(扣除非经常性损益后)	0.3902	0.296	0.252	0.252
每股收益(加权)(扣除非经常性损益后)	0.4545	0.296	0.252	0.252
每股净资产(元/股)	6.3162	3.498	3.06	3.10
调整后的每股净资产(元/股)	6.1841	3.423	2.973	3.01
每股经营活动产生的现金流量净额	0.322	-0.597	0.447	0.447
净资产收益率(%)(摊薄)	8.08	12.92	10.92	10.79
净资产收益率(%)(加权)	14.68	13.77	11.55	11.40

3、根据中国证监会关于发布《公开发行证券公司信息披露编报规则》第9号通知精神,公司2000年按全面摊薄法和加权平均法计算的净资产收益率及每股收益:

	净资产收益率(%)		每股收益(元/股)	
	全面摊薄	加权平均	全面摊薄	加权平均
主营业务利润	23.85	43.35	1.507	1.755
营 业 利 润	12.84	23.33	0.811	0.944
净 利 润	8.08	14.68	0.5102	0.5943
扣除非经常性损益后净利润	6.18	11.23	0.3902	0.4545

4、股东权益变动情况及原因

项目	股本	资本公积	盈余公积	法定公益金	未分配利润	股东权益合计
期初数	83,397,931	465,504,962.44	168,116,748.18	58,454,558.79	324,194,628.24	1341214269.86
本期增加	70,000,000	1,363,471,168.16	46,755,236.60	23,377,618.30	178,442,453.23	1,658668857.99
本期减少	-	133,001.27	-	-	136,019,379.30	136152380.57
期末数	453,397,93	1,828,843,129.33	214,871,984.78	81,832,177.09	366,617,702.17	2863730747.28

三、股东情况介绍

1、报告期末公司股东总数为55626户。
2、主要股东持股情况(前10名)

名次	股东名称	期末持股数	持股比例%
1	寿光市国有资产管理局	142,371,440	31.40
2	KWONG WAH INVESTMENT (SHOUGUANG) LIMITED	26,709,591	5.89
3	庄春园	3,644,380	0.80
4	BONY A/C CMG CH CHINA INVESTMENTS LIMITED	3,006,710	0.66
5	GUANGDONG DEVELOPMENT FUND LTD	2,813,161	0.62
6	郝云峰	2,250,423	0.50
7	周康林	1,937,920	0.43
8	邓文平	1,924,850	0.42
9	LO, FUNG SIM 卢凤婵	1,847,805	0.41
10	成愉有限公司	1,733,500	0.38

丹东化学纤维股份有限公司

一、公司简介

1、公司名称中文：丹东化学纤维股份有限公司
英文：DANDONG CHEMICAL FIBRE CO.,LTD
2、法定代表人：赵向东
3、公司董事会秘书：张捷
授权代表：潘跃东
联系地址：辽宁省丹东市振兴区纤维街 58 号
电话：0415-6192271、6193718　　传真：0415-6191684
电子信箱：dhzjyd@mail.ddptt.ln.cn
4、公司注册地址：辽宁省丹东市振兴区纤维街 58 号
邮政编码：118002
电子信箱：gfgs@ddcfco.com
5、公司选定的信息披露报纸：《中国证券报》、《证券时报》
登载公司年度报告的国际互联网网址：http://www.cninfo.com.cn
公司年度报告备置地点：公司证券办
6、公司股票上市交易所：深圳证券交易所
股票简称：丹东化纤　　股票代码：0498

二、会计数据和业务数据摘要

1、公司年度实现利润等指标情况　　单位：元

(1)利润总额	9,884,787.56
(2)净利润	7,088,186.07
(3)扣除非经营性损益后的净利润	7,088,186.07
(4) 主营业务利润	63,505,103.87
(5)其他业务利润	1,719,859.79
(6)营业利润	11,132,596.06
(7)补贴收入	0
(8)营业外收支净额	-1,247,808.50
(9)经营活动产生的现金流量净额	-22,188,564.41
(10)现金及现金等价物净增加额	99,667,095.20

2、公司截止报告期末前三年的主要会计数据和财务指标　单位：元

项　目	2000 年度	1999 年度	1998 年度	
			调整前	调整后
主营业务收入	839,425,650.68	726,144,670.79	755,054,084.92	755,054,084.92
净利润	7,088,186.07	35,850,183.49	54,597,712.21	55,325,036.99
总资产	1,532,828,641.75	1,208,337,267.40	1,076,618,098.01	1071462,532.74
股东权益	724,525,705.55	716,380,519.48	685,685,901.26	680,530,335.99
每股收益	0.018	0.092	0.14	0.14
按月平均加权法计算的每股收益	0.018	0.092	0.14	0.14
扣除非经常性损益后的每股收益	0.018	0.040	-	
每股净资产	1.86	1.84	1.76	1.74
调整后的每股净资产	1.84	1.81	1.73	1.73
每股经营活动产生的现金流量净额	-0.06	0.02	0.23	0.23
净资产收益率(%)	0.98	5.00	7.96	8.13

注：有关财务指标的计算方法：
每股收益=净利润/年度末普通股股份总数
每股净资产=年度末股东权益/年度末普通股股份总数
调整后的每股净资产=(年度末股东权益-三年以上的应收款项净额-待摊费用-待处理（流动、固定)资产净损失-开办费-长期待摊费用-住房周转金负数余额)/年末普通股股份总数
每股经营活动产生的现金流量净额=经营活动产生的现金流量净额/年末普通股股份总数
净资产收益率=净利润/年末股东权益×100%

3、利润表附表

报告期利润	净资产收益率(%)		每股收益(元)	
	全面摊薄	加权平均	全面摊薄	加权平均
主营业务利润	8.77	8.81	0.163	0.163
营业利润	1.54	1.55	0.029	0.029
净利润	0.98	0.98	0.018	0.018
扣除非经常性损益后的净利润	0.98	0.98	0.018	0.018

4、报告期内股东权益变动情况

项目	股　本	资本公积	盈余公积	法定公益金	未分配利润	合　计
期初数	390,000,000	144,300,000	32,023,051.95	16,011,525.99	134,045,941.54	716,380,519.48
本期增加	0	1,057,000	708,818.61	354,409.30	6,024,958.16	8,145,186.07
本期减少						
期末数	390,000,000	145,357,000	32,731,870.56	16,365,935.29	140,070,899.70	724,525,705.55
变动原因	无	其他资本公积金转入	本期利润提取	本期利润提取	利润增加	

三、股东情况介绍

1、报告期末公司股东总数 61188 人。
2、公司前 10 名股东情况

序号	股　东　名　称	报告期末持股数(股)	所占比例(%)
1	丹东化学纤维(集团)有限责任公司	202,500,000	51.92
2	丹东国际信托投资公司	7,300,000	1.87
3	中国银行大连国际信托咨询公司	2,000,000	0.51
4	中国石油化工总公司辽阳石油化纤公司	2,000,000	0.51
5	黄敏虹	1,033,666	0.26
6	开山屯化纤浆厂	1,000,000	0.26
7	锦化化工(集团)有限责任公司	1,000,000	0.26
8	杨敏	890,350	0.23
9	北京辽天华业科技有限公司	817,300	0.21
10	周春根	800,163	0.21

注：上述前 10 名股东中丹东化学纤维(集团)有限责任将其持有的本公司股份 12,919 万股，占公司总股份的 33.1%，于 1998 年 12 月 30 日向中国工商银行丹东分行作贷款质押。
公司前 10 名股东之间不存在关联关系。

武汉武商集团股份有限公司

一、公司简介

1. 公司法定名称：中文：武汉武商集团股份有限公司
英文：WUHAN DEPARTMENT STORE GROUP　CO.LTD.
2. 公司法定代表人：毛冬声
3. 公司董事会秘书：李　轩
联系地址：武汉市汉口解放大道 688 号
联系电话：(027)85714295　　传　　真：(027)85714295
电子信箱：wsdongmi@public.wh.hb.cn
4. 公司注册地址：武汉市汉口解放大道 358 号
公司办公地址：武汉市汉口解放大道 688 号　　邮政编码：430022
公司国际互联网址：http://www.wushanggroup.com.cn
公司电子信箱：wushanggroup@public.wh.hb.cn
5. 公司信息披露报纸：《中国证券报》《证券时报》
登载公司年度报告的中国证监会指定国际互联网网址：http://www.cninfo.com.cn
公司年度报告备置地点：公司董事会秘书处
6. 公司股票上市交易所：深圳证券交易所
股票简称：鄂武商　　股票代码：0501

二、会计数据和业务数据摘要

1. 公司本年利润总额及构成　　(单位：元)

利润总额	78,384,348.89
净利润	28,152,091.45
扣除非经常性损益后的净利润	28,326,239.37
主营业务利润	328,692,061.95
其他业务利润	35,343,280.50
营业利润	90,718,753.82
投资收益	-12,553,388.33
补贴收入	0
营业外收支净额	218,983.40
经营活动产生的现金流量净额	165,393,800.93
现金及现金等价物净增加额	50,422,945.53

注：扣除非经常性损益项目、涉及金额

项　目	金　额
长期股权投资差额摊销	-270,000.00
出售职工住房损失	-3,369,089.04
处置固定资产净收益	4,595,176.65
罚款	-940,235.53
捐赠支出	-190,000.00
合计	-174,147.92

2. 截止报告期末公司前三年主要会计数据及财务指标　(单位：元)

	2000 年度	1999 年度		1998 年度	
		调整后	调整前	调整后	调整前
(1)主营业务收入	2,011,534,047.90	1,661,571,638.25	1,661,571,638.25	1,748,884,036.09	1,748,884,036.09
(2)净利润	28,152,091.45	26,077,059.22	31,183,738.65	31,349,834.27	41,989,390.73
(3)总资产	3,248,718,676.47	2,980,031,212.93	2,980,031,212.93	2,652,508,379.21	2,880,869,933.14
(4)股东权益(不含少数股东权益)	1,165,961,341.10	1,137,809,249.65	1,144,530,070.51	1,113,346,331.86	1,324,968,249.43
(5)每股收益(摊薄)	0.06	0.05	0.06	0.06	0.08
(加权)	0.06	0.05	0.06	0.07	0.10
(扣除非经营性损益后)	0.06	0.06	0.07		
(6)每股净资产	2.30	2.24	2.26	2.19	2.61
(7)调整后的每股净资产	1.65	1.77	1.78	1.67	2.19
(8)净资产收益率%	2.41	2.29	2.72	2.82	3.16
(9)每股经营活动产生的现金流量净额	0.33	0.33	0.33	0.27	0.27

3.按照中国证监会《公开发行证券公司信息披露编报规则(第 9 号)》要求计算的利润数据(2000 年度)。　　单位：人民币元

报告期利润	净资产收益率		每股收益	
	全面摊薄	加权平均	全面摊薄	加权平均
主营业务利润	28.19%	28.19%	0.65	0.65
营业利润	7.78%	7.78%	0.18	0.18
净利润	2.41%	2.41%	0.06	0.06
扣除非经营性损益后的净利润	2.43%	2.43%	0.06	0.06

4.报告期内股东权益变动情况　　单位：人民币元

项　目	股本	资本公积	盈余公积	法定公益金	未分配利润	股东权益合计
期初数	507,248,590	530,263,841.23	88,665,287.01	16,846,394.35	11,631,531.41	1,137,809,249.65
本期增加	0	0	16,891,254.88	2,815,209.15	28,152,091.45	28,152,091.45
本期减少						
期末数	07,248,590	530,263,841.23	105,556,541.89	19,661,603.50	22,892,367.98	1,165,961,341.10
变动原因			法定提取	法定提取	本年利润	本年利润

三、股东情况介绍

1.报告期末，公司股东总数为 104,414 户，
2.前十名股东持股情况

股　东　名　称	年初持股数	增减变动	年末持股数	持股比例
武汉国有资产经营公司(国家股)	150,927,732	0	150,927,732	29.75%
武汉证券有限责任公司	19,996,957	0	19,996,957	3.94
中国宝安集团股份有限公司	21,813,165	-8,725,266	13,087,899	2.58
武汉国兴投资咨询有限责任公司	12,321,995	0	12,321,995	2.43
武汉华中电力实业公司	11,663,936	0	11,663,936	2.30
中国工商银行武汉市分行天安支行	10,522,670	0	10,522,670	2.07
中国农业银行武汉信托投资公司	9,213,880	0	9,213,880	1.82
武汉宝信科技公司	0	8,725,266	8,725,266	1.72
武汉市建行投资公司	7,355,398	0	7,355,398	1.45
长江经济联合发展股份武汉公司	6,543,949	0	6,543,949	1.29

注：(1)武汉证券有限责任公司持有武汉国兴投资咨询有限责任公司 50%的股权；
(2)国家股股东所持有的本公司股份未发生质押或冻结情况。

海南新能源股份有限公司

一、公司简介

(一)公司名称
公司法定中文名称:海南新能源股份有限公司
公司法定英文名称:HAINAN NEW ENERGY CO., LTD.　公司英文名称缩写:HNE
(二)公司法定代表人:吴克龄
(三)公司董事会秘书:徐德智　　授权代表:张娜
联系地址:海口市龙昆北路38号华银大厦24层
电话:(0898)6713081　传真:(0898)6713216　电子信箱:xdfzsy@public.hk.hi.cn
(四)公司注册地址:海口市机场候机厅北侧海南万国贸易博览中心
公司办公地址:海口市龙昆北路38号华银大厦24层　邮政编码:570105
(五)公司信息披露报纸:《中国证券报》、《证券时报》
登载公司年度报告的中国证监会指定的国际互联网网址: http://www.cninfo.com.cn
公司年度报告备置地点:海南新能源股份有限公司董事会秘书处
(六)公司股票上市交易所:深圳证券交易所
公司股票简称:ST琼能源　　公司股票代码:0502

二、会计数据和业务数据摘要

(一) 利润总额及其构成

项目	金额(人民币元)
利润总额	35,982,120.03
净利润	36,223,739.60
扣除非经常性损益后的净利润	-7,447,527.71
主营业务利润	15,659,431.13
其他业务利润	-
营业利润	-6,770,727.07
投资收益	44,662,790.95
补贴收入	-
营业外收支净额	-1,909,943.85
经营活动产生的现金流量净额	48,859,572.07
现金及现金等价物净增加额	233,102.65

注:①非经常性损益是指公司正常经营损益之外,一次性或偶发性损益,例如资产处置损益,临时性获得的补贴收入,新股申购冻结资金利息、合并价差摊入等。

②扣除的非经常性损益项目金额:股权转让净收益46,206,880.34元,分摊股权投资差异-625,669.18,罚息收入15,400,371.52元,处理固定资产净收益43,829.47元,债务重组损失-17,449,894.70元,违约金支出-2,468,433.26元,其他收入2,564,183.12元。

(二) 前三年的主要会计数据和财务指标(单位:人民币元)

项目	2000年	1999年		1998年	
		调整前	调整后	调整前	调整后
主营业务收入	62,130,562.06	2,196,937.81	2,196,937.81	44,587,337.46	44,587,337.46
净利润	36,223,739.60	36,848,546.55	19,620,403.74	-128,450,956.93	-103,386,701.45
总资产	428,848,445.99	420,118,911.50	424,515,468.58	330,114,913.83	422,567,672.45
股东权益	260,040,190.20	232,796,267.32	221,958,076.15	48,235,184.03	195,947,720.77
每股收益	0.2327	0.2367	0.1260	-0.8252	-0.6641
每股净资产	1.6705	1.4955	1.4258	0.3099	1.2587
调整后的每股净资产	1.4586	1.2580	1.0235	0.3071	1.2007
每股经营活动产生 的现金流量净额	0.3139	-0.0173	-0.0199	-0.0056	-0.0056
净资产收益率(%)	13.93	15.83	8.84	-266.30	-52.76

(三)报告期内股东权益变化情况:(单元:人民币元)

项目	股本	资本公积	盈余公积	法定公益金	未分配利润	股东权益合计
期初数	15,566.85	259,417,533.12	38,918,950.44		-232,046,920.41	221,958,076.15
本期增加		1,858,374.45	-		36,223,739.60	38,082,114.05
本期减少						
期末数	15,566.85	261,275,907.57	38,918,950.44		-195,823,180.81	260,040,190.20

变动说明:①资本公积金变动原因是本年度债务重组收入所致;②未分配利润变动原因是本年度新增未分配利润;③股东权益合计变动原因是本年度增加净利润。

三、股本变动及股东情况

(一) 股本变动情况　　数量单位:股

	本次变动前	本次变动增减(+,-) 配股	送股	公积金转股	小计	期末数
1、尚未流通股份						
(1) 发起人法人股	44,416,908					44,416,908
(2) 定向法人股	54,092,596					54,092,596
(3) 高管股	10,815					315
(4) 尚未流通股份合计	98,520,319					98,509,819
2、已流通股份						
境内上市的人民币普通股	57,148,194					57,158,694
已流通股份合计	57,148,194					57,158,694
3、股份合计	155,668,513					155,668,513

变动说明:高管股减少原因是原公司董事毕时珍女士所持10500股于2000年 10月报深交所,按有关规定解冻。

(二)股东情况介绍

1、截止2000年12月31日,公司股东总数30053户

2、前10名股东持股情况表　　单位:股

股东名称	期初数	期末数	年内股份增减情况	占总股本比例(%)
(1)海南润达实业有限公司	41864466	41864466		26.89
(2)中国农业银行海口市金 贸区支行	25449550	25449550		16.39
(3)成都川宝新燃实业开发公司	5910928	5910928		3.80
(4)上海新理益投资管理有限公司		5602667		3.60
(5)兰州化学工业公司原料动力厂	3383713	3383713		2.17
(6)上海方圆娱乐总汇有限公司		3375122		2.17
(7)上海美建物资供销经营 部		2570000		1.65
(8)深圳市嘉旭升商贸有限 公司	1470000	1470000		0.94
(9)上海景贤投资有限公司		1320000		0.85
(10)江门汇盛投资管理有限 公司		1000000		0.64

海南海虹企业(控股)股份有限公司

一、公司简介

1、公司法定中文名称:海南海虹企业(控股)股份有限公司
公司法定英文名称:SEARAINBOW HOLDING CORP.
2、公司法定代表人:曾塞外
3、公司董事会秘书:杨　斌　　证券事务代表:苗亚良
联系地址:海口市滨海大道文华酒店七层
联系电话:0898-8510496　　传　　真:0898-8510669
4、公司注册地址:海口市滨海大道文华酒店七层
电子信箱:haihong @ public.hk.hi.cn　互联网址:http://www.hhh-china.com　邮编:570105
5、公司选定信息披露报纸名称:《证券时报》和《中国证券报》
登载公司年报的国际互联网网址:http://www.cninfo.com.cn
公司年度报告备置地点:公司董事会秘书处
6、公司股票上市交易所:深圳证券交易所　　股票简称:海虹控股　　股票代码:0503

二、会计数据和业务数据摘要

1、主要财务指标表

公司本年度利润总额	91,594,944.99
其中:净利润:	79,409,982.04
扣除非经常性损益后的净利润	74,409,112.44
主营业务利润	148,324,559.87
其他业务利润	2,681,247.30
营业利润	68,915,943.67
投资收益	13,732,861.26
补贴收入	9,723,545.64
营业外收支净额	-777,405.58
经营活动产生的现金流量净额	222,542,142.22
现金及现金等价物净增加额	76,677,999.06

说明:净利润中扣除的非经常性损益共5,000,869.60元,其具体项目为:
(1)转让北京梅林正广和销售网络有限公司股权投资收益:4,219,574.24元;
(2)转让北京市合众创新科技有限公司股权收益:781,295.36元。

指标项目	2000年	1999年	1998年
主营业务收入(元)	422,881,748.01	295,375,142.76	221,166,210.57
净利润(元)	79,409,982.04	82,179,517.86	20,331,534.52
总资产(元)	967,103,642.40	791,965,930.97	720,872,922.58
股东权益(元)	447,480,189.81	378,727,493.87	294,744,831.20
全面摊薄每股收益(元/股)	0.232	0.408	0.101
扣除经常性损益后的 每股收益(元/股)	0.2174	0.2396	
加权平均每股收益	0.2426	0.408	0.101
每股净资产(元/股)	1.3073	1.881	1.4639
调整后的每股净资产(元/股)	1.2394	1.801	1.40
经营活动产生的每股现金 流量净额(元/股)	0.6502	-0.1444	-0.0908
全面摊薄净资产收益率(%)	17.746	21.70	6.898
加权平均净资产收益率(%)	21.89	21.70	6.898

3、股东权益变动情况

项目	股本	资本公积	盈余公积	公益金	未分配利润	确认的投资损失	合计
期初数	201345410	186052040.67	14071146.72	3198954.43	-22741,103.52	378727,493.87	
本期增加	140941,784		6,920,841.33	2306947.11	61732969.42	98885.19	209694,479.94
本期减少		140,941,784.00					140,941,784.00
期末数	342287,194	45110256.67	20991988.05	5505901.54	38991865.90	98,885.19	447,480,189.81

三、股本变动及股东情况

(一) 公司股份变动情况

1、股份变动表　　数量单位:股

	本次变动前	本次变动增减(+,-) 公积金转增股本	其他	小计	本次变动后
一、未上市流通股份					
1、发起人股份	87,901,536	+61,531,075		+61,531,075	149,432,611
境内法人持有股份	87,901,536	+61,531,075		+61,531,075	149,432,611
2、募集法人股份	43644,359	+30,551,051		+30,551,051	74,195,410
3、内部职工股	30,000	+21,000	-51,000	-30,000	0
未上市流通股份合计	131,575,895	+92,103,126	-51,000	+92052,126	223,628,021
二、已上市流通股份					
1、人民币普通股	69,769,514	+48,838,659	+51,000	48,889,659	118,659,173
已上市流通股份合计	69,769,514	+48,838,659	+51,000	48,889,659	118,659,173
三、股份总数	201345,409	140,941,785	0	140,941,785	342,287,194

注:(1)表内"本次变动前"项下内部职工股30,000股系高管持股,为本公司董事施继孝持有;
(2) 表内"本次增减变动"项下其它栏发生变化系本公司董事施继孝辞去董事职务后,所持股份解冻所致。

2、本公司经2000年9月6日临时股东大会通过,于2000年9月13日起实施资本公积金转增股本,股本增加到342,287,194股。

(二)股东情况介绍

1、报告期末股东总数为20535名。

2、前十名股东持股情况

股东名称	期末持股数(股)	比例(%)
中海恒实业发展有限公司	96,515,050	28.20
海南省开发建设总公司	16,421,988	4.80
湖南省益阳市经济委员会	15,980,000	4.67
南方证券有限公司	15,492,440	4.53
上海盈科资产管理有限公司	15,300,000	4.47
海南南证实业公司	10,354,020	3.02
裕阳证券投资基金	8,551,558	2.50
海南富南国际信托投资公司	8,415,923	2.46
海口晨阳贸易有限公司	8,415,680	2.46
海南椰明贸易有限公司	7,990,000	2.33

北京赛迪传媒投资股份有限公司

一、公司简介

1、公司法定中文名称:北京赛迪传媒投资股份有限公司 公司简称:赛迪传媒
公司法定英文名称:BEIJING CCID MEDIA INVESTMENTS CO., LTD. 缩写:CMI
2、公司法定代表人:李 颖
3、公司董事会秘书:刘旭黎 授权代表:方 芳、王禹樵
电话:010-68710712,68710716 传真:010-68710711 E-mail:hmi@163bj.com
联系地址:北京市海淀区友谊宾馆苏园写字楼 278 室
4、公司注册地址:北京市昌平区超前路 9 号附楼 403
办公地址:北京市海淀区中关村南大街 1 号友谊宾馆苏园写字楼 278 室 邮政编码:100873
5、公司选定的信息披露报纸名称:《中国证券报》、《证券时报》为公司指定的信息披露报刊。
中国证监会指定的登载公司年度报告的国际互联网网址:http://www.cninfo.com.cn
公司年度报告备置地点:公司年度报告备置于北京市海淀区友谊宾馆苏园写字楼 278 室
6、公司股票上市交易所:深圳证券交易所 股票简称:ST 港澳 股票代码:0504

二、会计数据和业务数据摘要

1、本年度主要会计指标

利润总额(元):	25,263,187.47
净利润(元):	28,261,411.65
扣除非经常性损益后的净利润(元):	82,741,910.70
主营业务利润(元):	-1,020,253.02
其它业务利润(元):	350,008.00
营业利润(元):	27,234,917.79
投资收益(元):	55,506,992.91
补贴收入(元):	---
营业外收支净额(元):	-57,478,723.23
经营活动产生的现金流量净额(元):	-3,362,080.15
现金及现金等价物净增加额(元):	6,031,428.07

注:"扣除非经常性损益后的净利润":主要为扣除营业外收支净额-57, 478 ,723.23 元。

2、报告期末公司前三年的主要会计数据和财务指标

项 目	2000 年度	99 年度		98 年度	
		调整前	调整后	调整前	调整后
主营业务收入	22,040,212.58	-30,064,409.61	-44,312,225.61	-52,417,840.19	-52,417,840.19
净利润	28,261,411.65	-56,618,393.46	-60,871,236.42	-189,636,635.76	-155,821,361.47
总资产	597,048,948.60	479,487,219.54	562,778,980.79	631,047,539.07	527,817,472.21
股东权益	314,972,782.37	161,794,425.07	236,746,605.57	340,096,390.29	218,412,818.53
每股收益	0.09	-0.18	-0.195	-0.61	-0.50
每股净资产	1.01	0.52	0.76	1.09	0.70
调整后的每股净资产(元)	0.99	0.20	0.72	1.03	0.447
每股经营活动产生的现金流量净额(元)	-0.01	-0.006	-0.006	0.01	0.01
净资产收益率(%)	8.97	-34.99	-25.71	-56.00	-71.34

注:计算公式
◆ 每股收益=净利润/年度末普通股股份总数
◆ 每股净资产=年度末股东权益/年度末普通股股份总数
◆ 调整后每股净资产=(年度末股东权益-三年以上应收款项净额-待摊费用-待处理 (流动、固定)资产净损失-开办费-长期待摊费用-住房周转金负数余额) /年度末普通股股份总数。
◆ 每股经营活动产生的现金流量净额=经营活动产生的现金流量净额/ 年度末普通股股份总数
◆ 净资产收益率=净利润/年度末股东权益×100%

3、报告期利润表附表

报告期利润	净资产收益率(%)		每股收益(元)	
	全面摊薄	加权平均	全面摊薄	加权平均
主营业务利润	-0.32%	-0.41%	-0.003	-0.003
营业利润	8.65%	10.86%	0.087	0.087
净 利 润	8.97%	11.27%	0.091	0.091
扣除非经常性损益后的净利润	26.27%	32.98%	0.266	0.266

注:计算公式
◆ 全面摊薄净资产收益率 = 报告期利润÷期末净资产
◆ 全面摊薄每股收益 = 报告期利润÷期末股份总数
◆ 加权平均净资产收益率(ROE):ROE=P÷(E0+NP÷2+Ei×Mi÷M0-Ej× Mj ÷M0)
其中:P 为报告期利润;NP 为报告期净利润;E0 为期初净资产;Ei 为报告期发行新股或债转股等新增净资产;Ej 为报告期回购或现金分红等减少净资产;M0 为报告期月份数;Mi 为新增净资产下一月份起至报告期期末的月份数;Mj 为减少净资产下一月份起至报告期期末的月份数。
◆ 加权平均每股收益(EPS):EPS = P÷(S0+S1+Si×Mi÷M0-Sj×Mj÷M0)
其中:P 为报告期利润;S0 为期初股份总数;S1 为报告期因公积金转增股本或股票股利分配等增加股份数;Si 为报告期因发行新股或债转股等增加股份数;Sj 为报告期因回购或缩股等减少股份数;M0 为报告期月份数;Mi 为增加股份下一月份起至报告期期末的月份数;Mj 为减少股份下一月份起至报告期期末的月份数。
-29,482

三、股本变动和主要股东持股情况

1、2000 年 12 月 31 日,公司股东总数 16,113 户。
2、前十名股东情况如下:

序号	股东名称	期末持股数	期内增减	持股比例%
1	国邦集团有限公司	90346274	---	29.00
2	海南港澳国际信托投资有限公司	83462437	---	26.79
3	太原兆和发展有限公司	14962632	---	4.80
4	深圳平安保险公司	10088694	---	3.24
5	海南晶裕物业发展有限公司	8377588	+8377588	2.69
6	中国光大银行证券营业部	3923458	---	1.26
7	海南神鼎发展公司	3643178	---	1.17
8	中国南玻集团股份公司	3222789	---	1.03
9	中国残疾人福利基金会	1401246	---	0.54
10	武汉国际租赁公司	1261106	---	0.40

注:1 前十名股东共持有股份 220,689,402 股,均为尚未流通的股份。

海南珠江控股股份有限公司

一、公司简介

1、公司的法定中文名称:海南珠江控股股份有限公司
英文名称:HaiNan Pearl River Holdings Co.Ltd.
2、公司注册地址:海口市滨海大道珠江广场帝豪大厦 29 楼
公司办公地址:海口市滨海大道珠江广场帝豪大厦 29 楼 邮政编码:570125
电子信箱:hnpearl @ public.hk.hi.cn
3、公司法定代表人:郑清
4、公司董事会秘书:冯湃 证券事务代表:顾利荣
联系地址:海口市滨海大道珠江广场帝豪大厦 29 楼
联系电话:0898-6763723 0898-6717888 转 传 真:0898-6776026
5、公司指定信息披露的报纸:《证券时报》,香港《大公报》
中国证监会指定登载公司年报网址:http://www.cninfo.com.cn
公司年报备置地点:公司董事会秘书处
6、公司股票上市交易所:深圳证券交易所
股票简称:珠江控股、珠江 B 股票代码:0505、2505

二、会计数据和业务数据摘要

(一)公司本年度实现利润情况:(单位:人民币元)

利润总额:	56,302,356.77
净利润:	62,724,717.74
扣除非经营性损益后的净利润:	-18,166,718.80
主营业务利润:	-2,935,807.82
其他业务利润:	2,848,514.56
营业利润:	-45,668,286.08
投资收益:	99,356,024.85
补贴收入:	149,131.49
营业外收支净额:	2,465,486.51
经营活动产生的现金流量净额:	5,377,969.12
现金及现金等价物净增加额:	33,072,611.48

注:扣除的非经营性损益项目及金额:

扣除项目	金额(人民币元)
(1)转让北京太合龙脉有限公司股权收益	78,366,818.54
(2)补贴收入	149,131.49
(3)营业外收入净额	2,465,486.51
(4) 投资差额摊销	-90,000.00

(二)公司前三年主要会计数据和财务指标:
1、主要会计数据和财务指标 单位:人民币元

年度项目	2000 年	1999 年	1998 年(调整后)
主营业务收入	37,217,630.30	40,180,268.74	22,3384,882.30
净利润	62,724,717.74	27,494,826.93	-20,2543,589.59
总资产	804,014,293.60	899,605,994.00	870,625,641.56
股东权益	463,705,167.38	398,498,248.67	374,694,531.65
每股收益(摊薄)	0.17	0.07	-0.53
每股收益(加权)	0.17	0.07	-0.53
扣除非经营性损益后的每股收益	-0.05	-0.11	-0.52
每股净资产	1.23	1.06	0.99
调整后每股净资产	1.17	1.02	0.87
每股经营活动产生的现金流量净额	0.014	0.104	0.565
净资产收益率(%)	13.53	6.65	-54.06

2、根据中国证监会《公开发行证券公司信息披露编报规则[第 9 号]》要求计算的利润数据如下:

报告期利润	净资产收益率(%)		每股收益	
	全面摊薄	加权平均	全面摊薄	加权平均
主营业务利润	-0.63	-0.68	-0.008	-0.008
营业利润	-9.85	-10.59	-0.121	-0.121
净利润	13.53	14.55	0.166	0.166
扣除非经营性损益后的净利润	-3.96	-4.26	-0.049	-0.049

财务指标计算方法:
(1)每股收益=净利润/报告期末普通股股份总数;
(2)每股净资产=报告期末股东权益/报告期末普通股股份总数;
(3)调整后的每股净资产=[报告期末股东权益-三年以上的应收款项净额-待摊费用-待处理(流动、固定)资产净损失-开办费-长期待摊费用-住房周转金负数余额)]/报告期末普通股股份总数;
(4)每股经营活动产生的现金流量净额=经营活动产生的现金流量金额/报告期末普通股股份总数;
(5)净资产收益率=净利润/报告期末股东权益×100%;
(6)加权平均每股收益 (EPS)=报告期利润/[报告期初股份总数+报告期因公积金转增股本或股票股利分配等增加股份数+报告期因发行新股或债转股等增加股份数×增加股份下一月份起至报告期期末的月份数/报告期月份数-报告期因回购或缩股减少股份数×减少股份下一月份起至报告期期末的月份数/报告期月份数];

三、股东情况介绍

1、截至 2000 年年末,公司股东总数为 49217 户。
2、公司前 10 名股东持股情况

股东名称	年末持股数(股)	占总股本(%)
1 北京市万发房地产开发股份有限公司	112,628,976	29.82
2 洋浦银信咨询有限公司	23,460,000	6.21
3 广州珠江外资建筑设计院海南分院	21,896,000	5.80
4 中国宝安集团股份有限公司	13,570,000	3.59
5 中国残疾人福利基金会	8,280,000	2.19
6 海南发展银行海口分行	7,820,000	2.07
7 河北证券有限责任公司	5,750,000	1.52
8 中国平安保险股份有限公司	3,450,000	0.91
9 深圳金田实业股份有限公司	2,300,000	0.61
10 深圳市平安期货经纪有限公司	2,300,000	0.61

四川东泰产业(控股)股份有限公司

一、公司简介

1、公司的法定中、英文名称及缩写

公司的法定中文名称:四川东泰产业(控股)股份有限公司

英文名称:Sichuan Dong Tai Industry (Holdings)Co .,Ltd .　　缩写:DTH

2、公司法定代表人:楚健健

3、公司董事会秘书的姓名、联系地址、电话、传真。

董事会秘书:阎　蜀

联系地址:四川省乐山市五通桥区竹根镇茶花路六组

电话、传真:(0833)3307060

4、公司注册地址,办公地址及其邮政编码。

公司注册地址:四川省乐山市

公司办公地址:四川省乐山市五通桥区竹根镇茶花路六组

邮政编码:614800

5、公司选定的信息披露报纸名称:

《中国证券报》、《证券时报》为公司选定的信息披露报刊。

中国证监会指定的登载公司年度报告的国际互联网网址:

http://www.cnjnfo.com.cn

公司年度报告备置地点:

公司年度报告备置于四川省乐山市五通桥区竹根镇茶花路六组公司本部。

6、公司股票上市交易所、股票简称和股票代码。

公司股票上市交易所:深圳证券交易所

股票简称:ST 东控　　　股票代码:0506

二、会计数据和业务数据摘要

1、公司本年度主要会计数据:

利润总额:3366.36 万元

净利润:2564.10 万元

扣除非经常性损益后的净利润:1629.96 万元(扣除项目主要为:控股子公司获得增值税返还及财政补贴。涉及金额为:934.14 万元)

主营业务利润:7255.29 万元

其它业务利润:-18.62 万元

营业利润:2287.44 万元

投资收益:-48.63 万元

补贴收入: 934.14 万元

营业外收支净额:193.40 万元

经营活动产生的现金流量净额:1854.78 万元

现金及现金等价物净增加额:4347.43 万元

2、报告期末公司前三年的主要会计数据和财务指标

	2000 年度	1999 年度	1998 年度
主营业务收入(万元)	27,030.84	10,353.38	15,406.90
净利润(万元)	2,564.10	2,413.78	2,777.31
总资产(万元)	72,703.35	58,413.81	84,973.26
股东权益(不含少数股东权益,单位:万元)	27,668.77	25,004.71	26,482.58
每股收益(元)	0.103	0.097	0.11
每股净资产(元)	1.11	1.004	1.09
调整后的每股净资产(元)	1.049	0.92	0.99
每股经营性活动产生的现金流量净额(元)	0.074	0.036	0.078
净资产收益率%	9.27	9.65	10.26

3、报告期内股东权益变动情况

项目	股本	资本公积	盈余公积金	公益金	未分配利润	合计
期初数	249101743	63019925.32	7533177.06	——	-69607738.20	250047107.18
本期增加	——	664964.77	——	——	25975627.63	26640592.40
本期减少						
期末数	249101743	63684890.09	7533177.06	——	-43632110.57	276687699.58
变动原因	——	环保补贴转入	——	——	本期利润增加	本期利润增加

三、股本变动及股东情况介绍

1、报告期末股东总数

截止本报告期末公司股东总数为 40,852 户;

2、截止本报告期末,公司前 10 名股东持股情况如下:

名次	股东名称	年末持股数	占总股本(%)
1、	芜湖东泰实业有限公司	60,000,000	24.09
2、	乐山资产经营有限公司	14,181,252	5.69
3、	中国宝安集团股份有限公司	11,247,600	4.52
4、	河北证券有限责任公司	8,098,171	3.25
5、	中国盐业总公司	2,998,858	1.20
6、	四川盐业公司	2,998,857	1.20
7、	云南生产资料服务公司	1,499,427	0.60
8、	中国轻工物资供销总公司	1,386,014	0.56
9、	深圳市鸿基运输公司	1,071,200	0.43
10、	中国华轻实业公司	771,264	0.31

注:公司前 10 名股东之间不存在任何关联关系。

3、持股 5%以上股东情况:

截止本报告期末,持有本公司 5%以上(含 5%)股份的股东有芜湖东泰实业有限公司,持股数量为 60,000,000 股,占公司总股份的 24.09%。该公司所持股份为国有法人股,本报告期内其所持股份无增减变化,也没有任何质押情况和其他任何法律争议。芜湖东泰实业有限公司注册资金 2.31 亿元人民币;法定代表人:楚健健,公司主要从事纸制品、化工产品、建材生产和销售以及五金批零、网络信息服务。

其次是乐山资产经营有限公司,持股数量为 14,181,252 股 ,占公司总股份的 5 .69%。该公司所持股份为国家股,本报告期内无增减变化。因吉林泛亚信托投资公司起诉长春市涌金商贸有限公司经济纠纷一案,被列为第三人,2000 年 12 月 4 日,其所持本公司国家股被吉林省长春市宽城区人民法院冻结[(2001)经初字第 1405 号《裁定书》]。

4、报告期内公司控股股东未发生变更。

珠海经济特区富华集团股份有限公司

一、公司简介

1、公司法定中文名称:珠海经济特区富华集团股份有限公司

公司法定英文名称:FUHUA GROUP CO., LTD. ZHUHAI S. E. Z.

2、法定代表人:阎前

3、董事局秘书:薛楠　　　授权代表:张金萍

联系地址:广东省珠海市拱北北岭工业区富华集团股份有限公司董事局秘书处

联系电话:0756 - 8886218　　　传真:0756 - 8888148

4、注册地址:广东省珠海市拱北北岭工业区

办公地址:广东省珠海市拱北北岭工业区富华集团股份有限公司

邮政编码:519070　　　电子信箱:zhfuhua@email.zh.gnet.gd.cn

5、公司选定的信息披露报纸名称:《证券时报》

刊载年报的互联网网址:http://www.cninfo.com.cn

公司年报备置地点:富华集团股份有限公司秘书处

6、公司股票上市交易所:深圳证券交易所

股票简称:粤富华　　　股票代码:0507

二、会计数据和业务数据摘要

1、本年度利润总额及构成(单位:元)

利润总额:	60,783,851.05
净利润:	50,551,095.26
扣除非经常性损益后的净利润:	54,681,873.31
主营业务利润:	53,521,131.78
其他业务利润:	2,550,504.24
营业利润:	21,709,308.67
投资收益:	41,059,003.81
补贴收入:	---
营业外收支净额:	-1,984,461.43
经营活动产生的现金流量净额:	82,366,817.09
现金及现金等价物净增加额:	74,097,857.92

说明:净利润中扣除的非经常性损益项目为:合并价差摊销 148,037.77 元,股权投资差额摊销 758,278.85 元,营业外收支净额-1,984,461.43 元;市容整改工程 1,240,000 元

2、公司前三年主要会计数据和财务指标:　　追溯调整后

项　目	2000 年	1999 年	1998 年
主营业务收入(元)	209,589,198.33	102,126,015.47	51,157,029.22
净利润(元)	50,551,095.26	38,257,649.72	-106,505,653.65
总资产(元)	1,133,731,277.25	1,058,804,088.06	973,598,074.46
股东权益(元)	911,180,408.58	860,629,313.32	813,217,700.96
每股收益(摊薄)	0.147	0.118	-0.309
每股收益(加权)	0.147	0.118	-0.309
扣除非经常损益后的每股收益(摊薄)	0.158	0.087	
扣除非经常损益后的每股收益(加权)	0.158	0.087	
每股净资产(元)	2.64	2.497	2.357
调整后的每股净资产(元)	2.60	2.49	2.34
每股经营活动产生的现金流量净额(摊薄)	0.24	-0.004	-0.001
每股经营活动产生的现金流量净额(加权)	0.24	-0.004	-0.001
净资产收益率(摊薄)	5.55%	4.47%	-13.1%
净资产收益率(加权)	5.55%	4.47%	-13.1%

注:1998 年度调整后会计数据和财务指标系根据《股份有限公司会计制度有关会计处理问题补充规定》对坏帐准备等会计政策变更采用追溯调整法调整后重新计算的。

3.利润表附表

报告期利润	净资产收益率(%)		每股收益(人民币元)	
	全面摊薄	加权平均	全面摊薄	加权平均
主营业务利润	5.87%	5.87%	0.155	0.155
营业利润	2.38%	2.38%	0.063	0.063
净利润	5.55%	5.55%	0.147	0.147
扣除非经常损益后的净利润	6%	6%	0.158	0.158

计算方法如下:摊薄每股收益=净利润/报告期末普通股股份总数

加权平均每股收益=P/(S0+S1+Si×Mi÷M0-Sj×Mj÷M0)

其中:P 为报告期利润;S0 为期初股份总数;S1 为报告期因公积金转增股本或股票股利分配等增加股本数;Si 为报告期因发行新股或债转股新增的股本数;Sj 为报告期因回购或缩股等减少股份数;M0 为报告期月份数;Mi 为增加股份下一月起至报告期期末的月份数;Mj 为减少股份下一月起至报告期期末的月份数。

三、股本变动和主要股东持股情况

1、股东情况

(1)报告期末股东总数为 114894 户。

(2)公司前十名股东持股情况

股东名称	持股数(股)	比例 (%)
珠海市港口企业集团有限公司	71,754,000	20.80
珠海市纺织工业集团公司	38,769,600	11.24
珠海市科技奖励基金会	7,920,000	2.30
珠海经济特区冠华轻纺总公司	6,468,000	1.88
中国化纤总公司	4,356,000	1.26
广东省纺织工业总公司	3,300,000	0.96
珠海珠光公司	3,300,000	0.96
珠海经济特区发展公司	3,300,000	0.96
中国信达信托投资公司	3,300,000	0.96
广东发展银行珠海分行	2,200,000	0.64

注:上述前十名股东所持股份均为未上市流通股份。

本公司第四大股东珠海经济特区冠华轻纺总公司为第二大股东珠海市纺织工业集团公司的全资附属公司。

四川天歌科技集团股份有限公司

一、公司简介

公司中文名称:四川天歌科技集团股份有限公司
公司英文名称:SICHUAN TIANGE TECHNOLOGY GROUP CO., LTD
公 司 总 部:四川省成都市一环路南二段天歌科技大厦
公司法定代表人:邹昌浩
公司董事会秘书:史笃应
联系地址:四川省成都市一环路南二段天歌科技大厦
电话:028-5435719　　传真:028-5445907
公司注册地址:四川省南充市涪江路117号
公司办公地址:四川省成都市一环路南二段天歌科技大厦
邮编:610041
电子信箱:(E-mail Address):TGIMC01@Mail.sc.cninfo.net
公司股票上市交易所:深圳证券交易所
股票代码:0509　　股票简称:天歌科技
公司年度报告备置地点:公司董事会秘书办公室
公司选定的信息披露报纸:《中国证券报》、《证券时报》
中国证监会指定的信息披露网址:http://www.cninfo.com.cn

二、会计数据和业务数据摘要

㈠、本年度主要利润指标情况

利润总额	38,818,882.84
净利润	30,083,067.21
扣除非经常性损益后的净利润	26,465,579.50
主营业务利润	82,295,166.51
其它业务利润	4,074,589.08
营业利润	34,049,140.13
投资收益	3,140,255.00
补贴收入	254,963.00
营业外收支净额	1,374,524.71
经营活动产生的现金流量净额	55,318,638.94
现金及现金等价物净增加额	101,719,512.76

注:扣除非经常性损益项目及金额为:
1 股权转让:198.8万元
2 返还税收: 25.4万元
3 营业外收支净额:137.4万元

㈡、公司近三年主要财务指标

指 标 项 目	2000年	1999年	1998年	
			调整后	调整前
主营业务收入	28,832.16	23,751.57	19,134.11	19,134.11
净 利 润 (万元)	3,008.31	2,794.33	7,090.52	7,210.53
总 资 产 (万元)	68,673.50	61,645.62	51,522.80	54,695.21
股东权益(不含少数股东权益) (万元)	33,745.72	31,541.74	32,062.29	34,902.70
每股收益(按净利润全面摊薄计算)(元)	0.1398	0.1299	0.4943	0.5026
每股收益(按净利润加权平均计算)(元)	0.1398	0.1299	0.4943	0.5026
扣除非经常性损益后的每股收益(全面摊薄)	0.123	0.0986	0.1781	0.1781
扣除非经常性损益后的每股收益(加权平均)	0.123	0.0986	0.1781	0.1781
每股净资产(元)	1.66	1.62	2.23	2.43
调整后的每股净资产(元)	1.39	1.26	1.67	2.09
每股经营活动产生的现金流量净额(元)	0.26	0.06	0.17	0.17
净资产收益率(%)(按净利润全面摊薄)	8.42	8.02	22.11	20.66
加权净资产收益率(%)(按净利润计算)	8.27	8.35	22.11	20.66
扣除非经常性损益后的加权净资产收益率(%)(按净利润计算)	7.28	6.09	7.60	7.32

按照中国证监会《公开发行证券公司信息披露编报规则(第9号)》要求计算2000年度的净资产收益率和每股收益。

报告期利润		净资产权益率(%)		每股权益(元)	
		全面摊薄	加权平均	全面摊薄	加权平均
主营业务利润	82,295,166.51	23.04	22.63	0.3828	0.3824
营业利润	34,049,140.13	9.53	9.36	0.1582	0.1582
净利润	30,083,067.21	8.42	8.27	0.1398	0.1398
扣除非经常性损益后的净利润	26,465,579.50	7.41	7.28	0.1230	0.1230

三、股东情况

股东情况介绍
1.截止2000年12月29日止本公司股东总数为30493户。
2.主要股东情况介绍　　(单位:股)

名次	股 东 名 称	期初持股数	期末持股数	占总股本比例(%)
1	湖北正昌集团公司	45,000,000	45,000,000	20.91
2	南充羽绒制品厂	19,967,760	19,967,760	9.28
3	工行南充地区分行	8,332,500	8,332,500	3.87
4	农行南充地区分行	6,600,000	6,600,000	3.07
5	华证资产管理有限公司	3,461,574	6,553,221	3.05
6	中国银行南充分行	5,445,000	5,445,000	2.53
7	重庆市嘉浪商贸有限公司	4,930,300	4,921,248	2.29
8	重庆凌讯图文信息中心		3,644,247	1.69
9	湖北正昌现代农业股份有限公司		2,983,200	1.39
10	东营市东营区丰源经贸中心		2,823,700	1.31

四川金路集团股份有限公司

一、公司简介

1、公司法定中文名称:四川金路集团股份有限公司
2、公司法定英文名称:SICHUAN JINLU GROUP CO., LTD.
3、公司法定代表人:李富荣　　4、公司董事局秘书:彭朗
联系电话:(0838)2207936　传真:(0838)2204384　邮政编码:618000
电子信箱:JLWJGLZX@DY-PUBLIC.SC.CNINFO.NET
联系地址:四川金路集团股份有限公司董事局办公室
5、公司注册及办公地址:四川省德阳市岷江西路二段57号金路大厦　　邮政编码:618000
网址:HTTP://WWW.JINLU.NET 电子信箱:JLWJGLZX@DY-PUBLIC.SC.CNINFO.NET
6、公司信息披露报纸名称:《中国证券报》、《证券时报》
7、登载公司年度报告的国际互联网网址: HTTP: // WWW.CNINFO .COM.CN
8、公司年度报告备置地点:本公司董事局办公室
9、公司股票上市地:深圳证券交易所　　股票简称:金路集团　　股票代码:0510

二、会计数据和业务数据摘要

(一)本年度主要会计数据　　(单位:人民币元)

利润总额	82,076,092.51
净利润	82,070,429.03
扣除非经常性损益后的净利润	83,014,441.45
主营业务利润	133,609,215.63
其他业务利润	1,295,523.83
营业利润	83,020,104.93
投资收益	51,500.00
补贴收入	0
营业外收支净额	−995,512.42
经营活动产生的现金流量净额	70,846,062.34
现金及现金等价物净增加额	−11,065,953.01

注:扣除非经常性损益项目涉及金额:
(1)股权投资收益　51,500.00
(2)营业外收支净额　−995,512.42

(二)截止2000年末公司近三年的主要会计数据和财务指标　(单位:人民币元)

项 目	2000年度	1999年度		1998年度	
		调整后	调整前	调整后	调整前
主营业务收入	511,002,929.41	344,301,100.21	344,301,100.21	283,593,182.97	283,593,182.97
净利润	82,070,429.03	456,647.26	2,071,308.63	−174,772,113.51	−119,929,645.91
总资产	1,001,453,494.70	937,379,492.44	951,833,121.16	953,193,664.96	1,067,716,438.34
股东权益(不含少数股东权益)	584,506,114.84	498,246,053.93	510,450,965.30	493,590,407.24	601,596,259.39
每股收益(摊薄)	0.28	0.002	0.007	−0.597	−0.41
每股收益(加权)	0.28	0.002	0.007	−0.597	−0.41
扣除非经常性损益后的每股收益	0.283	−0.026	−0.006	−0.553	−0.383
每股净资产	1.996	1.701	1.74	1.685	2.05
调整后的每股净资产	1.853	1.591	1.68	1.601	1.923
每股经营活动产生的现金流量净额	0.242	0.012	0.012	0.045	0.045
净资产收益率(加权)%	15.13	0.09	0.41	−33.99	−18.53
净资产收益率(摊薄)%	14.04	0.09	0.41	−35.41	−19.93

(四)报告期内股东权益变动情况及原因:　　(单位:人民币元)

项目	股 本	资本公积	盈余公积	法定公益金	未分配利润	股东权益合计
期初数	292,876,084.00	269,880,032.96	28,552,127.93	13,482,794.39	−106,544,985.35	498,246,053.93
本期增加		4,189,631.88			82,070,429.03	86,260,060.91
本期减少						
期末数	292,876,084.00	274,069,664.84	28,552,127.93	13,482,794.39	−24,474,556.32	584,506,114.84

三、股本变动及股东情况

1、股份变动情况表　　数量单位:股

	本次变动前	本次变动增减(+ −)						本次变动后
		配股	送股	公积金转股	增发	其他	小计	
一、尚未流通股份								
1、发起人股份	39,099,760	0	0	0	0	0	0	39,099,760
其中:国家拥有股份	39,057,760	0	0	0	0	0	0	39,057,760
境内法人持有股份	42,000	0	0	0	0	0	0	42,000
2、募集法人股	60,581,360	0	0	0	0	0	0	60,581,360
未上市流通股份合计	99,681,120	0	0	0	0	0	0	99,681,120
二、已上市流通股份								
1人民币普通股	193,194,964	0	0	0	0	0	0	193,194,964
已上市流通股份合计	193,194,964	0	0	0	0	0	0	193,194,964
三、股份总数	292,876,084	0	0	0	0	0	0	292,876,084

(2)股票发行与上市情况
1到报告期末为止,前三年本公司未有股票发行情况。
2报告期内公司股份总数及结构未发生变动。
2、股东情况介绍
(1)截止2000年12月31日,公司股东总数为12,510户。
(2)前10名股东持股情况　　单位:股

股东名称	年末持股数	占总股本比例(%)
四川省三通企业(集团)有限责任公司	42,887,160	14.64
德阳市国有资产经营公司	39,057,760	13.34
四川佛兰印务有限公司	11,970,000	4.09
深圳经济特区发展(集团)公司	6,384,649	2.18
德阳市天然气总公司	3,276,000	1.12
中国凯利实业有限公司	962,800	0.34
马中成	828,511	0.33
舒子华	816,000	0.28
赵显翠	706,844	0.24
德阳市金路持股联合会	622,600	0.21

沈阳银基发展股份有限公司

一、公司简介

1、公司中文名称:沈阳银基发展股份有限公司
公司英文名称:SHENYANG INGENIOUS DEVELOPMENT CO.,LTD
2、公司法定代表人:刘成文
3、公司董事会秘书:王利群
联系地址:沈阳市和平区十一纬路82号皇城酒店
联系电话:024-22857819　　传 真:024-22846927
电子信箱:wlqiig@163.net
4、公司注册地址及邮政编码:沈阳市东陵区文化东路20号　110015
办公地址及邮政编码:沈阳市和平区十一纬路82号　110003
互联网网址:www.ingin.com
电子信箱:yinjijt@pub.sy.ln.cn
5、公司信息披露报纸:《中国证券报》、《证券时报》
公司年度报告披露的网址:www.cninfo.com.cn
公司年度报告备置地点:公司证券部
6、股票上市地:深圳证券交易所
股票简称:银基发展　　股票代码:0511

二会计数据和业务数据摘要

1、本年度主要会计数据和业务数据(单位:元)

项　目	数　据
利润总额	71,250,321.29
净利润	47,130,222.49
扣除非经常性损益后的净利润	47,130,222.49
主营业务利润	96,125,378.73
其他业务利润	
营业利润	71,729,937.90
投资收益	
补贴收入	
营业外收支净额	
经营活动产生的现金流量净额	-211,543,946.27
现金及现金等价物净增加额	401,729,865.24

2、公司截止报告期末前三年主要会计数据和财务指标(单位:元)

项　目	2000年度	1999年度	1998年度
主营业务收入	254,376,457.64	66,749,610.96	68,494,929.07
净利润	47,130,222.49	23,132,849.52	12,521,964.18
总资产	1,417,785,858.82	274,828,847.45	337,813,386.11
股东权益(不含少数股东权益)	888,675,324.52	176,484,807.03	153,351,957.51
每股收益	0.262	0.178	0.096
每股收益(加权)	0.322	0.178	0.096
每股收益(扣除非经营性损益后)	0.262	0.138	
每股净资产	4.94	1.359	1.18
调整后的每股净资产	4.92	1.33	1.15
每股经营活动产生的现金流量净额	-1.18	-0.039	0.01
净资产收益率%	5.30	13.11	8.17
净资产收益率%(加权)	11.18		

注:根据中国证监会《公开发行证券公司信息披露编号细则(第九号)》要求计算的利润数据如下:

报告期利润	净资产收益率		每股收益	
	全面摊薄	加权平均	全面摊薄	加权平均
主营业务利润	10.82%	22.79%	0.534	0.656
营业利润	8.07%	17.01%	0.399	0.489
净利润	5.30%	11.18%	0.262	0.322
扣除非经常性损益后的净利润	5.30%	11.18%	0.262	0.322

3、股东权益变动情况(单位:股,元)

项　目	股本	资本公积	盈余公积	法定公益金	未分配利润	股东权益合计
期初数	129,880,950.40	10,949,043.93	11,503,299.38	5,751,649.69	24,151,514.32	176,484,807.03
本期增加	50,000,000.00	615,060,295.00	11,588,964.07	5,794,482.03	47,130,222.49	
本期减少					11,588,964.07	
期末数	179,880,950.40	626,009,337.93	23,092,263.45	11,546,131.72	59,692,772.74	888,675,324.52

三股本变动及股东情况

1、主要股东持股情况
(1)本报告期末,公司共有股东26265户。
(2)前十名股东持股情况

	股东名称	持股数(股)	占总股本比(%)
1	沈阳银基集团股份有限公司	46,632,432	25.9%
2	同益证券投资基金	8,495,329	4.72%
3	兴和证券投资基金	8,000,000	4.45%
4	兴华证券投资基金	8,000,000	4.45%
5	沈阳银顺隆机电物资有限公司	4,615,120	2.57%
6	大连银通实业有限公司	4,500,000	2.50%
7	沈阳新思科自动化有限公司	2,401,346	1.33%
8	深圳市瑞业达投资有限公司	2,000,000	1.11%
9	沈阳建行信托投资有限公司	1,560,000	0.87%
10	金泰基金	1,274,590	0.71%

* 公司前10名股东之间不存在关联关系。

(3)持股10%以上法人股东情况说明

沈阳银基集团股份有限公司是本公司的第一大股东,所持股份占总股本的25.9%。法定代表人:刘成文。经营范围:机械电子设备、五金交电、金属材料、建筑材料、汽车配件、重油、纺织品、百货批发、零售;食品、烟酒零售;技术开发、技术贸易、咨询服务;土木工程建筑、线路管道和设备安装,装修设计;(旅游服务、住宿、粮油经营、餐饮娱乐限分支机构按行业归口审批后经营)。

丽珠医药集团股份有限公司

一、公司简介

1、集团中文名称:丽珠医药集团股份有限公司
集团英文名称:LIVZON PHARMACEUTICAL GROUP INC.
2、法定代表人:易振球
总　　裁:徐孝先
3、董事会秘书:王武平　　授权代表:李　皓
电　话:(0756)8135993　传真:(0756)8891070　电子信箱:zhlzcwgs@pub.zhuhai.gd.cn
联系地址:珠海市拱北桂花北路丽珠大厦
4、注册地址:广东省珠海市拱北桂花北路　邮编:519020
网站:http://www.livzon.com　　电子信箱:zhlivzon@pub.zhuhai.gd.cn.
5、选定的信息披露报纸:《证券时报》、《上海证券报》、《文汇报》(香港,中文)、《南华早报》(香港,英文)
本年度报告披露于中国证监会指定网站:http://www.cninfo.com.cn
6、年度报告备置于:丽珠集团董事会秘书处
7、股票上市交易所:深圳证券交易所
股票简称及代码:丽珠集团(0513)　丽珠B(2513)

二、会计数据和业务数据摘要

1、本年度主要利润指标情况:　(单位:人民币元)

主营业务利润	542,472,695.80
其他业务利润	3,503,498.20
营业利润	41,683,844.16
投资收益	(6,364,983.31)
补贴收入	1,960,877.42
营业外收支净额	(2,023,447.12)
利润总额	35,256,291.15
净利润	10,375,817.00
扣除非经常损益后的净利润	10,375,817.00
经营活动产生的现金流量净额	38,515,144.41
现金及现金等价物净增加额	(42,503,317.96)

2、净利润审计差异

经利安达信隆会计师事务所有限责任公司按照中国会计准则审核,2000年集团实现净利润1,037.58万元;经香港摩斯伦会计师行按照国际会计准则审核,实现净利润1,493.10万元,两项之差额455.52万元,主要原因是:按照国际会计准则,对预提费用、出售联营公司及其他投资及住房公积金分别调增利润1,720万元、747.7万元、241.3万元,对存货准备、合并差异、坏帐准备、开办费及其他分别调减利润64.1万元、136万元、1,300万元、617.5万元、135.9万元所致。

3、集团近三年主要会计数据和财务指标　(单位:人民币元)

主要会计数据	2000年	1999年	1998年	
			调整后	调整前
主营业务收入	1,178,553,154.35	1,133,819,577.64	888,889,325.37	899,045,117.99
净利润	10,375,817.00	1,647,444.89	3,019,813.11	40,832,721.74
股东权益(不含少数股东权益)	916,001,867.40	901,997,825.43	925,311,218.11	1,018,649,312.20
总资产	1,588,290,694.11	1,557,847,725.23	1,439,676,868.22	1,560,922,291.37
主要财务指标				
每股净资产	2.99	2.95	3.02	3.33
调整后的每股净资产	2.65	2.59	2.60	2.97
净资产收益率	1.13%	0.18%	0.33%	4.01%
每股经营活动产生的现金流量净额	0.13	0.80	-0.06	-0.06
每股收益	0.03	0.005	0.010	0.130

注:(1)上述数据及指标均为合并报表数。
(2)本集团近三年未实施配股及送股方案,总股本未发生变化,为306,035,482股。
(3)1998年的调整系集团1999年根据国家《股份有限公司会计制度》及财政部财会字(1999)35号文的规定,调整坏帐准备、短期投资、存货及长期投资四项计提,并对此会计政策变更的影响采用追溯调整法调整到各所属年度会计报表所致。
(4)按照中国证监会《公开发行证券公司信息披露编报规则(第9号)》要求计算的利润数据:

报告期利润	净资产收益率	每股收益
主营业务利润	59.22%	1.77
营业利润	4.55%	0.14
净利润	1.13%	0.03
扣除非经常性损益后的净利润	1.13%	0.03

三、股东情况介绍

1、2000年末股东总数46930户,其中A股股东42576户(其中董事、监事等高级管理人员持股3户),B股股东4354户。
2、前十名股东持股情况(截止2000年12月31日)

股东名称	年内增减(股)	年末股数(股)	持股比例(%)	股份类别
1.中国光大(集团)总公司	0	38,917,518	12.72	境内法人股
2.中国光大医药有限公司	0	18,893,448	6.17	外资法人股
3.君安代理有限公司	-3,161	13,857,748	4.53	流通B股
4.珠海市医药总公司	0	11,615,691	3.80	境内法人股
5.广州医药保健品进出口公司	0	11,059,428	3.61	境内法人股
6.Top Dynamic Investments Ltd.	+1,018,859	10,545,149	3.45	流通B股
7.China Everbright Financial Holdings Ltd.	0	9,244,713	3.02	流通B股
8.广东韶关药业集团公司	0	6,463,548	2.11	境内法人股
9.Rexmore Company Limited	-254,566	6,015,500	1.97	流通B股
10.兴安证券投资基金	+2,500,121	2,500,121	0.82	流通A股

注:中国光大医药有限公司系中国光大集团有限公司的全资子公司,China Everbright Financial Holdings Ltd.系中国光大集团有限公司控股的香港上市公司——中国光大控股有限公司的全资子公司;中国光大集团有限公司在香港注册成立,中国光大(集团)总公司在北京注册成立;中国光大集团有限公司与中国光大(集团)总公司是互相独立的企业法人,两家公司董事长由同一人担任,董事会成员不完全相同。其他前10名股东之间不存在关联关系。

重庆渝开发股份有限公司

一、公司简介

1、公司法定中文名称：重庆渝开发股份有限公司
公司法定英文名称：CHONGQING YUKAIFA CO.,LTD.
2、公司法定代表人：官忠富
3、公司董事会秘书：刘祥明；授权代表：夏光明、叶 菁
联系地址：重庆市渝中区曾家岩1号附1号
电 话：(023)63626484 传 真：(023)63852638
4、公司注册地址及办公地址：重庆市渝中区曾家岩1号附1号
邮政编码：400015 E-mail:ykf514@cta.cq.cn
5、公司选定的信息披露报纸名称：《中国证券报》、《证券时报》
登载公司年度报告的中国证监会指定国际互联网网址：
http://www.cninfo.com.cn
公司年度报告备置地点：重庆渝中区曾家岩1号附1号公司总部
6、股票上市交易所：深圳证券交易所
股票简称：渝开发 股票代码：0514

二、会计数据和业务数据摘要

1、公司本年度会计数据(单位：人民币元)

利润总额	780,940.88
净利润	521,222.59
扣除非经常性损益后的净利润	-3,078,815.92
主营业务利润	17,201,371.15
其他业务利润	1,782,308.97
营业利润	-7,006,853.44
投资收益	4,010,369.96
补贴收入	5,600,000.00
营业外收支净额	-1,822,575.64
经营活动产生的现金流量净额	-2,518,813.25
现金及现金等价物净增加额	-9,007,132.18

注：扣除的非经常性损益项目和涉及金额-3,600,038.51
营业外收支净额项目：1,822,575.64
其中：1 无法支付的款项-75,194.18
2 协议型联营连带责任经营损失 1,855,650.00
3 处理固定资产投资损失 42,119.82
投资收益：-5,422,614.15
其中；1 委托投资收益-5,023,100.00
2 国债投资收益-399,514.50

2、截至报告年度末公司前三年的主要会计数据和财务指标 (单位：人民币元)

项 目	2000 年	1999 年	1998 年	
			调整前	调整后
主营业务收入	45,612,500.63	52,161, 690.90	128,469,464.93	128,469,464.93
净利润	521,222.59	12,230, 460.56	53,484,453.64	38,936,502.60
总资产	497,659,239.54	502,159, 437.59	500,593,457.50	445,013,429.91
股东权益(不含少数股东权益)	181,596,904.75	181,075, 682.16	225,425,249.19	168,845,221.60
每股收益	0.004	0. 104	0.59	0.43
每股收益(加权)	0.004	0.11	0.59	0.43
扣除非经常性损益后的每股收益	-0.03	0.03	0.21	0.05
每股净资产	1.54	1.54	2.49	1.87
调整后的每股净资产	1.40	1.52	2.48	1.86
每股经营活动产生的现金流量净额	-0.02	0.08	0.9	0.9
净资产收益率%	0.29	6.75	23.73	23.06
净资产收益率%(按净利润摊薄)	0.29	6.75	23.73	23.06
净资产收益率%(按净利润加权)	0.29	6.53	21.21	20.68
净资产收益率%(扣除非经常性收益加权)	-1.70	1.68	7.32	2.43

附表：报告期利润

	净资产收益率(%)		每股收益(元)	
	全面摊薄	加权平 均	全面摊薄	加权平均
主营业务利润	9.47	6.84	0.15	0.15
营业利润	-3.86	-2.79	-0.06	-0.06
净利润	0.29	0.20	0.004	0.004
扣除非经常性损益后的净利润	-1.70	-1.70	-0.03	-0.03

三、股东情况介绍

㈠报告期末股东总数

截止2000年12月31日公司股东总数为26220户，其中：国家股股东1户，法人股股东4户，社会公众股股东26215户(含：高管人员1户)。

㈡主要股东持股情况(前10名股东)

名次 股 东 名 称	年末持股数(股)	占总股本(%)
⑴重庆市城市建设投资公司	61467120	52.29
⑵中国宝安集团股份有限公司	7146048	6.08
⑶中国信达信托投资公司包头证券部	3120000	2.65
⑷深圳市信诚投资有限公司	1366512	1.16
⑸西安怡和经济发展投资集团公司	1200000	1.02
⑹哈尔滨市裕晨酒店	680000	0.58
⑺赵国群	353900	0.30
⑻哈尔滨市宏达砖厂	265328	0.23
⑼金锋	260000	0.22
(10)鲍吉田	198000	0.17

注：⑴持有本公司5%以上股份的股东情况说明

1 重庆市城市建设投资公司(代表国家持有国有股份的单位)：持有公司股份61,467,120股，占公司总股本的52.29%，报告期内股份未有增减变动。

2 中国宝安集团股份有限公司(法人股股东)：持有公司股份7,146,048股，占公司总股本的6.08%，报告期内股份未有增减变动。

持有公司5%以上股份的股东中，中国宝安集团股份有限公司将所持本公司7 ,146,048股法人股中的1,649,088股质押给中宝投资有限公司；重庆市城市建设投资公司所持股份无质押、冻结情况。

重庆渝港钛白粉股份有限公司

一、公司简介

(一)公司法定中文名称：重庆渝港钛白粉股份有限公司
公司法定英文名称：CHONGQING YU-GANG TIOXIDE CO.LTD
(二)公司注册地址：重庆市江北区建新北路41-1号 邮政编码：400020
公司办公地址：重庆市巴南区走马二村51号 邮政编码：400055
(三)公司法定代表人：代树培
(四)公司董事会秘书：向远平
联系地址：重庆市巴南区走马二村51号 电话：023-62551281-388 传真：023-62551279
(五)公司选定的信息披露报纸名称：《证券时报》、《中国证券报》
中国证监会指定国际互联网网址：http://www.cninfo.com.cn
公司中期报告备置地点：公司证券部
(六)公司股票上市交易所：深圳证券交易所
公司股票简称：PT 渝钛白 公司股票代码：0515

二、主要财务数据和指标

项目	2001 年 1 月 1 日至 2001 年 6 月 30 日	2000 年 1 月 1 日至 2000 年 6 月 30 日
调整后净利润(元)	6,036,835.92	-37,725,508.55
扣除非经常性损益后的净利润(元)	6,270,586.83	-41,496,226.64
全面摊薄每股收益(元)	0.046	-0.29
加权平均每股收益(元)	0.053	-0.29
全面摊薄净资产收益率(%)	3.14	-29.41
加权平均净资产收益率(%)	3.18	—

项目	2000 年 1 月 1 日至 2000 年 12 月 31 日	
	调整后	调整前
净利润(元)	3,509,307.49	4,285,135.44
扣除非经常性损益后的净利润(元)	-2,564,440.41	-1,788,612.46
全面摊薄每股收益(元)	0.027	0.033
加权平均每股收益(元)	0.027	0.033
全面摊薄净资产收益率(%)	1.61	1.96
加权平均净资产收益率(%)	-2.77	-3.39

	2001 年 6 月 30 日	2000 年 6 月 30 日
总资产(元)	712,725,979.41	716,202,946.04
资产负债率(%)	68.24	82.09
股东权益(元)	226,340,968.24	128,260,602.41
每股净资产(元)	1.45	0.99
调整后的每股净资产(元)	1.44	0.96
每股经营活动产生的现金流量净额(元)	0.126	0.16

	2000 年 12 月 31 日	
	调整前	调整后
总资产(元)	714,613,322.83	715,288,543.27
资产负债率(%)	69.52	69.25
股东权益(元)	217,835,434.39	219,035,548.52
每股净资产(元)	1.68	1.68
调整后的每股净资产(元)	1.57	1.57
每股经营活动产生的现金流量净额(元)	0.51	0.51

注1："扣除非经常性损益后的净利润"涉及扣除的项目、涉及金额的说明：
(1)补贴收入 35,734.00
(2)营业外收支净额 -269,484.91

利润表附表

项目	净资产收益率(%)		每股收益(元)	
	全面摊薄	加权平均	全面摊薄	加权平均
主营业务利润	11.86	11.51	0.17	0.20
营业利润	3.24	3.15	0.04	0.055
净利润	2.67	2.59	0.03	0.045
扣除非经常性损益后的净利润	2	2.69	0.04	0.047

三、股本变动和主要股东持股情况

(一) 股本变动情况

公司股份变动情况表 数量单位:股

	本次变动前	本次变动增减(+,-)				本次变动后
		配股	送股	公积金转股	增发其他	
一、尚未流通股份						
1、发起人股份	74565200					74565200
其中：国家拥有股份	74565200					74565200
未上市流通股份合计	74565200					74565200
二、已上市流通股份						
1、人民币普通股	55440000					55440000
已上市流通股份合计	55440000					55440000
三、股份总数	130005200					130005200

(二)主要股东持股情况

1、截止2001年6月30日，公司股东总数7189户。

2、公司前10名股东持股情况

序号	股东名称	持股数(股)	持股比例(%)
1	中国长城资产管理公司	74,565,200	57.36
2	蒋宏均	1,314,250	1.01
3	赵双凤	920,000	0.71
4	王德业	885,500	0.68
5	赵玉敏	819,656	0.63
6	北京哈里兴业商贸有限责任公司	807,000	0.62
7	齐之	796,000	0.61
8	周厚华	787,300	0.61
9	武宏银	720,000	0.55
10	深圳市鹏基物业管理股份有限公司	700,000	0.54

3、持股5%(含5%)以上的法人股东——中国长城资产管理公司所持股份未发生质押、冻结情况。

西安解放集团股份有限公司

一、公司简介

1、公司法定中文名称:西安解放集团股份有限公司
公司英文名称:XI"AN JIEFANG GROUP CO.,LTD
公司英文名称缩写:JFG
2、公司法定代表人: 王 科
3、公司董事会秘书: 刘建锁
联系地址:西安市解放市场 6 号 电话:(029)7217854 传真:(029)7217705
4、公司注册地址及办公地址:西安市解放市场 6 号
公司邮政编码:710001 公司电子信箱:JFG@pub.xaonline.com
5、公司年度报告备置地点: 公司证券部
公司选定的信息披露报纸名称:《证券时报》
登载公司年度报告的中国证监会指定国际互联网网址: http://www.cninfo.com.cn
6、公司股票上市地:深圳证券交易所 股票简称:陕解放 A 股票代码:0516

二、会计数据和业务数据摘要

1、本年度实现利润情况 (单位:人民币元)

利润总额:	37,129,510.62
净利润:	31,944,276.67
扣除非经常性损益后的净利润:	31,944,276.67
主营业务利润:	85,779,893.31
其他业务利润:	443,981.98
营业利润:	34,914,554.13
投资收益:	2,287,958.67
补贴收入:	0.00
营业外收支净额:	-73,002.18
经营活动产生的现金流量净额:	46,735,223.21
现金及现金等价物净增加额:	68,919,844.76

2、本年度净资产收益率和每股收益情况

报告期利润	净资产收益率(%)		每股收益(元)	
	全面摊薄	加权平均	全面摊薄	加权平均
主营业务利润	37.21	36.04	0.71	0.71
营业利润	15.15	14.67	0.29	0.29
净利润	13.86	13.42	0.265	0.265
扣除非经常性损益后的净利润	13.86	13.42	0.265	0.265

注:净资产收益率和每股收益计算公式:
全面摊薄净资产收益率=报告期利润÷期末净资产
全面摊薄每股收益=报告期利润÷期末股份总数
加权平均净资产收益率=报告期利润/[期初净资产+报告期净利润÷2+报告期发行新股或债转股等新增净资产×新增净资产下一月份起至报告期期末的月份数÷报告期月份数-报告期回购或现金分红等减少净资产×减少净资产下一月份起至报告期期末的月份数÷报告期月份数]
加权平均每股收益=报告期利润/[期初股份总数+报告期因公积金转增股本或股票股利分配等增加股份数+报告期因发行新股或债转股等增加股份数×增加股份下一月份起至报告期期末的月份数÷报告期月份数-报告期因回购或缩股等减少股份数×减少股份下一月份起至报告期期末的月份数÷报告期月份数]

3、最近三年主要会计数据和财务指标 单位:人民币元

指标项目	2000 年度	1999 年度	1998 年度(追溯调整后)	1998 年度(追溯调整前)
主营业务收入	728,084,172	678,572,931	624,527,092	624,527,092
净利润	31,944,277	26,809,744	24,341,682	24,464,158
总资产	635,785,503	507,228,651	433,263,109	434,557,125
股东权益	230,506,299	222,030,115	195,220,371	196,514,387
每股收益	0.265	0.22	0.20	0.20
加权每股收益	0.265	0.22	0.20	0.20
扣除非经常性损益后每股收益	0.265	0.24	0.21	0.21
每股净资产	1.92	1.84	1.62	1.63
调整后每股净资产	1.90	1.82	1.60	1.61
每股经营活动产生的现金流量净额	0.39	0.18	0.36	0.36
净资产收益率%	13.86	12.07	12.47	12.45
加权净资产收益率%	13.42	12.85	13.21	13.17

注:1)以上数据和指标系合并报表数据;
2)追溯调整前指公司会计政策、会计估计变更追溯调整前的会计数据,追溯调整后指公司会计政策、会计估计变更追溯调整后的会计数据;
3)主要财务指标的计算方法:
每股收益=净利润/年度末普通股股份总数
每股净资产=年度末股东权益/年度末普通股股份总数

三、股东情况介绍

1、报告期末股东数量:
本报告期末的股东总数为 17921 户,其中内部职工股东 2 户。
2、主要股东持股情况:(截止日期:2000 年 12 月 31 日)

股东名称	期初数(万股)	增减变动(万股)	期末数(万股)	持股比例(%)
西安市国有资产管理局(持国家股)	2804.6293	0.00	2804.6293	23.30
深圳市赛快投资发展有限公司	0.00	+2286.90	2286.90	19.00
西安商业科技开发公司	583.9266	0.00	583.9266	4.85
海南新龙头投资有限公司	0.00	+435.60	435.60	3.62
陕西精诚投资有限公司	0.00	+399.30	399.30	3.32
西安华融科技有限公司	0.00	+326.70	326.70	2.71
西安中露食品有限责任公司	0.00	+326.70	326.70	2.71
中国航空油料西北公司	217.80	0.00	217.80	1.81
深圳市广顺实业股份有限公司	217.80	0.00	217.80	1.81
深圳天久实业有限公司	217.80	0.00	217.80	1.81

说明:1) 前 10 名股东所持股份均为未上市流通股份。
2) 持股 5%以上的股东年度内无质押或冻结情况。
3) 前 10 名股东之间不存在关联关系。
4) 前 10 名股东中部分法人股东的持股变动是由于协议受让本公司法人股份所致。

宁波成功信息产业股份有限公司

一、公司简介

●公司的法定中文名称:宁波成功信息产业股份有限公司
● 公司的法定英文名称:NINGBO SUCCESS INFORMATION INDUSTRY CO.,LTD.
● 英文缩写:SIT
●公司法定代表人:陈 新
●公司董事局秘书及授权代表:傅备镖 胡约翰
联系地址:宁波市江东北路 138 号金融大厦 12AF
电 话:0574-7730353
传 真:0574-7374078
电子信箱:stock@successit.com
●公司注册地址(办公地址):宁波市江东北路 138 号金融大厦 12AF
邮政编码:315040
国际互联网网址:http://www.successit.com
电子信箱:info@successit.com
●公司选定的信息披露报纸名称:《证券时报》和《中国证券报》
●登载公司年度报告的中国证监会指定国际互联网网址:
http://www.cninfo .com.cn
●公司年度报告备置地点:董事局秘书处
●公司股票上市交易所:深圳证券交易所
股票简称:甬成功
股票代码:0517

二、会计数据和业务数据摘要

(一)本年度利润总额、净利润及其构成

单位:人民币元

项目	2000 年度
利润总额	62159536.84
净利润	54465913.46
扣除非经常性损益后的净利润	54245415.45
主营业务利润	91523747.24
其他业务利润	10159729.39
营业利润	56867975.64
投资收益	1714839.73
补贴收入	880678.00
营业外收支净额	2696043.47
经营活动产生的现金流量净额	9885581.29
现金及现金等价物净增加额	170323247.19

注:非经常性损益包括:(1)宁波无线电厂合并价差摊销收益 48447.50 元;(2)深圳市成功通信技术有限公司摊销收益-2686333.66 元;(3) 公司长期投资回收所抵物品处理损失-211984.17 元;(4) 固定资产出售净收入 1543329.12 元;(5) 确定无法支付的预收帐款和应付帐款 1527039.22 元。

(二)截至报告期末公司前三年的主要会计数据和财务指标

单位:人民币元

项目	2000 年度	1999 年度	1998 年度 调整前	1998 年度 调整后
主营业务收入	203651917.05	47876013.37	98241574.55	8521392.13
净利润	54465913.46	27097025.50	-12344693.15	-13966884.28
每股收益	0.61	0.301	-0.137	-0.155
扣除非经常性损益后的每股收益	0.60	0.186	-0.138	-0.156
净资产收益率(%)	21.47	13.61	-6.70	-8.12

项目	2000 年 12 月 31 日	1999 年 12 月 31 日	1998 年 12 月 31 日 调整前	1998 年 12 月 31 日 调整后
总资产	570706203.43	282975578.37	309924230.67	204622626.29
股东权益(不含少数股东权益)	253683489.80	199107153.12	184113863.43	172010127.62
每股净资产	2.82	2.21	2.05	1.91
调整后的每股净资产	2.79	2.21	1.98	1.84
每股经营活动产生的现金流量净额	0.11	0.133	0.115	

三、股本变动及股东情况

(一)股本变动情况
1、截止 2000 年末,本公司股东总数为 10513 户。
2、截止 2000 年末,前 10 名股东情况:

数量单位:股

序号	股东名称	年内股份增减变动情况(股)	年末持股数量(股)	占总股本的比例(%	是否质押或冻结
1	深圳市新海工贸发展有限公司	0	32432677	36.08	是
2	宁波东方电脑设备有限公司	-4000000	10540193	11.72	是
3	上海银通创业发展有限公司	+4000000	4000000	4.45	否
4	北京市华远集团公司	0	3120000	3.47	否
5	民安投资管理有限公司	+2398184	2398184	2.67	否
6	北京麒祥文化发展有限责任公司	0	2060000	2.29	否
7	中国通信建设总公司	0	2060000	2.29	否
8	北京市港能科技发展有限责任公司	0	1859272	2.07	否
9	宁波港务局	0	1732500	1.93	否
10	海军 4819 工厂	0	1578320	1.76	否

注:
(1)公司第一大股东深圳市新海工贸发展有限公司系公司第四大股东— —北京市华远集团公司控股子公司。
(2)公司第二大股东宁波东方电脑设备有限公司持有的 10540193 股,经宁波市中级人民法院裁定,已于 2001 年 1 月变卖给宁波市科技园区开发有限公司 3790193 股,2 月变卖给深圳市胜启投资有限公司 4750000 股,目前,宁波东方电脑设备有限公司尚余 1000000 股。

江苏振新实业股份有限公司

一、公司简介

公司法定中文名称：江苏振新实业股份有限公司
中文缩写：振新股份
公司英文名称：JIANGSU ZHENXIN INDUSTRY AND COMMERCE SHARE CO.,LTD
英文缩写：JSZX
公司法定代表人：华国强
董事会秘书：高立新
联系地址：江苏省江阴市新桥镇
联系电话：0510-6121071
传真：0510-6121071
电子信箱：jszxdm@163.net
公司注册地址和办公地址：江苏省江阴市新桥镇
公司电子信箱：zx0518@163.net
邮政编码：214426
公司指定信息披露报纸：证券时报
登载公司年度报告国际互联网网址：http://www.cninfo.com.cn
公司年度报告备置地点：本公司证券部
公司股票上市交易所：深圳证券交易所
公司股票简称：ST 振新
公司股票代码：0518

二、会计数据和业务数据摘要

1、公司本年度会计数据　　单位：人民币元

利润总额	56,783,887.67
净利润	53,016,114.97
扣除非经常性损益后的净利润	51,039,662.73
主营业务利润	65,046,520.49
其他业务利润	4,465,405.50
营业利润	54,807,435.43
投资收益	1,251,811.05
补贴收入	———
营业外收支净额	724,641.19
经营活动产生的现金流量净额	23,560,514.45
现金及现金等价物增加值	18,651,175.17

备注：扣除的非经常性损益项目用金额
1、投资收益：1251811.05 元，其中股权投资收益 1028000.00 元，股票投资收益 223811.05 元；
2、债务重组收益：1287882.91 元，营业外支出：563241.72 元。

2、公司近三年财务指标　　单位：人民币元

指标项目	2000 年度	1999 年度	1998 年度	
			调整前	调整后
主营业务收入	187,246,758.48	105,247,190.20	507,793.26	507,793.26
净利润	53,016,114.97	38,720,344.89	-31243785.71	-31243785.71
总资产	274,672,391.51	216,714,913.75	180325,080.68	186230473.94
股东权益	204,833,502.14	156,832,727.17	104292,654.37	104292654.37
每股收益	0.40	0.29	-0.23	-0.23
扣除非经常性损益后每股收益	0.38	0.11	-0.23	-0.23
每股净资产	1.53	1.17	0.78	0.78
净资产收益率(%)	25.88	24.69	-29.95	-29.95
调整后的每股净资产	1.44	1.12	0.78	0.78
每股经营活动产生的现金流量净额	0.18	0.03	-0.03	-0.03

备注：扣除非经常性损益后每股收益=净利润-投资收益-(营业外收入-营业外支出)/年度末普通股股份总数

3、报告期内年度内股东权益变动情况及其原因　　单位：人民币元

项目	股本	资本公积	盈余公积金	公益金	未分配利润	合 计
期初数	133,742,400	56,594,536.36	2,091,333.95	2,091,333,95	-35,595,543.14	156,832,727.17
本期增加	-—	—	2,613,085.77	871,028.59	871,028.59	45,387,689.2
本期减少						
期末数	133,742,400	56,594,536.36	4,704,419.72	2,962,362.54	9,792,146.06	204,833,502.14

三、股本变动及股东情况介绍

1、报告期内，本公司股本总量未发生变化。
2、股东情况
(1)截止 2000 年 12 月 31 日，公司股东总数为 20287 户。
公司除张昌华 3300 股高管股冻结外，现任董事、监事及高级管理人员无高管持股情况。
(2)截止 2000 年 12 月 31 日，公司前 10 名股东持股情况：

股东名称	年末持股数(万股)	占总股本比例(%)
江阴市振新毛纺织厂	2674.3168	20.00
昆山三山纺织集团公司	662.6400	4.95
北京恒通投资有限公司	558.0000	4.17
联合证券有限责任公司	392.3340	2.94
鸿飞证券投资基金	264.0000	1.97
广东智健建设工程有限公司	210.0000	1.57
交通部第二公路工程局	200.0000	1.50
铁道部第三工程局	178.7500	1.34
黑龙江省公路桥梁建设总公司	162.0000	1.21
深圳方大经济发展股份有限公司	150.0000	1.17

注：前 10 名股东不存在任何关联关系。
(3)持股 5%以上法人股东情况
截止报告期末，持有本公司 5%以上股份的股东为江阴市振新毛纺织厂，持有本公司法人股 20%，计 2674.3168 万股，报告期内，该厂所持股份没有发生增减变动情况，亦未有任何质押情况和其他任何法律争议。
江阴市振新毛纺织厂是一九九零年由江阴市新桥镇政府出资成立的镇办集体制企业，注册资本为 2880 万元人民币，法人代表为华国强，注册地为江阴市新桥镇振新村。主要产品有羊绒、兔羊绒、粗纺面料、雪兰毛纱、安格兰毛纱等。
(4)报告期内控股股东没有发生变化。

成都银河动力股份有限公司

一、公司简介

1、公司法定中文名称：成都银河动力股份有限公司
公司法定英文名称：CHENGDU YINHE POWER CO.,LTD.
2、公司法定代表人：张青
3、公司董事会秘书：李红卫
联系地址：四川省成都市华兴正街 5 号王府井商务楼 B 座 25B
联系电话：028-6626418　6629638　　传真：028-2903003
电子信箱：lihongwei163@163.net
公司董事会证券事务授权代表：王　磊
联系地址：四川省成都市华兴正街 5 号王府井商务楼 B 座 25B
联系电话：028-6626418/6626428/6626438 转 166　　传真：028-2903003
4、公司注册地址：四川省成都市二环路东三段 40 号　　邮政编码：610051
公司办公地址：四川省成都市华兴正街 5 号王府井商务楼 B 座 25B　邮政编码：610016
公司国际互联网网址：Http://www.cyj.com.cn　　公司电子信箱：yhdl@chinese.com
5、公司选定的信息披露报纸：《证券时报》、《中国证券报》
公司年度报告登载网址：Http://www.cninfo.com.cn
公司年度报告文本备置于公司办公地点
6、公司股票上市交易所：深圳证券交易所
公司股票简称：银河动力　　公司股票代码：0519

二、会计数据和业务数据摘要

1、本年度利润情况　　(单位：元)

利润总额	29,203,684.63
净利润	25,595,070.32
扣除非经常性损益后的净利润	16,233,724.17
主营业务利润	54,813,522.45
其他业务利润	2,307,236.50
营业利润	18,838,537.94
投资收益	8,329,796.89
补贴收入	2,267,134.33
营业外收支净额	-231,784.53
经营活动产生的现金流量净额	25,350,194.64
现金及现金等价物净增加额	17,462,726.78

注：扣除非经常性损益涉及的项目和金额包括：

(1)股权转让净收益	5,125,996.35
(2)补贴收入	2,267,134.33
(3)托管收入	2,200,000.00
(4)营业外收支净额	-231,784.53
合计：	9,361,346.15

2、截至本报告期末，公司前三年的主要会计数据和财务指标：

项　　目	2000 年度	1999 年度	1998 年度	
			调整前	调整后
主营业务收入(万元)	15,532.03	16,019.81	11,510.43	11,510.43
净利润(万元)	2,559.51	1,660.35	2,413.28	2,142.60
总资产(万元)	39,750.48	36,673.57	30,756.46	30,162.40
股东权益(不含少数股东权益)(万元)	21,346.79	18,871.11	17,804.83	17,210.76
每股收益(元)	0.20	0.23	0.34	0.30
加权每股收益(元)	0.20	0.23	0.34	0.30
扣除非经常性损益后的每股收益(元)	0.13	0.23	0.01	-0.03
每股净资产(元)	1.67	2.66	2.51	2.43
调整后的每股净资产(元)	1.64	2.60	2.45	2.38
每股经营活动产生的现金流量净额(元)	0.20	0.07		
净资产收益率(%)	11.99	8.80	13.55	12.45
加权净资产收益率(%)	12.72	9.20	14.57	13.30

3、按中国证监会《公开发行证券公司信息披露编报规则(第 9 号)》要求计算的利润数据。

报告期利润	净资产收益率(%)		每股收益(元)	
	全面摊薄	加权平均	全面摊薄	加权平均
主营业务利润	25.68	27.24	0.43	0.43
营业利润	8.82	9.36	0.15	0.15
净利润	11.99	12.72	0.20	0.20
扣除非经常性损益后的净利润	7.60	8.07	0.13	0.13

注：上述 2-3 项中有关股东权益、每股净资产、调整后每股净资产、全面摊薄净资产收益率、未分配利润等指标数据的计算已将预计派发的现金红利 12,774,799.40 元调回(与会计报表相应数据不同)。

三、股东情况介绍

1、本报告期末，公司股东总数为 14831 户。
2、前十名股东及持股情况(本报告年度内持股变动如下表，持股 5%以上的股东所持股份无质押或冻结的情况)：

股东名称	持股数量(期初)单位(万股)	持股数量(期末)单位(万股)	占总股本比例(%)
银河(长沙)高科技实业有限公司	2058	3704.4	29.00
湖南新兴公司	1315.68	2368.224	18.54
市能源投资股份有限公司	120	216	1.69
四川天歌(集团)股份有限公司	120	216	1.69
乐山电力股份有限公司	120	216	1.69
上海涌金实业有限公司	0	216	1.69
吉林九州开发公司	108	194.4	1.52
中国农贸公司成都公司	60	108	0.85
上海同振贸易有限公司	0	108	0.85
西方米奇电子(深圳)有限公司	48	86.04	0.68

注：上述股东所持股份均为未上市流通股份

中国石化武汉凤凰股份有限公司

(一)公司简介

1、公司名称:中国石化武汉凤凰股份有限公司
英文名称:SINOPEC WUHAN PHOENIX CO,LTD.
2、法定代表:邬昆华
3、公司董事会秘书　熊克金　宫薇薇
咨询电话:027-86516722　　传真:027-86515968
4、公司地址:武汉市青山区长青路　　邮政编码:430082
英文地址:Changqing Rd. Qingshan Zone Wuhan 430082 China
5、信息披露报纸名称:《中国证券报》、《证券时报》、《上海证券报》
刊登公司年度报告的国际互联网网址:http://www.cninfo.com.cn
公司年报备置地点:公司办公室
6、公司股票上市交易所:深圳证券交易所　　证券简称:中国凤凰　　证券代码:0520

(二)会计数据和业务数据摘要

1、公司本年度实现的:(单位:元)

利润总额	104,838,414.60
净利润	66,522,177.21
扣除非经常性损益后的净利润	64,532,922.73
主营业务利润	112,127,065.90
其他业务利润	16,355,228.34
营业利润	101,200,328.78
投资收益	4,556,268.10
补贴收入	
营业外收支净额	-918,182.28
经营活动产生的现金流量净额	-116,576,854.18
现金及现金等价物净增加额	-234,049,681.97

2、截至报告期末公司前三年的主要会计数据和财务指标:

	2000	1999		1998	
		调整后	调整前	调整后	调整前
主营业务收入(万元)	80,106.41	41,449.16	41,449.16	21,800.37	21,800.37
利润总额(万元)	10,483.84	12,397.06	12,542.75	9,653.96	9,530.72
净利润(万元)	6,652.22	10,307.42	10,453.11	8,072.23	7,948.98
总资产(万元)	138,663.38	135,802.65	135,948.34	135,092.13	135,833.02
股东权益(万元)	125,917.61	124,457.08	119,930.25	118,303.01	119,043.89
每股收益(摊薄、元)	0.128	0.199	0.20	0.16	0.15
每股收益(加权、元)	0.128	0.199	0.20	0.18	0.18
每股净资产(摊薄、元)	2.43	2.397	2.31	2.28	2.29
调整后的每股净资产(元)	2.42	2.397	2.31	2.27	2.28
每股经营活动产生的现金流量净额	-0.22	0.45	0.43	0.08	0.08
净资产收益率(摊薄、%)	5.28	8.28	8.72	6.82	6.67
净资产收益率(加权、%)	5.13	8.28	8.72	7.54	7.14

3.利润表附表:

报告期利润	净资产收益率(%)		每股收益(元/股)	
	全面摊薄	加权平均	全面摊薄	加权平均
主营业务利润	8.9	8.65	0.216	0.216
营业利润	8.04	7.81	0.1949	0.1949
净利润	5.28	5.13	0.1281	0.1281
扣除非经常损益后净利润	5.13	4.98	0.1243	0.1243

加权平均净资产收益率=P ÷(Eo+NP ÷2+Ei ×Mi ÷Mo-Ej ×Mj ÷Mo)

其中:P 为报告期利润;NP 为报告期净利润;Eo 为期初净资产;Ei 为报告期发行新股或债转股等新增净资产;Ej 为报告期回购或现金分红等减少净资产;Mo 为报告期月份数;Mi 为新增净资产下一月份起至报告期期末的月份数;Mj 为减少净资产下一月份起至报告期期末的月份数。

加权平均每股收益=P ÷(So+S1+Si ×Mi ÷Mo-Sj ×Mj ÷Mo)

其中:P 为报告期利润;So 为期初股份总数;S1 为报告期因公积金转增股本或股票股利分配等增加股份数;

Si 为报告期因发行新股或债转股等增加股份数;Sj 为报告期因回购或缩股等减少股份数;Mo 为报告期月份数;Mi 为增加股份下一月份起至报告期期末的月份数;Mj 为减少股份下一月份起至报告期期末的月份数。

4、股东权益变动情况

项目	股本	资本公积	盈余公积	法定公积	未分配利润	股东权益合计
期初数	519168762	455176501.76	222319788.21	107592171.29	47905786.46	1244570838.43
本期增加			13304435.44	6652217.72	66522177.21	79826612.65
本期减少					65221311.64	65221311.64
期末数	519168762	455176501.76	235624223.65	114244389.01	49206652.03	1259176139.44
变动原因			本年度盈利	本年度盈利		本年度盈利

(三)股本变动及股东情况

1、股东情况介绍
(1)截止报告期末股东总数为 158214 户。
(2)前 10 名股东的持股情况:

股东名称	持股数量(股)	比例(%)
1 中国石油化工股份有限公司	211,423,651	40.72
2 中国人民保险公司武汉市分公司青山支公司	5,577,658	1.07
3 武汉石化实业公司	5,577,658	1.07
4 武汉证券公司	1,421,784	0.27
5 武汉证券公司深圳营业部	1,010,482	0.19
6 周建文	556,800	0.11
7 林见明	488,650	0.09
8 蔡子文	484,000	0.09
9 杨清平	425,580	0.08
10 上海敬信实业发展有限公司	422,771	0.08

第一大股东中国石油化工股份有限公司(以下简称:中石化股份)。企业法人代表:李毅中。经营范围:石油、天然气勘探、开采、销售;石油炼制;石油化工、化纤及其他化工产品的生产、销售、储运;石油、天然气管道运输;技术及信息的研究、开发、应用。股权无质押。前十名大股东之间无关联关系。

合肥美菱股份有限公司

一、公司简介

1、公司中文名称:合肥美菱股份有限公司
英文名称:HEFEI MEILING CO.,LTD.　　英文名称缩写:HFML
2、公司法定代表人:张巨声
3、公司董事会秘书:薛辉　　证券事务代表:齐敦卫
电话:(0551)2884961-394　　传真:(0551)2885502
4、公司注册及办公地址:合肥市芜湖路 48 号　　邮政编码:230001
公司网址:http://www.meiling.com　　电子信箱:hfmlse@mail.hf.ah.cn
5、公司选定的信息披露报纸名称:《证券时报》《中国证券报》《大公报》
登载公司年度报告的国际互联网址:http://www.cninfo .com.cn
年度报告备置地点:公司办公楼 2 楼董事会秘书室
6、股票上市地:深圳证券交易所
股票简称:美菱电器　股票代码:0521　皖美菱 B　股票代码:2521

二、会计数据和业务数据摘要

1、公司本年度利润总额及构成　(单位:人民币元)

利润总额	6,323,310.42
净利润	5,526,274.24
扣除非经常性损益后的净利润	5,271,206.86
主营业务利润	197,609,572.98
其他业务利润	-6,706,614.36
营业利润	5,058,507.66
投资收益	1,009,735.38
补贴收入	554,181.15
营业外收支净额	-299,113.77
经营活动产生的现金流量净额	57,908,771.29
现金及现金等价物净增加额	18,972,729.70

非经常性损益项目明细:营业外收支净额 -299,113.77 元
固定资产投资方向调节税退税收入　554,181.15 元
合计:　255,067.38 元

2、实现的净利润按照中国会计准则审计为 5,526 千元,经香港罗兵咸永道会计师事务所按照国际会计准则审计为-27,975 千元,具体差异为:

	2000 年度净利润(千元)
按照中国会计准则列报:	5,526
按照国际会计准则调整事项:	
1、将列入中国法定帐目保留溢利之本年费用重新分类作本年利润表之支出	(11,851)
2、将列入中国法定帐目保留溢利之本年度固定资产永久减值准备重分类作本年度利润表之支出	(4,452)
3、冲销递延所得税资产	(11,774)
4、呆滞存货准备	(5,325)
5、少计之费用支出	(1,645)
6. 其他	1,546
按照国际会计准则列报:	(27,975)

3、主要会计数据及财务指标(单位:人民币元):

项目	2000 年度	1999 年度	1998 年度	
			调整前	调整后
主营业务收入	1,339,023,354.59	1,326,822,251.40	1,326,822,251.40	1,368,833,610.27
净利润	5,526,274.24	68,446,649.03	47,846,243.90	76,647,114.05
总资产	2,526,682,141.54	2,545,961,019.55	2,525,360,614.42	2,379,814,632.68
股东权益	1,377,510,517.47	1,404,435,992.36	1,383,835,587.23	1,335,989,343.33
每股收益(加权)	0.013	0.165	0.116	0.185
每股收益(摊薄)	0.013	0.165	0.116	0.185
每股收益(扣除非经常性损益)	0.0127	0.164	0.115	0.169
每股净资产	3.33	3.40	3.35	3.23
调整后的每股净资产	3.26	3.33	3.28	3.17
净资产收益率%(摊薄)	0.40	4.90	3.46	5.74
净资产收益率%(加权)	0.40	4.9	3.46	5.74
每股经营活动产生的现金流量净额	0.140	-0.047	-0.047	0.095

4.利润分配表附表:

报告期利润	净资产收益率(%)		每股收益(元)	
	全面摊薄	加权平均	全面摊薄	加权平均
主营业务利润	14.35%	14.25%	0.478	0.478
营业利润	0.367%	0.365%	0.012	0.012
净利润	0.401%	0.399%	0.013	0.013
扣除非经常损益后的净利润	0.383%	0.380%	0.0127	0.0127

2000 年年末、1999 年年末的普通股总数为 413,642,949 万股。

三、股本变动及股东情况

1、截至 2000 年 12 月 31 日,公司股东总数为 100,707 户。其中 B 股 6052 户,内部职工股 3 户。
2、公司前十名股东持股情况

序号	股东名称	股份类别	年末持有股	占总股本比例
1	合肥美菱集团公司	A 股	123,396,375	29.83%
2	合肥美菱集团控股有限公司	A 股	13,433,844	3.25%
3	广奇投资有限公司	B 股	8,576,631	2.07%
4	泉广投资友好公司	B 股	8,019,475	1.94%
5	泰纪投资有限公司	B 股	4,119,780	0.99%
6	CBNY S/A PNC/SKANDIA SESECT FUND /CHINA EQUITY AC	B 股	3,652,738	0.88%
7	HONWEX LIMITED	B 股	2,800,000	0.68%
8	美星投资有限公司	B 股	2,340,000	0.57%
9	PEEDY CROWN LIMITED	B 股	2,202,000	0.53%
10	合肥工行	A 股	1,707,750	0.41%

广州白云山制药股份有限公司

一、公司简介

1.公司中文名称:广州白云山制药股份有限公司 中文缩写:白云山 A
公司英文名称:GuangZhou BaiYunShan Pharmaceutical Stock Co.Ltd. 英文缩写:BYS
2.公司法定代表人:黄平
3.公司董事会秘书:陈瑛 授权代表:罗善安
联系地址:广东省广州市白云区同和镇
联系电话:020-87706688-3513 传真:020-87705599
4.公司注册地址:广东省广州市白云区同和镇
公司办公地址:广东省广州市白云区同和镇 邮政编码:510515
国际互联网网址:www.gzbys.com
电子信箱:bysqy@mxz.gd.cei.gov.cn.
5.公司选定的信息披露报纸名称:中国证券报 证券时报
6.登载公司年报的中国证监会指定的国际互联网网址:http://www.cninfo.com.cn
7.公司年度报告备置地点:广东省广州市白云区同和镇公司总部
8.公司股票上市交易所:深圳证券交易所
股票简称:ST 白云山 股票代码:0522

二、会计数据和业务数据摘要

1.本年度主要利润指标情况: (单位:人民币元)

利润总额	71764797.55
主营业务利润	302816477.35
其他业务利润	16548741.07
营业利润	78039575.95
投资收益	-1096264.27
补贴收入	0.00
营业外收支净额	-5178514.13
净利润	71764797.55
扣除非经常性损益后的净利润	76211951.68
经营活动产生的现金流量净额	122075492.35
现金及现金等价物净增加额	-19032865.28

说明:本年公司非经常性损益构成如下: (单位:人民币元)

项目	金额
转让重庆医药股份公司收益	731360.00
营业外收入	872019.95
营业外支出	-6050534.08
合计	-4447154.13

2、截止报告期末公司前三年的主要会计数据和财务指标

指标项目	2000 年	1999 年		1998 年	
		调整前	调整后	调整前	调整后
主营业务收入(万元)	82,252.69	78,969.79		42,704.86	
净利润(万元)	7,176.48	5,632.47	5,624.11	-81,854.76	-81,631.08
总资产(万元)	180,111.73	186,573.74	176,221.98	175,698.86	175,596.72
股东权益	5,341.13	-1,770.33	-1,835.35	-7,300.66	-7,402.80
全面摊薄每股收益(元)	0.19	0.15	0.15	-2.19	-2.18
加权平均每股收益(元)	0.19	0.15	0.15	-2.19	-2.18
扣除非经常性损益后的每股收益(元)	0.20	0.13	0.13	-2.10	-2.09
每股净资产(元)	0.14	-0.05	-0.05	-0.20	-0.20
调整后每股净资产(元)	-1.46	-2.07	-2.07	-2.01	-1.58
每股经营活动产生的现金流量净额(元)	0.33	0.18	0.18	-0.01	-0.01
全面摊薄净资产收益率(%)	134.36	-318.16	-306.43		
加权平均净资产收益率(%)	409.41	-122.80	-121.76		
扣除非经常性损益后的净利润的加权平均净资产收益率(%)	434.78	-106.82	-105.88		

利润表附表

报告期利润	2000 年度净资产收益率		2000 年度每股收益(元)	
	全面摊薄	加权平均	面摊薄	加权平均
主营业务利润	566.95%	1727.52%	0.8089	0.8089
营业利润	146.11%	445.20%	0.2085	0.2084
净利润	134.36%	409.41%	0.1917	0.1917
扣除非经常性损益后的净利润	142.69%	434.78%	0.2036	0.2036

3.报告期内股东权益变动情况(单位:人民币元)

项目	股本	资本公积	盈余公积	未分配利润	股东权益合计
期初数	374,344,355.00	252,943,642.19	24,892,203.84	-670,533,656.76	-18,353,455.73
本期增加	0.00	0.00	0.00	71764797.55	71764797.55
本期减少	0.00	0.00	0.00		
期末数	374,344,355.00	252,943,642.19	24,892,203.84	-598,768,859.21	53,411,341.82

三、股东情况介绍

1.报告期末股东总数为 57102 户
2.公司前十名股东持股情况

股东名称	持股数(股)	持股比例(%)
广州市国有资产管理局	108,900,000	29.09
广州白云山企业集团有限公司	108,900,000	29.09
赵旭光	6,050,000	1.62
同智证券投资基金	1,367,043	0.37
王玲	755,610	0.20
邹海	547,000	0.15
黄振忠	429,709	0.11
天津市职工保险互助会	404,128	0.11
赵伟	354,050	0.09
王宝茹	349,510	0.09

注 1:广州白云山企业集团有限公司将其持有的 29.09%国有法人股 10890 万股用于借款质押。
注 2:广州白云山企业集团有限公司是广州市国有资产管理局的国有独资公司。

广州市浪奇实业股份有限公司

一.公司简介

1.公司法定中文名称:广州市浪奇实业股份有限公司
公司英文名称:LONKEY INDUSTRIAL CO.LTD., GUANGZHOU
2. 公司法定代表人:梁建彬 3. 公司董事会秘书:唐启忠
联系地址:广州市天河区黄埔大道东 128 号广州市浪奇实业股份有限公司
董事会秘书处电话:(020)82305933 或(020)82305694 转 228
传真:(020)82305104 电子邮箱:lonkeydm @public.guangzhou.gd.cn
4. 公司注册地址及办公地址:广州市天河区黄埔大道东 128 号 邮政编码:510660
国际互联网网址:http://www.lonkey.com.cn 电子邮箱:lonkeyok @public. guangzhou. gd. cn
5. 公司选定的信息披露报纸:中国证券报
登载公司年度报告的中国证监会指定国际互联网网址:http://www.cninfo.com.cn
年度报告备置地点:公司董事会秘书处
6. 公司股票上市交易所:深圳证券交易所 股票简称:广州浪奇 股票代码:0523

二.会计数据和业务数据摘要

1. 公司本年度的会计数据:(单位:人民币元)

利润总额	4,640,034.22
净利润	2,432,487.69
扣除非经常性损益后的净利润	2,209,995.28
主营业务利润	112,780,776.37
其他业务利润	2,034,344.79
营业利润	13,233,779.15
投资收益	(8,950,834.34)
补贴收入	134,597.00
营业外收支净额	222,492.41
经营活动产生的现金流量净额	11,227,115.21
现金及现金等价物净增加额	27,842,970.22

注:"扣除非经常性损益后的净利润"中包含以下扣除项目和金额:营业外收支净额 222,492.41 元。

2. 公司近三年的主要会计数据和财务指标:

财务指标	2000 年	1999 年	1998 年	
			调整后	调整前
主营业务收入(元)	448,986,320.35	384,792,392.40	328,787,240.65	328,787,240.65
净利润(元)	2,432,487.69	20,372,141.82	22,892,698.41	22,892,698.41
总资产(元)	649,289,756.09	702,147,302.56	686,300,998.46	654,708,998.14
股东权益(元)	508,268,664.07	570,600,884.35	544,908,742.53	518,108,173.51
每股收益(元/股)	0.01	0.09	0.10	0.10
扣除非经营性损益后的每股收益(元/股)	0.01	0.09	--	--
每股净资产(元/股)	2.22	2.49	2.38	2.26
调整后的每股净资产(元)	2.16	2.38	2.37	2.24
每股经营活动产生的现金流量净额	0.05	(0.08)	0.10	0.10
净资产收益率(%)	0.48	3.57	4.20	4.42

按照中国证监会《公开发行证券公司信息披露编报规则(第 9 号)》要求计算的利润数据:

报告期利润	净资产收益率		每股收益	
	全面摊薄	加权平均	全面摊薄	加权平均
主营业务利润	22.19%	19.72%	0.49	0.49
营业利润	2.60%	2.31%	0.06	0.06
净利润	0.48%	0.43%	0.01	0.01
扣除非经常性损益后的净利润	0.43%	0.39%	0.01	0.0

13. 报告期内股东权益变动情况及变动原因:

项目	股本	资本公积	盈余公积	法定公益金	未分配利润	股东权益合计
期初数	229,350,622.00	191,513,907.89	133,719,341.00	20,934,947.55	16,017,013.46	570,600,884.35
本期增加	---	---	486,497.54	243,248.77	2.432,487.69	2,918,985.23
本期减少	---	26,350,000.00	22,397,694.51	21,178,196.32	16,503,511.00	65,251,205.51
期末数	229,350,622.00	165,163,907.89	111,808,144.03	---	1,945,990.15	508,268,664.07

三.股本变动及股东情况

1.股本变动情况 (1)股份变动情况表 数量单位:股

	本次变动前	本次变动增减(+,-)						本次变动后
		配股	送股	公积金转股	增发	其他	小计	
一. 未上市流通股份								
1. 发起人股份								
其中:国家拥有股份	120643877	–	–	–	–	14520000	14520000	135163877
其中;转配股	14574806	–	–	–	–	-14574806	-14574806	0
未上市流通股份合计	135218683	–	–	–	–	-54806	-54806	135163877
二. 已上市流通股份								
1. 人民币普通股(注)	94131939	–	–	–	–	54806	54806	94186745
4. 其他已上市流通股份合计	94131939	–	–	–	–	54806	54806	94186745
三.股份总数	229350622					0	0	229350622

2. 股东情况介绍
(1)本报告期末股东总数为 27751 名。
(2)持有本公司 5%以上(含 5%)股份的股东的情况:本报告期末,持有本公司 5%以上(含 5%)股份的股东有一名,为广州市国有资产管理局,年末持有本公司股票 135163877 股,其所持股份并无发生质押或冻结的情况。
截至本报告期末止,本公司前 10 名股东的持股情况:

股东名称	持股数(股)	持股比例(%)
①广州市国有资产管理局	135163877	58.933
②开元基金	1674200	0.730
③中山市华农实业集团有限责任公司	597700	0.261
④刘建	500000	0.218
⑤严英	400000	0.174
⑥常志伟	398000	0.174
⑦龚吉福	330000	0.144
⑧王小林	310000	0.135
⑨廖云科	310000	0.135
⑩刘晖	300000	0.131

广州市东方宾馆股份有限公司

广州市东方宾馆股份有限公司2000年年度报告摘要

重要提示：本公司董事会保证本报告所载资料不存在任何虚假记载、误导性陈述或者重大遗漏，并对其内容的真实性、准确性和完整性负个别及连带责任。本年度报告摘要摘自年度报告，投资者欲了解详细内容，应阅读年度报告。

公司简介

公司法定中文名称：广州市东方宾馆股份有限公司
英文名称：GUANGZHOU DONG FANG HOTEL CO.,LTD
公司法定代表人：龙丕泉　　公司授权代表：陈　聪
联系地址：广州市流花路120号3103房 公司证券部
联系电话：(020)86669900~3103,86662791
传　　真：(020)86669900~3102
电子信箱：dfhotel@public.guangzhou.gd.cn
公司注册地址：广州市流花路120号
公司办公地址：广州市流花路120号　　邮政编码：510016
公司国际互联网网址：http://www.dongfanghotel-gz.com/
公司电子信箱：dfhtlbc@public.guangzhou.gd.cn
本公司选定的信息披露报刊：《中国证券报》、《证券时报》、《信息时报》
刊登本公司年度报告的中国证监会指定国际互联网网址：http://www.cninfo.com.cn
公司年度报告备置地点：公司证券部
公司股票上市交易所：深圳证券交易所
公司股票简称：东方宾馆　　公司股票代码：0524

会计数据和业务数据摘要

一、本年度利润总额及构成　　单位：人民币元

项　目	金　额
利润总额	25,003,826.80
其中：主营业务利润	183,588,500.54
其他业务利润	-
营业利润	20,843,715.27
投资收益	4,698,905.65
补贴收入	-
营业外收支净额	-538,794.12
净利润	20,425,763.17
扣除非经常性损益后的净利润	17,875,763.17
经营活动产生的现金流量净额	45,216,164.22
现金及现金等价物净增加额	50,802,980.18

注：扣除的非经常性损益项目和金额：股权转让净收益255万元

二、主要会计数据和财务指标

(一) 主要会计数据和财务指标比较　　单位：人民币元

指标项目	2000年	1999年	1998年	
			调整后	调整前
(1)主营业务收入	224,342,557	206,262,491	245,184,713	245,184,713
(2)净利润	20,425,763	23,667,802	37,440,737	44,038,238
(3)总资产	801,668,798	770,847,349	788,893,137	803,179,559
(4)股东权益	689,516,063	754,579,607	730,911,805	745,198,226
(5)每股收益(摊薄	0.08	0.09	0.14	0.16
(6)扣除非经常性损益后的每股收益	0.07	0.09	0.14	0.16
(7)每股净资产	2.56	2.8	2.71	2.76
(8)调整后每股净资产	2.21	2.42	2.45	2.47
(9)每股经营活动产生现金流量净额	0.17	0.16	-0.006	-0.006
(10)净资产收益率(摊薄)(%)	2.96	3.14	5.12	5.91

注：报告期内公司总股本无任何变动，故加权平均每股收益与全面摊薄每股收益相同；

(二) 全面摊薄、加权平均净资产收益率和每股收益

根据中国证监会《公开发行证券公司信息披露编报规则(第9号)》的要求，计算公司本报告期的净资产收益率和每股收益：

报告期利润(2000年)	净资产收益率		每股收益	
	全面摊薄	加权平均	全面摊薄	加权平均
主营业务利润	26.626%	25.400%	0.681	0.681
营业利润	3.023%	2.884%	0.077	0.077
净利润	2.962%	2.826%	0.076	0.076
扣除非经营性损益后的净利润	2.593%	2.473%	0.066	0.066

说明：加权平均净资产收益率的指标以调整后年初净资产计算。

三、报告期内股东权益变动情况　　单位：人民币元

项目	股本	资本公积	盈余公积	未分配利润	股东权益合计	法定公益金
期初数	269,673,744	302,353,865	110,566,089	6,363,062	71,985,909	754,579,607
调整后期初数	269,673,744	302,353,865	110,566,089	6,363,062	29,996,548	712,590,246
本期增加	-	17,779	39,266,386	31,096,080	20,425,763	59,709,928
本期减少	-	16,550,350	29,053,504		37,180,256	82,784,110
期末数	269,673,744	285,821,293	120,778,971	37,459,142	13,242,055	689,516,063
注释号	注1	注2		注3		注4

注　1：报告期内公司总股本以及股本结构无任何变动

注　2：报告期内资本公积减少原因为按财政部会计司财会函字（1998)25号文补提递延税款16,550,350.02元。

注　3：盈余公积增减原因包括按2000年度税后净利润计提的法定盈余公积、公益金、任意盈余公积金以及职工房改后原由公益金负担部分由任意盈余公积金转回公益金。

注　4：年初未分配利润原为71,985,909.20元，按财政部2000年财企(2000)295号文的规定，将本公司住房周转金年末负数余额41,989,361.28元调减年初未分配利润，调整后年初未分配利润为29,996,547.92元。本年度未分配利润增减变动原因包括报告期内实现的净利润以及按净利润提取法定盈余公积金、公益金、任意盈余公积金和股利预分配。

股东情况介绍

(一) 报告期末股东总数

截至2000年12月31日，公司股东总人数　　53,897人。

公司股东总人数	53,897人
其中：国家股东(广州越秀集团有限公司)	1人
发起人法人股东(广州市东方酒店集团有限公司)	1人
社会公众股东	53,887人
董事、监事、高级管理人员股东	8人

(二) 本公司前10名最大股东持股情况：(截至2000年12月31日)

序号	股东姓名	持股数	持股比例(%)
1	广州市东方酒店集团有限公司	123,155,992	45.67%
2	广州越秀集团有限公司	47,533,038	17.63%
3	谭件云	724,341	0.27%
4	安徽省建银房地产开发公司	450,000	0.17%
5	兴安证券投资基金	386,995	0.14%
6	唐宝单	369,998	0.14%
7	王计贤	287,800	0.11%
8	高绍莲	265,966	0.10%
9	杨为民	257,700	0.10%
10	庞翠轻	255,010	0.09%

注：1 前10名股东中，前两名股东所持的170,689,030股分别为国家股和国有法人股，暂未上市流通；其余8位股东持有的2,997,810股属已上市流通股份。

2 广州越秀集团有限公司代表国家持有公司的股份。

3 公司的第一大股东广州市东方酒店集团有限公司为第二大股东广州越秀集团有限公司的全资子公司。

4 本公司的发起人法人股东广州市东方酒店集团有限公司于1999年12月15日至2000年2月3日期间与中国工商银行广州市分行签订的1999年国际(质)字第0059、0061、0062号和2000年国际(质)字第0006、0007和0008号质押合同，以持有本公司的12,315万股法人股为广州越秀集团有限公司向工商银行广州市分行借款叁亿元人民币提供担保，已分别于2000年10月8日至2001年1月25日到期之日解除。

5 广州越秀集团有限公司持有本公司的股票报告期内没有任何质押或冻结。

(三) 本报告期内，公司的控股股东没有变更。

股东大会简介

一九九九年度股东大会召开情况

公司关于召开一九九九年度股东年会的公告刊登在二〇〇〇年四月二十二日的《中国证券报》、《证券时报》和《信息时报》上。

公司一九九九年度股东年会于二〇〇〇年五月二十六日上午在公司法定住所广州市东方宾馆召开，出席本次股东年会的股东共15名，代表股份170,811,613股，占公司总股份的63.34%，符合《公司法》和《公司章程》的有关规定。公司全体董事、监事及高级管理人员出席了大会，大会采用记名投票的表决方式，经审议以170,811,613股权票赞成、0票反对的投票结果一致通过了以下决议：

(1) 1999年度董事会工作报告；
(2) 1999年度监事会工作报告；
(3) 1999年度财务决算的报告；
(4) 1999年度利润分配方案的报告。

本次股东大会的决议公告刊登在二〇〇〇年五月二十七日的《中国证券报》、《证券时报》和《信息时报》上。

董事会报告

一、公司经营情况

(一) 公司的行业地位

公司属旅游酒店业。公司的经营主体——东方宾馆为广州市五间五星级酒店之一。根据广州市旅游局编制的《广州旅游简报》显示，本公司的经营主体——东方宾馆2000年度平均开房率略低于本地区五家五星级酒店的平均开房率。

(二) 公司主营业务的范围及其经营状况

公司的经营业务范围包括：旅馆业、餐饮业、旅游业和场地出租等。

本报告期公司实现主营业务收入22,434万元，比上年度增加8.77%，其中：客房收入8,338万元，比上年度减少7.89%；餐饮业收入7,003万元，比上年度增加11.87%；租金收入3,487万元，比上年度增加65.89%；其他收入3,607万元，比上年度增加12.26%；实现净利润2,043万元，比上年度减少13.69%。

2000年，随着我国经济的稳步发展，以及广州市实施以提高城市文化品位为重点，旅游规划和资源开发结合城市大环境的旅游发展规划，使广州旅游城市的整体形象有了较大的提升，并促进了本地区旅游市场的进一步发展。但是，由于近年广州地区的酒店业发展过快，从而导致了尚未缓解的市场供求矛盾日益加剧，行业间无序、过度的的竞争现象比较普遍，造成酒店业经营不能与市场同步发展。

在日趋加剧的市场竞争中，公司继续坚持实施"改造、调整、完善、发展"的经营方针，加大对"硬件"建设的投入，致力塑造"东方"品牌，采取灵活有效的营销策略，不断拓展客源市场；强化内部管理，积极推进清理债权债务工作，力求公司经营的新发展。

(1)坚持以现代国际五星级酒店标准，不断地完善客房设施及其他配套服务，同时，融入高科技信息技术，完成了信息智能化改造工程，使宾客能通过查询系统全面了解酒店的服务；在客房内分线均可通过国际互联网获取、发送信息；商务中心及商务客房具备了可视电话功能。另外，继续加强推进旅游电子商务系统项目的建设。

(2)加强财务稽核、物资采购、工程维修管理等内部管理制度，做好增收节支工作，使经营成本、费用得到了有效的控制。此外，继续抓好服务质量的监控工作，稳定和提高了服务质量。

(3)在营销中注重企业形象宣传，并把宣传和促销有机地结合起来，积极拓展客源市场。把握"假日经济"和每年两届交易会商机，推出系列特色服务和个性化服务。

(4)积极推进公司债权债务的清理和有关诉讼案件的审结，且取得了重大的成效。公司通过法律途径于2000年7月中旬收回了出租予广州市华隆兆业投资发展公司经营"东方时代广场"的大部分场地自行经营，并充分利用收回的场地开展租赁业务，且取得了较好的经济效益。

公司本年度通过实施以上有效的措施和自身的努力，使主营业务收入较上年度获得了一定的增长，特别是租赁收入的增幅达60%以上，较好地保证了公司主营业务的发展。

但是，由于受同行削价竞争激烈，消费水平下降等不利因素的影响，客房的平均房价较上年下降6.89%，餐饮的人均消费水平较上年下降2.79%，导致客房收入减少及餐饮业的综合毛利率较上年度下降2.48%，此外，燃油市场价格的大幅上升，致使公司营业费用增加，费用率较上年上升2.31%，加上公司按有关规定提取了坏帐准备等原因，直接造成了公司本年度的经济效益较上年度下降。

南京红太阳股份有限公司

南京红太阳股份有限公司2000年年度报告

本公司董事会保证本报告所载资料不存在任何虚假记载、误导性陈述或者重大遗漏,并对其内容的真实性、准确性和完整性负个别及连带责任。

一、公司简介

(一)公司法定中文名称:南京红太阳股份有限公司
公司的法定英文名称:NANJING REDSUN CO.,LTD.
(二)公司法定代表人:杨寿海先生
(三)公司董事会秘书:包建军先生　　公司董事会秘书授权代表:梁璐女士
联系地址:南京市中山北路28号江苏商厦16楼
联系电话:(025)3315888-8211或3315888-8266　　联系传真:(025)3317828或8811425
联系地址:南京市中山北路28号江苏商厦16楼　邮政编码:210008
(四)公司注册地址:江苏省南京市高淳县淳溪镇宝塔路269号　　邮政编码:211300
公司办公地址:南京市中山北路28号江苏商厦16楼　　邮政编码:210008
公司网址:http://www.red sun.com.cn　　E-mail: REDSUN@jlonline.com
(五)公司选定的信息披露报纸:《证券时报》、《中国证券报》
登载公司年度报告的中国证监会指定的互联网网址:http://www.cninfo.com.cn
公司年度报告备置地点:南京红太阳股份有限公司证券部
(六)公司股票上市交易所:深圳证券交易所
股票简称:红太阳　　股票代码:0525

二.　会计数据和业务数据摘要

1、公司本年度主要利润构成及现金流量情况　　(单位:人民币元)

(1) 利润总额	48,077,453.50
(2) 净利润	39,693,519.79
(3) 扣除非经常性损益后的净利润	39,693,519.79
(4) 主营业务利润	80,894,773.43
(5) 其它业务利润	349,435.13
(6) 营业利润	53,294,747.79
(7) 投资收益	-4,379,859.27
(8) 营业外收支净额	-837,435.02
(9)经营活动产生的现金流量净额	79,960,554.41
(10)现金及现金等价物净增加额	218,226,648.02

2、公司近年的主要会计数据和财务指标

项　目	2000年度	1999年度
(1)主营业务收入(万元)	22405.46	21957.48
(2)净利润(万元)	3969.35	4593.99
(3)总资产　(万元)	63438.04	32451.96
(4)股东权益		
(不含少数股东权益)(万元)	44013.10	19949.53
(5)每股收益　(元/股)	0.2408	0.3730
(6)扣除非经常性损益后的每股收益	0.2408	0.3682
(7)加权每股收益	0.2757	0.4145
(8)每股净资产	2.67	1.62
(9)调整后的每股净资产	2.4763	1.5485
(10)每股经营活动产生的现金流量净额	0.4851	0.7067
(11)净资产收益率 (%)	9.02%	23.03%

每股净资产=年度末股东权益/年度末普通股股份总数

调整后的每股净资产=(年度末股东权益-三年以上的应收款项净额-待摊费用-待处理(流动、固定)资产净损失-开办费-长期待摊费用-住房周转金负数余额)/年度末普通股股份总数

净资产收益率=净利润/年度末股东权益X100%

3、根据中国证监会《公开发行证券公司信息披露编制规则(第9号)》要求计算的利润数据如下:

报告期利润	净资产收益率(%)		每股收益(元/股)	
	全面摊薄	加权平均	全面摊薄	加权平均
主营业务利润	18.38	31.82	0.49	0.54
营业利润	12.11	20.97	0.32	0.35
净　利　润	9.02	15.61	0.24	0.26
扣除非经常性损益后的净利润	9.02	15.61	0.24	0.26

全面摊薄净资产收益率=报告期利润/期末净资产

全面摊薄每股收益=报告期利润/期末股份总数

加权平均每股净资产收益率ROE=P/(Eo+NP 2+Ei Mi Mo-Ej Mj Mo)

其中:P为报告期利润;NP为报告期净利润;Eo为期初净资产;Ei为报告期发行新股或债转股等新增净资产;Ej为报告期回购或现金分红等减少净资产;Mo为报告期月份数;Mi为新增净资产下一月份起至报告期期末的月份数;Mj为减少净资产下一月份起至报告期期末的月份数。

加权平均每股收益EPS=P/(So+S1+Si Mi Mo-Sj Mj Mo)

其中:P为报告期利润;So为期初股份总数;S1为报告期因公积金转增股本或股票股利分配等增加股份数;Si为报告期因发行新股或债转股等增加股份数;Sj为报告期因回购或缩股等减少股份数;Mo为报告期月份数;Mi为增加股份下一月份起至报告期期末的月份数;Mj为减少股份下一月份起至报告期期末的月份数。

2、报告期内股东权益变动情况　　(单位:人民币元)

项目	股本	资本公积金	盈余公积金	法定公益金	未分配利润	股东权益合计
期初数	123147363.55	27807524.99	9318874.74	7426187.78	31795393.30	199495344.36
本期增加	41698990.71	192114934.32	3969351.98	3175481.58	39693519.79	280652278.38
本期减少					40016623.98	40016623.98
期末数	164846354.26	219922459.31	13288226.72	10601669.36	31472289.11	440130998.76

三.股本变动及股东情况

(一)股本变动情况表

1.股份变动情况　　(单位:股)

项　目	期初数	配股	送股	期末数
1.尚未流通股份				
(1)发起人股份	61,509,986	1,845,299	12,301,997	75,657,282
其中:国家拥有股份	61,509,986	1,845,299	12,301,997	75,657,282
(1)募集法人股	10,890,000	0	2,178,000	13,068,000
(2)内部职工股	28,440	8,526	5,688	30,730
尚未流通股份合计	72,428,426			88,756,012
2.已流通股份合计				
(1)境内人民币				
普通股	50,718,958	15,215,693	10,155,715	76,090,366
已流通股份合计	50,718,958	15,215,693	10,155,715	76,090,366
3.股份总数	123,147,384			164,846,378

2、2000年6月1日(股权登记日)公司实施了一九九九年度股东大会通过的1999年度利润分配方案:以1999年12月31日总股本123,147,384股为基数,向全体股东每10股送2股红股,本次送股后,公司总股本为147,776,860股。

3、2000年9月22日公司以2000年6月30日总股本147,776,860股为基数,实施了10配2.5股,配股价12.68元,实际配售17,069,518股,配股后总股本增至164,846,378股。

4、本公司现存内部职工股30,730股,是董事、监事、高级管理人员冻结的"红太阳"股票。现托管机构为:深圳证券登记有限公司。

(二)股东情况介绍

1、报告期末公司股东总数为13157户,其中高级管理人员持股5户。

2、前十名股东持股情况　　(单位:股)

股东名称	年末持股数量	占总股本比例(%)
1. 红太阳集团有限公司	45,849,048	27.81
2. 南京市国有资产控股公司	29,808,234	18.08
3. 金鑫证券投资基金	9,229,077	5.60
4. 联合证券有限责任公司	5,899,326	3.58
5. 中国平安保险股份有限公司	2,874,960	1.74
6. 南京信贷咨询公司	2,221,560	1.35
7. 南京市财政信用公司	2,090,880	1.27
8. 北京明远达电子贸易有限责任公司	944,162	0.57
9. 罗森贵	877,463	0.53
10.李云华	828,600	0.50

3.持有本公司股份10%(含10%)以上的法人股东介绍

(1)持有本公司国家股27.81%的红太阳集团有限公司,法定代表人:杨寿海;经营范围:化学原料及化学制品制造、农药、农药中间体、化工产品等。

(2)南京市国有资产(控股)公司持有本公司国家股18.08%;法定代表人:周发亮;经营范围:对控股的股份有限公司、有限责任公司、现代企业制度试点单位的国有资产实行产权管理和经营、国有资产产权鉴定、转让、收购、投资、参股、控股。

(3)持有本公司股份5%(含5%)以上的股东,所持股份无质押和冻结,前10名股东之间不存在关联关系。

四、股东大会简介

(一)股东大会会议情况

一、本公司于2000年1月18日上午在南京市江苏商厦15楼会议室召开公司1999年度临时股东大会。参加会议的股东代表13人,代表股数61,581,364股,占公司总股本123,147,384股的50.006%。会议审议通过了以下议案:

1、《变更本公司 名称和注册地点的议案》。

1)公司新定中文名称为:南京红太阳股份有限公司;

2)公司新定英文名称为:NANJING REDSUN CO.,LTD.;

3)公司新变更注册地址为:江苏省南京市高淳县淳溪镇宝塔路269号。

2、《修改本公司章程的议案》。

1)原公司章程第一章第四条为"公司注册名称:南京天龙股份有限公司",英文名称为"TIAN-LONG LIMITED-LIABILITY COMPANY NANJING ";修改后的章程第一章第四条为"公司注册名称为:南京红太阳股份有限公司;英文名称为"NANJING REDSUN CO.,LTD."。

2)原公司章程第一章第五条为"公司住所:江苏省南京市下关区姜家园205号,邮政编码:210011";

修改后的章程第一章第五条为"公司住所:江苏省南京市高淳县淳溪镇宝塔路269号;邮政编码:211300"。

本次股东大会决议刊登在2000年1月19日《证券时报》和《中国证券报》上。

二、本公司于2000年5月21日上午在南京市江苏商厦十五楼会议室召开了1999年度股东大会。参加会议的股东及股东代表12人,代表股数68,006,127股,占公司总股本55.22%。会议审议通过了以下议案:

1、公司1999年度董事会工作报告;

2、公司1999年度工作报告和1999年度工作报告摘要;

3、公司1999年度监事会工作报告;

4、公司1999年度财务决算报告;

5、公司1999年度利润及利润分配预案:

公司1999年度净利润为45,939,898.71元,按净利润45,939,898.71元的10%提取法定盈余公积4,593,989.87元;按净利润45,939,898.71元的8%提取法定公益金3,675,191.90元;可供股东分配利润为37,670,716.94元;加上年度结转未分配利润为-5,875,323.64元(结转利润负数的原因是由于会计政策变更、追溯调整所致),实际可供分配利润为31,795,393.30元。1999年度利润分配拟向全体股东每10股送2股红股,共计送出24,629,472.71元,剩余7,165,920.59元转入下年度分配。

以上利润分配预案将提请股东大会审议通过后实施。

6、公司1999年度计提四项资产减值准备的报告;

7、公司2000年配股预案:以1999年末总股本12315万股为基数10配3,本次配售股份总额为20336518股,其中国家股以现金认配1845299股(应配股数的10%),法人股应配3267000股,内部职工股应配8532股,社会公众股应配15215687股。

每股配股价暂定为11-13元人民币,确定本次配股价格的依据。

8、对前次募集资金使用情况进行确认的提案。

本次股东大会决议刊登在2000年5月23日的《证券时报》和《中国证券报》上。

(二)选举、更换公司董事、监事情况

公司第二届监事会第五次会议于2001年1月17日审议通过了:因公司监事会主席朱子佳女士工作调动,提议免去其监事及监事会主席的职务;其中,免去其监事会监事将提交下届股东大会

审议;增补刘立新先生为监事会监事;选举汤建华先生为监事会主席。

五、董事会报告

1.公司经营情况

(1)公司所处的行业地位:

本公司属国家农药行业重点骨干企业之一,已经成为国家火炬重点高新技术企业。主营农药产品具有市场前瞻性,不仅符合国家二十一世纪的产业政策发展规划,而且还符合世界二十一世纪的产业发展方向,主要生产第三代和第四代拟除虫菊酯类和杂环化合物类仿生性杀虫剂。主要产品高效氯氰菊酯、吡虫啉均名列全国产销量第一,均为国家重点新产品。公司的油漆涂料产品共有26类500多个品种,也是本行业的国家重点企业之一。

(2)公司的经营范围和经营现状。

1)公司的主营为农药、油漆、涂料等。

2)2000年根据公司年初制定的"稳定调整、改革发展"的经营目标,对涂料油漆业务在稳定的基础上,不断调整解决油漆涂料的业务遗留问题,改革陈旧的体制和分配用人制度,加快新产业、新项目建设和发展步伐。在此本公司全年实现主营业务收入为224054951.03元,比上年增长2.04%,其中农药销售收入为142264464.75元,比上年增长18.8%,占本公司全年销售收入的63.5%;实现主营业务利润为80894773.43元,比上年下降3.6%,其中农药产品实现销售利润为68550825.40元,比上年增长12.9%,占全年销售利润的85%。

3)公司主要产品介绍:

①吡虫啉原药为硝基-5-甲基杂环化合物类内吸杀虫剂,它具有超高效、长持效、多性能、用途广、低毒性、环保型等特点。该产品最先由德国拜耳公司开发生产,现生产能力为300吨/年,原药质量达到国际领先水平,产销量位居中国第一,该品种被称为最符合世界潮流的第四代超高效杀虫剂农药。

②高效氯氰菊酯为拟除虫菊酯类杀虫剂,它具有高活性、低成本、低残留、广谱性和速效性等特点。该品种目前在我国属高科技、成本最低、使用量最大、使用范围最广的一个拟除虫菊酯类杀虫剂,而且目前该品种在国内外产销量均居第一,本公司的年生产能力为350吨/年。

4)公司控股的南京龙华汽车涂料有限公司经营情况。南京龙华汽车涂料有限公司主营业务为汽车漆,报告期内销售收入为1253922.22元,本公司按持股比例承担亏损为3179602.67元。

(3)在经营中出现的问题与困难及解决方案。

随着市场经济的不断发育和逐渐成熟,农业种植业结构的调整,2000年农药和油漆市场的竞争加剧,石油及石油制品的原材料不断涨价、而产品价格又逐渐竞争激烈导致下降等不利因素,公司主要采取以下措施:

1)加快高科技农药产品国内外的开拓,努力提高产品的市场占有率。2000年在国内农药市场竞争激烈的情况下,公司一方面与国内外贸公司加快国际市场的注册登记,以加大国际市场的开拓。目前,吡虫啉和高效氯氰菊酯这二个符合国际产业政策的高科技产品已在东南亚、南美、欧洲等十一个主要农业大国获得注册登记,并当年实现外贸供货1792.8万元;另一方面积极开拓国内市场,加大产品销售力度,提高产品的市场占有率。

2)深化改革,加快以建立成本倒计核算为中心的企业内部控制管理步伐。2000年在全公司通过"统一部署,由点到面,分步实施,全面铺开"的总的要求,在制造生产上实现了模拟市场"成本倒计"核算的管理方法,农药产业在99年试点获得成功的基础上,2000年全面铺开,单这一项改革使农药制造成本为公司节约396万元;涂料、油漆产品实施了零起点模拟市场费用倒计成本核算,通过这一项改革,不仅打破了公司大锅饭、铁工资、铁交椅的陈旧观念,而且使全体员工人人关心公司、人人关心市场、人人头上有责任、个个肩上有目标。

3)转变观念,加快人事用工制度的改革,逐步建立适应社会主义市场经济初级阶段的用工制度。公司根据现有二个产业的特点,全面实现"统一领导、整体规划、一业一制、分别对待、循序渐进、全面改革"的整体管理制度改革。农药上已经真正实现了工人能进能出、干部能上能下、工资能高能低的"岗位靠竞争、报酬靠效益、留去靠绩效"的全新管理模式,全面实现了末尾淘汰制,并已形成了一套适应市场经济需求的逐步与国际经济接轨的管理模式;油漆涂料产品生产、销售通过全面推行"成本倒计"核算和中层干部的调整竞岗,全面实现了定员、定岗、定目标与工资效益挂钩的改革,打破了"能进不能出,能上不能下,能高不能低"的几十年遗留下来的陈旧体制,2000年油漆涂料通过"竞争上岗、双向选择,能进能出"的用工原则的改革,于2000年11月一次减员248人,通过减员,不仅增强了员工的风险意识和竞争意识,而且为公司新的一年效益的增加提供了保障,从而为公司下一步建立市场化的激励和约束机制奠定了思想基础。

4)强化营销,加快市场销售网络和营销队伍的建设。针对涂料、油漆市场销售的薄弱环节,公司制定了一套完整的油漆市场经营销售计划,完善了制度,充实了营销队伍,逐步建立了一个覆盖华东、华中、华北地区的销售网络,2000年通过招进具有大中专学历的营销人员13名充实营销队伍,增加销售网30余个。

5)依靠科技,加快新产品的开发步伐,制定了一套激励科技人员的办法。2000年通过走产学研结合道路,与国内十三所大专院校攀亲结缘,全面实现"做大高科技农药这个核心产业,带动油漆涂料快速发展"的战略举措。

6)强化控制,加强财务管理为核心的企业内部管理。公司确立了实施财务经理委派制度,增强了各级财务主管人员的积极性和责任心,增强了财务的控制能力,并对不能回收的坏帐进行了处理,有效地控制了财务风险。

2.公司财务状况说明

1)本报告年度公司的总资产为63438.04万元,比上年度同期增长95.48%,主要原因是货币资金增加21822.66万元,主要是配股增加货币资金11319.45万元。

2)长期负债59.02万元,比上年度同期增加14.67%,主要原因是住房周转金。

3)股东权益44013.10万元,比上年度同期增加120.62%,主要原因是配股增加股本金及资本公积。

4)主营业务利润8089万元,比上年度同期减少306万元,主要原因是油漆产品销量减少、售价变动,造成油漆产品亏损,减利699万元。

5)净利润3969万元,比上年度同期减少625万元,下降13.60%,主要原因是坏帐准备比上年多提339.66万元,提长期投资减值准备128.28万元,及油漆产品亏损所致。

3.公司投资情况

1)本公司在报告期内募集资金和募集资金使用情况

本公司于2000年9月22日实施10配2.5股,并于2000年10月30日配股资金全部到位。本次配股共募集资金209,184,452.32元(已扣除相关费用),已经南京永华会计师事务所验资后出具《验资报告》。

募集资金现已按照配股说明书披露的使用计划投入使用,使用情况见下表:　　单位:万元

募集资金使用项目	计划投资额	实际投资额 截止2000年12月31	建设期 起---止日
高效大功臣农药	4791	2514	2000.10.30.---2001.5.1
三氟氯氰菊酯	4980	2477	2000.1030.---2001.5.18.
1500吨DV二氯菊酯	4960	1866	2000.10.30.--- 2001.11.28.
全流程顺、反式氯氰菊酯	4980	1978	2000.10.30---2001.5.1.
300吨米鲜胺杀菌剂	4900	尚未投入	
公用工程项目(消防)		764	
合　计	21811	9599	

募集资金使用项目	预期效益
高效大功臣农药	2188
三氟氯氰菊酯	2680
1500吨DV二氯菊酯	1580
全流程顺、反式氯氰菊酯	1200
300吨米鲜胺杀菌剂	1860
公用工程项目(消防)	
合　计	9508

*公用工程未按募集资金项目分摊。

300吨米鲜胺杀菌剂项目计划投入4900万元,现暂未投入。计划于2001年6月筹建。

目前,拟投入但尚未投入的资金存放在银行项目专用帐户,专款专用,由专人管理。

2)其它投资情况

4.国家产业政策调整及加入WTO对我公司经营的影响。

(1)根据国家"十五"农药化工规划和产业政策的调整,结合我公司现有产品结构和正在新上的配股项目及"十五"公司农药发展规划,我国加入WTO后,农药产品将对公司带来较大的机遇和发展空间。这是因为一是我国农药进口关税已接近零税率,而世界其它国家对中国农药进口仍然是较高关税壁垒,因此,一旦入世,实施平均税率,这不仅有利于中国国内市场的扩大,而且还有利于本企业产品大量出口;二是本公司农药产品不仅没有知识产权的问题和障碍,而且符合国际任何一个国家产业政策的需求,同时将在以后很长一段时间内是任何一种生物农药和化学农药不可替代的产品;三是我们已经大量在国际市场注册登记,并且有了一个很好的国内外市场形象和品牌,因此,一旦入世,市场前景会更广泛。

(2)从本公司的油漆涂料产品业务分析,我国加入WTO后,由于关税、技术、集约化经营等因素,会给本企业的油漆涂料业务带来较大冲击。

5.新年度业务发展计划。

新年度是国家"十五"计划实施的开局之年,也是本公司实施"稳定、调整、改革、发展"的关键之年。过去三年中,本公司通过战略性重组,已经为新年度的快速发展打下了一个很好的发展基础。

(1)依靠科技进步,突出主业,加快产业结构和产品结构的调整。

1)依靠技改投入,加快配股新项目的实施进度,确保配股项目如期投产。配股的五个新项目中的四个主要项目已进入工程建设,预计四个项目在上半年能建成投产。

2)依靠技术进步,加快新产品的开发步伐。根据国家"十五"发展规划和产业结构调整的要求,结合我国加入WTO步伐的临近。从本公司农药国内外市场的需求计划来看,要突出主业农药在国际国内的地位,加快发展高科技、环保型、全球化的农药新产品开发步伐。今年争取批国家级新产品2-3个,开发引进具有世界水平能填补国内空白的有市场、技术成熟的新农药和农药、医药中间体6个,并争取有3-5个列入国家重点建设项目计划,3-4个列入江苏省重点建设项目计划。

3)依靠技术创新,加快科研体系的建设,确保公司产品做到生产一代、贮备一代、开发一代、想着一代。今年在进一步改革完善涂料工程中心的同时,着重建设一个开放型、网络式的农药工程技术中心。同时还拟将与东南大学、南开大学、中科院植物研究所合资组建除草剂和三药中间体中心和生化农药工程技术中心,以加快企业高科技产品的步伐。力争全年新立项达到6-8个,其中生物农药和植物农药2-3个。

(2)依靠资产重组,加快资产结构的优化和合理组合,减少关联交易,最大限度地提高公司效益。

1)逐步优化资产质量,提高公司盈利能力。今年将对低效项目或经营亏损资产进行重组,并加大对高效农药等产业的投入,使本公司资产结构和产业结构逐步得到优化,从而提高公司的盈利能力。

2)加快资产重组步伐,逐步实施低成本扩张。今年拟在适当时候,根据市场情况和公司发展目标,收购一些高科技农药产品和市场。

(3)强化销售,加快市场网络建设和销售队伍建设。通过调整销售部门的领导班子,充实营销队伍,提高整体营销能力。农药产品要逐步投资建设自己的营销体系,以提高企业的营销能力。

(4)利用中国加入WTO的契机,加快国际市场的开拓步伐。本公司现有产品和配股资金投向产品都是国际市场需求的农药产品,并且随着关税壁垒的减弱,出口前景看好。故此,本公司重点要加大对国际市场开拓的投入,提高国际市场的占有率。

(5)利用高新技术,逐步改造涂料油漆产业,进一步提高涂料油漆的市场竞争能力。加快开发纳米涂料和高档建筑涂料,力争今年开发2-3个新产品,争取立项申报2-3个高科技、环保型的国家或省市重点涂料项目。

6.董事会日常工作

(1)本公司第二届董事会第二十次会议于2000年4月19日上午在南京江苏商厦十五楼会议室召开,应到董事7人,实到6人,监事会全体监事列席了会议,会议审议通过了以下议案:

一、公司1999年度董事会工作报告;

二、公司1999年度工作报告和1999年度工作报告摘要;

三、公司1999年度监事会工作报告;

四、公司1999年度财务决算报告;

五、公司1999年度利润及利润分配预案:向全体股东每 10股送 2股红股;以上利润分配预案将提请股东大会审议通过后实施。

六、公司计提各项资产减值准备的内部控制制度的报告;

七、公司1999年度计提四项准备的报告;

八、公司关于终止对南京龙华汽车涂料有限公司托管的议案;

九、公司关于前次募集资金使用情况的说明;

十、公司2000年配股的预案.

十一　、公司召开1999年度股东大会的通知。

(2)本公司第二届董事会第二十一次会议于2000年7月28日上午在南京江苏商厦十六楼会议室召开,应到董事7人,实到6人,会议由董事长杨寿海主持,会议审议通过了以下议案:

一、公司2000年中期报告及中期报告摘要;

二、公司2000年中期利润分配方案:2000年中期不进行利润分配,也不进行公积金转增股本。

(3)董事会对股东大会的执行情况

一、公司1999年度送股方案每10股送2股在经99年度股东大会通过后已于2000年6月1日(股权登记日)实施。

二、2000年9月22日公司以2000年6月30日总股本147,776,860股为基数,实施了10配2.5股,配股价12.68元,实际配售17,069,518股,配股后总股本增至164,846,378股。

7.董事、监事高级管理人员情况

姓名	性别	年龄	职务	年初持股数	年末持股数
1.杨寿海	男	42	董事长	0	0
2.丛跃滋	男	44	董事	0	0
3.李发根	男	43	董事	0	0
4. 李华飞	男	36	董事	0	0
5.陈山	男	40	董事	0	0
6. 芮中南	男	35	董事	0	0
7.丁智	男	45	董事	2757	4240
8.刘立新	男	32	监事	0	0
9.王树森	男	47	监事	3135	4702
10.孙桂保	男	47	监事	0	0
11.汤建华	男	42	监事会主席	0	0
12.葛金美	女	45	监事	2757	4135
13.高陆成	男	33	总经理	0	0
14.杨金荣	男	58	副总经理	3135	4702
15.包建军	男	45	董事会秘书	0	0
16.吴霞芬	女	50	财务部经理	3157	4735

姓名	报酬总额(元)
1.杨寿海	不在本公司获取报酬
2.丛跃滋	不在本公司获取报酬
3.李发根	不在本公司获取报酬
4. 李华飞	不在本公司获取报酬
5.陈山	不在本公司获取报酬
6. 芮中南	不在本公司获取报酬
7.丁智	11976
8.刘立新	不在本公司获取报酬
9.王树森	12576
10.孙桂保	不在本公司获取报酬
11.汤建华	不在本公司获取报酬
12.葛金美	10926
13.高陆成	12060
14.杨金荣	14244
15.包建军	12576
16.吴霞芬	11736

上述董事、监事高级管理人员持股变动均因2000年度送股和配股所致。

(2)公司员工的数量、专业构成(如生产人员、销售人员、技术人员、财务人员、行政人员)、教育程度及其退休职工人数情况。

截止2000年12月31日,公司共有在册职工 1190人其中:生产人员708 人,销售人员63人,技术人员55人,财务人员18人,行政人员 151人。员工具有大学学历43人,大专学历108人,中专学历126人。具有高级职称7人,中级职称26人,初级职称188人,公司现有退休工人675人。

8、公司2000年度利润及利润分配预案和预计2001年度利润分配政策

(一)2000年度利润及利润分配预案和公积金转增股本预案:

2000 年度利润及利润分配预案为 2000 年度净利润计 39,693,519.79 元, 按净利润 39,693,519.79 元的 10%提取法定盈余公积金 3,969,351.98 元; 按净利润 39,693,519.79 元的 8%提取法定公益金 3,175,481.58 元;本年度可供股东分配利润为 32,548,686.23 元,加上年度结转的未分配利润 7,165,920.59 元,实际可供股东分配利润为 39,714,606.82 元。拟以 2000 年末总股本 164,846,378 股为基数,向全体股东每 10 股派发现金红利 0.5 元(含税),每 10 股送 1.5 股红股,共计送出 32,969,270.85 元,剩余 6,745,335.97 元转入下年度分配。

2000年公积金转增股本预案为用资本公积金向全体股东每10股转增5.5股。

(二)预计2001年度利润分配政策为:

2001 年是公司募集资金投资项目完工,进入投产销售的第一年,需要较大的流动资金投入,为加快效益的体现,预计 2001 年度分配利润一次,分配比例拟不低于当年实现的可供分配利润的30%,其中现金分红不低于50%。

上述利润、利润分配及资本公积金转增股本预案和 2001 年利润分配政策将提交给本公司2000年度股东大会审议通过后实施。

六.监事会工作报告

1、监事会工作情况

本报告期内,监事会全体成员列席各次董事会、股东大会,对公司的重大事项和经营活动依法监督,履行了《公司法》和公司章程等有关法规赋予的各项职责。

报告期内,监事会共召开了三次会议:

2000年4月19日召开了二届三次会议,会议审议通过了以下议案:

(1)公司1999年度监事会工作报告;

(2)公司1999年度工作报告和1999年度工作报告摘要;

(3)公司1999年度财务决算报告;

(4)公司1999年度审计报告;

(5)公司1999年度利润及利润分配预案;

(6)公司1999年度计提各项资产减值准备的内部控制制度的报告;

(7)公司1999年度计提四项准备的报告;

(8)公司2000年配股预案;

(9)公司董事会《关于对前次募集资金使用情况进行确认的提案》。

该项决议公告刊登在2000年4月20日的《证券时报》和《中国证券报》上。

2000 年 7 月 28 日召开了二届四次会议,会议审议通过了公司 2000 年中期报告及中期报告摘要。

该项决议公告刊登在2000年7月29日的《证券时报》和《中国证券报》上。

2001年1月17日召开二届五次会议,会议审议通过了以下议案:

(1)提议免去朱子佳女士监事及监事会主席的职务的议案,其中,免去其监事职务将提交下届股东大会审议;

(2)增补刘立新为监事会监事的议案,并将提交下届股东大会审议;

(3)选举汤建华先生为监事会主席的议案。

该项决议公告刊登在2001年1月18日的《证券时报》和《中国证券报》上。

2.公司依法运作情况

公司的决策程序合法,并已建立完善的内部控制制度,公司董事、经理在履行公司职务过程中没有违反法律、法规及有关《公司章程》,或损害公司利益的行为。

3.检查公司财务情况

公司的财务报告已经南京永华会计师事务所的审计,监事会认为会计师事务所出具的审计报告是合法可信的,真实反映了公司的财务状况和经营成果。

4、公司本次配股募集资金正按承诺投入项目按计划逐步投入,实际投入项目没有发生变更。

七.重要事项

1、本年度公司无重大诉讼、仲裁事项。

2、报告期内本公司董事、监事、总经理及高级管理人员均未受监管部门处罚。

3、报告期内控股东未发生变更。

4、关联交易

详见财务报告中会计报表主要项目注释第六项关联交易方关系及其交易。

5、上市公司与控股股东人员、资产、财务上的"三分开"情况

(一)人员方面,本公司有独立的劳动、人事及工资管理。本公司经理、副经理等高级管理人员都在本公司领取酬薪,没有到股东单位担任重要职务。

(二)在资产方面,本公司拥有独立的生产系统、辅助生产系统和配套设施;工业产权、非专利技术等无形资产是由上市公司拥有,"长江"商标是本公司独立拥有,"红太阳"商标是集团公司暂无偿授权给本公司使用;本公司拥有自己的采购和销售系统。

(三)财务方面,本公司有独立的财务部门,有专职的副总会计师。并按国家会计准则和会计政策制定的规范独立的核算体系和会计管理制度。本公司独立开设银行帐户,没有与控股股东共用银行帐户的情况,独立纳税。

6、报告期内本公司聘请的审计机构仍为南京永华会计师事务所。

7、其它重大合同和担保事项:详见财务报告中会计报表主要项目注释第七项。

8、报告期内本公司于 2000 年 1 月 18 日经 1999 年度临时股东大会通过,将原南京天龙股份有限公司更名为南京红太阳股份有限公司,英文名称从"TIANLONG LIMITED-LIABILITY COMPANY NANJING "变更为"NANJING REDSUN CO.,LTD.",股票简称已从"宁天龙"变更为"红太阳"。

注:上述重要事项均已在《中国证券报》和《证券时报》上进行披露。

八、财务报告

审 计 报 告

宁永会二审字(2001)036号

南京红太阳股份有限公司全体股东:

我们接受委托,审计了贵公司二000年十二月三十一日的资产负债表、二000年度的利润及利润分配表和现金流量表。这些会计报表由贵公司负责,我们的责任是对这些会计报表发表审计意见,我们的审计是依据《中国注册会计师独立审计准则》进行的。在审计过程中,我们结合贵公司的实际情况,实施了包括抽查会计记录等我们认为必要的审计程序。

我们认为,上述会计报表符合《企业会计准则》和《股份有限公司会计制度》及国家有关法律法规的规定。在所有重大方面公允地反映了贵公司二000年十二月三十一日的财务状况和该年度的经营成果以及现金流量情况,会计处理方法的选用遵循了一贯性原则。

南京永华会计师事务所　　　　中国注册会计师

中国·南京　　　　二00一年四月八日

会计报表注释

一、公司简介

南京红太阳股份有限公司(以下简称公司)是1992年经南京市体改委"宁体改字(92)036号"文批准,以原南京造漆厂为骨干改组成的股份有限公司。经中国证券监督管理委员会证监发审字(1993)43号文批准发行社会公众股2000万股,于1993年10月28日在深圳证券交易所上市交易。

公司主要业务为油漆、涂料、精细化工、农药产品的生产、销售、技术咨询服务;投资管理及咨询。今年公司完成主营业务收入22,405.46万元,比去年同期21,957.48万元增长2.04%,完成利润总额4,807.75万元,比去年同期5543.48万元下降13.27%。

二、公司主要会计政策、会计估计和合并会计报表的编制方法

1、会计制度

公司执行《企业会计准则》、《股份有限公司会计制度》及其补充规定。

2、会计年度

公历一月一日至十二月三十一日为一个会计年度。

3、记帐本位币

以人民币为记帐本位币

4、记帐基础和计价原则

以权责发生制为记帐基础,以历史成本为计价原则。

三、税项

1、流转税:

增值税:化工类产品(除农药)按销售收入的17%计算销项税,扣抵进项税后的差额交纳。

根据财政部、国家税务总局颁发的财税字[1998]78号文的精神,吡虫啉、高效氯氰菊脂免征增值税,免征期间自1998年6月1日至2000年12月31日。

营业税:服务收入按5%计征。

利息收入按8%计征。

2、城建税及教育费附加:

按应交营业税、增值税金额的5%计征城建税,4%计征教育费附加。

3、所得税:经南京市人民政府宁政发[1997]64号文批准。所得税税率为33%其中18%部分由南京市财政返还。

四、会计报表主要项目注释(下列项目无特殊说明,均以人民币元为单位)

1、货币资金

项　目	期初数	期末数
现　金	3,124.85	3,788.65
银行存款	84,500,309.23	301,526,293.45
其他货币资金	/	1,200,000.00
合　计	84,503,434.08	302,730,082.10

货币资金今年比去年上升258.25%,主要是由于(1)增加了配股募集资金(2)收回应收款项。

2、短期投资

项　目	期初数		期末数	
	投资金额	跌价准备	投资金额	跌价准备
股票投资	114,940.00	/	/	/
合　计	114,940.00	/	/	/

3、应收票据

出票单位	金额	类别
江苏清江拖拉机集团公司	80,000.00	商业承兑汇票
镇江五金交电家电化工	110,000.00	商业承
兑汇票		
(集团)公司油漆材料分公司		
临沂市金汇五金化工有限公司	250,000.00	银行承兑汇票
临沂市金汇五金化工有限公司	150,000.00	银行承兑汇票
临沂市金汇五金化工有限公司	100,000.00	银行承兑汇票
临沂市金汇五金化工有限公司	100,000.00	银行承兑汇票
临沂市金汇五金化工有限公司	100,000.00	银行承兑汇票
临沂市金汇五金化工有限公司	100,000.00	银行承兑汇票
临沂市金汇五金化工有限公司	50,000.00	银行承兑汇票
连云港锦新化工经营部	20,000.00	银行承兑汇票
淮阴市五金家电有限公司	29,057.00	银行承兑汇票
合　计	1,089,057.00	

4、应收帐款

(1)分析帐龄

帐　龄	期初数			期末数		
	金额	比例(%)	坏帐准备	金额	比例(%)	坏帐准备
1年以内	49,386,933.66	83.36	2,963,216.02	25,608,869.96	52.91	1,536,532.20
1~2年	2,418,392.27	4.08	145,103.54	12,518,349.34	25.86	751,100.96
2~3年	5,568,292.60	9.40	334,097.56	1,763,515.84	3.64	126,282.81
3年以上	1,873,909.98	3.16	112,434.59	8,512,853.15	17.59	5,209,848.80
合　计	59,247,528.51	100.00	3,554,851.71	48,403,588.29	100.00	7,623,764.77

帐龄在2~3年的应收帐款中有21,778.57元100%计提坏帐准备,帐龄在3年以上的应收帐款中有4,999,018.74元100%计提坏帐准备。

5、其他应收款

(1)分析帐龄

帐龄	期初数			期末数		
	金额	比例(%)	坏帐准备	金额	比例(%)	坏帐准备
1年以内	9,851,675.22	19.47	591,100.51	3,709,628.66	9.04	222,577.72
1~2年	33,443,862.81	66.11	2,006,631.77	115,762.00	0.28	6,945.72

2~3 年	23,931.30	0.05	1,435.88	6,699,494.36	16.32	401,969.66
3 年以上	7,269,235.06	14.37	436,154.10	30,526,342.62	74.36	1,967,106.93
合　计	50,588,704.39	100.00	3,035,322.26	41,051,227.64	100.00	2,598,600.03

帐龄在 3 年以上的其他应收款中有 144,177.00 元 100%计提坏帐准备。

(3)无持有本公司 5%以上股份的股东单位欠款。

6、预付帐款

(1)分析帐龄

帐龄	期初数		期末数	
	金额	比例(%)	金额	比例(%)
1 年以内	20,505,578.59	82.84	28,576,735.15	65.28
1~2 年	328,449.83	1.33	15,115,812.97	34.53
2~3 年	3,917,934.57	15.83	82,783.10	0.19
3 年以上	/	/	/	/
合　计	24,751,962.99	100.00	43,775,331.22	100.00

7、存货

8、待摊费用

9、长期投资

(1) 长期投资明细

项　目	期初数		本期增加	本期减少
	金额	减值准备		
长期股权投资	22,630,596.92	/	/	3,179,602.67
长期债权投资	45,000.00	/	/	27,000.00
合　计	22,675,596.92	/	/	3,206,602.67

项　目	期末数	
	金额	减值准备
长期股权投资	19,450,994.25	1,282,824.54
长期债权投资	18,000.00	/
合　计	19,468,994.25	1,282,824.54

10、固定资产及折旧

11、在建工程

12、无形资产

13、长期待摊费用

种类	期初数	本期增加	本期摊销	期末数
债券利息	150,859.93	/	150,859.93	/
合　计	150,859.93	/	150,859.93	/

14、短期借款

借款类别	期初数	期末数
抵押借款	20,000,000.00	/
担保借款	63,750,000.00	128,750,000.00
合　计	83,750,000.00	128,750,000.00

15、应付票据 2,000,000.00

无欠持本公司 5%以上股份的股东单位的款项。

16、应付帐款　15,860,999.43

无欠持本公司 5%以上股份的股东单位的款项。

17、预收帐款　　17,615,898.74

预收持本公司 5%以上股份的股东红太阳集团有限公司的全资子公司南京第一农药厂货款 16,567,408.32 元。

18、其他应付款

13,147,643.25

(1)主要往来款项列示

单位	款项性质	金额
红太阳集团有限公司	购买两条生产线	3,290,000.00
国通证券有限公司	购"深石化"法人股配股的应付款	3,000,000.00

(2) 欠持本公司 5%以上股份的股东单位红太阳集团有限公司购买两条生产线的款项 3,290,000.00 元。

19、应交税金

税　种	金　额
增值税	296,909.63
产品税	2,500,000.00
城建税	108,155.53
所得税	-566,445.01
合　计	2,338,620.15

20、股本

2000 年度公司股份变动情况

	期初数	本次变动增减(+、-)	
		送红股	配股
一、尚未流通股份			
1、发起人股份	61,509,963.55	12,301,992.71	1,845,299.00
其中：			
国家拥有股份	61,509,963.55	12,301,992.71	1,845,299.00
2、募集法人股	10,890,000.00	2,178,000.00	/
尚未流通股份合计	72,399,963.55	14,479,992.71	1,845,299.00
二、已流通股份			
境内上市人民币普通股	50,747,400.00	10,149,480.00	15,224,219.00
已流通股份合计	50,747,400.00	10,149,480.00	15,224,219.00
三、股份总数	123,147,363.55	24,629,472.71	17,069,518.00

	期初数	小计	期末数
一、尚未流通股份			
1、发起人股份	61,509,963.55	14,147,291.71	75,657,255.26
其中：			
国家拥有股份	61,509,963.55	14,147,291.71	75,657,255.26
2、募集法人股	10,890,000.00	2,178,000.00	13,068,000.00
尚未流通股份合计	72,399,963.55	16,325,291.71	88,725,255.26
二、已流通股份			
境内上市人民币普通股	50,747,400.00	25,373,699.00	76,121,099.00
已流通股份合计	50,747,400.00	25,373,699.00	76,121,099.00
三、股份总数	123,147,363.55	41,698,990.71	164,846,354.26

根据《南京红太阳股份有限公司 1999 年度股东大会决议公告》，公司以 1999 年年末总股本 123,147,363.55 股为基数，向全体股东每 10 股送 2 股红股，共计送出 24,629,472.71 元。根据中国证券监督委员会证监公司字（2000）138 号文批复，《南京红太阳股份有限公司 1999 年度股东大会决议公告》及《南京红太阳股份有限公司 2000 年配股说明书》，公司以 1999 年年末总股本 123,147,363.55 股为基数，每 10 股配 3 股，共计配售 17,069,518.00 股。上述股本变更业经南京永华会计师事务所宁永会二验字(2000)011 号验资报告验证。

21、资本公积

项　目	期初数	本期增加数	本期减少数	期末数
未分类的资本公积	27,807,524.99	/	/	27,807,524.99
股本溢价	/	192,114,934.32	/	192,114,934.32
合计	27,807,524.99	192,114,934.32	/	219,922,459.31

资本公积本年增加 192,114,934.32 元，系配股股本溢价所致。

22、盈余公积金

项目	期初数	本期增加	本期减少	期末数
法定盈余公积	9,318,874.74	3,969,351.98	/	13,288,226.72
公益金	7,426,187.78	3,175,481.58	/	10,601,669.36
合　计	16,745,062.52	7,144,833.56	/	23,889,896.08

盈余公积金增加数为根据公司董事会决议，2000 年度按净利润 39,693,519.79 元的 10%提取法定盈余公积 3,969,351.98 元；按净利润 39,693,519.79 元的 8%提取法定公益金 3,175,481.58 元。

23、未分配利润

项目	金额	备注
本年净利润	39,693,519.79	
加:年初未分配利润	31,795,393.30	
减:提取法定盈余公积	3,969,351.98	按本年净利润的 10%提取
提取法定公益金	3,175,481.58	按本年净利润的 8%提取
应付普通股股利	8,242,317.71	
转作股本的普通股股利	24,629,472.71	
未分配利润	31,472,289.11	

24、主营业务收入

种　类	本年数	上年数
油漆销售收入	81,790,126.28	97,677,864.45
农药销售收入	142,264,464.75	119,786,519.05
包装听销售收入	/	2,110,442.77
合　计	224,054,591.03	219,574,826.27

25、主营业务成本

种　类	本年数	上年数
油漆销售成本	69,142,969.00	75,323,504.03
农药销售成本	73,713,639.35	59,049,853.83
包装听销售成本	/	668,946.24
合　计	142,856,608.35	135,042,304.10

26、财务费用

类别	本年数	上年数
利息支出	4,422,970.83	1,925,468.03
减:利息收入	764,599.56	59,163.58
汇兑损失	/	/
减:汇兑收益	/	/
其　他	9,468.40	5,872.42
合　计	3,667,839.67	1,872,176.87

27、其他业务利润

业务种类	其他业务收入	其他业务支出	其他业务利润
材料销售	1,334,435.51	985,000.38	349,435.13
合　计	1,334,435.51	985,000.38	349,435.13

28、投资收益

项　目	本年数	上年数
股票投资收益	48,937.58	122,637.24
按成本法核算的股权投资收益	33,630.36	201,794.99
按权益法核算的股权投资收益	-3,179,602.67	-4,776,184.86
长期投资减值准备	-1,282,824.54	
转让股权收益	/	-494,893.68
合　计	-4,379,859.27	-4,946,646.31

29、营业外支出

项　目	本年数	上年数
防洪保安基金	150,000.00	179,012.74
粮食风险基金	150,000.00	153,934.24
市场物价调节基金	/	217,211.44
副食品发展基金	/	217,211.44
拆迁安置费	346,486.62	414,106.76
固定资产损失	215,871.33	22,705.42
人民教育基金	/	39,000.00
其他	1,688.26	29,679.46
合计	864,046.21	1,272,861.50

30、支付的其他与经营活动有关的现金

2000 年支付的其他与经营活动有关的现金 12,702,775.70 元，其中价值较大的列示如下：

项　目	金额
水电费	1,594,554.57
广告费	1,159,945.50
运　费	588,186.40
差旅费	682,263.22
保险费	478,797.44
修理费	342,779.56
工会经费、教育经费	143,426.48
邮电费、印刷费等	2,113,567.10

五、分行业资料

行　业	营业收入		营业成本
	上年数	本年数	上年数
油漆.涂料生产销售	97,677,864.45	81,790,126.28	75,323,504.03
农药生产销售	119,786,519.05	142,264,464.75	59,049,853.83
合　计	217,464,383.50	224,054,591.03	134,373,357.86

行　业		营业毛利	
	本年数	上年数	本年数
油漆.涂料生产销售	69,142,969.00	22,354,360.42	12,647,157.28
农药生产销售	73,713,639.35	60,736,665.22	68,550,825.40
合　计	142,856,608.35	83,091,025.64	81,197,982.68

六、关联方关系及其交易

1、存在控制关系的关联方情况

(1)存在控制关系的关联方

企业名称	注册地址
红太阳集团有限公司	高淳县淳西宝塔路269号

企业名称	主营业务	与本公司关系
红太阳集团有限公司	化工原料及化学制品制造 出口生产农药中间体化工产品 进口生产科研所需原辅材料等	控股

企业名称	经济性质或类型	法定代表人
红太阳集团有限公司	国有企业	杨寿海

(2)存在控制关系的关联方的注册资本及其变化

企业名称	年初数	本年增加	本年减少
红太阳集团有限公司	83,000,000.00	/	/

企业名称	年末数
红太阳集团有限公司	83,000,000.00

(3)存在控制关系的关联方所持权益及其变化

企业名称	年初数		本年增加	本年减少
	金额	%	金额	金额
红太阳集团有限公司	36,882,635.39	29.95	8,966,406.08	/

企业名称	年末数	
	金额	%
红太阳集团有限公司	45,849,041.47	27.81

七、或有事项

1、截止2000年12月31日公司为以下单位向银行借款提供担保:

(1)为南京信业集团股份有限公司借款200万元人民币提供担保;

(2)为南京下关商厦借款500万元人民币提供担保;

(3)为南京橡胶厂借款685万元人民币提供担保;

(4)为南京龙华汽车涂料有限公司借款178万元人民币提供担保;

(5)为南京万江房地产开发有限公司借款300万元人民币提供担保。

2、本公司之子公司南京龙华汽车涂料有限公司应收帐款中有5,005,000.00元为北京金地工程技术勘察公司所欠货款,南京龙华汽车涂料有限公司已向法院提起诉讼并胜诉,目前正在执行中。

八、承诺事项

本公司无需披露之承诺事项。

九、资产负债表日后事项中的非调整事项

1、经董事会决议,2000年度公司利润分配预案如下:

(1)按净利润39,693,519.79元的10%提取法定盈余公积3,969,351.98元;

(2)按净利润39,693,519.79元的8%提取法定公益金3,175,481.58元;

(3)本年度可供股东分配利润为32,548,686.23元,加上年度结转的未分配利润7,165,920.59元,实际可供分配利润为39,714,606.82元,2000年拟以2000年末股本总额为基数,向全体股东每10股派发现金红利0.5元(含税),每10股送1.5股红股,共计送出32,969,270.85元,剩余6,745,335.97元转入下年度分配。以资本公积金每10股转增5.5股,共计转增90,665,494.84元。

以上利润分配预案将提请股东大会审议通过后实施。

2、至审计报告日止,本公司为南京信业集团股份有限公司借款200万元人民币提供的担保,南京信业集团股份有限公司已还借款200万元。

3、"住房周转金"贷方余额590,234.17元,公司将根据财会[2001]5号文"关于印发《企业住房制度改革中有关会计处理问题的规定》的通知"的规定,于2001年进行处理。

十、债务重组事项

本公司无债务重组事项。

十一、其他重要事项

本公司无其他重要事项。

利润及利润分配表　　2000年度

编制单位:南京红太阳股份有限公司

项　目	本年数	上年同期数
一、主管业务收	224,054,591.03	219,574,826.27
减:折扣与折让		
主营业务收入净额	224,054,591.03	219,574,826.27
减:主营业务成本	142,856,608.35	135,042,304.10
主营业务税金及附加	303,209.25	583,211.09
二、主管业务利润	80,894,773.43	83,949,311.08
加:其他业务利润	349,435.13	−231,828.52
减:存货跌价损失	−1,330,996.29	107,348.04
营业费用	4,988,216.67	2,511,615.06
管理费用	20,624,400.72	18,703,022.12
财务费用	3,667,839.67	1,872,176.87
三、营业利润	53,294,747.79	60,523,320.47
加:投资收益	−4,379,859.27	−4,946,646.31
补贴收入		
营业外收入	26,611.19	1,131,007.63
减:营业外支出	864,046.21	1,272,861.50
四、利润总额	48,077,453.50	55,434,820.29
减:所得税	8,383,933.71	9,494,921.58
五、净利润	39,693,519.79	45,939,898.71
加:年初未分配利润	31,795,393.30	7,917,181.08
盈余公积转入		
六、可供分配利润	71,488,913.09	53,857,079.79
减:提取法定盈余公积	3,969,351.98	4,593,989.87
提取法定公益金	3,175,481.58	3,675,191.90
七、可供股东分配的利润	64,344,079.53	45,587,898.02
减:应付优先股股利		
提取任意盈余公积		
应付普通股股利	8,242,317.71	
转作股本的普通股股利	24,629,472.71	13,792,504.72
八、未分配利润	31,472,289.11	31,795,393.30

企业负责人:杨寿海　　财务负责人:吴霞芬　　编制人:李刚

资产负债表

编制单位:南京红太阳股份有限公司　　2000年12月31日

资　产	年初数	年末数
流动资产:		
货币资金	84,503,434.08	302,730,082.10
短期投资	114,940.00	
减:短期投资跌价准备		
短期投资净额	114,940.00	
应收票据	887,000.00	1,089,057.00
应收股利		
应收利息		
应收帐款	59,247,528.51	48,403,588.29
其他应收款	50,588,704.39	41,051,227.64
减:坏帐准备	6,590,173.97	10,222,364.80
应收帐款净额	103,246,058.93	79,232,451.13
预付帐款	24,751,962.99	43,775,331.22
应收补贴款		
存货	28,493,137.14	23,764,134.22
减:	1,528,106.88	197,110.59
存货跌价准备		
存货净额	26,965,030.26	23,567,023.63
待摊费用	60,162.92	56,990.75
待处理流动资产净损失		
一年内到期的长期债权投资		
其他流动资产		
流动产合计	240,528,589.18	450,450,935.83
长期投资:		
长期股权投资	22,630,596.92	19,450,994.25
长期债权投资	45,000.00	18,000.00
长期投资合计	22,675,596.92	19,468,994.25
减:长期投资减值准备		1,282,824.54
长期投资净额	22,675,596.92	18,186,169.71
固定资产:		
固定资原价	81,436,901.65	80,852,389.89
减:累计折旧	31,811,090.08	36,605,733.30
固定资产净值	49,625,811.57	44,246,656.59
工程物资		
在建工程	403,456.55	96,306,047.88
固定资产清理		
待处理固定资产净损失		
固定资产合计	50,029,268.12	140,552,704.47
无形资产及其他资产		
无形资产	11,135,335.37	25,190,571.55
开办费		
长期待摊费用	150,859.93	
其他长期资产		
无形资产及其他资产合计	11,286,195.30	25,190,571.55
递延税项:		
递延税款借项		
资产总计	324,519,649.52	634,380,381.56
流动负债:		
短期借款	83,750,000.00	128,750,000.00
应付票据	1,000,000.00	2,000,000.00
应付帐款	16,655,243.97	15,860,999.43
预收帐款	629,418.00	17,615,898.74
代销商品款		
应付工资	4,227,669.27	4,227,669.27
应付福利费	616,723.97	1,392,695.00
应付股利	8,242,317.71	
交付税金	2,240,715.19	2,338,620.15
其他应交款	58,445.89	83,305.08
其也应付款	15,331,431.03	13,147,643.25
预提费用		
一年内到期的长期负债		
其他流动负债		
流动负债合计	124,509,647.32	193,659,148.63
长期负债:		
长期借款		
应付债券		
长期应付款		
住房周转金	514,657.84	590,234.17
其他长期负债		
长期负债合计	514,657.84	590,234.17
递延税项:		
递延税款贷款		
负债合计	125,024,305.16	194,249,382.80
股东权益:		
股本	123,147,363.55	164,846,354.26
资本公积	27,807,524.99	219,922,459.31
盈余公积	16,745,062.52	23,889,896.08
其中:公益金	7,426,187.78	10,601,669.36
未分与利润	31,795,393.30	31,472,289.11
股东权益合计	199,495,344.36	440,130,998.76
负债和股东权益总计	324,519,649.52	634,380,381.56

企业负责人:杨寿海　　财务负责人:吴霞芬　　编制人:陈燕萍

九.公司的其它有关资料

1、公司变更注册登记日期:2000年1月18日

2、公司注册登记地点:江苏省南京市高淳县淳溪镇宝塔路269号

3、企业法人营业执照注册号:32010001002273

4、税务登记号码:320125134900928

5、公司未流通股票的托管机构为深圳登记有限公司

6、公司聘请的会计师事务所为南京永华会计师事务所;办公地点为南京市中山北路26号新晨国际大厦8楼

十.备查文件

1、载有法定代表人、主管会计工作负责人、会计机构负责人签名并盖章的会计报表

2、载有会计师事务所盖章、注册会计师签名并盖章的审计报告原件。

3、报告期内在中国证监会指定报纸上公开披露过的所有公司文件的正本及公告的原稿。

南京红太阳股份有限公司

董 事 会

二OO一年四月九日

厦门海发投资实业股份有限公司

一、公司简介

1、公司法定中文名称：厦门海发投资实业股份有限公司
法定英文名称：XIAMEN HAIFA INVESTMENT INDUSTRIAL CO.,LTD.
2、公司法定代表人：黄少良
3、公司董事会秘书：李厚洋
联系地址：厦门市湖里区寨上长岸北路海发大厦八楼
电　　话：0592—5744059，0755—2496116　　传真：0592—5652638
电子信箱：LIHOUYANG@21CN.COM　　邮政编码：361006
4、公司注册地址：厦门市湖里区寨上长岸北路海发大厦八楼　邮编：361006
公司办公地址：厦门市湖里区寨上长岸北路海发大厦八楼　邮编：361006
联 系 电 话：0592-5654888 转各部门　　传真：0592—5652638
公司互联网网址：http://www.xiahaifa.com.cn　公司电子邮箱：XIAHAIFA@public.xm.fj.cn
5、公司选定的信息披露报纸名称：《证券时报》
登载公司年度报告的中国证监会指定国际互联网网址：http://www.cninfo.com.cn
公司年度报告备置地点：公司办公室
6、公司股票上市交易所：深圳证券交易所
股票简称：厦海发　　股票代码：0526

二、会计数据和业务数据摘要

（一）公司本年度经营业绩的主要会计数据（单位：人民币元）

1、利润总额	19,654,297.27
2、净利润	13,690,932.29
3、扣除非经营性损益后的净利润	13,690,932.29
4、主营业务利润	19,940,923.87
5、其他业务利润	3,857,957.90
6、营业利润	19,073,879.31
7、投资收益	584,000.00
8、补贴收入	/
9、营业外收支净额	-3,852.04
10、经营活动产生的现金流量净额	16,432,246.74
11、现金及现金等价物净增加额	4,885,552.14

注：非经营性损益项目和涉及金额：/

（二）截止报告期末公司近三年的主要会计数据和财务指标（单位：人民币元）

指标项目	2000 年	1999 年	1998 年	
			调整前	调整后
1、主营业务收入	86,625,804.19	5,441,829.97	7,513,643.98	7,513,643.98
2、净利润	13,690,932.29	8,843,949.03	-31,791,378.62	-30,697,879.39
3、总资产	227,445,135.39	205,528,517.32	184,588,354.89	188,543,588.52
4、股东权益（不含少数股东权益）	142,118,159.93	128,427,227.64	119,583,278.61	123,402,460.31
5、每股收益				
（1）全面摊薄	0.173	0.112	-0.401	-0.387
（2）加权平均	0.173	0.112	-0.401	-0.387
（3）扣除非经营性损益后	0.173	-0.105		
6、每股净资产	1.793	1.621	1.509	1.557
7、调整后的每股净资产	1.792	1.618	1.485	1.533
8、每股经营活动产生的现金流量净额	0.207	-0.204	-0.097	-0.097
9、净资产收益率（%）	9.63	6.89	-26.59	-24.88

（三）按照中国证监会《公开发行证券公司信息披露编报规则（第 9 号）》要求计算的利润数

报告期利润	净资收益率		每股收益	
	全面推薄	加权平均	全面推薄	加权平均
主营业务利润	0.1403	0.1474	0.2516	0.2516
营业利润	0.1342	0.1410	0.2407	0.2407
净利润	0.0963	0.1012	0.1728	0.1728
扣除非经营性损益后的净利润	0.0963	0.1012	0.1728	0.1728

注：主要财务指标的计算方法：
（1）每股收益=净利润/年度末普通股股份总数
（2）每股净资产=年度末股东权益/年度末普通股股份总数
（3）调整后的每股净资产=（年度末股东权益—三年以上的应收款项净额—待摊费用—待处理（流动、固定）资产净损失—开办费—长期待摊费用—住房周转金负数余额）/年度末普通股股份总数
（4）每股经营活动产生的现金流量净额=经营活动产生的现金流量净额/年度末普通股股份总数
（5）净资产收益率=净利润/年度末股东权益×100%

（四）报告期内股东权益变动情况

项目	股本	资本公积	盈余公积	法定公益金	未分配利润	股东权益合计
期初数	79,250,285	74,674,690.82	4,542,286.04	2,262,094.02	-30,040,034.22	128,427,227.64
本期增加					13,690,932.29	13,690,932.29
本期减少						
期末数	79,250,285	74,674,690.82	4,542,286.04	2,262,094.02	-16,349,101.93	142,118,159.93
变动原因					本年度实现利润转入	本年度实现利润

三、股本变动及股东情况

（一）截止 2000 年 12 月 31 日，公司共有股东 11156 户。
（二）公司前十名股东持股情况（单位：股）

股东名称	期末持股数	占总股本比例（%）
（1）厦门鑫旺经济开发有限公司	22,959,255	28.97
（2）深圳市椰林湾饮食有限公司	10,648,000	13.44
（3）太原兆和投资发展有限公司	6,050,000	7.63
（4）深圳康佳电子（集团）股份有限公司	1,210,000	1.53
（5）深圳成协房地产开发公司	1,210,000	1.53
（6）深圳上步实业股份有限公司	1,210,000	1.53
（7）厦门思明区海盛贸易公司	930,490	1.17
（8）晋江市闽南水产开发有限公司	605,000	0.76
（9）厦门市证券登记有限公司	605,000	0.76
（10）厦门市鼓浪屿渔业公司	333,355	0.42
合　计	45,761,100	57.74

广东美的集团股份有限公司

一、公司简介

（一）公司法定中文名称：广东美的集团股份有限公司
公司法定英文名称：GD MIDEA HOLDING CO.,LTD.
（二）公司法定代表人：何享健
（三）公司董事局秘书：栗建伟　　证券事务代表：向春江
联系地址：广东省顺德市北镇蓬莱路
电话：(0765) 6338779,6338807 传真：(0765)6651991　　E-mail：dms@midea.com.cn
（四）公司注册及办公地址：广东省顺德市北镇蓬莱路　　邮政编码：528311
E-mail：midea@midea.com.cn　　网　址：Http //www.midea.com.cn
（五）公司选定信息披露报刊：《中国证券报》、《证券时报》、《上海证券报》
登载年度报告国际互联网网址：Http //www.cninfo.com.cn
年报备置地点：公司董事局秘书室
（六）股票上市地点：深圳证券交易所　　股票简称：粤美的 A　　股票代码：0527

二、会计数据和业务数据摘要

（一）本年度利润实现情况
单位：元

指标名称	业务数据
利润总额	497,314,828.56
净利润	303,162,080.10
扣除非经常性损益后的净利润	266,194,226.41
主营业务利润	1,855,481,759.75
其他业务利润	7,929,608.85
营业利润	486,637,325.80
投资收益	8,851,763.48
补贴收入	0
营业外收支净额	1,825,739.28
经营活动产生的现金流量净额	372,710,857.20
现金及现金等价物净增加额	197,697,595.72

（二）截止报告期末前三年的主要会计数据和财务指标

指标名称	2000 年	1999 年		1998 年	
		调整前	调整后	调整前	调整后
主营业务收入(万元)	880,524.43	578,998.74	578,998.74	364,216.08	364,216.08
净利润(万元)	30,316.21	29,400.94	27770.58	19,573.84	17,853.30
总资产(万元)	717,408.64	446,935.31	445,843.62	349,811.92	342,671.31
股东权益(万元)	197,536.21	184,501.11	181,786.70	135,791.94	128,774.26
每股收益(元)	0.63	0.61	0.57	0.45	0.41
加权每股收益(元)	0.63	0.66	0.63	0.45	0.41
扣除非经常性损益后的每股收益(元)	0.55	0.60	0.52	0.41	0.37
每股净资产(元)	4.07	3.81	3.75	3.16	2.99
整后的每股净资产(元)	3.67	3.56	3.50	2.91	2.74
每股经营活动产生的现金净流量（元）	0.77	0.13	0.13	-0.012	-0.012
净资产收益率(%)	15.35	15.94	15.28	14.41	13.86

注：主要财务指标的计算方法
每股收益=净利润/年度末普通股股份总数
每股净资产=年度末股东权益/年度末普通股股份总数
调整后的每股净资产=[年度末股东权益-三年以上应收款项净额-待摊费用-待处理（流动、固定）资产净损失-开办费-长期待摊费用-住房周转金负数余额]/年度末普通股股份总数
每股经营活动产生的现金流量净额=经营活动产生的现金流量净额/年度末普通股股份数
净资产收益率=净利润/年度末股东权益×100%

（三）报告期利润表附表：

报告期利润	净资产收益率(%)		每股收益(元/股)	
	全面摊薄	加权平均	全面摊薄	加权平均
主营业务利润	93.93	91.58	3.83	3.83
营业利润	24.64	24.02	1.00	1.00
净利润	15.35	14.96	0.63	0.63
扣除非经常性损益后的净利润	13.48	13.14	0.55	0.55

三、股本变动及股东情况

（一）股本变动情况
1、报告期末股东总数
截止 2000 年 12 月 31 日，公司拥有股东总数为 159,264 户。
2、公司前 10 名股东持股情况（截止 2000 年 12 月 31 日）

股东名称	持股数(万股)	报告期内增减(万股)	持股比例(%)
顺德市美的控股有限公司	9243.0331	-3518.4	19.06
顺德市开联实业发展有限公司	4118.4	+343.2	8.49
顺德市美托投资有限公司	3518.4	+3518.4	7.26
顺德市有利投资服务有限公司	1201.2	0	2.48
南方证券公司深圳分公司	343.2	0	0.71
广东顺德宏德投资控股总公司	250	+110.7802	0.52
广东鹤山美雅股份有限公司	240.24	0	0.50
深圳市能源投资股份有限公司	223.08	0	0.46
普惠证券投资基金	215.9584	-1321.2526	0.45
广东核电投资有限公司	171.6	0	0.35

注：12000 年 2 月，顺德市开联实业发展有限公司与广东国际信托投资公司广信投资基金签订协议，受让其所持全部公司法人股 343.2 万股，占当时公司发行在外股本总额的 0.71%；
22000 年 5 月，顺德市美托投资有限公司与顺德市美的控股有限公司签订协议，受让其所持部分公司法人股 3518.40 万股，占当时公司发行在外股本总额的 7.26%；
3 截止 2000 年 12 月底，顺德市开联实业发展有限公司所持公司 4118.4 万股法人股中 2005 万股已办理质押登记手续；
4 顺德市美的控股有限公司与顺德市美托投资有限公司之间因法定代表人相同而存在关联关系，顺德市开联实业发展有限公司因其法定代表人与上述两公司的法定代表人之间存在亲属关系而构成关联关系。

广西柳工机械股份有限公司

一、公司简介

1 、公司的法定中文名称:广西柳工机械股份有限公司
公司英文名称:Guangxi Liugong Machinery Co., Ltd.8
2、公司法定代表人:王晓华
3、公司董事会秘书:王祖光
联系地址:公司董事会秘书处
联系电话:(0772)3886509,3886510　传真:(0772)3886509
电子信箱:stock @ liugong.com.cn
4、公司注册及办公地址:广西壮族自治区柳州市柳太路 1 号　邮政编码:545007
公司国际互联网网址:www.liugong.com.cn
电子信箱:master @ liugong.com.cn
5、公司选定的信息披露报纸名称:中国证券报、证券时报
登载公司年度报告的中国证监会指定国际互联网网址:www.cninfo.com.cn
公司年度报告备置地点:公司董事会秘书处
6、公司股票上市交易所:深圳证券交易所
股票简称:桂柳工 A　股票代码:0528

二、会计数据和业务数据摘要

1、公司本年度利润总额及其构成(单位:人民币元)

利润总额	6,679,412.02
净利润	1,154,292.14
扣除非经常性损益后的净利润	1,159,725.50
主营业务利润	134,981,839.61
其他业务利润	2,331,534.11
营业利润	32,807,242.96
投资收益	–24,200,280.82
补贴收入	221,589.66
营业外收支净额	–2,149,139.78
经营活动的现金流量净额	39,323,905.50
现金及现金等价物净增加额	25,739,436.16

注:扣除非经常性损益的项目和涉及金额:固定资产盘盈 304,588.00 元,处理固定资产收益 23,207.55 元,罚款收入 400.00 元,无法支付的款项 2,680,274.73 元,处理固定资产损失 2,631,140.40 元,非常损失 15,750.67 元,公益救济性捐赠 101,450.00 元,赔偿金 80,000.00 元,罚款 9,156.00 元,存货盘亏 176,406.57 元。

2、前三年的主要会计数据和财务指标　单位:人民币

项目	2000 年	1999 年		1998 年	
		调整前	调整后	调整前	调整后
主营业务收入	765,190,488	765,190,488	726,737,329.59	788,312,792.06	788,312,792.06
净利润	841,619	1,154,292	2,503,903.33	6,565,646.79	20,709,522.90
总资产	1,204,761,356	1,205,027,128	1,145,327,137.24	1,226,979,365.85	1,183,307,518.44
股东权益	696,995,051	697,260,823	696,693,862.59	737,736,163.09	694,189,959.26
每股收益	0.003	0.004	0.008	0.020	0.063
按加权计算	0.003	0.004	0.008	0.020	0.063
扣除非经常性损益后	0.003	0.004	0.017	0.000	0.043
每股收益每股净资产	2.13	2.13	2.13	2.25	2.12
净资产收益率(%)	0.12	0.17	0.36	0.89	2.98
按加权计算	0.12	0.17	0.36	0.89	2.98
调整后的每股净资产	2.10	2.10	2.10	2.13	2.06
每股经营活动产生的现金流量净额	0.12	0.12	0.01	0.29	0.29

注:根据国家税务总局有关规定,2000 年对公司关联单位应收款项余额不计提坏账准备,影响少计提坏账准备金 312,672.66 元,为此公司根据本年度会计政策变更进行了调整。

4、报告期内股东权益变动情况及变化原因

项目	股本	资本公积	盈余公积	其中:公益金	未分配利润	股东权益合计
期初数	327,536,793.00	245,513,568.34	121,947,960.45	49,911,797.49	1,695,540.80	696,693,862.59
本期增加		228,407.81	534,534.82	178,178.27	619,757.32	1,382,699.95
本期减少		815,740.00				815,740.00
期末数	327,536,793.00	244,926,236.15	122,482,495.27	50,089,975.76	2,315,298.12	697,260,822.54

变化原因:(1)本期资本公积增加 228,407.81 元,是由于组建"柳州柳工铸造有限公司"时,固定资产评估增值;资本公积减少 815,740.00 元,是由于用技改贷款购建的液压件厂房工程造价 815,740.00 元,已于 1992 年 12 月办理交用手续,当时贷款尚未归还。还贷时应冲减专用基金,但 93 年 7 月新旧会计制度转换时,专用基金全部转入资本公积,未扣除该项工程款,而造成资本公积虚增,本年经公司董事会同意冲减资本公积。

(2)本期盈余公积金增加 534,534.82 元,系按 10%的净利润提取的法定盈余公积和按 5%的净利润提取的公益金。

(3)未分配利润增加 619,757.32 元,系提取盈余公积后的净利润余额。

三、股东情况介绍

1、报告期末股东总数报告期末公司股东总数为 68,516 名,其中国有法人股股东 1 名。

2、前 10 名股东的持股情况(截止 2000 年 12 月 31 日)

序号	股东名称	拥有股数	占股份总额%	备注
01	广西柳工集团有限公司	207,900,000	63.474	国有法人股
02	长城证券有限责任公司	2,196,775	0.671	社会公众股
03	蔡寿鹏	970,000	0.296	同上
04	蔡肖珍	900,000	0.275	同上
05	惠州大亚湾滇海实业发展总公司	330,000	0.101	同上
06	三一重工业集团有限公司	324,200	0.099	同上
07	陈小雄	320,000	0.093	同上
08	李猴弥	262,000	0.080	同上
09	李运	256,164	0.078	同上
10	普丰证券投资基金	253,409	0.077	同上

说明:国有法人股年内未发生变动,无质押或冻结情况。前 10 名股东之间无关联关系。持股 10%以上国有法人股东名称:广西柳工集团有限公司。法人代表:王晓华。经营范围:工程机械产品、零配件销售及维修服务,车辆钢圈、链条、起重机等。

广东美雅集团股份有限公司

一、公司简介

1. 公司中文名称:广东美雅集团股份有限公司
公司英文名称:GUANGDONG MEIYA GROUP CO.,LTD.
2. 公司法定代表人:冯国良
3. 公司董事会秘书:冯伟
联系地址:广东省鹤山市人民西路 40 号
联系电话:(0750)8888888　传真:(0750)8889240
4. 公司注册及办公地址:广东省鹤山市人民西路 40 号　邮政编码:529700
公司国际互联网网址:http://www.meiya.com.cn　公司电子信箱:myinfo@meiya.com.cn
5. 公司选定的信息披露报纸名称:《证券时报》、《中国证券报》
登载公司年度报告的中国证监会指定国际互联网网址:http://www.cninfo.com.cn
公司年度报告备置地点:公司董事会秘书处
6. 公司股票上市地:深圳证券交易所
公司股票简称:粤美雅　公司股票代码:0529

二、会计数据和业务数据摘要

(一)本年度主要会计数据和业务数据:(单位:元)

项目	2000 年度
利润总额	7,023,136.96
净利润	6,782,765.95
扣除非经常性损益后的净利润	5,759,328.22
主营业务利润	146,966,051.78
其他业务利润	–464,595.85
营业利润	10,287,551.04
投资收益	–10,522,396.30
补贴收入	1,143,707.00
营业外收支净额	6,114,275.22
经营活动产生的现金流量净额	–122,050,844.06
现金及现金等价物净增加额	–88,981,722.40

(二)近三年主要会计数据和财务指标(单位:元)

项　目	2000 年度	1999 年度	
		调整前	调整后
主营业务收入(元)	704,060,791.37	892,403,863.60	837,260,826.30
净利润(元)	6,782,765.95	–298,484,942.42	–316,936,513.51
总资产(元)	2,746,059,720.90	2,822,499,969.23	2,755,350,989.41
股东权益	1,636,004,597.02	1,653,925,190.01	1,635,473,618.92
每股收益(摊薄)	0.02	–0.75	–0.80
每股收益(月平均加权)	0.02	–0.75	–0.80
扣除非经营性损益后的每股收益(元)	0.01	–0.78	–0.80
每股净资产	4.13	4.17	4.12
调整后每股净资产	4.11	4.15	4.02
净资产收益率(%)	0.41	–18.05	–19.38
每股经营活动产生的现金流量净额(元)	–0.31	–0.23	

(三)、报告期净资产收益率和每股收益计算表

报告期利润	净资产收益率(%)		每股收益(元)	
	全面摊薄	加权平均	全面摊薄	加权平均
主营业务利润	8.98	8.6	0.37	0.37
营业利润	0.63	0.63	0.03	0.03
净利润	0.41	0.41	0.02	0.02
扣除非经常性损益后的净利润	0.35	0.35	0.01	0.01

说明:以上数据是根据 2001 年 1 月 19 日中国证券监督管理委员会发布的《公开发行证券公司信息披露编报规则》(第 9 号)通知计算的。

(四)报告期内股东权益变动情况(单位:元)

项目	股本	资本公积	盈余公积	其中:公益金	未分配利润	合计
期初数	396,515,872	1,250,728,454.74	37,848,720.91	37,848,720.91	–49,619,428.73	1,635,473,618.92
本期增加					6,782,765.95	6,782,765.95
本期减少		6,251,787.85				6,251,787.85
期末数	396,515,872	1,244,476,666.89	37,848,720.91	37,848,720.91	–42,836,662.78	1,636,004,597.02

变动原因:

1) 资本公积金本期减少数 6,251,787.85 元,原因是根据财政部(1998)16 号文的精神,公司在改组为股份有限公司时,按评估确认后的固定资产原值计提的,折旧大于原帐面原值计提折旧的差额,增加当期收益。

2) 未分配利润增加 6,782,765.95 元,原因是本期利润增加所致。

三、股东情况简介

(一)截至 2000 年 12 月 31 日,公司股东总数为 118,116 户。

(二)前十名股东持股情况。

股东名称	年末持股数量(股)	持股比例(%)
(1)鹤山市国有资产管理办公室	127,610,141	32.18
(2)鹤山毛纺织总厂联合毛绒厂工会	10,549,000	2.66
(3)鹤山市海峰贸易发展有限公司	8,983,650	2.26
(4)鹤山毛纺织总厂床上用品厂工会	8,845,000	2.23
(5)广东省民族贸易公司工会	3,663,000	0.92
(6)鹤山市鹤昌实业投资公司工会	2,200,000	0.55
(7)鹤山市昌盛制衣有限公司工会	2,200,000	0.55
(8)鹤山市昌盛制衣有限公司	2,200,000	0.55
(9)广东省纺织工业总公司	2,200,000	0.55
(10)鹤山工贸实业总公司	2,101,990	0.53

注:

1、国家股持股单位为鹤山市国有资产管理办公室,其所持股份中有 1300 万股质押。

2、鹤山毛纺织总厂床上用品厂所持 884.5 万股法人股全部质押,鹤山毛纺织总厂联合毛绒厂所持 1054.9 万股法人股全部质押。

3、本公司前 10 名股东之间,股东与公司之间均不存在关联交易关系。

4、报告期内,公司无持股 10%(含 10%)以上的法人股东。

大连冷冻机股份有限公司

(一)公司简介

1.公司法定中文名称:大连冷冻机股份有限公司

公司法定英文名称:Dalian Refrigeration CO., LTD.　　英文缩写:DRC

2.公司法定代表人:张和先生

3.公司董事会秘书:吕连珍女士　　授权代表:葛彦女士

联系地址:大连市沙河口区西南路 888 号

电话:0086-411-6653081-8130　　传真:0086-411-6641470

4.公司注册及办公地址:大连市沙河口区西南路 888 号　　邮政编码:116033

互联网网址:http://www.bingshan.com　　电子信箱:dlzj@mail.dlptt.ln.cn

5.公司选定的信息披露报纸名称:《中国证券报》、《大公报》

登载公司年度报告的中国证监会指定网址:http://www.cninfo.com.cn

公司年度报告备置地点:公司证券部

6.公司股票上市交易所:深圳证券交易所　股票简称:大冷股份;大冷 B　股票代码:0530;2530

(二)会计数据和业务数据摘要

1.报告期主要业务数据摘要(单位:元)

利润总额	85,438,523.60
净利润	78,151,266.89
扣除非经常性损益后的净利润	78,215,611.36
主营业务利润	139,507,129.79
其他业务利润	1,072,844.30
营业利润	27,181,957.82
投资收益	58,276,438.50
补贴收入	26,228.00
营业外收支净额	-46,100.72
经营活动产生的现金流量净额	40,930,712.90
现金及现金等价物净增加额	12,731,035.18

注:扣除非经常性损益项目和涉及金额:

(1)处理固定资产损益-90,572.47 元;

(2)补贴收入 26,228.00 元。

经大连华连会计师事务所有限公司按照中国会计准则审计,公司 2000 年度实现净利润 7,815 万元;经安达信公司按照国际会计准则审计,公司 2000 年度实现净利润 6,621 万元。境内外审计差异为 1,194 万元。

按国际会计准则调整对净利润的影响(单位:千元):

	2000	1999
本公司法定帐目金额	78,153	71,064
提列坏帐准备		(3,841)
提列存货损失准备		(4,471)
安装业务收入及成本确认	(7,789)	
递延税项负债确认	(7,219)	
销售收入截止	1,715	(1,222)
权益法核算投资收益	1,753	1,821
其他	(404)	849
根据国际会计准则本公司调整后金额	66,209	64,200

2.截止报告期末公司前三年的主要会计数据和财务指标(单位:元)

项目	2000	1999	1998
主营业务收入	800,683,245.80	720,585,250.60	651,435,731.38
净利润	78,151,266.89	71,063,628.79	65,359,014.10
总资产	1,767,519,306.58	1,531,014,855.25	1,547,026,481.76
股东权益	1,102,703,562.24	1,059,513,792.85	1,023,425,961.56
每股收益(按净利润全面摊薄)	0.223	0.203	0.187
每股收益(按净利润加权平均)	0.223	0.203	0.204
扣除非经常性损益后的每股收益(全面摊薄)	0.223	0.203	0.187
扣除非经常性损益后的每股收益(加权平均)	0.223	0.203	0.204
每股净资产	3.15	3.03	2.92
调整后的每股净资产	3.10	3.01	2.91
每股经营活动产生的现金流量净额	0.117	0.072	0.116
净资产收益率(按净利润全面摊薄)	7.09%	6.71%	6.40%
净资产收益率(按净利润加权平均)	7.09%	6.71%	6.99%
扣除非经常性损益后的加权净资产收益率	7.09%	6.71%	6.40%

注:(1)主要财务指标均按年报准则计算。

(2)以上数据和指标系按合并会计报表数填列或计算。以上数据业经大连华连会计师事务所有限公司按照中国会计准则审计,安达信公司按照国际会计准则审计的数据参阅英文版。

(3)报告期末至摘要披露日,公司股本未发生变化。

3.2000 年度利润表附表

报告期利润	净资产收益率		每股收益(元)	
	全面摊薄	加权平均	全面摊薄	加权平均
主营业务利润	12.65%	12.70%	0.40	0.40
营业利润	2.47%	2.47%	0.08	0.08
净利润	7.09%	7.11%	0.22	0.22
扣除非经常性损益后的净利润	7.09%	7.12%	0.22	0.22

(三)股东情况介绍

1.报告期末股东总数为 73,910 户,其中 A 股股东总数为 71,806 户,B 股股东总数为 2,104 户。

2.主要股东持股情况(前 10 名股东)

股东名称	年初(万股)	年末(万股)	占总股本(%)	类别
大连冰山集团有限公司(国家股)	10,442.25	10,442.25	29.83	A
SANYO ELECTRIC CO., LTD.	3,500.15	3,500.15	10.00	B
WISEMAX INTERNATIONAL LIMITED	195.01	382.40	1.09	B
吉林九州开发公司	315.00	315.00	0.90	A
太原兆和投资发展公司	315.00	315.00	0.90	A
申银万国证券股份有限公司	0	283.70	0.81	A
XI JIANG	0	197.47	0.56	B
联合国际财务投资有限公司	64.80	186.59	0.53	B
大连华信信托投资股份有限公司	179.50	179.50	0.51	A
大连热电集团股份有限公司	175.00	175.00	0.50	A

广州恒运企业集团股份有限公司

一、公司简介

(一)公司法定中文名称:广州恒运企业集团股份有限公司

公司法定英文名称:Guangzhou　Hengyun　Enterprises Holdings　Ltd.

(二)公司法定代表人:郑椿华

(三)公司董事会秘书:林国定

联系地址:广东省广州经济技术开发区西基路 8 号

电话:(020)82098330　传真:(020)82098658

(四)公司注册地及办公地址:广州经济技术开发区西基路 8 号　邮政编码:510730

公司国际互联网网址:http://www.hengyun.com.cn

电子信箱:hengyun@public.guangzhou.gd.cn

(五)公司选定的信息披露报纸名称:《证券时报》、《中国证券报》、《上海证券报》

登载公司年度报告的国际互联网网址:http://www.cninfo.com.cn

公司年度报告备置地点:公司董事会秘书室

(六)公司股票上市交易所:深圳证券交易所

股票简称:穗恒运　股票代码:0531

二、会计数据和业务数据摘要

(一)公司本年度利润构成及现金流量情况(单位:人民币元)

利润总额:	105,854,820.98
净利润:	59,280,171.83
扣除非经常性损益后的净利润:	62,794,023.92
主营业务利润:	172,926,481.30
其他业务利润:	1,398,451.76
营业利润:	108,306,454.58
投资收益:	985,500.25
补贴收入:	14,000,000.00
营业外收支净额:	-17,437,133.85
经营活动产生的现金流量净额:	145,624,604.06
现金及现金等价物净增加额:	-98,764,412.45

注:本年度共发生非经常性损益-3,513,852.09 元,具体项目构成和金额如下:

1、补贴收入 14,000,000.00 元;

2、股权投资差额摊销-76,718.24 元;

3、营业外收支净额-17,437,133.85 元。

(二)截至本报告期末公司前三年的主要会计数据和财务指标(单位:人民币元)

项目	2000 年	1999 年		1998 年	
		调整前	调整后	调整前	调整后
主营业务收入	668,013,045.47	601,493,275.07	601,493,275.07	642,663,130.45	506,229,162.11
净利润	59,280,171.83	68,820,993.80	65,593,367.34	64,032,967.13	59,438,220.06
总资产	1,442,024,259.15	1,492,291,916.08	1492,291,916.08	1594,260,389.19	1521,700,286.02
.股东权益	558,908,529.05	556,133,933.25	552,906,306.79	536,546,640.69	501840,324.83
全面摊薄每股收益	0.22	0.258	0.25	0.24	0.223
加权平均每股收益	0.22	0.258	0.25	0.24	0.236
扣除非经常性损益后的每股收益	0.24	0.218	0.21		
每股净资产	2.097	2.087	2.075	2.013	1.883
调整后的每股净资产	2.000	1.943	1.953	1.819	1.686
每股经营活动产生的现金流量净额	0.55	0.90	0.90	0.65	0.62
全面摊薄净资产收益率(%)	10.61	12.37	11.86	11.93	11.84
加权净资产收益率(%)	10.25	12.82	12.26		
扣除非经常性损益后的加权净资产收益率(%)	10.85	10.84	10.27		

(三)报告期内净资产收益率和每股收益系列指标:

报告期利润	净资产收益率(%)		每股收益(人民币元)	
	全面摊薄	加权平均	全面摊薄	加权平均
主营业务利润	30.94	29.89	0.65	0.65
营业利润	19.38	18.72	0.41	0.41
净利润	10.61	10.25	0.22	0.22
扣除非经常性损益后的净利润	11.24	10.85	0.24	0.24

三、股本变动及股东情况

(一)股本变动情况　1、股份变动情况表(数量单位:股)

	本次变动前	本次变动增减	本次变动后
一、未上市流通股份			
1、发起人股份	133,934,457	24,765,215	158,699,672
其中:国家持有股份	53,304,252	0	53,304,252
境内法人持有股份	80,630,205	24,765,215	105,395,420
2、优先股或其他	24,799,402	24,799,402	0
其中:转配股	24,799,402	-24,799,402	0
未流通股份合计	158,733,859	-34,187	158,699,672
二、已上市流通股份			
1、人民币普通股	107,787,401	34,187	107,821,588
已上市流通股份合计	107,787,401	34,187	107,821,588
三、股份总数	266,521,260	0	266,521,260

(二)股东情况介绍　1、截止到 2000 年末,公司股东总数为 63158 户。

2、前 10 名股东持股情况(数量单位:股)

股东名称	年初数	本期增减(+、-)	年末数	占总股本比例(%)
广州凯得控股有限公司	95,978,173	0	95,978,173	36.01
广州经济技术开发区工业发展总公司	49,856,053	0	49,856,053	18.71
广州经济技术开发区　黄电实业总公司	12,865,446	0	12,865,446	4.83
蒋吉辉			550,106	0.2064
金鑫证券投资基金			479,140	0.1798
许聘三			470,000	0.1763
劳荣伟			419,154	0.1573
广州市黄埔太平洋通讯工程公司			365,211	0.1370
范涛			210,000	0.0788
许强			196,400	0.0737

珠海华电股份有限公司

一、公 司 简 介

1、公司法定中文名称：珠海华电股份有限公司
公司法定英文名称：ZHUHAI HUADIAN CO.,LTD. 缩写：ZHHD
2、公司注册、办公地址：珠海市九洲大道官村综合楼三楼　　邮政编码：519015
公司国际互联网网址：www.huadian.com　　电子信箱：Zhhuadia@public.zhuhai.gd.cn
3、公司法定代表人：梁学敏
4、公司董事会秘书：曹海霞　　联系地址：珠海市九洲大道官村综合楼三楼
电　话：0756-3321321　　传真：0756-3353529　　电子信箱：cs@huadian.com
证券事务授权代表：关明芬　　联系地址：珠海市九洲大道官村综合楼三楼
电　话：0756-3321028　　传　真：0756-3353529
5、公司选定信息披露报纸：《证券时报》
中国证监会指定信息披露网址：www.cninfo.com.cn
公司年度报告备置地点：公司董事会秘书处
6、公司股票上市交易所：深圳证券交易所
公司股票简称：粤华电　　公司股票代码：0532

二、会计数据和业务数据摘要

1、2000 年度主要经营指标情况：（单位：元）

指标项目	2000 年度
利润总额	-155,920,807.39
净利润	-155,920,807.39
扣除非经常性损益后的净利润	-25,664,271.70
主营业务利润	0
其他业务利润	-31,506,824.20
营业利润	-42,941,783.17
投资收益	-112,607,036.20
补贴收入	0
营业外收支净额	-371,988.02
经营活动产生的现金流量净额	54,760,742.37
现金及现金等价物净增加额	81,258,060.04

注：本期应扣除的非经常性损益项目和涉及金额：
1）按评估价转让华电前山柴油机发电厂 100%权益损失 85,005,541.74 元
2）按评估价转让华电船务有限公司 65%权益损失 1,218,291.63 元
3）按评估价转让恒升国际有限公司 70%权益损失 3,218,476.54 元
4）按评估价转让横琴行政小区 X2-25 宗地损失 26,000,161.88 元
5）按评估价转让华电大厦建筑工程及土地使用权损失 5,506,662.32 元
6）核销对柬埔寨电厂项目投资损失 9,307,402.09 元

2、截止报告期末公司前三年的主要会计数据和财务指标：（单位：元）

项　目	2000 年	1999 年		1998 年
		调整前	调整后	
主营业务收入	0	94,970,778.70	0	117,574,781.03
净利润	-155,920,807.39	2,142,193.85	2,431,522.42	-210,963,597.04
每股收益	-0.71	0.009	0.01	(0.97)
按月加权平均法计算的每股收益	-0.71	0.009	0.01	(0.97)
扣除非经常性损益后的每股收益	-0.117	0.009	0.009	0.019
净资产收益率	-40.81%	0.39%	0.39%	-39.4%
每股经营活动产生的现金流量净额	0.25	0.12	0.12	0.15

项目	2000 年 12 月 31 日	1999 年 12 月 31 日		1998 年 12 月 31 日
		调整前	调整后	
总资产	410,388,441.63	600,196,609.35	566,369,639.67	577,039,167.28
股东权益	382,024,047.17	537,979,495.66	537,944,854.56	535,837,301.81
每股净资产	1.75	2.46	2.46	2.45
调整后的每股净资产	1.68	2.02	2.02	1.99

3、按中国证监会《公开发行证券公司信息披露编报规则（第 9 号）》的要求计算的净资产收益率及每股收益：

报告期利润	净资产收益率		每股收益（元）	
	全面摊薄	加权平均	全面摊薄	加权平均
主营业务利润	0	0	0	0
营业利润	-11.24%	-9.34%	-0.20	-0.20
净利润	-40.81%	-33.90%	-0.71	-0.71
扣除非经常性损益后的净利润	-6.72%	-5.58%	-0.12	-0.12

注：（1）对公司 1999 年度报表进行调整是因为公司 2000 年度已转让了前山柴油机发电厂 100%权益、华电船务有限公司 65%股权，签订了华电印务有限公司 75%股权的转让合同，故未将上述公司纳入公司 2000 年度报表合并范围。因此，为了保持会计报表合并范围的一致性，调整了上年度的会计报表。

三、股东情况

1.股东情况介绍
（1）报告期末股东总数：14484 户。
（2）前 10 名股东持股情况：

股东名称	期初持股数	期末持股数	占总股本比例	是否冻结或质押
珠海经济特区电力开发（集团）公司	72,496,500	72,496,500	33.20%	部份质押
珠光公司	10,200,000	10,200,000	4.67%	否
国际银行家珠海俱乐部	5,525,000	5,525,000	2.53%	否
民安投资管理有限公司	0	4,038,047	1.84%	否
珠海经济特区富华投资公司	2,845,800	2,845,800	1.30%	否
珠海裕发实业投资公司	2,550,000	2,550,000	1.17%	否
珠海经济特区银星科技开发公司	2,550,000	2,550,000	1.17%	否
深圳市国际经济技术合作公司	1,700,000	1,700,000	0.78%	否
珠海市景辉有限公司	1,912,500	1,681,858	0.77%	否
珠海经济特区华骏达企业公司	1,360,000	1,360,000	0.62%	全部质押

广东万家乐股份有限公司

一、公司简介

1、公司法定中文名称：广东万家乐股份有限公司　中文缩写：万家乐
英文名称：Guangdong Macro Co., Ltd.　英文缩写：MACRO
2、公司法定代表人：马国伦
3、董事会秘书：张庄平
联系电话：0765-2330088　电子信箱：zzp@macro.com.cn
证券事务代表：胡志坚
联系电话：0765-2330232　电子信箱：tom@macro.com.cn
公司联系地址：广东顺德市大良区环市北路 38 号　　公司传真：0765-2330200
4、公司注册及办公地址：广东顺德市大良区环市北路 38 号　邮编：528300
电子信箱：macro@macro.com.cn　　公司网址：http://www.macro.com.cn
5、信息披露报刊名称：证券时报、中国证券报
年报指定登载网址：http://www.cninfo.com.cn
年度报告备置地点：公司证券事务部
6、公司股票上市交易所：深圳证券交易所
股票简称：万家乐　　股票代码：0533

二、会计数据与业务数据摘要

1、本年度主要经济指标完成情况（单位：元）：

利润总额	18,703,720.13
净利润	23,180,487.74
扣除非经常性损益后的净利润	25,196,402.05
主营业务利润	424,756,126.29
其他业务利润	2,481,292.45
营业利润	−60,096,641.43
投资收益	80,816,275.87
补贴收入	5,400
营业外收支净额	−2,021,314.31
经营活动产生的现金流量净额	139,619,626.76
现金及现金等价物净增加额	236,715,184.93

"扣除非经常性损益后的净利润"指标所涉及的扣除项目和金额分别是：补贴收入 5,400 元，营业外收入 446,070.22 元，营业外支出 2,467,384.53 元。

2、最近三年主要会计数据和财务指标

项　目	2000 年	1999 年	1998 年	
			调整前	调整后
主营业务收入（万元）	116,706.60	111,296.15	114,063.43	112,146.95
净利润（万元）	2,318.05	15,524.65	13,790.22	11,800.21
总资产（万元）	369,690.83	325,846.06	328,395.70	314,738.57
股东权益（万元）（不含少数股东权益）	135,837.99	132,792.39	134,973.78	123,023.92
每股收益（元/股）	0.04	0.27	0.24	0.21
每股收益（元/股）（加权）	0.04	0.27	0.24	0.21
扣除非经常性损益后的每股收益（元/股）	0.04	0.23	0.20	0.17
每股净资产（元/股）	2.36	2.31	2.34	2.14
调整后的每股净资产（元/股）	2.20	2.20	2.25	2.04
每股经营活动产生的现金流量净额（元/股）	0.24	0.23	0.15	0.15
净资产收益率（%）	1.71	11.69	10.22	9.59

3、根据中国证监会《公开发行证券公司信息披露编报规则第 9 号》计算的净资产收益率和每股收益：

报告期利润	净资产收益率		每股收益	
	全面摊薄	加权平均	全面摊薄	加权平均
主营业务利润	31.27%	30.93%	0.7378	0.7378
营业利润	−4.42%	−4.38%	−0.1044	−0.1044
净利润	1.71%	1.69%	0.0403	0.0403
扣除非经常性损益后的净利润	1.85%	1.83%	0.0438	0.0438

注：全面摊薄净资产收益率和每股收益的计算公式如下：
全面摊薄净资产收益率 ＝ 报告期利润 ÷ 期末净资产
全面摊薄每股收益 ＝ 报告期利润 ÷ 期末股份总数
加权平均净资产收益率 $ROE = P \div (E0 + NP \div 2 + Ei \times Mi \div M0 - Ej \times Mj \div M0)$

其中：P 为报告期利润；NP 为报告期净利润；E0 为报告期初净资产；Ei 为报告期发行新股或债转股等新增净资产；Ej 为报告期回购或现金分红等减少净资产；M0 为报告期月份数；Mi 为新增净资产下一月份起至报告期期末的月份数；Mj 为减少净资产下一月份起至报告期期末的月份数。

加权平均每股收益 $EPS = P \div (S0 + S1 + Si \times Mi \div M0 - Sj \times Mj \div M0)$

其中：P 为报告期利润；S0 为期初股份总数；S1 为报告期因公积金转增股本或股票股利分配等增加股份数；Si 为报告期因发行新股或债转股等增加股份数；Sj 为报告期因回购或缩股等减少股份数；M0 为报告期月份数；Mi 为增加股份下一月份起至报告期期末的月份数；Mj 为减少股份下一月份起至报告期期末的月份数。

三、股东情况介绍

（1）截止 2000 年 12 月 31 日，公司股东总户数为 108297 户。
（2）截止 2000 年 12 月 31 日，公司前十名股东持股情况：　　单位：股

股东名称	持股数 未上市流通	已上市流通	占总股本比例
1.广东新力集团公司	171,552,640		29.80%
2.广东万家乐集团公司	158,742,268		27.57%
3.广东省工行信托投资公司	7,466,666		1.30%
4.南方证券有限公司	7,466,666		1.30%
5.广东发展银行顺德分行	6,496,000		1.13%
6.广东证券有限公司	5,152,000		0.90%
7.宁波保税区新荣基贸易发展有限责任公司	5,142,160		0.89%
8.中行广州信托咨询公司	4,928,000		0.86%
9.顺德建设财务公司	4,928,000		0.86%
10.张洁	2,088,200		0.36%

汕头电力发展股份有限公司

一、公司简介

1.公司名称:汕头电力发展股份有限公司
英文名称:SHANTOU ELECTRIC POWER DEVELOPMENT CO.,LTD.
2.公司法定代表人:沈宗敏
3.公司董事会秘书:黄曼华　　股证事务代表:袁克新
联系地址:汕头市金砂东路金凤城龙座六楼
联系电话:0754-8628249(含传真)　　0754-8611172　　E-mail:sdla@pub.shantou.gd.cn
4.公司注册地址:汕头市珠池路23号光明大厦(B座)8楼
办公地址:汕头市金砂东路金凤城龙座六楼　　邮政编码:515041
5.公司指定披露报纸:《中国证券报》、《证券时报》
登载公司年度报告的国际互联网址: http://www.cninfo.com.cn
公司年度报告备置地点:公司证券部
6.公司股票上市交易所:深圳证券交易所
股票简称:汕电力　　股票代码:0534

二、会计数据和业务数据摘要

1、本年利润及构成　　单位:人民币元

利润总额	16,719,028.21
净利润	14,941,978.25
扣除非经常性损益后的净利润	15,239,517.56
主营业务利润	16,149,774.72
其他业务利润	151,353.00
营业利润	2,881,744.48
投资收益	14,134,823.04
补贴收入	——
营业外收支净额	-297,539.31
经营活动产生的现金流量净额	12,708,234.24
现金及现金等价物净增加	4,814,629.89

注:扣除的非经营性损益项目和涉及金额:
1.营业外收入:107,086.25元,主要为处置客车及热电厂自营工程余款收入;
2.营业外支出:404,625.52元,系处置资产损失。其中处置车辆损失191,224. 90元,处置远动装置101,825.19元,住房111,575.43元。

2.公司近三年财务指标　　单位:人民币元

项目	2000年	1999年	1998年 调整后	1998年 调整前
主营业务收入	86,404,173.10	77,598,042.48	75,476,410.81	75,476,410.81
净利润	14,941,978.25	3,716,403.86	4,596,997.41	34,534,056.14
总资产	571,016,140.72	558,880,817.57	564,448,534.20	616,255,740.06
股东权益	542,695,892.49	548,580,046.14	544,863,642.28	596,670,848.14
每股收益(加权)	0.0717	0.0178	0.0221	0.1658
扣除非经常性损益后的每股收益	0.0732	0.0178	0.0221	0.1658
每股净资产	2.6058	2.6341	2.6162	2.8650
调整后的每股净资产	2.5811	2.5793	2.5389	2.6253
每股经营活动产生的现金流量净额	0.0610	-0.0154	0.0459	0.0459
净资产收益率(%)	2.7533	0.6775	0.8437	5.7878
净资产收益率(加权)(%)	2.6872	0.6798	0.8473	5.9603
扣除非经常损益后的加权净资产收益率(%)	2.7407	0.6798	0.8473	5.9603

注:(1)以上数据以公司合并会计报表填列;
(2)按照中国证监会《公开发行证券公司信息披露编报规则(第9号)》要求计算的利润数据:

报告期利润	数额(元)	净资产收益率(%) 全面摊薄	净资产收益率(%) 加权平均	每股收益(元/股) 全面摊薄	每股收益(元/股) 加权平均
主营业务利润	16,149,774.72	2.9758	2.9044	0.0775	0.0775
营业利润	2,881,744.48	0.5310	0.5183	0.0138	0.0138
净利润	14,941,978.25	2.7533	2.6872	0.0717	0.0717
扣除经常性损益后的净利润	15,239,517.56	2.8081	2.7407	0.0732	0.0732

3.报告期内股东权益变动情况

项目	股东	资本公积	盈余公积	法定公益金	未分配利润	股东权益合计
期初数	208,261,325.00	284,885,088.45	44,657,604.22	9,206,075.72	10,776,028.47	548,580,046.14
本期增加			2,241,296.74	747,098.91	12,700,681.51	14,941,978.25
本期减少						20,826,131.90
期末数	208,261,325.00	284,885,088.45	46,898,900.96	9,953,174.63	2,650,578.08	542,695,892.49
变动原因			按有关规定对2000年度净利提取法定公积金、公益金		2000年度利润分配	

三、股东情况介绍

1.股东情况介绍:截止2000年12月31日,公司股东总数30509户。其中国家股股东1名,法人股股东9名,社会公众股东30499名。

2.前十名股东持股情况(单位:股)

名次	股东名称	持股数	股份性质	占总股本比例(%)
1	汕头市电力开发公司	79860000	国家股	38.35
2	建行汕头金砂支行	14520000	法人股	6.97
3	工行汕头韩江支行	12100000	法人股	5.81
4	汕头城市建设开发总公司	7260000	法人股	3.48
5	交通银行汕头分行	4840000	法人股	2.32
6	中信茅台	2947867	流通股	1.41
7	中信天津证券业务部大港证券交易营业部	1207987	流通股	0.58
8	中信证券股份有限公司	1065046	流通股	0.51
9	兴业证券投资基金	935200	流通股	0.45
10	天津开发区黑曼投资咨询有限公司	787399	流通股	0.38

注:据公司已掌握资料得知,前5名股东与以上前十名其他股东之间不存在关联关系;

猴王股份有限公司

一、公司简介

1.法定中文名称:猴王股份有限公司
法定英文名称:KMK CO.,LTD
2.注册地址:湖北省宜昌市夷陵路304号
办公地址:湖北省宜昌市夷陵路304号　　邮政编码:443003
3.法定代表人:汪东林
4.董事会秘书:李本林　　董事会证券事务代表:张德胜
联系电话:0717-6352517　　传真:0717-6351835
5.公司指定信息披露报纸:《证券时报》
年度报告披露网址:http://www.cninfo.com.cn
年度报告备置地点:公司董事会秘书处
6.公司股票上市交易所:深圳证券交易所　股票简称:ST猴王　股票代码:0535

二、会计数据和业务数据摘要

1.本年度主要利润指标情况:　　(单位:人民币元)

净利润	-689,736,260.94
扣除非经常性损益后的净利润	-627,185,116.98
主营业务利润	3,114,911.49
其他业务利润	-305,601.46
营业利润	-610,405,560.14
投资收益	-16,499,432.72
补贴收入	170,000.00
营业外收支净额	-62,963,314.98
经营活动产生的现金流量净额	-3,356,553.98
现金及现金等价物净增加额	-3,228,450.12

扣除非经常性损益项目如下(单位:人民币元)
a、补贴收入:　170,000.00
b、连带责任损失:　62,721,143.96

2、截止报告期末公司前三年主要会计数据和财务指标(单位:人民币元)

指标项目	2000年	1999年 调整前	1999年 调整后	1998年 调整前	1998年 调整
主营业务收入	42,296,101.74	77,345,189.48	77,345,189.48	111172554.15	111,172,554.15
净利润	-689736260.94	-67,701,968.96	-95230,164.48	38,076714.83	35,413,500.37
总资产	470,235,996.03	934,083,563.61	918578081.65	956,014,232.56	800,452,418.61
股东权益(不含少数股东权益)	-376571891.74	333131,561.03	317626,079.07	629,620,711.24	412,856,243.55
每股收益摊薄	-2.28	-0.22	-0.31	0.13	0.12
加权	-2.28	-0.22	-0.31	0.13	0.12
每股净资产	-1.24	1.10	1.05	2.08	1.36
调整后的每股净资产	-1.38	0.96	0.87	1.86	1.22
每股经营活动产生的现金流量净额	-0.01	0.004	0.004	-0.01	-0.01
净资产收益率(%)	— -	20.32	-29.98	6.05	8.58
摊薄	—	-20.32	-29.98	6.05	8.58
加权	—	-14.06	-26.07	6.24	8.96
扣除非经常性损益后的每股收益	-2.07	-0.23	-0.32	0.11	0.10

注:每股收益、每股净资产、每股经营活动产生的现金流量净额、净资产收益率的计算均遵循《公开发行股票公司信息披露的内容与格式准则第二号〈年度报告的内容与格式〉(1999年修订稿)》确定的计算公式。

3、年内股东权益变动情况及原因(单位:人民币元)

项目	股本	资本公积	盈余公积	法定公积金	未分配利润	股东权益合计
期初数	302723222.00	141768461.40	17576004.59	13988972.76	-144,441,608.92	317626079.07
本期增加						
本期减少	0	0	0	0	694,197,970.81	94197970.81
期末数	302723222.00	141768461.40	17576004.59	13988,972.76	-838639,579.73	-376571891.74

变动原因:未分配利润和股东权益的变动主要系本年度亏损和本年度调整年初未分配利润所致

三、股本变动和股东情况

(一)股本变动情况(单位:股)

	期初数	本次变动增减(+.-)	期末数
1.尚末流通股份			
(1)发起人股份	72349924	-52000000	20349924
其中:国家持有股份	104186880		104186880
(2)募集法人股份	28356000		28356000
(3)内部职工股	22908		22908
(4)其它	54186171	29650785	83836956
尚末上市流通股份合计	154915003	-22349215	132565788
2.已上市流通股份			
(1)人民币普通股	147808219	22349215	170157434
已上市流通股份合计	147808219		170157434
3.股份总数	302723222		302723222

(二)主要股东持股情况
1.截止2000年12月31日,本公司股东共110477户。
2.本公司前十名股东持股情况

股东名称	持股数(单位:股)	持股比例(%)
宜昌市夷陵国有资产经营公司	24000000	7.9
猴王集团公司	20349924	6.7
申银万国证券股份有限公司	20000000	6.6
宁波市住房资金管理中心	12336956	4.1
中国经济技术投资担保有限公司	8200000	2.7
中国工行三峡分行	6711600	2.2
中国建行三峡分行	6711600	2.2
武汉新天地投资有限责任公司	5719179	1.9
南京新港开发总公司	4400000	1.5
上海昆凌工贸有限公司	3850000	1.3

闽东电机(集团)股份有限公司

一、公司简介

1、公司法定中文名称：闽东电机(集团)股份有限公司
公司法定英文名称：MINDONG ELECTRIC GROUP CO., LTD.
2、公司法定代表人：阮希玮
3、公司董事会秘书：黄晋球
联系地址：福建省福州市斗东路12号
联系电话：(0591) 3348228　　传真：(0591) 3326201
4、公司注册及办公地址：福建省福州市斗东路12号
邮政编码：350005　　电子信箱：mddjb @ pub1.fz.fj.cn
5、公司选定的信息披露报纸：《证券时报》、《中国证券报》
登载公司年度报告的中国证监会指定国际互联网网址：http://www.cninfo.com.cn
公司年度报告备置地点：公司董事会秘书处
6、公司股票上市地：深圳证券交易所
公司股票名称：ST 闽闽东　　公司股票代码：0536

二、会计数据和业务数据摘要

1、公司本年度主要会计数据(单位：元)

利润总额	-44,506,510.99
净利润	-44,506,510.99
扣除非经常性损益后的净利润	-44,530,877.27
主营业务利润	10,602,758.10
其他业务利润	3,585,984.45
营业利润	-58,399,692.52
投资收益	14,236,684.20
补贴收入	24,366.28
营业外收支净额	-367,868.95
经营活动产生的现金流量净额	-3,618,930.47
现金及现金等价物净增加额	-18,158,891.45

注：扣除非经常性损益项目为补贴收入 24,366.28 元。

2、截止报告期末，公司前三年的主要会计数据和财务指标

项　目	2000年	1999年	1998年
主营业务收入(万元)	14,173.50	16,712.27	24,813.38
净利润(万元)	-4,450.65	-5,099.71	-12,734.22
总资产(万元)	37,706.16	41,502.21	45,403.32
股东权益(万元)	-3,491.17	906.83	6,006.55
每股收益(元)	-0.37	-0.42	-1.04
扣除非经常性损益后的每股收益(元)	-0.37	-0.42	-1.08
每股净资产(元)	-0.29	0.07	0.49
调整后的每股净资产(元)	-0.41	-0.08	0.26
每股经营活动产生的现金流量净额(元)	-0.03	-0.05	0.21
净资产收益率(%)	-127.48	-562.37	-212.00

注：主要财务指标计算公式如下：
每股收益=净利润/年度末普通股股份总数
每股净资产=年度末股东权益/年度末普通股股份总数
调整后的每股净资产=[年度末股东权益-三年以上的应收款项净额-待摊费用-待处理(流动、固定)资产净损失-开办费-长期待摊费用-住房周转金负数余额]/年末普通股股份总数
每股经营活动产生的现金流量净额=经营活动产生的现金流量净额/年度末普通股股份总数
净资产收益率=净利润/年度末股东权益×100%

3、利润表附表

报告期利润	净资产收益率(%)		每股收益(元)	
	全面摊薄	加权平均	全面摊薄	加权平均
主营业务利润	-30.37	-80.42	0.09	0.09
营业利润	-167.28	-442.93	-0.48	-0.48
净利润	-127.48	-337.56	-0.37	-0.37
扣除非经常性损益后的净利润	-127.55	-337.74	-0.36	-0.36

注：A. 全面摊薄净资产收益率=报告期利润/期末净资产
B. 全面摊薄每股收益=报告期利润/期末股份总数
C. 加权平均净资产收益率(ROE)=P/(EO+NP/2+Ei×Mi/MO-Ej×Mj/MO)
其中：P为报告期利润；NP为报告期净利润；EO为期初净资产；Ei为报告期发行新股或债转股等新增净资产；Ej为报告期回购或现金分红等减少净资产；MO为报告期月份数；Mi为新增净资产下一月份起至报告期期末的月份数；Mj为减少净资产下一月份起至报告期期末 的月份数。

4、股东权益变动情况

项目	股　本	资本公积	盈余公积	法定公益金	未分配利润	股东权益合计
期初数	121927193	65134914.38	28261682.24	8971872.94	-206255461.19	9068328.43
本期增加			526491.14	7754.81		534245.95
本期减少						
期末数	121927193	65134914.38	28788173.38	8979627.75	-250761972.18	-34911691.42

三、股东情况简介

1、2000年末，公司股东总数为12558户，其中高级管理人员股东2户。
2、前十名股东

股　东　名　称	持股数(股)	持股比例
福建省财政厅	44290000	36.32%
闽东电机家属厂	3400000	2.79%
工行福建省信托投资公司	2000000	1.64%
福州市古楼区华大五金厂	1810000	1.48%
泉州市二轻集体工业联社	1730000	1.42%
厦门华伦电力发展公司	1190000	0.98%
深圳市中粮实业发展有限公司	1000000	0.82%
马玉爱	878552	0.72%
彭清	747500	0.61%
福州变压器厂	693100	0.57%
合　　计	57739152	47.35%

天津南开戈德股份有限公司

一、公司简介

1、公司中文名称：天津南开戈德股份有限公司
公司英文名称：TIANJIN NANKAI GUARD CO., LTD.
公司英文名称缩写：NKGD
2、公司法定代表人：李明智
3、公司董事会秘书：刘艳
公司授权代表：李江
电话：(022)23503336
传真：(022)23503336
电子信箱：liuyan@nkguard.com
4、公司注册地址：天津经济技术开发区第三大街16号(泰达中心)
公司办公地址：天津市南开区卫津路94号南开大学校内
邮政编码：300071
公司网址：http://www.nkguard.com
公司电子信箱：board@nkguard.com
5、公司信息披露报纸：《证券时报》、《上海证券报》、《中国证券报》
登载公司年度报告的中国证监会指定的国际互联网网址：
http://www.cninfo.com.cn
公司年度报告备置地点：公司董事会办公室
6、公司股票上市地：深圳证券交易所
股票简称：南开戈德　股票代码：0537

二、会计数据和业务数据摘要

1、本年度利润总额及其构成

	单位：元
利润总额	128,142,286.48
净利润	128,298,491.33
扣除非经常性损益后的净利润	115,011,583.44
主营业务利润	168,918,941.94
其它业务利润	5,048,772.86
营业利润	112,154,752.17
投资收益	12,505,332.28
补贴收入	0
营业外收支净额	3,482,202.03
经营活动产生的现金流量净额	-12,180,754.37
现金及现金等价物净增加额	271,457,781.19

2、前三年主要会计数据和财务指标　　单位：元

项　目	2000年度实绩	1999年度实绩		1998年度实绩
		调整后	调整前	调整后
主营业务收入	454,279,714.30	356,394,552.04	89,232,037.00	89,232,037.00
净利润	128,298,491.33	92,282,440.66	34,505,802.56	27,201,041.47
总资产	1,148,168,943.63	613,682,713.96	575,338,349.87	551,177,834.80
股东权益	809,811,166.87	386,696,142.42	319,328,508.66	294,413,701.76
每股收益(摊薄)	0.60	0.56	0.25	0.20
每股收益(加权)	0.63	0.56	0.25	0.20
扣除非经常性损益后的每股收益	0.54	0.55		
每股净资产	3.79	2.34	2.31	2.13
调整后的每股净资产	3.76	2.24	2.18	2.02
每股经营活动产生的现金流量净额	-0.06	0.64	0.10	0.10
净资产收益率(%)(摊薄)	15.84	23.86	10.81	9.24
净资产收益率(%)(加权)	23.47	27.10		

注1：1998年(调整后)主要财务指标系根据财会字[1999]35号文、49号文的有关规定，改变会计政策，进行追溯调整所致。
注2：1999年(调整后)主要财务指标系调整以前年度利润所致。

3、利润表附表

报告期利润	2000年度				1999年度			
	净资产收益率(%)		每股收益(元)		净资产收益率(%)		每股收益(元)	
	全面摊薄	加权平均	全面摊薄	加权平均	全面摊薄	加权平均	全面摊薄	加权平均
主营业务利润	0.74	0.74	20.86	30.90	0.79	0.83	31.67	35.96
营业利润	0.52	0.52	13.85	20.51	0.52	0.55	22.37	25.40
净利润	0.56	0.56	15.84	23.47	0.60	0.63	23.86	27.10
扣除非经常性损益后的净利润	0.55	0.55	14.20	21.04	0.54	0.56	23.58	26.78

三、股东情况介绍

(1)截至2000年12月31日，公司股东总数为 11,235 人。
(2)持有本公司5%以上(含5%)股份的股东及前10名股东持股情况
本公司控股股东天津戈德防伪识别有限公司于2000年5月16 日更名为天津南开戈德集团有限公司。
天津南开戈德集团有限公司原持有本公司股份84,404,640股，由于实施了送股方案即每10股送2股后，持股增至101,285,568股。
2000年上半年，天津南开戈德集团有限公司为取得贷款，将所持股份中的3600 万股质押给中国工商银行天津市分行新技术产业园区支行。根据逐步减少股权质押数量的原则，2000年9月，质押股数由3600万股减至1200万股。质押期为2000年9月 15日至2001年7月19日。
公司前10名股东持股情况(截止2000年12月31日)

股东名称	持股数(股)	占总股本比例(%)
1、天津南开戈德集团有限公司	101,285,568	47.38
2、汉兴证券投资基金	7,371,727	3.45
3、天津环球磁卡股份有限公司	4,320,000	2.02
4、中国光大国际信托公司	1,702,192	0.84
5、中信天津工业发展公司	1,440,000	0.67
6、天津津益联合公司	1,440,000	0.67
7、天津海河国际劳务工程公司	1,080,000	0.51
8、北京国际信托投资公司北信经营部	720,000	0.34
9、豫信有限公司	720,000	0.34
10、浙江省证券公司	720,000	0.34

云南白药集团股份有限公司

云南白药集团股份有限公司2000年年度报告摘要

重要提示:本公司董事会保证本报告所载资料不存在任何虚假记载、误导性陈述或者重大遗漏,并对其内容的真实性、准确性和完整性负个别及连带责任。

一.公司简介

1.公司法定名称:云南白药集团股份有限公司
公司英文名称:YUNNAN BAIYAO GROUP CO.,LTD.
2.公司法定代表人:龙江
3.公司董事会秘书:黄艾农
联系电话:(0871)4179814
电子信箱:huangainong@yunnanbaiyao.com.cn
公司董事会秘书授权代表:马青
联系电话:(0871)4141591
电子信箱:maqing@yunnanbaiyao.com.cn
联系地址:云南省昆明市西坝路51号
传真:(0871)4144960
4.公司注册地址:昆明国家高新技术产业开发区
邮政编码:650118
办公地址:云南省昆明市西坝路51号　　邮政编码:650032
公司国际互联网网址:www.yunnanbaiyao.com.cn
公司电子信箱:ynby@yunnanbaiyao.com.cn
5.公司选定的信息披露报纸名称:《证券时报》、《中国证券报》
登载公司年度报告的国际互联网网址:http://www.cninfo.com.cn
公司年度报告备置地点:本公司档案室
6.公司股票上市地:深圳证券交易所
公司股票简称:云南白药　　公司股票代码:0538

二.会计数据和业务数据摘要

1.本年度实现利润总额及其构成

项　目	单位	金　额	备　注
利润总额	万元	6040	
净利润	万元	4922	
扣除非经营性损益后的净利润	万元	4702	注1
主营业务利润	万元	23838	
其他业务利润	万元	127	
营业利润	万元	5588	
投资收益	万元	492	
补贴收入	万元	0	
营业外收支净额	万元	-40	
经营活动产生的现金流量净额	万元	10522	
现金及现金等价物净增加额	万元	-5345	

注1:扣除非经营性损益项目及涉及金额
(1)债券投资收益　241万元
(2)股票投资收益　58万元
(3)营业外收支净额　-40万元
合　计　259万元
扣除所得税纳税影响后为　220万元

2.本年度末前三年的主要会计数据和财务指标

项　目	单位	2000年	1999年	1998年
主营业务收入	万元	79530	23200	16453
净利润	万元	4922	3350	2878
总资产	万元	79285	76186	35247
股东权益(不含少数股东权益)	万元	38988	37538	25110
每股收益	元	0.265	0.180	0.271
每股净资产	元	2.10	2.02	2.24
调整后的每股净资产	元	2.07	1.94	2.18
每股经营活动产生的现金流量净额	元	0.57	0.23	0.36
净资产收益率	%	12.63	8.92	11.46
加权平均每股收益	元	0.265	0.199	0.257
扣除非经营性损益后的每股收益	元	0.253	0.181	0.263
加权平均净资产收益率	%	12.32	12.59	12.21
扣除非经常损益后的加权净资产收益率	%	11.76	12.60	12.51

三、股东情况介绍

1.期末股东总数:21853户。
2.前10名股东持股情况表(根据2000年12月29日深交所存管部提供资料):

单位:股

持股单位	持股数	占总股本%	备　注
1.云南医药集团有限公司	58620000	31.55	国有法人股(授权管理国有股)
2.云南红塔实业有限公司	37447650	20.15	法人股
3.云南省国际信托投资公司	15840000	8.52	国有法人股
4.深圳市好利意实业发展公司	10590000	5.70	法人股
5.上海小西生物技术有限公司	1386000	0.82	法人股
6.深圳市大鹏证券公司证券业务部	1042965	0.62	法人股
7.深圳市唐诚保健品实业有限公司	396000	0.21	法人股
8.同智证券投资基金	375629	0.20	社会公众股
9.泰和证券投资基金	358642	0.19	社会公众股
10.云南省粮食管理局机关服务中心	297000	0.16	法人股
合　计	126353886	68.00	

前四名股东持股5%以上。云南医药集团有限公司1999年配股增加792万股,转让2850万股票给云南红塔实业有限公司。云南红塔实业有限公司受让增加2850万股,其余两个股东所持股份未变动。四家所持股份在本报告期内未曾质押或被冻结。

深圳市好利意实业公司持有本公司1059万股质押给深圳市国际信托投资公司贷流动资金款2000万元,其股份于2001年2月8日被深圳证券交易所冻结。

以上股东之间不存在关联关系。

四、股东大会简介

本年度内召开年度股东大会一次。

1.股东大会的通知、召集、召开情况

本公司于2000年3月24日在《中国证券报》、《证券时报》上公告通知4月25日召开1999年度股东大会。1999年年度股东大会于2000年4月25日上午9:00在本公司会议室召开,到会股东及其代表(授权人)共69人,代表股权126376872股,占总股本的68.01%。

2.股东大会通过或否决的决议及其信息披露情况

在2000年4月25日的1999年年度股东大会上,审议通过了1999年年度董事会和监事会的工作报告、财务结算报告、利润分配方案、分红方案、1999年度报告及其摘要、变更注册地址及修改公司章程相应条款、续聘云南亚太会计师事务所为审计机构。详细情况刊登在2000年4月26日的《中国证券报》、《证券时报》上。

3.选举、更换公司董事、监事情况

在2000年7月25日召开的2000年第三次董事会审议通过云南省信托投资公司更换董事的函,同意推荐曹芹为董事候选人,提交下次召开的股东大会审议。

监事未变动。

五、董事会报告

1.公司经营情况

(1)本公司所处的行业及其在本行业中的地位

本公司是大型医药工贸结合的综合性企业。

1999年,本公司被云南省科委认定为高新技术企业,2000年被云南省经贸委、中共云南省委企业工作委员会、云南省统计局、计委、财政厅、省委组织部和人事厅认定为大型一级企业管理评价单位,1999年被国家人事部批准建立博士后科研工作站。2000年被云南省质量技术监督局授予"云南省'2000年全国质量管理先进企业'"称号,并被列为云南省技术创新示范企业。

一年来,本公司董事会和经理班子围绕"调整、改革和加强内部管理,苦练内功,为云南白药在新世纪的持续、健康、快速发展构造体制、机制和管理基础"的工作方针,实施了包括营销、研发、生产等一整套创新改革工作,超额完成了各项经营目标。主要做了以下几项工作:

1.营销、研发、生产"三步"创新改造工作稳步推进

a.营销工作的创新改造以医药电子商务公司的成立为标志,于99年底开始启动。一年来,围绕分公司内部创业机制的顺利运作和终端工作的有效开展,精心实施营销过程的管理和控制,同时,不断加大市场推广的支持和服务力度(如学术资料、广告宣传、医保品种申报、信息系统等),极大限度地调动了营销一线人员的积极性,在较短时间内即完成了营销网络和营销队伍的建设、新老模式的对接和营销方式的转变,市场营销工作步入正常、规范、有序的轨道,销售业绩稳步攀升,资金周转速度、特别是应收帐款周转速度大幅加快,并且,通过终端工作的有序开展,公司产品的市场基础得以进一步夯实。营销系统的成功改制还为公司进一步实施研发、生产和管理系统的创新改革奠定了十分良好的基础。

b.研发系统的创新改造工作稳步推进。1999年12月,公司以国家人事部批准设立的"博士后科研工作站"为契机,将原定拟成立的企业技术中心和公司原有研究所三者进行有机整合,组建云南白药集团天然药物研究院,从组织结构、研发模式、运行机制和基地建设等方面高起点、全方位地实施研发系统的创新改造工程。目前,以项目经理制(或首席科学家制)为特征的运作机制、全方位开放式的研发模式已基本确立,三个基地(北京、云南和省内GAP中药现代化种植基地)的规划和建设工作稳步推进,各项相关工作有序开展,部分项目已经取得突破性进展。伴随全新研发系统的建立和诸多项目成果的不断涌现,必将为公司在新世纪的长远发展注入无尽的动力。

c.生产管理工作迈上了一个新的台阶。经过近两年的GMP改造工作,公司于2000年8月六个剂型一次性、高水平地通过了国家GMP认证,生产现场和生产过程的管理上了一个大的台阶;同时公司正在进行的以计划和资金管理为主线、以定单制为基础的生产管理信息系统建设工作按计划顺利推进。生产管理信息系统作为公司实施ERP系统工程的一个重要部分,它的建成,将为公司进一步提升信息化管理水平、敏捷生产、降低成本、提高劳动生产率、最大限度的适应市场需要打下良好的基础。

与此同时,公司还在组织结构的调整、用人制度和分配制度的配套改革等方面作了大量基础工作。目前公司完全按照市场化的原则选用经营模式和运行机制,员工危机意识、市场意识和服务意识得以明显提升,为公司顺势深化开展配套改革创造了良好的条件。

2.一些关系云南白药长远发展的重大问题取得突破性进展

*2000年5月,云南白药集团医药电子商务有限公司经云南省科委认定为高新技术企业,同年11月,公司取得免交两年企业所得税的优惠政策。

*2000年8月,公司五个独家产品云南白药散剂、云南白药胶囊、云南白药膏、云南白药酊、宫血宁胶囊顺利进入国家医保基本药品目录

*2000年8月,公司六个剂型一次性、高水平通过国家GMP认证

*2000年8月,公司"云南白药"、"云白药"、"云白"三个商标成功注册,得到法律的永久保护。

(2)本公司主营业务的范围及其经营状况

1.主营收入及主营利润构成情况

在公司董事会的领导下,经过公司全体职工的努力,本年主营业务完成79530万元,比上年的23200万元增243%,其中药品生产销售收入27952万元,占主营业务收入的35%,药品批发零售额51370万元,占主营业务收入的65%;主营业务利润完成23838万元,比上年的12550万元增长90%,其中:药品生产销售利润19395万元,占主营业务利润的81%,药品批发零售利润4266万元,占主营业务利润的18%。

2.占主营业务收入或主营业务利润10%以上的主要产品和业务有:(单位:万元)

产品名称	规格	销售额	主营利润	占主营业务收入%	占主营业务利润%
云南白药胶囊	16×1	9347	4870	11.75%	20.43%
药品批发零售		51370	4266	64.59%	17.90%
合　计		60717	9136	76.34	38.33

本年度提供出口供货值897万元,比上年增长280%;自营出口创汇73.07万美元,比上年增长82%。

广 东 电 力 发 展 股 份 有 限 公 司

广东电力发展股份有限公司 2000 年年度报告摘要

一、公司简介

(一)公司法定中文名称:广东电力发展股份有限公司公司
法定英文名称:GUANGDONG ELECTRIC POWER DEVELOPMENT CO.,LTD.
[英文名称缩写 GED]
(二)公司法定代表人:吴希荣先生
(三)公司总经理:刘谦先生
(四)公司董事会秘书:张德伟先生
联系电话:(020)87609276 传真:(020)87609909
证券事务代表:陈楚阳先生、陈进良先生
联系电话:(020)87609681、87604922 传真:(020)87609909
联系地址:广东省广州市环市东路 498 号广发花园柏丽商业中心 10 楼 邮政编码:510075
(五)公司注册地址、办公地址:
公司注册地址:广东省广州市梅花路 75 号 21 楼 邮政编码:510600
公司办公地址:广东省广州市环市东路 498 号广发花园柏丽商业中心 10 楼
邮政编码:510075 公司电子信箱:gpedco@ public. guangzhou. gd. cn
公司互联网网址:http://www.ged.com.cn
(六)公司选定的信息披露报纸名称:
《中国证券报》、《证券时报》、《上海证券报》、《香港商报》(境外)、《The Asian Wall Street Journal(亚洲华尔街日报)》(境外英文)。
登载公司年度报告的中国证监会指定国际互联网网址为:http://www.cninfo.com.cn
公司年度报告备置地点:总经理办公室。
公司年度报告备置于公司办公地址,以供股东及投资者查阅。
(七)公司股票上市交易所、股票简称和股票代码
公司股票上市交易所:深圳证券交易所
公司股票简称:粤电力 A 和粤电力 B 公司 股票代码:0539 和 2539

二、会计数据和业务数据摘要

根据广东康元会计师事务所按中国会计准则审计的本集团主要会计数据和业务数据摘要如下:
(一)本年度主要利润指标情况单位: 人民币元

利润总额	1,931,828,046.85
净利润	970,292,208.75
扣除非经常性损益后的净利润	1,002,636,143.90
主营业务利润	2,219,878,421.91
其他业务利润	---
营业利润	1,957,528,178.89
投资收益	7,467,424.55
补贴收入	---
营业外收支净额	-33,167,556.59
经营活动产生的现金流量净额	1,692,948,553.32
现金及现金等价物净增加额	-684,958,601.40

(二)本集团最近三年的主要会计数据和财务指标单位:人民币元

指标项目	2000 年	1999 年		1998 年
		调整后	调整前	调整后
1.主营业务收入	4,288,092,115.21	3,436,918,008.02	3,436,918,008.02	2,752,134,477.33
2.净利润	970,292,208.75	834,603,648.54	834,603,648.54	706,473,066.31
3.总资产	11,299,123,769.90	8,585,982,043.56	8,587,589,344.58	7,776,696,306.53
4.股东权益	4,735,574,497.92	4,203,100,969.17	4,203,100,969.17	3,754,807,920.63
5.每股收益每股收益(全面)	0.377	0.648	0.648	0.549
每股收益(加权)	0.377	0.648	0.648	0.549
扣除非经常性损益后的每股收益	0.389	0.648	0.648	0.549
6.每股净资产	1.84	3.26	3.26	2.92
7.调整后的每股净资产	1.78	3.22	3.22	2.58
8.净资产收益率(%)净资产收益率(全面)	20.49	19.84	19.86	18.82
净资产收益率(加权)	20.81	18.33	18.33	18.63
9.每股经营活动产生的现金流量净额	0.66	1.24	1.24	0.79

利润表附表	净资产收益率(%)		每股权益(元)	
指标项目	全面摊薄	加权平均	全面摊薄	加权平均
主营业务利润	46.88	47.61	0.86	0.86
营业利润	41.34	41.98	0.76	0.76
净利润	20.49	20.81	0.377	0.377
扣除非经常损益后的净利润	21.17	21.50	0.389	0.389

财务指标计算方法如下:
(1)全面摊薄净资产收益率=报告期利润÷期末净资产
(2)全面摊薄每股收益=报告期利润÷期末股份总数
(3)加权平均净资产收益率(ROE)的计算公式如下:
$ROE = P/(E0+ NP\div 2 + Ei)\times Mi)\div M0)- Ej)\times Mj)\div M0)$
其中:P 为报告期利润;
NP 为报告期净利润;E0 为期初净资产;Ei 为报告期发行新股或债转股等新增净资产;Ej 为报告期回购或现金分红等减少的净资产; M0 为报告期月份数; Mi 为新增净资产下一月份起至报告期期末的月份数;Mj 为减少净资产下一月份起至报告期期末的月份数。
(4)加权平均每股收益(EPS)的计算公式如下:
$EPS = P/(S0+ S1)+ Si)\times Mi)\div M0- Sj)\times Mj)\div M0)$
其中:P 为报告期利润;S0 为期初股份总数;S1 为报告期因公积金转增股本或股票股利分配等增加股份数;Si 为报告期因发行新股或债转股等增加股份数;Sj 为报告期回购或缩股等减少的股份数;M0 为报告期月份数;Mi 为增加股份下一月份起至报告期期末的月份;Mj 为减少股份下一月份起至报告期期末的月份数。
(5)每股净资产=年度末股东权益/年度末普通股股份总数;
(6)调整后的每股净资产=[年度末股权权益-三年以上的应收款帐净额-待摊费用-待处理(流动、固定)资产净损失-开办费-长期待摊费用-住房周转金负数余额]/年度末普通股股份总数。
(7)每股经营活动产生的现金净流量净额=经营活动产生的现金流量净额/年度末普通股股份总数。
注:1998、1999 年末股份总数为 128,770.2 万股,2000 年股份总数为 257,540.4 万元(增发后 265,940.4 万股。
(三)境内外会计师对本年度净利润审计差异说明安达信公司依据国际会计准则所作调整对综合股东应占盈利的影响如下:单位:人民币千元

	2000 年 1-12 月	1999 年 1-12 月
本公司法定帐目所示(经中国注册会计师审核)	970,292	834,604
依据国际会计准则所作之调整影响:		
开办费之摊销	19,651	8,552
增加之坏帐准备	(10,900)	
递延职工费用摊销	(9,746)	
商誉之摊销	(1,587)	
冲转多摊之土地使用权费	8,450	5,937
利润分配之会计政策变更产生之递延税项	(2,683)	(4,329)
其他	(2,373)	2,121
重新编制之本公司及附属公司有关数据	971,104	846,885

三、股本变动及股东情况

(一)报告期末股东总数截至 2000 年 12 月 31 日止,公司股东总数为 66,553 户。
(二)公司前十名股东介绍(截至 2000 年 12 月 31 日)

持股单位	持有数量(股)	持股比例(%)
广东省电力集团公司	1,333,800,000	51.79
中国建设银行广东省信托投资公司	87,750,000	3.41
TEMPLETON WORLD FUND ,INC.	64,681,530	2.51
广东省电力开发公司	43,875,000	1.70
广东国际信托投资公司	43,875,000	1.70
广东发展银行	43,875,000	1.70
TEMPLETON GLOBAL SMALLER COMPANIES FUND,INC.	12,450,417	0.48
BEST RELIANCE INVESTMENTS LTD	10,397,626	0.40
INTL NEDERLANDEN BANK ING BANK GLOBAL CUSTODY NV	8,424,000	0.33
黄显友	7,882,420	0.31

注:1、广东省电力集团公司代表国家持有本公司股票,其持有的股票没有质押情况。
2、广东国际信托投资公司于 1999 年 1 月 16 日被广东省高院宣布破产。2000 年 7 月 28 日,该公司持有的本公司股份中有 41,207,400 股由该公司破产清算组委托盘龙企业股份有限公司南方分公司拍卖给广东省电力开发公司,有关股份变更登记的手续正在办理之中。

四、股东大会简介

公司年度股东大会和临时股东大会分别于 2000 年 5 月 16 日和 2000 年 10 月 16 日召开,其决议分别刊登在 2000 年 5 月 17 日和 2000 年 10 月 17 日的《中国证券报》、《证券时报》、《香港商报》(境外中文)、《The Asian wall street Journal(亚洲华尔街日报)》(境外英文)上。

五、董事会报告

(一)2000 年公司生产经营情况

2000 年,公司董事会在广大股东的大力支持下,继续坚持"办电为主"的经营方针,努力抓好电力生产和基建工作。2000 年 3 月湛江电厂#4 机组顺利投入生产,至此,湛江发电厂已全部建成投产,使本集团已投产装机容量达到 205 万千瓦,全年完成发电量 111.45 亿千瓦时,分别占广东省总装机容量 3,185 万千瓦和发电量 1,336 亿千瓦时的 6.44%和 8.34%,是广东省电网主要的电力生产企业,也是省内最大的电力上市公司。

1、主营业务业绩

2000 年公司电力生产保持了较快速度的增长。本集团共完成发电量 111.45 亿千瓦时,完成全年计划发电量 76.8 亿千瓦时的 145.12%,较 1999 年的 87.71 亿千瓦时增发 23.74 亿千瓦时,增长 27.07%。按权益折算,本公司完成发电量 76.84 亿千瓦时,较去年同期增长 20.47%。2000 年本集团能超额完成全年发电计划,并较上年有较大幅度的增长,主要有两个方面的原因:一是得益于广东省去年良好的发电形势,2000 年广东省经济回升(GDP 较上年增长 10.5%),用电负荷增长迅速(全省全社会用电量较上年增长 21.3%),全省出现了拉闸限电的局面。二是公司员工脚踏实地,努力工作,加强电厂生产管理,做好机组维护、检修工作,保证机组的安全稳定运行。

2、全资企业及控股公司经营业绩

2000 年公司全资拥有的沙角 A 电厂和控股 51%的湛江电厂、梅县 B 电厂的生产情况及主要经济技术指标如下表:

指标		1999 年	2000 年	增长(+-%)
发电量	沙角一期	38.87	40.81	+4.99
(亿千瓦时)	湛江电厂	34.31	54.59	+59.11
	梅县 B 厂	14.53	16.05	+10.46
供电量	沙角一期	35.86	37.85	+5.55
(亿千瓦时)	湛江电厂	32.35	51.71	+59.85
	梅县 B 厂	13.21	14.63	+10.75
厂用电率	沙角一期	7.74	7.26	-0.48 百分点
(%)	湛江电厂	5.71	5.28	-0.43 百分点
	梅县 B 厂	9.08	8.84	-0.24 百分点
供电标煤耗	沙角一期	375	364	-11
(克/千瓦时)	湛江电厂	358	338	-20
	梅县 B 厂	429	419	-10

从以上指标可以看出:三家电厂在 2000 年和各项经济技术指标都较上年有较大的提高,接近或达到了历史最高水平,具备了较强的盈利能力。

3、存在问题及解决办法

由于受东南亚金融危机的影响,致使公司以前年度投放的资金仍有部分没有按时收回。公司除

争取通过法律途径积极追收该部分未收回资金外，上年度和本年度已按财政部有关"四项计提"的规定，对有关项目作相应的财务处理。

(二)2000年主要财务状况

公司按中国会计准则对本集团2000年财务状况的核算，截止2000年12月31日，本集团合并报表总资产达到1,129,912.38万元，较1999年末的858,598.20万元增长31.60%，净资产达到512,188,51万元，较1999年末的420,310.10万元增长21.86%，实现了资产的保值增值目标。2000年本集团实现主营业务收入428,809.21万元，本公司实现净利润97,029.22万元，较上年同期的83,460.36万元增长16.26%。公司的盈利能力得以进一步提高，这主要来源于：(1)发电量的大幅增长；(2)发电成本进一步下降，这一方面来自发电量的增长，机组的功效提高，单位发电成本降低；另一方面来自公司和电厂对发电成本的严格控制和对各种费用开支的严格管理。

(三)电力投资情况

1、2000年公司加大了资本运营的力度，以36,528.56万元收购了广东省电力集团公司下属广东省韶关粤江发电有限公司65%的股权，以5,250万元参股深圳市创新科技有限公司等。

2、2000年内，公司没有募集资金，也没在前次募集资金在本年度使用。

(四)2001年工作安排

1、电力生产计划

2001年公司所属电厂计划发电量为158.05亿千瓦时，较上年实际完成发电量提高41.8%，其中沙角A电厂(一期)36亿千瓦时，沙角A电厂(二期)37.2亿千瓦时，湛江电厂57.6亿千瓦时，梅县B电厂13.75亿千瓦时，韶关电厂#10机组13.5亿千瓦时。

2、电力投资与基建计划

2001年公司重点投资与建设的项目有：建设茂名电厂#5机组，计划投资11,075万元；投入公司下属电厂技改费用约11,300万元，主要是沙角A电厂(一期)、沙角A电厂(二期)、湛江电厂、梅县B电厂的技改费用等。

3、公募增发A股

公司公募增发A股不超过8,400万股的申请，已于2001年1月3日获得中国证监会批复，具体的发行工作准备正在进行之中，公司争取在上半年内完成。

4、按照广东省电力体制改革的步骤，本公司将积极参与收购广东省电力集团公司即将出售其属下的部分电厂的工作。

5、对其他非电力项目的投资：在加快主业发展的同时，积极、稳妥、有选择、有重点地发展一些高科技项目，拓展公司的经营空间。在去年参与投资深圳市创新科技投资有限公司5,250万元的基础上，公司计划参与投资广东电力通信网络有限公司，投入注册资本金3,200万元，占20%的股份。

(五)董事会日常工作情况

1、2000年度内董事会召开了三次董事会会议，认真审议并通过了公司提交的多项议案。

第一次会议于4月3日召开，主要审议并通过了1999年度《董事会工作报告》、《总经理工作报告》、《总经理业务报告》、《财务决算报告》、《利润分配及分红派息预案》、《章程修改草案》及《年度报告摘要(境内、境外)》等议案。

第二次会议于8月17日召开，会议审议通过了公司2000年中期《总经理工作报告》、《财务报告》、《中期报告(境内、境外)》等议案。

第三次会议于8月23日召开，会议通过了公司《关于收购广东省电力集团公司沙角A电厂(二期)的议案》、《关于申请公募增发A股的议案》等。

2、召集召开了1999年度股东大会和2000年第一次临时股东大会

1999年度股东大会审议通过了董事会第一次会议提交的《董事会工作报告》、《总经理业务报告、《财务决算报告》、《利润分配及分红派息方案》及公司《章程(草案)》等议案。报告期内公司已圆满完成1999年度派息方案及2000年中期分红派息与转增股本方案。

2000年第一次临时股东大会审议了董事会第三次会议提交的《关于收购广东省电力集团公司沙角A电厂(二期)的议案》、《关于申请公募增发A股的议案》等。目前，公司公募增发A股的申请，已获得中国证监会批准，有关工作正在进行之中。

(六)公司管理层及员工情况

1、公司现任董事、监事及高级管理人员情况

公司现任董事、监事均不以其董事、监事身份在公司领取报酬，仅以其在公司的其他行政职务受薪。

姓名	性别	年龄	职务	任期起止日期	年初持股数(股)	年末持股数(股)	年度报酬(元)
吴希荣	男	59	董事长	1999.5-2002.5	9,750	19,500	不在本公司领取报酬
潘力	男	46	副董事长	1999.5-2002.5	0	0	不在本公司领取报酬
刘谦	男	46	董事、总经理	1999.5-2002.5	0	0	69,164
郑林福	男	57	董事、厂长	1999.5-2002.5	780	1,560	151,677
吴庭安	男	56	董事	1999.5-2002.5			不在本公司领取报酬
袁素杰	男	40	董事、副总经理	1999.5-2002.5			62,901
劳琼娟	女	46	董事	1999.5-2002.5			不在本公司领取报酬
黄国强	男	56	董事	1999.5-2002.5			不在本公司领取报酬
邹小平	男	36	董事	1999.5-2002.5			不在本公司领取报酬
陈锐	男	41	监事会主席	1999.5-2002.5			不在本公司领取报酬
梁锦善	男	46	监事	1999.5-2002.5			不在本公司领取报酬
杨选兴	男	35	监事	1999.5-2002.5			不在本公司领取报酬
刘关石	男	61	监事	1999.5-2002.5	117	234	不在本公司领取报酬
李长春	男	38	监事、科长	1999.5-2002.5	143	286	51,722
何伟德	男	34	监事、专责	1999.5-2002.5	0	0	49,337
张德伟	男	39	董秘、总办主任	1999.5-2002.5	6,240	12,480	55,988
刘学毛	女	45	财务部负责人	1999.5-2002.5	0	0	53,852
合计					17,030	34,060	

注：上述人员持股变动是由于中期分红派息与转增股本所致。

2、公司员工数量和构成情况

截止2000年末，本公司共有员工1,495名，其中在职员工1,221人，退休人员274人。在职员工包括生产人员1,141人，占在职员工的93.45%(含技术人员549人，占生产人员的48.12%)，财务人员38人，占3.11%，行政管理人员42人，占3.44%。在职员工中，大专以上学历人数为251人，占20.56%。本公司除少数员工（占不到2%）在公司本部工作外，绝大部分员工均在沙角A电厂工作。

(七)公司2000年度利润分配预案及对2001年利润分配的承诺

1、公司2000年利润分配预案

根据广东康元会计师事务所按中国会计准则和安达信公司按国际会计准则所进行的审计，可供分配的利润分别为118,995.9万元和181,861.7万元(其中2000年度净利润分别为97,029.2万元和97,110.4万元)。根据有关法规规定，股份有限公司进行利润分配时适用孰低原则，本年度公司可供分配利润采用广东康元会计师事务所审计的118,955.9万元。

由于公司2000年中期已进行一次利润分配，已分配利润49,965.6万元(其中提取法定公积金10%，金额为4,765.2万元，提取任意盈余公积金25%，金额为11,913.0万元；提取法定公益金5%，金额为2,382.6万元，股利30,904.8万元)；所以2000年度实际可供分配的净利润为49,337.2万元，其中提取法定公积金10%，金额为4,937.7万元，提取任意盈余公积金25%，金额为12,344.3万元，提取法定公益金5%，金额为2,468.9万元，本年度可分配股利为29,626.3万元。加上上年结转的未分配利润19,653.1万元，2000年度实际可供股东分配的利润为49,279.4万元。2000年度分红派息方案为：以2,575,404,000股为基数，A股每10股派现金1.5元人民币(含税)，B股每10股派1.5元人民币（根据公司2000年第一次临时股东大会"关于同意新老股东共享本次A股发行前的未分配利润"的决议，如果在本次分红派息方案实施的股权登记日前成功增发A股，那么，持有增发A股的新股东也将享受A股每10股派现金1.5元人民币(含税)的方案，其股利从本次利润分配后的未分配利润中提取。

此预案需经公司2000年度股东大会审议通过后实施。

2、公司对2001年利润分配的承诺

公司以"取资于民、用资于电、惠之于众"为宗旨，坚持主业经营，以利润增长为核心，谋求以股东利益最大化为目标。现假设2001年度公司经营环境在未发生重大变化的情况下，结合公司长短期发展需要，对2001年度公司利润分配作出如下承诺：

(1) 公司将秉承一贯的利润分配政策；有赢利、必分配。

(2) 如无重大因素影响，公司2001年中期将不分配，2001年度结束后分配利润一次；

(3) 2001年度用于分配的利润将不少于该年度所产生净利润在提取公积金和公益金后余额的60%；

(4) 2000年度未分配利润用于2001年度股利分配的比例不低于50%；

(5) 2001年现金股利的比例将不低于实际股利分配的50%；具体的分配方案，董事会将根据2001年的盈利情况和公司对资金的需求情况确定。

(八)公司信息披露报纸继续指定为《证券时报》、《中国证券报》、《上海证券报》、《香港商报(境外中文)》、《The Asian Wall Street Journal(亚洲华尔街日报)》(境外英文)。

六、监事会报告

根据《公司法》和《公司章程》的规定，监事会对公司2000年的经营情况及公司高级管理人员履行职责情况进行了监督，现我受监事会委托提出如下工作报告：

(一)监事会工作情况

2000年，监事会成员列席了二次董事会会议，参加了1999年度及2000年第一次临时股东大会，召开了二次监事会会议，监事会会议通过了《广东电力发展股份有限公司1999年度及2000年上半年监事会工作报告》。在这些会议中，监事会成员对公司依法运作情况进行了认真的评议和监督，认为公司各项议事制度有效，公司经营活动健康合法。

(二)公司董事及高级管理人员履行职责情况

监事会认为：公司的稳健经营及取得的良好业绩，与公司董事会的正确决策及经营班子的勤奋工作分不开，监事会在检查公司财务、监督公司高级管理人员履行职责情况时，未发现有违纪违规行为。

(三)对公司经营情况及财务状况的评价

2000年，本公司完成发电量111.45亿千瓦时，完成全年计划发电量76.8亿千瓦时的145.12%，较去年87.71亿千瓦时增长27.07%；本公司所属电厂发电标准煤耗均有不同程度的下降，发电成本控制工作取得一定成效。

根据广东康元会计师事务所对本公司的财务审计报告，本公司2000年总资产为112.99亿元，净资产为51.22亿元，分别比去年增长31.57%和21.87%；实现销售收入为428,809万元，实现利润193,183万元，扣除少数股东权益与所得税后，本公司实现净利润为97,029万元，较去年同期的83,460万元增长16.26%，每股摊薄收益为0.377元，对取得良好的经营业绩，监事会是认同的；但公司在追收欠款，特别是长期未收欠款方面，进展不大，监事会建议公司要进一步重视这些工作，确保应收帐款及对外投资资金及时回收，对长期追收无效的翁源官渡开发区金元投资公司投资本金500万元，可考虑通过法律手段解决，尽量减少公司损失。

公司根据《股份有限公司会计制度有关会计处理问题补充规定》，本年度计提原海发行广州分行定期存款的坏帐准备500万元，并经董事会审议通过后实施，其决议程序合法，依据充分，监事会同意此议案。

(四)对公司投资扩股的意见

本年度，公司出资36,528.56万元受让了广东电力集团公司持有的韶关粤江发电公司65%股份，出资152,549.88万元收购沙角A电厂二期资产，进一步增强了公司实力；同时，公司中期实施了10送2转增8股派0.4元的分红方案，申请增发8股方案已在年内获得中国证监会批准。监事会认为上述重大决策是符合股东利益，有利于公司长远发展的。

(五)监事会2001年工作安排

1、按照《公司法》和公司《章程》要求，进一步加强对公司规范运作的监管，特别是随着电力体制改革的深化，监事会应从确保公司权益不受损害和促进公司稳步发展方面着手，多提建议，多做实事。

2、根据粤府办[2000]124号《关于做好我省上市公司与控股股东"三分开"工作若干意见》的规定，对有关的各项工作进行监督，必要时组织监事到一些上市公司学习取经。

3、组织监事到公司所属子公司进行实地检查工作。

七、重要事项

(一)重大诉讼、仲裁事项

2000年5月，本公司向广东省佛山市中级人民法院申请执行(1999)佛中法经初字第687、688号民事判决书，佛山市中级人民法院已立案办理上述执行申请。2000年7月19日，最高人民法院下发法[2000]93号文，公布第三批实施停业整顿、重组、撤销的信托投资公司名单，并决定对该等信托投资公司所涉案件暂不受理和中止执行，期限至2000年12月31日。广东华侨信托投资公司佛山汾江办在上述名单内，据此，佛山市中级人民法院于2000年8月25日以(2000)佛中法执字第627、628号民事裁定，通知对两案中止执行。中止执行期限届满后，本公司可申请恢复执行。

1999年9月本公司分别向广东国际信托投资公司(以下称"省国投")破产清算组及广东省高级人民法院递交了异议书，认为本公司汇入省国投证券部的6000万元购买国债款项性质为客户保证金，省国投内部挪用该款项并不能改变该款项为客户购买国债保证金的性质，按规定应足额返还。本案已于2000年6月开庭审理，目前尚未审结。2000年10月31日省国投破产清算组召开第三次债权人会议，通过了第一次破产财产分配方案：每个债权人可取得已获确认债权金额的3.38%，并预计每个一般债权人最终可获得其已确认债权金额大约34%的款项。

(二)报告期内公司董事及高级管理人员没有受监管部门处罚的情况。

(三)报告期内公司控股股东没有发生变更。

(四)收购兼并资产重组事项[请参见财务报表附注六关联方关系及交易]。

(五)重大关联交易事项[请参见财务报表附注六关联方关系及交易]。

(六)公司与控股股东在人员、资产、财务上的"三分开"情况

本公司与控股股东在人员、资产、财务上严格遵守"三分开"原则，即人员独立、资产完整、财务独立。

1、人员分开方面：本公司已建立自己的劳动人事及工资管理制度，公司总经理及其以下人员均在本公司领取薪酬，未在股东单位任职；

2、资产完整方面：本公司拥有完整的生产系统、辅助生产系统和配套设施；本公司拥有完整工业产权、商标、非专利技术等无形资产。由于电力行业的特殊性，本公司的电力销售唯一客户就是控股股东。目前本公司的采购(如燃料、原材料)根据双方签订合同委托给控股股东统一采购，价格由市价确定。

3、财务独立方面：本公司设有独立的财务部门，建立了独立的会计核算体系和财务管理制度，独立在银行开设帐户。

(七)托管、承包、租赁事项

报告期内公司无托管、承包、租赁其他公司资产或其他公司托管、承包、租赁本公司资产事项。

(八)聘任、解聘会计师事务所情况

报告期内，本公司聘请广东康元会计师事务所和安达信公司担任公司的审计事务。

(九)其它重大合同(含担保等)及其履行情况

报告期内,本公司无其它重大合同、担保等情况。

(十)公司报告期内更改名称或股东简称的情况

报告期内、本公司没有发生更改名称或股票简称的情况。

八、财务报告

(一)广东康元会计师事务所审计报告

审计报告

粤康元审字(2001)第 80268 号

广东电力发展股份有限公司全体股东:

我们接受委托,对贵公司 2000 年 12 月 31 日的资产负债表及合并资产负债表、2000 年度利润及利润分配表和合并利润及利润分配表以及现金流量表和合并现金流量表进行了审计。这些会计报表由贵公司负责,我们的责任是对这些会计报表发表审计意见。我们的审计是依据中国注册会计师独立审计准则进行的。在审计过程中,我们结合贵公司实际情况,实施了包括抽查会计记录等我们认为必要的审计程序。

我们认为,上述会计报表符合《企业会计准则》和《股份有限公司会计制度》的有关规定,在所有重大方面公允地反映了贵公司 2000 年 12 月 31 日的财务状况及 2000 年度经营成果和现金流量,会计处理方法的选用遵循了一贯性原则。

广东康元会计师事务所　　中国注册会计师:徐红兵

中国广州　　中国注册会计师:金涛

广州东风中路 509 号 30 楼　　二 00 一年二月二十八日

广东电力发展股份有限公司

会计报表附注　　2000 年度　　单位:人民币元

一、公司基本情况

1、公司于 1992 年 9 月 8 日经广东省企业股份制试点联审小组、广东省经济体制改革委员会"粤股审[1992]54 号"文批准设立,并于 1992 年 11 月 3 日在广东省工商行政管理局取得《企业法人营业执照》。

2、根据国务院证券委员会《关于广东电力发展股份有限公司发行 B 股问题的批复》(证委发[1995]13 号)、深圳市证券管理办公室《关于广东电力发展股份有限公司发行 B 股的批复》(深证办复[1995]23 号)等文件,公司发行普通股 B 股募集股本金。

公司于 1995 年 11 月 10 日经中华人民共和国对外贸易经济合作部外经贸资审字[1995]170 号《中华人民共和国外商投资企业批准证书》批准成为外商投资股份有限公司。

1996 年 2 月 5 日,公司换领变更后《企业法人营业执照》(注册号:企合粤总字第 002753 号)(企业类别:合资经营(港资))。1997 年 9 月 8 日变更注册资本为 99,054 万元人民币。公司经 1998 年 5 月 26 日股东大会批准,并于 1998 年 6 月 18 日将 29,716.2 万元的资本公积转增股本。1999 年 7 月 14 日变更注册资本为 128,770.2 万元人民币。公司于 2000 年 10 月 16 日召开第一次临时股东大会,审议通过 2000 年度中期分红派息与转增股本的方案:A 股每 10 股送 2 股派 0.4 元人民币转增 8 股;B 股每 10 股送 2 股派 0.4 元人民币转增 8 股。根据该方案,公司 2000 年将 103,016.16 万元资本公积转增股本,送股增加股本 25,754.04 万元。

3、公司经营范围:建设、经营发电站、建设输变电工程;电力行业的技术咨询和技术服务、房地产、出租汽车营运(国内购车)。

4、公司注册地址:广州市梅花路 75 号 21 楼。公司办公地址:广州市环市东路 498 号广发花园柏丽商业中心 10 楼。

二、主要会计政策

三、税项

主要税种	税率
增值税	17%
营业税	5%
所得税:母公司 *1	12%
湛江电力有限公司	33%
广东粤嘉电力有限公司 *2	7.5%
韶关粤江发电有限公司	33%

四、控股子公司及合营企业

1、公司所控制的子公司情况和合并会计报表的合并范围:

控股子公司名称	注册资本	经营范围	公司投资额	公司所占权益比例	是否合并
湛江电力有限公司	2,875,440,000.00	电力	1,466,474.400.00	51%	是
广东粤嘉电力有限公司	1,000,000,000.00	电力	510,000,000.00	51%	是
韶关粤江发电有限公司	450,000,000.00	电力	292,500,000.00	65%	是

2、公司没有合营企业。3、公司合并报表范围本期发生的变化为:

(1)广州粤电房地产有限公司已于 2000 年 12 月注销税务登记,本期未将其纳入公司合并报表范围;

(2)韶关粤江发电有限公司为公司 2000 年 7 月收购的子公司(公司所占权益比例为 65%)本期将其纳入公司合并报表范围。

截至 2000 年 12 月 31 日,韶关粤江发电有限公司(#10 机组)土建及安装工程基本完成,正处于整组调试阶段,一些完善项目正加紧施工,尚未通过 168 小时试运行,未正式投入生产。

五、会计报表主要项目注释

	2000.12.31		
	原币	汇率	折人民币
现金	43,360.57		43,360.57
银行存款	1,573,448,706.69		1,573,448,706.69
	HKD12,315.56	1.0614	13,071.74
合计	1,573,505,139.00		

货币资金 2000 年 12 月 31 日余额较 1999 年 12 月 31 日余额大幅降低的原因主要是期末预付收购沙角 A 电厂(二期)款。

2、短期投资

	1999.12.31		2000.12 .31	
项目	投资金额	跌价准备	投资金额	跌价准备
债券投资	60,000,000.00	42,000,000.00	* 57,928,134.19	* 42,000,000.00
其他投资	9,718,800.00	5,000,000.00	** 8,000,000.00	** 5,000,000.00
合计	69,718,800.00	47,000,000.00	65,928,134.19	47,000,000.00

3、应收利息

项目	1999.12.31	2000.12.31
茂名电力供水公司	1,080,000.00	600,000.00
合计	1,080,000.00	600,000.00

4、应收股利

项目	1999.12.31	2000.12.31
茂名电力供水公司	–	1,350,000.00
合计	–	1,350,000.00

5、应收账款

账龄	1999.12.31		2000.12.31	
	金额	坏账准备	金额	坏账准备
1 年以内	271,399,823.56	814,199.47	598,620,599.84	1,795,861.80
合计	271,399,823.56	814,199.47	598,620,599.84	1,795,861.80

6、其他应收款

	1999.12.31			2000.12.31		
账龄	金额	比例(%)	坏账准备	金额	比例(%)	坏账准备
1 年以内	20,495,833.51	33.73	61,487.50	47,273,660.55	53.08	145,186.44
1 至 2 年	1,824,776.83	3.00	5,474.33	1,084,412.02	1.22	1,084.63
2 至 3 年	10,006,914.50	16.47	20.74	3,041,044.49	3.41	5,502.36
3 年以上	28,437,976.22	46.80	13,428,674.61	37,654,976.22	42.29	18,426,325.61
合计	60,765,501.06	100	13,495,657.18	89,054,093.28	100	18,578,099.04

其他应收款欠款余额前五名单位情况如下:

单位名称	金额	欠款时间	欠款原因
湖南火电湛江分公司	45,792,112.55	1999 年	材料款及水电款
* 宝华房地产有限公司 * 1	16,847,808.22	1995 年	系购楼款,对方违约
海南发展银行广州分行 * 2	10,000,000.00	1997 年	系定期存款,对方被托管
广东华侨信托投资公司汾江办事处 *3	10,000,000.00	1996 年	系委托存款,对方逾期未还
广东省电力一局湛江工程公司	1,395,077.67	2000 年	代付材料款、水电费

7、预付账款

账龄	1999.12.31	2000.12.31
1 年以内	155,918,329.46	1,657,756,700.99
1 至 2 年	2,553,397.00	1,447,000.00
2 至 3 年	---	920,000.003
年以上		
合计	158,471,726.46	1,660,123,700.99

10、长期投资

	1999.12.31		本期增加	本期摊销	2000.12.30	
	金额	减值准备			金额	减值准备
长期股权投资	62,823,084.03	–	135,057,722.08	21,889,744.22	175,991,061.89	–
长期债权投资	18,060,000.00	–	799,121.60	–	18,859,121.60	–
合计	80,883,084.03	–	135,856,843.68	21,889,744.22	194,850,183.49	–

11、固定资产及其折旧

(1)固定资产原价

类别	期初价值	本年增加	本年减少	期末价值
房屋及建筑物	1,624,369,902.67	488,427,471.29	337,878,291.73	1,774,919,082.23
机器设备	4,234,472,305.04	1,501,464,282.14	634,964,062.87	5,100,972,524.31
运输工具	44,110,697.99	8,454,454.00	7,880,834.63	44,684,317.36
其他	33,414,428.05	9,805,290.61	3,522,615.15	39,697,103.51
未使用设备	7,033,500.00	–	7,033,500.00	–
合计	5,943,400,833.75	2,008,151,498.04	991,279,304.38	6,960,273,027.41

(2)累计折旧

类别	期初价值	本年增加	本年减少	期末价值
房屋及建筑物	340,728,127.36	98,102,787.96	539,225.74	438,291,689.58
机器设备	1,315,2872,680.46	319,072,224.05	42,471,587.99	1,591,888,316.52
运输工具	21,298,973.99	4,109,127.37	2,754,415.63	22,653,685.73
其他	13,344,185.61	3,073,377.02	1,764,318.31	14,653,244.32
未使用设备				
合计	1,690,658,967.42	424,357,516.40	47,529,547.67	2,067,486,936.15

12、工程物资

14、待处理财产损失

15、无形资产

16、开办费

17、长期待摊费用

18、短期借款

(1)借款类别

借款类别	1999.12.31	2000.12.31
信用借款	--	200,000,000.00
合计	--	200,000,000.00

19、应付账款

公司于 2000 年 12 月 31 日之应付账款余额 92,966,538.25 元,主要包括应付煤等原材料货款,其中包括湛江电力有限公司应付广东省电力工业燃料公司煤款 44,198,293.68 元,母公司应付沙角 A 电厂(二期)34,301,352.57 元。应付账款无欠持有本公司 5%以上股份的股东单位的款项。

20、应付股利

公司于 2000 年 12 月 31 日之应付股利余额为 445,013,620.00 元。其中 2000 年中期利润分配的应付股利为 58,703,020.00 元,包括:2000 年中期公司利润分配应付原广东国际信托投资公司股利 877,500.00 元,原广东国际信托投资公司持有本公司的 41,207,400 股由广东国际信托投资公司破产清算组委托盘龙企业股份有限公司南方公司拍卖给广东省电力开发公司,由于有关股份变更登记的手续正在办理之中,所以尚未支付该部分股利;2000 年中期公司利润分配应付广东省电力集团公司 27,676,000.00 元;公司的子公司粤嘉电力有限公司 2000 年中期利润分配应付粤电投资有限公司 25,000,000.00 元,依粤嘉电力有限公司董事会决议,粤电投资有限公司已于 1999 年收回的 30,000,000.00 元资本金抵扣 2000 年可分配利润,故上述金额尚未支付。按照 2000 年度利润分配及分红派息预案提取的应付股利为 386,310,600.00 元,详见附注十、2。

21、未交税金

税项	1999.12.31	2000.12.31
增值税	18,570,687.45	36,804,307.87
城建税	–481,346.01	2,701,432.05
房产税	1,136,816.40	94,774.24
土地使用税	221,028.88	--
所得税	127,074,658.36	245,342,678.39
营业税	9,850.00	31,000.00
固定资产调节税	515,569.66	--
代扣个人所得税	949,713.95	705,592.59
印花税	30,761.83	--
合计	148,027,740.52	285*,679,785.14

22、其他应付款

公司于 2000 年 12 月 31 日之其他应付款余额 324,382,566.74 元,主要包括电价调节基金 53,667,633.99 元 (详见附注五、28),及湛江电力有限公司二期工程尚未办理竣工结算的应付工程款 239,367,817.05 元。

其中欠持有公司 51.79%股份的广东省电力集团公司承包管理费 10,299,617.08 元。

23、预提费用

项目	1999.12.31	2000.12.31
固定资产修理费	10,953,715.69	10,090,434.08
合计	10,953,715.69	10,090,434.08

24、长期借款

25、住房周转金

公司于 2000 年 12 月 31 日之住房周转金为-74,378,189.10 元，主要为房改差额款项。其中包括母公司-2,703,985.73 元、粤嘉电力有限公司-28,755,371.58 元、湛江电力有限公司-34,689,108.81 元及韶关粤江发电有限公司-8,229,722.98 元。

26、股本数量　　单位：股

	期初数	本次变动增减(+、-)					期末数
		配股	送股	公积金转股	其他	小计	
一、尚未流通股份							
1.发起人股份	776,587,500	-	155,317,500	621,270,000	-	776,587,500	1,553,175,000
其中:国家拥有股份	666,900,000	-	133,380,000	533,520,000	-	666,900,000	1,333,800,0003
境内法人持有股份	109,687,500	-	21,937,500	87,750,000	-	109,687,500	219,375,0003
2.募集法人股	24,706,500	-	4,941,300	19,765,200	-	24,706,500	49,413,000
尚未流通股份合计	801,294,000	-	160,258,800	641,035,200	-	801,294,000	1,602,588,000
二、已上市流通股份							
1.人民币普通股	153,738,000	-	30,747,600	122,990,400	-	153,738,000	307,476,000
2.境内上市的外资股	332,670,000	-	66,534,000	266,136,000	-	332,670,000	665,340,000
已流通股份合计	486,408,000	-	97,281,600	389,126,400	-	486,408,000	972,816,000
三、股份总数	1,2872,702,000	-	257,540,400	1,030,161,600	-	1,2872,702,000	2,575,404,000

27、资本公积

项目	期初数	本期增加	本期减少	期末数
股票溢价	1,242,597,463.00	--	1,030,161,600.00	212,435,863.00
法定财产评估增值	119,593,718.00	--	--	119,593,718.00
未分类的资本公积	141,290,960.76	--	--	141,290,960.76
合计	1,503,482,141.76	--	1,030,161,600.00	473,320,541.76

28、盈余公积

项目	期初数	本期增加	本期减少	期末数
法定盈余公积	378,999,535.58	97,029,220.88	----	476,028,756.46
任意盈余公积	657,165,446.68	242,573,052.19	----	899,738,498.87
公益金	156,084,834.09	48,514,610.44	----	204,599,444.53
合计	1,192,249,816.35	388,116,883.51	----	1,580,366,699.86

29、未分配利润	中期利润分配	年终利润分配	全年利润分配
年初未分配利润	-	-	219,667,011.06
加:本年净利润	-	-	970,292,208.75
减:提取法定盈余公积金	47,652,010.18	49,377,210.70	97,029,220.88
提取法定公益金	23,826,005.09	24,688,605.35	48,514,610.44
提取任意盈余公积金	119,130,025.44	123,443,026.75	242,573,052.19
分配普通股股利	51,508,080.00	386,310,600.00	437,818,680.00
转作股本的普通股股利	257,540,400.00	-	257,540,400.00
未分配利润	-	-	106,483,256.30

30、公司主营业务收入、成本

31、管理费用

32、财务费用

33、投资收益

项目	1999 年	2000 年
债权投资收益	15,670,818.84	*4,777,191.45
股权投资单位的损益调整	945,768.03	3,945,917.08
股票投资收益	607,832.60	1,337,231.72
股权投资差额摊销	--	-3,639,280.00
联营或合营公司分配来的利润	1,094,535.50	178,684.55
短期投资跌价准备	-47,000,000.00	
其他	--	867,679.75
合计	-28,681,045.03	7,467,424.55

*、其中包括股东贷款利息及以前年度收益.

34、营业外支出

项目	1999 年	2000 年
处理固定资产净损失	993,615.61	*32,664,369.92
罚款支出	3,526.00	2,606.19
捐赠支出	763,894.25	856,754.72
其他	353,932.39	312,101.45
合计	2,114,968.25	33,835,832.28

35、所得税	1999 年	2000 年
母公司	64,731,331.16	61,380,617.66
湛江电力有限公司	246,614,582.48	370,073,514.90
广东粤嘉电力有限公司	---	23,617,654.93
韶关粤江发电有限公司 *	---	--
合计	311,345,913.64	455,071,787.49

*、韶关粤江发电有限公司 2000 年尚未投入生产，未有利润，本期不需计缴所得税。

36、年初未分配利润

项目	2000 年
转入 1999 年 12 月 31 日未分配利润	219,667,011.063
合计	219,667,011.06

37、支付的其他与经营活动有关的现金公司 2000 年支付的其他与经营活动有关的现金为 157,634,464.00 元,其明细项目列示如下:

项目	金额
办公、水电费	6,181,110.45
保险费	8,456,373.97
交际应酬费	2,572,329.76
差旅费	2,619,660.91
场地使用费	2,597,330.00
修理费	117,046,043.86
排污费	4,024,032.15
董事会费	4,205,492.45
中介费	6,615,995.29
运输费	3,316,095.16

38、支付的其他与投资活动有关的现金 。

六、关联方关系及其交易

(1)关联方关系

①存在控制关系的关联方

企业名称	注册地址	主营业务	与本公司关系	经济性质或类别	法人代表
广东省电力集团公司	广州市东风东路 757 号	电力	母公司	全民所有制	吴希
湛江电力有限公司	湛江市赤坎调顺路 63 号	生产电力、电站建设	子公司	有限责任公司	余福敏
广东粤嘉电力有限公司	梅州市梅县槐岗	生产电力	子公司	有限责任公司	余福敏
韶关粤江发电有限公司	曲江县乌石镇韶关发电厂	生产电力	子公司	有限责任公司	潘力

②存在控制关系的关联方的注册资本及其变化

企业名称	年初数	本年增加	本年减少	年末数
广东省电力集团公司	11,775,910,000.00	----	----	11,775,910,000.00
湛江电力有限公司	2,875,440,000.00	----	----	2,875,440,000.00
广东粤嘉电力有限公司	1,000,000,000.00	----	----	1,000,000,000.00
韶关粤江发电有限公司	450,000,000.00	----	----	450,000,000.00

③存在控制关系的关联方所持股份及其变化

企业名称	年初数		本年增加		本年减少		年末数	
	金额	%	金额	%	金额	%	金额	%
广东省电力集团公司	666,900,000.00	51.79	666,900,000.00	---	---	---	1,333,800,000.00	51.79
湛江电力有限公司	1,214,151,900.00	51	---	---	---	---	1,214,151,900.00	51
广东粤嘉电力有限公司	510,000,000.00	51	---	---	---	---	510,000,000.00	51
韶关粤江发电有限公司	--	-	292,500,00.00	65	---	---	292,500,000.00	65

七、或有事项

1、公司购宝华大厦房产，华宝房地产开发有限公司逾期交楼事项，详见附注五、6。

2、公司将人民币 6000 万元委托原广信证券部购买国债事项，详见附注五、2。

3、公司存于海南发展银行广州分行人民币 1000 万元定期存款事项，详见附注五、6。

4、公司委托广东华侨信托投资公司汾江办事处存款 1000 万元事项，详见附注五、6。

八、承诺事项

本公司无需要说明的重大承诺事项。

九、资产负债表日后非调整事项

1、按 2000 年 10 月 17 日签定的《关于沙角发电总厂 A 厂二期资产转让协议》，公司支付受让沙角 A 电厂(二期)的对价总金额 1,525,498,811.56 元；公司一次支付全部转让价款次月第一日为资产交割日，自资产交割日起，沙角 A 电厂(二期)归公司所有。公司受让沙角 A 电厂(二期)出资额款已于 2000 年 12 月 28 日付给广东省电力集团公司，沙角 A 电厂(二期)从 2001 年 1 月 1 日起归公司所有。

2、公司公募增发 A 股不超过 8400 万股的申请，已于 2001 年 1 月 3 日获得中国证监会批复，有关公募增发的准备工作正在进行之中。

3、公司于 2000 年 12 月 31 日之住房周转金余额为-74,378,189.10(详见注释五、25)。根据公司 2001 年 3 月 13 日第三届董事会第六次会议(2001 年第一次会议)决议，将按财政部的有关规定，在 2001 年对公司住房周转金进行财务处理。

十、其他重要事项

1、公司于 2000 年 8 月 17 日召开第三届董事会第四次会议(2000 年第二次会议)，通过 2000 年中期利润分配和分红派息与转增股本预案：

(1)、从净利润中提取法定盈余公积金 10%，任意盈余公积金 25%，法定公益金 5%；

(2)、以股本 128,770.2 万股为基数，从中期可分配利润中向全体股东每 10 股送 2 股派人民币 0.4 元(A 股社会公众股含税)，从资本公积金中向全体股东每 10 股转增 8 股。

公司 2000 年 10 月 16 日召开 2000 年第一次临时股东大会审议通过了以上分配方案。

2、公司于 2001 年 3 月 13 日召开第三届董事会第六次会议(2001 年第一次会议)，通过 2000 年度利润分配及分红派息预案：

(1)、从净利润中提取法定盈余公积 10%，任意盈余公积金 25%，法定公益金 5%；

(2)、以股本 257,540.40 万股为基数，A 股每 10 股派现金 1.5 元人民币(含税)，B 股每 10 股派 1.5 元人民币。根据公司 2000 年第一次临时股东大会"关于同意新老股东共享本次 A 股发行前的未分配利润"的决议，如果在本次分红派息方案实施的股权登记日前成功增发 A 股，那么，持有增发 A 股的新股东也将享受 A 股每 10 股派现金 1.5 元人民币(含税)，其股利从本次利润分配后的未分配利润中提取(以增发 8,400 万股计算，须在未分配利润中支取 1,260 万元)。

3、根据广东省经济贸易委员会经贸函[2001]170 号《关于同意梅县电厂 1×135MW 以大代小燃煤机组技术改造项目建议书的批复》，梅县发电厂"以大代小"1×135MW 燃煤机组的投资将由公司的子公司广东粤嘉电力有限公司承担。

4、公司收购沙角 A 电厂(二期)以后，沙角 A 电厂(二期)所有权从 2000 年 1 月 1 日起归公司所有，沙角 A 电厂(二期)与沙角发电总厂不再存在产权关系。为保证生产经营活动正常进行，理顺产权关系，公司 2001 年 3 月 13 日召开的第三届董事会第六次会议(2001 年第一次会议)审议同意设立"广东电力发展股份有限公司沙角 A 电厂"，该分公司不具有独立企业法人资格，在公司授权范围内进行对外经济活动。

5、根据公司 2001 年 3 月 13 日召开的第三届董事会第六次会议(2001 年第一次会议)决议，公司拟对公司章程进行修改。

九、公司的其他有关资料

(一)本公司首次注册登记日期：1992 年 11 月 3 日

注册地址：广州市梅花路 75 号 21 楼

通讯地址：广州市环市东路 498 号广发花园柏丽商业中心 10 楼

(二)工商登记号码：企合粤总字第 002753 号；

(三)税务登记号码：国税穗外字 440101617419493　地税穗外字 440100617419493

(四)本公司未上市股票的托管机构：深圳证券登记公司

(五)本公司会计师事务所名称：

1、广东康元会计师事务所

办公地：广州市东风中路 509 号建银大厦 30 楼

2、安达信公司(在香港注册的会计师事务所)

办公地：香港中环干诺道中 111 号永安中心 25 楼

(六)本公司法律顾问名称

广东广信律师事务所　办公地：广州市东风中路 268 号广州交易广场 13 楼

十、备查文件目录

(一)载有法定代表人、财务负责人、会计经办人员签名并盖章的会计报表。

(二)载有会计师事务所盖章，注册会计师亲笔签字的审计报告正文及财务报表。

(三)报告期内在《证券时报》、《中国证券报》，香港《商报》(境外)、《The Asian Wall Street Journal(亚洲华尔街日报)》(境外英文)公开披露过的所有公司文件的正本及公告原稿。

(四)英文本的年度报告。上述备查文件存放在公司的办公地点，随时(公共假期、星期六、星期日除外)供股东查阅。

广东电力发展股份有限公司董事会

二 OO 一年三月十九日

世纪中天投资股份有限公司

(一)公司简介

公司名称:世纪中天投资股份有限公司
公司英文名称:CENTURY ZHONGTIAN INVESTMENT JOINT STOCK CO.,LTD
公司法定代表人: 鲁 石
公司董事会秘书:杨勇潜　　证券事务代表: 何要求
联系地址:贵阳市云岩区吉祥路1号宅吉大厦五楼
联系电话:0851—6809072 0851-6809116-821
传 真:0851—6809115
电子信箱:ztqyd@public1.gy.gz.cn
公司注册地址:贵州省贵阳市
公司办公地址:贵阳市云岩区吉祥路1号宅吉大厦五楼
邮政编码:550004
公司国际互联网址:www.ztqy.com.cn
公司电子信箱:ztqy@ztqy.com.cn
信息披露刊物:《证券时报》
登载公司年报的中国证监会指定国际互联网网址: http://www.cninfo.com.cn
公司年度报告备置地点: 贵阳市云岩区吉祥路1号宅吉大厦五楼
世纪中天投资股份有限公司董事会秘书处
股票上市交易所:深圳证券交易所　　公司股票代码:0540

(二)会计数据和业务数据摘要

1、本年度会计数据
(1)公司本年度实现的利润总额271,379,926.40元;
(2)净利润229,477,611.99元;
(3)扣除非经常性损益后的净利润 34,102,516.68 元;
(4)主营业务利润71,033,839.85元;
(5)其他业务利润8,935,532.85元;
(6)营业利润41,202,350.79元;
(7)投资收益229,853,053.25元;
(8)补贴收入0.00元;
(9)营业外收支净额324,522.36元;
(10)经营活动产生的现金流量净额11,447,958.13元;
(11)现金及现金等价物净增加额164,184,598.94元。 注:公司扣除非经常性损益的项目为投资收益,金额为195,375,095.2元。

2、截至报告期末公司前三年的主要会计数据和财务指标(单位:元)

项 目	2000年	1999年	1998年
主营业务收入	214,168,300.76	147,670,723.34	103,088,074.13
净利润	229,477,611.99	28,920,239.03	22,838,316.59
总资产	1,082,508,597.83	567,544,655.06	475,741,002.17
股东权益(不含少数股东权益)	433,812,693.06	242,783,489.07	210,860,494.23
每股收益(全面摊薄)	1.19	0.29	0.23
每股收益(加权平均)	1.19	0.29	0.23
每股收益(扣除非经常性损益)	0.18	0.29	0.23
每股净资产	2.26	2.48	2.15
调整后的每股净资产	2.07	2.33	2.03
每股经营活动产生的现金流量净额	0.06	1.20	0.53
净资产收益率(%)	52.89	11.91	10.83
加权净资产收益率(%)	64.19	12.84	11.00
扣除非经常损益后净资产收益率(%)	9.54	11.91	10.83
扣除非经常损益后加权净资产收益率(%)	7.89	12.84	11.00

本年度利润附表

报告期利润	净资产收益率(%)		每股收益(元/股)	
	全面摊薄	加权平均	全面摊薄	加权平均
主营业务利润	16.37	19.87	0.3695	0.3695
营业利润	9.50	11.52	0.2143	0.2143
净利润	52.89	64.19	1.1934	1.1934
扣除非经营性损益后的利润	7.89	9.54	0.1773	0.1773

(三)股本变动及股东情况

1、股本变动情况

2000年6月16日公司第七届股东大会审议通过的1999年度利润分配方案"以1999年度末股本总额98,082,675股为基数每10股送4.2股公积金转增5.4股"实施,2000年6月30日股权登记,2000年7月3日除权,除权后股本结构变动,股本总额变为192,242,040股。

2、股东情况介绍

(1) 报告期末股东总数4,837人。

公司前10名股东的持股情况如下:

股东名称	持股数(股)	持股比例(%)
1 世纪兴业投资有限公司	64,680,000	33.65
2 网泰金安信息技术有限公司	23,284,800	12.11
3 贵阳市国资局	21,318,157	11.09
4 中国光大银行	3,984,288	2.07
5 北京世纪网神网络科技发展有限公司	3,699,696	1.92
6 北京世纪网宇电子科技发展有限公司	3,699,696	1.92
7 宁波成功信息产业股份有限公司	2,328,480	1.21
8 汉盛证券投资基金	1,937,276	1.01
9 贵阳市英丽化工有限公司	1,889,696	0.98
10 汉博证券投资基金	1,000,000	0.52

前10名股东之间不存在关联关系。

(2)持有本公司5%以上(含5%)股份的股东的名称、年度内股份增减变动的情况、所持股份的质押或冻结的情况。

在本报告期内因股权转让公司控股股东由贵阳市国资局变更为世纪兴业投资有限公司,贵阳市国资局成为公司第三大股东,股权转让公告刊登在2000年6月6日的证券时报上。因实施1999年度每10股送4.2股公积金转增5.4股分配方案,世纪兴业投资有限公司增加为64,680,000股,贵阳市国资局所持有股份增加为21,318,157股。世纪兴业投资有限公司将所持公司股份用于质押贷款。

佛山电器照明股份有限公司

一、公司简介

1、公司中文名称:佛山电器照明股份有限公司　缩写:佛山照明
公司英文名称: FOSHAN ELECTRICAL AND LIGHTING CO., LTD. 缩写: FSL
2、公司法定代表人: 钟信才　　3、公司董事会秘书: 陈本贤
联系地址: 佛山市汾江北路15号　　联系电话: (0757) 2813838-298、2810239
联系传真: (0757) 2816276　　电子信箱: gzfsligh @pub.foshan.gd.cn
4、公司注册、办公地址:广东省佛山市汾江北路15号　　邮政编码: 528000
国际互联网网址: www. chinafsl. com　　电子信箱: gzfsligh @pub.foshan.gd.cn
5、公司的信息披露报纸:中国证券报、证券时报、佛山日报及香港大公报
登载年报的中国证监会指定国际互联网网址:http://www.cninfo.com.cn
年度报告备置地点:佛山市汾江北路15号本公司办公室董事会秘书处
6、股票上市交易所: 深圳证券交易所
股票简称: 佛山照明(A股) 粤 照 明(B股)　　股票代码: 0541(A股)　2541(B股)

二、会计数据和业务数据摘要

1、本年度主要会计数据和业务数据　　单位:人民币元

利润总额	189,242,076.55
净利润	161,153,528.61
扣除非经常性损益后的净利润	157,057,195.18
主营业务利润	208,663,811.02
其他业务利润	776,797.16
营业利润	173,981,552.45
投资收益	9,736,036.64
营业外收支净额	5,524,487.46
经营活动产生的现金流量净额	172,329,260.79
现金及现金等价物净增加额	511,456,093.15

注:扣除非经常性损益后的净利润:系从净利润中扣除处置固定资产收益所致。

2、两种不同会计准则计算的净利润及其差异

(1) 两种不同会计准则计算的净利润及其差异:国内会计师审计的公司本年度净利润为161,153,529元,而境外会计师审计的公司本年度净利润为180,128,651元,比国内会计师审计的净利润多18,975,122元。

(3) 净利润差异明细项目　　单位:人民币元

	2000年税后利润
经中国会计法规编制的法定会计报表	161,153,529.00
遵照国际会计准则作出调整:	
呆帐准备拨回/(准备)	2,710,975.00
投资准备	6,853,904.00
暂付款项准备	-5,790,438.00
多计/(少提)所得税	13,493,278.00
合并调整	1,447,928.00
其 他	259,475.00
根据国际会计准则列报	180,128,651.00

3、截止报告期末公司前三年的主要会计数据和财务指标(合并数)　单位:人民币元

项 目	2000年	1999年	1998年	
			调整前	调整后
主营业务收入	687,280,388.24	602,540,212.54	504,168,250.93	504,168,250.93
净利润	161,153,528.61	158,371,893.31	147,809,937.65	150,537,456.54
总资产	2,171,997,490.15	1,462,921,963.07	1,415,953,476.79	1,412,006,590.02
股东权益(不含少数股东权益)	1,876,824,158.35	1,184,923,899.83	1,127,050,612.19	1,123,103,725.42
每股收益(全面摊薄)	0.45	0.574	0.536	0.546
每股收益(加权平均)	0.523	0.574	0.536	0.546
扣除非经常性损益后的每股收益(全面摊薄)	0.438	0.483	0.531	0.541
扣除非经常性损益后的每股收益(加权平均)	0.51	0.483	0.531	0.541
每股净资产	5.24	4.30	4.09	4.07
调整后的每股净资产	5.21	4.25	4.05	4.03
每股经营活动产生的现金流量净额	0.48	0.6	0.547	0.547
净资产收益率%(全面摊薄)	8.59	13.37	13.11	13.40
净资产收益率%(加权平均)	12.35	13.17	12.70	12.92
扣除非经常性损益后的净资产收益率(全面摊薄)%	8.37	11.24	12.99	13.28
扣除非经常性损益后的净资产收益率(加权平均)%	12.03	11.07	12.58	12.80

三、股东情况介绍

1、股东情况介绍

截止2000年12月31日,本公司共有股东96,744户。其中,A股(佛山照明 0541)股东91,817户,包括高管股股东5户;B股(粤照明 2541)股东4,927户。

2、前十名主要股东持股情况(2000年12月31日)　　股数单位:股

序号	股东名称	持有上市流通股数	持未上市流通股数	占总股本(%)
1	佛山市国有资产办公室 (法人A股)		85,922,100	23.97
2	ARRAN INVESTMENT PTE LTD. (B股)	18,175,362		5.07
3	广州佑昌灯光器材贸易有限公司(法人A股)		6,850,800	1.91
4	C.G.CAPITAL 中国实业控股公司 (B股)	2,512,100		0.70
5	JIANG NAN HOLDINGS LIMITED 江南控股有限公司(B股)	2,385,518		0.67
6	庄坚毅 (B股)	2,352,350		0.66
7	泰和证券投资基金 (A股)	2,220,953		0.62
8	大鹏国际控股有限公司 (B股)	2,013,000		0.56
9	丰信国际投资公司 (B股)	1,725,570		0.48
10	安顺证券投资基金 (A股)	1,689,720		0.47
合计		33,074,573	92,772,900	35.11

TCL 通讯设备股份有限公司

一、公司简介

1. 公司法定中文名称:TCL 通讯设备股份有限公司

公司法定英文名称:TCL Communication Equipment Co.,Ltd.

2. 公司注册地址及办公地址:广东省惠州市上排大岭路 10 号 TCL 大厦 邮政编码:516001

公司国际互联网网址:http://www.tclcomm.com 电子信箱:stock@tclcomm.com

3. 公司法定代表人:李东生

4. 公司董事会秘书:林盛忠

电话:0752-2288898 电子信箱: linsz@tclcomm.com stock@tclcomm.com

证券事务代表:叶文洁

电话:0752-2288896 传真:0752-2261868 电子信箱:yewj@tclcomm.com

联系地址:广东省惠州市上排大岭路 10 号 TCL 大厦

5. 公司选定的信息披露报纸名称:《中国证券报》、《证券时报》

中国证监会指定国际互联网网址: http://www.cninfo.com.cn 公司年度报告备置地点:证券部

6. 公司股票上市交易所:深圳证券交易所 股票简称:TCL 通讯 股票代码:0542

二、会计数据和业务数据摘要

1.本年度利润总额及其构成(合并报表) 单位:人民币(元)

利润总额:	30,048,828.78
净利润:	26,316,637.88
扣除非经常性损益后的净利润:	26,316,637.88
主营业务利润:	216,613,340.86
其他业务利润:	920,456.77
营业利润:	23,069,086.03
投资收益:	6,302,192.20
补贴收入:	0.00
营业外收支净额:	677,550.55
经营活动产生的现金流量净额:	-10,033,907.96
现金及现金等价物净增加额:	47,293,976.93

2.前三年的主要会计数据和财务指标表(合并报表)单位:人民币(元)

项 目	2000 年度	1999 年度		998 年度
		调整后	调整前	调整后
主营业务收入	932,229,002.57	296,827,928.73	334,397,294.45	402,823,726.35
净利润	26,316,637.88	- 179,836,171.66	-179,836,171.66	3,925,976.30
总资产	1,090,892,510.42	685,970,178.91	680,793,477.33	840,735,980.28
股东权益	437,527,329.35	428,726,693.68	428,002,379.77	607,725,607.43
每股收益	0.140	-0.956	-0.956	0.021
加权平均每股收益	0.140	-0.956	-0.956	0.025
扣除非经常性损失后的每股收益	0.140	-0.956	-0.956	0.021
每股净资产	2.326	2.28	2.28	3.23
调整后的每股净资产	1.96	2.15	2.18	3.09
每股经营活动产生的现金流量净额	-0.0 5	-0.397	-0.397	-0.131
净资产收益率(%)	6.01%	-41.95%	-42.02%	0.65%

3.按照中国证监会《公开发行证券公司信息披露编报规则(第 9 号)》要求计算的报告期利润的净资产收益率和每股收益

报告期利润	净资产收益率		每股收益	
	面摊薄	加权平均	全面摊薄	加权平均
主营业务利润	49.51%	50.01%	1.15	1.15
营业利润	5.27%	5.33%	0.12	0.12
净利润	6.01%	6.08%	0.14	0.14
扣除非经营性损益后的净利润	5.86%	5.92%	0.14	0.14

三、股本变动和主要股东持股情况

(一) 股本变动情况表

报告期内,本公司股份总数较上年未发生变化。股本结构如下:

报告日期:2000 年 12 月 31 日 数量单位:股 每股面值:1 元

	本次变动前	本次变动增减(+,-) 配股、送股、公积金转股 增发 其他 小计	本次变动后
一、尚未流通股份			
1.发起人股份	103,953,300		103,953,300
其中:国家拥有股份	56,926,100		56,926,100
外资法人持有股份	47,027,200		47,027,200
2.募集法人股	2,702,700		2,702,700
尚未流通股份合计	106,656,000		106,656,000
二、已上市流通股份			
1.人民币普通股	81,452,800		81,452,800
其中:高管人员持股	60,489		60,489
已上市流通股份合计	81,452,800		81,452,800
三、股份总数	188,108,800		188,108,800

(二)主要股东持股情况

1.截止 2000 年 12 月 31 日,股东总数 26034 户(其中:发起人股东 3 户、募集法人股东 2 户,公司高级管理人员 3 户),公司高级管理人员持有本公司股份 60489 股,按有关规定冻结。

2.公司前十名股东持股情况

股东名称	持股数量(股)	持股比例	备 注
(1)TCL 通讯设备(香港)有限公司	47,027,200	25.00%	外资股东
(2)TCL 集团有限公司	30,905,683	16.43%	国有股东
(3)惠州市南方通信开发有限公司	26,020,417	13.83%	国有股东
(4)国信证券有限公司	4,071,066	2.16%	公众股
(5)裕隆证券投资基金	2,085,663	1.11%	公众股
(6)惠州市通信发展总公司	2,079,000	1.11%	募集法人股
(7)普丰证券投资基金	1,955,278	1.04%	公众股
(8)申银证券	999,257	0.53%	公众股
(9) 昆明富华置业有限责任公司	804,307	0.43%	公众股
(10) 王红梅	730,632	0.39%	公众股

安徽省皖能股份有限公司

一、公司简介

1、公司法定中文名称:安徽省皖能股份有限公司

公司法定英文名称:AN HUI WENERGY COMPANY,LIMITED 缩写:WENERGY CO.,LTD

2、公司法定代表人:张绍仓

3、公司董事会秘书:周庆霞

联系地址:安徽省合肥市马鞍山路 99 号皖能大厦

联系电话:0551-4672679 传真:0551-4669573 电子信箱:zhouqx@wenergy.com.cn

4、公司注册(办公)地址:安徽省合肥市马鞍山路 99 号皖能大厦 邮编:230011

公司国际互联网网址: http://www.wenergy.com.cn

电子信箱:group@wenergy.com.cn

5、公司选定的信息披露报纸:《证券时报》、《中国证券报 》;

登载公司年度报告的国际互联网网址 http://www.cninfo.com.cn;

公司年度报告备置地点:公司证券部

6、公司股票上市交易所:深圳证券交易所

股票简称:皖能电力 股票代码:0543

二、会计数据及业务数据摘要

(一)本年度会计数据及业务数据摘要 单位: 万元

利润总额	26109.03
净利润	22077.64
扣除非经常损益的净利润	20490.04
主营业务利润	15332.81
其它业务利润	1587.63
营业利润	15279.99
投资收益	10894.99
补贴收入	0
营业外收支净额	-65.96
经营活动产生的现金流量净额	17468.02
现金及现金等价物净增加额	1262.72
注:扣除的非经常性损益项目、涉及金额	1587.60
资产占用费收入	1587.60
合 计	1587.60

(二)近三年主要会计数据和财务指标: 单位:万元

项 目	2000 年度	1999 年度	1998 年度
主营业务收入	68961.41	64307.08	67441.85
净利润	22077.64	18237.49	20954.81
总资产	279032.18	267991.01	238314.16
股东权益	229048.61	226886.35	224388.84
每股收益(元)(摊薄)	0.2856	0.2359	0.2711
每股收益(元)(加权平均)	0.2856	0.2359	0.2844
扣除非经常性损益后的每股收益(元)	0.2681	0.2148	0.2711
每股净资产(元)	2.96	2.94	2.90
调整后的每股净资产(元)	2.94	2.86	2.89
净资产收益率(%)(摊薄)	9.64	8.04	9.34
净资产收益率(%)(加权平均)	9.28	7.81	10.03
每股经营活动产生的现金流量净额(元)	0.23	0.22	0.097
扣除非经常性损益后的加权平均净资产收益率(%)	9.46	7.14	9.39

(三)利润表附表:

项 目	净资产收益率(%)		每股收益(元)	
报告期利润	全面摊薄	加权平均	全面摊薄	加权平均
主营业务利润	6.69	6.44	0.1984	0.1984
营业利润	6.67	6.42	0.1977	0.1977
净利润	9.64	9.28	0.2856	0.2856
扣除非经常损益后的净利润	9.05	9.46	0.2681	0.2681

(四)股东权益变动情况 单位:元

项 目	股本	资本公积	盈余公积	其中:公益金	未分配利润	合 计
期初数	773008816	956089604.39	430022999.91	83329025.90	65662228.17	2224783648.47
本期增加	/	90000.00	33570631.44	11190210.47	220776391.44	254437022.88
本期减少	/	562195.52	/	/	188172394.64	188734590.16
期末数	773008816	955617408.87	463593631.35	94519236.37	98266224.97	2290486081.19

注:变动原因:

(1)资本公积本期增加系铜陵电厂豁免借款所致;本期减少系淮北电力开发有限公司提取的股权投资准备;

(2)盈余公积本期增加系按净利润提取 10%法定盈余公积金及 5%法定公益金所致;

(3)公益金增加系按净利润提取 5%所致;

(4)未分配利润本期增加系本年净利润转人,减少系本年提取盈余公积、应付股利及冲减住房周转金所致。

三、股东情况介绍

1、股东数量

报告期末,公司股东总数 93075 名,其中本公司高级管理人员股东 7 名。

2、主要股东持股情况

截至 2000 年 12 月 31 日,公司前十名主要股东的名称、持股数量及增减变动如下:

名 称	年末持股数(股)	期内增减变动(+/-)	占总股本比例(%)
安徽省能源集团有限公司	468,000,000	0	60.543
安徽省农业投资公司	27,700,000	0	3.583
安徽省能源物资供销公司	27,700,000	0	3.583
中国宝安集团股份有限公司	22,000,000	0	2.846
安徽省建设投资公司	19,890,000	0	2.573
安徽省电力公司	11,000,000	0	1.423
中行安徽信托投资咨询公司	6,710,000	0	0.868
深圳市鸿基(集团)股份有限公司	5,000,000	0	0.647
安徽国祯能源股份有限公司	3,360,000	0	0.435
国信证券有限公司	3,300,000	3,300,000	0.427

白鸽(集团)股份有限公司

一、公司简介

1、公司名称：
公司法定中文名称：白鸽(集团)股份有限公司
公司法定英文名称：White Dove (Group) CO.LTD
2、公司法定代表人：周义德
3、公司董事会秘书：曹长岭
证券事务代表：徐炜
联系地址：河南省郑州市华山路 78 号
电话：0371—7635588—2762　　传真：0371—7628013
公司董事会秘书处电子信箱：board @ whitedove.com.cn
4、公司注册地址：河南省郑州市华山路 78 号　邮编：450007
公司办公地址：河南省郑州市华山路 78 号
公司国际互联网网址：http://www.whitedove.com.cn
5、公司信息披露报刊名称：《证券时报》
公司年度报告登载在中国证监会指定的国际互联网网址：http://www.cninfo.com.cn
6、公司年度报告备置地点：
白鸽(集团)股份有限公司董事会秘书处
7、公司股票上市交易所：深圳证券交易所
股票名称：豫白鸽 A　股票代码：0544

二、会计数据和业务数据摘要

(一) 2000 年经营情况　　单位：人民币元

利润总额	966,783.65
净利润	5,357,308.90
扣除非经常性损益后的净利润	23,152,312.25
主营业务利润	161,185,745.73
其它业务利润	1,957,903.59
营业利润	20,478,756.88
投资收益	−1,716,969.88
补贴收入	356,600.41
营业外收支净额	−18,151,603.76
经营活动产生的现金流量净额	230,525,183.65
现金及现金等价物净增加额	55,764,466.42

注：营业外收支净额是由于深圳市二砂深联有限公司为中国磨料磨具进出口联营深圳公司在中国银行深圳分行营业部贷款提供不可撤销连带责任担保而形成的损失。

(二)主要会计数据和财务指标

截止报告年度末前三年的主要会计数据和财务指标：

指标项目	2000 年	1999 年	1998 年	
			调整后	调整前
1、主营业务收入(万元)	62,498.25	44,290.19	49,830.76	51,570.26
2、净利润(万元)	535.73	−7983.7	−4,137.85	96.59
3、总资产(万元)	127,538.83	128,312.7	145,728.25	154,265.92
4、股东权益(不含少数股权)(万元)	28,025.98	28,456.41	34,467.34	50,278.71
5、每股收益(元)	0.02	−0.30	−0.15	0.0035
6、加权每股收益(元)	0.02	−0.30	−0.15	0.0035
7、扣除非经常性损益后的每股收益(元)	0.086	−0.32	−0.15	0.00
8、每股净资产(元)	1.04	1.04	1.28	1.87
9、调整后的每股净资产(元)	0.965	1.0118	1.06	1.45
10、每股经营活动产生的现金流量净额(元)	0.86	0.17	0.285	0.29
11、净资产收益率(%)				
全面摊薄	1.91	−28.34	−12.01	0.19
加权平均	1.91	−28.34	−12.01	0.19

(四)报告期内股东权益变动情况　　(单位：人民币元)

项目	股本	资本公积	盈余公积	法定公益	未分配利润	股东权益合计
期初数	269459,799	211,721,879.71	21970523.38	10,985,261.69	−222695784.91	280,456,417.18
本期增加	—	—	3,537,909.02	—	1,819,399.88	—
本期减少	—	5,553,913.52	—	4,592,883.73	—	196,604.62
期末数	269459799	206167,966.19	25,508,432.24	6,392,377.96	−220876385.03	280259,812.56

三、股本情况介绍

(一) 股本变动情况

1、股本变动情况

根据中国证监会关于安排上市公司转配股分期分批上市流通的通知精神，经本公司申请深交所安排本公司转配股 3,544,152 股于 2000 年 7 月 6 日上市流通。转配股上市后，本公司的流通股为 108,741,549 股，占总股本的比例为 40.36%。

2、股票发行与上市情况：截止到报告期末的前三年，我公司未在证券市场发行股票及衍生证券。

(二)股东情况介绍

1、报告期末股东总数

截止到 2000 年 12 月 31 日白鸽公司股东总数为 39463 户，其中国家股股东 1 户，法人股股东 1 户；其它股东 39461 户，其中高管股股东 1 户。

2、主要股东持股情况

截止 2000 年 12 月 31 日持有本公司股票的前十名股东名单：

序号	股东姓名	持股数	占有总股份比例(%)
1	郑州市国有资产管理局	92,536,432	34.34
2	东莞市东糖集团有限公司	68,181,818	25.30
3	广东福地彩色显像管股份有限公司	8,783,100	3.26
4	洪维国	688,870	0.26
5	郭　辉	637,661	0.24
6	殷　俭	470,725	0.17
7	刘国昌	406,399	0.15
8	陈玉英	402,800	0.15
9	王月通	341,979	0.13
10	王　英	326,202	0.12

吉林恒和制药股份有限公司

一、公司简介

(一)公司中文名称：吉林恒和制药股份有限公司
英文名称：JILIN HENGHE PHARMACEUTICAL CO., LTD
(二)公司法定代表人：孙宏伟
(三)公司董事会秘书：闻　成　　授权代表：罗国建
联系电话：(0432)4809008　4809021　　联系传真：(0432)4841728
联系地址：吉林市长春路 99 号　　电子信箱：JZYD@public.jl.jl.cn
(四)公司注册地址：吉林市长春路 99 号
办公地址：吉林市长春路 99 号　　邮政编码：132012
电子信箱：JLHHZY@public.jl.jl.cn
(五)公司选定信息披露报纸：《证券时报》、《中国证券报》
登载年度报告网址：http://www.cninfo.com.cn
年度报告备置地点：公司董事会秘书办
(六)公司上市地点：深圳证券交易所
股票简称：恒和制药　　股票代码：0545

二、会计数据和业务数据摘要

(一)公司本年度实现利润情况：　单位：元

利润总额：	4872220.14
净 利 润：	4872220.14
扣除非经常性损益后的净利润：	6878451.26
主营业务利润：	49191716.84
其他业务利润：	−549531.79
营业利润：	5016429.76
投资收益：	74126.00
补贴收入：	
营业外收支净额：	−218335.62
经营活动产生的现金流量净额：	3380199.55
现金及现金等价物净增加额：	3756031.21

(二)公司前三年的主要会计数据和财务指标：　单位：元

项目	2000 年度	1999 年度	1998 年度	
			调整前	调整后
主营业务收入	148996882.10	163725210.01	178595846.21	178595846.21
净利润	4872220.14	−98693692.95	2520461.01	−12309101.72
总资产	340642077.51	335106255.07	487178758.52	433551960.68
股东权益	163065410.12	159536063.87	313499643.62	259171562.49
每股收益(摊薄)	0.036	−0.73	0.019	−0.09
每股收益(加权)	0.036	−0.73	0.019	−0.09
扣除非经常性损益后的每股收益	0.051	−0.17	0.019	0.0006
每股净资产	1.20	1.18	2.31	1.91
调整后的每股净资产	1.14	1.04	2.24	1.49
每股经营活动产生的现金流量净额	0.025	−0.008	0.026	0.026
净资产收益率(%)	2.99	−61.86	0.80	−4.75

注：主要财务指标计算公式如下：
1、每股收益=净利润/年度末普通股股份总数
2、每股净资产=年度末股东权益/年度末普通股股份总数
3、净资产收益率=净利润/年度末股东权益×100%

(三)利润表附表：

报告期利润	净资产收益率(%)		每股收益(元)	
	全面摊薄	加权平均	全面摊薄	加权平均
主营业务利润	30.17	26.73	0.363	0.363
营业利润	3.08	3.10	0.037	0.037
净利润	2.99	3.01	0.036	0.036
扣除非经常性损益后的净利润	4.22	4.22	0.051	0.051

注：本表是按照中国证监会《公开发行证券公司信息披露编报规则第 9 号–净资产收益率和每股收益的计算及披露》要求计算的。

(四)报告期内股东权益变动情况　　单位：元

项目	期初数	本期增加	本期减少	期末数
股本	135635820			135635820
资本公积	152982419.13			152982419.13
盈余公积	8730816.40		1215039.55	7515776.85
法定公益金	2112674.34		1215039.55	897634.79
未分配利润	−137940826.00	4872220.14		−133068605.86
股东权益合计	159408229.53	4872220.14	1215039.55	163065410.12

三、股东情况介绍

(一)截止 2000 年 12 月 31 日，公司股东总数为 31241 户。

(二)前十名股东持股情况：

股东名称	年末持股数	增减变动情况	持股比例(%)	股份性质	质押冻结情况
吉林省恒和企业集团有限责任公司	28655000	0	21.12	法人股	无
吉林省明日实业有限公司	18507500	0	13.64	法人股	无
深圳经济特区房地产(集团)股份有限公司	18507500	0	13.64	法人股	无
吉林市银丰物资经销公司	1320000	0	0.97	法人股	
周泰勇	872289		0.64	流通股	
马书科	748854		0.55	流通股	
廊坊市光阳摩托车销售服务中心	621941		0.46	流通股	
华夏证券有限公司北京东四营业部	550000	0	0.41	法人股	
林彬	389403		0.29	流通股	
张连华	386600		0.29	流通股	

(三)前十名股东之间未发现存在关联关系。

吉林轻工集团股份有限公司

一、公司简介

1、公司法定中文名称:吉林轻工集团股份有限公司
公司法定英文名称:JILIN LIGHT INDUSTRIAL GROUP CO.,LTD
公司英文名称缩写:LIG
2、公司法定代表人:王鹏
3、公司董事会秘书:李丽
联系地址:长春市建设街81号　　电　　话:0431-8523476
传　　真:0431-8540236　8522149　　E-mail:jlligco@public.cc.jl.cn
4、公司注册地址和办公地址:长春市建设街81号　　邮政编码:130061
5、公司选定的信息披露报纸名称:《证券时报》
登载公司年度报告的中国证监会指定国际互联网网址:http://www.cninfo.com.cn
公司年度报告备置地点:吉林轻工集团股份有限公司董事会秘书处
6、公司股票上市交易所:深圳证券交易所　　股票简称:ST 吉轻工　　股票代码:0546

二、会计数据和业务数据摘要

1、本年度会计数据摘要(金额单位:元)

利润总额	-163,254,068.15
净利润	-132,898,020.38
扣除非经常性损益后的净利润	-71,510,556.90
主营业务利润	10,907,802.57
其他业务利润	1,156,543.97
营业利润	-116,398,260.18
投资收益	-25,132,449.43
补贴收入	-
营业外收支净额	-21,723,358.54
经营活动产生的现金流量净额	1,182,690.22
现金及现金等价物净增加额	-1,509,047.38

注:非经常性损益项目(金额单位:元)

转让股权投资损失	-19,941,512.30
核销无法收回的债权	-19,722,592.64
营业外收支净额	-21,723,358.54
合计	-61,387,463.48

2、截至报告期末公司前三年主要会计数据和财务指标(金额单位:元)

指标名称	2000 年度	1999 年度		1998 年度
		调整后	调整前	
主营业务收入	59,903,658.99	43,504,324.28	93,127,153.88	136,767,540.00
净利润	-132,898,020.38	-128,071,559.91	- 168,928,566.72	-48,448,892.52
总资产	396,024,004.95	536,463,366.14	577,958,266.28	766,306,616.99
股东权益	-96,003,980.39	68,176,020.23	61,123,162.92	228,948,602.02
每股收益(摊簿)	-0.784	-0.756	-0.997	-0.287
每股收益(加权)	- 0.784	-0.756	-0.997	-0.287
每股收益(扣除非经常性损益后)	-0.422	0.027		-0.214
每股净资产	-0.566	0.402	0.360	1.350
调整后的每股净资产	-1.012	-0.370	-0.040	0.860
净资产收益率	-	-187.85%	-276.37%	-21.14%
每股经营活动产生的现金流量净额	0.007	-0.004		-0.004

3、报告期内股东权益变化情况(金额单位:元)

项目	期初	本期增加	本期减少	期末	变化原因
股本	169,506,479.60	-	-	169,506,479.60	
资本公积	105,369,948.07	-	-	105,369,948.07	
盈余公积	25,292,351.89	-	-	25,292,351.89	
未分配利润	-180,029,589.60	-132,898,020.38	-	-312,927,609.98	
本年净利润					
未确认的投资损失	-51,963,169.73	-31,281,980.24	-	-83,245,149.97	
本年未确认得投资损益					
股东权益合计	68,176,020.23	-164,180,000.62	-	-96,003,980.39	

4、利润表附表(金额单位:元)

报告期利润	净资产收益率		每股收益	
	全面摊薄	加权平均	全面摊薄	加权平均
主营业务利润	-	-	0.064	0.064
营业利润	-	-	-0.687	-0.687
净利润	-	-	-0.784	-0.784
扣除非经常性损益后的净利润	-	-	-0.422	-0.422

注:上列指标的计算依据《公开发行证券公司信息披露编报规则第9号—净资产收益率和每股收益的计算及披露》。

二、股东情况介绍

1、报告期末股东总数为 37,726 户。
2、前10名股东持股情况

股东名称	年初持股数(股)	增加变化情况	年末持股数(股)	持股比例(%)	持押冻情况
吉林省国际信托投资有限责任公司	20,196,000		20,196,000	11.92	质押
海南顺兴房地产开发公司	13,200,000		13,200,000	7.29	无
天骥投资基金	11,000,000	-11,000,000	0		
山东证券登记有限责任公司		11,000,000	11,000,000	6.49	质押
海南顺丰股份有限公司	10,560,000		10,560,000	6.23	无
洋浦裕隆实业有限公司	10,000,000	-10,000,000	0		
交通银行长春分行	6,600,000	-6,600,000	0		
长春卓诚实业有限公司		+6,600,000	6,600,000	3.90	无
江苏联合信托投资公司	6,111,600		6,111,600	3.60	无
吉林轻工股份有限公司工会委员会	5,068,800		5,068,800	2.99	无
中海恒实业发展有限公司	3,300,000		3,300,000	1.95	质押
海南亿丰拍卖有限公司	2,640,000		2,640,000	1.56	无
洋浦达龙实业有限公司	5,103,325	-2,639,325	2,464,000	1.45	无

福建省福发股份有限公司

一、公司简介

1、公司法定中文名称:福建省福发股份有限公司
公司法定英文名称:FUJIAN　FUFA　CO,. LTD.
2、公司法定代表人:华生
3、公司董事会秘书:林　杰
联系地址:福建省福州市五一路67号工行五一支行14层
联系电话:0591-3260868　　3283128
传　　真:0591-3296358
4、公司注册地址:福建省福州市工业路223号　邮编:350004
公司办公地址:福建省福州市五一路67号工行五一支行14层
邮政编码:350009
5、公司选定的信息披露报纸:《证券时报》、《中国证券报》
登载公司年度报告的中国证监会指定国际互联网网址:http://www.cninfo.com.cn
6、公司年度报告备置地点:公司董事会办公室
7、股票上市交易所:深圳证券交易所
股票简称:闽福发 A　　股票代码:0547

二、会计数据与业务数据摘要

1、本年度实现的利润指标情况(单位:元)

利润总额	43,814,992.73
净利润	37,945,241.65
扣除非经常性损益后的净利润	36,594,430.85
注:扣除的非经常性损益项目和涉及的金额	1,350,810.80
1 营业外收支净额	220,512.88
2 处理固定资产净收益	1,127,504.92
3 补贴收入	2,793.00
主营业务利润	78,669,614.49
其他业务利润	1,377,583.43
营业利润	30,615,300.50
投资收益	11,848,881.43
经营活动产生的现金流量净额	69,888,584.78
现金及现金等价物净增加额	70,130,219.96

2、主要会计数据和财务指标　　单位:元

指标项目	2000 年	1999 年(调整前)	1999 年(调整后)	1998 年(调整前)	1998 年(调整后)
主营业务收入	225282112.98	154969650.61	154969650.61	77540790.25	77540790.25
净利润	37945241.65	63518011.10	63511836.69	2587279.82	322109.46
总资产	996927913.79	758850314.68	758850314.68	524856742.47	507518837.73
股东权益	414446803.13	389643680.15	388556863.16	343463573.79	325045026.47
)每股收益	0.31	0.519	0.519	0.021	0.003
加权平均每股收益	0.31	0.519	0.519	0.021	0.003
扣除非经营性 损益后的每股收益	0.30	0.519	0.519	0.014	-0.004
每股净资产	3.39	3.18	3.17	2.81	2.66
净资产收益率	9.16%	16.30%	16.35%	0.75%	0.1%
加权平均净资产收益率	9.31%	16.30%	16.35	0.78%	0.1%
调整后每股净资产	3.31	3.11	3.10	2.59	
每股经营活动产生的现金流量净额	0.57	0.20	0.20	-0.22	

3、报告期内公司股东权益变动情况(单位:元)

项目	股本	资本公积	盈余公积	其中:公益金	未分配利润	合计
期初数	122423174	194925141.60	18304128.96	7376037.60	52904418.60	388556863.16
本期增加	0	187015.72	5691786.25	1897262.08	20011138.00	25889939.97
本期减少						
期末数	122423174	195112157.32	23995915.21	9273299.68	72915556.60	414446803.13

三、股本变动及股东情况

(一)、股本变动情况
1、股份变动情况表
填报日期:2000年12月31日　　单位:股　　每股面值:1元

	期初数	本次变动增减(+,-)	期末数
一、尚未流通股份			
1、国有股	48849641	-36604529	12245112
2、法人股	0	+36604529	36604529
2、内部职工股(高管)	89359	-79102	10257
3、国家股转配股	17154714	-17154714	0
尚未流通股合计	66093714	-17233816	48859898
二、已流通股份			
1、境内上市 A 股	56329460	+17233816	73563276
已流通股份合计	56329460	+17233816	73563276
三、股份总数	122423174	0	122423174

(二)、股东情况介绍
1、报告期末的股东数量
至本年度末,公司股东总数为37300户,其中国家股东1户,法人股东1户,内部职工股股东1户,社会公众股股东37297户。
2、公司前十名股东持股情况(截止2000年12月31日)

股　东	期末持股数	持股比例
(1)、福州牛津-剑桥科技发展有限公司	36604529	29.90%
(2)、福州市财政局	12245112	10.00%
(3)、陈昊	796177	0.65%
(4)、夏礼军	414200	0.34%
(5)、柴枝茂	265200	0.22%
(6)、吴建文	240450	0.20%
(7)、唐　琴	226500	0.19%
(8)、江　轰	217217	0.18%
(9)、王兴蕙	215448	0.18%
(10)、马培英	190800	0.16%

湖南投资集团股份有限公司

一、公司简介

(一)公司法定中文名称:湖南投资集团股份有限公司
英文:HUNAN INVESTMENT GROUP CO.,LTD. 缩写:HIG
(二)法定代表人:刘忠明
(三)董事会秘书:黄满池
联系地址及年报备置地点:长沙市劳动西路177号有色大厦8楼
联系电话:0731-5518565 传 真:0731-5500354
(四)公司注册地址:长沙市高新技术产业开发区C4组团A-718号
邮政编码:410000 电子信箱:hntz0548@263.net
(五)公司选定的信息披露报纸:《证券时报》《上海证券报》
登载公司年度报告的中国证监会指定国际互联网网址:http://www.cninfo.com.cn
(六)公司股票上市交易所:深圳证券交易所
股票简称:湖南投资 股票代码:0548

二、会计数据和业务数据摘要

(一)公司本年度利润总额及构成 (单位:人民币元)

利润总额	78,830,971.36
净利润	56,921,676.53
扣除非经常性损益后的净利润	57,599,907.73
主营业务利润	66,461,088.99
其他业务利润	259,125.96
营业利润	22,982,402.99
投资收益	9,036,689.57
补贴收入	47,000,000.00
营业外收支净额	-188,121.20
经营活动产生的现金流量净额	73,389,501.14
现金及现金等价物净增加额	122,946,453.16
注:扣除的非经常性损益项目和涉及的金额	-67.82万元
(1)投资收益:	-42.00万元(股权转让损失)
(2)营业外支出:	25.82万元

(二)公司前三年的主要会计数据和财务指标(单位:人民币:元)

项目	2000年	1999年	1998年(调整前)	1998年(调整后)
主营业务收入	130955130.41	10654239.76	239283382.73	239283382.73
净利润	56921676.53	62829699.43	97620394.70	100550032.00
总资产	807397040.36	620112621.12	486774361.15	489703998.45
股东权益	523188685.67	466267009.14	403437309.71	406366947.01
每股收益(摊薄)	0.196	0.216	0.336	0.346
每股收益(月均加权)	0.196	0.216	0.336	0.346
扣除非经常性损益后的每股收益	0.198	0.216	0.202	0.2125
每股净资产	1.800	1.605	1.388	1.398
调整后的每股净资产	1.792	1.600	1.384	1.394
每股经营活动产生的现金流量净额	0.253	0.057	0.0036	0.0036
净资产收益率(%)	10.88	13.48	24.20	24.74

(三)净资产收益率及每股收益指标结构分析附表:

报告期利润	净资产收益率(元)		每股收益(元)	
	全面摊薄	加权平均	全面摊薄	加权平均
主营业务利润	12.70%	13.43%	0.2287	0.2287
营业利润	4.39%	4.64%	0.0790	0.0790
净利润	10.88%	11.50%	0.196	0.196
扣除非经常性损益后的净利润	11.01%	11.64%	0.198	0.198

(四)本报告期内股东权益变动情况(单位:人民币元)

项目	股本	资本公积金	盈余公积	法定公益金	未分配利润	股东权益合计
期初	290608048	176450016.63	7055972.14	6271291.25	-7847027.63	466267009.14
本期增加	0	0	11286237.41	3159211.24	56921676.53	68207913.94
本期减少	0	0	0	0	11286237.41	11286237.41
期末数	290608048	176450016.63	18342209.55	0	37788411.49	523188685.67

(1)盈余公积、法定公益金增加为本年度公司盈利提取。
(2)未分配利润增加,原因是本年度净利润增加。
(3)股东权益增加,原因是盈余公积增加和未分配利润增加。

三、股本变动和主要股东持股情况

(一)报告期末股东总数:

截止2000年12月31日,持有本公司股票的股东总人数为82461户,持股290608048股。其中,社会公众股股东82457户,持股126204848股。

(二)报告期末公司前10名股东持股情况(截至2000年12月31日)

序号 股东名称	年末持股数(万股)	占总股本%
1.长沙市环路建设开发有限公司	13187.72	45.38%
2.长沙市国有资产经营公司	2470.00	8.50%
3.中国宝安集团股份有限公司	650.00	2.24%
4.深圳康佳电子股份有限公司	130.00	0.45%
5.李月英	40.00	0.137%
6.李卫红	35.50	0.122%
7.徐联文	30.46	0.105%
8.汕头市信泰有限公司	30.00	0.103%
9.刘瑞红	25.28	0.087%
10.郭学志	25.00	0.086%

1)持有本公司5%以上(含5%)的法人股份的股东所持股票无质押、冻结情况;
2)本公司前十名股东无关联关系。
3)本报告期内控股股东未发生变更。
(三)持有本公司股份10%以上的股东简介:
长沙市环路建设开发有限公司(该公司持有的股份为国有法人股)法定代表人:刘忠明
经营范围:环线公路建设、维护、收费及经营管理,建材的销售。

湘火炬投资股份有限公司

一、公司简介

湘火炬投资股份有限公司(以下简称湘火炬)原名湘火炬汽车零部件股份有限公司,始建于1961年,1993年改组为股份有限公司,并于同年上市。2000年末,资产总额23亿元。

近年来,公司确立了汽车零部件行业作为自身发展的主导方向和基础,以资产为纽带,通过收购、兼并、重组等方式,向汽车整车、出口机电产品、环保和其他新兴朝阳产业切入,使公司成为多元化、规模化、国际化经营的企业集团,已基本形成了点火系统、刹车系统、内饰件、高新技术、环保科技等为主体的核心业务,湘火炬公司目前已基本转变为投资控股型公司。在稳定和巩固国内市场的同时,公司也大举进攻国际市场,以收购美国公司MAT为契机,进一步增强了出口竞争能力,同时加大优势产品的技改投资力度,积极应对中国加入WTO的挑战。

1、公司法定中文名称:湘火炬投资股份有限公司
公司法定英文名称:TORCH INVESTMENT CO.,LTD
2、公司法定代表人:聂新勇
3、公司董事会秘书:郑 悦
公司董事会秘书授权代表:张英姿
联系地址:湖南省株洲市红旗北路3号
联系电话:0733-8450021
传 真:0733- 8450019
电子信箱:E—mail: torchpgb @ mail .zz. hn. cn
4、公司注册地址:湖南省株洲市河西黄河南路1号
公司办公地址:湖南省株洲市红旗北路3号
邮政编码:412001
国际互联网网址:http://www.cntorch.com
电子信箱:E—mail: torch @ mail .zz. hn. cn
5、公司选定的信息披露报纸名称:《中国证券报》和《证券时报》
登载公司年度报告的中国证监会指定国际互联网网址:http:// www. cninfo .com.cn
公司年度报告备置地点:公司办公楼五楼董事会办公室
6、公司股票上市交易所:深圳证券交易所
股票简称:湘火炬A 股票代码:0549

二、会计数据和业务数据摘要

(一)公司本年度主要会计数据(单位:人民币元)

1、利润总额	151993854.38
净利润	85958528.68
扣除非经常性损益后的净利润	85301001.76
主营业务利润	364682264.49
其他业务利润	18796813.53
营业利润	117480243.81
投资收益	33856083.65
补贴收入	918504.39
营业外收支净额	-260977.47
经营活动产生的现金流量净额	14281822.14
现金及现金等价物净增加额	968830684.41

扣除的非经营性损益为补贴收入918504.39元与营业外收支净额-260977.47元。

(二)截至报告期末公司前三年的主要会计数据和财务指标

	2000年	1999年	1998年
主营业务收入(元)	1543383794.94	415686014.97	265951089.19
净利润(元)	85958528.68	52049799.45	66659721.61
总资产(元)	2308094685.99	1120921428.33	515967964.51
股东权益(不含少数股东权益)(元)	941202849.23	349348323.90	297043047.07
每股收益(元/股)	0.331	0.235	0.5713
每股净资产(元/股)	3.619	1.576	2.55
调整后的每股净资产(元/股)	3.407	1.41	2.42
每股经营活动产生的现金流量净额(元/股)	0.055	0.347	
净资产收益率	9.13%	14.9%	22.44%
扣除非经常性损益后的每股收益(元/股)	0.326	0.235	0.5361
按月平均加权法计算的每股收益(元/股)	0.372	0.293	0.633
扣除非经常性损益后的加权平均净资产收益率	15.78%		

注:根据会计师事务所的审计报告,由于补交养老保险金、住房公积金等其他因素以及同口径比较等原因,导致部分指标去年同期数发生相应变化。

(三)报告期内股东权益变动情况(单位:元)

项目	股本	资本公积	盈余公积	法定公益金	外币折算差额	未分配利润	股东权益合计
期初数	221707200.00	47486194.54	30500126.18	11644213.17	10999.08	49643804.10	349348323.90
本期增加	38372400.00	520959091.89	14791332.50	4227646.69		69761601.22	643884425.61
本期减少					13980.28	52015920.00	52029900.28
期末数	260079600.00	568445286.43	45291458.68	15871859.86	-2981.20	67389485.32	941202849.23

股本增加原因为本年以10:3比例配股,股本增加。
资本公积变动原因为本年以10:3比例配股,股本溢价增加。
盈余公积,法定公益金增加数是本期利润按规定计提额。
未分配利润变动原因为本期利润增加。

三、股东情况介绍

(一)股东情况介绍
1、报告期末股东总数为3427人。
2、主要股东持股情况(截止至2000年12月31日) (单位:股)

序号	股东名称	股权性质	年度内股份变动	年末持股数	占总股本比例(%)
1	新疆德隆国际实业总公司	法人股		57000000	21.92
2.	株洲国有资产管理局	国家股	-10000000	20666000	7.94
3.	广州创宝投资有限公司	法人股	+10000000	10000000	3.84
4.	株洲天祥商贸有限公司	法人股		6133200	2.36
5.	王秀梅	社会公众股		980543	0.38
6.	云南内燃机厂	社会公众股		946497	0.36
7.	张勤	社会公众股		890240	0.34
8.	章娟子	社会公众股		698490	0.27
9.	田家友	社会公众股		687756	0.26
10.	王保真	社会公众股		662658	0.25

江铃汽车股份有限公司

江铃汽车股份有限公司2000年年度报告摘要

重要提示：本公司董事会保证本报告所载资料不存在任何虚假记载、误导性陈述或者重大遗漏，并对其内容的真实性、准确性和完整性负个别及连带责任。

一、公司简介

公司的中文名称：江铃汽车股份有限公司
英文名称：Jiangling Motors Corporation, Ltd.
缩写：JMC
公司法定代表人：孙敏先生
董事会秘书：熊中平先生
授权代表：全实先生
联系地址：江西省南昌市迎宾北大道509号江铃汽车股份有限公司证券部
电话：0791-5232888-6178
传真：0791-5232839
电子信箱：jmcgh@public.nc.jx.cn
财务信息披露人员：吴凯先生（电话0791-5232888-6572）
伍杰红女士（电话0791-5232888-6808）
公司注册地址及办公地址：江西省南昌市迎宾北大道509号
邮政编码：330001
国际互联网网址：http://www.jmc.com.cn
公司信息披露报纸名称：中国证券报、证券时报、香港商报
登载公司年度报告的中国证监会指定国际互联网网址：
http://www.cninfo.com.cn
公司年度报告备置地点：江铃汽车股份有限公司证券部
公司股票上市交易所：深圳证券交易所
股票简称：ST江铃　ST江铃B
股票代码：0550　2550

二、会计数据和业务数据摘要

1、本年度部分财务指标　单位：人民币元

项目	金额
利润总额	63,914,341.39
净利润	53,291,479.13
扣除非经常性损益后的净利润	34,723,576.90
主营业务利润	672,107,641.45
其他业务利润	14,017,734.95
营业利润	46,159,777.47
投资收益	-813,338.31
补贴收入	20,000,000.00
营业外收支净额	-1,432,097.77
经营活动产生的现金流量净额	1,046,003,213.38
现金及现金等价物净增加额	343,241,037.87

注：扣除的非经常性损益项目和涉及金额　单位：人民币元

项目	金额
补贴收入	20,000,000.00
营业外收支净额	-1,432,097.77
合计	18,567,902.23

本公司2000年度净利润按中国会计准则审计为53,291,479.13元，按国际会计准则审计为94,289,000元。产生的差异主要是由于：对早期采用的国际会计准则38#条款无形资产的方式调整；住房周转金摊销；及根据稳健原则作出之其他调整，具体包括对以前年度已计坏帐准备而本年度收回的应收款项，以及以前年度多计提的技术提成费追溯调整方式的不同。

国际会计准则之调整对未计少数股东权益之损益及资产净值之影响：
单位：人民币千元

	未计少数股东权益前之损益		净资产	
	2000	1999	2000	1999
按照中国会计准则及条例呈报	63,914	-154,917	1,654,346	1,601,055
累计国际会计准则之调整，净额	39,888	-27,308	-142,618	-183,616
调整后（未计少数股东权益前）	103,802	-182,225	1,511,728	1,417,439

2、近三年主要会计数据和财务指标　单位：人民币元

项目	2000年度	1999年度 调整后
主营业务收入	2,825,155,076.34	2,439,819,011.72
净利润	53,291,479.13	-161,080,453.94
总资产	4,302,038,522.66	4,509,958,699.07
股东权益（不含少数股东权益）	1,654,346,398.16	1,601,054,919.03
每股收益（摊薄）	0.062	-0.187
每股收益（加权）	0.062	-0.187
扣除非经常性损益后的每股收益	0.040	-0.176
每股净资产	1.916	1.855
调整后的每股净资产	1.240	1.097
每股经营活动产生的现金流量净额	1.212	1.12
净资产收益率	3.22%	-10.06%
加权平均净资产收益率	3.27%	-9.58%
扣除非经常性损益后的净资产收益率	2.10%	-9.48%
扣除非经常性损益后的加权平均净资产收益率	2.13%	-10.22%

本年度净资产收益率和每股收益有关指标　（单位：人民币元）

报告期利润	净资产收益率		每股收益	
	全面摊薄	加权平均	全面摊薄	加权平均
主营业务利润	40.63%	41.29%	RMB 0.7786	RMB 0.7786
营业利润	2.79%	2.84%	0.0535	0.0535
净利润	3.22%	3.27%	0.0617	0.0617
扣除非经营性损益后的净利润	2.10%	2.13%	0.0402	0.0402

注：有关财务指标的计算公式

每股收益（全面摊薄）=净利润/年度末普通股股份总数

每股收益（加权平均）(EPS)=P/ (S0 + S1 + Si Mi M0 - Sj Mj M0)

其中：P为报告期利润；S0为期初股份总数；S1为报告期因公积金转增股本或股票股利分配等增加股份数；Si为报告期因发行新股或债转股等增加股份数；Sj为报告期因回购或缩股等减少股份数；M0为报告期月份数；Mi为增加股份下一月份起至报告期期末的月份数；Mj为减少股份下一月份起至报告期期末的月份数。

每股净资产=年度末股东权益/年度末普通股股份总数

调整后的每股净资产=[年度末股东权益-三年以上的应收款项净额-待摊费用-待处理(流动、固定)资产净损失-开办费-长期待摊费用-住房周转金负数余额]/年度末普通股股份总数。

每股经营活动产生的现金流量净额=经营活动产生的现金流量净额/年度末普通股股份总数。

净资产收益率（全面摊薄）=净利润/年度末股东权益×100%

净资产收益率（加权平均）(ROE)=P/ (E0 + NP 2 + Ei Mi M0 - Ej Mj M0)

其中：P为报告期利润；NP为报告期净利润；E0为期初净资产；Ei为报告期发行新股或债转股等新增净资产；Ej为报告期回购或现金分红等减少净资产；M0为报告期月份数；Mi为新增净资产下一月份起至报告期期末的月份数；Mj为减少净资产下一月份起至报告期期末的月份数。

3、本年度股东权益变动情况　单位：人民币元

项目	股本	资本公积	盈余公积
期初数	863,214,000.00	832,026,505.15	146,302,932.95
本期增加	0	0	0
本期减少	0	0	0
期末数	863,214,000.00	832,026,505.15	146,302,932.95
变动原因			

项目	法定公益金	未分配利润	股东权益合计
期初数	41,798,726.85	-240,488,519.07	1,601,054,919.03
本期增加	0	53,291,479.13	53,291,479.13
本期减少	0	0	0
期末数	41,798,726.85	-187,197,039.94	1,654,346,398.16
变动原因		本年盈利	本年盈利

三、股本变动与股东情况

1、股本变动情况

（1）公司股份变动情况表　单位：股

	本次变动前	本次变动增减(+,-)	本次变动后
一、未上市流通股份			
1、发起人股份	354,056,000	120,000	354,176,000
其中：国家持有股份	354,056,000	120,000	354,176,000
2、募集法人股份	47,558,000	-120,000	47,438,000
未上市股份合计	401,614,000		401,614,000
二、已上市流通股份			
1、人民币普通股	117,600,000		117,600,000
2、境内上市的外资股	344,000,000		344,000,000
其中：战略投资者持有	258,642,800		258,642,800
已上市流通股份合计	461,600,000		461,600,000
三、股份总数	863,214,000		863,214,000

（2）股票发行与上市情况

公司于1998年10月30日增发1.7亿股B股，其中1.2亿股以5450万美元的总价款配售给美国福特汽车公司，其他5000万股以港币2.81元/股的价格配售给其他境外投资者，上述股份已于1998年11月12日在深圳证券交易所上市。

招远市机电设备总公司所持本公司法人股12万股，经法院判决充抵其所欠本公司股东江铃汽车集团公司车款，上述股份现已完成过户。

2、股东情况介绍

（1）截止2000年12月31日，公司股东总数为67,945人。

（2）截止2000年12月31日，本公司前十大股东持股情况如下：

股东名称	年度内股份增减变动	年末持股数量	占总股本比例(%)
江铃汽车集团公司	120,000	354,176,000	41.03
福特汽车公司（以下简称"福特"）	0	258,642,800	29.96
DBS SECURITIES NOMINEES (HK) LTD	0	46,200,000	5.35
上海汽车有限公司	0	25,970,000	3.01
中国宝安集团股份有限公司	0	12,000,000	1.39
通发实业有限公司	0	4,313,899	0.50
广东证券公司	-4,700	2,797,500	0.32
哈尔滨道里投资股份有限公司	1,147,953	2,588,400	0.30
哈尔滨市哈里实业股份有限公司	-1,570,245	2,497,331	0.29
广东机电公司	0	1,200,000	0.14

注：i.集团、福特、DBSSECURITIESNOMINEES(HK)LTD持有本公司5%以上股份，其所持股份未质押或冻结。

ii. 持有本公司5%以上股份的股东之间不存在关联关系。

iii.集团代表国家持有股份；福特、DBSSECURITIESNOMINEES(HK)LTD、通发实业有限公司和广东证券公司是外资股股东。

（3）持股10%以上股东情况

江铃汽车集团公司　董事长：孙敏（法定代表人）

经营范围：主营　汽车制造、汽车零部件、汽车底盘、
汽车总成、挂车制造，汽车质量检验，

供应成员厂所需的工业生产资料。

兼营　本企业成员企业自产产品及相关技术出口业务、经营本企业成员企业生产、科研所需原辅材料、机械设备、仪器仪表、零配件等商品及相关技术的进出口业务、物业管理(以上主兼营项目国家有专项规定的除外)。

福特汽车公司　董事长:小威廉·克莱·福特
总裁兼首席执行官:杰克·纳赛尔
经营范围:轿车、卡车和相关零部件的设计、制造、组装和销售、融资业务、汽车和设备的租赁业务以及保险业务。

四、股东大会简介

1、股东大会的通知、召集、召开情况

本公司于2000年5月30日在《中国证券报》、《证券时报》和《香港商报》上刊登《江铃汽车股份有限公司关于召开公司1999年度股东大会公告》。

本公司1999年度股东大会于2000年7月3日在本公司办公楼四楼会议室召开，与会股东和股东代理人31名,代表股份650,888,200股,占本公司总股本的75.4%,其中A股股东30名,持有股份392,245,400股，占总股本的45.44%,B股股东1名，持有股份258,642,800股，占总股本的29.96%。

2、本公司1999年度股东大会通过以下决议:

(1)批准《一九九九年度总裁业务报告》。

(2)批准《一九九九年度董事会工作报告》。

(3)批准《一九九九年度监事会工作报告》。

(4)批准《一九九九年度财务报告》。

(5)批准《一九九九年度利润分配议案》。

(6)批准《公司董事变动议案》。

此次股东大会决议于2000年7月4日刊登于《中国证券报》、《证券时报》和《香港商报》。

3、选举、更换公司董事、监事情况

本公司1999年度股东大会批准公司股东福特公司提名马丁·利奇先生接替理查德·贝尔先生任公司董事,提名戈登·斯波汀先生接替蒋尚礼先生任公司董事。

五、董事会报告

1、公司经营情况

(1)公司主营业务主要是生产和销售全顺系列商用车、五十铃N系列卡车和T系列轿卡车,以及相关的配件和服务。本年共生产汽车26810辆,销售汽车26186辆,实现销售收入28.25亿元,比上年分别增长5.2%、8.79%、15.79%。其中五十铃N系列车销售14229辆;T系列车销售6312辆;全顺系列车销售5633辆,井岗山系列车销售12辆。本年度公司按销量排序在汽车行业排第18位,在轻载市场排第6位,轻客市场排第12位。(资料数据来源:中国汽车工业协会《中国汽车工业产销快讯》2001年第一期)

(2)子公司经营情况及业绩

子公司名称	主营业务收入	营业利润	净利润
江铃五十铃汽车有限公司	1,660,398,711.11	17,535,607.51	30,177,978.92

(3)经营中出现的问题及解决方案

2000 年度,公司汽车销量比去年递增 8.79%,销售收入28.25亿元,比去年增加 15.79%,顺利扭亏为盈。但是公司没有达到其2000年的销量及销售收入目标,本年度汽车销量及销售收入未完成年度计划是因为商用车市场发展平缓,全顺系列车销量未如预期有成倍增长,在T系列轿卡车销量大幅增长的同时,五十铃N系列车销量有所下降。

2000年度,公司主要管理举措:

A、合理调整销售网点,加强对代理商的考核、扶持,使营销手段多样化。

B、以市场为导向加快开发新产品,自主开发的JMC轿卡等品种拉动了销量增长;于2000年全面完成全顺冲压件项目,为全顺车进一步降低成本、提高竞争力奠定了基础。

C、顺利通过了ISO9001,延伸扩证至设计开发环节,质量体系运转良好。发动机厂和铸造厂顺利通过德国莱因认证机构QS9000跟踪审核,车桥厂圆满通过该认证机构第三方认证审核,全顺厂完成两次ISO14000贯标内审,并大力推动供应商通过QS9000第三方认证。以8D整改等手段进行质量持续改进,杜绝了许多可能发生的质量问题。

D、狠抓成本管理,成立了"成本管理小组"和"价格审批委员会",使采购成本和财务费用大幅度下降。

2、公司财务状况

2000年年末总资产为43亿204万元,比99年减少2亿792万元。其中流动资产减少9375万元,主要为存货与应收款减少;固定资产减少5108万元;无形资产及递延资产减少6291万元,主要为本年折旧摊销。

2000年长期负债为11亿446万元,比99年减少4亿5027万元。其中长期借款减少4亿5978万元,其他长期负债增加951万元。

2000年股东权益为16亿5435万元，比99年增加5329万元，主要是由于本年盈利5329万元。

2000年主营业务利润为6亿7211万元,比99年增加1亿6674万元,主要是由于销量增长,主营业务收入增加,全顺国产化进程使单台成本下降。

2000年净利润为5329万元,与99年相比扭亏2亿1437万元。主要是由于销量增长,成本下降以及1999年的一次性款项。

3、公司投资情况

(1)本年度公司未进行资金的募集和使用。

(2)非募集资金使用情况

电喷汽油机项目,总投资1200万元,预计2001年完成。

发动机实验室项目,总投资1085万元,2000年完成投资700万元,已投入使用。

全顺冲压件国产化,总投资29300万元,项目于2000年已按计划完成。

车架涂装线项目总投资2310万元,已于2000年5月投入生产。

全顺卡车项目总投资3960万元,2000年实际完成投资2678万元。2000年投产单排后单胎、单排后双胎、加长单排后双胎等车型。2001年将投入922万元。

4、2001年公司业务发展计划

(1)生产经营总体目标及措施

经营目标:销售汽车3.6万辆。

主要措施:

A、公司面对WTO挑战,结合近年市场竞争实际,已确定了"高品质、多品种、中价位、优质服务"新的入世战略。年初,对产品进行全新准确的市场定位,即入世战略第一步。在确保产品质量的同时,不断降低成本,有计划、分步骤对价格进行合理调整,以合理价位抢占市场,大幅度提升产销量,保持入世后的竞争力。实施该战略,公司2001年第一季度市场销量,在实现新千年新世纪"开门红"的同时,呈十分火爆的销售局面。

B、在经营战略实施成功转变的基础上,继续采取积极稳健的市场战略。细分市场,突出重点产品,重点区域,加强促销力度,着力提高代理商的整体素质,促进优胜劣汰。

C、加紧开发市场潜在的俏销品种,形成对市场快速反应的开发机制。集中精力抓好汽油车、全顺高顶后双胎等新品种开发,加快投产上市步伐。以较快速度进行现有产品外观、配置增强的开发,增加产品"卖点"。

D、完善质量体系建设,在更高层次上维护体系有效运行,加强对供应商质量体系监督,对质量问题以预防为主,推广各类最新的科学管理方法,提高质量改进水平。

E、进一步优化顾客服务体系。要成立顾客服务推进工作小组,提高服务快速反应能力,在销售部门设置客户服务中心,充实服务队伍力量。

F、按照现代企业制度,完善公司法人治理结构,规范管理授权,给股东最大回报。

(2)新建、在建项目的预期进度

C2线M3冲压线,总投资3437.4万元。2000年完成投资1548万元,2001年将投入1785万元,预计2001年11月投入使用。

江铃QAD商务系统,总投资1577万元。目前处于系统优化整合阶段,预计2002年年底完成。

全顺新涂装面漆线,总投资8600万元,2000年已基本完成投资,2001年全面投入使用。

发动机实验室二期工程,购买一套发动机排放分析设备。项目总投资580万元,预计2001年12月投入使用。

5、董事会日常工作情况

(1)报告期内董事会的会议情况及决议内容

本公司董事会于2000年1月27日以书面表决形式批准聘任宛虹先生为公司副总裁，同时免去其总裁助理职务。

本公司董事会于2000年5月18日以书面表决形式批准《江铃汽车股份有限公司关于提取各项资产减值准备和损失处理的内部控制制度》;批准公司总裁提交的《关于计提应收帐款坏帐准备的报告》;批准公司总裁提交的《关于计提存货跌价准备的报告》;批准报废部分在建工程中设备和土建的报告。

本公司董事会于2000年5月19日在公司办公楼二楼会议中心召开三届三次董事会会议。会议通过以下决议:

a、批准全顺后双胎项目。

b、批准全顺冲压模具摊销方案。

c、同意授权执行副总裁兼财务总监戈登·斯波汀先生处理公司与各金融机构之间的贷款融资事宜,期限自2000年7月1日至2001年6月30日。

d、同意提名马丁·利奇先生接替理查德·贝尔先生任公司董事,并提交公司1999年度股东大会审议。

本公司董事会于2000年5月30日以书面表决形式通过以下决议:

a、批准公司1999年年度报告及1999年年度报告摘要。

b、批准公司1999年利润分配预案。

c、同意提名戈登·斯波汀先生接替蒋尚礼先生任公司董事,并提交公司1999年度股东大会审议。

d、批准《关于召开公司1999年度股东大会公告》。

本公司董事会于2000年8月22日以书面表决形式通过以下决议:

a、批准公司2000年中期报告及2000年中期报告摘要;

b、批准公司2000年中期利润分配方案如下:

公司2000年中期利润将用于弥补以前年度亏损。

本公司董事会于2000年8月28日以书面表决形式通过以下决议:

a、提名卢水芳先生接替廖赞平先生任公司董事,此项提议须经公司股东大会批准。

b、免去蒋尚礼先生常务执行副总裁职务,聘任戈登·斯波汀先生为公司常务执行副总裁,同时免去其公司执行副总裁兼财务总监职务。

c、免去廖赞平先生公司执行副总裁职务,聘任熊春英女士为公司执行副总裁,同时免去其公司副总裁职务。

d、聘任王文涛先生为公司财务总监。

e、聘任周亚倬先生为公司副总裁。

f、改组公司执行委员会,新的执行委员会由邹幸先生、戈登·斯波汀先生、卢水芳先生、熊春英女士和唐明先生组成。

本公司董事会于2000年12月19日在公司办公楼二楼会议中心召开三届四次董事会会议。会议通过决议如下:

a、批准发动机实验室扩建项目。

b、批准柴改汽汽油机项目。

c、批准2001年质量计划。

d、批准2000年度四项准备计提及核销方案。

e、批准将向集团偿付的住房差价计入住房周转金,从2000年起每年按年度工资总额的25%摊销;批准计提住房维修基金并分五年摊销。

f、批准授权财务总监王文涛先生全权处理公司贷款事务，期限自2000年12月20日至2001年12月19日,同时中止对戈登·斯波汀先生处理公司贷款事务的授权。

(2)根据公司1999年度股东大会决议,公司2000年未进行利润分配,也未进行资本公积金转增股本。

6、公司管理层及员工情况

(1)董事、监事、高级管理人员

职务	姓名	性别	年龄	年末持股量	年度内股份变动	股份变动原因
董事长	孙敏	男	65	55080	0	
副董事长	程美玮	男	51	0	0	
董事	齐鸿浩	男	53	0	0	
董事	白迪	男	53	0	0	
董事兼总裁	邹幸	男	38	0	0	
董事	刘善波	男	56	4800	0	
董事	诺伯特·库恩	男	56	0	0	
董事	马丁·利奇	男	44	0	0	
董事兼常务执行副总裁	戈登·斯波汀	男	51	0	0	
董事	廖赞平	男	38	0	0	
董事	罗军	男	50	4800	0	
董事会秘书	熊中平	男	38	0	0	
首席监事	吴涌	男	51	4860	0	
监事	陈晓木	男	50	0	0	
监事	阙忠民	男	55	0	0	
监事	朱毅	男	31	0	0	
监事	徐顺根	男	38	0	0	
执行副总裁	卢水芳	男	47	0	0	
执行副总裁	熊春英	女	37	0	0	
副总裁	涂洪峰	男	52	0	0	
副总裁	鲍勃·巴克斯	男	54	0	0	
副总裁	钟万里	男	38	0	0	

财务总监	王文涛	男	38	0	0
副总裁	宛虹	男	40	0	0
副总裁	周亚倬	男	38	0	0

关于报酬的说明：公司董事、监事和高级管理人员中，程美玮先生、齐鸿浩先生、白迪先生、马丁·利奇先生、诺伯特·库恩先生、罗军先生、陈晓木先生、朱毅先生和徐顺根先生，公司未支付其报酬；报酬在10万至12万元之间1人，在7万至9万元之间7人，5万至7万元之间2人，3万至5万元之间3人；公司按与福特签订的《人员协议》支付福特派驻公司的高级管理人员报酬。

董事廖赞平先生任期至2000年度股东大会结束时为止，其他董事、董事会秘书以及所有监事的任期均至2002年6月。

本年度，原董事理查德·贝尔先生、蒋尚礼先生因工作变动不再担任公司董事。原常务执行副总裁蒋尚礼先生、原执行副总裁廖赞平先生、原执行副总裁兼财务总监戈登·斯波门先生、原副总裁熊春英女士因工作变动不再担任相应职务。

(2)员工数量及专业构成

截止2000年底，公司员工总数为6099人，其中生产人员4379人，销售人员251人，技术人员643人，财务人员95人，管理人员722人，其它人员9人。其中大中专以上学历的员工占职工总数的29.22%。初级职称720人，中级职称417人，高级职称 101人。各类专业技术人员占职工总数的20.3%。企业退休职工总数为1217人。

7、2000年度利润分配预案和2001年度利润分配政策

(1)2000年度利润分配预案

公司2000年度经营业绩按中国会计准则审计为53,291,479.13元，按国际会计准则审计为94,289,000元。本年度利润将用于弥补以前年度亏损。此预案须经股东大会批准。

(2)2001年度利润分配政策

预计2001年度利润将继续用于弥补以前年度亏损，如有结余，暂不分配，滚存至以后年度。

8、其他报告事项

继续选定《中国证券报》、《证券时报》和《香港商报》为信息披露报纸。

六、监事会报告

2000年度，公司监事会按照《公司法》、《证券法》及本公司《章程》的有关规定，认真履行监督职能，进一步加大了监督力度，以维护广大投资者的利益，报告期内共召开全体会议二次，审议并通过了《1999年度监事会报告》、公司《1999年度报告》和公司《计提"四项准备"的内部控制制度》。此外，首席监事列席了各次董事会，全体监事参加了年度股东大会。本监事会就报告期内下列事项发表意见如下：

1、公司依法运行情况：公司决策程序规范、合法，能严格按照《公司法》、《证券法》等法律、法规及本公司《章程》进行规范运作，建立了较为完善的内部控制制度。公司董事、总裁及其他高级管理人员在执行公司职务时，未发现有违反法律、法规、公司章程和损害公司利益的行为。

2、检查公司财务情况：中天勤会计师事务所和安永会计师事务所对本公司2000年度会计报表进行了审计并出具了无保留意见的审计报告，我们认为该报告客观、真实地反映了公司的财务状况、经营成果及资金变动情况。

2000年公司进一步加强了企业内部管理，努力提高经济效益。在开发新产品，提高产销量，提高产品质量，降低产品成本，压缩管理费用等方面做了大量的工作，使公司2000年度顺利扭亏为盈。

3、报告期内公司无资产收购与出售，未发现内幕交易及损害股东权益或造成公司资产流失的现象。

4、公司关联交易按照有关协议进行，并定期进行调整，价格较为公平、合理。

七、重要事项

1、重大诉讼、仲裁事项

(1)本公司之全资附属公司－江铃汽车销售总公司，因南京市机电设备总公司等47家汽车经销商拖欠其销售货款38,108,680.00人民币元，从1997年5月至2000年12月之间起诉该等单位要求偿付欠款，江铃汽车销售总公司均已胜诉，自有关判决生效后，已收到上述欠款7,797,234.50人民币元，获得资产保证12,338,163.08人民币元，对尚未收到之款项正在追索中。该等款项已于2000年以前年度全额计提坏帐准备。

(2)本公司诉清华泰豪科技股份有限公司(原江西三波电机厂)欠款116万元一案，因该公司未按已生效的《民事调解书》履行清偿债务的义务，南昌市青云谱区人民法院根据本公司的申请，采取了强制执行措施，截止2000年12月31日该公司所欠款均全部偿清。

(3)根据具有强制执行效力的公证债权文书强制执行江西凯利染织有限公司，南昌市凯利(集团)有限公司财产一案，上述公司至今尚欠本公司 679 万元。南昌市青云谱区人民法院依法查封了该公司约 492 万人民币元的房产及土地使用权。本案仍在强制执行中，同时已全额计提坏帐准备。

2、报告期内，公司、公司董事及高级管理人员无受监管部门处罚的情况。

3、报告期内公司无收购及出售资产、吸收合并事项。

4、重大关联交易事项

(1)本年度公司购销商品、提供劳务发生的关联交易。

A、本公司向关联方采购原、辅材料及零配件，年度金额在3000 万以上的列示如下：

关联方名称	交易金额	占购货总额的比例
福特汽车公司或其指定供应商	208,199,836.92	8.47%
江铃汽车集团改装车总厂	81,391,096.91	3.31%
江铃底盘公司	77,876,888.00	3.17%
江铃汽车集团车厢内饰件厂	73,470,942.02	2.99%
江西福昌空调公司	56,756,414.84	2.31%
江铃李尔内饰件厂	53,639,233.50	2.18%
南昌齿轮厂	41,693,775.78	1.70%
江凯齿轮公司	34,087,570.00	1.39%

结算方式：福特或其指定供应商为信用证结算方式；其他关联方为预付或现款支付。

定价原则：向福特或其指定的供应商采购进口件按协议的公平价格；本公司向其他关联方采购国产配套件的价格，是通过对方报价、成本核算、双方谈判来确定的，并定期调整。

必要性和持续性：进口零配件的采购将随国产化的实现立即停止，用国产件替代；本公司向其他关联方采购的零配件一部分系本公司全顺系列、五十铃系列产品所需的专用配件，其他通用配件本公司通过竞价的方式采购。

B、本公司向关联方销售产品年度金额在3000万以上的列示如下：

关联方名称	交易金额	占产品交易总额的比例
江西江铃汽车销售有限公司	157,080,910.92	5.55%
北京江铃经贸公司	118,036,269.26	4.17%
江铃汽车集团广州公司	104,977,461.65	3.71%
上海江铃汽车销售有限公司	96,894,923.24	3.42%
深圳江铃汽车贸易公司	94,959,145.57	3.36%
南京钟山江铃汽车销售有限公司	94,549,278.16	3.34%
江铃汽车集团西北公司	67,071,324.69	2.37%
河南中原江铃汽车销售有限公司	54,039,230.69	1.91%
江铃汽车集团山东公司	52,904,262.24	1.87%
海南江铃发展总公司	30,740,897.51	1.09%

结算方式：现销或在信用额度内赊销。

定价原则：与其他经销商同一价格。

必要性和持续性：上述关联方均为公司专营经销商，本公司将继续使用其经销网络销售本公司产品。这些专营经销商是本公司股东江铃汽车集团公司的子公司或附属公司，集团公司正在对其进行市场化改革，使其产权多元化，从而提升其市场营销能力。

C、管理人员报酬

根据本公司与福特汽车公司签订的《人员协议》及《人员协议补充合同》，本年度公司向其指派的外籍借调人员支付总额 175 万美元的包括工资及保险等费用。

D、综合服务

江铃汽车集团公司承担本公司及子公司中小学教育费，退休员工经费和保安、消防、道路维护保养及有线电视等服务，本年度按约定的人员比例分配给本公司及子公司上述费用1570万元。

E、代理采购

本公司通过江铃进出口有限责任公司购买进口原材料，按固定比例支付佣金。本年度公司佣金支出为8,878,828.23元。

(2)本年度公司无资产、股权转让发生的关联交易。

(3)公司与关联方债权、债务往来和担保等事项

A、主要关联方应收应付款项余额在3000万元以上的列示如下：

项目	关联方名称	金额	占各项目款项余额比例
其他应收款	江铃汽车集团公司	77,005,168.80	61.36%

B、定期存款

为解决江铃汽车集团公司10家异地销售子公司及南昌齿轮厂的经营资金问题，2000年12月，本公司及江铃五十铃汽车有限公司与江铃汽车集团财务有限公司签定协议，江铃汽车集团财务有限公司向上述11家公司发放为期一年的信托贷款计140,500,000.00人民币元。在此期间，本公司及江铃五十铃汽车有限公司愿存入江铃汽车集团财务有限公司相同金额的定期款项。

C、本公司从江铃汽车集团财务有限公司借入2,500,000.00美元，折合20,695,250.00人民币元，并为此支付利息773,671.27人民币元。

D、担保

江铃汽车集团公司为本公司银行借款31,172,645.33美元、917,700.00德国马克及 1,614,870,000.00 人民币元，共计1,876,531,608.35 人民币元提供担保。

(4)本年度公司其他重大关联交易事项

A、江铃汽车集团公司占用本公司资金按同期银行借款利率计收利息，本年度利息收入为1,206,255.48元。

B、本公司向江铃汽车集团公司出租房屋计收租金，本年度租金收入为1,910,187.20元。

C、根据本公司与福特汽车公司签订的《工程培训投产服务协议》，本年度本公司支付福特公司工程技术服务费267.5万美元。

D、根据本公司与福特汽车公司签订的《共同开发协议》及《共同开发协议第二次修订合约》，本公司将付给福特总额为 4000 万美元的开发费用，本公司2000 年度承担的技术开发费按全顺汽车整车销售收入的 1.8%提取，计2,390,167.00美元，折合19,788,698.22人民币元。

E、根据本公司、福特汽车公司及江铃汽车集团公司关于2000年市场营销计划的《备忘录》，本公司、福特汽车公司及江铃汽车集团公司按比例47%、40%、13%分别承担2000年2至4季度全顺车变动促销费。上述期间变动促销费发生总额约为25,003,000.00人民币元。

5、本公司"三分开"情况说明：

(1)公司董事长孙敏先生为公司控股股东江铃汽车集团公司法人代表。公司总裁邹幸先生，执行副总裁卢水芳先生、熊春英女士，副总裁涂洪峰先生、钟万里先生等高级管理人员担任本公司股东江铃汽车集团公司董事，其他高级管理人员未在股东单位任职。所有高级管理人员均在公司领取薪酬。公司的劳动、人事及工资管理完全独立。

(2)本公司资产完整。主要由本公司使用的生产系统、辅助生产系统和配套设施、工业产权、非专利技术等资产全部归属或受控于本公司；公司拥有独立的产、供、销系统；无公司控股股东与公司从事相同产品生产经营的同业竞争情况。

(3)本公司财务独立。公司设立了独立的财务部门，建立了独立的财务核算体系，具有规范、独立的财务会计制度和对分公司、子公司的财务管理制度；独立在银行开户，无与控股股东共有一个银行帐户的情况；独立依法纳税。

6、除前述有关关联交易，本公司未发生托管、承包、租赁其他公司资产或其他公司托管、承包、租赁本公司资产的事项。

7、本年度公司续聘中天勤会计师事务所、香港安永会计师事务所负责公司审计工作。

8、本公司近期与福特汽车公司签订了《人事协议补充合同》、《工程培训投产服务协议》和《共同开发协议第二次修订合约》。上述协议公告刊登于 2001 年3月20日的《中国证券报》、《证券时报》和《香港商报》。

9、本年度公司更改了股票简称。A 股股票简称由原"江铃汽车"更改为"ST 江铃"，B股股票简称由原"赣江铃 B"更改为"ST 江铃 B"，股票代码不变。

10、为了吸引和激励高级管理人员和科技业务骨干，本公司董事会批准了管理层2000年度薪酬激励方案。该方案于2001年3月20日在《中国证券报》、《证券时报》和《香港商报》公告。

11、报告期内，本公司或持股5%以上的本公司股东无承诺事项。

12、期后事项

截止2000年12月31日，公司"住房公积金"科目借方余额计87,491,813.81人民币元。根据财政部财会(2001)5号文《关于印发〈企业住房制度政策中有关会计处理问题的规定〉的通知》，公司董事会决定于2001年初将"住房周转金"期初余额全部冲销转入期初"未分配利润"项目。

该项会计处理待经股东大会审议批准后，用有关盈余公积项目冲抵弥补。用于冲抵的有关盈余公积项目依次为：公益金、任意盈余公积金和法定盈余公积金；弥补总额计87,491,813.81人民币元。

八、财务报告

江铃汽车股份有限公司

2000年度会计报表的

审计报告

中天勤会计师事务所

江铃汽车股份有限公司

中天勤会计师事务所 ZHONG TIAN QIN CERTIFIED PUBLIC ACCOUNTANTS

中国深圳市深南中路爱华大厦16层　　中国深圳市蛇口招商大厦103-203号

16FAihua Bld Shennan Middle Rd.ShenZhen PRC　518031　103-203 CMSN Bld.　Shekou ShenZhen PRC　518067

电子信箱(E-mail): sztcpa @ public. szptt. net. cn

电子信箱(E-mail): sztqcpa @ public. szptt. net. cn

电话 Tel:(0755)3697036　传真 Fax:(0755)3697329

电话 Tel:(0755)6691597　传真 Fax:(0755)6692365

中天勤财审报字(2001)第 A172 号

审计报告

江铃汽车股份有限公司全体股东：

我所接受委托，对贵公司2000年12月31日的公司及合并资产负债表及2000年度公司及合并利润表、利润分配表和现金流量表进行了审计。这些会计报表由贵公司负责，我们的责任是对这些会计报表发表审计意见。我们的审计是依据中国注册会计师独立审计准则进行的，在审计过程

中，我们结合贵公司实际情况，实施了包括抽查会计记录等我们认为必要的审计程序。

我们认为，上述会计报表符合《企业会计准则》、《股份有限公司会计制度》及有关补充规定，在所有重大方面公允地反映了 贵公司2000年12月31日的财务状况及2000年度经营成果和现金流量。

中天勤会计师事务所　　中国注册会计师
中国　深圳　　中国注册会计师
2001年4月3日

资产负债表　2000年12月31日
编制单位：江铃汽车股份有限公司　单位：人民币元

		2000-12-31
	注释	合并
资产		
流动资产:		
货币资金	1	RMB760,768,934.85
应收票据	2	3,728,000.00
应收帐款	3	127,039,631.82
其他应收款	4	125,506,005.92
减：坏帐准备	5	74,848,937.60
应收款项净额		177,696,700.14
预付帐款	6	68,196,196.21
存货	7	677,214,072.13
减:存货跌价准备	7	31,131,190.25
存货净额		646,082,881.88
待摊费用	8	5,527,372.55
流动资产合计		1,662,000,085.63
长期投资:		
长期股权投资	9	12,883,269.25
长期债权投资	9	830,130.00
长期投资合计		13,713,399.25
减:长期投资减值准备		-
长期投资净额		13,713,399.25
固定资产：		
固定资产原价	10	2,422,206,490.50
减：累计折旧	10	712,371,781.57
固定资产净值		1,709,834,708.93
在建工程	11	260,433,604.93
固定资产合计		1,970,268,313.86
无形资产及递延资产:		
无形资产	12	168,089,879.75
开办费	13	21,375,469.40
长期待摊费用	14	466,591,374.77
无形资产及递延资产合计		656,056,723.92
资产总计		RMB4,302,038,522.66
负债与股东权益		
流动负债:		
短期借款	15	RMB519,370,000.00
应付票据	16	28,807,810.41
应付帐款	17	387,597,872.10
预收帐款	18	31,154,433.50
应付工资		52,889,310.52
应付福利费		32,662,476.97
应交税金	19	60,301,424.09
其他未交款	20	2,258,799.15
其他应付款	21	81,167,315.28
预提费用	22	41,172,711.46
一年内到期的长期负债	23	244,796,624.61
流动负债合计		1,482,178,778.09
长期负债:		
长期借款	24	1,191,949,575.06
其他长期负债	25	(87,491,813.81)
长期负债合计		1,104,457,761.25
负债合计		2,586,636,539.34
少数股东权益：		
少数股东权益	26	61,055,585.16
股东权益：		
股本	27	863,214,000.00
资本公积	28	832,026,505.15
盈余公积	29	146,302,932.95
其中：公益金		41,798,726.85
未分配利润	30	(187,197,039.94)
可恢复的被投资单位的亏损	31	-
股东权益合计		1,654,346,398.16
负债与股东权益总计		RMB4,302,038,522.66

利润表
2000年度
编制单位：江铃汽车股份有限公司　单位：人民币元

		2000年度	
	注释	合并	公司
一、主营业务收入	32	RMB2,825,155,076.34	RMB1,513,359,409.60
减：折扣与折让		315,100.00	315,100.00
主营业务收入净额		2,824,839,976.34	1,513,044,309.60
减：主营业务成本	32	2,109,263,114.32	1,160,202,718.14
主营业务税金及附加		43,469,220.57	41,556,850.47
二、主营业务利润		672,107,641.45	311,284,740.99
加：其他业务利润	33	14,017,734.95	104,258,779.67
减：存货跌价损失		5,307,475.84	5,307,475.84
营业费用		178,448,394.29	18,676,824.00
管理费用		332,188,052.12	227,729,898.05
财务费用	34	124,021,676.68	101,390,414.49
三、营业利润		46,159,777.47	62,438,908.28
加：投资收益	35	(813,338.31)	7,335,589.55
补贴收入	36	20,000,000.00	-
营业外收入	37	4,887,936.47	8,197,982.58
减：营业外支出	38	6,320,034.24	5,257,839.38
四、利润总额		63,914,341.39	72,714,641.03
减：所得税		3,455,592.27	-
少数股东损益		7,167,269.99	-
五、净利润		RMB53,291,479.13	RMB72,714,641.03

合并会计报表注释
2000年度

一、公司简介

本公司原系南昌市企业股份制改革联审领导小组以洪办(1992)第005号文批准在江西汽车制造厂基础上改组设立的股份有限公司，企业法人营业执照注册号为15832362-7号，经营范围：主营汽车总成、汽车零部件、汽车发动机、底盘、挂车制造、销售、汽车质量检测。

经对外贸易经济合作部[1996]外经贸资二函字第593号文批准，本公司于1997年1月8日成为外商投资股份有限公司，换领的企业法人营业执照注册号为企合赣总字第002473号，经营范围不变。

二、本公司及附属子公司采用的主要会计政策、会计估计和合并会计报表的编制方法

1.会计制度

执行中华人民共和国财政部颁布的《企业会计准则》、《股份有限公司会计制度》及其补充规定。

2.会计年度

以1月1日起至12月31日止为会计年度。

3.记帐本位币

以人民币为记帐本位币。

4.记帐基础和计价原则

会计核算以权责发生制为记帐基础，资产以历史成本为计价原则（短期投资、存货等年末余额以成本与市价孰低原则计算确定）。

5.外币业务核算方法

对发生的外币经营业务，采用当月一日的市场汇价折合为人民币记帐，月末对货币性项目中外币余额按年末市场汇价调整，由此产生的折算差额计入"财务费用"项目。其中与购建固定资产等直接有关的汇兑损益，在资产尚未交付使用前，计入购建资产的价值。

6.现金等价物的确定标准

指本公司所持有的期限短（从购买日起三个月到期）、流动性强、易于转换为已知金额现金、价值变动风险很小的投资。包括可在证券市场上流通的，购买日起三个月内到期的短期债券投资。

三.本年度会计政策、会计估计或合并会计报表范围变化的影响

四、税项

纳入合并会计报表各单位适用的主要税种及税率列示如下:

税　项	计税基础	税　率
增值税	产品和商品销售收入	17%
营业税	租赁收入，支付外方技术服务费及技术开发费	5%
消费税	全顺汽车销售收入	5%
城市维护建设税	江铃汽车销售总公司实际交纳的增值税额	7%
教育费附加	江铃汽车销售总公司实际交纳的增值税额	3%
企业所得税	应纳税所得额	12%
预提所得税	支付外方技术服务费、技术开发费	10%
价格调节基金	产品、商品及材料销售收入	0.1%

根据国家税务总局国税发[1994]038号文规定，对外商投资企业暂不征收城市维护建设税和教育费附加，本公司及本公司之控股子公司--江铃五十铃汽车有限公司未作纳税准备。

根据《南昌市实行沿海开放城市政策进一步扩大开放的若干规定》，南昌市外商投资企业所得税适用税率为24%。本公司经南昌市国家税务局涉外分局洪国税发(1999)010号文批准，自1997年度起享受企业所得税两免三减政策性优惠，2000年度因弥补以前年度亏损，未作纳税准备；江铃五十铃汽车有限公司属先进技术企业，经南昌市国家税务局涉外分局洪国税外发[2000]62号文批准，2000年减半征收企业所得税，所得税税率为12%。

五、控股子公司及合营企业

1.本公司所控制的所有子公司及合营企业情况及合并范围

被控股子公司名称	注册地	法定代表人	注册资本	本公司拥有股权
江铃汽车销售总公司	南昌	邹　幸	RMB　10,000,000.00	100%
江铃五十铃汽车有限公司	南昌	孙　敏	USD　30,000,000.00	75%

被控股子公司名称	主营业务	是否合并
江铃汽车销售总公司	汽车(小轿车除外)	是
江铃五十铃汽车有限公司	生产销售N系列、TF系列轻型卡车及总成	是

2.本年度合并范围未发生变化

六、合并会计报表主要项目注释

1.货币资金

		2000-12-31	
项目	原币	折算汇率	折合人民币
现金	RMB　6,317.12	1.0000	RMB　6,317.12
银行存款	RMB427,502,680.90	1.0000	427,502,680.90
	USD　529,130.86	8.2781	4,380,198.18
	JPY　21,012,309.00	0.0724	1,521,772.24
	GBP　160,998.17	12.3601	1,989,953.47
小计			RMB 435,394,604.
其他货币资金 *			
活期存款	RMB182,803,860.91	1.0000	RMB182,803,860.91
	HKD　1,414,767.19	1.0606	1,500,502.08
	USD　68,089.29	8.2781	563,649.95
定期存款	RMB140,500,000.00	1.0000	RMB140,500,000.00
小计			RMB325,368,012.94
合计			RMB760,768,934.85
其他货币资金 *			
活期存款	RMB156,904,761.86	1.0000	RMB156,904,761.86
	HKD　1,438,871.81	1.0651	1,532,542.36
	USD　67,066.53	8.2793	555,263.92
定期存款	RMB　-	1.0000	RMB　-
小计			RMB158,992,568.14
合计			RMB417,527,896.98

*.系指存于江铃汽车集团财务有限公司的款项，详见注释八.3(5)所述。

2.应收票据

出票单位	出票日期	到期日	金　额

北京江铃汽车销售有限公司	2000.9-12	2001.1-3	RMB 3,528,000.00
莱芜钢铁股份有限公司	2000.10	2001.4	200,000.00
合　计			RMB 3,728,000.00

3.应收帐款

合并数

帐龄	2000-12-31 金额	比例(%)	坏帐准备
1年以内	RMB 59,586,481.35	46.90%	RMB 87,490.52
1-2年	2,831,105.57	2.22%	369,181.75
2-3年	3,350,921.63	2.64%	3,328,972.22
3年以上	61,271,123.27	48.24%	61,271,123.27
合　计	RMB 127,039,631.82	100%	RMB 65,056,767.76

4.其他应收款

合并数

帐龄	2000-12-31 金额	比例(%)	坏帐准备
1年以内	RMB 89,383,319.86	71.22%	RMB 441,916.60
1-2年	22,228,279.72	17.71%	111,141.40
2-3年	2,116,715.67	1.69%	10,583.58
3年以上	11,777,690.67	9.38%	9,228,528.26
合　计	RMB 125,506,005.92	100%	RMB 9,792,169.84

5.坏帐准备

合并数

项目	金　额	年初数	坏帐准备 本年计提
应收帐款	RMB 127,039,631.82	RMB 63,470,155.68	RMB 3,362,959.47
其他应收款	125,506,005.92	9,927,662.09	1,155,403.95
合计	RMB 252,545,637.74	RMB 73,397,817.77	RMB 4,518,363.42

项目	本年转销	年末数
应收帐款	RMB 1,776,347.39	RMB 65,056,767.76
其他应收款	1,290,896.20	9,792,169.84
合计	RMB 3,067,243.59	RMB 74,848,937.60

本公司1999年度对以前年度发出商品形成的应收帐款57,151,716.27人民币元，全额计提坏帐准备，本年度经多方催收，收回部分款物折合8,770,433.50人民币元，对该等金额已作追溯调整。

6.预付帐款

帐　龄	2000-12-31 金　额	比 例(%)	1999-12-31 金　额	比 例(%)
1年以内	RMB 66,844,357.57	98.02%	RMB113,166,266.82	49.42%
1-2年	328,518.54	0.48%	115,206,405.68	50.32%
2-3年	146,298.03	0.21%	-	-
3年以上	877,022.07	1.29%	602,823.97	0.26%
合　计	RMB 68,196,196.21	100%	RMB228,975,496.47	100%

无持有本公司5%(含5%)以上股份的股东单位欠款。

7.存货及存货跌价准备

9.长期投资

(1) 长期投资组成

(2)长期股权投资

(3)长期债权投资----债券投资

10.固定资产及其累计折旧

	本年减少	2000-12-31
固定资产原价:		
房屋及建筑物	RMB12,920,102.98	RMB 613,867,493.94
机器设备	7,015,434.98	1,329,910,577.44
运输工具	2,234,802.88	43,875,870.35
电子及其他设备	4,859,139.91	434,552,548.77
小计	27,029,480.75	2,422,206,490.50
累计折旧:		
房屋及建筑物	261,180.68	56,980,132.78
机器设备	2,890,258.58	445,449,632.27
运输工具	2,116,022.58	26,347,917.75
电子及其他设备	2,606,179.28	183,594,098.77
小计	RMB7,873,641.12	712,371,781.57
固定资产净值		RMB 1,709,834,708.93

11.在建工程

12.无形资产

13.开办费

项　目	2000-1-1	本年增加
全顺厂、铸造厂开办费	RMB 33,356,646.29	RMB　-

项　目	本年摊销	2000-12-31
全顺厂、铸造厂开办费	RMB11,981,176.89	RMB 21,375,469.40

14.长期待摊费用

15.短期借款

借款类别	2000-12-31 原　币	折合人民币	借款期限
银行借款	RMB	RMB	
担保	519,370,000.00	519,370,000.00	2000.1.21-2001.12.25

16.应付票据

17.应付帐款

无欠持本公司5%以上股份的股东单位的款项。

18.预收帐款

无预收持本公司5%以上股份的股东单位的款项。

19.应交税金

税　种	2000-12-31	1999-12-31
增值税	RMB 27,601,087.44	RMB (5,690,945.65)
营业税	2,202,255.42	4,219,528.10
消费税	7,596,085.65	9,516,838.05
企业所得税	499,645.47	(486,337.47)
房产税	2,795,260.81	4,046,329.16
城建税	156,536.96	-
印花税	410,173.59	416,817.17
车船税	23,509.00	25,309.00
预提所得税	18,949,404.25	19,824,886.10
个人所得税	67,465.50	-
合　计	RMB 60,301,424.09	RMB 31,872,424.46

20.其他应交款

项　目	2000-12-31	1999-12-31
价格调节基金	RMB 1,894,158.27	RMB　-
教育费附加	364,640.88	-
合　计	RMB 2,258,799.15	RMB　-

21.其他应付款

欠持本公司5%以上股份的股东单位的款项，其明细资料在注释 八.3(13)中披露。

22.预提费用

项目	2000-12-31	1999-12-31	年末结存余额原因
借款利息	RMB 6,175,264.20	RMB 6,510,954.32	银行借款利息
审计费	1,800,000.00	1,500,000.00	A、B股审计费
员工奖金	2,271,200.00	4,388,190.90	员工奖金
水电费	1,267,381.80	1,787,131.11	12月份水电费
三包强保费	2,960,411.46	-	
管理层薪酬激励基金	5,000,000.00*	-	管理层奖金
促销费	14,810,000.00**	1,898,119.71	全顺促销费
销售承包费	6,000,000.00***	-	
其他	888,454.00	1,237,650.00	应计未计费用
合　计	RMB 41,172,711.46	RMB 17,322,046.04	

23.一年内到期的长期负债

借款类别		2000-12-31 原　币	折合人民币	到期日
银行借款				
其中:担保	USD	8,072,645.33	RMB 66,826,165.31	2001.10.31
	DM	917,700.00	3,611,333.04	2001.09.30
	RMB	117,000,000.00	117,000,000.00	2000.10.31
信用	USD	6,929,020.70	57,359,126.26	2001.10.01
合计			RMB 244,796,624.61	

24.长期借款

借款单位	2000-12-31 原　币		折合人民币
中国工商银行南昌市分行	RMB	400,000,000.00	RMB 400,000,000.00
中国工商银行洪都办事处	RMB	513,000,000.00	513,000,000.00
中国工商银行赣江支行	USD	15,800,000.00	130,793,980.00
中国银行江西省分行	USD	1,800,000.00	14,900,580.00
	RMB	65,500,000.00	65,500,000.00
交通银行南昌市分行	USD	3,000,000.00	24,834,300.00
江铃集团财务有限公司	USD	2,500,000.00	20,695,250.00
西班牙政府借款 *	USD	2,684,851.00	22,225,465.06
合　计			RMB1,191,949,575.06

借款单位	借款期限	年利率	借款条件
中国工商银行南昌市分行	1-2年	5.58-6.435%	江铃汽车集团担保
中国工商银行洪都办事处	3年	5.94%	同上
中国工商银行赣江支行	1-2年	7.8125-8%	同上
中国银行江西省分行	1-2年	8.625%	同上
	2-3年	5.94-6.66%	同上
交通银行南昌市分行	1-2年	8.875%	同上
江铃集团财务有限公司	3年	7.435%	同上
西班牙政府借款 *	5年以上	4.1715%	江铃汽车集团财务有限公司担保
合　计			

*.该项借款由江铃汽车集团公司借入，合同总金额为2,800,000.00美元，用于扩建493柴油机缸盖铸造毛坯项目引进设备。该项目已于1995年1月1日转入本公司，因此该项借款由本公司实际承担偿债义务。

25.其他长期负债

项　目	2000-1-1	本年增加	本年减少
住房周转金	RMB (97,001,969.75)	RMB17,929,363.74	RMB 8,419,207.80

项　目	2000-12-31
住房周转金	RMB(87,491,813.81)

本公司以前年度按每人每月30.00人民币元计提职工住房周转金。本年度改按工资总额的25%计提职工住房周转金。

26.少数股东权益

	2000-12-31 少数股东权益比例	实收资本	资本公积
江铃五十铃汽车有限公司	25%	RMB 49,388,312.50	RMB (375.00)

	盈余公积	未分配利润	少数股东权益合计
江铃五十铃汽车有限公司	RMB4,500,377.67	RMB7,167,269.99	RMB61,055,585.16

27.股本

股份类别	2000-1-1	本年变动增(减)	2000-12-31
(一)尚未流通股份(股)			
(1)发起人股份	354,056,000	120,000	354,176,000
其中:国家拥有股份	354,056,000	120,000	354,176,000
(2)境内法人持有股份	47,558,000	(120,000)	47,438,000
(3)内部职工股	69,540	-	69,540
尚未流通股份合计	401,683,540	-	401,683,540
(二)已流通股份(股)			
(1)境内上市的人民币普通股	117,530,460	-	117,530,460
(2)境内上市的外资股	344,000,000	-	344,000,000
已流通股份合计	461,530,460	-	461,530,460
(三)股份总数(股)	863,214,000	-	863,214,000

28.资本公积

项　目	2000-1-1	本年增加	本年减少	2000-12-31
股本溢价	RMB 816,609,421.92	RMB　-	RMB　-	RMB 816,609,421.92
接收捐赠资产准备	1,422,381.16	-	-	1,422,381.16

资产评估增值准备	13,994,702.07	–	–	13,994,702.07
合　计	RMB 832,026,505.15	RMB　–	RMB　–	RMB 832,026,505.15

29.盈余公积

项　目	2000-1-1	本年增加	本年减少	2000-12-31
法定盈余公积	RMB 72,850,642.40	RMB –	RMB –	RMB 72,850,642.40
法定公益金	41,798,726.85	–	–	41,798,726.85
任意盈余公积	31,653,563.70	–	–	31,653,563.70
合　计	RMB 146,302,932.95	RMB –	RMB –	RMB 146,302,932.95

30.未分配利润

年初数	本年增加	本年减少	年末数
RMB (240,488,519.07)	RMB 53,291,479.13	RMB　–	RMB (187,197,039.94)

按照有关法规和公司章程规定，本公司本年度利润用于弥补以前年度亏损。

本公司董事会预计2001年度利润将继续用于弥补亏损，如有结余，暂不分配，滚存至以后年度。

年初未分配利润调整事项

内容	合并	公司
调整前年初未分配利润	RMB (261,996,756.95)	RMB (253,041,964.49)
加:多计提坏帐准备	8,770,433.50*	8,770,433.50
冲回技术开发费	12,737,804.38**	12,737,804.38
调整后年初未分配利润	RMB (240,488,519.07)	RMB (231,533,726.61)

31.可恢复的被投资单位的亏损

系指本公司全资子公司--江铃汽车销售总公司本年度亏损额超过本公司对其投资额的差额。

32.主营业务收入及成本

合并数

行业	主营业务收入 2000年度 RMB	1999年度 RMB	主营业务成本 2000年度 RMB
工业	2,825,155,076.34	2,439,819,011.72	2,109,263,114.32

行业	1999年度 RMB	主营业务毛利 2000年度 RMB	1999年度 RMB
工业	1,897,593,752.35	715,891,962.02	542,225,259.37

33.其他业务利润

项目	收　入	成　本	利　润
材料收入	RMB 142,838,897.89	RMB 130,861,442.67	RMB 11,977,455.22
其他收入	2,442,148.96	401,869.23	2,040,279.73
合计	RMB 145,281,046.85	RMB 131,263,311.90	RMB 14,017,734.95

34.财务费用

类　别	2000年度	1999年度
利息支出	RMB 137,594,270.98	RMB 157,490,431.59
减:利息收入	13,927,058.23	8,225,162.17
汇兑损失	1,989,782.06	624,011.21
减:汇兑收益	1,986,018.68	1,641,176.97
其他	350,700.55	1,668,242.58
合计	RMB 124,021,676.68	RMB 149,916,346.24

35.投资收益

合并数

类　别	2000年度	1999年度
股权投资收益	RMB (813,338.31)	RMB (701,807.46)

公司数

类　别	2000年度	1999年度
股权投资收益	RMB 7,335,589.55	RMB 8,699,766.11

36.补贴收入

主要明细项目	2000年度	1999年度
1996、1997年度生产环节增值税超税负退税收入	RMB　–	RMB 5,768,945.65
1997年度进口环节增值税退税收入	–	5,000,000.00
1998年度进口环节增值税退税收入*	20,000,000.00	–
合计	RMB 20,000,000.00	RMB 10,768,945.65

根据财政部财预字(1999)556号文《关于退还部分外商投资企业进口增值税的批复》，1999年，本公司控股子公司--江铃五十铃汽车有限公司获得1998年度进口环节增值税退税收入20,000,000.00人民币元，按照国家税务总局国税函(1996)567号文关于外商投资企业进口环节超税负返还后生产环节税负调整的通知规定，是项退税收入需留待生产环节增值税汇算清缴时由主管税务机关核定，至1999年度报告日，生产环节增值税汇算清缴尚未结束，故未计入1999年度补贴收入。本年度，江铃五十铃汽车有限公司根据南昌市国家税务局涉外分局涉国税发(2000)21号文对其1999年度增值税汇算清缴结果，将上述退税收入计入2000年度补贴收入。

37.营业外收入

主要明细项目	2000年度	1999年度
以前年度应交税金汇算清缴差额	RMB 3,159,423.73	RMB　–
固定资产盘盈	–	99,540.61
处理固定资产收益	1,214,088.79	943,814.55
无法支付的应付款项	–	322,224.47
其他	514,423.95	1,028,888.78
合计	RMB 4,887,936.47	RMB 2,394,468.41

38.营业外支出

主要明细项目	2000年度	1999年度
未完工程报废损失	RMB　–	RMB 20,033,713.95
以前年度应交税金汇算清缴差额	–	10,081,063.81
处理固定资产损失	3,748,288.94	2,450,145.86
捐赠支出	1,505,200.00	17,700.00
防洪、保安基金	–	459,450.00
其他	1,066,545.30	153,737.31
合　计	RMB 6,320,034.24	RMB 33,195,810.93

七、变动项目说明

合并数

项目	变动比例	变动主要原因
银行存款	82.20%	本年以现销为主，资金回笼较快
营业费用	31.85%	广告及促销费增加1998万元 三包费增加1109万元

八、关联方关系及交易

1.与本公司存在关联关系的关联方，包括已于注释五.1列示的存在控制关系的关联公司及下列存在控制关系的本公司股东和不存在控制关系的各关联方。

(1)存在控制关系的本公司股东:

企业名称	注册地址	注册资本	拥有本公司股份比例
江铃汽车集团公司	南昌	RMB 420,850,000.00	40.98%
福特汽车公司	美国	USD 1,222,000,000.00	29.96%

企业名称	主营业务	与本公司关系	经济性质或类型	法定代表人或首席执行官
江铃汽车集团公司	汽车制造	本公司发起人	全民	孙敏
福特汽车公司	汽车制造	本公司股东	境外企业	Jac Nasser

(2)不存在控制关系的关联方关系的性质:

企业名称	简称	与本公司的关系
江西江铃等十家销售子公司		发起股东之子公司
江西江铃底盘股份有限公司	江铃底盘公司	发起股东之子公司
江西江凯齿轮有限公司	江凯齿轮公司	发起股东之子公司
江铃汽车集团财务有限公司		发起股东之子公司
江西江铃李尔内饰系统有限公司	李尔内饰系统公司	发起股东之子公司
江铃汽车集团实业公司	江铃实业公司	发起股东之子公司
江铃进出口有限责任公司		本公司的联营公司
江西福昌空调系统有限公司	福昌空调公司	本公司的联营公司
江西福江售后服务有限公司	福江售后服务公司	本公司的联营公司
南昌齿轮厂		发起股东之附属企业
江铃汽车集团公司车厢内饰件厂	车厢内饰件厂	发起股东之附属企业
江铃汽车集团公司改装车总厂	改装车总厂	发起股东之附属企业
江铃汽车集团公司江西水箱厂	江西水箱厂	发起股东之附属企业
江铃汽车集团公司南昌制动器厂	南昌制动器厂	发起股东之附属企业

九.或有事项

1.本公司之全资附属公司-江铃汽车销售总公司，因南京市机电设备总公司等21家汽车经销商拖欠其销售货款16,013,594.48人民币元，从1997年5月至2000年12月之间起诉该等单位要求偿付欠款，江铃汽车销售总公司均已胜诉，自有关判决生效后，已收到上述欠款4,374,500.00人民币元，获得资产保证2,200,000.00人民币元，对尚未收到之款项正在追索中。该等款项已于2000年以前年度全额计提坏帐准备。

2.截止1999年12月31日，江西凯利染织有限公司尚欠本公司借款6,792,143.28人民币元，因江西凯利染织有限公司、南昌市凯利(集团)有限公司未按南昌市青云谱区人民法院主持达成的《执行和解书》所确定的事项履行对本公司的偿债义务，经本公司申请，南昌市青云谱区人民法院依法查封了该公司约492万人民币元的房产及土地使用权，本案仍在强制执行中。该款项已全额计提坏帐准备。

3.截止2000年12月31日，除上述诉讼事项可能产生的损失外，本公司尚未发现有其他潜在的负债及损失。

十.承诺事项

1. 本公司与德国DURR公司和英国HADEN公司签订油漆线生产设备合同，合同总价8,740,000.00德国马克、7,956,473.00英镑，2001年尚应支付650,000.00人民币元。

2. 本公司全顺汽车面漆线项目目前已签订合同26,143,345.46人民币元，2001年应支付5,401,393.88人民币元。

3.本公司全顺汽车冲压件国产化项目已签订合同26,194,800.00人民币元，2001年应支付11,055,420.00人民币元。

4.本公司发动机实验室工程已签订合同1,902,900.00人民币元，2001年应支付1,221,640.83人民币元。

5.截止2000年12月31日，本公司没有其他财务承诺事项。

十一、资产负债表日后事项

截止2000年12月31日，本公司"住房公积金"科目借方余额计87,491,813.81人民币元。根据财政部财会(2001)5号文《关于印发〈企业住房制度政策中有关会计处理问题的规定〉的通知》，本公司将于2001年初全部将其转入2001年年初"利润分配-未分配利润"科目，待经股东大会审议批准后冲销有关所有者权益项目。

除上述事项外，本公司未发生其他重大影响报告期或报告后财务状况和经营成果的经济事项。

上述2000年度公司及合并会计报表和有关注释，系我们按照《企业会计准则》、《股份有限公司会计制度》和有关规定及补充规定编制。

单位负责人:　　　　　　　　财务负责人:

日　　期:　　　　　　　　　日　　期:

其他会计资料

江铃汽车股份有限公司2000年度净资产收益率和每股收益有关指标如下:

报告期利润	净资产收益率 全面摊薄	加权平均	每股收益(单位:人民币元) 全面摊薄	加权平均
主营业务利润	40.63%	41.29%	RMB 0.7786	RMB 0.7786
营业利润	2.79%	2.84%	0.0535	0.0535
净利润	3.22%	3.27%	0.0617	0.0617
扣除非经营性损益后的净利润	2.10%	2.13%	0.0402	0.0402

九、公司的其他有关资料

1、公司于1993年11月28日在南昌市工商行政管理局注册登记。公司于1997年1月8日在国家工商行政管理局变更注册。

2、工商登记证号:002473。

3、税务登记证号:360100612446943。

4、公司未流通股票的托管机构名称:深圳证券登记公司。

5、境内会计师事务所　名称:中天勤会计师事务所

办公地:深圳蛇口招商大厦103号

境外会计师事务所　名称:安永会计师事务所

办公地:香港夏慤道十号和记大厦十五楼

境内法律顾问　名称:海问律师事务所

办公地:北京市亚运村北辰东路住总3号院

境外法律顾问　名称:麦坚时律师行

办公地:香港夏慤道十号和记大厦十四楼

十、备查文件目录

1、载有法定代表人孙敏先生和财务总监王文涛先生亲笔签署的2000年度会计报表原件。

2、载有会计师事务所盖章、注册会计师签名并盖章的审计报告原件。

3、报告期内在中国证监会指定报纸上公开披露过的公司所有文件的正本及公告的原稿。

江铃汽车股份有限公司

董事会

2000年4月3日

创元科技股份有限公司

一、公司简介

1、公司法定中文名称：创元科技股份有限公司
公司英文名称：CREATE TECHNOLOGY & SCIENCE CO.,LTD.
2、公司法定代表人：张志忠　　3、公司董事会秘书：陈小麟
联系地址：苏州市南门东二路4号　　联系电话：0512-5300551
传真：0512-5300551
公司证券事务电子信箱：cts0551@pub.sz.jsinfo.net
4、公司注册地址：江苏苏州市新区淮海街6幢E3号　　邮政编码：215011
公司经营地址：苏州市南门东二路4号　　邮政编码：215007
5、公司选定的信息披露报刊为《中国证券报》和《证券时报》
刊登公司年度报告的证监会指定国际互联网网址：www.cninfo .com.cn
公司年度报告备置地点：董事会秘书处
6、公司股票上市交易所：深圳证券交易所
股票简称：创元科技　　股票代码：0551

二、会计数据和业务数据摘要

1、公司本年度实现利润情况(单位：元)

序号	项　　目	金　额
(1)	利润总额	50175076.22
(2)	净利润	44939466.39
(3)	扣除非经常性损益后的净利润	44939466.39
(4)	主营业务利润	68035747.83
(5)	其他业务利润	7290585.69
(6)	营业利润	31634691.94
(7)	投资收益	17978483.85
(8)	补贴收入	412149.76
(9)	营业外收支净额	149750.67
(10)	经营活动产生的现金流量净额	199900627.89
(11)	现金及现金等价物净增加额	246824810.54

(扣除的非经常性损益及涉及的金额为0)

2、截止本报告期末公司前三年的主要会计数据和财务指标　(单位：元)

项　　目	2000年度	1999年度	1998年度	
			调整后	调整前
主营业务收入	339704170.24	63893454.15	167275291.61	321865225.04
净　利　润	44939466.39	48807781.24	-18433508.71	2538456.60
总　资　产	1197238183.80	813419140.39	609092393.52	1042481984.06
股 东 权 益	490252725.00	469485898.04	420678116.77	462805660.64
全面摊薄每股收益	0.19	0.20	-0.08	0.01
平均加权每股收益	0.19	0.20	-0.08	0.01
扣除非经常性损益 后的每股收益	0.19	0.02	-0.08	0.01
每股净资产	2.03	1.94	1.74	1.91
调整后的每股净资产	1.96	1.92		1.71
每股经营活动产生的现金流量净额	1.02	-0.13		-0.06
全面摊薄 净资产收益率(%)	9.17	10.40	-4.38	0.55
平均加权净 资产收益率(%)	9.13	10.97	-4.09	0.55
扣除非经常性损益后的 加权净资产收益率(%)	9.13	1.16	-4.09	0.55

3、利润表附表

报告期利润	净资产收益率(%)		每股收益(元)	
	全面摊薄	加权平均	全面摊薄	加权平均
主营业务利润	13.88	13.83	0.28	0.28
营 业 利 润	6.45	6.43	0.13	0.13
净　利　润	9.17	9.13	0.19	0.19
扣除非经常性损益后的净利润	9.17	9.13	0.19	0.19

4、报告期内股东权益变动情况(单位：元)

项　　目	期初数	本期增加	本期减少	期末数	变动原因
股　　本	241726394.00	-	-	241726394.00	无变化
资 本 公 积	87601247.18	-	-	87601247.18	无变化
盈 余 公 积	65093789.80	11916611.53	-	77010401.33	
其中：法定公益金	25194226.04	5934482.85	-	31128708.89	
未分配利润	75064467.03	8850215.46	-	83914682.49	
股东权益合计	469485898.01	20766826.99	-	490252725.00	

三、股本变动及股东情况

1、股本变动情况　　(1)股份变动情况表(数量单位：股)

	期初数	本期变动增减	期末数
一、未上市流通股份			
1、发起人股份	130932110		130932110
其中：国家持有股份	100774030		100774030
境内法人持有股份	30158080		30158080
4、优先股或其他	-		-
其中：转配股	401006	-401006	0
未上市流通股合计	131333116	-401006	130932110
二、已上市流通股份			
1、人民币普通股	110393278	401006	110794284
合　　计	110393278	401006	110794284
三、股份总数	241726394		241726394

说明：　法人转配股401006股已于2000年8月3日在深圳证券交易所上市。转配股上市流通后，公司已流通股份增至110794284股，占总股本的比例为45.83%。

2、股东情况介绍 (1)报告期末股东总数86691户。

(2)前十名股东的持股情况

序号	股 东 名 称	年末持股数	占总股本比例(%)	性　质
1	苏州机械控股(集团)有限公司	71767353	29.69	未上市流通股份
2	苏州新城花园酒店(集团)	29006677	12.	未上市流通股份
3	中国物资开发投资总公司	20621280	8.53	未上市流通股份

甘肃长风宝安实业股份有限公司

一、公司简介

1、公司法定中文名称：甘肃长风宝安实业股份有限公司
公司法定英文名称：GANSU　CHANGFENG　BAOAN　INDUSTRY　CO.,LTD
2、公司法定代表人：邵乐冲
3、公司董事会秘书：胡惠斌
联系地址：甘肃省兰州市安宁区安宁西路270号
电　　话：0931-7666251　　7616756
传　　真：0931-7667172
电子信箱：cfjgc @ public. lz.gs.cn
4、公司注册地址：甘肃省兰州市安宁区安宁西路270号
邮政编码：730070
公司办公地址：甘肃省兰州市安宁区安宁西路270号
邮政编码：730070
5、公司选定的信息披露报刊为《证券时报》
公司指定披露的网址：http://www.cninfo.com.cn
公司年度报告备置地点：
甘肃省兰州市安宁区安宁西路270号公司总部
6、公司股票上市交易所：深圳证券交易所
股票简称：甘长风A
股票代码：0552

二、会计数据和业务数据摘要

1、本年度主要利润指标情况

	(单位：人民币元)
利润总额	33,173,615.54
净利润	32,233,709.89
扣除非经常性损益后的净利润	22,380,125.08
主营业务利润	37,300,598.90
其他业务利润	17,821,795.80
营业利润	39,694,652.33
投资收益	611,019.30
补贴收入	919,174.20
营业外收支净额	-8,051,230.29
经营活动产生的现金流量净额	-14,953,562.54
现金及现金等价物净增加额	1,136,503.46

注：扣除的非经常性损益项目和涉及金额：

(1)托管收入	17,821,795.80
(2)股权投资差额摊销	83,019.30
(3)应收帐款评估减值	-8,058,325.08
(4)其他营业外收支	7,094.79

2、截止报告期末公司前三年的主要会计数据和财务指标(单位：人民币元)

项目	2000年	1999年		1998年	
		调整前	调整后	调整前	调整后
主营业务收入	236624272.58	210311553.53	210311553.53	260639263.74	260639263.74
净利润	32233709.89	15133984.01	24859951.01	-37568414.30	-58999982.67
总资产	520333328.41	393895108.03	412341271.53	664607751.60	614318617.12
股东权益	233804702.38	179338446.17	197784609.67	214420036.64	164204462.16
每股收益	0.181	0.09	0.14	-0.21	-0.33
扣除非经营性损益后的每股收益	0.126	0.051	0.058	-0.28	-0.4
每股净资产	1.314	1.01	1.11	1.21	0.92
调整后的每股净资产	1.312	1.00	1.11	1.04	0.75
每股经营活动产生的现金流量净额	-0.084	0.27	0.27	0.08	0.05
净资产收益率(%)	13.79	8.44	12.57	-17.52	-35.93

三、股本变动及股东情况

1、报告期末股东总数17841户
2、主要股东持股情况

(截止2000年12月29日)

序号	股　东　名　称	年末持股数量(股)	占总股本比例(%)
1	甘肃电子集团公司	74052000	41.63
2	中国宝安集团股份有限公司	27007200	15.18
3	金鑫证券投资基金	7576869	4.26
4	甘肃电子集团物业公司	4356000	2.45
5	金泰基金	3008972	1.69
6	海南长江实业集团公司	1452000	0.82
7	甘肃省工业交通投资公司	871200	0.49
8	天泰新产业投资租赁公司	726000	0.41
9	深圳银康实业股份有限公司	726000	0.41
10	甘肃证券有限责任公司	726000	0.41

湖北沙隆达股份有限公司

一、公司简介

公司法定名称:湖北沙隆达股份有限公司
公司英文名称:HUBEI SANONDA CO., LTD
公司注册地址:湖北省荆州市北京东路93号
公司办公地址:湖北省荆州市北京东路93号　　邮政编码:434001
公司法定代表人:张　茂　立
董事会秘书:李　忠　禧　　股权事务代表:吴　蒙
联系地址:湖北沙隆达股份有限公司
电话:(86)0716—8114595　　传真:(86)0716—8110066
公司电子信箱:sanondas@public.js.hb.cn
公司选定的信息披露报纸名称:《中国证券报》、《证券时报》、《大公报》
登载公司年报的国际互联网网址:http://www.cninfo.com.cn
公司年度报告备置地点:公司证券处
公司股票上市地:深圳证券交易所
股票简称:沙隆达A (A股)　沙隆达B (B股)
股票代码:0553 (A股)　2553 (B股)

二、会计数据和业务数据摘要

1、本年度会计数据摘要　　单位:人民币元

项　目	金额
利润总额	23,558,878.15
净利润	18,007,022.63
主营业务利润	118,833,398.84
其他业务利润	2,283,291.82
投资收益	8,275,709.34
补贴收入	0
营业利润	16,787,381.10
营业外收支净额	-1,504,212.29
经营活动产生的现金流量净额	102,697,687.43
现金及现金等价物净增加额	127,362,155.42
扣除非经常性损益后的净利润	11,235,525.58
注:扣除的非经常性损益项目及金额为:	9,555,525.62
其中:　股票投资收益	8,451,497.01
营业外收支净额	-1,504,212.29
收取关联方资金占用费	1,680,000.00
合　　计	

2、公司前三年主要会计数据及财务指标
A. 追溯调整后:　　单位:人民币元

项目	2000年	1999年(调整后)	1998年(调整后)
主营业务收入	913,146,317.08	972,243,239.34	859,098,727.96
净利润	18,007,022.63	63,055,471.02	50,030,416.28
总资产	1,897,377,517.05	1,787,995,430.62	1,562,109,438.25
股东权益(不含少数股东权益)	1,008,137,600.62	990,130,577.99	956,771,267.97
每股收益	0.06	0.21	0.17
每股收益(按月平均加权法计算)	0.06	0.21	0.17
扣除非经常性损益后的每股收益	0.03	0.20	0.24
每股净资产	3.39	3.33	3.22
调整后的每股净资产	3.26	3.27	3.17
每股经营活动产生的现金流量净额	0.35	0.04	0.12
净资产收益率	1.79%	6.37%	5.23%

3.根据中国证监会《公开发行证券公司信息披露编报规则第九号》计算的净资产收益率和每股收益:

报告期利润	净资产收益率(%)		每股收益(元/股)	
	全面摊薄	加权平均	全面摊薄	加权平均
主营业务利润	11.79	11.89	0.40	0.40
营业利润	1.67	1.68	0.06	0.06
净利润	1.79	1.80	0.06	0.06
扣除非经常损益后的净利润	0.95	0.96	0.03	0.03

全面摊薄净资产收益率和每股收益的计算公式如下:
全面摊薄净资产收益率=报告期利润/期末净资产*100%;
全面摊薄每股收益=报告期利润/期末股份总数;
加权每股收益=报告期利润/(期初股份总数+报告期因公积金转增股本或股票股利分配等增加股份数+报告期因发行新股或债转股等增加股份数*增加股份下一个月起至报告期末的月份数/报告期月份数-报告期因回购或缩股等减少股份数*减少股份下一个月起至报告期末的月份数/报告期月份数);

三、主要股东持股情况

主要股东持股情况介绍
(1).截止2000年12月31日公司A股、B股股东总数55476人,其中内部职工股东9人(高层管理人员)。
(2).截止2000年12月31日公司前十名股东持股情况如下:

股东名称	持股数(万股)	占总股本比例
1. 沙隆达集团公司(国家持股单位)	8172.6625	27.52%
2.泰纪投资有限公司	533.8700	1.80%
3.蕲春县国有资产管理局	300.2709	1.01%
4.VICKERS BALLAS HONG KONG LTD	263.0000	0.92%
5.京德实业有限公司	227.4200	0.89%
6.诚业香港有限公司	215.9500	0.73%
7.陈丽琼	210.4428	0.71%
8.泉广投资有限公司	187.8500	0.63%
9.超泉实业有限公司	185.0000	0.62%
10.广禄投资有限公司	185.0000	0.62%

注:1)公司前10名股东之间未发现有关联关系。

中国石化山东泰山石油股份有限公司

一、公司简介

1、公司法定中文名称:中国石化山东泰山石油股份有限公司
公司法定英文名称:SINOPEC SHANDONG TAISHAN PETROLEUM CO.,LTD.
英文缩写:TSPC
2、公司法定代表人:冯东青
3、公司董事会秘书:李建文
授权代表:李志清
联络地址:山东省泰安市东岳大街104号
电话:(0538)826 5456-2407,2408
传真:(0538)826 5450
E-MAIL:TSSH@PUBLIC.TAPTT.SD.CN
4、注册地址及办公地址:山东省泰安市东岳大街104号
邮政编码:271000
E-MAIL:TSSH@PUBLIC.TAPTT.SD.CN
5、公司指定信息披露报纸:《证券时报》、《中国证券报》
登载公司年度报告的中国证监会指定国际互联网网址:
HTTP: //WWW. CNINFO .COM.CN
公司年度报告备置地点:公司董事会办公室
6、公司股票上市交易所:深圳证券交易所
股票简称:泰山石油
股票代码:0554

二、会计数据及业务数据摘要

1、本年度主要会计数据

利润总额	155,656,096.14
净利润	128,932,488.49
扣除非经常性损益后的净利润	67,087,829.52
主营业务利润	150,059,308.06
其他业务利润	6,205,291.92
营业利润	94,720,292.12
投资收益	30,119,205.42
补贴收入	0
营业外收支净额	30,816,598.60
经营活动产生的现金流量净额	167,689,839.22
现金及现金等价物净增加额	39,823,788.46

其中:非经常性损益包括:投资收益中浙江华能房地产有限公司分配利润的 2000万元,转让山东省汽车销售股份有限公司、济南弘易有限公司股权的收益1000 万元;营业外收入中出售部分非主营业务资产给泰安鲁浩的收益31,844,658.97元。

2、截止报告期末公司前三年的主要会计数据和财务指标

(金额单位:元)

项　目	2000年度	1999年度	1998年度	
			调整后	调整前
主营业务收入	1,065,268,472.24	953,806,876.53	855,921,346.76	855,921,346.76
净利润	128,932,488.49	29,524,059.72	632,328.67	25,573,395.86
总资产	1,197,169,139.85	1,040,183,628.10	1,038,277,229.75	1,195,150,761.69
股东权益(不含少数股东权益)	786,283,913.53	657,351,425.04	627,827,365.32	764,817,071.80
每股收益	0.402	0.092	0.002	0.0798
每股净资产	2.453	2.051	1.959	2.386
调整后的每股净资产	2.271	1.814	1.843	2.337
每股经营2活动产生的现金流量净额	0.523	-0.072	0.021	0.021
净资产收益率(%)	16.40	4.49	0.1	3.34

3、股东权益变动情况

(单位:元)

项目	股本	资本公积	盈余公积	法定公益金	未分配利润	股东权益合计
期初数	320,528,880	345,374,198.43	19,175,618.13	9,339,876.82	-27,727,271.52	657,351,425.04
本期增加			8,242,051.30	4,121,025.65	120,690,437.19	128,932,488.49
本期减少						
期末数	320,528,880	345,374,198.43	27,417,669.43	13460,902.47	92,963,165.67	786,283,913.53
变动原因		2000年度利润转入所致	2000年度利润转入所致		2000年度利润转入所致	2000年度利润转入所致

三、股本变动及股东情况

1、股本变动情况
(1)截止2000年12月31日,公司股东总数为18791名。
(2)公司前十名股东

股东名称	年度末持股数(股)	占总股本比例(%)
中国石油化工股份有限公司	123,968,880	38.68
安信证券投资基金	5,460,939	1.70
深圳市恒康投资发展有限公司	3,795,706	1.18
李如玉	1,609,381	0.50
符　鹏	1,260,255	0.39
王　霞	1,161,351	0.36
王寿喜	1,104,973	0.35
古正付	1,096,289	0.34
洪明礼	1,068,733	0.33
杜　霞	1,059,761	0.33

由公司已知资料知,以上股东间不存在关联关系,其所持股份也没有质押或冻结的情况。

贵州凯涤股份有限公司

一、公司简介

1、法定名称：贵州凯涤股份有限公司
英文名称：GUIZHOU KAIDI STOCK CO.,LTD.
2、法定代表人：贺 炜
3、董事会秘书：陈怀志
证券事务代表：岑彪
4、注册地址：贵州省凯里市环城西路92号
邮政编码：556000
办公地址：深圳市福田区天安数码城天吉大厦四楼A座
邮政编码：518040
联系电话：0755-3892829
传 真：0755-3892839
公司网址：http://www.sztecho.com
邮件信箱：klxl@sina.com
5、公司选定信息披露报刊：《证券时报》；
刊载本公司年度报告的国际互联网网址：
http://www.cninfo.com.cn；
年报备置于公司证券部
6、股票上市交易所：深圳证券交易所
股票简称：黔凯涤 股票代码：0555

二、会计数据和业务数据摘要

1、报告期内主要会计数据(单位：元)

利润总额	479,982.98
净利润	493,945.71
扣除非经常性损益后的净利润	-3,881,472.11
主营业务利润	384,722.44
其它业务利润	773,510.25
营业利润	-3,231,223.20
投资收益	-664,211.64
补贴收入	
营业外收支净额	4,375417.82
经营活动产生的现金流量净额	4,303,775.76
现金及现金等价物净增加额	8,882,561.12

注：扣除非经常性损益的项目和金额： 全资子公司贵州承天药有限公司罚款收入400万元及处理废品收入1,850.00元，印染处置固定资产收入405,155.48元；库存物资遗失损失18,105.45元，停工损失13,482.21元。

2、截止报告期末公司前三年的主要会计数据和财务指标 单位：人民币元

指标项目	2000年	1999年		1998年	
		调整前	调整后	调整前	调整后
主营业务收入	734,230.03	3,742,940.06	3,742940.06	38,832,375.41	38,750,212.64
净利润	493,945.71	11,583,966.7	12,199,576.86	-10,592,987.39	24,413,180.25
总资产	114498048.89	122,566,852.17	120,606,856.21	154,208,153.79	140,712,858.99
股东权益	101259198.47	100,131,184.12	98,171,188.16	124,185,467.82	110,365,274.96
每股收益(加权平均)	0.006	-0.14	-0.149	-0.129	0.298
每股收益(全面摊薄)	0.006	-0.14	-0.149	-0.129	0.298
扣除非经常性损益后的加权平均每股收益	-0.039	0.083	-0.091	-0.129	0.298
每股净资产	1.24	1.22	1.20	1.52	1.35
调整后的每股净资产	1.01	0.99	0.97	1.24	1.20
每股经营活动产生的现金流量净额	0.09	0.14	0.14	-0.03	0.03
净资产收益率	0.49%	-11.57%	-12.42%	-8.53%	22.12%

三、股本变动及股东情况

一、股本变动情况

2000年9月7日，本公司法人股东广东金龙基企业有限公司、深圳市凯地财务顾问有限公司、中国航空技术进出口公司、深圳桑达实业股份有限公司、深圳飞亚达(集团)股份有限公司、深圳蛇口社会保险公司、深圳南光(集团)股份有限公司、深圳钜建股份有限公司八家股东与深圳市太光科技有限公司签署《股权转让协议》，上述公司将其持有的本公司法人股19,897,057股（占总股本24.32%）协议转让给深圳市太光科技有限公司。（具体情况请见2000年9月26日《证券时报》）

2000年9月及11月本公司原第一大股东贵州省凯里涤纶厂因逾期未能归还中国工商银行贵阳市万东支行贷款587万美元，遭致诉讼，其持有的本公司股权35,653,670股被贵州省高级人民法院分两次进行强制执行，分别变卖给北京新唐建筑装饰工程有限公司18,861,412股，占公司股本的23.05%；北京德惠俱乐部有限公司13,052,258股，占公司总股本的15.95%；广州银鹏经济发展有限公司3,740,000股，占公司总股本的4.57%。（具体情况请见2000年9月14日、11月30日《证券时报》）

二、股东情况介绍

本年度末，公司股东总数3,289户，持有本公司股份5%以上股东有三户，即深圳市太光科技有限公司、北京新唐建筑装饰工程有限公司、北京德惠俱乐部有限公司。

截止2000年12月31日公司前10名股东持股情况如下：

股东名称	年末持股数	持股比例(%)
深圳市太光科技有限公司	19,897,057	24.32
北京新唐建筑装饰工程有限公司	18,861,412	23.05
北京德惠俱乐部有限公司	13,052,258	15.95
广州银鹏经济发展有限公司	3,740,000	4.57
深圳空港工贸发展有限公司	1,100,000	1.34
北京宏洲兴业科贸有限公司	1,100,000	1.34
贵州省剑河铅笔厂	970,588	1.19
贵州中天(集团)股份有限公司	808,823	0.98
浙江惠丰投资发展有限公司	317,131	0.38
危大昌	298,144	0.36

前10名股东之间无关联关系，上述股东除第九、第十名股东持有的为流通股以外，其余的均为法人股。

报告期内公司第一大股东发生变化，本公司已于9月14日、9月26日及11月30日在《证券时报》进行了有关信息披露。

南洋航运集团股份有限公司

一、公司简介

1、公司的法定名称：
中文：南洋航运集团股份有限公司
英文：NANYANG SHIPPING GROUP STOCK HOLDING CO., LTD.
2、公司法定代表人：厉建中
3、公司董事局秘书：王玮
联系地址：本公司董事局秘书处
联系电话：(0898)8666999
传 真：(0898)8668444
电子信箱：NYSHIP@PUBLIC.HK.HI.CN
4、公司注册地址及办公地址：
海口市滨海大道288号东方洋大厦7、8楼.
邮政编码：570311
电子信箱：NYSHIP@ PUBLIC.HK.HI.CN
5、公司选定的信息披露报纸名称：《证券时报》、《中国证券报》
刊登公司年度报告的国际互联网网址：
http://www.cninfo.com.cn
公司年度报告备置地点：深圳证券交易所、本公司证券部
6、公司股票上市地：深圳证券交易所
股票简称："ST南洋"
股票代码："0556"

二、会计数据和业务数据摘要

1、本年度会计数据摘要 单位：元

利润总额：	(-)88,115,722.62
净利润：	(-)39,892,816.60
扣除非经常性损益后的净利润：	(-)14,729,755.61
主营业务利润：	0
其他业务利润：	20,880.00
营业利润：	(-)45,032,626.24
投资收益：	(-)17,920,035.39
营业外收支净额：	(-)25,163,060.99
经营活动产生的现金流量净额：	(-)2,485,429.28
现金及现金等价物净增加额：	(-)430,637.71
扣除非经常性损益的项目及金额：	
处理固定资产净损失：	26,104,669.80

2、截止报告期末公司前三年的主要会计数据和财务指标

日期	2000年	1999年		1998年	
项目		调整前	调整后	调整前	调整后
主营业务收入	0	54,266,540.61	54,266,540.61	120,380,257.36	120,380,257.36
净利润	-39,892,816.60	-286,861,168.17	-81,895,671.02	-156,108,092.81	-181,001,557.64
总资产	207,311,520.13	336,148,122.96	336,148,122.96	702,132,312.45	679,960,762.02
股东权益	-221895,052.04	-135,206,725.82	-135,206,725.82	172,819,787.65	148,226,322.82
每股收益	-0.16	-1.15	-0.33	-0.63	0.73
每股净资产	-0.89	-0.54	-0.54	0.69	0.60
调整后的每股净资产	-0.93	-0.56	-0.56	0.65	0.55
净资产收益率(%)	17.98%	212%	61%	-91%	-122%
每股经营活动产生的 现金流量净额	-0.01	-0.09	-0.09	0.28	

注：主要财务指导计算公式

每股收益=净利润/年度末普通股股份总数

每股净资产=年度末股东权益/年度末普通股股份总数

调整后的每股净资产=(年度末股东权益-三年以上的应收款项净额-待处理(流动、固定)资产净损失-开办费-长期待摊费用-住房周转金负数余额)/年度末普通股股份总数

净资产收益率=净利润/年度末股东权益×100%

(三)利润表附表

报告期利润	净资产收益率		每股收益	
	全面摊薄	加权平均	全面摊薄	加权平均
主营业务利润	——	——	——	——
营业利润	20.29%	29.04%	-0.181	-0.181
净利润	17.80%	28.00%	-0.160	-0.160
扣除非经常性损益后的净利润	6.64%	5.99%	-0.059	-0.059

3、报告期内股东权益变动情况及原因

项 目	股 本	资本公积	盈余公积	法定公益金	未分配利润	股东权益合计
期初数	248,718,128.00	72,919,709.59	7,537,083.59	5,008,383.74	-164,016,880.43	-135,128,569.46
本期增加						
本期减少			78,156.36	59,840.74	39,892,816.60	86,766,482.58
期末数	248,718,128.00	72,919,709.59	7,458,927.23	4,948,543.00	-203,909,697.03	-221,895,052.04

三、股东情况介绍

1、截止2000年12月29日，公司股东总数为52,098户。

2、前10名股东持股情况

截止2000年12月31日 数量单位：股

序号	股东名称	期初数	本期变动增减(+-)	期末数	占总股本比例(%)
1	海南成功投资有限公司	66,414,778		66,414,778	26.70
2	海南省财政税务厅	7,381,113		7,381,113	2.97
3	三亚日冷空调技术专业公司	4,853,475		4,853,475	1.95
4	海南金运通实业投资有限公司	3,593,700		3,593,700	1.44
5	中国银行海口信托咨询公司	3,267,000		3,267,000	1.31
6	海南光大国信物业管理公司	1,960,200		1,960,200	0.79
7	海口海上世界有限公司	1,633,500		1,633,500	0.66
8	中国人民保险公司海南分公司	1,633,500		1,633,500	0.66
9	海南华侨置业股份有限公司	1,633,500		1,633,500	0.66
10	海南财利装饰工程有限公司	1,633,500		1,633,500	0.66

广夏(银川)实业股份有限公司

一、公司简介

(一) 公司法定中、英文名称
中文名称:广夏(银川)实业股份有限公司
英文名称:GUANGXIA(YINCHUAN) INDUSTRY CO., Ltd.
(二) 公司法定代表人:张吉生
(三) 公司董事局秘书及授权代表:丁功民
联系地址:宁夏银川市公园街 8 号
电话:0951-5054984　传真:0951-5054518
电子信箱:guangxia@public.szptt.net.cn
(四) 公司注册地址及办公地址:宁夏银川市公园街 8 号　邮政编码:750001
公司国际互联网网址:http://www.guangxia.com.cn
公司电子信箱:guangxia@public.yc.nx.cn
(五) 公司选定的信息披露报纸名称:《中国证券报》和《证券时报》。
深圳证券交易所上市公司指定披露的网址为:http://www.coinfo.com.cn
年度报告备置地点:宁夏回族自治区银川市公园街 8 号公司总部
(六)公司股票上市交易所:深圳证券交易所
股票简称:银广夏 A　股票代码:0557

二、会计数据和业务数据摘要

(一)2000 年度业务数据(单位:人民币元)

利润总额:	423,379,422.45
净利润:	417,646,431.07
扣除非经常性损益的净利润:	414,076,931.07
主营业务利润:	578,259,638.59
其他业务利润:	-121,896.71
营业利润:	446,584,495.65
投资收益:	-27,205,229.74
补贴收入:	3,569,500.00
营业外收支净额:	430,656.54
经营活动产生的现金流量净额:	124,103,655.51
现金及现金等价物净增加额:	227,351,464.53

注:扣除的非经常性损益项目及涉及金额

(1) 补贴收入:	3,569,500.00
(2) 固定资产处理净损益:	————
(3) 债务重组收入:	————
以上项目涉及金额为:	3,569,500.00

(二)近三年主要会计数据及财务指标(单位:人民币元)

项　目	2000 年度	1999 度		1998 度
		调整前	调整后	
主营业务收入	908,988,746.19	383,579,946.11	609,380,866.98	606,284,594.58
净利润	417,646,431.07	127,786,600.85	89,154,459.23	58,471,777.15
总资产	3,151,295,340.92	2,191,828,506.71	1,603,984,61	1,521,986,251.79
股东权益(不含少数股东权益)	1,208,528,066.42	942,460,049.35	580,681,484.62	512,774,881.87
每股收益(摊薄)	0.827	0.51	0.405	0.266
每股收益(加权)	0.827	0.56	0.405	0.266
扣除非经常性损益后的每股收益	0.819	0.47		
每股净资产(摊薄)	2.39	3.73	2.64	2.33
调整后的每股净资产	2.15	3.42	2.36	2.06
每股经营活动产生的现金流量净额	0.25	-0.02	2.36	-0.094
净资产收益率(%,摊薄)	34.56	13.56	15.35	11.40

注:因本年度合并会计报表范围发生变化,1999 年度主营业务收入和总资产数作了相应调整。

(三)报告期内公司股东权益变动情况:(单位:人民币元)

项　目	股　本	资本公积	盈余公积	法定公益金	未分配利润	合　计
期初数	252,630,690	467,329,282.63	75,954,897.34	35,799,526.69	146,545,179.38	942,460,049.35
本期增加	252,630,690	——	83,529,286.22	41,764,643.11	417,646,431.07	753,806,407.29
本期减少	——	252,630,690	——		235,107,700.22	487,738,390.22
期末数	505,261,380	214,698,592.63	159,484,183.56	77,564,169.80	329,083,910.23	1,208,528,066.42
变动原因	公积金转增股本	公积金转增股本	2000 年度提取	2000 年度提取	2000 年度新增利润和分红	

三、股东情况

(一)报告期末股东总数:17,536 人,其中,内部职工股股东数量为 7 人。
(二)公司前十大股东的持股情况:(截止 1999 年 12 月 31 日,数量单位:股)

股　东　名　称	持　股　数　量	持股比例(%)
(1)深圳市广夏文化实业有限公司	63,792,944	12.63
(2)宁夏伊斯兰国际信托投资公司	41,308,730	8.18
(3)广东京中投资管理有限公司	39,677,103	7.85
(4)深圳兴庆电子公司	34,378,382	6.80
(5)银川培鑫投资有限责任公司	21,694,009	4.29
(6)宁夏计算机技术研究所	14,288,942	2.83
(7)北京中经开物业管理有限公司	9,398,642	1.86
(8)景宏证券投资基金	7,009,622	1.39
(9)北京中惠良计算机软件开发有限责任公司	4,903,401	0.97
(10)北京领创科技开发有限责任公司	4,744,651	0.94

※ 前十大股东中,1-6 名为法人股股东,7-10 名为流通股股东。深圳兴庆电子公司为宁夏计算机技术研究所的全资子公司。

※ 公司持股 5%以上的法人股东中所持股份质押冻结情况:

股东名称	质押冻结股数	备　注
宁夏伊斯兰国际信托投资公司	8,356,941	司法质押
深圳兴庆电子公司	29,339,406	借款质押
深圳市广夏文化实业有限公司	10,141,703	借款质押
宁夏计算机技术研究所	3,611,490	借款质押
广东京中投资有限责任公司	32,000,000	借款质押

沈阳房天股份有限公司

一、公司简介

(一)公司名称:
中文:沈阳房天股份有限公司
英文:SHENYANG FANGTIAN CO.,LTD.
(二)法定代表人:
(三)董事会秘书:王喜林
授权代表:黄波
联系地址:辽宁省沈阳市和平区哈尔滨路 60 号
联系电话:(024)22501918
传　真:(024)22501418
(四)注册地址:辽宁省沈阳市苏家屯区金钱松路 9 号
办公地址:辽宁省沈阳市和平区哈尔滨路 60 号
邮政编码:110002
公司电子信箱:xilinwang@263.net
(五)信息披露报纸:中国证券报
登载年度报告的指定国际互联网网址:http://www.cninfo.com.cn
年度报告的备置地点:本公司管理部
(六)股票上市交易所:深圳证券交易所
股票简称:辽房天
股票代码:0558

二、会计数据和业务数据摘要

(一)2000 年主要会计数据(单位:人民币元)

利润总额	13,349,560.56
净利润	13,349,560.56
扣除非经常性损益后的净利润	2,237,858.27
主营业务利润	15,134,366.64
其他业务利润	-492,268.60
营业利润	1,745,589.67
投资收益	2,060,000.00
营业外收支净额	9,543,970.89
经营活动产生的现金流量净额	21,390,032.14
现金及现金等价物净增加额	26,533,013.41

本公司扣除非经常性损益的项目及金额为:其他业务利润-492,268.60 元,投资收益 2,060,000.00 元,营业外收支净额 9,543,970.89 元。

(二)报告期末前三年主要会计数据和财务指标

单位:(万元)

指标项目/年度	2000 年	1999 年	1998 年
主营业务收入	5,466.9	8,519.7	8,294
净利润	1,335.0	1,054.7	1,484.2
总资产	53,181.3	54,630.5	37,678.7
股东权益	16,432.2	15,929.1	14,874.5
每股收益(元/股)	0.114	0.09	0.13
扣除非经常性损益的每股收益(元/股)	0.019	0.068	-0.11
每股收益(元/股)(加权计算值)	0.114	0.09	0.13
每股净资产(元/股)	1.40	1.36	1.27
调整后的每股净资产(元/股)	1.33	1.24	1.20
净资产收益率(%)	8.12	6.62	9.98
每股经营活动产生的现金流量净额	0.183	0.026	0.096

三、股本变动及股东情况

(一)股本变动情况
截止 2000 年 12 月 31 日,本公司股本结构变化情况如下:

	期初数	本次变动增减(+,-)					期末数
		配股	送股	公积金转股	其他	小计	
一、尚未流通股份							
1、发起人股份	66,660,000						66,660,000
其中:国家拥有股份							
境内法人持有股份	66,660,000						66,660,000
4、优先股或其他	70,473					-70473	
尚未流通股份合计	66,730,473					-70473	66,660,000
二、已流通股份							
1、境内上市的人民币普通股	50,433,900					70,473	50,504,373
已流通股份合计	50,433,900					70,473	50,504,373
三、股份总数	117,164,373						117,164,373

优先股或其他减少和流通股增加系因转配股上市所致。
(二)股东情况介绍
1、报告期末股东总数:7779 户
2、前十名股东的持股情况

股东名称	期末股份数(股)	比例(%)
沈阳万华建设投资有限公司	34,486,750	29.43
沈阳绿都房产开发有限公司	10,000,000	8.54
深圳市金源实业股份有限公司	3,025,000	2.5

万向钱潮股份有限公司

一、公司简介

1、公司的法定中文名称：万向钱潮股份有限公司

公司的法定英文名称：WANXIANG QIANCHAO CO.,LTD.

2、公司法定代表人：鲁冠球

3、公司董事会秘书：管大源

联系地址：浙江省萧山市

联系电话：0571-2832999

传真：0571-2602132

4、公司注册及办公地址：浙江省萧山市

邮政编码：311215

公司国际互联网网址：www.wanxiang.com.cn

电子信箱：WXQC@xsptt.zjpta.net.cn

5、公司选定的信息披露报纸：

《证券时报》、《上海证券报》

刊登公司年度报告的国际互联网网址：

http://www.cninfo.com.cn

公司年报备置地：公司办公室

公司股票上市交易所：深圳证券交易所

股票名称：万向钱潮

股票代码：0559

二、会计数据和业务数据摘要

1、公司本年度主要利润指标：

单位：人民币元

利润总额	154,154,071.20
净利润	146,508,844.23
扣除非经营性损益后的净利润	138,117,529.08
主营业务利润	228,816,254.97
其他业务利润	7,684,057.85
营业利润	102,101,305.43
投资收益	27,072,391.03
补贴收入	13,000,000.00
营业外收支净额	11,980,374.74
经营活动产生的现金流量净额	243,861,303.44
现金及现金等价物净增加额	23,701,104.81

注：扣除的非经营性损益项目及金额。

(1)处理固定资产收益	9,608,459.02
(2)投资差额摊销	-1,771,676.29
(3)股权转让收益	554,532.42
合 计	8,391,315.15

2、截止报告期末，公司前三年的主要会计数据和财务指标：

(1)主要会计数据和财务指标：

单位：人民币元

序号	项目	2000 年度	1999 年度	1998 年度
1	主营业务收入	1,229,999,673.98	1,202,368,865.96	733,115,733.74
2	净利润	146,508,844.23	116,468,869.68	89,551,066.61
3	总资产	1,592,732,879.67	1,378,464,935.97	1,227,298,847.40
4	股东权益(不含少数股东权益)	927,979,871.16	838,042,994.13	721,574,124.45
5	每股收益	0.518	0.412	0.412
6	加权每股收益	0.518	0.412	0.421
7	扣除非经营性损益后的每股收益	0.488	0.404	0.418
8	每股净资产	3.28	2.96	3.32
9	调整后的每股净资产	3.23	2.93	3.26
10	每股经营活动产生的现金流量净额	0.86	0.19	0.41
11	净资产收益率(%)	15.79	13.90	12.41

(2)根据中国证监会《公开发行证券公司信息披露细则(第 9 号)》要求计算的利润数据如下：

	净资产收益率		每股收益	
报告期利润	全面摊薄	加权平均	全面摊薄	加权平均
主营业务利润	24.66%	24.02%	0.809	0.809
营业利润	11.00%	11.48%	0.361	0.361
净利润	15.79%	16.08%	0.518	0.518
扣除非经营性损益后的净利润	14.88%	15.23%	0.488	0.488

三、股本变动及股东情况

1、截止报告期末，公司股东总数 32532 户。

2、截止报告期末，前 10 名股东持股情况

序号	股东名称	年末持股数	持股比例%
1	万向集团公司	181,247,138	64.08
2	中国汽车工业投资开发公司	8,742,522	3.09
3	中国工程与农机进出口总公司	2,649,975	0.94
4	中国汽车工业进出口总公司	1,887,600	0.67
5	何利	635,043	0.22
6	杨治全	582,874	0.21
7	李贤学	553,100	0.20
8	乐明洪	521,817	0.18
9	同盛证券投资基金	465,357	0.16
10	戴成中	464,400	0.16

注：以上列出的第 2~4 名股东为国有法人股股东，前 10 位股东之间不存在关联关系。

3、持有本公司 10%以上股份的股东为万向集团公司，持有股份 18124.7138 万股，其所持股份无质押和冻结情况。

昆明百货大楼(集团)股份有限公司

一、公司简介

1、法定中文名称：昆明百货大楼(集团)股份有限公司

英文名称：Kunming Department Store Group Co., Ltd.

2、法定代表人：吴新元先生

3、董事会秘书：吴梦冰女士

联系地址：云南省昆明市东风西路 99 号昆明百货大楼(集团)股份有限公司董事会办公室

联系电话：(0871)3625804　传真：(0871)3623414

电子信箱：gzbdk@public.km.yn.cn

4、公司注册地址：云南省昆明市

办公地址：云南省昆明市东风西路 99 号　邮政编码：650021

5、公司信息披露报纸名称：深圳《证券时报》

登载公司年度报告的中国证监会指定国际互联网网址：http://www.cninfo.com.cn

公司年度报告备置地址：董事会办公室

6、公司股票上市交易所：深圳证券交易所

股票简称：昆百大　股票代码：0560

二、会计数据和业务数据摘要

1、本年度利润总额及构成(单位：万元)

指　标	2000 年度
利润总额	-7,838.45
净利润	-7,741.69
扣除非经营性损益后的净利润	-7,752.69
主营业务利润	10,786.06
其他业务利润	366.52
营业利润	-8,228.87
投资收益	737.93
补贴收入	11.00
营业外收支净额	-358.51
经营活动产生的现金流量净额	2,442.52
现金及现金等价物净增加额	-874.78

2、截止报告期末公司前三年财务指标(单位：万元)

指　标	2000 年	1999 年		1998 年	
		调整后	调整前	调整后	调整前
主营业务收入	75,136.96	88,774.25	93,681.12	75,834.31	75,834.31
主营业务收入(含税)	87,910.24	103,865.87	109,606.91	88,726.14	88,726.14
净利润	-7,741.69	1,181.29	133.71	-4,697.44	90.18
总资产	110,239.38	120,730.10	127,067.38	126,432.24	131,127.29
股东权益(不含少数股东权益)	17,707.73	25,211.95	23,808.76	23,949.13	28,736.75
每股收益(元)	-0.5760	0.0879	0.0099	-0.3495	0.0067
每股净资产(元)	1.32	1.88	1.77	1.78	2.14
调整后的每股净资产(元)	0.62	1.59	1.50	1.54	1.87
每股经营活动产生的现金流量净额	0.18	—	0.48	0.05	0.05
净资产收益率	-43.72%	4.69%	0.56%	-19.61%	0.31%

主要财务指标计算公式如下：

每股收益=净利润/年度末普通股股份总数

每股净资产=年度末股东权益/年度末普通股股份总数

根据中国证监会关于发布《公开发行证券公司信息披露编报规则》第 9 号通知的规定计算出的有关财务指标。

3、利润及利润分配表-附表

项　目	报告期利润		2000 年	1999 年
净资产收益率	主营业务利润	全面摊薄	60.91%	50.82%
		加权平均	50.54%	52.22%
	营业利润	全面摊薄	-46.47%	-4.99%
		加权平均	-38.56%	-5.13%
	净利润	全面摊薄	-43.72%	4.69%
		加权平均	-36.28%	4.81%
	扣除非经营性损益后的净利润	全面摊薄	-43.99%	0.83%
		加权平均	-36.50%	0.85%
每股收益	主营业务利润	全面摊薄	0.8025	0.9534
		加权平均	0.8025	0.9534
	营业利润	全面摊薄	-0.6123	-0.0937
		加权平均	-0.6123	-0.0937
	净利润	全面摊薄	-0.5760	0.0879
		加权平均	-0.5760	0.0879
	扣除非经营性损益后的净利润	全面摊薄	-0.5796	0.0156
		加权平均	-0.5796	0.0156

三、股东情况介绍

1、报告期末股东总数

报告期末公司股东总数为 32,134 户，其中 9 户为公司董事和监事。

2、公司前十名股东的持股情况

股　东　名　称	持有股数(股)	占总股本比例(%)
昆明百货大楼	32,261,900	24.00
昆明市国有资产(持股)经营有限责任公司	11,111,800	8.27
昆明西南商业大厦股份有限公司	7,000,000	5.21
昆明三联百货经营部	5,226,300	3.89
昆明继达工贸公司	4,000,000	2.98
昆明卷烟厂	3,000,000	2.23
深圳鸿基运输实业股份有限公司	2,500,000	1.86
昆明一商边贸有限责任公司	2,000,000	1.49
云南英君科技发展公司	2,000,000	1.49
云南民航经营公司	800,000	0.60

长岭(集团)股份有限公司

一、公司简介

1、公司法定中文名称:长岭(集团)股份有限公司
英文名称:CHANG LING(GROUP)CO.,LTD.　　缩　　写:CLGCL
2、公司法定代表人:张嘉冉
3、公司董事会秘书及证券事务授权代表:王 *　　杨婷婷
联系地址:陕西省宝鸡市长岭公司证券部
电　　话:0917--3624433 转 5145　传真:0917-3622392
电子信箱:dsh@clangling.com.cn
4、公司注册地址:陕西省宝鸡市清姜路 75 号
公司办公地址:陕西省宝鸡市清姜路 75 号 邮编:721006
网　　址:http://www.changling.com.cn
电子信箱:cl@changling.com.cn
5、公司信息披露报刊:深圳《证券时报》
刊载年报的互联网网址:http://www.cninfo.com.cn
公司年度报告备置地点:证券部
6、公司股票上市地:深圳证券交易所
股票简称:陕长岭 A　　股票代码:0561

二、会计数据和业务数据摘要

1、本年度主要利润指标情况　　单位:元

利润总额:	13,360,203.03
净利润:	13,521,633.31
扣除非经常性损益后的净利润:	-56,478,366.69
主营业务利润:	111,610,599.04
其他业务利润:	10,049,534.21
营业利润:	-50,371,386.17
投资收益:	62,733,083.09
补贴收入:	967,692.77
营业外收支净额:	30,813.34
经营活动产生的现金流量净额:	64,226,094.99
现金及现金等价物净增加额:	15,964,687.62

注:非经常性损益包括股权转让收益 7000 万元。

2、近三年主要会计数据和财务指标　　单位:元

项目	2000 年	1999 年 调整后	1999 年 调整前	1998 年 调整后	1998 年 调整前
主营业务收入	36777403.16	498848964.90	494613478.32	936126447.50	937996481
净利润	13521633.31	-179117159.15	-181825393.33	-9048706.26	8039452
总资产	1648605753.83	1758328953.69	1927404207.36	2381145691.47	2276370451
股东权益	827705256.09	850922495.89	848214261.91	1032909686.99	1053885294
每股收益	0.034	-0.451	-0.458	-0.023	0.021
扣除非经常性损益后的每股收益	-0.1423	-0.457	-0.4611	-0.013	0.021
每股净资产	2.085	2.143	2.137	2.602	2.65
调整后的每股净资产	1.862	2.098	2.069	2.492	2.59
每股经营活动产生的现金流量净额	0.1618	0.042	-0.0094	-0.324	-0.32
净资产收益率	1.634%	-21.05%	-21.43%	-0.876%	0.76%

注:1999 年数据调整系由于合并范围发生变化。

3、利润表附表:根据中国证监会《公开发行证券公司信息披露编报规则[第九号]》要求计算的利润数据如下:

报告期利润	净资产收益率(%) 全面摊薄	净资产收益率(%) 加权平均	每股收益(元) 全面摊薄	每股收益(元) 加权平均
主营业务利润	13.48%	13.48%	0.28	0.28
营业利润	-6.09%	-6.09%	-0.127	-0.127
净利润	1.634%	1.634%	0.034	0.034
扣除非经常性损益后净利润	-6.823%	-6.823%	-0.1423	-0.1423

4、股东权益变动情况　　单位:元

项目	股本	资本公积金	盈余公积金	法定公益金	未分配利润	股东权益合计
期初数	397012585	511861229.03	108943709.51	32664772.35	-166895027.65	850922495.89
本期增加	0	1614904.89			13521633.31	15136538.2
本期减少	0	0	38353778.00	32664772.35	0	38353778.00
期末数	397012585	513476133.92	70589931.51	0	-153373394.34	827705256.09

变动原因如下:
(1) 资本公积本期增加 1614904.89 元,系资产评估增值准备增加所致。
(2)盈余公积本期减少 38353778.00 元,系按国家有关规定住房周转金冲减公益金所致。
(3)未分配利润本期增加系报告期实现盈利所致。

三、股东情况介绍

1、截止 2000 年 12 月 31 日公司股东总数为 140579 户。其中:国家股股东 1 户、法人股股东 15 户,其余为社会流通股(包括 11 户高管股)。

2、前 10 名大股东情况介绍　　单位:股

股东名称	年末持股数	持股比例(%)
陕西省国有资产管理局	119026400	29.98
中国工行陕西信托投资有限公司	18720000	4.72
西安飞机工业集团财务公司	2880000	0.73
南通市首创投资有限公司	2880000	0.73
中国银行宝鸡支行劳动服务公司	2160000	0.54
宝鸡证券公司	1440000	0.36
中国农行宝鸡支行职工技术服务部	1440000	0.36
新疆生产建设兵团农二师	1440000	0.36
华能科技公司	1338480	0.34
陈朝秀	1263222	0.32

注:(1) 长岭黄河集团有限公司受陕西省国有资产管理局委托,管理其持有的本公司国家股 119026400 股,占总股本的 29.98%。报告期内未有增减变动,也未发生质押、冻结的情况。

宏源证券股份有限公司

一、公司简介

1. 公司名称:中文:宏源证券股份有限公司
英文:Hong Yuan Securities Co.,Ltd
2.公司法定代表人:田国立
3.公司董事会秘书:于　帆　　授权代表:高丽娟
联系地址:新疆乌鲁木齐市建设路 2 号宏源大厦
联系电话:0991-2301870　　联系传真:0991-2301779
4.公司注册地址:新疆乌鲁木齐市建设路 2 号宏源大厦
办公地址:新疆乌鲁木齐市建设路 2 号宏源大厦　　邮政编码:830002
公司网址:http://hongyuan.xj.cninfo.net
公司电子信箱:hyxtdshj@mail.xj.cninfo.net
5.公司选定的信息披露报刊:《证券时报》、《中国证券报》、《上海证券报》
登载公司年报的国际互联网网址:http://www.cninfo.com.cn
公司年度报告备置地点:公司董事会秘书处
6.公司股票上市交易所:深圳证券交易所
股票简称:宏源证券　　股票代码:0562

二、会计数据和业务数据摘要

(一)本年度主要利润指标　　单位:元

1.利润总额	101,995,062.90
2.净利润	81,769,682.46
3.扣除非经常性损益后的净利润	82,314,45.90
4.主营业务利润	79,309,714.67
5.其他业务利润	9,588,413.16
6.营业利润	88,898,127.83
7.投资收益	21,704,460.84
8.补贴收入	—
9.营业外收支净额	-544,763.45
10.经营活动产生的现金流量净额	1,445,925,198.83
11.现金及现金等价物净增加额	1,831,957,683.49

(二)前三年主要会计数据和财务指标

	2000 年	1999 年 (调整后)	1999 年 (调整前)	1998 年
1.主营业务收入(万元)	34,271.87	16,360.40	22,204.51	23,508.61
2.净利润(万元)	8176.97	4,629.50	4,850.09	10,665.45
3.总资产(万元)	509,241.96	378,190.12	378,190.12	242,481.42
4.股东权益(万元)	64,613.76	59,030.51	59,251.11	55,073.96
5.每股收益(摊薄)(元)	0.1576	0.0981	0.1028	0.317
6.每股净资产(元)	1.246	1.2517	1.256	1.635
7.调整后每股净资产(元)	1.137	1.14	1.14	1.55
8.每股经营活动产生的现金流量净额(元)	3.624	0.99	0.99	-0.07
9.净资产收益率(%)(摊薄)	12.66	7.84	8.18	19.37

注:(1)以上数据和指标均按合并报表计算,其中 1998 年度总股本按 33684.75 万股计算,1999 年度总股本按 47158.65 万股计算,2000 年度总股本按 51874.515 万股计算。
(2)主要财务指标计算方法(略)

(三)按 8 号准则计算的前三年主要会计数据和财务指标

	2000 年	1999 年	1998 年
1.流动资产(万元)	459,674.96	324,167.37	197,118.00
2.代买卖证券款(万元)	172,037.78	72,057.38	63,742.74
3.受托资金(万元)	101,298.99	46,685.09	
4.流动负债(万元)	439,613.52	319,144.21	187,389.47
5.净资本(万元)	25,907.40	30,495.72	38,651.53
6.营业收入(万元)	35,545.81	16,360.40	23,508.61
7.手续费收入(万元)	17,476.77	5,020.48	4,023.30
8.自营证券差价收入(万元)	12,403.42	8,005.09	2,164.75
9.证券发行收入(万元)	574.75	123.00	529.00
10.营业支出(万元)	27,462.27	17,183.95	12,047.02
11.净资产负债率	7.881	5.407	4.403

注:2000 年度净资本按证监会最新计算规则编制。1999 年度、1998 年度净资本按原计算规则计算。公式为:
净资本 = 净资产 - (固定资产净值 + 长期投资) ×30% - 无形资产及递延资产 - 提取的损失金 - 证监会认定的其他高风险资产

(四)每股收益和净资产收益率

报告期利润	净资产收益率 % 全面摊薄	净资产收益率 % 加权平均	每股收益(元/股) 全面摊薄	每股收益(元/股) 加权平均
主营业务利润	11.03	12.56	0.1528	0.1525
营业利润	12.51	14.08	0.1713	0.1713
净利润	12.66	12.95	0.1576	0.1576
扣除非经营性损益后的净利润	12.74	14.33	0.1743	0.1743

三、股东情况

1.本报告期末,共有股东 65,287 户。
2.公司前 10 名股东情况　　单位:万股

序号	股东名称	年初持股	年内增加	年末持股	持股比例
1	中国信达资产管理公司	20628.3	2062.83	22691.13	43.74%
2	新疆生产建设兵团	2772	277.2	3049.2	5.88%
3	新疆维吾尔自治区电力公司	2541	254.1	2795.1	5.39%
4	中国宝安集团股份有限公司	2541	254.1	2795.1	5.39%
5	广东中创科技设备租赁公司	1270.5	127.05	1397.55	2.69%
6	深圳市宏成电脑有限公司	1270.5	127.05	1397.55	2.69%
7	新疆资金融通中心	831.6	83.16	914.76	1.76%
8	新疆金威有限公司	381.15	38.115	419.265	0.81%
9	新疆维吾尔自治区投资公司	277.2	27.72	304.92	0.59%
10	新疆维吾尔自治区石油总公司	277.2	27.72	304.92	0.59%

陕西省国际信托投资股份有限公司

一、公司简介

1、公司法定中文名称:陕西省国际信托投资股份有限公司(简称:陕国投)
公司法定英文名称:Shaanxi International Trust & Investment Corp.,Ltd.
2、公司法定代表人: 孙志诚
3、信息咨询服务机构:董事会办公室
公司董事会秘书: 胡梦琪
授权代表: 黎惠民 王 勇
联系地址:陕西省西安市环城东路南段8号
联系电话:(029)3239354 3224277
传 真:(029)3239456
4、公司注册及办公地址:陕西省西安市环城东路南段8号
邮政编码:710048
5、公司选定的信息披露报纸:《中国证券报》、《证券时报》
登载公司年度报告的中国证监会指定国际互联网网址:http://www.cninfo.com.cn
公司年度报告备置地点:公司董事会办公室
6、股票上市交易所:深圳证券交易所
股票简称:陕国投A 股票代码:0563

二、会计数据和业务数据摘要

(一)公司本年度主要利润指标

指标名称	金额(元)
1、利润总额	62,367,433.81
2、净利润	48,960,729.95
3、扣除非经常性损益的净利润	44,676,907.73
4、主营业务利润	102,065,932.92
5、其他业务利润	-
6、营业利润	20,566,436.39
7、投资收益	41,126,314.71
8、补贴收入	-
9、营业外收支净额	674,682.71
10、经营活动产生的现金净流量	939,078,174.72
11、现金及现金等价物净增加额	897,680,618.77

注:扣除的非经常性损益项目和涉及金额(元)
1 返还的流转税金:3,609,139.51 元;
2 印花税返还收入:457,989.23 元;
3 无法支付的应付款项收入:432,147.93 元;
4 违约罚没收入:129,145.12 元;
5 处置固定资产净损失:53,352.66 元;
6 捐赠支出:11,000.00 元;
7 证券交易差错净损失:51,344.36 元;
8 违约和赔偿支出:81,872.98 元;
9 罚没支出:138,338.51 元;
10 其他净支出:8,691.06 元。

(二)1998年—2000年会计数据及主要财务指标(单位:元)

指标名称	2000年	1999年		1998年
		调整后	调整前	调整后
主营业务收入	299,398,004.71	361,155,837.72	386,125,283.24	86125283.24
净利润	48 960,729.95	42,675,951.33	52,526,310.77	52,328,953.76
总资产	3,618,322,867.13	2,715,994,227.66	2,352,058,118.01	2,327,735,053.10
股东权益	517,552,109.97	496,118,483.39	477,764,369.55	453441304.64
每股收益(全面摊薄)	0.156	0.136	0.301	0.30
(加权平均)	0.156	0.136	0.307	0.306
扣除非经常性损益后 的每股收益(全面摊薄)	0.142	0.132	0.288	0.287
(加权平均)	0.142	0.132	0.293	0.292
每股净资产	1.65	1.58	2.74	2.60
净资产收益率(%)(摊薄)	9.46	8.60	10.99	11.54
(加权)	9.40	8.99	12.04	12.00
扣除非经常性损益后的净资产收益率(全面摊薄)	8.63	8.36	10.52	11.04
(加权平均)	8.58	8.74	11.52	11.48
调整后每股净资产	1.52	1.43	2.62	2.48
每股经营活动产生的现金净流量	2.99	0.77	0.83	

(三)报告期内股东权益变动情况及变化原因

项目	股本	资本公积	盈余公积	一般风险准备金	未分配利润	股东权益合计
期初数	314,187,026.00	95,682,308.66	64,580,808.17		21,667,470.16	496,118,483.39
本期增加数		3,890,181.13	9,792,146.00	4,896,073.00	48,960,729.95	67,540,548.18
本期减少数					46,106,921.60	46,106,921.60
期末数	314,187,026.00	99,572,489.79	74,372,954.17	4,896,073.00	24,521,278.51	517,552,109.97

三、股东情况

主要股东持股情况
1、截止2000年12月29日,本公司共有股东83,155户,高级管理人员股东共2人。
2、前十名股东持股情况(截止2000年6月30日)

股东名称	所持股数(股)	占总股份比例%
陕西省财政厅	153,340,466	48.81
深圳市深华集团公司	10,800,000	3.44
陕西省交通厅	7,020,000	2.23
陕西省保险公司	5,400,000	1.72
远东机械制造公司	1,080,000	0.34
国营庆安设备公司	1,080,000	0.34
西安咸阳国际机场	972,000	0.31
陕西省邮电管理局	842,400	0.27
何元国	770,791	0.25
北京建成信实业有限责任公司	619,600	0.20

西安民生集团股份有限公司

一、公司简介

1、公司法定中文名称:西安民生集团股份有限公司
公司法定英文名称:XI"AN MINSHENG GROUP CO.,LTD.
2、公司法定代表人:詹军道
3、公司董事局秘书:马明庆
联系地址:西安市解放路103号
电 话:029-7481961 传 真:029-7481871
电子信箱:m-mq@163.net
4、公司注册地址:西安市解放路103号
公司办公地址:西安市解放路103号 邮政编码:710005
公司国际互联网网址:www.cnminsheng.com
电子信箱:d.sj@163.net
5、公司选定的信息披露报纸名称:《证券时报》或《中国证券报》
登载公司年度报告的中国证监会指定国际互联网网址:http://www.cninfo.com.cn
公司年度报告备置地点:公司本部八楼828室
6、公司股票上市交易所:深圳证券交易所
股票简称:西安民生 股票代码:0564

二、会计数据和业务数据摘要

1、公司本年度主要利润指标(单位:人民币元)

利润总额	42,858,974.18
净利润	34,204,548.98
扣除非经常性损益后的净利润	34,204,548.98
主营业务利润	159,554,161.79
其他业务利润	2,995,571.78
营业利润	59,140,786.95
投资收益	-15,094,059.39
补贴收入	0
营业外收支净额	-1,187,753.38
经营活动产生的现金流量净额	81,980,998.81
现金及现金等价物净增加额	-27,125,968.82

2、报告期末公司前三年的主要会计数据及财务指标(单位:人民币元)

指标	2000年	1999年		1998年
		调整后	调整前	
主营业务收入	826,505,954.03	724,327,735.22	755,714,924.68	796,714,924.68
净利润	34,204,548.98	12,805,700.17	2,855,735.96	2,855,735.96
总资产	991,703,998.74	1,045,390,091.03	11,137,144,752.59	1,1165,690,493.29
股东权益	543,522,531.72	509,317,982.74	496,512,282.57	509,937,525.50
每股收益	0.1693	0.063	0.014	0.0098
每股收益(按月平均加权计算)	0.1693	0.063	0.014	0.0098
每股收益(扣除非经常性损益后)	0.1693	0.063	0.014	0.0098
每股净资产	2.69	2.52	2.46	2052
调整后的每股净资产	2.66	2.50	2.36	2.499
每股经营活动产生的现金流量净额	0.41	0.57	0.37	0.37
净资产收益率	6.29%	2.51%	0.58%	0.39%

注:(1)股东权益指标中不包含少数股东权益
(3)因1999年度纳入合并范围的民生连锁店有限责任公司、西安民生电热技术工程有限责任公司于本年度转让,根据有关规定,上述子公司本年度不纳入合并范围,1999年数据为变更合并范围后的数据。

3、利润表附表 报告期利润 (单位:人民币元)

	报告期利润	净资产收益率(%)		每股收益(元/股)	
		全面摊薄	加权平均	全面摊薄	加权平均
主营业务利润	159,554,161.79	29.36%	30.31%	0.7898	0.7898
营业利润	59,140,786.95	10.88%	11.23%	0.2928	0.2928
净利润	34,204,548.98	6.29%	6.50%	0.1693	0.1693
扣除非经常性损益后的净利润	34,204,548.98	6.29%	6.50%	0.1693	0.1693

4、报告期内股东权益变动情况(单位:人民币元)

项目	股本	资本公积	盈余公积	法定公益金	未分配利润	股东权益合计
期初数	202007024.00	275544393.14	28058298.54	13425448.38	3708267.06	509317982.74
本期增加	——	——	6894246.39	3438233.76	27310302.59	34204548.98
本期减少						
期末数	202007024.00	275544393.14	34952544.93	16863682.14	31018569.65	543522531.72

变动原因:以上变动原因主要均因本期利润增加所致。
注:因1999年度纳入合并范围的民生连锁店有限责任公司、西安民生电热技术工程有限责任公司于本年度转让,根据有关规定,上述子公司本年度不纳入合并范围,期初数为变更合并范围后的数据。

三、股东情况介绍

1、截止2000年12月31日,公司股东总数为82561户。
2、前十名股东持股情况:(截止2000年12月31日)

序号	股东名称	持股数(万股)	占总股本(%)	年度内增加(万股)
1	西安市国有资产管理局(国家股)	5180.5158	25.65	0
2	深圳市君道实业有限公司	890.1800	4.41	0
3	西安民生劳动服务公司	475.6969	2.35	0
4	市工行解办	64.3500	0.32	0
5	王勇	56.8000	0.28	56.8000
6	陕西省电视台广告经理部	51.4800	0.25	0
7	周水潮	37.7163	0.19	37.1763
8	杭州天池洗衣清洁有限公司	37.5800	0.19	37.5800
9	陕西工商学院	35.3200	0.17	0
10	保险公司西安分公司	34.3200	0.17	0

重庆三峡油漆股份有限公司

一、公司简介

公司法定中文名称:重庆三峡油漆股份有限公司
公司法定英文名称:CHONGQING SANXIA PAINTS CO., LTD
公司注册地址(办公地址):重庆市九龙坡区石坪桥正街121号
邮政编码:400051
公司法定代表:陈光辉
公司董事会秘书:戎路明
联系电话:023-68823076
(传真)023-68820710
董事会证券事务代表:徐厚梁
联系电话(传真):023-68824806
电子信箱:zqb0565@163.net
公司选定的信息披露报纸是《中国证券报》、《证券时报》
中国证监会指定国际互联网网址:http://www.cninfo.com.cn
公司年度报告备置地点:公司证券部(公司办公大楼五楼)
公司股票上市交易所:深圳证券交易所
股票简称:渝三峡A
股票代码:0565

二、会计数据和业务数据摘要

1. 本年度主要会计数据(单位:人民币元)
利润总额:3104282.88
净利润:2799837.55
主营业务利润:49417594.60
其他业务利润:892646.39
营业利润:739580.57
投资收益:1895099.23
营业外收支净额:469603.08
经营活动产生的现金流量净额:12380732.74
现金及现金等价物净增加额:43204677.92

2. 截止报告期末公司前三年主要会计数据和财务指标

项目	2000年	1999年		1998年	
		调整前	调整后	调整前	调整后
主营业务收入	294681218.39	311398083.68	311398083.68	359508089.09	359508089.09
净利润(元)	2799837.55	16270449.10	13728505.32	29118028.24	27468226.37
总资产(元)	482445942.45	386048906.80	386713249.46	409495208.01	398304933.36
股东权益(元)	364457642.77	249342337.68	249780057.24	251202361.10	240012086.45
每股收益(元)(摊薄)	0.016	0.10	0.087	0.28	0.26
每股收益(元)(加权)	0.016	0.10	0.087	0.28	0.26
扣除非经常性损益后的每股收益(元)	0.016	0.10	0.087	0.28	0.26
每股净资产(元)	2.10	1.59	1.59	2.39	2.29
调整后的每股净资产(元)	2.07	1.55	1.56	2.36	2.26
净资产收益率(%)(摊薄)	0.77	5.50	5.50	11.63	11.44
净资产收益率(%)(加权)	0.79	5.52	5.52	12.35	12.18
每股经营活动产生的现金流量净额(元)	0.07	0.16	0.16	0.26	0.26
扣除非经常性损益后加权净资产收益率(%)	0.79	5.52	5.52	12.35	12.18

3. 本年度利润表附表

报告期利润	净资产收益率(%)		每股收益(元)	
	全面摊薄	加权平均	全面摊薄	加权平均
主营业务利润	13.56	13.99	0.28	0.29
营业利润	0.20	0.21	0.004	0.004
净利润	0.77	0.79	0.016	0.016
扣除非经常性损益后的净利润	0.77	0.79	0.016	0.016

4. 报告期内股东权益变化情况

项目	股本	资本公积	盈余公积	未分配利润	股东权益合计
期初数	157181220	56845725.14	32424640.01	3328472.09	249780057.24
本期增加	16255668	95808629.83	1068879.49	2799837.55	115933014.87
本期减少	---	---	---	1255429.34	1255429.34
期末数	176436888	152654354.97	33493519.50	4872880.30	364457642.77
变动原因	配	股	本年净利润提取	当年利润	

三、股东情况介绍

1. 报告期末股东总数
截止2000年12月31日公司股东共计34963户,其中国有股东1户。
2. 前10名股东情况

股东名称	报告期末持股数(股)	占总股本比例(%)
(1)重庆三峡涂料工业(集团)有限公司	86023078	49.60
(2)中国有色金属工业南华公司	352265	0.20
(3)唐毅	309000	0.18
(4)陈兴国	278550	0.16
(5)李忠国	253594	0.15
(6)蒋禄如	236000	0.14
(7)李蕊群	200162	0.12
(8)卫加	195909	0.11
(9)魏炜	195000	0.11
(10)深圳市天方房地产有限公司	192636	0.11

注:(1)重庆三峡涂料工业(集团)有限公司为国有股股东,所持股份86023078股为尚未流通股,报告期内股份数量变化系公司实施1998年度10配2的配股方案所致 ,所持股份无质押和冻结情况。

(2)其余九名股东所持股份属已上市流通股,报告期内股份变化1因实施公司10配2配股方案2二级市场交易所致。

(3)前10名股东之间不存在关联关系。

海南轻骑海药股份有限公司

一、公司简介

1、公司法定中文名称:海南轻骑海药股份有限公司
公司法定英文名称:HAINAN QINGQI HAIYAO CO., LTD.
2、公司法定代表人:孟祥礼
3、公司董事会秘书:李颖
联系地址:海南省海口市龙昆北路30号宏源证券大厦16楼北侧
联系电话:0898-6785861
传真:0898-6705316
电子信箱:qhyzqb@public.hk.hi.cn
4、公司注册地址:海南省海口市海秀大道51号
公司办公地址:海南省海口市龙昆北路30号宏源证券大厦16楼北侧
邮政编码:570105
公司选定的信息披露报纸名称:《证券时报》、《中国证券报》
登载公司年度报告的中国证监会指定国际互联网网址:
http://www.cninfo.com.cn
5、公司年度报告备置地点:公司证券部
6、公司股票上市交易所:深圳证券交易所
股票简称:轻骑海药　　股票代码:0566

二、会计数据和业务数据摘要

1、公司本年度主要会计数据　　单位:人民币(元)

项目	金额
利润总额	-54,082,128.33
净利润	-54,082,128.33
扣除非经常性损益后的净利润	-54,082,128.33
主营业务利润	49,236,609.06
其他业务利润	-32,810.13
营业利润	-56,030,914.05
投资收益	
补贴收入	4,207,144.56
营业外收支净额	-2,258,358.84
经营活动产生的现金流量净额	8,144,530.28
现金及现金等价物净增加额	222,411.73

注:①非经常性损益是指公司正常经营损益之外的,一次性或偶发性损益。②本公司无"扣除非经常性损益后的净利润"项目。

2、公司近三年主要财务指标　　单位:人民币(元)

指标项目	2000年	1999年		1998年	
		调整前	调整后	调整前	调整后
主营业务收入	175,486,555.28	135,880,830.43	135,880,830.43	121,049,351.35	121,049,351.35
净利润	-54,082,128.33	5,365,668.24	-20,295,350.65	-55,347,219.93	-94,294,021.59
总资产	885,584,043.55	914,732,521.83	914,732,521.83	973,847,427.69	889,644,836.97
股东权益	208,643,291.24	215,120,857.95	216,388,584.24	294,635,365.55	209,755,189.71
每股收益(摊薄)	-0.267	0.027	-0.10	-0.27	-0.466
每股净资产	1.03	1.06	1.07	1.46	1.04
调整后的每股净资产	0.926	1.01	1.02	1.39	0.966
每股经营活动产生的现金净流量	0.04	0.08	0.08	-0.17	-0.17
净资产收益率(%)	-25.90	2.49	-9.38	-18.80	-44.95
扣除非经常性损益 后的每股收益	-0.267	-0.11	-0.10	-0.29	-0.48

根据中国证券会《公开发行证券公司信息披露编报规则第九号》的要求计算的净资产收益率和每股收益如下:

报告期利润	2000年度		1999年度	
	净资产收益率(%)	每股收益(元)	净资产收益率(%)	每股收益(元)
主营业务利润	23.60	0.243	25.15	0.269
营业利润	-26.85	-0.277	-11.10	-0.119
净利润	-25.92	-0.267	-9.38	-0.100
扣除非经营性损益后的净利润	-25.92	-0.267	-9.38	-0.100

本报告期内列示的年初主要会计数据和财务指标与99年度报告披露的财务数据不相一致的原因是根据财政部(2001)17号财政部关于印发《贯彻实施〈企业会计制度〉有关政策衔接问题的规定》的通知,采用追溯调整法在本年度调整以前年度损益2759.73万元所致。

3、报告期内股东权益变动情况　　单位:人民币(元)

项目	股本	资本公积	盈余公积	法定公益金	未分配利润	合计
期初数	202,348,992	260,549,419.40	16,778,661.64		-263,288,488.80	216,388,584.24
本期增加		46,336,835.33				46,336,835.33
本期减少					54,082,128.33	54,082,128.33
期末数	202,348,992	306,886,254.73	16,778,661.64		-317,370,617.13	208,643,291.24

三、股东情况

1、股东情况介绍

(1)本报告期末股东总数为:31796户,其中法人股东14户,高级管理人员2户,社会公众股东31782户。

(2)前10名股东持股情况

截止2000年12月31日　　单位:股

序号	股东名称	年初数	占总股本比例(%)	年末数	占总股本比例(%)
1	中国轻骑集团有限公司	78,940,769	39.01	78,940,769	39.01
2	海口市国有资产管理局	16,198,033	8	16,198,033	8
3	中国工行海南信托投资公司	13,958,208	6.89	13,958,208	6.89
4	海南省信托投资公司	2,878,722	1.42	2,878,722	1.42
5	长城证券有限责任公司	2,326,302	1.14	2,326,302	1.14
6	北京四环科技开发公司	1,628,550	0.80	1,628,550	0.80
7	海南成立集团有限公司	852,984	0.42	852,984	0.42
8	魏书明	0	0	771,400	0.38
9	刘方梅	0	0	717,000	0.35
10	中国南玻集团股份公司	620,334	0.31	620,334	0.31

海南海德纺织实业股份有限公司

一、公司简介

1、公司法定中文名称:海南海德纺织实业股份有限公司
公司英文名称:HAINAN HAIDE TEXTILE INDUSTRIAL CO.,LTD
公司英文名称缩写:HDI
2、公司法定代表人:马骧
3、公司董事会秘书:崔阳清　授权代表:罗勇炼
联系地址:海南省海口市金贸区国贸大道银通大厦19楼公司证券部
电话:0898—8540608　传真:0898—8540608
4、公司注册地址:海南省海口市海德路5号
公司办公地址:海南省海口市金贸区国贸大道银通大厦19楼
邮政编码:570125
电子信箱:hdicoltd@public.hk.hi.cn
5、信息披露报纸名称:证券时报、中国证券报
公司年度报告国际互联网网址:http://www.cninfo.com.cn
公司年度报告备置地点:海南省海口市金贸区国贸大道银通大厦19楼公司证券部
6、公司股票上市交易所:深圳证券交易所
股票简称:琼海德
股票代码:0567

二、会计数据和业务数据摘要

1、公司本年度主要会计数据　(单位:人民币万元)

利润总额:	-4273.95
净利润:	-4127.03
扣除非经常性损益后的净利润:	-7191.13
扣除的非经常性损益合计:	3064.10
其中 合并价差摊:	299.37
补贴收入:	14.18
营业外收支净额:	-79.67
股权转让收益:	2830.22
主营业务利润:	-765.55
其他业务利润:	-987.65
营业利润:	-5210.69
投资收益:	1002.23
补贴收入:	14.18
营业外收支净额:	-79.67
经营活动产生现金流量净额:	-374.09
现金及现金等价物净增加额:	-669.94

2、公司近三年主要会计数据和财务指标　单位:人民币万元

指标项目	2000年	1999年	1998年	
			调整前	调整后
主营业务收入:	943.06	40501.18	10835.82	10835.82
净利润:	-4127.03	2236.28	2787.56	1136.25
总资产:	42514.57	164475.12	68554.06	61681.09
股东权益:	15626.10	20129.81	25993.94	18338.16
每股收益:	-0.27	0.15	0.28	0.11
按月加权每股收益:	-0.27	0.15	0.28	0.11
扣除非经常性损益后的每股收益:	-0.48	0.15		
每股净资产:	1.03	1.33	2.58	1.82
调整后的每股净资产:	1.01	0.72		
每股经营活动产生的现金流量净额:	-0.02	-0.05	-0.35	
净资产收益率(%):	-26.21	11.11	10.72	6.20
加权净资产收益率(%)	-26.21	11.11	10.72	6.20
扣除非经常性损益后的加权净资产收益率(%):	-46.60			

3、全面摊薄和加权平均法计算的净资产收益率和每股收益

报告期利润	净资产收益率		每股收益	
	全面摊薄	加权平均	全面摊薄	加权平均
主营业务利润	-4.90	-4.90	-0.05	-0.05
营业利润	-33.34	-33.34	-0.34	-0.34
净利润	-26.41	-26.41	-0.27	-0.27
扣除经常性损益后的净利润	-46.02	-46.02	-0.48	-0.48

4、报告期内股东权益变动情况(单位:万股、人民币万元)

项目	股本	资本公积	盈余公积	法定公益金	未确投资损失	未分配利润	股东权益合计
期初数	15120	10841.04	59.73	19.91	-2252.14	-3868.58	19900.05
本期增加			15.10	5.04			
本期减少					-146.92	-4142.14	-4273.95
期末数	15120	10841.04	74.83	24.95	-2399.05	-8010.72	15626.10

三、股东情况介绍

1、本年末股东总数为21725户。
2、前10名股东持股情况(单位:万股)

股东名称	年初持股	股份增减	年末持股	冻结股数	占总股本(%)
海南国泰投资集团有限公司	3459.60		3459.60	3459.60	22.88
海口经济技术开发总公司	1420.88		1420.88		9.40
广东华宝集团公司	919.80		919.80		6.08
中行海南省分行	768.60		768.60		5.08
海口对外经济发展公司	976.87	270.53	706.34	706.34	4.67
海南国泰实业发展总公司	612.36		612.36	612.36	4.05
上海美建物资供销经营部	0	233.00	233.00		1.54
海南文化旅业发展公司	0.00	220.00	220.00		1.46
海口讯发房地产开发公司	0.00	184.85	184.85		1.22
上海财政证券公司	162.96		162.96		1.08

泸州老窖股份有限公司

一、公司简介

1、公司法定中文名称:泸州老窖股份有限公司
英文名称:LUZHOU　LAO　JIAO　CO.,LTD
2、公司法定代表人:袁秀平
3、公司董事会秘书:喻大河　　证券事务代表:黄庆
联系地址:四川省泸州市桂花街46号
联系电话:(0830)2292023　传真:(0830)2391774　电子信箱:Lzljdsb@lz-public.sc.cninfo.net
4、公司注册地址:四川省泸州市国窖广场
公司办公地址:四川省泸州市桂花街46号　　邮政编码:646000
公司电子信箱:Lzlj@lz-public.sc.cninfo.net　　公司国际互联网网址:http://www.Lzlj .com.cn
5、公司选定的信息披露报刊:《中国证券报》、《证券时报》
刊登公司年度报告的网址:http://www.cninfo.com.cn/
公司年度报告备置地点:董事会办公室
6、公司股票上市交易所:深圳证券交易所　公司股票简称:泸州老窖　公司股票代码:0568

二、会计数据和业务数据摘要

1、公司本年度实现利润情况

序号	项目	金额(元)
1	利润总额	221420449.79
2	净利润	166829154.11
3	扣除非经常性损益后的净利润	107058227.24
4	主营业务利润	498687451.17
5	其他业务利润	—5996963.61
6	营业利润	217751169.17
7	投资收益	3585347.97
8	补贴收入	398355.37
9	营业外收支净额	—314422.72
10	经营活动产生的现金流量净额	30654918.15
11	现金及现金等价物净增加额	—24316436.52

扣除的非经常性损益项目:
所得税返还60085349.59元
营业外收支净额—314422.72元

报告期利润	净资产收益率(%)		每股收益(元)	
	全面摊薄	加权平均	全面摊薄	加权平均
主营业务利润(万元)	37.9%	40.6%	1.02	1.02
营业利润(万元)	16.6%	17.7%	0.45	0.45
净利润(万元)	12.7%	13.6%	0.34	0.34
扣除非经常性损益后的净利润(万元)	8.1%	8.7%	0.22	0.22

2、公司近三年的主要会计数据和财务指标

序号	项目	2000	1999	1998年	
				调整后	调整前
1	主营业务收入(万元)	97873.11	101802.08	82673.44	82673.44
2	净利润(万元)	16682.91	12321.79	12321.79	16782.10
3	总资产(万元)	203817.14	182838.99	170599.70	178111.77
4	股东权益不含少数股东权益(万元)	131526.04	114538.54	126610.13	134067.17
5	每股收益(元)	0.34	0.262	0.252	0.34
6	按月平均加权计算的每股收益(元)	0.34	0.262	0.252	0.35
7	扣除非经营性损益后的每股收益(元)	0.219	0.11	0.257	
8	每股净资产(元)	2.69	2.34	2.59	2.74
9	调整后每股净资产(元)	2.66	2.32	2.56	2.72
10	每股经营活动产生的现金流量净额(元)	0.063	0.206	0.175	
11	净资产收益率(%)	12.68	11.19	9.73	12.52

三、报告期内股本变动及股东情况介绍

1、股本变动情况　　单位:股

	期初数	本次变动增减(+、—)					期末数
		配股	送股	公积金转股	其他	小计	
一、尚未流通股份	365800500						365800500
1、发起人股份							
其中:国家持有股份	365800500						365800500
尚未流通股份合计	365800500						365800500
二、已流通股份							
1、境内上市的人民币普通股	123134074						123134074
已流通股份合计	123134074						123134074
三、股份总数	488934574						488934574

2、股东情况介绍
(1)截止2000年12月31日,本公司共有股东108996户。
(2)前十名股东持股情况如下:

序号	股东名称	持股数(股)	持股比例(%)
1	泸州市国有资产管理局	365800500	74.82
2	于建昌	310183	0.06
3	普丰证券投资基金	262002	0.05
4	成都博高实业有限公司	255300	0.05
5	林宋标	229300	0.05
6	赵智勇	228714	0.05
7	顾颂华	212842	0.04
8	中国经济技术投资担保有限公司上海分公司	210000	0.04
9	黄薇	198092	0.04
10	常州国际展览服务公司	185052	0.04

四川川投长城特殊钢股份有限公司

一、公司简介

1.公司名称:
法定中文名称:四川川投长城特殊钢股份有限公司
英文名称:SICHUAN CHUANTOU CHANGCHENG SPECIAL STEEL CO.,LTD.
英文名称缩写:CSSC
2.公司注册(办公)地址:四川省江油市江东路 195 号　　邮政编码:621701
公司国际互联网网址:http://www.cssc.com.cn　　公司电子信箱:ctgspub@mail.cssc.com.cn
3.公司法定代表人:任德祚
4.公司董事会秘书:沈青峰
联系地址:四川川投长城特殊钢股份有限公司证券部
联系电话:0816-3650392　　传真:0816-3651872　　电子信箱:zcbpub@mail.cssc.com.cn
5.公司信息披露报纸:《证券时报》、《中国证券报》、《上海证券报》
登载公司年度报告的中国证监会指定国际互联网网址:http://www.cninfo.com.cn
公司年度报告备置地点:公司证券部
6.公司股票上市地:深圳证券交易所　　股票简称:川投长钢　股票代码:0569

二、主要财务数据和指标

(一)公司本年度实现的会计数据如下:(单位:元)

利润总额	67,045,637.16
净利润	67,045,637.16
扣除非经常性损益后的净利润	56,414,983.64
主营业务利润	138,778,447.55
其他业务利润	12,106,282.71
营业利润	55,574,453.26
投资收益	686,482.50
补贴收入	-
营业外收支净额	10,784,701.40
经营活动产生的现金流量净额	3,536,508.97
现金及现金等价物净增加额	34,501,433.42

注:扣除的非经常性损益项目及涉及金额

处置不良资产收入	12,124,934.51
固定资产清理	-1,281,959.39
债务重组损失	-212,322.60
合　计	10,630,653.52

(二)截止报告期末,公司前三年的主要会计数据和财务指标(单位:元)

项目	2000 年	1999 年		1998 年	
		调整后	调整前	调整后	调整前
主营业务收入	1,478,166,356.03	1,383,044,013.67	1,383,044,013.67	1,481,139,614.79	1,486,158,819.57
净利润	67,045,637.16	12,772,232.25	74,201,356.07	88,043,415.35	76,299,889.04
总资产	2,266,219,083.31	2,330,558,779.55	2,404,568,739.36	2,640,901,135.44	2,664,879,580.17
股东权益	799,034,434.67	716,473,252.84	790,483,212.65	716,281,856.58	740,260,301.31
每股收益 摊薄	0.096	0.018	0.107	0.127	0.11
加权	0.096	0.018	0.107	0.127	0.11
扣除非经常性损益后的每股收益	0.081	0.007	0.011	0.09	0.069
每股净资产	1.149	1.031	1.137	1.03	1.065
调整后的每股净资产	1.000	0.928	1.034	0.886	0.903
每股经营活动产生的现金流量净额	0.005	-0.056	-0.056	0.011	0.011
净资产收益率(%) 摊薄	8.39	1.78	9.39	12.29	10.31
加权	8.94	1.77	9.85	12.53	10.95
扣除非经常性损益后的加权净资产收益率(%)	7.52	0.68	10.62	9.07	7.03

根据中国证监会《公开发行证券公司信息披露编报规则(第 9 号)》要求计算的净资产收益率和每股收益。

报告期利润	净资产收益率(%)		每股收益(元/股)	
	全面摊薄	加权平均	全面摊薄	加权平均
主营业务利润	17.37	18.50	0.20	0.20
营业利润	6.96	7.41	0.08	0.08
净利润	8.39	8.94	0.096	0.096
扣除非经常性损益后的净利润	7.06	7.52	0.081	0.081

(三)报告期内股东权益变动情况(单位:元)

项目	股本	资本公积	盈余公积	法定公益金	未分配利润	股东权益合计
期初数	695,142,187.00	251,612,681.43	67,356,614.63	20,176,847.90	- 297,638,230.22	716,473,252.84
本期增加		15,515,544.67			67,045,637.16	82,561,181.83
本期减少						
期末数	695,142,187.00	267,128,226.10	67,356,614.63	20,176,847.90	-230,592,593.06	799,034,434.67

变动原因:
1.资本公积金增加系资产评估增值准备增加和债务重组收益转入所致;
2.未分配利润增加系公司在 2000 年度内实现盈利所致。

三、股东情况介绍

(一)报告期末股东总数为 62706 户,其中国有法人股股东 1 户,法人股股东 37 户,社会公众股东 62668 户。

(二)公司前 10 名股东持股情况(截止 2000 年 12 月 31 日)

股东名称	年初持股数量(股)	年末持股数量(股)	持股比例(%)
四川川投长城特殊钢(集团)有限责任公司	431,816,725	431,816,725	62.12
河北证券有限责任公司	0	23,100,000	3.32
深圳国际信托投资公司	19,554,150	19,554,150	2.81
攀枝花钢铁(集团)公司	11,550,000	11,550,000	1.66
鸿飞证券投资基金	0	11,550,000	1.66
深圳笋岗仓库企业股份公司	6,930,000	6,930,000	1.00
深圳物业发展(集团)股份有限公司	5,775,000	5,775,000	0.83
深圳中财投资发展公司	5,775,000	5,775,000	0.83
深圳祥源印刷包装有限公司	3,465,000	3,465,000	0.49
深圳市旗扬投资有限公司	3,465,000	3,465,000	0.49

常柴股份有限公司

一、公司简介

(一)公司法定中文名称:常柴股份有限公司
公司法定英文名称:CHANGCHAI COMPANY,LIMITED
公司英文名称缩写:CHANGCHAI CO.,LTD.
(二)公司法定代表人:董事长李汉华先生
(三)公司董事会秘书:吕小平先生
联系地址:中国江苏常州市怀德中路 123 号
联系电话:(86519)6600341,6600448　　电话传真:(86519)6670765
电子信箱:ccstp@public.cz.js.cn
(四)公司注册及办公地址:中国江苏常州市怀德中路 123 号
邮政编码:213002
公司网址:http://www.changchai.com.cn　　电子信箱:cctqm@public.cz.js.cn
(五)公司选定的信息披露报纸:《中国证券报》、《证券时报》、《大公报》
公司年度报告备置地点:公司办公室
证监会指定的公司登载年度报告的国际互联网网址:http://www.cninfo.com.cn
(六)公司股票上市地:深圳证券交易所
股票简称:苏常柴 A　股票代码:0570　苏常柴 B　2570

二、会计数据和业务数据摘要

(一)本年度利润总额及其构成情况(单位:人民币千元)

利润总额	34,972.958
净利润	39,687.061
扣除非经常性损益后的净利润	25,799,117
主营业务利润	344,613.935
其他业务利润	17,111.315
营业利润	21,154.516
投资收益	-69.502
补贴收入	4,639.305
营业外收支净额	9,248.639
经营活动产生的现金流量净额	-175,839.516
现金及现金等价物净增加额	-5,128.061

注:扣除非经常性损益后的净利润=净利润 39,687,061 元-营业外收入 22,479,885 元-补贴收入 4,639,305 元+营业外支出 13,231,246 元=25,799,117 元

(二)公司前三年主要会计数据和财务指标(单位:人民币千元)

指标项目	2000 年度	1999 年度	1998 年度	
			调整后	调整前
主营业务收入	2,240,847	3,092,750	2,651,760	2,762,191
净利润	39,687	98,972	116,999	154,534
总资产	3,574,547	3,414,050	3,356,205	3,502,865
股东权益	1,694,880	1,460,480	1,368,258	1,444,333
每股收益(摊薄)(元)	0.11	0.28	0.33	0.44
每股收益(加权)(元)	0.11	0.28	0.33	0.44
扣除非经常性损益后的每股收益(元)	0.07	0.27	0.29	0.40
每股净资产(元)	4.53	4.15	3.89	4.10
调整后的每股净资产(元)	4.41	4.03	3.79	3.99
每股经营活动产生的现金流量净额 (元)	-0.47	-0.55	0.25	0.25
净资产收益率(%)(摊薄)(元)	2.34	6.78	8.55	10.70

(三)根据中国证监会《公开发行证券公司信息披露编报规则(第 9 号)》要求计算的利润数据:
利润表附表:

报告期利润	净资产收益率 (%)		每股收益(元)	
	全面摊薄	加权平均	全面摊薄	加权平均
主营业务利润	20.3	21.0	0.92	0.93
营业利润	1.2	1.3	0.06	0.06
净利润	2.3	2.4	0.11	0.11
扣除非经常性损益后的净利润	1.5	1.6	0.07	0.07

(四)报告期内股东权益变动情况(单位:人民币千元)

项目	股本(股)	资本公积	盈余公积	法定公益金	未分配利润	股东权益合计
期初数	352,000,000	684,954	243,453	92,644	180,073	1,460,480
本期增加	22,249,551	172,463	6,949	3,475	32,738	234,400
本期减少						
期末数	374,249,551	857,417	250,402	96,119	212,811	1,694,880

变动原因:(1)股本增加:本年度配股所致
(2)资本公积金增加:配股溢价
(3)盈余公积金增加:本年利润提取
法定公益金增加:本年利润提取
(4)未分配利润增加:本年度净利润增加

三、股东情况介绍

(一)报告期末股东总数
1、截止 2000 年 12 月 31 日,公司股东总数为 68869 户。其中内资股股东 63341 户,持股总数 274,249,551 股;外资股股东 5528 户,持股总数 100,000,000 股。
2、报告期末,前十名股东持股情况

序号	股东名称	持股数(股)	占总股本比例(%)
(1)	常州市国有资产管理局	153,160,000	40.92
(2)	武进柴油机机体厂	5,330,000	1.42
(3)	KUBOTA　CORPORATION	5,000,000	1.34
(4)	上海天迪科技投资发展有限公司	3,141,776	0.84
(5)	东海国际有限公司	3,116,800	0.83
(6)	常州飞天集团公司	3,102,389	0.83
(7)	奔牛农机厂	1,760,000	0.47
(8)	张智成	1,241,300	0.33
(9)	WONG,SHIT FUI 黄雪辉	1,067,100	0.29
(10)	HKIT/006-113039-431	957,900	0.26

海南新大洲摩托车股份有限公司

一、公司简介

公司法定中文名称:海南新大洲摩托车股份有限公司
公司法定英文名称:HAINAN SUNDIRO MOTORCYCLE CO.,LTD.
公司法定代表人:韩立彬
公司董事会秘书:林帆　　董事会授权代表姓名:任春雨
联系地址:海南省海口市珠江广场帝豪大厦二十六层
电话:(0898)6719966-220、285　　传真:(0898)6715518
公司注册地址:海南省琼山市桂林洋经济开发区
公司办公地址:海南省海口市珠江广场帝豪大厦二十六层　　邮政编码:570125
公司互联网址:http//www.sundiro.com　　电子信箱:http//rcy@hnemail.com
公司指定信息披露报刊:《中国证券报》、《证券时报》
登载公司年度报告的中国证监会指定国际互联网址:http//www.cninfo .com.cn
公司年度报告备置地点:公司董事会秘书处
公司股票上市交易所:深圳证券交易所　　股票简称:新大洲A　　股票代码:0571

二、会计数据和业务数据摘要

1、本年度利润总额、净利润及其构成(单位:人民币元)

利润总额	-141,431,456.90
净利润	-139,653,649.10
扣除非经常性损益后的净利润	-116,917,631.63
主营业务利润	224,900,709.00
其他业务利润	24,311,947.91
营业利润	-121,158,879.82
投资收益	-2,462,549.88
补贴收入	4,925,990.27
营业外收支净额:	-22,736,017.47
经营活动产生的现金流量净额	187,761,340.45
现金及现金等价物净增加额	116,118,155.53
注:扣除的非经常性损益项目和涉及金额	-22,736,017.47
(1)营业外收入	7,716,007.91
a、完税奖励	2,881,328.39
b、罚款收入	1,680,167.79
c、固定资产清理收入	3,102,726.78
d、其他收入	51,784.95
(2)营业外支出	30,452,025.38
a、捐赠支出	106,000.00
b、固定资产清理净损失	264,242.39
c、滞纳金及罚款	28,509,976.49
d、赔偿损失	512,000.00
e、非常损失	572,504.31
f、其他支出	487,302.19

2、截止报告期末公司前三年主要会计数据和财务指标　　(单位:人民币万元):

序号　项　目	2000年	1999年	1998年
1、主营业务收入	179,663.27	252,408.34	280,213.21
2、净利润	-13,965.36	1,340.19	19,634.73
3、总资产	291,171.73	274,632.26	282,860.25
4、股东权益	99,365.45	113,088.78	113,145.78
5、每股净资产(元)	1.35	1.54	1.54
6、调整后的每股净资产(元)	1.22	1.45	1.43
7、每股经营活动产生的现金流量净额(元)	0.26	0.14	0.35

3、按照中国证监会《公开发行证券公司信息披露编报规则》第9号计算的近三年的净资产收益率及每股收益:

报告期利润		主营业务利润	营业利润	净利润	扣除非经常性损益后的净利润
2000年度	净资产收益率				
全面摊薄		22.63%	-12.19%	-14.05%	-11.77%
加权平均		21.20%	-11.42%	-13.16%	-11.02%
每股收益(元)	全面摊薄	0.3055	-0.1646	-0.1897	-0.1588
	加权平均	0.3055	-0.1646	-0.1897	-0.1588
1999年度	净资产收益率				
全面摊薄		28.68%	1.54%	1.19%	0.42%
加权平均		29.72%	1.46%	1.35%	0.17%
每股收益(元)	全面摊薄	0.4407	0.0236	0.0182	0.0065
	加权平均	0.4407	0.0236	0.0182	0.0065
1998年度	净资产收益率				
全面摊薄		43.71%	11.03%	16.27%	16.23%
加权平均		42.03%	10.61%	15.65%	15.60%
每股收益(元)	全面摊薄	0.664	0.1676	0.2472	0.2465
	加权平均	0.664	0.1676	0.2472	0.2465

注:以上会计数据及财务指标均以合并报表数计算填列。

三、股本变动及股东情况

1、截至2000年12月31日,公司股东总人数为221,210户。
2、截止2000年末,公司主要股东持股情况:

名　　称	年末持股数量(股)	占总股本比例
中国轻骑集团有限公司	199,449,600	27.097%
海南新元投资有限公司(法人股)	111,075,200	15.090%
海南中纬农业资源股份有限公司	63,787,200	8.666%
海南省国营桂林洋农场	24,587,200	3.340%
海南新元投资有限公司(流通股)	17,727,084	2.408%
林珊娜	737,054	0.100%
马红	577,900	0.079%
孙以欣	550,000	0.075%
宗炳彩	530,000	0.072%
孙洁	500,000	0.068%
唐萌萌	481,044	0.065%

海南金盘实业股份有限公司

一、公司简介

1、公司中文名称:海南金盘实业股份有限公司　　简　称:　金盘实业
公司英文名称:HAINAN　JINPAN　ENTERPRISE　CO.,LTD 缩写:JINPAN　ENTERPRISE
2、公司法定代表人:曲大利
3、公司董事局秘书:章黔
联系地址:海口市金盘工业区金盘路21号　　邮政编码:570216
联系电话:(0898)6822672　　传　真:(0898)6816370　　电子信箱:zanqian@263.net
4、公司注册地址及办公地址:海口市金盘开发区金盘路21号　　邮政编码:570216
公司电子信箱:jinpan@hi.com.cn
5、信息披露报纸名称:《证券时报》、《中国证券报》
登载年报的国际互联网:http://www.cninfo.com.cn
年度报告备置地点:公司证券部
6、公司股票上市地:深圳证券交易所　股票简称:琼金盘　股票代码:0572

二、会计数据与业务数据摘要

1、　本年度主要会计数据(单位:人民币元)

利润总额	712,599.75
净利润	874,156.98
扣除非经常性损益后的净利润	-22,134,627.37
主营业务利润	15,652,569.62
其他业务利润	147,236.98
营业利润	-12,838,305.92
投资收益	-9,457,878.68
补贴收入	22,469,261.86
营业外收支净额	539,522.49
经营活动产生的现金流量净额	34,273,437.68
现金及现金等价物净增加额	30,777,900.53

注:扣除非经常性损益项目及涉及金额(单位:人民币元)

补帖收入	22,469,261.86
营业外收支净额	539,522.49

2、近三年主要会计数据
调整后(单位:人民币元)

项　目	2000年	1999年	1998年
主营业务收入	73,812,651.35	102,384,330.53	116,137,173.01
净利润	874,156.98	951,440.10	-127,516,926.37
总资产	913,255,999.57	1,055,047,962.84	1,003,246,833.57
股东权益(不含少数股东权益)	243,829,673.09	243,461,609.26	242,865,237.03
每股收益(摊薄)	0.004	0.005	-0.59
每股收益(加权)	0.004	0.005	-0.59
扣除非经营性损益后的每股收益	-0.10	-0.03	-0.616
每股净资产	1.129	1.128	1.125
调整后的每股净资产	0.98	1.02	1.071
每股经营活动产生的现金流量净额	0.16	0.07	0.186
净资产收益率(%)	0.35	0.39	-52.51

调整前(单位:人民币元)

项　目	1999年	1998年
主营业务收入	103,199,893.36	116,137,173.01
净利润	1,302,985.79	-70,452,226.51
总资产	1,054,834,457.11	1,073,099,698.89
股东权益(不含少数股东权益)	243,791,949.98	307,347,117.89
每股收益(摊薄)	0.006	-0.326
每股收益(加权)	0.006	-0.326
扣除非经营性损益后的每股收益	-0.028	—
每股净资产	1.13	1.424
调整后的每股净资产	1.017	1.395
每股经营活动产生的现金流量净额	0.074	—
净资产收益率(%)	0.53	-22.92

注:以上数据和指标系合并报表数据。

3、利润分配表附表

报告期利润	净资产收益率(%)		每股收益(元/股)	
	全面摊薄	加权平均	全面摊薄	加权平均
主营业务利润	6.4	6.4	0.093	0.093
营业利润	-5.3	-5.3	-0.026	-0.026
净利润	0.4	0.4	0.004	0.004
扣除非经常性损益后的净利润	-9.1	-9.1	-0.103	-0.103

三、股东情况介绍

1、股东数量 截止2000年12月31日,公司股东总户数为34,886户。其中,国家股东1名;高管股股东2名。

2、公司前十名股东持股情况(截止2000年12月31日)　　数量单位:股

股东名称	年末数	占总股本比例%	股份性质
海口市财政局	83,239,605	38.56	国家股
中国工行海南信托投资公司	19,324,032	8.95	国有法人股
中国银行海口信托咨询公司	9,662,016	4.48	国有法人股
海口金盘物业有限公司	4,579,554	2.12	法人股
上海新理益投资管理有限公司	1,834,560	0.85	法人股
陈伟	484,972	0.224	流通A股
海南瑞群实业有限公司	428,064	0.198	法人股
冯艳文	334,800	0.155	流通A股
海口邦达咨询产业服务中心	244,608	0.11	法人股股
海南新日咨询贸易公司	244,608	0.11	法人股

东莞宏远工业区股份有限公司

一、公司简介

1. 公司法定中、英文名称
公司法定中文名称:东莞宏远工业区股份有限公司
公司法定英文名称:DongGuan Winnerway Industrial Zone LTD.
2. 公司法定代表人:陈林
3. 公司董事会秘书及授权代表的姓名、联系电话、传真、电子信箱
董事会秘书:李军印　　授权代表:李正雪
联系地址:广东省东莞市宏远工业区宏远花园牡丹阁宏远证券部
电　话:(0769)2412655　　传真:(0769)2813341　　电子信箱:lijunyin@163.net
4. 公司注册地址、办公地址及邮政编码、国际互联网网址、电子信箱
注册地址:广东省东莞市宏远工业区
办公地址:广东省东莞市宏远工业区宏远大厦16层　　邮政编码:523087
国际互联网网址:www.winnerway.com.cn　　电子信箱:0573@21cn.com
5.公司选定的信息披露报纸名称:《证券时报》
刊载年报的中国证监会指定的国际互联网网址:www.cninfo.com.cn
年报备置点:本公司证券部
6.公司股票上市交易所、股票简称和股票代码
股票上市地:深圳证券交易所
股票简称:粤宏远A　　股票代码:0573

二、会计数据和业务数据摘要

1.本年度主要会计数据　　单位:元

利润总额	9,234,870.39
净利润	5,971,582.00
扣除非经常性损益后的净利润	8,354,458.48
主营业务利润	86,499,505.14
其他业务利润	1,735.00
营业利润	11,821,787.10
投资收益	−2,249,208.92
补贴收入	0
营业外收支净额	−337,707.79
经营活动产生的现金流量净额	78,096,699.40
现金及现金等价物净增加额	43,974,293.58

2.公司近三年主要会计数据及财务指标

指标项目	2000年	1999年	1998年(调整后)	1998年(调整前)
主营业务收入(万元)	18,670.70	15,666.29	16,752.86	16,752.86
净利润(万元)	597.16	983.27	3,415.67	4,805.91
总资产(万元)	227,021.74	199,688.71	177,088.31	186,970.02
股东权益(万元)	140,975.82	140,378.66	139,395.39	149,254.93
每股收益(元)(摊薄)	0.013	0.022	0.0757	0.1065
(加权)	0.013	0.022	0.0828	0.1165
扣除非经常性损益后的每股收益(元)	0.018	0.026	0.08	0.111
每股净资产(元)	3.1234	3.11	3.089	3.307
调整后每股净资产(元)	2.954	2.978	2.967	3.119
每股经营活动产生的现金流量净额(元)	0.17	0.04995	0.0659	0.0659
净资产收益率(%)(摊薄)	0.42	0.70	2.45	3.22
(加权)	0.42	0.70	4.13	5.76
扣除非经常性损益后的净资产收益率(%)(加权)	0.59	0.84	4.38	6.01

3.根据中国证监会关于发布《公开发行证券公司信息披露编报规则》第九号精神,公司2000年按全面摊薄法和加权平均法计算的净资产收益率及每股收益:

	净资产收益率%				每股收益(元)			
	全面摊薄		加权平均		全面摊薄		加权平均	
	2000年	1999年	2000年	1999年	2000年	1999年	2000年	1999年
主营业务利润	6.13	4.99	6.13	4.99	0.19	0.16	0.19	0.16
营业利润	0.84	1.11	0.84	1.11	0.026	0.035	0.026	0.035
净利润	0.42	0.70	0.42	0.70	0.013	0.022	0.013	0.022
扣除非经常性损益后的净利润	0.59	0.84	0.59	0.84	0.018	0.026	0.018	0.026

扣除非经常性损益的项目主要为长期股权投资差额摊销,金额为2,382,876.48元。

4.股东权益变动情况　　单位:元

项目	股本	资本公积	盈余公积	法定公益金	未分配利润	股东权益合计
期初数	451,283,864	703,500,105.53	211,522,927.10	58,736,795.46	37,479,680.66	1,403,786,577.29
本期增加	0	0	1,194,316.40	597,158.20	5,971,582.00	7,165,898.40
本期减少	0	0	0	0	1,194,316.40	1,194,316.40
期末数	451,283,864	703,500,105.53	212,717,243.50	59,333,953.66	42,256,946.26	

1 变动原因:1.未分配利润期初数调整是因为会计合并范围扩大;2.盈余公积及法定公益金本期增加是分别按2000年度净利润10%提取,未分配利润本期减少是提取公积金转出。

三、股东情况介绍

1. 公司截止至2000年12月29日,共有股东175,725户。
2. 主要股东及持股情况(单位:万股)

股东名称	期末持股数	年度内增减数	占总股本比例(%)
1.广东宏远集团公司	8708.6507	0	19.30
2.东莞市城宝综合贸易公司	3096.7895	+171.0345	6.86
3.东莞市篁村区经济联合总社	1187.5432	0	2.63
4.东莞市振兴工贸发展公司	1123.1390	+96.63	2.488
5.虎门兴业电器部	262.2529	0	0.58
6.篁村经济联合社	125.4253	0	0.27
7.先锋集团有限公司东莞分公司	114.0230	0	0.25
8.东莞虎门宝泰鞋业有限公司	79.8161	0	0.176
9.凌安余	63.5800	+63.5800	0.14
10.东莞篁村振兴综合工艺	57.0115	0	0.126

江门甘蔗化工厂(集团)股份有限公司

一、公司简介

1、公司法定中文名称:
江门甘蔗化工厂(集团)股份有限公司
公司法定英文名称:
THE JIANGMEN SUGARCANE CHEMICAL FACTORY(GROUP)CO.,LTD
(英文缩写为JSCC)
2、公司法定代表人:周　润
3、公司董事局秘书:沙　伟
联系地址:广东省江门市甘化路1号
电　　话:(0750)3365000
传　　真:(0750)3361973
电子信箱:jmganhua@pub.jiangmen.gd.cn
4、公司注册地址:广东省江门市甘化路1号
办 公 地 址:广东省江门市甘化路1号
邮 政 编 码:529075
公司国际互联网网址:www.jghg.com.cn
公司电子信箱:jmganhua@pub.jiangmen.gd.cn
5、公司信息披露报纸名称:《中国证券报》、《证券时报》。
登载公司年报的中国证监会指定国际互联网网址:
http://www.cninfo.com.cn
公司年度报告备置地点:本公司证券部
6、公司股票上市交易所:深圳证券交易所
公司股票简称:广东甘化　公司股票代码:0576

二、会计数据和业务数据摘要

1、本年度公司利润情况　　单位:人民币元

1	利润总额	31,756,954.68
2	净利润	26,706,172.31
3	扣除非经常性损益后的净利润	24,546,719.24
4	主营业务利润	110,325,821.23
5	其他业务利润	219,920.17
6	营业利润	22,953,816.13
7	投资收益	6,643,685.48
8	补贴收入	2,266,591.91
9	营业外收支净额	−107,138.84
10	经营活动产生的现金流量净额	59,330,465.18
11	现金及现金等价物净增加额	29,281,994.59

注:扣除的非经常性损益项目和涉及金额　(单位:元)

补贴收入	2266591.91
营业外收入	572166.68
营业外支出	679305.52

2、截至本报告期末公司前三年的主要会计数据和财务指标　　单位:人民币元

指标项目	2000年	1999年	1998年 调整前	1998年 调整后
1、主营业务收入	769,542,595.54	450,141,256.54	450,373,781.25	450,373,781.25
2、净利润	26,706,172.31	17,778,633.50	28,993,027.74	28,993,027.74
3、总资产	1,663,512,918.44	1,475,052,729.98	1,510,508,382.35	1,510,508,382.35
4、股东权益	976,680,174.98	966,257,723.35	1,010,377,511.22	948,015,990.35
5、每股收益	0.11	0.07	0.12	0.04
加权平均每股收益	0.11	0.07	0.13	0.04
扣除非经常性损益后的每股收益	0.10	0.06	0.13	0.04
6、每股净资产	3.94	3.90	4.08	3.83
7、调整后的每股净资产	3.73	3.80	3.99	3.78
8、每股经营活动产生的现金流量净额	0.24	0.06	−0.17	−0.17
9、净资产收益率(%)	2.73	1.84	2.87	1.04
加权平均净资产收益率(%)	2.73	1.86	3.49	1.20

3、报告期内股东权益变动情况及原因　　单位:人民币元

项目	股本	资本公积	盈余公积	法定公益金	未分配利润	股东权益合计
期初数	247,598,624.00	592,731,008.72	71,111,616.93	18,203,647.63	36,612,826.07	966,257,723.35
本期增加	--	1,048,183.00	8,011,851.69	2,670,617.23	26,706,172.31	38,436,824.23
本期减少	--		--	28,014,372.60	28,014,372.60	
期末数	247,598,624.00	593,779,191.72	79,123,468.62	20,874,264.86	35,304,625.78	976,680,174.98

变动原因　资本公积增加:广东省财政厅下拨挖潜改造资金
盈余公积、法定公益金增加:2000年利润分配增加
未分配利润减少:分配2000年利润

三、股本变动及股东情况

1、股本变动情况
报告期内公司股份总数及结构未发生变动。
2、股东情况介绍
(1)截止2000年末公司股东总数为61418户。
(2)公司前十名股东持股情况

序号	股东名称	年末持股数量(股)	年度内股份增减(+、-)	持股比例(%)	股份性质
1	江门市国有资产管理办公室	88,747,468	0	35.84	国有股
2	江门市光达实业有限公司	10,373,550	0	4.19	法人股
3	江门群益造纸厂	10,120,902	0	4.09	法人股
4	江门甘化综合厂	4,386,888	0	1.77	法人股
5	中国工商银行广东省信托投资公司	3,960,000	0	1.60	法人股
6	江门光华印刷厂	3,361,578	0	1.36	法人股
7	广东中轻南方炼糖纸业有限公司	1,980,000	0	0.80	法人股
8	番禺紫坭糖厂	1,380,456	0	0.56	法人股
9	中国银行江门分行	1,275,120	0	0.51	法人股
10	江门国际信托投资公司	871,200	0	0.35	法人股

青海数码网络投资(集团)股份有限公司

一、公司简介

1、公司中文名称:青海数码网络投资(集团)股份有限公司
公司英文名称:QingHai Digital Net Investment Share Holding Group Co.,Ltd
2、法定代表人:钟小剑
3、董事会秘书:孙荣芳　　董事会证券事务代表:杜鹏环
联系地址:青海数码网络投资(集团)股份有限公司证券部
联系电话:(0971)6138725　　传真:(0971)6144887
4、公司注册及办公地址:青海省西宁市五四大街 39 号
邮政编码:810001
电子信箱: smstock@21cn.com
5、公司选定的信息披露报纸名称:《证券时报》
登载公司年度报告的中国证监会指定国际互联网网址: http://www.cninfo.com.cn
年度报告备置地点:公司证券部
6、公司股票上市交易所:深圳证券交易所
股票简称:数码网络　　股票代码:0578

二、会计数据和业务数据摘要

1、公司二 000 年度利润总额及其构成　　单位:元

利润总额	41,893,458.63
净利润	37,758,980.86
扣除非经常性损益后的净利润	37,758,980.86
主营业务利润	33,721,818.17
其他业务利润	1,152,205.89
营业利润	-9,789,413.96
投资收益	57,181,033.04
补贴收入	0
营业外收支净额	-5,498,160.45
经营活动产生的现金流量净额	-38,680,746.35
现金及现金等价物净增加额	19,298,557.70

2、截止报告期末本公司前三年主要会计数据和财务指标(单位:元)

指标项目	2000 年度	1999 年度 调整前	1999 年度 调整后	1998 年度 调整前	1998 年度 调整后
主营业务收入	698,273,793.18	175,562,864.70		150,747,743.21	150,747,743.21
净利润	37,758,980.86	20,173,403.17	17,468,677.20	18,682,604.75	11,058,211.40
总资产	628,021,448.66	401,640,859.68	398,384,095.06	322,721,777.54	306,233,827.80
股东权益	283,374,854.05	232,730,274.91	252,042,595.64	179,565,463.95	165,245,785.05
每股收益(按净利润全面摊薄)	0.19	0.18	0.16	0.18	0.11
每股收益(按净利润加权平均)	0.19	0.21	0.16	0.18	0.11
扣除非经常性损益后的每股收益(全面摊薄)	0.19	0.18	0.16	0.18	0.11
扣除非经常性损益后的每股收益(加权平均)	0.19	0.18	0.15	0.18	0.11
每股净资产	1.43	2.11	2.29	1.77	1.63
调整后的每股净资产	1.40	2.04	2.26	1.70	1.56
每股经营活动产生的现金流量净额	-0.20	0.08	0.08	0.14	0.14
净资产收益率(%)(按净利润全面摊薄)	13.32	8.67	6.93	10.40	6.69
净资产收益率(%)(按净利润加权平均)	14.10	8.67	8.78	10.40	6.69

3、利润表附表

报告期利润	净资产收益率(%) 全面摊薄	净资产收益率(%) 加权平均	每股收益(元) 全面摊薄	每股收益(元) 加权平均
主营业务利润	11.90	12.60	0.17	0.17
营业利润	-3.45	-3.66	-0.05	-0.05
净利润	13.32	14.10	0.19	0.19
扣除非经常性损益后的净利润	13.32	14.10	0.19	0.19

4、报告期内股东权益变动情况及原因(元)

项目	期初数	本期增加	本期减少	期末数
股本	110,085,235.00	88,068,187.00		198,153,422.00
资本公积	99,265,778.56	6,824,299.83	69,314,491.18	36,695,587.21
盈余公积	19,183,275.32	8,605,359.54		27,788,634.86
其中:法定公益金	5,369,009.61	4,109,247.29		9,478,256.90
未分配利润	23,508,306.76	37,758,980.86	18,513,030.64	20,737,209.98
股东权益合计	252042,595.64	57,297,887.52	22,207,567.67	283,374,854.05

三、股东情况

股东情况介绍
(一)截止 2000 年 12 月 31 日,公司股东总数为 40,983 户。
(二)截止 2000 年 12 月 31 日,公司前十名股东持股情况:

股东名称	持股数	持股比例(%)
深圳市友缘投资有限公司	58,802,641	29.68
深圳四通投资发展有限公司	28,480,046	14.37
青海省国有资产管理局	12,600,000	6.36
中海恒实业发展有限公司	8,316,000	4.19
珠海经济特区神驰实业股份有限公司	6,385,000	3.22
北京天龙股份有限公司	2,772,000	1.40
北京亿隆实业股份有限公司	2,772,000	1.40
中国建设银行青海省信托投资公司	2,772,000	1.40
青海中兴计算机服务部	2,772,000	1.40
鞍山九建集团有限公司	1,931,000	0.97

注: 1、前 10 名股东均为未流通股股东;
2、青海省国有资产管理局为国有法人股持股单位,其所持股份无质押、冻结等情况。

无锡威孚高科技股份有限公司

(一) 公司简介

1、公司法定名称:无锡威孚高科技股份有限公司
英文名称:WEIFU HIGH-TECHNOLOGY CO.,LTD.
2、法 定 代 表 人: 许良飞先生
3、公司董事会秘书: 刘永林先生　　授权代表: 周卫星先生
联系地址:无锡市人民西路 107 号
电话: 0510-2719579　　传真: 0510-2751025　　Email: wfjt@publicl.wx.js.cn
4、公司注册地址:无锡国家高新技术产业开发区 46 号地块
公司办公地址:无锡市人民西路 107 号(邮编 214031)
国际互联网址:http://www.china-weifu.com　电子信箱:Webmaster@ china-weifu.com
5、公司信息披露报纸名称:《中国证券报》、《证券时报》、《大公报》
登载年报的国际互联网址: http://www.cninfo.com.cn
公司年报备置地:公司证券处
6、股票上市交易所:深圳证券交易所
股票简称:威孚高科、苏威孚 B　　股票代码: 0581　　2581

(二) 会计数据和业务数据摘要

1、本报告年度主要会计数据

利润总额	148,526,819.05
净利润	132,566,594.62
扣除非经常性损益后的净利润	134,043,509.31
主营业务利润	185,598,217.39
其他业务利润	264,758.46
营业利润	110,752,714.36
投资收益	37,517,339.39
补贴收入	-
营业外收支净额	256,765.30
经营活动产生的现金流量净额	27,681,697.36
现金及现金等价物净增加额	122,915,243.34

(2) 境内、境外会计师审计的净利润差异说明:
江苏公证会计师事务所有限公司审计净利润 13257 万元, 国际安达信会计师事务所审计净利润 13024 万元,按国际会计准则所作下列调整:

1.提列坏帐准备	-300 万元
2.冲销呆滞存货	-万元
3.调整无未来经济效益的无形及递延资产	23 万元
4.按权益法认列的投资损失	1196 万元
5.提列封存固定资产折旧	-248 万元
6.少数股东权益	224 万元
7.其他	-18 万元
8.提取减值准备	-1110 万元

2、前三年主要会计数据及财务指标

序号	栏　目	2000 年	1999 年	1998 年
1	主营业务收入(元)	851,207,431.67	772,520,416.86	568,161,694.89
2	净　利　润(元)	132,566,594.62	106,518,530.73	76,818,041.71
3	总　资　产(元)	1,992,760,589.74	1,680,270,306.01	1,530,743,977.44
4	股东权益(元)	1,621,890,019.16	1,171,543,229.70	1,081,276,942.21
5	每股收益(元) (摊薄)	0.30	0.27	0.25
	(加权)	0.33	0.27	0.33
6	每股净资产(元)	3.72	2.97	3.56
7	扣除非经常性损益后的每股收益(元)	0.31	0.27	
8	调整后每股净资产(元)	3.72	2.98	3.55
9	每股经营活动产生的现金流量净额(元)	0.06	0.68	0.15
	其中:母公司	0.31	0.68	0.15
10	净资产收益率(摊薄)%	7.96	9.09	15.36
	(加权)%	10.43	9.39	16.00

3、按照中国证监会《公开发行证券公司信息披露编报规则(第 9 号)》要求计算 2000 年度利润的净资产收益率和每股收益。

项　目	报告期利润(元)	净资产收益率(%) 全面摊薄	净资产收益率(%) 加权平均	每股收益 全面摊薄	每股收益 加权平均
主营业务利润	185,598,217.39	11.14	14.60	0.43	0.47
营业利润	110,752,714.36	6.65	8.71	0.25	0.28
净利润	132,566,594.62	7.96	10.43	0.30	0.33
扣除非经常性损益后的净利润	134,043,509.31	8.05	10.54	0.31	0.34

注: 以上数据以公司合并报表填列。

(三) 股本变动及股东情况

1、股本情况 (1) 截止 2000 年 12 月 31 日公司股东总数为 110490 名。
(2) 前 10 名股东的持股情况:

序号	股东名称	持股数(股)	占总股份的(%)	股东类别
1	无锡威孚集团有限公司	121566150	27.86	国有法人股
2	ROBERT BOSCH GMBH	14144000	3.24	境内上市外资股
3	TEMPLETON GLOBAL SMALLER COMPANIES FUND,INC	5555065	1.27	境内上市外资股
4	江苏证券有限责任公司	2995453	0.69	A 股
5	BRITISH AIRWAYS PENSIONS TRUSTEES LIMITED	2761211	0.63	境内上市外资股
6	无锡市国有资产投资开发总公司	2600000	0.60	社会法人股
7	CHAN,KWAN HOI	1969170	0.45	境内上市外资股
8	DAGO CORPORATION	1968070	0.45	境内上市外资股
9	国投机轻有限公司	1950000	0.45	社会法人股
10	中国汽车工业总公司	1950000	0.45	社会法人股

前 10 名股东之间不存在关联交易。国有法人股的股份变动是由于公司实施了配股方案所致(认配 140 万股)。持有本公司 5%以上股份的股东其股份没有质押情况。

北海新力实业股份有限公司

一、公司简介

(一)法定名称
中文:北海新力实业股份有限公司
英文:BEIHAI XINLI INDUSTRIAL CO.LTD
(二)法定代表人:刘凤堂
(三)董事会秘书:杨延华 授权代表:温 杰
联系地址:广西北海市海角路145号
电话:0779-3906393、3922254 传真:0779-3906393
(四)注册地址:广西北海市海角路145号
办公地址:广西北海市海角路145号 邮编:536000
国际互联网网址:http://www.bhxl.com
电子信箱:bhxlzq@bh.gx.cninfo.net
(五)信息披露报纸:中国证券报、证券时报
登载年度报告的互联网网址:http://www.cninfo.com.cn
年度报告备置起点:公司九楼证券部
(六)股票上市交易所:深圳证券交易所
股票简称:北海新力 股票代码:0582

二、会计数据和业务数据摘要

(一)主要业绩指标

利润总额(元)	17 905 313.13
净利润(元)	15 574 701.92
扣除非经常性损益后的净利润(元)	11 259 203.08
主营业务利润(元)	14 884 420.73
其他业务利润(元)	2 599 631.41
营业利润(元)	1 858 258.74
投资收益(元)	16 116 154.74
补贴收入(元)	0
营业外收支净额(元)	-69 100.35
经营活动产生的现金流量净额(元)	6 596 177.62
现金及现金等价物净增加额(元)	-57 746 517.05

(二)会计数据及业务指标
1.截至报告期末公司前三年主要会计数据和财务指标

项 目	2000年	1999年	1998年
主营业务收入(万元)	6211.76	6346.50	6966.62
净利润(万元)	1557.47	3368.48	3060.71
总资产(万元)	93574.95	91931.56	63539.00
股东权益(万元)	53248.64	52812.04	27369.48
每股收益(元)	0.083	0.179	0.210
加权平均每股收益(元)	0.083	0.211	0.210
扣除非经常性损益后的每股收益(元)	0.060	0.202	0.199
每股净资产(元)	2.825	2.802	1.881
调整后的每股净资产(元)	2.720	2.769	1.84
每股经营活动产生的现金流量净额(元)	0.035	0.15	—
净资产收益率(%)	2.925	6.378	11.18
加权平均净资产收益率(%)	2.906	9.498	11.595
扣除非经常性损益后加权平均净资产收益率(%)	2.101	9.122	10.966

2.截至报告期末公司前三年主要业务数据和指标

项 目	2000年	1999年	1998年
总收入(万元)	6 651.28	6 734.99	7 802.58
主营业务收入占总收入(%)	93.39	94.23	89.29
其中:装卸收入	43.74	49.10	60.23
堆场收入	9.85	30.34	20.09
代理收入	5.71	5.82	5.34
理货收入	1.19	1.19	0.94
运输收入	32.90	7.79	1.87
吞吐量(万吨)	244.65	235.53	231.92
其中:外贸	104.37	104.99	129.37
内贸	140.28	130.54	102.55
客流量(万人次)	28.94	29.34	25.21

(三)报告期内股东权益变动情况 (单位:元)

项 目	期初数	本期增加	本期减少	期末数
股本	188 471 800.00			188 471 800.00
资本公积	264 814 621.36		1 785 075.16	263 029 546.20
盈余公积	24 639 701.81	2 336 205.29		26 975 907.10
其中:法定公益金	6 999 823.45	778 735.10		7 778 558.55
未分配利润	50 194 250.08	15 574 701.92	11 759 795.29	54 009 156.71
股东权益合计	528 120 373.25	18 689 642.31	13 544 870.45	532 486 410.01

三、股本变动及股东情况

(一)报告期末股东总数为32822户。
(二)前10名股东情况

序号	股 东 名 称	期初股数	期末股数	持股比例(%)
1	中国华能集团公司	75652720	75652720	40.14
2	北海市国有资产管理局	53419080	53859080	28.58
3	北海市风机厂	440000	440000	0.23
4	北海市印刷厂	440000	440000	0.23
5	北海市技术系统站	440000	440000	0.23
6	北海市烟花炮竹厂	440000	440000	0.23
7	金元证券投资基金	0	261750	0.14
8	姜殿双	0	227520	0.12
9	胡蜀江	0	225000	0.12
10	杨彦军	0	178278	0.09

四川托普软件股份有限公司

(一)公司简介

1、公司名称
中文名称: 四川托普软件股份有限公司
英文名称: sichuan topsoftware co.,ltd.
2、公司法定代表人:李 智
3、公司董事会秘书、证券事务代表姓名、联系地址、电话、传真、电子信箱
董事会秘书:周 涛
证券事务代表:杨志宏
联系地址:四川省成都市金仙桥街55号托普集团客户中心
联系电话:(028)7675467
联系传真:(028)7675753
电子信箱:zhoutao @ topgroup.com.cn
4、公司注册地址、办公地址及邮政编码、公司国际互联网网址
注册地址:四川省自贡市贡井区建设路284号
办公地址:四川省成都市金仙桥街55号托普集团客户中心
邮政编码:610031
公司国际互联网址:http://www.topsoftware.com.cn
5、公司选定的信息披露报纸名称、登载公司年度报告的中国证监会指定国际互联网网址、年度报告备置地点
信息披露报纸名称:《证券时报》、《中国证券报》
登载年报的国际互联网址:http://www.cninfo.com.cn
年度报告备置地点:公司董事会办公室
6、公司股票上市交易所、股票简称和股票代码
股票上市交易所:深圳证券交易所
股票简称:托普软件
股票代码:0583

(二)会计数据和业务数据摘要

1、本年度主要会计数据和业务数据
(单位:元)

利润总额:	133,672,172.18
净利润	87,293,809.56
扣除非经营性损益后的净利润:	69,408,552.47
主营业务利润:	151,991,812.57
其他业务利润:	1,509,397.90
营业利润:	114,683,316.21
投资收益:	1,103,598.88
补贴收入:	19,647,187.50
营业外收支净额:	-1,761,930.41
经营活动产生的现金流量净额:	132,081,600.76
现金及现金等价物净增加额:	876,086,973.65

注:扣除非经常性损益项目及涉及金额(单位:元)
(1).营业外收支净额项目:-1,761,930.41
a.处理固定资产净收益: -265,251.52
b.副食品调控基金: -423,811.68
c.评估减值:
d.其他净支出: -1,072,866.94
(2).补贴收入项目: 19,647,187.50
a.超税负的增值税退税 1,468,179.96
b.企业挖潜改造资金 18,179,007.54
(3).以上项目涉及金额: 17,885,257.09
2、前三年主要会计数据和财务指标
(单位:元)

项 目	2000年	1999年	1998年
主营业务收入	508,264,093.07	274,221,434.21	220,763,605.88
净利润	87,293,809.56	57,505,362.51	29,358,758.46
总资产	1,893,163,327.86	739,114,530.63	659,438,716.20
股东权益(不含少数股东权益)	1,215,337,595.75	235,221,262.28	177,977,423.02
每股收益	0.71596	0.6525	0.3332
每股收益(按月平均加权法计算)		0.6525	0.3332
扣除非经营性损益后的每股收益	0.5693	0.5169	0.1545
每股净资产	9.9680	2.6692	2.0196
调整后的每股净资产	9.7161	2.5780	1.9052
每股经营活动产生的现金流量净额	1.0833	1.8306	-0.0952
净资产收益率%	7.1827	24.4473	16.4958

(三)股本变动及股东情况

1.股东情况介绍
(1) 报告期末公司股东总数57342户。
(2) 前十名股东持股情况(截止2000年12月31日)

股东名称	持股量(股)	持股比例(%)
1 四川托普科技发展公司	42,624,313	34.96
1 四川华普软件发展有限公司	2,800,000	2.37
3 普惠证券投资基金	2,281,400	1.87
4 四川省信托投资公司	1,272,563	1.04
5 同盛证券投资基金	1,113,350	0.91
6 自贡市银建房地产综合开发公司	840,000	0.69
7 自贡市自通房地产综合开发公司	700,000	0.57
8 同益证券投资基金	656,200	0.54
9 华能原材料公司	625,000	0.51
10 工行四川省信托投资公司自贡办事处	560,000	0.46

(3) 四川托普科技发展公司为本公司第一大股东,截止报告期末, 持有本公司34.96%的股份。
法定代表人:宋如华
经营范围:电子、计算机及通信技术、电器机械及汽配的开发、电子显示屏制造、电子及计算机网络工程安装;零售、批发、代购、代销化工产品、五金、普通机械、塑料制品

成都蜀都大厦股份有限公司

一、公司简介

1、公司名称:成都蜀都大厦股份有限公司
英文名称:CHENGDU SHUDU MANSION CO,LTD.
2、公司法定代表人:程高潮
3、公司董事会秘书:罗亦弟
公司证券事务代表:崔益民
联系地址:成都市蜀都大道暑袜北三街20号
电话:(028)6757539　6752215
传真:(028)6741677
4、公司注册地址:四川省成都市蜀都大道暑袜北三街20号
邮政编码:610016
公司办公室地址:四川省成都市蜀都大道暑袜北三街20号
邮政编码:610016
公司电子信箱:Sdxl1234@mail.sc.cninfo.net
5、公司选定的信息披露报纸名称:《证券时报》、《中国证券报》;登载公司年度报告的国际互联网网址:深交所"巨潮证券资讯网":www.cninfo.com.cn
6、公司股票上市交易所:深圳证券交易所
股票简称:蜀都A
股票代码:0584

二、会计数据和业务数据摘要

1、报告期主要业务数据摘要

项　　目	金　额(元)
利润总额(元)	20,689,508.79
净利润(元)	20,657,627.61
扣除非经营性损益后的净利润(元)	7,695,879.04
主营业务利润(元)	39,856,163.01
其它业务利润(元)	756,112.00
营业利润(元)	－2,098,030.28
投资收益(元)	21,994,876.42
补贴收入(元)	/
营业外收支净额(元)	792,662.65
经营活动产生的现金流量净额(元)	9,753,429.39
现金及现金等价物净增加额(元)	15,162,425.72

注:扣除的非经营性损益项目及涉及金额:

股权转让收益	11,382,476.07
股权投资差额摊销	-402,727.50
非控股公司分配来的利润	1,982,000.00

2、近三年主要财务指标(单位:人民币元)

项　　目	2000年	1999年	1998年(调整前)	1998年(调整后)
主营业务收入	13,789.45	12,981.26	16,246.03	16,006.03
净利润	2,065.76	-14,093.99	406.33	-6,178.55
总资产	67,584.65	73,181.78	106,733.43	88,474.12
股东权益	27,961.73	26,577.89	65,439.22	45,119.49
每股收益(摊薄)	0.10	-0.70	0.02	-0.31
每股收益(加权)	0.10	-0.70	0.021	-0.31
扣除非经常性损益后的每股收益(摊薄)	0.04	-0.69	-0.02	-0.31
扣除非经常性损益后的每股收益(加权)	0.04	-0.69	-0.02	-0.31
每股净资产	1.38	1.31	3.24	2.23
调整后每股净资产	1.20	1.04	2.90	1.87
净资产收益率(摊薄)%	7.39	-53.49	0.62	-13.69
每股经营活动产生的现金流量净额	0.05	0.17	-0.18	-0.118

附表:

报告期利润	净资产收益率(%)		每股收益(元)	
	全面摊簿	加权平均	全面摊簿	加权平均
主营业务利润	14.25	14.44	0.20	0.20
营业利润	-0.75	-0.76	-0.10	-0.10
净利润	7.39	7.48	0.10	0.10
扣除非经常性损益后的净利润	3.03	3.07	0.04	0.04

三、股本变动及股东情况

1、报告期末公司股东总数10,197名,其中公司董事、监事、高级管理人员冻结2户。
2、持有公司股份前10名股东的持股情况(截止1999年12月31日)。

	股东名称	年初持股数(股)	年末持股数(股)	占总股本比例%
1	成都市国有资产投资经营公司	37,699,255	37,699,255	18.64
2	中国东方电气集团公司	11,166,415	11,166,415	5.52
3	四川省长江企业(集团)公司	8,500,200	8,500,200	4.20
4	西藏自治区国有资产经营公司	7,150,000	7,150,000	3.54
5	成都市煤气总公司	5,423,633	5,423,633	2.68
6	成都市信托投资公司	4,703,035	4,703,035	2.33
7	成都市食品公司	4,378,608	4,378,608	2.16
8	成都市汇通城市合作银行	4,260,575	4,260,575	2.11
9	四川天成金银制品金店	2,341,644	2,341,644	1.16
10	阿坝州经济技术协作开发总公司	2,310,084	2,310,084	1.14

注:A、持有本公司5%以上股权的股东是成都市国有资产投资经营公司(本公司国有股)和中国东方电气集团公司(法人股),其所持有的股份报告期内无质押行为。

B、以上股东中,成都市国有资产投资经营公司、西藏自治区国有资产经营公司、阿坝州经济技术协作开发总公司所持有的股权为代表蜀都国有法人股。

C、本公司前10名股东之间不存在关联关系。

(3)本公司无持股10%(含10%)以上的法人股东。

(4)报告期内控股股东未发生变更情况。

东北输变电机械制造股份有限公司

一、公司简介

1.法定名称:　东北输变电机械制造股份有限公司　　简称:东北电
英文名称:　Northeast Electrical Transmission & Transformation Machinery Manufacturing Company Limited　　缩写:NEMM
2.法定代表人:项永春先生　　3.董事会秘书:厉斌先生、罗宏先生
联系地址:中国辽宁省沈阳市和平区太原南街189号(邮编110001)
电话:(86)24-23527080　　　传真:(86)24-23527081
4.注册地址:中国辽宁省沈阳市铁西区北二中路18号
办公地址:　中国辽宁省沈阳市和平区太原南街189号(邮编110001)
电话:86)24-23527080　传真:(86)24-23527081
网站:www.china-dbd.com　电子邮箱:nemm585@sina.com
5.年度报告备置地点:　董事会办公室　　6.国内披露报纸名称:《中国证券报》、《证券时报》
7.香港披露报刊名称:《文汇报》、《HongKong I-mail》
8.登载年度报告的中国证监会指定国际互联网网址:www.cninfo.com.cn
9.股票上市地及代码:
H股上市地点:香港联合交易所有限公司　-股票简称:东北输变电-股票代码:0042
A股上市地点:深圳证券交易所　股票简称:东北电　股票代码:0585
10.公司工商登记号码:24349013-9　　　11.税务登记号码:21010624343739-7

二、财务数据摘要

1、按中国会计准则及制度编制的本年度财务数据摘要(单位:人民币千元)

利润总额	(365,331)
净利润	(363,597)
扣除非经常性损益后的净利润	(363,842)
其中:主营业务利润	167,436
其他业务利润	12,487
营业利润	(368,171)
投资收益	2,596
营业外收支净额	245
现金及现金等价物净增加额	10,641
其中:经营活动产生的负现金流量净额	(41,411)

注:扣除非经常性损益项目及涉及金额(单位:人民币千元):

出口退税	0
增值税返还	0
固定资产处置损失	1,185
其他	0
合计:	1,185

2. 按中国会计准则及制度编制的公司前三年主要会计数据和财务指标

指标项目	2000年	1999年	1998年
(1) 主营业务收入(人民币千元)	1,320,048	1,406,926	1,557,592
(2) 净利润/(亏损)(人民币千元)	(363,597)	(166,837)	7,917
(3) 总资产(人民币千元)	4,454,892	4,223,589	4,127,166
(4) 股东权益(不含少数股东权益)(人民币千元)	1,125,563	1,550,659	1,717,496
(5) 每股收益/(亏损)(人民币元)	(0.416)	(0.191)	0.009
(6) 扣除非经常性损益后的每股收益/(亏损)(人民币元)	(0.4166)	(0.196)	(0.012)
(7) 每股净资产(人民币元)	1.29	1.775	1.967
(8) 调整后的每股净资产(人民币元)	1.25	1.767	1.912
(9) 每股经营活动产生的现金流入/(流出)净额(人民币元)	(0.047)	(0.086)	(0.001)
(10) 净资产收益率(%)	(32.3)	(10.76)	0.46
(11) 加权平均净资产收益率(%)	(27.17)	(10.21)	0.46

3. 按香港普遍采纳之会计准则编制的财务数据摘要(人民币千元)

指标项目	2000年	1999年	1998年
1) 主营业务收入(人民币千元)	1,311,922	1,398,050	1,541,205
2) 净利润/(亏损)(人民币千元)	(363,597)	(168,336)	6,417
3) 总资产(人民币千元)	4,454,892	4,263,628	4,156,726
4) 股东权益(不含少数股东权益)(人民币千元)	1,125,563	1,547,659	1,715,995
5) 每股收益/(亏损)(人民币元)	(0.418)	(0.193)	0.007
6) 每股净资产(人民币元)	1.29	1.772	1.965
7) 调整后的每股净资产(人民币元)	1.25	1.733	1.910
8) 净资产收益率(%)	(32.4)	(10.88)	0.37
9) 加权平均净资产收益率(%)	(27.29)	(10.32)	0.37

三、股本结构及股东情况

1、股本 (1)股本结构情况及本期股份变动情况表(数量单位:股)

	期初数	增减变动(+/—)	期末数
①、尚未流通股份			
国家拥有股份	450,520,000	-	450,520,000
社会法人股	21,300,000	-	21,300,000
②、已流通股份			
境内上市的A股	143,600,000	-	143,600,000
境外上市的H股	257,950,000	-	257,950,000
③、股份总数	873,370,000	-	873,370,000

2、股东 (1)报告期末的股东数量:于2000年12月31日,本公司股东人数71,979人。其中国有法人股股东1人,社会法人股股东9人,上市H股股东244人,上市A股股东71,725人。

(2)本公司前十名股东名单

序号	股东名称	类别	期初持股数	期末持股数	比例%
①	东北输变电设备集团公司	国有法人股	450,520,000股	450,520,000股	51.58
②	香港中央结算(代理人)有限公司	香港上市H股	250,816,998股	257,950,000股	29.54
③	工行沈阳市信托投资公司	社会法人股	7,100,000股	7,100,000股	0.81
④	深圳蛇口工业区	社会法人股	4,970,000股	4,970,000股	0.57
⑤	深圳中达软件开发公司	社会法人股	3,550,000股	3,550,000股	0.40
⑥	华南冷藏(深圳) 有限公司	社会法人股	1,420,000股	1,420,000股	0.16
⑦	陕西秦建科技投资公司	社会法人股	1,420,000股	1,420,000股	0.16
⑧	中建蛇口发展有限公司	社会法人股	1,065,000股	1,065,000股	0.12
⑨	深圳宝安坑经发展公司	社会法人股	710,000股	710,000股	0.08
⑩	中国水利电力物资沈阳公司	社会法人股	710,000股	710,000股	0.08

四川省长江企业(集团)股份有限公司

(一)、公司简介

1、公司名称:四川省长江企业(集团)股份有限公司
英文名称:SICHUAN CHANGJIANG BUSINESS ENTERPRISE (GROUP) COMPANY LIMITED　英文缩写:SCEC
2、公司法定代表人:郭新荣
3、公司董事会秘书:郭丽红
联系地址:四川省成都市府青路一段 34 号
电话号码:(028)3324561　3339888　传真号码:(028)3333896
4、注册地址:中国四川省成都市府青路一段 34 号　邮政编码:610082
办公地址:中国四川省成都市府青路一段 34 号　邮政编码:610082
电子信箱:scec@mail.sc.cninfo.net
5、公司选定的信息披露报纸:《中国证券报》、《证券时报》
中国证监会指定登载公司年度报告的国际互联网
网址:http//www.cninfo.com.cn
公司年度报告备置地点:公司证券部
6、公司股票上市交易地点:深圳证券交易所
股票简称:川长江 A　股票代码:0586

(二)、会计数据和业务数据摘要

1、本年度会计数据和业务数据摘要

项　目	金额(元)
利润总额	-56,278,909.55
净利润	-56,278,909.55
扣除非经常性损益后的净利润	-57,081,398.45
其他业务利润	0.00
营业利润	-30,210,104.92
投资收益	-26,871,293.53
补贴收入	413,692.66
营业外收支净额	388,796.24
经营活动产生的现金流量净额	-17,308,173.10
现金和现金等价物净增加额	-6,580,768.11

注:非经常性损益扣除项目及金额如下:

补贴收入	413,692.66
营业外收支净额	388,796.24

2、公司前三年主要会计数据及财务指标　单位:人民币元

指 标 项 目	2000 年	1999 年	1998 年 调整前	1998 年 调整后
主营业务收入	407,053,082.42	396,700,668.54	484,425,839.55	484,425,839.55
净利润	-56,278,909.55	3,911,556.67	12,913,228.20	-6,064,389.99
总资产	502,950,867.44	542,514,516.94	660,650,340.78	575,035,838.17
股东权益	310,262,307.85	366,541,217.40	448,244,163.34	362,629,660.73
每股收益	-0.2909	0.020	0.067	-0.031
每股收益(加权)	-0.2909	0.020	0.07	-0.032
扣除非经常性损益后每股收益	-0.295	0.018		
每股净资产	1.60	1.89	2.317	1.87
调整后的每股净资产	1.169	1.38	1.93	1.51
每股经营活动产生的现金流量净额	-0.089	0.22	0.117	0.117
净资产收益率	-18.14	1.07%	2.88%	-1.67%

3、利润表附表
(按照中国证监会《公开发行证券公司信息披露编报规则(第 9 号)》要求计算)

报告期利润(元)	净资产收益(%) 全面摊薄	净资产收益(%) 加权平均	每股收益(元/股) 全面摊薄	每股收益(元/股) 加权平均
主营业务利润	4.304	3.95	0.069	0.069
营业利润	-9.74	-8.93	-0.156	-0.156
净利润	-18.14	-16.63	-0.291	-0.291
扣除非经常性损益后的净利润	-18.40	-16.87	-0.295	-0.295

3、报告期内股东权益变动情况

项　目	股本	资本公积	盈余公积	法定公益金	未分配利润	股东权益合计
期初数	193440000.00	184624261.86	27566560.42	13783,280.21	-39,089,604.88	366,541,217.40
本期增加					-56,278,909.55	
本期减少						
期末数	193440000.00	184624261.86	27566560.42	13783,280.21	-95,368,514.43	310,262,307.86

(三)、股东情况介绍

1、本年度末股东总数为 26869 户,其中公司职工(高管人员)4 户,持股 54080 股。
2、主要股东持股情况
持有本公司 5%以上股份的股东仅四川省长江集团有限公司一家,前 10 名股东持股情况如下:

股 东 名 称	期初数(万股)	期内增减(+,-)	期末数(万股)	占总股本比率(%)
四川省长江集团有限公司	6838		6838	35.35
四川富泰房地产开发公司	650		650	3.36
四川省工商银行信托投资公司	650		650	3.36
四川省农村信托投资公司	650		650	3.36
四川省中行信托投资公司	650		650	3.36
海南蜀兴信托投资公司	390		390	2.02
四川省农村信托投资公司阿坝办事处	390		390	2.02
四川省金融市场	390		390	2.02
四川省信托投资公司	338	-42	296	1.53
四川省保险公司	260		260	1.34

以上 10 名股东之间不存在关联关系。
上述股东中,四川省长江集团有限公司为代表国家持有股份的股东。
持股 5%以上股东,即四川省长江集团有限公司所持股份没有发生质押、冻结等情况。

光明集团家具股份有限公司

一、公司简介

1、公司法定名称:　中 文:光明集团家具股份有限公司
英 文:GUANGMING GROUP FURNITURE CO.,LTD.　缩 写:GMF
2、公司法定代表人:马中文先生
3、公司董事会秘书:高金波女士　授权代表:郑舒怀先生
联系地址:黑龙江省伊春市伊春区青山西路 118 号
联系电话:0458-3610587　传真:0458-3666097 电子信箱:mzw@chinagmf.com
4、公司注册地址及办公地址:黑龙江省伊春市伊春区青山西路 118 号　邮政编码:153000
公司国际互联网网址:http://www.guangming.com　公司电子信箱:Info@GuangMing.Com
5、公司信息披露报纸为《证券时报》
登载公司年度报告的中国证监会指定的国际互联网站:http: //www. Cninfo .com.cn
6、公司年度报告备置地点:公司董事会秘书部
7、公司股票上市地:深圳证券交易所
股票简称:光明家具　股票代码:0587

二、会计数据和业务数据摘

1、本年度公司利润情况(单位:人民币元)

项　目	2000 年度	1999 年度
利润总额	62,147,522.96	52,233,450.71
净利润	53,056,273.97	38,721,480.91
扣除非经常性损益后的净利润	55,453,619.16	36,655,899.76
净资产收益率(加权)%	12.12	9.99
扣除非经常性损益后的 净资产收益率(加权)元	12.67	9.46
主营业务利润	93,640,184.49	77,969,367.49
其他业务利润	7,938,217.80	1,699,874.13
营业利润	64,544,868.15	50,167,869.58
投资收益	-3,843,840.00	-1,383,242.91
补贴收入		3,700,000.00
营业外收支净额	1,446,494.81	-251,175.96
经营活动产生的现金流量净额	18,900,752.19	20,529,761.79
现金及现金等价物净增加额	3,854,393.37	13,373,911.76

注:非经常性损益扣除项目有投资收益-3,843,840.00 元,营业外收支净额 1 ,446,494.81 元。

2、截止 2000 年末公司前三年主要会计数据和财务指标

指标项目	2000 年	1999 年	1998 年 (调整前)	1998 年 (调整后)
主营业务收入	30,725	21,351	24,055	23,606
净利润	5,306	3,872	3,425	3,544
总资产	69,710	62,892	55,947	51,046
股东权益	43,230	44,066	33,408	29,826
每股收益(摊薄)	0.286	0.209	0.206	0.213
(加权)	0.286	0.216	0.206	0.213
扣除非经常性损益后的每股收益	0.299	0.197	0.184	0.190
每股净资产	2.33	2.37	2.01	1.79
净资产收益率(摊薄)%	12.27	8.79	10.25	11.88
(加权)%	12.12	9.99	10.84	12.44
扣除非经常性损益后的净资产收益率(加权)	12.67	9.46	9.69	10.27
调整后的每股净资产	2.29	2.33	1.98	1.77
每股经营活动产生的现金流量净额	0.10	0.11	0.11	0.11

以上主要会计数据和财务指标以公司合并报表进行列示和计算。

三、股本变动及股东情况

1、股本变动情况
(1) 股份变动情况表 截止 2000 年 12 月 31 日,公司股本变动情况如下表:　数量单位:股

	期初数	本次变动增减(+,-) 配股	送股	公积金转股	增发	其它	小计	期末数
一、未上市流通股份								
1、发起人股份	76,118,224							76,118,224
2、募集法人股份	26,099,382							26,099,382
3、高管持股	25,195					-270,078	-270,078	55,117
4、优先股或其他								
其中:转配股	816,478					-816,478	-816,478	0
尚未流通股份合计	103,359,279					-1,086,556	-1,086,556	102,272,723
二、已流通股份								
1.境内上市的人民币普通股	82,352,299					1,086,556	1,086,556	83,438,855
已流通股份合计	82,352,299					1,086,556	1,086,556	83,438,855
三、股份总数	185,711,578					0	0	185,711,578

注:1)高管持股数减少系由于本年度公司高级管理人员变动,其所持股票解冻交易所致,该部分股票共计 270,078 股转入公司已流通股份中。
2)2000 年 12 月 8 日本公司转配股 816,478 股上市流通,该部分股票转入公司已流通股份中。

2、股东情况介绍
(1) 截止 2000 年 12 月 31 日,本公司股东总数为 37630 名。
(2) 本公司前 10 名股东的持股情况如下:　单位:股

股东名称或姓名	年末持股数	持股比例
1 光明集团股份有限公司	76,118,224	40.99%
2 黑龙江省经济贸易开发集团总公司	16,016,000	8.62%
3 深圳市圣泉禾实业发展有限公司	5,299,840	2.85%
4 黑龙江省国际信托投资公司	2,693,600	1.45%
5 伊春市天河经贸有限责任公司	1,059,968	0.57%
6 中国银行黑龙江省分行劳动服务公司	847,974	0.46%
7 张光复	557,926	0.3%
8 赵　凤	469,982	0.25%
9 李永兰	427,550	0.23%
10 田四连	417,776	0.22%

广东金曼集团股份有限公司

一、公司简介

1、公司全称：广东金曼集团股份有限公司
英文名称：GUANGDONG KINGMAN GROUP CO.,LTD.
2、公司法定代表人：张旭强
3、公司董事会秘书：刘团得
联系地址：广东省潮州市潮枫路中段烤鳗厂内主楼四楼
电话：(0768)6883983
传真：(0768)6874588
电话：(0768)6888326
4、公司注册和办公地址：广东省潮州市潮枫路金曼大酒店
邮政编码：521031
公司电子信箱：Gdkm@pub.chaozhou.gd.cn
5、公司选定的信息披露报纸《证券时报》年报报告指定登载网址：http://www.cninfo.com.cn
6、公司股票上市交易所：深圳证券交易所
股票简称：ST 粤金曼　股票代码：0588

二、会计数据和业务数据摘要

(一)、公司本年度实现的利润总额-440,358,797.96 元,净利润-436,322,745.21 元,扣除非经常性损益后的净利润-433,858,356.69 元,主营业务利润 13,245,657.65 元,营业利润-435,037,433.86 元,投资收益-2,856,975.58 元，营业外收支净额-2,464,388.52 元。经营活动产生的现金流量净额 5,404,111.66 元,现金及现金等价物净增加-1,382,530.47 元。

注:非经常性损益项目和涉及金额

营业外收支净额　-2,464,388.52 元

(二)、主要会计数据和财务指标　　单位:人民币万元

财务指标	2000 年	1999 年		1998 年
		调整后	调整前	
1.主营业务收入	7,994.32	8,640.94	34,736.66	34,736.66
2.净利润	-43,632.27	-22,032.75	-71,379.96	-21,514.34
3.总资产	570,816.63	90,818.28	96,572.99	185,560.57
4.股东权益(不含少数股东权益)	-106,241.51	-62,978.55	-40,945.80	45,312.77
5.每股收益(元/股)	-3.248	-1.64	-5.314	-1.602
每股收益(加权)(元/股)	-3.248	-1.64	-5.314	-1.602
每股收益(元/股)(扣除非经常性收益后)	-3.230	-1.77	-5.117	-1.654
6.每股净资产(元/股)	-7.910	-4.69	-3.048	3.37
7.调整后的每股净资产(元/股)	-7.923	-4.71	-3.077	3.30
8.每股经营活动产生的现金流量净额	0.040	-0.007	-0.62	-0.62
9.净资产收益率(%)			-47.48	

注:表中所列有关指标按下列公式计算:

每股收益=净利润/年度末普通股股份总数

每股净资产=年度末股东权益/年度末普通股股份总数

调整后的每股净资产=(年度末股东权益-三年以上的应收款项净额-待摊费用-待处理 (流动,固定)资产净损失-开办费-长期待摊费用-住房公积金负数余额)/年度末普通股股份总数

每股经营活动产生的现金流量净额=经营活动产生的现金流量净额/年度末普通股股份总数

净资产收益率=净利润/年度末股东权益×100%

(三)、股东权益变动情况及其原因　　单位:人民币万元

项　目	股　本	资本公积	盈余公积	其中:公益金	未分配利润	合　计
期初数	13,432.00	44,927.48	4,257.04	821.28	-125,595.07	-62,978.55
本期增加						
本期减少					43,262.96	43,262.96
期末数	13,432.00	44,927.48	4,257.04	821.28	-168,858.03	-106,241.51

三、股本变动及股东情况

(一)股本变动情况

股本变动情况表　　数量单位:股

	期初数	配股	送股	公积金转股	其他	小计	期末数
		本次变动增减(+,-)					
(1)尚未流通股份:							
〈1〉发起人股							
其中:国家股拥有股份	39,354,300						39,354,300
〈2〉募集法人股	32,850,000						32,850,000
尚未流通股份合计	72,204,300						72,204,300
(2)已流通股份:							
〈1〉境内上市人民币普通股	62,115,700						62,115,700
已流通股份合计	62,115,700						62,115,700
(3)股份合计:	134,320,000						134,320,000

(二)、股东情况介绍

1、报告期末股东总数为 28886 户。

2、主要股东持股情况

序号	股东名称	年末持股数	持股比例(%)
1.	潮州市国有资产管理办公室	39354300	29.30
2.	中国新技术创业投资公司	3650000	2.72
3.	中国工商银行潮州分行	3650000	2.72
4.	北京捷强珠宝有限责任公司	1825000	1.36
5.	中国银行广州信托咨询公司	1825000	1.36
6.	中国农业银行广东省信托投资公司	1825000	1.36
7.	广东发展银行潮州分行	1825000	1.36
8.	北京朝阳区经济信息咨询部	1460000	1.09
9.	建设银行广东信托投资公司	1095000	0.82
10.	潮安县古巷华光鳗场	912500	0.68

<1>持股 5%(含 5%)以上的法人股股东所持股份未发生抵押、冻结等情况。

<2>前 10 名股东之间不存在关联关系。

贵州轮胎股份有限公司

(一) 公司简介

1、公司法定中文名称：贵州轮胎股份有限公司
公司法定英文名称：GUI ZHOU TYRE CO., LTD.
2、法定代表人：马世春
3、董事会秘书：李尚武
联系地址：贵州省贵阳市百花大道 41 号
电话：(0851)4843651　传真：(0851)4844248
4、公司注册地址：贵州省贵阳市百花大道 41 号
公司办公地址：贵州省贵阳市百花大道 41 号
邮政编码：550008
国际互联网网址：http://www.gtctire.com
电子信箱：qtyre@public.gz.cn
5、公司选定的信息披露报纸：《证券时报》
刊载年报的国际互联网网址：http://www.cninfo.com.cn
6、股票上市地：深圳证券交易所
股票简称：黔轮胎 A　股票代码：0589

(二) 会计数据和业务数据摘要

1、本年度主要会计数据和业务指标(单位:元)

利润总额	22,360,659
净利润	14,763,608
扣除非经常性损益后的净利润	5,340,347
主营业务利润	158,101,920
其他业务利润	17,836
营业利润	19,118,883
投资收益	——
补贴收入	3,948,996
营业外收支净额	-707,220
经营活动产生的现金流量净额	-59,147,240
现金及现金等价物净增加额	-49,630,553

注:非经营性损益是指公司正常经营损益之外的、一次性或偶发性损益,例如资产处置损益、临时性获得的补贴收入、新股申购冻结资金利息、合并价差摊入等。

2、前三年主要会计数据和财务指标(单位:元)

项目	2000 年	1999 年	1998 年	
			调整前	调整后
主营业务收入	1,567,883,870	1,030,149,019	1,020,654,714	1,020,654,714
净利润	14,763,608	11,879,756	56,654,000	53,039,039
总资产	2,366,327,311	2,152,262,791	1,606,543,592	1,583,158,884
股东权益(不含少数股东权益)	869,629,988	796,236,380	652,771,825	629,387,117
全面摊薄每股收益	0.06	0.05	0.26	0.24
加权平均每股收益	0.06	0.05	0.26	0.24
扣除非经营性收益后的每股收益	0.02	0.05	0.26	0.24
每股净资产	3.419	3.131	2.99	2.89
调整后的每股净资产	3.141	2.875	2.79	2.67
每股经营活动产生的现金流量净额	-0.237	-0.299	-0.35	-0.35

根据中国证监会《公开发行证券公司信息披露编报规则第 9 号》的要求计算的净资产收益率和每股收益如下：

	2000 年				1999 年			
净资产收益率	每股收益		净资产收益率		每股收益		利润项目	
	全面摊薄法	加权平均法	全面摊薄法	加权平均法	全面摊薄法	加权平均法	全面摊薄法	加权平均法
主营业务利润	18.16%	18.87%	0.62	0.62	20.22%	25.39%	0.63	0.74
营业利润	2.20%	2.28%	0.08	0.08	1.95%	2.44%	0.06	0.07
净利润	1.70%	1.76%	0.06	0.06	1.49%	1.87%	0.05	0.05
扣除非正常性损益后的净利润	0.61%	0.64%	0.02	0.02	1.50%	1.88%	0.05	0.05

3、报告期内股东权益变动情况

项目	股本	资本公积	盈余公积	未分配利润	股东权益合计
期初数	254,327,065	462,425,190	59,215,558	20,268,567	796,236,380
本期增加		58,630,000	2,952,722	11,810,886	73,393,608
本期减少					
期末数	254,327,065	521,055,190	62,168,280	32,079,453	869,629,988

变动原因：资本公积增加 5,863 万元，是由于我公司年产三十万套全钢丝载重子午线轮胎技术改造项目被列入 2000 年第一批国债专项资金重点技改项目而获得的中央补助。

盈余公积增加 295.2722 万元，是由 2000 年公司盈利中提取。

未分配利润增加 1181.0886 万元系公司本年度盈利所致。

以上三项使公司本年增加股东权益 7339.3608 万元。

(三) 股东情况介绍

1、报告期末公司股东总数为 62634 户。

2、前十名股东持股情况

序号	股东名称	持股量(股)	持股比例(%)
1	贵阳市国有资产管理局	129,706,825	51.00
2	王作新	500,692	0.1967
3	雷鸣	500,094	0.1966
4	王秀英	467,000	0.1836
5	扬方杰	384,400	0.1511
6	魏冬	344,000	0.1353
7	魏玲	334,304	0.1314
8	罗必寺	324,862	0.1277
9	姚毅刚	321,146	0.1262
10	北京丰合兴业经济发展集团	278,000	0,1093

3、公司第一大股东贵阳市国有资产管理局代表国家持有公司股份 129,706,825 股，持股比例为 51%。报告期内未将该股份进行质押或抵押。

清华紫光古汉生物制药股份有限公司

一、公司简介

1、公司名称:清华紫光古汉生物制药股份有限公司

(Tsinghua Unisplendour Guhan Biology Pharmay Co.,Ltd)

2、公司法定代表人: 张本正(董事长)

3、公司董事会秘书:廖德林

公司授权代表: 周世武

联系电话:0734--8239335 8239332

传 真:0734--8239335 8239332

电子信箱 :stocks@guhan.com

4、公司注册地址:湖南省衡阳市先锋路 54 号

邮政编码:421001

公司办公地址:湖南省衡阳市先锋路 54 号

邮政编码:421001

网 址:www.guhan.com

5、公司选定的信息披露报纸名称:《中国证券报》、《证券时报》

登载公司年度报告的中国证监会指定国际互联网网址:

www.cninfo.com.cn

年度报告备置地址:清华紫光古汉生物制药股份有限公司董秘办

6、公司股票上市交易所:深圳证券交易所

股票简称:紫光生物

股票代码:0590

二、会计数据和业务数据摘要

公司本年度实现利润总额 3865 万元,净利润 3033 万元,主营业务利润 14187 万元,其他业务利润 855 万元,营业利润 3669 万元,投资收益 49 万元 ,营业外收支净额 48 万元,经营活动产生的现金流量净额 823 万元,现金及现金等价物净增加额- 653 万元。

主要会计数据和财务指标

指标项目	2000 年	1999 年	1998 年	
			调整前	调整后
主营业务收入(万元)	28356	21962.70	19832.60	19832.06
净利润(万元)	3033	1144	2786.50	2250.00
总资产(万元)	63625.5	59086	40434.70	39233.90
股东权益(万元)	37529	34506	26878.40	25627.90
每股收益(元/股)摊薄	0.149	0.10	0.27	0.22
加权	0.175	0.12	0.27	0.22
每股净资产(元/股)	1.85	3.06	2.62	2.50
调整后的每股净资产(元/股)	1.788	2.92	2.58	2.45
净资产收益率(%) 摊薄	8.08	3.59	10.36	8.78
每股经营活动产生的现金流量净额	0.04 元	-0.09 元		
扣除非经常性损益后每股收益(元/股)	0.115	0.11	0.27	0.22

2000 年非经常性损益 695 万元,系出口退税收入 196 万元;出让产品在菲律宾的经销权 848 万元,其他系投资收益及营业外收支净额,以上收入扣除有关税金后的净收益为 695 万元。

1999 年非经常性损益-223894.83 元,系营业外收支净额和投资损益。

1998 年非经常性损益 800 万元,为市财政补贴收入。

三、股东情况介绍

1、截止 2000 年 12 月 31 日,本公司股东总数为 10283 户, 其中高级管理人员股东 7 户,无内部职工股股东。

2、持有本公司 5%以上(含 5%)股份的股东及前 10 名股东名册

单位:股

股东名称	年末持股数量	持股比例
1) 清华紫光(集团)总公司	43524000	21.44%
2) 衡阳市国有资产管理局	41388000	20.58%
3) 中国药材公司	8765699	4.32%
4) 湖南医药包装广告衡阳公司	5705065	2.81%
5) 工行衡阳市信托投资公司	5490000	2.70%
6) 衡阳市药材公司	5400000	2.66%
7) 湖南省耒阳耒能实业公司	2700000	1.33%
8) 深圳市旭能投资有限公司	2700000	1.33%
9) 上海新元投资有限公司	2012400	0.99%
10)衡阳市湘南机动车零件供应站	1584360	0.78%

3、衡阳市国资局代表国家持有本公司 20.58%的股份。衡阳市国有资产管理局股权无质押、冻结情况。

4、清华紫光(集团)总公司持有本公司 21.44%的股份,属国有法人股。 清华紫光(集团)总公司法人代表是张本正,注册资本为人民币 39451 万元。 主营业务范围涉及生物制药、信息电子及环保产业等。

5、公司前 10 名股东之间无关联关系,

6、公司原控股股东衡阳市国有资产管理局 2000 年 4 月 24 日与清华紫光(集团)总公司签订了股权转让协议。根据协议,衡阳市国有资产管理局将持有本公司 42 .02%股份中的 21.44%转让给了清华紫光(集团)总公司。转让后,衡阳市国有资产管理局仍持有本公司 20.58%股份,为本公司第二大股东。 清华紫光(集团)总公司持有本公司 21.44%股份,成为本公司第一大股东。 有关本次股份转让事宜,本公司先后在 2000 年 4 月 26 日、7 月 12 日、7 月 27 日《中国证券报》、《证券时报》上进行了披露。

重庆桐君阁股份有限公司

一、公司简况

(一)公司全称:重庆桐君阁股份有限公司

英文名称:CHONGQING TONG JUN GE CO.,LTD.

英文缩写:T J G

(二)公司法定代表人:廖志扬

(三)公司董事会秘书:邹 莎

联系地址:重庆市渝中区解放西路 120 号

电话及传真:(023)63843398

(四)公司注册及办公地址:重庆市渝中区解放西路 120 号

邮政编码:400012

公司互联网网址:http://www.tjgcq.com

电子信箱:cqtjgco@cta.cq.cn

(五)公司选定的信息披露报刊名称:《中国证券报》、《证券时报》

中国证监会指定的国际互联网网址:http://www . cninfo .com .cn

公司年报备置地点:公司办公室

(六)公司股票上市地:深圳证券交易所

股票简称:桐君阁

股票代码:0591

二、会计数据与业务数据摘要

(一)主要经济指标完成情况

	(单位:元)
利润总额	30,487,123.78
扣除非经常性损益后的净利润	23,852,349.51
主营业务利润	100,074,293.17
其他业务利润	5,370,482.60
营业利润	27,506,604.73
投资收益	52,496.02
补贴收入	0.00
营业外收支净额	2,928,023.03
经营活动产生的现金流量净额	46,933,988.77
现金及现金等价物增加额	24,788,004.82

(二)主要会计数据和财务指标

项目	2000 年	1999 年	1998 年	
			调整前	调整后
主营业务收入(万元)	58,921.63	44,045.31	35,845.74	35,845.74
净利润(万元)	2,634.12	1,960.90	2,592.10	1,698.25
总资产(万元)	49,064.42	46,688.44	48,081.23	44,996.46
股东权益(万元)	24,834.93	15,022.84	16,202.02	13,061.94
每股收益(元)	0.264	0.215	0.341	0.233
加权平均每股收益(元)	0.266	0.25	0.341	0.233
扣除非经常损益后的每股收益(元)	0.239	0.107	0.192	0.092
每股净资产(元)	2.49	1.650	2.13	1.720
调整后每股净资产(元)	2.07	1.25	1.90	1.120
每股经营活动产生的现金流量净额(元)	0.47	0.168	-0.133	-0.133
净资产收益率(%)	10.61	13.05	16.00	13.00

根据中国证监会《信息披露编报规则(第九号)》要求计算的数据

报告期利润	净资产收益率(%)		每股收益(元/股)	
	全面摊薄	加权平均	全面摊薄	加权平均
主营业务利润	40.30	41.60	1.002	1.009
营业利润	11.08	11.43	0.275	0.273
净利润	10.61	10.95	0.264	0.266
扣除非经常性损益后的净利润	9.65	9.916	0.239	0.241

(三)股本权益变动情况

单位:元

项目	股本	资本公积	盈余公积	其中:公益金	未分配利润	合计
期初数	91,266,192.00	21,772,610.87	37,069,214.01	6,518,997.38	120,379.03	150,228,395.91
本期增加	8,600,000.00	75,663,018.09	5,268,233.82	2,634,116.91	26,341,169.09	115,872,421.00
本期减少					17,751,507.82	17,751,507.82
期末数	99,866,192.00	97,435,628.96	42,337,447.83	9,153,114.29	8,710,040.30	248,349,309.09

注:1、股本增加是因为公司实施 99 年度配股方案所致。

2、资本公积增加是公司实施 99 年度配股方案及吸收合并重庆市江北区延寿药房。

3、盈余公积本期增加是本年度提取法定盈余公积和法定公积金。

4、未分配利润期末增加是本年度经营中产生的净利润分配后的余额。

三、股本情况介绍

(一)股本变动情况

1、截止 2000 年 12 月 31 日,公司股东共计 23858 户。

2、前 10 名股东持股情况(截止 2000 年 12 月 31 日)

股东名称	年末持股数(股)	持股比例(%)
(一)重庆太极实业(集团)股份有限公司	65066192	65.15
(二)同盛证券投资基金	432570	0.43
(三)罗显秀	165763	0.17
(四)泰和证券投资基金	155400	0.16
(五)刘明均	149100	0.15
(六)同智证券投资基金	137329	0.14
(七)路爱兰	118239	0.12
(八)姚定武	110800	0.11
(九)福建兴业证券公司上海金陵东路证券交易营业厅	102740	0.10
(十)张祥	97258	0.10

注:持股 5 %以上的股东重庆太极实业(集团)股份有限公司年度内没有发生变动,所持股份性质为国有法人股,报告期内无质押、冻结情况,其余股东所持股份为已上市流通股。

福建省中福实业股份有限公司

一、公司简介

1.法定中文名称:福建省中福实业股份有限公司
法定英文名称:FUJIAN CFC INDUSTRIES Co.,LTD.
2.公司法定代表人:陈克恩
3.公司董事会秘书:董良浩
联系地址:福建省福州市五四路157号新天地大厦21层
电话:0591-7856942转8219 7855413转8228
传真:0591-7815622
4.公司注册及办公地址:福建省福州市五四路157号新天地大厦21层
邮政编码:350003 电子信箱:cfc@public.fz.fj.cn
5.公司选定的信息披露报纸名称:《证券时报》、《中国证券报》
登载公司年度报告的中国证监会指定国际互联网网址: http://www.cninfo.com.cn
公司年度报告备置地点: 福建省福州市五四路157号新天地大厦21层
6.公司股票上市交易所:深圳证券交易所
股票简称:ST中福 股票代码:0592

二、会计数据和业务数据摘要

1.本年度利润总额及构成 单位:人民币元

利润总额	14,953,586.51
净利润	14,427,081.27
扣除非经常性损益后的净利润	-35,476,442.80
主营业务利润	32,019,384.18
其他业务利润	10,985,769.87
营业利润	-34,949,937.56
投资收益	41,078,401.47
补贴收入	60,198.58
营业外收支净额	8,764,924.02
经营活动产生的现金流量净额	18,661,224.97
现金及现金等价物净增加额	-6,032,539.70

注:扣除的非经常性损益项目和涉及金额

补贴收入	60,198.58
股权转让损益	41,078,401.47
营业外收支净额	8,764,924.02

2.主要会计数据和财务指标 单位:人民币元

指标项目	2000年	1999年 调整后	1999年 调整前	1998年 调整后	1998年 调整前
营业务收入	143,740,078.73	179,477,689.08	179,477,689.08	99,908,423.60	199,908,423.60
净利润	14,427,081.27	-132,940,477.58	-160,613,675.98	152,600,800.51	-225,164,569.63
总资产	899,419,817.41	916,451,828.23	8 43,830,699.10	1158760774.00	1,087,589,100.12
股东权益	308,372,009.03	249,205,661.35	146,382,950.08	388,171,734.21	313,022,221.34
每股收益	0.049	-0.45	-0.55	0.518	-0.76
扣除非经常性损益后的每股收益	-0.1205	-0.41	-0.52	-0.403	-0.243
每股净资产	1.047	0.846	0.497	1.318	1.06
调整后每股净资产	0.852	0.591	0.39	1.264	0.86
每股经营活动产生的现金流量净额	0.063			0.37	0.16
净资产收益率(%)	4.68	-53.35	-109.72	39.31	-72

注:1.报告期内公司总股本无任何变动,故加权每股平均收益与每股收益相同。
2.主要财务指标的计算方法
每股收益=净利润/年度末普通股份总数
每股净资产=年度末股东权益/年度末普通股股份总数
调整后的每股净资产=(年度末股东权益-三年以上应收帐款净额-待摊费用-待处理 (流动、固定)资产净损失-开办费-长期待摊费用-住房周转金余额)/年度末普通股股份总数
每股经营活动产生的现金流量净额=经营活动产生的现金流量净额/年度末普通股股份的总数
净资产收益率=净利润/年度末股东权益×100%
按照中国证监会《公开发行证券公司信息披露编报规则》(第9号)通知要求,计算2000年度利润数据如下:

报告期利润	2000年 净资产收益率(%) 全面摊薄	净资产收益率(%) 加权平均	每股收益(元) 全面摊薄	每股收益(元) 加权平均
主营业务利润	10.38	11.49	0.1088	0.1088
营业利润	-11.33	-12.54	-0.1187	-0.1187
净利润	4.68	5.17	0.049	0.049
扣除非正常性损益后的净利润	-11.50	-12.73	-0.1205	-0.1205

三、股本变动及股东情况

1、股本变动情况
(1)报告期末股东总数:44633名
(2)公司前十名股东持股情况:(截止2000年12月31日)

名序	股东名称	持股数量(股)	持股比例	
1	福建神龙企业集团有限公司	58890000	20%	已冻结
2	中国福建国际经济技术合作公司	37923600	12.88%	已冻结
3	福州中威实业有限公司	34060000	11.57%	已冻结
4	福建省三星建材联合贸易公司	1872013	0.64%	
5	中国人民建设银行福建省分行	1859000	0.63%	
6	福建华兴信托投资公司	1515085	0.51%	
7	福建省九盛经济开发公司	1347775	0.46%	
8	福建省中行劳动服务公司	948090	0.32%	
9	福建兴业证券公司	929500	0.32%	
10	苏州工业园区农工商总公司	923923	0.31%	

注:1前十名股东所持股份性质为法人股。
2前十名股东之间没有关联关系。
3中国福建国际经济技术合作公司所持股份性质为国有法人股。
4福建省神龙企业集团有限公司的股票现已解冻。

成都华联商厦股份有限公司

(一) 公司简介

公司法定中文名称:成都华联商厦股份有限公司
公司英文名称:CHENGDU HUALIAN BUSINESS BUILDING CO., LTD.
公司法定代表人:付志明
公司董事会秘书:李能发
联系地址:四川省成都市建设路55号
电 话:(028)4312393 4310018—20172 传 真:(028)4299233
电子信箱:hldb@mail.sc.cninfo.net1
公司注册及办公地址:四川省成都市建设路55号 邮政编码:610051
公司电子信箱:hldb@mail.sc.cninfo.net
公司信息披露报纸:《证券时报》、《中国证券报》
公司刊登年度报告网址:http://www.cninfo.com.cn
公司年度报告备置地点:本公司董事会办公室
公司股票上市交易所:深圳证券交易所
股票简称:成都华联 股票代码:0593

(二)会计数据和业务数据摘要

1、公司2000年度会计数据摘要

项 目	金 额(元)
利润总额	23,200,209.43
净利润	20,984,854.36
扣除非经常性损益后的净利润	20,984,854.36
主营业务利润	35,680,635.98
其他业务利润	3,386,082.46
营业利润	-5,144,672.27
投资收益	27,582,977.48
补贴收入	0.00
营业外收支净额	761,904.22
经营活动产生的现金流量净额	31,026,824.06
现金及现金等价物净增加额	19,687,591.30

2、公司前三年的主要会计数据和财务指标 单位:元

项目	2000年	1999年 调整后	1999年 调整前	1998年 调整后	1998年 调整前
主营业务收入	316,679,054.46	310,100,344.82	310,100,344.82	269,807,707.30	269,807,707.30
净利润	20,984,854.36	28,238,088.24	29,065,633.74	27,348,546.21	29,078,636.80
总资产	543,620,343.81	458,850,394.69	463,139,408.36	398,831,586.32	417,567,285.27
股东权益(不含少数股东权益)	295,231,113.68	281,208,863.89	284,052,602.89	267,453,786.94	284,972,592.66
每股收益摊薄	0.24	0.33	0.34	0.32	0.34
加权	0.24	0.33	0.34	0.33	0.35
扣除非经常摊薄	0.24	0.23	0.24		
性损益后的每股收益加权	0.24	0.23	0.24		
每股净资产摊薄	3.41	3.25	3.28	3.09	3.29
加权	3.41	3.25	3.28	3.19	3.40
调整后的摊薄	3.37	3.20	3.23	3.01	3.21
每股净资产加权	3.37	3.20	3.23	3.11	3.32
净资产收益率(%)摊薄	7.11 7.11	10.04	10.23	10.20	10.23
加权	7.1 7.12	10.03	9.70	11.00	11.07
每股经营活动 摊薄	0.36	-0.09	-0.09	0.175	0.175
产生的现金流量净额加权	0.36	-0.09	-0.09	0.18	0.18

3、以利润表附表形式列示的按全面摊薄法和加权平均法计算的净资产收益率及每股收益:

报告期利润	金 额(元)	净资产收益率(%) 全面摊薄	加权平均 调整后	加权平均 调整前	每股收益(元/股) 全面摊薄	加权平均
主营业务利润	35,680,635.98	12.09	12.23	12.11	0.41	0.41
营业利润	-5,144,672.27	-1.74	-1.76	-1.75	-0.06	-0.06
净利润	20,984,854.36	7.11	7.19	7.12	0.24	0.24
扣除非经常性损益后的净利润	20,984,854.36	7.11	7.19	7.12	0.24	0.24

4、报告期内股东权益变动情况(单位:元)

项 目	股本	资本公积金	盈余公积金	法定公益金	未分配利润	股东权益合计
期初数	86503313.00	131753134.85	26299505.84	10789920.08	25,862,990.12	281,208,863.89
本期增加	0.00	673,460.26	2098485.44	2098485.44	16,787,883.48	21,658,314.62
本期减少	0.00	0.00	0.00	7636,064.83	0.00	7,636,064.83
期末数	86503313.00	132426595.11	28397,991.28	5252,340.69	42,650,873.60	295,231,113.68

(三)股东情况介绍

(1)报告期末股东总数
截止2000年12月31日,本公司共有股东3994户,其中:高级管理人员股东6户。
(2)前十名股东持股情况

序号 股东名称	期初数	持股比例(%)	本次变动增减(+,-)	期末数	持股比例(%)
四川郎酒集团有限责任公司	22,840,000	26.40	+1,820,000	24,660,000	28.51
成都市国有资产管理局	7,389,494	8.54	0	7,389,494	8.54
西南证券有限责任公司	4,496,723	5.20	0	4,496,723	5.20
四川成都全兴集团有限公司	3,640,000	4.21	0	3,640,000	4.21
成都市华盛集团实业投资有限公司	3,260,000	3.77	0	3,260,000	3.77
泸州宝光药业集团 有限公司	0	0	+2,800,000	2,800,000	3.24
深圳阳光基金管理 有限公司	2,240,000	2.59	0	2,240,000	2.59
成都证券公司	1,400,000	1.62	0	1,400,000	1.62
中国宝安集团股份有限公司	1,400,000	1.62	0	1,400,000	1.62
成都市国有资产投资经营公司	1,117,340	1.29	0	1,117,340	1.29

注:1 持有本公司5%以上(含5%)股份的股东,其所持股份均未发生质押、冻结情况。
2 国家股持股单位为成都市国有资产管理局持股7,389,494股,占8.54%;四川郎酒集团有限责任公司持股15,000,000股,占17.34%。

内蒙古宏峰实业股份有限公司

一、公司简介

1、公司的法定中、英文名称

中文名称：内蒙古宏峰实业股份有限公司

英文名称：NEIMENGGU HONGFENG INDUSTRY COMPANY LIMITED

2、公司法定代表人：高建华

3、公司董事会秘书：路春祥　董事会秘书授权代表：郭洪刚

联系地址：赤峰市黄金大厦九楼证券部

电话：0476-8341477　传真：0476-8350648

4、公司注册及办公地址：内蒙古赤峰市三东街东段61号　邮政编码：024000

5、公司选定的信息披露报纸名称为：《证券时报》，登载公司年度报告的中国证监会指定国际互联网网址为：http://www.Cninfo.com.cn；公司年度报告备置地点：公司证券部。

6、公司股票上市交易所：深圳证券交易所　股票简称：内蒙宏峰　股票代码：0594

二、会计数据和业务数据摘要

（一）公司本年度会计数据（单位：人民币元）

1、利润总额：	84,041,848.87
2、净利润：	71,515,695.56
3、扣除非经常性损益后的净利润：	41,214,222.47
4、主营业务利润：	98,656,536.54
5、其他业务利润：	539,567.17
6、营业利润：	63,495,946.53
7、投资收益：	534,160.18
8、补贴收入：	
9、营业外收支净额：	20,011,742.16
10、经营活动产生的现金流量净额：	8,940,431.98
11、现金及现金等价物净增加额：	-6,932,859.45

注：扣除的非经常性损益项目和涉及金额：

1 利息净收入：	15,296,114.16
2 出售柴矿净收益：	16,889,264.08
3 处理固定资产净损失：	629,496.87
4 核销坏帐：	1,254,408.28
非经常性损益合计：	30,301,473.09

（二）公司前三年的主要会计数据和财务指标（单位：人民币元）

指标项目	2000年	1999年	1998年 调整前	1998年 调整后
(1)主营业务收入	289,926,449.99	238,717,477.88	209,557,998.20	209,557,998.20
(2)净利润	71,515,695.56	63,067,009.24	39,748,316.51	39,810,917.21
(3)总资产	911,801,893.19	817,180,837.57	545,878,634.57	540,782,460.99
(4)股东权益（不含少数股东权益）	682,619,629.24	629,519,125.71	211,111,131.22	206,014,957.64
(5)以净利润计算的每股收益	0.19	0.169	0.301	0.301
(6)以净利润计算的加权每股收益	0.19	0.18	0.301	0.301
(7)扣除非经常性损益后的每股收益	0.11	0.127	0.237	0.237
(8)每股净资产	1.82	1.68	1.60	1.56
(9)调整后的每股净资产	1.77	1.63	1.46	1.42
(10)每股经营活动产生的现金流量净额	0.02	-0.79	0.26	0.26
(11)以净利润计算的净资产收益率	10.48	10.02	18.83	19.32

（三）根据《编报规则第9号》，公司2000年末按全面摊薄法和加权平均法计算的净资产收益率及每股收益：

报告期利润	净资产收益率(%) 全面摊薄	净资产收益率(%) 加权平均	每股收益(元) 全面摊薄	每股收益(元) 加权平均
主营业务利润	14.45	14.83	0.26	0.26
营业利润	9.30	9.54	0.17	0.17
净利润	10.48	10.75	0.19	0.19
扣除非经常性损益后的净利润	6.04	6.20	0.11	0.11

（四）报告期内股东权益变动情况及原因

单位：万股、万元

项目	股本	资本公积	盈余公积	其中：法定公益	未分配利润	股东权益合计
期初数	37407.74	18601.56	3517.83	758.09	3424.78	62951.91
本期增加		28.87	1072.74	357.58	7151.57	8253.18
本期减少					2943.13	2943.13
期末数	37407.74	18630.43	4590.57	1115.67	7633.22	68261.96

变动原因：1 资本公积金本期增加为红花沟金矿维简费比折旧多计提28.87万元，导致资本公积增加28.87万元。

2 盈余公积、公益金本期增加为年度内按净利润的10%、5%提取法定盈余公积、公益金。

3 未分配利润本期增加为本年度实现的净利润，减少为提取法定公积金和公益金及分配普通股股利。

三、股东情况

1、年度末公司股东总户数为11352户，其中高级管理人员4户。

2、本公司前10名大股东持股情况（截止2000年12月末）。

序号	股东名称	年末持股数（股）	占总股本比例(%)
(1)	赤峰市松山区黄金工业总公司	128018880	34.22
(2)	林西县经委	66044160	17.66
(3)	内蒙古宏峰集团有限责任公司	36028800	9.63
(4)	赤峰市松山区华龙开发公司	14256000	3.81
(5)	海南证大	783510	0.21
(6)	朱彩针	624730	0.17
(7)	李世军	610000	0.16
(8)	薛景芳	577683	0.15
(9)	肖春凤	570468	0.15
(10)	张志容	566500	0.15

西北轴承股份有限公司

（一）公司简介

1、公司的法定中文名称：西北轴承股份有限公司

公司的法定英文名称：XIBEI BEARING CO.,LTD.

2、公司的法定代表人：高续纯

3、公司董事会秘书：聂立卯

联系地址：银川市北京西路4号

电　话：(0951)2020394

传真：(0951)2013747

电子信箱：nxzdmn@public.yc.nx.cn

4、公司注册及办公地址：银川市北京西路4号

邮政编码：750021

公司国际互联网网址：www.nxz.com..cn

电子信箱：nxzdmn@public.yc.nx.cn

5、公司选定的信息披露报纸名称：证券时报

登载公司年度报告的中国证监会指定国际互联网网址：http://www.cninfo.com.cn

公司年度报告备置地点：公司董事会秘书室

6、公司股票上市交易所：深圳证券交易所

股票简称：西北轴承

股票代码：0595

（二）会计数据和业务数据摘要

1、本年度主要利润指标情况　（单位：人民币元）

	合并报表	母公司
利润总额	7,510,780.13	8,493,273.96
净利润	2,223,132.57	3,003,156.02
扣除非经常性损益后的净利润	-6,542,024.83	-5,385,462.17
主营业务利润	81,280,888.45	70,392,488.36
其他业务利润	7,780,789.41	7,490,661.07
营业利润	1,019,363.81	3,511,476.61
投资收益	- 7,379.38	- 1,682,410.79
补贴收入	8,388,618.19	8,388,618.19
营业外收支净额	-1,889,822.49	-1,724,410.05
经营活动产生的现金流量净额	-2,939,670.54	12,319,647.51
现金及现金等价物净增加额	-14,117,337.60	-7,474,298.96

说明：扣除非经常性损益后的净利润系扣除了补贴收入。

利润表附表

报告期利润	净资产收益率(%) 全面摊薄	净资产收益率(%) 加权平均	每股收益(元) 全面摊薄	每股收益(元) 加权平均
主营业务利润	19.0767	19.1672	0.4646	0.4646
营业利润	0.2392	0.2403	0.0058	0.0058
净利润	0.5218	0.5241	0.0127	0.0127
扣除非经常性损益后的净利润	-1.5354	-1.5423	-0.0374	-0.0374

2、截止报告期末公司前三年的主要会计数据和财务指标　（单位：人民币元）

	2000年	1999年	1998年
主营业务收入	474,127,716.52	490,106,413.67	382,367,145.49
净利润	2,223,132.57	6,883,890.18	10,323,924.32
总资产	1,115,521,640.76	1,130,780,246.95	1,003,356,896.62
股东权益（不含少数股东权益）	426,073,879.48	420,736,432.69	413,852,542.51
全面摊薄每股收益	0.013	0.039	0.06
扣除非经常性损益后的每股收益（全面摊薄）	0.037	0.041	-0.15
加权平均每股收益	0.013	0.039	0.07
每股净资产	2.44	2.40	2.37
调整后的每股净资产	2.34	2.36	2.26
每股经营活动产生的现金流量净额	-0.017	0.22	- 0.09
全面摊薄净资产收益率(%)	0.52	1.64	2.5
加权净资产收益率(%)	0.52	0.013	2.28
扣除非经常性损益后的加权净资产收益率(%)	-1.54	1.74	-5.95

（三）股本变动及股东情况

1、报告期末公司股东总数为21554户。

2、前10名股东持股情况

股东名称	期初持股数	期末持股数	占总股本比例(%)	股份性质
西北轴承集团有限责任公司	83,567,400	83,567,400	47.76	国有股
宁夏天力协会	18,000,000	18,000,000	10.29	法人股
中国经济信托投资公司深圳业务部	11,087,652	10,998,096	6.29	公众股
冶钢集团有限公司	2,880,000	2,880,000	1.64	法人股
西宁特殊钢集团有限责任公司	1,800,000	1,800,000	1.03	法人股
北钢集团公司	1,440,000	1,440,000	0.82	法人股
常州常柴股份有限公司	1,440,000	1,440,000	0.82	法人股
李本强	1,477,916	328,500	0.19	公众股
海南东海星光实业有限公司		279,794	0.17	公众股
周立新		240,000	0.14	公众股

注：1 持有5%以上股份的股东所持股票无质押或冻结情况。

2 前10名股东之间不存在关联关系。

3 西北轴承集团有限责任公司代表国家持有占公司股本总额47.74%的股票。

3、持有10%以上法人股东情况

宁夏天力协会，持有发起人股18,000,000股。法定代表人：许忠久；协会业务范围：轴承技术开发与咨询。

4、报告期内公司控股股东未发生变化。

安徽古井贡酒股份有限公司

一、公司简介

(一)公司法定中文名称:安徽古井贡酒股份有限公司
公司英文名称:ANHUI GUJING DISTILLERY COMPANY LIMITED
(二)公司法定代表人:　王效金
(三)公司董事会秘书:　王　锋　　公司证券授权代表:　唐贻峰
联系地址:安徽省亳州市古井镇
电话:(0558)5710057　5710085　传真:(0558)5710006
(四)公司注册地址:安徽省亳州市古井镇
公司办公地址:安徽省亳州市古井镇　邮编:236820
网址:www.gujing.com　email:gujing@mail.ahbbptt.net.cn
(五)公司年度报告披露报刊:《证券时报》、《上海证券报》、香港《大公报》
公司年度报告披露的网址:www.cninfo.com.cn
公司年度报告备置地点:公司董事会秘书室
(六)公司股票上市交易所:深圳证券交易所
股票简称:古井贡A　证券代码:0596　股票简称:古井贡B　证券代码:2596

二、会计数据与业务数据摘要

(一)本年度主要利润指标情况

利润总额:	22,068.82 万元
净　利　润:	14,714.84 万元
扣除非经常性损益后的净利润:	14,714.84 万元
主营业务利润:	35,185.10 万元
其他业务利润:	-55.28 万元
营业利润:	20,270.15 万元
投资收益:	416.77 万元
补贴收入:	1,316.84 万元
营业外收支净额:	65.05 万元
经营活动产生的现金流量净额:	8,095.99 万元
现金及现金等价物净增加额:	-3,270.75 万元

按照两种不同会计准则、制度计算的净利润差异及其说明

	除税及少数股东权益后利润		股东权益	
	二OOO	一九九九	二OOO	一九九九
	人民币千元	人民币千元	人民币千元	人民币千元
本集团法定帐目金额	147,148	149,082	1,117,215	1,040,566
转销 (提取)坏帐准备	—	3,156	—	—
调整不动产、厂房及设备折旧	1,221	1,747	-1,668	(5,238)
资产负债表日后建议的股利分派	—	—	—	68,150
其他	—	144	—	2,350
根据国际会计准则本集团调整后金额	148,369	154,129	1,115,547	1,105,828

(二)、主要会计数据和财务指标

指标项目	2000 年	1999 年	1998 年
1、主营业务收入(万元)	91,576	89,125	86,851
2、净利润(万元)	14,715	14,908	14,101
3、总资产(万元)	158,802	154,345	155,406
4、股东权益(万元)(不含少数股东权益)	111,721	104,057	95,963
5、每股收益(元)	0.63	0.63	0.60
6、加权平均每股收益(元)	0.63	0.63	0.60
7、扣除非经常性损益后的 每股收益(元)	0.63	0.56	0.52
8、每股净资产(元)	4.75	4.43	4.08
9、调整后的每股净资产(元)	4.74	4.42	4.07
10、每股经营活动产生的现金流量净额(元)	0.34	0.31	0.54
11、净资产收益率(%)	13.20	14.33	14.69
12、加权平均净资产收益率(%)	12.40	13.40	

(三)股东权益变动情况　(单位:万股、万元)

项目	股本	资本公积	盈余公积	法定公益金	未分配利润	股东权益合计
期初数	23,500	52,104	10,993	5,496	17,459	104,057
本期增加	-	-	1,027	604	6,458	7,664
本期减少数	-	-	-	-	-	
期末数	23,500	52,104	12,200	6,100	23,917	111,721

变动原因:利润增加

三、股本变动及股东情况

1、报告期末股东总数
截止2000年12月31日,公司股东总数为13,256户。
2、主要股东持股情况(截止2000年12月31日公司前十名股东)

名　　称	持股数(股)	比例(%)
安徽古井集团有限责任公司	155,000,000	65.96
CHEN,YUBIN 陈宇斌	1,813,614	0.77
宝勇企业有限公司	1,685,000	0.72
CHARM YIELD INVESTMENT LIMITED	1,461,500	0.62
紫东投资管理有限公司	1,455,201	0.62
康马有限公司	1,100,600	0.47
深圳国投证券有限公司 (SZ INTL SECURITIES CORP.LTD.)	1,000,000	0.43
TOP DYNAMIC INVESTMENTS LIMITED (景高投资有限公司)	900,000	0.38
CREATE INVESTMENTS LIMITED (康创投资有限公司)	852,001	0.36
民乐投资有限公司	683,500	0.29

除安徽古井集团有限责任公司持有的股份为国有股外,其他均为境内上市外资股股东。且公司前十名股东之间不存在关联关系。
3、除控股股东外,公司无持股5%以上的法人股东。
4、控股股东安徽古井集团有限责任公司本报告期内持股无变化,所持股份也无质押或冻结的

东北制药集团股份有限公司

(一) 公司简介

1、公司法定中文名称:东北制药集团股份有限公司
公司法定英文名称:NORTHEAST PHARMACEUTICAL GROUP CO.,LTD.
公司英文名称缩写:NEPG
2、公司法定代表人:陈钢
3、公司董事会秘书长:刘亚英
联系地址:沈阳市铁西区重工北街37号
联系电话:024-25806664
传　　真:024-25806664
4、公司注册地址:沈阳市经济技术开发区昆明湖街
公司办公地址:沈阳市铁西区重工北街37号
邮 政　编 码:110026
电　子　邮 箱:Dyzc@mx.sy.cei.gov.cn
5、公司选定的信息披露报纸名称:《证券时报》《中国证券报》
登载年报的国际互联网网址:http://www.cninfo.com.cn
公司年度报告备置地点:东北制药集团股份有限公司总管理部
6、公司股票上市交易所:深圳证券交易所
股票简称:东北药
股票代码:0597

(二)会计数据和业务数据摘要

1、主要会计数据

	单位:人民币元
利润总额	36592773.05
净利润	28851149.45
扣除非经常性损益后的净利润	28851149.45
主营业务利润	295843595.12
其他业务利润	3082411.22
营业利润	30738189.49
投资收益	6999386.34
补贴收入	779000.00
营业外收支净额	-1923802.78
经营活动产生的现金流量净额	36126124.84
现金及现金等价物净增加额	55675930.95

2、公司近三年主要财务指标

指标项目	2000 年	1999 年 调整前	1999 年 调整后	1998 年 调整前	1998 年 调整后
主营业务收入(万元)	119757	101155	101155	76062	76062
净利润(万元)	2885	4338	4338	6817	3552
总资产(万元)	266920	260135	259836	259014	241535
股东权益(万元)	90536	86954	85613	99819	82417
每股收益(元)	0.095	0.14	0.14	0.2693	0.1402
每股净资产(元)	2.98	2.86	2.82	3.94	3.26
调整后的每股净资产(元)	2.70	2.39	—	3.41	—
每股经营活动产生的现金流量净额(元)	0.12	0.18	—	-0.03	—
净资产收益率(%)	3.19%	4.99%	5.07%	6.83	4.31
扣除后每股收益(元)	0.095	0.113	—	—	—

根据《公开发行证券公司信息披露编报规则第9号》净资产收益率和每股收益指标:

	净资产收益率(%)		每股收益(元)	
	全面摊薄	加权平均	全面摊薄	加权平均
主营业务利润	32.68	33.98	0.97	0.97
营业利润	3.40	3.53	0.10	0.10
净利润	3.19	3.31	0.095	0.095
扣除非经常性损益后净利润	3.19	3.31	0.095	0.095

注主要财务指标根据《公开发行证券公司信息披露编报规则第9号》计算
3、报告期内股东权益变动情况

单位:人民币元

项目	股本	资本公积	盈余公积	法定公益金	未分配利润	股东权益合计
期初数	303810000	559631932	123628074	-6243223	-130943064	856126923
本期增加	—	20381379	—	6471701	142041707	49232547
本期减少	—	—	113190532		—	—
期末数	303810000	580013311	10437515	228478	11098643	905359470
变动原因	—	评估增值	弥补亏损		调整年初数	

(三)股本变动及股东情况

1、截至2000年12月31日,公司股东总数为67997户。
2、截至2000年12月31日,公司前10名股东持股情况:

单位:股

序号	股东名称	期初持股数	变动数	期末持股数	所占比例(%)	股权性质
1	东北制药集团公司	182520000	—	182520000	60.07	国家股
2	东北电力集团公司	3120000	—	3120000	1.03	法人股
3	中行沈阳信托投资公司	780000	—	780000	0.26	法人股
4	辽宁省证券公司	390000	—	390000	0.13	法人股
5	辽宁国际信托投资公司	390000	—	390000	0.13	法人股
6	辽阳市灯塔里红信用社	390000	—	390000	0.13	法人股
7	工行南湖开发支行	390000	—	390000	0.13	法人股
8	辽宁省证券盘锦分公司	390000	—	390000	0.13	法人股
9	海口宁通有限公司	390000	—	390000	0.13	法人股
10	中国投资银行丹东支行	390000	—	390000	0.13	法人股

蓝星清洗剂股份有限公司

一、公司简介

1、公司法定中文名称：蓝星清洗剂股份有限公司
公司法定英文名称：Blue Star Cleaner Co., Ltd.
2、公司法定代表人：任建新
3、公司董事会秘书：柯　威
董事会证券事务代表：赵月珑
联系地址：北京市朝阳区北土城西路 9 号
蓝星清洗剂股份有限公司　证券部
电话：010-62376645
传真：010-62376625
E-mail:　lxqx@public.bta.net.cn
4、公司注册地址：甘肃省兰州市东岗西路 196 号
公司办公地址：北京市朝阳区北土城西路 9 号
邮政编码：100029
E-mail:　lxqx@public.bta.net.cn
5、公司指定的信息披露报纸：《中国证券报》、《证券时报》
登载公司年度报告的中国证监会指定国际互联网网址：
http://www.cninfo.com.cn
年度报告置备地点：本公司证券部
6、公司股票上市交易所：深圳证券交易所
股票简称：蓝星清洗
股票代码：0598

二、会计数据和业务数据摘要

1、本年度会计数据摘要

	单位：人民币(元)
利润总额	76,183,977.31
净利润	64,154,199.53
扣除非经常性损益后的净利润	63,632,597.52
主营业务利润	83,890,594.74
其他业务利润	----
营业利润	71,462,375.30
投资收益	4,700,000.00
补贴收入	----
营业外收支净额	21,602.01
经营活动产生的现金流量净额	56,291,691.99
现金及现金等价物净增加额	57,187,309.20

注：扣除非经常性损益后的净利润 63,632,597.52 元，其中：营业外收入 60, 107 .20 元，营业外支出 38,505.19 元，出让股权收益 500,000.00 元。

2、公司近三年主要会计数据和财务指标：(合并报表)

项　目	2000 年	1999 年	1998 年
1、主营业务收入(万元)	24680.71	18152.87	10093.44
2、净利润(万元)	6415.42	5158.99	3758.12
3、总资产(万元)	70956.14	64417.73	42160.81
4、股东权益(万元)	57051.08	52170.16	37355.17
5、每股收益(元/股)	0.42	0.34	0.50
每股收益(按月加权平均法计算)	0.42	0.39	0.50
扣除非经常性损益后的每股收益	0.41	0.34	0.50
6、每股净资产(元/股)	3.72	3.40	4.95
7、调整后的每股净资产(元/股)	3.70	3.39	4.94
8、每股经营活动产生的现金流量净额(元)	0.37	0.24	0.71
9、摊薄净资产收益率(%)	11.25	9.89	10.06
10、加权平均净资产收益率(%)	11.58	10.57	11.28

报告期利润	净资产收益率(%)		每股收益(元)	
	全面摊薄	加权平均	全面摊薄	加权平均
主营业务利润	14.70	15.15	0.55	0.55
营业利润	12.52	12.90	0.47	0.47
净利润	11.25	11.58	0.42	0.42
扣除非经常性损益后的净利润	11.24	11.49	0.41	0.41

注：以上数据经广东正中珠江会计师事务所有限公司(原广东正中会计师事务所有限公司)中国注册会计师审计

三、股本变动及股东情况

1、2000 年度公司股东情况
1、截止 2000 年 12 月 31 日，公司股东总数为 40540 户。
2、主要股东持股情况(前十名股东)

名次	股东名称	持股数(股)	所占比例
1	中国蓝星化学清洗总公司	77400000	50.44%
2	石小强	736000	0.48%
3	向文静	705000	0.46%
4	刘振齐	650000	0.42%
5	陈　斌	600000	0.39%
6	毕紫砚	572973	0.37%
7	温　涛	432793	0.28%
8	黄祖修	413630	0.27%
9	石汝斌	408400	0.27%
10	任家英	350200	0.23%

注：上述前十名股东之间不存在关联关系。

持股 5%以上(含 5%)的法人股东只有中国蓝星化学清洗总公司，是本公司的绝对控股股东，关联属性为控股母公司。报告期末持有股份 77400000 股。

持股 5%(含 5%)以上的法人股股东所持股份没有发生质押、冻结等情况。

青岛双星鞋业股份有限公司

(一)公司简介

1.公司的法定名称：青岛双星鞋业股份有限公司
英文名称：QINGDAO　DOUBLESTAR　SHOE　MANUFACTURINGCO.,LTD
2.公司法定代表人：汪海
3.公司董事会秘书：郭维顺
联系地址：青岛市贵州路 5 号海富楼三楼
电话：0532 — 2657986　　传真：0532 — 2657986
4.公司注册地址：青岛市经济技术开发区新街口工业区　　邮政编码：266510
公司办公地址：青岛市双星工业园　　邮政编码：266229
5.公司选定的信息披露报刊名称：《证券时报》。
登载公司年度报告的互联网网址：http://www.cninfo.com.cn
公司年度报告备置地点：青岛市贵州路 5 号海富楼三楼董事会秘书办公室
6.公司股票上市交易所：深圳证券交易所
股票简称：青岛双星　　股票代码：0599

(二)会计数据和业务数据摘要

1.本年度利润总额及构成(单位：元)

利润总额	41,118,775.30
净利润	29,773,460.62
扣除非经常性损益后的净利润	27,420,847.80
主营业务利润	48,398,819.28
其他业务利润	11,856,871.65
营业利润	31,031,482.90
投资收益	9,938,206.00
补贴收入	852,612,.82
营业外收支净额	-703,526.42
经营活动产生的现金流量净额	52,890,867.21
现金及现金等价物净增加额	-27,966,731.69

注：非经常性损益是指公司正常经营损益之外的、一次性或偶发性损益，本公司扣除的非经常性损益有：

补贴收入 2,352,612.82 元，其中返还增值税 852,612.82 元，返还企业所得税 1,500,000.00 元。

2.公司近三年主要会计数据及财务指标

项目	2000 年	1999 年	1998 年调整前	1998 年调整后
主营业务收入(万元)	55,313.44	30,353.55	25,139.14	25,139.14
净利润(万元)	2,977.35	4,838.14	4,163.22	4,008.40
总资产(万元)	95,043.25	53,964.52	48,486.67	47,265.33
股东权益(万元)	43,024.27	43,596.58	40,161.58	38,849.88
摊薄每股收益(元)	0.225	0.366	0.315	0.304
每股净资产(元)	3.258	3.30	3.04	2.94
调整后的每股净资产(元)	3.143	3.285	2.998	2.899
每股经营活动产生的现金流量净额(元)	0.40	0.335	-0.013	-0.013
摊薄净资产收益率(%)	6.92	11.10	10.37	10.32
按月平均加权计算的每股收益(元)	0.225	0.366	0.315	0.304
扣除非经常性损益后的每股收益(元)	0.208	0.29	0.218	0.206
加权计算净资产收益率(%)	6.60	11.72	10.90	10.85
扣除非经常性损益后加权净资产收益率(%)	6.92	9.29	7.54	7.36

根据中国证监会《公开发行证券公司信息披露编报规则第 9 号》的要求计算的净资产收益率和每股收益如下：

报告期利润	2000 年度				1999 年度			
	净资产收益率(%)		每股收益(元)		净资产收益率(%)		每股收益(元)	
	全面摊薄	加权平均	全面摊薄	加权平均	全面摊薄	加权平均	全面摊薄	加权平均
主营业务利润	11.25	10.73	0.367	0.367	14.32	15.12	0.4726	0.4726
营业利润	7.21	6.88	0.235	0.235	11.86	12.53	0.3915	0.3915
净利润	6.92	6.60	0.225	0.225	11.10	11.72	0.366	0.366
扣除非经常性损益后的净利润	6.37	6.08	0.208	0.208	8.80	9.29	0.2905	0.2905

3、报告期内股东权益变动情况及变化原因　　(单位：元)

项目	股本	资本公积	盈余公积	法定公益金	未分配利润	股东权益合计
期初数	132053571	191101980.04	24443704.81	6,446,,203.52	88,366,550.85	435,965,806.70
本期增加			7,924,845.61	2,588,112.21		
本期减少					13,647,974.11	5,723,128.46
期末数	132053571	191101980.04	32368,550.46	9,034,315.73	74,718,576.74	430,242,678.24

变动原因：

盈余公积金和法定公益金增加是母公司及子公司分别按规定计提所致，未分配利润减少是因为本年度实施分红利的数额大于当期增加的可分配利润所致。

(三).股东情况介绍：

(1)截止 2000 年 12 月 31 日，本公司股东总数为 37662 户，无内部职工股和公司职工股股东。

(2)主要股东持股情况

序号	股东名称	年末持有股数	占总股份比例(%)
1	青岛双星集团公司	81600000	61.793
2	兴华证券投资基金	257194	0.195
3	刘力强	130000	0.098
4	莫良贵	106500	0.081
5	吕兰	104000	0.079
6	李宁	100000	0.076
7	罗永淑	100000	0.076
8	田宗芝	96692	0.073
9	李海辉	96580	0.073
10	关培生	92310	0.070

说明：双星集团持有的股份为国家股。

石家庄国际大厦(集团)股份有限公司

一、公司简介

1、公司法定名称：中文:石家庄国际大厦(集团)股份有限公司
英文:SHIJIAZHUANG INTERNATIONAL BUILDING GROUP CO.LTD.
2、公司法定代表人:吕毅华
3、公司董事会秘书姓名:韩金平；　　授权代表姓名:李俊信
联系地址:石家庄广安大街1号石家庄国际大厦(集团)股份有限公司董事会办公室
电话:0311--6672224　　传真:0311--6672254　　电子信箱:jphan@public.sj.he.cn
4、公司注册地址:中国河北省石家庄市中山东路301号
公司办公地址:中国河北省石家庄市广安大街1号　　邮政编码:050011
公司国际互联网网址:http://www.guoda-group.com　　公司电子信箱:jphan@public.sj.he.cn
5、公司选定的信息披露报纸:《中国证券报》、《证券时报》;
登载公司年度报告的中国证监会指定国际互联网网址为:http://www.cninfo.com.cn
公司年度报告备置地点:石家庄市广安大街1号公司董事会办公室
6、公司股票上市交易所:深圳证券交易所
股票简称:国际大厦　　股票代码:0600

二、会计和业务数据摘要

1、本年度利润总额构成及现金流量一览表　　单位:人民币元

利润总额	1609017.44
净利润	3737208.03
扣除非经常性损益后的净利润*	-8295952.58
主营业务利润	54701770.65
其他业务利润	9434664.43
营业利润	1887721.11
投资收益	-411548.78
补贴收入	0
营业外收支净额	132845.11
经营活动产生的现金流量净额	-20647308.75
现金及现金等价物净增加额	-18269321.23

*注:扣除项目及金额如下所示

扣除的项目	收益金额	涉及净利润金额
贷款手续费	1 164 177.63	989 550.99
资金占用费	8 269 636.80	7 029 191.28
委托贷款利息	4 590 000.00	3 901 500.00
营业外收入	229 119.38	194 751.47
营业外支出	96 274.27	81 833.13
合计	14 156 659.54	12 033 160.61

2.截至报告期前三年的主要会计数据和财务指标:

项目	2000.12.31	1999.12.31		1998.12.31	
		调整前	调整后	调整前	调整后
主营业务收入(元)	132346081.06	66927441.71	101125314.57	145063656.58	172970881.83
净利润(元)	3737208.03	19133854.41	17743712.27	28374711.07	27211732.75
总资产(元)	668243546.46	597821441.01	679619566.89	617806131.90	698725535.72
股东权益(元)	304955854.91	304708541.58	301218646.88	285574687.17	283474934.61
每股收益(元/股)	0.0243	0.1245	0.1154	0.1846	0.1770
每股净资产(元/股)	1.9837	1.9821	1.9594	1.8576	1.8439
调整后的每股净资产(元/股)	1.9233	1.9560	1.9164	1.8364	1.8033
每股经营活动产生的现金流量净额(元)	-0.1343	-0.6641	-0.6512	0.2794	0.2813
净资产收益率(%)	1.23	6.28	5.89	9.94	9.60

3、按照中国证监会发布《公开发行证券公司信息披露编报规则》第9号的规定,计算的净资产收益率和每股收益:

报告期利润	净资产收益率(%)		每股收益(元/股)	
	全面摊薄	加权平均	全面摊薄	加权平均
主营业务利润	17.9376	18.0482	0.3558	0.3558
营业利润	0.6190	0.6228	0.0123	0.0123
净利润	1.2255	1.2330	0.0243	0.0243
扣除非经常性损益后的净利润	-2.7204	-2.7371	-0.0540	-0.0540

4、报告期内股东权益变动情况及变化原因:
(1) 股东权益变化情况

项目	股本	资本公积	盈余公积	法定公益	未分利润	合计
期初	153733407	122544213.68	19389155.84	449769.39	5551870.36	301218646.88
增加			675177.96	337588.98	3062030.07	3737208.03
减少						
期末	153733407	122544213.68	20064333.80	78758.37	8613900.43	304955854.91

(2)变动原因说明:"盈余公积"增加675 177.96元为本年度按规定提取"法定盈余公积"和"公益金";"未分配利润"增加3 062 030.0元,为本年度"净利润"扣除按规定提取"法定盈余公积"和"公益金"形成。

三、股东情况介绍

1、报告期末股东总数:截止报告期末,公司共有股东总数34161户。
2、主要股东情况:
1.持有本公司股票的前十名股东情况:　　(单位:股)

序号	股东名称	持股数量	是否流通	比例(%)
1	石家庄国大集团有限责任公司*	44908837	未上市流通	29.21
2	河北开元房地产开发股份有限公司	28852992	未上市流通	18.77
3	石家庄饮食集团公司	5468359	未上市流通	3.56
4	石家庄市国丰商贸中心	5330345	未上市流通	3.47
5	石家庄国翔服务中心	4638412	未上市流通	3.02
6	石家庄国瑞信息服务中心	3354624	未上市流通	2.18
7	上海财政证券公司襄阳北路证券交易营业部	2200000	未上市流通	1.43
8	河北省纺织品进出口公司	1612800	未上市流通	1.05
9	北京恒昌经济开发公司	1612800	未上市流通	1.05
10	石家庄市国翔管理服务公司	1065077	未上市流通	0.69

广东韶能集团股份有限公司

一、公司简介

1、公司法定名称:广东韶能集团股份有限公司(下称公司)
英文名称:Guangdong Shaoneng Group Co.,Ltd
2、公司法定代表人:徐兵
3、公司董事会秘书:苏郡霞
联系地址:广东省韶关市惠民南路148号
电话:(0751)8153162　　传真:(0751)8535226
E-mail:sgsngf@ pub.shaoguan.gd.cn
4、公司注册地址:广东省韶关市惠民南路148号
办公地址:广东省韶关市惠民南路148号
邮政编码:512026
E-mail:sgsngf@ pub.shaoguan.gd.cn
5、公司选定的信息披露报纸名称:《证券时报》
登载公司年度报告的中国证监会指定的国际互联网网址:http://www.cninfo.com.cn
公司年度报告备置地点:广东省韶关市惠民南路148号公司档案室
6、公司股票上市地点:深圳证券交易所
公司股票简称:韶能股份　　股票代码:0601

二、会计数据和业务数据摘要

(一)本年度主要利润指标情况(金额单位:万元)

指标项目	金额
利润总额	16,124
净利润	12,818
扣除非经常性损益后的净利润	11,074
主营业务利润	19,320
其他业务利润	275
营业利润	11,893
投资收益	1,699
补贴收入	1,591
营业外收支净额	940
经营活动产生的现金流量净额	17,899
现金及现金等价物净增加额	43,281

扣除非经常性损益的项目及涉及金额

项目	金额(万元)
1、上市发行新申购冻结资金利息	912(所得税前1,073)
2、固定资产处理	30(所得税前36)
3、补贴收入——小水电发发展基金	731(所得税前860)
——优惠电价差	5(所得税前6)
——增值税退税	66(所得税前77)
合计	1,744(所得税前2,052)

(二)截至报告期末公司前三年主要会计数据和财务指标

指标项目	2000年	1999年	1998年	
			调整前	调整后
主营业务收入(万元)	54,740	56,724	54,160	54,160
净利润(万元)	12,818	10,709	12,427	11,050
总资产(万元)	256,757	193,845	200,030	203,599
股东权益(不含少数股东权益)(万元)	171,880	111,599	106,981	107,237
每股收益 (摊薄)(元/股)	0.33	0.34	0.40	0.35
(加权)(元/股)	0.37	0.34	0.41	0.36
每股净资产(摊薄)(元/股)	4.40	3.58	3.44	3.44
调整后的每股净资产(摊薄)(元/股)	4.29	3.48	3.37	3.39
每股经营活动产生的现金流量净额	0.46	0.83	0.29	0.29
净资产收益率(%)摊薄	7.46	9.60	11.62	10.30
加权	8.86	9.51	12.70	11.37
扣除非经常性损益后的每股收益	0.28	0.32	0.35	0.31

以上截止报告期末公司前三年主要会计数据和财务指标中1999年的有关数据，与公司1999年年度报告及摘要的数据不完全一致，系因公司控股子公司广东省韶关九号机组合营有限公司按广东省电力集团公司粤电财 [2001]19号文确定的1999年实际结算电价255.46元/千千瓦时,在2000年年终财务决算时对期初进行的调整。具体调整项目及金额见本年度报告之财务会计报告中会计报表附注F项之33及K项之4。

(三)按照中国证监会《公开发行证券公司信息披露编报规则(第9号)》要求,分别列示按全面摊薄法和加权平均法计算的净资产收益率及每股收益如下:

报告期利润	净资产收益率		每股收益	
	全面摊薄	加权平均	全面摊薄	加权平均
主营业务利润	11.24%	13.36%	0.49	0.55
营业利润	6.92%	8.22%	0.30	0.34
净利润	7.46%	8.86%	0.33	0.37
扣除非经常性损益后的净利润	6.44%	7.65%	0.28	0.32

三、股东情况介绍

1、截止2000年12月31日,公司在册股东数量为67102户。
2、公司前十名股东持股情况

股东名称	年初持股(股)	增加数(股)	年末持股数(股)	占总股份比例(%)
韶关市国有资产管理办公室(国有股股东)	68210016	2728400	70938416	18.17
韶关市峡江水电安装工程有限公司	20000000		20000000	5.12
韶关市韶财信托投资公司	5443200		5443200	1.39
韶关市节能技术服务中心	5027804		5027804	1.29
韶关市供电工程公司	3654000		3654000	0.94
广东亿能电力设备股份有限公司	3024000		3024000	0.77
广东省水电安装公司	3000000		3000000	0.77
南京禄口国际机场投资管理有限公司		2567500	2567500	0.66
粤北人民医院	1728000		1728000	0.44
广东省国土厅机关工会委员会	1728000		1728000	0.44

广东金马旅游集团股份有限公司

一、公司简介

1.公司名称中文:广东金马旅游集团股份有限公司
英文:Guangdong Golden Horse Tourism Group Stock CO.,LTD
英文简称:Golden Horse CO.,LTD
2.公司法定代表人:王良海先生 3.公司董事会秘书:潘志峰先生
联系地址:广东省潮州市潮枫路旅游大厦四层
联系电话:0768-2268969 联系传真:0768-2297613 E-Mail :phs@szthtf.com
4.公司注册地址:广东省潮州市永护路
公司办公地址:广东省潮州市潮枫路旅游大厦四层
邮政编码:521000 公司 E-Mail :phs@szthtf.com
5.公司信息披露的报刊:证券时报、中国证券报
登载公司年度报告的中国证监会指定国际互联网网址:http: //www. cninfo .com.cn
公司年度报告置备地点:广东省潮州市潮枫路旅游大厦四层
6.公司股票上市地:深圳证券交易所 股票简称:ST 金马 股票代码:0602

二、会计数据和业务数据摘要

1.本年度利润总额及构成(合并报表)

利润总额	-27,107,185.77 元		
其中:主营业务利润	5,330,404.21 元	其它业务利润	4,528,062.94 元
营业利润	-32,709,104.78 元	投资收益	4,078, 767.45 元
营业外收支净额	-1,523,151.56 元	补贴收入	0 元
净利润	-27,107,185.77 元		
扣除非经常性损益后的净利润	-28,702,406.95 元		
经营活动产生的现金流量净额:	136,075 元		
现金及现金等价物净增加额:	-186,479.80 元		

2.会计数据及财务指标(合并报表)

项目	2000 年度	1999 年度	1998 年度 调整后	调整前
(1)主营业务收入(万元)	5,469	4,961	7,336	7,336
(2)净利润(万元)	-2,711	-5,738	-3,840	114
(3)总资产(万元)	32,476	31,584	36,837	48,226
(4)股东权益(万元)	11,655	14,428	20,228	31,664
(5)每股收益(元/ 股)				
每股收益(摊薄)	-0.27	-0.57	-0.379	0.011
每股收益(加权)	-0.27	-0.57	-0.362	0.013
(6)每股收益(元/ 股)(扣除非经常性损益)				
每股收益(摊薄)	-0.29	-0.53	-0.382	0.011
(7)每股净资产(元/ 股)	1.16	1.44	2.016	3.151
(8)调整后的每股净资产(元/ 股)	0.86	1.03	1.62	2.673
(9)净资产收益率 (%) (摊薄)	-23.26	-39.59	-18.81	0.361
(10)每股经营活动产生的现金流量(元/ 股)	0.001	0.016	-0.63	-0.63

3.报告期利润指标说明(合并报表)

项目	净资产收益率 (%)(摊薄)	(加权)	每股收益(元/ 股)(摊薄)	(加权)
主营业务利润	5	2	0.05	0.05
营业利润	-28	-13	-0.33	-0.33
净利润	-23	-10	-0.27	-0.27
扣除非经常性损益的净利润	-25	-11	-0.29	-0.29

5、报告期内股东权益变动情况(单位:元)

项目	股本	资本公积	盈余公积	法定公益金	未分配利润	股本权益合计
期初数	100,500,000	150,992,144.07	6,174,889.68	2,058,296.56	-113,389,358.42	144,277,675.33
本期增加						
本期减少		621,288			27,107,185.77	27,728,473.77
期末数	100,500,000	150,370,856.07	6,174,889.68	2,058,296.56	-140,496,544.19	116,549,201.56

变动原因:经营亏损

三、股本变动及股东情况介绍

1、股本变动情况

截止 2000 年 12 月 31 日股本结构情况如下: 单位:股

项目	期初数	本期变动增减(增加)	期末数	比例
一、未上市流通股份				
1、发起人股份	28,800,000		24,250,000	24.13%
(2)境内法人持有股份	28,800,000		24,250,000	24.13%
2、募集股份	28,028,000		32,578,000	32.42%
尚未流通股份合计	56,828,000		56,828,000	56.55%
二、已流通股份				
1、人民币普通股	43,672,000		43,672,000	43.45%
已流通股份合计	43,672,000		43,672,000	43.45%
三、股份总数	100,500,000		100,500,000	100%

2、报告期内股东情况介绍

(1)截止 2000 年 12 月 31 日,公司在深圳证券中央登记结算公司登记的股东共有 2322 户,持股 100,500,000 股。

(2)公司主要股东持股情况(前十名股东)

股东名称	持股数(股)	占总股本数(%)
深圳市东欧投资发展有限公司	13,650,000	13.58
潮州市旅游总公司	10,600,000	10.55
广东发展银行潮州分行	4,550,000	4.53
中国银行广州信托咨询公司	4,550,000	4.53
深圳市金瑞丰实业发展有限公司	4,550,000	4.53
深圳市华建信实业发展有限公司	3,640,000	3.62
潮州市兴安实业总公司	3,357,900	3.34
中国华能财务公司	2,730,000	2.72
深圳市金属材料公司	2,730,000	2.72
潮州市开发区伟田房产开发有限公司	1,820,000	1.81

威达医用科技股份有限公司

一、公司简介

1、公司法定名称:威达医用科技股份有限公司
英文名称:Weida Medical Applied Technology Co., LTD.
英文缩写:WEIDA
2、公司法定代表人:王志海
3、董事会秘书:陈洪东
办公及联系地址:广东省揭西县城霖都大道 221 号
联系电话:(0663)5583675 传 真:(0663)5582865
电子信箱:chenhong@pub.jieyang.net.cn
4、公司注册地:深圳市罗湖区罗芳南路 38 号 邮政编码:518002
公司办公地址:广东省揭西县城霖都大道 221 号
邮政编码:515400
国际互联网网址:http//www.weida.com
5、公司选定的信息披露报纸:中国证券报 证券时报
年报指定登载网址:http//www.csrc.gov.cn/CSRCSite/www.cninfo.com.cn
公司年度报告备置地:董事会秘书办公室
6、公司股票上市地:深圳证券交易所
股票简称:威达医械 股票代码:0603

二、主要会计数据和业务数据摘要

1、主要会计数据 单位:人民币 元

利润总额	-586,693.02
净利润	2,130,734.47
扣除非经营性损益后的净利润	2,130,734.47
主营业务利润	7,240,903.11
其他业务利润	0
营业利润	-2,462,384.76
投资收益	0
补贴收入	0
营业外收支净额	1,875,691.74
经营活动产生的现金流量净额	1,526,097.92
现金及现金等价物净增加额	1,148,983.37

2、公司近三年主要财务指标

	2000 年	1999 年	1998 年
主营业务收入(元)	35,863,338.82	33,441,029.02	20,996,817.14
净利润(元)	2,130,734.47	1,199,804.45	-96,819,704.03
总资产(元)	259,167,567.60	266,154,310.40	275,485,768.81
股东权益(元)	129,068,559.44	129,111,234.20	132,584,746.62
每股收益(元/股)	0.019	0.011	-0.866
加权平均每股收益(元/股)	0.019	0.011	-0.866
扣除非经营性损益后的每股收益	0.019	0.011	
每股净资产(元/股)	1.154	1.15	1.185
调整后的每股净资产(元/股)	1.024	1.02	1.173
每股经营活动产生的现金流量净额(元/股)	0.014	0.006	
净资产收益率(%)	1.65	0.93	-73.02
加权平均净资产收益率(%)	1.65	0.93	-53.33

3、2000 年度合并利润表附表

项目	净资产收益率(%) 全面摊薄	加权平均	每股收益(元) 全面摊薄	加权平均
主营业务利润	5.61	5.61	0.065	0.065
营业利润	-1.91	-1.91	-0.022	-0.022
净利润	1.65	1.65	0.019	0.019
扣除非经常性损益后净利润	0.20	0.20	0.002	0.002

三、股本变动及股东情况

1、股本变动情况

(1)、股份变动情况表 单位:万股

	期初数	本次变动增减(+,-) 配股	送股	公积金转股	其他	小计	期末数
一、未上市流通股份							
1. 发起人股份	7,303.6						7,303.6
其中:国家持有股份	5,700						5,700
境内法人持有股份	1,603.6						1,603.6
2. 募集法人股	1,032.65						1,032.65
未上市流通股份合计	8,336.25						8,336.25
二、已上市流通股份							
已上市流通股份合计	2,850						2,850
三、股份总数	11,186.25						11,186.25

报告期内股份无变动。

(2)、截止到报告期末三年来无发行新股及衍生证券。

2、股东情况介绍

(1)、截止到 2000 年 12 月 29 日,本公司股东总数为 16083 户。

(2)、前十名股东情况:

名称	年末持股数(万股)	占总股本(%)
广东威达医疗器械集团公司	5,700.00	50.96
揭西县财通发展公司	1,223.60	10.94
汕头变压器厂	1,032.65	9.23
中国新技术创业投资公司	380.00	3.40
胡燕	20.97	0.19
梅末香	20.00	0.18
泰和证券投资基金	16.6426	0.15
骆克	14.12	0.13
汪伟雄	13.9	0.12
林成苑	13.0513	0.11

中联建设装备股份有限公司

一、公司简介

1、公司法定中文名称:中联建设装备股份有限公司
公司法定英文名称:CHINA UNITED CONSTRUCTION EQUIPMENT CO.,LTD.
公司英文名称缩写:CUCEC
2、公司法定代表人: 张合斌
3、公司董事会秘书: 李金柱
联系地址:北京市西城区阜外大街3号东润时代大厦七层
联系电话:(010)68001660　　传　真:(010)68001816
4、公司注册地址:北京市西城区西直门内桦皮厂3号
公司办公地址:北京市西城区阜外大街3号东润时代大厦七层
邮政编码:100037　　电子信箱:wtl@yeah.net
5、公司选定的信息披露报纸:《中国证券报》、《证券时报》
登载公司年度报告的国际互联网网址:http://www.cninfo.com.cn
公司年度报告备置地点:公司董事会秘书处
6、公司股票上市交易所:深圳证券交易所
股票简称:中联建设　　股票代码:0605

二、会计数据与业务数据摘要

(一)本年度主要会计数据(单位:人民币元)

利润总额	1,111,476.43
净利润	1,111,476.43
扣除非经常性损益后的净利润	-3,746,669.44
主营业务利润	10,990,173.80
其他业务利润	148,407.22
营业利润	-4,011,442.03
投资收益	517,150.01
补贴收入	
营业外收支净额	4,605,768.45
经营活动产生的现金流量净额	4,124,041.01
现金及现金等价物净增加额	-84,771.07

注:扣除非经常性损益项目及金额

项　目	金额(单位:元)
股权投资差额本期摊销	252,377.42
营业外收支净额	4,605,768.45

(二)截至报告期末本公司近三年的主要会计数据和财务指标

指标年份	2000年	1999年	1998年	
			调整后	调整前
主营业务收入(千元)	54,084	54,353	60,007	68,702
净利润(千元)	1,111	-17,178	1,751	4,153
总资产(千元)	300,939	281,725	264,508	334,360
股东权益(千元)	102,038	100,927	119,817	132,197
每股收益(元)	0.013	-0.208	0.021	0.05
每股净资产(元)	1.237	1.223	1.452	1.60
调整后每股净资产	1.049	1.078	1.33	1.46
每股经营活动产生的现金流量净额	0.04999	-0.007	-0.323	-
净资产收益率	1.09%	-17.02%	1.41%	3.14%

注:(1)、1998、1999年年财务指标按有关财务制度进行了追溯调整。

(三)利润表附表

报告期利润	净资产收益率		每股收益	
	全面摊薄	加权平均	全面摊薄	加权平均
主营业务利润	10.77%	10.83%	0.13	0.13
营业利润	-3.93%	-3.95%	-0.05	-0.05
净利润	1.09%	1.10%	0.01	0.01
扣除非经常性损益后的净利润	-3.67%	-3.69%	-0.05	-0.05

(四)业务数据摘要

序号	主要产品	2000年产量(台/吨)	1999年产量(台/吨)
1	电动双梁桥式起重机	103/3089	112/3339
2	电动单梁桥式起重机	134/488	181/596
3	手动梁式起重机	0	8/16
4	龙门式起重机	20/1015	20/1103
5	其它起重设备	10/360	6/247
6	工矿车辆及配件	145t	14/260

(五)报告期内股东权益变动情况

项目	股本	资本公积	盈余公积	法定公益金	未分配利润	股东权益合计
期初数	82,500,000	37132,503.99	3,210,403.28	895,915.82	-21,916,140.44	100,926,766.83
本期增加	0	0	0	0	1,111,476.43	1,111,476.43
本期减少						
期末数	82,500,000	37132503.99	3,210,403.28	895,915.82	-20,804,664.01	102,038,243.26

变动原因:1、未分配利润增加1,111,476.43元系本年度实现的净利润。
2、股东权益增加1,111,476.43元系本年度实现的净利润所致。

三、股东情况介绍

(一)本报告期末公司共有股东7784个。
(二)公司前10名股东情况(截止2000年12月31日)

名　　称	持股数量(股)	持股种类	持股比例
1四环生物医药投资有限公司	56,100,000	法人股	68%
2.中联实业股份有限公司	4,125,000	法人股	5%
3.北京中恒企业发展公司	825,000	发起人法人股	1%
4.中国对外建设总公司	330,000	发起人法人股	0.4%
5.中国建筑材料工业建设总公司	330,000	发起人法人股	0.4%
6.华夏世纪创业投资有限公司	223,340	流通股	0.27%
7.中国建设机械总公司	165,000	发起人法人股	0.2%
8.覃辉	137,511	流通股	0.17%
9.吴玉锟	135,283	流通股	0.16%
10.杨启明	121,000	流通股	0.146%

青海明胶股份有限公司

一、公司简介

1、公司中文名称:青海明胶股份有限公司
公司英文名称:Qinghai Gelatin Company Limited
公司名称缩写:青海明胶
2、公司法定代表人:星晓明
3、公司董事会秘书:张海仓
联系地址:青海省西宁市付东路13号
电话:0971-8013495
传真:0971-8012106
4、公司注册地址:青海省西宁市付东路13号
公司办公地址:青海省西宁市付东路13号
邮政编码:810015
互联网网址:http://www.qhmj0606.com
电子信箱:qhmj@public.xn.qh.cn
5、公司选定的报纸名称:《中国证券报》、《证券时报》
刊载公司年度报告的中国证监会指定国际互联网网址:http: //www. cninfo .com.cn
公司年度报告备置地点:公司董事会秘书处
6、公司股票上市交易所:深圳证券交易所
股票简称:青海明胶　　股票代码:0606

二、会计数据和业务数据摘要

1、本年度主要利润指标情况:(单位:人民币元)

利润总额:	21,708,271.81
净利润:	17,995,120.98
扣除非经常性损益后的净利润:	17,995,120.98
主营业务利润:	34,641,241.97
其他业务利润:	4,934.47
营业利润:	10,351,582.82
投资收益:	5,720,614.28
补贴收入:	5,843,260.23
营业外收支净额:	-207,185.52
经营活动产生的现金流量净额:	-19,075,681.60
现金及现金等价物净增加额:	20,414,024.38

2、截止报告期末公司前三年主要会计数据和财务指标:(单位:人民币元)

项目	2000年	1999年	1998年	
		调整后	调整前	调整后
主营业务收入	87,221,922.56	78,326,716.58	65,521,284.17	66,800,608.41
净利润	17,995,120.98	20,434,300.45	18,117,332.21	17,965,624.04
总资产	356,184,380.83	277,568,175.76	251,235,156.69	250,759,420.60
股东权益	266,065,367.25	171,916,048.62	173,381,484.26	172,905,748.17
每股收益	0.24	0.31	0.27	0.268
每股收益(加权)	0.26	0.31	0.287	0.285
扣除非经营损益后的每股收益	—	—	0.235	0.233
每股净资产	3.51	2.57	2.59	2.58
调整后每股净	3.39	2.52	2.56	2.55
每股经营活动产生的现金流量净额	-0.25	0.47	-0.14	-0.14
净资产收益率	6.76%	11.89%	10.45%	10.39%

2000年本公司未发生非经常性损益。

三、股本变动及股东情况

1、股本变动情况
(1)股份变动情况(单位:股)

	本次变动前	本次变动增减(+,—) 配股 送股 公积金 转股 增发 其他 小计	本次变动后
一、未上市流通股份			
1.发起人股份	30,150,000	+1,521,000	31,671,000
其中:国家持有股份			
境内法人持有股份	30,150,000	+1,521,000	31,671,000
2.募集法人股份	12,200,000	—	12,200,000
4、优先股或其他			
其中:法人股转配股	5,100,000	+1,530,000	6,630,000
高级管理人员持股	2,720	+816	3,536
未上市流通股份合计	47,450,000	+3,051,000	50,501,000
二、已上市流通股份			
1、人民币普通股	19,500,000	+5,850,000	25,350,000
其中:高级管理人员持股	15,300	+4,590	19,890
已上市流通股份合计	19,500,000	+5,850,000	25,350,000
三、股份总数	66,950,000	+8,901,000	75,851,000

2、股东情况介绍
(1)截止本报告期末,公司共有股东10,003户。
(2)前十名股东持股情况

股东名称	期内股份增减(+,-)	期末持股数(股)	占总股本比例
1、青海金牛胶业集团有限公司	+1,521,000	26,871,000	35.43%
2、陕西麦达矿产化工有限公司	0	12,200,000	16.08%
3、上海星恒实业有限公司	+1,157,248	5,014,742	6.61%
4、西宁市自来水公司	0	4,000,000	5.27%
5、山东诚信实业有限公司	300,000	1,300,000	1.71%
6、蒋丽君		325,023	0.43%
7、陈建中		309,810	0.41%
8、青海省化工进出口公司		300,000	0.40%
9、江门市蓬江区恒业化工商行		300,000	0.40%
10、徐云琴		289,757	0.38%

持有本公司5%股份以上的法人股股东为青海金牛胶业集团有限公司、陕西麦达矿产化工有限公司、上海星恒实业有限公司、西宁市自来水公司,本报告期内该四名股东所持股份无质押、冻结等情况。

重庆华立控股股份有限公司

(一)公司简介

1、公司法定中文名称:重庆华立控股股份有限公司
公司法定英文名称:CHONGQING HOLLEY SHARE CO. LTD.
缩写:HOLLEY SHAREHOLDING
2、公司法定代表人:汪力成先生
3、公司董事会秘书:袁子力先生
联系地址:重庆市江北区建新北路76号光宇大厦12楼
联系电话:023-67758090　传真:023-67755788
电子信箱:yanzili@public.cta.cq.cn
董事会秘书授权代表:熊　波先生
联系地址:重庆市江北区建新北路76号光宇大厦12楼
联系电话:023-67752652　传真:023-67755788
电子信箱:bobx@126.com
4、公司注册地址:重庆市北碚区龙凤桥258号　邮政编码:400700
公司办公地址:重庆市江北区建新北路76号　邮政编码:400020
公司国际互联网网址:www.cqhlkg.com
公司电子信箱:cqhlkg@public.cta.cq.cn
5、公司选定的信息披露报纸名称:《中国证券报》、《证券时报》
登载公司年度报告的中国证监会指定国际互联网网址:www.cninfo.com.cn
公司年度报告备置地点:公司证券管理部
6、公司股票上市交易所:深圳证券交易所
股票简称:华立控股　股票代码:0607

(二)会计数据和业务数据摘要

1、本年度主要利润指标情况(单位:人民币元)

利润总额	135,435,001.96
净利润	58,791,195.26
扣除非经常性损益后的净利润	53,684,685.82
主营业务利润	214,826,193.61
其他业务利润	9,292,227.02
营业利润	132,991,420.58
投资收益	-2,662,928.06
补贴收入	7,028,975.83
营业外收支净额	-1,922,466.39
经营活动产生的现金流量净额	136,931,714.00
现金及现金等价物净增加额	39,801,788.53

注:扣除的非经常性损益项目和涉及金额

(1) 收入类	
1、补贴收入	7,028,975.83
2、其他收入	736,782.92
(2) 支出类	
1、处理固定资产净损失	2,602,567.25
2、各种罚款支出	23,934.51
3、其他支出	32,747.55
(3) 非经常性损益合计	5,106,509.44

2、截至报告期末,公司前三年的主要会计数据和财务指标(单位:元)

项目	2000年	1999年	1998年调整后	1998年调整前
主营业务收入	1,112,497,578.60	595,321,194.61	263,849,183.96	263,849,183.96
净利润	58,791,195.26	15,258,318.14	-51,567,138.25	-4,910,714.98
总资产	978,774,412.13	831,044,870.39	814,887,562.41	857,507,856.65
股东权益	259,231,177.16	198,990,671.34	300,264,420.70	346,920,843.97
每股收益	0.3848	0.0999	-0.3375	-0.032
扣除非经常性损益后的每股收益	0.3514	0.1023		
每股净资产	1.70	1.30	1.97	2.27
调整后每股净资产	1.65	1.23	1.79	2.07
每股经营活动产生的现金流量净额	0.896	-0.1292	0.045	0.045
净资产收益率(%)	22.68	7.668	-17.17	-1.42

(三)股东情况介绍

1、报告期末股东总数5163户。
2、报告期末公司主要股东持股情况

股东	持股数量(股)	占总股本比例(%)
华立集团有限公司	44,380,000	29.05
中国四联仪器仪表集团有限公司	26,460,000	17.32
重庆川仪总厂有限公司	4,232,161	2.77
深圳市闽旗实业股份有限公司	3,668,593	2.40
蒋华	1,100,000	0.72
重庆国际信托投资公司	1,054,839	0.69
重庆市银桥贸易服务公司	500,000	0.33
重庆市市中区威明现代办公用品部	435,250	0.28
重庆市市中区西来寺汽车客运队	405,000	0.27
重庆市中区知识书店	400,000	0.26

注:1、报告期内公司第一大股东华立集团有限公司增持了60000股公司法人股,持股数增加到4438万股,占总股本的29.05%。

2、华立集团有限公司所持有的公司股份无质押和冻结。

3、中国四联仪器仪表集团有限公司是公司国有法人股股东,其所持有的公司股份无质押和冻结。

4、公司前十名股东之间,除第三大股东重庆川仪总厂有限公司是第二大股东中国四联仪器仪表集团有限公司的全资子公司以外,其余股东之间不存在关联关系。

3、持有公司10%(含10%)以上股份的法人股东情况:

1、华立集团有限公司,法定代表人汪力成先生,经营范围为电工仪表、电子材料、房地产开发、精细化工、进出口以及网络信息技术等。

2、中国四联仪器仪表集团有限公司,法定代表人孔维梁先生,经营范围为自动化控制仪表及成套设备的生产和销售。

广西阳光股份有限公司

第一章、公司简介

1、公司法定中文名称:广西阳光股份有限公司
英文名称:SUPER SHINE CO.,LTD.
2、公司法定代表人:唐　军
3、公司董事会秘书:肖　虎
授权代表:王　新
联系地址:北京市西城区车公庄大街乙1号富通大厦2018室(100044)
联系电话:(010)68342951
传　真:(010)68343211
电子信箱:YGDSH@263.net
4、公司注册地址:广西壮族自治区南宁市园湖南路32号
邮政编码:530022
公司北京办公地址:北京市西城区车公庄大街乙1号富通大厦2018室
邮政编码:100044
公司电子信箱:YGDSH@263.net
5、公司信息披露报纸名称:《证券时报》、《中国证券报》
登载年度报告的互联网网址:WWW.CNINFO.COM.CN
公司年度报告备置地点:公司董事会办公室
6、公司股票上市交易所:深圳证券交易所
股票简称:阳光股份
股票代码:0608

第二章、会计数据和业务数据摘要

(一)、公司本年度会计数据(单位:人民币元)

公司本年度实现利润总额	151,944,786.16
净利润	83,772,701.04
扣除非经常性损益后的净利润	81,397,940.50
主营业务利润	169,479,208.53
其他业务利润	184,568.25
营业利润	140,602,851.73
投资收益	2,105,875.20
补贴收入	8,967,173.89
营业外收支净额	268,885.34
经营活动产生的现金流量净额	-28,142,105.80
现金及现金等价物净增加额	-59,986,046.36

(二)、主要会计数据和财务指标

项　目	2000年度	1999年度	1998年度 调整前	1998年度 调整后
主营业务收入(元)	681,734,654.09	186,748,043.00	172,337,429.63	172,337,429.63
净利润(元)	83,772,701.04	49,998,680.55	33,625,834.65	33,419,712.66
总资产(元)	1,190,580,872.18	843,266,771.86	265,452,813.09	265,199,388.29
股东权益(元)	462,586,447.80	389,243,756.76	208,117,729.76	207,876,508.21
每股收益(元/股)	0.402	0.407	0.309	0.307
以按月平均加权法计算的每股收益(元/股)	0.466	0.454	0.309	0.307
扣除非经常性损益后的每股收益(元/股)	0.390	0.40	0.251	0.249
每股净资产(元/股)	2.218	3.17	1.910	1.907
调整后的每股净资产(元/股)	2.213	3.17	1.909	1.906
每股经营活动产生的现金流量净额	-0.135	0.11	-0.15	-0.15
净资产收益率(%)	18.11	12.85	16.16	16.08

报告期利润	净资产收益率		每股收益	
	全面摊薄	加权平均	全面摊薄	加权平均
主营业务利润	36.64%	39.31%	0.81	0.81
营业利润	30.39%	32.61%	0.67	0.67
净利润	18.11%	19.43%	0.40	0.40
扣除非经常性损益后的净利润	17.60%	18.88%	0.39	0.39

注:扣除非经常性损益的项目为:投资收益2,105,875.20元,营业外收支净额268,885.34元。

第三章、股本变动及股东情况

(一)、截至2000年12月31日,本公司共有股东27412名,其中高管股股东2名。
(二)、本公司前十名股东持股情况

名　称	报告期初持股情况(股)	报告期内股份增加(股)	报告期末持股情况(股)	占总股份比例(%)
北京首创阳光房地产有限责任公司	0	55285020	55285020	26.50%
北流市国有资产管理局	13730000	9611000	23341000	11.19%
北京中环广场置业有限公司	0	10000000	10000000	4.79%
北京北大先锋科技有限公司	0	8972000	8972000	4.30%
广西信托投资公司	2470000	1729000	4199000	2.01%
中国信息信托投资公司	1800000	1260000	3060000	1.47%
北流市供电公司	981000	686700	1667700	0.79%
北流市工贸实业公司	732600	512820	1245420	0.59%
玉林市国企工业总公司	502200	351540	853740	0.41%
武伟	0	800000	800000	0.38%

本公司前十名股东中,武伟为流通股股东,其余为未流通股股东;前十名股东共持有股份10942.388万股,其中流通股份为80万股,尚未流通股份10862.388万股。

本公司前十名股东中,代表国家持有股份的单位为:北京首创阳光房地产有限责任公司、北流市国有资产管理局、广西信托投资公司。

上述股东所持本公司股票无质押或冻结情况。

北京燕化高新技术股份有限公司

(一)公司简介

一、公司中文名称:
北京燕化高新技术股份有限公司
公司英文名称:
Beijing Yanhua Up-Dated Hi-Tech. Co., Ltd.
公司简称:燕化高新
二、公司法定代表人:杜国盛
三、信息披露负责人:沈文辉
联系地址:北京房山区燕山迎风二里八号
邮编:102500
电话:(010)69347433　　传真:(010)69345895
四、公司注册地址:北京市丰台区科学城海鹰路5号
邮编:100073
公司办公地址:北京市房山区燕山迎风二里八号
邮编:102500　　电子信箱:yhgxbgs@yspc.com
五、公司选定的信息披露报纸名称:《中国证券报》、《证券时报》、《上海证券报》
登载公司年度报告的国际互联网网址:http://www. cninfo. com. cn
公司年度报告备置地点:公司办公室
公司股票上市交易所:深圳证券交易所
公司股票简称:燕化高新　　公司股票代码:0609

(二)会计数据和业务数据摘要

一、本年度主要会计数据和业务数据	(单位:元)
利润总额:	41,880,044.65
净利润:	36,170,189.41
扣除非经常性损益后的净利润:	33,781,458.43
主营业务利润:	56,886,236.73
营业利润:	35,421,243.23
投资收益:	4,070,070.44
补贴收入:	0.00
营业外收支净额:	2,388,730.98
经营活动产生的现金流量净额:	40,050,764.52
现金及现金等价物净增加额:	-9,807,266.38

注:扣除非经常性损益后的净利润是指从净利润中扣除公司报告期内正常经营收益之外的、一次性或偶然性损益。非经常性损益的构成为营业外净收入 2, 388 ,730.98 元。

二、前三年主要会计数据和财务指标(单位:元)

项目	2000年	1999年	1998年调整前	1998年调整后
主营业务收入	186,705,080.30	178,691,693.06	155,359,095.56	155,359,095.56
净利润	36,170,189.41	37,088,041.39	41,738,554.76	38,963,352.38
总资产	470,768,268.01	438,248,105.93	444,510,945.38	438,734,063.02
股东权益	412,644,316.13	395,915,139.07	364,603,980.04	358,827,097.68
每股收益(摊薄)	0.279	0.286	0.322	0.30
每股收益(按月平均加权法)	0.279	0.286	0.365	0.341
扣除非经常性损益后的每股收益	0.261	0.288	0.322	0.30
每股净资产	3.18	3.05	2.81	2.77
调整后的每股净资产	3.09	3.05	2.81	2.76
每股经营活动产生的现金净流量	0.31	0.58	-0.13	-0.13
净资产收益率%(全面摊薄)	8.77	9.37	11.45	10.86
净资产收益率%(加权平均)	8.74	9.83	15.96	14.98
扣除非经常性损益后的加权净资产收益率%	8.16	9.88	15.96	14.98

三、利润表附表

	净资产收益率(%)		每股收益(元)	
报告期利润	全面摊薄	加权平均	全面摊薄	加权平均
主营业务利润	13.79	13.74	0.44	0.44
营业利润	8.58	8.56	0.27	0.27
净利润	8.77	8.74	0.28	0.28
扣除非经常性损益后的净利润	8.19	8.16	0.26	0.26

(三)股本变动及股东情况

一、股本变动情况
1.报告期末股东总数34287户。
2.前十名股东持股情况

股东名称	期末持股数(股)	期内增减(股)	持股比例(%)
1、中国石化集团北京燕山石油化工有限公司	51850500	--	40.01
2、北京燕化联营开发总公司	10530000	--	8.12
3、中国石化集团北京化工研究院	5850000	--	4.51
4、中石化科技开发公司	3900000	--	3.01
5、燕化公司大修厂	2145000	--	1.66
6、北京燕化石油化工设计院	1950000	--	1.50
7、北京燕化兴业技术开发公司	1950000	--	1.50
8、北京市北化研化工新技术公司	1316250	--	1.02
9、同益证券投资基金	1021976	--	1.00
10、北京燕山爆破工程公司	975000	--	0.75

注:1、持有5%以上股份的股东所持股份无质押和冻结情况。
2、第一至第八名、第十名股东为法人股股东。
3、上述第二、五、六、七、十名股东是第一大股东的全资子公司。
4、持股10%以上法人股股东情况:

北京燕山石油化工有限公司持有燕化高新法人股51850500股,占公司总股本的40.01%。公司法定代表人是杜国盛先生,其经营范围是主营石油化工产品及炼油,兼营建筑安装、设备仪表制造。

西安旅游(集团)股份有限公司

一、公司简介

1、中文名称:西安旅游(集团)股份有限公司
英文名称:XI′AN TOURISM (GROUP)CO., LTD
2、法定代表人:马中秋
3、董事会秘书:刘建利　　联系地址:西安市环城南路16号
联系电话:(029)7858883　　联系传真:(029)7854296
4、公司注册地址:西安市环城南路16号 邮政编码:710054
公司办公地址:西安市环城南路16号 邮政编码:710054
国际互联网网址:http://www.xiantourism.com(正在建设中)
公司电子信箱:tourism@pub.xaonline.com
5、指定信息披露报刊:《中国证券报》、《证券时报》
登载公司年度报告国际互联网网址:http://www.cninfo.com.cn
公司年度报告备置地点:公司资本运营部、深圳证券交易所
6、公司股票上市交易所:深圳证券交易所
股票简称:西安旅游　　股票代码:0610

二、会计数据和业务数据摘要

1、报告期主要会计数据和业务数据

利润总额	19,530,071.55 元
净利润	16,600,560.82 元
扣除非经营性损益后的净利润	16,965,734.90 元
主营业务利润	78,554,215.37 元
其它业务利润	0.00 元
营业利润	19,895,245.63 元
投资收益	0.00 元
补贴收入	0.00 元
营业外收支净额	-365,174.08 元
经营活动产生的现金流量净额	29,714,452.93 元
现金及现金等价物净增加额	92,555,886.08 元

注:非经营性损益扣除项目有营业外收支净额-365,174.08元。

2、主要会计数据和财务指标

指标项目	单位	2000年度	1999年度	1998年度	
				调整后	调整前
主营业务收入	元	109,578,858.70	80,649,174.88	84,361,011.81	84,361,011.81
净利润	元	16,600,560.82	15,565,682.64	22,212,299.20	23,828,470.90
总资产	元	440,969,019.93	345,784,951.53	307,785,718.47	312,254,504.19
股东权益	元	359,141,661.81	237,033,632.99	221,467,950.35	225,936,736.07
每股收益(全面摊薄)	元	0.10	0.10	0.15	0.16
每股收益(加权平均)	元	0.10	0.10	0.15	0.16
扣除非经营性损益后的每股收益(摊薄)	元	0.10	0.10	0.15	0.16
净资产收益率(全面摊薄)	%	4.62	6.57	10.03	10.55
净资产收益率(加权平均)	%	4.96	6.79	10.56	11.13
扣除非经营性损益后的净资产收益率(摊薄)	%	4.72	6.57	9.17	9.70
每股净资产	元	2.14	1.58	1.48	1.51
调整后每股净资产	元	1.89	1.52	1.42	1.45
每股经营活动产生的现金流量净额	元	0.18	0.25	0.06	0.06

项　目	净资产收益率		每股收益	
	全面摊薄	加权平均	全面摊薄	加权平均
报告期利润	5.44	5.84	0.12	0.12
主营业务利润	21.87	23.48	0.47	0.48
营业利润	5.54	5.95	0.12	0.12
净利润	4.62	4.96	0.10	0.10
扣除非经常性损益后的净利润	4.72	5.07	0.10	0.10

三、股本变动及股东情况

1、股本变动情况　　数量单位:万股

	期初数	本期变动增减(+,-)					期末数
		配股	送股	公积金转股	其他	小计	
一、尚未流通股份							
1、发起人股份							
其中:国家拥有股份	5831	524.79				524.79	6355.79
2、募集法人股	5100						5100
尚未流通股份合计	10931	524.79				524.79	11455.79
二、已流通股份							
1、境内上市的人民币普通股	4080	1224				1224	5304
已流通股份合计	4080	1224				1224	5304
三、股份总数	15011	1748.79				1748.79	16759.79

2、股东情况介绍
1 报告期末公司股东总数26,201名。
2 持有公司股份前10名股东的持股情况(截止2000年12月31日)　　单位:股

股东名称	期初持股数	期末持股数	变动原因	占股本总数%
1、西安旅游集团有限责任公司	58,310,000	63,557,900	配股增加	37.92
2、江苏省铁路实业有限公司	/	30,000,000	协议转让	17.90
3、西安江洋商贸公司	14,059,000	12,217,741	协议转让	7.29
4、陕西开源证券公司	1,190,000	1,190,000	——	0.71
5、西安钟青商店	779,790	779,790	——	0.47
6、陕西高校木器厂	510,000	510,000	——	0.30
7、西安莲湖通用电线电缆供应站	340,000	340,000	——	0.20
8、孙茂春	/	329,000	二级市场购买	0.20
9、南京万荣实业有限公司	/	312,059	二级市场购买	0.19
10、张勇	/	300,065	二级市场购买	0.18

注:1)西安旅游集团有限责任公司代表国家持有公司股份。(无质押)

内蒙古民族实业集团股份有限公司

(一) 公司简介

1.公司法定中文名称:内蒙古民族实业集团股份有限公司
(简称:民族集团)
公司法定英文名称及缩写:Inner Mongolia Minzu I&C Group Stockes CO. ,LTD.
2.公司法定代表人:云文广
3.公司董事会秘书:纳森巴雅尔
联系地址:呼和浩特市中山西路69号
联系电话:(0471)6968822 转 2313
传　　真:(0471)6962236
电子信箱:mzgroup@public.hh.nm.cn
4.公司注册地址:内蒙古呼和浩特市中山西路69号
公司办公地址:云中大酒店五楼
邮政编码:010020
公司电子信箱: mzgroup@public.hh.nm.cn
5.公司选定的信息披露报纸:《中国证券报》、《证券时报》
中国证监会指定国际互联网网址:http://www.cninfo.com.cn
公司年度报告备置地点:公司董事会秘书办公室
6.公司股票上市交易所:深圳证券交易所
股票简称:民族集团
股票代码: 0611

(二)会计数据和业务数据摘要

1.本年度会计数据摘要:

利润总额:	-2,110,579.96
净利润:	836,847.44
扣除非经营性损益后的净利润:	607,554.92
主营业务利润:	57,352,941.82
其他业务利润:	1,600,189.73
营业利润:	-4,555,076.98
投资收益:	51,001.50
补贴收入:	-
营业外收支净额:	2,393,495.52
经营活动产生的现金流量净额:	-6,559,974.73
现金及现金等价物净增加额:	-11,406,369.77

注:扣除非经营性损益项目包括:收入部分:(1)无法支付的款项 902,353.31 元;罚款收入 15,763 元;支出部分:(1)滞纳金 31,061.25 元;(2)罚款支出 20,000 元;(3)伤残职工药费 444,547.13 元;(4)处置固定资产损失 193,215.41 元。

2.报告期末公司前三年的主要会计数据和财务指标

项目	2000 年	1999 年调整后	1999 年	1998 年调整后	1998 年
主营业务收入	225,208,187.08	222,293,529.88	222,293,529.88	239,815,328.00	239,815,328.00
净利润	836,847.44	-6,998,700.77	501,299.23	9,165,996.11	15,905.230.17
总资产	607,418,765.30	591,523,762.28	605,023,762.28	538,431,061.18	562,017,761.57
股东权益	298,489,827.71	297,652,980.27	311,152,980.27	224,600,411.49	247,076,853.69
每股收益	0.0048	-0.04	0.0029	0.06	0.103
每股净资产	1.705	1.7	1.78	1.46	1.603
调整后的每股净资产	1.63	1.64	1.72	1.41	1.52
每股经营活动产生的现金流量净额	-0.037	-0.21	-0.21	0.13	0.13

报告期利润

2000 年

	净资产收益率%		每股收益		净资产收益率%	
	全面摊薄	加权平均	全面摊薄	加权平均	全面摊薄	加权平均
主营业务利润	19.2	19.2	0.328	0.328	18.8	23
营业利润	-1.5	-1.5	-0.026	-0.026	-0.3	-0.36
净利润	0.28	0.28	0.0048	0.0048	-2.35	-2.9
扣除非经营性损	0.2	0.2	0.0035	0.0035	0.23	0.28

3.本年度股东权益变动情况

项目	股本	资本公积	盈余公积	法定公益金	未分配利润	股东权益合计
期初数	175040565.00	113147132.48	5331296.33	4,133,986.46	0.00	297,652,980.27
本期增加			83,684.75	41,842.37	711,320.32	836,847.44
本期减少						
期末数	175,040565.00	113147132.48	5414981.08	4,175,828.83	711,320.32	298,489,827.71

变动原因:

a. 盈余公积、法定公益金、未分配利润年初数变动是由于采取追溯法进行会计调整,计提固定资产减值准备,按比例调整盈余公积、法定公益金,调整以前年度利润所致。

b.盈余公积和法定公益金增加是本年实现净利润按比例提取所致。

(三)股本变动及股东情况

1.报告期末股东总数:26,325 户。

2.前10名股东持股情况(截至到2000年12月31日)

股东名称	持股数量(股)	持股比例(%)
内蒙古鑫源控股有限责任公司	82,755,131	47.28
内蒙古阿拉善吉兰泰盐场	4,320,000	2.47
北京东安集团公司	2,160,000	1.23
呼市卷烟厂	2,160,000	1.23
深圳市进烨贸易发展有限公司	2,160,000	1.23
呼市租赁公司	1,944,000	1.11
光大证券有限责任公司	1,752,531	1.00
光大证券有限责任公司	862,000	0.49
庄楚雄	541,015	0.31
北京市西单商场股份有限公司	432,000	0.25

注:上述股东之间不存在关联关系。持股5%以上的法人股东所持股份未发生质押、冻结等情况。

3.内蒙古鑫源控股有限责任公司代表国家持有本公司47.28%的股份。该股东单位的法定代表人:云文广,经营范围:股权投资、产权经营管理、资产受托管理、资本运营管理等。

焦作万方铝业股份有限公司

(一)公司简介

1、公司法定中文名称:焦作万方铝业股份有限公司
公司法定英文名称:JiaoZuo WanFang Aluminum Manufacturing Co. Ltd.
2、公司法定代表人:金保庆
3、公司董事会秘书:贾东焰
联系地址:河南省焦作市塔南路160号
联系电话:0391-3903793　　　传真:3903796
电子信箱:dongyanjia@163.net
授权代表:申国林　　　电话:3903796
4、公司注册地址:河南省焦作市塔南路160号
邮编:454003
公司办公地址:河南省焦作市塔南路160号
5、选定信息披露报纸:《证券时报》、《中国证券报》
年度报告登载的国际互联网网址:http://www.cninfo.com.cn
年度报告备置地点:河南省焦作市塔南路160号公司证券科
6、股票上市交易所:深圳证券交易所
股票简称:焦作万方　　　股票代码:0612

(二)会计数据和业务数据摘要

1、本年度主要会计数据 (单位:人民币元)
利润总额:64,637,311.84
净利润:50,125,500.37
扣除非经常性损益后的净利润:45,080,388.52
主营业务利润:86,055,902.13
其他业务利润:4,217,138.45
营业利润:45,092,679.35
投资收益:14,499,520.64
补贴收入:0.00
营业外收支净额 5,045,111.85
经营活动产生的现金流量净额:-86,789,032.03
现金及现金等价物净增加额:121,932,421.36

注:非经常性损益是指公司正常经营损益之外的、一次性或偶发性损益。例如资产处置损益、临时性获得的补贴收入、新股申购冻结资金利息、合并价差摊入等。

本期涉及非经常性损益项目是营业外收支净额,涉及金额 5,045,111.85 元。

2、截止报告期末公司前三年主要会计数据和财务指标

项　　目	2000 年度	1999 年度	1998 年度
主营业务收入(元)	665,089,702.06	673,853,384.06	581,776,542.28
净利润(元)	50,125,500.37	85,128,476.52	5,661,876.10
总资产(元)	1,582,999,582.32	971,016,527.55	999,731,337.63
股东权益(元)	579,946,915.23	529,821,414.86	477,555,451.16
每股收益(元)<按净利润摊薄>	0.186	0.378	0.025
每股收益(元)<按净利润加权>	0.186	0.378	0.025
每股净资产(元)	2.151	2.358	2.125
调整后的每股净资产(元)	2.068	2.257	2.026
每股经营活动产生的现金流量净额(元)	-0.322	0.927	0.461
净资产收益率%<按净利润摊薄>	8.643	16.067	1.186
净资产收益率%<按净利润加权>	9.284	16.067	1.186
扣除非经营性损益后的每股收益<摊薄>	0.167	0.322	0.00016
扣除非经营性损益后的每股收益〈加权〉	0.167	0.322	0.00016

3、按照中国证监会《公开发行证券公司信息披露编报规则(第9号)》要求计算的本期净资产收益率和每股收益。

项　目	净资产收益率%		每股收益(元)	
	全面摊薄	加权平均	全面摊薄	加权平均
主营业务利润	14.839	15.939	0.319	0.319
营业利润	7.775	8.352	0.167	0.168
净利润	8.643	9.284	0.186	0.180
扣除非经常性损益后的净利润	7.773	8.350	0.167	0.180

(三)股本变动及股东情况

1、报告期末,持有本公司股份的股东总数为39266人。

2、前十名股东持股情况

股东名称	期初持股数	期末持股数	变动原因	占总股本比例
1 焦作市万方集团有限责任公司	129108310	157089972	受让及转增	58.26%
2 河南省外商投资企业物资供销公司	3600000	4320000	转增	1.60%
3 佛山市物资贸易中心	3600000	2160000	出让及转增	0.80%
4 孙雪萍		2015838	二级市场购入	0.75%
5 河南铝业公司	1260000	1512000	转增	0.56%
6 黄秀清		1334408	二级市场购入	0.49%
7 海南豫州冶金建材进出口公司	720000	864000	转增	0.32%
8 河南冶金建材实业有限公司	720000	864000	转增	0.32%
9 贾棣华		777585	二级市场购入	0.29%
10 彭定展		757796	二级市场购入	0.28%

注:1)前十名股东中,第一名股东是本公司的控股股东,和本公司存在关联关系。

2) 焦作市万方集团有限责任公司, 报告期内由于受让佛山市物资贸易中心法人股1800000股,使该公司持股数增加到130908310股,实施每10股转增2股方案, 增加股份26181662股,至报告期末持股总数为157089972股。 所持股份未发生质押或冻结情况。

3)前十名股东中,佛山市物资贸易中心于报告期内由于出让法人股1800000股,实施每10股转增2股方案后,至期末该公司持股数为2160000股。

3、持股10%以上的法人股东只有焦作市万方集团有限责任公司,法定代表人:金保庆,经营范围:铝冶炼及压延加工、铝制品。

4、报告期内控股股东未发生变更。

海南大东海旅游中心股份有限公司

一、公司简介

1、公司法定中文名称：海南大东海旅游中心股份有限公司
公司法定英文名称：Hainan Dadonghai Tourism Centre (Holdings) Co.,Ltd.
2、公司法定代表人：刘承进
3、公司董事会秘书：黎才杰
联 系 地 址：三亚市大东海
电话：0899-8213888 转 264　传真：0899-8212298
电子信箱：hnddht@21cn.com
4、公司注册地址：三亚市大东海
公司办公地址：三亚市大东海
邮 政 编 码：572021　公司电子信箱：hnddht@21cn.com
5、公司选定的信息披露报纸：《证券时报》、香港《大公报》
登载公司年度报告的中国证监会指定国际互联网网址：http://www.cninfo.com.cn
公司年度报告备置地点：公司证券部
6、公司股票上市交易所：深圳证券交易所
股票简称：ST 东海 A、ST 东海 B　股票代码：0613、2613

二、会计数据和业务数据摘要

1、本年度主要利润指标(金额单位：人民币元)

利润总额	-61,069,749.75
净利润	-61,069,749.75
扣除非经常性损益后的净利润	-28,802,365.22
主营业务利润	17,968,187.33
其他业务利润	23,902.18
营业利润	-28,802,365.22
投资收益	
补贴收入	
营业外收支净额	-32,267,384.53
经营活动产生的现金流量净额	-233,799.05
现金及现金等价物净增加额	-649,599.96

注：扣除的非经常性损益总额为 32,267,384.53 元，项目为营业外收支净额-32,267,384.53 元。
按国际会计准则调整对净利润的影响(金额单位：人民币千元)

项　目	净　利　润
按中国会计准则列报	-61,069,749.75
按国际会计准则作出调整：	
— 撤销预付费用	360,720.00
按国际会计准则计算	-60,709,029.75

2、公司前三年的主要会计数据和财务指标(单位：人民币元)

项目	2000 年	1999 年	1998 年
主营业务收入	22,127,280.18	24,071,680.62	29,283,803.60
净利润	-61,069,749.75	-54,532,051.78	-89,673,010.95
总资产	325,803,244.62	368,568,800.25	362,707,195.56
股东权益	103,968,958.79	165,038,708.54	219,570,760.32
每股收益	-0.17	-0.15	-0.25
加权每股收益	-0.17	-0.15	-0.25
每股净资产	0.29	0.45	0.60
调整后的每股净资产	0.29	0.45	0.60
每股经营活动产生的现金流量净额	-0.0004	-0.04	-0.24
净资产收益率(%)	-58.74	-33.04	-40.84
加权净资产收益率(%)	-41.87	-28.36	-33.91
扣除非经常损益后的加权净资产收益率(%)	-19.75	-12.58	-9.74

3.利润表附表

报告期利润	净资产收益率(%)		每股收益(元/股)	
	全面摊薄	加权平均	全面摊薄	加权平均
主营业务利润	17.28	12.32	0.05	0.05
营业利润	-27.77	-19.75	-0.08	-0.08
净利润	-58.74	-41.87	-0.17	-0.17
扣除非经常性损益后的利润	-27.77	-19.75	-0.08	-0.08

4.计算方法
全面摊薄净资产收益率=报告期利润÷期末净资产
全面摊薄每股收益=报告期利润÷期末股份总数
注：主要财务指标计算公式如下：
每股收益=净利润/年度末普通股股份总数
每股净资产=年度末股东权益/年度末普通股股份总数
调整后的每股净资产=(年度末股东权益-三年以上的应收款项净额 待摊费用-待处理(流动、固定)资产净损失-开办费-长期待摊费用-住房周转金负数余额)/年度末普通股股份总数
每股经营活动产生的现金流量净额=经营活动产生的现金流量净额/年度末普通股股份总数
净资产收益率=净利润/年度末股东权益×100%

三、股本变动及股东情况

1、截止 2000 年末，公司股东总数为 24080 户，其中 A 股股东 18845 户，B 股股东 5235 户。
2、期末公司前 10 名股东持股情况

名次	股东名称	持股数(股)	持股比例(%)
1	海南三亚银农实业开发总公司	106,227,000	29.18
2	海南博信经济技术咨询有限公司	6,600,000	1.81
3	华夏证券有限公司	6,600,000	1.81
4	上海景贤投资有限公司	4,973,000	1.37
5	中国对外经济贸易信托投资公司	3,960,000	1.09
6	海南港澳国际租赁公司	3,894,000	1.07
7	三亚市中兴发展公司	3,630,000	1.00
8	海南三亚国华发展公司	3,366,000	0.92
9	三亚市信用合作联社	3,300,000	0.91
10	三亚市金得来房地产公司	3,300,000	0.91

前 10 名股东中第一大股东与其他股东不存在关联关系；

湖北金环股份有限公司

一、公司简介

(一)公司中文名称：湖北金环股份有限公司
公司英文名称：HUBEI GOLDEN RING CO.,LTD
(二)公司法定代表人：赵双桂
(三)公司董事会秘书：谭光敏
授权代表：杨刚毅
电话：0710-3225390-2234
传真：0710-3242016
联系地址：湖北省襄阳县湖北金环股份有限公司
电子信箱：hbjhzjb@xf.hb.cninfo.net
(四)公司注册地址：湖北省襄阳县
办公地址：湖北省襄阳县陈家湖
邮政编码：441133
公司国际互联网网址：http://www.golden-ring.com
公司电子信箱：hbjhzjb@xf.hb.cninfo.net
(五)公司选定的信息披露报纸：《证券时报》
刊登公司年度报告的国际互联网网址：
http://www.cninfo.com.cn
公司年度报告备置地点：公司证券部
(六)公司股票上市交易所：深圳证券交易所
公司股票简称：湖北金环
公司股票代码：0615

二、会计数据和业务数据摘要

(一)公司本年度实现利润情况：

单位：元

指标项目	金额
1、利润总额	43,859,427.44
2、净利润	37,459,259.50
3、扣除非经常性损益后的净利润	37,459,259.50
4、主营业务利润	66,125,176.93
5、其他业务利润	4,922.67
6、营业利润	42,450,996.13
7、投资收益	1,191,641.13
8、补贴收入	
9、营业外收支净额	216,790.18
10、经营活动产生的现金流量净额	25,794,394.24
11、现金及现金等价物净增加额	45,417,855.10

(二)公司近三年的主要会计数据及财务指标

项目	2000 年度	1999 年度	1998 年度	
			调整后	调整前
主营业务收入(万元)	31,377.87	33,459.54	25,687.31	25,687.31
净利润(万元)	3,745.93	5,091.61	3,558.11	3,566.97
总资产(万元)	74,241.23	46,151.66	38,053.63	38,068.11
股东权益(万元)	54,502.73	36,515.76	31,424.15	31,438.62
每股收益(元)(摊薄)	0.242	0.368	0.360	0.361
每股收益(元)(加权)	0.263	0.368	0.373	0.373
扣除非经常性损益后的每股收益(元)	0.263	0.368	0.360	0.361
每股净资产(元)	3.52	2.64	3.18	3.18
调整后每股净资产(元)	3.51	2.64	3.18	3.18
每股经营活动产生的现金流量净额(元)	0.167	0.337	0.374	0.374
净资产收益率(%)(摊薄)	6.873	13.94	11.32	11.35

根据中国证监会《公开发行证券公司信息披露编报规则[第 9 号]》要求计算净资产收益率和每股收益如下：

报告期利润	净资产收益率(%)		每股收益(元)	
	全面摊薄	加权平均	全面摊薄	加权平均
主营业务利润	12.13	15.65	0.427	0.464
营业利润	7.79	10.05	0.274	0.298
净利润	6.87	8.86	0.242	0.263
扣除非经常性损益后的净利润	6.87	8.86	0.242	0.263

三、股东情况

1、报告期末股东总数：31806 户。
2、前十名股东持股情况：

股 东 名 称	持股数(万股)	比例(%)
(1)湖北化纤集团有限公司	6702.0954	43.26
(2)湖北化纤集团有限公司工会	438.6400	2.83
(3)湖北化纤集团综合经营公司	393.1200	2.54
(4)襄樊供电局电力实业总公司	218.4000	1.41
(5)浙江省余杭市江南化纤有限公司	196.5600	1.27
(6)广发证券有限责任公司	149.3212	0.96
(7)襄樊市第一棉纺织厂	109.2000	0.70
(8)襄樊市鼓楼商场股份有限公司	109.2000	0.70
(9)湖北化纤集团凯创科技发展公司	101.0836	0.65
(10)湖北化纤集团华盛商贸公司	43.68	0.28

注：
持有本公司 5%以上(含 5%)股份的股东为湖北化纤集团有限公司。该公司为国有资产投资主体，代表国家持股，持股总数为 6702.0954 万股，占股份总额的 43 .26%，所持股份无质押冻结情况。湖北化纤集团综合经营公司、湖北化纤集团凯创科技发展公司、湖北化纤集团华盛商贸公司为湖北化纤集团有限公司控股子公司。

湖北化纤集团有限公司法定代表人为赵双桂，经营范围为化学纤维制造、销售；纺织化纤机械设计、制造；化纤项目设计、施工、安装；技术咨询服务等。

报告期内控股股东无变更。

大连渤海饭店(集团)股份有限公司

一、公司简介

1、公司法定中文名称:大连渤海饭店(集团)股份有限公司

法定英文名称:DALIANBOHAIHOTEL(GROUP)STOCKCO.,LTD.

2、公司法定代表人:汤闯先生

3、公司董事会秘书:郑力齐先生

联系地址:辽宁省大连市中山区荣盛街27号

电话:(0411)3633671-381

传真:(0411)3642706

4、公司注册地址:辽宁省大连市中山区荣盛街27号

公司办公地址:辽宁省大连市中山区荣盛街27号

邮政编码:116001

公司电子信箱:bhhg-bd@dalian.cngb.com

5、公司选定的信息披露报纸:中国证券报

登载公司年度报告的国际互联网网址:http://www.cninfo.com.cn

年度报告备置地点:公司董事会办公室

6、公司股票上市交易所:深圳证券交易所

公司股票简称:大连渤海公司　　股票代码:0616

二、会计数据和业务数据摘要

(一)本年度主要会计数据(单位:人民币元)

利润总额为31,740,371.66元,

净利润26,870,564.61元,

扣除非经常性损益后的净利润26,141,659.86元,

主营业务利润85,333,151.25元,

投资收益为-41,527.93元,

营业外收支净额826,647.06元,

经营活动产生的现金流量净额23,639,728.56元,

现金及现金等价物净增加额9,081,894.07元。

注:扣除非经常性损益项目为装修补偿收益857,535.00元。

(二)截止报告期末公司前三年的主要会计数据和财务指标

指标项目	2000年	1999年	1998年
主营业务收入(元)	103,489,301.05	93,888,119.31	98,214,152.44
净利润(元)	26,870,564.61	23,591,705.92	25,227,770.58
总资产(元)	523,659,567.57	449,539,761.93	429,790,736.60
股东权益(元)	297,944,731.01	272,740,928.55	249,149,222.63
每股收益(元)(全面摊薄)	0.318	0.279	0.388
每股收益(元)(加权平均)	0.318	0.323	0.449
每股净资产(元)	3.53	3.23	3.83
调整后每股净资产(元)	3.19	3.04	3.68
每股经营活动产生的现金流量净额	0.28	-0.42	0.20
净资产收益率(%)	9.02	8.65	10.13
扣除非经常性损益后的每股收益	0.309	0.107	0.388
加权平均净资产收益率(%)	9.39	9.04	13.51
扣除非经常性损益后加权净资产收益率(%)	9.13	3.32	10.12

按照中国证监会《公开发行证券公司信息披露编报规则(第九号)》的要求,计算2000年度的净资产收益率和每股收益如下:单位(元)

报告期利润	净资产收益率(%)		每股收益	
	全面摊薄	加权平均	全面摊薄	加权平均
主营业务利润	28.64	29.82	1.01	1.01
营业利润	10.39	10.82	0.366	0.366
净利润	9.02	9.39	0.318	0.318
扣除非经常损益后的净利润	8.77	9.13	0.309	0.309

注:①本年度公司股本无变动。

②报告期后,公司2000年度配股方案实施完毕,并于2001年2月22日在《中国证券报》上刊登《股份变动暨2000年度配股可流通股上市公告书》,公司总股本变更为9464万股,股本变动后的每股收益0.284元。

三、股东情况介绍

1、截止2000年12月31日,本公司共有股东6094户。其中国家股股东1户,国有法人股股东1户,社会法人股股东4户,社会流通股股东6088户。

2、前10名股东持股情况如下:

股东名称	持股数(股)	占总股本比例(%)
大连渤海集团有限公司(国有法人股股东)	18,902,000	22.37
广西阳光股份有限公司	9,295,000	11
天津北方国际信托投资公司	9,295,000	11
海南星标实业投资有限公司	5,850,000	6.92
大连市国有资产管理局(国家股股东)	5,408,000	6.4
大连日兴实业公司	1,950,000	2.31
深圳新赛投资发展有限公司	915,000	1.08
深圳市嘉瑞通投资发展有限公司	775,319	0.92
深圳市容德大投资发展有限公司	341,900	0.405
林建华	330,000	0.39

注:前6名股东间无关联关系。其它股东为社会公众股股东,关联关系不详。其中广西阳光股份有限公司所持股份已于报告期内协议转让给北京星标投资有限公司,海南星标实业投资有限公司所持股份已于报告期后协议转让给北京星标投资有限公司,天津北方国际信托投资公司所持股份已于报告期内协议转让给天津汇邦科技投资有限公司,上述转让事宜均已在《中国证券报》上公告,过户手续于报告期后办理完毕。

3、持股5%以上股东的情况介绍:大连渤海集团有限公司期初持有公司股份3749.2万股,占公司总股本的44.37%。本年度将其中的1859万股转让给广西阳光股份有限公司和天津北方国际信托投资公司,期末持股1890.2万股,占公司总股本的22.37%,仍为公司第一大股东。无质押和冻结情况。

广西阳光股份有限公司期初未持有公司股份。报告期内受让大连渤海集团有限公司持有的公司法人股929.5万股,占公司总股本的11%,广西阳光股份有限公司期末持有公司股份929.5万股。此宗股份已于报告期内协议转给北京星标投资有限公司,并于2000年12月23日在《中国证券报》上公告,过户手续在报告期后办理完毕。所持股份无质押和冻结情况。

济南柴油机股份有限公司

一、公司简介

1.公司法定中文名称:济南柴油机股份有限公司

公司法定英文名称:Jinan Diesel Engine Co.,Ltd.

2.公司法定代表人:王涛

3.公司董事会秘书:任传义

股权代表:余良刚

联系地址:山东省济南市文化西路14号

联系电话:0531-2965971-3353

传真:0531-2961241

4.公司注册地址:山东省济南市文化西路14号

公司办公地址:山东省济南市文化西路14号

公司邮政编码:250063

公司电子信箱:jichai @jn-public.sd.cninfo.net

5.公司年度报表备置地点:证券办公室

6.公司股票上市交易所:深圳证券交易所

股票简称:石油济柴　　股票代码:0617

二、会计数据和业务数据摘要

1、本年度主要利润指标情况　　(单位:人民币元)

利润总额:	5,204,307.29
净利润:	5,204,307.29
扣除非经营性损益后的净利润	2,661,705.33
主营业务利润:	42,440,733.75
其他业务利润:	72,616.74
营业利润:	2,410,038.73
投资收益:	
补贴收入:	251,666.60
营业外收支净额:	2,542,601.96
经营活动产生的现金流量净额:	8,507,583.00
现金及现金等价物净增加额:	-1,996,750.48

注:扣除非经营性损益项目和涉及金额

减固定资产清理净收入:	142,765.00元
减冻结无效申购资金利息:	1,589,659.20元
减债务重组收入:	854,179.46元
加排污罚款:	44,001.70

2、报告期末,公司前三年主要会计数据和财务指标:

指标项目	2000年末	1999年末	1998年
(1)主营业务收入(元)	228,362,913.46	232,378,323.92	159,413,578.67
(2)净利润(元)	5,204,307.29	711,907.24	-16,199,220.33
(3)总资产(元)	476,624,639.29	473,853,457.14	358,007,681.34
(4)股东权益(元)	177,969,394.54	172,765,087.25	172,053,180.01
(5)每股收益(元/股)	0.050	0.0068	-0.156
每股收益(元/股)(加权)	0.050	0.0068	-0.156
(6)每股净资产(元/股)	1.711	1.661	1.654
(7)调整后每股净资产(元/股)	1.595	1.604	1.579
(8)每股经营活动产生的现金流量净额(元/股)	0.082	0.108	-0.277
(9)净资产收益率(%)	2.924	0.412	-9.42
净资产收益率(%)(加权)	2.968	0.413	-8.99

注:上述财务指标的计算公式如下:

每股收益=净利润/报告期末普通股股份总数

每股净资产=年度末股东权益/年度末普通股股份总数

调整后每股净资产=(年度末股东权益-三年以上的应收款项-待摊费用-待处理(流动、固定)资产净损失-开办费-长期待摊费用)/年度末普通股股份总数。

每股经营活动产生的现金流量净额=经营活动产生的现金流量净额/年度末普通股股份总数。

净资产收益率=净利润/年度末股东权益×100%

每股收益(加权)=净利润/[期末普通股份总数/(1+配股比例) +期限末股份总数/(1+配股比例或增发新股比例)×配股比例或增发新股比例×自缴款结束日下-月份至报告期末的月份数/12]

加权净资产收益率=净利润/[(期初净资产+期末净资产)/2 +当期发行新股或配股新增净资产×(自缴款结束日下一月份至报告期末的月份数-6)/12]

3.报告期股东权益变化情况

	股本	资本公积	盈余公积	法定公益金	未分配利润	股东权益合计
期初数	104,000,000	85,728,701.85	1,851,160.95	617,053.65	-18,814,775.55	172,765,087.25
本期增加	0	0	0	0	5,204,307.29	5,204,307.29
本期减少						
期末数	104,000,000	85,728,701.85	1,851,160.95	617,053.65	-13,610,468.26	177,969,394.54

三、股东情况介绍

1. 报告期末股东总数 10203户

2. 前10名股东持股情况

日期:2000年12月31日　　单位:股

序号	股东名称	期末持股数	占总股本比例(%)	持股类别
1	济南柴油机厂	71,500,000	68.75	国有法人股
2	海南省证券公司富岛投资基金	474,700	0.46	社会公众股
3	海南证券	464,925	0.45	社会公众股
4	金元证券投资基金	339,640	0.33	社会公众股
5	柯新华	260,000	0.25	社会公众股
6	何绍伟	195,727	0.19	社会公众股
7	夏小叶	189,500	0.18	社会公众股
8	北京硅谷兴业投资有限公司	185,000	0.18	社会公众股
9	洪　青	181,200	0.17	社会公众股
10	李乾福	148,700	0.14	社会公众股

(1)持有本公司股份超过5%以上的股东为济南柴油机厂,是本公司唯一发起人单位。前10位股东之间不存在关联关系。

(2)济南柴油机厂所持68.75%的股份未发生质押、冻结等情况。

(3)公司国有法人股东为济南柴油机厂,系本公司母公司,并代表国家持有本公司68.75%股份。

吉林化学工业股份有限公司

一、公司简介

中文名称： 吉林化学工业股份有限公司 中文简称： 吉林化工
英文名称： Jilin Chemical Industrial Company Limited 英文名称缩写： JCIC
公司法定代表人： 焦海坤
公司授权代表： 施建勋、张丽燕 公司董事会秘书： 张丽燕
联系地址： 中国 吉林省吉林市龙潭区遵义东路 31 号
联系电话： (86 432)-399 7447 传真:(86 432)-302 8126
公司注册及办公地址:中国吉林省吉林市龙潭区遵义东路 31 号 邮政编码:132021
网址:http://www.jcic.com 公司电子信箱:webmaster @ jcic.com
公司选定信息披露报纸：
《证券时报》、《中国证券报》;香港《文汇报》、《虎报》
登载公司年度报告的中国证监会指定国际互联网网址:http://www.cninfo.com.cn
公司年度报告备置地点： 中国:吉林化学工业股份有限公司董事会秘书室
吉林省吉林市龙潭区遵义东路 31 号
香港:运中公关顾问有限公司
香港湾仔霎西街五号 新华社新闻大厦 2 楼
公司股票上市资料：
A 股上市交易所： 深圳证券交易所；股票简称：吉林化工； 股票代码：0618
H 股上市交易所： 香港联交所； 股票简称：吉林化工； 股票代码:0368
ADS 上市交易所： 纽约证券交易所；股票代码：JCC； 比例:1ADS=100H 股

二、会计数据和业务数据摘要

下表列出本集团二零零零年度按照中国会计准则及国际会计准则审计的有关财务数据：

人民币百万元	按照中国会计准则	按照国际会计准则
税前利润(利润总额)/亏损	-880	-877
净利润(注 1)/净亏损	-879	-836
扣除非经常性损益后的净利润(注 2)	15	66
主营业务利润	1239	1232
营业利润	-922	-274
投资利润	37	37
补贴收入	-	-
营业外收支净额	-6	-6
经营活动产生的现金流量净额	137	779
现金及现金等价物净增加额	-18	-18

按照国际会计准则 截至十二月三十一日止年度

人民币百万元	二零零零年	一九九九年	一九九八年
净销售额	13,396	10,555	8,844
净利润	-836	149	66
总资产	17,612	16,054	15,768
总负债	11,738	9,855	9,701
股东权益	5,874	6,199	6,051
每股净资产	1.65	人民币 1.81 元	人民币 1.77 元
每股收益 (加权平均)	-0.23	人民币 0.04 元	人民币 0.02 元
净资产收益率(加权平均)	-13.89%	2.44%	1.09%

按中国会计准则
截至十二月三十一日止年度

人民币百万元	二零零零年	一九九九年	一九九八年
主营业务收入	13,847	10,980	9,222
净利润	-879	153	62
总资产	17,584	15,860	15,649
股东权益(不含少数股东权益)	5,687	6,073	5,977
每股收益(全面摊薄)	人民币-0.25 元	人民币 0.04 元	人民币 0.02 元
每股收益(加权平均)	人民币-0.25 元	人民币 0.04 元	人民币 0.02 元
每股净资产	人民币 1.6 元	人民币 1.79 元	人民币 1.75 元
调整后的每股净资产	人民币 1.5 元	人民币 1.73 元	人民币 1.67 元
每股经营活动产生的现金流量净额	人民币-0.06 元	人民币 0.17 元	人民币 0.38 元
净资产收益率(全面摊薄)	-15.46%	2.45%	1.04%
净资产收益率(加权平均)	-14.95%	2.47%	1.04%

报告期内本集团按中国会计准则之股东权益变动情况如下：

项目	股本 人民币元	资本公积 人民币元	盈余公积 人民币元	未分配利润 人民币元	股东权益合计 人民币元
年初数	3,411,078,000	1,950,731,988	695,920,990	15,104,355	6,072,835,333
本年增加	150,000,000	343,926,898	321,009	(878,766,153)	(384,518,246)
本年减少	-	(520,000)	-	(551,863)	(1,071,863)
年末数	3,561,078,000	2,294,1388,886	696,241,999	(864,213,661)	5,687,245,224

三、股东情况介绍

1、报告期末本公司股东总数为 119,105 户，其中 H 股股东为 857 户，社会公众股(A 股)股东为 118,247 户，国有法人股股东 1 户。

2、本公司前十名股东

于二零零零年十二月三十一日，持有本公司股份的前十名最大股东名单如下：

股东名称	类别	持股数(股)	年度内股数增减(股)	持股比例(%)
1. 中国石油天然气股份有限公司(国有法人股持股单位)*	A 股	2,396,300,000	-	70.2500
2. 香港中央结算代理人有限公司	H 股	791,838,699	+5,899,000	22.2359
3. 香港上海汇丰银行(代理人)有限公司	H 股	135,135,300	+48,000	3.7948
4. CHONG YUEN HUNG	H 股	1,276,000	-	0.0358
5. 金鑫证券投资基金	A 股	1,274,826	-	0.0358
6. KU YUK MUI	H 股	820,000	-	0.0230
7. LEUNG KWOK YUNG	H 股	814,000	-	0.0229
8. KWAN YUET PUI	H 股	800,000	-	0.0225
9. 雒蓬勃	A 股	792,707	-	0.0223
10.李伟光	A 股	791,000	-	0.0222

芜湖海螺型材科技股份有限公司

一、公司简介

(一)公司法定中文名称:芜湖海螺型材科技股份有限公司
公司法定英文名称:Wuhu Conch Profiles and Science Co., Ltd
(二)公司法定代表人:郭景彬
(三)公司董事会秘书:章明静
联 系 地 址:芜湖市人民路 209 号董事会秘书室
电话:0553-5840158 5840151 传 真:0553-5840111
电 子 信 箱:conch_ah@mail.ahwhptt.net.cn
(四)公司注册地址:安徽省芜湖市经济技术开发区
公司办公地址:安徽省芜湖市经济技术开发区港湾路
邮 政 编 码 :241009
网 址:Http://www.conchxc.com.cn
公司电子信箱:conch_xc@mail.ahwhptt.net.cn
(五)公司选定的信息披露报纸:《证券时报》
登载公司年度报告的中国证监会指定国际互联网网址：http://www.cninfo.com.cn
公司年度报告备置地点:董事会秘书室
(六)公司股票上市交易所:深圳证券交易所
股票简称 :海螺型材 股票代码 :0619

二 主要会计数据和业务数据

(一)本年度主要会计数据和业务数据：

公司本年度实现利润总额为 9835.17 万元，净利润为 9765.58 万元，扣除非经常性损益后的净利润为 8123.23 万元，主营业务利润为 10274.93 万元，其他业务利润为 242.28 万元，营业利润为 8192.92 万元，投资收益为 600 万元，补贴收入为 767.09 万元，营业外收支净额为 275.16 万元，经营活动产生的现金流量净额 5355.24 万元，现金及现金等价物净增加额 6562.01 万元。

(二)前三年主要会计数据和财务指标

指标项目	2000 年	1999 年	1998 年
主营业务收入(万元)	55212.98	3981.90	4194.08
净利润(万元)	9765.58	1057.31	1036.30
总资产(万元)	71418.47	18449.60	18449.60
股东权益(不含少数股东权益)(万元)	25726.52	16560.94	16253.63
每股收益(元/股)摊薄	0.651	0.141	0.138
加权	0.651	0.141	0.138
每股净资产(元/股)	1.72	2.21	2.167
调整后的每股净资产(元/股)	1.71	2.19	2.14
净资产收益率 摊薄	37.96%	6.38%	6.37%
加权	45.86%	6.38%	6.37%
每股经营活动产生的现金流量净额(元/股)	0.36	0.08	0.07
扣除非经常性损益后每股收益(元/股)	0.54	0.136	0.13
按月平均加权法计算的每股收益(元/股)	0.651	0.141	0.138

(三)本年度利润表附表

报告期利润	净资产收益率(%)		每股收益(元/股)	
	全面摊薄	加权平均	全面摊薄	加权平均
主营业务利润	39.9	48.3	0.685	0.685
营业利润	31.8	38.5	0.546	0.546
净利润	38.0	45.9	0.651	0.651
扣除非经常性损益后的利润	31.6	38.1	0.542	0.542

说明:(1) 本公司 2000 年 12 月 31 日主要会计数据和财务指标同 1999 年 12 月 31 日相比变化较大，主要系本公司在本年度 3 月底进行了全部资产置换所至。 具体详见本报告"七、重要事项"中的"本报告期内公司资产重组情况"。

(2)非经常性损益扣除项目的说明:

扣除非经常性损益的项目和涉及金额:投资收益(转让股权)6,000,000.00 元;资产处置净收入 3,159,628.81 元;补贴收入 7,670,913.53 元;营业外支出 408,000 .00 元。

(四)本报告期内股东权益变动情况：(单位:人民币元)

项目	股本	资本公积	盈余公积	公益金	未分配利润	股东权益合计
期初数	75,000,000	78,882,507.52	3,922,688.66	3,922,688.16	3,881,509.27	165,609,394.11
本期增加	75,000,000	-	9,765,581.15	9,765,581.15	97,655,811.48	192,186,973.78
本期减少	-	45,000,000.00	-	-	55,531,162.30	100,531,162.30
期末数	150,000,000	33,882,507.52	13,688,269.81	13,688,269.81	46,006,158.45	257,265,205.59

变动原因:1、股本增加，为公司于本年度中期实施每 10 股送 4 股转增 6 股的分配方案所致；
2、资本公积减少，为公司本年度实施公积金转增股本的分配方案所至；
3、盈余公积金、法定公益金增加，为本公司年度盈利提取所致；
4、未分配利润增加，为本年度盈利留存所致；
5、股东权益增加，为公司本年度盈利留存所致。

三股东情况介绍

( )截止 2000 年 12 月 31 日，股東总数为 6938 户。

(二)前 10 位主要股东持股情况(截至 2000 年 12 月 31 日)

名次 股东名称	年末持股数量(股)	持股比例(%)	持股性质
1、安徽海螺建材股份有限公司	76,500,000	51.00	国有法人股
2、中国宣纸集团公司	22,500,000	15.00	国有法人股
3、蚌埠涂山投资发展有限公司	1,204,649	0.80	社会公众股
4、皖全椒力能机械有限公司	334,178	0.22	社会公众股
5、同益证券投资基金	199,901	0.13	社会公众股
6、袁友功	127,732	0.09	社会公众股
7、杨丹	106,900	0.07	社会公众股
8、蔡家珍	105,900	0.07	社会公众股
9、普丰证券投资基金	105,504	0.07	社会公众股
10、邓振国	103,450	0.07	社会公众股

说明：本报告期内，因公司进行了股权转让以及在年度中期实施了每 10 股送 4 股转增 6 股的分配方案，持股 5 %以上的股东中安徽海螺建材股份有限公司所持股份共计增加 76,500,000 股，成为公司第一大股东，中国宣纸集团公司所持股份减少 27, 022 ,500 股到 22,500,000 股，成为公司第二大股东。

上述各股东之间无关联关系。本报告期内公司第二大股东中国红星宣纸集团公司将其持有公司 15%的股份(2250 万股)，质押给公司第一大股东安徽海螺建材股份有限公司，质押期限为 2000 年 9 月 7 日至 2005 年 6 月 29 日，有关质押的备案手续现正办理中。

黑龙江圣方科技股份有限公司

一、公司简介

1、公司名称:黑龙江圣方科技股份有限公司
英文名称:Heilongjiang SunField Science & Technology Co., Ltd.　　缩写:SFT
2、公司法定代表人:刘晓卫
3、董事会秘书:陈德仁
股证事务授权代表:司学成
联系地址:北京市西城区德宝新园22号德宝饭店448室
电话:010-68318866-2800　　传真:010-68332263
电子信箱:cdr@sunfieldgroup.com
4、公司注册地址:黑龙江省牡丹江市东三条路98号
公司办公地址:北京市西城区德宝新园22号德宝饭店448室
公司电子信箱:sftbj@sunfieldgroup.com
电话:010-68318866-2800　　传真:010-68332263　　邮政编码:100044
5、公司选定的信息披露报纸:《证券时报》
刊登公司年报的中国证监会指定国际互联网网址:http://www.cninfo.com.cn
公司年度报告备置地点:公司证券部
6、公司股票上市交易所:深圳证券交易所
股票简称:圣方科技　　股票代码:0620

二、会计数据和业务数据摘要

1、公司本年度会计数据摘要　　单位:元

利润总额:	48,966,662.71
净利润:	45,297,516.14
扣除非经常性损益后的净利润:	36,560,161.45
主营业务利润:	89,940,146.97
其他业务利润:	-3,183,947.75
营业利润:	40,468,082.62
投资收益:	-133,124.64
补贴收入:	8,737,354.69
营业外收支净额:	-105,649.96
经营活动产生的现金流量净额:	-64,955,696.86
现金及现金等价物净增加额:	57,565,581.45

注:非经常性损益项目及金额:
补贴收入:8,737,354.69　　营业外收入:7,125.64　　营业外支出:112,775.60

2、前三年主要会计数据和财务指标

	2000年	1999年		1998年	
		调整前	调整后	调整前	调整后
主营业务收入(万元)	13,791.19	52,796.81	52,796.81	61,502.83	61,502.83
净利润(万元)	4,529.75	9,553.66	6,195.32	5,670.37	3,676.29
总资产(万元)	120,898.00	93,774.84	87,213.54	122,431.85	120,437.77
股东权益(不含少数股东权益)万元	79,058.56	79,881.22	74,528.81	70,395.71	68,401.63
全面摊薄每股收益(元/股)	0.15	0.37	0.24	0.22	0.14
加权平均每股收益(元/股)	0.15	0.37	0.24	0.22	0.14
扣除非经常性损益后的每股收益(元/股)	0.12	-0.01	0.04	0.07	0.07
每股净资产(元/股)	2.54	3.08	2.87	2.71	2.64
调整后的每股净资产(元)	2.54	3.07	2.87	2.71	2.64
全面摊薄净资产收益率(%)	5.73	11.96	8.31	8.06	5.37
加权平均净资产收益率(%)	5.73	11.96	8.31	8.06	5.37
扣除非经常性损益后的加权净资产收益率(%)	4.62	-0.45	1.44	2.54	2.61
每股经营活动产生的现金流量净额(元)	-0.21	-0.026	-0.03	-0.023	-0.02

98年、99年的调整是按财政部2000年3号文进行的。
利润分配表附表

报告期利润	净资产收益率(%)		每股收益(元)	
	全面摊薄	加权平均	全面摊薄	加权平均
主营业务利润	11.38	11.38	0.29	0.29
营业利润	5.12	5.12	0.13	0.13
净利润	5.73	5.73	0.15	0.15
扣除非经常性损益后净利润	4.62	4.62	0.12	0.12

三、股东情况介绍

(1)报告期末本公司股东总数为54,544户,其中国有法人股股东1户,社会法人股股东4户,社会公众股股东54,539户。

(2)前10名股东情况

股东名称	持股数量	占总股本比例(%)
西安圣方科技股份有限公司	87,255,600	28.00
牡丹江石油化学工业集团公司	53,120,880	17.05
牡丹江树脂厂	13,090,560	4.20
中国环球租赁公司	3,840,000	1.23
牡丹江造纸厂	3,840,000	1.23
王凤琴	931,300	0.30
钱　斌	692,000	0.22
饶为友	620,600	0.20
张喜成	610,600	0.20
王显臣	539,600	0.17

1. 持有本公司5%以上股份的股东西安圣方科技股份有限公司报告期内股本由72,713,000股增加至87,255,600股为公司实施每10股送红股1股和资本公积金每10股转增1股所至。所持股份中3,200万股为本公司贷款做出质押担保,4,500万股为该公司贷款做出质押担保。持有本公司5%以上股份的股东牡丹江石油化学工业集团公司报告期内股本由44,267,400股增加至53,120,880股为公司实施每10股送红股1股和资本公积金转增1股所至,报告期内所持股份没有发生质押和冻结情况。

2.前10名股东中,牡丹江树脂厂系牡丹江石油化学工业集团公司的附属企业,其它股东不存在关联关系。

比特科技控股股份有限公司

一、公司简介

(一)公司法定中文名称:比特科技控股股份有限公司
公司法定英文名称:BIT TECHNOLOGY HOLDING CO.,LTD.
(二)公司法定代表人:杨林
(三)公司董事会秘书:张建
联系地址:北京市东城区东中街9号东环广场A座8层联系电话:(010)64181481/2/3
联系传真:(010)64181185
(四)公司注册地址:北京市海淀区万寿路甲28号
邮政编码:100036
公司办公地址:北京市东城区东中街9号东环广场A座8层
邮政编码:100027
公司电子信箱:bit@163bj.com
(五)公司公告报纸名称:《中国证券报》
公司公告国际互联网网址:http://www.cninfo.com.cn
公司中期报告备置地点:比特科技控股股份有限公司董事会秘书处
(六)公司股票上市交易所:深圳证券交易所
股票简称:比特科技　　股票代码:0621

二、会计数据和业务数据摘要

(一)本年度主要财务指标: 单位:人民币元

项目	2000年
利润总额	33,888,489.14
净利润	33,840,657.13
扣除非经常性损益后的净利润	23,295,963.17
主营业务利润	56,978,649.29
其他业务利润	945,000.00
营业利润	31,815,309.68
投资收益	-8,471,514.50
补贴收入	0.00
营业外收支净额	10,544,693.96
经营活动现金流量净额	4,536,677.75
现金及现金等价物净增加额	23,949,990.20

本年度非经营性损益项目:

补贴收入	0.00
营业外收入	10,737,618.18
营业外支出	192,924.22
合计	10,544,693.96

(二)报告期末公司前三年主要会计数据与财务指标:
单位:人民币元

项目	2000年	1999年	1998年	
	合并	合并	调整前	调整后
主营业务收入	107,846,119.68	224,597,700.53	43,056,012.61	43,056,012.61
净利润	33,840,657.13	35,467,502.22	31,353,590.80	21,553,263.44
总资产	414,572,286.37	503,927,469.42	507,258,808.84	485,367,040.40
股东权益	332,186,695.33	298,346,038.21	285,543,665.04	262,878,535.98
每股收益	0.226	0.237	0.209	0.145
每股收益(按月平均)	0.226	0.237	0.209	0.163
扣除非经常性损益后的每股收益	0.156	0.147	0.087	0.022
每股净资产	2.22	1.993	1.908	1.756
调整后每股净资产	2.20	1.970	1.802	1.747
每股经营活动产生的现金流量净额	0.03	0.891	-0.018	-0.018
净资产收益率(%)	10.19	11.89	10.98	8.20
加权平均净资产收益率(%)	10.73	12.64	11.72	8.2

(三)利润表附表

项目	净资产收益率(%)				每股收益(元/股)			
	全面滩薄		加权平均		全面滩薄		加权平均	
	2000年	1999年	2000年	1999年	2000年	1999年	2000年	1999年
主营业务利润	17.15	27.82	17.43	27.27	0.381	0.555	0.381	0.555
营业利润	9.58	14.12	10.12	14.84	0.213	0.281	0.213	0.281
净利润	10.19	11.89	10.73	12.64	0.226	0.237	0.226	0.237
扣除非经常性损益后的净利润	7.01	10.84	7.51	11.59	0.156	0.216	0.156	0.216

三、股本变动及股东情况

1、股东变动情况
(1)截止到2000年12月29日,公司股东总数为20699户。
(2)报告期内公司前十名股东持股情况:(截止到2000年12月29日)

序号	股东名称	持股数量(万股)	占总股本比例(%)
1	宁波华能租赁有限公司	3396.90	22.69
2	拓普投资有限公司	2100.00	14.03
3	深圳市伯克利资讯技术有限公司	960.30	6.42
4	航天总公司第二研究院	507.00	3.39
5	中国经济开发信托投资公司	415.74	2.78
6	北京首汽实业股份有限公司	338.00	2.26
7	深圳市通汇实业有限公司	300.58	2.01
8	泰和证券投资基金	245.11	1.64
9	交通银行北京分行	202.80	1.35
10	北京市天龙股份有限公司	118.30	0.79

注: ①第一位股东宁波华能租赁有限公司与第七位股东深圳市通汇实业有限公司为关联公司。

②宁波华能租赁有限公司所持公司股份在年度内没有变化,拓普投资有限公司于2000年8月受让公司原股东成都卫安投资股份有限公司所持有的公司全部法人股,深圳市伯克利资讯技术有限公司因出让100万股股份而减持公司股份至960.30万股。持股5%以上(含5%)的股东所持股份没有质押或冻结的情况。

岳阳恒立冷气设备股份有限公司

(一)、公司简介

1、公司法定中文名称:岳阳恒立冷气设备股份有限公司
公司法定英文名称:YUEYANG HENGLI AIR-COOLING EQUIPMENT,INC.
英文缩写:YUEYANG HENGLI
2、公司法定代表人:刘煌
3、公司董事会秘书:余凤庭
联系地址:岳阳市青年中路
电话:0730-8245246,8245198
传真:0730-8221311
4、公司注册地址:湖南省岳阳市青年中路
公司办公地址:湖南省岳阳市青年中路
邮政编码:414000
公司国际互联网网址:http:/www.yyhengli.com
电子信箱:yyhl@public.yy.hn.cn
5、公司选定的信息披露报纸名称:《证券时报》
登载公司二OOO年年度报告的中国证监会指定国际互联网网址:http:/www.cninfo.com.cn
公司二OOO年年度报告备置地点:岳阳恒立冷气设备股份有限公司证券投资部
6、公司股票上市交易所:深圳证券交易所
股票简称:岳阳恒立
股票代码:0622

(二)、会计数据和业务数据摘要

1、2000年度公司实现利润情况

利润总额	20,954,660.45元
净利润	14,836,507.48元
扣除非经常性损益后的净利润	13,768,418.68元
主营业务利润	58,416,679.78元
其他业务利润	3,922,207.09元
营业利润	19,886,571.65元
投资收益	1,040,000.00元
补贴收入	0.00元
营业外收支净额	28,088.80元
经营活动产生的现金流量净额	25,527,944.82元
现金及现金等价物净增加额	30,204,128.71元

备注:扣除非经常性损益项目为:营业外收支净额28,088.80元,投资收益1,040,000.00元。

2、主要会计数据和财务指标　　单位:人民币元

项目	2000年12月31日	1999年12月31日	1998年12月31日
主营业务收入	206,672,656.43	153,070,952.66	164,725,338.72
净利润	14,836,507.48	17,596,860.19	-4,224,277.85
总资产	504,571,868.81	442,540,127.09	385,776,283.58
股东权益	216,157,880.32	205,433,632.84	189,154,045.55
每股收益	0.1046	0.12	-0.0596
每股净资产	1.53	1.45	2.67
调整后每股净资产	1.49	1.40	2.60
每股经营活动产生的现金流量净额	0.18	-0.03	0.0864
净资产收益率(%)	6.86	8.52	-2.23
扣除非经常性损益后每股收益	0.097	0.12	-0.0595

注:(1)主要财务指标计算方法
每股收益=净利润/年度末普通股股份总数
每股净资产=年度末股东权益/年度末普通股股份总数
调整后每股净资产=(年度末股东权益-三年以上的应收款项净额-待摊费用-待处理资产净损失-开办费-长期待摊费用-住房周转金负数余额)/年度末普通股股份总数
每股经营活动产生的现金流量净额=经营活动产生的现金流量净额/年度末普通股股份总数
净资产收益率=净利润/年度末股东权益×100%

3、本年度利润附表

报告期利润	净资产收益率(%) 全面摊薄	净资产收益率(%) 加权平均	每股收益(元) 全面摊薄	每股收益(元) 加权平均
主营业务利润	27.02	27.44	0.41	0.41
营业利润	9.20	9.34	0.14	0.14
净利润	6.86	6.97	0.10	0.10
扣除非经常性损益后的净利润	6.36	6.46	0.097	0.097

(三)、股东情况介绍

(1)截止2000年12月31日止,本公司共有股东21658户。
(2)持有本公司股票的前十名股东的名称和持股情况:
单位:万股

股东名称	期初持股	报告期末	持股比例(%)
1.湖南省成功企业集团有限公司	3870	3870	27.30
2.岳阳国资	1354.6	1354.6	9.55
3.镇江能越技术发展有限公司	480	480	3.38
4.岳阳市博源经贸有限公司	480	480	3.38
5.湖南证券	240	240	1.69
6.湖南申湘实业股份公司投资部	240	240	1.69
7.珠海市西部金鹏实业开发公司	240	240	1.69
8.中国汽车工业总公司	120	120	0.84
9.湖南信达	120	120	0.84
10.湘城陵矶恒发汽车空调联营改装厂	120	120	0.84

注:(1)、岳阳国资代表国家持有股份;
(2)、湖南成功企业集团公司受让华诚投资管理有限公司所持有的3870万股国有法人股,股票性质由原来的国有法人股转变为法人股。
(3)、本公司第二大股东岳阳市国有资产管理局(所持股份占公司总股份的9.55%)无质押和冻结情况。

吉林敖东药业集团股份有限公司

一、公司简介

1、公司法定中文名称:吉林敖东药业集团股份有限公司
公司法定英文名称:JiLin AoDong Medicine Industry Croups Co. ,Ltd
2、公司法定代表人: 李秀林先生
3、公司董事会秘书: 郭　荣先生
授权人姓名: 李利平先生
联系地址:吉林省敦化市胜利南大街88号
电　　话:0433-6224462　0433-6238973
传　　真:0433-6224462
电子信箱:dhadmsb4@public.yj.jl.cn
4、公司注册地址:吉林省敦化市胜利南大街88号
公司办公地址:吉林省敦化市胜利南大街88号
公司邮政编码:133700
公司国际互联网网址:http://www.jlaod.com
5、公司选定的信息披露报纸:证券时报
刊登公司年度报告的中国证监会指定国际互联网网址:http://www.cninfo.com.cn
公司年度报告备置地点:董事会办公室
电　　话:0433-6238973
6、公司股票上市交易所:深圳证券交易所
股票简称:吉林敖东
股票代码:0623

二、会计数据和业务数据摘要

1、利润总额:99,671,248.51
净利润:82,616,342.17
扣除非经常性损益后的净利润:78,892,377.41
主营业务利润:210,012,207.92
其他业务利润:798,443.17
营业利润:38,163,115.78
投资收益:57,784,167.97
补贴收入:3,693,245.24
营业外收支净额:30,719.52
经营活动产生的现金流量净额:77,036,504.77
现金及现金等价物净增加额:223,829,181.51
注:"扣除非经常性损益后的净利润"中扣除项目及金额:
(1)补贴收入:3,693,245.24
(2)营业外收支净额:30,719.52
2、前三年主要会计数据和指标

	二000年度	九九年度	九八年度 调整前	九八年度 调整后
主营业务收入:	314,183,034.49	385,555,236.98	368,057,704.69	368,057,704.69
净利润:	82,616,342.17	100,381,079.93	89,819,178.33	81,908,582.86
总资产:	1,432,667,801.46	1,162,694,759.76	848,275,036.40	828,301,025.52
股东权益:	1,074,743,940.83	667,845,010.62	587,935,938.84	567,961,927.96
每股收益(摊薄):	0.354	0.513	0.46	0.42
每股收益(加权):	0.428	0.513	0.46	0.42
每股净资产:	4.60	3.42	3.01	2.91
调整后每股净资产:	4.44	3.30	2.90	2.86
每股经营活动产生的现金流量净额:	0.33	0.56	-0.158	-0.158
净资产收益率(摊薄)%:	7.69	15.02	15.3	14.42
净资产收益率(加权)%:	10.61	15.02	15.3	14.42
扣除非常性损益后每股收益(摊薄):	0.338	0.475	0.46	0.42

按照中国证监会《公开发行证券公司信息披露编报规则》第9号的通知要求,计算的利润数据:

项目	报告期利润	净资产收益率% 摊薄	净资产收益率% 加权	每股收益 摊薄	每股收益 加权
主营业务利润	210,012,207.92	19.54	26.98	0.899	1.087
营业利润	38,163,115.78	3.55	4.90	0.163	0.198
净利润	82,616,342.17	7.69	10.61	0.354	0.428
扣除非经常损益后的净利润	78,892,377.41	7.34	10.13	0.338	0.408

5、股东权益变动情况　　单位:万元

项目	股本	资本公积	盈余公积	其中:公益金	未分配利润	合计
期初数	19,547	19,953	9,721	1,719	17,564	66,785
本期增加	3,819	33,282	1,335	445	2,253	40,689
本期减少						
期末数	23,366	53,235	11,056	2,164	19,817	107,474

说明:因2000年度合并报表中不包括洮南公司,根据财政部有关规定调整了合并会计报表中期初数,因此九九年有关财务数据为调整后数据。

三、股本变动及股东情况

股东情况介绍
(1)报告期末股东总数为:55,312户。
(2)前10名股东

序号	股东	持股数	持股比例(%)
1	延边朝鲜族自治州国有资产管理局	71,162,000	30.45
2	吉林敖东药业集团股份有限公司工会委员会	24,258,000	10.38
3	广发证券证券有限责任公司	13,932,216	5.96
4	吉林省信托投资公司	10,998,000	4.71
5	延边第三产业开发公司	1,950,000	0.83
6	景福证券投资基金	926,598	0.39
7	景阳证券投资基金	869,316	0.37
8	段海寰	591,448	0.25
9	段恩浩	511,785	0.22
10	中国银河证券有限责任公司	499,700	0.21

重庆长安汽车股份有限公司

一、公司简介

1、公司法定中文名称:重庆长安汽车股份有限公司
公司法定英文名称:Chongqing Changan Automobile Company Limited
2、公司法定代表人:尹家绪
3、公司董事会秘书:崔云江、马军
联系地址:重庆市江北区建新东路 260 号
联系电话:(023)67591249 、67591568 传真:(023)67866055 、67870261
电子信箱:cazjc@mail.changan.com.cn
4、公司注册地址:重庆市南岸区南城大道 309 号 邮政编码:400060
公司办公地址:重庆市江北区建新东路 260 号 邮政编码:400023
公司国际互联网网址:http://www.changan.com.cn
5、公司信息披露报刊:《中国证券报》、《证券时报》、《香港商报》
公司信息披露网址:http://www.cninfo.com.cn
公司年度报告备置地点:公司董事会办公室
6、股票上市地点:深圳证券交易所
股票简称:长安汽车 长安 B 股票代码:0625 2625

二、会计数据和业务数据摘要

1、本年度主要利润指标(单位:人民币元)。

利润总额	247,865,214.81
净利润	147,654,529.67
扣除非经常性损益后的净利润	151,735,330.78
主营业务利润	998,601,582.96
其他业务利润	26,144,367.30
营业利润	251,014,117.34
投资收益	752,927.38
补贴收入	3,466,472.03
营业外收支净额	-7,368,301.94
经营活动产生的现金流量净额	878,374,025.25
现金及现金等价物净增加额	272,650,984.87

3、前三年度主要会计数据和财务指标:

项 目	2000 年	1999 年	1998 年
主营业务收入(元)	6,703,211,839.88	5,446,762,000	2,470,406,000
净利润(元)	147,654,529.67	53,715,000	16,572,000
总资产(元)	7,571,674,232.64	7,093,918,000	5,300,261,000
股东权益(元)	2,460,631,236.11	2,373,590,000	2,340,875,000
每股收益(元/股)	0.1204	0.044	0.014
加权平均每股收益(元/股)	0.1204	0.044	0.016
扣除非经常性损益后的每股收益(元/股)	0.1237	0.0357	0.018
每股净资产(元/股)	2.01	1.93	1.91
调整后的每股净资产(元/股)	1.86	1.89	1.90
每股经营活动产生的现金流量净额(元/股)	0.72	0.71	-0.09
净资产收益率(%)	6	2.3	0.70
加权平均净资产收益率(%)	6	2.3	0.71

4、根据中国证监会《公开发行证券公司信息披露编报规则(第 9 号)》要求计算的 2000 年报告期利润的净资产收益率和每股收益

报告期利润	净资产收益率		每股收益	
	全面摊薄 %	加权平均 %	全面摊薄 RMB	加权平均 RMB
主营业务利润	40.58	40.58	0.8141	0.8141
营业利润	10.20	10.20	0.2046	0.2046
净利润	6.00	6.00	0.1204	0.1204
扣除非经营性损益后的净利润	6.16	6.16	0.1236	0.1236

4、前三年度公司其他业务数据和指标

项 目	2000 年	1999 年	1998 年
产品销售量			
其中:汽车(辆)	183,886	159,856	106,944
发动机(台)	12,477	57,616	42,635
市场份额(%)	28.58	28.41	21.6

注:1 市场份额资料来源于中国汽车工业协会《中国汽车工业产销快讯》299 年、98 年发动机销售数量中含供长安铃木公司部分。

三、股东情况介绍

1、股东情况介绍

报告期末,本公司股东 86,884 人,其中 A 股股东 80,038 人(其中公司职工股东 6 人),B 股股东 6,846 人。

2、前十名股东持股情况

股东名称	年初持股数(股)	年度增减数(股)	年末持股数(股)	占总股本比例(%)
长安汽车(集团)有限责任公司	708,666,000	0	708,666,000	57.77
SUZUKI MOTOR CORPORATION	122,500,000	0	122,500,000	9.99
AMERICAN SUZUKI MOTOR CORPORATION	35,000,000	0	35,000,000	2.85
NISSHO IWAI CORPORATION	17,500,000	0	17,500,000	1.43
宝勇企业有限公司	2,786,000	0	2,786,000	0.23
BONY A/C CMG CH CHINA INVESTMENT LIMITED	2,600,100	0	2,600,100	0.21
TOYO SECURITIES ASIA LIMITED-A/C CLIENT	2,696,740	-133,080	2,563,660	0.21
PRIME GLORY INTERNATIONAL PTE LTD	1,850,000	0	1,850,000	0.15
HKIT/006-113039-431	534,080	1,142,320	1,676,400	0.14
CBNY S/A PNC/SKANDIA SELECT FUND/CHINA EQUITY AC	0	1,633,100	1,633,100	0.13

连云港如意集团股份有限公司

(一)公司简介

1、公司法定中文名称:连云港如意集团股份有限公司 中文名称缩写:如意集团
英文名称:LIANYUNGANG IDEAL GROUP CO.,LTD 英文名称缩写:IDEAL GROUP
2、公司法定代表人:李炳源
3、公司董事会秘书:刘滨董秘 授权代表:谭卫
联系地址:连云港市新浦北郊路 6 号
电话:0518-5153595 传真:0518-5150105
电子信箱:RYDSHMSC@public.lyg.js.cn
4、公司注册地址:连云港市新浦丁字路东首公司
办公地址:连云港市新浦北郊路 6 号 邮政编码:222006
网址:http://www.ideal.com.cn 电子信箱:IDEALCO@public.lyg.js.cn
5、公司选定的信息披露报纸名称:《中国证券报》、《证券时报》
登载本公司年报的中国证监会指定网址:http://www.cninfo.com.cn
公司年度报告备置地:如意集团董事会秘书处
6、公司股票上市交易所:深圳证券交易所
公司股票简称:如意集团公司 股票代码:0626

(二)会计数据和业务数据摘要

1、公司本年度实现的主要经济指标 单位:人民币元

利润总额	19,333,326.75
净利润	3,781,235.21
扣除非经常性损益后的净利润	3,670,843.90
主营业务利润	82,640,655.24
其他业务利润	1,602,167.44
营业利润	11,243,975.52
投资收益	1,413,210.65
补贴收入	2,437,457.09
营业外收支净额	4,238,683.49
经营活动产生的现金流量净额	-41,397,434.02
现金及现金等价物净增加额	16,209,116.97

注:扣除非经常性损益后的净利润系从净利润中扣除了转让部分固定资产收入等营业外收入 110,391.31 元。

2、截止本报告期末公司前三年的主要会计数据和财务指标 单位:人民币元

项目	2000 年 12 月 31 日	1999 年 12 月 31 日	1998 年 12 月 31 日	
			调整前	调整后
主营业务收入	2658955063.82	607220631.90	33437749.44	33437749.44
净利润	3781235.21	8008580.66	3350382.23	3720885.09
总资产	653988680.66	353795768.89	208268525.95	202604791.81
股东权益(不含少数股东权益)	154867037.35	148493232.14	127214058.52	124093295.15
每股收益(摊薄)	0.03	0.09	0.056	0.062
每股收益(加权)	0.03	0.09	0.056	0.062
扣除非经常性损益后的每股收益	0.03	0.065	0.01	0.02
每股净资产	1.15	1.65	2.16	2.07
调整后的每股净资产	1.03	1.48	1.66	2.01
每股经营活动产生的现金流量净额	-0.31	0.56	-0.20	-0.20
净资产收益率(%)(摊薄)	2.44	5.39	2.59	2.99
净资产收益率(%)(加权)	2.51	6.25	2.63	2.91
扣除非经常性损益后的加权净资产收益率(%)	2.44	4.60	0.48	1.00

(三)股本变动及股东情况

1、股本变动情况

(1)股份变动情况表 数量单位:股

	本次变前	本次变动增减(+、-)						本次变动后
		配股	送股	公积金转股	增发	其他	小计	
一、未上市流通股份								
1、发起人股份	50454000		+10090800	+15136200			+25227000	75681000
其中:国家持有股份	27540000		+5508000	+8262000			+13770000	41310000
境内法人持有股份	22914000		+4582800	+6874200			+11457000	34371000
2、募集法人股	17046000		+3409200	+5113800			+8523000	25569000
未上市流通股份合计	67500000		+13500000	+20250000			+33750000	101250000
二、已上市流通股份								
1、人民币普通股	22500000		+4500000	+6750000			+11250000	33750000
已上市流通股份合计	22500000		+4500000	+6750000			+11250000	33750000
三、股份总数	90000000		+18000000	+27000000				135000000

2、股东情况介绍

(1)至本报告期末,本公司股东总数为 17881 户,其中冻结高管股股东为 4 户。

(2)前 10 名股东持股情况

序号	股东名称	期末持股数量(股)	本期增减+、-(股)	持股比例(%)
1	连云港市蔬菜冷藏加工厂(国有法人股股东)	41310000	+9180000	30.60
2	远大(连云港)海洋集团有限公司	24759000	+5502000	18.34
3	连云港兴农农业有限公司	23787000	+5286000	17.62
4	珠海生兴贸易发展有限公司	7155000	+159000	5.30
5	江苏澄星磷化工集团公司	1863000		1.38
6	上海新理益投资管理有限公司	891000		0.66
7	江苏省淮阴肉联厂	540000		0.40
8	天津宏大五金制品有限公司	270000		0.20
9	罗伟	195000		0.14
10	周巧大	160371		0.12

公司签署《股份转让协议书》,分别受让其持有的本公司社会法人股 2475.9 万股、2378.7 万股、715.5 万股,共计 5570.1 万股,占本公司股份总数 13500 万股的 41.26%,中国证监会以证监函[2001]2 号文豁免了中国远大集团公司多次公告和要约收购的义务。2001 年 1 月 18 日,有关过户手续在深圳证券登记有限公司完成。至此,中国远大集团公司成为本公司第一大股东。

(3)本报告期内控股股东未发生变更情况。

湖北百科药业股份有限公司

一、公司简介

1、公司的法定中文名称:湖北百科药业股份有限公司
公司的法定英文名称:Hubei Biocause Pharmaceutical Co.,Ltd.
英文名称缩写:Biocause Pharma
2、公司的法定代表人:向汉林
3、公司董事会秘书:丁振荣 证券事务授权代表:成六生
联系地址:湖北省荆门市杨湾路 132 号 联系电话:(0724)2211003 转 6218
联系传真:(0724)2217652 电子信箱:hbztgfzq @ jm.hb.cninfo.net
4、公司注册及办公地址:湖北省荆门市杨湾路 132 号
邮政编码:448000 电子信箱:hbztgfzq @ jm.hb.cninfo.net
5、公司选定的信息披露报刊:《中国证券报》、《证券时报》,登载公司年度报告的中国证监会指定国际互联网网址:http://www.cninfo.com.cn
公司年度报告备置地点:公司证券部
6、公司股票上市交易所:深圳证券交易所 股票简称:百科药业 股票代码:0627

二、会计数据和业务数据摘要

1、公司本年度实现的主要利润指标:(单位:人民币元)

利润总额:	48,859,992.87
净利润:	34,243,380.77
扣除非经常性损益后的净利润:	34,116,993.59
主营业务利润:	80,335,982.91
其他业务利润:	6,753,249.10
营业利润:	44,833,244.53
投资收益:	3,448,050.84
补贴收入:	759,490.08
营业外收支净额:	-180,792.58
经营活动产生的现金流量净额	-4,606,871.51
现金及现金等价物净增加额:	30,229,178.02

注:扣除非经常性损益项目和涉及金额:(1)补贴收入 759,490.08 元 ,(2)营业外收支净额-180,792.58 元,(3) 合并价差摊销-452,310.32 元,合计 126,387.18 元。

2、公司前三年的主要会计数据和财务指标:(单位:人民币元)

	2000 年	1999 年	1998 年	
			调整前	调整后
主营业务收入	321,963,396.98	255,862,869.65	192,314,233.09	192,314,233.09
净利润	34,243,380.77	31,354,603.13	30,230,399.39	29,592,616.13
总资产	886,330,517.23	770,676,221.78	682,470,580.72	680,824,128.05
股东权益(不含少数股东权益)	527736,336.04	507,437,483.27	477,686,857.39	476,082,880.14
全面摊薄每股收益	0.12	0.135	0.234	0.229
加权平均每股收益	0.12	0.20	0.27	0.27
扣除非经常性损益后的每股收益	0.12	0.11	0.16	0.15
每股净资产	1.89	2.18	3.70	3.687
调整后的每股净资产	1.86	2.12	3.62	3.61
每股经营活动产生的现金流量净额	-0.02	0.20	-0.04	-0.04
全面摊薄净资产收益率(%)	6.49	6.18	6.33	6.216
加权平均净资产收益率(%)	6.53	6.03	9.62	9.45
扣除非经常性损益后的加权净资产收益率(%)	6.51	5.18	6.74	6.55

根据中国证监会发布的《公开发行证券公司信息披露编报规则(第 9 号)》通知精神,公司 2000 年按全面摊薄法和加权平均法计算的净资产收益率及每股收益。

报告期利润	净资产收益率(%)				每股收益(元)			
	2000 年		1999 年		2000 年		1999 年	
	全面摊薄	加权平均	全面摊薄	加权平均	全面摊薄	加权平均	全面摊薄	加权平均
主营业务利润	15.22	15.32	12.12	12.5	0.29	0.29	0.265	0.265
营业利润	8.50	8.55	8.25	8.53	0.16	0.16	0.18	0.18
净利润	6.49	6.53	6.18	6.37	0.12	0.12	0.135	0.135
扣除非经常性损益后的净利润	6.46	6.51	5.01	5.18	0.12	0.12	0.11	0.11

3、报告期内股东权益变动情况(单位:元)

项目	股本	资本公积	盈余公积	法定公益金	未分配利润	股东权益合计
期初数	232408800.00	173403088.97	41675669.07	18943117.79	59,949,925.23	507,437,483.27
本期增加	46481,760.00		6,848,676.16	3424,338.08	34243380.77	87,573,816.93
本期减少		46,481,760.00			20,793,204.16	67,274,964.16
期末数	278890560.00	126921328.97	48524345.23	22367455.87	73,400,101.84	527,736,336.04

变动原因:(1)股本和资本公积变动系报告期内实施以资本公积每 10 股转增 2 股所致。
(2)盈余公积和法定公益金变动系按规定各提取 10%的盈余公积和法定公益金所致。

三、股东情况介绍

1、报告期末股东总数为:4840 户。
2、前十名股东及其持股情况如下: 单位:股

序号 股东名称	年度末持股数量	是否上市流通股份	持股比例(%)
1.湖北百科高新投资有限公司(国有法人股股东)	171,313,920	否	61.43
2.湖北中天集团公司	21,600,000	否	7.74
3.湖北宝源天发人造板有限公司	6,488,640	否	2.33
4.湖北中天实业有限公司	4,320,000	否	1.55
5.中国航空工业总公司宏图飞机制造厂	2,160,000	否	0.77
6.新疆丰创投资有限责任公司	502,640		0.18
7.杨竹莲	470,000		0.17
8.李细南	341,142		0.12
9.胡广发	327,200		0.12
10.何蓓薇	307,440		0.11

成都倍特发展集团股份有限公司

一、公司简介

(一)公司法定中文名称:成都倍特发展集团股份有限公司
法定英文名称:CHENGDU BRILLIANT DEVELOPMENT GROUP,INC.
(二)公司法定代表人:曾绍清
(三)公司董事会秘书:解治
联系地址:中国四川省成都市成都高新技术产业开发区
联络电话:(028)5199519 传真:(028)5184099
(四)公司注册地址:中国四川省成都市成都高新技术产业开发区公司
办公地址:中国四川省成都市成都高新技术产业开发区
邮政编码:610041 公司电子信箱:best@mail.sc.cninfo.net
(五)公司信息披露报纸:《证券时报》公司年度报告登载的国际互联网网址:http://www.cninfo.com.cn
公司年度报告备置地点:公司董事会办公室
(六)公司股票上市地:深圳证券交易所公司
股票简称:倍特高新公司 股票代码:0628

二、会计数据和业务数据摘要

(一)本年度实现利润数据情况单位:元

利润总额	8,281,524.25
净利润	3,789,481.25
扣除非经常性损益后的净利润	3,711,136.13
主营业务利润	119,126,574.29
其他业务利润	30,386,724.69
营业利润	-243,506.85
投资收益	8,359,148.29
补贴收入	78,345.12
营业外收支净额	87,537.69
经营活动产生的现金流量净额	6,784,331.09
现金及现金等价物净增加额	-39,458,495.79

注:本年度公司非经常性损益项目为:补贴收入 78,345.12 元。

(二)截止报告期末前三年的主要会计数据和财务指标

项目	2000 年	1999 年	1998 年	
			调整后	调整前
主营业务收入(元)	469,360,048.31	432,989,351.07	368,346,708.07	368,240,886.53
净利润(元)	3,789,481.25	14,620,376.59	9,664,918.14	65,348,356.38
总资产	1,628,052,808.58	1,452,997,182.86	1,260,700,449.56	1,281,315,643.14
股东权益(元)	530,890,919.26	527,179,744.26	510,993,242.67	591,524,619.75
每股收益(元/股)	0.0196	0.076	0.06	0.41
加权每股收益(元/股)	0.0196	0.076	0.06	0.41
扣除非经常性损益后每股收益(元/股)	0.0192	0.005	0.06	0.41
每股净资产(元/股)	2.74	2.72	3.17	3.67
调整后的每股净资产(元/股)	2.46	2.43	2.84	3.43
每股经营活动产生的现金流量金额(元/股)	0.0351	-0.84	0.0049	0.0049
净资产收益率(%)	0.71	2.77	1.89	11.05
加权净资产收益率(%)	0.72	2.82	1.91	11.69

(三)按中国证监会信息披露编报规则(第九号)要求计算报告期利润的净资产收益率和每股收益:

	报告期利润	净资产收益率		每股收益	
		全面摊薄	加权平均	全面摊薄	加权平均
主营业务利润	119,126,574.29	22.44	22.52	0.62	0.62
营业利润	-243,506.85	-0.05	-0.05	-0.001	-0.001
净利润	3,789,481.25	0.71	0.72	0.02	0.02
扣除非经常性损益后的净利润	3,711,136.13	0.70	0.70	0.02	0.02

(四)报告期内股东权益变动情况单位:元

项目	股本	资本公积	盈余公积	法定公益金	未分配利润	股东权益合计
期初数	193560000	200223990.42	115594409.78	25,860,347.82	17,801,344.06	527,179,744.26
本期增加			7,064,989.72	3,532,494.86		7,064,989.72
本期减少		78,306.25			3,275,508.47	3,353,814.72
期末数	193560,000	200145684.17	122659399.50	29,392,842.68	14525,835.59	530,890919.26

三股本变动及股东情况

(一)股本变动情况 1、公司股份变动情况表数量单位:

	股本次变动前	本次变动增减(+、-)						本次变动后
		配股	送股	公积金转股	增发	其他	小计	
一、未上市流通股份								
1、发起人股份	33480000							33480000
其中:国家持有股份	30360000							30360000
境内法人持有股份	3120000							3120000
2、募集法人股份	73680000							73680000
未上市流通股份合计	107160000							107160000
二、已上市流通股份								
1、人民币普通股	86400000							86400000
已上市流通股份合计	86400000							86400000
三、股份总数	193560000							193560000

(二)股东情况介绍 1、报告期末,公司股东总数为 59369 户。
2、前 10 名股东持股情况如下:

序号	股东名称	年末持股数(股)	占总股本比例(%)
1	成都市国有资产管理局(国家股)	30360000	15.69
2	北京工艺进出口有限责任公司	4800000	2.48
3	成都电缆股份有限公司	2976000	1.54
4	成都钢铁厂	1800000	1.44
5	成都市西南计算机软件公司	1320000	0.68
6	上海森基实业有限公司	1280000	0.66
7	成都市自来水总公司	1200000	0.62
8	成都卷烟厂	1200000	0.62
9	成都无线电机械高科技应用公司	1200000	0.62
10	成都天星实业投资开发公司	1200000	0.62

攀枝花新钢钒股份有限公司

一、公司简介

1、公司法定中文名称:攀枝花新钢钒股份有限公司
公司法定英文名称:PANZHIHUA NEW STEEL & VANADIUM COMPANY LIMITED
公司英文名称缩写:PSV
2、公司注册地址:四川省攀枝花市弄弄坪　邮编:617062
公司办公地址:四川省攀枝花市大渡口街 55 号　邮编:617067
3、公司法定代表人:洪及鄙
4、公司董事会秘书:赵忠义
董事会证券事务代表:武坚
联系地址:四川省攀枝花市大渡口街 55 号
联系电话:0812-2226008、2236282 、2236281
传真:0812-2226014
电子信箱:PSV-1@public.phpub.sc.cn
5、公司选定的信息披露报纸:《中国证券报》、《证券时报》、《上海证券报》
刊登公司年度报告的国际互联网网址:http://www.cninfo.com.cn
公司年度报告备置地点:公司董事会秘书处
6、公司股票上市交易所:深圳证券交易所
股票简称:新钢钒
股票代码:0629

二、会计数据和业务数据摘要

(一)本年度实现利润及主要现金流量指标　　(单位:人民币元)

利润总额	723,145,543
净利润	461,049,299
扣除非经常损益后的净利润	477,922,349
主营业务利润	1,489,140,104
其他业务利润	11,665,554
营业利润	740,069,820
投资收益	22,000
营业外收支净额	-16,946,277
经营活动产生的现金流量净额	1,765,349,845
现金及现金等价物净增加额	85,181,681

注:"扣除非经常损益后的净利润"一栏中扣除的项目:
本年度处理报废固定资产净损失: 16,873,050 元
(二)截止报告期末公司前三年的主要会计数据和财务指标　　(单位:人民币元)

指标项目	2000 年度	1999 年度	
		调整前	调整后
主营业务收入	7,587,667,733	6,547,385,471	6,547,385,471
净利润	461,049,299	317,746,870	274,171,610
总资产	7,074,791,478	8,122,475,495	8,067,583,592
股东权益	4,129,939,846	3,928,442,479	3,873,550,576
每股收益(全面摊薄)	0.45	0.31	0.27
每股收益(加权平均)	0.45	0.31	0.27
扣除非经常性损益的每股收益(全面摊薄)	0.47	0.31	0.27
扣除非经常性损益的每股收益(加权平均)	0.47	0.31	0.27
每股净资产	4.04	3.84	3.79
调整后的每股净资产	3.70	3.41	3.36
每股经营活动产生的现金流量净额	1.73	-0.15	-0.15
全面摊薄净资产收益率(%)	11.16	8.09	7.08
加权平均净资产收益率(%)	11.23	8.00	6.96

注:1998 年调整前各数均指在 1999 年度已按证监会要求计提了四项准备金后的数据。
(三)利润表附表

报告期利润	净资产收益率(%)		每股收益(元)	
	全面摊薄	加权平均	全面摊薄	加权平均
主营业务利润	36.06	36.28	1.46	1.46
营业利润	17.92	18.03	0.72	0.72
净利润	11.16	11.23	0.45	0.45
扣除非经常性损益后的净利润	11.57	11.65	0.47	0.47

三、股本变动及股东情况

1、股本变动情况
公司总股本未发生变化,仍为 1,023,300,145 股。
2、股东情况介绍
(1)截止报告期末,本公司股东总户数:183,220 户,其中国有法人股股东 2 户,社会公众股股东 183,218 户。
(2)公司前十名股东名单

序号	股东名称	报告期初持有数(股)	报告期末持有数(股)
1	攀枝花钢铁(集团)公司	683,000,145	683,000,145
2	中国第十九冶金建设公司	40,500,000	40,500,000
3	兴华证券投资基金		2,138,000
4	江浩		1,040,850
5	普丰证券投资基金	1,244,843	669,668
6	许桂芬	630,000	630,000
7	舟山市信托投资公司		430,000
8	肖萍		369,479
9	陈茗谊		332,645
10	王皓宇		279,963

说明:持股 5%以上法人股东所持股份报告期内没有发生变化,年末其所持股份也没有发生质押和冻结的情况。前十大股东之间无关联关系。
(3)攀枝花钢铁(集团)公司是本公司的控股股东,拥有本公司国有法人股 683,000,145 股,法人代表:洪及鄙,经营范围:钢、铁、钒、钛、焦冶炼;金属制品、机电设备、船舶制造修理;建筑材料、炸药及化工产品、煤化工产品及副产品、工业气体、无机盐制造;金属非金属矿采选;水电气生产供应;土木工程、线路、管道、设备的设计、勘察、建筑;房地产开发。

安徽铜都铜业股份有限公司

(一)公司简称

1. 公司法定中文名称:安徽铜都铜业股份有限公司
公司英文名称:ANHUI TONGDU COPPER STOCK CO .LTD.
公司缩写:TDTY
2.公司法定代表人:杨振超
3.公司董事会秘书:吴国忠
联系地址:安徽省铜陵市长江西路有色大院西楼
联系电话:0562-2825029
传真:0562-2825082
电子信箱:tongdu@mail.ahwhptt.net.cn
4.公司注册地址:安徽省铜陵市长江西路
公司办公地址:安徽省铜陵市长江西路有色大院西楼
邮政编码:244001
公司国际互联网网址:http://tongdu.yeah.net
公司电子信箱:tongdu@mail.ahwhptt.net.cn
5.公司选定的信息披露报纸名称:《中国证券报》、《证券时报》
登载公司年度报告的中国证监会指定国际互联网
网址:http:// www.cninfo.com .cn
年度报告备置地点:公司证券部
6.股票上市交易所:深圳证券交易所
股票简称:铜都铜业
股票代码:0630

(二)会计数据和业务数据摘要

1、公司本年度会计数据摘要

项目	金额(单位:元)
(1)利润总额	166,428,007.49
(2)净利润	138,463,960.32
(3)扣除非经常性损益后的净利润	137,621,453.19
(4)主营业务利润	271,790,993.13
(5)其他业务利润	96,117.91
(6)营业利润	169,414,824.19
(7)投资收益	-2,144,309.57
(8)补贴收入	0
(9)营业外收支净额	-842,507.13
(10)经营活动产生的现金流量净额	114,075,015.95
(11)现金及现金等价物净增加额	538,570,407.12

注:扣除的非经常性项目和涉及金额

1 营业外收入	1,023,804.67
其中:申购冻结资金利息	940,989.26
2 营业外支出	1,866,311.80
其中:处理固定资产净损失	956,037.57
3 以上项目涉及金额	-842,507.13

2、截止报告期末公司前三年的主要会计数据和财务指标:

项目	2000 年	1999 年	1998 年	
			调整前	调整后
主营业务收入(万元)	200803	165528	110670	110670
净利润(万元)	13846	13141	10983	10926
总资产(万元)	275882	167028	122656	121163
股东权益(万元)(不含少数股东权益)	191475	106170	101709	100217
每股收益(元)(摊薄)	0.30	0.36	0.30	0.30
(加权)	0.38	0.36	0.32	0.32
每股净资产(元)	4.11	2.92	2.79	2.75
调整后的每股净资产(元)	4.08	2.84	2.74	2.70
每股经营活动产生的现金流量净额	0.25	-0.54	0.22	0.22
净资产收益率(%)(摊薄)	7.23	12.38	10.80	10.90
(加权)	12.24	12.31	12.61	12.75

3、利润表附表

报告期利润	2000 年度				1999 年度			
	净资产收益率(%)		每股收益(元)		净资产收益率(%)		每股收益(元)	
	全面摊薄	加权平均	全面摊薄	加权平均	全面摊薄	加权平均	全面摊薄	加权平均
主营业务利润	14.19	24.03	0.58	0.75	21.67	21.55	0.63	0.63
营业利润	8.85	14.98	0.36	0.47	13.36	13.29	0.39	0.39
净利润	7.23	12.24	0.30	0.38	12.38	12.31	0.36	0.36
扣除非经常性损益后的净利润	7.28	12.32	0.30	0.38	11.54	11.47	0.34	0.34

(三)股东情况介绍

(1)报告期末股东总数 83197 户。
(2)截止 2000 年 12 月 31 日前十名大股东持股情况

序号	股东名称	持股数(股)	持股比例(%)
1	铜陵有色金属(集团)公司	275,886,000	59.26
2	铜陵金秋实业公司	4,290,000	0.92
3	铜陵金润工贸有限责任公司	2,860,000	0.61
4	长城证券有限责任公司	2,319,727	0.50
5	上海华东实业有限公司	565, 495	0.12
6	朱景磊	354, 600	0.08
7	普丰证券投资基金	347, 131	0.07
8	童德旺	307, 185	0.07
9	王君健	291, 240	0.06
10	朱鹏	278, 210	0.06

1 持有本公司 5%(含 5%)以上股份的股东,只有本公司的发起人股东,国有法人股股东铜陵有色金属(集团)公司,截止 2000 年年末持股数量 27588.6 万股,占总股份的 59.26%。

兰宝科技信息股份有限公司

一、公司简介

1、公司中文名称(中文简称):兰宝科技信息股份有限公司(兰宝信息)
公司英文名称(英文缩写):LAN BAO TECHNOLOGY INFORMATION CO.,LTD. (LBTI)
2、公司注册地址:长春市朝阳区同志街73号
邮政编码:130021
公司办公地址:长春市二道区岭东路158号
邮政编码:130031
公司国际互联网网址:http://www.lanbao.com.cn 电子信箱:lb@lanbao.com.cn
3、公司法定代表人:刘铁枭
4、公司董事会秘书及董事会证券事务代表:曹志伟
联系地址:长春市二道区岭东路158号
联系电话:(0431)4641596 传真:(0431)4639948
电子邮箱:caozw@lanbao.com.cn
5、中国证监会指定信息披露报纸:《证券时报》
中国证监会指定国际互联网网址:http://www.cninfo.com.cn
公司中期报告备置地点:兰宝科技信息股份有限公司证券部
6、公司股票上市交易所:深圳证券交易所
股票简称:兰宝信息 股票代码:0631

二、会计数据和业务数据摘要

1、公司本年度利润总额及其构成

项目	金额(元)
利润总额	69,383,420.94
主营业务利润	96,624,101.29
其他业务利润	2,769,289.07
营业利润	69,870,155.86
净利润	51,570,857.26
扣除非经常性损益的净利润	52,057,592.18
营业外收支净额	-486,734.92
经营活动产生现金流量净额	93,827,543.17
现金及现金等价物净增加额	116,652,256.52

注:扣除的非经常性损益

项目	金额(元)
营业外收入	230,753.32
营业外支出	717,488.24
合计:	-486,734.92

2、公司近三年主要会计数据和财务指标 金额单位:人民币元

指标项目	2000年	1999年(调整后)	1998年 调整后	1998年 调整前
主营业务收入	269,198,267.82	170,989,333.69	237,307,307.81	237,307,307.81
净利润	51,570,857.26	48,122,429.96	55,059,568.13	62,557,492.64
总资产	1,176,647,959.27	628,862,230.95	638,159,927.73	651,928,365.47
股东权益(不含少数股东权益)	721,548,965.72	435,662,822.31	389,222,152.13	402,990,589.87
每股收益(元/股)	0.3004	0.3319	0.380	0.4314
扣除非经营损益后的每股收益	0.3032	0.3319	0.259	0.31
每股净资产(元/股)	4.203	3.00	2.684	2.779
净资产收益率(%)	7.15	11.05	14.14	15.52
调整后的每股净资产(元/股)	4.029	2.9554	2.622	2.717
加权平均每股收益(元/股)	0.3257	0.3319	0.3958	0.4497
加权平均净资产收益率(%)	8.91	11.67	17.32	19.09
每股经营活动产生的现金流量净额	0.5465	0.142	0.1972	0.1972

3、按全面摊薄法和加权平均法计算的净资产收益率及每股收益:

报告期利润	金额(元)	净资产收益率(%) 全面摊薄	加权平均 调整后	加权平均 调整前	每股收益(元/股) 全面摊薄	加权平均
主营业务利润	96,624,101.29	13.39	17.78	16.70	0.56	0.61
营业利润	69,870,155.80	9.68	12.86	12.08	0.41	0.44
净利润	51,570,857.26	7.15	9.48	8.91	0.30	0.33
扣除非经常性损益后的净利润	52,057,592.18	7.21	9.58	9.00	0.30	0.33

4、报告期股东权益变动情况(单位:元)

项目	股本	资本公积	盈余公积	其中:法定公益金	未分配利润	股东权益合计
期初数	145,010,000	163,683,320.28	26,486,617.37	8,828,872.46	100,482,884.66	435,662,822.31
本期增加	26,682,542	207,632,744.15	5,157,085.73	2,578,542.86	43,835,228.67	285,886,143.41
本期减少						
期末数	171,692,542	371,316,064.43	22,814,830.65	11,407,415.32	144,318,113.33	721,548,965.72

三、股东情况介绍

(1)截止2000年12月31日公司股东总数为15881户。
(2)公司前10名大股东持股情况

股东名称	期初数(股)	增加数	期末持股数	占总股本(%)
1、长春君子兰集团有限公司	55,610,000	7,782,542	63,392,542	36.92
2、长春通信发展股份有限公司	24,000,000		24,000,000	13.98
3、南方证券有限公司	3,046,205		3,046,205	1.77
4、中轻贸易中心	2,400,000		2,400,000	1.40
5、谢佳玲	2,389,467		2,389,467	1.39
6、阳江市汇鑫贸易有限公司	2,371,800		2,371,800	1.38
7、深圳市嘉年吉食品有限公司	2,32,2849		2,32,2849	1.35
8、中核财务有限责任公司	2,206,081		2,206,081	1.28
9、陈祖强	2,188,960		2,188,960	1.27
10、广东南方经济发展公司	2,045,466		2,045,466	1.19

福建三木集团股份有限公司

一、公司简介

1、公司法定中文名称:福建三木集团股份有限公司(缩写:三木集团)
英文名称:FUJIAN SANMU GROUP CO.,LTD.(缩写:SANMU GROUP)
2、法定代表人:陈维辉(代行)
3、董事会秘书:彭东明
电子信箱:fd8825@yahoo.com
4、联系地址:公司办公地址
电话:0591-3341509 传真:0591-3341504
5、注册地址:福建省福州市开发区君竹路162号 邮政编码:350015
6、办公地址:福建省福州市台江区广达路141号 邮政编码:350004
7、国际互联网网址:http://www.san-mu.com 电子信箱:fjsmxx@public.fz.fj.cn
8、选定的信息披露报纸:《证券时报》
登载年度报告的指定互联网网址:http://www.cninfo.com.cn
年度报告置备地点:福建省福州市广达路141号恒宇大厦九层
9、股票上市地:深圳证券交易所
10、股票简称:三木集团 股票代码:0632

二、会计数据和业务数据摘要

1、本年度主要会计数据(单位:人民币元)

项目	金额
利润总额:	48,216,453.06
净利润:	31,599,599.07
扣除非经常性损益后的净利润:	30,772,637.49
主营业务利润:	97,629,278.49
其它业务利润:	1,597,888.73
营业利润:	29,541,703.47
投资收益:	12,565,282.01
补贴收入:	5,565,677.26
营业外收支净额:	543,790.32
经营活动产生的现金流量净额:	-81,397,907.84
现金及现金等价物净增加额:	70,569,636.59

注:扣除的非经常性损益项目有:固定资产清理支出-276,817.67元,冻结资金利息转入820,607.99元,补贴收入404,700元,股权转让收益-121,528.74元。

2、近三年主要会计数据和财务指标

单位:人民币元

指标项目	2000-12-31	1999-12-31	1998-12-31 调整前	1998-12-31 调整后
主营业务收入	1,044,603,593.84	595,692,711.51	303,459,177.11	303,251,233.57
净利润	31,599,599.07	47,727,036.22	43,042,837.83	40,480,358.90
总资产	1,533,385,564.04	1,272,336.775.72	1,054,734,989.34	1,026,728,859.14
股东权益	515,732,507.93	511,280,463.70	468,989,131.77	464,374,035.7
每股收益	0.194	0.292	0.264	0.248
加权每股收益	0.194	0.292	0.314	0.290
扣除非经常性损益后的每股收益	0.189	0.181	0.037	0.022
每股净资产	3.159	3.132	2.8	2.845
调整后每股净资产	3.145	3.10	2.84	2.826
每股经营活动产生的现金流量净额	-0.498	0.241	-0.665	-0.665
净资产收益率	6.13%	9.3%	9.18%	8.72%

利润表附表如下:

报告期利润	净资产收益率 全面摊薄	加权平均	每股收益 全面摊薄	加权平均
主营业务利润	18.93%	18.52%	0.598	0.598
营业利润	5.73%	5.60%	0.181	0.181
净利润	6.13%	5.99%	0.194	0.194
扣除非经常性损益后的利润	5.97%	5.84%	0.189	0.189

注:2001年3月,公司实施2000年度配股后,总股本增至175,512,979股,按现股本计算,每股收益为0.18元。

3、报告期内股东权益变动情况 单位:人民币元

项目	期初数	本期增加	本期减少	期末数
股本	163,244,466.00			163,244,466.00
资本公积	242,571,613.92		820,607.99	241,751,005.93
盈余公积	37,791,007.36	4,739,939.86		42,530,947.22
法定公益金	11,513,533.35	1,579,979.95		13,093,513.30
未分配利润	67,673,376.42	31,599,599.07	31,066,886.71	68,206,088.78
股东权益合计	511,280,463.70	36,339,538.93	31,887,494.70	515,732,507.93

变动原因:因发行股票冻结资金利息转入营业外收入,造成资本公积减少;因本期提取2000年度法定公积金和法定公益金,造成盈余公积和法定公益金增加;

三、股东情况介绍

1、截止2000年12月31日,公司股东总数为25981名,其中国家股股东1名。
2、公司前10名股东及其持股情况

股东名称	报告期末持股数量(股)	报告期内股份增减变动情况	占总股本比例(%)
1.福建三联投资有限公司	45,359,740		27.79
2. 福建太德投资有限公司	9,700,000		5.94
3. 福建大野投资有限公司	9,367,057	-632,943	5.74
4.福建卓诚贸易有限公司	8,100,000		4.96
5.福建省三华实业有限公司工会委员会	8,000,000	+8,000,000	4.90
6.泉州市世贸经贸发展有限公司	8,000,000	+8,000,000	4.90
7.福建高德贸易有限公司	7,800,000		4.78
8.泉州市世贸电子商务有限公司	7,573,966	+7,573,966	4.64
9.福州申达房地产开发有限公司	6,613,400	+6,613,400	4.05
10.福州大展实业有限公司	4,099,513	-4,666,667	2.51

沈阳合金投资股份有限公司

一、公司简介

1、公司法定中文名称:沈阳合金投资股份有限公司
公司英文名称:SHENYANG HEJIN HOLDING CO.,LTD.
2、公司注册地址:沈阳市浑南产业区22号
公司办公地址:沈阳市和平区青年大街386号华阳国际大厦A座24层 邮政编码:110004
电子邮箱:syhjzb@mail.sy.ln.cn 电话:024—23180418 传真:024—23180061
3、公司法定代表人:孔清华
4、公司董事会秘书:孙刚 公司董事会证券事务代表:王端
5、公司信息披露报纸:《中国证券报》、《上海证券报》、《证券时报》
公司年度报告备置地点:公司董事会秘书处
登载公司年报的中国证监会指定国际互联网网址:http://www.cninfo.com.cn
6、公司股票上市地:深圳证券交易所 股票简称:合金投资 股票代码:0633

二、会计数据和业务数据摘要

(一)年度会计数据摘要: 单位:人民币元

利润总额	79,245,321.21
净利润	48,033,732.52
扣除非经常性损益后的净利润	31,951,963.54
主营业务利润	127,044,305.18
其他业务利润	22,432,469.97
营业利润	48,107,121.14
投资收益	8,676,103.80
补贴收入	23,003,217.82
营业外收支净额	-541,121.55
经营活动产生的现金流量净额	-22,402,555.43
现金及现金等价物净增加额	-63,177,726.81

注:扣除非经常性损益项目及金额

项 目	涉及金额
营业外收入	281,711.18
营业外支出	714,878.92
补贴收入	16,514,936.72

(二)近三年主要会计数据和财务指标(合并报表)

项 目	2000年度	1999年度	1998年度
1 主营业务收入(元)	843,594,326.04	517,092,391.40	289,008,878.50
2 净利润(元)	48,033,732.52	117,060,976.04	102,074,620.86
3 总资产(元)	1,397,842,222.62	1,348,167,758.81	746,378,612.24
4 股东权益(不含少数股东权益)	429,082,186.59	381,771,782.87	272,213,003.74
5 每股收益(元/股)	0.1497	0.5471	0.86
6 加权每股收益(元/股)	0.1796	0.6423	1.20
7 扣除非经常性损益后的每股收益(元/股)	0.0996	0.3152	
8 每股净资产(元/股)	1.337	1.784	2.29
9 调整后的每股净资产(元/股)	1.2743	1.71	2.12
10 摊薄净资产收益率(%)	11.19%	30.66%	37.50%
11 加权净资产收益率(%)	11.85%	35.80%	55.12%
12 每股经营活动产生的现金流量净额	-0.0698	-0.0892	0.9139

(三)按照中国证监会《公开发行证券公司信息披露编报规则》(第9号)要求计算的利润数据:

报告期利润(元)		2000年度	1999年度
主营业务利润		127,044,305.18	124,586,371.40
营业利润		48,107,121.14	127,499,626.34
净利润		48,033,732.52	117,060,976.04
扣除非经常性损益后的净利润		31,951,963.55	67,434,594.75
净资产收益率	全面摊薄	11.19%	30.66%
	加权平均	11.85%	35.80%
每股收益	全面摊薄	0.1497	0.5471
	加权平均	0.1796	0.6423

三、股本变动及股东情况介绍

股东情况介绍:
截止2000年12月29日,本公司共有股东总数为2378名。
报告期末公司前十名股东持股情况

	股 东 名 称	持股数(股)	占总股本(%)
1	新疆德隆国际实业总公司	71,644,500	22.32
2	北京绅仕达科贸有限责任公司	27,153,265	8.46
3	沈阳国有资产经营有限公司	26,030,835	8.11
4	北京万新创新科技开发有限责任公司	23,881,500	7.44
5	中企资产托管经营有限公司	19,105,200	5.95
6	上海华岳投资管理有限公司	12,000,000	3.73
7	海通证券有限公司上海愚园路证券营业部	11,843,730	3.69
8	沈阳天龙金属炉料公司	10,794,438	3.36
9	中极控股有限公司	10,500,000	3.27
10	嘉隆实业投资有限公司	9,552,600	2.97

注:
1、沈阳国有资产经营有限公司受沈阳市国有资产管理委员会委托持有公司国家股股份。
2、报告期内海通证券有限公司将其持有的沈阳合金投资股份有限公司2250万股,占总股本的7.01%,转让给上海华岳投资管理有限公司1200万股和中极控股有限公司1050万股,股东变更情况于2000年12月16日刊登在《中国证券报》、《上海证券报》、《证券时报》。
3、前10名股东之间不存在关联关系。
4、持股10%以上法人股东情况简介:
新疆德隆国际实业总公司
法定代表:唐万新
经营范围:房地产开发、农业等。
所持股份无质押。

宁夏宁河民族化工股份有限公司

(一)公司简介

1、公司名称:宁夏宁河民族化工股份有限公司
英文名称:NINGXAI NINGHE NATIONAL CHEMICALS CO.,LTD.
2、公司法定代表人:王进儒
3、公司董事会秘书:董海涛
联系地址:宁夏石嘴山市石嘴山区康乐路
电话:(0952)3312333 3310319
传真:(0952)3312333 3310522
电子信箱:mzhg @ public.yc.nx.cn
4、公司注册地址:宁夏石嘴山市石嘴山区康乐路
公司办公地址:宁夏石嘴山市石嘴山区康乐路
邮政编码:753200
电子信箱:mzhg@public.yc.nx.cn
5、信息披露报纸名称:中国证券报、证券时报
中国证监会指定国际互联网网址:http://www.cninfo.com.cn
年度报告备置地点:本公司证券部
6、公司股票上市地:深圳证券交易所
股票简称:民族化工 证券代码:0635

(二)会计数据和业务数据摘要

1、年度主要利润指标情况(单位:元)

利润总额	28415068.90
净利润	28827845.66
扣除非经常性损益后的净利润	27417168.73
主营业务利润	45560745.10
其他业务利润	-66865.46
营业利润	27111747.44
投资收益	555000.00
补贴收入	1372188.59
营业外收支净额	-623867.13
经营活动产生的现金流量净额	-24091575.66
现金及现金等价物净增加额	86751546.50

2、公司前三年的主要会计数据和财务指标(单位:元)

项目	2000年	1999年	1998年	
			调整前	调整后
主营业务收入	204996542.39	178294726.97	169565853.43	169565853.43
净利润	28827845.66	28856728.07	31431492.78	30831505.76
总资产	727940831.23	486955131.45	414842161.82	481192665.00
股东权益	460545685.55	329140440.21	302307768.65	301491435.56
每股收益	0.252	0.287	0.312	0.306
加权平均每股收益	0.287	0.287	0.39	0.38
扣除非经营性损益后的每股收益	0.235	0.287	0.312	0.306
每股净资产	4.02	3.27	3.01	3.00
调整后的每股净资产	4.00	3.27	3.00	2.99
每股经营活动产生的现金流量净额	-0.21	0.06	-	-
净资产收益率(%)	6.26	8.77	10.40	10.23
加权平均净资产收益率(%)	8.45	8.77	12.36	12.13
扣除非经营性损益后加权平均净资产收益率(%)	5.95	7.932	9.09	8.92

注:主要财务指标计算方法:
每股收益 = 净利润 / 年度末普通股股份总数
每股净资产 = 年度末股东权益 / 年度末普通股股份总数
调整后的每股净资产 = (年度末股东权益 - 三年以上的应收款项净额 - 待摊费用 - 待处理(流动、固定)资产净损失 - 开办费 - 长期待摊费用 - 住房周转金负数余额)/ 年度末普通股股份总数
每股经营活动产生的现金流量净额 = 经营活动产生的现金流量净额 / 年度末普通股股份总数
净资产收益率 = 净利润 / 年度末股东权益 × 100%

3、股东权益变动情况

项目	股本	资本公积	盈余公积	法定公益金	未分配利润	股东权益合计
期初数	100600000	138395150.90	15075793.40	5025264.47	75069495.91	329140440.21
本期增加	13962000	93197879.68	2892883.02	1446441.51	24488521.13	135987755.34
本期减少	-	-	-	-	4582480.00	4582480.00
期末数	114562000	231593030.58	19415117.93	6471705.98	94975537.04	460545685.55

(三)股东情况介绍

一、报告期末股东总数为29405户。
二、前十名股东持股情况

名次 股东名称	本年度增加(股)	年末持股数量(股)	持股比例(%)
1)宁夏民族化工集团有限责任公司	1962000	45562000	39.77
2)宁夏五金矿产进出口公司	无	6800000	5.94
3)石嘴山矿务局	无	4250000	3.71
4)宁夏机械化工进出口公司	无	3400000	2.97
5)宁夏机械设备进出口公司	无	2550000	2.23
6)天津信托投资公司		522257	0.46
7)北京证券有限公司天坛营业部		256704	0.22
8)张翠霞		236927	0.21
9)章洁倩		213920	0.19
10)山东省资产管理烟台有限公司		204750	0.18

注:持股5%以上(含5%)股份的股东所持股份质押或冻结情况:报告年度内,公司持股5%以上的股东为:宁夏民族化工集团有限责任公司和宁夏五金矿产进出口公司,报告年度内所持股份无质押或冻结情况。

广东风华高新科技股份有限公司

广东风华高新科技股份有限公司2000年年度报告摘要

重要提示：本公司董事会保证本报告所载资料不存在任何虚假记载、误导性陈述或者重大遗漏，并对其内容的真实性、准确性和完整性负个别及连带责任。本公司年度财务会计报告已经深圳南方会计师事务所审计并出具无保留意见的审计报告。

一、公司简介

1、公司法定中文名称：广东风华高新科技股份有限公司
公司法定英文名称：FENGHUA ADVANCED TECHNOLOGY (HOLDING)CO,. LTD.
2、公司注册地址：广东省肇庆市风华路18号风华电子工业城
公司办公地址：广东省肇庆市风华路18号风华电子工业城　　邮政编码：526020
公司网址：http://www.fenghua-advanced.com　　电子信箱：FENGH@pub.zhaoqing.gd.cn
3、法定代表人：梁力平
4、公司董事会秘书：廖永忠　　公司董事会证券事务代表：钟建薇
联系地址：广东省肇庆市风华路18号风华电子工业城2号楼
电话：0758-2844724　　传真：0758-2849045
5、公司选定的信息披露报纸名称：《证券时报》、《中国证券报》、《上海证券报》
公司年度报告备置地点：公司董事会秘书办公室
登载公司年度报告的中国证监会指定国际互联网网址：http://www. cninfo .com.cn
6、公司股票上市地：深圳证券交易所　　股票简称：风华高科　股票代码：0636

二、会计数据和业务数据摘要

(一) 本年度主要会计数据和业务数据：　单位：人民币元

1	利润总额	383,007,306.45
2	净利润	365,564,238.42
3	扣除非经常性损益后的净利润	363,581,648.67
4	主营业务利润	468,091,750.24
5	其他业务利润	1,377,957.59
6	营业利润	381,024,716.70
7	投资收益	0
8	补贴收入	1,393,531.00
9	营业外收支净额	589,058.75
10	经营活动产生的现金流量净额	218,453,742.79
11	现金及现金等价物净增加额	670,101,983.74

注：扣除非经常性损益项目及金额

项　目	涉及金额
营业外收入	2,298,523.20
其中：补贴收入	1,393,531.00
营业外收入	904,992.20
营业外支出	315,933.45

(二)近三年主要会计数据和财务指标(合并报表)

项　目	2000年度	1999年度	1998年度
1 主营业务收入(元)	1,369,454,671.90	884,660,212.23	734,034,771.79
2 净利润(元)	365,564,238.42	224,045,611.79	109,764,904.10
3 总资产(元)	2,503,666,073.01	961,627,550.04	833,222,773.12
4 股东权益(不含少数股东权益)(元)	2,061,400,416.79	679,284,672.69	517,948,454.90
5 每股收益(元/股)	0.69	0.71	0.52
6 加权每股收益 (元/股)	0.71	0.71	0.54
7 扣除非经常性损益后的每股收益(元/股)	0.69	0.70	0.52
8 每股净资产(元/股)	3.89	2.17	2.48
9 调整后每股净资产(元/股)	3.85	2.14	2.44
10 净资产收益率(%)	17.73	32.98	,21.20
11 每股经营活动产生的现金流量净额(元/股)	0.41	1.38	(0.70)

(三)按照中国证监会《公开发行证券公司信息披露编报规则(第9号)》要求计算的利润数据：

报告期利润		净资产收益率		每股收益	
		全面摊薄	加权平均	全面摊薄	加权平均
主营业务利润	468,091,750.24	22.71	44.20	0.88	0.91
营业利润	381,024,716.70	18.48	35.98	0.72	0.74
净利润	365,564,238.42	17.73	34.52	0.69	0.71
扣除非经常性损益后的净利润	363,581,648.67	17.64	34.33	0.69	0.71

注：每股收益率和净资产收益率按《公开发行证券公司信息披露编报规则第9号——净资产收益率和每股收益的计算及披露》方法计算。

三、股东情况介绍

1、截止2000年12月29日，本公司共有股东总数为51,509名。其中公司职工股股东7名
2、报告期末公司前十名股东持股情况

名次	股东名称	期末持股数(股)	占总股本(%)
1	广东风华高新科技集团有限公司	142,484,170	26.87
2	广东粤财投资有限公司	42,335,000	7.99
3	肇庆市银华工贸发展公司	26,775,000	5.05
4	广东风华高新科技股份有限公司工会	22,380,300	4.22
5	肇庆市威劲电子有限公司	20,211,000	3.82
6	深圳市加德信投资有限公司	16,725,000	3.16
7	广东投资开发公司	15,284,700	2.89
8	广发证券有限责任公司	13,623,229	2.57
9	裕隆证券投资基金	12,872,573	2.43
10	裕阳证券投资基金	12,218,209	2.31

说明：

1、广东风华高新科技集团有限公司为国有法人股股东。裕阳证券投资基金、裕隆证券投资基金为社会公众股股东。广发证券有限责任公司为国有法人股转配股股东。

2、股份质押情况：

1998年8月3日和1998年12月3日，广东风华高新科技集团有限公司分别以其所持有的本公司国有法人股1300万股和3600万股为质押向中国银行肇庆分行贷款。股份质押后派生的红股予以冻结，股份质押期限至2001年8月3日和2001年12月3日。

3、前10名股东之间不存在关联关系。

四、股东大会简介

报告期内召开了一次年度股东大会和二次临时股东大会

1、1999年度股东大会于2000年4月10日在公司召开，此次股东大会决议公告刊登于2000年4月11日的《中国证券报》、《证券时报》、《上海证券报》上。

2、公司2000年第一次临时股东大会于2000年3月1日在公司召开，此次股东大会决议公告刊登于2000年3月2日的《中国证券报》、《证券时报》、《上海证券报》上。

3、第二次临时股东大会于2000年9月4日上午在公司召开。此次股东大会决议公告刊登于2000年9月5日的《中国证券报》、《证券时报》、《上海证券报》

五、董事会报告

(一)公司经营情况

1、公司所处行业及地位：

公司所处行业为电子信息基础产品行业——新型片式元器件行业，属国家电子信息产业优化升级中重点扶持发展的行业，被国家计委、国家科技部、国家信息产业部列入国家当前优先发展的高技术产业化重点发展领域。本公司是目前国内最大的新型片式电子元器件生产企业、国家移动通讯产品国产化配套元器件定点企业、世界十大片式元件生产商之一；同时也是国家高技术研究发展计划成果产业化基地和国家新型片式元器件生产基地。目前公司主导产品为片式多层陶瓷电容器、片式电阻器、片式电感器三大片式无源元件，其中片式多层陶瓷电容器2000年产销量均居于国内同行首位，在全球同行中居第八位；片式电阻器的2000年产量居全国第一；片式电感器2000年产量居国内第二（资料来源：中国电子元件协会资料，美国 Paumanok publication 公司2000年市场研究报告）。

2、公司主营业务的范围及其经营情况：(1)本公司主营业务范围为系列新型片式元件、集成电路、光机电一体化、电子专用设备及电子材料等电子信息基础产品的研制、生产和销售。

2000年公司及时抓住市场及政策机遇，通过增发新股、资产购并、技术创新，在经营发展模式、产品结构的优化调整及内部法人治理架构方面迈出了关键一步，实现了公司主营业务规模的迅速扩大及经营业绩的同步增长，使公司发展跃上了一个新台阶，为公司的长期可持续高速高效发展奠定了坚实的基础。在连续6年经营业绩高增长的基础上，公司全年实现主营业务收入13.69亿元，税后利润3.66亿元，同比增长54.80%、63.17%，达到公司增发新股时向全体股东做出的盈利预测的指标，公司主导产品生产能力同比增长超过1倍，继续保持国内行业（包括外资企业）规模领先的优势，在全球十大厂商中排位上升2位，公司产品市场综合竞争力进一步提高。

2000年由于全球范围内电子信息产业发展的加快，特别是网络及数字化产品、移动通信产品市场需求高速增长的拉动，造成国际市场上电子元器件普遍呈供不应求的状况，同时，随着国际电子整机加工业向中国大批转移以及国家公布的"关于鼓励软件产业和集成电路产业发展的若干政策"，使国内新型片式元器件的需求进入新一轮高速增长期。由于公司管理层对行业发展前景的充足信心及对本轮需求增长的预见性，使公司能未雨绸缪，及时策划大规模投入建设国家级新型元器件基地项目，充分利用国家支持高新技术产业发展的政策机遇，积极配合中国证监会进行增发新股的试点工作，成功增发4000万A股募集近11亿元资金投入项目建设。由于募股资金及时投入到原有主营产品及通过收购资产形成的一批新产品的技术改造上，使公司产品品种迅速增加，生产规模逐月扩大，从而及时地抓住了市场供不应求的时机，扩大了市场占有率。至年底公司已具备了片式多层陶瓷电容器、片式电阻器600亿、片式电感器4亿只的年生产能力，高性能软磁铁氧体、光机电一体化电子专业设备也已初具产业化规模，从而使得公司的核心竞争能力和行业地位得到了全面提升。公司上半年被中国证券报和上海亚商公司评为"中国最具发展潜力上市公司50强"第3名。

2000年度，公司继续加大技术创新的力度，加大科研投入及人才引进力度，公司的国家级研究中心及博士后流动工作站的建设取得了实质的成效，为公司进一步降低成本，提高产品工艺性能、技术档次，不断向市场推出新产品做出了贡献。公司年内有R-C阻容网络产品、镍电极MLCC产品获国家级新产品称号；高性能低温烧结片式电感器被列入国家级重点火炬计划项目；另有8种新产品被列为省级新产品；0201型MLCC的开发等3个项目被列入国家级技术创新项目；与长春光机所共同开发的国内第一台具有世界先进水平的BHTZ-021型激光调阻机等5个项目被列入省级技术创新项目；公司0402型片式电阻、电容、电感均已实现批量生产，一批新的材料及工艺技术在生产中的运用使公司主营产品的成本进一步下降，确保了公司的盈利增长及技术领先优势。

报告期内，公司进一步加强了公司的规范化运作，完善公司内部法人治理架构，修订和完善了公司一系列内部规章制度，采取措施进一步降低了公司的关联交易比例，增加对交联交易的信息披露，制定一系列制度规范三会的运作，使公司经营运作规范化水平不断提高。

项　目		主营业务收入(万元)	比重(%)	主营业务利润(万元)	比重(%)
按照行业构成	元器件	135,310.73	98.81	46,550.27	99.45
	电子设备	1,634.74	1.19	258.91	0.54
按产品构成	片式多层陶瓷电容器	97,649.26	71.31	35,651.95	76.16
	片式电阻器	21,343.01	15.59	6,497.58	13.88
	片式电感器	5,044.21	3.68	1,569.69	3.35
	铝电解电容器	7,727.10	5.64	1,159.05	2.48
	其它配套产品	5,181.89	3.78	1,930.91	4.13

2、公司主要全资附属企业及控股子公司经营业绩：　(单位：人民币万元)

公司名称	主营业务收入	利润总额
肇庆冠华现代电子元件有限公司	96,246.24	29,245.05
肇庆端华现代电子元件有限公司	28,942.13	5,462.58
肇庆利华电子有限公司	20,801.11	547.95
肇庆粤华新型电子器件有限公司	17,696.71	1,100.77
肇庆风华英达电感器件有限公司	4,082.79	1,133.63
肇庆宝华电子设备有限公司	9,141.60	1,276.94

(3)在经营中出现的问题和解决方案

A、全球范围电子元器件行业供求关系的紧张态势及良好的前景预期，使2000年度世界主要生产厂商均在加大投入扩大生产规模，新技术、新产品不断推出，日本、韩国、台湾同行大公司在国内设立的三资企业规模迅速扩大，为取得市场竞争优势，本公司必须进一步扩大生产规模，加快技术开发，提高产品档次，增加产品品种，巩固和发展技术领先和规模优势，进一步加大产品海内外市场开拓力度，在保持和完善现有优势的基础上，积极开拓新的客户及区域市场，调整优化客户结构和市场结构，扩大产品市场占有率。

茂名石化实华股份有限公司

茂名石化实华股份有限公司2000年年度报告摘要

重要提示:本公司董事会保证本报告所载资料不存在任何虚假记载、误导性陈述、或者重大遗漏,并对其内容的真实性、准确性和完整性负个别及连带责任。

一、公司简介

本公司是1988年10月,以全国特大型工业企业--中国石化集团茂名石油化工公司(以下简称:茂名石化公司)为发起人,向社会公开发行股票而成立的股份制企业。1993年12月公司被国家体改委确认为规范化的股份制试点企业,1996年11月14日公司股票A股在深圳证券交易所挂牌上市。

1、公司法定中文名称:茂名石化实华股份有限公司

英文名称:Maoming Petro-Chemical Shihua Co.,Ltd

2、公司法定代表人:何德先

3、公司董事会秘书及授权代表:梁 杰

联系地址:广东省茂名市官渡路162号,联系电话:(0668)2276176

传真:(0668)2281965

4、公司注册和办公地址:广东省茂名市官渡路162号

邮政编码:525000,电话:(0668)2883198,2276176,电子信箱:mhsh@21cn.com

5、公司选定的信息披露报纸:《中国证券报》、《证券时报》、《上海证券报》

刊登公司年度报告的中国证监会指定国际互联网网址:http://www.cninfo.com.cn

公司年度报告备置地点:公司投资理财部

6、公司股票上市交易所:深圳证券交易所

股票简称:茂化实华,股票代码:0637

二、会计数据和业务数据摘要

(一)本年度利润总额及构成(单位:元)

项目	2000年
1、利润总额	82345019.98
2、净利润	50004308.75
3、扣除非经营性损益后的净利润	55494900.53
4、主营业务利润	109665181.50
5、其他业务利润	3518122.21
6、营业利润	82115394.73
7、投资收益	5654736.56
8、补贴收入	
9、营业外收支净额	-5425111.31
10、经营活动产生的现金流量净额	86150073.51
11、现金及现金等价物净增加额	80621497.80

(二)截止报告期末前三年主要会计数据和财务指标

指标项目	2000年	1999年	1998年 调整后
1、主营业务收入(万元)	140290.66	90489.91	47746.75
2、净利润(万元)	5000.43	7434.45	4641.67
3、总资产(万元)	56380.59	55484.01	52407.31
4、股东权益(万元)	49240.10	45782.48	42240.73
5、每股收益(元)(摊薄)	0.311	0.462	0.288
(加权)	0.311	0.462	0.330
6、扣除非经常性损益后			
每股收益(元)	0.345	0.461	
7、每股净资产(元)	3.059	2.84	2.62
8、调整后每股净资产(元)	2.972	2.71	2.48
9、每股经营活动产生的现金流量净额(元)	0.535	0.70	0.29
10、净资产收益率(%)(摊薄)	10.16	16.24	10.99
(加权)	10.36	17.02	15.83

(三)根据中国证监会《公开发行证券公司信息披露编报规则》(第九号)要求,利润附表列示如下:

报告期利润	净资产收益率(%)		每股收益(元)	
	全面摊薄	加权平均	全面摊薄	加权平均
主营业务利润	22.27%	22.71%	0.681	0.681
营业利润	16.68%	17.01%	0.510	0.510
净利润	10.16%	10.36%	0.311	0.311
扣除非经常性损益后的净利润	11.27%	11.49%	0.345	0.345

三、股本变动及股东情况

(一)股本变动情况

1、股份变动情况表　　数量单位:股

项　目	期初数	本次变动增减(+,-)						期末数
		配股	送股	公积金转股	增发	其他	小计	
一、未上市流通股份								
1、发起人股份	26035200				2616050			28651250
其中:国家持有股份								
境内法人持有股份	26035200				2616050			28651250
2、募集法人股	79912370				-2616050			77296320
未上市流通股份合计	105947570							105947570
二、已上市流通股份								
1、人民币普通股	55044428							55044428
其中:高级管理人员持股	29147				4336			43483
已上市流通股份合计	55044428							55044428
三、股份总数	160991998							160991998

(二)股东情况介绍

1、截止2000年12月29日公司股东总数14401户。

2、公司前10名股东持股情况(2000年12月29日在册)

股东名称	本年度内股份增减(+,-)	年末持股数量(股)
(1)茂名石化公司职工互助会	-2616050	75618190
(2)茂名石油化工公司	2616050	28651250
(3)重庆市万州区恒联实业公司		1883902
(4)茂名金华财务发展公司		1678130
(5)张立春		1151645
(6)沈寿山		979311
(7)周海虹		749900
(8)沈昌华		576000
(9)林乃育		523183
(10)陈　平		396897

股东名称	占总股本(%)
(1)茂名石化公司职工互助会	46.970
(2)茂名石油化工公司	17.797
(3)重庆市万州区恒联实业公司	1.170
(4)茂名金华财务发展公司	1.042
(5)张立春	0.715
(6)沈寿山	0.608
(7)周海虹	0.466
(8)沈昌华	0.358
(9)林乃育	0.325
(10)陈　平	0.247

说明:茂名石化公司职工互助会所持股份没有质押;茂名石化公司所持股份没有质押。以上两个大股东报告期内所持股数变化为:茂名石化公司职工互助会将所持有的2616050股转让给茂名石化公司。

3、前十名股东之间的关联关系

(1)茂名石化公司职工互助会是茂名石化公司职工共同设立的社团法人。

(2)其他股东之间不存在关联关系。

4、持股10%以上的法人股东的情况

(1)茂名石化公司职工互助会　法定代表人:林丽华

经营范围:开展互助活动、运用自有资金或集资进行有价证券(包括企业股票、债券、国库券)投资。

(2)茂名石化公司　法定代表人:房广信

经营范围:原油、页岩油、石油化工产品。兼营:机械制造、建筑、安装、检修工程、汽车运输、修理、装配及工业性作业、红砖、水泥生产销售、材料销售、设计、科研技术咨询服务、管道输油服务、港口装卸、中转、仓储。

四、股东大会简介

(一)1999年度股东大会

1、2000年2月18日在《中国证券报》、《证券时报》和《上海证券报》上通知,2000年3月25日在茂名石化公司官渡村二楼会议室召开,出席会议的股东51人,代表股份9943.95万股,占公司总股本61.76%。

2、大会审议通过了如下决议:1999年度董事会工作报告;1999年度监事会工作报告;1999年度财务决算报告;1999年度利润分配方案。

股东大会决议刊登在2000年3月27日的《中国证券报》、《证券时报》和《上海证券报》上。`

(二)2000年第一次临时股东大会

1、2000年6月27日在《中国证券报》、《证券时报》和《上海证券报》上通知,2000年7月28日在茂名石化公司迎宾大厦三楼多功能厅召开,出席会议的股东51人,代表股份10594.97万股,占公司总股本65.81%。

2、大会审议通过了如下决议:关于改变前次配股剩余资金用途的议案;关于用配股剩余资金投资800万元参股深圳市清华传感设备有限公司的议案;关于用配股剩余资金投资350万元与深圳清华研究院组建高新技术有限公司的议案;关于用配股剩余资金投资约2800万元将6000吨/年乙醇胺装置扩改至18000吨/年项目的议案;关于公司监事会对公司董事会有关核销和计提资产减值准备的决议程序是否合法、依据是否充分等方面的报告;关于补选房广信先生为公司董事并任常务副董事长的议案。

3、股东大会决议刊登在2000年7月29日的《中国证券报》、《证券时报》和《上海证券报》上。

五、董事会报告

(一)公司经营情况

1、公司所属行业及在行业中的地位

公司所属行业为石油加工及炼焦业,主导产品为小本体聚合粉状聚丙烯,聚丙烯生产能力在全国同行业同类装置中名列第二,居广东第一。

2、公司主营业务经营情况

公司以生产经营聚丙烯、液化气、溶剂油、烃推进剂、石油制成品、塑料产品等为主营业务。

本年度内,公司经营班子带领全体员工努力拼搏,开拓创新,努力克服原料价格大幅度提高、生产成本大幅度增加等不利因素的影响,公司全年取得了较好的经济效益。各种产品产量均比上年有较大幅度的增长,主要产品产销率平均达100%。实现主营业务收入140290.66万元,主营业务利润10966.51万元,利润总额8234.50万元,净利润5000.43万元。全年主要抓了如下工作:

(1)精心组织生产,千方百计增加产品产量。抓好一、三预分离、聚丙烯等主要装置的生产,全年主要产品产量有较大幅度增长,创出历史最好水平。聚丙烯产量5.92万吨,同比增长26.6%;液化气25.23吨,同比增长49.3%。

(2)抓好配股项目建设和新产品开发,增强公司发展后劲。一预分离装置技术改造,5月竣工投产,生产出合格产品,处理能力由6.4万吨/年扩大到10万吨/年。二预分离装置技术改造,6月竣工投产。6000吨/年乙醇胺生产装置设备已安装完毕,进入试生产阶段。公司开发出发泡剂新产品,目前正大力组织促销。

(3)建立建全质量管理体系,提高管理水平。2月16日,公司一次性通过ISO9002质量体系认证。

(4)加大产品促销力度,扩大产品销量。全年产品销售总量43万吨,同比增长19.7%。全年实现销售收入14.2亿元,同比提高56.91%,创历史最好水平。

(二)公司财务状况及经营情况(单位:元)

	2000年	1999年	增减%	备　注
总资产	563805946.29	554840104.72	1.62%	
长期负债	0	437698.29	-100.00%	按财政部规定住

				房周转金调整
股东权益	492401012.93	457824802.00	7.55%	本年利润分配转入
主营业务利润	109665181.49	105462907.04	3.98%	产品销售增加
净利润	50004308.75	74344456.52	-32.74%	环保项目免税政策不再享受

(三)公司投资情况

1、募集资金使用情况

(1)承诺投资项目(单位:万元)

承诺投资项目名称	计划投资	实际投资项目
10万吨/年轻烃回收装置	3860	与计划投资项目一致
润滑油小包装自动灌装技术改造项目	3044	退出投资
聚丙烯装置扩建改造项目	1628	与计划投资项目一致
气体分离装置技术改造项目	4864	与计划投资项目一致
购置100辆轻油罐车投入铁路营运项目	1500	用乙醇胺项目代替

承诺投资项目名称	现已投入
10万吨/年轻烃回收装置	3000
润滑油小包装自动灌装技术改造项目	
聚丙烯装置扩建改造项目	1610.99
气体分离装置技术改造项目	3173.52
购置100辆轻油罐车投入铁路营运项目	2241.63

(2)实际投资项目与计划投资项目一致的情况

A、10万吨/年轻烃回收装置:该项目于1998年底完工投产,已支付工程款3000万元,尚未结算。现装置生产正常,本年实现效益1035.69万元。

B、聚丙烯装置扩建改造项目:该项目于 1998 年底完工投产,工程结算全部完成,结算款为1610.99万元,为计划投资的98.96%。现装置生产正常,本年实现效益1569万元。

C、气体分离装置技术改造项目:该项目的实施分二期进行,第一期工程于 1999 年上半年完成,第二期工程于2000年5月完成,两期累计支付工程款3173.52万元,尚未结算,预计工程总支出为3964万元,余 900万元。装置改造后,加工能力扩大了一倍,本年实现效益1798万元。

(3)实际投资项目与计划投资项目不一致的情况

A、购置100辆轻油罐车投入铁路营运项目:经公司1999年临时股东大会同意,用6000吨/年乙醇胺生产装置项目取代。目前该项目设备已安装完毕,进入调试阶段,已支付工程及预付设备款2241.63万元。临时股东大会决议已于2000年1月4日在《中国证券报》、《证券时报》、《上海证券报》公告。

B、润滑油小包装自动灌装技术改造项目:由于中石化集团公司内部资产重组等原因,根据上级管理部门关于避免同业竞争、关联交易规范等要求,本公司经 1999 年临时股东大会同意,变更该项目投资。2000年6月25日公司董事会和2000年7月28日临时股东大会通过将配股剩余资金:投资800万元参股深圳市清华传感设备有限公司;投资350万元与深圳清华大学研究院组建高新技术有限公司;投资 2800 万元将6000 吨/年乙醇胺装置扩改至18000吨/年。临时股东大会决议已于 2000年7月29 日在《中国证券报》《证券时报》《上海证券报》公告。

2、其他投资情况

(1)投资240.44 万元与深圳特标有限公司合作成立茂名石化实华特标塑胶有限公司,主要生产电缆护套料和桥梁料等。

(2)投资284万元对吨装袋生产规模进行扩大,设备在调试中。

(四)2001年度的业务发展计划

1、精心组织生产,努力提高产品质量。加强协调沟通,落实各种生产原料和动力的平衡供应,突出抓好主导产品,精心操作,确保全年完成聚丙烯产量6万吨。

2、抓好技术进步,促进企业高速发展。制定好"十五"发展规划,筛选一批技术含量高、规模大、收益好的项目,作为公司"十五"发展的新经济增长点。抓好 30 万吨气体分离装置和聚丙烯扩能改造项目的建设,确保年底中交。

3、积极搞好营销,为公司多创效益。加强市场信息的收集、分析,把握产品价格趋势,及时调整产品价格。抓好公司新商标的使用工作,加大产品的广告宣传力度,创立公司自已的品牌,提高公司产品知名度。抓好新产品促销工作,对发泡剂、乙醇胺等系列新产品加大促销力度,打开销售局面。

4、深化企业改革,努力提高管理水平。改革用工制度、用人制度和分配制度,加强财务管理等各项专业管理。

(五)董事会日常工作情况

1、董事会会议情况及决议内容

(1)2000年2月15日召开2000年第一次董事会,会议主要通过了如下决议:1999年度董事会工作报告;1999年度总经理工作报告;1999年度财务决算报告;1999年度利润分配方案:以1999年末总股本160991998股为基数,每10股派现金2元(含税),未分配利润余额57429916.52 元结转下年度;关于各项资产减值准备的计提议案;公司 1999年年度报告;关于聘任公司总工程师的决定。

(2)2000年5 月14 日召开第二次董事会,审议通过了如下决议;同意吴良泉先生辞去公司常务副董事长及董事职务;补选房广信先生为公司董事,并任常务副董事长职务。

(3)2000 年 6月25 日召开第三次董事会,审议通过了如下决议;关于改变前次配股剩余资金用途的议案;关于用配股剩余资金投资800万元参股深圳市清华传感设备有限公司的议案;关于用配股剩余资金投资350万元与深圳清华大学研究院组建高新技术有限公司的议案;关于用配股剩余资金投资约2800万元将6000吨/年乙醇胺装置扩改至18000吨/年项目的议案;决定2000年7月28日召开2000年第一次临时股东大会。

(4)2000年8 月15 日召开第四次董事会,审议通过了如下决议:1999年中期报告正文及摘要;2000年中期利润不分配,也不进行公积金转增股本。

(5)2000年10月29日召开第五次董事会,审议通过了如下决议:以自有资金投资扩建聚丙烯装置由4.4万吨/年扩至7万吨/年项目;以自有资金投资建设30万吨/年气体分离装置项目,关于调整公司经营班子部分成员的决定。

2、董事会对股东大会决议的执行情况

2000 年5月25 日,公司组织实施了1999年度利润分配方案:公司以 1999 年末总股本160991998股为基数,向全体股东每10股派现金2元(含税),扣税后,个人股东实际每10股派现金1.60元。

(六)公司管理层及员工情况

1、董事、监事、高级管理人员

职务	姓名	性别	年龄	年末持股数	年度报酬
董事长	何德先	男	53岁	2168	不在公司领报酬
常务副董事长	房广信	男	56岁	2168	不在公司领报酬
副董事长	蔡贤武	男	57岁	2940	
董事	徐元辉	男	57岁	2168	不在公司领报酬
董事	林丽华	女	53岁	2168	不在公司领报酬
董事	付燕生	男	44岁	2168	不在公司领报酬
董事	凌华明	男	51岁	2168	不在公司领报酬
董事	林日雄	男	53岁	2168	不在公司领报酬
董事	罗　建	女	47岁	0	不在公司领报酬
董事	钟金庆	男	51岁	0	不在公司领报酬
董事	李亮耀	男	41岁	0	不在公司领报酬
监事	高宏波	女	46岁	0	不在公司领报酬
监事	杨素华	女	44岁	0	不在公司领报酬
监事	黄佩琳	女	47岁	0	不在公司领报酬
监事	王芸生	男	58岁	2168	不在公司领报酬
监事	陈　宁	女	42岁	978	
总经理	姚志方	男	51岁	2168	
副总经理	曾水华	男	53岁	2168	
副总经理	白建光	男	41岁	2168	
副总经理	潘俊琪	男	45岁	0	
副总经理	冯作刚	男	47岁	2940	
副总经理	张平安	男	34岁	0	
总工程师	曹光明	男	32岁	0	

公司现任董事、监事、高级管理人员,本届任期从1999年5月9日起至2002年5月8日止;年初和年末的持股数相同,没有变化;年度报酬情况:4.5万至4.9万元之间3人,4万至4.5万元之间5人,3.5万至4万元之间1人。

报告期内,吴良泉先生因健康原因辞去公司常务副董事长和董事职务,补选房广信先生为公司董事并任常务副董事长职务;因工作调动关系,免去凌华明先生公司总经理职务,聘任姚志方先生任公司总经理职务;增聘张平安先生任公司副总经理职务;增聘曹光明先生任公司总工程师职务。

2、公司员工情况

2000年末,公司员工共671人,按专业构成:生产人员367人,占总数54.69 %;销售人员55人,占总数8.19%;技术人员115人,占总数17.13%;财务人员18人,占总数2.68%;行政人员36人,占总数5.36%。按教育程度分:本科45人,占总数6.71%;专科119人,占总数17.73%;中专58人,占总数8.64%;高中327人,占总数48.73%;初中121人,占总数18.03%;退休人员28人,占总数4.17%。

(七)本年度利润分配预案或资本公积金转增股本预案

2000 年公司实现净利润 50004308.75 元, 按公司章程规定提取 10%法定公积金计5000430.88元,提取10%公益金计5000430.88元。当年可供股东分配的利润为40003446.99元,加上1999年末未分配利润57429916.52元和住房周转金调整转入536881.60元, 累计可供股东分配的利润为97970245.11元。

公司以2000年末股本总额160991998股为基数,向全体股东每10股送红股2股、每10股转增3股并每10股派现金1元(含税),合计分现金16099199.80 元。未分配利润余额81871045.31元结转下年。

(八)2001年度利润预分配政策

1、公司拟在2001年度分配利润1次;

2、2001 年度实现利润用于股利分配的比例大于 10%,2000 年末滚存未分配利润用于股利分配不低于5%;

3、分配可采用派发现金或送红股的形式,其中现金股息占股利分配的比例不低于10%。

六、监事会报告

1、监事会会议情况

(1)2000年2月15日在公司五楼会议室召开监事会,会议通过了如下决议:1999年度监事会工作报告;关于各项资产减值的计提议案。

(2)2000年6月25日在公司五楼会议室召开监事会,会议通过了如下决议:同意公司提取坏账准备、短期投资跌价准备、存货跌价准备、长期投资减值准备的依据、方法、比例和数额。

(3)2000年8月15日在茂名石化公司官渡村召开监事会, 会议通过了如下决议:同意公司2000年中期报告正文及报告摘要;同意公司2000年中期利润不分配,也不进行公积金转增股本。

2、监事会对下列事项发表独立意见:

(1)监事会认为,报告期内,公司严格按国家的法律、法规和公司章程规范运作,决策程序合法,已建立完善的内部控制制度,公司董事、经理执行公司公务时无违反法律、法规、公司章程或损害公司利益的行为。

(2)监事会认为,会计师事务所出具的标准无保留意见的 2000 年度审计报告,能真实反映公司的财务状况和经营成果。

(3)报告期内,公司对前次配股剩余资金约 3950 万元变更投向:一是用配股剩余资金投资800万元参股深圳市清华传感设备有限公司;二是用配股剩余资金投资350万元与深圳清华大学研究院组建高新技术有限公司;三是用配股剩余资金投资约2800 万元将 6000吨/年乙醇胺装置扩改至18000吨/年项目。以上事项已经2000年5月4日公司董事会审议和2000年7月28日股东大会表决通过,是合法的。

(4)报告期内,公司没有收购、出售资产。

(5)关联交易按市场公平价格进行,未损害公司利益。

七、重要事项

1、报告期内本公司没有重大诉讼、仲裁事项。

2、公司、公司董事及高级管理人员没有受到监管部门的处罚。

3、报告期内公司无收购、资产重组事项。

4、"三分开"的情况

(1)人员分开方面:公司设有人力资源管理部,负责劳动、人事及工资管理,制订了独立、完整的劳动、人事管理制度。公司总经理、副总经理、总工程师、财务负责人、董事会秘书在公司领薪。

(2)资产完整方面:公司拥有独立的生产系统及配套设施,资产完整。并拥有独立的采购、销售系统。公司的商标由控股股东持有,控股股东许可公司使用该商标。

(3)财务分开方面:公司设有独立的财务部门--投资理财部,建立健全独立的会计核算体系和财务管理制度。公司独立开设银行帐户,依法独立纳税。

5、重大关联事项。

(1)公司销商品产生的关联交易:

关联交易方	交易内容	定价原则	交易金额
中国石化茂名石化公司	原料采购	协议出厂价	191486454.00
茂名石化炼油化工股份有限公司	原料采购	协议出厂价	946462449.00
茂名乙烯公司	原料采购	协议出厂价	63036092.00
茂名美辉塑胶公司	产品销售	出厂价	65865704.80

关联交易方	占同类交易金额的比例
中国石化茂名石化公司	15.12%
茂名石化炼油化工股份有限公司	74.73%
茂名乙烯公司	4.98%
茂名美辉塑胶公司	4.69%

(2)本年度无资产、股权转让发生的关联交易。

6、报告期内,公司及持有5%以上股东没有在指定报纸和网站上披露承诺事项。

八、财务会计报告

(一)、审计报告

审　计　报　告

(2001)羊查字第 0766 号

茂名石化实华股份有限公司全体股东：

我们接受贵公司的委托，对贵公司提供的二零零零年十二月三十一日的资产负债表和截至该日止的本年度利润表、利润分配表及现金流量表(详见后附报表一至四)进行了审计。这些会计报表由贵公司负责。我们的责任是根据审计的结果，对这些会计报表表示意见。我们的审计是依据《中国注册会计师独立审计准则》进行的。在审计过程中，我们结合贵公司的实际情况，实施了包括抽查会计记录等我们认为必要的审计程序。

我们认为，上述会计报表，符合《企业会计准则》和《股份有限公司会计制度》的有关规定，在所有重大方面公允地反映了贵公司二零零零年十二月三十一日的财务状况及二零零零年度的经营成果和现金流量情况，会计处理方法的选用遵循了一贯性原则。

广州羊城会计师事务所	中国注册会计师：黄伟成
有限公司	中国注册会计师：潘　玲
中国·广州	二零零一年四月四日

(二)会计报表(附后)

(三)会计报表附注

1、公司简介

茂名石化实华股份有限公司(以下简称"本公司")是经茂名市经济委员会、中国人民银行茂名市分行茂人银管 [1988]18 号文批准于一九八八年十月成立的股份制企业，　发行股票 1,859.1 万元。一九九二年十一月经广东省企业股份试点联审小组、广东省经济体制改革委员会粤股审[1992] 99 号文批准扩股，总股本为 5,031 万元。一九九三年十二月经国家体改委体改生[1993]254 号文批准同意本公司为规范化的股份制试点企业。经中国证监会批准，本公司社会公众股股票于一九九六年十一月十四日在深圳证券交易所挂牌交易。本公司企业法人营业执照号为 19492214-1 号。公司于 1998 年 7 月 2 日经中国证券监督管理委员会证监上字(1998)81 号文批复同意，进行配股，股本由原来的 130,805,998.00 元，增加至 160,991,998.00 元。其中发起人股为 28,651,250 股，占总股本的 17.8%，法人股为 77,296,320.00 股，占总股股本 48.01%，个人股为 55,044,428 股，占总股本的 34.19%。

本公司注册资金为人民币壹亿陆仟零玖拾玖万壹仟玖佰玖拾捌元(RMB160,991,998.00)。公司主营业务是：生产和销售聚丙烯、液化气、烃推进剂、新型液化气、润滑油、石油制成品、塑料产品等石油化工、精细化工、塑料加工等。

公司本年度投资增加了四个子公司：

茂名华渝塑胶有限公司

茂名石化实华特标塑胶有限公司

茂名清华实华高新技术有限公司

深圳市清华传感设备有限公司

公司的下属子公司江门三角洲特种石油化工联合公司已于本年进行清算。

2、本公司主要会计政策、会计估计和合并会计报表编制方法

3、税项

(1)流转税

业务(产品)类别	税　种	税率
石油液化气产品收入	增值税	13%
聚丙烯及其他石油产品收入	增值税	17%
其他业务收入	营业税	3–5%

城市维护建设税及教育费附加分别按流转税额的 7%和 3%计缴。

(2)企业所得税

根据广东省人民政府粤办函[1996]576 号文批复，从一九九六年开始，实行按 33%征收所得税，属地方分得部分由茂名市财政局返还 15%。

2000 年度本公司尚未收到茂名市财政局同意返还 15%所得税的批复。

4、控股子公司及合营企业

(1)截至资产负债表日止，本公司控股的子公司

被投资公司名称	注册资本(万元)	投资比例(%)
A、广州南沙华茂燃料发展公司	人民币 300	64.73%
B、茂名华渝塑胶有限公司	人民币 100	60%
C、茂名石化实华特标塑胶有限公司	人民币 429	51%
D、茂名清华实华高新技术有限公司	人民币 500	70%

被投资公司名称	主要业务
A、广州南沙华茂燃料发展公司	销售液化石油气
B、茂名华渝塑胶有限公司	聚丙烯改性生产
C、茂名石化实华特标塑胶有限公司	生产销售电缆护套料及助剂等
D、茂名清华实华高新技术有限公司	从事高新技术产品的开发、生产、销售等

(2)全资子公司

被投资公司名称	注册资本(万元)	投资比例(%)	主要业务
A、茂东加油站	人民币 110	100%	加油站
B、第三加油站		100%	加油站

说明：上述六家公司全部资产总额，销售收入的合计数及当期净利润中母公司所拥有的数额与母公司及其所有子公司资产总额合计，母公司及其子公司销售收入合计，母公司当期净利润额的比率均在 10%以下，符合财政部财会二字(1996)2 号文规定可以不进行合并，按重要性原则本期不对上述六家公司作报表合并。

(3)本公司投资的合营企业情况如下：

企业名称	注册资本(万元)	经营范围
华茂石化联营公司	人民币 100	加油站
华高石化联营公司	人民币 60	贸易
茂名金鹰印铁制罐有限公司	美元 118	生产销售铁罐
深圳市清华传感设备有限公司	人民币 500	从事高新技术产品的开发,生产.销售等
美辉塑胶有限公司	港币 350	塑料加工

企业名称	本公司对其投资额	所占权益比例
华茂石化联营公司	人民币 200 元万	50%
华高石化联营公司	人民币 130 元万	50%
茂名金鹰印铁制罐有限公司	53.1 万美元	45%
深圳市清华传感设备有限公司	人民币 350 元万	70%
美辉塑胶有限公司	140 万港元	40%

5、会计报表有关数据说明(如无特别注明，以下货币单位为人民币元)

(1)货币存款

类　别	年 初 数	年 末 数
现　　金	699.11	1,947.75
银行存款	105,841,094.53	186,461,343.69
合　计	105,841,793.64	186,463,291.44

货币资金较去年增加 73.75%，主要原因是本年度收回短期投资资金及加紧追收货款。

(2)短期投资

项目	年 初 数		本年增加	本年减少	年 末 数
	投资金额	跌价准备			投资金额
股票投资	192,119.97			192,119.97	0.00
债券投资	89,807,880.03			89,807,880.03	0.00
合　计	90,000,000.00	0.00	0.00	90,000,000.00	0.00

短期投资本年已全部收回。

(3)应收票据

出 票 单 位	出票日期	到期日	金　额
安徽扬程日化总公司	2000.09.28	2001.03.28	500,000.00
湛江强力包装产	2000.11.01	2001.04.20	1,700,000.00
温州升华包装有限公司	2000.10.23	2001.04.23	300,000.00
温州升华包装有限公司	2000.10.26	2001.04.23	505,200.00
湛江佳通电缆公司	2000.12.25	2001.06.25	240,000.00
河南灵宝市果品公司第二批发部			200,000.00
河南新大洲摩托车股份有限公司			100,000.00
宁波经济技术开发区建工物质公司			200,000.00
赤壁市水泥总厂			200,000.00
合　　计			3,945,200.00

以上并无持有本公司 5%以上股份的股东单位开出的票据，这些票据亦无进行贴现或抵押。

(4)应收帐款

帐龄	期初数 金额	比例	坏帐准备	期末数 金额	比例	坏帐准备
1 年以内	34,522,046.97	63.79%	1,726,102.35	21,176,876.37	50.60%	1,058,843.82
1 至 2 年	9,550,644.34	17.65%	955,064.43	1,810,265.77	4.32%	4,245,041.86
2 至 3 年	4,683,685.03	8.65%	1,405,105.51	8,998,647.34	21.50%	
3 至 4 年	5,317,809.28	9.83%	2,658,904.64	4,563,392.17	10.90%	2,281,696.09
4 至 5 年	46,027.82	0.08%	36,822.26	5,306,302.32	12.68%	4,245,041.86
合　计	54,120,213.44	100%	6,781,999.19	41,855,483.97	100%	10,466,202.54

A、以上应收账款余额中并无持本公司 5%以上股份的股东单位的欠款。

B、应收账款中前 5 名的欠款单位列示如下：

欠　款　单　位	欠款金额	欠款时间	款项原因
中商华天实业公司	6,038,654.06	1998.09	货款
华电石化联营公司	5,851,233.45	2000.12	货款
茂名美辉塑胶公司	3,937,114.06	2000.12	货款
华高石化联营公司	3,619,531.97	1996.12	货款
华宏服务公司	3,492,261.46	2000.12	货款

C、应收账款较去年减少 22.66%，主要原因是公司加强了追收货款。

(5)其他应收款

帐龄	期初数 金额	比例	坏帐准备	期末数 金额	比例	坏帐准备
1 年以内	23,034,170.58	73.80%	1,151,708.53	9,541,878.09	39.05%	477,093.90
1 至 2 年	4,146,103.38	13.28%	414,610.34	2,832,789.41	1 1.60%	283,278.94
2 至 3 年	2,822,544.30	9.04%	846,763.29	2,061,781.17	8.44%	618,534.35
3 至 4 年	1,210,017.15	3.88%	605,008.57	9,996,388.49	40.91%	4,998,194.25
合　计	31,212,835.41	100%	3,018,090.73	24,432,837.16	100%	6,377,101.44

A.以上其他应收款余额中持本公司 5%以上股份的中国石化集团茂名石油化工公司的欠款为 2,028,723.00 元，是货款押金。

B、其他应收款中主要欠款单位列示如下：

欠　款　单　位	欠款金额	欠款时间	款项原因
茂名石化房地产开发公司	9,616,959.20	三年以上	购房款
茂名石化实华特标塑胶有限公司	4,883,200.00	一年以内	代垫款
广州南沙华茂燃料公司	2,200,000.00	一年以内	购液化气槽车款
华高石油化工联营公司	2,061,781.17	二至三年	
中国石化集团茂名石化公司	2,028,723.00	一至二年	押金

(6)预付账款

预付账款年末余额为 20,014,189.53 元。

A、预付账款余额中并无持本公司 5%以上股份的股东单位的欠款。

(8)长期投资

项目	年 初 数 余　额	减值准备	本年增加
长期债权投资	3,762,750.00		305,100.00
长期股权投资	23,007,463.63	3,600,000.00	17,645,605.22
合　计	26,770,213.63	3,600,000.00	17,950,705.22

项目	本年减少	年 末 数 余　额	减值准备
长期债权投资		4,067,850.00	
长期股权投资	2,503,668.07	38,149,400.78	3,600,000.00
合　计	2,503,668.07	42,217,250.78	3,600,000.00

A、长期股权投资明细列示如下：

被投资单位名称	投资起止期	投资余额
江门三角洲特种石化联营公司	1989.03–1999.03	0.00
茂名美辉塑胶有限公司	1992.05–2002.05	1,553,464.81
华茂石化联营公司	1993.01–2005.01	1,724,721.64
华高石化联营公司	1993.02–2008.02	1,300,000.00
茂名金鹰印铁制罐有限公司	1995.04–2005.04	5,911,567.24
广州南沙华茂燃料发展公司	1999.06–	7,033,537.66
广东证券股份有限公司	1997.07–	2,200,000.00
第三加油站(岭门加油站)	1999.01–	1,207,816.75
茂东加油站	1999.01–	1,818,725.00
茂名华渝塑胶有限公司		600,000.00
茂名石化实华特标塑胶有限公司	2000.02–2005.02	2,578,720.54
茂名市清华实华高新技术有限公司	2000.08–2020.08	3,551,159.42
深圳市清华传感设备有限公司	2000.08–2020.08	8,669,687.72
合　　计		38,149,400.78

B、长期债权投资

债券种类	面值	年利率	购入金额	到期日
1997 年国库券	1,510,000.00	10.17%	1,510,000.00	2002.06.10
1997 年国库券	1,490,000.00	10.17%	1,490,000.00	2002.06.10
合　　计	3,000,000.00		3,000,000.00	

期初应收　　本期应收

债券种类	利息	利息	期末余额
1997 年国库券	383,917.50	153,567.00	2,047,484.50
1997 年国库券	378,832.50	151,533.00	2,020,365.50
合　计	762,750.00	305,100.00	4,067,850.00

(9)固定资产及累计折旧

资产类别	期末数
原值	
房屋建筑物	53,111,849.73
构筑物	52,324,592.23
机器设备	234,398,785.28
运输设备	4,970,970.96
合　计	344,806,198.20
累计折旧	
房屋建筑物	13,362,998.87
构筑物	13,045,441.17
机器设备	135,879,996.14
运输设备	3,449,865.94
合 计	165,738,302.12
净 值	179,067,896.08

本年度在建工程转入固定资产原值 51,056,696.12 元。

(10)在建工程

工程名称	年初数	本年增加	本年转入固定资产数	其他减少数	年末数	资金来源	工程进度
二预分离装置	1,110,240.00	5,991,147.04			7,101,387.04	配股	100%
LED 大屏幕显示系统		827,118.00			827,118.00	自筹	100%
聚丙烯装置		1,270,138.01			1,270,138.01	自筹	100%
塑料成品仓库		1,127,305.89			1,127,305.89	自筹	100%
一预分离装置	6,823,557.66	18,920,458.97	24,640,000.00		1,104,016.63	配股	100%
其他零星工程	2,602,233.05	28,661,446.82	26,416,696.12	820,053.09	4,026,930.66	自筹	
合　计	10,536,030.71	56,797,614.73	51,056,696.12	820,053.09	15,456,896.23		

(11)无形资产

种类	期末数
岭门加油站	1,028,500.04
电白附城管区	3,057,777.73
茂东加油站土地	2,799,741.41
电白县七径尼乔	7,206,866.24
合　计	14,092,885.42

(12)长期待摊费用

种类	年初数	本期增加	本期摊销	年末数
长期待摊费用	1,765,716.60		551,431.78	1,214,284.82
合　计	1,765,716.60	0.00	551,431.78	1,214,284.82

(13)预收账款

预收账款年末余额为 11,881,743.37 元，其中并无欠持本公司 5%以上股份的股东单位的款项。

(14)其他应付款年末余额为 21,906,658.03 元，其中较大余额如下：

项　　目	金　额
中国石化集团茂名石油化工公司	17,039,184.60
炼油企业公司	1,687,449.09
教育经费	837,741.14
工会经费	806,420.93
安全生产保证金	659,690.96

其他应付款年末余额中持本公司 5%以上股份的股东单位的款项是中国石化集团茂名石油化工公司，金额为 17,039,184.60 元。

(15)应交税金

项目	年初数	年末数
增值税	8,852,179.23	-11,132,071.24
营业税	28,346.58	100,826.52
城建税	322,601.42	21,278.05
个人所得税	1,915.00	46,465.22
企业所得税	8,130,731.02	18,450,826.53
固定资产投资方向调节税		0.03
合计	17,335,773.25	7,487,325.11

(16)预提费用

项目	年初数	年末数
加工费	5,127,891.55	
管道输送费	467,760.00	
动力费用	150,000.00	
土地租金	415,900.00	
合计	6,161,551.55	0.00

预提费用较去年减少的主要原因是 2000 年以上费用已清算完毕。

(17)股本

	年初数	本年变动增减(+,-) 配股	送股	公积金转股	其他	小计	年末数
一、未上市流通股份							
1、发起人股份	26,035,200.00	0.00	0.00	0.00	2,616,050.00	2,616,050.00	28,651,250.00
其中：国家持有股份							
境内法人持有股份	26,035,200.00	0.00	0.00	0.00	2,616,050.00	2,616,050.00	28,651,250.00
2、募集法人股份	79,912,370.00	0.00	0.00	0.00	-2,616,050.00	-2,616,050.00	77,296,320.00
未上市流通股份合计	105,947,570.00	0.00	0.00	0.00	0.00	0.00	105,947,570.00
二、已上市流通股份							
1、人民币普通股	55,044,428.00	0.00	0.00	0.00	0.00	0.00	55,044,428.00
已上市流通股份合计	55,044,428.00	0.00	0.00	0.00	0.00	0.00	55,044,428.00
三、股份总数	160,991,998.00	0.00	0.00	0.00	0.00	0.00	160,991,998.00

(18)资本公积

项目	期初数	本期增加	本期减少	期末数
股本溢价	148,071,198.51			148,071,198.51
住房周转金转入	7019036.72			7,019,036.72
合　计	155,090,235.23			155,090,235.23

(19)盈余公积

项目	期初数	本期增加	本期减少	期末数
法定盈余公积	51,714,947.40	5,067,541.07		56,782,488.47
法定公益金	32,597,704.85	5,067,541.07		37,665,245.92
任意盈余公积				0.00
合　计	84,312,652.25	10,135,082.14		94,447,734.39

(20)未分配利润

项目	年初数	本期增加	本期减少	年末数
期初未分配利润	58,101,018.50			
本年净利润		50,004,308.75		
提取公积金			10,135,082.14	
分配普通股股利				
转增股本的普通股股利				
期末未分配利润				97,970,245.11

期初未分配利润与上年末分配利润的差异是由于本年度调整了住房周转金所致。

(21)主营业务收入

项目	本年发生额	上年发生额	增减百分比
自制产品	1,295,935,912.44	803,608,783.70	61.26%
外购产品	106,970,681.78	101,290,274.21	5.61%
合　计	1,402,906,594.22	904,899,057.91	55.03%

本年度主营业务收入比上年同期增加 55.03%，主要原因是：

A、本公司产品销售量增加；

B、本公司销售价格提高。

(22)主营业务成本

项目	本年发生额	上年发生额	增减百分比
自制产品	1,187,635,625.80	697,182,997.52	70.35%
外购产品	103,458,581.84	98,210,877.47	5.34%
合　计	1,291,094,207.64	795,393,874.99	62.32%

本年度主营业务成本比上年同期增加 62.32%，主要原因是原料价格提高和销量的增加。

(23)营业税金及附加

项目	本年发生数	上年发生数	增减百分比
营业税	1,674.00		
城建税	1,365,465.77	2,443,948.91	-44.13%
教育费附加	780,065.32	1,598,326.97	-51.19%
合　计	2,147,205.09	4,042,275.88	-46.88%

本年的主营业务税金及附加比上年减少 46.88%，主要原因是存货增加使本年应交增值税减少。

(24)其他业务利润

项目	本年收入	本年成本	本年利润
清罐费、装车费、停车费	5,601,013.51	2,082,891.30	3,518,122.21
合　计	5,601,013.51	2,082,891.30	3,518,122.21

(25)管理费用：本年发生额为 26,313,512.41 元，其中占公司管理费用较大的前十种费用

项目	本年数	上年同期	增减比例
坏帐损失	8,001,465.86	5,756,219.05	39.01%
职工工资	5,983,066.74	2,726,752.32	119.42%
折旧费	3,108,945.61	2,688,447.48	15.64%
咨询费	927,097.90	769,538.91	20.47%
其他摊提费	879,030.94	724,743.68	21.29%
职工福利费	837,629.38	384,045.25	118.11%
差旅费	690,190.34	515,897.50	33.78%
办公费	617,590.06	621,355.95	-0.61%
修理费	566,376.45	425,958.82	32.97%
运输费	458,010.50	182,444.19	151.04%

本年的管理费用比上年同期增加 54.40%，主要原因是：

A、本年计提的坏帐准备增加；

B、本年度的销售收入增大，工资额也增长。

(26)财务费用

项　目	本年发生数	上年发生数	增减百分比
利息支出			
减：利息收入	3,249,185.19	2,126,551.04	52.79%
汇兑损失			
减：汇兑收益			
其他	17,322.90	12,242.99	41.49%
合　计	-3,231,862.29	-2,114,308.05	52.86%

本年财务费用比上年同期减少 52.86%，主要原因是由于银行存款的增加。

(27)投资收益

项目		本年数	上年数	增减百分比
股权投资收益	成本法	200,000.00	100,000.00	
	权益法	1,149,606.78	4,254,613.20	-72.98%
债权投资收益		1,590,381.72	1,397,764.40	
其他投资收益		118,000.00	2,000,000.00	
减：减值准备		-2,596,748.06	6,196,748.06	
合　计		5,654,736.56	1,555,629.54	263.50%

投资收益增加原因：

A、冲减了上年提取的短期投资跌价准备；

B、本年没有增加计提长期投资减值准备。

(28)营业外收入
项 目 本年数 上年同期 增减百分比
变卖废料收入 77,389.07 39,981.37 93.56%
处理固定资产收益 7,123,635.02
其他 2,125.20 71,944.72 -97.05%
合计 79,514.27 7,235,561.11 -98.90%
本年营业外收入比上年同期减少 98.90%,主要原因是本年度没有处置固定资产收益。
(29)营业外支出
项 目 本年数 上年同期 增减百分比
报废固定资产损失 5,490,591.78 7,000,000.00 -21.56%
其他 14,033.80 77,239.50 -81.83%
合计 5,504,625.58 7,077,239.50 -22.22%
(30)支付的其他与经营活动有关的现金项目主要有:
A、管理费用支出 1,249.48 万元
B、营业外支出约 1.40 万元;
C、营业费用 564.20 万元。
6、关联公司交易情况
(1)关联方的基本情况
A、存在控制关系的关联方
企业名称 注册地址 主营业务 与公司关系
中国石化茂名石化公司 茂名市 生产和销售石油 法人股东、
(简称:茂名石化公司) 化工产品 发起人
茂名市华茂石油化工联营公司 茂名市 盈亏按投资比例 联营公司
分担
广州南沙华茂燃料发展公司 番禺市 销售液化石油气 子公司
茂名石化实华特标塑胶有限公司 茂名市 销售聚丙烯 子公司
茂名华渝塑胶有限公司 茂名市 子公司
茂名清华实华新技术有限公司 茂名市 子公司
企业名称 经济性质 法定代表人
中国石化茂名石化公司 国有 何德先
(简称:茂名石化公司)
茂名市华茂石油化工联营公司 集体 梁明非
广州南沙华茂燃料发展公司 中外合资 凌华明
茂名石化实华特标塑胶有限公司 集体 凌华明
茂名华渝塑胶有限公司 集体 凌华明
茂名清华实华新技术有限公司 集体 凌华明
B、存在控制关系的关联方的注册资本及其变化
企业名称 年 初 数 本年增加数 本年减少数
茂名石化公司 23 亿元
南沙华茂燃料发展公司 300 万元
第三加油站
茂东加油站 110 万元
茂名石化实华特标塑胶有限公司 429 万元
茂名清华实华高新技术有限公司 500 万元
茂名华渝塑胶有限公司 100 万元
企业名称 年 末 数
茂名石化公司 23 亿元
南沙华茂燃料发展公司 300 万元
第三加油站
茂东加油站 110 万元
茂名石化实华特标塑胶有限公司 429 万元
茂名清华实华高新技术有限公司 500 万元
茂名华渝塑胶有限公司 110 万元
C、存在控制关系的关联方所持股份的变化
企业名称 年初数 本期增加数 本期减少数 期
中国石化茂名石化公司 16.17% 1.63%
南沙华茂燃料发展公司 64.73%
第三加油站 100%
茂东加油站 100%
茂名石化实华特标塑胶有限公司 51%
茂名清华实华高新技术有限公司 70%
茂名华渝塑胶有限公司 60%
企业名称 末 数
中国石化茂名石化公司 17.80%
南沙华茂燃料发展公司 64.73%
第三加油站 100%
茂东加油站 100%
茂名石化实华特标塑胶有限公司 51%
茂名清华实华高新技术有限公司 70%
茂名华渝塑胶有限公司 60%
D、存在控制关系的关联交易
--采购货物
2000 年 1999 年
企 业 名 称 金 额 占年度购货百分比 金 额
中国石化茂名石化公司 191,486,454 15.12% 272,463,338.91
2000 年交易内容
企 业 名 称 占年度购货百分比
中国石化茂名石化公司 39.59% 主要购原材料
--销售货物
2000 年
企 业 名 称 金 额 占年度销货百分比
广州南沙华茂燃料发展公司 20,032,185.50 1.42%
第三加油站 3,963,550.07 0.28%
茂名石化实华特标塑胶有限公司 6,899,700.00 0.49%
江门三角洲石化 1,268,449.00 0.09%
1999 年 2000 年交易内容
企 业 名 称 金 额 占年度销货百分比
广州南沙华茂燃料发展公司 9,059,643.40 1% 混合油,溶剂油
第三加油站 混合油,溶剂油
茂名石化实华特标塑胶有限公司 聚丙烯
江门三角洲石化 聚丙烯,溶剂油
--关联方应收应付款项
项 目 2000 年末余额 占比重 1999 年末余额
应收账款:
茂名石化实华特标塑胶有限公司 1,833,930.00 4.38%
预收帐款:
广州南沙华茂燃料发展公司 8,379.50 0% 937,683.00
其他应付款:
中国石化茂名石化公司 17,039,184.60 77.78% 2,856,991.56
项 目 占比重
应收账款:
茂名石化实华特标塑胶有限公司
预收帐款:
广州南沙华茂燃料发展公司 1.73%
其他应付款:
中国石化茂名石化公司 39.35%
(2)不存在控制关系的关联方情况
A、不存在控制关系的关联方
企业名称 与本企业的关系
华茂石油化工联营公司 联营公司
华高石油化工联营公司 联营公司
茂名美辉塑胶有限公司 联营公司
茂名金鹰印铁制罐有限公司 联营公司
茂名乙烯公司 同属一间母公司
茂石化炼油化工股份有限公司 见注 1
深圳清华传感器设备公司 联营公司
注 1:茂石化炼油股份有限公司原为属于茂名石化公司的子公司,于 2000 年划归中石化股份有限公司属下的子公司,目前与本公司为非同一母公司属下的子公司.
B、不存在控制关系的关联交易
--采购货物
1999 年度 2000 年度
企业名称 金额 占本期购货百分比 金额
茂石化炼油化工股份有限公司 286,518,150.23 41.63% 946,462,449
茂名乙烯公司 27,815,899.00 4.09% 63,036,092
企业名称 占同期购货百分比
茂石化炼油化工股份有限公司 74.73%
茂名乙烯公司 4.98%
--销售货物
1999 年度 2000 年度
企业名称 金额 占同期销货百分比 金额
茂名美辉塑胶公司 43,699,960.01 4.83% 65,865,704.80
企业名称 占本期销货百分比
茂名美辉塑胶公司 4.69%
C、本公司与关联方应收应付帐款余额
--应收帐款
期初数 期末数
项 目 金额 占比重 金额 占比重
华茂石化联营公司 3,427,945.97 6.33% 3,427,945.97 8.19%
华高石化联营公司 3,619,531.97 6.69% 3,619,531.97 8.65%
茂名美辉塑胶有限公司 9,532,918.90 17.61% 3,937,114.06 9.41%
华新燃气具公司 428,294.17 0.29% 378,294.17 0.90%
--预付账款 期初数 期末数
项 目 金额 占比重 金额
茂名乙烯公司 14,116,468.54 70.53%
茂名石化炼油股份有限公司 3.793,533.25 18.95% 10,190,046.61
项 目 占比重
茂名乙烯公司
茂名石化炼油股份有限公司 18.82%
7、或有事项
截止二OOO 年十二月三十一日本公司无对外担保抵押、重大财务承诺及或有负债。
8、资产负债表日后事项
公司董事会于 2001 年 4 月 3 日召开,审议通过了 2000 年度财务决算报告;对 2000 年度利润分配预案作出决议;年度利润分配方案(2000 年公司实现净利润 50004308.75 元),按公司章程规定提取 10%法定公积金计 5000430.88 元,提取 10%公益金计 5000430.88 元。当年可供股东分配的利润为 40003446.99 元,加上 1999 年末未分配利润 57429916.52 元和住房周转金调整转入 536881.60 元,累计可供股东分配的利润为 97970245.11 元。公司拟以 2000 年末股本总额 160991998 股为基数,向全体股东以每 10 股送 2 股、转增 3 股并分现金 1 元(含税)的比例分红。
9、其他重要事项
(1)根据 2000 年 7 月召开的江门三角洲公司 2000 年第一次董事会纪要,由于另一投资方高润公司将改组上市以及中石化集团公司对下属公司对外投资严格控制等原因,江门三角洲公司将失去资金、政策、品牌三大优势,生产经营面临巨大困难,所以会议决定中止投资合作关系,解散本公司控股的子公司江门三角洲特种石油化工联合公司,并已于 2000 年 8 月份清算。
(2)2000 年 7 月,本公司与深圳清华大学研究院签订了共同开发两项高新技术项目的协议。第一个合作项目是本公司投资 800 万元参股深圳清华传感设备有限公司,成为该公司的第二大股东。第二个合作项目是与深圳清华大学研究院共同投资组建茂名清华实华新技术有限公司,其中本公司投资 350 万元,占注册资本的 70%,开发具有自主知识产权、广泛应用于炼油与石化等行业的油罐液位计、差压变送器和靶式流量计三种高新技术产品。同时茂名清华实华新技术有限公司将在茂名市建设深圳市清华传感设备有限公司的配套生产线,承接该公司委托的加工生产任务和生产传感器的其他后继产品。
(3)关联企业采购价格
本年度公司从茂名炼油化工股份有限公司购入的原材料价格经历了两次提价,主要原材料与年初价格对比的提价幅度:拔头油上升 31.5%,溶剂油上升 36.36%,液化气原料上升 14.58%,抽余油上升 25.43%,碳五上升 8.55%。这是本年销售毛利下降的主要因素。

九、公司其他有关资料

1、公司于 1998 年 9 月 24 日变更注册登记,注册登记地址:茂名市官渡路 162 号。

2、公司法人营业执照注册号：19492214-1。
3、税务登记号：国税粤字440900194922141。
4、公司未流通股票的托管机构名称：深圳证券登记有限公司。
5、会计师事务所：广州羊城会计师事务所有限公司，地址：广州市东风中路410号健力宝大厦二十五楼。

十、备查文件

1、载有法定代表人、财务负责人、会计经办人员签名并盖章的会计报表。
2、载有会计师事务所盖章、注册会计师签名并盖章的审计报告原件。
3、报告期内在《中国证券报》、《证券时报》、《上海证券报》上公开披露的所有公司文件的正文及公告的原件。

茂名石化实华股份有限公司
二00一年四月六日

资 产 负 债 表
2000年12月31日

公司名称：茂名石化实华股份有限公司

资产	附注	年初数	年末数
流动资产：			
货币资金	五-1	105,841,793.64	186,463,291.44
短期投资	五-2	90,000,000.00	
减：短期投资跌价准备		2,596,748.06	
短期投资净额		87,403,251.94	
应收票据	五-3	6,160,000.00	3,945,200.00
应收股利			
应收利息			
应收账款	五-4	54,120,213.44	41,855,483.97
其他应收款	五-5	31,212,835.41	24,432,837.16
减：坏账准备		9,800,089.92	16,843,303.98
应收款项净额		75,532,958.93	49,445,017.15
预付账款	五-6	36,595,913.83	20,014,189.53
应收补贴款			
存货	五-7	23,582,915.40	47,847,861.28
减：存货跌价准备			
存货净额		23,582,915.40	47,847,861.28
待摊费用		2,545,057.22	1,969,951.68
待处理流动资产净损失			
一年内到期的长期债权投资			
其他流动资产			
流动资产合计		337,661,890.96	309,685,511.08
长期投资：			
长期股权投资	五-8	23,007,463.63	38,149,400.78
长期债权投资	五-8	3,762,750.00	4,067,850.00
长期投资合计		26,770,213.63	42,217,250.78
减：长期投资减值准备	五-8	3,600,000.00	3,600,000.00
长期投资净额		23,170,213.63	38,617,250.78
固定资产：			
固定资产原价	五-9	297,433,675.83	344,806,198.20
减：累计折旧	五-9	136,596,156.99	165,738,302.12
固定资产净值		160,837,518.84	179,067,896.08
工程物资		4,675,411.83	5,671,221.88
在建工程	五-10	10,536,030.71	15,456,896.23
固定资产清理		1,772,837.57	
待处理固定资产净损失			
固定资产合计		177,821,798.95	200,196,014.19
无形资产及其他资产：			
无形资产	五-11	14,420,484.58	14,092,885.42
开办费			
长期待摊费用	五-12	1,765,716.60	1,214,284.82
其他长期资产			
无形资产及其他资产合计		16,186,201.18	15,307,170.24
递延税项：			
递延税款借项			
资产总计		554,840,104.72	563,805,946.29
流动负债：			
短期借款			
应付票据			
应付账款		3,793,480.61	
预收账款	五-13	16,490,290.07	11,881,743.37
代销商品款			
应付工资		10,354,619.61	10,354,619.61
应付福利费		2,771,329.34	3,397,097.94
应付股利	五-15	32,198,402.78	16,099,206.78
应交税金	五-16	17,335,773.25	7,487,325.11
其他应交款		212,555.39	278,282.52
其他应付款	五-14	7,259,601.83	21,906,658.03
预提费用	五-17	6,161,551.55	
预计负债			
一年内到期的长期负债			
其他流动负债			
流动负债合计		96,577,604.43	71,404,933.36
长期负债：			
长期借款			
应付债券			
长期应付款			
住房周转金		437,698.29	
其他长期负债			
长期负债合计		437,698.29	
递延税项：			
递延税款贷项			
负债合计		97,015,302.72	71,404,933.36
少数股东权益			
股东权益：			
股本	五-18	160,991,998.00	160,991,998.00
资本公积	五-19	155,090,235.23	155,090,235.23
盈余公积	五-20	84,312,652.25	94,447,734.39
其中：公益金	五-20	32,597,704.85	37,665,245.92
未分配利润	五-21	57,429,916.52	81,871,045.31
股东权益合计		457,824,802.00	492,401,012.93
负债及股东权益总计		554,840,104.72	563,805,946.29

公司负责人：　　财务负责人：　　编制人：

利润表及利润分配表
2000年12月31日

公司名称：茂名石化实华股份有限公司　　货币单位：人民币元

项目	附注	本年累计数	上年 计数
一、主营业务收入	五-22	1,402,906,594.22	904,899,057.91
减：折扣与折让			
主营业务收入净额		1,402,906,594.22	904,899,057.91
减：主营业务成本	五-23	1,291,094,207.64	795,393,874.99
减：主营业务税金及附加	五-24	2,147,205.09	4,042,275.88
二、主营业务利润		109,665,181.49	105,462,907.04
加：其他业务利润	五-25	3,518,122.21	3,434,397.77
减：存货跌价损失			
减：营业费用		7,986,258.85	7,391,365.39
减：管理费用	五-26	26,313,512.41	17,042,223.77
减：财务费用	五-27	-3,231,862.29	-2,114,308.05
四、营业利润		82,115,394.73	86,578,023.70
加：投资收益	五-28	5,654,736.56	1,555,629.54
加：补贴收入			
加：营业外收入	五-29	79,514.27	7,235,561.11
减：营业外支出	五-30	5,504,625.58	7,077,239.50
四、利润总额		82,345,019.98	88,291,974.85
减：所得税		32,340,711.23	13,947,518.33
减：少数股东损益			
五、净利润		50,004,308.75	74,344,456.52
一、净利润		50,004,308.75	74,344,456.52
加：年初未分配利润	五-21	57,966,798.12	30,152,750.92
加：盈余公积转入			
二、可供分配的利润		107,971,106.87	104,497,207.44
减：提取法定盈余公积		5,000,430.88	7,434,445.66
减：提取法定公益金		5,000,430.88	7,434,445.66
三、可供股东分配的利润		97,970,245.11	89,628,316.12
减：应付优先股股利			
减：提取任意盈余公积			
减：应付普通股股利		16,099,199.80	32,198,399.60
减：转作股本的普通股股利			
四、未分配利润	五-20	81,871,045.31	57,429,916.52

中国辽宁国际合作(集团)股份有限公司

一、公司简介

(一)公司法定中文名称:中国辽宁国际合作(集团)股份有限公司　公司简称:中辽国际
公司英文名称:China Liaoning International Cooperation(Group) Holdings Ltd.
英文缩写:CLIC
(二)公司法定代表人:王新权
(三)公司董事会秘书:王铁民　授权代表:郑金令
联系地址:沈阳市和平区中华路126号
电话:024-23271740　传真:024-23862853
(四)公司注册地址:沈阳市和平区中华路126号
公司办公地址:沈阳市和平区中华路126号
公司邮政编码:110001
公司电子信箱:clicnet@pub.sy.lnpta.net.cn　公司网址:http://www.cn-clic.com
(五)公司选定的信息披露报纸:《中国证券报》、《证券时报》
中国证监会指定年度报告登载网址:http://www.cninfo.com.cn
公司年度报告备置地点:公司董事会秘书处
(六)公司股票上市地:深圳证券交易所
股票简称: 中辽国际　股票代码: 0638

二、会计数据和业务数据摘要

(一)公司本年度主要会计数据

项　目	金 额(元)
实现利润总额	10,252,785.25
实现净利润	1,026,260.71
扣除非经常性损益后的净利润	-27,296,552.08
主营业务利润	56,551,443.75
其他业务利润	948,055.30
营业利润	-10,205,192.83
投资收益	-7,543,054.00
营业外收支净额	28,001,032.08
经营活动产生的现金流量净额	9,771,223.37
现金及现金等价物净增加额	556,933.51
扣除非经常性损益项目及金额合计	28,322,812.79
其中:转让资产收益	28,423,979.96
营业外收支净额	-422,947.88
长期股权溢价摊销	321,780.71

(二)截止报告期末公司前三年的主要会计数据和财务指标(合并报表)

项　目	2000年12月31日	1999年12月31日	1998年12月31日 调整前	1998年12月31日 调整后
主营业务收入(万元)	278,923,109.16	215,069,318.89	249,524,942.06	249,524,942.06
净利润(万元)	1,026,260.71	-102,921,104.67	24,325,692.36	-44,406,835.08
总资产(万元)	608,619,090.07	628,726,240.49	721,761,980.20	704,162,245.02
股东权益(万元)(不含少数股东权益)	189,113,511.76	188,629,760.90	372,693,398.05	291,748,413.37
每股收益(摊薄　元)	0.007	-0.67	0.16	-0.29
每股收益(加权　元)	0.007	-0.67	0.16	-0.29
扣除非经常性损益后的每股收益(元)	-0.176	-0.67	-0.02	-0.48
每股净资产(元)	1.22	1.22	2.41	1.89
调整后的每股净资产(元)	1.01	1.10	1.06	1.21
每股经营活动产生的现金流量净额(元)	0.06	0.11	0.21	0.19
净资产收益率(%)	0.57	-54.58	6.53	-15.22

(三)依据中国证监会《公开发行证券公司信息披露编报规则(第9号)》要求计算的净资产收益率和每股收益:

项　目	净资产收益率(%) 全面摊薄	净资产收益率(%) 加权平均	每股收益(元) 全面摊薄	每股收益(元) 加权平均
主营业务利润	29.90	29.90	0.37	0.37
营业利润	-5.40	-5.40	-0.07	-0.07
净利润	0.54	0.54	0.007	0.007
扣除非经常性损益后的净利润	-14.43	-14.43	-0.18	-0.18

注:主要财务指标计算公式如下:
全面摊薄每股收益=报告期利润/期末股份总数
加权平均每股收益=报告期利润/(期初股份总数+报告期因公积金转增股本或股票股利分配等增加股份数+报告期因发行新股或债转股等增加股份数×增加股份下一月份起至报告期末的月份数÷报告期月份数-报告期因回购或缩股等减少股份数×减少股份下一月份起至报告期期末的月份数÷报告期月份数)
全面摊薄净资产收益率=报告期利润/期末净资产
调整后每股净资产=[年度末股东权益-三年以上应收款净额-待摊费用-待处理(流动、固定)资产净损益-开办费-长期待摊费用-住房周转金负数余额]/年度末普通股股份总数
每股经营活动产生的现金流量净额=经营活动产生的现金流量净额/期末普通股股份总数

三、股东情况介绍

(一)截止到2000年末,公司股东户总数为42889户。其中,未流通国有股1户,公司高管人员6户,社会公众股42882户。
(二)公司前十名股东持股情况如下:

股东名称	年末持股数(股)	持股比例(%)
辽宁省国资局	66300000	42.86
谭文兵	353600	0.23
罗肇勤	335700	0.22
曾启明	275000	0.18
张琪	270056	0.17
沈阳华荣投资管理有限公司	260000	0.17
王蓓	246700	0.16
巫庆荣	236707	0.15
廖连英	213800	0.14
叶汝怀	190000	0.12

株洲庆云发展股份有限公司

一、公司简介

公司法定中文名称:株洲庆云发展股份有限公司
公司法定英文名称:ZHUZHOU　QINGYUN　DEVELOPMENT　CO.,LTD.
公司英文名称缩写:ZZQY
公司法定代表人:张　澎
公司董事会秘书:陈筱萍　授权代表:季晓康
联系地址:株洲市河西天台路株洲海关大楼8层
联系电话:0733-8826301-61　传　真:0733-8826301-61
公司注册地址:湖南省株洲市车站路1号　邮编:412008
公司办公地址:株洲市河西天台路株洲海关大楼7,8层
邮编:412000
电子邮箱名:zzqygfgs@mail.zz.hn.cninfo.net
公司选定的信息披露报纸名称:《证券时报》
证监会指定登载公司年度报告的国际互联网网址:http://www.cninfo.com.cn
公司年度报告备置地点:董事会秘书处
公司股票上市交易所:深圳证券交易所
股票简称:庆云发展　股票代码:0639

二、会计数据和主要业务数据摘要

(一)本年度利润总额及构成(单位:元)

项　目	2000年度
利润总额	5,113,212.47
净利润	5,113,212.47
扣除非经营性损益后的净利润	4,501,725.51
主营业务利润	29,616,638.61
其他业务利润	787,909.36
营业利润	2,461,535.38
投资收益	2,040,190.13
补贴收入:	
营业外收支净额:	611,486.96
经营活动产生的现金流量净额:	11,054,596.76
现金及现金等价物净增加额:	40,389,311.63

注:　扣除的非经营性损益项目及涉及金额:611,486.96元。
其中:营业外收支净额为611,486.96元。
(二)公司前三年主要会计数据及财务指标　单位:元

指标项目	2000年度	1999年度 调整前	1999年度 调整后	1998年度 调整前	1998年度 调整后
主营业务收入	53,816,679.55	73,223,082.29	38,282,817.27	66,124,106.38	66,124,106.38
净利润	5,113,212.47	8,659,497.05	8,788,453.81	-40,790,766.49	-40,790,766.49
总资产	189,086,307.43	141,868,345.47	142,008,682.23	191,076,540.31	191,496,444.01
股东权益	79,910,078.21	74,667,908.98	74,796,865.74	65,615,508.23	66,008,411.93
每股收益	0.0702	0.119	0.1206	-0.56	-0.56
扣除非经营性损益后的每股收益	0.0618	0.0683	0.0710	-0.63	-0.63
每股净资产	1.0967	1.025	1.0265	0.90	0.91
调整后的每股净资产	0.9808	0.97	0.9556	0.82	0.83
每股经营活动产生的现金流量净额	0.1517	0.423	0.2858	-0.52	-0.52
净资产收益率(%)	6.3987	11.60	11.75	-61.8	-61.8

注:主要会计数据和财务指标计算公式如下:
每股收益(摊薄)=净利润/年度末普通股股份总数
每股净资产=年度末股东权益/年度末普通股股份总数
净资产收益率=净利润/年度末股东权益*100%
每股经营活动产生的现金流量净额=经营活动产生的现金流量净额/年末普通股股份总数
(三)按照中国证监会"公开发行证券公司信息披露编报规则(第九号)"要求计算的本期净资产收益率和每股收益

报告期利润	净资产收益率(%) 全面摊薄	净资产收益率(%) 加权平均	每股收益(元) 全面摊薄	每股收益(元) 加权平均
主营业务利润	37.06	38.29	0.41	0.41
营业利润	3.08	3.18	0.03	0.03
净利润	6.40	6.61	0.07	0.07
扣除非经常性损益后的净利润	5.63	5.82	0.06	0.06

(四)本年度股东权益变动情况　单位:元

项目	股本	资本公积	盈余公积	法定公益金	未分配利润	股东权益合计
期初数	72864935.00	7336823.21	23,366,680.07	1,975,893.42	-30,747,465.96	74796,865.74
本期增加	-	-	-		5,113,212.47	5113212.47
本期减少						
期末数	72,864935.00	7336823.21	23,366,680.07	1,975,893.42	-25,634,253.49	79910078.21

变动原因:未分配利润增加增加系本年度利润增加所致。

三、股东情况介绍

1、截止2000年12月31日,本公司共有股东14436户。其中国家股股东1户,法人股股东9户,其余均为公众股股东。
2、持有本公司5%以上(含5%)股份的股东名称及前十名股东持股情况

股 东 名 称	年初持股数(股)	年末持股数(股)	占总股本(%)
沈阳宏元集团有限公司	0	20199910	27.72
福州保税区华裕企业公司	0	14328080	19.66
中国铁道建筑总公司株洲战备材料总厂	2126940	2126940	2.92
株洲市国有资产管理局	1147835	1147835	1.58
长沙铁路总公司	999830	999830	1.37
株洲铁路地区劳服公司	584870	584870	0.80
王大益	0	357100	0.49
株洲市花城进出口汽车维修中心	341770	341770	0.47
陈　斌	0	190001	0.26
费进兰	0	171100	0.23

九江化纤股份有限公司

(一)、公司简介

1、公司法定中文名称:九江化纤股份有限公司
公司法定英文名称:Jiujiang Chemical Fibre Co.,Ltd
2、公司法定代表人:张棠华
3、公司董事会秘书:喻铨衡
授权代表:徐惊宇
联系地址:公司证券部
联系电话:0792-8234601-5675
传　　真:0792-8234629
4、注册地址:江西省九江市庐山区蛤蟆石
办公地址:九江化学纤维厂厂区
邮政编码:332017
电子信箱:jjhx@pub.jj.jx.cninfo.net
5、信息披露报纸名称:证券时报
公司年度报告国际互联网网址:http://www.cninfo.com.cn
年度报告备置地点:公司证券部
6、股票上市交易所:深圳证券交易所
股票简称:九江化纤
股票代码:0650

(二)、会计数据和业务数据摘要

1、本年度主要财务指标情况
利润总额:25417140.75 元;
净利润: 21787844.76 元;
扣除非经常性损益后的净利润:21710844.76 元;
主营业务利润: 38848786.72 元;
其他业务利润: 10800127.24 元;
营业利润: 25747088.99 元
投资收益:
补贴收益:77000.00 元
营业外收支净额:-406948.24 元
经营活动产生的现金流量净额: -37079123.81 元;
现金及现金等价物净增加额: -24751478.15 元
2、报告期末公司前三年的主要会计数据和财务指标:

项　目	2000 年末	1999 年末	1998 年末
主营业务收入(元)	236128941.51	236033886.80	192647237.39
净利润(元)	21787844.76	27726367.00	28306964.46
总资产(元)	651614225.14	476214275.84	360063441.24
股东权益(元)	345323268.72	261489823.96	233763456.96
每股收益(元)(摊薄)	0.20	0.27	0.33
每股收益(元)(加权)	0.21	0.27	0.37
扣除非经常性损益后的每股收益(元)	0.20	0.27	0.33
每股净资产(元)	3.11	2.55	2.73
调整后的每股净资产(元)	3.10	2.54	2.71
每股经营活动产生的现金流量净额(元)	-0.33	0.66	0.17
净资产收益率(%)	6.31	10.60	12.11

(三)、股本变动及股东情况

1、股份变动情况表 (单位:万股)

项目	本次变动前	本次变动增减(+,-)						本次变动后
		配股	送股	公积金转股	增发	其它	小计	
一.未上市流通股份								
1.发起人股份								
境内法人持有股份	7466.4							7466.4
未上市流通股份合计	7466.4							7466.4
二.已上市流通股份								
1.人民币普通股	2808.0	+842.4					+842.4	3650.4
已上市流通股份合计	2808.0	+842.4					+842.4	3650.4
三.股份总数	10274.4	+842.4					+842.4	11116.8

2、股东情况介绍
(1)报告期末公司股东总数为 6332 户。
(2)前十名股东持股情况:

名次	股东姓名	持股数(股)	占总股本比例(%)
1	九江化学纤维厂	74664000	67.16
2	王清发	569015	0.51
3	蔡汝业	509822	0.46
4	程金英	500000	0.45
5	汪连珠	477837	0.43
6	朱付刚	463800	0.42
7	符玉春	300000	0.27
8	王琼鎏	289000	0.26
9	王圣民	267800	0.24
10	赵建中	266700	0.24

说明:1 九江化学纤维厂是本公司唯一持股 5%(含 5%)以上的法人股东,其所持股份没有被质押、冻结。

2 前 10 名股东之间不存在关联关系。

(3)持股 10%以上的法人股东情况:九江化学纤维厂持有公司 7466.4 万股国有法人股,占总股份的 67.16%。 法定代表人:张棠华

经营范围:粘胶短丝生产和销售。

珠海格力电器股份有限公司

(一)公司简介

公司法定中文名称:珠海格力电器股份有限公司
公司法定英文名称:GREE ELECTRIC APPLIANCES,INC.OF ZHUHAI
公司法定代表人:苏结宏
公司董事会秘书:刘兴浩
联系地址:珠海市前山金鸡西路 6 号
联系电话:0756-8614883-2416
联系传真:0756-8614998 0756-8622581
电子信箱:gree0651@gree.com.cn
公司注册地址:珠海市前山金鸡西路 6 号
公司办公地址:珠海市前山金鸡西路 6 号
公司办公联系电话:0756-8614883
邮政编码:519070
公司网址:http://www.gree.com.cn
公司电子信箱:gree@gree.com.cn
选定的信息披露报刊:中国证券报、证券时报、上海证券报
登载年度报告的中国证监会指定的国际互联网网址:
http://www.cninfo.com.cn
公司年度报告备置地点:珠海市前山金鸡西路 6 号
股票上市地:深圳证券交易所
股票简称:格力电器
股票代码:0651

(二)会计数据和业务数据摘要

1、公司本年度实现利润总额:299,561,972.90 元
净利润:254,870,113.60 元
扣除非经常性损益后的净利润:265,511,439.62 元,主要是处理固定资产损失 1054 万元。
主营业务利润:1,675,344,424.43 元
其他业务利润:18,873,443.17 元
营业利润:307,239,089.53 元
投资收益:2,964,209.39 元
补贴收入:0 元
营业外收支净额:-10,641,326.02 元
经营活动产生的现金流量净额:865,287,935.53 元
现金及现金等价物净增加额:998,980,293.94 元。

注:“扣除非经常性损益后的净利润” 中扣除项目及金额: 减营业外收支净额-10,640,326.02 元。

2、公司前三年主要会计数据和财务指标(合并报表)　　单位:元

项目	2000.12.31	1999.12.31	1998.12.31	
			调整前	调整后
主营业务收入	6,342,591,764.83	5,165,641,243.30	4,298,140,976.33	4,298,140,976.33
净利润	254,870,113.60	229,161,235.93	211,780,756.59	215,077,377.94
总资产	5785,824,935.69	3,423,855,391.07	2,925,729,402.91	2,925,910,268.41
股东权益	1,618,520,818.57	1,057,238,919.24	958,832,200.35	958,139,483.31
每股收益(摊薄)	0.71	0.705	0.65	0.66
每股收益(加权)	0.76	0.705	0.66	0.67
每股净资产	4.52	3.25	2.95	2.94
调整后的每股净资产	4.50	3.23	2.90	2.89
每股经营活动产生的现金流量净额	2.42	1.08	1.75	1.75
净资产收益率(%)(摊薄)	15.75	21.68	22.09	22.45
净资产收益率(%)(加权)	19.10	21.36	24.34	24.78

注 1:扣除非经常性损益后的每股收益(摊薄)为 0.74 元,加权平均每股收益为 0.79 元;扣除非经常性损益后的净资收益率为 16.4%,加权净资产收益率为 19.90%。

注 2:主要财务指标计算方法:
每股收益=净利润/年度末普通股股份总数
调整后的每股净资产=(年度末股东权益-三年以上应收款项净额-待摊费用-待处理(流动、固定)资产净损失-开办费-长期待摊费用-住房周转金负数余额)/年度末普通股股份总数
每股经营活动产生的现金流量净额=经营活动产生的现金流量净额/年度末普通股股份总数
净资产收益率=净利润/年度末股东权益＊100%

(三)股东情况介绍

(1)截止 2000 年 12 月 31 日,公司股东共 105,636 户。
(2) 前 10 名股东持股情况

股东名称	年末持股数量	持股比例
1.珠海格力集团公司	180,000,000	50.2849%
2.珠海格力房产有限公司	30,000,000	8.3808%
3.珠海华声实业(集团)股份有限公司	6,000,000	1.6761%
4.国通证券有限责任公司	2,869,203	0.0802%
5.马新中	479,674	0.0134%
6.黄道英	408,469	0.0114%
7.刘翰超	372,072	0.0104%
8.章兵	352,200	0.0098%
9.华建交通经济开发中心	327,898	0.0092%
10.陈淑琼	324,800	0.0091%

前三名股东为法人股东,所持股份为未上市流通股份,本年度持股数量没有增减变动。珠海格力房产有限公司所持有本公司的股份办理了贷款质押。其余股东所持股份为已上市流通股份。

珠海格力集团公司持有珠海格力房产有限公司 26.73%的股份。

(3) 珠海格力集团公司简介。法定代表人:徐荣;经营范围:五金家电、电子产品及通讯设备、塑料制品、电子计算机及配件、钟表等;持有本公司的股份没有任何质押。

(4) 报告期内控股股东无变动。

天津泰达股份有限公司

(一)、公司简介

1、法定名称:天津泰达股份有限公司
英文名称:TIANJIN TEDA CO., LTD.
(TIANJIN ECONOMIC-TECHNOLOGICAL DEVELOPMENT AREA CO., LTD.)
2、法定代表人:刘惠文先生
3、董事会秘书:王平芬女士
联系电话:(022)26828217 (022)26397997——3183 联系传真:(022)26828217
联系地址:天津市北辰区引河南道
4、注册地址:天津泰达中心(天津开发区第三大街16号)
办公地址:天津市北辰区引河南道 邮政编码:300400
电子信箱:teda@shell. tjvan. net. cn. 公司国际互联网网址:http://www.teda-stock.com.cn.
5、公司指定的信息披露报刊:《证券时报》和《中国证券报》。
公司指定的信息披露网站:http://www.cninfo.com.cn.
年报备置地点:董事会秘书处
6、股票上市交易所:深圳证券交易所
股票简称:泰达股份 股票代码:0652

(二)、会计数据和业务数据摘要

(单位:元)

1、利润总额:	155,712,842.60
净利润:	140,200,471.12
扣除非经营性损益后的净利润:	140,179,489.93
主营业务利润:	161,591,440.91
其他业务利润:	28,895,788.23
营业利润:	130,011,682.24
投资收益:	25,913,373.23
补贴收入:	0
营业外收支净额:	-212,212.87
经营活动产生的现金流量净额:	96,967,030.04
现金及现金等价物净增加额:	415,548,674.82

注:扣除非经营性损益涉及的项目和金额包括:
(1)、资产处置收益: -179,018.81元
(2)、一次性补贴收入: 0元
(3)、合并价差: 200,000.00元
合计: 20,981.19元

2、前三年的主要会计数据和财务指标:

指标项目	2000年度	99年度	98年度(调整后)	98年度(调整前)
主营业务收入	382207668.54	217527232.25	214059104.94	214059104.94
净利润	140200471.12	167205283.71	130503899.12	133367499.80
总资产	1284403616.27	742250762.80	639902961.72	642787815.57
股东权益(不含少数股东权益)	652367062.48	554591379.36	379553445.65	382417046.33
每股收益	0.529	0.6306	0.6891	0.7042
加权每股收益	0.529	0.6306	0.6891	0.7042
扣除非经常性损益后的每股收益(元)	0.529	0.616	0.474	0.489
每股净资产	2.46	2.09	2.00	2.02
调整后每股净资产	2.45	2.08	1.97	1.99
每股经营活动产生的现金流量净额	0.366	0.4623	0.7349	0.7349
净资产收益率(%)	21.49	30.15	34.38	34.87
扣除非经常性损益后的加权净资产收益率(%)	19.45	35.41	30.55	31.36
加权净资产收益率(%)	22.44	36.10	41.53	42.24

按照中国证监会《公开发行证券公司信息披露编报规则(第九号)》要求,计算2000年度的净资产收益率和每股收益如下:(单位:元)

报告期利润		净资产收益率(%)		每股收益	
		全面摊薄	加权平均	全面摊薄	加权平均
主营业务利润	161591440.91	25.18	25.87	0.609	0.609
营业利润	130011682.24	20.26	20.81	0.49	0.49
净利润	140200471.12	21.85	22.44	0.529	0.529
扣除非经常性损益后净利润	140179489.93	18.93	19.45	0.458	0.458

3、报告期内股东权益变动情况:

项目	股本	资本公积	盈余公积	法定公益金	未分配利润	股东权益合计
期初数	265154925	44763532.77	63330238. 14	20509132. 46	181342683.45	554591379.36
本期增加	0	0	21030070.67	7010182. 56	76745612.45	97775683.12
本期减少	0	0	0	0	0	0
期末数	265154925	44763532.77	84360308. 81	27519315. 02	258088295.90	652367062.48

变动原因:
(1)、盈余公积金和法定公益金变动是由于公司99年度实现净利润提取10 %法定盈余公积金和5%公益金所致;
(2)、未分配利润变动是由于转入99年度的可分配利润所致。
(3)、股东权益变动是由于盈余公积、法定公益金和未分配利润变动所致。

(三)、股本变动及股东情况

2、股东情况介绍:
(1)、截止2000年12月31日,公司股东总数为50779户。
(2)、持有公司5%(含5%)以上股份的股东为天津泰达集团有限公司。其年内股份变动增减情况没有变化,天津泰达集团有限公司持有本公司国家股104228156股,持有本公司法人股8395525股,持股总数为112623681股,占本公司总股本的42. 47%。
(3)、公司前十名股东持股情况:

股东名称	持股数(股)(期初)	持股数(股)(期末)	变动原因	占总股数比例(%)
天津泰达集团有限公司	112623681	112623681		42.47
上海启茂实业公司	4204069			

福建九州集团股份有限公司

一、公司简介

(一)公司法定中文名称:福建九州集团股份有限公司
公司法定英文名称:FUJIAN JIUZHOU GROUP.CO.,LTD
(二)公司法定代表人:谢良生
(三)公司董事会秘书:邵军
联系地址:福建省厦门市莲花香秀里62号八楼
联系电话:(0592)5516666
传真:(0592)5517799
(四)公司注册地址和办公地址:福建省厦门市莲花香秀里62号九州大厦八楼
邮政编码:361009
公司国际互联网网址:www.jzgroup.com.cn
(五)公司选定的中国证监会指定信息披露报纸:《证券时报》
中国证监会指定国际互联网网址:www.cninfo.com.cn
公司年度报告备置地点:福建九州集团股份有限公司证券部
(六)公司股票上市交易所:深圳证券交易所
股票简称:ST九州 股票代码:0653

二、会计数据和业务数据摘要

(一)本年度主要利润指标情况(单位:人民币元)

项目	2000年
利润总额	-930,403,734.29
净利润	-934,793,745.32
扣除非经常性损益后的净利润	-521,028,093.08
主营业务利润	56,977,112.79
其它业务利润	1,587,100.31
投资收益	15,771,428.50
补贴收入	500,000
营业外收支净额	-413,765,652.24
经营活动产生的现金流量净额	41,609,794.81
现金及净额等价物净增加额	17,203,973.53

(二)前三年的主要会计数据和财务指标

指标项目	2000年	1999年	1998年
主营业务收入(万元)	19,128	34,918	45,580
净利润(万元)	-93,479	-41,569	1,041
总资产(万元)	64,736	136,781	119,379
股东权益(万元)	-75,297	16,926	61,351
每股收益(万元)(摊薄)	-3.1505	-1.40	0.035
扣除非经常性损益后的每股收益	-1.756		
每股净资产(万元)(摊薄)	-2.5377	0.57	2.07
调整后每股净资产	-2.5850	0.44	2.02
每股经营活动产生的现金流量净额	0.1402	0.11	-0.19
净资产收益率	-124.15	-245.60	1.70

按照中国证监会《公开发行证券公司信息披露编报规则》第9号通知精神,公司2000年度的净资产收益率和每股收益如下:(单位:人民币元)

报告期利润	
主营业务利润	56,977,112.79
营业利润	-532,909,510.55
净利润	-934,793,745.32
扣除非经常性损益后的净利润	-521,028,093.08

注:主要财务指标的计算方法
每股收益=净利润/年度末普通股股份总数
加权每股收益=当期净利润/(期末股份总数/(1+配股比例或增发新股比例)+期末股份总数/(1+配股比例或增发新股比例)x配股比例或增发新股比例x缴款结束日下一月份至期末的月份数/12)
每股净资产=年度末股东权益/年度末普通股股份总数
净资产收益率=净利润/年度末股东权益x100%
调整后的每股净资产=年度末股东权益-三年以上的应收款项净额-待摊费用-待处理(流动、固定)资产净损失-开办费-长期待摊费用-住房周转金负数负数余额)/年度末普通股股份总数
每股经营活动产生的现金流量净额=经营活动产生的现金流量净额/年度末普通股股份总数
(三)报告期内股东权益变动情况(单位:人民币元)

项目	股本	资本公积	盈余权益	法定公益金	未分配利润
期初数	296,711,400	168,493,145.54	35,192,862.42	13,685,168.57	-331,136,926.57
本期增加		626,800.00			11,931,338.79
本期减少					934,793,745.32
期末数	296,711,400	169,119,945.54	35,192,862.42	13,685,168.57	-1,253,999,333.10

变动原因:本期增加的11931338.79元是南平电机厂调整以前年度损益所引起的。本期减少是因为本年度经营亏损。

三、股东情况介绍

(一)报告期末公司股东总数81951户
(二)报告期末公司前十名股东持股情况:

股东名称	持股数	持股比例(%)	股份类别
福建省国有资产管理局	65665000	22.13	国家股
福建九州映雪啤酒集团有限公司	8000000	2.696	法人股
厦门合信联贸易有限公司	4000000	1.348	法人股
中国残疾人基金联合会	2000000	0.674	法人股
孙震亚	2000000	0.674	流通股
刘美林	2000000	0.674	流通股
于元芳	1002941	0.338	流通股
王一飞	999900	0.337	流通股
上海敬信实业发展有限公司	922800	0.311	流通股
惠君	800000	0.269	流通股

注:(1)持股5%以上的股东情况介绍
福建省国有资产管理局是国家股持有单位,局长林永经。该股东在报告期内没有抵押其所持股份。
(2)报告期内控股股东无变更情况

山 东 淄 博 华 光 陶 瓷 股 份 有 限 公 司

山东淄博华光陶瓷股份有限公司2000年年度报告摘要

一、公司简介

1、公司法定中文名称:山东淄博华光陶瓷股份有限公司

英文名称:Shandong Zibo Huaguang Ceramics Co.,Ltd.

2、公司法定代表人:苏同强

3、公司董事会秘书:刘玉光

联系电话:0533-2064346　　传　　真:0533-2061404

联系地址:中国山东省淄博市张店区湖田镇湖光路6号　　邮政编码:255076

4、公司注册、办公地址:山东省淄博市张店区湖田镇湖光路6号

公司国际互联网址:http://www.huaguanggroup.com.cn

公司电子信箱:hgjtzjb@zb-public.sd.cninfo.net

5、公司选定的中国证监会指定信息披露报纸:《中国证券报》、《证券时报》,登载公司年度报告的中国证监会指定国际互联网网址: http://www.cninfo.com.cn,公司年度期报告备置地点:公司董秘办公室

6、公司股票上市交易所:深圳证券交易所

股票简称:华光陶瓷　　股票代码:0655

二、会计数据和业务数据摘要

1、本年度会计数据(单位:人民币元)

利润总额	25638369.96
净利润	23397501.71
扣除非经常损益后的净利润	17217777.68
主营业务利润	80059263.54
其他业务利润	4012326.35
营业利润	19389525.93
投资收益	69120.00
补贴收入	6600000.00
营业外收支净额	-420275.97
经营活动产生的现金净流量	2431845.86
现金及现金等价物净增加额	48220449.95

注:扣除非经常损益项目为(1)政府财政补贴6600000.00元;(2)营业外收支净额-420275.97元。

2、截止报告期末公司前三年的主要会计数据和财务指标(单位:人民币元)

指标项目	2000年	1999年	1998年	比99年增减%
(1)主营业务收入	324764147.92	259649617.08	234641105.14	25.08
(2)净利润	23397501.71	19378522.18	45562548.59	20.74
(3)总资产	1191804020.41	890932872.95	571675144.03	33.77
(4)股东权益	380578776.68	267303829.77	196088950.51	42.38
(5)每股收益	0.19	0.17	0.49	11.76
(6)每股净资产	3.02	2.30	2.11	31.30
(7)调整后的每股净资产	2.80	2.02	2.02	38.61
(8)净资产收益率(%)	6.15	7.25	23.24	-
(9)加权平均每股收益	0.19	0.17	0.49	11.76
(10)扣除非经常损益后的每股收益	0.14	0.10	0.49	40.00
(11)每股经营活动产生的现金流量净额	0.02	0.38	-0.0003	-94.74
(12)加权平均净资产收益率(%)	6.49	7.52	26.29	--
(13)扣除非经常损益后的加权平均净资产收益率(%)	4.78	4.33	26.34	--

利润表附表

报告期利润	净资产收益率(%)		每股收益	
	全面摊薄	加权平均	全面摊薄	加权平均
主营业务利润	21.03	22.20	0.6359	0.6481
营业利润	5.09	5.38	0.1540	0.1570
净利润	6.15	6.49	0.1858	0.1894
扣除非经常性损益后的净利润	4.52	4.78	0.1367	0.1394

注:(1)主要财务指标的计算公式如下:

每股收益=净利润/年度末普通股股份总数

每股净资产=年度末股东权益/年度末普通股股份总数

调整后的每股净资产=(年度末股东权益-三年以上的应收款项净额-待摊费用-待处理(流动、固定)资产净损失-开办费-长期待摊费用-住房周转金负数余额)/年度末普通股股份总数

每股经营活动产生的现金流量净额=经营活动产生的现金流量净额/年度末普通股股份总数

净资产收益率=净利润/年度末股东权益×100%

(2)利润表附表的数据系根据中国证监会《公开发行证券公司信息披露编报规则第9号-净资产收益率和每股收益的计算及披露》的要求计算的。

3、报告期内股东权益变动情况　　单位:元

项目	股本	资本公积	盈余公积	法定公益金	未分配利润	股东权益合计
期初数	116387813.00	20585006.63	35901944.67	19000953.92	94429065.47	267303829.77
本期增加	9520000.00	99228622.17	4694495.32	2347247.66	18718001.37	132161118.86
本期减少	0.00	0.00	0.00	0.00	18886171.95	18886171.95
期末数	125907813.00	119813628.80	40596439.99	21348201.58	94260894.89	380578776.68

注:(1) 股本和资本公积的增加额系报告期内公司以1998年末总股本9313.2万股为基数,按10:3 比例配售人民币普通股9520000股,配售价格每股11.80元,共募集资金112336000元,其中转入股本9520000.00元,其余资金扣除发行费用3587377.83元后计入资本公积99228622.17元,两项共增加股东权益108748622.17元。

(2)盈余公积的增加额系公司按2000年度实现的净利润的 10%提取的法定公积金和按10%提取的法定公益金。

(3)未分配利润的增加额系公司2000年度实现的净利润扣除提取的盈余公积金的余额;减少额系按照公司董事会决议的利润分配预案-每10股派发现金红利人民币1.50元(含税)应付股东的红利。

三、股本变动及主要股东持股情况

1、股本变动情况:

(1)股份变动情况表(表一)　　数量单位:股(表一)

	本次变动前	本次变动增减(+,-) 配股	送股	公积金转股	增发	其他	小计	本次变动后
一、未上市流通股份								
1、发起人股份								
其中:国家持有股份	47,178,000	1,420,000						48,598,000
境内法人持有股份	27,326,093							27,326,093
3、内部职工股	14,923,320	11,200						14,934,520
尚未流通股份合计	89,427,413	1,431,200						90,858,613
二、已上市流通股份								
1. 人民币普通股	26,960,400	8,088,800						35,049,200
已上市流通股份合计	26,960,400	8,088,800						35,049,200
三、股份总数	116,387,813	9,520,000						125,907,813

(2)股票发行和上市情况:

报告期内公司于2000年1月26日在《中国证券报》、《证券时报》刊登《配股说明书》,以1998年末总股本9313.2万股为基数,按10:3 比例配售,配股价格11.8元。本次实际配售总额为952万股,其中向国家股股东配售142万股, 向社会公众股股东配售810万股。 经深圳证券交易所批准,获配股份于2000年4月6日上市交易,其中董事、监事及高管人员获配股份冻结。

2、主要股东持股情况:

(1)至2000年12月31日,公司股东总户数13158户。

(2)报告期内持有本公司5%以上股份股东及前十名股东:

1 5%以上股份股东:　　单位:万股

股东名称	期初数	配股增加	期末数	占总股本比例(%)
淄博市国有资产管理局	4717.8	142	4859.8	38.59

注:持有本公司5%以上股东股份未发生抵押或冻结情况。

前十名股东:

股东名称	期初数(股)	配股增加(股)	转让(+ -)	期末数(股)	总股本(%)
淄博市国有资产管理局	47178000	1420000		48598000	38.60
山东淄博振华工贸公司	3938000	0		3938000	3.13
淄博周村鹏远实业发展有限公司	3999230	0	-98500	3900730	3.09
山东证券公司总部	3489052	0		3489052	2.77
淄博市一轻工业公司	4883721	0	-1500000	3383721	2.69
张店区湖田镇爆炸物品管理站	0		+2636000	2636000	2.09
淄博市张店华丰实业总公司	2050000	0	-500000	1550000	1.23
上海景贤投资有限公司	0		+1500000	1500000	1.19
上海英博企业发展有限公司	0		+1450000	1450000	1.15
金鑫证券投资基金	0		+1231218	1231218	0.98

以上前十名股东不存在关联交易。

3、告期内控股股东未发生变化,其股份因配股原因由4717.8万股增至4859.8万股。

四、股东大会简介

本年度公司共召开一次股东大会。

1、股东大会的通知、召集、召开情况

公司于2000年3月22日在《中国证券报》、《证券时报》刊登《山东淄博华光陶瓷股份有限公司关于召开1999年度股东大会的公告》。会议由董事长苏同强先生负责召集,并于2000年4月22日在鲁中宾馆召开。

2、股东到会情况

参加本次会议的股东及股东代表共 19 人,代表股份7338.1784万股,占公司总股本12590.7813万股的58.28%。

3、本次大会通过的决议

大会以投票表决方式审议并通过了《1999年度董事会工作报告》;《1999年度监事会工作报告》;《1999年度财务决算报告》;《1999年度利润分配方案》; 1999年度实现净利润1937.85万元,提取10%法定公积金 、10%法定公益金后,加以前年度未分配利润7892.62万元,可供分配利润9442.91万元,不分配、不转增。《公司1999年度报告及报告摘要》;《投资〈出口陶瓷技改工程〉项目》;《修改公司章程》等决议;更换董事;因工作需要张福瑞辞去董事职务,选举张晓阳为公司董事会新任董事。其他董事、监事无变化。

该决议公告刊登于2000年4月25日的《中国证券报》和《证券时报》上。

五、董事会报告

1、公司报告期内主要经营情况

公司属于日用陶瓷行业,主营业务是日用陶瓷和造纸。经过公司全体员工的不懈努力,主要经济指标继续据全国同行业前列。

2000年公司实现主营业务收入32476.41万元,比上年同期提高25.08%;实现主营业务利润8005.93万元,比上年同期降低2.94%;实现利润总额2563.84万元,比上年同期提高8.25%;实现净利润2339.75万元,比上年同期提高20.74%。

陶瓷占公司主营业务的56.26%。2000年加大了技改力度,已有2条隧道窑改为辊道窑。隧道窑改为辊道窑后,一是节能效果显著。烧成能耗由原来的3900kcal/kg瓷降至1500kcal/kg瓷以下,节能效果达60%以上。二是采用微机自控,温差控制在3度以内,产品质量大幅度提高。三是机械化和自动化程度高,减轻了操作人员的劳动强度,提高了生产效率。四是长期制约环境的窑炉污染问题得到根治。燃气高温快烧辊道窑的建成投产,使陶瓷生产的关键设备达到了世界先进水平,开创了日用陶瓷烧成工艺的新纪元。同时,产品创新成果明显。公司广大科技人员充分发挥积极性和创造性,贴近市场开发新产品,取得明显成果。2000年陶瓷开发新产品553个(包括新釉色等),其中获得省级以上奖励26个;无铅釉骨瓷与亚光釉炻器的创新赢得了抢抓新的市场的机遇。公司加

快了技术中心建设速度，提出了陶瓷技术中心总体建设方案和科研成果转化基地-中试车间的建设方案，成立了新材质研究室和四个设计室，投入资金购置补充了试验设备，对科技人员进行了合理配置，使陶瓷科研开发实力进一步增强。造纸技术中心也正在积极筹备。

造纸占公司主营业务的43.74%。2000年加大了产品结构调整步伐，产品结构从99年的中低档书写纸和B、C级板纸向高、中挡文化纸和A、B级板纸、白板纸、特种纸方向发展。开发部封纸、打字纸等新产品8个，产品质量得到客户认可，其中挂面白板和涂布白板的突破为造纸业开拓了更大的市场空间。技改项目进展顺利，1760、2400生产线已经投入试生产，2820纸机项目进展顺利，造纸规模逐步扩大。

公司为实现企业的产业升级和转型，逐步渗透高科技领域和高回报产业，2000年自筹资金3000万元投资参股天同证券公司。

公司本年存在的主要问题及解决措施：公司2000年主要是因为燃料、原材料大幅度涨价，制约了经济效益的增长。2001年我们将通过全面加强企业管理，重点突出资金、成本管理和全面质量管理，加强基础管理和专业化管理，节能降耗，降低成本，消化增支因素。同时加大产品结构调整力度，增加高附加值产品的比重，以提高经济效益。

2、公司财务状况

2000年末公司总资产119180.40万元，比上年增长33.77%；长期负债14173.58万元，比上年增加1.57%；股东权益38057.88万元，比上年增长42.38%；主营业务利润实现8005.93万元，比上年下降2.94%；净利润实现2339.75万元，比上年增加20.74%。以上指标变动的主要原因是：

（1）报告期内公司以1998年末总股本9313.2万股为基数，按10:3比例配售人民币普通股952万股，配售价格每股11.80元，共募集资金11233.6万元，其中转入股本952万元，其余资金扣除发行费用后计入资本公积9922.86万元，两项共增加股东权益10874.86万元。

（2）公司主营业务利润下降和净利润增加的主要原因为：

1 造纸原材料价格居高不下，加大了造纸成本，降低了成品纸的毛利率；

2 公司加强内部管理，严格控制费用支出，对管理部门实行费用承包考核，大大降低了管理费用。

(3)随着公司净利润的实现，公司股东权益相应增长，并造成总资产也相应增长。

(4)公司长期负债增长的原因有：

1 公司报告期内到期兑付97年发行的1000万元的三年期企业建设债券，共兑付本息1143.02万元，减少了长期负债；

2 长期借款增加1763.17万元，系公司报告期内从银行新增的借款和转入一年内到期的长期负债造成的；

3 公司报告期内转出职工交纳的住房集资款400.87万元，减少了长期负债。

3、公司投资情况

(1)募集资金承诺投资项目情况，因吸收合并井山东汇宝集团股份有限公司，故根据公司实际情况使募集资金实际投入地点由原项目可行性研究报告中的地点周村区转为山东汇宝集团股份有限公司内，而实际资金投入及用途未发生变化。

(2)募集资金投资项目进度情况：

1 5万吨A级箱纸板项目：

该项目于2000年3月正式开始施工，目前厂房主体土建及配套公用设施已基本完工，造纸主机设备正在安装，整个项目进展比较顺利，预计2001年6月底前将全面投入试生产。该项目计划投入配股募集资金8000万元，实际已投入配股募集资金8525.72万元。

2 以液化石油气代油改造窑炉项目：

该项目于2000年1月正式开始施工，目前该项目已全部改造完成并投入生产。该项目计划投入配股募集资金2180 万元，实际投入配股募集资金2298.75万元 。当期新增利润96万元。

(3)报告期内公司非募集资金投资的重大项目：

1 公司报告期内投资19,999,429.73元用于购买国债。

2 公司报告期内出资3000万元投资天同证券有限责任公司(原山东证券公司)。

3 公司控股子公司山东淄博华光陶瓷营销有限责任公司报告期内与江苏悦达集团有限公司、中远发展股份有限公司等公司共同出资设立北京百慧勤投资管理有限责任公司，该公司出资100万元，投资比例为6.67%。

4、中国加入国际贸易组织(WTO)对公司经营的影响：中国加入WTO后，随着欧洲对陶瓷进口配额的逐步解除，公司的陶瓷主营业务将面临更大的市场机遇，目前已经有欧洲客户前来联系合作事宜，公司在欧洲设立经销机构的工作也已实质性开展。对于公司造纸业务来讲，会面临更大的国际造纸企业的竞争，必须加大投入，加快规模扩张，并向高新特种用纸发展。因此，加入WTO对公司即有机遇，也有挑战。

5、公司2001年计划

2001年我们将坚持以发展为目标，以结构调整为主线，以改革和科技创新为动力，以增强企业的竞争实力和盈利能力为股东赢得回报、为顾客创造价值、为员工提高收入为出发点和落脚点。重点做好以下几个方面的工作：

(1)严格按照国家证券监督管理部门对上市公司的监管要求，本着对投资者负责的理念，依照国家有关法律、法规的要求，继续规范"三会"运作，完善股东大会、董事会的决策机制，保证决策的科学性；加强监事会的监督职能，形成健全的监督机制，并进一步做好信息披露工作。

(2)加快结构调整步伐，加大投入，认真实施列入国家重点技改项目计划的高档出口瓷和A级牛皮箱板纸项目。增强企业陶瓷和造纸两大产业的竞争实力，同时加快高新技术陶瓷产业发展，重点发展信息功能陶瓷和结构陶瓷，为实现公司的产业升级和转型开好头，起好步。

(3)加快国际化经营战略的实施，坚定争创中国陶瓷第一品牌、世界知名品牌的目标，充分发挥中国陶瓷唯一驰名商标的品牌优势，加大品牌运作的力度。要按照规范化、科学化和系统化的原则，在质量保证、技术创新、市场销售、售后服务、企业文化、品牌推广等方面逐步建立健全品牌和产品经营机制，用品牌来提升产品的竞争力，来开拓新市场。加快国际市场的开拓，在巩固现有美国市场的基础上，加快开拓欧洲、俄罗斯、日本等市场，并逐步实现出口产品间接营销到直接营销的转变。要继续大力发展特许经营，要以营销中心为基地，以特许经营为骨干，建立遍布全国的华光营销网络。充分利用信息技术，开展网络营销，努力做到从构建网上平台、经营电子商务到管理企业资源的系统化的3e企业商务平台。

(4)继续强化企业管理。一是认真抓好基础管理工作和管理创新工作。要增强法制意识，坚持以法治企，做到有章可循，照章办事，从严治企。二是加强成本管理。建立全面成本控制体系，全方位、多角度挖掘企业降低成本方面的潜力。注重通过流程再造或创新流程，实施全过程的最低成本战略。把成本管理纳入考核，与工资分配挂钩，实行目标成本管理。三是加强质量管理。围绕制约影响产品质量和效益提高的关键环节，加大攻关力度，同时加快质量管理和质量保证体系与国际接轨的步伐。四是大力开展挖潜增效活动，努力在生产经营的全过程中堵塞漏洞，降低成本。五是继续实行购销比价管理，在降低采购成本、提高产品售价上下功夫。六是加强内部审计工作，加大监管的力度，制定和完善各种管理制度，通过抓好各项监督措施的落实，促进现代企业制度的建立。

(5)建立和完善技术创新体系，加快技术中心建设。要整合创新队伍，发挥创新规模优势，解决好目前创新力量分散，创新资源配置不合理的状况。要加快陶瓷技术中心的建设，今年达到省级技术中心水平，明年争创国家级技术中心。高技术陶瓷研究院要在做好方案、充分论证的基础上，尽快进入实质性运作，并以此为载体，千方百计争取国家有关政策，创建"863"产业化基地。陶瓷、造纸技术中心要借助清华大学、天津大学、中科院硅研所国家重点试验室的力量，集中研制和开发高技术含量、高市场容量的新型陶瓷，造纸业要加快高技术特种用纸的研制和开发。

(6)实施人才工程，大力培养和引进各类人才。加强人力资源管理，重视人力资源走向市场的内在规律，运用市场机制配制人才资源和人力资源，实现资源的最佳配置。要继续突出抓好"三个一工程"，加快人才培养步伐。加大人力资源投资力度。在营造内部气候上，使"尊重人才"成为员工的共识。要建立科学、合理的专业人才结构，大力培养能够适应现代营销和新技术装备的营销人员和技术工人。要利用各种形式加强对员工的技术培训和技术指导，提高全员的技术素质，为产品的不断更新换代打下技术基础。要通过技术讲座、科技成果展示会等形式提高人们对现代科技的认识，增强吸收、利用科技成果的主动性和积极性。

6、董事会日常工作情况

（1）报告期内董事会会议情况及决议内容

报告期内公司共召开四次董事会

1 公司于2000年2月15日在公司会议室召开临时董事会，会议应到董事9人，实到7人，会议审议并通过关于用自筹资金出资2000万元投资国债的议案。

2 公司于2000年3月20日召开三届四次董事会，会议应到董事9人，实到9人，会议审议并通过了《计提四项资产准备方法及相应损失处理程序内部控制制度》；《1999年度董事会工作报告》；《1999年度财务决算报告》；《1999年度利润分配预案》；《1999年度报告及报告摘要》；《投资〈出口陶瓷技改工程〉项目》；《出资成立山东淄博汇宝纸业有限责任公司》； 《修改公司章程》；《召开1999年度股东大会公告》；更换董事，因工作原因张福瑞辞去董事职务，推荐张晓阳为公司董事后选人；改选徐鹏程为公司副董事长。

该董事会决议刊登于2000年3月22日《中国证券报》、《证券时报》上。

3 公司于2000年5月30日在公司三楼会议室召开临时董事会，会议应到董事9人，实到7人，会议审议并通过了用自筹资金3000万元投资参股天同证券有限责任公司(原山东证券有限责任公司)的议案。

该董事会决议刊登于2000年5月31日《中国证券报》、《证券时报》上。

4 公司于2000年7月24日召开三届五次董事会，会议应到董事9人，实到9人，经与会董事认真审议，一致通过了公司《2000年中期报告及报告摘要》。

该董事会决议刊登于2000年7月27日《中国证券报》、《证券时报》上。

7、公司管理层及员工情况

(1)董事、监事、高级管理人员

姓　名	性别	年龄	任期起止日期	职务	年初	年末持股数量
苏同强	男	39	1999.4.10-2002.4.10	董事长	5400	7020
徐鹏程	男	48	1999.4.10-2002.4.10	副董事长、总经理	5400	7020
李守山	男	49	1999.4.10-2002.4.10	董事、	3600	4680
陈清亮	男	58	1999.4.10-2002.4.10	董事	3600	4680
毕庆亮	男	40	1999.4.10-2002.4.10	董事、副总经理	3600	4680
李　明	男	48	1999.4.10-2002.4.10	董事、副总经理	3600	4680
刘　兴	男	44	1999.4.10-2002.4.10	董事、副总经理	3600	4680
毕贞平	男	45	1999.4.10-2002.4.10	董事	0	0
张晓阳	男	33	2000.4.22-2003.4.22	董事	0	0
孙绪臣	男	45	1999.4.10-2002.4.10	监事会召集人	3600	4680
邱　扬	男	43	1999.4.10-2002.4.10	监事	3600	4680
任玉泉	男	52	1999.4.10-2002.4.10	监事	0	0
郝建芝	女	39	1999.4.10-2002.4.10	监事	3600	4000
苏　军	女	47	1999.4.10-2002.4.10	监事	0	0
刘玉光	女	48	1999.4.10-2002.4.10	董事会秘书	0	0
李　剑	女	48	1999.4.10-2002.4.10	财务负责人	0	0

公司董事、监事、高级管理人员年初至年末所持股份发生变化，系因为公司实施10:3比例配股。

(2)报酬区间：公司董事、监事、高级管理人员年薪5-7万元的2人，3-5万元的9人，1-3万元的3人，董事毕贞平，监事苏军不在公司领取报酬。

报告期内董事张福瑞因工作变动辞去董事职务、补选张晓阳为公司董事，报告期内公司无解聘公司经理、董事会秘书情况。

8、本次利润分配预案及2001年利润分配政策

(1)2000年度公司实现净利润23397501.71元，按10%提取法定公积金2339750.17元，按10%提取公益金2339750.17元，加上年初未分配利润94429065.47元，累计可供股东分配利润113147066.84元。本年度利润分配预案为：每10股派发现金红利人民币1.50元(含税)。

（2）公司2001年度分配利润一次，2001年度实现净利润用于股利分配的比例为30%-50%；2000年度未分配利润用于股利分配的比例为30%-50%；2001年度利润分配主要是派现或送红股的形式。现金股息占股利分配的比例为20%-30%。

六、监事会报告

公司监事会在报告期内，严格按照《公司法》和《公司章程》赋予的职责，围绕股东大会通过的决议，开展了广泛的监督工作。

1、监事会会议情况

报告期内，2000年3月20日召开了公司三届四次监事会会议，会议审议了公司董事会提交1999年度股东大会审议的各项议案，总结了1999年度的情况。上述会议决议刊登在2000年3月22日的《中国证券报》和《证券时报》上。在琴岛律师事务所姜省路律师见证下，公司全体监事按《深圳证券交易所股票上市规则》的规定签署了《监事声明及承诺》。

2、对公司2000年度工作，监事会发表如下独立意见

(1)监事会认为公司依法运作，生产经营状况良好，经济结构日趋合理，各项工作取得新的突破。公司董事、经理等高级管理人员执行公司职务时没有违反法律、法规、公司章程或损害公司利益的行为。

(2)深圳同人会计师事务所为公司出具的2000年度审计报告真实、完整的反映了公司的财务状况和经营成果。

(3)公司2000年度募集资金已按承诺项目完成投入。

(4)公司关联交易完全在公平基础上进行，没有损害上市公司利益。

七、重要事项

1、本年度公司无重大诉讼、仲裁事项。

2、报告期内公司、公司董事及高级管理人员无受监管部门处罚的情况。

3、报告期内公司控股股东没发生变化；公司董事张福瑞因工作变动辞去董事职务，补选张晓阳为新任董事；公司监事会成员无变化。

4、报告期内公司无重大关联交易事项。

5、上市公司与控股股东已做到人员、资产、财务三分开。

6、公司无托管、承包、租赁其他公司资产或其他公司托管、承包、租赁上市公司资产。

7、报告期内公司无聘任、解聘会计师事务所的情况。

8、报告期内公司无其它重大合同。

9、公司报告期内无更改名称或股票简称的情况。

10、其他重大事项：

(1)公司报告期内投资19999429.73元用于购买国债。

（2） 5月30日公司董事会决定出资3000万元投资天同证券有限责任公司（原山东证券公司)。其决议公告刊登在6月1日《中国证券报》、《证券时报》上。

(3)公司控股子公司山东淄博华光陶瓷营销有限责任公司报告期内与江苏悦达集团有限公司、中远发展股份有限公司等公司共同出资设立北京百慧勤投资管理有限责任公司，该公司出资100万元，投资比例为6.67%。

(4)公司与华光集团签定"华光"商标无限期无偿使用协议。

(5)公司1999年将用于陶瓷原料加工的部分房屋建筑物、机器设备和30亩土地等资产转让给

关联企业-华光陶瓷集团有限公司,参照以上资产的帐面价值实际转让价格为 242.71 万元,产生的转让收益为 2.26 万元,该收益已计入公司 1999 年利润之中。

八、财务会计报告

1、审计报告

公司 2000 年度财务报告经深圳同人会计师事务所孔丽娟、胡晓艳两位注册会计师审计并出具"无保留意见的审计报告"。审计报告文号为深同证审字[2001]第 023 号。

2、会计报表(附后)

3、会计报表附注(附后)

九、公司其他有关资料

1、公司首次注册日期、地点:1989 年 6 月 20 日、淄博;

变更注册日期、地点:2000 年 8 月 31 日、济南。

2、企业法人营业执照注册号:3700001805174

3、税务登记号码:370303164100307

4、公司未流通股份托管机构:深圳证券登记结算有限公司

5、公司聘请的会计师事务所为深圳同人会计师事务所,办公地址为深圳市华富路 5 号南光大厦三楼。

十、备查文件

公司办公地点备有完整的备查文件,以供中国证监会、深交所、济南证管办及有关主管部门及股东查询,备查文件包括:

1、载有董事长签名的 2000 年年度报告正本。

2、载有法定代表人、财务负责人、会计经办人签名并盖章的年度财务报表。

3、载有会计师事务所盖章、注册会计师签名并盖的审计报告原件。

5、报告期内在《中国证券报》、《证券时报》上公开披露过的所有公司文件的正本及公告的原稿。

二 000 年三月五日

深同证审字[2001]第 023 号

审计报告

山东淄博华光陶瓷股份有限公司全体股东:

我们接受委托,审计了贵公司 2000 年 12 月 31 日的合并资产负债表和母公司的资产负债表,2000 年度合并利润及利润分配表和母公司的利润及利润分配表,2000 年度的合并现金流量表和母公司现金流量表。这些会计报表由贵公司负责。我们的责任是对这些会计报表发表审计意见。我们的审计是依据《中国注册会计师独立审计准则》进行的。在审计过程中,我们结合贵公司实际情况,实施了包括抽查会计记录、审核有关证据等我们认为必要的审计程序。

我们认为,上述会计报表符合《企业会计准则》和《股份有限公司会计制度》的有关规定,在所有重大方面公允地反映了贵公司 2000 年 12 月 31 日的财务状况及 2000 年度经营成果和现金流动情况,会计处理方法的选用遵循了一贯性原则。

2001 年 2 月 25 日

山东淄博华光陶瓷股份有限公司

会计报表附注

2000 年度　　单位:人民币元

一、公司简介

本公司系经山东省淄博市经济体制改革委员会以淄体改字[1989]7 号文批复进行股份制试点,并于 1993 年经国家体改委以体改生字 [1993]252 号文批复为规范化股份制试点企业。1996 年 11 月 8 日经中国证券监督管理委员会以证监发字 [1996]322 号文批复为社会募集的上市公司。1996 年 9 月 28 日领取了由山东省工商行政管理局颁发的注册号为 16309798-6 的企业法人营业执照。

1998 年 12 月 1 日经山东省人民政府鲁证字(1998)305 号文批复,并于 1999 年 9 月 16 日经中国证券监督管理委员会以证监公司字[1999]95 号文批复同意,本公司吸收合并山东汇宝集团股份有限公司,向其全体股东定向发行 23,255,813 股普通股以换取山东汇宝集团股份有限公司股东持有的全部股份,吸收合并后本公司股本总额增至 116,387,813 股。

1999 年 12 月 29 日,经中国证券监督管理委员会以证监公司字[1999]148 号文批复同意,本公司向全体股东配售 952 万股普通股,其中向国家股股东配售 142 万股,向社会公众股股东配售 810 万股。2000 年 3 月 13 日,公司完成配股工作,股本总额增至为 125,907,813 股。

本公司的经营范围:日用陶瓷、工业陶瓷、艺术陶瓷、包装纸箱、版纸、化工产品的生产、销售。

二、主要会计政策、会计估计和合并会计报表的编制方法

三、税项

(1)本公司主要适用的税种和税率

税种	计税依据	税率
增值税	产品或劳务销售收入	17%
城市维护建设税	增值税额	7%
教育费附加	增值税额	3%
企业所得税	应纳税所得额	15、33%

(2)优惠税率及批文

本公司按照山东省人民政府鲁政字[1997]189 号文规定所得税实际税负为 15%。

本公司投资控股的中外合资企业:山东华光陶瓷有限公司、山东华光彩瓷装饰有限公司、山东华光印务有限公司、山东淄博天华纸业有限公司依据山东省淄博市税务局批复,按 24%的税率计征所得税。本公司的子公司淄博华光纸业有限公司、山东淄博汇宝纸业有限责任公司、山东淄博华光陶瓷营销有限责任公司按 33%的税率计征所得税。

税项的细节在五.19 中表述

四、子公司及联营企业

本公司的子公司概况列示如下:

公司名称	注册地点	注册资本	投资金额	拥有权益	主营业务	会计报表是否合并
山东华光陶瓷有限公司	淄博市	16,338,000.00	8,985,900.00	55%	生产销售颜色釉、咖啡杯等	已合并
山东淄博华光纸业有限公司	淄博市	10,570,000.00	6,700,000.00	63.39%	生产经营高、中档牛皮纸、挂面版纸	已合并
山东华光印务有限公司	淄博市	USD240,000.00	USD180,000.00	75%	陶瓷、包装制品及装饰材料	已合并
山东华光彩瓷装饰有限公司	淄博市	USD800,000.00	USD600,000.00	75%	生产销售彩印包装制品及其它	已合并
山东青岛华光奥明格生物工程有限公司	青岛市	5,000,000.00	3,000,000.00	60%	生产经营生物保健食品	已合并
山东淄博天华纸业有限公司	淄博市	14,560,000.00	10,920,000.00	75%	生产销售包装用纸板	已合并
山东淄博华光陶瓷营销有限责任公司	淄博市	5,000,000.00	4,900,000.00	98%	经营陶瓷.玻璃器皿的批发.零售和彩陶装饰	已合并
山东淄博汇宝纸业有限责任公司*	淄博市	71800,000.00	57,159,400.00	79.61%	纸浆、纸、纸板、造纸用化工用品等生产、销售	已合并

*山东淄博汇宝纸业有限责任公司是本公司与山东淄博汇宝集团股份有限公司工会共同投资设立的有限责任公司,于 2000 年 11 月 5 日正式成立。

五、合并会计报表主要项目注释:

1.货币资金

		1999-12-31				2000-12-31		
		原币	汇率	折合本位币		原币	汇率	折合本位币
现金	USD	64.00	8.2796	529.89	USD	64.00	8.2775	529.89
	RMB	120,430.22		120,430.22	RMB	89,682.93		89,682.93
银行存款	USD	5,732.59	8.2788	47,459.05	USD	5,892.99	8.2775	47,956.00
	HKD	73,125.70	1.0651	77,886.18	HKD	74,624.32	1.0613	79,206.25
	RMB	22,799,397.05		22,799,397.05	RMB	71,048,777.27		71,048,777.27
				23,045,702.39				71,266,152.34

货币资金比上年末余额增长 209%,系因本年融资活动现金流入所致。

2.短期投资

3.应收帐款、其他应收款

(1)应收帐款

A、应收帐款的帐龄分析列示如下:

	1999-12-31			2000-12-31		
帐龄	金额	比例(%)	坏帐准备	金额	比例(%)	坏帐准备
1 年以内	128,304,002.64	66.74	7,698,240.16	132,144,744.84	60.26	7,928,684.69
1-2 年	33,393,357.01	17.37	2,003,601.42	33,783,969.47	15.41	2,027,038.17
2-3 年	20,517,947.88	10.67	1,231,076.87	31,236,576.10	14.24	1,874,194.57
3 年以上	10,033,152.26	5.22	601,989.13	22,126,414.88	10.09	1,327,584.89
	192,248,459.79	100.00	11,534,907.58	219,291,705.29	100.00	13,157,502.32

B、三年以上的应收帐款 22,126,414.88 元尚未收回,系部分客户拖欠货款所致,已按会计政策提取足够的坏帐准备。

C、持本公司 5%以上股份的股东欠款没有本项欠款。

(2)其它应收款

A、其他应收款的帐龄分析列示如下:

	1999-12-31			2000-12-31		
帐龄	金额	比例(%)	坏帐准备	金额	比例(%)	坏帐准备
1 年以内	132,334,199.44	69.66	7,940,051.96	182,328,146.48	82.78	10,939,688.79
1-2 年	40,189,074.14	21.15	2,411,344.45	28,856,591.32	13.10	1,731,395.48
2-3 年	14,249,078.59	7.50	854,944.72	6,780,095.71	3.08	406,805.74
3 年以上	3,213,107.12	1.69	192,786.43	2,295,346.04	1.04	137,720.76
	189,985,459.29	100.00	11,399,127.56	220,260,179.55	100.00	13,215,610.77

B、三年以上的其他应收款 2,295,346.04 元尚未收回,本公司已按会计政策提取足够的坏帐准备。

C、持本公司 5%以上股份的股东没有本项欠款。

4.预付帐款

预付帐款的帐龄分析列示如下:

帐龄	1999-12-31		2000-12-31	
	金额	比例(%)	金额	比例(%)
1 年以内	28,922,414.91	54.12	31,588,041.99	58.96
1 年至 2 年	5,056,107.24	9.46	5,460,292.96	10.19
2 年至 3 年	6,233,077.35	11.67	2,861,317.17	5.34
3 年以上	13,226,683.85	24.75	13,664,661.30	25.51
	53,438,283.35	100.00	53,574,313.42	100.00

持本公司 5%以上股份的股东没有本项欠款。

5.待摊费用

6.存货

7.长期股权投资	1999-12-31	本期增加	本期减少	2000-12-31
股票投资*	1,040,000.00	--	--	1,040,000.00
其他股权投资	--	31,000,000.00	--	31,000,000.00
	1,040,000.00	31,000,000.00	--	32,040,000.00

8.长期债权投资	1999-12-31	本期增加	本期减少	2000-12-31
债券投资*	161,100.00	--	--	161,100.00
其他债权投资	--	--	--	--
	161,100.00	--	--	161,100.00

9.固定资产及折旧 1

10.在建工程

11.无形资产

12.开办费

13.长期待摊费用

14.短期借款

15.应付票据

应付票据 2000 年 12 月 31 日的余额为人民币 64,784,900.00 元。

截至 2000 年 12 月 31 日止,本公司尚无应付持本公司 5%以上股份股东的款项。

16.应付帐款

应付帐款 2000 年 12 月 31 日的余额为人民币 155,350,294.37 元。

截至 2000 年 12 月 31 日止,本公司尚无应付持本公司 5%以上股份股东的款项。

17.预收帐款

预收帐款 2000 年 12 月 31 日的余额为人民币 48,864,400.74 元。

截至 2000 年 12 月 31 日止,本公司尚无预收持本公司 5%以上股份股东的款项。

18.其他应付款

其他应付款 2000 年 12 月 31 日的余额为人民币 74,017,752.26 元。

截至 2000 年 12 月 31 日止,本公司尚无应付持本公司 5%以上股份股东的款项。

19.未交税金

20.其他未交款

21.预提费用

22.一年内到期的长期负债

23.长期借款

24.应付债券

25.股本

26.资本公积

27.盈余公积

28.未分配利润

29.主营业务收入	1999	2000
陶瓷销售收入	110,745,553.19	185,252,835.09
板纸销售收入	134,787,837.04	118,020,435.62
纸箱销售收入	13,727,420.84	21,490,877.21
奥明格口服液销售收入	388,806.01	--
	259,649,617.08	324,764,147.92

30.主营业务成本	1999	2000
陶瓷销售成本	60,041,527.26	134,469,477.10

板纸销售成本	105,209,785.48	91,994,720.64
纸箱销售成本	10,099,922.43	16,480,563.89
奥明格口服液销售成本	97,644.42	--
	175,448,879.59	242,944,761.63

31.财务费用

	1999	2000
利息支出	28,065,272.34	21,673,716.81
减:利息收入	9,526,704.52	2,908,435.74
汇兑损益	(107,337.28)	94,159.66
其他	98,425.65	120,761.93
	18,529,656.19	18,980,202.66

32.其他业务利润

	1999	2000
废次品及材料收入	22,407,424.75	13,052,891.92
减:废次品及材料成本	18,961,736.29	9,040,565.57
	3,445,688.46	4,012,326.35

33.投资收益

	1999	2000
股票投资股利收益	65,644.00	69,120.00

34.补贴收入

	1999	2000
财政补贴*	7,501,300.00	6,600,000.00
新产品新增增值税返还	107,000.00	--
	7,608,300.00	6,600,000.00

35.营业外收入

	1999	2000
处理固定资产收益	108,126.93	83,885.59
罚款收入	223,430.99	167,936.43
其他	222,021.62	35,946.91
	553,579.54	287,768.93

36.营业外支出

	1999	2000
处理固定资产损失	99,850.06	287,709.85
罚款支出	199,017.93	289,959.55
捐赠支出	318,600.00	77,400.00
其他	169,891.54	52,975.50
	787,359.53	708,044.90

37.少数股东权益

	1999-12-31	2000-12-31
香港利通国际有限公司	3,711,227.36	4,093,183.69
香港益年实业有限公司	5,216,709.44	4,440,079.52
山东淄博张店区湖田镇下湖村	6,572,756.17	6,530,014.57
山东淄博瓷厂包装制品厂	3,539,176.40	2,982,861.69
陈清亮等个人股东	(1,068,298.29)	(1,398,704.89)
山东华光陶瓷集团有限公司	83,494.26	70,685.37
山东淄博汇宝集团工会	--	14,288,342.03
香港恒茂有限公司	3,341,145.92	2,794,979.11
	21,396,211.26	33,801,441.09

38.支付的其他与经营活动有关的现金

支付的其他与经营活动有关的现金45,096,649.57元系本年支付的付现费用及代垫费用。

山东淄博华光陶瓷股份有限公司

合并资产负债表 单位:人民币元

资产	1999-12-31	2000-12-31
流动资产:		
货币资金	23045702.39	71266152.34
短期投资		19999429.73
减:短期投资跌价准备		
短期投资净额		19999429.73
应收票据		10000
应收股利		
应收利息		
应收帐款	192248459.79	219291705.29
其它应收款	189985459.29	220260179.55
减:坏帐准备	22934035.14	26373113.09
应收帐款净额	359299883.94	413178771.75
预付帐款	53438283.35	53574313.42
应收补贴款		
存货	199335806.42	240347108.31
减:存货跌价准备	457742.58	957992.32
存货净额	198878063.84	239389115.99
待摊费用	278808.22	139500.47
待处理流动资产净损失		
一年内到期的长期债权投资		
其它流动资产		
流动资产合计	634940741.74	797557283.7
长期投资:		
长期股权投资	1040000	32040000
长期债权投资	161100	161100
其它长期投资		
长期投资合计	1201100	32201100
减:长期投资减值准备		
长期投资净额	1201100	32201100
固定资产:		
固定资产原值	239983442.48	260303629.72
减:累计折旧	70849605.27	84000187.54
固定资产净值	169133837.21	176303442.18
工程物资		
在建工程	64174784.43	166998787.12
固定资产清理		
待处理固定资产净损失		
固定资产合计	233308621.64	343302229.3
无形及其它资产:		
无形资产	16391258.77	15102615.33
开办费	3023245.64	2199874.87
长期待摊费用	2067905.16	1440917.21
其它长期资产		
无形资产及其它资产合计	21482409.57	18743407.41
递延税项:		
递延税款借项		
资产总计:		
资产总计	890932872.95	1191804020.41
流动负债:		
短期借款	91437000	160938389.36
应付票据	49000000	64784900
应付帐款	123558690.3	155350294.37
预收帐款	36744988.45	48864400.74
代销商品款		
应付工资	2201537.81	2516474.03
应付福利费	-1431301.36	-559164.13
应付股利		18886171.95
应付税金	46478989.69	39128842.52
其它应交款	1594615.36	1535072.54
其它应付款	87427958.77	74017752.26
应付短期债券		
预提费用	1497340.88	6294890
一年内到期的长期负债	24180000	63930000
其它流动负债		
职工奖励及福利基金		
流动负债合计	462689819.9	635688023.64
长期负债:		
长期借款	122107900	139739633.76
应付债券	12200000	769778
长期应付款		
住房周转金		
其它长期负债	5235112.02	1226367.23
长期负债合计	139543012.02	141735778.99
递延税项:		
递延税项贷款		
负债合计:		
负债合计	602232831.92	777423802.63
少数股东权益:		
少数股东权益	21396211.26	33801441.1
股东权益:		
股本	116387813	125907813
资本公积金	20585006.63	119813628.8
盈余公积	35901944.67	40596439.99
其中:公益金	19000953.92	21348201.58
未确认的外资损失		
未分配利润	94429065.47	94260894.89
外币报表折算差额		
股东权益合计	267303829.77	380578776.68
负债和股东权益总计:		
负债和股东权益总计	890932872.95	1191804020.41

山东淄博华光陶瓷股份有限公司

合并利润及利润分配表 单位:人民币元

	1999年	2000年
一、主营业务收入	259649617.08	324764147.92
减:折扣与折让		
主营业务收入净额	259649617.08	324764147.92
减:主营业务成本	175448879.59	242944761.63
主营业务税金及附加	1719905.25	1760122.75
二、主营业务利润	82480832.24	80059263.54
加:其他业务利润	3445688.46	4012326.35
减:存货跌价损失	457742.58	500249.74
营业费用	20696865.31	19898169.53
管理费用	30836977.05	25303442.03
财务费用	18529656.19	18980202.66
三、营业利润	15405279.57	19389525.93
加:投资收益	65664	69120
期货损益		
补贴收入	7608300	6600000
营业外收入	553579.54	287768.93
以前年度损益调整	839830.4	
减:营业外支出	787359.53	708044.9
分给外单位利润		
四、利润总额	23685293.98	25638369.96
减:所得税	3653526.73	3942938.41
少数股东损益	653245.07	-1702070.16
职工奖励及福利基金		
购并利润		
加:未确认的投资损失		
所得税返还		
五、净利润	19378522.18	23397501.71
加:年初未分配利润	78926247.73	94429065.47
盈余公积转入数		
年初未分配利润调整		
减少注册资本减少的未分配利润		
外币报表折算差额		
减:股份公司成立前利润分配		
六、可供分配的利润	98304769.91	117826567.18
减:提取法定盈余公积金	1937852.22	2339750.17
提取法定公益金	1937852.22	2339750.17
提取职工奖励福利基金		
七、可供股东分配的利润	94429065.47	113147066.84
减:应付优先股股利		
提取任意盈余公积金		
应付普通股股利		18886171.95
转作股本的普通股股利		
八、未分配利润	94429065.47	94260894.89

重庆东源钢业股份有限公司

重庆东源钢业股份有限公司2000年年度报告摘要

重要提示:本公司董事会保证报告所载资料不存在任何虚假记载、误导性陈述或者重大遗漏,并对其内容的真实性、准确性和完整性负个别及连带责任。重庆天健会计师事务所对本公司出具了带解释性说明的审计报告,本公司董事会对相关事项有详细说明,投资者欲了解详细内容,请阅读年报全文。

一、公司简介

(一)公司法定中文名称:重庆东源钢业股份有限公司

公司法定英文名称:CHONGQING DONGYUAN STEEL Co.,Ltd.

(二)公司法定代表人:杨天举

(三)董事会秘书:汪进

联系地址:重庆市渝中区民族路15号　　邮政编码:400011

联系电话:(023)63780982

联系传真:(023)63780982

电子信箱:0656@sohu.com

(四)公司注册地址:重庆市渝中区民族路15号　邮政编码:400011

(五)公司指定信息披露报刊:《中国证券报》、《证券时报》

登载公司年度报告的中国证监会指定国际互联网

网址 http:// www.cninfo.com.cn

公司年度报告备置地点:公司证券部

(六)公司股票上市交易所:深圳证券交易所

股票简称:重庆东源

股票代码:0656

二、会计数据和业务数据摘要

(一)本年度主要会计数据(金额单位:人民币元)

利润总额	2,381,091.02
净利润	2,370,342.10
扣除非经营性损失的净利润	8,623,731.74
主营业务利润	6,489,5153.2
其它业务利润	3,135,253.25
营业利润	9,862,892.12
投资收益	-1,289,932.04
补贴收入	
营业外收支净额	-6,191,869.06
经营活动产生的现金流量净额	-19,708,526.72
现金及等价物增加净额	9,653,338.24

注:扣除的非经营性损益项目及涉及金额:

扣除营业外收支619万元,

(二)截止报告期末公司前三年主要财务数据和财务指标　(单位:万元)

指标项目	2000年		1999年		1998年	
	调整后	调整前	调整后	调整前	调整后	调整前
主营业务收入	45823	45823	37142	37142	36393	36393
净利润	237	538	-2496	-2072	2570	2722
总资产	70214	71065	47497	48014	49274	49426
股东权益	29109	29960	28867	29444	31364	31516
每股收益(元/股)	0.01	0.03	-0.12	-0.10	0.12	0.13
每股收益(加权)	0.01	0.03	-0.12	-0.10	0.12	0.13
扣除非经营性损益后的每股收益(元/股)	0.04	0.04	-0.06	-0.05	0.13	0.13
每股净资产(元/股)	1.41	1.46	1.40	1.43	1.52	1.53
调整后的每股净资产(元/股)	1.05	1.10	1.04	1.09	1.14	1.17
每股经营活动产生的现金流量净额(元/股)	-0.1	-0.1	0.06	0.06	0.02	0.02
净资产收益率(%)	0.81	1.76	-8.65	-7.04	8.19	8.64
净资产收益率(加权)(%)	0.82	1.81	-8.29	-6.80	8.32	8.80

(三)利润表附表

报告期利润	净资产收益率		每股收益	
	全面摊薄	加权平均	全面摊薄	加权平均
主营业务利润	22.15%	22.24%	0.31	0.31
营业利润	3.24%	3.25%	0.05	0.05
净利润	0.81%	0.82%	0.01	0.01
扣除非经营性损益后净利润	2.94%	2.95%	0.04	0.04

注:

加权平均净资产收益率(ROE)的计算公式

$$EPS = \frac{P}{E0+NP\div 2+Ei\times Mi\div M0-Ej\times Mj\div M0}$$

其中:P为报告期利润;NP为报告期净利润;E0为期初净资产;Ei为报告期发行新股或债转股等新增净资产;Ej为报告期回购或现金分红等减少净资产;M0为报告期月份数;Mi为新增净资产下一月份起至报告期期末的月份数;Mj为减少净资产下一月份起至报告期期末的月份数。

加权平均每股收益(EPS)的计算公式如下:

$$EPS = \frac{P}{S0+S1+Si\times Mi\div M0-Sj\times Mj\div M0}$$

其中:P为报告期利润;S0为期初股份总数;S1为报告期因公积金转增股本或股票股利分配等增加股份数;Si为报告期因发行新股或债转股等增加股份数;Sj为报告期因回购或缩股等减少股份数;M0为报告期月份数;Mi为增加股份下一月份起至报告期期末的月份数;Mj为减少股份下一月份起至报告期期末的月份数。

(四)报告期内股东权益变动情况(单位:人民币/万元)

项目	股本	资本公积	盈余公积	其中:法定公益金	未分配利润	股东权益合计
期初数	20582	3238	2685	799	2362	28867
本期增加		6	34	12	202	242
本期减少						
期末数	20582	3244	2719	811	2564	29109

变动原因:本期增加主要是本期净利润增加所致.

三、股本变动及股东情况

(一)股本变动情况及股东情况介绍:报告期内股本未发生变动。

1、截止2000年12月31日,本公司股东总数为:33543户,总股本20582万股,其中法人股13212万股,社会公众股为7370万股。

2、主要股东持股情况:

股东名称	持股数(股)	持股性质	占总股比例
1、泛华工程有限公司	72040000	国有法人股	35.00%
2、重庆钢铁(集团)有限责任公司	55081847	发起法人股	26.76%
3、上海鹏信经贸发展有限公司	2900000	定向法人股	1.41%
4、苏州西江建设发展有限公司	1250000	定向法人股	0.61%
5、张秀容	640000	社会公众股	0.31%
6、程佩秋	516850	社会公众股	0.25%
7、王祥均	497880	社会公众股	0.24%
8、泰和证券投资基金	376601	社会公众股	0.18%
9、上海鸿波阀门制造有限公司	350000	定向法人股	0.17%
10、西南证券有限责任公司	310000	社会公众股	0.15%

说明:(1)持有10%(含10%)以上的法人股东情况

1 股东名称:泛华工程有限公司　　法人代表:.杨天举

经营范围是:工业及民用建筑总承包、工程咨询、设计、规划、施工、监理;高技术产品的科研开发、成果转让、销售等。

本报告期内泛华工程有限公司所持有的国有法人股被法院冻结总数为2847万股:其中1347万股于2000年10月19日北京市第一中级人民法院冻结。1500万股于2000年12月21日被天津市第二中级人民法院冻结。

2 股东名称:重庆钢铁(集团)有限责任公司

法人代表:唐民伟

经营范围是:生产销售金属材料、机械、电器等。

本报告期内重庆钢铁(集团)有限责任公司所持有的500万股股份已被拍卖。重庆钢铁(集团)有限责任公司持有本公司股份由29.19%减为26.76%。

(2)公司前十大股东中不存在关联关系。

3、报告期内公司控股股东没有发生变动。

四、股东大会简介

(一)本年度召开股东大会情况:

本公司报告期内共召开股东大会2次,即1999年度股东大会,2000年度第一次临时股东大会。

1、1999年度股东大会:

重庆东源钢业股份有限公司1999年年度股东大会于2000年6月28日在本公司总部会议室召开,公司董事长杨天举先生委托贾培基先生主持会议。出席本次会议的股东和股东代表共2名,代表股份数共132121847股,占总股本的64.19%,符合《公司法》和《公司章程》的有关规定。审议并通过了以下报告和议案:

1999年度董事会工作报告;

1999年年度报告;

1999年财务决算及利润分配方案。

本公司1999年度亏损20,718,107.97元,累计未分配利润为29,389,209.79元,因公司资产重组正在进行中,资金周转困难,本年度不分配不转增。

北京浩天律师事务所陈伟勇律师列席本次股东大会,并出具见证书。

2000年6月30日,公司在《中国证券报》和《证券时报》上刊登了《1999年度股东大会决议公告》。

2、2000年度第一次临时股东大会:

重庆东源钢业股份有限公司2000年度第一次临时股东大会于2000年4月2日上午在本公司总部会议室举行,会议由公司董事长杨天举先生主持。出席会议的股东(或股东代表)共6名,所持有或代表持有的股份132187947股,占总股本的64.22%,符合《公司法》和《公司章程》的有关规定。经股东大会审议,以投票表决的方式审议并通过了公司以投资价值23529.15万元部分固定资产、流动资产、无形资产与重钢集团334亩土地进行等额置换(因属关联交易,本公司第二大股东重钢集团回避本次表决)。

2000年4月4日,公司在《中国证券报》和《证券时报》上刊登了《2000年度第一次临时股东大会决议公告》。

(二)选举、更换公司董事、监事情况　　报告期内公司董事、监事没有发生变更。

五、董事会报告

(一)公司经营情况

1、公司所处的行业以及在本行业中的地位:

公司属冶金行业中型企业

2、主营业务的范围及其经营情况:

公司主要经营业务是:钢板、钢带、硅钢片等压延加工、锰铁冶炼、和金属涂镀产品。由于公司2000年报告期内,高炉淘汰,并停止生产,故影响了公司的销售收入。目前公司主要产品产量为:钢材11.45万吨,其中:薄钢板2.39万吨;热轧硅钢片9.06万吨。实现销售收入4.58亿元,比上年增长23.45%;利润总额0.02亿元,其中净利润0.02亿元。

3、在经营中出现的问题及解决方案:

报告期内,市场竞争激烈,各大厂家竞相降价销售,有的还采取保成本销售。且本公司的主导产品热轧硅钢片属国家2002年强制淘汰的产品。针对上述问题和困难,公司主要采取了如下对策:

(1)本公司根据市场情况制定了"巩固绝对市场,拓展优势市场,抢夺潜在市场"的经营战略,采取了设立销售分公司与直销相结合的营销方式,尽可能地巩固本公司的销售阵地。上半年,硅钢片销售较好。由于市场竞争激烈和替代产品对我司产品的影响,销售工作日趋艰难,但我们强化销售工作,确定个人与销售单位的任务,通过各种努力使全年的硅钢片销售完成计划任务,保证了公司全年效益目标。

中钨高新材料股份有限公司

中钨高新材料股份有限公司2000年年度报告摘要

重要提示:本公司董事会保证本报告所载资料不存在任何虚假记载、误导性陈述或者重大遗漏,并对其内容的真实性、准确性和完整性负个别及连带责任。

一、公司简介

1、公司法定中文名称:中钨高新材料股份有限公司
英文名称:CHINA TUNGSTEN AND HIGHTECH MATERALS CO., LTD.
缩写:CHINA TUNGSTEN HIGHTECH
2、公司法定代表人:周菊秋
3、公司董事会秘书:冯晓元,证券事务代表:王韬鹏
联系地址:海南省海口市龙昆北路2号珠江广场帝都大厦18层
联系电话:(0898)6777324 传 真:(0898)6779318
电子信箱:jinhai zq@ public. hk. hi. cn.
4、公司注册、办公地址:海南省海口市龙昆北路 2 号珠江广场帝都大厦 18 层
邮政编码:570125 公司电子信箱:jinhai @ public. hk. hi. cn.
5、公司选定的信息披露报纸:《证券时报》《中国证券报》
登载年度报告的中国证监会指定国际互联网网址:http://www.cninfo.com.cn
公司年度报告备置地点:公司办公楼证券部
6、公司股票上市交易所:深圳证券交易所 股票简称:中钨高新 股票代码:0657

二、会计数据和业务数据摘要

1、主要利润指标情况(单位:人民币元)

利润总额	41,193,100.12
净利润	37,809,088.21
扣除非经营性损益后的净利润	38,776,652.82
主营业务利润	143,357,656.83
其他业务利润	998,705.67
投资收益	5,165,551.39
补贴收入	62,478.48
营业外收支净额	-1,172,608.80
经营活动产生的现金流量净额	-91,391,216.59
现金及现金等价物净增加额	-97,799,406.77

注:扣除非经营性损益的项目和金额

项目	金额
(1) 补贴收入	62,478.48
(2) 罚款收入	8,716.33
(3) 固定资产清理收益	103,789.10
(4) 罚款支出	19,235.97
(5) 滞纳金支出	731.40
(6) 工伤赔款支出	39,700.00
(7) 固定资产清理净损失	1,082,863.15

2、截止报告期末公司前三年主要会计数据和财务指标

项目	2000年	1999年	1998年
主营业务收入	1,009,458,333.31	805,875,913.49	196,818,809.29
净利润	37,809,088.21	51,829,983.24	38,525,482.87
总资产	927,481,384.78	883,891,930.41	445,941,614.49
股东权益	516,093,618.71	478,847,541.53	224,008,405.14
每股收益(元/股)	0.221	0.303	0.33
加权后每股收益 (元/股)	0.221	0.35	0.33
扣除非经营性损失后的每股收益(元/股)	0.2267	0.29	0.33
每股净资产	3.02	2.80	1.92
调整后的每股净资产	2.83	2.80	1.87
每股经营活动产生的现金流量净额	-0.534	-0.4037	0.043
净资产收益率(%)	7.33	10.82	17.20

按中国证监会发布的《公开发行证券公司信息披露编报规则》第 9 号要求计算的净资产收益率及每股收益:

报告期利润	净资产收益率(%)		每股收益(元/股)	
	全面摊薄	加权平均	全面摊薄	加权平均
主营业务利润	27.28	28.80	0.838	0.838
营业利润	7.196	7.46	0.217	0.217
净利润	7.33	7.596	0.221	0.221
扣除非经营性损益后的净利润	7.51	7.80	0.2267	0.2267

注 2: 表中所列有关指标按下列公式计算

全面摊薄每股收益=报告期净利润/期末股份总数

加权平均每股收益=报告期净利润/(期初股份总数+报告期因公积金转增股本或 股票股利分配等增加股份数+报告期因发行新股或债转股等增加股份数×增加股份下 一月份起至报告期末的月份数+报告期月份数-报告期因回购或缩股等减少股份数×送还和股份下一月份起至报告期末的月份数+报告期月份数)

每股净资产=年度末股东权益/年度末普通股股份总数

调整后的每股净资产年度末股东权益-三年以上的应收款项净额-待摊费用-待处 理(流动、固定)资产净损失-开办费长期待摊费用-住房周转金负数余额)/年度末股 东权益×100%

加权平均净资产收益率=报告期净利润/(期初净资产+报告期净利润+2+报告期发行新股或债转股等新增资产×新增资产下一月份起至报告期末的月份数+报告期月份 数报告期回购或现金分红等减少净资产×新增资产下一月份起至报告期末的月份数+ 报告期月份数)

3、本报告期内股东权益变化情况(单位金额:万元)

项目	股本	资本公积	盈余公积	法定公益金	未分配利润	股东权益合计
期初数	17108.13	25394.28	1755.57	1240.01	4051.34	47884.75
本期增加		62.2	756.18	378.09	3024.73	3724.61
本期减少						
期末数	17108.13	25456.48	2511.75	1618.10	7076.07	51609.36

变动原因:

(1)资本公积本期增加 62.2 万元,为新股发行时多计应付发行费用。

(2)盈余公积金增加 756.18 万元,是根据公司董事会分配预案从净利润分别按 10%提取盈余公积金、公益金所得。

(3)法定公积金增加 378.09 万元,是根据公司董事会分配预案从净利润按 10%提取所得。

(4) 未分配利润增加 3024.72 万元,从净利润扣除提取盈余公积金、公益金后转入所得。

三、股本变动及股东情况

1 、股本变动情况

我公司 2000 年股本结构未发生任何变化;

①股本变动情况表 数量单位:股

股份类别	期初数	本次变动增减(+,—) 配股	送股	公积金转股	增发	其他	小计	期末数
一、未上市流通股份	96561300	0	0	0			0	96561300
1、发起人股份	74299125	0	0	0			0	74299125
其中:国家持有股份	74299125	0	0	0			0	74299125
2、募集法人股份	22262175	0	0	0			0	22262175
未上市流通股份合计	96561300	0	0	0			0	96561300
二、已上市流通股份	74520000	0	0	0			0	74520000
1、 人民币普通股	74520000	0	0	0			0	74520000
已上市流通股份合计	74520000	0	0	0			0	74520000
三、股份总数	171081300	0	0	0			0	171081300

②股票发行与上市情况

A.历次股票发行情况

发行情况	发行时间	股票种类	发行价(元)	发行数量(万股)	上市时间	上市数量(万股)
公开发行	1999/11/25	人民币普通股	4.85	2150	1996/12/05	2930

注:在 1996 年 12 月 5 月获准上市的 2930 万股中,2150 万股为社会公众股,另外 780 万股为内部职工股占额度上市。

B.公司股票送配情况

1997 年 4 月按 10 送 3.5 股红股,股本由 8650 万股增至 11677.5 万股。

1999 年 4 月按 10 送 2 股红股转增 1 股,股本由 11677.5 万股增至 15180.75 万股。

1999 年 12 月按 1998 年末 11677.5 万股总股本为基数 10 配 3 股,配股价 11 元/股,股本增至 17108.13 万股。(如按 1999 年送股、转增股后总股本 15180.75 万股计算, 为 10 配 2.30 股)

③公司内部职工股情况

公司内部职工股于 1993 年 1 月发行,共计 1300 万股,96 年 12 月 5 日上市 780 万股,97、99 年送股与转增后, 剩余未上市职工股增至 922.8141 万股,99 年 11 月 25 日除高管 人员持股仍冻结外,全部上市。

2 、股东情况介绍

(1)公司报告期末股东总数为 24287 户。

(2)本公司前十名股东情况

名次	单位名称	期末持股数(股)	占总股本比例(%)	股权性质
1	中钨硬质合金集团公司	62678075	36.64	国有法人股
2	海南恒润投资有限公司	6581250	3.85	其他法人股
3	金鑫基金	5957076	3.48	流通股
4	包头铝厂	5492400	3.21	国有法人股
5	海南金昌旅游实业有限公司	5396625	3.15	其他法人股
6	汕头广澳金属型材厂	5265000	3.08	其他法人股
7	国泰君安证券公司	3957000	2.31	流通股
8	中国有色金属工业海南公司	2632500	1.54	国有法人股
9	李向珍	2058700	1.20	流通股
10	中国有色金属进出口广东公司	1785025	1.04	国有法人股

注:1999 年年报中我公司原第二大股东中国有色金属工业财务公司所持股权被法院冻结,于 1999 年 9 月 10 日被拍卖,我公司第一大股东中钨硬质合金集团公司通过竞拍,以每股 0.87 元的价格受让了该股权,中国证监会证监函(2000)4 号文豁免了中钨集团要约全面收购的义务,受让之后,中钨集团持股数由 53464325 股(占 31.25%)增加至 62678075 股(占 36.64%)。(已于 2000 年 3 月 16 日在《证券时报》《中国证券报》公告。)前十名股东之间无关联 关系。

(3)持有 10%以上法人股东情况

中钨硬质合金集团公司,法定代表人:周菊秋

经营范围:有色金属原材料(包括钨、钼等硬质合金原材料、制成品的生产、加工、销售)辅助材料,有色金属矿产品,酒店业。

(4)报告期内控股股东未发生变更。

(5)持有我公司 5%以上的股东所持股份无质押和冻结情况。

四、股东大会简介

(一)股东大会的通知、召集、召开情况

股东大会共召开两次,均由董事会召集。

1、第八次股东大会:2000 年 3 月 7 日发出会议通知,2000 年 3 月 23 日通知延期召开,2000 年 4 月 15 日在三亚金海大酒店召开。

2、2000 年第一次临时股东大会:2000 年 4 月 16 日发出会议通知,2000 年 5 月 22 日在海口召开。

(二)股东大会通过的决议:

1、2000 年 4 月 15 日, 公司在三亚金海大酒店召开第八次股东大会 (1999 年年度股东大会),会议审议通过了董事会工作报告、监事会工作报告、1999 年度财务决算报告、内部控制制度、利润分配方案、1999 年年度报告、关于收购中钨集团部分经营性资产的议案、选举出了第三届董事会、第三届监事会。股东大会公告于 2000 年 4 月 18 日刊登于《中国证券报》、《证券时报》。

2、2000 年 5 月 22 日,公司召开了 2000 年度第一次临时股东大会,会议审议通过了关于更改公司名称的议案,关于修改公司章程的议案,关于续聘会计师事务所的议案。股东大会公告于 2000 年 5 月 23 日刊 登于《中国证券报》、《证券时报》。

(三)选举更换公司董事、监事情况

姓名	职务	离任职(时间)	离任职原因	通过会议
邓志雄	董事长	离职(2000.4.15)	换届	第八次股东大会

吴旭	董事	离职(2000.4.15)	换届	第八次股东大会
张振生	董事	离职(2000.4.15)	换届	第八次股东大会
周菊秋	董事长	任职(2000.4.15)	换届	第八次股东大会
张毅	副董事长	任职(2000.4.15)	换届	第八次股东大会
杨伯华	董事	任职(2000.4.15)	换届	第八次股东大会
彭绍雨	董事	任职(2000.4.15)	换届	第八次股东大会
刘昌桂	董事	任职(2000.4.15)	换届	第八次股东大会
李国林	董事	任职(2000.4.15)	换届	第八次股东大会
黄伯云	董事	任职(2000.4.15)	换届	第八次股东大会

五、董事会报告

1、公司经营情况

(1) 公司所处行业:有色金属硬质合金行业

行业简介:公司所处行业为有色金属硬质合金行业,硬质合金以钨、钴等稀有金属为主要原料,具有高硬度、高密度、耐腐蚀、耐磨等特殊性能,广泛应用于机械制造、石油矿山开采、军工、航空航天等多个领域,是具有高技术含量的新型材料,其发展历史只有60多年,其主要原料钨在我国的储量大约占全世界的2/3左右,我公司 为目前国内最大的硬质合金生产企业。我公司以钨为主要原料的硬质合金产品国内市场占有率大约为50%左右。

我公司 1998 年进行了大规模的资产重组, 在控股股东中钨硬质合金集团公司的支持下,我公司通过与集团公司部分资产债务的置换,将国内最大的硬质合金生产企业株洲硬质合金厂和自贡硬质合金有限责任公司部分优良的生产经营性资产重组进入我公司,从而使我公司成为目前国内最大的硬质合金生产企业。

(2)公司报告期内主要经营情况

主营业务范围:硬质合金和钨、钼、钽、铌等稀金属及其深加工产品的研制、开发、生产、销售。

我公司2000年共实现主营业务收入10.09亿元,主营业务利润1.43亿元,净利润3780万元,其中生产硬质合金及深加工产品3412吨、实现销售收入4.95亿元,碳化钨2376吨、实现销售收入1.80亿元,钨制品6850吨、实现销售收入2.47亿元,钴粉107.9吨,实现销售收入3857万元,陶瓷合金48吨,实现销售收入1785万元。公司全年销售收 入比去年有增长,但2000年下半年利润有大幅度下降,原因为株洲分公司生产成本上扬,管理费用、人员工资、技术开发费用增加幅度较大,公司及两个分公司财务费用增大(主要是贷款利息),因此全年净利润比上年度出现了下滑。

(3)主要下属企业经营情况

株洲分公司主营业务收入52766.37万元,比上年增长20.97%,自贡分公司45141.80万元,比上年增长28.48%。

株洲分公司主营业务利润 7578.45 万元,比上年增加 1637.58 万元,自贡分公司6569.26万元,比上年增加992万元。公司全年共实现净利润3781万元,其中:株洲分公司1773.14万元,比上年减少1084万元,减少37.95%。自贡分公 司2600万元,比上年减少35万元,减少1.33%。

公司全年管理费用 9292.96万元,比上年增加 3487.68万元,其中:株洲分公司增加 2558万元,自贡增加 648万元,海口本部增加 476万元,长沙运营中心增加239万元。株洲分公司比上年增加2558万元,主要是:人员工资大幅增长约850万元、技术开费用增586万元、房产等税金增加60万元,土地租赁费增加283.70万元、折旧费增加162万元。自贡分公司比上年增加648万元,主要是工资及其费用增加250万元;折旧增加93万元,办公费、差旅费增加150万元。

财务费用1325.92万元,比上年增加511.33万元,主要是: 株洲分公司579.85万元,比上年增加300万元;自贡分公司471.6万元,比上年增加286.27万元;海口本部为303万元,比上年增加163万元,主要是借款及贷款利息。

投资收益516.56 万元,比上年增加278.16万元,其中:理财收入 219.85万元、清华紫光投资收益76.6万元、本年股票投资收益207万元。

营业外支出131万元,比上年增加77.6万元,其中:株洲分公司125万元,比上年增加79.21万元;自贡分公司1万元,比上年减少3.6万元。

(4)在经营中出现的问题及解决方案

2000年下半年,我公司受有色行业体制变化影响较大,2000年6月26日,国务院 发布17号文件,对全国有色工业管理体制作出重大调整。 2000年8--9月,国家经贸委、国家有色金属工业局、中国稀有稀土金属集团公司分别与湖南、四川、海南三省就中央所属有色金属企事业单位管理体制改革问题进行商谈,并形成纪要,将我公司第一大股东中钨硬质合金集团公司的资产下放给湖南、四川、海南三个省,中钨集团持有我公司的股权也将划分给三个省(我公司董事会已经在2000年12月30日在《中国证券报》《证券时报》公告披露)。但由于三省对中钨集团所持中钨高新股权的划分、下放文件公布起至今尚未达成一致意见,股权未实际划定,而中钨集团又失去了实际履行控股职责的能力,使得公司日常生产经营、融资运作均不同程度受到影响。

(5)本公司未作利润预测。

2、公司财务状况:(单位:人民币元)

(1)公司财务状况及分析

项目	报告期数	期初数
总资产	927481384.78	883891930.41
应收款项	192813199.49	116658730.76
存货	311765668.88	268934722.53
长期投资	20810000.00	5810000.00
固定资产原值	508525588.50	460869875.51
长期负债	28000000.00	53094391.25
股东权益	516093618.71	478847541.53

项目	报告期数	上年同期数
主营业务利润	143357656.83	117571113.71
净利润	37809088.21	51829983.24

增减变动原因:

①总资产、主营业务收入增长的原因是本报告期公司业务发展所致;

②应收帐款增加的原因是销售收入增加后,因货款尚未完全回笼所致;

③存货增大的原因是公司货物未全部销售所致;

④长期投资增加是因为公司上半年投资清华紫光科技创新投资有限公司所致;

⑤固定资产增长的主要原因是配股项目开展前期购入不需安装的成套设备直接转入所致;

⑥长期负债减少的原因是归还银行贷款所致;

⑦股东权益增加的原因是未分配利润增长所致;

⑧净利润下降的原因是管理费用和财务费用增长所致。

(2)会计师事务所为我公司出具了无解释性说明、无保留意见、无拒绝表示意见 、无否定意见的审计报告。

3、公司投资情况

(1)募集资金使用情况:

公司在 1999 年底共募集配股货币资金 1.5 亿元,配股资金在本年度开始使用,其中用于《硬质合金深加工技术改造》等三个技改项目的募集资金共计 10467 万元,其余补充流动资金 4689万元,实际投入项目均按照承诺项目进行,募集资金承诺项目已投入资金7276.9万元,余额在保证项目进度需要的前提下,与流动资金捆绑使用,具体情况如下:

承诺项目	实施项目	承诺金额总额	实际到位金额	资金到位率
硬质合金深加工	同左	4500万	3100万	70%
精密陶瓷技改	同左	3950万	2765万	70%
混合料制备技改	同左	2017万	1411.9万	70%

承诺项目	实际已使用金额
硬质合金深加工	2571.93万
精密陶瓷技改	1835万
混合料制备技改	465万

A.硬质合金深加工技改: 总投资4500 万元,预计工期 2 年 ,已拨付自贡分公司项目资金3100 万元 ,该项目正在预期进度建设中,建在成都龙泉高新技术开发区,预计生产产品有整体孔加工刀具 12 万支/年,密封件与辊环 4 千件/年,硬质合金精密磨齿 150万件/年,深加工异型耐磨件130万件/年。已购置部分设备,开始了主体厂房的建设工作;

B.精密陶瓷中试生产线技改:总投资 3950 万元,原预计工期 1 年,已拨付株洲分公司项目资金 2765 万元,该项目正在建设中,已进行了施工图设计,购置了厂房用地,建成后主要产品 为新增金属陶瓷25吨,非金属陶瓷50万片,目前已签定了488万马克(约2000万元人 民币)的引进技术与设备的意向书,上述设备已经陆续承付预付款或开具信用证;因 为部分引进国外设备加工期较长,尚未到货,因此整个项目尚未完成。

C.混合料制备技改项目:总投资 2017 万元,原预计工期 1 年,已拨付株洲分公司项目资金1411.9 万元,已购置了部分设备,该项目将新增1600吨优质喷雾干燥混合料,因为部分国外引进设备尚未到货,该项目正在建设过程中。

(2)除募集资金外,报告期内非募集资金投资的重大项目.

我公司第三届二次董事会决定投资1500万元参股清华紫光科技创新投资有限公司,占该公司股权的8.33%,目前该公司运行顺利,正在积极开展科研成果产业化项目 , 2000年全年该公司共实现税后利润1428万元,我公司获得投资收益为76.65万元。

4、生产经营环境变化、宏观政策、法规的变化对公司的影响

2000年下半年,我公司受有色行业体制变化影响较大,国家决定将我公司第一大股东中钨硬质合金集团公司的资产下放给湖南、四川、海南三个省,中钨集团持有我公司的股权也将划分给三个省。中钨集团资产下放之后,由于我公司尚未完成与中钨集团的资产重组,因此这对于我公司的经营产生了较大影响。

我分公司在下半年的生产经营过程中受原材料外购价格上涨的影响,成本水平升高,利润水平下降。特别是主要原材料碳化钽价格,已经上涨几倍,这是使我公司业绩下滑的因素之一。

我公司主要下属企业之一自贡分公司地处祖国西部四川省,党中央、国务院关于 西部大开发的战略决策对于我自贡分公司产品市场的开拓产生了积极影响。

今年我国预计将加入WTO,我公司出口产品所占比重较大,加入WTO将给我公司带来积极影响。

5、新年度的业务发展计划

根据中钨集团股权、资产下放的情况,积极与股东沟通和协调,尽可能减少关联交易的影响,保持公司健康发展。努力完成配股资金投资的技改项目,培育新的利润增长点。抓住我国加入 WTO的历史机遇,积极促进产业升级,扩大对外出口,提高高附加值产品的比重。加大资本运营力度,保持公司资产的优良和高成长性。加强企业战略研究,向国外先进企业学习,引进先进技术、扩大合作,努力使公司成为具有国际竞争力的优强企业。

6、董事会日常工作情况

(1)本年度内共召开四次董事会议。

2000年2月29日,第二届董事会召开第十二次会议,会议审议通过了 1999年度总经理工作报告、1999 年度财务决算报告、内部控制制度、利润分配方案、1999 年年度报告、推举出了第三届董事会董事候选人名单,决议公告刊登于3 月7日的《中国证券报》、《证券时报》。

2000年4月16日,第三届董事会召开第一次会议,会议审议通过了更改公司名称 、修改公司章程、续聘总经理和董事会秘书的议案、续聘副总经理、财务部经理的议案、续聘会计师事务所的议案,会议决定召开2000年度第一次临时股东大会。决议公告刊登于 4月18日的《中国证券报》、《证券时报》。

2000年6月12日,第三届董事会召开第二次会议,会议审议通过了投资1500万元 入股清华紫光科技创新投资有限公司的议案。决议公告刊登于6月14日的《中国证券 报》、《证券时报》。

2000年8月6日,第三届董事会召开第三次会议,会议审议通过了2000年度中期总经理工作报告、中期财务报告、中期报告及摘要、利润分配方案。决议公告刊登于8 月8日的《中国证券报》、《证券时报》。

2000年 12月 22日,第三届董事会召开第四次会议,会议审议通过了授权经理班子与银行建立信贷关系等议案。依据上市规则,因事项只涉及日常工作,资产量很小,董事会决议未披露。

(2)股东大会通过的决议,董事会均严格执行。

A、利润分配和公积金转增方案 报告期内无利润分配情况

B、配股、增发工作 报告期内无配股、增发的实施情况

7、公司管理层及员工情况

(1)董事、监事、高级管理人员情况

姓名	性别	年龄	职务	任期	期初持股	期末持股变动原因	年度报酬
周菊秋	男	57岁	董事长	2000年--2003年	0	0	
张毅	男	45岁	副董事	2000年--2003年	0	0	
陈振亮	男	49岁	总经理	2000年--2003年	0	0	80000
蔚然军	男	44岁	董事	2000年--2003年	35100	35100	54000
杨伯华	男	41岁	董事	2000年--2003年	0	0	0
彭绍雨	男	43岁	董事	2000年--2003年	0	0	0
刘昌桂	男	40岁	董事	2000年--2003年	0	0	0
马忠英	男	53岁	董事	2000年--2003年	0	0	0
苏尚广	男	60岁	董事	2000年--2003年	8100	8100	0
李国林	男	47岁	董事	2000年--2003年	0	0	0
冯秋明	男	59岁	董事	2000年--2003年	3510	3510	0
张大力	男	50岁	董事	2000年--2003年	7020	7020	0
黄伯云	男	55岁	董事	2000年--2003年	0	0	0
阎小梅	女	49岁	监事会召集人	2000年--2003年	0	0	0
尤麟	男	53岁	监事	2000年--2003年	0	0	0
邓永泉	男	59岁	监事	2000年--2003年	8424	8424	0
雷小冰	女	40岁	监事	2000年--2003年	5265	5265	50000
韦利文	女	36岁	监事	2000年--2003年	19656	19656	21600
冯晓元	男	43岁	董秘、副总	2000年--2003年	19305	19305	64000
徐松林	男	56岁	副总	2000年--2003年	0	0	64000
高再荣	男	47岁	副总	2000年--2003年	0	0	64000
罗志彬	男	55岁	副总	2000年--2003年	0	0	64000
杨功德	男	51岁	财务经理	2000年--2003年	0	0	5000

公司年度报酬数额区间

3万-5万之间1人,5万--7万之间6人,7万以上2人;

不领取报酬的董事、监事、高级管理人员:

董事:周菊秋、张毅、马忠英、杨伯华、彭绍雨、苏尚广、张振生、冯秋明、张大力 、李国林、黄伯云

监事:阎小梅、尤麟、邓永泉

高级管理人员:无

报告期内离任的董事、监事、高级管理人员:

姓名	职务	离任职时间	离任职原因	通过会议

邓志雄　董事长　离职 2000.4.15　换届　　　　第八次股东大会
吴旭　　董事　　离职 2000.4.15　换届　　　　第八次股东大会
张振生　董事　　离职 2000.4.15　换届　　　　第八次股东大会

公司报告期内续聘陈振亮先生为总经理,续聘冯晓元先生为董事会秘书。

(2) 报告期末公司共有员工 5530 人,其中大专以上学历 1156 人,生产人员 3742 人,技术人员 800 人,财务人员 63 人,行政管理人员 616 人。

8、2000 年利润分配预案

公司 2000 年实现主营业务收入 1,009,458,333.31 元, 净利润 37,809,088.21 元, 按规定提取 10%法定公积金 3,780,908.82 元, 10%公益金 3,780,908.82 元, 加上年初结转的未分配利润 40,513,401.15 元,当年可供股东分配的利润 70,760,671.72 元。根据公司经营发展需要,考虑到公司资产重组还需进一步进行,而且技改项目还需投入必要的资金,建议本期利润不分配,亦不进行资本公积转增股本。

9、报告期内公司选定《中国证券报》、《证券时报》为法定信息披露刊物。

六、监事会报告

(一) 报告期内监事会召开了三次会议,列席了五次董事会议。

2000 年 2 月 29 日在海口市公司会议室召开第二届八次监事会, 审议通过了内部控制制度、总经理工作报告、财务决算报告、年度报告、利润分配方案等议案,决议公告刊登于 2000 年 3 月 7 日的《中国证券报》、《证券时报》。

2000 年 4 月 15 日在三亚金海大酒店召开了第三届一次监事会,会议一致选举阎小梅女士为监事会召集人,决议公告刊登于 2000 年 4 月 18 日的《中国证券报》、《证券时报》。

2000 年 8 月 6 日在海口市公司会议室召开了第三届二次监事会,会议审议通过了总经理工作报告、中期财务报告、中期报告及摘要,决议公告刊登于 2000 年 8 月 8 日的《中国证券报》、《证券时报》。

(二) 监事会独立意见

①公司依法运作情况

监事会认为公司决策程序合法,已建立了完善的内部控制制度,公司董事、经理在执行职务时无违反法律、法规、公司章程或损害公司利益的行为。

②监事会认为公司财务报告、审计报告真实地反映了公司的财务状况和经营成果。

③公司最近一次募集资金为 99 年度配股所募资金,在 2000 年度投入使用,目前配股资金均依据承诺进行。

④监事会认为公司收购、出售资产交易价格是合理的,无内幕交易行为,未损害部分股东的权益和造成公司资产流失。

⑤监事会认为与株洲硬质合金厂、自贡硬质合金有限公司所发生的关联交易是公平的,未损害上市公司利益。

⑥注册会计师出具的审计报告无解释性说明、保留意见、拒绝表示意见或否定意见,公司未作利润预测。

七、重要事项

1、重大诉讼、仲裁事项

报告期内无重大诉讼、仲裁事项

2、报告期内无公司、公司董事及高级管理人员受监管部门处罚的情况。

3、报告期内公司控股股东未变更,公司董事会进行了换届,总经理、董事会秘书均为续聘,无变更情况。

4、报告期内资产重组及收购情况:报告期内,公司第八次股东大会决定收购中钨集团下属自贡硬质合金有限公司硬质合金研究所及模具分厂 (已在 2000 年 4 月 18 日《证券时报》《中国证券报》披露),评估及财政部确认值为 2474.14 万元,截止 2000 年 4 月已完成收购, 2000 年共实现销售利润为 785 万元。

5、重大关联交易事项

(1)销售商品、劳务所发生的关联交易

关联交易方:株洲硬质合金厂　自贡硬质合金有限公司

交易内容: 购买原材料,代为销售产品

定价原则: 遵循公开、公平的原则,以市场同类产品、劳务等为基础。

交易价格: 按股份公司与之签定的协议。

交易金额:	株洲硬质合金厂	自贡硬质合金有限公司
销售	5.10 亿元	4.51 亿元
占同类交易比例:	53%	47%

结算方式: 转帐支票,有一个月的放帐期。

对公司利润的影响:关联交易是公司利润主要组成部分,无大额销货退回的情况。

关联交易的必要性:

我公司 98 年进行了资产重组,当时因公司资产规模影响未能将株硬、自硬两企业销售和原料采购部门置换进入,99 年度实施的配股使采购系统进入了股份公司, 因为重组仍然尚未完成,销售系统没有进入股份公司,鉴于硬质合金具有行业的特殊性,因此销售仍然委托株洲硬质合金厂、自贡硬质合金有限公司进行。关联交易的持续性:预计在完成对销售系统的收购之前,代销货物的关联交易仍将存在。

(2) 原料动力供应类的关联交易:2000 年,中钨高新材料股份有限公司根据协议,共向株洲硬质合金厂供应原辅材料 9098 万元, 支付动力、劳务费用 4267 万元,共向自贡硬质合金有限公司供应原辅材料 3898 万元,支付动力、劳务费用 2485 万元。交易内容:代为采购原辅材料,提供动力、劳务,交易价格:以股份公司与之签定的协议;对公司利润的影响,代为采购原材料价格均为成本价供应动力,提供劳务,属于公司正常运行所需,因此对利润无影响。定价原则:以市场价格为基础,遵循公开、公平原则。

(3) 资产、股权转让发生的关联交易:本年度公司报告期内,公司第八次股东大会决定收购中钨集团下属自贡硬质合金有限公司硬质合金研究所及模具分厂,关联交易方为自贡硬质合金有限公司,交易内容为自硬公司硬质合金研究所及模具分厂全部资产,资产帐面值 2239.53 万元,经评估值为 2474.14 万元,转让价格以评估值,已办理评估及财政部确认工作,截止 2000 年 4 月已完成收购,结算方式为转帐,2000 年全年实现销售利润为 785 万元。

(4) 公司与关联企业株洲硬质合金厂、自贡硬质合金有限公司之间存在债务、债权关系均为应收帐款或其他应收款,其中株硬厂其他应收款 9859 万元,自硬公司应收帐款 4442 万元,主要用于代理销售中流动资金,一般在两个月左右收回,公司无关联企业的应付帐款。我公司无为关联企业担保的情况。应收大股东中钨集团 591.81 万元,主要是往来款。

(5) 公司无其他重大关联交易事项。

6、"三分开"的情况:

(1) 人员分开方面:我公司董事长(法定代表人)由中钨硬质合金集团公司董事长(法定代表人)周菊秋先生兼任外,无经理、副经理等高级管理人员在上市公司与股东单位双重兼职的情况,我公司总经理、副总经理、财务经理等高级管理人员在上市公司领取薪酬,总经理兼任中钨集团副董事长。公司的劳动、人事及财务已基本独立;

我公司株洲分公司与自贡分公司因重组未完成,株洲分公司与株洲硬质合金厂,自贡分公司与自贡硬质合金有限公司普遍存在着人员相互兼职的情况,其中株洲硬质合金厂厂长(法人代表)兼任株洲分公司经理,自贡硬质合金有限公司总经理兼任自贡分公司经理,两个分公司与两个企业的一些职能部门存在相互兼职的情况。

(2) 资产完整方面:已基本作到资产完整,拥有独立的生产系统和采购系统,我公司因为尚未将原株洲硬质合金厂、自贡硬质合金有限公司的硬质合金产品销售系统收购进来,因此全部硬质合金产品委托株洲硬质合金厂、自贡硬质合金有限公司销售,销售和一些辅助服务设施的关联交易依据关联交易协议进行。我公司根据与株洲硬质合金厂、自贡硬质合金有限责任公司签定的协议,免费使用其工业产权和商标、非专利技术。我公司使用的商标所有权仍归株洲硬质合金厂、自贡硬质合金有限责任公司所有。

(3) 财务分开方面:我公司总部财务完全独立,已设立了独立的财务部门、财务核算体系、财务会计制度和财务管理制度,在银行独立开户,无与控股股东共用一个银行帐户的情况,独立依法纳税。

我公司株洲分公司与株洲硬质合金厂、自贡分公司与自贡硬质合金有限公司的财务部门存在人员、职能兼职情况。我公司株洲分公司职工的工资仍然由株洲硬质合金厂代发。

7、报告期内本公司无承包事项,无重大托管事项。租赁事项有我公司下属株洲分公司租用株洲硬质合金厂土地使用费为 420 万元。

8、报告期内本公司续聘五洲联合会计师事务所海口齐盛分所(原名海口齐盛会计师事务所)。

9、报告期内重大合同除上述关联交易外,主要为正常经营中采购钨精矿(黑钨精矿、白钨精矿)等原料的合同,采购对象均为非关联企业,履行均按照合同条款规定进行,未发生重大合同纠纷。

10、 报告期内公司无担保事项。

11、 报告期内 2000 年 6 月 7 日,经海南省工商局审核批准,本公司名称由"海南金海股份有限公司"变更为"中钨高新材料股份有限公司";经深圳证券交易所批准,从 2000 年 6 月 19 日 ,股票简称由"金海股份"变更为"中钨高新"。(已在 2000 年 6 月 16 日《证券时报》《中国证券报》披露)

12、 五洲联合会计师事务所海口齐盛分所为我公司出具了无保留意见的审计报告。

13、 2000 年 6 月,国家对有色金属工业体制进行了调整,2000 年 10 月,我公司控股股东中钨硬质合金集团公司的资产已经下放给湖南、四川、海南三个省,中钨硬质合金集团公司持有我公司的股权也将分给三个省。由于我公司与中钨集团之间的重组尚未完成,本次中钨集团的资产下放会对公司的发展产生重要影响,我公司将对中钨集团股权的变动进展情况在今后一段时间内依据《深交所上市规则》及时对外披露。

14、 中钨集团(原海南金海实业公司)曾在 1996 年我公司新股发行中的招股说明书中承诺不与股份公司发生同业竞争,报告期内未发现违反其承诺之事项。

15、 报告期内无《证券法》第六十二条、《股票条例》第六十条、《信息细则》第十七条所列举的重大事件以及公司董事会判断为重大事件的其他事项。

八、审计报告

审　　计　　报　　告

五洲会字[2001]6—第 002 号

中钨高新材料股份有限公司:

我们接受委托,审计了贵公司 2000 年 12 月 31 日的合并资产负债表、2000 年度的合并利润及利润分配表和合并现金流量表。这些会计报表由贵公司负责,我们的责任是对这些会计报表发表审计意见。我们的审计是依据《中国注册会计师独立审计准则》进行的。在审计过程中,我们结合贵公司实际情况,实施了包括抽查会计记录等我们认为必要的审计程序。

我们认为,上述会计报表符合《企业会计准则》和《股份有限公司会计制度》的有关规定,在所有重大方面公允地反映了贵公司 2000 年 12 月 31 日的财务状况及 2000 年度的经营成果和现金流量情况,会计处理方法的选用遵循了一贯性原则。

天津五洲联合合伙会计师事务所　　　　中国注册会计师:王翠仙

中国注册会计师:吴建成

二 OO 一年三月二十一日

会计报表(附后)

会计报表附注

(一)公司概况

中钨高新材料股份有限公司(以下简称"本公司"),原名海南金海股份有限公司,本公司是于 1993 年经海南省股份制试点领导小组琼股办字(1993)第 4 号文批准,以定向募集方式设立的股份公司。1996 年 11 月经中国证券监督管理委员会证监发(1996)第 331 号文批准,本公司发行社会公众股 2150 万股,内部职工股 780 万股,于 1996 年 12 月 5 日在深圳证券交易所挂牌交易。本公司持有海南省工商行政管理局颁发的法人营业执照, 注册号 460000100204, 目前注资本为 17,108.13 万元;法定代表人:周菊秋。本公司主要从事硬质合金和钨、钼、钽等有色金属及其深加工产品和装备的研制、开发、生产、销售及贸易业务。

(二)主要会计政策、会计估计和合并会计报表的编制方法

(三)税项:

3.1、所得税:按海南省经济特区有关规定,税率为 15%,外地分公司及子公司按国家有关税法及当地政府有关规定执行。

3.2、增值税:钨、钴等矿产品原材料购进适用 13%增值税率,其他适用 17%增值税率。

3.3、营业税:按营业收入的 5%计缴。

3.4、城建税、教育费附加、价格调节基金:分别按营业税额和增值税额的 7%、3%和 1%计缴。

3.5、其他各税:按照国家税法的有关规定计缴。

(四)控股子公司及合营企业

截至 2000 年 12 月 31 日,本公司拥有子公司及控股公司四家,基本情况如下:

企业名称	注册地址	注册资本	持股比例
南方精密压铸有限公司	广东南海	120 万美元	75%
内蒙海托工贸公司	内蒙托县	300 万元	100%
中钨高新上海销售中心	上　海	300 万元	100%
上海豪斯整水器有限公司	上　海	61 万美元	50.82%

企业名称	主营范围
南方精密压铸有限公司	有色金属、压铸件生产加工
内蒙海托工贸公司	有色金属、矿产品销售
中钨高新上海销售中心	经销、代购代销
上海豪斯整水器有限公司	整水器生产、销售

(五)会计报表主要项目注释

5.1、货币资金

序号	明细	币种	期初数 原币金额	汇率	折合人民币
1	现金	人民币	67,632.27		67,632.27
		美元	60.00	1:10.0641	603.85
		港币	5,000.00	1:1.06	5,300.00
		新加坡币	20.00	1:5.944	118.88
		小计			73,655.00
2	银行存款	人民币	177,518,252.82		177,518,252.82
		美元	62,092.48	1:8.2793	514,081.77
		港币			
		小计			178,032,334.59
3	其他货币资金		1,409,610.02		1,409,610.02
	合计				179,515,599.61

序号	明细	币种	期末数 原币金额	汇率	折合人民币

		人民币	84981.47		84,981.47
		美元	60.00	1:10.0641	603.85
	现	港币	5,000.00	1:1.06	5,300.00
1	金	新加坡币	20.00	1:5.944	118.88
		小计			91,004.20
	银	人民币	79,978,091.13		79,978,091.13
	行	美元	32,270.01	1:8.2770	267,100.32
2	存	港币			
	款	小计			80,245,191.45
3	其他货币资金		379,997.19		1,379,997.19
	合　计				81,716,192.84

5.2、短期投资

项　目	期初数		期末数	
	投资金额	跌价准备	投资金额	跌价准备
股票投资	3,691,321.60		3,873,606.33	
债券投资	1,000.00		1,000.00	
合　计	3,692,321.60		3,874,606.33	

注 1:股票投资 2000 年 12 月 31 日市价总额 4,573,496.80 元。

注 2:股票投资年初数调整增加 3,691,321.60 元。

5.3、应收票据 14,894,656.36 元。

其中:大额应收票据:

出票单位	出票日期	到期日	金　额	备　注
厦门殷豪实业有限公司	2000.11.29	2001.5.28	2,800,000.00	背书取得
东北输油管理局石化物资公司	2000.10.23	2001.4.23	2,640,000.00	背书取得
连花山冶金机械厂	2000.12.27	2001.6.10	500,000.00	背书取得
龙口隆基机械有限公司	2000.10.24	2001.4.10	500,000.00	背书取得
建欧市城关农村信用合作社	2000.11.9	2001.5.9	468,700.00	背书取得

5.4、应收账款

账　龄	期初数			期末数		
	金　额	比例(%)	坏账准备	金　额	比例(%)	坏账准备
1 年以内	68,085,011.25	87.33	6,808,501.12	53,850,761.93	82.68	5,385,076.19
1—2 年	2,087,400.16	2.68	626,220.05	1,841,363.18	2.83	552,408.95
2—3 年	1,485,984.25	1.90	891,590.55	1,646,795.74	2.53	988,077.44
3—4 年	284,410.96	0.36	227,528.77	1,485,984.25	2.28	1,188,787.40
4—5 年	3,367,037.00	4.32	3,030,333.30	284,410.96	0.44	255,969.86
5 年以上	2,654,095.09	3.41	2,654,095.09	6,021,132.09	9.24	6,021,132.09
合　计	77,963,938.71	100	14,238,268.88	65,130,448.15	100	14,391,451.93

注 1:大额应收账款:

单　位	金　额	时　间	原　因
自贡硬质合金有限责任公司	44,417,224.61	2000 年	应收销货款
甘肃柳园花牛山集团	4,763,376.68	1999 年	应收销货款
兰州办事处	3,268,145.56	1999 年	应收销货款
上海申藏联合公司	2,480,000.00	1995 年	应收销货款
南韩公司	1,920,364.41	1995 年	应收销货款

注 2:无持有本公司 5%(含 5%)以上股份的主要股东款项。

5.5、其他应收款

账龄	期初数			期末数		
	金　额	比例(%)	坏账准备	金　额	比例(%)	坏账准备
1 年以内	47,780,477.21	61.85	3,234,217.48	139,284,342.83	81.29	5,179,795.20
1—2 年	6,738,593.71	8.72	2,021,578.11	6,220,735.01	3.63	1,866,220.50
2—3 年	5,128,872.33	6.64	2,905,217.25	6,122,097.35	3.57	3,673,258.41
3—4 年	1,832,581.72	2.37	1,466,065.37	5,128,872.33	2.99	4,103,097.86
4—5 年	10,796,141.75	13.98	9,716,527.58	1,405,277.19	0.82	1,264,749.47
5 年以上	4,971,874.80	6.44	4,971,874.80	13,189,111.00	7.70	13,189,111.00
合　计	77,248,541.52	100	24,315,480.59	171,350,435.71	100	29,276,232.44

5.6、预付账款

账　龄	期初数		期末数	
	金　额	比例(%)	金　额	比例(%)
1 年以内	19,992,117.81	82.85	16,451,762.48	72.14
1—2 年	10,000.00	0.04	1,047,500.00	4.60
2—3 年	4,730.00	0.02	10,000.00	0.04
3 年以上	4,122,772.84	17.09	5,294,513.49	23.22
合　计	24,129,620.65	100	22,803,775.97	100

注 1:大额预付账款:

单　位	金　额	时间	原　因
自贡市长城建安公司	1,796,105.90	2000	预付购货款
金堆城钼业公司	1,300,000.00	2000	预付购货款
上海民生国际货物运输代理公司	1,052,704.29	2000	预付购货款
中国稀有稀土金属钨业集团公司	930,450.72	2000	预付购货款
中国有色进口株州硬质合金公司	830,000.00	2000	预付购货款

注 2:无预付本公司 5%(含 5%)以上股份的主要股东货款。

5.7、存货

序号	项　目	期初数		期末数	
		金　额	跌价准备	金　额	跌价准备
1	产成品	55,644,538.78		101,057,738.74	
2	在产品	132,273,153.13		131,130,700.85	
3	原材料	73,422,350.73		65,820,450.44	
4	分期收款发出商品	1,113,206.63		1,211,763.48	
5	低值易耗品	5,205,053.70		8,091,864.39	
6	委托加工物资	1,276,419.56		4,453,150.98	
	合　计	268,934,722.53		311,765,668.88	

注:公司存货无可变现净值低于成本的情况,故本期存货未计提存货跌价准备。

5.8、长期投资

项　目	期初数		本期增加数	本期减少数	期末数	
	金　额	减值准备			金　额	减值准备
长期股权投资	5,810,000.00		15,000,000.00		20,810,000.00	

其中:1、股票投资

被投资单位名称	股份性质	股票数量	占投资公司注册资本比例	注投资金额	减值准备	备注
海南新大陆股份有限公司	法人股	20 万	0.22%	200,000.00		
北京万通实业公司	法人股	100 万	0.125%	1,000,000.00		
南山电力股份公司	法人股	150 万	0.36%	1,700,000.00		
北海银建投资股份有限公司	法人股	100 万		1,800,000.00		
合　计				4,700,000.00		

2、其他股权投资

被投资单位名称	投资期限	投资金额	占被投资单位注册资金比例	减值准备	备注
清华紫光科技创新投资有限公司		15,000,000.00	8.3%		
北海金大陆公司	15 年	1,060,000.00	10%		
呼和浩特市蒙吉利万博园艺有限公司		50,000.00	7.52%		
合　计		16,110,000.00			

注 1:长期投资期末数 20,810,000.00 元比期初数 5,810,000.00 元增加 15,000,000.00 元,系公司本年度参股清华紫光科技创新投资有限公司 1500 万股计 15,000,000.00 元。

注 2:公司其他长期股权投资单位因本期末发现经营状况恶化等情形,故本期未计提长 期投资减值准备。

5.9、固定资产及累计折旧

项　目	期初数	本期增加	本年减少	期末数
原　值				
房屋及建筑物	169,462,132.38	42,168,636.68	37,544,809.40	174,085,959.66
机器设备	284,628,357.99	51,337,115.81	10,107,619.75	325,857,854.05
运输设备	3,568,709.57	1,963,105.82	179,800.70	5,351,014.69
其　他	3,210,675.57	43,831.53	23,747.00	3,230,760.10
合　计	460,869,875.51	95,511,689.84	47,855,976.85	508,525,588.50
累计折旧				
房屋及建筑物	65,724,314.68	8,244,495.86	123,233.98	73,845,576.56
机器设备	133,264,038.29	50,013,219.07	2,647,005.05	180,630,252.88
运输设备	27,295,936.29	278,336.40	33,240.87	304,1031.82
其　他	2,954,107.96	455,084.50	21,621.12	3,387,571.34
合　计	204,738,397.79	58,991,135.83	2,825,101.02	260,904,432.60
净　值	256,131,477.72			247,621,155.90

5.10、在建工程

序号 工程项目名称	期初数	本期增加
1.混合料制品(含碳化钨改造)	6,401,103.73	1,799,411.87
2.精密陶瓷技术改造	3,297,160.68	3,772,657.04
3.硬质合金厂深加工辊环工程		7,764,680.95
4.其他十三项零星工程	2,983,655.08	4,181,799.64
小　计	12,681,919.21	17,518,549.50

序号 工程项目名称	本期转入固定资产	期末数
1.混合料制品(含碳化钨改造)		8,200,515.60
2.精密陶瓷技术改造		7,069,817.72
3.硬质合金厂深加工辊环工程		7,764,680.95
4.其他十三项零星工程	2,985,471.46	4,179,982.98
小　计	2,985,471.46	27,214,997.25

序号 工程项目名称	资金来源	进度
1.混合料制品(含碳化钨改造)	配股	32%
2.精密陶瓷技术改造	配股	35%
3.硬质合金厂深加工辊环工程	配股	
4.其他十三项零星工程	自筹	
小　计		

注 1:本期无利息资本化金额;

注 2:本期在建工程增加 115%,主要系本年度开工增加硬质合金厂成都分厂深加 辊环工程和配股项目转入等。

5.11、无形资产

类　别	原始金额	期初数	本期增加
房屋使用权	1,470,000.00	1,139,250.00	
ZY-M2 制造软件系统	1,622,774.78	44,000.00	1,578,774.78
小　计	3,092,774.78	1,183,250.00	1,578,774.78

类　别	本期转出	本期摊销	期末数	剩余摊销期限
房屋使用权		73,500.00	1,065,750.00	14.5 年
ZY-M2 制造软件系统			1,622,774.78	未完成
小　计		73,500.00	2,688,524.78	

5.12、开办费

类　别	期初数	本期增加	本期摊销	期末数
开办费	33,517.61		32,193.61	1,324.00

5.13、短期借款

借款类别	期初数	期末数
抵押借款	4,800,000.10	800,000.00
担保借款	135,010,000.00	195,310,000.00
信用借款	5,000,000.00	20,000,000.00
小　计	144,810,000.00	216,110,000.00

注 1、短期借款本年度增加 49%,主要系株州分公司增加 3600 万元,公司本部增加 1980 万元和自贡分公司增加 1500 万元所致。

注 2、公司本部由株洲冶炼厂担保,在湖南工行银迅支行贷款 3480 万元。

5.14、应付账款

账　龄	期初数		期末数	
	金额	比例(%)	金额	比例(%)
1 年以内	69,451,699.28	95.62	80,291,337.19	89.93
1—2 年	174,874.88	0.24	6,268,730.77	7.02
2—3 年	346,060.48	0.48	174,874.88	0.20
3 年以上	2,659,584.05	3.66	2,543,127.87	2.85
合　计	72,632,218.69	100	89,278,070.71	100

注 1、大额应付账款:

单　位	金　额	原因
自贡长城建安公司	1,796,105.90	购货款
金堆城钼业公司	1,300,000.00	购货款
上海民生国际货物运输代理公司	1,052,704.29	购货款
上海百洛达金属有限公司	1,264,000.00	购货款
自贡市长峰计量授权站	441,979.94	购货款
金堆城钼业公司长安钼加工厂	737,390.02	购货款

注 2:无应付持款有本公司 5%(含 5%)以上股份股东单位款项。

5.15、预收账款

账　龄	期初数	期末数

	金额	比例(%)	金额	比例(%)
1年以内	502,559.86	38.68	1,016,539.30	57.28
1—2年	332,699.35	25.60		
2—3年	66,300.70	5.10	294,040 .29	14.42
3年以上	397,871.88	30.62	464,172.58	28.30
合　计	1,299,431.79	100	1,774,752.17	100

5.16、应付股利

项　目	期初数	期末数
中钨集团	1,798,667.00	998,667.00
其　他	106,452.50	106,452.50
合　计	1,905,119.50	1,105,119.50

5.17、其他应付款

账　龄	期初数		期末数	
	金额	比例(%)	金额	比例(%)
1年以内	68,785,685.09	60.18	1,300,141.04	3.20
1—2年	20,270,978.71	17.74	14,731,507.41	36.25
2—3年	11,165,193.52	9.77	4,470,150.00	11.00
3年以上	14,072,203.01	12.31	20,139,797.76	49.55
合　计	114,294,060.33	100	40,641,596.21	100

5.18 、应交税金

类　别	期初数	期末数
增值税	-247,476.46	24,026,538.47
营业税	159,694.99	159,694.99
城市维护建设税	681,393.45	225,583.41
房产税	200,316.80	-1,252.16
所得税	8,385,914.02	-1,703,172.92
固定资产投资方向调节税	-70,000.00	-70,000.00
合　计	9,109,842.80	22,637,391.79

5.19、其他未交款

类　别	期初数	期末数
教育费附加	409,717.23	174,780.05

5.20、预提费用

类　别	期初数	期末数	备　注
借款利息	1,009,800.00	1,009,800.00	预提利息
租赁费		5,479,223.43	土地租赁费等
合　计	1,009,800.00	6,489,023.43	

5.21、长期借款

借款单位	金　额	借款期限
中国工商银行株洲市新华路支行	13,000,000.00	1999.06.16—2001.07.05
中国工商银行株洲市新华路支行	10,000,000.00	1999.11.08—2001.04.22
中国工商银行株洲市新华路支行	5,000,000.00	2000.01.10—2001.03.10
合　计	28,000,000.00	

借款单位	年利率	借款条件
中国工商银行株洲市新华路支行	6.534%	担保
中国工商银行株洲市新华路支行	5.94%	担保
中国工商银行株洲市新华路支行	5.94%	担保
合　计		

注：长期借款本年度减少 52.83%，系偿还中国工商银行株洲市新华路支行到期的长期借款 30,000,000.00 元和本年度从中国工商银行株洲市新华路支行新增借款 5,000,000.00 元。

5.22、股本

公司股份变动情况表　　数量单位:股

	期初数	本次变动增减(+,-)				期末数
		送股	公积金转股	内部职工股上市	配股	
一、未上市流动股份						
1、发起人股份	74,299,125.00	0	0	0	0	74,299,125.00
其中:境内法人持有股份	74,299,125.00	0	0	0	0	74,299,125.00
2、募集法人股份	22,262,175.00	0	0	0	0	22,262,175.00
未上市流通股份合计	96,561,300.00	0	0	0	0	96,561,300.00
二、已上市流通股份						
1、人民币流通股份	74,520,000.00	0	0	0	0	74,520,000.00
已上市流通股份合计	74,520,000.00	0	0	0	0	74,520,000.00
三、股份总数	171,081,300.00	0	0	0	0	171,081,300.00

5.23、资本公积

项　目	期初数	本期增加数	本期减少数	期末数
股本溢价	253,942,760.22	622,000.00		254,564,760.22
其　他				
合　计	253,942,760.22	622,000.00		254,564,760.22

5.24、盈余公积

项　目	期初数	本期增加	本期减少	期末数
法定盈余公积	5,155,592.97	3,780,908.82	0	8,936,501.79
公益金	12,400,105.83	3,780,908.82	0	16,181,014.65
任意盈余公积				
合　计	17,555,698.80	7,561,817.64	0	25,117,516.44

5.25、未确认的投资损失

单　位	期初数	期末数
内蒙工贸公司	3,806,947.25	4,260,466.84
上海销售中心	438,671.39	1,170,162.83
合　计	4,245,618.64	5,430,629.67

5.26、未分配利润

年初余额	40,513,401.15
加:本年转入数	37,809,088.21
减:本年减少数	7,561,817.64
其中(1)分配股利	0
(2)提取法定盈余公积金	3,780,908.82
(3)提取公益金	3,780,908.82
(4)提取任意盈余公积金	0
(5)转作股本的普通股股利	0
年末余额	70,760,671.72

注:调整以前年度少计财务费用 3,593,333.33 元和少计投资收益 2,274,053.49 元及其他费用，调整年初未分配利润 1,315,946.51 元。

5.27、管理费用

项　目	上年数	本年数
工资及福利	7,902,788.32	22,105,714.52
劳保费及财保费	18,081,395.76	18,525,292.77
业务招待费	842,767.58	2,048,076.09
办公费	8,574,664.01	12,551,844.83
排污费	290,720.00	374,064.00
劳务费	564,671.69	730,920.69
物料消耗	1,081,929.95	998,782.11
坏帐损失	8,553,060.26	4,802,870.84
房产税	590,079.06	1,621,619.66
差旅费	1,333,029.16	3,036,612.71
工会及教育经费	1,769,179.77	3,030,207.31
技术开发费	819,532.17	8,185,376.55
租赁费	1,363,443.60	5,028,505.00
其　他	6,285,529.43	9,889,722.49
合　计	58,052,790.76	92,929,609.57

注 1:本年管理费用比上年增加 63.18%，主要是由于 1999 年 12 月中钨集团以其控股公司株洲硬质合金厂和自贡硬质合金有限责任公司所属的采购部门、技术中心、分析测试中心、计量中心、质检中心、计控中心等机构和人员增加所致。

5.28、财务费用

类　别	上年发生数	本年发生数
利息支出	8,167,166.74	13,824,833.53
减:利息收入	76,302.13	643,920.33
汇兑损失	12,973.37	6,677.30
减:汇兑收益	0	0
其　他	42,024.26	71,607.73
合　计	8,145,862.24	13,259,198.23

注:本年发生数比上年发生数增加 62.77%是由于借款增加所致。

5.29、其他业务利润

类　别	其他业务收入	其他业务成本	其他业务利润
出让原材料	136,862,301.70	136,666,171.55	196,130.15
代理业务	802,575.52	0	802,575.52
合　计	137,664,877.22	136,666,717.55	998,705.67

5.30、投资收益

项　目	上年数	本年数
股票投资收益	2,324,053.49	2,065,505.03
股息收入	0	901,522.35
其他投资收益	60,000.00	2,198,524.01
合　计	2,384,053.49	5,165,551.39

5.31、补贴收入

类　别	金　额	备　注
出口贴息	62,478.48	

5.32、营业外收入

类　别	金　额
罚款收入	8,716.33
固定资产清理收益	103,789.10
其他	27,434.27
合　计	139,939.70

5.33、营业外支出

类　别	金　额
罚款支出	19,253.97
滞纳金支出	731.40
工伤赔款支出	39,700.00
固定资产清理净损失	1,082,863.13
水利建设基金	170,000.00
合　计	1,312,548.50

5.34、收到的其他与经营活动有关的现金

收到的其他与经营活动有关的现金主要为收到的各种往来款项。

5.35、支付的其他与经营活动有关的现金

支付的其他与经营活动有关的现金主要为：

1、预付各种购货款及往来款 12,053 万元；

2、支付原股份公司欠款 3,671 万元；

3、支付金海酒店工程款 2,012 万元；

4、支付保险费、住房补贴等 1,876 万元；

5、支付办公费、技术开发费、差旅费、招待费等 3,345 万元。

(七)分行业资料

	营业收入		营业成本
行业	上年数	本年数	上年数
工业	798,440,841.61	984,588,317.40	677,293,699.04
商业	7,435,025.48	24,869,763.04	7,045,144.95
合计	805,875,867.09	1,009,458,080.44	684,338,843.99

		营业毛利	
行业	本年数	上年数	本年数
工业	838,589,111.89	121,147,142.57	145,999,205.51
商业	23,951,816.30	389,880.53	917,946.74
合计	862,540,928.19	121,537,023.10	146,917,152.25

(八)关联方关系及其交易

8.1、存在控制关系的关联方

A、存在控制关系的关联方

企业名称	注册地址	主营业务
		业关系
中钨硬质合金集团公司	长沙市劳动西路 386 号	矿产品、农副产品、化工原料、建筑、材料
中钨高新材料股有限公司		
份上海销售中心	上海市曲阳路 563 号	金属材料、半导体、材料电子产品、通用设备
南方精密压铸有限公司	广东南海市	生产有色金属、精密加工、产品内外销售
内蒙古海托工贸公司	内蒙古托克托县	机电产品、钢材、木材、工艺美术、化工
上海豪斯整水器有限公司	上海市	整水器生产\销售

企业名称	与本企	经济性质	法定代表人

		或类型	
中钨硬质合金集团公司	母公司	国有企业	周菊秋
中钨高新材料股有限公司			
份上海销售中心	子公司	其他经济	任炽毅
南方精密压铸有限公司	子公司	合资企业	段诚
内蒙古海托工贸公司	子公司	其他经济	候波
上海豪斯整水器有限公司	控股公司	合资企业	

B、存在控制关系的关联方的注册资本及变化

企业名称	年初数	本年增加数	本年减少数	年末数
中钨硬质合金集团公司	50,000 万元			50,000 万元
中钨高新材料股有限公司				
上海销售中心	300 万元			300 万元
南方精密压铸有限公司	120 万美元			120 万美元
内蒙古海托工贸公司	300 万元			300 万元
上海豪斯整水器有限公司	61 万美元			61 万美元

C、存在控制关系的关联方所持股份或权益及其变化

	年初数		本年增加	
企业名称	金额	%	金额	%
中钨硬质合金集团公司	5346.4325 万元	31.25	921.375 万元	5.39
中钨高新材料股有限公司				
上海销售中心	300 万元	100		
南方精密压铸有限公司	90 万美元	75		
内蒙古海托工贸公司	300 万元	100		
上海豪斯整水器有限公司	61 万美元	50.82		

	本年减少		年末数	
企业名称	金额	%	金额	%
中钨硬质合金集团公司			6267.8075 万元	36.64
中钨高新材料股有限公司				
上海销售中心			300 万元	100
南方精密压铸有限公司			90 万美元	75
内蒙古海托工贸公司			300 万元	100
上海豪斯整水器有限公司			61 万美元	50.82

备注：中钨硬质合金集团公司本年增加 921.375 万元为该集团公司通过竞买，以每股 0.87 元的价格受让了中国有色金属工业财务公司所持有本公司 921.375 万股的国有法人股。

(九)承诺事项及或有事项

本公司无需披露的重大承诺事项及或有事项

(十)资产负债表日后事项

根据财政部有关规定，本公司自 2001 年 1 月 1 日起执行新的八项《企业会计准则》及《企业会计制度》，执行新的准则和制度不会对本公司的财务状况和经营业绩产生重大影响。本公司无应追溯调整 2001 年 1 月 1 日以前会计年度的重大事项(包括固定资产、在建工程及无形资产的减值准备)。

(十一)债务重组事项、非货币交易事项

本公司无债务重组事项、非货币交易事项。

九、公司的其他有关资料

1、公司首次注册日期、地点

1993 年 3 月 18 日，海南省工商行政管理局。

2、企业法人营业执照注册号：4600001001204

3、税务登记证号：　　460100284077092

4、公司未流通股票托管机构名称：深圳证券交易所

5、公司聘请的会计师事务所名称、办公地址：

五洲联合会计师事务所齐盛分所，办公地址：海口市财政局综合楼 2 楼。

十、备查文件目录

1、载有董事长亲笔签名的年度报告正本；

2、载有法定代表人、主管会计工作负责人、会计机构负责人签名并盖章的会计报表。

3、载有会计师事务所盖章、注册会计师签名并盖章的审计报告原件。

4、报告期内在中国证监会指定报纸上公开披露过的所有公司文件的正本及公告的原稿。

5、公司章程。

附：资产负债表、利润及利润分配表、现金流量表

资产负债表

2000.12.31　　　　会股 01 表

编制单位：海南中钨高新材料股份有限公司　　　　单位：人民币元

资　　产	行次	2000.12.31 合并数	99.12.31 合并数?	流动资产
货币资金	1	81,716,192.84	179,515,599.61	
短期投资	2	3,874,606.33	3,692,321.60	
减：短期投资跌价准备	3			
短期投资净额	4	3,874,606.33	3,692,321.60	
应收票据	5	14,894,656.36	14,139,814.97	
应收股利	6			
应收利息	7			
应收帐款	8	65,130,448.15	77,963,938.71	
其他应收款	9	171,350,435.71	77,248,541.52	
减：坏帐准备	10	43,667,684.37	38,553,749.47	
应收款项净额	11	192,813,199.49	116,658,730.76	
预付帐款	11	22,803,775.97	24,129,620.65	
应收补贴款	12			
存货	14	311,765,668.88	268,934,722.53	
减：存货跌价准备	15			
存货净额	16	311,765,668.88	268,934,722.53	
待摊费用	17		4,196.52	
待处理流动资产净损失	18	1,277,282.98	5,000.00	
一年内到期的长期债权投资	19			
其他流动资产	20			
流动资产合计	21	629,145,382.85	607,080,006.64	
长期投资：				
长期股权投资	22	20,810,000.00	5,810,000.00	
长期债权投资	23			
长期投资合计	24	20,810,000.00	5,810,000.00	
减：长期投资减值准备	25			
长期投资净额	26	20,810,000.00	5,810,000.00	
固定资产：				
固定资产原价	27	508,525,588.50	460,869,875.51	
减：累计折旧	28	260,904,432.60	204,738,397.79	
固定资产净值	29	247,621,155.90	256,131,477.72	
工程物资	30		923,759.23	
在建工程	31	27,214,997.25	12,681,919.21	
固定资产清理	32			
待处理固定资产净损失	33			
固定资产合计	34	274,836,153.15	269,737,156.16	
无形资产及其他资产：				
无形资产	35	2,688,524.78	1,183,250.00	
开办费	36	1,324.00	33,517.61	
长期待摊费用	37			
其他长期资产	38		48,000.00	
无形资产及其他资产合计	39	2,689,848.78	1,264,767.61	
递延税款：				
递延税款借项	40			
资产总计	41	927,481,384.78	883,891,930.41	
流动负债				
短期借款	42	216,110,000.00	144,810,000.00	
应付票据	43			
应付帐款	44	89,278,070.71	72,632,218.69	
预收帐款	45	1,774,752.17	1,299,431.79	
代销商品款	46			
应付工资	47	40,740.00	388,748.82	
应付福利费	48	3,252,988.36	3,538,968.83	
应付股利	49	1,105,119.50	1,905,119.50	
应交税金	50	22,637,391.79	9,109,842.80	
其他应交款	51	174,780.05	409,717.23	
其他应付款	52	40,641,596.21	114,294,060.33	
预提费用	53	6,489,023.43	1,009,800.00	
一年内到期的长期负债	54			
其他流动负债	55			
流动负债合计	56	381,504,462.22	349,397,907.99	
长期负债：				
长期借款	57	28,000,000.00	53,000,000.00	
应付债券	58			
长期应付款	59			
住房周转金	60		94,391.25	
其他长期负债	61			
长期负债合计	62	28,000,000.00	53,094,391.25	
递延税款：				
递延税款贷项	63			
负债合计	64	409,504,462.22	402,492,299.24	
少数股东权益	65	1,883,303.85	2,552,089.64	
股东权益：				
股本	66	171,081,300.00	171,081,300.00	
资本公积	67	254,564,760.22	253,942,760.22	
盈余公积	68	25,117,516.44	17,555,698.80	
其中：公益金	69	16,181,014.65	12,400,105.83	
未确认的投资损失	70	5,430,629.67	4,245,618.64	
未分配利润	71	70,760,671.72	40,513,401.15	
外币报表折算差额	72			
股东权益合计	73	516,093,618.71	478,847,541.53	
负债及股东权益总计	74	927,481,384.78	883,891,930.41	

利润及利润分配表

2000 年度　　会股 02 表

编制单位：海南中钨高新材料股份有限公司　　　　单位：人民币元

项　　目	行	本年合并数
一、主营业务收入(亏损以“-”号表示)	1	1,009,458,333.31
减：折扣与折让	2	252.87
主营业务收入净额	3	1,009,458,080.44
减：主营业务成本	4	862,540,928.19
主营业务税金及附加	5	3,559,495.42
二、主营业务利润(亏损以“-”号表示)	6	143,357,656.83
加：其他业务利润(亏损以“-”号表示)	7	998,705.67
减：存货跌价损失	8	
营业费用	9	1,029,875.65
管理费用	10	92,929,609.57
财务费用	11	13,259,198.23
三、营业利润(亏损以“-”号表示)	12	37,137,679.05
加：投资收益(损失以“-”号表示)	13	5,165,551.39
补贴收入	14	62,478.48
营业外收入	15	139,939.70
减：营业外支出	16	1,312,548.50
加：以前年度损益调整	17	
四、利润总额(亏损以“-”号表示)	18	41,193,100.12
减：所得税	19	5,237,808.73
减：少数股东损益	20	-668,785.79
加：未确认的投资损失	21	1,185,011.03
五、净利润(亏损以“-”号表示)	22	37,809,088.21
加：年初未分配利润	23	40,513,401.15
盈余公积转入数	24	
六、可分配利润	25	78,322,489.36
减：提取盈余公积金	26	3,780,908.82
提取法定公益金	27	3,780,908.82
七、可供股东分配的利润	28	70,760,671.72
减：应付优先股股利	29	
提取任意盈余公积	30	
应付普通股股利	31	
转作股本的普通股股利	32	
八、未分配利润	33	70,760,671.72

厦门海洋实业(集团)股份有限公司

一、公司简介

1.公司名称(中文):厦门海洋实业(集团)股份有限公司
(英文):Xiamen Marine Industry (Group) Co., Ltd.
2.法定代表人:郑亚南
3.董事会秘书:王 华 联系地址:厦门市蜂巢山路3号
电 话:0592-2088142 传 真:0592-2092753
4.公司注册地址:厦门市蜂巢山路3号
公司办公地址:厦门市蜂巢山路3号
邮政编码:361005 电子信箱:mic0658@public.xm.fj.cn
5.公司选定的信息披露报纸:《证券时报》
中国证监会指定年度报告登载网址:http://www.cninfo.com.cn
公司年度报告备置地点为厦门市蜂巢山路3号公司四楼办公室
6.上市交易所:深圳证券交易所
股票简称:ST海洋 股票代码:0658

二、会计数据和业务数据摘要

1.公司本年度会计数据

利润总额:	-216,796,617.09元
净利润:	-215,950,717.44元
扣除非经常性损益后的净利润:	-164,178,047.08元
主营业务利润:	7,787,674.63元
其他业务利润:	1,156,574.38元
营业利润:	-136,165,853.27元
投资收益:	-29,117,962.34元
补贴收入:	15,209.00元
营业外收支净额:	-51,528,010.48元
经营活动产生的现金流量净额:	39,779,444.76元
现金及现金等价物净增加额:	-1,560,676.78元

注:以上扣除的非经常性损益涉及的项目和金额包括补贴收入15,209.00元、营业外收支净额-51,528,010.48元、股权投资差额摊销-259,868.88元(合计-51,772,670.36元)。

2.截至报告期末公司前三年的主要会计数据和财务指标 单位:元

项目	2000年度	1999年度	1998年(调整前)	1998年度(调整后)
主营业务收入	93,178,631.70	385,090,352.73	411,932,394.93	409,195,507.63
净利润	-215,950,717.44	-46,621,725.64	19,636,120.30	-33,552,205.44
总资产	368,958,371.71	732,813,090.91	857,104,973.93	726,040,894.29
股东权益(不含少数股东权益)	588,965.73	173,175,153.55	346,024,995.43	219,796,879.19
每股收益(摊薄)	-1.375	-0.297	0.125	-0.214
每股收益(扣除非常损益后)	-1.05	-0.254	0.124	-0.215
每股净资产	0.004	1.103	2.20	1.400
调整后的每股净资产	-0.102	0.871	1.895	1.095
每股经营活动产生的现金流量净额	0.253	-0.145	-0.437	-0.437
净资产收益率(%)	-36666	-26.9	5.67	-15.3

注:主要财务指标的计算公式如下:
每股收益=净利润/年末普通股股份总数
每股净资产=年末股东权益/年末普通股股份总数
调整后的每股净资产=(年度末股东权益-三年以上的应收款项净额-待摊费用-待处理(流动、固定)资产净损失-开办费-长期待摊费用-住房周转金负数余额)/年末普通股股份总数

3.利润表附表

报告期利润	净资产收益率(%)		每股收益(元)	
	全面摊薄	加权平均	全面摊薄	加权平均
主营业务利润	1322.27	6.71	0.05	0.05
营业利润	-23119.60	-117.27	-0.87	-0.87
净利润	-36666.28	-185.98	-1.375	-1.375
扣除非经常损益后的净利润	-27875.80	-141.39	-1.05	-1.05

注:以上指标系根据《公开发行证券公司信息披露编报规则》第9号规定计算。

4.报告期内股东权益变动情况(单位:元)

项目	期初数	本期增加	本期减少	期末数
股本	157,021,602.00			157,021,602.00
资本公积	125,535,847.42		7.552,989.84	117,982,857.51
盈余公积	14,452,626.75			14,452,626.75
法定公益金	3,828,784.37			3,828,784.37
未分配利润	-72,917403.16		215,950,717.44	-288,868,120.60
股东权益合计	224,092,673.01		223,503,707.28	588,965.73

变动原因: (1).报告期内,资本公积减少7.552,989.84元系因怡安(厦门)无纺布有限公司计提长期投资减值准备,相应冲减原评估增值准备;(2).报告期内,未分配利润减少是因为2000年度公司亏损215,950,717.44元。

三、股东情况介绍

1.报告期末公司股东总数为21101名。
2.报告期末公司前10名股东的持股情况(单位:股)

序号	股东名称	持股数	备注
1	福州牛津--剑桥科技发展有限公司	31,339,000	法人股
2	西安市飞天科贸集团有限责任公司	21,661,355	法人股
3	厦门市国有资产管理局	4,306,249	国有股
4	方树香	1,472,999	流通股
5	林和玩	1,388,078	流通股
6	林金锡	1,379,332	流通股
7	董 生	1,011,770	流通股
8	孙芬心	1,289,711	流通股
9	郭小荣	1,011,770	流通股
10	王 虹	984,800	流通股

珠海中富实业股份有限公司

一、公司简介

1、公司名称:珠海中富实业股份有限公司
英文名称:ZHUHAI ZHONGFU ENTERPRISE CO.,LTD.
缩写:ZHUHAI ZHONGFU
2、公司法定代表:黄乐夫
3、公司董事会秘书及其授权代表:李翔、周毛仔
联系地址:广东省珠海市湾仔镇第一工业区
电话:(0756)8821350 8821449 传真:(0756)8821103
E—Mail: zhongful@pub.zhuhai.gd.cn
4、公司注册、办公地址:
广东省珠海市湾仔镇第一工业区 邮政编码:519030
公司国际互联网址:http://www.zhongfu.com.cn
E-MAIL 地址:zhongful @ pub.zhuhai .gd.cn
5、1公司选定的信息披露报纸为《证券时报》、
2公司年度报告登载的国际互联网网址:http://www.cninfo.com.cn
3公司报告置放地点:公司证券部
6、公司上市交易所:深圳证券交易所
股票简称:珠海中富 股票代码:0659

二、会计数据和业务数据摘要

(一)主要会计数据:

利润总额:	111,875,899.47元
净利润:	89,382,622.28元
扣除非经常性损益后的净利润	88,821,262.85元
主营业务利润:	188,043,258.76元
其他业务利润:	1,349,739.98元
营业利润	111,559,838.10元
投资收益:	-245,298.06元
营业外收支净额:	561,359.43元
经营活动产生的现金流量净额:	140,994,396.09元
现金及现金等价物净增加额:	279,521,579.90元

(二)主要会计数据和财务指标(单位:元)

指标项目	2000.12.31	1999.12.31	1998.12.31
主营业务收入(元)	731,233,347.04	836,299,189.95	566,849,869.03
净利润(元)	89,382,622.28	153,257,202.91	113,507,084.94
总资产(元)	2,107,555,535.40	1,512,066,789.77	1,311,733,196.38
股东权益(元)(不含少数股东权益)	1186326726.79	855,272,395.75	803,793,192.84
每股收益(摊薄:元)	0.236	0.452	0.33
每股收益(加权:元)	0.249	0.452	0.352
扣除非经营性损益后的每股收益(摊薄:元)	0.234	0.367	0.296
扣除非经营性损益后的每股收益(加权:元)	0.247	0.367	0.308
每股净资产(元)	3.13	2.52	2.37
调整后的每股净资产(元)	3.09	2.49	2.34
每股经营活动产生的现金流量净额(元)	0.37	0.17	0.32
净资产收益率(摊薄:%)	7.53	17.92	14.12
净资产收益率(加权:%)	8.43	18.48	18.12

(三)按照中国证监会〈〈公开发行证券公司信息披露编报规则(第9号)〉〉要求计算的利润数据:

项目	报告期利润	净资产收益率(%)		每股收益(元)	
		全面摊薄	加权平均	全面摊薄	加权平均
主营业务利润	188,043,258.76	15.85	17.73	0.496	0.524
营业利润	111,559,838.10	9.40	10.52	0.295	0.311
净利润	89,382,622.28	7.53	8.43	0.236	0.249
扣除非经营损益后的净利润	88,821,262.85	7.49	8.38	0.234	0.247

三、股东情况介绍

1、股东总数:截止2000年12月29日下午3时深圳证券交易所收市时,本公司股东总数为96203户。

2、前10名大股东及其年内股份增减变动情况(截止2000年12月29日) 数量单位:股

股东名称	年初数	年内增减	年末数	比例%	质押或冻结情况
珠海市中富工业集团公司	199385000		199385000	52.64	(其中15000万股于1998年10月质押给中国银行广东省分行和珠海市分行,该行向中富集团提供7亿元人民币综合授信额度)
珠海市中富工业集团公司工会 委员会	6715000	1385000	8100000	2.14	
常志伟	0	730000	730000	0.19	
哈尔滨国发投资有限责任公司	475973	120871	596844	0.16	
张慧俊	0	457340	457340	0.12	
大庆开发区厦华科技咨询有限公司	0	400013	400013	0.11	
张正芳	0	394842	394842	0.10	
梁有祥	273000	81900	354900	0.09	
刘书春	0	350000	350000	0.09	
宋 立	0	304000	304000	0.08	

说明:
1、2000年8月16日珠海市中富工业集团公司工会委员会通过购买珠海市香洲区湾仔联合企业总公司名下的138.5万法人股,持股数增至810万股。
2、第二名股东是第一名股东属下的社团法人,两者之间存在关联关系。
3、持股10%以上法人股东情况说明
珠海市中富工业集团公司。本公司第一大法人股东,持有本公司股份19938.5万股,占总股份的52.64%。法定代表人:黄乐夫。经营范围:塑料制品、纸制品、纺织品等。与本公司存在关联交易。
4、2000年内本公司的控股股东没有发生变更,仍为珠海市中富工业集团公司。

广州南华西实业股份有限公司

一、公司简介

1、公司法定中文名称：广州南华西实业股份有限公司
公司英文名称：GUANGZHOU NANHUAXI INDUSTRIAL CO.,LTD
2、公司法定代表人：何竟棠
3、公司董事会秘书：张　获　　授权代表：黄丽葵
电　话：(020)84423282　　传　真：(020)84408033
4、公司注册地址及办公地址：广州市江南西路111号中国石油南方大厦16楼
邮政编码：510240　　E-mail：nanhuaxi @ public guangzhou.gd.cn
5、公司选定信息披露报纸为《证券时报》、《中国证券报》
登载公司年度报告中国证监会指定国际互联网网址为：http://www.cninfo,com,cn
公司年度报告备置地点：本公司董事会秘书室
6、公司股票上市交易所：深圳证券交易所
股票简称：南华西　　股票代码：0660

二、会计数据和业务数据摘要

1、本年度会计数据摘要：　　单位：万元

利润总额	2,291.73
净利润	1,901.38
扣除非经常性损益后的净利润	1,814.28
主营业务利润	7,772.60
其他业务利润	—
营业利润	2,112.24
投资收益	92.39
补贴收入	84.41
营业外收支净额	2.69
经营活动产生的现金流量净额	2,652.93
现金及现金等价物净增加额	-27,002.57

说明：扣除非经常性损益项目及金额包括：

营业外收入	19.75
营业外支出	17.06
补贴收入	84.41
其中：新产品增值税退税	74.60
出口产品贴息	9.80

2、前三年的主要会计数据的财务指标(单位：万元)

项　目	2000年	1999年	1998年	
			调整前	调整后
主营业务收入	23,972.28	23,290.33	28,880.97	28,880.97
净利润	1,901.38	2,752.87	5,281.56	4,619.45
总资产	118,371.92	79,497.26	61,217.11	59,712.74
股东权益	37,251.38	35,350.01	34,095.69	32,597.13
每股收益	0.14	0.21	0.40	0.35
每股净资产	2.80	2.66	2.57	2.45
调整后的每股净资产	2.64	2.56	2.48	2.36
每股经营活动产生的现金流量净额	0.20	0.30	0.41	0.41
净资产收益率(%)	5.10	7.78	15.49	14.17

3、净资产收益率和每股收益指标

报告期利润	净资产收益率(%)				每股收益（元）			
	全面摊薄		加权平均		全面摊薄		加权平均	
	2000年	1999年	2000年	1999年	2000年	1999年	2000年	1999年
主营业务利润	20.73	21.99	21.27	22.88	0.58	0.58	0.58	0.58
营业利润	5.67	8.58	5.82	8.93	0.16	0.23	0.16	0.23
净利润	5.10	7.79	5.24	8.10	0.14	0.21	0.14	0.21
扣除非经常性损益后的净利润	4.87	7.16	5.00	7.45	0.14	0.19	0.14	0.19

4、股东权益变动情况　　单位：元

项目	股　本	资本公积	盈余公积	法定公益金	未分配利润	股东权益合计
期初数	132913293.00	137257076.97	19973833.42	5,154,134.56	63,355,878.30	353,500,081.69
本期增加	—	—	2,852,063.21	950,687.74	16,161,691.53	19,013,754.74
本期减少						
期末数	132913293.00	137257076.97	22825896.63	6,104,822.30	79,517,569.83	372,513,836.43
变动原因			本年利润提取	本年利润提取	本年实现的利润(已扣除两金)	本年实现的利润

三、股东情况介绍

1、本报告期末公司股东总数13,852户。
2、公司前10名股东持股情况。

股　东　名　称	持股数	持股比例(%)
⑴ 广州市南华西企业集团有限公司	85,131,532	64.05
⑵ 广东华侨信托投资公司投资基金部	3,628,994	2.73
⑶ 北京贝特实业公司	2,419,329	1.82
⑷ 登润实业有限公司	1,209,664	0.91
⑸ 粤华有限公司	1,209,664	0.91
⑹ 朱存良	533,896	0.40
⑺ 路等怀	415,000	0.31
⑻ 陈　瑛	387,590	0.29
⑼ 李　祯	361,248	0.27
⑽ 雷伟南	295,650	0.22

持股5%以上的股东广州市南华西企业集团有限公司以所持本公司法人股共57,565,766股分别向银行质押借款，具体是：1 该公司以42,565,766股向中国工商银行广州市同福中路支行作质押借款，2 本公司分别以该公司所持的6,500,000股、6,500,000股、2,000,000股向中国银行广州市海珠支行作质押借款，董事会公告刊登于2001年3月10日的《证券时报》上。

3、持股10%以上的法人股股东情况

广州市南华西企业集团有限公司，法定代表人：何竟棠，经营范围：轻工业工艺品、陶瓷品、纺织、丝织品、服装、纺织纤维、化工、食品、工具、仪器、仪表、机械设备、土产、畜产、中成药的出口业务及轻工业品、医药、食品、化工、机械设备、橡胶制品、木制品、仪表、仪器、建筑材料、汽车配件的进口业务。国内商业及物资供销业(国家专营专控商品除外)，开展“三来一补”业务。

长春高新技术产业(集团)股份有限公司

一、公司简介

1、公司法定中文名称：长春高新技术产业(集团)股份有限公司
公司英文名称：Changchun High & New Technology Industries (Group) Inc.　　缩写：CCHN
2、公司法定代表人：刘成福
3、公司董事会秘书：周伟群　　授权代表：焦敏
联系地址：长春市同志街64号火炬大厦5层
联系电话：0431-5666367　　传真：0431-5675390　　电子信箱：cchn@public.cc.jl.cn
4、公司注册地址：长春市同志街64号
公司办公地址：长春市同志街64号火炬大厦5层　　邮政编码：130021
5、公司指定的信息披露报纸名称：《证券时报》
登载本公司年度报告的国际互联网网址：http://www.incninfo.com.cn
公司年报备置地点：公司证券部
6、公司股票上市交易所：深圳证券交易所　　股票简称：长春高新　　股票代码：0661

二、会计数据与业务数据摘要

(一)公司本年度主要会计数据如下：　单位：元

利润总额	45,541,158.73
净利润	30,791,529.02
扣除非经营性损益后的净利润	27,105,874.12
主营业务利润	221,135,976.14
其它业务利润	33,474,004.41
营业利润	41,782,035.40
投资收益	4,084,276.63
补贴收入	300,000.00
营业外收支净额	-625,153.30
经营活动产生的现金流量净额	207,977,362.08
现金及现金等价物净增加额	-21,125,946.24

(二)截止报告期末公司前三年主要会计数据和财务指标：
单位：元

指标　项目	2000年度	1999年度
主营业务收入	314,055,672.32	304,831,836.20
净利润	30,791,529.02	13,727,843.81
总资产	1,185,921,698.95	1,345,928,296.29
股东权益(不含少数股东权益)	477,829,359.04	684,741,630.35
每股收益(元/股)	0.23	0.068
按月平均加权法计算的每股收益(元/股)	0.15	0.067
扣除非经常性损益后的每股收益(元/股)	0.13	0.067
每股净资产(元/股)	3.64	3.40
调整后的每股净资产(元/股)	3.33	3.31
每股经营活动产生的现金流量净额	1.58	-0.427
全面摊薄净资产收益率(%)	6.44	2.00
加权平均净资产收益率(%)	4.40	

续上表：

指标　项目	1998年度	
	调整前	调整后
主营业务收入	259,665,070.99	259,495,199.31
净利润	55,523,919.30	71,571,740.57
总资产	1,375,893,199.75	1,301,546,145.91
股东权益(不含少数股东权益)	708,083,210.86	670,282,816.58
每股收益(元/股)	0.276	0.3555
按月平均加权法计算的每股收益(元/股)	-	-
扣除非经常性损益后的每股收益(元/股)	-	-
每股净资产(元/股)	3.52	3.33
调整后的每股净资产(元/股)	3.36	3.22
每股经营活动产生的现金流量净额		
全面摊薄净资产收益率(%)	7.84	10.65
加权平均净资产收益率(%)		

(三)净资产收益率及每股收益指标结构分析附表：

	净资产收益率(%)		每股收益(元)	
报告期利润	全面摊薄	加权平均	全面摊薄	加权平均
主营业务利润	46.28	31.58	1.68	1.10
营业利润	8.74	5.97	0.32	0.21
净利润	6.44	4.40	0.23	0.15
扣除非经常性损益后的净利润	5.67	3.87	0.21	0.13

三、股东情况介绍

1、报告期末股东总数

截止2000年12月29日，本公司股东总数为48,386户，其中：发起人股股东1户，法人股股东6户，社会公众股股东48,379户。

2、本公司前十名股东持股情况：截止2000年12月29日

序号	股东 姓名	持股数量(股)	持股比例(%)
1	长春高新技术产业发展总公司	45,475,210	34.63
2	长春市南湖实业总公司	2,520,000	1.92
3	长春市第二建筑工程公司	1,008,000	0.77
4	长春市信托投资股份有限公司	1,008,000	0.77
5	长春天燃气化学工业公司	1,008,000	0.77
6	曾锡盛	370,000	0.28
7	胡小荣	308,700	0.24
8	吉林省地产总公司	302,400	0.23
9	胡小荣	256,610	0.20
10	周祥仙	222,400	0.17

广西康达(集团)股份有限公司

广西康达(集团)股份有限公司2000年年度报告摘要

重要提示:本公司董事会保证本报告所载资料不存在任何虚假记载、误导性陈述或者重大遗漏,并对其内容的真实性、准确性和完整性负个别及连带责任。深圳鹏城会计师事务所为本公司出具了保留意见的审计报告,本公司董事会、监事会对相关事项亦有详细说明,请投资者注意阅读。

一、公司简介

1.公司中文名称:广西康达(集团)股份有限公司
公司英文名称:GUANGXI KONDA(GROUP)CO.,LTD.
公司英文缩写:KD
2.公司法定代表人:陈鸿兴
3.公司董事会秘书:李 博
授权代表:李 博
联系地址:广西梧州市北环路12号
联系电话:(0774)2826686
传 真:(0774)2831582
电子信箱:kondacos@public.glptt.gx.cn
4.公司注册地址:广西梧州市北环路12号
公司办公地址:广西梧州市北环路12号
邮政编码:543000
公司国际互联网网址:http://www.kondagroup.com
公司电子信箱:kondasec@public.glptt.gx.cn
5.公司选定的信息披露报纸名称:《证券时报》
登载公司年度报告的中国证监会指定的国际互联网网址:http://www.cninfo.com.cn
公司年度报告备置地点:本公司证券部
6.股票上市地:深圳证券交易所
股票简称:广西康达
股票代码:0662

二、会计数据和业务数据摘要

1.主要利润指标情况(单位:人民币元)

	2000年
利润总额:	-73,462,805.31
净利润:	-71,811,604.91
扣除非经营性损益后的净利润:	-71,494,428.89
主营业务利润:	1,525,243.08
其他业务利润:	7,041,149.29
营业利润:	-40,423,358.94
投资收益:	-157,176.02
补贴收入:	37,000.00
营业外收支净额:	-32,919,270.35
经营活动产生的现金流量净额:	40,108,258.76
现金及现金等价物净增加额:	22,296,052.22

2.主要会计数据和财务指标

项目	2000年	1999年
主营业务收入(元)	124,162,441.75	146,588,046.72
净利润(元)	-71,811,604.91	-28,927,151.40
总资产(元)	306,141,703.33	340,108,102.04
股东权益(元、不含少数股东权益)	41,017,051.72	112,828,656.63
每股收益(元/股)(摊薄)	-0.6703	-0.2700
每股收益(元/股)(加权)	-0.6703	
扣除非经营性损益后的每股收益	-0.6673	-0.2670
每股净资产(元/股)	0.3828	1.0531
调整后的每股净资产(元)	0.1056	1.0144
每股经营活动产生的现金流量净额(元)	0.3744	0.3579
净资产收益率(%)(摊薄)	-175.08%	-25.64%
净资产收益率(%)(加权)	-93.36%	

3.本年度利润表附表

报告期利润	净资产收益率(%)		每股收益(元)	
	全面摊薄	加权平均	全面摊薄	加权平均
主营业务利润	3.72	1.98	0.0142	0.0142
营业利润	-98.55	-52.55	-0.3773	-0.3773
净利润	-175.08	-93.36	-0.6703	-0.6703
扣除非经常性损益后的利润	-174.30	-92.94	-0.6673	-0.6673

说明:(1)公司因执行财政部(财会字[1999]35号文)相应会计政策变更,追溯调整了1998年度主要数据和财务指标。

(2)主要财务指标计算方法:

●全面摊薄每股收益=报告期利润/期末股份总数

●每股净资产=年度末股东权益/年度末普通股股份总数

●调整后的每股净资产=(年度末股东权益-三年以上应收款项净额-待摊费用-待处理(流动、固定)资产净损失-开办费-长期待摊费用—住房周转金负数余额)/年度末普通股股份总数

●每股经营活动产生的现金流量净额=经营活动产生的现金流量净额/年度末普通股股份总数

●全面摊薄净资产收益率=报告期利润/期末净资产?100%

● 加权平均每股收益(EPS)的计算公式如下:

$$EPS=\frac{P}{So+Sl+Si\times Mi\div Mo-Sj\times Mj\div Mo}$$

其中:P为报告期利润;So为期初股份总数;Sl为报告期因公积金转增股本或股票股利分配等增加股份数;Si为报告期因发行新股或债转股等增加股份数;Sj为报告期因回购或缩股等减少股份数;Mo为报告期月份数;Mi为增加股份下一月份起至报告期期末的月份数;Mj为减少股份下一月份起至报告期期末的月份数。

●加权平均净资产收益率(ROE)的计算公式如下:

$$ROE=\frac{P}{Eo+NP\div 2+Ei\times Mi\div Mo-Ej\times Mj\div Mo}$$

其中:P为报告期利润;NP为报告期净利润;Eo为期初净资产;Ei为报告期发行新股或债转股等新增净资产;Ej为报告期回购或现金分红等减少净资产;Mo为报告期月份数;Mi为新增净资产下一月份起至报告期期末的月份数;Mj为减少净资产下一月份起至报告期期末的月份数。

4.报告期内股东权益变动情况: 单位:元

项目	股本	资本公积金	盈余公积金	其中:法定公益金
期初数	107,137,500.00	28,427,100.64	9,816,593.77	5,130,807.52
本期增加				
本期减少				
期末数	107,137,500.00	28,427,100.64	9,816,593.77	5,130,807.52

项目	未分配利润	股东权益合计
期初数	-32,552,537.78	112,828,656.63
本期增加		
本期减少	-71,811,604.91	-71,811,604.91
期末数	-104,364,142.69	41,017,051.72

变动原因:报告期内亏损71,811,604.91元,导致股东权益减少为41,017,051.72元。

三、股东情况介绍

1.报告期末本公司股东总数11755户。

2.前10名股东持股情况

股东名称	年末持股数(股)	本年度增减数+/-(股)	占总股本比例(%)
梧州市对外经济贸易公司	21,250,000		19.83
杭州天安置业有限公司	21,000,000		19.60
宁波天翔实业有限公司	10,110,000		9.44
中国银行南宁信托咨询公司	7,500,000		7.00
海口八达进出口公司	4,484,550		4.20
广西索芙特股份有限公司	2,427,450	+2,427,450	2.27
广州市天街小雨化妆品有限公司	1,250,000		1.17
陈宏	364,000	+364,000	0.34
深圳桂兴发展贸易公司	346,500		0.32
吕变莲	303,486	+303,486	0.28

说明:持股5%(含5%)以上的法人股股东所持股份发生质押、冻结情况截止2000年12月31日,杭州天安置业有限公司已质押广西康达法人股共计20791950股,其中:10035550股质押给工商银行杭州市分行,5756400股质押给工商银行浙江省分行,5000000股质押给中国银行杭州开发区支行;宁波天翔实业有限公司已质押广西康达法人股共计10110000股,其中:9000000股质押给工商银行浙江省分行,1110000股质押给建设银行钱江支行。

3.持股10%(含10%)法人股股东情况

(1)梧州市对外经济贸易公司,法定代表人:叶少光

经营范围:五金矿产、化工产品、机械设备及配件、仪器仪表、五金交电、照相音像器材、金属材料(除钢材、国家专管除外)、建筑材料、轻工产品、土畜产品、消防器材。

(2)杭州天安置业有限公司,法定代表人:周国敏

经营范围:房地产开发(资质按城乡建设厅定级别),金属材料、化工原料、建筑材料、纺织原料、服装面料、汽车配件、仪器仪表、五金工具的批发、零售。

4.报告期内公司控股股东没有变更。

四、股东大会简介

1.年度股东大会情况

2000年4月28日,公司在广西梧州市北山饭店五楼会议室召开1999年年度股东大会决议公告刊登在2000年4月29日的《证券时报》。

2.临时股东大会情况

(1)2000年3月1日在广西梧州市北山饭店五楼会议室召开2000年度第一次临时股东大会决议公告刊登在2000年3月2日的《证券时报》。

(2)2000年10月16日在广西梧州市北山饭店五楼会议室召开2000年度第二次临时股东大会决议公告刊登在2000年10月25日的《证券时报》。

(3)2000年12月5日在广西梧州市北山饭店五楼会议室召开2000年度第三次临时股东大会决议公告刊登在2000年12月6日的《证券时报》。

五、董事会报告

(一)公司经营情况

1.公司所处的行业以及公司在行业中的地位

广西康达(集团)股份有限公司是以自营、投资、参股等方式经营冷轧钢带及其制品的生产销售,进出口贸易,房地产开发,租赁、旅游、饭店等业务的综合类型股份制公司。

公司控股的梧州三条钢带制品有限公司所生产的高精度冷轧优质钢带属国家重点新产品,在国内同行业中处于领先地位。

2.公司主营业务的范围及其经营状况

①公司主营业务范围

冷轧钢带加工,住宿及饮食服务,石油产品、五金矿产、化工产品(不含易燃易爆危险品)、机械设备及配件、仪表仪器、五金交电、照相音像器材、轻工产品、土畜产品、服装、针织品的购销,房地产开发,经济信息咨询服务;自营和代理各类商品及技术的进出口业务,但国家限定公司经营或禁止进出口的商品及技术除外;经营进料加工和"三来一补"业务;经营对销贸易和转口贸易。

②公司主营业务经营状况

二000年是世纪之交年,面对挑战和机遇,公司加强对投资项目的管理,狠抓经营结构调整,继续深化企业三项制度的改革,强化管理、压缩编制、减员增效、增收节支,在极其艰难的环境中奋力拼搏,迎接新世纪的到来。报告期内,公司主营业务收入12416万元,比上年减少15.3%。由于主要投资项目继续负效益经营和诉讼损失、坏帐损失大幅度增加,本年度亏损7181万元,比上年增亏148.25%。

福建省永安林业(集团)股份有限公司

福建省永安林业(集团)股份有限公司2000年年度报告摘要

(一) 公司简介

1、公司中文名称:福建省永安林业(集团)股份有限公司
公司英文名称:FUJIAN YONGAN FORESTRY(GROUP)JOINT -STOCK CO.,LTD.
2、公司法定代表人:吴景贤
公司总经理:谢益林
3、公司董事会秘书:黄忠明
公司证券事务授权代表:黄 荣
联系地址:福建省永安市燕江东路12号
电 话:(0598)3614875 传 真:(0598)3633415 电子信箱:stock@yonglin.com
4、公司办公(注册)地址:福建省永安市燕江东路12号 邮 编:366000
公司网址:http://www.yonglin.com 公司电子信箱:info@yonglin.com
5、公司指定信息披露报刊:《证券时报》、《中国证券报》、《上海证券报》
登载公司年报网址:http://www.cninfo.com.cn
公司年度报告置备地点:公司董事会秘书处
6、公司股票上市地:深圳证券交易所
股票简称:永安林业 股票代码:0663

(二) 会计数据和业务数据摘要

1、公司本年度实现利润情况 单位:元

利润总额:	17258862.23
净利润:	12442726.99
扣除非经常性损益后的净利润:	12070200.46
主营业务利润:	59937042.02
其他业务利润:	1523763.92
营业利润:	-14255749.82
投资收益:	28701196.03
补贴收入:	2610906.49
营业外收支净额:	200509.53
经营活动产生的现金流量净额:	57408467.67
现金及现金等价物净增加额:	-51022598.65

(注:非经常性损益包括公司下属三明人造板厂99年所得税返回及营业外收支)

2、公司近三年的主要会计数据和财务指标: 单位:元

项 目	2000年度	1999年度	1998年度
主营业务收入	357773544.17	325440415.04	307043035.57
净利润	12442726.99	48973583.27	67103967.99
总资产	957469416.30	881094996.66	524737630.77
股东权益	439897949.35	462580942.36	248589995.08
每股收益	0.074	0.293	0.455
加权平均每股收益	0.074	0.31	0.455
扣除非经常性损益后的每股收益	0.072	0.18	0.32
每股净资产	2.63	2.766	1.685
调整后的每股净资产	2.48	2.62	1.61
每股经营活动产生的现金流量净额	0.34	0.28	0.145
净资产收益率(%)	2.83	10.587	26.99
加权净资产收益率(%)	2.67	12.78	28.29

3、利润表附表

报告期利润	净资产收益率(%)		每股收益	
	全面摊薄	加权平均	全面摊薄	加权平均
主营业务利润	13.63	13.28	0.358	0.358
营业利润	-3.24	-3.16	-0.085	-0.085
净利润	2.83	2.76	0.074	0.074
扣除非经常性损益后的净利润	2.74	2.67	0.072	0.072

(三)股东情况介绍

1、截止2000年12月31日,公司股东总户数为39560户。
2、持有公司股份5%以上的股东情况
(1)福建省永安林业(集团)总公司:期初该公司持有公司股份64884600股,期末持有64884600股,占公司总股本的38.80%。报告期内该公司因涉及为永安永兴塑胶有限公司和永安市造纸厂贷款提供担保,经三明市中级人民法院裁定,冻结该公司持有的相当于人民币肆佰陆拾壹万柒仟壹佰陆拾元的"永安林业"法人股股权。
(2)永安市财政局:期初该局持有公司股份18635400股,期末持有18635400股,占公司总股本的11.14%。报告期该局已将其所持有的16707600股(占其所持股份总额的89.66%)质押给福建省华福证券公司,质押期限至2003年1月。
(3)福建省青山纸业股份有限公司:期初该公司持有公司股份11700000股,期末持有11700000股,占公司总股本的7%。报告期内无股份质押或冻结情况。
注:因公司于2000年年度报告披露前方得知永安林业(集团)总公司和永安市财政局有股权冻结、质押问题,故只能在年报中作出说明。
3、前10名股东持股情况(2000.12.31) 单位:股

名次	股东名称	年初持股数	年末持股数	持股比例(%)	股份性质
1	福建省永安林业(集团)总公司	64884600	64884600	38.80	国有法人股
2	永安市财政局	18635400	18635400	11.14	国家股
3	福建省青山纸业股份有限公司	11700000	11700000	7.00	法人股
4	永安市林业建设投资公司	4680000	5850000	3.50	法人股
5	三明市林业总公司	4680000	4680000	2.80	法人股
6	永安市燕林开发公司	1262430	1262430	0.84	法人股
7	兴华证券投资基金	0	582614	0.35	流通股
8	永安市副食品基金开发第三公司	346320	346320	0.21	法人股
9	邹纪水	0	316460	0.19	流通股
10	永安市国有林管理站	287820	287820	0.17	法人股

注:永安市林业建设投资公司所持股份增加的原因系为受让福建省永安森工有限公司所持有的1170000股法人股所致。
公司前十名股东间不存在关联关系。

(四)股东大会简介

本年度公司共召开一次年度股东大会及两次临时股东大会,具体情况如下:
㈠公司2000年第一次临时股东大会由公司董事会召集,通知公告刊登于1999年12月10日的《证券时报》和《中国证券报》。本次会议于2000年1月11日在公司本部召开,出席会议的股东和股东代表14人,代表股份107965980万股,占总股本16723.26万股的64.56%,符合《公司法》和《公司章程》有关规定。会议审议通过《关于调整公司董事的议案》。
大会决议公告刊登于2000年1月12日的《证券时报》和《中国证券报》。
㈡公司1999年度股东大会由公司董事会召集,通知公告刊登于2000年4月5日的《证券时报》和《中国证券报》。本次会议于2000年5月9日在公司本部召开,出席会议的股东和股东代表13人,代表股份107965980万股,占总股本16723.26万股的64.56%,符合《公司法》和《公司章程》有关规定。会议审议通过如下议案:
(1)《公司1999年度董事会工作报告》;
(2)《公司1999年度监事会工作报告》;
(3)《公司1999年财务决算报告》;
(4)《公司1999年度利润分配预案》;
(5)《关于收购永安人造板实业有限公司剩余25%股权的议案》。
大会决议公告刊登于2000年5月10日的《证券时报》和《中国证券报》。
㈢公司2000年第二次临时股东大会由公司董事会召集,通知公告刊登于2000年11月18日的《证券时报》和《中国证券报》。本次会议于2000年12月22日在公司本部召开,出席会议的股东和股东代表11人,代表股份107832600万股,占总股本16723.26万股的64.48%,符合《公司法》和《公司章程》有关规定。会议审议通过如下议案:(1)《关于公司董事会换届选举的议案》;(2)《关于公司监事会换届选举的议案》;(3)《关于修改公司章程的议案》;(4)《关于授权董事会行使权限的议案》;(5)《关于建设100万亩速生丰产林基地项目的议案》。
大会决议公告及法律意见书刊登于2000年12月23日的《证券时报》和《中国证券报》。

(五)董事会报告

1、公司经营情况
㈠公司所处行业的地位
公司属木材及竹材采运业,在国内同行业中处于领先地位。
㈡公司主营业务构成情况
公司主营业务主要包括:木(竹)材采运、加工,林化产品制造。
2000年内由于木材替代品的不断出现,市场持续疲软以及公司森林资源质量和产量下降等原因,公司主业出现下滑,实现主营业务收入35777.35万元,主营业务利润5993.70万元,主要构成情况如下:

项目	销售收入(万元)	所占比例(%)	利润(万元)	所占比例(%)
木材	8800.45	25	2116.27	35
胶粘剂	1090.88	3	41.56	1
木材二次加工产品	21666.71	61	1523.97	25
甲醛、浸渍纸	3074.44	9	371.30	6

㈢在经营中出现的问题与困难及解决方案:
(1)森林资源质量下降,林种结构、培育目标结构不合理,可伐资源日益减少,导致木材产量下降。对此,公司全面落实林业分业经营的有关要求,切实做好生态公益林建设和保护,加快100万亩速丰产林基地建设,优化森林资源结构,充分发挥林地潜力,缩短培育周期,努力实现商品林经营效益。
(2)市场持续疲软,供需矛盾日益尖锐,随着替代产品的不断出现,杉木类产品利用价值越来越小,造成销售困难重重,销售收入下降。对此,公司积极拓宽木材销售渠道,争取直接与较大木材使用单位和木材批发商建立贸易关系,节约中间费用,对走俏木材产品试行招标销售,提高销售收入。
2、公司财务状况
㈠年末总资产为95746.94万元,比上年88109.50万元增加了7637.44万元,主要是本年长期股权投资增加和其他长期资产收购林木增加所引起的。
㈡年末长期负债为9847.12万元,比上年16531.31万元减少了6684.19万元,主要是还长期借款以及其他长期负债所引起的。
㈢年末股东权益为43989.79万元,比上年46258.09万元减少了2268.30万元,主要是预分配普通股股利所致。
㈣年末主营业务利润为5993.70万元,比上年8524.43万元减少2530.73万元,主要是木材产量减少、森林资源质量下降及木材市场持续低迷所引起的。
㈤年末净利润为1244.27万元,比上年4897.36万元减少了3653.09万元,主要是木材产量减少、森林资源质量下降以及木材市场持续低迷所引起的。
3、公司投资情况
㈠报告期之前公司募集资金投资延缓到报告期的情况

项 目	项目总投资	承诺募集投入	实际投入
有偿受让20万亩集体林林木所有权和林地使用权项目	4500万元	4500万元	4337.29万元
投资2500万元用于绿色环保快餐盒项目	2500万元	2500万元	2500万元

注1:有偿受让20万亩集体林林木所有权和林地使用权项目报告期内已完成13个乡(镇)、街道办事处,103个村,11个乡林场的195036亩的集体林林木所有权和林地使用权受让工作,完成投资4337.29万元,剩余部分将在保证林木质量的基础上逐步完成。
注2:绿色环保快餐盒项目报告期内已累计完成投资2500万元,但由于国家宏观政策执行力

度不到位，市场调控失灵，致使有污染的快餐盒目前还普遍使用于国内市场，造成该项目销售困难，报告期内该项目亏损 376.64 万元。

㈡报告期内非募集资金投资重大项目情况

⑴经公司九九年度股东大会批准，公司收购了永安人造板实业有限公司剩余 25%股权，至 2000 年 12 月 26 日，公司与人造板公司清算组完成了人造板公司的资产交接，公司出资人民币 18439912.87 元收购永安(香港)投资有限公司持有的人造板公司 25%股权，加上公司 1999 年 6 月出资收购人造板公司 75%的股权，公司实际持有人造板公司 100%股权，人造板公司成为公司的全资公司。

⑵公司以自有资金投资 4000 万元，就福建省新大陆发展有限公司开发的高技术项目"福建省移动通信计费及网络管理系统工程"进行合作。该项目于 2000 年 6 月 26 日签定协议。该项目投资已于年底前如期收回。

⑶公司以自有资金投资 4500 万元于 6 月 19 日委托闽发证券有限公司代为国债投资，投资期限一年，截止 12 月 29 日，国债市值为 45327061.50 元，资金结余为 422.03 元。

⑷公司以自有资金投资 4040 万元认购大鹏创业投资有限责任公司 4000 万法人股，该项目于 2000 年 8 月签定协议。报告期内该公司实现净收益 1740 万元。

4、宏观政策对公司影响：

㈠我国加入 WTO 后，经济全球化趋势必然加快，这对公司的木材工业既是机遇，又是挑战。经过多年的发展，公司的林业产业已具有一定规模，形成包括产学研等行业内的较完整的产业体系，但与国内大企业和国际水平相比还有很大的差距，现有的项目规模过小，科技含量不高，技术力量薄弱等，一定程度上制约了公司发展。

㈡经上级林业主管部门确认，公司经营区内共有 23.33 万亩森林资源被划为生态公益林，以发挥生态效益和社会效益为主，但允许进行更新性采伐，占公司总经营面积 140 万亩的 16.5%。

5、新年度业务发展计划

随着中国加入 WTO 步伐的加快，市场竞争将日益激烈。在新的一年里，公司将继续把提高经济效益作为企业发展的中心任务来抓，从森林资源培育入手，扩大森林资源储备；加快内部经济结构的调整和优化组合，有效降低生产成本；加强市场营销管理、健全营销网络；提高产品科技含量，增强发展后劲，把创新作为企业生存和发展的根本；全面实施人本特色的质量、成本管理，加快实现两个根本性转变，确保公司在新的市场竞争环境中持续、稳定地发展。

开发、新建项目包括：

㈠经公司第三届董事会第二次会议审议决定：与厦门迈克化学进出口有限公司、厦门迈克科技有限公司、漳平市燕菁林业有限公司等三家企业法人以及高敬东、勒立人、邱安彬等三位自然人共同发起，设立福建省迈克生化股份有限公司。项目总投资 5000 万元人民币，计 5000 万股，其中本公司(含漳平市燕菁林业有限公司、邱安彬)出资 2200 万元，占 44%股权；厦门迈克化学进出口有限公司(含厦门迈克科技有限公司、勒立人)出资 2800 万元，占 56%股权。经测算，该项目动态投资回收期为 2 年。该项目一方面符合了公司向生物制药、环保产业发展的多元化战略，另一方面可以盘活公司的存量资产，提高资产利用率。项目建成后，将成为公司新的利润增长点。

㈡100 万亩速生丰产林基地项目：项目建设期为 2000 年-2004 年，总投资 45608 万元，其中第一、二期工程建设面积 60 万亩，总投资 28900 万元。国家开发银行以开行承诺[2000] 212 号承诺函承诺为项目第一、二期建设贷款 18760 万元，正式合同正在办理中。该项目建成后，将有效壮大公司资源基础，加快公司人造板工业的发展。

㈢金刚板压贴生产线技改项目：该项目固定资产计划投资 933.78 万元，流动资金 700 万元，目前正在进行项目前期准备工作，预计该项目 2001 年 6 月底建成投产。投产后，可使公司金刚板年产量增加到 170 万平方米/年。

㈣装饰板生产线技改项目：该项目总投资 595 万元，建设期 9 个月，是在利用三明人造板厂始建于八十年代初的 500 万平方米装饰板生产线生产工艺、技术、设备的基础上，通过技改实现年生产能力达到 800 万平方米。

㈤松油醇技改项目：项目固定资产投资 200 万元，是在现有年产 800 吨松油醇生产线的基础上经过技术改造新增年产 1200 吨产量，形成年产 2000 吨松油醇系列产品。

6、董事会日常工作情况

本年度公司共召开十次董事会议，会议情况及决议内容如下：

⑴2000 年 1 月 11 日，公司第二届董事会第十六次会议召开，应到会董事 8 人，实到会董事 7 人，会议审议通过如下议案：

关于选举公司董事长的议案。

会议决议公告刊登于 1999 年 1 月 12 日《证券时报》及《中国证券报》。

⑵1999 年 2 月 2 日，公司第二届董事会第十七次会议召开，应到会董事 8 人，实到会董事 8 人，会议审议通过了如下议案：

1 关于全额计提坏帐准备的议案；

2 关于引进压贴生产线增加 50 万平方米/年金刚板技改项目的议案；

3 关于扩建年产 15000 吨甲醛生产线项目的议案；

4 关于年产 500 万平方米浸渍纸生产线技改项目的议案；

5 关于设立董事会秘书处的议案。

⑶2000 年 3 月 6 日，公司第二届董事会第十八次会议召开，应到会董事 8 人，实到会董事 8 人，会议审议通过以下议案：

1 关于公司 99 年度工作总结和 2000 年度工作计划的报告；

2 关于公司 99 年度财务决算和 2000 年度财务预算的报告；

3 关于公司 99 年度利润分配的预案；

4 关于公司 99 年度报告的议案；

5 关于收购永安人造板实业有限公司剩余 25%股权的议案；

6 关于扩建金刚板压贴生产线技改项目的议案；

7 关于扩建年产 13000 吨甲醛生产线项目的议案；

8 关于年产 500 万平方米浸渍纸生产线技改项目的议案；

9 关于 99 年度目标考核奖惩兑现的议案。

会议决议公告刊登于 2000 年 3 月 7 日《证券时报》及《中国证券报》。

⑷2000 年 4 月 5 日，公司第二届董事会第十九次会议召开，应到会董事 8 人，实到会董事 7 人，会议审议通过以下议案：

1 关于成立公司"人力资源管理委员会"的议案；

2 关于公司人事管理工作暂行规定的议案；

3 关于财务审批程序及权限暂行规定的议案；

4 关于公司财务总监人事变动的议案；

5 关于证券投资事务授权的议案。

会议决议公告刊登于 2000 年 4 月 6 日《证券时报》及《中国证券报》。

⑸2000 年 5 月 29 日，公司第二届董事会第二十次会议召开，应到会董事 8 人，实到会董事 8 人，会议审议通过以下议案：

1 关于委托投资理财的议案；

2 关于投资"高性能平板复合膜"项目的议案；

⑹2000 年 7 月 10 日，公司第二届董事会第二十一次会议召开，应到会董事 8 人，实到会董事 5 人，会议审议通过以下内容：

1 同意将每年木材销售提取的育林基金中拿出 800 万元用于"100 万亩速生丰产林基地建设项目"资本金；

2 同意自 2000 年至 2005 年共六年从本企业留利中拿出 6106 万元，用于公司 100 万亩速生丰产林基地项目建设资本金和特殊情况下的资本金抵补；

3 同意将 2001 年增资扩股资金中提取 4000 万元用于公司 100 万亩速生丰产林基地项目建设的资本金；

4 同意在《100 万亩速生丰产林基地建设项目》还贷期间，项目经营利润优先用于偿还开发银行贷款。

⑺2000 年 7 月 24 日，公司第二届董事会第二十二次会议召开，应到会董事 8 人，实到会董事 7 人(其中一名董事授权表决)，会议审议通过以下议案：

1 关于公司 2000 年中期报告的议案；

2 关于公司 2000 年中期利润分配的预案：中期不分配、不转增。

会议决议公告刊登于 2000 年 7 月 26 日《证券时报》及《中国证券报》。

⑻2000 年 10 月 15 日，公司第二届董事会第二十三次会议召开，应到会董事 8 人，实到会董事 6 人，会议审议通过以下议案：

关于公司与福州人造板厂相互担保贷款的议案。

⑼2000 年 11 月 16 日，公司第二届董事会第二十四次会议召开，应到会董事 8 人，实到会董事 8 人，会议审议通过以下议案：

1 关于公司董事会换届选举的议案；

2 关于谢益林先生等职务任免的议案；

3 关于修改《公司章程》的议案；

4 关于提请股东大会授权董事会行使权限的议案；

5 关于建设 100 万亩速生丰产林基地项目的议案。

会议决议公告刊登于 2000 年 11 月 18 日《证券时报》及《中国证券报》。

⑽2000 年 12 月 22 日，公司第三届董事会第一次会议召开，应到会董事 9 人，实到会董事 9 人，会议审议通过以下议案：

1 关于选举公司董事长、副董事长的议案；

2 关于聘任谢益林先生为福建省永安林业(集团)股份有限公司总经理的议案；

3 关于聘任福建省永安林业(集团)股份有限公司高级管理人员的议案；

4 关于设置事业部等有关组织机构的议案；

5 关于公司与福州人造板厂等两家单位相互担保贷款的议案。

会议决议公告刊登于 2000 年 12 月 23 日《证券时报》及《中国证券报》。

7、董事、监事及高级管理人员情况

⑴董事、监事及高级管理人员基本情况　　单位:股

姓 名	性别	年龄	职 务	任 期	年初持股	年末持股
吴景贤	男	37 岁	董事长	2000.12-2003.12	0	0
谢益林	男	37 岁	副董事长 总经理	2000.12-2003.12	9172	9172
黄总河	男	38 岁	副董事长 副总经理	2000.12-2003.12	14952	14952
邱华炳	男	58 岁	董事	2000.12-2003.12	0	0
洪 伟	男	53 岁	董事	2000.12-2003.12	0	0
陈万美	男	57 岁	董事	2000.12-2003.12	0	0
范纯齐	男	52 岁	董事	2000.12-2003.12	0	0
林孝强	男	37 岁	董事	2000.12-2003.12	0	0
邱安彬	男	36 岁	董事	2000.12-2003.12	11000	11000
刘庆替	男	57 岁	监事	2000.12-2003.12	0	0
郑祥堂	男	38 岁	监事	2000.12-2003.12	0	0
张建丰	男	46 岁	监事	2000.12-2003.12	9406	9406
姚智平	男	42 岁	监事	2000.12-2003.12	9172	9172
林惠琴	女	33 岁	监事	2000.12-2003.12	1614	1614
刘永川	男	35 岁	副总经理	2000.12-2003.12	9172	9172
庄起元	男	58 岁	总工程师	2000.12-2003.12	0	0
郑 亮	男	36 岁	财务总监	2000.12-2003.12	0	0
黄忠明	男	32 岁	董事会秘书	2000.12-2003.12	1848	1848

⑵董事、监事及高级管理人员年度报酬情况：　　单位：元

姓 名	年度报酬	姓 名	年度报酬	姓 名	年度报酬	姓 名	年度报酬
吴景贤	26756	谢益林	22776	黄总河	24680	邱安彬	22364
张建丰	18932	姚智平	22592	刘永川	22256	庄起元	23516
郑亮	20936	黄忠明	22148				

年度报酬情况按照公司实际情况划分为三个区间，即 2.4 万元以上、2 万元-2.4 万元、2 万元以下，董事、监事、高级管理人员在每个区间的人数分别为 2 人、7 人、1 人。其余的五位董事(邱华炳、洪伟、陈万美、范纯齐、林孝强)、三位监事(刘庆替、郑祥堂、林惠琴)仅在公司领取董事、监事津贴。

⑶报告期内董事、监事或高级管理人员离任情况。

姓名	原职务	离任原因	姓名	原职务	离任原因
黄瑞红	董事长	退休	蔡为茂	副董事长、总经理	董事会换届
黄复榕	董事	工作变动	吴路全	董事	董事会换届
汪炎明	董事	董事会换届	顾建华	副总经理	退休
吴立裕	财务总监	工作变动	邱安彬	副总经理	工作变动

⑷报告期内聘任或解聘公司经理、董事会秘书情况。

经公司第二届董事会第二十四次会议审议通过：蔡为茂先生不再担任福建省永安林业(集团)股份有限公司总经理职务；聘任谢益林先生为福建省永安林业(集团)股份有限公司总经理。经公司第三届董事会第一次会议审议通过：聘任谢益林先生为福建省永安林业(集团)股份有限公司总经理，聘任黄忠明先生为福建省永安林业(集团)股份有限公司董事会秘书。

8、本年度利润分配及资本公积转增股本预案

经福建华兴有限责任会计师事务所审计，本公司 2000 年度净利润为 12442726.99 元，提取 10%的法定盈余公积金 1244272.70 元，提取 10%的法定公益金 1244272.70 元，本公司占燕菁公司 51.28%的股权，合并报表后应补提燕菁公司"两金"提取数的 51.28%，即法定盈余公积金补提 79274.61 元，法定公积金补提 39637.30 元，2000 年度未分配利润为 9835269.68 元，加上 1999 年度未分配利润 56839847.01 元，2000 年度末累计未分配利润为 66675116.69 元。公司拟以 2000 年末总股本 16723.26 万股为基数，向全体股东按每 10 股派发现金 2 元(含税)，共计 33446520 元，剩余 33228596.69 万元结转至 2001 年度。

上述预案已在公司第三届董事会第三次会议上通过，但尚须经公司 2000 年度股东大会批准后实施。

（六）监事会报告

公司监事会 2000 年度共召开三次监事会议，列席股东大会及临时股东大会共三次，董事会十次。一年来，监事能按《公司法》及《公司章程》有关规定，履行职责，参与公司各项活动，并发表意见。

1、监事会工作情况：

㈠2000 年 3 月 3 日召开第二届监事会第七次会议，全体监事到会，会议议题：

审议通过公司九九年度监事会工作报告。

㈡2000 年 11 月 16 日召开公司第二届监事会第八次会议，全体监事到会，会议议题：

审议通过公司第三届监事会监事候选人名单。

会议决议公告刊登于 2000 年 11 月 18 日的《证券时报》和《中国证券报》。

㈢2000 年 12 月 22 日召开公司第三届监事会第一次会议，全体监事到会，会议议题：选举刘庆替先生为公司第三届监事会主席。

会议决议公告刊登于 2000 年 12 月 23 日的《证券时报》和《中国证券报》。

2、公司依法运作情况：

一年来，公司运作能严格按《公司法》和《公司章程》以及国家有关上市公司的规定依法生产经营，公司经营班子团结协作，积极开拓市场，加强企业内部管理，为实现 2000 年度生产经营目标努力奋斗，取得了较好的经济效益。

本报告期内，未发现公司董事、总经理及其他高级管理人员在执行公司职务时有违纪违法和损害公司及股东利益的行为。

3、公司关联交易情况：公司监事会认为公司 2000 年内发生的关联交易公平、合理，未损害公司利益。

4、公司最近一次募集资金投入项目情况：

公司于 99 年 4 月实施完成 98 年度配股，此次配股实际募集货币资金 93880000 元，主要用于投资以下几个项目：㈠投资 4500 万元有偿受让 20 万亩集体林木所有权和林地使用权项目；㈡投资 1000 万元用于短周期工业原料林基地建设和低产林分改造项目；㈢投资 2500 万元用于绿色环保快餐盒项目；㈣投资 1000 万元用于复合地板项目；㈤投资 500 万元用于补充三明人造板实业有限公司资金缺口项目。

以上投资项目与配股说明书承诺投资项目一致，未发生变更。

5、本报告期内，公司收购、出售资产交易合理，未发现内幕交易，无损害股东权益或造成公司资产流失。

6、本年度福建华兴有限责任会计师事务所未出具解释性说明或保留意见的审计报告。公司监事会认为本年度公司财务报告能真实反映公司的财务状况和经营成果。

（七）重要事项

1、报告期内公司无重大诉讼、仲裁事项。

2、报告期内公司、公司董事及高级管理人员无受监管部门处罚情况。

3、报告期内公司董事会改选及聘任总经理、董事会秘书情况

公司于 2000 年 1 月 11 日召开的 2000 年第一次临时股东大会审议通过：黄瑞红先生、黄复榕先生不再担任公司董事职务，选举吴景贤先生为公司董事。公司第二届董事会第十六次会议一致选举吴景贤先生为公司董事长。

公司于 2000 年 4 月 5 日召开的第二届董事会第十九次会议审议通过：吴立裕先生不再担任公司财务总监职务，聘任郑亮先生为公司财务副总监(主持工作)。

公司于 2000 年 11 月 16 日召开的第二届董事会第二十四次会议审议通过：蔡为茂先生不再担任公司总经理职务，顾建华先生不再担任公司副总经理职务，聘任谢益林先生为公司总经理。

公司于 2000 年 12 月 22 日召开的 2000 年第二次临时股东大会审议通过：选举吴景贤、谢益林、黄总河、邱华炳、洪伟、陈万美、范纯齐、林孝强、邱安彬等九位先生为公司第三届董事会董事。公司第三届董事会第一次会议一致选举吴景贤先生为公司董事长，谢益林先生、黄总河先生为公司副董事长；聘任谢益林先生为公司总经理，聘任黄忠明先生为公司董事会秘书，聘任黄总河先生、刘永川先生为公司副总经理，聘任庄起元先生为公司总工程师，聘任郑亮先生为公司财务总监。

4、报告期内收购及出售资产、吸收合并事项：

公司于 2000 年 5 月 19 日召开九九年度股东大会，审议通过了《关于收购永安人造板实业有限公司剩余 25%股权的议案》。2000 年 5 月 16 日，公司与永安(香港)投资有限公司签定《股权转让协议书》，双方同意根据福建省国有资产管理局闽国资评(1999)050 号文确认的人造板公司净资产总额的 25%作为转让价格，即人民币 18439912.87 元。至 2000 年 12 月 26 日，本公司与人造板公司清算组完成了人造板公司的资产交接，本公司出资人民币 18439912.87 元收购了永安(香港)投资有限公司持有的人造板公司 25%股权，加上本公司 1999 年 6 月出资收购的人造板公司 75%股权，本公司实际持有人造板公司 100%股权，人造板公司成为本公司的全资公司。

5、报告期内公司重大关联交易事项：

㈠购销商品、提供劳务发生的关联交易：本公司报告期内向持有本公司 6.9962%股权的福建青山纸业股份有限公司销售木材 14.66 万元。

㈡报告期内本公司无资产、股权转让发生的关联交易。

㈢公司与关联方存在的债权、债务来往、担保事项：报告期内本公司垫付持有本公司 38.80%股权的永安林业(集团)总公司材料款 3782565.81 元，利息按银行贷款年利率 5.85%收取。

6、报告期内公司与控股股东"三分开"情况：

㈠在人员方面：公司在劳动、人事及工资管理方面独立，公司经理、副经理等高级管理人员均从公司领取薪酬，未在股东单位担任重要职务。

㈡在资产方面：公司拥有独立的生产系统、辅助生产系统和配套设施；工业产权、商标、非专利技术等无形资产由公司拥有；公司的采购和销售系统由公司独立拥有。

㈢在财务方面：公司设立了独立的财会部门，建立了独立的会计核算体系和财务管理制度，独立在银行开户。

7、报告期内公司无托管(被托管)、承包(被承包)、租赁(被租赁)资产情况。

8、报告期内公司未有聘任、改聘、解聘会计师事务所情况。

9、报告期内重大合同(含担保)情况：

㈠公司为永安智胜化工公司提供融资担保 41,570,000.00 元，期限 2000.04.30-2005.10.29。

㈡经公司董事会审议决定：同意与福州人造板厂和福建省新大陆发展有限公司签订贷款互保协议。12 月 26 日，公司分别与福州人造板厂及福建省新大陆发展有限公司签定了互保协议，其中与福州人造板厂签定了互保最高限额为人民币柒仟万元整，期限为伍年；与福建省新大陆发展有限公司签定了互保最高限额为人民币捌仟万元整，期限为柒年。12 月 27 日和 29 日，根据双方签定的互保协议，公司董事会审议通过公司分别为福州人造板厂及福建省新大陆发展有限公司贷款人民币壹仟万元整和捌仟万元整，期限为一年，提供连带责任担保。

10、报告期内公司未有更改名称或股票简称的情况。

（八）财务会计报告

1、审计报告

闽华兴所(2001)股审字 83 号

福建省永安林业(集团)股份有限公司全体股东：

我们接受委托，审计了贵公司 2000 年 12 月 31 日资产负债表和合并资产负债表、2000 年度利润及利润分配表和合并利润及利润分配表以及现金流量表和合并现金流量表。这些会计报表由贵公司负责，我们的责任是对这些会计报表发表审计意见。我们的审计是根据中国注册会计师独立审计准则进行的。在审计过程中，我们结合贵公司的实际情况，实施了包括抽查会计记录等我们认为必要的审计程序。

我们认为，上述会计报表符合《企业会计准则》和《股份有限公司会计制度》的有关规定，在所有重大方面公允地反映了贵公司 2000 年 12 月 31 日的财务状况和 2000 年度经营成果及现金流量情况。会计处理方法的选用，遵循了一贯性原则。

福建华兴有限责任会计师事务所　　中国注册会计师：林新田

中国注册会计师：卢淑燕

中国·福州　　二〇〇一年四月三日

2、会计报表(附后)

3、会 计 报 表 附 注

一.公司简介：

福建省永安林业(集团)股份有限公司(以下简称公司)是 1993 年 10 月 16 日经福建省经济体制改革委员会闽体改(1993)132 号文批准成立，于 1996 年 11 月 29 日向社会公开发行 1950 万股社会公众股票(每股面值 1 元，溢价 4 元)，注册资本增至 6303 万元。经 1997 年每 10 股派送 1 股红股，并用资本公积按 10:7 的比例转增股本，1998 年按 10:2.307692 的比例配售新股 (每股配股价 8.70 元)，并每 10 股派送 3 股红股后，注册资本增至 16723.26 万元。公司 1997 年 10 月兼并了福建省三明人造板有限公司，1999 年购并了永安人造板(实业)有限公司 75%股权，2000 年完成了对永安人造板(实业)有限公司另外 25%股权的收购。公司规模迅速扩大，形成了森林培育、采伐、木材加工、林产化工等一体化生产。1999 年，通过有偿受让集体林和国有法人股东配股转入国有林木资产，公司拥有固定的林业经营区面积（林业用地）已达 93700.00 公顷（140.67 万亩），活立木总蓄积量 870.54 万立方米。公司主要产品：原木、高密度防潮板、中密度纤维板、胶合板、刨花板、装饰板、甲醛、胶粘剂、高级耐磨地板(金刚板)、松香、松节油、松油醇、造纸胶料、香兰素等。

二.公司采用的主要会计政策：

三.税项：

1、增值税：木材按 13%税率，林化产品和木材加工产品按 17%税率。另外，根据三明市优化资本结构试点工作领导小组会议纪要(明优纪(1997)1 号)及福建省三明市财政局批复，公司于 1997 年兼并三明人造板有限公司，该公司应交增值税比 1996 年基数增量部分的 15%返还给企业。

2、所得税：采用应付税款法核算，根据闽财税(2000)20 号文规定，执行 33%所得税率，再由同级财政返还 18%，实际税负为 15%。另外，根据三明市优化资本结构试点工作领导小组会议纪要(明优纪(1997)1 号)，公司于 1997 年收购兼并三明人造板有限公司，该公司的所得税 70%返还给企业。

3、其他税项：按国家有关规定计算并缴纳。

四.控股子公司及合营企业：

全称	注册资本	投资金额	母公司所占权益	经营范围	是否合并
永安天然保健食品有限公司	3,200,000	2,400,000.00	75%	生产、销售保健食品，饮料、口服液	否
漳平市燕菁林业有限责任公司	39,000,000	20,000,000.00	51.28%	木竹材采运、加工、林产化工等	是

注：1 永安天然保健食品有限公司处于停产状态，1999 年全额提取长期股权投资减值准备，未纳入合并报表范围。

2 公司本年已收购永安人造板实业有限公司 25%少数股权，并将其并入母公司报表核算。

3 公司于 2000 年度投资漳平市燕菁林业有限责任公司，拥有 51.28%股权，纳入合并报表范围。

五.会计报表主要项目注释：

1、货币资金：

项目	期初数	期末数
现金	560,933.52	794,371.40
银行存款	98,374,851.21	47,455,969.63
其他货币资金	337,154.95	
合计	99,272,939.68	48,250,341.03

注：期末数比期初数减少 51.40%，主要为本期增加短期投资和长期投资所致。

2、短期投资和短期投资跌价准备：

	期初数		期末数	
项目	投资金额	跌价准备	投资金额	跌价准备
股票投资:	28,500,000.00	5,532,527.68	32,456,659.03	0
债券投资			45,000,000.00	0
合计	28,500,000.00	5,532,527.68	77,456,659.03	0

注 1.短期股票投资期末数比期初数增加 3,956,659.03 元，系本期增加股票投资所致。

注 2.新增可流通债券投资 45,000,000.00 元 。报表日市价总额依据 2000 年 12 月 31 日证交所收市价为 45,327,483.53 元，增值 327,483.53 元。

3、应收票据：

出票单位	出票日期	到期日	金额(元)	备注
湖南湘潭腾飞摩托车公司	2000.08.28	2001.02.28	200,000.00	已承兑
中国建筑第三工程公司	2000.09.08	2001.03.08	500,000.00	已承兑
山东济南心酒厂	2000.11.06	2001.04.05	50,000.00	
湖北利川卷烟厂	2000.10.25	2001.04.10	300,000.00	
山东淄博周村华鲁糖酒站	2000.10.12	2001.04.12	50,000.00	
山东淄博华光陶瓷公司	2000.10.20	2001.04.19	120,000.00	
浙江渚暨墨城水泥厂	2000.11.14	2001.05.13	200,000.00	
漳平市林云木业公司	2000.09.25	2001.01.25	200,000.00	已承兑
绍兴一建苏州公司	2000.12.29	2001.01.02	460,133.00	已承兑
青州造纸厂	2000.12.10	2001.01.10	200,000.00	已承兑
台州包富迪	2000.12.15	2001.01.15	165,000.00	已承兑
合计			2,445,133.00	

注 ：较期初数减少 1,089,793.73 元，减幅 30.82%，系本年销售较多采用汇票结算方式，且及时承兑所致。

4、应收款项：

5、预付帐款：

	期初数		期末数	
帐龄	金额	比例%	金额	比例%
1 年以内	3,666,472.95	37.72	13,955,830.08	95.50
1-2 年	5,758,050.98	59.23	577,120.46	3.95
2-3 年	193,436.93	1.99	26,469.28	0.18
3 年以上	103,275.96	1.06	54,149.58	0.37
合计	9,721,236.82	100	14,613,569.40	100

预付帐款期末数比年初数增加 50.33%，主要为预付设备、购买原材料款增加所致。

欠款金额前五名的单位	金额	帐龄	欠款原因
福建机械工业进出口公司	5,291,520.00	1 年以内	预付设备款
中国石油天然气吉林石化分公司	1,256,280.46	1 年以内	预付原料款
福建石化集团三明化工有限公司	1,192,755.20	1 年以内	预付原料款
辽宁海润商贸有限公司	940,000.00	1 年以内	预付原料款
湖南潭氮实业有限公司	886,456.58	1 年以内	预付原料款

6、存货及存货跌价准备：

7、待摊费用：

8、长期投资：

项目	期初数		本期增加	本期减少	期末数	
	金额	减值准备			金额	减值准备
长期股权投资	8,598,456.63	3,029,769.51	109365000.00	50,000,000.00	67,963,456.63	3,029,769.51
长期债权投资		239.500.00		10,000.00	229,500.00	

合　计

8,598,456.63　3,029,769.51　109365000.00　50,000,000.00　67,963,456.63　3,029,769.51

10、在建工程:

11、无形资产

无形资产种类	原始金额	期初数	本期增加	本期转出	本期摊销	期末数	剩余摊销期限(年)
工业用地使用权	62,112,310.02	33,875,659.65			813,793.44	33,061,866.21	43
商业用地使用权	127,410.00	108,296.50			3,186.00	105,110.50	32
净血宁技术费	305,000.00	213,492.00			30,504.00	182,988.00	5
商标权	1,942,499.99	1,448,305.25			222,816.12	1,225,489.13	5
房屋使用权	1,383,639.73	1,640,998.37			58,641.36	1,582,357.01	26
香兰素技术费	300,000.00	270,000.00			30,000.00	240,000.00	7
水增容	700,000.00	542,500.09			69,999.96	472,500.13	6
电增容	3,185,018.16	2,263,125.77			318,498.00	1,944,627.77	9
尼葛土地使用权	16,301,500.00	16,138,485.00			326,028.00	15,812,457.00	47
西营坂货场铁路专用线	3,633,841.00	3,527,854.00			181,692.00	3,346,162.00	17
西营货场土地使用权	9,309,700.00	9,201,087.00			186,192.00	9,014,895.00	47
合　计	99,300,918.90	69,229,803.63			2,241,350.88	66,988,452.75	

12、开办费:

13、长期待摊费用:

14、其他长期资产:

种　类	期初数	本期增加	本期摊销	期末数
林木资产经营权	84,390,280.36	6,151,246.79	3,016,776.80	87,524,750.35
森林基地建设费	16,893,189.00		1,206,300.00	15,686,889.00
短周期工业原料林建设	1,060,000.00	1,940,000.00	70,668.00	2,929,332.00
速生丰产林基地		15,078,906.61		15,078,906.61
燕菁公司收购林权		28,493,883.11	2,909,527.98	25,584,355.13
小　计	102,343,469.36	51,664,036.51	7,203,272.78	146,804,233.09

其他长期资产期初增加4,446万元,增幅43.44%,系本期增加速生丰产林投入以及子公司燕菁公司收购林木经营权所致。

15、短期借款:

借款类别	期初数	期末数
担保借款	161,850,000.00	270,690,000.00
信用借款	6,205,100.00	3,375,100.00
合　计	168,055,100.00	274,065,100.00

(注:借款较期初增加10601.00万元,增幅63.08%,系本期向银行增加借款所致。)

16、应付帐款、应付票据、预收货款和其他应付款,无欠持本公司5%以上股份的股东单位的款项。

17、应交税金:

税　种	期初数	期末数
增值税	-1,600,357.22	1,180,194.27
营业税	3,784.16	5,736.20
城建税	143,743.53	79,942.58
特产税	2,231,588.58	623,490.00
土地使用税	21,510.30	32,826.00
房产税	23,931.54	45,890.67
所得税	9,617,097.41	11,250,737.33
个人所得税	1,690,311.91	46,375.37
合　计	12,131,610.21	13,265,192.42

18、预提费用:

类　别	期初数	期末数	原　因
借款利息	135,720.00	161,280.00	未结算
产品出口费用	23,436.95	0	
合　计	159,156.95	161,280.00	

19、长期借款:

借款单位	金　额
合　计	88,274,900.59

注:期末数比期初数减少35,526,407.78元,占28.69%,主要为归还贷款22,826,407.78元和一年内到期的长期负债12,700,000.00元。

20、股本

2000年公司股份变动情况　　数量单位:股

	本次变动前	配股	送股	公积金转股	增发	其他	小计	本次变动后
一、尚未流通股份								
1.发起人股份	88,200,000							88,200,000
其中:国家持有股份	18,635,400							18,635,400
境内法人持有股份	69,564,600							69,564,600
2.募集法人股	19,819,800							19,819,800
未上市流通股份合计	108,019,800							108,019,800
二、已上市流通股份								
1.人民币普通股	59,212,800							59,212,800
已流通股份合计	59,212,800							59,212,800
三、股份总数	167,232,600							167,232,600

21、资本公积:

项　目	期初数	本期增加数	本期减少数	期末数
资本公积	194,941,554.95			194,941,554.95

22、盈余公积:

项　目	期初数	本期增加	本期减少	期末数
法定盈余公积	20,641,735.24	1,323,547.31		21,965,282.55
公益金	21,246,005.16	1,283,910.00		22,529,915.16
合　计	41,887,740.40	2,607,457.31		44,495,197.71

注:母公司法定盈余公积提取比例为10%,公益金提取比例为10%,控股子公司-漳平燕菁公司法定盈余公积提取比例为10%,公益金提取比例为5%。

23、未分配利润:

期初数	本期增加	本期减少	期末数
56,839,847.01	9,835,269.68	33,446,520.00	33,228,596.69

注1:根据公司董事会决议,通过2000年度拟按每10股派发现金股利2.00元(含税)的分配预案,累计派现33,446,520.00元。

注2:未分配利润年初数比上年公告数少1,679,200.00元,系公司96-99年送红股未扣缴个人所得税,2000年度该项税款已清缴,作调减年初未分配利润处理。

24、财务费用

类　别	本年发生数	上年同期数
利息支出	16,286,201.17	5,919,161.80
减:利息收入	1,852,612.97	1,490,772.45
汇兑损失		15,400.91
减:汇兑收益	962.99	
其他	88,813.62	100,437.44
合　计	14,521,438.83	4,544,227.70

注:财务费用比上年同期数增加9,977,211.13元,增幅219.56%。原因是由于短期借款的增加而增加的银行利息支出。

25、投资收益:

项目	本年发生数	上年同期数
短期投资收益	25,701,196.03	-5,532,527.68
股权投资收益	3,000,000.00	-58,489.00
债权投资收益	0	14,115.40
合　计	28,701,196.03	-5,576,901.28

注:投资收益比上年同期增加34,278,097.31元,主要是因期末股票投资市值高于成本,故冲回年初已提短期投资跌价准备5,532,527.68元;本年度获得短期股票投资收益20,168,668.35元;股权投资收益3,000,000.00元.

26、补贴收入:

项　目	本年发生数	收入的依据
(1)增值税退税	1,204,263.47	根据财政部、国家税务总局关于林业税收问题的通知财税字(1995)3号文,利用"三剩物"增值税即征即退。
(2)增值税返还	869,478.41	根据明优纪(1997)1号-(三明市优化资本结构试点工作领导小组会议纪要)
(3)特产税	367,147.61	根据闽林(1996)8号"关于颁发《福建省中幼林间伐材税费减征管理办法》的通知"。
(4)所得税返还	172,017.00	根据明优纪(1997)1号-(三明市优化资本结构试点工作领导小组会议纪要)
合　计	2,612,906.49	

27、支付其他与经营活动有关的现金34,604,423.78元,系管理费用和营业费用有关费用支出31,438,668.43元及林业保护费、育林费、维简费3,165,755.3元。

28、支付的其他与筹资活动有关的现金1,781,290.88元,为住房周转金支出。

六、关联方关系及其交易

1、存在控制关系的关联方及其交易:

(1)存在控制关系的关联方:

关联方名称	注册资本	法定代表人	注册地	与本公司关系	持股比例
永安林业(集团)总公司	5215万元	方兴添	永安市燕江路12号	本公司第一大股东	38.80%

(2)关联方往来款余额:

往来款名称	期末数	期初数
其他应收款	3,782,565.81	- 690,538.05

2、不存在控制关系的关联方及其交易

福建青山纸业股份有限公司,持本公司6.9962%股权,本公司2000年度按市场价格向该公司销售木材14.66万元。

七、其他事项说明

1、公司于2000年6月19日与福建省闽发证券有限公司签订协议,委托闽发证券有限公司代为进行国债投资,投资金额4500万元,委托投资期限为2000年6月19日至2001年6月18日。

2、本年度完成对永安人造板有限公司外资25%股权的收购,成为全资子公司,并入母公司核算。

3、公司应收未收已胜诉款项207.44万元。

八、或有事项

1、公司为福州人造板厂提供借款担保10,000,000.00元,期限2000.12.27-2001.12.05(公司与福州人造板厂签定最高限额7000万元的贷款互保协议,年限5年)。

2、公司为福建省新大陆发展公司提供借款担保80,000,000.00元,期限2000.12.29-2001.12.18(公司与福建省新大陆发展公司签定最高限额8000万元的贷款互保协议,年限7年)。

3、为永安智胜化工公司提供融资担保41,570,000.00元,期限2000.04.30-2005.10.29。永安智胜化工公司以永智(2000)52号文为我公司提供反担保函。

九、资产负债表日后事项:

截止本报告日公司共承兑应收票据1,725,133.00元。

十、公司本年无重大承诺事项。

(九)公司的其他有关资料

1、公司首次注册登记及变更注册登记日期、地点:

1994年1月6日在永安市工商局注册登记。

1997年7月11日在福建省工商局办理变更注册登记。

2、企业法人营业执照注册号:15816425-9

3、税务登记号码:35048115818936-8

4、会计师事务所名称:福建华兴有限责任会计师事务所。

地址:福建省福州市湖东路152号中山大厦B座八楼。

(十)备查文件

一、载有董事长亲笔签署的年度报告正本;

二、载有法人代表人、财务负责人、会计经办人员签明并盖章的会计报表;

三、载有会计师事务所盖章、注册会计师签明并盖章的审计报告原件;

四、报告期内在中国证监会指定报纸上公开披露的所有公司文件的正本及公告原件。

福建省永安林业(集团)股份有限公司

2001年4月5日

武汉塑料工业集团股份有限公司

一、公司简介

1、公司法定中文名称：武汉塑料工业集团股份有限公司　　中文简称：武汉塑料
公司英文名称：Wuhan Plastics Industrial Group Co., Ltd.　英文简称：Wuhan Plastics
2、公司法定代表人：刘文彦
3、公司董事会秘书：詹大虎
联系地址：武汉市解放大道单洞路特1号武汉国际大厦A座12楼
电　话：027-85425727　　传真：027-85891746　　电子信箱：James.tiger@163.net
4、公司注册地址：武汉经济技术开发区工业区
公司办公地址：武汉市解放大道单洞路特1号武汉国际大厦A座11~12楼
邮政编码：430022
公司网址：http: //www. wuhanplas. com
公司电子信箱：wushuoxx@public.wh.hb.cn
5、公司信息披露报纸：《中国证券报》、《证券时报》
登载公司年报网址：http: // www. cninfo. com. cn
公司年报备置地点：公司证券部
6、公司股票上市交易所：深圳证券交易所
股票简称：武汉塑料　　股票代码：0665

二、会计数据和业务数据摘要

1、本年度主要会计数据：(单位：人民币万元)

利润总额	4174
净利润	2805
扣除非经常性损益后的净利润	2648
主营业务利润	8042
其他业务利润	982
营业利润	4018
投资收益	69
补贴收入	0
营业外收支净额	87
经营活动产生的现金流量净额	4305
现金及现金等价物净增加额	9064

扣除非经常性损益项目包括：投资收益、营业外收入、营业外支出，涉及金额157万元。

2、近三年主要会计数据和财务指标

项　目	2000年	1999年	1998年
主营业务收入(万元)	44311	31320	27188
净利润(万元)	2805	2782	2546
总资产(万元)	76257	61625	55729
股东权益(万元)			
(不含少数股东权益)	43246	27643	25379
每股收益(元)(加权)	0.21	0.21	0.21
每股收益(元)(摊薄)	0.20	0.21	0.21
扣除非经常性损益后的每股收益(元)	0.20	0.19	0.15
每股净资产(元)	3.07	2.14	1.96
调整后的每股净资产(元)	2.97	2.02	1.83
每股经营活动产生的现金流量净额(元)	0.31	0.49	0.09
净资产收益率(%)(摊薄)	6.49	10.06	10.31
净资产收益率(%)(加权)	8.7	10.39	12.57

注：主要财务指标计算公式
全面摊薄每股收益=报告期净利润/期末股份总数
全面摊薄净资产收益率=净利润/期末净资产×100%
加权平均每股收益(EPS)=P÷(SO+S1+Si×Mi÷MO-Sj×Mj÷MO)
其中：P为报告期利润；SO为期初股份总数；S1为报告期因公积金转增股本或股票股利分配等增加股份数；Si为报告期因发行新股或债转股等增加股份数；Sj为报告期因回购或缩股等减少股份数；MO为报告期月份数；Mi为增加股份下一月份起至报告期期末的月份数；Mj为减少股份下一月份起至报告期期末的月份数。
加权平均净资产收益率(ROE)=P÷EO+NP÷2+Ei×Mi÷MO-Ej×Mj÷MO
其中：P为报告期利润；NP为报告期净利润；EO为期初净资产；Ei为报告期发行新股或债转股等新增净资产；Ej为报告期回购或现金分红等减少净资产；MO为报告期月份数；Mi为新增净资产下一月份起至报告期期末月份数；Mj为减少净资产下一月份起至报告期期末的月份数。

3、股东权益变动情况表　　　　单位：万元

项　目	股　本	资本公积	盈余公积	法定公益金	未分配利润	股东权益合计
期初数	12943	7583	3600	1299	3518	27643
本期增加	1154	12119	561	280	2805	16639
本期减少	——	475	——	——	561	1036
期末数	14097	19227	4161	1580	5762	43246
变动原因	配股	股本溢价	法定提取	法定提取	净利润增加	——

三、股东情况介绍

1、截止2000年12月31日，公司股东总数32812户。
2、前10名股东持股情况

股　东　名　称	年末持股数(股)	持股比例(%)
1、武汉国际信托投资公司(国有法人股)	42975313	30.49
2、武汉国兴投资咨询有限责任公司	12310190	8.73
3、武汉市工业合作联社	12277700	8.71
4、平安信托投资公司	11203303	7.95
5、武汉市益信工程经济发展公司	3360991	2.38
6、长江经济联合发展公司武汉公司	2800825	1.99
7、深圳江海重型机械工程有限公司	2240660	1.59
8、湖北省投资公司	1400412	0.99
9、国信证券有限公司	846750	0.60
10、湖北建设机械股份有限公司	672198	0.48

注1：公司第一大股东武汉国际信托投资公司因与武汉证券有限公司债务纠纷一案，其持有我司国有法人股3297.5313万股(占总股本的25.48%)被冻结，冻结期从2001年2月23日至2002年2月23日。

注2：原公司股东中国平安保险股份有限公司将所持我司法人股1120.3303万股(占总股本的7.95%)转让给平安信托投资公司，转让后，平安信托投资公司成为公司第四大股东。

经纬纺织机械股份有限公司

(一)公司简介

1.公司法定名称：经纬纺织机械股份有限公司
公司英文名称：Jingwei Textile Machinery Company Limited
2.公司法定代表人：尹守恩
3.公司董事会秘书：叶雪华
联系地址：中华人民共和国北京市北京经济技术开发区宏达北路万源商务中心407室
电话：8610 67880151　传真：8610 67880153　邮政编码：100176
电子信箱：mss@mail.jwme.com
4.公司注册地址：中华人民共和国山西省太原市坞城路15号
公司办公地址：中华人民共和国北京市北京经济技术开发区宏达北路万源商务中心407室
邮政编码：100176　国际互联网网址：http://www.jwme.com　　电子信箱：jwfj@mail.jwme.com
5.公司信息披露刊名称：
国内披露报刊名称：中国证券报、证券时报
香港披露报刊名称：文汇报(中文)、虎报(英文)
公司年度报告登载的国际互联网网址：http://www.cninfo.com.cn
年度报告备置地点：董事会秘书室
6.股票上市交易场所及股票代码：
A股　上市地点：深圳证券交易所　　股票简称：经纬纺机　　股票代码：0666
H股　上市地点：香港联合交易所　　股票简称：经纬纺机　　股票代码：0350

(二)会计数据和业务数据摘要

1. 按中国会计准则及制度编制

1 本年度会计数据：	人民币千元
利润总额	146,160
净利润	133,933
扣除非经常性损益后的净利润	130,979
主营业务利润	362,410
其他业务利润	8,015
营业利润	136,761
投资收益	11,169
补贴收入	622
营业外收支净额	—2,393
经营活动产生的现金流量净额	248,769
现金及现金等价物净增加额	1,336,024

注：扣除非经常性损益项目：摊销合并价差621千元；处理固定资产净损失601千元；冻结资金利息478千元；债务重组收入80千元；清算损益4005千元；土地评估损失1629千元。

2 前三年主要会计数据和财务指标

	2000年	1999年	1998年
	人民币千元	人民币千元	人民币千元
主营业务收入	1,808,125	803,585	409,632
利润总额	146,160	97,485	9,527
净利润	133,933	88,598	8,590
总资产	3,673,565	1,926,711	1,226,550
股东权益(不含少数股东权益)	2,128,315	826,000	737,402
每股收益(人民币元)			
——全面摊薄	0.22	0.21	0.02
——加权平均	0.25	0.21	0.02
——扣除非经常性损益后	0.22	0.21	0.02
每股净资产(人民币元)	3.52	1.95	1.74
调整后的每股净资产(人民币元)	3.46	1.90	1.66
每股经营活动产生的现金流量净额	0.41	(0.02)	(0.06)
净资产收益率(%)			
——全面摊薄	6.29	10.73	1.16
——加权平均	8.30	11.33	1.17

附注：调整后的每股净资产=(年度末股东权益-三年以上应收款项-待摊费用-待处理(流动、固定)资产净损失-开办费-长期待摊费用)/年度末普通股股份总数.
"应收款项"包括应收帐款、其他应收款、预付帐款、应收股利、应收利息、应收补贴款。

3 按中国证监会信息披露编报规则(第9号)的要求计算的利润表附表

报告期利润	净资产收益率(%)		每股收益(元/股)	
	全面摊薄	加权平均	全面摊薄	加权平均
主营业务利润	17.03	22.46	0.60	0.69
营业利润	6.43	8.48	0.23	0.26
净利润	6.29	8.30	0.22	0.25
扣除非经常性损益后的净利润	6.15	8.12	0.22	0.25

(三).股东情况介绍

1.股东数量
于2000年12月31日,本公司之登记股东数量如下：

股东类别	股东人数
发起法人持股(A股)	1
境外上市外资股(H股)	109
境内上市社会公众股(A股)	107,331
股东总人数	107,441

2.主要股东持股情况
截至2000年12月31日,本公司十位最大登记股东持股情况如下：

股东名称	附注	类别	持有股数	占股本总额%
中国纺织机械(集团)有限公司	(1)	A股	220,000,000	36.44
香港中央结算(代理人)有限公司	(2)	H股	176,655,999	29.26
重庆成长实业有限公司	(3)	A股	6,000,000	0.99
上海华源股份有限公司	(3)	A股	5,289,007	0.88
南京纺织产业(集团)有限公司	(3)	A股	2,680,800	0.44
杭州纺织机械总厂	(3)	A股	1,887,500	0.31
国投中型水电公司	(3)	A股	1,878,750	0.31
华夏证券有限公司		A股	1,516,833	0.25
北航城乡科技实业有限公司	(3)	A股	1,500,000	0.25
武汉香烟伴侣生物工程有限公司	(3)	A股	1,000,000	0.17

云南华一投资集团股份有限公司

一、公司简介

公司中文名称：云南华一投资集团股份有限公司
英文名称：YUNNAN HUAYI INVESTMENT GROUP CO., LTD
英文名称缩写：YHIGC
公司法定代表人：温一雷
公司董事会秘书：赵安昆
公司董事会证券事务代表：李瑞琦
联系地址：云南省昆明市东风西路19号五华大厦五楼
联系电话：(0871)3610134
传　　真：(0871)3625615
公司注册及办公地址：云南省昆明市东风西路19号
邮政编码：650031
国际互联网网址：//huayi.kmcom. com. cn
公司电子信箱：huayi @ pubilc. km. yn. cn
公司年度报告备置地点：董事会办公室、深圳证券交易所
信息披露报纸：证券时报
登载年报网址：//www. cninfo. com. cn
股票上市交易所：深圳证券交易所
股票简称：华一投资　　股票代码：0667

二、会计数据和业务数据摘要

(一)本年度主要利润指标情况(单位：人民币元)

项目	金额
利润总额	8,212,259.22
净利润	2,960,280.84
扣除非经常性损益后的净利润	8,045,875.98
主营业务利润	12,416,740.41
其他业务利润	3,066,931.80
营业利润	-8,427,547.02
投资收益	21,753,648.50
补贴收入	——
营业外收支净额	-5,113,842.26
经营活动产生的现金流量净额	28,708,732.45
现金及现金等价物净增加额	-9,637,692.36

注：扣除非经常性损益项目及金额：股权投资差额28,247.12元。

(二)报告期末，公司前三年主要会计数据和财务指标(单位：人民币元)

项目	2000年	1999年	1998年
主营业务收入	115,968,598.68	130,501,897.07	144,099,078.49
净利润	2,960,280.84	8,853,879.86	52,874,986.87
总资产	665,812,306.48	577,685,325.38	588,413,537.00
股东权益	490,101,042.18	487,140,761.34	480,262,200.77
每股收益(摊薄)	0.01	0.03	0.30
——加权平均	0.01	0.04	0.30
扣除非经常性损益后的每股收益	0.03	0.01	0.16
每股净资产	2.00	1.99	2.74
净资产收益率(%)	0.60	1.82	11.01
——加权平均(%)	0.61	1.83	11.19
扣除非经常性损益后的加权净资产收益率(%)	1.65	0.50	5.83
调整后的每股净资产	1.93	1.81	2.67
每股经营活动产生的现金流量净额	0.12	-0.16	0.10

主要财务指标计算方法
每股收益=净利润÷年度末普通股股份总数
每股净资产=年度末股东权益÷年度末普通股股份总数
调整后的每股净资产=(年度末股东权益-三年以上的应收款项净额-待摊费用-待处理（流动、固定)资产净损失-开办费-长期待摊费用-住房周转金负数余额)÷年度末普通股股份总数
每股经营活动产生的现金流量净额=经营活动产生的现金流量净额÷年度末普通股股份总数
净资产收益率=净利润÷年度末股东权益×100%

(三)报告期内股东权益变动情况(单位：元)

项目	股本	资本公积	盈余公积	法定公益金	未分配利润	股东权益合计
期初数	245,028,000.00	9,163,662.76	175,573,106.69	31,624,494.93	57,375,991.89	487,140,761.34
本期增加			487,586.40	162,528.80	2,960,280.84	2,960,280.84
本期减少					487,586.40	
期末数	245,028,000.00	9,163,662.76	176,060,693.09	31,787,023.73	59,848,686.33	490,101,042.18

三、股东情况介绍

1、截止2000年12月29日，公司股东总数31798户，其中国家股股东1户，社会公众股股东31797户(含董事、监事及高级管理人员被锁定的6户)。

2、公司前10名股东持股情况：

序号	姓名	年末持股数(股)	占总股本(%)
1	昆明市五华区国有资产管理局	181440000	74.05
2	单丽羽	828802	0.34
3	魏国贵	774508	0.32
4	李长生	460493	0.19
5	周静财	459900	0.19
6	章佳华	455280	0.19
7	洪成淑	441350	0.18
8	邓凡	440941	0.18
9	洪石子	435120	0.18
10	黄顺子	426230	0.17

注：公司前10名股东之间没有关联关系。

3、昆明市五华区国有资产管理局系本公司国有控股单位，法定代表人曹国荣，单位地址：云南省昆明市崇仁街17号。年末持股数量为181440万股，占公司总股本的74.05%。报告期内股本没有变动。五华区国有资产管理局承诺，所持本公司股份报告期内未进行任何质押。

中国石化武汉石油(集团)股份有限公司

(一)公司简介

1、公司中文名称：中国石化武汉石油(集团)股份有限公司
公司英文名称：SINOPEC WUHAN PETROLEUM GROUP CO. LTD
2、公司法定代表人：吕品
3、公司董事会秘书：蒙弘
联系地址：中国石化武汉石油(集团)股份有限公司证券部
联系电话：027-85781439　　传真电话：027-85757897
4、公司注册地址：湖北省武汉市万松小区18栋
公司办公地址：湖北省武汉市万松小区18栋　　公司邮政编码：430022
公司电子信箱：WUSHIYOU@PUBLIC.WH.HB.CN
5、公司选定的信息披露报纸：《中国证券报》、《证券时报》
年度报告备置地点：中国石化武汉石油(集团)股份有限公司证券部
中国证监会指定信息披露国际互联网网址：HTTP://WWW.CNINFO.COM.CN
6、公司股票上市交易所：深圳证券交易所　　股票简称：武汉石油　　股票代码：0668

(二)会计数据与业务数据摘要

1、公司本年度利润总额及构成(单位：元)　2000年度

利润总额	53,184,648.65
净利润	47,192,438.15
扣除非经常性损益后的净利润	37,207,024.28
主营业务利润	120,781,351.13
其他业务利润	5,244,942.56
营业利润	49,688,606.23
投资收益	4,808,264.31
补贴收入	
营业外收支净额	-1,312,221.89
经营活动产生的现金流量净额	81,918,339.76
现金及现金等价物净增加额	-13,011,807.61

扣除非经常性损益项目包括：营业外收支净额和弥补兼并企业以前年度亏损，涉及金额9,985,413.87元

2、前三年主要财务数据和财务指标：

指标项目	2000	1999	1998
主营业务收入	1,161,577,171.48	930,544,323.60	925,869,118.65
净利润	47,192,438.15	38,921,688.62	22,749,492.54
总资产	895,841,026.06	653,789,497.42	490,410,488.93
股东权益(不含少数股东权益)	344,015,314.15	304,074,470.50	265,141,781.88
每股收益(元)	0.32	0.34	0.20
每股收益(加权)(元)	0.32	0.35	0.21
扣除非经常性损益后的每股收益(元)	0.33	0.28	0.15
每股净资产(元)	2.34	2.69	2.35
调整后的每股净资产	1.95	2.58	2.30
净资产收益率(%)	13.72	12.80	8.58
净资产收益率(加权)(%)	14.40	14.40	11.88
每股经营活动产生的现金流量净额	0.56	-0.27	-0.48

注：以上有关数据计算方法：
每股收益=净利润/年度末普通股股份总数
每股净资产=年度末股东权益/年度末普通股股份总数
调整后的每股净资产=(年度末股东权益-三年以上的应收款项净额-待摊费用-待处理（流动、固定)资产净损失-开办费—长期待摊费用—住房周转金负数余额)/年度末普通股股份总数
每股经营活动产生的现金流量净额=经营活动产生的现金流量净额/年度末普通股股份总数

3、本报告期内股东权益变动情况：

(1)股东权益变动情况表

项目	股本	资本公积	盈余公积	法定公益金	未分配利润	股东权益合计
期初数	112,955,300.00	94,521,590.81	44,051,699.59	8,345,010.96	52,545,880.10	304,074,470.50
本期增加	33,886,590.00	90,500.00	9,438,487.64	2,359,621.91	47,192,438.15	90,608,015.79
本期减少					50,667,172.14	50,667,172.14
期末数	146,841,890.00	94,612,090.81	53,490,187.23	10,704,632.87	49,071,146.11	344,015,314.15

(2)股东权益变动说明：
A：本期增加资本公积原因系接受中石化股份公司捐赠微机及联网设备一套，价值90500元；
B：本期增加盈余公积、法定公益金系本年提取数；
C：本期增加未分配利润系本年新增净利润；
D：本期减少未分配利润的因素：
a：提取盈余公积金9,438,487.64元；
b：以期末股本为基数，按每股0.05提取应付普通股股利，计7,342,094.50元
c：以1999年末股本为基数，按每10股送3股红股，计33,886,590元

(三)股东情况介绍

1、报告期末股东总数为：37169户。

2、持有本公司5%以上股份及前十位股东持股情况：

股东名称	年内股份增加数(万股)	年末持股数量(万股)
1)、中国石油化工股份有限公司(代表国家持股)	1755	7605
2)、武汉国有资产经营公司(代表国家持股)	407.24988	1764.74948
3)、江汉石油管理局	70.2	304.2
4)、中国石化集团武汉石油化工厂	43.2	187.2
5)、武汉市信托投资公司	43.2	187.2
6)、中国石油大庆石油化工总厂	32.085	139.035
7)、中国石化兰州炼油化工总厂	13.8392	59.9701
8)、中国石化集团茂名石油化工公司	12.9468	56.103
9)、武汉市国际经济贸易公司	10.8	46.8
10)、武汉税务咨询公司	8.64	37.44

报告期内持有本公司5%以上股份的股东有：中国石油化工股份有限公司和武汉国有资产经营公司。经2000年2月29日召开的1999年度股东大会通过的10送3的分配方案后，上述股东的股份由报告期初的5850万股、1357.4997万股，分别增加为7605万股、1764.74948万股。且上述股东在报告期内没有发生质押冻结情况。

吉林中讯科技发展股份有限公司

一.公司简介

1.公司法定中文名称:吉林中讯科技发展股份有限公司
公司法定英文名称:JILIN SINOSINIC TECHNOLOGY DEVELOPMENT CO.,LTD
2.公司法定代表人:吴瑞林
3.公司负责信息披露事务人员
董事会秘书:张正国 授权代表:陈兴华
联系电话:(0432)4672831 联系传真:(0432)4680646
联系地址:吉林省吉林市丰满区长江街38号
4.公司注册地址:吉林省吉林市高新技术开发区C区26号楼
办公地址:吉林省吉林市丰满区长江街38号
邮政编码:132013 E-mail:wdl@public.jl.jl.cn
5.信息披露报刊名称:证券时报
登载公司年报网址:http://www.cninfo.com.cn
公司年报备置地点:公司证券部
6.公司上市地点:深圳证券交易所
股票简称:中讯科技 股票代码:0669

二.会计数据和业务数据摘要

(一)公司本年度主要利润指标情况(单位:人民币元)

利润总额:	8,476,080.52
净利润:	8,476,080.52
扣除非经营性损益后的净利润:	8,477,300.52
主营业务利润:	11,400,482.70
其它业务利润:	85,339.91
营业利润:	8,477,300.52
投资收益:	——
补贴收入:	——
营业外收支净额:	——
经营活动产生的现金流量净额:	-290,189.38
现金及现金等价物净增加额:	4,245,067.18

(二)截止报告期末公司前三年主要会计数据和财务指标(单位:人民币元)

项目	2000年	1999年	1998年
主营业务收入	47,541,142.45	20,621,622.39	14,384,570.10
净利润	8,476,080.52	39,553,147.94	-65,153,351.55
总资产	138,755,696.47	127,127,408.70	529,608,685.08
股东权益	71,379,770.87	62,903,690.35	23,350,542.41
每股收益	0.1374	0.6414	-1.056
扣除非经常性损益的每股收益	0.1374	0.0652	—
每股净资产	1.16	1.02	0.3786
调整后的每股净资产	1.154	1.02	-0.76
每股经营活动中产生的现金流量净额	-0.005	0.01	—
净资产收益率(%)	11.87	62.88	-279.02
加权净资产收益率(%)	12.62	62.88	-116.496

(三)报告期内股东权益变化情况 单位:人民币元

项目	股本	资本公积	盈余公积	法定公益金	未分配利润	股东权益合计
期初数	61,670,000.00	104,619,604.10	9,202,707.60	2,93527.49	-112,588,621.35	62,903,690.35
本期增加	—	—	—	—	8,476,080.52	8,476,080.52
本期减少	—	—	—	—	—	—
期末数	61,670,000.00	104,619,604.10	9,202,707.60	2,93527.49	-104,112,540.83	71,379,770.87

变动原因:1、末分配利润的变动系因本年度弥补亏损所致。
2、股东权益增加系因本期利润增长。

三.股本变动及股东情况

(一)股本变动情况 1.报告期内公司股本总量未发生变化。
(二)股东情况介绍 1.截止到2000年12月31日,本公司有股东22291户,其中,发起人股东3户,现任董事、监事及高级管理人员持股数为零股。
2.前10名股东情况如下:

序号	股东名称	年末持股数(股)	持股比例%
1	吉林万德莱通讯设备有限公司	19,110,000	30.99%
2	深圳吉粤投资有限公司	18,370,000	29.79%
3	万宝集团冷机制作工业公司	1,200,000	1.95%
4	深圳市乐然科技开发有限公司	120,151	0.19%
5	上海大众汽车嘉定特约维修站	103,555	0.17%
6	陆仲夏	80000	0.13%
7	苏长荣	78900	0.13%
8	王生华	78749	0.13%
9	李苹	76460	0.12%
10	林新花	70000	0.11%

说明:(1)持有5%(含5%)以上的法人股股东所持股份本年度未发生质押、冻结情况。
(2)公司发起人第二大股东——深圳金圣实业有限公司将其持有的1079万股法人股(占股本总额的17.50%)以每股0.33元人民币共计360万元转让给深圳吉粤投资有限公司。自此,深圳吉粤投资有限公司拥有本公司法人股1837万股(占股本总额的29.79%)成为本公司的第二大股东,万宝冷机集团有限公司成为本公司的第三大股东。该股权转让信息已披露在2000年8月19日的《证券时报》上。
3.前3股东之间不存在关联关系,前10名股东中的第4—10位为流通股股东,本公司未知其之间的关联关系。
4.持股比例10%以上股东情况介绍:
(1)吉林万德莱通讯设备有限公司 法定代表人:吴瑞林
经营范围:移动通讯设备、通讯软件、通讯网络、通讯器材;微电子产品的技术开发、加工制造、销售、服务。所持股份质押情况:所持股份无质押。
(2)深圳吉粤投资有限公司 法定代表人:赵长寿
经营范围:投资兴办实业(具体项目另行申报)、国内商业、物资供销业(不含专营、专控、专卖商品)。 所持股份质押情况:所持股份无质押。

湖北天发股份有限公司

一、公司简介

1.公司名称:中文 湖北天发股份有限公司
英文 HUBEI TIANFA CO.,LTD
2.法定代表人:刘道兴
3.董事会秘书:张进斌
联系地址:荆州市江汉北路12号天发大厦4楼B座
联系电话:0716-8560320
传 真:0716-8566160
电子信箱:stock@tianfa.com.cn
4.注册地址:荆州市江汉北路12号
办公地址:荆州市江汉北路12号天发大厦
邮政编码:434000
公司网址:http://www.tianfa.com.cn
5.公司信息披露报纸:《中国证券报》、《证券时报》
中国证监会指定登载公司年报的国际互联网网址:http://www.cninfo.com.cn
年度报告备置地点:公司证券部
6.股票上市地:深圳证券交易所
股票简称: 天发股份 股票代码: 0670

二、会计数据和业务数据摘要

(一)公司本年度利润总额及构成(单位:人民币元)

利润总额	64,525,376.57
净利润	52,360,965.55
扣除非经常性损益后的净利润	51,245,198.50
主营业务利润	135,623,579.40
其他业务利润	217,397.59
营业利润	63,409,609.52
营业外收支净额	1,115,767.05
投资收益	0
补贴收入	0
经营活动产生的现金流量净额	263,052,023.16
现金及现金等价物净增加额	-27,319,468.30

注:扣除非经常性损益项目及金额(元)
营业外收支净额 1,115,767.05

(二)前三年主要财务数据和财务指标(单位:人民币元)

项目	2000年度	99年度		98年度
		调整前	调整后	
主营业务收入	1,229,556,675.69	1,099,950,890.91	1,097,324,068.51	985,866,625.04
净利润	52,360,965.55	77,606,419.18	78,517,368.41	101,365,209.07
总资产	1,640,304,160.48	1,489,611,209.93	1,557,483,991.53	1,164,433,675.21
股东权益(不含少数股东权益)	783,875,178.61	753,738,281.63	755,059,813.06	676,131,862.45
每股收益(摊薄)	0.22	0.33	0.33	0.69
加权每股收益	0.22	0.41	0.41	0.75
扣除非经常性损益后每股收益	0.22	0.31	0.31	
每股净资产	3.33	3.20	3.21	4.59
调整后的每股净资产	3.30	3.18	3.18	4.58
每股经营活动产生的现金流量净额	1.12	0.44		
净资产收益率(%)	6.68	10.30	10.28	15.03

(三)利润表附表

报告期利润	净资产收益率(%)				每股收益(元)			
	2000年		1999年		2000年		1999年	
	全面摊薄	加权平均	全面摊薄	加权平均	全面摊薄	加权平均	全面摊薄	加权平均
主营业务收入	16.8	17.36	19.66	21.95	0.57	0.57	0.63	0.63
营业利润	8.08	8.12	11.47	12.81	0.27	0.27	0.37	0.37
净利润	6.68	6.70	10.40	11.61	0.22	0.22	0.33	0.33
扣除非经常性损益后的净利润	6.68	6.70	9.60	10.71	0.22	0.22	0.31	0.31

(四)本年度股东权益变动情况:

项目	股本	资本公积	盈余公积	法定公益金	未分配利润	合计
期初数	235,456,000	216,323,330.32	94,557,422.58	28,992,829.90	208,723,060.16	755059813.06
本期增加	0	0	11,147,596.28	5,573,798.15	35,639,571.12	52360965.55
本期减少	0	0	0	0	23,545,600	
期末数	235,456,000	216,323,330.32	111,278,817.02	34,900,711.17	220,817,031.28	783875178.61

注:1 盈余公积、法定公益金增加系从净利润中按规定提取所致。
2 未分配利润增加系净利润增加所致;本期减少系期末现金分红所致。

三、股东情况介绍

1、报告期末股东总数为51983户,其中:法人股3户,社会公众股51980户。
2、期末前10名股东持股情况:

股东名称	持股数(股)	持股比例(%)
湖北天发集团公司	70688000	30.02
荆州市第一木材总公司	25600000	10.87
荆州市国有资产管理局	20192000	8.58
梁云海	690696	0.29
泰和证券投资基金	667735	0.28
陈敦喜	641700	0.27
谢林财	469955	0.20
雷体凤	400100	0.17
徐继君	400000	0.17
周继年	381500	0.16

说明:公司股东湖北天发集团公司与荆州市第一木材总公司存在关联关系,荆州市第一木材总公司为湖北天发集团公司全资子公司。持股5%以上的法人股东所持股份无质押和冻结等情况。

福建省石狮新发股份有限公司

一、公司简介

中文名称:福建省石狮新发股份有限公司
英文名称:FUJIAN SHISHI XINFA CO.,LTD
法定地址:福建省石狮市民生路 208 号
办公地址:福建省石狮市民生路 208 号石狮新乐园大酒店四楼
法定代表:吴彦赞
股票上市地:深圳证券交易所　　股票代码:0671
股证代表:黄永刚
联系电话:(0595)8880671　　传真:(0595)8880410
电子信箱:xinfa @pub1.qz.fj.cn　　邮政编码:362700
公司选定的中国证监会指定报纸名称:《中国证券报》
中国证监会指定国际互联网网址:http//www.cninfo.com.cn
公司年度报告备置地点:公司证券部

二、会计数据和业务数据摘要

(一)本年度利润总额、利润总额的构成及经营活动产生的现金流量净额、现金及现金等价物净增加额:(单位:人民币元)

1、利润总额:	23,537,765.80
2、净利润:	20,012,759.50
3、扣除非经常性损益后的净利润	19,823,423.66
4、主营业务利润:	32,353,328.47
5、其他业务利润:	1,628,799.85
6、营业利润 :	23,194,340.82
7、投资收益:	154,089.14
8、补贴收入:	0.00
9、营业外收支净额:	189,335.84
10、经营活动产生的现金流量净额:	22,792,907.53
11、现金及现金等价物净增加额:	4,957,829.30

注:扣除的项目及涉及金额:

营业外收支净额:	189,335.84
以上涉及金额:	189,335.84

(二)前三年的主要会计数据和财务指标
单位:人民币元

项目	2000 年	999 年	1998 年	2000 年比 99 年增减比例(%)
1、主营业务收入:	77,754,879.86	43,163,478.91	36,799,538.43	80.14
2、净利润:	20,012,759.50	13,309,732.53	17,687,235.15	50.36
3、总资产:	276,694,169.74	220,560,910.16	181,056,303.49	25.45
4、股东权益:	179,950,958.91	159,938,199.41	146,628,466.88	12.51
5、每股净资产(元):	1.89	1.68	2.157	12.50
6、调整后的每股净资产:	1.85	1.62	2.056	14.20
7、每股经营活动产生的现金流量净额:	0.24	-0.069	-0.176	-
8、主营业务利润:				
①净资产收益率(%):				
—全面摊薄(%):	17.98	12.13	14.00	48.23
—加权平均(%):	19.04	12.65	18.17	50.51
②每股收益全面摊薄:	0.34	0.20	0.30	70.00
—加权平均:	0.34	0.20	0.19	70.00
9、营业利润:				
①净资产收益率全面摊薄(%):	12.89	9.43	10.01	36.09
—加权平均(%):	13.65	9.84	13.63	38.72
②每股收益全面摊薄:	0.24	0.16	0.22	50.00
—加权平均:	0.24	0.16	0.14	50.00
10、净利润:				
①净资产收益率全面摊薄(%):	11.12	8.32	12.06	33.65
—加权平均(%):	11.78	8.68	16.44	35.71
②每股收益全面摊薄:	0.21	0.14	0.26	50.00
—加权平均:	0.21	0.14	0.26	50.00
11、扣除非经常性损益后的净利润:				
①净资产收益率全面摊薄(%):	11.02	7.87	12.06	40.03
—加权平均(%):	11.66	8.22	16.44	41.85
②每股收益全面摊薄:	0.21	0.13	0.196	61.54
—加权平均:	0.21	0.13	0.196	61.54

(三)股东权益变动情况　　单位:人民币元

项目	股本	资本公积金	盈余公积金	其中:公益金	未分配利润	合计
期初数	95,173,092.00	25,759,384.98	10,205,854.87	3,401,951.63	28,799,867.56	159,938,199.41
本期增加	-	-	3,001,913.92	1,000,637.97	20,012,759.50	23,014,673.42
本期减少	-	-	-	-	3,001,913.92	3,001,913.92
期末数	95,173,092.00	25,759,384.98	13,207,768.79	4,402,589.60	45,810,713.14	179,950,958.91

三、股东持股情况

(一) 截止 2000 年 12 月 31 日,本公司股东总数为 20084 户。
(二) 报告期末公司前十名股东持股情况:　　单位:万股

股东名称	持股情况 期初持股数	报告期内变动数(+或-)	期末持股数	持股比例
1、福建省新湖集团公司	2636.9280		2636.9280	27.71%
2、福建华恒鞋帽进出口公司	1361.7139		1361.7139	14.31%
3、泉州市元鸿手袋鞋帽厂	590.1100		590.1100	6.20%
4、福建省石狮闽南羽绒服装厂	461.6337		461.6337	4.85%
5、福建省新湖集团科技信息中心	379.6480		379.6480	3.97%
6、福建省石狮市华新经济发展公司	0	+377.6337	377.6337	3.39%
7、福建省石狮市新湖丰泰工贸公司	322.5600		322.5600	3.25%
8、松明机械工业(深圳)有限公司	309.1424		309.1424	2.83%
9、福建省石狮市迅达运输公司	154.0000		154.0000	1.62%
10、兴业厦门	0	+55.0458	55.0458	0.58%

白银铜城商厦(集团)股份有限公司

(一)公司简介

1.公司法定中文名称:白银铜城商厦(集团)股份有限公司
　英文名称:BAIYIN COPPER COMERCIAL BUILDING (GROUP)CO.LTD
　英文缩写:BCCCB
2.公司法人代表:敬伟
3.公司董事会秘书:任民
　联系地址:白银市白银区五一街 8 号铜城商厦四楼
　电　　话:(0943)8223409 传真:(0943)8227879　电子信箱:bytchjt@by.gs.cninfo.net
4.公司注册地址:白银市白银区五一街 8 号
　办公地址:白银市白银区五一街 8 号铜城商厦四楼
　邮政编码:730900　　电子信箱:bytchjt@by.gs.cninfo.net
5.公司选定的信息披露报纸名称:《中国证券报》、《证券时报》
　登载公司年度报告的国际互联网址:http://www.cninfo.com.cn
6.公司年度报告备置地点:公司证券部
7.公司股票上市地:深圳证券交易所　　股票简称:铜城集团　　股票代码:0672

(二)会计数据和业务数据摘要

1.报告期主要业务数据摘要(单位:人民币元)

(1)利润总额:	17,900,659.80
(2)净利润:	10,975,385.15
(3)扣除非经常性损益后的净利润:	7,536,716.70
(4)主营业务利润:	16,174,234.06
(5)其他业务利润:	23,703,126.78
(6)营业利润:	14,461,991.35
(7)投资收益:	3,467,602.85
(8)补贴收入:	--
(9)营业外收支净额:	-28,934.40
(10)经营活动产生的现金流量净额:	-15,615,926.69
(11)现金及现金等价物净增加额:	9,204,242.39

本报告期非经常性损益项目及金额:

项　目	金　额
出让子公司股权而获得的转让收入	3,491,286.11
合并价差摊销	-23,683.26
营业外收支净额	-28,934.40
合　计	3,438,668.45

2.主要会计数据和财务指标　　单位:人民币元

指标项目	2000 年	1999 年	1998 年 调整后	1998 年 调整前
(1)主营业务收入	91526059.85	69167235.43	25823246.57	113145637.89
(2)净利润	10975385.15	13978838.93	7565138.01	10025497.58
(3)总资产	364440055.67	300786325.57	217130543.25	308718835.81
(4)股东权益(不含少数股东权益)	119917485.45	112182937.62	98204098.69	103439003.94
(5)每股收益 (摊薄)	0.17	0.22	0.12	0.15
按月平均计算的每股收益	0.17	0.22	0.12	0.15
(6)扣除非经营性损益后的每股收益	0.12	-0.32	0.12	0.15
(7)每股净资产	1.84	1.73	1.51	1.59
(8)调整后的每股净资产	1.65	1.27	1.47	1.50
(9)每股经营活动产生的现金流量净额	-0.24	-0.26	0.27	0.27
(10)净资产收益率(%)(摊薄)	9.15	12.46	7.70	9.69
(11)股东权益比率(%)	32.90	37.30	45.23	33.51
(12)股份变动后的每股收益:	0.15			

注 1.上述财务指标根据中国证监会《公开发行股票公司信息披露的内容与格式准则第二号〈年度报告的内容与格式〉》(1999 年修订稿)的规定计算办法计算。

注 2.公司根据财政部财会字(1999)35 号、49 号文的有关规定,于 1999 年 1 月起变更了会计政策,并采用追溯调整了 1996-1998 年度会计报表相关的“坏帐准备” 、“存货跌价准备”和“长期投资减值准备”。

注 3.公司于 2001 年 2 月 27 日在《中国证券报》、《证券时报》上刊登了“股份变动及 2000 年配股新增可流通股份上市公告”,公司股本总额由 6500 万股增至 7280 万股。

(三)股本变动及股东情况

1、截止本报告期末,公司股东总数 1922 户。其中法人股股东 7 户,社会公众股股东 1915 户。

2、截止本报告期末,公司前 10 名股东的持股情况　　单位:股

股东名称	期初数	本年度内股份增减(+、-)	期末数	持股比例(%)	股份类别
甘肃金合投资有限公司	0	+16965000	16965000	26.10	法人股
北京市海淀区国有投资经营公司	0	+16900000	16900000	26.00	国有法人股
深圳市东欧投资发展有限公司	1300000	+990000	2290000	3.52	法人股
北京世恒成咨询服务有限责任公司	0	+2081599	2081599	3.20	上市流通股
北京国民保险代理有限公司	0	+2000000	2000000	3.08	法人股
北京市海淀区四季青换热器厂	734831	-48683	686148	1.06	上市流通股
邓福仑	0	+466550	466550	0.72	上市流通股
张炜梅	0	+389000	389000	0.60	上市流通股
姜浩	0	+379000	379000	0.58	上市流通股
甘肃银城实业公司	325000	0	325000	0.50	法人股

注:1 公司前 10 名股东之间无关联关系。

2 公司第一大股东甘肃金合投资有限公司将其所持的全部股份质押给深圳特区证券公司.

3 公司原法人股股东深圳市华建信投资发展有限公司于报告期内将公司名称变更为“深圳市东欧投资发展有限公司”。

3.持有 5%(含 5%)以上股份的法人股东变更及股份增减变动情况

1 公司原第一大股东甘肃省经济合作总公司以出资方式将持有的 1696.5 万股股权(持股比例 26.1%)转让给甘肃金合投资有限公司。转让方、受让方、 公司董事会就该事项于 2000 年 9 月 30 在《中国证券报》、《证券时报》上履行了公告义务。

大同水泥股份有限公司

一、公司简介

1、公司法定中文名称：大同水泥股份有限公司
公司法定英文名称：DATONG CEMENT CO.,LTD
缩写：DCC
2、公司法定代表人：李成业
3、公司董事会秘书：刘 刚
授权代表：王 瑾
联系地址：山西省大同市口泉
电 话：0352-4042623
0352-4041541-2600
传 真：0352-4042623
电子信箱：dtsnzqb@public.dt.sx.cn
4、公司注册地址：山西省大同市口泉
公司办公地址：山西省大同市矿区五法路一号
邮政编码 ：037001
电子信箱 ：dtsnzqb@public.dt.sx.cn
5、公司信息披露报纸名称：
《中国证券报》、《证券时报》
登载公司年度报告的中国证监会指定国际互联网网址：
http://www.cninfo.com.cn
公司年度报告备置地点：公司证券管理部
6、公司股票上市地：深圳证券交易所
股票简称：大同水泥
股票代码：0673

二、会计数据和业务数据摘要

1、本年度主要利润指标

（单位：人民币元）

利润总额：	40,333,060.13
净利润：	27,981,064.28
扣除非经常性损益后的净利润：	28,101,273.68
主营业务利润：	86,360,477.77
其他业务利润：	-3,321,925.20
营业利润：	41,017,316.42
投资收益：	0.00
补贴收入：	0.00
营业外收支净额：	-684,256.29
经营活动产生的现金流量净额：	12,936,711.71
现金及现金等价物净增加额：	-6,409,465.23

注：
扣除的非经常性损益项目及金额：捐赠支出：100,600.00 元；罚款支出：27，989.4 元；罚款收入：8，380.00 元。

2、截至报告期末公司前三年主要会计数据和财务指标

单位：人民币元

项 目	2000 年	1999 年	1998 年	
			调整前	调整后
主营业务收入	204,864,658.46	169,396,540.46	166,697.564.88	166,697,564.88
净利润	27,981,064.28	39,914,126.76	30,620,852.76	29,626,463.60
总资产	481,670,700.53	465,959,917.03	305,288,096.50	301,779,181.03
股东权益	277,266,412.98	266,625,348.70	229,238,830.54	226,711,221.94
每股收益	0.1614	0.2302	0.30	0.2905
每股收益(月均)	0.1614	0.35	0.30	0.2905
扣除非经常性损益后的每股收益	0.1621	0.1644	0.30	0.2903
每股净资产	1.599	1.5376	2.25	2.2227
调整后的每股净资产	1.462	1.4932	2.21	2.1034
每股经营活动产生的现金流量净额	0.0746	0.0059	-0.0373	-0.0373
净资产收益率(%)	10.092	14.9701	13.36	13.0679

三、股东情况介绍

1、股东数量
截止 2000 年 12 月 31 日，本公司股东总数为 42116 户。
2、 公司前 10 名股东持股情况

序号	股东名称	持股数量（股）	占总股本比例（%）
1	山西云冈水泥集团有限公司	122400000	70.59
2	陈 宾	381010	0.220
3	娄 西	298560	0.172
4	林耀放	233000	0.134
5	吴文洁	201305	0.116
6	许迎新	140000	0.081
7	河南国瑞信息技术有限公司	137000	0.079
8	冯建中	136500	0.079
9	余丽清	134500	0.078
10	河南黄河旋风股份有限公司	129100	0.074

持有公司 5%以上股份股东为山西云冈水泥集团有限公司， 持有本公司国有法人股 12240 万股，占总股本的 70.59%，所持股份无质押、冻结情况。

四川银山化工(集团)股份有限公司

(一)公司简介

1.公司法定中文名称：四川银山化工(集团)股份有限公司
公司法定英文名称：SICHUAN YINSHAN CHEMICAL INDUSTRY (GROUP) CO.,LTD
2.公司法定代表人：王治仲
3.公司董事会秘书：艾小明
电话：(0832)5452216
授权代表：汤寿坤
电话：(0832)5452203
传真：(0832)5452216
联系地址：四川省内江市资中县银山镇
4.公司注册地址：四川省内江市资中县银山镇
公司办公地址：四川省内江市资中县银山镇
邮政编码：641201
公司国际互联网网址：http://www.yinshanchemical.com
电子信箱：zzyshg@nj-public.sc.cninfo.net
zzyshg@163.net
5.公司选定的信息披露报纸：《中国证券报》、《证券时报》
登载公司年度报告的国际互联网网址：http://www.cninfo.com.cn
公司年度报告备置地点：公司董事会办公室
6.公司股票上市交易所：深圳证券交易所
股票简称：银山化工
股票代码：0675

(二)会计数据和业务数据摘要

1.公司本年度实现利润情况 单位：万元

利润总额	- 5,996.70
净利润	-5,964.34
扣除非经常性损益后的净利润	-6,143.10
主营业务利润	-2,037.08
其他业务利润	276.30
营业利润	-6,175.45
投资收益	1.25
补贴收入	205.83
营业外收支净额	-28.33
经营活动产生的现金流量净额	2,461.66
现金及现金等价物增加额	-1,097.05

注：非经常性损益主要包括：投资收益 12,471.70 元，补贴收入 2,058,330.45 元，营业外收入 113,560.66 元，营业外支出 396,822.30 元。

2.截止本年度末公司前三年的主要会计数据和财务指标：

单位：人民币元

项目	2000 年	1999 年	1998 年	
			调整前	调整后
主营业务收入	209,916,137.27	281,759,919.31	331,736,818.51	331,736,818.51
净利润	-59,643,381.44	-47,087,145.16	18,779,860.12	13,429,121.78
总资产	645,150,799.73	679,578,851.82	619,748,487.21	605,177,306.70
股东权益	78,173,972.21	137,817,353.65	179,364,729.72	164,793,549.20
每股收益	-0.52	-0.41	0.16	0.12
每股净资	0.68	1.21	1.57	1.44
调整后的每股净资产	0.58	1.08	1.51	1.39
每股经营活动产生的现金流量净额	0.22	-0.01		0.18
净资产收益率(%)	-76.29	-34.17	10.47	8.15
加权平均每股收益			0.21	
加权平均净资产收益率			11.05	

3.报告期内股东权益变动情况：

项目	股本(万股)	资本公积	盈余公积	法定公益金	未分配利润	股东权益合计
期初数	11,435.0262	35,447,961.51	13,270,101.82	4,185,745.56	-25,250,971.68	137,817,353.65
本期增加						
本期减少						59,643,381.44
期末数	11,435.0262	35,447,961.51	13,270,101.82	4,185,745.56	-84,894,353.12	78,173,972.21

变动原因：未分配利润减少 59,643,381.44 元系公司本年度亏损所致。

(三)股东情况介绍

1.报告期末公司共有股东 14102 户。
2.公司前 10 名股东为：

名次	股 东 名 称	持股数(股)	占总股本比率(%)	股份性质
1	内江市国有资产管理局	66061762	57.77	国有股
2	四川郎酒集团有限责任公司	3536000	3.09	法人股
3	四川省信托投资公司	2210000	1.93	法人股
4	内江市沱江信托投资公司	2210000	1.93	法人股
5	工行四川省信托投资公司内江办事处	2210000	1.93	法人股
6	深圳市大鹏投资策划有限责任公司	1700000	1.49	法人股
7	中国人民保险公司内江市分公司	1105000	0.97	法人股
8	四川省建设信托投资公司内江办事处	1105000	0.97	法人股
9	中信证券北京地坛证券交易营业部	567496	0.50	社会公众股
10	成都千百鸿实业有限公司	552500	0.48	法人股

注：1）内江市国有资产管理局为公司第一大股东，代表国家持有股份，其所持股份的 29.77%已授权山西汇科数码科技有限公司代行股东权利。
2)本公司无持股 10%(含 10%)以上的法人股东。
3)前十名股东中，第 9 名股东属社会公众股。前十名股东之间不存在关联关系。

河 南 思 达 高 科 技 股 份 有 限 公 司

河南思达高科技股份有限公司2000年年度报告摘要

一、公司简介

1.公司法定中英文名称:
公司法定中文名称:河南思达高科技股份有限公司
中文简称:思达高科
公司法定英文名称:HENAN STAR HI-TECH CO.,LTD.
英文简称:STAR HI-TECH
2.公司法定代表人:冯井岗
3.董事会秘书:王西林
授 权 代 表:向 桥
电话:(0371)3946860 传真:(0371)3826929
公司国际互联网网址:http://www.starhi-tech.com
电子信箱:ZQB@starhi-tech.net
4.公司注册地址:中国河南郑州高新技术产业开发区金梭路 38 号
公司证券部办公地址:河南省郑州市农业路31号 邮编:450053
5.公司选定的信息披露报纸:《证券时报》
登载公司年度报告的中国证监会指定的国际互联网网址:
http://www.cninfo.com.cn
公司年度报告备置地点:郑州市农业路 31 号公司办公楼408室
6.公司股票上市地:深圳证券交易所
股票简称:思达高科 股票代码:0676

二、会计数据和业务数据摘要

1. 2000年公司实现利润总额3488.13万元,主营业务利润5282.19万元,其他业务利润1243.19万元,投资收益64.75万元,营业外收支净额27.17万元,净利润2959.04万元,扣除非经常性损益后的净利润2935.95万元,经营活动产生的现金流量净额2068.43万元,现金及现金等价物净增加额1843.37万元。

注:扣除的非经常性损益项目和涉及金额:
(1) 购股冻结资金利息收入 19.55万元
(2) 无法支付的应付款项 1.47万元
(3) 罚款收入 2.34万元
(4) 其他非经常性损益 3.81万元
非经常性损益净额合计: 27.17万元

2. 主要会计数据和财务指标如下:

指标项目		2000年	1999年	1998年	
				调整前	调整后
1.主营业务收入(万元)		13030.56	10101.74	7072.19	7072.19
2.净利润(万元)		2959.04	2148.48	2378.28	2259.11
3.总资产(万元)		36723.41	32449.36	27635.65	27236.07
4.股东权益(万元)		24270.78	21311.74	19562.84	19163.26
5.每股收益	摊薄	0.17	0.24	0.27	0.26
(元)	加权	0.17	0.24	0.30	0.28
6. 扣除非经常性损益后的每股收益		0.17	0.24		0.25
7.每股净资产(元)		1.37	2.40	2.20	2.16
8.净资产收益率	摊薄	12.19	10.08	12.16	11.79
(%)	加权	12.98	10.41		
9.调整后的每股净资产 (元)		1.33	2.35	2.13	2.09
10.每股经营活动产生的现金流量净额(元)		0.12	0.18	0.02	0.02

利润表附表如下:

	净资产收益率(%)		每股收益(元/股)	
	全面摊薄	加权平均	全面摊薄	加权平均
主营业务利润	21.76	23.18	0.3	0.3
营业利润	13.99	14.90	0.19	0.19
净利润	12.19	12.98	0.17	0.17
扣除非经常性损益后的净利润	12.10	12.88	0.17	0.17

三.股本变动及股东情况介绍

1. 股本变动情况 (1) 公司股份变动情况表 数量单位:万股

	期初数	本次变动增减(+、-)			期末数
		送股	公积金转股	小计	
(一)尚未流通股份					
1.发起人股份	6375	1761.1	4109.3	5870.4	11740.8
其中:境内法人持有股份	6375	1761.1	4109.3	5870.4	11740.8
2.募集法人股		151.4	353.2	504.6	1009.2
尚未流通股份合计	6375	1912.5	4462.5	6375	12750
(二)已流通股份					
1. 境内上市的人民币普通股	2500	750	1750	2500	5000
已流通股份合计	2500	750	1750	2500	5000
(三)股份总数	8875	2662.5	6212.5	8875	17750

(截止2000年12月31日)

2、股东情况介绍
(1) 本公司报告期末的股东数为14430户
(2) 主要股东持股情况

序号	股东名称	年末持股数(股)	占总股本比例(%)
1	河南思达科技(集团)股份有限公司	115367714	65.0
2	河南圣地置业有限公司	7032264	3.96
3	河南五星电气自动化设备有限公司	3060000	1.72
4	郑州高技术开发区丰远实业有限公司	1700000	0.96
5	李庆光	900000	0.51
6	王维积	870014	0.49
7	胡瑞银	740000	0.42
8	杨志荣	635100	0.36
9	李向严	634474	0.36
10	张念凯	478991	0.27

本公司持股10%以上的法人股东:河南思达科技(集团)股份有限公司。法定代表人:张玉中。经营范围:仪器仪表,工业自动化设备、电子计算机及配件、交电、精密机械、建材、保健产品、包装材料、诊断试剂、医疗机械、技术、咨询服务、生物工程开发研制。该公司所持股份报告期内减少153万股,系按协议转让给河南五星电气自动化有限公司;在报告期内增加5615.38万股,系2000年中期送转股所至。所持股票无质押情况。

(3) 公司前十名股东中第一、二、三、四名股东为法人股股东,其他为流通股股东,前十名股东无关联关系。

四、股东大会简介

1.公司2000年1月28日在《证券时报》上刊登召开1999年年度股东大会的公告,2000年2月23日在《证券时报》上刊登推迟召开1999年年度股东大会的通知,会议于2000年3月8日在郑州高新技术产业开发区金梭路38号公司二楼会议室举行,由公司董事长冯井岗先生召集并主持了此次股东大会。出席会议的股东代表共计 13名,代表股份62293799股,占总股本的70.19%。大会通过了如下决议:
(1)审议通过1999年度董事会工作报告
(2)审议通过1999年度监事会工作报告
(3)审议通过1999年年度报告及摘要
(4)审议通过1999年财务决算
(5)审议通过1999年度利润分配议案:经河南华为会计师事务所中国注册会计师审核,公司1999年实现净利润21484784.02元,按10%提取法定公积金2148478.40元, 按8%提取法定公益金1718782.72元。其余利润不分配,也不进行公积金转增股本。
(6)逐项审议通过公司2000年增资配股议案;
(7)选举产生了公司第二届董事会;
(8)选举产生了公司第二届监事会;
(9)审议通过了2000年仍聘用河南华为会计师事务所的议案;
(10)审议通过了本公司与河南思达商业有限公司签署的《商品供销协议》(协议主要内容:由河南思达商业有限公司利用该公司商业网络为本公司代理销售少量计算机软、硬件及单、三项电能表产品,协议遵循双方协商一致、价格公平合理,符合公司最大利益以及不使公司与非关联股东利益受损的原则)。
以上决议在2000年3月9日的《证券时报》上予以公告。

2. 公司2000年7月19日在《证券时报》上刊登召开2000年第一次临时股东大会的通知,会议于2000年8月20日在郑州高新技术产业开发区金梭路38号公司二楼会议室举行,由公司董事长冯井岗先生召集并主持了此次股东大会。出席会议的股东代表共计 7名,代表股份57719857股,占总股本的65.04%。大会通过了如下决议:
(1) 审议通过2000年中期利润分配及资本公积金转增股本议案;
(2) 审议通过增加公司经营范围的议案;
(3) 审议通过变更公司名称的议案;
(4) 审议通过修改公司章程的议案。
以上决议在2000年8月21日的《证券时报》上予以公告。
中银律师事务所邓鸿成律师出席本次会议,并出具了法律意见书。

3.公司2000年10月12日在《证券时报》上刊登召开2000年第二次临时股东大会的公告,会议于2000年11月12日在郑州高新技术产业开发区金梭路38号公司二楼会议室举行, 由公司董事长冯井岗先生召集并主持了此次股东大会。出席会议的股东代表共计 8名,代表股份125521998股,占总股本的70.72%。大会通过了如下决议:
(1)审议通过关于投资设立电子商务有限公司的议案;
(2)审议通过关于修改公司章程的议案;
(3)审议通过关于选举公司董事的议案,选举刘建国先生为公司董事。
以上决议在2000年10月13日的《证券时报》上予以公告。
仟问律师事务所赵虎林律师出席本次会议,并出具了法律意见书。

五、董事会报告

1.公司经营情况
(1).公司所处行业情况
本公司业务属电力系统二次设备行业,主要产品为两大类,66个品种。本公司是国内电力仪器仪表和电力自动化设备的主要生产厂家之一,主要产品在国内同类产品市场中占有较大份额,是国内同行业销售额较大的企业之一。在技术含量、产品质量和售后服务上,居国内领先地位。
(2).公司经营情况回顾
(A)公司主营业务业绩概述
本公司的主要业务是生产和销售电力系统二次配套设备。产品主要分为两类,<1>为电力生产配套的仪器仪表;<2>为电力输送配套的自动化设备。2000 年为电力生产配套的仪器仪表销售收入为9929.25万元,较1999年的8176.11万元增长1753.14万元;为电力输送配套的自动化设备销售收入为3101.31万元,较 1999年1925.63万元增长1175.68万元。
(B)2000年经营`情况
本公司2000年主营业务收入13030.56万元, 较1999年的10101.74万元增长2928.82万元, 增长率为28.99%, 净利润2959.04万元, 较1999年的2148.48万元增加810.56万元, 增长率为37.73% 。

2000年,公司在技术开发方面,坚持采取"分层次组织,两条腿走路"的开发方针。首先,既重点研究行业国际水平的项目,又不放松市场急需产品的开发;第二,在开发路线上,采取两条腿走路的策略,既注重自有知识产权技术的延伸发展,又积极开展与大专院校科研单位的合作开发。由于长期坚持"分层次组织, 两条腿走路"的开发方针, 公司拥有了适应市场需求的自有知识产权技术成果,为公司发展提供了有力技术保障。同时公司提出的研发工作"面向市场,以转养研"方针顺利实施。2000年通过技术转让,取得1230万元技术转让收入,使技术开发成为了公司的新的利润增长点。

在生产方面,公司全面贯彻ISO-9001标准,针对产品市场需求,不断完善生产工艺及设备技术改造。在2000年12月ISO-9000的2000版换证工作中,一次顺利通过验收,使公司的生产管理又上了一个新台阶。

在销售方面，根据城乡电网改造设备采购广泛采取招投标制度的新变化，公司设立了总经理直接领导的投标机构，统一负责投标工作，使销售收入在激烈的市场竞争中稳步增长。

上海浦东思达仪器仪表有限公司，2000年该公司实现销售收入815.75万元，利润292.33万元。

(C)在经营中出现的问题与困难及解决方案

公司经营中面临的主要问题和困难，一是随着电力市场不断开放，市场竞争日趋激烈，同行企业不断采用降价手段来扩大市场份额；二是公司近年各项费用增长较快。

解决上述两个问题，一是充分发挥公司技术优势，开发出一批适应市场需求的自有知识产权的产品，增加产品的高技术含量，保持公司产品的市场竞争优势；二是通过细化管理，压费用，降成本，消化价格波动对公司利润影响。

2. 公司财务状况

河南华为会计师事务所(现更名为天一会计师事务所)审计，本公司2000年12月31日总资产为36723.41万元，较1999年12月31日32449.36万元增加4274.05万元；本公司总资产增加的主要原因是：利润增加和负债增加。本公司2000年12月31日所有者权益为24270.78万元，较1999年12月31日所有者权益21311.74万元增加2959.04万元；本公司所有者权益增加的主要原因是：利润增加。主营业务利润5282.19万元，较上年同期增长9.33%，主营业务利润的增加原因是主营业务收入增加。净利润2959.04万元，较上年同期增长37.73%。主要原因为主营收入增加和技术转让增加。

3.公司投资情况

(1) 公司投资240万元占50%股份的深圳思达仪表有限公司2000年大力开拓市场，其生产的电表市场销售良好，公司分得投资收益64.75万元。

(2) 经公司第二届二次董事会研究决定，公司出资人民币40万元购买河南黄河产业(集团)有限公司持有的上海浦东新区思达仪器仪表有限公司40%的出资额。购买完成后，本公司在上海浦东新区思达仪器仪表有限公司的出资额由占注册资本的50%，增加到90%。2000年该公司实现销售收入815.75万元，利润292.33万元。

(3)经公司第二届三次董事会研究决定，公司同意与郑州高技术开发区华达软件有限公司共同出资设立河南思达软件工程有限公司。该公司注册资本为人民币1000万元；经营范围：软件产品、系统集成、信息产业相关产品的开发、生产、销售。本公司出资人民币900万元，占注册资本的90%，郑州高技术开发区华达软件有限公司出资100万元，占注册资本的10%。该公司已注册成立。

(4)2000年度配股项目前期投资情况

本公司电能计量管理系统、预装式高压成套开关设备及单项电子式电能表 技改项目已作为配股项目上报，由于上述三个项目产品适应市场需求，公司为抓住市场机遇已进行了先期投入。至2000年12月31日已投入到三个项目的资金共计2107万元，用于产品开发和厂房的建设。

(5)非募集资金投资项目情况：

"思达科研中心"项目已完成工程量的80%。

4.2001年业务发展计划

2001年，公司按照"开源节流、细化管理"的工作方针，认真做好如下工作：

在开源方面，(1) 产品销售市场要以现有国内市场为主，转向国内市场和国际市场内外结合型，使公司技术和产品走向国际市场。(2)继续坚持"分层次组织，两条腿走路"的技术开发方针，在2001年推出2-3项国际先进水平的新产品；同时继续坚持"面向市场，以转养研"的方针，积极开展技术转让工作，培育和巩固公司新的利润增长点。(3)积极开展软件产品的研发和销售工作，使软件成为公司新的利润来源。(4)全力推进配股项目的建设和投产工作，使配股资金尽快产生效益，培植公司新的利润增长点。

在节流方面，公司将主要抓好两项工作，一是采取定额管理方法，严格控三项费用支出；二是采取集中采购方法，降低产品成本。

在细化管理方面，公司将主要做好两项工作，一是采取目标管理方法，目标量化，考核到人；二是制定更细致的管理规范，完善激励、考核机制，要求员工"说到的一定要做到、做到的一定要纪录到"。

通过各项开源节流措施和细化管理措施，明确目标，责任到人，控制费用，降低成本，使公司经济效益迈上新台阶。

5.董事会日常工作情况

<1>报告期内董事会的会议情况及决议内容

2000年1月26日，召开第一届董事会第十四次会议，审议通过了1999年年度报告及摘要、财务报告、利润分配预案、逐项审议通过公司2000年增资配股议案；推荐了公司第二届董事会候选人；审议通过了2000年仍聘用河南华为会计师事务所的议案。本次董事会内容于2000年1月28日在《证券时报》披露。

2000年3月8日，召开了第二届一次董事会，会议选举冯井岗先生为公司第二届董事会董事长，聘请耿直先生为公司总经理，根据耿直先生的提议，聘请王满仓、邱求元、付秋生为公司副总经理，聘请冯宛平先生为公司董事会秘书。本次董事会内容于2000年3月9日在《证券时报》披露。

2000年4月3日，召开了第二届二次董事会，会议同意公司出资人民币40万元购买河南黄河产业(集团)有限公司持有的上海浦东新区思达仪器仪表有限公司40%的出资额。

2000年6月30日召开了第二届董事会第三次会议，会议通过了增加公司经营范围、建立软件公司、变更公司名称、修改公司章程和召开公司2000年第一次临时股东大会的议案。本次董事会内容于2000年7月3日在《证券时报》披露。

2000年7月17日召开了第二届董事会第四次会议，会议通过公司2000年中期报告、报告摘要及中期利润分配方案、聘请陈莉女士为公司总会计师、决定了2000年第一次临时股东大会的议题和召开时间。本次董事会内容于2000年7月19日刊登在《证券时报》上。

2000年10月9日，召开了第二届五次董事会，会议通过如下议案：

(1) 同意与河南思达科技(集团)股份有限公司共同设立河南思达电子商务有限公司，其中本公司出资人民币2550万元，占注册资本51%。

(2) 同意徐正林先生因工作调动提出的辞去董事职务的要求，同时推荐刘建国先生为董事侯选人。

(3) 同意冯宛平先生辞去董事会秘书的要求，同时聘请王西林先生为公司董事会秘书。

(4) 修改公司章程。

(5) 召开公司2000年第二次临时股东大会。

<2>执行股东大会决议情况

按照公司2000年3月8日召开的99年年度股东大会的要求，公司董事会指导证券部积极做好配股材料的准备、报批工作。配股方案已经中国证监会郑州特派办郑证监发(2000)59号文同意，并经中国证券监督管理委员会证监公司字 (2001)29号文核准。本公司2000年度配股工作已于2001年3月19日结束缴款工作。

报告期内董事会根据公司2000年第一次临时股东大会的决议和授权，实施了2000年中期分配方案，以2000年6月30日股本总额88,750,000股为基数，向全体股东每10股送红股3股，另用资本公积金每10股转增7股。送转后总股本增至177,500,000股。股权登记日为2000年9月4日，除权基准日为2000年9月5日。

6.公司管理层及员工情况

(1) 公司董事、监事及高级管理人员持股及年薪情况：　　单位：股

姓 名	职 务	年初持股数	本年增加数	年末持股数
冯井岗	董事长	8000	8000	16000
耿 直	董事兼总经理	10000	10000	20000
张玉中	董 事	0	0	0
冯宛平	董 事	4000	4000	8000
刘建国	董 事	0	0	0
张国伟	监事会召集人	3000	3000	6000
王淑英	监 事	5000	5000	10000
刘美钰	监 事	0	0	0
王满仓	副总经理	6000	6000	12000
邱求元	副总经理	6000	6000	12000
付秋生	副总经理	0	0	0
陈 莉	总会计师	0	0	0
王西林	董事会秘书	0	0	0

注：报告期内公司高级管理人员持股增加的原因系公司2000年中期利润分配及公积金转增股本所至。 报告期高管人员所获报酬总计649,152元，其中8-10万元4人；5-8万元3人；5万元以下3人。3人未在公司领取报酬。

(2)报告期内董事会同意徐正林先生提出因工作调动原因辞去董事职务的要求；监事会同意何玮先生因离职辞去职工代表监事职务的要求。

7.公司员工的数量和专业素质情况说明

截止到2000年12月31日，本公司职工总数为1140人，分布情况如下：

行政与管理人员	103人
生产人员	521人
销售及服务人员	185人
技术人员	226人
财务人员	16人
合 计	1140人

在公司员工中，大专以上学历621人，本公司退休3人。

8.本次利润分配预案

2000年公司净利润29590389.73元，提取10%法定公积金2959038.97元，提取8%法定公益金2367231.18元，其余利润24264119.58元，加期初未分配利润39910567.32元，减转作股本的普通股股利26625000元，期末可供股东分配的利润为37549686.90元。因公司2000年中期进行了红利的分配，故公司董事会决定2000年利润暂不分配，留待下一年度分配；也不进行资本公积金转增股本。

预计公司2001年实现利润只进行一次分配，其中2000年未分配利润用于下年度分配的比例为80-95%，主要以送红股方式分配，不进行现金股息的分配；2001年度实现利润不进行分配，公司董事会保留根据实际情况对该方案调整的权利。

9.其他报告事项

(1)公司聘请的会计师事务所没有变动，仍为河南华为会计师事务所(现更名为天一会计师事务所)。

(2)公司选定的信息披露报刊为《证券时报》。

六、监事会报告

本公司第二届监事会在2000年度遵照《中华人民共和国公司法》和本公司章程的规定，认真履行监事职责，积极维护公司利益和股东利益，并注重自身建设，组织学习公司法及中国证监会制定的有关法律、法规，不断提高监事的工作水平。

1.监事会工作报告

本年度监事会共召开两次会议：

第一次会议于2000年1月29日下午3:00在郑州高新技术产业开发区金梭路38二楼会议室举行。应到监事3人，实到监事3人，符合公司章程规定的议事表决人数。会议主要议题为：

<1>审查1999年度财务决算报告。

<2>讨论1999年度监事会工作报告。

监事会对会计凭证、帐薄及会计报告进行检查核实。本公司1999年度会计报告由具备证券业务审计资格的河南华为会计师事务所审计。该所注册会计师龚淑敏、陈启勇出具无保留意见审计报告。监事会认为本报告符合国家有关规定，在所有重大方面公允地反映了本公司的财务状况及经营成果。

第二次会议于2000年7月17日在集团公司办公楼四楼会议室举行。应到监事三名，实到三名。会议主要议题为：

<1>检查公司财务情况。

<2>检查公司关联交易情况。

<3>同意何玮先生因离职，提出辞去职工代表监事的要求，同意职工选举的刘美钰先生为新职工代表监事。

监事会抽查了公司与外部签订的重大合同和协议，调查了公司人事管理和财务管理制度执行情况，未发现公司董事、经理在执行公司职务时滥用职权、违法、违规、损害公司利益的行为。公司决策程序合法，有内部控制制度。配股募集资金已经按照计划投入到变电站综合自动化系统技改项目中。

2.本公司与其他关联企业均按市场公允价格进行交易，且无收购和出售资产的交易。　　3、监事会对董事会有关计提资产减值的决议程序进行了检查，监事会认为董事会决策程序合法，依据充分。

七、重要事项

1、重大诉讼、仲裁事项报告

本报告期内本公司无重大诉讼、仲裁事项。

2、报告期内公司无收购或出售资产事项。

3、2000年10月冯宛平先生因工作原因辞去董事会秘书职务，董事会聘请王西林先生接任董事会秘书工作。相关董事会公告刊登在2000年10月12日《证券时报》上。

4、无重大关联交易。

5、上市公司与控股公司在人员、资产、财务及工作场所等方面均以分开，做到了人员独立、资产完整、财务独立。具体情况如下：

(1)人员方面，上市公司在劳动、人事及工资管理等方面均拥有独立的管理体系，总经理、副总经理等高级管理人员均在上市公司领取薪酬。经理班子中除总经理耿直先生兼任控股公司董事会董事外，其余人员均未在股东单位担任重要职务。

(2)资产方面，本公司拥有独立的采购、生产、销售系统及辅助生产系统和配套设施；公司拥有工业产权、商标、非专利技术等无形资产的产权。

(3)财务方面，本公司设有独立的财会部门，并建立了独立的会计核算体系和财务管理制度；独立在银行开户。

6、报告期内公司仍聘用河南华为会计师事务所(现更名改组为天一会计师事务所)。

7、根据公司2000年第一次临时股东大会决议，公司决定将名称由"河南思达电子仪器股份有限公司" 变更为 "河南思达高科技股份有限公司"，股票简称：由"河南思达"变更为"思达高科"。以上公司名称及股票简称的变更申请已分别由河南省工商行政管理局和深圳证券交易所批准同意，相关董事会公告刊登在2000年9月14日的《证券时报》上。

8、其他重大事项。

(1) 第一届八次董事会批准的公司与河南东亚节能灯具股份有限公司(上柜公司)的合并事项，目前并无实质进展。

(2)本公司2000年配股工作已于2001年3月19日结束缴款工作。

(3)公司第二届五次董事会同意投资设立的河南思达电子商务有限公司正在筹备之中。

八、财务会计报告

审 计 报 告

天一审字(2001)第(3)-018 号

河南思达高科技股份有限公司全体股东：

我们接受委托，审计了贵公司 2000 年 12 月 31 日的合并及母公司资产负债表、2000 年度的合并及母公司利润表及利润分配表和 2000 年度的合并及母公司现金流量表。这些会计报表由贵公司负责，我们的责任是对这些会计报表发表审计意见。我们的审计是依据《中国注册会计师独立审计准则》进行的。在审计过程中，我们结合贵公司的实际情况，实施了包括抽查会计记录等我们认为必要的审计程序。

我们认为：上述会计报表符合《企业会计准则》和《股份有限公司会计制度》的有关规定，在所有重大方面公允地反映了贵公司 2000 年 12 月 31 日的财务状况及 2000 年度的经营成果和现金流量情况，其会计处理方法的选用遵循了一贯性原则。

天一会计师事务所有限责任公司　　中国注册会计师：陈启勇

中国注册会计师：赛保国

中国.北京　　报告日期：二零零一年三月二十五日

四、控股子公司及合营公司

公司名称	注册地	注册资本	经营范围	投资额	所占比例
上海浦东新区思达仪器仪表有限公司	上海浦东新区歇浦路 285 号	100 万元	仪器仪表 工业自动化设备	90 万元	90%
河南思达软件工程有限公司	郑州高新技术开发区樱花街 1 号软件基地	1000 万元	软件产品 系统集成	900 万元	90%
深圳思达仪表有限公司	深圳市科技工业园 27#	300 万元	研制开发 仪器仪表	240 万元	50%

五、会计报表主要项目注释：(单位：元)

1.货币资金

项 目	1999 年 12 月 31 日	2000 年 12 月 31 日
现 金	244,898.76	307,458.44
银行存款	48,516,417.93	67,887,553.07
合 计	48,761,316.69	68,195,011.51

货币资金较年初增加 39.85%，主要系收入增加所致。

2.应收帐款

	1999 年 12 月 31 日			2000 年 12 月 31 日		
帐 龄	金 额	比例%	坏帐准备	金 额	比例%	坏帐准备
一年以内	50,919,541.26	67.15	1,018,390.82	65,286,373.75	66.10	1,305,727.47
一至二年	19,942,170.38	26.30	997,108.52	16,054,763.17	16.27	802,738.16
二至三年	3,553,542.83	4.69	355,354.28	13,619,879.06	13.79	1,361,987.91
三至四年	1,242,171.85	1.64	248,434.37	2,678,786.20	2.71	535,757.24
四至五年	170,250.00	0.22	85,125.00	1,110,451.45	1.12	555,225.73
五年以上				12,716.00	0.01	12,716.00
合 计	75,827,676.32	100.00	2,704,412.99	98,762,969.63	100.00	4,574,152.51

(1)应收帐款中无持本公司 5%(含 5%)以上股份的股东单位的欠款。

(2)应收帐款主要明细项目列示如下：

	2000 年 12 月 31 日	欠款时间	欠款原因
许昌县电业局	2,119,556.00	一年以内	正常付款期间内
广州思达有限责任公司	1,504,497.92	一年以内	正常付款期间内
吉林电业局	1,403,330.00	一年以内	正常付款期间内
陕西农电管理局经销处	1,335,890.00	一年以内	正常付款期间内
栾川电业局	1,177,200.00	一年以内	正常付款期间内

3.其他应收款

	1999 年 12 月 31 日			2000 年 12 月 31 日		
帐 龄	金 额	比例%	坏帐准备	金 额	比例%	坏帐准备
一年以内	19,440,259.64	78.75	1,944,025.96	20,034,339.09	73.90	2,003,433.91
一至二年	2,519,247.88	10.20	251,924.79	5,753,780.10	21.22	575,378.01
二至三年	2,728,550.78	11.05	272,855.08	1,322,965.82	4.88	132,296.58
合 计	24,688,058.30	100.00	2,468,805.83	27,111,085.01	100.00	2,711,108.50

(1)其他应收款中持本公司 5%(含 5%)以上股份的股东单位河南思达科技(集团)股份有限公司的欠款 996,300.00 元。

(2)其他应收款主要明细项目列示如下：

	2000 年 12 月 31 日	欠款时间	欠款原因
河南思达科技(集团)股份有限公司	996,300.00	一年以内	暂垫款
吕 伟	790,210.60	一年以内	业务周转金
许 鹏	783,044.00	一年以内	业务周转金
河南通讯公司	736,811.94	一年以内	业务往来
郑州东方葡萄酒产业发展有限公司	714,507.94	一年以内	业务往来

4.预付帐款

	1999 年 12 月 31 日		2000 年 12 月 31 日	
帐 龄	金 额	比例%	金 额	比例%
一年以内	6,848,413.15	52.78	6,863,211.62	77.91
一至二年	2,567,228.50	19.79	1,475,518.69	16.75
二至三年	3,538,580.07	27.27	327,323.09	3.72
三至四年	20,600.00	0.16	122,341.08	1.39
四至五年			20,600.00	0.23
五年以上				
合 计	12,974,821.72	100	8,808,994.48	100

(1)预付帐款中无持本公司 5%(含 5%)以上股份的股东单位的欠款。

(2)预付帐款主要明细项目列示如下：

	2000 年 12 月 31 日	欠款时间	欠款原因
湖南威胜电子公司	1,198,370.38	一年以内	预付货款
河南思达电工测控有限公司	701,471.64	一年以内	预付货款
郑州都市广告装饰公司	600,000.00	一年以内	工程装饰款
西安凌志工贸公司	553,800.00	一至两年	预付货款
吉林安易软件公司	360,000.00	一年以内	预付货款

5.存货

项 目	1999 年 12 月 31 日		2000 年 12 月 31 日	
	金额	跌价准备	金额	跌价准备
原材料	13,322,378.46	56,335.84	14,549,925.19	56,335.84
在产品	12,808,193.59		12,720,119.41	
产成品	14,678,126.36		21,532,506.41	29,008.00
低值易耗品	190,359.10		44,236.04	
合 计	40,999,057.51	56,335.84	48,846,787.05	85,343.84

6.待摊费用

项 目	期初数	本期增加	本期摊销	期末数
广告费	18,219.22	187,599.65	205,818.87	
保险费	549,113.74	18,043.20	567,156.94	
房租	90,000.00	111,711.00	201,711.00	
报刊费	7,998.90		7,998.90	
养路费	1,367.83	20,250.00	21,617.83	
合 计	666,699.69	337,603.85	1,004,303.54	

7.长期投资

(1).项 目

项 目	期初数		本期增加	本期减少	期末数	
	金额	跌价准备			金额	跌价准备
长期股权投资	4,117,547.00		647,470.13	500,000.00	4,265,017.13	
长期债权投资						
合 计	4,117,547.00		647,470.13	500,000.00	4,265,017.13	

本期减少的长期股权投资系合并会计报表范围变化所致。

(2) 其他股权投资

被投资单位名称	投资起止期	原始投资金额	占被投资单位注册资本的比例	减值准备	备注
深圳思达仪表有限公司	1997.12.30-2004.2.13	2,400,000.00	50%		
合 计		2,400,000.00			

8.固定资产及累计折旧

原 值	期初数	本期增加	本期减少	期末数	备注
房屋及建筑物	32,186,957.53	446,000.00		32,632,957.53	
机器设备	32,750,276.79	820,998.01	25,200.00	33,546,074.80	
运输工具	6,943,129.00	423,440.00		7,366,569.00	
其他		9,709.00		9,709.00	
合 计	71,880,363.32	1,700,147.01	25,200.00	73,555,310.33	
累计折旧					
房屋及建筑物	2,612,493.14	1,053,592.18		3,666,085.32	
机器设备	6,731,929.76	2,797,541.67	7,744.08	9,521,727.35	
运输工具	1,744,750.51	760,657.26		2,505,407.77	
其他		1,532.72		1,532.72	
合 计	11,089,173.41	4,613,323.83	7,744.08	15,694,753.16	
固定资产净值	60,791,189.91			57,860,557.17	

9.在建工程

工程项目名称	期初数	本期增加	本期减少	期末数	资金来源	进度
电能计量管理系统技改项目	17,763,651.17			17,763,651.17	自筹	65%
变电站综合自动化系统技改项目	10,544,579.00	148,435.71		10,693,014.71	募集资金	85%
思达科研中心	17,766,269.79			17,766,269.79	自筹	80%
合 计	46,074,499.96	148,435.71		46,222,935.67		

期初及本期均无资本化利息。

10.无形资产

类 别	原始金额	期初数	本期增加	本期转出	本期摊销	期末数	剩余摊销期限
土地使用权	1,282,006.80	1,057,655.40			25,640.16	1,032,015.24	40.25 年
土地使用权	5,223,600.00	4,953,714.00			104,472.00	4,849,242.00	46.42 年
土地使用权	6,287,500.00	6,161,745.00			125,750.22	6,035,994.78	48 年
技术产权	535,326.89		535,326.89		8,922.12	526,404.77	9.83 年
合 计	13,328,433.69	12,173,114.40	535,326.89		264,784.50	12,443,656.79	

11.开办费

类 别	期初数	本期增加	本期摊销	期末数
开办费	2,173,522.13	55,064.29	691,113.44	1,537,472.98

12.长期待摊费用

类别	期初数	本期增加	本期摊销	期末数
工装费	303,054.34		114,649.78	188,404.56
模具费	172,592.58	247,863.24	58,633.28	361,822.54
合 计	475,646.92	247,863.24	173,283.06	550,227.10

13.短期借款

借款类别	1999 年 12 月 31 日	2000 年 12 月 31 日	备注
担保借款	78,550,000.00	66,530,000.00	
合计	78,550,000.00	66,530,000.00	

14.应付帐款

1999 年 12 月 31 日	2000 年 12 月 31 日
17,372,818.95	25,504,337.51

应付帐款中无应付持本公司股权 5%(含 5%)以上股份的股东单位的款项。

应付帐款比期初增长 46.81%，系生产规模扩大，材料采购量增加所致。

15.预收帐款

1999 年 12 月 31 日	2000 年 12 月 31 日
3,521,207.47	3,662,641.89

预收帐款中无预收持本公司股权 5%(含 5%)以上股份的股东单位的款项。

16.应交税金

项 目	1999 年 12 月 31 日	2000 年 12 月 31 日
增值税	1,485,226.30	1,774,679.83
城建税	104,324.33	152,015.28
所得税	3,194,994.90	1,907,926.42
营业税		158,766.00
合 计	4,784,545.53	3,993,387.53

17.其他应付款

1999 年 12 月 31 日	2000 年 12 月 31 日
6,478,706.26	6,482,203.30

其他应付款中应付持本公司股权 5%(含 5%)以上股份的股东单位河南思达科技(集团)股份有限公司的欠款 1,241,778.36 元.

18.长期借款

借款类别	1999年12月31日	2000年12月31日	备注
担保借款		16,000,000.00	
合　计		16,000,000.00	

19.股本(单位:股)

	本次变动前	本期增减变动(+,-) 配股	送股	公积金转股	小计	本次变动后
一.未上市流通股份						
1.发起人股份	63750000		19125000	44625000	63750000	127500000
其中:						
国家持有股份						
境内法人持有股份	63750000		19125000	44625000	63750000	127500000
境外法人持有股份						
2.募集法人股份						
3.内部职工股份						
4.优先股或其他						
其中:转配股						
未上市流通股份合计	63750000		19125000	44625000	63750000	127500000
二.已上市流通股份						
1.人民币普通股	25000000		7500000	17500000	25000000	50000000
2.境内上市的外资股						
3.境外上市的外资股						
4.其他						
已上市流通股份合计	25000000		7500000	17500000	25000000	50000000
三.股份总数	88750000		26625000	62125000	88750000	177500000

20.资本公积

项　目	期初数	本期增加数	本期减少数	期末数
股本溢价	69,895,561.04		62,125,000.00	7,770,561.04
接受捐赠资产准备				
住房周转金转入				
资产评估增值准备				
股权投资准备				
被投资单位接受捐赠准备				
被投资单位评估增值准备				
被投资单位股权投资准备				
被投资单位外币指标折算差额				
其他资本公积转入				
合 计	69,895,561.04		62,125,000.00	7,770,561.04

21.盈余公积

项　目	期初数	本期增加	本期减少	期末数
法定盈余公积	11,199,509.75	2,959,038.97		14,158,548.72
公　益　金	3,361,748.45	2,367,231.18		5,728,979.63
合　计	14,561,258.20	5,326,270.15		19,887,528.35

盈余公积比期初增加36.16 %,系本年净利润增加相应提取的盈余公积所致。

22.未分配利润

项　目	金额	备注
期初未分配利润	39,910,567.32	
加:本期净利润转入	29,590,389.73	
减:提取法定盈余公积	2,959,038.97	
提取公益金	2,367,231.18	
转作股本的普通股股利	26,625,000.00	
期末未分配利润	37,549,686.90	

根据思达高科董字(2001)02号董事会决议,按本年度实现净利润的10%和8%分别提取法定盈余公积金和公益金,剩余利润不分配。

23.主营业务收入

本年数	上年数
130,305,566.21	101,017,421.74

24.主营业务成本

本年数	上年数
76,243,395.86	51,865,887.54

主营业务成本较上年增长47%,系产品销售量增加,产品销售成本相应增加所致。

25.其他业务利润

项　目	本年数	上年数
其他业务收入	13,846,789.64	1,338,425.94
其中:技术转让	12,520,649.59	---
出售材料	959,808.67	912,465.19
技术培训	79,830.00	294,400.00
其他	286,501.38	131,560.75
减:其他业务支出	1,414,853.29	644,016.63
其中:技术转让	724,840.86	---
出售材料	610,566.44	642,036.61
技术培训	74,675.36	1,892.02
其他	4,770.63	88.00
其他业务利润	12,431,936.35	694,409.31

其他业务利润较上年同期增长1690.29%,系本期发生的技术转让收入所致。

26.营业费用

本年数	上年数
10,926,231.16	11,421,643.32

27.管理费用

本年数	上年数
15,810,590.06	11,027,593.82

管理费用比上年增长43.37%,主要系提取坏帐准备所致。

28.财务费用

类　别	本年数	上年数
利息支出	4,951,811.82	4,887,795.17
减:利息收入	442,523.87	2,601,781.87
其　他	16,592.39	16,202.70
合　计	4,525,880.34	2,302,216.00

财务费用比上年增长96.59%,系利息收入减少所致。

29.投资收益

项　目	本年数	上年数
按权益法核算的股权投资收益	647,470.13	506,832.27
股权转让收益		-20,000.00
合　计	647,470.13	486,832.27

30.营业外收入

项　目	本年数	上年数
冻结资金利息	195,540.68	195,540.68
罚款收入	23,374.50	69,366.78
无法支付的应付款项	14,672.13	237,807.10
处理固定资产收益	2,362.08	
其　他	65,129.97	
合　计	301,079.36	502,714.56

31.营业外支出

项　目	本年数	上年数
捐赠支出		150.00
处理固定资产损失	2,128.70	
其　他	27,215.77	1,818.02
合　计	29,344.47	1,968.02

32.支付的其他与经营活动有关的现金

主要系差旅费、办公费等管理费用、经营费用支出。

六、关联方关系及关联交易

1.存在控制关系的关联方

企业名称	经济类型	法定代表人	注册地	注册资本	与本公司关系
河南思达科技(集团)股份有限公司	股份公司	张玉中	郑州市高新技术产业开发区	8000万元	母公司
上海浦东新区思达仪器仪表有限公司	有限公司	张玉中	上海浦东新区歇浦路285号	100万元	子公司
河南思达软件工程有限公司	有限公司	刘建国	郑州高新技术产业开发区樱花街1号软件基地	1000万元	子公司

2.存在控制关系的关联方的注册资本及其变化

企业名称	年初数	本年增加数	本年减少数	年末数
河南思达科技(集团)股份有限公司	8000万元	--	--	8000万元
上海浦东新区思达仪器仪表有限公司	100万元	--	--	100万元
河南思达软件工程有限公司		1000万元	--	1000万元

3.不存在控制关系的关联方

企业名称	与本公司关系
河南思达商业有限公司	同属母公司的子公司
郑州高新技术产业开发区华达软件有限公司	同属母公司的子公司
深圳思达影视设备有限公司	同属母公司的子公司
河南思达发电设备有限公司	同属母公司的子公司
河南思达电工测控有限公司	同属母公司的子公司
河南思达置业有限公司	同属母公司的子公司
郑州东方葡萄酒产业发展有限公司	同属母公司的子公司
深圳思达仪表有限公司	合营公司

4.关联交易

(1)采购货物

企业名称	2000年度 金额	比例	1999年度 金额	比例
河南思达发电设备有限公司			3,220,000.00	5.32%
郑州高新技术产业开发区华达软件有限公司	1,556,919.27	2.11%		
合　计	1,556,919.27	2.11%	3,220,000.00	5.32%

(2)销售货物

企业名称	2000年度 金额	比例	1999年度 金额	比例
河南思达商业有限公司			546,632.49	0.54%
合　计			546,632.49	0.54%

(3) 技术开发

企业名称	2000年度 金额	比例	1999年度 金额	比例
河南思达商业有限公司	2,800,000.00			
合　计	2,800,000.00			

(4)关联应收帐款余额

企业名称	2000年12月31日 金额	比例
深圳思达仪表有限公司	263,427.64	0.27%
河南思达电工测控有限公司	6,262.01	0.01%
河南思达商业有限公司	300,000.00	0.30%
郑州高新技术产业开发区华达软件有限公司	564,161.44	0.57%
合　计	1,133,851.09	1.15%

(5)关联其他应收款余额

企业名称	2000年12月31日 金额	比例
郑州东方葡萄酒产业发展有限公司	714,507.94	2.64%
河南思达商业有限公司	120,000.00	0.44%
河南思达科技(集团)股份有限公司	996,300.00	3.67%
合　计	1,830,807.94	6.75%

(6)关联应付帐款余额

企业名称	2000年12月31日 金额	比例
郑州高新技术产业开发区华达软件有限公司	1,554,350.00	6.09%
深圳思达影视设备有限公司	855,134.53	3.35%
河南思达发电设备有限公司	30,128.66	0.12%
深圳思达仪表有限公司	186,669.98	0.73%
合　计	2,626,283.17	10.29%

(7)关联预付帐款余额

企业名称	2000年12月31日 金额	比例	1999年12月31日 金额	比例
河南思达电工测控有限公司	701,471.64	8.05%	768,038.03	6.06%
河南思达发电设备有限公司	110,000.00	1.26%		
合　计	811,471.64	9.31%	768,038.03	6.06%

(8)关联其他应付款项余额

其他应付款

企业名称	2000年12月31日 金额	比例	1999年12月31日 金额	比例
河南思达科技(集团)股份有限公司	1,241,778.36	19.16%	563,937.30	8.70%
合　计	1,241,778.36	19.16%	563,937.30	8.70%

(9)截止2000年12月31日,河南思达科技(集团)股份有限公司为本公司借款82,530,000.00元提供担保。

七、或有事项:公司本报告期无应披露之或有事项。

八、承诺事项:公司本报告期无应披露之承诺事项。

九、资产负债表日后事项:

根据中国证券监督管理委员会证监公司字[2001]29号"关于河南思达高科技股份有限公司申请配股的批复",以2000年12月31日的股本为基数,按10:1.5比例进行配股,配股价为15元/股,已于2001年3月19日结束缴款工作。

十、其他重要事项:

1、根据本公司2000年第一次临时股东大会决议,以公司1999年末总股本为基数,按10:3的比例派送红股,同时用资本公积按10:7的比例转增股本。

2、根据本公司2000年第一次临时股东大会决议,由于公司经营范围的扩大,公司原有名称已不能准确地反映公司的行业特征,因此由原"河南思达电子仪器股份有限公司"更名为"河南思达高科技股份有限公司"。

3、公司于2000年10月出资900万元,投资设立"河南思达软件工程有限公司",本公司占其权益性资本的90%。

九、公司的其他有关资料

1.公司首次注册登记日期、地点:

本公司于1996年12月16日在河南省工商行政管理局登记注册;

2.工商登记号码:17000038-8

3.税务登记号码:410102170000388

4.公司未上市股票的托管机构名称:深圳证券结算有限公司

5.报告期内证券主承销机构:湖南证券有限责任公司

6.公司聘请的会计师事务所名称:天一会计师事务所有限公司(原河南华为会　计师事务所)

办公地点:郑州市嵩山北路12号

7.法律顾问名称:河南仟问律师事务所

办公地点:郑州市纬五路43号经纬大厦六层c座

十、备查文件

1.载有法定代表人、财务负责人、会计主管人员签名并盖章的会计报表。

2.载有会计师事务所盖章、注册会计师签名并盖章的审计报告原件。

3.报告期内在中国证监会指定报纸上公开批露过的所有公司文件正本和公告原稿。

河南思达高科技股份有限公司

2001年3月27日

资产负债表

编制单位:河南思达高科技股份有限公司　　单位:人民币元

资产	1999.12.31	2000.12.31 合并	母公司
流动资产:			
货币资金	48761316.69	68195011.51	59653203.89
应收帐款	75827676.32	98762969.63	95938909.63
其它应收款	24688058.3	27111085.01	27111085.01
减:坏帐准备	5173218.82	7285261.01	7228779.81
应收帐款净额	95342515.8	118588793.63	115821214.83
预付帐款	2974821.72	8808994.48	8708994.48
存货	40999057.51	48846787.05	48846787.05
减:存货跌价准备	56335.84	85343.84	85343.84
存货净额	40942721.67	48761443.21	48761443.21
待摊费用	666699.69		
流动资产合计	198688075.57	244354242.83	232944856.41
长期投资:			
长期股权投资	4117547	4265017.13	16795985.85
长期投资合计	4117547	4265017.13	16795985.85
长期投资净额	4117547	4265017.13	16795985.85
固定资产:			
固定资产原值	71880363.32	73555310.33	71205588.3
减:累计折旧	11089173.41	15694753.16	15165740.4
固定资产净值	60791189.91	57860557.17	56039847.9
在建工程	46074499.96	46222935.67	46222935.67
固定资产合计	106865689.87	104083492.84	102262783.57
无形及其它资产:			
无形资产	12173114.4	12443656.79	12443656.79
开办费	2173522.13	1537472.98	1482408.69
长期待摊费用	475646.92	550227.1	550227.1
无形资产及其它资产合计	14822283.45	14531356.87	14476292.58
资产总计	324493595.89	367234109.67	366479918.41
流动负债:			
短期借款	78550000	66630000	66630000
应付帐款	17372818.95	25504337.51	25685231.04
预收帐款	3521207.47	3662641.89	4431501.89
应付福利费	428680.55	792862.19	788740.18
应付税金	4784545.53	3993387.53	3757145.92
其它应交款	44709.89	68571.1	58525.3
其它应付款	6478706.26	6482203.3	6420997.79
流动负债合计	111180668.65	107134003.52	107772142.12
长期负债:长期借款		16000000	16000000
其它长期负债	195540.68		
长期负债合计	195540.68	16000000	16000000
负债合计	111376209.33	123134003.52	123772142.12
少数股东权益		1392329.86	
股本	88750000	177500000	177500000
资本公积金	69895561.04	7770561.04	7770561.04
盈余公积	14561258.2	19887528.35	19887528.35
其中:公益金	3361748.45	5728979.63	5728979.63
未确认的外资损失			
未分配利润	39910567.32	37549686.9	37549686.9
外币报表折算差额			
股东权益合计	213117386.56	242707776.29	242707776.29
负债和股东权益计:			
负债和股东权益总计	324493595.89	367234109.67	366479918.41

利润及利润分配表

编制单位:河南思达高科技股份有限公司　　单位:人民币元

项目	1999.12.31	2000.12.31 合并	母公司
一、主营业务收入	101017421.74	130305566.21	127102000.67
减:折扣与折让			
主营业务收入净额	101017421.74	130305566.21	127102000.67
减:主营业务成本	51865887.54	76243395.86	76134413.81
主营业务税金及附加	838957.84	1240298.77	1186908.01
二、主营业务利润	48312576.36	52821871.58	49780678.85
加:其他业务利润	694409.31	12431936.35	12431936.35
减:存货跌价损失	56335.84	29008	29008
营业费用	11421643.32	10926231.16	10926231.16
管理费用	11027593.82	15810590.06	15690804.61
财务费用	2302216	4525880.34	4527771.64
三、营业利润	24199196.69	33962098.37	31038799.79
加:投资收益	486832.27	647470.13	3278438.85
营业外收入	502714.56	301079.36	301079.36
减:营业外支出	1968.02	29344.47	29344.47
分给外单位利润			
四、利润总额	25186775.5	34881303.39	34588973.53
减:所得税	3701991.48	4998583.8	4998583.8
少数股东损益	292329.86		
五、净利润	21484784.02	29590389.73	29590389.73
加:年初未分配利润	22293044.42	39910567.32	39910567.32
六、可供分配的利润	43777828.44	69500957.05	69500957.05
减:提取法定盈余公积金	2148478.4	2959038.97	2959038.97
提取法定公益金	1718782.72	2367231.18	2367231.18
七、可供股东分配的利润	39910567.32	64174686.9	64174686.9
转作股本的普通股股利	26625000	26625000	
八、未分配利润	39910567.32	37549686.9	37549686.9

山东潍坊海龙股份有限公司

一、公司简介

1、公司法定中文名称：山东潍坊海龙股份有限公司
英文名称：WEIFANG SEA DRAGON CO.LTD, SHANDONG
2、公司法定代表人：张荣安
3、公司董事会秘书：牛海平，授权代表：陈树广
联系地址：山东省潍坊市寒亭区潍县北路555号
电话：0536-7252140　传真：0536-7252140
4、公司注册地址及办公地址：山东省潍坊市寒亭区潍县北路555号　邮政编码：261100
5、公司选定的信息披露报纸名称：《证券时报》、《中国证券报》，登载公司年度报告的国际互联网网址：http://www.cninfo.com.cn，公司年度报告备置地点：山东潍坊海龙股份有限公司证券部。
6、公司股票上市交易所：深圳证券交易所
股票简称：山东海龙　股票代码：0677

二、会计数据和业务数据摘要

1、公司本年度实现利润总额4,663.72万元、净利润3,805.39万元，扣除非经常性损益后的净利润3,805.39万元、主营业务利润7,865.28万元、其他业务利润69.62万元、营业利润4,691.61万元、营业外收支净额27.89万元、经营活动产生的现金流量净额101.34万元、现金及现金等价物净增加额2,225.19万元。

2、主要会计数据和财务指标

指标项目	2000年	1999年	1998年调整前	1998年调整后	2000年比1999年增减%
主营业务收入(万元)	56,859.74	26,778.15	22,446.95	22,446.95	112.34
净利润(万元)	3,805.39	2,678.35	3,439.59	3,063.42	42.08
总资产(万元)	66,331.29	46,976.30	33,898.29	32,808.90	41.20
股东权益(万元)	29,380.05	25,574.66	24,021.25	24,021.25	14.88
每股收益(元)	0.23	0.16	0.37	0.33	43.75
每股净资产(元)	1.77	1.54	2.61	2.49	14.94
调整后的每股净资产(元)	1.765	1.54	2.58	2.46	14.61
每股经营活动产生的现金流量净额(元)	0.006	–0.17	–0.19	–0.19	103.53
净资产收益率(%)	12.95	10.47	14.32	13.38	23.69

注：(1)按月平均加权法计算的每股收益0.23元，扣除非经营性损益后的每股收益0.23元。

3、报告期内股东权益变动情况

项目	股本(股)	资本公积(元)	盈余公积(元)	法定公益金(元)	未分配利润(元)	股东权益合计
期初数	165657960	35251159	14166075.23	12303786.69	28367620.14	255746601.06
本期增加			3805390.71	3805390.71	38053907.05	38053907.05
本期减少					7610781.42	
期末数	165657960	35251159	17971465.94	16109177.40	58810745.77	293800508.11

变动原因：本年度公司股本未发生变动，未分配利润增加30,443,125.63元，系利润增加所致。

三、股本变动及股东情况

1、股本变动情况
(1)、股份变动情况表　单位数量：万股

	本次变动前	本次变动增减(+、–) 配股	送股	公积金转股	增发	其他	小计	本次变动后
一、未上市流通股份								
1、发起人股份	4605.12							4605.12
其中：国家持有股份								
境内法人持有股份	4605.12							4605.12
2、募集法人股份	6906.276							6906.276
未上市流通股份合计	11511.396							11511.396
二、已上市流通股份								
1、人民币普通股	5054.4							5054.4
已上市流通股份合计	5054.4							5054.4
三、股份总数	16565.796							16565.796

(2)股票发行与上市情况
1 前三年历次股票发行情况：
1998年6月26日公司实施配股，股票种类为人民币A股，发行日期为98年7月28日，发行价格为每股5.90元，发行数量为1533.87万股，获准上市交易量468万股，上市日期为98年9月18日。
21999年3月22日公司实施利润分配和公积金转增股本方案，以1998年末总股本9203.22万股为基数，按10：3比例向全体股东送红股2760.966万股，公积金按10：5比例向全体股东转增4601.61万股，股本总额由9203.22万股，增至16565.796万股。
2、股东情况介绍
(1)截止2000年12月31日，本公司共有股东21699户。
(2)持有本公司5%以上(含5%)股份的股东名称及前10名股东持股情况：
1、持有本公司5%以上(含5%)股份的股东情况：　单位：万股

股东名称	年初数	本期增加数	年末数
潍坊巨龙化纤集团有限责任公司	6906.276		6906.276
潍坊市寒亭区央子盐化总公司	4605.12		4605.12

注：A、所持股份质押情况：没有质押、冻结情况。
B、潍坊巨龙化纤集团有限责任公司持有国有法人股6906.276万股。
2、公司前10名股东持股情况：

股东名称	持股数(股)	持股比例(%)
1、潍坊巨龙化纤集团有限责任公司	69062760	41.69
2、潍坊市寒亭区央子盐化总公司	46051200	27.80
3、王　超	371257	0.22
4、许继电气股份有限公司	301900	0.18
5、周厚华	242363	0.15
6、川化股份有限公司	242240	0.15
7、刘桂清	209047	0.13
8、刘希山	200016	0.12
9、广州市禾惠港实业有限公司	185006	0.11
10、余继云	173329	0.10

襄阳汽车轴承股份有限公司

一、公司简介

1、公司法定中文名称：襄阳汽车轴承股份有限公司
公司法定英文名称：XIANGYANG AUTOMOBILE BEARING SHARE COMPANY.,LTD
2、公司法定代表人：张德炳
3、公司董事会秘书：姜岳生
授权代表：于洁辉
联系地址及年报备置地：襄阳汽车轴承股份有限公司证券投资部
电子信箱：ZXY@Public.XF.HB.cn
电　话：0710-3564101转82429　传　真：0710-3560874
4、公司注册地址：湖北省襄樊市襄城区轴承路1号
公司办公地址：湖北省襄樊市襄城区轴承路1号
邮政编码：441022
5、公司信息披露报刊：《中国证券报》、《证券时报》
国际互联网网址：http://www.cninfo.com.cn
6、公司股票上市地：深圳证券交易所
股票简称：襄阳轴承　股票代码：0678

二、会计数据和业务数据摘要

1、本报告内实现利润及主要现金流量指标：(单位：元)

利润总额	–56,147,853.55
净利润	–56,147,853.55
扣除非经常性损益后的净利润	–61,786,098.12
主营业务利润	32,282,141.23
其他业务利润	–569,416.54
营业利润	–66,212,706.55
投资收益	4,442,973.43
补贴收入	0.00
营业外收支净额	5,621,879.57
经营活动产生的现金流量净额	–46,566,240.43
现金及现金等价物净增加额	6,741,826.89

注：扣除的非经常性损益项目和涉及金额：(单位：元)

(1)债务重组损益	5,758,641.59
(2)固定资产处置损益	–59,112.02
(3)捐赠支出	61,285.00
合　计	5,760,814.57

2、公司前三年的主要会计数据和财务指标

项　目	2000年	1999年	1998年调整前	1998年调整后
主营业务收入(元)	210,915,711.41	277,518,123.63	389,100,000.37	389,100,000.37
净利润(元)	–56,147,853.55	26,912,492.02	47,965,362.26	33,313,964.63
总资产(元)	971,788,267.15	914,335,072.19	902,450,045.46	840,190,662.30
股东权益(元)	541,124,390.44	443,530,395.40	478,877,286.54	416,617,903.38
每股收益(元)	–0.40	0.223	0.397	0.276
加权每股收益(元)	–0.419	0.223	0.397	0.276
扣除非经常性损益后的每股收益(元)	–0.44	0.243	0.404	0.283
每股净资产(元)	3.85	3.67	3.96	3.45
调整后每股净资产(元)	3.53	3.43	3.87	3.21
每股经营活动产生的现金流量净额(元)	–0.332	–0.203	0.18	
净资产收益率(%)	–10.376	6.067	10.02	7.99
加权净资产收益率(%)	–8.69	6.258	10.554	7.70

注：(1)按总股本14044.0018万股计算。
(2)主要财务指标计算方法如下：
每股收益=净利润/年度末普通股股份总数
每股净资产=报告期末股东权益/年度末普通股股份总数
调整后每股净资产=(年度末股东权益–三年以上的应收款项–待摊费用–待处理(流动、固定)资产净损失–开办费–长期待摊费用–住房周转金负数余额)/年度末普通股股份总数
每股经营活动产生的现金流量净额=经营活动产生的现金流量净额/年度末普通股股份总数
净资产收益率=净利润/年度末股东权益×100%

3、公司本年度股东权益变动情况　单位：元

项　目	股本	资本公积	盈余公积	法定公益金	未分配利润	股东权益合计
期初数	120865568	171180656.14	77770522.18	23519029.18	73713649.08	443530395.40
本期增加	19574450	134167398.59				153741848.59
本期减少					56147853.55	56147853.55
期末数	140440018	305348054,73	77770522.18	23519029.18	17565795.53	541124390.44

变动原因：(1)股本、资本公积的增加为本期配股增加所致；
(2)未分配利润的减少为本期亏损所致。

三、股本情况介绍

1、报告期末股东总数
截止2000年12月31日，公司股东总数为20051名。
2、股东情况　主要股东持股情况(前10名)

名　称	持股数(万股)	占总股本(%)
襄阳汽车轴承集团公司	4691.33	33.40
襄阳汽车轴承实业总公司	334.32	2.38
中国工商银行湖北省信托投资公司襄樊市办事处	194.43	1.38
申银万国证券股份有限公司	134.43	0.96
中国工商银行襄樊市分行信息咨询公司	97.21	0.69
襄樊兴业设备租赁调剂公司	97.21	0.69
襄樊中建房地产开发公司襄城公司	97.21	0.69
中国工商银行襄樊市分行劳动服务公司	77.77	0.55
南方证券有限公司	60.00	0.43
田建华	50.09	0.36

注：除第10名田建华为流通股外，其余均为未流通法人股份。

大连友谊(集团)股份有限公司

一、公司简介

1.公司法定中文名称:大连友谊(集团)股份有限公司
公司英文名称:DALIAN FRIENDSHIP(GROUP)CO.,LTD.
2.公司法定代表人:宋传远
3.公司董事会秘书:张宝森
联系地址:辽宁省大连市中山区七一街1号
电话:0411-2802712　传真:0411-2650892　E-mail:dfsc@mail.dlptt.ln.cn
4.公司注册地址:辽宁省大连市中山区人民路91号
公司办公地址:辽宁省大连市中山区七一街1号　邮政编码:116001
5.信息披露报刊:《中国证券报》
2000年年度报告正文登载于中国证监会指定的国际互联网址:http://www.cninfo.com.cn
2000年年度报告备置地址:辽宁省大连市中山区七一街1号公司证券部
6.公司股票上市地:深圳证券交易所
公司股票简称:大连友谊　公司股票代码:0679

二、会计数据和业务数据摘要

1.本年度主要经济指标:
利润总额(元): 55,294,883.71
净利润(元): 46,789,263.46
扣除非经常性损益后的净利润(元): 44,380,788.46
主营业务利润(元): 249,578,116.07
其他业务利润(元): 4,467,282.31
营业利润(元): 57,474,575.61
投资收益(元): 1,026,229.83
补贴收入(元): -
营业外收支净额(元): -3,205,921.73
经营活动产生的现金流量净额(元): 213,319,754.28
现金及现金等价物净增加额(元): 203,761,895.31
注:扣除非经常性损益项目包括:
出售软件收入(元): 3,000,000.00

2.截止报告期末公司前三年的主要会计数据和财务指标:

	2000年	1999年	1998年 调整前	1998年 调整后
主营业务收入(元):	628,684,322.88	539,398,870.18	563,718,939.02	563,718,939.02
净利润(元):	46,789,263.46	57,834,133.10	53,663,514.28	53,627,736.77
总资产(元):	1,357,614,088.81	1,213,822,268.09	1,187,916,019.38	1,181,789,297.30
股东权益(元):(不含少数股东权益)	574,338,560.31	578,509,385.47	526,726,511.51	521,460,251.58
每股收益(元/股):摊薄	0.197	0.438	0.406	0.406
加权	0.197	0.438	0.406	0.406
扣除非经常性损益后的每股收益:摊薄	0.187	0.31	0.397	0.397
加权	0.187	0.31	0.397	0.397
每股净资产(元/股):	2.42	4.38	3.99	3.95
调整后的每股净资产(元/股):	2.36	3.99	3.83	3.80
净资产收益率(%) 摊薄	8.15	9.997	10.19	10.28
加权	7.77	10.51	9.94	9.93
扣除非经常性损益后的加权净资产收益率(%)	7.39	7.55	9.73	9.72
每股经营活动产生的现金流量净额(元):	0.898	1.48	0.28	0.28

计算公式如下: 每股收益=净利润/年度末普通股股份总数
每股净资产=年度末股东权益/年度末普通股股份总数
调整后的每股净资产=(年度末股东权益-三年以上的应收款项净额-待摊费用-待处理(流动、固定)资产净损失-开办费-长期待摊费用-住房周转金负数余额)/年度末普通股股份总数
每股经营活动产生的现金流量净额=经营活动产生的现金流量净额/年度末普通股股份总数净资产收益率=净利润/年度末股东权益×100%

3、利润表附表:

报告期利润	净资产收益率 全面摊薄	净资产收益率 加权平均	每股收益 全面摊薄	每股收益 加权平均
主营业务利润	43.45	41.46	1.05	1.05
营业利润	10.01	9.55	0.242	0.242
净利润	8.15	7.77	0.197	0.197
扣除非经常性损益后的净利润	7.73	7.39	0.187	0.187

4.报告期内股东权益变动情况:(万元)

项目	股本	资本公积	盈余公积	法定公益金	未分配利润	股东权益合计
期初数	132,000,000	272,056,595	76,927,779.05	20,075,451.92	77,449,559.50	578,509,385.47
本期增加	105,600,000		4,667,086	2,333,543	46,789,263.46	159,389,892.46
本期减少		79,200,000			84,360,717.62	163,560,717.62
期末数	237,600,000	192,856,595	81,594,865.05	22,408,994.92	39,878,105.34	574,338,560.31

三、股本变动及股东情况

1.截止2000年12月31日,本公司股东总数为41011户。
2.公司前十名股东持股情况(截止1999年12月31日):

名次	股东名称	期末持股数(股)	占总股本比例(%)
1	大连友谊集团有限公司	129,600,000	54.55
2	王兆俊	631,044	0.27
3	张金玲	609,747	0.26
4	任海	563,070	0.24
5	葛文经	554,696	0.23
6	刘鹏	537,300	0.23
7	刘阳	529,051	0.22
8	赵云	516,186	0.22
9	郑林	515,240	0.22
10	王会	506,668	0.21

山推工程机械股份有限公司

一、公司简介

1、公司法定中文名称:山推工程机械股份有限公司
公司英文名称:Shantui Construction Machinery Co.,LTD.
2、公司法定代表人:董　平　先生
3、公司董事会秘书:谢树敏　先生
联系地址:山东省济宁市太白楼东路58号
电话:0537-2909608　传真:0537-2340411
电子信箱:xsmxcs@ji-public.sd.cninfo.net
4、公司注册地址:山东省济宁市太白楼东路58号
邮政编码:272035
公司国际互联网网址:http://www.shantui.com
电子信箱:shantui@shantui.com
5、公司选定的信息披露报纸名称:《中国证券报》、《证券时报》
登载公司年报的中国证监会指定国际互联网网址:http://www.cninfo.com.cn
公司年度报告备置地点:公司投资证券部
6、公司股票上市交易所:深圳证券交易所
股票简称:山推股份　股票代码:0680

二、会计数据与业务数据摘要

1、本年度利润实现情况　单位:人民币元

利润总额	26,183,767.44
净利润	17,104,029.89
扣除非经常性损益后的净利润	17,014,880.53
主营业务利润	210,900,637.00
其它业务利润	18,582,571.92
营业利润	25,894,845.12
投资收益	199,772.96
补贴收入	555,890.40
营业外收支净额	-466,741.04
经营活动产生的现金流量净额	34,809,817.49
现金及现金等价物净增加额	-23,988,980.00

注:扣除的非经营性损益项目和涉及金额

营业外收支净额项目	-466,741.04
补贴收入	555,890.40
合　计	89,149.36

2、截至报告期末公司前三年主要会计数据和财务指标
1)追溯调整后:　单位:人民币元

项　目	2000年	1999年	1998年
主营业务收入	1,096,270,480.27	837,633,299.46	504,323,831.51
净利润	17,104,029.89	18,232,736.20	28,322,115.28
总资产	1,318,757,830.89	1,185,891,590.99	1,049,737,179.30
股东权益(不含少数股东权益)	565,791,912.13	547,239,807.98	640,602,551.03
每股收益	0.0605	0.065	0.1002
加权平均每股收益	0.0605	0.065	0.1002
扣除的非经营性损益后的每股收益	0.0602	0.063	0.082
每股净资产	2.001	1.936	2.266
调整后的每股净资产	1.979	1.863	2.247
每股经营活动产生的现金流量净额	0.123	-0.003	0.123
净资产收益率(%)	3.02	3.33	4.42
净资产收益率(加权)	3.02	3.33	4.42
扣除非经营性损益后的加权净资产收益率	3.01	3.26	3.60

3、按中国证监会信息披露编报规则(第九号)要求计算的数据

项　目	数额(元)	净资产收益率(%) 全面摊薄	净资产收益率(%) 加权平均	每股收益(元) 全面摊薄	每股收益(元) 加权平均
1、主营业务利润	210,900,637.00	37.28	37.28	0.746	0.746
2、营业利润	25,894,845.12	4.58	4.58	0.092	0.092
3、净利润	17,104,029.89	3.02	3.02	0.0605	0.0605
4、扣除非经营性损益后的利润	17,014,880.53	3.01	3.01	0.0602	0.0602

4.报告期内股东权益变动情况及原因
单位:人民币元

项目	股　本	资本公积	盈余公积	法定公益金	未分配利润	股东权益合计
期初数	28272万	303478910.15	10763074.74	4714754.52	-49722176.91	547239807.98
本期增加		2020966.50	11112109.45	1030539.39	17104029.89	30237105.84
本期减少					11685001.69	11685001.69
期末数	28272万	305499876.65	21875184.19	5745293.91	-44303148.71	565791912.13

三、股东情况介绍

1、报告期末公司股东共69261户。
2、报告期末公司前十名大股东持股情况

序号	股东代码	股东名称	持股数	比例(%)
(1)	30795224	山东工程机械集团有限公司	99000000	35.02
(2)	99876367	翁一平	938296	0.33
(3)	50540964	山东汶上刘楼农机修造厂	900000	0.32
(4)	54133591	董　艺	868590	0.31
(5)	51325028	山东泰成投资管理公司	770000	0.27
(6)	22882146	山东省南郊集团有限公司	634550	0.22
(7)	97062090	梅水长	610000	0.22
(8)	D3200062	汶上泉河分厂	600000	0.21
(9)	60550009	山东省济宁市银资房地产开发公司	600000	0.21
(10)	33923374	王新瑜	566200	0.20

注:1)公司第一大股东山东工程机械集团有限公司,持有公司股份9900万股,占公司总股本的35.02%,其所持公司的股份未发生被质押、冻结的情况。
2)从公司已有的资料查知,公司前十名股东之间不存在关联关系。

远东实业股份有限公司

一、公司简介

1、公司中文名称:远东实业股份有限公司
英文:FAR EAST INDUSTRIAL STOCK CO.,LTD
2、公司法定代表人:李晓卫
3、公司董事会秘书及授权代表:蒋顺生
联系地址:江苏省常州市通江大道466号新区大厦11层
电话:0519-5131666,0519-5120000-16 传真:0519-5132666 电子信箱:ydgf@pub.cz.jsinfo.net
4、公司注册及办公地址:
公司注册地址:江苏省常州市清潭荆川南路 邮政编码:213015
公司办公地址:江苏省常州市通江大道466号新区大厦11层 邮政编码:213022
网址:http://www.chinafareast.com 电子信箱:ydgf@pub.cz.jsinfo.net
5、公司选定的信息披露报纸名称:《证券时报》
登载公司年度报告的中国证监会指定国际互联网网址:http://www.cninfo.com.cn
公司年度报告备置地点:公司股证事务部
6、公司股票上市地:深圳证券交易所 股票简称:远东股份 股票代码:0681

二、会计数据和业务数据摘要

(一)公司本年度主要会计数据(合并数)(单位:人民币元)

利润总额	35,499,558.86
净利润	29,170,257.33
扣除非经常性损益后的净利润	27,007,351.87
主营业务利润	49,601,133.80
其他业务利润	49,470.00
营业利润	27,151,109.64
投资收益	8,219,122.00
补贴收入	162,281.00
营业外收支净额	-32,953.78
经营活动产生的现金流量净额	21,450,081.38
现金及现金等价物净增加额。	158,857,429.15

(二)截至报告期末公司前三年的主要会计数据和财务指标(合并数)(单位:人民币元)

项目	2000年度	1999年度	1998年度	
主营业务收入	315,910,385.16	256,794,791.94	调整前	253,600,601.06
			调整后	253,600,601.06
净利润	29,170,257.33	21,865,387.45	调整前	20,924,913.34
			调整后	18,036,063.49
总资产	445,970,510.21	237,079,708.93	调整前	211,610,826.43
			调整后	208,147,197.14
股东权益(不含少数股东权益)	325,023,813.22	164,918,275.71	调整前	135,722,358.39
			调整后	148,958,729.10
每股收益	0.2202	0.2187	调整前	0.209
			调整后	0.1803
每股净资产	2.45	1.6492	调整前	1.357
			调整后	1.4895
调整后的每股净资产	2.43	1.6262	调整前	1.332
			调整后	1.4643
每股经营活动产生的现金流量净额	0.1619	0.1069	调整前	0.0554
			调整后	0.0554
净资产收益率(%)	0.0897	13.258	调整前	15.42
			调整后	12.108

(三)利润表附表 (单位:人民币元)

报告期利润	净资产收益率(%)		每股收益(元/股)	
	全面摊薄	加权平均	全面摊薄	加权平均
主营业务利润	0.1526	0.2437	0.3743	0.3929
营业利润	0.0835	0.1334	0.2049	0.2151
净利润	0.0897	0.1433	0.2202	0.2311
扣除非经常性损益后的净利润	0.0831	0.1327	0.2038	0.2139

(四)报告期内股东权益变动情况: 单位:元

项目	股本	资本公积	盈余公积	法定公益金	未分配利润	股东权益合计
期初数	100000000.00	21007239.98	18335700.07	1206887.78	25575335.66	164918275.71
本期增加	32500000.00	136685280.18	5834051.46	2917025.73	29170257.33	204189588.97
本期减少					44084051.46	44084051.46
期末数	132500000.00	157692520.16	24169751.53	4123913.51	10661541.53	325023813.22

变动原因:1、本期股本和资本公积增加的主要原因是公司实施配股和未分配利润送股方案。其中因配股原因增加股本7,500,000.00元,增加资本公积136,685,280.18元,因未分配利润送股,增加股本25,000,000.00元,减少未分配利润25,000,000.00元。

三、股东情况介绍

(一)股东情况介绍
1、股东数量:截止2000年12月31日,公司共有股东8074户。
2、主要股东持股情况:截止2000年12月31日,公司前10名股东持股情况如下:

序号	持股单位名称	期初数(万股)	增加数(万股)	期末数(万股)	占总股本比例(%)	质押或冻结情况
1	香港物华实业有限公司(外资股)	2287.7708	1180.5883	3468.3591	26.18	无
2	常州服装集团有限公司	1756.7626	89.1906	1845.9532	13.93	无
3	中行江苏信托咨询公司	1460.7498	365.1874	1825.9372	13.78	无
4	北京天恩保利投资管理有限公司	785.7474	196.4368	982.1842	7.41	无
5	江苏省国际信托投资公司	486.9166	121.7291	608.6457	4.59	
6	常州市远金服装有限公司	350.0000	350.0000	2.64		
7	兴业厦门		328.5925	328.5925	2.48	
8	香港侨通发展有限公司(外资股)	486.9166	-334.7552	152.1614	1.15	
9	扬州印染厂	110.6412	27.6603	138.3015	1.04	
10	北京银威特投资顾问有限公司		75.9020	75.9020	0.57	

烟台东方电子信息产业股份有限公司

(一)公司简介

1、公司法定名称:
中文全称 烟台东方电子信息产业股份有限公司 中文简称 东方电子
英文名称 Yantai Dongfang Electronics InformationIndustry Co., Ltd.
2、公司法定代表人 隋元柏
3、公司董事会秘书 高峰
联系地址 烟台市市府街45号
联系电话 (0535)6627308 传真 (0535)6627537
电子信箱 gaofeng@public.ytptt.sd.cn
4、公司注册地址 烟台市市府街45号
公司办公地址 烟台市市府街45号 邮政编码 264001
公司国际互联网网址 http://www.dongfang-china.com
5、公司选定的信息披露报纸 《中国证券报》、《证券时报》
登载公司年报的指定网址 http://www.cninfo.com.cn
公司年报备置地点 公司证券办公室
6、公司股票上市交易所 深圳证券交易所
股票简称 东方电子 股票代码 0682

会计数据与业务数据摘要

1、本年度公司主要经营指标(单位:人民币元)

利润总额	552,972,522.49
净利润	472,965,724.58
扣除非经常性损益后的净利润	473,674,940.23
主营业务利润	624,546,276.34
其他业务利润	293,767.49
营业利润	507,873,249.84
投资收益	-42,601.16
补贴收入	45,851,089.46
营业外收支净额	-709,215.65
经营活动产生的现金流量净额	380,709,715.22
现金及现金等价物净增加额	201,840,741.66

注:扣除的非经常性损益项目及涉及金额:
营业外收入 293,922.87
营业外支出 1,003,138.52

2、前三年主要会计数据及财务指标(单位:人民币元)

项目	2000年	1999年	1998年	
			调整后	调整前
主营业务收入	1,375,017,811.58	855,763,889.91	855,763,889.91	450,457,909.24
净利润	472,965,724.58	304,776,465.53	303,614,900.34	134,150,817.90
总资产	1,847,906,906.33	1,292,868,624.86	1,291,517,427.79	549,653,376.59
股东权益	1,395,225,385.97	1,107,681,043.52	1,107,544,705.22	398,969,102.48
每股收益	0.52	0.53	0.53	0.55
每股收益 (加权)	0.52	0.54	0.54	0.55
扣除非经常性损益后的每股收益 (加权)	0.52	0.54	0.54	0.55
每股净资产	1.52	1.93	1.93	1.62
调整后每股净资产	1.51	1.929	1.929	1.647
每股经营活动产生的现金流量净额	0.42	0.55	0.55	0.32
净资产收益率(%)	33.90	27.41	27.41	33.62
净资产收益率(加权)(%)	35.19	0.357	35.59	39.98
扣除非经常性损益后的净资产收益率(加权)(%)	35.24	0.357	35.59	39.96

3、利润分配表附表

报告期利润	净资产收益率		每股收益	
	全面摊薄	加权平均	全面摊薄	加权平均
主营业务利润	44.76%	46.46%	0.68	0.68
营业利润	36.40%	37.78%	0.55	0.55
净利润	33.90%	35.19%	0.52	0.52
扣除非经常性损益后的利润	33.95%	35.24%	0.52	0.52

4、报告期内股东权益变化情况(单位:万元)

项目	股本	资本公积	盈余公积	法定公益金	未分配利润	合计
期初数	57,372.00	29,672.50	5,743.17	2,780.66	15,199.77	110,768.10
本期增加	34,423.20		4,750.05	2,375.02	40,171.50	81,719.77
本期减少		20,080.20		183.10	32,702.04	52,965.34
期末数	91,795.20	9,592.30	10,493.22	4,972.58	22,669.23	139,522.53

股本变动及股东情况

1、股东情况介绍
(1)截止2000年末,公司股东总数为187170户。
(2)截止2000年末,前十名股东持股情况

名次	股东名称	年末持股数(股)	占总股本(%)
1	烟台东方电子信息产业集团有限公司	295,680,000	32.21
2	安顺证券投资基金	27,463,902	2.99
3	安信证券投资基金	26,690,760	2.91
4	烟台东方电子信息产业集团劳动服务公司	20,160,000	2.20
5	黑龙江省大正投资集团有限公司	17,976,591	1.96
6	景宏证券投资基金	10,669,512	1.16
7	上海大正投资有限公司	4,123,746	0.45
8	北京浩跃信商贸有限公司	3,072,774	0.33
9	景福证券投资基金	2,737,848	0.30
10	王景云	2,688,000	0.29

其中,烟台东方电子信息产业集团劳动服务公司系烟台东方电子信息产业集团有限公司子公司,所持股份为募集法人股。
烟台东方电子信息产业集团有限公司代表国家持有股份,所持股份无质押冻结情况。

内蒙古远兴天然碱股份有限公司

内蒙古远兴天然碱股份有限公司2000年年度报告摘要

重要提示：本公司董事会保证本报告所载资料不存在任何虚假记载、误导性陈述或者重大遗漏，并对其内容的真实性、准确性和完整性负个别及连带责任。

(一)公司简介

1、公司法定中文名称:内蒙古远兴天然碱股份有限公司

公司法定英文名称:"Inner Mongolian Yuan Xing Natural Alkali Company Limited"

2、公司法定代表人:钟志

3、公司董事会秘书:牛伊平　　公司董事会证券事务代表:纪玉虎

联系地址:内蒙古东胜市鄂尔多斯西街6号公司证券事务部

联系电话:0477-8539874　　传　　真:0477-8521747

电子信箱:yxtrj@yh-group.com.cn

4、公司注册地址:内蒙古伊克昭盟东胜市

公司办公地址:内蒙古伊克昭盟东胜市鄂尔多斯西街6号

邮政编码:　017000　　国际互联网网址:http://www.yuanxing.com

电子信箱:yxtrj@yh-group.com.cn

5、公司选定的信息披露报纸名称:《中国证券报》、《证券时报》

登载公司年度报告的中国证监会指定国际互联网网址: http://www.cninfo.com.cn

公司年报置备地点: 内蒙古伊克昭盟东胜市鄂尔多斯西街6号公司证券事务部

内蒙证券东胜营业部

6、公司股票上市交易所:深圳证券交易所挂牌

股票简称:"天然碱"　　股票代码:"0683"

(二)会计数据和业务数据摘要

1、公司本年度会计数据和业务数据　　单位:人民币元

利润总额	26,520,139.96
净利润	20,355,257.60
扣除非经常性损益后的净利润	20,304,955.21
主营业务利润	151,316,668.99
其他业务利润	8,256,809.73
营业利润	26,090,853.53
投资收益	378,984.04
营业外收支净额	50,302.39
经营活动产生的现金流量净额	24,285,692.89
现金及现金等价物净增加额	-6,483,744.31

注:扣除的非经常性损益项目及金额

营业外收支净额	50,302.39
营业外收入:	
a:处置固定资产收益	421,970.30
b:无法支付的应付款项	1,946,608.10
c:保险赔款	10,386.21
d:罚款收入	1,542.33
合计	2,380,506.94
营业外支出:	
a:处置固定资产损失	1,413,786.51
b:捐赠支出	166,140.90
c:罚款支出	80,279.13
d:非常损失	239,791.05
e:学校经费支出	319,957.52
f:其他	110,249.44
合计:	2,330,204.55

2、公司近三年主要会计数据和财务指标　　单位:人民币元

项目	2000年度	1999年度	1998年度	
			调整前	调整后
主营业务收入	505,767,340.21	436,242,623.72	460,408,811.52	460,408,811.52
净利润	20,355,257.60	22,131,165.77	104,154,777.17	81,616,354.26
总资产	2,234,693,507.70	2,045,062,197.02	2,027,456,067.69	1,962,319,464.81
股东权益	934,950,678.35	914,595,420.75	955,970,320.35	890,833,717.47
每股收益	0.043	0.047	0.222	0.174
每股净资产	1.99	1.95	2.038	1.899
净资产收益率(%)	2.18	2.42	10.895	9.162
调整后每股净资产	1.92	1.924	1.989	1.861
每股经营活动产生的现金流量净额	0.052	-0.0578		

注:主要财务数据的计算方法

(1)每股收益=净利润/年度末普通股股份总数

(2)每股净资产=年度末股东权益/年度末普通股股份总数

(3)净资产收益率=净利润/年度末股东权益×100%

(4)调整后的每股净资产=(年度末股东权益-三年以上的应收款项净额-待摊费用-待处理(流动、固定)资产净损失-开办费-长期待摊费用-住房周转金负数余额)/年度末普通股股份总数

(5)每股经营活动产生的现金流量净额=经营活动产生的现金流量净额/年度末普通股股份总数

3、根据中国证监会《公开发行证券公司信息披露规则第9号》计算净资产收益率和每股收益:

报告期利润	净资产收益率(%)		每股收益(元/股)	
	全面摊薄	加权平均	全面摊薄	加权平均
主营业务利润	16.18	16.36	0.323	0.323
营业利润	2.79	2.82	0.056	0.056
净利润	2.18	2.20	0.043	0.043
扣除非经营性损益后的利润	2.17	2.20	0.043	0.043

3、报告期内股东权益变动情况　　单位:元

项目	期初数	本期增加	本期减少	期末数
股本	469,000,000.00			469,000,000.00
资本公积	402,678,785.80	127,500.00	127,500.00	402,678,785.80
盈余公积	25,211,702.34	4,071,051.52		29,282,753.86
法定公益金	11,180,364.55	1,017,762.88		12,198,127.42
未分配利润	17,704,932.61	16,284,206.08		33,989,138.69
股东权益合计	914,595,420.75	20,482,757.60	127,500.00	934,950,678.43

(三)股东情况介绍

1、股东情况介绍

(1)报告期末公司股东总数:截止2000年12月31日,本公司共有股东126869户, 其中国有法人股1户,公司高管股股东数为7户(董事、监事、高管人员持股)。

(2)本公司前十位股东及其持股情况如下(报告期内):

股　东　名　称	持股数量(万股)	持股比例(%)
伊克昭盟化学工业集团总公司	30000	63.97
普丰证券投资基金	36.5177	0.078
陈伟生	25.0000	0.053
熊钢	20.0198	0.043
倪瑞娥	20.0000	0.043
孙陆	18.8700	0.040
张伟德	16.4300	0.035
李仕华	16.0000	0.034
李红	16.0000	0.034
周智萍	15.3500	0.033

注:以上股东持股情况及比例截止日是2000年12月31日。其中伊克昭盟化学工业集团总公司为本公司的法人股东,其他为本公司的社会公众股东,前10名股东之间不存在关联关系。

(3)持有本公司10%以上股份的法人股东情况简介:

伊克昭盟化学工业集团总公司,持有本公司股份 30000万股,占总股本的63.97%。

法定代表人:李武　　经营范围:生产经营化工及化工机械类产品、工程设计与施工。

伊化集团总公司持有本公司的股份未作任何质押,亦未有其他法律争议。

(4)报告期内控股股东没有变更。

(四)股东大会简介

本年度内公司召开了二次股东大会:

——2000年临时股东大会

1999年12月22日公司董事会在《中国证券报》、《证券时报》刊登了关于召开2000年临时股东大会的通知。2000年1月23日,公司在内蒙古东胜市鄂尔多斯西街6号公司二楼会议室召开了公司2000年临时股东大会。出席本次股东大会的股东及股东代表22人,持股总数300165390股,占公司总股本的64%。会议审议通过以下决议

(1)《公司参股内蒙古伊化投资管理有限责任公司的议案》;

(2)《修改公司章程部分条款的议案》;

(3)《公司董事会换届选举的议案》;

(4)《公司监事会换届选举的议案》。

会议决议公告于2000年1月25日刊登在《中国证券报》和《证券时报》上。

——1999年度股东年会

2000年5月10日公司董事会在《中国证券报》、《证券时报》刊登了关于召开1999年度股东年会的通知。2000年6月10日,公司在内蒙古东胜市鄂尔多斯西街6号公司二楼会议室召开了1999年度股东年会。出席本次股东年会的股东及股东代表11人,持股总数300088100股,占公司总股本的63.98%。会议审议通过以下议案:

(1)《公司1999年度董事会工作报告》;

(2)《公司1999年度监事会工作报告》;

(3)《公司1999年度财务决算报告》;

(4)《公司1999年年度报告和摘要》;

(5)《公司1999年度利润分配方案》;

(6)《公司计提四项资产减值准备的报告》;

(7)《公司四项资产减值准备内部控制制度》;

(8)《关于修改公司章程部分条款的议案》;

(9)《公司董事会、监事会成员报酬方案》;

(10)《公司董事调整的议案》;

(11)关于公司资产重组议案,与会股东同意公司二届四次董事会所做的关于延期公司资产重组事宜的决议。并要求在本次年会后,根据资产重组进展情况,按照信息披露有关规定及时披露。

会议决议公告于2000年6月13日刊登在《中国证券报》和《证券时报》上。

(五)董事会报告

1、公司经营情况

(1)公司所处行业及在行业中的地位

公司是以天然碱加工业为主业的大型化工企业,是中国天然碱行业的龙头企业,公司拥有国内最大的天然碱科研、试验、加工基地,研发了一批天然碱开采、加工方面的实用技术成果,技术装备居天然碱行业领先地位, 是内蒙古自治区首批科技先导型企业。公司各种化工产品的年生产能力80万吨,重质纯碱、小苏打、硫化碱、元明粉在国内市场上占有较大份额并部分出口。其中"远兴"牌重质纯碱被中国质量管理协会评为100个用户满意产品之一,"远兴"商标为自治区著名商标。

(2)公司主营业务的范围及其经营状况

公司的主营业务为天然碱和无机盐系列化工产品的生产和经营。

公司的主导产品纯碱,是重要的化工原材料,广泛用于平板玻璃、日用玻璃、化工、有色金属、食品、纺织、医药等行业。2000年一季度,纯碱市场持续低迷,从二季度起,价格逐渐回升,供需矛盾得到一定程度的缓解。但小苏打、元明粉、硫化碱等其它产品,从全年的销售情况看,与去年相比没有大的起色,具体表现为需求不足、售价不高,供求矛盾仍然十分尖锐,尽管公司在降低成本,强化营销等方面做了大量工作,但该部分产品创利能力十分有限。

公司主营业务及其结构较前一报告期未发生大的变化。收入全部来源于碱类和其它无机盐类化工产品。

(3)在经营中出现的问题与困难及解决方案

营中出现的问题: 报告期内,纯碱市场形势有所好转,但由于公司产品结构不尽合理,纯碱所占比重不大,纯碱产品利润虽有所增长,但绝对额不大。芒硝化工产品受原料品位制约,生产的连续性和产品质量的稳定性受到了影响,加之芒硝化工产品价格在报告期内没有大的起色,因此一直处于微利甚至亏损的状态,这也一定程度上稀释了纯碱所带来的利润。从公司整体运行情况看,资金回笼虽相对顺畅,但由于对安棚碱矿有限公司追加投资较多,公司营运资金仍比较紧张。

中山公用科技股份有限公司

中山公用科技股份有限公司2000年年度报告摘要

一、公司简介

1、公司法定中文名称:中山公用科技股份有限公司
公司法定英文名称:ZHONGSHAN PUBLIC UTILITIES SCIENCE&TECHNOLOGY CO.LTD
公司英文名称缩写:ZPUS
2、公司法定代表人:陈杰
3、公司董事会秘书:陈秋霞
联系地址:广东省中山市兴中道18号财兴大厦二楼
联系电话:0760-3321168 传 真:0760-3321111 电子信箱:cqx@zpu0685.com
公司董事会证券事务代表:黄海
联系地址:广东省中山市兴中道18号财兴大厦二楼
联系电话:0760-3321126 传 真:0760-3321111 电子信箱:perry@zpu0685.com
4、公司注册地址:广东省中山市兴中道18号财兴大厦二楼
公司办公地址:广东省中山市兴中道18号财兴大厦二楼 公司邮政编码:528403
公司国际互联网网址:www.zpu0685.com 公司电子信箱:zpu0685@zpu0685.com
5、公司选定的信息披露报刊名称:《证券时报》、《中国证券报》
刊登公司年度报告的中国证监会指定国际互联网网址:http://www.cninfo.com.cn
公司年度报告备置地点:中山公用科技股份有限公司董秘室
6、公司股票上市交易所:深圳证券交易所
股票简称:公用科技 股票代码:0685

二、会计数据和业务数据摘要

(一)本年度主要会计数据和业务数据(单位:人民币元)

利润总额	20,515,494.10
净利润	20,515,494.10
扣除非经常性损益后的净利润	20,298,560.76
主营业务利润	49,864,481.69
其它业务利润	10,871,337.32
营业利润	20,430,650.82
投资收益	-132,090.06
补贴收入	39,924.26
营业外收支净额	177,009.08
经营活动产生的现金流量净额	31,213,533.94
现金及现金等价物净增加额	20,817,805.67

注:扣除的非经常性损益项目和涉及金额:

营业外收支净额:	177,009.08
补贴收入:	39,924.26

(二)公司近三年主要会计数据和财务指标(单位:人民币元)

指标项目	2000年度	1999年度	1998年度	
			调整后	调整前
主营业务收入	274,439,121.09	534,040,531.39	696,687,731.74	696,687,731.74
净利润	20,515,494.10	7,752,288.51	1,796,136.42	2,892,022.22
总资产	388,008,057.74	708,737,930.20	733,817,280.75	753,404,757.43
股东权益(不含少数股东权益)	287,772,588.71	277,292,057.82	270,369,596.84	289,957,073.52
每股收益	0.1502	0.1021	0.024	0.038
加权每股收益	0.1502	0.1021	0.024	0.038
扣除非经常性损益后的每股收益	0.1486	0.0982	0.023	0.038
每股净资产	2.11	3.65	3.56	3.82
调整后的每股净资产	2.10	3.43	3.34	3.75
每股经营活动产生的现金流量净额	0.23	-0.06	-0.27	-0.27
净资产收益率(%)	7.13	2.80	0.66	0.997
加权净资产收益率(%)	6.93	2.83	0.67	1.00
扣除非经常性损益后的加权净资产收益率(%)	6.85	2.72	0.57	1.40

注:1、公司2000年末总股本为13662万股,1999年末总股本为7590万股。
2、按照中国证监会《公开发行证券公司信息披露编报规则(第9号)》要求计算的利润数据:

报告期利润	2000年 净资产收益率(%)		2000年 每股收益(元)		1999年 净资产收益率(%)		1999年 每股收益(元)	
	全面摊薄	加权平均	全面摊薄	加权平均	全面摊薄	加权平均	全面摊薄	加权平均
主营业务利润	17.33	16.83	0.3650	0.3650	25.25	25.57	0.9225	0.9225
营业利润	7.10	6.90	0.1495	0.1495	3.26	3.30	0.1190	0.1190
净利润	7.13	6.93	0.1502	0.1502	2.80	2.83	0.1021	0.1021
扣除非经常性损益后的净利润	7.05	6.85	0.1486	0.1486	2.69	2.72	0.0982	0.0982

3、主要财务指标计算公式:每股收益=净利润/年度末普通股股份总数
每股净资产=年度末股东权益/年度末普通股股份总数
调整后的每股净资产=(年度末股东权益-三年以上的应收款项净额-待摊费用-待处理(流动、固定)资产净损失-开办费-长期待摊费用-住房周转金负数余额)/年度末普通股股份总数
每股经营活动产生的现金流量净额=经营活动产生的现金流量净额/年度末普通股股份总数
净资产收益率=净利润/年度末股东权益×100%
全面摊薄净资产收益率=报告期利润/期末净资产
全面摊薄每股收益=报告期利润/期末股份总数
加权平均净资产收益率(ROE)的计算公式如下:

$$ROE = \frac{P}{E0 + NP \div 2 + Ei \times Mi \div M0 - Ej \times Mj \div M0} \times 100\%$$

其中:P为报告期利润;NP为报告期净利润;E0为期初净资产;Ei为报告期发行新股或债转股等新增净资产;Ej为报告期回购或现金分红等减少净资产;M0为报告期月份数;Mi为新增净资产下一月份起至报告期期末的月份数;Mj为减少净资产下一月份起至报告期期末的月份数。

加权平均每股收益(EPS)的计算公式如下:

$$EPS = \frac{P}{S0 + S1 + Si \times Mi \div M0 - Sj \times Mj \div M0}$$

其中:P为报告期利润;S0为期初股份总数;S1为报告期因公积金转增股本或股票股利分配等增加股份数;Si为报告期因发行新股或债转股等增加股份数;Sj为报告期因回购或缩股等减少股份数;M0为报告期月份数;Mi为增加股份下一月份起至报告期期末的月份数;Mj为减少股份下一月份起至报告期期末的月份数。

(三)报告期内股东权益变动情况 单位:人民币元

项目	股本	资本公积	盈余公积	其中:公益金	未分配利润	股东权益合计
期初数	75,900,000	171,722,938.74	19,701,823.80	9,850,911.90	9,967,295.28	277,292,057.82
本期增	60,720,000	24,747,400.82	4,103,098.82	2,051,549.41	20,515,494.10	110,085,993.74
本期减少		81,840,364.03			17,765,098.82	99,605,462.85
期末数	136,620,000	114,629,975.53	23,804,922.62	11,902,461.31	12,717,690.56	287,772,588.71

变动原因:股本增加是因为本年度实施1999年度资本公积转增股本方案所致;资本公积变动是因本年度实施资本公积转增股本方案、资产重组实现的固定资产评估增值和债务重组实现的债务重组收益及因此而产生的应缴所得税所致;盈余公积、法定公益金增加为按利润预分方案从本期净利润预提;未分配利润变动是因本年度实现的净利润及按利润预分方案分配利润所致。

三、股本变动及股东持股情况

(一)股本变动情况
1、股份变动情况表 数量单位:股

股份性质	本次变动前	配股	送股	公积金转股	增发	其他	小计	本次变动后
一、未上市流通股份								
1、发起人股份	29,550,400			+23,640,320			+23,640,320	53,190,720
其中:国家持有股份	29,550,400			+23,640,320			+23,640,320	53,190,720
2、募集法人股	14,977,600			+11,982,080			+11,982,080	26,959,680
3、内部职工股	11,132,000			+8,905,600		-20,037,600	-11,132,000	0
未上市流通股份合计	55,660,000			+44,528,000		-20,037,600	+24,490,400	80,150,400
二、已上市流通股份								
1、人民币普通股	20,240,000			+16,192,000		+20,037,600	+36,229,600	56,469,600
已上市流通股份合计	20,240,000			+16,192,000		+20,037,600	+36,229,600	56,469,600
三、股份总额	75,900,000			+60,720,000		0	+60,720,000	136,620,000

2、股票发行与上市情况
(1)1997年1月14日,经中国证券监督管理委员会证监发字[1996]416号、[1996]417号文件批准,公司采用"上网定价"方式发行社会公众股(A股)1600万股,每股发行价格为6.74元,是次发行的股票已于1997年1月23日在深圳证券交易所挂牌交易。
(2)公司1997年6月27日实施1996年度每10股送1.5股红股派1元人民币(含税)的分配方案。送股后公司股份总数发生变动,为6900万股。其中:国家持有股份2686.4万股,募集法人股1361.6万股,内部职工股1012万股,境内上市的人民币普通股1840万股;1998年5月26日实施1997年度每10股送1股红股派1元人民币(含税)的分配方案。送股后公司股份总数发生变动,为7590万股。其中:国家持有股份2955.04万股,募集法人股1497.76万股,内部职工股1113.2万股,境内上市的人民币普通股2024万股。
(3)本公司原名佛山市兴华集团股份有限公司,是由广东省企业股份制试点联审小组、广东省经济体制改革委员会以粤股审(1992)81号文件批准并于1992年12月采用定向募集方式设立的股份有限公司。设立时,本公司发行内部职工股880万股。经中国证监会证监发字(1996)416号批准,公司于1997年1月14日向社会公开发行人民币普通股1600万股,按规定,公司已托管但尚未获得发行额度的880万股内部职工股自新股发行之日起期满三年后可上市流通。经申请,公司内部职工股于2000年1月18日上市流通。经历年送配,公司内部职工股增至1113.2万股,其中董事、监事及高级管理人员持有的股份133078股暂时锁定,该次实际上市流通股份为1099.8922万股。该次内部职工股上市没有引起股份总数变动,仍为7590万股。其中:国家持有股份2955.04万股,募集法人股1497.76万股,内部职工股13.3078万股,境内上市的人民币普通股3123.8922万股。报告期内公司以1999年末总股本7590万股为基数,每10股转增8股,实施了转增股本方案。本次转增股本股权登记日为2000年4月14日,除权日为2000年4月17日,转增股上市流通日为2000年4月18日。转增股本后,公司股份总数发生变动,为13662万股。其中:国家持有股份53,190,720股,募集法人股26,959,680股,内部职工股239,540股,境内上市的人民币普通股56,230,060股。
(4)高级管理人员所持股份变动情况
本公司2000年3月20日对董事、监事及高管人员进行更选,原董事、监事及高管人员不再担任公司相应职务,其所持内部职工股(高管)239,540股,经深圳证券登记有限公司按照有关规定,于报告期内由冻结的高管股转为社会公众股上市流通。至此,公司股份总数为13662万股。其中:国家持有股份53,190,720股,募集法人股26,959,680股,境内上市的人民币普通股56,469,600股。

(二)股东情况介绍
1、截止2000年12月31日,公司股东总数为16161户。
2、持有本公司5%以上(含5%)股份的股东:

序号	股东名称	期初数(万股)	公积金转股(万股)	期末数(万股)
(1)	中山公用事业集团有限公司	2,955.04	+2,364.032	5,319.072
(2)	工行信托	384.56	+307.648	692.208

注:报告期内本公司持股5%(含5%)以上股份的股东所持股份无质押、冻结的情况。
3、公司前十名股东持股情况

序号	股东名称	年末持股数量(股)	占总股本比例(%)
(1)	中山公用事业集团有限公司	53,190,720	38.93
(2)	工行信托	6,922,080	5.07
(3)	海通证券	4,306,869	3.15

(4)	佛山市兴华集团有限公司	3,643,200	2.67
(5)	财贸工会	2,113,056	1.55
(6)	中国农业银行广东省信托投资公司佛山办	910,800	0.67
(7)	佛山市宏创税务师事务所	10,800	0.67
(8)	田姑	887,400	0.65
(9)	财务发展	529,174	0.39
(10)	商业科研	455,400	0.33

注:1)前10名股东中,第1名股东为本公司国家股股东,第2,4,5,6,7,9,10名股东为本公司法人股股东,其他为本公司社会公众股股东。2)2000年10月,佛山市兴华集团有限公司以协议方式受让佛山市商业贸易中心持有的3643200股法人股,成为本公司法人股股东。3)公司未发现前10名股东之间有关联关系。

4.持有本公司10%(含10%)以上的法人股东情况

股东名称:中山公用事业集团有限公司　　法定代表人:林眺寰

经营范围:对经授权经营的企业进行投资、经营、管理和服务。

5.报告期内控股股东的变更情况:报告期内,本公司第一大股东发生变更。公司于2000年1月27日在《证券时报》上发布公告,中山公用事业集团有限公司以协议方式受让佛山市兴华集团有限公司持有的本公司国家股股份,成为本公司第一大股东。

四、股东大会简介

本报告期内,公司召开了一次年度股东大会和一次临时股东大会。

1、公司1999年度股东大会会议通知刊登于2000年2月19日的《证券时报》上。公司1999年度股东大会于2000年3月20日上午9时30分在佛山市祖庙路42号之一公司九楼会议厅召开,出席本次会议的股东及股东代表115人,代表股份42,939,618股,占公司总股本的56.58%。大会以记名方式投票表决,审议通过如下决议:(1)《1999年度董事会工作报告》

(2)《1999年度监事会工作报告》

(3)《1999年度财务决算报告》

(4)《1999年度股利分配预案》

(5)《关于董事更选议案》同意潘文钜、何德钊、李道亨、李淑仪、杨惠益、张美玲、何伟雄、原建林、黄楷明、何自豪、林湛强由于工作变动原因辞去公司董事职务,选举陈杰、张大鹏、苏文义、刘波、杨伟军、陈自如、周剑为公司董事。

(6)《关于监事更选议案》同意黄昭常、曾秀英、林建忠、郭秋玉、李惠芳因工作调动原因辞去公司监事职务,选举陈国华、魏向辉、具小锋为公司监事。

(7)《关于佛山市兴华集团有限公司用中山公用事业集团有限公司支付股份转让金的资产部分偿还本公司债务的议案》

(8)《关于授权董事会全权处理资产重组事宜的议案》

(9)《关于变更公司注册地址的议案》

(10)《关于修改公司章程的议案》

公司1999年度股东大会决议公告于2000年3月21日刊登在《证券时报》上。

2、公司2000年度第一次临时股东大会会议通知刊登于2000年8月11日的《证券时报》上。公司2000年度第一次临时股东大会于2000年9月11日上午9时30分在中山市长江水库怡景假日酒店三楼会议厅召开,出席本次会议的股东及股东代表16人,代表本公司股份数共65,634,772股,占本公司总股本的48.04%。与会股东及股东代表以记名投票表决的方式审议通过以下议案:

(1)《关于变更公司名称的议案》

(2)《关于增加公司经营范围的议案》

(3)《关于提请股东大会授权董事会行使部分投资决策权的议案》

(4)《关于修改公司章程的议案》

(5)《资产偿债议案》

(6)《资产托管议案》

(7)《董事会换届选举议案》

选举产生公司第三届董事会成员。选举陈杰、张大鹏、严祥军、苏文义、刘波、陈自如、周剑为公司第三届董事会成员。

(8)《监事会换届选举议案》

选举产生公司第三届监事会成员。选举陈国华、魏向辉为公司第三届监事会成员,与公司职工代表大会选举的侯晓军共同组成公司第三届监事会。

公司2000年度第一次临时股东大会决议公告于2000年9月12日刊登在《证券时报》、《中国证券报》上。

五、董事会报告

(一)公司经营情况

1、公司所处行业及公司在本行业中的地位

公司主营商业百货及市场经营、管理。公司经营的兴华商场是佛山市最大的百货商场之一,主要经营家用电器、食品、日用品、百货、工艺、服装及鞋帽等5万余种商品。2000年,公司进行了资产重组,注入了位于中山市的26个综合市场,同时公司还托管了中山市场发展有限公司的26个综合市场。公司对52个市场进行统一管理,这些市场主要经营农副产品、日用品、工业消费品等的批发与零售,分布于中山市城区繁华路段及各主要乡镇,在中山市农副产品、日用品、工业消费品等的销售中占有较大的比重。

2、主营业务范围及其经营状况

(1)公司经营范围为:科技投资,电子商务,计算机网络系统集成、软件产品开发,信息服务。销售:粮油制品,副食品,其它食品,百货,五金、交电、化工,服装,针、纺织品,电子计算机及配件,工艺美术品(不含金饰品),建材,工业生产资料(不含金、汽车、化学危险品)。复印、打字、过塑、传真服务,农贸市场、小商品市场、工业品市场的经营及管理。公司主营商业百货及市场经营、管理。

(2)主营业务收入及主营业务利润构成情况

公司报告期内的主营业务收入及利润均来自广东省内,构成如下:(单位:人民币元)

项　目	主营业务收入		主营业务利润	
(按行业分类)	2000年度	1999年度	2000年度	1999年度
商业	238,268,152.10	531,175,942.91	29,368,549.59	67,680,335.97
酒店业	1,124,779.21	2,864,588.48	1,013,152.62	2,333,831.86
市场经营	35,046,189.78	-	19,482,779.48	-
合　计	274,439,121.09	534,040,531.39	49,864,481.69	70,014,167.83

(3)主营业务介绍

A、公司上半年的主要业务是商业百货,公司所属佛山兴华商场主要经营家用电器、食品、日用品、百货、工艺品、文体用品、服装及鞋帽等5万余种商品。报告期内完成主营业务收入23826.82万元,主营业务利润2936.85万元。

B、报告期内,公司进行了资产及债务重组,于3月20日注入了中山市的26个综合市场,于6月30日将公司所拥有的佛山市的商业资产及相应负债整体剥离到佛山市兴华集团有限公司,用于偿还公司对佛山市兴华集团有限公司的负债。因此,公司主营业务收入的构成从2000年下半年起从商业为主转为市场经营及管理为主,发生了重大变化。另,公司为避免与关联方进行同业竞争而托管了中山市场发展有限公司的26个综合市场。公司的市场主要经营农副产品、日用品、工业消费品等的批发与零售。公司通过制度建设,加强内部控制和管理,提高了盈利能力和管理水平。公司通过提高对租户的服务,改善市场的设备、设施,提高了市场的出租率;另外通过公开招标竞价,对市场中位置好的租位进行招标,使公司的租金收入增加。2000年度,为适应市场发展的需要,公司还对光明市场等进行了维修改建。报告期内,市场经营及管理部分完成主营业务收入3504.62万元,主营业务利润1948.28万元。

3、公司主要全资附属企业及控股子公司的经营情况及业绩

2000年6月30日前,公司所控制的子公司为下属全资子公司佛山市兴华商场桂城购物中心,纳入公司1999年度报告及2000年度中期报告的合并报表范围。2000年6月30日,公司已将佛山市兴华商场桂城购物中心转让给佛山市兴华集团有限公司,因此2000年的年度会计报表不再将其纳入合并范围。佛山市兴华商场桂城购物中心上半年主营业务收入988.86万元,由于市场竞争激烈,微利经营,造成利润亏损13.76万元。

4、经营中出现的问题与困难及解决方案

(1)公司原处的商业百货行业竞争激烈,资产盈利能力差,报告期内公司通过资产及债务重组,把位于佛山市的商业资产及其相应的债务、人员等完全剥离出去,偿还公司对佛山市兴华集团有限公司的负债,大大改善了公司的财务结构和资产质量,提高了企业的盈利水平和竞争力。

(2)面对综合市场的激烈竞争,为使综合市场的经营、管理规范化、市场化,公司对所属26个市场及托管的26个市场进行统一管理并进行了一系列的改革:对人员进行培训和职业教育,让其转变观念,适应市场的发展要求;对各种收费办法、管理办法进行重新修订,使其更加公平、透明;加大各种费用收入的监管力度,保证不多收、不漏收;成立管理改善小组,选出部分有能力的市场场长,探讨市场管理工作的深化和完善;以预算为基础,加强维修、消防、卫生、保安等方面的业务管理。通过这些改革,使市场的运作更规范,市场出租率稳步提高。面临超市和便利店的挑战,公司对未来综合市场的发展进行了规划,专门组织了力量对农副产品批发、现代物流和电子商务等新业务及新的管理体制进行了研究。

(二)公司财务状况

1、公司财务状况分析:

指标名称	2000年	1999年	增　减
总资产(元)	388,008,057.74	708,737,930.20	-320,729,872.46
长期负债(元)	5,580.00	72,458,625.57	-72,453,045.57
股东权益(元)	287,772,588.71	277,292,057.82	+10,480,530.89
主营业务利润(元)	49,864,481.69	70,014,167.83	-20,149,686.14
净利润(元)	20,515,494.10	7,752,288.51	+12,763,205.59

报告期内,期末总资产、长期负债、主营业务利润减少,主要是由于公司本年度进行了资产及债务重组,将公司所拥有的位于佛山市的商业资产及相应负债整体剥离到佛山市兴华集团有限公司,用于偿还公司对佛山市兴华集团有限公司的负债,公司主营业务收入的构成从2000年下半年起从商业为主转为市场经营及管理为主,发生了重大变化。净利润增加主要是来源于注入中山市的26个综合市场的收益。股东权益增加主要是本年度利润增加所致。

2、广东正中珠江会计师事务所对公司2000年度财务报告进行了审计,并出具了无保留意见的审计报告。

(三)公司投资情况

报告期内公司短期投资比上年增加24790元,同比增长100%,为公司在一级市场上申购的新股,截至2000年12月31日,该部分股票尚未在二级市场上流通。长期投资比上年减少2,290,600元,同比减少18.64%,主要是因为报告期内公司进行了资产及债务重组,用原持有的长期股权投资抵偿了公司的债务。

1、募集资金使用情况

公司在本报告期内未募集资金。公司1997年1月发行1600万股A股,共募集资金10304万元,实际投资项目与招股说明书披露的情况一致。

(1)投资2980万元在佛山市城西张槎工业开发区建设一座建筑面积为21800平方米的现代化商品配送中心。该项目总投资5103万元,其中购置土地费用为2123万元,本公司已于1996年6月前用自筹资金解决。该中心已在98年9月28日投入使用。

(2)投资3400万元购买的佛山兴华商务大厦,由于开发方资金一直未到位,工程目前处于停工状态。

(3)投资800万元更新公司主体企业兴华商场的经营设施和开发电脑系统。该系统已投入使用。

(4)其余资金作为公司流动资金使用。

因报告期内公司进行资产重组,募集资金所投资项目均已经剥离出公司。该资产重组即《资产偿债议案》业经公司2000年9月11日召开的2000年度第一次临时股东大会审议通过,并已按有关约定,完成了相应的资产过户、转名手续,详见七(四)2。有关该次资产重组情况,公司在2000年8月11日的《证券时报》;2000年9月12日的《证券时报》、《中国证券报》;2000年12月12日的《证券时报》、《中国证券报》;2001年1月11日的《证券时报》、《中国证券报》上进行了充分的披露。

2、非募集资金使用情况

在本报告期内,本公司作为发起人之一,投资参与发起设立北京北邮电信科技股份有限公司,以现金1000万元人民币认购650万股,占其股权比例为8.33%,北京北邮电信科技股份有限公司已于2000年8月28日领取了营业执照。本期未有投资收益。北京北邮电信科技股份有限公司经营计算机、电信及信息领域内软、硬件产品开发、生产、销售、集成、培训、咨询及服务等。

(四)生产经营环境以及宏观政策法规变化对公司的影响

1、根据广东省财政厅"粤财法[2000]76号"文件精神,中山市财政局以"中财企[2000]12号"文同意本公司享受企业所得税先征收33%再返回18%的政策,该政策执行到2001年12月31日止。该项优惠政策对公司经营活动产生积极影响。

2、根据证监公司字[2000]75号《关于规范上市公司重大购买和出售资产行为的通知》,公司在下半年进行了资产重组,改善了公司财务状况,对公司经营业绩产生积极影响。

3、根据财政部2001年1月18日发布的新的《会计准则--债务重组》,公司本报告期内进行的资产及债务重组产生的重组收益只能进入资本公积,而不能做为当期利润,对公司的利润产生重大影响。

4、2001年,预计中国将加入WTO,企业将面临更广阔的市场和更强大的竞争对手。公司在进行传统产业升级、改造,产业结构调整及构筑新的利润增长点的过程中,将会面临更多的机遇与挑战、更多的压力与机会。

(五)2001年业务发展计划

1.公司发展战略:公司经过充分论证,根据《国民经济和社会发展第十个五年计划纲要》和国家重点鼓励发展的产业、产品和技术目录(2000年修订版),认为环保行业将是今后几年国家发展的重点行业。依托中山市优越的环境,结合公司可调动的资源,公司的发展战略为主要发展涉及能源、污水处理等的大环保产业,适度切入教育与信息产业。

2.2001年的业务发展规划

1)狠抓现有市场的经营管理,挖掘潜力,提高市场服务质量;

2)公司将立足"大环保"战略,从环保金融业、环保服务业和环保设备制造业业务板块中择机介入环保产业,培育壮大公司新的产业;2001年在保障市场经营的基础上,公司将加强新项目的调研力度,重点对环境治理技术、环境治理综合解决方案、环保设施运营、环境监测及环保设备制造等项目进行研发和投资;适度参与环保产业的高科技风险投资;

3)继续加强公司内部管理和规范运作,调整组织架构,广纳贤才,保障产业转移的顺利实施,提高公司运作效率;坚持"以人为本,团队合作,奋斗创新,追求卓越"的企业精神,发挥公司的人才优势和企业文化优势,增强公司的核心竞争力。

(六)董事会日常工作情况

1、报告期内董事会的会议情况及决议内容

本报告期内董事会共召开了七次会议,其中两次为临时董事会。

(1)2000年1月20日,在佛山市祖庙路42号之一九楼公司会议室,召开了公司董事会第二届十六次会议,全体董事出席了会议,并通过以下决议:A、同意坏帐准备根据应收款项的期末余额,

并按帐龄分析法计提。B、同意长期投资按可收回金额与帐面价值孰低的原则计提。C、同意存货按成本与可变现净值孰低法计提存货跌价准备。D、根据1999年3月8日与昆明市盘龙商业大厦签定的《协议书》,对因豁免而不能收回的其他应收款--昆明市盘龙商业大厦欠款644245.4元,同意作坏账处理。E 、同意将不能收回的应收账款--武汉珠江商城3909724.24元作坏账处理。F、根据1999年11月11日与火车站建设经营公司签定的《协议书》,火车站建设经营公司尚欠本公司债务为3914351.99元,超出部分1428389.81元(其中:应收水果款1143741.8元)同意作坏账处理。G、由于国家大力整顿金融秩序,致使公司资金成本不断下降,结合公司的实际情况,同意从1999年1月1日起调低兴华集团有限公司资金占用费率,从原月费率11.24‰调低为月费率9.8‰。

(2)2000年2月16日,在佛山市祖庙路42号之一九楼公司会议室,召开了公司董事会第二届十七次会议,全体董事出席了会议,并通过以下决议:A、《公司1999年度总经理工作报告》。B、《公司1999年财务决算报告》和《1999年股利分配预案》。C、《1999年年度报告和年度报告摘要》。D、《1999年董事会工作报告》。E、《关于公司董事更选的议案》。F、《关于佛山市兴华集团有限公司用中山公用集团有限公司支付转让金的资产部分偿还本公司债务的方案》。G、《关于变更公司注册地址的议案》。H、《关于公司修改章程的议案》。I、《关于召开1999年度股东大会的议案》。J、提请股东大会授权董事会全权处理资产重组事宜的议案。

以上B-H及J项议案业经公司1999年度股东大会审议通过,以上决议公告刊登于2000年2月19日的《证券时报》上。

(3)2000年3月20日,在佛山市祖庙路42号之一九楼公司会议室召开公司董事会第二届十八次会议,全体董事出席了会议,并通过以下决议:A、选举陈杰先生担任董事会董事长,选举张大鹏先生担任董事会副董事长。B、根据董事长陈杰先生的提名,聘任苏文义先生为公司总经理。C、根据董事长陈杰先生的提名,聘任陈秋霞女士为公司董事会秘书。D、根据总经理苏文义先生的提名,聘任刘波先生为公司常务副总经理,朱家立先生为公司副总经理。

以上决议公告刊登于2000年3月21日的《证券时报》上。

(4)2000年3月28日,在中山温泉宾馆会议室召开公司董事会2000年第一次临时会议,应到董事7人,实到6人,会议通过如下决议:

公司拟出资1,000万元人民币参与发起设立北京北邮电信科技股份有限公司,认购650万股,占总股本的8.33%。北京北邮电信科技股份有限公司经营计算机、电信及信息领域内软、硬件产品开发、生产、销售、集成、培训、咨询及服务等。

以上决议公告刊登于2000年3月31日的《证券时报》上。

(5)2000年8月9日,在中山市兴中道18号财兴大厦2楼公司会议室召开公司董事会第二届十九次会议,全体董事出席了会议,会议通过如下决议:A、审议通过《关于公司基本管理制度的议案》。B、审议通过《公司高级管理人员薪酬分配方案》。C、审议通过《关于公司未来三年经营规划的议案》。D、审议通过《关于变更公司名称的议案》。E、审议通过《关于增加公司经营范围的议案》。F、审议通过《关于提请股东大会授权董事会行使部分投资决策权的议案》。G、审议通过《关于修改公司章程的议案》。H、审议通过《资产偿债议案》。I、审议通过《资产托管议案》。J、审议通过《董事会换届选举议案》。K、审议通过《2000年度中期报告》及《中期报告摘要》。L、审议通过了公司2000年中期利润分配方案。M、审议通过《关于召开2000年度第一次临时股东大会的议案》。

以上D-J项议案业经公司2000年度第一次临时股东大会审议通过,以上决议公告刊登于2000年8月11日的《证券时报》上。

(6)2000年9月11日,在中山市兴中道18号财兴大厦2楼公司会议室召开公司董事会第三届一次会议,全体董事出席会议,会议审议通过如下决议:A、选举陈杰先生担任董事会董事长,选举张大鹏先生担任董事会副董事长。B、根据董事长陈杰先生的提名,聘任苏文义先生为公司总经理。C、根据董事长陈杰先生的提名,聘任陈秋霞女士为公司董事会秘书。D、根据总经理苏文义先生的提名,聘任刘波先生为公司常务副总经理、朱家立先生为公司副总经理、林正先生为公司财务总监。

以上决议公告刊登于2000年9月12日的《证券时报》和《中国证券报》上。

(7)2000年10月19日,在中山市兴中道18号财兴大厦2楼公司会议室召开公司董事会2000年度第二次临时董事会,全体董事出席会议,会议审议通过如下决议:同意公司进行150万元人民币的投资理财,授权总经理苏文义先生全权处理相关事宜。

2、董事会对股东大会决议的执行情况

报告期内公司共召开了一次年度股东大会和一次临时股东大会,审议通过了18项议案。董事会严格按照《公司章程》及有关法规履行职责,认真执行了股东大会的各项决议,及时地完成了股东大会交办的工作。

根据2000年3月20日召开的1999年度股东大会的决定,公司进行了注册地址变更、章程修改,公司董事会于2000年4月11日在《证券时报》上刊登了1999年度资本公积金转增股本公告,即以1999年末总股本7590万股为基数,用资本公积金转增股本,每10股转增8股,股权登记日为2000年4月14日,除权基准日为2000年4月17日,本次转增股份上市流通日为2000年4月18日。根据股东大会的决定,公司董事会对资产重组相关事宜进行处理。

根据2000年9月11日召开的2000年度第一次临时股东大会的决定,公司变更了名称、经营范围,并修改了公司章程;公司实施了重大资产重组,并托管了关联公司中山市场发展有限公司的资产。

(七)公司管理层及员工情况

1、公司董事、监事及高管人员情况

序号	姓名	性别	年龄	职务	任期	持股数(股) 年初	年末	年度报酬总额(元)
1	陈 杰	男	36	董事长	2000.9-2003.9	0	0	不在本公司领薪
2	张大鹏	男	34	副董事长	2000.9-2003.9	0	0	不在本公司领薪
3	苏文义	男	37	董事兼总经理	2000.9-2003.9	0	0	49800
4	严祥军	男	34	董事	2000.9-2003.9	0	0	不在本公司领薪
5	刘 波	男	41	董事兼常务副总经理	2000.9-2003.9	0	0	49800
6	陈自如	女	32	董事	2000.9-2003.9	0	0	45000
7	周 剑	男	30	董事	2000.9-2003.9	0	0	45000
8	陈国华	男	50	监事会主席	2000.9-2003.9	0	0	不在本公司领薪
9	魏向辉	男	39	监事	2000.9-2003.9	0	0	不在本公司领薪
10	侯晓军	男	34	监事	2000.9-2003.9	0	0	45000
11	朱家立	男	36	副总经理	2000.9-2003.9	0	0	49800
12	林 正	男	39	财务总监	2000.9-2003.9	0	0	49800
13	陈秋霞	女	29	董事会秘书	2000.9-2003.9	0	0	49800

其中在公司领薪的董事、监事及高级管理人员共有8人,薪金均在4-5万元之间。

2、报告期内离任的董事、监事、高级管理人员姓名及离任原因

公司2000年3月召开的1999年度股东大会同意潘文钜、何德钊、李道亨、李淑仪、杨惠益、张美玲、何伟雄、原建林、黄楷明、何自豪、林湛强因工作变动原因辞去公司董事职务,选举陈杰、张大鹏、苏文义、刘波、杨伟军、陈自如、周剑为公司董事。陈杰先生经第二届董事会第十八次会议选举为董事长。

公司2000年9月召开的2000年度第一次临时股东大会审议通过董事会换届选举议案,选举产生公司第三届董事会成员,选举陈杰、张大鹏、严祥军、苏文义、刘波、陈自如、周剑为公司第三届董事会成员。陈杰先生经第三届董事会第一次会议选举为董事长。

3、聘任或解聘公司经理、董事会秘书的情况

2000年3月,公司董事会接受何德钊先生辞去公司总经理职务,李道亨、原建林、林湛强先生辞去公司副总经理职务,何自豪先生辞去财务总监职务;董事会聘任苏文义先生为公司总经理,刘波先生为公司常务副总经理,朱家立先生为公司副总经理。

2000年9月,董事会换届,聘任苏文义先生为公司总经理,刘波先生为公司常务副总经理,朱家立先生为公司副总经理,林正先生为公司财务总监。

2000年3月,因工作变动原因原建林先生辞去董事会秘书职务,聘任陈秋霞女士为公司董事会秘书。2000年9月,董事会换届,续聘陈秋霞女士为公司董事会秘书。

4、公司员工情况

本公司员工总人数218人,其中公司管理人员36人,经营人员182人。

教育程度:博士3人,硕士4人,大专及本科42人,高中及以下169人。

(八)利润分配预案

1、经广东正中珠江会计师事务所审计,公司2000年度实现利润总额20,515,494.10元,净利润20,515,494.10元。根据《公司章程》,分别提取10%的法定公积金2,051,549.41元;提取10%的法定公益金2,051,549.41元;余下未分配利润16,412,395.28元,加上年初未分配利润9,967,295.28元,本年度可供分配利润累计为26,379,690.56元。

公司拟以2000年末总股本13,662万股为基数,向全体股东按每10股派发现金红利1.00元(含税),共计派发13,662,000元,剩余未分配利润12,717,690.56元结转下年度。公司本次不进行资本公积金转增股本。

2、公司2001年度利润分配政策

(1)公司拟在2001年度进行利润分配1-2次;

(2)公司2001年度实现的净利润用于股利分配的比例不低于30%,公司2000年度未分配利润用于2001年度股利分配的比例为10%左右;

(3)2001年度股利分配采取派发现金和送红股相结合的形式,其中现金股息占股利分配的比例不低于20%;

(4)2001年利润分配政策为预计方案,公司董事会保留根据公司实际情况对该分配政策进行调整的权利。

(九)其他报告事项

本公司选定的信息披露报刊为《证券时报》、《中国证券报》。

六、监事会报告

中山公用科技股份有限公司监事会在报告期内,本着对全体股东负责的宗旨,严格按照《公司法》和《公司章程》,认真履行监事职责,开展了广泛的监督工作。现将监事会工作情况报告如下:

(一)报告期内监事会会议情况

2000年度公司监事会共召开了四次会议,具体时间和内容如下:

--2000年2月16日召开二届十七次会议,(1)审议通过了《1999年度监事会工作报告》;(2)审议通过了《关于佛山市兴华集团股份有限公司监事会更选的议案》;(3)对董事会二届十六次会议作出的有关核销和计提资产减值准备的七点决议做了审议,认为决议依据有关法规办理,处理的程序合法。

--2000年3月20日召开二届十八次会议,选举陈国华先生为监事会主席。决议公告刊登于2000年3月21日的《证券时报》上。

--2000年8月9日召开了二届十九次会议,(1)审议通过《资产偿债议案》;(2)审议通过《监事会换届选举议案》;(3)审议通过了《佛山市兴华集团股份有限公司2000年度中期报告》及《中期报告摘要》;(4)审议通过了公司2000年中期利润分配方案。决议公告刊登于2000年8月11日的《证券时报》上。

--2000年9月11日召开三届一次会议,选举陈国华先生为监事会主席。决议公告刊登于2000年9月12日的《证券时报》和《中国证券报》上。

(二)报告期内,监事会认真履行职责,对以下事项发表独立意见

1、公司依法运作情况:2000年度,按照《公司法》和《公司章程》的有关规定,监事会对公司在本年度内股东大会、董事会的召开程序、决议事项,董事会对股东大会决议的执行情况,公司高级管理人员执行职务的情况以及公司的管理制度等进行了监督,监事会认为,董事会的工作是认真负责的,公司董事、高级管理人员能够严格按照国家法律、法规、公司章程规定,履行职责、规范运作,认真执行股东大会的各项决议,及时完成股东大会交办的工作。公司决策程序合法,并已建立了一套较完善的内部控制制度,建议公司在2001年增设稽核部,增加内部审计人员。公司董事、高级管理人员在执行公司职务时尽职,没有发现违反法律、法规、公司章程或损害公司利益的行为。

2、检查公司财务的情况:监事会认真仔细地检查和审核了公司的财务状况和财务结构,认为公司2000年度财务状况出现了明显的好转,财务运作状况良好。2000年度,广东正中珠江会计师事务所出具了无保留意见的审计报告。该审计报告及公司财务报告真实、客观地反映了公司的财务状况和经营成果。

3、公司在报告期内未募集资金。公司以自有资金1000万元参与了北京北邮电信科技股份有限公司的发起设立,有利于公司的长远发展。公司最近一次募集资金实际投入项目与招股说明书披露的情况一致,因报告期内公司进行资产重组,募集资金所投资项目均已经剥离出公司,变更程序合法。

4、报告期内公司收购出售资产的交易价格合理、公平,未发现内幕交易,没有损害部分股东的利益或造成公司资产流失。

5、公司本年度发生关联交易业务时,能够严格遵守关联交易的有关规定,没有出现违法违规行为,关联交易价格合理、公平,未发现内幕交易行为,没有损害上市公司利益。

(三)2001年工作计划

在新的一年里,监事会将针对公司的实际情况,进一步规范监事会的工作,加大监督的力度,特别是按照"三分开"的精神更加严格地监督公司、董事会的各项工作,为保证公司股东的利益,为公司取得更好的业绩,为公司的规范运作而努力。

七、重要事项

(一)重大诉讼、仲裁事项

1、诉讼事项

1995年10月,公司(当时名为"佛山市兴华集团股份有限公司")与中国信达信托投资公司(当时名为"中国人民建设银行信托投资公司",以下简称信达公司)签订合同号为1995年流字第07162号人民币资金借款合同,借入人民币1000万元,由佛山市国合商业投资服务公司(以下简称国合公司)提供担保。由于逾期未能偿还,信达公司向法院提出诉讼。2000年9月27日,北京市第一中级人民法院作出一审判决(判决书为"(2000)一中经初字第1469号"),判令公司自判决生效后10日内向信达公司偿还借款本金1000万元及利息、罚息,国合公司对上述款项承担连带清偿责任,诉讼费、财产保全费由本公司、国合公司承担,诉讼涉及金额约为1250万元。公司对一审判决没有提出上诉,国合公司不服判决提起上诉。2000年12月29日,北京市高级人民法院作出终审判决(判决书为"(2000)高经终字第584号"),驳回上诉,维持原判。截止2000年12月31日,公司2000年9月汇往北京北邮电信科技股份有限公司款项1000万元仍为法院冻结。

该笔借款虽然是以佛山市兴华集团股份有限公司名义借取,但实际使用借款并与借款有直接关联的是佛山市兴华集团有限公司(以下简称兴华集团)。兴华集团于2000年8月18日出具承诺函,承诺因该诉讼引致的一切法律责任、经济损失均由兴华集团负责,包括1000万借款本金及利息、罚息、诉讼费、律师代理费、交通食宿费等与处理该诉讼有关的一切费用。

2001年2月13日,公司按法院判决已经以被冻结的1000万元款项清偿了原来以佛山市兴华集团股份有限公司名义从信达公司借入的1000万元借款本金,并于2000年3月19日向佛山市兴华集团有限公司收回了这1000万元,相关的利息、罚息、诉讼费等也已由佛山市兴华集团有限公司支付。该诉讼事项未对本公司造成任何经济损失。

2、或有事项

2000年3月20日,公司1999年度股东大会选举产生的公司新的董事会成员到任后,在实施以整体剥离原公司拥有的佛山市的商业资产及负债的方式偿还对佛山市兴华集团有限公司的负债

这一工作过程中，对公司原来以佛山市兴华集团股份有限公司名义对外承担的债务及担保等进行了清查。其中已知的债务已清偿或取得债权人同意转由佛山市兴华集团有限公司承担。

佛山市兴华集团有限公司已承诺：对公司2000年3月20日以前的董事会在任期间以佛山市兴华集团股份有限公司名义发生的负债及担保事项承担全部责任。

公司2000年3月20日选举产生的新的董事会成员到任后，公司没有发生应披露的或有负债。

（二）报告期内，没有公司、公司董事及高级管理人员受监管部门处罚的情况。

（三）报告期内公司控股股东发生变更，中山公用事业集团有限公司以协议方式受让佛山市兴华集团有限公司持有的本公司国家股股份，成为本公司第一大股东。公司2000年3月召开的1999年度股东大会同意潘文钜、何德钊、李道亨、李淑仪、杨惠益、张美玲、何伟雄、原建林、黄楷明、何自豪、林湛强辞去公司董事职务，选举陈杰、张大鹏、苏文义、刘波、杨伟军、陈自如、周剑为公司董事；公司2000年9月召开的2000年度第一次临时股东大会审议通过董事会换届选举议案，选举产生公司第三届董事会成员，选举陈杰、张大鹏、严祥军、苏文义、刘波、陈自如、周剑为公司第三届董事会成员。报告期内，公司董事长由潘文钜变更为陈杰，总经理由何德钊变更为苏文义，原建林不再担任董事会秘书职务，新聘陈秋霞为公司董事会秘书。

（四）收购、出售资产事项

1、经财政部财管字(1999)320号文、广东省国有资产管理局粤国资-(1999)76号文批准，中山公用事业集团有限公司与佛山市兴华集团有限公司签订了《股份转让协议》，中山公用事业集团有限公司以协议方式受让佛山市兴华集团有限公司持有的本公司国家股股份，共计2,955.04万股，占总股本的38.93%，受让价格为每股人民币10.83元，受让金额为人民币32,000万元。中山公用事业集团有限公司此次受让本公司国家股后，成为本公司第一大股东。

本次股份转让金的支付采取货币资金加实物资产的方式，其中货币资金为3,000万元，实物资产为29,000万元。为了确保本公司收回佛山市兴华集团有限公司所欠债务及保证资产的完整性，经佛山市兴华集团有限公司同意，中山公用事业集团有限公司将上述实物资产直接给付予本公司，以代付佛山市兴华集团有限公司所欠本公司的债务，从而冲抵中山公用事业集团有限公司应付佛山市兴华集团有限公司的股份转让金。2000年3月20日，根据佛山市兴华集团有限公司与中山公用事业集团有限公司签订的《股份转让协议》和公司1999年度股东大会通过的《关于佛山市兴华集团有限公司用中山公用事业集团有限公司支付转让金的资产部分偿还本公司债务的议案》，佛山市兴华集团有限公司通过转让其持有的本公司股权，以转让所得的股权转让金中的价值29,000万元的实物资产，偿还其所欠本公司的债务。截止2000年3月20日，佛山市兴华集团有限公司欠本公司20,301.65万元的债务，为保证实物资产的完整性及其可持续发展，佛山市兴华集团有限公司以中山市26个市场的整体资产冲抵其所欠债务。本次关联交易的定价依据为：根据双方的协议，以上实物资产以1999年6月30日为基准日，由广东资产评估公司1999年10月8日出具粤资评报字(1999)第108号评估报告并获国家财政部财评字[1999]616号文确认，确认价值为31,591.74万元。按会计制度规定，计提1999年7月至2000年3月的固定资产折旧和无形资产摊销后，得出2000年3月20日的实物资产价值为30,852.87万元（其中固定资产原值22,608.94万元，净值18,499.69万元，无形资产12,353.18万元）。操作完成后的差额部分，其中8,698.35万元(=29,000万元-20,301.65万元)作为本公司对佛山市兴华集团有限公司的欠款，剩余1,852.87万元(=30,852.87万元-29000万元)作为本公司对中山公用事业集团有限公司的欠款。

佛山市兴华集团有限公司用其股权转让所得中的优质实物资产注入上市公司，清偿其所欠本公司的巨额债务，优化了公司的财务结构，改善了公司资产质量，提高了企业的盈利水平和竞争力，为公司今后的发展打下了良好的基础。

2、由于佛山市兴华集团有限公司用于清偿对本公司债务的资产超过其对公司的债务，经双方确认：截止2000年6月30日，公司欠佛山市兴华集团有限公司86,836,182.34元。据此，公司与佛山市兴华集团有限公司于2000年8月9日签订《资产偿债协议》：佛山市兴华集团有限公司同意本公司以部分资产抵偿公司所欠佛山市兴华集团有限公司债务，鉴于抵债资产的总值超过公司所欠债务总额，为保证抵债资产的完整性及其可持续经营的需要，佛山市兴华集团有限公司同意同时接收抵债资产及与这些资产相关的负债，双方同意以抵债资产与负债相抵后的资产净值抵偿公司所欠佛山市兴华集团有限公司的债务。双方同意抵债资产作价468,714,006.65元，其中固定资产、无形资产、其他长期资产按评估值296,827,134.90作价（评估报告为广东大正联合资产评估有限公司评报字[2000]第074号，并已经佛国资[2000]161号审核意见函确认），其他资产按2000年6月30日帐面值171,886,871.75元作价；与抵债资产相关的负债总额为381,837,325.47元，抵债资产与相关负债抵减后的资产净额86,876,681.18元，偿还公司所欠佛山市兴华集团有限公司债务86,836,182.34元后的差额40,498.84元，由佛山市兴华集团有限公司以现金方式支付。公司已按有关法律规定和协议约定向佛山市兴华集团有限公司进行了相应的资产过户、转名手续，相关的法律手续已经完成。本次资产偿债有利于改善公司财务状况，降低资产负债率，有利于减轻上市公司负担，提高公司的盈利能力，有利于公司长远发展。

（五）重大关联交易事项

1、见（四）1。

2、托管

为了充分发挥公司在市场高效管理、规范运作、规模经营等方面的优势，避免与关联方同业竞争，公司与第一大股东中山公用事业集团有限公司下属的全资子公司中山市场发展有限公司于2000年8月9日签订了《资产托管协议》。协议约定：中山市场发展公司将下属的中山东门、竹苑等26个市场的全部资产（帐面价值298,993,365元）委托公司进行经营管理，该26个市场地处中山市，主要经营农副产品和日用品等。公司享有托管资产的经营管理权，并有权向中山市场发展有限公司收取托管费用，但不享有收益权和资产处分权；托管期限为3年，公司2000年可获得托管费收入630万元，2001年、2002年每年可获得托管费收入400万元。本次关联交易的定价，根据市场公允的原则，由交易双方通过友好协商的方式来确定。根据该协议，公司已全面对该26个市场进行经营管理。本次托管主要是为有效解决公司与关联方同业竞争问题并能发挥公司管理优势，实现规模经济效应。在托管期间，公司可获得稳定的托管费收入。

3、借款担保：中山公用事业集团有限公司为本公司4900万元流动资金短期借款提供了担保。

（六）公司与控股股东在人员、资产、财务上的"三分开"情况

公司相对于控股股东已做到人员独立、资产完整、财务独立：

1、人员方面：公司在劳动、人事及工资管理方面独立；公司总经理、副总经理等高级管理人员均在公司领取报酬，未在股东单位担任职务。

2、资产方面：上市公司拥有独立的经营系统和配套设施，无形资产、公司的采购和销售系统由本公司独立拥有。中山公用事业集团有限公司以实物资产注入本公司抵偿佛山市兴华集团有限公司欠本公司的债务后，本公司与控股股东中山公用事业集团有限公司下属中山市场发展有限公司存在同业竞争的情况，本公司通过托管中山市场发展有限公司的资产的方式，实施整体管理，避免了同业竞争，并将通过未来的资本运作，彻底解决同业竞争的问题。

3、财务方面：公司设立了独立的财务部门，并建立了独立的会计核算体系和财务管理制度，独立在银行开户，独立依法纳税。

（七）中山公用事业集团有限公司于2000年1月27日在《证券时报》上发布公告，以协议方式受让佛山市兴华集团有限公司持有的本公司国家股股份，成为本公司第一大股东并承诺该次受让的股份三年内不再转让。报告期内，该承诺得以履行。

（八）资产托管　见（五）2。

（九）报告期内，公司原审计机构广东正中会计师事务所更名为广东正中珠江会计师事务所，公司继续聘任广东正中珠江会计师事务所负责公司审计工作。

（十）其他重大合同。

公司于2000年11月24日与中国建设银行中山市分行签订借款合同，借款金额为4000万元，借款期限自2000年11月24日至2001年11月24日，借款利率按月息5.363‰计算。公司借款用于公司业务周转。中山公用事业集团有限公司为公司本次借款提供担保。

（十一）2000年9月21日，公司名称由原"佛山市兴华集团股份有限公司"变更为"中山公用科技股份有限公司"。经深圳证券交易所批准，公司股票证券简称由原"佛山兴华"变更为"公用科技"，证券代码仍为0685。

（十二）报告期内的其他重大事件：1、公司于2000年1月27日在《证券时报》上发布公告，中山公用事业集团有限公司以协议方式受让佛山市兴华集团有限公司持有的本公司国有股股份，成为本公司第一大股东。2、公司于2000年3月21日在《证券时报》上发布股东大会决议公告，通过了董事、监事更选，变更公司注册地址，修改公司章程等议案；并同时发布第二届董事会第十八次会议决议公告，改选了公司董事长、总经理。3、公司于2000年4月11日在《证券时报》上发布一九九九年度转增股本公告，实施转增股本后，公司股本结构发生变动。4、公司于2000年9月12日在《证券时报》、《中国证券报》上发布2000年度第一次临时股东大会决议公告，通过了变更公司名称、增加公司经营范围、修改公司章程、董事会换届选举、监事会换届选举等议案。5、公司于2000年12月30日在《证券时报》、《中国证券报》上发布公告，根据广东省财政厅"粤财法[2000]76号"文件精神，中山市财政局以"中财企[2000]12号"文同意本公司享受企业所得税先征收33%再返回18%的政策，该政策执行到2001年12月31日止。

八、财务会计报告

（一）审计报告

审　计　报　告

广会所审字(2001)第81016号

中山公用科技股份有限公司全体股东：

我们接受委托，审计了贵公司2000年12月31日的资产负债表和合并资产负债表、2000年度的利润及利润分配表和合并利润及利润分配表以及2000年度现金流量表和合并现金流量表。这些会计报表由贵公司负责，我们的责任是对这些会计报表发表审计意见。我们的审计是依据中国注册会计师独立审计准则进行的。在审计过程中，我们结合贵公司实际情况，实施了包括抽查会计记录等我们认为必要的审计程序。

我们认为，上述会计报表符合《企业会计准则》和《股份有限公司会计制度》的有关规定，在所有重大方面公允地反映了贵公司2000年12月31日的财务状况及2000年度经营成果和现金流量情况，会计处理方法的选用遵循了一贯性原则。

广东正中珠江会计师事务所　　中国注册会计师：蒋洪峰

中国　　广州　　中国注册会计师：陈小刚

东风东路555号粤海集团大厦27楼　　2001年1月22日

（二）会计报表（附后）

（三）会计报表附注

附注一、公司简介

1、公司原名"佛山市兴华集团股份有限公司"，于1992年11月5日经广东省企业股份制试点联审小组、广东省经济体制改革委员会"粤股审[1992]81号"文批准设立。公司于1992年12月26日在佛山市工商行政管理局取得《企业法人营业执照》，注册号为19353726-8。

1997年1月14日，经中国证券监督管理委员会证监发字[1996]416号、[1996]417号文件批准，公司采用"上网定价"方式发行社会公众股(A股)1600万股，是次发行的股票已于1997年1月23日在深圳证券交易所挂牌交易。

经广东省人民政府1999年11月12日粤府发[1999]514号文和财政部1999年10月9日财管字[1999]320号文批准，佛山市兴华集团有限公司于2000年度将其持有的占总股本38.93%的发起人股份（国家股）转让给中山公用事业集团有限公司。2000年9月21日，公司名称由"佛山市兴华集团股份有限公司"更改为"中山公用科技股份有限公司"。

公司于2001年1月2日在广东省工商行政管理局取得新的《企业法人营业执照》，注册号为4400001009620，注册资本为人民币壹亿叁仟陆佰陆拾贰万元(RMB136,620,000.00)。

2、公司经济性质是股份有限公司。经营范围：科技投资，电子商务，计算机网络系统集成、软件产品开发，信息服务。销售：粮油制品，副食品，其它食品，百货，五金，交电，化工，服装，针，纺织品，电子计算机及配件，工艺美术品（不含金饰品），建材，工业生产资料（不含金、汽车、化学危险品）。复印、打字、过塑、传真服务，农贸市场、小商品市场、工业品市场的经营及管理。

公司于2000年度注入了中山市的26个市场，公司的主营业务在原来商业的基础上增加了市场经营与管理。

3、公司法定地址为：广东省中山市兴中道18号财兴大厦二楼。

附注二、公司的主要会计政策、会计估计和合并会计报表的编制方法

附注三、税项

附注四、公司所控制的子公司

附注五、合并会计报表主要项目注释

附注六、母公司会计报表主要项目注释

附注七、分行业资料：

附注八、关联方关系及其交易

附注九、诉讼事项：。

附注十、重大事项

附注十一、或有事项

附注十二、重大承诺

截止2000年12月31日，公司无应披露的重大承诺事项。

附注十三、资产负债表日后事项

九、公司的其他有关资料

1、公司首次注册登记日期：1992年12月26日

登记地址：广东省佛山市祖庙路42号之一

公司变更注册登记日期：2001年1月2日

登记地址：广东省中山市兴中道18号财兴大厦二楼

2、企业法人营业执照注册号：4400001009620

3、税务登记号码：442000193537268

4、公司未流通股票托管机构名称：佛山证券登记公司

5、公司聘请的会计师事务所名称：广东正中珠江会计师事务所

办公地址：广州市东风东路555号粤海集团大厦27楼

十、备查文件目录

公司办公地点备置有齐备、完整的备查文件，以供中国证监会、深圳证券交易所及有关主管部门及股东查阅，备查文件包括：

1、载有法定代表人、财务总监、会计主管人员签名并盖章的会计报表。

2、载有会计师事务所盖章、注册会计师签名并盖章的审计报告原件。

3、公司本年度在中国证监会指定报纸上公开披露过的所有公司文件的正本及公告的原稿。

4、载有董事长亲笔签名的年度报告正本。

中山公用科技股份有限公司

2001年3月23日

锦州经济技术开发区六陆实业股份有限公司

一、公司简介

1、公司法定名称:锦州经济技术开发区六陆实业股份有限公司　　缩写:锦州六陆
英文名称:THE LIULU INDUSTRIAL CO.,LTD.OF JINZHOU ECONOMIC&TECHNOLOGY DEVELOPMENT ZONE　　缩写:JZLL
2、公司法定代表人:冷述铁
3、公司董事会秘书:肖爱东
董秘授权代表:王新华
联系电话:0416-4561247　　联系传真:0416-4561377
电子信箱:huaz@fm365.com
4、公司注册地址:锦州经济技术开发区
办公地址:辽宁省锦州市古塔区红星里9号
邮政编码:121001
公司网址:http://www.liulu.com　电子信箱:info@liulu.com
5、公司选定的信息披露报纸:《中国证券报》《证券时报》
登载公司年度报告网址:http://www.cninfo.com.cn
公司年度报告备置地点:公司证券部
6、公司股票上市交易所:深圳证券交易所
股票简称:锦州六陆　　股票代码:0686

二、会计数据与业务数据摘要

1、公司本年度实现利润情况。　单位:元

利润总额:	26,186,729.70
净利润:	24,396,729.27
扣除非经常性损益后的净利润:	24,902,241.66
主营业务利润:	62,501,243.75
其他业务利润:	6,480,731.89
营业利润:	26,373,100.00
投资收益:	319,142.09
补贴收入:	74,019.25
营业外收支净额:	-579,531.64
经营活动产生的现金流量净额:	10,830,236.83
现金及现金等价物净增加额:	976,323.59

注:非经常性损益涉及的项目及金额:补贴收入74,019.25元,营业外收支净额-579,531.64元。

2、会计数据与财务指标(合并)。

主要指标	2000年度	1999年度调整后	1998年度调整前	1998年度调整后
1、主营业务收入(元)	294,950,965.65	324,282,641.19	247,385,693.09	247,385,693.09
2、净利润(元)	24,396,729.27	38,597,927.36	35,325,675.84	36,798,818.30
3、总资产(元)	543,423,758.79	492,795,672.43	538,359,059.38	516,972,763.37
4、股东权益(不含少数股东权益)(元)	382,086,866.89	375,507,028.62	352,059,101.57	336,909,101.26
5、全面摊薄每股收益(元)	0.22	0.35	0.32	0.33
6、加权平均每股收益(元)	0.22	0.35	0.36	0.40
7、扣除非经常性损益后的每股收益(元)	0.23	0.35	0.23	0.24
8、每股净资产(元)	3.47	3.41	3.20	3.06
9、调整后的每股净资产(元)	3.34	3.12	3.06	2.81
10、全面摊薄净资产收益率(%)	6.39	10.28	10.03	10.92
11、加权平均净资产收益率(%)	6.29	10.28	10.03	10.92
12、扣除非经常性损益后加权净资产收益率(%)	6.42	9.91	10.03	10.92
13、每股经营活动产生的现金流量净额(元)	0.10	0.13	-0.14	-0.14

注1:公司2000年度实施了增资配股,获配股份到帐日为2001年2月5日,配股后公司总股本由11016.6万股增至12536万股,公司本次股份变动后每股收益为0.19元。

利润分配表附表

报告期利润	净资产收益率(%)		每股收益(元)	
	全面摊薄	加权平均	全面摊薄	加权平均
主营业务利润	16.36	16.12	0.57	0.57
营业利润	6.90	6.80	0.24	0.24
净利润	6.39	6.29	0.22	0.22
扣除非经常性损益后的净利润	6.52	6.42	0.23	0.23

三、股东情况介绍

1、报告期末股东总数

截止2000年12月29日,公司股东总数为20862户,其中国有法人股东2户,社会法人股东3户,社会公众股东20857户。

2、公司前十名股东名单及持股数(截止2000年12月29日)数量单位:万股

序号	股东名称	年末持股数	所占比例%
1	中国石油锦州石油化工公司	6423.72	58.31
2	锦州商银艺术装黄总公司	223.08	2.02
3	锦州市瑞通服务公司	101.4	0.92
4	秦皇岛市信托投资公司	101.4	0.92
5	锦州市商业房屋开发公司	67.6	0.61
6	钱景茂	54.9998	0.50
7	金盛证券投资基金	50.1253	0.45
8	李秀华	39.4482	0.36
9	程志佳	32.1003	0.29
10	金鑫证券投资基金	30.1000	0.27

注:中国石油锦州石油化工公司及锦州市商业房屋开发公司所持股份为国家持有股份。

中国石油锦州石油化工公司报告期末持有本公司股份6423.72万股,占总股本的58.31%,其所持股份没有质押、冻结及增减变动情况。

保定天鹅股份有限公司

一、公司简介

1、公司法定中文名称:保定天鹅股份有限公司
公司法定英文名称:BAO DING SWAN CO.LTD
2、法定代表人:王春雨
3、董事会秘书:高志强　联系地址:河北省保定市纸厂路1号
联系电话:0312 3137941-2261　传真:03123131755　电子信箱:SWAN ZJB@ bdinfo.net
4、公司注册地址:河北省保定市高开区金迪路59号
公司办公地址:河北省保定市纸厂路1号　邮政编码:071055
5、信息披露报纸名称:中国证券报、证券时报
公司年度报告国际互联网址:http://www.cninfo.com.cn
公司年度报告备置地点:公司董秘办
6、股票上市交易所:深圳证券交易所　股票简称:保定天鹅　股票代码:0687

二、会计数据和业务数据摘要

1、公司本年度实现利润情况　单位:元

本年度实现利润总额	48043555.77
净利润	32104936.33
扣除非经常性损益后的净利润	33209102.07
主营业务利润	110111962.46
其它业务利润	1120128.82
营业利润	48116634.47
投资收益	1599899.69
补贴收入	0
营业外收支净额	-1672978.39
经营活动产生的现金流量净额	-108038793.07
现金及现金等价物净增加额	42327520.96

注:扣除经常性损益涉及的项目为处置固定资产,无形资产和其他长期资产的损失1672978.39元,扣除33%所得税后为1104165.74元。

2、会计数据及财务指标

指标项目	2000年	1999年	1998年	
			调整后	调整前
主营业务收入	573759238.90	601321362.84	532631159.65	532631159.65
净利润	32104936.33	87869402.63	101073925.30	99028244.87
总资产	1327243468.25	1111280751.33	1010733248.82	1015310468.58
股东权益	1054446033.50	1009560529.43	921691126.80	926268346.56
每股收益	0.10	0.298	0.343	0.336
加权平均每股收益	0.10	0.298	0.343	0.336
每股净资产	3.29	3.42	3.12	3.14
调整后的每股净资产	3.01	3.40	3.11	3.12
每股经营活动产生的现金流量净额	-0.34	0.559	0.454	0.454
净资产收益率(%)	3.04	8.7	10.97	10.69
加权平均净资产收益率(%)	2.73	9.1	10.90	10.62
扣除非经常性损益后的每股收益	0.10	0.298	0.343	0.336
股本变化后每股收益	0.10	0.274	0.343	0.336

3、报告期内股东权益变动情况

项目	股本(股)	资本公积	盈余公积	其中公益金	未分配利润	合计
期初数	295000000	504904025.25	36156611.21	12052203.73	173499892.97	1009560529.43
本期增加	25800000	137756567.74	4815740.45	1605246.81	27289195.88	195661504.07
本期减少					150776000	150776000
期末数	320800000	642660592.99	40972351.66	13657450.54	50013088.85	1054446033.50

变动原因说明:(1)资本公积金增加,系本期配股资金到位所致;(2)盈余公积金增加,系从本期净利润中提取法定公积金和法定公益金所致;(3)法定公益金增加,系从本期净利润中提取所致;(4)未分配利润减少,系本报告期实现净利润和报告期末进行年度分配所致;(5)期末合计项减少,系因股东权益各科目变动所致。

三、股本变动及股东情况

(一)股本变动情况

1、股本结构情况:报告年度本公司股份变动情况表　填报日期:2000年12月31日　单位:股

	期初数	本期变动增减(+、-)						期末数
		配股	公积金	转股	送股	其他	小计	
一、尚未流通股份								
1、发起人股份	220000000	3300000					223300000	223300000
其中:国家拥有股份	220000000	3300000					223300000	223300000
尚未流通股份合计	220000000	3300000					223300000	223300000
二、已流股份								
1、境内上市的人民币普通股	75000000	22500000					97500000	97500000
4、其他								97500000
已流股份合计	75000000	22500000					97500000	295000000
三、股份总数	295000000						320800000	320800000

注:报告期末已流通股份总数含按规定暂予冻结的公司高管人员所持股份52000股。

(二)股东情况介绍

1、2000年12月31日,本公司股东共65785名(户)

2、本公司前十大股东持股情况如下:

股东名称或姓名	持股数量(股)	持股比例(%)	备注
保定天鹅化纤集团有限公司	223300000	69.60	国家股
苏州信托投资公司	240000	0.075	
于亚非	222000	0.061	
普丰证券投资基金	184971	0.058	
马季刚	165000	0.051	
范船生	150000	0.047	
赖世万	133800	0.042	
杨湘清	126685	0.039	
吴自善	120000	0.037	
石家庄国通消协推荐产品展销中心	115000	0.036	

重庆朝华科技股份有限公司

一、公司简介

1、公司的法定名称：(中文)重庆朝华科技股份有限公司

(英文)ChongQing ZhaoHua Science&Technology CO.,LTD

2、公司法定代表人：薛同建

3、公司董事会秘书：张光华 联系地址：重庆市渝州路108号金鹤宾馆3楼

电话：(023)68638134 传真：(023)68638134

4、公司注册地址：重庆市涪陵区江东群沱子街31号 邮政编码：408000

公司办公地址：重庆市渝州路108号金鹤宾馆3楼

邮政编码：400041 公司电子信箱：jtzhqb@yeah.net

5、公司信息披露报纸：《证券时报》《中国证券报》

深交所上市公司指定披露网址：http://www.cninfo.com.cn

公司年度报告备置地点：公司证券部

6、公司股票上市交易所：深圳证券交易所 股票简称：朝华科技 股票代码：0688

二、会计数据和业务数据摘要

1、公司本年度主要会计数据(单位：人民币元)

利润总额：	125,175,123.78
净利润：	81,962,136.83
扣除非经常性损益后的净利润：	42,262,123.44
主营业务利润：	93,783,531.80
其他业务利润：	140,227.28
营业利润：	57,022,755.21
投资收益：	52,817,275.67
补贴收入：	15,300,000.00
营业外收支净额：	35,092.90
经营活动产生的现金流量净额：	190,637,159.34
现金及现金等价物净增加额：	393,100,795.02

注：扣除的非经常性损益项目及涉及的金额：

1. 转让四川长虹电器股份有限公司股份	29,271,401.15
2. 重庆市涪陵区财政局给予本公司的"科研技术开发财政补助"	10,251,000.00
3、转让涪陵联合彩釉墙地砖厂和涪丰陶瓷有限公司投资	154,100.00
4、营业外收支净额	23,512.24
合计	39,700,013.39

2、截至报告期末公司前三年的主要会计数据和财务指标

项目指标	2000年12月31日	99年12月31日	98年12月31日	
			调整后	调整前
主营业务收入(元)	212,505,922.33	177,764,330.54	138,890,373.36	138,890,373.36
净利润	81,962,136.83	42,775,788.11	32,869,348.05	39,361,762.28
总资产(元)	1,472,722,601.45	946,533,528.96	729,674,215.30	746,012,223.05
股东权益(元)(不含少数股东权益)	463,099,897.99	400,546,824.46	357,771,036.35	372,115,111.58
每股收益(元)	0.41	0.215	0.26	0.32
扣除非经常性损益后的每股收益	0.21	0.08	0.237	0.21
每股净资产(元)	2.33	2.015	2.88	3.00
调整后的每股净资产(元/股)	2.24	1.99	2.81	2.96
每股经营活动产生的现金流量净额	0.96	0.22	-0.21	
净资产收益率(%)(摊薄)	17.70	10.68	9.19	10.58
净资产收益率(%)(加权)	18.98	11.29	12.93	14.84
扣除非经营性损益后的净资产收益率(摊薄)	7.46	3.97	7.41	7.13
扣除非经营性损益后的净资产收益率(加权)	8.00	4.20	10.43	9.99

按照中国证监会《公开发行证券公司信息披露编报规则(第9号)要求计算净资产收益和每股收益

项目	净资产收益率%		每股收益(元)	
	全面摊薄	加权平均	全面摊薄	加权平均
主营业务利润	20.25	21.72	0.47	0.47
营业利润	12.31	13.21	0.29	0.29
净利润	17.70	18.98	0.41	0.41
扣除非经营性损益后的净利润	7.46	8.00	0.17	0.17

3、报告期内股东权益变动情况及变化原因：

项目	股本	资本公积	盈余公积	法定公益金	未分配利润	股东权益合计
期初数	198,758,555	135,848,990.78	23,874,673.61	7,575,818.33	42,064,605.07	400,546,824.46
本期增加	--	466,792.20	12,294,320.52	4,098,106.84	49,791,960.81	62,553,073.53
本期减少	--	--	--	--		
期末数	198,758,555	136,315,782.98	36,168,994.13	11,673,925.17	91,856,565.88	463,099,897.99

变动原因：1.资本公积金增加是本公司1999年2月3日与涪陵市造纸二厂、重庆市涪陵李渡私营经济示范区管委会三方签定《企业兼并协议》，本公司以承担债务、接收职工、享受移民安置补偿金方式兼并涪陵市造纸二厂，兼并后本公司无偿享有涪陵市造纸二厂的净资产额。2.盈余公积和法定公益金增加是在报告期内按10%和5%从净利润中提取；3.未分配利润增加是报告期内实现利润和按公司董事会决议对期末利润提出分配预案进行调整所至。

三、股本变动及主要股东持股情况

1、本报告期内股份无变动情况。

2、股东情况介绍 (1) 本报告期末股东总数为14496户。

(2) 本报告期末前10名股东持股情况：

股东名称	年末持股数	持股比例(%)	质押或冻结
1 四川立信投资有限责任公司	40,000,000	20.12	有
2 深圳市正东大实业有限公司	34,400,000	17.31	有
3 成都龙威实业有限责任公司	12,248,507	6.16	
4 涪陵金昌经贸公司	11,520,000	5.80	有
5 深圳国投证券有限公司	1,143,445	0.58	
6 深圳国投证券有限公司第二证券交易部	1,099,485	0.55	
7 国信证券有限公司	745,365	0.38	
8 王义陶	697,231	0.35	
9 蒋大奎	624,500	0.31	
10 杨新	601,496	0.30	

汕头宏业(集团)股份有限公司

(一) 公司简介

1、公司法定名称：汕头宏业(集团)股份有限公司

公司法定英文名称：SHANTOU HONGYE(GROUP)CO., LTD.

英文缩写：H.Y.

2、公司法定代表人：蔡承通先生

联系地址：汕头市天山路宏业大楼

电话：0754-8885638 传真：0754-8897377

3、公司董事会秘书：周应齐先生

联系地址：汕头市天山路宏业大楼

电话：0754-8893332 传真：0754-8895312

电子信箱：hyyqzhou@pub.shantou.gd.cn

4、公司注册地址：汕头市天山路宏业大楼

公司办公地址：汕头市天山路宏业大楼

邮编：515041 电子信箱：hygroup@pub.shantou.gd.cn

5、公司选定的信息披露报纸名称《证券时报》

登载公司年度报告的中国证监会指定的国际互联网网址：http://www.cninfo.com.cn

公司年度报告备置地点：公司董事会办公室

6、公司股票上市交易所：深圳证券交易所

股票简称：ST宏业 股票代码：0689

(二) 会计数据和业务数据摘要

1、本年度主要利润指标情况(单位：人民币元)

利润总额：	-76,984,936.73
净利润：	-76,984,936.73
扣除非经常性损益后的净利润：	-77,057,150.98
主营业务利润：	0.00
其它业务利润：	-4,137,238.75
营业利润：	-72,561,394.76
投资收益：	-4,423,985.97
补贴收入：	0.00
营业外收支净额：	-444.00
经营活动产生的现金流量净额：	1,956,695.64
现金及现金等价物净增加额：	-1,292,117.22

注：扣除的非经常性损益项目和涉及金额：

营业外收支净额项目：	-444.00
投资收益：	72,656.25

2、截止报告期末本公司前三年主要会计数据和财务数据(单位：人民币:元)

项目	2000年	1999年	1998年	
			调整后	调整前
主营业务收入		25,301,626.02	91,283,043.75	91,283,043.75
净利润	-76,984,936.73	-90,194,771.83	-32,302,499.36	2,674,126.27
总资产	289,576,341.63	383,678,587.50	498,475,408.88	538,125,903.77
股东权益	47,540,696.29	124,525,633.02	214,720,404.85	257,731,218.05
每股收益(摊薄)	-0.692	-0.811	-0.290	0.024
(加权)	-0.692	-0.811	-0.290	0.024
扣除非经常性损益后的每股收益				
(摊薄)	-0.692	-0.628	-0.415	-0.100
(加权)	-0.692	-0.628	-0.415	-0.100
每股净资产	0.427	1.119	1.930	2.316
调整后每股净资产	0.169	1.109	1.926	2.310
净资产收益率(%)(摊薄)	-161.93	-72.43	-15.04	1.04
(加权)	-89.48	-53.17	-13.99	1.01
每股经营活动产生的现金净流量	0.0176	-0.414	-0.264	-0.264

3、利润及利润分配表附表

报告期利润	净资产收益率(%)		每股收益(元/股)	
	全面摊薄	加权平均	全面摊薄	加权平均
主营业务利润				
营业利润	-152.63	-84.34	-0.65	-0.65
净利润	-161.93	-89.48	-0.69	-0.69
扣除非经常性损益后净利润	-161.94	-89.48	-0.69	-0.69

(三)股东情况介绍

1、报告期末公司股东总数为24045户。

2、报告期末公司主要股东持股情况

名次	股东名称	报告期末持有量(万股)	占总股本比例(%)
1	汕头市建安(集团)公司	2724.8	24.49
2	中国建设银行汕头市信托投资公司	1040	9.35
3	中国银行汕头信托咨询公司	1040	9.35
4	汕头经济特区金达实业总公司	520	4.67
5	深圳市城市建设开发(集团)公司	499.2	4.49
6	汕头市金园区金达有限公司	416	3.74
7	黄长锦	21.7509	0.195
8	夏亚明	21.2600	0.191
9	李继芝	15	0.135
10	邱志铭	14.5503	0.131

说明：(1)持有本公司5%以上股份的股东有：汕头市建安(集团)公司，报告期末该司持有本公司2724.8万股国有法人股，被汕头市中级人民法院冻结。中国建设银行汕头市信托投资公司，报告期末持有本公司1040万股国有法人股，股份未质押或冻结。中国银行汕头信托咨询公司，报告期末持有本公司1040万股国有法人股，股份未质押或冻结。

(2)持股10%以上(含10%)法人股东情况介绍：

汕头市建安(集团)公司持有本公司2724.8万股国有法人股，占本公司总股本的24.49%，是公司的第一大股东。 该司法定代表人：戴捷崇

经营范围：房屋建筑，基础打桩，港口水工及土石方，桥梁道路工程，设备安装，经营商品房等。

广东宝丽华实业股份有限公司

广东宝丽华实业股份有限公司2000年年度报告

本公司董事会保证本报告所载资料不存在任何虚假记载、误导性陈述或者重大遗漏，并对其内容的真实性、准确性和完整性负个别及连带责任。

一、公司简介

1、公司法定中文名称：广东宝丽华实业股份有限公司

公司法定英文名称：GUANGDONG BAOLIHUA INDUSTRY STOCK CO.,LTD.

2、公司法定代表人：宁远喜

3、公司董事会秘书：周继来

联系地址：广东省梅州市梅县华侨城香港花园宝丽华综合大楼

电　　话：0753-2511298

传　　真：0753-2511398

4、公司注册、办公地址：广东省梅州市梅县华侨城香港花园宝丽华综合大楼

邮政编码：514788

E-mail：gdblh@pub.Meizhou.gd.cn

5、公司选定的信息披露报纸名称：《中国证券报》、《证券时报》

登载公司年度报告的中国证监会指定的国际互联网网址：

http://www.cninfo.com.cn

公司年度报告备置地点：广东省梅州市梅县华侨城本公司办公室

6、公司股票上市交易所：深圳证券交易所

股票简称：宝丽华

股票代码：0690

二、会计数据和业务数据摘要

1、本年度主要利润指标情况（单位：人民币元）

指标项目	金额
利润总额	47,111,288.67
净利润	44,382,274.60
扣除非经常性损益后的净利润	33,107,197.65
主营业务利润	72,252,437.92
其他业务利润	1,508,688.72
营业利润	35,836,211.72
投资收益	-98,514.05
补贴收入	11,400,000.00
营业外收支净额	-26,409.00
经营活动产生的现金流量净额	34,186,861.83
现金及现金等价物净增加额	-36,370,936.48

注：扣除的非经常性损益项目及涉及金额：合并价差摊入-98,514.05元，补贴收入11,400,000.00元，营业外收支净额-26,409.00。

2、截止报告期末公司前三年主要会计数据和财务指标

指标项目	2000年	1999年	1998年调整前	1998年调整后
主营业务收入(元)	220,090,365.68	156,208,450.82	156,358,345.63	156,358,345.63
净利润(元)	44,382,274.60	42,361,325.23	32,704,628.47	35,916,262.24
总资产(元)	494,779,810.60	417,399,852.26	309,099,433.33	299,228,778.49
股东权益(元)	328,134,112.17	330,514,337.57	250,382,087.02	240,511,432.18
(全面摊薄每股收益(元)按“净利润”计算)	0.23	0.39	0.33	0.36
(加权平均每股收益(元)按“净利润”计算)	0.23	0.41*	0.33	0.36
扣除非经常性损益后的全面摊薄每股收益(元)(按“净利润”计算)	0.17	0.39	0.33	0.36
每股净资产(元)	1.70	3.07	2.50	2.41
(元)调整后的每股净资产	1.65	2.96	2.32	2.31
每股经营活动产生的现金流量净额(元)	0.18	0.0042	0.16	0.16
(%)全面摊薄净资产收益率(按“净利润”计算)	13.53	12.82	13.06	14.93

* 数据已按《公开发行证券公司信息披露编报规则第9号》进行调整，计算过程为：加权平均每股收益=42,361,325.23/(100,000,000+7,500,000×4÷12)=0.41，1999年配股增加股份750万股，1999年8月24日刊登《广东宝丽华实业股份有限公司股份变动公告及配股获配可流通股份上市公告》。

利润表附表

（根据中国证监会《公开发行证券公司信息披露编报规则第9号》的要求计算的净资产收益率和每股收益）

报告期利润	净资产收益率		每股收益(元/股)	
	全面摊薄	加权平均	全面摊薄	加权平均
主营业务利润	22.02%	21.41%	0.37	0.37
营业利润	10.92%	10.62%	0.19	0.19
净利润	13.53%	13.15%	0.23	0.23
扣除非经常性损益后的净利润	10.09%	9.81%	0.17	0.17

注：主要会计指标的计算公式如下：

(1) 全面摊薄每股收益=报告期利润/年度末普通股股份总数

(2)加权平均每股收益=P/(S0+S1+Si×Mi÷M0-Sj×Mj÷M0)

其中：P为报告期利润；S0为期初股份总数；S1为报告期因公积金转增股本或股票股利分配等增加股份数；Si为报告期因发行新股或债转股等增加股份数；Sj为报告期因回购或缩股等减少股份数；M0为报告期月份数；Mi为增加股份下一月份起至报告期期末的月份数；Mj为减少股份下一月份起至报告期期末的月份数。

(3)每股净资产=年度末股东权益/年度末普通股股份总数

(4)调整后的每股净资产=(年度末股东权益-三年以上的应收款项净额-待摊费用-待处理(流动、固定)资产净损失-开办费-长期待摊费用-住房周转金负数余额)/年度末普通股股份总数

(5)每股经营活动产生的现金流量净额=经营活动产生的现金流量净额/年度末普通股股份总数

(6)全面摊薄净资产收益率=报告期利润/年度末净资产

(7)加权平均净资产收益率=P/(E0+NP÷2+Ei×Mi÷M0-Ej×Mj÷M0)

其中：P为报告期利润；NP为报告期净利润；E0为期初净资产；Ei为报告期发行新股或债转股等新增净资产；Ej为报告期回购或现金分红等减少净资产；M0为报告期月份数；Mi为新增净资产下一月份起至报告期期末的月份数；Mj为减少净资产下一月份起至报告期期末的月份数。

3、报告期内股东权益变动情况（单位：人民币元）

	股本	资本公积	盈余公积			
期初数	107,500,000	148,622,841.35	17,758,670.69	5,919,556.89	56,632,825.53	330,514,337.57
本期增加	86,000,000	-	6,657,341.19	2,219,113.73	44,382,274.60	44,382,274.60
本期减少	-	53,750,000.00			85,669,841.19	46,762,500.00
期末数	193,500,000	94,872,841.35	24,416,011.88	8,138,670.62	15,345,258.94	328,134,112.17

三、股本变动及股东情况

1、股本变动情况

(1) 股份变动情况表（数量单位：股）

	本次变动前	本次变动增减(+,-) 配股	送股	公积金转股	增发
一、未上市流通股份					
1、发起人股份	75,000,000		22,500,000	37,500,000	
境内法人持有股份	75,000,000		22,500,000	37,500,000	
未上市流通股份合计	75,000,000		22,500,000	37,500,000	
二、已上市流通股份					
1、人民币普通股	32,500,000		9,750,000	16,250,000	
已上市流通股份合计	32,500,000		9,750,000	16,250,000	
三、股份总数	107,500,000		32,250,000	53,750,000	

	其他	小计	本次变动后
一、未上市流通股份			
1、发起人股份		60,000,000	135,000,000
其中：			
境内法人持有股份		60,000,000	135,000,000
未上市流通股份合计		60,000,000	135,000,000
二、已上市流通股份			
1、人民币普通股		26,000,000	58,500,000
已上市流通股份合计		26,000,000	58,500,000
三、股份总数		86,000,000	193,500,000

(2) 股票发行与上市情况

A、公司经中国证券监督管理委员会[1996]414号文和证监发字[1996]415号文批准，于1997年1月7日-9日向社会公开发行人民币普通股股票1125万股，每股面值为人民币1元，发行价为每股7.08元，每股手续费0.10元。按深圳证券交易所深证发[1997]38号上市通知书，发行的股票1125万股于1997年1月28日获准在深圳证券交易所上市交易。

B、1997年9月1日，经广东省证监会证监发字[1997]038号文批准，以公司1997年6月30日经审计后的未分配利润，向全体股东每10股送红股2.5股。以资本公积金向全体股东每10股转增7.5股，共增加股本5000万股，其中送红股1250万股，转增股本3750万股。送、转股后，公司总股本变更为1亿股，其中发起人持股7500万股，占总股本的75%，社会公众股2500万股，占总股本的25%。1997年9月12日公司实施了送股及转增股方案。经深圳证券交易所批准，本次送股及转增股起始交易日为1997年9月17日。公司于1997年9月18日，在《中国证券报》、《证券时报》、《梅州日报》刊登了《广东宝丽华实业股份有限公司股份变动公告》，于1997年9月29日在广东省工商行政管理局变更注册资本为1亿元人民币。

C、1999年4月16日公司1998年度股东年会决议通过的1999年度增资配股方案，经广州证券监管办公室粤证监函[1999]47号文初审同意，并获中国证券监督管理委员会证监公司字[1999]33号文复审核准后实施。以公司1997年末股本总数10,000万股为基数，按每10股配3股的比例向全体股东配售，配股价格为每股人民币9.50元。股权登记日为1999年7月14日，除权基准日为1999年7月15日，配股缴款起止日期为1999年7月19日至1999年7月30日。本次配股法人股股东全部放弃配股权，共向社会公众股东配售750万股，上市交易时间为1999年8月27日。本次配股后，公司总股本变更为10,750万股，其中发起人持股7500万股，占总股本的69.77%，社会公众股3250万股，占总股本的30.23%。公司于1999年8月24日，在《中国证券报》、《证券时报》、《梅州日报》上刊登了《广东宝丽华实业股份有限公司股份变动公告及配股获配可流通股份上市公告》。

D、2000年8月21日，经公司2000年度第一次临时股东大会决议通过，以2000年6月30日总股本10,750万股为基数，向全体股东每10股送红股3股，以资本公积金向全体股东每10股转增5股。共增加股本8600万股，其中送红股3225万股，转增股本5375万股。送、转股后，公司总股本变更为19,350万股，其中发起人持股13,500万股，占总股本的69.77%，社会公众股5850万股，占总股本的30.23%。经深圳证券交易所批准，本次送股及转增股起始交易日为2000年8月30日。公司于2000年8月23日，在《中国证券报》、《证券时报》、《梅州日报》刊登了《广东宝丽华实业股份有限公司2000年中期分红派息及资本公积金转增股本公告》，于2000年11月15日在广东省工商行政管理局变更注册资本为19,350万元人民币。

E、公司于1997年1月7日-9日，向公司职工配售人民币普通股125万股，面值为人民币1元，发行价为每股7.08元，并于1997年1月28日委托深圳证券登记公司托管，除公司高级管理人员所持股份3万股暂时冻结外，其余122万股按规定获准于1997年7月30日在深圳证券交易所上市流通。公司实施了1997年送股及转增股本方案、1999年配股方案及2000年中期送股及转增股本方案后，公司高级管理人员所持股份3万股相应增加至140,400股，继续冻结，暂不上市流通。

2、股东情况介绍

(1) 报告期末股东总数：截止2000年12月31日持有本公司股份的股东总户数为12098户，其中：法人股股东5户，内部职工股股东10户（公司高级管理人员冻结户数），社会公众股东12083户。

(2) 公司前十名股东的持股情况

序号	股东名称	持股数量（股）	持股比例(%)
1	广东宝丽华集团公司	129,240,000	66.79
2	梅县金穗实业发展有限公司	1,440,000	0.74
3	广东梅县东风企业(集团)公司	1,440,000	0.74
4	广东华银集团工程有限公司	1,440,000	0.74
5	梅州市对外加工装配服务公司	1,440,000	0.74

6	金泰基金	1,000,000	0.52
7	何彬	954,540	0.49
8	曹丰宇	734,580	0.38
9	宋丽花	705,000	0.36
10	商细枝	450,000	0.23

序号	股东名称	股份性质
1	广东宝丽华集团公司	发起人法人股
2	梅县金穗实业发展有限公司	发起人法人股
3	广东梅县东风企业(集团)公司	发起人法人股
4	广东华银集团工程有限公司	发起人法人股
5	梅州市对外加工装配服务公司	发起人法人股
6	金泰基金	流通股
7	何彬	流通股
8	曹丰宇	流通股
9	宋丽花	流通股
10	商细枝	流通股

持有公司 5%以上(含 5%)股份的股东为广东宝丽华集团公司,在本年度内因公司中期实施了每 10 股送红股 3 股,以资本公积金每 10 股转增 5 股的分红、转增方案,持股数由年初 71,800,000 股增为报告期末 129,240,000 股,其所持股份无任何质押行为。

2000 年 12 月 26 日,梅州市对外加工装配服务公司与梅州梅林蔬菜种植有限公司签订股权转让协议书,梅州市对外加工装配服务公司将其持有的本公司发起法人股 144 万股中的 104 万股转让给梅州梅林蔬菜种植有限公司。2001 年 1 月 1 日双方已完成股份过户手续。

(3) 广东宝丽华集团公司持有公司发起人法人股 129,240,000 股,占总股份的 66.79%,是唯一持股 10%(含 10%)以上的法人股东。

法定代表人:叶华能

经营范围:工业、三高农业、商业、旅游业、房地产经营业、运输业、饮食业。

(4) 报告期内控股股东没有发生变更情况。

四、股东大会简介

报告期内,公司共召开了 1999 年度股东年会、2000 年度第一次临时股东大会、2000 年度第二次临时股东大会三次股东大会,现分别介绍如下:

1、1999 年度股东年会

(1) 2000 年 3 月 16 日,公司在《中国证券报》、《证券时报》及《梅州日报》上刊登了召开 1999 年度股东年会的公告,2000 年 4 月 19 日公司 1999 年度股东年会在公司会议厅准时召开。出席会议的股东及股东代理人共 131 人,代表股份 75,286,250 股,占公司总股本的 70.03%。

(2) 公司 1999 年度股东年会审议通过了如下决议:

A、1999 年度董事会工作报告;

B、1999 年度监事会工作报告;

C、公司 1999 年年度报告;

D、公司 1999 年度财务决算及利润分配方案;

E、关于公司董事会换届选举的议案;

F、关于公司监事会换届选举的议案;

G、关于修改公司章程的议案;

H、关于聘请公司 2000 年度审计单位的议案;

I、监事会关于公司内部控制制度的制订及执行情况的报告。

(3) 公司 1999 年度股东年会决议公告刊登在 2000 年 4 月 20 日的《中国证券报》、《证券时报》及《梅州日报》上。

(4) 公司 1999 年度股东年会选举叶华能先生、林锦平先生、叶祖根先生、杨清文先生、叶华元先生、叶碧玲小姐、朱慈荣小姐、王巨传先生、李小平先生、丘柳凡小姐、赖利珍小姐为公司第二届董事会成员,任期三年;选举股东代表丘善中先生、叶富中先生为第二届监事会监事,与职工代表大会推举产生的职工代表饶谦和先生共 3 名监事成为公司第二届监事会成员,任期三年。

2、2000 年度第一次临时股东大会

(1) 2000 年 7 月 20 日,公司在《中国证券报》、《证券时报》及《梅州日报》上刊登了召开 2000 年度第一次临时股东大会的公告,2000 年 8 月 21 日公司 2000 年度第一次临时股东大会在公司会议厅准时召开。出席会议的股东或股东代理人共 170 人,代表股份 75,297,322 股,占公司总股本的 70.04%。

(2) 公司 2000 年度第一次临时股东大会审议通过了以下决议:

A、公司 2000 年中期报告及摘要;

B、公司 2000 年中期利润分配方案;

C、公司 2000 年中期公积金转增股本方案;

D、关于修改公司章程的议案;

E、关于补选宁远喜先生为公司第二届董事会董事的议案。

(3) 公司 2000 年度第一次临时股东大会决议公告刊登在 2000 年 8 月 22 日的《中国证券报》、《证券时报》及《梅州日报》上。

(4) 由于工作变动关系,公司第二届董事会董事李小平先生向董事会递交了其辞去董事职务的申请报告,公司第二届董事会第二次会议审议通过了《关于李小平先生提请董事会同意其辞去公司董事的议案》。经董事长及部分董事提议,经公司第二届董事会第二次会议及公司 2000 年度第一次临时股东大会审议通过,补选宁远喜先生为公司第二届董事会董事。

3、2000 年度第二次临时股东大会

(1) 2000 年 9 月 28 日,公司在《中国证券报》、《证券时报》及《梅州日报》上刊登了召开 2000 年度第二次临时股东大会的公告,2000 年 10 月 30 日公司 2000 年度第二次临时股东大会在公司会议厅准时召开。出席会议的股东或股东代表共 173 人,代表股份 135,447,278 股,占公司总股本的 70%。

(2) 公司 2000 年度第二次临时股东大会审议通过了以下决议:

A、关于兴建梅县大新城科技产业园开发区的议案;

B、关于修改公司章程的议案;

C、关于变更公司法定代表人及提请股东大会授权董事会办理有关工商变更登记的议案。

(3) 公司 2000 年度第二次临时股东大会决议公告刊登在 2000 年 10 月 31 日的《中国证券报》、《证券时报》及《梅州日报》上。

五、董事会报告

1、公司经营情况

(1) 公司所处行业及在本行业中的地位

服装生产销售与公路、桥梁、市政、建筑工程施工、房地产开发是公司的两大支柱产业。在此基础上,为了贯彻董事会依托现有的传统产业,实现"高科技、高效益、规模化"发展的战略方针,公司于本年度收购了北京联融科技有限公司,迈出了向高科技领域进军的坚实的一步。

在服装工业上,精心经营的著名品牌"绅浪"系列服装,已在国内高档男装市场上树立了良好的品牌形象,市场占有率不断提高,绅浪服装以专卖柜、专卖店的经营方式正稳健扎实地在全国十几个省市形成了强大的销售网络,在同行业之中,占据着较明显的竞争优势,成为众多品牌跟进的目标对象,引导着市场潮流。

在工程建设及房地产经营方面,公司拥有雄厚的技术力量和先进的施工设备,具有国家建筑类企业二级施工资质与房地产开发企业三级资质,并在 2000 年顺利通过 ISO9002 质量体系认证。公司曾承建的梅雁公路改造工程,荣获梅州市"八五"期间优质工程奖;公司上市后,承建的梅州大堤(西堤)改造工程,是广东省十大江河围堤改造工程之一——梅州大堤改造的重点堤段,也是梅州市城市建设总体规划和梅县新县城建设规划的重点建设项目之一。改造工程采取围堤防洪与城建开发相结合,做到堤、路、街"三合一",取得了良好的投资收益和社会效益,为公司在工程建设领域的发展增强了竞争力。2000 年,公司对梅州大堤乌廖沙段改造工程所取得的土地进行开发,兴建沿江半岛商住楼,其设计施工质量受到广泛好评,销售业绩在梅州房地产业名列前茅,被誉为"地产王牌"。

在高科技领域上,公司收购的北京联融科技有限公司是一家跨证券、保险、银行和政府监管部门,主要从事应用开发、系统集成、产品代理、教育和维护的信息技术综合服务商,拥有一支包括硕士、博士、博士后在内 70 多名高科技人才的强大的研发队伍,并被核准为北京高新技术产业开发试验区新技术企业和北京市软件企业。公司成功入主后,从资金、管理以及上市公司的品牌效应等各方面为其注入了新的活力。北京联融科技有限公司为中国证监会开发的"证券机构监管信息系统"一期工程已经完成并投入试运行,与中国农业发展银行合作开发的"中国农业发展银行信贷管理系统"已得以应用,还与中国惠普有限公司在中国风险监控领域结成战略合作伙伴关系。此外,北京联融科技有限公司与 IBM ETC 合作为北京青年报开发的"小红帽"物流配送系统也已于 2000 年底完工。北京联融科技有限公司正朝着成为中国最可信赖的信息技术综合服务商,成为中国政府、企业、金融界最重要的信息技术伙伴的目标迈进。

2000 年 12 月 20 日,广东省经济贸易委员会、广东省科学技术厅、广东省发展计划委员会联合发布粤经贸技术[2000]1073 号文"关于被认定为第四批广东省技术创新优势企业的通知",公司被认定为广东省技术创新优势企业。

(2) 公司主营业务的范围及其经营状况

A、公司主营业务范围为设计、开发、生产、销售服装、皮革制品、鞋、公路、桥梁、市政等基础设施工程的设计、承揽与施工(凭资质证书经营),房地产开发经营,投资高新技术产业。计算机软件业。电子商务技术开发及相关的技术咨询、技术培训和技术转让。承接电子计算机网络系统工程。销售:电子计算机及其外部设备,电子元器件,通讯设备(不含无线电发射设备),机械电器设备。2000 年度实现主营业务收入 220,090,365.68 元,实现利润总额 47,111,288.67 元,净利润 44,382,274.60 元。各行业主要经营业绩如下:

行业	营业收入(元)	营业毛利(元)
服装加工	105,930,589.40	45,604,899.93
建筑施工	36,754,379.00	10,677,730.88
房地产开发	74,067,370.00	23,795,927.15
计算机软件开发	1,842,352.75	184,530.72

B、2000 年占公司主营业务收入 10%以上的行业为服装行业和工程建设及房地产行业。

绅浪服装系列,包括衬衫、西装、T 恤、领带、皮带、夹克、皮具等,源自法国经典,秉承世界级服装大师卓越的设计理念,结合东方人的体形特点及文化取向精工细作而成,被视为崇高身份的象征。

法国绅浪西装选用英国、意大利等国高级羊毛及天然质料制作,做工精细,在庄重严谨之中展现自信、成功、尊贵的风范;法国绅浪高级衬衣采用英、法等国流行面料,经现代特殊工艺加工,具有轻柔、舒适、防皱、通爽的特点;法国绅浪 T 恤采用意大利名厂生产的双丝光棉及精纺羊毛面料,色泽光鲜,细腻光滑、透气柔软、垂性极佳,穿着舒适轻盈,洒脱大方;法国绅浪领带选用英国、意大利等国流行的真丝印花或织布,色彩清新、设计时尚,在高贵中流露出浓郁的艺术气息;法国绅浪皮带选用意大利名贵真皮,经久耐用,其金属扣部分为 24K 镀金优质合金,并由意大利设计、铸造,品质卓越,非同一般;法国绅浪皮具系列,精选韩国、意大利高级皮料,设计时尚、明快,成为成功男子的非凡点缀;法国绅浪机恤系列,选用国际流行的法国 TENCEL 面料及高支羊毛面料制作而成,充分体现穿着者的衣着品味。

工程施工方面,在全体员工的努力下,公司在本年度顺利通过了 ISO9002 质量体系认证,并以此为契机继续强化精品意识,精心组织施工,严把质量关,以创建一流工程为目标。报告期内,梅州大堤(西堤)第四期改造工程及梅州大堤乌廖沙段改造工程所获土地兴建的沿江半岛商住楼的开发工程已经完工;国道 205 线梅县南口—兴宁茅塘段路面大修工程、梅县烟草公司综合楼、梅州市有线电视台网络传输中心大楼主体工程及梅县大新城科技产业园开发区建设工程"三通一平"建设尚在建设中;对梅州大堤(西堤)第四期改造工程所取得的 60 亩土地进行开发,兴建商住楼工程已经开始动工。

(3) 公司全资附属企业及控股子公司的经营情况及业绩

A、广东宝丽华服装有限公司,为本公司的全资子公司,经营范围:生产、销售服装、皮革制品、鞋等。生产的"绅浪"牌系列服装享誉全国。本报告期内,经公司全体员工的共同努力,共完成营业收入 105,930,589.40 元,实现毛利 45,604,899.93 元。

B、广东宝丽华建设工程公司,为本公司的全资子公司,经营范围:公路、市政、土石方工程施工、建筑工程建设及房地产开发等。报告期内完工结算的项目有梅州大堤(西堤)第四期改造工程、梅州大堤乌廖沙段改造工程所获土地兴建的沿江半岛商住楼的开发工程、梅州市警校学员宿舍房建及附楼装修工程、205 国道绿化带工程等,此外公司还转让了梅州大堤乌廖沙段改造工程所取得土地中尚未开发完成的剩余 13.4 亩土地,共完成营业收入 110,821,749 元,实现毛利 34,473,658.03 元。

C、北京联融科技有限公司,为本公司的控股企业,经营范围:技术开发、服务、咨询,销售开发后的产品等。报告期内完成的项目有:为中国证监会开发的"证券机构监管信息系统"一期工程已经完成并投入试运行,与中国农业发展银行合作开发了"中国农业发展银行信贷管理系统"已得以应用,与 IBM ETC 合作为北京青年报开发完成"小红帽"物流配送系统等。

(4) 经营活动中出现的问题与困难及解决方案

问题与困难:

A、服装行业竞争日益激烈,需投入的市场开拓力度增大;

B、产业结构相对简单,企业规模效益有待进一步增强;

C、地处梅州山区,在信息反馈、人才交流方面与发达地区尚有差距。

解决方案:

A、研究服装行业发展趋势,加大研发力度,结合市场定位,丰富款式种类,提高产品质量,扩大销售网点;

B、在提高市场占有率的基础上,进一步提高产量;

C、实施企业发展战略调整,产品运营与资本运营并重,促进公司产业升级;

D、继续深化企业内部改革,使公司的现代企业制度规范健康地发展;在对现有员工进行岗位培训的同时引进人才,提高公司的整体管理水平,造就一支高素质的管理队伍。

2、公司财务状况

报告期内主要财务指标变动情况及原因(单位:人民币元)

指标项目	2000 年末	1999 年末	增减数额	增减比例 (%)
总资产	494,779,810.60	417,399,852.26	77,379,958.34	18.45
长期负债	0.00	0.00	0.00	0.00
股东权益	328,134,112.17	330,514,337.57	−2,380,225.40	−0.72
主营业务利润	72,252,437.92	60,983,123.75	11,269,314.17	18.48
净利润	44,382,274.60	42,361,325.23	2,020,949.37	4.77

变动原因:本年度经营产生利润

3、公司投资情况

(1) 报告期内募集资金使用情况

A、1999 年度配股募集资金使用情况如下表(单位:人民币万元)

募集时　　投资　实际　　　　投资　已投入　尚未投入

承诺投资项目	金额	投资项目	金额	金 额	资金金额
梅州大堤(西堤)第四期改造工程	3900	梅州大堤(西堤)第四期改造工程	3900	3900	0
建立和扩大服装销售网络	2400	建立和扩大服装销售网络	2400	1288	1112
补充流动资金	580	补充流动资金	580	580	0
合计	6880	-	6880	5768	1112

B、1999年度配股募集资金已于1999年全部到位，实际可使用募集资金投向与配股说明书的承诺项目相一致。各项目资金的投入及进度如下：

a、梅州大堤(西堤)第四期改造工程项目，于1999年8月动工，至报告期末已投入资金3900万元，共取得可供开发的土地60亩，完成工程进度的100%；

b、建立和扩大服装销售网络项目，目前已实际投入深圳宝丽华绅浪服装研究中心、长沙专卖店及各专柜1288万元，较好地促进了绅浪服装的销售增长；

c、补充流动资金：1999年度配股募集资金完成投资上述项目后，剩余部份用于补充公司的流动资金；

d、募集资金按项目进度逐步投入，尚未投入部分全部存于银行。

公司1999年度增资配股募集资金的使用全部按照配股说明书的承诺投资，各项工作按计划进行。

(2) 其他投资情况

2000年9月26日公司第二届董事会第四次会议决议，根据北京兴华会计师事务所出具的(2000)京会兴字第220号审计报告及中锋资产评估有限责任公司出具的中锋评报字(2000)第025号资产评估报告，以8,882,278.00元受让北京联融科技有限公司75%股权。

北京联融科技有限公司是一家专门从事计算机应用软件开发的高新技术企业，拥有优秀的高科技人才、先进的技术体系及信息技术综合解决方案，在证券、保险、银行和政府监管部门等业界有一定的影响力，发展前景广阔。本公司通过受让北京联融科技有限公司股权，加快了公司涉足高科技领域的步伐，符合公司实施"高科技、高效益、规模化"的发展战略，有利于优化公司的产业结构，促进产业升级，培育新的利润增长点。

公司本次受让北京联融科技有限公司股权项目，所需资金由公司自有资金解决。本次受让北京联融科技有限公司股权完成后，公司又追加再投资1910万元，将北京联融科技有限公司注册资本变更为3000万元，注册资本增加变更后，公司持有北京联融科技有限公司75.67%的股权。

4、新年度业务发展计划

(1) 继续严格按照中国证监会及国家有关法律规定，全面完善公司的经营管理体制，确保公司规范运作、合法经营；

(2) 进一步完善和强化销售体系，牢牢巩固绅浪服装在全国大、中城市的市场地位；进一步发展和培育区域经销商，扩大绅浪服装的市场占有率，搭建起绅浪服装的立体强势销售平台；

(3) 继续对梅州大堤(西堤)第四期改造工程所取得的60亩土地进行开发，兴建商住楼；

(4) 树立品牌意识，加强施工现场管理，加快工程进度，保证国道205线梅县南口—兴宁茅塘段路面大修工程、梅县烟草公司综合楼工程质量，力争将梅州市有线电视台网络传输中心大楼工程建设为省级样板工程；

(5) 进行大新城科技园开发，积极同各大科研机构与院校合作，引进高新技术成果；进行房地产开发，发展智能、节能建筑，兴建现代化城市示范小区；

(6) 加大建设工程公司对外业务开拓力度，积极承揽各项建设工程；1

(7) 加强对北京联融科技有限公司的管理，确保公司对其投资的资产增值保值，创造经济效益，为公司继续向高科技领域发展总结积累经验；

(8) 在2000年被认定为广东省技术创新优势企业的基础上，进一步开展省级企业技术中心的认定工作，增强技术创新能力和核心竞争力；

(9) 进一步引进人才，进行对外投资项目的可行性分析研究，培育新的利润增长点，开拓业务发展空间。

5、董事会日常工作情况

(1) 报告期内董事会的会议情况及决议内容

2000年度公司董事会召开了第一届董事会第十一次会议及第二届董事会第一次、第二次、第三次、第四次会议，会议情况及决议内容如下：

A、2000年3月14日，在公司会议厅召开了第一届董事会第十一次会议，会议由董事长主持，全体董事出席了会议，全体监事列席了会议。全体董事会成员一致通过如下决议：

a、公司关于提取资产减值准备和损失处理的内部控制制度的议案；

b、公司总经理关于计提资产减值准备的报告；

c、公司1999年度董事会工作报告；

d、公司1999年度财务决算及利润分配预案：

本公司1999年度实现净利润42,361,325.23元，提取10%法定公积金4,236,132.52元，提取5%法定公益金2,118,066.26元，加年初未分配利润42,125,699.08元，可供股东分配的利润为78,132,825.53元。

1999年度利润分配预案为：以1999年末总股本10,750万股为基数，拟向全体股东每10股派送现金2元(含税)，共计2150万元，剩余利润56,632,825.53元结转以后年度分配。本次不进行利润转送红股也不进行资本公积金转增股本；

e、公司1999年年度报告及年报摘要；

f、公司关于董事会换届选举的议案；

g、关于修改公司章程的议案；

h、公司2000年工作计划；

i、关于聘请公司2000年度审计单位的议案；

j、公司董事会议事规则；

k、公司董事及高级管理人员行为准则；

l、公司关于召开1999年度股东年会的议案：

公司决定于2000年4月19日在公司会议厅召开1999年度股东年会，会议通知另行公告。以上3、4、5、6、7、9项决议，需提请1999年度股东年会审议通过。

B、2000年4月19日，在公司会议厅召开了第二届董事会第一次会议，全体董事出席了会议，全体监事会成员列席了会议。全体董事会成员一致通过如下决议：

a、选举叶华能先生为公司第二届董事会董事长；

b、选举林锦平先生、叶祖根先生为公司第二届董事会副董事长；

c、继续聘任林锦平先生为公司总经理，叶祖根先生为公司副总经理；

d、继续聘任叶碧玲小姐为公司财务总监；

e、继续聘任宁远喜先生为公司董事会秘书。

C、2000年7月18日，在公司会议厅召开了第二届董事会第二次会议，全体董事出席了会议，全体监事会成员列席了会议。全体董事会成员一致通过如下决议：

a、公司2000年中期报告及摘要；

b、公司2000年中期利润分配预案：

公司报告期内实现净利润15,006,248.83元，加上年结转未分配利润56,632,825.53元，实际可供分配的利润合计为71,639,074.36元。2000年中期利润分配预案为：以2000年6月30日总股本10,750万股为基数，拟向全体股东每10股送3股红股派送现金0.75元(含税)，共计40,312,500.00元，剩余利润31,326,574.36元结转以后年度分配；

c、公司2000年中期公积金转增股本预案：

截止2000年6月30日，公司资本公积金总额为148,622,841.35元。公司2000年中期公积金转增股本预案为：以2000年6月30日总股本10750万股为基数，拟向全体股东每10股转增5股，共转增股本5375万股，共需资本公积金53,750,000.00元，剩余资本公积金94,872,841.35元；

d、关于修改公司章程的议案；

e、关于李小平先生提请董事会同意其辞去公司董事的议案：因工作变动关系，同意李小平先生辞去董事职务；

f、关于补选宁远喜先生为公司第二届董事会董事的议案：补选宁远喜先生为公司第二届董事会董事；

g、关于叶祖根先生提请董事会同意其辞去公司副总经理的议案：因工作变动关系，同意叶祖根先生辞去副总经理职务；

h、关于召开2000年度第一次临时股东大会的议案。

以上议案1、2、3、4、6项需提请股东大会审议。

D、2000年8月8日，在公司会议厅召开了第二届董事会第三次会议，会议由董事长叶华能先生主持，全体董事会成员出席了会议。董事会听取了总经理对近期工作的小结报告，并对公司下一步发展方向进行了积极的探讨。

E、2000年9月26日，在公司会议厅召开了第二届董事会第四次会议，会议由叶华能先生主持，全体董事会成员出席了会议，全体监事会成员列席了会议。全体董事会成员一致通过如下决议：

a、关于收购北京联融科技有限公司股权的议案：根据北京兴华会计师事务所出具的(2000)京会兴字第220号审计报告及中锋资产评估有限责任公司出具的中锋评报字(2000)第025号资产评估报告，以8,882,278.00元受让北京联融科技有限公司75%股权；本次受让北京联融科技有限公司股权完成后，公司又追加再投资1910万元，将北京联融科技有限公司注册资本变更为3000万元，注册资本增加变更后，公司持有北京联融科技有限公司75.67%的股权；

b、关于兴建梅县大新城科技产业园开发区的议案：为了贯彻公司董事会确立的依托现有的传统产业、实现高科技、高效益、规模化发展的战略方针，优化公司的产业结构，促进公司产业升级，培育新的利润增长点，公司决定在已获准征用的梅县新县城建设配套用地范围内，投资兴建梅县大新城科技产业园开发区；

c、关于叶华能先生提请董事会同意其辞去董事长职务的议案：为了完善法人治理结构，规范公司运作，确保公司与控股股东在人员、资产、财务上严格"三分开"，公司董事会同意叶华能先生日前向董事会递交的请求同意其辞去董事长职务的辞职报告。对于叶华能先生在董事长任期内为公司所做出的杰出贡献表示感谢；

d、关于选举第二届董事会新任董事长的议案：一致选举通过宁远喜先生为公司第二届董事会董事长；

e、关于修改公司章程的议案；

f、关于变更公司法定代表人及提请股东大会授权董事会办理有关工商变更登记的议案；

g、关于召开2000年度第二次临时股东大会的议案：定于2000年10月30日召开2000年度第二次临时股东大会。

(2) 董事会对股东大会决议的执行情况

报告期内公司利润分配方案、公积金转增股本方案执行情况

A、2000年4月19日公司1999年度股东年会通过了公司1999年度利润分配方案：公司1999年度实现净利润42,361,325.23元，提取10%法定公积金4,236,132.52元，提取5%法定公益金2,118,066.26元，加年初未分配利润42,125,699.08元，可供股东分配的利润为78,132,825.53元。1999年度利润分配方案为：以1999年末总股本10,750万股为基数，向全体股东每10股派送现金2元(含税)，共计2150万元，剩余利润56,632,825.53元结转以后年度分配。本次不进行利润转送红股也不进行资本公积金转增股本。

此次分红派息公告于2000年5月19日在《中国证券报》、《证券时报》上刊登，股权登记日为2000年5月24日，除息日为2000年5月25日，派息日为2000年5月26日。

B、2000年8月21日公司2000年度第一次临时股东大会通过了公司2000年中期利润分配方案：公司报告期内实现净利润15,006,248.83元，加上年结转未分配利润56,632,825.53元，实际可供股东分配的利润合计为71,639,074.36元。2000年中期利润分配预案为：以2000年6月30日总股本10,750万股为基数，拟向全体股东每10股送3股红股派送现金0.75元(含税)，共计40,312,500.00元，剩余利润31,326,574.36元结转以后年度分配。截止2000年6月30日，公司资本公积金总额为148,622,841.35元。公司2000年中期公积金转增股本方案为：以2000年6月30日总股本10750万股为基数，向全体股东每10股转增5股，共转增股本5375万股，共需资本公积金53,750,000.00元，剩余资本公积金94,872,841.35元。

此方案已于2000年8月23日在《中国证券报》、《证券时报》上刊登了《广东宝丽华实业股份有限公司2000年中期分红派息及资本公积金转增股本公告》，股权登记日为2000年8月28日，除权日为2000年8月29日，新增可流通股份上市日为2000年8月30日。

6、公司管理层及员工情况

(1) 董事、监事、高级管理人员

姓名	性别	年龄	现任职务	任职起止日期	年初持股数	年末持股数
宁远喜	男	31	董事长	2000. 9.26-2003.4.19	0	0
林锦平	男	43	副董事长总经理	2000.4.19-2003.4.19	7800	14040
叶祖根	男	43	副董事长	2000.4.19-2003.4.19	7800	14040
叶华能	男	49	董事	2000.4.19-2003.4.19	7800	14040
叶碧玲	女	36	董事、财务总监	2000.4.19-2003.4.19	7800	14040
杨清文	男	50	董事	2000.4.19-2003.4.19	7800	14040
叶华元	男	51	董事	2000.4.19-2003.4.19	7800	14040
朱慈荣	女	40	董事	2000.4.19-2003.4.19	7800	14040
王巨传	男	54	董事	2000.4.19-2003.4.19	0	0
赖利珍	女	47	董事	2000.4.19-2003.4.19	0	0
丘柳凡	女	47	董事	2000.4.19-2003.4.19	0	0
丘善中	男	55	监事会主席	2000.4.19-2003.4.19	7800	14040
叶富中	男	41	监事	2000.4.19-2003.4.19	7800	14040
饶谦和	男	52	监事	2000.4.19-2003.4.19	7800	14040

姓名	股份增加量	年度报酬总额
宁远喜	0	55000
林锦平	6240	55000
叶祖根	6240	未在公司领取报酬
叶华能	6240	59000
叶碧玲	6240	45000
杨清文	6240	55000
叶华元	6240	未在公司领取报酬
朱慈荣	6240	45000

王巨传	0	未在公司领取报酬
赖利珍	0	未在公司领取报酬
丘柳凡	0	未在公司领取报酬
丘善中	6240	未在公司领取报酬
叶富中	6240	未在公司领取报酬
饶谦和	6240	43000

注:持有公司股份的董事、监事、高级管理人员因2000中期实施送、转增股份方案而增加;叶华能先生2000年1-9月份工资在公司领取,辞去董事长职务后未在公司领取报酬。

A、现任董事、监事、高级管理人员中未在股份公司领取报酬的有8人,年度报酬在4-5万元的有3人,5-6万元的有3人;

B、2000年4月19日,公司第二届董事会第一次会议通过继续聘任林锦平先生为公司总经理、叶祖根先生为公司副总经理;继续聘任叶碧玲小姐为公司财务总监;继续聘任宁远喜先生为公司董事会秘书;

C、2000年7月18日,公司第二届董事会第二次会议同意叶祖根先生因工作变动关系辞去副总经理职务,同意李小平先生辞去公司董事。

(2) 公司员工的数量、专业构成及教育程度:

公司现有员工人数为978人,大专以上学历占总数的39%。

专业构成	人数	教育程度
生产人员	600	高中以上
销售人员	168	大专以上
技术人员	198	大专以上
财务人员	6	大专以上
行政人员	16	大专以上

公司未有退休职工。

7、本次利润分配预案及资本公积金转增股本预案

(1) 本公司2000年度实现净利润44,382,274.60元,提取10%法定公积金4,438,227.46元,提取5%法定公益金2,219,113.73元,加年初未分配利润56,632,825.53元,减去中期已分配利润40,312,500元,可供股东分配的利润为54, 045,258.94元。2000年度利润分配预案为:以`2000年末总股本19,350万股为基数,拟向全体股东每10股派送现金2元(含税),共计3870万元,剩余利润15,345,258.94元结转以后年度分配。本次不进行利润转送红股也不进行资本公积金转增股本。以上分配预案须提交2000年度股东年会审议。

(2) 2001年度利润分配政策预测

B、公司拟在2001年度结束后分配利润一次;

C、公司2001年度实现净利润用于股利分配的比例不少于30%;

D、公司本年度未分配利润用于2001年度股利分配的比例不少于30%;

E、分配主要采用送红股或派送现金形式,现金股利不少于股利分配的30%。

以上只是公司对2001年度利润分配政策的预计,不构成对投资者的承诺事项。具体分配办法将根据公司当时实际情况,由董事会拟定方案报股东大会批准后实施,公司保留对上述利润分配政策作调整的权利。

8、公司选定的信息披露报刊:《中国证券报》、《证券时报》、《梅州日报》。

六、监事会报告

监事会作为公司的常设监察机构,坚持依据《公司法》等法律法规及《公司章程》的规定,本着“法制、监管、自律、规范”的方针,以向全体股东负责的态度,忠实履行监事会职责。

1、本报告期内,公司共召开了二次监事会会议:

(1) 2000年3月14日,召开了第一届监事会2000年度第一次会议,会议通过以下决议:公司监事会报告;公司1999年度财务决算报告;公司1999年年度报告及年报摘要;公司关于提取资产减值准备和损失处理的内部控制制度的制订及执行情况;公司监事换届选举的议案;公司监事会议事规则;公司监事行为准则。

公司于2000年3月16日在《中国证券报》、《证券时报》上刊登了《广东宝丽华实业股份有限公司第一届监事会2000年度第一次会议决议公告》。

(2) 2000年4月19日,召开了第二届监事会第一次会议,会议通过以下决议:选举丘善中先生为公司第二届监事会主席。

公司于2000年4月20日在《中国证券报》、《证券时报》上刊登了《广东宝丽华实业股份有限公司第二届监事会第一次会议决议公告》。

2、监事会全体成员列席了2000年度公司历次董事会会议和股东大会,参与了公司重大决策的讨论。对报告期内公司运行情况,本公司监事会发表以下独立意见:

(1) 公司的决策程序是合法的,公司建立、健全了相关的内部控制制度,未发现公司董事、经理执行公司职务时有违反法律法规、公司章程或损害公司利益的行为;

(2) 北京兴华会计师事务所有限责任公司出具的审计意见及所涉及事项是真实的。公司的财务报告真实、准确、完整地反映了公司的财务状况和经营成果;

(3) 公司最近一次募集资金即公司1999年度增资配股募集资金实际投入项目与承诺项目一致;

(4) 公司报告期内收购、出售资产的交易有:收购北京联融科技有限公司75%股权,将梅州大堤乌廖沙段改造工程所取得土地中公司未开发的剩余土地转让给梅县华侨城房地产开发有限公司。公司监事会认为,以上交易价格合理,无内幕交易,未损害部分股东的权益或造成公司资产流失;

(5) 关联交易事项遵循了合法、公平、公正原则,未损害上市公司利益。

七、重要事项

1、重大诉讼、仲裁事项:本年度公司无重大诉讼、仲裁事项。

2、报告期内公司、公司董事及高级管理人员未发生受监管部门处罚的情况。

3、报告期内公司控股股东未发生变化;2000年4月19日,公司1999年度股东年会选举叶华能先生、林锦平先生、叶祖根先生、叶华元先生、杨清文先生、叶碧玲小姐、朱慈荣小姐、王巨传先生、李小平先生、丘柳凡小姐、赖利珍小姐为公司第二届董事会成员,任期三年;2000年4月19日,公司第二届董事会第一次会议选举叶华能先生为公司第二届董事会董事长;选举林锦平先生、叶祖根先生为公司第二届董事会副董事长;继续聘任林锦平先生为公司总经理、叶祖根先生为公司副总经理;继续聘任叶碧玲小姐为公司财务总监;继续聘任宁远喜先生为公司董事会秘书。2000年7月18日,在公司会议厅召开了第二届董事会第二次会议通过补选宁远喜先生为公司第二届董事会董事,同意叶祖根先生因工作变动关系辞去副总经理职务。2000年8月21日,公司2000年度第一次临时股东大会审议通过了《关于李小平先生提请董事会同意其辞去公司董事的议案》,经董事长及部分董事提议,并经公司第二届董事会第二次会议及公司2000年度第一次临时股东大会审议通过,补选宁远喜先生为公司第二届董事会董事。2000年9月26日,公司第二届董事会第四次会议同意叶华能先生辞去董事长职务并一致选举宁远喜先生为公司第二届董事会董事长。

4、2000年9月26日公司第二届董事会第四次会议决议,根据北京兴华会计师事务所有限责任公司出具的(2000)京会兴字第220号审计报告及中锋资产评估有限责任公司出具的中锋评报字(2000)第025号资产评估报告,以8,882,278.00元受让北京联融科技有限公司75%股权,其中承担负债2,864,025.86元。

北京联融科技有限公司是一家专门从事计算机应用软件开发的高新技术企业,拥有一批优秀的高科技人才和先进的技术体系及信息技术综合解决方案,在证券、保险、银行和政府监管部门等业界有一定的影响力,发展前景广阔。本公司通过受让北京联融科技有限公司股权,加快了公司涉足高科技领域的步伐,符合公司实施“高科技、高效益、规模化”的发展战略,有利于优化公司的产业结构,促进产业升级,培育新的利润增长点。

本次受让北京联融科技有限公司股权完成后,公司又追加再投资1910万元,将北京联融科技有限公司注册资本变更为3000万元,注册资本增加变更后,公司持有北京联融科技有限公司75.67%的股权。

5、重大关联交易事项:本公司2000年度向公司第一大股东广东宝丽华集团公司下属企业梅县华侨城房地产开发有限公司转让土地13.4亩,金额1161.29万元,转让价格按市场价格确定。

6、本公司与控股股东在人员、资产、财务上实现了“三分开”,保证了本公司人员独立、资产完整、财务独立。

(1) 在人员方面,公司有独立的劳动、人事及工资管理系统,公司总经理等高级管理人员在公司领取薪酬,未在股东单位担任重要职务;

(2) 在资产方面,公司拥有独立的生产系统、辅助生产系统和配套设施;公司独立拥有生产经营所需的相关工业产权及非专利技术,独立拥有并使用“绅浪”商标;公司独立拥有采购和销售系统;

(3) 在财务方面,公司设立有独立的财会部门,并建立了独立的会计核算体系和财务管理制度;独立在银行开户。

7、2000年4月19日公司1999年度股东年会决议通过了续聘北京兴华会计师事务所有限责任公司为本公司2000年度审计单位。

八、财务会计报告

1、审计报告

审计报告

(2001)京会兴字第91号

广东宝丽华实业股份有限公司全体股东:

我们接受委托,审计了贵公司2000年12月31日资产负债表和合并资产负债表,2000年度的利润及利润分配表和合并利润及利润分配表,2000年度现金流量表和合并现金流量表。这些会计报表由贵公司负责,我们的责任是对这些报表发表审计意见。我们的审计是依据中国注册会计师独立审计准则进行的。在审计过程中,我们结合贵公司的实际情况,实施了包括抽查会计记录等我们认为必要的审计程序。

我们认为,上述会计报表符合《企业会计准则》和《股份有限公司会计制度》的有关规定,在所有重大方面公允地反映了贵公司2000年12月31日的财务状况以及2000年度的经营成果和现金流动情况,会计处理方法的选用遵循了一贯性原则。

北京兴华会计师事务所有限责任公司　　注册会计师:王全洲

注册会计师:胡毅

地址:北京市西城区阜城门外大街

万通新世界广场708室　　二○○一年三月五日

2、会计报表

资产负债表

编制单位:广东宝丽华实业股份有限公司　　金额单位:人民币元

资产	2000.12.31 母公司数	合并数
流动资产:		
货币资金	31,031,427.01	84,686,736.52
短期投资	-	12,000,000.00
减:短期投资收益	-	-
短期投资净额	-	12,000,000.00
应收票据	-	-
应收股利	-	-
应收利息	-	-
应收帐款	-	20,779,960.93
其他应收款	-	7,526,879.96
减:坏帐准备	-	2,044,842.20
应收帐款净额	-	26,261,998.69
预付帐款	-	15,791,257.64
应收补贴款	-	-
存货	-	258,735,159.88
减:存货跌价准备	-	-
存货净额	-	258,735,159.88
待摊费用	-	34,993.60
待处理流动资产净损失	-	-
一年内到期长期债券投资	-	-
其他流动资产(内部往来)	137,889,012.21	-
流动资产合计	168,920,439.22	397,510,146.33
长期投资:		
长期股权投资	274,114,605.14	5,812,328.92
长期债权投资	0.00	0.00
长期投资合计	247,114,605.14	5,812,328.92
减:长期投资减值准备	0.00	0.00
长期投资净额	247,114,605.14	5,812,328.92
其中:合并价差	5,812,328.92	5,812,328.92
固定资产:		
固定资产原价	88,922.00	79,076,853.81
减:累计折旧	8,109.20	18,182,604.12
固定资产净值	80,812.80	60,894,249.69
工程物资	0.00	0.00
在建工程	0.00	2,150,000.00
固定资产清理	0.00	0.00
待处理固定资产净损失	0.00	0.00
固定资产合计	80,812.80	63,044,249.69
无形资产及其他资产:		
无形资产	-	18,789,935.00
开办费	-	223,398.75
长期待摊费用	-	9,399,751.91
其他长期资产	-	0.00
无形资产及其他资产合计		28,413,085.66
递延税款:		
递延税款借项		
资产总计	416,115,857.16	494,779,810.60

流动负债:		
短期借款	48,000,000.00	53,000,000.00
应付票据	0.00	0.00
应付帐款	30,310.00	3,428,357.31
预收货款	0.00	49,651,596.60
代销商品款	0.00	0.00
应付工资	0.00	0.00
应付福利费	0.00	971,337.05
应付股利	36,360,000.00	36,360,000.00
应交税金	3,516,216.65	14,070,054.60
其他应交款	0.00	212,644.08
其他应付款	75,218.34	1,988,515.40
预提费用	0.00	111,805.00
一年内到期的长期负债	0.00	0.00
其他流动负债(内部往来)	0.00	0.00
流动负债合计	87,981,744.99	159,794,310.04
长期负债:		
长期借款		
应付债券		
长期应付款		
住房周转金		
其他长期负债		
长期负债合计		
递延税项:		
递延税款贷项		
负债合计	87,981,744.99	159,794,310.04
少数股东权益		6,851,388.39
股东权益:		
股本	193,500,000.00	193,500,000.00
资本公积	94,872,841.35	94,872,841.35
盈余公积	24,416,011.88	24,416,011.88
其中:公益金	8,138,670.62	8,138,670.62
未分配利润	15,345,258.94	15,345,258.94
股东权益合计	328,134,112.17	328,134,112.17
负债及股东权益总计	416,115,857.16	494,779,810.60

单位负责人:宁远喜　财务负责人:叶碧玲　制表人:叶碧玲

利润及利润分配表

编制单位:广东宝丽华实业股份有限公司　金额单位:人民币元

2000年度

项目	母公司数	合并数
一、主营业务收入		220,090,365.68
减:折扣与折让		0.00
主营业务收入净额		220,090,365.68
减:主营业务成本		140,862,939.42
营业税金及附加		6,974,988.34
二、主营业务利润		72,252,437.92
加:其他业务利润	1,379,700.00	1,508,688.72
减:存货跌价损失		
营业费用	52,800.00	26,528,115.30
管理费用	1,408,368.56	9,166,594.45
财务费用	2,115,922.57	2,230,205.17
二、营业利润	-2,197,391.13	35,836,211.72
加:投资收益	48,655,882.38	-98,514.05
补贴收入		11,400,000.00
营业外收入		4,654.00
减:营业外支出		31,063.00
四、利润总额	46,458,491.25	47,111,288.67
减:所得税	2,076,216.65	5,462,942.87
少数股东损益		-197,281.40
购买日前净利润		-2,536,647.40
五、净利润	44,382,274.60	44,382,274.60
加:年初未分配利润	56,632,825.53	56,632,825.53
盈余公积转入数		
减:弥补上年亏损		
六、可分配利润	101,015,100.13	101,015,100.13
减:提取法定盈余公积金	4,438,227.46	4,438,227.46
提取法定公益金	2,219,113.73	2,219,113.73
七、可供股东分配的利润	94,357,758.94	94,357,758.94
减:已分配优先股股利		
提取任意公积金		
应分配普通股股利	46,762,500.00	46,762,500.00
应转增股本普通股股利	32,250,000.00	32,250,000.00
八、未分配利润	15,345,258.94	15,345,258.94

单位负责人:宁远喜　财务负责人:叶碧玲　制表人:叶碧玲

利润表附表

编制单位:广东宝丽华实业股份有限公司

	净资产收益率		每股收益(单位:元)	
报告期利润	全面摊薄	加权平均	全面摊薄	加权平均
主营业务利润	22.02%	21.41%	0.37	0.37
营业利润	10.92%	10.62%	0.19	0.19
净利润	13.53%	13.15%	0.23	0.23
扣除非经常损益后的净利润	10.09%	9.81%	0.17	0.17

单位负责人:宁远喜　财务负责人:叶碧玲　制表人:叶碧玲

(6)存货　单位:人民币元

项目	1999.12.31		2000.12.31	
	金额	跌价准备	金额	跌价准备
原材料	7,211,130.69		5,237,847.38	
生产成本	3,410,215.61		654,412.20	
工程施工	69,762,886.85		41,190,336.48	
开发成本	425,080.30		123,973,695.05	
产成品	93,290,198.17		84,018,958.78	
科技在产品			3,659,909.99	
合　计	174,099,511.62	0.00	258,735,159.88	0.00

公司2000年12月31日存货比上年增长48.61%，其原因主要是公司本年新增大新城科技产业园开发区项目支付征地款所致；

(7)待摊费用　单位:人民币元

种　类	原始金额	1999.12.31	本期增加	本期摊销	2000.12.31
联融装修费					34,993.60
合计					34,993.60

(8)固定资产及累计折旧　单位:人民币元

固定资产原值	1999.12.31	本期增加	本期减少	2000.12.31
房屋及建筑物	45,520,515.00			45,520,515.00
机器设备	21,261,894.40	3,100,549.00		24,362,443.40
运输工具	4,738,726.20	1,289,696.00		6,028,422.20
电子设备	579,058.71	1,918,574.00		2,497,632.71
其他	352,580.00	315,260.50		667,840.50
合　计	72,452,774.31	6,624,079.50	0.00	79,076,853.81
累计折旧	1999.12.31	本期增加	本期减少	2000.12.31
房屋及建筑物	4,678,743.35	1,284,410.21		5,963,153.56
机器设备	6,703,077.66	2,422,808.61		9,125,886.27
运输工具	1,728,518.77	426,548.55		2,155,067.32
电子设备	136,723.70	515,788.74		652,512.44
其他	187,736.96	98,247.57		285,984.53
合　计	13,434,800.44	4,747,803.68	0.00	18,182,604.12
净　值	59,017,973.87			60,894,249.69

(9)在建工程　单位:人民币元

工程名称	预算数	1999.12.31	本期增加	本期转固
服装公司综合楼装			2,150,000.00	
会计电算化	13万	42,300.00		42,300.00
合计		42,300.00		

工程名称	2000.12.31	资金来源	进度
服装公司综合楼装	2,150,000.00	自筹	60%
会计电算化		自筹	100%
合计	2,150,000.00		

(10)无形资产　单位:人民币元

种　类	原值	1999.12.31	本期增加	本期摊销
土地使用权	9,990,000.00	9,095,625.00	0.00	247,500.00
商标使用权	8,710,000.00	4,666,090.00	0.00	1,244,280.00
专有技术	6,520,000.00		6,520,000.00	
合　计	25,220,000.00	13,761,715.00	6,520,000.00	1,491,780.00

种　类	2000.12.31
土地使用权	8,848,125.00
商标使用权	3,421,810.00
专有技术	6,520,000.00
合　计	18,789,935.00

(11)开办费　单位:人民币元

种　类	原值	1999.12.31	本期增加	本期摊销
联融公司开办费	327,610.57		299,557.35	76,158.60

种　类	2000.12.31
联融公司开办费	223,398.75

(12)长期待摊费用　单位:人民币元

种　类	原值	1999.12.31	本期增加
研究中心及各专柜装修费	11,749,689,.85	11,749,689.85	0.00

种　类	本期摊销	2000.12.31
研究中心及各专柜装修费	2,349,937.94	9,399,751.91

(13)短期借款　单位:人民币元

借款单位	2000.12.31	借款期限	月利率
市建行梅州营业部	10,000,000.00	2000/12/05-2001/12/05	5.11875‰
市建行梅州分行	3,000,000.00	2000/07/27-2001/07/27	5.3625‰
中行梅江支行	25,000,000.00	2000/07/26-2001/07/26	4.875‰
中行梅江支行	10,000,000.00	2000/12/15-2001/12/15	5.1188‰
工行梅州分行城区办	5,000,000.00	2000/04/30-2001/04/29	5.3625‰
合　计	53,000,000.00		

借款单位	借款条件
市建行梅州营业部	信用借款
市建行梅州分行	抵押借款
中行梅江支行	抵押借款
中行梅江支行	信用借款
工行梅州分行城区办	抵押借款
合　计	

(14)应付帐款　单位:人民币元

帐　龄	1999.12.31	2000.12.31
一年以内	9,854,277.44	3,165,686.84
一年至二年		12,993.75
二年至三年		
三年以上	1,144,037.72	249,676.72
合　计	10,998,315.16	3,428,357.31

本公司2000年12月31日应付帐款余额中无持股5%以上股份的股东单位应付款项。

(15)预收货款　单位:人民币元

帐　龄	1999.12.31	2000.12.31
一年以内	4,952,000.00	47,651,596.60
一年至二年		2,000,000.00
二年至三年		
三年以上		
合　计	4,952,000.00	49,651,596.60

本公司2000年12月31日预收货款余额中无持股5%以上股份的股东单位预收款项。

公司预收帐款2000年12月31日比上年增加902.66%，主要原因是预收工程进度款项增加所致。

(16)应付股利　单位:人民币元

单位名称	1999.12.31	2000.12.31
发起人股东	15,000,000.00	27,000,000.00
社会公众股股东	5,200,000.00	9,360,000.00
合　计	20,200,000.00	36,360,000.00

2000年12月31日余额系根据本公司董事会利润分配预案,2000年按净利润的10%和5%分别提取法定盈余公积金和公益金后,以 2000年末总股本为基数,每 10股派发现金2元(含税)。该分配预案尚须提请股东大会审议通过。

(17)应交税金　　单位:人民币元

税　种	1999.12.31	2000.12.31
增值税	1,733,966.52	2,787,410.57
营业税	-513,770.60	4,397,247.61
房产税	28,800.00	19,200.00
城市建设维护税	78,414.32	502,767.40
企业所得税	696,386.68	4,006,350.74
印花税		17,078.28
个人所得税		2,340,000.00
合　计	2,023,796.92	14,070,054.60

(18)其他应付款　　单位:人民币元

公司其他应付款2000年12月31日余额为1,988,515.40元,帐龄分析如下:

帐　龄	1999.12.31	2000.12.31
一年以内	3,370,966.57	699,003.19
一年至二年	35,600.00	774,912.21
二年至三年		14,600.00
三年以上	500,000.00	500,000.00
合　计	3,906,566.57	1,988,515.40

截止至2000年12月31日,公司其他应付款中无应付持股5%以上股东单位应付款。

(19)预提费用　　单位:人民币元

单位名称	1999.12.31	2000.12.31
预提软件开发项目成本		111,805.00

(20)股本

公司股本2000年12月31日比上年增长80%,主要原因是2000年8月公司按照法定程序决议通过,并报经有关部门批准按每10股转增5股和每10股送3股的方案向全体股东转、送股本8,600万股。

(21)资本公积　　单位:人民币元

项　目	1999.12.31	本期增加	本期减少	2000.12.31
股本溢价	148,622,841.35	0.00	53,750,000.00	94,872,841.35

公司资本公积2000年12月31日比上年减少36.17%,主要原因是2000年8月公司按照法定程序决议通过,并报经有关部门批准用资本公积每10股转增5股,向全体股东转增股本5,375万股。

(22)盈余公积　　单位:人民币元

项　目	1999.12.31	本期增加	本期减少	2000.12.31
法定盈余公积	11,839,113.80	4,438,227.46	0.00	16,277,341.26
公益金	5,919,556.89	2,219,113.73	0.00	8,138,670.62
合　计	17,758,670.69	6,657,341.19	0.00	24,416,011.88

(23)未分配利润　　单位:人民币元

本年度未分配利润变动情况	1999年度	2000年度
年初未分配利润	42,125,699.08	56,632,825.53
加:本年度净利润	42,361,325.23	44,382,274.60
减:提取10%法定盈余公积金	4,236,132.52	4,438,227.46
提取5%法定公益金	2,118,066.26	2,219,113.73
提取任意盈余公积金		
减:分配的普通股股利	21,500,000.00	46,762,500.00
转作股本的普通股股利		32,250,000.00
年末未分配利润	56,632,825.53	15,345,258.94

(24)其他业务利润　　单位:人民币元

项　目	1999年度	2000年度
租赁费收入	130,267.69	128,988.72
垫资利息收入 *	7,000,000.00	
拆借资金利息收入		1,379,700.00
合　计	7,130,267.69	1,508,688.72

(25)财务费用　　单位:人民币元

项　目	1999年度	2000年度
利息支出	2,952,228.72	2,780,803.31
减:利息收入	1,801,387.76	556,904.94
汇兑损失		
减:汇兑收益		
其他	850.00	6,306.80
合　计	1,151,690.96	2,230,205.17

(26)补贴收入

项目	1999年度	2000年度
财政返还收入		11,400,000.00
合计		11,400,000.00

* 补贴收入为收到的工程补贴款

(七)分行业资料单位?单位:人民币元

	营业收入		营业成本
行　业	1999年度	2000年度	1999年度
服装加工	84,942,429.75	105,930,589.40	41,460,517.72
建筑施工	83,015,710.92	36,754,379. 00	61,309,744.20
房地产开发	0.00	74,067,370.00	0.00
计算机软件开发	0.00	1,842,352.75	0.00
合　计	167,958,140.67	218,594,691.15	102,770,261.92

		营业毛利	
行　业	2000年度	1999年度	2000年度
服装加工	60,325,689.47	43,481,912.03	45,604,899.93
建筑施工	26,076,648.12	21,705,966.72	10,677,730.88
房地产开发	50,271,442.85	0.00	23,795,927.15
计算机软件开发	1,657,822.03	0.00	184,530.72
合　计	138,331,602.47	65,187,878.75	80,263,088.68

(八)关联方关系及其交易

(1)存在控制关系的关联方

企业名称	注册地址	主营业务
广东宝丽华集团公司	梅县	工业、商业、旅游及房地产
广东宝丽华建设工程公司	梅县	工路、桥梁、工业与民用建筑、房地
广东宝丽华服装有限公司	梅县	生产销售服装、皮革、鞋等
北京联融科技有限公司	北京	技术开发、服务、咨询,销售开发后

企业名称	与公司关系	经济性质	法人代表
广东宝丽华集团公司	母公司	集体企业	叶华能
广东宝丽华建设工程公司	全资子公司	集体企业	林锦平
广东宝丽华服装有限公司	全资子公司	有限责任	叶孟荣
北京联融科技有限公司	控股子公司	有限责任	于明

(2)存在控制关系的关联方注册资本及其变化

企业名称	1999.12.31	本期增加	本期减少	2000.12.31
广东宝丽华集团公司	12,800万元	-	-	12,800万元
广东宝丽华建设工程公司	4,000万元	-	-	4,000万元
广东宝丽华服装有限公司	1,000万元	-	-	1,000万元
北京联融科技有限公司	500万元	2,500万元	-	3,000万元

(3)存在控制关系的关联方所持股份或权益及其变化　　单位:人民币万元

企业名称	1999.12.31		本期增加	
	金额	比例	金额	比例
广东宝丽华集团公司	7,180.00	66.79%	5,744	-
广东宝丽华建设工程公司	9,456.88	100.00%	3,442.65	-
广东宝丽华服装有限公司	7,605.66	100.00%	1,603.88	-
北京联融科技有限公司			2,783.33	-

企业名称	本期减少		2000.12.31	
	金额	比例	金额	比例
广东宝丽华集团公司	-	-	12,924.00	66.79%
广东宝丽华建设工程公司	-	-	12,899.53	100.00%
广东宝丽华服装有限公司	-	-	9,209.54	100.00%
北京联融科技有限公司	71.21	-	2,712.12	75.67%

(4)不存在控制关系的关联方及与本公司关系

企业名称	与本公司关系
梅县华侨城房地产开发有限公司	与本公司同属宝丽华集团公司
梅县华侨城商场	与本公司同属宝丽华集团公司

(5)关联方应收应付款项余额　　单位:人民币元

项目及关联方名称	1999.12.31	2000.12.31	备注
其他应收款			
梅县华侨城房地产开发有限公司	2,770,000.00	0.00	
广东宝丽华集团公司	6,900,000.00	0.00	
合计	9,670,000.00	0.00	

(6)关联交易　　单位:人民币元

关联方名称	交易项目	1999年度
梅县华侨城商场	出租房屋租金收入	960,000.00
广东宝丽华集团公司	拆借资金利息收入	1,520,364.00
梅县华侨城房地产开发有限公司	转让土地收入	0.00
梅县华侨城房地产开发有限公司	代理销售房屋手续费	0.00

关联方名称	2000年度
梅县华侨城商场	960,000.00
广东宝丽华集团公司	1,460,000.00
梅县华侨城房地产开发有限公司	11,612,900.00
梅县华侨城房地产开发有限公司	514,192.50

(九)或有事项和其他重要事项

本公司没有需说明的或有事项。

(十)承诺事项

(1)公司于2000年7月27日以下属全资子公司广东宝丽华服装有限公司的房产作价457.50万元作为抵押,向中国建设银行梅州市分行借款300万元,抵押期限为一年;

(2)公司于2000年7月26日以公司开发的华侨城土地作价3,658.20万元向中国银行梅江支行借款共计2,500万元,抵押期限为一年;

(3)广东宝丽华服装有限公司于2000年4月30日以宝丽华建设工程公司的土地(梅府国用1994字第2421002247号)和公司作价121.1万元的房产(粤房地证字第1150662号)为抵押向中国工商银行梅州市分行借款500万元,抵押期限为一年;

(4)本公司没有需说明的其他承诺事项。

(十一)　资产负债表日后事项

根据公司董事会利润分配预案,2000年按净利润的10%和5%分别提取法定盈余公积金和公益金后,以2000年末总股本为基数,每10股派发现金2元(含税)。该分配预案尚须提请股东大会审议通过。

九、公司的其他相关资料

1、1997年1月20日,公司经广东省工商行政管理局注册登记正式成立,并办理了有关变更手续;

2、1997年9月24日,公司因送股及转增股本,在广东省工商行政管理局办理注册资本人民币伍仟万元变更为人民币壹亿元的登记;

3、2000年11月15日,公司因实施1999年度配股方案与2000年中期送股及转增股本方案,在广东省工商行政管理局办理注册资本壹亿元人民币变更为人民币壹亿玖仟叁佰伍拾万元;

4、公司企业法人营业执照注册号:4400001006006

5、公司税务登记号码:441421617930988

6、公司未流通股票的托管机构:深圳证券登记公司

7、公司聘请的会计师事务所　:北京兴华会计师事务所有限责任公司

其办公地址:北京阜城门外大街2号万通新世界广场708室

十、备查文件

1、载有法定代表人、主管会计工作负责人、会计主管人员签名并盖章的会计报表;

2、载有会计师事务所盖章、注册会计师签名并盖章的审计报告原件;

3、报告期内在中国证券监督管理委员会指定报纸上公开披露过的所有公司文件的正本及公告原稿。

广东宝丽华实业股份有限公司董事会

董事长:

二〇〇一年三月七日

海南寰岛实业股份有限公司

海南寰岛实业股份有限公司2000年度年度报告摘要

重要提示:本公司董事会保证本报告所载资料不存在任何重大遗漏、虚假陈述或者严重误导,并对其内容的真实性、准确性和完整性负个别及连带责任。本年度报告摘要摘自年度报告,投资者欲了解详细内容,应阅读年度报告。

一、公司简介

(一)公司法定中文名称:海南寰岛实业股份有限公司
英文名称:HAINAN HUANDAO INDUSTRY CO.,LTD.
(二)公司法定代表人:冯宝忠
(三)公司董事会秘书及股证代表:孔　雁　林　涛
联系地址:海南省海口市人民大道25号
联系电话:0898-6255909　传　真:0898-6254684
公司电子信箱:hdsy@hq.cninfo.net
(四)公司注册及办公地址:海南省海口市人民大道25号
邮政编码:570208
(五)公司选定的信息披露报纸名称:《中国证券报》和《证券时报》
登载公司年度报告的中国证监会指定国际互联网网址:http://www.cninfo.com.cn/
公司年度报告备置地点:海口市人民大道25号 公司证券部
(六)公司股票上市地点:深圳证券交易所
股票简称:寰岛实业　股票代码:0691

二、会计数据和业务数据摘要

1、公司本年度利润及构成

主营业务利润	5,268,006.90
其他业务利润	
营业利润	-9,544,565.82
投资收益	11,577,901.00
补贴收入	
营业外收支净额	-83,503.05
利润总额	1,949,832.13
净利润	2,612,422.57
扣除非经常性损益的净利润	-11,252,365.34
经营活动产生的现金流量净额	84,607.35
现金及现金等价物净增加额	-4,013,317.74

注:本期非经常性损益包括:(1)营业外收支净额-83,503.05元;(2)资金占用费14,470,000.00元;(3)合并价差摊销-521,709.04元;合计13,864,787.91元。

2、截止报告期末公司前三年的主要会计数据和财务指标

项目	2000年度	1999年度	1998年度	
			调整后	调整前
主营业务收入(元)	16,613,337.95	57,953,562.75	68,212,232.20	68,212,232.20
净利润(元)	2,612,422.57	44,589,339.07	37,035,125.83	38,446,768.12
总资产(元)	857,921,063.09	859,493,052.16	755,649,846.38	758,030,534.93
股东权益(元)	630,166,881.11	627,554,458.54	596,634,291.95	599,014,980.50
每股收益	0.0101	0.1727	0.1434	0.1489
扣除非经常性损益后的每股收益(元/股)	-0.0436	0.1021	0.1113	0.1168
每股净资产(元/股)	2.4408	2.4307	2.3109	2.3201
调整后的每股净资产(元/股)	2.4347	2.4247	2.3109	2.3201
每股经营活动产生的现金流量净额	0.0003	-0.2281	-0.0459	-0.0459
净资产收益率(%)	0.41	7.11	6.21	6.42

注:主要财务指标的计算方法
(1)每股收益=净利润/年度末普通股股份总数
(2)每股净资产=年度末股东权益/年度末普通股股份总数
(3)调整后每股净资产=(年度末股东权益—三年以上的应收款项净额—待摊费用—待处理(流动、固定)资产净损失—开办费-长期待摊费用—住房周转金负数余额)/年末普通股股份总数
(4)每股经营活动产生的现金流量净额=经营活动产生的现金流量净额/年度末普通股股份总数
(5)净资产收益率=净利润/年度末股东权益×100%

3、按照中国证监会《公开发行证券公司信息披露编报规则(第9号)》要求计算的2000年度部分财务指标:

报告期利润	净资产收益率(%)		每股收益(元)	
	全面摊薄	加权平均	全面摊薄	加权平均
主营业务利润	0.84	0.84	0.0204	0.0204
营业利润	-1.51	-1.52	-0.0370	-0.0370
净利润	0.41	0.42	0.0101	0.0101
扣除非经常性损益后的净利润	-1.79	-1.79	-0.0436	-0.0436

4、报告期内股东权益变动情况

项　目	股　本	资本公积	盈余公积	其中:法定公益金	未分配利润	股东权益合计
期初数	258,180,000.00	214,675,643.84	45,849,464.77	16,161,702.46	108,849,349.93	627,554,458.54
本期增加			391,863.39	130,621.13	2,612,422.57	3,004,285.96
本期减少					391,863.39	391,863.39
期末数	258,180,000.00	214,675,643.84	46,241,328.16	16,292,323.59	111,069,909.11	630,166,881.11

变动原因:(1)盈余公积的增加系本年计提数;
(2)未分配利润的增加系本年净利润计入,减少系本年计提盈余公积金数。

三、股东情况介绍

1、截止2000年12月31日,公司股东总数为46612户。

2、前10名股东持股情况表　单位:万股

股东名称	期初数	期末数	年内股份增减情况	占总股本比例(%)
(1)中国寰岛(集团)公司	7894.72	7894.72	0	30.58
(2)交通银行海南省分行	1035.20	1035.20	0	4.01
(3)中国银行海口信托咨询公司	1035.20	1035.20	0	4.01
(4)海南新鑫发展有限公司	787.00	787.00	0	3.05
(5)海南富南房地产开发公司	530.88	530.88	0	2.06
(6)海南南方物产有限责任公司	256.00	256.00	0	0.99
(7)沈阳市新海达机电化工有限公司	0.00	192.00	+192.00	0.74
(8)海口峻泓实业有限公司	0.00	168.00	+168.00	0.65
(9)海南荣信实业开发公司	128.00	128.00	0	0.50
(10)上海华浩实业发展有限公司	0.00	113.00	+113.00	0.44

说明:1.持有本公司5%以上股份的股东为中国寰岛(集团)公司,代表国家持有股份,年末持股数未发生变动,仍为7894.72万股,占公司总股本的30.58%,本年度内其所持股份未发生质押。

2001年3月15日,本公司接函告,中国寰岛(集团)公司因涉诉,其所持7894.72万股本公司股份中的800万股已被北海市中级人民法院冻结,冻结期限从2001年3月15日至2001年9月15日。

2.公司第七、八、十名股东年内持股增加系其受让法人股所致。

3.公司前十名股东之间不存在关联关系。

3、持有10%以上的法人股东情况

持有公司10%以上的法人股东一户,即中国寰岛(集团)公司,法定代表人:袁绍理,该集团公司经营范围为:房地产开发、经营、建筑材料、装饰材料、机械设备的销售、代购代销;社会公共设施及高科技开发、室内外装修。

4、报告期内控股股东未变更。

四、股东大会简介

本报告期内公司召开了一次年度股东大会。

本公司董事会于2000年5月25日同时在《中国证券报》、《证券时报》登报通知,并于2000年6月28日如期召开1999年度(第九次)股东大会,大会审议并通过如下议案:
(1)《1999年度董事会工作报告》;
(2)《1999年度财务报告》;
(3)《1999年度利润分配方案》;
(4)《1999年度监事会工作报告》。

本次会议的决议公告于2000年6月29日同时刊登在《中国证券报》和《证券时报》上。

五、董事会报告

(一)公司经营情况

1、公司所处行业及公司在本行业中的地位

本公司主要从事酒店旅游业、房地产业及基础设施产业的开发经营。

2、公司主营业务的范围及其经营情况

公司主营业务范围为酒店旅游业开发经营、房地产开发经营。本年度公司实现主营业务收入1661.33万元,比上年下降71.33%,净利润261.24万元,比上年下降94.14%(其中营业利润-954.46万元,投资收益1157.79万元)。主营收入及利润较上年大幅度下降的原因是本年度公司房地产业务没有收入,未产生利润。

本年度公司主营收入全部是在酒店业方面实现的,即通过广西北海富丽华大酒店完成的。进入新千年以来,本公司抓住国内经济回暖,假日经济启动的机会,积极推动和实施一系列针对市场变化、适应不同消费群体的酒店营销策略,但由于北海市酒店业竞争空前激烈,导致北海富丽华大酒店营业收入及利润水平较上年没有很大改善,本年度实现营业收入1661.33万元,较上年下降1.01%,利润-472.92万元,比上年减亏7.99%。

3、在经营中出现的问题与困难及解决方案

(1)面对酒店旅游业的发展机遇,本公司所属北海富丽华大酒店酒店及亚龙湾海底世界旅游项目都面临着新的竞争对手所带来的压力及设施老化问题。随着海南省及北海市经济形势的逐步好转,两地旅游资源及旅游产品的陆续开发,国际国内知名度不断提高,赴两地组织会议的团体及旅游人数呈上升势头。由于本公司控股的北海富丽华大酒店部分设施相对老化,加上北海市2000年又有两家高星级酒店开张营业,加剧了酒店间的削价竞争,酒店平均房价继续下滑。针对上述不利因素,酒店管理层采取了积极灵活的营销策略,不断推出适应不同消费群体的服务项目,同时狠抓管理,提高服务质量,加强员工培训,提高整体服务水平,保持了2000年主营收入与上年基本持平,减亏40余万元的业绩水平。

三亚亚龙湾海底世界旅游项目随着亚龙湾旅游区整体环境的日趋完备、游客人数的增加呈良好的发展势头,但由于三亚天涯海角同类海底观光项目的开设,出现了同业间的竞争,受客源分流以及设备老化等因素影响,营业收入没有明显提高。针对上述市场环境的新变化,除了经营者继续强化管理,采取积极有效的应对措施外,也计划逐步完善硬件设施,增强自身竞争力。基于对天涯海角旅游资源及该类项目发展前景的良好认识,公司自2000年底起与三亚天涯海角从事同类旅游项目的公司进行洽谈,计划收购该项目公司,增设观光船只,从而稳定此类旅游项目的价格市场,扩大经营,提高市场占有率,改善经营能力和管理水平,提高产品知名度。目前该事项已取得一定进展。

(2)作为募股资金投入的项目,经去年的资产整合,四川马边寰岛波罗水电站的建设资金得到了进一步保证,水电站于99年12月底投入试运行。今年第一年运营,电站就遇到以下困难:1四川省电力供应目前总体上处于供大于求的状况,电站上网电量受到限制;21~5月份作为新电站临时上网电价在物价部门正式核定前仅为平均每千瓦时0.147元;32000年6月水电站因山洪暴发受淹,停止发电,直到9月5日两台机组才完全恢复生产。针对上述不利因素,水电站经营管理层想方设法,积极采取应对措施,经多方努力,四川省物价局核定马边寰岛波罗水电站的上网电价自2000年6月起由每千瓦时0.147元调整为每千瓦时0.32元。尽管如此,由于受上述因素的影响,水电站未能实现首年赢利的目标。

4、公司1999年未作利润预测。

(二)公司财务状况

2000年公司主营业务收入1661.33万元,上年同期5795.36万元,减少71.33%;主营业务利润526.80万元,上年同期3354.51万元,减少84.30%;净利润261.24万元,上年同期4458.93万元,减少94.14%,主要原因系公司本年度房地产业务没有营业额,直接导致公司营业收入及利润的大幅下降。

沈阳惠天热电股份有限公司

一、公司简介

1、公司法定中文名称：沈阳惠天热电股份有限公司
英文名称：SHENYANG HUITIAN HEATING&ELECTRICITY SUPPLY CO.,LTD
2、公司法定代表人：卢树春
3、公司董事会秘书：左小明
公司证券事务代表：刘　斌
电　　话：024-22928062
传　　真：024-22939480
联系地址：沈阳市沈河区热闹路47号
E-mail：htrd@263.net
4、公司注册及办公地址：沈阳市沈河区热闹路47号
邮政编码：110014
E-mail：htrdcor@mail.sy.ln.cn
5、公司选定的信息披露报纸名称：《中国证券报》、《证券时报》
刊登年报的互联网网址：http://www.cninfo.com.cn
年度报告备置地点：公司证券部
6、股票上市交易所：深圳证券交易所
股票简称：惠天热电
股票代码：0692

二、会计数据和业务数据摘要

1、本年度主要会计数据（单位：元）
利润总额：109,481,861.31
净利润：93,331,769.86
扣除非经常性损益后的净利润：96,303,562.76
主营业务利润：142,263,422.74
其他业务利润：2,360,191.09
营业利润：100,118,371.45
投资收益：-3,013,617.24
补贴收入：15,348,900.00
营业外收支净额：-2,971,792.90
经营活动产生的现金流量净额：100,590,564.37
现金及现金等价物净增加额：92,965,630.74
注：扣除非经常性损益项目及涉及金额：营业外收支净额-2,971,792.90元
2、前三年主要会计数据和财务指标（单位：元）

项　目	2000年度	1999年度	1998年度 调整前	1998年度 调整后
主营业务收入	541,916,558.65	463,651,212.89	372,397,150.56	372,397,150.56
净利润	93,331,769.86	91,489,803.79	98,039,371.66	84,786,082.84
总资产	1,626,619,767.08	1,371,029,893.13	1403973992.16	1,354,984,687.38
股东权益	824,751,038.86	796,739,451.40	754,238,952.39	705,249,647.61
每股收益	0.399	0.398	0.43	0.37
加权平均每股收益	0.401	0.398	0.47	0.41
扣除非经常性损益后每股收益	0.411	0.380	0.43	0.37
每股净资产	3.52	3.46	3.28	3.07
调整后的每股净资产	3.39	3.22	3.08	2.86
每股经营活动产生的现金流量净额	0.429	0.009	0.063	0.063
净资产收益率(%)	11.32	11.48	13.00	12.02
加权平均净资产收益率(%)	10.98	12.18	18.02	15.86

3、按照中国证监会《公开发行证券公司信息披露编报规则（第9号）》要求计算的利润数据

项　目	2000年度 净资产收益(%)		2000年度 每股收益(元)		1999年度 净资产收益(%)		1999年度 每股收益(元)	
	全面摊薄	加权平均	全面摊薄	加权平均	全面摊薄	加权平均	全面摊薄	加权平均
主营业务利润	17.25	16.74	0.607	0.611	15.66	16.61	0.542	0.542
营业利润	12.14	11.78	0.428	0.430	10.31	10.94	0.357	0.357
净利润	11.32	10.98	0.399	0.401	11.48	12.18	0.398	0.398
扣除非经常性损益后的净利润	11.68	11.33	0.411	0.414	10.97	11.64	0.380	0.380

三、股东情况介绍

1、股份变动情况
（1）截止2000年12月31日，公司股东总数为：61,394户。
（2）主要股东持股情况（截止2000年12月31日）
A、公司前十名股东

股东名称	持股数量(股)	占总股本比例(%)
(1)沈阳市房产国有资产经营有限责任公司	143,569,849	61.300
(2)联合证券有限责任公司	1,013,113	0.432
(3)代　威	250,000	0.106
(4)范丽君	203,125	0.086
(5)何　洁	162,600	0.069
(6)普丰证券投资基金	145,285	0.062
(7)石　悦	139,387	0.059
(8)栾　凤	114,375	0.048
(9)农佳文	111,418	0.047
(10)郑建江	110,200	0.047

注：沈阳市房产国有资产经营有限责任公司所持股份为本公司国家股，其余九名股东所持股份均为社会公众股；前十名股东无关联关系。
B、持有公司5%以上股份的股东
沈阳市房产国有资产经营有限责任公司所持股份系本公司国家股，其所持股份本报告期内未发生变动、未上市流通也无质押和冻结的情况。

成都聚友泰康网络股份有限公司

一、公司简介

（一）公司名称：成都聚友泰康网络股份有限公司
英文名称：Chengdu Unionfriend-Taikang Network Co.,LTD.　英文缩写：UFTK
（二）公司法定代表人：陈健
（三）公司董事会秘书：罗宏　董事会证券事务代表：王晓旭
联系地址：成都市顺城大道252号顺吉大厦11层
电话：(028)6624176　传真：(028)6615233　电子信箱：0693@sc.homeway.com.cn
（四）公司注册地址：成都海峡两岸科技开发园科技创新中心
办公地址：成都市顺城大道252号顺吉大厦11层
办公电话：(028)6512626　邮政编码：610015
公司网址：http://www.unionfriend.com/0693/index.htm
公司电子信箱：0693@sc.homeway.com.cn
（五）公司选定的信息披露报纸名称：《中国证券报》、《证券时报》
登载公司年度报告的中国证监会指定国际互联网网址：http: //www .cninfo.com.cn
公司年度报告备置地点：公司董事会办公室和深圳证券交易所
（六）公司股票上市地：深圳证券交易所　股票简称：聚友网络　股票代码：0693

二、会计数据和业务数据摘要

（一）本年度会计数据摘要

利润总额：	36,410,998.91元
净　利　润：	31,697,741.67元
扣除非经常性损益后的净利润：	31,697,741.67元
主营业务利润：	42,995,671.50元
其他业务利润：	197,271.75元
营业利润：	31,388,719.61元
投资收益：	5,036,319.47元
补贴收入：	0元
营业外收支净额　：	—14,040.17元
经营活动产生的现金流量净额：	67,789,367.29元
现金及现金等价物净增加额：	200,526,672.88元

（二）截至报告年度末公司前三年的主要会计数据和财务指标(单位:元)

项　目	2000年	1999年	1998年调整前	1998年调整后
主营业务收入	162,438,316.70	110,729,629.03	79,576,248.16	79,576,248.16
净利润	31,697,741.67	32,919,642.45	19,357,169.65	18,978,636.42
总资产	586,224,584.70	380,061,309.43	319,389,144.58	305,712,320.59
股东权益（不含少数股东权益）	350,586,058.83	196,429,309.26	175,134,967.20	163,509,666.81
每股收益摊薄	0.25	0.276	0.162	0.159
加权	0.26			
扣除非经常性损益后的每股收益摊薄	0.25			
加权	0.26			
每股净资产	2.73	1.65	1.47	1.37
调整后的每股净资产	2.66	1.52	1.45	1.24
每股经营活动产　生的现金流量净额	0.53	0.57	0.26	0.26
净资产收益率%摊薄	9.04	16.76	11.05	11.61
加权	12.55	18.29	11.70	11.70

利润表附表

报告期利润(元)	1999年度 净资产收益率(%)		1999年度 每股收益(元/股)		2000年度 净资产收益率(%)		2000年度 每股收益(元/股)	
	全面摊薄	加权平均	全面摊薄	加权平均	全面摊薄	加权平均	全面摊薄	加权平均
主营业务利润	17.07	18.63	0.28	0.28	12.26	17.03	0.33	0.35
营业利润	12.26	13.38	0.20	0.20	8.95	12.43	0.24	0.26
净利润	16.76	18.29	0.28	0.28	9.04	12.55	0.25	0.26
扣除非经常性损益后的净利润	15.89	17.35	0.26	0.26	9.04	12.55	0.25	0.26

三、股本变动及股东情况

（一）股东情况介绍
1、报告期末公司股东总数为20132名。
2、主要股东持股情况（前十名股东）：

名次	股东名称	年初持股数	年度内股份增减变动(+、-)	年末持股数	持股比例(%)	所持股份性质
1	深圳市聚友网络投资有限公司	0	+19,538,750.00	19,538,750.00	15.21	法人股
2	成都振益科技发展有限公司	18,150,000.00	+1,000,000.00	19,150,000.00	14.91	法人股
3	成都市国有资产投资经营公司	0	+6,568,856.00	6,568,856.00	5.11	国有股
4	成都中益实业投资发展有限公司	4,400,000.00	+1,750,000.00	6,150,000.00	4.79	法人股
5	深圳聚友实业集团有限公司	440,000.00	+5,500,000.00	5,940,000.00	4.62	法人股
6	成都市致远贸易有限责任公司	5,500,000.00	0	5,500,000.00	4.28	法人股
7	成都市第二纺织总厂	3,960,000.00	0	3,960,000.00	3.08	法人股
8	中行四川分行国际信托投资公司	3,300,000.00	0	3,300,000.00	2.57	法人股
9	航天信托投资有限责任公司	3,300,000.00	0	3,300,000.00	2.57	法人股
10	金泰基金	0	+2,636,054.00	2,636,054.00	2.05	公众股

天津灯塔涂料股份有限公司

一、公司简介

(一)公司法定中、英文名称及缩写:
(中文名称)天津灯塔涂料股份有限公司
(英文名称)TIANJIN BEACON PAINT & COATINGS CO.,LTD (TJBP)
(二)公司法定代表人:熊必琪
(三)公司董事会秘书:沈鸿鑫
联系地址:天津市北辰区南仓道
电　　话:022—26345536
传　　真:022—26340776
(四)公司注册及办公地址:天津市北辰区南仓道
邮政编码:300400
公司国际互联网网址:http://www.beacon-paint.com
电子信箱:E-mail:beacon @ mail.zlnet,com.cn
(五)公司选定的信息披露报纸名称:证券时报
登载公司年度报告的中国证监会指定国际互联网网址:
http://www.cninfo.com.cn
公司年度报告备置地点:公司证券管理办公室
(六)公司股票上市交易所:深圳证券交易所
股票简称:灯塔油漆
股票代码:0695

二、会计数据和业务数据摘要

(一)公司本年度会计数据　单位:元

利润总额	27,583,942.94
净利润	24,508,811.39
扣除非经常性损益后的净利润:	-8,416,057.06
主营业务利润	56,904,304.48
其他业务利润	783,563.70
营业利润:	-17,608,983.73
投资收益	43,897,350.21
补贴收入	--
营业外收支净额	1,295,576.46
经营活动产生的现金流量净额	48,798,297.59
现金及现金等价物净增加额	241,951,969.88

(二)公司前三年主要财务指标:

项目	2000年	1999年	1998年 调整前	1998年 调整后
主营业务收入(元)	250,083,184.75	290,868,953.21	356,136,378.74	354,834,273.95
净利润(元)	24,508,811.39	24,486,232.25	27,376,756.78	20,822,378.67
总资产(元)	916,819,024.63	653,666,992.20	718,269,269.46	669,093,949.72
股东权益(不含少数股东权益)(元)	397,733,222.95	246,930,026.24	257,315,428.29	222,391,206.59
每股收益(元)	0.143	0.158	0.177	0.135
加权平均每股收益(元)	0.151	0.158	0.177	0.135
扣除非经常性损益后的每股收益(元)	-0.049	0.1102	0.177	0.135
每股净资产(元)	2.33	1.60	1.66	1.44
调整后的每股净资产(元)	2.28	1.54	1.61	1.36
每股经营活动产生的现金流量净额(元/股)	0.29	0.42	0.01	0.01
净资产收益率(%)	6.16	9.92	10.64	9.36

三、股东情况介绍

(一)股东数量
报告期末公司股东总数9472户。
(二) 前10名股东持股情况:

股东	持股数(股)	持股比例(%)
天津津联投资有限公司	87,148,723	50.99
汉兴证券投资基金	6,050,046	3.54
山东证券公司总部	1,728,762	1.01
山东民安发展有限公司	1,575,984	0.92
沈阳铁路局	1,400,000	0.82
山东证券有限责任公司	1,289,797	0.75
深圳兆科投资发展有限公司	1,260,000	0.74
天津市经济建设投资公司	840,000	0.49
中国工商银行黑龙江省分行直属支行	840,000	0.49
中国人民建设银行信托投资公司上海证券部	840,000	0.49

说明:

(1)持有本公司5%以上股份的股东是天津津联投资有限公司为我公司国家股持股单位,1999年末持有国家股84,610,411股,2000年实施配股,该公司以现金认购2,538,312股,2000年末该公司持有国家股87,148,723股,占公司总股本的50.99%;

(2)持股5%(含5%)以上的法人股东所持股份没有质押、冻结情况;

(3)公司前10名股东中,第一名股东为公司国家股股东,第五、七、八、九、十名股东为公司法人股股东,其它四名股东为社会公众股股东,本公司未知其关联关系。

3、持股10%以上的法人股东为天津津联投资有限公司;法定代表人:王广浩;主要经营范围:自有资金的实业投资、对投资控股、参股企业资产的经营管理及与投资有关的咨询;各类商品的批发、零售业务。

成都联益实业股份有限公司

一、公司简介

1、公司名称(中文名称):成都联益实业股份有限公司
2、公司英文名称:Chengdu Lianyi Lndustry and Stock co.,Ltd.
3、公司法定代表人:徐怀忠
4、公司董事会秘书:海虹　　联系地址:四川省双流县东升镇
电　　话:028-5804970　028-5809135　　传真:028-5804420
5、公司注册地址:四川省双流县东升镇
公司办公地址:四川省双流县东升镇　　邮政编码:610200
公司电子信箱:cdlydm@mail.cninfo.net
6、信息披露报纸:《中国证券报》、《证券时报》
登载公司年度报告的中国证监会指定国际互联网网址:http//www.cninfo.com.cn
公司年度报告备置地点:公司证券部
7、公司股票上市交易所:深圳证券交易所
股票简称:ST联益　　股票代码:0696

二、会计数据和业务数据摘要

1、公司本年度主要利润指标情况(单位:人民币元)

利润总额:	-20,027,395.00
净利润:	-20,027,395.00
扣除非经常性损益的净利润:	-20,068,061.68
主营业务利润:	-2,922,802.64
其他业务利润:	186,229.02
营业利润:	-18,810,369.80
投资收益:	-1,257,691.88
补贴收入:	-
营业外收支净额:	40,666.68
经营活动产生的现金流量净额	6,427,874.67
现金及现金等价物增加额:	-2,196.11

注:扣除非经常性项目和涉及金额:
营业外收支净额项目:

a.处理固定资产净损失(收入为"-"):	-16,300.10
b.罚款支出(收入为"-"):	-1,299.00
c.捐赠支出:	1,200.00
d.其他净收入:	24,267.58

2、截至报告期末公司三年的主要会计数据和财务指标(单位:人民币元)

(1)公司近三年主要会计数据和财务指标:

项目	2000年	1999年 调整前	1999年 调整后	1998年 调整前	1998年 调整后
主营业务收入	9,664,870.35	28,070,945.48	28,070,945.48	101,702,501.64	36,233,669.06
净利润	-20,027,395.00	-133,441,312.57	-113,441,312.57	23,397,567.52	11,775,987.02
总资产	130,600,401.23	153,262,793.42	147,052,793.42	438,237,410.39	351,154,586.90
股东权益	22,281,497.80	48,518,892.80	42,308,892.80	197,720,212.59	161,960,205.37
每股收益(摊薄)	-0.146	-0.829	-0.829	0.17	0.086
加权每股收益	-0.146	-0.829	-0.829	0.17	0.086
扣除非经常性损益后的每股收益(摊薄加权)	-0.147	-0.835	-0.835	0.178	0.175
每股净资产	0.1629	0.3545	0.3091	1.45	1.1834
调整后的每股净资产	-0.253	0.0393	-0.0061	1.35	0.9659
每股经营活动产生的现金流量净额	0.047	0.0275	0.0275	0.092	0.092
净资产收益率(%)	-89.9	-233.81	-268.00	11.834	7.27

由于会计政策变更,根据财政部财会字(1999)35号文、49号文的有关规定,采用了追溯调整法,调整了1999年度会计报表相关的"坏帐准备"帐项、"存货跌价准备"帐项、"投资减值准备"帐项。调整前后年度会计数据如下:

项目	调整后	调整前
坏帐准备	115,332,792.70	-
存货跌价短期投资准备	4,933,639.51	-
长期投资减值准备	8,600,000.00	-
期初未分配利润	129,743,171.50	123,533,171.50

3、报告期内股东权益变动情况:

项目	股本	资本公积	盈余公积	法定公益金	未分配利润	股东权益合计
期初数	136,864,000.00	18,281,656.94	16,906,407.36	3,926,330.99	-123,533,171.50	48,518,892.80
本期增加						
本期减少					26,237,395.00	26,237,395.00
期末数	136,864,000.00	18,281,656.94	16,906,407.36	3,926,330.99	-149,770,565.50	-149,770,565.50

变动原因. 根据四川省成都市中级人民法院民事调解书[2000]成经初字第478号本公司应收成都大地房地产开发公司股权转让款、超额投资款和承包经营费共计16,050,903.78元,比公司帐面数22,050,903.78元少6,900,000.00元,系根据双方签订的补充协议,本公司考虑到成都大地房地产开发公司在承包经营特钢公司中遇到的实际困难,同意少收承包经营费。本期已对该项差错进行了更正,由于此项差错的影响,调减了1999年年初未分配利润6,210,000.00元。

三、股东情况介绍

(1)截止2000年12月31日公司股东总数为14387户。
(2)主要股东持股情况(前10名):

股东名称	期初持股数(股)	期末持股数(股)	占总股本比例(%)
广东飞龙集团有限公司	54745600	54745600	40
成都联益集团公司*	29585920	29585920	21.61
双流县东升建筑安装工程公司	474240	474240	0.35
双流异型轧钢厂	474240	474240	0.35
张绪东	0	344288	0.25
赵丛彩	0	320000	0.23
雷元琼	0	296000	0.22
黄长锦	0	289409	0.21
钟丽波	0	264000	0.19
庞　斌	0	207000	0.15

咸阳偏转股份有限公司

一、公司简介

1、公司法定中文名称:咸阳偏转股份有限公司
2、公司法定代表人:雷奇
3、董事会秘书:党长水　　授权代表:赵兵
　联系地址:陕西省咸阳市渭阳西路七十号
　联系电话:(0910)3320567 传真:(0910)3320666 电子信箱:csdang@ns1.pianzhuan.com.cn
4、公司注册地址及办公地址:陕西省咸阳市渭阳西路七十号　　邮政编码:712021
　国际互联网网址:http://www.pianzhuan.com.cn　　电子信箱:gzk@ns1.pianzhuan.com.cn
5、公司选定的信息披露报纸:《中国证券报》和《证券时报》
　登载公司年度报告国际互联网网址:http://www.cninfo.com.cn
　公司年度报告备置地点:公司证券部
6、公司股票上市地:深圳证券交易所
　股票简称:咸阳偏转　　股票代码:0697

二、会计数据和业务数据摘要

1、公司本年度实现利润情况　　单位:元

利润总额	82,489,578.17
净利润	70,495,253.25
扣除非经常性损益后的净利润	61,575,748.25
主营业务利润	116,528,054.00
其他业务利润	967,997.01
营业利润	73,570,073.58
投资收益	8,800,000.00
补贴收入	360,000.00
营业外收支净额	-240,495.41
经营活动产生的现金流量净额	-26,911,084.73
现金及现金等价物净增加额	-41,517,648.64

注:扣除非经常性损益项目及金额(元)

投资收益	8,800,000.00
补贴收入	360,000.00
营业外收支净额	-240,495.41

2、截止本报告期末公司前三年的主要会计数据和财务指标(单位:人民币元)

项目	2000 年度	1999 年度		1998 年度	
		调整前	调整后	调整前	调整后
主营业务收入	442,312,974.70	608,285,789.92	608,285,789.92	579,746,848.76	579,746,848.76
净利润	70,495,253.25	80,811,227.56	80,672,232.81	136,763,678.36	133,111,251.24
总资产	1,226,621,797.18	1,033,056,817.65	1,033,056,817.65	890,676,261.98	875,138,890.38
股东权益(不含少数股东权益)	764,254,839.24	719,633,494.40	715,505,755.99	453,122,234.86	439,770,748.82
每股收益(摊薄)	0.324	0.37	0.37	0.68	0.66
每股收益(加权)	0.324	0.40	0.40	0.68	0.66
扣除非经常性损益后的每股收益	0.283	0.32	0.32	0.68	0.66
每股净资产	3.51	3.31	3.29	2.26	2.19
调整后每股净资产	3.51	3.28	3.26	2.24	2.18
每股经营活动产生的现金流量净额	-0.12	0.65	0.65		
净资产收益率(%)	9.22	11.23	11.27	30.27	30.18

3、利润表附表
报告期利润

	净资产收益率(%)				每股收益(元)			
	全面摊薄		加权平均		全面摊薄		加权平均	
	2000 年	1999 年	2000 年	1999 年	2000 年	1999 年	2000 年	1999 年
主营业务利润	15.25	14.38	15.52	21.42	0.536	0.47	0.536	0.47
营业利润	9.63	11.79	9.80	17.56	0.338	0.39	0.338	0.39
净利润	9.22	11.27	9.39	16.80	0.324	0.37	0.324	0.37
扣除非经常性损益后的净利润	8.06	9.70	8.20	14.46	0.283	0.32	0.283	0.32

三、股东情况介绍

1、截止 2000 年 12 月 31 日,公司共有股东 50255 户。
2、报告期末公司前 10 名股东持股情况

股东名称	持股数量(股)	持股比例
1)咸阳市国有资产管理局(国家股)	86978800	39.99%
2)咸阳偏转发展有限责任公司	53071200	24.40%
3)景宏证券投资基金	2195656	1.01%
4)郭晓安	1097661	0.50%
5)金鑫证券投资基金	957686	0.44%
6)王运民	798880	0.37%
7)景福证券投资基金	635555	0.29%
8)王英英	426824	0.20%
9)齐鲁石油化工股份有限公司	336200	0.15%
10)吴文鹏	310000	0.14%

持有本公司 5%以上股份的股东为:

(1)咸阳市国有资产管理局所持股份为国家股。咸阳市国有资产管理局于 2001 年 1 月 5 日将其所持股份中的 5402 万股作为质押向国家开发银行西安分行贷款,质押期限自 2001 年 1 月 17 日至 2012 年 1 月 5 日;

(2)咸阳偏转发展有限责任公司,年初持有股份 5307.12 万股,年末持有股份 5307.12 万股,所持股份为法人股,其所持股份无质押和冻结情况;

公司前 10 名股东中,除景宏证券投资基金和景福证券投资基金均属大成基金管理有限公司管理的证券投资基金外,不存在关联关系。

沈阳化工股份有限公司

一、公司简介

1、公司法定中文名称:沈阳化工股份有限公司
　英文名称:SHENYANG CHEMICAL INDUSTRY CO.,LTD
2、公司法定代表人:梁会山
3、公司董事会秘书:孙家庆
　联系地址:沈阳市铁西区卫工南街 14 甲
　联系电话:024-25820516-3506　传真:024-25740956
　电子信箱:syhgzqb@mail.sy.ln.cn
　授权代表:杨志国
　联系地址:沈阳市铁西区卫工北街 46 号(110026)
　联系电话:024-25827562
　联系传真:024-25827733
4、公司注册地址:辽宁省沈阳市经济技术开发区沈大路 888 号(110141)
　公司办公地址:辽宁省沈阳市铁西区卫工北街 46 号(110026)
5、公司选定的信息披露报纸:《中国证券报》、《证券时报》
　登载公司年度报告的国际互联网网址:http:\www.cninfo.com.cn
　公司年度报告备置地点:公司资产经营部
　(沈阳市铁西区卫工南街 14 甲,110024)
6、公司股票上市交易所:深圳证券交易所
　股票简称:沈阳化工　　股票代码:0698

二、会计数据和业务数据摘要

1.公司本年度利润总额及构成(单位:元)

利润总额	249,245,311.18
净利润	191,931,888.83
扣除非经常性损益后的净利润	141,053,592.58
主营业务利润	302,822,367.97
其他业务利润	2,964,204.31
营业利润	166,964,706.25
投资收益	83,693,297.99
补贴收入	32,665.76
营业外收支净额	-1,445,358.82
经营活动产生的现金流量净额	247,650,327.23
现金及现金等价物净增加额	71,743,892.07

注:扣除非经常性损益项目和涉及金额:

补贴收入:	32,665.76 元
投资价差摊销:	4,925,228.61 元
股权转让收益:	56,344,283.57 元
营业外收支净额:	-1,445,358.82 元

2.公司前三年的主要会计数据和财务指标
追溯调整后:

项目	2000 年度	1999 年度	1998 年度
主营业务收入(元)	2,101,367,168.86	1,005,107,623.43	650,556,940.91
净利润(元)	191,931,888.83	114,845,888.26	104,429,437.88
总资产(元)	3,096,507,174.43	2,895,418,118.23	2,755,553,664.20
股东权益(元)	1,496,552,607.79	1,304,284,158.96	1,187,548,270.70
每股收益(元/股)(摊薄)	0.454	0.272	0.406
(加权)	0.454		
每股净资产(元/股)	3.54	3.09	4.609
调整后每股净资产(元/股)	3.28	3.00	4.506
每股经营活动产生的现金流量净额(元/股)	0.59	0.22	
净资产收益率(%)(摊薄)	12.82	8.81	8.79
(加权)	13.71		
扣除非经常性损益每股收益	0.334		

三、股本变动及股东情况

1、股本变动情况

(1)股份变动情况表(单位:股)	期初数	本期增减(+,-)	期末数
一、尚未流通股份			
1、发起人股份	235,206,560	0	235,206,560
其中:国家拥有股份	147,350,560	0	147,350,560
境内法人持有股份	87,856,000	0	87,856,000
2、内部职工股	20,800,000	-20,800,000	0
尚未流通股份合计	256,006,560	-20,800,000	235,206,560
二、已流通股份			
境内上市的人民币普通股	166,400,000	+20,800,000	187,200,000
已流通股份合计	166,400,000	+20,800,000	187,200,000
三、股份总数	422,406,560	0	422,406,560

2、主要股东持股情况
(1)截止 2000 年 12 月 29 日,公司股东总数为 92,356 户。
(2)公司前十名股东持股情况如下:(单位:股)

	期末数	持股比例(%)
沈阳化工集团有限公司	207,110,560	49.03
沈阳铁西改造经济技术开发总公司	28,096,000	6.65
汉盛证券投资基金	1,000,020	0.24
卢宇波	956,018	0.23
徐　燕	920,250	0.22
沈阳北方证券公司北站营业部	500,000	0.12
沈阳北方证券公司兴顺营业部	499,639	0.12
沈阳北方证券公司太原北街营业部	495,064	0.12
沈阳北方证券公司南五马路营业部	452,892	0.11
陈宏瑞	450,000	0.11

注:1.经财政部财管字[2000]132 号文件批准,公司原第一大股东沈阳资产经营有限公司持有的本公司国家股 14,735.056 万股转由沈阳化工集团有限公司持有,此股份过户手续正在办理之中。
2.公司前 10 名股东中非流通股股东之间不存在关联关系。

佳木斯造纸股份有限公司

一、公司简介

1、公司法定中文名称:佳木斯造纸股份有限公司
公司法定英文名称:Jiamusi Paper Co.,Ltd.
2、公司注册及办公地址:
黑龙江省佳木斯市光复路306号　邮政编码:154005
公司国际互联网网址:http://www.jzgf.com　电子信箱:Email:jzgfgs@mail.hl.cn
3、公司法定代表人:王永权
4、董事会秘书:张社佳　董事会证券事务代表:孟宪有
联系地址:佳木斯市光复路306号 佳木斯造纸股份有限公司
联系电话:0454-8379070　传真:0454-8391258　电子信箱:E—mail:jzgfgs@mail.hl.cn
5、公司信息披露报纸名称:《证券时报》
公司年度报告登载网址:http://www.cninfo.com.cn
公司年度报告备置地点:董事会秘书处
6、公司股票上市交易所:深圳证券交易所
股票简称:佳纸股份　股票代码:0699

二、会计数据和业务数据摘要

1、公司本年度主要利润指标情况:
利润总额:-30680284.86 元
净 利 润:-43611813.91 元
扣出非经常性损益后的净利润:-45768376.25 元
主营业务利润:85554731.76 元
其他业务利润:-1882748.01 元
营业利润:-22050311.14 元
投资收益:-6404150.17 元
营业外收支净额:-2225823.55 元
经营活动产生的现金流量净额:20820058.14 元
现金及现金等价物净增加额:5977939.88 元
注:扣除的非经常性损益项目及额度 2156562.34 元(存货盘盈盘亏的净损失额)
2、截止报告期末公司前三年的主要会计数据和财务指标如下:　单位:人民币元

项目	2000 年	1999 年	1998 年	
			调整前	调整后
主营业务收入	573939316.01	612131772.75	397718071.56	397718071.56
净利润	-43611813.91	14362516.63	58934686.11	50778919.65
总资产	1662388639.36	1550944482.10	1139277401.64	1230071002.76
股东权益	523469217.75	577093556.95	511439119.93	562731040.32
每股收益	-0.1917	0.0631	0.2591	0.2233
每股净资产	2.3015	2.5373	2.2486	2.4171
净资产收益率	-8.33	2.49	11.52	9.02
调整后每股净资产	1.9243	2.2657	1.9878	2.2134
每股经营活动产生的现金流量净额	0.0915	-0.2566		-0.3928
扣除非经常性损益后的每股收益	-0.201	-0.077	-0.0414	-0.0499
扣除非经常性损益后的加权净资产收益率	-8.74	-3.04		

根据中国证监会《公开发行证券公司信息披露编报规则第9号》规定计算的利润数据如下:

报告期利润	净资产收益率		每股收益	
	全面摊薄	加权平均	全面摊薄	加权平均
主营业务利润	16.34	15.41	0.376	0.376
营业利润	-4.21	-3.97	-0.097	-0.097
净利润	-8.33	-7.85	-0.192	-0.192
扣除非经常损益后的净利润	-8.74	-8.23	-0.201	-0.201

注:计算公式　全面摊薄净资产收益率=报告期利润÷期末净资产
全面摊薄每股收益=报告期利润÷期末股份总数
加权平均净资产收益率=报告期利润÷(期初净资产+报告期净利润÷2+报告期发行新股或债转股等新增净资产×新增净资产下一月份起至报告期期末的月份数÷报告期月份数-报告期回购或现金分红等减少净资产×减少净资产下一月份起至报告期期末的月份数÷报告期月份数)

加权平均每股收益=报告期利润÷(期初股份总数+报告期因公积金转增或股票股利分配等增加股份数+报告期因发行新股或债转股等增加股份数×增加股份下一月份起至报告期期末数月份数÷报告期月份数-报告期因回购或缩股等减少股份数×减少股份下一月份起至报告期末的月份数÷报告期月份数)

三、股东情况介绍

1、报告期末,本公司共有股东24854户
2、报告期末前10名股东持股情况:

股东名称	持股数(股)	持股比例(%)
佳木斯纸业集团有限公司(国家股)	114550000	50.36
中国人民建设银行黑龙江分行直属支行(法人股)	4420000	1.94
黑龙江省国际信托投资公司(法人股)	2600000	1.14
光明集团公司(法人股)	1690000	0.74
山东淄博市交易营业部(流通股)	1677831	0.74
青岛万通证券有限责任公司(流通股)	1618971	0.71
青岛万通证券有限责任公司(流通股)	1516000	0.67
青岛经济技术开发区交易营业部(流通股)	1502000	0.66
山东平度市交易营业部(流通股)	1410000	0.62
安徽荣源投资咨询有限责任公司(流通股)	1357656	0.59

3、报告期内,公司持股5%以上股东为佳木斯纸业集团有限公司,因协议受让,2000年6月其所持股份增加520000股。2000年11月,山东省烟台市中级人民法院委托深圳市拍卖行对佳纸集团所持206万股佳纸股份的股权进行拍卖,其所持股份减少206万股,报告期内合计减少154万股。报告期内佳木斯纸业集团有限公司所持佳纸股份的1928万股因欠勃利县煤炭发展公司煤款,被其起诉冻结。后由于佳纸集团公司还部分煤款,冻结股权减少500万股,报告期内仍有1428万股股权冻结。报告期内其所持股份无质押情况。

4、佳木斯纸业集团有限公司系本公司第一大股东,持有本公司50.36%的股份,是唯一代表国家持有本公司股份的单位。法定代表人:李宝君

经营范围:主营制造和销售造纸工业用网与纸制品经营。

江南模塑科技股份有限公司

一、公司简介

1、公司名称
中文名称:江南模塑科技股份有限公司
缩　写:模塑科技
英文名称:JIANGNAN MOULD & PLASTIC TECHNOLOGY CO.,LTD
2、公司法定代表人:曹明芳
3、公司董事会秘书:许剑
联系地址:江苏省江阴市周庄镇长青路8号
联系电话:0510-6242802　传　真:0510-6242818
4、公司注册地址:江苏省江阴市周庄镇长青路8号
公司办公地址:江苏省江阴市周庄镇长青路8号
邮编:214423　电 子 信 箱:jnms@public1.wx.js.cn
5、信息披露报纸名称:证券时报
登载公司年度报告的互联网网址:http://www.cninfo.com.cn
公司年度报告备置地点:公司董事会秘书办公室
6、公司股票上市交易所:深圳证券交易所
股票简称:模塑科技　股票代码:0700

二、会计数据和业务数据摘要

1、本年度主要利润指标情况

利润总额:	71,914,196.84 元
净利润:	52,306,330.51 元
扣除非经常性损益后的净利润:	48,823,579.05 元
主营业务利润:	97,750,893.93 元
其他业务利润:	426,691.34 元
营业利润:	70,292,706.90 元
投资收益:	-573,072.87 元
营业外收支净额:	2,194,562.81 元
经营活动产生的现金流量净额:	142,388,330.31 元
现金及现金等价物净增加额:	73,199,415.20 元

注:扣除非经常性损益项目和涉及金额:
1、评估增值　3,608,232.26 元
2、处置固定资产损失　125,480.80 元
2、公司三年来的主要会计数据和财务指标(单位:人民币元)

项　目	2000 年	1999 年	1998 年
主营业务收入	258,094,471.11	218,626,546.94	116,324,448.24
净利润	52,306,330.51	32,897,130.39	25,126,325.21
总资产	646,859,793.47	626,535,647.90	520,784,425.96
股东权益	405,542,071.30	390,592,280.78	263,126,391.33
每股收益	0.420	0.264	0.224
每股收益(加权)	0.420	0.291	0.224
每股收益(扣除非经常性损益后)	0.392	0.232	0.249
每股净资产	3.257	3.137	2.351
调整后的每股净资产	3.253	3.122	2.351
每股经营活动产生的现金流量净额	1.143	-0.116	-0.135
净资产收益率%	12.89	8.42	9.55
净资产收益率(加权)%	17.26	11.73	10.09
扣除非经常性损益后净资产收益率(加权)%	11.72	11.59	10.15

注:(1)按中国证监会《公开发行证券公司信息披露编报规则(第9号)》要求计算净资产收益率和每股收益:

报告期利润	净资产收益率		每股收益	
	全面摊薄	加权平均	全面摊薄	加权平均
主营业务利润	0.241	0.235	0.785	0.785
营业利润	0.173	0.169	0.565	0.565
净利润	0.129	0.126	0.420	0.420
扣除非经常性后的净利润	0.112	0.117	0.392	0.392

3、报告期内股东权益变动情况及说明
(1) 股东权益变动情况(单位:万元)

项目	股本	资本公积金	盈余公积	法定公益金	未分配利润	股东权益合计
期初数	12452.18	13739.28	9102.15	1227.78	3765. 62	39059.23
本期增加			838.35	261.54	4392. 28	5230.63
本期减少					3735.65	3735.65
期末数	12452.18	13739.28	9940.50	1489.32	4422.25	40554.21

(2)变动原因说明: A、盈余公积和法定公益金变动是因为本年度利润提取数额;
B、未分配利润的变动是因为本年度利润增加及股利分配所致。

三、股本变动及股东情况

1、股东情况介绍
(1)2000年年末公司共有股东20069名。
(2)持股前10位的股东情况如下:

名次	股东名	持股数(单位:万股)	占总股本比例(%)
1	江阴模塑集团有限公司	8599.305	69.06
2	泰和证券投资基金	70.8834	0.57
3	卢越孙	25.71	0.21
4	杨富福	22.00	0.18
5	胡全	17.00	0.14
6	郭华萍	17.00	0.14
7	胡亚玲	15.90	0.13
8	刘水科	15.0855	0.12
9	浙江省国际信托投资公司	13.60	0.11
10	陈碧兰	13.0284	0.10

前十名股东之间不存在关联关系。

厦门信达股份有限公司

(一)公司简介

1、公司法定中文名称:厦门信达股份有限公司
公司法定英文名称:XIAMEN XINDECO LTD.
2、公司法定代表人:周昆山
3、董事会秘书:范丹　　联系地址:厦门湖里信宏大厦二楼
联系电话:0592-6021666-1718　联系传真:0592-6021391　电子信箱:fd@xindeco.com
4、注册地址:厦门湖里信宏大厦二楼
办公地址:厦门湖里信宏大厦二楼　　邮政编码:361006
电子信箱:board@xindeco.com　　互联网址:www.xindeco.com
5、公司选定的信息披露报纸名称:《证券时报》
登载公司年度报告的中国证监会指定国际互联网网址:www.cninfo.com.cn
年报备置地点:厦门湖里信宏大厦二楼(公司办公地)
6、股票上市地:深圳证券交易所　股票简称:厦门信达　股票代码:0701

(二)会计数据和业务数据摘要

1、本年度利润总额及构成(单位:人民币元)

利润总额:	8,857,280.83
净利润:	8,183,525.24
扣除非经常性损益后的净利润:	8,085,228.84
主营业务利润:	69,397,200.35
其他业务利润:	1,503,023.59
营业利润:	5,865,881.16
投资收益:	3,144,286.22
补贴收入:	
营业外收支净额:	-152,886.55
经营活动产生的现金流量净额	7,880,607.43
现金及现金等价物净增加额	30,957,735.94

*非经常性损益为股权投资差额摊销 98,296.40 元。

2、截止报告期末公司前三年主要会计数据和财务指标(单位:人民币元)

项目	2000 年	1999 年	1998 年
主营业务收入	786,541,360.53	521,496,316.76	481,213,889.71
净利润(调整前)	8,183,525.24	9,654,888.38	20,133,015.86
(调整后)		9,126,991.23	15,324,420.33
总资产(调整前)	953,012,589.24	898,107,583.53	785,411,993.05
(调整后)		887,108,857.05	771,200,326.90
股东权益(调整前)	489,833,036.15	493,184,974.95	496,869,038.08
(不含少数股东权益)			
(调整后)		481,661,853.72	483,535,765.52
每股收益(调整前)	0.041	0.048	0.101
(调整后)		0.046	0.077
每股净资产(调整前)	2.45	2.47	2.48
(调整后)		2.41	2.42
净资产收益率(调整前)	1.67%	1.96%	4.05%
(调整后)		1.89%	3.17%
调整后每股净资产(调整前)	2.38	2.44	2.45
(调整后)		2.37	2.39
每股经营活动产生的现金流量净额	0.04	-0.18	0.15

3、按中国证监会发布的《公开发行证券公司信息披露编报规则》第9号的要求计算的净资产收益率及每股收益

报告期利润	净资产收益率		每股收益	
	全面摊薄	加权平均	全面摊薄	加权平均
主营业务利润	14.17%	14.29%	0.347	0.347
营业利润	1.20%	1.21%	0.029	0.029
净利润	1.67%	1.68%	0.041	0.041
扣除非经常性损益后的净利润	1.65%	1.66%	0.040	0.040

4、报告期内股东权益变化情况(单位:股、人民币元)

项目	股本	资本公积	盈余公积	法定公益金	未分配利润	股东权益合计
期初数	200000000	239718578.86	26059717.81	8686572.61	12871734.04	481661853.72
本期增加			1227528.78	409176.26	8183525.24	
本期减少					1227528.78	
期末数	200000000	239718578.86	27287246.59	9095748.87	19827730.50	489833036.15

(三)股本变动及股东情况

1、股本变动情况

经深圳证券交易所核准,2000年1月20日,公司5000万股内部职工股在深圳证券交易所上市。内部职工股上市后,公司流通股为115000000股(其中董事、监事和高管人员所持有的49000股暂时锁定)。

2、股东情况介绍

(1)报告期末本公司股东总数为78749户。

(2)前十名股东持股情况

股东名称	年末持股数	持股比例
厦门信息-信达总公司	85000000	42.50%
赵世发	591110	0.30%
吕花弟	540000	0.27%
吴刚	439513	0.22%
王浏延	310000	0.22%
上海城城网络发展有限公司	304571	0.16%
陈浩勤	280040	0.14%
海通证券有限公司	232100	0.12%
段启贵	220800	0.11%
吴自善	220000	0.11%

说明:1、厦门信息—信达总公司代表国家持有股份,本年度内所持股份未发生变动,持有的本公司股份无质押和冻结情况,与其他9名股东之间不存在关联关系。

2、报告期内控股股东没有变更。

湖南正虹饲料股份有限公司

一、公司简介

公司法定中文名:湖南正虹饲料股份有限公司
公司英文名称:HUNAN ZHENGHONG FEED CO.,LTD
公司名称缩写:HNZHSL
公司法定代表人:吴明夏
公司董事会秘书:曹国庆　　公司董事会秘书授权人:石进良
联系地址:湖南省 岳阳市 屈原行政区营田镇
联系电话:0730-5728000-861　联系传真:0730-5728011
公司注册地址:湖南省岳阳市屈原行政区营田镇
公司办公地址:湖南省岳阳市屈原行政区营田镇　邮政编码:414418
公司电子信箱:HNZHSL @ mail.yy.hn.cn　网址:www.hunan-zhenghong.com.cn
公司选定的信息披露报纸:《证券时报》
登载公司年报的中国证监会指定国际互联网网址:http://www.cninfo.com.cn
公司年报备置地点:公司证券部
公司股票上市交易所:深圳证券交易所
股票简称:正虹饲料　　股票代码:0702

二、会计数据和业务数据摘要

1、本年度主要财务指标的完成情况

项　目	金　额(元)	备注
实现利润总额	101,601,280.00	说明:扣除非经常性损益项目金额为:
实现净利润	80,276,982.00	1 营业外收支净额:-2,541,805.34
扣除非经常性损益后的净利润	80,483,477.27	2 其他业务利润　1,080,936.11
主营业务利润	250,871,843.00	3 股权投资差额摊入:1,254,373.86
其他业务利润	1,080,936.00	合计:-206,495.37
营业利润	103,197,298.00	
投资收益	945,787.00	
补贴收入	-	
营业外收支净额	-2,541,805.00	
经营活动产生的现金流量净额	54,276,178.00	
现金及现金等价物净增加额	357,542,174.00	

2、截至报告期末,公司前三年主要会计数据和财务指标

项　目	2000年12月31日	1999年12月31日	1998年12月31日	
			调整前	调整后
主营业务收入(万元)	103,819.29	67,976.59	69,334.18	69,334.18
净利润　(万元)	8,027.70	4,995.78	6,105.27	5,915.90
总资产　(万元)	126,592.98	74,046.68	72,082.75	71,034.38
股东权益(万元)(不含少数股东权益)	84,399.64	55,973.29	52,025.45	50,977.08
每股收益(摊薄　元)	0.5109	0.3838	0.469	0.454
每股收益(加权　元)	0.5432	0.3838	0.469	0.454
扣除非经常性损益后的每股收益　(元)	0.5123	0.3737	0.453	0.438
每股净资产(元)	5.37	4.30	3.996	3.92
调整后的每股净资产(元)	5.29	4.20	3.946	3.87
每股经营活动产生的现金流量净额(元)	0.3455	0.84	0.97	0.97
净资产收益率(%)	9.51	8.93	11.73	11.61

注:主要财务指标的计算方法

每股收益 = 净利润 / 报告期末普通股股份总数

每股净资产 = 年度末股东权益 /年度末普通股股份总数

调整后的每股净资产=[年度末股东权益-三年以上的应收款项净额-待摊费用-待处理(流动、固定)资产净损失 - 开办费 - 长期待摊费用-住房周转金负数余额]/年度末普通股股份总数

每股经营活动产生的现金流量净额 = 经营活动产生的现金流量净额/年度末普通股股份总数

净资产收益率 = 净利润 / 年度末股东权益 × 100%

3、本报期内股东权益变动情况及变动原因

项　目	股　本	资本公积	盈余公积	法定公益金	未分配利润	股东权益合计
期初数	130,180,000	318978147.77	28004567.75	12449197.42	82570135.41	559732850.93
本期增加	26,933,654	200,035,149.08	17,821,251.80	8,910,625.90	80,276,981.90	325,067,036.78
本期减少					40,803,441.63	40,803,441.63
期末数	157,113,654	519,013,296.85	45,825,819.55	21,359,823.32	122,043,675.68	843,996,446.08

三、股东情况介绍

(1)报告期末股东总数

本告期末公司股东总户数为23,632户。

(2)主要股东持股情况

持有本公司5%以上(含5%)股份及前十名股东持股情况

股东名称	年末持股数	持股比例(%)
1、湖南屈原农垦集团公司	80680,000	51.35
2、湖南省岳阳市信托投资公司	2,666,667	1.69
3、上海众和投资管理有限公司	1,537,001	0.98
4、上海申楚实业投资有限公司	1,010,400	0.64
5、耿昌泉	544,353	0.35
6、邓显菊	373,810	0.24
7、岳阳市经济技术开发区梦都实业有限公司	345,225	0.22
8、程凤霞	334,820	0.21
9、岳阳市经济技术开发区荣陵建筑安装公司	318,734	0.20
10、赵学军	286,000	0.18

(3)、持股5%以上的法人股东情况:湖南岳阳屈原农垦集团公司为本公司发起人控股股东(系法人股),现持有本公司股份8,068万股,占总股份的51.35%;所持股份在本报告期内因公司配股增加50万股。该公司注册地址为:湖南岳阳屈原行政区;主营种养业,制糖、茶叶、饲料加工、建材制造、建筑工程等,全民性质,报告期内法人代表钟小汨;所持公司股份没有质押、冻结。

北海国际招商股份有限公司

一、公司简介

1、 法定中文名称:北海国际招商股份有限公司 中文名称缩写:北海招商
英文名称:BEIHAI INTERNATIONAL BUSINESS SOLICITING CO.,LTD. 缩写:BIBS
2、 法定代表人:乔向明
3、 董事会秘书:王键 董事会证券事务代表:柏笑冰
联系地址:郑州市建设西路 187 号泰隆大厦 16 层 邮政编码:450007
电 话:0371-7422266 传真:0371-7422233 电子信箱:0703@371.net
4、 注册地址:北海市中山西路二号楼 邮政编码:536000
办公地址:郑州市建设西路 187 号泰隆大厦 16 层 邮政编码:450007
5、 公司信息披露报纸:《证券时报》
登载公司年度报告的中国证监会指定国际互联网网址:http://www.cninfo.com.cn
年度报告备置地点:郑州市建设西路 187 号泰隆大厦 16 层(办公地址)
6、 股票上市地:深圳证券交易所 股票简称:招商股份 股票代码:0703

二、会计数据和业务数据摘要

1、本年度利润总额及构成(单位:元)

利润总额:	38,788,808.72
其中:	
净利润:	23,805,288.92
扣除非经常性损益后的净利润:	26,425,241.48
主营业务利润:	84,817,886.20
其他业务利润:	1,694,658.43
营业利润:	41,348,761.28
投资收益:	−2,639,056.64
补贴收入:	—
营业外收支净额:	79,104.08
经营活动产生的现金流量净额:	109,083,798.14
现金及现金等价物净增加额:	4,213,418.87
注:扣除非经常性损益项目及金额	
(1) 营业外收支净额:	79,104.08
(2) 合并价差摊销:	−2,699,056.64
以上项目涉及金额为:	−2,619,952.56

2、截止报告年度末公司前三年的主要会计数据及财务指标(单位:元)

序号 栏目内容	2000 年度	1999 年度		1998 年度	
		调整前	调整后	调整前	调整后
(1)主营业务收入(万元)	26,352.57	10,114.14	10,092.11	7,316.96	7,316.96
(2)净利润(万元)	2,380.53	2,255.05	2,243.67	2,526.37	2,407.23
(3)总资产(万元)	53,425.78	36,473.52	36,317.20	23,683.30	23,336.81
(4)股东权益(万元)(不含少数股东权益)	26185.63	24,721.77	24,620.16	22,473.87	22,127.38
(5)每股收益(元)					
(全面摊薄)	0.223	0.212	0.210	0.237	0.226
(扣除非经常性损益后)	0.248	0.155	0.154	0.222	0.211
(6)每股净资产(元)	2.456	2.319	2.310	2.108	2.076
(7)调整后的每股净资产(元)	2.392	2.300	2.290	2.090	2.057
(8)每股经营活动产生的现金流量净额(元)	1.023	0.377	0.377	−0.087	−0.087
(9)净资产收益率(全面摊薄)(%)	9.09	9.12	9.11	11.24	10.88

3、报告期利润表附表

	净资产收益率(%)		每股收益(元)	
报告期利润	全面摊薄	加权平均	全面摊薄	加权平均
主营业务利润	32.39	32.86	0.796	0.796
营业利润	15.79	16.02	0.388	0.388
净利润	9.09	9.22	0.223	0.223
扣除非经常性损益后的净利润	10.09	10.24	0.248	0.248

4、本报告期内股东权益变动情况

项目	股本	资本公积	法定公积金	任意盈余公积	法定公益金	未分配利润	股东权益合计
期初数	10,660	0	2,092.74	396.22	2,092.74	9,378.46	24,620.16
本期增加	0	0	237.59	250.94	237.59	1,905.35	2,631.47
本期减少	0	0	0	0	0	1,066	1,066
期末数	10,660	0	2,330.33	647.16	2,330.33	10,217.81	26185.63

变动原因:法定盈余公积、法定公益金增加是按规定提取所致;任意盈余公积金增加是控股子公司成都锦江电子系统工程有限公司本年度免交的所得税转入; 未分配利润的增加是由于本年度留存收益增加,未分配利润的减少是本年度向股东派现红利所致;以上各项净增同时使股东权益增加,

三、股东情况介绍

(1)截止本报告期末股东总数为 16,889 户

(2)2000 年 12 月 31 日,公司前十名股东的持股情况

名次	股东名称	年末持股数(股)	占总股本(%)
1	河南九龙水电集团有限公司	30,575,284	28.68
2	四川恒运实业有限公司	7,581,600	7.11
3	四川新洲实业有限公司	4,975,426	4.67
4	中国烟草总公司四川省公司	2,843,100	2.67
5	成都市建筑材料总公司	2,369,250	2.22
6	成都工商信托投资有限责任公司	2,369,250	2.22
7	同益证券投资基金	1,329,948*	1.25
8	四川岷江电力股份有限公司	1,279,395	1.20
9	同盛证券投资基金	970,000*	0.91
10	蒲江县财政信用投资公司	947,700	0.89

注:加*者为已上市流通股份。

1 公司前 10 名股东之间不存在关联关系。

2 持有本公司 5%以上(含 5%)股份的股东年度内持股及增减变动情况:

报告期内,河南九龙水电集团有限公司协议受让四川高速公路建设开发总公司、德阳嘉娱有限责任公司和南充市金达房地产开发公司法人股,共计 30,575,284 股。

浙江震元股份有限公司

一、公司简介

(一)公司法定名称:浙江震元股份有限公司
(二)公司法定代表人:宋逸婷
(三)公司董事会秘书:黄继明
公司授权代表:周黔莉
联系地址:浙江省绍兴市解放北路 289 号
邮政编码:312000
联系电话:0575-5144161 联系传真:0575-5148805
(四)公司注册及办公地址:浙江省绍兴市解放北路 289 号
邮政编码:312000
公司网址:http://www.zjzy.com
公司电子信箱:0705@zjzy.com
(五)公司选定信息披露报纸:《证券时报》
登载公司年度报告的中国证监会指定国际互联网网址:
http://www.cninfo.com.cn
公司年报备置地点:浙江省绍兴市解放北路 289 号公司证券部
(六)公司股票上市地:深圳证券交易所
股票简称:浙江震元
股票代码:0705

二、会计数据和业务数据摘要

(一)公司本年度会计数据和业务数据摘要(单位:人民币元)

利润总额	36,854,440.22
净利润	20,935,533.62
扣除非经常性损益后的净利润	17,683,961.55
主营业务利润	98,537,134.52
其他业务利润	2,962,403.24
营业利润	28,183,852.81
投资收益	2,500,441.03
补贴收入	333,000.00
营业外收支净额	5,837,146.38
经营活动产生的现金流量净额	32,077,080.21
现金及现金等价物净增加额	130,007,094.95

注:"扣除非经常性损益后的净利润"指标中扣除项目及涉及金额:

1、合并价差摊销	−242,139.89 元
2、新股申购资金利息	1,162,119.65 元
3、资产处置损益	2,331,592.31 元

(二)近三年主要会计数据和财务指标 单位:元、元/股

项目	2000 年度	1999 年度
主营业务收入	507,721,487.68	481,678,639.19
净利润	20,935,533.62	21,605,566.22
总资产	716,328,391.13	557,352,936.07
股东权益	411,635,649.61	200,932,315.75
每股收益(摊薄)	0.167	0.217
每股收益(加权)	0.211	0.217
扣除非经常性损益后每股收益(摊薄)	0.141	0.207
每股净资产	3.28	2.02
调整后每股净资产	3.21	1.87
每股经营活动产生的现金流量净额	0.256	0.475
净资产收益率(摊薄%)	5.09	10.74
净资产收益率(加权%)	9.90	10.74

(三)按照中国证监会《公开发行证券公司信息披露编报规则》第 9 号的通知要求,计算二 OOO 年年度的利润数据如下:

项 目	报告期利润(元)	净资产收益率(%)		每股收益(元)	
		全面摊薄	加权平均	全面摊薄	加权平均
主营业务利润	98,537,134.52	23.94	46.61	0.7862	0.9908
营业利润	28,183,852.81	6.85	13.33	0.2249	0.2834
净利润	20,935,533.62	5.09	9.90	0.167	0.2105
扣除非经常性损益后的净利润	17,683,961.55	4.30	8.37	0.1411	0.1778

(四)报告期内股东权益变动情况及变化原因 单位:元

项目	股本	资本公积金	盈余公积	其中:公益金	未分配利润	合计
期初数	99449992	52506718.23	18794113.89	5676657.88	30181491.63	200932315.75
本期增加	25879368	176421368.24	7771468.83	1849764.16	631128.79	210703333.86
本期减少	—	—	—	—	—	—
期末数	125329360	228928086.47	26565582.72	7526422.04	30812620.42	411635649.61
变动原因	二 OOO 年度公司实施了配股	二 000 年度公司实施了配股	本期计提	本期计提	本期利润增长	本期利润增加

三、股东情况介绍

(一)至 2000 年末公司股东总数为 13,470 人。

(二)至 2001 年 1 月 8 日公司前十名股东持股情况: 单位:股

股东名称	持股数	持股比例(%)	持股性质
1、绍兴市国有资产投资经营有限公司	31,290,236	24.97	代表国家持股
2、绍兴市财政投资有限公司	3,690,000	2.94	法人股
3、绍兴市恒旦投资发展有限公司	2,790,000	2.22	法人股
4、绍兴市房地产开发公司	1,749,438	1.40	法人股
5、长城证券有限责任公司	1,540,500	1.22	流通股
6、绍兴第二医院	1,142,856	0.91	法人股
7、兴科证券投资基金	1,031,709	0.82	流通股
8、王锡田	965,560	0.77	流通股
9、杭州华东医药(集团)公司	720,000	0.57	法人股
10、李长庚	696,053	0.55	流通股

注:公司前 10 名股东与公司之间不存在关联关系,国家股股东所持股份无质押或冻结情况,法人股东所持股份无质押或冻结情况反映。

湖北双环科技股份有限公司

一、 公司简介

1. 公司法定中文名称:湖北双环科技股份有限公司 (以下称"公司"、"本公司")
公司法定英文名称:HUBEI SHUANGHUAN SCIENCE AND TECHNOLOGY STOCK CO.,LTD
2. 公司法定代表人:吴党生
3. 公司董事会秘书:陈卓平
联系地址:湖北省应城市东马坊团结大道 26 号公司证券办公室
联系电话:0712-3591099 传 真:0712-3591099
公司授权代表:黄 健
联系地址:湖北省应城市东马坊团结大道 26 号公司财务部
联系电话:0712-3591565
传 真:0712-3513795
4. 公司注册地址及办公地址:湖北省应城市东马坊团结大道 26 号
邮 编:432407
公司电子信箱:info@hbsh.com
5. 公司选定的信息披露报纸名称为《中国证券报》、《证券时报》,登载公司年度报告的中国证监会指定国际互联网网址为:http://www cninfo.com.cn
公司年度报告备置地点:公司证券办公室
6. 公司股票上市交易所:深圳证券交易所
股票简称:双环科技 证券代码:0707

二、会计数据和业务数据摘要

1. 公司本年度主要财务数据:(人民币:元)
利润总额:96,136,353.83
净 利 润:81,880,928.19
扣除非经常性损益后的净利润:81,579,424.96
主营业务利润:133,022,140.03
其他业务利润:1,370,700.34
营业利润:88,523,619.47
投资收益:7,337,831.13
补贴收入:
营业外收支净额:274,903.23
经营活动产生的现金流量净额:305,585,912.45
现金及现金等价物净增加额:-95,147,172.60
注:扣除非经常性损益的项目及涉及金额为营业外收入 301,503.23
2. 截止 2000 年末公司前三年主要会计数据和财务指标:

项 目	2000 年	1999 年	1998 年	
			调整前	调整后
主营业务收入(万元)	75,347.03	64,626.65	54,747.04	54,747.04
净利润(万元)	8,188.09	7,400.56	10,292.46	10,215.94
总资产(万元)	158,593.07	157,642.05	133,452.12	133,166.17
股东权益(万元)	125,451.60	121,238.24	114,080.73	113,837.68
每股收益(元/股)	0.31	0.28	0.39	0.39
加权平均每股收益(元/股)	0.31	0.28	0.41	0.43
扣除非经常性损益后的每股收益 (元/股)	0.31	0.28	0.39	0.38
每股净资产 (元/股)	4.73	4.58	4.30	4.30
调整后每股净资产 (元/股)	4.70	4.54	4.27	4.26
每股经营活动产生的现金流量净额	1.15	0.10	-0.1	-0.1
净资产收益率 (%)	6.53	6.104	9.022	8.974
加权平均净资产收益率 (%)	6.53	6.104	11.1062	11.024

注:其中 2000 年度总股本为 26498.216 万股
1999 年度总股本为 26498.216 万股
1998 年度总股本为 26498.216 万股
2000 年配股后总股本为 30517.836 万股,股本变化后的每股收益为 0.268 元。
3.根据中国证监会发布的《公开发行证券公司信息披露编报规则》第 9 号,公司 2000 年度按全面摊薄法和加权平均法计算的净资产收益率和每股收益。

报 告 期 利 润	净资产收益率(%)		每 股 收 益(元/股)	
	全面摊薄	加权平均	全面摊薄	加权平均
主营业务利润	10.28	10.61	0.502	0.502
营业利润	6.84	7.06	0.334	0.334
净利润	6.53	6.53	0.309	0.309
扣除非经常性损益后的净利润	6.50	6.50	0.308	0.308

三、股东情况

(1) 至本年度末,公司股东总数为 68422 户。
(2) 至本年度末,持本公司股票最多的前十名股东持股情况:

单 位:万股

单 位 名 称	持 股 数	占股本总额%
湖北双环化工集团有限公司	10395.8160	39.23
湖北双环化工集团公司福达实业公司	1170.0000	4.42
湖北双环化工集团公司氯碱厂	574.0000	2.17
湖北双环化工集团公司红双环实业公司	154.0000	0.58
武汉钢铁(集团)公司	140.0000	0.53
中联橡胶(集团)公司	105.0000	0.40
湖北省化工总公司	105.0000	0.40
湖北省燃料总公司	70.0000	0.26
武汉迭阳物资开发有限责任公司	70.0000	0.26
广西壮族自治区南宁平板玻璃厂	70.0000	0.26

(3) 湖北双环化工集团有限公司代表国家持有本公司国有股 10395.816 万股,占股本总额的 39.23%,其中 90 万股被冻结。
(4) 本报告期内本公司控股股东仍为湖北双环化工集团有限公司。
(5) 湖北双环化工集团公司福达实业公司、湖北双环化工集团公司氯碱厂为湖北双环化工集团有限公司全资子公司,与本公司无重大关联,所占股份均不足 5%。

大冶特殊钢股份有限公司

一、公司简介

1.公司法定中文名称:大冶特殊钢股份有限公司
公司英文名称:DAYE SPECIAL STEEL CO.,LTD
2.公司法定代表人:朱宪国
3.公司董事会秘书:王平国
联系地址:湖北省黄石市黄石大道 316 号
电 话:0714—6293836、6294678 传 真:0714—6457917、6294678
4.公司注册及办公地址:湖北省黄石市黄石大道 316 号 邮政编码:435001
公司国际互联网网址:http://www.daye-steel.com 电子邮箱:hbygzq@public.hs.hb.cn
5.公司选定的信息披露报纸名称:《中国证券报》、《证券时报》
登载公司年度报告的中国证监会指定国际互联网网址:http://www.cninfo.com.cn
公司年度报告备置地点:本公司证券部
6.公司股票上市交易所:深圳证券交易所 股票简称:大冶特钢 股票代码:0708

二、会计数据和业务数据摘要

1、主要财务会计数据和财务指标:(单位:人民币元)

利润总额	18,499,793.33
净利润	13,666,780.66
扣除非经常性损益后的净利润	-41,885,593.26
主营业务利润	71,332,429.84
其他业务利润	4,606,659.41
营业利润	-36,780,499.77
投资收益	43,564,254.73
补贴收入	
营业外收支净额	11,716,038.37
经营活动产生的现金流量净额	42,728,043.09
现金及现金等价物净增加额	80,067,839.21

* 扣除的非经常性损益项目及涉及金额(万元)
(1)扣除营业外收入:1,237.98 万元;股权转让溢价 4,383.64 万元
(2)营业外支出:66.38 万元;
2、公司近三年财务指标:

项目	2000 年	1999 年	
		调整前	调整后
主营业务收入	1,088,699,822.06	1,453,493,462.24	1,453,493,462.24
净利润	13,666,780.66	27,564,350.25	26,834,970.25
总资产	3,824,058,416.87	3,322,973,824.55	3,298,780,585.45
股东权益(不含少数股东权益)	1,554,237,768.73	1,564,764,227.17	1,540,570,988.07
每股收益(全面摊薄)	0.030	0.061	0.060
每股收益(加权平均法)	0.030	0.061	0.060
每股净资产	3.46	3.48	3.43
调整后的每股净资产	3.37	3.33	3.28
每股经营活动产生的现金流量净额	0.095	0.0018	0.0018
净资产收益率(%)(全面摊薄)	0.88	1.76	1.74
净资产收益率(%)(加权平均)	0.88	1.78	1.76
扣除非经常性损益后的加权净资产收益率(%)	-2.7068	1.4287	1.4517
扣除非经常性损益后的摊薄净资产收益率(%)	-2.6949	1.4161	1.4383
扣除非经常性损益后的加权每股收益	-0.0932	0.0493	0.0493
扣除非经常性损益后的全面摊薄每股收益	-0.0932	0.0493	0.0493

3、按照中国证监会《公开发行证券公司信息披露编报规则(第 9 号)》通知精神,公司 2000 年度按全面摊薄法和加权平均法计算的净资产收益率及每股收益:

报告期利润	净资产收益率				每股收益			
	2000 年度		1999 年度		2000 年度		1999 年度	
	全面摊薄	加权平均	全面摊薄	加权平均	全面摊薄	加权平均	全面摊薄	加权平均
主营业务利润	4.59	4.61	11.06	11.16	0.1587	0.1587	37.90	37.90
营业利润	-2.37	-2.38	1.35	1.37	-0.0818	-0.0818	4.64	4.64
净利润	0.88	0.88	1.74	1.76	0.0304	0.0304	0.060	0.060
扣除非经常性损益后的净利润	-2.69	-2.71	1.42	1.43	-0.0932	-0.0932	0.0493	0.0493

(四)股东权益变动情况:

项目	股本	资本公积	盈余公积	法定公益金	未分配利润	股东权益合计
期初数	449,408,480	950,873,017.25	46,967,001.48	46,967,001.47	39,714,653.83	1,540,570,988.07
本期增加			1,366,678.07	1,366,678.07	13,666,780.66	16,400,136.80
本期减少					2,733,356.14	2,733,356.14
期末数	449,408,480	950,873,017.25	48,333,679.55	48,333,679.54	50,648,078.35	1,554,237,768.73

三、股本变动及股东情况

(1)报告期内股东总数:截止 2000 年 12 月 31 日公司股东共计 85704 户。
(2)公司前十名股东持股情况:

名次	股东名称	持股数(股)	占总股本%
1	冶钢集团有限公司	259,568,480	57.76
2	东风汽车公司	7,980,000	1.78
3	襄阳汽车轴承股份有限公司	3,420,000	0.76
4	冶钢集团实业总公司	2,850,000	0.63
5	冶钢集团龙腾实业总公司	2,280,000	0.51
6	中国第一拖拉机工程机械公司	2,280,000	0.51
7	北京南口机车车辆机械厂	1,140,000	0.25
8	武汉石化石油液化气公司	1,140,000	0.25
9	无锡市宏裕百货商店	840,000	0.19
10	北内集团	570,000	0.13

唐山钢铁股份有限公司

一、公司简介

(一)公司法定中文名称:唐山钢铁股份有限公司
　公司英文名称:TANGSHAN IRON AND STEEL COMPANY LIMITED
(二)公司法定代表人:王天义
(三)公司董事会秘书:杨万臣
　董事会秘书授权代表:郭永
　联系地址:河北省唐山市滨河路9号
　联系电话:0315—2701188
　传　　真:0315—2702198
　电子信箱:TGYANG@TS-USER.HE.CNINFO.NET
(四)公司注册地址:河北省唐山市滨河路9号
　公司办公地址:河北省唐山市滨河路9号
　邮政编码:063016
　电子信箱:ZHANGXG@TS-USER.HE.CNINFO.NET
(五)公司选定的信息披露报纸:《中国证券报》、《证券时报》
　刊登公司年度报告的国际互联网址:http://www.cninfo.com.cn
　公司年度报告备置地点:公司董事会秘书室
(六)股票上市交易所:深圳证券交易所
　股票简称:唐钢股份　　股票代码:0709

二、会计数据和业务数据摘要

(一)本年度主要利润指标(单位:人民币元)

利润总额	693,461,555.44
净利润	592,538,885.46
扣除非经常性损益后净利润	592,808,612.01
主营业务利润	1,397,375,101.04
其它业务利润	17,625,851.85
营业利润	712,548,616.30
投资收益	7,950,004.91
补贴收入	0.00
营业外收支净额	-27,037,065.77
经营活动产生的现金流量净额	1,065,047,071.07
现金及现金等价物净增加额	110,952,309.59

注:扣除的非经常性损益为:处置固定资产损失269,726.55元。

(二)主要会计数据和财务指标(单位:人民币元)

项　目	2000年	1999年	1998年	
			调整后	调整前
主营业务收入	6,946,615,674.36	5,726,211,024.27	5,048,889,808.20	5,048,889,808.20
净利润	592,538,885.46	492,492,308.19	413,349,861.23	513,440,776.26
总资产	10,255,704,171.10	9,310,132,983.74	8,430,051,980.50	8,868,151,432.59
股东权益	5,355,825,105.76	5,189,125,323.47	4,207,109,022.28	4,645,208,474.37
每股收益(摊薄)	0.44	0.58	0.52	0.65
每股收益(加权)	0.44	0.62	0.52	0.65
扣除非经常性损益后的每股收益	0.44	0.58	0.52	0.65
每股净资产	3.96	6.13	5.30	5.85
调整后的每股净资产	3.85	5.82	5.14	5.68
每股经营活动产生的现金流量净额	0.79	1.10	1.32	1.32
净资产收益率(摊薄)	11.06%	9.49%	9.83%	11.05%
净资产收益率(加权)	10.80%	11.06%	9.75%	11.10%
扣除非经常性损益后净资产收益率(加权)	11.07%	11.06		

附:利润表附表

报告期利润	净资产收益率		每股收益	
	全面摊薄	加权平均	全面摊薄	加权平均
主营业务利润	26.09	25.36	1.03	1.03
营业利润	13.30	12.93	0.53	0.53
净利润	11.06	10.76	0.44	0.44
扣除非经常性损益后的净利润	11.07	10.76	0.44	0.44

三、股东情况介绍

(一)本公司期末股东总数为164454名

(二)前10名股东持股情况(单位:股)

股东名称	期末持股数	期内增减(+/-)	占总股本比例(%)
1、唐山钢铁集团有限责任公司	915,772,382	343,414,643	67.64
2、唐钢工会	70,142,376	26,303,391	5.18
3、五矿发展股份有限公司	7,596,960	2,848,860	0.56
4、中国第二十二冶金建设公司	6,338,400	2,376,900	0.47
5、河北冶金厅唐山物资站	4,446,000	1,667,250	0.33
6、唐山天辰投资有限责任公司	3,100,800	3,100,800	0.23
7、石碳井矿务局	2,508,000	940,500	0.19
8、唐钢附属企业总公司	2,481,337	-702,724	0.18
9、天津市冶金局供销运输总公司	1,824,000	684,000	0.13
10、冶金部北京钢铁设计研究总院	1,368,000	513,000	0.10

说明:(1)唐山钢铁集团有限责任公司代表国家持有股份。

(2)唐钢工会、河北冶金厅唐山物资站、唐山天辰投资有限责任公司、唐钢附属企业总公司和唐山钢铁集团有限责任公司存在关联关系。

(3)持有5%(含5%)以上法人股股东所持股份无质押、冻结等情况。

(三)持股10%以上法人股东情况

唐山钢铁集团有限责任公司持有国家股915,772,382股,是本公司的控股股东,其法定代表人为王天义,经营范围是:资产经营、矿山开采、焦化产品、金融、外贸、钢铁冶炼、钢材轧制、其它黑色金属冶炼及其压延加工、耐火材料制品制造、自行车部件制造与组装、建筑安装、金属结构及其构件制造、工程设计研究、冶金技术服务、机电修理、建材、汽车修造、房地产开发、商业等。其持有本公司股份无任何质押、冻结等情况。

(四)报告期内控股股东未发生变动。

成都天兴仪表股份有限公司

一、公司简介

1、公司中文名称:成都天兴仪表股份有限公司
英文名称:CHENGDU TIANXING INSTRUMENT AND METER CO,LTD
2、公司法定代表:黄培荣　　公司董事会秘书:武承辉
联系地址:成都天兴仪表股份有限公司董事会办公室
联系电话:(028)4600583 (028)4600580-6022　　传　　真:(028)4600581
3、公司注册地址:成都高新技术产业开发区
办公地点:成都外东十陵镇公司办公楼
邮政编码:610106　　公司电子信箱:cdtianxing@china.com
4、公司选定的信息披露报刊名称:<证券时报>
登载公司年度报告的国际互联网网址:http://www.cninfo.com.cn
公司年度报告备置地点:董事会办公室
5、上市地点:深圳证券交易所
股票简称:天兴仪表　　股票代码:0710

二、会计数据与业务数据摘要

1、公司本年度主要利润指标情况 (单位元)

利润总额	2,376,759.27
净利润	1,608,935.90
扣除非经常性损益后的净利润	2,593,962.89
主营业务利润	19,881,649.71
其他业务利润	1,840,322.56
投资收益	-98,795.08
补贴收入	
营业外收支净额	-886,231.91
经营活动产生的现金流量净额	-8,214,095.63
现金及现金等价物净增加额	16,944,174.40

2、近三年主要会计数据和财务指标

项目	2000年	1999年调整后	98年调整前	98年调整后
主营业务收入(万元)	7973.07	9977.21	11842.80	11842.80
净利润(万元)	160.89	1449.78	2362.15	2441.48
总资产(万元)	33238.82	29867.89	30777.52	28333.70
股东权益(不含少数股东权益)(万元)	20351.24	21810.35	20782.56	20360.57
每股收益(元/股)(全面摊薄)	0.015	0.134	0.219	0.226
每股收益(元/股)(加权)	0.015	0.134	0.237	0.245
扣除非经常性损益后的每股收益(元)	0.024	0.124	0.219	0.215
每股净资产(元/股)	1.884	2.019	1.924	1.885
调整后每股净资产(元/股)	1.874	2.008	1.917	1.880
每股经营活动产生的现金流量净额	-0.076	0.142	0.262	0.262
净资产收益率%	0.79%	6.65%	11.37%	11.99%

4、报告期内股东权益变动情况　　单位:万元

项目	股本	资本公积	盈余公积	公益金	未分配利润	股东权益合计
期初数	10800	4603.57	961.02	320.34	5445.76	21810.35
本期增加			29.46	9.82	131.44	
本期减少					1620.00	1459.10
期末数	10800	4603.57	990.48	330.16	3957.20	20351.25

变化原因:盈余公积增加29.46万元系按母公司2000年净利润的10 %提取了法定盈余公积金;公益金增加9.82万元系公司按母公司2000年净利润的5%提取公益金所致;未分配利润增加系本年实现利润,未分配利润减少由于利润分配每10股派现1.5 元所致。

三、股本变动情况与股东情况介绍

(一)2000年度公司股份变动情况(截止2000年12月31日)

公司股本结构表　　股份单位:股

股份类别	期初数	本期变动增减(+,-)					期末数
		配股	送股	公积金转增	其它	小计	
一、尚未流通股份							
1、发起人股份							
其中:境内法人持有股份	76500000						76500000
尚未流通股份合计	76500000						76500000
二、已流通股份							
1、境内上市的人民币普通股	31500000						31500000
其中:高管人员持股	33948				-3690		30258
4、其他	31500000						31500000
三、股份合计	108000000						108000000

报告期内离任监事江河梁先生所持股3690予以解冻。

(二)股东情况介绍

1、报告期末股东总数 截止2000年12月31日,公司股东总数为4576户。其中:国有法人股股东1户,其余为社会公众股股东。

2、持股前十名的股东情况

单位:股

名次	股东名称	年末持有数	占总股本比例(%)
1	成都天兴仪表(集团)有限公司	76500000	70.833
2	金鑫证券投资基金	940654	0.871
3	兴安证券投资基金	910211	0.843
4	泰和证券投资基金	402082	0.372
5	张伟粗	181000	0.168
6	杨庆华	175000	0.162
7	孙　英	169700	0.157
8	李鑫海	169600	0.157
9	黄建国	161310	0.149
10	娄必连	155000	0.144

黑龙江龙发股份有限公司

一、公司简介

1、公司法定中文名称：黑龙江龙发股份有限公司
公司英文名称：HEILONGJIANG LONG-FAR INC.
2、公司法定代表人：周庆治
3、公司董事会秘书：赵润涛
地址：哈尔滨经济技术开发区天顺街副 68 号
电话：0451-2335442　　传真：0451-2334782
电子信箱：zrt0001@sina.com
4、公司注册地址：哈尔滨经济技术开发区天顺街副 68 号
办公地址：哈尔滨经济技术开发区天顺街副 68 号　邮政编码：150090
5、公司信息披露报刊：《中国证券报》、《证券时报》
中国证监会指定登载公司年度报告的国际互联网网址：http://www.cninfo.com.cn
公司年度报告备置地点：公司证券部、深圳证券交易所
6、公司股票上市交易所：深圳证券交易所
股票简称：龙发股份　股票代码：0711

二、会计数据和业务数据摘要

(一)、公司本年度会计数据和业务数据：　单位：人民币元

利润总额：	46,429,026.73
净利润：	34,898,587.16
扣除非经常性损益后的净利润：	34,853,477.88
主营业务利润：	52,370,169.32
其他业务利润：	0.00
营业利润：	46,832,931.36
投资收益：	-449,013.91
补贴收入：	0.00
营业外收支净额：	45,109.28
经营活动产生的现金流量净额：	4,133,175.95
现金及现金等价物净增加额：	39,740,574.84

注：扣除非经营性损益项目
营业外收支净额：　45,109.28

(二)、截止报告期末公司前三年主要会计数据和财务指标

序号	项目	2000 年度	1999 年度 调整后	1999 年度 调整前	1998 年度 调整后	1998 年度 调整前
1	主营业务收入(元)	91,651,276.80	26,145,234.00	26,145,234.00	25,772,823.50	25,772,823.50
2	净利润(元)	34,898,587.16	15,040,147.08	15,040,147.08	19,780,642.58	20,202,324.50
3	总资产(元)	404,741,544.53	240,850,321.52	240,850,321.52	169,333,445.31	169,393,552.95
4	股东权益(元)	266,547,722.80	235,380,018.28	235,372,245.29	165,036,334.59	165,458,016.51
5	每股收益(元)	0.3253	摊薄 0.1402 加权 0.1736	摊薄 0.1402 加权 0.1736	0.3005	0.307
6	扣除非经营损益后每股收益(元)	摊薄 0.3249	加权 0.1259	摊薄 0.1558	加权 0.1259	0.1558
7	每股净资产(元)	2.4849	2.1944	2.1943	2.51	2.51
8	调整后每股净资产(元)	2.4684	2.1944	2.1943	2.50	2.50
9	每股经营活动产生的现金流量净额(元)	0.0385	0.1785	0.1785	0.3240	0.3240
10	净资产收益率(%)	13.09	6.39	6.39	11.99	12.21

三、股东情况介绍

(一)、报告期末股东总数：16137 户
(二)、公司前 10 名股东持股情况　单位：万股

序号	股东名称	年初数	送股	转增	配股	其他	年末数	占总股本比例	质押或冻结
1	黑龙江省建设开发实业总公司	2770	0	0	0	-1070	1700	15.849%	无
2	上海沪通信息技术有限公司	0	0	0	0	1557	1557	14.515%	无
3	南都集团控股有限公司	0	0	0	0	1300	1300	12.119%	无
4	哈尔滨龙江非标工具公司	1123.2	0	0	0	-500	623.2	5.810%	无
5	黑河市经济合作区房地产开发公司	196.56	0	0	0	0	196.56	1.832%	无
6	黑龙江惠扬房地产开发有限公司	1442	0	0	0	-1287	155	1.445%	无
7	黑龙江省城乡建设开发公司	84.24	0	0	0	0	84.24	0.785%	无
8	吴秀林						40.3298	0.375%	
9	泰和证券投资基金						29.4958	0.274%	
10	张　静						27.5644	0.256%	

注：报告期内公司股份总数及结构变动情况说明

1、公司国有法人股东黑龙江省建设开发实业总公司于 2000 年 5 月 5 日与南都集团控股有限公司签订了股权转让协议，将其持有的龙发股份部分法人股即 1070 万股(占总股本 9.975%)的股权转让给南都集团控股有限公司(5 月 24 日公告于《中国证券报》和《证券时报》)。本次股权转让引起公司股本结构发生变动。

2、公司法人股东黑龙江惠扬房地产开发有限公司于 2000 年 5 月 25 日与温州财团有限责任公司签订了股权转让协议，将其持有的龙发股份法人股 1287 万股(占总股本 12%)的股权转让给温州财团有限责任公司(5 月 30 日公告于《中国证券报》和《证券时报》)。本次股权转让引起公司股本结构发生变动。

广东金泰发展股份有限公司

一、公司简介

1、公司名称
公司法定名称：广东金泰发展股份有限公司
公司英文名称：GUANGDONG JINTAI DEVELOPING CO.,LTD
2、公司法定代表人：杨志茂
3、公司董事会秘书：刘光芒
地址：广东省清远市新城八号区方正二街自来水大厦
电话：0763-3369393
传真：0763-3362693
电子信箱：jintai@pub.qingyuan.gd.cn
4、公司地址
公司注册地址：广东省清远市经济开发试验区 2 号区内
公司办公地址：广东省清远市新城八号区方正二街自来水大厦
邮政编码：511515
公司电子信箱：jintai@pub.qingyuan.gd.cn
5、公司选定的信息披露报纸：证券时报
登载公司年报的国际互联网网址：http://www.cninfo.com.cn
公司年度报告备置地点：公司证券部
6、公司股票上市交易所、股票简称和股票代码
公司股票上市交易所：深圳证券交易所
股票简称：金泰发展
股票代码：0712

二、会计数据和业务数据摘要

1、本年度会计数据摘要

单位：元

项　目	金　额
利润总额	66,660,169.27
净利润	56,540,711.34
扣除非经营性损益后的净利润	4,099,486.22
主营业务利润	21,821,150.18
其他业务利润	6,517,249.94
营业利润	15,377,701.46
投资收益	47,556,578.77
补贴收入	4,170,000.00
营业外收支净额	-444,110.96
经营活动产生的现金流量净额	-51,121,641.53
现金及现金等价物净增加额	14,509,094.89

2、公司近三年的主要会计数据和财务指标

项　目	2000 年	1999 年	1998 年 调整后	1998 年 调整前
主营业务收入(万元)	16,301.71	16,190.58	13,996.77	13,996.77
净利润(万元)	5,654.07	2,245.19	3,403.13	3,676.61
总资产(万元)	57,637.52	53,592.35	49,315.18	49,989.19
股东权益(万元)	41,387.35	35760.66	33,515.47	34,177.56
每股收益(元)	0.371	0.147	0.268	0.29
加权每股收益(元)	0.371	0.147	0.268	0.29
扣除非经常性损益后(每股收益)	0.0269	0.123	0.186	0.207
每股净资产(元)	2.717	2.348	2.64	2.69
调整后的每股净资产(元)	2.707	2.279	2.615	2.66
每股经营性活动产生的现金净流量净额(元)	-0.336	0.189	-0.088	-0.088
净资产收益率(%)	13.66	6.28	10.15	10.76
加权净资产收益率(%)	14.66	6.48	10.73	11.37
扣除非经营性损益后的加权资产收益率(%)	1.06	6.43		

三、股本变动及股东情况

(截止 2000 年 12 月 29 日)
1、报告期末公司股东总数为 13,457 人。
2、前 10 名股东的持股情况

股东名称	年末持股数	增减量	占总股本比例(%)
1 金泰集团(国有法人股)	86498208	-3000000	56.79
2 金泰化纤(其他法人股)	24037356	0	15.79
3 东莞市荣富实业有限公司	3000000	+3000000	1.97
4 康庆龙	425000		0.27
5 梁燕容	373405		0.25
6 张春梅	320000		0.2
7 蒋达安	310000		0.2
8 黄　成	300000		0.19
9 李春林	290440		0.19
10 赵炳群	283100		0.19

第二大股东——清远金泰化纤股份有限公司是第一股东——广东金泰企业集团公司的控股企业。

3、报告期内，公司控股股东未变更。

4、公司现有主要股东持股情况(截止 2001 年 3 月 30 日)

1 东莞市新世纪科教拓展有限公司持有公司法人股 45,327,866 股，占公司总股本的 29.76%，为公司第一大股东。

2 东莞市荣富实业有限公司持有公司法人股 44,170,342 股，占公司总股本的 29%，为公司第二大股东。

3 广州市锦麟投资有限公司持有公司法人股 24,493,356 股，占公司总股本的 16.09%，为公司第三大股东。

合肥丰乐种业股份有限公司

一、公司简介

1、公司的法定中文名称:合肥丰乐种业股份有限公司

公司的法定英文名称 HEFEI FENGLE SEED CO.,LTD.

2、公司的法定代表人:庞莉萍

3、公司董事会秘书:徐继萍

联系地址:安徽省合肥市西七里塘樊洼路8号

电话:(0551)5577479 5577177 传真:(0551)5577479

电子信箱:xjpemail@163.net

4、公司注册地址:安徽省合肥市长江西路727号

办公地址:安徽省合肥市西七里塘樊洼路8号

邮政编码:230031

国际互联网网址:http://www.fengleseed.com

电子信箱:hflsc @mail.hf.ah.cn

5、公司选定的信息披露报纸名称:证券时报

登载年报的中国证监会指定国际互联网网址:http://www.cninfo.com.cn

年度报告备置地点:公司董事会秘书处

6、公司股票上市交易所:深圳证券交易所

股票简称:丰乐种业 股票代码:0713

二、会计数据和业务数据摘要

(一) 本年度主要利润指标(单位:人民币元)

项 目	金 额
1、利润总额	69,314,376.92
2、净利润	67,739,013.57
3、扣除非经常性损益后的净利润	68,340,377.42
4、主营业务利润	132,061,166.61
5、其他业务利润	39,138.97
6、营业利润	59,848,982.41
7、投资收益	10,066,758.36
8、补贴收入	0
9、营业外收支净额	-601,363.85
10、经营活动产生的现金流量净额	-5,590,054.10
11、现金及现金等价物净增加额	-6,764,654.39

注:非经常性损益 -601,363.85 为本期公益性支出。

(二)前三年主要会计数据和财务指标 (单位:人民币元)

项 目	2000年度	1999年度	1998年度	
			调整前	调整后
主营业务收入	408,003,084.36	287,063,596.29	250,703,995.22	248,552,134.22
净利润	67,739,013.57	54,068,389.74	51,209,880.16	51,015,504.23
总资产	993,892,393.75	749,200,148.67	683,684,595.68	681,440,065.05
股东权益(不含少数股东权益)	615,932,225.80	593,193,212.23	424,326,135.78	422,932,366.96
每股收益全面摊薄	0.30	0.43	0.47	0.47
加权平均	0.37	0.48	0.47	0.47
扣除非经常性损益后全面摊薄	0.30	0.43	0.47	0.47
扣除非经常性损益后加权平均	0.30	0.48	0.47	0.47
每股净资产	2.74	4.75	3.93	3.92
调整后的每股净资产	2.71	4.74	3.92	3.91
每股经营活动产生的现金流量净额	-0.025	0.53	-0.07	-0.07
净资产 收益率 (%)				
全面摊薄	11.00	9.27	12.07	12.06
加权平均	10.54	10.05		10.40
扣除非经常性损益后全面摊薄	11.10	9.27		12.06
扣除非经常性损益后加权平均	10.63	10.05		10.04

注:上述1999年数据与1999年报披露的有差异,原因是母公司调减上年损益982017.25元和本年度合并范围发生了变化。

(三)根据中国证监会《公开发行证券公司信息披露细则(第9号)》要求计算的利润数据如下:

	净资产收益率%		每股收益(元)	
报告期利润	全面摊薄	加权平均	全面摊薄	加权平均
主营业务利润	21.44	20.55	0.59	0.72
营业利润	9.72	9.31	0.27	0.33
净利润	11.00	10.54	0.30	0.37
扣除非经常性损益后的净利润	11.10	10.63	0.30	0.37

三、股本变动及股东情况

1、报告期末股东总数

截止2000年12月31日,公司股东总数10904户,其中:国家股股东1户,社会公众股东10894户,公司职工股(高管股)9户。

2、截止2000年12月31日,公司前十名股东持股情况如下:

股东名称	持股数量(股)	占总股本比例(%)
1 合肥市种子公司	119,700,000	53.20
2 龙满玉	1,130,342	0.50
3 方小英	570,120	0.25
4 程宝到	545,328	0.24
5 黄 洪	527,733	0.23
6 温凤彩	504,426	0.22
7 王应旺	500,840	0.22
8 陈志英	456,000	0.20
9 陈 敏	444,087	0.20
10 丁维华	436,321	0.19

中兴-沈阳商业大厦(集团)股份有限公司

一、公司简介

1、公司法定中文名称:中兴-沈阳商业大厦(集团)股份有限公司

2、公司法定英文名称: CITIC DEVELOPMENT_SHENYANG COMMERCIAL BUILDING (GROUP) COMPANY LIMITED 缩写:CDSCBGCL

3、公司法定代表人:张 旭

4、公司董事会秘书:孙国良

联系地址:辽宁省沈阳市和平区太原北街86号

联系电话:024-23838888转3715 传 真:024-23830190

电子信箱:ZXJTQGC@PUB SY.LN.CN

5、公司注册地址:辽宁省沈阳市和平区太原北街86号

公司办公地址:辽宁省沈阳市和平区太原北街86号 公司邮政编码:110001

6、公司选定的信息披露报纸名称:《中国证券报》、《证券时报》。登载公司年度报告的中国证监会指定国际互联网网址 http://www.cninfo.com.cn

公司年度报告备置地点:公司证券部

7、公司股票上市交易所:深圳证券交易所 股票简称:中兴商业 股票代码:0715

二、会计数据和业务数据摘要

(一)公司本年度主要会计数据 (单位:人民币元)

1、利润总额	635,698.06
净利润	635,698.06
扣除非经常性损益后的净利润	-2,616,911.74
主营业务利润	84,497,747.91
其他业务利润	3,372,045.49
营业利润	-2,727,846.99
营业外收支净额	3,363,545.05
经营活动产生的现金流量净额	50,718,204.95
现金及现金等价物净增加额	-161,000,405.96

(二)截止报告期末公司前三年的主要会计数据和财务指标

	2000年	1999年	1998年
主营业收入(元)	595,365,120.81	839,784,834.78	1,060,995,307.17
净利润(元)	635,698.06	21,830,812.77	48,789,440.21
总资产(元)	968,505,097.37	908,074,916.92	681,891,331.63
股东权益(元)	576,135,582.42	579,885,697.76	424,445,265.59
每股收益(元)	0.003	0.10	0.25
加权平均每股收益(元)	0.003	0.11	0.31
每股净资产(元)	2.68	2.70	2.21
调整后每股净资产(元)	2.61	2.63	2.18
每股经营活动产生的现金流量净额	0.24	0.30	0.09
净资产收益率 (摊薄)	0.11	3.76	11.72
净资产收益率 (加权)	0.11	4.66	11.85
扣除非经营性损益后的每股收益	-0.012	0.090	0.24

扣除非经营性损益后的加权平均净资产收益率 -0.45%

根据中国证监会《公开发行证券公司信息披露编报规则》(第9号)通知精神,利润表附表列示如下:

	净资产收益率(%)		每股收益	
主营业利润	全面摊薄	加权平均	全面摊薄	加权平均
本年度	14.67	14.57	0.394	0.394
上年度	18.46	22.84	0.499	0.542
营业利润				
本年度	-0.47	-0.47	-0.013	-0.013
上年度	4.08	5.04	0.11	0.12
净利润				
本年度	0.11	0.11	0.003	0.003
上年度	3.76	4.66	0.10	0.11
扣除非经营性损益后净利润				
本年度	-0.45	-0.45	-0.012	-0.012
上年度	3.31	4.10	0.090	0.097

三、股本变动和股东情况介绍

1、股本变动情况(报告期内公司股本无变动情况) 数量单位:股

	本次变动前	本次变动增减(+、-) 配股	送股	公积金转股	增发	其他	小计	本次变动后
一、未上市流通股份								
1、发起人股份	157,620,000							157,620,000
其中:国家持有股份	78,050,000							78,050,000
境内法人持有股份	79,570,000							79,570,000
3、内部职工股(高管)	98,800							83,600
未上市流通股份合计	157,620,000							157,620,000
二、已上市流通股份								
1、人民币普通股	57,000,000							57,000,000
已上市流通股份合计	57,000,000							57,000,000
三、股份总数	214,620,000							214,620,000

注:高管股份变化是由于两名高级管理人员股票解冻所致。

2、截止2000年12月31日,本公司股东总数为35,685户。

3、主要股东持股情况(前十名)

股东名称	年末持股数量	所占比例
1 沈阳市商业国有资产经营有限责任公司	78,050,000	36.37%
2 中信兴业信托投资公司	78,050,000	36.37%
3 中兴-大连商业大厦	760,000	0.35%
4 沈阳联营公司	380,000	0.18%
5 沈阳五金商业集团股份有限公司	380,000	0.18%
6 李宝华	305,626	0.14%
7 深圳市德赛利投资有限公司	190,000	0.09%
8 李华辉	143,001	0.07%
9 孙勇涛	141,328	0.07%
10 曹亚平	140,000	0.07%

广 西 斯 壮 股 份 有 限 公 司

广西斯壮股份有限公司2000年年度报告摘要

(一)、公司简介

1、公司法定中文名称:广西斯壮股份有限公司
公司英文名称:GuangXi Strong Co., LTD
2、公司法定代表人:赵 明
3、公司董事会秘书:管自力
公司董事会秘书授权代表:陈 宁
联系地址:广西南宁市民主路8号斯壮大厦
电话:(0771)5631973 传真:(0771)5631879
电子信箱:gsdm@public.nn.gx.cn
公司注册地址:广西南宁市民主路8号斯壮大厦
公司办公地址:广西南宁市民主路8号斯壮大厦
邮编:530023 国际互联网网址:/www.gxstrong.com
电子信箱:gxsz@public.nn.gx.cn
5、公司选定的信息披露报纸:《中国证券报》、《证券时报》
登载公司年度报告的中国证监会指定国际互联网网址:http://www.cninfo.com.cn
公司年度报告备置地点:深圳证券交易所本公司证券部
4、公司股票上市交易所:深圳证券交易所
公司股票简称:广西斯壮 公司股票代码:0716

(二)、会计数据与业务数据摘要

1、本年度公司主要会计数据 (单位:人民币元)

利润总额	9,476,311.91
净利润	5,997,397.81
扣除非经常性损益后的净利润	-8,246,378.66
主营业务利润	40,963,466.23
其他业务利润	569,525.51
营业利润	-10,636,344.53
投资收益	18,761,650.68
补贴收入	0
营业外收支净额	1,351,005.76
经营活动产生的现金流量净额	-53,950,125.75
现金及现金等价物净增加额	-36,741,783.39

注:非正常经营性损益包括以下项目:
减:短期投资收益:5,433,332.00元
股票投资收益:6,596,466.00元
股权投资差额摊销: 862,972.71元
营业外收入:1,914,697.51元
加: 营业外支出: 563,691.75元

2、前三年主要会计数据和财务指标

指标项目		2000年	99年度	98年 调整前	98年 调整后
(1)、主营业务收入		13,514.37	11,681.28	12,902.20	12,902.20
(2)、净利润(万元)		599.74	1,574.96	3,027.27	1,652.84
(3)、总资产(万元)		74,262.28	77,600.35	47,554.37	43,888.99
(4)、股东权益(万元)		35,502.87	35,957.79	27,142.18	22,276.80
(5)、每股收益(元)					
	摊薄	0.0437	0.115	0.254	0.138
	加权	0.0437	0.124	0.254	0.138
扣除非经常性损益	摊薄	-0.0601	0.111		
后的每股收益	加权	-0.0601	0.121		
(6)、每股净资产(元)		2.59	2.62	2.28	1.87
(7)、调整后每股净资产(元)		2.48	2.19	2.03	1.33
(8)、每股经营活动产生的现金流量净额		-0.39	-0.23		
(9)、净资产收益率(%)	摊薄	1.69	4.38	11.15	7.42
	加权	1.65	5.63	11.81	6.79

利润表附表

报告期利润	净资产收益率(%) 全面摊薄	净资产收益率(%) 加权平均	每股收益(元) 全面摊薄	每股收益(元) 加权平均
主营业务利润	11.54	11.30	0.2987	0.2987
营业利润	-3.00	-2.93	-0.0776	-0.0776
净利润	1.69	1.65	0.0437	0.0437
扣除非经常性损益后的净利润	-2.32	-2.27	-0.0601	-0.0601

(三)、股本变动及股东情况

1、股本变动情况:
(1)股份变动情况表 数量单位:股

	本次变动前	配股	送股	公积金转股	增发	其它	小计	本次变动后
一、未上市流通部分								
1、发起人股份	31033197					+3150108	+3150108	34183305
其中:								
国家持有股份	15559612					+3150108	+3150108	18709720
境内法人持有股份	15473585							15473585
2、募集法人股份	28128922					-3150108	-3150108	24978814
3、内部职工	31160603					-31160603	-31160603	0
未上市流通股份合计	90322722					-31160603	-31160603	59162119
二、已上市流通部分								
人民币普通股	46800000					+31160603	+31160603	77960603
已上市流通股份合计	46800000					+31160603	+31160603	77960603
三、股份总数	137122722					0	0	137122722

注:1 2000年3月29日,本公司31160603股内部职工股上市流通;
2 2000年4月11日,开发投资有限责任公司协议受让海南赛格燃气有限公司所持本公司法人股权3150108股,

(2)、股票发行与上市情况
本公司31160603股内部职工股于2000年3月29日上市流通。
2、股东情况介绍 (1)、截止2000年12月31日,本公司股东总数为44496人。
(2)主要股东持股情况
截止2000年6月30日 单位:股

股东	持股数	本期变动数	占股本比例(%)
(1)广西开发投资有限责任公司	18,709,720	+3,150,108	13.64
(2)海南三鹏实业投资有限公司	6,704,330		4.89
(3)广西信托投资公司	6,388,111		4.66
(4)柳州机场建设开发总公司	5,617,152		4.10
(5)琼海万泉河先锋管道燃气公司	4,579,200		3.34
(6)海南赛格燃气有限公司	4,016,000	-3,150,108	2.93
(7)海南华美佳技术有限公司	3,434,400		2.29
(8)桂林五洲旅游股份有限公司	3,004,931		2.19
(9)广西世纪潮广告策划有限责任公司	2,577,072		1.88
(10)广西斯壮建筑有限公司	591,480		0.43

注:1 广西开发投资有限责任公司,是一家国有独资企业,持有本公司股份13.64%。公司法定代表人:黄名汉。经营范围:为广西建设项目筹措资金,开展经营性、开发性投资业务;房地产建设项目评估、咨询服务;国内商业及物资贸易(国家有专项规定除外);经济技术合作。

2 报告期内广西开发投资有限责任公司协议受让海南赛格燃气有限公司所持本公司法人股3,150,108股。

3 广西信托投资公司持本公司法人股因故被冻结,广西世纪潮广告策划有限责任公司所持本公司法人股质押。

(四)股东大会简介

本报告年度召开了1999年度股东大会和3次临时股东大会。

1、1999年度股东大会

本公司于2000年4月21日在《中国证券报》、《证券时报》上以公告形式通知召集股东,召开1999年度股东大会。会议于2000年5月22日,在广西南宁市明园饭店园中园召开。出席大会的股东及股东委托代理人共19人,代表股份55,115,688股,占公司股份总数40.19%。公司的董事、监事和高级管理人员出席了本次会议。 本次大会审议通过了如下决议:

(1)、《1999年度董事会工作报告》
(2)、《1999年度监事会工作报告》
(3)、《1999年度财务决算和2000年度财务收支预算报告》
(4)、《1999年度报告》
(5)、《1999年度利润分配方案》
(6)、《公司实施四项资产减值准备和核销坏帐的报告》
(7)、《修改〈公司章程〉的议案》

会议决议公告刊登于5月23日的《中国证券报》、《证券时报》上。

2、2000年度临时股东大会

(1)、2000年4月18日,公司2000年度第一次临时股东大会在南宁市新民路38号明园饭店园中园本公司会议室召开,大会一致通过了关于改选董事的议案:同意杜宝成先生辞去公司董事及公司董事长的职务,选举本公司第一大股东广西开发投资有限责任公司推荐的赵 明先生为公司董事。会议决议公告刊登于4月19日的《中国证券报》、《证券时报》上。

(2)、2000年7月28日,公司2000年度第二次临时股东大会在南宁市新民路 38号明园饭店园中园本公司会议室召开,大会审议通过了关于调整1999 年配股资金用途的议案、关于修改公司章程中经营范围的议案。会议决议公告刊登于7月29 日的《中国证券报》、《证券时报》上。

(3)、2000年12月30日,公司 2000年度第三次临时股东大会在南宁市民主路8号斯壮大厦本公司会议室召开,大会审议通过了关于修改公司章程中经营范围的议案、关于与海南民生燃气(集团)股份有限公司相互担保的议案 。 会议决议公告刊登于2001年1月2日的《中国证券报》、《证券时报》上。

(五)、董事会报告

1、公司主营业务范围及其经营状况

(1)公司主要经营业务:无线寻呼机销售及寻呼服务、城市综合开发、物业管理、商贸、航空服务投资等。

(2)公司经营情况

2000年度公司主营业务收入13,514.37万元,与上年相比增加15.69%,净利润599.74万元,与上年调整后相比减少61.92%。

2000年度公司主营业务收入及利润构成的行业情况: 单位:万元

行业	营业收入	营业利润
通讯寻呼	2,618.79	82.46
房地产业	4,269.29	834.74
商 贸	5,321.06	-176.29
公用事业(管道)	1,305.23	143.84
合 计	13,514.37	884.76

1、通讯寻呼业务,通讯寻呼业务面临的是一个日益萎缩的市场环境,但通讯分公司以不断提高服务质量稳定客户,加强成本费用核算,完成了全年的收入与利润指标,实现了扭亏为盈。

2、房地产业务,原有的房地产项目位好价高销售缓慢,新项目的开发及预售情况不错,但当年实现预售的现金流入难以确认为当期收益,所以房地产业务没有完成公司的收入与利润指标,对公司期内整体效益影响较大。

3、商贸业务,部分经营品种由于市场价格波动较大,另一方面也存在分公司判断及决策失误、采取措施不当等原因,未能达到预期效益,因此贸易项目收入与利润均未能完成公司核定的指标,对公司整体指标的完成也产生了较大的负面作用。

4、公司投资参股40%的广西航空有限公司,经营正常,但由于油价上涨,公司获得的投资收益较

去年减少 69.57%。

(3)公司全资及控股子公司的经营情况

南宁管道燃气有限责任公司，原为公司控股 85%的子公司，2000 年 8 月本公司收购南宁市政发展有限责任公司所持的 15%的股权之后，变更为公司的全资子公司，经董事会决议通过，拟变更为分公司管理。 该公司本年度的主要经营任务是南宁市燃气管网的铺设及用户的发展。通过努力，2000 年新铺设城市主干管网 31.82 公里，发展用户 12678 户，并在报告期内实现营业利润 43.84 万元。

(4)在经营中出现的问题与困难及解决方案

2000 年度，公司在经营方面遇到了不少的困难和干扰：1 公司原董事长"两规"之后，公司原定实施的经营计划、新项目计划一度中断，给当年及次年的经营带来不可避免的损害；2 公司的自营业务产业结构矛盾十分突出，在公司自营业务中权重较大的房地产业务和贸易业务经营受政策及市场变化的影响，波动较大，使公司的经营变得不易把握；3 作为公司传统主导产业的通讯寻呼业务由于市场日益萎缩，盈利水平严重下降，目前仅能维持在收支平衡线上下；4 贸易方面由于所经营的主要贸易品种市场走势疲软，出现了一定的积压。

面对这种情况，公司董事会要求经营班子每月都要到各分公司进行检查、督促和指导，加大了经营管理的力度。 并聘请中介机构对原有的房地产项目进行了策划包装，加大了宣传促销力度。下半年房地产销售出现明显好转。

极力稳定现有业务的同时，公司在产业结构的优化整合方面也进行了有益的探索和尝试，主要有两个项目：投资收购多媒体频道网络项目，成立了深圳傲龙宽频网络有限公司；投资兴建桂林斯壮微电子有限责任公司，以此作为公司产业结构调整的起步项目。

2、公司财务状况

(1)公司财务状况指标

指标	2000 年度（万元）	1999 年度（万元）	增长率（%）
总资产	74,262.28	77,600.35	-4.30
长期负债	14,279.63	12,335.66	15.76
股东权益	35,502.87	35,957.79	-1.27
主营业务利润	4,096.35	4,417.56	-7.27
净利润	599.74	1,574.96	-61.92

注：(1)报告期内股东权益减少的原因见(二)3、报告期内股东权益变动情况；

(2)总资产减少主要原因是股东权益减少 4,549,230.25 元，负债减少 19, 053,511.71 元及其他原因所致；

(3)主营业务利润减少系主营业务收入增长低于主营业务成本、主营业务税金及附加增长所致；

(4)净利润减少 975.22 万元原因：本年度在主营业务利润减少 321 万元的情况下，由于本公司租用新办公大楼使管理费用上升 237 万元，本年度南宁管道燃气公司所得税先征后返政策被取消多支出所得税 264 万元，投资收益减少 135 万元，存货跌价损失、营业费用合计增长近 100 万元共同作用造成。

3、公司投资情况

(1)本公司 1999 年度配股募集资金 121,060,312.02 元，原计划投资南宁市永和大桥项目，受国家有关政策调整的影响，南宁市永和大桥项目已无法按计划实施。在报中国证券监督管理委员会同意后，经本公司 2000 年度第二次临时股东大会决议通过，将配股募集资金全部改投入到南宁市管道燃气工程项目。其中 980 万元人民币收购南宁市政发展公司持有的南宁管道燃气项目 15%的股权；其余的资金 112,060,312.02 元全部投入到南宁市管道燃气工程项目。该事项已于 2000 年 7 月 29 日在《中国证券报》和《证券时报》上作了披露。目前南宁管道燃气项目进展顺利，已投入资金 4000 万元，铺设城市燃气主干管网 64.926 公里，发展用户 24848 户。

(2)报告期内本公司以自有资金投资以下两个项目：

投资 1862.88 万元人民币（折合 225 万美元）投资收购深圳多媒体频道网络项目，成立深圳傲龙宽频网络有限公司，公司占 75%的股权。报告期内筹建工作尚未结束，没有发生实际经营活动。

投资成立南宁斯壮物业管理有限责任公司，注册资本 100 万元，本公司占 95 %的股权。

4、生产经营环境以及宏观政策、法规发生重大变化及对公司的财务状况和经营成果产生的重要影响

(1) 通货紧缩对公司的贸易品种价格产生不利影响，使公司经营的部分贸易品种产生积压，直接影响公司收入与利润的减少；

(2) 所得税优惠政策的变化使本公司控股子公司南宁管道燃气有限责任公司增加 260 多万元的所得税支出，直接影响公司利润变化。

5、新年度的业务发展计划

2001 年公司将立足现有产业的生产经营，加大加快对高新技术产业的投入，争取尽快形成规模和盈利能力。工作重点有六项(1)官塘聚宝苑的住宅销售、南湖聚宝苑的建设和销售、琅东新项目的开发工作；(2)抓好南宁管道燃气公司的生产经营，加快基础设施的建设，抢占市场份额；(3)适时追加对深圳傲龙公司和桂林微电子公司的投资，做好公司产业结构调整的准备工作；(4)在以提高经济效益为目标的基础上，围绕以提高公司整体经营水平为核心，全面加强企业管理工作；(5)加强经营管理的计划性，执行经营计划的严肃性，同时规范和健全各种管理制度，全面提高经营管理水平；(6)完善和落实考核制度，实行岗位责任制，严格执行奖惩

制度，进行激励机制的创新，提高公司员工的工作积极性和责任感，努力使公司在经营管理和建设发展再上新台阶。

6、董事会日常工作情况

(1)2000 年度，公司第三届董事会召开了五、六、七、八、九次会议，认真履行股东大会赋予的职责。

1、 第三届董事会第五次于 2000 年 4 月 18 日上午 10:00 时在南宁市新民路 38 号明园饭店园中园本公司会议室召开，应到董事 11 名，实到 9 名，另外 2 名董事委托其他董事代为出席并行使表决权。公司的监事和高级管理人员列席了会议。会议审议并通过以下决议：

关于改选赵　明董事为董事长的议案；

关于公司计提四项资产减值准备和损失处理的内部控制制度的议案；

关于实施四项资产减值准备和核销坏帐的报告。董事会认为计提的资产减值准备符合公司的实际情况；

关于 1999 年度工作报告及 2000 年度经营计划；

关于 1999 年度财务决算报告和 2000 年度收支预算报告；

公司 1999 年年度报告；

公司 1999 年度利润分配的预案：1999 年年度利润不分配，也不进行公积金转增股本。

关于修改《公司章程》的议案。

关于 2000 年 5 月 22 日召开 1999 年度股东大会的议案。

以上会议决议公告刊登在 2000 年 4 月 19 日的《中国证券报》、《证券时报》上。

2、第三届董事会第六次会议于 2000 年 5 月 22 日下午 2 时，在广西南宁市新民路 38 号明园饭店园中园本公司会议室召开。应到董事 11 名，实到 9 名，另 2 名董事委托其他董事代为出席并行使表决权。会议由董事长赵　明先生主持。公司的监事和高级管理人员列席了会议。会议审议并通过了以下决议：

《关于调整公司财务部经理的议案》，即同意潘坚强先生辞去兼任的公司财务部经理的请求；聘任朱金鸾女士为公司财务部经理。

《关于委任公司证券事务代表的议案》，即委任陈　　宁先生为公司证券事务代表。

《关于投资设立南宁斯壮物业管理有限责任公司的议案》，即公司拟出资 95 万元人民币投资设立南宁斯壮物业管理有限责任公司，占南宁斯壮物业管理有限责任公司股份 95%的股权。

以上会议的决议公告刊登在 2000 年 5 月 23 日的《中国证券报》、《证券时报》上。

3、第三届董事会第七次会议于 2000 年 6 月 26 日在广西南宁市新民路 38 号明园饭店园中园本公司会议室举行。会议应到董事 11 人，实到 7 人，有 4 名董事委托其他董事代为行使表决权。公司监事会监事列席了本次董事会。会议审议并通过了以下决议：

关于公司内部机构改革的方案；

关于调整公司高级管理人员的议案，聘任管自力同志为公司副总裁；

公司修订的《财务管理制度》、《分公司管理制度》、《人事管理制度》及《经济合同管理制度》；

关于调整 99 年配股资金用途的议案；

关于修改公司章程中经营范围的议案；

关于召开本公司 2000 年第二次临时股东大会的议案。

以上会议的决议刊登在 2000 年 6 月 27 日的《中国证券报》、《证券时报》上。

4、第三届董事会第八次会议于 2000 年 7 月 28 日在南宁市新民路 38 号明园饭店园中园本公司会议室召开，应到董事 11 名，实到董事 6 名，5 名董事委托其他董事出席会议，2 名公司监事会成员列席会议，会议审议通过了以下几个议案：

公司 2000 年度中期报告及中报摘要

关于 2000 年度中期利润分配的预案：2000 年度中期利润不分配，也不转增股本。

以上会议决议的公告刊登在 2000 年 7 月 29 日的《中国证券报》、《证券时报》上。

5、第三届董事会第九次会议于 2000 年 11 月 28 日在南宁市民主路 8 号斯壮大厦本公司会议室召开，会议应到董事 11 人，实到 8 人，有 2 名董事委托其他董事代为行使表决权。公司全体监事会成员列席了本次董事会。会议审议通过了以下决议：

关于与香港骏业发展有限公司成立中外合资企业，共同开发房地产项目的决议；

关于聘请公司总经济师的决议：一致通过聘请刘晓勇先生任公司总经济师职务；

关于变更公司经营范围并修改《公司章程》的决议 ；

关于投资 SOT-23 封装晶体管项目决议；

讨论通过了公司《财务总监工作职责》的决议；

关于与海南民生燃气（集团）股份有限公司相互担保的决议。

以上会议决议的公告刊登在 2000 年 11 月 29 日的《中国证券报》、《证券时报》上。

(2) 报告期内，公司未进行利润分配，也未进行公积金转增股本 。

(3) 报告期内，公司未进行配股、增发新股。

7、公司管理层及员工情况

(1)、董事、监事、高级管理人员

姓名	姓别	年龄	职　务	任期起止日	年初持股数	年末持股数
赵　明	男	56	董事长、	2000.4-2002.4	0	
牛同星	男	65	副董事长	1999.4-2002.4	3307	3307
伍红兵	男	35	副董事长	1999.4-2002.4	0	0
潘坚强	男	47	董事、财务总监	1999.4-2002.4	3120	3120
黄　克	男	44	董事、总裁	1999.4-2002.4	16536	16536
谢国雄	男	51	董事	1999.4-2002.4	1818	1818
侯家维	男	51	董事	1999.4-2002.4	0	0
李志雄	男	44	董事	1999.4-2002.4	0	0
马　立	男	35	董事	1999.4-2002.4	0	0
万　明	男	38	董事	1999.4-2002.4	0	0
张　诚	男	39	董事	1999.4-2002.4	0	0
陈家劲	男	41	监事	1999.4-2002.4	0	0
刘建文	男	45	监事	1999.4-2002.4	3816	3816
陈强祥	男	47	监事（召集人）	2000.12-2002.4		
彭开灿	男	48	监事	1999.4-2002.4	0	0
陈健民	男	54	监事	1999.4-2002.4	3307	3307
赵致权	男	49	副总裁	1999.4-2002.4	12084	12084
黎显刚	男	55	副总裁	1999.4-2002.4	7632	7632
管自力	男	40	副总裁、董事会秘书	1999.4-2002.4	3307	3307
刘晓勇	男	36	总经济师	2000.11-2002.4	0	0

报告期内，杜宝成先生辞去本公司董事、董事长职务，赵　明先生当选第三届董事会董事、董事长；黄春邕先生辞去本公司监事职务，陈强祥当选第三届监事会监事。其他董事、监事未发生变化。

报告期内，聘任管自力为公司副总裁，聘任刘晓勇为公司总经济师，董事会同意潘坚强先生辞去兼任的财务部经理，聘任朱金鸾为公司财务部经理，其他高级管理人员未发生变化。

截止 2000 年底，公司聘任、聘用员工 610 名，其中销售人员 135 名，技术人员 78 名，财务人员 28 名，行政人员 107 名，员工中大专以上文化程度 206 名。

8、本次利润分配或资本公积金转增股本预案

本公司 2000 年度实现利润 599.74 万元，根据《公司章程》和董事会决议，提取 10%法定公积金 59.97 万元，提取法定公益金 5%，即 29.99 万元，加上 1999 年度结转未分配利润 2084.30 万元，可供股东分配利润 2594.08 万元。公司董事会建议 2000 年度的利润分配预案为：

(1)、公司因本期实现利润数较少，且在下一年已安排未分配利润资金用途，故本年度不分配利润，也不转增股本。

(2)、2594 万元的可供分配利润将作以下用途：桂林斯壮微电子有限责任公司共需投资 3153 万元，按出资比例，本公司需投资 2364 万元，公司拟将可供分配利润的其余部分投入桂林斯壮微电子有限公司。

以上预案尚需提交公司年度股东大会审议批准。

公司 2001 年度结束后拟分配利润一次，2001 年实现利润用于股利分配的比例为 20%-40%，2000 年度未分配利润用于股利分配的比例为 30%-50%；2001 年度利润分配主要是派现金或送红股的方式，现金股息占股利分配的比例为 20%-30%。

9、其他报告事项：公司选定的信息披露报纸无变更。

(六)、监事会报告

1、监事会工作情况

2000 年度，公司监事会本着对公司及全体股东高度负责的精神，认真履行《公司法》、《公司章程》和股东大会赋予的职责，积极开展有效工作。 本年度公司监事会共召开了会议 3 次。列席了公司召开的各次股东大会和董事会会议。

(1)、2000 年 4 月 18 日，在公司本部召开了第三届监事会第二次会议，全体监事出席了会议。会议审议通过了关于公司《计题四项资产减值准备和损失处理的内部控制制度》、《关于实施四项资产减值准备和核销坏帐的报告》、《1999 年度工作报告和 2000 年度工作计划》、《1999 年度财务审计报告和年度报告》、《1999 年度监事会工作报告》。

(2)、2000 年 11 月 28 日 ，在公司本部会议室召开了第三届监事会第三次会议，全体监事出席了会议。会议审议通过了《关于对原公司副总经理李金源拖欠公司资金向检察机关提起举报的议案》。

(3)、2000 年 12 月 30 日，在公司本部召开了第三届监事会第四次会议，4 名监事出席了会议，1 名监事委托其他监事出席会议。会议审议通过了《关于刘建文同志辞去监事会召集人职务的报告》和《关于选举陈强祥同志为监事会召集人的议案》。

2、公司依法运作情况

2000 年度,公司监事会严格按照国家有关法律、法规、《公司法》和《公司章程》,依法列席了公司的股东大会、董事会,对会议的召开程序、决议事项、董事会对股东大会决议的执行情况、公司高级管理人员执行职务情况及公司管理制度等进行了监督,认为:

(1)、2000 年度,公司第三届董事会的工作认真负责,能严格按照股东大会的决议要求,履行职责,落实各项决议内容;其决策程序符合《公司法》及《公司章程》的各项规定,行使职权符合公司股东大会的授权;

(2)、公司的经营决策合理,公司的管理制度不断完善,并基本上达到了规范化、科学化的要求,建立了良好的内控体系,有效地防范经营和财务的风险;

(3)、公司董事会及公司经营领导班子等高级管理人员在执行公司职务时未发现有违反法律、法规、《公司章程》或损害公司利益的行为。

(4)、公司董事会审议通过了关于计提四项资产减值准备的会计政策,符合国家会计政策的要求,并以此作为公司审慎经营、有效地防范、化解资产损失风险的内部控制制度。

3、检查公司财务的情况:

报告期内,公司财务管理制度日趋完善,财务科目设置及运用恰当,内部牵制制度健全,内审机构完善,会计档案管理和财务其他工作均符合规定的财务制度。湖北大信有限责任会计师事务所出具的无保留意见的审计报告,客观地反映了公司的财务状况和经营成果。

4、公司于 1999 年 7 月配股,实际募集资金 1.21 亿元人民币,原承诺投资项目为南宁市永和大桥。因各种客观原因,经股东大会审议通过,改投为南宁市管道燃气项目,募集资金改投资的程序符合法律、法规的要求。

5、报告期内,公司向南宁市政发展建设总公司收购南宁管道燃气有限责任公司 15%的股份,金额 980 万元人民币,资产交易价格合理,没有发现内幕交易、损害部分股东权益或造成公司资产流失的情况。

6、报告期内,公司的关联交易公平,没有损害公司的利益。

7、公司年度报告净利润 5,997,397.81 元,完成计划目标数的 31.3%。本公司监事会认为:公司董事会所陈述的原因说明,符合公司实际情况。

(七)、重要事项

1、重大诉讼、仲裁事项:

(1)、本公司控股子公司南宁管道燃气有限责任公司(下简称南宁管道),因转让所持 2,550 万股海南民生燃气(集团)股份有限公司(下简称燃气股份)法人股过程中的一些特殊原因,分别遭中国华闻事业发展总公司(下简称华闻公司)和海南神牛牧工商发展有限公司(下简称海南神牛)起诉。经过协商,原告分别撤回起诉,接受广西壮族自治区高级人民法院调解,南宁管道将其所持有的 2,550 万股燃气股份法人股直接过户到华闻公司指定的广联(南宁)投资股份有限公司名下,本次涉诉事件圆满解决,未对公司的经营活动产生影响。本公司已于 2000 年 6 月 28 日在《中国证券报》和《证券时报》上对此事项作了披露。

(2)前期诉讼、仲裁事项进展情况

本公司诉广东省茂名市广南石化集团有限公司欠款 400 万元案在 1999 年年度报告中曾有披露,报告期内仍未归还本息。

2、报告期内,公司前董事长杜宝成因受贿被逮捕。捕前已正式向董事会提出辞去董事长职务。此事项的公告刊登在 2000 年 1 月 21 日的《中国证券报》和《证券时报》上。

3、2000 年 4 月 18 日,在公司董事会第三届第五次会议上,赵　明董事被推举为新任董事长。

4、报告期内公司出资人民币 980 万元,用于收购南宁市政发展公司持有的南宁管道燃气项目 15%的股权。收购完成后,本公司持有南宁管道燃气有限责任公司 100%的股权,对公司财务状况与经营成果均无较大影响。

5、公司无重大关联交易事项。

6、本公司与第一大股东广西开发投资有限责任公司在人员、资产、财务上"三分开",人员独立,资产完整、财务独立。

7、公司聘请湖北大信会计师事务有限公司为公司审计会计师事务所。

8、其它重大合同

(1)公司为控股子公司南宁管道有限责任公司向交通银行南宁分行贷款 4600 万元人民币提供信用担保,此事项公告刊登在 2000 年 10 月 11 日的《中国证券报》、《证券时报》上。

(2)、公司与海南民生燃气(集团)股份有限公司达成互相担保协议,在三年时间内,一次或分次为对方担保总额 15000 万元人民币的贷款,贷款到期日不能超过互相担保协议生效后三年的时间。此事项公告刊登在 2000 年 11 月 29 日的《中国证券报》、《证券时报》上。截至目前已为对方担保一年期短期借款人民币 5000 万元。

9、报告期内公司无变更名称或股票简称的情况。

10、本公司 31,160,603 股内部职工股,于 2000 年 3 月 29 日上市流通。此事项公告刊登在 2000 年 3 月 21 日的《中国证券报》、《证券时报》上。

11、期后事项:今年桂林斯壮微电子公司拟将注册资本增资扩股到 2000 万元,本公司股权比例降为 65%。

(八)公司其他有关资料

1、公司注册日期:1993 年 5 月 31 日

公司办公地点:广西南宁市民主路 8 号斯壮大厦

2、企业法人营业执照注册号:4500001000767

3、税务登记号码:

所得税:45010019822551

营业税:45010D160080009667

4、公司未流通股票的托管机构:深圳证券登记有限公司

5、公司聘请的会计师事务所:湖北大信有限责任会计师事务所

地址:湖北省武汉市中山大道 1056 号金源世界中心 A-B 座八楼

(九)备查文件目录

1、载有法定代表人、财务负责人、会计经办人员签名盖章的本公司 2000 年度会计报表。

2、载有会计师事务所盖章、注册会计师签名并盖章的 2000 年度审计报告原件。

3、报告期内在《中国证券报》、《证券时报》上公开披露过的所有公司文件的正本及公告的原稿。

4、经股东大会审议通过的《公司章程》。

\广西斯壮股份有限公司

董 事 会　　2001 年 3 月 10 日

资产负债表

编制单位:广西斯壮股份有限公司　　2000 年 12 月 31 日　单位:元　会股 01 表

资产	期初数	
流动资产:	合并	母公司
货币资金	192694506.66	166819415.53
短期投资	60000000	60000000
减:短期投资跌价准备		
短期投资净额	60000000	60000000
应收票据		
应收股利		
应收利息		
应收帐款	62886981.59	60843421.59
其它应收款	40933724.3	32330620.34
减:坏帐准备	45950240.08	45416906.88
应收帐款净额	57870465.81	47757135.05
预付帐款	33713980.16	23843862.48
应收补贴款	6677709.33	4725837.42
存货	140538289.05	140400392.98
减:存货跌价准备	10432921.69	10432921.69
存货净额	130105367.36	129967471.29
待摊费用	2321423.2	2321423.2
待处理流动资产净损失		
一年内到期的长期债权投资		
其它流动资产		
流动资产合计	483383452.52	435435144.97
长期投资:		
长期股权投资	159908576.41	159037693.19
长期债权投资		
其它长期投资		
长期投资合计	159908576.41	159037693.19
减:长期投资减值准备		
长期投资净额	159908576.41	159037693.19
其中:合并价差		
股权投资差额		
固定资产:		
固定资产原值	77829178.15	42440235.33
减:累计折旧	13055873.09	12369438.19
固定资产净值	64773305.06	30070797.14
工程物资	10734293	
在建工程	37466155.46	
固定资产清理		
待处理固定资产净损失		
固定资产合计	112973753.52	30070797.14
无形及其它资产:		
无形资产	127687.33	
开办费	7640047.08	2247129.15
长期待摊费用	4609034.22	4609034.22
其它长期资产	7360917.58	7360917.58
无形资产及其它资产合计	19737686.21	14217080.95
递延税项:		
递延税款借项		
资产总计:		
资产总计	776003468.66	638760716.25
流动负债:		
短期借款	167890000	157890000
应付票据	3000000	3000000
应付帐款	19569099.49	14122091.42
预收帐款	1148132.61	1147532.61
代销商品款		
应付工资		
应付福利费	772599.25	735561.78
应付股利		
应付税金	12929362.32	10490188.03
其它应交款	234568.52	200511.56
其它应付款	44754715.67	42278587.25
应付短期债券		
预提费用	127438.65	127438.65
一年内到期的长期负债	32834300	32834300
其它流动负债		
职工奖励及福利基金		
流动负债合计	283260216.51	262826211.3
长期负债:		
长期借款	122500000	15500000
应付债券		
长期应付款	856571.7	856571.7
住房周转金		
其它长期负债		
长期负债合计	123356571.7	16356571.7
递延税项:		
递延税项贷款		
负债合计:		
负债合计	406616788.21	279182783
少数股东权益:		
少数股东权益	9808747.2	
股东权益:		
股本	137122722	137122722
资本公积金	179580466.52	179580466.52
盈余公积	11485142.47	11485142.47
其中:公益金	4051475.11	4051475.11
未确认的外资损失		
未分配利润	31389602.26	31389602.26
外币报表折算差额		
股东权益合计	359577933.25	359577933.25
负债和股东权益总计:		
负债和股东权益总计	776003468.66	638760716.25

资产负债表

编制单位:广西斯壮股份有限公司　　2000 年 12 月 31 日　　单位:元　会股 01 表

资产	期末数	
流动资产:	合并	母公司
货币资金	155952723.27	108482021.89
短期投资	26000000	26000000
减:短期投资跌价准备		
短期投资净额	26000000	26000000

应收票据		
应收股利		
应收利息		
应收帐款	38171513.83	37658293.86
其它应收款	39507155.69	36176783.77
减:坏帐准备	28870025.5	28585858.81
应收帐款净额	48808644.02	45249218.82
预付帐款	77717380.7	43025250.2
应收补贴款	2448684.06	496812.15
存货	166355686.38	162872475.42
减:存货跌价准备	3708824.73	3708824.73
存货净额	162646861.65	159163650.69
待摊费用	287609.99	275512.28
待处理流动资产净损失		
一年内到期的长期债权投资		
其它流动资产		
流动资产合计	473861903.69	382692466.03
长期投资:		
长期股权投资	103304599.41	174660494.13
长期债权投资		
其它长期投资		
长期投资合计	103304599.41	174660494.13
减:长期投资减值准备		
长期投资净额	103304599.41	174660494.13
其中:合并价差		
股权投资差额		
固定资产:		
固定资产原值	112553162.63	44272818.33
减:累计折旧	16979825.16	14900855.56
固定资产净值	95573337.47	29371962.77
工程物资	19209493.37	
在建工程	31592509.6	
固定资产清理		
待处理固定资产净损失		
固定资产合计	146375340.44	29371962.77
无形及其它资产:		
无形资产	143315.37	53000
开办费	5960070.46	1645736.17
长期待摊费用	3160742.92	3154665.62
其它长期资产	9816811.61	9816811.61
无形资产及其它资产合计	19080940.36	14670213.4
递延税项:		
递延税款借项		
资产总计:		
资产总计	742622783.9	601395136.33
流动负债:		
短期借款	133900000	87900000
应付票据	1863300	1863300
应付帐款	19938110.42	19395520.62
预收帐款	21494938.25	21424938.25
代销商品款		
应付工资		
应付福利费	734619.74	645617.74
应付股利		
应付税金	8816496.85	3272948.04
其它应交款	231514.24	171828.6
其它应付款	19238783.15	68097194.23
应付短期债券		
预提费用	775428	25000
一年内到期的长期负债	37773800	37773800
其它流动负债		
职工奖励及福利基金		
流动负债合计	244766990.65	240570147.48
长期负债:		
长期借款	142368000	5368000
应付债券		
长期应付款	428285.85	428285.85
住房周转金		
其它长期负债		
长期负债合计	142796285.85	5796285.85
递延税项:		
递延税项贷款		
负债合计:		
负债合计	387563276.5	246366433.33
少数股东权益:		
少数股东权益	30804.4	
股东权益:		
股本	137122722	137122722
资本公积金	179580466.52	179580466.52
盈余公积	12384752.14	12384752.14
其中:公益金	4351345	4351345
未确认的外资损失		
未分配利润	25940762.34	25940762.34
外币报表折算差额		
股东权益合计	355028703	355028703
负债和股东权益总计:		
负债和股东权益总计	742622783.9	601395136.33

利润及利润分配表

编制单位:广西斯壮股份有限公司　2000年度　单位:元　会股02表

上年数

项目	合并	母公司
一、主营业务收入	116812760.27	105535918.47
减:折扣与折让		
主营业务收入净额	116812760.27	105535918.47
减:主营业务成本	69325571.77	65298128.27
主营业务税金及附加	3311629.78	2939493.99
二、主营业务利润	44175558.72	37298296.21
加:其他业务利润	184547	184547
减:存货跌价损失	433308.55	433308.55
营业费用	23849256.98	23849256.98
管理费用	16881763.14	16284536.11
财务费用	7246640.27	6358252.77
三、营业利润	−4050863.22	−9442511.2
加:投资收益	20119791.86	24702692.64
期货损益		
补贴收入		
营业外收入	637086.85	637086.85
以前年度损益调整		
减:营业外支出	147631.47	147631.47
分给外单位利润		
四、利润总额	16558384.02	15749636.82
减:所得税	1951871.91	
少数股东损益	808747.2	
职工奖励及福利基金		
购并利润		
加:未确认的投资损失		
所得税返还	1951871.91	
五、净利润	15749636.82	15749636.82
加:年初未分配利润	18002410.96	18002410.96
盈余公积转入数		
年初未分配利润调整		
减少注册资本减少的未分配利润		
外币报表折算差额		
减:股份公司成立前利润分配		
六、可供分配的利润	33752047.78	33752047.78
减:提取法定盈余公积金	1574963.68	1574963.68
提取法定公益金	787481.84	787481.84
提取职工奖励福利基金		
七、可供股东分配的利润	31389602.26	31389602.26
减:应付优先股股利		
提取任意盈余公积金		
应付普通股股利		
转作股本的普通股股利		
八、未分配利润	31389602.26	31389602.26

利润及利润分配表

编制单位:广西斯壮股份有限公司　2000年度　单位:元　会股02表

本年数

项目	合并	母公司
一、主营业务收入	135143707.78	121894806.3
减:折扣与折让		
主营业务收入净额	135143707.78	121894806.3
减:主营业务成本	90533611.68	83788064.56
主营业务税金及附加	3646629.87	3283876.99
二、主营业务利润	40963466.23	34822864.75
加:其他业务利润	569525.51	517615.49
减:存货跌价损失	921477.38	921477.38
营业费用	24354237.39	22556583.54
管理费用	19254716.53	15898631.49
财务费用	7638904.97	7654622.94
三、营业利润	−10636344.53	−11690835.11
加:投资收益	18761650.68	16135455.91
期货损益		
补贴收入		
营业外收入	1914697.51	1914697.51
以前年度损益调整		
减:营业外支出	563691.75	361920.5
分给外单位利润		
四、利润总额	9476311.91	5997397.81
减:所得税	2643884.19	
少数股东损益	835029.91	
职工奖励及福利基金		
购并利润		
加:未确认的投资损失		
所得税返还		
五、净利润	5997397.81	5997397.81
加:年初未分配利润	20842974.2	20842974.2
盈余公积转入数		
年初未分配利润调整		
减少注册资本减少的未分配利润		
外币报表折算差额		
减:股份公司成立前利润分配		
六、可供分配的利润	26840372.01	26840372.01
减:提取法定盈余公积金	599739.78	599739.78
提取法定公益金	299869.89	299869.89
提取职工奖励福利基金		
七、可供股东分配的利润	25940762.34	25940762.34
减:应付优先股股利		
提取任意盈余公积金		
应付普通股股利		
转作股本的普通股股利		
八、未分配利润	25940762.34	25940762.34

广东韶钢松山股份有限公司

一、公司简介

(一)公司法定中文名称:广东韶钢松山股份有限公司

公司法定英文名称:SGIS Songshan Co.,Ltd.

(二)公司法定代表人:曾德新

(三)公司董事会秘书:庞大春

公司授权代表:刘 二

联 系 地 址:广东省韶关市曲江县马坝本公司办公楼

联 系 电 话:0751-8787265 传真:0751-8787676

电 子 信 箱:sgqjisss@sg.gd.cninfo.net

(四)公司注册地址:广东省韶关市曲江县马坝

公司办公地址:广东省韶关市曲江县马坝本公司办公楼

邮 政 编 码:512123 公司电子信箱:sgqjisss@sg.gd.cninfo.net

(五)公司选定的信息披露报刊名称:《中国证券报》和《证券时报》

登载公司年度报告的国际互联网网址:http://www.cninfo.com.cn

公司年度报告备置地点:本公司证券部

(六)公司股票上市交易所:深圳证券交易所

股票简称:韶钢松山 股票代码:0717

二、会计数据和业务数据摘要

(一)公司本年度的利润总额及其构成(单位:人民币元)

项 目	金 额
利润总额	260,634,414.15
净利润	225,299,369.48
扣除非经常性损益后的净利润	232,163,166.28
主营业务利润	336,053,691.26
其他业务利润	215,617.37
营业利润	268,884,169.92
投资收益	--
补贴收入	--
营业外收支净额	-8,249,755.77
经营活动产生的现金流量净额	557,678,600.69
现金及现金等价物净增加额	-1,438,614.11

注:扣除非经常性损益的项目和涉及金额:(单位:人民币元)

项 目	金 额
固定资产报废处置净损失	8,249,755.77

(二)近三年的主要会计数据及财务指标(单位:人民币元)

项 目	单位	2000 年	1999 年	1998 年
主营业务收入	元	3,346,434,835.12	3,047,884,506.15	2,671,392,538.87
净利润	元	225,299,369.48	177,358,375.53	175,933,883.69
总资产	元	3,000,610,787.98	2,425,496,001.02	2,490,075,681.56
股东权益	元	2,283,730,392.72	2,000,804,631.18	1,906,646,255.65
每股收益	元	0.50	0.43	0.42
扣除非经常性损益后的每股收益	元	0.52	0.43	0.42
每股净资产	元	5.11	4.81	4.58
调整后的每股净资产	元	5.10	4.80	4.56
每股经营活动产生的现金流量净额	元	1.25	0.75	0.12
净资产收益率	%	9.87%	8.86%	9.23%
加权净资产收益率	%	10.26%	8.89%	
扣除非经常性损益后的加权净资产收益率	%	10.57%	8.90%	
资产负债率	%	23.89%	17.51%	23.32%

附:利润表附表

报告期利润	净资产收益率(%)		每股收益(元)	
	全面摊薄	加权平均	全面摊薄	加权平均
主营业务利润	14.72	15.31	0.75	0.78
营业利润	11.77	12.25	0.60	0.63
净利润	9.87	10.26	0.50	0.53
扣除非经常性损益后的净利润	10.17	10.57	0.52	0.54

三、股东情况介绍

(一)报告期末公司股东总数为 74149 户,其中董事、监事、高级管理人员股东 12 户(其中含公司原董事彭大龙先生),持有本公司股票 38,870 股(冻结),无内部职工股股东。

(二)持有本公司股票前 10 名股东名单(单位:股)

名称	年末持股数量	占总股本比例(%)
韶钢集团	312,000,000	69.767
兴和证券投资基金	4,168,528	0.932
兴华证券投资基金	1,908,875	0.427
大鹏证券有限责任公司	1,255,525	0.281
河南盛隆实业有限公司	400,000	0.089
普丰证券投资基金	313,919	0.070
宋 文	295,800	0.066
石振清	259,550	0.058
李森法	237,175	0.053
邱新成	201,220	0.045

说明:(1)广东省韶关钢铁集团有限公司代表国家持有股份,其所持股份未上市流通。

(2)前 10 名股东中除兴和证券投资基金和兴华证券投资基金同属于华夏基金管理公司管理的基金外,其他股东之间不存在关联关系。

(3)持有本公司股份 5%(含 5%)以上法人股股东只广东省韶关钢铁集团有限公司 1 家,本年度内其所持股份无增减变动情况,其所持股份未发生质押、冻结等情况。

3、广东省韶关钢铁集团有限公司是本公司的控股股东,其法定代表人为曾德新,经营范围为:黑色金属冶炼、加工、金属制品、焦炭及煤化工产品的生产和销售等。

4、本报告期内本公司的控股股东没有变更。

吉林纸业股份有限公司

一、公司简介

1 、公司法定中文名称:吉林纸业股份有限公司

公司英文名称:JILIN PAPER MANUFACTURING CO.,LTD. 英文缩写:JP

2 、公司法定代表人:曲丹时

3 、公司董事会秘书:关凌汉 股证事务授权代表:于纪校

联系地址:吉林省吉林市林荫路 9 号

联系电话:0432-2703225 传 真:0432-2773695

4、公司注册地址:吉林省吉林市林荫路 9 号

公司办公地址:吉林省吉林市林荫路 9 号 公司邮政编码:132002

公司国际互联网网址:http://jlzy.rime.com.cn 公司电子信箱:jlzhy@public.jl.jl.cn

5、公司选定的信息披露报纸名称:《证券时报》

登载公司年度报告的中国证监会指定国际互联网网址:http://www.cninfo.com.cn

公司年度报告备置地点:吉林省吉林市林荫路 9 号本公司董事会秘书室、深圳证券交易所、有关证券经营机构营业网点。

6、公司股票上市交易所:深圳证券交易所

股票简称:吉林纸业 股票代码:0718

二、会计数据和业务数据摘要

1、本年度主要会计数据 单位:人民币元

利润总额	73,352,773.18
净利润	74,798,870.54
扣除非经常性损益后的净利润	74,798,870.54
主营业务利润	182,110,406.38
其他业务利润	13,524,673.14
营业利润	57,934,160.83
投资收益	6,799,110.68
补贴收入	8,926,420.03
营业外收支净额	-333,918.36
经营活动产生的现金流量净额	35,546,815.04
现金及现金等价物净增加额	233,775,625.43

2、截止报告期末公司前三年的主要会计数据及财务指标 单位:元

指标	2000 年	1999 年	1998 年	
			调整后	调整前
主营业务收入	1,117,323,154.28	981,671,768.18	563,208,728.08	563,208,728.08
净利润	74,798,870.54	115,130,034.89	96,773,816.61	100,544,320.47
总资产	2,766,730,062.75	2,091,101,762.98	1,762,250,817.21	1,792,073,395.58
股东权益	1,309,874,570.16	1,038,219,826.02	927,401,347.86	957,223,926.23
全面摊薄每股收益	0.19	0.33	0.27	0.29
加权平均每股收益	0.21	0.33	0.30	0.31
扣除非经常性损益后的全面摊薄每股收益	0.19	0.25	0.27	0.29
扣除非经常性损益后的加权平均每股收益	0.21	0.25	0.30	0.31
每股净资产	3.28	2.94	2.63	2.72
调整后的每股净资产	.26	2.93	2.61	2.71
每股经营活动产生现金流量净额	0.09	-0.043		
全面摊薄净资产收益率	5.71%	11.09%	10.43%	10.50%
加权平均净资产收益率	6.95%	11.69%	11.02%	11.10%
扣除非经常损益后的加权平均净资产收益率	6.95%	9.09%	11.02%	11.10%

3、股东权益变动情况及变化原因

	股本	资本公积	盈余公积	法定公益金	未分配利润	股东权益合计
期初数	352,560,000.00	343,183,903.98	87,679,164.68	26,735,104.44	228,061,652.92	1038219826.02
本期增加	47,179,080.00	181,655,920.00	25,798,026.90	4,692,612.50	74,798,870.54	334124509.94
本期减少					62,469,765.80	62,469,765.80
期末数	399,739,080.00	524,839,823.98	113,477,191.58	31,427,716.94	240,390,757.66	1309874570.16

三、股本变动及股东情况

1、股本变动情况

(1)本报告期内公司 1999 年配股方案经中国证监会核准,于 2000 年 12 月 11 日至 22 日期间实施。本次配股向股权登记日在册的全体股东每 10 股配售 3 股,每股面值 1 元,配股价格为 5 元。国家股股东认购了应配股份 58,968,000 股中的 6%,即 3,538,080 股,其余放弃;部分法人股认购了应配股份 3,276,000 中的 117,000 股,其余放弃;社会公众股股东认购了 43,524,000 股,股份总数增至 399,739,080 股。本次配股新增可流通社会公众股股份 4352.4 万股已于 2001 年 1 月 3 日上市,其中公司董事、监事及高管人员获配股份 7488 股暂时冻结。

(2)我公司内部职工股是于 1993 年公司设立时按 1.5 元/股定向募集发行的,发行数量为 3300 万股,占设立时总股本的 19.88%。1994 年 7 月,我公司委托吉林省证券登记有限公司对内部职工股进行了集中托管。经 1996 年、1997 年"10 送 2"和"10 送 1 转 2"后,内部职工股增至 5148 万。按照中国证监会的有关规定,公司内部职工股 5148 万股已于 2000 年 3 月 28 日上市流通。

2、股东情况介绍

(1)截止 2000 年 12 月 31 日,我公司股东总数为 94264 户。

(2)公司前 10 名股东持股情况

股东名称	持股数	持股比例
1]吉林市国有资产经营有限责任公司	200,098,080	50.06%
2]沈阳化工集团有限公司	3,120,000	0.78%
3]东北证券有限公司	1,803,064	0.45%
4]中国轻工物资供销总公司	1,560,000	0.39%
5]中国轻工物资供销东北公司	1,560,000	0.39%
6]大连经济开发区吉兴纸业公司	1,357,200	0.34%
7]佳木斯黑龙化学工业有限责任公司	468,000	0.12%
8]曹日红	405,341	0.10%
9]陈东明	390,000	0.097%
10]张良远	279,604	0.07%

(3) 吉林市国有资产经营有限责任公司持有我公司 200,098,080 股国家股, 占总股份的 50.06%。其法定代表人为王喜林,经营范围是国有资产的投资与经营。

焦 作 市 碱 业 股 份 有 限 公 司

焦作市碱业股份有限公司2000 年年度报告

重要提示：本公司董事会保证本报告所载资料不存在任何虚假记载、误导性陈述或者重大遗漏，并对其内容的真实性、准确性和完整性负个别及连带责任。本公司年度财务会计报告已经亚太集团会计师事务审计并出具无保留意见的审计报告。

一、公司简介

1、公司的法定中文名称：焦作市碱业股份有限公司

公司的法定英文名称：Jiaozuo Soda Industrial Co.,LTD

公司法定英文名称缩写：JZSC

2、公司法定代表人：张希望

3、公司董事会秘书：秦海员　公司董事会证券事务代表：韩景利

联系地址：河南省焦作市解放区环城北路 28 号

联系电话：(0391)2925951-288 (0391)2925951-256　传真：(0391)2919211

4、公司注册地址：河南省焦作市解放区民主北路 15 号

公司办公地址：河南省焦作市解放区环城北路 28 号

邮政编码：454000　电子信箱：jzjyjt@public2.lyptt.ha.cn

5、公司选定信息披露报纸：《中国证券报》、《证券时报》

年度报告指定登载网址：http://www.cninfo.com.cn

公司年度报告备置地点：董事会秘书处

6、公司股票上市交易所：深圳证券交易所

股票简称：焦作碱业　股票代码：0719

二、会计数据和业务数据摘要

1、本年度主要利润指标情况：(单位：人民币元)

利润总额：	27,645,089.38
净利润：	24,015,596.94
扣除非经常性损益后的净利润：	23,669,850.56
主营业务利润：	56,072,572.43
其他业务利润：	-649,241.69
营业利润：	27,617,079.11
投资收益：	-317,736.11
补贴收入：	30,000.00
营业外收支净额：	315,746.38
经营活动产生的现金流量净额：	95,977,962.40
现金及现金等价物净增加额：	120,547,334.10

2、公司前三年主要会计数据和财务指标：(单位：人民币元)

项　目	2000 年	1999 年	1998 年
主营业务收入	256,560,484.71	218,019,397.02	138,564,614.25
净利润	24,015,596.94	18,747,953.22	13,006,104.71
总资产	578,279,445.86	482,247,366.19	372,708,198.25
股东权益(不含少数股东权益)	257,091,862.48	157,955,419.73	139,207,466.51
每股收益	0.2970	0.2567	0.1781
加权平均每股收益	0.33	0.2567	0.2151
每股净资产	3.1795	2.163	1.9062
调整后的每股净资产	3.0935	2.061	1.789
每股经营活动产生的现金流量净额	1.1870	0.84	-0.15
净资产收益率(%)	9.34	11.87	9.34
加权净资产收益率	14.13	12.62	13.08
扣除非经常性损益后的	13.93	6.41	8.47

注：主要财务指标的计算方法

每股收益=净利润/年度末普通股股份总数

每股净资产=年度末股东权益/年度末普通股股份总数

调整后每股净资产=(年度末股东权益-三年以上的应收款项净额-待摊费用-待处理(流动、固定)资产净损失-开办费-长期待摊费用-住房周转金负数余额)/年度末普通股股份总数

每股经营活动产生的现金流量净额=经营活动产生的现金流量净额/年度末普通股股份总数

净资产收益率=净利润/年度末股东权益×100%

注 1：其中：1999、1998 两年按总股本 7302.7 万股计算，2000 年按总股本 8085.9805 万股计算；

注 2：以上数据和指标以本公司的合并报表数填列；

注 3：应收款项包括应收帐款、其他应收帐款、预付帐款、应收股利、应收利息、应收补贴款。

根据中国证监会《公开发行证券公司信息披露细则(第 9 号)》要求计算的利润数据如下：

报告期利润	净资产收益率(%) 全面摊薄	加权平均	每股收益(元/股) 全面摊薄	加权平均
主营业务利润	22	33	0.69	0.77
营业利润	11	16	0.34	0.38
净利润	9.34	14.13	0.30	0.33
扣除非经常性损益后的净利润	9.21	13.93	0.30	0.32

全面摊薄净资产收益率和每股收益的计算公式如下：

全面摊薄净资产收益率=报告期利润/期末净资产

全面摊薄每股收益==报告期利润/期末股份总数

加权平均净资产收益率和每股收益的计算公式如下：

加权平均净资产收益率(ROE)的计算公式：

$$ROE=\frac{P}{E0+NP\ 2+Ei\ Mi\ M0-Ej\ Mj\ M0}$$

其中：P 为报告期利润；NP 为报告期净利润；E0 为期初净资产；Ei 为报告期发行新股或债转股等新增净资产；Ej 为报告期回购或现金分红等减少净资产；M0 为报告期月份数；Mi 为新增净资产下一月份起至报告期期末的月份数；Mj 为减少净资产下一月份起至报告期期末的月份数。

加权平均每股收益(EPS)的计算公式：

$$EPS=\frac{P}{S0+S1+Si\ Mi\ M0-Sj\ Mj\ M0}$$

其中：P 为报告期利润；S0 为期初股份总数；S1 为报告期因公积金转增股本或股票股利分配等增加股份数；Si 为报告期因发行新股或债转股等增加股份数；Sj 为报告期因回购或缩股等减少股份数；M0 为报告期月份数；Mi 为增加股份下一月份起至报告期期末的月份数；Mj 为减少股份下一月份起至报告期期末的月份数。

3、报告期内股东权益变动情况(单位：元)

项目	期初数	本期增加	本期减少	期末数
股本	73027000.00	7832805.00		80859805.00
资本公积	45037624.01	67288040.81		112325664.82
盈余公积	13151659.13	4776819.38		17928478.51
公益金	7693974.15	2388409.69		10082383.84
未分配利润	26739136.59	19238777.56		45977914.15
股东权益合计	157955419.73	99136442.75		257091862.48

变动原因：

(1)本期股本变动是由于公司 2000 年度实施了配股方案；

(2)资本公积增加是由于公司 2000 年度实施了配股方案，盈余公积增加由于公司实现净利润提取两金所致。

(3)未分配利润增加是由于本年度实现利润所致。

三、股本变动及股东情况

1、股本变动情况

公司股份变动情况表　　数量单位：股

	本次变动前	本次配股增加	本次变动后
一、未上市流通股份			
国有法人股	49387000	740805	50127805
二、已流通股份			
社会公众股(A 股)	23640000	7092000	30732000
其中：高管股	21760	6528	28288
已流通股份合计	23640000	7092000	30732000
三、股份总数	73027000	7832805	80859805

2、股票发行和上市情况

报告期内公司于 2000 年 11 月 16 日在《中国证券报》、《证券时报》刊登《配股说明书》，以 1999 年末总股本 7302.7 万股为基数计算，按 10:3 比例配售，配股价格为 10 元/股。本次应配售总额为 2190.81 万股，其中可向国有法人股股东配售 1481.61 万股(焦作碱业集团有限责任公司承诺以经评估确认后的生产经营性资产认购可配股份的 5%，计 74.0805 万股，其余全部放弃)，向社会公众股股东配售 709.2 万股，实际配售总额为 783.2805 万股。经深圳证券交易所批准获配股份于 2001 年 1 月 2 日上市交易，其中高管人员获配股份冻结。

3、股东情况介绍

①报告期末股东总数

截止到 2000 年 12 月 29 日，公司股东共 9610 户。

②前十名股东持股情况(单位：股)

序号	股东名称	持有数量(股)	持股比例(%)
1	焦作碱业集团有限责任公司	50127805	61.9935
2	林天恩	655925	0.8112
3	刘　柚	263320	0.3257
4	张淑芬	257270	0.3182
5	张会民	234112	0.2895
6	光大证券有限责任公司	219583	0.2716
7	蔡玲玲	200950	0.2485
8	李　彪	198250	0.2452
9	卓晓英	195000	0.2412
10	郭大真	189429	0.2343

③焦作碱业集团有限责任公司是本公司的控股母公司，持有本公司 61.99%的股份，因本年度配股原因，持股数量由年初的 4938.7 万股增至 5012.7805 万股。法人代表张希望，经营范围：泡花碱、有机化工等，该公司持有的本公司股份无质押情况，十大股东之间无关联产品。

四、股东大会简介

(一)报告期内公司共召开股东大会一次。

2000 年 4 月 14 日上午 9 时，1999 年度股东大会在本公司办公楼第二会议室召开，出席本次会议的股东及股东授权代表共 21 人，代表股份 4946.55 万股，占公司总股本的 68%，会议审议并以 4946.55 万股赞成，0 股反对，0 股弃权，通过了如下内容：

1、审议通过了公司《1999 年度董事会工作报告》；

2、审议通过了公司《1999 年度监事会工作报告》；

3、审议通过了公司《1999 年度总经理业务工作报告》；

4、审议通过了公司《1999 年度财务预决算报告》；

5、审议通过了公司《1999 年度利润分配预案》；

6、(1)审议通过了公司《前次募集资金使用情况的说明》；

(2)审议通过了公司《收购输配分公司项目资金来源的说明》；

7、审议通过了公司《2000 年增资配股方案》；

8、审议通过了公司《2000 年配股募集资金投资项目的可行性报告》；

9、审议通过了公司《三届董事、监事候选人名单》；

10、审议通过了公司《关于修改公司章程有关条款的报告》；

本次股东大会决议公告刊登于 2000 年 4 月 15 日的《中国证券报》、《证券时报》上。

(二)选举更换公司董事、监事情况：

经公司 1999 年度大会投票表决，选举张希望先生、金子贤先生、高怀田先生、韩彦民先生、翟世刚先生为公司三届董事会董事、选举宋贵山先生、李保国先生、陈来群先生、王玉乐先生、赵海滨先生为公司三届监事会监事、

五、董事会报告

(一)公司经营情况：

1、公司经营业务范围及其经营情况：

公司主营业务属化工行业，医药行业和城市公用事业。

2000 年度面对发展变化的市场形势，公司全体员工通过技术创新、机制创新、思维创新，不断提升公司的综合实力，为公司的持续发展打下了良好的基础。

(1)生产经营保持了持续增长的势头

2000 年度公司面对严峻的市场形势,牢牢把握改革、发展、稳定的工作大局,公司上下精诚团结、知难而进,从而推动了公司的发展,取得了丰硕成果。全年共完成纯碱产量12.1万吨,轻质碳酸钙4.5万吨,优质重质纯碱3.99万吨,氯化钙2.75万吨,扑热息痛粉1944吨,针剂5.98万支,片剂8.17万片。

煤气供应实现收入676万元,安装实现收入1057万元。

其中:纯碱、优质重质纯碱、轻质碳酸钙等产品为省、部优产品、省免检和质量信得过产品,以上产品及氯化钙产品,其生产规模分别居国内同行业第11、2、3、3位,均居河南省第一位。2000年实现主营业务收入2.57亿元、净利润2401.6万元,分别比上年增长17.7%、28.1%。

化工行业主营业务收入15448万元,主营业务利润3922万元;

医药行业主营业务收入8476万元,主营业务利润938万元;

城市公用事业主营业务收入1733万元,主营业务利润970万元。

(2)坚持向管理要效益,力促管理创新

一年来,公司把强化管理作为生产经营的重点,抓准薄弱环节,力促管理创新,取得了明显的效果。始终把强化销售、回款作为重中之重,对销售人员实行了费用包干、比例提成、风险责任抵押办法,对氯化钙等产品实行销售承包办法,进一步强化了销售激励机制和监督机制;根据用户付款能力,对其实行赊欠限量限时控制,有效地减少了销售风险和资金沉淀;针对资金紧缺的矛盾,从落实财务预决算制度抓起,严格资金计划管理,实行大额支出由领导研究审批制度,使资金的使用体现了保重点、保全局的原则。同时,把降成本作为生产管理的主线,从实际出发,把强化成本管理的重点放在堵漏止损上,取得了突出成效。一是把降进货价格作为降成本之关键,通过实行公开招标、比价采购的办法,一举收到了降低采购成本1151.2万元的可喜成果;二是在仓储管理上狠下功夫,通过归并各类仓库,实行进货权和管理权分开,完善制度措施,有效地堵塞了物资仓储管理方面的漏洞;三是把降低物料消耗作为生产管理的重点,通过改进对基层单位的成本目标管理办法,使生产成本管理实现了任务到岗、责任到人,并在水、电、汽的科学调度上采取了一系列有效节约措施,使生产在实现平稳运行前提下,物料能耗大大降低;四是重抓招待费、差旅费的审批报销等各项制度的改进与落实,促使费用管理不断走向制度化、规范化的轨道。总之,经过一年的努力,使产品成本大幅降低,同上年相比主要产品成本纯碱每吨降30元,轻钙每吨降8元,其他产品成本也有不同程度下降。在财务费用管理上重视科学调度资金,按期转贷、付息,及时调整高息贷款,提高了资金高效合理的运作水平。

(3)以改革为动力,推进机制创新

为了加速解决运作机制落后于市场发展要求的矛盾,年初制定了"循序渐进、强力推动,不求一步到底,但求步步到位的积极稳妥的改革方针,于上半年全面铺开了改革的攻坚战役,采取了20多项改革措施,实施了机关中层竞聘上岗,一般人员双向选择,机关机构改革,机关富余人员充实二级单位的改革措施,对二级单位一部分实行目标成本管理的办法,另一部分化小核算单位,实行自收自支,保本经营的改革办法,对经营承包单位和物资管理部门普遍实行会计委派制;实行减员增效措施,共裁减了183名临时工,由107名正式工顶岗,节约开支100多万元。下半年,在对上半年改革举措进行巩固完善的基础上,将改革推向更深的层次、更广的范围。下半年的改革的改革举措主要包括:在中层、科级和机关管理人员中实行末位淘汰制;对公司领导和中层实行风险抵押办法;在分配上实行小比例活工资制;对部分部门和班组实行内部模拟市场制等。可以这样说,2000年是公司有史以来改革举措最多、改革深度、广度最大的一年,也是改革效果最为显著的一年。一年的改革实践,不仅使员工的观念在很大程度上发生了根本转变,而且在很多方面激活了内部经营机制。特别是初步形成了管理人员能上能下,机关人员能进能出的机制,强化了管理人员的激励机制和风险责任机制,强化了公司对二级单位监督机制;强化了二级单位的自我约束机制,并在实行承包的辅助单位员工中,形成了自觉讲效率、主动找活干的机制。

(4)瞄准高新技术产业发展方向,加紧推进产品结构调整

面对来势迅猛的技术创新潮流,为使公司能够决胜于入世带来的严峻挑战,公司以全新的技术创新意识,着眼于公司的长远发展,在十分困难的环境中,牢牢把握住了以产品结构调整谋求发展的思路,使产品结构调整迈出了具有开创意义的步伐。根据对市场发展趋势和现有产品前景的预测分析,确定了重点发展制药系列、精细化工系列和电子系列的结构调整方向,并确定了用3-5年时间使三大系列产品占据主导地位的结构调整目标和规划。在选项、立项过程中,公司抽调专门人员,做到明确分工,责任到人,切实加大跑市场、选项目的力度,积极扩展同科研院、所的联系合作,先后确定了五大高新技术产品开发项目和一综合治理工程项目,并使综合治理项目列入国家"双高一优"工程。为及早启动结构调整规划,在资金极为紧张的情况下,注入自有资金480万元,完成了所有引进项目技术转让合同的签定,完成了制药厂搬迁设计和100亩征地工作,完成了对氨基苯酚的初步设计工作,使戒毒药项目进入了临床试验阶段,使活性钙完成了中试并进入了小批量试产阶段。同时,还注入资金200万元,推进了综合治理工程的实施。由于我们在产品结构调整上做到了思想到位,人员到位,措施到位,资金到位,使2000年成了公司发展史上新产品开发立项最多,立项也最大的一年。

2、报告期内存在的主要问题、困难及解决方案

主要困难:主营化工产品市场供大于求的矛盾仍然存在,市场竞争更趋激烈,导致部分产品价格有所下跌,老货款回收困难。

存在的主要问题:产品质量有待进一步提高,产品结构调整步伐有待进一步加快,市场应变能力有待持续加强。

采取的主要措施:

(1)建立健全质量管理体系,着力提高产品质量。

(2)制订和贯彻落实《三创新一提高》狠抓节能降耗、堵塞漏洞;减员增效,降低成本,夯实基础管理工作。

(3)调整营销队伍和经营策略,增强市场竞争意识,提高服务质量,积极开拓市场。

(4)调整产品结构,化解投资风险。抓紧抓好配股项目对氨基苯酚、解放罐站、技术中心工程施工进度,年底主体工程完工。2002年3月竣工投产。

(5)抓好资本运营,进行低成本扩张,培育新的经济增长点。

(二)公司财务状况

项　目	2000年度	1999年度	增减比例(%)
总资产	578,279,445.86	482,247,366.19	19.9
长期负债	19,390,000.00	30,677,000.00	-36.8
股东权益	257,091,862.48	157,955,419.73	62.8
主营业务利润	56,072,572.43	32,384,088.60	73.1
净利润	24,015,596.94	18,747,953.22	28.1

注:1、总资产增加主要是由于2000年度实施了配股方案。

2、长期负债减少的原因是归还银行长期贷款。

3、股东权益增加的原因是2000年配股和本年实现净利润所致。

4、主营业务利润增加是由于加强内部管理和售价提高。

5、净利润增加是由于加强内部管理和售价提高。

(三)公司投资情况

1、配股募集资金投资项目的进展情况

公司于2000年12月实施了配股方案,本次配股募集资金已于2000年12月20日到位,并经亚太集团会计师事务所验证,出具了亚会验字(2000)21号《验资报告》。本次配股募集资金7092万元,扣除配股发行费用321万元后,实际募集资金6771万元,国有法人股股东焦作碱业集团以其下属的化学试剂厂生产经营性资产经评估确认后的净资产认购本次国有法人股应配股份的5%,计74.0805万元,已办理资产移交过户手续。

(1)对氨基苯酚项目计划投资4995万元,截止到2001年2月20日已投入443.4万元,完成计划投资的8.8%。办理征地手续,完成扩初设计,签订了技术转让协议,进行了环境评价,3月初开工。

(2)解放罐站改造工程项目计划投资760万元,已投入100万元,完成计划投资的13.15%。

(3)技术中心项目计划投资979万元,已完成投资181万元,完成投资计划的18.48%,技术中心大楼已建成。

本次配股募集资金拟投资项目资金余额为6046.6万元,存放在银行专户上。

2、非募股资金投资情况

在资金极为紧张的情况下,注入自有资金480万元,完成了制药厂搬迁设计和100亩征地工作,完成了对氨基苯酚的初步设计工作,使戒毒药项目进入了临床试验阶段,使活性钙完成了中试并进入了小批量试产阶段。同时,还注入资金200万元,推进了综合治理工程的实施。

(四)根据河南省财政厅豫财税政[2000]26号文批复,公司企业所得税继续实行"照章纳税,财政返还,实际税负15%"的优惠政策。该政策将执行至2001年12月31日止。该税收优惠政策将有利于公司的发展。

(五)新年度业务发展计划

2001年是新世纪的第一年,又是"十五"规划的起始年。为了使公司营运以良好的开端推进"十五"规划的顺利实施,为了使公司能决胜于"入世"带来的严峻冲击和挑战,公司的基本运作思路是:牢牢把握改革、发展、稳定的工作大局,努力营造长盛不衰的安定团结、民主活泼、奋争向上、朝气蓬勃的政治局面,为改革发展提供良好的政治环境;坚持以深化改革为动力,发扬优化的创新求变精神,大举改革攻坚,加速推进机制创新,管理创新和技术创新;正确把握长远发展与现有产品生产经营之间的辩证关系,实现两者的相互协调,相互促进;坚持以发展为主题,在长远发展上以产品结构调整为主线,在现有产品生产经营上,以强化管理为重点,以降低成本为主线。

按照上述基本思路,今年公司应遵循的基本方针是:牢牢把握改革发展,强化管理,资本运营这三大重点,全面启动加速推进四大战略工程(即:人才战略工程、产品结构调整工程、资本运营战略工程和企业品牌战略工程)。

1、要更加坚定改革的意志,进一步明确改革的思路。2001年公司改革的主要目标任务是:一是巩固、完善去年各项改革举措,并尽快全部落实到位;二是实施"剥离辅助、活工资制、工人岗位竞聘上岗"三项改革方案,进一步强化各基层单位的自我约束机制,强化各级管理人员的风险机制,强化全员的利益激励机制。

2、要以更大的力度强化管理,促进生产经营在困难中持续增长,实现良好循环,各生产、经营单位要充分发挥主观能动性和创造性,科学组织,努力完成各项目标任务。

3、要坚定地把产品结构调整作为公司发展的主线,强力推进产品结构调整战略工程,年内要努力实现以下目标任务:

(1)药厂异地搬迁,于年初完成设计并开工建设;

(2)对氨基苯酚项目,按2002年3日投产的进程计划于3月份开工;

(3)微细、活性碳酸钙项目,于年内投入批量试产阶段;

(4)解放罐站技改项目年底投入运行;

(5)技术中心项目按原工期进行,争取提前完工;

(6)加紧化学试剂新品种的开发,争取年底前增加5个试剂新品种,全年要完成总投资10893万元的目标。

4、强力推进资本运营,拓展发展空间。2001年度公司将生产任务与资本运营并举,进一步优化资源配置,提升竞争实力,实现规模效益。

(六)董事会日常工作情况:

1、报告期内董事会主要情况及决议内容:

(1)2000年3月9日公司二届董事会第二十次会议在公司第二会议室召开,会议审议并通过了如下决议:

①《一九九九年度报告及摘要》

②《一九九九年度董事会工作报告》

③《一九九九年度总经理业务报告》

④《一九九九年度财务决算和二000年度财务预算的报告》

⑤《一九九九年度利润分配预案》

⑥《关于前次募集资金使用情况和效益情况的说明》

⑦《二000年度配股预案》

⑧《二000年度配股募集资金的拟投资项目的可行性报告》

⑨《公司提取"四项"资产损失准备及其核销办法的议案》

⑩《关于二届董事会换届选举的有关事宜》

(2)2000年4月21日上午在本公司办公楼第三会议室召开了公司第三届董事会第一次会议,5名董事全部到会,与会董事认真讨论并通过了以下决议:

①选举张希望先生为本届董事会董事长;

②经董事长提名,聘请高怀田先生为本公司总经理;经总经理推荐聘任秦海员先生、原跃作先生为本公司副总经理。

(3)2000年7月19日在本公司办公楼第三会议室召开了公司第三届董事会第二次会议,会议应到董事5人,实到5人,公司高级管理人员及监事会体人员列席了会议。与会董事认真听取并审议通过了公司2000年中期报告及中期报告摘要。

以上三次董事会决议公告分别刊登在2000年3月14日、4月22日和7月25日的《中国证券报》和《证券时报》上。

2、董事会对股东大会决议的执行情况:

报告期内公司董事会严格执行并完成了股东大会通过的各项决议。

(七)公司管理层及员工情况

1、董事、监事及高级管理人员情况

姓　名	职　务	年龄	任职迄止时间	年初持股数
张希望先生	董事长	40	2000.4-2003.4	4800
金子贤先生	董事	47	2000.4-2003.4	6400
高怀田先生	董事、总经理	48	2000.4-2003.4	0
翟世刚先生	董事	38	2000.4-2003.4	0
韩彦民先生	董事	50	2000.4-2003.4	0
宋贵山先生	监事会主席	50	2000.4-2003.4	5760
李保国先生	监事	39	2000.4-2003.4	0
王玉乐先生	监事	43	2000.4-2003.4	0
陈来群先生	监事	43	2000.4-2003.4	0
赵海滨先生	监事	36	2000.4-2003.4	0
秦海员先生	副总、董秘	51	2000.4-2003.4	4800
原跃作先生	副总经理	35	2000.4-2003.4	0

姓　名	年末持股数	年　薪
张希望先生	6240	10810
金子贤先生	8320	12111
高怀田先生	0	10837
翟世刚先生	0	7683
韩彦民先生	0	10837
宋贵山先生	7488	10363
李保国先生	0	6756
王玉乐先生	0	6568
陈来群先生	0	9839
赵海滨先生	0	6960

秦海员先生	6240	9749
原跃作先生	0	7753

注:(1)董事、监事及高管人员持股数量的增加系2000年12月份实施配股方案所致。

(2)董事、监事及高管人员共12人,全部在公司领取报酬。

报告期内,公司二届董事会董事、二届监事会监事任期已满。1999年度股东大会选举产生了公司三届董事会董事和三届监事会监事。其中:蒋新棠先生、王济民先生不再担任公司董事会董事,增补高怀田先生、韩彦民先生为公司董事会董事。祝运德先生不再担任公司监事会监事,增补陈来群先生为监事会监事。

本报告期内未发生解聘总经理、副总经理、董事会秘书事宜。

2、公司员工情况

截止2000年12月底,公司共有员工1955人,其中:生产人员1256人,销售人员40人,技术人员580人,财务人员25人,管理人员54人,拥有高级职称89人,中级职称268人,初级职称223人。

(八)本年度利润分配预案及资本公积金转增股本预案

本公司2000年度财务经营状况经亚太会计师事务所审计确认,全年实现主营业务收入256560484.71元,利润总额27645089.38元,净利润24015596.94元。按照《公司法》和《公司章程》的有关规定,提取法定盈余公积金2388409.96元,提取法定公益金2388409.96元,加上1999年未分配利润26739136.59元,可供股东分配利润45977914.15元。公司董事会研究决定,本年度拟实施以2000年末总股本80859805股为基数,每10股送2股派发现金0.10元(含税)转增4股进行分配,剩余利润结转以后年度分配。此分配预案须提交2000年度股东大会审议通过后实施。

(九)2001年度利润分配政策

1、公司在2001年度利润分配至少一次。

2、公司将根据2001年盈利情况和以前年度转存情况按不低于10%以上的利润分配政策进行分配。

3、分配形式:分配将采用派发现金和送红股相结合的形式。

4、上述2001年度分配政策为预计方案,公司董事会可根据公司未来实际发展情况,保留对该政策进行调整的权利。

(十)本报告期内,信息披露指定报纸为《中国证券报》、《证券时报》,未作变更。

六、监事会报告

一、监事会报告:

2000年度公司监事会依据《中华人民共和国公司法》及本公司章程及有关规定,忠实履行了公司章程赋予的职责,通过列席历次董事会及重大经营会议,对公司的经营活动管理活动,及公司重大事项进行了必要的监督及质询,参与了重大决策的讨论,列席、审议了各次董事会和股东大会的议题,议案和程序。在报告期内,监事会全体人员,勤勉尽职,通过法定程序对公司董事、高级管理人员实施有效监督,为公司依法规范运作和健康有序地发展提供了可靠的保证。

二、监事会会议情况:

本报告期内,公司监事会共召开了四次会议。

1、2000年3月2日公司召开了第二届第十五次监事会议,会议审议通过了《焦作碱业股份有限公司2000年度配股方案》,亚太会计师事务所出具的《1999年度审计报告》、《1999年度监事会报告》、《1999年年度报告正本》。

2、2000年4月10日公司召开了第三届第十六次监事会议,会议审议通过了:关于4月20日召开99年度股东大会的议题,《二届及1999年度董事会报告》、《二届及1999年度总经理业务报告》、《二届及1999年度监事会报告》、《董事会、监事会换届选举的报告》、《99年度利润分配预案的报告》、《2000年配股募集资金投向可行性分析报告》。

3、2000年6月15日公司召开了第三届第一次监事会议,会中监事会全体成员重点学习领会了《国有企业监事会暂行条件》,学习并填写了深圳证券交易所的《监事声明及承诺》。

4、2000年7月19日,公司召开了第三届第二次监事会会议,会议听取并审议通过了公司《2000年度中期报告正文及摘要》。

三、公司依法运作情况:

在报告期内,公司监事会通过列席历次董事会、经理办公会议,及时了解公司财务、经济运作情况,认真监督、董事及高级管理人员经营决策和工作行为,一致认为:

各位董事、经理及其他高级管理人员能以公司利益为重,较好地履行了股东大会和董事会赋予的职责。未发现公司高级管理人员在行使职权时有违反国家法律、法规、《公司法》、《公司章程》及损害公司利益的行为,报告期内本公司能够严格按照《公司法》、《公司章程》及有关法律、法规运作,内部运作机制较为完善,董事会决策程序合法,公司信息披露符合有关法律的规定。

四、财务检查情况

报告期内,监事会对公司财务依法监督检查,参与了对公司财务中期和年度报告的审议,本公司聘任的郑州亚太会计师事务所对我公司2000年的财务状况进行了审计,认为我公司的会计报告符合《企业会计准则》和《财务通则》的有关规定,并出具了无保留意见的审计报告。监事会认为,该报告真实反映了公司的财务状况和经营成果,报告的数据是真实、准确、无误的。

五、关联交易情况

报告期内公司与公司控股母公司焦作碱业集团有限责任公司所发生的关联交易,均按国家规定进行,无损害公司利益行为发生。

七、重要事项

1、重大诉讼、仲裁事项:

本年度公司无重大诉讼、仲裁事项。

2、本报告期内公司及公司董事、高级管理人员未发生被处罚事项。

3、本报告期内,控股股东--焦作碱业集团有限责任公司未发生变更;董事会秘书未发生解聘、新聘事项。

4、本报告期内公司无收购事项。

5、重大关联交易事项:

公司关联交易均按照市场公允原则确定交易协议。

6、本公司与控股股东--焦作碱业集团有限责任公司按照有关规定要求,已在人员、资产、财务上实行了三分开,本公司人员独立,资产完整,财务独立。

7、本报告期内,无发生托管、承包、租赁其他公司资产或其他公司托管、承包、租赁本公司资产事项。

8、本报告期内,无解聘会计师事务所事项。

9、本报告期内,无其它重大合同(含担保等)及其事项。

10、本报告期内无更改公司名称或股票简称事项。

11、本报告期内,无其他重大事项。

八、财务会计报告

1、审计报告

审 计 报 告

亚会审字(2001)28号

焦作市碱业股份有限公司全体股东:

我们接受委托,审计了贵公司2000年12月31日的资产负债表和合并资产负债表、2000年度的利润及利润分配表和合并利润及利润分配表、2000年度的现金流量表和合并现金流量表。这些会计报表由贵公司负责,我们的责任是对这些会计报表发表审计意见。我们的审计是依据《中国注册会计师独立审计准则》进行的。在审计过程中,我们结合贵公司的实际情况,实施了包括抽查会计记录等我们认为必要的审计程序。

我们认为,上述会计报表符合《企业会计准则》和《股份有限公司会计制度》的有关规定,在所有重大方面公允地反映了贵公司2000年12月31日的财务状况及2000年度的经营成果和2000年度的现金流量情况,会计处理方法的选用遵循了一贯性原则。

亚太集团会计师事务所有限公司　　中国注册会计师:党惠如

中国.北京　　中国注册会计师:谢玉敏

二零零一年三月九日

2、会计报表(附后)

3、会计报表附注

一、公司简介

焦作市碱业股份有限公司(以下简称%本公司")是由原焦作市化工三厂于1989年整体改组并向社会公开募集股份而设立的股份有限公司,1997年3月在深交所上市。公司位于河南省焦作市民主北路15号。注册登记号:豫工商企4100001002923,注册资本:人民币80,859,805元。公司主营纯碱、优质重质纯碱、轻质碳酸钙、氯化钙、化学试剂的生产,化学制药,煤气供应、安装。

2000年11月9日经中国证券监督管理委员会证监公司字[2000]170号文件批准,本公司向全体股东配售7,832,805股普通股。配股资金截止2000年12月20日已全部到位,配股后股本为80,859,805元。

二、股份公司主要会计政策、会计估计和合并会计报表的编制方法

1、会计制度:《股份有限公司会计制度》及其补充规定。

2、会计年度:公历年制,即1月1日至12月31日。

3、记账本位币:人民币。

4、记账基础和计价原则:记账基础%权责发生制";计价原则%历史成本"。

三.税项:

1、增值税:煤气税率为13%,其他税率为17%;

2、营业税:安装收入税率为3%,其他税率为5%;

3、城建税及教育费附加:城建税税率为流转税额的7%;教育费附加为流转税额的3%;

4、所得税:所得税税率为33%。本公司(不含本公司的全资子公司-焦作市化学制药厂)原执行河南省人民政府豫政文[1996]246号文件,%九五"期间所得税实行照章纳税,财政返还,实际税负为15%的政策。2000年上半年按照国务院国发(2000)2号文件停止执行所得税先征后返优惠政策。2000年下半年按照财政部(2000)99号文件,继续执行先征后返的所得税优惠政策。

根据河南省财政厅豫财税政[2000]26号文件,本公司2001年度继续实行所得税先按33%税率纳税,再返还18%的优惠政策到2001年12月31日止。

四、控股子公司及合营企业

(1)本公司拥有50%以上权益性资本的子公司的概况如下:

公司名称	注册地点	注册资本	投资金额	所占权益比例	经营范围
焦作市化学制药厂	焦作市解放东路	186万元	170万元	100%	药品制造

(2)合并报表范围:本公司对焦作市化学制药厂2000年度会计报表予以合并。

五、合并会计报表主要项目附注

1、货币资金:

项　目	期初数	期末数
现　金	41,343.55	445,861.79
银行存款	2,858,196.96	81,896,213.60
其他货币资金	3,130,000.00	44,234,799.22
合　计	6,029,540.51	126,576,874.61

货币资金上升主要原因是配股资金到位及销售回款状况较好。其他货币资金系承兑保证金。

2、应收票据:

出票单位	出票日期	到期日	金　额	备　注
河南安彩高科股份有限公司	2000年7月19日	2001年1月19日	2,000,000.00	2001年1月已收到款项

3、应收账款:

账　龄	期初数			期末数		
	金　额	比　例	坏账准备	金　额	比例	坏账准备
1年以内	77,129,558.89	84.24%	3,856,477.94	63,181,318.76	65.29%	3,159,065.94
1-2年	8,470,955.84	9.25%	847,095.59	25,578,374.91	26.43%	3,421,061.37
2-3年	2,179,033.83	2.38%	653,710.15	3,911,034.83	4.04%	1,346,463.03
3年以上	3,783,217.02	4.13%	2,760,925.47	4,099,761.66	4.24%	3,038,792.66
合　计	91,562,765.58	100.00%	8,118,209.15	96,770,490.16	100.00%	10,965,383.00

无持有5%(含5%)以上股份的股东单位的欠款。

欠款金额前五名的单位:

单位名称	金　额	时　间	原　因
开封第二玻璃厂	6,378,358.21	1年以内	销售货款
保定第一胶片厂	4,696,990.18	1年以内	销售货款
焦作市燃气热力公司	4,207,525.86	1年以内	代收业务款
成都玻璃厂	3,861,408.27	1-2年	销售货款
洛阳建华玻璃厂	3,435,557.73	1年以内	销售货款

4、其他应收款:

账　龄	期初数			期末数		
	金　额	比　例	坏账准备	金　额	比例	坏账准备
1年以内	22,145,886.43	94.32%	1,107,294.32	21,547,400.65	90.93%	1,077,370.04
1-2年	361,983.90	1.54%	36,198.39	1,281,075.38	5.41%	128,107.53
2-3年	663,773.71	2.83%	199,132.11	491,972.57	2.08%	147,591.77
3年以上	308,773.80	1.31%	200,587.03	376,708.12	1.58%	268,358.19
合计	23,480,417.84	100.00%	1,543,211.85	23,697,156.72	100.00%	1,621,427.53

截止2000年底本公司大股东-焦作碱业集团有限责任公司欠款为1,749,686.29元。

欠款金额前五名的单位:

单位名称	金　额	时　间	原　因
焦作市联明电子有限责任公司	3,000,000.00	1年以内	往来欠款
焦作北站	2,025,481.84	1年以内	代垫运费
焦作市山阳房地产开发总公司	2,000,000.00	1年以内	征地款
焦作碱业集团有限责任公司	1,749,686.29	1年以内	往来欠款
中原运输代理有限公司焦作分公司	1,654,135.18	1年以内	代垫运费

5、预付账款:

账　龄	期初数		期末数	
	金　额	比例	金额	比例
1年以内	4,458,237.24	33.54%	9,448,577.61	50.29%
1-2年	2,544,449.01	19.14%	2,172,681.93	11.56%
2-3年	3,625,271.19	27.28%	1,382,389.40	7.36%
3年以上	2,663,972.90	20.04%	5,783,621.27	30.79%
合　计	13,291,930.34	100.00%	18,787,270.21	100.00%

无持有5%(含5%)以上股份的股东单位的欠款。

欠款金额前五名的单位:

单位名称	金额	时间	原因
新乡树脂厂	3,080,150.00	1年以内	预付购货款
平顶山第一塑料制品厂	2,109,688.85	1年以内	预付购货款
焦作市光荣经贸有限责任公司	1,068,000.00	1年以内	预付购货款
浙江新昌岱石胶丸厂	891,101.71	3年以上	预付购货款
洛阳吉利隆达卫生包装厂	515,972.20	1年以内	预付购货款

6、存货:

项目	期初数		期末数	
	金额	跌价准备	金额	跌价准备
产成品	55,351,589.40	22,047.00	34,211,369.73	152,124.88
原材料	9,398,358.18		8,094,453.55	146,772.65
在产品	2,104,788.91			2,065,558.37
自制半成品	162,244.06			259,721.57
低值易耗品	132,742.10			46,523.28
包装物	277,013.12			397,760.42
顶账物资	20,942,340.55	683,401.27	18,193,703.23	1,133,771.79
合计	88,369,076.32	705.448.27	63,269,090.15	1,432,669.32

存货跌价准备计提的依据为:按2000年12月31日存货的账面成本与其可变现净值采用单项比较法进行比较,按可变现净值低于成本的差额计提存货跌价损失。可变现净值确定的依据为:在正常生产经营过程中以预计售价减去预计完工成本和销售所必需的预计税费后的净值。

7、长期投资:

(1)明细项目

项目	期初数	本期增加	本期减少	期末数
合并价差	2,859,624.96		317,736.11	2,541,888.85

(2)长期股权投资

被投资单位名称	焦作市化学制药厂
投资金额	1,703,266.15
占被投资单位注册资本比例	100%
本期权益增减额	1,805,282.16
累计权益增减额	3,264,848.85
股权投资差额初始金额	3,177,361.07
形成原因	溢价购买
摊销期限	10年
本期摊销额	317,736.11
累计摊销额	635,472.22
摊余金额	2,541,888.85

8、固定资产及累计折旧:

项目	期初数	本期增加	本期减少	期末数
固定资产原值				
房屋建筑物	77,155,348.02	1,687,117.69		78,842,465.71
通用设备	50,766,470.67	430,631.76		51,197,102.43
专用设备	121,454,679.12	5,068,604.36		126,523,283.48
运输工具	6,416,352.73	2,774,116.00	1,252,540.62	7,937,928.11
其他	22,837,941.23	129,282.06		22,967,223.29
合计	278,630,791.77	10,089,751.87	1,252,540.62	287,468,003.02
累计折旧				
房屋建筑物	21,032,226.87	3,088,544.93		24,120,771.80
通用设备	18,294,081.01	4,419,556.31		22,713,637.32
专用设备	25,021,083.89	11,266,771.20		36,287,855.09
运输工具	2,114,981.07	630,886.24	362,104.95	2,383,762.36
其他	6,794,758.33	1,732,019.74		8,526,778.07
合计	73,257,131.17	21,137,778.42	362,104.95	94,032,804.64
固定资产净值	205,373,660.60			193,435,198.38

9、在建工程:

10、无形资产:

类别	原始金额	期初数	本期增加	本期摊销
土地使用权	29,983,913.00	26,148,718.21	0.00	599,678.26
电解还原新技术				800,000.00
合计	29,983,913.00		800,000.00	599,678.26

类别	期末数	剩余摊销期限
土地使用权	25,549,039.95	43年
电解还原新技术	800,000.00	10年
合计	26,349,039.95	

11、短期借款:

借款类别	期初数	期末数
抵押借款		
担保借款	72,440,000.00	89,240,000.00
信用借款		
合计	72,440,000.00	89,240,000.00

截止2000年12月31日上述短期借款中有450,000.00元已逾期,明细列示如下:

借款单位	逾期金额	年利率(%)	逾期原因
焦作市财政局	450,000.00	6.12	展期手续正在办理

12、应付票据:

期初数	期末数
4,630,000.00	51,352,000.00

应付票据上升主要原因是2000年度采购采用票据结算较多。

无欠持有股份公司5%(含5%)以上股份的股东单位的款项。

13、应付账款:

期初数	期末数
97,157,021.67	97,676,142.33

无欠持有股份公司5%(含5%)以上股份的股东单位的款项。

14、预收账款:

期初数	期末数
48,705,484.65	32,279,758.93

无欠持有股份公司5%(含5%)以上股份的股东单位的款项。

15、应交税金:

项目	期初数	期末数
增值税	2,481,848.66	5,652,779.33
所得税	-808,301.76	-1,832,057.15
其他	836,216.18	723,645.23
合计	2,509,763.08	4,544,367.41

16、其他应付款:

期初数	期末数
11,391,379.65	8,912,356.78

无欠持有股份公司5%(含5%)以上股份的股东单位的款项。

17、预提费用:

类别	期初数	期末数	说明
借款利息	1,564,596.40	1,073,334.78	计提的借款利息尚未支付
其他	158,827.44	135,352.95	
合计	1,723,423.84	1,208,687.73	

18、一年内到期的长期负债:

类别	期初数	期末数
抵押借款		
担保借款	38,790,000.00	12,577,000.00
信用借款		
企业债券	12,566,666.76	
合计	51,356,666.76	12,577,000.00

截止2000年12月31日上述短期借款中有3,600,000.00元已逾期,明细列示如下:

借款单位	逾期金额	年利率(%)	逾期原因
焦作市工行营业部	3,600,000.00	7.56	展期手续正在办理

19、长期借款:

借款单位	金额	借款期限	年利率(%)	借款条件
建行焦东支行	2,850,000.00	2000.6.27-2002.6.26	6.534	担保
建行焦东支行	16,440,000.00	2000.12.28-2002.6.27	6.534	担保
其他	100,000.00			担保
合计	19,390,000.00			

20、股本:截止2000年12月31日,股本余额80,859,805.00元:

股份公司股份变动情况表　　数量单位:股

项目	期初数	本期变动增减(+,-)			期末数
		配股	其他	小计	
一、尚未流通股份					
1、发起人股份					
其中:国家拥有股份					
境内法人拥有股份	49,387,000	740,805		740,805	50,127,805
尚未流通股份合计	49,387,000	740,805		740,805	50,127,805
二、已流通股份					
1、境内上市的人民币普通股	23,640,000	7,092,000		7,092,000	30,732,000
已流通股份合计	23,640,000	7,092,000		7,092,000	30,732,000
三、股份总数	73,027,000	7,832,805		7,832,805	80,859,805

2000年4月14日,本公司股东大会通过了以公司1999年12月31日的总股份73,027,000股为基数,按每10股配售3股的比例向全体股东配售股票的配股方案,共计可配售股份21,908,100股。经财政部财管字[2000]25号文件和中国证券监督管理委员会证监公司字[2000]170号文件批准,本公司向全体股东配售7,832,805股普通股,其中:向本公司国有法人股股东-焦作碱业集团有限责任公司配售740,805股,向社会公众股股东配售7,092,000股。配股资金截止2000年12月20日已全部到位并已经亚太集团会计师事务所验证[验资报告文号:亚会验字(2000)21号]。本次配股股本增加7,832,805元,资本公积增加67,288,040.81元。

21、资本公积:

项目	期初数	本期增加数	本期减少数	期末数
股本溢价	45,037,624.01	67,288,040.81		112,325,664.82

资本公积增加原因详见附注五第20项%股本"说明。

22、盈余公积:

项目	期初数	本期增加数	本期减少数	期末数
法定盈余公积	5,457,684.98	2,388,409.69		7,846,094.67
公益金	7,693,974.15	2,388,409.69		10,082,383.84
任意盈余公积				
合计	13,151,659.13	4,776,819.38		17,928,478.51

本公司按税后净利润的20%提取盈余公积,其中10%为法定盈余公积,10%为公益金。

23、其他业务利润:

项目	本期数	上期数
其他业务利润	-649,241.69	2,103,031.70

其他业务利润下降主要原因是本期处理废旧物资。

24、管理费用:

项目	本期数	上期数
管理费用	13,801,600.40	3,829,194.76

管理费用上升主要原因是本公司1999年度会计政策变更减少期末坏帐准备冲减1999年度管理费用所致。

25、财务费用:

项目	本期数	上期数
利息支出	11,368,736.30	10,664,301.08
减:利息收入	1,645,209.20	951,721.79
汇兑损失		
减:汇兑收益		
其他	29,042.28	19,649.00
合计	9,752,569.38	9,732,228.29

26、投资收益:

项目	本期数	上期数
股权投资差额摊销	-317,736.11	-317,736.11

本期投资收益-317,736.11系溢价购买焦作市化学制药厂所产生股权投资差额的摊销,详见附注五第7项%长期投资"科目。

27、营业外收入:

项目	本期数	上期数
营业外收入	591,099.29	2,379,118.16

营业外收入下降主要原因是本公司1999年度获得基金减免194万元。

28、支付的其他与经营活动有关的现金:

项目	金额
管理费用支出	1,409,733.40
营业费用支出	3,030,936.18
其他支出	779,012.44
合计	5,219,682.02

七、关联方关系及其交易

1、关联方关系

(1)、存在控制关系的关联方情况

A、存在控制关系的关联方

关联企业名称	注册地址	主营业务	与股份公司的关系	经济性质
焦作碱业集团有限责任公司	焦作市民主北路15号	泡花碱等	控股母公司	国有

关联企业名称	法人代表
焦作碱业集团有限责任公司	张希望

B、存在控制关系的关联方注册资本及变化

关联企业名称	期初数	本期增加数	本期减少数	期末数
焦作碱业集团有限责任公司	55,000,000			55,000,000

C、存在控制关系的关联方所持股份公司股份及其变化

企业名称	股份变化 期初数	期末数
焦作碱业集团有限责任公司	67.63%	61.99%

(2)、不存在控制关系的关联方情况

关联企业名称	注册地址	主营业务	与股份公司的关系	经济性质	法人代表
焦作碱业集团物资有限公司	焦作市民主北路15号	批发、零售	同一母公司	国有	娄源堂

2、关联方交易　　单位:元

项目	本期数	上期数
销售货物:		
焦作碱业集团有限责任公司	12,756,891.50	6,023,267.75
焦作碱业集团物资有限公司	1,823,094.02	1,775,050.00
采购货物:		
焦作碱业集团有限责任公司	27,733,483.41	26,326,455.91
提供运输劳务:		
焦作碱业集团有限责任公司	2,976,982.27	2,432,085.30
收取资金占用费:		
焦作碱业集团有限责任公司	1,497,692.26	611,442.50
焦作碱业集团有限责任公司承接银行借款	20,000,000.00	
焦作碱业集团有限责任公司承接银行借款	2000年6月15日 2000年12月28日	

八、或有事项　本公司无需披露的重大或有事项。

九、承诺事项　本公司无需披露的重大承诺事项。

十、期后事项　本公司无需披露的重大期后事项。

十一、资产负债表日后的非调整事项　本公司无需披露的资产负债表日后的非调整事项。

十二、其他重要事项

根据财政部2000年7月4日财会(2000)3号《股份有限公司税收返还等有关会计处理规定》的通知,本公司下半年收到的555万元所得税返还冲减了本年%所得税"科目。

本公司无需披露其他重要事项。

九、公司的其他有关资料

1、公司变更注册登记地点、日期

公司于2000年12月25日,因实施配股后总股本变动,在河南省工商行政管理局变更注册登记。

2、企业法人营业执照注册号:4108001000203

3、税务登记号:410800170000417

4、公司未流通股票的托管机构名称:本公司未流通股份为焦作碱业集团有限责任公司持有的国有法人股,已托管在深圳证券中央登记结算公司

5、公司聘请的会计师事务所名称:亚太集团会计师事务所

办公地址:郑州市红专路实力大厦

十、备查文件目录

1、载有法定代表人、财务负责人、会计经办人员签名并盖章的会计报表

2、载有会计师事务所盖章、注册会计师签名并盖章的审计报告原件

3、报告期内在中国证监会指定报纸上公开披露的所有公司文件的正本及公告的原稿查阅地点:河南省焦作市环城北路28号焦作市碱业股份有限公司办公大楼董事会秘书处

焦作市碱业股份有限公司董事会

2001年3月13日

合并资产负债表

编制单位:焦作市碱业股份有限公司　　单位:人民币元

资产	附注	2000.12.31	1999.12.31
流动资产:			
货币资金	1	126,576,874.61	6,029,540.51
短期投资			
减:短期投资跌价准备			
短期投资净额			
应收票据	2	2,000,000.00	1,000,000.00
应收股利			
应收利息			
应收账款	3	96,770,490.16	91,562,765.58
其他应收款	4	23,697,156.72	23,480,417.84
减:坏账准备		12,586,810.53	9,661,421.00
应收账款净额		107,880,836.35	105,381,762.42
预付账款	5	18,787,270.21	13,291,930.34
应收补贴款			673,001.87
存货	6	63,269,090.15	88,369,076.32
减:存货跌价准备	6	1,432,669.32	705,448.27
存货净额	6	61,836,420.83	87,663,628.05
待摊费用			
待处理流动资产净损失			
一年内到期的长期债权投资			5,300.00
其他流动资产			
流动资产合计		317,081,402.00	214,045,163.19
长期投资:			
长期股权投资	7	2,541,888.85	2,859,624.96
长期债权投资			
长期投资合计		2,541,888.85	2,859,624.96
其中:合并价差	7	2,541,888.85	2,859,624.96
减:长期投资减值准备			
长期投资净额		2,541,888.85	2,859,624.96
固定资产:			
固定资产原价	8	287,468,003.02	278,630,791.77
减:累计折旧	8	94,032,804.64	73,257,131.17
固定资产净值	8	193,435,198.38	205,373,660.60
工程物资			146,300.46
在建工程	9	38,776,034.95	33,673,898.77
固定资产清理		95,881.73	
待处理固定资产净损失			
固定资产合计		232,307,115.06	239,193,859.83
无形资产及其他资产:			
无形资产	10	26,349,039.95	26,148,718.21
开办费			
长期待摊费用			
其他长期资产			
无形资产及其他资产合计		26,349,039.95	26,148,718.21
递延税项:			
递延税款借项			
资产总计		578,279,445.86	482,247,366.19
负债及股东权益			
流动负债:			
短期借款	11	89,240,000.00	72,440,000.00
应付票据	12	51,352,000.00	4,630,000.00
应付账款	13	97,676,142.33	97,157,021.67
预收账款	14	32,279,758.93	48,705,484.65
应付工资		252,377.75	
应付福利费		2,489,976.71	2,372,606.87
应付股利			
应交税金	15	4,544,367.41	2,509,763.08
其他应交款		1,065,899.56	1,079,829.72
其他应付款	16	8,912,356.78	11,391,379.65
预提费用	17	1,208,687.73	1,723,423.84
一年内到期的长期负债	18	12,577,000.00	51,356,666.76
其他流动负债			
流动负债合计		301,598,567.20	293,366,176.24
长期负债:			
长期借款	19	19,390,000.00	30,677,000.00
应付债券			
长期应付款			
住房周转金			
其他长期负债			
长期负债合计		19,390,000.00	30,677,000.00
递延税项:			
递延税款贷项		199,016.18	248,770.22
负债合计		321,187,583.38	324,291,946.46
所有者权益:			
股本	20	80,859,805.00	73,027,000.00
其中:国有法人股	20	50,127,805.00	49,387,000.00
其他法人股			
内部职工股			
社会公众股	20	30,732,000.00	23,640,000.00
资本公积	21	112,325,664.82	45,037,624.01
盈余公积	22	17,928,478.51	13,151,659.13
其中:公益金	22	10,082,383.84	7,693,974.15
未分配利润		45,977,914.15	26,739,136.59
股东权益合计		257,091,862.48	157,955,419.73
负债和股东权益总计		578,279,445.86	482,247,366.19

合并利润及利润分配表

编制单位:焦作市碱业股份有限公司　　单位:人民币元

科目	附注	2000年度	1999年度
一、主营业务收入		256,560,484.71	218,019,397.02
减:折扣与折让			
主营业务收入净额		256,560,484.71	218,019,397.02
减:主营业务成本		198,263,892.46	184,543,326.53
主营业务税金及附加		2,224,019.82	1,091,981.89
二、主营业务利润		56,072,572.43	32,384,088.60
加:其他业务利润	23	-649,241.69	2,103,031.70
减:存货跌价损失		432,989.85	111,318.40
营业费用		3,819,092.00	4,266,850.36
管理费用	24	13,801,600.40	3,829,194.76
财务费用	25	9,752,569.38	9,732,228.29
三、营业利润		27,617,079.11	16,547,528.49
加:投资收益	26	-317,736.11	-317,736.11
补贴收入		30,000.00	7,357,893.62
营业外收入	27	591,099.29	2,379,118.16
减:营业外支出		275,352.91	512,712.64
四、利润总额		27,645,089.38	25,454,091.52
减:所得税		3,629,492.44	6,706,138.30
五、净利润		24,015,596.94	18,747,953.22
加:年初未分配利润		26,739,136.59	11,737,774.01
六、可分配的利润		50,754,733.53	30,485,727.23
减:提取法定盈余公积		2,388,409.69	1,873,295.32
提取法定公益金		2,388,409.69	1,873,295.32
七、可供股东分配的利润		45,977,914.15	26,739,136.59
减:应付优先股股利			
提取任意盈余公积			
应付普通股股利			
转作股本的普通股股利			
八、未分配利润		45,977,914.15	26,739,136.59

山东鲁能泰山电缆股份有限公司

山东鲁能泰山电缆股份有限公司2000年年度报告摘要

重要提示:本公司董事会保证本报告所载资料不存在任何虚假记载、误导性陈述或者重大遗漏,并对其内容的真实性、准确性和完整性负个别及连带责任。本年度报告摘要摘自年度报告,投资者欲了解详细内容,应阅读年度报告。

一、公司简介

1、公司法定名称
中文名称:山东鲁能泰山电缆股份有限公司
英文名称:SHANDONG LUNENG TAISHAN CABLE CO., LTD.
2、公司法定代表人:赵启昌
3、公司董事会秘书:初 军
公司证券事务代表:李富强
联系地址:山东省新泰市金斗路99号
联系电话:(0538)7223012-262
传真电话:(0538)7230352
电子信箱:zqb01@shandongcable.com
4、公司注册地址:山东省泰安市文化路62号
公司办公地址:山东省新泰市金斗路99号
邮政编码:271200
公司国际互联网网址:http://www.shandongcable.com
公司证券部电子信箱:zqb01@shandongcable.com
5、公司选定的信息披露报纸名称:证券时报、中国证券报
登载年报的指定网址:http://www.cninfo.com.cn
公司年度报告备置地点:公司证券部
6、公司股票上市交易所:深圳证券交易所
股票简称:鲁能泰山
股票代码:0720

二、会计数据和业务数据摘要

(一)本年度主要会计数据如下:(单位:人民币元)

项 目	2000年度
利润总额	217,404,456.33
净利润	122,259,648.20
扣除非经常性损益后的净利润	123,072,735.04
主营业务利润	342,987,024.72
其他业务利润	22,832,608.20
营业利润	192,023,144.39
投资收益	1,455,409.37
补贴收入	23,599,000.00
营业外收支净额	326,902.57
经营活动产生的现金流量净额	126,693,771.77
现金及现金等价物净增加额	-53,315,314.18

注:扣除非经营性损益涉及的项目和金额包括:

项 目	金 额(元)
处置固定资产的损失	813,086.84

(二)近三年主要会计数据和财务指标

项目	2000年	1999年	1998年 调整前	1998年 调整后
1.主营业务收入(元)	1,458,832,902.57	788,521,209.40	590,569,896.94	527,497,729.20
2.净利润(元)	122,259,648.20	112,157,836.80	91,317,953.48	59,314,995.69
3.总资产(元)	2,527,328,403.50	2,446,034,771.88	1,234,858,701.35	1,074,380,360.48
4.股东权益(元)(不含少数股东权益)	1,187,342,230.57	1,095,986,400.22	642,396,144.89	523,069,439.19
5.每股收益(元/股)摊薄	0.382	0.35	0.50	0.33
6.每股收益(元/股)加权	0.382	0.39	0.50	0.33
7.扣除非经常性损益后的每股收益(元/股)	0.385	0.34	0.49	0.32
8.每股净资产(元/股)	3.71	3.43	3.53	2.87
9.调整后的每股净资产(元/股)	3.69	3.41	3.44	2.87
10.每股经营活动产生的现金流量净额(元/股)	0.40	0.29	0.29	0.29
11.净资产收益率(%)摊薄	10.30	10.20	14.22	11.34

注1:2000年、1999年总股本按31980万股计算,1998年总股本按18200万股计算。
注2:按照中国证监会《公开发行证券公司信息披露编报规则(第9号)》要求计算的利润数据:

报告期利润	净资产收益率(%) 全面摊薄 2000年	1999年	加权平均 2000年	1999年	每股收益(元/股) 全面摊薄 2000年	1999年	加权平均 2000年	1999年
主营业务利润	28.89	23.58	29.64	37.24	1.07	0.81	1.07	0.91
营业利润	16.17	14.09	16.59	22.26	0.60	0.48	0.60	0.54
净利润	10.30	10.20	10.57	16.16	0.382	0.35	0.382	0.39
扣除非经常性损益后的净利润	10.37	9.82	10.64	15.51	0.385	0.34	0.385	0.38

三、股本变动及股东情况

1.报告期末股东总数
至报告期末,公司的股东总户数为49822户。
2.前十名股东持股情况

行号	股东名册	持股数量(股)	持股比例%
1	鲁能泰山电缆电器有限责任公司	96,080,400	30.04
2	山东鲁能物资集团有限公司	39,000,000	12.20
3	金盛证券投资基金	3101468	0.97
4	山东证券公司总部	2567005	0.80
5	王道连	1170000	0.37
6	王道银	1170000	0.37
7	王道珂	1106000	0.35
8	曹成英	975000	0.30
9	毕玉英	975000	0.30
10	马玉连	975000	0.30

前两名股东分别为国家股股东和国有法人股股东,持股数量没有发生变化。其余股东为社会公众股东,持股数量增减变化完全因在二级市场买卖所致。报告期内,山东鲁能物资集团有限公司受让原第二大股东中国成套设备进出口集团总公司3900万股国有法人股,成为本公司第二大股东,与第一大股东存在关联关系,同为山东鲁能控股公司下属子公司,其余股东之间不存在关联关系。

鲁能泰山电缆电器有限责任公司和山东鲁能物资集团有限公司所持的股份没有被质押和冻结的情况。

四、股东大会简介

㈠股东年会
公司1999年度股东大会于2000年4月29日在公司会议室召开,其决议公告刊登在2000年5月8日的《中国证券报》和《证券时报》上。
㈡临时股东大会
公司2000年临时股东大会于2000年11月11日在公司会议室召开,其决议公告刊登在2000年11月14日的《中国证券报》和《证券时报》上。

五、董事会报告

㈠公司经营情况
1、公司所处的行业以及在本行业中的地位
公司是以电线电缆、电力、信息产业、输变电设备、外经贸于一体的国家大型骨干企业,2000年公司被国家技术监督局评为2000年度质量管理先进企业,通过ISO14001环保体系认证,2000年公司被电线电缆协会认定为行业产品第一品牌。
2、公司主营业务范围及其经营状况
公司是以电线电缆、电力、信息、贸易、高速公路护栏为主业,集生产、经营、科研、外经贸于一体的大型骨干企业,主营电线电缆、电器设备、输变电设备、橡皮及塑料制品的生产、销售;金属材料压延加工;电力生产、销售、发电;信息咨询与技术服务、高科技产品生产与销售;国内国际商业等贸易经营以及高速公路护栏、铁塔、型材的生产、销售、安装等。
截止2000年年末,公司实现主营业务收入145,883.29万元,主营业务利润34,298.7万元,其中:
⑴电线电缆收入:78,322万元,主营业务利润:12,723.85万元;
⑵电力收入:64,480.21万元,主营业务利润:21,547.41万元;
⑶贸易收入:3,081.09万元,主营业务利润:27.45万元。
电力收入占公司主营业务收入的44.20%,利润占主营业务利润的62.82%,较前一报告期发生较大变化,主要是由于公司产业结构调整和合并聊城热电有限责任公司全年收入、利润以及电力利润大幅增加所致。
3、在经营中出现的问题与困难及解决方案
2000年,由于全国农网改造用的大部分为裸导线,再加上市场竞争的加剧,整个行业的不景气,公司经营状况受到了一定的影响。面对严峻形势,公司决策层高瞻远瞩,积极应对各种困难,采取以下几点对策:一是开展以市场为第一,质量为生命,科技为先导,销售为网络的方针,积极巩固主导产品的研制开发。二是利用上市公司优势,加大资本运营,做好主业的调整准备工作,积极把优质资产融入上市公司。
(二) 公司财务状况

	2000年	1999年	2000年比99年增减(%)
总资产(万元)	252,732.84	244,110.58	3.32
长期负债(万元)	46,511.21	48,778.09	-4.65
股东权益(万元)	118,734.22	109,598.64	10.83
主营业务利润(万元)	34,298.70	25,841.13	32.73
净利润(万元)	12,225.96	11,215.78	9.01

1 公司总资产增加3.32%,即增加8129.36万元,主要是因为公司一年来经营成果所致。
2 长期负债由年初的48,778.09万元减少至年末的46,511.21万元,主要是由于长期借款减少所致。
3 股东权益、主营业务利润、净利润比年初分别增加了10.83%、32.73%、9.01%,主要是由于公司产业结构调整,电力利润大幅增加所致。
(三)公司投资情况
1、募集资金使用情况说明
1 募集资金承诺项目与实际投资项目的说明

序号 配股承诺投资项目	计划投资额(万元)	实际投资额(万元)	完成投资(%)
1.收购聊城热电有限责任公司除国家股配股配入资产后的剩余资产	8646.774	8646.774	100.00
2.归还对山东泰山国际曲阜电缆有限公司的投资资金	1800	1800	100.00
3.用于静电喷涂公路护栏二期改造项目	4000	4000	100.00
4.耐热铝合金导线项目	3000	3000	100.00
5.接入网光缆项目	3410	2202	64.50
6.500KV超高压电缆项目	5600	1070	19.11
7.补充流动资金	3434.826	3434.826	100.00

2 公司于1999年9月实施配股,共募集资金46800万元人民币(包括现金和实物资产),其中实物资产16013.4万元,现金资产30786.6万元,扣除发行费用895万元,实际可运用资金为29891.6万元。公司按照《配股说明书》披露的用途按计划投入到各项目中,没有发生变更。

西安饮食服务(集团)股份有限公司

一、公司简介

1、公司法定中文名称： 西安饮食服务(集团)股份有限公司
公司英文名称:XI"AN CATERING & SERVICE (GROUP) CO.LTD　　缩写:XCSG
2、公司法定代表人： 毕海生
3、公司董事会秘书： 陶光仲
联系地址:陕西省西安市东大街 298 号
联系电话:029-7232416　7210409-8314　　传真:029-7232416　7251354
4、公司注册地址:陕西省西安市东大街 298 号
公司办公地址:陕西省西安市东大街 298 号　　邮政编码:710001
公司国际互联网网址:http://www.xcsg.com
E-MAIL 地址： xcsg@cmmail.com
5、公司选定的信息披露报纸:《证券时报》
登载公司年度报告的国际互联网网址:http://www.cninfo.com.cn
6、公司年度报告备置地点： 西安饮食服务(集团)股份有限公司证券部
7、公司股票上市交易所:深圳证券交易所
股票简称:西安饮食　　股票代码:0721

二、会计数据和业务数据摘要

1、公司本年度的会计数据(合并报表)　　单位:人民币元

利润总额	4,589,330.03
净利润	3,291,408.69
扣除非经常性损益后的净利润	3,291,408.69
主营业务利润	145,044,662.72
其他业务利润	6,724,423.46
营业利润	5,573,649.67
投资收益	264,228.51
补贴收入	
营业外收支净额	-1,248,548.15
经营活动产生的现金流量净额	15,134,350.57
现金及现金等价物净增加额	10,855,790.82

2、报告期末公司前三年主要会计数据和财务指标(合并报表)　单位:人民币元

项　目	2000 年度	1999 年度	1998 年度	
			调整前	调整后
主营业务收入	277,633,180.66	206,489,043.66	192,187,903.64	192,187,903.64
净利润	3,291,408.69	1,383,684.25	22,067,094.27	19,879,961.33
总资产	489,878,426.77	456,909,894.47	451,500,933.63	414,697,291.18
股东权益(不含少数股东权益)	255,013,470.64	251,720,501.30	287,690,459.50	250,336,817.05
每股收益	0.0288	0.0121	0.1929	0.1700
加权	0.0288	0.0121	0.1929	0.1700
每股净资产	2.2288	2.2001	2.5144	2.1880
调整后的每股净资产	1.7094	1.8430	2.2014	1.8749
净资产收益率(%)	1.29	0.55	7.67	7.77
加权(%)	1.30	0.83	8.27	7.98
每股经营活动产生的现金流量净额	0.1498	-0.2425	-0.1754	-0.1754

3、本年度利润表附表

报告期利润	净资产收益率(%)		每股收益(元/股)	
	全面摊薄	加权平均	全面摊薄	加权平均
主营业务利润	56.88	57.25	1.2677	1.2677
营业利润	2.19	2.20	0.0487	0.0487
净利润	1.29	1.30	0.0288	0.0288
扣除非经常性损益后的净利润	1.29	1.30	0.0288	0.0288

4、报告期内公司股东权益变动情况:(单位:人民币元)

项目	股本	资本公积	盈余公积	法定公益金	未分配利润	合　计
期初数	114,415,100.00	123,453,813.85	8,419,053.95	2,806,348.64	5,432,533.50	251720501.30
本期增加		1,560.65	625,325.10	208,441.70	3,291,408.69	3,918,294.44
本期减少					625,325.10	625,325.10
期末数	114,415,100.00	123,455,374.50	9,044,379.05	3,014,790.34	8,098,617.09	255013470.64
变动原因		见会计报表附注第五大项 22 小项	本年提取数	本年提取数	增加数为本年利润转入数 减少数为本年计提盈余公积数	

三、主要股东持股情况

主要股东持股情况

1、截止 2000 年 12 月 31 日公司股东总数为 23305 户。国有股东 1 户，持股数量 3500 万股；法人股东 66 户，持股数量 3807.39 万股。

2、报告期内前十名股东及其年内股份增减变动情况

股东姓名	持股数(股)(1999.12.31)	持股数(股)(2000.12.31)	变动原因	占总股本比例(%)
西安市国有资产管理局	35,000,000	35,000,000		30.59
西安裕隆贸易公司	8,893,750	8,893,750		7.77
华秦贸易公司	8,177,000	8,177,000		7.15
万厦工程服务部	8,141,700	8,141,700		7.12
西安唐城集团股份有限公司	/	6,547,800	股权转让	5.72
西安卫康商店	4,457,100	4,457,100		3.90
高月芳		377,283		0.33
景博证券投资基金	/	289,143	二级市场购买	0.25
欧桥安	/	211,529	二级市场购买	0.18
泰和证券投资基金	/	199,923	二级市场购买	0.17

注:1 前 10 名股东中，西安市国有资产管理局系本公司国有股股东。第 7 至 10 名为流通股股东，其余为法人股股东。

2 西安市国有资产管理局持有本公司 30.59 %的股份，该部分股份目前无质押、冻结情况。

3 以上前 10 名股东中，国有股股东西安市国有资产管理局持有西安唐城集团股份有限公司 63.99 %的股份，存在关联关系。

4 公司无持股 10%以上的法人股股东。

衡阳市金果农工商实业股份有限公司

一、公司简介

1、公司法定中文名称:衡阳市金果农工商实业股份有限公司
公司法定英文名称：HengYang GoldFruit Agriculture,Industry And Commerce Co.,LTD.
2、公司法定代表人:李静安
3、公司董事会秘书:邓朝晖
联　系　地　址:湖南省衡阳市金果路 15 号
电话:0734-8229258　　传真:0734-8250038　　电子信箱:hyjg338@mail.hy.hn.cn
4、公司注册地址:湖南省衡阳市金果路 15 号
公司办公地址:湖南省衡阳市金果路 15 号　　邮政编码:421001
5、公司信息披露报纸名称:《证券时报》、《中国证券报》
公司登载年度报告国际网址:http://www.cninfo.com.cn
公司年度报告备置地点:公司证券部
6、公司上市地:深圳证券交易所　　股票简称:金果实业 股票代码:0722

二、会计数据和业务数据摘要

1、公司本年度会计数据摘要　　单位:人民币元

公司本年度实现的利润总额:	59406456.17
净利润:	51498236.01
扣除非经常性损益后的净利润:	56917955.82
主营业务利润:	94944643.35
其他业务利润:	33564.41
营业利润:	52614334.89
投资收益:	9851915.72
补贴收入:	0
营业外收支净额:	-3059794.44
经营活动产生现金流量净额:	18399565.31
现金及现金等价物净增加额:	-85548266.37

报告期利润	净资产收益率		每股收益	
	全面摊薄	加权平均	全面摊薄	加权平均
主营业务利润	11.86	12.29	0.49	0.49
营业利润	6.57	6.81	0.27	0.27
净利润	6.43	6.66	0.26	0.26
扣除非经常损益后的净利润	7.13	7.37	0.29	0.29

注:"扣除非经常性损益后的净利润"中扣除项目为营业外收支净值- 3059794.44 元 。

2、截止 2000 年末，公司前三年会计数据和财务指标　　单位:元

项　　目	2000 年	1999 年	1998 年	
			调　整　前	调　整　后
主营业务收入	353898461.53	288317456.25	283718158.83	283718158.83
净利润	51498236.01	48697017.25	28233224.46	18780555.09
总资产	1586515292.07	1199823525.11	379531275.73	346969044.11
股东权益	798543374.06	750291804.45	244515730.44	212155515.65
每股收益(元/股)(摊薄)	0.26	0.30	0.27	0.18
每股收益(元/股)(加权)	0.26	0.428	0.27	0.18
扣除非经常性损益后每股收益(元/股)	0.29	0.22	0.24	0.16
每股净资产(元/股)	4.10	4.62	2.35	2.04
调整后的每股净资产(元/股)	4.05	4.34	2.28	1.74
每股经营活动产生的现金流量净额	0.09	0.08	-0.24	-0.24
净资产收益率(%)(摊薄)	6.43	6.50	11.55	8.85
净资产收益率(%)(加权)	6.66	17.56	12.25	9.25

三、股东变动和主要股东持股情况

1、股本变动情况

(1)股份变动情况表　　数量单位:股

股份类别	期初数	本次变动增减(+、-)				期末数
		送　股	公积金转股	其他	小计	
一、尚未流通股份						
1、发起人股份	22110000	2211000	2211000		4422000	26532000
其中：国家拥有股份	6080000	608000	608000		1216000	7296000
境内法人持有股份	16030000	1603000	1603000		3206000	19236000
2、募集法人股份	51855320	5185532	5185532		10371064	62226384
3、内部职工股	8368000			-8368000	-8368000	0
尚未流通股份合计	82333320	7396532	7396532	-8368000	6425064	88758384
二、已上市流通股份						
1、境内上市的人民币普通股	88368000	8836800	8836800		10673600	106041600
2、境内上市的外资股						
3、境外上市的外资股						
4、其他						
已流通股份合计	80000000	8836800	8836800	8368000	26041600	106041600
三、股份总数	162333320	16233332	16233332		32466664	194799984

注:12000 年 5 月 22 日经公司股东大会批准以 10:1 比例用公积金转增股本，以 10:1 比例送红股使本期股本增加 32466664 股。 2 公司内部职工股 8368000 股于 2000 年 5 月 10 日上市流通。

2、股东情况介绍 (1)报告期末股东总数:87149 户。

(2)公司前 10 名股东持股情况(截止 2000 年 12 月 31 日):单位:股

股　东　名　称	年初数	本期增减	年末数	占总股本比例(%)
湖南省经济建设投资公司	47077520	9415504	56493024	29.00
衡阳市供销合作社	14030000	2806000	18180240	8.64
衡阳市国资局	6080000	1204000	7296000	3.75
湖南省耒能实业总公司	2000000	400000	2400000	1.23
海南神龙股份有限公司	1000000	200000	1200000	0.62
湖南金通投资咨询有限公司	1000000	200000	1200000	0.62
何新发			293098	0.15
嘉泰隆投资有限公司			268170	0.14
建设鱼村			255240	0.13
卢江平			187640	0.10

福州天宇电气股份有限公司

一、公司简介

1、公司中文名称： 福州天宇电气股份有限公司
公司英文名称： FUZHOU TIANYU ELECTRIC CO.,LTD
2、法定代表人： 柯子亮
3、公司董事会秘书：金 亮 联系电话：0591—7916470
传真：0591—7916449 电子信箱：fztydq@pub1.fz.fj.cn
联系地址：福建省福州市新店南平路天宇科技大楼 邮政编码：350012
4、公司注册地址： 福建省福州市新店南平路天宇科技大楼
公司办公地址： 福建省福州市新店南平路天宇科技大楼
邮政编码：350012 公司电子信箱： fztydq@pub1.fz.fj.cn
5、公司年报披露的报刊：《证券时报》
公司年报刊载的互联网网址：http://www.cninfo.com.cn
公司年度报告备置地点：福建省福州市新店南平路天宇科技大楼
6、公司股票上市交易所：深圳证券交易所 股票简称：天宇电气 股票代码：0723

二、会计数据和业务数据摘要

（一）公司本年度会计数据与业务数据摘要：

1、本年度利润总额（元）：	-35,045,069.03
2、净利润（元）：	-37,025,510.55
3、扣除非经常性损益后的净利润（元）：	-37,409,900.69
4、主营业务利润（元）：	50,979,186.01
5、其他业务利润（元）：	7,260,125.86
6、营业利润（元）：	-36,386,126.33
7、投资收益（元）：	1,133,560.62
8、补贴收入（元）：	328,000.00
9、营业外收支净额（元）：	-120,503.32
10、经营活动产生的现金流量净额（元）：	2,072,100.27
11、现金及现金等价物净增加额（元）：	-31,147,758.27

注：扣除非经常性损益项目：

1、增值税返还（元）：	328,000.00
2、固定资产收入(元)：	112,547.99
3、固定资产清理损失（元）：	-56,157.85

（二）公司前三年的主要会计指标：

序号	项 目	2000	1999 调整后	1999 调整前
1	主营业务收入（元）	381,030,420.81	396,389,187.58	396,389,187.58
2	净利润（元）	-37,025,510.55	4,525,561.23	4,495,107.76
3	总资产（元）	929,321,915.81	977,748,059.96	983,908,595.93
4	股东权益（元）	432,600,935.77	469,626,446.32	477,349,874.39
5	每股收益（元/股）	-0.265	0.032	0.032
6	加权平均每股收益（元/股）	-0.265	0.035	0.042
7	扣除非经常性 损益后的每股收益（元/股）	-0.268	0.030	0.030
8	每股净资产（元/股）	3.10	3.36	3.42
9	调整后每股净资产（元/股）	2.83	3.14	3.21
10	每股经营活动产生现金流量净额（元/股）	0.015	-0.63	-0.63
11	净资产收益率(%)	-8.56	0.96	0.94
12	加权平均净资产收益率(%)	-8.21	1.12	1.11

（三）净资产收益率和每股收益：

报告期利润	净资产收益率（%） 全面摊薄	净资产收益率（%） 加权平均	每股收益（元/股） 全面摊薄	每股收益（元/股） 加权平均
主营业务利润	11.78	11.30	0.365	0.365
营业利润	-8.41	-8.07	-0.261	-0.261
净利润	-8.56	-8.21	-0.265	-0.265
扣除非经营性损益后的净利润	-8.65	-8.29	-0.268	-0.268

三、股本变动及股东情况

（一）股本变动情况：

1 、股本变动情况： 单位：股

	期初数	本次变动增减(+,-) 上市流通	本次变动增减(+,-) 小 计	期末数
一、未上市流通股份				
1、发起人股份	64,236,000			64,236,000
其中：国家持有股份	64,236,000			64,236,000
2、募集法人股	5,684,025			5,684,025
3、内部职工股	15,679,170	-15,648,300	-15,648,300	30,870
其中：高管人员股份	30,870			30,870
未上市流通股份合计	85,599,195	-15,648,300	-15,648,300	69,950,895
二、已上市流通股份				
人民币普通股	54,000,000	15,648,300	15,648,300	69,648,300
已上市流通股份合计	54,000,000	15,648,300	15,648,300	69,648,300
三、股份总数	139,599,195	0	0	139,599,195

（二）股东情况介绍：1、截止 2000 年 12 月 31 日，公司股东总户数为 14447 户，其中，国家股东 1 户，法人股东 15 户，内部职工股股东 14 户(高管人员)，社会公众股东 14417 户。

2、公司前十名股东持股情况：

截止 1999 年 12 月 31 日，公司前 10 名股东及持股数量： 单位：股

序号	股 东 名 称	年末持股数量	说 明
1	福州天宇电气股份有限公司	64,236,000	国家股
2	中国工商银行福建省分行直属支行	1,911,075	法人股
3	福州市信托投资公司	1,433,250	法人股
4	福建水泥股份有限公司	1,224,075	法人股
5	常志伟	630,000	社会公众股
6	宁波大榭开发区天宇贸易有限公司	433,684	社会公众股
7	王艳钦	310,000	社会公众股
8	周鹏	304,452	社会公众股
9	福州市开发区兴业电脑有限公司	300,000	法人股
10	郭凤云	278,833	社会公众股

北京东方电子集团股份有限公司

一、公司简介

1、公司中文名称：北京东方电子集团股份有限公司 缩写：京东方
公司英文名称：BEIJING ORIENT ELECTRONICS GROUP CO.,LTD. 缩写：BOE
2、公司注册地址：北京市朝阳区酒仙桥路 10 号
公司办公地址：北京市朝阳区酒仙桥路 10 号 邮政编码：100016
公司国际互联网网址：http://www.boe.com.cn 公司电子信箱：web.master@boe.com.cn
3、公司法定代表人：王东升
4、公司董事会秘书：陈炎顺 公司董事会证券事务代表：仲慧峰
联系地址：北京市朝阳区酒仙桥路 10 号
电话：010-64366264 或 010-64370756 传真：010-64366264
5、公司选定的信息披露报纸：《证券时报》、《香港大公报》
中国证监会指定的国际互联网网址：http://www.cninfo.com.cn
公司年度报告备置地点：公司资本与股证事务部
6、公司股票上市交易所：深圳证券交易所
A 股股票简称：京东方 A 股票代码：0725 B 股股票简称：京东方 B 股票代码：2725

二、会计数据和业务数据摘要

1、本年度主要会计数据： （单位：人民币元）

利润总额：	159,929,737
净利润：	110,395,830
扣除非经常性损益后的净利润：	110,267,579
主营业务利润：	275,374,568
其他业务利润：	1,501,072
营业利润：	95,344,398
投资收益：	62,735,196
补贴收入：	-
营业外收支净额：	1,850,143
经营活动产生的现金流量净额：	-176,842,472
现金及现金等价物净增加额：	1,086,195,822

注：非经常性损益是指公司正常经营损益之外的、一次性或偶发性损益，涉及的项目和金额包括：

项目	金额
搬迁补偿收入	2,000,000 元
处理固定资产损益	-1,871,749 元
合 计	128,251 元

2、截至报告期末公司前三年主要会计数据和财务指标：

指标项目	2000 年度	1999 年度	1998 年度
主营业务收入(元)	2,277,898,830	741,886,971	237,497,076
净利润(元)	110,395,830	74,502,439	60,720,752
总资产(元)	4,026,726,235	2,258,881,965	1,712,851,427
股东权益(元)	2,096,417,855	1,066,544,779	991,780,304
每股收益(元)	0.201	0.152	0.124
扣除非经常损益后的每股收益(元)	0.201	0.148	0.118
每股净资产(元)	3.82	2.18	2.03
调整后的每股净资产(元)	3.78	2.15	2.01
每股经营活动产生的现金流量净额(元)	-0.32	-0.18	—
净资产收益率	5.27%	6.99%	6.12%
加权平均净资产收益率	9.84%	7.24%	6.32%

注 1 上述摊薄数据均以各年末总股本计算；

注 2 按国际会计准则(境外报告)审计的销售收入为 223482.2 万元，境内、外报告产生差异的主要原因是对公司下属合资企业“北京旭硝子电子玻璃有限公司” 采取了不同的合并方法：境内报告采用的是合并法，境外报告采用的是分配法，净利润境内、外报告审计结果无重大差异；

按国际会计准则(境外报告)审计的股东权益为 215452.3 万元，境内、外报告产生差异主要原因是境外报告根据国际会计准则(2000 年)的要求，对上市公司董事会分配预案中分配的普通股股利在本年不列示，在次年按股东大会通过的分配方案列示。

4、报告期内股东权益变动情况： (单位：万元)

项目	股本(万股)	资本公积	盈余公积	法定公益金	未分配利润	股东权益合计
期初数	48955.4	24007.15	18531.63	3073.09	15160.30	106654.48
本期增加	6000	91520.45	4415.84	551.98	11039.58	112975.87
本期减少					9988.56	9988.56
期末数	54955.4	115527.60	22947.47	3625.07	16211.32	209641.79

三、股本变动及股东情况

1、截至 2000 年 12 月 31 日，公司股东总数 40318 户，其中法人股股东 3 户，B 股股东 3936 户，内部职工股股东 2324 户，A 股股东 34055 户。

2、截至 2000 年 12 月 31 日公司前十名股东持股情况

	股 东 名 称	持股数(股)	持股比例	股权性质
1	北京电子管厂	325,429,000	59.22%	国有法人股
2	NORMAL WIN ASSETS LIMITED	3,636,570	0.66%	B 股
3	北京华银实业开发公司	3,575,000	0.65%	法人股
4	CHINA SOUTHERN CORPORATE FINANCE LIMITED	3,492,000	0.64%	B 股
5	WISEMAX INTERNATIONAL LIMITED	3,060,400	0.56%	B 股
6	RIPPERTON ASSETS LIMITED	3,019,270	0.55%	B 股
7	北京显像管总厂	2,600,000	0.47%	国有法人股
8	刘建东	2,500,000	0.45%	B 股
9	CHINA SOUTHERN CAPITAL LIMITED	2,230,800	0.41%	B 股
10	GOOD CAPTURE INVESTMENTS	2,170,600	0.39%	B 股

注：以上股东之间不存在关联关系。

3、持有公司 5%以上(含 5%)股份股东的持股变动情况

北京电子管厂以协议方式受让中国工商银行北京市亚运村支行所持公司法人股 6506.5 万股，北京电子管厂持有公司股份由 26036.4 万股增至 32542.9 万股；北京电子管厂所持公司股份未作质押和冻结。

鲁泰纺织股份有限公司

一、公司简介

1、公司中文名称:鲁泰纺织股份有限公司
英文:LUTHAI TEXTILE JOINT STOCK CO.,LTD
2、公司法定代表人:刘石祯
3、公司董事会秘书:秦桂玲;　　股证授权代表:郑卫印
电话:0533-5185166　传真:0533-5182188　联系地址:淄博市淄川区松龄东路81号
4、公司注册地址:淄博市淄川区松龄东路81号
公司办公地址:淄博市淄川区松龄东路81号　邮政编码:255100
电子信箱:lttc @ public.zbptt.sd.cn　　国际互联网网址:www.lttc.com.cn
5、公司年度报告备置地点:公司证券部
公司年报指定登载网址:http://www.cninfo.com.cn
6、公司股票上市地:深圳证券交易所
股票简称:鲁泰A、鲁泰B　股票代码:0726 、2726

二、会计数据和业务数据摘要

1、公司本年度会计数据　　单位:人民币元

利润总额	98,279,134.76
净利润	86,511,010.18
扣除非经常性损益后的净利润	85,304,019.50
主营业务利润	155,108,677.51
其他业务利润	1,929,442.04
投资收益	-32,244.08
补贴收入	--
营业外收支净额	796,723.17
经营活动产生的现金流量净额	86,456,229.81

2、公司近三年的主要会计数据和财务指标　　单位:人民币元

指标项目	2000年	1999年	1998年
主营业务收入	485,928,527.85	398,139,110.47	316,330,804.06
净利润	86,511,010.18	64,429,486.80	53,592,198.69
总资产	1,418,552,507.87	610,002,198.02	581,252,006.53
股东权益	1,211,056,058.77	335,174,404.15	321,069,965.35
每股收益(摊薄)	0.415	0.41	0.33
每股净资产	5.81	2.12	2.03
净资产收益率	7.14%	19.22%	16.69%
调整后的每股净资产	5.79	2.10	2.03
每股经营活动产生的现金流量净额	0.42	0.62	0.74

3、新增财务指标

报告期利润	净资产收益率		每股收益(元)	
	全面摊薄	加权平均	全面摊薄	加权平均
主营业务利润	12.81%	44.43%	0.74	0.98
营业利润	8.05%	27.94%	0.47	0.62
净利润	7.14%	24.78%	0.415	0.55
扣除非经常性损益后的净利润	7.04%	24.44%	0.41	0.54

4、报告期内股东权益变动情况

项目	股本	资本公积	盈余公积	法定公益金	未分配利润	股东权益合计
期初数	158,300,000	136,215,498.64	22,411,856.84	10,886,304.92	7,360,743.75	335,174,404.15
本期增加	50,000,000	816,729,744.44	11,935,043.02	4,296,735.22	86,511,010.18	969,472,532.86
本起减少					93,590,878.24	93590878.24
期末数	208,300,000	952,945,243.08	34,346,899.86	15,183,040.14	280,875.69	1211056058.77

变动原因:资本公积本期增加数为公司增发5000万股A股的溢价所致;盈余公积、法定公益金本期增加数为公司按2000年度预分方案提取所致;未分配利润增加数为公司按2000年度预分方案分配后剩余部分。

三、股本变动及股东情况

1、股本变动情况
(1)股份变动情况表　　公司股份变动情况表　　数量单位:股

	本次变动前	本次变动增减(+,—) 配股	送股	公积金转股	其他	小计	本次变动后
一、未上市流通股份							
1、发起人股份	58300000						58300000
其中:境内法人持有股份	29150000						29150000
外资法人持有股份	29150000						29150000
3、内部职工股	20000000						20000000
未上市流通股份合计	78300000						78300000
二、已流通股份							
1、人民币普通股	0				50000000		50000000
2、境内上市的外资股	80000000						80000000
已上市流通股份合计	80000000				50000000		130000000
二、股份总数	158300000				50000000		208300000

2、股东情况介绍
(1)本年度末股东总数22500户,其中境内上市外资股(B股)股东2279户 。
(2)本公司前10名股东持股变动情况

序号	股东名称	期初数	本期增减	期末数	持股比例
1	淄博鲁诚纺织有限公司	29150000	0	29150000	14%
2	泰纶纺织有限公司	29150000	0	29150000	14%
3	ITOCHU HONG KONG LIMITED (B股)	5000000	0	5000000	2.40%
4	CBNY S/A PNC/SKANDIA SELECT FUND /CHINA EQUITY AC (B股)	1089332	+2021672	3111004	1.49%
5	CHINA SOUTHERN CAPITAL LIMITED (B股)	820002	+2103098	2923100	1.40%
6	CSSC INTL LTD (B股)	672001	+1681370	2353371	1.13 %
7	方科 (B股)	588001	+1699496	2287497	1.10 %
8	SINOCOT DEVELOPMENT COMPANY LIMITED (B股)	2341700	-140675	2201025	1.06 %
9	WONG CHUN 黄镇 (B股)	0	+1806000	1806000	0.88 %
10	深圳恒硕贸易发展公司 (A股)	0	+1649211	1649211	0.79%

南京华东电子信息科技股份有限公司

一、公司简介

1、公司的法定中文名称:南京华东电子信息科技股份有限公司
公司的法定英文名称:Nanjing Huadong Electronics Information & Technology Co.,Ltd
2、公司法定代表人:赵竟成
3、公司董事会秘书:伍华林　　公司授权代表:董学山
联系地址:南京市汉中路89号金鹰国际商城26楼
电话:025-470090-658/798　025-5311050-2231
传真:025-4702989　025-5319623　电子信箱:whl.@hdeg.com
4、公司注册地址:南京市浦口高新技术产业开发区D03栋
公司办公地址:南京市汉中路89号金鹰国际商城26楼
邮政编码:210029　公司电子信箱:hde@hdeg.com
5、公司选定的信息披露报纸:《中国证券报》、《证券时报》登载公司年度报告的中国证监会指定国际互联网网址:http://www.cninfo.com.cn
6、公司股票上市交易所:深圳证券交易所
股票简称:华东科技　股票代码:0727

二、会计数据和业务数据摘要

(一)2000年度会计数据和业务数据

利润总额:	107,718,970.51 元
净利润:	103,720,775.69 元
扣除非经常性损益后的净利润	:84,826,264.83 元
主营业务利润:	38,464,934.14 元
其他业务利润:	270,472.16 元
营业利润:	20,957,650.50 元
投资收益:	86,934,547.14 元
补贴收入:	0 元
营业外收支净额:	-173,227.13 元
经营活动产生的现金流量净额:	197,797,839.57 元
现金及现金等价物增加额:	78,430,924.37 元

(二)公司前三年的主要会计数据和财务指标

项目	2000年度	1999年度		1998年度	
		调整前	调整后	调整前	调整后
主营业务收入(元)	276817541.89	304397170.69	304397170.69	323045665.90	323045665.90
利润(元)	103720775.69	45198268.77	45907147.20	59193210.96	57975465.69
总资产(元)	1147657977.32	1032625008.65	1034103147.21	682226241.92	671743729.14
股东权益(元)	822028687.55	748327649.50	749805788.06	507972470.76	497924782.19
每股收益(元)(摊薄)	0.331	0.187	0.190	0.280	0.275
每股收益(元)(加权)	0.331	0.204	0.208	0.280	0.275
每股收益(元)(扣除非经营性损益)	0.270	0.156	0.159	0.280	0.275
每股净资产(元)	2.62	3.10	3.11	2.41	2.36
调整后的每股净资产(元)	2.61	3.10	3.10	2.39	2.34
每股经营活动产生的现金流量净额(元)	0.63	0.38	0.38	0.28	0.28
净资产收益率(%)	12.62	6.04	6.12	11.65	11.64
净资产收益率(%)(加权)	12.94	7.14	7.69	11.65	11.64

注:主要财务指标的计算公式每股收益=净利润/年度末普通股股份总数每股净资产=年度末股东权益/年度末普通股股份总数

调整后的每股净资产=(年度末股东权益-三年以上的应收款项净额-待摊费用-待处理(流动、固定)资产净损失-开办费-长期待摊费用-住房周转金负数余额)/年度末普通股股份总数

每股经营活动产生的现金流量净额=经营活动产生的现金流量净额/年度末普通股股份总数净资产收益率=净利润/年度末股东权益×100%

附表:

报告期利润	净资产收益率(%)		每股收益(元)	
	全面摊薄	加权平均	全面摊薄	加权平均
主营业务利润	4.68	4.80	0.12	0.12
营业利润	2.55	2.61	0.07	0.07
净利润	12.62	12.94	0.33	0.33
扣除非经常性损益后的净利润	10.32	10.58	0.27	0.27

(三)报告期内股东权益变动情况　　单位:人民币元

项目	股本	资本公积	盈余公积	法定公益金	未分配利润	股东权益合计
期初数	241337400	346479356.57	56799261.55	14523707.37	105189769.94	749805788.06
本期增加	72401219		15532959.95	5103746.39	56687453.84	72222899.49
本期减少		72398733.30				
期末数	313738619	274080623.27	72332221.50	19627453.76	161877223.78	822028687.55

三、股本变动及股东情况

(一)本报告期末,公司股东总数为34407户。
(二)截止2000年12月31日,公司前十名股东持股情况:

股东名称	持股数(万股)	持股比例(%)
南京华东电子集团公司	16234.283	51.74
上海虹桥国际机场股份有限公司	184.504	0.59
熊高华	146.627	0.47
夏阿林	137.4685	0.44
开元基金	122.487	0.39
沈永林	90.6588	0.29
王萍	90.0117	0.29
侯正伟	86.15	0.27
吴建新	81.02	0.26
种艳妮	80.61	0.26

(三)发起人法人股东情况

发起人法人股东为南京华东电子集团公司。持有股数:6234.283万股　法定代表人:赵竟成

经营范围:电子器件、照明电器、广播电视设备、仪器仪表(制造)、通信设备(制造),经营(进出口)业务,电子技术服务,电视监控系统设计、制造、安装;电子计算机系统及配件,彩色及单色监视器生产、加工技术服务、销售。

北京化二股份有限公司

一、公司简介

1、公司法定中文名称:北京化二股份有限公司
公司法定英文名称:BEIJING HUAER COMPANY LIMITED
缩写:BEIJING HUAER CO.,LTD
2、公司法定代表人:孙绍刚
3、公司董事会秘书:李崇华
联系地址:北京市朝阳区大郊亭
联系电话:010—67758106
传　　真:010—67781459
4、公司注册地址:北京市朝阳区大郊亭
公司办公地址:北京市朝阳区大郊亭
邮政编码:100022
公司电子信箱:Huaer@Public3.bta.net.cn
5、公司指定的信息披露报纸为:《中国证券报》、《证券时报》
中国证监会指定登载公司年报的国际互联网网址:http//www.cninfo.com.cn
公司年度报告备置地点:公司证券部
6、公司股票上市交易所:深圳证券交易所
股票简称:北京化二
股票代码:0728

二、会计数据和业务数据摘要

1、报告期主要会计数据:

利润总额	88,642,459 元
净利润	75,346,090 元
扣除非经常性损益后的净利润	74,781,814 元
主营业务利润	204,066,158 元
其他业务利润	-3,909,284 元
营业利润	85,837,503 元
投资收益	2,240,680 元
补贴收入	-- 元
营业外收支净额	564,276 元
经营活动产生的现金流量净额	214,726,125 元
现金及现金等价物净增加额	80,630,418 元

注:扣除的非经营性损益项目为营业外收支 564,276 元。

2、公司前三年主要会计数据和财务指标

项目	单位	2000 年	1999 年	1998 年	
				调整后	调整前
主营业务收入	元	1,141,572,047	895,168,386	640,107,995	640,107,995
净利润	元	75,346,090	5,936,570	15,649,161	4,725,862
总资产	元	1,777,925,118	1,695,134,179	1,810,785,458	1,832,260,714
股东权益(不含少数股东权益)	元	1,087,147,045	1,021,819,487	1,061,115,783	1,082,591,039
每股收益(摊薄)	元/股	0.218	0.017	0.045	0.014
每股收益(加权平均)	元/股	0.218	0.017	0.055	0.017
扣除非经常性损益后的每股收益(摊薄)	元/股	0.217	0.017	0.055	0.017
每股净资产(摊薄)	元/股	3.15	2.96	3.07	3.14
调整后的每股净资产	元/股	3.09	2.91	3.02	3.08
每股经营活动产生的现金流量净额	元/股	0.62	0.28	0.19	0.19
净资产收益率(摊薄)	%	6.93	0.581	1.47	0.44
净资产收益率(加权)	%	6.93	0.581	1.59	0.47
扣除非经常性损益后的加权净资产收益率	%	6.88	0.552	1.59	0.47

3、报告期利润表附表

报告期利润	净资产收益率		每股收益	
	全面摊薄	加权平均	全面摊薄	加权平均
主营业务利润	18.8%	18.8%	0.59	0.59
营业利润	7.9%	7.9%	0.25	0.25
净利润	6.9%	6.9%	0.22	0.22
扣除非经常性损益后的净利润	6.9%	6.9%	0.22	0.22

三、股东情况介绍

1、截止 2000 年 12 月 31 日,本公司共有股东 37653 户。(其中:国有法人股股东 1 户,公司高级管理人员持股股东 12 户)

2、前 10 名股东持股情况　　单位:股

序号	股东名称	持股数量	占总股本的比例(%)
1	北京化学工业集团有限责任公司	241,210,000	69.87
2	杨敏	500000	0.14
3	林朝文	468300	0.14
4	周画英	381300	0.11
5	张霞	279369	0.08
6	林朝鹏	258900	0.07
7	曾志强	240567	0.07
8	梁从政	230300	0.07
9	鄢方英	215900	0.06
10	普丰证券投资基金	215855	0.06

注:持有本公司 5%以上的股东为北京化学工业集团有限责任公司,年末持有 24,121 万股,占总股本的 69.87%。其所持有股份为国有法人股,报告期内无质押和冻结情况。上述前十名股东之间,无关联关系。

北京燕京啤酒股份有限公司

一、公司简介

1、公司法定中文名称:北京燕京啤酒股份有限公司
英 文 名 称:Beijing Yanjing Brewery Co.,Ltd.
2、公司法定代表人:李福成
3、公司董事会秘书:李颖娟　　授权代表:刘翔宇
联 系 地 址:北京燕京啤酒股份有限公司
联 系 电 话:010-89495569 传真:010-89495569 电子信箱:securities@yanjing.com.cn
4、公司注册地址及办公地址:北京市顺义区双河路 9 号　邮政编码:101300
电子信箱:yanjing@public.bta.net.cn　公司国际互联网址:http://www.yanjing.com.cn
5、公司信息批露报纸名称:《中国证券报》、《上海证券报》、《证券时报》
公司年度报告登载网址:http://www.cninfo.com.cn
公司年度报告备置地点:公司证券部
6、公司股票上市交易所:深圳证券交易所
公司股票简称:燕京啤酒　　公司股票代码:0729

二、会计数据和业务数据摘要

(一)、本年度利润总额及其构成(单位:人民币元)

利润总额	315279746.72
净利润	268283761.77
扣除非经常性损益后的净利润	266283761.77
主营业务利润	502033739.11
其他业务利润	4352922.11
营业利润	286677423.48
投资收益	21500535.69
补贴收入	2000000.00
营业外收支净额	5101787.55
经营活动产生的现金流量净额	313044229.86
现金及现金等价物净增加额	668460342.91

注:扣除的非经常性损益是报告期内所取得的补贴收入 2000000 元。

(二)主要会计数据及财务指标

指标项目	2000 年度	1999 年度	1998 年度(调整后)
主营业务收入(元)	1745873557.95	1516296135.34	1328473680.09
净利润(元)	268283761.77	291494924.69	286625765.19
扣除非经常性损益后的净利润(元)	266283761.77	291494924.69	286625765.19
总资产(元)	4043620348.55	2525285015.36	2468154883.00
股东权益(元)	3444194150.20	2269635288.43	2199830163.74
每股收益(元/股)全面摊薄	0.402	0.526	0.517
加权平均	0.439	0.526	0.600
扣除非经常性损益后的每股收益(元/股)	0.400	0.526	0.517
每股净资产(元/股)	5.16	4.10	3.97
调整后每股净资产(元/股)	5.08	4.04	3.91
每股经营活动产生的现金流量净额(元)	0.47	0.33	0.13
净资产收益率(%)	7.79	12.84	13.03

注:有关财务指标计算公式如下:
1、每股收益=净利润/年度末普通股股份总数
2、每股净资产=年末股东权益/年度末普通股股份总数
3、调整后每股净资产=[年末股东权益-三年以上应收款项净额-待摊费用-待处理(流动、固定)资产净损失-开办费-长期待摊费用-住房周转金负数余额]/年度末普通股股份总数
4、每股经营活动产生的现金流量净额=经营活动产生的现金流量净额/年度末普通股股份总数

(三)按公开发行证券公司信息披露编报规则第 9 号计算的净资产收益率和每股收益。

报告期利润	净资产收益率(%)		每股收益(元/股)	
	全面摊薄	加权平均	全面摊薄	加权平均
主营业务利润	14.58	17.61	0.752	0.822
营业利润	8.32	10.06	0.430	0.469
净利润	7.79	9.41	0.402	0.439
扣除非经常性损益后的净利润	7.73	9.34	0.399	0.436

(四)报告期内股东权益变动情况及变动原因(单位:人民币元)

项目	股本	资本公积	盈余公积	法定公益金	未分配利润	股东权益合计
期初数	554224500	1270458983.34	181075799.60	76132596.74	263876005.49	2269635288.43
本期增加	113200000	926560000	67640987.01	27018391.70	67157874.76	1174558861.77
本期减少						
期末数	667424500	2197018983.34	248716786.61	103150988.44	331033880.25	3444194150.20

变动原因:1、股本增加是由于 2000 年实施了增资配股;
2、盈余公积是由于本年度获利后按规定比例提取增加;
3、法定公益金是由于本年度获利后按规定比例提取增加;
4、未分配利润的增加主要是由于公司经营活动过程中正常的利润增加;
5、股东权益的增加主要是由于经营过程中正常增加的未分配利润和按规定于年末提取的法定盈余公积和法定公益金。

三、股东情况介绍

1、截止 2000 年 12 月 31 日,本公司共有股东 112503 户。
2、持有本公司 5%以上(含 5%)股份的股东情况:
年末前十名股东及持股情况

股东名称	持股数(股)	占总股本比例(%)	持股数中已上市流通股份数(股)	持股数中未上市流通股份数(股)
北京燕京啤酒有限公司	448000000	67.1236		448000000
北京市牛栏山酒厂	17577000	2.6335		17577000
北京市西单商场 股份有限公	14647500	2.1946		14647500
普丰证券投资基金	470724	0.0705	470724	
杨玉祥	448700	0.0672	448700	
冯宝宏	350900	0.0526	350900	
鹤山市中远贸易有限公司	325000	0.0487	325000	
赵建平	319551	0.0479	319551	
蒋凤英	270649	0.0406	270649	
赵国仓	250000	0.0375	250000	

沈阳特种环保设备制造股份有限公司

(一) 公司简介

1、公司的法定名称:沈阳特种环保设备制造股份有限公司
英文名称:Shenyang Special Environmental Protection Equipment Manufacturing CO.LTD
英文缩写:SSEPEC
2、公司法定代表人:刘桂琴
3、公司董事会秘书及其授权代表的姓名:陈海峰先生及兰云女士
联系地址:沈阳市沈河区热闹路 118 号
联系电话:024-24811162
传真:024-24811162
电子信箱:TZHBCHF@ihw.com.cn
4、公司注册地址:沈阳市沈河区热闹路 118 号
公司办公地址:沈阳市沈河区热闹路 118 号
邮政编码:110011
网址:www.ssepec.com
公司电子信箱:TZHBCHF@ihw.com.cn
5、信息披露报纸名称:《中国证券报》和《证券时报》
登载年度报告网址:www.cninfo.com.cn
公司年度报告备置地点:沈阳市沈河区热闹路 118 号
6、公司股票上市交易所:深圳证券交易所
股票简称:环保股份　　股票代码:0730

(二)会计数据和业务数据摘要

1、本年度主要利润指标情况

利润总额:	45,736,184.68 元
净利润:	40,787,160.70 元
扣除非经常性损益后的净利润:	40,884,828.67 元
主营业务利润:	60,167,705.48 元
其他业务利润:	381,776.90 元
营业利润:	880,047.19 元
投资收益:	23,544,217.05 元
补贴收入:	44,953,805.46 元
营业外收支净额:	-97,667.97 元
经营活动产生的现金流量净额:	-143,317,800.27 元
现金及现金等价物净增加额:	-156,470,045.11 元

2、截止报告期末公司前三年主要会计数据和财务指标

项目	2000 年	1999 年	1998 年
主营业务收入(元)	201,052,088.68	690,611,488.40	255,398,539.69
净利润(元)	40,787,160.70	278,447,854.77	175,750,075.49
总资产(元)	1,668,574,229.27	1,369,115,234.86	928,970,008.13
股东权益(元)	854,527,807.34	809,302,425.43	535,684,008.00
每股收益(元/股)	0.072	0.738	0.699
每股收益(月均加权)	0.072	0.856	
每股收益(扣除非经营性损益)	0.072		
每股净资产(元/股)	1.51	2.145	2.129
调整后的每股净资产(元/股)	1.399	2.12	2.10
每股经营活动产生的现金流量净额:	-0.26	0.91	
净资产收益率%摊薄	4.77	34.41	32.81
加权	4.92		

根据中国证监会《公开发行证券公司信息披露编报规则(第 9 号)》要求计算的利润数据

报告期利润	净资产收益率(%)		每股收益(元)	
	全面摊薄	加权平均	全面摊薄	加权平均
主营业务利润	7.04	7.25	0.1063	0.1063
营业利润	0.10	0.11	0.0016	0.0016
净利润	4.77	4.92	0.0721	0.0721
扣除非经常性损益后净利润	4.78	4.93	0.0722	0.0722

注:主要财务指标计算方法:
每股收益=净利润/年度末普通股股份总额
每股净资产=年度末股东权益/年度末普通股股份总数
调整后的每股净资产=(年度末股东权益-三年以上的应收款项净额-待摊费用-待处理(流动、固定)资产净损失-开办费-长期待摊费用-住房周转金负数余额)/年度末普通股股份总额
每股经营活动产生的现金流量净额=经营活动产生的现金流量净额/年度末普通股股份总额
净资产收益率=净利润/年度末股东权益×100%
全面摊薄净资产收益率=报告期利润/期末净资产
全面摊薄每股收益=报告期利润/期末股份总数

(二) 股本变动及股东情况

2、股东情况介绍
(1)报告期末股东总数 96800 名。
(2)公司前十名大股东持股情况(截至 2000 年 12 月 29 日)

序号	股东名称	期末数(股)	所占比例(%)
1	沈阳特种环保设备制造总厂股份管理委员会	339,131,980	59.92
2	沈阳噪声控制设备厂股份管理委员会	31,566,934	5.58
3	安信证券投资基金	12,509,700	2.21
4	安顺证券投资基金	8,739,631	1.54
5	昆明国际信托投资公司	8,728,429	1.53
6	国泰证券有限公司济南营业部	5,875,911	1.04
7	安久证券投资基金	3,619,000	0.64
8	国泰君安证券股份有限公司	1,959,619	0.35
9	国泰君安证券股份有限公司	1,736,182	0.31
10	沈阳利环特种电材厂	1,358,713	0.24

(3)持股 10%以上的法人股东:沈阳特种环保设备制造总厂股份管理委员会
法人代表人:刘桂琴

四川美丰化工股份有限公司

一、公司简介

公司中文名称:四川美丰化工股份有限公司
英文名称:SICHUAN MEIFENG CHEMICAL INDUSTRY CO., LTD.
英文名称缩写:SCMF
公司法定代表人:陈　平
公司董事会秘书:董国政
联系电话:0838-2680243　　传真:0838-2680243
授权代表:宋仕全
联系电话:0838-2680127　　传真:0838-2680759
联系地址:四川省德阳市嘉陵江西路 91 号
公司注册地址:四川省射洪县太和镇新阳街 87 号
邮政编码:629200
公司办公地址:四川省德阳市嘉陵江西路 91 号
邮政编码:618000
公司电子信箱:meifenga@dy-public.sc.cninfo.net
公司信息披露报纸:《证券时报》、《中国证券报》
登载公司年度报告的中国证监会指定国际互联网网址:http: //www. cninfo .com.cn
公司年度报告备置地点:四川省德阳市嘉陵江西路 91 号本公司办公地点
公司股票上市交易所:深圳证券交易所
公司股票简称:四川美丰　　公司股票代码:0731

二、会计数据和业务数据摘要

(一) 公司本年度实现利润总额 71,882,909.92 元,净利润 61,100,473.43 元,扣除非经常性损益后的净利润 61,100,473.43 元,主营业务利润 95,536,410.68 元,其他业务利润-120,569.16 元,营业利润 72,338,238.79 元,投资收益-762, 042 .53 元,营业外收支净额 306,713.66 元,经营活动产生的现金流量净额 48,568,579 .31 元,现金及现金等价物净增加额 78,202,708.41 元。

(二) 主要会计数据和财务指标　　单位:元

指标项目	2000 年	1999 年	1998 年
主营业务收入	338,302,048.22	288,423,676.32	209,848,773.17
净利润	61,100,473.43	61,206,450.13	55,445,887.04
总资产	776,787,806.86	683,107,465.07	461,241,520.37
股东权益	630,198,718.52	591,331,445.09	415,313,639.74
每股收益	0.275	0.551	0.567
每股收益(加权平均)	0.275	0.605	0.567
扣除非经常性损益后每股收益	0.275	0.551	0.567
每股净资产	2.834	5.32	4.25
调整后的每股净资产	2.834	5.32	4.25
每股经营活动产生的现金流量净额	0.218	0.81	0.49
净资产收益率(%)	9.695	10.35	13.35
加权净资产收益率(%)	9.81	12.88	14.21
扣除非经常性损益后加权净资产收益率(%)	9.81	12.93	14.21

(三) 利润表附表

项目	净资产收益率(%)		每股收益(元)	
	全面摊薄	加权平均	全面摊薄	加权平均
主营业务利润	15.16	15.36	0.4297	0.4297
营业利润	11.48	11.63	0.3254	0.3254
净利润	9.69	9.81	0.275	0.275
扣除非经常性损益后的净利润	9.69	9.81	0.275	0.275

全面摊薄净资产收益率=报告期利润÷期末净资产
全面摊薄每股收益=报告期利润÷期末股份总数
加权平均净资产收益率(ROE)= P/(E0+NP÷2+Ei×Mi÷M0-Ej×Mj÷M0)
其中:P 为报告期利润;NP 为报告期净利润;E0 为期初净资产;Ei 为报告期发行新股或债转股等新增净资产;Ej 为报告期回购或现金分红等减少净资产;M0 为报告期月份数;Mi 为新增净资产下一月份起至报告期期末的月份数;Mj 为减少净资产下一月份起至报告期期末的月份数。
加权平均每股收益(EPS)=P/(S0+S1+Si×Mi÷M0-Sj×Mj÷M0)其中:P 为报告期利润;S0 为期初股份总数;S1 为报告期因公积金转增股本或股票股利分配等增加股份数;Si 为报告期因发行新股或债转股等增加股份数;Sj 为报告期因回购或缩股等减少股份数;M0 为报告期月份数;Mi 为增加股份下一月份起至报告期期末的月份数;Mj 为减少股份下一月份起至报告期期末的月份数。

三、股东情况

股东情况介绍
1. 报告期末股东总数为 56718 户。
2. 持有本公司 5%以上股份的股东为四川美丰(集团)有限责任公司,是国家授权持有股份的单位,年初持股 5808.94 万股,年末持股数量为 11617.88 万股, 股份增加 5808.94 万股是因为本公司实施 1999 年度利润分配及公积金转增股本方案所致,所持股份无质押或冻结情况。
公司前 10 名股东持股情况
(截止 2000 年 12 月 31 日)

名次	股东名称	持股数(股)	占总股本(%)	股份性质
1	四川美丰(集团)有限责任公司	116,178,800	52.25	国家股
2	四川美丰技术开发中心	10,753,600	4.84	法人股
3	射洪县国有资产经营公司	4,160,000	1.87	法人股
4	射洪县洪德综合开发公司	3,703,700	1.67	法人股
5	四川省德阳市银马实业公司	1,449,500	0.65	法人股
6	德阳市财茂租赁公司	780,000	0.35	法人股
7	射洪机关事业单位职工保险管理局	501,800	0.23	法人股
8	四川遂宁瑞丰皮革有限公司	473,200	0.21	法人股
9	四川省遂宁市长城实业公司	403,000	0.18	法人股
10	四川什化集团公司	390,000	0.18	法人股

上述 10 名股东之间不存在关联关系。
3. 本公司持股 10%以上的法人股东为四川美丰(集团)有限责任公司, 持有股份 11,617.88 万股,法定代表人勾永梁先生。该公司经营范围:主营合成氨、尿素、碳酸氢铵、磷肥、硫酸、精细化工产品、塑化制品制造、销售,兼营商业贸易、汽车运输、修理、化工机械、金属门柜制造、销售。
4. 报告期内公司控股股东未发生变更。

福建三农集团股份有限公司

一、公司简介

1、公司法定中文名称:福建三农集团股份有限公司
公司中文名称缩写:福建三农
公司英文名称:FUJIANG SANNONG GROUP CO. LTD
公司英文名称缩写:FJSN
2、公司法定代表人:蔡玉林
3、公司董事会秘书:郑于强
公司负责信息披露事务人员:吴秋萍、邹昆彬
联系地址:福建省三明市梅列区徐碧
福州市湖东路298号写字楼5层福建三农福州办事处
电话:0591-7840852、 0591-7801056、 0598-8238185
传真:0591-7810369 0598-8242852
E-mail:fjsndm@pub1.fz.fj cn
4、公司注册地及总部地址:三明市梅列区徐碧 邮政编码: 365000
公司国际互联网网址 http://www.sannong.com
E-mail:fjsnb@sannong.com
5、公司选定的信息披露报纸为:《中国证券报》、《证券时报》
登载公司2000年度报告的国际互联网网址: http://www.cninfo.com.cn
公司年度报告备置地点: 福州市湖东路298号写字楼5层福建三农福州办事处
福建省三明市梅列区徐碧本公司股证办
6、公司股票上市地:深圳证券交易所
股票简称:福建三农 股票代码:0732

二.会计数据和业务数据摘要

1.公司本年度会计数据:

公司本年度实现的利润总额为7,609,903.24元,净利润7,404,836.46元;扣除非经常性损益后的净利润4,406,581.03元;主营业务利润85,289,524.93元;其他业务利润1,170,506.66 元;营业利润-635,745.91元; 投资收益5,247,393.72元; 补贴收入1,643,337.00元, 营业外收支净额 1,354,918.43元; 经营活动产生的现金流量净额77,539,433.83元; 现金及现金等价物净增加额252,377,305.67元。

非经常性损益扣除的项目为:补贴收入和营业外收支净额。涉及金额2,998,255.43元。

2、主要会计报表数据和财务指标如下表: 单位:元

项目	2000年	1999年		1998年	
		调整后	调整前	调整后	调整前
主营业务收入	465001009.63	477860704.42	477860704.42	278582077.08	312457268.15
净利润	7404836.46	39717027.45	39717027.45	39664288.55	39941828.78
总资产	1065542762.48	878112243.91	878863868.26	841312798.40	610395265.93
股东权益	476559565.69	353471479.23	353471479.23	353354451.78	356109379.61
每股收益(摊薄)	0.0485	0.3009	0.3009	0.3005	0.3026
每股收益(加权)	0.0508	0.3009	0.3009	0.3005	0.3026
每股净资产	3.1215	2.678	2.678	2.677	2.698
调整后的每股净资产	3.064	2.614	2.614	2.583	2.651
净资产收益率(%)(摊薄)	1.55	11.236	11.236	11.225	11.216
净资产收益率(%)(加权)	1.71	11.238	11.238	11.892	12.232
每股经营活动产生的现金流量净额	0.5078	0.389	0.389	-0.143	-0.143
扣除非经常性损益后的每股收益	0.0289	0.282	0.282	0.3005	0.3026

三.股本变动及股东情况介绍

1. 股本变动情况

1)公司股份变动情况表 单位:股

	期初数	本次变动增减(+ -)					期末数
		配股	送股	公积金转股	其它	小计	
一、尚未流通股数							
1、发起人股份	29403000	1603800				1603800	31006800
其中:国家拥有股份	29403000	1603800				1603800	31006800
2、募集法人股	32912000	60000				60000	32972000
3、内部职工股	25685000	7005000			-32690000	-25685000	0
尚未流通股份合计	88000000	8668800			-32690000	-24021200	63978800
二、已流通股份	44000000	12000000			32690000	44690000	88690000
三、股份总	132000000	20668800					152668800

2.股东情况介绍

(1)截止2000年12月31日,本公司股东人数49521人。

(2)前十名股东持股情况

名称	年末持股数	占总股本比例(%)	
三明市国有资产管理局	31006800	20.31	(国家股)
唐山宏达建材股份有限公司	18128000	11.87	
广东正安发展贸易有限公司	6460000	4.23	
北京赛克赛思科技投资有限公司	6125650	4.01	
谢瑞富	808600	0.53	
三明市财通公司	550000	0.36	
李梅兰	404185	0.26	
游秋容	343147	0.22	
福建农资集团三明公司	297000	0.19	
顾勇梁	284090	0.18	

前10名股东之间不存在关联关系。

(3)持有本公司5%以上(含5%)股权的股东所持股份质押或冻结情况:

持有本公司5%以上(含5%)股权的股东所持股份无质押或冻结。

(4)持股10%(含10%)以上法人股东情况

唐山宏达建材股份有限公司持有本公司法人股1812.8万股占本公司股份总数11.87%。其法定代表人为蔡玉林,经营范围:白云石、石灰石、七零砂、白云石粉的采选;金属化球团(冶炼)水泥的生产、销售。

中国振华(集团)科技股份有限公司

一、公司简介

(一)、公司法定中文名称:中国振华(集团)科技股份有限公司
公司法定英文名称:CHINA ZHENHUA(GROUP)SCIENCE(TECHNOLOGY CO.,LTD。
(二)、公司法定代表人:陈清洁
(三)、公司董事会秘书:杨学政 证券事务代表:唐林
联系地址:贵州省贵阳国家高新技术产业开发区新天大道150号
电话:(0851)6302675 6301078 传真:(0851)6302674 电子信箱:zhjt@public1.gy.gz.cn
(四)、公司注册地址:贵州省贵阳国家高新技术产业开发区新天大道150号
公司办公地址:贵州省贵阳国家高新技术产业开发区新天大道150号
邮政编码:550018 网址:WWW.CZELEC.COM.CN 电子信箱:zhkj9@mail.guz.cei.gov.cn
(五)、公司选定的信息披露报刊:证券时报、上海证券报
(六)、公司年报备置地点:本公司经理部
(七)、公司股票上市交易所:深圳证券交易所 股票简称:振华科技 股票代码:0733

二、会计数据和业务数据摘要

(一)、本年实现数(合并报表) 单位:元

利润总额	90,511,751.61
主营业务利润	145,153,698.82
其他业务利润	8,555,105.05
营业利润	62,630,476.18
投资收益	11,384,013.01
补贴收入	16,371,127.62
营业外收支净额	126,134.80
净利润	83,793,382.35
扣除非经常性损益后的净利润	65,548,797.28
经营活动产生的现金流量净额	80,132,867.40
现金及现金等价物净增加额	98,953,465.59

非经常性损益的取得为:出售闲置资产损失378,657.57元;违约赔偿收入246,905.35元;托管收益8,639,193.53元; 捐赠支出179,106.24元; 新型电子元器件基地建设中央财政补贴7,650,000.00元。股权转让收益2,266,250.00元。

(二)、近三年主要会计数据和财务指标(合并报表) 单位:元

项目	2000年	1999年	
		调整前	调整后
主营业务收入	665351026.55	532762772.10	532762772.10
净利润	83793382.35	71270407.76	71270407.76
总资产	1861796154.81	1730709271.43	1706749543.88
股东权益	1205111583.60	1146325030.26	1121353603.82
每股收益(摊薄)	0.27	0.23	0.23
每股收益(加权)	0.27	0.24	0.24
报告期至摘要披露日每股收益	0.23		
扣除非经常性损益后的每股收益(摊薄)	0.21	0.19	0.19
扣除非经常性损益后的每股收益(加权)	0.21	0.20	0.20
每股净资产	3.85	3.66	3.58
调整后的每股净资产	3.77	3.58	3.50
净资产收益率(摊薄)	6.95	6.22	6/36
净资产收益率(加权)	7.20	6.75	7.07
每股经营活动产生的现金流量净额	0.26	0.52	0.52

说明:98年、99年调整后的数据和财务指标是执行财政部财会字(1999)35号文件计提四项准备所致。2000年调整后有关数据为执行财政部财企字[2000]295号文,处理住房周转金余额所致。

(三)、按照《公开发行证券公司信息披露编报规则(第9号)》要求计算的财务指标

报告期利润	净资产收益率(%)		每股收益(元)	
	全面摊薄	加权平均	全面摊薄	加权平均
主营业务利润	12.04	12.50	0.46	0.46
营业利润	5.20	5.38	0.20	0.20
净利润	6.95	7.20	0.27	0.27
扣除非经常性损益后的净利润	5.44	5.68	0.21	0.21

(四)、股东权益变动情况 单位:元

项目	期初数	本期增加	本期减少	期末数
股本	313120000.00			313120000.00
资本公积	704721763.92			704721763.92
盈余公积	38622372.10	16751595.96		55373968.06
其中:法定公益金	19311186.05	8375797.98		27686984.03
未分配利润	64889467.80	67006383.82		131895851.62
股东权益合计	1121353603.82	83757979.78		1205111583.60

三、股本变动及股东情况

1、股东情况介绍

报告期末股东总数81652户。其中内部职工股股东数量为9户,均系本公司高管人员。

2、公司前10名股东持股情况(截止日期:2000年12月31日)

股东	期初持股数额(股)	期末持股数额(股)	占总股本比例(%)
中国振华电子集团有限公司	180120000	180120000	57.52
景福证券投资基金		6679476	2.13
开元基金		2376114	0.75
景宏证券投资基金		1285927	0.41
北京财政证券公司		880059	0.28
陈华		586117	0.18
蒲世全		500000	0.15
北京盈生房地产开发公司		490000	0.15
许江龙		416501	0.13
陆栋梁		392436	0.12

注:1.中国振华电子集团有限公司为法人股东,持有本公司57.52%的国有法人股股份,所持股份未发生质押和冻结的情况。

海口农工贸(罗牛山)股份有限公司

一、公司简介

1、公司名称：
中文名称：海口农工贸(罗牛山)股份有限公司
英文名称：HaiKou Agriculture&Industry&Trade(LUONIUSHAN) Co.Ltd.
2、公司法定代表人：吴伟雄
3、公司董事会秘书：柳俊涛
联系地址：海口市龙昆北路2号珠江广场帝豪大厦9楼(邮编：570125)
联系电话：0898-6717891,6772221
传　　真：0898-6717830
4、公司注册地址及办公地址：
注册地址：海口市人民大道50号二楼(邮编：570208)
办公地址：海口市龙昆北路2号珠江广场帝豪大厦9楼(邮编：570125)
公司国际互联网网址：http://www.luoniushan.com/
公司电子信箱　　lnshdl@public.hk.hi.cn
5、公司信息披露报纸：《中国证券报》、《证券时报》
登载年报的国际互联网网址：http://www.cninfo.com.cn
公司年度报告备置地点：公司办公室
6、公司股票上市地：深圳证券交易所
股票简称：罗牛山
股票代码：0735

二、会计数据和业务数据摘要

1、本年度主要数据

	(单位：元)
(1)、利润总额	83,167,245.59
(2)、净利润	76,177,079.91
(3)、扣除非经常性损益后的净利润	59,437,079.91
(4)、主营业务利润	69,624,501.44
(5)、其他业务利润	8,828,917.57
(6)、营业利润	45,631,971.56
(7)、投资收益	37,228,337.81
(8)、补贴收入	0
(9)、营业外收支净额	306,936.22
(10)、经营活动产生的现金流量净额	-598,530.33
(11)、现金及现金等价物净增加额数	-5,338,324.84

2、前三年主要会计数据和财务指标：

	2000年	1999年	1998年	
			调整前	调整后
主营业务收入(元)	226226697.24	208739421.54	186792069.02	186792069.02
净利润(元)：	76177079.91	47009032.98	68488485.48	62271404.98
总资产(元)：	1208055017.43	1012107528.06	739038681.38	681082490.67
股东权益(元)	712793320.62	655293173.76	483714603.25	441582654.66
每股收益(元)	0.156	0.16	0.472	0.429
加权平均每股收益	0.156		0.472	0.429
每股净资产(元)	1.463	2.29	3.336	3.05
调整后的每股净资产(元)：	1.38	2.28	3.289	3.00
每股经营活动产生的现金流量净额	0.001	0.06	0.168	0.168
净资产收益率(%)	10.69	7.17	14.16	14.10

3、股东权益变动情况介绍：

项目	股本	资本公积	盈余公积	法定公益金	未分配利润	股东权益合计
期初数	286620000	242196905.96	20780884.87	20780884.87	70178122.57	650947240.71
本期增加	200634000	/	10148113.37	8535829.26	76177079.91	346303876.54
本期减少	/	143310000.00	/	/	41147796.63	284457796.63
期末数	487254000	98886905.96	30928998.24	29316714.13	52207405.85	712793320.62

三、股东情况介绍

1、股东情况介绍。
(1)、报告期末股东总数为189993户。
(2)、公司前十名股东持股情况(截止2000年12月29日)

股东名称	年末持股数(万股)	占总股本比例(%)
海口市国营罗牛山农场	9970.5	20.46
海口永盛畜牧机械工程有限公司	2764.5	5.67
湖北锐达商贸有限公司	2,113.1	4.34
海南京海中隆投资管理公司	1,473.9	3.02
海口保税区深能贸易有限公司	1,445.0	2.97
海南发海贸易有限公司	1,445.0	2.97
海口宏昌贸易有限公司	1,445.0	2.97
海南兴地实业投资有限公司	1,300.5	2.67
海南兴华农业财务公司	867	1.78
海口天星实业公司	867	1.78

质押或冻结情况：海口市国营罗牛山农场和海口永盛畜牧机械工程有限公司持有本公司法人股超过5%，据了解，其所持股份已经部分质押。

上述前十名股东持有的股份均为非流通法人股。

海口市国营罗牛山农场是公司目前国有法人股持有单位，与其它前十名股东间无关联关系。

重庆国际实业投资股份有限公司

(一)公司简介

1.公司的法定中文名称：重庆国际实业投资股份有限公司　缩写：重庆实业
公司的法定英文名称：CHONGQING INTERNATIONAL ENTERPRISE INVESTMENT CO., LTD.
2.公司法定代表人：富庶
3.公司董事会秘书：张杲　董事会授权代表：刘美芳
联系地址：重庆市江北区洋河一村76号　联系电话：023-67868187
联系传真：023-67868390　董秘电子信箱：cqieicsb@public.cta.cq.cn
4.公司注册地址：重庆市江北区建新北路86号
公司办公地址：重庆市江北区洋河一村76号
公司邮政编码：400020　公司电子信箱：tzciei@public.cta.cq.cn
5.公司选定的信息披露报纸：《中国证券报》、《证券时报》
登载公司年度报告的中国证监会指定国际互联网网址：http://www.cninfo. com.cn
公司年度报告备置地点：公司证券部
6.公司股票上市交易所：深圳证券交易所
公司股票简称：重庆实业　公司股票代码：0736

(二)会计数据和业务数据摘要

1.公司本年度会计数据

	单位：人民币元
利润总额	21,605,103.97
净利润	17,391,510.11
扣除非经常性损益后的净利润	11,443,805.40
主营业务利润	20,955,111.93
其他业务利润	-947,835.47
营业利润	1,325,882.12
投资收益	20,478,045.97
补贴收入	0
营业外收支净额	-198,824.12
经营活动产生的现金流量净额	9,563,989.63
现金及现金等价物净增加额	146,562,888.13

注1：非经常性损益扣除项目及涉及金额

(1)计提重庆西源凸轮轴有限公司投资减值准备和坏帐准备	3,163,563.08元
(2)重庆国际客运公司股权转让收益	3,492,304.50元
(3)重庆渝铜公路建设开发有限公司股权转让收益	8,904,157.45元
(4)转让土地使用权损失	2,139,793.32元
(5)处置重庆塑料科研所项目损失	946,576.72元
(6)处置存货损失	198,824.12元
合　　计	5,947,704.71元

2.截止本年度末公司前三年的主要会计数据和财务指标(合并报表)

项　目	2000年	1999年 调整后
主营业务收入(元)	33,167,072.23	33,854,161.16
净利润(元)	17,391,510.11	21,076,849.65
总资产(元)	395,500,287.33	262,897,080.67
股东权益(元) (不含少数股东权益)	228,698,013.25	125,223,664.84
每股收益(元)(摊薄)	0.26	0.35
(加权)	0.29	0.35
每股净资产(元)	3.47	2.09
调整后的每股净资产(元)	3.46	2.09
每股经营活动产生的现金流量净额(元)	0.145	0.62
净资产收益率(%)(摊薄)	7.6	16.8
(加权)	12.33	
扣除非经常性损益后的每股收益(元)	0.17	0.36

(三)股本变动及股东情况

1.股本变动情况
(1)截止2000年12月31日，本公司共有股东8049户。
(2)截止2000年12月31日，前十名股东持股情况

序号	股东名称	本年度内股份增减(+、-)	本年度末持股数(股)	占总股本的比例
1	北京中经四通信息技术发展有限公司		12,000,000	18.18 %
2	重庆皇丰实业有限公司	+56,000	9,266,000	14.04 %
3	上海西域实业有限公司		6,000,000	9.09 %
4	上海新启业工贸有限公司		2,864,000	4.34 %
5	中国重庆国际经济技术合作公司海外企业公司		1,466,000	2.22 %
6	重庆国际信托投资公司	+1,200,000	1,200,000	1.82 %
7	华厦证券有限公司重庆分公司		1,000,000	1.52 %
8	重庆庆通物业管理公司	+1,000,000	1,000,000	1.52 %
9	重庆轻渝贸易公司		500,000	0.76 %
10	四川嘉裕物业发展有限责任公司		500,000	0.76 %

注：1)持有本公司5%以上(含5%)股份的股东为：北京中经四通信息技术发展有限公司、重庆皇丰实业有限公司和上海西域实业有限公司，截止本年度末分别持有本公司法人股股份1,200万股、926.6万股、600万股。

南风化工集团股份有限公司

一、公司简介

1、公司法定中文名称：南风化工集团股份有限公司
公司英文名称：NAFINE CHEMICAL INDUSTRY GROUP CO.,LTD.
2、公司法定代表人：王梦飞
3、公司信息披露负责人：董事会秘书 朱奇立　　授权代表：董云琪
联系地址：山西省运城市解放路 294 号
电话：0359—2017035　　传真：0359—2023302
4、公司注册及办公地址：山西省运城市解放路 294 号　　邮政编码：044000
国际互联网址：http//www.nafine.com　　公司电子信箱：nafine@nafine.com
5、公司年度报告备置地点：公司总部董事会秘书室
公司信息披露报刊：《证券时报》《中国证券报》
登载年报互联网址：http//www.cninfo.com.cn
6、公司股票上市地：深圳证券交易所
公司股票简称：南风化工　　股票代码：0737

二、会计数据和业务数据摘要

1、本年度主要会计数据和业务数据 单位：元

项　目	2000 年
利润总额	120199599.54
净利润	82552589.80
扣除非经常损益后的净利润	85869239.57
主营业务利润	440273902.19
其他业务利润	8377973.32
营业利润	121742549.66
投资收益	6077.82
补贴收入	3130275.36
营业外收支净额	−4679303.3
经营活动产生的现金流量净额	73809407.80
现金及现金等价物增加额	278882109.26

注：扣除的非经常性损益是指：
1 罚没收入净额 −1207217.56 元　　2 赔偿收入净额 644796. 91 元
3 处理固定资产净收益 −3604386.4 元　4 债务重组 1000000.00 元
5 其他收入 −735133.86 元

2、前三年的主要会计数据和业务数据　　单位：元

项目	2000 年	1999 年	1998 年
1、主营业务收入	2403431115.13	2087146977	1691002302
2、净利润	82552589.80	93309582	83327093
3、总资产	3008111032.96	2462245855	1995109998
4、股东权益	1313731730.11	926415957	833106375
5、每股净资产全面摊薄（元）	2.87	2.29	4.12
加权平均（元）	3.11	2.29	4.35
6、调整后的每股净资产（元）			
全面摊薄（元）	2.84	2.23	4.06
加权平均（元）	3.08	2.23	4.29
7、每股经营活动产生的现金流量净额	0.16	0.26	0.36
8、净资产收益率			
(1)按主营业务利润计算			
全面摊薄（%）	33.5	39.47	30.29
加权平均（%）	4.17	41.56	34.31
(2)按营业利润计算全面摊薄（%）	9.30	12.34	11.84
加权平均（%）	11.11	13.09	13.36
(3)按净利润计算			
全面摊薄（%）	6.28	10.07	10.00
加权平均（%）	7.53	10.60	11.34
(4)按扣除非经常损益后的净利润计算			
全面摊薄（%）	6.50	10.21	--
加权平均（%）	7.80	10.75	--
9、每股收益			
(1)按主营业务利润计算全面摊薄（元）	0.96	0.90	1.26
加权平均（元）	1.04	0.90	1.33
(2)按营业利润计算全面摊薄（元）	0.27	0.29	0.49
加权平均（元）	0.29	0.29	0.52
(3)按净利润计算全面摊薄（元）	0.18	0.23	0.41
加权平均（元）	0.20	0.23	0.44
(4)按扣除非经常损益后的净利润计算			
全面摊薄（元）	0.19	0.24	--
加权平均（元）	0.20	0.24	--

三、股本变动和股东情况

1、报告期末股东总数 96706 户
2、前十名股东情况

股东名称	年末持股数（股）	占总股本比例(%)	备注
山西运城盐化局	204180000	44.649	发起人股份
西安日用化学工业公司	39600000	8.660	发起人股份
光大证券有限责任公司	2467589	0.540	
李芳	1586000	0.347	
中国耀华玻璃公司	1320000	0.289	发起人股份
浙江升华集团公司	1320000	0.289	发起人股份
天津宏发集团公司	1320000	0.289	发起人股份
王惠丽	700000	0.153	
刘卯丹	457430	0.100	
上海华东实业有限公司	437300	0.096	

说明：1 前十名股东无关联关系。

2 山西运城盐化局持有 44.649%的股份，报告期内股份由 19998 万股增至 20418 万股。变动原因是本公司 2000 年 8 月实施 10 配 3 的配售方案，山西运城盐化局以现金认购 420 万股，其所持股份无质押或冻结情况。

南方摩托股份有限公司公司

一、公司简介

1、公司法定中文名称：南方摩托股份有限公司公司
英文名称：Nan Fang Motor Company Limited
2、公司法定代表人：刘迪群
3、公司董事会秘书：蔡光云　　公司董事会证券事务代表：刘绍雄
联系地址：湖南省株洲市董家土段南摩办公大楼
联系电话：(0733)8559515;　　传真：(0733)8559714
4、公司注册地址：湖南省株洲市高新技术产业开发区天台西路 1 号公司
办公地址：湖南省株洲市董家土段南摩办公大楼　邮政编码：412002
公司电子信箱：nfmt@mail.zz.hn.cn
公司国际互联网网址：http://www.nanfangmotor.com.cn
5、公司选定的信息披露报纸为《中国证券报》。
登载公司年度报告的国际互联网网址为 http://www.cninfo.com.cn
公司年度报告备置地点：公司证券部
6、公司股票上市交易所：深圳证券交易所
股票简称：南方摩托　　股票代码：0738

二、会计数据和业务数据摘要

（一）本年度利润总额及构成：　（单位：元）

利润总额：	−162,081,607.36
净利润：	−162,231,607.36
扣除非经常性损益后的净利润：	−147,286,796.01
主营业务利润：	−13,704,067.54
其它业务利润：	8,470,060.69
营业利润：	−150,386,464.38
投资收益：	−9,055,876.60
补贴收入：	0.00
营业外收支净额：	−2,639,266.38
经营活动产生的现金流量净额：	−31,091,762.85
现金及现金等价物净增加额：	−68,779,989.55

注：扣除的非经常性损益项目和涉及金额：
1、合并价差摊销：　11,115,366.07
2、固定资产处置损益：　−3,829,445.28

（二）截止报告期末公司前三年的主要会计数据及财务指标（合并报表）：单位：人民币元

项目	2000 年度	1999 年度		1998 年度	
		调整后	调整前	调整后	调整前
1.主营业务收入	511,526,344.99	988,091,691.01	988,091,691.01	1,198,472,480.31	1,198,472,480.31
2.净利润	−162,231,607.36	27,085,812.64	29,816,268.94	112,640,787.83	118,981,929.39
3.总资产	1950538,318.51	2022,263,850.00	2020892,173.34	1,903,492,757.42	2,031,540,989.11
4.股东权益)(不含少数股东权益)	1007396,717.66	1144544,578.02	1174,516,340.93	1,021,233,638.10	1,149,281,869.79
5.每股收益	−0.41	0.068	0.075	0.30	0.32
6.每股收益(按月平均加权法计算)	−0.41	0.068	0.08	0.30	0.32
7.扣除非经常性损益后的每股收益	−0.38	0.10	0.11	0.338	0.355
8.每股净资产	2.54	2.95	2.95	2.76	3.10
9.调整后的每股净资产	2.25	2.77	2.77	2.65	3.04
10.每股经营活动产生的现金流量净额	−0.08	−38	−0.38	0.48	0.48
11.净资产收益率(%)	−16.06	2.31	2.54	11.03	10.35

（三）利润表附表

报告期利润	净资产收益率(%)		每股收益（元）	
	全面摊薄	加权平均	全面摊薄	加权平均
主营业务利润	−1.36	−1.26	−0.03	−0.03
营业利润	−14.89	−13.78	−0.38	−0.38
净利润	−16.06	−14.87	−0.41	−0.41
扣除非经常性损益后的净利润	−14.70	−13.61	−0.37	−0.37

三、股东情况介绍

(1)报告期末股东总数 64813 名。
(2)持有本公司 5%以上股份及前 10 名股东持股情况。

名次	股东名称	年末持股数(股)	持股比例(%)
1	南方动力	261800000	65.81
2	潘镜棠	799000	0.20
3	桂明	750600	0.18
4	温桂峰	302953	0.076
5	尹强杰	275950	0.069
6	阎炀	272000	0.068
7	童三娥	264500	0.066
8	高晓东	259055	0.065
9	刘会	250000	0.063
10	刘斌	240000	0.060

(3)持股东 10%以上的法人股东情况：

中国南方航空动力机械公司，截止 2000 年年末，持有本公司股份 26180 万股，占总股本的 65.81 %。法定代表人刘迪群。该公司经营范围为：生产经营航空发动机、工业燃气轮机及成套设备、摩托车及发动机、航模系列产品、仪器仪表、机床、电机、电器、内燃机零配件以及航空零部件转包加工。

报告期内该公司持有的本公司股份，因八十年代末国家指令性担保诉讼于 2000 年 7 月 27 日分别被湖南省高级人民法院冻结 4510 万股、被长沙市中级人民法院冻结 580 万股，合计被冻结 5090 万股，占本公司总股本的 12.8%。本公司于 2000 年 8 月 22 日已就这一事实发出了公告。

(4)报告期内控股股东无变化。

青岛东方集团股份有限公司

一、公司简介

1、公司中文名称：青岛东方集团股份有限公司
公司英文名称：QINGDAO DONGFANG GROUP COMPANY LIMITED
2、公司法定代表人：谭京信
联系电话：0532-2651308
传真电话：0532-2651302
3、公司董事会秘书：阎国强
联系地址：中国青岛市胶州路 140 号
联系电话：0532-2829999-1698
传真电话：0532-2833885
电子信箱：qddfygq@mail.qdec.com.cn
4、公司注册地址：中国青岛市胶州路 140 号
公司办公地址：中国青岛市胶州路 140 号　　邮政编码：266011
国际互联网网址：http://www.0739qddf.com.cn
电子信箱：qddf@mail.qdec.com.cn
5、公司选定的信息披露报纸为：《证券时报》《中国证券报》
登载公司年度报告的国际互联网网址：http://www.cninfo.com.cn
公司年度报告备置地点：公司证券部
6、公司股票上市地：深圳证券交易所
公司股票简称：青岛东方　　公司股票代码：0739

二、会计数据和业务数据摘要

1、本年度主要会计数据和财务指标

公司本年度的利润总额：	6,023,614.89
净利润：	7,477,909.82
扣除非经营性损益后的净利润：	4,645,264.86
主营业务利润：	21,648,686.72
其他业务利润：	15,544,986.04
营业利润：	2,641,040.26
投资收益：	2,246,470.67
补贴收入：	0
营业外收支净额：	1,136,103.96
经营活动产生的现金流量净额：	7,079,831.92
现金及现金等价物净增加额：	-59,765,999.45

注：扣除的非经营性损益项目有：(1)营业外收支净额 1,136,103.96 元；(2)财政返还所得税 1,696,541.00 元。

2、三年主要会计数据和财务指标　　　金额单位：元

项　目	2000 年		1999 年	1998 年 调整前	1998 年 调整后
主营业务收入	196,473,753.75		228,309,215.29	418,911,491.25	418,911,491.25
净利润	7,477,909.82		7,629,308.50	25,732,527.91	4,046,186.45
总资产	546,583,371.27		520,325,482.83	475,188,466.08	453,477,830.92
股东权益(不含少数股东权益)	313,722,472.15		306,244,562.33	247,184,190.37	225,497,848.91
	全面摊薄	加权平均	全面摊薄	全面摊薄	全面摊薄
每股收益	0.05	0.05	0.05	0.34	0.05
每股净资产	2.15	2.15	2.10	3.27	2.98
调整后的每	2.13	2.13	2.08	3.20	2.92
每股经营活动产生的现金流量净额	0.05	0.05	-0.14		
净资产收益率	2.38	2.38	2.49%	10.41%	5.35%

上表中 1998 年度调整后数据是指 1999 年度根据财政部的规定，按追溯调整法对公司财务进行四项计提计算的。

3、利润表附表

报告期利润	净资产收益率 全面摊薄	净资产收益率 加权平均	每股收益 全面摊薄	每股收益 加权平均
主营业务利润	6.90	6.90	0.15	0.15
营业利润	0.84	0.84	0.02	0.02
净利润	2.38	2.38	0.05	0.05
扣除非经营性损益后的净利润	1.48	1.48	0.03	0.03

三、股东情况介绍

1、截止报告期末公司股东总数为 32,207 户，其中在深圳证券登记公司暂时冻结的公司职工股(高管股)股东数量为 16 户。

2、前十名股东持股情况

股东名称	持股数量(股)	占总股本比例(%)
青岛市供销合作社联合社	71,085,230	48.77
青岛市农业生产资料总公司	324,000	1.01
陈浩勤	316,472	0.34
浙江博联营养与工程科学研究院	275,681	0.31
韩晓丽	239,900	0.31
李远英	224,000	0.29
青岛市棉麻公司	216,000	0.26
青岛市供销房地产开发公司	216,000	0.24
沉晓瑚	211,000	0.23
魏光云	210,013	0.23

(1)上述前十名股东中，青岛市供销合作社联合社持有公司股本中的国家股，根据国家现行的有关规定，暂不上市流通。

(2)前十名股东中青岛市农业生产资料总公司、青岛市棉麻公司、青岛市供销房地产开发公司是公司发起人股东，与青岛市供销合作社联合社存在关联关系。

(3)公司持股 5%(含 5%)以上的股东所持股份无质押、冻结情况。

湖南计算机股份有限公司

一、公司简介

1、公司法定中、英文名称及缩写
中文名称：湖南计算机股份有限公司
英文名称：Hunan Computer Co., Ltd　　英文缩写：HCC
2、公司法定代表人：杨德泉
3、董事会秘书：杨林　　授权代表：蒯静
联系地址：湖南省长沙市雨花路 161 号　　邮编：410007
电话：0731-5559794，5554610-588　　传真：0731-5514776
电子信箱：hcfpo@public.cs.hn.cn
4、公司注册及办公地址：湖南省长沙市雨花路 161 号　　邮编：410007
公司国际互联网网址：http://www.hcc.com.cn　　电子信箱：hcfpo @ public.cs.hn.cn
5、公司选定的信息披露报纸：《中国证券报》、《证券时报》
刊登公司年度报告的国际互联网网址：www.cninfo.com.cn
公司年度报告备置地点：本公司证券部
6、公司股票上市交易所：深圳证券交易所
股票简称：湘计算机　　股票代码：0748

二、公司会计数据和业务数据摘要

1、本年度主要会计数据(单位：元)

利润总额	64,195,876.76
净利润	51,862,748.00
扣除非经常性损益后的净利润	50,900,140.93
主营业务利润	180,497,064.91
其他业务利润	2,156,629.87
营业利润	54，733，507.84
投资收益	8,499,761.85
补贴收入	873,368.32
营业外收支净额	89,238.75
经营活动产生的现金流量净额	85,704,115.14
现金及现金等价物净增加额	-101,721,207.33

2、近三年主要会计数据及财务指标(合并报表)

	2000 年度	1999 年度 调整前	1999 年度 调整后	1998 年度 调整前	1998 年度 调整后
主营业务收入	706955876.83	616730625.80	616730625.80	502468377.69	502468377.69
净利润	51862748.00	42832467.07	43320261.05	64014232.93	57882511.12
总资产	943216030.68	927499796.08	926722174.37	820682812.91	791363525.40
股东权益	624146531.37	594333467.39	594821261.37	477516543.57	448797386.89
每股收益(摊薄)	0.229	0.189	0.191	0.30	0.27
(加权)	0.229	0.199	0.201	0.301	0.272
(扣除非经常性损益)	0.225	0.187	0.190	0.302	0.273
每股净资产	2.757	2.625	2.628	2.24	
调整后每股净资产	2.697	2.57	2.576	2.17	2. 05
每股经营活动产生的现金流量净额	0.379	0.274	0.274	0.053	0.053
净资产收益率(摊薄)	8.31%	7.21%	7.28%	13.41%	12.9%
(加权)	8.35%	9.02%	9.12%	13.71%	12.4%

按中国证监会《公开发行证券公司信息披露编报规则(第 9 号)》的要求计算的数据

报告期利润	净资产收益率 全面摊薄	净资产收益率 加权平均	每股收益 全面摊薄	每股收益 加权平均
主营业务利润	28.92%	29.08%	0.797	0.797
营业利润	8.77%	8.82%	0.242	0.242
净利润	8.31%	8.35%	0.229	0.229
扣除非经常性损益后的净利润	8.16%	8.20%	0.225	0.225

3.股东权益变动情况

项目	股本	资本公积	盈余公积	法定公益金	未分配利润	股东权益合计
期初数	226374780	348608431.98	30819045.48	12060461.20	-10980996.09	594821261.37
本期增加		100000.00	15636597.16	6253150.74	51862748.00	67599345.16
本期减少						
期末数	226374780	348708431.98	46455642.64	18313611.94	2607676.75	624164531.37

变动原因：资本公积增加是因为报告期内环保贷款豁免；
盈余公积增加是因为计提法定公积金、法定公益金、任意盈余公积；
未分配利润增加是因为本年度实现的净利润，减少的原因是本期拟实施每 10 股派 1 元分红方案以及计提盈余公积。

三、股东情况介绍

(1)、截止报告期末，公司股东总数为 65478 户，其中国有法人股东 4 户，社会公众股东 65474 户。

(2)、前十名股东持股情况

序号	名称	持股数(万股)	比例(%)
1	中国长城计算机集团公司	8090.30	35.74
2	湖南电子信息产业集团有限公司	4372.478	19.32
3	邵阳电源总厂	895.90	3.96
4	北京建银电脑公司	278.80	1.23
5	金鼎证券投资基金	218.3836	0.96
6	兴业证券投资基金	80.00	0.35
7	景阳证券投资基金	73.8941	0.33
8	刘大亨	59.14	0.26
9	金盛证券投资基金	50.0595	0.22
10	景福证券投资基金	49.9945	0.22

注 1：前四名为发起人股东，属国有法人股，尚未流通，且相互之间不存在关联关系。其余为社会公众股。2：本报告期内，湖南计算机厂有限责任公司对本公司第三大股东--邵阳电源总厂进行了承债式兼并，相关手续正在办理中。

(3)持有本公司 10%以上股份的法人股东情况：中国长城计算机集团公司系本公司第一大股东，持有本公司股份 35.74%，法定代表人：王之。该公司经营范围为：计算机软、硬件产品，电子产品及通讯设备与电子信息技术产品及有关电子仪器、仪表、集成电路、元器件、模具及表面装饰产品的设计、开发、生产；成套计算机应用系统工程和通讯系统工程的承包等。报告年度该公司持有本公司的股份无质押和冻结情况。

桂林集琦药业股份有限公司

一、公司简介

1、公司法定中文名称:桂林集琦药业股份有限公司
中文缩写:桂林集琦
英文名称:GuilinJiqi Pharmaceutical Co., Ltd.
2、公司法定代表人:刘及响
3、董事会秘书:伏卧龙　　董事会证券事务代表:刘胜贤
联系地址:广西壮族自治区桂林市育才路55号　　邮政编码:541004
联系电话:0773-5818066或0773-5812938转8005
传　　真:0773-5815328　　电子信箱:5818066@163.com
4、公司注册地址及办公地址:桂林市育才路55号
公司国际互联网网址:http://www.guilinjiqi.com.cn
电子信箱:sc@guilinjiqi.com.cn
5、公司信息披露报刊:《证券时报》、《中国证券报》
登载公司年度报告的中国证监会指定国际互联网网址:http://www.cninfo.com.cn
公司年报备置地点:公司证券部
6、公司股票上市地:深圳证券交易所
股票简称:桂林集琦　　股票代码:0750

二、会计数据和业务数据摘要

(一)主要会计数据　　单位:人民币元

公司本年度实现利润总额	58,540,729.62
净利润	18,827,498.75
扣除非经常性损益后的净利润	18,137,131.82
主营业务利润	128,379,600.33
其他业务利润	3,535,373.35
营业利润	57,982,840.09
投资收益	-222,477.40
补贴收入	90,000.00
营业外收支净额	690,366.93
经营活动产生现金流量净额	-65,757,014.78
现金及现金等价物净增加额	64,320,612.49

(二)公司近三年主要财务指标　　单位:人民币元

指标项目	2000年	1999年	1998调整数	1998年
主营业务收入	227,371,697.60	135,402,141.30	165,629,682.28	165,629,682.28
净利润	18,827,498.75	12,305,960.41	39,383,130.72	43,645,903.07
总资产	1,091,794,601.70	684,121,083.77	532,723,134.40	552,455,044.49
股东权益	670,269,380.93	389,354,257.00	377,048,296.59	396,780,026.68
每股收益	0.0876	0.1448	0.4633	0.5135
每股净资产	3.1167	4.5806	4.4359	4.668
调整后的每股净资产	2.9792	4.5171	4.4346	4.665
每股经营活动产生的现金流量净额	-0.3058	0.2653	0.439	0.439
净资产收益率	2.81%	3.16%	10.45%	11%
加权每股收益	0.0883	0.1448	0.4633	0.5135
摊薄每股收益	0.0875	0.1448	0.4633	0.5135
加权净资产收益率	2.95%	3.43%	9.93%	10.43%
摊薄净资产收益率	2.81%	3.16%	9.93%	10.43%
扣除非经常性损益后的加权净资产收益率	2.84%	2.63%	8.01%	8.61%
扣除非经常性损益后的摊薄净资产收益率	2.71%	2.42%	8.01%	8.61%

(三)利润表附注　(单位:人民币元)

2000年度	报告期利润	净资产收益率(%)		每股收益(元/股)	
		全面摊薄	加权平均	全面摊薄	加权平均
主营业务利润	128,379,600.33	19.15	20.09	0.5970	0.6022
营业利润	57,982,840.09	8.65	9.07	0.2696	0.2720
净利润	18,827,498.75	2.81	2.95	0.0875	0.0883
扣除非经常性损益后的净利润	18,137,131.82	2.71	2.84	0.0843	0.0851

(四)报告期内股东权益变动情况　　单位:股、人民币元

项目	股本	资本公积	盈余公积	法定公益金	未分配利润	股东权益合计
期初数	85,000,000.00	225,943,534.38	62,528,569.51	6,801,500.50	15,882,153.11	389,354,257.00
本期增加	130057400.00	239,558,925.18	2,824,124.82	941,374.94	18,827,498.75	397,543,823.93
本期减少	-	107,528,700.00	-	-	2,824,124.82	116,628,700.00
期末数	215,057,400.00	357,973,759.56	65,352,694.33	7,742,875.42	31,885,527.04	670,269,380.93

变动原因:股本的增加系由于实施1999年"10配3"的配股方案及2000年中期的"十转增十"的资本公积金转增股本方案。资本公积金的增减亦是因公司1999年配股方案及2000年中期资本公积金转增股本方案的实施;盈余公积及法定公益金的增加系计提法定盈余公积和公益金所致;未分配利润的增减系2000年度实现利润及提取盈余公积所致;股东权益的增加系1999年配股方案、2000年中期的十转增十的资本公积金转增股本方案的实施及2000年利润的取得。

三、股东情况介绍

1、截至2000年12月31日,本公司股东总数为68866户。
2、报告期末公司前十名股东持股情况如下:

序号	股东名称	拥有股数	股票性质	持股百分比(%)
1	桂林集琦集团有限公司	88897988	国有法人股	41.3369
2	南宁市荣高实业有限责任公司	3959412	社会法人股	1.8411
3	深圳市蛇口招港实业有限公司	1632250	上市流通股	0.7590
4	深圳蛇口招港实业发展有限公司	1416750	上市流通股	0.6588
5	上海原水房地产开发经营公司	1181729	上市流通股	0.5495
6	信　维	1017000	上市流通股	0.4729
7	章　兵	919940	上市流通股	0.4278
8	陈廷祥	880000	上市流通股	0.4092
9	崔道荣	800000	上市流通股	0.3720
10	王友军	736617	上市流通股	0.3425

葫芦岛锌业股份有限公司

一、公司简介

1.公司法定中文名称:葫芦岛锌业股份有限公司
公司法定英文名称:HULUDAO ZINC INDUSTRY CO., LTD.
2.公司法定代表人:侯宝泉
3.公司董事会秘书:曲路新
董事会证券事务代表:文刚
联系地址:辽宁省葫芦岛市龙港区锌厂路24号
电话:(0429)2024121
传真:(0429)2104084
董事会秘书电子信箱:sec@huludaozinc.com
证券事务代表电子信箱:stock@huludaozinc.com
4.公司注册地址:辽宁省葫芦岛市
公司办公地址:辽宁省葫芦岛市龙港区锌厂路24号
邮政编码:125003
公司国际互联网网址:http://www.huludaozinc.com
电子信箱:hx@huludaozinc.com
5.公司披露信息的报纸:《中国证券报》和《证券时报》
登载年度报告的网址:http://www.cninfo.com.cn
年度报告备置地点:公司董事会秘书办公室
股东咨询电话:(0429)2024121
6.公司股票上市地:深圳证券交易所
股票简称:锌业股份　股票代码:0751

二、会计数据和业务数据摘要

1.公司本年度实现利润情况　　(单位:元)

利润总额	456,928,992.23
净利润	418,365,469.54
扣除非经常性损益后的净利润	418,365,469.54
主营业务利润	609,143,240.67
其他业务利润	-1,313,413.00
营业利润	457,825,985.51
投资收益	-
补贴收入	-
营业外收支净额	-896,993.28
经常活动产生的现金流量净额	-83,742,134.37
现金及现金等价物净增加额	28,558,625.12

注:按中国证监会信息披露编报规则(第九号)要求计算的数据如下:

项目	数额(元)	净资产收益率(%)		每股收益(元/股)	
		全面摊薄	加权平均	全面摊薄	加权平均
主营业务利润	609,143,240.67	23.62	27.43	0.69	0.72
营业利润	457,825,985.51	17.75	20.62	0.52	0.54
净利润	418,365,469.54	16.22	18.84	0.475	0.49
扣除非经常性损益后的利润	418,365,469.54	16.22	18.84	0.475	0.49

2.公司近三年主要会计数据和财务指标:

项目	2000年	1999年	1998年	
			调整前	调整后
主营业务收入(元)	2,936,355,900.13	2,528,076,855.39	2,535,287,642.90	2,535,287,642.90
净利润(元)	418,365,469.54	268,302,127.83	172,809,006.11	116,319,121.73
总资产(元)	4,050,437,988.49	3,221,422,354.24	3,484,821,307.74	3,341,403,109.66
股东权益(元)	2,579,325,539.04	1,827,743,039.10	1,702,859,109.35	1,559,440,911.27
摊薄每股收益(元/股)	0.475	0.436	0.281	0.189
加权每股收益(元/股)	0.49	0.436	0.281	0.189
每股净资产(元/股)	2.93	2.97	2.77	2.54
调整后每股净资产(元/股)	2.85	2.90	2.71	2.50
每股经营活动产生的现金流量净额(元/股)	-0.095	0.118	-0.38	-0.38
净资产收益率(%)	16.22	14.68	10.15	7.46
加权净资产收益率(%)	18.84	14.68	10.15	7.46

注:本公司1998年、1999年总股本为615,000,000股;2000年1-5月总股本为615,000,000股,6-8月为677,768,286股,9-12月为881,098,771股,以上相关数据均当期总股本计算所得。

3.股东权益变动情况(单位:元)

项目	股本	资本公积	盈余公积	法定公益金	未分配利润	股东权益合计
期初数	615,000,000	641,027,607.26	242,664,794.92	82,951,809.07	329,050,636.92	1,827,743,039.10
本期增加	266,098,771	338,225,573	62,754,820.43	20,918,273.48	355,610,649.11	751,582,499.94
本期减少		203,330,485			67,776,828.6	
期末数	881,098,771	775,922,695.26	305,419,615.35	103,870,082.55	616,884,457.43	2,579,325,539.04

三、股本变动和主要股东持股情况

1、截止2000年12月29日,本公司股东户数181,329户,其中未流通法人股股东3户。
2、公司前10名股东持股情况:

名次	股东名称	持股数(股)	占总股本比例(%)
1	葫芦岛锌厂	530,761,771	60.24
2	葫芦岛锌厂工贸实业总公司	2340,000	0.26
3	安信证券投资基金	2,071,638	0.24
4	李久远	1,229,546	0.14
5	申银证券	1,000,000	0.11
6	葫芦岛锌厂工程总公司	975,000	0.11
7	张焕燕	936,907	0.106
8	何富	812,695	0.092
9	北京大学教育基金会	610,610	0.069
10	沈阳北方证券公司第一营业部	546,785	0.062

注:前1、2、6名为公司法人股股东,均为本公司发起人;葫芦岛锌厂工贸实业总公司和葫芦岛锌厂工程总公司为行政隶属于葫芦岛锌厂的集体所有制企业。持股5%以上的法人股股东葫芦岛锌厂未将持有的本公司股份进行任何质押和冻结。

西藏拉萨啤酒股份有限公司

一、公司简介

(一)公司法定名称:西藏拉萨啤酒股份有限公司
英文名称:LHASA BREWERY CO.,LTD.
(二)公司法定代表人:王健
(三)公司董事会秘书及授权代表:
董事会秘书:牟春华　　授权代表:陈红兵
联系地址:成都市羊市街西延线三洞桥15号现代大厦4F
电话(TEL):(0891)6329377　(028)7793136　传真(FAX):(0891)6329377　(028)7793136
(四)公司注册地址:西藏自治区拉萨市色拉路36号
公司办公地址:西藏自治区拉萨市色拉路36号
邮政编码:850001　电子信箱:lhasabre @ mail.sc.cninfo.net
(五)公司选定的信息披露报纸名称:《中国证券报》、《证券时报》。登载公司年度报告的中国证监会指定国际互联网网址:http://www.cninfo.com.cn
公司年度报告备置地点:公司董事会秘书室。
(六)公司股票上市交易所:深圳证券交易所。
股票简称:拉萨啤酒。　股票代码:0752。

二、会计数据和业务数据摘要

(一)公司本年度主要会计数据(单位:元):

利润总额	32,621,860.89
净利润	27,763,827.68
扣除非经常性损益后的净利润	19,178,269.15
主营业务利润	45,351,685.30
其他业务利润	3,650,804.25
营业利润	22,760,871.44
投资收益	8,247,352.60
补贴收入	1,358,116.43
营业外收支净额	255,520.42
经营活动产生的现金流量净额	-12,925,480.28
现金及现金等价物净增加额	26,315,214.45

注:扣减非经常性损益项目及金额(扣除应交税款后)

(1)补贴收入	1,358,116.43
(2)营业外收支净额	217,192.36
(3)投资收益	7,010,249.71

(二)利润表附表:
根据中国证监会公开发行证券公司信息披露编报规则(第9号)的要求编制。

项目	净资产收益率		每股收益	
	全面摊薄	加权平均	全面摊薄	加权平均
主营业务利润	13.94	15.40	0.25	0.26
营业利润	6.99	7.73	0.13	0.13
净利润	8.53	9.43	0.16	0.16
扣除非经常性损益后的净利润	5.89	6.51	0.11	0.11

(三)公司前三年主要会计数据和财务指标(单位:元)

项目	2000年	1999年	1998年(调整后)
主营业务收入	110,105,941.36	119,094,390.94	52,923,014.07
净利润	27,763,827.68	46,835,271.96	24,919,357.57
总资产	495,296,656.59	390,169,275.71	293,569,034.06
股东权益	325,419,583.04	232,299,315.16	184,247,048.82
全面摊薄每股收益(元/股)	0.16	0.42	0.378
加权平均每股收益(元/股)	0.16	0.42	0.378
扣除非经常性损益后的每股收益(元/股)	0.11	0.37	0.378
每股净资产	1.85	2.00	2.79
调整后的每股净资产(元/股)	1.81	2.01	2.76
每股经营活动产生的现金流量净额	-0.07	0.51	0.57
净资产收益率(%)	8.53	20.74	13.52

注:主要财务指标计算公式如下:
每股收益=净利润/年度末普通股股份总数
每股净资产=年度末股东权益/年度末普通股股份总数
调整后的每股净资产=(年度末股东权益-三年以上的应收款项净额-待摊费用 待处理(流动、固定)资产净损失-开办费-长期待摊费用-住房周转金负数余额)/年度末普通股股份总数
每股经营活动产生的现金流量净额=经营活动产生的现金流量净额/年度末普通股股份总数
净资产收益率=净利润/年度末股东权益 X100%

三、股本变动及股东情况

(一)股东情况介绍:
1、报告期末股东总数为20270户。
2、报告期末公司前十名股东持股情况(截止2000年12月31日):

序号	股东名称	持股数(股)	所占比例(%)
(1)	四川光大金联实业有限公司	60364942	34.33
(2)	西藏自治区国有资产经营公司	40243294	22.89
(3)	光大证券有限责任公司	7169747	4.08
(4)	西藏明珠股份有限公司	748944	0.43
(5)	四川省国托物业管理有限责任公司	734259	0.42
(6)	西藏自治区矿业发展总公司	556568	0.32
(7)	扎西才旦	401000	0.23
(8)	兰田玉	331200	0.19
(9)	马晓力	301500	0.17
(10)	赵军	290000	0.16

福建双菱集团股份有限公司

(一)公司简介

1、公司法定中文名称:福建双菱集团股份有限公司
公司法定英文名称:FUJIAN DOUBLE RHOMB CO.,LTD.
2、公司法定代表人:朱煜煊
3、公司董事会秘书:林学斌　证券事务代表:李勤
联系地址:福建省漳州市东环路
电话:(0596)2951030转23507　传真:(0596)2952023
电子信箱:fjdrzet@public.zzptt.fj.cn
4、公司注册及办公地址:福建省漳州市东环路　邮政编码:363000
公司国际互联网网址:http://www.sljt.com　电子信箱:fjdrzet@public.zzptt.fj.cn
5、公司选定的信息披露报纸名称:《证券时报》
登载公司年度报告的中国证监会指定国际互联网网址:http://www.cninfo.com.cn
公司年度报告备置地点:公司证券部
6、公司股票上市地:深圳证券交易所　股票简称:福建双菱　股票代码:0753

(二)会计数据和业务数据摘要

1、本年度主要会计数据　单位:人民币元

利润总额	42,758,889.48
净利润	36,240,229.51
扣除非经常性损益后的净利润	32,648,969.30
主营业务利润	62,650,649.24
其它业务利润	13,206,585.50
营业利润	35,799,336.74
投资收益	5,031,885.61
补贴收入	3,500,000.00
营业外收支净额	-1,572,332.87
经营活动产生的现金流量净额	80,972,260.19
现金及现金等价物净增加额	96,409,303.16

注:扣除的非经常性损益项目和涉及金额　(单位:人民币元)

捐赠支出	50,000.00
罚款滞纳金	41,260.21
补贴收入	3,500,000.00
合　计	3,591,260.21

2、截止至报告期末公司前三年主要会计数据和财务指标　单位:人民币元

项目	2000年	1999年	1998年 调整前	1998年 调整后
主营业务收入	149,871,410.35	135,970,891.76	120,053,387.06	120,053,387.06
净利润	36,240,229.51	58,802,975.31	53,000,790.57	48,451,499.76
总资产	743,631,987.13	699,103,542.02	575,885,539.87	563,319, 968.90
股东权益	595,013,101.15	558,208,684.76	512,931,556.96	498,925,206.15
每股收益(摊薄)	0.18	0.29	0.44	0.40
每股收益(加权)	0.18	0.29	0.44	0.40
扣除非经常性损益后的每股收益	0.16	0.21	0.45	0.41
每股净资产	2.92	2.74	4.27	4.16
调整后每股净资	2.77	2.70	4.22	4.10
每股经营活动产生的现金流量净额	0.40	-0.13	-0.15	-0.15
净资产收益率(%摊薄)	6.09	10.51	10.33	9.70
净资产收益率(%加权)	6.29	11.09	10.89	10.01
扣除非经常性损益后净资产收益率(%摊薄)	5.77	7.68		
扣除非经常性损益后净资产收益率(%加权)	5.95	8.23		

3、按照中国证监会《公开发行证券公司信息披露编报规则(第9号)》要求计算的2000年指标数据如下:

2000年度	报告期利润(元)	净资产收益率(%) 全面摊薄	净资产收益率(%) 加权平均	每股收益(元/股) 全面摊薄	每股收益(元/股) 加权平均
主营业务利润	62,650,649.24	10.53	10.87	0.3070	0.3070
营业利润	35,799,336.74	6.02	6.21	0.1754	0.1754
净利润	36,240,229.51	6.09	6.29	0.1776	0.1776
扣除非经常性损益后的净利润	32,648,969.30	5.77	5.95	0.1681	0.1681

(三)股本变动及股东情况

1、股本变动情况　单位:股

	期初数	本次变动增减	期末数
一、尚未流通股份			
1、国家拥有股份	16,517,472		16,517,472
2、境内法人持有股份	116,135,160		116,135,160
尚未流通股份合计	132,652,632		132,652,632
二、已流通股份			
境内上市的人民币普通股	71,399,999		71,399,999
其中:高管持股	62,770		62,770
已流通股份合计	71,399,999		71,399,999

(1)股东数量　截止2000年12月31日,公司共有股东48296户。
(2)公司前10名股东持股情况

股东名称	持股数量(股)	占总股本比例	股份性质
1、福建省漳州建筑瓷厂	62,055,372	30.41%	法人股
2、漳州公路交通实业总公司	29,020,632	14.22%	法人股
3、福建省漳州建筑瓷厂工会	21,926,736	10.75%	法人股
4、漳州市财政局	16,517,472	8.09%	国家股
5、漳州建业公司	2,303,160	1.13%	法人股
6、漳州市建筑劳务纸箱厂	763,368	0.37%	法人股
7、安徽红星电子技术有限责任公司	215,000	0.11%	上市流通股
8、席平水	198,100	0.10%	上市流通股
9、王福英	193,000	0.09%	上市流通股
10、刘泽明	153,000	0.07%	上市流通股

山西三维集团股份有限公司

(一)公司简介

1、公司法定中文名称:山西三维集团股份有限公司
英文名称:Shanxi Sanwei Group Co.,Ltd
2、公司法人代表:全立祥
3、公司董事会秘书:褚杰生　　电话(0357)6663123　6663423
授 权 人:张亚平　　电话(0357)6662666
传　　真:(0357)6663566
电子信箱:swzqb@sxsanwei.com
联系地址:山西省洪洞县·山西三维公司
4、公司注册地址:太原市高新技术产业开发区 VI-4 区
办公地址:山西省洪洞县赵城·山西三维公司
国际互联网地址:www.sxsanwei.com
电子信箱:swbgs@sxsanwei.com
5、公司选定《证券时报》为信息披露主要报纸.
登载公司年度报告的中国证监会指定国际互联网网址:http: //www. cninfo .com.cn
公司年度报告备置地点:山西省洪洞县赵城·山西三维公司
6、公司股票上市交易所:深圳证券交易所
股票简称:山西三维　　股票代码:0755

(二)会计数据和业务数据摘要

1、本年度会计数据摘要　　单位:元

利润总额	61,900,811.15
净利润	51,442,674.39
扣除非经常性损益后的净利润	51,442,674.39
主营业务利润	97,348,866.21
其他业务利润	2,570,001.01
营业利润	59,818,036.21
投资收益	4,478,112.50
补贴收入	
营业外收支净额	(2,392,975.06)
经营活动产生的现金流量净额	110,596,746.10
现金及现金等价物增加额	170,161,357.59

注:"扣除非经常性损益后的净利润"指标中,本报告期内无扣除的项目和涉及金额。

2、公司前三年的主要会计数据和财务指标

项目	2000 年度	1999 年度	1998 年度	
			追溯调整前	追溯调整后
主营业务收入	368,822,570.89	300,782,077.84	274,849,689.64	273,849,689.64
净利润	51,442,674.39	45,924,973.22	62,250,352.40	61,090,411.96
总资产	1,303,902,293.97	1,074,330,557.57	878,345,908.61	877,185,968.17
股东权益	840,072,680.50	643,542,466.43	598,777,433.66	597,617,493.22
每股收益(摊蒲)	0.1852	0.182	0.242	
每股收益(加权)	0.1896			
扣除非经常损益后的每股收益(摊薄)	0.1852			
扣除非经常性损益后的每股收益(加权)	0.1896	0.158		
每股净资产	3.024	2.554	2.38	
调整后的每股净资产	2.948	2.47	2.33	
每股经营活动产生的现金流量净额	0.398	-0.089	0.028	
净资产收益率(摊薄)	6.124	7.14	10.22	
净资产收益率(加权)	6.356			

3、按照中国证监会《公开发行证券公司信息披露编报规则(第 9 号)》要求计算本报告期的净资产收益率和每股收益:

项　目	净资产收益率(%)		每股收益	
	全面摊薄	加权平均	全面摊薄	加权平均
主营业务利润	11.588	12.028	0.3505	0.3588
营 业 利　润	7.121	7.391	0.2154	0.2205
净　　利　　润	6.124	6.356	0.1852	0.1896
扣除非经常性损益后的净利润	6.124	6.356	0.1852	0.1896

注:主要财务指标计算方法:
全面摊薄净资产收益率=报告期利润÷期末净资产
全面摊薄每股收益=报告期利润÷期末股份总数
加权平均净产收益率=P/(E0+NP÷2+Ei×Mi÷M0-Ej×Mj÷M0)

其中:P 为报告期利润;NP 为报告期净利润;E0 为期初净资产;Ei 为报告期发行新股或债转股等新增净资产;Ej 为报告期回购或现金分红等减少资产;M0 为报告期月份数;Mi 为新增净资产下一月份起至报告期期末的月份数;Mj 为减少资产下一月份起至报告期期末的月份数。

(三)股东情况介绍

1、报告期末股东总数为 91968 户。

2、2000 年 12 月 31 日前十名股东持股情况　　单位:股

序号	股东名称	年内配股增加	期末持股数量	占总股本比例(%)	说明
1	山西三维华邦集团有限公司	0	146911396	52.90	国家股未流通
2	山西省经济建设投资公司	0	14828924	5.34	国家股未流通
3	山西省经贸资产经营有限责任公司	400000	6280173	2.26	国家股未流通
4	谢秀琴		304061	0.11	流通股
5	太原现代集团有限公司	65058	281918	0.10	发起法人股未流通
6	太原利普公司	48793	211438	0.08	发起法人股未流通
7	李华贞		211386	0.08	流通股
8	黄少强		204000	0.07	流通股
9	杨子辉		189011	0.07	流通股
10	普丰证券投资基金		164736	0.06	流通股

山东新华制药股份有限公司

一、公司资料

公司中文名称:山东新华制药股份有限公司("公司")
公司英文名称:SHANDONG XINHUA PHARMACEUTICAL COMPANY LIMITED
公司注册及办公地址: 中华人民共和国("中国")山东省淄博市张店区东一路 14 号
公司国际互联网址:http://www.sdxh.com.cn
公司电子信箱:sdxhzy@zb-public.sd.cninfo.net
邮 政 编 码 :255005
公司法定代表人:贺端氵题
董事会秘书:曹长求　郭磊
董秘电子信箱:xhcs@zb-public.sd.cninfo.net
联系电话:86-533-2184223　　传真号码:86-533-2287508
国内信息披露报纸:《证券时报》、《中国证券报》
中国证监会指定国际互联网网址:http://www.cninfo.com.cn
上市资料:
H 股:香港联合交易所有限公司　　简称:山东新华制药　　代码:0719
A 股:深圳证券交易所　简称:新华制药　　代码:0756
公司资料查询地点:本公司董事会秘书室

二、会计数据和业务数据摘要

1. 按中国会计准则编制二零零零年度主要会计数据(人民币元)

项目	二零零零年
利润总额	84,674,944
净利润	69,119,387
扣除非经常性损益后的净利润	69,119,387
主营业务利润	302,244,138
其他业务利润	1,972,534
营业利润	86,497,378
投资收益	604,000
补贴收入	—
营业外收支净额	-2,426,434
经营活动产生的现金流量净额	167,535,324
现金及现金等价物净增加额	-10,423,190

2.财务摘要

(1)按香港普遍采纳之会计原则编制(人民币元)

损益表	2000 年	1999 年	1998 年
营业额	1,044,073,000	950,661,000	973,884,000
除税前盈利	83,404,000	68,268,000	65,027,000
税项	15,512,000	10,400,000	10,239,000
除税后盈利	67,892,000	57,868,000	54,788,000
少数股东权益	66,000	30,000	0
股东应占盈利	67,826,000	57,838,000	54,788,000
资产与负债表	2000 年	1999 年	1998 年
总资产	1,354,079,000	1,377,136,000	1,305,449,000
总负债	421,526,000	478,224,000	441,644,000
资产净值	932,553,000	898,912,000	863,805,000

(2)按中国会计准则编制(千元人民币)

项　　目	2000 年	1999 年	1998 年
主营业务收入	1,044,072,799	950,661,234	973,884,000
净利润	69,119,387	63,609,740	52,783,000
总资产	1,362,726,773	1,384,267,611	1,300,588,000
股东权益(不含少数股东权益)	925,696,192	890,784,569	849,905,000
每股收益			
全面摊薄	0.162	0.149	0.124
加权平均	0.162	0.149	0.124
每股净资产(人民币元)	2.166	2.08	1.99
调整后的每股净资产	2.166	2.06	1.99
净资产收益率(%)			
全面摊薄	7.47	7.14	6.21
加权平均	7.61	7.31	
每股经营活动产生的现金净流量	0.392	0.12	0.17
扣除非经常性损益后的净资产收益率			
全面摊薄	7.47	7.00	6.21
加权平均	7.61	7.16	
扣除非经常性损益后的每股收益	0.162	0.146	0.124

附注.本报告期末到摘要披露日,公司股本未发生变化。

三、、股东情况介绍

股东情况介绍:于 2000 年 12 月 31 日,本公司股东总数为 31,502 位,包括 H 股股东 183 位,A 股股东 31,319 位。

于 2000 年 12 月 31 日,持有本公司股份的前十名股东情况如下:

股　东　名　称	股份性质	持股数	总股本比重%
1. 山东新华医药集团有限责任公司	未流通 A 股	217,440,000	50.89
2. 香港中央结算(代理人)有限公司	流通 H 股	138,181,999	32.34
3. 山东鲁信国际经济股份有限公司	未流通 A 股	3,000,000	0.70
4. Yeung Ting Kwong David	流通 H 股	1,600,000	0.37
5.中国医药工业公司	未流通 A 股	1,540,000	0.36
6. 青岛市医药物资公司	未流通 A 股	1,100,000	0.26
7. 中国医药对外贸易总公司	未流通 A 股	1,000,000	0.23
8. 山东北方制药厂	未流通 A 股	1,000,000	0.23
9. 香港上海汇丰银行(代理人)有限公司 A/C BR-79	流通 H 股	902,000	0.21
10.香港上海汇丰银行(代理人)有限公司 A/C BR-80	流通 H 股	902,000	0.21

四川峨眉柴油机股份有限公司

(一) 公司简介

1、公司中文名称:四川峨眉柴油机股份有限公司
英文名称:SI CHUAN EMEI DIESEL ENGINE JOINT-STOCK CO., LTD.
2、公司法定代表人:曹邦俊
3、公司董事会秘书:徐 琳
授权代表:刘本忠
联系地址:四川省内江市椑木镇公司本部
电 话:0832-2414714
传 真:(0832)2411301
公司电子信箱:njja01@nj-public.sc.cninfo.net
4、公司注册地址:四川省内江市
公司办公地址:四川省内江市木镇
邮 政 编 码: 641113
公司国际互联网网址:www.neijiangechai.com www.chinaemei.com
5、公司选定信息披露报纸:《证券时报》
刊登年报的中国证监会指定网址:http://www.cninfo.com.cn
公司年度报告备置地址:公司本部证券部
6、公司股票上市交易所:深圳证券交易所
股票简称:内江峨柴 股票代码:0757

(二)会计数据和业务数据摘要

1、会计数据和业务数据摘要
2、截止报告期末公司前三年主要会计数据和财务数据 单位:元

项 目	2000 年	1999 年		1998 年	
		调整前	调整后	调整前	调整后
主营业务收入	232,643,161.79	277,308,613.93	277,308,613.93	271,852,491.65	271,852,491.65
净利润	28,679,899.92	30,024,295.08	27,648,637.40	38,495,784.01	35,677,947.97
总资产	713,800,001.20	684,059,493.81	659,752,927.51	514,084,558.48	495,219,886.58
股东权益	473,233,926.31	486,815,268.18	456,747,397.35	379,340,962.35	332,267,959.95
每股收益	0.19	0.20	0.18	0.36	0.33
扣除非经营性损益后每股收益	0.13	0.16	0.16	0.29	0.26
每股净资产	3.10	3.19	3.00	3.53	3.09
调整后的每股净资产	3.02	3.16	2.96	3.50	3.06
每股经营活动产生的现金流量净额	0.03	-0.18	-0.18	0.03	0.03
净资产收益率(%)	6.06	6.17	6.05	10.15	10.74
净资产收益率(%)(加权)	6.09	7.04	7.31	10.69	9.95

根据中国证监会《信息披露编报规则(第九号)》要求计算的数据

报告期利润	净资产收益率(%)				每股收益(元/股)			
	2000 年		1999 年		2000 年		1999 年	
	全面摊薄	加权平均	全面摊薄	加权平均	全面摊薄	加权平均	全面摊薄	加权平均
主营业务利润	11.99	11.69	14.28	16.42	0.37	0.37	0.43	0.45
营业利润	6.51	6.53	7.01	8.41	0.20	0.20	0.21	0.22
净利润	6.06	6.09	6.05	7.31	0.19	0.19	0.18	0.19
扣除非经常性损益后净利润	4.13	4.19	5.32	6.45	0.13	0.13	0.16	0.17

主要财务指标计算公式:
每股收益=净利润/年度末普通股股份总数
每股净资产=年度末股东权益/年度末普通股股份总数
净资产收益率=净利润/年度末股东权益×100%
调整后的每股净资产=(年度末股东权益-三年以上应收款项净额-待摊费用-待处理(流动、固定)资产净损失-开办费-长期待摊费用)/年度末普通股股份总数
每股经营活动产生的现金流量净额=经营活动产生的现金流量净额/年度末普通股股份总数
全面摊薄净资产收益率=报告期利润÷期末净资产
全面摊薄每股收益=报告期利润÷期末股份总数
3、股东权益变动情况

项目	股本	资本公积	盈余公积	法定公益金	未分配利润	股东权益合计
期初数	152,417,137	21,061,188.70	36,247,256.43	7,866,131.94	50,155,683.28	456,747,397.35
本期增加	--	--	8,735,278.61	1,499,649.32	28,679,899.92	38,914,827.85
本期减少	--	--	--	--	22,428,298.98	22,428,298.98
期末数	152,417,137	210,061,188.70	44,982,535.04	9,365,781.26	56,407,284.31	473,233,926.31
变动原因说明		1、本期增加属本年度计提数。 2、本期减少系提取盈余公积及预提现金红利派发数			1、本期增加系本年净利润;	

(二)股东情况介绍

1、报告期末股东总户数 17682 户
2、报告期内持本公司 5%(含 5%)以上股份的股东情况
报告期内公司前十名股东持股情况(截止 2000 年 12 月 31 日)

序号	股东名称	期初持股数(万股)	股份增减变动数(±)	期末持股数(万股)	占总股本比例(%)
1	内江市国有资产管理局(国家股持股单位)	7672.01	---	7672.01	50.34
2	四川峨眉柴油机股份有限公司工会	969.8117	---	969.8117	6.36
3	四川省信托投资公司	286.9307	-43.0693	242.9307	1.59
4	中国工行四川信托投资公司内江办事处	150.15	---	150.15	0.99
5	白马发电厂电力开发总公司	143	---	143	0.94
6	成都远大机械厂	128.7	---	128.7	0.84
7	四川内然机厂青年油漆涂装厂	122.98	---	122.98	0.81
8	中国冶金进出口四川公司	114.4	---	114.4	0.75
9	四川省机械进出口公司	85.8	---	85.8	0.56
10	中国出口商品基地建设四川公司	85.8	---	85.8	0.56

中国有色金属建设股份有限公司

一、公司简介

中文名称:中国有色金属建设股份有限公司
英文名称:China Nonferrous Metal Industry's Foreign Engineering and Construction Co.,Ltd.
英文缩写:NFC
公司法定代表人:张健 董事会秘书:王宏
联系地址:北京市海淀区复兴路戊 12 号恩菲科技大厦 5 楼
电话:010-63955911 传真:010-63965364 电子信箱:Wanghong@nfc.com.cn
董秘授权代表:马海东
联系地址:北京市海淀区复兴路戊 12 号恩菲科技大厦 5 楼
电话:010-63955911 传真:010-63965364
注册地址:北京市丰台区西客站南广场驻京办一号楼 B 座中色建设大厦
邮政编码:100055
办公地址:北京市海淀区复兴路戊 12 号恩菲科技大厦 5 楼
邮政编码:100038 电子信箱:nfc@nfc.com.cn
年报披露报刊:中国证券报年报登载网址:http://www.cninfo.com.cn
本报告备置地点:北京市海淀区复兴路戊 12 号恩菲科技大厦 525A 室
上市地:深圳证券交易所
股票简称:中色建设 股票代码:0758

二、会计数据和业务数据摘要

(一)主要会计数据

本年度实现利润总额:	30,740,595.31 元
净利润:	15,636,502.56 元
扣除非经常性损益后的净利润:	3,864,547.69 元
主营业务利润:	119,326,892.65 元
其他业务利润:	-2,764,555.78 元
营业利润:	63,533,211.25 元
投资收益:	-32,813,838.07 元
补贴收入:	0.00 元
营业外收支净额:	21,222.13 元
经营活动产生的现金流量净额:	39,194,401.57 元
现金及现金等价物净增加额:	-30,394,104.70 元

注:非经常性损益金额说明项目金额股权投资价差摊入 11,750,732.74 营业外收支 21,222.13

(二).近三年的主要会计数据和财务指标:

项目	单位	2000 年	1999 年		1998 年	
			调整前	调整后	调整前	调整后
主营业务收入	万元	22,391.74	17,157.06	17,157.06	90,437.57	50,817.53
净利润	万元	1,563.65	7,019.73	6,311.86	18,664.92	15,779.29
总资产	万元	136,090.54	137,424.47	137,562.54	210,047.09	131,888.58
股东权益(不含少数股东权益)	万元	79,346.49	81,988.72	80,930.67	80,818.89	76,787.50
每股收益	元	0.04	0.20	0.18	0.83	0.70
每股净资产	元	2.21	2.29	2.26	3.61	3.43
调整后的每股净资产	元	2.00	2.02	2.09	3.19	3.20
每股经营活动产生的现金流量净额	元	0.11	-0.20	-0.20		
净资产收益率	%	1.97%	8.56%	7.80%	23.09%	20.54%
扣除非经常性损益后的每股收益	元	0.01	0.16			
2001 年配股后的每股收益	元	0.04				

上表 1998 年度调整后数据是指 1999 年度根据财政部规定,按追溯调整法对公司财务进行减值准备计提计算的。

(三)利润表附表按中国证监会《公开发行证券公司信息披露编报规则第 9 号—净资产收益率和每股收益的计算及披露》的要求净资产收益率和每股收益如下:

报告期利润	净资产收益率		每股收益	
	全面摊薄	加权平均	全面摊薄	加权平均
主营业务利润	15.04%	14.60%	0.333	0.333
营业利润	8.01%	7.78%	0.177	0.177
净利润	1.97%	1.91%	0.044	0.044
扣除非经常损益后的净利润	0.49%	0.47%	0.011	0.011

三.股本变动及股东情况

(一).股本变动情况数量 单位:万股

项目	本次变动前	本次变动增减(+,-)					本次变动后
		配股	送股	公积金转股	其他	小计	
一、未上市流通股份							
1、发起人股份	20,480						20,480
其中:国家持有股份	20,480						20,480
未上市流通股份合计	20,480						20,480
二、已上市流通股份	15,360						15,360
1、人民币普通股	15,360						15,360
4、其他已上市流通股份合计	15,360						15,360
三、股份总数	35,840						35,840

(二)股东情况介绍
1.本年度末股东总人数为 90,197 人,其中内部职工股东人数 4 人。
2.公司前 10 名股东名单:

序号	股东名称	持股数	占总股本比例
1	中色建设集团有限公司	204,800,000	57.14%
2	东方证券有限责任公司四川南路证券交易营业部	927,000	0.26%
3	东方创业投资管理有限责任公司	647,070	0.18%
4	东方证券有限责任公司	512,000	0.14%
5	张光富	500,000	0.14%
6	刘桂英	353,361	0.10%
7	上海金球汽车维修有限责任公司	293,706	0.08%
8	孙瑾	227,100	0.06%
9	何映华	225,500	0.06%
10	钱惠玲	221,200	0.06%

武汉中百集团股份有限公司

一、公司简介

1、公司的法定中文名称:武汉中百集团股份有限公司
公司的法定英文名称:WUHAN ZHONGBAI GROUP CO., LTD.
2、公司法定代表人:汪爱群
3、公司董事会秘书:杨晓红　　授权代表:彭　波
联系地址:武汉市汉口江汉路 129 号武汉中百集团
联系电话:027-82859668　　传真电话:027-82210291
电子信箱:whzbyxh@sina.com
4、公司注册地址:湖北省武汉市江汉区江汉路 129 号
公司办公地址:武汉市汉口江汉路 129 号武汉中百商厦 25 楼
邮政编码:430021
公司网址:HTTP://WWW.WHZB.COM
电子信箱:WHZB@WHZB.COM 或 WHZBGR@PUBLIC.WH.HB.CN
5、公司选定的信息披露报纸名称:《中国证券报》《证券时报》
登载公司年度报告的中国证监会指定国际互联网网址:
HTTP://WWW.CNINFO.COM.CN
公司年度报告备置地点:公司董事会秘书处
6、公司股票上市交易所:深圳证券交易所
股票简称:武汉中百　　股票代码:0759

二、会计数据和业务数据摘要

1、本年度主要会计数据(单位:人民币元)

利润总额	89,928,943.72
净利润	78,877,568.93
扣除非经常性损益后的净利润	63,808,930.37
主营业务利润	182,427,349.66
其他业务利润	24,443,528.00
营业利润	72,209,719.86
投资收益	16,878,646.17
补贴收入	--
营业外收支净额	840,577.69
经营活动产生的现金流量净额	164,231,898.14
现金及现金等价物净增加额	-35,442,706.47

注:扣除的非经常性损益项目金额:股票投资收益 15,068,638.56 元系法人配售股票收益。

2、截止报告期末公司前三年的主要会计数据和财务指标

单位:人民币元

项　目	2000 年	1999 年	1998 年	
		调整前	调整后	
主营业务收入	1,087,277,482.29	598,827,802.21	489,373,436.65	489,373,436.65
净利润	78,877,568.93	31,251,560.21	39,075,804.98	30,014,937.17
总资产	1,286,578,784.46	975,020,296.08	598,513,120.94	549,194,724.69
股东权益(不含少数股东权益)	540,066,235.36	510,811,528.93	369,892,064.97	320,573,668.72
每股收益	0.449	0.178	0.263	0.202
每股收益(按月平均加权法计算)	0.449	0.201	0.263	0.202
扣除非经常性损益后的每股收益	0.363	0.169	0.252	0.191
每股净资产	3.07	2.91	2.49	2.16
调整后的每股净资产	3.00	2.64	2.23	1.90
每股经营活动产生的现金流量净额	0.935	-0.288	-0.215	-0.215
净资产收益率(%)	14.61	6.12	10.56	9.36

注:1 其中:1998 年度按总股本 148,632,000 股计算,1999 及 2000 年度按总股本 175,669,000 股计算;

2 上述主要财务指标的计算方法如下:

每股收益=净利润/年度末普通股股份总数

每股净资产=年度末股东权益/年度末普通股股份总数

调整后的每股净资产=(年度末股东权益-三年以上的应收款净额-待摊费用-待处理(流动固定)资产净损失-开办费-长期待摊费用-住房周转金负数余额)/年度末普通股股份总数

每股经营活动产生的现金流量净额=经营活动产生的现金流量净额/年度末普通股股份总数

净资产收益率=净利润/年度末股东权益×100%

3 以上数据和指标以公司合并会计报表数填列和计算

4 需要说明的是,由于会计政策变更,根据财政部财会字(1999)35 号文 49 号文的有关规定,采用了追溯调整法,调整前后的以前年度会计数据如前列示。

三、股本变动及股东情况

1、报告期内,公司股本总量未发生变化。

2、股东情况介绍

(1)截止 2000 年 12 月 31 日本公司股东总户数为 41,709 户。

(2)前十名股东的持股情况

数量单位:股

股　东　名　称	年初持股数	年末持股数	占总股本比例(%)
武汉国有资产经营公司	30,172,000	30,172,000	17.17
武汉国兴投资咨询有限责任公司	9,966,000	9,966,000	5.67
武汉市建银房地产开发公司	3,300,000	3,300,000	1.88
长江经济联合发展股份武汉公司	2,326,500	2,326,500	1.32
湖北凯天国际集团有限公司	1,980,000	1,980,000	1.13
武汉市商业银行民生路支行	1,732,500	1,732,500	0.99
北京钢研新锐新技术开发公司	0	1,700,326	0.98
中国三江航天工业集团公司	1,650,000	1,650,000	0.94
武汉聚安物业管理有限公司	1,650,000	1,650,000	0.94
湖北金鹤实业开发公司	1,650,000	1,650,000	0.94

注:1 截止报告期持有本公司 5%以上股份的股东武汉国有资产经营公司和武汉国兴投资咨询有限责任公司所持的本公司股份未发生质押、冻结情况;

2 前十名股东均无关联关系;

湖北车桥股份有限公司

一、公司简介

1、公司法定中文名称:湖北车桥股份有限公司
英文名称:Hubei Axle Stock Co.,Ltd
英文缩写:HBAXLE
2、公司法定代表人:郭桂华先生
3、公司董事会秘书:陈　林先生
电　　话:0716-5225925　013707213146
传　　真:0716-5228925
授权代表:丁　翔先生
电　　话:0716-5225925
传　　真:0716-5228925
4、联系地址:湖北省公安县斗湖堤镇荆江大道 178 号
注册及办公地址:湖北省公安县斗湖堤镇荆江大道 178 号
邮　　编:434300
公司国际互联网址:www.Chinamep.com
E-mail:yzguo@jz-mail.hb.cninfo.net
5、公司指定信息披露报刊:《中国证券报》、《证券时报》
公司登载年度报告国际互联网址:http://www.cninfo.com.cn
公司年报备置地点:公司董事会办公室、公司证券部
6、公司股票上市交易所:深圳证券交易所
股票简称:湖北车桥
股票代码:0760

二、会计数据和业务数据摘要

(一)本年度利润总额及构成(单位:元)

项　　目	金　额
利润总额	37,056,527.98
净利润	31,498,048.78
扣除非经常性损益后的净利润	25,881,970.69
主营业务利润	45,233,449.47
其它业务利润	5,361,699.18
营业利润	30,449,377.28
投资收益	867,479.25
补贴收入	1,853,400.76
营业外收支净额	3,886,270.69
经营活动产生的现金流量净额	45,843,744.64
现金及现金等价物净增加额	-66,251,808.08

(二)截止报告期末公司前三年主要会计数据和财务指标:

指标项目	2000 年	1999 年	1998 年	
单位:元			调整前	调整后
主营业务收入	167,260,690.82	220,737,161.60	300,755,200.60	300,755,200.60
净利润	31,498,048.78	22,479,789.09	30,238,729.58	25,924,718.36
总资产	502,978,434.75	517,258,251.33	491,336,884.67	469,361,078.04
股东权益	391,754,221.70	355,099,022.27	207,680,885.15	186,897,033.10
每股收益	0.288	0.21	0.312	0.267
加权每股收益	0.288	0.218	0.312	0.267
扣除非经常性损益后的每股收益	0.237	0.11	0.312	0.267
每股净资产	3.58	3.248	2.145	1.93
调整后每股净资产	3.54	3.158	1.985	1.918
每股经营活动产生的现金流量净额	0.419	-0.05	0.199	——
净资产收益率	8.04	6.33	14.56	13.87
加权净资产收益率	8.51	8.34	14.76	13.92
扣除非经常性损益后的加权净资产收益率	7	3.62	14.10	12.09

注 1:根据中国证监会《公开发行证券公司信息披露编报规则(第九号)》要求计算的利润数据如下:

报告期利润	净资产收益率(%)		每股收益	
	全面摊薄	加权平均	全面摊薄	加权平均
主营业务利润	11.55	12.23	0.414	0.414
营业利润	7.77	8.23	0.279	0.279
净利润	8.04	8.51	0.288	0.288
扣除非经常性损益后的净利润	6.61	7.00	0.237	0.237

三、股东情况介绍

1、截止 2000 年 12 月 31 日,公司股东总户数为 20446 户,其中:国家股东 1 户,法人股东 5 户,社会公众股东 20440 户。

2、截止 2000 年 12 月 31 日,公司前十名股东持股情况:

名次	股　东　名　称	本期末持股数(股)	占总股本(%)
1	湖北华通车桥集团有限公司	39491300	36.12
2	公安县经济开发投资公司	10947600	10.01
3	公安县振华物贸有限责任公司	4962200	4.54
4	公安县华通商贸有限责任公司	755424	0.69
5	江苏亚星客车集团有限公司	710200	0.649
6	武汉市汉阳商场股份有限公司	497061	0.455
7	深圳市富有联实业有限公司	391623	0.358
8	张彩云	380500	0.348
9	丁　林	375100	0.343
10	杨友生	373925	0.342

说明 1、前十名股东之间不存在关联关系;

2、前十名股东中第 7、8、9、10 名股东所持股份为已上市流通股份;

3、公司前十名股东变动的原因是:2000 年 10 月 10 日,中国铁路物资武汉公司将所持有的 2,800,000 股湖北车桥法人股协议转让给公安县振华物贸有限公司;2000 年 11 月 6 日,武汉汽车工业公司将所持有的 755,424 股湖北车桥法人股协议转让给公安县华通商贸有限公司;其它个人流通股股东变化系市场行为所致。

本钢板材股份有限公司

一、公司简介

1、公司法定中文名称：本钢板材股份有限公司
公司的法定英文名称：BENGANG STEEL PLATES CO.,LTD.
2、公司法定代表人：张喜富
3、公司董事会秘书：梁广德　公司证券事务代表：孙忠政
联系地址：辽宁省本溪市平山区人民路16号
电话：0414-7827344　7828360　传真：0414-7827004　7828009
4、公司注册地址、公司办公地址：
辽宁省本溪市平山区人民路16号　邮政编码：117000
电子信箱：bgbctwg@mail.bxptt.ln.cn
5、公司选定的信息披露报纸名称：《中国证券报》、《证券时报》、《香港商报》。
登载年度报告的中国证监会指定国际互联网网址：http://www.cninfo.com.cn
公司年度报告备置地点：辽宁省本溪市平山区人民路16号公司证券部
6、公司股票上市交易地点：深圳证券交易所
(1)B股股票简称：本钢板B　股票代码：2761
(2)A股股票简称：本钢板材　股票代码：0761

二、会计数据和业务数据摘要

1、公司本年度主要利润指标情况(金额单位：人民币元)

利润总额	417,684,411
净利润	349,806,924
扣除非经常性损益后的净利润	349,806,924
主营业务利润	567,576,960
营业利润	425,843,798
营业外收支净额	-8,159,387
经营活动产生现金流量净额	539 535 701
现金及现金等价物净增加额	137,031,562

2、公司前三年主要会计数据和财务指标　　金额单位：人民币元

指标名称	2000年度	1999年度	1998年度
主营业务收入	6,993,593,906	5,578,168,459	4,720,721,130
净利润	349,806,924	332,663,357	297,564,768
总资产	4,728,852,728	4,380,644,000	3,862,583,844
股东权益	3,438,584,306	3,293,257,382	2,960,594,025
每股收益(摊薄)	0.3079	0.2928	0.2619
每股收益(加权)	0.3079	0.2928	0.2619
扣除非经常性损益后的每股收益	0.3079	0.2928	0.2619
每股净资产	3.0269	2.8990	2.6062
调整后每股净资产	3.0083	2.8791	2.5896
每股经营活动产生的现金流量净额	0.47	0.45	0.30
净资产收益率(%)	10.17	10.10	10.05

3、净资产收益率及每股收益指标分析附表

报告期利润	净资产收益率(%)		每股收益(元)	
	全面摊薄	加权平均	全面摊薄	加权平均
主营业务利润	16.51	16.86	0.4996	0.4996
营业利润	12.38	12.65	0.3749	0.3749
净利润	10.17	10.39	0.3079	0.3079
扣除非经常性损益后的净利润	10.17	10.39	0.3079	0.3079

全面摊薄净资产收益率和每股收益的计算公式如下：
全面摊薄净资产收益率=报告期利润÷期末净资产
全面摊薄每股收益=报告期利润÷期末股份总数
加权平均净资产收益率(ROE)的计算公式如下：

$$ROE=P/(E0+NP\div 2+Ei\times Mi\div M0-Ej\times Mj\div M0)$$

其中：P为报告期利润；NP为报告期净利润；E0为期初净资产；Ei为报告期发行新股或债转股等新增净资产；Ej为报告期回购或现金分红等减少净资产；M0为报告期月份数；Mi为新增净资产下一月份起至报告期期末的月份数；Mj为减少净资产下一月份起至报告期期末的月份数。

加权平均每股收益(EPS)的计算公式如下：

$$EPS=P/(S0+S1+Si\times Mi\div M0-Sj\times Mj\div M0)$$

其中：P为报告期利润；S0为期初股份总数；S1为报告期因公积金转增股本或股票股利分配等增加股份数；Si为报告期因发行新股或债转股等增加股份数；Sj为报告期因回购或缩股等减少股份数；M0为报告期月份数；Mi为增加股份下一月份起至报告期期末的月份数；Mj为减少股份下一月份起至报告期期末的月份数。

三、股本情况介绍

1、报告期末股东总数
截止2000年12月31日，公司股东总数为80560户，其中国有法人股东1户，B股股东7735户，A股股东72824户。
2、截止2000年12月31日，公司前十名股东持股情况

股东名称	持股数	占总股本%
本溪钢铁(集团)有限责任公司(国有法人股)	616,000,000	54.23
SSBT/THE CHINA FUND-UH1 UHO1	7,309,600	0.60
CHINA INTL MARINE CONTAINERS (HONG KONG)LTD	6,868,701	0.53
NG CHUN WAH 吴俊华	4,911,000	0.43
YEUNG KA LING 杨嘉龄	4,553,500	0.40
MSCO/EVEREST CAPITAL FRONTIER FUNP L.P	4,349,874	0.38
WISEMAX INTERNATIONAL LIMITED 智万国际有限公司	4,171,397	0.37
HKIT/006-113039-431	3,793,200	0.33
BEST RELIANCE INVESTMENTS LTD	3,698,702	0.325
CHINA PINGAN INSURANCE(HK)CO.LTD 中国平保(香港)	3,000,000	0.26

3、本溪钢铁(集团)有限责任公司是本公司持股10%以上的法人股东，其法定代表人为张喜富，经营范围是：钢铁冶炼、矿山开采、板材轧制、制氧、制管、发电、煤化工、特钢型材、供暖、水电风气供应、金属加工、机电修造、设备制造、建筑安装、铁路、公路运输、进出口贸易、旅游、建筑材料、耐火材料、计器仪表、物资供销、房地产开发、科研、设计、信息服务等。

西藏矿业发展股份有限公司

一、公司简介

(一)公司的法定中、英文名称及缩写
公司法定中文名称：西藏矿业发展股份有限公司
公司法定英文名称：Tibet Mineral Development Co.,LTD
公司英文名称缩写：TMD
(二)公司法定代表人：肖永恩
(三)公司董事会秘书的姓名、联系地址、电话、传真
公司董事会秘书：刘晓江　联系地址：西藏拉萨市扎基路14号
电话：(0891)6324952　传真：(0891)6336738
(四)公司注册地址、公办地址、邮政编码、公司电子信箱
公司注册地址：西藏拉萨市扎基路14号
公司办公地址：西藏拉萨市扎基路14号
邮政编码：850000　公司电子信箱：xzkyxx@mail.sc.cninfo.net
(五)公司选定的信息披露报纸名称：《中国证券报》、《证券时报》
中国证监会指定的国际互联网网址：http://www.cninfo.com.cn
公司年度报告备置地点：公司董事会秘书处
(六)公司股票上市交易所、股票简称和股票代码
公司股票上市交易所：深圳证券交易所
股票简称：西藏矿业　股票代码：0762

二、会计数据和实现利润情况

1、本年度主要会计数据　(单位：人民币元)

(1)利润总额	7,637,755.51
(2)净利润	6,199,938.63
(3)扣除非经常性损益后的净利润	2,793,152.39
(4)主营业务利润	50,069,566.16
(5)其它业务利润	1,721,162.13
(6)营业利润	4,241,438.19
(7)投资收益	-10,469.91
(8)补贴收入	5,209,000.00
(9)营业外收支净额	-1,802,212.77
(10)经营活动产生的现金流量净额	-47,757,024.14
(11)现金及现金等价物净增加额	44,503,366.77

注：扣除的非经营性损益的项目和金额
(1)扣除补贴收入：　5,209,000.00元
(2)营业外收入：　3,757,001.01元
(3)　营业外支出：　5,559,213.78元
2、公司前三年的主要会计数据和财务指标：

项　目	2000年	1999年	1998年(调整后)
主营业务收入	181,236,088.15	142,075,243.13	195,125,953.04
净利润	6,199,938.63	26,350,125.45	34,838,358.93
总资产	756,659,243.14	654,295,151.86	534,572,118.59
股东权益	496,031,756.99	409,992,905.85	392,926,033.49
每股收益(摊薄)	0.0309	0.1400	0.3517
(加权)	0.0311	0.1400	0.4200
扣除非经常性损益后的每股收益	0.0139	0.0938	0.3475
每股净资产	2.4738	2.1786	3.9669
调整后的每股净资产	2.3901	2.1786	3.9669
每股经营活动产生的现金流量净额	-0.24	-0.0206	-0.1496
净资产收益率(摊薄)	1.25%	6.43%	8.87%
(加权)	1.27%	8.76%	10.76%
扣除非经常性损益后的净资产收益率(加权)	0.57%	4.44%	

3、报告期内股东权益变动情况(单位：人民币元)

项目	股本	资本公积	盈余公积	法定公益金	未分配利润	股东权益合计
期初数	188195000.00	191,446,429.54	18444335.24	9222167.62	11,907,141.06	409,992,905.84
本期增加	12315,000.00	71,487,529.08	1239987.72	619,993.86	996,334.35	86,038,851.15
本期减少						
期末数	200510000.00	262933958.62	19684322.96	9842,161.48	12903475.44	496,031,756.99

变动原因：1、股本增加是由于根据公司1999年度股东大会决议，以1999年末总股本为基数，按10:1.578948的比例向全体股东配售，其中国有法人股配售181.5万股，社会股东配售1050万股。2、资本公积金增加因配股所产生的股本溢价所致。3、本年度净利润提取盈余公积、公益金，使盈余、法定公益金，未分配利润增加。

三.股本变动和主要股东持股情况

主要股东持股情况(单位：股)
1.持有本公司5%以上股票的股东为西藏自治区矿业发展总公司。报告期内股份增加181.5万股，期末持股数量为8043.7万股，占公司现有总股本20051万股的40.12%，其所持公司的股份未发生被质押、冻结的情况。四川都江堰海棠电冶厂和西藏藏华工贸有限公司的股份分别占公司总股本的8.22%和6.32%，报告期内所持股份未发生变化，也未发生被质押、冻结的情况。
2.截止2000年12月31日，公司股东总数为8740户。
3.报告期末公司前十名股东持股情况(截止2000年12月31日)

股东名称	报告期末持股数(股)	所占比例(%)
1、西藏自治区矿业发展总公司	80437000	40.12
2、四川都江堰海棠电冶厂	16473000	8.22
3、西藏藏华工贸有限公司	12673000	6.32
4、西藏山南地区铬铁矿	7600000	3.79
5、西藏山南地区泽当供电局	6327000	3.16
6、重庆万州区永丰装饰有限公司	4903427	2.45
7、重庆正翔实业有限公司	1494400	0.75
8、吴启南	769095	0.38
9、袁勇	744782	0.37
10、何国柱	679941	0.34

锦州石化股份有限公司

一、公司简介

1、公司法定中文名称:锦州石化股份有限公司
公司法定英文名称:JINZHOU PETROCHEMICAL CO.,LTD.　　英文缩写:JZPC
2、公司法定代表人:吕文君
3、公司董事会秘书:王怀江　　授权代表:陈建军
联系地址:辽宁省锦州市古塔区重庆路2号
电话:0416-4159024　　传真:0416-4159024　　电子信箱:wanghj@public.jzpc.com.cn
4、公司注册地址:辽宁省锦州市古塔区重庆路2号
公司办公地址:辽宁省锦州市古塔区重庆路2号　　邮政编码:121001
公司国际互联网网址: http://www.jzpc.com.cn　　电子信箱:jzpcmaster@public.jzpc.com.cn
5、公司选定的信息披露报纸:《中国证券报》、《证券时报》
中国证监会指定国际互联网网址:http://www.cninfo.com.cn
公司年度报告备置地点:锦州石化股份有限公司证券部
6、公司股票上市交易所:深圳证券交易所
股票简称:锦州石化　　股票代码:0763

二、会计数据和业务数据摘要

1、本年度主要会计数据和业务数据

利润总额	97,546,400.21 元
净利润	65,927,096.49 元
扣除非经常性损益后的净利润	84,314,456.29 元
主营业务利润	372,236,166.57 元
其他业务利润	8,270,126.20 元
营业利润	115,933,760.01 元
投资收益	
补贴收入	
营业外收支净额	-18,387,359.80 元
经营活动产生的现金流量净额	430,050,139.52 元
现金及现金等价物净增加额	-40,935,851.68 元
注:扣除非经常性损益为营业外收支净额,金额	18,387,359.80 元

2、前三年主要会计数据和财务指标(单位:元)

项目	2000 年	1999 年	
		调整后	调整前
主营业务收入	9,063,535,100.73	5,312,287,562.71	5,312,287,562.71
净利润	65,927,096.49	3,942,589.66	5,079,607.73
总资产	2,287,803,870.94	2,348,225,728.31	2,348,445,158.27
股东权益(不含少数股东权益)	1,534,236,229.24	1,468,309,132.75	1,522,239,580.93
每股收益	0.084	0.005	0.006
加权平均每股收益	0.084	0.005	0.007
扣除非经常性损益后的每股收益	0.107	-0.009	-0.008
每股净资产	1.948	1.865	1.933
调整后的每股净资产	1.929	1.845	1.847
每股经营活动产生的现金流量净额	0.546	0.014	0.014
净资产收益率%	4.297	0.269	0.334
加权平均净资产收益率%	4.391	0.294	0.378
扣除非经常性损益后的加权净资产收益率%	5.616	-0.526	-0.441

3、根据中国证监会《公开发行证券公司信息披露编报规则(第9号)》要求计算的利润数据:

报告期利润	净资产收益率%		每股收益(元)	
	全面摊薄	加权平均	全面摊薄	加权平均
主营业务利润	24.26	24.79	0.473	0.473
营业利润	7.56	7.72	0.147	0.147
净利润	4.30	4.39	0.084	0.084
扣除非经常性损益后的净利润	5.50	5.62	0.107	0.107

4、报告期内股东权益变动情况及变化原因(单位:万元)

项目	股本	资本公积	盈余公积	法定公益金	未分配利润	股东权益合计
期初数(调整前)	78750	75829	1824	911	-5090	152224
期初数(调整后)	78750	73268	0	0	-5187	146831
本期增加			660	330	5603	6593
本期减少						
期末数	78750	73268	660	330	416	153424

变动原因:期初数变动原因1沈阳特派办审计调减净利润114万元,减少盈余公积11万元,公益金6万元,未分配利润97万元;2依据财企[2000]878号文, 住房周转金余额5279万元转入,减少盈余公积1813万元,公益金 905 万元, 资本公积 2561 万元

本期变动原因:未分配利润增加是本年度实现的净利润扣除提取的法定盈余公积、法定公益金的金额;法定盈余公积、法定公益金是从利润中提取金额。

三、股本情况介绍

1、报告期末股东总数
截止2000年12月31日,公司股东总数为65524户,其中:国有法人股东1户。
2、公司前十名股东持股情况:(截止2000年12月31日)

序号	股东名称	持股数量(股)	占总股本比例(%)
1	中国石油天然气股份有限公司	637500000	80.95%
2	颜斌	1500000	0.19%
3	晏秀容	1000000	0.13%
4	合力其汗	900000	0.11%
5	冯大喜	862225	0.11%
6	天津信托投资公司	796195	0.10%
7	周必辉	600000	0.08%
8	罗再容	500000	0.06%
9	普丰证券投资基金	405013	0.05%
10	李鹏翱	402626	0.05%

武汉华信高新技术股份有限公司

(一)公司简介

1、公司法定中文名称:武汉华信高新技术股份有限公司
公司法定英文名称:WUHAN HUAXIN HI-TECH CO. LTD
2、公司注册地址:武汉市中山大道779-805号
公司办公地址:武汉市中山大道779-805号　　邮政编码:430021
公司电子信箱:hxgf0765@public.wh.hb.cn
3、公司法定代表人:赵从钊
4、公司董事会秘书:倪治　　公司董事会证券事务代表:苏瑛
联系地址:武汉市解放大道单洞路18号聚银大厦13楼
电话:(027)85869480　　传真:(027)85855676
5、公司选定的中国证监会指定报纸名称:《中国证券报》、《证券时报》、《上海证券报》
中国证监会指定国际互联网网址:http://www.cninfo.com.cn
公司年度报告备置地点:公司证券部
6、公司股票上市交易所:深圳证券交易所
股票简称:华信股份　　股票代码:0765

(二)会计数据和业务数据摘要

1、主要利润指标情况(单位:人民币元)

利润总额	36,708,252.57
净利润	16,870,296.60
扣除非经常性损益后的净利润	15,605,593.28
主营业务利润	62,116,705.82
其他业务利润	23,528,846.29
营业利润	37,576,665.99
投资收益	-63,385.64
补贴收入	
营业外收支净额	-805,027.78
经营活动产生的现金流量净额	7,279,969.94
现金及现金等价物净增加额	12,264,645.22
注:扣除的非经常损益项目和涉及金额:	
罚没支出	54,143.38
固定资产清理损失	1,210,559.94
社会事业发展费	
捐赠支出	
合　计	1,264,703.32

2、截止报告期末公司前三年主要会计数据和财务指标　　单位:人民币

项　　目	2000.12.31	1999.12.31	
		调整前	调整后
主营业务收入	263,348,191.31	272,389,394.96	272,389,394.96
净利润	16,870,296.60	43,217,406.71	42,610,417.62
总资产	582,093,738.28	505,740,470.50	510,133,157.86
股东权益(不含少数股东权益)	198,223,433.65	181,584,308.94	180,977,319.85
每股收益(摊薄)	0.115	0.44	0.43
每股收益(加权)	0.115	0.44	0.43
扣除非经常性损益后的每股收益(摊薄)	0.106	0.41	0.40
扣除非经常性损益后的每股收益(加权)	0.106	0.41	0.40
每股净资产	1.35	1.85	1.85
调整后的每股净资产	1.10	1.42	1.48
每股经营活动产生的现金流量净额	0.05	0.50	0.50
净资产收益率(%)(摊薄)	7.87	23.80	23.54
净资产收益率(%)(加权)	8.24	24.15	26.69

(3)按照中国证监会《公开发行证券公司信息披露编报规则(第九号)》的要求,计算2000年度的净资产收益率和每股收益如下:单位{元}

报告期利润	净资产收益率(%)		每股收益	
	全面摊薄	加权平均	全面摊薄	加权平均
主营业务利润	31.34	32.79	0.422	0.422
营业利润	18.96	19.84	0.256	0.256
净利润	8.51	8.91	0.115	0.115
扣除非经常性损益后的净利润	7.87	8.91	0.106	0.106

注:报告期后,公司2000年度配股方案实施完毕,并于2001年2月28日在《中国证券报》、《证券时报》上刊登《武汉华信高新技术股份有限公司股份变动及2000年配股获配可流通股份上市公告》,公司总股本变更为15553.5408万股,股本变动后的每股收益0.108元。

(三)股东情况

股东情况介绍
(1)报告期末公司股东总数为8174户。
(2)公司前10名股东持股情况。

股东名称	年末持股数(股)	占总股本比例(%)
武汉华中信息技术集团有限公司	56036400	38.10
中国工商银行武汉信托投资公司	4410000	3.00
武汉市江汉区房地产公司	4410000	3.00
武汉市城市信用合作联合社	4410000	3.00
武汉市保险公司江汉支公司	3675000	2.50
深圳丰华电子有限公司	2940000	2.00
三亚亚龙湾开发股份有限公司	2940000	2.00
江汉区贺家墩村村民委员会	2940000	2.00
武汉华源电力集团股份有限公司	2352000	1.60
杭州一洲电器有限公司	1600000	1.09

注:1持有公司5%以上(含5%)的股东为武汉华中信息技术集团有限公司,系代表国家持有股份的单位,报告期内持股数量增加18,678,800股,是因公司实施了每10股送红股3股的利润分配方案及每10股转增2股的资本公积金转增股本方案所致。

通化金马药业集团股份有限公司

通化金马药业集团股份有限公司二〇〇〇年度报告摘要

重要提示：本公司董事会保证本报告所载资料不存在任何虚假记载、误导性陈述或者重大遗漏，并对其内容的真实性、准确性和完整性负个别及连带责任。本年度报告摘要摘自年度报告，投资者欲了解详细内容，应读年度报告。

一、公司简介

1、公司法定中文名称：通化金马药业集团股份有限公司
公司法定英文名称：TONGHUA GOLDEN-HORSE PHARMACEUTICAL INDUSTEY CO.Ltd
2、公司法定代表人：闫永明
3、公司董事会秘书：邓金昌　　董事会证券事务代表：王亚男
联系地址：吉林省通化市东昌区江南路100-1号
电话：0435-3910232　　传真：0435-3907298
4、公司注册及办公地址：吉林省通化市东昌区江南路100-1号
邮政编码：134001
5、公司选定的信息披露报纸名称：《中国证券报》、《证券时报》
登载公司年度报告的中国证监会指定国际互联网网址：http://www.cninfo.com.cn
公司年度报告备置地点：公司证券部
6、公司股票上市交易所：深圳证券交易所
股票简称：通化金马　　股票代码：0766

二、会计数据和业务数据摘要

1、本年度主要会计数据（单位：人民币元）
利润总额：317,746,853.77
净利润：241,914,921.94
扣除非经常性损益后的净利润：204,241,293.16
主营业务利润：425,625,131.71
其他营业利润：349,981.19
营业利润：260,476,074.67
投资收益：5,324,906.72
补贴收入：42,399,219.40
营业外收支净额：9,546,652.98
经营活动产生的现金流量净额：196,153,960.49
现金及现金等价物净增加额：369,586,931.91
扣除非经常性损益项目涉及金额：
(1)股权投资转让收益及投资差额摊销 5,324,906.72
(2)新产品开发资金补贴收入 10,000,000.00
(3)处置固定资产净收益 10,584,211.26
(4)增值税返还收入 11,154,510.80
(5)新技术创新补贴收入 300,000.00
(6)环保专项治污补贴收入 310,000.00

2、截止报告期末公司前三年主要会计数据和财务指标

项目	2000年	1999年 调整前	1999年 调整后	1998年
主营业务收入(元)	504,187,311.57	284.909.562	270.986.777	270.986.777
净利润(元)	241,914,921.94	81.346.295	83.310.421	65.684.433
总资产(元)	2,257,839,315.69	1.333.152.592	923.397.748	870.829.347
股东权益(元)	1,056,398,756.57	1.024.024.763	667.514.707	616.271.294
每股收益(元)(摊薄)	0.809	0.271	0.329	0.260
每股收益(加权)	0.809	0.317	0.329	0.260
扣除非经营性损益后的每股收益(元)	0.683	0.201	0.261	0.191
每股净资产(元)	3.53	3.42	2.64	2.44
调整后的每股净资产(元)	3.38	3.28	2.50	2.30
净资产收益率(%)(摊薄)	22.90	7.94	12.48	10.65
净资产收益率(加权)	21.13	11.49	13.31	10.65
每股经营活动产生的现金流量净额(元)	0.656	-0.269	-0.249	-0.249
扣除非经常性损益后加权净资产收益率:	17.838	8.484	10.666	7.809

3、本年度利润表附表

报告期利润	净资产收益率(%) 全面摊薄	净资产收益率(%) 加权平均	每股收益(元) 全面摊薄	每股收益(元) 加权平均
主营业务利润	40.291	37.173	1.422	1.422
营业利润	24.657	22.750	0.871	0.871
净利润	22.900	21.129	0.809	0.809
扣除非经常性损益后的净利润	19.334	17.838	0.683	0.683

三、股东情况介绍

1、报告期末股东总数27217户。
2、持有本公司5%以上(含5%)股份的股东

股东名称	年初持股数量(股)	增减变动	年末持股数量(股)	持股比例%
1、通化市三利化工有限责任公司	16,234,800	(+)23,307,600	39,542,400	13.21
2、通化市二道江区国有资产经营公司(国家持股单位)	39,119,784		39,119,784	13.07
3、通化市特产集团总公司	29,343,600		29,343,600	9.80
4、天元证券投资基金			9,755,739	3.26
5、景博证券投资基金			2,475,854	0.83
6、通化市石油工具厂			1,382,400	0.46
7、王清满			719,000	0.24
8、陈清西			561,677	0.19
9、周晓红			435,670	0.15
10、孙林富			419,000	0.14

说明：

①前10名股东1、2、3、6名为国有及法人股东，股东之间不存在关联关系，4、5、7、8、9、10名为流通股股东。

②第1名股东所持股份变动系受让法人股增加的股份。③持股5%(含5%)以上法人股东所持股份未发生质押或冻结的情况。

3、报告期内控股股东发生了变更，通化市三利化工有限责任公司通过协议受让法人股权成为本公司第一大股东。协议受让法人股相关信息刊登在2000年4月22日和2000年7月28日《中国证券报》《证券时报》。

四、股东大会简介

本年度召开股东大会情况1、2000年5月22日召开1999年度股东大会，大会审议通过如下决议：

①审议通过《1999年度董事会工作报告》。
②审议通过《1999年度总经理业务报告》。
③审议通过《1999年度监事会工作报告》。
④审议通过《1999年度财务决算报告》
⑤审议通过《1999年度利润分配方案》
⑥审议通过《用企业自有资金投资6000万元参股东北证券有限责任公司议案》。
⑦审议通过《组建企业集团的议案》。
⑧审议通过《关于修改公司章程部份条款的议案》。
⑨选举产生新一届(第四届)董事会、监事会成员。
本次股东大会决议公告刊登在2000年5月23日《中国证券报》《证券时报》。
2、2000年9月12日召开2000年第一次临时股东大会，大会审议通过如下决议：
①审议通过了《关于募集资金投资项目结余资金使用的议案》。
②审议通过了《关于整体出售通化金马洗煤有限公司的议案》。
③审议通过了《关于调整董事会组成人数的议案》。
④审议通过了《增补董事的议案》。
本次股东大会决议公告刊登在2000年9月13日《中国证券报》。《证券时报》。
3、2000年10月9日召开2000年第二次临时股东大会，大会审议通过如下决议：
①审议通过了《关于变更配股募集资金部份投资项目的议案》。
②审议通过了《用企业自筹资金投资及变更投向的配股募集资金投资新项目的议案》。
本次股东大会决议公告刊登在2000年10月10日《中国证券报》《证券时报》。

五、董事会报告

1、公司经营情况

(1)公司所处的行业以及公司在本行业中的地位：本公司系医药工业企业，在本行业中属于快速发展的中型制药企业。是吉林省科学技术委员会认定的高新技术企业。1999年公司被吉林省医药管理局、吉林省药品监督管理局命名为"吉林省医药行业知名制药企业"，公司生产的壮骨伸筋胶囊、参莲胶囊、清热通淋胶囊、治糜灵栓、脑心舒口服液五大主导产品被评为"吉林省医药行业知名医药产品"。

(2)公司主营业务的范围及其经营状况

公司以生产和销售中西成药、生化制剂、营养及保健制品为主营业务。

2000年是公司组建以来发生重大变化的一年，由国有控股转为民营控股，公司决策层和经营层发生重大人事变更。新一届董事会和经营班子依靠全体员工的共同努力，短期内顺利的完成了领导层的交替。在董事会的领导下，公司通过机构改革全面加强企业各项管理，为集中人力、财力发展主营业务，公司出售了与主营业务无关经营不尽人意的子公司，剥离了资产收缩规模，提高了公司内部创效能力。在强化销售队伍的建设，着力抓好产品营销和市场拓展同时，通过开展资本运营扩大了主营业务范围，培育了新的利润增长点，公司主营业务的经营保持大幅度增长。2000年公司主营业务收入50418.7万元，比上年增长76.97%，实现利润总额31,774.6万元，比上年增长175.23%，实现净利润24,191.5万元，比上年增长197.39%。

二000年度公司生产的治疗泌尿系统感染系列药品实现营业收入10,615.3万元，占总营业收入的21.06%，实现营业利润5,860.5万元，占利润总额的13.77%；治疗男子性功能障碍药品实现营业收入27,776.8万元，占总营业收入的55.09%，营业利润23,071.1万元，占主营业务利润总额的54.25%。(3)在经营中出现的问题与困难及解决方案2000年面对国内医药市场同类药品激烈竞争，公司治疗肝病系列药品"愈肝龙口服液""克癀胶囊"，补血新药"拉克菲生血液"等主要产品出现销售不畅，经营中遇到的困难，针对医药市场变化趋势和国家对医疗、药品实行分类经营的逐步实施的新形势，适时调整营销策略，主要抓好以下工作：

①继续抓好营销和促销，开拓市场空间。公司高薪聘用有实际营销经验的部份人员充实销售部门的领导力量，深入销售第一线抓好省市级销售网络营销的同时，对销售网络布局逐一进行核查，对销售力量薄弱区域，及时充实力量加强销售力度，并集中力量开发县级市场和零售市场，拓展了市场空间，为公司实现经营目标奠定了基础。

②强化市场管理部领导，深化目标管理。公司对各省市场管理部经理采取竞争上岗方法进行必要调整，聘请国内知名营销专家进行营销培训，为各省市场管理部增派会计和业务主管人员，强化市场管理部的职能。提高了对销售人员营销行为进行监督和规范化管理水平，进一步完善了销售业务跟踪考核办法，实行目标管理，强化了资金回笼力度，保证了销售目标的完成。

③狠抓质量管理，以优质产品占领市场。公司在不断加强全员质量意识教育同时，强化了原料进厂的质量检验和各工序药品的质量检测工作，保证了产品质量，为公司产品市场占有份额的稳步提高起到了保障作用。

④做好产品投放市场营销策划，实施名牌战略。

2000年公司对投放市场的"强肝消脂口服液""奇圣胶囊"药品的营销方式进行精心策划，以广告拉动市场，提升公司产品知名度，实施名牌战略，为新产品逐步实现规模效益创造良好的开端。

⑤抓好奇圣胶囊销售区域代理。公司通过招商会形式和医药经销单位签订了"奇圣胶囊经销协议"，使该药品在最短时间进入市场。公司招聘300余名专职促销员，配合区域代理商开展促销工作，为奇圣胶囊迅速打开市场奠定了基础。

⑥加强企业内部精细管理。公司通过管理机构改革精简了机构，选聘有管理经验的干部担任部室领导，提高了办事效率。坚持开展全员性经济核算，以成本指标为纽带，全面加强企业各项管理工作，进一步挖掘公司内部潜力，促进了管理水平的提高和成本的不断降低。

2、公司财务状况单位：元

财务指标	2000年	1999年	增减(%)
总资产	2,257,839,315.69	1,333,152,592.06	+69.36
长期负债	3,200,000.00	8,777.46	+36357
股东权益	1,056,398,756.57	1,024,024,763.43	+3.16
主营业务利润	425,625,131.71	178,047,026.23	+139.05
净利润	241,914,921.94	81,346,295.21	+197.39

山西漳泽电力股份有限公司

山西漳泽电力股份有限公司2000年年度报告摘要

一、公司简介

1、公司中文名称：山西漳泽电力股份有限公司
公司英文名称：SHANXI ZHANGZE ELECTRIC POWER CO.,LTD.
2、公司法定代表人：王光华
3、公司董事会秘书：王一峰　　授权代表：王　亮
联系地址：山西省太原市羊市街59号
电话：0351-3115109　0351-3115120　　传真：0351-4069879　0351-3115164
4、公司注册地址：山西省太原市羊市街59号
公司办公地址：山西省太原市羊市街59号
邮政编码：030002　　公司电子信箱：info @ zhangzepower.com
5、公司选定信息披露报纸名称：《证券时报》、《中国证券报》。
登载公司年度报告的国际互联网网址：http://www.cninfo.com.cn.
公司年度报告备置地点：公司财务证券部
6、公司股票上市交易所：深圳证券交易所
股票简称：漳泽电力　　股票代码：0767

二、会计数据和业务数据摘要

1、公司本年度主要会计数据：　　金额单位：元

利润总额：	193,055,149.70
净 利 润：	145,041,188.07
扣除非经常性损益后的净利润：	145,112,218.31
主营业务利润：	252,082,632.09
其它业务利润：	782,337.07
营业利润：	193,126,179.94
投资收益：	1,738,663.43
补贴收入：	
营业外收支净额：	-1,809,693.67
经营活动产生的现金流量净额：	360,758,368.04
现金及现金等价物净增加额：	75,680,217.84

2、报告期末公司前三年的主要会计数据和财务指标：　金额单位：元

	2000年	1999	1998年 调整前	1998年 调整后
主营业务收入	936,989,201.25	895,372,976.17	859,688,414.75	859,688,414.75
净利润	145,041,188.07	178,737,087.55	124,257,731,.97	123,650,319.58
总资产	4,843,562,897.48	1,197,961,182.12	1,234,797,372.81	1,234,189,960.42
股东权益	1,501,100,082.21	756,613,692.80	795,112,444.01	794,505,031.62
每股净资产	3.45	2.17	2.29	2.28
调整后的每股净资产	3.45	2.16	2.28	2.27
每股经营活动产生的现金流量净额	0.829	0.97	0.83	0.83

净资产收益率和每股收益指标

报告期利润	2000年度 净资产收益率（%）		2000年度 每股收益		1999年度 净资产收益率（%）		1999年度 每股收益		1998年度 净资产收益率		1998年度 每股收益	
	全面摊薄	加权平均	全面摊薄	加权平均	全面摊薄	加权平均	全面摊薄	加权平均	全面摊薄	加权平均	全面摊薄	加权平均
主营业务利润	16.79	17.52	0.580	0.589	37.83	32.91	0.822	0.822	29.01	31.42	0.662	0.662
营业利润	12.87	13.43	0.444	0.451	32.11	27.94	0.698	0.698	21.28	23.05	0.485	0.485
净利润	9.66	10.08	0.333	0.339	23.62	20.55	0.514	0.514	15.63	16.88	0.355	0.355
扣除非经常性损益后的净利润	9.67	10.09	0.333	0.339	23.62	20.55	0.514	0.514	15.56	16.87	0.355	0.355

注：各年调整后的数据是公司因会计政策、会计估计变更追溯调整后的会计数据。

3、报告期内股东权益变动情况及变化原因：

项目	股　本	资本公积	盈余公积	法定公益金	未分配利润	股东权益合计
期初数	348,000,000	232,098,101.66	60,648,059.83	30,324,029.93	38,488,702.72	709,558,894.14
本期增加	87,000,000	629,100,000.00	14,504,118.81	7,252,059.40	145,041,188.07	882,897,366.28
本期减少					91,356,178.21	91,356,178.21
期末数	435,000,000	861,198,101.66	75,152,178.64	37,576,089.33	92,173,712.58	1,501,100,082.21

三、股东情况介绍

（一）、股东情况介绍

1、截止2000年12月31日，公司股东户数61932户

2、公司前十名股东持股情况：

股东名称	持股数量（股）	占总股本比例（%）
山西省电力公司	179,550,000	41.27
山西省地方电力公司	135,450,000	31.14
兴华证券投资基金	4,490,000	1.03
杭州五环大厦	3,483,191	0.80
兴和证券投资基金	2,305,000	0.53
景福证券投资基金	990,499	0.23
金泰基金	987,625	0.23
胡建平	980,337	0.23
北京中京泰咨询有限公司	825,620	0.19
王晓秋	800,000	0.18

持有公司5%以上的公司法人股东山西省电力公司、山西省地方电力公司，所持股份尚未上市流通，年度内无质押或冻结情况。

前10名股东不存在关联关系。

3、持有公司10%及以上的法人股东情况：

股东名称	持股比例（%）	法定代表人	经营范围
山西省电力公司	41.27	王光华	电力、热力供应
山西省地方电力公司	31.14	郭　明	电力、蒸汽供应、投资

4、报告期内公司控股股东未发生变更。

四、股东大会简介

本年度公司共召开一次股东大会。具体内容及决议如下：

公司1999年度股东大会，于2000年4月28日在山西省太原市漳电大厦五楼会议室召开。出席会议股东及股东授权代理共26人，代表股份315,394,342股，占公司总股本72.50%，符合《公司法》和《公司章程》的有关规定。大会审议并以记名投票表决方式通过了如下决议：

一、以315,394,342票同意，占出席会议表决票的100%，审议通过了《1999年度董事会工作报告》。

二、以315,394,342票同意，占出席会议表决票的100%，审议通过了《1999年度监事会工作报告》。

三、以315,394,342票同意，占出席会议表决票的100%，审议通过了《1999年度财务决算报告》。

四、以315,394,342票同意，占出席会议表决票的100%，审议通过了《1999年度利润分配预案》。

经山西晋元会计师事务所审计核准，1999年度公司实现净利润

17873.71万元，按照《公司章程》及国家有关规定提取10%法定盈余公积金1787.37万元，提取5%法定公益金893.68万元，加年初未分配利润321.69万元，本年度可供股东分配的利润为15514.35万元。股东大会决定，以公司配股后的总股本43500万股为基数，按每10股派发现金股利1.60元（含税），向全体股东分配1999年度股利及其滚存利润，本次共分配股利6960万元，剩余8554.35万元未分配利润结转以后年度分配。

五、以315,394,342票同意，占出席会议表决票的100%，审议通过了《选举产生公司第三届董事会董事的预案》。

大会选举通过以下17名人员为公司第三届董事会董事：
王光华　常小刚　刘润来　冯　宗　白玉龙　张华龙
白　雷　郭钛星　楼文超　张怀林　王解新　朱晋平
白祚祥　刘培和　张德存　张荣华　王正华

六、、以315,394,342票同意，占出席会议表决票的100%，审议通过了《选举产生公司第三届监事会监事的预案》。

大会选举通过以下4名人员为公司第三届监事会监事：
郭晋明　韩振江　赵彭龄　李江雷

由公司职工代表大会选举出任的3名监事，在公司职工代表大会选举后另行公告。

七、以315,394,342票同意，占出席会议表决票的100%，审议通过了《公司章程部分条款修改的预案》。

对《公司章程》第九十四条第（八）款"在股东大会授权范围内，决定公司的风险投资、资产抵押及其他担保事项"修改为"股东大会授权董事会以上年末净资产的10%为单项投资额度上限，决定公司的对外投资计划（含风险投资），资产抵押及其他担保事项"。

对《公司章程》第一百零五条增加"董事会决定公司的对外投资计划（含风险投资），须经全体董事的三分之二（含三分之二）以上通过"。

对《公司章程》第十三条"主营：电力商品生产和销售。"增加为"主营：电力商品生产和销售；发电设备检修；电力工程安装、施工"。

八、以315,394,342票同意，占出席会议表决票的100%，审议通过了《续聘山西晋元会计师事务所的预案》。

附个人简历：
王光华：男，1945年生，大学本科学历，优高工。现任山西省电力公司总经理。
常小刚　男，1963年生，研究生学历，高级经济师。现任山西省地方电力公司副总经理。
刘润来　男，1946年生，大学本科学历，优高工。现任山西省电力公司副总经理。
冯宗　　男，1942年生，大学本科学历，高级工程师。现任山西省地方电力公司副总经理。

白玉龙　男，1946年生，大学本科学历，优高工。现任公司总经理。
张华龙　男，1958年生，大学本科学历，高级工程师。现任山西省地方电力公司副总经理。
白　雷　男，1962年生，研究生学历，经济师。现任山西省地方电力公司副总经理。
郭钛星　男，1957年生，大学本科学历，高级工程师。现任山西省地方电力公司副总经理。
楼文超　男，1940年生，大学本科学历，优高工。现任山西省电力公司副总工程师。
张怀林　男，1942年生，大学本科学历，高级工程师。现任山西省电力公司副总工程师。
王解新　男，1943年生，大学本科学历，优高工。现任山西省电力公司副总工程师。
朱晋平　男，1954年生，大学本科学历，高级会计师。现任山西省电力公司副总会计师。
白祚祥　男，1957年生，大学专科学历，经济师。现任山西省地方电力公司副总经济师。
刘培和　男，1957年生，大学本科学历，高级会计师。现任山西省电力公司财务与资产管理部主任。
张德存　男，1945年生，大学本科学历，高级经济师。现任公司副总经理。
张荣华　男，1943年生，大学专科学历，高级会计师。现任公司总会计师。
王正华　男，1958年生，大学本科学历，高级经济师。现任山西晋能集团有限公司副总经理。
郭晋明　男，1940年生，大学专科学历，高级政工师。现任山西省电力公司纪检组长。
韩振江　男，1948年生，大学本科学历，高级经济师。现任山西省电力公司工会主席。
赵彭龄　男，1947年生，大学本科学历，高级经济师。现任山西省地方电力公司办公室主任。
李江雷　男，1969年生，大学本科学历，会计师。现任山西省地方电力公司财务部主任。

本次股东大会决议公告于2000年4月29日的《证券时报》和《中国证券报》。

五、董事会报告

（一）、公司经营情况

1、2000年末，公司总装机容量1740MW，属于大型坑口火力发电企业，是山西电网和华北电网发电企业中的主力发电企业。

2、公司控股子公司的经营情况及业绩：

公司的控股子公司为河津电厂供水有限公司，该公司于本年度8月份投产，
全年实现净利润947,722.49元。

3、公司主营业务的范围及其经营状况：

公司主营业务是电力产品生产。2000 年完成发电量 6537267.20 千千瓦时，向电网销售电量 5938219 千千瓦时。全年主营业务收入累计实现 936,989,201.25 元， 主营业务利润实现 252,082,632.09 元。

（二）、公司财务状况

经山西天元会计师事务所审计，2000 年末公司的资产、负债、股东权益及财务成果情况如下：

1、2000 年 12 月 31 日总资产 4,843,562,897.48 元，较上年同期 1,197,961, 182 .12 元增加了 3,645,601,715.36 元。 总资产增加的原因主要是公司实施配股将河津发电厂 2＊350MW 日产机组并入公司。

2、2000 年 12 月 31 日长期负债 2,519,141,660.16 元，比上年同期 208,123, 426 .67 元增加了 2,311,018,233.49 元。主要是公司所属河津发电厂两台 350MW 机组建设资金大部分为银行贷款,增加了公司的长期负债。

3、2000 年 12 月 31 日股东权益 1,501,100,082.21 元，与上年同期 756,613, 692 .80 元相比增加 744,486,389.41 元。主要是本年度实施增资配股和当期增加的因素。其中：(1)股本扩张 25%，增加 87,000,000.00 元，(2)增资配股股票溢价转增资本公积 629,100,000.00 元，(3)本年提取公积金 14,504,118.81 元，(4)提取公益金 7,252,059.40 元，(5)当期实现净利润按 10 派 1.60 元,派现 6960 万元，(6)根据财政部财企字[2000]295 号文《关于企业住房制度改革中有关财务处理问题的通知》冲减 2000 期初未分配利润 47,054,798.66 元后,未分配利润结余 92,173, 712 .58 元。

4、2000 年度累计实现主营业务利润 252,082,632.09 元，较上一年度 286, 199 ,973.24 元减少了 34,117,341.15 元。主要原因是：(1)2000 年公司所属河津发电厂两台机组结算电价尚未得到有关政府部门的正式核准，目前执行的是临时结算电价,结算电价与单位成本倒挂，由于电价的原因，收入不能到位，使得业务利润出现了滑坡。(2)公司所属漳泽发电厂的发电量由于受山西省电力市场的影响，较上年度减少 4.11 亿千瓦时，发电量的减少使收入也随之减少，营业利润的实现能力降低了。(3)为化解上述不利影响，公司采取了节能降耗等措施，也取得了不小的成绩，但是仍然不能弥补价格和市场给公司带来的影响和损失。

5、2000 年度公司累计实现净利润 145,041,188.07 元，较上一年度 178,737,087. 55 元减少了 33,695,899.48 元。主要原因是 2000 年公司由于受价格和市场的影响。

（三）、公司投资情况

1、报告期内公司对外投资活动

(1)公司以自有资金出资 2989.2 万元，与国家科技部科技信息研究所共同发起设立了北京万方数据股份有限公司，占其股份总额的 33.5%。该公司创立大会已于 2000 年 7 月 18 日正式召开。本年度该公司实现净利润 5,190,040.08 元。

(2)公司以自有资金 3311.08 万元，受让了国家信息产业部所属的计算机与微电子研究中心主创的北京赛迪网信息技术有限公司 20%的股份。报告期内尚未产生效益。

(3)以战略投资者的身份申购了"西山煤电" 338.085 万股股票，股票持有时间为一年,报告期内未产生效益。

(4) 组建了河津电厂供水有限责任公司，公司投资额为 1200 万元， 占该公司权益的比例为 67.38%,本年度该公司实现净利润 947,722.49 元。

2、公司募集资金使用情况

公司用配股资金 71,610 万元收购的河津发电厂两台 350MW 机组已于本年度 8 月和 11 月相继投产发电。由于河津电厂的上网电价尚未经国家有关政府部门核定,目前执行的是临时结算电价 164 元/千千瓦时，远低于单位发电成本,因此收益为负收益,金额为:-30,812,723.18 元。

（四）、公司新年度的业务发展计划

1、确保漳泽电厂实现"三星级企业"、河津电厂实现"达标创优"

达标、创一流是加强企业经营管理的有效载体，是全面提高企业管理水平和企业整体素质、提高安全生产和经济效益的必由之路。2001 年，我们要对照国电公司和省电力公司《关于发供电企业达标创一流实施细则》和考核标准，认真对照检查，寻找差距，落实责任，限期进行整改。

(1)要注重各项经营指标和经济技术指标的统计计算工作，运用微机管理手段，加强对各项考核指标的预测、监督和在线管理，并制定有效的措施来保证指标的完成。

(2)加大现场文明治理力度，加强对生产现场环境治理和设备治理， 实实在在地消除安全文明生产的隐患，从根本上提高设备健康水平。

(3)确保安全生产无事故。

(4)河津电厂机组性能好，设计、施工、安装、调试要求的水准较高， 具有良好基础。今年，在尽快稳定新机的同时，一方面要安全、经济运行，使各项消耗指标降下来。另一方面还要继续完善基建遗留项目，建立和健全技术标准、管理标准、工作标准为主的标准化管理体系。高标准严要求，实现达标创优目标。

(5)进一步树立服务观念、市场观念、竞争观念和成本效益观念， 培养思想过硬、作风过硬、技术过硬的检修队伍，提高检修工艺水平。

2.更新观念，管理创新

正确的思想观念是正确行动的先导，科学管理并不断创新是推动企业发展的动力。企业管理的目标是股东利益最大化。都要以市场为导向，按照网厂分开，竞价上网的电力体制改革思路，结合本部门的工作实际，树立市场意识、竞争意识、效益意识和新的经营理念。

一个企业的发展，仅有一个良好的机制，没有一个能确保这种机制来良好运作的平台是不行的。这个平台，就是企业的体制，主要是企业的组织构架和管理形式。我们要解放思想，进一步探索公司组织机构模式和分配激励机制。

(1) 积极探索机构管理模式。

公司经济目标责任制考核管理办法、"总、分公司"管理模式已运作一年，工作中取得了良好的收效，但也存在一些矛盾和问题，我们要认真总结， 在实践中不断完善。

公司要加大资产经营与资本运营的运作力度，盘活存量资产，合理调配资金，利用财务杠杆，搞活用活资金；要发挥上市公司资源优势，抓住增资扩股时机，做好资产项目的收购兼并，不断进行资本扩张；加强证券管理，参与一、二级市场、创业板市场运作；对公司控股的分、子公司要给予适当的经营自主权，简化管理、考核程序，组织协调各分（子）公司之间以及政府部门的关系，调动和发挥基层的积极性，运用现代化科学管理手段，努力探索公司组织管理新模式。

(2)积极探索企业激励机制

建立用人激励机制。结合公司实际情况，精简组织机构设置，进行定岗定编。对后勤服务部门逐步进行分离，自食其力；对干部、职工采取考试、答辩、民主测评步骤竞争上岗。真正体现干部能上能下，员工能进能出，岗位靠竞争，收入凭贡献的原则，增强全体干部、职工的竞争意识和危机意识。

建立分配激励机制。根据国务院《关于进一步深化企业内部分配制度改革指导意见的通知》精神，我们要合理调整工资结构，健立健全分配激励机制和分配改革机制，有计划有步骤地在公司管理层、分公司管理层和职工中进行分配制度改革。对董事会、经理层成员按职责和贡献实行年薪制或股票期权制，对科技人员按岗位、按业绩确定工资收入，对企业内部职工进行持股等工资分配制度的探索，将企业的经营业绩与职工收入挂起钩来，促进公司经济效益的提高。

3、加强资产管理

资产管理是企业管理的薄弱环节，为进一步加强资产管理，我们应该做好以下工作：

(1)加强教育，提高对资产管理的认识。

(2)提高效率，注重资产价值的时间效应。

(3)强化管理，提高资产管理水平。

(4)心中有数，定期进行资产状况分析。

4、做好电价申报审批

河津电厂双机投产以来，执行的是全省电网的平均电价，比发电成本还要低，价格倒挂影响了公司 2000 年度的整体效益。2001 年，公司要积极采取措施，组织精兵强将，全力以赴，申请报批。

5、借电力改革东风，积极探索向大用户供电试点

厂网分开，竞价上网，不断建立和培育电力交易市场，是电力体制改革的重点。我们要争取省政府和两大法人股东的支持，积极探索将河津电厂作为向大用户供电的试点，尽可能发挥大机组、大容量、低损耗的发电优势。

（五）、董事会日常工作

本年度公司共召开四次董事会，具体内容及决议情况如下：

（一）、公司二届十五次董事会，于 2000 年 3 月 27 日在本公司四楼会议室（太原市西羊市街 15 号）召开。应到董事 17 人，实到董事 12 人，委托董事 5 人， 符合法定人数，会议由王光华董事长主持，4 名监事列席了会议。 会议审议并一致通过以下决议：

一、审议通过了《1999 年总经理工作报告》

二、审议通过了《资产减值准备制度》

三、审议通过了《资产减值准备提取情况报告》

四、审议通过了《1999 年度报告》

五、审议通过了《1999 年度财务决算报告》

六、审议通过了《1999 年度利润分配的预案》

1999 年，公司实现净利润 17,873.71 万元，提取 10%法定盈余公积金 1783.37 万元，提取 5%公益金 893.68 万元。根据公司整体发展的需要，同时兼顾全体股东的利益，1999 年度利润拟分配方案为：以现有股本 43500 万股为基数，按每 10 股派现 1. 60 元（含税）向全体股东分配 1999 年度利润。本次股利分配共计 6960 万元， 剩余 8554.35 万元的未分配利润结转下一年度分配。

七、审议通过了《第三届董事会候选人名单的预案》

经公司两大法人股东建议，一致推举以下 17 名人员为公司第三届董事会董事候选人：

王光华　常小刚　刘润来　冯　宗　白玉龙　张华龙

白　雷　郭钛星　楼文超　张怀林　王解新　朱晋平

白祚祥　刘培和　张德存　张荣华　王正华

附个人简历：

王光华　男，1945 年生，大学本科学历，优高工。现任山西省电力公司总经理。

常小刚　男，1963 年生，研究生学历，高级经济师。现任山西省地方电力公司副总经理。

刘润来　男，1946 年生，大学本科学历，优高工。现任山西省电力公司副总经理。

冯宗　　男，1942 年生，大学本科学历，高级工程师。 现任山西省地方电力公司副总经理。

白玉龙　男，1946 年生，大学本科学历，优高工。现任公司总经理。

张华龙　男，1958 年生，大学本科学历，高级工程师。现任山西省地方电力公司副总经理。

白　雷　男，1962 年生，研究生学历，经济师。现任山西省地方电力公司副总经理。

郭钛星　男，1957 年生，大学本科学历，高级工程师。现任山西省地方电力公司副总经理。

楼文超　男，1940 年生，大学本科学历，优高工。现任山西省电力公司副总工程师。

张怀林　男，1942 年生，大学本科学历，高级工程师。现任山西省电力公司副总工程师。

王解新　男，1943 年生，大学本科学历，优高工。现任山西省电力公司副总工程师。

朱晋平　男，1954 年生，大学本科学历，高级会计师。现任山西省电力公司副总会计师。

白祚祥　男，1957 年生，大学专科学历，经济师。现任山西省地方电力公司副总经济师。

刘培和　男，1957 年生，大学本科学历，高级会计师。现任山西省电力公司财务与资产管理部主任。

张德存　男，1945 年生，大学本科学历，高级经济师。现任公司副总经理。

张荣华　男，1943 年生，大学专科学历，高级会计师。现任公司总会计师。

王正华　男，1958 年生，大学本科学历，高级经济师。现任山西晋能集团有限公司副总经理。

八、审议通过了《第三届监事会监事候选人名单的预案》

经公司两大法人股东建议，一致推举以下 4 名人员为公司股东方派出的第三届监事会监事候选人：

郭晋明　韩振江　赵彭龄　李江雷

其余 3 名监事由公司职工代表大会选举产生。并在公告 1999 年度股东大会决议时，同时公告这 3 位监事的名单及简历。

个人简历：

郭晋明　男，1940 年生，大学专科学历，高级政工师。现任山西省电力公司纪检组长。

韩振江　男，1949 年生，大学本科学历，高级经济师。现任山西省电力公司工会主席。

赵彭龄　男，1947 年生，大学本科学历，高级经济师。现任山西省地方电力公司办公室主任。

李江雷　男，1969 年生，大学本科学历，会计师。现任山西省地方电力公司财务部主任。

九、审议通过了《承贷德国政府贷款的预案》

公司苏制 210MW 机组汽轮机低压缸改造项目现已经具备了开工条件，该改造项目是列入国家技改的"双加"工程，四台机组的改造将分三年完成。项目改造的资金来源为承贷德国政府 DM1841.38 万马克(约合人民币 8470.35 万元)，其中：DM613 .79 万马克年利率 0.75%，贷款期限 25 年；其余年利率为 5.52%,贷款期限 15 年，综合贷款利率加权为 3.93%。贷款担保人为国家电力公司。

十、审议通过了《公司章程部分条款的修改预案》

公司对章程第九十四条第（八）款"在股东大会授权范围内，决定公司的风险投资、资产抵押及其他担保事项"修改为"股东大会授权董事会以上年末净资产的 10%为单项投资额度上限，决定公司的对外投资计划(含风险投资)，资产抵押及其他担保事项"。对第一百零五条增加"董事会决定公司的对外投资计划(含风险投资)，须经全体董事的三分之二(含三分之二)以上通过"的内容。

十一、审议通过了《关于正式投资北京万方数据股份有限公司(筹)的议案》

北京万方数据股份有限公司(筹)(简称万方公司)即将发起创立。各方投资总额为 8923.05 万元,我公司出资 2989.20 万元,占股本总额的 33.50%，为该公司的第二大法人股东。

万方公司是国家科技部属下的中国科学技术信息研究所控股的股份有限公司，该公司将依据国家科技部下属的中国科学技术信息研究所的各种资源优势、人才优势、"万方数据"的品牌优势，致力于开展信息资源建设和服务，网络平台建设和服务，产业信息与咨询服务，提供高质量的数据库和软件产品、互联网信息(内容)服务和信息增值服务，扩大市场份额，推进电子商务计划，使"万方数据资源系统" 成为国内著名科技站点，成为名副其实"21 世纪科技创新信息快车"。

十二、审议通过了《关于受让北京赛迪网信息技术有限公司 20%股份的议案》

为了扩大公司在高科技、网络领域的投资份额，增强公司盈利预期，公司积极涉足其他高科技领域，不断培育新的利润增长点，向多角化经营方向发展。公司将受让北京赛迪网信息技术有限公司股份 3,311.08 万元，占该公司股份总额的 20%。

北京赛迪网信息技术有限公司， 是国家信息产业部属下的计算机与微电子研究中心主创的网络公司，是目前国内信息产业界规模最大、业务设置最全的 IT 咨询研究服务机构，为中国 IT 界首屈一指的集媒体、咨询、评测、展览、研发于一体的信息产业服务集团， 也是为国内外厂商提供专业咨询服务的商业机构。 赛迪网(CCIDnet.Com)由 IT 信息网、商务网，IT 咨询网及公共服务平台四大部分组成，计划用两到三年的时间内把赛迪网建成全球最大、信息最丰、产品最全的中文专业服务平台和 IT 产品商务中心。

十三、审议通过了《关于续聘山西晋元会计师事务所的预案》

十四、审议通过了《关于召开 1999 年度股东大会的公告》

1、审议 1999 年度董事会工作报告；

2、审议 1999 年度监事会工作报告；

3、审议 1999 年度财务决算报告；

4、审议 1999 年度利润分配预案；

5、选举产生第三届董事会董事；

6、选举产生第三届监事会监事；

7、审议《公司章程》部分条款修改预案；

8、审议续聘山西晋元会计师事务所的预案。

（二）公司三届一次董事会，于 2000 年 5 月 9 日在本公司四楼会议室（太原市西羊市街 15 号）召开。应到董事 17 人，实到董事 12 人，委托董事 5 人，符合法定人数，会议由刘润来董事主持，3 名监事列席了会议。会议审议并一致通过以下决议：

一、审议通过了《关于选举产生公司第三届董事会董事长、副董事长的议案》

根据《公司章程》第六十七条"第一大法人股东提名董事长人选，第二大法人股东提名副董事长人选"的规定，大会一致选举通过山西省电力公司王光华先生出任公司第三届董事会董事长；山西省地方电力公司常小刚先生出任公司第三届董事会副董事长。

二、审议通过了《关于聘任公司总经理的议案》

经王光华董事长提名，董事会续聘白玉龙先生为公司总经理，聘期三年。

三、审议通过了《关于聘任公司副总经理等高级管理人员的议案》

根据《公司章程》规定，经白玉龙总经理提名，董事会聘任以下三位先生为公司高级管理人员，聘期三年。

聘任张德存先生为公司副总经理；

聘任文生元先生为公司总工程师；

聘任张荣华先生为公司总会计师(财务负责人)。

四、审议通过了《关于聘任公司董事会秘书的议案》

经王光华董事长提名，董事会聘任王一峰先生为公司董事会秘书，聘期三年。

附个人简历：

王光华　男，中共党员，优高工。1945 年生。1967 年毕业于天津大学动力系发电专业。参加工作后历任黑龙江省富拉尔基发电总厂值长、生产处长、生产副厂长兼总工程师、厂长等职。后调华北电力集团公司任副总工程师，先后兼任张家口发电总厂厂长、党委书记，石景山发电总厂厂长，北京大唐发电股份有限公司副总经理。后出任国家电力公司电力建设研究所所长。1999 年 4 月起，任山西省电力工业局(公司)局长(总经理)、党组书记。

常小刚　男，中共党员，高级经济师。1963 年生，1984 年 7 月毕业于太原重机学院。参加工作后历任山西省交通厅副主任科员、公路局第一工程公司党办主任、省委组织部正处级秘书，先后在山西省委办公厅、省人大办公厅工作。后出任山西省经济建设投资公司副经理。1998 年 3 月起，任山西省地方电力公司副经理、党组成员。

白玉龙　男，中共党员，优高工。1946 年生。1969 年毕业于太原工学院，历任永济发电厂车间技术员、车间主任、副总工程师、副厂长，漳泽发电厂副厂长、总工程师、公司总经理等职。现任公司总经理。

张德存　男，中共党员，高级经济师。1945 年 8 月生。1968 年毕业于山西财经学院贸易专业。历任永济电厂基建科、总务科科长、车间主任、书记、经营副厂长、基建副厂长及扩建处处长、厂长、河津电厂筹建处主任，河津发电有限责任公司总经理等职务。现任公司副总经理。

文生元　男，中共党员，高级工程师。1961 年 6 月生。1982 年 8 月毕业于天津大学电力及自动化工程系电机专业。历任漳泽发电厂电气车间技术员、副主任、检修科副科长、科长、副总工程师，公司总工程师、副总经理等职务。现任公司总工程师。

张荣华　男，中共党员，大专文化程度，高级会计师。1943 年 11 月生。历任长治发电厂会计员、计划员、团委书记、党支部书记、财务科科长、副总会计师、总会计师，漳泽发电厂副总会计师、总会计师，公司总会计师等职务。现任公司总会计师。

王一峰　男，中共党员，大学本科学历，会计师。1958 年 5 月生。1979 年参加工作。历任漳泽发电厂财务科副科长、科长。公司财务科科长、财务证券部部长、证券办公室主任、副总会计师等职。现任公司财务证券部经理。

（三）三届二次董事会，于 2000 年 6 月 26 日在本公司四楼会议室（太原市羊市街 59 号）召开。应到董事 17 人，实到董事 13 人，委托董事 4 人，符合法定人数，会议由王光华董事长主持，4 名监事列席了会议。会议审议并一致通过以下决议：

一、审议通过了《关于申购"西山煤电"A 股股票的议案》

为了扩大我公司的投资领域，加大资本运作力度，增大盈利预期，不断培养新的利润增长点，更好地树立"漳泽电力"在二级市场的形象，公司应逐步涉足证券市场。根据目前现金流量情况，分析该股申购方法，与董事会一致认为，公司可从一年期的战略投资考虑，拿出 6000 万元自有资金预约申购"西山煤电"A 股股票。

二、审议通过了《关于对公司高级管理人员进行一次性奖励的议案》

（四）公司三届三次董事会会议，于 2000 年 8 月 8 日上午在山西省太原市公司总部五楼会议室召开。应到董事 17 人，实到 14 人，委托董事 2 人，符合法定人数，会议由王光华董事长主持。公司 4 名监事列席了会议。会议审议并一致通过以下决议：

一、审议通过了公司 2000 年度中期报告。

二、审议通过了公司 2000 年度中期利润分配及公积金转增股本预案。

2000 年度中期，公司实现利润 13893.70 万元，扣减 33%所得税 4584.92 万元后，本期可供股东分配的净利润 9308.78 万元，加年初未分配利润 8554.35 万元，可供股东分配的利润共计 17863.13 万元。为了加大公司资本运作力度，扩大公司投资领域，着眼公司可持续性发展，本期不进行利润分配，资本公积金也不转增股本。

（六）、公司管理层及员工情况

1、董事、监事、高级管理人员：

（1）、董事：

姓名	性别	年龄	职务	任期	年初持股数	年末持股数	年度报酬总额
王光华	男	56	董事长	3 年	0	0	
常小刚	男	38	副董事长	3 年	0	0	
刘润来	男	54	董事	3 年	998	998	
张华龙	男	43	董事	3 年	998	998	
冯宗	男	59	董事	3 年	1500	1500	
白雷	男	39	董事	3 年	0	0	
白玉龙	男	54	董事、总经理	3 年	1997	1997	31684
楼文超	男	60	董事	3 年	998	998	
朱晋平	男	46	董事	3 年	0	0	
王解新	男	57	董事	3 年	0	0	
张怀林	男	58	董事	3 年	998	998	
白祚祥	男	44	董事	3 年	0	0	
郭钛星	男	43	董事	3 年	0	0	
刘培和	男	43	董事	3 年	998	998	
张德存	男	56	董事、副总经理	3 年			29905
张荣华	男	57	董事、总会计师	3 年	1997	1997	30298
王正华	男	42	董事	3 年	998	998	18633

（2）、监事：

姓名	性别	年龄	职务	任期	年初持股数	年末持股数	年度报酬总额
郭晋明	男	60	监事会召集人	3 年	1500	1500	
韩振江	男	53	监事	3 年	0	0	
赵彭龄	男	54	监事	3 年	0	0	
李江雷	男	32	监事	3 年	0	0	

（3）、高级管理人员：

姓名	性别	年龄	职务	任期	年初持股数	年末持股数	年度报酬总额
白玉龙	男	54	总经理	3 年	1997	1997	31684
张德存	男	56	副总经理	3 年	0	0	29905
文生元	男	39	总工程师	3 年	998	998	28939
张荣华	男	57	总会计师	3 年	1997	1997	30298
王一峰	男	42	董秘	3 年	1997	1997	25571

注：'持股数'单位'股'；'年度报酬总额'单位'元'。

聘任董事会秘书的情况：

经王光华董事长提名，董事会聘任王一峰先生为公司董事会秘书，聘期三年。

（七）、本次利润分配预案或资本公积金转增股本预案

本次利润分配：以"10 派 1.60 元"的比例向全体股东派发现金股利。

公司拟不进行资本公积转增股本。

六、监事会工作报告

2000 年，公司监事会依照《中华人民共和国公司法》、《中华人民共和国证券法》以及国家颁布的有关政策、法规，围绕公司中心工作，充分发挥各位监事的积极性，严格履行公司章程赋予的职责和权利，有效的发挥了监督、检查的职责，推动了公司各项工作的健康发展，收到了较好的效果。监事会 2000 年度工作和 2001 年的工作思路：

1、对公司规范化运作情况进行了全过程监督

2000 年 4 月 28 日公司召开了 2000 年度公司股东大会，省电力公司郭晋明先生、韩振江先生，省地方电力公司赵彭龄先生、李江雷先生当选为第三届公司监事会监事，另三名监事因职工代表大会推延还未产生。根据公司章程规定第一次监事会一致推选郭晋明先生为三届监事会召集人。新产生的第三届监事会召开了三次全体会议，总结安排了年度各项工作任务；列席了四次董事会议。在参加和列席会议的同时，对董事会履行职权时执行公司的决策程序和议事规则情况进行了监督，我们认为，公司董事会所形成的上述各项决议履行了《公司章程》所规定的相关程序。并及时进行了信息披露。

2、对公司经营活动和财务状况进行了监督

依据《企业会计准则》和《股份制企业会计制度》的规定，对公司 2000 年度财务状况和经营情况进行了监督检查，我们认为公司委托天元会计师事务所出据的审计报告如实反映了公司的财务和经营情况。

为切实履行职责，加强监督工作，公司监事会认真落实股东大会的各项决议，积极参与公司重大问题的研究决策，较好地规范了监督运作机制。在监督过程中，监事会还委托内部审计监察机构对公司内部经营管理工作进行了日常的审计和效能监察，从而有效地加强和完善了监督职能。

3、对公司董事、高管人员的经营行为进行了监督

我们认为，公司董事、高管人员在履行职责、执行公务等方面未发现有违反法律、法规、章程和损害公司利益的行为。他们坚持内抓管理，挖掘潜力，外树形象，开拓市场，努力为全体股东谋取利益。在河津电厂两台新机组电价不到位的情况下，取得了较好的经营成果。

4、2001 年度工作思路

为了保证公司各项工作顺利发展，保护公司和全体股东的权益不受侵害，公司监事会将一如继往，忠实履行监督检查职能，从严从细搞好监事会的日常工作。

(1)根据监督制度的规定和要求，定期对公司的财务核算、财务报表进行监督检查，发现问题及时纠正。

(2)监督、检查公司董事会、总经理班子在重大决策方面是否符合有关规定和公司的实际承受能力，把决策失误降低到最低。

(3)充分发挥公司审计、监察等监督部门的作用，做好内部挖潜工作。

(4)加强监事会自身建设，以适应公司改革发展的要求。

七、重要事项

1、重大诉讼、仲裁事项

本年度公司无重大诉讼、仲裁事项。

2、报告期内公司、公司董事及高级管理人员未受监管部门处罚。

3、报告期内公司董事会换届、公司解聘、新聘董事会秘书情况

董事会换届：公司二届十五次董事会，于 2000 年 3 月 27 日在本公司四楼会议室召开，会议审议通过了《第三届董事会候选人名单的预案》。

公司解聘、新聘董事会秘书情况：公司三届一次董事会，于 2000 年 5 月 9 日在本公司四楼会议室召开，会议审议通过了《关于聘任公司董事会秘书的议案》，董事会解聘董事会秘书王正华先生，聘任王一峰先生为公司董事会秘书。

4、报告期内公司实施了配股收购山西河津发电有限责任公司方案，1 月 10 日交款结束，新增的社会公众股 2,400 万股于 1 月 19 日上市流通。河津电厂的两台 350MW 日产三菱机组分别于 2000 年 8 月 22 日和 2000 年 11 月 26 日相继投入试生产。

5、重大关联交易事项

山西省电力公司是公司的控股股东。公司的上网电量由该股东包销。公司售电价格经山西省物价局核准：漳泽电厂电量在 46.78 亿千瓦时以内的部分为 187.65 元/千千瓦时(含税)，电量超过 46.78 亿千瓦时的部分为 182.65 元/千千瓦时(含税)；河津电厂的电价为 164 元/千千瓦时(含税)。2000 年度累计实现交易额 936,989,201.25 元。

河津电厂供水有限责任公司是公司的控股子公司。公司所属河津发电厂的发电用水由其供应，供水价格经河津市物价局核准为 0.5537 元/方，2000 年度累计实现交易额为 2,778,302.45 元。

6、报告期内公司与控股股东在人员、资产、财务三分开情况：

(1)人员方面：公司在劳动、人事及工资管理等已建立独立的管理体系和相应的规章制度，公司总经理、副总经理等高级管理人员均在本公司领取报酬，未在股东单位担任职务。

(2)资产方面：本公司保持资产完整独立，拥有独立的生产系统、辅助生产系统和配套设施，拥有独立的工业产权等无形资产，公司采购和销售系统独立。

(3)财务方面：公司设立的财务部门，并建立了独立的财务核算体系和财务管理制度，独立在银行开户。

7、报告期内公司未发生托管、承包、租赁其他公司资产或其他公司托管、承包、租赁本公司资产的情况。

8、本年度公司聘任会计师事务所为山西天元会计师事务所(原山西晋元会计师事务所与山西中元会计师事务所合并组成)。

9、报告期内无更改名称和股票简称情况。

10、其他重大事项：根据财政部财企字[2000]295 号文《关于企业住房制度改革中有关财务处理问题的通知》冲减 2000 年期初未分配利润 47,054,798.66 元。该事项尚须公司股东大会及政府有关部门的批准。

八、财务会计报告

(一)审计报告

(2001)天元股审字第 013 号 山西漳泽电力股份有限公司全体股东：

我们接受委托，审计了贵公司 2000 年 12 月 31 日的资产负债表及 2000 年度利润及利润分配表和现金流量表。这些会计报表由贵公司负责，我们的责任是对这些会计报表发表审计意见。我们的审计是依据《中国注册会计师独立审计准则》进行的。在审计过程中，我们结合贵公司实际情况，实施了包括抽查会计记录等我们认为必要的审计程序。

我们认为，上述会计报表符合《企业会计准则》和《股份有限公司会计制度》的规定，在所有重大方面公允地反映了贵公司 2000 年 12 月 31 日的财务状况及 2000 年度的经营成果以及现金流量情况，会计处理方法的选用遵循了一贯性原则。

山西　　会计师事务所　　　　中国注册会计师　张艳彦

中国·太原　　　　中国注册会计师　尹　巍　　二零零一年三月六日

(二)会计报表

会计报表见附表

(三)会计报表附注

一、公司简介：

山西漳泽电力股份有限公司(以下简称本公司)是在原山西省漳泽发电厂股份制改造的基础上经定向募集内部职工股而成立的股份有限公司。公司前身山西省漳泽发电厂筹建于1976年7月,建厂于1985年3月,是一座大型现代化火力发电企业,现总装机容量1,740MW,本公司主营电力生产。1997年5月,经中国证监会批准,本公司向社会公开发行了1,500万股A股股票,1997年6月9日连同2,500万股内部职工股共计4,000万股A股股票在深圳证券交易所挂牌上市交易。上市日公司总股本为14,500万股,1997年10月经股东大会批准,实施了"10送2转8"方案,股本增至29,000万股。1998年8月经股东大会批准,实施了"10送2"方案,股本增加到34,800万股。经中国证监会证监公司字[1999]136号文核准,本公司以1997年12月31日总股本29,000万股为基数,按10:3的比例、每股8.30元的价格向全体股东配售新股,配售日期1999年12月20日至2000年元月10日,配售股份总计8,700万股,公司总股本增加至43,500万股。2000年1月14日,本公司用配股募集资金整体收购山西河津发电有限责任公司,山西河津发电有限责任公司成为本公司的分公司–山西漳泽电力股份有限公司河津发电厂。

二、公司采用的主要会计政策

1、执行的会计制度

本公司执行《股份有限公司会计制度》及其补充规定。

2、会计期间

本公司采用公历年度,自每年1月1日起至12月31日止。

3、记账本位币

本公司以人民币为记账本位币。

4、记账原则和计价基础

以权责发生制为记帐原则,以实际成本为计价基础。

5.外币业务核算方法：

本公司的外币业务以业务发生月末市场汇率折合成记账本位币入账,期末将外币账户余额按当年12月31日市场汇率重新折合人民币进行调整,此数与原账面人民币差额计入当期财务费用。

6、现金等价物的确认标准

本公司将持有的期限短、流动性强、易于转换为已知金额现金、价值变动风险很小的投资视为现金等价物。

7、坏账准备核算方法

(1)坏帐确认标准:因债务人破产或死亡,以其破产财产或遗产清偿后仍然不能收回的应收款项;因债务人逾期未能履行偿债义务超过三年,确实不能收回的应收款项。

(2)坏帐准备核算采用备抵法,

(3)坏帐准备的计提方法和计提比例：

根据董事会决议,本公司对逾期其他应收款(不包括内部往来及关联往来)自一九九九年一月一日起按帐龄分析法计提坏账准备。

帐 龄	计提比例
1年以内	一般不提取
1–2年	5%
2–3年	20%
3–4年	40%
4–5年	60%
5年以上	100%

8、存货核算方法

本公司存货包括:燃料、材料、事故备品、汽车材料、低值易耗品等,实行永续盘存制。

(1)本公司存货按实际成本核算,发出时按加权平均计价,低值易耗品领用时采用一次摊销方法核算。

(2)根据董事会的决议,自一九九九年一月一日起,本公司的存货按成本与可变现净值孰低原则计价。存货跌价准备的计提方法：

A、单位价值较大的采用单个存货项目的成本高于可变现净值的差额提取；

B、单位价值较小的存货按存货类别的成本与可变现净值进行比较,按每类存货的成本高于其可变现净值的差额提取。

9、长期投资核算方法

(1)长期债权投资:长期债权投资按取得时的实际成本计价,按权责发生制原则确认投资收益,长期债券投资溢价或折价在债券购入后至到期前的期间内摊销,与确认债券利息收入同时进行,并作为计提的应收利息的调整。

(2)长期股权投资:对持股比例在50%以上及虽在50%以下但拥有实际控制权的企业,采用权益法核算,并在年终编制合并会计报表,对持股比例在20%(含20%)以上的企业,采用权益法核算,持股比例在20%以下的企业,采用成本法核算。

(3)长期投资减值准备:根据董事会的决议,自一九九九年一月一日起,本公司对长期股权投资、长期债权投资和其他长期投资均核算长期投资减值准备。按个别长期投资未来可收回金额低于账面价值的差额计提长期投资减值准备。

10、固定资产核算方法

(1)固定资产是指公司拥有的使用年限在一年以上的房屋、建筑物、机器设备和运输工具及其他主要的生产经营设备;以及不属于主要生产经营设备但单位价值在人民币2000元以上,使用年限超过二年的有形资产。

(2)固定资产计价:按实际成本计价。

(3)固定资产折旧的方法:采用"直线法"计算。固定资产分类、估计使用年限、预计净残值率和折旧率均执行《电力工业企业固定资产目录》之规定：

固定资产分类	预计使用年限	预计净残值率	年折旧率(%)
电力专用设备	6–30	3%	16.17–3.23
通用设备	4–18	3%	24.25–5.39
房屋、建筑物	8–35	3%	12.13–2.77

11、在建工程核算方法

本公司在建工程核算新建、改扩建固定资产和工程预付款;在建工程完工并投入使用时按实际成本转增固定资产。在建工程按工程贷款本金和规定利率计算的利息,在建工程交付使用前计入工程成本,工程交付使用后列入财务费用。

12、无形资产计价和摊销方法：

无形资产按实际成本计价,按资产受益年限平均摊销。

13、开办费、长期待摊费用的摊销方法

按实际成本计价,按不超过五年的期限平均摊销。

14、收入的确认原则

公司应在下列条件均能满足时予以确认：

(1)、企业已将商品所有权上的主要风险和报酬转移给购货方；

(2)、企业既没有保留通常与所有权相联系的继续管理权,也没有对已售出的商品实施控制；

(3)、与交易相关的经济利益能够流入企业；

(4)、相关的收入和成本能够可靠地计量。

电力销售收入是按上网电量和国家批准的电价计算确定。

15、所得税会计处理方法

本公司所得税的会计处理采用应付税款法。

16、合并会计报表的编制方法

本公司合并会计报表系根据财政部财会字[1995]11号文《关于印发<合并会计报表暂行规定>的通知》规定,以公司和纳入合并范围的子公司的会计报表以及其他有关资料为依据,合并项目数额予以编制。

本公司对投资占被投资公司有表决权资本总额50%以上(含50%)的子公司会计报表予以合并,对虽占被投资公司有表决权资本总额50%以上,但该公司资产总额、销售收入占本公司与其所有子公司资产总额合计数、销售收入合计数以及当年度净利润中本公司所拥有的数额占本公司当年度净利润额的比例均在10%以下,根据财政部的有关规定,不对其会计报表予以合并。

三、控股子公司及合营企业

(1)公司控制的子公司、合营企业情况及其合并范围：

子公司名称	注册资本	公司实际投资额	权益比例	经营范围	是否合并
河津电厂供水有限责任公司	17650000.00	12000000.00	67.38%	供水	否

(2)本公司控股子公司河津电厂供水有限公司资产总额、销售收入及本年净利润占本公司与子公司资产总额合计数、销售收入合计数及当年度本公司净利润的比例均在10%以下,根据财政部会二字(1996)2号《关于合并会计报表合并范围请示的复函》文件的规定,不将其纳入合并会计报表范围。

(3)新增企业的购买日及其确定方法

2000年1月14日,本公司用配股资金收购山西河津发电有限责任公司后,原河津发电有限责任公司与河津市供水公司共同出资成立的河津电厂供水有限责任公司由于产权主体发生变化而由本公司接受,成为本公司的控股子公司。根据财政部财会字(1998)66号文本公司将购买日确定为2000年1月14日。

四、关联方关系及其交易的披露

(一)关联方关系

1、存在控制关系的关联方

企业名称	注册地址	主营业务	与本公司关系	经济性质	法定代表人
山西省电力公司	太原市	电力、热力生产供应	母公司	国有企业	王光华
河津电厂供水有限责任公司	河津市	供水	子公司	有限责任公司	张德存

2、存在控制关系的关联方注册资本及其变化

单位名称	年初数	本年增加	本年减少	年末数
山西省电力公司	5,080,000,000.00			5,080,000,000.00
河津电厂供水有限责任公司		17,650,000.00.00		17,650,000.00.00

3、存在控制关系的关联方所持股份或权益及其变化

企业名称	年初数 金额	%	本年增加 金额	%	本年减少 金额	%	年末数 金额	%
山西省电力公司	143,640,000.00	41.27	35,910,000.00	41.27			179,550,000.00	41.27
河津电厂供水有限责任公司			12,000,000.00	67.38			12,000,000.00	67.38

4、不存在控制关系的关联方

企业名称	与本公司关系
山西省地方电力公司	法人股股东

(二)关联方交易事项

1、主要交易事项：

(1)本公司电力生产服从电网调度,电力产品由山西省电力公司包销。

公司所属漳泽电厂电量在46亿千瓦时以内的部分为187.65元/千千瓦时(含税),电量超过46亿千瓦时的部分为182.65元/千千瓦时(含税);河津电厂的电价为164元/千千瓦时(含税)。

(2)河津电厂供水有限责任公司是本公司的控股子公司。

公司所属河津发电厂的发电用水由其供应,供水价格经河津市物价局核准0.5537元/方(含税)。

2、关联交易情况

(1)购进货物

企业名称	项目	2000年金额	占本期购货百分比	1999年金额	占年度购货百分比
津电厂供水有限责任公司	水	2,778,302.45			

(2)销售货物

企业名称	项目	2000年金额	占本期销货百分比	1999年金额	占年度销货百分
山西省电力公司	电力	936989201.25	99.80%	895372976.17	99.70%

3、关联方往来余额

项目及单位	2000年末金额	占全部应收(付)款项余额的比重	1999年末余额	占全部应收(付)款项余额的比重
应收帐款:				
山西省电力公司	129,182,406.66	100.00%	54,742,175.59	100.00%
其他应收款				
河津电厂供水有限责任公司	7,265,371.72	14.95%		

五、或有事项及承诺事项: 本公司无重大或有事项及承诺事项。

六、承诺事项

截至报告期末,本公司无重大承诺事项。

七、资产负债表日后事项中的非调整事项

本公司无重大资产负债表日后事项。

八、其他重要事项 截至报告期末,本公司无其他重要事项。

九、公司的其他有关资料

1、公司于2000年1月14日在山西省工商行政管理局变更注册登记。

2、企业法人营业执照注册号:1400001001440

3、税务登记号码:140106715930332

4、公司未流通股票在深圳证券登记公司托管。

5、报告期内公司聘任南方证券有限公司为公司主承销商。

6、公司聘请的会计师事务所名称:山西晋元会计师事务所。

办公地址:山西省太原市府西街195号

十、备查文件目录

1、载有法定代表人、总会计师、会计机构负责人签名并盖章的会计报表。

2、载有会计师事务所盖章,注册会计师签名并盖章的审计报告原件。

3、报告期内在中国证监会指定报纸上公开披露过的所有公司文件的正本及公告的原稿。

二零零一年三月九日

西安飞机国际航空制造股份有限公司

一、公司简介

法定中文名称:西安飞机国际航空制造股份有限公司
法定英文名称:XI'AN AIRCRAFT INTERNATIONAL CORPORATION 名称缩写:XAIC
公司注册地址:西安市高新技术产业开发区高新路国税大厦六楼 邮政编码:710075
公司办公地址:西安市阎良区红安路一号西飞国际
邮政编码:710089 公司电子信箱:xaic@public.xa.sn.cn
公司法定代表人:杨 忠
公司董事会秘书及授权代表:董事会秘书郝占富、授权代表姜忠亮
联系地址:西安市阎良区红安路一号西飞国际
电话:(029)6846638 6846976 6846021 传真:(029)6846031
电子信箱:xaic@public.xa.sn.cn
公司选定的信息披露报纸:《中国证券报》、《证券时报》
刊登公司年度报告的国际互联网网址:http://www.cninfo.com.cn
公司年度报告备置地点:
西安市高新技术产业开发区高新路国税大厦六楼
西安市阎良区红安路一号西飞国际证券办公室
深圳证券交易所
西安证券公司阎良营业部
公司股票上市交易所:深圳证券交易所
股票简称:西飞国际 股票代码:0768

二、会计数据和业务数据摘要

(一)本公司2000年度主要会计数据 单位:元

利润总额:	73,377,350.03
主营业务利润:	166,152,728.74
其他业务利润:	-2,862,309.75
营业利润:	74,687,230.91
投资收益:	-1,009,587.66
补贴收入:	
营业外收支净额:	-300,293.22
净利润:	68,759,863.21
扣除非经常性损益后的净利润:	70,444,363.41
经营活动产生的现金流量净额:	-7,689,885.44
现金及现金等价物净增加额:	675,207,745.18

注:非经常性损益1,684,500.20元,其中固定资产处置净损失169,217.74元,公募增发新股冻结资金利息收入116,391.75元(未申签部分),违约金、罚款支出247,467.23元,股权投资差额摊销1,384,206.98元

(二)本公司截止报告期末前三年的主要会计数据和财务指标 单位:元

项目 /年度	2000年	1999年	1998年 调整后	1998年 调整前
1.主营业务收入	797,159,475.80	581,012,797.56	425,178,099.90	425,178,099.90
2.净利润	68,759,863.21	46,400,780.13	79,140,947.10	78,905,030.27
3.总资产	2,696,261,513.88	1,838,038,447.25	936,654,215.11	939,923,702.34
4.股东权益(不含少数股东权益)	1,901,851,831.09	1,167,560,550.84	631,729,770.71	634,644,425.61
5.每股净资产(元/股)	4.86	3.52	3.72	3.73
6.调整后的每股净资产(元)	4.85	3.51	3.71	3.72
7.每股经营活动产生的现金流量净额	-0.02	0.16	0.56	0.56
8.净资产收益率%				
(1)按主营业务利润计算 全面摊薄(%)	8.74	8.88	15.70	15.63
加权平均(%)	13.82	12.34	16.66	16.66
(2)按营业利润计算全面摊薄(%)	3.93	4.57	14.05	13.89
加权平均(%)	6.21	6.35	14.91	14.81
(3)按净利润计算全面摊薄(%)	3.62	3.97	12.53	12.43
加权平均(%)	5.72	5.52	13.29	13.26
(4)按扣除非经常性损益后的净利润计算				
全面摊薄(%)	3.70	4.02	12.49	11.84
加权平均(%)	5.86	5.59	13.25	12.62
9.每股收益				
(1)按主营业务利润计算				
全面摊薄(元)	0.42	0.31	0.58	0.58
加权平均(元)	0.50	0.35	0.58	0.58
(2)按营业利润计算				
全面摊薄(元)	0.19	0.16	0.52	0.52
加权平均(元)	0.23	0.18	0.52	0.52
(3)按净利润计算				
全面摊薄(元)	0.18	0.14	0.47	0.46
加权平均(元)	0.21	0.16	0.47	0.46
(4)按扣除非经常性损益后的净利润计算				
全面摊薄(元)	0.18	0.14	0.44	0.44
加权平均(元)	0.21	0.16	0.44	0.44

三、股东情况介绍

(一)报告期末股东总数:107,654人

(二)前十名股东的持股情况(截止到2000年12月31日)

序号	股东名称	持股数(股)	持股比例(%)
1	西安飞机工业(集团)有限责任公司	214,500,000	54.79
2	景阳证券投资基金	1,818,634	0.46
3	汕头市万博有限公司	1,280,000	0.33
4	上海铁路局福州工程总公司	861,571	0.22
5	佛山电器照明股份有限公司	689,257	0.18
6	泰和证券投资基金	653,856	0.17
7	云南华一投资集团股份有限公司	516,943	0.13
8	金泰基金	516,943	0.13
9	郝建功	498,491	0.13
10	王 强	490,000	0.13

大连盛道集团股份有限公司

一、公司简介

公司中文名称:大连盛道集团股份有限公司
公司英文名称:DALIAN SHENGDAO GROUP CO., LTD.
公司英文名称缩写:DLSD
公司法定代表人:刘丽春
公司董事会秘书:刘常福
授权代表:张利群
联系地址:大连市中山区捷山街奋斗巷30号
联系电话:0411-2672121
传真:0411-2682013
公司注册地址:大连市中山区捷山街奋斗巷30号
公司办公地址:大连市中山区捷山街奋斗巷30号,邮编:116013
电子邮件:ljm@shengdao.com
公司年度报告信息披露报纸:《中国证券报》、《证券时报》;
指定的登载年报国际互联网网址:http://www.cninfo.com.cn
年报备置地点:大连市中山区捷山街奋斗巷30号公司证券部
公司股票上市交易所:深圳证券交易所
股票简称:盛道包装
股票代码:0769

二、会计数据和业务数据摘要

1、本年度利润总额及构成(单位:元)

利润总额:	3,541,193.85
净利润:	2,195,695.82
扣除非经常性损益后的净利润:	2,195,695.82
主营业务利润:	41,236,820.48
其他业务利润:	-91,017.54
营业利润:	2,970,149.08
投资收益:	-529,402.47
补贴收入:	0
营业外收支净额:	1,100,447.24
经营活动产生的现金流量净额:	-1,276,786.81
现金及现金等价物净增加额:	20,767,754.16

2、主要会计数据和财务指标(单位:元)

指 标 项 目	2000年度	1999年度	1998年度 调整后	1998年度 调整前
主营业务收入(元)	273,455,333.05	285,969,181.29	357,685,369.46	430,713,344.56
净利润(元)	2,195,695.82	8,115,047.67	43,871,456.54	48,393,836.64
总资产(元)	803,723,960.35	824,725,297.66	863,477,117.43	935,886,854.92
股东权益(元)	439,363,370.42	437,225,352.78	429,638,416.13	466,714,375.84
每股收益(元/股)	0.0118	0.044	0.237	0.261
扣除非经常性损益后				
每股收益(元)	0.0118	-0.026	0.237	0.261
每股净资产(元)	2.370	2.36	2.317	2.517
调整后每股净资产(元)	1.72	2.24	2.265	2.426
每股经营活动产生的现金流量净额(元)	-0.00689	0.106	0.225	0.225
净资产收益率(%)	0.50	1.864	10.21	10.369

注:股东权益中不含少数股东权益

三、股本变动及股东情况

1、股本变动情况

(1)股本变动情况表

年度公司股份变动情况

数量单位:万股

	期初数	本次变动增减(+,-) 配股	送股	公积金转股	其他	小计	期末数
一、尚未流通股份							
1.发起人股份	10,440						10,440
其中:国家拥有股份	10,440						10,440
尚未流通股份合计	10,440						10,440
二、已流通股份							
1.境内上市的人民币普通股	8,100						8,100
已流通股份合计	8,100						8,100
三、股份总额	18,540						18,540

2、股东情况介绍

(1) 2000年12月31日止,本公司股东总数为32598户。

(2) 主要股东持股情况(截止2000年12月31日) 单位:股

股东名称	年末数	占总股本比例(%)
1.大连盛道集团有限公司	104400000	56.31
2.景宏证券投资基金	499940	0.27
3.于艳	323235	0.17
4.王雷	276596	0.15
5.康春喜	255700	0.14
6.金挺辉	237867	0.13
7.马雪梅	231320	0.12
8.白春军	231010	0.12
9.白云冬	229741	0.12
10.王颖	221360	0.119

注明:

(1)、大连盛道集团有限公司持有国有法人股股份104,400,000股,所持公司股份无质押或冻结的情况。

(2)、截止报告期,公司了解前十名股东不存在关联交易。

(3)、除大连盛道集团有限公司外,报告期末没有超过10%(含10%)以上的法人股东。

(4)、报告期内控股股东无变更,仍为大连盛道集团有限公司。

延边公路建设股份有限公司

一、公司简介

1.公司的法定中、英文名称及缩写
中文名称:延边公路建设股份有限公司
英文名称:YAN BIAN HIGHWAY CONSTRUCTION SHARES CO.,LTD
英文名缩写:YBHCSCO.LTD
2.公司法定代表人:朴东洙
3.公司董事会秘书:金美花
联系电话:0433-2853913
传　　真:0433-2853913
电子信箱:ybglgfgs@public.yj.jl.cn
董事会秘书授权代表:张洪军
联系电话:0433-2810612
传　　真:0433-2810612
4.公司注册地址:吉林省延吉市河南街1号
公司办公地址:吉林省延吉市河南街1号
邮政编码:133001
5.公司选定的信息披露报纸:《证券时报》
登载公司年度报告的中国证监会指定国际互联网网址:http://www.cninfo .com.cn
公司年度报告备置地点:董事会秘书处
6.公司股票上市交易所:深圳证券交易所
公司股票简称:延边公路
公司股票代码:0776

二、会计数据和业务数据摘要

1.本年度主要会计数据如下:

序号	项　　目	金　额(元)
1	利润总额	34,456,957.52
2	净利润	29,307,612.60
3	扣除非经常性损益后的净利润	29,307,612.60
4	主营业务利润	66,292,245.89
5	其他业务利润	-19,244.66
6	营业利润	37,919,630.18
7	投资收益	-4,032,945.78
8	补贴收入	923,660.00
9	营业外收支净额	-353,386.88
10	经营活动产生的现金流量净额	71,091,872.10
11	现金及现金等价物净增加额	-5,813,590.85

2.截止本报告期末前三年的主要会计数据和财务指标:

项　　目	2000年12月31日	1999年12月31日	1998年12月31日
1.主营业务收入(元)	125,523,684.99	101,659,926	28,461,205.00
2.净利润(元)	29,307,612.60	54,427,645	48,150,377.85
3.总资产(元)	757,506,421.11	746,170,288	416,879,783.32
4.股东权益(元)	401,591,190.20	399,900,075	222,429,480.28
5.每股收益(元/股)	0.1592	0.4434	0.6019
6.加权平均每股收益	0.1592	0.4827	0.5629
7.扣除非经常性损益的每股收益	0.1592	0.3582	0.2341
8.每股净资产(元/股)	2.18	3.2581	2.78
9.调整后的每股净资产(元/股)	2.18	3.1197	2.52
10.净资产收益率(%)	7.30	13.61	21.64
11.股东权益比率(%)	53.01	53.59	53.34
12.加权净资产收益率	7.31	17.35	24.20
13.扣除非经常性损益后的加权净资产收益率	6.85	14.13	12.09
14.每股经营活动产生的现金流量净额	0.3861	0.7567	1.05

3.利润分配表附表

利润表附表

单位:人民币

报告期利润	净资产收益率		每股收益	
	全面摊薄	加权平均	全面摊薄	加权平均
主营业务利润	16.51%	15.31%	0.3601	0.3601
营业利润	9.44%	9.05%	0.206	0.206
净利润	7.30%	7.07%	0.1592	0.1592
扣除非经常性损益后净利润	7.07%	6.85%	0.1542	0.1542

三、股东情况介绍

1.报告期末本公司股东总数为63,965户。
2.报告期末公司主要股东持股情况:

股东名称	年初持股数	报告期内增加	期末持股数	占总股份比例%
1.延边国有资产经营公司	32,614,384	16,307,192	48,921,576	26.57
2.吉林省交通投资开发公司	21,026,122	10,513,060	31,539,182	17.13
3.吉林省公路机械厂	3,106,131	1,553,065	4,659,196	2.53
4.吉林省公路勘测设计院	1,553,265	776,832	2,329,597	1.27
5.延边公路工程处	1,182,719	591,319	1,774,078	0.96
6.吉林省交通水泥厂	776,532	388,266	1,164,798	0.63
7.东北证券有限责任公司			674,952	0.36
8.建行延边州中心支行城区办	358,399	179,199	537,598	0.29
9.倪生喜			495,129	0.27
10.李银实			411,900	0.22

注:1 本公司前10名股东之间不存在关联关系;
2 延边国有资产经营总公司持有的股份为国家股。

中核苏阀科技实业股份有限公司

(一)公司简介

1.公司的法定中、英文名称及缩写
公司中文名称:中核苏阀科技实业股份有限公司
公司英文名称:SUFA Technology Industry Co.,Ltd.,CNNC.
公司英文名称缩写:SUFA
2.公司法定代表人:邵渭敏
3.公司董事会秘书:沈　澄
联系地址:江苏省苏州市人民路679号中核苏阀科技实业股份有限公司董事会秘书室
联系电话:(0512)7533655-2577　电话传真:(0512)7533655-2577
4.公司注册地址:苏州市新区珠江路501号
公司办公地址:苏州市人民路679号
邮政编码:215001　电子信箱:zhsf@public1.sz.js.cn
5.公司选定的信息披露报纸名称:《证券时报》《中国证券报》
登载公司年度报告的中国证监会指定国际互联网网址:http://www.cninfo.com.cn
公司年度报告备置地点:中核苏阀科技实业股份有限公司董事会秘书室
6.公司股票上市地:深圳证券交易所
公司股票简称:中核科技　公司股票代码:0777

(二)会计数据和业务数据摘要

1、二〇〇〇年度主要会计数据和财务指标
(1)本年度会计数据　单位:元

项目	2000年度	项　　目	2000年度
1、利润总额	25,121,438.90	7、投资收益	3,814,327.49
2、净利润	21,081,656.53	8、补贴收入	
3、扣除非经常性损益后的净利润	21,081,656.53	9、营业外收支净额	551,399.19
4、主营业务利润	52,083,682.37	10、经营活动产生的现金流量净额	27,021,856.35
5、其他业务利润	6,698,269.10	11、现金及现金等价物净增加额	-12,070,733.69
6、营业利润	20,755,712.22		

(2)近三年主要会计数据和财务指标

项　　目	2000年度	1999年度	1998年度	
			调整前	调整后
1、主营业务收入(元)	200,157,455.65	254,932,655.70	267,577,799.94	267,577,799.94
2、净利润(元)	21,081,656.53	25,225,975.93	31,571,955.14	28,406,867.52
3、总资产(元)	439,920,095.26	422,517,709.19	391,065,074.93	378,432,941.73
4、股东权益(元)	286,273,019.04	280,325,893.62	258,043,916.44	247,481,820.82
5、每股收益				
摊薄(元)	0.126	0.21	0.263	0.237
加权(元)	0.126	0.21	0.263	0.237
扣除非经常性损益(元)	0.126	0.21	0.263	0.237
6、每股净资产(元)	1.70	2.34	2.15	2.06
7、调整后的每股净资产(元)	1.67	2.28	2.11	2.02
8、每股经营活动产生的现金流量净额	0.161	0.058	0.041	0.041
9、净资产收益率(%)				
摊薄	7.36	9.00	12.24	11.48
加权	7.44	9.70	13.14	12.29

注:1、本报告期末至本报告摘要披露日止,公司股本未发生变化。
2、调整前(后)指公司会计政策、会计估计变更追溯调整前(后)的会计数据。
(3)按照中国证券会《公开发行证券公司信息披露编报规则(第9号)》要求计算的数据

项　　目	净资产收益率(%)		每股收益(元/股)	
	全面摊薄	加权平均	全面摊薄	加权平均
1、主营业务利润	18.19	18.38	0.310	0.310
2、营业利润	7.25	7.32	0.124	0.124
3、净利润	7.36	7.44	0.126	0.126
4、扣除非经常性损益后的净利润	7.36	7.25	0.126	0.126

2、报告期内股东权益变动情况　单位:元

项目	股　本	资本公积	盈余公积	其中:法定公益金	未分配利润	合　计
期初数	120000000.00	108796141.31	21721,923.79	6,025,508.51	29,807,828.52	280325893.62
本期增加	48000,000.00	/	4,331,255.42	2,165,627.71	21,081,656.53	73412,911.95
本期减少	/	48,000,000.00	134,531.11	/	19,331,255.42	67465,786.53
期末数	168000000.00	60796141.31	25,918,648.10	8,191,136.22	31,558,229.63	286,273,019.04

(三)股东情况介绍

(1)截至2000年12月29日。公司股东总数为37605户。其中国有法人股股东1户,公司职工股股东17户,社会公众股股东37587户。

(2)截至2000年末主要股东持股情况(前十名股东)

名次	股东名称	年末持股数(股)	占总股本%
1	中国核工业总公司苏州阀门厂	100800000	60%
2	裕隆证券投资基金	2403527	1.431%
3	徐建成	462840	0.276%
4	易煌丁	226800	0.135%
5	刘志敏	200956	0.120%
6	徐姐平	200200	0.119%
7	胡永彬	169720	0.101%
8	范文良	165000	0.098%
9	柳河朋	162820	0.097%
10	李建华	161960	0.096%

注:中国核工业总公司苏州阀门厂持股比期初增加28,800,000股。增加原因:2000年9月,公司实施"每10股转增4股"的资本公积金转增股本方案所致。

上述前10名股东中,除中国核工业总公司苏州阀门厂为本公司控股股东外,其余股东与本公司无关联关系,亦无战略投资者关系,其所持均为可流通股股份。

新兴铸管股份有限公司

一、公司简介

1、公司法定中文名称:新兴铸管股份有限公司
公司法定英文名称:XINXING DUCTILE IRON PIPES CO., LTD.
2、公司法定代表人:范英俊
3、公司董事会秘书:曾耀赣
联系地址:河北省邯郸市复兴区石化街4号　邮编:056017
联系电话:0310-4022042,0310-4020929-7306　联系传真:0310-4022368
电子信箱:xxzgzyg@hd-user.he.cninfo.net
4、公司注册地址及办公地址:河北省武安市上洛阳村北(二六七二厂区)。
邮政编码:056300　公司国际互联网网址:www.xinxing-pipes.com
公司电子信箱:xinxingh@public.hdptt.he.cn
5、公司信息披露报刊为《中国证券报》和《证券时报》
中国证监会指定登载公司年度报告的国际互联网网址为:www.cninfo.com.cn
公司年度报告备置地点:1)河北省邯郸市复兴区石化街4号新兴铸管股份有限公司股证办
2)河北省邯郸市联纺路 河北证券有限责任公司邯郸营业部
6、公司股票上市地:深圳证券交易所　股票简称:新兴铸管　股票代码:0778

二、会计数据和业务数据摘要

1、公司本年度主要会计数据　单位:元

1)利润总额	419,317,673.27
2)净利润	281,902,792.81
3)扣除非经营性损益后的净利润	264,927,180.49
4)主营业务利润	617,518,486.62
5)其他业务利润	3,710,281.14
6)投资收益	-544,152.49
7)补贴收入	1,257,759.36
8)营业外收支净额	15,717,852.96
9)经营活动产生的现金流量净额	413,597,754.60
10)现金及现金等价物净增加额	165,356,749.52

注:扣除的非经常性损益项目及涉及金额

(1)收购邯郸新兴日积有限公司资产收益	16,213,857.21
(2)补贴收入	1,257,759.36
(3)其他营业外收入	5,944.75
(4)其他营业外支出	501,949.00

2、会计数据摘要

1)前三年主要会计数据和财务指标

项目	2000年	1999年	1998年(调整后)
主营业务收入(元)	2,072,381,082.80	1,901,899,105.28	1,681,797,732.31
净利润(元)	281,902,792.81	230,957,095.58	184,960,571.43
总资产(元)	3,063,985,731.36	2,734,955,367.34	2,413,197,707.74
股东权益(元)	1,667,852,426.77	1,390,113,665.41	1,324,301,366.64
每股收益(元)	0.6488	0.5315	0.5321
加权每股收益(元)	0.6488	0.5315	0.5739
扣除非经常性损益后的每股收益(元)	0.6097	0.4962	0.5349
扣除非经常性损益后的加权每股收益(元)	0.6097	0.4962	0.5768
每股净资产(元)	3.8386	3.1993	3.8098
调整后每股净资产(元)	3.6411	3.0663	3.6272
每股经营活动产生的现金流量净额(元)	0.9519	0.7989	0.8287
摊薄净资产收益率(%)	16.9021%	16.6143%	13.9667%
加权平均净资产收益率(%)	18.4122%	16.0411%	15.8493%
扣除非经常性损益后的摊薄净资产收益率(%)	15.8843%	15.5083%	14.0387%
扣除非经常性损益后的加权净资产收益率(%)	17.3035%	14.9733%	15.9311%

利润表附表:

报告期利润	净资产收益率		每股收益(元)	
	全面摊薄	加权平均	全面摊薄	加权平均
主营业务利润	37.02%	40.33%	1.4212	1.4212
营业利润	24.16%	26.31%	0.9272	0.9272
净利润	16.90%	18.41%	0.6488	0.6488
扣除非经常性损益后的净利润	15.88%	17.30%	0.6097	0.6097

3、报告期内股东权益变动情况(单位:元)

项目	股本	资本公积	盈余公积	法定公益金	未分配利润	股东权益合计
期初数	434,500,000	856,246,470	69,574,351	28,321,242	1,471,602	1,390,113,665
本期增加	--	300,000	38,124,272	14,040,101	225,274,388	277,738,761
本期减少						
期末数	434,500,000	856,546,470	107,698,623	42,361,343	226,745,990	1,667,852,426

三、股本变动及股东情况

1、报告期末股东总数:截止2000年12月31日,本公司共有股东74,573户。其中:国有法人股股东1名———新兴铸管(集团)有限责任公司;社会股东74,572户。

2、前十名股东持股情况

股东名称	持有股数(股)	持股比例(%)
新兴铸管(集团)有限责任公司	304,500,000	70.081
史中华	400,787	0.092
普丰证券投资基金	270,006	0.062
王艳菊	250,000	0.058
王雷	216,687	0.050
孙海东	215,200	0.050
曾庆祥	200,300	0.046
王本秀	200,000	0.046
吕振元	181,300	0.042
陈国桑	168,000	0.039

兰州三毛实业股份有限公司

(一)公司简介

1、公司的法定中文名称:兰州三毛实业股份有限公司
公司的法定英文名称:LANZHOU SANMAO INDUSTRIAL CO.,LTD.
2、公司法定代表人:罗钟杰
3、公司董事会秘书:宋晓梅
联系地址:甘肃省兰州市西固区玉门街82号
电话:(0931)7551627
传真:(0931)7555200
电子信箱:pss@mail.chinapaishen.com
4、公司注册及办公地址:甘肃省兰州市西固区玉门街82号
邮政编码:730060
公司国际互联网网址:http://www.chinapaishen.com
电子信箱:ps@mail.chinapaishen.com
5、公司信息披露报纸名称:《中国证券报》、《证券时报》
公司登载年度报告的中国证监会指定的国际互联网网址:http: //www .cninfo.com.cn
公司年度报告备置地点:公司证券部
6、公司股票上市交易所:深圳证券交易所
股票简称:三毛派神　股票代码:0779

(二) 会计数据和业务数据摘要

1、本年度主要利润指标情况　单位:元

利润总额	69,521,973
净利润	56,152,821
扣除非经常性损益后的净利润	56,436,129
主营业务利润	89,475,646
其他业务利润	1,628,464
营业利润	63,974,886
投资收益	5,969,935
补贴收入	
营业外收支净额	-422,848
经营活动产生的现金流量净额	20,956,219
现金及现金等价物净增加额	132,093,897

注:非经常性损益主要包括:营业外收入175,362元,是处置废旧物资收入;营业外支出598,210元,是处置固定资产损失。

2、公司近三年的主要会计数据和财务指标　单位:元

名称	2000年	1999年	1998年	
			调整前	调整后
主营业务收入	287,473,398	270,368,744	145,419,278	145,419,278
净利润	56,152,821	63,493,604	30,704,430	27,192,624
总资产	868,850,850	645,528,087	617,141,788	598,329,040
股东权益	731,584,331	522,742,249	504,027,651	485,214,904
每股收益	0.307	0.451	0.261	0.232
每股收益(加权)	0.332	0.451	0.285	0.252
每股净资产	3.994	3.709	4.291	4.131
调整后的每股净资产	3.977	3.706	4.287	4.127
每股经营活动产生的现金流量净额	0.114	0.257	-0.200	-0.200
净资产收益率(%)	7.676	12.146	6.092	5.604
净资产收益率(加权) (%)	9.285	12.282	7.267	6.707
扣除非经常性损益后加权净资产收益率	9.332	10.682	7.326	6.779
扣除非经常性损益后的每股收益	0.308	0.392	0.264	0.234

3、按照中国证监会《公开发行证券公司信息披露编报规则(第9号)》要求计算的利润数据:

报告期利润	净资产收益率(%)		每股收益(元)	
	全面摊薄	加权平均	全面摊薄	加权平均
主营业务利润	12.230	14.795	0.489	0.529
营业利润	8.745	10.578	0.349	0.378
净利润	7.676	9.285	0.307	0.332
扣除非经常性损益后的净利润	7.714	9.332	0.308	0.334

注:上表1999年的净利润、股东权益分别比1999年年报数少1420240元和24512699元,主要是公司执行财政部财会字(2001)5号文,调整1998年以前和1999年职工住房补贴所致。

(三) 股东情况介绍

1、股东情况介绍
(1)报告期末股东总数为71186户。
(2)报告期末本公司前十名股东持股情况:

股东名称	股份增减(+、-股)	年末持股数(股)	所占比例(%)
兰州三毛纺织(集团)有限责任公司	+10,612,8 00	81,364,800	44.424
兰州昭辉投资咨询有限责任公司		1, 337,521	0.730
兰州立华商贸有限责任公司		1,323,043	0.722
西南证券有限责任公司		1,030,822	0.563
洪金汉		457,400	0.250
洪叶文		342,209	0.187
吴　嵘		219,918	0.120
肖祥君		200,000	0.109
张海泉		185,000	0.101
梁和国		176,641	0.096

(3)持股5%以上的法人股东情况:
兰州三毛纺织(集团)有限责任公司持有本公司的国有法人股,因公积金转增,年度内持股数增加1061.28万股,年末持股数为8136.48万股,占本公司总股本的44. 42%,其中的4500万股质押给中国工商银行兰州西固支行,用于贷款,质押期限从2000年12月20日至2003年10月31日,该质押股份被冻结,不能转让。

内蒙古草原兴发股份有限公司

一、公司简介

1.公司名称:内蒙古草原兴发股份有限公司
(英文):Inner Mongolia Prairie XingFa CO.,LTD
2.公司法定代表人:张振武
3.公司董事会秘书:齐向前
电子信箱:qixqian@public.hh.nm.cn
授权代表:孙凯
办公地址:内蒙古自治区赤峰市平庄镇兴发大厦4楼
联系电话:0476 - 3514285　　传真:0476 - 3510053　　电子信箱:k_sun@china.com
4.公司注册地址:内蒙古·赤峰市·元宝山区·平庄镇
办公地址:内蒙古自治区赤峰市平庄镇兴发大厦　　邮政编码:024076
电子信箱:nmxflx@public.hh.nm.cn
5.公司选定《中国证券报》、《证券时报》、《上海证券报》为信息披露报纸
登载公司年度报告的国际互联网网址:http://www.cninfo.com.cn
年度报告备置地点:公司证券部
6.公司股票上市地:深圳证券交易所
股票简称:草原兴发　　股票代码:0780

二、会计数据和业务数据摘要

1.公司本年度实现利润情况　　单位:元

	2000年度母公司数	2000年度合并数
利润总额	66,865,018.82	66,865,018.82
净利润	66,865,018.82	66,865,018.82
扣除非经常性损益后的净利润	66,865,018.82	66,865,018.82
主营业务利润	126,901,214.84	126,901,214.84
其它业务利润	-425,988.09	4,299,011.91
营业利润	36,584,656.75	33,342,992.32
投资收益	-3,205,853.53	35,810.90
补贴收入	33,701,956.65	33,701,956.65
营业外收支净额	-215,741.05	-215,741.05
经营活动产生的现金流量净额	-12,568,361.17	-79,568,361.17
现金及现金等价物净增加额	-133,950,788.13	-133,897,326.18

2.截至报告期末公司前三年主要会计数据和财务指标

项目	2000年度 母公司	2000年度 合并	1999年度	1998年度
主营业务收入(元)	994,332,492.36	994,332,492.36	997,998,523.93	804,798,837.05
净利润(元)	66,865,018.82	66,865,018.82	94,951,999.55	56,464,329.83
总资产(元)	1,552,883,890.02	1,602,194,914.10	1,226,812,623.66	772,052,165.46
股东权益(元)	939,670,912.75	939,670,912.75	901,133,093.93	552,758,478.42
每股收益(元)	0.236	0.236	0.335	0.22
加权每股收益(元)	0.236	0.236	0.41	0.22
扣除非经常性损益后的每股收益(元)	0.236	0.236	0.335	0.22
每股净资产(元)	3.32	3.32	3.18	2.190
调整后的每股净资产(元)	3.27	3.27	3.133	2.157
每股经营活动产生的现金流量净额(元)	-0.044	-0.045	0.08	-0.17
净资产收益率(%)	7.12	7.12	10.54	10.22
加权平均净资产收益率(%)	7.15	7.15	14.90	10.50

注:主要财务指标计算方法
每股收益=净利润/ 年度末普通股股份总数
每股净资产=年度末股东权益/ 年度末普通股股份总数
调整后的每股净资产=(年度末股东权益-三年以上的应收款项净额-待摊费用-待处理(流动、固定)资产净损失-开办费-长期待摊费用-住房周转金负数余额)/ 年度末普通股股份总数
每股经营活动产生的现金流量净额=经营活动产生的现金流量净额/ 年度末普通股股份总数
3.利润表附表

报告期利润	净资产收益率(%) 全面摊薄	净资产收益率(%) 加权平均	每股收益(元) 全面摊薄	每股收益(元) 加权平均
主营业务利润	13.50	13.58	0.45	0.45
营业利润	3.55	3.57	0.12	0.12

三、股东情况

(1)、截止2000年12月31日,公司共有股东65,213人;
(2)、前十名股东持股情况
填报时间:2000年12月31日　　单位:股

股东名称或姓名	持股数量	持股比例(%)
内蒙古草原兴发食品有限责任公司	70,267,553	24.81
赤峰大兴公司	54,876,480	19.37
赤峰市食品公司	48,615,967	17.16
内蒙古日信投资公司	2,100,000	0.74
阮章新	394,500	0.14
内蒙古赤峰市正信投资有限公司	300,000	0.11
马宏伟	240,500	0.085
山东中实电力科技总公司	220,000	0.078
解咏梅	194,200	0.069
唐隽	193,500	0.068

广东新会美达锦纶股份有限公司

一、公司简介

1、公司法定中文名称:广东新会美达锦纶股份有限公司
公司法定英文名称:Guangdong Xinhui Meida Nylon Co., LTD.
2、公司法定代表人:陈柏森
3、公司董事会秘书及授权代表:胡振华
联系地址:新会市会城镇江会路上浅口
电话:0750-6122984　　传真:0750—6120975
4、公司注册地址、办公地址:广东省新会市会城镇江会路上浅口
邮政编码:529100　　电子信箱:8hzh@ 21cn.com
5、公司选定的信息披露报纸:《证券时报》
登载公司年度报告的中国证监会指定国际互联网网址:http://www.cninfo.com.cn
公司年度报告备置地点:本公司董事会秘书办公室
6、公司股票上市交易所:深圳证券交易所
股票简称:美达股份　　股票代码:0782

二、会计数据和业务数据摘要

1、本年度利润总额及构成(单位:元)

项目	2000年度合并报表
利润总额	38,179,044.56
净利润	27,163,598.57
扣除非经常性损益后的净利润	22,883,899.74
主营业务利润	92,286,155.38
其他业务利润	4,374,452.66
营业利润	27,341,612.47
投资收益	6,557,733.26
补贴收入	4,073,320.32
营业外收支净额	206,378.51
经营活动产生的现金流量净额	120,595,850.88
现金及现金等价物净增加额	49,443,694.31

注:非经常性损益项目包括

项　目	金额
补贴收入	4,073,320.32
营业外收入	1,152,298.17
营业外支出	945,919.66

2、前三年主要会计和财务指标

序号	项目	2000年	1999年	1998年 调整前	1998年 调整后
1	主营业务收入(万元)	85,391.52	55,283.64	81,861.71	81,861.71
2	净利润　(万元)	2,716.36	2,292.32	5,518.45	4,834.13
3	总资产　(万元)	163,925.47	149,971.17	144,951.86	140,989.94
4	股东权益(万元)	88,937.45	87,931.09	91,139.68	87,177.76
5	每股收益(元/股)(摊薄)	0.08	0.07	0.16	0.14
	(加权)	0.08	0.07	0.16	0.14
6	扣除非经营性损益后的每股收益(元/股)(摊薄)	0.07	0.05	0.12	0.10
	(加权)	0.07	0.05	0.12	0.10
7	每股净资产(元/股)	2.60	2.62	2.66	2.55
	调整后的每股净资产(元/股)	2.48	2.53	2.56	2.45
8	每股经营活动产生的现金流量净额(元/股)(摊薄)	0.35	0.37	-0.02	-0.02
	(加权)	0.35	0.37	-0.02	-0.02
9	净资产收益率(%)(摊薄)	3.05	2.56	6.05	5.55
	(加权)	3.07	2.60	6.24	5.60
10	扣除非经常损益后的加权净资产收益率(%)	2.59	2.11	4.71	3.94

利润表附表
按照中国证监会《公开发行证券公司信息披露编报规则第9号》的要求计算的净资产收益率和每股收益如下:

报告期利润	净资产收益率(%) 全面摊薄	净资产收益率(%) 加权平均	每股收益(元/股) 全面摊薄	每股收益(元/股) 加权平均
主营业务利润	10.38	10.44	0.27	0.27
净利润	3.05	3.07	0.08	0.08
扣除非经常性损益后的净利润	2.57	2.59	0.07	0.07

3、报告期内股东权益变动情况及变化原因

项　目	股本	资本公积	盈余公积	法定公益金	未分配利润	股东权益合计
期初数	342,000,000.00	372,106,439.04	34,672,442.92	17,336,221.47	13,195,764.90	879,310,868.33
本期增加			2,716,359.86	1,358,179.93	5,989,058.78	
本期减少						
期末数	342,000,000.00	372,106,439.04	37,388,802.78	18,694,401.40	119,184,823.68	889,374,466.90

三、股东情况介绍

(1)本公司报告期末股东总数52467户。
(2)公司前10名股东持股情况如下:

序号	股东名称	年末持股数(股)	本期变动数(股)	占总股本比例(%)
1	广东新会美达锦纶集团公司	108,000,000		31.58
2	中国工商银行广东省信托投资公司	20,000,000		5.85
3	中国工商银行信托投资公司	15,000,000		4.38
4	新会市新联贸易发展公司	15,000,000		4.38
5	华夏证券有限公司	10,000,000		2.92
6	广东国际租赁公司	8,000,000		2.34
7	深圳市华能兴楠贸易有限公司	6,450,000		1.89
8	广东省纺织工业总公司	6,000,000		1.75
9	广发证券有限责任公司	4,000,000		1.17
10	深圳歌兰保龄球俱乐部有限公司	3,500,000	+1,950,000	1.02

石家庄炼油化工股份有限公司

一、公司简介

1、公司法定中文名称：石家庄炼油化工股份有限公司
英文：SHIJIAZHUANG REFINING-CHEMICAL CO.,LTD.
英文缩写:SRCC
2、公司法定代表人:奚奎华
3、公司董事会秘书:张海东
公司董事会执行秘书：滕峰阁　　证券事务代表:李金瑞
联系地址:河北省石家庄炼油化工股份有限公司
电　话:0311-5161160　　传　真:0311-5161138
4、公司注册地址:河北石家庄市高新技术开发区黄河大道 151 号。
公司办公地址:河北省石家庄炼油化工股份有限公司
邮政编码:050032　　公司电子信箱:tfge0178@sina.com
5、公司选定的信息披露报纸:《中国证券报》、《证券时报》
登载公司年度报告的中国证监会指定国际互联网网址:http://www.see.com.cn
公司年度报告备置地点:石家庄炼油化工股份有限公司证券部
6、公司股票上市交易所:深圳证券交易所
股票简称:石炼化　　股票代码:0783

二、会计数据和业务数据摘要

(一)2000 年度会计数据和业务数据摘要
利润总额:-180662681.00
净 利 润:-207736372.48
扣除非经常性损益后的净利润:-209622306.17
主营业务利润:128254063.72
其他业务利润:-1980299.25
营 业 利 润:-61032226.14
投 资 收 益:-121516388.55
营业外收支净额:1885933.69
经营活动产生的现金流量净额:88999867.47
现金及现金等价物净增加额:-189464520.29
注:扣除非经常性损益项目和涉及金额:
营业外收入 6691770.62
营业外支出 4805836.93
(二)前三年主要会计数据和财务指标(单位:人民币元)

	2000	1999 调整后	1999 调整前	1998
(1) 主营业务收入	5766362364.32	2865199388.22	2865199388.22	2607329677.25
(2) 净利润	207736372.48	68916361.33	97447291.71	208870172.84
(3) 总资产	3111010562.40	2539149408.78	2597830476.98	2645423407.25
(4) 股东权益	1827259743.86	2034502440.34	1979286912.30	1953796655.31
(5) 每股收益	-0.1799	0.0597	0.0844	0.1934
(6) 扣除非经常性损益后的每股收益	-0.1816	0.0559	0.0844	0.177
(7) 每股净资产	1.583	1.76	1.71	1.81
(8) 调整后的每股净资产	1.471	1.65	1.60	1.69
(9) 净资产收益率(%)	-11.37	3.39	4.92	10.69
(10)按月平均加权计算每股收益	-0.1799	0.063	0.099	0.1934
(11)加权净资产收益率(%)	-11.37	3.43	4.96	11.42
(12)每股经营活动产生的现金流量净额	0.077	-0.117	-0.117	0.277

注:(1)2000 年末总股本 115444.4333 万股;1999 年末总股本 115444.4333 万股;1998 年末总股本
108000 万股。以上每股指标均按当期实现数除以当期总股本所得。
注:(2) 公司 1998 年 1—6 月份总股本为 72000 万股,7—12 月份为 108000 万股;1999 年 1—11 月份为
108000 万股,12 月份为 115444.4333 万股。以上述月份相关数据作为加权平均的计算基数。
(三)　报告期内股东权益变动情况(单元:万元)

项目	股本	资本公积	盈余公积	其中:法定公益金	未分配利润	合计
期初数	115444	77643	6312	2104	4051	203450
本期增加	-	49	-	-	-	49
本期减少	-	-	-	-	20774	20774
期末数	115444	77693	6312	2104	-16723	182725

变化原因:1) 本报告期内公司股本未变动。2) 资本公积增加主要安保基金返还购置资产形成。3)未分配利润减少系本年度亏损所至。

三、股东情况介绍

1)、截止 2000 年 12 月 29 日,公司在深圳证券登记公司登记的股东共有 116849 户。
2)、公司主要股东持股情况(前十名股东)

股东名称	持股数(股)	占总股本比例(%)
中国石油化工股份有限公司	920444333	79.73
北京证券有限责任公司	9999784	0.87
邝建荣	800000	0.069
卞炜明	595000	0.052
普丰证券投资基金	582732	0.05
邹润	555736	0.048
周智萍	540000	0.047
胡兰香	529000	0.046
傅进	512000	0.044
蔡博萱	390000	0.034

公司国有法人股股东中国石油化工股份有限公司与其它股东之间无关联关系。

武汉中商集团股份有限公司

一、公司简况

1、公司法定中文名称:武汉中商集团股份有限公司
公司法定英文名称:WUHAN ZHONGNAN COMMERCIAL GROUPCO., LTD [缩写 ZNCG]
2、公司法定代表人:严规方
3、公司董事会秘书:易国华　　授权代表:薛玉
联系地址:武汉市武昌区中南路 9 号证券部
联系电话:027- 87362507　　传　真:027- 87307723
4、公司注册地址:武汉市武昌区中南路 9 号
公司办公地址:武汉市武昌区中南路 9 号
公司邮政编码:430071　　公司电子信箱:zhongnan@public.wh.hb.cn
5、公司选定的信息披露报纸名称:《中国证券报》、《证券时报》
登载公司年度报告的中国证监会指定国际互联网网址:http://www.cninfo .com.cn
公司年度报告备置地点:公司证券部
6、公司股票上市地:深圳证券交易所
公司股票简称:武汉中商　　公司股票代码:0785

二、会计数据与业务数据摘要

1、公司本年度利润总额及其构成　　(单位:元)

利润总额	72,924,413.22
净利润	59,668,258.43
扣除非经常性损益后的净利润	54,128,422.05
主营业务利润	192,624,060.78
其他业务利润	11,072,952.14
投资收益	20,285,988.85
补贴收入	——
营业外收支净额	94,033.44
经营活动产生的现金流量净额	78,302,990.13
现金及现金等价物净增加额	10,775,847.76

注:扣除的非经营性损益项目及涉及金额:5,539,836.3 元,其中:1、处置固定资产净损失 284,894.18 元;2、固定资产变价收入 39,651.56 元;3、转让物业股权投资收益 3,804,651.00 元;4、转让九通公司股权投资收益 1,926,374.00 元;合并价差摊销-54,054.00 元。
2、截止报告期末公司前三年主要会计数据和财务指标(单位:元)

指标项目	2000 年	1999 年 调整前	1999 年 调整后	1998 年 调整前	1998 年 调整后
主营业务收入	1,874,885,361.27	1,964,729,501.91	1,964,729,501.91	1,592,907.461.89	1,592,907,461.89
净利润	59,668,258.43	55,727,975.39	56,721,206.04	62,649,827.62	62,487,733.99
总资产	1496567,736.23	1,407,174,046.46	1,386,088,640.82	1,224,596,921.15	1,203,682,204.04
股东权益(不含少数股东权益)	542,190,804.08	530,600,610.06	482,522,545.65	389,973,513.78	358,846,625.72
每股收益(元/股)	0.333	0.311	0.316	0.366	0.365
每股收益(元/股)(加权)	0.333	0.311	0.316	0.366	0.365
每股净资产(元/股)	3.02	2.96	2.69	2.28	2.09
调整后的每股净资产	2.89	2.86	2.59	2.22	2.00
每股经营活动产生的	0.44	0.10	0.10	0.25	0.25
现金流量净额净资产收益率(%)	11.01	10.50	11.76	16.07	17.41
净资产收益率(%)(加权)	11.65	13.34	14.64	17.37	18.95

报告期利润	金额(元)	净资产收益率(%) 全面摊薄	净资产收益率(%) 加权平均	每股收益(元/股) 全面摊薄	每股收益(元/股) 加权平均
主营业务利润	192,624,060.78	35.53	37.60	1.073	1.073
营业利润	52,544,390.93	9.69	10.26	0.293	0.293
净利润	59,668,258.43	11.01	11.65	0.333	0.333
扣除非经营性净利润	54,128,422.05	9.98	10.56	0.302	0.302

注:1998 年度按总股本 171,400,320 股计算,1999 年、2000 年度按总股本 179 ,444,070 股计算。
3、报告期内股东权益变动情况　　单位:元

项目	股　本	资本公积	盈余公积	法定公益金	未分配利润	股东权益合计
期初数	179,444,070.00	133,750,951.42	168,594,963.32	16,008,996.28	732,560..91	482,522,545.65
本期增加			11,933,651.68	5,966,825.84	59,668,258.43	71,601,910.11
本期减少					11,933,651,68	11,933,651,68
期末数	179,444,070.00	133,750,951.42	180,528,615.00	21,975,822.12	48,467,167.66	542,190,804.08

三、股东情况介绍

1、截止 2000 年 12 月 31 日,本公司拥有股东户数为 5941 户。
2、持有本公司 5%以上的股份及前十名股东持股情况介绍

股东名称	年初持股数(股)	本年度增加(股)	年末持股数(股)	占总股本比例(%)
武汉国有资产经营公司	1016668320		101668320	56.66
中国工商银行武汉市信托投资公司	6708000		6708000	3.74
湖北省电力公司	2496000		2496000	1.39
中国平安保险公司	2496000		2496000	1.39
上海桥科工贸有限公司	156000		2496000	1.87
湖北徐东(集团)股份有限公司	156000		1560000	0.87
武汉市机械设备进出口公司	156000		1560000	0.87
中国建设银行武汉市沿江支行	156000		1560000	0.87
中国农业银行武汉市直属支行	936000		936000	0.52
武汉市粮油食品进出口公司	936000		936000	0.52

北新集团建材股份有限公司

公司简介

1、公司法定名称:北新集团建材股份有限公司
公司英文名称:Beijing New Building Material Public Limited Company
公司英文名称缩写:BNBMPLC
2、公司法定代表人:宋志平
3、公司董事会秘书:常张利
公司负责信息披露事务机构:证券部
电话:010-82913831-2818
传真:010-82912658
电子信箱:czl@bnbm.com.cn
4、公司注册地址:北京市海淀区草桥7号
公司办公及通讯地址:北京市海淀区西三旗环岛东路南北新集团建材股份有限公司
邮政编码:100096　　公司网址:http://www.bnbm.com.cn
公司电子信箱:bnbm@public3.bta.net.cn
5、公司信息披露报刊名称:《中国证券报》
登载公司年报的互联网址:http://www.cninfo.com.cn
公司年度报告备置地点:本公司证券部
6、公司股票上市交易所:深圳证券交易所
公司股票简称:北新建材　　公司股票代码:0786

会计数据和业务数据摘要

一、公司本年度会计数据　　单位:人民币元

利润总额	85,328,122.37
净利润	80,974,515.29
扣除非经常性损益后的净利润	80,809,438.56
主营业务利润	105,082,065.29
其它业务利润	10,879,455.30
营业利润	60,579,527.57
投资收益	13,286,720.82
补贴收入	11,296,797.25
营业外收支净额	165,076.73
经营活动产生的现金流量净额	78,501,966.63
现金及现金等价物净增加额	114,848,632.06

注:扣除非经常性损益涉及的项目及金额
营业外收支净额:165,076.73

二、公司近三年主要会计数据和财务指标　　单位:人民币元

指标项目	2000 年度	1999 年度	1998 年度 调整后	1998 年度 调整前
主营业务收入	559,200,976.37	468,949,211.27	307,570,839.11	307,570,839.11
净利润	80,974,515.29	64,120,875.08	80,511,139.88	81,049,604.86
总资产	1,782,452,786.27	1,101,111,435.52	1,041,410,342.95	996,136,930.31
股东权益	1,172,932,658.93	740,182,813.44	701,586,291.59	703,594,171.38
摊薄每股收益	0.28	0.25	0.46	0.47
加权每股收益	0.30	0.29	0.50	0.51
扣除非经常性损益后的每股收益	0.28	0.23	0.46	0.46
每股净资产	4.08	2.84	4.04	4.06
调整后的每股净资产	4.06	2.76	3.99	4.01
每股经营活动产生的现金流量净额	0.27	0.17	0.363	0.36
净资产收益率(%)	6.90	8.66	11.48	11.52
加权平均净资产收益率(%)	9.21	8.74		
扣除非经常性损益后的加权净资产收益率(%)	9.19	8.12		

注:(1) 2000 年末总股本为 28,757.5 万股,1999 年末总股本为 26,025 万股。
(2) 按照中国证监会《公开发行证券公司信息披露编报规则(第9号)》要求计算的利润数据:

	报告期利润	净资产收益率 全面摊薄	净资产收益率 加权平均	每股收益 全面摊薄	每股收益 加权平均
主营业务利润	105,082,065.29	8.96	11.95	0.37	0.39
营业利润	60,579,527.57	5.16	6.89	0.21	0.23
净利润	80,974,515.29	6.90	9.21	0.28	0.30
扣除非经常性损益后的净利润	80,809,438.56	6.89	9.19	0.28	0.30

三、报告期内股东权益变动情况　　单位:人民币元

项目	股本	资本公积	盈余公积	法定公益金	未分配利润	股东权益合计
期初数	260,250,000.00	344,185,345.27	81,942,388.04	21,147,182.01	53,805,080.13	740,182,813.44
本期增加	27,325,000.00	367,586,580.20	51,643,345.42	8,097,451.66	80,974,515.29	527,529,440.91
本期减少					94,779,595.42	94,779,595.42
期末数	287,575,000.00	711,771,925.47	133585,733.46	29,244,633.67	40,000,000.00	1172932,658.93

股东情况介绍

1、截止 2000 年 12 月 31 日,公司股东总数为 59,712 户,其中董事、监事及高级管理人员 14 人。
2、前 10 名股东持股情况　　单位:股

股东名称	年末持股数	占总股本比例(%)
北新建材(集团)有限公司	173,500,000	60.33
北京证券天坛营业部	2,015,885	0.70
国泰君安证券股份有限公司	1,580,062	0.55
金泰基金	1,002,211	0.34
大连证券公司	590,000	0.21
中国经济技术投资担保有限公司	560,000	0.19
陕西合记联合实业总公司	493,600	0.17
邓敬香	386,600	0.13
肖雪莉	309,743	0.11
北京泰瑞旗金有限责任公司	306,234	0.11

以上股东间无关联情况。

创智信息科技股份有限公司

(一)公司简介

创智信息科技股份有限公司,原名为湖南创智信息科技股份有限公司。1998 年通过资产重组,国家重点扶持的国家级火炬计划四大软件产业基地之一——创智软件园实现借壳上市,湖南创智科技有限公司(后更名为湖南创智集团有限公司)成为本公司第一大股东。1999 年湖南创智科技有限公司又以收购公司其他法人股股权的形式,进一步增持公司股权。2000 年年初本公司与湖南创智科技有限公司签署"关于收购北斗星 99.89%的协议"及"计算机软件著作权转让及债务抵销协议",将本公司所属商贸资产与大股东高科技资产相互置换。后又因长沙市建设绿化广场,本公司所属"长沙五一文现代办公用品有限公司"拆除解散,从而将商贸资产从股份公司完全剥离。2000 年本公司投资成立了"湖南创智数码科技有限公司"、"长沙创智世商网电子商务有限公司"、"长沙创智金信系统集成有限公司"三家控股高科技子公司。2000 年度公司实现销售收入 4.17 亿元,其中科技收入较上年增长 1.52 亿元,增长 91.9%,实现利润 2745 万元,其中科技毛利较上年增长 60.24%。

公司经营范围:研制、开发、生产、销售计算机软件及配套系统、电子商务系统、网络产品、提供软件制作及软件售后服务;提供技术咨询和技术培训服务等业务。

1、公司的法定中文名称:创智信息科技股份有限公司
公司英文名称:Powerise Information Technology Co.,Ltd.
2、公司法定代表人:丁　亮
3、公司董事会秘书:陈　蓓
联系地址:长沙市高新技术产业开发区火炬城 M4 栋
联系电话:0731-8909008　联系传真:0731-8909353
电子信箱:investchen @ 163.net
4、公司注册及办公地址:深圳市高新技术产业园区工业村管理楼 207#
邮政编码:518000
长沙市高新技术产业开发区火炬城 M4 栋　　邮政编码:410013
公司国际互联网网址:http://www.powerise.com.cn
电子信箱:powerise @ Powerise.com.cn
5、公司选定的信息披露报纸名称:《中国证券报》、《证券时报》
登载公司年度报告的中国证监会指定国际互联网网址:Http://www.cninfo.com.cn
公司年度报告备置地点:长沙市高新技术产业开发区火炬城 M4 栋董事会秘书处
6、公司股票上市交易所:深圳证券交易所
股票简称:创智科技　　股票代码:0787

(二)会计数据和业务数据摘要

1、本年度主要会计数据和业务数据(单位:元)

利润总额:	28835378.56
净利润:	27450085.97
扣除非经营性损益后的净利润:	33631761.38
主营业务利润:	152220347.65
其他业务利润:	346367.73
营业利润:	37403074.85
投资收益:	-8210327.95
补贴收入:	0
营业外收支净额:	-357368.34
经营活动产生的现金流量净额:	120689593.46
现金及现金等价物净增加额:	-41362002.96

说明:"扣除非经常性损益后的净利润"扣除的项目及金额如下:

项　目	涉及金额(元)
五一文清算损失	6181675.41

2、截止 2000 年末,公司前三年主要会计数据和财务指标(单位:元)

项　　目	2000 年度	1999 年度	1998 年度
主营业务收入	417,062,112.08	535,811,795.32	561,539,555.11
净利润	27,450,085.97	38877607.35	24,227,552.87
总资产	663,442,495.30	832183842.92	650,568,175.28
股东权益(不包含少数股东权益)	444,260,583.51	416812506.82	417902924.75

	2000 摊薄	2000 加权	1999 摊薄	1999 加权	1998 摊薄	1998 加权
每股收益	0.137	0.137	0.39	0.44	0.27	0.27
每股净资产	2.225		4.17		2.88	
调整后的每股净资产	2.146		3.85		2.56	
每股经营活动产生的现金流量净额	0.604		0.18		0.52	
净资产收益率(%)	6.179		9.33		9.42	
扣除非经常性损益后的每股收益	0.168	0.168	0.39	0.43	0.23	0.23

4、股东权益变化情况

项　目	股本	资本公积	盈余公积	法定公益金	未分配利润	股东权益合计
期初数	99850143.71	193677082.22	30083303.77	9856735.37	93201977.12	416812306.82
本期增加	99850100.00		11257346.00	3752169.20	27450085.97	138557531.97
本期减少		99852109.28			11257346.00	111109455.28
期末数	199700243.71	93824972.94	41340649.77	13608924.57	109394717.09	444260583.51

(三)股东情况

(1)截至 2000 年 12 月 31 日,本公司股东总数为 106200 户。
(2)持有本公司 5%以上(含 5%)股份的股东及前十名股东名册(以 2000 年 12 月 31 日总股本计算)

股东名称	年末持股量(万股)	占总股份比例(%)
湖南创智集团有限公司*	4463.52	22.35
湖南金通投资咨询有限公司*	1436	7.19
上海长平信企业发展有限公司	1000	5.01
湖南华创实业有限公司	824	4.13
湖南创智实业有限公司	806.50	4.04
长沙电力经济技术开发总公司	160	0.80
湖南金桥物业发展有限公司	90	0.45
海口东信商贸有限公司	80	0.40
湖南省对外经济贸易闽湘实业公司	60	0.30
湖南新兴技术贸易总公司	50	0.25

西 南 合 成 制 药 股 份 有 限 公 司

西南合成制药股份有限公司2000年度报告摘要

重要提示：本公司董事会保证本报告所载资料不存在任何虚假记载、误导性陈述或者重大遗漏，并对其内容的真实性、准确性和完整性负个别及连带责任。本年度报告摘要摘自年度报告，投资者欲了解详细内容，应阅读年度报告。

重庆天健会计师事务所为本公司出具了有保留意见的审计报告，本公司董事会、监事会对相关事项亦有详细说明，请投资者注意阅读。

(一)公司简介

1、公司法定中文名称：西南合成制药股份有限公司

法定英文名称：Southwest Synthetic Pharmaceutical Co.Ltd.8 缩写：SSP Co.Ltd

2、公司法定代表人：杨尚元

3、公司董事会秘书：胥思斌 授权代表：杨帆

联系地址：重庆市江北区寸滩水口西南合成制药股份有限公司证券部

电话：023-67091473-8247 传真：023-67091507

电子信箱：hczyzqb@public.cta.cq.cn

4、公司注册地址：重庆市江北区黑石子水口

公司办公地址：重庆市江北区黑石子水口

邮政编码：400025 公司电子信箱：hczyzqb@public.cta.cq.cn

5、公司选定的信息披露报纸：中国证券报

登载公司年度报告的中国证监会指定国际互联网网址：www.cninfo.com.cn

公司年度报告备置地点：西南合成制药股份有限公司证券部

6、股票上市地：深圳证券交易所

股票简称："合成制药" 股票代码："0788"

(二)会计数据与业务数据摘要

1. 公司本年度实现的利润总额及其构成

项目	2000年度
利润总额(元)	-92,355,757.05
净利润(元)	-92,355,757.05
扣除非经常性损益后的净利润(元)	-92,355,757.05
主营业务利润(元)	27,615,412.28
其他业务利润(元)	1,387,296.70
营业利润(元)	-95,449,012.16
投资收益(元)	-1,432,418.13
补贴收入(元)	329,898.04
营业外收支净额(元)	82,505.42
经营活动产生的现金流量净额(元)	-35,034,081.65
现金及现金等价物净增加额(元)	-9,835,042.73

2.公司近三年的主要会计数据和财务指标

项目	单位	2000年度	1999年度	1998年度	
				调整前	调整后
主营业务收入	千元	280,841	229,575	284,402	284,402
净利润	千元	-92,356	-49,757	21,747	884
总资产	千元	956,092	971,369	1,029,910	958,868
股东权益(不含少数股东权益)	千元	367,321	459,677	580,321	509,384
每股收益	元	-0.48	-0.26	0.11	0.005
每股收益(加权)	元	-0.48	-0.26	0.12	0.005
扣除非经常性损益后	元	-0.48	-0.26		
每股净资产	元	1.91	2.39	3.02	2.65
调整后的每股净资产	元	1.72	2.23	3.00	2.50
每股经营活动产生的现金流量净额	元	-0.18	-0.41	-0.07	
净资产收益率	%	-25.14	-10.82	3.75	0.17
净资产收益率(加权)	%	-22.34	-10.27	3.75	0.17

注1：本报告期内股本未发生变动。

注2：本报告数据和指标均以母公司会计报表填列或计算。

注3：按照中国证监会《公开发行证券公司信息披露编报规则(第9号)》要求计算的利润数据：

报告期利润			主营业务利润	营业利润	净利润	扣除非经常性损益后的净利润
净资产收益率	全面摊薄	本年度	7.51%	-25.99%	-25.14%	-25.14%
		上年度	7.87%	-13.82%	-10.82%	-10.82%
	加权平均	本年度	6.68%	-23.08%	-22.34%	-22.34%
		上年度	7.47%	-13.11%	-10.27%	-10.27%
每股收益	全面摊薄	本年度	0.14	-0.50	-0.48	-0.48
		上年度	0.19	-0.33	-0.26	-0.26
	加权平均	本年度	0.14	-0.50	-0.48	-0.48
		上年度	0.19	-0.33	-0.26	-0.26

注：主要财务指标的计算公式如下：全面摊薄净资产收益率=报告期利润÷期末净资产全面摊薄每股收益=报告期利润÷期末股份总数加权平均净资产收益率(ROE)的计算公式如下：

$$ROE=\frac{P}{EO+NP\div2+Ei\times Mi\div Mo-Ej\times Mi\div Mo}$$

其中：P 为报告期利润；NP 为报告期净利润；Eo 为期初净资产；Ei 为报告期发行新股或债转股等新增净资产；Ej 为报告期回购或现金分红等减少净资产；Mo 为报告期月份数；Mi 为新增净资产下一月份起至报告期期末的月份数；Mj 为减少净资产下一月份起至报告期期末的月份数。

加权平均每股收益(EPS)的计算公式如下：

$$EPS=\frac{P}{SO+S1+Si\times Mi\div Mo-Sj\times Mj\div Mo}$$

其中：P 为报告期利润；So 为期初股份总数；S1 为报告期因公积金转增股本或股票股利分配等增加股份数；Si 为报告期因发行新股或债转股等增加股份数；Sj 为报告期因回购或缩股等减少股份数；Mo 为报告期月份数；Mi 为增加股份下一月份起至报告期期末的月份数；Mj 为减少股份下一月份起至报告期期末的月份数。3.报告期内股东权益的变化情况：

项目	股本	资本公积	盈余公积	法定公益金	未分配利润	股东权益合计
期初数	19250	205,777,643.53	82,073,412.26	18,119,844.75	-20,674,143.86	459,676,911.93
本期增加						
本期减少	0	0	0	0	92,355,757.05	92,355,757.05
期末数	19250	205,777,643.53	82,073,412.26	18,119,844.75	-113,029,900.91	367,321,154.88

(三)股东情况介绍

(1)截止2000年末止，公司股东总数17520户。

(2)前十名股东，2000年末止

名次 股东名称	年末持股数(股)	占总股本%
①西南合成制药总厂(国有法人股持股单位)	93500000	48.57
②重庆长江制药厂	5418088	2.81
③重庆市医药压力容器检测站	5170000	2.69
④重庆渝北江洛化工厂	1815000	0.94
⑤西南合成制药厂科学技术协会	1672000	0.87
⑥华夏证券有限公司	1540000	0.80
⑦华夏证券有限公司重庆分公司	1375000	0.71
⑧重庆力豪商贸有限责任公司	880000	0.46
⑨上海茂冶实业有限公司	660000	0.34
⑩重庆润康药业有限公司	605000	0.31

前10名股东之间没有关联关系。

持有本公司5%以上股份的股东仅西南合成制药总厂，本年度内其股份未发生变动。持股质押情况：西南合成制药总厂因经济纠纷案于2000年4月28日接到重庆市第一中级人民法院(1999)渝一中民初字第995号民事裁定书，冻结了西南合成制药总厂所持有的西南合成制药股份有限公司国有法人股5,000,000股，占总股本的2.59%

(四)股东大会简介

1、公司于2000年1月4日在《中国证券报》刊登了以通讯方式召开2000年度第一次临时股东大会的通知，于2000年1月30日以通讯方式召开了2000年度第一次临时股东大会。本次股东大会决议公告刊登于2000年2月15日的《中国证券报》上。

2、公司于2000年5月30日上午9时在重庆市渝北区洛碛镇公司职工俱乐部召开了1999年度股东大会。本次股东大会决议公告刊登于2000年5月31日的《中国证券报》上。

(五)董事会报告

1、公司经营情况：

(1)本公司属医药行业，根据中国医药工业简报2000年第三期提供的资料表明：本公司按销售额行业排名第41位，按利润行业排名第128位。

(2)公司主营业务的范围及其经营状况

①报告期内公司主营业务收入为280,841,316.71元，比上年增长22.33%，主营业务利润为27,615,412.28元，比上年减少23.68%

②本公司2000年度主营业务收入为280,841,316.71元，是一个以研制开发、生产销售医药原料药及制剂产品为主体的专业生产经营企业，属医药行业。现已成为我国西南地区最重要的医药原料药生产及出口创汇企业和全国重要的原药生产基地。主营磺胺类、抗生素、维生素、解热镇痛类、胃肠溃疡类、喹诺酮类、抗感染类、抗焦虑类等八大类三十多种原料药及二十几种制剂产品，远销欧洲、日本、东南亚和美国。

(3)在经营中出现的困难及解决方案

A、2000年，尽管公司产品的国际、国内市场初现复苏，出口产品的销量有所回升，公司销售收入比上年出现较大幅度增长，但仍存在较多的困难，使公司没能扭转上年度的亏损局面：

①国际市场仍未能扭转价格难升，利润减少的不利局面。

②化工原料价格上涨，原料成本增高，药品价格下调，导致产品利润率降低。

③医疗体制的三大改革和医药分家，医药招标政策的实施，再加上公司产品结构调整未完全到位，对

医药代理商的依赖程度较大，形成帐款结算不及时、销售费用大等，导致应收帐款的增大。

④由于公司仍处于"三线"脱险搬迁和"三峡"淹没搬迁之中，公司新老区两地生产，增大了管理费用，新区建设也增大了公司债务，耗用了自有资金，造成流动资金仍然缺乏，致使公司不能满负荷开车，增加了经营成本。

B、针对以上问题，公司董事会和领导班子决定采取如下措施：

①公司将根据国内医药市场的变化，强化以销定产的生产投入，避免产品生产的无序而造成销售断货、加强网络建设，加强经营管理，加强成本核算，实行灵活的销售政策。搞好质量跟踪，完善售后服务工作。

②加大出口力度，进一步扩大欧美市场，开发重点转向欧洲和中东地区，抓住进入WTO的机遇和挑战，提高出口比重和价格。

③加强资本营运和资产运作力度，转换经营机制，加强激励机制，调动职工积极性，降低生产成本。调整和加强了领导班子。

④加大应收帐款的催收力度，必要时采取法律手段，促进资金回笼，加速资金周转，减少财务费用，加大融资力度，保证生产经营所需资金。

⑤加大新产品开发和老产品技术革新的力度，向技术创新要效益。

2、公司财务状况

(1)公司财务状况

项目	2000年度	1999年度	增减(%)
总资产	956,092,231.80	971,369,257.96	-1.57
长期负债	137,019,161.49	137,019,161.49	0
股东权益	367,321,154.88	459,676,911.93	-20.09
主营业务利润	27,615,412.28	36,185,677.07	-23.67
净利润	-92,355,757.05	-49,757,298.42	85.61

(2)本公司财务报告经重庆天健会计师事务所审计，并出具了有保留意见的审计报告。董事会对此高度重视，对该问题的解决做了大量的工作，截止目前为止已取得了明显进展，董事会认为公司第一大股东有能力归还公司为其垫付的往来资金。在尚未归还前，为保障公司利益，公司理应收取资金占用费。

江西万年青水泥股份有限公司

江西万年青水泥股份有限公司2000年年度报告摘要

重要提示：本公司董事会保证本报告所载资料不存在任何虚假记载、误导性陈述或者重大遗漏，并对其内容的真实性、准确性和完整性负个别及连带责任。

一、公司简介

1、公司中文名称：江西万年青水泥股份有限公司
公司英文名称：JIANGXI WANNIANQING CEMENT CO., LTD.
2、公司注册地址：江西省万年县
公司办公地址：江西省万年县江西水泥厂办公大楼
邮政编码：335506
3、公司法定代表人：魏新安
4、公司董事会秘书：马 欣
公司证券事务授权代表：周志承
联系地址：江西省万年县江西万年青水泥股份有限公司
电 话：0793-3839605、3839868
传 真：0793-3839776
网 址：http ://www.wannianqingcn.com
E-mail：srwngs@public1.srptt.jx.cn
5、公司选定的信息披露报刊名称：《中国证券报》、《证券时报》
刊载公司年度报告的国际互联网网址：http//www.cninfo.com.cn
年度报告备置地点：公司证券部
6、公司股票上市交易所：深圳证券交易所
股票简称：江西水泥 股票代码：0789

二、会计数据与业务数据摘要

1、公司本年度实现利润情况： 单位：人民币元

利润总额	59,326,338.07
净利润	42,236,386.11
扣除非经常性损益后的利润	42,236,386.11
主营业务利润	95,381,741.65
其他业务利润	-310,062.72
营业利润	33,044,931.59
投资收益	17,454,667.36
补贴收入	9,324,098.58
营业外收支净额	-497,359.46
经营活动产生的现金流量净额	4,275,280.86
现金及现金等价物净增加额	50,331,137.58

2、近三年主要会计数据和财务指标 单位：人民币（万元）

序号	项目	2000年度	1999年度	1998年度	
				调整前	调整后
1	主营业务收入	28,944.99	30,147.77	27,284.96	27,280.44
2	净利润	4,223.64	3,691.46	4,870.97	4,147.39
3	总资产	86,162.26	69,809.87	58,485.74	57,158.89
4	股东权益	64,764.33	42,906.94	43,678.05	42,279.98
5	每股收益（摊薄）	0.124	0.121	0.159	0.136
6	每股收益（月均加权）	0.124	0.121	0.159	0.136
7	每股收益（扣除非经常性损益后的每股收益）	0.124	0.121	—	0.136
8	每股净资产	1.902	1.402	1.427	1.382
9	调整后每股净资产	1.871	1.383	1.419	1.373
10	每股经营活动产生的现金流量净额	0.013	0.393	-0.035	-0.035
11	净资产收益率%（摊薄）	6.52	8.60	11.15	9.81
12	净资产收益率%（加权）	6.82	8.41		9.77

3.本年度利润表附表：

报告期利润	净资产收益率 全面摊薄	净资产收益率 加权平均	每股收益 全面摊薄	每股收益 加权平均
主营业务利润	14.73	15.41	0.280	0.280
营业利润	5.10	5.34	0.097	0.097
净利润	6.52	6.82	0.124	0.124
扣除非经常性损益后的净利润	6.52	6.82	0.124	0.124

注：主要财务指标的计算方法：

全面摊薄每股收益=报告期利润/期末股份总数

加权平均每股收益=报告期利润/（期初股份总数+报告期因公积金转增股本或股票股利分配等增加股份数+报告期因发行新股或债转股等增加股份数×增加股份下一月份起至报告期期末的月份数÷报告期月份数-报告期因回购或缩股等减少股份数×减少股份下一月份起至报告期期末的月份数÷报告期月份数

净资产收益率=净利润/年度末股东权益×100%

加权平均净资产收益率=报告期利润/（期初净资产+报告期净利润÷2 +报告期发行新股或债转股等新增净资产×新增净资产下一月份起至报告期期末的月份数 ÷报告期月份数-报告期回购或现金分红等减少净资产×减少净资产下一月份起至报告期期末的月份数÷报告期月份数）

每股净资产=年度末股东权益/年度末普通股股份总数

调整后每股净资产=［年度末股东权益-三年以上的应收款项-待摊费用-待处理（流动、固定）资产净损失-开办费-长期待摊费用-住房周转金负数余额］/ 年度末普通股股份总数

每股经营活动产生的现金流量净额=经营活动产生的现金流量净额/年度末普通股股份总数

4.股东权益变动情况：（单位：万元）

项目	股本	资本公积	盈余公积	法定公益金	分配利润	股东权益
期初数	30,600.00	5,623.14	1,223.06	824.14	4,636.60	42,906.94
本期增加	3,450.00	18,440.00	422.37	211.18	4,223.63	26,747.18
本期减少					4,889.79	4,889.79
期末数	34,050.00	24,063.14	1,645.43	1035.32	3,970.44	64,764.33

三、股本变动及股东情况

1、公司股本变动情况

报告期内公司股本变动情况 数量单位：股

	本次变动前	配股	送股	公积金转股	其他	小计	本次变动后
一、尚未流通股份							
（1）、发起人股份							
其中：							
国家拥有股份	221,000,000	9,000,000				9,000,000	230,000,000
尚未流通股份合计	221,000,000	9,000,000				9,000,000	230,000,000
二、已流通股份							
（1）、人民币普通股	85,000,000	25,500,000				25,500,000	110,500,000
已流通股合计	85,000,000	25,500,000				25,500,000	110,500,000
三、股份总数	306,000,000	34,500,000				34,500,000	340,500,000

（1）、公司九九年度配股工作于2000年1月29日完成，并刊登股份变动公告，本期股本变动系因实施九九年度配股方案股本增加所致。

已流通股份中含有冻结的公司高级管理人员持有股份196469股。

2、主要股东情况介绍

（1）、截止2000年12月31日，本公司股东总数为 23557户。

（2）、前十名股东持股情况：

名次	股东名称	持股数(股)	占总股本%
1	江西水泥厂	230,000,000	67.55
2	金 燕	808,182	0.237
3	肖琼英	789,156	0.232
4	严 英	581,402	0.171
5	谭月琴	566,300	0.166
6	黄 海	539,348	0.158
7	兴科证券投资基金	500,000	0.147
8	李 骏	474,400	0.139
9	范文君	473,090	0.139
10	李思良	470,392	0.138

（3）、持股10%以上的公司国有法人股股东是江西水泥厂。

法人代表：魏新安

经营范围：生产石灰石、千枚岩等水泥原料。

（4）、本年度控股股东末发生变动。

四、股东大会简介

本报告期内，公司召开了一次股东大会和两次临时股东大会。

1、公司1999年度股东大会会议通知刊登于2000年4月1日的《中国证券报》和《证券时报》上。公司1999年度股东大会于2000年5月8日在江西省万年县江西水泥厂万年青宾馆召开，出席会议股东及委托代理人共18人，代表股份230,196,469股，占公司总股本的67.61%，经大会审议以记名投票表决通过了如下决议：

（1）、审议通过了1999年度董事会工作报告；

（2）、审议通过了1999年度监事会工作报告；

（3）、审议通过了1999年度利润分配方案；

（4）、审议通过了修改《公司章程》的议案；

（5）、审议通过了续聘会计师事务所的议案；

1999年度股东大会决议公告于2000年5月9日刊登在《中国证券报》和《证券时报》上。

2、公司2000年度第一次临时股东大会会议通知于2000年8月10日刊登于《中国证券报》和《证券时报》上。公司2000年度第一次临时股东大会于2000年9月10日在江西省万年县江西水泥厂万年青宾馆五楼会议室召开。参加会议的股东及委托代理人24人，所持股份为230183209股，占总股本340,500,000股的67.60%。 此次会议通过记名表决方式，审议通过了如下决议：

（1）、选举公司第二届董事会成员；

选举魏新安、杨石根、汪波、刘明寿、梁家友、潘维西、马欣、李和返、李元本九位先生为公司第二届董事会成员。

（2）、选举公司第二届监事会成员；

选举谢赛玖、陈建军、刘斌、叶明发四位先生为公司第二届监事会成员，与公司职工代表民主选举的曾月秀女士共同组成公司第二届监事会。

（3）、审议通过了在深圳设立投资公司的议案。

公司决定与江西万年青塑胶包装制品厂共同出资1000万元在深圳设立投资公司，投资公司主要从事科技和实业投资，本公司以自有资金900万元投入，占股本的 90 %。江西万年青塑胶包装制品厂出资100万元，占股本的10%。

该次临时股东大会决议公告于2000年9月12日刊登于《中国证券报》和《证券时报》上。

3、公司2000年度第二次临时股东大会会议通知于2000年11月21日刊登在《中国证券报》和《证券时报》上。公司2000年度第二次临时股东大会于2000年12月26日在江西省万年县江西水泥厂万年青宾馆五楼会议室召开。参加会议的股东共8人，所持股份230,091,936股，占总股本340,500,000股的67.57%。

此次会议通过记名表决方式，审议通过了投资参股宝德科技开发有限公司的议案。

该次临时股东大会决议公告于2000年12月27日刊登于《中国证券报》和《证券时报》上。

五、董事会报告

1、公司经营情况

（1）、公司所处的行业及在本行业中的地位

公司属建材行业，主要从事水泥熟料及硅酸盐水泥的制造及销售。公司为国家大型一档企业、江西省最大的水泥生产企业，公司生产的"万年青"牌水泥质量稳定可靠， 产品合格率连续16年达到100%，优质品率达90%以上，在市场上具有较高的信誉度和竞争力。

（2）、公司主营业务范围及其经营情况

公司主营业务为水泥熟料及硅酸盐水泥的生产、销售。 2000 年度共生产水泥 116.60 万吨，比上年度增长 0.77 %，销售水泥及熟料 123.74 万吨，比上年度增加 3. 89 %（其中销售熟料 10.96

万吨)，完成主营业务收入 28,944.99 万元，主营业务利润 9,538.17 万元。

(3)在经营中出现的问题与困难及解决方案

2000 年度公司在经营中出现的主要问题和困难：

A、公司老线主要生产设备由于运转时间较长，老化问题严重，导致检修费用开支加大，生产成本增加，同时设备运转率的下降，也影响产品产量。

B、华东地区水泥市场持续低迷、疲软，竞争进一步加剧，各大水泥企业竞相压价、让利倾销。

C、国家产业结构调整政策受地方保护主义严重影响，淘汰落后、关闭小水泥出现死灰复燃现象。

D、由于许多工程项目资金到位不足，货款拖欠严重。

E、因地理位置等客观原因，水泥销售成本较高，销售难度加大。

面对以上困难，公司重点采取了以下措施：

A、采取灵活的销售策略，充分调动经销商的积极性，稳固和提高"万年青"水泥在周边农村市场的占有率。

B、采取销售人员促销激励机制，提高销售人员工作积极性，同时加强内部考核，降低费用开支。

C、组织专门人员清理外欠款。

2.公司财务状况

(1)截止报告期末，公司有关财务指标与上年比较的增减情况及原因

项　目	期初数(万元)	期末数(万元)	较上年增减	变动原因
总资产	68,809.87	86,162.26	16,352.39	配股资金到位
长期负债	8,600.00	6,000.00	-2,600.00	归还银行借款
股东权益	42,906.94	64,764.33	21,857.39	配股股本溢价
主营业务利润	10,932.58	9,538.17	-1,394.41	水泥售价降低
净利润	3,691.46	4,223.64	532.18	投资收益增加

3. 公司投资情况

(1)、募集资金使用情况：

公司于 1997 年 8 月获准发行人民币普通股 5000 万股，实际募集资金 20,450 万元，所募资金主要用于一号窑技术改造项目；2000 年 1 月实施完配股，募集资金 15614 万元，配股筹集资金主要用于：继续投资 10,375 万元，用于完成一号窑技术改造　项目；投资 7,000 万元用于一号窑技改工程的配套项目--南昌水泥粉磨站工程。

一号窑技术改造工程项目计划投资 30,825 万元，截止到 2000 年底已投入资金 24, 757.67 万元，该工程已全部完工。目前尚有部分款项在支付当中，工程验收已陆续开始。

计划投资项目		实际投资项目	
项目名称	投资额(万元)	项目名称	投资额(万元)
一号窑技改工程	30,825.00	一号窑技改工程	24,757.67
南昌粉磨站			1,000.00

(2)、非募集资金投资情况：

经 2000 年 9 月 12 日公司 2000 年度第一次临时股东大会批准，公司与江西万年青塑胶包装制品厂共同出资 1000 万元在深圳设立投资公司，投资公司主要从事科技和实业投资，本公司以自有资金 900 万元投入，占股本的 90%。江西万年青塑胶包装制品厂出资 100 万元，占股本的 10%。

经 2000 年 12 月 26 日公司 2000 年度第二次临时股东大会批准，公司以自有资金 3000 万元参股深圳宝德科技开发公司，占改制后宝德科技 20%的股权。

4. 新年度业务发展计划：

(1)加大公司内部的改革力度，提高规范运作水平，严格科学管理，降低消耗，提高经济效益。公司要在管理上下大力气，力争建立一套适应市场运作规律的、符合现代企业制度要求的科学的管理体系。要进行管理创新，体制创新，真正打破传统的管理模式，创建全新的管理平台，以适应加入 WTO 的要求，全面提升企业的竞争能力。

(2)进一步拓展市场，扩大市场占有率。公司 1# 窑技改工程投产后，生产能力将从年产 120 万吨提高到 180 万吨，这对公司是一个挑战，更是一种压力。能否在管理上再上一个台阶，能否扩大市场的占有率，这都是今年要重点做好的工作。公司决心在市场营销体系上下力气，改变现有的营销体系，创建全新的营销模式，进一步扩大市场占有率，确保用募股资金建设的 4# 窑取得满意的效益，给投资者以良好的回报。

(3)目前公司的控股子公司和对外投资较往年有很大的增加，公司将着力加强对子公司的管理和对外投资的管理，以争取取得较好的回报。

(4)公司在确保主业稳定发展的同时，积极探索适度多元化的路子，努力提高资本经营的水平，公司将着重研究发展战略问题，以应对新的经济形势。

5. 董事会日常工作情况

本年度公司召开了四次董事会会议：

(1)、公司于 2000 年 3 月 29 日在江西省万年县公司本部召开第一届董事会第六次会议，会议审议并一致通过了以下决议：

A、一九九九年年度报告及摘要；

B、计提四项准备内部控制制度；

C、1999 年度利润分配预案；

C、修改公司章程的议案；

D、续聘会计师事务所的议案；

(2)、公司于 2000 年 8 月 8 日在江西省万年县公司本部召开了第一届董事会第七次会议，会议审议并一致通过了以下议案：

A、讨论通过了 2000 年中期报告及摘要；

B、决定 2000 年中期不分配、不转增；

C、讨论通过了公司董事会换届选举的议案；

推举魏新安　杨石根　汪波　刘明寿　梁家友　潘维西　马欣　李和返　李元本九位同志为第二届董事会候选人；

D、讨论通过了在深圳设立投资公司议案。

(3)公司于 2000 年 9 月 10 日在公司本部召开第二届董事会第一次会议，会议通过了以下决议：

A、选举魏新安先生为董事长；选举杨石根先生为副董事长；

B、根据董事长提名，聘任杨石根先生为总经理；

C、根据董事长提名，聘任马欣先生为董事会秘书；

D、根据总经理提名，聘任李和返先生为常务副总经理，聘任潘维西先生、马欣先生、汤中和先生、刘伟先生、龙江先生为副总经理，聘任李元本先生为总会计师，聘任胡显坤先生为总工程师。

(4)公司于 2000 年 11 月 19 日在南昌市省建材集团三楼会议室召开第二届董事会第一次临时会议，会议讨论通过了投资 3000 万元参股深圳宝德科技开发公司。

6. 公司管理层及员工情况

(1)、董事、监事、高级管理人员情况介绍

姓名	性别	年龄	职　务	任期(起止日期)	年初持股数
魏新安	男	56 岁	董事长	2000.09—2003.09	
杨石根	男	48 岁	副董事长、总经理	2000.09—2003.09	13600
汪　波	男	55 岁	董事	2000.09—2003.09	
刘明寿	男	51 岁	董事	2000.09-2003.09	
梁家友	男	46 岁	董事	2000.09—2003.09	11900
李和返	男	46 岁	董事、常务副总经理	2000.09—2003.09	7310
潘维西	男	46 岁	董事、副总经理	2000.09—2003.09	10200
马　欣	男	40 岁	董事、副总经理 董事会秘书	2000.09—2003.09	10200
汤中和	男	45 岁	副总经理	2000.09—2003.09	0
刘　伟	男	42 岁	副总经理	2000.09—2003.09	7310
龙　江	男	34 岁	副总经理	2000.09—2003.09	
李元本	男	37 岁	总会计师	2000.09—2003.09	
胡显坤	男	37 岁	总工程师	2000.09—2003.09	10200
谢赛玖	男	45 岁	监事会主席	2000.09—2003.09	
陈建军	男	43 岁	监事	2000.09—2003.09	0
叶明发	男	50 岁	监事	2000.09—2003.09	
刘　斌	男	49 岁	监事	2000.09—2003.09	
曾月秀	女	35 岁	监事	2000.09—2003.09	

续上表：

姓名	性别	年龄	职　务	年末持股数	年度报酬(单位:元)
魏新安	男	56 岁	董事长		不在本公司领取报酬
杨石根	男	48 岁	副董事长、总经理	17680	18440
汪　波	男	55 岁	董事		不在本公司领取报酬
刘明寿	男	51 岁	董事		不在本公司领取报酬
梁家友	男	46 岁	董事	15470	17605
李和返	男	46 岁	董事、常务副总经理	9503	16608
潘维西	男	46 岁	董事、副总经理	13260	16616
马　欣	男	40 岁	董事、副总经理 董事会秘书	13260	15798
汤中和	男	45 岁	副总经理		
刘　伟	男	42 岁	副总经理	9503	16011
龙　江	男	34 岁	副总经理		
李元本	男	37 岁	总会计师		
胡显坤	男	37 岁	总工程师	13260	16220
谢赛玖	男	45 岁	监事会主席		
陈建军	男	43 岁	监事		
叶明发	男	50 岁	监事		
刘　斌	男	49 岁	监事		
曾月秀	女	35 岁	监事		

(2)、公司现有员工 1667 人，其中具有高级职称人员 17 人，中级职称人员 102 人，初级职称人员 329 人，按教育程度分：本科以上 71 人，大中专文化程度 351 人，高中及高中以下 1245 人；按专业分：行政人员 213 人，销售人员 84 人，技术人员 263 人，生产人员 1059 人，财务人员 48 人。

7、本次利润分配预案或公积金转增股本预案

2000 年公司实现净利润 42,236,386.11 元，提取法定公积金 10%,计 4,223,638 .61 元，提公益金 5%计 2,111,819.30 元，可供股东分配的利润 35,900,928.20 元。

以 2000 年 12 月 31 日股本 34,050 万股为基数，向全体股东每 10 股派发现金 1.25 元(含税)，共计派发现金 42,562,500 元，其中用 2000 年度可分现金利润 35,900,928 .20 元，上年度未分配利润 6,661,571.80 元。不用资本公积金转增股本。该方案须经股东大会批准后实施。

8、其他报告事项

报告期内，公司选定的信息披露报刊无变更。

六、监事会报告

2000 年度监事会全体成员依据《公司法》、《公司章程》认真履行监督职责，报告期内召开了 3 次监事会，参加了 1999 年度股东大会及 2000 年度临时股东大会，并列席了董事会各次会议。于 2000 年 3 月 29 日召开了公司第一届监事会第六次会议，会议审议通过了：1999 年度报告及摘要；1999 年度监事会工作报告；1999 年度利润分配预案；计提四项准备内部控制制度；修改公司章程。于 2000 年 8 月 8 日在公司本部召开了公司第一届监事会第七次会议。会议审议通过了如下决议：2000 年中期报告及摘要；在深圳设立投资公司议案；推举第二届监事会候选人。于 2000 年 9 月 10 日在公司本部召开了公司第二届监事会第一次会议，选举谢赛玖为监事会召集人。

监事会独立工作报告：

1、告期内公司董事会依据《公司法》、《公司章程》的有关规定，认真履行股东大会各项决议，公司决策程序合法，建立了内部控制制度，但仍需进一步完善，以期建立更加科学、合理、规范的内部控制制度。董事会成员在执行公司职务时无违反法律、法规、公司章程或损害公司　利益的行为。

2、同意恒信会计师事务所有限公司出具的无保留意见审计报告，公司财务报告内容真实反映了公司的财务状况和经营成果。

3、公司上市募集的资金投入项目与承诺投入项目一致。

4、公司关联交易公平合法，无损害上市公司利益。

5、公司未对报告期利润实现数进行预测。

七、重要事项

1、本年度公司无重大诉讼、仲裁事项。

2、报告期内公司、公司董事及高级管理人员无受监管部门处罚的情况。

3、报告期内公司控股股东没有发生变更，公司董事会举行了换届选举，产生了公司第二届董事会，并重新聘请了公司总经理，董事会秘书无变更。

4、报告期内公司无收购及出售资产、吸收合并事项。

5、重大关联交易事项。

(1)采购商品及接受劳务发生的关联交易

交易项目	2000 年 交易数量	单价	金额(元)	1999 年 交易数量	单价	金额(元)
购入石灰石	1508547T	15	22,628,205.00	132199T	15	19,831,485.00
购入千枚岩	159585T	33.76	5,387,589.60	161373T	33.76	5,448,011.35
购入其他材料			409,691.51			8,187,189.81
支付土地租赁费			981,149.04	88867.4m2		981,149.04
支付房屋建筑租赁费	-	-	-	20 座		2,879,200.00
支付资金占用费						241,038.18
支付商标使用费	销售收入 2%		600,047.08	销售收入 2%		602,955.44
支付水费	4415857.82T	0.45	1,987,136.02	4333093.33T	0.45	1,949,892.00
归还借款						40,896,142.50
支付运输费	477490.92T	1.2	572,891.90			165,200.00
支付烘干料服务费			600,000.00			600,000.00
合　计			33,166,710.15			88,655,600.80

(2)销售商品、提供劳务发生的关联交易

收取资金占用费	3,742,284.72	
让售材料及配件	10,921,024.38	6,410,100.91

合 计	14,663,309.10	6,410,100.91

6、公司与控股股东“三分开”情况：公司法人治理结构健全，经理、副经理、财务人员没有在股东单位及关联公司兼职；人事及工资管理完全独立；公司与控股股东在工业产权及非专利技术方面界定清楚；公司的生产、销售系统独立，但在原材料石灰石、千枚岩的供应方面，由江西水泥厂所属矿山供应，存在关联交易行为，公司与江西水泥厂已签订《石灰石、千枚岩供应合同》，合同对采购价格、结算办法及违约处罚办法做出明确规定，定价公允，关联交易行为不存在损害公司利益的情况；公司设有独立的财务部门、独立的财务核算体系、独立的财务会计制度、及对控股子公司的财务管理制度；公司独立开设银行帐户，独立纳税。

7、报告期内未发生托管、承包、租赁其他公司资产或其他公司托管、承包、租赁本公司资产的事项。

8、报告期内公司继续聘用江西恒信会计师事务所有限公司为本公司的财务审计机构。

9、报告期内无重大合同和担保事项。

10、报告期内公司名称和股票简称未更改。

11、其他重大事项：2000 年中国证监会南昌特派员办事处对公司进行了巡回检查，对公司运作中的有关问题提出了整改意见，公司认真对照检查，逐条落实，认真整改，至报告期末已按要求全部落实。

经江西省人民政府同意，本公司继续执行江西省人民政府赣府字[1997｜35 号文，所得税先按33%征收，然后由省财政返还 18%，实际税负为 15%，根据财政部财税[2000｜99 号文精神执行到 2001 年 12 月 31 日。

报告期内公司或持股 5%以上的股东没有在指定的报纸或网站上披露承诺事项。

八、财务会计报告

审计报告

(2001)恒德赣审字第 041 号

江西万年青水泥股份有限公司全体股东：

我们接受委托，审计了贵公司 2000 年 12 月 31 日的资产负债表及 2000 年度损益表和现金流量表。这些会计报表由贵公司负责，我们的责任是对这些会计报表发表审计意见。我们的审计是依据《中国注册会计师独立审计准则》进行的。在审计过程中，我们结合贵公司的实际情况，实施了包括抽查会计记录等我们认为必要的审计程序。

我们认为，上述会计报表符合《企业会计准则》和《股份有限公司会计制度》的有关规定，在所有重大方面公允地反映了贵公司 2000 年 12 月 31 日的财务状况及 2000 年度经营成果和现金流量情况，会计处理方法的选用遵循了一贯性原则。

广东恒信德律会计师事务所 中国注册会计师：
有限公司 二 00 一年三月六日

会计报表附注

(一)、公司简介

江西万年青水泥股份有限公司是由江西水泥厂独家发起，通过向社会公众公开发行股票，以募集方式设立的股份有限公司，经中国证监会批准，于 1997 年 9 月 23 日在深交所挂牌上市。1998 年资本公积转增股本 12600 万股，2000 年增资配股 3450 万股，转增及配股后股本数为 34050 万股。

江西万年青水泥股份有限公司是一家大型建材企业，前身为江西水泥厂，主要生产经营“万年青”牌水泥，主导产品为 525R 普通硅酸盐水泥和 425R 普通硅酸盐水泥，一号窑技改完工后年产 180 万吨，产品为国内名牌产品，市场占有率在江西省大水泥中占 80%，产品广泛用于重点工程建设。

(二)、公司主要会计政策、会计估计

(三)、合并会计报表主要项目注释：

1、货币资金

项 目	年初数	年末数
现 金	2,439.57	66,547.20
银行存款	113,271,167.08	162,786,454.10
其他货币资金		751,742.93
合 计	113,273,606.65	163,604,744.23

注：货币资金较年初增加 44.43%，主要系增资配股增加货币资金所致。

2、短期投资

项 目	年初数		年末数	
	投资金额	跌价准备	投资金额	跌价准备
股票投资	50,000,000.00	9,134,935.74	27,167,988.69	
合 计	50,000,000.00	9,134,935.74	27,167,988.69	

注：短期投资较年初减少 45.66%，主要系公司在 2000 年度收回了部分投资款所致。

3、应收账款

(1)账龄分析

账 龄	年初数			年末数		
	金 额	比例%	坏账准备	金 额	比例%	坏账准备
1 年以内	56,255,607.05	40.96	2,812,780.35	66,814,237.66	46.23	3,340,711.88
1-2 年	40,470,899.87	29.47	4,047,089.99	11,330,976.87	7.84	1,133,097.69
2-3 年	30,649,312.08	22.32	6,129,862.42	34,626,269.42	23.96	6,925,253.88
3-4 年	6,928,235.61	5.04	2,078,470.68	22,524,436.28	15.59	6,757,330.88
4-5 年	3,035,669.03	2.21	1,517,834.52	6,184,808.66	4.28	3,092,404.33
5 年以上	0.00	0.00	0.00	3,035,669.03	2.10	3,035,669.03
合计	137,339,723.64	100	16,586,037.96	144,516,397.92	100	24,284,467.69

(2)应收账款欠款前五名

单位名称或内容	所欠金额	所欠时间	欠款原因
南昌散装水泥中转站	13,249,825.56	1 年以内	货款
福州万年青水泥联合公司	10,193,052.86	2-3 年	货款
福州经营部	8,266,134.56	1-2 年	货款
莆田高指	7,603,913.47	2-3 年	货款
南昌万年青	7,088,456.29	2-3 年	货款

(3)无持有本公司 5%以上股份的股东单位欠款，因以前年度应收账款坏账准备政策变更追溯调整差错，导致年初坏账准备少提 8,141,438.69 元，根据财政部财会【2000】22 号文的有关规定，公司对此项差错已进行了更正。

4、其他应收款

(1)账龄分析

账 龄	年初数			年末数		
	金 额	比例%	坏账准备	金 额	比例%	坏账准备
1 年以内	1,841,744.00	47.28	92,087.20	3,599,004.83	60.25	179,700.24
1-2 年	2,053,742.12	52.72	245,287.06	599,809.61	10.04	59,980.96
2-3 年				1,774,646.40	29.71	354,929.28
合计	3,895,486.12	100	337,374.26	5,973,460.84	100	594,610.48

5、预付账款

(1)账龄分析

账 龄	年初数		年末数	
	金 额	比例(%)	金 额	比例(%)
1 年以内	1,992,196.62	63.39	8,376,907.09	89.01
1-2 年	235,450.00	7.49	118,816.27	1.26
3-4 年	914,975.52	29.12	54,104.99	0.57
4-5 年			860,870.53	9.16
合 计	3,142,622.14	100	9,410,698.88	100

6、应收补贴款

项 目	年初数	年末数
所得税返还	350,780.86	391,879.44
合 计	350,780.86	391,879.44

7、存货

项 目	年初数		年末数	
	金 额	跌价准备	金 额	跌价准备
库存材料	27,204,389.79	2,136,789.39	35,629,076.40	2,240,794.15
在产品	3,487,998.00		10,109,270.56	
库存商品	8,421,784.97		11,141,085.33	
低值易耗品	63,990.90		109,130.90	
物资成本差异	-561,896.61		1,840,224.69	
合 计	38,616,267.05	2,136,789.39	58,828,787.88	2,240,794.15

注：存货较年初增长 52.34%，主要系公司增加库存材料储备所致。

8、待摊费用

类 别	原始金额	年初数	本期增加数	本期摊销数	年末数
期初进项税	5,035,384.31	2,152,747.18		2,152,747.18	
财产保险金		379,676.69	1,229,597.11	1,199,408.10	409,865.70
合 计		2,532,423.87	1,229,597.11	3,352,155.28	409,865.70

注：待摊费用较年初减少 83.82%，主要系期初进项税已全部抵扣所致。

9、长期投资

(1)投资明细

类 别	年初数	本期增加数	本期减少数	年末数
长期股权投资		40,000,000.00		40,000,000.00
合 计		40,000,000.00		40,000,000.00

(2)长期股权投资

被投资单位名称	投资期限	投资比例	初始投资额
深圳宝德科技开发有限公司		20%	30,000,000.00
南昌万年青水泥有限责任公司	30 年	68%	10,000,000.00
合 计			40,000,000.00

续上表：

被投资单位名称	本期权益增减数	年末数	减值准备
深圳宝德科技开发有限公司		30,000,000.00	
南昌万年青水泥有限责任公司		10,000,000.00	
合 计		40,000,000.00	

(3)根据南昌市人民政府办公厅洪府厅字[2000]156 号文关于南昌水泥厂与江西万年青水泥股份有限公司合资合作方案的批复，截止 2000 年 12 月 31 日，公司先期投入 1000 万元履约金，因此项投资尚未完成，被投资单位尚未注册成立，故南昌万年青水泥有限责任公司未纳入合并报表范围。

10、固定资产及折旧

项 目	年初数	本期增加	本年减少	年末数
原 值				
房屋建筑物	71,555,065.22	58,289,190.73		129,844,255.95
机器设备	65,435,988.38	4,777,702.72		70,213,691.10
专用设备	123,256,574.11	970,819.06		124,227,393.17
运输设备	6,246,373.29	391,973.00	316,460.00	6,321,886.29
其他设备		205,210.00		205,210.00
合 计	266,494,001.00	64,634,895.51	316,460.00	330,812,436.51
累计折旧				
房屋建筑物	18,175,292.52	16,059,501.82		34,234,794.34
机器设备	21,561,855.56	5,442,513.18		27,004,368.74
专用设备	77,808,690.31	10,361,805.78		88,170,496.09
运输设备	726,936.71	318,195.18	8,950.08	1,036,181.81
其他设备		15,742.40		15,742.40
合 计	118,272,775.10	32,197,758.36	8,950.08	150,461,583.38
净 值	148,221,225.90		180,350,853.13	

注：固定资产本期增加数包括有江西水泥厂配股投入固定资产 55,829,191. 48 元，在建工程转入固定资产 6,201,144.51 元。

11、在建工程

12、无形资产

类别	年初数	本期增加	本期摊销	年末数
土地使用权		7,000,000.00		7,000,000.00
合 计		7,000,000.00		7,000,000.00

注：新增的土地使用权 7,000,000.00 元系公司在南昌高新技术产业开发区购入的一宗厂房及办公楼用地定金，该宗土地使用权出让金总额为 16,626,859.92 元人民币。

13、开办费

类 别	年初数	本期增加	本期摊销	年末数
开办费	196,225.11	28,065.18	66,000.00	158,290.29
职工外出培训费	41,708.50	0.00	41,708.50	0.00
合 计	237,933.61	28,065.18	107,708.50	158,290.29

14、短期借款

借款类别	年初数	年末数
抵押借款	48,000,000.00	
担保借款		43,000,000.00
信用借款		5,000,000.00
合 计	48,000,000.00	48,000,000.00

15、应付账款

(1)账龄分析

账 龄	年初数		年末数	
	金 额	比例%	金 额	比例%
1 年以内	76,453,006.30	100	33,558,144.55	95.42
1-2 年	0.00	0.00	1,611,723.16	4.58
合计	76,453,006.30	100	35,169,867.71	100

(2)应付账款较年初减少 54%，主要系公司支付了部分应付购货款所致。

(3)无欠持本公司 5%以上股份的股东单位款项。

16、预收账款

(1)账龄分析

账 龄	年初数		年末数	
	金 额	比例%	金 额	比例%
1年以内	7,900,847.90	97.63	5,038,203.33	80.63
1-2年	0.00	0.00	1,019,103.11	16.31
2-3年	191,441.38	2.37	0.00	0.00
3-4年	0.00	0.00	191,441.38	3.06
合 计	8,092,289.28	100	6,248,747.82	100

(2)无欠持本公司5%以上股份的股东单位款项。

17、应付股利

单位名称	年初数	年末数
江西水泥厂	20,700,000.00	28,750,000.00
社会公众股东	9,945,000.00	13,812,500.00
合 计	30,645,000.00	42,562,500.00

注:根据公司第二届第二次董事会会议预案,以2000年12月31日股本34050万股为基数,每10股派发现金1.25元(含税),共计派发现金股利42,562,500.00元,该分配预案待公司股东大会通过后实施。

18、应交税金

(1)明细情况:

税 项	年初数	年末数
增值税	-299,647.21	-860,515.92
营业税	-51,258.91	-8,315.54
房产税	114,134.69	86,209.55
城建税	172,942.73	28,598.32
车船使用税	262.00	342.00
固定资产投资方向调节税	25,236.76	0.00
印花税	-3,561.00	26,627.38
所得税	519,084.43	594,180.75
个人所得税	139,429.20	0.00
合 计	616,622.69	-132,873.46

(2)应交税金较年初减少121.55%,主要系缴纳了部分应交税金所致。

19、其他应付款

(1)账龄分析:

账 龄	年初数		年末数	
	金 额	比例%	金 额	比例%
1年以内	10,740,554.32	100	9,843,948.44	99.27
1-2年	0.00	0.00	72,659.53	0.73
合计	10,740,554.32	100	9,916,607.97	100

(2)无欠持本公司5%以上股份的股东单位款项。

20、一年内到期的长期借款

借款类别	年初数	年末数
抵押借款	8,000,000.00	
担保借款		9,000,000.00
合 计	8,000,000.00	9,000,000.00

21、长期借款

借款单位	金 额	借款期限	年利率	借款条件
建行万年县支行	60,000,000.00	1999.07.01-2002.06.30	5.94	担保
合 计	60,000,000.00			

注:长期借款较年初减少30.23%,系公司偿还了部分借款所致。

22、股本

单位:万股

项 目	年初数	本年增减变动(+/-)					年末数
		配股	送股	公积金转股	其他	小计	
一、尚未流通股份							
发起人股份	22,100	900				900	23,000
其中:国家持有股份	22,100	900				900	23,000
尚未流通股份合计	22,100	900				900	23,000
二、已流通股份							
境内上市的人民币普通股	8,500	2,550				2,550	11,050
已流通股份合计	8,500	2,550				2,550	11,050
三、股份总数	30,600	3,450				3,450	34,050

注:股本本年增加数系公司于2000年增资配股3450万股所致,此次增资配股已经江西恒信会计师事务所赣恒会验字[2000]003号文验资。

23、资本公积

项 目	年初数	本年增加数	本年减少数	年末数
股本溢价	56,231,383.49	184,400,000.00		240,631,383.49
合 计	56,231,383.49	184,400,000.00		240,631,383.49

注:资本公积较年初增加184,400,000.00元,主要系公司2000年增资配股产生的股本溢价,此次增资配股已经江西恒信会计师事务所赣恒会验字【2000】003 号文验资。

24、盈余公积

项 目	年初数	本年增加数	本年减少数	年末数
法定盈余公积	12,230,637.38	4,223,638.61	0.00	16,454,275.99
公益金	8,241,383.10	2,111,819.31	0.00	10,353,202.41
合 计	20,472,020.48	6,060,686.85		26,807,478.40

25、未分配利润

项 目	金 额
年初未分配利润 注1、	46,366,009.81
本年净利润	42,236,386.11
可供分配利润	88,602,395.92
提取法定盈余公积金	4,223,638.61
提取公益金	2,111,819.31
应付普通股股利 注2、	42,562,500.00
年末未分配利润	39,704,438.00

注1、因以前年度应收账款坏账准备政策变更追溯调整差错,导致年初坏账准备少提及年初未分配利润多计8,141,438.69元,根据财政部财会[2000]22号文的有关规定,公司对此项差错已进行了更正。

注2、根据公司第二届第二次董事会会议预案,以2000年12月31日股本34050万股为基数,每10股派发现金1.25元(含税),共计派发现金股利42,562,500.00元,该分配预案待公司股东大会通过后实施。

26、主营业务收入

项 目	本年累计数	上年实际数
水 泥	278,864,819.06	298,372,668.06
熟 料	10,585,127.04	3,105,045.99
合 计	289,449,946.10	301,477,714.05

27、其他业务利润

类 别	本年累计数	上年实际数
让售材料	-310,062.72	-22,866.05
合 计	-310,062.72	-22,866.05

28、财务费用

类 别	本年累计数	上年实际数
利息支出	3,755,015.00	3,179,970.68
减:利息收入	4,888,065.57	1,044,893.50
其他	23,488.10	32,841.80
合 计	-1,109,562.47	2,167,918.98

注:财务费用较上年减少151.18%,主要系公司2000年利息收入增加所致。

29、投资收益

类 别	本年累计数	上年实际数
股权投资收益	15,954,667.36	-9,134,935.74
债券投资收益		3,962,281.14
其他投资收益	1,500,000.00	
合 计	17,454,667.36	-5,172,654.60

注:投资收益较上年增加22,627,321.96元,主要系公司股票投资已大部分收回,根据公司股票2000年12月31日成本市值比较,上年提取的跌价准备9,134,935 .74元予以冲回所致。

30、补贴收入

类 别	本年累计数	上年实际数
所得税返还收入	9,324,098.58	9,530,780.86
合 计	9,324,098.58	9,530,780.86

31、营业外收入

类 别	本年累计数	上年实际数
蓬布超期收入	521,299.15	605,530.00
处理三年以上账款	102,549.80	173,500.51
其 他	54,459.79	11,070.00
合 计	678,308.74	790,100.51

32、营业外支出

类 别	本年累计数	上年实际数
捐赠	815,084.70	491,876.56
蓬布超期收入税金	277,239.32	125,330.97
罚款、滞纳金等	78,344.18	187,441.01
其他	5,000.00	16,276.80
合 计	1,175,668.20	820,925.34

33、所得税

项 目	本年累计数	上年实际数
所得税	17,094,180.75	17,473,098.23
合 计	17,094,180.75	17,473,098.23

34、支付的其他与经营活动有关的现金

项 目	金 额
支付销售费用	29,963,894.21
支付管理费用	7,892,572.00
支付制造费用等	22,802,314.99
合 计	60,658,781.20

(四)、分行业资料

本公司业务均属建材行业,故分行业资料从略。

(五)、母公司会计报表主要项目注释

(六)、关联方关系及其交易

(七)、或有事项

截止2000年12月31日,本公司不存在应披露而未披露的或有事项。

(八)、承诺事项

截止2000年12月31日,本公司不存在应披露而未披露的承诺事项。

(九)、资产负债表日后事项中的非调整事项

截止2000年12月31日,本公司不存在应披露而未披露的资产负债表日后事项中的非调整事项。

(十)、其他重要事项

1、根据财税字[1999]290号文的规定及赣地税字[2001]20号文江西省地方税务局关于江西万年青水泥股份有限公司技术改造国产设备投资抵免企业所得税的批复,本公司一号窑技术改造项目符合国家产业政策,江西省地方税务局已批复同意本公司享受国产设备投资抵免企业所得税的优惠政策。

2、根据公司第二届第二次董事会预案,以2000年12月31日股本34050万股为基数,每10股派发现金1.25元(含税),共计派发现金股利42,562,500.00元,该分配方案待公司股东大会通过后实施。

九、公司的其他有关资料

1. 公司首次注册登记日期:1997年9月5日

公司注册地点:江西省工商行政管理局

2. 企业法人营业执照注册号:3600001131177

3. 税务登记号码:362331158311773

4. 公司未流通股票的托管机构名称:深圳证券登记有限公司

5. 公司报告期内证券主承销商名称:国泰君安证券有限责任公司

6. 公司聘请的会计师事务所

名称:江西恒信会计师事务所有限公司

办公地址:江西省南昌市叠山路246号

十、备查文件目录

1.载有法定代表人、财务总监、会计主管人员亲笔签字并盖章的财务报表。

2.载有江西恒信会计师事务所有限公司盖章、注册会计师签名并盖章的审计报告正本。

3. 报告期内在中国证监会指定报纸上公开披露过的所有公司文件的正文及公告原稿。

江西万年青水泥股份有限公司董事会

二00一年三月九日

成都华神集团股份有限公司

一、公司简介

1、公司的法定中文名称：成都华神集团股份有限公司
公司的法定英文名称：CHENGDU HOIST INC.,LTD.
英文名称缩写：HOIST INC.
2、公司法定代表人：彭旭东先生
3、公司董事会秘书：蒋志勇先生
股权事务授权代表：王天祥先生
联系地址：四川省成都市十二桥路37号新1号
华神科技大厦A座6楼
联系电话：(028)7739541　7786760　传真：(028)7778104
4、公司注册地址：四川省成都市十二桥路37号新1号
5、公司办公地址：四川省成都市十二桥路37号新1号华神科技大厦A座6楼
邮政编码：610075
公司国际互联网网址：http:www.china-hoist.com
公司电子信箱：hoistin @ public.cd.sc.cn
5、公司选定的信息披露报纸名称：《证券时报》
中国证监会指定的登载公司年度报告的国际互联网网址：
公司年度报告备置地点：华神科技大厦A座6楼公司证券部
6、公司股票上市交易所：中国深圳证券交易所
股票简称：华神集团　股票代码：0790

二、会计数据和业务数据摘要

1、公司2000年度主要会计数据　单位：元

利润总额：	29,781,659.00
净利润：	24,612,761.31
主营业务利润：	67,305,036.86
投资收益：	-1,106,052.68
营业外收支净额：	-39,092.81
经营活动产生的现金流量净额：	15,765,842.38
现金及现金等价物净增加额：	4,634,957.69

2、公司截止2000年末前三年的主要会计数据和财务指标

指标项目	2000年度	1999年度 调整前	1999年度 调整后	1998年度	2000年比1999年增减(%)
主营业务收入(元)	179,167,351.09	143,585,066.53	157,685,115.36	157,685,115.36	24.78
净利润(元)	24,612,761.31	21,980,091.72	33,839,162.25	33,294,648.23	11.98
总资产(元)	438,697,450.48	370,360,331.41	312,320,721.94	310,451,234.63	18.45
股东权益(元)(不含少数股东权益)	245,533,081.15	220,920,319.84	210,021,983.39	208,444,228.12	11.14
每股收益(元)(按净利润全面摊薄计算)	0.31	0.278	0.51	0.504	11.51
每股收益(元)(按净利润加权平均计算)	0.31	0.278	0.51	0.504	11.51
扣除非常性损益后的每股收益(全面摊薄)	0.31	0.278	0.51	0.504	11.51
扣除非常性损益后的每股收益(加权平均)	0.31	0.278	0.51	0.504	11.51
每股净资产(元)	3.10	2.79	3.18	3.16	11.11
调整后的每股净资产(元)	3.05	2.75	3.08	3.06	10.91
每股经营活动产生的现金流量净额(元)	0.20	0.17	0.85	0.85	17.65
净资产收益率等(%)(按净利润全面摊薄计算)	10.02	9.95	16.11	15.97	0.70
净资产收益率等(%)(按净利润加权平均计算)	10.55	10.02	16.95	16.70	5.29

按照中国证监会《公开发行证券公司信息披露编报规则(第9号)》要求计算2000年报告期利润的净资产收益率和每股收益。

报告期利润		净资产权益率(%) 全面摊薄	净资产权益率(%) 加权平均	每股权益(元) 全面摊薄	每股权益(元) 加权平均
主营业务利润	67,305,036.86	27.41	28.86	0.85	0.85
营业利润	30,926,804.49	12.60	13.26	0.39	0.39
净利润	24,612,761.31	10.02	10.55	0.31	0.31
扣除非经常损益后的净利润	24,612,761.31	10.02	10.55	0.31	0.31

三、股东情况介绍

1、2000年末股东总数为11798人，无内部职工股和公司职工股。
2、持有本公司5%以上(含5%)股份的股东名称及前10名股东持股情况

序号	股东名称	所持股份数(万股)	占股本比例(%)
1	四川华神集团股份有限公司	2880	36.36
2	海南民丰科技实业开发公司	1537.2	19.41
3	成都君众实业有限责任公司	600	7.58
4	深圳好亦特贸易有限责任公司	540	6.82
5	成都长华置业有限责任公司	322.8	4.08
6	毛炳华	286.773	3.62
7	孟景兵	26	0.328
8	沙捍忠	20.02	0.252
9	阮炎中	19.535	0.247
10	方水坚	18.99	0.24

注：1)在报告期内，持股5%(含5%)以上的法人股东所持股份未有变动。

西北永新化工股份有限公司

公司简介

1、公司法定名称：
中文名称：西北永新化工股份有限公司
英文名称：NORTHWEST YONGXIN CHEMICAL INDUSTRY CO,LTD
2、公司法定代表人：杨德茂
3、公司董事会秘书：曹忆峰　公司股权事务代表：王志哲
联系地址：甘肃省兰州市东岗东路1205号
联系电话：0931-8497111转361　传　真：0931-8497112
4、公司注册地址：甘肃省兰州市东岗东路1205号
公司办公地址：甘肃省兰州市东岗东路1205号
公司电子信箱：yongxin@public.lz.gs.cn　邮政编码：730020
5、公司信息披露报纸：《证券时报》
公司信息披露网址：http://www.cninfo.com.cn
公司年度报告备置地点：公司证券部
6、公司股票上市地：深圳证券交易所
公司股票简称：西北化工　公司股票代码：0791

会计数据和业务数据摘要

一、公司本年度主要财务指标
1、利润总额：31,677,537.03元
2、净利润：27,988,404.90元
3、扣除非经营性损益后的净利润：18,434,803.61元
4、主营业务利润：22,923,462.72元
5、其他业务利润：-112,897.39元
6、营业利润：22,123,935.74元
7、投资收益：7,083,322.82元
8、补贴收入：1,700,000.00元
9、营业外收支净额：770,278.47元
10、经营活动产生的现金流量净额：44,122,815.34元
11、现金及现金等价物净增加额：75,803,933.49元

注：扣除非经营性损益的项目为投资收益7,083,322.82元，补贴收入1,700,000.00元，营业外收支净额770,278.47元。

补贴收入1,700,000.00元是公司水性涂料系列产品开发项目的财政补贴。

二、截止报告期末公司前三年的主要会计数据和财务指标

项　目	单位	2000年	1999年	1998年
主营业务收入	元	100,030,245.73	93,450,789.46	116,533,114.34
净利润	元	27,988,404.90	3,554,536.23	1,390,688.95
总资产	元	549,253,835.21	436,236,013.93	477,941,212.43
股东权益	元	367,804,133.35	340,133,203.94	334,417,542.89
每股收益(摊薄)	元	0.148	0.019	0.0074
每股收益(加权)	元	0.148	0.019	0.0074
每股收益(扣除非经营性损益)	元	0.098	-0.041	
每股净资产	元	1.946	1.80	1.769
调整后的每股净资产	元	1.943	1.77	1.769
每股经营活动产生的现金流量净额	元	0.233	-0.059	
净资产收益率	%	7.61	1.05	0.416

注：主要财务指标计算方法：
1、每股收益=净利润/年度末普通股股份总数；
2、每股净资产=年度末股东权益/年度末普通股股份总数；
3、调整后的每股净资产=(年度末股东权益-三年以上的应收款项净额-待摊费用-待处理(流动、固定)资产净损失-开办费-长期待摊费用-住房周转金负数余额)/年度末普通股股份总数；
4、净资产收益率=净利润/年度末股东权益×100%；

按照中国证监会《公开发行证券公司信息披露编报规则(第9号)》要求计算净资产收益率、每股收益：

报告期利润	净资产收益率(%) 全面摊薄 2000年	全面摊薄 1999年	加权平均 2000年	加权平均 1999年	每股收益(元) 全面摊薄 2000年	全面摊薄 1999年	加权平均 2000年	加权平均 1999年
主营业务利润	6.23	5.08	6.47	5.14	0.121	0.091	0.121	0.091
营业利润	6.02	-2.26	6.25	-2.28	0.117	-0.041	0.117	-0.041
净利润	7.61	1.05	7.90	1.06	0.148	0.019	0.148	0.019
扣除非经营性损益后的净利润	5.01	-2.26	5.21	-2.28	0.098	-0.041	0.098	-0.041

三、报告期内股东权益变动情况

项目	股本	资本公积	盈余公积	法定公益金	未分配利润	股东权益合计
期初数	189000000	163846839.00	1,308,339.09	436,113.03	-14,021,974.15	340,133,203.94
本期增		2,771.98	4,198,260.74	1,399,420.25	23,790,144.16	27,670,929.41
本期减少		320,247.47				
期末数	189000000	163529363.51	5,506,599.83	1,835,533.28	9,768,170.01	367,804,133.35

股本变动及股东情况介绍

㈠截止2000年12月31日，公司股东总数为24907户，其中公司高管人员股东8户。
㈡主要股东持股情况
前十名大股东持股情况表　单位：股

序号	股东全称	持股数量	占总股本的%	股份性质
1	西北油漆厂	109800000	58.09	国有法人股
2	兴安证券投资基金	579580	0.31	社会流通股
3	张文敏	475000	0.25	社会流通股
4	周厚华	457080	0.24	社会流通股
5	郭风连	420236	0.22	社会流通股
6	金鑫证券投资基金	329700	0.17	社会流通股
7	李旭华	328744	0.17	社会流通股
8	许巧萍	302701	0.16	社会流通股
9	朱丰伟	292420	0.15	社会流通股
10	刘希山	291910	0.15	社会流通股

青海盐湖钾肥股份有限公司

一、公司简介

1、公司的法定中、英文名称及缩写
公司中文名称：青海盐湖钾肥股份有限公司
公司英文名称：QINGHAI SALT LAKE POTASH CO.,LTD.
2、公司法定代表人：安平绥
3、公司董事会秘书及其授权代表的姓名、联系地址、电话、传真、电子信箱：
公司董事会秘书：吴文好
公司授权代表： 加金才
联系地址：青海省格尔木市黄河路1号
联系电话：(0979)448121 448123 传 真：(0979)417445
电子信箱：YHJF0792@SINA.COM
4、公司注册地址，公司办公地址及其邮政编码，公司国际互联网网址、电子信箱。
公司注册地址：青海省格尔木市察尔汗
公司办公地址：青海省格尔木市察尔汗 邮政编码：816005
公司电子信箱：YHJF0792@SINA.COM
5、公司选定的信息披露报纸名称，登载公司年度报告的中国证监会指定国际互联网网址，公司年度报告备置地点。
公司选定的信息披露报纸名称：证券时报
登载公司年度报告的中国证监会指定国际互联网网址：http://www.cninfo.com.cn
公司年度报告备置地点：青海省格尔木市青海盐湖钾肥股份有限公司证券部
6、公司股票上市交易所、股票简称和股票代码
公司股票上市交易所：深圳证券交易所
股票简称：盐湖钾肥 股票代码：0792

二、会计数据和业务数据摘要

1、公司本年度主要利润指标情况 单位：元

1、利润总额	79,080,429.06
2、净利润	68,799,973.28
3、扣除非经常性损益后的净利润	68,876,482.66
4、主营业务利润	86,488,125.75
5、其他业务利润	8,559,069.71
6、营业利润	61,405,231.96
7、投资收益	—
8、补贴收入	17,751,706.48
9、营业外收支净额	(76,509.38)
10、经营活动产生的现金流量净额	(548,973.22)
11、现金及现金等价物净增加额	(86,796,372.67)

2、公司近三年主要会计数据和财务指标 单位：元

指标	2000.12.31	1999.12.31	1998.12.31
主营业务收入	229,127,741.59	217,363,665.90	181,262,416.91
净利润	68,799,973.28	63,401,537.27	48,082,372.00
总资产	882,064,499.94	842,918,672.86	737,527,891.36
股东权益(不含少数股东权益)	634,843,159.20	625,672,685.92	430,730,001.56
每股收益(元/股)	0.3115	0.287	0.2404
每股净资产(元/股)	2.87	2.833	2.1537
净资产收益率(%)	10.84	10.13	11.16
调整后的每股净资产	2.8166	2.4667	2.14
每股经营活动产生的现金流量净额	-0.002486	0.4886	

2、报告期内股东权益变动情况 单位：元

项目	期初数	本期增加	本期减少	期末数	变动原因
股本	220,850,000.00	—	—	220,850,000.00	
资本公积	337,072,032.32	—	—	337,072,032.32	
盈余公积	23,560,208.03	6,879,997.33	—	33,880,204.02	提取10%盈余
公积法定公积金	7,853,402.68	3,439,998.66	—	11,293,401.34	提取5%公益金
未分配利润	44,190,445.57	68,799,973.28	69,949,495.99	43,040,922.86	盈利及分配利润
股东权益合计	625,672,685.92	9,170,473.28	—	634,843,159.20	经营积累

三、股本变动及股东情况

1、股本变动情况
(1)股份变动情况表(单位：人民币元)数量单位：股 每股面值：1元

	本次变动前	本次变动增减(+,-) 配股	送股	公积金转股	其他	小计	本次变动后
一、未上市流通股份							
1、发起人股份	155,850,000						155,850,000
其中：国家持有股份	135,850,000						135,850,000
境内法人持有股份	20,000,000						20,000,000
未上市流通股份合计	155,850,000						155,850,000
二、已上市流通股份							
1、人民币普通股	65,000,000						65,000,000
2、已上市流通股份合计	65,000,000						65,000,000
三、股份总数	220,850,000						220,850,000

2、股东持股情况介绍 (1)报告期末股东总数为34,736户。
(2)持有本公司5%以上股份的股东情况
截止2000年12月31日止公司前10名股东持股情况

序号	股东名称	期末股数(万股)	占总股本的比例(%)
1	青海盐湖工业集团有限公司	13,585	61.512
2	北京华北电力实业总公司	1,000	4.528
3	安信证券投资基金	385.297	1.745
4	中国农业生产资料成都公司	300	1.358
5	中国科学院青海盐湖研究所	200	0.9056
6	湖北东方农化中心	200	0.9056
7	安顺证券投资基金	188.468	0.8534
8	化工部连云港设计研究院	150	0.6791
9	化工部长沙设计研究院	150	0.6791
10	周家菊	60.886	0.2757

海南民生燃气(集团)股份有限公司

一、公司简介

1、公司名称
公司法定中文名称：海南民生燃气(集团)股份有限公司
公司法定英文名称：Hainan Minsheng Gas Corporation
2、公司法定代表人：朱德华
3、公司董事会秘书：汪方怀 董事会证券事务代表：金日
联系地址：海南省海口市海甸四东路民生大厦七楼
电 话：0898-6254650 6270066-9718 传真：0898-6254650 6255636
电子信箱：ranqigufen@263.net
4、公司注册地址及办公地址：海南省海口市海甸四东路民生大厦
邮政编码：570208 公司国际互联网网址：http://www.ranqigufen.com
电子信箱：rqgf@ranqigufen.com
5、公司选定的信息披露报纸名称：《中国证券报》、《证券时报》
登载公司年度报告的指定网址：http://www.cninfo.com.cn
公司年度报告备置地点：公司董事会秘书处
6、公司股票上市交易所：深圳证券交易所
股票简称：燃气股份 股票代码：0793

二、会计数据和业务数据摘要

1、本年度主要会计数据(单位：元)

利润总额	95,695,472.48
净利润	99,069,772.57
扣除非经常性损益后的净利润	83,263,237.28
主营业务利润	127,152,391.64
其他业务利润	288,101.93
营业利润	70,457,153.99
投资收益	24,335,254.51
补贴收入	1,378,910.98
营业外收支净额	-475,847.00
经营活动产生的现金流量净额	39,876,829.70
现金及现金等价物净增加额	505,604,319.13

注：扣除的非经常性损益项目为转让深圳桑夏民生科技有限公司股权获得的投资净收益13,038,218.42元，转让海南桑夏环球网络信息有限公司股权获得的投资净收益2,768,316.87元。

2、截至报告期末公司前三年的主要会计数据和财务指标

指标项目	2000年度	1999年度	1998年度 调整后	1998年度 调整前
主营业务收入(元)	239,047,927.99	173,306,423.95	246,639,999.92	246,639,999.92
净利润(元)	99,069,772.57	45,887,501.69	47,640,905.57	61,889,160.76
总资产(元)	1,855,271,965.24	1,040,282,423.40	760,141,684.73	776,469,714.53
股东权益(不含少数股东权益)(元)	1,056,108,182.66	621,455,356.46	575,443,745.77	591,771,557.57
每股收益(元/股)	0.34	0.18	0.19	0.24
按月加权平均的每股收益(元/股)	0.355	0.18	0.19	0.34
扣除非经常性损益后的每股收益(元/股)	0.29	0.06	0.16	0.23
每股净资产(元/股)	3.62	2.45	2.27	2.33
调整后的每股净资产(元/股)	3.54	2.30	2.24	2.31
每股经营活动产生的现金流量净额(元)	0.14	-0.79		
净资产收益率(%)	9.38	7.38	8.28	10.46

3、按照中国证监会《公开发行证券公司信息披露编报规则第9号——净资产收益率和每股收益的计算及披露》要求计算的利润表附表

	报告期利润(元)	净资产收益率(%) 全面摊薄	净资产收益率(%) 加权平均	每股收益(元/股) 全面摊薄	每股收益(元/股) 加权平均
主营业务利润	127,152,391.64	12.04	14.46	0.44	0.46
营业利润	70,457,153.99	6.67	8.01	0.24	0.25
净利润	99,069,772.57	9.38	11.27	0.34	0.36
扣除非经常性损益后的净利润	83,263,237.28	7.88	8.40	0.29	0.30

三、股本变动及股东情况

1、报告期末股东总数。
截止2000年12月31日，本公司股东总数为86,476户。
2、公司前十名股东持股情况(截止2000年12月31日)

序号	股东名称	期末数(股)	占总股本比例(%)
1	海口市煤气管理总公司	54,250,000	18.62
2	中国华闻事业发展总公司	32,021,982	10.99
3	广联(南宁)投资股份有限公司	24,650,000	8.46
4	南宁管道燃气有限责任公司	8,350,000	2.87
5	海口市煤气综合开发公司	3,100,000	1.06
6	海南立森实业公司	2,667,426	0.92
7	王渝	684,300	0.23
8	海南椰海实业开发公司	600,000	0.21
9	海南电南实业发展总公司	500,000	0.17
10	北京云曦经贸公司	500,000	0.17

注：1 报告期内，本公司前十名股东变化的原因是公司原法人股东转让、受让法人股所致。

2 海口市煤气管理总公司持有海口市煤气综合开发公司100%的股份，此两家股东均代表海口市政府持有本公司股份；中国华闻事业发展总公司持有广联(南宁)投资股份有限公司6.98%的股份。

3 海口市煤气管理总公司将其持有本公司股份46,000,000股用于向工商银行海南省分行借款作质押担保(其中23,000,000股于2001年2月解冻)；中国华闻事业发展总公司将其持有本公司股份32,021,982股用于向广东发展银行北京分行借款作质押担保；广联(南宁)投资股份有限公司将其持有本公司股份24,650,000股用于向广东发展银行北京分行亚运村支行借款作质押担保；南宁管道燃气股份有限公司将其持有本公司股份835万股用于向中国银行海南省分行借款作质押担

太原双塔刚玉股份有限公司

一、公司简介

1、公司法定名称:
中文:太原双塔刚玉股份有限公司
英文:TAIYUAN TWIN TOWER ALUMINUM /#OXIDE CO,LTD.
2、公司法定代表人:程明远
3、公司董事会秘书:张晓东
公司证券事务代表:周玉旺
联系地址:太原市并州北路 168 号
太原双塔刚玉股份有限公司董事会秘书处
电话:(0351)4930822
传真:(0351)4930832
邮编:030012
电子信箱:tygydmc@public.ty.sx.cn
4、公司注册地址:山西省太原市郝庄正街 62 号
邮政编码:030045
公司办公地址:山西省太原市并州北路 168 号
邮政编码:030012
公司国际互联网网址:www.twin-tower.com
公司电子信箱:tyao @public.ty.sx.cn
5、公司选定的信息披露报纸:《中国证券报》和《证券时报》
登载公司年度报告的国际互联网网址:http://www.cninfo.com.cn
公司年度报告备置地点:公司董事会秘书处
6、公司股票上市交易所:深圳证券交易所
股票简称:太原刚玉
股票代码:0795

二、会计数据和业务数据摘要

1、本年度主要利润指标情况(单位:人民币元)
利润总额: 29,756,369.73
净利润: 25,770,576.20
扣除非经常性损益后的净利润:
23,110,210.98
主营业务利润: 55,366,236.04
营业利润: 27,042,726.14
投资收益: 3,970,804.64
补贴收入: 460,000.00
营业外收支净额: -1,717,161.05
经营活动产生的现金流量净额:
-19,902,090.70
现金及现金等价物净增加额:
183,232,946.83

2、截止报告期末公司前三年主要会计数据和财务指标
(1)主要会计数据和财务指标:

项目	2000 年	1999 年	1998 年 调整前	1998 年 调整后
主营业务收入(元)	214,789,943.30	238,119,680.00	237,633,661.46	237,633,661.46
净利润(元)	25,770,576.20	49,772,218.08	56,052,250.06	54,085,479.21
总资产(元)	1,141,306,227.29	875,710,800.69	749,749,445.48	747,090,460.25
股东权益(元)	792,737,692.49	544,224,062.27	504,860,829.42	494,451,844.19
每股收益(元/股)	0.0931	0.201	0.362	0.349
加权平均每股收益(元/股)	0.1010	0.238	0.362	0.349
扣除非经常性损益后的每股收益(元/股)	0.0835	0.174	0.292	0.292
每股净资产(元/股)	2.864	2.194	3.26	3.19
调整后的每股净资产(元/股)	2.863	2.189	3.25	3.18
每股经营活动产生的现金流量净额	-0.0719	0.073	0.025	0.025
净资产收益率%	3.25	9.15	11.10	10.94

(2)根据中国证监会《公开发行证券公司信息披露细则(第 9 号)》要求计算的利润数据如下:

报告期利润	净资产收益率(%) 全面摊薄	净资产收益率(%) 加权平均	每股收益(元/股) 全面摊薄	每股收益(元/股) 加权平均
主营业务利润	6.98	9.04	0.2000	0.2170
营业利润	3.41	4.41	0.0977	0.1060
净利润	3.25	4.21	0.0931	0.1010
扣除非经常性损益后的净利润	2.92	3.77	0.0835	0.0906

三、股本变动及股东情况

1、截止报告期末,公司股东总数为 56809 户。
2、持有本公司 5%以上股份的股东有太原双塔刚玉(集团)有限公司和太原东山煤矿有限责任公司,本年度内因实施"2000 年增资配股方案",太原双塔刚玉(集团)有限公司参与配售 240 万股,年末持有本公司股份 11304 万股,占股份总额的 40.84%,太原东山煤矿有限责任公司未参与本次配股,年末持有本公司股份仍为 4936 万股,占股份总额的 17.83%,年度内未发生质押情况。
3、公司前十名股东持股情况

股东名称	年末持股数	持股比例(%)
(1)太原双塔刚玉(集团)有限公司	113040000	40.84%
(2)太原东山煤矿有限责任公司	49360000	17.83%
(3)深圳市创新科技投资有限公司	726000	0.26%
(4)贾楠安	380000	0.14%
(5)张红涛	265000	0.10%
(6)戴青青	250000	0.09%
(7)薛尔康	240000	0.09%
(8)中国南山开发股份有限公司	222400	0.08%
(9)曲东伟	197340	0.07%
(10)中国石油兰州化学工业公司	191418	0.07%

前十名股东之间不存在关联关系。

宝鸡商场(集团)股份有限公司

一、公司简介

1、公司名称:宝鸡商场(集团)股份有限公司
英文名称:BaoJi department store(group)Co.,Ltd
2、法定代表人:魏存功
3、董事会秘书:董启怀　　证券事务代表:刘竣
联系地址:陕西省宝鸡市经二路 114 号
电　　话:0917-3215282　　传　　真:0917-3215282
4、公司注册地址:陕西省宝鸡市高新开发区峪泉路 10 号
邮政编码:721000
公司电子信箱:Bsjt001@public.xa.sn.cn　　公司网址:Http://www.bsjt.net
5、公司选定信息披露报纸:《中国证券报》、《证券时报》
年度报告备置地点:本公司证券部
登载公司年度报告的中国证监会指定国际互联网网址:
Http://www.cninfo.com.cn
6、上市地点:深圳证券交易所
股票简称:宝商集团　　股票代码:0796

二、会计数据和业务数据摘要

1、本年度主要利润指标情况
利润总额 54,992,636.93 元
净利润 46,110,143.73 元
扣除非经常性损益后的净利润 45,881,903.50 元
主营业务利润 78,448,406.99 元
其他业务利润 15,330,980.71 元
营业利润 53,015,181.54 元
经营活动产生的现金流量净额 -101,378,983.71 元
现金及现金等价物净增加额 5,647,366.76 元
注:扣除非经常性损益项目和涉外金额
处理固定资产净收益: 228,240.23 元
以上项目涉及金额: 228,240.23 元

2、主要财务指标　　单位:元

指　　标	2000 年	1999 年	1998 年 调整后	1998 年 调整前
(1)主营业务收入	822,850,703.48	719,340,483.58	901,384,103.77	901,384,103.77
(2)净利润	46,110,143.73	40,991,166.10	53,237,377.01	53,039,496.00
(3)总资产	1,037,805,240.51	810,726,663.48	869,827,025.77	72,730,028.61
(4)股东权益	629,960,440.61	411,900,749.66	370,907,621.17	373,810,624.01
(5)每股收益	0.345	0.351	0.712	0.709
(6)每股净资产	4.714	3.53	4.962	5.001
(7)扣除非经常性损益的每股收益	0.343	0.351	0.712	0.709
(8)调整后的每股净资产	4.71	3.521	4.949	4.999
(9)每股经营活动产生的现金流量净额	-0.758	-0.358	-0.472	-0.472
(10)净资产收益率%	7.31	9.95	14.35	14.19

注:(1)其中 2000 年度总股本按 13361.8293 万股计算,1999 年度总股本按 11660 .1937 万股计算,1998 年度总股本按 7474.4832 万股计算。
(2)财务指标计算公式如下:
每股收益=净利润/年度末普通股股份总数
每股净资产=年度末股东权益/年度末股份总数
净资产收益率=净利润/年度末股东权益×100%

三、股本变动及股东情况

1、股本变动情况:
(1)股份变动情况表　　(单位:万股)

	期初数	本次变动增减(+、-) 配　股	送股	公积金转增	内部职工股上市	小计	期末数
一、尚未流通股份							
1、发起人股份							
其中:国家拥有股份	1156.8211	185.3880				185.3880	1342.2091
2、募集法人股	2396.1600	225.6000				225.6000	2621.7600
3、内部职工股	2491.2126	390.6476			-2881.8602	-2881.8602	0
尚未流通股份合计	6044.1937	801.6356			-2881.8602	-2881.8602	3963.9691
二　、已流通股份							
1、境内上市的人民币普通股	5616.0000	900.0000			2881.8602	2881.8602	9397.8602
其中:高管人员持股	10.0432	1.6083				1.6083	11.6515
已流通股份合计	5616.0000	900.0000			2881.8602	2881.8602	9397.8602
三、股份总数	11660.1937	1701.6356					13361.8293

2、股东情况介绍:
(1)截止 2000 年 12 月 31 日本公司股东总户数为 29425 户。
(2)前十名股东的持股情况:

股东名称	持股数量(股)	所占比例(%)
1、宝鸡市国有资产管理局	13,422,091	10.04
2、陕西省宝鸡卷烟厂	11,468,160	8.58
3、包头市北普实业有限公司	5,616,000	4.20
4、宝鸡市大众投资有限责任公司	4,865,280	3.64
5、包头明天科技实业有限公司	4,268,160	3.19
6、深圳市南方财务顾问有限公司	1,898,657	1.42
7、陕西证券有限公司土门营业部	1,237,500	0.92
8、陕西证券有限公司	1,208,164	0.90
9、深圳市南方财务顾问有限公司	909,621	0.68
10、毛权民	576,183	0.43

中国武夷实业股份有限公司

一、公司简介

1.公司法定中文名称:中国武夷实业股份有限公司
公司英文名称:CHINA WUYI CO.,LTD.
2. 公司法定代表人:沈继武
3.公司董事会秘书及授权代表:林金铸、陈鸿亮
联系地址:福建省福州市东街33号武夷中心22层股证部
联系电话:0591-7510668　　传真:0591-7603158
电子信箱 Email:cwy_d@fiec.com
4.公司注册地址:福建省福州市北大路240号
公司办公地址:福建省福州市东街33号武夷中心22层　　邮政编码:350001
公司电子信箱 Email:cwy_@fiec.com
公司互联网网址:http://www.chinawuyi.com
公司年度报告备置地点:公司股证部
5.公司选定的信息披露报纸名称为:《证券时报》、《中国证券报》
登载公司年度报告的中国证监会指定国际互联网网址:http://www.cninfo.com.cn
6.公司股票上市地:深圳证券交易所
股票简称:中国武夷　　股票代码:0797

二、会计数据与业务数据摘要

1.公司本年度实现利润总额124,494,233.60元,净利润78,980,380.97元,扣除非经常性损益后的净利润78,980,380.97元,主营业务利润154,859,386.01元,其他业务利润22,405,185.64元,营业利润62,879,370.90元,投资收益61,255,813.14元,补贴收入170,620.08元,营业外收支净额188,429.48元,经营活动产生的现金流量净额61,119,688.54元,现金及现金等价物净增加额204,293,002.00元。

2.截止报告期末公司前三年的主要会计数据和财务指标:(单位:元)

指标 项目	2000年度	1999年度 调整后	 调整前
主营业务收入	840,655,299.11	765,524,104.87	737,824,237.87
净利润	78,980,380.97	111,252,658.70	111,922,339.55
总资产	3,148,654,857.96	2,774,397,340.13	2,723,597,593.45
股东权益	1,251,711,638.63	1,032,718,891.28	1,061,972,886.53
每股收益	0.203	0.31	0.311
扣除非经常性损益后每股收益	0.203	0.30	0.30
每股净资产	3.21	2.87	2.95
调整后的每股净资产	3.18	2.83	2.91
每股经营活动产生的现金流量净额	0.157	0.80	0.80
净资产收益率(%)	6.31	10.80	10.54

4.报告期内股东权益变动情况(单位:元)

项目	股本	资本公积	盈余公积	法定公益金	未分配利润	股东权益合计
期初数	359,422,440.00	558,909,134.59	28,456,497	.8322,765,198.25	93,064,285.82	1,021,762,034.52
本期增加	30,030,000	187,970,000	8,335,433.17	6,668,346.53	63,976,601.27	296,980,380.97
本期减少					107,142,302.42	107,142,302.42
期末数	389,452,440.00	746,879,134.59	36,791,931.00	29,433,544.78	49,898,584.67	1,251,637,964.62

变动原因:股本、资本公积本期增加系2000年实施配股所致;盈余公积、法定公益金本期增加系2000年实现净利润按10%及8%提取后所致。

未分配利润本期增加系本年度实现净利润提取法定公积金及公益金后的余额,本期减少数系:1.2000年利润分配预案;2.根据财政部财企[2000] 295号和财企[2000]878号文件规定,将公司现有住房周转金余额2858万元做调整期初未分配利润处理,经股东大会批准后进行帐务处理。

三、股本变动及股东情况

1.股本变动情况

(1) 股本变动情况表　　数量单位:万股

	期初数	本期变动增减(+-) 配股	送股	公积金转股	增发	其他	小计	期末数
一、尚未流通股								
1、发起人股份	25,932.244	/	/	/	/	/	/	25,932.244
其中:国家拥有股份	25,932.244	/	/	/	/	/	/	25,932.244
尚未流通股合计	25,932.244	/	/	/	/	/	/	25,932.244
二、已流通股份								
1、境内上市的人民币普通股	10,010.00	3,003	/	/	/	/	3,003	13,013.00
已流通股合计	10,010.00	3,003	/	/	/	/	3,003	13,013.00
三、股份总数	35,942.244	3,003	/	/	/	/	3,003	38,945.244

2.股东情况介绍

(1) 截至2000年12月31日,公司股东总数为85586户,其中国家股股东1户,流通股股东85585户。

(2) 公司前十名股东持股情况:

名次	名称	持股数(股)	占总股本比例(%)
1	福建建工集团总公司	259,322,440	66.59
2	夏建全	355,597	0.09
3	张沙	322,908	0.08
4	姚一清	320,000	0.08
5	黄明英	263,597	0.07
6	陈燕	220,360	0.06
7	普丰证券投资基金	218,180	0.06
8	李晓娟	191,000	0.05
9	王殿娟	160,000	0.04
10	刘荣	150,000	0.04

中水集团远洋股份有限公司

(一)、公司简介

一、公司法定中文名称:中水集团远洋股份有限公司
英文名称:CNFC OVERSEAS FISHERY CO.,LTD　　公司英文名称缩写:COFC
二、公司法定代表人:刘身利
三、公司董事会秘书:陈明　　授权代表:吕慧玲
联系地址:北京市西单民丰胡同31号中水大厦613室
联系电话:(010)88067461　　传真:(010)88067463　　电子信箱:cofc@8848.net
四、公司注册地址:北京市西城区金融街23号
公司办公地址:北京市西单民丰胡同31号中水大厦6层　　邮政编码:100032
五、公司选定的信息披露报刊为:《中国证券报》和《证券时报》;
登载公司年度报告的中国证监会指定国际互联网网址:http://www.cninfo.com.cn
公司年度报告备置地点:北京市西单民丰胡同31号中水大厦613室
六、公司股票上市地:深圳证券交易所
股票简称:中水渔业　　股票代码:0798

(二)会计数据和业务数据摘要

一、公司本年度利润总额及其构成　　(单位:元)

利润总额	60,366,336
净利润	61,520,558
扣除非经常性损益后的净利润	61,520,558
主营业务利润	85,107,925
其它业务利润	5,450,664
投资收益	-823,352
补贴收入	1,385,059
营业外收支净额	2,356,273
经营活动产生的现金流量净额	130,264,827
现金及现金等价物净增加值	51,334,006

二、截止1999年末公司前三年的主要会计数据和财务指标(单位:元)

主要财务指标	2000年度	1999年度	1998年度 调整前	 调整后
主营业务收入	329,293,609	402,401,076	730,277,921	730,277,921
净利润	61,520,558	86,843,112	93,156,631	94,945,183
总资产	1,094,380,982	1,099,267,504	1,139,724,459	1,141,513,010
股东权益	958,621,607	922,301,048	919,426,428	921,214,979
每股收益	0.24	0.34	0.37	0.38
扣除非经常性损益后的每股收益	0.24	0.34	—	—
每股净资产	3.80	3.66	3.65	3.66
调整后每股净资产	3.77	3.62	3.63	3.64
每股经营活动产生的现金流量净额	0.52	0.24	—	—
净资产收益率(%)	6.41	9.42	10.13	10.31

三、利润表附表

	净资产收益率(%) 全面摊薄	 加权平均	每股收益(元/股) 全面摊薄	 加权平均
主营业务利润	8.88	8.93	0.34	0.34
营业利润	5.99	6.23	0.23	0.23
净利润	6.41	6.46	0.24	0.24
扣除非经常性损益后的净利润	6.20	6.23	0.24	0.24

注:上表中计算公式如下:
每股收益=净利润÷期末股份总数
每股净资产=期末股东权益÷期末股份总数

四、报告期内股东权益变动情况(单位:元)

项目	股本	资本公积金	盈余公积金	法定公益金	未分配利润	合计
期初数	252,000,000	462,500,551	43,765,348	14,588,449	164,035,149	922,301,048
本期增加			9,228,084	3,076,028	52,292,475	61,520,558
本期减少					25,200,000	25,200,000
期末数	252,000,000	462,500,551	52,993,432	17,664,477	191,127,624	958,621,607

注1:年度内股本和资本公积金未发生变动。
注2:年度内盈余公积、法定公益金增加系公司本年度实现净利润61,520,558元,分别按10%和5%的比例计提法定公积金、法定公益金所致。
注3:年度内未分配利润增加系本年度实现利润及利润分配余额所致。

(三)股本变动及股东情况

一、报告期末股东总数为34503户。
二、持有本公司5%以上(含5%)股份的股东为:

股东名称	持股数(股)	占总股本(%)
中国水产(集团)总公司	64260000	25.50
中国水产烟台海洋渔业公司	62370000	24.75
中国水产舟山海洋渔业公司	62370000	24.75
海南华糖有限公司	750820	0.30
何仲文	490000	0.19
耿汝明	320000	0.13
张加孟	280000	0.11
张振龙	280000	0.11
葛跃	200000	0.08
耿汝明	180000	0.07

前10名股东中,法人股东中国水产烟台海洋渔业公司和中国水产舟山海洋渔业公司是法人股东中国水产(集团)总公司的全资子公司。其所持有的股份在报告期内均无质押、冻结情况。

三、持股10%(含10%)以上的法人股东:

法人股东	法定代表人	经营范围
中国水产(集团)总公司	刘身利	水产品捕捞、加工、储运、购销、进出口等
中国水产烟台海洋渔业公司	刘智义	水产品捕捞、加工、储运、购销、进出口等
中国水产舟山海洋渔业公司	白元武	水产品捕捞、加工、储运、购销、进出口等

四、报告期内控股股东无变更情况。

湖南酒鬼酒股份有限公司

一、公司简介

(一)公司法定名称:湖南酒鬼酒股份有限公司
公司英文名称:Hunan JiuGuiJiu Company Limited 公司英文简称:JGJC
(二)公司法定代表人:田家贵
(三)公司董事会秘书:曹宏杰
公司证券事务代表:李文生
公司联系电话:(0743)8312079 公司传真:(0743)8312178
(四)公司注册地:湖南省吉首市振武营
公司办公地址:湖南省吉首市振武营湘泉城 公司邮政编码:416000
(五)公司咨询机构:证券发展部办公室
公司电子信箱:xjgzj@mail.xx.hn.cn
公司选定的信息披露报纸:《中国证券报》、《证券时报》、《上海证券报》
登载公司年报的国际互联网网址:http://www.cninfo.com.cn
公司年报备置地点:证券发展部办公室
(六)公司股票上市地:深圳证券交易所
公司股票简称:湘酒鬼 公司股票代码:0799

二、会计数据与业务数据摘要

(一)本年度主要利润指标情况(单位:元)

利润总额:	110,399,717.54
净利润:	86,161,208.04
扣除非经常性损益后的净利润:	79,302,172.08
主营业务利润:	154,054,844.04
其他业务利润:	–100,811.57
营业利润:	103,001,253.27
投资收益:	–171,611.19
补贴收入:	309,124.73
营业外收支净额:	7,260,950.73
经营活动产生的现金流量净额:	–104,278,957.53
现金及现金等价物净增加额:	–218,776,564.34

注:扣除的非经营性损益项目及金额:
冻结新股申购资金利息收入 6,589,035.96
(二)截止报告期末,公司前三年的主要会计数据和财务指标:
1、主要会计数据和财务指标 单位:人民币元

序号	项目	2000年度	1999年度 调整前	1999年度 调整后	1998年度
1	主营业务收入	371949504.00	499020286.85	499020286.85	478471688.40
2	净利润	86161208.04	152362149.16	146423339.92	193010070.88
3	总资产	1829064817.11	1704855933.94	1704855933.94	1214531384.98
4	股东权益(不含少数股东权益)	1301718847.29	1283261928.86	1275758349.25	931387481.43
5	每股收益	0.284	0.503	0.483	0.55
6	加权每股收益	0.284	0.537	0.517	0.55
7	扣除非经营性损益后的每股收益	0.262	0.481	0.461	0.55
8	每股净资产	4.30	4.23	4.21	3.36
9	调整后的每股净资产	4.25	4.21	4.19	3.33
10	每股经营活动产生的现金流量净额	–0.34	0.09	0.09	–0.10
11	净资产收益率(%)	6.62	11.90	11.48	20.80

2、根据中国证监会《公开发行证券公司信息披露细则(第九号)》要求计算的利润数据如下:

项目	净资产收益率(%)		每股收益(元)	
报告期利润	全面摊薄	加权平均	全面摊薄	加权平均
主营业务利润	11.83	11.68	0.51	0.51
营业利润	7.91	7.81	0.34	0.34
净利润	6.62	6.53	0.284	0.284
扣除非经营性损益的净利润	6.09	6.01	0.262	0.262

(三)报告期股东权益变动情况

项目	股本	资本公积	盈余公积	法定公益金	未分配利润	股东权益
期初数	303050000	718943656.95	131693131.34	65837821.25	122071560.96	275758349.25
本期增减	0	409290.00	30116071.37	15038034.08	–4564863.33	25960498.04
期末数	303050000	719352946.95	161809202.71	80875855.33	117506697.63	1301718847.29

变动原因:1 盈余公积增加主要是分别提取了10%的法定公积金和法定公益金所致;2 未分配利润减少是公司报告期利润下降所致。

三、股东情况

(二)股东情况介绍
1、截止报告期末,公司股东总数83992户。
2、截止报告期末,前10名股东持股情况

序号	股东名称	持股数	持股比例%
1	湖南湘泉集团有限公司	195800000	64.61
2	费步青	494477	0.16
3	高培芝	230000	0.076
4	战松棠	216412	0.071
5	戴祝英	200000	0.066
6	南京市证券公司	200000	0.066
7	王鹤军	199500	0.066
8	谢国庆	192603	0.064
9	冯扬柯	189518	0.063
10	普丰证券投资基金	181626	0.060

注:以上前十名股东不存在关联关系。
3、持股10%(含10%)以上的法人股东:湖南湘泉集团有限公司持有本公司195,800,000股法人股,占本公司总股份的64.61%,法定代表人田家贵,该公司主营白酒、啤酒、药品、酒店服务等。
4、报告期内,控股东无变更情况。

一汽轿车股份有限公司

一、公司简介

1、公司法定中文名称:一汽轿车股份有限公司
英文名称:FAW CAR CO.,LTD
2、公司法定代表人:马文兴
3、公司董事会秘书:王文权
授权代表:郑丽兄
联系地址:长春市绿园区东风大街汽车厂二号门院内
电话:0431-5976447、0431-59761749
传真:0431-5908726
4、公司注册地址:长春市高新开发区汽车研究开发园区
办公地址:长春市绿园区东风大街二号门院内
邮政编码:130011
电子信箱:fawcar@public.cc.jl.cn
5、公司信息披露
报纸名称:证券时报、上海证券报、中国证券报
公司年报国际互联网网址:http://www.cninfo.com.cn
年度年报备置地点:公司证券部
6、公司股票上市地:深圳证券交易所
股票简称:一汽轿车 股票代码:0800

二、会计数据和业务数据

1、本年度主要利润指标(人民币:元)

利润总额	277,128,369.54
其中:主营业务利润	553,485,207.88
其他业务利润	19,370,470.78
投资收益	10,750,187.13
营业外收支净额	2,638,637.88
净利润	286,042,729.58
扣除非经常性损益后的净利润	281,510,596.88
经营活动产生的现金流量净额	583,169,387.78
现金及现金等价物净增加额	80,427,404.84

[注]:扣除非经常性损益后的净利润指扣除新股申购无效资金利息摊销数2,082,132.70元和退增值税款2,450,000元。

2、公司前三年主要会计数据及财务指标(调整后)

指标项目	2000年12月31日	1999年12月31日	1998年12月31日
主营业务收入(万元)	315,175.62	410,622.24	398,370.84
净利润(万元)	28,604.27	51,826.63	45,379.41
总资产(万元)	674,070.11	576,595.26	566,358.68
股东权益(万元)	489,200.70	483,514.14	447,962.51
每股收益(元/股)	0.176	0.318	0.393
扣除非经常性损益的每股收益(元/股)	0.174	0.315	0.386
每股净资产(元/股)	3.01	2.97	3.85
调整后的每股净资产(元/股)	2.73	2.96	3.65
每股经营活动产生的现金流量净额	0.36	0.49	0.08
净资产收益率(%)	5.85	10.72	10.21
加权每股收益(元/股)	0.18	0.37	0.421
加权净资产收益率(%)	5.75	10.94	12.43
扣除非经常性损益后的加权净资产收益率(%)	5.70	10.82	12.30

3、公司前三年主要会计数据及财务指标(调整前)

指标项目	2000.12.31	1999.12.31	1998.12.31
主营业务收入(万元)	315,175.62	410,622.24	398,370.84
净利润(万元)	28,604.27	51,826.63	45,300.91
总资产(万元)	674,070.11	576,595.26	572,941.45
股东权益(万元)	489,200.70	483,514.14	447,843.12
每股收益(元/股)	0.176	0.318	0.390
扣除非经常性损益的每股收益(元/股	0.174	0.315	0.383
每股净资产(元/股)	3.01	2.97	3.85
调整后的每股净资产(元/股)	2.73	2.96	3.65
每股经营活动产生的现金流量净额	0.36	0.49	0.08
净资产收益率(%)	5.85	10.72	10.12
加权每股收益(元/股)	0.18	0.37	0.420
加权净资产收益率(%)	5.75	10.94	12.41
扣除非经常性损益后的加权净资产收益率(%)	5.70	10.82	12.28

三、股东情况介绍

1、截止本报告期末股东总数为318214户。
2、报告期末前十名股东持股情况:

序号	股东名称	持有股数(股)	占总股本比例
1	中国第一汽车集团公司	1081500000	66.45
2	光大证券有限责任公司	3655353	0.25
3	倪咏梅	3514252	0.22
4	黄采云	1639720	0.10
5	唐建华	1440000	0.09
6	北京香海会展房地产开发有限公司	1400000	0.09
7	新疆金科电子信息开发公司	1290000	0.08
8	张家界武陵国际大酒店	929114	0.06
9	周志新	821102	0.05
10	上海华东实业有限公司	759300	0.05

③持股10%以上的法人股东简介
中国第一汽车集团公司:法人代表:竺延风
经营范围:主营汽车及汽车配件小轿车及小轿车配件旅游车及旅游车配件汽车兼营修理动能输出机械加工订货建筑一级
④报告期内控股股东仍为中国第一汽车集团公司,持有本公司股份1081500000股,占公司总股本的66.45%。所持股份于12月4日由北京市第一中级人民法院司法冻结46000000股。

四川湖山电子股份有限公司

一、公司简介

(一)公司法定名称:(中文)四川湖山电子股份有限公司
(英文)SICHUAN HUSHAN ELECTRONIC HOLDING CO.,LTD
(二)公司法定代表人:汤东风
(三)公司董事会秘书:张 越
授权代表:陈 禹
办公及联系地址:四川省绵阳市长虹大道中段53号
联系电话:0816-2312421、2336335
传真:0816-2334891
E-MAIL地址:songyu@my-public.sc.cninfo.net
(四)公司注册地址:绵阳市华兴西路一号
公司办公地址:四川省绵阳市长虹大道中段53号
邮政编码:621000
国际互联网网址:http://www.hushan.com
E-MAIL地址:hushan@my-public.sc.cninfo.net
(五)公司年度报告备置地点:绵阳市长虹大道中段53号公司董事会办公室
公司选定信息披露报纸:《中国证券报》、《证券时报》
年度报告指定登载网址:http://www.cninfo.com.cn
(六)公司股票上市交易所:深圳证券交易所
股票简称:四川湖山
股票代码:0801

二、会计数据和业务数据摘要

(一)利润情况:(单位:元)
利润总额:10,775,971.07
净利润:10,793,124.98
扣除非经常性损益后的净利润:-5,837,640.45
主营业务利润:22,837,760.15
其他业务利润: 1,513,533.52
营业利润:-5,954,435.38
投资收益:17,198,641.02
补贴收入:
营业外收支净额:-468,234.57
经营产生的现金流量净额:-15,110,815.17
现金及现金等价物净增加额: 8,332,143.28
(二)公司前三年主要会计数据和财务指标(单位:元)

	2000年	1999年	1998年
主营业务收入	74,479,907.98	123,857,734.24	155,675,770.73
净利润	10,793,124.98	41,157,223.69	27,134,157.20
总资产	245,650,394.75	253,063,332.91	195,869,953.05
股东权益	169,860,277.74	169,676,034.93	136,277,311.23
每股收益	0.106	0.405	0.37
加权平均每股收益	0.106	0.405	0.44
扣除非经常性损益后的每股收益	-0.057	0.233	
每股净资产	1.67	1.67	1.94
调整后的每股净资产	1.52	1.65	1.93
每股经营活动产生的现金流量净额	-0.15	0.215	0.49
净资产收益率(%)	6.35	24.3	19.25

注:主要财务指标的计算方法
每股收益=净利润/年度末普通股股份总数
每股净资产=年度末股东权益/年度末普通股股份总数
调整后的每股净资产=(年度末股东权益-三年以上的应收款项净额-待摊费用-待处理(流动、固定)资产净损失-开办费-长期待摊费用-住房周转金负数余额)/年度末普通股股份总数每股经营活动产生的现金流量净额=经营活动产生的现金流量净额/年度末普通股股份总数
净资产收益率=净利润/年度末股东权益×100%
(四)股东权益变动情况:(单位:元)

项目	股本	资本公积	盈余公积	法定公益金	未分配利润	股东权益合计
期初数	101566080	566445.00	33126290.22	10275248.60	33725080.90	168983896.12
本期增加	--	--	1279717.02	426572.34	--	876381.62
本期减少	--	--	--	--	643200.04	--
期末数	101566080	566445.00	34406007.24	10701820.94	33081880.86	169860277.74
变动原因			本年度提取	本年度提取	系调整住房周转金帐目所致	本年度利润增加

三、股东情况介绍

(一)、截止2000年12月29日,公司股东共3844户。
(二)、前十名股东持股情况(单位:万股)

股东名称	年初持股数量	年末持股数量	变动原因	持股比例
(1)吉林省三洋实业公司	2620.8			25.81
(2)深圳市新中泰投资有限公司	1728			17.01
(3)吉林三洋实业公司	1411.2			13.89
(4)上海纳米创业投资有限公司	864			8.5
(5)金鑫证券投资基金	419.6934			4.13
(6)成都君信实业有限公司	307.0080			3.02
(7)绵阳市银兴贸易公司	201.6			1.98
(8) 王丽	55.88			0.55
(9)杨立平	45.602			0.45
(10)范英财	44.67			0.43

持有本公司5%以上股份均无质押、冻结情况。

北京京西风光旅游开发股份有限公司

一 公司简介

1 公司中文名称:北京京西风光旅游开发股份有限公司
公司英文名称:BEIJING JINGXI TOURISM DEVELOPMENT CO.,LTD.
公司英文名称缩写:JXTD
2 公司注册地址:北京市门头沟区新桥大街35号百花宾馆四、五层
公司办公地址:北京市门头沟区新桥大街35号百花宾馆四、五层
邮政编码:102300
电子信箱:jxtour@public.bta.net.cn
公司网址:http://www.jxtour.com.cn
3 公司法定代表人:刘利华
4 公司董事会秘书:曾 鸣
证券事务代表:包卫刚
联系地址:北京市门头沟区新桥大街35号百花宾馆四层404室
联系电话:(010)69831967
传 真:(010)69831957
电子信箱:jxtddm@mx.cei.gov.cn
5 公司选定的信息披露报纸:《中国证券报》、《证券时报》
登载公司年度报告的国际互联网网址: http://www.cninfo.com.cn
公司年度报告备置地点:公司证券部
6 股票上市交易所:深圳证券交易所
股票简称:京西旅游
股票代码:0802

二 会计数据和业务数据摘要

1、本年度利润总额、净利润及其构成 单位:人民币元

利润总额	41,131,385.71
净利润	34,645,523.76
扣除非经常性损益后的净利润	24,516,702.10
主营业务利润	72,745,354.67
其他业务利润	6,076,801.59
营业利润	24,788,809.04
投资收益	15,682,619.44
补贴收入	
营业外收支净额	659,957.23
经营活动产生的现金流量净额	26,044,537.13
现金及现金等价物净增加额	-28,298,312.53

注:扣除的非经常性损益项目及涉及金额
资产处置损益: 12,216,429.27
冻结资产利息: 863,827.18
合并价差摊销: -1,163,995.68
2、截至报告期末公司前三年主要会计数据及财务指标(合并报表) 单位:元

序号	项目	2000年度	1999年度	1998年度(调整前)	1998年度(调整后)
1	主营业务收入	239,996,456.63	232,902,158.86	179,731,810.35	179,731,810.35
2	净利润	34,645,523.76	30,657,687.66	31,758,679.64	29,788,218.77
3	总资产	953,096,047.63	685,896,116.60	462,928,134.23	439,845,387.10
4	股东权益(不含少数股东权益)	396,796,287.07	370,478,226.50	287,178,285.98	264,095,538.84
5	每股收益	0.298	0.264	0.303	0.284
6	扣除非经常性损益后的每股收益	0.211	0.279	-	
7	加权计算的每股收益	0.298	0.308	0.303	0.284
8	每股净资产	3.413	3.187	2.735	2.515
9	调整后每股净资产	3.06	3.089	2.433	2.213
10	每股经营活动产生现金流量净额	0.224	0.266	0.356	0.356
11	净资产收益率(%)	8.73	8.28	11.06	11.28
12	净利润加权净资产收益率	9.15	8.28	11.06	11.28
13	扣除非经常性损益后净利润的加权净资产收益率(%)	6.48	8.28	11.06	11.28

注:(1)2000年度和1999年度总股本按配股后11,625万股计算,1998年度按上市后总股本10,500万股计算。
3、股东权益变动情况(不含少数股东权益) 单位:万元

项目	股本	资本公积	盈余公积	公益金	未分配利润	股东权益
期初数	11,625	21,411	662	331	3019	37,048
本期增加	0	98	359	180	3465	3562
本期减少	0	0	0	0	1469	930
期末数	11,625	21509	1021	511	5014	39680

三 股东情况介绍

1、报告期末股东总数
截止2000年12月29日,本公司共有11,322名股东。
2、公司前十名股东持股情况

序号	股东名称	报告期末持股数(股)	占总股本比例
1	北京京西经济开发公司	77,250,000	66.45%
2	北京恒悦科贸有限责任公司	567,498	0.488%
3	山东省天太计算机网络技术有限公司	377,098	0.324%
4	民安投资管理有限公司	369,703	0.318%
5	徐 建	280,000	0.241%
6	李春霞	276,200	0.238%
7	山东天平文化交流中心	233,807	0.201%
8	庄阿云	230,000	0.198%
9	山东民安发展有限公司	225,858	0.194%
10	山东证券公司总部	209,201	0.180%

四川美亚丝绸(集团)股份有限公司

一、公司简介

(一)公司法定中、英文名称及缩写:

1.中文名称:四川美亚丝绸(集团)股份有限公司

2.英文名称:SICHUAN MEIYA SILK (GROUP)CO.,LTD

3.缩写:美亚股份　　MYGF

(二)公司法定代表人:彭可云

(三)公司董事会秘书及证券事务代表的姓名、地址、电话、传真。

1.董事会秘书:罗雄飞

2.董事会证券事务代表:陈玉春

3.联系地址:四川省南充市顺庆区延安路 380 号

4.联系电话:(0817)2602653,2600868,2602333 转 8272,8511

5.传真:(0817)2602653,2601012

(四)公司注册地址、办公地址、邮编

1.公司注册地址及办公地址:四川省南充市顺庆区延安路 380 号　2.邮编:637000

(五)公司选定的信息披露报纸名称、指定登载网址、年度报告备置地点

1.信息披露报纸名称:《中国证券报》

2.证监会指定的国际互联网网址:http://www.cninfo.com.cn

3.年度报告备置地点:公司董事会办公室

(六)公司股票上市交易所、股票简称及股票代码:

1.公司股票上市交易所:深圳证券交易所

2.股票简称及股票代码:美亚股份 0803

二、会计数据和业务数据摘要

1.本年度利润总额及构成(单位:元)

(1)利润总额	6,098,668.83
(2)净利润	6,025,555.16
(3)扣除非经营性损益后的净利润	-9,723,484.65
(4)主营业务利润	1,673,047.03
(5)其他业务利润	5,347,299.60
(6)营业利润	6,250,504.37
(7)投资收益	-120,000.00
(8)补贴收入	
(9)营业外收支净额	-31,835.54
(10)经营活动产生的现金流量净额	5,970,307.26
(11)现金及现金等价物净增加额	-2,933,846.51

2.前三年主要会计数据和财务指标(单位:万元)

指标项目	2000 年	1999 年	1998 年	
			调整前	调整后
(1)主营业务收入	8,862.33	6,376.63	7,461.60	7,461.60
(2)净利润	602.56	142.83	337.37	-383.51
(3)总资产	27,892.57	27,011.03	29,739.72	27,740.15
(4)股东权益	14,636.71	14,034.15	15,890.89	13,891.32
(5)每股收益(元)(摊薄)	0.077	0.018	0.04	-0.05
(加权)	0.077	0.018	0.04	-0.05
(6)扣除非经常性损益后每股收益(元)	-0.12	0.017	0.03	-0.036
(7)每股净资产(元)	1.88	1.80	2.04	1.78
(8)调整后每次股净资产(元)	1.83	1.64	1.83	1.63
(9)每股经营活动产生的现金流量净额(元)	0.08	0.32	0.30	0.30
(10)净资产收益率(%)(摊薄)	4.12	1.02	2.12	-2.76
(加权)	4.20	1.02	2.15	-2.72

3.报告期内股东权益变动情况(单位:元)

项目	股本	资本公积	盈余公积	法定公益金	未分配利润	股东权益合计
期初数	77970000.00	28228132.34	30,603,920.23	3,065,149.20	3,539,493.35	140341545.92
本期增加				903,833.28	301,277.76	5,121,721.88
本期减少						
期末数	77970000.00	28228132.34	31,507,753.51	3,366,426.96	8,661,215.23	146367101.08

变动原因根据本年度净利润提取盈余公积、公益金、使盈余公积、法定公益金、未分配利润增加

三、股本变动及股东情况

1.股本变动情况　　数量单位:股

	本次变动前	配股	送股	公积金转股	增发	其他	小计	本次变动后
(一)未上市流通股								
(1)发起人股份	40470000							40,470,000
其中国家持有股份	33,720,000							33,720,000
(2)募集法人股	6750000							6750000
(4)优先股或其他	43,500							43500
未上市流通股份合计	40513,500							40513,500
(二)已上市流通股份								
(1)人民币普通股	37500000							37,500,000
其中:高管人员股	43,500							43500
已上市流通股份合计	37456500							37456500
(三)股份总数	77970000							77970000

2.股东情况介绍　截至 2000 年 12 月 31 日本公司股东共计 3609 户,其中国有股股东 1 户,法人股股东 6 户,社会公众股股东 3602 户。

前十名股东持股情况

名次 股东名称	期末持股数(股)	持股比例
1.四川南充国有资产管理局	33,720,000	43.25%
2.四川南充美亚时装公司	3,375,000	4.81%
3.四川省南充市丝绸加工厂	150,000	1.92%
4.四川南充美鸿实业公司	900,000	1.15%
5.四川广安县缫丝厂	300,000	0.38%
6.徐秀凤	250,000	0.32%
7.王莉萍	244,300	0.31%
8.海通北京	227,300	0.29%
9.张林鸿	223,500	0.29%
10.高松	219,000	0.28%

江苏炎黄在线股份有限公司

(一) 公司简介

1、公司的法定中、英文名称及缩写

中文名称:江苏炎黄在线股份有限公司　　简称:炎黄在线

英文名称:JIANGSU CHINESE.COM CO.,LTD.　　缩写:CHINESE.COM

2、公司法定代表人:陆兆祥

3、公司董事会秘书:刘洪梅

联系地址:江苏省常州市新区河海路 96 号

联系电话:(0519)5130805　　联系传真:(0519)5130806

电子信箱:investor@0805.chinese.com

4、公司注册地址:江苏省常州市新区河海路 96 号

办公地址:江苏省常州市新区河海路 96 号　　邮政编码:213022

公司国际互联网网址:http://www.0805.com.cn

公司电子信箱:investor@0805.chinese.com

5、公司选定的信息披露报纸名称:《证券时报》《中国证券报》

登载公司年度报告的中国证监会指定国际互联网网址:http://www.cninfo.com.cn

公司年度报告备置地点:公司董事会办公室

6、公司股票上市交易所:深圳证券交易所

股票简称:炎黄在线　　股票代码:0805

(二) 会计数据和业务数据摘要

1、本年度主要会计数据和业务数据(单位:元)

利润总额	7,075,689.87
净利润	6,761,458.84
扣除非经常性损益后的净利润	-1,214,402.32
主营业务利润	15,624,585.31
其他业务利润	2,016,032.20
营业利润	-967,005.02
投资收益	-
补贴收入	6,586,612.00
营业外收支净额	1,456,082.89
经营活动产生的现金流量净额	67,559,058.64
现金及现金等价物净增加额	47,659,752.63

注:扣除非经常性损益的项目及金额(单位:元)

出售固定资产收益	1,389,249.16
补贴收入	6,586,612.00
以上项目涉及金额合计	7,975,861.16

2、前三年主要会计数据和财务指标(单位:元)

项目	2000 年度	1999 年度		1998 年度
		调整后	调整前	
主营业务收入	40,648,766.86	39,396,278.05	39,396,278.05	47,486,792.67
净利润	6,761,458.84	-18,416,332.10	-15,407,728.66	8,020,963.18
总资产	183,231,691.27	233,196,605.63	236,430,519.45	239,308,259.32
股东权益(不含少数股东权益)	72766157.28	63,524,213.94	66,532,817.38	81,340,208.60
每股净资产	1.2717	1.1102	1.1628	1.4216
调整后的每股净资产	1.2708	0.9753	0.9903	1.3902
每股经营活动产生的现金流量净额	1.1807	-0.1358	-0.1358	-0.2618

注:1999 年度会计数据和财务指标已采用追溯调整法进行了调整,详见会计报表附注。

3、按照中国证监会《公开发行证券公司信息披露编报规则》第 9 号计算的近三年的净资产收益率及每股收益

年度	指标		报告期利润	主营业务利润	营业利润	净利润 扣除非经常性损益后的净利润
2000 年度	净资产收益率	全面摊薄	21.47%	-1.33%	9.29%	-1.67%
		加权平均	23.31%	-1.44%	10.09%	-1.81%
	每股收益(元)	全面摊薄	0.2731	-0.0169	0.1182	-0.0212
		加权平均	0.2731	-0.0169	0.1182	-0.0212
1999 年度	净资产收益率	全面摊薄	-0.41%	-39.66%	-28.99%	-41.43%
		加权平均	-0.36%	-34.92%	-25.53%	-36.48%
	每股收益(元)	全面摊薄	-0.0046	-0.4403	-0.3219	-0.4599
		加权平均	-0.0046	-0.4403	-0.3219	-0.4599
1998 年度	净资产收益率	全面摊薄	9.55%	0.28%	9.86%	-0.92%
		加权平均	10.04%	0.29%	10.37%	-0.96%
	每股收益(元)	全面摊薄	0.1357	0.0039	0.1402	-0.0130
		加权平均	0.1357	0.0039	0.1402	0.0130

注:以上会计数据及财务指标均以合并会计报表数计算或填列。[top1] [top2]

(三) 股本变动及股东情况

1、股本变动情况

(1)截止报告期末,公司股东总数为 5580 户。

(2)公司前十名股东持股情况(截止 2000 年 12 月 31 日)

股东名称	期末持股数(股)	占总股本(%)
常州东普科技发展有限公司	16,853,300	29.454
银通创业投资有限公司	8,982,700	15.699
常州市嘉迅仓储有限公司	3,700,000	6.466
吴伟英	268,300	0.469
常州金狮自行车工贸集团公司	264,000	0.461
无锡市嘉亿商贸有限公司	250,000	0.437
张西芹	246,220	0.430
毛建军	237,150	0.414
毛银全	232,574	0.406
蒋辉红	223,908	0.391

注:A.以上持股股东中,常州东普科技发展有限公司、银通创业投资有限公司、常州市嘉迅仓储有限公司、常州金狮自行车工贸集团公司所持股份为未上市流通的法人股,其余为已上市流通股份。

北海银河高科技产业股份有限公司

北海银河高科技产业股份有限公司2000年年度报告摘要

重要提示:本公司董事会保证本报告所载资料不存在任何虚假记载、误导性陈述或者重大遗漏,并对其内容的真实性、准确性和完整性负个别及连带责任。

一、公司简介

1、公司法定中文名称:北海银河高科技产业股份有限公司
公司法定英文名称:Beihai Yinhe Hi-Tech Industrial Co.,Ltd.
2、公司法定代表人:潘琦
3、公司董事会秘书:欧秋生
联系地址:广西北海市广东南路银河科技大厦八楼
电　话:0779-3202636
传　真:0779-3201888
4、公司注册地址:广西北海市银海南路世贸大厦八楼
公司办公地址:广西北海市广东南路银河科技大厦八楼
邮政编码:536000
公司国际互联网网址:http://www.yinhetech.com
电子信箱:yinhe@yinhetech.com
5、公司选定的信息披露报纸名称:《证券时报》、《中国证券报》
登载公司年度报告的中国证监会指定国际互联网网址:http://www.cninfo .com.cn
公司年度报告备置地点:公司董事会秘书处
6、公司股票上市交易所:深圳证券交易所
股票简称:银河科技　　股票代码:0806

二、会计数据和业务数据摘要

1、本年度主要利润指标情况:(金额单位:元)

利润总额	94,502,127.32
净利润	87,581,147.96
扣除非经常性损益后的净利润	84,776,997.24
主营业务利润	139,727,304.53
其他业务利润	511,963.68
营业利润	88,998,240.83
投资收益	3,741,868.99
补贴收入	1,227,418.80
营业外收支净额	534,598.70
经营活动产生的现金流量净额	32,950,536.08
现金及现金等价物净增加额	43,884,861.50

注:扣除的非经常性损益的项目和涉及金额(金额单位:元)

资产处置损益	13,800.00
临时性获得的补贴收入	1,227,418.80
新股申购冻结资金利息	1,247,611.56
合并价差摊入	315,320.36
合　计	2,804,150.72

2、截至报告期末公司前三年的主要会计数据和财务指标:(金额单位:元)

项目	2000年	1999年	1998年	
			调整后	调整前
主营业务收入	283,840,334.19	165,181,556.66	120,293,734.39	148,078,990.80
净利润	87,581,147.96	48,316,754.33	27,424,043.93	29,046,698.88
总资产	882,736,576.51	564,660,026.50	420,925,199.40	463,844,040.04
股东权益(不含少数股东权益)	371,581,138.10	300,205,370.89	265,410,485.86	276,687,654.05
每股收益	0.41	0.30	0.33	0.35
每股收益(按月平均加权法计算)	0.46	0.46	0.36	0.39
扣除非经常性损益后的每股收益	0.40	0.22	0.22	0.24
每股净资产	1.76	1.84	3.23	3.37
调整后的每股净资产	1.72	1.83	3.15	3.34
每股经营活动产生的现金流量净额	0.16	-0.07	0.03	0.03
净资产收益率(%)	23.57	16.09	10.33	10.50

注:主要财务指标的计算公式如下:
每股收益=净利润/年度末普通股股份总数
每股净资产=年度末股东权益/年度末普通股股份总数
调整后的每股净资产=(年度末股东权益-三年以上的应收款项净额-待摊费用-待处理(流动、固定)资产净损失-开办费-长期待摊费用-住房周转金负数余额)/年度末普通股股份总数
每股经营活动产生的现金流量净额=经营活动产生的现金流量净额/年度末普通股股份总数
净资产收益率=净利润/年度末股东权益×100%

3、报告期内股东权益变动情况:(金额单位:元)

项目	股本	资本公积	盈余公积	法定公益金
期初数	162,756,000.00	43,813,626.54	40,104,078.50	8,480,633.58
本期增加	48,826,800.00	3,592,513.17	14,497,558.28	4,379,057.40
本期减少				
期末数	211,582,800.00	47,406,139.71	54,601,636.78	12,859,690.98

续上表:

项目	未分配利润	股东权益合计
期初数	53,531,665.85	300,205,370.89
本期增加	74,443,975.76	141,360,847.21
本期减少	69,985,080.00	69,985,080.00
期末数	57,990,561.61	371,581,138.10

变动原因:
股本变动:主要系实施1999年度利润分配方案所致。
资本公积变动:系公司以银河科技大厦第三、第五层楼固定资产投资产生的评估增值和国家拨入科技三项经费所致。
盈余公积和法定公益金变动:主要系本年度利润提取数和增值税返还所致。
未分配利润变动:主要系本年度利润转入和利润分配所致。

三、股东情况介绍

1、报告期末股东总数:11,711户
2、报告期末前10名股东的持股情况:
股份单位:股
比例单位:%

股东名称	期初数	本期增减数		
		已上市	未上市	小计
北海通台经济发展有限公司	17,820,000	0	+5,346,000	+5,346,000
北海光子投资咨询有限公司	11,880,000		+3,564,000	+3,564,000
张家界祥龙国际酒店有限公司	9,900,000		+2,970,000	+2,970,000
江苏新思维投资咨询有限公司	8,058,800	-138,800	+2,376,000	+2,237,200
北海市国际信托投资公司	7,920,000		+2,376,000	+2,376,000
深圳市元盛实业有限公司	7,920,000		+2,376,000	+2,376,000
北海三思贸易公司	5,940,000		+1,782,000	+1,782,000
海南纳克贸易有限公司	5,940,000		+1,782,000	+1,782,000
海南贝奇电子实业有限公司	4,158,000		+2,843,280	+2,843,280
裕阳证券投资基金	0	+4,241,875		+4,241,875

续上表:

股东名称	期末数			占总股本
	已上市	未上市	合计	比例
北海通台经济发展有限公司	0	23,166,000	23,166,000	10.95
北海光子投资咨询有限公司		15,444,000	15,444,000	7.30
张家界祥龙国际酒店有限公司		12,870,000	12,870,000	6.08
江苏新思维投资咨询有限公司		10,296,000	10,296,000	4.87
北海市国际信托投资公司		10,296,000	10,296,000	4.87
深圳市元盛实业有限公司		10,296,000	10,296,000	4.87
北海三思贸易公司		7,722,000	7,722,000	3.65
海南纳克贸易有限公司		7,722,000	7,722,000	3.65
海南贝奇电子实业有限公司		7,001,280	7,001,280	3.31
裕阳证券投资基金	4,241,875		4,241,875	2.00

1.质押或冻结情况:
1999年10月,北海通台经济发展有限公司将持有的公司股票1,782万股,作为公司借款2000万元的质物质押于中国银行北海分行;1999年12月,江苏新思维投资咨询有限公司将持有的本公司股票792万股,作为公司借款990万元的质物质押于中国银行北海分行;1999年12月,北海三思贸易公司将持有的本公司股票594万股,作为公司借款510万元的质物质押于中国银行北海分行。上述以江苏新思维投资咨询有限公司和北海三思贸易公司股票作为质物的借款已归还完毕,申请解除质押手续正在办理过程中。
2.代表国家持有股份的单位:
北海市国际信托投资公司、北海市光子投资咨询有限公司。
3.公司无外资股东。
4.公司无战略投资者。

四、股东大会简介

报告期内,公司共召开了一次股东年会和三次临时股东大会:
1、1999年度股东年会
2000年4月8日,公司在《证券时报》、《中国证券报》上刊登了关于召开1999年度股东大会的公告,2000年5月10日,公司1999年度股东大会如期召开。股东大会由董事会负责召集召开,参加本次股东大会的股东及股东代表共计31人,代表股份76,170,691股,占公司总股份的46.80%。与会股东及股东代表经认真审议,以记名投票的方式进行了表决,审议通过了以下事项:
(1)公司1999年董事会工作报告。
(2)公司1999年监事会工作报告。
(3)公司1999年总经理工作报告。
(4)公司1999年度财务决算报告。
(5)公司1999年年度报告及年度报告摘要。
(6)公司1999年度利润分配预案。以公司1999年12月31日总股本162,756,000股为基数,每10股送3股派0.75元(含税),不进行资本公积金转增股本。
(7)公司关于前次募集资金使用及效益情况的说明。
(8)公司2000年增资配股预案。
(9)公司2000年配股募集资金使用的可行性报告。
(10)公司董事变动的议案。同意闫海琴先生辞去公司董事职务,选举顾勇彪、李志勇先生为公司董事。
(11)公司监事变动的议案。同意顾勇彪先生、赵冰先生辞去公司监事职务,选举郭正确、梁建波先生为公司监事。
(12)修订公司章程的议案。
此股东大会决议公告刊登于2000年5月11日的《证券时报》和《中国证券报》上。
2、2000年第一次临时股东大会
1999年12月28日,公司在《证券时报》和《中国证券报》上刊登了召开2000年第一次临时股东大会(通讯表决方式)的公告,2000年1月27日,公司2000年第一次临时股东大会(通讯表决方式)如期召开。临时股东大会由董事会负责召集召开,截止2000年1月27日上午12:00时,公司董事会共收到有效表决票数22张,代表股份89,226,414股,占公司总股本54.8%,本次会议以通讯表决方式审议通过了公司更名和修改公司章程的议案。
此股东大会决议公告刊登于2000年1月28日的《证券时报》和《中国证券报》上。
3、2000年第二次临时股东大会
2000年7月28日,公司在《证券时报》和《中国证券报》上刊登了关于召开2000年第二次临时股东大会会议的公告。2000年9月1日,公司2000年第二次临时股东大会如期召开。股东大会由董事会负责召集召开,参加本次股东大会的股东及股东代表共计19人,代表股份111,858,836股,占公司总股份的52.87%。与会股东及股东代表经认真审议,以记名投票的方式进行了表决,审议通过了以下事项:

(1)关于修改公司章程的议案。
(2)关于设立总经理基金的议案。
(3)关于实施公司长期激励约束计划暂行办法的议案。
(4)关于聘请广西中和会计师事务所有限公司为公司审计单位的议案。
本次股东大会经公司法律顾问现场见证并出具了法律意见书。
此股东大会决议公告刊登于2000年9月2日的《证券时报》和《中国证券报》上。
4、2000年第三次临时股东大会
2000年8月31日，公司在《证券时报》和《中国证券报》上刊登了关于召开2000年第三次临时股东大会会议的公告，2000年10月1日，公司2000年第三次临时股东大会会议如期召开。股东大会由董事会负责召集召开，参加本次股东大会的股东及股东代表共计24人，代表股份103,872,660股，占公司总股份的49.09%。与会股东及股东代表经认真审议，以记名投票的方式进行了表决，审议通过了以下事项：
(1)关于改增资配股方案为申请公募增发A股方案的议案。
(2)关于公募增发A股方案的议案。
(3)关于公募增发A股募集资金用途的议案。
(4)关于公募增发A股募集资金计划投资项目可行性的议案。
(5)关于新股发行前形成的未分配利润由本次公募增发后新老股东共享的议案。
(6)关于提请股东大会授权董事会全权办理本次公募增发A股相关事宜的议案。
(7)关于前次募集资金使用及效益情况的说明。
(8)关于修订公司股东大会工作制度的议案。
(9)关于董事变动的议案。同意张润深先生不再担任公司董事，选举何如先生为公司董事。
本次股东大会经公司法律顾问现场见证并出具了法律意见书。
此股东大会决议公告刊登于2000年10月9日的《证券时报》和《中国证券报》上。

五、董事会报告

1、公司经营情况
(1)公司所处的行业以及公司在本行业中的地位：
公司属电子信息行业，公司现已基本形成以新型电子元器件、电力系统自动化、软件与系统集成为支柱的电子信息技术主业格局。公司主导产品、技术包括片式电阻器、变电站综合自动化、配网自动化、电力市场技术支持系统等在内的新型表面贴装元器件制造、城乡电网改造及建设、继电保护技术开发、变电站自动化技术开发和电网商业化运营技术开发等属国家重点鼓励发展的产业、产品和技术。公司和六家子公司北海银河电子有限公司、四川永星电子有限公司、西安开元电力自动化有限公司、南宁银科电力自动化设备有限公司、陕西银河网电科技有限公司、北海银河信息技术有限公司均被认定为高新技术企业，子公司四川永星电子有限公司、北海银河电子有限公司分别通过ISO9001、ISO9002质量体系认证，子公司四川永星电子有限公司还通过了军工质保体系认证，RI0402、0603、0805厚膜片式固定电阻器被国家经贸委认定为2000年度国家级新产品。
(2)公司主营业务的范围及其经营状况：
公司经营范围包括电子元器件，电力系统自动化设备、软件及系统事变动的议案"、"公司计提资产减值准备报告的议案"、"修订公司章程的议案"、"关于2000年5月10日召开1999年度股东大会的有关事宜"。
此董事会决议公告刊登于2000年4月8日的《证券时报》和《中国证券报》上。
3.2000年7月26日，公司召开了第三届第八次董事会，会议应到董事9名，实到董事7名。会议审议并通过了以下决议："关于修改公司章程的议案"、"关于设立总经理基金的议案"、"关于实施公司长期激励约束计划暂行办法的议案"、"关于聘请北京长安律师事务所为公司法律顾问单位的议案"、"关于聘请广西中和会计师事务所有限公司为公司审计单位的议案"、"中国证监会南宁特派办对公司进行例行巡回检查的整改通知及公司整改方案"、"关于召开2000年第二次临时股东大会有关事宜的议案"。
此董事会决议公告刊登于2000年7月28日的《证券时报》和《中国证券报》上。
4.2000年8月20日，公司召开了第三届第九次董事会，会议应到董事9名，实到董事7名，会议审议并通过了以下决议："2000年公司中期报告正文及摘要"、"关于2000年中期分红派息的议案"。
此董事会决议公告刊登于2000年8月22日的《证券时报》和《中国证券报》上。
5.2000年8月30日，公司召开了2000年第一次临时董事会会议，应到董事9名，实到董事7名。会议审议并通过了以下事项："关于改增资配股方案为申请公募增发A股方案的议案"、"关于公募增发A股方案的议案"、"关于公募增发A股募集资金用途的议案"、"关于公募增发A股募集资金计划投资项目可行性的议案"、"关于新股发行前形成的未分配利润由本次公募增发后新老股东共享的议案"、"关于提请股东大会授权董事会全权办理本次公募增发A股相关事宜的议案"、"关于前次募集资金使用及效益情况的说明"、"关于修订公司股东大会工作制度的议案"、"关于董事变动的议案"、"关于召开2000年第三次临时股东大会有关事宜的议案"。
此董事会决议公告刊登于2000年8月31日的《证券时报》和《中国证券报》上。
6.2000年10月30日，公司召开了第三届第十次董事会，会议应到董事9名，实到董事7名。会议审议并通过了以下事项："关于设立北海银河南方软件有限公司的议案"、"关于筹建银河软件园的议案"、"关于修订《董事会工作制度》的议案"、"关于修订《总经理工作细则》的议案"。
此董事会决议公告刊登于2000年10月31日的《证券时报》和《中国证券报》上。
(2)董事会对股东大会决议的执行情况：
本报告期召开了1999年股东年会和三次临时股东大会，董事会按照股东大会决议实施了1999年度利润分配方案，依股东大会决议进行了变更董事、修改公司章程、变更公司名称、聘请审计单位等工作，公司董事会认真执行了股东大会决议。
1.1999年度利润分配方案的执行情况：以公司1999年12月31日总股本162,756,000股为基数，每10股送3股派0.75元(含税)，股权登记日为2000年6月6日，除权日为2000年6月7日，送股可流通部分上市交易日为2000年6月8日。
2.报告期内，公司未进行配股。2000年5月10日，公司1999年度股东大会审议通过了公司2000年增资配股预案，2000年10月1日，公司召开2000年第三次临时股东大会会议审议通过了关于改增资配股方案为申请公募增发A股方案的议案，公司董事会根据股东大会决议，进行了公募增发A股的前期工作，该项工作尚未完成。
7、董事、监事、高级管理人员：
潘琦，男，38岁，董事长、总经理，任期1999年4月至2002年4月，年初持股数65,340股，因送股股份增加19,602股，年末持股数84,942股，年度报酬180,000元。
高　菁，男，37岁，副董事长，任期1999年4月至2002年4月，未持有公司股票，未在公司领取报酬。
金祖勤，男，53岁，董事，任期1999年4月至2002年4月，未持有公司股票，未在公司领取报酬。
何　如，男，37岁，董事，任期2000年10月至2002年4月，未持有公司股票，未在公司领取报酬。
邓乐平，男，47岁，董事，任期1999年4月至2002年4月，年初持股数13,860股，因送股股份增加4,158股，年末持股数18,018股，未在公司领取报酬。
姚国平，男，36岁，董事、副总经理，任期1999年4月至2002年4月，年初持股数65,340股，因送股股份增加19,602股，年末持股数84,942股，年度报酬96,000元。
顾勇彪，男，45岁，董事、副总经理，任期2000年5月至2002年4月，未持有公司股票，年度报酬96,000元。
赖永久，男，56岁，董事，任期1999年4月至2002年4月，未持有公司股票，年度报酬60,000元。
李志勇，男，45岁，董事，任期2000年5月至2002年4月，未持有公司股票，年度报酬48,000元。
郭正确，男，50岁，监事会召集人，任期2000年5月至2002年4月，未持有公司股票，年度报酬36,000元。
高　超，男，28岁，监事，任期1999年4月至2002年4月，未持有公司股票，年度报酬24,000元。
徐　森，男，41岁，监事，任期1999年4月至2002年4月，年初持股数0股，因送股及购买股份增加130股，年末持股数130股，年度报酬36,000元。
梁建波，男，29岁，监事，任期2000年4月至2002年4月，年初持股数0股，因购买股份增加1,200股，年末持股数1,200股，年度报酬24,000元。
王跃光，男，37岁，财务总监，任期1999年4月至2002年4月，未持有公司股票，年度报酬96,000元。
欧秋生，男，34岁，董事会秘书，任期1999年9月至2002年4月，未持有公司股票，年度报酬96,000元。

报酬区间	0~50000元(含)	50000~100000元(含)	100000元以上
人数	5	5	1

报告期内离任的董事、监事、高级管理人员

姓名	性别	曾任职务	离任原因
闫海琴	男	副董事长	工作变动
张润深	男	董事	工作调整
杭　杰	男	监事	工作变动
赵　冰	男	监事	工作变动
顾勇彪	男	监事会召集人	工作变动

报告期内，公司未解聘公司总经理、董事会秘书。
8、本次利润分配预案和资本公积金转增股本预案。
公司2000年度实现利润94,502,127.32元，净利润87,581,147.96元，按照公司章程规定提取净利润的10%计8,758,114.80元为法定公积金，提取净利润的5%计4,379,057.40元为法定公益金，年初未分配利润为53,531,665.85元，本年度可供股东分配的利润为127,975,641.61元。2000年度利润分配预案为：以2000年12月31日总股本211,582,800股为基数，
每10股派1元现金(含税)，不进行资本公积金转增股本。
公司2001年度预计利润分配政策：预计公司分配利润2次；公司2001年度实现净利润用于股利分配的比例约为30−50%；公司2000年度未分配利润用于2001年度股利分配的比例约为30−50%；分配主要是采用派发现金和送红股的形式；现金股息占股利分配的比例约为20−40%。具体分配方案依当时实际情况由董事会提出预案后报股东大会审议通过。
9、公司选定信息披露报纸为《证券时报》和《中国证券报》。

六、监事会报告

1、监事会召开情况
报告期内共召开监事会4次。
(1)2000年4月5日，公司召开第三届第一次监事会会议，会议审议并通过了以下事项："公司1999年监事会工作报告"；"公司1999年年度报告正文和摘要、1999年度财务报告、公司董事会关于前次募集资金使用及效益情况的说明、公司1999年度利润分配预案、公司2000年增资配股预案、2000年配股募集资金运用的可行性报告、修订公司章程的议案、关于召开1999年度股东大会等事宜的议案"；"公司资产减值准备和损失处理内部控制制度的制定和执行情况的议案"；"关于公司监事变更的议案"。
(2)2000年5月10日，公司召开第三届第二次监事会会议，会议审议并通过了"郭正确先生为公司监事会召集人的议案"。
(3)2000年8月20日，公司召开第三届第三次监事会会议，会议审议并通过了以下事项："2000年公司中期报告正文及摘要"、"关于2000年中期分红派息的议案"。
(4)2000年9月1日，公司召开第三届第四次监事会会议，会议审议并通过了"关于杭杰先生辞去公司监事职务的议案"。
2、监事会独立意见
报告期内，公司监事会通过一系列检查、监督、审核活动，一致形成下列独立意见：
(1)公司依法运作情况：监事会按照《公司法》、《证券法》、《公司章程》等有关规定，为确保公司规范运作，维护全体股东的合法权益，通过列席董事会会议、股东大会会议及其他重要会议、审阅重大合同等多种方式，对公司依法运作进行了日常监督和检查，认为公司严格按照有关法律、法规、公司章程等规定进行经营运作，充分发挥三会职能，决策程序合法；公司进一步完善了内部控制制度；公司董事、高级管理人员在执行公司职务时无违反法律、法规、公司章程或损害公司利益的行为。
(2)检查公司财务的情况：监事会对公司财务进行了日常监督和检查，认为公司建有独立财务账册，设有独立财务部门，并进行独立核算，财务报告真实反映了公司的财务状况和经营成果，华寅会计师事务所有限责任公司对公司财务报告出具了无保留意见的审计报告，监事会认为注册会计师出具的审计意见是恰当的。
(3)公司1998年度发行A股募集资金实际投入项目和承诺投入项目一致，实际投资项目未发生变更，经济效益良好。
(4)公司收购、出售资产交易价格合理，未发现内幕交易，未损害部分股东的权益或造成公司资产流失的情况。
(5)关联交易公平，未损害公司利益。
监事会认为，2000年度，公司通过规范经营和进行技术创新，大力发展电子信息技术主业，取得了良好的经营业绩，切实维护了全体股东的利益。

七、重要事项

1、本年度公司无重大诉讼、仲裁事项。
2、报告期内，无公司、公司董事、监事及高级管理人员受监管部门处罚的情况。
3、报告期内，无公司控股股东及其变更情况，公司董事会未进行换届，无半数以上董事会成员变动情况，公司无总经理、董事会秘书变更情况。
2000年5月10日，公司1999年度股东大会通过了"关于公司董事变动的议案"。同意闫海琴先生辞去公司董事职务，选举顾勇彪先生、李志勇先生为公司董事。该事项披露于2000年5月11日的《证券时报》和《中国证券报》上。
2000年10月1日，2000年第三次临时股东大会通过"关于董事变动的议案"。同意张润深先生不再担任公司董事职务，选举何如先生为公司董事。该事项披露于2000年10月9日的《证券时报》和《中国证券报》上。
4、报告期内公司收购及出售资产事项：本报告期，为优化公司产业结构，公司出售了部分与主营业务关系不密切的子公司股权，分别将持有的下属子公司北海银河制衣有限公司和北海银河物业管理有限公司的全部股权转让，涉及金额为2,566,385.05元。本报告期，公司增持了部分与主营业务关系较为密切的子公司股权，分别与成都星宇信息工程有限公司原股东签订股权转让协议，涉及金额为675,000.00元，至本期末，公司拥有该公司的股权由原70%增至92.5%。分别与西安开元电力自动化有限公司原股东签订股权转让协议，涉及金额为4,144,000.00元，至本期末，公司拥有该公司的股权由原65%增至83.132%，影响本期收益增加1,301,241.62元。本报告期，公司与子公司四川永星电子有限公司签订股权转让协议，将所持有北海银河电子有限公司1%的股权转让给该公司，涉及金额为600,000.00元，至本期末，公司拥有北海银河电子有限公司的权益由原100%减至99.9934%。

云 南 铝 业 股 份 有 限 公 司

云南铝业股份有限公司 2000 年年度报告摘要

一、公司简介

1、公司名称：云南铝业股份有限公司
英文名称：YUNNAN ALUMINIUM CO., LTD.
2、公司法定代表人：代祖让
3、董事会秘书：张文伟
联系地址：云南省昆明市呈贡县云南铝业股份有限公司证券部
联系电话：(0871)7455858
传 真：(0871)7455605
电子信箱：ylgf@public.km.yn.cn
4、公司注册地址：云南省昆明市呈贡县
办公地址：云南省昆明市呈贡县
邮政编码： 650502
网址：//www.china.ylgf.com
5、公司选定的信息披露报纸：《中国证券报》、《证券时报》
登载公司年度报告的中国证监会指定国际互联网网址：http: //www. cninfo .com.cn
公司年度报告备置地：公司证券部
6、公司股票上市交易所：深圳证券交易所
股票简称：云铝股份　　股票代码：0807

二、会计数据与业务数据摘要

1、本年度利润总额及构成（单位：人民币元　合并报表）

利润总额：	114,649,696.27
净利润：	97,568,149.96
扣除非经常性损益后的净利润：	85,805,285.09
主营业务利润：	225,922,258.41
其他业务利润：	10,730,407.50
营业利润：	109,204,603.69
投资收益：	5,483,864.87
补贴收入：	0.00
营业外收支净额：	–38,772.29
经营活动产生的现金流量净额：	198,864,492.88
现金及现金等价物净增加额：	56,625,879.79

注：扣除的非经常性损益项目及金额：

(1) 财政贷款贴息：	6,279,000.00
(2) 投资收益	5,483,864.87

2、主要会计数据和财务指标（合并报表，单位：人民币元）

项目	2000.12.31	1999.12.31	1998.12.31 调整后	1998.12.31 调整前
主营业务收入	1,470,275,397.69	1,002,920,207.29	555,978,388.14	555,978,388.14
净利润	97,568,149.96	63,602,442.45	448,921.20	2,783,603.76
总资产	2,287,439,157.79	2,146,930,912.13	1,700,682,211.37	1,703,016,893.93
股东权益	715,347,849.69	742,324,153.13	728,321,710.68	730,656,393.24
每股收益	0.3147	0.2052	0.0014	0.009
每股收益(按月加权法计算)	0.3147	0.2052	0.0016	0.01
每股收益(扣除非经常性损益)	0.2768	0.1948	–0.02	–0.012
每股净资产(元)	2.31	2.39	2.35	2.36
调整后的每股净资产	2.29	2.37	2.33	2.35
每股经营活动产生的每股现金流量净额	0.64	0.53	–0.04	–0.04
净资产收益率(%)	13.64	8.57	0.006	0.38

3、报告期内股东权益变动情况：

项目	股本	资本公积	盈余公积	(其中)法定公益金	未分配利润	股东权益合计
期初数	310000000	414859901.43	13547137.75	4515712.59	3917113.95	742324153.13
本期增加	0	0	14635222.50	4878407.50	5432927.46	20068149.96
本期减少	0	29580201.70	13547137.75	4515712.59	3917113.95	47044,453.4
期末数	310000,000	385279699.73	14635222.50	4878407.50	5432927.46	715347849.69

变动原因：

(1)资本公积金减少是因为按财政部有关规定冲减了住房周转金红书 29, 580 ,201.70 元。

(2)盈余公积变动是因为本年度提取了 10%的盈余公积金，并按财政部有关规定冲减了住房周转金红书 13,547,137.75 元。

(3)法定公益金变动是因为本年度报告提取了 5%的法定公益金，并按财政部有关规定冲减了住房周转金红书 4,515,712.59 元。

(4)未分配利润增加是分配利润后的剩余数。

(5)股东权益减少主要原因是按财政部有关规定冲减了住房周转金红书。

三、股本变动及股东情况

1、截止 2000 年 12 月 31 日，本公司股东总数为 46381 户。

2、前十名股东持股情况

序号	股东名称	年末持股数(股)	占股本比例(%)
1	云南冶金集团总公司	230,000,000	74.20
2	广东证券股份有限公司	707,418	0.23
3	泰和证券投资基金	472,223	0.15
4	程敏华	275,000	0.089
5	吴显章	215,000	0.069
6	胡八根	193,600	0.06
7	普丰证券投资基金	192,513	0.06
8	覃扬培	190,000	0.06
9	黄永念	180,000	0.06
10	潘思雅	168,000	0.54

注：1)云南冶金集团总公司是代表国家持股的控股股东。
2)报告期内控股股东无变更，所持股份无冻结、质押情况。
3)其余流通股东是否存在关联及质押，本公司不清楚。

四、股东大会简介

报告期内本公司召开了 1999 度股东大会，具体情况如下：

1、公司于 1999 年 2 月 29 日在《中国证券报》和《证券时报》上刊登了召开 1999 年度股东大会的公告；2000 年 4 月 2 日，1999 年度股东大会在云南铝业股份有限公司本部召开，会议由董事长代祖让先生主持。

2、股东大会通过了如下决议：
(1) 、《1999 年度董事会工作报告》；
(2) 、《1999 年度监事会工作报告》；
(3) 、《1999 年度利润分配的议案》；

经云南同舟会计师事务所有限公司审计，本公司 1999 年实现净利润 63,602,442. 45 元，加期初未分配利润–544,962.13 元，可供分配的利润为 63,057,480.32 元，提取 10%的法定盈余公积金 6, 360,244. 24 元，提取 5%的法定公益金 3,180,122.13 元后，99 年底可供股东分配的利润为 53,517, 113.95 元。

以公司总股本 31000 万股为基数，每 10 股派发现金红利 1.6 元(含税)，剩余 3 ,917,113.95 元留待以后年度分配。99 年度本公司不再进行资本公积金转增股本。

(4) 、《修改公司章程的议案》；
(5) 、《聘请会计师事务所及报酬议案》；

大会决议刊登在 2000 年 4 月 3 日的《中国证券报》和《证券时报》上。

3、本报告期内无选举、更换公司董事、监事的情况。

五、董事会报告

1、公司经营情况

(1)、公司所处的行业及公司 2000 年在本行业的地位：本公司是中国国家有色金属工业局确定的中国十三家重点铝企业之一，在全国 119 家铝冶炼企业中，全年铝锭产量占第 5 位(全国有色金属冶炼统计学会)。

(2)、公司主营业务的范围及经营状况

公司的主营业务是铝冶炼、铝加工产品、炭素及炭素制品的生产和销售。1999 年主要进行的是铝冶炼、铝加工产品的生产和销售。2000 年，本公司在社会各界和全体股东的关怀、支持下，实现电解铝产量 111682 吨，较上年同期 84188 吨增长 32 .7%；实现主营业务收入 1,470,275,397.69 元，较上年同期增长 46.6%；实现主营业务利润 225,922,258.41 元，较上年同期增长 38.4 %；实现净利润 97,568,149.96 元，较上年同期增长 53.4%。产量、主营业务收入、利润同比增长的主要原因是：1、公司自上市之后，经营机制发生了有效转变；2 、上市募集资金投入的项目于 2000 年 8 月 23 日全部投产并达到设计生产能力；3、企业科技含量大幅提高，获云南省"高新技术企业"认证，经济效益显著增长；4、进一步挖掘内部潜力，理顺物流管理程序，降低产品成本；5、充分利用重熔用铝锭在上海金属交易所注册的有利条件，发挥期货市场的套期保值功能，规避了市场风险，获得较好效益。

(3)、在经营中出现的问题与困难及解决方案

2000 年企业主要面临的问题与困难：一是技改工程竣工后，工程贷款利息转入成本，导致财务费用增加；二是电价仍然是限制企业发展的主要因素。　企业采取的对策：一是通过准确分析市场变化，降低大宗原材料采购价格；进一步加强内部管理，降低各个物流环节的消耗，从而大幅降低了生产成本；二是向国家有关部门与地方政府广泛进行呼吁和反映，争取电价方面的优惠政策。

2、公司财务状况

项目	2000 年(元)	1999 年(元)	增减(%)
总资产	2,287,439,157.79	2,146,930,912.13	6.8%
长期负债	1,032,000,000.00	745,000,000.00	38.5%
股东权益	715,347,849.69	742,324,153.13	-3.6%
主营业务利润	225,922,258.41	163,203,762.10	38.4%
净利润	97,568,149.96	63,602,442.45	53.4%

总资产增加，主要是"九五"技改工程固定资产增加；长期负债增加，主要是技改工程长期借款增加；股东权益减少主要冲减了住房周转金红书；主营业务利润和净利润增加主要是：一产量增加，二销售价格上升。

3、公司投资情况

(1)、公司 1998 年发行 A 股股票，共募集资金 37840 万元，公司已将全部资金投入到招股说明书承诺的项目中。

(2)、报告期内无募集资金投资的重大项目。

4、新年度的业务发展计划

(1)、利用国家西部大开发中的优惠政策，争取年内公司"十五"规划中的 "环境治理节能技术改造"二期工程全面开工；

(2)、发挥上市公司的作用，以适当的方式从资本市场融资，进一步壮大企业实力。

(3)、着眼公司"十五"规划，作好人力资源的规划、管理和培养工作；

(4)、进一步加强企业内部的"基础管理"工作，建立完善的现代企业制度；

5、董事会日常工作情况

(1)、报告期内董事会情况、决议内容：

1)一届六次董事会于 2000 年 2 月 24 日召开，会议讨论并通过了如下决议：　A、《总经理业务报告》；B、《关于计提各项资产减值准备的报告》；C、《1999 年度报告及摘要》；D、《1999 年度利润分配预案》；E、《续聘法律顾问的议案》；F、《续聘审计师的议案》；G、修改《公司章程》的预案；H、召开股东大会的时间及议题。

以上决议刊登在 2000 年 2 月 29 日的《中国证券报》和《证券时报》上。

2)一届七次董事会于 2000 年 8 月 19 日召开，会议讨论并通过了如下决议：A 、《2000 年度中期报告及摘要》；B、《2000 年度中期不进行利润分配，　也不进行资本公积金转增股本的议案》；C、《聘任丁吉林先生为公司副总经理的议案》；D、《关于用资产抵押向中国工商银行贷款的报告》。

以上决议刊登在 2000 年 8 月 22 日的《中国证券报》和《证券时报》上。

3)一届八次董事会于 2000 年 12 月 10 日召开，会议讨论并通过了本公司与云南冶金集团总公司签订的《补充协议书》(即 1997 年 10 月 7 日本公司与控股股东云南冶金集团总公司签订的《土地租赁合同》、《房屋租赁合同》、《综合服务协议》的《补充协议》)的决议。

以上决议刊登在 2000 年 12 月 14 日的《中国证券报》和《证券时报》上。

(2)、董事会对股东大会决议的执行情况

根据 2000 年 4 月 2 日召开的 1999 年度股东大会决定，董事会于 4 月 3 日在《中国证券报》和《证券时报》上刊登了关于 1999 年利润分配的公告，即以 1999 年末总股本 31000 万股计算，10 股派发现金红利 1.6 元(含税)，剩余利润留待以后年度分配，本年度不再进行资本公积金转增股本的方案。此方案公司董事会已于 2000 年 5 月 31 日实施。

6、公司管理层及员工情况

(1) 现任董事、监事、高级管理人员

姓名	性别	年龄	职务	任期起止日期	年初持股数(股)	年末持股数(股)
代祖让	男	54	董事长	1998.3-2001.3	5000	5000
田　永	男	40	副董事长兼总经理	1998.3-2001.3	5000	5000
黄伟昭	男	63	副董事长	1998.3-2001.3	5000	5000
姚明德	男	60	董事	1998.3-2001.3	5000	5000
王永仁	男	60	董事	1998.3-2001.3	5000	5000
刘宗全	男	47	董事	1998.3-2001.3	5000	5000
田　旭	男	54	董事兼副总经理	1998.3-2001.3	5000	5000
武绍清	男	48	董事	1998.3-2001.3	5000	5000
周　环	男	39	董事	1998.3-2001.3	5000	5000
李　洪	男	35	监事会召集人	1998.3-2001.3	5000	5000
彭治平	男	55	监事	1998.3-2001.3	4000	4000
张自义	男	36	监事	1998.3-2001.3	4000	4000
郭天承	男	51	监事	1998.3-2001.3	4000	4000
刘　刚	男	50	监事	1998.3-2001.3	3000	3000
武佩雄	男	47	副总经理	1998.3-2001.3	5000	5000
丁吉林	男	33	副总经理	2000.8-2001.3		
董仕毅	男	37	总工程师	1998.3-2001.3	5000	5000
谢孝华	女	46	财务负责人	1998.3-2001.3	5000	5000
张文伟	男	32	董事会秘书	1998.12-2001.3	1000	1000

注：年度报酬区间：20 至 24 万元 2 人，15 至 20 万元 5 人，5 至 10 万元 1 人，3 至 5 万元 2 人，代祖让、黄伟昭、姚明德、王永仁、周环、彭治平、张自义未在公司领取报酬。

报告期内，公司 2000 年 8 月 19 日召开的一届七次董事会聘任丁吉林先生为公司副总经理。

(2)、公司员工数量、专业构成、教育程度及退休职工人数情况

本公司现有职工 2855 人，其中：生产人员 2376 人，销售人员 65 人，技术人员 185 人，财务人员 29 人，行政人员 200 人，大专文化程度的人员有 582 人，中专以上文化程度的人员有 1050 人，无退休人员。

7、本次利润分配预案或资本公积金转增股本预案。

经天一会计师事务所有限责任公司(原云南同舟会计师事务所有限公司)审计，本公司 2000 年实现净利润 97,568,149.96 元，加期初未分配利润 3,917,113.95 元，可供分配的利润为 101,485,263.91 元，提取 10%的法定盈余公积金 9,756,815.00 元，提取 5%的法定公益金 4,878,407.50 元后，99 年底可供股东分配的利润为 86, 850 ,041.41 元。

以公司总股本 31000 万股为基数，弥补住房周转金 3,917,113.95 元后，每 10 股派发现金红利 2.5 元(含税)，剩余 5,432,927.46 元留待以后年度分配。2000 年度本公司不再进行资本公积金转增股本。

报告期内，公司选定的信息披露媒体没有变更。

六、监事会报告

1、报告期内本公司监事会会议情况。

2000 年公司监事会召开了二次会议，具体情况如下：

(1) 一届四次监事会于 2000 年 2 月 24 日召开，会议审议并通过了如下事项：A、同意董事会通过的《计提公司各项资产准备的报告》B、审议通过了《1999 年度报告及摘要》；C、审议通过了《监事会报告》。以上决议刊登在 2 月 29 日的《中国证券报》和《证券时报》上。

一届五次监事会于 2000 年 8 月 19 日召开，会议审议并通过了《公司 2000 中期报告及摘要》。以上决议刊登在 2000 年 8 月 22 日的《中国证券报》和《证券时报》上。

2、公司依法运作情况：

(1)、2000 年度，公司董事会按照股东大会的决议要求，确实履行了各项决议，其决策程序符合《公司法》和《公司章程》的有关规定；公司也已建立了内部控制制度；公司董事及经理层等高级管理人员在执行公司职务时未发现有违反法律、法规、公司章程或损害公司利益的行为。

(2)、报告期内，天一会计师事务所有限责任公司(原云南同舟会计师事务所有限公司)出具的审计报告真实反映了公司的财务状况和经营成果。

(3)公司最近一次募集资金实际投入项目与承诺的投入项目一致。

(4)报告期公司无收购、出售资产的情况，也没有损害部分股东的权益或造成公司资产流失的行为。

(5)报告期内，公司的关联交易公平，没有损害本公司的利益。

(6)报告期内，会计师事务所没有出具有解释性说明、保留意见、拒绝表示意见或否定意见的审计报告。

七、重要事项

1、报告期内未发生重大诉讼、仲裁事项。

2、报告期内，公司、公司董事及高级管理人员没有受监管部门处罚的情况。

3、报告期内，公司没有控股股东变更、公司董事会换届、改选或半数以上成员变动、公司总经理变更、公司解聘、新聘董事会秘书的情况。

4、报告期内公司无收购及出售资产、吸收合并的事项。报告期内，无托管、承包、租赁其他公司资产或其他公司托管、承包、租赁上市公司资产的事项。

5、重大关联交易事项

(1)、本公司与控股股东云南冶金集团总公司于 2000 年 12 月 10 日签订了《土地租赁合同》、《房屋租赁合同》、《综合服务协议》的《补充协议书》；

(2)、本公司与控股股东云南冶金集团总公司于 2001 年 2 月 7 日签订了《委托房改协议书》；

(3)、无其他重大关联交易。

6、报告期内，本公司与控股股东在人员、资产、财务上的"三分开"情况；

报告期内本公司人员独立、资产完整、财务独立，实行了与控股股东在人员、资产、财务上的"三分开"；

人员方面：按公司法和有关法律法规的要求，本公司总经理、财务负责人、董事会秘书、财务人员均属专职，公司设有独立的劳动、人事及工资管理机构，总经理、副总经理及其它高级管理人员均在本公司领取报酬，未在股东单位担任职务；

资产方面：公司拥有独立的生产系统、辅助生产系统和配套设施；拥有独立的 "云海"牌注册商标；拥有独立的"云海"牌工业产权；公司拥有独立的采购和销售业务部门；

财务方面：公司拥有独立的财务部门和财务人员，并建立了独立的会计核算体系和财务管理制度，开立有独立的银行帐户；

7、报告期内，无托管、承包、租赁其他公司资产或其他公司托管、承包、租赁上市公司资产的事项。

8、报告期内，公司续聘天一会计师事务所有限责任公司(原云南同舟会计师事务所有限公司)做公司的审计工作。

9、报告期内无重大合同(含担保等)。

10、报告期内未更改公司名称和股票简称。

八、财务会计报告

审计报告

天一审字(2001)第(5)-004 号

云南铝业股份有限公司全体股东：

我们接受委托，审计了贵公司二 OOO 年十二月三十一日的资产负债表和合并资产负债表、二 OOO 年度利润及利润分配表和合并利润及利润分配表和二 OOO 年度现金流量表及合并现金流量表。这些会计报表由贵公司负责，我们的责任是对这些会计报表发表审计意见。我们的审计是依据《中国注册会计师独立审计准则》进行的。在审计过程中，我们结合贵公司的实际情况，实施了包括抽查会计记录等我们认为必要的审计程序。

我们认为，上述会计报表符合《企业会计准则》和《股份有限公司会计制度》及其有关的补充规定，在所有重大方面公允地反映了贵公司二 OOO 年十二月三十一日的财务状况及二 OOO 年度的经营成果和二 OOO 年的现金流量情况，会计处理方法的选用遵循了一贯性原则。

天一会计师事务所有限责任公司　　中国注册会计师：鲍　琼

地址：中国·北京　　中国注册会计师：周　黎

金融街投资广场 18 层　　二 OO 一 年二月八日

(一)公司简介

云南铝业股份有限公司是云南冶金集团总公司将其全资子公司--云南铝厂的绝大部份生产经营性资产，以独家发起、社会公开募集股份方式设立的股份有限公司，总股本 31000 万股，云南冶金集团总公司持有 23000 万股，占 74.2%，社会公众持股 8000 万股，占 25.8%。公司于 1998 年 3 月 20 日正式成立，同年 4 月 8 日 7200 万 A 股 "云铝股份"股票在深交所上市。

公司于 1998 年 3 月 20 日在云南省工商行政管理局登记注册， 企业法人营业执照注册号：5300001003782。

公司经营范围：重熔用铝锭及铝加工制品、碳素及碳素制品、氧化铝；建筑材料、装饰及装饰材料、金属材料及家具；普通机械、汽车配件、五金、交电、化工、矿产品；日用百货(专项产品按规定经营)。

(二)公司主要会计政策、会计估计和合并会计报表编制基础与方法

(三)税项

A、本公司适用的流转税及附加的税种税率如下：

税种	计税依据	税率
增值税	销项税(抵扣进项税后缴纳)	17%
营业税	相关收入	3%
城建税	应纳增值税、营业税	1%
教育费附加	应纳增值税、营业税	3%

B、印花税、房产税、车船使用税、个人所得税等按国家规定征收比例计算缴纳。

C、所得税

根据云地税二复(2000)03 号《关于云南铝业股份有限公司按高新技术企业的税率征收企业所得税问题的批复》，本公司执行 15%的所得税税率。

(四)控股子公司

被投资单位名称	云铝上海经营部	云铝装璜公司
经营范围	销售	销售、加工
注册资本	50 万元	70 万元
母公司控股比例	100%	100%
是否合并	是	是
是否权益法计算	是	是

(五) 合并会计报表主要项目注释(金额单位:人民币元)

1、货币资金

项目	期初数	期末数
库存现金	6,588.50	14,502.46
银行存款	140,612,572.48	123,764,208.04
其他货币资金	6,553,243.26	80,019,573.53
合计	147,172,404.24	203,798,284.03

(1)本项目期末数比期初数增加 38.47%，主要是本期主营业务收入大幅增加，且货款回收力度加大。

2、应收帐款

帐龄	期初数			期末数		
	金额	比例(%)	坏帐准备	金额	比例(%)	坏帐准备
1 年以内	41,762,938.98	96.46	-	59,514,187.48	97.71	-
1-2 年内	111,981.81	0.26	11,198.18	1,391,713.10	2.29	139,171.31
2-3 年内	899,790.05	2.08	179,958.01			0.00
3 年以上	521,576.87	1.20	156,473.06			0.00
合计	43,296,287.71	100.00	347,629.25	60,905,900.58	100.00	139,171.31

(1)本项目期末数比期初数增加 40.67%，主要是应收云南冶金进出口公司货款增加。

(2)无持有本公司 5%以上股份的股东单位欠款。

3、应收票据

(1)票据种类	出票日期	到期日	金额
银行承兑汇票	2000.12.07	2001.06.06	200,000.00
合计			200,000.00

6、存货

7、待摊费用

类别	期初数	本期增加	本期摊销	期末数
保险费	215,574.60	659,309.47	456,114.40	418,769.67
租赁费	2,194,125.72	--	2,194,125.72	--
养路费	61,669.20	198,246.00	208,935.60	50,979.60
辊套费	--	754,115.31	669,180.69	84,934.62
合计	2,471,369.52	1,611,670.78	3,528,356.41	554,683.89

8、长期投资

项目	期初数	本期增加	本期减少	期末数
长期股权投资	8,796,336.80	--	375,938.75	8,420,398.05
长期债权投资				
合计	8,796,336.80	--	375,938.75	8,420,398.05

9、固定资产及累计折旧

10、工程物资

类别	期初数	期末数
设备	2,292,720.31	1,250,140.65
工程材料	45,283,700.91	47,090,173.30
合计	47,576,421.22	48,340,313.95

11、在建工程

12、固定资产清理

项目	期初数	期末数
其他设备	--	4,156,628.88

(1) 固定资产清理项目主要是本公司电解一厂 60kA 电解槽技改拆除清理。

13、无形资产

类别	原始金额	期初数	本期增加	本期转出	本期摊销	期末数
专利权	2,638,882.88	2,011,821.68	–	–	313,530.60	1,698,291.08

14、长期待摊费用

种类	期初数	本期增加	本期摊销	期末数
房屋使用权	992,937.74	--	90,276.64	902,666.10

15、短期借款

借款类别	担保借款	信用借款	合计
期初数	35,400,000.00	299,000,000.00	334,400,000.00
期末数	15,000,000.00	179,200,000.00	194,200,000.00

(1)本项目期末数比期初数减少 41.93%,主要原因是产销量增大,贷款回笼增加,为提高资金的利用率,归还一部分流动资金借款。

16、应付帐款

期初数	期末数
110,514,432.83	92,703,407.28

(1) 本项目无持有本公司 5%以上股份的股东款项

17、预收帐款

期初数	期末数
16,316,315.06	14,088,542.75

(1) 本项目无持有本公司 5%以上股份的股东款项。

18、应交税金

项目	增值税	营业税	城建税	所得税	固定资产投资方向调节税	合计
期初数	2,644,213.38	21,664.48	51,150.25	2,530,884.69	-386,860.00	4,861,052.80
期末数	-12,004,597.50	27,544.03	1,770.58	-27,080.63		-12,002,363.52

(1) 本项目期末数比期初数减少 347%,主要原因是增值税抵扣数增加。

19、其他应付款

期初数	期末数
130,493,655.98	89,669,360.54

(1)云南冶金集团一分公司 10,598,350.64

(2)该项目期末比期初减少 35.60%,主要是由于技改应付工程款项减少。

20、预提费用

类别	期初数	期末数
房租	31,080.15	–
加工费	218,545.56	–
利息	1,497,827.22	2,163,760.00
大修理费		6,000,000.00
合计	1,747,452.93	8,163,760.00

(1)本项目期末数比期初数增加 367%,主要原因是计提电解槽大修理费用。

21、长期借款

借款单位	金额	借款期限	年利率	借款条件
昆明市工商银行	25,000,000.00	1996.3.28-2001.3.28	11.7 %	担保
昆明市工商银行	68,500,000.00	1998.07.20-2003.07.20	7.65%	担保
昆明市工商银行	173,500,000.00	1997.12.30-2002.12.30	9.9%	担保
昆明市工商银行	20,000,000.00	1998.11.19-2001.11.19	7.11%	担保
昆明市工商银行	20,000,000.00	1998.10.30-2001.10.3	7.11%	担保
昆明市工商银行	20,000,000.00	1998.11.13-2001.11.13	7.11%	担保
昆明市工商银行	20,000,000.00	1998.11.16-2001.11.16	7.11%	担保
昆明市工商银行	20,000,000.00	1998.10.27-2001.10.27	7.11%	担保
昆明市工商银行	50,000,000.00	1998.10.21-2002.10.12	7.11%	担保
昆明市工商银行	75,000,000.00	1999.12.29-2004.12.28	6.03%	担保
昆明市工商银行	50,000,000.00	1999.3-2002.3	7.326%	担保
昆明市工商银行	50,000,000.00	2000.3.23-2003.3.22	6.534%	信用
昆明市工商银行	7,000,000.00	1998.12.25-2001.3.25	8.01%	担保
昆明市工商银行	20,000,000.00	1999.12.24-2001.3.24	6.1425%	担保
昆明市工商银行	400,000,000.00	2000.6.30-2007.6.30	6.21%	抵押
昆明市工商银行	65,000,000.00	1997.12.20-2002.12.10	11.7%	担保
	1,084,000,000.00			

(1) 以上利率为合同利率,贷款金额中有一亿元为流动资金中期贷款,一年内到期的借款有 52,000,000.00 元。

22、股本

公司 2000 年股本变动情况如下表

项目	期初数	本次变动增减(+、-) 配股	送股	公积金转股	增发	其他	小计	期末数
一、尚未流通股份								
1、发起人股份	230,000,000.00							230,000,000.00
其中:国家持有股份	230000,000.00							230,000,000.00
3、内部职工股	81,000.00							81,000.00
4、优先股或其他								
尚未流通股份合计	230,081.000.00							230,081.000.00
二、已流通股份								
1、境内上市的人民币普通股	79,919,000.00							79,919,000.00
已流通股份合计	79,919,000.00							79,919,000.00
三、股份总额	310,000,000.00							310,000,000.00

23、资本公积

项目	期初数	本期增加	*本期减少	期末数
股本溢价	298,450,274.00	--	--	298,450,274.00
资产评估增值	116,409,627.43	--	29,580,201.70	86,829,425.73
合计	414,859,901.43	--	29,580,201.70	385,279,699.73

24、盈余公积

项目	期初数	本期增加	*本期减少	期末数
法定盈余公积	9,031,425.16	9,756,815.00	9,031,425.16	9,756,815.00
法定公益金	4,515,712.59	4,878,407.50	4,515,712.59	4,878,407.50
合计	13,547,137.75	14,635,222.50	13,547,137.75	14,635,222.50

25、未分配利润

年初未分配利润	3,917,113.95
加:本期净利润	97,568,149.96
减:按 10%提取法定盈余公积	9,756,815.00
减:按 5%提取法定公益金	4,878,407.50
减:应付普通股股利	77,500,000.00
* 减: 弥补住房周转金	3,917,113.95
期末未分配利润	5,432,927.46

*(1)本期资本公积减少 29,580,201.70 元,法定盈余公积减少 9,031,425.16 元,法定公益金减少 4,515,712.59 元,年初未分配利润减少 3,917,113.95 元,是依据财政部财企[2000]295 号文,弥补住房周转金红字;

(2)根据董事会决议,公司本年度的利润分配预案为每 10 股派 2. 5 元现金股利(含税)

(3)上述事宜均需股东大会决议通过。

26、财务费用

类别	本期发生数	上年同期数
*利息支出	50,710,508.60	29,189,856.87
减:利息收入	1,801,599.58	1,680,074.59
汇兑损失		0
减:汇兑收益	34,623.53	58,137.75
其他	135,994.72	317,542.52
合计	49,010,280.21	27,769,187.05

(1)财务费用比上年同期增加 76.52%,主要原因是暂估结转固定资产的项目停止利息资本化;

27、投资收益

项目	本年发生数	上年同期数
股权投资收益	2,761,258.99	4,326,302.15
债权投资收益	–	-44,748.78
非控股公司分来的利润	–	176,471.56
期货收益	2,722,605.88	--
合计	5,483,864.87	4,458,024.93

28、营业外收入

项目	本年发生数	上年同期数
教育费附加返还	100,000.00	--
罚款收入	120,010.00	58,858.97
处理固定资产净收益	--	46,880.00
其他	--	14,447.50
合计	220,010.00	120,186.47

29、营业外支出

项目	本年发生数	上年同期数
处理固定资产损失	127,569.46	1,172,419.04
捐赠	76,800.00	126,800.00
其他	54,412.83	9,509.24
合计	258,782.29	1,308,728.28

30、支付的其他与经营活动有关的现金主要为支付的管理费用和营业费用等,其中大项的支付列示如下:

制造费用	14,772,153.45
办公费	1,822,756.59
运输费	16,755,492.54
包装费	2,261,168.97
广告费	1,031,167.36
商检及出口铝锭押运费	5,190,613.69
租赁费	5,336,770.95
支付后勤服务费	5,960,615.16
水电费	1,169,522.67

(六) 关联方及关联交易

(1) 存在控制关系的关联方关系的性质

关联方企业名称	注册地	主营业务	与本公司关系	经济性质	法定代表人
云南冶金集团总公司	云南昆明	矿产品、冶金产品及副产品、延伸产品	最大股东	国有	陈智
云铝上海经营部	上海市	电解产品、铝合金、铝板等铝制品	子公司	国有控股	田永
云铝装璜公司	云南昆明	室内外装饰装修工程	子公司	国有控股	张继孔

(2)存在控制关系的关联方的注册资本及其变动

单位名称	年初数	增加数	减少数	期末数
云南冶金集团总公司	380,947,000.00	–	–	380,947,000.00
云铝上海经营部	500,000.00	–	–	500,000.00
云铝装璜公司	700,000.00	–	–	700,000.00

(3)存在控制关系的关联方所持股份及变化

单位名称	年初数 金额	%	本年增加 金额	%	本年减少 金额	%	年末数 金额	%
云南冶金集团总公司	230000000.00	74.2	–	–	–	–	230,000,000.00	74.2
云铝上海经营部	500,000.00	100	–	–	–	–	500,000.00	100
云铝装璜公司	700,000.00	100	–	–	–	–	700,000.00	100

(4)不存在控制关系的关联方关系的性质

单位名称	与本公司的关系
云南冶金集团进出口有限公司	联营企业、与本公司属同一母公司

(5)关联交易

A、代理事项

本公司进出口业务主要由云南冶金集团进出口有限公司代理,比照市场价格收取代理费。本公司与该公司签署委托代理协议,根据协议,本公司 2000 年度共付给该公司进出口业务代理费为 1,782,486.13 元。

B、租赁事项

2000 年 12 月 10 日本公司与云南冶金集团总公司签定《补充协议》,该协议规定自 2000 年 1 月 1 日至 2001 年 12 月 31 日,公司需支付给云南冶金集团总公司综合服务费 566 万元/年,房屋、土地使用权租赁费 314 万元,以上费用共计 880 万元/年。

(七)或有事项

本公司本年度无需要披露的或有事项。

(八)承诺事项

本公司本年度无需要披露的重大的承诺事项。

(九)期后事项

本公司本年度无需要披露的期后事项。

(十)其他重大事项说明

根据六部委财综字(1998)77 号文的有关规定,本公司就如何执行该文件中所指 "取消云南省电力还贷基金 0.02 元"的事宜,正与有关部门协商解决。

九、公司其他有关资料

1、公司注册登记日期和地点:于 1998 年 3 月 20 日在云南省工商行政管理局登记注册。

2、企业法人营业执照注册号:5300001003782。

3、税务登记号码:530121460614001。

4、公司未流通股票的托管机构名称：深圳证券登记公司。

5、公司聘请的会计师事务所名称、办公地：聘请天一会计师事务所(原云南同舟会计师事务所有限公司)为本公司审计机构，总部地址：北京市西城区金融街 27 号投资广场 A 座 1804 号；云南分所地址：云南省昆明市人民中路 36 号如意大厦 9-10 层。

十、备查文件目录

1、载有法定代表人、财务负责人、会计机构负责人签名并盖章的会计报表；

2、载有会计师事务所盖章、注册会计师签名并盖章的审计报告原件。

3、报告期内在中国证监会指定报纸上公开披露过的所有公司文件的正本及公告的原稿。

以上文件均完整的备置于公司所在地。

云南铝业股份有限公司董事会　　2001 年 2 月 10 日

合并资产负债表

编制单位：云南铝业股份有限公司　　日期：2000.12.31　　单位：人民币元

资产项目	1999 年 12 月 31 日	2000 年 12 月 31 日
流动资产：		
货币资金	147172404.24	203798284.03
短期投资		
减：短期投资跌价准备		
短期投资净额		
应收票据	7470000	200000
应收股利		
应收利息		
应收帐款	43296287.71	60905900.58
其它应收款	22463340.83	12846681.99
减：坏帐准备	1497018.01	1164949.8
应收帐款净额	64262610.53	72587632.77
预付帐款	125875336.63	5674053.92
应收补贴款	14001016.46	
存货	265049111.82	299338995.43
减：存货跌价准备	3325990.16	3596421.84
存货净额	261723121.66	295742573.59
待摊费用	2471369.52	554683.89
待处理流动资产净损失	4020.69	
一年内到期的长期债权投资		
其它流动资产		
流动资产合计	622979879.73	578557228.2
长期投资：		
长期股权投资	8796336.8	8420398.05
长期债权投资		
其它长期投资		
长期投资合计	8796336.8	8420398.05
减：长期投资减值准备	89163.54	89163.54
长期投资净额	8707173.26	8331234.51
其中：合并价差		
股权投资差额		
固定资产：		
固定资产原值	1151808595.54	1767599001.69
减：累计折旧	246565076.99	253688002.22
固定资产净值	905243518.55	1513910999.47
工程物资	47576421.22	48340313.95
在建工程	559419164.95	131541795.6
固定资产清理		4156628.88
待处理固定资产净损失		
固定资产合计	1512239104.72	1697949737.9
无形及其它资产：		
无形资产	2011821.68	1698291.08
开办费		
长期待摊费用	992932.74	902666.1
其它长期资产		
无形资产及其它资产合计	3004754.42	2600957.18
递延税项：		
递延税款借项		
资产总计：		
资产总计	2146930912.13	2287439157.79
流动负债：		
短期借款	334400000	194200000
应付票据		
应付帐款	110514432.83	92703407.28
预收帐款	16316315.06	14088542.75
代销商品款		
应付工资	6253039.78	15906675.78
应付福利费	5269197.4	7168052.7
应付股利	49600000	77500000
应付税金	4861032.8	-12002363.52
其它应交款	151612.22	693872.57
其它应付款	130493655.98	89669360.54
应付短期债券		
预提费用	1747452.93	8163760
一年内到期的长期负债		52000000
其它流动负债		
职工奖励及福利基金		
流动负债合计	659606759	540091308.1
长期负债：		
长期借款	745000000	1032000000
应付债券		
长期应付款		
住房周转金		
其它长期负债		
长期负债合计	745000000	1032000000
递延税项：		
递延税项贷款		
负债合计：		
负债合计	1404606759	1572091308.1
少数股东权益：		
少数股东权益		
股东权益：		
股本	310000000	310000000
资本公积金	414859901.43	385279699.73
盈余公积	13547137.75	14635222.5
其中：公益金	4515712.59	4878407.5
未确认的外资损失		
未分配利润	3917113.95	5432927.46
外币报表折算差额		
股东权益合计	742324153.13	715347849.69
负债和股东权益总计：		
负债和股东权益总计	2146930912.13	2287439157.79

利润及利润分配表

编制单位：云南铝业股份有限公司　日期：2000.1-12 月　单位：人民币元

项目	1999 年度合并	1999 年度母公司	2000 年度合并	2000 年度母公司
一、主营业务收入	1002920207.29	991268453.66	1470275397.69	1467335690.7
减：折扣与折让				
主营业务收入净额	1002920207.29	991268453.66	1470275397.69	1467335690.7
减：主营业务成本	838738526.94	829219621.33	1242561678.99	1239995960.89
主营业务税金及附加	977918.25	878508.22	1791460.29	1712530.28
二、主营业务利润	163203762.1	161170324.11	225922258.41	225627199.53
加：其他业务利润	1196317.34	1194367.26	10730407.5	10729953.9
减：存货跌价损失	2447849.42	2447849.42	270431.68	270431.68
营业费用	27294769.11	26827336.89	27759393.08	27725662.08
管理费用	34879102.39	33881601.91	50407957.25	50257454.06
财务费用	27769187.05	27590181.33	49010280.21	48935119.48
三、营业利润	72009171.47	71617721.82	109204603.69	109168486.13
加：投资收益	4458024.93	4829837.87	5483864.87	5458146.17
期货损益				
补贴收入	14001016.46	14001016.46		
营业外收入	120186.47	120186.47	220010	220010
以前年度损益调整				
减：营业外支出	1308728.28	1300134.04	258782.29	204369.46
分给外单位利润				
四、利润总额	89279671.05	89268628.58	114649696.27	114642272.84
减：所得税	25677228.6	25666186.13	17081546.31	17074122.88
少数股东损益				
职工奖励及福利基金				
购并利润				
加：未确认的投资损失				
所得税返还				
五、净利润	63602442.45	63602442.45	97568149.96	97568149.96
加：年初未分配利润	-544962.13	-544962.13	3917113.95	3917113.95
盈余公积转入数				
年初未分配利润调整				
减少注册资本减少的未分配利润				
外币报表折算差额				
减：股份公司成立前利润分配				
六、可供分配的利润	63057480.32	63057480.32	101485263.91	101485263.91
减：提取法定盈余公积金	6360244.24	6360244.24	9756815	9756815
提取法定公益金	3180122.13	3180122.13	4878407.5	4878407.5
提取职工奖励福利基金				
七、可供股东分配的利润	53517113.95	53517113.95	86850041.41	86850041.41
减：应付优先股股利				
提取任意盈余公积金				
应付普通股股利	49600000	49600000	77500000	77500000
转作股本的普通股股利				
八、未分配利润	3917113.95	3917113.95	5432927.46	5432927.46

四川第一纺织股份有限公司

一、公司简介

1、公司法定中文名称：四川第一纺织股份有限公司
公司法定英文名称：SICHUAN NO.1 TEXTILE STOCK CO.LTD
2、公司法定代表人：杜世弘
3、公司董事会秘书：余武柏
联系地址：成都市二环路东三段 8 号
联系电话：028—43985654339912 转 2388
传真：028—4398565
授权代表：张宏
联系地址：成都市二环路东三段 8 号
联系电话：028—4339912 转 2583　　传真：028—4337104
4、公司注册地址：成都市二环路东三段 8 号
公司办公地址：成都市二环路东三段 8 号
邮政编码：610053　　公司电子信箱：dyfz@mail.sc.cninfo.net
5、公司选定的信息披露报纸：《中国证券报》
登载公司年度报告的中国证监会指定国际互联网网址：http://www.cninfo.com.cn
公司年度报告备置地点：公司董事会秘书处
6、公司股票上市交易所：深圳证券交易所
股票简称：第一纺织　　股票代码：0809

二、会计数据和业务数据摘要

1、公司本年度实现的利润情况(单位：元)：
利润总额：27,307,033.40
净利润：23,489,086.93
扣除非经常性损益后的净利润：20,404,425.85
扣除非经常性损益后的净资产收益率：8.40%
加权净资产收益率：8.41%
主营业务利润：53,554,149.63
其他业务利润：5,614,609.35
营业利润：25,831,532.82
投资收益：
补贴收入：
营业外收支净额：1,475,500.58
经营活动产生的现金流量净额：752.79　0.75
现金及现金等价物净增加额：　-15,115,397.93

注：扣除非经常性损益后的净利润：其原因是扣除收购绵阳和仁寿分公司评估基准日至购买日实现的净利润 3,084,661.08 元，其中：绵阳分公司为 2000 年 5 月 1 日至 2000 年 8 月 31 日实现的净利润 1,107,468.49 元；仁寿分公司为 2000 年 4 月 1 日至 8 月 31 日实现净利润 1,977,192.59 元。

2、公司近三年的主要会计数据和财务指标：

	2000 年	1999 年	1998 年	
			调整前	调整后
主营业务收入(万元)	39,542.44	25,115.82	20,724.16	20,724.16
净利润(万元)	2,348.91	3,017.67	2,380.95	1,755.36
总资产(万元)	50,940.54	41,317.88	42,274.30	39,370.39
股东权益(万元)不含少数股东权益)	24,288.16	23,084.95	22,971.19	20,067.28
每股收益(摊薄)(元)	0.21	0.26	0.21	0.15
每股收益(加权)(元)	0.21	0.26	0.21	0.15
每股净资产(元)	2.12	2.01	2.00	1.75
调整后的每股净资产(元)	2.09	1.71	1.95	1.34
每股经营活动产生的现金流量净额(元)	0.01	0.40	0.18	0.18
净资产收益率%(摊薄)	9.67	13.07	10.36	8.75
净资产收益率%(加权)	9.68	13.99	10.90	9.15

利润表附表

报告期利润	净资产收益率		每股收益	
	全面摊薄	加权平均	全面摊薄	加权平均
主营业务利润	22.05%	22.08%	0.47	0.47
营业利润	10.64%	10.65%	0.23	0.23
净利润	9.67%	9.68%	0.21	0.21
扣除非经常性损益后的净利润	8.40%	8.41%	0.18	0.18

3、报告期内股东权益变动情况(单位：万元)

项目	股本	资本公积	盈余公积	法定公益金	未分配利润	股东权益合计
期初数	11457	3,130.15	1,327.33	543.16	5,682.09	23,084.95
本期增加	/	/	234.89	117.45	2,348.91	2348.91
本期减少	/	/	/	/	1,498.04	1145.70
期末数	11457	3,130.15	1,562.22	660.61	6,532.96	24,288.16
变动原因			利润提取	利润提取	利润增加及分配	利润增加

三、股东情况介绍

1、股东情况介绍
截止 2000 年 12 月 31 日公司股东总数为 19099 户。
2、公司前十名股东情况

名次　股东名称	持股数(万股)	占总股本比例(%)
①成都市国有资产管理局	5957	51.99
②成都市国有资产投资经营公司	1550	13.55
③珠海经济特区富华投资公司	200	1.74
④蛇口社会保险公司	100	0.87
⑤深圳宝恒集团股份有限公司	50	0.44
⑥浙江省轻纺(集团)公司	50	0.44
⑦新疆华宇投资有限责任公司	37.0751	0.32
⑧马宇	34.3115	0.30
⑨赖世万 32.4	0.28	0.28
⑩成都纺织品进出口公司	30	0.26

四川锦华股份有限公司

一、公司简介

1、公司法定中文名称：四川锦华股份有限公司　　公司简称：四川锦华
公司英文名称：SICHUAN JINHUA CO.,LTD
2、公司法定代表人：杨奇
3、公司总经理：陈伐
4、公司董事会秘书：张正斌　　联系地址：四川省遂市遂州中路 309 号
电话：0825-2226774 转 2225　2251399　　传真：0825-2251399
5、公司注册地址：四川省遂宁市遂州中路 309 号
办公地址：四川省遂宁市遂州中路 309 号　　邮政编码：629000
6、公司选定的信息披露报纸：《证券时报》
刊载公司年度报告的国际互联网网址：http://www.cninfo.com.cn
公司年度报告备置地址：公司证券部
7、公司股票上市地址：深圳证券交易所　股票简称：四川锦华　股票代码：0810

二、会计数据和业务数据摘要

(一)本年度利润总额及构成　(单位：元)

利润总额	47991636.31
净利润	43218202.61
扣除非经常性损益后的净利润	19805202.61
主营业务利润	41544594.23
其他业务利润	881784.34
营业利润	19855235.68
投资收益	339005.38
补贴收入	4500000.00
营业外收支净额	23297395.25
经营活动产生的现金流量净额	1732553.50
现金及现金等价物净增加额	-6029477.84

说明：本年度扣除非经常性损益的项目及涉及金额：
(1)资产转让净收益 1891.30 万元。
(2)补贴收入 450 万元。

(二)公司前三年主要会计数据和财务指标：

项目	2000 年	1999 年	1998 年	
			调整后	调整前
主营业务收入(元)	241234471.35	213713889.93	170068820.09	170068820.09
净利润(元)：	43218202.61	-12882322.31	3378588.35	4496558.83
总资产(元)	331382094.85	383967208.56	410328258.69	414557232.86
股东权益(元)	169296356.79	141423503.14	157088606.72	161317580.89
每股收益(元/股)	0.58	-0.24	0.064	0.085
每股收益(元/股)(加权)	0.58	-0.24	0.064	0.085
扣除非经常性损益后的每股收益(元)	0.27	-0.24	0.064	-0.19
每股净资产(元/股)：	2.29	2.68	2.98	3.06
调整后的每股净资产(元/股)	2.28	2.66	2.96	3.03
每股经营活动产生的现金流量净额：(元)	0.03	0.48	0.13	0.13
净资产收益率(%)	25.53	-9.11	2.15	2.79
净资产收益率(%)(加权)	25.53	-9.11	2.15	2.80

(三)公司报告期股东权益变化情况

项目	股本	资本公积	盈余公积	法定公益金	未分配利润	股东权益合计
期初数	52774000	61599727.58	15014376.96	3480689.74	12035398.60	141423503.14
本期增加	21109600	16525721.88	6482730.39	2160910.13	43218202.61	87366254.88
本期减少	-	29585752.71	3604668.13	3604668.13	26272980.39	59463401.23
期末数	738836000	48539696.75	17892439.22	2036931.74	2898020.82	169296356.79

说明：1、股本变化原因：本期股本增加 21109600 元系根据 2000 年 11 月股东会决议，用未分配利润和资本公积“10 送 3 转 1 派现金股利 0.75 元”。

2、资本公积金变化原因：根据财政部财会字(1998)16 号文关于资产评估增值计提折旧的有关规定，将已计提的固定资产增值部分的折旧及已摊销的土地评估增值部分作减少资本公积-资产评估增值准备，增加营业外收入的会计处理，资本公积减少 278.28 万元；结转已售宿舍资产评估减少资本公积-资产评估增值准备 208.35 万元。

结转已转让房屋建筑物、土地资产评估增值减少资本公积-资产评估增值准备 1944.2 万元，增加资本公积-其他 1652.57 万元。

根据 2000 年 11 月股东会决议，用未分配利润和资本公积“10 送 3 转 1 派现金股利 0.75 元”，减少资本公积-其他 527.74 万元。

4、盈余公积金变化原因：本期减少数系根据 2000 年 10 月 21 日董事会决议和财政部“关于企业住房制度改革中有关财务处理问题的通知”(企财[2000]295 号)弥补房改损失。

5、未分配利润变化原因：本期根据 2000 年 11 月股东会决议，本公司用未分配利润和资本公积以“10 送 3 转 1 并派现金股利 0.75 元”的方案进行利润分配。

三、股本变动及股东情况

(一)报告期末股东总数：
截止 2000 年 12 月 29 日，本公司股东总数为 3004 户，其中国家股东 1 户，法人股东 7 户，公司高管人员 7 户。
(二)主要股东持股情况(单位：股)

名次	股东名称	年末持股数	占总股本比例(%)
1	遂宁兴业资产经营公司	43920800	59.45
2	栾城县西高手帕加工厂	616980	0.84
3	李太华	600329	0.81
4	罗家桂	573020	0.78
5	四川省遂宁锦华劳动服务公司	560000	0.76
6	张兴珍	548080	0.74
7	李秀英	534360	0.72
8	四川遂宁锦华劳动服务公司	462000	0.63
9	宋广	412566	0.56
10	吴建军	411180	0.55

烟台冰轮股份有限公司

一、公司简介

1、法定名称(中文):烟台冰轮股份有限公司
(英文):YANTAI MOON CO.,LTD.
2、法定代表人:于元波
3、董事会秘书:刘立新
董事会证券事务代表:孙秀欣
联系地址:烟台市芝罘区西山路 80 号
电话:0535-6243451 6503,6243558
传真:0535-6642776
4、注册地址、办公地址:烟台市芝罘区西山路 80 号
邮政编码:264000 国际互联网网址:http://www.yantaimoon.com
电子信箱:ytbljtzq@public.ytptt.sd.cn
5、公司信息披露报纸:《中国证券报》、《证券时报》
登载公司年度报告的国际互联网网址:http://www.cninfo.com.cn
公司年度报告备置地点:公司证券部
6、股票上市地:深圳证券交易所
股票简称:烟台冰轮
股票代码:0811

二、会计数据和业务数据摘要

1、本年度主要会计数据和业务数据(单位:元)

利润总额	33,704,537.12
净利润	27,829,242.03
扣除非经常性损益后的净利润	27,829,242.03
主营业务利润	75,418,717.76
其他业务利润	3,426,688.12
营业利润	23,766,767.17
投资收益	8,414,912.13
补贴收入	0.00
营业外收支净额	1,522,857.82
经营活动产生的现金流量净额	-20,317,557.95
现金及现金等价物净增加额	11,169,708.63

2、截止报告年度末公司前三年的主要会计数据及财务指标(单位:元)

项目	2000 年度	1999 年度	1998 年度	
			调整后	调整前
主营业务收入	289617,784.04	250,853997.20	195794175.11	195794175.11
净利润	27,829,242.03	26842,974.53	20818470.89	24374205.94
总资产	598,400,625.39	444507,725.52	384984360.84	396,488,329.58
股东权益	266,478,407.27	177387,117.60	190136808.07	201,513,094.68
每股净资产	215	1.72	1.68	1.78
调整后的每股净资产	214	1.71	1.66	1.76
每股经营活动产生的现金流量净额	-0.16	0.39	0.25	0.25
----按主营业务利润计算				
全面摊薄净资产收益率	28.30	39.25	36.03	34.00
加权平均净资产收益率	31.44	34.51	36.48	36.14
全面摊薄每股收益	0.61	0.62	0.61	0.61
加权平均每股收益	0.62	0.62	0.61	0.61
----按营业利润计算				
全面摊薄净资产收益率	8.92	15.67	13.56	14.58
加权平均净资产收益率	9.90	13.78	13.73	15.50
全面摊薄每股收益	0.19	0.25	0.23	0.26
加权平均每股收益	0.20	0.25	0.23	0.26
----按净利润计算				
全面摊薄净资产收益率	10.44	15.13	10.95	12.10
加权平均净资产收益率	11.60	13.31	11.09	12.88
全面摊薄每股收益	0.23	0.24	0.18	0.22
加权平均每股收益	0.23	0.24	0.18	0.22
----按扣除非经常性损益后的净利润				
全面摊薄净资产收益率	10.44	15.13	10.95	12.10
加权平均净资产收益率	11.60	13.31	11.09	12.88
全面摊薄每股收益	0.23	0.24	0.18	0.22
加权平均每股收益	0.23	0.24	0.18	0.22

三、股本变动及股东情况

1、股东情况介绍
(1)截至 2000 年 12 月 31 日,本公司股东总数为 21863 户。
(2)前 10 名股东:

股东名称	持股数量(股)	持股比例
烟台市国有资产管理局(国家股)	65617340	53.06%
烟台制冷空调实业公司(法人股)	20615760	16.67%
中国经济技术投资担保有限公司上海分公司	850000	0.69%
泰和证券投资基金	448500	0.36%
李玉珍	244031	0.20%
山东泰成投资管理有限公司	211820	0.17%
平沪生	179900	0.15%
应宁民	162164	0.13%
任刚	150400	0.12%
赵静	138300	0.11%

说明: A、持有本公司 5%以上(含 5%)股份的股东为:
(1)烟台市国有资产管理局,报告期内认购配股 1911200 股,报告期末持有股份 65617340 股,所持股份无质押或冻结;
(2)烟台制冷空调实业公司,报告期内放弃配股,所持股份无增减变动,无质押或冻结,报告期末持有 20615760 股。
B、前 10 名股东之间无关联关系。

陕西金叶科教集团股份有限公司

一、公司简介

1、公司名称:
中文:陕西金叶科教集团股份有限公司
英文:SHAANXI JINYE SCIENCE TECHNOLOGY AND EDUCATION CO.,LTD GROUP
2、公司法定代表人:田晓康
3、公司董事会秘书:王进春 公司董事会授权代表:强甲申
联系电话:(029)6246725 6246713 传真:(029)6246715
4、公司注册地址:西安市高新技术产业开发区(西区)高新三路 9 号
公司办公地址:西安市朱宏路 1 号
E-mail:JYDMWJC@PUBLIC.XA.SN.CN 邮政编码:710016
5、公司信息披露报纸:《证券时报》 公司年度报告的中国证监会指定国际互联网网址:http://www.cninfo.com.cn 公司年度报告备置地点:公司证券部
6、公司股票上市交易所:深圳证券交易所 股票简称:陕西金叶 股票代码:0812

二、会计数据和业务数据摘要

1、2000 年度利润总额及构成(单位:人民币元)

利润总额	50,286,975.60
净利润	40,050,144.01
扣除非经常性损益后的净利润	36,352,581.20
主营业务利润	58,160,505.57
其他业务利润	1,251,380.63
营业利润	33,138,604.99
投资收益	13,977,480.00
补贴收入	575,965.33
营业外收支净额	2,594,925.28
经营活动产生的现金流量净额	20,401,045.90
现金及现金等价物净增加额	86,159,024.50

注:扣除的非经常性损益项目和涉及金额
(1)营业外收支净额项目:

A、新股申购冻结资金利息收入	3,694,907.44
B、无法支付的应付款项	
C、处理固定资产净损失	573,309.96
(2)补贴收入	575,965.33
(3)以上项目涉及金额	3,697,562.81

2、截止报告期末公司前三年主要会计数据和财务指标(单位:人民币元)

指标项目	2000 年度	1999 年度	1998 年度	
			调整前	调整后
主营业务收入	193,920,391.25	215,396,652.53	165,913,264.24	165,913,264.24
净利润	40,050,144.01	38,294,369.23	32,766,550.86	30,356,236.99
总资产	692,475,212.31	542,204,527.67	487,583,178.03	481,632,197.81
股东权益	381,320,582.83	357,110,438.82	324,228,542.56	318,816,069.59
每股收益(摊薄)	0.25	0.29	0.30	0.28
每股收益(加权)	0.25	0.29	0.34	0.31
扣除非经常性损益后的每股收益(摊薄)	0.23	0.25	0.26	0.24
扣除非经常性损益后的每股收益(加权)	0.23	0.25	0.30	0.27
每股净资产	2.41	2.71	2.95	2.90
调整后的每股净资产	2.36	2.67	2.92	2.87
每股经营活动产生的现金流量净额	0.13	0.15	-0.32	-0.32
净资产收益率(按净利润全面摊薄计算)	10.50%	10.72%	10.11%	9.52%
净资产收益率(加权)(按净利润加权平均计算)	10.62%	11.35%	18.66%	17.40%

注:(1)按照中国证监会《公开发行证券公司信息披露编报规则(第 9 号)》要求计算净资产收益率和每股收益。

项目	净资产收益率(%)		每股收益	
	全面摊薄	加权平均	全面摊薄	加权平均
主营业务利润	15.25	15.42	0.37	0.37
营业利润	8.69	8.79	0.21	0.21
净利润	10.50	10.62	0.25	0.25
扣除非经常性损益后的净利润	9.53	9.64	0.23	0.23

三、股本变动及股东情况

(1)截止 2000 年 12 月 31 日,公司股东总数为 40678 户,其中法人股股东 7 户,社会公众股股东 30391 户,内部职工股 10280 户。
(2)截止 2000 年 12 月 31 日公司前 10 名股东持股情况

	股 东 名 称	年末持股数(股)	持股比例(%)
1	陕西省印刷厂	30,032,640	18.96
2	中国烟草总公司陕西省公司	10,264,320	6.48
3	宝鸡卷烟厂	6,937,920	4.38
4	澄城卷烟厂	6,177,600	3.90
5	陕西省投资公司	6,177,600	3.90
6	旬阳卷烟厂	3,468,960	2.19
7	延安卷烟厂	3,468,960	2.19
8	李勇	374,000	0.23
9	景阳证券投资基金	305,020	0.19
10	曲家琦	265,656	0.16

注:1、陕西省印刷厂和中国烟草总公司陕西省公司持股比例均超过总股本的 5 %,报告期内所持股份总数分别增加了 5,005,440 股和 1,710,720 股,均为报告期内实施资本公积金转增股本所致。
2、宝鸡卷烟厂、澄城卷烟厂、旬阳卷烟厂、延安卷烟厂等四家企业隶属中国烟草总公司陕西省公司管理,与中国烟草总公司陕西省公司之间存在关联关系。
其他前十名股东不存在关联关系。

新疆天山毛纺织股份有限公司

一、公司简介

1、公司名称
中文：新疆天山毛纺织股份有限公司
英文：XINJIANG TIANSHAN WOOLLEN TEXTILES CO.,LTD.
2、公司法定代表人：唐翔千
3、公司董事会秘书：王为民　董事会证券事务代表：（暂无）
联系地址：新疆维吾尔自治区乌鲁木齐市银川路1号
联系电话：0991-4311866 转 6849　传真：0991-4310472
电子信箱：tszq@xj.cninfo.net
4、公司注册地址：新疆维吾尔自治区乌鲁木齐市银川路1号
公司办公地址：新疆维吾尔自治区乌鲁木齐市银川路1号　邮政编码：830054
公司国际互联网网址：www.chinatianshan.com
公司电子信箱：tsjszx@xj.cninfo.net
5、公司选定的信息披露报纸为：《中国证券报》、《证券时报》
公司选定的信息披露的国际互联网网址为：www.cninfo.com.cn
公司年度报告备置地点为：公司证券投资部
6、公司股票上市交易所：深圳证券交易所
公司股票简称：天山纺织　股票代码：0813

二、会计数据和业务数据摘要

1、本年度实现利润情况（单位：人民币元）

项　目	金　额
利润总额：	20,507,855.42
净利润：	19,119,494.80
扣除非经常性损益后的净利润：	19,436,379.51
主营业务利润：	89,639,404.04
其他业务利润：	754,308.42
营业利润：	4,261,640.37
投资收益：	15,870,382.17
补贴收入：	692,717.59
营业外收支净额：	-316,884.71
经营活动产生的现金流量净额：	-41,157,758.30
现金及现金等价物净增加额：	-6,559,780.28

2、截止报告期末公司前三年主要会计数据和财务指标（单位：人民币元）

	2000 年	1999 年（调　整　后）	1999 年（调　整　前）	1998 年（调整后）
主营业务收入	463,352,027.22	466,636,320.70	466,636,320.70	467,805,118.34
净利润	19,119,494.80	68,422,388.41	69,996,401.32	60,960,959.67
总资产	1,357,317,588.70	1,133,149,763.48	1,145,723,201.50	1,088,307,599.59
股东权益	645,227,687.59	629,125,435.75	634,485,918.98	568,645,038.34
每股收益	0.057	0.202	0.207	0.325
每股收益（加权）	0.057	0.248	0.254	0.354
每股收益（扣除非经常性损益）	0.057	0.198	0.20	0.327
每股净资产	1.91	1.86	1.88	3.03
调整后的每股净资产	1.80	1.77	1.84	2.97
每股经营活动产生的现金流量净额	-0.12	0.16	0.16	0.54
净资产收益率	2.96	10.87	11.03	10.74

4、利润表附表

报告期利润	净资产收益率		每股收益（元）	
	全面摊薄	加权平均	全面摊薄	加权平均
主营业务利润	13.89%	13.89%	0.27	0.27
营业利润	0.66%	0.66%	0.013	0.013
净利润	2.96%	2.96%	0.057	0.057
扣除非经常性损益后净利润	3.01%	3.01%	0.057	0.057

5、主要财务指标的计算公式如下：
每股收益=净利润/年度末普通股股份总数
净资产收益率=净利润/年度末股东权益×100%
每股净资产=年度末股东权益/年度末普通股股份总数
调整后每股净资产=[年度末股东权益-三年以上的应收款项净额-待摊费用-待处理（流动、固定）资产净损失-开办费-长期待摊费用-住房周转金负数余额]/年度末普通股股份总数
每股经营活动产生的现金流量净额=经营活动产生的现金流量净额/年度末普通股股份总数
注：公司以合并报表数填列或计算以上数据和指标。

三、股本变动和股东情况

（一）股东情况介绍

1、截止报告期末，公司股东总数为73316户，其中公司职工股除公司董事、监事及高级管理人员所持股份依法冻结外，其余全部上市流通。

2、截止2000年12月29日交易日结束，公司前10名股东持股情况如下：

股东名称	年末持股数量（股）	占总股本比例（%）
1)乌鲁木齐市天山毛纺织公司	153885240	45.518
2)香港天山毛纺织有限公司	82810620	24.494
3)香港国际棉业有限公司	8922420	2.639
4)新疆维吾尔自治区供销合作社联合社	7857720	2.324
5)深圳金飞洋投资咨询有限公司	678608	0.201
6)叶伟强	330000	0.0976
7)张弛新	230210	0.0681
8)苏万臣	208700	0.0617
9)东莞市鹏程贸易有限公司	165000	0.0488
10)普丰证券投资基金	150892	0.0446

注：

1、　持本公司5%以上股份的股东为乌鲁木齐市天山毛纺织公司和香港天山毛纺织有限公司。本年度内其所持股份未发生变动，也无质押或冻结情况。

2、前10名股东之间不存在关联关系。

宁夏美利纸业股份有限公司

一、公司简介

1、公司名称：宁夏美利纸业股份有限公司
公司英文名称：NINGXIA　MEILI　PAPER　INDUSTRY　CO.,LTD
英文缩写：MEILI　PAPER
2、公司法定代表人：刘崇喜
3、公司董事会秘书：闫学廷
联系地址：宁夏回族自治区中卫县柔远地区
联系电话：(0953)7679334
传真：(0953)7679216　7679339
电子信箱：YXT@CHINA-MEILI.COM
授权代表：周立东　杨奎毅
联系地址：宁夏回族自治区中卫县柔远地区
联系电话：(0953)7679334　7679335
传真：(0953)7679216　7679223
电子信箱：YXT@CHINA-MEILI.COM
4、公司注册地址：宁夏回族自治区银川市
公司办公地址：宁夏回族自治区中卫县柔远地区　邮政编码：751700
公司国际互联网网址：HTTP://CHINA-MEILI.COM
公司电子信箱：MLZY@CHINA-MEILI.COM
5、公司信息披露报纸：《证券时报》、《上海证券报》
深圳证券交易所上市公司指定披露的网址为：
HTTP://WWW.CNINFO.COM.CN
公司年度报告备置地：董事会秘书办公室证券部
6、公司股票上市地：深圳证券交易所
股票简称：美利纸业　股票代码：0815

二、会计数据和业务数据摘要

1、公司本年度会计数据：（单位：人民币元）

利润总额	42,616,861.30
净利润	42,616,861.30
扣除非经常性损益后的净利润	42,384,046.50
主营业务利润	58,995,668.89
其他业务利润	0.00
营业利润	42,384,046.50
投资收益	232,537.40
补贴收入	0.00
营业外收支净额	277.40
经营活动产生的现金流量净额	7,484,648.25
现金及现金等价物净增加额	72,938,154.74

注：扣除非经常性损益后的净利润所扣除的项目和涉及金额：

投资收益：	232,537.40
营业外收支净额：	277.40

2、前三年主要会计数据和财务指标

指标项目	2000 年	1999 年	1998 年（调整后）	1998 年（调整前）
主营业务收入	286,960,011.78.	191,110,127.33	145,522,040.43	145,522,040.43
净利润	42,616,861.30	40,766,869.89	27,227,302.85	28,094,136.12
总资产	1,072,371,368.78	683,783,976.25	522,361,543.95	523,228,377.22
股东权益	553,087,703.51	373,937,273.71	333,170,403.82	334,037,237.09
每股收益（摊薄）	0.3229	0.3576	0.2388	0.3015
扣除非经常性损益后的每股收益	0.3211	0.29	0.2331	0.2407
每股净资产	4.1901	3.2802	2.9225	2.9301
调整后的每股净资产	4.1857	3.2780	2.9163	2.9239
每股经营活动产生的现金流量净额	0.0567	0.0139	-0.0226	-0.0226
净资产收益率（%）（摊薄）	7.71	10.90	8.17	8.41
净资产收益率（%）（加权平均）	10.91	9.28	11.93	12.28

财务指标表（见下表）

报告期利润	2000 年度			
	净资产收益率（%）		每股收益（元）	
	全面摊薄	加权平均	全面摊薄	加权平均
主营业务利润	10.67	15.18	0.45	0.52
营业利润	7.66	10.91	0.32	0.37
净利润	7.71	10.97	0.32	0.37
扣除非经常损益后的净利润	7.66	10.91	0.32	0.37

三、股东情况介绍

1、截止报告期，宁夏美利纸业股份有限公司股东总数为25546名。

2、主要股东的持股情况

名次	股东名称	期初持股数	期末持股数	占总股份比例（%）
1	宁夏美利纸业集团有限责任公司	50,000,000.00	53,000,000.00	40.15
2	珠海市国盛企业发展公司	7,000,000.00	7,000,000.00	5.3
3	北京得瑞威狮纸业有限公司	3,000,000.00	3,000,000.00	2.27
4	宁夏回族自治区百货总公司	2,000,000.00	2,000,000.00	1.5
5	宁夏电化总厂	2,000,000.00	2,000,000.00	1.5
6	泰和证券投资基金		990,512.00	0.75
7	刁志华		288,600.00	0.2186
8	李立华		286,740.00	0.2172
9	孙汉侯		230,000.00	0.174
10	黄秀娜		221,000.00	0.167

说明：
（1）持股5%（含5%）以上的法人股股东所持股份未发生抵押、冻结等情况。
（2）公司前10名股东不存在关联关系。

3、持股10%以上的法人股股东情况：企业名称：宁夏美利纸业集团有限责任公司，该公司持有本公司国有股5300万股，占总股本的40.15%。公司法定代表人：刘崇喜。

江苏江淮动力股份有限公司

一、公司简介

1、公司法定中文名称：江苏江淮动力股份有限公司
公司英文名称：　JIANGSU　JIANGHUAI　ENGINE　CO.,LTD
2、公司法定代表人：朱瑞龙
3、公司董事会秘书：王乃强　董事会秘书授权代表：徐健峰
联系地址：江苏省盐城市通榆中路 46 号　电话：0515-8222889　传真：0515-8244908
电子信箱：jhdl@public.yc.js.cn
4、公司注册地址：江苏省盐城市环城西路 213 号　办公地址：江苏省盐城市环城西路 213 号
邮政编码：224001　公司国际互联网网址：http://www.jdchina.com
公司电子信箱：jhdl@public.yc.js.cn
5、公司选定的信息披露报纸：《中国证券报》、《证券时报》
公司年度报告备置地点：本公司证券部
证监会指定的公司登载年度报告的国际互联网网址：http:// www.cninfo.com.cn
6、公司股票上市地：深圳证券交易所
股票简称：江淮动力　股票代码：0816

二、会计数据和业务数据摘要

1、本年度利润及利润分配表和现金流量表部分数据摘要(单位：元)

利润总额	105,184,195.68
净利润	78,784,829.13
扣除非经常性损益后的净利润	80,197,369.83
主营业务利润	291,389,857.51
其他业务利润	1,927,337.61
营业利润	101,971,012.62
投资收益	7,373,368.82
补贴收入	1,026,134.00
营业外收支净额	-5,186,319.76
经营活动产生的现金流量净额	-72,090,368.24
现金及现金等价物净增加额	136,285,866.74

2、公司前三年的主要会计数据和财务指标

指标项目	2000 年度	1999 年度	1998 年度	
			调整前	调整后
主营业务收入(元)	1,491,443,401.85	1,387,685,382.30	1,163,839,318.58	1,163,839,318.58
净利润(元)	78,784,829.13	100,380,093.37	93,045,683.76	80,792,105.75
总资产 (元)	1,929,477,835.51	1,581,337,224.35	1,376,913,394.30	1,347,137,383.42
股东权益(元)	1,234,436,567.98	892,558,285.35	820,127,708.45	792,190,776.98
每股收益(元/股)(摊薄)	0.257	0.363	0.336	0.292
每股收益(元/股)(加权)	0.268	0.363	0.336	0.292
扣除非经常性损益后的每股收益(元/股)	0.262		0.363	0.336
每股净资产(元/股)	4.032	3.225	2.96	2.862
调整后的每股净资产(元/股)	3.973	3.18 2.92	2.818	
每股经营活动产生的现金流量净额(元/股)	-0.235	0.373	-0.186	-0.186
净资产收益率(%)	6.38	11.25	11.34	10.20

3、利润表附表

报告期利润	净资产收益率(%)		每股收益(元)	
	全面摊薄	加权平均	全面摊薄	加权平均
主营业务利润	23.61	26.63	0.952	0.991
营业利润	8.26	9.32	0.333	0.347
净利润	6.38	7.20	0.257	0.268
扣除非经常性损益后的净利润	6.50	7.33	0.262	0.273

三、股东情况介绍

1、股本变动情况

注：1.经中国证监会证监公司字[2000]23 号文核准，报告期内公司实施了 1999 年度增资配股方案。每股配售价格 9.7 元，配股缴款起止日为 2000 年 4 月 24 日至 2000 年 5 月 12 日，配股对象为截止 2000 年 4 月 20 日下午收市后在深圳证券登记有限公司登记在册的本公司全体股东。除权基准日为 2000 年 4 月 21 日。实际配售总额为 2,940 万股，其中：向国家股股东配售 300 万股，向社会公众股股东配售 2,640 万股。配股完成后，公司总股本为 30,620 万股，其中国家股 19,180 万股，占总股本的 62.64%；流通股 11,440 万股，占总股本的 37.36%。

2.经深圳证券交易所批准，本公司获配可流通股份 2,640 万股已于 2000 年 6 月 2 日上市流通。公司于 2000 年 5 月 31 日在《中国证券报》、《证券时报》上刊登了股份变动公告及配股获配可流通股份的上市公告。

3.已上市流通的股份中，公司董事、监事及高级管理人员持有的 121,920 股暂时冻结。

2、股东情况介绍

(1)截止 2000 年 12 月 31 日，公司股东总数为 48282 户。

(2)报告期末，公司前 10 名股东的持股情况：

股东名称	持股数(股)	占总股本的比例(%)
1、江苏江动集团有限公司	191,800,000	62.64
2、华夏证券有限公司	6,019,594	1.97
3、中国经济技术投资担保有限公司上海分公司	400,000	0.13
4、胥　霞	393,200	0.13
5、李翼相	361,000	0.12
6、周红风	294,500	0.10
7、李秀霞	292,600	0.10
8、林风嫦	289,900	0.09
9、榆次经纬机电设备厂	288,161	0.09
10、山西瑞奥科技贸易有限公司	280,000	0.09

注：1.江苏江动集团有限公司为本公司母公司，代表国家持有本公司股份 19,180 万股，占公司股份总数的 62.64%。在报告期内，因实施 1999 年度增资配股方案，所持股份增加 300 万股。其所持股份在报告期内未发生质押、冻结的情况。

2.公司前 10 名股东之间不存在关联交易。

(3)持股 10%以上的法人股东简介

公司名称：江苏江动集团有限公司　法定代表人：朱瑞龙

辽河金马油田股份有限公司

一、公司简介

1、公司法定中文名称：辽河金马油田股份有限公司
公司法定英文名称：Liaohe Jinma Oilfield Company Limited
2、公司法定代表人：王春鹏
3、公司董事会秘书：李忠涛
公司证券事务代表：战　丽
联系地址：辽宁省盘锦市兴隆台区振兴街
邮编：124010
电话：0427-7807584
传真：0427-7823657
电子信箱：LHZQB@liaohe.net.cn
4、公司注册地址：辽宁省盘锦市兴隆台区振兴街
公司办公地址：辽宁省盘锦市兴隆台区振兴街迎宾路 13 号
公司国际互联网网址：http://www.lhjm.com/
邮政编码：124010
5、公司选定的信息披露报纸名称：《中国证券报》、《证券时报》
登载公司年度报告的国际互联网网址：
Http:/www.cninfo.com.cn
公司年度报告备置地点：公司董事会秘书处
6、公司股票上市地：深圳证券交易所
股票简称：辽河油田
股票代码：0817

二、会计数据和业务数据摘要

1、公司本年度主要利润指标情况：　单位：元

利润总额：	688,157,730.57
净利润：	461,065,679.48
主营业务利润：	703,485,129.91
其他业务利润：	
营业利润：	694.131,693.81
投资收益：	32,265,777.87
补贴收入：	0.00
营业外收支净额：	-38,239,741.11
经营活动产生的现金流量净额：	452,105,574.35
现金及现金等价物净增加额：	-1,139,748,656.30

2、公司近三年的主要会计数据和财务指标　单位：元

项目	2000 年	1999 年	1998 年
主营业务收入	1,173,294,426.00	868,928,753.00	913,846,892.68
净利润	461,065,679.48	164,752,333.08	138,924,433.64
总资产	2,770,969,219.01	2,606,059,863.79	2,426,528,988.25
股东权益	2,353,873,617.00	2,113,195,596.43	2,315,262,061.80
每股收益(元/股)	0.42	0.15	0.13
扣除非经常性损益后的每股收益(元/股)	0.42	0.15	0.13
每股净资产(元/股)	2.14	1.92	2.10
调整后的每股净资产(元/股)	2.14	1.92	2.10
每股经营活动产生的现金流量净额	0.41	0.75	
净资产收益率(%)	19.587	7.796	6.00

3、股东权益变动情况

单位：元

项目	股本	资本公积	盈余公积	其中:法定公益金	未分配利润	股东权益合计
期初数	1100000000	844081143.52	58367167.94	19455722.66	110359626.06	2112807937.52
本期增加			69159851.92	23053283.97	391905827.56	461065679.48
本期减少			220000000.00	220000000.00		
期末数	1100000000	844081143.52	127527019.86	42509006.63	282265453.62	2353873617.00

变动原因：

年初未分配利润数调整是由于 1999 年报公布后，盘锦市国税局对本公司进行税务检查，补交增值税所致。

盈余公积金增加是由本年利润按比例提取形成的。

未分配利润增加是由本年利润形成，减少是由于利润分配每 10 股派 2 元所致。

三、股本变动及股东情况介绍

1、股东情况介绍

截止到 2000 年 12 月 29 日，本公司股东总数为 87,826 户，其中未流通国有股 1 户，公司高管人员 22 户，社会公众股 87,803 户。

2、前 10 名股东持股情况

名次	股东名称	年末持股数额	持股比例(%)
1	中国石油天然气股份有限公司	900,000,000	81.82
2	同盛证券投资基金	4,000,000	0.36
3	同益证券投资基金	2,200,000	0.20
4	潘安义	1,906,800	0.17
5	同智证券投资基金	1,608,715	0.15
6	九江三联计算机发展有限公司	942,539	0.09
7	上海尊泰经贸有限公司	791,500	0.07
8	九江江达贸易有限公司	778,434	0.07
9	华建国	730,000	0.07
10	普丰证券投资基金	652,949	0.06

持有公司 5%以上的股东为本公司控股股东——中国石油天然气股份有限公司，持有本公司股份 90000 万股，占总股本的 81.82%，报告期内所持股份及比例未有变化。

中国石油天然气股份有限公司持有的本公司 81.82 %的国有法人股未作任何质押或冻结，亦未有其他法律争议。

前十名股东之间不存在关联关系。

锦化化工集团氯碱股份有限公司

一、公司简介

1、公司的法定中、英文名称及缩写：
锦化化工集团氯碱股份有限公司
JIN HUA GROUP CHLOR-ALKALI CO,LTD
英文缩写：JHC
2、公司法定代表人：沈申成
3、公司董事会秘书：赵志鹏　联系地址：公司证券办
电话：0429-2709065　传真：0429-2901152
电子信箱：jhljgf@online.ln.cn
公司注册地址：辽宁省葫芦岛市连山区化工街
办公地址：辽宁省葫芦岛市连山区化工街锦化化工（集团）有限责任公司院内
邮政编码：125001
5、公司信息披露报刊名称：中国证券报、证券时报
刊登公司年报的国际互联网网址：
http/www.cninfo.com.cn
公司年报备置地点：公司证券办
6、公司股票上市交易所：深圳证券交易所
股票简称：锦化氯碱
股票代码：0818

二、会计数据和业务数据摘要

1、本年度实现的指标或数据

利润总额	42,809,815.02
净利润	27,580,319.48
扣除非经常性损益后的净利润	24,459,196.31
主营业务利润	77,158,928.45
其它业务利润	593,967.05
营业利润	39,394,080.76
投资收益	3,629,566.55
补贴收入	
营业外收支净额	-213,832.29
经营活动产生的现金流量净额	-3,308,919.08
现金及现金等价物净增加额	-136,430,363.04

2、主要会计数据和财务指标 单位：元

项目	2000 年	1999 年 调整前	1999 年 调整后	1998 年 调整前	1998 年 调整后
主营业务收入	743,437,866.78	670,365,266.29	670,365,266.29	634,938,402.93	634,938,402.93
净利润	27,580,319.48	46,929,345.50	44,260,693.30	67,502,162.45	57,916,060.67
总资产	2,535,236,695.97	1,456,622,118.00	1,453,953,465.80	1,415,458,052.35	1,415,333,452.13
股东权益	975,950,106.58	951,038,439.30	948,369,787.10	934,071,823.45	914,098,477.66
每股收益	0.081	0.138	0.130	0.199	0.170
加权每股收益	0.081	0.138	0.130	0.199	0.170
扣除非经常性损益后的每股收益	0.072	0.098	0.090	0.199	0.170
每股净资产	2.870	2.797	2.789	2.747	2.689
调整后的每股净资产	2.837	2.743	2.730	2.696	2.638
每股经营活动产生的现金流量净额(元)	-0.01	0.005	0.005	-0.099	-0.099
净资产收益率(%)	2.826	4.935	4.667	7.227	6.336

根据《公司发行证券公司信息披露编报规则》第九号规定，编制如下利润表附表：

报告期利润	2000 年度	净资产收益率(%) 全面摊薄	净资产收益率(%) 加权平均	每股收益(元) 全面摊薄	每股收益(元) 加权平均
主营业务利润	77,158,928.45	7.906	8.019	0.227	0.227
营业利润	39,394,080.76	4.037	4.094	0.116	0.116
净利润	27,580,319.48	2.826	2.867	0.081	0.081
扣除非经常性损益后的净利润	24,459,196.31	2.506	2.542	0.072	0.072

3、股东权益变动情况及变化原因

项目	股本	资本公积	盈余公积	法定公益金	未配利润	股东权益合计
期初数	340,000,000.00	555,208,379.09	18,174,211.21	6,058,070.41	34,987,196.80	948,369,787.10
本期增加			4,137,047.92	1,379,015.97	23,443,271.56	27,580,319.48
本期减少						
期末数	340,000,000.00	555,208,379.09	22,311,259.13	7,437,086.18	58,430,468.36	975,950,106.58

变动原因：盈余公积金上年期末数为 18,574,509.04 元，现变动为 18,174,211.21 元，变动值为 400,297.83 元，是由于上年少计入管理费用 2,668,652.20 元，本年度对上年度的损益进行了调整影响所致。

未分配利润上年期末数为 37,255,551.17 元，现变为 34,987,196.80 元，变动值为 2,268,354.37 元，原因是上年少计入管理费用 2,668,652.20 元，本年度对上年度的损益进行了调整影响所致。

三、股东情况介绍

1、报告期末股东总数 35499 户。
2、主要股东持股情况

名次	股东名称	期初持股数	期末持股数	占%
1)	锦化化工(集团)有限责任公司	250,000,000	250,000,000	73.53
2)	广州利德龙科技有限公司	0	2,332,039	0.69
3)	广州金胡蓉投资咨询有限公司	0	865,571	0.25
4)	广州中科信投资有限公司	0	719,753	0.21
5)	张开前	0	397,400	0.12
6)	吴中太	0	341,871	0.10
7)	程帮爱	0	340,800	0.10
8)	余坤生	0	320,000	0.09
9)	张阳南	0	317,000	0.09
10)	吴铁虎	0	298,900	0.09

3、锦化化工(集团)有限责任公司为本公司第一大股东，代表国家控股本公司。其法定代表人：沈申成　经营范围：苯酚、有机玻璃、环已酮、缩丁醛等化工产品的制造与销售，系本公司的关联单位，与本公司有相互提供部分原材料、水、电、汽、劳务、公用工程等关联事项。该控股公司无股票上市流通，亦无质押、冻结情况。报告期内控股股东无变更情况。

岳阳兴长石化股份有限公司

一、公司简介

1、公司全称：岳阳兴长石化股份有限公司
中文简称：岳阳兴长
英文名称：YUEYANG XINGCHANG PETRO-CHEMICAL CO.,LTD.
英文简称：YUEYANG XINGCHANG
2、公司法定代表人：王胜利
3、公司负责信息披露事务人员：
董事会秘书：彭东升
联系电话：(0730)8452594　8843910
传　　真：(0730)8439202　8843910
E-mail：Pdsen@clpec.com.cn
授权代表：谭人杰
联系电话：(0730)8844930　8844021　8452837
传　　真：(0730)8844930
E-mail：Zqbu@clpec.com.cn
联系地址：公司证券部(湖南省岳阳市金鹗中路康特大厦十楼)
4、公司注册地址：湖南省岳阳市云溪区
公司办公地址：湖南省岳阳市云溪区　邮政编码：414012
E-mail: Zqbu@clpec.com.cn
互联网网址：http://www.0819.com.cn
5、公司选定的信息披露报纸名称：《证券时报》
登载公司年报的中国证监会指定国际互联网网址：
http://www.cninfo.com.cn
公司年度报告备置地点：公司证券部
6、公司股票上市交易所：深圳证券交易所　股票简称：岳阳兴长　股票代码：0819

二、会计数据和业务数据摘要

1、公司本年度实现利润总额	52,452,829.30 元
净利润	43,601,843.41 元
扣除非经营性损益后的净利润	43,601,843.41 元
主营业务利润	75,134,847.99 元
其他业务利润	391,327.96 元
营业利润	53,113,245.33 元
投资收益	700,281.34 元
补贴收入	/
营业外收支净额	-1,360,697.37 元
经营活动产生的现金流量净额	64,427,145.49 元
现金及现金等价物净增加额	-62,046,731.47 元

注：本年度公司无"非经营性损益后的净利润"指标扣除项目。

2、主要会计数据和财务指标

项目	2000 年 12 月 31 日	1999 年 12 月 31 日 调整前	1999 年 12 月 31 日 调整后	1998 年 12 月 31 日 调整前	1998 年 12 月 31 日 调整后
主营业务收入	697,116,945.98	390,954,344.47	390,926,114.98	350,059,414.25	349,402,102.29
净利润	43,601,843.41	36,724,825.39	38,852,088.53	52,994,542.51	52,303,778.76
总资产	392,316,425.79	335,783,620.81	335,833,035.46	231,888,681.92	223,877,236.26
股东权益(不含少数股东权益)	350,904,060.80	305,174,954.25	307,302,217.39	208,123,965.52	200,401,492.45
每股净资产	2.125	1.848	1.861	2.001	1.927
调整后的每股净资产	2.111	1.839	1.853	1.984	1.910
每股经营活动产生的现金流量净额	0.281	0.355	0.355	0.441	0.441
报告期利润	全面摊薄每股收益(元/股)				
主营业务利润	0.455	0.358	0.357	0.708	0.702
营业利润	0.322	0.282	0.281	0.599	0.593
净利润	0.264	0.222	0.235	0.510	0.503
扣除非经常性损益后的净利润	0.264	0.222	0.235	0.510	0.503
报告期利润	加权平均每股收益(元/股)				
主营业务利润	0.455	0.372	0.370	0.708	0.702
营业利润	0.322	0.293	0.292	0.599	0.593
净利润	0.264	0.231	0.244	0.510	0.503
扣除非经常性损益后的净利润	0.264	0.231	0.244	0.510	0.503

三、股本变动及股东情况

1、截止到 2000 年 12 月 31 日，本公司有股东 20232 户。
2、前 10 名股东持股情况

股东名称	年初持股数(股)	本年度增加(股)	年末持股数(股)	占总股本比例%
岳阳长炼兴长企业集团公司	64,160,700	0	64,160,700	38.85
巴陵石化长岭炼油化工总厂	45,450,000	0	45,450,000	27.52
长炼职工技术协会	1,282,500	0	1,282,500	0.78
长炼职工大学	1,282,500	0	1,282,500	0.78
岳阳长炼长庆贸易公司	855,000	0	855,000	0.52
陈东明			432,000	0.26
余枚子			290,000	0.18
毛回元			266,600	0.16
刘良成			259,100	0.16
董东景			211,400	0.13

注：巴陵石化长岭炼油化工总厂已于 2000 年 5 月改制成中国石化集团长岭炼油化工有限责任公司(以下简称"长炼")和中国石油化工股份有限公司长岭分公司，原巴陵石化长岭炼油化工总厂持有的本公司股份由长炼承接。原巴陵石化长岭炼油化工总厂注册资本为 124,480 万元，长炼注册资本为 120,000 万元。

前一、二、三、四、五名为公司法人股股东，其余为社会公众股股东。 公司五个法人股股东互为关联关系：岳阳长炼兴长企业集团公司(以下简称"集团公司")，为行政隶属于长炼的集体所有制企业，是本公司的发起人；长炼是中国石油化工集团公司下属大型国有石油化工企业；岳阳长炼长庆经贸公司、长炼职工技术协会、长炼职工大学均为行政隶属于长炼的集体所有制企业法人。

金城造纸股份有限公司

一、公司简介

1、法定中文名称:金城造纸股份有限公司
法定英文名称:Jincheng Paper Co.,Ltd
2、法定代表人:柏　丹
3、董事会秘书:吕　立
联系地址:辽宁省凌海市金城街金城造纸股份有限公司董事会秘书办公室
电　　话:(0416)8285084　传　　真:(0416)8282642
授权代表:王　敏
联系地址:辽宁省凌海市金城街金城造纸股份有限公司证券部
电　　话:(0416)8285051　传　　真:(0416)8282642
4、注册地址:辽宁省凌海市金城街
办公地址:辽宁省凌海市金城街金城造纸股份有限公司办公楼　邮政编码:121203
电子信箱:http://www.jinchengpaper.com.cn
5、公司信息披露报纸:《证券时报》、《上海证券报》
国际互联网网址:HTTP://WWW.CHINFO.COM.CN　公司年度报告备置地点:公司证券部
6、公司股票上市交易所:深圳证券交易所
股票简称:金城股份　股票代码:0820

二、会计数据和业务数据摘要

1、公司本年度主要会计数据(单位:元)

利润总额	29,425,896.62
净利润	27,440,895.81
扣除非经常性损益后的净利润	21,586,260.80
主营业务利润	75,879,501.14
其他业务利润	3,399,606.92
营业利润	30,363,831.87
投资收益	0.00
补贴收入	0.00
营业外收支净额	-937,935.25
经营活动产生的现金流量净额	305,216,955.49
现金及现金等价物净增加额	303,056,835.31

2、公司近三年主要财务指标 单位:元

指标名称	2000年度	1999年(调整前)	1999年度(调整后)	1998年度(调整后)
主营业务收入	444,653,835.94	507,785,155.42	507,785,155.42	495,157,524.28
净利润	27,440,895.81	48,747,935.99	43,660,468.59	41,662,201.09
总资产	1,116,471,141.38	852,908,936.85	850,457,239.03	808,041,926.07
股东权益	495,443,548.40	461,700,020.70	455,482,231.80	411,821,763.21
未分配利润	64,657,191.18	78,711,961.73	53,355,606.63	64,578,348.92
坏帐准备	1,392,184.74	20,147,39.68	2,014,739.68	1,439,786.92
存货跌价准备	2,570,665.07	2,570,665.07	2,570,665.07	2,570,665.07
每股收益(元)				
摊薄	0.13	0.2306	0.2065	0.2364
加权	0.13	0.2515	0.2253	0.2708
扣除非经常性损益后的每股收益	0.102	0.2058	0.1829	——
每股经营活动产生的现金流量净额(元)	1.444	——	-0.0986	——
每股净资产(元)	2.343	2.184	2.154	2.3439
调整后每股净资产	2.247	2.167	2.137	——
净资产收益率(%)				
摊薄	5.539	10.56	9.59	10.11
加权	5.848	11.11	10.07	13.92

注:(1)主要财务指标的计算方法
每股收益=净利润/年度末普通股股份总数
每股净资产=年度末股东权益/年度末普通股股份总数
调整后的每股净资产=(年度末股东权益-三年以上的应收款项-待摊费用-待处理(流动、固定)资产净损失-开办费-长期待摊费用)/年度末普通股股份总数
每股经营活动产生的现金流量净额=经营活动产生的现金流量净额/年度末普通股股份总数
净资产收益率=净利润/年度末股东权益×100%
3、利润表附表

财务指标	净资产收益率(%)		每股收益(元)	
	全面摊薄	加权平均	全面摊薄	加权平均
主营业务利润	15.315	16.172	0.359	0.359
营业利润	6.129	6.471	0.144	0.144
净利润	5.539	5.848	0.130	0.130
扣除非经常性损益	4.357	4.601	0.102	0.102

三、股东情况介绍

1、报告期股东总数
截止2000年12月31日,公司股东总数为37631户。
2、主要股东持股情况
持有本公司5%以上股份的股东只有本公司的国有法人股股东金城造纸(集团)有限责任公司,报告期末持股数为11305.14万股。
截止2000年12月31日,公司前十名股东名单及持股情况如下:

股东名称	持股数(万股)	占总股本比例(%)
1 金城造纸(集团)有限责任公司	11305.14	53.47
2 中国印刷物资总公司	336	1.589
3 辽宁省造纸芦苇公司	168	0.795
4 中轻物产集团沈阳有限公司	92.4	0.437
5 辽宁省羊圈子苇场	84	0.397
6 辽宁省东郭苇场	84	0.397
7 中国轻工物资供销(集团)总公司	84	0.397
8 辽宁省印刷物资总公司	84	0.397
9 兴华证券投资基金	80.4	0.380
10 中国青年出版社	67.2	0.318

以上10名股东之间不存在关联关系。

湖北京山轻工机械股份有限公司

一、公司简介

1、公司法定名称:湖北京山轻工机械股份有限公司
英文名称:HUBEI JINGSHAN LIGHT INDUSTRY MACHINERY STOCK CO.,LTD
英文缩写:JSQJ
2、公司法定代表人:孙友元
3、公司董事会秘书:陈昭俊　证券事务代表:谢杏平
联系地址:湖北省京山县新市镇轻机大道78号
电话:(0724)7221560　7222220-669　传真:(0724)7221560
电子信箱:xiexp0821@sina.com
4、公司注册地址及办公地址:湖北省京山县新市镇轻机大道78号　邮政编码:431800
公司国际互联网网址:www.jingshanlim.com
电子信箱:jsadminl@jm-mail.hb.cninfo.net
5、公司选定的信息披露报纸名称:《中国证券报》和《证券时报》
登载公司年度报告的中国证监会指定国际互联网网址:http://www.cninfo.com. cn
公司年报备置地点:湖北京山轻工机械股份有限公司证券部
6、公司股票上市交易所:深圳证券交易所
股票简称:京山轻机
股票代码:0821

二、会计数据和业务数据摘要

1、公司本年度会计数据和业务数据(单位:人民币元)

利润总额	107,014,334.95
净利润	89,548,631.37
扣除非经常性损益后的净利润	81,230,636.59
主营业务利润	141,559,241.97
其他业务利润	1,309,253.30
营业利润	98,683,777.58
投资收益	12,562.59
补贴收入	5,993,663.92
营业外收支净额	2,324,330.86
经营活动产生的现金流量净额	69,565,340.95
现金及现金等价物净增加额	-36,776,047.29

说明:扣除的非经常性损益为补贴收入5,993, 663. 92元,营定外收支净额2 ,324,330.86。
2、主要财务指标(单位:人民币元)

指标	2000年	1999年调整后	1998年调整后	1998年调整前
主营业务收入	539,286,692.07	458,822,299.53	415,301,557.48	415,301,557.48
净利润	89,548,631.37	93,612,507.03	86,225,639.20	92,339,034.34
总资产	1,193,187,342.69	885,689,162.22	830,417,465.91	869,486,016.22
股东权益	801,058,724.67	773,274,359.70	689,955,897.07	728,751,933.60
每股收益	0.29	0.30	0.42	0.45
每股净资产	2.59	2.50	3.35	3.54
扣除非经常性损益后的每股收益	0.26	0.29	0.41	0.44
调整后的每股净资产	2.58	2.49	3.34	3.53
每股经营活动产生的现金流量净额	0.23	-0.06	0.36	0.36
净资产收益率(%)	11.18	12.11	12.50	12.67

3、报告期内股东权益变动情况及变化原因

项目	股本	资本公积	盈余公积	其中:公益金
期初数	308,821,332.00	305,153,876.70	92,875,544.35	25,099,156.94
本期增加	-	-	16,438,180.63	5,502,987.36
本期减少	-	-	-	-
期末数	308,821,332.00	305,153,876.70	109,313,724.98	30,602,144.30

续上表:

项目	未分配利润	合计
期初数	66,423,606.65	773,274,359.70
本期增加	89,548,631.37	105,986,812.00
本期减少	78,202,447.03	78,202,447.03
期末数	77,769,790.99	801,058,724.67

变动原因
本年提取盈余公积 本年提取公益金　净利润增加、提取盈余公积、公益金

三、股本变动及股东情况

1、股本变动情况:
(1)股份变动情况表
(2)股票发行与上市情况
1、1993年2月,经湖北省体改委鄂改[1993]15号文批准,由湖北省京山轻工机械厂等三家发起人认购发起人股份98,081,166股,同时向社会法人定向募集5,629 ,500法人股,向内部职工募集25,927,666股,定向募集后的总股本为129,638, 332股,按每股面值1元定价发行。
2.股东情况介绍
(1)根据深圳证券登记有限公司提供的数据,截止2000年12月31日,本公司股东总数为21,015户,其中内部职工股股东2,717户。
(2)本公司前10名股东持股情况

股东名称	持股数量(股)	年内股份增减(股)	占总股份比例(%)
1.湖北省京山轻工机械厂	145,500,753		47.11
2.京山县国有资产管理局(国有法人股)	25,234,830		8.17
3.湖北省第一轻工包装公司	7,500,000		2.43
4.湘财证券有限责任公司	3,612,708	3,612,708	1.17
5.湖北省轻工业机械厂	3,000,000		0.97
6.京山县天鸿轻工贸易公司	2,246,250		0.73
7.京山县电信局开发总公司	750,000		0.24
8.湖北省京山县呢绒服装厂	750,000		0.24
9.京山县棉花公司	600,000		0.19
10.柯金兰	510,800	510,800	0.17

山东海化股份有限公司

(一)公司简介

1、公司法定中文名称:山东海化股份有限公司
公司中文缩写:山东海化
公司法定英文名称:SHANDONG HAIHUA COMPANY LIMITED
公司英文缩写:SDHH
2、公司法定代表人:肖庆周
3、公司董事会秘书:吴炳顺
联系地址:山东省潍坊海洋化工高新技术产业开发区
电话:(0536)5329379 5329879
传真:(0536)5329879
电子信箱:wfzqb@wf-public.sd.cninfo.net
4、公司注册及办公地址:
山东省潍坊海洋化工高新技术产业开发区
邮政编码:262737
公司国际互联网网址:http://www.sd-haihua.com
公司电子信箱:hhgf@haihua.chem.com.cn
5、公司选定的信息披露报纸:《中国证券报》、《证券时报》
登载公司年报的国际互联网网址:http://www.cninfo.com.cn
公司年度报告备置地点:公司证券部
6、公司股票上市交易所:深圳证券交易所
股票简称:山东海化
股票代码:0822

(二)会计数据和业务数据摘要

1、2000年度本公司主要会计数据如下:(单位:人民币元)

项目	2000年度
利润总额:	185,731,232.88
净利润:	155,083,602.88
扣除非经常性损益后的净利润:	124,104,220.85
主营业务利润:	309,417,292.11
其它业务利润:	3,035,634.06
营业利润:	181,047,811.62
投资收益:	3,304,431.99
营业外收支净额:	1,378,989.27
经营活动产生的现金流量净额:	445,421,876.84
现金及现金等价物净增加额:	12,333,321.77

注:非经常性损益包括:资产处置损失3,040,851.97元,新股申购冻结资金利息3,178,579.37元,所得税返还30,841,654.63元。

2、公司近三年主要会计数据和财务指标:单位:元

项目	2000年度	1999年度	1998年度 调整前	1998年度 调整后
主营业务收入	1,168,186,978.10	974,919,318.02	1,080,337,406.85	1,080,337,406.85
净利润	155,083,602.88	113,661,935.60	145,649,415.66	125,358,888.49
总资产	2,312,710,409.35	2,302,004,302.34	2,095,896,697.18	2,044,730,444.81
股东权益(不含少数股东权益)	1,182,857,300.29	1,124,373,697.41	1,144,905,757.35	1,094,711,761.81
每股收益(摊薄)	0.37	0.27	0.35	0.30
(加权)	0.37	0.27	0.39	0.33
每股净资产	2.82	2.68	2.73	2.61
调整后的每股净资产	2.71	2.63	2.68	2.56
净资产收益率(摊薄)	13.11	10.11	12.72	11.45
(加权)	13.44	10.24	17.63	16.71
扣除非经常性损益后的每股收益(元/股)	0.30	0.20	0.28	0.23
每股经营活动产生的现金流量净额	1.06	0.13	-0.21	-0.21
扣除新股中的冻结资金利息净利润	151,905,023.51	110,483,356.22	142,470,836.28	122,180,309.11
扣除新股中的冻结资金利息每股收益	0.36	0.26	0.34	0.29

(三)股本变动及股东情况

1、报告期末,本公司股东总数为29524户。

2、公司前十名股东持股情况:

序号	股东名称	持股数量(股)	持股比例(%)
1	山东海化集团有限公司	300000000	71.428
2	大鹏证券有限责任公司	7665968	1.825
3	张加荣	492292	0.117
4	罗琼芝	490000	0.117
5	王汝军	439300	0.105
6	张定梅	438900	0.105
7	张永栋	426180	0.101
8	李嘉	423000	0.101
9	罗敏之	410000	0.098
10	程朝建	409500	0.098

注:1.前10名股东之间不存在关联关系。

2.持有本公司5%(含5%)以上股份的股东所持股份没有质押或冻结的情况。

3.持股5%以上的法人股东为山东海化集团有限公司,年度内所持股份未发生变化、年末持股数量为国有法人股3亿股。

广东汕头超声电子股份有限公司

(一)公司简介

公司法定中文名称:广东汕头超声电子股份有限公司
公司法定英文名称:GUANGDONG GOWORLD CO., LTD.
公司法定代表人:李大淳
董事会秘书:陈东屏
联系地址:广东省汕头市兴业路21号
电话:0754-8610992 0754-8245666-3379
传真:0754-8628027
注册地址:广东省汕头市兴业路21号
办公地址:广东省汕头市兴业路21号
邮政编码:515041
公司电子信箱:goworld@pub.shantou.gd.cn
公司国际互联网网址为:http://www.gd-goworld.com
公司选定的信息披露报纸:《中国证券报》、《证券时报》
登载公司年报的网址为:http://www.cninfo.com.cn
公司年报备置地点:公司证券部
股票上市地:深圳证券交易所
股票简称:超声电子 股票代码:0823

(二)会计数据与业务数据摘要

1、本年度各项主要指标(单位:元)

	2000年度(合并)
利润总额	121,668,999.13
净利润	76,939,149.21
扣除非经常性损益后的净利润	76,076,167.70
主营业务利润	194,729,165.35
其他业务利润	274,505.23
营业利润	122,528,467.39
投资收益	-3,016,565.08
补贴收入	437,120.00
营业外收支净额	1,719,976.82
经营活动产生的现金流量净额	6,770,318.20
现金及现金等价物净增加额	167,639,545.84

注:扣减非经常性损益内容及金额
(1) 申购股票冻结资金利息收入 2,140,232.72元
(2) 显示器产品增值税及所得税返回 437,120.00元
(3) 合并价差 -1,562,080.36元

2、会计数据及财务指标(合并报表)

序号	项目	2000年度	1999年度	1998年度
1	主营业务收入(元)	625,170,976.81	481,491,344.67	400,611,570.65
2	净利润 (元)	76,939,149.21	64,517,874.57	86,721,955.27
3	总资产 (元)	1,404,402,147.56	992,912,704.21	898,743,708.70
4	股东权益(不含少数股东)(元)	878,079,510.39	621,305,608.41	602,685,972.39
5	每股收益(元/股)			
	摊薄:	0.214	0.197	0.264
	加权:	0.219	0.197	0.264
	扣除非经常性损益:	0.212	0.190	
6	每股净资产(元/股)	2.445	1.894	1.837
7	净资产收益率(%)摊薄	8.762	10.384	14.389
8	调整后的每股净资产(元/股)摊薄:	2.385	1.830	1.768
9	每股经营活动产生的现金流量净额	0.019	0.414	

3、本年度利润表附表

报告期利润	净资产收益率(%) 全面摊薄	净资产收益率(%) 加权平均	每股收益 全面摊薄	每股收益 加权平均
主营业务利润	22.177	23.160	0.542	0.554
营业利润	13.954	14.573	0.341	0.349
净利润	8.762	9.151	0.214	0.219
扣除非经常性损益后的利润	8.664	9.048	0.212	0.216

注:主要财务指标的计算方法
每股收益=净利润/年度末普通股股份总数
每股净资产=年度末股东权益/年度末普通股股份总数
净资产收益率=(净利润/年度末股东权益)×100%
调整后的每股净资产=(年度末股东权益-三年以上的应收款项净额-待摊费用-待处理资产净损失-开办费-长期待摊费用-住房周转金负数余额)/年度末普通股股份总数
每股经营活动产生的现金流量净额=经营活动产生的现金流量净额/年度末普通股股份总数

(三)股东情况介绍

1、截至2000年末,公司股东总数为78337户,其中国有法人股东1户,社会公众股东78336户。

2、持有本公司5%(含5%)以上股份的股东和前十位股东持股情况。

名次	股东名称	年末持股数	占总股本%
1	汕头超声电子(集团)公司	224,000,000	62.3608
2	安顺证券投资基金	5,554,717	1.5464
3	南方证券有限公司	2,791,890	0.7773
4	泰和证券投资基金	2,081,255	0.5794
5	同益证券投资基金	874,850	0.2436
6	上海中技投资顾问有限公司	848,618	0.2363
7	安信证券投资基金	500,050	0.1392
8	北京大学教育基金会	420,010	0.1169
9	秦奋	380,000	0.1058
10	车桂娣	305,000	0.0849
	合计	237,756,390	66.1905

注:持股5%以上(含5%)的股东所持股份未发生质押、冻结情况。
汕头超声电子(集团)公司持有的股票为国有法人股

山西太钢不锈钢股份有限公司

一、公司简介

(一)公司中文名称:山西太钢不锈钢股份有限公司
公司英文名称:SHANXI TAIGANG STAINLESS STEEL CO.LTD
缩写: STSS
(二)公司注册地址:山西省太原市尖草坪街2号
公司办公地址:山西省太原市尖草坪街2号
邮政编码:030003
公司电子信箱:tgbxzjb@public ty sx cn
(三)公司法定代表人:刘玉堂(董事长)
(四)公司董事会秘书:张竹平
董事会证券事务代表:华春雨
联系地址:山西省太原市解放北路292号
电话:0351-3017728 0351-3017729
传真:0351-3017729
电子信箱:tgbxzjb@public ty sx cn
(五)公司选定的信息披露报纸名称:《中国证券报》和《证券时报》
中国证监会指定的国际互联网网址:www.cninfo.com.cn
公司《年度报告》备置地点:公司证券部
(六)公司股票上市地:深圳证券交易所 公司股票简称:太钢不锈 股票代码:0825

二、主要财务数据和指标

1. 本年度实现的利润总额及相关项目(单位:元)

项 目	金 额
利润总额:	356,071,777.95
净利润	291,463,852.16
扣除非经常性损益后的净利润	272,410,570.32
主营业务利润	502,384,387.92
其他业务利润	24,967,788.63
营业利润	345,970,407.76
投资收益	14,443,740.10
补贴收入	0
营业外收支净额	-4,342,369.91
经营活动产生的现金流量净额	366,785,121.07
现金及现金等价物净增加额	144,949,475.53

※ 扣除非经常性损益是指年内向母公司收取资金占用费19,053,281.84元。

2.主要会计数据及财务指标

指标项目	2000年度	1999年度	1998年度
主营业务收入(元)	4,936,818,680.04	3,545,171,997.99	2,391,787,023.83
净利润(元)	291,463,852.16	283,352,556.75	194,993,172.86
总资产(元)	4,742,896,816.70	4,003,730,360.45	3,580,409,811.26
股东权益(元)	2,184,957,781.07	1,983,491,419.61	1,893,538,862.86
每股收益(元 / 股)	0.309	0.301	0.310
每股净资产 (元/股)	2.319	2.106	3.015
调整后每股净资产 (元/股)	2.266	1.958	2.906
每股经营活动产生的现金流量净额(元)	0.389	0.201	-0.054
净资产收益率(%)	13.340	14.29	10.30
按月平均加权每股收益(元/股)	0.309	0.301	0.373
扣除非经常性损益后的每股收益(元/股)	0.289	0.272	0.310

3.损益表附表:

报告期利润	净资产收益率(%)			
	2000年		1999年	
	全面摊薄	加权平均	全面摊薄	加权平均
主营业务利润	22.99	24.69	20.21	19.70
营业利润	15.83	17.01	15.98	15.57
净利润	13.34	14.32	14.29	13.92
扣除非经常损益后的净利润	12.47	13.39	12.92	12.59

续上表:

报告期利润	每股收益(元/股)			
	2000年摊薄	2000年加权	1999年摊薄	1999年加权
主营业务利润	0.533	0.533	0.426	0.426
营业利润	0.367	0.367	0.336	0.337
净利润	0.309	0.309	0.301	0.301
扣除非经常损益后的净利润	0.289	0.289	0.272	0.272

1.表列各项指标均以合并报表口径计算。
2.股东权益、每股净资产及调整后每股净资产的计算均按配股后现有总股本向股东每10股派发0.88元红利的利润分配预案进行了调整。

三、股本情况介绍

1. 截止2000年12月31日,公司的股东总数为187,579户,其中国家股股东1户,其余均为流通股股东。持有本公司5%以上股份的股东,只有本公司的国家股股东太原钢铁(集团)有限公司,持有本公司国家股567,000,000股,所持股份无质押,无冻结情况。

2. 公司前10名股东持股情况:

序号	股东名称	持股数(股)	占总股本比例
1)	太原钢铁(集团)有限公司	567,000,000	60.191%
2)	计云翔	2,032,537	0.216%
3)	上海龙胜酒店	1,910,000	0.203%
4)	上海同振贸易有限公司	1,800,000	0.191%
5)	吉吾此嘿	1,717,626	0.182%
6)	陆利霞	972,000	0.103%
7)	朱书华	901,500	0.096%
8)	傅长彬	900,000	0.095%
9)	马成美	810,100	0.086%
10)	朱仁书	695,000	0.074%

公司前十名股东之间不存在关联关系。

国投原宜实业股份有限公司

一 公司简介

公司中文名称:国投原宜实业股份有限公司
公司英文名称:SDIC YUANYI INDUSTRY CO., LTD
公司英文名称缩写:SDICYY
公司法定代表人:覃其贵
公司董事会秘书:徐海田
电 话:0717—6234470
传 真:0717—6233167
公司注册地址:湖北省宜昌市沿江大道114号
公司办公地址:湖北省宜昌市沿江大道114号
邮 政 编 码:443000
公司互联网址:http://www.gtyy.com
公司电子信箱:Sdicgtyy@public.yc.hb.cn
公司指定信息披露报纸:《中国证券报》《证券时报》
登载公司年度报告的指定网址:http://www.cninfo.com.cn
年度报告备置地点:公司投资发展部
公司股票上市交易所:深圳证券交易所
股票简称:国投原宜
股票代码:0826

二 会计数据和业务数据摘要

1、本年度会计数据摘要

项 目	金额(元)
(1)利润总额	-41,735,294.32
(2)净利润	-38,945,130.30
(3)主营业务利润	21,264,773.90
(4)其他业务利润	1,584,844.60
(5)营业利润	-40,177,763.01
(6)投资收益	—
(7)补贴收入	2,327,210.74
(8)营业外收支净额	3,884,742.05
(9)经营活动产生的现金流量净额	-17,633,778.27
(10)现金及现金等价物净增加额	-37,589,955.45
(11)扣除非经常性损益后的净利润	-41,159,196.26

注:扣除的非经常性损益项目及金额为:

项 目	金额(元)
综合电价补贴	2,214,065.96
合 计	2,214,065.96

2、公司前三年主要会计数据及财务指标

项 目	2000.12.31	1999.12.31	
		调整后	调整前
主营业务收入(元)	194,080,857.35	354,076,593.07	354,076,593.07
净利润(元)	-38,945,130.30	30,123,579.92	50,118,043.63
总资产(元)	751,915,698.16	745,163,978.29	805,968,173.63
股东权益(不含少数股东权益)	397,396,241.09	438,085,291.51	491,755,846.06
加权平均每股收益(按净利润)	-0.221	0.17	0.312
每股净资产(元/股)	2.19	2.41	2.71
调整后的每股净资产(元/股)	2.17	2.38	2.68
每股经营活动产生的的现金流量净额(元/股)	-0.097	0.42	0.42
加权平均净资产收益率(%、按净利润计算)	-9.8	6.88	10.71
扣除非经常性损益后的加权平均净资产收益率(%)	-10	-1	3.64

3、利润表附表

报告期利润	净资产收益率(%)		每股收益(元)	
	全面摊薄	加权平均	全面摊薄	加权平均
主营业务利润	5.35	5.35	0.12	0.12
营业利润	-10.11	-10.11	-0.22	-0.22
净利润	-9.8	-9.8	-0.22	-0.22
扣除非经常性损益后的净利润	-10	-10	-0.23	-0.23

三 股本变动及股东情况

1、股本变动情况
股份总数18149.3
2、股东情况介绍
(1)报告期末股东总数
1.截止到2000年12月29日,公司的股东总数为15148户,其中:国家股股东1户;国有法人股股东2户;社会公众股股东9131户;内部职工股股东6014户。
2.前十名股东持股情况

股 东 名 称	持股数(股)	占总股本比例(%)	备 注
1.湖北红旗电工集团有限公司	71500000	39.40%	国有法人股股东
2.宜昌市夷陵国有资产经营公司	38493000	21.21%	国家股股东
3.宜昌建银金融科技有限责任公司	6500000	3.58%	国有法人股股东
4.云天化职工持股会	2185894	1.2%	社会公众股股东
5.云南天化集团有限公司	2034244	1.1%	社会公众股股东
6.成都希望东方实业发展有限公司	1773500	0.98%	社会公众股股东
7.孙二妮	783825	0.43%	社会公众股股东
8.陈永正	711500	0.39%	社会公众股股东
9.上海美华液化气有限公司	701900	0.39%	社会公众股股东
10.韩保庆	656014	0.36%	社会公众股股东

注:1.持有本公司5%以上股份的为湖北红旗电工集团有限公司和宜昌市夷陵国有资产经营公司,上述股东报告期末所持股份未发生变化,无质押及冻结情况。
2.湖北红旗电工集团有限公司与宜昌市夷陵国有资产经营公司为关联股东。

大连龙泉股份有限公司

一、公司简介

1.公司法定中文名称:大连龙泉股份有限公司
公司法定英文名称:DALIAN LONGQUAN CO.,LTD.
公司法定代表人:王光明
2. 公司董事会秘书:乔少辉
联系地址:大连市中山区同兴街67号邮电万科大厦21层
联系电话:0411-2654998转8555
传　　真:0411-2817598
电子信箱:longquan @pub.dl.lnpta.net.cn
授权代表:姜正民
联系地址:大连市中山区同兴街67号邮电万科大厦21层
联系电话:0411-2654998转8002
传　　真:0411-2817598
电子信箱:longquan @pub.dl.lnpta.net.cn
3. 公司注册地址:大连市瓦房店市长兴岛镇
公司办公地址:大连市中山区同兴街67号邮电万科大厦21层
邮政编码:116001
电子信箱:longquan @pub.dl.lnpta.net.cn
4. 信息披露报纸:《中国证券报》
登载年度报告的中国证监会指定的国际互联网网址:http://www.cninfo.com.cn
公司年度报告备置地点:大龙泉证券部
5. 公司股票上市地点:深圳证券交易所
股票简称:大龙泉　　股票代码:0827

二、会计数据和业务数据摘要

1.本年度实现的主要利润指标

利润总额(元):	17,260,499.07
净利润(元):	13,472,591.91
扣除非经常性损益后的净利润(元):	11,702,466.91
主营业务利润(元):	45,035,059.31
其他业务利润(元):	166,052.88
营业利润(元):	13,953,488.76
投资收益(元):	1,495,087.28
补贴收入(元):	1,770,125.00
营业外收支净额(元):	41,798.03
经营活动产生的现金流量净额(元):	62,010,031.59
现金及现金等价物净增加额(元):	21,635,302.79

2.主要会计数据和财务指标

项　　目	2000年	1999年	1998年	
			调整前	调整后
主营业务收入(元)	115,981,347.27	72,550,891.90	94,715,779.59	94,715,779.59
净利润(元)	13,472,591.91	15,735,875.30	22,891,686.85	19,183,224.45
总资产(元)	369,544,620.61	290,220,358.07	261,050,672.68	254,609,880.68
股东权益(元)	163,099,036.59	149,626,444.68	139,904,363.32	133,890,569.38
每股收益(元)	0.225	0.262	0.458	0.384
每股净资产(元)	2.718	2.494	2.798	2.678
调整后的每股净资产(元)	2.537	2.333	2.621	2.518
每股经营活动产生的现金流量净额(元)	1.034	-0.308	-0.582	
净资产收益率	8.26%	10.52%	16.36%	14.33%

按照中国证监会《公开发行证券公司信息披露编报规则》(第9号)要求计算2000年度的加权净资产收益率和加权每股收益。

	报告期利润	净资产收益率(%)		每股收益(元)	
		全面摊薄	加权平均	全面摊薄	加权平均
主营业务利润	45,035,059.31	27.61	28.80	0.75	0.75
营业利润	13,953,488.76	8.56	8.90	0.23	0.23
净利润	13,472,591.91	8.26	8.62	0.22	0.22
扣除非经常性损益后的净利润	11,702,466.91	7.18	7.50	0.20	0.20

三.股东情况介绍

1.截止2000年12月31日,本公司股东共5,184名。
2.本公司前十名股东持股情况

股东姓名	年初持股数量(股)	年末持股数量(股)	质押或冻结情况
大连市长兴岛经济开发区开发建设有限公司	17,280,000	17,444,000	为本公司贷款提供质押
大连长兴食品技术开发有限公司	12,108,000	12,108,000	为本公司贷款提供质押
大鹏证券有限责任公司	3,000,000	2,580,000	无
深圳市英特泰投资有限公司	2,220,000	2,220,000	无
天津市中昊科技开发咨询有限公司	1,200,000	1,200,000	无
沈阳新思科自动化有限公司	0	420,000	无
辽宁石化自动化工程有限公司	300,000	300,000	无
鞍山市广益实业发展总公司	276,000	276,000	无
鞍山市腾鳌特区东联实业有限公司	276,000	276,000	无
肖兰	0		

广东福地科技股份有限公司

一、公司简介

1、公司的法定中文名称:广东福地科技股份有限公司
英文名称:GUANGDONG FORTUNE SCIENCE & TECHNOLOGY CO., LTD.
公司名称缩写: 广东福地　　GDFORTUNE
2、法定代表人:詹宗庆
3、董事会秘书:刘国真　　联系地址:广东省东莞市篁村科技工业园科技路39号
电话:0769-2402236　传真:0769-2402525
电子信箱:gdfddm@pub.dgnet.gd.cn
4、公司注册和办公地址:广东省东莞市篁村科技工业园科技路39号　　邮政编码:523077
公司网址:http://www.gdfortune.com　　电子信箱:gdfd@pub.dgnet.gd.cn
5、公司信息披露报纸名称:《证券时报》
中国证监会指定的年报登载网址:http://www.cninfo.com.cn
公司年度报告备置地点:广东省东莞市篁村科技工业园科技路39号本公司总部董事会秘书室
6、股票上市地:深圳证券交易所
股票简称:福地科技　股票代码:0828

二、会计数据和业务数据摘要

1、公司本年度实现利润情况

单位:人民币元

项　　目	金　　额
利润总额	207,916,170.51
净利润	185,413,380.20
非经常性损益合计	28,164,865.37
扣除非经营性损益后的净利润	157,248,514.83
主营业务利润	468,561,382.55
其他业务利润	19,271,836.28
营业利润	179,751,305.14
投资收益	33,314,141.47
补贴收入	7,460,960.00
营业外收支净额	-12,610,236.10
经营活动产生的现金流量净额	-349,111,753.77
现金及现金等价物增加额	-178,701,185.03

2、公司近三年主要会计数据和财务指标

单位:人民币元

项目	2000年	1999年	1998年调整前	1998年调整后
主营业务收入	2,908,375,033.19	3,167,845,624.57	2,308,666,383	2,308,666,383
净利润	185,413,380.20	471,610,313.70	116,979,085	84,981,499
总资产	4,520,534,488.03	4,225,769,292.59	3,184,832,287	3,152,834,701
股东权益	2,932,654,650.87	2,784,900,977.03	2,371,524,840	2,339,527,254
每股收益(摊薄)	0.1592	0.486	0.121	0.088
每股收益(加权平均)	0.1819	0.486	0.127	0.092
扣除非经营性损益后的每股收益(摊薄)	0.135	0.493	0.120	0.087
扣除非经营性损益后的每股收益(加权平均)	0.1543	0.493	0.126	0.091
每股净资产	2.453	2.869	2.443	2.410
调整后的每股净资产	2.427	2.8258		
每股经营活动产生的现金净流量	-0.2997	0.9009		
净资产收益率%(全面摊薄)	6.49%	16.935%	4.933%	3.583%
净资产收益率%(加权平均)	6.838%	18.088%		
扣除非经常性损益后的加权净资产收益率	5.8%	18.335%		

3、利润数据

报告期利润	净资产收益率		每股收益(元)	
	全面摊薄	加权平均	全面摊薄	加权平均
主营业务利润	16.4%	17.28%	0.402	0.46
营业利润	6.29%	6.63%	0.154	0.176
净利润	6.49%	6.84%	0.159	0.182
扣除非经营性损益后的净利润	5.50%	5.80%	0.135	0.1543

注:以上数据是按照中国证监会《公开发行证券公司信息披露编报规则(第9号)》要求计算的。

4、业务数据摘要

项　目	2000年	1999年	1998年	1997年
彩管产量(万只)	394	391	328	231
销量(万只)	383	388	329	231
产销率(%)	97.2	99.2	100.3	100
产值(不变价,万元)	724,625	656,671	464,345	322,650

三、股本情况介绍

1、本报告期末股东总数为40033户。
2、主要股东持股情况(前十名)

序号	股东名称	拥有股数(股)	占总股本(%)	是否上市流通	持股类别
1	广东福地科技总公司	598,977,600	51.43	否	国有法人股
2	福民发展有限公司	291,170,880	25.00	否	外资法人股
3	东莞市财信发展有限公司	21,947,520	1.88	否	国有法人股
4	东莞市经济贸易总公司	3,271,680	0.28	否	国有法人股
5	东莞市君科网络投资有限公司	2,058,400	0.18	是	
6	东莞银川能源实业有限公司	1,635,840	0.14	否	国有法人股
7	周春芳	1,234,320	0.11	是	
8	陈武	1,049,680	0.09	是	
9	普丰证券投资基金	972,652	0.08	是	
10	李铁山	970,000	0.08	是	

江西赣南果业股份有限公司

一、公司简介

1、公司法定中文名称:江西赣南果业股份有限公司
公司法定英文名称:JiangXi GanNan Fruit Co., Ltd
公司英文名称(缩写):GNF
2、公司法定代表人:熊文祥
3、公司董事会秘书:郭惠浒
董事会秘书授权人:朱闽羽中
电话:0797-8117002 、8117151
传真:0797-8117152
联系地址:江西省赣州市红旗大道20号奥林神大厦
电子信箱:gzghh@public1.gzptt.jx.cn
4、公司注册地址:江西省赣州市红旗大道20号
公司办公地址:江西赣州市红旗大道20号奥林神大厦
邮政编码:341000
电子信箱:gzghh@public1.gzptt.jx.cn
5、公司选定信息披露报纸:《证券时报》
刊登公司年度报告的中国证监会指定国际互联网址:http://www.cninfo.com.cn
公司年度报告备置地点:公司董事会秘书办公室
6、公司股票上市交易所:深圳证券交易所
股票简称:赣南果业 股票代码:0829

二、会计数据和业务数据摘要

1、本年度利润情况

序号 项目	单位:元
(1) 利润总额:	15,485,663.42
(2) 净利润:	7,861,430.14
(3) 扣除非经常性损益后的净利润	-510.48
(4) 主营业务利润:	24,365,421.13
(5) 其他业务利润:	4,314,069.93
(6) 营业利润 :	6,341,099.65
(7) 投资收益:	457,451.01
(8) 补贴收入:	7,808,400.00
(9) 营业外收支净额:	878,712.76
(10)经营活动产生的现金流量净额:	13,899,431.40
(11)现金及现金等价物净增加额:	21,816,321.83

注:扣除的非经常性损益项目	涉及金额
托管收入	-825,172.14
补贴收入	7,808,400.00
营业外收入	7,083,148.34
营业外支出	-6,204,435.58

2、公司近三年主要会计数据和财务指标(合并报表) 单位:元

序号 项目	2000年	1999年		1998年	
		调整后	调整前	调整后	调整前
主营业务收入	120,386,531.00	153,316,006.61	153,316,006.61	196,411,094.38	196,467,421.12
净利润	7,861,430.14	15,719,601.30	18,511,562.62	27,695,105.04	29,217,665.76
总资产	431,498,203.45	415,680,592.29	418,471,575.74	338,427,083.27	334,367,254.72
股东权益	323,764,633.05	256,522,737.36	259,354,322.84	244,936,618.09	240,842,760.22
每股收益	0.05	0,21	0.247	0.369	0.39
每股净资产	2.056	3.42	3.458	3.211	3.266
调整后的每股净资	1.935	3.32	3.359	3.130	3.20
每股经营活动产生的现金流量净额	0.088		0.078		-0.051
净资产收益率(%)	2.43	6.13	7.138	11.499	11.93
按月平均加权每股收益	0.051	0.21	0.247	0.369	0.39
加权平均净资产收益率	2.54	——	——	——	——
扣除非经常性损益后的每股收益	0.00		0.079	0.114	

附:利润表附表

报告期利	净资产收益率(%)				每股收益(元)			
	全面摊薄		加权平均		全面摊薄		加权平均	
	2000	1999	2000	1999	2000	1999	2000	1999
主营业务利润	7.53	10.88	7.88	10.88	0.15	0.37	0.16	0.37
营业利润	1.96	4.31	2.05	4.31	0.04	0.15	0.04	0.15
净利润	2.43	6.13	2.54	6.13	0.049	0.21	0.051	0.21
扣除非经常性损益后的净利润	0.00	2.32	0.00	2.32	0.00	0.08	0.00	0.08

三、股东情况介绍

1、报告期末股东总数:截至2000年12月29日,本公司共有股东26641户(其中公司职工股股东共10户,均为公司董事、监事、高级管理人员)。

2、主要股东持股情况 1.持有本公司5%(含5%)股份的股东:共有5户,分别为赣州市国资局、赣州市章贡区国资局、寻乌县国资局、安远县国资局、信丰县国资局,均为尚未流通的国家股。

3.持有本公司5%以上(含5%)股份的股东所持股份年度内无质押或冻结情况。

4.年度末前十名股东持股情况:

名次	股东名称	年末持股数	占总股本%
1	赣州市国资局(国家股)	46,522,250	29.54
2	章贡区国资局(国家股)	19,947,023	12.66
3	寻乌县国资局(国家股)	11,510,386	7.31
4	安远县国资局(国家股)	9,324,003	5.92
5	信丰县国资局(国家股)	8,150,880	5.18
6	方凯燕	1,132,404	0.72
7	李正元	1,120,900	0.71
8	刘发展	648,100	0.41
9	林依凤	572,727	0.36
10	邹孝斌	544,090	0.35

前十名股东之间不存在关联关系。

山东鲁西化工股份有限公司

(一)公司简介

1、公司的法定中文名称:山东鲁西化工股份有限公司
公司中文缩写:鲁西化工
公司的法定英文名称:Shandong,Luxi Chemical Co.,Ltd
公司英文缩写:SDLXHG
2、公司法定代表人: 赵永堂
3、公司董事会秘书: 梁和军
授权代表: 王景斌
联系地址: 山东省聊城市鲁化路68号
电 话: 0635-8324227-5066
传 真: 0635-8324227-5080
董秘电子信箱: Lxhg@lc-public.sd.cninfo.net
4、公司注册及办公地址:山东省聊城市鲁化路68号
邮 编:252000
公司国际互连网网址:Http://www.luxiChemical.com
公司电子信箱:lclxhg@public.lcptt.sd.cn
5、选定的信息披露报纸:中国证券报、证券时报
中国证监会指定国际互联网网址:Http://www.cninfo.com.cn
公司年度报告备置地点:公司证券办公室
6、公司股票上市地: 深圳证券交易所
股票简称: 鲁西化工 股票代码:0830

(二)会计数据和业务数据摘要

1、公司本年利润及构成(单位:元)

项 目	2000年度
利润总额	67,040,587.47
净利润	55,531,670.49
扣除非经常性损益后的净利润	57,810,963.35
主营业务利润	128,872,638.61
其他业务利润	-204,828.28
营业利润	69,319,880.33
投资收益	-
补贴收入	-
营业外收支净额	2,279,292.86
经营活动产生的现金流量净额	86,999,676.77
现金及现金等价物净增加额	125,216,456.86

2、公司前三年主要会计数据和财务指标(单位:元)

项 目	2000年	1999年		1998年	
		调整后	调整前	调整后	调整前
主营业务收入	959,126,151	850,486,587	850,486,587	537,348,019	537,348,019
净利润	55531670	81,664,754	90,285,385	73,341,899	80,032,788
总资产	1,872,243,757	1,424,510,389	1,433,737,007	1,097,025,127	1,106,382,037
股东权益项	910,258,123	671,478,870	680,462,835	590,177,449	599,534,359
每股收益	0.223	0.408	0.451	0.367	0.400
每股收益(加权)	0.234	0.408	0.451	0.419	0.457
扣除非经常性损益后的每股收益	0.232	0.428	0.432	0.346	0.376
每股净资产	3.65	3.36	3.40	2.95	2.99
调整后的每股净资产	3.64	3.36	3.40	2.94	2.99
每股经营活动产生的现金流量净额	0.35	0.99	0.99	0.70	0.70
净资产收益率	6.10	12.16	13.27	12.43	13.35
净资产收益率(加权)	7.19	12.94	14.11	17.85	18.27
扣除非经常性损益后的加权净资产收益率	7.75	12.21	13.49	15.20	16.56

3、按照中国证监会《公开发行证券公司信息披露编报规则(第9号)》要求计算的利润数据:

利润表附表:

报告期利润	金额	净资产收益率		每股收益	
		全面摊薄	加权平均	全面摊薄	加权平均
主营业务利润	128,872,638.61	14.16	16.49	0.517	0.543
营业利润	69,319,880.33	7.62	9.22	0.278	0.292
净利润	55,531,670.49	6.10	7.19	0.222	0.234
扣除非经常性损益后的净利润	57,810,963.35	6.35	7.75	0.232	0.244

注:(1)2000年年末的总股本为249,115,350元(9月份完成配股,募集资金183,247,581.82元,增加股本15,900,000元,9月资本公积转增股本33,215,350元)。1999年和1998年的总股本为200,000,000 元。

(2)对1999年报表进行追溯调整的原因:根据公司1999年度股东大会决议,不再对"18.30"项目进行建设,因此对其前期投入9,977,284.81元进行追溯调整。

(三)股东情况介绍

1、股本变动情况
(1)报告期末股东总数40542户。
(2)报告期末公司前10名股东的持股情况

序号	股东名称	持股数量	持股比例
1	山东聊城鲁西化工集团总公司	174115361	69.89%
2	华夏证券有限公司	704561	0.282%
3	梁锦国	376569	0.151%
4	蒋丽华	375111	0.15%
5	山东中实电力科技总公司	230769	0.093%
6	鲁桂泉	227944	0.092%
7	易洁琼	146192	0.059%
8	苏仕义	134417	0.054%
9	周宏兵	132698	0.053%
10	普丰证券投资基金	130266	0.052%

注:以上公司前10名股东不存在关联关系。

山西关铝股份有限公司

一、公司简介

1. 公司的法定中、英文名称及缩写
中文名称：山西关铝股份有限公司
英文名称：SHANXI GUANLU CO.,LTD
英文缩写：SXGL
2. 公司法定代表人：许复活
3. 公司董事会秘书：郑启家
联系地址：山西省运城市解州镇新建路36号
电　　话：0359—2825474、2825490
传　　真：0359—2800974
E-mail:sxglgf@163.net
4. 公司注册地址：山西省运城市解州镇新建路36号
公司办公地址：山西省运城市解州镇新建路36号
邮 政 编 码：044001
5. 公司选定的信息披露报纸名称：《证券时报》
公司年度报告中国证监会指定国际互联网网址：
http://www.cninfo.com.cn
公司年度报告备置地点：公司证券部
6. 公司股票上市交易所：深圳证券交易所
股票简称：关铝股份
股票代码：0831

二、会计数据和业务数据摘要

1. 公司本年度利润指标情况(单位：元)

利润总额：	69,568,332.36
净 利 润：	62,709,101.49
扣除非经常性损益后的净利润：	62,350,013.72
主营业务利润：	108,397,848.38
其他业务利润：	1,479,423.00
营业利润：	69,209,244.59
投资收益：	/
补贴收入：	1,073,524.92
营业外收支净额：	−714,437.15
经营活动产生的现金流量净额：	−179,304,433.51
现金及现金等价物净增加额：	62,294,201.84

注：扣除非经常性损益项目和涉及的金额：
(1) 营业外收支净额：−714,437.15 元
(2) 扣除补贴收入：1,073,524.92 元
2. 公司前三年的主要会计数据和财务指标：

项　目	单位	2000 年	1999 年	1998 年
主营业务收入	元	693,972,147.20	519,389,927.37	433,173,358.41
净利润	元	62,709,101.49	62,567,531.28	45,091,198.96
总资产	元	1,639,100,499.32	964,533,058.10	735,386,052.17
股东权益	元	811,674,668.98	585,410,693.03	522,843,161.74
每股收益	元/股	0.259	0.291	0.210
每股收益(加权)	元/股	0.28	0.291	0.255
每股净资产	元/股	3.35	2.723	2.432
调整后每股净资产	元/股	3.34	2.718	2.420
每股经营活动产生的现金流量净额	元/股	−0.74	0.541	0.005
净资产收益率	%	7.726	10.69	8.624
加权净资产收益率	%	9.23	11.29	13.70
扣除非经常损益后的加权净资产收益率	%	9.18	11.25	12.39

根据中国证监会《公开发行证券公司信息披露编报规则(第9号)》要求计算的利润数据如下：

报告期利润	净资产收益率		每股收益	
	全面摊薄(%)	加权平均(%)	全面摊薄(元)	加权平均(元)
主营业务利润	13.35	15.96	0.45	0.48
营业利润	8.53	10.19	0.29	0.31
净利润	7.73	9.23	0.26	0.28
扣除非经常损益后的净利润	7.68	9.18	0.26	0.28

3. 报告期内股东权益变动情况

项目	股本	资本公积	盈余公积	法定公益金	未分配利润	股东权益合计
期初数	21500,000	254421531.00	10,714,441.61	5,357,220.80	99,917,499.62	585,410,693.03
本期增加	27,000,000	160,754,874.46	6,270,910.15	3,135,455.07	53,302,736.27	250,463,975.95
本期减少					24,200,000.00	24,200,000.00
期末数	242,000,000	415,176,405.46	16,985,351.76	8,492,675.87	129,020,235.89	811,674,668.98

变动原因：(1)总股本变动原因是由于本年度实施配股所致；
(2)股东权益变动原因是由于配股及本年利润形成所致。

三、股东情况介绍

1、截止2000年12月31日，公司股东总数为49479户。
2、前十名股东持股情况

股　东　名　称	年末持股数(股)	占总股本比例(%)
1).山西省运城地区解州铝厂	121,360,000	50.15
2).山西省经济建设投资公司	12,400,000	5.12
3).山西省经贸资产经营有限责任公司	9,200,000	3.80
4).泰和证券投资基金	2,604,039	1.08
5).山西运城制版集团股份有限公司	770,000	0.32
6).山西省临猗化工总厂	770,000	0.32
7).哈尔滨市驰骋经贸有限责任公司	424,757	0.176
8).唐彩霞	420,000	0.174
9).古飞龙	400,000	0.165
10).沈丽萍	302,500	0.125

黑龙江龙涤股份有限公司

一、公司简介

1、公司法定中文名称：黑龙江龙涤股份有限公司
公司法定英文名称：HEILONGJIANG LONGDI CO. LTD.
2、公司法定代表人：赵瑞民
3、董事会秘书：刘克奇
证券事务联系人：宋士龙　李春光
联系电话　：0451-3717068
传　　真　：0451-3717473
4、公司注册及办公地址：黑龙江省阿城市和平街
邮政编码：150316
公司网址：http://www. Longdi-group.Com.Cn
电子信箱：S630211 @public.hr.hl.cn
5、公司选定的信息披露报刊为《证券时报》
6、登载公司年度报告的中国证监会国际互联网网址：http://www. Cninfo. Com.cn
7、年报备置地点：公司证券办
8、股票上市地：深圳证券交易所
股票简称：　龙涤股份
股票代码：　0832

二、会计数据和业务数据摘要

1、本年度主要会计数据(合并数)

利润总额	133,889,142.39
净利润	100,809,732.51
扣除非经常性损益后的净利润	100,780,890.31
主营业务利润	166,110,874.77
其他业务利润	982,800.48
营业利润	133,855,210.39
投资收益	0
补贴收入	0
营业外收支净额	33,932.00
经营活动产生的现金流量净额	107,211,266.20
现金及现金等价物净增加额	146,785,589.86

2、截至报告期末公司前三年主要会计数据和财务指标(单位：人民币元)

项目	2000 年	1999 年	1998 年	
			调整后	调整前
主营业务收入	1,170,335,246.51	870,945,244.61	781,493,820.60	781,493,820.60
净利润	100,809,732.51	95,402,545.20	83,085,491.39	85,115,417.75
总资产	1,498,354,894.86	1,133,118,249.47	1,161,932,006.04	1,162,859,361.94
股东权益	1,240,241,422.41	907,757,268.76	812,354,723.56	812,789,847.79
每股收益(全面摊薄)	0.286	0.30	0.366	0.375
每股收益(加权平均)	0.314	0.36	0.42	0.432
每股净资产	3.52	2.86	3.58	3.58
调整后每股净资产	3.51	2.82	3.50	3.50
每股经营活动产生的现金流量净额	0.315	0.65	−0.24	−0.24
净资产收益率(全面摊薄)	8.13%	10.51%	10.23%	10.47%
净资产收益率(加权平均)	10.31%	10.51%	13.27%	13.84%
扣除非经常性损益后的每股收益(全面摊薄)	0.2863	0.30	0.334	0.343
扣除非经常性损益后	10.31 %	10.51%	12.12%	12.67%

按照中国证监会《公开发行证券公司信息披露编报规则(第9号)》要求计算的利润表附表：

报告期利润	净资产收益率(%)		每股收益(元)	
	全面摊薄	加权平均	全面摊薄	加权平均
主营业务利润	13.39	16.99	0.4718	0.5180
营业利润	10.79	13.69	0.3802	0.4174
净利润	8.13	10.31	0.2863	0.3143
扣除非经营性损益后净利润	8.13	10.31	0.2863	0.3143

3.报告期内股东权益变动情况

项目	股　本	资本公积	盈余公积	法定公益金
期初数	317,796,920.00	277,209,773.50	67,687,487.29	22,562,495.77
本期增加	34,272,853.00	197,401,568.14	15,121,459.88	5,040,486.63
本期减少				
期末数	352,069,773.00	474,611,341.64	82,808,947.17	27,602,982.40

项目	未分配利润	股东权益合计
期初数	245,063,087.97	907,757,268.76
本期增加	85,688,272.63	332,484,153.65
本期减少		
期末数	330,751,360.60	1,240,241,422.41

三、股本变动及股东情况

2、股东情况介绍
(1)截止至2000年12月31日，公司股东总数72,807户，其中内部职工股股东11,357户。
(2)截止2000年12月31日，本公司前十名股东持股情况

名次	股东名称	持股数(万股)	占总股本(%)
1	黑龙江龙涤集团有限公司	8516.0173	24.19
3	黑龙江省国际信托投资公司	492.8	1.39
4	哈尔滨威德计算机工程有限公司	462	1.31
5	陕西省纺织品进出口公司	434	1.23
6	厦门象屿万时红进出口有限公司	399.98	1.13
7	黑龙江龙涤包装材料有限公司	308	0.87
8	宁波市进出口公司余姚分公司	280	0.79
9	中国纺织物资总公司	280	0.79
10	哈尔滨纺织品进出口公司	280	0.79

其中黑龙江龙涤包装材料有限公司是黑龙江龙涤集团有限公司的全资子公司。

广 西 贵 糖 (集 团) 股 份 有 限 公 司

广西贵糖(集团)股份有限公司2000年度报告

本公司董事会保证本报告所载资料不存在任何虚假记载、误导性陈述或者重大遗漏，并对其内容的真实性、准确性和完整性负个别及连带责任。

一、公司简介

1、公司法定中文名称：广西贵糖(集团)股份有限公司

公司法定英文名称：GUANGXI GUITANG (GROUP) CO., LTD

2、公司法定代表人：杨和荣先生

3、公司董事会秘书：李贯高先生

联系地址：广西贵港市广西贵糖(集团)股份有限公司

电话：0775 4262888

传真：0775 4260088

4、公司注册地址：广西贵港市幸福路100号

公司办公地址：广西贵糖(集团)股份有限公司办公大楼

邮政编码：537102

公司国际互联网网址：http://www.Guitang.com

电子信箱：gtgfgs@ppp.nn.gx.cn 或 securities@Guitang.com

5、公司选定的信息披露报纸名称：《证券时报》

登载公司年度报告的中国证监会指定国际互联网

网址：http://www.cninfo.com.cn

公司年度报告备置地点：本公司证券部和深圳证券交易所

6、公司股票上市交易所：深圳证券交易所

股票简称：贵糖股份

股票代码：0833

二、会计数据和业务数据摘要

1、本年度利润总额及其构成 (单位：元)

利润总额：	58,083,135.18
净利润：	38,018,895.22
扣除非经常性损益后的净利润：	37,624,713.22
主营业务利润：	134,006,611.63
其他业务利润：	416,767.46
营业利润：	57,688,953.18
投资收益：	-450,000.00
补贴收入：	0.00
营业外收支净额：	844,182.00
经营活动产生的现金流量净额：	212,288,264.35
现金及现金等价物净增加额：	132,839,058.95

注：扣除非经常性损益涉及的项目及金额：394,182.00元

(1)营业外收入	1,674,541.31元
其中：处理固定资产净收益	1,625,135.51元
罚款收入	56,605.80元
无法支付的应付款	-7,200.00元
(2)营业外支出	830,359.31元
其中：处理固定资产净损失	773,409.31元
违约金、罚款支出	6,950.00元
捐赠支出	50,000.00元
(3)投资收益	-450,000.00元

2、截止本报告期末，公司前三年主要会计数据和财务指标：

年度	2000年度	1999年度	
项目		调整前	调整后
主营业务收入(元)	647,170,730.81	593,127,371.82	593,127,371.82
净利润(元)	38,018,895.22	2,685,721.39	2,234,350.29
总资产(元)	1,171,805,707.85	1,069,716,191.44	1,069,758,308.78
股东权益(不含少数股东权益)(元)	620,484,333.14	573,580,595.01	568,685,437.92
每股收益(元/股)(摊薄)	0.15	0.0106	0.0088
每股收益(元/股)(加权)	0.15	0.0106	0.0088
扣除非经常性损益后的每股收益(元/股)	0.15	0.0076	0.0059
每股净资产(元/股)	2.46	2.27	2.25
调整后的每股净资产(元/股)	2.33	2.20	2.19
每股经营活动产生的现金流量净额(元/股)	0.84	-0.36	-0.36
净资产收益率(%)(摊薄)	6.13	0.47	0.39
净资产收益率(%)(加权)	6.47	0.48	0.40
扣除非经常性损益后的净资产收益率(%)(加权)	6.40	0.35	0.27

年度	1998年度	
项目	调整前	调整后
主营业务收入(元)	468,629,203.46	468,629,203.46
净利润(元)	50,537,229.42	49,890,604.37
总资产(元)	1,033,298,960.55	1,033,298,960.55
股东权益(不含少数股东权益)(元)	570,894,873.62	567,117,655.52
每股收益(元/股)(摊薄)	0.20	0.20
每股收益(元/股)(加权)	0.25	0.25
扣除非经常性损益后的每股收益(元/股)	0.18	0.17
每股净资产(元/股)	2.26	2.24
调整后的每股净资产(元/股)	2.18	2.16
每股经营活动产生的现金流量净额(元/股)	0.31	0.31
净资产收益率(%)(摊薄)	8.85	8.80
净资产收益率(%)(加权)	13.74	13.76
扣除非经常性损益后的净资产收益率(%)(加权)	12.07	12.06

按中国证监会《公开发行证券公司信息披露编报规则(第9号)》要求计算2000年报告期利润的净资产收益率和每股收益如下：

报告期利润	金额(元)	净资产收益率(%) 全面摊薄	加权平均	每股收益(元/股) 全面摊薄	加权平均
主营业务利润	134,006,611.63	21.60	22.80	0.53	0.53
营业利润	57,688,953.18	9.30	9.82	0.23	0.23
净利润	38,018,895.22	6.13	6.47	0.15	0.15
扣除非经常性损益后的净利润	37,624,713.22	6.06	6.40	0.15	0.15

注：主要财务指标计算方法：

每股收益=净利润/年度末普通股股份总数

每股净资产=年度末股东权益/年度末普通股股份总数

调整后的每股净资产=(年度末股东权益-三年以上的应收款项净额-待摊费用-待处理(流动、固定)资产净损失-开办费-长期待摊费用-住房周转金负数余额)/年度末普通股股份总数

每股经营活动产生的现金流量净额=经营活动产生的现金流量净额/年度末普通股股份总数

净资产收益率=净利润/年度末股东权益×100%

全面摊薄净资产收益率和每股收益的计算公式如下：

全面摊薄净资产收益率=报告期利润/期末净资产

全面摊薄每股收益=报告期利润/期末股份总数

加权平均净资产收益率和每股收益的计算公式如下：

加权平均净资产收益率=报告期利润/[期初净资产+报告期净利润/2+[报告期新增净资产(发行新股或债转股)×新增净资产下一月份起至报告期期末的月份数]/报告期月份数-[报告期减少净资产(回购或现金分红)×减少净资产下一月份起至报告期期末的月份数]/报告期月份数}

加权平均每股收益=报告期利润/[期初股份总数+报告期因公积金转增股本或股票股利分配等增加股份数+报告期因发行新股或债转股等增加股份数×增加股份下一月份起至报告期期末的月份数/报告期月份数-报告期因回购或缩股等减少股份数×减少股份下一月份起至报告期期末的月份数/报告期月份数]

3、本年度股东权益变动情况： 单位：元

项目	股本	资本公积	盈余公积金	法定公益金	未分配利润	股东权益合计
期初数	252,688,500.00	236,261,573.65	35,113,527.86	11,704,509.29	44,621,836.41	568,685,437.92
本期增加		13,780,000	5,702,834.29	1,900,944.77	32,316,060.93	51,798,895.22
本期减少						
期末数	252,688,500.00	250,041,573.65	40,816,362.15	13,605,454.06	76,937,897.34	620,484,333.14

三、股本变动及股东情况

1、股本变动情况：

(1)公司股份变动情况表： 数量单位：股

	本次变动前	本次变动增减(+,) 配股	送股	公积金转股	增发	其他	小计	本次变动后
一、未上市流通股份								
1. 发起人股份								
其中：国家拥有股份	100,000,000							100,000,000
2. 募集法人股份	54,099,000							54,099,000
3. 内部职工股	18,589,500							18,589,500
未上市流通股份合计	172,688,500							172,688,500
二、已上市流通股份								
1. 人民币普通股	80,000,000							80,000,000
已上市流通股份合计	80,000,000							80,000,000
三、股份总数	252,688,500							252,688,500

三、股份总数

(2)股票发行与上市情况：

①1998年8月14日至1998年8月19日以每股发行价4.10元发行记名式人民币普通股8,000万股，并于1998年11月11日在深圳证券交易所上市交易。

②报告期内公司股份总数及结构没有发生变动。

③内部职工股情况：

本公司于1993年7月31日发行18,589,500股内部职工股，每股面值1元。已于1998年9月18日全部集中托管在深圳证券登记有限公司，自本次发行之日起三年内不得上市流通。

2、股东情况介绍：

(1)报告期末股东总数为48,799户。

(2)公司前十名股东的持股情况：

名次	股东名称	期初持股数(万股)	期末持股数(万股)	占总股本比例%
1	广西贵糖集团有限公司	10,000	10,000	39.57
2	广西贵糖劳动服务公司	514.40	514.40	2.04
3	广西贵港市榴花造纸公司	500	500	1.98
4	广西贵港市桂花纸品公司	500	500	1.98
5	天津证券有限责任公司	243	243	0.96
6	福建正通投资有限公司	0	227.30	0.90
7	广西贵港甘化股份有限公司	150	150	0.59
8	广西中林发展股份有限公司	150	150	0.59
9	贵港市汇鑫贸易有限公司	0	100	0.40
10	广西玉林地区物资(集团)股份有限公司	100	100	0.40

说明：本公司目前的控股股东为广西贵糖集团有限公司。本公司除与贵糖集团全资附属企业广西贵港市丰宝化工总厂存在关联交易外，与其他股东无关联交易。

(3)持有本公司10%以上股份的法人股东为广西贵糖集团有限公司。所持股份未质押、未冻结。

法定代表人：杨和荣先生 经营范围：制糖、造纸、饮料等。

(4)本公司控股股东在报告期内没有变动。

四、股东大会简介

1、报告期内召开的股东大会情况：

本公司于2000年3月21日在《证券时报》上刊登了定于2000年5月12日召开1999年度股东大会。由于公司高层管理人员须赴境外进行考察和洽谈业务，为此公司董事会在2000年4月28日的《证券时报》上刊登了决定延期召开1999年度股东大会的公告，会议日期改为2000年6月9日。出席本次会议的股东及其代理人68人，代表股份13,183.80万股，占公司总股本25,268.85万股的52.17%，符合《公司法》和本公司《公司章程》的有关规定。

2、1999年度股东大会会议以投票表决方式审议通过了如下决议:
⑴审议通过了《1999年度董事会工作报告》。
⑵审议通过了《1999年度监事会工作报告》。
⑶审议通过了《1999年度财务报告》。
⑷审议通过了《1999年度利润分配预案》。
⑸审议通过了《关于变更部分募股资金用途的议案》。
1999年度股东大会通过的决议,刊登于2000年6月10日的《证券时报》。
3、报告期内公司董事、监事没有变动。

五、董事会报告

1、公司经营情况
⑴公司所处行业及公司在本行业中的地位
公司目前主要产品的生产能力为:年产白砂糖、赤砂糖等机制糖 12 万吨;年产机制纸 9 万吨;年产食用酒精1 万吨,年产轻质碳酸钙2.5 万吨;年加工原糖 30 万吨。为中国制糖综合利用示范企业,农业产业化龙头企业。被国务院列入100家建立现代企业制度试点单位(广西唯一),全国300家重点扶持企业,还是广西唯一列入全国 120 家试点企业集团 广西贵糖企业集团的骨干核心企业。
⑵公司主营业务的范围及其经营状况
①报告期内公司主营业务收入、主营业务利润的构成
2000年公司共实现主营业务收入64,717.07万元,主营业务利润13,400.66万元。其中食品行业收入(食糖、食用酒精)28,792.10万元,主营利润9,165.24万元,分别占 44.49%和 68.40%;造纸行业收入(书写纸等)26,778.60 万元,主营利润3,564.83万元,分别占41.38%和26.60%;化工行业(碳酸钙)收入 874.95 万元,主营利润 191.73 万元,分别占 1.35%和 1.43%;动力及对外加工等收入8,271.42万元,主营利润478.86万元,分别占12.78%和3.57%。
②公司主营业务收入或营业利润10%以上的产品介绍
a、食品行业:经营白砂糖是公司的主要产业,已有 40 多年。2000 年销量16.43 万吨(其中加工糖 7.06 万吨),比上年增长 11.47%。面对市场食糖价格好转这个机遇,公司发挥技术、质量综合优势,力争获得加工国家储备原糖,把握好销售节奏,提高"桂花"牌白砂糖在高级饮料食品市场的竞争力和获利能力。酒精是制糖过程中的综合利用产品,近期公司争取年产二十万吨燃料酒精技改项目的尽快立项。
b、造纸行业:公司以甘蔗渣为主要原料生产文化用纸,属第二大产业,公司开发的甘蔗渣造纸技术和环保技术处于全国领先水平。随着募股资金的投入,年产四万吨高级文化用纸技改项目正常生产和年产三万吨生活用纸技改项目的建成投产,造纸将成为公司的第一大产业。本报告期机制纸销量 6.21 万吨,较上年同期增加 50% ,原因为"年产四万吨高级文化用纸技改项目"已产纸3.13万吨,主要客户为大型印刷企业和出版社。
c、其他:2000年公司在停榨期间,利用发电能力、制糖能力对外单位输电、加工白砂糖而增加了公司的收入和利润。
⑶公司无全资附属企业及控股子公司
⑷在经营中出现的问题与困难及解决方案
①年初原料甘蔗遭受了严重的霜冻,从第三季度起原料甘蔗又遭受了严重的干旱,糖份下降,糖的产量减少了 35.24%。对此,公司紧紧依靠市政府支持和紧密配合,展开了抗灾,救灾,抢收、抢榨甘蔗。适时调整生产工艺,精心管理,把受灾带来的损失降到了最低限度;同时,公司充分利用国家对糖业实行宏观调控的有利时机,及时有效地调整销售策略并获得了国家储备糖加工业务,加大外购糖加工量,取得了较好的经营效益。
②书写纸市场还十分严峻,竞争愈加激烈。造纸原材料价格上升的速度、幅度都快于、大于销售价格;年产四万吨高级文化用纸技改项目设备的验收和安装方面上存在的问题,于今年 10 月份才得以部分解决,全年设备运转率低,产量低,增加了单位产品折旧、利息等固定费用。对此,公司利用国家实施环保达标、关停不达标的造纸企业、限制新的造纸项目投入的有利时机,扩大市场规模,占领市场份额,同时集中力量、技术解决设备设计问题,尽快形成新的经济效益增长点。
2、公司财务状况
公司财务状况变动分析:

项目	2000年(万元)	1999年(万元)	增长(%)
总资产	117,180.57	106,975.83	9.54
长期负债	8,107.90	15,643.26	-48.17
股东权益	62,048.43	56,868.54	9.11
主营业务利润	13,400.66	7,769.23	72.48
净利润	3,801.89	223.44	1,601.53

公司以上主要财务指标比上年增减变动原因:总资产增加,主要是募股资金投入技改项目建设使在建工程增加和预收糖款使预收帐款增加所致;长期负债减少,主要是长期借款减少,转入一年以内长期借款所致;股东权益增加,主要是利润增加所致;主营业务利润比上年增加5,631.43万元,增长72.48%,主要是白砂糖价格出现了恢复性回升;净利润比上年增加 3,578.45 万元,增长1,601.53%,主要是主营业务利润的增加。
3、公司投资情况
⑴募集资金使用情况:
报告期初募股资金剩余22,266万元。报告期内共投入募股资金4,695万元,具体投资情况见下表:

项目名称	计划投资总额(万元)	本期实际投资额(万元)	累计实际投资额(万元)
年产四万吨高级文化用纸技改项目	6,500	0	6,500
10万亩高产优质甘蔗基地技改项目	4,097	596	3,165
年产3万吨生活用纸技改项目	15,603	219	484
3万吨/年高效甘蔗专用有机复合肥技改	1,300	1,300	1,300
150吨/日黑液碱回收炉工程技改	1,200	1,200	1,200
拆除热电站现有废旧机炉,增装 12MW 热电型机组项目	2,900	1,380	1,380
合计	31,600	4,695	14,029

项目名称	完成计划(%)	项目进度(%)
年产四万吨高级文化用纸技改项目	100.00	100.00
10万亩高产优质甘蔗基地技改项目	77.25	80.00
年产3万吨生活用纸技改项目	3.10	15.00
3万吨/年高效甘蔗专用有机复合肥技改	100.00	100.00
150吨/日黑液碱回收炉工程技改	100.00	100.00
拆除热电站现有废旧机炉,增装 12MW 热电型机组项目	47.59	52.00
合计		

募股资金剩余17,571万元,暂作为流动资金周转。
年产四万吨高级文化用纸技改项目,两台纸机已进入投产,产品质量达到 A 级文化用纸的国家质量标准。2000年9月份起产生经济效益。
年产3万吨生活用纸技改项目目前正进行着设备国际招标等工作,预计2001年6月份动工兴建。
10万亩高产优质甘蔗基地技改项目,目前已推广种植优质甘蔗约9万亩,2000年/2001年榨季,产量和糖份都有所提高。
经股东大会决议,取消原计划控股式兼并广西桂平糖厂造纸分厂和动力分厂项目,原因为:
①原计划兼并项目的设备已落后于科技进步的形势,已不适合本公司的发展需要。
②近年来,国家环保力度加强,生产安全监察力度加大,原计划兼并项目要达标,将要追加投入巨额资金。兼并收购已不可行。
③实现环保达标排放也是本公司在新的历史条件下生存、发展的必要条件。公司必须加大投资力度,并充分利用本公司的环保专长,加速环保项目技术改造,以确保本公司可持续发展,实现良好的经济效益和社会效益。
原计划控股式兼并广西桂平糖厂造纸分厂和动力分厂项目的募股资金额度8,500万元改投入下述技改项目:
a、3 万吨/年高效甘蔗专用有机复合肥技改,项目总投资 1,300 万元,资金来源为募股资金,现已于12月底投入运行。
b、年产3万吨生活用纸技改项目现拟追加募股资金 3,100万元,以减少银行贷款。目前正进行着设备国际招标等工作,预计2001年6月份动工兴建。
c、150 吨/日黑液碱回收炉工程技改,项目预计总投资 1,900 万元,其中募股资金1,200万元,现已于12月份投入使用,运行效果良好。
d、拆除热电站现有废旧机炉,增装12MW热电型机组项目计划总投资3,034万元,其中募股资金2,900万元,该项目现已完成锅炉工程。
详见2000年5月30日《证券时报》的董事会决议公告和2000年6月10日《证券时报》的股东大会决议公告。
⑵其他投资情况:
本报告期公司投资北京融汇中糖电子商务有限公司 600,000.00 元,参与组建"中国糖业交易网",占被投资单位注册资本的2%。
4、本公司生产经营环境以及宏观政策、法规的重大变化
⑴本公司的所得税税率 33%,按应税所得额计缴,根据桂证函(1993)25号和桂证函(1998)51号文由地方财政返还 18%所得税,实际缴纳所得税税率为15%。根据有关规定:各地方自行制定的税收先征后返政策执行至2001 年12月31日。
⑵在国家加强制糖行业宏观调控和对环保不能达标的纸厂实行关停的政策下,对本公司是利好。
5、新年度的业务发展计划
⑴抓住市场机遇。根据甘蔗原料减少的因素和产品市场的有利时机,采取有效措施,提高产品产量,在巩固原有市场的同时,利用公司的品牌进一步扩大市场规模,加大新产品开发力度,开拓占领市场空间,提高销售队伍的素质,加强销售网络建设。
⑵抓蔗区建设。计划开发 6 万亩水田种植甘蔗,提高甘蔗的产量和糖份,加快甘蔗产业化、规模化、集约化的步伐,保障公司的原料甘蔗供应提高效益。
⑶抓造纸生产。根据市场调整产品结构,推进造纸生产、工艺、设备管理创新,进一步提高年产四万吨高级文化用纸技改项目的运转率、成纸率,降低生产成本,形成公司新的效益增长点。
⑷抓技改建设。加快年产 3万吨生活用纸技改项目的投入,2001 年 3 月份开始国际招标等工作。抓燃料酒精的立项,低聚果糖的开发,开发应用推广高新技术,加强环保建设,增强可持续发展后劲。
⑸抓改革整顿。全面提高员工素质,通过深入改革整顿增强员工的凝聚力和能动力,加强消耗定额管理,完善计划、执行、控制考核制度,加强大宗物资采购招标和限额领料的管理,实施财务预算控制,有效使用资金,全面提高公司的经济效益。
6、董事会日常工作情况
⑴报告期内董事会的会议情况及决议内容
① 2000 年 3 月 18 日,公司董事会召开了第二届第二十二次会议,会议审议并通过了以下决议:
a、公司1999年度报告及年度报告摘要;
b、公司1999年度财务报告;
c、公司1999年度利润分配预案。
此次董事会决议公告刊登于2000年3月21日的《证券时报》。
②2000年5月29日,公司董事会召开了第二届第二十四次会议,会议审议并通过了以下决议:
变更公司 1998 年公开募股资金中的部分资金用途,拟用以下四个项目替代原计划控股式兼并广西桂平糖厂造纸分厂和动力分厂项目。
a、3万吨/年高效甘蔗专用有机复合肥技改;
b、150吨/日黑液碱回收炉工程技改;
c、拆除热电站现有废旧机炉,增装12MW热电型机组项目;
d、年产3万吨生活用纸技术改造项目。
此次董事会决议公告刊登于2000年5月30日的《证券时报》。
③2000 年 8 月 2 日,公司董事会召开了第二届第二十八次会议,会议审议并通过了以下决议:
a、公司2000年中期报告正文及中报摘要;
b、公司2000年中期利润分配方案。
此次董事会决议公告刊登于2000年8月4日的《证券时报》。
④2000 年 12 月 20 日,公司董事会召开了第二届第三十三次会议,会议审议并通过了以下决议:
a、选举公司第三届董事会、监事会成员的议案;
b、决定召开第三届第一次股东大会事宜。
此次董事会决议公告刊登于2000年12月21日的《证券时报》。
⑵董事会对股东大会决议的执行情况:
①报告期内公司没有进行利润分配。
②报告期内公司董事会实施了 1999 年度股东大会审议通过的关于变更部分募股资金用途的议案。原计划控股式兼并广西桂平糖厂造纸分厂和动力分厂项目的募股资金改投入的3万吨/年高效甘蔗专用有机复合肥技改、150吨/日黑液碱回收炉工程技改、拆除热电站现有废旧机炉,增装12MW 热电型机组项目的锅炉工程已按原计划在年内完成。年产 3 万吨生活用纸技改项目现正在进行着设备国际招标等工作。
7、公司管理层及员工情况
⑴现任董事、监事和高级管理人员持股情况:

姓名	职务	性别	年龄	任期	
杨和荣	董事长、党委书记	男	48	1997.10-2000.12	20000
杨万善	副董事长、总经理	男	56	1997.10-2000.12	10000
刘晓帆	副董事长、党委副书记	男	42	1997.10-2000.12	10000
李贵高	董事会秘书	男	40	1998.09-2000.12	10000
龙耐坚	董事	男	39	1997.10-2000.12	10000
黄家驹	董事	男	53	1997.10-2000.12	10000
陈进东	董事	男	49	1997.10-2000.12	10000
罗联光	董事	男	49	1997.10-2000.12	10000
唐瑞萍	董事	女	42	1997.10-2000.12	4000
农皓	董事	男	38	1997.10-2000.12	0

欧阳可占	副总经理	男	53	1997.10–2000.12	0
郭　峰	副总经理	男	42	1997.10–2000.12	10000
周如军	副总经理	男	47	1997.10–2000.12	10000
黄金生	监事会主席	男	53	1997.10–2000.12	20000
周卫红	监事会副主席	女	51	1997.10–2000.12	10000
陈寿冲	监事会副主席	男	40	1997.10–2000.12	4000
林举围	监　　事	男	53	1997.10–2000.12	10000
梁步明	监　　事	男	47	1997.10–2000.12	6000

本年度董事、监事和高级管理人员未发生变动，其所持股份年初数与年末数相同未发生变动。

本公司现任董事、监事及高级管理人员共 18 人，全年报酬总额 86 万元，其中：年度报酬在 2 4 万元之间有 7 人，在 4 7 万元之间有 8 人，在 7 9 万元之间有 3 人。

(2)公司员工的数量、专业构成、教育程度及退休职工人数情况

报告期内，公司在职员工 3,052 人，其中各类人员及其构成如下：

生产人员	2,217 人	占职工总人数的	72.64%
销售人员	73 人	占职工总人数的	2.39%
技术人员	583 人	占职工总人数的	19.10%
财务人员	24 人	占职工总人数的	0.79%
行政人员	155 人	占职工总人数的	5.08%

上述人员中，大专以上文化程度 404 人，占职工总人数的 13.24%；中等专业人员 1191 人，占职工总人数的 39.02%。中级和高级职称者 259 人，初级职称者 324 人，离退休人数 940 人。

8、本次利润分配和资本公积金转增股本预案

(1)公司 2000 年实现净利润 38,018,895.22 元，提取 10%法定盈余公积金 3,801,889.52 元，提取 5%法定公益金 1,900,944.77 元，当年可供分配利润 32,316,060.93 元，加上年末分配利润 44,621,836.41 元，2000 年末可供股东分配的利润 76,937,897.34 元。

董事会根据公司发展战略，现正在加快甘蔗渣抄造高级文化用纸和高级生活用纸的高新技术等技改建设，特别是甘蔗产业生态环保技术改造，实现更高的经济效益和社会效益，决定 2000 年不进行利润分配，也不进行资本公积金转增股本。本预案须股东大会审议通过。

(2)预计 2001 年度利润分配政策：

①拟在 2001 年中期分配利润一次；

②分配以派现金为主要方式；

③2001 年实现的净利润和 2000 年度未分配利润用于股利分配的比例不低于 20%。

公司董事会保留根据公司发展及当年盈利情况对分配政策调整的权利。

9、公司选定的信息披露报纸仍为《证券时报》。

六、监事会报告

1、报告期内监事会会议召开情况

(1)公司二届六次监事会会议于 2000 年 3 月 18 日召开，审议通过了《1999 年度监事会工作报告》、《1999 年度报告正文》和《1999 年度报告摘要》、《1999 年度财务决算报告》、董事会依据财政部(1999)35 号文件制定的《关于计提四项资产减值准备内部控制制度》处理程序合法，依据充分，切合实际。

该会议决议公告刊登在 2000 年 3 月 21 日的《证券时报》上。

(2)公司二届八次监事会会议于 2000 年 8 月 2 日召开，审议通过了公司 2000 年中期报告正文和摘要。

该会议决议公告刊登在 2000 年 8 月 4 日的《证券时报》上。

2、报告期内公司监事会依照《公司法》和本公司章程，认真履行监督职能，切实维护股东的合法权益，全力支持和参与公司的改革和整顿工作。监事会成员列席参加历次董事会会议，对董事会议案发表独立的意见和建议。监事会认为：

(1)公司的生产经营活动能遵守《公司法》和本公司章程，重大决策按程序规范进行。公司董事、总经理等高级管理人员在履行职务的过程中无违反法律、法规、公司章程或损害公司利益的行为。公司的内部控制机制有效运行。

(2)同意公司聘请的会计师事务所出具无保留意见的审计报告。财务报告真实反映了公司的财务状况和经营成果。

(3)公司募股资金的实际投入与《招股说明书》的项目一致，变更部分募股资金用途形成的相应方案切实可行，从而更好地维护了公司股东的利益。

(4)本年度内公司无收购、出售资产行为。

(5)公司关联交易按公平原则和一般市场交易准则进行。

七、重大事项

1、本年度公司无重大诉讼、仲裁事项。

2、本年度公司无董事及高级管理人员受监管部门处罚。

3、本年度公司控股股东、董事及高级管理人员没有变更。

4、本年度公司无收购及出售资产、吸收合并事项。

5、本报告期内公司的重大关联交易事项

(1)采购货物

交易内容	关联交易方	定价原则	采购金额	占本期该原材料采购金额比例
硫酸铝	广西贵港市丰宝化工总厂	当期非关联	2,522,030.66	97.07%
复合肥	广西贵港市丰宝化工总厂	交易平均售价	13,221,782.02	72%

以上交易结算方式为转帐方式，此关联交易对公司的利润影响不大。

关联交易的必要性和持续性原因：贵港市丰宝化工总厂主要生产经营甘蔗专用肥料、硫酸铝等化工产品，稳定地为本公司提供硫酸铝作为造纸辅助材料，以及为本公司提供甘蔗专用肥料。

(2)报告期内公司无资产、股权转让发生的关联交易。

(3)本公司与关联方存在的债权、债务往来事项

关联方应收、应付款项余额

项　目		期初数	期末数
应收帐款	广西贵港市红旗纸厂	137,558.50	137,558.50
预付帐款	广西贵港甘化股份有限公司	38,624.85	38,624.85
其他应收款	广西贵糖集团有限公司	4,811,607.49	4,811,607.49
应付帐款	广西贵港市丰宝化工总厂	85,573.80	0.00
预收帐款	广西贵港甘化股份有限公司	637.50	637.50

6、公司与控股股东在人员、资产、财务上的“三分开”情况

(1)人员分开方面：

公司的劳动、人事及工资管理完全独立；公司经理、副经理等高级管理人员均在本公司领薪；公司财务人员无在关联公司中兼职的情况。

(2)资产完整方面：

公司资产完整，拥有独立的生产系统、辅助生产系统和配套设施、工业产权、商标、非专利技术等无形资产以及独立的采购和销售系统。

(3)财务分开方面：

公司财务独立，设立独立的财务部门、建立独立的财务核算体系，具有规范独立的财务会计制度，独立在银行开户，独立依法纳税。

7、公司或持股 5%以上股东没有在指定报纸和网站上披露承诺事项。

8、报告期内公司无托管、承包、租赁本公司资产事项。

9、本年度聘任的会计师事务所未发生变更，原广西公信会计师事务所根据财政部财协字[2000]26 号文精神，经财政部财会[2000]1020 号文同意，与上海东华会计师事务所、陕西五联会计师事务所以吸收合并方式进行合并，合并后更名为上海东华会计师事务所有限公司。

10、本年度重大合同为：

(1)与工商银行贵港分行于 1997 年 5 月 5 日签订承诺书：用年产 4 万吨文化纸技改项目新增固定资产 2.1 亿元，抵押 13,780 万元的长期借款，期限为 1997.5.5　2003.12.15。

(2)与工商银行贵港分行于 2000 年 8 月 15 日签订流动资金借款合同：用公司现有的经营性房地产 6,980 万元抵押 5,000 万元流动资金借款，期限为：2000.8.16　2001.7.19。

(3)与交通银行南宁分行于 2000 年 10 月 17 日签订流动资金借款合同：用公司生产的“桂花”牌一级白砂糖 4,600 万元抵押 3,000 万元流动资金借款，期限为：2000.10.17　2001.7.16。

(4)与工商银行贵港分行于 2000 年 12 月 12 日签订流动资金借款合同：用公司的生产性机器设备 7,338.20 万元抵押 4,400 万元流动资金借款，期限为 2000.12.12　2001.10.11。

(5)与中国银行贵港分行于 2000 年 12 月 29 日签订流动资金借款合同：用公司生产的“桂花”牌一级白砂糖 5,581.84 万元抵押 3,000 万元流动资金借款，期限为 2000.12.29　2001.6.28。

11、本年度公司没有更改名称或股票简称。

八、财务报告

1、审计报告：

公司财务报告经上海东华会计师事务所有限公司审计，并出具无保留意见的审计报告。

审　计　报　告

东华桂审字(2001)010 号

广西贵糖(集团)股份有限公司全体股东：

我们接受委托，审计了贵公司 2000 年 12 月 31 日的资产负债表和 2000 年度利润及利润分配表以及现金流量表。这些会计报表由贵公司负责，我们的责任是对这些会计报表发表审计意见。我们的审计是依据《中国注册会计师独立审计准则》进行的。在审计过程中，我们结合贵公司的实际情况，实施了包括抽查会计记录等我们认为必要的审计程序。

我们认为，上述会计报表符合《企业会计准则》和《股份有限公司会计制度》的有关规定，在所有重大方面公允地反映了贵公司 2000 年 12 月 31 日的财务状况及 2000 年度经营成果和现金流量情况，会计处理方法的选用遵循了一贯性原则。

上海东华会计师事务所有限公司　　中国注册会计师　廖元珍　戴耀民

二 00 一年三月十三日

2、会计报表：

资　产　负　债　表

编制单位：广西贵糖(集团)股份有限公司 2000 年 12 月 31 日 会股 01 表 单位：元

资　　产	行次	年初数	年末数
流动资产；			
货币资金	1	102,147,671.41	234,986,730.36
短期投资	2		
减：短期投资跌价准备	3		
短期投资净额	4		
应收票据	5		
应收股利	6		
应收利息	7		
应收帐款	8	246,873,289.50	135,948,690.16
其他应收款	9	56,265,035.98	23,340,858.92
减：坏帐准备	10	6,025,731.88	7,574,079.97
应收款项净额	11	297,112,593.60	151,715,469.11
预付帐款	21	54,023,549.83	77,619,532.44
应收补贴款	24	610,858.34	
存　　货	30	111,654,751.92	148,248,145.52
减：存货跌价准备	31		
存货净额	32	111,654,751.92	148,248,145.52
待摊费用	33	721,026.64	557,333.00
待处理流动资产净损失	34		
一年内到期的长期债权投资	35		110,000.00
其他流动资产	36		
流动资产合计	39	566,270,451.74	613,237,210.43
长期投资：			
长期股权投资	40	6,970,000.00	7,570,000.00
长期债权投资	41	110,000.00	
长期投资合计	42	7,080,000.00	7,570,000.00
减：长期投资减值准备	43	2,400,000.00	2,850,000.00
长期投资净额	44	4,680,000.00	4,720,000.00
固定资产：			
固定资产原价	45	613,944,834.91	625,157,587.60
减：累计折旧	46	172,431,888.09	193,906,516.98
固定资产净值	47	441,512,946.82	431,251,070.62
工程物资	48	2,296,812.68	691,846.23
在建工程	49	18,219,573.72	82,174,034.57
固定资产清理	50		
待处理固定资产净损失	51		
固定资产合计	53	462,029,333.22	514,116,951.42
无形资产及其他资产：			
无形资产	54	23,359,462.31	22,994,974.31
开办费	55		
长期待摊费用	56	13,419,061.51	16,736,571.69
其他长期资产	57		
无形资产及其他资产合计	58	36,778,523.82	39,731,546.00
递延税项：			
递延税款借项	59		
资产总计	60	1,069,758,308.78	1,171,805,707.85
负债及股东权益			
流动负债：			
短期借款	61	153,490,000.00	238,000,000.00
应付票据	62		
应付帐款	63	51,396,038.34	79,776,035.45
预收货款	64	7,686,863.13	27,810,727.72
代销商品款	65		
应付工资	66	8,199,707.09	1,905,850.84
应付福利费	67	9,010,421.19	9,256,084.15

应付股利	68	15,267,850.00	13,724,042.00
应交税金	69	14,746,772.46	17,996,904.23
其他应交款	70	1,842,056.72	1,491,025.52
其他应付款	71	30,015,553.82	481,709.00
预提费用	72	685,000.00	
一年内到期的长期负债	73	52,300,000.00	79,800,000.00
其他流动负债	74		
流动负债合计	80	344,640,262.75	470,242,378.91
长期负债：			
长期借款	81	137,166,000.00	75,366,000.00
应付债券	82		
长期应付款	83	18,449,305.32	15,160,305.32
住房周转金	84	817,302.79	-9,447,309.52
其他长期负债	85		
长期负债合计	90	156,432,608.11	81,078,995.80
递延税项：			
递延税款贷项	91		
负债合计	92	501,072,870.86	551,321,374.71
股东权益：			
股　　本	93	252,688,500.00	252,688,500.00
资本公积	94	236,261,573.65	250,041,573.65
盈余公积	95	35,113,527.86	40,816,362.15
其中：公益金	96	11,704,509.29	13,605,454.06
未分配利润	97	44,621,836.41	76,937,897.34
股东权益合计	98	568,685,437.92	620,484,333.14
负债和股东权益合计	99	1,069,758,308.78	1,171,805,707.85

利润及利润分配表

编制单位：广西贵糖(集团)股份有限公司　2000 年 12 月　会股 02 表　单位：元

项　　目	行次	上年同期数
一、主营业务收入	1	593,127,371.82
减：折扣与折让	2	
主营业务收入净额	3	593,127,371.82
减：主营业务成本	4	509,889,019.15
主营业务税金及附加	5	5,546,020.11
二、主营业务利润（亏损以"-"号填列）	10	77,692,332.56
加：其他业务利润（亏损以"-"号填列）	11	271,122.63
减：存货跌价损失	12	
营业费用	13	31,200,600.76
管理费用	14	32,323,854.70
财务费用	15	12,484,744.99
三、营业利润（亏损以"-"号填列）	18	1,954,254.74
加：投资收益（损失以"-"号填列）	19	-450,000.00
补贴收入	22	
营业外收入	23	1,687,952.25
减：营业外支出	25	483,905.86
四、利润总额（亏损以"-"号填列）	27	2,708,301.13
减：所得税	28	1,042,691.84
少数股东权益		
加：所得税返还		568,741.00
五、净利润（净亏损以"-"号填列）	30	2,234,350.29
加：年初未分配的利润	31	42,722,638.66
盈余公积转入	32	
六、可供分配的利润	33	44,956,988.95
减：提取法定盈余公积	34	223,435.03
提取法定公益金	35	111,717.51
七、可供股东分配的利润	36	44,621,836.41
减：应分配优先股股利	37	
提取任意盈余公积	38	
应付普通股股利	39	
转作股本的普通股股利	40	
八、未分配的利润(未弥补亏损以"-"号填列)	41	44,621,836.41

项　　目	本年累计数
一、主营业务收入	647,170,730.81
减：折扣与折让	
主营业务收入净额	647,170,730.81
减：主营业务成本	507,286,401.96
主营业务税金及附加	5,877,717.22
二、主营业务利润（亏损以"-"号填列）	134,006,611.63
加：其他业务利润（亏损以"-"号填列）	416,767.46
减：存货跌价损失	
营业费用	22,557,290.90
管理费用	33,626,712.13
财务费用	20,550,422.88
三、营业利润（亏损以"-"号填列）	57,688,953.18
加：投资收益（损失以"-"号填列）	-450,000.00
补贴收入	
营业外收入	1,674,541.31
减：营业外支出	830,359.31
四、利润总额（亏损以"-"号填列）	58,083,135.18
减：所得税	20,064,239.96
少数股东权益	
加：所得税返还	
五、净利润（净亏损以"-"号填列）	38,018,895.22
加：年初未分配的利润	44,621,836.41
盈余公积转入	
六、可供分配的利润	82,640,731.63
减：提取法定盈余公积	3,801,889.52
提取法定公益金	1,900,944.77
七、可供股东分配的利润	76,937,897.34
减：应分配优先股股利	
提取任意盈余公积	
应付普通股股利	
转作股本的普通股股利	
八、未分配的利润(未弥补亏损以"-"号填列)	76,937,897.34

利润及利润分配表附表　净资产收益率及每股收益表

编制单位：广西贵糖(集团)股份有限公司　2000 年度　单位：元

报告期利润	净资产收益率(%)		每股收益(元/股)	
	全面摊薄	加权平均	全面摊薄	加权平均
主营业务利润	21.60	22.80	0.53	0.53
营业利润	9.30	9.82	0.23	0.23
净利润	6.13	6.47	0.15	0.15
扣除非经常性损益后的净利润	6.06	6.40	0.15	0.15

3、会计报表附注：

广西贵糖(集团)股份有限公司

二 000 年度会计报表附注

(一)公司简介

广西贵糖(集团)股份有限公司(以下简称本公司)根据广西壮族自治区经济体制改革委员会桂体改股字(1993)50 号、桂体改股字(1993)125 号文批准，由广西贵港甘蔗化工厂独家发起，于一九九三年八月十八日成立。经中国证监会证监发字(1998)193 号、194 号文批准，1998 年 8 月发行社会公众股 8,000 万股，发行后股本为 25,268.85 万股。本公司主要经营业务包括：食糖、纸、酒精、轻质碳酸钙、减水剂的制造、销售，国际、国内贸易等。

(二)公司主要会计政策、会计估计和合并会计

(三)税项

1、流转税

税　种	税率	备　　注
增值税	17%	当期销项税额-当期进项税额
消费税	5%	按应税销售额计提
城市维护建设税	7%	按应缴流转税计缴
教育费附加	3%	按应缴流转税计缴
农业特产税	8%	按收购甘蔗价计缴

2、所得税

公司的所得税税率 33%，按应税所得额计缴，根据桂证函(1993)25 号和桂证函(1998)51 号文由地方财政返还 18%所得税，根据有关规定：各地方自行制定的税收先征后返政策执行至 2001 年 12 月 31 日。

(四)控股子公司及合营企业

本公司无控股子公司及合营企业。

(五)会计报表主要项目注释

本附注如无特别说明，金额单位均为人民币元。

1、货币资金

项　目	期初数	期末数
现　金	476,416.21	459,013.83
银行存款	101,671,255.20	234,527,716.53
其他货币资金	0.00	0.00
合　计	102,147,671.41	234,986,730.36

2、公司无短期投资

3、应收款项

(1)应收帐款

①帐龄分布：

帐　龄	期初数 金　额	比例(%)	坏帐准备	期末数 金　额	比例(%)	坏帐准备
1 年以内	245,158,848.57	99.31	2,451,588.49	133,466,806.08	98.18	1,334,668.06
1-2 年	145,375.18	0.06	14,537.52	954,611.73	0.70	95,461.17
2-3 年	785,779.43	0.32	157,155.89	151,839.08	0.11	30,367.82
3 年以上	783,286.32	0.31	417,733.90	1,375,433.27	1.01	706,472.08
合计	246,873,289.50	100.00	3,041,015.80	135,948,690.16	100	2,166,969.13

②无任何证据表明本公司三年以上应收帐款无法回收。

③无持本公司 5%以上股份的股东单位欠款。

(2)其他应收款

①帐龄情况如下：

帐　龄	期初数 金　额	比例(%)	坏帐准备	期末数 金　额	比例(%)	坏帐准备
1 年以内	44,885,454.23	79.78	448,854.54	6,057,686.60	25.95	60,576.86
1-2 年	1,251,193.83	2.22	125,119.38	6,254,773.06	26.80	625,477.30
2-3 年	8,169,347.58	14.52	1,633,869.52	1,717,673.65	7.36	343,534.73
3 年以上	1,959,040.34	3.48	776,872.64	9,310,725.61	39.89	4,377,521.95
合计	56,265,035.98	100	2,984,716.08	23,340,858.92	100	5,407,110.84

②大额欠款单位情况

	欠　款　单　位	欠款金额	欠款时间	欠款原因
1	广西贵港市安达储运公司	600,000.00	2000	暂借购房款
2	广西贵港市地产公司	751,720.00	1997	预付征地款
3	广西贵糖集团有限公司	4,811,607.49	1999	代垫劳保费用等
4	北京市金诚律师事务所	450,000.00	1998	发票未到
5	百色电化厂	500,000.00	1999	拆借款

③无任何证据表明本公司三年以上其他应收款无法回收。

④广西贵糖集团有限公司年末欠款 4,811,607.49 元，占其他应收款余额 20.61%。

(3)预付帐款

①帐龄情况如下：

帐　龄	期初数 金　额	比例(%)	期末数 金　额	比例(%)
1 年以内	53,492,762.14	99.02	76,396,124.60	97.24
1-2 年	244,218.51	0.45	554,779.52	2.03
2-3 年	144,246.96	0.27	387,966.89	0.42
3 年以上	142,322.22	0.26	280,661.43	0.31
合计	54,023,549.83	100.00	77,619,532.44	100.00

②大额欠款单位情况

	欠　款　单　位	欠款金额	欠款时间	欠款原因
1	东罗矿务局	2,907,423.80	2000、12	购煤款
2	贵港石油分公司	2,218,629.09	2000、12	购油款
3	湖南娄底马鞍山煤矿	3,220,708.24	2000、12	购煤款
4	合山矿务局	2,055,432.08	2000、12	购煤款
	上海自动化仪表股份公司营销			

5 中心	2,286,000.00	2000.12	设备款

③无任何证据表明本公司三年以上预付帐款无法回收。
④无持本公司5%以上股份的股东单位欠款。
(4)公司无应收票据、应收股利及应收利息。

4.存货

项目	期初数 金额	跌价准备	期末数 金额	跌价准备
原材料	61,272,310.41	–	77,946,915.15	–
包装物	1,090,513.20	–	994,527.58	–
低值易耗品	212,741.96	–	272,011.18	–
产成品	30,880,770.40	–	59,615,343.17	–
在产品	18,198,415.95	–	9,419,348.44	–
合计	111,654,751.92	–	148,248,145.52	–

注:产成品抵押情况详见或有事项栏。

5.待摊费用

项目	原始金额	期初数	本期增加	本期摊销	期末数
保险费		721,026.64	1,678,840.00	1,842,533.64	557,333.00
合计		721,026.64	1,678,840.00	1,842,533.64	557,333.00

6.本公司无待处理流动资产净损失和待处理固定资产净损失

7.长期投资

(1)

项目	期初数 金额	减值准备	本期增加	本期减少	期末数 金额	减值准备
长期股权投资	6,970,000.00	2,400,000.00	600,000.00		7,570,000.00	2,850,000.00
长期债权投资	110,000.00				110,000.00	
合计	7,080,000.00	2,400,000.00	600,000.00		7,680,000.00	2,850,000.00

(2)长期股权投资

本公司长期股权投资无股票投资,全部为其他股权投资。

被投资单位名称	投资起止期	投资金额	占被投资单位注册资本比例	减值准备	备注
贵港甘化股份有限公司	无期限	2,000,000.00	4.78%		
中林发展股份有限公司	无期限	1,500,000.00	2.59%	750,000.00	
玉林地区物资股份公司	无期限	1,000,000.00	1.96%	500,000.00	
贵港鸿达塑料制品有限公司	1993–2005年	2,400,000.00	40.00%	1,600,000.00	
北京融汇中糖电子商务有限公司		600,000.00			
广西区食糖批发交易市场(席位)	无期限	70,000.00			
合计		7,570,000.00		2,850,000.00	

(3)长期债权投资

本公司长期债权投资全部为债券投资。

债券种类	面值	年利率	购入金额	到期日	本期利息	累计应收或已收利息
重点企业债券	110,000.00	无息	110,000.00	2001年		
合计	110,000.00		110,000.00			

8.固定资产及累计折旧

项目	期初数	本期增加	本期减少
原值			
房屋及建筑物	170,077,655.71	44,357,887.51	22,761,721.31
机器设备	427,899,455.87		15,846,205.02
运输工具	12,619,810.69	2,123,981.31	2,627,251.62
其他资产	3,347,912.64	6,238,576.07	272,514.25
合计	613,944,834.91	52,720,444.89	41,507,692.20
累计折旧			
房屋及建筑物	39,752,301.78	4,193,176.22	1,783,008.81
机器设备	118,267,390.50	24,846,166.28	6,554,175.15
运输工具	11,299,365.61	1,462,293.86	2,221,858.58
其他资产	3,112,830.20	1,592,874.10	60,839.03
合计	172,431,888.09	32,094,510.46	10,619,881.57
净值	441,512,946.82	20,625,934.43	30,887,810.63

项目	期末数	备注
原值		
房屋及建筑物	191,673,821.91	抵押情况详见
机器设备	412,053,250.85	或有事项栏
运输工具	12,116,540.38	
其他资产	9,313,974.46	
合计	625,157,587.60	
累计折旧		
房屋及建筑物	42,162,469.19	
机器设备	136,559,381.63	
运输工具	10,539,800.89	
其他资产	4,644,865.27	
合计	193,906,516.98	
净值	431,251,070.62	

9.工程物资

类别	期初数	期末数
库存设备	1,311,935.61	7,451.97
材料物资	984,877.07	684,394.26
合计	2,296,812.68	691,846.23

10.在建工程

11.无形资产

种类	原始金额	期初数	本期增加	本期转出
土地使用权	25,488,910.31	23,359,462.31	0.00	
商标权		106,360.00	106,360.00	
合计	25,595,270.31	23,359,462.31	106,360.00	

种类	本期摊销	期末数
土地使用权	465,530.00	22,893,932.31
商标权	5,318.00	101,042.00
合计	470,848.00	22,994,974.31

注:土地使用权已随厂房用于抵押。

12.长期待摊费用

种类	期初数	本期增加	本期摊销
深圳写字楼	3,594,747.15		83,598.78
十万亩吨糖蔗基地	9,824,314.36	5,990,464.79	2,589,355.83
合计	13,419,061.51	5,990,464.79	2,672,954.61

种类	期末数
深圳写字楼	3,511,148.37
十万亩吨糖蔗基地	13,225,423.32
合计	16,736,571.69

注:①深圳写字楼租赁费按租赁期48年摊销,剩余摊销年限42年;
②十万亩吨糖蔗基地按受益年限3年摊销,剩余摊销年限2年。

13.短期借款、一年内到期的长期负债

(1)短期借款

借款类别	期初数	期末数	备注
抵押借款	153,490,000.00	134,000,000.00	
担保借款		15,000,000.00	
质押借款		89,000,000.00	存货质押
合计	153,490,000.00	238,000,000.00	

(2)一年内到期的长期负债

借款类别	期初数	期末数	备注
抵押借款	32,300,000.00		
担保借款	20,000,000.00	79,800,000.00	
合计	52,300,000.00	79,800,000.00	

14.应付帐项

(1)应付帐款

年初数　51,396,038.34元
年末数　79,776,035.45元

注:本公司应付帐款中无持有公司5%以上股份的股东单位欠款。

(2)预收帐款

年初数　7,686,863.13元
年末数　27,810,727.72元

注:本公司预收帐款中无欠持有公司5%以上股份的股东单位款。

(3)本公司无应付票据。

(4)其他应付款

年初数:30,015,553.82元
年末数:481,709.00元

本公司其他应付款中无欠持本公司5%以上股份的股东单位款。

15.应付股利

年初数:15,267,850.00元　国有法人股股利
年末数:13,724,042.00元　国有法人股股利

16.应交税金

(1)

类别	期初数	期末数
农特税	1,193,812.95	2,104,509.29
增值税	717,975.31	1,643,315.42
消费税	150,344.51	112,788.65
营业税	11,015.87	11,015.87
城建税	–377,340.88	–446,622.39
所得税	10,330,372.02	14,571,897.39
管理费用中的四税	2,720,592.68	
合计	14,746,772.46	17,996,904.23

17.预提费用

类别	期初数	期末数	结存原因
水资源费	685,000.00	0.00	计提的水资源费
排污费		0.00	
合计	685,000.00	0.00	

18.长期借款

借款单位	金额	借款期限	年利率(%)
中国工商银行贵港市分行	8,000,000.00	1997.05.05–2003.05.01	6.21
中国工商银行贵港市分行	10,000,000.00	1997.06.28–2003.06.28	6.21
中国工商银行贵港市分行	10,000,000.00	1998.06.02–2002.12.25	6.21
中国工商银行贵港市分行	15,000,000.00	1997.09.29–2003.09.29	6.21
中国工商银行贵港市分行	12,000,000.00	1997.09.30–2003.09.30	6.21
中国工商银行贵港市分行	20,000,000.00	1998.06.02–2002.12.15	6.21
贵港市财政局	216,000.00	无期限	无息
贵港市科学委员会	150,000.00	无期限	无息
合计	75,366,000.00		

借款单位	借款条件
中国工商银行贵港市分行	固定资产抵押
中国工商银行贵港市分行	固定资产抵押
中国工商银行贵港市分行	担保
中国工商银行贵港市分行	固定资产抵押
中国工商银行贵港市分行	固定资产抵押
中国工商银行贵港市分行	担保
贵港市财政局	技改拨款
贵港市科学委员会	技改拨款
合计	

19.本公司无应付债券

20.股本

21.资本公积

项目	期初数	本期增加数	本期减少数	期末数
资本溢价	236,222,213.65			236,222,213.65
接收捐赠资产准备				
住房周转金转入				
资产评估增值准备				
股权投资准备				
被投资单位接受捐赠准备				
被投资单位评估增值准备				
被投资单位股权投资准备				
国家资本公积金		13,780,000.00		13,780,000.00
冻结期间利息收入	39,360.00			39,360.00

合计	236,261,573.65	250,041,573.65

注:本年增加 1378 万元为自治区财政厅拨入国家技改项目贴息,根据桂经贸字(1998)560 号文作国家资本公积。

22、盈余公积

项目	期初数	本期增加数	本期减少数	期末数
法定盈余公积	23,409,018.57	3,801,889.52		27,210,908.09
公益金	11,704,509.29	1,900,944.77		13,605,454.06
任意盈余公积				
合计	35,113,527.86	5,702,834.29		40,816,362.15

23、未分配利润

	分配比例	2000 年
年初数:		44,621,836.41 元
加: 本年净利润:		38,018,895.22 元
可供分配利润:		82,640,731.63 元
减: 利润分配		
1.提取法定盈余公积金:	10%	3,801,889.52 元
2.提取公益金:	5%	1,900,944.77 元
年末数:		76,937,897.34 元

注:追溯调整年初余额事项说明:

根据广西地方税务局地方税检查结果,将应补缴以前年度各种地方税 4,895,157.09 元调整年初留存收益。

上述事项均已采用追溯调整法调整了期初留存收益及相关项目的期初数,利润及利润分配表的上年度数据,已按调整后的数字填列。上述事项的累积影响数为 4,160,883.53 元,调减了 1999 年度净利润 451,371.10 元;调减了 1999 年初留存收益 3,777,218.10 元,其中,利润及利润分配表上年数栏的年初未分配利润数调减了 3,777,218.10 元、管理费用调增了 451,371.10 元、提取盈余公积调减了 67,705.67 元;资产负债表年初余额栏的应收补贴款调增了 42,117.34 元、应交税金调增了 4,937,274.43 元、留存收益调减了 4,160,883.53 元。

24、财务费用

类别	本年发生数	上年发生数
利息支出	21,148,736.27	13,161,640.01
减:利息收入	636,687.43	697,803.93
汇兑损失		
减:汇兑收益		
其他	38,374.04	20,908.91
合计	20,550,422.88	12,484,744.99

25、其他业务利润

上年发生数 271,122.63 元

本年发生数 416,767.46 元

26、投资收益

上年发生数 -450,000.00 元

本年发生数 -450,000.00 元

27、营业外收入、支出

(1)营业外收入

上年发生数: 1,687,952.25 元

本年发生数: 1,674,541.31 元

(2)营业外支出

上年发生数: 483,905.86 元

本年发生数: 830,359.31 元

28、支付的其他与经营活动有关的现金 68,098,056.65 元

较大金额的支付项目如下:

项目	本年发生额
办公费	1,107,828.92
差旅费	3,980,177.49
运输费	15,172,003.54
保险费	2,225,924.16
修理费	7,836,169.32
排污费	1,082,800.00
合计	31,404,903.43

(六)相同项目与年初相比报表中的数字变动幅度达 30%(含)以上,且占公司报表日资产总额 5%(含)或报表期利润 10%以上的报表项目变动原因说明

项目	比年初(上年)数变动幅度	说明
货币资金	130%	货款回笼、流动资金借款增长
应收帐款	-45%	货款回笼
坏帐准备	26%	帐龄 3 年以上余额比上年增加
预付帐款	44%	预付燃料等材料、大型设备款
在建工程	351%	3 万吨复合肥、大型热电机组、碱回收炉等项目投资
短期借款	55%	流动资金借款增加
应付帐款	55%	暂估材料入帐增加
长期借款	-45%	转入一年以内长期借款
未分配利润	72%	当期利润大幅增长
财务费用	65%	四万吨纸项目已完工使用,其应负担的贷款利息转由当期损益负担
所得税	1,824%	利润总额增加

(七)分行业资料

本公司的经营不存在行业间营业收入和营业成本划分的问题。

(八)关联方关系及其交易

1、关联方关系

(1)存在控制关系的关联方:

企业名称	注册地址	主营业务	与本企业关系	经济性质或类型
广西贵糖集团有限公司	广西贵港市人民西路	制糖、造纸、饮料等	母公司	国有独资有限责任公司

企业名称	法定代表人
广西贵糖集团有限公司	杨和荣

(2)存在控制关系的关联方的注册资本及其变化:

企业名称	年初数	本年增加数	本年减少数	年末数
广西贵糖集团有限公司	33,531 万元	0.00	0.00	33,531 万元

(3)存在控制关系的关联方所持股份或权益及其变化:

企业名称	期初数 金额(万元)	比例(%)	本期增加	本期减少	期末数 金额(万元)	比例(%)
广西贵糖集团有限公司	10,000.00	39.57			10,000.00	39.57

(4)不存在控制关系的关联方关系的性质:

企业名称	与本公司关系
广西贵港甘化股份有限公司	同受一公司控制
广西贵港市丰宝化工总厂	同受一公司控制
广西贵港市红旗纸厂	同受一公司控制
广西贵港市人民印刷厂	同受一公司控制
广西贵港市糖果食品厂	同受一公司控制

2、关联方交易

(1)关联方交易定价方法

①机制糖、机制纸、酒精和轻质碳酸钙

根据本公司当期非关联交易平均售价扣除若外销可能发生的销售费用、运输费用和其他费用确定。

②水、电、汽 根据当期非关联交易平均售价确定。

③风干浆、化肥、硫酸铝 根据当期非关联交易平均售价确定。

(2)采购货物

原材料名称	供货单位	采购金额	占当年该原材料采购金额比例
硫酸铝	广西贵港市丰宝化工总厂	2,522,030.66	97.07%
复合肥	广西贵港市丰宝化工总厂	13,221,782.02	72%

(3)销售货物

产品名称	购货单位	销售金额	占当年该产品销售金额比例
无	无	无	无

(4)关联方应收、应付款项余额

项目		年初数	年末数
应收帐款	广西贵港市红旗纸厂	137,558.50	137,558.50
预付帐款	广西贵港甘化股份有限公司	38,624.85	38,624.85
其他应收款	广西贵糖集团有限公司	4,811,607.49	4,811,607.49
应付帐款	广西贵港市丰宝化工总厂	85,573.80	0.00
预收账款	广西贵港甘化股份有限公司	637.50	637.50

(九)承诺事项

截止二 000 年十二月三十一日,公司无对正常生产经营活动有重大影响需特别披露的合同和承诺事项。

(十)或有事项

1、截止二 000 年十二月三十一日,本公司资产用于本公司贷款抵押情况:

A、存货

(1)胶印纸 4,396 吨, 用于抵押交行南宁高新支行 10,000,000.00 元贷款, 时间:2000-2-27 至 2001-2-21;

(2)白砂糖 20,000 吨,用于质押交行南宁高新支行 30,000,000.00 元贷款,时间:2000-10-17 至 2001-7-16;

(3)白砂糖 20,000 吨, 用于质押中行贵港分行 30,000,000.00 元贷款, 时间:2000-12-29 至 2001-6-28。

(4)白砂糖 10,000 吨, 用于质押工行贵港分行 30,000,000.00 元贷款, 时间:2000-12-28 至 2001-8-28。

B、固定资产及无形资产

(1)厂房 101,253 平方米、土地使用权 777,815.22 平方米, 用于抵押工商行贵港分行 80,000,000.00 元贷款,时间:其中 21,000,000.00 元为 2000-8 至 2001-6;29,000,000.00 元为 2000-6 至 2001-7;15,000,000.00 元为 2000-11-30 至 2001-9-29;15,000,000.00 元为 2000-12-12 至 2001-10-11

(2)机械设备价值 73,382,000.00 元, 用于抵押工商行贵港分行 44,000,000.00 元贷款, 时间:2000-12-12 至 2001-10-11;

(3)四万吨纸工程已全部抵押给贵港工行贷款 135,800,000.00 元。

2、截止二 000 年十二月三十一日,本公司无对外贷款担保;

(十一)资产负债表日后事项

1、二 00 一年一月八日,广西贵港市人民政府贵政函(2001)3 号文批复:

A、同意广西贵港甘化股份有限公司、贵港市红旗纸厂、贵港市丰宝化工总厂、贵港市人民印刷厂、贵港市糖果食品厂等 5 家企业退出本公司控股股东广西贵糖集团有限公司。

B、以上 5 家企业退出贵糖集团后, 广西贵糖集团有限公司被授权经营的国有资产总额由 33531.20 万元调整为 22125.55 万元。

上述变动将使公司关联方关系结构发生重大变化。

2、根据财政部财会(2001)5 号文关于印发《企业住房制度改革中有关会计处理问题的规定》的通知规定,"住房周转金"的借方余额转入 2001 年年初"利润分配-未分配利润"。

(十二)其他重大事项说明

二 000 年十二月二十五日公司与广西贵糖劳动服务公司、贵港市桂花纸品公司分别签定资产抵债协议书,公司以应收债权 22,306,347.00 元置换上述两公司部分资产,资产价值以广西无双资产评估有限责任公司(具有证及期货业务评估资格)广资评报字(2000)第 647 号、第 648 号资产评估报告为依据,其中:

1、广西贵糖劳动服务公司以下列资产抵债 10,694,398.00 元:

A、南江木松岭国有土地使用权(6,018.82 平方米),评估价值为 5,244,017.00 元,双方协议作价 2,708,450.00 元;

B、南江木松岭仓库(1,425 平方米),以评估作价 842,688.00 元;

C、办公附属楼(2,686 平方米),以评估作价 1,553,260.00 元;

D、货运码头(1,436 平方米),以评估作价 13,590,000.00 元。

2、贵港市桂花纸品公司以 7# 纸机按评估作价抵债 3,611,949.00 元。

上述事项业经公司董事会于二 000 年十二月全体通过;截止二 000 年十二月三十一日,上述资产已根据协议书进行会计帐务处理,产权变更正在办理中。

广西贵糖(集团)股份有限公司 二 00 一年三月十五日

九、公司的其他有关资料

1、公司注册登记日期:1993 年 8 月 18 日

公司注册登记地址:广西贵港市

2、企业法人营业执照注册号:19822750-9

3、税务登记号码:45252219822750-9

4、公司未流通股票的托管机构名称:深圳证券登记有限公司

5、公司报告期内无证券主承销机构

6、公司聘请的会计师事务所名称:上海东华会计师事务所有限公司

办公地址:上海市太原路 87 号甲

十、备查文件

1、载有法定代表人、财务负责人、会计经办人员签名并盖章的会计报表。

2、上海东华会计师事务所有限公司盖章及注册会计师亲笔签名并盖章的审计报告正本。

3、报告期内在《证券时报》公开披露过的所有公司文件的正本及公告原稿。

董事长: 广西贵糖(集团)股份有限公司

二 00 一年三月十五日

北京隆源实业股份有限公司

北京隆源实业股份有限公司2000年年度报告摘要

重要提示：本公司董事会保证本报告所载资料不存在任何虚假记载、误导性陈述或者重大遗漏，并对其内容的真实性、准确性和完整性负个别及连带责任。本年度报告摘要摘自年度报告，投资者欲了解详细内容，应阅读年度报告。

(一)公司简介

一、公司法定中文名称:北京隆源实业股份有限公司

公司法定英文名称:Beijing Longyuan Industrial Stock Co., Ltd

二、公司法定代表人:郭鹰

三、公司董事会秘书:丁继刚

联系地址:北京东城区菊儿胡同甲33号菊园宾馆B座113室

电话:010-64046959

传真:010-84017838

电子信箱:dingjigang@263.net

四、公司注册地址:北京市海淀区中关村南大街36号湖北大厦1701室

公司办公地址:北京东城区菊儿胡同甲33号菊园宾馆B座一层

邮编:100009

公司电子信箱:bjlysy@public.bta.net.cn

五、公司信息披露指定报纸:《中国证券报》、《证券时报》

登载公司年度报告的中国证监会指定国际互联网网址:

http://www.cninfo.com.cn

公司年度报告备置地点:本公司董事会秘书办公室

六、公司股票上市交易所:深圳证券交易所

股票简称:隆源实业　　股票代码:0835

(二)会计数据和业务数据摘要

一、本年度主要利润指标(单位:人民币元)

利润总额	26,341,834.03
净利润	15,540,651.63
主营业务利润	120,246,334.39
其他业务利润	647,995.76
营业利润	24,088,490.14
投资收益	2,110,250.15
补贴收入	630,000.00
营业外收支净额	486, 906.26
经营活动产生的现金流量净额	34,674,060.18
现金及现金等价物净增加额	43,829,214.61

二、截至报告期末公司前三年的主要会计数据和财务指标

单位:人民币元

项　　目	2000年度	1999年度	1998年度	
			调整前	调整后
主营业务收入	235832839.02	157280600.23	103426988.28	103426988.28
净利润	15540651.63	14814537.93	13920297.69	13630067.86
总资产	368185103.72	264605556.44	256384079.25	255333294.63
股东权益	152150152.45	141110000.82	127960457.19	126595462.90
每股收益	0.29	0.27	0.26	0.25
每股收益(按月加权平均)	0.29	0.27	0.32	0.30
每股收益(扣除非经常性损益后)	0.29	0.27	0.26	0.25
每股净资产	2.82	2.61	2.37	2.34
调整后的每股净资产	2.56	2.39	2.18	2.16
每股经营活动产生的现金流量净额	0.64	0.023	0.083	0.083
净资产收益率(%)	10.21	10.50	10.88	10.77
净资产收益率(加权)(%)	10.44	10.50	10.88	10.77

三、利润分配表附表:

报告期利润	净资产收益率		每股收益	
	全面摊薄	加权平均	全面摊薄	加权平均
主营业务利润	79.03%	80.77%	2.23	2.23
营业利润	15.83%	16.18%	0.45	0.45
净利润	10.21%	10.44%	0.29	0.29
扣除非经常性损益后的净利润	10.21%	10.44%	0.29	0.29

(三)股本变动及股东情况介绍

一、股本变动情况　　单位:万股

	期初数	本年变动增减(+,-)						期末数
		配股	送股	公积金转股	增发	其他	小计	
一.未上市流通股份								
1.发起人股份								
其中:								
国家持有股份	1929.42							1929.42
境内法人持有股份	388.8							388.8
境外法人持有股份	1731.78							1731.78
3.内部职工股								
其中:高管股	45.5					-21.5		24
未上市流通股份合计	4095.5					-21.5		4074
二.已上市流通股份								
1.人民币普通股	1304.5					+21.5		1326
已上市流通股份合计	1304.5					+21.5		1326
三.股份总数	5400							5400

二、股东情况介绍

1、报告期末股东总数:15929户。

2、前十名股东持股情况

	股东名称	期末持股数(万股)	占总股份比例(%)	股份性质
1	中房集团珠海房地产开发公司	1012.5	18.75	国有股
2	大隆技术公司	916.92	16.98	国有股
3	香港中泛投资有限公司	865.89	16.035	外资股
4	香港怡威发展有限公司	865.89	16.035	外资股
5	深圳市巨擘网投资有限公司	388.8	7.2	法人股
6	新疆乌市通信技术开发总公司	14.08	0.26	流通股
7	深圳市利诗源投资有限责任公司	7.06	0.13	流通股
8	张峻严	5.878	0.109	流通股
9	霍鹏	5.7488	0.106	流通股
10	陈焕	4.3	0.08	流通股

注:

1 报告期内,前五名法人股股东所持股份无增减变动,第六至第十名为流通股股东,增减股份为二级市场行为;

2 报告期内,公司原第五大股东北京周天科技公司与深圳市巨擘网投资有限公司签定协议,全部转让所持有的本公司股权。截止至报告期末,该股份转让的变更登记手续已办理完毕;(见2000年11月7日、11月17日《中国证券报》和《证券时报》的相关公告)

3 报告期内,持5%以上的法人股股东所持股份无质押或冻结情况;

4 前十名股东中前五名法人股股东之间不存在关联关系;本公司未知第六至第十名流通股股东之间的关联关系;

5 2000年8月21日公司第一大股东中房集团珠海房地产开发公司与新兴创业投资管理有限公司签定协议,拟全部转让所持有的本公司股权。截至报告期末此项转让的审批工作仍在进行之中。(见2000年8月24日《中国证券报》和《证券时报》刊登的本公司董事会公告)

(四)股东大会简介

报告期内,本公司召开了1999年度股东大会和两次临时股东大会:

1、2000年5月26日召开1998年度股东大会,会议通知刊登在2000年4月25日《中国证券报》和《证券时报》上,出席此次会议股东和股东代表17人,代表股份4068.475万股,占公司总股份数的75.3421%。会议经逐项记名投票表决,通过了《1999年度董事会工作报告》、《1999年度监事会工作报告》、《1999年度总经理工作报告》、《1999年度财务报告》、《1999年度利润分配方案》、选举肖湘、梁清华、李海东、萧灼基、李秀芝、曹桂发、贺来毅为第三届董事会董事;选举莫道明、柳寿长、李之标为第三届监事会监事、《未在公司受薪的董事和监事薪酬的议案》、《改聘岳华会计师事务所为本公司审计机构的议案》,此次会议决议公告刊登在2000年5月27日《中国证券报》和《证券时报》上;

2、2000年10月27日召开2000年度第一次临时股东大会,会议通知刊登在2000年9月27日《中国证券报》和《证券时报》上,出席此次会议股东和股东代表共8人,代表股份4062万股,占公司总股份数的75.22%。会议经逐项记名投票表决,通过肖湘先生、梁清华女士辞去第三届董事会董事,补选郭鹰先生、申屠建中先生为第三届董事会董事,通过柳寿长先生辞去第三届监事会监事,补选费革胜先生为第三届监事会监事。此次会议决议公告刊登在2000年10月28日《中国证券报》和《证券时报》上;

3、2000年12月8日召开2000年度第二次临时股东大会,会议通知刊登在2000年11月7日《中国证券报》和《证券时报》上,出席此次会议股东和股东代表共5人,代表股份4050万股,占公司总股份数的75%。会议经逐项记名投票表决,通过萧灼基先生、李秀芝女士、李海东先生辞去第三届董事会董事,补选杨光炎先生、杨善基先生、李步云先生为第三届董事会董事。此次会议决议公告刊登在2000年12月9日《中国证券报》和《证券时报》上。

(五)董事会报告

一、公司经营情况

1、主营业务经营范围及其行业特点

报告期内公司经过调整经营方向,目前主营业务范围主要包括:阀控式铅酸蓄电池、激光自动成型机及集成制造系统、润滑油复合添加剂、新药开发以及宾馆服务等。

其中江苏双登电源有限公司在全国铅酸蓄电池行业中生产量、营业收入、利润总额和工业总产值现行价排名均居同行业的前列。

2、公司的经营业绩情况

报告期内公司实现主营业务收入23,583.28万元,利润总额2,634.18万元,净利润1,554.07万元,其中铅酸蓄电池产品实现收入20,616.40万元,激光快速成型机产品实现收入548.01万元。

3、公司主要全资附属企业及控股子公司经营业绩情况

(1)江苏双登电源有限公司控股(70%)

江苏双登电源有限公司以"双登"牌阀控密封铅酸蓄电池为主导产品,是一个以名牌产品、名牌文化崛起于中国通信蓄电池业的时代骄子,系中国阀控密封铅酸电池领域龙头企业,该企业在1999年取得良好业绩的基础上,2000年度再次交出了骄人答卷,全年销售和利税分别比1999年度增长53%、51%,全年实现产品销售收入20,616.40万元,实现利润总额2,924.19万元,实现净利润2,632.72万元。

江苏双登荣获了国家级"重点高新技术企业"和国家级"创名牌优秀企业"等三十多项荣誉称号。本年度,江苏双登省级研发中心宣告成立,中心配备有60名具有高学历和相当研发实力的科研人才,配备的实验设备在国内同类型研发中心中堪称最强。信息产业部、北京大学、铁道部等有关电池科研项目都在这里进行和完成,由这个中心制定的电池产品质量标准,成为国家重要行业电池的质量标准。

江苏双登的电池产品正在开始从通信领域向内燃机、电动车等领域的延伸,开发成功的内燃机用2V、12V、系列矩形管式铅酸蓄电池,已获得国家实用新型产品专利权,其中12V产品在荷兰等国检测,各项性能指标均已达到欧洲国际电池最高标准。电动车用系列密封铅酸蓄电池产品性能优,寿命长,无需维护,已通过省级鉴定;胶体蓄电池已成功问世;新一代直流屏系列产品、UPS系列产品正在研制当中。另外,江苏双登还储备了世界上最小的6V12AH电动自行车用管式密封索引蓄电池的制造技术。并与北京大学共同开发研制出绿色汽车电池,取代了国内铲车、叉车、电动车用富液式电池,有力填补了国内空白。

(2)江苏隆源双登电源有限公司控股(70%)

江苏隆源双登电源有限公司是公司投入募集资金2,072万元与香港富源有限公司、江苏姜堰双新电源有限公司于1999年8月合资成立的阀控密封铅酸蓄电池生产企业,报告期末该项目已全部竣工投产试运行,2001年将正式投入生产。

天津天大天财股份有限公司

一、公司简介

1、公司法定名称
中文名称：天津天大天财股份有限公司
英文名称：GENIUS CO., LTD.
2、公司法定代表人： 寇纪淞
3、公司董事会秘书： 张彤
授权代表： 王伟
联系地址：天津市新技术产业园区华苑产业区华天道3号
联系电话：022-83710888、83710188
联系传真：022-83710199
Email：tzhang@tiancai.com
4、公司注册地址：天津市新技术产业园区华苑产业区
公司办公地址：天津市新技术产业园区华苑产业区华天道3号
邮政编码：300384
公司因特网址：http://www.tiancai.com.cn
公司电子信箱：investor@mail.tiancai.com.cn
5、公司信息披露报刊：《证券时报》、《中国证券报》
登载年报的国际互联网址：http://www.cninfo.com.cn
公司年报备置地： 天大天财公司证券部
6、公司股票上市交易所：深圳证券交易所
股票简称：天大天财
股票代码：0836

二、会计数据与业务数据摘要

1、本年度公司主要经营数据： 单位：元

利润总额：	85,924,540.92
净利润：	60,955,916.88
扣除非经常性损益后的净利润：	27,115,887.41
主营业务利润：	94,227,137.75
其他业务利润：	1,941,449.99
营业利润：	34,974,621.82
投资收益：	41,598,188.14
补贴收入：	--
营业外收支净额：	5,351,730.96
经营活动产生的现金流量净额：	35,193,234.44
现金及现金等价物净增加额：	5,552,914.10

2、前三年主要会计数据及财务指标：

序号	栏 目	2000年	1999年	1998年(调整后)
1	主营业务收入(元)	845,756,900.87	510,755,148.73	249,947,246.65
2	净利润(元)	60,955,916.88	49,769,549.92	28,660,404.41
3	总资产(元)	1,006,224,604.35	774,212,704.84	438,170,278.04
4	股东权益(元)	522,051,094.56	460,757,879.87	280,894,383.40
5	每股收益(元)	0.59	0.48	0.31
6	加权平均每股收益(元)	0.59	0.52	0.31
7	每股净资产(元)	5.08	4.48	3.00
8	调整后每股净资产(元)	5.02	4.41	2.98
9	每股经营活动产生的现金流量净额	0.34	0.18	1.03
10	净资产收益率(%)	11.68	10.80	10.20
11	扣除非经营性损益后的每股收益	0.26	0.48	0.31

注：主要财务指标的计算方法
每股收益=净利润/年度末普通股股份总数
每股净资产=年度末股东权益/年度末普通股股份总数
调整后的每股净资产=(年度末股东权益-三年以上的应收帐款净额-待摊费用-待处理 (流动、固定)资产净损失-开办费-长期待摊费用-住房周转金负数余额)/年度末普通股股份总数
按月平均加权每股收益=当期净利润/[期末股份总数/(1 +配股比例或增发新股比例)+期末股份总数/(1+配股比例或增发新股比例)×配股比例或增发新股比例×缴款结束日下一月份至期末的月份数/12]
每股经营活动产生的现金流量净额=经营活动产生的现金流量净额/年度末普通股股份总数
净资产收益率=净利润/年度末股东权益×100%

三、股东情况介绍

1、股东情况介绍
截止2000年末，公司股东总数为36,308户，其中境内法人股股东7户，社会公众股股东36,301户。
本年度内，天津大学将所持天大天财国有法人股中的1125万股分别协议转让给丹东菊花电器(集团)公司、天津科技发展投资总公司、天津海华实业发展有限公司、天津市增瑞工贸有限公司等四家公司，目前该股权转让还在报财政部审批过程中，股权转让完成后，天津大学将持天大天财31,100,056股，占总股本的30.27%。除此之外，其他法人股东的持股数未发生变动。
2、主要股东持股情况(前十名股东)

名次	股东名称	报告期末持股数(股)	占总股本比例(%)
1	天津大学	42,350,056	41.21
2	天津大学实业发展总公司	8,104,787	7.89
3	七0七研究所	8,098,909	7.88
4	天津经济建设投资集团总公司	3,250,500	3.16
5	平安证券有限公司	1,167,135	1.14
6	天津华泽(集团)有限公司	650,100	0.63
7	开益国际咨询研究中心	650,100	0.63
8	海南琼海市农贸产品交易批发中心有限公司	650,100	0.63
9	姜银侠	167,500	0.16
10	李宣	166,595	0.16

注：a.以上前八名股东中，除去平安证券有限公司外，均为国有法人股股东。
b.天津大学实业发展总公司为天津大学的全资附属企业。

陕西秦川机械发展股份有限公司

一、公司简介

1、公司名称：陕西秦川机械发展股份有限公司
英文名称：QinchuanMachineryDevelopmentCo.,Ltd.ofShaanxi
2、缩写：Qinchuan
3、法定代表人：邱世杰
董事会秘书：吴煜
联系地址：陕西省宝鸡市姜谭路22号 电话：0917-3670606 传真：0917-3390960
4、公司注册地址：宝鸡市高新技术产业开发区火炬路6号创新大厦
邮政编码：721006
公司办公地址：陕西省宝鸡市姜谭路22号 邮政编码：721009
公司电子信箱：sxqcfz@public.xa.sn.cn
5、公司选定信息披露报纸：《中国证券报》和《证券时报》
年度报告备置地点：本公司证券部
刊登年报的国际互联网网址：http://www.cninfo.com.cn
6、上市地点：深圳证券交易所
股票简称：秦川发展
股票代码：0837

二、会计数据和业务数据摘要

1、本年度主要利润指标情况
公司本年度实现利润总额4860万元、净利润3973万元、扣除非经常性损益后的净利润3691元、主营业务利润7875万元、其他业务利润13万元、营业利润3671万元、投资收益906万元、营业外收支净额283万元、经营活动产生的现金流量净额-28万元、现金及现金等价物净增加额-442万元。
2、主要财务指标

指标	2000年	1999年调整后	1998年调整后	1998年调整前
(1)主营业务收入(万元)	37176	17792	11037	11037
(2)净利润(万元)	3973	3611	3129	3368
(3)总资产(万元)	60759	52295	44577	44819
(4)股东权益(万元)	37700	35056	31446	31688
(5)每股收益(元)	0.30	0.32	0.28	0.30
(6)每股净资产(元)	2.84	3.16	2.84	2.86
(7)扣除非经常性损益的每股收益(元)	0.28	0.32	0.23	0.25
(8)调整后的每股净资产(元)	2.82	3.16	2.84	2.86
(9)每股经营活动产生的现金流量净额(元)	-	0.2424	-	-
(10)净资产收益率%	10.54	10.30	9.95	17.34

三、股本变动及股东情况

1、股本变动情况：
(1)股份变动情况表 单位：股

	期初数	本次变动增减(+、-) 配股	送股	公积金转增	其他	小计	期末数
一、尚未流通股份							
1、发起人股份							
其中：国家拥有股份	50200000			10040000		10040000	60240000
境内法人持有股份							
外资法人持有股份其他							
2、募集法人股	5570000			1114000		1114000	6684000
3、内部职工股							
4、优先股或其他							
尚未流通股份合计	55770000			11154000		11154000	66924000
二、已流通股份							
1、境内上市的人民币普通股	55000000			11000000		11000000	66000000
其中：高管人员持股	66000			13200		13200	79200
2、境内上市的外资股							
3、境外上市的外资股							
4、其他已流通股份							
合计	55000000			11000000		11000000	66000000
三、股份总数	110770000			22154000		22154000	132924000

(2)股票发行与上市情况
①经中国证监会[证监发(1998)144号]文和[证监发(1998)145号]文批准，于1998年6月8日发行A种股票5500万股，发行价每股3.74元，其中在深圳证券交易所采用上网定价方式向社会公开发行4950万股普通股股票。向公司职工发行公司职工股550万股。在深圳证券交易所发行的4950万普通股股票于1998年9月28日获准上市交易。
②经1999年度股东大会通过，本年度在原11077万股股本总额基础上实施了每10股转增2股的资本公积金转增股本方案。该转增股本公告刊登在2000年4月20日的《中国证券报》和《证券时报》上。
③公司董事、监事及高级管理人员所持7.92万股在任期内暂时冻结。
④除高级管理人员持股外，本公司目前没有公司职工股。
2、股东情况介绍
(1)根据深圳证券登记有限公司提供的数据，截至2000年12月31日止，本公司股东为13066名。
(2)前10名股东持股情况：
单位：股

①秦川机床集团有限公司	60240000	占45.31%
②陕西中讯经济发展总公司	2868000	占2.15%
③中国浦发机械工业股份有限公司	1704000	占1.28%
④上海浦发金桥联合发展有限公司	912000	占0.68%
⑤昆明富华置业有限责任公司	753929	占0.57%
⑥西安市化工进出口公司	744000	占0.56%
⑦刘苍云	579800	占0.44%
⑧张廷生	487085	占0.37%
⑨刘建金	363572	占0.28%
⑩王红梅	360191	占0.27%

说明：①持股5%以上(含5%)的法人股东所持股份未发生冻结、抵押等情况。

西南化机股份有限公司

一.公司简介

1.公司法定中文名称:西南化机股份有限公司
英文名称:SOUTHWEST CHEMICAL MACHINERY CO.LTD
英文名称缩写:SWCM
2.公司法定代表人:蔡挺
3.公司董事会秘书:阎建军
联系地址:公司董事会办公室
联系电话:(0838)8501521　8213333-3027
传　　真:(0838)8204843
电子信箱:scyan@163.net
4.公司注册地址:四川省什邡市两路口镇
公司办公地址:四川省什邡市两路口镇
邮政编码:618407
公司电子信箱:SWCM@163.net
5.公司选定的信息披露报刊名称:《中国证券报》、《证券时报》
登载公司年度报告的国际互联网网址:http://www.cninfo.com.cn
公司年度报告备置地点:公司董事会办公室
6.公司股票上市交易所:深圳证券交易所
股票简称:西南化机
股票代码:0838

二.会计数据和业务数据摘要

(一).本年度利润总额及构成:(单位:元)

项　　目	金　　额
利润总额	-33,007,231.22
净利润	-33,007,231.22
扣除非经常性损益后的净利润	-33,007,231.22
主营业务利润	-47,901.20
其他业务利润	-34,480.63
投资收益	-37,075.95
补贴收入	
营业外收支净额	-1,683,395.13
经营活动产生的现金流量净额	-3,102,735.08
现金及现金等价物净增加额	-4,405,898.88

(二).近三年主要会计数据和财务指标:

项　　目	2000 年度	1999 年度	1998 年度
主营业务收入(元)	40,363,117.44	82,356,477.68	79,379,387.01
净利润(元)	-33,007,231.22	-8,805,907.47	693,079.99
总资产(元)	229,782,170.11	239,127,407.32	224,089,657.36
股东权益(元)	26,814,349.59	68,551,118.15	77,357,025.62
每股收益(元)	-0.507	-0.135	0.011
加权每股收益(元)	-0.507	-0.135	0.011
扣除非经常性损益后的每股收益(元)	-0.507	-0.135	-0.159
每股净资产(元)	0.412	1.053	1.188
调整后的每股净资产(元)	0.126	0.893	1.021
每股经营活动产生的现金流量净额	-0.048	0.095	0.018
净资产收益率(%)	-123.1	-12.85	0.90

三.股本变动及股东情况

(一).股本变动情况
1. 股份变动情况表:(单位:万股)

项目	期初数	本次变动增减(+,-) 配股	送股	公积金转股	其他	小计	期末数
一.尚未流通股份							
1.发起人股份							
其中:国家拥有股份					+2459.886	+2459.886	2459.886
境内法人持有股份	2459.886				-2459.886	-2459.886	
2.募集法人股	2297.100						2297.100
尚未流通股份合计	4756.986						4756.986
二.已流通股份							
境内上市的人民币普通股	1755.000						1755.000
已流通股份合计	1755.000						1755.000
三.股份总额	6511.986						6511.986

(二).股东情况介绍:
1. 截止 2000 年 12 月 31 日,公司股东总数为 10,897 户。
2.公司前十名股东持股情况:

序号	股东名称	持有股数(股)	占总股份(%)	备注
1	德阳市国有资产经营有限公司	24,598,860	37.77	国家股
2	山东临沂工业搪瓷股份有限公司	3,900,000	5.99	法人股
3	德阳市化机持股联合会	3,341,000	5.13	法人股
4	深圳西来洋投资发展公司	2,600,000	3.99	法人股
5	上海浦东任晨贸易有限公司	2,240,000	3.44	法人股
6	四川金路股份有限公司	1,300,000	1.99	法人股
7	深圳市旭能投资有限公司	1,300,000	1.99	法人股
8	上海昆凌工贸有限公司	1,130,000	1.74	法人股
9	上海华通达机电产品供应有限公司	830,000	1.27	法人股
10	上海浦东勤勤工贸有限公司	700,000	1.07	法人股

3.本公司持股 10%以上的股东为德阳市国有资产经营有限公司,持有本公司股份 2459.886 万股,法定代表人何绪辉。经营范围:受政府委托从事产权经营管理,国有资产产权转让,国家股权、闲置资产调剂,五金交电、建筑机械、钢材、木材、有色金属(稀贵金属除外)、普通机械、电器机械及器材批发零售。

4.报告期内控股股东变更情况:

经四川省人民政府川府函[2000]222 号《关于西南化机股份有限公司国家股股权问题的批复》的批准,中国二重集团有限公司持有的公司国家股股权交由德阳市国有资产经营有限公司持有。控股股东变更公告刊登于 2000 年 8 月 5 日的《中国证券报》和《证券时报》。

中信国安信息产业股份有限公司

一、公司简介

(一)公司法定中文名称:中信国安信息产业股份有限公司
公司法定英文名称:CITIC Guoan Information Industry Co., Ltd.
(二)公司法定代表人:李士林
(三)公司董事会秘书:廖小同
联系地址:北京市朝阳区关东店北街 1 号国安大厦
电　　话:(010)65068509
传　　真:(010)65061482
电子信箱:dshms@citicguoaninfo.com
(四)公司注册地址:北京市海淀区海淀南路 32 号
公司办公地址:北京市朝阳区关东店北街 1 号国安大厦
邮政编码:100020
公司电子信箱:zqb@citicguoaninfo.com
(五)公司选定的信息披露报纸名称:《中国证券报》、《证券时报》、《上海证券报》
登载公司年度报告的中国证监会指定国际互联网网址:http://www.cninfo.com.cn
公司年报备置地点:北京市朝阳区关东店北街 1 号国安大厦五层
(六)公司股票上市交易所:深圳证券交易所
公司股票简称:中信国安
公司股票代码:0839

二、会计数据和业务数据摘要

(一) 公司本年度主要会计数据(单位:.元)

利润总额:	311,958,188.84
净利润:	265,769,544.47
扣除非经常性损益后的净利润:	231,143,350.32
主营业务利润:	257,145,153.29
营业利润:	198,537,088.16
投资收益:	113,509,656.53
营业外收支净额:	-88,555.85
经营活动产生的现金流量净额:	181,827,567.17
现金及现金等价物净增加额:	281,217,565.00

(二) 公司前三年的主要会计数据及财务指标(单位: 元)

	2000 年	1999 年	1998 调整前	1998 调整后
主营业务收入	528,765,056.80	470,818,205.98	485,965,532.48	485,965,532.48
净利润	265,769,544.47	200,165,447.32	109,188,052.22	105,157,825.49
总资产	2,393,878,214.85	1,366,102,899.93	888,924,637.69	880,982,695.29
股东权益	1,466,028,379.74	880,913,630.32	729,758,853.63	720,155,601.60
每股收益	0.4505	0.5004	0.2730	0.2629
按月平均加权法每股收益	0.4602	0.5000	0.2700	0.2600
扣除非经常性损益的每股收益	0.3918	0.4557	0.2504	0.2404
每股净资产	2.4848	2.2023	1.8244	1.8004
调整后的每股净资产	2.2991	1.9991	1.6755	1.6515
每股经营活动产生的现金流量净额	0.3082	-0.0161	0.1924	0.1924
净资产收益率(%)	18.13	22.72	14.96	14.60

注:以上指标计算涉及股本总数时,公司 2000 年指标是以现有总股本 589,999,989 股为基数计算,1999 年指标是以原有总股本 40000 万股为基数计算。

(三) 按照中国证监会《公开发行证券公司信息披露编报规则(第 9 号)》要求计算报告期利润的净资产收益率和每股收益:

报告期利润	净资产收益率(%) 全面摊薄	加权平均	每股收益(元) 全面摊薄	加权平均
主营业务利润	17.54	17.51	0.4358	0.4453
营业利润	13.54	13.52	0.3365	0.3438
净利润	18.13	18.10	0.4505	0.4602
扣除非经常性损益后的净利润	15.77	15.74	0.3918	0.4002

三、股东情况介绍

(一)报告期末股东总数为 110,348 户。
(二)公司前十名股东的持股情况一览表

股东名称	期末持股数量(股)	占总股本比例
中信国安有限公司	411,627,900	69.767%
汉兴证券投资基金	7,425,359	1.259%
汉盛证券投资基金	7,104,251	1.204%
同益证券投资基金	6,635,279	1.125%
同盛证券投资基金	3,864,110	0.655%
平安证券有限公司	2,280,000	0.386%
金泰基金	1,522,065	0.258%
申银证券	1,000,000	0.169%
北京中京泰咨询有限公司	996,225	0.169%
同德证券投资基金	980,000	0.166%

持有本公司 5%以上股份的股东为法人股股东中信国安有限公司，报告期内因公司实施了每 10 股送 3.72093 股派 0.93 元(含税)的利润分配方案，其持股数由期初 30,000 万股增至期末的 41,162.79 万股。其所持股份无质押和冻结。

河北承德露露股份有限公司

一、公司简介

1、公司名称
中文:河北承德露露股份有限公司
英文:He Bei Cheng De LoLo Company Limited
2、公司法定代表人:王宝林
3、公司董事会秘书:李文生
联系地址:河北省承德市双桥区翠桥路南6号　联系电话:(0314)2066791 转 3088
传　　真:(0314)2063525　公司电子信箱:lolozq@cd-user.he.cninfo.net
公司授权人:王　洪
联系地址:河北省承德市双桥区翠桥路南6号
联系电话:(0314)2061585　(0314)2066791 转 3061　传　　真:(0314)2063525
4、公司注册地址:河北省承德市高新技术产业开发区(西区8号)
办公地址:河北省承德市高新技术产业开发区(西区8号)　邮政编码:067000
公司电子信箱:lolozq@cd-user.he.cninfo.net
5、公司选定的信息披露报纸名称:中国证券报　证券时报
公司指定信息披露的国际互联网网址 http://www.cninfo.com.cn
公司年度报告备置地点:河北承德露露股份有限公司证券部
6、公司股票上市地:深圳证券交易所
股票简称:承德露露
股票代码:0848

二、会计数据和业务数据摘要

1、本年度主要利润指标情况
利润总额:　70693704.27 元
净利润:　53402228.49 元
扣除非经常性损益后的净利润:　55122530.22 元
主营业务利润:　231549496.31 元
其他业务利润:　2764283.14 元
营业利润:　76748880.68 元
投资收益:　-4334874.68 元
营业外收支净额:　-1720301.73 元
经营活动产生的现金流量净额:　52484628.97 元
现金及现金等价物净增加额:　167807844.88 元

报告期利润	净资产收益率		每股收益	
	全面摊薄	加权平均	全面摊薄	加权平均
主营业务利润	31.46	38.87	0.89	0.94
营业利润	10.43	12.88	0.30	0.31
净利润	7.26	8.96	0.21	0.22
扣除非经常性损益后的净利润	7.49	9.25	0.21	0.22

2、主要会计数据和财务指标

项　目	2000 年度	1999 年度	1998 年度	
		调整后	调整前	
主营业务收入(元)	821 111 533.74	739,642,163.24	559,941,413.24	559,941,413.24
净利润(元)	53 402 228.49	101,521,336.57	68,844,241.05	71,621,222.16
总资产(元)	872 349 201.37	520,584,682.24	481,798,133.04	485,604,833.09
股东权益(元)	735 927 419.84	410,045,753.55	308,524,416.98	312,331,117.03
每股收益(元/股)	0.21	0.44	0.30	0.31
每股收益(元/股)(加权)	0.22	0.44	0.30	0.31
扣除非经常性损益后的每股收益(元)	0.21	0.43	0.28	0.29
每股净资产(元/股)	2.84	1.78	1.34	1.35
调整后的每股净资产(元/股)	2.84	1.78	1.34	1.35
净资产收益率(%)(摊薄)	7.26	24.76	22.31	22.94
净资产收益率(%)(加权)	8.96	24.76	22.31	22.94
每股经营活动产生的现金流量净额(元)	0.20	0.48	0.21	0.21

注:(1) 扣除的非经常性损益的项目及金额:扣除 1997 年新股申购冻结资金利息 1319478.74 元;出售资产损失 3039780.47 元。

(2)主要财务指标的计算方法:

全面摊薄每股收益=报告期利润/期末股份总数

加权平均每股收益=报告期利润/(期初股份总数+报告期因公积金转增股本或股票股利分配等增加股份数+报告期因发行新股或债转股等增加股份数×增加股份下一月份起至报告期末的月份数÷报告期月份数-报告期因回购或缩股等减少股份数×减少股份下一月份起至报告期期末的月份数÷报告期月份数)

三、股东情况介绍

1、截止到 2000 年末,公司股东总数为 59238 户,其中:国家股股东 1 户, 社会公众股东 59237 户。

2、前十名股东持股情况

股东名称	持股数(股)	占总股本比例(%)
1 露露集团有限责任公司(国家股)	168250000	64.899
2 深圳国投证券有限公司成都营业部	800000	0.309
3 北京宝华投资有限公司	300000	0.116
4 北京禾沃咨询有限责任公司	281340	0.109
5 孙秀芳	220870	0.085
6 岳国卿	216470	0.083
7 骆俊良	213743	0.082
8 刘润先	209730	0.081
9 贾广仁	206379	0.080
10 赵丽莉	205640	0.079

说明:
1 持股 5%(含 5%)以上的股东所持股份未发生质押、冻结等情况。

安徽华茂纺织股份有限公司

一、公司简介

1、公司法定中文名称:安徽华茂纺织股份有限公司
公司法定英文名称:ANHUI HUAMAO TEXTILE COMPANY LIMITED
2、公司法定代表人:华冠雄
3、公司董事会秘书及其授权代表
董事会秘书:王功著
联系地址:安徽省安庆市纺织南路 80 号
联系电话:(0556)5516615
传真:(0556)5510166
电子信箱:aqfz@mail.hf.ah.cn
授权代表人:袁琥
联系地址:安徽省安庆市纺织南路 80 号
联系电话:(0556)5510810 转 245
传真:(0556)5510166
电子信箱:aqfz@mail.hf.ah.cn
4、公司注册地址:安徽省安庆市纺织南路 80 号
公司办公地址:安徽省安庆市纺织南路 80 号
邮政编码:246018
公司国际互联网网址:http://www.huamao.com.cn
公司电子信箱:aqfz@mail.hf.ah.cn
5、公司选定的信息披露报纸:《证券时报》
登载公司年度报告的国际互联网网址:http://www.cninfo.com.cn
公司年度报告备置地点:安徽华茂纺织股份有限公司总经理办公室
6、公司股票上市交易所:深圳证券交易所
股票简称:华茂股份　股票代码:0850

二、会计数据和业务数据摘要

1、公司本年度实现利润总额　132030985.34 元
其中:净利润　105247142.81 元
扣除非经常性损益后的净利润　102826175.48 元
主营业务利润　152875599.72 元
其他业务利润　57901.14 元
营业利润　111844807.89 元
投资收益　17806597.23 元
补贴收入　——
营业外收支净额　2379580.22 元
经营活动产生的现金流量净额　81384296.67 元
现金及现金等价物净增加额　-17032286.92 元

2、主要会计数据和财务指标

项　目	2000 年	1999 年	1998 年	
			调整前	调整后
主营业务收入(元)	589706513.85	565975471.87	458676696.42	458676696.42
净利润(元)	105247142.81	62229349.14	43605342.14	43101292.33
总资产(元)	783032850.30	622039730.17	530928821.58	530424771.77
股东权益(元)(不含少数股东权益)	531951752.35	460704609.54	424479310.21	423975260.40
每股收益(元) 主营业务利润(摊薄)	0.90	0.57	0.45	0.45
(加权)	0.90	0.57	0.53	0.53
营业利润(摊薄)	0.66	0.38	0.25	0.25
(加权)	0.66	0.38	0.30	0.29
净利润(摊薄)	0.62	0.37	0.26	0.25
(加权)	0.62	0.37	0.30	0.29
扣除非经常性损益后的每股收益(元)(摊薄)	0.60	0.35	0.25	0.24
(加权)	0.60	0.35	0.29	0.29
净资产收益率(%) 主营业务利润(摊薄)	28.74	21.20	17.96	17.96
(加权)	29.78	21.47	27.17	27.17
营业利润(摊薄)	21.03	14.20	10.13	10.01
(加权)	21.79	14.38	15.33	15.15
净利润(摊薄)	19.79	13.51	10.27	10.15
(加权)	20.50	13.67	15.54	15.36
扣除非经常性损益后的净资产收益率(%)(摊薄)	19.33	12.93	10.15	10.03
(加权)	20.03	13.09	15.36	15.18
每股净资产(元)	3.13	2.71	2.50	2.49
调整后的每股净资产(元)	3.13	2.70	2.46	2.45
每股经营活动产生的现金流量净额(元)	0.48	0.32	0.20	0.20

三、股东情况介绍

1、报告期末公司股东总数为 8356 户。

2、主要股东持股情况

股东名称	年末持股数(股)	占总股本比例(%)
(1)、安徽华茂集团有限公司	120000000	70.59
(2)、安徽省证券公司	5893253	3.47
(3)、安徽省金融会计学会	3490130	2.05
(4)、安徽省六安长江农机具有限责任公司	3400228	2.00
(5)、巢湖市产要交易部	2973630	1.75
(6)、安徽省资信评估公司	2555283	1.50
(7)、安徽四星电脑公司	1473187	0.87
(8)、安徽省合肥市种子公司	1305611	0.77
(9)、安徽省六安手扶拖拉机厂	889500	0.52
(10)、安徽省安庆市三阳电子研究所	849185	0.50

说明:1、持有本公司 5%以上(含 5%)股份的股东为安徽华茂集团有限公司, 所持股份为国有法人股,持股数量在报告期内未发生增减变动情况,年末仍为 12000 万股,并且未发生质押、冻结等情况。其余股东为社会公众股股东,持股数量的增减变动因其在二级市场上的买卖行为而定。

贵州中国第七砂轮股份有限公司

一、公司简介

1、公司法定中文名称:贵州中国第七砂轮股份有限公司
公司法定英文名称:Guizhou China No .7 Grinding Wheel Co . Ltd
2、公司法定代表人:曾德明
3、公司董事会秘书:任东升
公司证券事务代表:(暂缺)
联系地址:贵州(贵阳)清镇
办公电话:0851-2550469 传 真:0851-2550408
电子信箱:E—mail:qszqb.777.net.cn
4、公司注册地址:贵州省贵阳市
公司办公地址:贵州(贵阳)清镇 公司邮政编码:551414
公司电子信箱:E—mail:zjlb@chinaqisha.com.cn
公司互联网址:http://www.chinaqisha.com.cn
5、公司选定的信息披露报纸名称:深圳《证券时报》
登载公司年度报告的中国证监会指定国际互联网网址:http: //www. cninfo .com.cn
公司年度报告备置地点:公司证券部
6、公司股票上市交易所:深圳证券交易所
股票简称:中国七砂 股票代码:0851

二、会计数据和业务数据摘要

1、本年度利润总额及构成 单位:元

利润总额	-18,282,852.88
净利润	-18,282,852.88
扣除非经常性损益后的净利润	-16,037,888.52
主营业务利润	26,939,149.71
其他业务利润	-165,251.74
营业利润	-19,402,479.12
投资收益	3,364,590.60
补贴收入	727,576.10
营业外收支净额	-2,972,540.46
经营活动产生的现金流量净额	-673,777.81
现金及现金等价物净增加额	-15,835,380.29

注:扣除非经常性损益项目:
(1)补贴收入 727,576.10 元
(2)营业外收入 343,145.90 元
(3)营业外支出 3,315,686.36 元

按证监会《公开发行证券公司信息披露编报规则第 9 号》要求计算的资产收益率和每股收益:

报告期利润	净资产收益率(%)		每股收益(元)	
	全面摊薄	加权平均	全面摊薄	加权平均
主营业务利润	6.78	7.52	0.12	0.12
营业利润	-4.88	-5.42	-0.09	-0.09
净利润	-4.60	-5.10	-0.08	-0.08
扣除非经常性损益后的净利润	-4.03	-4.48	-0.07	-0.07

注:计算公式按照《公开发行证券公司信息披露编报规则》第九号的通知执行。

2、截止报告期末公司前三年主要会计数据及财务指标 单位:元

	2000 年度	1999 年度		1998 年度
		调整后	调整前	调整后
主营业务收入	159,293,399.71	143,402,778.99	184,095,117.41	184,095,117.41
净利润	-18,282,852.88	3,337,582.27	12,022,713.09	13,229,514.90
总资产	537,359,361.91	567,568,867.53	578,006,681.94	576,444,967.93
股东权益(不含少数股东权益)	397,579,019.04	367,401,816.17	367,625,947.91	364,064,233.90
每股收益(摊薄)	-0.08	0.02	0.07	0.08
(加权)	-0.08	0.02	0.08	0.09
(扣除非经营性损益后)	-0.07	0.02	0.05	0.05
每股净资产	1.77	2.12	2.11	2.10
调整后的每股净资产	1.70	2.05	2.07	2.07
净资产收益率 (摊薄)	-4.60%	0.91%	3.29%	3.63%
(加权)	-5.10%	0.91%	4.08%	4.53%
每股经营活动产生的现金流量净额	-0.07	-0.14	-0.05	-0.05

三、股本变动及股东情况

1、股本变动情况
2、股东情况介绍
(1)、报告期末股东总数
截止 2000 年 12 月 31 日,公司股东总数为 23659 户。
(2)、前十名股东持股情况。
截止 2000 年 12 月 31 日本公司前十名股东持股情况如下:

股东名称:	持股数(万股)	占总股份比例(%)	股份类别
1、中国七砂集团有限责任公司	6961.33	30.95	国家股
2、国投机轻有限公司	3433.92	15.27	国有法人股
3、贵州省电力工业局	1287	5.72	国有法人股
4、贵州省国资局	1241.5	5.52	国家股
5、中国宝安集团股份有限公司	286	1.27	社会法人股
6、北京兴宏投资有限责任公司	257.4	1.14	社会法人股
7、中国磨料磨具进出口联营公司	250.96	1.12	社会法人股
8、贵州东伟实业股份有限公司	143	0.64	社会法人股
9、贵州柴油机总厂	85.8	0.38	社会法人股
10、贵州东方机床厂	85.8	0.38	社会法人股

说明:1、本公司第一大股东中国七砂集团有限责任公司(持有本公司国家股 6936.33 万股,占本公司总股本的 30.95%)因拖欠交通银行贷款,被贵州省贵阳市中级人民法院于 2000 年 9 月 28 日司法冻结了该集团公司持有的本公司国家股 1450 万股,占总股本的 6.45%。截止报告期内末,该司法冻结尚在执行中。其他持有本公司 5 %以上股份的股东,本年度内股份数无变化,亦无质押,冻结之情况发生。

江汉石油钻头股份有限公司

一、公司简介

1、公司的法定中、英文名称及缩写
公司法定中文名称:江汉石油钻头股份有限公司
公司法定英文名称:Kingdream Public Limited Company
英文缩写:KPLC
2、公司法定代表人:刘恩学
3、公司董事会秘书:龙邦诚
授权代表:操玉华
联系地址:湖北省潜江市广华前进路江钻股份证券部
电话:0728-6518598
传真:0728-6518598
电子信箱:security@kingdream.com
4、公司注册地址:湖北省武汉市洪山区珞瑜路 456 号
邮编:430070
公司办公地址:湖北省潜江市广华前进路
邮编:433124
公司电子信箱:info@kingdream.com
公司网址:www.kingdream.com.cn
5、公司选定的信息披露报纸:《证券时报》、《上海证券报》
登载公司年度报告的中国证监会指定国际互联网网址:www.cninfo.com.cn
公司年度报告备置地点:公司证券部
6、公司股票上市交易所:深圳证券交易所
股票简称:江钻股份 股票代码:0852

二、会计数据和业务数据摘要

1、本年度主要利润指标情况 (合并报表 单位:人民币元)

利润总额	86,088,312.17
净利润	74,511,144.70
扣除非经常性损益后的净利润	72,623,945.00
主营业务利润	144,949,393.32
其他业务利润	6,886,305.00
营业利润	77,963,906.54
投资收益	7,630,251.43
补贴收入	1,261,351.33
营业外收支净额	-767,197.13
经营活动产生的现金流量净额	72,285,318.56
现金及现金等价物净增加额	297,197.32

注:扣除的非经常性损益项目和涉及金额

1 补贴收入	1,261,351.33
2 资产处置损益	-405,633.06
3 合并价差摊入	1,393,045.50
4 其他收入	-361,564.07
以上项目涉及金额:	1,887,199.70

2、截至报告期末公司前三年主要会计数据和财务指标(合并报表 单位:人民币元)

项目	2000 年	1999 年	1998 年(调整后)
主营业务收入	356,283,471.28	225,981,215.90	249,440,442.77
净利润	74,511,144.70	56,133,202.82	81,205,122.64
总资产	874,545,356.65	826,898,061.81	733,267,003.68
股东权益	586,302,784.38	511,791,639.68	492,742,795.26
每股收益	0.373	0.281	0.406
每股收益(加权)	0.373	0.281	0.500
扣除非经常性损益后的每股收益	0.363	0.251	0.378
每股净资产	2.93	2.56	2.46
调整后的每股净资产	2.92	2.55	2.42
每股经营活动产生的现金流量净额	0.361	0.279	0.218
净资产收益率	12.71%	10.97%	16.48%
扣除非经常性损益后的加权净资产收益率	13.23%	9.62%	22.84%

3、按中国证监会《公开发行证券公司信息披露编报规则(第 9 号)》要求计算的利润数据

报告期利润	净资产收益率(%)		每股收益(元)	
	全面摊薄	加权平均	全面摊薄	加权平均
主营业务利润	24.72	26.40	0.725	0.725
营业利润	13.30	14.20	0.390	0.390
净利润	12.71	13.57	0.373	0.373
扣除非经常性损益后的净利润	12.39	13.23	0.363	0.363

三、股东情况介绍

1、报告期末股东总数 29552 户。
2、报告期末公司前 10 名股东持股情况

排名	股东名称	持股数(股)	占总股本比例(%)
1	江汉石油管理局	150,000,000	75
2	北京通航技贸易有限公司	1,508,500	0.754
3	沈静静	453,850	0.227
4	冯玉良	403,300	0.202
5	同智证券投资基金	329,137	0.165
6	张家荣	200,000	0.100
7	普丰证券投资基金	132,282	0.066
8	姚志强	126,400	0.063
9	上海金球集团	120,277	0.060
10	刘长慧	100,000	0.050

说明:1 江汉石油管理局期初持有本公司国有法人股 150,000,000 股,期末持有 150,000,000 股,占公司总股本的 75%,报告期内所持股份数无变化。全部为未上市流通股份。
2 本公司前 10 名股东中第 2—10 名为流通股股东,本公司未知其关联关系。

唐山陶瓷股份有限公司

一、公司简介

1、公司法定中文名称:唐山陶瓷股份有限公司
公司法定英文名称:TANGSHAN CERAMIC CORP., LTD.
2、公司法定代表人:邢平均
3、公司董事会秘书:张树来
公司授权代表:徐加力
联系地址:河北省唐山市路北区缸窑路 29 号
联系电话:(0315)3291354 (0315) 3271011-3017
传 真:(0315) 3291354
4、公司注册地址:河北省唐山市路北区缸窑路 29 号
公司办公地址:河北省唐山市路北区缸窑路 29 号
公司邮政编码: 063022 公司电子信箱:tstc@publc.tsptt.he.cn
5、公司选定的信息披露报纸:《证券时报》
指定登载公司年度报告的国际互联网网址:http://www.cninfo.com.cn
公司年度报告备置地点:深圳证券交易所
唐山陶瓷股份有限公司证券部
6、公司股票上市交易所:深圳证券交易所
股票简称:唐山陶瓷 股票代码:0856

二、会计数据和业务数据摘要

1、本年度主要利润指标情况(单位:人民币元)

指 标	2000 年
(1) 利润总额	46 531 176.28
(2) 净利润	33 163 029.91
(3) 扣除非经常性损益后的净利润	34 302 484.49
(4) 主营业务利润	134 982 271.26
(5) 其它业务利润	16 665 839.15
(6) 营业利润	53 338 226.71
(7) 投资收益	-2 416 007.56
(8) 补贴收入	4 186 258.85
(9) 营业外收支净额	-8 577 301.72
(10)经营活动产生的现金流量净额	-35 533 530.24
(11)现金及现金等价物净增加额	118 767 011.69

注:扣除的非经常性损益项目和涉及金额(单位:人民币元)

项目	金 额
合并价差	-2 629 387.56
新股申购冻结利息	1 489 932.98
合 计	-1 139 454.58

2.截止报告期末公司前三年主要会计数据财务指标(单位:人民币元)

指 标	2000 年	1999 年	1998 年
(1)主营业务收入	467 767 049.42	464 186 156.02	329 894 012.72
(2)净利润	33 163 029.91	46 017 271.20	33 409 077.08
(3)总资产	1 039 034 086.29	775 465 747.19	789 638 473.20
(4)股东权益 (不含少数股东权益)	528 024 919.01	393 301 497.60	363 284 226.40
(5)全面摊薄每股收益	0.19	0.29	0.21
(6)加权平均每股收益	0.20	0.29	0.24
(7)扣除非经常性损益后的每股收益	0.20	0.29	0.21
(8)每股净资产	3.02	2.46	2.27
(9)调整后的每股净资产	2.82	2.38	2.19
(10)每股经营活动产生的现金流量净额	-0.20	-0.01	0.36
(11)全面摊薄净资产收益率(%)	6.28	11.70	9.20
(12)加权平均净资产收益率(%)	7.33	11.91	12.12
(13)扣除非经常性损益后的加权净资产收益率(%)	7.58	12.21	12.05

三、股东情况介绍

1、股东情况介绍
(1)报告期末公司股东总数为 33858 户,其中社会公众股股东 33857 户。
(2)报告期末公司前十名股东持股情况

序号	股东名称	持股数量(股)	占总股本比例(%)
1	唐山陶瓷集团有限公司	110,000,000	62.86
2	中国经济技术投资担保有限公司上海分公司	1,600,000	0.91
3	李福成	447,400	0.26
4	李晋	239,519	0.14
5	鄢连荀	166,600	0.10
6	苏庆文	153,400	0.09
7	陕西合记联合实业总公司	136,961	0.08
8	何忠山	130,000	0.07
9	石廷波	126,202	0.07
10	贾友珍	120,500	0.07

公司前 10 名股东无关联关系。
(3)持有本公司 5%(含 5%)以上股东情况
唐山陶瓷集团有限公司代表国家持有本公司股份 11000 万股,占公司股份总额的 62.86%。其所持股份在报告期内无变动情况,无质押或冻结情况。

宜宾五粮液股份有限公司

一、公司简介

1、公司法定中、英文名称
中文名称:宜宾五粮液股份有限公司 英文名称:YIBIN WULIANGYE CO.,LTD
2、公司法定代表人:王国春
3、公司董事会秘书:彭智辅 证券事务代表:肖祥发
联系地址:四川省宜宾市翠屏区岷江西路 150 号
联系电话:(0831)3553988 转 6858、5878
传真号码:(0831)3555958 公司证券事务电子信箱:dshb-wly@163.net
4、公司注册地址、办公地址:四川省宜宾市翠屏区岷江西路 150 号 邮政编码: 644007
公司国际互联网网址:http://www.wuliangye.com.cn
5、公司选定的信息披露报刊为"中国证券报、证券时报、上海证券报"。
刊载公司年度报告的证监会指定国际互联网网址为 http://www.cninfo.com.cn
公司年度报告备置地点:董事会办公室
6、公司股票上市交易所为:深圳证券交易所
股票简称:五粮液 股票代码:0858

二、会计数据和业务数据摘要

1、公司本年度实现利润情况

序号	项目	金额(元)
1	利润总额	1007096192.78
2	净利润	768112120.07
3	扣除非经常性损益后的净利润	768112120.07
4	主营业务利润	1808312636.90
5	其它业务利润	3003015.83
6	营业利润	1005710812.59
7	投资收益	2373601.70
8	补贴收入	0
9	营业外收支净额	-988221.51
10	经营活动产生的现金流量净额	1294995783.27
11	现金及现金等价物净增加额	777502685.95

注:利润总额 1,007,096,192.78 元,加上 2000 年度发生的按财政部、国家税务总局财政字(1998)45 号文件规定应作所得税前纳税调整的广告宣传费 127,419,306.39 元, 加本年计提的坏帐准备金超过税法允许抵扣部份 126,084.94 元,应纳税所得额为 1,134,641,584.11 元;按 33%计提所得税为 374,431,722.76 元,再按川府函(1997)298 号、川财税(2000)38 号文件精神,由地方财政返回 18%。利润总额 1,007,096,192.78 元,减 33%所得税 374,431,722.76 元,减应分配给投资公司少数股东权益 104,712.43 元,加实际收到财政返还 134,700,000.00 元,加 1999 年公司资源综合利用项目产生效益、2000 年经批准免征所得税 852,362.48 元,本公司 2000 年度净利润为 768,112,120.07 元。

2、截止本报告期末公司前三年的主要会计数据和财务指标
单位:元

序号	项目	2000 年度	1999 年度	1998 年度
1	主营业务收入	3953640138.96	3308791041.80	2814346533.12
2	净利润	768112120.07	649021962.90	559778280.97
3	总资产	4600917198.25	3918898762.95	2744404636.01
4	股东权益(不含少数股东权益)	3188611486.52	2420499366.45	1771477403.55
5	每股收益	1.60	1.352	1.749
6	每股净资产	6.643	5.043	5.536
7	调整后的每股净资产	6.615	5.043	5.53
8	每股经营活动产生的现金流量净额	2.70	1.872	1.122
9	净资产收益率(%)	24.09	26.81	31.60
10	按月平均加权计算的每股收益	1.60	1.45	1.83
11	扣除非经常性损益后的每股收益	1.60	1.352	1.68

注:(1)2000 年末总股本为 48,000 万股;1999 年末总股本 48,000 万股;1998 年末总股本为 32,000 万股。以上每股指标均按当期实现数除以当期总股本所得。
(2)公司 1998 年 1-3 月总股本为 24,000 万股;4-12 月为 32,000 万股;1999 年 1-8 月总股本为 32,000 万股,9-12 月为 48,000 万股。以上述月份相关数据作为加权平均的计算基数。

三、股本变动及股东情况

1、股本变动情况
(1)股份变动情况表
(2)股票发行与上市情况
本公司是 1997 年 8 月 19 日经四川省人民政府川发(1997)字 295 号文批准,由四川省宜宾五粮液酒厂独家发起,于 1998 年 3 月 27 日在深圳证券交易所上网定价发行人民币普通股 8,000 万股(其中:职工股 800 万股),发行价格为 14.77 元/股,发行完成后于同年 4 月 27 日上市交易。
目前,公司总股本为 48,000 万股,其中:国有股为 36,000 万股,占 75%;社会公众流通股为 12,000 万股,占 25%。
2、股东情况介绍
(1)截止 2000 年 12 月 31 日,本公司股东总数为 70,777 户,其中:未流通国有股 1 户,公司高管人员 11 户,社会公众股 70,765 户。
(2)公司前 10 名股东的持股情况

序号	股东名称	持股数量(股)	持股比例
1	宜宾国有资产管理局	360000000	75.00%
2	安顺证券投资基金	3100000	0.64%
3	裕阳证券投资基金	1756773	0.36%
4	宏源股份有限公司证券营业部	1418577	0.29%
5	兴和证券投资基金	1000000	0.20%
6	兴华证券投资基金	1000000	0.20%
7	万明芳	646500	0.13%
8	汉博证券投资基金	594814	0.12%
9	裕隆证券投资基金	552896	0.11%
10	申银证券	500350	0.10%

注:(1)本公司前 10 名股东之间不存在关联关系。
(2)持股 5%以上(含 5%)的股东为"宜宾市国有资产管理局",是本公司控股股东,其所持股份不存在质押或冻结等情况。
(3)本报告期内本公司的控股股东没有发生变更等情况。

安徽国风塑业股份有限公司

一、公司简介

一、公司简称：
1、公司名称：中文：安徽国风塑业股份有限公司
英文：ANHUI GUOFENG PLASTIC INDUSTRY CO., LTD.
2、公司法定代表人：郑忠勋
3、公司董事会秘书：叶刚　证券事务代表：吴亚　联系地址：合肥市马鞍山路 1 号
联系电话：0551-2885333-3166　传真号码：0551-2888835
4、公司注册地址：安徽省合肥市马鞍山路 1 号
公司办公地址：安徽省合肥市马鞍山路 1 号
邮编：230001　电子信箱：guofeng@ mail.hf.ah.cn
5、公司选定的信息披露报纸为《证券时报》
中国证监会指定的登载公司年度报告的国际互联网网址：
http://www.cninfo.com.cn
公司年度报告备置地点：本公司证券部
6、公司股票上市交易所：深圳证券交易所
股票简称：国风塑业　股票代码：0859

二、会计数据和业务数据摘要

1、公司本年度实现　单位：元

利润总额：	59,348,667.62
净利润：	49,501,906.39
扣除非经常性损益后的净利润：	45,521,876.07
主营业务利润：	94,918,472.34
其它业务利润：	951,015.17
营业利润：	55,368,637.30
投资收益：	2,000,000.00
补贴收入：	543,200.00
营业外收支净额：	1,436,830.32
经营活动产生的现金流量净额：	20,604,219.51
现金及现金等价物净增加额：	111,198,036.00

2、主要合计数据和财务指标　(单位：元)

指标项目	2000 年	1999 年	1998 年	
			调整前	调整后
主营业务收入	476,827,869.08	409,984,275.02	353,436,474.25	353,436,474.25
净利润	49,501,906.39	59,202,600.26	50,671,057.42	53,389,672.46
总资产	1,146,465,522.74	880,957,203.68	787,359,284.36	777,360,289.48
股东权益(不含少数股东权益)	729,799,746.43	545,704,799.53	496,501,194.15	486,502,199.27
每股收益(摊薄)	0.21	0.33	0.28	0.30
每股收益(加权)	0.22	0.33	0.36	0.38
扣除非经常性损益后每股收益	0.19	0.30	0.26	0.27
每股净资产	3.20	3.03	2.76	2.70
调整后的每股净资产	3.09	3.03	2.75	2.69
每股经营活动产生的现金流量净额	0.08	0.38	0.44	0.44
净资产收益率(摊薄)%	6.5	10.85	10.21	10.97
净资产收益率(加权)%	7.66	11.47	20.05	22.12

三、股本变动及股东情况

(一)股本变动情况
1、股本变动情况表
2、股票发行与上市情况

1)1998 年 8 月 27 日，本公司在深圳证券交易所采用上网定价发行方式，公开发行社会公众股 A 股 6000 万股(其中，向本公司职工配售 600 万股，向基金开元、基金金泰、基金兴华、基金裕阳、基金安信各配售 120 万股，实际公开发行 4800 万股)，发行价格 4.85 元。1998 年 11 月 19 日，本公司向社会公众公开发行的 4800 万股 A 股在深交所上市，向 5 家证券投资基金配售的 600 万股于本次社会公众股上市两月后方可上市，公司职工股 600 万股于本次社会公众股上市后半年方可申请上市。

2)报告期内，因本公司以 1999 年末总股本为基数，实施每 10 股转增 2 股的分配方案，公司股份总数相应增加。

3)报告期内，公司实施增资配股方案，以 99 年末总股本为基数，每 10 股配 3 股，共配 1980 万股。其中，公司国家股股东持有人安徽国风集团有限公司经"财政部[2000]86 号"文批复同意，认购了 180 万股。

(二)股东情况介绍

1、报告期末本公司股东总数为 50677 户，其中国家股股东 1 户，拥有股份 14580 万股，董事、监事及高管人员共 15 人，持有股份 94350 股(包括分别于 2000 年 8 月 1 日和 11 月 23 日辞去公司董事职务的刘建安先生、朱亚晶先生所各自持有的 7500 股高管股)。

2、前 10 名股东持股情况：

股东名称	持股数量	占总股本比例(%)
安徽国风集团有限公司(国家股股东)	145800000	61.83
深圳国投证券有限公司成都营业部	1011043	0.43
王祥贞	299800	0.13
梁学华	270400	0.11
王晖	240000	0.10
朱成茂	218587	0.09
杨卓定	193201	0.08
普丰证券投资基金	183567	0.08
张发知	179162	0.08
徐华	168150	0.07

3、报告期内除安徽国风集团有限公司外，本公司无持股 10%以上的股东。安徽国风集团有限公司法定代表人为郑忠勋先生，经营范围包括：资产经营，塑胶建材、塑胶门窗及配件、塑料薄膜、塑胶管材、新墙体、注塑制品、各类家用电器配套件、PVC 高阻燃粒子、吸塑制品、金属制品、广告材料，商务贸易，经营本企业和成员企业自产产品的出口业务，经营本成员企业生产所需的机械设备、零配件、原辅材料的进口业务，如工贸易和补偿贸易。

4、报告期内，控股股东安徽国风集团有限公司没有发生变更。

北京顺鑫农业股份有限公司

一、公司简介

1.公司法定名称　中文名称：北京顺鑫农业股份有限公司
英文名称：BEIJING SHUNXIN AGRICULTURE CO.,LTD
2.公司注册地址：北京市顺义区站前街　公司办公地址：北京市顺义区站前街
邮政编码：101300　公司国际互联网网址：www.0860.com.cn
电子信箱：sxnygf@public.bta.net.cn
3.公司法定代表人：龚建友
4.公司董事会秘书：田建国　联系地址：北京市顺义区站前街
联系电话：(010)69420860、69428900
传真：(010)81499846　电子信箱：jgtian@371.net
5.公司选定的信息披露报纸：《中国证券报》、《证券时报》
年度报告指定登载网址：http://www.cninfo.com.cn　公司年度报告备置地点：公司证券部
6.公司股票上市交易所：深圳证券交易所　股票简称：顺鑫农业　股票代码：0860

二、主要会计数据和指标

(一)本年度主要利润指标情况(单位：元)

项　目	2000 年度
利润总额	85165386.69
净利润	76488226.82
扣除非经常性损益的净利润	77035619.94
主营业务利润	134950091.77
其他业务利润	5076863.61
营业利润	61740587.72
投资收益	1200462.76
补贴收入	22771729.33
营业外收支净额	-547393.12
经营活动产生的现金流量净额	49177853.29
现金及现金等价物净增加额	-162060515.30

扣除非经常性损益项目和涉及金额：扣除营业外收入 3028690.60 元、营业外支出 3576083.72 元。

(二)公司前三年主要会计数据和财务指标(单位：元)

指标项目	2000 年度	1999 年度	1998 年度	1998 年度	2000 年比
			(调整前)	(调整后)	1999 年增减
主营业务收入	677131956.40	636,305,938.40	733,525,286.06	733,525,286.06	40826018.00
净利润	76488226.82	77,198,567.99	88,391,250.60	84,110,953.05	-710341.17
总资产	1019816080.30	1,026,744,914.95	1,157,079,140.80	1,150,760,104.86	-6928834.65
股东权益	850068875.54	815,580,648.72	742,662,378.28	738,382,080.73	34488226.82
每股收益	0.273	0.276	0.32	0.30	-0.003
加权平均每股收益	0.273	0.276	0.39	0.37	-0.003
扣除非经常性损益后的每股收益	0.275	0.248	0.234	0.219	0.027
每股净资产	3.036	2.91	2.65	2.64	0.126
调整后的每股净资产	2.949	2.86	2.63	2.62	0.089
每股经营活动产生的现金流量净额	0.176	0.29	0.12	0.12	-0.114
净资产收益率(%)	8.998	9.47	11.90	11.39	-0.472
加权净资产收益率(%)	8.998	9.47	11.90	11.39	-0.472
扣除非经常性损益后的加权净资产收益率(%)	9.00	8.51	8.34	10.12	0.49

注 1. 公司 2000 年度配股工作已于 2001 年 3 月 6 日全部结束，总股本由 28000 万股变为 30415 万股，变化后的每股收益为 0.25 元。
注 2.扣除非经常性损益后的每股收益为 0.275 元。
注 3.有关财务指标计算公式如下：
(1) 每股收益(摊薄)=净利润/年度末普通股股份总数
(2) 每股净资产=年度末股东权益/年度末普通股股份总数
(3) 调整后的每股净资产=[年度末股东权益-三年以上的应收款项净额-待摊费用-待处理(流动、固定)资产净损失-开办费-长期待摊费用-住房周转金负数余额]/年度末普通股股份总数
(4) 每股经营活动产生的现金流量净额=经营活动产生的现金流量净额/年度末普通股股份总数
(5) 净资产收益率=净利润/年度末股东权益×100%

(三)报告期利润表附表

报告期利润	净资产收益率(%)		每股收益(元)	
	全面摊薄	加权平均	全面摊薄	加权平均
主营业务利润	15.86	15.81	0.48	0.48
营业利润	7.26	7.23	0.22	0.22
净利润	9.00	8.95	0.27	0.27
扣除非经常性损益后的净利润	9.10	9.00	0.28	0.28

三、股本变动和主要股东情况

1.截止 2000 年 12 月 31 日，公司股东总数为 44696 户。
2.报告期末公司前十名股东持股情况：

名次	股东名称	持股数量(股)	占总股本比例
1	北京市泰丰现代农业发展中心	210000000	75.00%
2	同盛证券投资基金	598088	0.21%
3	袁妙玲	307400	0.11%
4	中信实业银行深圳分行证券营业部	300000	0.11%
5	深圳市正瑞投资发展有限公司	200000	0.07%
6	景福证券投资基金	200000	0.07%
7	中奥广告有限公司	170000	0.06%
8	吴静凯	130500	0.05%
9	普丰证券投资基金	118357	0.04%
10	贾建勤	118049	0.04%

说明：1 持股 5%(含 5%)以上的法人股股东所持股份未发生抵押、冻结等情况。
2 前十名股东之间不存在关联关系。

茂名永业(集团)股份有限公司

茂名永业(集团)股份有限公司2000年年度报告摘要

重要提示：本公司董事会保证本报告所载资料不存在任何虚假记载、误导性陈述或者重大遗漏，并对其内容的真实性、准确性和完整性负个别及连带责任。

一、公司简介

1、公司的法定中、英文名称及缩写：
中文名称：茂名永业(集团)股份有限公司
英文名称：Maoming Yongye (Group) Co., Ltd.
英文名称缩写：MMYY
2、公司法定代表人：柯朝南
3、公司董事会秘书：王洪信
联系地址：广东省茂名市环市西路61号
联系电话：0668-2327411-8888
传真：0668-2326412
电子邮箱：mmyongye @ 163.net
证券事务代表：刘云燕
联系地址：广东省茂名市官山西路21号
联系电话：0668-2286717
传真：0668-2326412
4、公司注册、办公地址：广东省茂名市环市西路61号
邮政编码：525024
公司国际互联网网址：无
公司电子信箱：mmyongye @ pub.maoming.gd.cn
5、公司选定的信息披露报纸名称：《证券时报》、《中国证券报》
登载公司年度报告的国际互联网网址：http://www.cninfo.com.cn
公司年度报告备置地点：广东省茂名市官山西路21号本公司证券部
6、公司股票上市交易所：深圳证券交易所
股票简称：茂化永业　　股票代码：0861

二、会计数据和业务数据摘要

(一)、本年度主要利润指标(单位：人民币元)
利润总额：12,463,105.29
净利润：5,624,766.27
扣除非经营性损益后的净利润：6,493,186.70
主营业务利润：34,225,799.74
其它业务利润：100,425.29
营业利润：13,331,525.72
投资收益：0
补贴收入：277,772.26
营业外收支净额：1,146,192.69
经营活动产生的现金流量净额：15,127,842.84
现金及现金等价物净增加额：25,803,528.66
注：本年度公司非经营性损益构成如下(单位：元)

项目	金额
补贴收入	277,772.26
营业外收支净额	-1,146,192.69
合计	-868,420.43

(二)、截至报告期末公司前三年主要会计数据和财务指标：

序号	项　　目	2000年度	1999年度	1998年度
1	主营业务收入(元)	157,879,841.31	126,493,283.32	118,483,265
2	净利润(元)	5,624,766.27	16,313,416.58	14,767,113
3	总资产(元)	476,560,907.77	297,144,911.41	244,086,297
4	股东权益(不含少数股东权益)(元)	243,995,306.80	149,793,308.64	143,661,868
5	每股收益(元/股)	0.08	0.25	0.306
6	每股收益(按月平均加权法计算)(元/股)	0.08	0.28	0.358
7	扣除非经营性损益后的每股收益(元/股)	0.09	0.176	0.256
8	每股净资产(元/股)	3.29	2.30	2.80
9	调整后每股净资产(元/股)	3.22	2.30	2.80
10	每股经营活动产生的现金流量净额(元)	0.20	0.066	0.00
11	净资产收益率(%)	2.31	10.89	10.93
12	净资产收益率加权(%)	3.05	11.01	13.19
13	扣除非经常性损益后净资产收益率	2.67	7.63	9.72

利润表附表：

报告期利润	净资产收益率(%)		每股收益(元)	
	全面摊薄	加权平均	全面摊薄	加权平均
主营业务利润	14.03	18.54	0.46	0.50
营业利润	5.46	7.22	0.18	0.20
净利润	2.31	3.05	0.08	0.08
扣除非经常性损益后的净利润	2.67	3.53	0.09	0.10

三、股东情况介绍

1、报告期末股东总数：4498户
2、前10名股东的持股情况

股　东　名　称	持股数量(万股)	占总股本的比例(%)
广东省茂名市国有资产管理局	1952.55	26.33
中石化茂名石油化工公司	338	4.56
茂名永业(集团)股份有限公司工会持股会	88.3	1.19
广东省茂名信托投资有限公司	60	0.81
广东省茂名市化学工业总公司	46.5	0.63
广东省茂名市兴达发展总公司	38.4	0.52
广东省茂名市工业开发公司	35.1	0.47
孟北群	28.1	0.38
杨明才	26.8	0.36
赖细瓜	23.8	0.32

说明：持股5%以上的股东只有茂名市国有资产管理局，共持有1952.55万股，占总股本的26.33%，其所持股份代表国家持有，在报告期内无质押、冻结情况，股份增加70.4万股，是因为报告期内认购了部分配股。

四、股东大会简介

报告期内召开了一次股东大会。2000年4月28日召开1999年度股东大会。
1999年度股东大会的通知、召开情况：
1、公司关于召开1999年度股东大会的通知公告，刊登于2000年3月8日的《中国证券报》、《证券时报》上。
2、2000年4月29日，公司在《中国证券报》、《证券时报》上刊登了股东大会决议公告，大会审议通过了如下决议：
第一、《一九九九年度董事会工作报告》；
第二、《一九九九年度监事会工作报告》；
第三、《一九九九年度财务决算报告》；
第四、《一九九九年度利润分配方案》；
第五、《2000年度配股方案》以及《配股募集资金计划投资项目可行性的议案》
第六、股东大会授权董事会行使部分投资决定权的议案；
第七、聘请2000年度会计师事务所、律师事务所的议案；
第八、选举第三届董事会董事的议案；
第九、选举第三届监事会监事的议案。

五、董事会报告

(一)、生产经营情况
1、公司所处的行业及地位
公司所处行业为橡胶制品基础制品行业--炭黑行业，属于国家重点扶持发展的基础原材料行业。2000年度是炭黑行业极为艰苦的一年。由于轮胎橡胶行业仍然处于走势低迷状态，造成炭黑市场销售不畅，特别是货款回收极为困难，严重影响经营活动的正常进行。原料供应市场更为紧张，原料价格持续飙升，原料成本大幅度上升到了企业难以承受的地步。而周边国家陆续进口炭黑更加剧了市场的竞争。本公司是全国炭黑行业中唯一一家上市公司，2000年生产炭黑19715吨，销售收入15788万元，利润总额为1246.3万元，在全国炭黑行业排名分别为第七、第三和第一(资料来源于《炭黑行业统计定期报表》2000年第4季度)。
2、公司主营业务的范围及其经营状况
公司的主营业务是从事炭黑系列产品的制造和销售，以及油品的加工销售和尾气余热发电。
公司主营业务按行业分析：炭黑属于化工原材料，炭黑及其尾气余热发电是本公司的主要业务和利润来源。在公司主营业务收入中，炭黑销售收入占80%。
公司主营业务按地区分析：根据全国炭黑行业协会的统计数字，公司炭黑2000年全国市场占有率4%，广东市场占有率约45%。
3、公司全资附属企业经营业绩
公司于2000年10月以转承负债的方式，收购了茂名高岭土工业总公司(含茂名高岭土工业有限公司，以下简称高岭土公司)的全部资产，成为本公司的全资附属企业。高岭土公司属于广东省高新技术企业，以生产造纸用系列高岭土产品为主，技术优良，产品质量稳定，企业已进入快速成长期，成为公司的一个新的利润增长点。2000年度，高岭土公司生产高岭土4.4万吨，主营业务收入5085万元，利润总额683.83万元，其中在公司购买日前实现净利润564.48万元，本年度对本公司的利润贡献为109.9万元。
公司下属有五个分公司，报告期内，除茂名永业(集团)大富公司和茂名永业(集团)储运公司尚能保本微利运作以外，其余三个分公司已基本停止运营，等待办理资产清算交接。
4、在经营中出现的问题与困难及解决方案
(1)、在经营中出现的问题与困难
1、公司主营业务单一且规模较小，抗风险能力不强，面对激烈的市场竞争，给企业经营持续增长带来较大压力；
2、炭黑生产用原料油、燃料油大幅提价等，造成经营成本上升；
3、公司内部管理机制与现代企业制度还有一定差距，需要进一步改革、完善；
4、职工整体素质还有待进一步提高。
(2)、解决方案
针对上述问题，公司一方面要迅速上规模，寻找新的利润增长点，一方面要深化内部机制改革，提高员工整体素质，进一步对外开拓市场，对内严格管理，降低企业运营成本，提高经济效益。
(三)、公司投资情况
截止2000年12月31日，公司长期投资余额为6396.5元，比上年增加6396.5元。被投资的公司为茂名高岭土工业总公司，主要是生产经营高岭土系列产品。公司占茂名高岭土工业总公司的权益比例为100%。
1、募集资金使用情况
(1)、前次募集资金使用情况
公司1998年通过发行境内上市普通股1250万股，扣除发行费用后实际募集资金6012.5万元，全部均按照《招股说明书》披露的项目进行投入。延续到报告期内的前次募集资金为82.82万元，报告期内已投入到《招股说明书》披露的项目2万吨/年软质炭黑生产线中。
(2)、报告期内募集资金使用情况
经中国证监会"证监公司字[2000]111号"文批准，公司实施了2000年度增资配股方案，本次配股以公司2000年8月24日总股本6500万股为基数，每10股配3股，配股价为每股人民币11元，共向全体股东配售9,169,666股，扣除配股费用后实际募集资金95,994,169.49元。截止2000年9月14日，全部募集资金已到位。
1、募集资金的实际使用情况与配股说明书的承诺对照表
单位：万元

	承诺投资项目	承诺投资	实际投资项目	实际投资
1	2万吨软质炭黑新工艺技改项目	6490	2万吨软质炭黑新工艺技改项目	5188
2	尾气综合治理--	3109.4	尾气综合治理--	1240

余热发电项目　　　　　　　　余热发电项目

2、实际投资项目进度及效益情况

A、2万吨/年软质新工艺炭黑节能技改工程项目的进度及效益情况。该项目是国家经贸委批准的重点工程项目，项目共需总投资9290万元，建设期两年半。

该项目从1998年7月开始建设，利用前次发行募集资金于1999年底前已投入2717.18万元，余额82.82万元延续到报告期内使用完毕，完成了前次募集资金使用2800万元于该项目的计划。报告期内又用配股募集资金投入到该项目5188万元，该项目累计投入7988万元，已基本完成了2万吨/年软质新工艺炭黑节能技改工程的建设，目前正在进行化工试车。

B、尾气综合治理--余热发电项目的进度和效益情况。该项目是2万吨/年软质新工艺炭黑节能技改工程的配套项目，是利用炭黑生产排出的尾气进行回收燃烧发电。项目总投资3642.41万元，可利用本次配股募集资金3109.4万元，差额533万元由企业自筹解决。报告期内投入募集资金1240万元用于该项目，已完成了尾气发电项目--余热发电项目的设计、三通一平、土建基础和20吨锅炉的制作、安装、调试等。大约完成了整个工程的三分之一左右，预计整个项目可在2001年底以前建成投产。

由于上述两个项目均未投产，因此未产生投资收益。

公司董事会认为：募集资金完全按照配股说明书的承诺使用，没有变更资金投向，使用效果较好。

C、尚未投入的募集资金共计3171万元全部存放在公司银行账户，用于计划投资项目。

2、报告期内无非募集资金投资的重大项目。

（四）、新年度的业务发展计划

2001年本公司将以大力提高效益为中心，规范管理，开拓市场，扩大主营业务，增加新的利润增长点。

1、本公司2万吨/年软质新工艺炭黑生产线即将投产，公司将着力开拓新的市场，突出主营业务，提高营业利润。

2、支持控股子公司茂名高岭土工业总公司扩建计划，公司拟借款或担保其借款2000万元，在2001年年底以前建成3万吨/年高岭土技改项目，使茂名高岭土工业总公司的年高岭土产量达到8万吨，形成规模效益。

3、加快募集资金投资项目建设，使尾气综合治理--余热发电项目早日发挥经济效益和社会效益，消除炭黑尾气对环境的影响。

4、以质量管理为中心，全面提高企业生产、经营管理水平。

5、积极、稳妥地进行新产品开发或新项目投资，增加新的利润增长点。

（五）、董事会日常工作情况

1、报告期内董事会的会议情况及决议内容

(1)、2000年3月6日，公司董事会在茂名大厦聚龙轩房召开会议，审议并通过如下决议：

1、关于计提"四项准备"建立内部控制制度的报告；

2、董事会工作报告；

3、1999年度财务决算报告；

4、1999年度报告及摘要；

5、1999年度利润分配预案；

6、关于前次募集资金使用情况的说明；

7、关于2000年配股募集资金投向及可行性的预案；

8、关于2000年配股的预案；

9、关于提请股东大会授权董事会行使部分投资决定权的议案；

10、关于聘请2000年度会计师事务所的议案；

⑾、关于董事换届选举的议案；

⑿、关于召开1999年度股东大会的议案。

以上决议于2000年3月8日刊登在《中国证券报》和《证券时报》上。

（2）、2000年4月19日，公司董事会在本公司会议室召开会议，审议通过补充"炭黑尾气综合治理--余热发电项目"作为2000年度配股项目。该决议于2000年4月21日刊登在《中国证券报》和《证券时报》上。

（3）、2000年4月28日，公司第三届董事会第一次会议在茂名市迎宾馆召开，选举柯朝南董事担任公司第三届董事会董事长。该决议已于2000年4月29日刊登在《中国证券报》和《证券时报》上。

（4）、2000年8月8日，公司三届二次董事会在本公司会议室召开，审议并通过如下决议：

1、公司2000年中期利润分配方案；

2、公司2000年中期报告及中报摘要。

(5)、2000年9月30日，公司三届三次董事会在本公司会议室召开，审议并通过如下决议：

本公司以承接茂名高岭土工业总公司(含茂名高岭土工业有限公司)所欠中国银行茂名分行贷款本息6286.6万元的方式，整体收购上述两公司的全部资产并承担债权债务。

上述决议刊登在2000年10月9日的《中国证券报》和《证券时报》上。

（6）、2000年10月30日，公司三届四次董事会在本公司会议室召开，审议并通过公司1.5万吨/年新工艺炭黑生产线为配合在建工程建设临时停产2个月的决议，该决议刊登在2000年11月2日的《中国证券报》和《证券时报》上。

（7）、2000年12月11日，公司三届五次董事会在本公司会议室召开，审议并通过了将承接茂名高岭土工业总公司的负债6286.6万元转作投资并进行工商变更登记的决议，该决议刊登在2000年12月13日的《中国证券报》和《证券时报》上。

2、董事会对股东大会决议的执行情况

（1）、报告期内，董事会按照股东大会决议及授权，组织实施了1999年度派息方案：以1999年末总股本6500万股为基数，每10股派1元人民币现金(含税，扣税后个人股东实际每10股派息0.80元现金)。股权登记日为2000年6月26日，除息日为2000年6月27日。

（2）、报告期内，董事会按照股东大会决议及授权，组织实施了2000年度配股方案：以1999年末总股本6500万股为基数，向全体股东每10股配3股，配股价为每股11元。经中国证监会"证监公司字[2000]111号"文核准实施，股权登记日为2000年8月24日，除权基准日为2000年8月25日，配股缴款起止日期为2000年8月28日至2000年9月8日。本次配股共向全体股东配售916.9666万股，其中：向国家股股东配售70.4万股；向社会公众股配售487.5万股；向内部职工股配售359.0666万股。

本次配股共募集资金95994169.49元(其中已扣除配股相关费用)，已于2000年9月14日到位。

（六）、董事、监事、高级管理人员情况

姓名	性别	年龄	职务	任期起止日期	年初持股数(股)	年末持股数(股)
柯朝南	男	55	董事长兼总经理	2000.4~2003.4	32500	42250
周永声	男	59	董事兼副总经理	2000.4~2003.4	32500	42250
陈默	男	43	董事兼副总经理	2000.4~2003.4	32500	42250
王洪信	男	37	董事、副总经理、董秘	2000.4~2003.4	32500	42250
孙绍德	男	54	董事	2000.4~2003.4	0	0
江光云	男	54	监事长	2000.4~2003.4	32500	42250
李文斯	男	59	监事	2000.4~2003.4	6000	7800
周健	男	41	监事	2000.4~2003.4	14647	19041

说明：

⑴、以上董事、监事年末持股增加了30%，是因为认购了2000年度配股。

⑵、以上部分董事、监事的年度报酬总额约为12.57万元。其中，在2.2万至2.8万元年度报酬数额区间内，领取报酬的董事2人，分别是柯朝南(27650元)，周永声(22100元)；在1.8万至2.1万元年度报酬数额区间内，领取报酬的董事、监事3人，分别是陈默(19960元)，王洪信(18300元)，江光云(20900元)；在1.8万元以下年度报酬数额区间内，领取报酬的监事1人，周健监事(16800元)。孙绍德董事、李文斯监事等没有在公司领取报酬。

（3）、报告期内，因换届选举，李崇业董事、黄伟年董事、赵仕溪监事、吴绍泰监事、黄喜监事任期已满离任。

（4）、报告期内，公司经理、董事会秘书未发生变动。

（七）、本次利润分配预案：

经北京兴华会计师事务所有限责任公司年终审计验证，公司2000年度实现净利润562.48万元，提取10%法定公积金56.25万元，提取5%法定公益金28.12万元，加上年初未分配利润3691.36万元，可供股东分配的利润为4169.46万元。

经研究，拟定公司2000年度利润分配预案为：以2000年末总股本7416.96万股为基数，拟向全体股东每10股派发现金1元(含税)，剩余利润3427.77万元转入下年度一并分配。

以上预案尚须经公司2000年度股东大会审议通过后执行。

根据中国证监会要求，公司必须制定下一年度的利润分配政策。公司董事会根据企业发展对资金的需求，下一年度拟实行的利润分配政策如下：

(1)、公司拟对2001年度利润分配一次；

(2)、公司2000年度末分配利润用于下一年度股利分配的比例为10%左右；

(3)、公司2001年度实现净利润用于股利分配的比例为30%左右；

(4)、分配采取派现金或送股形式，现金股息占股利分配的比例为30%以上；

(5)、上述分配政策为预计方案，具体分配政策董事会届时根据公司实际情况确定，公司董事会保留根据实际情况对该政策进行调整的权力。

六、监事会报告

（一）、监事会会议情况

公司监事会2000年度召开监事会议三次：

1、2000年3月6日公司监事会召开2000年度第1次会议，会议审议通过了如下议案：

（1）、公司1999年度监事会工作报告。

（2）、公司1999年年度报告。

（3）、公司1999年度财务决算方案。

（4）、对公司的财务状况、依法运作等发表独立意见。

以上议案刊登在2000年3月8日的《中国证券报》和《证券时报》上。

2、2000年4月28日公司监事会召开第三届监事会第一次会议，会议审议通过了江光云监事担任公司第三届监事会监事长的议案。该议案刊登在2000年4月30日的《中国证券报》和《证券时报》上。

3、2000年12月29日，公司三届二次监事会在本公司会议室召开，主要是安排监事会成员对公司的依法运作、财务状况和收购资产状况予以检查。由于未形成决议，所以没有予以披露。

（二）、监事会独立意见

1、公司监事会作为公司常设监督机构，按照《公司法》及公司章程有关规定，在履行职责期间，列席了公司历次董事会议，检查了公司2000年度会计报表和其他会议文件，审核了公司财务年度报告、年度审计报告以及收购企业的资产状况等。

2、监事会认为：公司按照中国证监会及有关部门规定，建立了公司内部控制制度，并依法运作，公司决策程序合法。公司董事、经理执行公司职务时无违反法律、法规、公司章程或损害公司利益的行为。

3、北京兴华会计师事务所按照会计准则审核了公司2000年度报告并出具了无保留意见的审计报告。监事会认为公司2000年度报告中涉及的财务数据真实，北京兴华会计师事务所提供的财务报告客观公正，能真实反映公司的财务状况和经营成果。

4、公司最近一次募集资金实际投入项目和承诺投入项目一致。

5、报告期内，公司收购的茂名高岭土工业总公司产生一定的盈利，成长性较好。

七、重大事项

1、报告期内公司无重大诉讼、仲裁事项。

2、报告期内，公司及公司董事、监事、高级管理人员未受到监管部门的处罚。

3、报告期内，公司控股股东无变更，公司总经理、董事会秘书无变更。

4、报告期内，公司以转承负债的方式收购了茂名高岭土工业总公司的全部资产。承债额为6286.6万元，2000年11月完成上述收购事宜。收购事项增大了公司长期借款6286.6万元，为公司2000年度带来净利润109.9万元，占公司净利润的19.5%。

5、报告期内，公司借给关联方茂名高岭土工业总公司1000万元人民币，用于3万吨/年高岭土技改项目建设。

6、报告期内，本公司已做到了人员独立，资产完整和财务独立，实行了与控股股东在人员、资产、财务上的"三分开"。

（1）、在人员方面：

公司在劳动、人事及工资管理等方面完全独立；公司总经理、副总经理等高级管理人员均在公司领取薪酬，未在股东单位担任职务。

（2）、在资产方面：

公司拥有独立的生产系统、辅助生产系统和配套设施；公司拥有工业产权、商标、非专利技术等无形资产；公司独立拥有采购和销售系统。

（3）、在财务方面：

公司设有财务部，并建立了独立的会计核算体系和财务管理制度，拥有独立的银行账户。

7、报告期内，公司无托管、承包、租赁其他公司资产或其他公司托管、承包、租赁本公司资产的事项。

8、报告期内继续聘用北京兴华会计师事务所有限责任公司负责公司审计工作。

9、报告期内，与中国银行茂名分行下属的茂名市宝丰实业公司签订了以转承负债的方式收购其下属茂名高岭土工业总公司的协议，并与中国银行茂名分行签订了长期借款的协议。

10、报告期内，未更改公司名称和股票简称。

11、报告期内，公司或持股5%以上的股东没有在指定报纸和网络上承诺过任何事项。

八、公司其它有关资料

1、公司首次注册或变更注册登记日期、地点：

公司经广东省企业股份制试点联审小组和广东省经济体制改革委员会以"粤股审[1992]126号文"批准，由原茂名市化工一厂独家发起，以定向募集方式，向其他社会法人和内部职工募集股份而设立。1992年12月26日，在茂名市工商行政管理局办理变更登记。

首次注册日期：1992年12月26日

注册地址：广东省茂名市环市西路61号

2、企业法人营业执照注册号：4400001000224

3、税务登记号码：440900194920242

4、公司未流通股票的托管机构名称：深圳证券登记有限公司

5、公司报告期内证券主承销机构名称：广发证券有限责任公司

6、公司聘请的会计师事务所名称、办公地：

名称：北京兴华会计师事务所有限责任公司

办公地：北京阜成门外大街2号万通新世界广场708室

九、备查文件

本公司办公地点备有完整的备查文件，以供中国证监会、证券交易所和股东查询，备查文件包括：

1、载有法定代表人、财务负责人、会计经办人员签名并盖章的会计报表；

2、载有会计师事务所盖章、注册会计师签名并盖章的审计报告正本；

3、报告期内在《中国证券报》和《证券时报》上披露过的所有公司文件的正本及公告的原稿。

十、财务报告

第一、审计报告：

审 计 报 告

(2001)京会兴字第102号

茂名永业(集团)股份有限公司全体股东：

我们接受委托，审计了贵公司2000年12月31日的资产负债表和合并资产负债表、2000年度的利润及利润分配表和合并利润及利润分配表、2000年度的现金流量表和合并现金流量表。这些会计报表由贵公司负责，我们的责任是对这些会计报表发表审计意见。我们的审计是依据《中国注册会计师独立审计准则》进行的。在审计过程中，我们结合贵公司的实际情况，实施了包括抽查会计记录等我们认为必要的审计程序。

我们认为，上述贵公司会计报表符合《企业会计准则》和《股份有限公司会计制度》的有关规定，在所有重大方面公允地反映了贵公司2000年12月31日的财务状况以及2000年度的经营成果和现金流量情况，会计处理方法的选用遵循了一贯性原则。

北京兴华会计师事务所有限责任公司　　注册会计师：王全洲

注册会计师：胡　毅

地址：北京市西城区阜城门外大街万通新世界广场708室　　二○○一年三月六日

第二、财务报表：

第三、会计报表附注：

(一)、公司简介

茂名永业(集团)股份有限公司(以下简称"本公司")是1992年经广东省经济体制改革委员会粤股审(1992)126号文批准，以原茂名市化工一厂为发起人，采取定向募集方式设立的股份有限公司。

本公司于1998年6月25日向社会公开发行人民币普通股1250万元(每股面值1元)，公司总股本为5000万元。1999年5月5日经过股东大会审议通过，本公司实施"1998年度资本公积金转增股本的方案"，按每10股转增3股，共转增15,000,000元，转增后股本为65,000,000元，股东及其所占股份比例不变。2000年度本公司以2000年8月24日总股本6,500万股为基数，每十股配三股，配股价11元，共向全体股东配售9,166,666股，其中：国家股配售704,000股；内部职工股配售3,590,666股，境内上市普通股配售4,875,000股。配股后公司股份总数为：74,169,666股。

公司的主营业务是生产、销售炭黑、烷类等化工产品。

公司是我国华南地区最大的炭黑生产企业和全行业第一家国家二级企业，是化工部规划的南方炭黑生产、出口基地，其环星牌N330、N660炭黑是省优、部优产品，出口免检。公司1999年实现利税、全员劳动生产率、资金利税率等指标名列全行业前茅。

(二)、公司主要会计政策、会计估计和合并会计报表的编制方法

1、会计制度：

本公司执行《股份有限公司会计制度》。子公司会计制度按母公司会计制度厘定

2、会计年度：

以公历1月1日至12月31日为一会计年度。

3、记帐本位币：

公司以人民币为记账本位币。

4、记帐基础及计价原则：

采用借贷记帐法，按权责发生制原则进行会计核算，以历史成本为计价原则。

5、现金等价物的确定标准：

现金包括库存现金、银行存款和现金等价物。其中现金等价物是持有期限短、流动性强、易于转换为已知金额现金、价值变动很小的投资。

6、坏帐核算方法：

坏帐的确认标准：

(1)因债务人破产或死亡，以其破产财产或遗产清偿后，仍然不能收回的应收帐款。

(2)因债务人逾期未履行偿债义务超过三年仍然不能收回的应收帐款。

坏帐损失的核算方法：备抵法。

坏帐准备的确认标准、计提方法和计提比例：根据董事会决议，本公司坏帐准备原按期末应收帐款余额的3‰计提，现改为对应收款项(包括应收帐款和其他应收款)按帐龄分析法计提。根据以往的经验、债务单位的实际财务状况和现金流量的情况以及其他相关信息，坏帐准备的计提比例为：1年以内的提取5%；1-2年的提取10%；2-3年的提取30%；3-4年的提取50%；4-5年的提取80%；5年以上的提取100%。

注：应收关联方的款项、银行保证金、公司员工暂借款、与下属公司之间交易事项产生的应收款项、正常结算期内的应收帐款(6个月内)、A类客户的应收帐款等不会出现坏帐的往来款项，以及其他单位的押金不计提坏帐准备。

7、存货核算方法：

存货分为原材料、库存商品、包装物、低值易耗品等类别。

(1) 存货的计价方法为：

存货按实际成本进行计价。发出原材料采用移动加权平均法核算；生产成本按实际发生的生产费用核算；制造费用按实际发生的间接费用核算，月末转入生产成本；入库商品按实际生产成本核算，发出商品采用移动加权平均法核算。

(2) 包装物、低值易耗品摊销方法：

包装物、低值易耗品领用时采用一次摊销法摊销。

(3) 期末存货计价方法：

期末存货按成本与可变现净值孰低计价，并按存货的单个项目计提存货跌价准备，计入当期损益。

8、长期投资核算方法

(1)长期股权投资的计价及收益确认方法

公司长期股权投资按投资时实际支付的金额或评估、协议确定的价值记帐。对本公司拥有被投资公司不足20%的权益性资本时以成本法核算；对拥有被投资公司20%(含20%)至50%的权益性资本时以权益法核算；对拥有被投资公司50%(不含50%)以上权益性资本时，采用权益法核算并编制合并会计报表。

(2)长期投资减值准备的计提方法

公司对长期投资采用个别法计提长期投资减值准备，年末按成本与市价孰低法计提，无市价的长期投资按成本与可变现净值孰低计提。

9、固定资产计价和折旧方法：

(1)固定资产的确认标准：

使用期限在1年以上的房屋及建筑物、机器设备、运输工具以及其他与生产经营有关的设备、器具、工具等；不属于生产经营主要设备的物品，其单位价值在2,000元以上并且使用期限超过1年。

(2)固定资产的分类：房屋建筑物、专用设备、运输工具、其他。

(3)固定资产的计价方法：按照历史成本计价。

(4)固定资产的折旧方法：

按平均年限法分类计提折旧。各类固定资产的使用年限、净残值率、年折旧率如下：

固定资产名称	使用年限	净残值率	年折旧率
房屋建筑物	20-40	5%	4.75%-2.38%
专用设备	7-14	5%	13.57%-6.79%
运输工具	6-12	5%	15.83%-7.92%
其　他	5-15	5%	19%-6.33%

10、在建工程核算方法：

(1)发生工程支出时按实际成本入帐，在建期或安装期内为该工程所发生的借款利息支出计入该工程成本，属于固定资产交付使用后发生的，计入当期损益。

(2)在建工程结转为固定资产的时点为工程完工验收合格并交付使用的当月。

11、无形资产计价和摊销方法：

无形资产按取得时的实际成本计价，其摊销采用直线法，按收益期限或国家规定的期限摊销。

12、收入确认原则：

产品销售：在产品所有权上的重要风险和报酬转移给买方，公司不再对该产品实施继续管理权和实际控制权，相关的收入已经收到或取得了收款的证据，并且与销售该商产品有关的成本能够可靠的计量时，确认营业收入的实现。

13、所得税的会计处理方法：

所得税的会计处理采用应付税款法。

14、合并报表的编制方法

公司的合并会计报表，是按照财政部《合并会计报表暂行规定》及其补充规定，以母公司及纳入合并范围的子公司的会计报表以及其他有关资料为依据，合并各项目数额编制。编表时对长期投资、投资收益、所有者权益等项目予以抵销。

(三)、税项

(1)增值税：炭黑、油品税率为17%，戊烷、丁烷的税率为13%；

(2)营业税：税率为3%；

(3)城市维护建设税：税率为7%，按应交流转税额计缴；

(4)教育费附加：税率为3%，按应交流转税额计缴；

(5)企业所得税：根据广东省人民政府粤府函[1997]149号文，从1997年起，公司实行所得税优惠政策，按规定所得税率33%计征后，超过15%部份(18%)由市财政局给予返还，减收的所得税由市财政负担。公司环保治理和尾气综合利用发电项目符合国财税字[1994]001号文《关于企业所得税若干优惠政策的通知》第一条第三款和粤经能[1997]605号文《广东省资源综合利用企业(项目)认定管理办法》第二条规定，经广东省经济委员会经改函[1999]032号文同意，公司综合利用发电项目获取利润可以享受申请免征5年此项收益所得税的优惠。

全资子公司茂名高岭土工业有限公司2000年被广东省科技厅以粤科[2000] 145号文认定为广东省高新技术企业，享受减按15%税率缴纳所得税优惠政策。

(四)、控股子公司及合营企业

名　称	注册资本	经营范围	投资金额	投资比例
茂名高岭土工业有限公司	6,286.60万元	生产、销售高岭土系列产品	6,286.6万元	100%

公司报告期以承债方式整体兼并茂名高岭土工业总公司，兼并后成为本公司的全资子公司。股权购买日确定为2000年11月23日，其确定依据为：以被购买企业对净资产和经营的控制权实际上转让给本公司的日期作为购买日，具体包括：购买协议或董事会通过，并以获得中国银行广东省分行以粤中银资保(2000)246号文批准同意；本公司与茂名高岭土工业总公司已办理必要的财产交接手续，并于2000年

11月23日与中国银行茂名分行签订了借款协议，将原高岭土工业总公司在该行贷款本息合计6,286.6万元全部转为由本公司承担。

(五)、合并会计报表主要项目注释：

1、货币资金　　单位：人民币元

项目	期初数(1999.12.31)	期末数(2000.12.31)
现金	1,541.51	407,182.48
银行存款	48,520,827.07	73,918,714.76
其中：美元		1,204,607.02
港币		2,394.46
合计	48,522,368.58	74,325,897.24

货币资金期末数比期初数增长53.18%，主要原因时2000年8月配股资金增加货币资金余额

2、应收票据　　单位：人民币元

出票人	出票日	到期日	金额	种类
上海界龙浦东科印公司	2000.10.30	2001.01.08	128,468.01	商承无息
福期达纸业(烟台)有限公司	2000.11.07	2001.05.07	500,000.00	银承无息
福期达纸业(烟台)有限公司	2000.10.19	2001.04.19	300,000.00	银承无息
山东华众纸业有限公司	2000.12.15	2001.05.11	200,000.00	银承无息
顺德市北镇强大彩印包装有限公司	2000.11.04	2001.04.30	200,000.00	银承无息
广东美的集团股份有限公司	2000.11.17	2001.02.20	150,000.00	银承无息
岳阳商天购物中心有限公司	2000.07.10	2001.01.10	300,000.00	银承无息
山东省泰山造纸厂	2000.09.30	2001.03.30	200,000.00	银承无息
山西省临汾市宏运有限公司	2000.08.02	2001.02.01	500,000.00	银承无息
河北省客城县盛达商贸有限公司	2000.07.14	2001.01.14	500,000.00	银承无息
山东众汇实业有限公司	2000.08.15	2001.02.15	250,000.00	银承无息
山东高唐县造纸厂	2000.07.04	2001.01.04	450,000.00	银承无息
山东高唐县造纸厂	2000.12.29		600,000.00	银行汇票
山东威海糖酒采购供应站	2000.12.01	2001.03.01	47,178.00	银承无息
莆田市精华贸易公司	2000.07.21	2001.01.21	200,000.00	银承无息
莆田市精华贸易公司	2000.10.25	2001.04.25	200,000.00	银承无息
浙江富轮橡胶化工集团	2000.11.08	2001.05.06	200,000.00	银承无息
山东临沂贝泰商贸有限公司	2000.07.25	2001.01.25	150,000.00	银承无息
遵义市外环路秋月橡胶制品经营部	2000.10.16	2001.03.26	150,000.00	银承无息
涟源市斗笠山镇高塔洗煤厂	2000.09.21	2001.01.17	50,000.00	银承无息
合计：	5,275,646.01			

6、应收补贴款：

期初数	期末数
724,811.23	724,811.23

根据广东省人民政府粤府函[1997]149号文，应由市财政局给予返还、减收的部分所得税。

7、存货及存货跌价准备：

单位：人民币元

项目	期初数		期末数	
	金额	跌价准备	金额	跌价准备
材料采购			-310,062.27	
原材料	9,807,908.38		11,024,210.47	
产成品	13,684,155.55		9,288,656.29	
库存物资			709,986.64	
库存商品			4,744,158.20	
委托代销商品			276,619.18	
包装物			-177,513.90	
合计	23,492,063.93		25,556,054.61	

8、合并价差

2000 年 11 月本公司以承债方式整体兼并茂名高岭土工业总公司的长期股权投资成本为 62,866,000.00 元，与在茂名高岭土工业总公司所有者权益中所占份额相差 2,298,101.25 元，按 10 年平均摊销。2000 年摊销 19,150.84 元。

9、固定资产及折旧

单位：人民币元

原　值	期初数	本期增加	本期减少	期末数
房屋建筑物	36,871,727.75	14,359,063.86	885,159.88	50,345,631.73
专用设备	110,031,954.87	49,025,551.66	7,463,757.80	151,593,748.73
运输工具	1,684,892.00	1,406,759.32	399,725.50	2,691,925.82
其他	393,463.28	224,980.79		618,444.07
合　计	148,982,037.90	65,016,355.63	8,748,643.18	205,249,750.35
累计折旧	期初数	本期增加	本期减少	期末数
房屋建筑物	3,960,122.26	3,804,481.46	840,901.89	6,923,701.83
专用设备	15,061,955.25	20,066,460.82	7,090,569.91	28,037,846.16
运输工具	1,397,655.75	629,227.48	379,739.22	1,647,144.01
其他	145,594.93	110,304.85		255,899.78
合　计	20,565,328.19	24,610,474.61	8,311,211.02	36,864,591.78
净　值	128,416,709.71			168,385,158.57

固定资产原值本期增加 37.77%，主要原因为本期收购高岭土增加固定资产。

本公司固定资产原值中有 138,093,660.12 元，已作为长、短期借款的抵押物。

12、短期借款、一年内到期的长期借款　　单位：人民币元

贷款单位	本金金额	借款条件	借款期限	利率	逾期/展期
工商银行茂名分行	5,000,000.00	抵押	2000.5.12-2001.5.10	0.585%	
工商银行茂名分行	16,600,000.00	抵押	2000.9.29-2001.9.10	0.585%	
工商银行茂名分行	2,000,000.00	抵押	97.7.29-2001.7.30	0.603%	
工商银行茂名分行	10,000,000.00	抵押	96.4.25-2001.4.24	0.603%	
茂南区财政局	499,000.00	信用	99.12.29-2000.6.30	0.500%	逾期
中国银行茂名分行	4,866,000.00	抵押	2000.11.23-2001.11.12	0.585%	
中国银行茂名分行	26,000,000.00	抵押	2000.11.23-2001.11.13	0.585%	
中国银行茂名分行	4,100,000.00	抵押	2000.11.23-2001.11.14	0.585%	
合计	69,065,000.00				

13、应付账款　　单位：人民币元

期初数	期末数
6,148,761.40	7,236,846.71

应付账款中没有应付持有本公司 5%(含 5%)以上股份的股东单位的款项。

14、应交税金　　单位：人民币元

税项	期初数	期末数
营业税	4,353.91	5,671.41
增值税	515,125.90	657,202.78
城建税	45,976.06	97,097.98
所得税	1,447,208.09	1,983,020.48
资源税	0.00	10,661.40
个人所得税	564,377.79	
合计	2,577,041.75	2,753,654.05

15、其他应付款　　单位：人民币元

期初数	期末数
1,760,619.10	13,111,263.95

其他应付款中没有应付持有本公司 5%(含 5%)以上股份的股东单位的款项。

其他应付款期末数比期初数增长 6.45 倍，主要原因是年末合并了茂名高岭土工业有限公司的会计报表。

16、长期借款

单位：人民币元

贷款单位	本金金额	借款条件	借款期限	利率	逾期/展期
工商银行茂名分行	60,000,000.00	抵押	99.7.22-2004.7.22	0.6030%	
工商银行茂名分行	28,000,000.00	抵押	2000.8.29-2005.8.28	0.5275%	
工商银行茂名分行	3,000,000.00	抵押	97.12.31-2002.6.28	0.6030%	展期
工商银行茂名分行	5,340,000.00	抵押	96.12.20-2002.12.20	0.5000%	展期
中国银行茂名分行	25,000,000.00	抵押	2000.12.23-2003.11.12		
合计	121,340,000.00				

17、长期应付款

长期应付款年末余额 8,976,077.41 元，主要为茂名市科委下拨给本公司的全资子公司茂名高岭土工业有限公司的企业挖潜改造资金款，以及茂名市科委下拨组建茂名市高岭土工程技术研究开发中心的补助资金款等。

18、股本　　(数量单位：股)

	期初数	本年配股增加	期末数
一.尚未流通股份			
1.　发起人股份			
其中：			
国家拥有股份	18,821,456	704,000	19,525,456
境内法人持有股份	17,959,655	-	17,959,655
2.内部职工股	11,968,889	3,590,666	15,559,555
尚未流通股份合计：	48,750,000	4,294,666	53,044,666
二.已流通股份：			
人民币普通股	16,250,000	4,875,000	21,125,000
三.股份总数	65,000,000	9,169,666	74,169,666

本年配股向全体股东配售 9,169,666 股普通股，业经五联联合会计师事务所以五会验字(1)号验资报告确认。

19、资本公积　　单位：人民币元

项目	期初数	本期增加数	本期减少数	期末数
股本溢价	36,459,681.61	86,824,532.49	-	123,284,214.10

20、盈余公积

单位：人民币元

项目	期初数	本期增加数	本期减少数	期末数
法定盈余公积	7,613,345.69	562,476.63		8,175,822.32
公益金	3,806,673.85	281,238.31		4,087,912.16
合计	11,420,019.54	843,714.94	-	12,263,734.48

21、未分配利润

(1)增减变动情况

单位：人民币元

期初余额	36,913,607.49
加：本年实现净利润	5,624,766.28
减：本年提取法定盈余公积金	562,476.63
本年提取公益金	281,238.31
分配普通股股利	7,416,966.60
期末余额	34,277,692.23

(2)分配情况

年度净利润按 5%提取法定公益金、按 10%提取法定盈余公积后；按 2000 年末股本数，每 10 股派发现金股利人民币 1 元，共分配现金股利 7,416,966.60 元，

22、营业费用

营业费用本年累计数 6,588,924.45 元，比上年同期数增长 157.4%，主要原因是本年度合并了茂名高岭土工业有限公司的会计报表。

23、管理费用

管理费用本年累计数 9,424,231.75 元，比上年同期数增长 54.04%，主要原因是本年度合并了茂名高岭土工业有限公司的会计报表。

24、财务费用　　单位：人民币元

类别	上年同期数	本年累计数
利息支出	2,183,940.79	5,034,824.67
减：利息收入	752,423.58	266,102.17
汇兑损失		0.00
减：汇兑收益		5,262.98
其他	23,297.66	17,233.01
合计	1,454,814.87	4,780,692.53

财务费用本年数比上年数增长 228.61%，主要原因是本年度合并了茂名高岭土工业有限公司的会计报表。

25、补贴收入　　单位：人民币元

项目	上年同期数	本年累计数
所得税退税	2,272,200.34	-
技改财政补贴	1,150,000.00	277,772.26
合计	3,422,200.34	277,772.26

26、营业外支出　　单位：人民币元

项目	上年同期数	本年累计数	高	本
赞助支出		296,550.00	5,000.00	291,550.00
节约奖支出		49,440.00	49,440.00	
处理固定资产净损失		437,432.16		437,432.16
罚款支出	157,238.70	87,704.09	379.00	87,325.09
农田赔款	170,069.27	160,902.56		160,902.56
其他		123,985.08	89,562.19	34,422.89
合计	327,307.97	1,156,013.89	144,381.19	1,011,632.70

27、所得税

公司综合利用发电项目获取利润可以享受免征 5 年所得税的优惠政策，经茂名市税务局认定，2000 年度本公司余热发电项目产生利润为 11,212,662.60 元，公司全年应纳税所得额为负数，因此未计提所得税。合并报表中所得税 1,193,462.90 元，全部为茂名高岭土工业有限公司计提。

28、购买日前净利润

公司于 2000 年 11 月 23 日以承债方式兼并茂名高岭土工业总公司，该公司 2000 年 1 月 1 日至 2000 年 11 月 22 日期间的净利润 5,644,876.12 元，不应计入本公司 2000 年度损益。

29、支付的其他与经营活动有关的现金：5,074,901.25 元

主要为支付的办公费、差旅费、业务招待费、运输费等。

(七)、分行业资料　　单位：人民币元

行业	营业收入		营业成本		营业毛利	
	上年数	本年数	上年数	本年数	上年数	本年数
碳黑	126,493,283.32	107,032,390.88	101,696,278.88	88,988,907.79	24,797,004.44	18,043,483.09
高岭土						
合计	126,493,283.32	107,032,390.88	101,696,278.88	88,988,907.79	24,797,004.44	18,043,483.09

(八)、关联方关系及其交易

1、存在控制关系的关联方

企业名称	注册地址	主营业务	与公司关系	经济性质	法人代表
茂名市国有资产管理局	茂名市		公司最大股东		
茂名高岭土工业有限公司	茂名市	高岭土生产销售	全资子公司	有限责任	曾伟能

2、存在控制关系的关联方的注册资本及其变化　　单位：人民币元

企业名称	年初数	本年增加数	本年减少数	年末数
茂名高岭土工业有限公司	1,050 万元	5,236.6 万元	0.00	6,286.6 万元

3、存在控制关系的关联方所持股份或权益及其变化　　单位：人民币万元

企业名称	年初数		本年增加数		本年减少数		年末数	
	金额	%	金额	%	金额	%	金额	%
茂名高岭土工业有限公司	0.00	0.00%	6,286.6	100%	0.00	0.00	6,286.6	100%

(九)、或有事项

本公司所拥有的原值为 138,093,660.12 元的固定资产及价值为 3,876,134.56 元的无形资产已作为贷款抵押物。

(十)、承诺事项

本公司无需要说明的重大承诺事项。

(十一)、资产负债表日后事项中的非调整事项

本公司在资产负债表日后无非调整事项发生。

(十二)、其他重要事项

本公司 2000 年 11 月以承债方式整体兼并的茂名高岭土工业总公司有关变更工商登记手续正在办理中。

茂名永业(集团)股份有限公司

2000 年 3 月 12 日

吴忠仪表股份有限公司

一、公司简介

1、公司法定中文名称：吴忠仪表股份有限公司
公司法定英文名称：Wu Zhong Instrument Co.,Ltd.
2、公司法定代表人 ：赵广生
3、公司董事会秘书 ：冯平儒
董事会秘书授权代表：李继峰、刘伟盛
联 系 地 址：宁夏吴忠市利通区朝阳街67号
电 话：(0953)2013611-2510
传 真：(0953)2012382
E-mail ：wyljf0750(sina.com
4、公司注册地址及办公地址：宁夏吴忠市利通区朝阳街67号
邮 编：751100
http ：//www.wzyb.com.cn
E-mail ：wzyb (public.yc.nx.cn
5、公司信息披露报纸：《中国证券报》、《证券时报》
公司年度报告国际互联网刊登网址：
http://www.cninfo.com.cn
公司年度报告备置地点 ：公司投资管理本部
6、股票上市交易所 ：深圳证券交易所
股 票 简 称：吴忠仪表
股 票 代 码：0862

二、会计数据和业务数据摘要

1、年度利润情况(单位：人民币元)

项 目	金 额
利润总额	59,772,144.12
净利润	50,182,975.40
扣除非经常性损益后的净利润	50,019,355.99
主营业务利润	78,612,031.10
其它业务利润	2,467,901.51
投资收益	9,080,689.78
补贴收入	0.00
营业外收支净额	-355,214.57
经营活动产生的现金流量净额	6,317,265.38
现金及现金等价物净增加额	142,295,982.35

2、公司前三年主要会计和财务指标(单位：人民币元)

指标名称	2000年12月31日	1999年12月31日 调整后	调整前	1998年12月31日
(1)主营业务收入	199,567,035.48	157,887,568.30	111,531,753.57	111,531,753.57
(2)净利润	50,182,975.40	48,083,455.35	37,441,641.43	44,237,059.27
(3)总资产	963,630,364.69	605,517,332.30	484,342,152.06	495,180,410.22
(4)股东权益(不含少数股东权益)	724,129,546.49	435,771,505.85	428,068,050.50	438,906,308.66
(5)每股收益(元(股)(摊薄)	0.23	0.25	0.30	0.35
(加权)	0.26	0.25	0.35	0.42
(6)每股净资产	3.32	2.29	3.38	3.47
(7)调整后的每股净资产	3.28	2.26	3.37	3.46
(8)净资产收益率(%)(摊薄)	6.93	11.03	8.75	10.08
(%)(加权)	10.89	11.03	14.73	16.97
(9)每股经营活动产生的现金流量净额	0.02	0.16		

注：财务指标计算公式如下：
每股收益=净利润/年度末普通股股份总数
每股净资产=年度末股东权益/年度末普通股股份总数
调整后的每股净资产=（年度末股东权益-三年以上的应收款项-待摊费用-待处理(流动、固定)资产净损失-开办费-长期待摊费用)/ 年度末普通股股份总数
每股经营活动产生的现金流量净额=经营活动产生的现金流量净额/年度末普通股股份总数
净资产收益率=净利润/年度末股东权益 100%

3、利润分配表附表

报告期利润	净资产收益率(%) 全面摊薄	加权平均	每股收益(元/股) 全面摊薄	加权平均
主营业务利润	10.8561	17.0576	0.3600	0.4140
营业利润	7.0494	11.0763	0.2338	0.2688
净利润	6.9301	10.8889	0.2298	0.2643
扣除非经常损益后的净利润	6.9075	10.8534	0.2291	0.2634

三、股本变动及股东情况

1、公司报告期末股东总数为63138户，其中：公司职工股股东11户，全部为公司高级管理人员。

2、公司前十名股东

股东名称	报告期末持有股数(万股)	占总股本比例(%)	流通情况
1)吴忠仪表集团有限公司	9144	41.8796	未流通
2) 广州隆怡投资发展有限公司	945	4.3281	未流通
3) 山东证券公司总部	86.3363	0.3954	流通股
4) 杭州洁翔职工持股协会	66.0783	0.3026	流通股
5) 吴秀芹	45.2000	0.2070	流通股
6) 机械工业部第十一设计研究院	45	0.2061	未流通
7) 蔡正国	44.5000	0.2038	流通股
8) 马佩英	35	0.1603	流通股
9) 马存孝	34.7000	0.1589	流通股
10)刘文政	34.1000	0.1561	流通股

注：本公司前十名股东不存在关联关系。
吴忠仪表集团有限公司做为第一大股东持有9144万股系代表国家持有。

沈阳北方商用技术设备股份有限公司

一、公司简介

1、公司名称：沈阳北方商用技术设备股份有限公司
英文名称：SHENYANG NORTHERN BUSINESS TECHNOLOGY AND EQUIPMENT CO. ,LTD.
2、公司法定代表人：黄勇
3、公司董事会秘书：李伟
董事会秘书授权代表：郑涵
联系地址：沈阳市皇姑区怒江街127号
联系电话：024—86794049
传 真：024-86794029
电子信箱：NBTCNET@pub.sy.lnpta.net.cn
4、公司注册地址：沈阳和平区青年大街386号华阳国际大厦A座24层
公司办公地点：沈阳市皇姑区怒江街127号
邮政编码：110036
5、公司指定披露报纸：《中国证券报》《证券时报》
登载公司年度报告的国际互联网址：http://www.cninfo.com.cn
公司年度报告置备地点：公司证券部
6、公司股票上市交易所：深圳证券交易所
股票简称：北商技术
股票代码：0863

二、会计数据和业务数据摘要

1、公司本年度的会计数据 单位：人民币元

项 目	金 额
利润总额	45,217,868.63
净利润	33,557,540.06
扣除非经营性损益后的净利润	31,979,762.13
主营业务利润	69,105,134.51
其他业务利润	2,163,808.26
营业利润	41,386,200.35
投资收益	2,253,890.35
补贴收入	1,014,000.00
营业外收支净额	563,777.93
经营活动产生的现金流量净额	-7,089,081.30
现金及现金等价物净增加额	-22,273,293.98

注：扣除的非经营性损益项目和涉及金额
(1)科研项目拨款补贴，金额为1,014,000.00元；
(2)营业外收入758,637.52元；营业外支出194,859.59元。

2、公司近三年财务指标 单位：人民币元

项 目	2000年	1999年	1998年 调整前	调整后
主营业务收入	198,550,035.96	101,468,040.58	71,986,605.34	71,986,605.34
净利润	33,557,540.08	17,020,110.58	16,706,089.18	14,638,004.93
总资产	462,225,736.08	329,100,738.12	207,625,811.03	198,945,669.55
股东权益(不含少数股东权益)	254,380,857.80	225,180,504.70	137,274,320.31	132,267,016.74
每股收益	0.247	0.251	0.334	0.293
每股收益(加权平均法计算)	0.247	0.281	0.334	0.293
扣除非经营损益后的每股收益	0.236	0.195	0.269	0.279
每股净资产	1.88	3.32	2.74	2.64
调整后每股净资产	1.83	3.28	2.69	2.59
每股经营活动产生的现金流量净额	-0.052	-0.124	0.052	0.052
净资产收益率(%)	13.19	7.56	12.17	11.07
净资产收益率(%)(加权平均法计算)	13.87	11.57	——	——

注：以上数据以公司合并会计报表数填列

3、报告期内股东权益变动情况 单位：人民币元

项目	股本	资本公积	盈余公积	法定公益金	未分配利润	股东权益合计
期初数	67,810,131	125,199,684.97	6,804,761.20	3,402,380.65	21,963,546.88	225,180,504.70
本期增加	67,810,131		8,893,836.62	2,964,612.19	33,557,540.06	110,261,507.68
本期减少		67,810,131			13,251,023.58	81,061,154.58
期末数	135,620,262	57,389,553.97	19,100,978.47	6,366,992.84	42,270,063.36	254,380,857.80
变动原因	用资本公积金送股	用资本公积金送股	提取法定盈余公积金和法定公益金	提取法定公益金	按公司章程提取法定公积金和公益金后拟不再进行利润分配；收购和光达文后补提坏帐准备和存货跌价准备	本会计年度净利润增加

三、股本变动及主要股东持股情况

(1) 截止2000年12月31日，公司股东总数为20,712户。

中国石化扬子石油化工股份有限公司

一、公司简介

1、公司的法定中文名称：　中国石化扬子石油化工股份有限公司
　中文缩写：　扬子石化
　公司的法定英文名称：　SINOPEC YANGZI PETROCHEMICAL CO., LTD.
　英文缩写：　YPC
2、公司法定代表人：　马志平先生
3、公司董事会秘书：　吴鹏鸣先生
　联系地址：　南京高新技术产业开发区 16 幢 B
　联系电话：　025-7787735/8848631
　传　　真：　025-7787755/8848635
　电子信箱：　DMS@YPC.COM.CN
4、公司注册地址及办公地址：　南京高新技术产业开发区 16 幢 B
　邮政编码：　210061
　公司国际互联网网址：　http://www.ypc.com.cn/
　公司电子信箱：　GFB@YPC.COM.CN
5、公司选定的信息披露报纸名称：《中国证券报》、《证券时报》、《上海证券报》
　登载公司年报的中国证监会指定国际互联网网址：http://www.cninfo.com.cn
　公司年度报告备置地点：　公司董事会秘书室
6、公司股票上市交易所：　深圳证券交易所
　股票简称：　扬子石化　　股票代码：　0866

二、会计数据和业务数据摘要

(一)公司本年度实现的经营指标情况(单位：人民币元)

项　目	2000 年度
利润总额	737,005,494.61
净利润	647,745,374.43
扣除非经常性损益后的净利润	658,085,122.35
主营业务利润	1,423,668,423.52
其他业务利润	20,522,444.69
营业利润	753,025,232.71
投资收益	
补贴收入	
营业外收支净额	-16,019,738.10
经营活动产生的现金流量净额	1,195,726,961.72
现金及现金等价物净增加额	-199,678,256.11

注：扣除的非经常性损益的总金额为 10,339,747.92，具体项目及金额构成如下：

项目	金　额
固定资产盘盈	11,498,008.79
处理固定资产净损失	10,887,749.72
固定资产盘亏	5,039,099.56
处理流动资产净损失	5,910,907.43

(二)公司前三年主要会计数据和财务指标(单位：人民币元)

项　目	2000 年	1999 年	1998 年 调整前	1998 年 调整后
主营业务收入	15,378,499,163.29	9,223,912,519.66	8,048,159,080.56	8,048,159,080.56
净利润	647,745,374.43	485,089,181.03	409,026,296.16	381,580,516.46
总资产	10,602,231,855.02	11,093,233,862.97	11,503,105,935.79	11,463,786,803.76
股东权益(不含少数股东权益)	5,178,228,155.59	4,763,398,151.16	4,550,603,102.16	4,511,283,970.13
每股收益(摊薄)	0.28	0.21	0.18	0.16
每股收益(加权)	0.28	0.21	0.19	0.17
每股收益(摊薄)	0.28	0.22	0.17	0.16
每股收益(加权)	0.28	0.22	0.17	0.16
每股净资产	2.22	2.04	1.95	1.94
调整后的每股净资产	2.17	1.97	1.89	1.87
净资产收益率(摊薄)	12.51	10.18	8.99	8.46
净资产收益率(加权)	12.62	10.46	10.85	10.17
每股经营活动产生的现金流量净额	0.51	0.32		

(三)按照中国证监会《公开发行证券公司信息披露编报规则(第 9 号)》要求计算的 2000 年报告期利润的净资产收益率和每股收益(利润表附表)。

项　目	金　额	净资产收益率(%) 全面摊薄	净资产收益率(%) 加权平均	每股收益(元) 全面摊薄	每股收益(元) 加权平均
主营业务利润	1,423,668,423.52	27.49	27.73	0.61	0.61
营业利润	753,025,232.71	14.54	14.67	0.32	0.32
净利润	647,745,374.43	12.51	12.62	0.28	0.28
扣除非经营损益后的净利润	658,085,122.35	12.71	13.82	0.28	0.28

三、股本变动及股东情况

1、报告期末公司股东总数为 172546 户
2、报告期末公司前 10 名股东持股情况

序号	股　东　名　称	年末持股数(股)	占总股本(%)
1	中国石油化工股份有限公司	1980000000	84.98
2	张孝和	2300000	0.1
3	王勇	1830000	0.1
4	普丰证券投资基金	1160000	0.1
5	许永欣	900000	0.04
6	刘光明	520000	0.02
7	曾连彩	500000	0.02
8	肖丽卿	450000	0.02
9	肖炳华	440000	0.02
10	何志伟	400000	0.02

注：上述股东间无关联关系

3、公司控股股东为中国石油化工股份有限公司(以下简称"中国石化")，持本公司 198,000 万股，占公司总股本 84.98%，其所持股份报告期内无增减变化、无质押或冻结。

安徽安凯汽车股份有限公司

一、公司简介

1、公司法定中文名称：安徽安凯汽车股份有限公司
公司法定英文名称：ANHUI ANKAI AUTOMOBILE CO.,LTD
2、公司法定代表人：王一荃
3、公司董事会秘书：王　军　　证券事务代表：张　勇
联　系　电　话：(0551) 4844712 4844713
公司传真号码：(0551) 4844888
4、公司注册及办公地址：安徽省合肥市葛淝路 1 号
邮　政　编　码：230051
公司互联网网地址：http://www.ankai.com　　电子信箱：ankai@mail.ah.cn
5、公司选定的信息披露报纸：《证券时报》
登载公司年度报告的国际互联网网址：http://www.cninfo.com.cn
公司年度报告备置地点：公司董事会办公室
6、公司股票上市地　　深圳证券交易所
股票简称：安凯客车　　股票代码：0868

二、会计数据和业务数据摘要

1、本年度主要会计数据
利润总额(万元)：1768.40
净　利　润(万元)：1212.30
扣除非经常性损益后的净利润(万元)：1212.30
主营业务利润(万元)：5455.34
其他业务利润(万元)：740.88
投　资　收　益　(万元)：0
补　贴　收　入　(万元)：0
营业外收支净额(万元)：0.19
经营活动产生的现金流量净额(元)：-20,539,311.08
现金及现金等价物净增加额(元)：-21,688,914.92
2、公司近三年主要财务数据和财务指标

指标项目	2000 年度	1999 年度	1998 年度 调整前	1998 年度 调整后
主营业务收入(元)	372,485,108.43	473,389,269.54	645,026,410.85	645,026,410.85
净利润(元)	12,122,989.02	24,405,937.72	54,962,939.39	39,644,734.66
总资产(元)	1,106,742,698.54	1,144,187,643.88	845,544,874.81	805494774.93
股东权益(元)	677,492,889.00	665,891,316.83	483,038,982.41	442,988,882.53
每股收益(元/股)	0.055	0.144	0.393	0.283
每股收益(月均)(元)	0.063	0.174	0.393	0.283
扣除非经常性损益后的每股收益(元)	0.055	0.144	0.393	0.283
每股净资产(元/股)	3.07	3.92	3.45	3.16
调整后每股净资产(元)	2.89	3.91	3.44	3.15
每股经营活动产生的现金流量净额(元)	-0.09	-0.463	0.135	0.135

利润分配表附表

报告期利润	净资产收益率(%) 全面摊薄	净资产收益率(%) 加权平均	每股收益(元/股) 全面摊薄	每股收益(元/股) 加权平均
主营业务利润	8.05	8.12	0.247	0.247
营业利润	2.61	2.63	0.080	0.080
净利润	1.79	1.80	0.055	0.055
扣除非经常性损益后的净利润	1.79	1.80	0.055	0.055

注：计算公式如下：
每股收益=净利润/年度末普通股股份总数；
全面摊薄每股收益=报告期利润/期末股份总数
加权平均每股收益(EPS)的计算公式如下：

$$EPS = P \div (S0 + S1 + Si \times Mi \div M0 - Sj \times Mj \div M0)$$

P 为报告期利润；S0 为期初股份总数；S1 为报告期因公积金转增股本或股票股利分配等增加股份数；Si 为报告期因发行新股或债转股等增加股份数；Sj 为报告期因回购或缩股等减少股份数；M0 为报告期月份数；Mi 为增加股份下一月份起至报告期期末的月份数；Mj 为减少股份下一月份起至报告期期末的月份数。

每股净资产=年度末股东权益/年度末股份总数

调整后每股净资产 =(年度末股东权益-三年以上应收款项净额-待摊费用-待处理(流动、固定)资产净损失-开办费-长期待摊费用-住房周转金负数余额)/年度末普通股股份总数。

每股经营活动产生的现金流量净额=经营活动产生的现金流量净额/年度末普通股股份总数

净资产收益率=净利润/年度末股东权益×100%

全面摊薄净资产收益率=报告期利润/年度末净资产

加权平均净资产收益率(ROE)的计算公式如下：

$$ROE = P \div (E0 + NP \div 2 + Ei \times Mi \div M0 - Ej \times Mj \div M0)$$

其中：P 为报告期利润；NP 为报告期净利润；E0 为期初净资产；Ei 为报告期发行新股或债转股等新增净资产；Ej 为报告期回购或现金分红等减少净资产；M0 为报告期月份数；Mi 为新增净资产下一月份起至报告期期末的月份数；Mj 为减少净资产下一月份起至报告期期末的月份数。

三、股本变动和股东情况

报告期末前 10 名股东持股情况　　单位：股

序号	股东名称	持股数量	占总股本比例(%)	股份性质
1、	安徽安凯汽车集团有限公司	119,600,000	54.12	国家股
2、	申银证券	1,010,000	0.46	社会公众股
3、	天元证券投资基金	1,000,000	0.45	社会公众股
4、	金元政券投资基金	500,000	0.23	社会公众股
5、	陈澜	400,000	0.18	社会公众股
6、	赵玉芝	300,000	0.14	社会公众股
7、	隆元证券投资基金	300,000	0.14	社会公众股
8、	曲庭喜	275,612	0.12	社会公众股
9、	李子华	268,305	0.12	社会公众股
10、	粟三妹	259,200	0.11	社会公众股

前 10 名股东之间没有关联关系。

烟台张裕葡萄酿酒股份有限公司

(一)公司简介

1、公司法定中文名称:烟台张裕葡萄酿酒股份有限公司
法定英文名称:YANTAI CHANGYU PIONEER WINE COMPANY LIMITED
2、公司法定代表人:孙利强
3、公司董事会秘书:曲为民　联系地址:山东省烟台市世回尧路174号
电话:0086-535-6247214　传真:0086-535-6247214　电子信箱:quwm@changyu.com.cn
公司股证事务授权代表:李廷国　联系地址:山东省烟台市世回尧路174号
电话:0086-535-6647864;　传真:0086-535-6244616
4、公司注册地址:山东省烟台市大马路56号
公司办公地址:山东省烟台市世回尧路174号　邮政编码:264001
公司国际互联网网址:http://www.changyu.com.cn　公司电子信箱:stock@changyu.com.cn
5、本公司信息披露报纸:境内:《中国证券报》、《证券时报》;　境外:《香港商报》
登载本公司年度报告的国际互联网网址:http://www.cninfo.com.cn
公司年度报告备置地点:公司董事会秘书处　联系电话:0086-535-6647864
公司股票上市交易所:深圳证券交易所
股票简称:张裕A、张裕B　股票代码:0869、2869

(二)会计数据和业务数据摘要

1、本年度会计数据摘要

项　目	金　额(单位:人民币元)
利润总额	172,479,707
净利润	127,480,258
扣除非经常性损益后的净利润	127,480,258
主营业务利润	446,544,705
其他业务利润	-
营业利润	171,682,709
投资收益	-
营业外收支净额	3,292,400
补贴收入	-
经营活动产生的现金流量净额	177,882,620
现金及现金等价物净增加额	713,496,215

3、截至报告期期末公司前三年的主要会计数据和财务指标　单位:人民币元

项　目	2000.1-12	1999.1-12		1998.1-12	
		调整前	调整后	调整前	调整后
主营业务收入	873,617,952	629,926,974	629,926,974	568,494,018	568,494,018
净利润	127,480,258	92,321,626	84,049,229	79,488,654	84,418,164
总资产	1,610,758,121	820,918,829	809,002,280	711,023,318	707,379,166
股东权益	1,250,121,625	573,097,916	561,181,367	514,976,290	511,332,138
每股收益					
全面摊薄	0.49	0.405	0.37	0.35	0.37
加权平均	0.55	0.405	0.37	0.35	0.37
每股净资产	4.81	2.51	2.46	2.26	2.24
净资产收益率(%)					
全面摊薄	10.2	16.1	15	15.4	16.5
加权平均	17.5	16.1	15	15.4	16.5
调整后的每股净资产	4.67	2.38	2.34	2.19	2.17
扣除非经常性损益后的每股收益	0.49	0.405	0.37	0.35	0.37
每股经营活动产生的现金流量净额	0.68	0.34	0.34	0.06	0.06

4、利润表附表

	报告期利润(单位:元)	净资产收益率(%)		每股收益(元)	
		全面摊薄	加权平均	全面摊薄	加权平均
主营业务利润	446,544,705	35.7	61.4	1.72	1.91
营业利润	171,682,709	13.7	23.6	0.66	0.74
净利润	127,480,258	10.2	17.5	0.49	0.55
扣除非经常性损益后的净利润	127,480,258	10.2	17.5	0.49	0.55

注:(1)以上数据和指标均按合并会计报表数计算,其中1998、1999年有关会计指标已按新的会计制度重新编列,以符合本年度之编列方式。

(2)以上数据和各项指标均按中国证券监督管理委员会制定的"年度报告准则"规定的公式计算。

(三)股东情况介绍

1、股东情况介绍

截止2000年12月31日,本公司共有股东32,769户,其中,国家股股东1名,由烟台市国有资产管理局委托烟台张裕集团有限公司持有;人民币普通股股东30,338户;境内上市外资股股东2,430户,前10名股东持股情况如下:

股东名称	股份类别	持股数(股)	占总股本比例(%)
烟台张裕集团有限公司	A股	140,000,000	53.9
中国光大资产管理有限公司	B股	2,500,400	0.96
SPEEDY LINK INVESTMENT LIMITED	B股	2,500,000	0.96
WELLPLANNED LIMITED	B股	2,500,000	0.96
CHINA EVERBRIGHT FINANCIAL HOLDINGS LIMITED	B股	2,435,000	0.94
中国国泰控股有限公司	B股	2,403,600	0.93
NATEXIS BANQUES POPULAIRES	B股	2,213,627	0.85
金鑫证券投资基金	A股	2,113,140	0.81
LONGBUSY INVESTMENT LIMITED	B股	1,825,600	0.70
BONY A/C CMG CH CHINA INVESTMENTS LIMITED	B股	1,690,700	0.65

2、持有本公司股本总额5%(含5%)以上股份的股东只有烟台张裕集团有限公司,系本公司之控股母公司,持有本公司53.8%的股份,该公司法定代表人:孙利强;经营范围为国有资产授权范围内的资产经营管理,中成药品、玻璃制品、白酒的生产与经营、酒店以及为公司员工服务的食堂、幼儿园等服务业务。报告期内该公司所持本公司股份数量未发生变化,亦未作任何质押,没有发生冻结及其他法律争议。

四川新希望农业股份有限公司

一、公司简介

1、公司法定中文名称:四川新希望农业股份有限公司
公司法定英文名称:SICHUAN NEW HOPE AGRIBUSINESS CO.LTD
公司英文名称缩写:NEW HOPE
2、公司法定代表人:刘永好
3、公司董事会秘书:曾　勇
联系地址:四川省成都市人民南路四段45号
电话:(028)5249289,　(028)5249292
传真:(028)5245955
电子邮箱:zengqinzhe@sohu.com
4、公司注册地址:四川省绵阳国家高新技术产业开发区
公司办公地址:四川省成都市人民南路四段45号
邮政编码:610041
公司电子信箱:scnhacl@mail.sc.cninfo.net
5、公司选定的信息披露报纸名称:
中国证券报(2000年1月1日-2000年12月31日)
证券时报　(2001年1月1日-2001年12月31日)
登载公司年报的中国证监会国际互联网网址:http://www.cninfo.com.cn
公司年报备置地点:公司董事会办公室
6、股票上市:深圳证券交易所
股票简称:新希望
股票代码:0876

二、会计数据和业务数据摘要

1、公司本年度会计数据和业务数据　单位:人民币元

利润总额:	60,659,679.79
净利润:	55,002,216.63
扣除非经常性损益后的净利润:	54,497,917.49
主营业务利润:	72,038,991.82
其他业务利润:	1,710,998.85
营业利润:	30,150,068.95
投资收益:	30,208,984.73
营业外收支净额:	300,626.11
经营活动产生的现金流量净额:	1,031,975.78
现金及现金等价物净增加额:	-69,561,790.90

2、公司近三年主要会计数据和财务指标　单位:人民币万元

项　目	2000年度	1999年度	1998年度
主营业务收入:	64,135.65	52,576.61	41,275.70
净利润:	5,500.22	5,566.23	5,748.92
总资产:	107,604.96	67,011.54	49,719.68
股东权益:	85,666.54	50,328.44	45,462.31
每股收益(元)(摊薄):	0.302	0.398	0.4105
(元)(加权):	0.334	0.398	0.4105
扣除非经常性损益			
后的每股收益(元)(摊薄):	0.299	0.398	0.387
(元)(加权):	0.331	0.398	0.387
每股净资产(元):	4.71	3.59	3.26
调整后的每股净资产:	4.66	3.54	3.21
净资产收益率(%)(摊薄):	6.40	11.06	12.65
(加权):	10.69	11.55	16.01

每股经营活动产生的现金流量净额:0.006元

三、股本变动及股东情况

1、公司股份变动情况
(2)、股票发行与上市情况

1本公司股票于1998年2月12日获准在深圳证券交易所对社会公众发行普通股4000万股,发行价每股6.90元。1998年3月11日正式上市交易,获准上市交易股份为3600万股,另400万股内部职工股于1998年9月15日上市交易。

2本报告期内以1999年年末总股本14,002万股为基数,用可分配利润向全体股东每10股送2股,共计派发股份2,800.4万股,用资本公积金转增股本每10股送1股,共计转增1,400.2万股,股份总数由14,002万股增至18,202.6万股,流通股本共计由4,000万股增至5,200万股,其中:高管股126,100股被冻结,报告期末实际流通股份为5,187.39万股。

2、股东情况介绍

(1)、截止2000年12月31日,本公司在册股东总数为18135　户,其中董事、监事及高管人员股东为8户。

(2)、前十名股东持股情况

序号	股东名称	持股数(股)	占总股本(%)	上市流通情况
1	四川新希望集团有限公司	104,020,800	57.15	未上市流通
2	成都美好房屋开发有限公司	19,009,900	10.44	未上市流通
3	成都希望大陆实业有限公司	5,695,300	3.13	未上市流通
4	泰和证券投资基金	1,864,707	1.02	已上市流通
5	兴安证券投资基金	1,205,086	0.66	已上市流通
6	成都好吃街餐娱公司	650,000	0.36	未上市流通
7	成都和普饲料贸易公司	650,000	0.36	未上市流通
8	金盛证券投资基金	515,336	0.28	已上市流通
9	张　沂	435,890	0.24	已上市流通
10	张东华	309,400	0.17	已上市流通

说明:

1.上述前10名股东中,第一、二、三、六、七位股东为本公司发起法人股东,所持13,002.6万股股份为未上市流通的法人股,占股份总数的71.43%。第四、五、八、九、十位股东为社会股东,所持4,330,419股股份为已上市流通股,占股份总数的2.38%。

2.四川新希望集团有限公司作为本公司控股股东与本公司存在关联关系。

(3)、持股10%(含10%)以上法人股东简介。
1.四川新希望集团有限公司
法定代表人:刘永好

新疆天山水泥股份有限公司

一 、公司简介

1、公司的名称:新疆天山水泥股份有限公司
公司英文名称:XINJIANG TIANSHAN CEMENT CO.,LTD.
公司英文名称缩写:TSC
2、公司法定代表人:张丽荣
3、公司董事会秘书:周林英 董事会秘书授权代表:马劲
联系地址:乌鲁木齐市仓房沟东路55号附1号
电话:(0991)5615516 传真:(0991)5659425
4、公司注册地址:乌鲁木齐市仓房沟东路55号附1号
公司办公地址:乌鲁木齐市仓房沟东路55号附1号 邮政编码:830006
公司国际互联网网址:http://www.tianshan.com.cn
电子信箱:xsnclc@mail.wl.xj.cn
5、公司选定的信息披露报纸名称:《中国证券报》、《证券时报》
登载公司年度报告的国际互联网网址:http://www.cninfo.com.cn
公司年度报告备置地点:乌鲁木齐市仓房沟东路55号附1号公司证券发展部
6、公司股票上市交易地点:深圳证券交易所
股票简称:天山股份 股票代码:0877

二、会计数据和业务数据摘要

1、本年度主要利润财务指标完成情况表(单位:人民币元)

项目	金额
利润总额:	76,205,819.26
净利润:	67,827,779.44
扣除非经常性损益后的净利润:	64,869,838.07
主营业务利润:	128,470,129.22
其他业务利润:	259,922.01
营业利润:	46,763,898.51
投资收益:	7,476,433.70
补贴收入:	17,824,528.03
营业外收支净额:	2,597,941.37
经营活动产生的现金流量净额:	85,621,536.30
现金及现金等价物增加额:	52,297,745.49

注:扣除非经常性损益项目和涉及金额(单位:人民币元)

项目	金额
募股冻结资金利息	3,338,829.41
处理固定资产净损失	398,483.24
其他净收入	17,595.20
合计	2,957,941.37

2、截止报告期末公司前三年主要会计数据和财务指标:(单位:人民币元)

项目	2000年	1999年	1998年	
		调整前	调整后	
主营业务收入	403,740,444.23	306,319,931.70	306,319,931.70	189,386,569.17
净利润	67,827,779.44	47,084,072.00	43,316,697.88	41,198,468.74
总资产	1,542,258,919.36	815,496,991.20	811,321,278.21	692,796,199.11
股东权益	669,621,169.43	448,376,642.27	445,052,358.63	401,292,569.27
每股收益	0.4695	0.36	0.3346	0.32
每股收益(加权)	0.4567	0.36	0.3346	0.47
扣除非经常损益后的每股收益	0.4491	0.34	0.31	0.29
每股净资产	4.64	3.46	3.44	3.10
调整后的每股净资产	4.56	3.35	3.35	2.98
每股经营活动产生的现金净流量	0.5927	0.51	0.51	0.05
净资产收益率	10.13	10.50	10.00	10.27
净资产收益率(%)(加权)	13.09	11.08	10.24	38.66
扣除非经常损益后的净资产收益率	9.69	9.79	9.02	9.4
扣除非经常损益后的净资产收益率(%)加权	12.52	10.33	9.49	35.39

3、净资产收益率和每股收益

报告期利润率	净资产收益率(%)		每股收益(元)	
	全面摊薄	加权平均	全面摊薄	加权平均
主营业务利润	19.19	24.79	0.889	0.867
营业利润	6.98	9.02	0.324	0.316
净利润	10.13	13.09	0.4695	0.458
扣除非经常性损益后的净利润	9.69	12.52	0.449	0.438

三、股东情况介绍

1、截止报告期末股东总数19777户。
2、本公司前10名股东的持股情况(截止2000年12月29日交易日结束)

股东名称	年度内股份增减变动情况(+,-)	年末持股数量(股)	占总股本比例(%)
新疆天山建材(集团)有限责任公司		71520000	49.51
新疆石油管理局		3000000	2.07
新疆对外贸易(集团)有限责任公司		1500000	1.04
新疆金融租赁有限公司		1500000	1.04
中国建筑材料西北公司		1000000	0.69
新疆建化工业总厂		940000	0.65
王俊豪		241930	0.17
安秀海		240175	0.17
谢燕红		225120	0.16
刘鉴平		221000	0.15

说明:截止报告期内,公司前10名股东所持公司股份无质押、冻结的情况。
公司前10名股东不存在关联关系。

云南铜业股份有限公司

(一)公司简介

1.公司法定中文名称:云南铜业股份有限公司
公司法定英文名称:YUNNAN COPPER INDUSTRY CO.LTD
2. 公司法定代表人:邹韶禄
3. 公司董事会秘书:管 弘
联系地址:云南省昆明市人民东路111号
联系电话:0871-3126709,3133502
传真:0871-3138100
4. 公司注册地址:云南省昆明市国家高新技术产业开发区
公司办公地址:云南省昆明市人民东路111号 公司邮政编码:650051
公司国际互联网网址:http://www.yunnan-copper.com
公司电子信箱:infoyunnan-copper.com
5. 公司选定的信息披露报纸名称:《证券时报》、《上海证券报》
登载公司年度报告的中国证监会指定国际互联网网址: http://www.cninfo.com.cn
公司年度报告备置地点:公司证券部
6. 公司股票上市交易所:深圳证券交易所
股票简称:云南铜业 股票代码:0878

(二)会计数据和业务数据摘要

1、本年度利润总额及其构成(单位:人民币元)

利润总额:	162,230,000.18
净利润:	156,223,217.50
扣除非经常性损益后的净利润:	155,066,741.70
主营业务利润:	320,455,514.27
其他业务利润:	537,772.46
营业利润:	153,474,793.83
投资(期货)收益:	7,598,730.55
补贴收入:	
营业外收支净额:	1,156,475.80
经营活动产生的现金流量净额:	259,656,331.73
现金及现金等价物净增加额:	266,202,371.23

2、截至报告期末公司前三年主要会计数据和财务指标(单位:人民币元)

项目	2000年	1999年	1998年
主营业务收入	2,537,477,322.96	1,957,833,064.71	1,788,257,199.67
净利润	156,223,217.50	140,555,413.51	114,125,152.04
总资产	3,810,144,714.24	2,867,383,059.04	2,049,525,126.35
股东权益(不含少数股东权益)	1,377,554,093.19	1,333,147,307.69	1,287,595,894.18
每股收益	0.214(全面摊薄) 0.214(加权)	0.192	0.281
扣除非经常性损益后的每股收益	0.212	0.192	0.281
每股净资产	1.88	1.82	3.17
调整后每股净资产	1.84	1.81	3.12
每股经营活动产生的现金流量净额	0.36	0.03	-1.61
净资产收益率(%)	11.34	10.54	8.86
加权净资产收益率(%)	11.10	10.35	
扣除非经常性损益后的加权净资产收益率(%)	11.10	11.29	

3、利润表附表
(根据中国证监会《公开发行证券公司信息披露编报规则(第9号)》要求计算)

报告期利润	净资产收益率(%)				每股收益(元)			
	2000年		1999年		2000年		1999年	
	全面摊薄	加权平均	全面摊薄	加权平均	全面摊薄	加权平均	全面摊薄	加权平均
主营业务利润	23.26	22.71	21.23	20.85	0.438	0.438	0.387	0.387
营业利润	11.14	10.89	11.47	11.26	0.210	0.210	0.209	0.209
净利润	11.34	11.07	10.54	10.35	0.214	0.214	0.192	0.192
扣除非经常性	11.26	10.98	11.50	11.29	0.212	0.212	0.210	0.210

(三)股本变动及股东情况

1. 股本变动情况
(2)股票发行与上市情况

1 本公司于1998年4月20日首次向社会公开发行120000000股人民币普通股股票，发行价格为6.26元/股,其中12000000股为内部职工股。108000000股于1998年6月2日获准在深圳证券交易所上市交易,12000000股内部职工股也于1998年12月2日获准在深圳证券交易所上市交易。

2 现存公司内部职工股仅有被冻结的公司高管人员所持有的106200股。于1998年4月20日发行,发行价格6.26元/股,发行数量12000000股,托管日期为1998年 5月28 日,托管机构为深圳证券登记公司。其余已于1998年12月2日获准上市。

2.股东情况介绍
(1) 报告期末股东总数为134206户。
(2) 公司前十名股东情况

股东名称	持股数量(股)	所占比例%
云南铜业集团有限公司	514800000	70.4434
覃 亮 琪	1446300	0.1979
庄 华 丽	1240000	0.1697
章 庆 姝	1179000	0.1613
章 志 良	1112200	0.1522
余 晓 莉	1106000	0.1513
徐 世 琪	1105962	0.1513
梅 亚 忠	1090350	0.1492
吴 君	1072000	0.1467
金 关 龙	1061500	0.1452

说明:
1 持本公司5%以上(含5%)股份的股东只有云南铜业集团有限公司,是公司国有法人股股东,本年度内所持股份未发生增减变动。
2 云南铜业集团有限公司所持股权在报告期内没有发生质押或冻结的情况。
3 根据公司已知资料,前十名股东之间不存在关联关系。

山 东 巨 力 股 份 有 限 公 司

山东巨力股份有限公司2000年年度报告摘要

本公司董事会保证本报告所载资料不存在任何虚假记载、误导性陈述或者重大遗漏，并对其内容的真实性、准确性和完整性负个别及连带责任。

一、公司简介

(一) 公司法定中文名称：山东巨力股份有限公司

公司法定英文名称：SHANDONG JULI COMPANY LIMITED

(二) 公司法定代表人：王清华先生

(三) 公司董事会秘书：李传顺先生

联 系 地 址：山东省潍坊市长松路69号

联 系 电 话：(0536)8555878-8895

传 真：(0536)8557207

电 子 信 箱：chuanshun@163.net

授 权 代 表：杨正魁先生

联 系 地 址：山东省潍坊市长松路69号

联 系 电 话：(0536)8555878-8895

传 真：(0536)8556402

电 子 信 箱：jlyzhk@163.net

(四) 公司注册地址、办公地址：山东省潍坊市长松路69号

邮 政 编 码：261021

公司国际互联网网址：http://www.chinajuli.com

电 子 信 箱：hq280880@sina.com

(五) 公司选定的信息披露报纸名称：中国证券报 证券时报

登载公司年度报告的中国证监会指定国际互联网网址：http://www.cninfo.com..cn

公司年度报告备置地点：公司证券部

(六) 公司股票上市交易所：深圳证券交易所

股 票 简 称：山东巨力

股 票 代 码：0880

二、会计数据和业务数据摘要

(一) 公司本年度实现的主要利润指标情况

利润总额	81085457.75
净利润	68922639.08
扣除非经常性损益后的净利润	69488598.94
主营业务利润	153038046.18
其他业务利润	7290196.49
营业利润	81578601.10
投资收益	--
补贴收入	--
营业外收支净额	-493143.35
经营活动产生的现金流量净额	14674917.70
现金及现金等价物净增加额	36954125.98

扣除非经常性损益时，扣除的项目、涉及金额：报告期产生资产处置损失565959.86元。

(二) 报告期末公司前三年的主要会计数据和财务指标 单位：元

项目	2000年	1999年
主营业务收入	1,697,430,471.37	1,460,799,383.16
净利润	68922639.08	68,471,111.55
总资产	780,590,137.75	780,590,137.75
股东权益	481,694,405.28	481694405.28
每股收益	0.40	0.79
每股收益(月均)	0.40	0.79
扣除非经常性损益后的每股收益	0.40	0.72
每股净资产	3.06	5.58
调整后的每股净资产	3.06	5.40
每股经营活动产生的现金流量净额	0.09	0.41
净资产收益率(%)	13.06	14.21

项目	1998年	
	调整前	调整后
主营业务收入	1,247,752,660.70	1,247,752,660.70
净利润	26,333,166.21	26,346,853.13
总资产	757,860,546.50	757,380,301.01
股东权益	431,230,895.92	430,750,650.43
每股收益	0.31	0.31
每股收益(月均)	0.32	0.33
扣除非经常性损益后的每股收益	--	--
每股净资产	5.00	4.99
调整后的每股净资产	4.99	4.88
每股经营活动产生的现金流量净额	0.68	0.68
净资产收益率(%)	6.11	6.12

财务指标的计算公式如下：

每股收益=净利润/年度末普通股股份总数

每股净资产=年度末股东权益/年度末普通股股份总数

调整后的每股净资产=(年度末股东权益-三年以上的应收款项净额-待摊费用-待处理（流动、固定)资产净损失-开办费-长期待摊费用-住房周转金负数余额)/年度末普通股股份总数

每股经营活动产生的现金流量净额=经营活动产生的现金流量净额/年度末普通股股份总数

净资产收益率=净利润/年度末股东权益×100%

注：公司2000年度增资配股方案于2001年2月22日实施完毕，配股完成后公司总股本增加至18406.7万股，与此相对应的每股收益(摊薄)为0.3744元。

按照中国证监会《公开发行证券公司信息披露编报规则》(第9号)的要求，计算公司2000年度的各项净资产收益率和每股收益指标如下：

报告期利润	净资产收益率		每股收益	
	全面摊薄	加权平均	全面摊薄	加权平均
主营业务利润	29.00	29.79	0.88	0.88
营业利润	15.46	15.88	0.47	0.47
净利润	13.06	13.42	0.40	0.40
扣除非经常性损益后的净利润	13.17	13.53	0.40	0.40

注：1、全面摊薄净资产收益率和每股收益的计算公式如下：

全面摊薄净资产收益率=报告期利润÷期末净资产

全面摊薄每股收益=报告期利润÷期末股份总数

2、加权平均净资产收益率(ROE)的计算公式如下：

ROE=P/(E0+NP÷2+Ei×Mi÷M0-Ej×Mj÷M0)

其中：P为报告期利润；NP为报告期净利润；E0为期初净资产；Ei为报告期发行新股或债转股等新增净资产；Ej为报告期回购或现金分红等减少净资产；M0为报告期月份数；Mi为新增净资产下一月份起至报告期期末的月份数；Mj为减少净资产下一月份起至报告期期末的月份数。

3、加权平均每股收益(EPS)的计算公式如下：

EPS=P/(S0+S1+Si×Mi÷M0-Sj×Mj÷M0)

其中：P为报告期利润；S0为期初股份总数；S1为报告期因公积金转增股本或股票股利分配等增加股份数；Si为报告期因发行新股或债转股等增加股份数；Sj为报告期因回购或缩股等减少股份数；M0为报告期月份数；Mi为增加股份下一月份起至报告期期末的月份数；Mj为减少股份下一月份起至报告期期末的月份数。

(三) 报告期内股东权益变化情况

项目	股本	资本公积	盈余公积	法定公益金
期初数	86288500	281577086.88	39855973.31	13105553.31
本期增加	86288500		10338395.86	3446131.95
本期减少		69030800		
期末数	172577000	281577086.88	50194369.17	16551685.26

项目	未分配利润	股东权益合计
期初数	73972845.09	481694405.28
本期增加	58584243.22	155211139.08
本期减少	21572125	90602925
期末数	92339394.44	527657050.49

注：根据财政部财会字[2001]5号文的规定对公司住房周转金期末借方余额进行会计账务处理，调增住房周转金18645568.87元，表中未分配利润的期初数应调减18645568.87元，股东权益合计的期初数也应作类似的相应调整。

三、股本变动及股东情况

(一) 股本变动情况

1、股份变动情况表 数量单位：股

	本次变动前	本次变动增减(+,-)						本次变动后
		配股	送股	公积金转股	增发	其他	小计	
一、尚未流通股份								
1、发起人股份	47988500		9597700	38390800			47988500	95977000
其中：国家持有股份	6272000		1254400	5017600			6272000	12544000
境内法人持有股份	41716500		8343300	33373200			41716500	83433000
外资法人持有股份								
3、内部职工股	13300000		2660000	10640000			13300000	26600000
未上市流通股份合计	61288500		12257700	49030800			61288500	122577000
二、已上市流通股份								
1、人民币普通股	25000000		5000000	20000000			25000000	50000000
已上市流通股份合计	25000000		5000000	20000000			25000000	50000000
三、股份总数	86288500		17257700	69030800			86288500	172577000

报告期内，公司实施1999年度利润分配方案和公积转增股本方案每10股送2股红股转增8股，引起股份总数发生变动。

2、股票发行与上市情况

(1)到报告期末为止的前三年历次股票发行情况

1998年3月3日，经中国证监会证监发字[1998]7号、8号文件批准，公司向社会公众发行2500万A股，每股发行价11.87元。1998年4月2日，经深圳证券交易所深证发字(1998)第56号《上市通知书》批准，公司2500万A股在深圳证券交易所挂牌交易。

(2)报告期内公司股份总数变动如下：

报告期内，公司实施1999年度利润分配方案和公积转增股本方案，引起公司股份总数发生变动，情况如下：

数量单位：万股

股份类别	变动前股份	本次变动增加股份	变动后股份	比 例
国家股	627.20	627.20	1254.40	7.27 %
法人股	4171.65	4171.65	8343.30	48.35 %
内部职工股	1330.00	1330.00	2660.00	15.41 %
社会公众股	2500.00	2500.00	5000.00	28.97 %
总股本	8628.85	8628.85	17257.70	100 %

(3)1993年3月24日公司经批准设立时，以每股1.2元的价格向公司职工定向发行了950万股内部职工股；1996年经公司第四届股东大会通过，用1993年、1994年、1995年的滚存利润向公司全体股东每10股送红股4股，内部职工股增加至1330万股。

报告期内，公司实施1999年度利润分配方案和公积转增股本方案，公司内部职工股由1330万股增至2660万股。

(二)股东情况介绍

1、报告期末股东总数

截止报告期末，公司股东总数为30421户。

2、报告期末公司主要股东持股情况

股东名称	持股数量(股)	占总股本比例(%)
潍坊巨力机械总厂	83433000	48.35%
潍坊市潍城区国有资产管理局	12544000	7.27%
关淑敏	498861	0.29%
闫彦丽	366402	0.21%
胡秀敏	327100	0.19%
陈翠香	277960	0.16%
陈楠	273806	0.16%
孙亿强	250800	0.15%
范玉琴	248807	0.14%
王翠红	247440	0.14%

注:(1)持有本公司5%以上股份的股东报告期内股份发生变动如下：

报告期内,公司实施1999年度利润分配方案和公积转增股本方案,引起持有本公司5%以上股份的股东股份发生变动，其中大股东潍坊巨力机械总厂持股数量增加41716500股，年末持股数量为83433000股，持股比例仍为48.35%；第二大股东潍坊市潍城区国有资产管理局持股数量增加6272000股，年末持股数量为12544000股，持股比例仍为7.27%。

所持股份质押或冻结的情况如下：

公司第一大股东潍坊巨力机械总厂将其所持有的公司发起人法人股中的2900万股股份质押给华夏银行济南市市中支行。上述股份占公司总股本的16.80%,质押期间为2000年8月28日至2001年8月27日，质押期满，上述股份自动解冻。

上述股份质押情况，公司已在2000年9月22日的《中国证券报》和《证券时报》上进行了公告。

(2)前十名股东之间不存在关联关系。

(3)上述股东中，潍坊市潍城区国有资产管理局代表国家持有股份1254.4万股。

3、公司持股10%以上的法人股东是潍坊巨力机械总厂，持有公司股份8343.3万股，占公司总股本的48.35%，其法定代表人是王清华，经营范围：加油站、家具制造、汽车修理等。

4、报告期内公司控股股东无变更。

四、股东大会简介

报告期内公司召开了三次股东大会：

(一)2000年3月10日，公司董事会在《中国证券报》和《证券时报》发布公告，决定于2000年4月10日召开公司1999年年度股东大会。

2000年4月10日，公司1999年度股东大会在公司礼堂召开。出席本次会议的股东和股东代表共262人，代表公司股份48890800股，占公司总股本的56.66%，符合《公司法》及公司章程的规定。本次会议审议并通过了以下决议：

1、公司1999年年度报告；

2、公司1999年董事会工作报告；

3、公司1999年监事会工作报告；

4、公司1999年财务决算方案；

5、公司1999年度利润分配方案：

经山东潍坊和信会计师事务所有限公司审计，公司1999年实现净利润68471111.55元。按规定提取10%的法定公积金6847111.15元，提取5%的法定公益金3423555.58元，加上已追溯调整的年初未分配利润33030100.27元，减除中期已分配普通股股利17257700元，剩余可供分配的利润为73972845.09元。

股东大会决定，以1999年12月31日的总股本86288500股为基数，向全体股东每10股送红股2股派0.5元现金(含税)，另用公积金向全体股东每10股转增8股。

股东大会授权公司董事会实施本分配方案。

以上决议刊登在2000年4月11日的《中国证券报》和《证券时报》上。

(二)2000年5月26日，公司董事会在《中国证券报》和《证券时报》发布公告，决定于2000年6月26日召开公司2000年度第一次临时股东大会。

2000年6月26日，公司2000年度第一次临时股东大会在公司礼堂召开。与会股东及股东代表38人，代表公司股份96642000股，占公司总股本172577000股的56%，符合《公司法》和公司章程的有关规定。会议通过了如下决议：

1、以普通决议审议通过了公司2000年增资配股的预案，包括：配股比例和配售股份总额、配股价格和定价方法、募集资金投向、配股方案有效期以及授权事宜；

2、以普通决议审议通过了董事会关于前次募集资金使用情况的说明；

3、以特别决议审议通过了关于修改公司章程的方案。

以上决议刊登在2000年6月28日的《中国证券报》和《证券时报》上。

(三) 2000年8月31日，公司董事会在《中国证券报》和《证券时报》发布公告，决定于2000年10月10日召开公司2000年度第二次临时股东大会。

2000年10月10日，公司2000年第二次临时股东大会在公司第二会议室召开，参加本次会议的股东及股东代表共38人，代表公司股份9660.42万股，占公司总股本的55.98%，符合《公司法》和《公司章程》的有关规定。本次会议形成如下决议：

1、审议通过了董事会关于徐承泽先生、崔英智先生、秦夏生先生、王国萍女士辞去董事职务，补选孙玉民先生、李磊先生、牟海静先生为公司董事的提案。董事会缺额待明年董事会换届时补选。

2、审议通过了监事会关于李恩普先生辞去监事职务，选举崔英智先生为公司由股东代表担任的监事。

以上决议刊登在2000年10月11日的《中国证券报》和《证券时报》上。

五、董事会报告

(一)公司经营情况

1、公司所处行业属农机行业，主导产品农用运输车的产销在同行业中居于重要地位，据有关资料统计，公司农用车产销量2000年在同行业中居第二位。(据《农用运输车信息》2000年第6期)

2、公司主营业务的范围及其经营状况

农用运输车是公司目前的主导产品，公司各品种系列的农用运输车产品的销售区域遍布山东、华北、东北、西北、晋陕、苏豫皖和内蒙的广大地区。

3、经营中出现的问题与困难及解决方案

二OOO年，由于全国主要农业区出现了罕见的旱情，严重影响了公司主导产品农用车的生产和销售。在严峻的市场形势面前，公司实行了一系列行之有效的管理措施。

(1) 深化企业内部经济改革，建立和完善"两本管理"，成效斐然

报告期内，公司对《"全额计件、联产计酬、指标考核、成本费用否决"经济责任方案》进行了全方位的修订、补充和完善，特别是在11项专业管理考核上加大了对各考核指标进行了层层分解和落实力度，健全完善了全员目标管理体系，促进了公司各专业管理水平的提高。

公司经济改革办公室在进行深入细致的调查研究和认真测算的基础上，出台了《深化企业内部改革、转换企业内部经营机制实施方案》，并进行了反复的试套和调整，目前已比较成熟，在新的年度将全面正式运行。新机制的运行为公司完善各项定额管理，强化二级核算，提高企业管理水平，把"倒逼成本管理"扎扎实实地落到实处起到了重要作用，深化了企业改革。

公司物资供应和招商部门紧密配合，从配套件招标、工程招标、价格监督管理、物资处理等方面全方位实施以"购销比价管理"为中心的规范化管理，有效地降低了生产成本。

在人本管理方面，公司注重人才的选拔、培养、引进和吸收，加大人员业绩考核力度，认真贯彻落实公司有关人本管理的规章制度。大力提拔培养学历高、能力强、有魄力、工作认真的年轻干部，加强公司干部队伍的梯队建设；注重了减员增效和人员倒评工作。在人本管理方面大刀阔斧地进行改革，全员竞争上岗，一大批优秀的大中专毕业生脱颖而出，担任重要岗位的领导职务。通过部门合并和岗位调整，对人力资源进行优化配置，逐步实现了一人多职、一职多能。实施三岗制、末尾淘汰制、竞争上岗和业绩考核等激励竞争举措后，调动了全员的积极性和创造性，提高了企业工作效率。

企管处还从制定部门和个人工作职责入手，逐步健全完善了旧版的企业管理标准，加强了企业的方针目标措施管理，强化了物资管理和现场管理力度。企业的财务管理、安全环保管理、标准化管理、信息管理等也发生了突飞猛进的变化，企业各项基础管理日臻健全和完善。

以人本管理和成本管理为核心的创新企业管理模式，极大地加强了公司基础管理和资金管理，对于企业在激烈的市场竞争中站稳脚跟并取得长足进步产生了重要的现实意义和深远的历史意义。

(2) 坚持科技创新，加快技术改造，确立了公司在同行业的技术领先优势。

公司从培养高素质的科技队伍出发，构建先进的信息管理网络系统，围绕募股资金项目的建设大搞技术革新和技术改造，实行"项目承包制"，强化适销对路新产品的开发，运用价值工程原理，优化产品设计，强化工艺管理，促进了企业技术创新机制的快速建立和技术创新能力的全面提高。

公司产品开发部积极深入农村进行市场调研，以提高产品的科技含量和科技创新为中心，不断推陈出新，开发出具有个性化的高附加值的产品，满足了不同层次的消费需求，深受用户青睐。科研一所全年共开发出多缸轴传动系列、宽架系列车型、侧翻自卸多功能拖拉机等30余个规格型号的新产品，并迅速形成批量生产能力，投放市场，是历年来完成新品种最多的一年。他们还从产品造型和性能提高的角度上对农用车的产品结构进行了全方位的优化组合，共有农用车前灯组合、纵向换挡总成，简易电启动装置、手油门总成、新型驾驶室的开发等14项大的优化改进。同时对生产批量小、产品附加值低、市场需求量少的部分产品加大了淘汰力度，同时大力促进产品结构的优化升级，适应了日益激烈的市场竞争需求。科研一所注重从市场调研、设计和开发的策划，组织和技术接口，设计输入，输出，样车试制、试验，设计评审、验证、确认和更改等方面全方位地规范设计管理，确保将新产品准确、完整、快速、高效地投放市场。

在四轮农用车的生产研制方面，科研二所与四轮总装车间等部门密切配合，在单缸、双缸四轮农用车的开发生产上获得了突破性进展，占到了全年产销量的68%。还开发了JL110T、JL150T、JL180T、JL1205系列、出口型右置方向机车等10余个新车型，并在前翻驾驶室的翻转机构设计与制作、变速操纵系统、离合操纵系统等部位进行了全方位的优化设计，确保了四轮农用车产销量的稳步增长。

技术处健全完善工艺过程管理制度，加大工艺纪律检查和考核力度。全年共设计模具300余套，设计安装调试了950B后桥箱体加工线、制作发动机装配时的定位工装、车架竖梁体内孔矫正液压机等工艺装备，设计制作了减振器试验台、涨紧轮试验台、线束试验台等质量检测设备，为巨力新材料有限公司设计制作了两条开卷、纵剪、收卷线，对三轮涂装线、车架涂装线进行了技术改造。技术处还引进、消化和吸收"低熔点合金项目"，解决了大型冲压件成型工艺性实验难、钢模制作周期长、新车型投放市场慢的问题。全年注重积极推广新材料、新技术、新工艺、新方法，注重用高新技术改造传统工艺，提高了公司的工艺装备水平，提高了生产效率。

(3) 加强市场开拓力度，再创市场营销新佳绩

2000年农用车市场经历了上半年的市场旺销和下半年因全国主要农业区严重旱情导致的市场偏淡行情。在此严峻的形势下，以市场为导向，以用户为中心，积极稳妥地开发市场。通过建立贴近市场的市场开发新框架，建立高效灵活的市场营销机制，加强销售队伍建设和售后服务工作，确保了公司产品畅通的销售渠道，并树立了公司良好的市场形象。上述人财物管理措施的实施，使公司形成了良性循环的产(研)供销体系，从根本上保证了公司在激烈的市场竞争中站稳脚跟并得到了长足的发展，取得了较好的经营业绩，公司农用车销量取得了增长2万辆的佳绩。

报告期内，公司销售部坚持"三鼓励一培植"(即鼓励现款、鼓励投资、鼓励捆绑联合，培植高水平的代理商)的经营方针，努力加强营销网络建设。目前公司销售主要实行现款和直销方式，现款率已达到93%，有效地回笼了资金，降低了风险。全年新开发网点210个，实现销量近4万台，稳步提高了市场占有率。同时，公司加强了对风险点的管理，加大了清欠力度，最大限度地减少了企业损失。

销售公司不断加大营销创新力度，对外把市场管理划分为四处一部管辖，对人员进行了优化配置，通过处与处、片与片之间的联合与竞争，提高了巨力区域市场运作能力，体现了团队作战的优势。对内则成立了具有综合服务职能的市场服务中心，所辖信息处理、计划控制、财务结算、储运管理、用户访问等职能，全方位地为经销商和直接用户服务，实行了统一规范化管理，增加了工作透明度，提高了工作效率。与托普软件公司共同开发的《巨力营销管理系统》软件目前已进入试运行阶段。

公司建立了严格完善的考核与评价机制，实施了纵向到底的"联销计酬承包责任制"。公司还加大了销售队伍的管理力度和对驻点员的业务培训力度，重新修订完善了《驻外人员工作手册》，有效地规范了驻外人员的工作行为。销售队伍正日益向年轻化、知识化、专业化发展，整体素质不断提高。在运输管理上，坚持分线管理、科学调配制度，减少了运输车主之间的摩擦，确保了正常运输的需要。

针对目前中国农机市场服务质量参差不齐的现象，以具有前瞻意识的服务理念，在社会上广泛开展生机勃勃的企业活动。2000年度，公司启动了"用户满意工程"，实施有特色的人性化服务，这是农用车行业的首个服务品牌，开创了农用车行业服务之先河。公司出台了满意服务宣言，推出了全国联保服务，提出了驻外工作人员的"三大纪律、八项注意"。同时，制定了满意工程具体实施细则，建立了所有用户档案，成立了用户回访部，以书信、电话等形式对用户进行100%的回访，体现了巨力亲情化的真诚服务。另外还建立了用户满意度的测评和监控体系，通过《信息快报》、《用户之声》等形式及时将用户信息反馈给有关职能部门，取得了较好的效果。

为使巨力的服务全方位地满足顾客需求，公司在实施延伸增值服务上狠下苦功，推出了建立特约维修服务站等新举措，拟在全国交通便利地区建立特约维修服务站上万家，现已建立657家。特约维修服务站集购车咨询、维修服务、配件供应于一体，极大地方便了用户三包期外的维修需求，深受用户的青睐。公司还通过在社会上建立巨力村和规范化服务样板点等方式推广巨力的满意服务模式，提升巨力的品牌服务形象。用户很乐意接受，并予以高度评价。

(4)强化产品质量管理，铸造品牌优势

公司注重突出精品主题，强化质量管理工作。按照GB/T19001-ISO9001标准模式建立健全了文件化的质量保证体系，从产品的设计、开发、生产、安装直到售后服务活动进行了全方位的规范，在上年度一次性通过中国机械质量认证中心对公司质量体系的全面考核的基础上，元月11日正式获得了由中国机械工业质量体系认证中心颁发的ISO9001国际质量体系认证证书，使公司成为国内农用车行业率先获得质量体系认证的企业。经过全员的积极努力，公司产品质量得以稳步提高，在2000年度国家农机具质量监督检验中心组织的监督抽查中，我公司产品质量名列前茅。

(二)公司财务状况

1、总资产

公司报告期内总资产达102166.8万元，较上年增加24107.8万元，主要原因是固定资产较上年增加9579.5万元，流动资产较上年增加12924.9万元所致。公司募集资金项目的建设在报告期内全部完工。

2、长期负债

住房周转金期末比期初增加15050571.90元，系根据财政部财会[2001]5号文规定对公司住房周转金期末借方余额进行会计账务处理。

3、股东权益

报告期股东权益达到52765.7万元，较年初增加4596.3万元，主要是由于年度内实现的利润留利所致。

4、主营业务利润和净利润

报告期公司主营业务利润和净利润分别较上年度增加561万元和45.2万元，主要原因是：农用车市场仍存在较为激烈的价格竞争，去年下半年全国主要农业区严重的旱情也大大影响了产品销售；公司采取加大管理力度等措施，较为有效地弥补了上述不利因素的影响，取得了较好的经济效益。

(1)加强成本管理，特别是在对外采购物资方面加大了管理力度。年初，公司专门组建了招商招标办公室，由主要领导牵头、专门人员参加，把公司使用的全部物资统一由招商办向全国招商招标，使公司的物资采购价格有了较大幅度的降低，增加经济效益近亿元。

(2)募集资金项目逐渐发挥效用。报告期内公司募集资金项目全部建成投入使用，大大提高了公司装备水平，使公司生产在产品设计质量和技术含量、材料利用、劳动生产率及产品质量方面得到了较大的提高，取得了较好的经济效益。

(三)公司投资情况

报告期内，公司的投资活动主要是对《招股说明书》承诺投资的部分未完工项目抓紧进行后期建设，以及为了保证拟用2000年度配股资金投入的"参股青岛国大生物技术有限公司项目"的建设进度，利用银行贷款先期对其进行了部分资金投入。

报告期内公司继续加强《招股说明书》承诺投资的部分未完工项目后期建设工作，本年度投入2325万元；累计投入到承诺项目中的募集资金达30704.4万元。截止2000年5月24日，《招股说明书》承诺投资项目已全部竣工投入使用。

1、募集资金投资项目建设情况

单位：万元

投资项目	计划投资	本年度投入	实际投资	工程进度
汽车拉杆生产技术改造项目	4000	289.7	3715.7	100.00%
花键轴齿轮生产技术改造项目	3900	846.2	3896.2	100.00%
农用三轮车架斗分厂技改项目	7800	1189.5	8266.6	100.00%
合　计	15700	2325.4	15878.5	

上述计划投资和实际投资额中均包括项目建设所含的流动资金部分。

《招股说明书》承诺投资项目报告期已全部竣工投入使用，产生收益4036.5万元。

2、报告期内，经公司董事会批准，公司出资5000万元，参股山东证券有限公司。参股资金由公司自筹解决。由于山证公司上年度的利润尚未分配，故其对公司的收益贡献尚无法定量表述。

(四)新年度的业务发展计划

在新的年度里，董事会确定的业务发展的指导思想是：高举邓小平理论的伟大旗帜，以市场为中心，以科技为先导，加大管理创新力度，立足核心产业，结构调整创新，积极发展外向型经济，实现企业的可持续发展。

由于公司2000年度配股方案已于2001年2月22日顺利实施完毕，募集资金已全部到位，因此，在新的年度里，公司将主要抓紧配股募集资金项目的落实，预计已投入建设的"参股青岛国大生物技术有限公司项目"和"不锈钢管复合管材项目"在新的业务年度里将会部分投入生产。

(五)董事会日常工作情况

1、报告期内董事会的会议情况及决议内容

报告期内公司召开了六次董事会会议：

(1)2000年1月5日，董事长王清华先生召集召开了公司第二届董事会第八次会议。会议审议并通过了以下决议：《关于公司运作中存在问题的整改方案》、《公司章程修订方案》、《山东巨力股份有限公司关于计提各项资产减值准备和损失的内部控制制度》和《总经理工作细则》。

(2)2000年3月8日，董事长王清华先生召集召开了公司第二届董事会第九次会议。会议审议并通过了公司1999年年度报告、1999年度董事会工作报告、1999年度财务决算报告以及公司1999年度利润分配预案：以公司1999年12月31日的总股本86288500股为基数，向全体股东每10股送2股红股(含税)，另用公积金向全体股东每10股转增8股。

以上决议刊登在2000年3月10日的《中国证券报》和《证券时报》上。

(3)2000年5月24日，董事长王清华先生召集召开了公司第二届董事会第十次会议。会议审议并通过了如下决议：

①关于审查通过公司配股资格的议案；

②关于公司2000年增资配股的预案包括：配股比例和配售股份总额、配股价格的定价方法、配股募集资金用途及可行性说明、关于本次配股决议的有效期限、提请股东大会授权董事会全权办理与本此配股有关的其他事项；

③关于前次募集资金使用情况的说明。

以上决议刊登在2000年5月26日的《中国证券报》和《证券时报》上。

(4)2000年5月30日，董事长王清华先生召集召开了公司第二届董事会第十一次会议。会议审议通过了如下决议：①出资1008万元受让青岛经济技术开发区国大生物技术有限公司原股东美籍归明女士原持有的国大公司28%的股权。本次股权受让资金1008万元是公司2000年配股募集资金投向中"投资5300万元参股青岛经济技术开发区国大生物技术有限公司并发起设立青岛国大巨力生物工程股份有限公司(暂定名)"项目总投资的一部分，由公司暂以银行贷款解决，配股成功资金到位后归还银行。上述股权转让完成后，公司出资1008万元，占国大公司注册资本的28%。

②决定出资5000万元，参股山东证券有限公司。参股资金由公司自筹解决。

以上决议刊登在2000年5月30日的《中国证券报》和《证券时报》上。

(5)2000年7月26日，董事长王清华先生召集召开了公司第二届董事会第十二次会议。会议审议通过了如下决议：审议通过了公司2000年中期报告正文和中期报告摘要；审议通过了公司2000年中期利润分配方案：2000年中期不进行利润分配，也不进行公积金转增股本。

以上决议刊登在2000年7月28日的《中国证券报》和《证券时报》上。

(6)2000年8月29日，董事长王清华先生召集召开了公司第二届董事会第十三次会议。会议审议通过了如下决议：同意徐承泽先生、崔英智先生和王国萍女士辞去董事职务；董事会决定提名孙玉民先生、李磊先生、牟海静先生为公司董事，待股东大会审议通过后生效。

以上决议刊登在2000年8月31日的《中国证券报》和《证券时报》上。

2、董事会对股东大会决议的执行情况

①公司2000年利润分配方案经公司2000年年度股东大会审议通过并授权董事会实施后，2000年5月9日，公司董事会在《中国证券报》和《证券时报》上发布了1999年度分红及公积金转增股本公告：以2000年5月12日为股权登记日、5月15日为除权日，向公司全体股东每10股送红股2股派现金0.5元(含税，扣税后个人股东实际每10股送红股2股)，另用资本公积金向全体股东每10股转增8股。

2000年5月16日，上述利润分配方案和资本公积金转增股本方案实施完毕。

②2000年6月26日召开的公司2000年度第一次临时股东大会授权公司董事会全权实施公司2000年度增资配股方案。

为实施公司2000年度增资配股方案，董事会组建了强效有力的工作班子，遵照股东大会批准的增资配股方案，严格按照中国证监会和济南证管办的要求组织上报材料。

2000年9月13日，中国证监会济南证券监管办公室以"济证公司字[2000]20号"文初审通过了公司配股申报材料；2000年12月15日，中国证监会复审通过了公司的配股申报材料，批准文号为证监公司字[2000]207号。

2000年12月22日，公司董事会在《中国证券报》和《证券时报》上刊登了配股获准公告；经深圳证券交易所审核同意，2000年12月25日，公司《配股说明书》在《中国证券报》和《证券时报》上披露，确定以2001年1月9日为股权登记日、以2001年1月10日为除权基准日、以2001年1月11日至2001年2月7日(期内券商营业日)为缴款期实施公司配股方案，并按规定分别于2001年1月10日和2001年2月6日在《中国证券报》和《证券时报》上刊登了配股提示性公告。

2001年2月22日，公司2000年度配股资金到位，并经山东正源和信有限责任会计师事务所验资(验资报告文号为鲁正验字(2001)第30002号)。

(六) 公司管理层及员工情况

1、董事、监事、高级管理人员

姓名	职务	性别	年龄	任期起止日期
王清华	董事长	男	64	1998.5.25-2001.5.24
李传顺	副董事长 董秘 副总经理	男	37	1998.5.25-2001.5.24
胡金胜	董事总经理	男	49	1998.5.25-2001.5.24
何忠信	董事	男	55	1998.5.25-2001.5.24
孙玉民	董事	男	37	1998.5.25-2001.5.24
韩志刚	董事总会计师	男	45	1998.5.25-2001.5.24
刘金宇	董事副总经理	男	57	1998.5.25-2001.5.24
张光泽	董事	男	53	1998.5.25-2001.5.24
玄　伟	董事	男	46	1998.5.25-2001.5.24
岳来田	董事副总经理	男	52	1998.5.25-2001.5.24
李　磊	董事	男	30	2000.10.10-2001.5.24
牟海静	董事	男	29	2000.10.10-2001.5.24
崔英智	监事会主席	男	44	2000.10.10-2001.5.24
高广习	监事	男	52	1998.5.25-2001.5.24
陈景丽	监事	女	51	1998.5.25-2001.5.24
郭　勇	监事	男	49	1998.5.25-2001.5.24
王国萍	监事	女	32	2000.10.10-2001.5.24
郎咸德	监事	男	53	1998.5.25-2001.5.24
谭传良	监事	男	57	1998.5.25-2001.5.24

姓名	年初/年末持股数量(股)	年度报酬总额(元)
王清华	12600/25200	19286
李传顺	4200/8400	14672
胡金胜	4200/8400	23664
何忠信	4200/8400	19564
孙玉民	8400/16800	16712
韩志刚	4200/8400	16724
刘金宇	4200/8400	22832
张光泽	4200/8400	18260
玄　伟	13300/26600	20588
岳来田	8400/16800	18008
李　磊	4200/8400	11431
牟海静	3500/7000	14889
崔英智	4200/8400	16784
高广习	7000/14000	18066
陈景丽	12600/25200	15974
郭　勇	5600/11200	15693
王国萍	9800/19600	12722
郎咸德	4200/8400	15806
谭传良	4200/8400	20884

年度内董事、监事、高级管理人员所持股份增加的原因如下：

报告期内，公司实施1999年度利润分配方案和公积转增股本方案每10股送红股2股转增8股，使公司董事、监事、高级管理人员所持股份发生变动。

按照公司的实际情况，董事、监事、高级管理人员的年度报酬数额区间/每个区间的人数可划分如下：1.1：1.5万元/4人，1.5：1.8万元/6人，1.8：2万元/5人，2：2.4万元/4人。

在报告期内离任的董事、监事、高级管理人员姓名及离任原因：

姓名	原职务	离任原因
徐承泽	董事	退休　辞职
崔英智	董事	工作变动　辞职
秦复生	董事	工作变动　辞职
王国萍	董事	工作变动　辞职
李恩普	监事	退休　辞职
孙玉民	监事	工作变动　辞职

公司报告期内无聘任或解聘经理、董事会秘书的情况。

2、公司员工情况

公司现在共有正式职工3425人，其中，生产人员1730人，销售人员613人，技术人员620人，财务人员42人，行政人员420人；按教育程度划分，硕士研究生1人，大学本科199人，大学专科307人，中专462人，中专以下2456人。公司退休职工人数475人。

(七)本次利润分配预案或资本公积金转增股本预案

经山东正源和信有限责任会计师事务所审计，公司2000年实现净利润68922639.08元，按规定提取10%的法定公积金6892263.91元，提取5%的法定公益金3446131.95元，加上年初未分配利润55327276.22元，减除实施1999年度利润分配方案的支出数21572125元，剩余可供分配的利润为92339394.44元。

董事会决定，以公司实施2000年年度配股方案后的总股本184067000股为基数，向全体股东每10股送红股1股派0.25元现金(含税)，另用公积金向全体股东每10股转增4股。以公司2000年末的总股本172577000股为基数，上述利润分配方案和公积金转增股本方案为：向全体股东每10股送1.15股红股派0.2875元现金(含税)转增4.6股。

根据中国证监会的通知要求，公司严格遵循公开、公平、公正的信息披露原则，本着对投资者和股东负责的态度，公司董事会对下一年度的利润分配政策的预计是：公司下一年度分配利润一次；公司下一年度实现净利润用于股利分配的比例和公司本年度未分配利润用于下一年度股利分配的比例为20%-40%；分配采用派发现金的形式。具体分配方案需依当时实际情况由董事会提出预案后报公司股东大会批准实施。

(八)其他报告事项

报告期内，公司选定的信息披露报纸无变更。

六、监事会报告

报告期内公司监事会召开了七次会议：

2000年1月5日，第二届监事会第八次会议召开。会议审议通过了公司董事会通过的《关于公司运作中存在问题的整改方案》、《公司章程修订方案》、《山东巨力股份有限公司关于计提各项资产减值准备和损失的内部控制制度》和《总经理工作细则》。

2000年3月8日，第二届监事会第九次会议召开。会议审议通过了以下决议：1、公司1999年年度报告中的"监事会报告"。监事会认为，"监事会报告"真实地反映了1999年监事会会议的召开情况，"监事会报告"中对公司决策程序合法性、建立内部控制制度、会计师事务所出具的审议意见等方面所发表的看法与事实一致。2、公司1999年年度报告和年度报告摘要。3、公司1999年财务决算方案、利润分配方案和公积金转增股本方案。4、会计师事务所出具的无保留意见的审议报告真实反映了公司的财务状况和经营成果。5、改变部分募集资金投向的变更程序合法有效。以上决议刊登在2000年3月10日的《中国证券报》和《证券时报》上。

2000年5月24日，第二届监事会第十次会议召开。会议审议通过了以下决议：关于公司配股资格的议案；关于公司2000年增资配股的预案；通过审查，公司前次募集资金使用情况正常。

2000年6月9日，第二届监事会第十一会议召开。会议审议通过了以下决议：同意公司出资1008万元受让青岛国大生物技术有限公司(国大公司)28%的股权；同意出资5000万元参股山东证券有限公司。

2000年7月26日，第二届监事会第十二会议召开。会议审议通过了以下决议：同意公司编制的2000年度中期报告正文和中期报告摘要；同意公司制定的2000年中期利润分配方案，认为：公司中期不分配利润、不进行公积金转增股本，是符合股东和公司长远发展利益的。

2000年8月29日，第二届监事会第十三会议召开。会议审议通过了以下决议：会议同意李恩普先生辞去监事职务；根据潍坊巨力机械总厂六届十四次职工代表大会选举，决定由王国萍女士以职工代表身份担任公司第二届监事会监事；监事会决定提名崔英智先生为公司由股东代表担任的监事，待股东大会审议通过后生效。以上决议刊登在2000年8月31日的《中国证券报》和《证券时报》上。

2000年10月10日，第二届监事会第十四次会议召开。会议选举崔英智先生为监事会主席。以上决议刊登在2000年10月11日的《中国证券报》和《证券时报》上。

监事会认为，报告期内公司决策程序合法有效，建立了较为完善的内部控制制度，公司董事、经理执行公司职务是没有违反法律、法规、公司章程或损害公司利益的行为；会计师事务所出具的审计意见真实反映了公司的财务状况和经营成果。会计师事务所出具了无保留意见的审计报告。

七、重要事项

(一)本年度公司无重大诉讼、仲裁事项。

(二)报告期内公司、公司董事及高级管理人员无受监管部门处罚的情况。

(三)报告期内公司控股股东没有变更。公司本届董事会2001年5月份任期届满，报告期内董事会、监事会成员变动情况如下：

公司2000年第二次临时股东大会同意徐承泽先生、崔英智先生、秦复生先生、王国萍女士辞去董事职务，补选孙玉民先生、李磊先生、牟海静先生为公司董事；同意李恩普先生辞去监事职务，选举崔英智先生为公司由股东代表担任的监事；经过潍坊巨力机械总厂六届十四次职工代表大会选举，决定由王国萍女士担任公司第二届监事会以职工代表身份出任的监事。

报告期内公司总经理无变更，董事会秘书无解聘、新聘情况。

(四)报告期内公司无收购及出售资产、吸收合并事项。

(五)报告期内公司无重大关联交易事项。

(六)公司相对于控股股东在人员、资产、财务上实现了"三分开"，即人员独立、资产完整、财务独立。

1、在人员方面，公司在劳动、人事及工资管理等方面是独立的；总经理、副总经理等高级管理人员在公司领取薪酬，没有在股东单位担任重要职务。

2、在资产方面，公司拥有独立的生产系统、辅助生产系统和配套设施；除"巨力牌"商标外，公司拥有相应的工业产权、非专利技术等无形资产；1997年6月28日，公司与控股股东潍坊巨力机械总厂签订了有效期为十年的《商标许可使用合同》，潍坊巨力机械总厂许可公司从1997年7月1日起无偿使用"巨力牌"商标；公司的采购和销售系统由公司独立拥有。

3、在财务方面，公司设立了独立的财会部门，并建立了独立的会计核算体系和财务管理制度；独立在银行开户。

(七)报告期内未发生托管、承包、租赁其他公司资产或其他公司托管、承包、租赁公司资产的事项。

(八)报告期内，公司原聘的山东潍坊和信会计师事务所有限公司根据业务发展需要与山东正源会计师事务所有限公司合并为山东正源和信有限责任会计师事务所；根据有关规定并经上级证券监管部门批复同意，山东正源和信有限责任会计师事务所承继为公司的审计单位。

(九)公司无其他重大合同(含担保等)及其履行情况。

(十)公司报告期内无更改名称或股票简称的情况。

(十一)"提取四项减值准备"对公司财务状况及经营成果产生的影响

根据公司《关于提取各项资产减值准备和损失处理的内部控制制度》，本年度共提取坏帐准备1024433.82元，较去年增加18.77万元；提取存货跌价准备159551元，较去年减少50918元。

准备金的提取对公司财务状况和经营成果影响甚微。

八、财务会计报告

(一)审计报告

(2001)鲁正审字第30001号

山东巨力股份有限公司全体股东：

我们接受委托，审计了贵公司2000年12月31日的资产负债表、2000年度的利润表及利润分配表和现金流量表。这些会计报表由贵公司负责，我们的责任是对这些会计报表发表审计意见。我们的审计是依据《中国注册会计师独立审计准则》进行的。在审计过程中，我们结合贵公司的实际情况，实施了包括抽查会计记录等我们认为必要的审计程序。

我们认为，上述会计报表符合《企业会计准则》和《股份有限公司会计制度》有关规定，在所有重大方面公允地反映了贵公司2000年12月31日的财务状况、2000年度经营成果和现金流量情况，会计处理方法的选用遵循了一贯性原则。

山东正源和信	中国注册会计师：	王夕贤
有限责任会计师事务所	中国注册会计师：	赵艳美
中国　济南	二OO一年三月二十六日	

(二)会计报表

资产负债表

编制单位：山东巨力股份有限公司　2000年12月31日　单位：人民币元

资　产	行次	年初数	期末数
流动资产：			
货币资金	1	31,047,162.53	68,001,288.51
短期投资	2		
减：短期投资跌价准备	3		
短期投资净额	4		
应收票据	5		13,661,195.00
应收股利	6		
应收利息	7		
应收帐款	8	113,334,351.34	144,395,730.48
其他应收款	9	19,958,321.27	23,046,185.07
减：坏帐准备	10	836,782.04	1,112,849.23
应收款项净额	11	132,455,890.57	166,329,066.32
预付帐款	12	39,830,355.42	85,314,129.84
应收补贴款	13		
存货	14	188,383,439.11	187,609,266.44
减：存货跌价准备	15	210,469.00	159,551.00
存货净额	16	188,172,970.11	187,449,715.44
待摊费用	17		
待处理流动资产净损失	18		
一年内到期的长期债权投资	19		
其他流动资产	20		
流动资产合计	21	391,506,378.63	520,755,395.11
长期投资：			
长期股权投资	22		74,080,000.00
长期债权投资	23		0.00
长期投资合计	24		74,080,000.00
减：长期投资减值准备	25		0.00
长期投资净额	26		74,080,000.00
固定资产：			
固定资产原价	27	329,298,966.44	421,146,596.44
减：累计折旧	28	40,802,115.15	62,822,625.53
固定资产净值	29	288,496,851.29	358,323,970.91
工程物资	30		
在建工程	31	58,732,261.21	28,031,960.25
固定资产清理	32		
待处理固定资产净损失	33		
固定资产合计	34	347,229,112.50	386,355,931.16
无形资产及其他资产：			
无形资产	35	41,810,313.19	40,476,257.00
开办费	36		
长期待摊费用	37	44,333.43	0.00
其他长期资产	38		
无形资产及其他资产合计	39	41,854,646.62	40,476,257.00
递延税项：			
递延税款借项	40		
资产总计	41	780,590,137.75	1,021,667,583.27
流动负债：			
短期借款	42	25,500,000.00	202,620,000.00
应付票据	43	109,490,000.00	155,271,111.22
应付帐款	44	119,642,212.74	103,957,946.77
预收帐款	45		
代销商品款	46		
应付工资	47		
应付福利费	48	507,484.87	921,064.71
应付股利	49	1,254,400.00	0.00
未交税金	50	19,002,043.34	23,955,598.03
其他未交款	51	653,756.86	777,217.22
其他应付款	52	37,896,406.56	6,507,594.83
预提费用	53		
一年内到期的长期负债	54		
其他流动负债	55		
流动负债合计	56	313,946,304.37	494,010,532.78
长期负债：			
长期借款	57		
应付债券	58		
长期应付款	59		
住房周转金	60	-15,050,571.90	0.00
其他长期负债	61		
长期负债合计	62	-15,050,571.90	0.00
递延税项：			
递延税款贷项	63		
负债合计	64	298,895,732.47	494,010,532.78
股东权益：			
股本	65	86,288,500.00	172,577,000.00
资本公积	66	281,577,086.88	212,546,286.88
盈余公积	67	39,855,973.31	50,194,369.17
其中：公益金	68	13,105,553.31	16,551,685.26
未分配利润	69	73,972,845.09	92,339,394.44
股东权益合计	70	481,694,405.28	527,657,050.49
负债和股东权益总计	71	780,590,137.75	1,021,667,583.27

利润及利润分配表

编制单位：山东巨力股份有限公司　2000年1-12月　单位：人民币元

项　目	行次	2000年度
一、主营业务收入	1	1,697,430,471.37
减：折扣与折让	2	
主营业务收入净额	3	1,697,430,471.37
减：主营业务成本	4	1,539,068,055.01
主营业务税金及附加	5	5,324,370.18
二、主营业务利润(亏损以"-"号填列)	6	153,038,046.18
加：其他业务利润(亏损以"-"号填列)	7	7,290,196.49
减：存货跌价损失	8	-50,918.00
营业费用	9	41,380,609.28
管理费用	10	28,730,505.04
财务费用	11	8,689,445.25
三、营业利润(亏损以"-"号填列)	12	81,578,601.10
加：投资收益(损失以"-"号填列)	13	
补贴收入	14	
营业外收入	15	273,460.42
减：营业外支出	16	766,603.77
四、利润总额(亏损以"-"填列)	17	81,085,457.75
减：所得税(33%)	18	12,162,818.67
加：所得税返还(18%)	19	
五、净利润(净亏损以"-"填列)	20	68,922,639.08
加：年初未分配利润	21	55,327,276.22
盈余公积转入数	22	
六、可供分配利润	23	124,249,915.30
减：提取法定盈余公积金	24	6,892,263.91
提取法定公益金	25	3,446,131.95
七、可供股东分配的利润	26	113,911,519.44
减：应付优先股股利	27	
提取任意盈余公积	28	
应付普通股股利	29	4,314,425.00
转作股本的普通股股利	30	17,257,700.00
八、未分配利润	31	92,339,394.44

(三)会计报表附注

<一>公司简介

山东巨力股份有限公司(以下简称"公司")系经潍坊市经济体制改革委员会潍改发[1993]20号文批准,由潍坊巨力机械总厂独家发起,以定向募集方式设立的股份有限公司。1998年3月3日,经中国证券监督管理委员会证监发字[1998]7号和证监发字[1998]8号文批准,公司向社会公开发行境内上市内资股(A股),并于同年4月2日在深圳证券交易所挂牌交易。公司在山东省工商行政管理局注册登记,注册号为3700001806159,注册资本为人民币17257.70万元。

公司主要生产经营范围:农用三轮运输车及配件、农用四轮运输车及配件、汽车配件、碳化硅微粉、摩托车的生产、销售。

<二> 公司主要会计政策、会计估计及会计报表编制方法

<三>税项

(1)增值税:以营业收入的17%计算销项税额并扣除允许抵扣的进项税额后缴纳;

(2) 城市维护建设税及教育费附加:分别以实际缴纳增值税的7%、3%计算缴纳;

(3)企业所得税:根据山东省人民政府鲁政字[1997]271号文批复,公司所得税适用税率为33%,实际税负超过15%的部分,由同级财政部门返还。经潍坊市潍城区财政局确认,公司2000年有关所得税返还问题,继续按有关文件执行。

(4)其他税项:按国家有关规定计算并缴纳。

<四>会计报表主要项目注释

1.货币资金

项目	期初数	期末数
现金	5671.94	10765.89
银行存款	31041490.59	67990522.62
合计	31047162.53	68001288.51

注:货币资金期末比期初增加119.03%,主要是由于贷款增加所致。

2.应收票据

出票单位	出票日期	到期日期	金额	备注
河涧正大农用车	2000.12.5	2001.6.25	1000000.00	
河涧正大农用车	2000.12.5	2001.6.25	1000000.00	
永城昌大农机	2000.12.25	2001.6.25	1500000.00	
高碑店光明农机	2000.12.21	2001.4.25	4000000.00	
河北衡水农机	2000.12.20	2001.6.18	2900000.00	
栖霞志敏农机	2000.12.22	2001.6.22	1500000.00	
河涧通达机动车	2000.12.20	2001.6.13	1000000.00	
新乡豫新农机	2000.12.26	2001.6.26	280000.00	
河涧通达机动	2000.12.15	2001.3.15	50000.00	
黑龙江望奎农机供应	2000.12.15	2001.3.15	10170.00	
吉木萨尔雪昌商贸	2000.12.27	2001.6.25	100000.00	
内蒙托克华天农机	2000.12.25	2001.6.25	111598.00	
华北农牧业机械	2000.12.24	2001.3.24	11247.00	
阳信农机公司	2000.12.24	2001.5.24	56120.00	
陕西大荔农科教开发	2000.12.17	2001.2.17	18300.00	
黑龙江工程交易市场	2000.12.28	2001.6.23	98790.00	
内蒙托克华天农机	2001.12.24	2001.5.24	24970.00	
合计			13661195.00	

注:应收票据期末无贴现、抵押。

3.应收账款

(1)账龄分析

账龄	期初数 金额	比例(%)	坏账准备	期末数 金额	比例(%)	坏账准备
1年以内的	105066728.04	92.71	525333.64	122709354.37	84.98	613546.77
1-2年的	6604861.01	5.83	66048.61	19747616.94	13.68	197476.17
2-3年的	1339447.35	1.18	66972.37	1539371.87	1.06	76968.59
3年以上的	323314.94	0.28	64662.99	399387.30	0.28	79877.46
合计	113334351.34	100	723017.61	144395730.48	100	967868.99

(2)应收账款中欠款额前五名单位:

单位名称	欠款金额	欠款时间	欠款原因
①河北遵化农机汽配公司	3433817.81	一年以内	未结算
②昌邑市金城机械有限公司	3020423.00	一年以内	未结算
③河南永城市昌达农机公司	2847845.00	一年以内	未结算
④牟平农机公司	2663188.52	一年以内	未结算
⑤栖霞市志敏农机经销处	2458349.10	一年以内	未结算

(3)无持公司5%(含5%)以上股份的股东单位欠款。

4.其他应收款

(1)账龄分析

账龄	期初数 金额	比例(%)	坏账准备	期末数 金额	比例(%)	坏账准备
1年以内的	19421566.51	97.28	96075.92	19463657.03	84.46	97318.29
1-2年的	329372.24	1.67	3293.72	3385250.19	14.59	33852.50
2-3年的	180544.78	0.91	9027.24	170974.14	0.74	8548.71
3年以上的	26837.74	0.14	5367.55	26303.71	0.11	5260.74
合计	19958321.27	100	113764.43	23046185.07	100	144980.24

(2)其他应收款中欠款额前五名单位:

单位名称	欠款金额	欠款时间	欠款原因
①潍城区财政局	6568762.13	一年以内	所得税返还款
②潍坊金宝集团总公司	3000000.00	一年以内	暂借
③上海东方上市企业博览中心	1500000.00	一至二年	预付款项
④山东工程机械运输公司	768776.77	一年以内	预付款
⑤南关街办	300000.00	一至二年	暂借款

(3)持公司5%以上股分的股东欠款详见附注<五>。

5.预付账款

(1)账龄分析

账龄	期初数 金额	比例(%)	期末数 金额	比例(%)
1年以内的	39830355.42	100	85314129.84	100
1-2年的				
2-3年的				
3年以上				
合计	39830355.42	100	85314129.84	100

(2)预付账款中欠款额前五名单位:

单位名称	欠款金额	欠款时间	欠款原因
①江苏常柴股份有限公司	29155760.40	一年以内	未结算
②昌邑市金城机械有限公司	8791058.64	一年以内	未结算
③潍坊凯迪钢管有限公司	8520965.46	一年以内	未结算
④潍坊顺成贸易中心	7934476.64	一年以内	未结算
⑤山东峨嵋柴油机有限公司	5781136.09	一年以内	未结算

(3)无预付公司5%(含5%)以上股份的股东单位款项。

(4)预付账款比期初增长114.19%,主要是生产和销售规模扩大,所需材料增加致使预付账款增加。

6.存货

项目	期初数 金额	跌价准备	期末数 金额	跌价准备
原材料	74374280.25	210469.00	116496247.17	159551.00
产成品	41478458.82		10630123.34	
在产品	64867761.76		52864318.35	
自制半成品	7662938.28		7618577.58	
合计	188383439.11	210469.00	187609266.44	159551.00

注:存货按期末市价确定可变现净值,按单个存货项目高于可变现净值的差额提取存货跌价准备。

7.长期股权投资

(1)项目	期初数 金额	减值准备	本期增加	本期减少	期末数 金额	减值准备
长期股权投资	74080000.00				74080000.00	
合计	74080000.00				74080000.00	

(2)其它股权投资:

被投资单位名称	投资起止期	投资金额(万元)	占被投资单位注册资金比例	减值准备	备注
山东证券有限公司	2000年5月	5000	2.78%		
青岛经济技术开发区国大生物技术有限公司	2000年5月	2408			
合计		7408			

注:其他股权投资中对青岛经济技术开发区国大生物技术有限公司的投资按照双方签订的协议,公司总出资合计金额5300.00万元,占该公司增资后注册资本的30%。截止到2000年12月31日公司已完成投资2408万元。

8.固定资产及累计折旧

(1)固定资产原值	期初价值	本期增加	本期减少
房屋建筑物	102,354,111.88	86,925,825.02	0.00
通用设备	209,467,304.36	7,511,788.02	1,237,179.20
电子设备	4,827,779.80	447,159.72	13,365.42
运输工具	12,649,770.40	910,529.19	2,697,127.33
合计	329,298,966.44	95,795,301.95	3,947,671.95

(1)固定资产原值	期末余额
房屋建筑物	189,279,936.90
通用设备	215,741,913.18
电子设备	5,261,574.10
运输工具	10,863,172.26
合计	421,146,596.44

(2)累计折旧	期初数	本期增加	本期减少
房屋建筑物	10,598,567.72	4,356,593.71	
通用设备	20,896,447.31	16,198,334.61	859,896.81
电子设备	2,373,944.61	978,685.48	8,097.39
运输工具	6,933,155.51	1,681,132.18	326,241.40
合计	40,802,115.15	23,214,745.98	1,194,235.60
(3)固定资产净值	288,496,851.29	72,580,555.97	2,753,436.35

(2)累计折旧	期末数
房屋建筑物	14,955,161.43
通用设备	36,234,885.11
电子设备	3,344,532.70
运输工具	8,288,046.29
合计	62,822,625.53
(3)固定资产净值	358,323,970.91

注:本期固定资产增加95795301.95元,其中从在建工程转入87051184.46元,零星购入8744117.49元。公司固定资产无对外抵押担保情况。

9.在建工程

工程名称	期初数	本期增加	本期转出
汽车拉杆生产技术改造项目	26302250.00	2897975.98	29200225.98
花键轴齿轮生产技术改造项目	18053500.00	8461657.15	26515157.15
农用三轮车架斗分厂技改项目	10616374.47	11894848.06	22511222.53
零星工程	3760136.74	33096402.31	8824578.80
合计	58732261.21	56350883.50	87051184.46

工程名称	期末数	资金来源	工程进度
汽车拉杆生产技术改造项目	0.00	募集资金	100.00%
花键轴齿轮生产技术改造项目	0.00	募集资金	100.00%
农用三轮车架斗分厂技改项目	0.00	募集资金	100.00%
零星工程	28031960.25	自筹	
合计	28031960.25		

注:在建工程无利息资本化金额。

10.无形资产

项目	原始价值	期初数	本期增加	本期转出	本期摊销
水电权	2077892.60	1119705.20			207789.24
土地使用权	44303000.16	40690607.99			1126266.95
合计	46380892.76	41810313.19			1334056.19

项目	期末余额
水电权	911915.96
土地使用权	39564341.04
合计	40476257.00

11.短期借款

借款类别	期初数	期末数
担保借款	25500000.00	202620000.00

注:短期借款期末比期初增加177120000.00元,增加694.59%,是由于公司为弥补对外投资资金的不足而向银行借款。

12.应付票据

	期初数	期末数
金额	109490000.00	155271111.22

(1)无欠持本公司5%(含5%)以上股份的股东单位款项。

(2)期末比期初增长 41.81%,主要是由于材料采购增加并采用银行承兑汇票结算方式所致。

13、应付账款

	期初数	期末数
金 额	119642212.74	103957946.77

注:无欠持本公司 5%(含 5%)以上股份的股东单位款项。

14、应交税金及其他未交款

税 种	期初数	期末数
应交税金	19002043.34	23955598.03
其中:增值税	15143104.65	23107538.69
城建税	984837.08	1278545.55
营业税(代扣代交)	0.00	-280788.88
所得税	1342101.61	-149697.33
个人所得税	1532000.00	0.00
其他未交款	653756.86	777217.22
其中:教育费附加	653756.86	777217.22

15、其他应付款

项目	期初数	期末数	备注
预收押金	34000000.00	4246.42	收各农机公司押金
临时工押金	2643144.20	2938619.03	收职工风险金
其 他	1253262.36	3564729.38	
合 计	37896406.56	6507594.83	

(1)无欠持公司 5%(含 5%)以上股份的股东单位款项。

(2)其他应付款期末比期初减少 82.83%,主要是由于清退农机公司代售点押金所致。

16 、住房周转金

	期初数	期末数
金 额	-15050571.90	0.00

注:期末比期初增加 15050571.90 元系根据财政部财会[2001]5 号文规定进行处理。

17、股本

公司股份变动情况表 单位:股

	本次变动前	配股	送股	公积金转股	增发	其他	小计	本次变动后
一、尚未流通股份								
1、发起人股份	47988500		9597700	38390800			47988500	95977000
其中:国家持有股份	6272000		1254400	5017600			6272000	12544000
境内法人持有股份	41716500		8343300	33373200			41716500	83433000
3、内部职工股	13300000		2660000	10640000			13300000	26600000
未上市流通股份合计	61288500		12257700	49030800			61288500	122577000
二、已上市流通股份								
1、人民币普通股	25000000		5000000	20000000			25000000	50000000
已上市流通股份合计	25000000		5000000	20000000			25000000	50000000
三、股份总数	86288500		17257700	69030800			86288500	172577000

18、资本公积

项 目	期初数	本期增加	本期减少	期末数
股本溢价	271912786.88		69030800	202881986.88
接受捐赠实物资产	64300.00			64300.00
其他资本公积转入	9600000.00			9600000.00
合 计	281577086.88		69030800	212546286.88

注:通过实施公司 2000 年 4 月 10 日股东大会通过的公积金转增股本方案,使公积金减少 69030800.00 元。

19、盈余公积

项 目	期初数	本期增加	本期减少	期末数
法定盈余公积	26750420.00	6892263.91		33642683.91
公益金	13105553.31	3446131.95		16551685.26
合 计	39855973.31	10338395.86		50194369.17

注:盈余公积本期增加是按本期实现净利润的 10%提取法定盈余公积、5%提取公益金。

20、未分配利润

项 目	金 额
年初未分配利润	55327276.22
加:1-12 月净利润	68922639.08
减:提取法定盈余公积(10%)	6892263.91
提取公益金 (5%)	3446131.95
减:已付普通股股利	4314425.00
转作股本的普通股股利	17257700.00
期末未分配利润	92339394.44

注:根据财政部财会字[2001]5 号文的规定对公司住房周转金期末借方余额进行会计账务处理,调减年初未分配利润 18645568.87 元,相应的调增住房周转金 18645568.87 元。

21、其他业务利润

项 目	本年发生数	上年发生数
其他业务利润	7290196.49	3728453.18

注:本期其他业务利润较上年增加 95.53%,主要原因是本期材料销售增加。

22、财务费用

项 目	本年发生数	上年发生数
利息支出	13078514.28	6527867.90
减:利息收入	4791698.87	4298513.51
其他	402629.84	154682.64
合 计	8689445.25	2384037.03

注:本期财务费用较上年增加 264.48%,主要原因是因为贷款金额增加而使利息支出增加。

23、营业外收入

项 目	本年发生数	上年发生数
罚款收入	273460.42	92644.34
老旧车辆更新补助		35000.00
申购无效冻结资金利息		6091205.30
处理固定资产收益		189386.66
合 计	273460.42	6408236.30

注:本期比上年减少 95.73%,主要原因为是新股申购无效冻结资金利息上年度已摊销完毕。

24、营业外支出

项 目	本年发生数	上年发生数
罚款支出		164014.91
汽车事故赔偿支出		31629.45
处置固定资产损失	565959.86	401472.68
排污费支出	191125.05	0.00
其他	9518.86	0.00
合 计	766603.77	597117.04

<五>关联方关系及其交易

1、存在控制关系的关联方

企业名称	注册地址	主营业务	与本企业关系	经济性质
潍坊巨力机械总厂	潍坊市北宫西街 395 号	加油站、家具制造销售、汽车修理等	母公司 同一董事长	集体

企业名称	法定代表人
潍坊巨力机械总厂	王清华

2、存在控制关系的关联方的注册资本及其变化

企业名称	期初数	本期增加	本期减少	期末数
潍坊巨力机械总厂	6498 万元			6498 万元

3、存在控制关系的关联方所持股份或权益及其变化

	年初数		本年增加		本年减少	
企业名称	金额	%	金额	%	金额	%
潍坊巨力机械总厂	8343.30 万元	48.35				

	期末数	
企业名称	金额	%
潍坊巨力机械总厂	8343.30 万元	48.35

4.关联方往来款项余额

	期末余额		占全部其他应收款的比例		备注
其他应收款	1999 年	2000 年	1999 年	2000 年	
潍坊巨力机械总厂	3197687.12	0.00	16.02%	0.00%	代垫款项

<六>或有事项

截止 2000 年 12 月 31 日,公司无应披露的或有事项。

<七>承诺事项

截止 2000 年 12 月 31 日,公司无应披露的承诺事项。

<八>资产负债表日后事项

(1)截止到 2000 年 12 月 31 日,公司因住房制度改革使"住房周转金"科目出现借方余额 18645568.87 元,已根据财政部财会[2001]5 号文的规定,转入"利润分配--未分配利润"科目,尚需经过股东大会批准后冲销有关所有者权益项目。

(2)公司 2000 年度配股方案已顺利实施,配股资金已由山东正源和信有限责任会计师事务所于 2001 年 2 月 22 日以鲁正验字(2001)第 30002 号验资报告验证。

<九>其他重要事项

公司发起人潍坊巨力机械总厂已将其所持有的公司发起人法人股中的 2900 万股质押给华夏银行济南市市中支行。上述股份占公司总股本的 16.8%,质押期间为 2000 年 8 月 28 日至 2001 年 8 月 27 日,质押期满,上述股份自动解冻。

九、公司的其他有关资料

1、公司变更注册登记日期:2000 年 6 月 9 日

地点:山东省工商行政管理局

2、企业法人营业执照注册号:3700001806159

3、税务登记号码:370702165529404

4、公司未流通股票的托管机构名称:深圳证券登记有限公司

5、公司聘请的会计师事务所名称:山东正源和信有限责任会计师事务所

办公地址:山东省济南市泺源大街 5 号(良友富临大厦)

十、备查文件目录

1、载有公司法定代表人、总会计师、会计主管人员签名并盖章的会计报表。

2、载有会计师事务所盖章、注册会计师签名并盖章的审计报告原件。

3、报告期内在中国证监会指定报纸上公开披露过的所有公司文件的正本及公告的原稿。

中国大连国际合作(集团)股份有限公司

(一)公司简介

1、公司法定中文名称:中国大连国际合作(集团)股份有限公司

公司法定英文名称:CHINA DALIAN INTERNATIONAL)COOPERATION (GROUP) HOLDINGS LTD.

公司英文名称缩写:CDIG

2、公司法定代表人:朱明义

3、公司董事会秘书:李枫

联系地址:大连市西岗区黄河路219号外经贸大厦1009室

电话:0411-3780066

传真:0411-3780186

电子信箱:lifeng@china-cdig.com

授权代表:韩秀吉

联系地址:大连市西岗区黄河路219号外经贸大厦1009室

电话:0411-3780139 传真:0411-3780186

电子信箱:security@china-cdig.comQ

4、公司注册地址:大连市西岗区黄河路219号

公司办公地址:大连市西岗区黄河路219号外经贸大厦

邮政编码:116011

公司国际互联网网址:http://www.china-cdig.com

电子信箱:cdig@pub.dl.lnpta.net.cn

5、公司选定的信息披露报纸名称:《中国证券报》

登载公司年度报告的中国证监会指定国际互联网网址:http://www.cninfo.com.cn

公司年度报告备置地点:公司证券部

6、公司股票上市交易所:深圳证券交易所

股票简称:大连国际 股票代码:0881

(二)会计数据和业务数据摘要

1、本年度实现的主要利润指标(单位:人民币元)

利润总额:	66,673,774.79
净利润:	58,366,062.82
扣除非经常性损益后的净利润:	54,948,067.35
主营业务利润:	150,617,727.86
其他业务利润:	
营业利润:	62,116,746.59
投资收益:	
补贴收入:	1,273,001.58
营业外收支净额:	3,284,026.62
经营活动产生的现金流量净额:	-47,051,288.67
现金及现金等价物净增加额:	53,165,308.61

注:扣除非经常性损益项目和涉及金额:

项目	金额
新股申购冻结资金利息:	1,531,229.53
增值税退税收入:	1,273,001.58
资产处置损益:	613,764.36
合计:	3,417,995.47

2、截止报告期末公司前三年的主要会计数据和财务指标(追溯调整后) 单位:人民币元

指标项目	2000年	1999年	1998年
主营业务收入:	775,333,582.16	526,487,512.47	437,851,544.88
净利润:	58,366,062.82	45,476,904.81	29,485,546.83
总资产:	1,308,477,722.41	948,207,012.88	748,315,593.03
股东权益(不含少数股东权益):	655,155,138.16	413,845,165.02	368,365,951.56
全面摊薄每股收益:	0.30	0.48	0.31
加权平均每股收益:	0.34	0.48	0.38
扣除非经常性损益后的每股收益:	0.28	0.41	0.28
每股净资产:	3.39	4.34	3.86
调整后的每股净资产:	3.22	4.05	3.67
全面摊薄净资产收益率(%):	8.91	10.99	8.00
加权平均净资产收益率(%):	13.17	10.99	10.41
扣除非经常性损益后的加权净资产收益率(%):	12.40	9.52	9.56
每股经营活动产生的现金流量净额:	-0.24	0.68	-0.74

3、利润表附表

报告期利润	净资产收益率(%)		每股收益(元)	
	全面摊薄	加权平均	全面摊薄	加权平均
主营业务利润	22.99	34.00	0.78	0.88
营业利润	9.48	14.02	0.32	0.36
净利润	8.91	13.17	0.30	0.34
扣除非经常性损益后的净利润	8.39	12.40	0.28	0.32

(三)股本变动及股东情况

1、股本变动情况

2、股东情况介绍

(1)报告期末股东总数为10,061户。

(2)报告期末主要股东持股情况(截止2000年12月31日公司前十名股东)

	股东名称	持股数量(股)	持股比例(%)	股份性质
1	中国大连国际经济技术合作公司	50,400,000	26.10%	国家股
2	大连开发区功盛贸易商行	6,534,000	3.38%	法人股
3	大连保税区洲鸿经贸公司	5,400,000	2.80%	法人股
4	大连铁道有限责任公司	5,400,000	2.80%	法人股
5	上海邦联创业投资有限公司	3,600,000	1.86%	法人股
6	大连万益股份有限公司	3,600,000	1.86%	法人股
7	大连市总工会劳动服务公司	3,600,000	1.86%	法人股
8	大连开发区中化农资经贸公司	1,800,000	0.93%	法人股
9	大化集团有限责任公司	1,800,000	0.93%	法人股
10	大连东方电脑股份有限公司	1,800,000	0.93%	法人股

中商股份有限公司

一、公司简介

1、公司法定中文名称:中商股份有限公司

公司法定英文名称:China Commerce Company Limited

2、公司法定代表人:范文明

3、公司董事会秘书:李翠芳 授权代表:李春生

联系地址:北京市金融大街33号通泰大厦C座8层

电话:(010)88086592/3/4/5/6/7 传真:(010)88086598

4、公司注册地址:北京市海淀区复兴路46号

公司办公地址:北京市金融大街33号通泰大厦C座8层 邮政编码:100032

公司电子信箱:cclc@public2.east.net.cn

5、公司信息披露报纸名称:《中国证券报》

登载公司年度报告网址:http://www.cninfo.com.cn

公司年度报告备置地点:公司证券部

6、公司股票上市交易所:深圳证券交易所 股票简称:中商股份 股票代码:0882

二、会计数据和业务数据摘要

1、本年度公司主要经营数据: 单位:元

项目	
(1) 利润总额	15,910,092.89
(2) 净利润	14,855,866.49
(3) 扣除非经常性损益后的净利润	28,671,541.89
(4) 主营业务利润	41,472,591.38
(5) 其他业务利润	1,610,352.30
(6) 营业利润	10,666,155.22
(7) 投资收益	18,401,523.64
(8) 补贴收入	0.00
(9) 营业外收支净额	-13,157,585.97
(10)经营活动产生的现金流量净额	20,942,741.90
(11)现金及现金等价物净增加额	-34,480,773.32

说明:扣除的非经常性损益项目及金额包括:清理固定资产损失:114,415.40元;最高人民法院判决本公司向湖南海达公司支付违约金及相关费用:13,701,260.00元。

2、公司前三年主要会计数据和财务指标

项目	2000年	1999年	1998年	
			调整前	调整后
(1)主营业务收入(元)	304,726,072.40	201,425,843.23	205,689,866.48	205,689,866.48
(2)净利润(元)	14,855,866.49	38,692,681.22	40,782,405.50	32,437,516.54
(3)总资产(元)	590,525,118.24	527,947,150.29	434,518,112.69	418,410,730.79
(4)股东权益(元)	388,637,566.07	373,781,699.58	351,196,279.51	335,089,018.36
(5)每股收益(元/股)	0.06	0.22	0.23	0.18
加权平均每股收益(元/股)	0.06	0.22	0.26	0.20
扣除非经常性损益后的每股收益	0.12	0.21	0.19	0.14
(6)每股净资产(元/股)	1.56	2.10	1.97	1.88
(7)调整后的每股净资产(元/股)	1.55	2.08	1.96	1.87
(8)每股经营活动产生的现金流量净额	0.08	-0.32	0.21	0.21
(9)净资产收益率(%)	3.82	10.35	11.61	9.68
加权平均净资产收益率(%)	3.90	10.92	14.47	12.01
扣除非经常性损益后加权平均净资产收益率(%)	7.52	10.76	11.73	9.23

3、根据中国证监会发布的《公开发行证券公司信息披露编报规则》第9号,公司2000年度按全面摊薄法和加权平均法计算的净资产收益率和每股收益

报告期利润	净资产收益率(%)		每股收益(元)	
	全面摊薄	加权平均	全面摊薄	加权平均
主营业务利润	10.67	10.88	0.17	0.17
营业利润	2.74	2.80	0.04	0.04
净利润	3.82	3.90	0.06	0.06
扣除非经常性损益后的净利润	7.38	7.52	0.12	0.12

三、股东情况介绍

(1)报告期末股东总数为9950户。

(2)前十名股东持股情况:

股东名称	年末持股数量(股)	占总股本比例(%)
中商企业集团公司	86,730,000	34.80
浙江省商业集团公司	54,768,000	21.98
中国商业对外贸易总公司	44,702,000	17.94
普丰证券投资基金	6,781,090	2.72
普惠证券投资基金	3,118,173	1.25
华夏证券有限公司	1,328,320	0.53
华夏证券有限公司	1,178,871	0.47
郭庆林	869,470	0.35
田仁碧	809,480	0.32
王志景	710,500	0.29

持5%以上(含5%)股份的股东在报告期内存在股份变动情况。报告期内,因实施资本公积金每10股转增4股,中商企业集团公司、浙江省商业集团公司、中国商业对外贸易总公司所持股份分别由61,950,000、39,120,000、31,930,000万股增为86,730,000、54,768,000、44,702,000万股。

持5%(含5%)以上股份的股东所持股份未发生质押情况,但存在冻结情况:中商企业集团公司、中国商业对外贸易总公司(以下简称"商业外贸")分别所持本公司61950000股及其配股、红股、31930000股及其配股、红股均已全部被司法冻结(详见2000年3月15日、2000年4月1日、2000年8月4日的《中国证券报》)。由于本公司成立尚未期满三年,被冻结的股份暂不能处置。

商业外贸与泰山兴业投资集团有限公司(以下简称"泰山投资")签署《股份托管协议》,将其所持本公司全部股份托管给泰山投资。托管期限一年,自协议签署之日起至2001年11月20日止(详见2000年11月22日的《中国证券报》)。

根据法院裁定,泰山投资以每股2.1元的价格购买商业外贸所持本公司29,467,291股法人股,购买价款全部用于支付商业外贸所欠上海浦发银行北京分行债务。29,467,291股及其法定孳息的过户手续须在本公司成立满三年即2001年5月29日后才能办理。本裁定执行完毕后,商业外贸仍持有2,462,709股及其法定孳息,这部分股份仍按上述托管协议托管给泰山投资。

湖北三环股份有限公司

一、公司简介

1、公司名称：湖北三环股份有限公司

英文名称：HuBei Triring CO.,LTD.　英文缩写：HBTR

2、公司法定代表人：舒健

3、公司董事会秘书：何一心　联系地址：湖北省武汉市武昌武珞路356号

电话：027-87274750 87273368　传真：027-87271902

电子信箱：H.hyx@163.net　授权代表：聂涛

4、公司注册地址：湖北省武汉市武昌武珞路356号

邮政编码：430070　电子信箱：TriRing@163.net

5、公司选定的信息披露报纸名称：中国证券报、证券时报

登载年报的中国证监会指定国际互联网网址：http://www.cninfo.com.cn

6、公司年度报告备置地点：公司证券部

7、公司股票上市地：深圳证券交易所　股票简称：三环股份　股票代码：0883

二、会计数据和业务数据摘要

1、本年度利润指标及构成情况：

利润总额：	63,150,494.02元
净利润：	53,489,089.92元
扣除非经常性损益后的净利润：	51,472,914.57元
主营业务利润：	101,004,237.98元
营业利润：	61,026,468.41元
其他业务利润：	2,415,320.40元
投资收益：	107,850.26元
补贴收入：	1,000,000.00元
营业外收支净额：	1,016,175.35元
经营活动产生的现金流量净额：	6,274,337.09元
现金及现金等价物净增加额：	24,617,494.26元

注：扣除非经常性损益项目：

补贴收入1,000,000.00元

营业外收支净额1,016,175.35元

2、截止报告期末公司前三年的主要会计数据和财务指标：

栏目	2000年度	1999年度	1998年度
主营业务收入(元)	989,728,637.28	852,504,239.99	818,007,196.35
净利润(元)	53,489,089.92	68,658,416.37	63,883,121.46
总资产(元)	1,115,037,586.30	968,786,045.02	1,013,400,686.50
股东权益(元)	760,524,083.64	730,620,753.72	661,962,337.35
每股收益(元/股)(加权)	0.227	0.349	0.325
每股收益(元/股)	0.227	0.349	0.325
扣除非经常性损益后的			
每股收益(元/股)	0.218	0.349	0.307
每股净资产(元/股)	3.22	3.72	3.37
调整后的每股净资产	3.17	3.66	3.31
每股经营活动产生的现金流量净额	0.03	-0.66	0.23
净资产收益率(%)	7.03	9.38	9.65

主要财务指标计算公式：

每股收益=净利润/年度末普通股股份总数

每股净资产=年度末股东权益/年度末普通股股份总数

调整后的每股净资产=(年度末股东权益-三年以上的应收款项-待摊费用-待处理(流动、固定)资产净损失-开办费-长期待摊费用)/年度末普通股股份总数

每股经营活动产生的现金流量净额=经营活动产生的现金流量净额/年度末普通股股份总数

净资产收益率=净利润/年度末股东权益×100%

3、报告期内股东权益变动情况　单位：元

项目	股本	资本公积	盈余公积	其中：法定公益金
期初数	196,548,000.00	267,981,501.00	101,374,167.08	39,802,585.28
本期增加	39,309,600.00		10,697,817.98	5,348,908.99
本期减少				
期末数	235,857,600.00	267,981,501.00	112,071,985.06	45,151,494.27

续上表

项目	未分配利润	合计
期初数	164,717,085.64	730,620,753.72
本期增加	42,791,271.94	92,798,689.92
本期减少	62,895,360.00	62,895,360.00
期末数	144,612,997.58	760,524,083.64

注：(1)报告期内公司实行了1999年度利润分配方案，每10股送2股，导致股本增加。

(2)报告期内公司将本年度实现的净利润按10%的比例计提法定公积金，按10%的比例计提公益金，导致盈余公积金增加；

(3)报告期内公司将本年度实现的净利润按10%的比例计提公益金，导致公益金增加；

(4)报告期内由于本年度净利润增加，导致未分配利润增加.

三、股本变动及股东情况

(一)股本变动情况

(二)股东情况介绍

1、截止2000年12月31日，本公司股东总数为36205户，其中内部职工股股东数量9710户。

2、本公司前十名股东持股情况(截止2000年12月31日)

股东名称	持股数(股)	占总股本比例%	股份性质
(1)三环集团公司	103,857,600	44.03	国有法人股
(2)武汉钢铁(集团)公司	5,376,088	2.28	法人股
(3)湖北省麻城资产评估事务所	3,339,600	1.44	法人股
(4)十堰市财务开发总公司	2,820,000	1.20	法人股
(5)湖北美尔雅纺织服装实业公司	2,244,000	0.95	法人股
(6)高德骞	1,424,252	0.60	流通股
(7)武汉市新创贸易有限责任公司	1,386,000	0.59	法人股
(8)郭兆洪	1,363,692	0.58	流通股
(9)张华	1,350,630	0.57	流通股
(10)湖北襄阳汽车轴承股份有限公司	1,320,000	0.56	法人股

洛阳春都食品股份有限公司

一、公司简介

1、公司的法定中文名称：洛阳春都食品股份有限公司

公司法定英文名称：LUOYANG CHUNDU FOODSTUFF COMPANY LIMITED

缩写为：LUOYANG CHUNDU FOODSTUFF CO. LTD.

2、公司法定代表人：贾洪雷

3、公司董事会秘书：常　虎

联系地址：河南省洛阳市西工区春都路126号

电话：0379-2312471 传真：0379-2312752

4、公司注册地址：河南省洛阳市凯旋西路29号春都大厦西座15楼

邮政编码：471000

公司办公地址：河南省洛阳市西工区春都路126号　邮政编码：471001

5、公司选定的信息披露报纸：《证券时报》

中国证监会指定的国际互联网网址：http://www.cninfo.com.cn

公司年度报告备置地点：公司证券部

6、公司股票上市交易所：深圳证券交易所

公司股票简称：春都A　公司股票代码：0885

二、会计数据和业务数据摘要

注释：2000年8月12日，本公司召开首届董事会第七次会议，会议审议通过了"关于变更公司部分固定资产折旧计提办法的议案"，决定将折旧方法由"年限法"改为"工作量法"，但由于公司个别产品的实际生产量太小，适用"工作量法"尚欠妥当，因此，2000年度，公司在充分考虑会计政策合理性、公允性的基础上，暂未进行会计政策变更。

1、2000年度公司利润总额及其构成情况(单位：人民币元)

利润总额	-35,931,328.89
净利润	-35,931,328.89
扣除非经常性损益后的净利润	-49,314,077.49
主营业务利润	10,520,294.37
其他业务利润	723,999.54
营业利润	-35,597,798.52
投资收益	---
补贴收入	---
营业外收支净额	-333,530.37
经营活动产生的现金流量净额	-39,603,721.75
现金及现金等价物净增加额	-26,321,732.76

注：扣除非经常性损益项目及金额：

(1)资金占用费 13,716,278.97元。

(2)营业外收支-333,530.37元。

2、截止到本报告期末公司前三年的主要会计数据和财务指标(单位：人民币元)

指标项目	2000年度	1999年度	1998年度
主营业务收入	295,092,375.43	455,777,719.99	501,641,280.82
净利润	-35,931,328.89	24,080,655.41	40,791,016.15
总资产	884,280,200.59	968,338,779.07	711,478,489.54
股东权益	599,108,136.96	635,039,465.85	610,958,810.44
(不含少数股东权益)			
全面摊薄每股收益	-0.225	0.151	0.260
加权平均每股收益	-0.225	0.151	0.260
扣除非经常性损益			
后的每股收益	-0.31	-0.128	
每股净资产	3.74	3.97	3.84
调整后的每股净资产	3.72	3.93	
每股经营活动产生	-0.248	-0.164	
的现金流量净额：			
摊薄净资产收益率(%)	-6.00	3.79	6.84
加权净资产收益率(%)	-5.82	3.87	27.94
扣除非经常性损益后			
加权净资产收益率(%)	-7.99	-3.29	

注：主要财务指标的计算公式如下：

每股收益=净利润/年度末普通股股份总数

每股净资产=年度末股东权益/年度末普通股股份总数

调整后的每股净资产=(年度末股东权益-三年以上的应收款项净额-待摊费用-待处理(流动、固定)资产损失-开办费-长期待摊费用-住房周转金负数余额)/年度末普通股股份总数

每股经营活动产生的现金流量净额=经营活动产生的现金流量净额/年度末普通股股份总数

净资产收益率=净利润/年度末股东权益*100%

三、股东情况介绍

1、截止2000年12月31日，本公司共有登记在册股东3270户，其中国有法人股东1户，社会公众股股东3269户。

2、报告期末公司前10名股东的情况

股东名称	持股数(股)	占股本比例(%)
1)、洛阳春都集团	100,000,000	62.50
2)、北京闽泉新技术有限责任公司	2,042,100	1.28
3)、薛玉环	1,128,860	0.71
4)、周金龙	1,052,918	0.66
5)、何目清	1,019,031	0.64
6)、蒋卫东	999,500	0.62
7)、黄爱玲	934,172	0.58
8)、张永红	928,313	0.58
9)、王月华	891,266	0.56
10)、邵生于	885,620	0.55

注：1.洛阳春都集团有限责任公司为代表国家持有股份的单位。

2.公司前10名股东中的第2—10名为流通股股东，本公司未知其之间的关联关系。

3、持股10%(含10%)以上的法人股东的情况

洛阳春都集团有限责任公司持有本公司股份100,000,000股，占公司总股本的62.50%，公司法定代表人赵海军先生。公司经营范围以食品深加工为主，集生化制药、饮品开发、畜禽养殖、包装材料生产、商贸经营、房地产开发、科学研究等。

海南高速公路股份有限公司

海南高速公路股份有限公司2000年年度报告摘要

重要提示：本公司董事会保证本报告所载资料不存在任何虚假记载、误导性陈述或者重大遗漏，并对其内容的真实性、准确性和完整性负个别及连带责任。本年度报告摘要摘自年度报告，投资者欲了解内容，应阅读年度报告。海南从信会计师事务所出具了有保留意见的审计报告，本公司董事会、监事会对相关事项亦有详细的说明请投资者注意阅读。

一、公司简介

1、公司法定中文名称：海南高速公路股份有限公司
公司法定英文名称：HAINAN EXPRESSWAY Co., LTD.
公司英文名称缩写：HEC
2、公司法定代表人：邢福煌
3、公司董事会秘书：陈求仲
电话：0898-6701555
电子信箱：zks @ hi-expressway.com
国际互联网网址：http://www. hi-expressway.com
授权代表：张堪省
电　　话：0898-6768394
传　　真：0898-6790647
联系地址：海南省海口市机场路16号高速公路大楼
邮政编码：570203
4、公司注册地址：海南省海口市机场路16号高速公路大楼
公司办公地址：海南省海口市机场路16号高速公路大楼
邮 政 编 码：570203
5、公司信息披露报刊：《中国证券报》《证券时报》
登载公司年度报告的国际互联网：http://www.cninfo.com.cn
公司年度报告备置地点：公司资金证券部
6、股票上市地：深圳证券交易所
股票简称：海南高速
股票代码：0886

二、会计数据和业务数据摘要

1、本年度主要会计数据(单位：人民币元)

利润总额	83,711,238.23元
净 利 润	72,324,117.68元
扣除非经常性损益后的净利润	84,671,628.78元
主营业务利润	178,410,194.33元
其他业务利润	10,029,986.19元
营业利润	95,180,864.88元
投资收益	7,173,164.22元
营业外收支净额	-18,642,790.87元
经营活动产生的现金流量净额	104,427,617.81元
现金及现金等价物净增加额	-136,737,828.67元

说明：扣除非经常性损益项目和涉及金额(1)资产处置损失2,336,369.64元，(2)其他支出2,694,776.61元，(3)固定资产减值损失14,489,529.07元，(4)股权投资收益及其他投资收益7,173,164.22元。

2、截止报告期末公司前三年的主要会计数据和财务指标

单位：人民币万元

项　目	2000年度	1999年度		1998年度	
		调整前	调整后	调整前	调整后
主营业务收入(万元)	35256	33365	33365	30881	30881
净利润(万元)	7232	12574	12819	22959	22459
总资产(万元)	530253	514622	503782	452582	451945
股东权益（万元）	258891	267325	256603	255093	244568
每股收益(元)(摊薄)	0.073	0.127	0.13	0.464	0.45
(加权)	0.073	0.1695	0.173	0.464	0.45
扣除非经常性损益后的每股收益(摊薄)	0.086	0.132	0.135	0.463	0.452
(加权)	0.086	0.176	0.180	0.463	0.452
每股净资产(元)(摊薄)	2.62	2.70	2.60	5.16	4.95
调整后每股净资产(元)	2.48	2.64	2.54	5.14	4.93
每股经营活动的现金流量净额(元)	0.106	0.096	0.096	0.34	0.34
净资产收益率(%)(摊薄)	2.79	4.704	4.99	9	9.18
(加权)	2.78	4.91	5.11	9.42	9.42

根据中国证监会《公开发行证券公司信息披露编报规则(第九号)》要求计算的2000年利润数据如下：

报告期利润	净资产收益率(%)		每股收益(元)	
	全面摊薄	加权平均	全面摊薄	加权平均
主营业务利润	6.89	6.86	0.18	0.18
营 业 利 润	3.68	3.66	0.096	0.096
净　利　润	2.79	2.78	0.073	0.073
扣除非经常性损益后的净利润	3.27	3.25	0.086	0.086

注1：以上数据和指标均按合并报表计算，其中1998年末总股本按49441.415万股计算，1999年末及2000年末总股本按98882.830万股计算。

注2：1998年调整后的数据与1998年调整前的数据比较，其变化系依据财政部财会字(1999)35号文件计提四项减值准备及财会[2001]17号计提各项资产减值准备所致。

三.股本变动及股东情况

(一)股本结构及本期增减变动

截止2000年12月31日公司股本结构如下：(股份单位：万股)

	期初数	本次变动增减(+,-) 配股	送股	公积金转增	增发	其他	小计	期末数
一、尚未流通股份								
1、发起人股份	34272.09							34272.09
其中：国家持有股份	23352.12							23352.12
境内法人持有股份	10919.97							10919.97
2、募集法人股	39829.50							39829.50
3、内部职工股	9381.24					9381.24	9381.24	
尚未流通股份合计	83482.83					9381.24	9381.24	74101.59
二、已流通股份								
1、境内上市的人民 币普通股	15400					9381.24	9381.24	24781.24
已上市流通股份合计	15400					9381.24	9381.24	24781.24
三、股份总数	98882.83							98882.83

(二)股东情况

报告期末公司股东总数为135457户。

(三)主要股东持股情况(前十名股东)

名次	股东名称	年末持股数(万股)	持股比例(%)
(1)	海南省交通厅	23352.12	23.62
(2)	中国信达资产管理公司	5400	5.46
(3)	中国银行海南省分行	4905	5.02
(4)	海南华控实业投资有限公司	1416.22	1.43
(5)	上海英博企业发展有限公司	1180.1	1.19
(6)	山东远东国际贸易公司	858.8	0.67
(7)	海南省交通服务公司	450	0.46
(8)	海南达四方实业有限公司	450	0.46
(9)	海南省汽车运输公司	450	0.46
(10)	海口海越经济开发有限公司	450	0.46

注1海南省交通厅厅长为李执勇先生，该厅是省政府主管全省交通运输(包括公路、水路、铁路、管道、民航)行业的职能部门。其持有我公司的国家股没有质押情况。

2中国建设银行海南省分行将中国建设银行海南省信托投资公司持有我公司的5400万股发起人股于2000年7月27日无偿划转给中国信达资产管理公司，从而使公司第二大股东发生了变化，报告期内其他法人股东股权变化主要是原法人股东受让法人股所致。

四、股东大会

(一)股东大会召开情况

本报告期内，公司召开了一次股东大会：

2000年5月26日，公司第七届股东大会在海口市机场路16号金银岛岛大酒店5楼会议厅如期召开。会议由公司董事会召集，该次会议到会股东及股东代表56人，代表股份29461.575万股，占总股本的29.79%，大会以记名投票表决方式，逐项审议通过了下列议案：

1审议通过《关于提取各项资产减值准备的内部控制制度的方案》；
2审议通过《1999年度董事会工作报告》；
3审议通过《1999年度监事会工作报告》
4审议通过《1999年度财务决算报告》；
5审议通过《1999年年度报告和年度报告摘要》；
6审议通过《关于部分修改公司章程的议案》；
7审议通过《1999年度利润分配预案》；
8审议通过《关于投资控股三亚大东海旅游商业广场项目的议案》。

(二)公司第七届股东大会决议于2000年5月30日刊登在《证券时报》、《中国证券报》上。

五、董事会报告

(一)公司经营情况

(1)公司主营业务范围及所处的行业地位

本公司属基础设施行业，主营海南东线高速公路的建设与管理，同时进行房地产、旅游、酒店、运输、沿途服务业及信息产业的综合开发。其所经营的是中国第一条股份制高速公路，中国第一条热带海滨旅游高速公路，海南发展史上第一条快车道。海南东线高速公路属国家重点建设项目，主要受益于国家产业政策的支持及海南省燃油附加费的综合补偿。

(2)公司主营业务经营状况

2000年是国家重点建设项目—海南环岛东线高速公路(左幅)扩建工程陵水至三亚段建设最为关键的一年。公司领导和工程指挥部全体人员在公司董事会的领导下，克服各种困难，严格管理，狠抓质量，全年共完成了四项公路建设和养护任务：一是圆满地完成了陵水至大茅隧道北段的扩建工程；二是左幅大茅隧道如期开工，进展顺利；三是抓好公路养护工作，确保东线安全畅通。

1、东线左幅扩建工程陵水至大茅隧道北段如期竣工，2001年元月19日试通车

左幅扩建陵水至三亚段工程为新旧路基在车行道内拼接，其技术要求高、施工难度大。对此，公司领导班子从质量管理入手，不断强化质量管理机制，充分发挥业主综合协调、监督检查的作用，继续采取一系列行之有效的措施，对工程质量、进度、投资三大指标严格控制，有效地保证了工程建设的顺利进行。截止12月底，该段工程本年度共完成投资2.11亿元；完成土石方155.34万立方，软基处理粉喷桩65.2万米，浆砌工程5.56万立方，草皮绿化21.74万平方米，各类桥梁12座/774米，各类涵洞通道242道，安装中央分隔带护栏93659米，安装路侧波形梁护栏39286米，各类标志牌379个。除后续的沥青路面外，其他各项工程至年底已基本完工，该段工程于2001年元月19日完工通车。

2、大茅左隧道如期开工，进展顺利

大茅左隧道工程是全路段的最关键工程。为了确保大茅隧道的安全顺利施工，公司本着公开、公正、公平的原则，公开招标选拔了两支实力较强的施工队伍。施工中指挥部抽调力量，组成专门业主工作组及专家组驻扎在隧道工地，加强工程监管力度。自6月份开工以来，工程进展顺利，至年底累计掘进800米，预计2001年上半年可全部完工。

安 徽 飞 彩 车 辆 股 份 有 限 公 司

安徽飞彩车辆股份有限公司 2000 年年度报告摘要

重要提示：本公司董事会保证本报告所载资料不存在任何虚假记载、误导性陈述或者重大遗漏，并对其内容的真实性、准确性和完整性负个别及连带责任。

一、公司简介

(一)公司法定中文名称：安徽飞彩车辆股份有限公司
公司法定英文名称：ANHUI FEICAI VEHICLE CO., LTD.
(二)公司法定代表人：洪理芳
公司董事会秘书：陈 晖
董事会授权代表：彭 斌
联系地址：安徽省宣城市宣南路口
联系电话：0563-2612500(总机)
传 真：0563-2612555
(三)公司注册地址：安徽省宣城市宣南路口
公司办公地址：安徽省宣城市宣南路口
邮政编码：242000
电子信箱：ahfc@mail.ahwhptt.net.cn
(四)公司选定的信息披露报纸：中国证券报、证券时报
登载公司年度报告的国际互联网网址：http://www.cninfo.com.cn
(五)公司年度报告备置地点：公司总经理办公室
公司股票上市地：深圳证券交易所
股票简称：飞彩股份
股票代码：0887

二、会计数据和业务数据摘要

(一)公司本年度实现利润情况：

利润总额：	66,192,445.35 元
净利润：	42,111,975.23 元
扣除非经营性损益后的净利润：	39,596,379.05 元
主营业务利润：	164,053,519.06 元
其他业务利润：	6,208,994.51 元
营业利润：	62,591,084.45 元
投资收益：	750,000.00 元
补贴收入：	217,178.00 元
营业外收支净额：	2,634,182.90 元
经营活动产生的现金流量净额：	44,772,295.26 元
现金及现金等价物净增加额：	-15,029,857.51 元

注：扣除的非经营性损益项目及金额：

1、处理固定资产收益：	-155,541.18 元
2、冻结资金利息：	2,671,137.36 元

(二)公司前三年主要会计数据和财务指标：
1、主要会计数据和财务指标 单位：人民币元

年度项目	2000 年	1999 年	1998 年
主营业务收入	979,895,780.09	913,054,325.00	903,392,005.32
净利润	42,111,975.23	61,592,720.86	56,436,878.44
总资产	1,513,133,471.62	1,316,935,336.33	891,670,930.86
股东权益	554,006,850.33	524,177,659.99	470,584,939.13
每股收益(摊薄)	0.1504	0.2200	0.3527
每股收益(加权)	0.1504	0.3242	0.4300
扣除非经营性损益后的每股收益	0.1414	0.2074	0.3492
每股净资产	1.98	1.87	2.94
调整后每股净资产	1.93	1.85	2.92
每股经营活动产生的现金流量净额	0.1599	0.2375	-0.039
净资产收益率(%)	7.60	11.75	11.99

2、根据中国证监会《公开发行证券公司信息披露编报规则[第 9 号]》要求计算的利润数据如下：

报告期利润	净资产收益率(%)		每股收益	
	全面摊薄	加权平均	全面摊薄	加权平均
主营业务利润	29.61	30.09	0.5859	0.5859
营业利润	11.30	11.48	0.2235	0.2235
净利润	7.60	7.72	0.1504	0.1504
扣除非经营性损益后的净利润	7.15	7.26	0.1414	0.1414

3、主要财务指标计算方法：

(1) 每股收益=净利润/报告期末普通股股份总数；

(2) 每股净资产=报告期末股东权益/报告期末普通股股份总数；

(3) 调整后的每股净资产=[报告期末股东权益-三年以上的应收款项净额-待摊费用-待处理(流动、固定)资产净损失-开办费-长期待摊费用-住房周转金负数余额)]/报告期末普通股股份总数；

(4) 每股经营活动产生的现金流量净额=经营活动产生的现金流量金额/报告期末普通股股份总数；

(5) 净资产收益率=净利润/报告期末股东权益×100%；

(6) 加权平均每股收益 (EPS)=报告期利润/[报告期初股份总数+报告期因公积金转增股本或股票股利分配等增加股份数+报告期因发行新股或债转股等增加股份数×增加股份下一月份起至报告期期末的月份数/报告期月份数-报告期因回购或缩股减少股份数×减少股份下一月份起至报告期期末的月份数/报告期月份数]；

(7) 加权平均净资产收益率(ROE)=报告期利润/[报告期初净资产+报告期净利润/2+报告期发行新股或债转股等新增净资产×新增净资产下一月份起至报告期期末的月份数/报告期月份数-报告期因回购或现金分红等减少净资产×减少净资产下一月份起至报告期期末的月份数/报告期月份数]×100%。

(三)报告期股东权益变动情况：

项目	股本(股)	资本公积(元)	盈余公积(元)	法定公益金(元)	未分配利润(元)	股东权益(元)
期初数	280000000	179614686.94	21878924.94	10939462.47	42684048.11	524177659.99
本期增加	--	2767215.11	10293760.28	5146880.14	42111975.23	55172950.62
本期减少	--	--	--	--	25343760.28	25343760.28
期末数	280000000	182381902.05	32172685.22	16086342.61	59452263.06	554006850.33

变动原因：

资本公积增加系黄山链分厂分立为安徽飞彩黄山链传动有限公司评估增值及安徽宁国中鼎密封件有限责任公司拨款转入所致；

盈余公积增加系报告期实现利润，提取盈余公积所致；

法定公益金增加系报告期实现利润，提取法定公益金所致；

未分配利润增加系报告期实现利润所致，减少系提取盈余公积、法定公益金及应付股利所致。

三、股本变动及股东情况

(一)股本变动情况：

1、股份变动情况表： 数量单位：万股

	本次变动前	本次变动增减(+、-)						本次变动后
		配股	送股	公积金转股	增发	内部职工股上市	小计	
一、未上市流通股份								
1、发起人股份	21000							21000
其中：								
国家持有股份	21000							21000
未上市流通股份合计	21000							21000
二、已上市流通股份								
1、人民币普通股	7000							7000
已上市流通股份合计	7000							7000
三、股份合计	28000							28000

2、股票发行和上市情况：

(1)公司于 1998 年 9 月 22 日，经中国证监会证监发审(1998) 244 号及证监发(1998)245 号文批准，面向社会公开发行人民币普通股(A 股)4000 万股，发行价格 6.68 元/股，通过深圳交易所交易系统上网定价发行，募集资金于 1998 年 9 月 30 日到达公司帐户。这次发行获准深圳交易所深证发(1998)292 号文审核同意，于 1998 年 12 月 3 日本公司 3600 万股 A 股在深圳证券交易所挂牌交易，其 400 万股 A 股内部职工股在期满 6 个月后的 1999 年 6 月 3 日获准上市交易。

(2)公司于 1999 年中期进行了利润分配和公积金转增方案。以 1998 年度末分配利润和 1999 年上半年利润以每 10 股送 2 股以及每 10 股转增 5.5 股，致使公司总股本由 16000 万股变动为 28000 万股，其中国家持有股份由 12000 万股变动为 21000 万股，社会流通股由 4000 万股变动为 7000 万股。

(3)公司 2000 年度配股方案经中国证监会合肥特派办"皖证监发字 [2000]80 号"文初审，于 2000 年 12 月 20 日获中国证券监督管理委员会"证监公司字 [2000]210 号"文批准。2000 年 12 月 25 日刊登了《配股说明书》，2001 年 2 月 21 日刊登《股份变动及 2000 年度配股获配可流通股份上市公告》，配股工作全部结束。公司的总股本由 28000 万股增加到 30100 万股，社会流通股由 7000 万股增加到 9100 万股。

(二)股东情况：

1、报告期末股东总数：34020 户；

2、前十名股东名单：

	股东名称	持股数(股)	持股比例
1	安徽飞彩(集团)有限公司	210,000,000	75%
2	北京财政证券公司	1,000,000	0.3571%
3	李纪亮	680,000	0.2429%
4	张湘月	451,300	0.1612%
5	杨春晓	360,100	0.1286%
6	赵寿金	309,872	0.1107%
7	北京佳融商贸公司	300,500	0.1073%
8	张新华	300,000	0.1071%
9	北京高尔夫房地产开发公司	285,100	0.1018%
10	方澄江	266,937	0.0953%

公司第一大股东与前 2-10 名股东间不存在关联关系，公司未知前 2-10 名股东之间是否存在关联关系。

3、持有公司 10%以上股份的股东情况介绍：持有公司股份 10 %以上的股东为安徽飞彩(集团)有限公司，持有 210,000,000 股，所持股份无冻结和质押情况，法定代表人：洪理芳，经营范围：农用运输车的制造、销售；汽车、挂车、农机修理；住宿、饮食服务；娱乐服务；农用运输车出口；本企业生产、科研所需要的原辅材料、机械设备、仪器仪表、零配件及相关技术进口。

4、报告期内控股股东变更情况：控股股东仍为安徽飞彩(集团)有限公司，无变更。

四、股东大会简介

(一)报告期内召开股东大会情况：

1、1999 年度股东大会：公司董事会关于召开 1999 年度股东大会的公告刊登在 2000 年 3 月 21 日的《中国证券报》及《证券时报》上，2000 年 6 月 25 日，1999 年度股东大会在安徽省宣州市飞彩宾馆召开。与会股东及股东代表 11 人，代表股份 21005 .775 万股，占公司总股本 28000 万股的 75.0206%。会议审议通过了如下议案：(1)《公司 1999 年度董事会工作报告》；(2)《公司 1999 年度监事会工作报告》；(3)《公司 1999 年度利润分配方案》；(4)《关于续聘安徽华普会计师事务所为公司 2000 年度审计机构的议案》。会议决议内容刊登在 2000 年 6 月 27 日的《中国证券报》及《证券时报》上。

2、2000 年度第一次临时股东大会：公司董事会关于召开 2000 年度第一次临时股东大会的公告刊登在 2000 年 8 月 10 日的《中国证券报》及《证券时报》上。2000 年 9 月 10 日，2000 年度第一次临时股东大会在安徽省宣州市飞彩宾馆召开。与会股东及股东代表 15 人，代表股份 21014.7325 万股，占公司总股本 28000 万股的 75.0526 %。会议审议通过了如下议案：(1)《公司 2000 年度中期报告及摘要》；(2)《公司 2000 年度中期利润分配方案》；(3)《公司 2000 年度配股方案》。会议决议内容刊登在 2000 年 9 月 12 日的《中国证券报》及《证券时报》上。

(二)报告期内董事、监事及高级管理人员变动情况：2000 年 8 月 10 日，公司董事、副董事长、副总经理叶振平先生因工作变动原因申请辞去其所担任的相应职务。公司首届董事会第九次会议通过了其辞职申请。

五、董事会报告

（一）公司经营情况：

1、公司所处行业及地位：

⑴主要经济指标完成情况：

主要产品产量：

其中：三轮农用车（辆）	210972
四轮农用车（辆）	31220
工业链条（万米）	155.4
液压密封件（万件）	13050
主营业务收入（人民币元）	979,895,780.09
利润总额（人民币元）	66,192,445.35

⑵行业位次：

根据中国农业机械协会农用运输车分会的统计，公司所处行业位次是三轮农用车产量位居行业第5位，四轮农用车产量位居行业第2位。

2、公司主营业务的范围及其经营状况：

公司的主营业务范围是：农用机动运输车、链条、汽车覆盖件及其配件制造、销售；汽车、挂车、农机修理。

2000年公司经济工作重点是"加大改革力度，提高管理水平；加大营销力度，提高营利水平；加大技改力度，推进技术进步；加大管理力度，促进效益增长；加大发展力度，搞好资本运营；"

加大改革力度的重点：根据公司发展的需要，重新调整了生产布局。对下属的三轮分厂、四轮分厂和车身分厂进行整体改造和搬迁，在优化工艺、更新设备、提高技术含量的基础上，做了科学合理的调整，为生产精、优产品提供条件，为公司在新世纪获得新的发展拉开框架、打好基础。同时，初步建立内部市场，实行分厂二级核算，建立分厂质量责任制。将分厂由纯生产型转变为重质量、讲成本、重效益的生产经营型。

加大营销力度的重点：一是建立销售保障体系，第一步建立管理通道，实行两条线管理，理顺内外关系。将业绩考核、费用审核和人员管理等内务事项纳入内部行政管理通道；将产品销售、三包服务、广告宣传、资金回笼等纳入外部市场管理通道。第二步建立领导业绩考核制度，强化销售经理层的指标考核，充分调动销售经理层的工作积极性和主观能动性。第三步建立末位淘汰制度，引入竞争机制，对销售人员实行四三三制动态管理。即四成稳定、三成流动、三成待岗培训，建立人员业绩档案，定期考核排名，末位淘汰，使职工更加珍惜自己的岗位。二是调整市场布局，将市场定位和产品定位有机结合起来。合理设立三包件中转站，增强销售网点的辐射功能。三是开辟新市场，在巩固中原市场的同时，积极响应国家西部大开发的号召，向西部进军。全年新增网点62家，进一步扩大了市场面。目前飞彩车向西北已延伸到青海的格尔木和新疆的伊犁、喀什等地，向西南已进入西藏市场。

加大技改力度的重点：一是加大技改投入，完成了三轮车厢生产线和油漆线工程、销售楼、四轮驾驶室油漆线建设工程、中奥公司生产基地建设工程及年产5万辆四轮车的总装线主体工程等。二是加快新产品开发步伐，2000年全年共开发了41个新车型，新产品产值占总产值的60%以上。

加大管理力度的重点：一是强化安全管理，实行安全生产责任制，完善安全管理体系，加强安全教育，使广大职工增强"安全生产是最大的经济效益"的意识。二是强化质量管理，公司顺利通过了CQC安徽评审中心对本年度ISO9001质量保证体系的监督审核工作。在此基础上我们不断调整和完善质量保证体系，在质量赔偿制度的基础上又建立了质量追溯制度。三是强化物资管理，物资采购实行比质比价、公开招标，杜绝暗箱操作。四是强化成本目标管理，基本完成了成本核算体系，千方百计挖潜革新、开源节流，使成本控制在计划目标之内。

加大发展力度的重点：公司实行一业为主，多元发展的目标，积极慎重涉足高科技领域。在北京中关村高科技园区投资的北京中奥环保高科技有限责任公司，经过一年多的研制、开发，科研成果已获国家有关部门的认可，其产品小批量投放市场，开始产生经济效益。投资控股的安徽宁国中鼎密封件有限公司也完成了公司年初制订的指标，收到了良好的回报。

3、公司在经营中出现的问题及解决方案：

2000年农用运输车仍处于买方市场，行业内的降价竞争非常激烈，能源和原材料价格的上涨，进一步减少了主导产品的利润空间，公司产品结构和营销策略的调整导致各项费用增加，使得母公司主营业务收入及利润有所下降。公司将针对上述问题，及时调整经营策略，坚持做强主业，稳定老市场的同时，积极开拓新市场；加大新品开发力度，努力提高产品的技术含量和附加值；通过强化管理，挖潜节流，消化能源及原材料价格上涨带来的不利影响，降低各项费用。

（二）公司的财务状况：

金额单位：元

项　目	1999年度	2000年度	增长率(%)
总资产	1,316,935,336.33	1,513,133,471.62	14.90
长期负债	-	2,100,000.00	-
股东权益	524,177,659.99	554,006,850.33	5.69
主营业务利润	121,226,094.11	164,053,519.06	35.33
净利润	61,592,720.86	42,111,975.23	-31.63

说明：

总资产增长系合并报表范围增加所致；

长期负债增加系新增银行借款；

股东权益增加系本年度实现利润所致；

主营业务利润增长系合并报表范围及销售增加所致；

净利润负增长系费用增加所致。

（三）公司的投资情况：

1、募集资金使用情况：

公司于1998年9月22日向社会公开发行4000万股人民币普通股，扣除发行费用后募集资金25,557万元。使用情况如下表所示：

投资项目	承诺投资金额	实际完成投资金额	实现利润
年产5万辆四轮农用运输车技改项目	24500万元	24500万元	480万元
收购安徽宁国中鼎密封件有限公司股权	4300万元	4300万元	668万元
出资组建中奥环保高科技有限责任公司	2550万元	2550万元	103万元
收购上海奥神环境高科技有限责任公司股权	250万元	250万元	未分红

2、非募集资金投资情况：

报告期内本公司没有用非募集资金投资其他项目。

（四）中国加入WTO对公司的影响：

公司主导产品农用运输车与国际同样用途的车辆相比，成本非常低。当中国加入WTO后，关税会有所降低，但国际同样用途的车辆的价格仍难以与国内的产品竞争。相反中国加入TWO后，农用运输车在发展中国家会有很大的市场，为公司产品打入国际市场提供一个良好的机遇。

（五）新年度的业务发展计划：2001年是"十五"计划的第一年，也是新世纪的第一年，更是公司发展的重要一年，做好2001年的工作对公司的发展具有重要意义。中央经济工作会议和农村工作会议决定，紧紧扣住发展这个主题，继续扩大内需，深化改革，进行体制创新和科技创新；加强农业的基础地位，努力增加农民收入。这为公司的发展提供了极好的机遇，创造了更加广阔的前景。同时我们也应看到，随着新世纪的来临，我国经济开始进入全面竞争的时代。随着加入WTO，与国际经济全面接轨，我们不仅面临国内企业的相互竞争，而且面临来自国外企业的激烈竞争。因此，我们要正确认识，抓住机遇，克服困难，努力开拓，确保公司发展的下一步跨越取得成功。2001年公司方针是：深化改革，创新体制；突出主业，多元发展；科学管理，不断完善；提高质量，增加效益。

（五）董事会的日常工作情况：

报告期内公司董事会共召开了四次会议：

1、首届董事会第六次会议，会议于2000年3月19日召开，应到董事10人，实到董事10人。会议表决通过了以下事项：⑴1999年度报告及摘要；⑵董事会工作报告；⑶1999年度利润分配方案；⑷关于计提各项减值准备的决议；⑸续聘安徽华普会计师事务所为2000年度公司审计机构的方案；⑹关于2000年配股的方案；⑺决定于2000年4月23日召开1999年股东年会。

2、首届董事会第七次会议，会议于2000年4月12日召开，应到董事10人，实到董事10人。会议表决通过了以下事项：因国家股的配股比例及投资项目的审批时间问题，将一九九九年股东年会延期至2000年6月25日召开，其他不变。

3、首届董事会第八次会议，会议于2000年6月9日召开，应到董事10人，实到董事10人。会议表决通过了以下事项：鉴于本公司未能如期获得二〇〇〇年度配股募集资金投资项目的全部批文，董事会决定一九九九年股东年会暂缓审议议案中第六项议案（即"关于前次募集资金使用情况的说明"）及第七项议案（即"关于二〇〇〇年度配股的预案"）（一九九九年股东年会议案内容详见2000年3月21日《中国证券报》及《证券时报》刊登的本公司董事会第六次会议决议公告）。上述两项议案待本公司获得有关项目批文后另行召开临时股东大会审议表决。

4、首届董事会第九次会议，会议于2000年8月8日召开，应到董事10人，实到董事8人。会议表决通过了以下事项：⑴前次募集资金使用情况的说明；⑵2000年度中期报告及摘要；⑶2000年度中期利润分配方案；⑷2000年度配股方案；⑸同意叶振平先生辞去公司董事、副董事长及副总经理职务；⑹决定于2000年9月10日召开2000年度第一次临时股东大会。

（六）公司管理层及员工情况：

1、董事、监事及高级管理人员：

姓　名	职　务	性别	年龄	任期	年末持股数
洪理芳	董事长、总经理	男	60	本届	7000
袁安之	副董事长、副总经理	男	38	本届	5250
陈　晖	董事、副总经理、董秘	男	36	本届	5250
曹明生	董事、副总经理	男	49	本届	5250
金升培	董事	男	56	本届	5250
龚忠荣	董事	男	49	本届	5250
李光伟	董事	男	37	本届	5250
胡国平	董事	男	50	本届	5250
杨富年	董事	男	40	本届	-
张彩林	监事会主席	女	54	本届	5250
刁云芳	监事	女	47	本届	5250
雷世平	监事	男	37	本届	3500
彭　斌	财务主管	|	34	本届	5250

说明：

⑴以上董事、监事及高级管理人员，年度薪酬在5-6万元的有6人、3-5万元的有1人、1-3万元的有3人；

⑵公司董事金升培先生、杨富年先生及监事张彩林女士报告期内未在本公司领取报酬；

⑶本公司未向董事会、监事会成员支付董事、监事报酬和福利或其他特殊待遇。在本公司任其他职务的董事或监事分别按其职务标准，与其他员工一样领取相应职级的薪酬和享受福利。

2、聘任或解聘公司总经理、副总经理和董事会秘书的情况：

⑴报告期内公司未发生解聘总经理和董事会秘书情况；

⑵报告期内公司董事、副董事长、副总经理叶振平先生因工作变动原因申请辞职，首届董事会第九次会议批准了其辞职申请。

3、公司员工情况：截止报告期末，公司在册职工共3525人。

⑴专业构成情况：　　单位：人

销售人员	技术人员	行政人员	生产人员
597	89	424	2415

⑵教育程度：　　单位：人

本科及以上	大专	中专	高中	高中以下
57	239	580	1046	1603

（七）本次利润分配预案：

经安徽华普会计师事务所审计，截止2000年12月31日公司实现利润总额66,192,445.35元，净利润42,111,975.23元。在提取10%的法定盈余公积金5,146,880.14元，提取10%的法定公益金5,146,880.14元，加上年初未分配利润42,684,048.11元，本年末可供股东分配的利润为74,502,263.06元，本次利润分配的预案为以公司截止2000年12月31日总股本28000万股，每10股派发现金股利0.5375元（含税），实际实施时以公司现有总股本30100万股，每10股派发现金股利0.5元（含税）。期末未分配利润59,452,263.06元结转下年度。本预案须经股东大会通过方可实施。

（八）预计2001年度利润政策：

公司预计将于2001年年度结束后进行一次利润分配，2001年度实现的净利润用于股利分配的比例约为20%，本年度未分配利润用于股利分配的比例约为10%，分配方式主要为现金股利。具体方案将根据当时实际情况确定。

（九）其他报告事项：

公司选定《中国证券报》、《证券时报》为信息披露报纸。

六、监事会报告

（一）报告期内监事会工作概况：报告期内，公司监事会依据《公司法》和《公司章程》规定的权利、义务，在股东大会的授权下，认真履行监事会的各项监督职能，对公司生产、经营、投资、长期发展规划、重大发展项目等重大决策以及公司的财务状况和公司董事会、董事、高级管理人员履行职责的情况进行检查和监督。报告期内，公司监事会共召开了二次会议，列席了首届董事会第六、七、八、九次会议，出席了1999年度股东大会和2000年度第一次临时股东大会。

（二）报告期内监事会会议召开情况：

1、公司首届监事会第五次会议于2000年3月19日在安徽省宣州市飞彩宾馆举行，全体监事出席了会议，会议由监事会主席张彩林女士主持，会议审议并通过了《1999年度监事会报告》；

2、公司首届监事会第六次会议于2000年8月8日在安徽省宣州市飞彩宾馆举行，全体会议出席了会议，会议由监事会主席张彩林女士主持，会议听取了董事会关于公司2000年度配股方案的汇报。

（三）公司的依法运作情况：报告期内未发现公司有违反法律、法规及违背《公司章程》情况发生。公司董事及高级管理人员在执行公司职务时勤奋敬业、忠于职守，无违反法律、法规、《公司章程》及损害公司利益的情况发生。

（四）公司的财务状况：报告期内公司财务运行良好，财务报告真实地反映了公司的财务状况、经营成果及资金变动情况。

（五）募集资金使用情况：报告期内募集资金使用良好，投入项目没有变更。

（六）关联交易情况：报告期内公司关联交易均按市场化原则进行，公平合理，无损害公司利益情况发生。

七、重要事项

（一）报告期内公司无重大诉讼、仲裁事项；
（二）报告期内公司董事、监事及高级管理人员无受监管部门处罚情况；
（三）报告期内无控股股东变更、总经理变更及解聘、新聘董事会秘书情况；
（四）报告期内公司无重大收购、出售资产情况；
（五）报告期内公司关联交易情况详见财务报表附注；
（六）报告期内公司与控股股东做到人员独立、资产完整、财务独立；
（七）报告期内公司未发生托管、承包、租赁其他公司资产或其他公司托管、承包、租赁我公司资产的情况；
（八）报告期内公司未发生重新聘任或者解聘会计师事务所情况；
（九）报告期内公司未发生重大合同纠纷、对外担保事项；
（十）报告期内公司未发生公司名称和股票简称变更情况；
（十一）报告期内公司无《证券法》第六十二条、《股票条例》第六十条和《信息细则》第十七条所列举的重大事件及公司董事会判断为重大事件的事项。
（十二）期后事项：
1、公司2000年度第一次临时股东大会审议通过的《2000 年度配股方案》经中国证监会合肥特派办"皖证监发字[2000]80 号"文初审，并获中国证券监督管理委员会"证监公司字[2000]210 号"文批准。2000年12月25日刊登了《配股说明书》，2001年2月21日刊登《股份变动及2000年度配股获配可流通股份上市公告》，配股工作全部结束。公司的总股本由28000万股增加到30100万股，社会流通股由7000万股增加到9100万股。
2、公司所在地安徽省宣城地区宣州市，由于行政区划的变化，更改为安徽省宣城市宣州区。公司的注册地址及办公地址相应变为：安徽省宣城市宣南路口。

八、财务会计报告

一）审计报告：
本公司财务会计报告经过安徽华普会计师事务所注册会计师潘峰、何本英审计，出具了编号为"会事审字(2000)第186 号"无保留意见的审计报告。

审计报告

安徽飞彩车辆股份有限公司全体股东：
我们接受委托，审计了贵公司2000年12月31日的资产负债表及合并资产负债表 2000年度的利润及利润分配表和合并利润表及利润分配表2000年度现金流量表及合并现金流量表。这些会计报表由贵公司负责，我们的责任是对这些会计报表发表审计意见。我们的审计是依据《中国注册会计师独立审计准则》进行的。在审计过程中，我们结合贵公司的实际情况，实施了包括抽查会计记录等我们认为必要的审计程序。
我们认为，上述会计报表符合《企业会计准则》和《股份有限公司会计制度》的有关规定，在所有重大方面公允地反映了贵公司2000年12月31日的财务状况及合并财务状况与2000年度的经营成果及合并经营成果和现金流量及合并现金流量情况，会计处理方法的选用遵循了一贯性原则。
附送：
1. 安徽飞彩车辆股份有限公司2000年12月31日合并资产负债表；
2. 安徽飞彩车辆股份有限公司2000年度合并利润及利润分配表；
3. 安徽飞彩车辆股份有限公司2000年度合并现金流量表；
4. 安徽飞彩车辆股份有限公司（母公司）2000年12月31日资产负债表；
5. 安徽飞彩车辆股份有限公司（母公司）2000年度利润及利润分配表；
6. 安徽飞彩车辆股份有限公司（母公司）2000年度现金流量表；
7. 安徽飞彩车辆股份有限公司2000年度会计报表附注。

安徽华普会计师事务所　　中国注册会计师：潘　峰
中国 · 合肥　　中国注册会计师：何本英
2001年3月15日

二）会计报表：附后
三）会计报表附注
（一）、公司概况
安徽飞彩车辆股份有限公司（以下简称"本公司"）是经安徽省人民政府皖政秘（1998）第111 号文件批准，由安徽飞彩（集团）公司作为独家发起人、采用募集方式组建的股份有限公司。股票简称"飞彩股份"，股票代码为"0887"。本公司股票于1998年12月3日在深交所挂牌上市交易。本公司的注册资本为28,000万元，主要从事农用机动运输车、链条制造、销售及出口等业务。
截止2000年12月31日止，本公司拥有三个控股子公司：中奥环保高科技有限责任公司，本公司占51%股权，经营范围主要为：工业应用技术、环保技术、能源技术、臭氧应用技术、水处理技术等的研制、开发及产品生产、技术咨询、技术服务、技术转让等。安徽宁国中鼎密封件有限公司，本公司占50%的股权，经营范围主要为：橡塑密封件、汽车橡塑制品。根据1998年股东大会决议投资设立安徽飞彩黄山链传动有限公司，2000年6月24日投资新设安徽飞彩黄山链传动有限公司，本公司占其96.55%的股权，经营范围主要为：链条传动系列产品生产、销售、出口。
二、公司主要会计政策、会计估计和合并会计报表的编制方法
1、执行的会计制度
本公司执行《股份有限公司会计制度》。
2、会计年度
本公司会计年度自公历每年一月一日起至十二月三十一日止。
3、记帐本位币
本公司以人民币为记帐本位币。
4、记帐基础和计价原则
本公司以权责发生制为记帐基础，以历史成本为计价原则。
5、外币业务核算方法
对发生的外币经济业务，按发生时市场汇价折合人民币记帐，期末各外币帐户的余额按期末市场汇价进行调整，由此产生的汇兑损益，与购建固定资产相关的在固定资产交付使用前计入固定资产成本，除此之外计入当期财务费用。
6、现金等价物的确定标准
本公司持有的期限短、流动性强、易于转换为已知金额现金、价值变动风险很小的投资确定为现金等价物。
7、坏帐核算方法
（1）坏帐的确认标准：因债务人破产或者死亡，以其破产财产或遗产清偿后，仍然不能收回的应收款项；因债务人逾期未履行偿债义务，且具有明显特征表明无法收回的应收款项确认为坏帐。
（2）坏帐损失的核算方法：采用备抵法。
（3）坏帐准备的计提方法和计提比例：按照帐龄分析法计提坏帐准备。
坏帐准备计提比例为：

1年以内	2%
1-2年	7%
2-3年	8%
3-4年	10%
4-5年	30%
5年以上	100%

本公司一年以内的应收款项风险较小，故按2%计提坏帐准备。
8、存货核算方法
（1）存货分为原材料、在产品、库存商品、低值易耗品等。
（2）原材料、库存商品采用计划成本核算，发出时按月结转应负担的成本差异，将计划成本调整为实际成本；低值易耗品领用时采用一次摊销法摊销。
（3）存货跌价准备的计提方法
期末存货按成本与可变现净值孰低计价；存货跌价准备按单个存货项目的成本高于其可变现净值的差额提取，预计的损失计入当年度损益类帐项。
9、短期投资核算方法
本公司短期投资在取得时按取得投资的实际成本计价，在期末时以成本与市价孰低计价；投资转让或到期兑付时确认投资收益。
短期投资跌价准备按投资类别计提，即按短期投资的类别总成本与相同类别总市价孰低计算提取跌价损失准备。
10、长期投资核算方法
本公司对其他单位的投资占该单位有表决权资本总额20%以下，或对其他单位的投资虽占该单位有表决权资本总额20%或20%以上，但不具有重大影响，采用成本法核算；对其他单位的投资占该单位有表决权资本总额20%或20%以上，或虽投资不足20%，但有重大影响，采用权益法核算；对其他单位的投资占该单位有表决权资本总额50%以上，或虽投资不足50%，但具有实质控制权的采用权益法核算，并编制合并会计报表。
长期投资减值准备按个别投资项目计算确定，对被投资单位由于市价持续下跌或经营状况恶化等原因导致其可收回金额低于帐面价值，并且这种降低的价值在可预计的未来期间内不可能恢复时，按可收回金额低于长期投资帐面价值的差额计提减值准备。
11、固定资产核算方法
使用年限一年以上的房屋、建筑物、机械、运输工具以及其他与生产、经营有关的设备、器具、工具等；不属于生产、经营主要设备的物品，单位价值在2000元以上，并且使用年限超过两年的也确认为固定资产。评估入帐的固定资产按重置成本计价，其他均按实际成本计价，采用直线法计提折旧。
固定资产分类折旧年限、预计净残值率及折旧率如下：

类别	净残值率(%)	使用年限(年)	年折旧率(%)
机械设备	5	10-14	9.50-6.79
动力设备	5	11-18	8.64-5.28
传导设备	5	15-28	6.33-3.39
运输设备	5	6-12	15.83-7.92
仪器仪表	5	8-12	11.88-7.92
非生产用设备	5	18-22	5.28-4.32
专用设备	5	8-14	11.88-6.79
生产用房	5	30-40	3.17-2.38
非生产用房	5	35-45	2.71-2.11
建筑物	5	15-25	6.33-3.80

12、在建工程核算方法
在建工程按实际成本计价，在工程完工并交付使用后转入固定资产。
用借款进行的工程发生的借款利息，在固定资产尚未交付使用前，计入在建固定资产成本，交付使用后，计入当期损益。
13、无形资产的计价和摊销方法
无形资产按取得时实际成本计价，并按直线法摊销。本公司无形资产系控股子公司安徽宁国中鼎密封件有限公司的土地使用权及中奥环保高科技有限责任公司的专利及专有技术，土地使用权按使用期50年平均摊销，专利、专有技术按10年摊销。
14、开办费的摊销方法
本公司开办费以实际成本计价，并按直线法摊销。合并报表的开办费系安徽宁国中鼎密封件有限公司及中奥环保高科技有限责任公司筹建期间发生的费用支出，按5年平均摊销。
15、长期待摊费用摊销方法
长期待摊费用是指公司已经支出，但摊销期限在一年以上（不含一年）的除开办费以外的其他各项费用。产品开发费按2.5年摊销，固定资产改良支出按4年摊销。
16、销售收入确认原则
（1）销售商品的收入，在下列条件均能满足时予以确认：
A.企业已将商品所有权上的主要风险和报酬转移给购买方；
B.企业既没有保留通常与所有权相联系的继续管理权，也没有对已售出的商品实施控制；
C.与交易相关的经济利益能够流入企业；
D.相关的收入和成本能够可靠地计量。
（2）提供劳务的收入，在下列条件均能满足时予以确认：
A.在同一会计年度内开始并完成的劳务，在完成劳务时确认收入；
B. 如劳务的开始和完成分属不同的会计年度，在提供劳务交易的结果能够可靠估计的情况下，于资产负债表日按完工百分比法确认相关的劳务收入。
（3）他人使用本企业资产，在下列条件均能满足时予以确认：
A.与交易相关的经济利益能够流入企业；
B.收入的金额能够可靠地计量。
17、所得税的会计处理方法：
本公司所得税的会计处理采用应付税款法。
18、合并会计报表编制方法
根据财政部财会字（1995）11号文《关于印发<合并会计报表暂行规定>的通知》规定，在抵销母子公司之间投资、内部往来、存货购销等内部交易及未实现利润后编制合并会计报表，本期合并会计报表范围新增安徽飞彩黄山链传动有限公司。
三、税项
（1）增值税
1.根据《中华人民共和国增值税暂行条例》，本公司执行17%的增值税率，即按销项税额（营业收入×适用税率）减进项税额计缴。
2.变型拖拉机实际按13%增值税率执行。
3.出口货物，执行《中华人民共和国增值税暂行条例》及《出口货物退（免）税管理办法》等规定。
（2）城建税及教育费附加
1.城建税按应纳增值税额计缴的比例分别为：
A. 杨村分厂5%；
B. 安徽飞彩黄山链传动有限公司5%；
C. 其余7% 。
2.教育费附加按应纳增值税额的3%计缴。
（3）所得税
母公司：根据安徽省人民政府皖政秘（1998）110 号文件《关于安徽飞彩车辆股份有限公司（筹）所得税征收问题的批复》的规定，本公司所得税按33%税率征收。根据财会（2000）3号文、财税（2000）99号文。实际收到所得税返还时，冲所得税。
子公司：中奥环保高科技有限责任公司
本公司控股子公司中奥环保高科技有限责任公司座落于北京市新技术产业开发区，根据1988年5月10日国务院批准的《北京市新技术产业开发实验区暂行条例》的规定，所得税按15%税率征收，另外享受以下税收优惠政策：
1.企业出口产品的产值达到当年总产值的40%以上的，经税务部门核定，按 10 %税率征收所

得税；

2.新技术企业自开办之日起，三年内免征所得税。经北京市人民政府指定的部门批准，第四至第六年可按前项规定的税率，减半征收所得税。

其所属子公司安徽中奥环保高科技有限责任公司所得税按33%税率征收。

其余各子公司：根据国发[2000]2号文件的规定，从2000年1月1日起该公司所得税按33%税率征收。

(4)其他税项按国家和地方有关规定计算缴纳。

四、控股子公司及合营企业

五、报表项目注释

1、货币资金

项 目	期初数	期末数	备注
现 金	44,616.06	75,395.18	
银行存款	120,764,027.12	105,703,390.49	
其他货币资金	30,000,000.00	30,000,000.00	
银行承兑汇票保证金			
合 计	150,808,643.18	135,778,785.67	

2、应收票据　截止2000年12月31日应收票据金额为9,041,560.00元，应收票据中无应收持本公司5%(含5%)以上股份的股东单位款项。

3、应收款项

(1)应收帐款帐龄分析列示如下：

帐 龄	期初数			期末数		
	金 额	比例(%)	坏帐准备	金 额	比例(%)	坏帐准备
1年以内	358,462,578.43	94.92	7,169,251.57	374,482,318.06	93.30	7,489,646.36
1-2年	9,876,456.12	2.62	691,351.93	18,087,841.70	4.51	1,266,148.92
2-3年	7,209,217.67	1.91	576,737.41	4,688,143.34	1.17	375,051.47
3-4年	2,079,780.98	0.55	207,978.10	4,094,117.30	1.02	409,411.73
合 计	377,628,033.20	100.00	8645,319.01	401,352,420.40	100.00	9540,258.48

(2)应收帐款中无应收持本公司5%(含5%)以上股份的股东单位款项。

(3)其他应收款帐龄分析列示如下：

帐 龄	期初数			期末数		
	金 额	比例(%)	坏帐准备	金 额	比例(%)	坏帐准备
1年以内	48,427,932.66	96.19	968,558.65	33,199,886.64	92.50	731,997.73
1-2年	1,108,702.36	2.20	77,609.17	1,496,140.20	4.17	104.729.76
2-3年	288,133.39	0.57	23,050.67	1,087,840.43	3.03	87,027.23
3-4年	523,881.48	1.04	52,388.15	107,881.79	0.30	10,788.12
合 计	50,348,649.89	100	1121,606.64	35,891,749.06	100	934,542.90

(4)其他应收款中无应收持本公司5%(含5%)以上股份的股东单位款项。

4、预付帐款

(1)预付帐款帐龄分析列示如下：

帐 龄	期初数		期末数	
	金 额	比例(%)	金 额	比例(%)
1年以内	116,289,889.13	99.95	158,811,475.89	99.99
1-2年	20,623.90	0.02	9,578.73	0.01
2-3年	11,221.54	0.01	--	--
3年以上	28,419.44	0.02	--	--
合 计	116,350,154.01	100	158,821,054.62	100.00

(2)预付帐款中有预付持本公司5%(含5%)以上股份的股东单位款项，详见附注六关联方关系及其交易。

5、存货

项 目	期初数		期末数	
	金 额	跌价准备	金 额	跌价准备
原材料	80,604,775.22	446,455.18	123,245,183.24	625,404.52
低值易耗品(含模具)	10,326,094.93	-	12,713,718.49	--
库存商品	32,393,071.99	378,539.87	40,732,451.21	691,539.87
在产品(自制半成品)	59,035,869.76	-	88,972,928.34	--
委托加工材料	-	-	598,144.40	--
合 计	182,359,811.90	824,995.05	266,262,425.68	1316,944.39

6、待摊费用

类 别	期初数	本期增加	本期摊销	期末数
保险费	1,143,195.35	1,448,306.58	1,628,436.95	963,064.98
报刊订阅费	61,273.08	90,202.24	61,273.08	90,202.24
订货会费	1,733,728.49	1,387,890.66	1,746,387.50	1375231.65
技改费用	993,482.57	750,559.52	1,353,785.47	390,256.62
模具费	216,737.51	242,440.75	216,737.51	242,440.75
租赁费	84,160.72	71,000.00	119,994.05	35,166.67
房租等	--	301,969.00	--	301,969.00
合 计	4,232,577.72	4,292,368.75	5,126,614.56	3398331.91

7、长期股权投资

项目	期初数		本期增加	本期减少	期末数	
	金额	减值准备			金额	减值准备
长期股权投资	2,500,000.00	-	2,500,000.00		5,000,000.00	-
合 计	2,500,000.00	-	2,500,000.00		5,000,000.00	-

被投资单位名称	投资起止期	投资金额	占被投资单位注册资本比例	本期权益增减额	减值准备	备注
上海奥神环境高科技有限责任公司	1999年-2019年年	5,000,000.00	10%	-	--	成本法核算

8、固定资产及累计折旧

10、无形资产

项目	原始金额	期初数	本期增加	本期转出	本期摊销	期末数	剩余摊销期限
土地使用权	3,876,305.90	3,831,148.97	53,210.64		86,117.92	3,798,241.69	49年
专利、专有技术	17,500,000.00	17500,000.00	--		145,833.00	17354,167.00	119月
计算机软件系统	--	--	115,540.00		20,344.00	95,196.00	5年
合 计	21,376,305.90	21331,148.97	168750.64		252,294.92	21247,604.69	

11、开办费

类 别	期初数	本期增加	本期摊销	期末数
中鼎公司开办费	503,420.48	--	120,943.68	382,476.80
中奥公司开办费	--	5,122,804.19	93,384.94	5,029,419.25
合计	503,420.48	5,122,804.19	214,328.62	5,411,896.05

12、长期待摊费用

类 别	期初数	本期增加	本期摊销	期末数
产品开发费等	285,964.97	--	123,031.42	162,933.55
期初未抵扣税款	198,319.31	--	198,319.31	--
固定资产改良支出	46,665.36	--	12,627.62	34,037.74
外聘工程师房屋	--	1,110,000.00	74,000.00	1036,000.00
其他	--	307,320.92	46,098.18	261,222.74
合 计	530,949.64	1417320.92	454,076.53	1494,194.03

13、短期借款

借款类别	期初数	期末数
抵押借款	114,985,850.00	21,370,000.00
担保借款	5,210,000.00	96,636,058.35
信用借款	20,250,000.00	59,100,000.00
合 计	140,445,850.00	177106,058.35

14、应付票据

截止2000年12月31日应付票据余额为441,613,356.74元，应付票据中无应付持本公司5%(含5%)以上股份的股东单位的票据。

27、未分配利润

项 目	2000年度	1999年度
年初未分配利润	42,684,048.11	33,536,667.05
加：本年合并净利润	42,111,975.23	61,592,720.86
减：提取法定盈余公积金	5,146,880.14	6,222,669.90
提取法定公益金	5,146,880.14	6,222,669.90
应付股利	15,050,000.00	8,000,000.00
转作股本的普通股股利	--	32,000,000.00
期末未分配利润	59,452,263.06	42,684,048.11

28、其他业务利润

业务种类	2000年度	1999年度
材料销售	5,548,443.79	2,694,591.39
劳务收入	56,851.33	562,310.55
固定资产出租收入	--	27,450.00
其他收入	415,862.74	--
租赁费	187,836.65	--
合 计	6,208,994.51	3,284,351.94

29、财务费用

类 别	2000年度	1999年度
利息支出	18,226,276.26	4,818,176.34
减：利息收入	1,137,489.64	2,886,308.11
汇兑损失	9,636.38	---
其他	-86,059.72	282,586.12
合 计	17,012,363.28	2,214,454.35

30、投资收益

2000年度投资收益为750,000元，系收回短期投资获取的投资收益。

31、补贴收入

项目	2000年度	1999年度	依据
出口创汇补贴	26,178.00	3,488.00	国家税务局国税发[1994]031号文件
出口退税款	191,000.00	--	
合 计	217,178.00	3,488.00	

32、营业外收入

类 别	2000年度	1999年度
无效申购资金冻结利息收入	2,671,137.36	2,672,037.37
罚款及其他收入	498,049.20	170,362.30
处理固定资产净收益	329,383.13	838,152.84
合 计	3,498,569.69	3,680,552.51

33、营业外支出

类 别	2000年度	1999年度
处理流动资产非常损失	162,322.68	--
处理固定资产损失	484,924.31	242,244.87
其他支出	217,139.80	20,500.50
捐赠支出	--	91,200.00
合 计	864,386.79	353,945.37

34、支付的其他与经营活动有关的现金

2000年1-12月支付的其他与经营活动有关的现金为76,629,697.52元，其主要明细户为：

1、支付的销售服务费 11,619,044.52
2、支付的技术开发费 8,202,168.10
3、支付的差旅费 7,997,135.83
4、支付的三包损失费 6,144,723.31
5、支付的广告费 5,296,877.54
6、支付的运输费 4,471,564.35
7、支付的办公费 4,058,127.22

35、母公司会计报表主要项目注释

(1)应收帐款

应收帐款帐龄分析列示如下：

帐 龄	期初数			期末数		
	金 额	比例(%)	坏帐准备	金 额	比例(%)	坏帐准备
1年以内	318,746,556.59	95.53	6,374,931.13	310,896,142.08	96.30	6,217,922.84
1-2年	9,492,506.03	2.84	664,475.42	6,573,671.20	2.04	460,156.98
2-3年	3,337,243.51	1.00	266,979.48	3,525,112.82	1.09	282,009.03
3-4年	2,079,780.98	0.63	207,978.10	1,853,046.04	0.57	185,304.60
合 计	333,656,087.11	100	7,514,364.13	322,847,972.14	100.00	7,145,393.45

(2)其他应收款

其他应收帐款帐龄分析列示如下：

帐 龄	期初数			期末数		
	金 额	比例(%)	坏帐准备	金 额	比例(%)	坏帐准备
1年以内	24,635,863.06	94.23	492,717.26	23,919,978.30	94.52	478,399.57
1-2年	987,162.92	3.78	69,101.40	191,993.62	0.76	13,439.55
2-3年	47,762.06	0.18	3,820.96	1,087,840.43	4.30	87,027.23
3年以上	473,881.48	1.81	47,388.16	107,881.79	0.42	10,788.18

合计 26,144,669.52 100 613,027.78 25,307,694.14 100.00 589,654.53

(3)长期股权投资

项目 期初数 本期增加 本期减少 期末数
金额 减值准备 本金 权益 金额 减值准备
长期股权投资 71,633,978.09 – 30,500,832.05 8,011,295.56 5,160,000.00 104,986,105.70 –

被投资单位名称 投资起止期 投资金额 比例 本期权益增减额 累计权益增减额 期末数
安徽宁国中鼎
密封件有限公司 1999–2049 43,000,000.00 50% 1,349,798.76 1,983,776.85 44,983,776.85
中奥环保高科技
有限责任公司 1999–2019 25,500,000.00 51% 1,191,770.68 1,191,770.68 26,691,770.68
上海奥神环境高科
技有限责任公司 1999–2019 5,000,000.00 10% -- -- 5,000,000.00
安徽飞彩黄山链
传动有限公司 2000–2020 28,000,832.05 96.55% 309,726.12 309,726.12 28,310,558.17
合 计 101,500,832.05 2,851,295.56 3485,273.65 104986,105.70

(4)投资收益

本公司投资收益明细列示如下：

项目 2000 年度 1999 年度
股权投资收益: 7,550,277.77 633,978.09
1 安徽飞彩黄山链传动有限公司 309,696.40 –
2 安徽宁国中鼎密封件有限公司 6,048,810.62 633,978.09
3 中奥环保高科技有限责任公司 1,191,770.68 –
其他投资收益: 750,000.00 –
合 计 8,300,277.70 633,978.09

36、合并报表项目增长变动达 30%且资产负债表项目增减变动占资产总额 5 %以上、损益项目增减变动占利润总额 10%以上报表说明如下：

(1)存货较上年同期增加 83,902,613.78 元，增长比例为 46.01%,占资产总额 17.60%,原因系报告期子公司增加,相应存货增加;同时母公司安徽飞彩车辆股份有限公司为配合春季销售,库存较上年同期有所增加;

(2)在建工程较上年同期增加 53,090,131.54 元，增长比例为 86.80%,占资产总额 7.55%,原因是母公司安徽飞彩车辆股份有限公司前次募股资金投入到项目中，尚未完工结转固定资产，故在建工程较上年同期有所增加;

(3) 应付票据较上年增加 119,509,075.69 元,增长比例为 37.10%, 占资产总额 29.19%,原因为报告期购货增加所致;

(4)营业费用较上年同期增加 21,980,895.72 元，增长比例为 71.69%，占利润总额 79.53%，原因系加大市场投入，销售人员工资、差旅费及其他费用都较上期增加;

(5)管理费用较上年同期增加 16,653,340.16 元，增长比例为 79.79%,占利润总额 56.69%, 原因系报告期合并子公司安徽宁国中鼎密封件有限公司全年度的管理费用，而上年度仅合并了自购并期始一个月管理费用;同时，各子公司的递延资产、无形资产报告期内进行了摊销，也使管理费用增加;

(6)财务费用较上年同期增加 14,797,908.93 元，增长比例为 668.24%， 占利润总额 25.70%，原因系报告期合并子公司安徽宁国中鼎密封件有限公司全年度的财务费用，而上年度仅合并了自购并期始一个月财务费用;同时，2000 年度母公司增加了部分借款，故财务费用较上年同期有较大幅度的上升。

(7) 所得税较上年同期增加 4,351,052.50 元.增长比例为 39.59%, 占利润总额 23.18%,主要原因系子公司安徽宁国中鼎密封件有限公司及安徽中奥环保高科技有限责任公司执行 33%所得税率所致。

六、关联方关系及其交易

(一)关联方关系

1、存在控制关系的关联方

企业名称 注册地址 主营业务 与本企业关系 经济类型 法定代表人
安徽飞彩(集团)
有限公司 安徽省宣城市宣南路口 农用机动运输车、链条制造、销售;汽车、挂车、农机修理;农用三轮、四轮车出口。 本企业的母公司 国有经济 洪理芳

安徽宁国中鼎密封件有限公司
安徽省宁国宁阳经济开发区 橡塑制品的生产与销售 本企业的子公司 有限责任公司 夏鼎湖
中奥环保高科技
有限责任公司
北京市海淀区学院南路 68 号 工业应用技术、环保技术研制、开发及相关产品销售等 本企业的子公司 有限责任公司 杨富年
安徽飞彩黄山
链传动有限公司 安徽省绩溪县 工业链条传动系列产品生产、销售、出口 本企业的子公司 有限责任公司 金升培

安徽中奥环保高科
技有限责任公司 安徽省宣城市 工业应用技术、环保技术研制、开发及相关产品销售等 中奥环保的子公司 有限责任公司 洪理芳
上海中鼎橡胶
制品有限公司 上海市 橡胶制品、汽车配件、电子电器、五金件加工、制造及销售 宁国中鼎的子公司 有限责任公司 夏鼎湖

2、存在控制关系的关联方的注册资本及其变化

企业名称 年初数 本期增加 本期减少 期末数
安徽飞彩(集团)
有限公司 158,000,000.00 – – 158,000,000.00
安徽宁国中鼎密
封件有限公司 86,000,000.00 – – 86,000,000.00
中奥环保高科技
有限责任公司 50,000,000.00 – – 50,000,000.00
安徽飞彩黄山
链传动有限公司 – 29,000,000.00 – 29,000,000.00
安徽中奥环保高
科技有限责任公司 20,000,000.00 20,000,000.00
上海中鼎橡胶制品
有限公司 10,000,000.00 10,000,000.00

1、存在控制关系的关联方所持股份或权益及其变化

企业名称 年初数 本期增加 本期减少 期末数
金额 % 金额 % 金额 % 金额 %
安徽飞彩(集团)
有限公司 210,000,0000.00 75 – – – – 210,000,0000.00 75
安徽宁国中鼎密封
件有限公司 43,000,000.00 50 – – – – 43,000,000.00 50
中奥环保高科技有
限责任公司 25,500,000.00 51 – – – – 25,500,000.00 51
安徽飞彩黄山链
传动有限公司 – 28,000,000.00 96.55 – – 28,000,000.00 96.55
安徽中奥环保高
科技有限责任公司 18,000,000.00 90 18,000,000.00 90
上海中鼎橡胶制品
有限公司 6,000,000.00 60 6,000,000.00 60

(二)关联方交易

1、不存在控制关系的关联方关系

企业名称	与本企业关系
上海奥神环境高科技有限公司	本公司的参股子公司
安徽飞彩集团安吉车辆有限公司	同为安徽飞彩(集团)有限公司的子公司
皖南机动车辆厂配件厂	同为安徽飞彩(集团)有限公司的子公司
皖南煤矿机械厂	同为安徽飞彩(集团)有限公司的子公司

2、采购货物

(1)定价政策:采用市场统一价格。

(2)采购货物明细表

企业名称	2000 年 1–12 月	1999 年 1–12 月
安徽飞彩(集团)有限公司:		
农用车配件	34,699,967.44	82,502,245.18
皖南机动车辆厂配件厂:		
农用车配件	16,042,794.95	17,190,228.90
皖南煤矿机械厂:		
农用车配件	18,550,300.96	14,270,976.53
安徽飞彩集团安吉车辆有限公司:		
农用车配件	7,583,111.22	--

3、关联方预付应付款余额

项 目	2000.12.31	1999.12.31
预付帐款:		
1.安徽飞彩(集团)有限公司	6,140,615.86	--
2.皖南煤矿机械厂	7,087,641.90	5,810,559.28
3. 安徽飞彩集团安吉车辆有限公司	1,078,400.00	--
应付帐款:		
1.安徽飞彩(集团)有限公司	--	169,847.48
2.皖南机动车辆厂配件厂	382,447.57	2,572,223.65
其他应付款		
安徽飞彩(集团)有限公司	--	2,636,581.01

4、其他关联交易事项

依据本公司与安徽飞彩(集团)公司签订的《土地使用权租赁协议》,本公司租赁安徽飞彩(集团)公司土地面积为 332,304.92 平方米,2000 年 1–12 月租金为 350,000.00 元。依据《综合服务协议》,支付集团公司综合服务费 300,000.00 元。

七、或有事项

本公司无需要披露的重大或有事项。

八、承诺事项

本公司无需要披露的重大承诺事项。

九、资产负债表日后事项中的非调整事项

按照中国证券监督管理委员会证监公司字(2000)210 号《关于安徽飞彩车辆股份有限公司申请配股的批复》的精神,公司向全体股东配售 2100 万股普通股。其中,向社会公众股股东配售 2100 万股，变更后的股本总额为 301,000,000.00 股， 本次变更业经安徽华普会计师事务所会事验字(2001)068 号验资报告予以确认。

除上述事项外,本公司无需要披露的重大资产负债表日后事项中的非调整事项。

十、债务重组事项

本公司无需要披露的债务重组事项。

十一、其他重要事项

根据本公司首届董事会第 11 次会议,本次利润分配的预案为:按公司 2000 年 12 月 31 日的总股本 28000 万股,每 10 股派发现金红利 0.5375 元(含税),实际派发时以公司现有总股本 30100 万股为基数,每 10 股派发现金红利 0.5 元(含税)。

此方案尚须股东大会批准方可实施。

九、公司的其他有关资料

(一)公司变更注册日期:1999 年 9 月 28 日

地点:安徽省工商行政管理局

(二)企业法人营业执照注册号:25922249–7

(三)税务登记号:342500259222497

(四)股票上市交易所名称:深圳证券交易所

(五)公司未流通股票的托管机构名称:深圳证券登记有限公司

(六)公司聘请的会计师事务所名称:安徽华普会计师事务所

办公地址:安徽省合肥市荣事达大道 100 号

十、备查文件目录

(一)载有董事长亲笔签署的年度报告正本;

(二)载有法定代表人、财务主管、会计经办人员签名并盖章的会计报表;

(三)报告期内在《中国证券报》和《证券时报》上披露过的公司文件正本和告原稿;

(三)载有会计师事务所盖章、注册会计师亲笔签名的审计报告正文;

(四)公司章程。

安徽飞彩车辆股份有限公司董事会

二〇〇一年三月十六日

峨眉山旅游股份有限公司

一、公司简介

1、公司法定中文名称：峨眉山旅游股份有限公司
公司法定英文名称：EMEI SHAN TOURISM COMPANY LIMITED
2、公司法定代表人：马元祝
3、公司董事会秘书：周栋良　　证券事务代表：张华仙
联系地址：四川省峨眉山市名山西路 168 号
电　话：0833-5528888　　传　真：0833-5526666
4、公司注册地址及办公地址：四川省峨眉山市名山西路 168 号
邮政编码：6142000
域名：EMEISHAN-TOURISM.COM(IP 地址：168.160.68.79)
E-mail：emeishan@　buddha.leshan.scsti.ac.cn
5、公司选定的信息披露报纸：《中国证券报》和《证券时报》
登载公司年度报告的国际互联网址：http://www.cninfo.com.cn
公司年度报告备置地点：四川省峨眉山市名山西路 168 号本公司办公楼、公司董秘室
6、公司股票上市交易所：深圳证券交易所
股票简称：峨眉山 A　　股票代码：0888

二、会计数据和业务数据摘要

(一)本年度公司主要利润指标情况　　单位：元

项　目	金　额
利润总额	37,940,603.56
净利润	32,641,013.03
扣除非经常性损益后的净利润	29,795,055.25
主营业务利润	65,286,465.16
其他业务利润	593,390.18
营业利润	35,094,645.78
补贴收入	2,610,000.00
营业外收支净额	235,957.78
经营活动产生的现金流量净额	42,012,218.57
现金及现金等价物净增加额	-56,965,303.93

(二)截止报告期末公司前三年的主要会计数据和财务指标：　　单位：元

	2000 年	1999 年	1998 年度
主营业务收入	126,286,554.32	109,199,622.66	87,148,094.73
净利润	32,641,013.03	28,082,741.61	34,586,287.30
股东权益	416,275,526.11	395,500,513.08	379,283,771.47
每股收益	0.28	0.24	0.29
总资产	449,933,348.53	453,350,858.11	458,641,021.39
每股净资产	3.51	3.33	3.20
调整后的每股净资产	3.31	3.30	3.16
净资产收益率(%)	7.84	7.10	9.12
每股经营活动产生的现金流量净额	0.35	0.23	0.23

注 1：主要财务指标计算公式如下：
(1)每股收益=净利润/本年度末普通股股份总数
(2)每股净资产=本年度末股东权益/本年度末普通股股份总数
(3)净资产收益率=净利润/本年度末股东权益×100%
(4)调整后的每股净资产=(本年度末股东权益-三年以上应收款项-待摊费用-待处理财产损失-递延资产-住房周转金负数余额)/本年度末普通股股份总数
(5)每股经营活动产生的现金流量净额=经营活动产生的现金流量净额/年度末普通股股份总数

注 2：经注册会计师审计，根据《企业会计准则》规定，调增 1999 年度净利润 228.61 万元，相应调整了 1999 年度经济指标。

(三)按照《公开发行证券公司信息披露编报规则(第 9 号)》要求计算的利润数据：
1、净资产收益率

	1999 年		2000 年	
	全面摊薄	加权平均	全面摊薄	加权平均
主营业务利润	13.79%	13.86%	15.68%	15.85%
营业利润	7.99%	8.03%	8.43%	8.52%
净利润	7.10%	7.14%	7.84%	7.93%
扣除非经营性损益后的净利润	6.79%	6.83%	7.16%	7.23%

2、每投收益

	1999 年		2000 年	
	全面摊薄	加权平均	全面摊薄	加权平均
主营业务利润	0.46	0.46	0.55	0.55
营业利润	0.27	0.27	0.30	0.30
净利润	0.24	0.24	0.28	0.28
扣除非经营性损益后的净利润	0.23	0.23	0.25	0.25

三、股本变动及股东情况介绍

1、截止 2000 年 12 月 31 日，持有本公司股份的股东总户数为 24566 户。
2、持有公司股票的前十名股东情况：

股东名称	持股数(股)	持股比例(%)	持股类型
峨眉山旅游总公司	65651200	55.327	国有法人股
乐山市红珠山宾馆	13008800	10.963	国有法人股
赵浴才	201335	0.169	社会公众股
李晓东	195326	0.165	社会公众股
朱　江	191594	0.161	社会公众股
兴业证券股份有限公司	175000	0.147	社会公众股
沈巨雷	149000	0.126	社会公众股
王水金	141800	0.119	社会公众股
张公里	127600	0.107	社会公众股
黄彤明	127300	0.107	社会公众股

注：
(1)报告期内持有本公司 5%(含 5%)以上股份的股东，只有本公司的发起人股东，国有法人股股东峨眉山旅游总公司和乐山市红珠山宾馆，截止 2000 年年末持股数量为 65651200 股和 1300800 股，分别占总股份的 55.327%和 10.963%。
(2)峨眉山旅游总公司和乐山市红珠山宾馆所持本公司股份无质押、冻结情况。

秦皇岛华联商城股份有限公司

(一)公司简介

1、公司名称：秦皇岛华联商城股份有限公司
公司英文名称：QINHUANG DAO HUALIAN BUSINESS BUILDING COMPAY LIMITED
2、公司法定代表人：魏超
3、董事会秘书：殷刚
联系地址：河北省秦皇岛市海港区河北大街 152 号
联系电话：0335-3023349　　传真电话：0335-3045671
4、公司注册地址：河北省秦皇岛市海港区河北大街 152 号
公司办公地址：河北省秦皇岛市海港区河北大街 152 号
公司邮政编码：066000
国际互联网网址：WWW.HLSC.COM.CN
公司电子信箱：hlsczqb@cmmail.com
5、公司信息披露报纸名称：《中国证券报》、《证券时报》
中国证监会指定国际互联网网址：www.cninfo.com.cn
公司年度报告备置地点：公司证券部
6、公司股票上市交易所：深圳证券交易所
公司股票简称：华联商城
股票代码：0889

(二)会计数据和业务数据摘要

1、本年度公司主要会计数据

	单位：元
利润总额	63445385.73
净利润	57080121.89
扣除非经常性损益后的净利润	53679024.46
主营业务利润	135023982.23
其他业务利润	6141989.07
营业利润	59721320.59
投资收益	165080.32
补贴收入	30633420.57
营业外收支净额	495564.25
经营活动产生的现金流量净额	-126590683.25
现金及现金等价物净增加额	223360656.77

注：扣除的非经营性损益项目和涉及金额：1.补贴收入：3063420.57 元；2.资产处置损益：363065.30 元；3.合并价差摊入：-25388.44 元。

2、截止报告期末公司前三年的主要会计数据及财务指标

单位：元

项　目	2000 年度	1999 年度	1998 年度
主营业务收入	449187461.55	346045269.21	307699589.67
净利润	57080121.89	59396626.58	15710868.06
总资产	1236265086.98	713839943.28	632013612.82
股东权益(不含少数股东权益)	734120866.65	317086453.77	257913120.26
每股收益	0.252	0.30	0.079
扣除非经常性损益后的每股收益	0.237	0.30	0.079
每股净资产	3.190	1.601	1.302
调整后每股净资产	3.131	1.524	1.219
净资产收益率(%)	7.787	18.73	6.09
每股经营活动产生的现金流量净额	-0.559	0.553	0.149

3.利润表附表

报告期利润	净资产收益率 (%)				每股收益 (元)			
	全面摊薄		加权平均		全面摊薄		加权平均	
	2000 年	1999 年	2000 年	1999 年	2000 年	1999 年	2000 年	1999 年
主营业务利润	18.420	36.250	27.24	39.96	0.596	0.580	0.643	0.580
营业利润	8.148	18.945	12.05	20.89	0.264	0.303	0.285	0.303
净利润	7.787	18.732	11.52	20.65	0.252	0.300	0.272	0.30
扣除非经常性损益后的净利润	7.323	18.732	10.83	20.65	0.237	0.300	0.256	0.30

注 1：其中 1998 年年度总股本按 198089999 股计算，1999 年年度总股本按 198089999 股计算，2000 年年度总股本按 226560249 股计算。

(三)股本变动及股东情况介绍

1.公司股份变动情况
(1)截止 2000 年 12 月 29 日本公司股东总数为 60532 户。
(2)公司前十名股东持股情况(截止 2000 年 12 月 29 日)

股东名称	已上市流通(股)	未上市流通(股)	占总股比例(%)
1.秦皇岛华联商厦集团有限公司		76456323	33.75
2.中国糖业酒类集团公司		8555670	3.78
3.秦皇岛银河物资经销公司		7983511	3.52
4.东北证券有限责任公司	7840026		3.46
5.中信(秦皇岛)有限责任公司		2682459	1.18
6.中国耀华玻璃集团公司		2395053	1.06
7.景宏证券投资基金	2124963		0.94
8.中国商业对外贸易总公司		1825209	0.81
9.成都天机电子科技发展有限公司		667629	0.29
10.长春金港电子有限责任公司	640000		0.28

以上持有未上市流通股的股东无关联关系，所持已上市流通股的股东，本公司未知其之间的关联关系。

另：公司于 2000 年 8 月 31 日在《中国证券报》、《证券时报》上刊登了公告，公司第一大股东秦皇岛华联商厦集团有限公司与安徽新长江集团投资有限公司签订了股权转让协议，将持有本公司国家股 76456323 股中的 49522500 股进行转让，目前已呈报国家有关部门等待审批。

秦皇岛华联商厦集团有限公司为代表国家持有股份的单位，持有本公司股份 33.75%，持有本公司股份无质押情况。

江苏法尔胜股份有限公司

一、公司简介

1、公司法定中文名称:江苏法尔胜股份有限公司
公司法定英文名称:Jiangsu Fasten Co., Ltd　　英文缩写:FASTEN
2、公司法定代表人:周建松
3、董事会秘书:张岳　　证券事务代表:张文栋
联系地址:江苏省江阴市通江北路203号
联系电话:0510-6119890;0510-6112883-531
传 真:0510-6106634　　电子信箱:yuezhang@public1.wx.js.cn
4、公司注册地址:江苏省江阴市通江北路203号
公司办公地址:江苏省江阴市通江北路203号　　邮政编码:214433
公司国际互联网网址:http://www.chinafasten.com
公司电子信箱:yuezhang@public1.wx.js.cn
5、公司选定的信息披露报刊:《证券时报》、《上海证券报》
刊登公司年度报告的中国证监会指定国际互联网网址:http://www.cninfo.com.cn
公司年度报告备置地点:江苏法尔胜股份有限公司董事会办公室
6、公司股票上市交易所:深圳证券交易所
股票简称:法尔胜　　股票代码:0890

二、主要财务数据和指标

1、本年度主要利润指标情况　　单位:元

利润总额	102,386,809.47
净利润	69,767,200.29
扣除非经常性损益后的净利润	50,715,537.48
主营业务利润	170,026,881.60
其他业务利润	4,181,335.70
营业利润	86,021,203.95
投资收益	-2,246,101.30
补贴收入	13,194,763.11
营业外收入	5,483,851.45
营业外支出	66,907.74
经营活动产生的现金流量净额	181,435,358.39
现金及现金等价物净增加额	106,579,686.23

注:扣除非经常性损益的项目是:

项目	金额(元)
补贴收入	13,194,763.11
冻结资金利息	5,180,881.65
定期银行利息	1,718,837.57
合并价差摊销	-1,042,819.52
合计	19,051,662.81

2、截至本报告期末前三年的主要会计数据和财务指标:

项目	2000年度	1999年度	1998年度	
			调整前	调整后
主营业务收入	653,795,072.53	382,894,448.73	370,490,691.24	370,490,691.24
净利润	69,767,200.29	59,147,164.10	52,190,624.83	50,189,051.67
总资产	1,346,507,775.86	1,072,536,211.02	724,440,829.61	697,687,035.03
股东权益(不含少数股东权益)	595,622,255.08	548,319,054.79	515,925,685.27	489,171,890.69
每股收益(摊薄)	0.35	0.41	0.36	0.35
每股收益(加权)	0.44	0.41	0.36	0.35
扣除非经常性损益后的每股收益(摊薄)	0.25	0.21	0.25	0.24
每股净资产	2.95	3.81	3.58	3.40
调整后的每股净资产	2.88	3.58	3.56	3.38
每股经营活动产生的现金流量净额	0.90	-0.42	-0.07	-0.07
净资产收益率	11.71(%)	10.79(%)	10.12(%)	10.26(%)

注:以上指标计算涉及股份总数时,2000年按20160万股计算,1999年、1998年按14400万股计算。

3、按照中国证监会《公开发行证券公司信息披露编报规则第9号—净资产收益率和每股收益的计算及披露》要求计算的利润表附表:

报告期利润	净资产收益率(%)				每股收益(元/股)			
	全面摊薄		加权平均		全面摊薄		加权平均	
	2000年	1999年	2000年	1999年	2000年	1999年	2000年	1999年
主营业务利润	28.55	15.97	29.15	16.88	0.84	0.61	1.07	0.61
营业利润	14.44	12.54	14.75	13.25	0.43	0.48	0.54	0.48
净利润	11.71	10.79	11.96	11.40	0.35	0.41	0.44	0.41
扣除非经常性损益后的净利润	8.51	5.41	8.70	5.71	0.25	0.21	0.32	0.21

三、股本变动及股东情况

(一) 报告期末股东总数:
截止2000年12月31日,公司股东总数为13421户。
(二) 公司前十名股东持股情况(截止2000年12月31日)

	股东名称	年末持股(股)	占股本比例(%)	股份性质
1	法尔胜集团公司	87808000	43.56	国有法人股
2	安顺证券投资基金	6400454	3.17	A股流通股
3	安信证券投资基金	4643680	2.30	A股流通股
4	江阴金属制品研究所	2352000	1.17	社会法人股
5	中国冶金进出口江苏公司	980000	0.49	国有法人股
6	山东省枣庄橡胶厂	980000	0.49	国有法人股
7	辽宁省五金矿产进出口公司	980000	0.49	国有法人股
8	青岛第六橡胶厂	980000	0.49	国有法人股
9	中国信达信托投资公司	831730	0.41	A股流通股
10	安久证券投资基金	737940	0.37	A股流通股

说明:(1)、法尔胜集团公司、中国冶金进出口江苏公司、山东省枣庄橡胶厂、青岛第六橡胶厂、辽宁省五金矿产进出口公司所持股份为国有法人股,持股数量在报告期内发生变动主要是因为本公司2000年度中期实施了每10股送2股,同时资本公积金每10股转增2股的利润分配方案;

重庆长丰通信股份有限公司

(一)公司简介

1、公司法定名称
公司法定中文名称:重庆长丰通信股份有限公司
公司法定英文名称:CHONGQING CHANGFENG COMMUNICATION CO., LTD
2、公司法定代表人:林建南
3、公司董事会秘书:胡进
联系地址:重庆市涪陵区人民东路50号
电话:023—72268257 -6652
传真:023—72269138
电子信箱:Sahl@cqsahl.com
4、公司地址
公司注册地址:重庆市涪陵区人民东路50号公司
办公地址:重庆市涪陵区人民东路50号
邮政编码: 408000
国际互联网网址:http://www.cqsahl.com
电子信箱:Sahl@cqsahl.com
5、公司选定的信息披露报纸、网址
报纸名称:《中国证券报》
刊登公司年度报告的中国证监会指定国际互联网网址:
http://www.cninfo.com.cn
公司年度报告备置地点:公司证券部
6、公司股票上市交易所:深圳证券交易所
股票简称:长丰通信
股票代码: 0892

(二)会计数据和业务数据摘要

1、本年度主要会计数据如下:

	金额(元)
利润总额	110325804.51
净利润	79771681.74
扣除非经常性损益后的净利润	73067980.14
主营业务利润	89845240.10
其他业务利润	41859715.35
投资收益	-7108821.64
补贴收入	24047110.39
营业外收支净额	-4246095.65
经营活动产生的现金流量净额	274465514.70
现金及现金等价物净增加额	-82866110.70

注* 扣除的非经常性损益项目和涉及金额:
项目　　金额
(1)营业外收入:6,198,953.13元。
(2)营业外支出:10,445,048.78元。
(3)补贴收入: 24,047,110.39元。
(4)合并价差摊入13,097,313.14元。
合计:　　6,703,701.60元。

2、1998年度—2000年度的主要会计数据和财务指标

单位:元、元/股

	2000年度	1999年度	1998年度
主营业务收入(元)	263008787.77	224753607.92	229249579.65
净利润(元)	79771681.74	64126788.08	41862598.61
总资产(元)	1158596312.71	798059349.93	733267322.61
股东权益(元)	551687605.44	471921749.46	407837451.54
每股收益(元/股)	0.29	0.23	0.24
每股收益(月均)	0.29	0.34	0.38
扣除非经常性损益后的每股收益	0.26	0.11	0.09
每股净资产(元/股)	1.71	2.37	
调整后的每股净资产(元/股)	1.93	1.69	2.34
每股经营活动产生的现金流量净额(元/股)	0.99	-0.06	0.42
净资产收益率	14.46%	13.59%	10.27%

(三)股东情况介绍

(1)报告期末股东总数为5831户。
(2)报告期止,公司前十名股东持股情况。

股东名称(姓名)	持股数(股)	持股比例(%)
①重庆市涪陵国有资产经营公司	84817600	30.74
②重庆市涪陵华信实业有限公司	64000000	23.20
③重庆朝阳科技产业发展有限公司	36700320	13.30
④上海东风有色合金厂	8960000	3.25
⑤裕隆证券投资基金	1275620	0.46
⑥泰州市亚方星威春兰连锁店金华店	1096657	0.40
⑦涪陵市宇达工业有限责任公司	800000	0.29
⑧祝俊英	765580	0.28
⑨裕阳证券投资基金	757380	0.27
⑩余巧娟	611520	0.22

注
1.本公司前10名股东之间不存在关联关系。注2重庆市涪陵国有资产经营公司持有的股份为国家股。

广州冷机股份有限公司

广州冷机股份有限公司2000年年度报告摘要

重要提示：本公司董事会保证本报告所载资料不存在任何虚假记载、误导性陈述或者重大遗漏，并对其内容的真实性、准确性和完整性负个别及连带责任。羊城会计师事务所为本公司出具了带解释性说明的无保留意见审计报告，特提醒广大投资者注意阅读。

一、公司简介

1、公司法定的中、英文名称

中文名称：广州冷机股份有限公司

英文名称：Guangzhou Refrigeration Co. Ltd.

2、公司法定代表人：魏长明

3、公司董事会秘书：杨军

授权代表：原晓静

联系地址：广州市白云区人和大街12号公司证券部

电话：020-86453838

传真：020-86450724

4、公司注册地址：广东省广州市白云区人和大街12号

公司办公地址：广东省广州市白云区人和大街12号

邮 政 编 码：510470

电子信箱：wbcpscom@mx.gzic.gd.cn

5、公司选定的信息披露报纸名称：《中国证券报》、《证券时报》；

登载公司年度报告的中国证监会指定的国际互联网网址：http://www.cninfo.com.cn

公司年度报告备置地点：广州市白云区人和大街12号公司证券部

6、公司股票上市交易所：深圳证券交易所

股票简称：广州冷机

股票代码：0893

二、会计数据和业务数据摘要

1、本年度主要会计数据 （单位：人民币元）

利润总额	-96,122,169.51
净利润	-92,299,109.65
扣除非经营性损益后的净利润	-65,667,497.15
主营业务利润	3,621,861.17
其他业务利润	256,912.72
营业利润	-100,866,314.18
投资收益	
补贴收入	
营业外收支净额	4,744,144.67
经营活动所产生的现金流量净额	-35,977,471.45
现金及现金等价物净增加额	-39,968,875.93

注：扣除的非经营性损益为对存货计提存贷跌价损失准备26,631,612.50元。

2、公司近三年的主要会计数据和财务指标：

单位：人民币万元

项 目	2000年	1999年	1998年	
			调整前	调整后
主营业务收入	13,881.31	25,642.59	33,534.74	33,534.74
净利润	-9,229.91	1,423.21	5,061.18	3,102.53
总资产	102,938.22	94,280.92	95,098.59	92,565.68
股东权益	45,754.45	54,012.63	54,548.07	52,589.42
每股收益(全面摊薄)(元)	-0.416	0.064	0.23	0.14
加权每股收益(元)	-0.416	0.064	0.18	0.12
扣除非经营性损益后的每股收益(元)	-0.295	-0.295	0.193	0.104
主营业务利润每股收益(全面摊薄)(元)	0.016	0.295		
主营业务利润每股收益(加权平均)(元)	0.016	0.295		
营业利润每股收益(全面摊薄)(元)	-0.454	0.083		
营业利润每股收益(加权平均)(元)	-0.454	0.083		
每股净资产(元)	2.06	2.433	2.46	2.37
调整后的每股净资 产(元)	1.97	2.35	2.44	2.29
净资产收益率(%)(全面摊薄)	-20.17	2.635	9.28	5.90
加权净资产收益率(%)	-18.02	2.67	7.11	5.65
扣除非经常性损益后的净资产收益率%	-14.35	1.99		
扣除非经常性损益后的加权净资产收益率(%)	-12.83	1.90	5.36	3.83
主营业务利润净资产收益率(全面摊薄)%	0.79	12.15		
主营业务利润净资产收益率(加权平均)%	0.71	12.31		
营业利润净资产收益率(全面摊薄)%	-22.04	3.44		
营业利润净资产收益率(加权平均)%	-19.70	3.484		
每股经营活动产生的现金流量净额(元)	-0.162	0.235	-0.82	-0.82

注1、扣除的非经常损益项目：2000年非经常性损益为存货跌价损失准备2,663.16万元，1999年非经常性损益为收取的资金占用费409.57万元，98年非经常性损益为补贴收入和无效申购资金冻结利息收入等损益776.58万元。

注2、主要财务指标计算公式

每股收益=净利润/年度末普通股股份总数

每股净资产=年度末股东权益/年度末普通股股份总数

调整后的每净资产=(年度末股东权益-三年以上的应收款项-待摊费用-待处理(流动、固定)资产净损失-开办费-长期待摊费用-住房周转金负数余额)/年度末普通股份总数

净资产收益率=净利润/年度末股东权益×100%

每股经营活动产生的现金流量净额=经营活动产生的现金流量净额/年度末普通股股份总额

注3：以上数据和指标二000年度以本公司的合并报表填列或计算；

注4：应收款项包括应收帐款、其他应收款、预付帐款、应收股利、应收利息、应收补贴款。

3、本年度股东权益变动情况表： 单位：股、万元

项目	股本	资本公积	盈余公积	其中：法定公益金	未分配利润	股东权益合计
期初数	22,200	27,234	814.62	362.16	3,764	54,012.62
本期增加		1,109.81				1,109.81
本期减少					9,367.98	9,367.98
期末数	22,200	28,343.81	814.62	362.16	-5,603.98	45,754.45

三、股东情况介绍

（1）截止2000年底，公司股东总数为：29007户。

（2）前十名股东持股情况：

股 东 名 称	持股数(股)	持股比例(%)
万宝冷机集团有限公司	1,65,000,000	74.3243%
泰和证券投资基金	465771	0.21%
缪合连	245100	0.11%
郭启仁	232000	0.10%
张伟圻	206649	0.093%
赵黎明	200000	0.09%
郭少雷	196607	0.089%
普丰证券投资基金会	185531	0.084%
单勇	152000	0.068%
吴晓光	150000	0.067%

说明：

＊ 万宝冷机集团有限公司持股比例74.32%，其所持有的本公司国有法人股1000万股(占公司总股东的4.5%)被法院冻结。

＊ 从公司已知的资料查知，前十名股东之间不存在关联交易。

(3)、持有公司股份10%以上的法人股东情况

公司名称：万宝冷机集团有限公司

法人代表：徐仲池

经营范围：设计、加工、制造：冰箱压缩机及空调压缩机、制冷设备、中央空调设备、冷水机组、家用电器及其相关的附件和配件、金属天花板。销售建筑装饰材料及其售后服务。制冷压缩机和制冷设备工程的可行性研究、设计、安装、调试及其工程总承包。设计、研究、开发、生产汽车空调用涡旋压缩机及其空调系统，并销售本企业产品。出口本企业自产的压缩机、冷柜、小家电、制冷配件(国家联合经营的16种出口商品除外)。进口本企业生产、科研所需的原辅材料、机械设备、仪器仪表及零配件(国家核定公司经营14种进口商品除外)。开发、制造信息、通讯系统网络技术，微波定位的信息网络通讯系统产品，可视电话数字视听设备及相关产品(国家限制类产品除外)，销售本公司产品并提供相关技术服务。

(4)、报告期内控股股东无变更。

四、股东大会简介

报告期内公司召开了二次股东大会，具体情况如下：

(1)九九年度股东大会

2000年3月17日，公司在《证券时报》、《中国证券报》上刊登关于召开99年度股东大会的公告，并于同年4月18日由董事长魏长明先生如期主持召开了会议，会议通过了《公司1999年度董事会工作报告》、《公司1999年度监事会工作报告》、《公司1999年度总经理工作报告》、《公司1999年度财务决算报告》、《公司1999年度利润分配预案》、《关于提请股东大会同意授权董事会签署单笔金额在3000万元经下(含3000万元)的有关银行借贷、投资、资产抵押和其它担保事宜的报告》、《关于公司更选董事的议案》、《关于公司更选监事的议案》，上述决议刊登在4月19日《证券时报》、《中国证券报》上。

(2) 2000年第一次临时股东大会

公司于2000年11月29日在《证券时报》、《中国证券报》上刊登关于召开2000年第一次临时股东大会的公告，12月29日股东大会在董事长魏长明的主持下如期召开。大会审议通过了《暂停对广州冷机制冷设备有限公司控股式兼并的议案》、《暂停新建150万台无氟压缩机项目的议案》、《投资8826万元收购广州万宝压缩机有限公司(铸造部分)的资产的议案》、《投资1036万元收购万宝冷机广州电器有限公司100%股权的议案》、《投资549万元收购广州华光压缩机有限公司20%股权的议案》。

五、董事会报告

(一)公司经营情况：

1、公司所处行业及地位：

广州冷机是国内冰箱压缩机最大生产基地之一，属家用电器机械制造业。现能生产R134a、R600a和混合工质的高效、节能、环保型冰箱压缩机，生产能力180万台/年，能满足不同客户的需要。据中国轻工业信息中心统计资料2000年公司销量居同行业第三位。

2、公司主营业务范围及其经营情况：

公司主营业务为冰箱压缩机的设计、生产和销售。

2000年度我公司受家电行业市场竞争激烈的影响，产品销售价格持续下降，而采购成本随着主要原材料价格的上涨还有所增加，致使本年度出现经营性亏损。同时集中处理客户退货损失和对库存产品计提跌价损失所造成的非经营性损失亦占了相当大的比例，尽管公司已采取积极措施，努力维持生产经营正常运行，但基于以上原因，报告期内公司出现较大亏损。本年度公司共生产冰箱压缩机97.81万台，销售冰箱压缩机78.49万台，完成销售收入13881.31万元，主营业务利润362.19万元，净利润-9229.91万元。

3、在经营中出现的问题与困难及解决方案：

本年度冰箱压缩机行业市场竞争激烈，产品售价不断下滑。给公司生产经营带来困难。

河 南 双 汇 投 资 发 展 股 份 有 限 公 司

河南双汇投资发展股份有限公司2000年年度报告摘要

本公司董事会保证本报告所载资料不存在任何虚假记载、误导性陈述或者重大遗漏，并对其内容的真实性、准确性和完整性负个别及连带责任。本年度报告摘要摘自年度报告，投资者欲了解详细内容，应阅读年度报告。

一、公司简介

1、公司的法定中、英文名称：

公司法定中文名称：河南双汇投资发展股份有限公司

公司英文名称：Henan Shuanghui Investment & Development Co.,Ltd.

2、公司法定代表人：万 隆

3、公司董事会秘书：易激阳

联系电话：(0395)2622616-6158

传真：(0395)2623398、2621579

董事会证券事务代表：祁勇耀

联系电话：(0395)2622616-6530

传真：(0395)2622660、2623398

联系地址：河南省漯河市双汇路1号双汇大厦7层

4、公司注册及办公地址：河南省漯河市双汇路1号双汇大厦

公司国际互联网网址：http://www.shuanghui.com.cn

E-mail:0895@371.net

邮政编码：462000

5、公司选定的信息披露报纸：《中国证券报》、《证券时报》

登载公司年度报告的国际互联网网址：http://www.cninfo.com.cn

公司年度报告备置地点：公司证券部

6、公司股票上市交易所：深圳证券交易所

股票简称：双汇发展

股票代码：0895

二、会计数据和业务数据摘要

1、公司本年度利润总额及构成

（单位：人民币元 合并报表）

利润总额	236,288,063.60
净利润	154,698,250.00
扣除非经常性损益后的净利润	142,293,802.19
主营业务利润	454,326,670.23
其他业务利润	8,269,677.18
营业利润	200,887,563.96
投资收益	22,789,528.11
营业外收支净额	12,610,971.53
经营活动产生的现金流量净额	248,899,238.61
现金及现金等价物净增加额	-118,558,238.63

注：扣除非经常性损益项目和涉及金额：

1.营业外收支净额项目：12,610,971.53元

其中：新股申购冻结资金利息3,867,295.93元

2.合并价差摊入：-206,523.72元

以上项目涉及金额：12,404,447.81元。

2、公司前三年的主要会计数据和财务指标（单位：人民币元）

项 目	2000年	1999年	1998年 调整前	1998年 调整后
主营业务收入	3,107,212,246.58	2,400,830,372.72	2,015,620,423.67	2,015,620,423.67
净利润	154,698,250.00	116,318,585.41	67,137,176.55	56,349,702.86
扣除新股申购冻结资金利息的净利润	151,411,048.46	113,031,383.87	63,849,975.01	53,062,501.32
总资产	1,549,110,131.94	1,295,358,474.09	1,177,378,133.13	1,158,621,970.57
股东权益(不含少数股东权益)	678,391,263.56	671,804,245.65	566,273,133.93	555,485,660.24
每股收益（元/股）	0.529	0.517	摊薄0.39 加权0.50	摊薄0.326 加权0.416
扣除新股申购冻结资金利息的每股收益（元/股）	0.518	0.503	摊薄0.37 加权0.47	摊薄0.31 加权0.39
扣除非经常性损益后的 每股收益（元/股）	0.487	0.45	摊薄0.34 加权0.44	摊薄0.28 加权0.36
每股净资产（元/股）	2.32	2.99	3.27	3.21
调整后的每股净资产（元/股）	2.29	2.99	3.22	3.19
每股经营活动产生的现金流量净额（元/股）	0.85	0.68	0.95	0.95
净资产收益率(%)	22.80	17.31	11.86	10.14

注1：1998年度调整后数据和财务指标指因公司执行国家财政部财会字［1999］35号文会计政策、会计估计变更以及会计差错更正追溯调整计算所得。

三、股东情况介绍

1、报告期末股东总数

截止2000年12月31日，公司股东总数为18293户。

2、报告期末公司前10名股东持股情况

名次	股东名称	持股数（股）	持股比例（%）
1	河南省漯河市双汇实业集团有限责任公司	207870000	71.10
2	北京证券有限责任公司	6018344	2.06
3	金泰基金	2417442	0.83
4	周廷芳	770000	0.26
5	张孝刚	719264	0.25
6	陈宏	709462	0.24
7	郑孟涛	673634	0.23
8	黄伟	669578	0.23
9	范安东	619308	0.21
10	谢衡慧	604175	0.21

说明：

1.前十名股东之间不存在关联关系。

2.河南省漯河市双汇实业集团有限责任公司所持股份为国家股，持股数额由期初的15990万股增至20787万股（由河南省漯河市国有资产管理局授权河南省漯河市双汇实业集团有限责任公司经营管理），其股份在报告期内无质押和冻结。

3.本公司持股数量第二名至第十名均为社会公众股东。

四、股东大会简介

报告期内公司共召开两次股东大会，即1999年度股东大会和2000年度临时股东大会。

(1)1999年度股东大会于2000年4月18日上午9时在漯河市双汇大厦九楼召开，通过的决议内容刊登在2000年4月19日的《中国证券报》和《证券时报》上。

(2)2000年度临时股东大会于2000年7月16日在漯河市双汇大厦九楼召开，通过的决议内容刊登在2000年7月17日的《中国证券报》和《证券时报》上。

五、董事会报告

1、公司经营情况

(1)公司所处的行业以及公司在本行业中的地位

公司主营：食品加工及销售，生物产品开发生产销售，畜牧养殖，化工产品，包装品生产销售，新产品开发销售，食品行业投资，技术咨询服务。公司所处行业是以肉类制品为终端产品的纵贯农牧养殖、食品加工、商业连锁服务业，横跨生物工程、化工、包装、彩印业，并拟在此基础上营造大型物流配送中心和电子商务交易平台的网络经济产业链。2000年，公司共生产各类肉制品28.2万吨，比1999年的23.6万吨增长19.5%，生产各类骨素及猪肉香精2297吨，生产PVDC肠衣1700吨，继续保持着中国最大的肉类加工基地的地位。公司所拥有的"双汇"商标在北京名牌资产评估有限公司"2000年中国最有价值品牌"评价中，评估价值达37.21亿元，连续5年被评为中国肉类食品的第一品牌。

2000年10月28日，本公司控股股东河南省漯河市双汇实业集团有限责任公司被农业部等八部委确定为"农业产业化国家重点龙头企业"。

(2)公司主营业务的范围及其经营状况

2000年，本公司在董事会的领导下，经济效益稳步增长，全年实现主营业务收入310721万元，实现主营业务毛利45935.78万元；其中1.各类肉制品销售收入269310万元，占主营业务收入的86.67%，实现主营业务利润43200.38万元，占主营业务利润的94.05%；2.其他实现销售收入41411万元，占主营业务收入的13.33%，实现主营业务利润2735.4万元，占主营业务利润的5.95%。

上述占主营业务收入和占主营业务利润超过10%以上的产品为各类肉制品，主要包括中高档火腿肠、中西式低温肉制品、鲜冻猪分割肉等。

(3)在经营中出现的问题与困难及解决方案

2000年，公司在经营当中主要遇到了两大问题：一是全国肉类食品市场的容量增长较快，再加上部分肉类制品企业由于缺乏成本、价格、质量竞争优势，逐步退出市场，这就使得具有竞争优势的本公司产品出现了供不应求的局面，生产能力不能够完全满足客户的需求；二是公司的部分产品进入成熟期，盈利能力下降，对公司的发展构成了潜在的威胁。

面对上述两个问题和困难，万隆董事长提出来两个重要的战略性思路：一是抢抓机遇，加快公司的投资发展，扩大公司的生产能力，尽最大可能满足市场需求；二是居危思进，积极调整产品结构和销售结构，加大新产品开发力度，坚决淘汰那些无法通过改进实现盈利的产品，千方百计扩大高附加值、高盈利和新产品的产销比重。公司各级领导干部坚决贯彻执行万隆董事长的决策，具体做了以下工作：

一是利用股票发行募集资金和企业自筹资金，围绕"主业鲜明，相关拓展"的发展战略，瞄准市场需求，引进世界一流装备和技术，投资科技含量和附加值双高的新项目，双汇食品城肉制品系列工程及8个非募集资金投资项目的竣工投产，形成了公司规模效益和产业链的综合互补优势，进一步增强了企业在市场上的核心竞争力；

二是加大科技投入，培育企业自主核心技术开发能力，加快高附加值、高盈利和新产品的开发，抢占全国肉类及相关行业技术创新和新产品开发的制高点；

三是积极参与我国肉类食品行业的资本集中、产业整合和市场重构，通过资本运营和营销创新两大杠杆，努力拓展、培育和创造新的市场空间，提高市场占有率；

四是实施品牌战略，打出"双汇"全国肉类产品第一品牌，通过导入"健康、卫生、营养、美味、方便、放心"的概念，推行"民生工程"、"民心工程"，改变肉类市场的传统经营方式，实施肉类连锁专卖；

五是实施"销售渠道下沉，紧密贴近市场"的营销创新，采取市场渗透、卖场营销、连锁经营等方式，构建公司的立体营销网络，迎接信息时代、服务时代、网络时代的到来。

以上五项措施的实施，有力地保障了公司2000年经济效益的全面提高。

2、公司财务状况

截止本报告期末，公司总资产为154911万元，比上年增加25375万元，主要是公司固定资产投资增加所致；长期负债为2798万元，比上年减少808万元，主要是公司长期借款减少所致；股东权益为67839万元，比上年增加659万元，主要是公司报告期内净利润增加所致；主营业务利润为45433万元，比上年增加8223万元，主要是公司产品销售收入增加所致；净利润为15470万元，比上年增加3838万元，主要是公司主营业务利润提高所致。

3、公司投资情况

(1)募集资金使用情况

本公司于1998年9月16日发行5000万股社会公众股，扣除发行费用，实际募集资金30046万元，其中1998年底按《招股说明书》承诺注资4600万元兼并华北双汇食品有限公司，1999年投资4500万元完成了年产3万吨王中王火腿肠技术改造，本报告期内公司主要对双汇食品城肉制品系列工程进行了投资。

1.承诺投资项目与实际投资项目情况

序号	承诺投资项目	实际投资项目	承诺投资额	2000年实际投资额
1	年产1万吨热狗肠项目	双汇食品城	4667.1万元	
2	年产1万吨西式火腿项目	肉制品系列	4885.5万元	23757.67万元
3	年产1万吨精制火腿项目	工 程	5275.6万元	

2.实际投资项目的变更及进展情况

双汇食品城肉制品系列工程

该工程是对《招股说明书》中年产1万吨热狗肠、年产 1万吨西式火腿、年产 1 万吨高温精制火腿三个项目的综合实施，形成双汇食品城肉制品系列工程，规模由原来的3万吨扩大到6.6万吨，扩大的部分主要是上述项目中的低温肉制品部分，该项目原计划合计投资14828.2万元，扩大规模后计划投资23088万元。增加投资扩大规模的理由：一是低温肉制品市场需求旺盛，发展前景极好；二是合理安排生产工艺流程和完善冷库等配套工程，优化配置各种资源，更有效地进行原辅材料综合利用和减少能源消耗，从而产生更好的规模经济效益。扩大投资的计划已经1999年度股东大会审议通过，信息披露于1999年5月29 日的《中国证券报》和《证券时报》上。

该工程于1999年9月动工兴建，2000年第四季度陆续竣工投产。其中1999 年投资2480 万元，2000年投资23757.67万元，项目总投资26237.67万元。

3.缓建项目进展情况：年出栏50万头仔猪养殖基地项目

该项目计划总投资5400.9万元，目前处于缓建阶段。项目原计划从韩国引进优良的生猪品种，且已向国家动植物检疫检验局进行了申报，但由于2000年韩国爆发了口蹄疫，农业部于2000年年初发布了《关于禁止从日本和韩国进口偶蹄动物及其产品的规定》，致使该项目不能如期进行。目前，公司计划从丹麦、加拿大引进曾祖代原种猪进行良种繁育，在满足该项目的同时，扩建公司的商品猪养殖基地。

由于公司前次募集资金30046万元已全部投入新项目建设，公司计划利用自筹资金建设该项目。

(2)非募集资金投资项目情况

1.投资450万元与香港华懋集团等六家外商合资成立漯河华懋双汇胶印有限公司，占该公司投资总额的20%。该项目已于2000年10月竣工投产，报告期内该公司实现净利润42万元。

2.投资534万元与荷兰圣福特股份有限公司等合资成立漯河汇特食品有限公司，占该公司投资总额的20%。该项目已于2000年7月竣工投产，报告期内该公司实现净利润2172万元。

3.投资100万元与双汇集团公司等合资成立漯河双汇商业连锁有限公司，占该公司投资总额的20%，本报告期内已在河南省内建设自营和加盟形式的双汇商业连锁店80家，报告期内该公司实现净利润1453万元。

4.对火腿肠生产分厂清真肠车间进行技术改造，计划投资1500万元，实际投资 1336万元。该项目已于2000年初竣工投产，报告期内实现净利润390万元。

5.投资556万元与加拿大懋源企业公司等合资成立漯河双汇保鲜包装有限公司，占该公司投资总额的20%，该项目于2000年4月份竣工投产，报告期内该公司实现净利润2145万元。

6.投资300万元参股漯河双汇投资有限责任公司，占该公司投资总额的14.79%。漯河双汇投资有限责任公司注册资本2028万元，主要投资于阜新双汇食品有限责任公司，用于扩大低温肉制品在东北市场的占有率。

7.投资1511万元建设香辅料车间，项目于2000年11月竣工投产。

8.投资1262万元建设双汇食品城二期工程动力扩建项目，工程于2000年8月竣工投产，报告期内该公司实现净利润71万元。

4、公司新年度的业务发展计划

随着公司募集资金投向的全部竣工投产，2001年公司规模将进一步扩大，市场占有率将进一步得到拓展，公司将依靠规模优势和市场竞争优势，抓住机遇，拉大与竞争对手的差距，促进公司经济实力迈上新的台阶。

2001年，公司的业务发展计划是：

(1)生产经营计划：生产高低温、中西式肉制品32万吨，各类骨素及猪肉香精2650吨，PVDC肠衣1600吨。

(2)具体措施：

1.本公司在2000年投资建设并陆续投产的各个生产项目，全部引进世界一流技术和设备。在2001年，本公司要认真解决这些设备在技术应用、设备运行中发生的各种问题，充分发挥这些生产项目的生产能力，积极培养公司新的利润增长点。

2.认真做好新产品开发工作，确保全年推向市场的新产品超过100个，以满足个性化需求时代的到来。

3.认真推行物流管理创新，减少物资、原料、存货的资金占用量和库存量，加快资金的周转速度，降低物流成本，使物流真正成为公司的第三利润源泉。

4.改革现行营销管理体制，增加在全国各地市场的经营机构数量，扩大销售人员队伍，进一步强化销售人员个人收入与销售业绩和回款率挂钩的激励约束机制，调动全体营销人员的工作积极性，提高他们的工作质量和效率。

5.充分利用双汇的资金、管理、品牌、市场、人才优势，积极参与整合中国食品产业，通过新建、合资、收购、资产租赁等方式，进一步扩大企业的生产经营能力和规模，实现低成本、高成长的发展目标。

5、董事会日常工作情况

(1)报告期内董事会的会议情况及决议内容。

本报告期内公司共召开四次董事会，具体情况及决议内容如下：

①一届七次董事会于2000年2月16日召开，会议审议通过了公司与河南省漯河市双汇实业集团有限责任公司(以下简称"双汇集团")进行部分资产置换的决议，决议的内容如下：决定以双汇集团所拥有的为本公司火腿肠生产分厂供应水、电、汽的生产设备之相应资产与本公司所持有的华北双汇食品有限公司的部分股权进行置换。决议公告刊登在2000年2月17日的《中国证券报》和《证券时报》上。

本公司于2000年6月1日与双汇集团公司签署《资产置换协议》，经评估，上述设备的净资产值为328.83万元，等额置换后，本公司所持有的华北双汇食品有限公司的股权由51.76% 变更为47.98%。

②一届八次董事会于2000年3月1日召开，会议审议通过了《1999 年度董事会工作报告》、《1999年度财务决算报告》、《1999年年度报告和年度报告摘要》、《 1999年度利润分配及公积金转增股本预案》、《关于变更公司名称和扩大经营范围的议案》、《关于修改公司章程的议案》、《关于计提资产减值准备和损失处理的内部控制制度的报告》和《关于计提四项资产减值准备对公司的影响的报告》。

决定于2000年4月18日召开公司1999年度股东大会。决议公告刊登在2000年3月 4日的《中国证券报》和《证券时报》上。

③一届九次董事会于2000年6月12日召开，会议审议通过《修改公司章程的议案》、《公司高级管理人员变动的议案》和《决定召开2000年度临时(第五次)股东大会，审议修改公司〈章程〉的议案》。决议公告刊登在2000年6月13 日的《中国证券报》和《证券时报》上。

④一届十次董事会于2000年8月16日召开，会议审议通过了《河南双汇投资发展股份有限公司2000年中期报告和中期报告摘要》和《公司2000年中期利润分配方案》。决议公告刊登在2000年8月18日的《中国证券报》和《证券时报》上。

(2)董事会对股东大会决议的执行情况

本报告期内，已顺利实施1999年度利润分配及资本公积金转增股本方案。以公司1999年12月31日总股本22490万股为基数，每10股转增3股，转增股份可流通部分于2000年6月7日上市交易，相关信息公告刊登在2000年5月30 日的《中国证券报》和《证券时报》上。

6、董事、监事、高级管理人员

(1)公司现任董事、监事、高级管理人员情况

姓名	职务	姓别	年龄	任职起止日期	年初持股数	年末持股数	年度内股份增减变动量	增减变动原因
万隆	董事长	男	61	1998.10~2001.10	13000	16900	+3900	送、转股
赵银章	副董事长	男	51	1998.10~2001.10	13000	17550	+4550	送、转股、购买
刘响林	董事、总经理	男	51	1998.10~2001.10	10400	13520	+3120	送、转股
易激阳	董事、副总经理董事会秘书	男	44	1998.10~2001.10	6500	8450	+1950	送、转股
陈国发	董事	男	41	1998.10~2001.10	10400	13520	+3120	送、转股
游召胜	董事	男	39	1998.10~2001.10	10400	13520	+3120	送、转股
冯大力	董事	男	33	1998.10~2001.10	6500	8450	+1950	送、转股
张俊杰	副总经理	男	33	1998.10~2001.10	10400	13520	+3120	送、转股
王玉芬	副总经理	女	33	1998.10~2001.10	10400	13520	+3120	送、转股
刘春雄	副总经理	男	36	1998.10~2001.10	6500	8450	+1950	送、转股
胡兆振	财务总监	男	28	2000.9~2001.10	0	0	0	
陈林峰	监事会主席	男	30	1998.10~2001.10	3250	4225	+975	送、转股
何兴保	监事	男	52	1998.10~2001.10	10400	13520	+3120	送、转股
陈阳友	监事	男	31	1998.10~2001.10	3250	4225	+975	送、转股
石香甫	监事	男	58	1998.10~2001.10	3900	5070	+1170	送、转股
郑先锋	监事	男	31	1998.10~2001.10	4290	5577	+1287	送、转股

(2)以上董事、监事及高级管理人员的年度报酬总额为441000元，其中年度报酬50000元的有2人，年度报酬在30000-46000 元之间的有7人，年度报酬在 10000-30000 元之间的有4人，未在本公司领取年度报酬的有3人，分别是万隆、赵银章、陈国发。

(3)本报告期内由于公司原财务总监贾风喜先生工作变动，同意其辞去财务总监职务，聘任胡兆振先生担任财务总监。

(4)本报告期内公司无聘任或解聘经理、董事会秘书的情况。

7、本次利润分配预案

经中天信会计师事务所审计，本年度公司实现净利润154,698,250.00元，提取 10%的法定公积金15,469,825.00元，提取5%的法定公益金7,734,912.50元后，本年度可供分配的利润131,493,512.50元，加上前次未分配利润118,701,649.05元，本次可供股东分配的利润250,195,161.55元。

经公司第一届董事会第十一次会议审议，通过以下分配预案：

拟以2000年末公司总股本29,237万股为基数，向全体股东按每10股派5元(含税) 的比例实施利润分配预案，共分配利润146,185,000.00元，尚余未分配利润 104 ,010,161.55元。

以上利润分配预案须经股东大会审议通过后实施。

六、监事会报告

本年度监事会按照"法制、监管、自律、规范"的要求，依据《公司法》、《证券法》及其他有关法律、法规和公司章程认真地开展工作， 本报告期内公司共召开两次监事会会议。

2000年3月1日召开了一届三次会议，会议审议通过了《1999年度监事会工作报告》、《公司1999年度财务决算报告》、《公司1999年年度报告和年度报告摘要》、《1999年度利润分配及公积金转增股本预案》。

2000年8月16日召开了一届四次会议，会议审议通过了《2000 年中期报告和中期报告摘要》和《2000年中期利润分配方案》。

七、重要事项

1、本报告期内公司无重大诉讼、仲裁事项。

2、本报告期内公司、公司董事及高级管理人员没有受监管部门处罚的情况。

3、本报告期内公司控股股东无发生变更，公司董事会没有换届、改选或半数以上成员变动，公司总经理没有变更，公司无解聘、新聘董事会秘书的情况。

4、2000年6月1日，本公司与河南省漯河市双汇实业集团有限责任公司签署资产置换协议，本公司将其所持有的华北双汇食品有限公司的部分股权与双汇集团公司所拥有的为本公司火腿肠生产分厂供应水、电、汽的生产设备及相应资产进行置换，上述资产经评估后为328.83万元。资产置换完成后，华北双汇食品有限公司的股权结构变更为：河南省漯河市双汇实业集团有限责任公司持有52.02 %的股权，成为该公司的控股股东，本公司持有47.98%的股权。

5、重大关联交易事项

(1)采购货物

单位：人民币元

项目及关联方名称	1999年度	2000年度
仁寿双汇食品有限公司	131,224,864.70	99,804,468.38
华北双汇食品有限公司	26,853,741.56	42,437,927.25
商丘双汇食品有限公司	86,127,202.43	11,354,856.55
绵阳双汇食品有限公司	75,851,770.80	109,978,181.40
漯河双汇包装制业有限公司	58,046,516.47	69,570,923.27
舞钢双汇食品有限公司	29,520,775.07	69,776,464.30
双汇集团劳动服务公司	84,694,933.21	86,831,922.54
双汇塑料工程有限公司	18,098,401.71	25,097,126.07
双汇动力有限公司	3,858,822.06	1,788,193.60
漯河双汇进出口贸易有限公司	35,599,693.58	34,194,107.08

(2)关联方应收应付款项余额

单位：人民币元

项目及关联方名称	1999.12.31	2000.12.31	备注
应收帐款			
双汇商业连锁	765,020.50	4,394,775.95	销售货款
漯河汇特食品有限公司		16,924,697.18	售结扎机及辅料款
漯河双汇保鲜包装有限公司		8,364,986.90	售肠衣款
小　计	765,020.50	29,684,460.03	
预付帐款			
漯河双汇进出口贸易有限公司	19,143,030.95	22,596,872.13	进口物资预付款
舞钢双汇食品有限责任公司		16,307,451.30	原料肉预付款
华北双汇食品有限公司	24,188,842.54	0.00	原料肉预付款
商丘双汇食品有限公司	32,013,443.95	7,966,371.56	原料肉预付款
绵阳双汇食品有限公司	3,043,697.19	6,286,729.90	原料肉预付款
仁寿双汇食品有限公司		3,965,668.60	原料肉预付款
小　计	78,389,014.63	57,123,093.49	
其他应收款			
舞钢双汇食品有限公司	13,878,442.41	—	往来款
双汇集团		897,226.58	代垫设备款
应付帐款			
双汇集团劳动服务公司	10,993,919.47	13,659,133.64	应付鲜蛋款
双汇塑料工程有限公司	7,694,189.69	5,317,382.09	应付肠衣款
双汇包装制业有限公司	31,007,443.53	33,229,772.52	应付纸箱款
双汇味全食品有限公司	292,916.17	747,282.59	往来款
漯河华意食品有限公司	27,129,929.67	47,401,883.10	应付代销货款

漯河双汇彩印包装有限公司		18,763,503.14	应付肠衣款
漯河华丰塑料包装有限公司		7,171,838.43	应付肠衣款
小　计	77,118,398.53	126,290,795.51	
其他应付款			
漯河双汇罐头食品股份有限公司		246,952.92	往来款

(3)其他

根据本公司与漯河市双汇实业集团有限公司1998年5月20日签订的《商标使用许可合同》，原由漯河市双汇实业集团有限公司拥有的"双汇"商标无偿投入本公司，本公司同意双汇集团及其下属企业在商标使用许可范围内无偿使用该商标。

根据本公司与漯河市双汇实业集团有限公司签订的2000年度《供货协议》，漯河市双汇实业集团有限公司及其控股的子公司将优先为本公司提供火腿肠等肉制品生产所需的原料肉，并承诺提供给本公司的货物价格不会高于提供给第三者同样货物的价格。

(4)本公司与关联企业的交易均以市场原则按合同或协议执行。

6、公司与控股股东在人员、资产、财务上的"三分开"情况：

(1)人员分开方面：公司在劳动、人事及工资管理等方面实行了独立。 除公司董事长万隆、副董事长赵银章、董事陈国发因在公司第一大股东担任职务未在本公司领取报酬外，其他董事、监事及高级管理人员均在本公司领取报酬，公司经理、副经理等高级管理人员没有在股东单位担任重要职务。

(2)资产完整方面：公司拥有独立的生产系统、辅助生产系统和配套设施，" 双汇"商标属本公司拥有，公司的采购和销售系统由本公司或本公司的控股子公司拥有。

(3)财务分开方面：公司设有独立的财会部门，并建立了独立的会计核算体系和财务管理制度，有独立的银行帐户。

7、报告期内，本公司无托管、承包、租赁经营等情况。

8、报告期内，公司和本公司持股5%以上的股东没有在任何指定报纸或网站上披露承诺事项。

9、报告期内，本公司继续聘任中天信会计师事务所为公司的财务审计机构。

10、2000年12月13日，本公司与河南省漯河市双汇实业集团有限责任公司、中国银行漯河分行签订《担保义务转移协议书》，由本公司为漯河双汇罐头食品股份有限公司向中国银行漯河分行借款210万美元所提供的连带责任担保转由双汇集团公司承担。

11、报告期内，公司更改名称或股票简称的情况

经公司1999 年度股东大会审议并报河南省工商行政管理局核准， 公司名称于 2000年4月20 日由"河南双汇实业股份有限公司"变更为"河南双汇投资发展股份有限公司"。股东大会决议公告刊登在2000年4月19 日的《中国证券报》和《证券时报》上。

经深圳证券交易所深证上[2000]52号审核批准，公司股票简称自2000年5月 15 日起由"双汇实业"变更为"双汇发展"，股票代码不变。该信息公告刊登在2000 年5月12日的《中国证券报》和《证券时报》上。

12、其他重大事项

①根据公司在《招股说明书》中的承诺和漯河市人民政府"漯政文(1998)129号《关于注销漯河肉类联合加工厂的批复》，经漯河市工商行政管理局核准，本公司全资子企业漯河市肉类联合加工厂已于2000年6月7日依法注销；

②根据公司在《招股说明书》中的承诺和公司与双汇集团公司签署的《商标转让协议》，双汇集团公司所拥有的"双汇"商标被无偿投入本公司。国家工商行政管理局商标局于2000年6月14日受理了本公司递交的商标转让申请，并于2000年6月 28日完成了商标的转让手续。

③根据财政部财税[2000]99号文件精神和河南省财政厅豫财税政[2000]25 号文的规定，本公司企业所得税继续实行先按33%法定税率征收再返还18%的优惠政策，该政策执行至2001年12月31日止。

八、财务会计报告

1、审计报告

公司本年度财务报告已经中天信会计师事务所注册会计师程建、郑卫军审计，并出具了无保留意见的审计报告(中天信会审字[2001]第006号)。

2、会计报表(附后)

3、会计报表附注

(一)公司简介

河南双汇投资发展股份有限公司(以下简称"本公司"或"公司")系经河南省人民政府"豫股批字[1998]20号"文批准，由河南省漯河市双汇实业集团有限责任公司(以下简称"双汇集团")独家发起以社会募集方式设立的股份有限公司。

1998年9月16日，经中国证券监督管理委员会"[1998]235号"文和"［ 1998]236号"文批准，公司公开发行了人民币普通股票5,000万股。1998年10月15 日，公司在河南省工商行政管理局注册登记，注册号为4100001004463。2000 年末公司注册资本为人民币29,237万元，股份总额29,237万股，均为人民币普通股，每股面值1元。其中国家股20,787万股，占总股本的71.10%；社会公众股8,450万股，占总股本的28.90%。

本公司属食品加工行业，经营范围主要包括：食品加工及销售、生物工程、化工产品、包装制品生产销售、畜牧养殖等。主要产品包括：火腿肠、鲜冻肉、PVDC 包装膜、天然调味品等，其中"双汇"牌系列肉制品是中国公认名牌产品。

(二)公司主要会计政策、会计估计和合并会计报表的编制方法

(1)会计制度

公司执行《股份有限公司会计制度》及其有关补充规定。

(2)会计年度

公司会计年度采用公历年度，即自公历1月1日至12月31日。

(3)记帐本位币

公司以人民币为记帐本位币。

(4)记帐基础和计价原则

公司以权责发生制为基础记帐，以实际成本为计价原则。

(5)外币业务核算方法

公司发生外币业务时，将外币金额折合成记帐本位币金额记帐，折合汇率采用外币业务发生时的市场汇价。期末将各种外币帐户的外币期末余额，按期末市场汇价折合为记帐本位币金额。期末市场汇价折合的记帐本位币金额与原帐面记帐本位币金额之间的差额，作为汇兑损益列入当期财务费用。

(6)现金等价物的确定标准

公司将所持有的期限短、流动性强、易于转换为已知金额现金、价值变动风险很小的投资确定为现金等价物。

(7)坏帐核算方法

公司坏帐确认标准为：(1)债务人破产或者死亡，以其破产财产或遗产清偿后仍无法收回；(2)债务人逾期未履行其偿债义务，且具有明显特征表明无法收回。

公司坏帐损失的核算采用备抵法。根据期末应收帐款、其他应收款中债务单位的财务状况、现金流量情况，主要按帐龄分析法计提坏帐准备并计入当年损益。坏帐准备的计提比例列示如下：

帐　龄	计提比例
1年以内	5%
1年至2年	10%
2年至3年	30%
3年至4年	50%
4年至5年	80%
5年以上	100%

此外对有确凿证据表明该项应收款项不能收回，或收回的可能性不大，公司可以单项计提该项应收款项的坏帐准备，提取比例可以达到100%。

公司与合并会计报表子公司之间及合并会计报表子公司相互之间发生的应收款项，因合并会计报表时可以抵销，不计提坏帐准备。

(8)存货核算方法

公司存货分为原材料、物料用品、包装物、自制半成品、产成品和低值易耗品等。原材料、物料用品、包装物等取得时按实际价格核算，领用或发出时采用全月一次加权平均法核算；产成品按实际成本计价，领用或发出时采用全月一次加权平均法核算；低值易耗品采用五五摊销法。

公司存货按期末成本与可变现净值孰低计价，存货跌价准备按单个存货项目的成本高于其可变现净值的差额提取，预计的存货跌价损失计入当年损益。

(9)长期投资核算方法

1) 长期债券投资的计价及收益确认方法

公司长期债券投资按实际支付的款项扣除支付的税金、手续费等各项附加费用，以及支付的自发行日起至购入债券日止的应计利息后的余额作为实际成本记帐。实际成本与债券面值的差额作为溢价或折价，在债券存续期间内于确认相关债券利息收入时摊销，摊销方法采用直线法。投资收益按当期应计利息和应分摊的溢价或折价计算。

2) 长期股权投资的计价及收益确认方法

公司长期股权投资包括股票投资和其他股权投资。计价按投资时实际支付的金额或评估、协议确定的价值记帐。对本公司拥有被投资公司不足20%的权益性资本时以成本法核算，但拥有实际控制权的采用权益法核算；对拥有被投资公司20%(含20%) 至50%的权益性资本时以权益法核算；对拥有被投资公司50%(不含50%)以上权益性资本时，采用权益法核算并对会计报表予以合并。

股权投资差额是长期股权投资采用权益法核算时，长期股权投资成本与应享有被投资单位所有者权益中所占份额的差额，按10年摊销。

3) 长期投资减值准备的计提方法

公司对长期投资采用个别法计提长期投资减值准备，年末按成本与市价孰低法计提，无市价的长期投资按成本与可变现净值孰低计提。

(10)固定资产计价和折旧方法

公司拥有的使用期限在一年以上的房屋、建筑物、机器、设备、器具、工具等资产作为固定资产；不属于生产经营主要设备的物品，单位价值在2,000 元以上并且使用期限超过两年的，也作为固定资产。

固定资产分类：房屋及建筑物、机器设备、运输工具、其他设备。

固定资产按取得时的实际成本计价。

固定资产折旧采用平均年限法，按分类折旧率计提折旧。根据固定资产类别、原始价值、估计经济使用年限、预计残值(残值率为5%)确定其折旧率如下：

资产名称	折旧年限	年折旧率
房屋及建筑物	30年	3.17%
机器设备	15年	6.33%
运输工具	10年	9.50%
其他	5-10年	19.00%-9.50%

(11)收入确认原则

销售产品的收入，在下列条件均能满足时予以确认：

1)公司的产品销售在已将产品所有权上的重要风险和报酬转移给买方；

2)公司既没有保留通常与所有权相联系的继续管理权，也没有对已售出的商品实施控制；

3)与交易相关的经济利益能够流入公司；

4)相关的收入和成本能够可靠地计量。

(12)所得税的会计处理方法

本公司所得税会计处理采用应付税款法。

(13)合并会计报表的编制方法

公司合并会计报表系根据财政部"关于印发《合并会计报表暂行规定》的通知"（财会字[1995]11号)和"关于合并报表合并范围请示的复函"(财会二字[1996]2号)等文件的规定，以公司母公司和纳入合并范围的子公司的会计报表以及其他有关资料为依据，合并各项目数额编制而成。合并时，公司的重大内部交易和资金往来均相互抵销。

公司纳入合并会计报表范围的三家子公司系中外合资企业，企业执行《外商投资企业会计制度》。在编制合并会计报表时，按照母公司执行的会计制度进行调整后编制。

(三)税项

(1)企业所得税

公司2000年继续执行河南省人民政府《关于河南双汇实业股份有限公司所得税政策的批复》(豫政文(1998)93号)的规定，企业所得税适用税率为33%，公司自注册之日起，所得税实行照章纳税、财政返还、实际税负15%的政策，财政返还部分作为当期税后净利润由公司股东共享。

本公司控股的华懋双汇、化工包装、生物工程三家子公司系中外合资企业，依照国家有关法律、法规的规定，企业所得税税率为30%，并享受"两免三减"的优惠政策。根据河南省人大常委会"关于贯彻执行《河南省鼓励外商投资条例》的通知"(豫人常[1994]29号)，免征地方所得税。化工包装、生物工程两家公司2000 年度按15%的税率计缴企业所得税；华懋双汇原享受"两免三减"所得税优惠政策已到期，根据河南省外经贸厅"豫外经贸资字[1997]137 号"文确认为先进技术企业，经漯河市国税局涉外分局核准，2000年度按15%的税率计缴所得税。

(2)增值税

公司为增值税一般纳税人，根据产品类别的不同分别按17%、13%的税率计算销项税额，符合规定的进项税额从销项税额中抵扣。出口产品适用税率为零，并根据国家规定的退税率享受出口退税政策。

(3)城市维护建设税

公司按增值税应纳税额的7%计缴城市维护建设税。

会计报表合并范围内的外商投资企业，根据国家税务总局《国家税务总局关于外商投资企业和外国企业暂不征收城市维护建设税和教育费附加的通知》(国税发 [1994]038号)的规定，免征城市维护建设税。

(4)教育费附加

公司按增值税应纳税额的3%计缴教育费附加。

会计报表合并范围内的外商投资企业，根据国家税务总局《国家税务总局关于外商投资企业和外国企业暂不征收城市维护建设税和教育费附加的通知》(国税发 [1994]038号)的规定，免征教育费附加。

(5)屠宰税

根据河南省人民政府"关于印发《河南省屠宰税征收办法》"(豫政[1994]84 号)，公司按收购应税牲畜所支付的金额计算缴纳屠宰税，税率为4%。

(6)其他税项

公司其他税项按国家有关的规定计算缴纳。

(四)控股子公司及合营企业

截止至2000年12月31日，公司所控制的子公司及合营企业情况如下：

控制的子公司名称	注册资本	所占比例	经营范围	性质	实际投资额
华懋双汇实业(集团)有限公司	USD4280万元	51.50%	肉制品加工	中外合资	

USD2204.6 万元
华懋双汇化工包装有限公司 USD463.33 万元 63.35% PVDC 肠衣膜 中外合资 USD293.5 万元
漯河双汇生物工程技术有限公司 USD400 万元 75% 骨素、香精 中外合资 RMB2490 万元

公司 2000 年纳入合并会计报表范围的单位包括：华懋双汇实业(集团)有限公司、漯河双汇生物工程技术有限公司和华懋双汇化工包装有限公司。

(五)合并会计报表主要项目注释

详见公司 2000 年度报告正文。

(六)母公司会计报表主要项目注释

详见公司 2000 年度报告正文。

(七)分行业资料

详见公司 2000 年度报告正文。

(八)关联方关系及其交易

详见公司 2000 年度报告正文。

(九)或有事项

公司于 2000 年 12 月 13 日与中国银行漯河支行、河南省漯河市双汇实业集团有限责任公司签订了"担保义务转移协议书"，根据该协议，公司原对漯河市双汇罐头食品股份有限公司在中国银行漯河支行贷款 210 万美元提供的担保责任已转移至河南省漯河市双汇实业集团有限责任公司。

本公司没有需说明的其他或有事项。

(十)承诺事项

本公司没有需说明的承诺事项。

(十一)资产负债表日后事项

本公司没有需说明的承诺事项。

(十二)其他重要事项

本公司没有需说明的其他重要事项。

河南双汇投资发展股份有限公司董事会

二〇〇一年二月四日

资 产 负 债 表(单位:万元)

河南双汇投资发展股份有限公司

项目/年度	2001-06-30	2000-12-31	2000-06-30
流动资产	90,502.30	68,755.15	57,693.22
货币资金	11,230.69	10,796.81	13,217.77
应收帐款	9,891.19	12,790.32	7,032.02
其他应收款	3,667.28	4,007.79	5,972.32
预付帐款	29,829.16	10,841.42	7,401.78
存货净额	34,182.25	27,453.05	23,463.88
待摊费用	822.22	641.78	629.11
长期投资	0.00	10,306.87	10,994.41
固定资产	76,660.05	73,466.25	66,513.29
无形资产	2,844.16	2,362.06	2,389.31
资产合计	184,281.53	154,911.01	137,622.79
流动负债	81,668.47	61,453.56	35,623.97
应付帐款	30,037.57	29,238.01	14,886.61
预收帐款	446.58	982.98	1,139.95
长期负债	2,606.06	2,797.83	3,379.55
负债合计	84,274.52	64,251.39	39,003.53
股东权益	75,763.73	67,839.13	74,538.07
股本	29,237.00	29,237.00	29,237.00
资本公积	23,141.32	23,141.32	23,141.32
盈余公积	4,999.10	5,059.79	2,739.32
未分配利润	18,386.31	10,401.02	19,420.43
负债及股东权益合计	0.00	0.00	0.00

利 润 及 利 润 分 配 表(单位:万元)

河南双汇投资发展股份有限公司

项目/年度	2001-06-30	2000-12-31	2000-06-30
主营业务收入	159,929.24	310,721.22	147,573.14
主营业务成本	135,182.94	264,785.45	127,128.88
营业税金及附加	407.75	503.11	321.26
主营业务利润	24,338.55	45,432.67	20,123.00
营业费用	11,287.71	22,268.76	7,482.11
管理费用	2,445.70	4,074.37	1,981.89
财务费用	31.00	-212.25	-219.05
营业利润	10,711.83	20,088.76	11,257.60
投资收益	1,197.50	2,278.95	831.02
补贴收入	0.00	0.00	0.00
营业外收入	3.87	1,575.50	199.51
营业外支出	71.84	314.40	267.14
利润总额	11,841.36	23,628.81	12,020.99
应交所得税	1,926.64	3,304.94	2,551.16
净利润	8,329.22	15,469.83	7,357.64
年初未分配利润	10,057.09	11,870.16	12,062.79
盈余公积转入	0.00	0.00	0.00
可分配利润	18,386.31	27,339.99	19,420.43
提取法定盈余公积	0.00	1,546.98	0.00
提取公益金	0.00	773.49	0.00
可供股东分配的利润	18,386.31	25,019.52	19,420.43
提取任意公积	0.00	0.00	0.00
已分配普通股股利	0.00	14,618.50	0.00
未分配利润	18,386.31	10,401.02	19,420.43

现 金 流 量 表(单位:万元)

河南双汇投资发展股份有限公司

项目/年度	2001-06-30	2000-12-31	2000-06-30
经营活动产生的现金流量			
销售商品、提供劳务收到的现金	188,283.96	84,930.27	148,377.78
收取的租金	0.00	0.00	0.00
收到的增值税销项税额和退回的增值税款	0.00	0.00	0.00
收到的除增值税以上的其他税费返还	1,243.65	2,271.20	859.83
收到的其他与经营活动有关的现金	101.95	7.28	2,463.54
购买商品、接受劳务支付的现金	163,198.08	303,149.01	121,265.23
经营租赁所支付的现金	0.00	0.00	0.00
支付给职工以及为职工支付的现金	5,514.93	12,621.32	3,045.92
支付的增值税款	0.00	13,382.34	5,658.09
支付的所得税款	0.00	5,526.36	3,329.83
支付的除增值税、所得税以外的其他税费	13,125.07	3,824.57	2,137.07
支付的其他与经营活动有关的现金	4,495.01	23,815.22	630.58
经营活动产生的现金流量净额	3,296.48	24,889.92	15,634.42
投资活动产生的现金流量			
收回投资所收到的现金	0.00	0.00	0.00
分得股利或利润所收到的现金	2,135.48	6,174.75	1,150.42
取得债券利息收入所收到的现金	0.00	0.00	0.00
处置固定资产、无形资产和其他长期资产	269.06	5,446.11	0.00
收到的其他与投资活动有关的现金	0.00	0.00	0.00
购建固定资产、无形资产和其他长期资产	3,088.17	36,868.14	23,195.29
权益性投资所支付的现金	2,394.06	923.31	594.48
债权性投资所支付的现金	0.00	0.00	0.00
支付的其他与投资活动有关的现金	0.00	0.00	0.00
投资活动产生的现金流量净额	-3,077.69	-26,170.59	-22,639.36
筹资活动产生的现金流量			
吸收权益性投资所收到的现金	0.00	0.00	0.00
借款所收到的现金	17,500.00	1,000.00	1,000.00
收到的其他与筹资活动有关的现金	0.00	0.00	0.00
偿还债务所支付的现金	64.99	1,131.55	64.99
发生筹资费用所支付的现金	0.00	0.00	0.00

河南豫能控股股份有限公司

一、公司简介

1、公司法定中文名称:河南豫能控股股份有限公司
中文简称:豫能控股
公司英文名称:Henan Yuneng Hodings Co., Ltd.
英文缩写:YNHC
2、公司法定代表人:王松龄
3、董事会秘书:任国胜
股证事务授权代表:廖亮
联系地址:郑州高新技术产业开发区合欢街6号
邮政编码:450001
联系电话:(0371)7984649
联系传真:(0371)7984647
E-mail 地址:Yuneng@public2.zz.ha.cn
4、公司注册地址、办公地址:郑州高新技术产业开发区合欢街6号
邮政编码:450001
E-mail 地址:Yuneng@public2.zz.ha.cn
5、信息披露报纸:《证券时报》、《中国证券报》
刊登公司年报的网址:http://www.cninfo.com.cn
年度报告备置地点:公司证券部
6、公司股票上市交易所:深圳证券交易所
股票简称:豫能控股
股票代码:0896

二、会计数据和业务数据摘要

(一) 2000年度利润总额及构成(单位:元)

利润总额:	98,167,624
净利润:	82,981,285
扣除非经常性损益后的净利润:	95,398,644
主营业务利润:	157,542,159
其他业务利润:	-228,602
营业利润:	79,395,360
投资收益:	19,314,691
补贴收入:	—
营业外收支净额:	-542,427
经营活动产生的现金流量净额:	191,134,026
现金及现金等价物净增加额:	4,995,472

(二) 近三年主要会计数据及财务指标

项　目	2000年	1999年	1998年
主营业务收入(万元)	38,817.80	40,678.19	44,571.29
净利润(万元)	8,298.13	11,967.74	12,404.51
总资产(万元)	139,904.05	145,977.17	147,415.09
股东权益(万元)	97,707.07	89,408.94	86,041.20
每股收益(元)	0.193	0.278	0.288
加权平均每股收益(元)	0.193	0.278	0.288
扣除非经常性损益后的每股收益(元)	0.222	0.278	0.288
每股净资产(元)	2.27	2.08	2.00
调整后的每股净资产(元)	2.26	2.07	1.99
每股经营活动产生的现金流量净额(元)	0.44	0.38	0.55
净资产收益率	8.49%	13.39%	14.42%
加权平均净资产收益率	8.87%	13.64%	13.70%
扣除非经常性损益后的加权平均净资产收益率	10.20%	13.64%	13.70%

(三) 利润表附表

报告期利润	2000年度			
	净资产收益率(%)		每股收益(元)	
	全面摊薄	加权平均	全面摊薄	加权平均
主营业务利润	16.12%	16.84%	0.3664	0.3664
营业利润	8.13%	8.49%	0.1846	0.1846
净利润	8.49%	8.87%	0.1930	0.1930
扣除非经营性损益后的净利润	9.76%	10.20%	0.2219	0.2219

三、股本变动及股东情况

(一) 股本变动情况
1、截止报告期末,公司股东总数为44,219户。
2、公司前10名股东持股情况:

数量单位:股

序号	股东名称	报告期末持股数量	股份性质	占总股本(%)
1	河南省建设投资总公司	161,000,000	国家股	37.44
2	河南省电力公司	140,000,000	国有法人股	32.56
3	国家电力公司华中公司(原中国华中电力集团公司)	35,000,000	国有法人股	8.14
4	焦作市投资公司	14,000,000	国家股	3.26
5	曲燕文	380,900	流通股	0.09
6	王晨	368,684	流通股	0.09
7	冯艳文	295,120	流通股	0.07
8	郭杰	199,895	流通股	0.05
9	普丰证券投资基金	194,281	流通股	0.05
10	朱楚兰	178,800	流通股	0.04

说明:
1) 河南省建设投资总公司、河南省电力公司、国家电力公司华中公司(原中国华中电力集团公司)和焦作市投资公司代表国家持有本公司股份。
2) 报告期内国家股、国有法人股股东持有股份未发生变化。
3) 持股5%(含5%)以上的股东所持本公司股份未发生质押或冻结的情况。

天津津滨发展股份有限公司

(一)公司简介

1、公司法定中文名称:天津津滨发展股份有限公司
公司法定英文名称:TIANJIN JINBIN DEVELOPMENT CO.,LTD。　英文缩写:JBDC
2、公司法定代表人:张继光
3、公司董事会秘书:巫刚　　公司股证事务授权代表:于志丹
联系地址:天津经济技术开发区第一大街二号津滨大厦九楼
电话:(022)66201301　　传真:(022)66202480　　电子信箱:jbdsh@starinfo.net.cn
4、公司注册地址:天津经济技术开发区洞庭路76号
公司办公地址:天津经济技术开发区第一大街二号津滨大厦　　邮政编码:300457
公司国际互联网网址:http://www.jbdc.com.cn　　电子信箱:zm@teda.tj.cn
5、公司选定的信息披露报纸:《中国证券报》、《证券时报》
公司年度报告载于中国证监会指定国际互联网网址:http://www.cninfo.com.cn
公司年度报告备置地点:董事会秘书办公室
6、公司股票上市交易所:深圳证券交易所
股票简称:津滨发展　　股票代码:0897

(二)会计数据和业务数据摘要

1、公司2000年度主要会计数据　单位:元

利润总额:	70,634,325.56
净利润:	61,653,555.08
扣除非经常性损益后的净利润:	36,829,469.08
主营业务利润:	82,925,558.76
投资收益:	10,346,089.15
营业外收支净额:	3,451,867.50
经营活动产生的现金流量净额:	-153,543,385.67
现金及现金等价物净增加额:	4,108,573.31

注:扣除非经常性损益项目和涉及金额(元)
1).补贴收入: 13,270,000.00
2).营业外收入: 3,580,775.10
3).营业外支出: 128,907.60
4).债权投资收益: 9,441,774.03
5).合并价差长期股权摊入:-1,339,555.53
以上项目涉及金额: 24,824,086.00
2、公司截止2000年末前三年的主要会计数据和财务指标

指标项目	2000年度	1999年度	1998年度 调整前	1998年度 调整后
主营业务收入(元)	378,355,683.47	431,884,498.43	354,627,039.43	354,627,039.43
净利润(元)	61,653,555.08	63,285,492.76	51,397,767.98	20,237,047.87
总资产(元)	1,485,189,480.88	1,207,507,706.79	1,018,463,204.58	965,058,497.64
股东权益(元)(不含少数股东权益)	635,289,558.58	629,089,153.50	651,713,868.72	565,803,660.74
每股收益(元) (按净利润全面摊薄计算)	0.2283	0.2344	0.1904	0.0749
每股收益(元)(按净利润加权平均计算)	0.2283	0.2344	0.1904	0.0749
扣除非常性损益后的每股收益(全面摊薄)	0.1364	0.1747	0.1113	-0.0041
扣除非常性损益后的每股收益(加权平均)	0.1364	0.1747	0.1113	-0.0041
每股净资产(元)	2.35	2.33	2.41	2.10
调整后的每股净资产(元)	2.28	2.29	2.38	2.07
每股经营活动产生的现金流量净额(元)	-0.57	-0.07	0.03	0.03
净资产收益率等(%) (按净利润全面摊薄计算)	9.70	10.06	7.89	3.58
净资产收益率等(%)(按净利润加权平均计算)	9.55	10.59	20.95	9.61

按照中国证监会《公开发行证券公司信息披露编报规则(第9号)》要求计算2000年报告期利润的净资产收益率和每股收益。

报告期利润		净资产收益率(%) 全面摊薄	净资产收益率(%) 加权平均	每股收益(元) 全面摊薄	每股收益(元) 加权平均
主营业务利润	82,925,558.76	13.05	12.85	0.3071	0.3071
营业利润	43,566,368.91	6.86	6.75	0.1614	0.1614
净利润	61,653,555.08	9.70	9.55	0.2283	0.2283
扣除非经常性损益后的净利润	36,829,469.08	5.80	5.70	0.1364	0.1364

(三)股本变动及股东情况

1、股本变动情况:公司在本报告期内未发生股份变动情况。
2、股东情况介绍
(1)报告期末股东总数:截止2000年12月29日,公司共有股东43412户
(2)报告期末公司前10名股东情况:

股东名称	持股数(股)	占总股本比例(%)
1 天津经济技术开发区建设集团有限公司	109432577	40.53
2 天津华泰集团股份有限公司	90567423	33.54
3 王文红	400378	0.15
4 罗绍光	393594	0.15
5 常桂芬	297600	0.11
6 王文玉	272409	0.10
7 齐家英	234524	0.09
8 杨珉	225000	0.08
9 杨秀荣	217220	0.08
10 高婷	201550	0.07

注:天津经济技术开发区建设集团有限公司为国有法人股股东,天津华泰集团股份有限公司为公司法人股股东,在本报告期内,未接到上述股东持有的股份有质押和冻结的报告。年度内,公司前10名股东间不存在关联关系。

鞍钢新轧钢股份有限公司

一、公司简介

(一)公司法定名称
中文:鞍钢新轧钢股份有限公司
英文:ANGANG NEW STEEL COMPANY LIMITED
(二)公司注册地址:中国辽宁省鞍山市南中华路396号
办公地址:中国辽宁省鞍山市南中华路396号　邮政编码:114003
网址:http://www.ansc.com.cn　电子邮件:info@ansc.com.cn
(三)公司法定代表人:刘　王介
(四)公司董事会秘书:付吉会　联系地址:中国辽宁省鞍山市南中华路396号
证券事务代表:陈其爽、蒋郁葱、张龙　电话:(86) 412-6334292 6334293
传真:(86)412-6727772　电子邮件:0898ansc@sina.com
(五)公司选定境内信息披露报纸:《中国证券报》、《证券时报》
公司选定境外信息披露报纸:《香港经济日报》、《Hong Kong iMail》
中国证监会指定的年报登载网址:http://www.cninfo.com.cn
本公司年度报告备置地点:鞍山市南中华路396号本公司秘书室。
(六)股票上市地点:A股:深圳证券交易所　H股:香港联合交易所
(七)可转换公司债券上市地点:深圳证券交易所
(八)股票简称及代码:　A股:鞍钢新轧　0898　H股:鞍钢新轧　0347
(九)债券简称及代码:鞍钢转债　5898

二、会计数据和业务数据摘要

(一)公司本年度实现利润情况:

截至2000年12月31日止年度	单位:千元
利润总额:	752,422
净利润:	489,749
非经常性损益合计:	0
扣除非经常性损益后的净利润:	489,749
主营业务利润:	1,032,303
其他业务利润:	23,236
营业利润:	756,966
投资收益:	0
补贴收入:	0
营业外收支净额:	-4,544
经营活动产生的现金流量净额:	890,230
现金及现金等价物净增加额:	631,424
按国际会计准则计算的2000年度净利润:	491,395
按国内会计准则计算的2000年度净利润:	489,749

按国际会计准则的调整事项:无形资产、存货评估差异增加利润2,455千元,递延税款减少利润809千元。

(二)公司近三年主要会计数据和财务指标

项目	2000年	1999年	1998年
主营业务收入(千元)	9,793,150	6,923,142	5,692,330
净利润(千元)	489,749	291,261	123,775
总资产(千元)	9,565,110	6,971,340	6,382,179
股东权益(千元)	7,017,861	5,431,939	5,140,678
每股收益(加权)(元)	0.187	0.12	0.049
每股收益(摊薄)(元)	0.168	0.12	0.049
扣除非经常性损益后的每股收益(元)	0.168	0.12	0.049
每股净资产(元)	2.41	2.16	2.05
调整后的每股净资产(元)	2.40	2.16	2.05
净资产收益率(摊薄)	6.98%	5.36%	2.41%
净资产收益率(加权)	8.1%	5.64%	2.42%
每股经营活动产生的现金流量净额(元)	0.31	0.20	0.37

(三)本年度利润表附表

报告期利润	净资产收益率(%)		每股收益(元)	
	全面摊薄	加权平均	全面摊薄	加权平均
主营业务利润	14.71	17.08	0.354	0.394
营业利润	10.79	12.53	0.259	0.289
净利润	6.98	8.1	0.168	0.187
扣除非经常性损益后的净利润	6.98	8.1	0.168	0.187

三、股东情况介绍

1、报告期末股东总数118,414户,其中H股股东1,179户。
2、2000年12月31日名列本公司前10名最大股东持股情况

序号	股　东	持股数(股)	年内股份增减(股)	持有比例(%)
1	鞍山钢铁集团公司	1,319,000,000	0	45.20
2	香港中央结算有限公司	848,533,999	5,548,500	29.08
3	LO HON MAN	5,000,000	0	0.17
4	中信证券有限责任公司	3,250,409	-	0.11
5	天津泰达中心有限公司	2,709,393	-	0.093
6	上海京华创业投资有限公司	2,407,096	-	0.082
7	上海达尔登实业投资有限公司	1,912,300	-	0.065
8	申银万国证券股份有限公司	1,517,451	-	0.052
9	LAM SAU YING CATHY	1,200,000	0	0.041
10	包杏芬	1,047,302	-	0.036

3、持股10%以上法人股东情况简介
(1)鞍山钢铁集团公司
法定代表人:刘王介
经营范围:钢材、金属制品(不含专营)、铸铁管、金属结构、金属丝绳及制品、炼焦及焦化产品、水泥、电力生产、冶金机械设备及零部件、电机、输配电及控制设备仪器仪表、铁矿锰矿采选、耐火土石开采。

江西赣能股份有限公司

一、公司简介

1、公司法定中文名称:江西赣能股份有限公司
公司法定英文名称:JIANGXI GANNENG CO.,LTD
英文缩写:GNCL
2、公司法定代表人:姚迪明
3、公司董事会秘书:李天晓
公司董事会证券事务授权代表:李声意
联系地址:江西省南昌市高新技术开发区火炬大街125号
邮政编码:330029
联系电话:0791-8109899
传真:0791-8106120　电子信箱:stock@jxgn.com
4、公司注册地址:江西省南昌市南京东路443号
公司办公地址:江西省南昌市高新技术开发区火炬大街125号
邮政编码:330029
国际互联网网址:http://www.jxgn.com
电子信箱:ganneng@public.nc.jx.cn
5、公司选定的信息披露报纸:《中国证券报》、《证券时报》
中国证监会指定的登载公司年度报告的国际互联网网址:
http://www.cninfo.com.cn
公司年度报告备置地点:江西赣能股份有限公司证券管理部
6、公司股票上市交易所:深圳证券交易所
股票简称:赣能股份
股票代码:0899

二、会计数据和业务数据摘要

1、本年度主要利润指标情况

单位:元

项　目	金　额
利　润　总　额	111,560,348.23
净　利　润	95,053,910.47
扣除非经常性损益后的净利润	94,864,106.65
主营业务利润	144,462,786.84
其他业务利润	
营　业　利　润	106,944,521.69
投　资　收　益	5,237,198.78
补　贴　收　入	-
营业外收支净额	-621,372.24
经营活动产生的现金流量净额	75,611,812.89
现金及现金等价物净增加额	197,595,105.98

注:扣除非经常性损益项目及金额:固定资产报废净损失189,803.82元。
2、利润表附表:根据中国证监会《公开发行证券公司信息披露编报规则第9号》的规定编制。

报告期利润	2000年				1999年			
	净资产收益率(%)		每股收益(元)		净资产收益率(%)		每股收益(元)	
	全面摊薄	加权平均	全面摊薄	加权平均	全面摊薄	加权平均	全面摊薄	加权平均
主营业务利润	9.87	11.32	0.264	0.283	12.66	13.33	0.323	0.323
营业利润	7.31	8.38	0.195	0.210	9.25	9.74	0.235	0.235
净利润	6.49	7.45	0.173	0.187	10.11	10.64	0.258	0.258
扣除非经常性损益后的净利润	6.48	7.44	0.173	0.186	10.11	10.64	0.258	0.258

3、截止报告期末公司前三年的主要会计数据和财务指标　单位:元

项目	2000年	1999年	1998年	
			调整前	调整后
主营业务收入	497,250,269.39	469,480,360.45	451,321,649.23	451,321,649.23
净利润	95,053,910.47	127,764,999.81	187,840,512.10	187,235,543.71
总资产	1580,924,035.63	1,437,458,475.68	1,364,911,517.67	1,362,837,664.81
股东权益	1,463,731,405.94	1,263,904,945.60	1,138,536,452.83	1,136,462,599.97
每股收益(元/股)	0.173	0.258	0.379	0.377
按月平均加权每股收益(元/股)	0.187	0.258	0.379	0.377
扣除非经常损益后的每股收益(元/股)	0.173	0.258	0.379	0.377
每股净资产(元/股)	2.67	2.55	2.295	2.291
调整后每股净资产(元/股)	2.66	2.54	2.289	2.285
每股经营活动产生的现金流量净额(元)	0.138	0.45	0.175	0.175
净资产收益率(%)	6.49	10.11	16.498	16.475

三、股本变动及股东情况介绍

1、股本变动情况
2、股东情况介绍
(1) 报告期末股东总数:105992户
(2) 报告期末前10名股东持股情况

单位:股

股东名称	年末持股数量	注
江西省投资公司	228874240	代表国家持股,未质押或冻结
江西省电力公司	140277760	代表国家持股,未质押或冻结
联合证券有限责任公司	2769000	--
北京中天航业投资有限公司	1033436	--
傅勇	459190	--
普丰证券投资基金	330024	--
高庭俊	293202	--
陶乙	264400	--
吴琼	259420	--
邓月霞	247185	--

注:第一、二名股东之间无关联关系;第3—10名股东所持股份均为流通股,公司未知其所持股份的关联、质押及冻结情况。

现代投资股份有限公司

一、公司简介

1、中文名称：现代投资股份有限公司

英文名称：XIANDAI INVESTMENT CO., LTD

2、法定代表人：马军

3、董事会秘书：陈满林　董事会秘书授权代表：罗茜萍　电话：0731-2232363

传真：0731- 2232303　联系地址：长沙市芙蓉中路心安里52号

电子信箱：xdtzgf@public.cs.hn.cn

4、注册地址：长沙市八一路466号　邮政编码：410011

办公地址：长沙市芙蓉中路心安里52号　邮政编码：410005

电子信箱：xdtzgf@public.cs.hn.cn

5、信息披露报纸名称：《中国证券报》、《证券时报》

登载年报的国际互联网网址：http://www.cninfo.com.cn

年度报告备置地址：公司证券部

6、股票上市交易所：深圳证券交易所　股票简称：现代投资　股票代码：0900

二、会计数据和业务数据摘要

1、本年度实现的有关财务指标(单位：元)

项目	金额
利润总额	178,805,793.36
净利润	149,071,455.31
净利润(扣除非经常性损益)	145,774,209.31
主营业务利润	185,283,566.03
其他业务利润	145,158.46
营业利润	131,403,626.76
投资收益	44,266,478.18
补贴收入	0
营业外收支净额	3,135,688.42
经营活动产生的现金流量净额	14,318,522.54
现金及现金等价物净增加额	353,147,191.87

注：扣除的非经常性损益项目及涉及金额

项目	金额
新股申购冻结资金利息	3,297,246.00

2、前三年主要会计数据和财务指标(单位：元)

项目	2000年	1999年	1998年
主营业务收入	286,818,205.23	248,027,630.08	185,059,189.69
净利润	149,071,455.31	131,444,123.68	92,608,308.21
总资产	4,914,724,598.15	1,595,828,645.17	1,905,210,236.79
股东权益	2,357,631,066.42	1,267,979,738.76	1,136,163,959.49
每股收益(按净利润摊薄)	0.37	0.46	0.49
每股收益(按净利润加权)	0.48	0.54	0.79
每股收益(扣除非经常性损益)	0.37	0.39	0.47
每股净资产	5.91	4.44	5.99
调整后每股净资产	5.81	4.43	5.99
每股经营活动产生的现金流量净额	0.04	0.55	0.43
净资产收益率%(按净利润摊薄)	6.32	10.39	8.14
净资产收益率%(按净利润加权)	9.36	12.63	31.95
净资产收益率%(扣除非经常性损益加权)	9.15		

附表：

报告期利润	净资产收益率(%)		每股收益(元)	
	全面摊薄	加权平均	全面摊薄	加权平均
主营业务利润	7.86	11.63	0.46	0.59
营业利润	5.57	8.25	0.33	0.42
净利润	6.32	9.36	0.37	0.48
扣除非经常性损益后的净利润	6.18	9.15	0.37	0.46

三、股东情况介绍

1、股东情况介绍

(1)报告期末股东总数为68,307户。

(2)公司前十名股东持股情况

序号	股东名称	持股数量(股)	占总股本比例(%)
1	湖南省高速公路建设开发总公司	145,710,000	36.50
2	华北高速公路股份有限公司	39,090,000	9.79
3	西南证券有限责任公司	6,209,978	1.56
4	张敏	500,380	0.13
5	赵忠昌	480,000	0.12
6	周幼卿	400,000	0.10
7	张法成	396,540	0.10
8	王盼	392,000	0.10
9	胡宗雷	343,000	0.09
10	武名魁	329,869	0.08

说明：

①其中前二名股东所持股份均为未上市流通的国有股，共184,800,000股，占股份总数的46.30%。

②前二名股东之间不存在关联关系；其余股东所持股份为已上市流通股份和暂未上市流通的内部职工股。

③股份变动

a 经中国证监会批准，长沙市公路工程管理处于2000年8月将其所持的本公司1050万股国有股协议转让给湖南省高速公路建设开发总公司，转让价格4.20元/股。转让前长沙市公路工程管理处持有本公司1050万股国有股，占总股本的3.68%，是本公司的第三大股东；湖南省高速公路建设开发总公司持有本公司8241万股国有股，占总股本的28.90%，是本公司的第一大股东。转让后湖南省高速公路建设开发总公司持有本公司9291万股国有股，占总股本的32.59%，长沙市公路工程管理处不再持有本公司股份。

披露情况见2000年6月3日《中国证券报》、《证券时报》。

b 2000年9月，公司实施配股，湖南省高速公路建设开发总公司和华北高速公路股份有限公司均全额认购其应配股份3716.4万股、1563.6万股。

哈尔滨航天风华科技股份有限公司

一、公司简介

1、公司的法定中、英文名称及缩写

中文名称：哈尔滨航天风华科技股份有限公司

英文名称：Harbin Fenghua-aerospace Hi-Tech CO.LTD

英文缩写：HFHTC

2、公司法定代表人：张汝谋

3、公司董事会秘书：王玉伟

联系地址：哈尔滨市中山路178号

电　话：0451—2624810　传真：0451—2624810

电子信箱：aeraspac @ public.hr.hl.cn

4、公司注册地址：哈尔滨市西大直街118号

公司办公地址：哈尔滨市中山路178号　邮政编码：150040

5、公司信息披露报纸名称：<<证券时报>>

登载年报的指定网址：http://www.cninfo. com.cn

公司年报备置地点：哈尔滨市中山路178号机械大厦7楼公司证券部

6、公司股票上市交易所：深圳证券交易所

股票简称：航天科技　股票代码：0901

二、会计数据和业务数据摘要

1、本公司2000年度主要利润指标及现金流量状况：(单位：人民币元)

项目	金额
利润总额:	20,384,939.00
净利润:	20,117,058.95
非经常性损益合计:	2,680,028.16
其中：新股申购冻结资金利息:	2,254,570.72
资产处置收益:	242,183.61
无法支付的款项：	388,451.12
扣除非经常性损益后的净利润:	17,437,030.79
主营业务利润:	35,031,396.77
其他业务利润:	1,331,101.14
营业利润:	16,883,989.19
投资收益:	
补贴收入:	820,921.65
营业外收支净额:	2,680,028.16
经营活动产生的现金流量净额:	11,501,696.38
现金及现金等价物净增加额:	-7,188,453.85

2、前三年主要会计数据和财务指标(单位:人民币元)

项目	2000年(合并)	1999年	1998年 调整前	1998年 调整后
主营业务收入	107,604,932.97	99,182,540.01	116,813,547.77	116,813,547.77
净利润	20,117,058.95	18,053,171.98	27,612,434.71	24,746,299.43
总资产	422,548,963.03	382,987,820.13	378,253,294.16	376,250,215.99
股东权益	311,913,492.78	291,691,372.57	300,055,667.66	297,169,532.37
每股净资产	3.151	2.946	3.030	3.002
调整后每股净资产	3.136	2.926	3.019	2.994
每股经营活动产生的现金流量净额	0.117	-0.444	-0.043	-0.043
净资产收益率(摊薄)	6.45%	6.19%	9.20%	8.33%
净资产收益率(加权)	6.45%	6.19%	28.61%	26.43%
扣除非经营损益后的净资产收益率	5.59%	5%	9.20%	8.33%
每股收益(摊薄)	0.203	0.182	0.279	0.250
每股收益(加权)	0.203	0.182	0.363	0.325
扣除非经营损益后的每股收益	0.176	0.144	0.279	0.250

注2：中国证监会信息披露编报规则《第九号》要求计算的数据

项目	金额(元)	净资产收益率(%)		每股收益	
		全面摊薄	加权平均	全面摊薄	加权平均
主营业务利润	35,031,396.77	11.23	11.23	0.354	0.354
营业利润	16,883,989.19	5.41	5.41	0.171	0.171
净利润	20,117,058.95	6.45	6.45	0.203	0.203
扣除非经常性损益后的净利润	17,437,030.79	5.59	5.59	0.174	0.174

三、股东情况介绍

1、报告期末股东总数：本公司共有股东25387户。

2、公司前十名股东持股情况(截止2000年12月29日)：

股东名称	期末持股数	期内增减	占总股本比例(%)
中国航天机电集团公司	33,268,971	33,268,971	33.60
哈尔滨通用机电技术研究所	9,574,008	0	9.67
哈尔滨工业大学高新技术开发总公司	8,661,078	0	8.75
哈尔滨通用焊接切割成套设备制造厂	6,382,672	0	6.45
天通计算机应用技术中心	5,324,334	0	5.38
哈尔滨亚科工贸有限责任公司	3,000,000	0	3.03
北京奥润办公设备技术公司	2,788,937	0	2.82
房娟娟	455,000	455,000	0.46
福建兴业证券公司上海金陵东路营业部	212,500	212,500	0.22
锡山市银光镀锡薄板有限公司	197,790	197,790	0.20

以上持有本公司5%以上股份的股东所持股份无质押或冻结的情况；报告期内，天通计算机应用技术中心划归中国航天机电集团公司所有，天通计算机应用技术中心现为中国航天机电集团公司的全资子公司；中国航天机电集团公司持有股份为未上市流通的国家股，哈尔滨工业大学高新技术开发总公司和天通计算机应用中心持有股份为未上市流通的国有法人股。

中国服装股份有限公司

一、公司简介

1、公司法定中文名称：中国服装股份有限公司
公司法定英文名称：China Garments Co., Ltd.　英文名称缩写：CGC
2、公司法定代表人：　方玉根
3、公司董事会秘书：　郭恒　联系地址：　北京市建国路99号中服大厦27层
联系电话：　010-65817498　传真:65812147　电子信箱：cgcom@public.bta.net.cn
4、公司董事会证券事务代表：　刘定国　地址：　北京市建国路99号中服大厦27层
联系电话:010-65818866转8234 传真:010-65812147　电子信箱：cgcom@public.bta.net.cn
5、公司注册地址：北京市新技术产业开发试验区丰台科技园区
公司办公地址：北京市建国路99号中服大厦27层
邮政编码：　100020　电子信箱：cgcom@public.bta.net.cn
6、公司选定的信息披露报纸名称：　《中国证券报》、《证券时报》、《上海证券报》
登载公司年度报告的国际互联网网址：　http://www.cninfo.com.cn
公司年度报告备置地点：公司董事会秘书室
7、公司股票上市地：　深圳证券交易所
股票简称：　中国服装
股票代码：　0902

二、会计数据和业务数据摘要

1、报告期主要利润指标情况（单位：人民币元）

利润总额	43,557,830.88
净利润	37,135,502.64
扣除非经常性损益后的净利润	32,972,346.36
主营业务利润	79,605,006.14
其他业务利润	3,090,324.62
营业利润	32,425,531.93
投资收益	4,455,358.81
补贴收入	1,575,838.27
营业外收支净额	5,101,101.87
经营活动产生的现金流量净额	36,867,701.59
现金及现金等价物净增加额	-36,964,230.53

注：扣除非经常性损益项目、涉及金额：
（1）补贴收入992,805.27元；
（2）营业外收支净额3,293,365.95元；
（3）合并差价摊销-123,014.94元。

2、近三年主要会计数据和财务指标

	2000年	1999年	
		调整前	调整后
主营业务收入	521,516,527.50	292,149,471.83	291,081,388.07
净利润(元)	37,135,502.64	32,101,256.95	32,101,256.95
总资产(元)	1,056,609,196.37	945,815,580.74	940,610,600.67
股东权益(元)	543,705,179.60	530,623,243.88	530,623,243.88
全面摊薄每股收益(元/股)	0.17	0.15	0.15
加权平均每股收益(元/股)	0.17	0.15	0.15
扣除非经常性损益后的每股收益（元/股）	0.15	0.11	0.11
每股净资产(元/股)	2.53	2.47	2.47
调整后每股净资产(元/股)	2.50	2.46	2.46
全面摊薄净资产收益率(%)	6.83	6.05	6.05
加权平均净资产收益率(%)	6.76	5.48	5.48
扣除非经常性损益后的加权平均净资产收益率（%）	6.00	4.22	4.14
每股经营活动产生的现金流量净额(元/股)	0.17	-0.16	

利润分配表附表

报告期利润	净资产收益率(%)		每股收益（元）	
	全面摊薄	加权平均	全面摊薄	加权平均
主营业务利润	14.64	14.49	0.37	0.37
营业利润	5.96	5.90	0.15	0.15
净利润	6.83	6.76	0.17	0.17
扣除非经常性损益后的净利润	6 .06	6.00	0.15	0.15

三、股本变动和股东情况介绍

1、股本变动情况
2、股东情况介绍
（1）、报告期末股东总数
截止2000年12月31日，公司股东总数为45,381户，其中法人股股东3户，社会公众股股东45,378户。
（2）前十名股东持股情况

序号	股东名称	持股数量（股）	持股比例(%)
1	中国服装集团公司	109,677,500	51.01
2	吴江工艺织造厂	30,305,200	14.10
3	通化市人造毛皮联合公司	10,017,300	4.66
4	李太水	430,000	0.20
5	李梅	420,000	0.20
6	王之生	389,000	0.18
7	聂学岩	340,000	0.16
8	黄志奇	230,000	0.11
9	赖罗发	223,000	0.10
10	曾令劲	213,400	0.10

3、持股10%（含10%）以上的法人股东情况
（1）、中国服装集团公司持有本公司股份109,677,500股，占总股本的51.01%。系本公司控股股东，法定代表人：梁勇。注册地址：北京市建国路99号中服大厦。经营范围主要包括：服装、服饰及服装面辅料的销售；展览展销的策划、设计；开展"三来一补"业务。

昆明云内动力股份有限公司

一、公司简介

1、公司法定中文名称：昆明云内动力股份有限公司
公司法定英文名称：KUNMING YUNNEI POWER CO., LTD
2、公司法定代表人：段华生
3、公司董事会秘书：蔡建明
公司股证事务授权代表：雷升逵
联系地址：公司资产管理办公室
联系电话：(0871)5625802
传真电话：(0871)5633176
4、公司注册地址及办公地址：云南省昆明市穿金路715号
公司邮政编码：650224
公司国际互联网网址：http://www.yunneidongli.com
公司电子信箱：ynassets@public.km.yn.cn
5、公司选定的信息批露报纸：《中国证券报》、《证券时报》
中国证监会指定登载公司中期报告的国际互联网网址：
htpp://www.cninfo.com.cn
6、公司股票上市地：深圳证券交易所
股票简称：云内动力
股票代码：0903

二、主要财务数据和指标

（一）本年度利润总额及构成(单位：人民币元)

利润总额	94,336,856.60
净利润	79,951,170.62
扣除非经常性损益后的净利润	52,697,933.38
主营业务利润	91,361,652.77
其他业务利润	2,721,476.82
投资收益	29,445,752.51
补贴收入	-
营业外收支净额	2,760,967.17
经营活动产生的现金流量净额	17,439,214.41
现金及现金等价物净增加额	-75,554,167.74

注：扣除的非经常性损益项目系指：
1.作为战略投资者配售股票投资收益及债券投资收益　25,028,889.63元；
2.申购资金冻结利息摊销　3,061,190.37元；
3.处理固定资产净损益　-836,842.76元。

（二）截止报告期末本公司前三年的主要会计数据及财务指标(单位：人民币元)

项目	2000年	1999年	1998年
主营业务收入	410,004,504.32	364,201,093.80	358,391,390.00
净利润	79,951,170.62	53,508,053.24	50,360,825.41
总资产	838,916,997.23	843,902,676.45	504,487,939.64
股东权益	621,158,711.17	604,207,540.55	179,930,209.79
每股收益（全面摊薄）	0.44	0.30	0.42
扣除非经常性损益后的每股收益（全面摊薄）	0.29	0.28	
每股净资产	3.45	3.36	1.50
调整后的每股净资产	3.44	3.35	1.48
每股经营活动产生的现金流量净额	0.10	0.21	
净资产收益率(%)（全面摊薄）	12.87	8.86	27.99

（四）报告期内股东权益变动情况

项目	股本	资本公积	盈余公积	法定公益金	未分配利润	合计
期初数	180,000,000.00	355,957,298.40	10,425,024.21	5,212,512.11	52,612,705.83	6004,207,540.55
本期增加	-	-	7,995,117.06	7,995,117.06	63,960,936.50	79,951,170.62
本期减少	-	-	-	-	63,000,000.00	63,000,000.00
期末数	180,000,000.00	355,957,298.40	18,420,141.27	13,207,629.17	53573,642.33	621,158,711.17

变动原因：
1、盈余公积和法定公益金增加是因为本年度利润提取所致；
2、未分配利润增加是因为本年度利润增加、本年度利润分配所致。

三、股本变动及股东情况

（一）股本变动情况
（二）公司主要股东持股情况
1、截止报告期末，公司股东总数19384户，其中：社会公众股股东19383户。
2、公司前10名股东持股情况

股东名称	持股数量（股）	占总股本比例(%)
云南内燃机厂	120,000,000	66.67
陕西合记联合实业总公司	4,256,263	2.36
北京中京泰咨询有限公司	2,490,365	1.38
刘青花	855,000	0.48
王进臣	665,384	0.37
王春合	570,000	0.32
国泰君安证券股份有限公司	515,740	0.29
杨粉蕾	506,000	0.28
许爱荣	500,000	0.28
王国军	500,000	0.28

说明：(1) 上述股东之间不存在关联关系；
(2) 云南内燃机厂持有股份报告期内无变动情况；
(3)持本公司5%以上股份的法人股东为云南内燃机厂，报告期内其所持股份无质押或冻结等情况。

厦门路桥股份有限公司

一、公司简介

1、公司的法定中文名称：厦门路桥股份有限公司
公司的法定英文名称：XIAMEN ROAD & BRIDGE CO.,LTD
2、公司法定代表人：黄灵强
3、公司董事会秘书：缪鲁萍　联系地址：厦门市嘉禾路侨星大厦八楼
联系电话：0592—5326897,5326891　传真：0592—5326893
4、公司注册地址：厦门市嘉禾路侨星大厦八楼　邮政编码：361009
公司国际互联网网址：www.amoy-raodbrdge.com　电子信箱：rbcicoxm@public.xm.fj.cn
5、公司选定的信息披露报纸：《证券时报》、《中国证券报》
登载公司年度报告的中国证监会指定国际互联网网址：http://www.cninfo.com.cn
公司年度报告备置地点：厦门市嘉禾路侨星大厦八楼
6、公司股票上市交易所：深圳证券交易所　股票简称：厦门路桥　股票代码：0905

二、会计数据和业务数据摘要

1、本年度主要利润指标情况（单位：人民币元）

利润总额	49,151,299.69
净利润	31,390,365.87
扣除非经营性损益后的净利润	27,177,845.55
主营业务利润	133,811,377.98
其他业务利润	11,168,672.45
营业利润	46,851,599.07
投资收益	1,419,427.87
补贴收入	1,171,837.99
营业外收支净额	-291,565.24
经营活动产生的现金流量净额	96,091,602.12
现金及现金等价物净增加额	-388,981,903.47

注：扣除的非经营性损益项目和涉及的金额：
(1)补贴收入，其中：营业税返还：486,258.24
所得税返还：685,579.75
(2)募股资金冻结利息本年摊数：3,040,682.33

2、截止报告期末公司近三年主要会计数据和财务指标：（单位：人民币元）

项目	2000年	1999年	1998年
主营业务收入	230,175,573.83	136,978,449.00	121,453,827.00
净利润	31,390,365.87	179,943,822.25	104,605,575.78
总资产	2,679,834,518.22	2,790,103,211.92	1,278,353,862.17
股东权益	972,529,043.66	941,138,677.79	391,854,688.80
每股收益（摊薄）	0.106	0.610	0.523
每股收益（月均加权）	0.106	0.636	0.523
扣除非经常性损益后的每股收益	0.092	0.290	0.523
每股净资产	3.297	3.190	1.96
调整后的每股净资产	3.290	3.189	1.96
每股经营活动产生的现金流量净额	0.326	0.635	——
净资产收益率(%)加权	3.08	18.82	31.52
扣除非经常性损益后的加权净资产收益率(%)	2.76	10.43	31.52

注1：2000年和1999年总股本按29,500万股计算，1998年总股本按20,000万股计算。

3、净资产收益率和每股收益

报告期利润	净资产收益率		每股收益	
	全面摊薄	加权平均	全面摊薄	加权平均
主营业务利润	13.76%	13.14%	0.454	0.454
营业利润	4.82%	4.60%	0.159	0.159
净利润	3.23%	3.08%	0.106	0.106
扣除非经常性损益后的净利润	2.89%	2.76%	0.092	0.092

三、股本变动及股东情况

1、股本变动情况
(2)股票发行与上市情况
1经中国证券监督管理委员会证监发行字[1999]18号，证监发行字[1999]19号和证监发行字[1999]20号文批准，公司于1999年2月3日通过深圳证券交易所系统以上网定价方式向社会公开发行人民币普通股9,191.7万股，并向证券投资基金配售人民币普通股308.3万股，共计9,500万股，发行价格为5.53元/股。

2经中国证券监督管理委员会和深圳证券交易所深圳上字[1999]第23号《上市通知书》批准，上网定价发行的厦门路桥9,191.7万A股股票于1999年4月29日在深圳证券交易所挂牌上市交易，向证券基金配售的308.3万股A股股票获准于1999年6月29日上市交易。

2、股东情况介绍
(1)报告期末股东总数。
截止2000年12月31日，持有本公司股票的股东总人数为75407户，持股29,500万股，其中含国家股股东2户，持有20,000万股；社会公众股股东75405户，持股9,500万股。
(2)主要股东持股情况（前十名和持股5%以上股东）

股东名称	持股数(股)	占总股本比例
厦门市路桥建设投资总公司	162,620,000	55.13%
华建交通经济开发中心	37,380,000	12.67%
泰和证券投资基金	510,640	0.173%
徐萍	225,000	0.076%
徐忠华	210,322	0.071%
普丰证券投资基金	174,412	0.059%
孙桂英	166,900	0.057%
徐卫华	158,600	0.054%
李忠	114,600	0.039%
彭茂军	98,000	0.033%

注1：厦门市路桥建设投资总公司
厦门市路桥建设投资总公司持有本公司国家股16262万股，占本公司总股本的55.13%，报告期内没有发生股份增减变动，所持股份无质押或冻结情况。

南方建材股份有限公司

一、公司简介

1、法定中文名称：南方建材股份有限公司
英文名称：Southern Building Materials CO.,LTD.
2、公司法定代表人：谭照华
3、公司董事会秘书：谭昌寿　公司董事会证券事务代表：赵祥元　电话：0731-2225271
传真：0731-4453546　电子信箱：sbmc@public.cs.hn.cn
4、公司注册地址：湖南省长沙市芙蓉中路29号
总部办公地址：湖南省长沙市五一中路49号　邮政编码：410011
5、公司选定信息披露报纸：《证券时报》
登载公司年度报告的中国证监会指定国际互联网网址：http: www. cninfo .com.cn
公司年度报告备置地点：湖南省长沙市五一中路49号公司证券部
6. 公司股票上市交易所：深圳证券交易所　股票简称：南方建材　股票代码：0906

二、会计数据和业务数据摘要

(一)本年度主要利润指标情况（单位：人民币元）

利润总额：	41,601,598.56
净利润：	35,796,991.69
扣除非经常性损益后的净利润：	28,157,629.75
主营业务利润：	86,513,617.43
其他业务利润：	765,610.17
营业利润：	31,580,462.49
投资收益：	8,500,402.12
营业外收支净额：	1,520,733.95
经营活动产生的现金流量净额：	52,945,221.64
现金及现金等价物净增加额：	8,138,696.11

注：扣除非经常性损益项目：

处理固定资产收益：	49,580.67元；
申购资金冻结利息摊入：	1,465,117.28元；
无法支付的应付款：	125,816.11元；
保险赔款：	6,323.00元；
营业外支出：	126,103.11元；
股票投资收益：	7,600,000.00元；
合并价差摊入：-	133,249.31元。

(二)主要会计数据和财务指标　（单位：人民币元）

项目	2000年	1999年		1998年	
		调整后	调整前	调整后	调整前
主营业务收入	812,587,700.15	719,071,428.70	719,071,428.70	744,939,197.57	744,939,197.57
净利润	35,796,991.69	29,115,264.31	29,796,090.14	18,528,100.52	28,208,356.11
总资产	732,316,368.69	685,688,832.40	685,688,832.40	425,085,963.03	434,766,218.62
股东权益	360,678,668.78	327,279,707.09	327,960,532.92	138,315,506.22	147,995,761.81
每股收益(摊薄)	0.286	0.233	0.238	0.206	0.313
每股收益(加权)	0.286	0.250	0.256	0.206	0.313
扣除非经常性损益后的每股收益（摊薄）	0.225	0.216	0.223	0.206	0.313
扣除非经常性损益后的每股收益（加权）	0.225	0.232	0.239	0.206	0.313
每股净资产	2.89	2.62	2.62	1.54	1.64
调整后的每股净资产	2.79	2.60	2.61	1.47	1.57
每股经营活动产生的现金流量净额	0.424	0.189	0.189		
净资产收益率%(按净利润全面摊薄计算)	9.92	8.90	9.09	13.04	19.06
净资产收益率%(按净利润加权平均计算)	10. 37	10.94	11.18	13.40	19.06

注：按照中国证监会《公开发行证券公司信息披露编报规则（第9号）》要求计算净资产收益率和每股收益。

项目	净资产收益率(%)				每股收益			
	全面摊薄		加权平均		全面摊薄		加权平均	
	2000年	1999年	2000年	1999年	2000年	1999年	2000年	1999年
主营业务利润	23.99	18.46	25.06	22.69	0.692	0.483	0.692	0.520
营业利润	8.76	9.54	9.15	11.73	0.253	0.250	0.253	0.269
净利润	9.92	8.9	10.37	10.94	0.286	0.233	0.286	0.250
扣除非经常性损益后的净利润	7.81	8.25	8.16	10.15	0.225	0.216	0.225	0.232

三、股本变动及股东情况介绍

1、报告期末股东总数
截止2000年12月31日，公司股东总数为11407户，其中国有法人股股东1户，社会流通股股东11406户。
2、主要股东的持股情况：

序号	股东名称	年末持股数	占总股本(%)	股份性质
1	南方建材集团有限公司	90,000.000	72	国有法人股
2	宁波证券有限责任公司	1,185,463	0.948	流通股
3	宁波证券有限责任公司	373,723	0.299	流通股
4	沈海英	260,836	0.209	流通股
5	宁波证券有限责任公司	245,000	0.196	流通股
6	宁波市金茂资产管理有限公司	236,500	0.189	流通股
7	施红英	199,900	0.160	流通股
8	章莉芳	199,059	0.159	流通股
9	李冬梅	149,900	0.120	流通股
10	林志国	144,500	0.116	流通股

注：前10名股东中的第二、三、五大股东属同一单位。
3、南方建材集团有限公司持股比例超过总股本的5%，为9000万股，占总股本的72%，所持的本公司股份未进行任何质押。因诉讼原因，该公司所持本公司股份报告期内被法院全部冻结，该事实已分别于2000年2月23日和7月24日在《证券时报》上作了披露。

湖南天一科技股份有限公司

一、公司简介

1、公司法定中、英文名称及缩写
公司中文名称：湖南天一科技股份有限公司
英文名称：Hunan TianYi Science And Technology Co.,Ltd"。
2、公司法定代表人：凌磊伯先生
3、公司董事会秘书：欧阳烛宇先生
联系地址：长沙市韶山北路398号华盛花园七楼
电话：0731-5795176
传真：0731-5795175
E-mail:typumps @.public.cs.hn.cn
网址：http:\www.tianyipump.com.cn
4、公司注册及办公地址：湖南省平江县城关镇南街339号
邮政编码：414500
公司国际互联网网址：http:\www.tianyipump.com.cn
电子信箱：E-mail:typumps @.public.cs.hn.cn
5、公司选定的信息披露报纸名称：《证券时报》。
登载公司年度报告的中国证监会指定国际互联网网址：
http:\www.cninfo.com.cn
公司年度报告备置地点：长沙市韶山北路398号华盛花园七楼本公司证券部
6、公司股票上市交易所：深圳证券交易所
股票简称：天一科技
股票代码：0908

二、会计数据和业务数据摘要

1、本年度业务数据指标情况

利润总额：	54,113,923.07元
净利润：	46,249,399.30元
扣除非经营性损益后的净利润：	45,089,347.43元
主营业务利润：	54,966,349.93元
其他业务利润：	5,113,714.89元
营业利润：	35,625,550.59元
投资收益：	17,132,061.78元
补贴收入：	0元
营业外收支净额：	1,356,310.73元
经营活动产生的现金流量净额：	-25,048,878.25元
现金及现金等价物净增加额：	-123,913,401.10元

注：报告期内涉及的非经营性损益项目及金额：(营业外收入1,585,762.35元 -营业外支出229,451.65元 + 投资收益中合并价差摊入8,456.20元)×(1-15%)=1,160,051.87元

2、截止报告期末公司前三年主要会计数据和财务指标

单位：人民币元

名称	2000年12月31日		1999年12月31日		1998年12月31日
主营业务收入	189,272,090.09		135,988,884.79		88,760,908.51
净利润	46,249,399.30		56,796,395.41		28,167,955.76
总资产	697,921,711.38		691,940,288.80		473,262,997.61
股东权益	490,745,721.16		454,296,321.86		397,499,926.45
	加权平均	全面摊薄		加权平均	全面摊薄
每股收益	0.165	0.165	0.4057	0.2641	0.2012
每股净资产	1.753	1.753	3.250	3.730	2.840
调整后每股净资产	1.743	1.743	3.240	3.720	2.830
每股经营活动产生的现金流量净额	-0.089	-0.089	0.0974	0.2477	0.1888
净资产收益率(%)	9.69	9.42	12.50	29.32	7.09
扣除非经营性损益后每股收益	0.161	0.161	0.3964	0.2629	0.2003

注：(1)上述数据和指标均按合并报表数计算，2000年按总股本28000万股计算，1999年按总股本14000万股计算，1998年按总股本14000万股计算。
(2)主要财务指标计算方法：
每股收益=净利润/报告期末普通股股份总数
每股净资产=报告期末股东权益/报告期末普通股股份总数
调整后每股净资产=(报告期末股东权益-三年以上的应收款项-待摊费用-待处理（流动、固定)资产净损失-开办费-长期待摊费用)/报告期末普通股股份总数
每股经营活动产生的现金流量净额=经营活动产生的现金流量净额/年度末普通股股份总数
净资产收益率=净利润/报告期末股东权益×100%
(3)按中国证监会《公开发行证券公司信息披露编报规则(第9号)》的要求计算的数据：

报告期利润	净资产收益率		每股收益	
	全面摊薄	加权平均	全面摊薄	加权平均
主营业务利润	11.20%	11.51%	0.196	0.196
营业利润	7.26%	7.46%	0.127	0.127
净利润	9.42%	9.69%	0.165	0.165
扣除非经常性损益后的净利润	9.19%	9.44%	0.161	0.161

三、股本变动及股东情况

1)报告期末股东总数为89,804户。
2)持有本公司5%以上(含5%)股份的股东及前十名股东名册：

序号	股东名称	拥有股数(股)	占总股本(%)	持股类别
1	平江县国有资产管理局	136,640,000	48.80	国家股
2	湖南泰和集团股份有限公司	49,360,000	17.63	法人股
3	湖南通海实业股份有限公司	4 ,000,000	1.43	法人股
4	吕长和	180,000	0.064	流通股
5	王美华	158,990	0.057	流通股
6	张庆华	144,554	0.052	流通股
7	普丰证券投资基金	140,053	0.050	流通股
8	王中民	125,000	0.045	流通股
9	王天亦	117,000	0.042	流通股
10	汪惠珍	115,600	0.041	流通股

前10名股东间不存在关联关系，其持有股份未发生质押或冻结情况。

数源科技股份有限公司

一. 公司简介

1.公司法定中文名称：数源科技股份有限公司
公司法定英文名称：SOYEA TECHNOLOGY CO., LTD.
2.公司法定代表人：陈焕新
3.公司董事会秘书：章国经　　证券事务代表：丁　毅
联系地址：杭州市西湖区教工路一号
联系电话：(0571)8271018　　传　　真：(0571)8271038
电子信箱：stock@soyea-tech.com
4.公司注册地址：杭州市西湖区教工路一号
公司办公地址：杭州市西湖区教工路一号
邮政编码：310012　　网址：www.soyea-tech.com
5.公司信息披露报纸：《证券时报》、《中国证券报》、《上海证券报》
指定年报披露网址：http://www.cninfo.com.cn
年度报告备置地点：公司证券部
6.公司股票上市地：深圳证券交易所
股票简称：数源科技　　股票代码：0909

二. 会计数据和业务数据摘要

(一)本年度主要会计数据和业务数据(单位：元)

主要会计数据	金额
利润总额	7,788,401.25
净利润	3,489,589.51
扣除非经常性损益后的净利润	1,275,293.75
主营业务利润	45,299,291.70
其他业务利润	-2,198,530.12
营业利润	3,970,959.00
投资收益	1,938,716.42
补贴收入	—
营业外收支净额	1,878,725.83
经营活动产生的现金流量净额	40,821,519.25
现金及现金等价物净增加额	146,338,194.55

注：*新股发行时冻结申购资金的利息收入13,631,009.39元，按五年期限平均转销，本期转销2,726,201.88元。
*非经常性损益指投资收益-易和网络股权投资差额摊销、营业外收支共计2,214,295.76元。
(二)近三年主要会计数据
1.主要财务数据

单位：元

项目	2000年	1999年	1998年
主营业务收入	445,320,324.36	802,574,434.04	798,229,599.55
净利润	3,489,589.51	49,110,255.30	45,559,137.88
总资产	851,519,441.00	821,758,465.65	656,925,947.96
股东权益(不包含少数股东权益)	527,489,351.86	542,804,762.35	194,035,731.53
每股收益	0.0178	0.2500	——
加权平均每股收益	0.0178	0.2710	
扣除非经常性损益后每股收益	0.0065	0.2400	
每股净资产	2.6913	2.7700	——
调整后的每股净资产	2.6356	2.7134	——
每股经营活动产生的现金流量净额	0.2083	-0.1900	——
净资产收益率	0.66%	9.050%	——

2.利润分配表附表

2000年度

	净资产收益率(%)		每股收益(元/股)	
	全面摊薄	加权平均	全面摊薄	加权平均
主营业务利润	8.588	8.465	0.2311	0.2311
营业利润	0.753	0.742	0.0203	0.0203
净利润	0.662	0.652	0.0178	0.0178
扣除非经常性损益后的净利润	0.242	0.238	0.0065	0.0065

三.股本变动及股东情况

(一) 股本变动情况
1.报告期内公司股份未发生变动。总股本19600万股，其中国有法人股13600万股，社会公众股6000万股。
2.股票发行与上市情况。
1999年3月5日，本公司以5.18元人民币/股的价格，公开向社会发行人民币普通股股票6000万股。其中，向普通股投资者发行的5400万股于1999年5月7日在深圳证券交易所上市，向证券投资基金配售的600万股于1999年7月7日在深圳证券交易所上市流通。
3.本公司无内部职工股。
(二)股东情况介绍
1.截止2000年12月31日公司股东总户数46812户，其中未流通国有法人股东1户，流通股股东46811户。
2、主要股东持股情况
持有本公司股份5%以上的股东及前十名股东持股情况如下：

股东名称	持股数(股)	占股本比例(%)
西湖电子集团有限公司	136000000	69.39
雷翠芝	264800	0.14
罗汉珍	211000	0.11
罗东平	208165	0.11
黄洪才	185000	0.09
贾美香	181785	0.09
肖望姑	168890	0.09
李炎秀	168700	0.09
吕天喜	141100	0.07
张正会	137800	0.07

江苏大亚新型包装材料股份有限公司

江苏大亚新型包装材料股份有限公司2000年年度报告摘要

重要提示:本公司董事会保证本报告所载资料不存在任何虚假记载、误导性陈述或者重大遗漏,并对其内容的真实性、准确性和完整性负个别及连带责任。本年度报告摘要摘自年度报告,投资者欲了解详细内容,应阅读年度报告。

一、公司简介

1、公司法定中文名称:江苏大亚新型包装材料股份有限公司
公司法定英文名称:Jiangsu Dare Advanced Packing Material Co.,Ltd.
2、公司法定代表人:陈兴康
3、公司董事会秘书:王 颐
公司董事会证券事务代表:宋立柱
联系地址:江苏省丹阳经济技术开发区丹荆路
电话:0511-6883666,6882222 转 2143　　传真:0511-6885000
电子信箱:Dare@public.zj.js.cn
4、公司注册地址:江苏省丹阳经济技术开发区丹荆路
公司办公地址:江苏省丹阳经济技术开发区丹荆路　　邮政编码:212300
公司国际互联网网址:http://www.Darepacking.com　　电子信箱:Dare@public.zj.js.cn
5、公司选定的信息披露报纸名称:《证券时报》、《中国证券报》
登载公司年度报告的中国证监会指定国际互联网网址:http://www.cninfo.com.cn
公司年度报告备置地点:公司证券部
6、公司股票上市交易所:深圳证券交易所
股票简称:大亚股份　　股票代码:0910

二、会计数据和业务数据摘要

1、本年度主要利润指标情况(单位:元)

利润总额	70,219,886.03
净利润	57,760,452.96
扣除非经常性损益后的净利润	50,597,128.79
主营业务利润	103,562,563.40
其他业务利润	5,121,167.09
营业利润	71,739,087.04
投资收益	-492,799.08
营业外收支净额	-1,026,401.93
经营活动产生的现金流量净额	46,744,761.99
现金及现金等价物净增加额	-62,193,524.46
注:扣除非经常性损益的项目和涉及金额:	7,163,324.17
a.营业外收支净额	-1,026,401.93
b.资金利息收入	8,189,726.10

2、截止报告期末公司前三年的主要会计数据和财务指标

指标名称	单位	2000年	1999年	1998年 调整前	1998年 调整后
主营业务收入	元	430,549,949.76	362,697,379.41	377,861,712.01	377,861,712.01
净利润	元	57,760,452.96	68,257,236.43	64,212,618.74	63,766,930.40
总资产	元	1,015,233,635.06	940,802,140.69	465,975,236.22	465,529,547.88
股东权益(不含少数股东权益)	元	786,607,392.39	753,773,686.23	173,975,850.29	173,886,712.63
每股收益(摊薄)	元	0.250	0.295	0.425	0.425
每股收益(加权)	元	0.250	0.323	0.425	0.425
扣除非经常性损益后的每股收益	元	0.219	0.276	0.424	0.425
每股净资产	元	3.40	3.26	1.15	1.16
调整后的每股净资产	元	3.36	3.23	1.13	1.13
每股经营活动产生的现金流量净额	元	0.202	-0.084		
净资产收益率(摊薄)%		7.34	9.06	36.91	36.67
净资产收益率(加权)%		7.38	11.50	36.11	35.91
扣除非经常性损益后的净资产收益率(加权)	%	6.46	10.76	36.04	35.83

注:公司是以合并会计报表数填列或计算以上数据和指标。

3.根据中国证监会《公开发行证券公司信息披露编报规则(第9号)》要求计算的净资产收益率及每股收益:

报告期利润	净资产收益率(%) 全面摊薄	净资产收益率(%) 加权平均	每股收益(元) 全面摊薄	每股收益(元) 加权平均
主营业务利润	13.17	13.23	0.448	0.448
营业利润	9.12	9.17	0.310	0.310
净利润	7.34	7.38	0.250	0.250
扣除非经常性损益后净利润	6.43	6.46	0.219	0.219

全面摊薄净资产收益率和每股收益的计算公式如下:
全面摊薄净资产收益率=报告期利润÷期末净资产
全面摊薄每股收益=报告期利润÷期末股份总数
加权平均净资产收益率(ROE)的计算公式如下:
ROE=P/(Eo+NP÷2+Ei×Mi÷Mo-Ej×Mj÷Mo)
其中:P为报告期利润;NP为报告期净利润;E0为期初净资产;Ei为报告期发行新股或债转股等新增净资产;Ej为报告期回购或现金分红等减少净资产;M0为报告期月份数;Mi为新增净资产下一月份起至报告期期末的月份数;Mj为减少净资产下一月份至报告期末的月份数。
加权平均每股收益(EPS)的计算公式如下:
EPS=P/(So+Sl+Si×Mi÷Mo-Sj×Mj÷Mo)
其中:P为报告期利润;S0为期初股份总数;S1为报告期因公积金转增股本或股票股利分配等增加股份数;Si为报告期因发行新股或债转股等增加股份数;Sj为报告期因回购或缩股等减少股份数;M0为报告期月份数;Mi为增加股份下一月份起至报告期期末的月份数;Mj为减少股份下一月份起至报告期期末的月份数。

三、股东情况介绍

1、报告期末股东总数36384户,其中国家股股东1户,法人股股东4户,无内部职工股。
2、主要股东持股情况:(根据2000年12月29日深交所存管部提供资料)

股东名称	期末持股数量(股)	占总股本比例(%)	股份性质
江苏大亚集团公司	129923600	56.18	国家股
上海凹凸彩印总公司	19973500	8.64	法人股
上海宝协有机粉末材料厂	2179300	0.94	社会公众股
汕头乾业烟草物资有限公司	676500	0.29	法人股
陶建平	632916	0.27	社会公众股
金盛证券投资基金	503545	0.22	社会公众股
舟山市信托投资公司	500977	0.22	社会公众股
同益证券投资基金	500000	0.22	社会公众股
舟山市信托投资有限责任公司普陀证券交易部	447150	0.19	社会公众股
华宝信托投资有限责任公司	396273	0.17	社会公众股
华宝信托投资有限责任公司舟山分公司	379103	0.16	社会公众股
钱菊生	355000	0.15	社会公众股
北京市牛奶公司	338200	0.15	法人股
成都五牛科美实业发展有限公司	338200	0.15	法人股

1.持有5%以上股份的股东为江苏大亚集团公司和上海凹凸彩印总公司。江苏大亚集团公司是代表国家持有本公司56.18%股份的控股股东,报告期末持有本公司股份12992.36万股,法定代表人为陈兴康先生;上海凹凸彩印总公司是持有本公司8.64%股份的法人股东,报告期末持有本公司股份1997.35万股,法定代表人为江礼昶先生。报告期内上述股东的股份无变动情况,其所持股份无发生质押、冻结等情况。

2.公司前10名股东之间不存在关联关系。

四、股东大会简介

报告期内公司共召开了两次股东大会。即1999年年度股东大会和2000年度临时股东大会。

1、公司1999年年度股东大会会议通知刊登于2000年4月11日的《证券时报》和《中国证券报》上。2000年5月18日上午在公司本部办公大楼五楼会议室召开1999年年度股东大会,出席会议股东(股东代表)共5人,所持(代表)股份151,250,000股,占公司股份总额231,250,000股的65.41%,符合《公司法》和《公司章程》的有关规定。经大会审议,以记名投票表决方式通过了如下决议:

1.《公司1999年度董事会工作报告》;2.《公司1999年度监事会工作报告》;3.《公司1999年度总经理工作报告》;4.《公司1999年度财务决算报告》;5.《公司1999年度利润分配方案》;6.《关于更换公司部分董事的议案》;7.《关于续聘南京永华会计师事务所有限公司承担公司财务审计工作的议案》;8.《关于公司增加经营进出口业务的议案》;9.《修改<公司章程>部分条款的议案》。

本次股东大会决议于2000年5月19日刊登在《证券时报》和《中国证券报》上。

2、公司2000年度临时股东大会会议通知刊登于2000年11月29日的《证券时报》和《中国证券报》上。2000年12月29日上午在公司本部办公大楼五楼会议室召开2000年度临时股东大会,出席会议股东(股东代表)共7人,所持(代表)股份151474600股,占公司股份总额231250000股的65.5%,符合《公司法》和《公司章程》的有关规定。经大会审议,以记名投票表决方式通过了如下议案:

1.《关于调整部分募集资金投资项目的议案》;
2.《关于更换公司董事的议案》。
江苏世纪同仁律师事务所指派律师出席了会议,并出具了法律意见书。
本次股东大会决议于2000年12月30日刊登在《证券时报》和《中国证券报》上。

五、董事会报告

1、公司经营情况
(1)公司所处的行业及在本行业中的地位
本公司属包装行业,是中国包装总公司的重点企业和中国烟草物资公司定点的卷烟配套材料生产基地,是国内目前最大的新型包装材料生产企业之一,在国内新型包装材料行业中占有重要地位。
(2)公司主营业务的范围及其经营状况
1.公司主营业务范围:公司主要从事铝纸复合、铝塑复合、真空镀铝、铝转移等新型包装材料和聚丙烯丝束、有色金属压铸件等产品的生产和销售以及彩印、柔性印刷、全息压印等印刷业务。公司自产产品的出口业务和生产科研所需的原辅材料、设备配件等进口业务。
2.公司主要经营情况
报告期内公司实现主营业务收入为 43055万元,主营业务利润为10356万元。主要产品生产及销售等完成情况:
A.烟酒、医药、食品等包装用的铝箔复合纸和卡纸,全年生产11720吨,实现销售收入 20427万元,占主营业务收入47.44%;实现主营业务利润 5072万元,占主营业务利润的48.98%;
B.烟用滤嘴材料聚丙烯丝束,全年生产 6256吨,实现销售收入 8130万元,占主营业务收入18.88%,实现主营业务利润 2695万元,占主营业务利润的26.02%;
C、包装印刷业务,实现销售收入 7234万元,占主营业务收入16.80%;实现主营业务利润 1790万元,占主营业务利润的17.28%;
D、有色金属压铸件,实现销售收入7264万元,占主营业务收入 16.88%;实现主营业务利润 799万元,占主营业务利润的7.72%
(3)在经营中出现的问题与困难及解决方案
针对国内宏观经济仍然偏紧,包装材料市场竞争激烈,部分原材料价格上涨的外部环境,公司在坚持推行"市场、质量、效益、创新"这一经营方针的基础上,以开发高档印刷业务市场为重点,围绕着节约成本、增加效益,通过加大营销力度,实施政策激励,组织新品开发和开展产品外销等,进一步增强了市场营销能力,保持和提高了市场占有率;通过开展提质降耗和节约费用等活动,严格岗位考核,控制费用支出,强化内部管理,稳定和增加盈利水平。2000年公司努力克服困难,使生产经营保持了良好的发展势头。

2、公司财务状况　　单位:人民币(元)

指标名称	2000年	1999年	增减(%)
总资产	1,015,233,635.06	940,802,140.69	7.91
股东权益(不含少数股东权益)	786,607,392.39	753,773,686.23	4.36
主营业务利润	103,562,563.40	94,772,223.17	9.28
净利润	57,760,452.96	68,257,236.43	-15.38

南宁糖业股份有限公司

南宁糖业股份有限公司2000年年度报告摘要

重要提示：本公司董事会保证本报告所载资料不存在任何虚假记载、误导性陈述或者重大遗漏，并对其内容的真实性、准确性和完整性负个别及连带责任。本年度报告摘要摘自年度报告，投资者欲了解详细内容，应阅读年度报告。

(一)公司简介

1、公司法定中文名称：南宁糖业股份有限公司

公司英文名称：Nanning Sugar Manufacturing CO.,LTD.

2、公司法定代表人：熊可模

3、公司董事会秘书：王国庆

董事会授权代表：李静

联系地址：广西壮族自治区南宁市亭洪路48号

联系电话：0771-4914317

传　　真：0771-4910755

电子信箱：gnusic @ public.nn.gx.cn

4、公司注册地址和办公地址：广西壮族自治区南宁市亭洪路48号

邮政编码：530031

公司电子信箱：nnty @ nnsugar.com

国际互联网网址：http://www.nnsugar.com.cn

5、公司选定的信息披露报纸：《证券时报》

刊登公司年度报告的国际互联网网址：http://www.cninfo.com.cn

公司年度报告备置地点：公司证券部

6、公司股票上市交易所：深圳证券交易所

股票简称：南宁糖业

股票代码：0911

(二)会计数据和业务数据摘要

1、公司本年度的利润总额及其构成(金额单位：人民币元)

利润总额	67,407,290.83
净利润	55,006,584.53
扣除非经常性损益后的净利润	57,144,002.99
主营业务利润	188,895,651.96
其他业务利润	1,506,855.81
营业利润	70,597,467.64
投资收益	369,222.72
营业外收支净额	-3,559,399.53
经营活动产生的现金流量净额	147,790,240.84
现金及现金等价物净增加额	278,321,640.98
注：扣除的非经常性损益项目和涉及金额	-3,190,176.81元

(1)营业外收支净额-3,559,399.53元

罚没净收入	24,983.43
固定资产清理净损失	2,943,802.12
捐赠支出	32,050.00
职工培训支出	596,850.00
治理"三废"支出	11,680.84

(2)投资收益369,222.72元

股票投资收益	369,222.72

2、截止报告期末公司前三年的主要会计数据和财务指标(单位：人民币元)

	2000年	1999年	1998年	
			调整后	调整前
主营业务收入	938,049,949.58	905,970,928.96	999,409,459.50	999,409,459.50
净利润	55,006,584.53	43,073,659.87	47,232,132.22	49,426,703.04
总资产	1,338,101,840.29	992,833,897.23	693,484,795.99	695,679,366.81
股东权益	540,084,280.70	518,277,696.17	229,661,735.58	231,856,306.40
每股收益(元/股)(摊薄)	0.2456	0.1923	0.28	0.29
每股收益(元/股)(加权)	0.2456	0.2147		
每股净资产	2.41	2.31	1.37	1.38
调整后的每股净资产	2.37	2.31	1.34	1.35
每股经营活动产生的现金流量净额	0.66	0.38	-	-
净资产收益率(摊薄)	10.19%	8.31%	20.57%	19.72%
净资产收益率(加权)	10.40%	12.13%	-	-
扣除非经常性损益后的每股收益(元/股)	0.2551	0.0175		

3、报告期内股东权益变动情况

项　目	股　本	资本公积	盈余公积	法定公益金	未分配利润	股东权益合计
期初数	224000000.00	253398607.12	3901370.34	1950685.17	35027033.54	518277696.17
本期增加		400000.00	5500658.45	2750329.23	55006584.53	63657572.21
本期减少					41850987.68	41850987.68
期末数	224000000.00	253798g07.12	9402028.79	4701014.40	48182630.39	540084280.70

(1)资本公积变动原因为财政拨入新技术项目补助费。

(2)盈余公积和法定公益金变动是因为本年度根据公司实现净利润相应计提盈余公积。

(3)未分配利润变动是因为本年度利润增加和中期分配利润。

(三)股东变动及股东情况

1、截止2000年12月29日，公司股东总数19653户。

2、持有本公司5%以上(含5%)股份的股东及前十名股东名册

股东名称	年末持股数(股)	占总股本
1 南宁振宁资产经营有限责任公司	168000000	75%
2 陈锦连	400000	0.18%
3 许哲	260000	0.12%
4 秦勇	259950	0.12%
5 刘振生	256800	0.11%
6 万华萍	216600	0.10%
7 徐荣生	200500	0.09%
8 焦亮	200000	0.09%
9 林勇志	196300	0.09%
10 钟焕雄	188000	0.08%

注：报告期内，南宁振宁资产经营有限责任公司为本公司第一大股东，其所持有的股份为国家股，占总股本的75%，年末持股数量没有增减变动，所持股份也没有发生质押或冻结的情况，其它为上市流通股股东。

(四)股东大会简介

1、报告期内公司股东大会召开情况

(1)2000年3月6日在公司总部以通讯方式召开公司2000年第一次临时股东大会，会议共收到有效表决票1张，代表股份168,000,000股，占公司总股份224,000,000股的75%。大会审议并通过了以下议案：

1《南宁糖业股份有限公司第二步结构调整方案》；

2《修改公司章程》；

3《增补董事》。

上述决议公告刊登在2000年3月7日的《证券时报》上。

(2)2000年4月20日在公司总部召开1999年度股东大会，出席会议的股东及股东代表代表股份168,000,000股，占公司总股份224,000,000股的75%。大会审议并通过了以下议案：

1.1999年度董事会工作报告；

2.1999年度监事会工作报告；

3.1999年度财务决算报告；

4.1999年度利润分配预案；

5.增加公司经营范围，修改公司章程；

6.续聘财务审计机构。

上述决议公告刊登在2000年4月21日的《证券时报》上。

(3)2000年7月25日在公司总部召开2000年第二次临时股东大会，出席会议的股东及股东代表代表股份168,340,000股，占公司总股份224,000,000股的75.15%。大会审议并通过了以下议案：

1.《董事会更换董事》。

上述决议公告刊登在2000年7月26日的《证券时报》上。

(4)2000年9月19日在公司总部召开2000年第三次临时股东大会，出席会议的股东及股东代表代表股份168,000,000股，占公司总股份224,000,000股的75%。大会审议并通过了以下议案：

1.2000年中期利润分配方案。

上述决议公告刊登在2000年9月20日的《证券时报》上。

(五)董事会报告

1、公司经营情况

(1)本公司属甘蔗糖业行业，主要从事机制糖、酒精、文化用纸的生产、加工、销售和提供售后服务。据国家轻工业局中国糖业协会的统计，1999/2000年榨季，全国共生产食糖680万吨，其中广西产糖约300万吨。公司在本制糖期共生产甘蔗糖29万吨，约占广西总产量的10%。

(2)公司主营业务的范围及其经营状况

1.主营业务为生产、销售机制糖、酒精、文化用纸、蔗渣浆；出口本企业自产的产品，进口本企业生产、科研所需的原辅助材料、机械设备等。

2.公司主营业务状况

a.主营业务收入构成情况：

主营业务收入938,049,949.58元。

其中：机制糖销售收入：780,654,968.00元；

文化用纸销售收入：91,536,556.62元。

b.主营业务利润构成情况：

主营业务利润188,895,651.96元。

其中：机制糖销售利润：187,936,096.11元；

文化用纸销售利润：5,410,684.92元。

3.主营业务经营活动情况：

报告期内由于国家宏观经济状况的好转；甘蔗原料减少；食糖产量下降，糖价出现了恢复性的回升趋势，市场供求关系发生了有利的变化。对此，公司制定了灵活的营销策略，及时把握，抢占市场。机制糖平均销售价格达到了3126元/吨，比上榨季提高了31.7%；机制纸4267元/吨，比上榨季提高了0.6%，取得了较好的经济效益。

(3)在经营中出现的问题、困难及解决方案

1.1999/2000年榨季，由于受霜冻影响，甘蔗质量和产量降幅较大，导致成本增加。对此，公司加强管理，严格控制成本开支，将损失控制在最低限度。

2.国家对工业污染源的治理提出了达标验收的最后期限，对不能通过验收的企业进行关停。公司按国家环保要求，把环保工作作为重中之重来抓，建立了达标项目管理制度，积极采用高新技术，加大环保建设力度，使公司污染排放全部达标。

(4)公司报告期内净利润实现数比2000年净利润预测数增加73.61%，主要原因如下：

1.主营业务收入影响增加13.72%，主要是产糖量减少，糖价上升，公司狠抓营销管理，使白砂糖均价比预测数增长9.08%，扣除产量下降因素，影响总收入增长11.57%；赤砂糖销量较预测增长32%，售价较预测升高5.4%，影响总收入增加1.6%；酒精销量较预测数下降23%，售价下降1.96%，影响总收入下降0.5%。

2.主营业务成本升高9.54%，主要是甘蔗收购价格上调(上半年甘蔗兑付价159元/吨，下半年180元/吨)，运费上升等原因，使糖、纸、酒销售成本分别比预测数上升16.17%、10.22%、13.33%。

3.营业费用比预测数增长55%，原因是按国家规定储备4万吨白砂糖发生的运输、仓储、保险等费用增加800多万元所致。

4.管理费用比预测数增长28.24%，原因是退休养老金和各种劳务费用增加所致。

5.财务费用比预测数下降37.04%，原因是上市募集资金使用余额用作流动资金周转，减少了贷款总量；公司贷款利率比预测数下降了10%；销售资金回笼快，减少了资金占用。

2、公司财务状况

项　目	2000年(元)	1999年(元)	增减
总资产	1,338,101,840.29	992,833,897.23	34.78%
长期负债	5,355,120.00	840,000.00	537.51%
股东权益	540,084,280.70	518,277,696.17	4.21%
主营业务利润	188,895,651.96	111,725,974.71	69.07%
净利润	55,006,584.53	43,073,659.87	27.70%

增长原因

(1)总资产增长主要是本年实现利润及货币资金增加。

(2)长期负债增长主要是财政下拨环保处理专项资金450万元。

(3)股东权益增加主要是本年实现利润及财政拨入新技术项目补助费40 万元所致。

(4)主营业务利润增长主要是白砂糖销售价格大幅回升。

(5)净利润增长主要是主营业务利润增长。

3、公司投资情况

(1)公司与邕宁纸业有限公司、高州糖纸有限公司共同出资组建了"广西南蒲纸 业有限公司",本公司出资1,814,048元,占32%的股权。

(2)公司投资北京融汇中糖电子商务有限公司600,000元,参与组建"中国糖业 交易网",占2%的股权。

(3) 报告期内募集资金的使用情况

公司1999年发行股票收到募集资金22,688万元,根据公司《招股说明书》中的承诺,全部按计划投入以下三个项目(单位:万元)

? 项 目 名 称	募集资金计划投入	实际投资额	进 度
3.4万吨蔗渣浆技改项目	17852	13744	已进入设备后期安装
1万吨造纸生产线	3571	3571	已完工投产
大面积甘蔗增产综合技术措施和应用	1265	1265	已完成投资计划
合 计	22688	18580	

13.4万吨蔗渣浆技改项目:

报告期末已完成资金投入13,744万元,预计2001年4月全部建成投产,该项目投 产后,每年可为公司新增销售收入11,012万元,利润总额3,870万元。

21万吨造纸生产:

该项目已于1999年8月建成投产,截止2000年底累计实现销售收入4,783万元。

3.甘蔗增产综合技术措施和应用:

已按计划投完资金,良种蔗种植面积从99年的4.46万亩增加到34.5万亩,增长了79.7%。

以上三个项目报告期内实际使用募集资金18,580万元,尚未使用的募集资金4,108万元暂用于生产流动资金,将按计划在2001年初把尚未使用的募集资金全部用于原 承诺的项目。

(4) 非募集资金投资情况

1.糖纸厂水塘江污水处理工程:投资1,662万元,现已竣工投入试运行。

2.糖纸厂压滤机技改工程:投资297万元,已竣工投产。

3.伶俐糖厂扩建工程:投资499万元,2000年5月开始施工,现已完成。

4、生产经营环境及客观政策发生重大变化,对公司的财务状况和经营成果的影 响

(1)1999/2000年榨季,广西、云南、广东等产糖大省普遍遭受霜冻灾害,据统计,这次霜冻使全国甘蔗糖减产23%,其中广西减产80万吨左右;

(2) 报告期内广西甘蔗产区受到了严重的干旱,致使甘蔗大幅度减产;

(3) 由于国家环保政策的限制,对年产2 万吨以下以及环保不能达标的纸厂实行关停;

(4) 全国制糖行业制定的一系列宏观调控措施已在逐步落实;

上述情况使得市场需求偏紧,预计会对公司的经营状况产生一定的正面影响。

(5) 税收政策对公司财务状况和经营情况的影响

1.根据桂财税函字[1998]4号文《关于南宁市财政局要求确认南宁统一糖业有限责任公司原料蔗农业特产税实行先征后返优惠政策的批复》,该优惠政策至1999年12月31日已到期,2000年已不再享受该优惠政策。

2.根据南宁市政府南府函[2000]80号文,原按桂政函[1998]59号文执行的企业所得税先按33%的法定税率征收,再返还18%的优惠政策继续执行至2001年12月31日。

5、新年度的业务发展计划

(1)完善和强化现代企业制度的管理、激励和约束体制,在全公司推行标准化车 间、工厂管理,贯彻执行ISO—14000环境管理体系标准,全面提高公司的管理水平和经济效益;

(2)大力推广甘蔗原料的发展,确保糖蔗原料的供应;

(3)加快未完工募集资金项目的建设,为公司增加新的利润增长点;

(4)充分利用资本市场、利用本公司的资源、技术和人才优势,继续调整和优化 本公司的产品结构和产业结构,逐步向新材料领域发展,形成多元化和规模化效益;

(5)重视资本市场的运营工作,认真做好2001年的配股工作,为公司重大战略决 策实施提供可持续发展的资金保障。

6、董事会日常工作情况

(1)董事会的会议情况及决议内容:

报告期内董事会共召开了8次会议。

12000年元月14日,在公司总部召开了第一届董事会第四次会议,会议通过以下 决议:

a:《公司伶俐糖厂扩建技改项目方案》;

b:《南宁糖业第二步结构调整方案》;

c:《公司2000年环保工作计划》;

d:《增补董事的议案》;

e:《修改公司章程》;

f:《召开公司2000年第一次临时股东大会》。

本次董事会决议公告刊登在2000年1月18日的《证券时报》上。

2.2000年3月14日,在公司总部会议室召开第一届董事会第五次会议,会议审议 并通过以下决议:

a: 1999年度董事会工作报告;

b: 1999年度报告和年报摘要;

c: 1999年度财务决算和2000年度财务预算报告;

d:《公司内部控制制度》;

e: 1999年度利润分配预案;

f: 续聘财务审计机构;

g: 召开公司1999年度股东大会;

h: 增加公司经营项目,修改公司章程。

本次董事会决议公告刊登在2000年3月17日的《证券时报》上。

3.2000年4月11日,在公司总部召开第一届董事会第六次会议,会议通过以下决 议:

a:《有关人事任免提案》;

本次董事会决议公告刊登在2000年4月12日的《证券时报》上。

4.2000年6月20日,在公司总部召开了第一届董事会第七次会议,会议通过以下 决议:

a:《董事会更换董事议案》;

b:《有关人事任免提案》;

c:《关于召开2000年第二次临时股东大会的议案》。

本次董事会决议公告刊登在2000年6月22日的《证券时报》上。

5.2000年8月1日,在公司总部召开了第一届董事会第八次会议,会议通过以下决议:

a:《公司2000年度中期报告及摘要》;

b:《公司2000年中期利润分配预案》;

c: 授权公司办公会决定限额对外投资;

d: 召开2000年第三次临时股东大会。

本次董事会决议公告刊登在2000年8月4日的《证券时报》上。

6.2000年8月18日,在公司总部召开了第一届董事会第九次会议,会议通过以下 决议:

a:《出资参与组建邕宁县纸业有限责任公司》;

b:《有关人事聘任议案》。

本次董事会决议公告刊登在2000年8月19日的《证券时报》上。

7.2000年10月31日,在公司总部召开了第一届董事会第十次会议,会议通过以下决议:

a:《南宁糖业股份有限公司现代企业制度法人治理结构工作细则(试行)》;

b: 公司2000/2001年榨季生产财务安排;

c: 2000/2001年榨季农务工作计划;

d: 2000/2001年榨季生产工作计划;

e: 2000/2001年榨季产品销售方案;

f:《关于对外资产抵押及担保有关事项的报告》。

本次董事会决议公告刊登在2000年11月1日的《证券时报》上。

8.2000年12月15日,在公司总部召开了第一届董事会第十一次会议,会议通过以下决议:

a:《公司2001年1月份产品销售原则》;

b:《自有资金两级管理制度》;

c:《有关财务事项》;

d:《南宁糖业股份有限公司拟与南宁科宝纸业有限公司合资经营年产2.5 万吨生活用纸的项目》;

e: 注销南宁糖业股份有限公司驻外经营部;

f:《有关人事聘任议案》。

本次董事会决议公告刊登在2000年12月16日的《证券时报》上。

(2)董事会对股东大会决议的执行情况

2000年中期,经公司2000年第三次临时股东大会审议通过:每10股派现金1.5元(含税)。该方案已于2000年11月13日执行。

董事会对股东大会通过的其它决议全部执行完毕。

7、公司管理层及员工情况

(1) 董事、监事、高级管理人员名单及任职期间持股数:

姓 名	性别	年龄	职 务	任期起止日期	年初和年末持股数
熊可模	男	49	董事长兼总经理	1999.04—2002.04	0
李文智	男	49	副董事长	1999.04—2002.04	0
叶敬辉	男	48	董事兼副总经理	1999.04—2002.04	0
王国良	男	48	董 事	1999.04—2002.04	0
陈善光	男	46	董 事	1999.04—2002.04	0
方春生	男	46	董 事	1999.04—2002.04	0
蔡尚武	男	50	董 事	2000.07—2002.04	0
陆天美	男	48	董 事	1999.04—2002.04	0
陈载华	男	40	董 事	2000.07—2002.04	0
孙成杰	男	57	董 事	1999.04—2002.04	0
周东才	男	34	董 事	1999.04—2002.04	0
林大南	男	48	董 事	2000.03—2002.04	0
王国庆	男	43	董事会秘书	1999.04—2002.04	0
陆秀文	男	48	监事会召集人	1999.04—2002.04	0
梁善入	男	44	监 事	1999.04—2002.04	0
陆兆奎	男	45	监 事	1999.04—2002.04	0
兰庆民	男	36	监 事	1999.04—2002.04	0
曾永红	女	52	监 事	1999.04—2002.04	0
刘鸿安	男	41	副总经理	2000.04—2002.04	0
李绍德	男	44	副总经理	1999.04—2002.04	0
韦永上	男	52	副总经理	2000.12—2002.04	0
潘 汉	男	39	副总经理	1999.11—2002.04	0
牟裕兴	男	39	副总经理	2000.08—2002.04	0
谢电邦	男	32	总会计师	2000.04—2002.04	0

说明:1.董事王国良先生、陈善光先生未在公司领取报酬。

2. 公司高级管理人员年度报酬总额在6万元至12万元区间的有8人;2万元至6万元区间的有12人;低于2万元的有2人。

3.报告期内离任的董事、监事和高级管理人员情况

姓 名	原 职 务	离任原因	辞职情况
刘鸿安	董 事	工作变动	辞去原职
吴明刚	董 事	辞 职	辞去原职
甘友荣	副总经理	年龄原因	辞去原职
李国章	副总经理	年龄原因	辞去原职
高天真	总会计师	年龄原因	辞去原职

4.报告期内无公司经理、董事会秘书变动情况

8、本次利润分配预案或资本公积金转增股本预案

公司2000年度净利润为55,006,584.53元,提取10%法定公积金5,500,658.45元 ,提取5%法定公益金2,750,329.23元;

2000年度末分配利润13,155,596.85元加上年结转利润35,027,033.54元,报告期末可供股东分配利润48,182,630.39元;

截止2000年12月31日资本公积金为253,798,607.12元。

考虑到公司特殊的生产情况,每年年终到次年的年初正是蔗糖榨季生产的高峰期,占用资金量较大,且2000年中期本公司已对全体股东进行了股利现金分配。为保证公司榨季正常生产、经营的运转,本报告期末不进行利润分配,也不进行资本公积金转增股本。

以上分配预案须经本公司股东大会批准。

9、本报告期公司信息披露报纸定为《证券时报》。

(六)监事会报告

1、报告期内,监事会共召开四次会议。

(1)2000年元月14日,在公司总部召开第一届监事会第三次会议,会议通过如下 决议:

1《公司伶俐糖厂扩建技改项目方案》;

2《南宁糖业第二步结构调整方案》;

3《公司2000年环保工作计划》;

4《增补董事的议案》;

5《修改公司章程》;

6《召开公司2000年度第一次临时股东大会》。

本次监事会决议公告刊登在2000年元月18日的《证券时报》。

(2)2000年3月14日,在公司总部会议室召开第一届监事会第四次会议,会议通过如下决议:

1 公司1999年度监事会工作报告;

2 认为公司依法运作,未发现有违法行为;

3 认为公司1999年度财务报告真实地反映了公司的财务状况和经营成果;

4 认为公司1999年度关联交易符合公允原则;

5 1999年度公司无出售资产行为。

本次会议决议公告刊登在2000年3月17日的《证券时报》。

(3)2000年8月1日,在公司总部召开第一届监事会第五次会议,会议通过如下决 议:

1 公司2000年中期报告及摘要。

本次会议决议公告刊登在2000年8月4日的《证券时报》。

(4)2000年12月18日,在公司总部召开第一届监事会第六次会议,会议通过如下 决议:

1 公司监事会工作细则。

本次会议决议公告刊登在2000年12月19日的《证券时报》。

2、监事会工作报告

(1)报告期,本公司董事会严格按照股东大会的决议要求,切实认真地执行了各 项决议,其决策程序符合《公司法》、《公司章程》的有关规定;建立了内部控制制度;公司董事、经理层等高级管理人员在执行公司职务时无违反法律、法规、公司章程或损害公司利益的行为。

(2)监事会认为上海东华会计师事务所有限公司出具的无保留意见审计报告是恰 当的,公司的财务报告真实、客观、准确地反映了公司本报告期的财务状况和经营成果。

(3) 公司前次募集资金实际投入的项目与承诺投入一致。

(4)本报告期,公司关联交易为公平交易,按市场原则进行,没有损害公司利益 ;没有发现内幕交易,无损害部分股东权益或造成公司资产流失的行为发生。

(5) 认为董事会对本报告期实现利润数高于预测数的说明是符合事实的。

监事会一致认为公司本报告期在改革整顿、规范运作、结构调整、产品开发、经营业绩等方面取得较好成绩,对公司管理层工作感到满意。

(七)重要事项

1、报告期内,公司无重大诉讼、仲裁事项。

2、报告期内公司、公司董事及高级管理人员无受监管部门处罚情况。

3、报告期内,公司控股股东无变更情况。公司董事会改选或半数以上成员变动 情况、总经理变更情况如下:

2000年3月6日召开的2000年第一次临时股东大会通过了增补林大南先生为公司第一届董事会董事;

2000年7月25日召开的2000年第二次临时股东大会通过了刘鸿安、吴明刚先生辞 去董事职务,改选蔡尚武、陈载华先生为第一届董事会董事。

4、报告期内,公司无收购、出售资产、吸收合并等事项

5、重大关联交易事项

(1)公司关联交易按照公平、公正的原则与各关联方签定了关联交易原则协议,并根据协议参照市场价格确定具体关联交易价格,具体关联交易情况详见《会计报表附注》;

(2) 公司无其他重大关联交易。

6、公司成立时,财务、资产与控股股东已完全分开,实现了与控股股东在人员 、资产、财务上的"三分开":

(1)公司设有专门的机构负责劳动、人事及工资管理,公司经理、副总经理等高 级管理人员都在公司领取报酬,不存在在股东单位兼职情况;

(2)公司资产完整,拥有独立的生产系统、辅助生产系统和配套设施,工业产权 、商标、非专利技术等无形资产由公司拥有,公司拥有独立的采购和销售系统;

(3)公司设立了独立的财会部门,建立了独立的会计核算体系和财务管理制度,在银行开有独立账户。

7、报告期内,公司无承包、租赁其他公司资产或其他公司托管、承包、租赁本 公司资产等事项。

原南宁统一糖业有限责任公司剥离出的非股份部分成立了南宁统一综合服务有限公司,股权归南宁振宁资产经营有限责任公司持有,由振宁公司委托本公司代管。

8、报告期内,公司聘用上海东华会计师事务所有限公司负责本公司审计工作。

公司聘用的原广西公信会计师事务所根据财政部财协字[2000]26号文精神,经 财政部财会[2000]1020号同意,与上海东华会计师事务所、陕西五联会计师事务所 以吸收合并方式进行合并,合并后更名为上海东华会计师事务所有限公司。

9、重大合同(含担保等)及其履行情况

(1) 报告期内,公司无对正常经营活动有重大影响的重大合同和承诺事项;

(2) 公司根据互保协议,为南宁化工集团公司提供贷款担保25610万元。

10、本公司报告期内,无更改名称或股票简称的情况。

(八)财务会计报告

1、本公司财务报告经上海东华会计师事务所有限公司注册会计师郭益浩、李广 安先生审计,并出具了无保留意见的审计报告(东华桂审字(2001)008号)

审 计 报 告

东华桂审字[2001]008号

南宁糖业股份有限公司全体股东:

我们接受委托,审计了贵公司2000年12月31日的资产负债表及2000年度的利润及 利润分配表和现金流量表。这些会计报表由贵公司负责,我们的责任是对这些会计报表发表审计意见。我们的审计是依据《中国注册会计师独立审计准则》进行的。在审计过程中,我们结合贵公司实际情况,实施了包括抽查会计记录等我们认为必要的审计程序。

我们认为,上述会计报表符合《企业会计准则》和《股份有限公司会计制度》的有关规定,在所有重大方面公允地反映了贵公司2000年12月31日的财务状况及2000年的经营成果和现金流量情况,会计处理方法的选用遵循了一贯性原则。

上海东华会计师事务所有限公司　　中国注册会计师　郭益浩　　李广安

二〇〇一年二月六日

2、会计报表

3、会计报表附注

(1)外币会计报表核算方法

1.外币业务核算方法

公司发生的外币经济业务,采用当月一日中国人民银行公布的市场汇价(中间价)折合为人民币记账。期末,对外币账户的外币余额按当日市场汇价调整,差额计入当期财务费用。

2.外币会计报表的折算方法

本公司外币会计报表折算采用单一汇率法。

a.所有资产、负债类项目均按照合并会计报表决算日的市场汇率折算为母公司记账本位币;

b.所有者权益类项目除"未分配利润"项目外,均按照发生时的市场汇率折算为母公司记账本位币;

c."未分配利润"项目以折算后的利润分配表中该项目的数额作为其数额列示;

d.折算后资产类项目与负债类项目和所有者权益类项目合计数的差额,作为报表折算差额在"未分配利润"项目后单独列示;

e.利润表所有项目和利润分配表中有关反映发生额的项目应当按照合并会计报表的会计期间的平均汇率折算为母公司的记账本位币。

(2)合并会计报表的编制方法

1.合并范围的确定原则

本公司合并会计报表的编制主要是遵循母公司理论确定合并范围,具体的合并范围如下:

a.母公司拥有其半数以上权益性资本的被投资企业,包括母公司直接拥有、间接拥有、直接和间接方式合计拥有半数以上权益性资本;

b.被母公司控制的其他被投资企业,包括:

通过与被投资企业的其他投资者之间的协议,持有被投资企业半数以上表决权;

根据章程或协议,有权控制企业的财务和经营政策;

有权任免公司董事会等类似权力机构的多数成员;

在公司董事会或类似权力机构会议上有半数以上投票权。

2.合并采用的方法

当母公司与子公司执行的会计政策不一致时,将子公司的会计政策调整为母公司 的会计政策。

(3)坏账核算方法

1.坏账的确认标准:因债务人破产或者死亡,以其破产财产或者遗产清偿后,仍不能收回的款项;因债务人逾期未履行偿债义务超过三年仍不能收回的款项。

2.坏账损失的核算:采用备抵法核算,以年末应收款项余额为依据,按账龄分析法计提坏账准备,具体计提比例如下:

账　龄	计提比例
一年以内(含一年)	2%
一至二年	3%
二至三年	5%
三至四年	10%
五年以上	50%

(4)存货核算方法及存货跌价准备计提方法

1.存货分类为:原材料、包装物、产成品、在产品、低值易耗品和委托加工材料等;

2.原材料按取得时的实际成本计价,发出时除甘蔗按加权平均法核算外,其余采用计划成本计价,月末通过材料成本差异调整为实际成本。

3.产成品及在产品按实际成本核算,发出按加权平均法结转成本。

4.低值易耗品和包装物采用领用时一次摊销法。

5.成本核算方法采用品种法。

6.公司存货按报告期末存货成本与可变现净值孰低计价,存货跌价准备按单个存货项目的成本高于其可变现净值的差额提取,预计的存货损失计入当期利润。

(5)短期投资核算方法

1.短期投资计价方法

本公司采用实际成本法核算短期投资,如果实际支付的价款中包含有已宣告发放的现金股利或利息则按应领取的现金股利、利息单独在应收股利或应收利息核算。

2.投资收益的确认方法

a.在出售股票、债券或到期收回债券时,按实际收到的金额与短期投资的实际成本的差额确认为投资收益;

b.中期期末或年度终了时,按应计的短期投资利息确认为投资收益。

3.短期投资跌价准备

公司对短期投资计价采用成本与市价孰低法,按市价低于短期投资账面价值的差额计提短期投资跌价准备,短期投资跌价准备按投资类别计算确定,预计的短期投资跌价损失计入当期利润。

(6)长期投资核算方法

1.长期债权投资。

长期债权投资按实际支付的价款扣除进行债权投资支付的税金和手续费等各项附加费用以及支付的自发行起至购入债券止的应计利息后的余额作为实际成本,实际成本与债券票面价值的差额,作为溢价或折价;债券的溢价或折价在债券存续期间内于确认相关债券利息收入时摊销;摊销的方法采用直线法。

2.长期股权投资。

a.计价方法

公司对外股权投资,按投资时实际支付的价款或确认的价值记账。公司对其他单位的投资占该单位有表决权资本总额20%或20%以上,或虽投资不足20%但有重大影响,采用权益法核算;公司对其他单位的投资占该单位有表决权资本总额20%以下,或对其他单位的投资虽占该单位有表决权资本总额20%或20%以上,但不具有重大影响,采用成本法核算。

b.投资收益的确认方法

采用成本法核算的,在被投资单位宣告发放现金股利时确认投资收益;采用权益法核算的,中期期末或年度终了,按分享或分担的被投资单位实现的净利润或发生的净亏损的份额,确认投资收益,并调整长期股权投资的账面价值。

c.股权投资差额的摊销方法

采用权益法核算的对外投资,如果长期股权投资取得时的成本与其在被投资单位所有者权益中所占的份额有差额,在本科目中设置"股权投资差额"单独核算,在年度终了时分期平均摊销,计入损益。股权投资差额的摊销期限,合同规定了投资期限的,按投资期限摊销;没有规定投资期限的,借方差额按不超过10年的期限摊销,贷方差额按不低于10年的期限摊销。

公司因追加投资等原因对长期股权投资的核算从成本法改为权益法,自改用权益法的年度终了,将投资成本与享有被投资单位所有者权益份额的差额,作为"股权投资差额",并按上述规定进行处理。

3.长期投资减值准备

公司对所投资单位由于市价下跌或经营状况恶化等原因导致其可收回金额低于长期股权投资的账面价值所造成的暂时性减值或永久性减值,按可收回金额低于长期股权投资账面价值的差额计提长期投资减值准备,长期投资减值准备按个别投资项目计算确定,预计的长期投资减值损失计入当期利润。

(7)固定资产计价和折旧方法

1.固定资产计价方法

固定资产按实际成本计价,本公司拥有的使用期限超过一年的房屋、建筑物、机器、机械、运输工具以及其他与生产、经营有关的设备、器具、工具等作为固定资产。对于不属于生产、经营主要设备的物品,单位价值在2000元以上,并且使用期限超过两年的,也作为固定资产。对不同渠道形成的固定资产其计价方法如下:

a.购入的固定资产,按实际支付的买价、包装费、运输费、安装成本、交纳的有关税金等记账;

b.自行建造的固定资产,按在建造过程中实际发生的全部支出记账;

c.投资者投入的固定资产,按评估确认的原价记账;

d.融资租入的固定资产,按租赁协议确定的设备价款、发生的运输费、途中保险费、安装调试费等支出记账;

e.在原有固定资产的基础上进行改建、扩建的,按原固定资产的价值,加上由于改建、扩建而发生的支出,减改建、扩建过程中发生的变价收入记账;

f.盘盈的固定资产,按重置完全价值记账;

g.接受捐赠的固定资产,按同类资产的市场价格,或根据所提供的有关凭据记账。接受捐赠固定资产时发生的各项费用,应当记入固定资产价值。

用借款购建的固定资产,其发生的借款费用,在固定资产交付使用前,计入所购固定资产的成本。如固定资产的购建发生非正常中断时间较长的,其中断期间发生的借款费用,计入当期损益不计入所购建固定资产的成本,直到购建重新开始。

2.固定资产折旧方法

固定资产采用直线法计提折旧,根据固定资产类别、使用年限、预计残值率确定其折旧率如下:

类　别	折旧年限(年)	残值率(%)	年折旧率(%)
1)房屋建筑物	20—40	4	2.4~4.8
2)通用设备	14—28	4	3.43~6.86
3)专用设备	8—14	4	6.86~12
4)运输工具	6—12	4	8~16
5)其他	9—14	4	6.86~10.67

(8)收入确认原则

以商品已经发出,公司已将商品所有权上的重要风险和报酬转移给买方,公司不再对该商品实施继续管理权和实际控制权,相关的成本能够可靠地计量时,确认营业收入的实现。

(9)所得税的会计处理方法

本公司所得税采用应付税款法进行核算。

(10)控股子公司及合营企业

1.截止 2000 年 12 月 31 日本公司下设一个子公司。

公司名称	注册地	法人代表	注册资本 人民币	实际投资额 人民币	持股比例	主营业务
广西南蒲纸业有限公司	广西邕宁县蒲庙镇新兴路	熊可模	566.89 万元	1,814,048 元	32%	生产、销售机制纸、纸制品

22000 年 10 月刚开始投入,被投资企业尚处于技改及试运行阶段,对本公司不产生 重大影响,决定采用成本法核算,不编制合并会计报表。

(11)承诺事项

截止二〇〇〇年十二月三十一日,公司无对正常生产经营活动有重大影响需特别披露的合同和承诺事项。

(12)或有事项

本公司报告期内无或有事项。

(13)资产负债表日后事项

截止二〇〇〇年十二月三十一日止,本公司无重大期后事项。

(14)其他重要事项

1.本公司和南宁化工集团公司互为贷款担保,双方互相担保贷款的金额以 3 亿元 为限。截止二〇〇〇年十二月三十一日止,本公司为南宁化工集团公司贷款担保 25610 万元。

2.1999 年根据国家计划本公司储备白砂糖 4 万吨,原定储备糖收入扣减储备糖成 本后有盈亏的,由自治区、交储糖厂及糖厂所在地方财政各按三分之一的比例分享和负担。2000 年 5 月储备期满销售后收入与成本基本持平,对本期损益无重大影响。

3.本公司拟与南宁科宝纸业有限公司合资经营年产 2.5 万吨生活用纸项目。

(九)公司的其它有关资料

1、公司首次注册或变更注册登记日期

首次注册登记日期:1999 年 5 月 14 日

注册地点:中国广西壮族自治区南宁市

2、企业法人营业执照注册号:4500001001165

3、税务登记号码:450100198320391(国税)

45010G610165402(地税)

4、公司未流通股票的托管机构名称:深圳证券登记有限公司

5、公司报告期内无证券主承销机构

6、公司聘请的会计师事务所名称:上海东华会计师事务所有限公司

办公地址:上海市太原路 87 号甲。

(十)备查文件

下列文件备于本公司证券部以供查阅:

1、载有法定代表人、总会计师、会计机构负责人签名并盖章的会计报表;

2、载有会计师事务所盖章,注册会计师签名并盖章的审计报告原件;

3、报告期内在中国证监会指定报纸上公开披露过的所有公司文件的正本及公告 的原稿;

董事长:熊 可 模

南宁糖业股份有限公司董事会

二 00 一年二月十二日

资产负债表

二〇〇〇年十二月三十一日

编制单位:南宁糖业股份有限公司　　单位:人民币元

资　产	附注	1999.12.31	2000.12.31
流动资产:		–	–
货币资金	1	150,067,798.79	428,234,149.77
短期投资	2	–	155,290.00
减:短期投资跌价准备		–	–
短期投资净额		–	155,290.00
应收票据	3	350,000.00	2,000,000.00
应收股利		–	–
应收利息		–	–
应收账款	4	153,295,272.11	55,779,321.71
其他应收款	5	88,943,605.59	46,043,904.08
减:坏账准备		4,966,138.31	2,391,562.30
应收款项净额		237,272,739.39	99,431,663.49
预付账款	6	27,897,129.97	83,803,236.38
应收补贴款	7	10,282,452.31	1,963,299.87
存货	8	65,411,157.32	65,614,168.19
减:存货跌价准备		–	–
存货净额		65,411,157.32	65,614,168.19
待摊费用	9	565,022.10	204,453.99
待处理流动资产净损失		–	–
一年内到期的长期债权投资		–	–
其他流动资产		–	–
流动资产合计		491,846,299.88	681,406,261.69
长期投资:		–	–
长期债权投资		–	–
长期股权投资	10	–	2,414,048.00
长期投资合计		–	2,414,048.00
减:长期投资减值准备		–	–
长期投资净额		–	2,414,048.00
固定资产:		–	–
固定资产原价	11	794,702,901.43	860,552,287.84
减:累计折旧		340,264,283.68	379,851,457.21
固定资产净值		454,438,617.75	480,700,830.63
工程物资	12	317,681.00	7,526,657.66
在建工程	13	45,348,062.85	160,273,829.39
固定资产清理	14	–110,224.62	–
待处理固定资产净损失		–	–
固定资产合计		499,994,136.98	648,501,317.68
无形资产及其他资产:		–	–
无形资产		–	–
开办费		–	–
长期待摊费用	15	993,460.37	5,780,212.92
其他长期资产		–	–
无形资产及其他资产合计		993,460.37	5,780,212.92
递延税项:		–	–
递延税款借项		–	–
资产总计		992,833,897.23	1,338,101,840.29
负债和股东权益	附注	1999.12.31	2000.12.31
流动负债:		–	–
短期借款	16	219,000,000.00	598,000,000.00
应付票据		–	–
应付账款	17	108,372,047.60	92,101,139.66
预收账款	18	38,500,463.15	19,218,608.46
代销商品款		–	–
应付工资		12,149,317.00	6,557,818.03
应付福利费		5,619,593.02	7,283,738.77
应付股利		–	–
应交税金	19	19,515,099.28	44,000,279.43
其他应交款	20	1,447,867.22	913,942.67
其他应付款	21	69,111,813.79	24,586,912.57
预提费用		–	–
一年内到期的长期负债		–	–
其他流动负债		–	–
流动负债合计		473,716,201.06	792,662,439.59
长期负债:		–	–
长期借款	22	840,000.00	855,120.00
应付债券		–	–
长期应付款	23	–	4,500,000.00
住房周转金		–	–
其他长期负债		–	–
长期负债合计		840,000.00	5,355,120.00
递延税项:		–	–
递延税款贷项		–	–
负债合计		474,556,201.06	798,017,559.59
股东权益:		–	–
股本	24	224,000,000.00	224,000,000.00
资本公积	25	253,398,607.12	253,798,607.12
盈余公积	26	5,852,055.51	14,103,043.19
未分配利润	27	35,027,033.54	48,182,630.39
股东权益合计		518,277,696.17	540,084,280.70
负债和股东权益总计		992,833,897.23	1,338,101,840.29

利润及利润分配表

编制单位:南宁糖业股份有限公司　　二〇〇〇年度　　单位:人民币元

项　　目	附注	1999 年度	2000 年度
一、主营业务收入	28	905,970,928.96	938,049,949.58
减:折扣与折让			
主营业务收入净额		905,970,928.96	938,049,949.58
减:主营业务成本	28	785,510,535.40	740,313,694.52
主营业务税金及附加	29	8,734,418.85	8,840,603.10
二、主营业务利润		111,725,974.71	188,895,651.96
加:其他业务利润	30	413,799.53	1,506,855.81
减:存货跌价损失			
营业费用	31	13,258,348.71	23,273,018.23
管理费用	32	69,869,932.39	80,789,611.47
财务费用	33	24,405,722.73	15,742,410.43
三、营业利润		4,605,770.41	70,597,467.64
加:投资收益	34		369,222.72
补贴收入	35	54,535,567.52	
营业外收入	36	6,184,083.69	994,937.01
减:营业外支出	37	2,200,764.03	4,554,336.54
加:以前年度损益调整			
四、利润总额		63,124,657.59	67,407,290.83
减:所得税	38	20,050,997.72	12,400,706.30
五、净利润		43,073,659.87	55,006,584.53
加:年初未分配利润		–1,865,385.20	35,027,033.54
盈余公积转入数			
六、可供分配的利润		41,208,274.67	90,033,618.07
减:提取法定盈余公积		4,120,827.42	5,500,658.45
提取法定公益金		,060,413.71	2,750,329.23
七、可供股东分配的利润		35,027,033.54	81,782,630.39
减:应付优先股股利			
提取任意盈余公积			
应付普通股股利			33,600,000.00
转做股本的普通股股利			
八、未分配利润		35,027,033.54	48,182,630.39

四川泸天化股份有限公司

一、公司简介

(一) 公司法定中文名称:四川泸天化股份有限公司
公司法定英文名称:SICHUAN LUTIANHUA COMPANY LIMITED　　缩写:LTH
(二) 公司法定代表人:任晓善
(三) 公司董事会秘书:聂长海
公司董秘授权代表:孙廷武
联系地址:四川泸天化股份有限公司办公大楼
联系电话:0830-4123966　　传　　真:0830-4123559
(四) 公司注册地址:四川省成都市　　邮政编码:610031
公司办公地址:四川省成都市中同仁路220号　　邮政编码:610031
公司国际互联网网址:http://www.lth-inc.com.cn
E-MAIL 地址:LTHoffice@lz-public.sc.cninfo.net
(五) 公司选定的信息披露报纸名称:《证券时报》
登载公司年度报告的中国证监会指定国际互联网网址: http://www.cninfo.com.cn
公司年度报告备置地点:公司董事会办公室
(六) 公司股票上市交易所:深圳证券交易所
股票简称:泸天化A　　股票代码:0912

二、会计数据和业务数据摘要

(一) 本年度主要利润指标情况　　单位:元

利润总额	178,485,762.85
净利润	124,492,331.62
扣除非经常性损益后的净利润	95,128,297.02
主营业务利润	327,604,756.41
其他业务利润	3,549,370.19
营业利润	131,069,708.56
投资收益	12,902,168.68
补贴收入	36,676,000.00
营业外收支净额	-2,162,114.39
经营活动产生的现金流量净额	389,116,451.05
现金及现金等价物净增加额	-157,606,613.81

注:扣除非经常性损益项目涉及金额为:补贴性收入36,676,000元;新股申购冻结资金利息收入摊销737,923.23元;处置固定资产净损失1,134,976.05元;长期股权投资差额摊销6,914,912.58元。

(二) 主要会计数据和财务指标

截止本报告期末,公司前三年的主要会计数据和财务指标　　单位:元

项目	单位	2000年度	1999年度 调整后	1999年度 调整前
主营业务收入	元	1,377,798,321.53	1,386,131,584.87	1,386,131,584.87
净利润	元	124,492,331.62	154,708,569.69	155,837,978.99
总资产	元	3,588,181,698.39	3,566,768,336.33	3,570,908,996.41
股东权益	元	1,452,495,894.65	1,354,899,969.77	1,356,029,379.07
每股收益	元/股	0.277	0.344	0.346
扣除非经常性损益后的每股收益	元/股	0.211	0.306	0.309
每股净资产	元/股	3.228	3.011	3.013
调整后的每股净资产	元/股	3.041	2.466	2.717
加权净资产收益率	%	8.96	15.44	15.55
扣除非经常性损益后的加权净资产收益率	%	6.84	13.87	13.98
净资产收益率	%	8.57	11.418	11.492
每股经营活动产生的现金流量净额	元/股	0.86	1.418	1.418

注:1、1998年每股收益是按公司资产评估前总股本218,750,696.59元计算,1999年、2000年每股收益按公司上市后总股本450,000,000元计算。

(三) 报告期利润表附表

报告期利润	净资产收益率 全面摊薄	净资产收益率 加权平均	每股收益(元/股) 全面摊薄	每股收益(元/股) 加权平均
主营业务利润	22.55%	23.57%	0.728	0.728
营业利润	9.02%	9.43%	0.291	0.291
净利润	8.57%	8.96%	0.277	0.277
扣除非经常损益后的净利润	6.55%	6.84%	0.211	0.211

三、股本变动和主要股东持股情况

(一) 股本变动情况:本公司1999年4月5日向社会公众上网发行1.5亿A股普通股,以募集方式于1999年4月29日注册成立,本报告期内公司股本结构无变动。

本公司股权结构表　　2000-12-31　　单位:万元

	期初数	送股	配股	发新股	小计	期末数
㈠、未上市流通股份						
1、发起人股份	30,000					30,000
其中:国家法人股	30,000					30,000
未上市流通股份合计	30,000					30,000
㈡、已上市流通股份						
1、A股	15,000					15,000
已上市流通股本合计	15,000					15,000
㈢、股份合计	45,000					45,000

(二) 股东情况介绍 :1、截止报告期末,公司股东总数为104,654户.
2、报告期末前10名股东持股情况

股东名称	持股数量(股)	占总股数比例(%)
1 泸天化(集团)有限责任公司	300,000,000	66.67%
2 杨志茂	396,638	0.09%
3 胡良庆	302,900	0.07%
4 普丰证券投资基金	269,934	0.06%
5 姚君	195,000	0.04%
6 陈新红	180,000	0.04%
7 李家平	174,100	0.04%
8 王建	148,000	0.03%
9 西安市华通工业公司上海分公司	140,700	0.03%
10 薜才康	136,500	0.03%

浙江钱江摩托股份有限公司

一、公司简介

1、公司的法定名称:浙江钱江摩托股份有限公司
公司的英文名称:ZHEJIANG QIANJIANG MOTORCYCLE CO.,LTD
2、公司法定代表人:林莲娣
3、公司董事会秘书:林先进
电　　话:0576-6139250、6139218
传　　真:0576-6139081
联系地址:浙江省温岭市太平镇万昌路
电子信箱:qmsd@mail.tzptt.zj.cn
4、公司注册地址:浙江省温岭市太平镇万昌路
公司办公地址:浙江省温岭市太平镇万昌路
邮 政 编 码:317500
电子信箱:qjsales@mail.tzptt.zj.cn
5、公司选定的信息披露报刊名称:《证券时报》
登载公司年度报告的互联网网址:http://www.cninfo.com.cn
公司年度报告备置地:浙江钱江摩托股份有限公司证券部
6、公司股票上市交易所:深圳证券交易所
股票简称:钱江摩托
股票代码:0913

二、会计数据和业务数据摘要

1、本年度利润总额及构成

(单位:人民币元)

利润总额	210,019,919.74
净利润	138,978,463.90
扣除非经常性损益后的净利润	139,358,045.72
主营业务利润	399,739,530.58
其他业务利润	6,997,533.85
营业利润	209,874,972.64
投资收益	248,599.73
补贴收入	-
营业外收支净额	-103,652.63
经营活动产生的现金流量净额	240,567,210.26
现金及现金等价物净增加额	-72,365,851.51

注:非经常性损益是指公司正常经营损益之外的、一次性或偶发性损益,本公司扣除的非经营性损益有:资产处置损益、补贴收入、新股申购冻结资金利息、债务重组收益

2、公司主要会计数据及财务指标

单位:人民币元

项目	2000年	1999年	1998年
主营业务收入	3,749,284,906.06	2,488,685,350.31	1,307,669,770.60
净利润	138,978,463.90	109,583,818.32	63,015,536.36
总资产	1,561,476,260.19	1,408,763,044.03	653,595,771.93
股东权益	840,926,560.13	733,148,096.23	298,603,089.29
每股收益(全面摊薄)	0.53	0.42	0.32
扣除非经营性损益	0.54	0.41	0.18
每股收益(加权平均)	0.53	0.44	0.32
每股净资产	3.23	2.82	1.53
调整后的每股净资产	3.16	2.81	1.53
每股经营活动产生的现金流量净额	0.93	-0.49	0.49
净资产收益率(%)	16.53	14.95	21.10

三、股本变动及股东情况

1、截止2000年12月31日,本公司股东总数为11057户。
2、主要股东持股情况

序号	股东名称	年末持股数(股)	持股比例(%)	股份性质
1	钱江集团有限公司	132000000	50.77%	国有法人股
2	金狮明钢有限公司	63000000	24.23%	社会法人股
3	兴科证券投资基金	1768498	0.68%	A股流通股
4	裴显爱	525000	0.20%	A股流通股
5	隆元证券投资基金	351470	0.14%	A股流通股
6	林文清	334000	0.13%	A股流通股
7	孙金蛾	292691	0.11%	A股流通股
8	陶中祥	252000	0.10%	A股流通股
9	钱家勤	238540	0.09%	A股流通股
10	李俊侠	204000	0.08%	A股流通股

注:前十名股东之间不存在关联关系。
钱江集团有限公司是代表国家持股的公司控股股东。
3、报告期内,控股股东无变更,所持股份无质押或冻结情况。

山东声乐股份有限公司

(一)公司简介

1、公司法定中文名称：　山东声乐股份有限公司
公司法定英文名称：　SHANDONG SHENGLE CO., LTD.
公司英文名称缩写：　SLCL
2、公司法定代表人：　吴培龙
3、公司董事会秘书：　王庆湘
证券事务代表：　田　波
联系地址：　山东省沂南县县城振兴路6号
电　话：　(0539)3221280转3178、3177
传　真：　(0539)3221510
电子信箱：　shengle@ly-public.sd.cninfo.net
4、公司注册和办公地址：　山东省沂南县县城振兴路6号
公司邮政编码：　276300
公司国际互联网网址：　http://www.shenglegroup.com
公司电子信箱：　shengle@ly-public.sd.cninfo.net
5、公司选定的信息披露报纸名称：　《中国证券报》、《证券时报》
登载公司年度报告的国际互联网网址：http://www.cninfo.com.cn
公司年度报告备置地点：　公司证券部
6、公司股票上市交易所：　深圳证券交易所
股票简称：声乐股份　股票代码：0915

(二)会计数据和业务数据摘要

1、本年度主要会计数据(单位：人民币元)

利润总额	-3,292,313.48
净利润	-3,012,450.24
扣除非经常性损益后的净利润	-5,857,150.44
主营业务利润	3,648,027.36
其它业务利润	223,661.53
营业利润	-6,821,200.65
投资收益	106,448.82
补贴收入	515,259.47
营业外收支净额	2,907,178.88
经营活动产生的现金流量净额	-90,483,621.03
现金及现金等价物净增加额	-64,419,540.81

注：公司扣除的非经常性损益是指新股申购冻结资金利息2,993,302.60元，处理固定资产净损益-148,602.40元。

2、前三年的主要会计资料和财务指标　单位：人民币元

项　目	2000年度	1999年度	1998年度 调整前	1998年度 调整后
主营业务收入	40,032,900.29	102,128,696.29	137,907,794.36	137,907,794.36
净利润	-3,012,450.24	18,165,897.02	21,493,442.58	22,001,888.09
总资产	399,545,387.01	370,303,308.78	238,934,549.42	228,388,510.50
股东权益(不含少数股东权益)	249,042,283.19	252,054,733.43	112,260,159.32	101,714,120.40
每股收益	-0.0333	0.2011	0.3562	0.3647
按月平均加权计算的每股收益	-0.0333	0.2261	0.3562	0.3647
扣除非经常性损益后的每股收益	-0.0648	0.1729	0.3541	0.3625
每股净资产	2.757	2.790	1.861	1.686
调整后的每股净资产	2.692	2.736	1.827	1.643
每股经营活动产生的现金流量净额	-1.002	0.5003	0.4011	0.4011
净资产收益率(%)	-1.21	7.21	19.15	21.63

注：1)1999、2000年度按总股本9033.6万股计算，1998年度按总股本6033.6万股计算。

2)根据财政部财会字[1999]35号文、49号文的有关规定，公司对前三年的会计数据和财务指标进行了追溯调整，并分别以调整前和调整后的数据进行列示。

3、根据中国证监会关于《公开发行证券公司信息披露编报规则》第9号通知精神，公司2000年度按全面摊薄法和加权平均法计算的净资产收益率及每股收益：

项　目	净资产收益率(%) 全面摊薄	净资产收益率(%) 加权平均	每股收益(元/股) 全面摊薄	每股收益(元/股) 加权平均
主营业务利润	1.46	1.46	0.0404	0.0404
营业利润	-2.74	-2.74	-0.0755	-0.0755
净利润	-1.21	-1.21	-0.0333	-0.0333
扣除非经常性损益后的净利润	-2.35	-2.35	-0.0648	-0.0648

(三)股东情况介绍

1、报告期末股东总数：截至2000年12月31日，公司股东总数为12987户。

2、前十名股东持股情况：

序号	股东名称	持有股数(股)	占总股本比例(%)
1	山东声乐集团有限公司	37,980,996	42.044
2	山东沂蒙实业集团公司	1,054,110	1.167
3	山东省临沂地区公路局水泥厂	660,000	0.731
4	上海华商联合发展有限公司	533,040	0.590
5	董国臣	493,946	0.547
6	民安投资管理有限公司	455,919	0.505
7	五莲县槎河乡社会福利织布厂	440,000	0.487
8	沂南县发达硅砂有限公司	440,000	0.487
9	夏文波	366,150	0.405
10	济南行者实业有限公司	354,779	0.393

注：1)据公司已知资料，前十名股东之间不存在关联关系。

2)报告期内，公司发起人山东声乐鞋业集团公司规范更名为山东声乐集团有限公司，仍持有本公司37,980,996股发起人法人股，其中7,429,400股为国有法人股，所持股份未发生变化。

3)报告期内，山东声乐集团有限公司持有的公司发起人法人股中的750万股于2000年7月11日被山东省临沂市中级人民法院冻结。

华北高速公路股份有限公司

一、公司简介

1、公司法定名称
中文名称：华北高速公路股份有限公司
英文名称：HUABEI EXPRESSWAY CO.,LTD
2、公司法定代表人：刘长宽先生
3、公司董事会秘书：周会平女士
联系地址：北京市丰台区芳群园4区22号金城中心18层
电　话：010-67602600
传　真：010-67602601
电子信箱：hbgszq@btamail.net.cn
4、公司注册地址：北京市经济技术开发区宏达北路10号
公司办公地址：北京市丰台区芳群园4区22号金城中心18层
邮政编码：100078
5、公司选定的信息披露报纸名称：《中国证券报》、《证券时报》
年度报告指定登载网址：http://www.cninfo.com.cn
公司年度报告备置地点：公司证券事务部
6、公司股票上市交易所：深圳证券交易所
股票简称：华北高速
股票代码：0916

二、会计数据和业务数据摘要

1、本年度主要利润指标情况(单位：人民币元)

利润总额：	280,738,100.66
净利润：	280,738,100.66
扣除非经常性损益后的净利润＊	227,964,000.66
主营业务利润：	239,517,810.93
营业利润：	219,866,263.53
投资收益	60,871,837.13
营业外收支净额：	0.00
经营活动产生的现金流量净额：	302,583,695.33
现金及现金等价物净增加额：	132,221,876.73

＊扣除的非经常性损益项目及涉及金额(元)：

出售持有的现代投资股份有限公司(原名为"湖南长永高速股份有限公司"，以下简称"现代投资")部分股权而获得的转让净收益4,883.12万元和国债投资收益394.29万元，共计5,277.41万元

2、公司近三年主要会计数据和财务指标：(单位：人民币元)

项　目	2000年	1999年	1998年
主营业务收入	355,767,190.00	303,726,010.00	255,396,280.00
净利润	280,738,100.66	164,634,356.74	114,298,263.47
总资产	3,295,158,843.68	3,089,209,063.22	1,998,554,789.19
股东权益	2,676,602,280.77	2,505,544,180.11	1,139,289,920.46
每股收益(按净利润摊薄)	0.2576	0.1510	0.1524
每股收益(按净利润加权)	0.2576	0.1846	0.1524
每股收益(扣除非经常性损益)	0.2091	0.1479	0.1515
每股净资产	2.4556	2.2987	1.52
调整后的每股净资产	2.4533	2.2987	1.52
每股经营活动产生的现金流量净额	0.2776	0.1786	
净资产收益率%(按净利润摊薄)	10.49	6.57	10.03
净资产收益率%(按净利润加权)	10.76	9.39	10.03
净资产收益率%(扣除非经常性损益加权)	8.74	9.20	10.03

利润表附表

报告期利润	净资产收益率(%) 全面摊薄	净资产收益率(%) 加权平均	每股收益(元) 全面摊薄	每股收益(元) 加权平均
主营业务利润	8.95	9.18	0.2197	0.2197
营业利润	8.21	8.43	0.2017	0.2017
净利润	10.49	10.76	0.2576	0.2576
扣除非经常性损益后的净利润	8.52	8.74	0.2091	0.2091

三、股东情况介绍

1、股东情况介绍

1.1　截止2000年末，公司股东总数为135,870户。

1.2　公司前十名股东持股情况

股东名称	持股数量(股)	持股比例(%)
(1)华建交通经济开发中心	285,000,000	26.15
(2)天津市京津塘高速公路公司	284,700,000	26.12
(3)京津塘高速公路北京市公司	146,250,000	13.42
(4)河北省公路开发有限公司	34,050,000	3.12
(5)基金金鑫	16,146,175	1.48
(6)基金泰和	7,782,787	0.71
(7)基金同盛	4,000,000	0.37
(8)基金同益	2,000,000	0.18
(9)基金金泰	1,383,900	0.13
(10)基金普丰	745,862	0.07

说明：1、前四名股东所持股份为未上市流通的国家股和国有法人股，占股份总数的68.81%。其持有的本公司股票无质押、冻结或转让情况。

前十名股东之间不存在关联关系。

2、持股10%以上法人股东情况：

2.1　华建交通经济开发中心：本公司发起人，法定代表人朱耀庭。主要从事公路、码头、港口、航道的综合开发、承包建设；交通基础设施新技术、新产品、新材料的开发、研制和产品的销售。年末持股数为28,500万股，占公司总股数的26.15%，其持有的本公司股票无质押或冻结情况。

2.2　天津市京津塘高速公路公司：本公司发起人，法定代表人唐骥。主要从事高速公路的建设与管理。年末持股数为28,470万股，占公司总股数的26.12%，其持有的本公司股票无质押或冻结情况。

2.3 京津塘高速公路北京市公司：本公司发起人，法定代表人雷起沛。主要从事京津塘高速公路北京段及联接线工程的施工与服务。年末持股数为14,625万股，占公司总股数的13.42%，其持有的本公司股票无质押或冻结情况。

湖南电广传媒股份有限公司

一、公司简介

1、公司法定中文名称： 湖南电广传媒股份有限公司
公司法定英文名称： HUNAN TV&BROADCAST INTERMEDIARY CO., LTD.
公司英文名称缩写： TVBI
2、公司法定代表人： 龙秋云
公司董事会秘书： 袁楚贤
授权代表： 齐慎、朱宜
3、联系地址： 湖南省长沙市浏阳河大桥东
电　　话： (86)731—4252080　4251998
传　　真： (86)731—4252096
电子信箱： tvbds@public.cs.hn.cn
4、公司注册地址： 湖南省长沙市浏阳河大桥东
公司办公地址： 湖南省长沙市浏阳河大桥东
公司邮政编码： 410003
公司国际互联网网址： http://www.tbi333.com
5、公司指定信息披露报纸：中国证券报、证券时报、上海证券报
登载公司年度报告指定的国际互联网网址： http://www.cninfo.com.cn
公司年度报告备置地点：公司董事会秘书处
6、公司股票上市交易所： 深圳证券交易所
公司股票简称： 电广传媒
公司股票代码： 0917

二、会计数据和业务数据摘要

1、本年度主要利润指标　单位：人民币元

利润总额	161,943,679.40
净利润	144,909,097.13
扣除非经常性损益后的净利润	141,551,195.79
主营业务利润	258,550,252.30
其他业务利润	2,083.28
营业利润	103,952,227.64
投资收益	54,040,979.59
补贴收入	—
营业外收支净额	3,950,472.17
经营活动产生的现金流量净额	107,711,595.82
现金及现金等价物增加值	1,439,151,662.29

备注：按照规定，扣除非经常性损益项目涉及项目及金额：

收入类		支出类	
无效申购冻结资金利息转入	4,776,167.32 元	营业外支出	1,041,252.91 元
罚款收入	15,097.00 元		
其他	200,460.76 元		
合计	4,991,725.08 元		

2、截止报告期末公司近三年的主要会计数据和财务指标　单位：人民币元

指标项目	2000 年度	1999 年度	1998 年度 调整前	1998 年度 调整后
主营业务收	578,742,137.50	428,059,980.06	308,516,241.43	308,516,241.43
净利润	144,909,097.13	83,402,072.14	64,079,687.99	60,688,847.97
总资产	3,209,666,457.82	1,270,257,136.11	1,187,905,226.81	1,184,382,626.90
股东权益 (不含少数股东权益)	2,341,516,153.33	733,752,617.52	655,549,953.09	652,159,113.07
每股收益(摊薄)	0.56	0.41	0.41	0.38
加权每股收益(按月加权)	0.68	0.41	0.41	0.38
扣除非经常性损益后的每股收益	0.55	0.39	0.41	0.38
每股净资产	9.06	3.57	4.15	4.13
调整后的每股净资产	8.98	3.52	4.10	4.07
每股经营活动产生的现金流量净额	0.42	0.44	0.19	0.19
净资产收益率(%、摊薄)	6.19	11.37	9.77	9.31
净资产收益率(%、加权)	15.50	11.37	9.77	9.31

3、按照中国证监会《公开发行证券公司信息披露编报规则(第 9 号)》要求计算的利润数据表：

报告期利润	净资产收益率(%)		每股收益(元)	
	全面摊薄	加权平均	全面摊薄	加权平均
主营业务利润	11.04	27.66	1.00	1.21
营业利润	4.44	11.12	0.40	0.49
净利润	6.19	15.50	0.56	0.68
扣除非经性损益后的净利润	6.05	15.14	0.55	0.66

三、股东情况介绍

1、报告期末股东总数
截止 2000 年 12 月 31 日，持有本公司股票的股东总数为 66,844 户。
2、主要股东持股情况(前十名和持股 5%以上股东)

名次	股东名称	期末持股数(股)	占总股本比例(%)
1	湖南广播电视产业中心	130,000,000	50.31
2	裕阳证券投资基金	5,705,421	2.21
3	湖南星光实业发展公司	3,900,000	1.51
4	裕隆证券投资基金	3,242,039	1.25
5	兴和证券投资基金	3,000,000	1.16
6	景阳证券投资基金	2,703,333	1.05
7	湖南省金帆经济发展公司	2,600,000	1.01
8	湖南省金环进出口总公司	2,600,000	1.01
9	景福证券投资基金	2,499,850	0.97
10	金泰基金	2,457,220	0.95

注：湖南广播电视产业中心持有本公司国有法人股 130,000,000 股，因公司在报告期内向社会公开增资发行新股，股份比例由原来的 63.29%变动为 50.31%。其所持股份无质押或冻结情况；前 10 名股东不存在关联关系。

湖南亚华种业股份有限公司

一、公司简介

1. 公司法定中文名称：湖南亚华种业股份有限公司
公司法定英文名称：Hunan Yahua Seeds CO.,LTD.
2. 公司法定代表人：吴新民先生
3. 公司董事会秘书：徐远忠先生
联系地址：湖南省长沙市八一路 509 号亚华大厦十八、十九楼
电话：0731-2566572　2565818
传真：0731-2566602
E-MAIL 地址：xuyz@public.cs.hn.cn
4. 公司注册地址：湖南省长沙市岳麓区银盆南路 289 号万利大厦五楼
邮政编码：410013
公司办公地址：湖南省长沙市八一路 509 号亚华大厦十八、十九楼
邮政编码：410011
公司国际互联网网址：www.yahuaseeds.com
E-MAIL 地址：yahua@public.cs.hn.cn
5. 公司指定信息披露报刊：《中国证券报》、《证券时报》
登载公司年度报告国际互联网址：www.cninfo.com.cn
公司年度报告备置地点：公司董事会秘书办公室
6. 股票上市交易所：深圳证券交易所
股票简称：亚华种业　　股票代码：0918

二、会计数据和业务数据摘要

1.2000 年度利润总额及构成(单位：人民币元)
利润总额：64,836,447.12
净利润：61,969,095.52
扣除非经营性损益后的净利润：59,948,155.15
主营业务利润：95,281,217.97
其他业务利润：6,068,759.67
营业利润：19,891,454.73
投资收益：44,675,333.48
补贴收入：0
营业外收支净额：269,658.91
经营活动产生的现金流量净额：56,317,219.75
现金及现金等价物净增加额：99,362,903.29
注 1：扣除的非经营性损益项目和涉及金额
营业外收支净额项目：2,020,940.37
A.无效申购冻结资金利息收入 1,590,086.76
B.无法支付的应付款项 430,853.61

注 2：本期投资收益较上年增加 3840.53 万元，主要是由于本公司对湖南证券有限责任公司按权益法核算投资收益，以及本公司为扩大生产经营领域进行项目性投资而增加了收益。

注 3：上年先征后返的所得税计入了补贴收入，由于会计政策发生变化，现直接冲减所得税，未体现在当期收入和利润总额中。

2、截止报告期末公司前三年主要会计数据和财务指标(合并数)

项　　目	单位	2000 年	1999 年	1998 年 调整前	1998 年 调整后
主营业务收入	元	338,286,665.15	265,535,387.64	255,238,555.53	255,238,555.53
净利润	元	61,969,095.52	49,868,667.76	48,413,777.14	39,194,160.63
总资产	元	1,481,524,627.05	970,704,201.24	469,956,790.66	458,410,784.63
股东权益	元	666,332,960.58	613,860,262.86	182,810,170.26	173,590,553.75
每股收益(摊薄)	元	0.365	0.293	0.44	0.36
每股收益(加权)	元	0.365	0.356	0.44	0.36
扣除非经常性损益后的每股收益(摊薄)	元	0.353	0.187	0.42	0.33
每股净资产	元	3.92	3.61	1.66	1.58
调整后的每股净资产	元	3.8	3.55	1.64	1.55
每股经营活动产生的现金流量净	元	0.33	–0.79	–0.16	–0.16
净资产收益率(摊薄)	%	9.3	8.12	26.48	22.58
净资产收益率(加权)	%	9.71	12.51	26.48	22.58
扣除非经常性损益后的每股收益(加权)	元	0.353	0.227	0.42	0.33
扣除非经常性损益后的净资产收益率(加权)	%	9.39	7.99	26.48	22.58

3、附表：

报告期利润	净资产收益率(%)		每股收益(元)	
	全面摊薄	加权平均	全面摊薄	加权平均
主营业务利润	14.3	14.93	0.56	0.56
营业利润	2.99	3.12	0.12	0.12
扣除非经常性损益后净利润	9.0	9.39	0.35	0.35

三、股本变动及股东情况

1、股本变动情况
(1) 截止 2000 年 12 月 31 日，本公司股东总数为 8608 户。其中：发起人法人股东 3 户，发起人自然人股东 2 户，社会公众股股东 8603 户。
(2)截止 2000 年 12 月 31 日本公司前 10 名大股东持股情况：

序号	股东名称	持股数量(股)	所占总股本比例
1	湖南省农业集团有限公司	78,100,000	45.94%
2	湖南省南山种畜牧草良种繁殖场	23,100,000	13.59%
3	湖南高溪集团公司	8,800,000	5.18%
4	金鑫证券投资基金	981430	0.58%
5	蔡军民	873940	0.51%
6	陶　莹	585100	0.34%
7	褚德申	483300	0.28%
8	杜小明	457300	0.27%
9	周高芬	410500	0.24%
10	王　霞	348500	0.20%

金陵药业股份有限公司

一、公司简介

1、公司法定中文名称:金陵药业股份有限公司
公司法定英文名称:Jinling Pharmaceutical Company Limited
2、公司法定代表人 :朱代银
3、公司董事会秘书 :徐俊扬
联系地址 :江苏省南京市南京经济技术开发区新港大道58号
联系电话 :(025)5801711
传 真 :(025)5801486
4、公司注册及办公地址:南京经济技术开发区(新港大道58号)
邮政编码 :210038
公司网址 :http://www.jlyy.com
电子信箱 :info@jlyy.com
5、公司选定的信息披露报纸:《中国证券报》、《证券时报》
中国证监会指定登载公司年度报告的国际互联网网址 http://www.cninfo.com.cn
年度报告备置地点:公司证券部
6、公司股票上市地点:深圳证券交易所
股票简称:金陵药业 股票代码:0919

二、会计数据和业务数据摘要

1、本年度主要经济指标完成情况(单位:人民币元)

利润总额:	143,378,137.88
净利润:	118,853,981.68
扣除非经常性损益后的净利润:	120,775,341.14
主营业务利润:	179,597,107.96
其他业务利润:	488,733.33
营业利润:	122,270,941.85
投资收益:	24,237,408.98
营业外收支净额:	-3,130,212.95
经营活动产生的现金流量净额:	231,306,606.61
现金及现金等价物净增加额:	-47,617,776.80

2、本年度主要会计数据和财务指标 (单位:人民币元)

指标项目	2000年	1999年	1998年(调整后)	1998年(调整前)
主营业务收入	364,950,446.09	354,135,913.59	339,045,415.72	339,045,415.72
净利润	118,853,981.68	112,652,152.53	97,228,136.11	98,189,215.68
总资产	1,222,140,123.80	1,171,217,707.85	427,107,990.24	432,485,949.94
股东权益	1,058,302,039.52	1,015,888,057.84	305,322,357.38	310,365,934.71
每股收益(全面摊薄)	0.424	0.4023	0.4861	0.4909
每股收益(加权平均)	0.424	0.4970	0.4861	0.4909
扣除非经常性损益后每股收益(全面摊薄)	0.431	0.3864	0.4848	0.4896
扣除非经常性损益后每股收益(加权平均)	0.431	0.4773	0.4848	0.4896
每股净资产	3.7797	3.6281	1.5266	1.5518
调整后的每股净资产	3.7729	3.6092	1.4929	1.5181
每股经营活动产生的现金流量净额	0.8261	0.1420	-	-
净资产收益率%	11.23	11.09	31.84	31.64
净资产收益率%(加权平均)	11.05	22.86	39.78	39.05

按照中国证监会《公开发行证券公司信息披露编报规则(第9号)》要求计算的利润数据:(单位:人民币元)

报告期利润	净资产收益率		每股收益	
	全面摊薄	加权平均	全面摊薄	加权平均
主营业务利润	16.97	16.70	0.641	0.641
营业利润	11.55	11.37	0.437	0.437
净利润	11.23	11.05	0.424	0.424
扣除非经常性损益后的净利润	11.41	11.23	0.431	0.431

报告期内股东权益变化情况(单位:人民币元)

项目	股 本	资本公积	盈余公积	法定公益金	未分配利润	股东权益合计
期初数	280,000,000	635,925,548.04	20,988,028.86	20,988,028.87	57,986,452.07	1,015,888,057.84
本期增加	-	-	11,865,585.66	11,865,585.66	94,924,685.25	118,655,856.57
本期减少	-	-	-	-	76,440,000.00	76,440,000.00
期末数	280,000,000	635,925,548.04	32,853,614.52	32,853,614.53	76,471,137.32	1,058,103,914.41

变动原因:本年度母公司实现净利润118,655,856.57元,增加了盈余公积、公益金、未分配利润及股东权益;未分配利润的变动是因为本年度利润增加及拟进行2000年度的利润分配。

三、股东情况介绍

(1) 截止2000年12月31日,本公司共有股东7360户。
(2) 前十名股东持股情况(以2000年12月31日的总股本计算) 单位:股

序号	股东名称	持股数	占总股本比例
1	南京金陵制药(集团)有限公司	132636206	47.37%
2	福州市医药总公司	24493233	8.75%
3	浙江省交接办	15296360	5.46%
4	南京市交接办	14614336	5.22%
5	合肥市医药工业公司	12959865	4.63%
6	浙江创新科技投资公司	2858630	1.02%
7	金鑫证券投资基金	1349233	0.48%
8	廖茗衡	1114038	0.39%
9	罗岗政	996000	0.36%
10	上海天发投资有限公司	994700	0.35%

注:代表国家持有股份的单位为福州市医药总公司、浙江省交接办、南京市交接办、合肥市医药工业公司。其中,浙江省交接办所持股权已全部无偿移交给浙江省中阳集团有限公司,过户登记手续正在办理之中。

南方汇通股份有限公司

一、公司简介

(一)公司法定中文名称:南方汇通股份有限公司
公司法定英文名称:SOUTH HUITON CO., LTD.
(二)公司法定代表人:惠金根先生
(三)公司董事会秘书:高锡忠先生
公司董事会股权事务授权代表:张英凯先生
联系地址:贵州省贵阳市都拉营
联系电话:(0851)4470866
传真:(0851)4470866
(四)公司注册地址:贵阳国家高新技术产业开发区
公司办公地址:贵州省贵阳市新天大道火炬大厦
邮政编码:550018
公司国际互联网网址:http://www.southhuiton.com
电子信箱:msc@southhuiton.com
(五)公司选定信息披露报纸:《证券时报》
登载公司年度报告的中国证监会指定国际互联网网址:
http://www.cninfo.com.cn
公司年度报告备置地点:公司董事会秘书处
(六)公司股票上市交易所:深圳证券交易所
股票简称:南方汇通
股票代码:0920

二、会计数据和业务数据摘要

(一)本年度主要利润指标情况
(单位:人民币元)

利润总额	74,123,408.24
净利润	74,123,408.24
扣除非经常性损益后的净利润	55,323,033.31
主营业务利润	91,632,889.25
其他业务利润	2,769,202.38
营业利润	59,008,860.74
投资收益	6,926,293.92
补贴收入	7,563,298.51
营业外收支净额	624,955.07
经营活动产生的现金流量净额	22,547,809.16
现金及现金等价物净增加额	-171,915,512.52

注:扣除的非经常性损益项目和涉及金额
(单位:人民币元)

资产处置损益	-316,084.17
临时性获得的补贴收入	7,563,298.51
新股申购冻结资金利息	948,544.60
所得税豁免	10,604,615.99

(二)截止2000年末公司前三年的主要会计数据和财务指标
(单位:人民币元)

	2000年	1999年	1998年
主营业务收入	408,799,656.84	284,016,628	274,366,034
净利润	74,123,408.24	57,076,652	50,429,762
总资产	917,703,905.51	685,498,496	256,691,268
股东权益(不含少数股东权益)	583,828,135.70	566,704,727	123,568,094
每股收益	0.39	0.30	0.42
每股净资产	3.07	2.98	1.03
调整后的每股净资产	3.07	2.93	-
每股经营活动产生的现金流量净额	0.12	0.004	-
净资产收益率(%)	12.70	10.07	40.81

三、股东情况介绍

(一)报告期末股东数:
截止2000年12月31日,公司股东总数为25036户,其中未流通国有法人股股东1户,高级管理人员0户,流通股股东25035户。
(二)公司前十名股东持股情况如下:

序号	股东名称	期初持股数(股)	期末持股数(股)	所占比例(%)	备注
1	中国铁路机车车辆工业总公司	120,000,000	120,000,000	63.16	未流通国有法人股
2	海深深南		1703,493	0.90	
3	海通基金		1211,787	0.64	
4	海通青岛		906,178	0.48	
5	海通乔口		727,802	0.38	
6	海通证券有限公司		497,007	0.26	
7	海通证券有限公司		477,647	0.25	
8	何新侠		473,140	0.25	
9	海通汉证		455,041	0.24	
10	刘云芬		381,253	0.20	

前十名股东中,海通基金、海通青岛、海通乔口、海通汉证均系海通证券有限公司机构。

广东科龙电器股份有限公司

一、公司简介

(一)公司法定中文名称:广东科龙电器股份有限公司
　英文名称:GUANGDONG KELON ELECTRICAL HOLDINGS COMPANY LIMITED
(二)公司注册与办公地址:广东省顺德市容桂镇容港路八号
　网址:http://www.kelon.com
(三)法定代表人:王国端
(四)董事会秘书:余楚媛　许伟文
　电话:0765-8362570　传真:0765-8361055
　E-mail:sec@kelon.com　邮政编码:528303
(五)公司选定境内信息披露报纸:《证券时报》
　境外信息披露报纸:《HK i-mail》《信报》
　中国证监会指定的年报登载网址:http://www.cninfo.com.cn
　公司年度报告备置地点:广东省顺德市容桂镇容港路八号本公司董事会秘书室
(六)股票上市地:深圳证券交易所、香港联合交易所有限公司
　股票简称:科龙电器　股票代码:0921

二、会计数据和业务数据摘要

(一)公司本年度实现利润情况:　(以人民币元为单位)

指标名称	业务数据
利润总额	(1,007,150,805)
净利润	(678,418,823)
非经常性损益合计	(15,741,048)
其中:	
资产处置损益	(5,544,048)
合并价差摊入	(10,197,000)
扣除非经常性损益后的净利润	(662,677,775)
主营业务利润	618,969,450
其他业务利润	11,333,777
营业利润	(997,920,582)
投资收益	(1,829,000)
补贴收益	175,300
营业外收支净额	(7,576,523)
经营活动产生的现金流量净额	1,090,628,652
现金及现金等价物净增加额	85,569,548
按国际会计准则计算的2000年度净利润	(688,001,403)
按国内会计准则计算的2000年度净利润	(678,418,823)
按国际会计准则的调整事项:	(9,582,580)
调整固定资产重估增值及有关折旧	(15,463,682)
调整有关开办费之以前年度损益调整	5,131,102
调整有关递延退休金之以前年度损益调整	750,000

(二)公司近三年主要会计数据及财务指标:

项目	2000年度	1999年度	1998年度
主营业务收入	4,410,880,037	5,826,700,500	3,931,073,000
净利润	(678,418,823)	643,584,316	590,704,828
总资产	6,911,367,126	7,485,339,144	6,664,138,987
股东权益(未含少数股东权益)	4,134,255,797	4,815,210,308	3,339,131,257
每股收益(加权)	(0.68)	0.69	0.67
每股收益(摊薄)	(0.68)	0.65	0.67
扣除非经常性损益后的每股收益	(0.67)	0.66	0.68
每股净资产	4.17	4.85	3.79
调整后的每股净资产	3.92	4.62	3.53
净资产收益率	(16.4%)	13.4%	17.7%
每股经营活动产生的现金流量净额	1.10	(0.66)	1.18

注:主要财务指标的计算方法:
每股收益(摊薄)=净利润/年度末普通股股份总数
净资产收益率=净利润/年度末股东权益×100%
每股净资产=年度末股东权益/年度末普通股股份总数
调整后每股净资产=(年度末股东权益—三年以上的应收款项净额-待摊费用-待处理(流动、固定)资产净损失-开办费-长期待摊费用-住房周转金负数余额)/年度末普通股股份总数
每股经营活动产生的现金流量净额=经营活动产生的现金流量净额/年度末普通股股份总数

(三)报告期利润表附表:

报告期利润	净资产收益率(%)		每股收益(元/股)	
	全面摊薄	加权平均	全面摊薄	加权平均
主营业务利润	15.0	13.8	0.62	0.62
营业利润	(24.1)	(22.3)	(1.01)	(1.01)
净利润	(16.4)	(15.2)	(0.68)	(0.68)
扣除非经常性损益后的净利润	(16.3)	(15.0)	(0.68)	(0.68)

三、股本变动及股东情况介绍

1、报告期末股东总数为94871户,其中境内股股东94748户、H股股东123户。
2、主要股东持股情况(截止2000年12月31日)

股东名称	期初		期末	
	持股数	比例(%)	持股数	比例(%)
(1)广东科龙(容声)集团有限公司	337,915,755	34.06	337,915,755	34.06
(2)FRANKLIN TEMPLETON GROUP	68,681,750	6.92	91,282,128	9.20
(3)香港上海汇丰银行有限公司	74,143,008	7.47	67,390,807	6.80
(4)渣打银行	85,645,950	8.63	53,587,302	5.40
(5)万国宝通银行	51,932,556	5.24	22,443,538	2.26
(6)德意志银行	28,312,550	2.85	11,530,000	1.16
(7)宝生银行有限公司	-	-	6,889,000	0.70
(8)华侨商业银行有限公司	-	-	5,719,000	0.57
(9)恒生银行有限公司	-	-	5,632,000	0.56
(10)美林远东有限公司	-	-	5,307,800	0.53

注:广东科龙(容声)集团有限公司所持股份为发起法人股,前10名股东之间不存在关联关系。

阿城继电器股份有限公司

一、公司简介

(一)、公司中文名称:阿城继电器股份有限公司
公司英文名称:ACHENG RELAY CO.,LTD
公司英文缩写:ARC
(二)、公司法定代表人:朱大萌
(三)、公司董事会秘书:王永利
证券事务授权代表:姜义新
电　话:0451-3703187
传　真:0451-3701318
电子信箱:ACJYX@0451.com
(四)、公司注册地址:哈尔滨市南岗区赣水路高新技术产业开发区15号楼
邮政编码:150001
公司办公地址:黑龙江省阿城市河东街
邮政编码:150302
公司国际互联网网址:Http://www.AchengRelay-China.com
公司电子信箱地址:Webmaster@Achengrelay-China
(五)、公司指定信息披露报刊:《证券时报》
中国证监会指定的年报登载网址:Http://www.cninfo.com.cn.
公司年度报告备置地点:公司证券部
(六)、股票上市地:深圳证券交易所
股票简称:阿继电器
股票代码:0922

二、会计数据和业务数据摘要

(一)、本年度主要会计和业务数据摘要(单位:元)
1、利润总额:44,337,327.34
2、净利润:37,601,899.27
3、扣除非经常性损益后的净利润:35,541,444.93
4、主营业务利润:85,105,615.51
5、其他业务利润:130,282.32
6、营业利润:42,276,873.00
7、投资收益:1,031,378.13
8、补贴收入:0
9、营业外收支净额:1,029,076.21
10、经营活动产生的现金流量净额:66,315,508.77
11、现金及现金等价物净增加额:-22,019,429.36

扣除非经常性损益后的净利润是指扣除新股发行冻结资金利息948,499.10元、国债投资收益1,031,378.13元、赔偿金收入113,408.93元、滞纳金支出32,831.82元。

(二)、公司前三年的主要会计数据和财务指标:

项目	2000年	1999年		1998年	
		调整前	调整后	调整前	调整后
主营收入(元)	216,221,116.81	232,053,282.30	232,053,282.30	232,073,780.76	232,073,780.76
净利润(元)	37,601,899.27	33,808,594.25	41,412,708.51	56,974,380.58	30,478,842.50
总资产(元)	741,473,134.50	730,974,102.10	703,665,131.26	377,766,550.17	326,514,745.40
股东权益(元)	519,032,045.37	546,778,002.68	527,073,146.10	201,190,691.36	149,938,886.59
每股收益(摊薄)(元/股)	0.21	0.19	0.24	0.47	0.25
(加权)(元/股)	0.21	0.23	0.28	0.47	0.25
每股净资产(元/股)	2.96	3.11	3.00	1.67	1.24
调整后每股净资产(元/股)	2.96	3.11	3.00	1.63	1.20
净资产收益率(%)	7.24	6.18	7.86	28.32	20.33
每股经营活动产生的现金流量净额(元/股)	0.38	0.09	0.09	0.19	0.19

(三)、根据中国证监会2001年1月19日发布的《公开发行证券公司信息披露编报规则(第9号)》的通知要求计算报告期利润的净资产收益率和每股收益。

报告期利润	净资产收益率(%)		每股收益(元/股)	
	全面摊薄	加权平均	全面摊薄	加权平均
主营业务利润:	16.40	16.27	0.49	0.49
营业利润:	8.15	8.08	0.24	0.24
净利润:	7.24	7.19	0.21	0.21
扣除非经常性损益后的净利润:	6.85	6.80	0.20	0.20

三、股本变动及股东情况

(一)、股本变动情况
报告期内公司股本及结构未发生变化。
(二)、股东情况介绍
1、报告期末股东总数42,668户。
2、报告期末本公司前10名股东持股情况

	股东名称	持股数	持股比例
1	阿城继电器集团有限公司	96,550,000	55%
2	泰和证券投资基金	687,500	0.39%
3	同益证券投资基金	575,350	0.33%
4	东方证券有限责任公司自忠路证券交易营业部	468,001	0.27%
5	东方证券有限责任公司遵义路证券交易营业部	404,640	0.23%
6	朱红	363,513	0.21%
7	张永义	258,000	0.15%
8	金日松	248,200	0.15%
9	李刚	233,250	0.13%
10	季彬	230,000	0.13%

注:阿城继电器集团有限公司代表国家持有本公司9,655万股股份,占总股本的55%,系本公司控股股东。本报告期内其持有的本公司的股份数量没有发生变化,也无质押或冻结。法定代表人:朱大萌。经营范围:实业开发投资;电工器材;模具开发、制造、销售;按对外经贸部核准的项目经营进出口业务;食品加工;房地产开发;饮食服务。第二至第十位为流通股股东,本公司与其不存在关联关系,也未知其之间关联关系。

河北宣化工程机械股份有限公司

(一)公司简介

1、公司名称:河北宣化工程机械股份有限公司缩写:河北宣工
英文名称:XuanHua Construction Machinery Co.,Ltd. 缩写:XCMC
2、法定代表人:王建军
3、董事会秘书:庞廷闽
联系地址:河北省张家口市宣化区东升路21号
电话:(0313)3012255-2248 传真:(0313)3055369
电子信箱:hbxg2@hbxg.com
4、注册地址:河北省张家口市
办公地址:河北省张家口市宣化区东升路21号 邮政编码:075105
国际互联网网址:www.hbxg.com
电子信箱:webmaster@hbxg.com
5、信息披露指定报刊:《中国证券报》
登载报告国际互联网网址:http://www.cninfo.com.cn
年度报告备置地点:公司本部证券部
6、股票上市地:深圳证券交易所
股票简称:河北宣工 股票代码:0923

(二)会计数据和业务数据摘要

1、本年度主要财务指标: 单位:元

指标	2000年
利润总额	29,031,150.57
净利润	25,310,681.29
扣除非经常性损益后的净利润	25,423,926.39
主营业务利润	59,209,758.16
其他业务利润	3,129,481.24
营业利润	18,736,769.80
投资收益	10,173,335.50
补贴收入	0
营业外收支净额	121,045.27
经营活动产生的现金流量净额	-60,952,907.61
现金及现金等价物净增加额	- 5,314,916.74

注:扣除非经常损益项目及金额为出售固定资产净损益-113,245.10元。

2、近三年主要会计数据和财务指标:

指标	2000年	1999年	1998年 调整后	1998年 调整前
主营业务收入(元)	314,638,314.36	340,357,684.55	385,502,953.92	385,502,953.92
净利润(元)	25,310,681.29	28,433,729.96	22,991,662.42	26,185,829.85
总资产(元)	683,037,615.82	660,513,176.11	425,244,810.72	428,536,529.27
股东权益(元)	391,168,018.11	390,607,336.82	187,108,433.26	190,302,600.69
每股收益(摊薄)	0.15	0.17	0.21	0.24
(元/股)(加权)	0.15	0.21	0.21	0.24
扣除非经常性损益后每股收益(元/股)	0.15	0.15	0.21	0.24
每股净资产(元/股)	2.37	2.37	1.70	1.73
调整后的每股净资产(元/股)	2.35	2.35	1.70	1.73
每股经营活动产生的现金流量净额(元)	-0.37	-0.11	—	—
净资产收益率(摊薄)	6.47	7.28	12.29	13.76
(%)(加权)	6.28	9.50	11.58	—

上述指标的计算公式如下:
每股收益=净利润/年度末普通股股份总数
每股净资产=年度末股东权益/年度末普通股股份总数
调整后每股净资产=(年度末股东权益- 三年以上的应收帐款净额-待摊费用-待处理(流动、固定)资产净损失-开办费-长期待摊费用-住房周转金负数余额)/年度末普通股股份总数
每股经营活动产生的现金流量净额=经营活动产生的现金流量净额/年度末普通股股份总数
净资产收益率=净利润/年度末股东权益×100%

3、根据中国证监会《公开发行证券公司信息披露编报规则》第9号的通知要求,计算2000年的利润数据如下:

报告期利润	净资产收益率(%) 全面摊薄	净资产收益率(%) 加权平均	每股收益(元/股) 全面摊薄	每股收益(元/股) 加权平均
主营业务利润	15.14	14.68	0.36	0.36
营业利润	4.79	4.65	0.11	0.11
净利润	6.47	6.28	0.15	0.15
扣除非经常损益后净利润	6.50	6.30	0.15	0.15

(三)股东持股情况

主要股东情况
前十名股东所持股数及比例:

股东名称	持股数量(股)	占总股本的比例(%)
宣化工程机械集团有限公司	110,000,000	66.67
张慧君	305862	0.19
东方证券有限责任公司福山路证券交易营业部	176000	0.11
潘翠云	118254	0.07
曾庆红	113600	0.07
江涛	107445	0.07
邓桂芝	104400	0.06
徐敏秀	100000	0.06
杨伏秀	97000	0.06
安辉	95800	0.06

浙江浙大海纳科技股份有限公司

一、公司简介

1、公司法定中文名称:浙江浙大海纳科技股份有限公司
公司法定英文名称:Zhejiang Haina Science and Technology Co., Ltd
2、公司法定代表人:梁树德
3、公司董事会秘书:朱国英 公司董事会秘书授权代表:宋 浩
联系地址:杭州市浙大路7-3号紫兰酒店6楼
联系电话:0571—7961070 传 真:0571—7961070
4、公司注册地址:杭州市高新区2号路之江科技工业园区6号楼
公司办公地址:杭州市浙大路7-3号紫兰酒店6楼 邮政编码:310013
公司国际互联网网址:http://www.highne.com.cn 电子信箱:highne@mail.hz.zj.cn
5、公司选定的信息披露报纸名称:《中国证券报》、《证券时报》
登载公司年度报告的中国证监会指定国际互联网网址: http://www.cninfo.com.cn
公司年度报告备置地点:公司证券部
6、公司股票上市交易所:深圳证券交易所
股票简称:浙大海纳 股票代码:0925

二、会计数据和业务数据摘要

1、本年度公司主要经营数据 (单位:元)

利润总额	38,023,631.37
净利润	30,527,426.55
扣除非经常性损益后的净利润	24,361,773.52
主营业务利润	63,983,309.18
其他业务利润	846,521.66
营业利润	30,055,851.16
投资收益	4,826,253.77
补贴收入	650,706.92
营业外收支净额	2,490,819.52
经营活动产生的现金流量净额	-25,222,074.09
现金及现金等价物净增加额	-102,012,452.22

注:扣除的非经营性损益项目和涉及金额:股权转让收益2,573,122.38元,股权投资差额摊销145,752.76元,补贴收入650,706.92元,新股申购未中签利息收入3,107,856.78元,固定资产清理净损失-311,785.81元,合计6,165,653.03元。

2、公司近三年主要会计数据和财务指标 单位:元

项 目	2000年	1999年	1998年 调整后	1998年 调整前
主营业务收入	233,542,172.45	132,711,703.37	98,738,407.85	98,738,407.85
净利润	30,527,426.55	29,178,708.52	25,554,695.90	28,007,161.62
总资产	540,418,823.78	528,991,914.27	176,534,385.34	179,016,188.39
股东权益	362,459,536.99	348,132,110.44	89,352,571.53	91,815,074.85
每股收益(摊薄)	0.34	0.32	0.43	0.47
每股收益(加权)	0.34	0.38	0.43	0.47
扣除非经常性损益后的每股收益	0.27	0.27	0.41	0.45
每股净资产	4.03	3.87	1.49	1.53
调整后的每股净资产	4.00	3.84	1.47	1.51
每股经营活动产生的现金流量净额	-0.28	0.49		
净资产收益率(%)	8.42	8.38	28.60	30.50
净资产收益率(加权)(%)	8.59	13.34	29.78	32.18
扣除非经常性损益后的加权净资产收益率(%)	6.86	11.30	28.60	31.02

3、按中国证监会《公开发行证券公司信息披露编报原则(第9号)》要求计算2000年报告期利润的净资产收益率和每股收益如下:

报告期利润	净资产收益率(%) 全面摊薄	净资产收益率(%) 加权平均	每股收益(元) 全面摊薄	每股收益(元) 加权平均
主营业务利润	17.65	17.61	0.71	0.71
营业利润	8.29	8.27	0.33	0.33
净利润	8.42	8.40	0.34	0.34
扣除非经常性损益后的净利润	6.72	6.70	0.27	0.27

4、股东权益变动情况 单位:元

项 目	期初数	本期增加	本期减少	期末数
股本	90,000,000.00	0	0	90,000,000.00
资本公积金	238,777,640.45	0	0	238,777,640.45
盈余公积金	5,645,695.57	4,701,982.56	0	10,347,678.13
法定公益金	1,881,898.52	1,567,327.52	0	3,449,226.04
未分配利润	13,708,774.42	9,625,443.99	0	23,334,218.41
股东权益合计	348,132,110.44	14,327,426.55	0	362,459,536.99

变动原因:盈余公积本期增加,系根据董事会通过的2000年度利润分配预案,按净利润分别提取10%的法定盈余公积和5%的法定公益金。未分配利润较母公司未分配利润少819,123.88元,系合并抵消集团内公司间存货购销交易所产生的期末未实现利润。

三、股本变动和股东持股情况

1、主要股东持股情况
(1)截止2000年12月29日,本公司共有股东22921户。
(2)报告期内持有本公司5%以上股份的股东是浙江大学企业集团控股有限公司,2000年12月末持股数量为56200000股,其持有股份年度内没有增减,也未有质押和冻结情况。
前十名股东持股情况如下:

名次	股东名称	持股数量	持股比例(%)
1	浙江大学企业集团控股有限公司	56200000	62.44
2	浙江省科技风险投资公司	2000000	2.22
3	刘蝶孙	487800	0.54
4	赵 建	450000	0.50
5	褚 健	450000	0.50
6	李立本	450000	0.50
7	张锦心	450000	0.50
8	泰和证券投资基金	399655	0.44
9	江伟东	206270	0.23
10	刘兆沛	204169	0.23

湖北福星科技股份有限公司

一、公司简介

1. 公司的法定中文名称：湖北福星科技股份有限公司
英文名称：HUBEI FUXING SCIENCE AND TECHNIQUE CO., LTD
英文缩写：HFST
2. 公司法定代表人：谭功炎
3. 公司董事会秘书：冯东兴
联系地址：湖北省汉川市沉湖镇福星街1号
电话：0712-8740018　　传真：0712-8740018
电子信箱：hc.wr.fx@xg.hb.cninfo.net
授权代表：杨望云
电话：0712-8740038-8028　　传真：0712-8740018
4. 公司注册地址：湖北省汉川市沉湖镇福星街1号
公司办公地址：湖北省汉川市沉湖镇福星街1号
邮政编码：432307
公司国际互联网网址：http://www.fxkj.com
电子信箱：hcfxkj@public.xg.hb.cn
公司选定的信息披露报纸：《证券时报》、《中国证券报》
登载公司年度报告的国际互联网网址：http://www.cninfo.com.cn
5. 公司年度报告备置地点：湖北福星科技股份有限公司证券部
公司股票上市交易所：深圳证券交易所
股票简称：福星科技　　股票代码：0926

二、会计数据和业务数据摘要

1.公司本年度实现利润情况(单位：人民币元)

项　　目	2000年度
利润总额	96,568,992.27
净利润	82,993,160.81
非经营性损益合计	3,260,535.66
其中：资产处置损益	3,260,535.66
扣除非经营性损益后的净利润	79,732,625.15
主营业务利润	123,223,666.49
其他业务利润	1,332,553.51
营业利润	90,302,275.37
投资收益	6,063,449.20
补贴收入	0
营业外收支净额	203,267.70
经营活动产生的现金流量净额	57,598,904.03
现金及现金等价物净增加额	-146,463,816.04

2.公司前三年主要会计数据和财务指标(单位：人民币元)

项　　目	2000年	1999年	1998年
主营业务收入	389,220,781.33	293,629,283.85	312,096,547.37
净利润	82,993,160.81	57,484,991.51	56,137,818.35
总资产	871,882,597.74	753,443,737.77	510,239,620.55
股东权益(不含少数股东权益)	605,976,056.63	556,319,770.82	240,105,160.59
每股收益(摊薄)	0.311	0.280	0.37
(加权)	0.395	0.315	0.37
每股净资产	2.27	2.71	1.60
调整后的每股净资产(加权)	2.88	3.05	1.57
净资产收益率(%)	13.70	10.33	23.38
每股经营活动产生的现金流量净额	0.216	0.245	0.50
扣除非经常性损益后的每股收益	0.299	0.27	0.37

注：1、由于报告期末的会计报表为不合并会计报表数据，故将1999年度、1998年度合并会计报表按本期编报基础调整为不合并会计报表数据。

2、主要财务指标计算方法

每股收益=净利润/年度末普通股股份总数

每股净资产=年度末股东权益/年度末普通股股份总数

净资产收益率=净利润/年度末股东权益×100%

调整后的每股净资产=（年度末股东权益-三年以上的应收款项净额-待摊费用-待处理（流动、固定)资产净损失-开办费-长期待摊费用-住房周转金负数余额)/年度末普通股股份总数

每股经营活动产生的现金流量净额=经营活动产生的现金流量净额/年度末普通股股份总数

3.根据中国证监会关于发布《公开发行证券公司信息披露编报规则》第9号通知精神，公司2000年按全面摊薄法和加权平均法计算的净资产收益率及每股收益。

报告期利润	净资产收益率(%)		每股收益(元)	
	全面摊薄	加权平均	全面摊薄	加权平均
主营业务利润	20.33	20.71	0.462	0.462
营业利润	14.90	15.18	0.339	0.339
净利润	13.70	13.95	0.311	0.311
扣除非常性损益后净利润	13.16	13.40	0.299	0.299

三、股东情况介绍

1.股东情况介绍

(1)、截止2000年12月31日，公司股东总数20330户，其中内部职工股2925户。

(2)、截止2000年12月31日，公司前十名股东持股情况：

股东名称	年初持股数(股)	增加	年末持股数(股)	持股比例(%)	备　注
湖北省汉川市钢丝绳厂	122,760,000	36,828,000	159,588,000	59.84	未上市流通股份
裕隆基金		8,606,238	8,606,238	3.23	公众股
孝感市产权交易中心	3,300,000	990,000	4,290,000	1.61	未上市流通股份
湖北川大纺织(集团)股份有限公司	1,650,000	495,000	2,145,000	0.80	未上市流通股份
金元基金		975,247	975,247	0.36	公众股
深达电子公司		631,081	631,081	0.23	公众股
张秀凤		620,100	620,100	0.23	公众股
黄阿飞		506,905	506,905	0.19	公众股
方其祥		395,330	395,330	0.15	公众股
卢惠光		341,120	341,120	0.13	公众股

天津汽车夏利股份有限公司

一、公司简介

1、公司中文名称：天津汽车夏利股份有限公司
公司英文名称：Tianjin Automotive Xiali Co.,Ltd
2、公司法定代表人：刘清茂
3、公司董事会秘书：张洪生
授权代表：买宏君
联系地址：天津市南开区南京路355号
电话：022-27021917、022-27021924
传真：022-27021903
电子信箱：xiali@mail.zlnet.com.cn
4、公司注册地址：天津市南开区南京路355号
公司办公地址：天津市南开区南京路355号
邮政编码：300073
电子信箱：xiali@mail.zlnet.com.cn
5、公司信息披露报刊：中国证券报、证券时报
刊登年报互联网网址：www.cninfo.com.cn
年度报告备置地点：公司证券部
6、公司股票上市地：深圳证券交易所
公司股票简称：天津汽车
公司股票代码：0927

二、会计数据和业务数据摘要

1、公司本年度业务数据(单位：人民币元)

利润总额：	328,213,302.86
净利润：	280,846,942.88
扣除非经常性损益后的净利润：	292,042,821.09
主营业务利润：	738,785,567.15
其他业务利润：	2,590,883.08
营业利润：	337,933,287.83
投资收益：	1,475,893.24
补贴收入：	0.00
营业外收支净额：	-11,195,878.21
经营活动产生的现金流量净额：	139,057,673.67
现金及现金等价物净增加额：	-136,321,735.84

扣减非经常性损益内容及金额：

(1)处置固定资产收益：16.1万元，支出：1139.3万元

(2)罚款收益：8.3万元，支出：4.7万元。

2、近三年主要会计数据及财务公式(单位：人民币元)

项目	2000年	1999年		1998年
		调整后	调整前	
主营业务收入	4,533,681,394.76	6,060,794,122.61	6,060,794,122.61	5,688,772,969.03
净利润	280,846,942.88	446,303,607.24	455,363,607.24	394,683,223.57
总资产	7,226,319,905.25	6,646,977,394.40	6,671,174,174.40	5,655,469,613.62
股东权益(不含少数股东权益)	3,684,850,651.84	3,404,033,708.96	3,428,200,488.96	1,708,067,881.72
以净利润计算的每股收益(摊薄)	0.194	0.308	0.314	0.320
以净利润计算的每股收益(加权)	0.194	0.337	0.344	0.320
扣除非经常性损益后的每股收益(摊薄)	0.201	0.305	0.311	0.321
扣除非经常性损益后的每股收益(加权)	0.201	0.334	0.341	0.321
每股净资产	2.541	2.347	2.364	1.386
调整后每股净资产	2.501	2.260	2.272	1.242
每股经营活动产生的现金流量净额	0.096	0.055	0.055	0.447
以净利润计算的净资产收益率(摊薄)	7.62%	13.11%	13.28%	23.11%
以净利润计算的净资产收益率(加权)	7.92%	18.10%	18.44%	21.31%
扣除非经常性损益后的净资产收益率(摊薄)	7.93%	12.99%	13.16%	23.13%
扣除非经常性损益后的净资产收益率(加权)	8.24%	17.94%	18.27%	21.33%

三、股本变动及股东情况

1、报告期末股东总数为110756户。

2、持有公司5%以上(含5%)股份的股东为天津汽车工业(集团)有限公司，年度内其所持股份没有发生变动，持股数为1,232,158,200股，该股份未被质押或冻结。

公司前10名股东持股情况(1999年12月31日)

名次	股东名称	年末持股数(股)	占总股本比例(%)
1	天津汽车工业(集团)有限公司	1,232,158,200	84.97
2	哈尔滨道里投资股份有限公司	1,197,640	0.08
3	泰和证券投资基金	1,189,767	0.08
4	姜永军	1,105,800	0.08
5	宋彦涛	903,024	0.06
6	哈尔滨北大投资发展有限公司	837,375	0.06
7	普丰证券投资基金	735,059	0.05
8	陈赛辉	567,950	0.04
9	肖坤	555,923	0.04
10	刘力	552,400	0.04

公司前10名股东之间不存在关联关系。

吉林炭素股份有限公司

一、公司简介

1、公司法定名称：吉林炭素股份有限公司
公司英文名称：JILin Carbon Co.,Ltd
2、公司法定代表人：杨　超
3、公司董事会秘书：李海涛
联系地址：吉林省吉林市和平街九号
电　　话：0432——2730486
传　　真：0432——2730486
4、公司注册地址：吉林省吉林市和平街九号
公司办公地址：吉林省吉林市和平街九号
邮政编码：132002
公司电子信箱：JTGS@public JLJL.CN
5、公司年度业报告备置地点：公司财务部
登载公司年度报告的中国证监会指定国际互联网网址：
http://www.cninfo.com.cn
6、公司股票上市交易所：深圳证券交易所
公司信息披露的指定报刊：《证券时报》
股票简称：吉林炭素　　股票代码：0928

二、会计数据和业务数据摘要

1.公司本年度主要指标情况(金额单位：人民币元)

指标	2000年
利润总额	50,764,512.98
净利润	42,068,653.71
扣除非经常性损益后的净利润	39,068,653.71
主营业务利润	128,547,980.92
其他业务利润	22,446,850.02
营业利润	49,524,053.18
投资收益	521,856.17
补贴收入	0.00
营业外收支净额	718,603.63
经营活动产生的现金流量净额	−38,486,254.03
现金及现金等价物净增加额	99,356,828.83

注："扣除非经常性损益后的净利润"中扣除的非经常性损益项目和涉及金额(单位：人民币)

项　目	金　额
新股申购冻结利息	3,000,000.00
合计	3,000,000.00

2.截止报告期末公司前三年主要会计数据财务指标(单位：人民币元)

项　目	2000年	1999年	1998年 调整后	1998年 调整前
主营业务收入	716,711,056.67	620,770,963.13	732,106,866.41	732,106,866.41
净利润	42,068,653.71	68,602,716.67	81,080,087.65	85,035,428.36
总资产	2,153,964,754.64	1,809,023,176.09	1,783,031,240.88	1,790,767,329.55
股东权益	997,448,463.30	1,000,643,649.59	932,040,932.92	939,777,021.59
每股收益	0.15	0.24	0.29	0.30
每股收益（按月平均加权法计算）	0.15	0.24	0.40	0.42
扣除非经营性资产后的每股收益	0.14	0.17	0.22	0.24
每股净资产	3.53	3.54	3.29	3.32
调整后每股净资产	3.26	3.22	3.02	3.05
每股经营活动产生的现金流量净额	−0.14	−0.55	−0.49	−0.49
净资产收益率(%)	4.22	6.86	8.70	9.05
加权净资产收益率(%)	4.12	7.10	18.20	
扣除非经常性损益后的加权净资产收益率(%)	3.82	5.06	13.97	

以上数据和指标均以合并会计报表数填列和计算。

3、报告期内股东权益变动情况：(单位：人民币元)

项目	股本	资本公积	盈余公积	其中：公益金	未分配利润	合　计
期初数	282,899,000.00	554,617,324.00	95,714,311.63	45,497,482.57	67,413,013.96	1000643,649.59
本期增加			14,147,393.74	7,073,696.87	27,921,259.97	42,068,653.71
本期减少					45,263,840.00	45,263,840.00
期末数	282,899,000.00	554,617,324.00	109,861,705.37	52,571,179.44	50,070,433.93	997448,463.30

变动原因：盈余公积金增加原因是本年度按10%提取法定公积金707.37万元及按10%提取法定公益金707.37万元；

未分配利润变动是因为本年度实现净利润及本报告期实施了利润分配预案，即每10股派现1.60元(含税)。

三、股本变动及股东情况

1.报告期内，本公司股本总量及结构未发生变化。
2.股东情况介绍
(1)股东总数：截止2000年12月31日，本公司股东总数为70,179名，其中：境内法人股股东17名，内部职工股股东6,771名，社会公众股股东63,391名。
(2)公司前10名股东持股情况：

股东名称	持股数(股)	占总股本比例(%)	备注
吉林炭素集团有限责任公司	150,180,000	53.09	国有法人股
攀钢成都无缝钢管有限公司	2,000,000	0.71	境内法人股
本溪钢铁集团有限责任公司	1,500,000	0.53	境内法人股
天津钢管公司	1,000,000	0.35	境内法人股
北满特殊钢股份有限公司	1,000,000	0.35	境内法人股
大连钢铁集团有限责任公司	1,000,000	0.35	境内法人股
无锡锡兴钢铁股份有限公司	1,000,000	0.35	境内法人股
四川川投长城特殊钢股份公司	1,000,000	0.35	境内法人股
冶钢集团有限责任公司	700,000	0.25	境内法人股
杭州钢铁集团有限责任公司	600,000	0.21	境内法人股

兰州黄河企业股份有限公司

一、公司简介

1、公司法定中文名称：兰州黄河企业股份有限公司
英文名称：Lan Zhou Huanghe Enterprise Co.,Ltd
2、公司法定代表人：杨纪强
3、公司董事会秘书：魏福新
联系地址：甘肃省兰州市中山路金运大厦22层
电　　话：(0931)8449054　　传　　真：(0931)8449005
电子信箱：hhgfgs@public.lz.gs.cn
4、公司注册地址：兰州市七里河区郑家庄108号
公司办公地址：兰州市中山路金运大厦22层
邮　政　编　码：730030　　公司电子信箱：lzhhqy@lz.gs.cninfo.net
5、公司信息披露报刊：《证券时报》、《中国证券报》
登载公司年度报告的国际互联网网址：http://www.cninfo.com.cn
公司年度报告备置地点：公司证券部
6、公司股票上市交易所：深圳证券交易所
股票简称：兰州黄河　　股票代码：0929

二、会计数据和业务数据摘要

1、公司本年度业务数据摘要　　(单位：人民币元)

项目	金额
利润总额	3,355,610.49
净利润	3,292,734.60
扣除非经常性损益后的净利润	1,074,595.96
主营业务利润	53,400,550.76
其他业务利润	1,060,806.15
营业利润	1,066,590.16
投资收益	146,065.60
补贴收入	–
营业外收支净额	2,142,954.73
经营活动产生的现金流量净额	−1,148,723.97
现金及现金等价物净增加额	−21,854,682.11

扣除的非经常性损益项目和涉及金额：新股冻结利息收入　2,218,138.64

2、截止报告期末，公司前三年主要会计数据和财务指标(单位：元)

项　　目	2000年	1999年	1998年 调整前	1998年 调整后
主营业务收入	185,910,118.34	205,065,509.06	377,977,301.03	377,977,301.03
净利润	3,292,734.60	17,579,762.24	31,471,320.00	32,852,211.63
总资产	926,984,029.15	997,455,096.04	642,865,746.00	583,727,072.70
股东权益	489,735,358.25	486,442,623.65	159,660,971.00	157,330,079.68
每股收益(摊薄)	0.0279	0.1790	0.59	0.62
每股收益(加权)	0.0305	0.2322	0.52	0.56
扣除非经常性损益后的每股收益	0.0091	−0.4673	0.53	0.56
每股净资产	4.1559	4.9536	3.00	2.96
调整后的每股净资产	4.0724	4.9371	2.75	2.71
每股经营活动产生的现金流量净额	−0.0097	−0.7482	−0.35	−0.35
净资产收益率(摊薄)	0.67%	3.61%	19.71%	20.88%
净资产收益率(加权)	0.67%	5.46%	19.71%	20.88%

3、附表

报告期利润	净资产收益率(%) 全面摊薄	净资产收益率(%) 加权平均	每股收益(元) 全面摊薄	每股收益(元) 加权平均
主营业务利润	10.90	10.94	0.4532	0.4944
营业利润	0.22	0.22	0.0091	0.0099
净利润	0.67	0.67	0.0279	0.0305
扣除非经常性损益后净利润	0.22	0.22	0.0091	0.0099

4、报告期内股东权益变动情况表(单位：元)

项　目	股本(股)	资本公积	盈余公积	法定公益金
期初数	98,200,000	316,367,517.04	12,986,799.69	6,739,273.35
本期增加	19,640,000		93,685.89	31,228.63
本期减少	–	−19,640,000.00	–	–
期末数	117,840,000	296,727,517.04	13,080,485.58	4,360,161.86

续上表：

项　目	未分配利润	股东权益合计
期初数	91,393,894.67	526,179,231.75
本期增加	3,199,048.71	3,292,734.60
本期减少	–	–
期末数	62,087,355.63	489,735,358.25

变动原因：
(1) 股本增加，是由于报告期内实施1999年度利润分配方案，以资本公积金转增股本所致。
(2) 未分配利润增加是本年度利润增加所致。

三、股东情况介绍

1、报告期末公司股东总数28,155户。
2、前10名股东持股情况(截止2000年12月31日)

股东名称	持股数量(股)	占总股本比例(%)
兰州黄河企业集团公司	48,000,000	40.73
甘肃省工业交通投资公司	6,000,000	5.09
北京首都国际机场商贸公司	6,000,000	5.09
中石化第五建设公司	3,600,000	3.05
新疆乌市通信技术开发总公司	520,000	0.44
王波	423,920	0.36
陈瑞奇	382,860	0.32
新疆信忆实业有限公司	273,754	0.23
翟映霞	223,200	0.19
王菊娥	214,074	0.18

安徽丰原生物化学股份有限公司

一、公司简介

(一)公司法定中文名称:安徽丰原生物化学股份有限公司　　中文简称:丰原生化
英文名称:ANHUI BBCA BIOCHEMICAL CO., LTD.　　英文简称:BBCA BIOCHEMICAL
(二)公司法定代表人:李荣杰先生
(三)公司董事会秘书:何宏满先生
联系地址:安徽省蚌埠市大庆路73号
电　话:0552-4926486　　传　真:0552-4926733
电子信箱:stock@mail.bbca.com.cn
(四)公司注册地址:安徽省蚌埠市大庆路73号
公司办公地址:安徽省蚌埠市大庆路73号　　邮政编码:233010
公司网址:http://www.bbca.com.cn
(五)公司选定的信息披露报纸名称:《证券时报》、《中国证券报》
登载公司年报的网址:http://www.cninfo.com.cn
公司年度报告备置地点:公司证券部
(六)公司股票上市交易所:深圳证券交易所
股票简称:丰原生化　　股票代码:0930

二、会计数据和业务数据摘要

(一)本年度主要会计数据(单位:人民币元)

利润总额	101,205,456.73
净利润	86,024,638.22
扣除非经常性损益后的净利润	84,133,504.39
主营业务利润	196,303,637.44
其他业务利润	1,361,145.35
营业利润	99,314,322.90
补贴收入	500,000.00
营业外收支净额	1,391,133.83
经营活动产生的现金流量净额	126,837,414.43
现金及现金等价物净增加额	-83,145,881.48

注:扣除的非经常性损益项目和涉及金额:

1、营业外收支净额项目:	1,391,133.83
(1)发行股票冻结资金利息	2,271,863.04
(2)罚款净收入	99,433.88
(3)公益性支出	350,000.00
(4)其他净支出	630,163.09
2、补贴收入项目:	500,000.00
(1)财政专项补助	500,000.00
3、以上项目涉及金额:	1,891,133.83

(二)近三年主要会计数据和财务指标(单位:人民币元)

项目	2000年	1999年	1998 调整前	1998 调整后
主营业务收入	705,181,140.50	482,901,137.34	345,643,004.50	345,643,004.50
净利润	86,024,638.22	40,641,186.19	36,469,244.50	35,236,945.25
总资产	1,351,920,211.58	1,080,302,199.85	490,576,563.05	488,912,788.18
股东权益	592,081,799.66	571,943,572.86	150,281,595.30	148,867,386.67
每股收益(全面摊薄)	0.585	0.277	0.419	0.405
每股收益(加权平均)	0.585	0.347	0.461	0.446
每股净资产	4.028	3.891	1.728	1.712
调整后的每股净资产	4.013	3.860	1.579	1.563
每股经营活动产生的现金流量净额	0.863	-0.981		
净资产收益率%(全面摊薄)	14.53	7.11	24.27	23.67
净资产收益率%(加权平均)	14.78	11.28	30.85	29.96
扣除非经常性损益后的每股收益	0.572	0.273	0.407	0.393

(三)净资产收益率和每股收益系列指标(单位:人民币元)

报告期利润	净资产收益率 全面摊薄	净资产收益率 加权平均	每股收益 全面摊薄	每股收益 加权平均
主营业务利润	33.15%	33.73%	1.336	1.336
营业利润	16.78%	17.06%	0.676	0.676
净利润	14.53%	14.78%	0.585	0.585
扣除非经常性损益后的净利润	14.21%	14.46%	0.572	0.572

注:报告期后公司完成增发3,000万新股的验资和工商变更登记,由于增发导致公司的总股本变动,若按增发后的总股本计算,公司2000年度每股收益应为0.49元。

三、股本变动及股东情况

(一)股本变动情况
股份总数146,978,800
(二)股东情况介绍
1、报告期末,公司股东总数为18568户。
2、报告期末公司主要股东持股情况

股东名称	持股数(股)	占总股本比例(%)
1 安徽丰原集团有限公司	85,000,000	57.83
2 泰和证券投资基金	988,988	0.67
3 安徽省固镇县化工总厂	659,600	0.45
4 蚌埠市建设投资公司	659,600	0.45
5 蚌埠市热电厂	527,700	0.36
6 景博证券投资基金	500,000	0.34
7 川化股份有限公司	323,148	0.22
8 王晶	289,000	0.20
9 陆庆	191,800	0.13
10 兴华证券投资基金	176,211	0.12

注:(1)公司前十名股东中未存在关联关系。

北京中关村科技发展(控股)股份有限公司

(一)、公司简介

1、公司法定中文名称:北京中关村科技发展(控股)股份有限公司
公司法定英文名称:BEIJING CENTERGATE TECHNOLOGIES (HOLDING) CO., LTD.
2、公司法定代表人:郝有诗先生
3、公司董事会秘书:郭虎亮先生
公司证券事务代表:刘军先生
联系地址:北京市海淀区中关村南大街32号中关村科技发展大厦
电话:(010)62140168
传真:(010)62140038
电子信箱:guo_huliang@centek.com.cn
4、公司注册地址:北京市海淀区海淀路9号
办公地址:北京市海淀区中关村南大街32号中关村科技发展大厦
邮政编码:100081
公司国际互联网网址:http://www.centek.com.cn
5、公司选定的信息披露报纸名称:《中国证券报》、《证券时报》、《上海证券报》
登载公司年度报告的中国证监会指定国际互联网网址:
http://www.cninfo.com.cn
公司年度报告备置地点:公司董事会秘书处
6、公司股票上市交易所:深圳证券交易所
股票简称:中关村
股票代码:0931

(二)、会计数据和业务数据摘要

1、本年度主要利润指标情况

单位:人民币元

利润总额:	204,458,882.49
净利润:	158,998,162.68
扣除非经常性损益后的净利润:	159,012,833.16
主营业务利润:	273,661,961.74
其他业务利润:	23,139,049.45
营业利润:	150,969,785.67
投资收益:	53,212,998.06
补贴收入:	290,769.24
营业外收支净额:	-14,670.48
经营活动产生的现金流量净额:	-1,290,570,105.29
现金及现金等价物净增加额:	478,792,536.52

注:非经常性损益扣除项目有营业外收支净额-14,670.48元。

2、截止报告期末公司前三年主要会计数据和财务指标

单位:人民币元

	2000年度	1999年度	1998年度
主营业务收入	1,570,124,509.89	2,224,531,665.64	2,099,542,077.06
净利润	158,998,162.68	176,383,866.90	84,852,996.19
总资产	6,604,111,725.34	3,123,170,821.24	1,353,800,471.39
股东权益(不含少数股东权益)	1,692,993,966.55	1,626,400,408.84	459,590,047.24
每股收益(摊薄)	0.24	0.26	0.31
每股收益(加权)	0.24	0.40	0.31
扣除非经常性损益后的每股收益(元)	0.24	0.22	0.31
每股净资产	2.51	2.41	1.70
调整后每股净资产	2.45	2.41	1.70
每股经营活动产生的现金流量净额	-1.91	-0.57	
净资产收益率(摊薄)	9.39%	10.85%	18.46%
净资产收益率(加权)	9.32%	19.25%	19.38%

注:以上指标涉及股本总数时,公司2000年度总股本按67,484.694万股计算;1999年度总股本按67,484.694万股计算;1998年度总股本按27,000万股计算。

3、利润表附表

单位:人民币元

报告期利润	净资产收益率 全面摊薄	净资产收益率 加权平均	每股收益 全面摊薄	每股收益 加权平均
主营业务利润	16.16%	16.04%	0.41	0.41
营业利润	8.92%	8.85%	0.22	0.22
净利润	9.39%	9.32%	0.24	0.24
扣除非经常性损益后的净利润	9.39%	9.32%	0.24	0.24

(三)、股东情况

1、报告期末股东总数为356,683户。
2、报告期末,公司前十名股东持股情况一览表

股东名称	持股数(股)	占总股本比例(%)
·北京住总集团有限责任公司	270,000,000	40.01
·北京市国有资产经营公司	11,000,000	1.63
·陆海龙	5,049,438	0.75
·北京实创高科技发展总公司	5,000,000	0.74
·北京市新技术产业发展服务中心	5,000,000	0.74
·北京北大方正集团公司	3,134,200	0.46
·四通集团公司	3,000,000	0.44
·联想集团控股公司	3,000,000	0.44
·北京开源机械设备公司	1,964,270	0.29
·廖晓明	1,605,960	0.24

注:
(1)报告期内持有本公司5%以上股份的股东—住总集团持有的发起人股没有发生变化,所持本公司股份无质押和冻结情况。
(2)公司前十名股东中第3、9、10位为流通股股东,与本公司无关联关系。其余为本公司发起人,其中北京北大方正集团公司持有的股份中有3,000,000股为发起人股。

湖南华菱管线股份有限公司

湖南华菱管线股份有限公司2000年年度报告摘要

本公司董事会保证本报告所载资料不存在任何虚假记载、误导性陈述或者重大遗漏，并对其内容的真实性、准确性和完整性负个别及连带责任。本年度报告摘要摘自年度报告，投资者欲了解详细内容，应阅读年度报告。

一、公司简介

公司法定中文名称：湖南华菱管线股份有限公司
公司法定英文名称：Hunan Valin Steel Tube &Wire Co.,Ltd
法定代表人：李效伟
董事会秘书：汪 俊
电话：0731-4439297 2245196
传真：0731-4447112 2245196
公司注册地址：湖南省长沙市芙蓉中路269号华菱大厦20楼
公司办公地址：湖南省长沙市芙蓉中路269号华菱大厦20楼
网址：hltp://www.valin.com.cn
E-mail：hlgx@public.cs.hn.cn
邮政编码：410011
公司选定境内信息披露报纸：《中国证券报》、《证券时报》
中国证监会指定的年报登载网址：http://www.cninfo.com.cn
公司年度报告备置地点：湖南省长沙市芙蓉中路269号华菱大厦20楼本公司证券部
股票上市地：深圳证券交易所
股票简称：华菱管线
股票代码：0932

二、会计数据和业务数据摘要

1.公司本年度实现利润情况：（单位：人民币元）

利润总额（合并）	450,308,034.21
净利润：	364,233,371.87
非经常性损益合计：	-24,745,073.01
其中：	
新股申购冻结资金利息	
资产处置损益：	-21,307,496.48
合并价差摊入：	-3,437,576.53
扣除非经常性损益后的净利润：	388,978,444.88
主营业务利润：	709,660,011.41
其他业务利润：	8,396,240.13
营业利润：	474,239,795.77
投资收益：	-3,309,513.75
补贴收益：	
营业外收支净额：	-20,622,247.81
经营活动产生的现金流量净额：	737,740,007.44
现金及现金等价物净增加额：	1,154,340.28

2.公司近三年主要会计数据及财务指标：

序号	项目	2000年	1999年	1998年 调整前	1998年 调整后
1	主营业务收入	6,193,375,232.69	4,874,224,553.83	4,526,511,042.50	4,526,511,042.50
2	净利润	364,233,371.87	311,207,245.54	308,138,117.35	242,437,257.51
3	总资产	5,419,319,218.21	4,734,435,682.30	3,621,930,054.06	3,522,329,577.91
4	股东权益	3,373,763,085.73	3,087,798,463.86	1,696,918,474.36	1,597,317,998.21
5	每股收益（摊薄）	0.2327	0.2485	0.2935	0.2309
6	每股收益（加权）	0.2327	0.2746	0.2935	0.2309
7	扣除非经常性损益后的每股收益	0.2485	0.2474	0.2935	0.2309
8	每股净资产	2.16	2.47	1.62	1.52
9	调整后的每股净资产	2.05	2.34	1.49	1.43
10	净资产收益率%(摊薄)	10.80	9.88	18.16	15.18
11	净资产收益率%(加权)	11.02	14.26	18.16	15.18
12	每股经营活动产生的现金流量净额	0.47	0.06		

3.股东权益变化及原因

项目	期初数	本期增加	本期减少	期末数
股本	1,252,300,000.00	313,075,000.00		1,565,375,000.00
资本公积	1,378,368,577.12		62,615,000.00	1,315,753,577.12
盈余公积	46,681,086.84	83,290,235.38		129,971,322.22
其中：公益金	15,560,362.28	41,645,117.69		57,205,479.97
未分配利润	410,448,799.90	364,233,371.87	412,018,985.38	362,663,186.39
股东权益合计	3,087,798,463.86	760,598,607.25	474,633,985.38	3,373,763,085.73

变动原因：

股本增加系公司于2000年5月26日第5次股东大会决议通过的1999年度利润分配方案：向全体股东每10股送2股红股、用资本公积金转增0.5股；资本公积金减少系上述分配方案中用资本公积金每10股转增0.5股；盈余公积金增加为本公司本年度盈利提取；未分配利润减少系上述分配方案中用未分配利润每10股送2股红股，派现0.5元（含税）及2000年分配方案年末总股本每10股派现金0.5元（含税）；股东权益增加为公司本年度盈利留存所致。

三、股东情况介绍

1、报告期末股东总数为152548户

2、主要股东持股情况（截止2000年12月31日）

股东名称	期末持股数	期内增减	占总股本比例
1 湖南华菱钢铁集团有限责任公司	1312500000	262500000	83.84
2 长沙矿冶研究院	2500000	500000	0.160
3 普丰证券投资基金	677943		0.043
4 董洪海	260000		0.017
5 张武	250000		0.016
6 张慧	225000		0.014
7 于月芳	200000		0.013
8 宁悦	179972		0.011
9 梁智敏	175000		0.011
10 林立东	171693		0.010

3、湖南华菱钢铁集团有限责任公司为国有法人股股东，长沙矿冶研究院为发起人法人股东。

4、法人股股东所持股份无质押、冻结等情况。

四、股东大会简介

在报告期内，本公司召开了三次股东大会，具体情况如下：

1、2000年3月3日，公司以通讯表决方式召开了第四次临时股东大会，会议决议已于2000年3月4日刊登在《中国证券报》、《证券时报》上。

2、2000年5月26日，在长沙市芙蓉中路269号华菱大厦20楼公司本部会议室召开了第五次股东大会（1999年年会），会议决议已于2000年5月27日刊登在《中国证券报》、《证券时报》上。

3、2000年9月25日，在长沙市芙蓉中路269号华菱大厦20楼公司公司本部会议室召开第六次临时股东大会，会议决议已于2000年9月26日刊登在《中国证券报》、《证券时报》上。

五、董事会报告

1、公司经营情况

(1)本公司所处行业及在行业中的地位：

本公司属于冶金行业，是我国高精度电站用钢管、石油管、制品用优质线材的生产基地和中南地区最大的线材、螺纹钢筋、无缝钢管专业化生产厂家。钢、连铸坯、钢材产量在全国钢铁企业中分别排名第13、10和11位，线材、无缝钢管产量全国排名第6位，连铸比达到98.4%，高出全国平均水平16.4个百分点，处于全国先进水平。（资料来自中国钢铁经贸网）。

(2)公司主营业务范围及其经营状况

公司主要从事炼钢、轧钢和有色金属压延加工及其产品的销售业务，主要产品有线材、普通型材、优质型材、无缝钢管、铁道用材、钢坯、铜盘管、铝管线等，产品畅销全国，远销美国、韩国、泰国、越南、新加坡、马来西亚、香港、台湾等国家和地区。公司已通过ISO9000质量体系认证，锚链钢、船用角钢分别通过中、日、挪、德和中、日、挪、美等国家船级社工厂认证，石油管和结构管分别通过了美国API认证和德国TüV认证。

2000年，本公司产钢242.9万吨、连铸坯238.9万吨、钢材248.5万吨、铜材5747吨、铝材889吨，完成主营收入61.93亿元，主营业务利润7.1亿元。

(3)公司在生产经营中出现的问题与困难及解决方案

2000年公司经营中出现的问题与困难有：

1.国家对钢铁行业实行总量控制政策，影响了公司规模效益的充分发挥；

2.公司转炉、小型连轧等重点技改项目的全面实施，加大了生产组织的难度，对生产经营产生了一定影响。

针对上述问题，公司主要采取了以下措施：

1.加大产品出口和以产顶进工作力度，全年完成钢材（坯）出口23.45万吨，比上年增长近8倍，完成以产顶进钢材3.81万吨，比上年增长2.2倍，为减轻总量控制压力起到了积极作用；

2.加强内部管理，努力提高生产经营运行质量和效益。一是加强成本管理，完善成本核算体系和考核制度，加大考核力度，指标分解到岗，责任落实到人，2000年公司可比产品成本降低率达到6.76%；二是深入开展对标挖潜活动，赶超国内同行先进水平，各项技术经济指标明显改善，全年节能降耗增创效益3亿元；三是强化市场意识，加强产销衔接，全年产品产销率、货款回笼率均达到100%以上，压缩钢材库存10万吨。

3.加强生产组织与协调，及时化解和处理技改和生产中出现的各种矛盾，使技改对生产的影响降低到了最低限度；

4.实施精品战略，优化产品结构，全年生产高硬线、石油管、高钢管、Ⅲ级螺纹钢筋等高效、高附加值产品97万吨，占全部产品的39%，为效益增长发挥了重要作用。

2、公司财务状况

项目	2000年末	1999年末	增减(%)
总资产	5,419,319,218.21	4,734,435,682.30	14.47%
长期负债	841,418,521.87	347,660,000.00	142.02%
股东权益	3,373,763,085.73	3,087,798,463.86	9.26%
主营业务利润	709,660,011.41	584,225,504.83	21.47%
净利润	364,233,371.87	311,207,245.54	17.04%

以上财务指标及数据，已经湖南开元有限责任会计师事务所[2001]股审字第011号审计报告确认无误。

变动主要原因：总资产增加系收购湖南湘钢华光线材有限公司75%的股权，合并报表使总资产增加及本年度净利润增加所致；长期负债增加主要系本年度收购湖南湘钢华光线材有限公司75%的股权及控股式兼并长沙铜铝材厂，合并报表后长期借款增加所致；主营业务利润及净利润增加系公司主营业务收入增加、成本降低，增加利润所致。

3、公司投资情况

（1）、报告期内公司对外投资额为47254万元，比上年增长47054万元。

1.运用募股资金9000万元收购湖南华光线材有限公司75%的股权。

2.运用募股资金34744万元参股由华融资产管理公司、东方资产管理公司等共同组建的衡阳华菱钢管有限公司。该公司注册资本120358万元，公司占28.87%的股权。

3.运用募股资金3000万元以控股方式兼并长沙铜铝材厂。组建湖南华菱光远铜管有限公司，该公司注册资本5882万元，公司占有51%的股权。

河南神火煤电股份有限公司

河南神火煤电股份有限公司2000年年度报告摘要

重要提示:本公司董事会保证本报告所载资料不存在任何虚假记载、误导性陈述或者重大遗漏,并对其内容的真实性、准确性和完整性负个别及连带责任。本年度报告摘要摘自年度报告,投资者欲了解详细情况,应阅读年度报告。

一、公司简介

1、公司法定中文名称:河南神火煤电股份有限公司

公司法定英文名称:HENAN SHEN HUO COAL INDUSTRY AND ELECTRICITY POWER CO.LTD

2、公司法定代表人:李志经

3、公司董事会秘书:王培顺

证券事务代表: 李孟臻

联系地址:河南省永城市新城区光明路

电话:0370-5114822　　5114055

传真:0370-5114822

4、公司注册地址:河南省永城市新城区光明路

公司办公地址:河南省永城市新城区光明路

邮政编码:476600

5、公司年度报告备置地点:公司董事会秘书办

公司指定信息披露报纸:《中国证券报》、《证券时报》

登载公司年度报告的中国证监会指定国际互联网网址:

http://www.cninfo.com.cn

6、公司股票上市交易所:深圳证券交易所

股票简称:神火股份　　证券代码:0933

二、会计数据和业务数据摘要

1、2000年度公司实现利润总额118274041.75元,净利润95646591.54元,扣除非经常性损益后的净利润87634858.57元;其中主营业务利润173503820.79元,其他业务利润15789637.53元,投资收益7801853.03元,营业外收支净额— 2644383 .53元,经营活动产生的现金流量净额96443554.87元,现金及现金等价物净增加额 32963820.78元。(注:扣除非经常性损益1、投资收益7801853.03元;2、 无法支付款项719.98元;3、捐赠支出110200.00元;4、处理固定资产损失98959.96元)

2、主要会计数据和财务指标　　单位:人民币元

指标项目	2000年	1999年	1998年(调整后)	1998年(调整前)
1、主营业务收入	538857119.66	462349897.42	412915734.28	412915734.28
2、净利润	95646591.54	77489405.99	58737824.93	63309505.5
3、总资产	1089817169.16	1032802692.21	560319600.34	564891280.91
4、股东权益	795260642.92	770046441.37	211603668.52	216175349.09
5、每股净资产	3.478	3.367	1.334	1.362
6、调整后的每股净资产	3.474	3.345		
7、每股经营活动产生的现金流量净额	0.424	0.46		
8、每股收益	0.418	0.339	0.370	0.399
9、加权平均每股收益	0.418	0.413	0.370	0.399
10、净资产收益率	12.03	10.06	27.76	29.3

3、根据中国证监会《公开发行证券公司信息披露编报规则第9号》计算的净资产收益率和每股收益:

报告期利润	净资产收益率(%)		每股收益(元/股)	
	全面摊薄	加权平均	全面摊薄	加权平均
主营业务利润	21.82	21.21	0.7587	0.7587
营业利润	14.22	13.83	0.4947	0.4947
净利润	12.03	11.69	0.4183	0.4183
扣除非经常性损益后的净利润	11.02	10.72	0.3832	0.3832

三、股本变动及股东情况

1. 股本变动情况

报告期内公司股本无有增减变动。

公司股份变动情况表　　数量单位:万股

	本次变动前	本次变动增减(十、一) 配股	送股	公积金转股	增发	其他	小计	本次变动后
一、未上市流通股份	15868							15868
1、发起人股份								
其中:国家持有股份								
境内法人持有股份	15868							15868
未上市流通股份合计	15868							15868
二、已上市流通股份	7000							7000
1、人民币普通股	7000							7000
已上市流通股份合计								
三、股份总数	22868							22868

2、股东情况介绍

报告期末股东总数为31333户。

持有公司5%以上股份的股东是河南神火集团有限公司(以下简称神火集团)。神火集团注册资本3.5亿元人民币,法定代表人李志经,生产经营范围涉及煤炭开采及洗选加工、发供电、电解铝、机械制造、建筑建材、纺织、医药、商贸等行业,是国家重点扶持的520家企业之一。

根据中共商丘市委决定并履行法定程序,河南神火集团有限公司原副董事长李志经先生任该公司董事长,河南神火集团有限公司原董事长齐宗贤先生因年龄原因不再担任该公司董事长职务。

神火集团持有本公司股份均为未上市流通的国有法人股,报告期内无增减变化,亦不存在质押或冻结情况。

3、截止2000年12月31日,持有本公司股票的前10名股东名单:

序号	股东名称	持股数	占总股本比例(%)
1	河南神火集团有限公司	157632100	68.93
2	高建文	387441	0.17
3	永城市铝厂	349300	0.15
4	鲍吉田	341189	0.15
5	左雪琴	308000	0.14
6	洪金汉	297900	0.13
7	永城市皇沟酒业集团公司	262000	0.11
8	永城市化学工业公司	262000	0.11
9	刘国梁	256629	0.11
10	李　瑶	256438	0.11

公司前十位股东中,第一名、第三名、第七名、第八名股东同为本公司发起人,其所持有股份均为未上市流通的国有法人股,其余股东为持有本公司上市流通股的股东。

四、股东大会简介

1、1999年年度股东大会

公司1999年度股东周年大会于2000年4月28日在公司本部召开,会议审议通过如下事项:

一、同意公司董事会1999年度工作报告;

二、同意公司监事会1999年度工作报告;

三、同意1999年度公司财务决算及2000年度财务预算的报告;

四、同意公司董事会提出的1999年度利润分配方案;

五、审议通过公司董事会关于收购河南神火集团矸石电厂的议案;

六、审议通过关于授予公司董事会5000万元以下投资项目自主决策权的报告;

七、审议通过关于固定资产折旧方法变更的报告;

八、审议通过关于股票上市募集资金实施情况的报告;

九、审议通过关于继续聘任河南华为会计师事务所为公司审计中介机构的议案。

本次股东大会决议公告刊登于2000年4月29日的《中国证券报》、证券时报》。

2、2000年第一次临时股东大会

公司2000年度第一次临时股东大会于2000年12月31日在公司本部召开,与会股东及股东代表审议表决通过公司董事会《关于变更募集资金投向的议案》。

本次临时股东大会决议公告刊登在2001年1月3日的《中国证券报》、《证券时报》。

五、董事会报告

(一)公司经营情况:

公司主营业务是煤炭的生产、洗选加工与销售、发供电,基于本公司在管理上的优势,公司综合经济指标良好。公司全年生产煤炭304.59万吨,较上年增长0.6%,销售煤炭329.14万吨,较上年增加14.35%。

2000年度,由于国家对经济结构进行战略性调整和实施扩大内需的积极财政政策,煤炭经济形势和运行质量总体上开始出现转机,煤炭价格止跌回升。但是,目前我国煤炭经济运行的质量和效益仍处于低位状态,煤炭供大于求的矛盾依然突出,董事会领导公司全体员工知难而进,以深化企业改革为动力,积极实施科技兴企战略,大力调整产品结构,努力开拓国际国内市场,取得显著成效,公司主要经济技术指标均达到或超过历史最好水平。

(1)大力调整和优化产品结构,进一步提高产品的高附加值和科技含量,取得显著成效。本年度高附加值的洗精煤、块煤产销量达126万吨,增加利润6145万元,成为公司2000年主要利润增长点。

(2)加强内部管理,降低成本费用,推行成本倒逼法,使单位产品成本持续下降。本年度吨煤营业成本比去年降低2.19元,增加利润721.4万元。

(3)大力实施科技兴企战略,积极稳妥地向高新技术产业进军,参股投资等离子显示器项目,并在参与资本运营上进行了积极有益的探索。

(4)调整和优化产业结构,收购集团公司矸石电厂,发挥煤电联营的优势。

(5)以销售为龙头,积极开拓国际国内市场。年内公司销售煤炭达329.14 万吨,较上年增长14.35%,其中出口13.80万吨,增长109.10%。

(二)公司财务状况:

经天一会计师事务所(原河南华为会计师事务所)审计,公司2000年12月31日资产总额108981.72万元,较上年同期增加5701.45万元,增加的原因是公司利润增长所致。公司2000年12月31日股东权益79526.06万元,较1999年同期增加2521. 42 万元,增加主要原因是本年度盈利。公司负债总额较1999年同期增加3180.40万元,增加的主要原因是公司董事会决议提出2000年度分红派现的预案,应付股利大幅度增长。2000年度公司主营业务收入53857.12万元,比上年增加7622.13万元,主要原因是公司募集资金投资项目竣工投产,产销量特别是高附加值的洗精煤、块煤大幅度增加。公司2000年度实现利润11827.40万元,净利润9564. 66 万元,分别比1999年增加662.12万元和1815.72万元,这主要是公司大力调整和优化产品结构,高附加值的洗精煤、块煤产销量大幅度增加所致。

(三)公司投资情况:

年内公司完成募集资金投资额5577.47万元,累计完成募集资金投资额 43029 .84万元。分别为:

(1) 投资收购河南神火集团有限公司矸石电厂

该项目计划投资5100万元,经公司1999年度股东大会审议通过,公司按照《招股说明书》第六章《募集资金的运用》中的承诺,按照经国有资产管理部门审核确认的评估值即净资产3104.05万元等值收购了河南神火集团矸石电厂,更名为河南神火煤电矸石电厂。报告期内矸石电厂实现供电57369千度,同比增长10.45%。

(2)黄集井田开发项目:该项目批准投资4950万元,实际累计完成投资5187 .88万元,比投资概算超支237.88万元,超支幅度4.8%。经河南省经贸委组织验收,以豫经贸投资(2000)1084号文批复同意竣工验收。

(3)矿区铁路专用线延伸改造项目:经公司董事会决议并经公司2000 年度第一次临时股东大会审议通过,变更该项目投资,该项目变更情况本公司已于2001年 1月3日在《中国证券报》、《证券时报》公告。

(4)募集资金其中流动资金占用8140.16万元。

截止2000年底,公司募集资金使用情况与1999年《招股说明书》之《募集资金的运用》中的计划基本相符。

报告期内非募集资金投资项目情况:2000年7月,公司经董事会决议以自有资金1258.4万元(占注册资金的22%)出资《郑州中显等离子显示技术有限责任公司》。该公司注册资金5720万元,注册地址是郑州市高新技术产业开发区,主营等离子彩色显示器,预计2001年建成投产。

(四)本年度公司仍执行河南省商丘地区财政局商财工字(1999) 21号文批复,公司所得税按“先征后返”的原则,按33%税率计征,然后由商丘市财政局按公司实际缴纳所得税额的39%返还,专项用于归还江苏、河南两省借款。

(五)新年度的业务发展计划：

2001年是新世纪开局的第一年,公司的工作思路是继续执行"安全第一,质量为本,销售龙头,效益中心,科技兴企,管理创新"的工作方针。

1继续强化管理,努力开源节流,实行成本倒逼,突出经济效益，健全内部承包责任制度,实现成本费用持续下降;进一步深化三项制度改革,充分调动广大员工特别是高级管理人员、科技人员的积极性。

2突出销售龙头地位,大力开拓国际国内二个市场,提高市场占有率；进一步调整产品结构,优化用户结构,增加适销对路的品种和数量。2001年度计划高附加值产品产销量达到155万吨,比2000年增长15%。

3严格按照ISO9002质量体系运行,提高产品质量,树立神火品牌,增强产品市场竞争力;进一步增强环保意识,提高产品等级,力争年内通过ISO14001环境管理体系认证。

4充分利用公司在资金和管理上的优势,积极稳妥地搞好资本经营,防范风险,拓宽思路,培育新的效益增长点。

5大力实施科技兴企战略,积极进行新产品、新技术的开发研究和推广应用,以机制创新、科技创新、管理创新实现两个根本性转变。

6在进一步搞好公司规范运作的基础上，拟通过增资配股积极调整产业结构,提高产品的科技含量和附加值,增强公司的整体竞争能力。

新年度公司将致力于内挖潜力,外拓市场,走内涵发展的道路,争取实现公司的可持续发展。

(六）董事会日常工作情况：

年内公司董事会共举行六次重要会议,会议按照《公司法》及《公司章程》的有关规定对公司有关重大问题进行了讨论和表决,具体情况如下：

1、2000年1月12日召开董事会一届七次会议。会议审议通过公司总经理根据中国证监会《关于上市公司做好各项资产减值准备等有关事项的通知》精神拟订的《河南神火煤电股份有限公司关于计提资产减值准备等有关事项的说明》。

2、2000年3月26日召开董事会一届八次会议。会议讨论并表决通过以下事项：1公司1999年年度报告及其摘要2公司董事会1999年度工作报告;3公司1999年度财务决算和2000年度财务预算报告;(4)公司1999年度利润分配预案;(5)公司公开发行股票募集资金投资项目实施情况;(6)关于请求股东大会授予董事会5000万元以下投资项目自主决策权的报告;(7)决定召开1999年度股东大会。

3、2000年6月23日召开董事会一届十二次会议，会议审议通过关于聘任总会计师等人事变更的决议。

4、2000年7月7日召开董事会一届十三次会议，会议审议通过关于以自有资金1258.4万元(占注册资本的22%)投资《郑州中显等离子显示技术有限责任公司》的决议。

5、2000年7月31日召开董事会一届十四次会议,会议审议通过公司2000年中期报告、中期报告摘要及中期分配方案。

6、2000年11月29日召开董事会一届十六次会议,会议审议通过以下事项:(1)变更募集资金投向;(2)召开2000年度第一次临时股东大会。

(七）公司管理层及员工情况：

公司董事、监事及其他高级管理人员概况：

1、董事会成员：

(1)董事长:李志经先生,56岁,大学,高级工程师。

(2)副董事长:赵奇先生,50岁,大专,高级会计师。

(3)副董事长:李孟臻先生,43岁,大学,高级工程师。

(4)董事:齐宗贤先生,65岁,中专,高级工程师。

(5)董事:任启礼先生,63岁,初中,高级政工师。

(6)董事:陈靖欣先生,51岁,大专,高级政工师。

(7)董事:刘合祥先生,57岁,高中,高级政工师。

2、监事会成员：

(1)监事长:张士华先生,49岁,大学,工程师。

(2)副监事长:窦修勤先生,60岁,大学,高级工程师。

(3)监事:张家玉先生,48岁,大专。

3、公司高级管理人员及重要职员：

(1)张光建先生,43岁,大学,高级工程师,总经理。

(2)王培顺先生,52岁,大专,高级会计师,公司董事会秘书。

(3)王东华先生,42岁,大专,经济师,公司副总经理。

(4)司铁贤先生,46岁,政工师,公司副总经理。

(5)程乐团先生,37岁,研究生,工程师,公司副总经理兼总工程师。

4、董事、监事、高级管理人员年薪报酬情况:6—8万元6人,8—12万元6人,12—15万元3人。

5、公司董事、监事、高级管理人员任期均为三年,任职期间是1998年8月31日至2001年8月31日。

6、公司董事、监事、经理等高级管理人员均不持有本公司股份。

7、职工人数及构成：

公司职工6605人,其中生产人员5620人,占职工总数的85%;管理人员265人,占4%;技术人员662人,占10%;销售人员58人,占0.9%;财务人员74人,占1.1%。

本公司职工的福利、劳保、养老退休金等制度按国家和公司所在地的有关规定执行,并参加了养老保险、工伤保险、失业保险。

(八)董事会经过认真讨论,提出2000年度公司利润分配预案：

经天一会计师事务所审计，本公司2000年度实现利润总额118274041.75元，净利润95646591.54元。根据《公司章程》,分别提取10%的法定公积金9564659. 15元;提取5%的法定公益金4782329.58元;加上上年结转利润61980066.02元,本次累计可供股东分配利润143279669.48元(不含1998年9—12月份可供分配利润21039610.02元)。

董事会提议以公司2000年底总股本228680000股为基数，向全体股东按每10股派送现金4.00元（含税），可供分配利润支出总计91472000.00元（含1998年9—12月份可供分配利润21039610.02元)。未分配利润72847279.49元结转下年度。

董事会提议本年度不进行公积金转增股本。

以上议案尚需提交2000年度股东大会审议表决。

(九）其他报告事项

公司指定信息披露报纸为《中国证券报》、《证券时报》。

六、监事会报告

2000年度,本届监事会按照《公司法》和《公司章程》赋予的权力依法履行职责,认真开展了监督工作。报告期内公司监事列席了历次董事会会议和股东大会。 2000年度公司监事会共召开三次会议,具体情况如下：

1、2000年3月26日召开公司监事会第一届六次会议,会议审议通过公司监事会1999年度工作报告、公司1999年年度报告、年度报告摘要及相关事项。

2、2000年7月31日召开公司监事会第一届七次会议,会议审议通过公司2000年度中期报告及其摘要。

3、2000年11月29日召开公司监事会第一届八次会议，会议审议了公司矿区铁路专用线延伸改造项目变更的决议,各位监事对募集资金投资项目变更事项均发表了意见,一致认为:公司董事会关于项目变更的决议及其变更后的投向均经过了充分的调查和论证,是适应社会主义市场经济不断发展变化的科学决策,有利于公司的长远发展,没有损害股东的利益。

七、重要事项

1、本年度公司无重大诉讼、仲裁事项；

2、报告期内公司、公司董事、监事及公司高级管理人员无受监管部门处罚的情况；

3、报告期内控股股东没有发生变更,公司经理、董事会秘书未予更换。

4、公司收购河南神火集团矸石电厂工作完成,已纳入本年度报告。

5、重大关联交易事项

自成立之日起,本公司与河南神火集团有限公司本着诚实信用、优势互补的原则,达成以下协议：

(1)签订《综合服务合同》,主要解决职工上下班通勤、职工就餐、单身职工宿舍旅馆化,职工住宅区的保安、环卫、绿化、供水、供暖和制冷,年有偿服务费414万元。

(2)签订《国有土地使用权租赁合同》,有偿使用葛店煤矿19000平方米土地,新庄煤矿48840平方米土地,新庄铁路专用线占地56277.67平方米,年租金80.88万元,租赁期限分别为48年、48年和50年。

(3)签订《房屋租赁合同》有偿使用神火集团办公楼10218.75平方米，年租金102.19万元,租赁期限为24年。

(4）收购河南神火集团有限公司矸石电厂情况见本年度报告摘要之《公司投资情况》。

6、公司与控股股东"三分开"情况

公司改制彻底,运作规范,在人员、资产、财务上实现了"三分开"。

(1）人员分开方面

按照《公司法》关于权力机构、决策机构、执行机构、监督机构之间权责明确、互相制衡的原则,公司设立了股东大会、董事会、监事会、经理,建立了规范的企业法人治理结构。公司人员独立,经理、副经理等高级管理人员均在本公司领取薪酬,且未在股东单位担任任何重要职务,公司的劳动、人事及工资管理亦完全独立。

(2）资产完整方面

公司控股股东河南神火集团有限公司已将其煤炭产业的生产系统、辅助系统及配套设施全部投入本公司,本公司依法独立拥有采矿权、注册商标等无形资产,神火集团及其附属单位已不具备生产经营同类产品的能力,不存在发生同业竞争的问题。公司拥有独立的采购、生产、销售系统,具有直接面向市场独立经营的能力。

(3）财务分开方面

公司财务独立,设有独立的财务部门,不存在财务人员在关联单位兼职的现象。公司在银行开设了独立的基本帐户,依法单独纳税。公司执行《股份有限公司会计制度》及其补充规定,建立了独立的会计核算体系,具有规范、独立的财务会计制度和财务管理制度。

7、报告期内公司名称和股票简称没有变更。

8、报告期内公司公开披露的重大事项有：

(1)《河南神火煤电股份有限公司董事会澄清公告》刊登于2000年3月23日的《中国证券报》、《证券时报》。

(2)《河南神火煤电股份有限公司1999年年度报告摘要》、《河南神火

煤电股份有限公司第一届八次董事会决议公告暨召开1999年度股东大会的公告》、《河南神火煤电股份有限公司监事会第一届六次会议决议公告》刊登于2000年3月28日的《中国证券报》、《证券时报》及中国证监会指定国际互联网网址。

(3)《河南神火煤电股份有限公司1999年年报补充公告》、《河南神火煤电股份有限公司监事会关于1999年度盈利预测实现情况的说明》、《河南华为会计师事务所关于公司1999年度盈利预测的说明》刊登于2000年4月19日的《中国证券报》、《证券时报》。

(4)《河南神火煤电股份有限公司1999年度股东大会决议公告》刊登于2000年4月29日的《中国证券报》、《证券时报》。

(5)《河南神火煤电股份有限公司董事会公告》刊登于2000年6月29日的《中国证券报》、《证券时报》。

(6)《河南神火煤电股份有限公司董事会决议公告》刊登于2000年7月13日的《中国证券报》、《证券时报》。

(7)《河南神火煤电股份有限公司2000年度中期报告摘要》2000年8月2日的《中国证券报》、《证券时报》。

(8)《河南神火煤电股份有限公司董事会公告暨召开2000年第一次临时股东大会公告》、《河南神火煤电股份有限公司监事会公告》刊登于2000年12月1日的《中国证券报》、《证券时报》。

除上述事项外,本公司没有应披露而没有披露的信息。

9、承诺事项及履行情况

(1)本公司1999年7月21日在《中国证券报》、《证券时报》披露《招股说明书概要》中做出如下承诺:公司经理、副经理等高级管理人员现在未在股东单位兼职,将来也不在任何股东单位兼任职务。

履行情况:报告期内公司经理、副经理等高级管理人员均未在股东单位兼任职务。

(2)本公司1999年8月26日在《中国证券报》、《证券时报》披露《河南神火煤电股份有限公司上市公告书》中做出如下承诺：

本公司董事会将严格遵守《公司法》、《证券法》、《股票发行与交易管理暂行条例》、《公开发行股票公司信息披露实施细则》、《深圳证券交易所上市规则》和有关法律、法规的规定,并自股票上市之日起做出如下承诺：

1、按照法律、法规的规定程序和要求披露重大的信息,并接受证券主管机关、深圳证券交易所的监督管理。

2、及时、真实、准确地公布本公司中期报告和年度报告,并备置于规定场所供投资者查阅。

3、本公司董事会成员、监事会成员及高级管理人员，如发生人事变动或持有本公司股票数量发生变化时,在报告证券主管机关、深圳证券交易所的同时通过新闻媒体向投资者公布。

4、在任何公共传播媒介中出现的消息可能对本公司股票的市场价格产生误导性影响时,本公司知悉后将及时对该消息予以公开澄清。

5、本公司董事会成员、监事会成员及高级管理人员将认真听取社会公众的意见和批评,不利用已获得的内幕消息和其他不正当手段直接或间接从事股票买卖活动。

6、本公司没有无记录负债。

履行情况:报告期内本公司严格依照国家有关法律、法规的规定履行信息披露义务,及时、真实、准确地公布了年度报告、中期报告以及高级管理人员变动等临时报告,公司、公司董事、经理等高级管理人员没有发生利用内幕消息从事股票交易活动等违法违规行为。

除上述事项外,公司、持有公司5%以上股份的股东即河南神火集团有限公司无在指定报纸或网站上披露承诺事项。

八、财务会计报告

公司财务报表经天一会计师事务所审计并出具无保留意见的审计报告。

审计报告　　天一审字(2001)第(3)--010号

河南神火煤电股份有限公司全体股东：

我们接受委托,审计了贵公司2000年12月31日的资产负债表和合并资产负债表、2000年度利润表及利润分配表和合并利润表及利润分配表,2000年度现金流量表和合并现金流量表。这些会计报表由贵公司负责,我们的责任是对这些会计报表发表审计意见。我们的审计是依据《中国注册会计师独立审计准则》进行的。在审计过程中,我们结合贵公司的实际情况,实施了包括抽查会计记录等我们认为必要的审计程序。

我们认为,贵公司上述会计报表符合《企业会计准则》和《股份有限公司会计制度》的有关规定,在所有重大方面公允地反映了贵公司2000年12月31日的财务状况和2000年度的经营成果及现

金流量情况，会计处理方法的选用遵循了一贯性原则。

天一会计师事务所有限责任公司　　中国注册会计师：朱晓琳

中国·北京　　中国注册会计师：范保根

报告日期：二零零一年二月二十日

一、会计报表附后

二、会计报表附注

(一)主要会计政策、会计估计和会计报表的编制方法：

1、会计制度：执行《股份有限公司会计制度》及其补充规定。

2、会计年度：为公历年度，即1月1日至12月31日。

3、记帐本位币：人民币。

4、记帐原则和计价基础：公司以权责发生制为记帐原则，以历史成本为计价基础。

5、会计报表的编制方法：

将本公司内部独立核算单位的会计报表平行汇总，对内部往来进行抵销后生成母公司会计报表。

合并会计报表以母公司拥有子公司半数以上权益性资本，以及权益性资本虽未达到半数以上但拥有对其实质性控制权的子公司的会计报表和其他相关资料为依据，按照《合并会计报表暂行规定》编制而成。公司间的重大交易，资金往来等，均已在合并时抵销。

6、现金等价物的确定标准：本公司以持有的期限短、流动性强、易于转换为已知金额现金、价格变动风险很小的投资确定为现金等价物。

7、坏帐损失的核算方法：

坏帐损失采用备抵法核算。估计坏帐损失的方法为帐龄分析法，即按应收帐款、其他应收款(扣除关联单位)的年末余额与估计的坏帐损失率提取坏帐准备，提取比例如下：

应收款项帐龄	提取比例
1年以内	5%
1---2年	10%
2---3年	30%
3年以上	50%

坏帐确认标准为：

(1)、因债务人破产或死亡，以其破产财产或遗产依法清偿后，仍然无法收回的应收款项；

(2)、因债务人逾期未能履行其清偿义务，而且具有明显特征表明无法收回的应收款项，报董事会批准，确认为坏帐损失。

8、存货核算方法：

公司存货主要包括原材料、产成品和低值易耗品等。原材料日常按计划成本核算，月末通过材料成本差异调整为实际成本；产成品按实际成本计价，发出时按加权平均法计算；低值易耗品的摊销采用一次摊销法。

本公司的存货按成本与可变现净值孰低计价，存货跌价准备系按单个存货项目的成本高于其可变现净值的差额提取，预计的存货跌价损失计入当年度损益类帐项。

9、长期投资的核算方法：

(1)长期股权投资核算方法：

长期股权投资按实际支付的价款或确定的价值记帐。对其他单位的投资占该单位有表决权资本总额20%以下或虽占该单位有表决权资本总额20%或20%以上，但不具有重大影响的，采用成本法核算；对其他单位的投资占该单位有表决权资本总额20%或20%以上的，或虽投资不足20%但有重大影响的，采用权益法核算。

长期股权投资取得时的成本与其在被投资单位所有者权益中所占的份额有差额的，其借差按不超过10年的期限摊销，贷差按不低于10年的期限摊销，其摊销额记入当年投资收益。

(2)长期债权投资核算方法：

长期债权投资按实际支付的款项计价，其收益采用成本法核算。

(3)长期投资减值准备：

按各长期投资可收回的金额低于帐面价值的差额计提长期投资减值准备。

10、固定资产核算方法：

固定资产的标准是指使用年限超过一年，单位价值在2000元以上的房屋、建筑物、机器设备和运输工具等。固定资产按实际成本计价。本公司2000年上半年固定资产折旧采用产量法，即按固定资产原值的3%预留残值，按产量法计提折旧，吨煤折旧额如下：

类别	吨煤折旧额(元)
新庄煤矿	18.81
葛店煤矿	12.78

2000年4月28日河南神火煤电股份有限公司召开1999年度股东大会，经大会表决通过了更改固定资产折旧方法的议案，将产量法改为直线法，并于2000年7月1日起开始按新方法执行(未来适用法)。公司折旧方法更改后，本年计提折旧额比按原方法多提1,191,982.94元，相应减少本年利润1,191,982.94元。新折旧方法的分类如下：

类别	残值率%	折旧年限	折旧率%
房屋建筑物	3%	20—35 年	2.77%--4.85%
通用设备	3%	7-14.5 年	6.69%--13.86%
运输设备	3%	9 年	10.78%
其他设备	3%	11.5 年	8.43%

11、在建工程核算方法：

在建工程按实际成本核算。

12、开办费摊销政策：

以实际成本计价，自1996年1月1日起按5年平均摊销。

13、收入实现的确认：

公司已将商品所有权上的重要风险和报酬转移给买方，公司不再对该商品实施继续管理权和实际控制权，相关的收入已经取得或取得收款的证据，并且与销售商品有关的成本能可靠的计量时，确认营业收入的实现。

14、所得税的会计处理方法：

所得税的会计处理采用应付税款法。

(二)会计政策、会计估计的变更：

2000年4月28日河南神火煤电股份有限公司召开1999年度股东大会，经大会表决通过了更改固定资产折旧方法的议案，将产量法改为直线法，并于2000年下半年开始按新方法执行(未来适用法)。公司折旧方法更改后，本年计提折旧额比按原方法多提1,191,982.94元，相应减少本年利润1,191,982.94元。

(三)税项：

公司适用的主要税种和税率如下：

(1)增值税：税率为13%，按销项税扣除进项税后的余额计缴；

(2)资源税：1-10月按吨煤销售量1.30元计缴，11-12月按吨煤销售量1.00元计缴；

(3)营业税：按应税营业额的3%计缴；

(4)城建税：按应缴增值税及营业税额的1%和5%计缴；

(5)教育费附加：按应缴增值税及营业税额的3%计缴；

(6)所得税：根据商丘地区财政局商财工字(1996)4号文批复，经2000年6月29日商丘市财政局重新确认，公司根据当年实现利润计算应纳税所得额，先按33%税率计征，然后由商丘市财政局按其实际交纳所得税的39%返还，专项用于归还江苏借款。

(四)控股子公司与合营企业

企业名称	注册资本	经营范围	本公司投资额	股权比例%
河南神火煤电矸石电厂	3,000万元	火力发电	3,104万元	100
郑州中显等离子显示技术有限责任公司	5,720万元	等离子显示器件开发、销售	1，250万元	22
余杭市钱神有限责任公司	250万元		170万元	34

2000年4月28日经本公司1999年度股东大会表决通过，全资收购河南神火集团自备矸石电厂，并于2000年5月1日起纳入本公司会计报表合并范围。

(五)合并会计报表主要项目注释：(单位：元)

1、货币资金

项目	期初数	期末数
现　　金	178,682.43	35,632.16
银行存款	66,077,027.40	104,632,649.55
其他货币资金	10,151,186.18	4,702,435.08
合　计	76,406,896.01	109,370,716.79

货币资金期末数比期初数增长73.57%，主要是公司本年大力增加现销所致。

2、短期投资

单　位	金　额	跌价准备	备注
江苏省国信投资徐州公司	40,000,000.00		委托资产管理
郑州圣光工贸有限公司	22,000,000.00		委托资产管理
商丘市东方宾馆	4,000,000.00		
合计	66,000,000.00		

3、应收帐款

(1)帐龄分析：

帐龄	期初数			期末数		
	金额	比例%	坏帐准备	金额	比例%	坏帐准备
1年以内	46,717,798.33	87.68	2,335,889.92	48,347,239.52	93.88	2,417,361.98
1-2年	5,878,089.32	11.03	587,808.92	1,944,583.58	3.80	194,458.36
2-3年	669,339.98	1.26	200,801.97	461,153.69	0.90	138,346.08
3年以上	14,813.77	0.03	7,406.89	744,543.79	1.42	372,271.90
合　计	53,280,041.40	100.00	3,131,907.70	51,497,520.58	100.00	3,122,438.32

(2)应收帐款中无持有本公司5%(含5%)以上股份的股东单位的欠款；

(3) 应收帐款主要明细项目列示如下：

债务人名称	期末欠款额	欠款原因	帐龄
上海梅山冶金公司	7,030,541.76	结算欠款	1年以内
南京钢铁股份公司	6,105,157.10	结算欠款	1年以内
神火铝电有限责任公司	4,980,967.42	结算欠款	1年以内
莱芜钢铁股份有限公司	4,839,256.30	结算欠款	1年以内
苏州钢铁股份有限公司	4,326,076.64	结算欠款	1年以内
马鞍山钢铁股份有限公司	3,750,607.43	结算欠款	1年以内

4、其他应收款

(1)帐龄分析

帐龄	期初数			期末数		
	金额	比例%	坏帐准备	金额	比例%	坏帐准备
1年以内	74,901,437.57	81.15	567,326.85	74,020,220.26	98.32	737,243.81
1--2年	16,546,052.68	17.93	1,654,605.27	62,842.96	0.08	6,284.30
2--3年	37,506.00	0.04	11,251.80	204,727.26	0.27	61,418.18
3年以上	819,968.00	0.88	409,984.00	999,120.00	1.33	499,560.00
合　计	92,304,964.25	100.00	2,643,167.92	75,286,910.48	100.00	1,304,506.29

(2)其他应收款中有应收关联单位款项41,552,669.76元，占其他应收款总额的55.19%，其中应收母公司河南神火集团有限公司36,249,500.00元。

5、固定资产及累计折旧

固定资产原价：

类别	期初价值	本期增加	本期减少	期末价值
房屋建筑物	503,557,636.06	15,156,775.74	41,463.47	518,672,948.33
通用设备	343,389,059.19	35,231,365.67	319,418.12	378,301,006.74
运输设备	21,617,201.90	5,877,900.04	1,676,270.68	25,818,831.26
其他设备	1,534,522.03	4,700.00		1,539,222.03
合计	870,098,419.18	56,270,741.45	2,037,152.27	924,332,008.36
固定资产净值	669,538,518.66			

6、短期借款

单　位	金额	年利率
光大银行郑州文化路支行	30,000,000.00	5.85%
工商银行永城市支行	860,000.00	7.56%
农业银行永城市支行	1,500,000.00	6.44%
合　计	32,360,000.00	

7、应付股利

项　目	期初数	期末数
应付国有法人股股东	96,782.21	48,969,396.82
应付社会公众股股东	6,440,224.62	28,000,000.00
合　计	6,537,006.83	76,969,396.82

8、应交税金

项　目	期初数	期末数
增值税	7,348,744.48	2,757,356.27
城建税	398,892.90	91,103.03
资源税	1,335,981.05	1,014,537.53
企业所得税	3,166,788.58	84,625.60
房产税	29,153.43	3,439.50
营业税	117,886.94	115,961.28
个人所得税		-49,997.00
合计	12,397,447.38	4,017,026.21

根据商丘地区财政局商财工字(1996)4号文批复，经2000年6月29日商丘市财政局重新确认，公司根据当年实现利润计算应纳税所得额，先按33%税率计征，然后由商丘市财政局按其实际交纳所得税的39%返还，专项用于归还江苏借款。

9、长期借款

借款单位	期初金额	期末金额	借款期限	利率	借款条件
江苏省投资公司	33,750,000.00	22,500,000.00	2003年	无息	信用
河南省建设投资总公司	31,380,000,00	15,960,000.00	2002年	无息	信用
永城市财政局	2,293,000.00	2,113,000.00			信用
合　计	67,423,000.00	40,573,000.00			

10、资本公积：

项目	期初数	本期增加	本期减少	期末数
股本溢价	464,735,843.59			464,735,843.59

合计　464,735,843.59　　464,735,843.59

11、盈余公积：

项　目	期初数	本期增加	本期减少	期末数
法定公积金	9,767,020.74	9,564,659.15		19,331,679.89
公　益　金	4,883,510.37	4,782,329.58		9,665,839.95
合　计	14,650,531.11	14,346,988.73		28,997,519.84

盈余公积本期增加 14,346,988.73 元，系公司按本年实现净利润分别提取 10%、5%法定公积金和公益金所致。

12、未分配利润

期初数	本期增加	本期减少	期末数
61,980,066.67	95,646,591.54	84,779,378.72	72,847,279.49

13、主营业务收入

本年数	上年数
538,857,119.66	462,349,897.42

主营业务收入包括两部分：A 本公司煤炭销售收入，本年营业收入合计 531 ,116,899.56 元；B 神火煤电矸石电厂发电收入，本年营业收入 9,480,595.45 元。

14、主营业务成本

本年数	上年数
358,514,317.18	287,923,087.67

15、主营业务税金及附加

税种	本年数	上年数
资源税	4,133,129.02	3,741,845.84
城建税	1,140,519.58	845,838.32
教育费附加	1,565,333.09	1,224,298.16
合计	6,838,981.69	5,811,982.32

16、投资收益

项　目	本年数	上年数
债券投资收益	0.00	0.00
委托资产管理收益	8,025,000.00	4,200,000.00
其他投资收益	6,030.00	
减：投资减值准备	170,000.00	
投资差额摊销	59,176.97	
合　计	7,801,853.03	4,200,000.00

17、补贴收入

项　目	本年数	上年数
所得税返还	0.00	8,205,079.42

（六）关联方关系及其交易：

1、关联方关系：

A、存在控制关系的关联方

企业名称	注册地址	主营业务	与本公司关系	注册性质	法人代表
河南神火集团有限公司	河南省永城市新城光明路	煤炭、化工、纺织、建材等	母公司	国有	李志经
河南神火煤电矸石电厂	河南省永城市工业西路 2 号	火力发电	子公司		张光建

B、存在控制关系的关联方的注册资本及其变化

企业名称	期初数	本期增加	本期减少	期末数
河南神火集团有限公司	35,000.00 万元			35,000.00 万元
河南神火煤电矸石电厂	3,000.00 万元			3,000.00 万元

（七）或有事项：公司截止审计报告日无重大或有事项。

（八）承诺事项：公司截止审计报告日无重大承诺事项。

九、公司其他有关资料

1、公司首次注册登记日期：1998 年 8 月 31 日

地点：河南省工商行政管理局

公司经中国证监会核准增资扩股后，于 1999 年 8 月 6 日在河南省工商行政管理局变更注册登记，注册资金由 15868 万元变更为 22868 万元。

2、企业法人营业执照注册号：410001004406

3、公司税务登记号：411481706784652

4、公司未流通股份托管机构：深圳证券登记有限公司

5、公司聘请的审计中介机构：天一会计师事务所

注册地址：北京市西城区金融街 27 号

联系电话：0371-7978299

十、备查文件目录

1、载有公司法定代表人、总会计师签名并盖章的会计报表。

2、天一会计师事务所出具的审计报告正本。

3、《河南神火煤电股份有限公司招股说明书》。

4、《河南神火煤电股份有限公司公司章程》。

5、《河南神火煤电股份有限公司 2000 年年度报告正本》。

6、报告期内公司在指定报纸公开披露信息原稿。

上述文件备置于公司董事会秘书办公室供投资者及有关部门查阅。

河南神火煤电股份有限公司董事会

二零零一年二月二十八日

四川双马水泥股份有限公司

一、公司简介

(一)公司的法定中文名称:四川双马水泥股份有限公司
英文名称:SICHUAN SHUANGMA CEMENT CO.LTD
(二)公司法定代表人:唐月明
(三)公司董事会秘书:蒲小洪　联系地址:四川省江油市二郎庙镇
联系电话:(0816)3721498　传真:(0816)3721498
证券事务代表:吴朝辉
联系地址:四川省江油市二郎庙镇
联系电话:(0816)3721400-2318　传真:(0816)3721498
(四)公司注册地址:四川省江油市二郎庙镇公司
办公地址:四川省江油市二郎庙镇　邮政编码:621716
公司国际互联网网址:http//www.cement.com.cn
电子信箱:smsn@my-public.sc.cninfo.net
(五)公司选定的信息披露报纸:《中国证券报》
登载公司年度报告的中国证监会指定国际互联网网址:http//www.cninfo.com.cn
公司年度报告备置地点:公司证券部
(六)公司股票上市交易所:深圳证券交易所
股票简称:四川双马　股票代码:0935

二、会计数据和业务数据摘要

(一)本年度利润总额及构成(单位:元)

项目	金额
利润总额(元)	76,593,140.37
净利润(元)	58,501,251.42
扣除非经常性损益后的净利润(元)	60,877,178.35
主营业务利润(元)	152,556,765.20
其他业务利润(元)	918,825.91
营业利润(元)	78,181,040.84
投资收益(元)	-1,601,701.68
营业外收支净额(元)	13,801.21
经营活动产生的现金流量净额(元)	117,715,531.59
现金及现金等价物净增加额(元)	-109,635,545.08

说明:扣除的非经常性损益项目如下:
1、合并价差摊销　2527177.22 元;
2、无效申购资金冻结利息收入:　376250.29 元;
3、诉讼赔款　225000 元;
以上项目涉及金额　2375926.93 元。

(二)主要会计数据和财务指标

项目	2000 年	1999 年	1998 年
主营业务收入(元)	445,651,906.50	365,525,870.52	303,270,303.93
净利润(元)	58,501,251.42	40,676,014.44	29,702,495.67
总资产(元)	716,914,255.94	706,885,683.33	341,708,241.19
股东权益(元)	493,222,133.91	456,014,882.49	185,616,262.75
每股收益(元/股)	0.3297	0.2292	0.2487
每股净资产(元)	2.7795	2.5698	1.5539
加权平均每股收益(元)	0.3297	0.2740	0.2487
扣除非经常性收益的每股收益(全面摊薄)	0.3431	0.2335	0.2487
扣除非经常性收益的每股收益(加权平均)	0.3431	0.2886	
调整后的每股净资产	2.1097	2.5489	1.5481
每股经营活动产生的现金流量金额	0.6634	0.3207	
净资产收益率(%)	11.86	8.9199	16.0021
加权净资产收益率(%)	12.06	13.10	

(三)按中国证监会《公开发行证券公司信息披露编报规则》第九号通知精神计算的净资产收益率和每股收益

项目	净资产收益率%		每股收益(元)	
	全面摊薄	加权平均	全面摊薄	加权平均
主营业务利润	30.93	31.44	0.8597	0.8597
营业利润	15.85	16.11	0.4406	0.4406
净利润	11.86	12.06	0.3297	0.3297
扣除非经常性损益后的净利润	12.34	12.55	0.3431	0.3431

三、股本变动及股东情况

(一)股东情况介绍
1、截止 2000 年 12 月 31 日,公司股东总数为 8535 户。
2、公司前十名股东持股情况(单位:万股)

股东名称	年末持股	比例
四川双马水泥(集团)有限公司	11800	66.50%
林维	51.51	0.29%
四川矿山机器厂	40	0.225%
成都市建筑材料总公司	40	0.225%
广旺矿务局	35	0.197%
四川省信托投资公司	30	0.169%
樊明利	27.7	0.156%
高霞	27.608	0.156%
熊雪连	26.8	0.151%
浙江省信鸿实业有限责任公司	25.74	0.1452%

说明:(1)前 10 名股东不存在关联关系。
(2)四川双马水泥(集团)有限公司所持股份为国家股。
(3)四川矿山机器厂、成都市建筑材料总公司、广旺矿务局、四川省信托投资公司所持股份为发起人法人股,未上市流通。

江苏华西村股份有限公司

一、公司简介

1、公司的法定中文名称:江苏华西村股份有限公司
公司的法定英文名称:Jiangsu Huaxicun Co., Ltd.　缩写:H.X.C.
2、公司法定代表人:包丽君
3、公司董事会秘书:卞武彪　授权代表:查建玉
联系地址:江苏省江阴市华西村
电话:0510-6217188　0510-6217149　传真:0510-6201744
电子信箱:Huaxicun@ hotmail.com
4、公司注册及办公地址:江苏省江阴市华士镇华西村
邮政编码:214420　国际互联网网址:http://www.cnhuaxi.com
5、选定的信息披露报纸名称:《证券时报》
登载公司年度报告的国际互联网网址:http://www.cninfo.com.cn
年度报告备置地点:公司董事会办公室
6、公司股票上市交易所:深圳证券交易所
股票简称:华西村　股票代码:0936

二、会计数据和业务数据摘要

1、本年度公司主要会计数据(单位:人民币元)

利润总额	71281699.23
净利润	57335121.94
扣除非经常性损益后的净利润	58610035.97
主营业务利润	82214640.10
其他业务利润	1680148.07
营业利润	68337906.92
投资收益	4870442.15
补贴收入	-
营业外收支净额	-1926649.84
经营活动产生的现金流量净额	50778438.68
现金及现金等价物净增加额	-9671859.16

注:扣除的非经常性损益项目及金额为:处置固定资产损失 1274914.03 元。

2、近三年的主要会计数据和财务指标(单位:人民币元)

	2000 年	1999 年	1998 年	
			(调整前)	(调整后)
主营业务收入	303752452.10	245254881.11	244220455.99	244220455.99
净利润	57335121.94	54695136.71	43846222.27	43348865.74
总资产	593007076.67	494466408.86	192746923.78	190812322.24
股东权益(不含少数股东权益)	466559879.77	439510535.17	105000000.00	103065398.46
每股收益(加权)	0.41	0.46	0.88	0.87
每股收益(摊薄)	0.41	0.39	0.88	0.87
每股净资产	3.45	3.14	2.10	2.06
调整后的每股净资产	3.43	3.13	2.06	2.06
每股经营活动产生的现金流量净额	0.36	0.15	-0.05	-0.05
净资产收益率(摊薄)	11.87	12.44	41.76	42.06
净资产收益率(加权)	11.21	11.72	34.55	34.75

注:主要财务指标计算方法:
每股收益=净利润/年度末普通股股份总数
每股净资产=年度末股东权益/年度末普通股股份总数
调整后的每股净资产=[年度末股东权益-三年以上的应收款项净额-待摊费用-待处理(流动、固定)资产净损失-开办费-长期待摊费用-住房周转金负数余额]/年度末普通股股份总数
每股经营活动产生的现金流量净额=经营活动产生的现金流量净额/年度末普通股股份总数
净资产收益率=净利润/年度末股东权益×100%

3、根据中国证监会《公开发行证券公司信息披露编报规则第 9 号》计算的净资产收益率和每股收益:

报告期利润	净资产收益率(%)		每股收益(元/股)	
	全面摊薄	加权平均	全面摊薄	加权平均
主营业务利润	17.03	16.07	0.59	0.59
营业利润	14.15	13.36	0.49	0.49
净利润	11.87	11.21	0.41	0.41
扣除非经常性损益后的净利润	12.14	11.46	0.42	0.42

4、本报告期内股东权益变动情况(单位:人民币元)

项目	股本	资本公积	盈余公积	法定公益金	未分配利润	股东权益合计
期初数	140000000	246750000	5276053.52	2638026.76	44846454.89	439510535.17
本期增加	-	-	5733512.19	2866756.10	34734853.65	43335121.94
本期减少	-	-	-	-	-	-
期末数	140000000	246750000	11009565.71	5504782.86	79581308.54	482845657.11

变动原因:盈余公积增加系按本年净利 10%提取、法定公益金增加系按本年净利 5%提取所致;未分配利润增加系本年净利润扣减应付股利后净额增加所致;股东权益增加系本年净利润增加所致。

三、股本变动及股东情况

1、报告期末股东总数为:12789 户。
2、报告期末,公司前十名股东持股情况:

股东名称	持股数量(万股)	持股比例%
1 江苏华西集团公司	9927.02	70.91
2 江阴市华士华西冷轧带钢厂	477.75	3.41
3 王银美	60.28	0.43
4 钱亚萍	52.00	0.37
5 江阴市华明实业总公司	47.62	0.34
6 朱锦鹏	40.69	0.29
7 江阴市前进实业公司	38.09	0.27
8 江如安	37.38	0.27
9 常州证券有限责任公司	31.79	0.23
10 无锡新区联合科技网络有限公司	29.47	0.21

河北金牛能源股份有限公司

一、公司简介

1、公司法定中文名称:河北金牛能源股份有限公司

英文名称:HEBEI JINNIU ENERGY RESOURCES Co.Ltd

缩写:金牛能源 “JNNY”

2、公司法定代表人:刘庆法

3、公司董事会秘书:刘彦春 联系地址:河北省邢台市中兴西大街 191 号

电话:0319—2068242 传真:0319—2068888

电子信箱:liuyanc@xt-user.he.cninfo.net

4、公司注册地址:河北省邢台市中兴西大街 191 号

公司办公地址:河北省邢台市中兴西大街 191 号 邮政编码: 054021

公司电子信箱:master@goldbullenergy.com 公司互联网网址:www.goldbullenergy.com

5、公司信息披露报纸名称:《证券时报》、《上海证券报》

登载公司年度报告的中国证监会指定的国际互联网网址: http://www.cninfo.com.cn

公司年度报告备置地点:公司证券部

6、公司股票上市地:深圳证券交易所 股票简称:金牛能源 股票代码:0937

二、会计数据和业务数据摘要

1、本年度主要利润指标(单位:人民币元)

利润总额:	223,104,607.62
净利润:	189,212,783.94
扣除非经常性损益后的净利润:	188,817,303.30
主营业务利润:	368,553,541.77
其他业务利润:	3,435,691.41
营业利润:	217,376,508.12
投资收益:	0
补贴收入:	5,498,617.76
营业外收支净额:	229,481.74
经营活动产生的现金流量净额:	114,197,848.63
现金及现金等价物净增加额:	(244,416,144.40)

注:扣除非经常性损益的项目为新股发行冻结资金利息摊销 465,271.38 元,影响净利润减少 395,480.67 元。利润表及利润分配表附表

报告期利润	净资产收益率%		每股收益	
	全面摊薄	加权平均	全面摊薄	加权平均
主营业务利润	24.12	24.55	0.867	0.867
营业利润	14.23	14.48	0.511	0.511
净利润	12.38	12.61	0.445	0.445
扣除非经常性损益后的净利润	12.36	12.58	0.444	0.444

2、截至报告期末公司前三年主要会计数据和财务指标 (单位:人民币元)

项目	2000 年	1999 年 调整后	1999 年 调整前	1998 年 调整后	1998 年 调整前
主营业务收入	891,909,832.25	803,721,425.23	803,721 ,425.23	870,081,817.72	870,081,817.72
净 利 润	189,212,783.94	165,110,914.03	139,946,555.29	130,803,951.82	145,565,395.64
总 资 产	2133,304,447.40	1,843,640,546.60	1,818,476,187.86	636,903,070.81	636,903070.81
股东权益	1527,852,212.84	1,406,480,946.94	1,381,316,588.20	282,335,465.97	297,096909.79
每股收益 (摊薄)	0.445	0.388	0.329	0.440	0.490
每股收益(加权)	0.445	0.486	0.412	0.440	0.490
扣除非经常性损益后的每股收益	0.444	0.388	0.329		
每股净资产	3.59	3.31	3.250		1.000
调整后的每股净资产	3.59	3.248	3.248	0.950	
每股经营活动产生的现金流量净额	0.27	0.07	0.070		
摊薄净资产收益率	12.38%	11.74%	10.13%	46.33%	49.00%
加权净资产收益率	12.61%	24.06%	20.78%	36.18%	39.46%
扣除非经常性损益后加权净资产收益率	12.58%	24.04%	20.75%	36.15%	39.43%

注:主要财务指标计算方法:全面摊薄每股收益=净利润/年度末普通股股份总数

加权平均每股收益=净利润/(期初股份总数+报告期因公积金转增股本或股票股利分配等增加股份数+报告期内因发行新股或债转股等增加股份数*增加股份下一月份起至报告期期末的月份数/ 报告期月份数—报告期因回购或缩股等减少股份数*减少股份下一月份起至报告期期末的月份数/报告期月份数)

每股净资产=年度末股东权益/年度末普通股股份总数

调整后的每股净资产=(年度末股东权益—三年以上的应收款项净额—待摊费用—待处理(流动、固定)资产净损失—开办费—长期待摊费用—住房周转金负数余额)/年度末普通股股份总数

每股经营活动产生的现金流量净额=经营活动产生的现金流量净额/年度末普通股股份总数

全面摊薄净资产收益率=报告期利润/年度末股东权益*100%

加权平均净资产收益率=报告期利润/(期初净资产+报告期净利润 /2+报告期发行新股或债转股等增加的净资产*新增净资产下一月份起至报告期末的月份数/ 报告期月份数—报告期回购或现金分红等减少净资产*新增资产下一月份起至报告期末的月份数/报告期月份数)

三、股东情况介绍

1、股东情况介绍

(1)截止 2000 年 12 月 31 日,本公司股东总数为 12867 户。

(2)公司前 10 名股东持股情况

序号	股东名称	持股数量(股)	占总股本比例(%)
1、	邢台矿业(集团)有限责任公司	325,000,000	76.47
2、	北京大源非织造有限公司	6,999,393	1.65
3、	北京三侨房地产有限责任公司	2,244,872	0.53
4、	北京金健华经贸发展有限公司	1,920,000	0.45
5、	中煤信托投资有限责任公司	1,711,191	0.40
6、	东方世纪证券投资顾问有限公司	1,302,000	0.31
7、	欧子清	1,150,000	0.27
8、	黄荣华	1,089,396	0.26
9、	北京大源腾龙无纺布有限公司	1,035,000	0.24
10、	北京集利物业管理有限责任公司	1,004,800	0.23

清华紫光股份有限公司

一、公司简介

1、公司中文名称:	清华紫光股份有限公司
公司英文名称:	Tsinghua Unisplendour Corporation Limited
公司英文名称缩写:	THUNIS
2、公司法定代表人:	宋 军
3、公司董事会秘书:	齐 联
联系地址:	北京市海淀区清华大学紫光大楼
联系电话:	(010)62770008
传 真:	(010)62770880
电子信箱:	qilian@thunis.com
董事会证券事务代表:	张 蔚
联系电话:	(010)62770008
传 真:	(010)62770880
电子信箱:	zw@thunis.com
4、公司注册地址及办公地址:	北京市海淀区清华大学紫光大楼 邮政编码:100084
公司国际互联网网址:	http://www.thunis.com
公司电子信箱:	thunis@thunis.com

5、公司选定的信息披露报纸名称:《中国证券报》、《证券时报》、《上海证券报》

登载公司年度报告的中国证监会指定国际互联网网址:http://www.cninfo.com.cn

公司年度报告备置地点:	公司证券投资部
6、公司股票上市交易所:	深圳证券交易所
股票简称:	清华紫光
股票代码:	0938

二、会计数据和业务数据摘要

1、公司本年度实现的主要利润指标 (单位:人民币元)

利润总额	94,150,448.87
净利润	83,323,573.40
扣除非经常性损益后的净利润	80,933,512.94
主营业务利润	187,635,765.28
其他业务利润	1,190,368.25
营业利润	84,546,346.39
投资收益	6,792,266.64
补贴收入	235,631.89
营业外收支净额	2,576,203.95
经营活动产生的现金流量净额	−38,180,803.27
现金及现金等价物净增加额	−138,749,815.14

注:扣除的非经常性损益项目、涉及金额 (单位:人民币元)

项 目	涉及金额
补贴收入	235,631.89
营业外收入	2,637,864.39
其中:	
无效申购资金利息	2,094,892.90
其他	542,971.49
营业外支出	61,660.44
合计	2,811,835.84
减:所得税	421,775.38
扣除的非经常性损益的净额	2,390,060.46

2、公司前三年的主要会计数据和财务指标 (单位:人民币元)

项 目	2000 年	1999 年	1998 年 调整后	1998 年 调整前
主营业务收入	922,728,560.48	451,514,931.50	409,140,944.25	409,140,944.25
净利润	83,323,573.40	55,734,027.52	43,694,133.79	44,249,327.99
总资产	1,095,508,179.10	797,438,076.62	243,097,429.11	244,486,185.84
股东权益(不含少数股东权益)	625,496,012.31	603,996,438.91	74,700,932.15	76,106,302.54
全面摊薄每股收益	0.404	0.433	0.546	0.553
加权平均每股收益	0.404	0.546	0.546	0.553
扣除非经常性损益后的每股收益	0.393	0.416	0.545	0.552
每股净资产	3.035	4.69	0.934	0.951
调整后的每股净资产	2.974	4.65	0.827	0.839
每股经营活动产生的现金流量净额	−0.185	0.123	--	--
摊薄净资产收益率(%)	13.32	9.23	58.49	58.14
加权净资产收益率(%)	12.91	20.86	--	--
扣除非经常性损益后加权净资产收益率(%)	12.54	20.04	--	--

三、股本变动及股东情况

1、报告期末本公司股东总数为 65,534 户。

2、报告期末本公司前 10 名股东持股情况 数量单位:股

股东名称	期初数	送股增加	转增增加	期末数	占总股本比例(%)
清华紫光(集团)总公司	80,000,000	8,000,000	40,000,000	128,000,000	62.11
中国北方工业公司	4,000,000	400,000	2,000,000	6,400,000	3.11
中国电子器件工业总公司	2,700,000	270,000	1,350,000	4,320,000	2.09
冶金工业部钢铁研究总院	1,600,000	160,000	800,000	2,560,000	1.24
北京市密云县工业开发区总公司	500,000	50,000	250,000	800,000	0.39
汉兴证券投资基金	--	--	--	727,055	0.35
范明月	--	--	--	321,420	0.16
郭生敏	--	--	--	315,328	0.15
普惠证券投资基金	--	--	--	312,473	0.15
陈雪娟	--	--	--	296,334	0.14

说明:清华紫光(集团)总公司为唯一持有本公司 5%以上股份的股东,其所持股份在本报告期内未发生质押和冻结情况。

武汉凯迪电力股份有限公司

一、公司简介

1.公司法定中、英文名称：武汉凯迪电力股份有限公司
WUHAN KAIDI ELECTRIC POWER CO.,LTD.
英文缩写：W.K.E.P.
2.公司法定代表人：陈文龙
3.公司董事会秘书：曹维垣
授权代表：江艳军
联系地址：武汉市武珞路586号江天大厦22楼
电　话：027—87655171—161
传　真：027—87655218
电子信箱：Kaidi @ public.Wh.hb.cn
4.公司注册地址：武汉市武昌区武珞路586号江天大厦22楼
公司办公地址：武汉市武昌区武珞路586号江天大厦22楼
邮政编码：430070
公司网址：http://www.china-kaidi.com
公司电子信箱：Kaidi @ public.Wh.hb.cn
5.公司信息披露报纸：《中国证券报》、《证券时报》
登载公司年报网址：http://www.cninfo.com.cn　http://www.china-kaidi.com
年度报告备置地点：公司董事会秘书处
6.公司股票上市交易所：深圳证券交易所
股票简称：凯迪电力　股票代码：0939

二、会计数据和业务数据摘要

1. 本年度主要会计数据(单位：人民币元)

利润总额	67,595,197.03
净利润	54,905,183.38
扣除非经常性损益后的净利润	26,938,222.48
主营业务利润	69,753,856.85
其他业务利润	887,364.63
营业利润	39,628,236.13
投资收益	27,031,020.41
补贴收入	1,050,000.00
营业外收支净额	-114,059.51
经营活动产生的现金流量净额	-46,380,671.69
现金及现金等价物净增加额	-53,386,978.26
注：扣除的非经常性损益项目金额为	27,966,960.90
其中　投资收益	27,031,020.41
补贴收入：	1,050,000.00
营业外收入：	1,795,670.01
营业外支出：	1,909,729.52

2、近三年主要会计数据和财务指标

序号	项　目	2000年	1999年	1998年
1.	主营业务收入(万元)	20,815.54	17,218.98	14,306.33
2.	净利润(万元)	5,490.52	2,725.32	2,288.74
3.	总资产(万元)	63,959.93	50,959.73	25,544.06
4.	股东权益(不含少数股东权益)(万元)	42,170.92	40,175.90	9,427.94
5.	每股收益(元)	0.25	0.26	0.39
6.	每股收益(元)(加权)	0.25	0.36	0.39
8.	每股净资产(元/股)	2.01	3.90	1.63
9.	调整后每股净资产(元/股)	1.94	3.90	1.58
10.	每股经营活动产生的现金流量净额(元/股)	-0.21	0.27	-0.31
11.	净资产收益率(%)	12.62	6.78	23.50
12.	净资产收益率(%)(加权)	12.79	21.97	20.47

注1：2000年度总股本按21,630万股计算，1999年度总股本按10,300万股计算，1998年度总股本按5,800万股计算。
注2：以上数据和指标以本公司的合并会计报表数填列或计算。
注3：按照中国证监会《公开发行证券公司信息披露编报规则第9号——净资产收益率和每股收益的计算及披露》要求，2000年的计算数据如下：

	报告期利润(元)	净资产收益率(%)		每股收益(元)	
		全面摊薄	加权平均	全面摊薄	加权平均
主营业务利润	69,753,856.85	16.03	15.98	0.32	0.32
营业利润	39,628,236.13	9.11	9.40	0.18	0.18
净利润	54,905,183.38	12.62	12.79	0.25	0.25
扣除非经常性损益的净利润	26,938,222.48	6.19	6.49	0.12	0.12

三、股东情况介绍

1、报告期末股东总数27,536户，其中内部职工股股东456户。
2、公司前10名股东持股情况(截至2000年12月29日)：

序号	股东名称	期初持股数 股数	%	期末持股数 股数	%	备注
1	北京中联动力化学公司	13,800,000	13.398	28,980,000	13.398	未流通股份
2	中国电力投资有限公司	8,000,000	7.767	16,800,000	7.767	未流通股份
3	洋浦新华能电力发展有限公司	5,055,000	4.908	10,615,500	4.908	未流通股份
4	江西省电业开发总公司	5,000,000	4.854	10,500,000	4.854	未流通股份
5	武汉水利电力大学	4,800,000	4.660	10,080,000	4.660	未流通股份
6	开元基金	5,103,384	4.955	9,971,395	4.610	已流通股份
7	武汉钢铁设计研究院	3,000,000	2.913	6,300,000	2.913	未流通股份
8	湖北省电力公司	3,000,000	2.913	6,300,000	2.913	未流通股份
9	中国水利电力物资有限公司	3,000,000	2.913	6,300,000	2.913	未流通股份
10	天元基金	3,048,250	2.959	4,256,690	1.968	已流通股份

以上前10名股东中，开元基金和天元基金同是南方基金管理有限公司管理的投资基金；其他股东之间均不存在关联关系。

云南南天电子信息产业股份有限公司

一、公司简介

(一)公司法定中文名称：云南南天电子信息产业股份有限公司
公司法定英文名称：YUNNAN NANTIAN ELECTRONICS INFORMATION CO.,LTD.
(二)公司法定代表人：郑志刚
(三)公司董事会秘书：温志武
联系地址：中国云南省昆明市环城东路455号　邮政编码：650041
联系电话：(0871)3366327　传真：(0871)3317398
电子邮箱：zwwen@nantian.com.cn
(四)公司注册地址：中国云南省昆明市高新技术产业开发区软件园创新大厦
公司办公地址：中国云南省昆明市环城东路455号　邮政编码：650041
公司国际互联网网址：http://www.nantian.com.cn
公司电子邮箱：0948@nantian.com.cn
(五)指定信息披露报刊：《证券时报》《中国证券报》
登载公司年度报告的国际互联网网址：http://www.cninfo.com.cn
公司年度报告备置地点：公司董事会秘书处
(六)公司股票上市交易所：深圳证券交易所
股票简称：南天信息　股票代码：0948

二、会计数据和业务数据摘要

(一)本年度主要利润指标情况(单位：元)

利润总额：	60,940,130.61
净利润：	43,986,170.10
扣除非经常性损益后的净利润：	37,007,550.42
主营业务利润：	144,694,578.64
其他业务利润：	4,331,511.88
营业利润：	50,720,602.85
投资收益：	5,521,575.50
营业外收支净额：	4,157,947.62
补贴收入：	540,004.64
经营活动产生的现金流量净额：	49,511,046.70
现金及现金等价物净增加额：	-54,846,475.63

注：非经常性损益项目说明(单位：元)

(1)新股申购冻结资金利息	2,515,728.04
(2)合并价差摊入	-708,384.06
(3)股权转让收益	2,409,904.67
(4)罚款、违约金收入	1,645,453.94
(5)清理收入	87,160.41
(6)补贴收入	540,004.64
(7)其他收入	488,752.04
小　计	6,978,619.68

(二)近三年主要会计数据和财务指标(单位：元)

项目	2000年	1999年 调整后	1999年 调整前	1998年
主营业务收入	672,416,550.68	642,164,927.00	677,387,316.71	796,861,150.96
利润总额	60,940,130.61	69,799,849.56	71,688,381.20	49,103,573.55
净利润	43,986,170.10	46,989,560.22	47,431,965.98	31,443,609.74
总资产	822,328,122.29	850,298,871.12	856,281,801.82	675,795,841.34
股东权益(不含少数股东权益)	463,464,307.82	455,878,281.24	455,942,537.42	126,763,460.32
每股收益(全面摊薄)	0.31	0.34	0.34	0.31
扣除非经常性损益后的每股收益	0.26	0.32	0.33	0.31
每股收益(按月加权)	0.31	0.42	0.44	0.31
每股净资产	3.31	3.26	3.26	1.27
调整后的每股净资产	3.21	3.16	3.16	1.24
每股经营活动产生的现金流量净额	0.35	0.22	0.22	
净资产收益率(摊薄)%	9.49	10.40	10.40	24.80
净资产收益率(加权)%	9.54	18.51	25.26	29.16

注：
1、公司总股本2000年末、1999年末为14000万股，1998年末为10000万股
2、由于本年度合并报表范围发生变化，公司对1999年的会计数据和财务指标进行了追溯调整，并分别以调整前和调整后的数据进行填列

(三)报告期利润表附表

报告期利润	净资产收益率(%) 全面摊薄	加权平均	每股收益(元) 全面摊薄	加权平均
主营业务利润	31.22	31.39	1.03	1.03
营业利润	10.94	11.00	0.36	0.36
净利润	9.49	9.54	0.31	0.31
扣除非经常性损益后的净利润	7.98	8.03	0.26	0.26

三、股本变动及股东情况

1、截止2000年12月31日，公司股东总数为41503户。
2、本公司前十名股东持股情况(单位：股)

股东名称	年末持股数	占总股本(%)
1 南天电子信息产业集团公司	64651364	46.179
2 珠海南方集团有限公司	25349134	18.107
3 云南省医药医疗器械工业公司	5000028	3.572
4 裴海平	2000011	1.429
5 基金金鑫	1184169	0.846
6 李宏坤	1000005	0.714
7 丁柏林	1000005	0.714
8 周永泰	1000005	0.714
9 傅子彬	131610	0.094
10 基金普丰	103426	0.074

新乡化纤股份有限公司

一、公司简介

1、公司名称　中文:新乡化纤股份有限公司
英文:XINXIANG CHEMICAL FIBER CO., LTD.
2、公司法定代表人:陈玉林
3、公司董事会秘书:朱维屏　联系地址:河南省新乡市北站区锦园路1号
电话:(0373)3978966,3978813　传真:(0373)3911359
网址:http:// www.bailu.com　电子信箱:Wpzhu@public.xxptt.ha.cn
公司股证事务代表:王文新　联系地址:河南省新乡市北站区锦园路1号
电话:(0373)3978966　传真:(0373)3911359
4、公司注册地址及办公地址:河南省新乡市北站区锦园路1号　邮政编码:453011
网址:http:// www.bailu.com
电子信箱:Bailu@public.xxptt.ha.cn
5、公司指定信息披露报刊:《中国证券报》、《证券时报》
中国证监会指定国际互联址:http://www.cninfo.com.cn
公司年度报告备置地点:新乡化纤股份有限公司证券部
6、股票上市地点:深圳证券交易所
股票简称:新乡化纤　股票代码:0949

二、会计数据和业务数据摘要

1、本公司2000年度利润总额及构成(单位:人民币元)

利润总额	120,603,249.91
净利润	98,558,789.40
扣除非经常性损益后的净利润	94,308,789.40
主营业务利润	128,452,324.27
其他业务利润	3,453,389.84
营业利润	118,975,038.50
投资收益	2,497,418.00
补贴收入	
营业外收支净额	-869,206.59
经营活动产生的现金流量净额	103,943,673.02
现金及现金等价物净增加额	-112,479,008.23

注:"扣除非经常性损益后的净利润"中扣除的非经常性损益5,000,000元,是指收到的高新技术产业化重点项目贷款贴息。

2、截止报告年度末公司前三年的主要会计数据和财务指标(单位:人民币元)

指标项目	2000年	1999年	1998年
主营业务收入	635,949,635.40	585,055,327.78	564,290,394.27
净利润	98,558,789.40	88,868,514.58	81,224,901.15
总资产	1,216,348,255.86	1,045,304,432.10	492,572,725.98
股东权益	960,125,885.46	886,095,666.66	266,456,571.73
每股收益(加权)	0.40	0.46	0.48
每股收益(摊薄)	0.40	0.36	0.48
扣除非经常性损益后的每股收益	0.38	0.35	0.48
每股净资产	3.91	3.61	1.56
调整后的每股净资产	3.89	3.60	1.55
每股经营活动产生的现金流量净额	0.42	0.20	0.37
净资产收益率(%)	10.27	10.03	30.48

3、利润表附表

报告期利润		净资产收益率(%)		每股收益(元)	
		全面摊薄	加权平均	全面摊薄	加权平均
主营业务利润	128,452,324.27	13.38	13.73	0.52	0.52
营业利润	118,975,038.50	12.39	12.72	0.49	0.49
净利润	98,558,789.40	10.27	10.54	0.40	0.40
扣除非经常性损益后的净利润	94,308,789.40	9.82	10.08	0.38	0.38

主要财务指标计算公式如下:
全面摊薄净资产收益率= 报告期利润/ 期末净资产
全面摊薄每股收益= 报告期利润/ 期末股份总数
加权平均净资产收益率(ROE) =P/E0+NP/2+Ei*Mi/MO-- Ej*Mj/MO
其中:P为报告期利润;NP 为报告期净利润;E0为期初净资产;Ei为报告期发行新股或债转股等新增净资产;Ej为报告期回购或现金分红等减少净资产;MO为报告期月份数;Mi为新增净资产下一月份起至报告期期末的月份数;Mj为减少净资产下一月份起至报告期末的月份数。
加权平均每股收益(EPS)= P/ S0+S1+Si*Mi/MO-- Sj*Mj/MO

三、股东情况介绍

(1)报告期末股东总数:截至2000年12月31日公司在册股东数量17146户。
(2)公司前十名股东持股情况

股东名称	持股数(股)	持股比例(%)
新乡白鹭化纤集团有限责任公司	152,375,206	62.12
北京金国投资管理有限公司	601,400	0.25
陈娟	558,900	0.23
华云秀	556,800	0.23
钟启胜	497,200	0.20
印际春	456,640	0.19
张潇珑	450,500	0.18
刘刚	448,400	0.18
刘腊梅	433,440	0.18
方柏翠	397,206	0.16

注(1)持股5%以上股东———新乡白鹭化纤集团有限责任公司,新乡白鹭化纤集团有限责任公司所持国有法人股在报告期内没有发生质押、冻结等情况。
(2) 新乡白鹭化纤集团有限责任公司与其他前9名股东之间不存在关联关系。公司前十名股东中的第2--10位为流通股股东,本公司未知其之间的关系。

重庆民丰农化股份有限公司

一、公司简介

公司名称
中文:重庆民丰农化股份有限公司
英文:CHONGQING MIN-FENG AGROCHEM CO.,LTD
法定代表人:王泉虎　公司董事会秘书:曹若瑜
联系地址:重庆市沙坪坝区井口经济桥30号重庆民丰农化股份有限公司
联系电话:(023)65180666　(023)65180743　联系传真:(023)65180655
公司注册地址:重庆市沙坪坝区井口经济桥30号
公司办公地址:重庆市沙坪坝区井口经济桥30号　邮政编码:400033
公司电子信箱:minfeng@public.cta.cq.cn
公司选定的信息披露报纸:《中国证券报》、《证券时报》
中国证监会指定国际互联网网址:http://www.cninfo.con.cn
公司年度报告备置地点:重庆民丰农化股份有限公司证券处
公司股票上市交易所:深圳证券交易所　股票简称:民丰农化　股票代码:0950

二、会计数据和业务数据摘要

(一)公司2000年度利润总额及其构成(单位:元)

利润总额:	43,902,740.31
净利润:	37,236,139.99
扣除非经常性损益后的净利润:	37,560,798.91
主营业务利润:	65,625,017.42
其他业务利润:	762,414.51
营业利润:	44,274,118.07
投资收益:	
补贴收入:	
营业外收支净额:	371,377.76
经营活动产生的现金流量净额:	88,939,087.84
现金及现金等价物净增加额:	27,682,061.07

注:扣除的非经常性损益项目涉及金额合计-324,658.92元
1 收入类
资产处置收益　2,200
2 支出类
资产处置损失　326,858.92

(二)主要会计数据和财务指标:

项目	2000年	1999年		1998年
		调整后	调整前	调整后
主营业务收入	386,743,245.39	82,678,261.08	388,248,944.69	388,248,944.69
净利润	37,236,139.99	29,630,202.50	22,857,547.34	20,069,652.04
总资产	832,111,795.16	651,570,982.39	327,313,560.07	321,589,963.85
股东权益	428,107,015.25	409,980,875.26	102,848,438.89	102,848,438.89
每股收益(摊薄)	0.240	0.191	0.251	0.22
每股收益(加权)	0.240	0.191	0.251	0.22
扣除非经常性损益后的每股收益(摊薄)	0.242			
扣除非经常性损益后的每股收益(加权)	0.242			
每股净资产	2.762	2.645	1.128	1.128
调整后的每股净资产	2.759	2.639	1.114	1.114
每股经营活动产生的现金流量净额	0.574	0.50		
净资产收益率(摊薄)	8.70	7.23		
净资产收益率(加权)	8.69			

注:主要财务指标计算方法:
每股收益=净利润/年度末普通股股份总数
每股净资产=年度末股东权益/年度末普通股股份总数
调整后的每股净资产=(年度末股东权益-三年以上的应收款项净额-待摊费用-待处理(流动、固定)资产净损失-开办费-长期待摊费用-住房周转金负数余额)/年度末普通股股份总数
每股经营活动产生的现金流量净额=经营活动产生的现金流量净额/年度末普通股股份总数
净资产收益率=净利润/年度末股东权益 x100%
(三)根据中国证监会关于发布《公开发行证券公司信息披露编报规则(第9号)》要求,公司按全面摊薄法和加权平均法的净资产收益率及每股收益。

报告期利润	净资产收益率%		每股收益(元)	
	全面摊薄	加权平均	全面摊薄	加权平均
主营业务利润	15.33	15.31	0.423	0.423
营业利润	10.34	10.33	0.286	0.286
净利润	8.70	8.69	0.240	0.240
扣除非经常性损益后的净利润	8.77	8.76	0.242	0.242

三、股东情况介绍

一、股东情况介绍
1、截止2000年12月31日,公司股东总数41,705户。
2、公司前10名股东持股情况(2000年12月31日在册)

股东名称	年末持股数(股)	占股本比例(%)
重庆市国有资产管理局	91,171,800	58.82
重庆天原化工总厂	3,005,800	1.93
重庆康达机械制造有限责任公司	2,911,200	1.88
南海市高力实业有限公司	1,455,600	0.94
重庆嘉陵化学制品有限公司	1,455,600	0.94
李燕	170,000	0.11
中国经济技术投资担保有限公司上海分公司	150,000	0.10
程亚琪	116,095	0.07
陈后林	114,000	0.07
崔义超	105,250	0.06

注:1 报告期内重庆市国有资产管理局为公司国家股股东。

山东小鸭电器股份有限公司

一、公司简介

(一)、公司的法定中文名称:山东小鸭电器股份有限公司
公司的法定英文名称:SHANDONG XIAOYA ELECTRICAL APPLIANCE CO., LTD
(二)、公司法定代表人:由沛
(三)、公司董事会秘书:张锡顺
证券事务代表:王前峰
联系地址:山东省济南市工业北路44号
联系电话:0531-8980541
传真:0531-8980541
(四)、公司注册地址:山东省济南市工业北路44号
公司办公地址:山东省济南市工业北路44号
公司国际互联网网址:http://www.xiao ya sheng ji-ao.com
公司电子信箱:sdxydq@jn-public.sd.cninfo.net
邮政编码:250101
(五)、公司信息披露报纸:《中国证券报》、《证券时报》
登载公司年度报告的互联网网址:http://www.cninfo.com.cn
公司年报备置地点:公司董事会秘书办公室
(六)、公司股票上市交易所:深圳证券交易所
股票简称:小鸭电器
股票代码:0951

二、会计数据和业务数据摘要

(一)、公司本年度共实现利润总额13,875,637.91元、净利润9,296,677.40元、扣除非经常性损益后的净利润9,296,677.40元、主营业务利润157,401,114.11元、其他业务利润3,294,312.97元、营业利润10,861,545.87元、营业外收支净额2,416,896.46元、经营活动产生的现金流量净额-47,273,745.26元、现金及现金等价物净增加额-102,509,518.25元。

(二)、财务指标(单位:元)

指标	2000年	1999年	1998年
主营业务收入	661,324,771.18	538,180,431.19	509,243,191.12
净利润	9,296,677.40	37,892,251.93	23,943,186.06
总资产	1,412,929,208.39	1,316,506,709.14	846,855,807.83
股东权益(不含少数股东权益)	629292,480.13	619,261,638.52	257,378,778.90
每股收益	0.0366	0.149	0.146
加全平均每股收益	0.0366	0.20	0.146
每股净资产	2.478	2.438	1.57
调整后的每股净资产	2.356	2.37	1.54
每股经营活动产生的现金流量净额	-0.186	0.024	0.06(10-12)
月净资产收益率%	1.48	6.12	9.30
扣除非经营性损益后每股收益	0.0366	0.118	0.146

根据中国证监会关于发布《公开发行证券公司信息披露编报规则》第9号通知的规定计算出的有关财务指标。

报告期利润	净资产收益率(%)		每股收益(单位:元)	
	全面摊薄	加权平均	全面摊薄	加权平均
主营业务利润	25.04	25.24	0.62	0.62
营业利润	1.72	1.74	0.0427	0.0427
净利润	1.48	1.49	0.0366	0.0366
扣除非经营性损益的净利润	1.48	1.49	0.0366	0.0366

三、股东情况介绍

1、本年度末公司股东总数为56137户。

2、本年度末公司前十名股东持股情况

序号	股东名称	持股性质	期初持股数量(万	年度内增减动数量(万股)	变期末持股数(万股)	持股比例(%)	质押或冻结情况股)
1	山东小鸭集团有限责任公司	国家股	12159		12159	47.87	无
2	中信兴业信托资公司	国有法人股	4141		4141	16.30	无
3	中国经济技术投有限公司上海分公司	流通股	50		50	0.19	资担保
4	济南金钟电子衡器股份有限公司	法人股	32.5		32.5	0.13	无
5	山东电影机械厂	国有法人股	32.5		32.5	0.13	无
6	山东三塑集团有限公司	法人股	32.5		32.5	0.13	无
7	陈建波	流通股	24.2		24.2	0.09	
8	闫文鸿	流通股	18.5		18.5	0.07	
9	于洪	流通股	18.11		18.11	0.07	
10	陈建锋	流通股	18		18	0.07	

持有公司5%以上(含5%)以上股份的股东所持股份不存在质押情况。

3、持有本公司10%(含10%)以上法人股东情况

山东小鸭集团有限责任公司持有本公司国家股12159万股,占公司股份总额的47.87 %,该公司系国有独资公司,法定代表人石守恭,主营范围:洗衣机、电饭煲、脱水机、清洁用具、电扇,制冷设备、热水器、燃气灶具的制造、自销;中信兴业信托投资公司持有本公司国有法人股4141万股,占公司股份总额的16.30%,该公司系全国性非银行金融结构,法定代表人李顺生,主营范围:信托存款、信托贷款、信托投资、代理、咨询服务,进出口、"三来一补"、批发、零售、代购、代销。

4、报告期内控股股东未发生变更。

湖北广济药业股份有限公司

一 公司简介

1、公司法定名称:湖北广济药业股份有限公司
公司英文名称:HUBEI GUANGJI PHARMACEUTICAL CO., LTD.
2、公司法定代表人:何 谧
3、公司董事会秘书:汪宏勇　联系地址:中国湖北省武穴市江堤路1号
邮政编码:435400　电话:0713-6216068　传真:0713-6212108
4、公司注册地址:中国湖北省武穴市江堤路1号
公司办公地址:中国湖北省武穴市江堤路1号　邮政编码:435400
公司电子信箱:gjyy@hb.cninfo.net
5、公司选定的信息披露报纸名称:《中国证券报》、《证券时报》
登载公司年报的国际互联网址:http://www.cninfo.com.cn
公司年度报告备置地点:公司证券部
6、公司股票上市交易所:深圳证券交易所　股票简称:广济药业　股票代码:0952

二 会计数据和业务数据摘要

1、公司本年度业务数据(单位:人民币元):

利润总额:	36,759,932.70
净利润:	30,615,863.66
扣除非经常性损益后的净利润:	30,885,191.27
主营业务利润:	64,213,082.55
其他业务利润:	126,562.38
营业利润:	33,867,681.79
投资收益:	3,140,238.52
营业外收支净额:	-247,987.61
经营活动产生的现金流量净额:	48,567,004.26
现金及现金等价物净增加额:	8,863,109.38

扣除非经常性损益涉及项目和金额为:处理固定资产净收益131,729.61、处理固定资产净损失266,967.47、捐赠支出84,089.75、罚款支出50,000.00。

2、近三年主要会计数据和财务指标

项　目	2000年	1999年	1998年
主营业务收入(万元)	13,414.5	17,657.5	16,131.1
净利润(万元)	3,061.6	3,142.4	2,376.9
总资产(万元)	67,621.5	64,878.2	37,158.2
股东权益(不含少数股东权益)(万元)	48,154.1	44,929.5	18,478.20
每股收益(按净利润全面摊薄计算)(元/股)	0.18	0.18	0.20
每股收益(按净利润加权平均计算)(元/股)	0.18	0.23	0.20
扣除非经常性损益后的每股收益(全面摊薄)(元/股)	0.18	0.16	0.20
扣除非经常性损益后的每股收益(加权平均)(元/股)	0.18	0.21	0.20
每股净资产(元/股)	2.81	2.67	1.58
调整后的每股净资产(元/股)	2.79	2.62	1.52
每股经营活动产生的现金流量净额(元/股)	0.28	0.40	-0.13
净资产收益率(按净利润全面摊薄计算)(%)	6.36	6.99	13.41
净资产收益率(按净利润加权平均计算)(%)	6.59	10.89	13.35

注1:2000和1999年度公司总股本按17122.6万股计算,1998年度公司总股本按12122.6万股计。2:以上数据和指标以本公司的合并会计报表数据填列或计算。

3、按照中国证监会《公开发行证券公司信息披露编报规则(第9号)》要求计算本年度利润的净资产收益率和每股收益。

报告期利润	净资产收益率(%)		每股收益(元)	
	全面摊薄	加权平均	全面摊薄	加权平均
主营业务利润	13.33	13.82	0.38	0.38
营业利润	7.03	7.29	0.20	0.20
净利润	6.36	6.59	0.18	0.18
扣除非经常性损益后的净利润	6.41	6.65	0.18	0.18

4、报告期内股东权益变动情况表(单位:万元)

项　目	股本	资本公积	盈余公积	法定公益金	未分配利润	股东权益合计
期初数	17,122.6	20,060.2	2,070.9	690.3	5,675.7	44,929.5
本期增加		9.9	459.3	153.1	2755.5	3224.6
本期减少						
期末数	17,122.6	20,070.1	2,530.2	843.4	8431.2	48,154.1
变动原因		转入	提取	提取	新增利润	新增利润

三 股东情况介绍

1、报告期末,公司股东总数为25342户。

2、前10名股东持股情况

名次	名　称	期末持股数(股)	占股本比例(%)
1	武穴市国有资产经营公司(国有股)	41,082,344	23.99
2	上海龙都投资管理有限公司	15,000,000	8.76
3	琼海梅恩房地产开发公司	9,100,000	5.31
4	江苏斯威特高科技风险投资有限公司	9,000,000	5.26
5	海南海牛农业综合开发有限公司	7,000,000	4.09
6	公元投资有限公司	5,500,000	3.21
7	上海励诚投资发展有限公司	5,500,000	3.21
8	武汉清诚大桥食品有限公司	5,000,000	2.92
9	武穴市财振会计实业公司	3,276,000	1.91
10	舟山市信托投资公司	536,500	0.31

注1:因武穴市国有资产经营公司分别向上海龙都投资管理有限公司和江苏斯威特高科技风险投资有限公司等六家企业转让4700万股,导致前述三家持本公司5%以上股份股东股份增减。

广西河池化工股份有限公司

一、公司简介

1、公司的法定中文名称：广西河池化工股份有限公司
公司英文名称：GUANGXI HECHI CHEMICAL Co.,Ltd
2、公司法定代表人：何元军
3、公司董事会秘书：韦文甫　联系地址：广西河池市
联系电话：0778—2266867　传真：0778—2266882　电子信箱：hgwenfu@hc.gx.cninfo.net
4、公司注册及办公地址：广西河池市　邮政编码：547007
公司国际互联网网址：hechihuagong.com.cn　电子信箱：hgwenfu@hc.gx.cninfo.net
5、公司选定的信息披露报纸名称：《中国证券报》、《证券时报》
登载公司年度报告的中国证监会指定国际互联网网址：Http://www.cninfo.com.cn
公司年度报告备置地点：广西河池市河池化工股份有限公司董事会秘书处
6、公司股票上市交易所：深圳证券交易所　股票简称：河池化工　股票代码：0953

二、会计数据和业务数据摘要

(一)利润情况（单位：人民币元）

利润总额	48,514,267.52
净利润	37,870,733.88
扣除非经常性损益后的净利润	32,869,873.30
主营业务利润	78,645,514.01
其他业务利润	2,144,653.46
补贴收入	560,444.03
营业外收支净额	4,440,416.55
经营活动产生的现金流量净额	105,757,842.92
现金及现金等价物净增加额	86,412,163.54

说明：扣除非经常性损益的项目、涉及金额如下（单位：人民币元）

1、增值税减免	560,444.03
2、处理固定资产净收益	3,764,924.24
3、申购利息收入	1,188,540.55
4、电力率奖及其他	294,099.63
5、停薪留职管理费	15,056.00
6、处理固定资产净损失及其他	822,203.87

(二)截止报告期末，公司前三年主要会计数据和财务指标（单位：人民币元）

项　目	2000年	1999年	1998年	
			调整后	调整前
主营业务收入	317,828,400.47	195,225,468.29	174,918,240.75	174,918,240.78
净利润	37,870,733.88	25,024,647.68	23,033,252.86	24,967,447.34
总资产	1,013,254,530.69	817,215,900.34	581,538,973.33	583,623,273.09
股东权益	391,442,100.99	362,482,259.16	143,030,492.73	145,114,792.49
每股收益	0.21	0.17	0.23	0.25
加权平均每股收益	0.21	0.23	0.23	0.25
扣除非经常性损益后的每股收益	0.18	0.16	0.22	0.24
每股净资产	2.20	2.44	1.45	1.47
调整后每股净资产	2.13	2.43	1.42	1.44
每股经营活动产生的现金流量净额	0.59	0.44	0.26	0.26
净资产收益率	9.67	6.90	16.1	17.2
扣除非经常性损益后的加权平均净资产收益率	8.62	11.59	15.23	16.35

利润表附表

项　目	报告期利润(元)	净资产收益率(%)		每股收益(元)	
		全面摊薄	加权平均	全面摊薄	加权平均
主营业务利润	78,645,514.01	20.09	20.62	0.44	0.44
营业利润	43,513,406.94	11.12	11.41	0.24	0.24
净利润	37,870,733.88	9.67	9.93	0.21	0.21
扣除非经常性损益后的净利润	32,869,873.30	8.40	8.62	0.18	0.18

(三)报告期内股东权益变动情况及变动原因（单位：人民币元）

项　目	期初数	本期增加	本期减少	期末数
股　本	148,514,868	29,702,973	0	178,217,841
资本公积金	171,601,173.87		29,702,973	141,898,200.87
盈余公积	21,095,266.76	5,680,610.08	0	26,775,876.84
其中：法定公益金	3,710,550.19	1,893,536.68	0	5,604,086.87
未分配利润	21,270,950.53	37,870,733.88	14,591,502.13	44,550,182.28
股东权益	362,482,259.16	73,254,316.96	44,294,475.13	391,442,100.99

变动原因：股本变动是因为1999年度将资本公积金（10股转增2股）转增股本所致；股东权益变动是因为当期利润增加。

三、股本变动及股东情况

1、截止2000年末，本公司股东总数为18580户。
2、截止2000年末，前10名股东持股情况

股东名称	持股量	持股比例	持股类别
广西河池化学工业集团公司	107,406,600	60.26%	国家股
申银万国	2,070,506	1.16%	流通股
汉盛证券投资基金	2,000,221	1.12%	流通股
申银证券	1,532,503	0.86%	流通股
广西壮族自治区农业生产资料总公司	1,200,000	0.67%	法人股
广西河池地区农业生产资料公司	1,200,000	0.67%	法人股
王　文	763,557	0.43%	流通股
王淑珍	752,763	0.42%	流通股
施美珍	570,000	0.32%	流通股
赵国生	550,800	0.31%	流通股

注：(1)持有5%以上股份的股东所持股份无质押和冻结情况。
(2)报告期内，控股股东未发生实际变化。
(3)广西河池化学工业集团公司为本公司的第一大股东，所持股份为国家股，股份数量为10,740.66万股，占股份总数的60.26%。

海南欣龙无纺股份有限公司

(一) 公司简介

1.公司法定中文名称：海南欣龙无纺股份有限公司
法定英文名称：HAINAN XINLONG NONWOVENS CO.,LTD.
2.公司法定代表人：郭开铸
3.公司董事会秘书：魏　毅　董事会秘书授权代表：徐继光
联系地址：海南省海口市龙昆北路2号珠江广场帝豪大厦17层
电话：(0898)6717055　传真：(0898)6723136　电子信箱：xlwfg@public.hk.hi.cn
4.公司注册地址：海南省澄迈县老城工业开发区
公司办公地址：海南省海口市龙昆北路2号珠江广场帝豪大厦17层　邮政编码：570125
国际互联网网址：www.xlwf.com　电子信箱：xlwfg@public.hk.hi.cn
5.公司选定的信息披露报纸：《证券时报》、《中国证券报》
登载公司年度报告的中国证监会指定国际互联网网址：http: //www. cninfo .com.cn
公司年度报告备置地点：公司董事会秘书办公室
6.公司股票上市交易所：深圳证券交易所　股票简称：欣龙无纺　股票代码：0955

(二)会计数据和业务数据摘要

1.本年度财务数据如下：　单位：元

利润总额：	16,653,541.30
净利润：	15,384,795.85
扣除非经常性损益后的净利润：	14,647,418.31
主营业务利润：	35,166,701.23
营业利润：	6,613,807.38
补贴收入：	1,002,356.38
营业外收支净额：	37,377.54
经营活动产生的现金流量净额：	–6,939,296.35
现金及现金等价物净增加额：	–91,493,143.28

注："扣除非经营性损益后的净利润"中扣除项目：
[1]营业外收支净额37,377.54元。
[2]补贴收入:700,000.00元。
2.主要会计数据和财务指标　单位：元

会计数据和财务指标	2000年	1999年调整后	1999年调整前	1998年
主营业务收入	133,909,127.35	199,237,112.03	199,237,112.03	122,174,306.46
净利润	15,384,795.85	42,560,074.98	46,388,495.17	30,883,550.73
总资产	781,914,118.23	764,747,657.81	766,105,099.48	482,298,699.44
股东权益(不含少数股东权益)	516,368,566.06	500,983,770.21	504,812,190.40	150,000,000.00
每股收益(摊薄)	0.0750	0.208	0.2263	0.5585
加权平均每股收益	0.0750	0.273	0.2833	0.5585
扣除非经常性损益后的每股收益	0.071	0.1602	0.2286	0.3948
每股净资产	2.5189	2.4438	2.4625	2.7125
调整后的每股净资产	2.4730	2.4062	2.425	2.6008
每股经营活动产生的现金流量净额	–0.0339	0.0244	0.0244	0.5525
净资产收益率	2.98%	8.5%	9.19%	20.59%
加权平均净资产收益率	3.03%	17.13%	19.61%	20.67%

3.报告期利润表附表

报告期利润	净资产收益率(%)		每股收益(元)	
	全面摊薄	加权平均	全面摊薄	加权平均
主营业务利润	6.81	6.91	0.172	0.172
营业利润	1.28	1.30	0.032	0.032
净利润	2.98	3.03	0.075	0.075
扣除非经常性损益后的净利润	2.84	2.88	0.071	0.071

注：主要财务指标的计算方法
(1)每股收益=净利润/年度末普通股股份总数
(2)每股净资产=年度末股东权益/年度末普通股股份总数
(3)调整后的每股净资产=(年度末股东权益-三年以上的应收款项净额-待摊费用-待处理(流动+固定)资产净损失-开办费-长期待摊费用-住房周转金负数余额)/年度末普通股股份总数
(4)每股经营活动产生的现金流量净额=经营活动产生的现金流量净额/ 年度末普通股股份总数
(5)净资产收益率=净利润/年末股东权益×100%
(6)全面摊薄净资产收益率=报告期利润÷期末净资产全面摊薄每股收益= 报告期利润÷期末股份总数
(7)加权平均净资产收益率(ROE):ROE=P÷(E0+NP÷2+Ei×Mi÷M0-Ej× Mj÷M0)
其中：P为报告期利润；NP为报告期净利润；E0为期初净资产；Ei为报告期发行新股或债转股等新增净资产；Ej为报告期回购或现金分红等减少净资产；M0为报告期月份数；Mi为新增净资产下一月份起至报告期期末的月份数；Mj为减少净资产下一月份起至报告期期末的月份数。

(三)股本变动及股东情况

1.股东情况
(1)报告期末股东总数：26003户
(2)截止2000年末公司前十名股东持股情况：

序号	股东名称	持股数量(股)	占总股本比例
1	上海申达股份有限公司	61,500,000	30%
2	海南欣安实业总公司	50,520,000	24.64%
3	合盛投资有限公司	28,110,000	13.71%
4	海南东北物资开发公司	6,075,000	2.96%
5	甘肃华原企业总公司	3,795,000	1.85%
6	金鼎证券投资基金	1,608,542	0.78%
7	周厚华	381,100	0.18%
8	吕巧儿	274,200	0.13%
9	张庆典	236,600	0.11%
10	宋明成	217,000	0.10%

注：A、前十名股东中第1—第5位所持股份共计150,000,000股（占总股本73. 17%）为发起人股，其余股东所持股份为已上市流通股份。

中国石化中原油气高新股份有限公司

中国石化中原油气高新股份有限公司2000年年度报告

重要提示：本公司董事会保证本报告所载资料不存在任何虚假记载、误导性陈述或者重大遗漏，并对其内容的真实性、准确性和完整性负个别及连带责任。

一、公司简介

1、公司中文名称：中国石化中原油气高新股份有限公司
公司英文名称：SINOPEC ZHONGYUAN PETROLEUM CO.,LTD.
2、公司法定代表人：刘锦信
3、公司董事会秘书：李洪海
公司证券事务代表：张东方
联系地址：河南省郑州市高新技术产业开发区瑞达路87号
联系电话：0371-7981018 0393-4893830
传真电话：0371-7984573 0393-4893831
4、公司注册地址：河南省郑州市高新技术产业开发区
公司办公地址：河南省郑州市高新技术产业开发区
公司邮政编码： 450001
公司国际互联网网址：http://www.zyyq.com
公司电子信箱： zyyq@zytx.com.cn
5、公司选定的信息披露报纸：《中国证券报》
年度报告备置地点：本公司董事会办公室
中国证监会指定信息披露国际互联网网址：http://www.cninfo.com.cn
6、公司股票上市交易所： 深圳证券交易所
公司股票简称： 中原油气
公司股票代码： 0956

二、会计数据与业务数据摘要

1、公司2000年度各项会计数据：（单位：人民币元）

利润总额：	798,056,027.33
净利润：	798,056,027.33
扣除非经常性损益后的净利润：	827,442,324.62
主营业务利润：	965,626,154.86
其他业务利润：	1,451,009.78
营业利润：	829,563,378.77
投资收益：	-2,121,054.15
补贴收入：	
营业外收支净额：	-29,386,297.29
经营活动产生的现金流量净额：	1,422,636,250.81
现金及现金等价物净增加额：	155,389,161.98

注：扣除的非经常性损益项目及金额：
营业外收支净额：-29,386,297.29元

2、截止本报告期末公司前三年的主要会计数据和财务指标(单位：元)

项　目	2000年	1999年	1998年	
		调整后	调整前	调整后
主营业务收入	1,912,336,544.76	1,297,854,300.94	1,297,854,300.94	1,289,692,844.38
净利润	798,056,027.33	263,064,864.01	255,851,364.01	161,781,474.43
总资产	3,144,785,717.21	2,239,652,757.08	2,239,652,757.08	957,127,664.00
股东权益(不含少数股东权益)	2,657,070,301.48	1,859,014,274.15	1,851,800,774.15	518,798,822.59
每股收益(元)	1.1736	0.3869	0.3763	0.3119
加权平均每股收益	1.1736	0.4550	0.4426	0.3119
扣除非经常性损益后的每股收益(元)	1.2124	0.3821	0.3715	0.3119
每股净资产(元)	3.7075	2.7338	2.7232	1.0002
调整后的每股净资产	3.7075	2.7338	2.7048	0.9981
每股经营活动产生的现金流量净额	2.0921	0.7414	0.7414	
净资产收益率(%)	31.6556	13.8164	13.8164	31.1839
加权净资产收益率(%)	36.44	30.42	29.58	
扣除非经常损益后的加权净资产收益率(%)	37.78	30.04	29.2	

注：主要财务指标计算方法：
每股收益=净利润/年度末普通股股份总数
每股净资产=年度末股东权益/年度末普通股股份总数
调整后的每股净资产=(年度末股东权益-三年以上的应收款项净额-待摊费用-待处理（流动、固定)资产净损失-开办费-长期待摊费用-住房周转金负数余额)/年度末普通股股份总数
每股经营活动产生的现金流量净额=经营活动产生的现金流量净额/年度末普通股股份总数
净资产收益率=净利润/年度末股东权益×100%
加权平均每股收益=当期净利润/[期末股份总数/(1+配股比例或增发新股比例)+期末股份总数/(1+配股比例或增发新股比例)* 配股比例或增发新股比例 * 缴款结束日下一月份至期末的月份数/12]。

按照中国证监会《公开发行证券公司信息披露编报规则(第9号)》要求计算2000年报告期利润的净资产收益率和每股收益。

净资产收益率(%)

报告期利润	2000年		1999年	
	全面摊薄	加权平均	全面摊薄	加权平均
主营业务利润	38.30	44.09	17.87	38.26
营业利润	32.91	37.88	13.64	29.20
净利润	31.66	36.44	13.82	29.58
扣除非经常性损益后的净利润	32.82	37.78	13.64	29.20

每股收益(元)

报告期利润	2000年		1999年	
	全面摊薄	加权平均	全面摊薄	加权平均
主营业务利润	1.42	1.42	0.48	0.60
营业利润	1.22	1.22	0.37	0.45
净利润	1.17	1.17	0.38	0.46
扣除非经常性损益后的净利润	1.22	1.22	0.37	0.45

注：1、1999年净利润有关指标调整是公司将已于2000年归还的长期借款在1999年底预提的利息费用调整计入"以前年度损益调整"项目721.35万元增加利润所致。

2、财务指标计算方法如下：
全面摊薄净资产收益率=报告期利润/期末净资产
全面摊薄每股收益=报告期利润/期末普通股股份总数
每股净资产=年度末股东权益/年度末普通股股份总数
调整后的每股净资产=(年度末股东权益-三年以上的应收款项净额-待摊费用-待处理（流动、固定)资产净损失-开办费-长期待摊费用-住房周转金负数余额)/年度末普通股股份总数
每股经营活动产生的现金流量净额=经营活动产生的现金流量净额/年度末普通股股份总数
加权平均净资产收益率(ROE)的计算公式如下：

$$ROE=P\div(Eo+NP\div2+Ei\times Mi\div Mo-Ej\times Mj\div Mo)$$

其中：P为报告期利润；NP为报告期净利润；Eo为期初净资产；Ei为报告期发行新股或债转股等新增净资产；Ej为报告期回购或现金分红减少净资产；Mo为报告期月份数；Mj为减少净资产下一月份起至报告期期末的月份数。

加权平均每股收益(EPS)的计算公式如下：

$$EPS=P\div(So+S1+Si\times Mi\div Mo-Sj\times Mj\div Mo)$$

其中：P为报告期利润；So为期初股份总数；S1为报告期因公积金转增股本或股票股利分配等增加股份数；Si为报告期因发行新股或债转股等新增加股份数；Sj为报告期因回购或缩股等减少股份数；Mo 为报告期月份数；Mi为 增加股份下一月份起至报告期期末的月份数；Mj为减少股份下一月份起至报告期期末的月份数。

3、股东权益变动情况表

项目	股本	资本公积	盈余公积	法定公益金	未分配利润	股东权益合计
期初数	680000000	949844787.45	25595598.67	12797799.34	190776088.69	1859014274.15
本期增加			120790429.10	80526952.73	596738645.50	798056027.33
本期减少					136000000.00	
期末数	680000000	949844787.45	146386027.77	93324752.07	651514734.19	2657070301.48

变动原因：1、盈余公积、法定公益金和未分配利润的增加系本年生产净利润的计提和未分配所致。2、股东权益增加系因本年实现利润所致。

三、股本变动及股东情况

1、股本变动情况
(1)股份变动情况表　　数量单位：股

	本次变动前	本次变动增减(+,-)					本次变动后
		配股	送股	公积金转股	增发	其他	小计	
一、未上市流通股份							
1.发起人股份	510000000						510000000
其中：境内法人持有股份	510000000						510000000
未上市流通股份合计	510000000						510000000
二、已上市流通股份							
二、已上市流通股份							
1、人民币普通股	170000000						170000000
已上市流通股份合计	170000000						170000000
三、股份总数	680000000						680000000

2.股票发行与上市情况

(1)经中国证券监督管理委员会证监发行字(1999)113 号文批准本公司于1999年9月10日在深交所发行社会公众股17000万股，其中上网定价发行14450万股，向证券投资基金配售2550万股，每股面值1元，发行价每股4.89 元，发行市盈率13.80倍，每一帐户申购上限为144000股，中签率为1.799456%。发行前公司净资产总额64996.42万元(评估未调整)，每股净资产为1.274元(评估未调整)，评估调整后净资产总额为95531.48万元，每股净资产为1.873元；发行后公司总股本68000万股，净资产总额176176.48万元，每股净资产为2.591元。

经深圳证券交易所深证上字[1999]96号《上市通知书》核准，本公司股票于1999年11月10日在深圳证券交易所挂牌交易，交易数量为14450万股。向证券投资基金配售的社会公众股2550万股，已于2000年1月10日上市。

(2)本公司在本报告期内，未进行送股、转增股本、配股、增发新股、吸收合并、可转换公司债券转股、减资，本公司未发行内部职工股，也没有因其他原因引起公司股份总数及结构的变动。

(3)本公司无内部职工股和公司职工股。

(二)股东情况介绍：
1、截止2000年12月29日，本公司在册股东总数46111户。
2、前十名股东情况：

序号	股东名称	期末持有股数	持股比例(%)
1	中国石油化工股份有限公司	510000000	75.00%
2	安顺证券投资基金	12054619	1.77%
3	同盛证券投资基金	7318200	1.08%
4	同益证券投资基金	3800000	0.56%
5	安信证券投资基金	3611344	0.53%
6	光大证券有限责任公司	1425450	0.21%
7	长城证券有限责任公司	1286899	0.19%
8	江苏省汽车工业销售集团有限公司	777352	0.11%
9	上海胜兰德商务有限公司	698000	0.10%
10	隆元证券投资基金	634440	0.09%

持有公司5%以上的股东为本公司控股股东--中国石油化工股份有限公司，其所持有的本公司75%的国有法人股未作任何质押或冻结，亦未有其他法律争议。

本公司前十名股东中，第2-10名为流通股东，其中安顺证券投资基金和安信证券投资基金属同一管理公司管理，同盛证券投资基金和同益证券投资基金属同一管理公司管理，其他本公司未知其关联关系。

3、持股10%以上法人股东简介
法人股东名称：中国石油化工股份有限公司

法定代表人:李毅中

经营范围:经营石油和天然气的勘探、开发、生产和贸易;石油的加工,石油产品的生产、石油产品的贸易及运输、分销和营销;石油化工、化纤、化肥及其它化工产品的生产、分销与贸易;石油、天然气管道运输;石油、天然气、石油产品、石油化工及其它化工产品和其它商品、技术的进出口、代理进出口业务;技术、信息的研究、开发、应用。公司注册资本688亿元人民币。

4、本报告期内根据国家财政部[2000]34 号文和国家经贸委国经贸企改[2000]144号文,中原石油勘探局将其所持有的本公司 75%的股份全部转让给了中国石油化工股份有限公司。为此,2000年2月28日本公司、中国石油化工股份有限公司、中原石油勘探局均在《中国证券报》上以重大事项公告的形式披露了上述信息。

四、股东大会简介

1、公司本年度共召开两次股东大会。

(1)2000 年 4月24 日,公司在《中国证券报》、《上海证券报》、《证券时报》上刊登关于召开1999年度股东年会的公告。2000年5月26日,公司董事会在中原石油勘探局机关办公楼三楼会议室召集召开了公司 1999 年度股东年会,到会股东及股东代表共12名,占公司总股本的75.043%,会议审议并通过了以下7项议案:

(1)审议并通过了1999年度董事会工作报告。

(2)审议并通过了1999年度监事会工作报告。

(3)审议并通过了1999年度财务决算报告。

(4)审议并通过了2000年度财务预算报告。

(5)审议并通过了1999年度利润分配预案。

(6)审议并通过了关于变更公司名称及相应修改公司章程的议案。

(7)审议并通过了股东大会议事规则。

本次股东大会决议公告刊登于2000年5月27日的《中国证券报》、《证券时报》、《上海证券报》。

(2)2000年12月13日,公司在《中国证券报》、《证券时报》、《上海证券报》上刊登关于公司召开2000年度第一次临时股东大会的公告。2001年1月14日,公司董事会在中原石油勘探局机关三楼会议室召集召开了公司 2000 年度第一次临时股东大会,到会股东及股东代表共 4 名,占公司总股本的 77.16%,会议审议并通过了以下议案:

同意刘锦信先生辞去公司董事职务,选举刘恩学先生出任公司董事。

本次股东大会决议公告刊登于2001年1月16日的《中国证券报》、《证券时报》、《上海证券报》。

2、选举、更换公司董事、监事情况。

报告期内,公司部分董事进行了变更。2001 年 1 月 14 日召开的 2000 年度第一次临时股东大会决定增补刘恩学先生为公司第一届董事会董事,刘锦信先生不再担任董事职务。

五、董事会报告

(一)公司经营情况

1、2000年,本公司生产原油 63.5万吨,天然气 80292 万立方米,在中国石化集团8个油气田中,本公司原油产量名列第7、天然气产量名列第2位(资料来源:中石油<<石油统计快讯>>2001 年第1期)。

2、公司主营业务范围及其经营状况

(1)2000年主营业务收入、主营业务利润分类构成情况(单位:万元)

行业	销售收入	占总收入的比重	主营业务利润	占主营业务利润的比重
石油及石化行业	191234	100%	96563	100%

(2)2000年主营业务收入、主营业务利润按照产品分类的构成情况(单位:万元)

产品名称	销售收入	占总收入的比重	主营业务利润
原油	103283	54.01%	69141
天然气	52876	27.67%	11549
凝析油	2708	1.42%	1644
液化气	10403	5.44%	6146
其他	21963	11.46%	8082
合计	191234	100.00%	96562

产品名称	占主营业务利润的比重
原油	71.59%
天然气	11.96%
凝析油	1.70%
液化气	6.36%
其他	8.39%
合计	100.00%

注:为便于成本控制和成本核算,2000 年根据石油专业国际成本核算惯例,参照中石化成本核算办法,改变了部分费用在成本和管理费用中的归集口径,因此使管理费用和生产成本有较大变化。这一改变不影响公司效益。

(3)、对占公司主营业务收入10%以上主要产品介绍

2000年本公司共销售原油58.8万吨,销售收入103283万元,占主营业务收入的54.01%;销售天然气68569万立方米,销售收入46724万元,占主营业务收入的24.4.%。本公司生产的原油为低粘度、低密度的轻质油,其销售全部纳入国家统一分配计划。所产天然气中二氧化碳、硫、氮气等杂质含量低,为国内优质天然气。

3、本公司无全资子公司及控股子公司。

4、在经营中出现的问题与困难及解决方案。

(1)经营中出现的问题与困难。

①本公司的主要产品为石油和天然气,产品结构和业务结构比较单一,主营业务在公司收入中所占的比例较大,油气价格的涨跌直接影响到公司效益的好坏。

②石油、天然气资源是不可再生资源,石油和天然气的开采随着开采时间的延长和开采程度的加深,有其逐年递减的规律。特别是本公司所辖油气田,油气开发井深平均在3000 米以上,地质情况较为复杂,随着开采程度的加深,地下资源的隐蔽性和现阶段科学技术的局限性,导致开采难度会逐渐加大,造成油气开采成本较高。

(2)针对以上问题与困难采取的措施。

①周密论证,严密组织,不断拓宽公司发展空间。

由于公司的主导产品为石油和天然气,产品结构和业务结构比较单一,主营业务在公司收入中所占比重较大,使得公司抵御市场变化的能力较差。为解决这一问题,公司在稳定油气主业的同时,依靠资金和产品优势,扩大公司经营范围,拓宽公司发展空间。

--与中原石油勘探局共同出资设立中原绿能高科有限责任公司。

--出资参股南方证券公司。

②强化滚动开发工作,增强油气田发展后劲。

通过对油气田的地质进行研究,在滚动开发上,牢固树立"储量、产量、效益"三统一观念。以新区滚动开发为重点,先后在文南油田北部、文西地垒带中北部、文南油田东部徐楼断层下盘高部位、文南油田地堑带内老区边缘、各区块构造结合部、户部寨气田南部进行滚动开发,均获得了较高的产能。为油气田长期稳产与长远发展奠定了坚实的基础。

③强化油气生产管理,努力提高开发水平。

为保证各项生产任务的顺利完成,科学、严密的制定了一系列生产管理措施。一是加快产能基础建设,立足于早决策、早部署、早开钻的原则,深化地质研究,掌握科学资料,保证了良好的新井效果。二是加强了老区综合治理工作,对每个开发单元进行了整体部署,整体组织,整体实施。三是加强措施的前期研究论证工作,确保了每口油水井措施的有效率。四是大力推广采气新工艺。

④建立规范的财务体系,适应现代企业管理的需要。

一是从制度入手,规范财务管理;二是理顺结算和会计核算程序,确保会计报表及时、完整、准确;三是加强资金管理,确保资金安全和高效运转;四是搞好税务管理,维护企业的权益和对外形象;五是加强成本管理,配套完善四级预算制度,确保油气成本有效控制。

5、完成盈利预测情况

公司对报告期盈利情况未进行过预测。

(二)公司财务状况

(1)财务状况变动　　单位:元

	2000年	1999年	增减变动%
总资产	3144785717.21	2239652757.08	40.41
长期负债		250000000	-100.00
股东权益	2521070301.48	1859014274.15	35.61
主营业务收入	1912336544.76	1297854300.94	47.35
主营业务利润	965626154.86	338132147.66	185.58
净利润	798056027.33	263064864.01	203.37

公司财务状况各项目变动的主要原因是:股东权益的增加为公司本年度经营实现的净利润;长期负债的减少是公司归还年初长期借款的结果;主营业务利润和净利润的增加得益于原油价格的提高、销售量的增加及会计政策的变更。

(2)本报告期内北京中洲光华会计师事务所有限公司出具了无保留意见审计报告。

(三)公司投资情况

2000年公司总投资 84223万元,其中投资油气滚动开发项目 74373 万元;投资参股南方证券4950 万元;与中原石油勘探局共同出资组建河南中原绿能高科有限责任公司,开发液化天然气(LNG)项目和压缩天然气(CNG)项目投资4900万元。

总投资构成为:投入使用募集资金44593万元,使用企业自筹资金39630万元。

1、募集资金项目投资情况

经中国证监会批准,本公司于1999年9月10日在深圳交易所公开发行社会公众股(A股)17000万股,共募集资金8.058亿元,1999年使用募集资金35987万元, 2000年使用募集资金44593万元、累计使用募集资金80580万元,募集资金承诺投资项目与实际投资项目没有发生变更。

①文南油田开发建设项目。计划总投资51101万元,实际完成投资52116万元,其中1999 年完成投资28581 万元,实施钻井 52 口,其中完成产能建设及地面配套井39口,新建原油生产能力8.67万吨;2000年完成投资23535万元,实施钻井38口,其中完成产能建设及地面配套井31口,新建原油生产能力12.21万吨。新油井当年生产原油7.21 万吨,实现销售收入12665 万元,新注水井增加日注水能力 310方。项目已按期完成,新动用地质储量512万吨,新增产能20.88万吨,达到预期效果,计算期内(10年)可实现销售收入20.65亿元。

②天然气开发建设项目。计划总投资20824万元,实际完成投资20017万元。1999年完成投资4642万元,实施开发井4口及地面配套建设,2000年完成投资15375万元,实施开发井 18 口及地面配套建设,新建天然气产能2.21亿方/年。项目已按期完成,生产天然气1.17亿方,实现销售收入7956万元。计算期内(10年)可实现销售收入10.88亿元。

③第三气体处理厂改扩建项目。计划总投资19748万元,1999完成投资2463 万元。2000年完成投资 13138万元,累计完成投资 15601 万元,全套装置目前正在进行试运转。

④轻烃深加工处理项目。计划总投资6070万元,99年完成投资301万元,主要是项目前期工作费用。2000年完成投资 656万元,累计完成投资 957 万元。因进一步优化设计方案和完善工艺技术等原因,致使本项目未能按预期进度实施,目前正在抓紧施工。

募集资金项目投入情况

投资 项目名称	计划投资 (万元)	建设周期 (年)	本期完成投资 (万元)	累计完成投资 (万元)
文南油田开发建设	51101	1	23535	52116
天然气开发建设	20824	1	15375	20017
第三气体处理厂 改扩建工程	19748	2	13138	15601
轻烃深加工处理工程	6070	1	656	957
合　　计	97743		52704	88691

截止2000年12月31日,募集资金项目共投资88691万元,其中使用募集资金80580万元,使用企业自筹资金8111万元。

2、企业自筹资金投资项目投入情况:

公司为了增强油田稳产基础和公司发展后劲,2000年公司自筹资金31519万元, 用于老油田滚动开发和维护改造等项目,具体是:

①公司油田开发建设及文南零散区块开发建设投入8684万元。

②采油四厂和天然气产销厂老油气田地面调整、维护、改造工程等投资8703 万元;

③投资4950万元参股南方证券有限公司。

④投资4900 万元与中原石油勘探局共同出资组建河南中原绿能高科有限责任公司, 开发液化天然气(LNG)项目和压缩天然气(CNG)项目。中原绿能高科有限责任公司于2000年9月20日登记注册,注册资本1亿元人民币,本公司占49%的股权。

⑤公司非安装设备购置3839万元;

⑥公司计算机、节能、消防、防洪、后勤辅助等工程投资 443万元。

通过新钻井和基础设施建设,进一步完善了注采井网,增强了油田稳产的基础,减缓了递减速度。

(四)生产经营环境及宏观政策法规的变化对公司的影响。

1、本公司主营石油、天然气的勘探、开发与销售,其原油价格已于2000年1月1日起与国际原油价格接轨,因此国际原油价格的变化对公司的经营成果影响较大,从世界石油供需情况分析,近期国际市场原油价格将继续保持较高价位,有利于公司中长期发展。

天然气作为一种优质、高效、清洁的能源和重要的化工原料,已在世界各国得到了普遍重视和优先利用,目前已成为世界上增长最快的能源。出于环境保护的压力和发展替代能源等方面的战略考虑,21 世纪我国将大力发展天然气产业。本公司天然气生产销售处于中原腹地有利位置,目前产量已较稳定,市场前景看好。

2、根据财政部财经字[1999]863号文件规定,本公司自2000年1月1日起,会计核算政策发生如下变化:取消了按原油80元/吨、天然气40元/千方提取的油气储量有偿使用费;取消提取进入生产成本的油田维护费;油气开发支出形成的资产折旧年限由6-14年改为8-14年。降低了公司的生产成本,增强了公司的盈利能力。该事项已于2000年2月28日在《中国证券报》上以重大事项进行了公告。

(五)新年度业务发展规划。

2001年的生产经营目标及措施。

2001 年本公司将继续坚持以经济效益为中心,以油气开发为主体,以科技为先导,以科学管理为保障,以市场机制为基础,积极实施稳定主业,多元发展的战略。

1、优化董事会组织结构,确保决策的规范化和科学化。

本年度公司将设立独立董事及董事会下属的发展战略委员会、薪酬委员会、审计委员会、提名委员会,制定相应的工作制度,明确其职责和工作程序,使董事会的决策和运作更加符合全体股东的利益、符合公司长远发展的利益,更好地对公司经营实施战略性指导。

2、坚定不移的调整产业结构，在稳定油气主业生产规模的基础上，继续进军高科技领域，加大天然气深加工力度，形成较强的技术优势和核心竞争力。

3、实施四大战略，实现持续稳定发展。

----实施资源扩充战略。解放思想，实事求是，敢于创新，运用新思路，借鉴老经验，力求发现大的资源场面。

----实施科技兴业战略。紧紧围绕勘探开发的技术难点进行重点攻关，攻克一批制约生产的“瓶颈”技术，为勘探突破、油增气升提供有力的技术支撑。

----实施市场开拓战略。抓住天然气应用领域和范围越来越广、社会需求量越来越大的机遇，突出抓好天然气市场开发，逐步进入并占领河南大部、山东境内、河北南部的市场，并以此为据点，向周边城市及地区发展，形成天然气销售的大网络、大市场。

----实施人才开发战略。加强科技人员的专业技术培训，搞好继续教育，加快知识更新，不断提高技术素质和技术水平；在发挥好中老年科技骨干作用的同时，加速培养年轻科技人才，把他们推向重要岗位，承担重点项目；采取科学的方式方法，搞好人力资源开发，全面开展技能鉴定验证考核和升级鉴定，提高职工技术素质；通过一定的政策措施，引进公司急需人才；通过与大专院校和科研机构合作，提高公司的科研水平。

4、发展油气主业，实现油气储量和产量的持续性增长。

在文南油田的滚动勘探上，采取新思维、新办法、新技术，争取在文东斜坡带主战场、文南地堑带主战场、文西地垒带主战场、河岸地区四个主战场发现新的含油富集块，找到品位高、丰度好、现实的资源接替阵地。在天然气的滚动勘探上，一是周边滚动，突破南北，寻求重要的资源接替阵地；二是盘活老区，在空档中寻求内部挖潜的资源接替阵地；三是开拓新区，寻求可持续发展的资源接替阵地；四是加大文西垒带研究与投入的力度，实现在滚动增储上的突破。

开发上，一是挖掘井网恢复潜力，搞好文南老油田的技术改造；二是在注水上下功夫，改善水驱动用状况；三是抓好三采的起步工作，加强三采技术研究；四是搞好天然气的科学开发，实现天然气产量的稳步增长。

5、搞好天然气综合利用，发展油气精细化工。

加快发展天然气综合利用项目。充分发挥天然气资源优势，结合“西气东输”，整体规划，分步实施，做好天然气管网的联网工作。

规划发展天然气化工。充分利用公司的天然气及卤水资源，结合区域内的化工原料及产品，整体规划，分步实施，发展工艺先进、技术含量高、有市场、有竞争力的天然气化工项目。

加快发展轻烃精细化工。通过加强管理，优化操作，挖掘系统潜力，进一步提高轻烃回收率，增加产量，优先为乙烯提供优质轻烃原料。在现有轻烃深加工处理的基础上，利用轻烃发展下游精细化工。

6、充分利用资本市场，做好再次融资工作。

为稳定油气主业，调整产品结构，大力发展天然气产业，公司力争年内完成再次融资工作，以筹集资金，加快公司发展。

7、以预算管理为龙头，追求企业利润最大化。

继续推行全过程、全方位的预算管理，采用总体预算与单项预算相结合的方式，从预算的编制、执行、考核、分析、监督等各个环节，全部实行程序化操作，通过月度预算的动态分析，对各单位的收支情况和费用结构进行跟踪分析，对成本预算中的重点费用项目进行监督控制，真正做到事前预算、事中控制和事后分析，严格杜绝预算外开支。通过预算这个链条，找出生产经营管理、成本控制中的薄弱环节，将预算管理与生产组织运行、承包考核、财务管理有机的结合起来，严格控制各项费用支出，堵住无计划花钱的口子，达到控制成本的目的，从而最大限度地提高经济效益。投资计划。

根据市场调查分析，国际市场原油价格近期仍将保持在较高价位，公司将继续对拥有的油气田的开发建设、油气田系统工程等项目投资，以强化主业发展。资金由公司自筹。

计划资金安排使用情况

投资项目名称	2001年计划投资(万元)	建设周期(年)	累计投资(万元)	预计竣工时间
油气田开发建设	67407	1		2001年12月
第三气体处理厂改扩建工程	3415	2	15601	2001年5月
轻烃深加工处理工程	3630	1	957	2001年7月
合　计	74452		16558	

(六)董事会日常工作情况

1、报告期内董事会的会议情况及决议内容

报告年度内公司共召开七次董事会会议。

(1)公司于2000年1月20日，在中原石油勘探局办公楼三楼会议室召开第一届董事会第三次会议，应到董事13人，实到12人，监事会7人，6人列席了会议。会议审议通过了如下决议：

--审议通过了股东大会议事规则；

--审议通过了董事会议事规则；

--审议通过了中原油气田股份有限公司内幕信息管理办法；

--审议通过了中原油气田股份有限公司财务管理制度；

--审议通过了中原油气田股份有限公司会计管理制度；

公司第一届董事会第三次会议决议公告刊登于2000年1月22日的《中国证券报》上。

(2)公司于2000年4月19日，在中原石油勘探局办公楼三楼会议室召开第一届董事会第四次会议，应到董事13人，实到12人，监事会7名监事全部列席会议。会议审议通过了如下决议：

--审议通过了1999年年度报告及摘要。

--审议通过了1999年度董事会工作报告。

--审议通过了1999年度经理工作报告。

--审议通过了1999年度财务决算报告

--审议通过了2000年度财务预算报告。

--审议通过了1999年度利润分配预案。

公司1999年度税后可供分配利润255,955,986.7元，按10%提取法定公积金，按5%提取法定公益金后，本年度可供股东分配利润217,562,588.69元。公司拟以1999年末公司股本680,000,000股为基数，向全体股东每10股派现金0.5元(含税)，总计分配34,000,000元，剩余183,562,588.69元结转下一年度。

--审议通过了计提资产减值准备报告。

--审议通过了经理工作细则。

--审议通过了修改公司章程的议案。

根据中国石油化工股份有限公司石化股份发[2000]55号文件精神，结合公司被河南省科委认定为高新技术企业的实际，为在社会公众中树立公司的良好形象，拟将公司全称由“中原油气田股份有限公司”变更为“中国石化中原油气高新股份有限公司”。由于公司变更名称，公司章程第四条相应变更为：“公司注册名称：中国石化中原油气高新股份有限公司。英文为：Sinopec Zhongyuan Petroleum Co.,Ltd.”。

--决定于2000年5月26日召开1999年度股东年会。

公司第一届董事会第四次会议决议公告刊登于2000年4月24日的《中国证券报》、《证券时报》、《上海证券报》上。

(3)公司于2000年6月28日，在中原石油勘探局办公楼三楼会议室召开第一届董事会第五次会议，应到董事13人，实到9人，监事会7人，6人列席了会议。会议审议通过了如下决议：

--决定与中原石油勘探局共同出资设立河南中原绿能高科有限责任公司(以下简称有限责任公司，正式名称以工商行政管理部门核准登记为准)，开发液化天然气(LNG)项目和压缩天然气(CNG)项目；批准公司与中原石油勘探局就共同出资设立有限责任公司所拟定的《出资协议书》。

公司第一届董事会第五次会议决议公告刊登于2000年6月29日的《中国证券报》、《证券时报》、《上海证券报》上。

(4)公司于2000年7月25日，在中原石油勘探局办公楼三楼会议室召开第一届董事会第六次会议，应到董事13人全部到会，监事会7人全部列席会议。会议审议通过了如下决议：

--审议通过了公司2000年中期报告及摘要。

公司第一届董事会第六次会议决议公告刊登于2000年7月28日的《中国证券报》、《证券时报》、《上海证券报》上。

(5)公司于2000年9月26日，在中原石油勘探局办公楼三楼会议室召开第一届董事会第七次会议，应到董事13人，实到12人，监事会7人，5人列席会议。会议审议通过了如下决议：

--审议通过了公司机构调整方案；

--审议通过了公司投资调整方案；

--审议通过了公司资本运营方案。

公司第一届董事会第七次会议决议公告刊登于2000年9月28日的《中国证券报》、《证券时报》、《上海证券报》上。

(6)公司于2000年12月12日，在中原石油勘探局办公楼三楼会议室召开第一届董事会第八次会议，应到董事13人，实到10人，监事会7人，6人列席会议。会议审议通过了如下决议：

--审议并通过了关于调整公司董事会成员的议案。

会议同意刘锦信先生因工作调动原因辞去公司董事长职务的申请。会议同意刘锦信先生因工作调动原因辞去公司董事职务的申请，根据公司第一大股东中国石油化工股份有限公司的提议，同意刘恩学先生为公司董事候选人。

公司关于调整董事会成员的议案尚须提交股东大会审议批准。

--会议决定于2001年1月14日上午9:00在河南省濮阳市中原路277号公司办公楼三楼会议室召开公司2000年度第一次临时股东大会。

公司第一届董事会第八次会议决议公告刊登于2000年12月13日的《中国证券报》、《证券时报》、《上海证券报》上。

(7)公司于2000年12月22日，在中原石油勘探局办公楼三楼会议室召开第一届董事会第九次会议，应到董事13人，实到8人，监事会7人，4人列席会议。会议审议通过了如下决议：

--审议通过了资产管理办法；

--审议通过了资产处置操作细则；

--审议通过了物资管理办法。

2、报告期内董事会以公司和股东的最大利益为准则勤勉经营，依据《公司法》和本公司章程等规定，规范的执行股东大会决议，圆满完成了股东大会授权的各项事宜。

根据公司1999年度股东年会对利润分配方案的决议及授权，公司董事会于2000年7月14日，按每10股派发现金红利0.5元(含税)实施了派息方案。

(七)公司管理层及员工情况

1、董事、监事、高级管理人员

姓名	职务	年龄	性别	任期起止日期	年初持股数	年末持股数
刘恩学	董事长	50	男	2001.1.14-2002.9.30	0	0
李宗信	董事	62	男	1999.9.30-2002.9.30	0	0
蒋永富	董事	38	男	1999.9.30-2002.9.30	0	0
乜从风	董事	61	男	1999.9.30-2002.9.30	0	0
姜福耀	董事	52	男	1999.9.30-2002.9.30	0	0
黄泽贵	董事 经理	38	男	1999.9.30-2002.9.30	1000	1000
李洪海	董秘、副经理	39	男	1999.9.30-2002.9.30	0	0
刘成林	董事	46	男	1999.9.30-2002.9.30	0	0
吴全顺	董事 副经理	46	男	1999.9.30-2002.9.30	0	0
郝春山	董事	45	男	1999.9.30-2002.9.30	0	0
母育泸	董事 副经理	59	男	1999.9.30-2002.9.30	0	0
陈金良	董事	38	男	1999.9.30-2002.9.30	0	0
武国顺	董事 财务总监	36	男	1999.9.30-2002.9.30	0	0
张同冉	监事会主席	59	男	1999.9.30-2002.9.30	0	0
于吉永	监事	51	男	1999.9.30-2002.9.30	0	0
李恩洲	监事	47	男	1999.9.30-2002.9.30	0	0
付大成	监事	52	男	1999.9.30-2002.9.30	0	0
徐国安	监事	48	男	1999.9.30-2002.9.30	0	0
张立杰	监事	54	男	1999.9.30-2002.9.30	0	0
刘树清	监事	48	男	1999.9.30-2002.9.30	0	0

年度报酬总额在5-6万元的3人。

年度报酬总额在3-4万元的1人。

年度报酬总额在2-3万元的9人。

不在公司领取报酬人员有7人：刘恩学、李宗信、蒋永富、姜福耀、张同冉、于吉永、李恩洲。

报告期内公司原董事、董事长刘锦信先生因工作调动原因，辞去公司董事、董事长职务；经公司第一大股东--中国石油化工股份有限公司提议，公司股东大会、董事会选举刘恩学先生为公司董事、董事长。报告期内监事无人离任。

在报告期内无解聘公司经理、董事会秘书情况。

2、公司员工的数量、专业构成、教育程度、及退休职工人数情况：

截止2000年12月31日，本公司共有在岗员工4780人。

专业构成	教育程度
生产人员：3136人	本科以上：645人
销售人员：189人	专　　科：921人
技术人员：880人	专科以下：3214人
财务人员：65人	
行政人员：510人	

(八)本次利润分配或资本公积金转增股本预案：

经北京中州光华会计师事务所有限公司审计，公司2000年度实现净利润79806万元，加上调整期初未分配利润721.3万元，可供分配利润为80,527.3万元。根据《公司章程》的有关规定，提取10%法定公积金8052.7万元，提取10%法定公益金8052.7万元，提取5%任意盈余公积金4026.35万元，加上年度结转未分配利润18356万元，本年度实际可供股东分配的利润为78751万元。董事会提议，以2000年末股份总数680000000股为基数，向全体股东按每10股派发现金红利2元(含税)，共计派发现金136000000元；每10股送红股2股(含税)，共计送红股136000000股。派发现金红利和送红股合计272000000元，尚余515510000元，结转下年度分配。本预案须提交2000年度股东大会审议通过后实施。

(九)其他报告事项：公司选定的信息披露报纸为《中国证券报》在报告期内无变更。

六、监事会工作报告

2000年，公司监事会认真按照《公司法》《证券法》及公司《章程》的有关规定，紧紧围绕经营管理工作的实际，积极开展各项监督检查，为促进公司经济效益的提高、确保股东大会各项决议的实施、维护股东的合法权益，发挥了应有的作用。

1、监事会会议情况

2000 年，公司监事会共召开四次会议。每次会议，7 名监事全部到会，从通知、召开、表决等环节均符合法定程序和有关规定。

2000 年 1 月 20 日，召开第一届监事会第二次会议，审议通过了《监事会议事规则》。

2000 年 4 月 19 日，召开第一届监事会第三次会议，审议通过了 1999 年度监事会工作报告、公司 1999 年年度报告及摘要和公司计提资产减值准备报告。

2000 年 7 月 25 日，召开第一届监事会第四次会议，听取了监事会办公室关于对公司 2000 年上半年财务活动检查情况的报告，审议通过了公司 2000 年中期报告及摘要，并在证券律师见证下签署了《监事声明及承诺》。

2000 年 12 月 5 日，召开第一届监事会第五次会议，审议通过了《中国石化中原油气高新股份有限公司监事会检查公司财务实施办法(试行)》。

2000 年，监事会还参加了 1999 年度股东年会和 2000 年临时股东大会，列席了历次董事会会议。受监事会委托，监事会办公室从 9 月 22 日起列席了公司旬度工作例会。

2、监事会对有关事项的意见

经过全面检查、分析，监事会认为：

(1)2000 年度，公司董事会认真执行股东大会决议，按照国家法律法规和公司章程规范运作，程序合法。公司经营班子在董事会授权和公司章程规定的范围内行使职权，履行职责，经营业绩突出。公司内部控制制度健全、落实。董事、经理和其他高级管理人员遵纪守法，执行公司职务时没有发现违反法律、法规、公司章程或损害公司利益的行为。

(2)公司财务、会计制度健全，财务管理规范。北京中洲光华会计师事务所有限公司出具的审计报告，客观真实地反映了公司的财务状况和经营成果。

(3)公司上市募集资金实际投入项目与《招股说明书》承诺投入项目一致。

(4)报告期内，公司未收购、出售资产，不存在内幕交易、损害股东权益和公司资产流失现象。

(5)公司的关联交易公平、合理，没有损害本公司的利益。

七、重要事项

1、本年度公司无重大诉讼、仲裁事项。

2、报告期内公司、公司董事及高级管理人员没有受到监管部门的处罚。

3、报告期内公司控股股东由中原石油勘探局变更为中国石油化工股份有限公司，公司董事会未换届、改选，公司经理、董事会秘书未解聘。

4、报告期内公司无收购及出售资产、吸收合并情况。

5、重大关联交易事项：

(1)不存在控制关系的关联方

企业名称	与本公司的关系
中国石化集团中原石油勘探局	间接持有本公司股份的第一大股东的全资子公司
中国石油化工股份有限公司中原油田分公司	直接持有本公司股份的第一大股东的分公司

(2)关联方交易事项

2000 年 2 月 28 日，中国石油化工股份有限公司成立，随后原中原石油勘探局也分别重组为“中国石油化工股份有限公司中原油田分公司”(以下简称油田分公司)、“中国石化集团中原石油勘探局”(以下简称勘探局)。鉴于此，本公司就原油、天然气销售，井下作业、供电、物资供应、生活用液化气等综合服务；就物业管理、建筑安装、供水、供热、机械维修、运输、测井、科学研究等分别与油田分公司、勘探局重新签订了有关关联交易协议，具体情况如下：

①销售货物

A、根据与油田分公司签订的《原油销售协议》，本公司 2000 年度生产的原油全部销售给油田分公司，价格执行国家计委每月公布的国际同质原油价格。

B、根据与油田分公司签订的《综合服务合同》，本公司向油田分公司提供生活用液化气，年均价格 2200 元/吨。

以上交易情况详见下表：

交易内容	定价原则	交易价格	交易金额(万元)	额的比重占同类交易(%)
1.原油	国际价格	1756.62 元/吨	103,283	100
2.液化气	国家定价 市场价	2200 元/吨	10,367	18.22
3.凝析油	国家定价 市场价		2,708	
合　计			137340	

交易内容	结算方式	业务利润占公司主营(%)
1.原油	每 10 天结算	71.59
2.液化气	每月结算	6.36
3.凝析油		1.70
合　计		

说明：1)国家根据国际市场原油价格每月定价一次。

2)以上交易价格均为不含增值税的均价。

②综合服务

A、根据与油田分公司签订的《综合服务合同》，本公司的以下劳务和服务全部或部分由油田分公司提供，详见下表：

交易内容	定价原则	交易价格	交易金额(万元)
1.井下作业	招标定价		6,310
2.供电	濮阳市定价		8,591
3.物资供应	委托招标定价		11,625
4.受托销售天然气			20,932(代销价款)

交易内容	占同类交易额的比重(%)	结算方式
1.井下作业	98	一口井一结算
2.供电	100	每月结算
3.物资供应	95	按批结算
4.受托销售天然气		

B、根据与勘探局签订的《综合服务合同》，本公司的以下劳务和服务全部或部分由勘探局提供，详见下表：

交易内容	定价原则	交易价格	交易金额(万元)	占同类交易额的比重(%)
1.钻井测井录井			58,682	100
2.运输			1,884	56
合　计			60,566	

交易内容	结算方式
1.钻井测井录井	一口井一结算
2.运输	按月或次结算
合　计	

③本公司与勘探局签订了《国有土地使用权租赁合同》，自本公司 1999 年上市之日起，勘探局将面积为 2，160，939 平方米的国有土地租赁给本公司，租赁期限为 30 年，租赁费为每年 100 万元。

④公司与中国石油化工股份有限公司中原油田分公司签订了资产租赁协议，租赁资产为油水井及相应配套设施，资产净值为 11150.78 万元，租赁费用为 2，039.52 万元，该部分资产 2000 年产生直接经济效益 1536.6 万元，间接经济效益 1063.5 万元。

⑤关联方应收应付款项余额　　单位：万元

单位名称	2000 年 12 月 31 日	1999 年 12 月 31 日
(1)应收账款		
中国石油化工股份有限公司中原油田分公司	14,419.26	15,785.38
中国石油化工股份有限公司	785.30	-
(2)应付帐款		
中原石油勘探局	35,247.67	2,702.91
中国石油化工股份有限公司中原油田分公司	2,369.53	-

6、人员、资产、财务“三分开”情况

(1)人员分开情况

公司人员独立。经理一人、副经理三人、财务总监一人在上市公司领取薪酬，经理、副经理等高级管理人员没有在股东单位任职，财务人员没有在关联公司兼职的情况，公司的劳动、人事、工资管理完全独立。

2000 年 2 月 28 日公司控股股东由中原石油勘探局变更为中国石油化工股份有限公司后，不存在公司董事长与控股股东的法人代表为同一人情况。

(2)资产完整情况

本公司从成立之初，本着主业与辅业分离的原则，将物业管理、井下作业及测试、建筑安装、物资供应、供水、供电、机械维修、科学研究等辅助生产行业剥离；原油销售因公司没有自己的输油管道，现仍按照国家计委每月公布的国际原油市场价格销售给中国石油化工股份有限公司下属的中原油田分公司。公司所辖文南油气田是一个独立的地质单元，不存在与控股股东同业竞争的情况。

(3)财务分开情况

公司财务独立，设有独立的财务部门，建立了独立的财务核算体系，具有规范、独立的财务会计制度和财务管理制度。公司独立在银行开户，没有与关联方共用一个帐户的情况，且独立依法纳税。

7、本报告年度内公司无托管、承包等事项。公司与中国石油化工股份有限公司中原油田分公司签订了资产租赁协议(该协议已经第一届董事会第十一次会议确认)，内容详见关联交易事项。

8、公司聘任的会计师事务所为北京中洲光华会计师事务所有限公司，在报告期内未变更。

9、其他重要合同(含担保等)及其履行情况。

2000 年除与中原石油勘探局、中原油田分公司签订的关联交易合同外，无其他重大合同及担保事项。

10、根据 2000 年 5 月 26 日公司 1999 年度股东年会的决议，经河南省工商行政管理局核准登记，2000 年 6 月 15 日公司名称由“中原油气田股份有限公司”变更为“中国石化中原油气高新股份有限公司”。股票简称仍为“中原油气”。

11、公司及持股 5%以上股东承诺事项的履行情况

(1)公司承诺的文南油田开发建设、天然气开发建设、第三气体处理厂扩建工程、轻烃深加工处理等 4 个募集资金投资项目没有发生改变。

(2)公司承诺的“本公司从第一个盈利年度起派发股利，预计公司首次分配时间是 2000 年第二季度”事项，已按期实际履行。

(3)报告期内持有本公司 75%股份的中国石油化工股份有限公司，严格遵守了 2000 年 2 月 28 日在中国证券报上所作出的“在一年内不出让所持有的中原油气田股份有限公司的股份，且在一年内不收购该公司上市流通的股份”承诺。

八、财务会计报告

审　计　报　告

中洲光华(2001)审字第 093 号

中国石化中原油气高新股份有限公司全体股东：

我们接受委托，审计了中国石化中原油气高新股份有限公司(以下简称贵公司)2000 年 12 月 31 日的资产负债表、2000 年度的利润及利润分配表以及现金流量表。这些会计报表由贵公司负责，我们的责任是对这些会计报表发表审计意见。我们的审计是依据中国注册会计师独立审计准则进行的。在审计过程中，我们结合贵公司的实际情况，实施了包括抽查会计记录等我们认为必要的审计程序。

我们认为，上述会计报表符合《企业会计准则》、《股份有限公司会计制度》的有关规定，在所有重大方面公允地反映了贵公司 2000 年 12 月 31 日的财务状况和 2000 年度的经营成果以及现金流量变动情况，会计处理方法的选用遵循了一贯性原则。

中国注册会计师

北京中洲光华会计师事务所有限公司　　易书仪

中国.北京　　中国注册会计师

金融大街 35 号国际企业大厦

韩建旻

报告日期：二○○一年一月二十一日

签发日期：二○○一年四月八日

会计报表附注

一、公司的一般情况

中国石化中原油气高新股份有限公司(以下简称公司)是 1999 年 10 月 25 日经河南省工商行政管理局批准设立的股份制企业，由中国石油化工集团公司中原石油勘探局作为独家发起人，以募集方式向社会公开发行股票(A 股)组建的股份有限公司。公司社会公众股股票于 1999 年 11 月 10 日在深圳证券交易所上市交易。

依据财政部财管字[2000]34 号文件和国家经济贸易委员会国经贸企改[2000]144 号文件，公司国有法人股 51000 万股的持有人由中原石油勘探局变更为中国石油化工股份有限公司。2000 年 5 月经股东大会批准，公司名称由中原油气田股份有限公司变更为中国石化中原油气高新股份有限公司。

注册资本：人民币 680,000,000.00 元。

经营范围：石油、天然气资源的勘察、开采、综合利用和产品销售；天然气管道运输，轻烃产品，石油天然气精细化工产品的生产与销售。

二、公司采用的主要会计政策、会计估计和会计政策、会计估计的变更

1、会计制度

执行财政部颁发的《股份有限公司会计制度》。

2、会计期间

自每年公历 1 月 1 日起至 12 月 31 日止为一个会计年度。

3、记帐基础和计价原则

采用借贷记帐法，按权责发生制核算，以历史成本作为计价原则。

4、记帐本位币

以人民币为记帐本位币。

5、现金等价物确定标准

现金等价物是指公司持有的期限短、流动性强、易于转换为已知金额现金、价值变动风险很小的投资。

6、坏帐核算

坏帐核算采用备抵法，按年末应收款项(包括应收账款和其它应收款)明细余额分账龄计提坏

三、税项

(1)增值税：原油及天然气分别按产品销售收入的17%和13%税率计算销项税，扣除进项税后交纳增值税。

(2)营业税：分别按应税劳务收入的5%、3%计征。

(3)城建税：按应交增值税额、营业税额的7%计征。

(4)房产税：从价计征，以房屋原值的70%为计税依据，年税率为1.20%。

(5)矿产资源补偿费：根据94年国务院令150号文件规定，按销售收入的1%乘以采收率回收系数，就地交纳。

(6)教育费附加：根据应交增值税额、营业税额的3%交纳。

(7)资源税：根据原油及天然气商品量分别按8元/吨，4元/千立方米交纳。

(8)所得税：根据河南省国家税务局批准，免征公司1999年企业所得税及2000年度企业所得税，自2001年1月1日起按15%所得税率计缴。

四、会计报表主要项目注释(截至2000年12月31日止，金额单位：人民币元)

注释1. 货币资金

项目	年初数	年末数
现金	51,783.92	594,004.88
银行存款	501,213,751.71	656,060,692.73
合计	501,265,535.63	656,654,697.61

全部为人民币款项。

注释2. 短期投资

项目	年初数		年末数		
	投资金额	跌价准备	投资金额	跌价准备	市价
股票投资	—	—	67,846,225.27	1,423,131.63	66,423,093.64
其他	—	—	132,153,774.73	—	132,153,774.73
合计	—	—	200,000,000.00	1,423,131.63	198,576,868.37

公司2000年度投出货币资金200,000,000.00元用于投资有价证券，截至2000年12月31日止，尚余货币资金132,153,774.73元，在"其他"项列示。

注释3. 应收帐款

帐龄	年初数			年末数		
	金额	比例(%)	坏帐准备	金额	比例(%)	坏帐准备
1年以内	179,463,736.86	90.37	147,318.68	165,102,318.66	88.93	
1-2年	19,114,995.64	9.63	191,149.96	19,365,007.34	10.43	5,809,502.20
2-3年	-	-	-	1,184,402.95	0.64	710,641.77
3年以上	-	-	-	-		
合计	198,578,732.50	100.00	338,468.64	185,651,728.95	100.00	6,520,143.97

注释4. 其他应收款

帐龄	年初数			年末数		
	金额	比例(%)	坏帐准备	金额	比例(%)	坏帐准备
1年内	1.059,373.97	81.52	5,296.8	74,291,897.53	95.90	-
1-2年	69,913.6	05.38	699.14	91,113.67	2.04	27,334.10
2-3年	36,800.00	2.83	1840.00	64,544.20	1.44	38,726.52
3年以上	133,425.05	10.27	26,685.01	27,805.50	0.62	27,805.50
合计	1,299,512.62	100.00	34,521.02	4,475,360.90	100.00	93,866.12

无持本公司5%(含)以上股份的股东单位欠款

注释5. 预付帐款

帐龄	年初数		年末数	
	金额	比例(%)	金额	比例(%)
1年内	14,731,256.87	100.00	30,000.00	100.00

注释6. 存货及跌价准备

项目	年初数		年末数	
	金额	跌价准备	金额	跌价准备
材料	19,981,571.67	-	17,528,340.27	-
低值易耗品	93,514.95	-	260,862.87	-
产成品	3,045,099.73	-	5,264,654.66	-
合计	23,120,186.35	-	23,053,857.80	-

公司本年无应计提存货跌价准备的存货。

注释7. 长期股权投资

1)项目

	年初数		本年增加	本年减少	年末数	
	金额	减值准备			金额	减值准备
长期股票投资	-		-	-	-	
长期股权投资	-	-	97,802,077.48	-	97,802,077.48	
长期债权投资	-	-	-	-	-	
合计	-	-	97,802,077.48	-	97,802,077.48	

2)长期股权投资

被投资公司名称	投资期限	原始投资金额	比例投资
河南中原绿能高科有限责任公司	20年	49,000,000.00	49%
南方证券股份有限公司*	未定	49,500,000.00	待批复
小计		98,500,000.00	-

被投资公司名称	减值准备	本年权益	累计权益
河南中原绿能高科有限责任公司	-	-697,922.52	-697,922.52
南方证券股份有限公司*	-		--
小计	-	-697,922.52	-697,922.52

*股东资格及认股金额尚待中国证券监督管理委员会确认。

注释8. 固定资产及累计折旧

固定资产	原价年初数	本年增加	本年减少	年末数
油气资产	3,385,998,592.54	449,554,479.17	592,117,104.00	3,243,435,967.71
房屋及建筑物	67,533,614.12	5,831,938.20	2,591,155.37	70,774,396.95
油气集输设施	149,162,261.82	3,533,138.46	168,400.00	152,527,000.28
其他运输设备	25,450,536.77	34,641,960.64	5,710,470.00	54,382,027.41
机器设备	456,871,612.20	49,311,946.85	21,767,431.48	484,416,127.57
其他设备	37,303,501.11	14,373,869.74	1,819,521.76	49,857,849.09
合计	4,122,320,118.56	557,247,333.06	624,174,082.61	4,055,393,369.01
累计折旧	年初数	本年增加	本年减少	年末数
油气资产	2,253,671,729.31	303,970,543.22	566,063,700.5	01,991,578,572.03
房屋及建筑物	25,364,274.27	2,856,448.56	1,049,400.02	27,171,322.81
油气集输设施	115,393,008.60	7,489,333.54	126,942.54	122,755,399.60
其他运输设备	15,468,888.62	14,818,255.49	4,212,670.05	26,074,474.06
机器设备	281,040,008.41	50,470,778.68	20,823,865.56	310,686,921.53
其他设备	19,549,250.75	3,343,390.58	926,244.81	21,966,396.52
合计	2,710,487,159.96	382,948,750.07	593,202,823.48	2,500,233,086.55
净值	1,411,832,958.60	-	-	1,555,160,282.46

说明：本年增加固定资产557,247,333.06元，其中在建工程转入数512,152,024.43元。

本年减少固定资产主要为由于地质、工程报废等原因而报废的油水井等。

注释9. 在建工程

注释10. 无形资产

类别原始	金额	年初数	本年增加	本年转出	本年摊销
土地使用权	7,537,944.00	---	7,537,944.00	---	37,689.72

类别原始	年末数	剩余摊销期限
土地使用权	7,500,254.28	499个月年零

注释11. 开办费

年初数	本年增加	本年摊销	年末数
12,556,656.21	---	12,556,656.21	---

注释12. 应付帐款

年初数	年末数
62,945,267.61	455,104,304.08

本年应付帐款增加较多系本年材料采购、井下作业费及代销天然气款项未结算所致。

欠持本公司5%(含5%)	以上股份的股东单位	金额
中国石油化工股份有限公司	中原油田分公司(物资供应处)	19,615,216.88
中国石油化工股份有限公司	中原油田分公司(井下作业五处)	1,354,860.00
中国石油化工股份有限公司	中原油田分公司(井下特种作业处)	2,725,281.00

注释13. 其他应付款

年初数	年末数
11,817,461.33	13,573,232.25

无欠持本公司5%(含5%)以上股份的股东单位款项；

注释14. 预收帐款

年初数	年末数
15,906,874.72	21,404,495.65

无欠持有本公司5%(含5%)以上股份的股东单位款项。

注释15. 应交税金

税种	年初数	年末数备注
营业税	73,342.33	14,275.78
增值税	1,149,479.49	-36,884,003.58*
城市维护建设税	96,046.80	-4,836,387.25**
资源税	52,188.48	580,666.04
房产税	5,901.24	-
车船使用税	794.00	-
个人所得税	1,236,264.40	216,001.28
合计	2,614,016.74	-40,909,447.73

*本年应交增值税-进项税额增加较多系根据财政部和国家税务总局《关于印发油气田企业增值税暂行管理办法的通知》准予油气田企业抵扣为生产原油、天然气接受的生产性劳务所发生的进项税额所致；。

**本年应交城市维护建设税为借方余额系超缴税款所致。

注释16. 预提费用

类别	年初数	年末数	结存原因
土地使用费	250,000.00	-	-
固定资产租赁费	-	20,395,214.26	已提未付
深交所证券服务费	-	183,000.00	已提未付
合计	250,000.00	20,578,214.26	-

注释17. 股本

(1)中原石油勘探局以其部分净资产经财政部财评字[1999]64号文件"对组建中原油气田股份有限公司发行A种上市股票资产评估项目审查确认的批复"和财政部财管字[1999]43号文件"关于中原油气田股份有限公司(筹)国有股权管理有关问题的批复"，1999年6月30日调整后净资产为955,314,772.71元，列入资本公积314,044,787.45元；

(2)经中国证券监督管理委员会证监发行字[1999]113号文件批准，公开发行人民币普通股股票，实际募集社会公众股170,000,000.00元，股本溢价635,800,000.00元。

注释19. 盈余公积

项目	年初数	本年增加	本年减少	年末数
法定盈余公积	25,595,598.67	80,526,952.73	-	106,122,551.40
公益金	12,797,799.34	80,526,952.73	-	93,324,752.07
任意盈余公积	-	40,263,476.37	-	40,263,476.37
合计	38,393,398.01	201,317,381.83	-	239,710,779.84

注释20. 未分配利润

项目	分配比例	金额
年初未分配利润	*	190,776,088.69
加：本年净利润		798,056,027.33
减：提取法定盈余公积	10%	80,526,952.73
提取法定公益金	10%	80,526,952.73
提取任意盈余公积	5%	40,263,476.37
应付普通股股利	-	136,000,000.00
年末未分配利润		651,514,734.19

*年初未分配利润调增7,213,500.00元，系本公司调整长期银行借款1999年10月-12月停息所致。

注释21. 管理费用

本年发生数	上年发生数
144,685,498.46	26,313,196.21

本年管理费用增加较多的原因见本附注二-17项。

注释22. 财务费用

类别	本年发生数	上年发生数
利息支出	-	45,864,527.87
减：利息收入	7,173,539.84	3,442,078.81
手续费	1,827.25	
合计	-7,171,712.59	42,222,449.06

本年财务费用减少较多系银行借款减少所致。

注释23. 支付的其它与经营活动有关的现金

主要为公司经营活动中支付的管理费用。

五、分行业资料

行业营业收入营业成本营业毛利

	上年数	本年数	上年数
及深加工油气开采	1,297,854,300.94	1,912,336,544.76	941,783,925.58
	本年数	上年数	本年数
及深加工油气开采	31925,801,153.19	356,070,375.36	986,535,391.57

*本年主营业务收入较上年增加较多系原油结算价格上升及销售量增加较大所致；

**本年营业成本降低较大见本附注二/17。

六、关联方关系及交易

(一)关联方关系

1.存在控制关系的关联方

企业名称注册地址主营业务与本企业关系经济性质法定代表人

中国石油化工股份有限公司北京市油气勘探开采母公司股份有限公司李毅中

2.存在控制关系的关联方的注册资本及其变化　　(金额单位:万元)

企业名称	年初数	本年增加	本年减少	年末数
中国石油化工股份有限公司	6,880,000	-	-	6,880,000

3.存在控制关系的关联方所持股份及其变化　　(金额单位:万元)

企业名称	年初数		本年增加		本年减少		年末数	
	金额	比例	金额	比例	金额	比例	金额	比例
中原石油勘探局	51,000	75%	-	-	51,000	75%	-	-
中国石油化工股份有限公司	-	-	51,000	75%	-	-	51,000	75%

4.不存在控制关系的关联方关系及性质

企业名称与本企业的关系

中国石油化工股份有限公司中原油田分公司本公司第一大股东之分公司

中原石油勘探局间接持有本公司股份的第一大股东之全资子公司

(二)关联方交易

(1)公司组建后,与中国石油化工股份有限公司中原油田分公司及中原石油勘探局之间在生产、生活服务等方面存在关联交易。为了保证公司组建后各项业务能正常进行,公司已与中原石油勘探局遵照公平、公正的市场原则签订了《综合服务合同》。

各项服务的收费标准依以下顺序予以确定:

①国家有统一收费价格的,执行国家统一标准;

②国家没有统一收费价格,但地方有统一价格的,适用地方价格;

③勘探局有统一收费价格的,经公司认可后可适用勘探局的规定;

④没有上述价格标准时,可依据提供服务的实际成本由双方协商确定。

本公司生产的原油、轻质油、部分液化气销售给中国石油化工股份有限公司中原油田分公司,销售价格按中国石油化工集团公司每月调整公布的价格执行。

七、或有事项

截至2000年12月31日止,公司无需要说明的重大或有事项。

八、财务承诺

截至2000年12月31日止,公司对外无需要说明的重大财务承诺。

九、资产负债表日后事项中的非调整事项

期后期间内(自资产负债表日至公告日止)无需要说明的资产负债表日后事项中的重大非调整事项。

十、其他重要事项说明

根据公司董事会2000年度利润分配预案,分别按本年度净利润10%、10%、5%提取法定盈余公积金、公益金和任意盈余公积金,以2000年12月31日公司股本为基数每10股派现金2元,公司已调整当年度会计报表。根据财政部财会(2001)17号文件"财政部关于印发'贯彻实施《企业会计制度》有关政策衔接问题的规定'的通知",对固定资产、在建工程、无形资产等资产追溯调整计提减值准备,本公司经检查,未发现上述资产存在减值情形。

资产负债表　　2000年12月31日

编制单位:中国石化中原油气高新股份有限公司　　金额单位:人民币元

资产	注释	年初数	年末数
流动资产:			
货币资金	1	501,265,535.63	656,654,697.61
短期投资	2		200,000,000.00
减:短期投资跌价准备	2		1,423,131.63
短期投资净额			198,576,868.37
应收票据			187,333,529.00
应收股利			
应收利息			
应收帐款	3	198,578,732.50	185,651,728.95
其他应收款	4	1,299,512.62	4,475,360.90
减:坏帐准备	3	372,989.66	6,614,010.09
应收款项净额		199,505,255.46	183,513,079.76
预付帐款	5	14,731,256.87	30,000.00
应收补贴款			
存货	6	23,120,186.35	23,053,857.80
减:存货跌价准备	6		
存货净额		23,120,186.35	23,053,857.80
待摊费用			
待处理流动资产净损失			
一年内到期的长期债券投资			
其他流动资产			
流动资产合计		738,622,234.31	1,249,162,032.54
长期投资:			
长期股权投资	7		97,802,077.48
长期债权投资			
长期投资合计			97,802,077.48
减:长期投资减值准备			
长期投资净额			97,802,077.48
固定资产:			
固定资产原价	8	4,122,320,118.56	4,055,393,369.01
减:累计折旧	8	2,710,487,159.96	2,500,233,086.55
固定资产净值		1,411,832,958.60	1,555,160,282.46
工程物资			
在建工程	9	76,640,907.96	235,161,070.45
固定资产清理			
待处理固定资产净损失			
固定资产合计		1,488,473,866.56	1,790,321,352.91
无形资产及其他资产:			
无形资产	10		7,500,254.28
开办费	11	12,556,656.21	
长期待摊费用			
其他长期资产			
无形资产及递延资产合计		12,556,656.21	7,500,254.28
递延税项:			
递延税款借项			
资产总计		2,239,652,757.08	3,144,785,717.21
流动负债:			
短期借款			
应付票据			
应付帐款	12	62,945,267.61	455,104,304.08
预收帐款	13	15,906,874.72	21,404,495.65
代销商品款			
应付工资			10,411,529.89
应付福利费		3,050,145.46	7,284,686.24
应付股利		34,000,000.00	136,000,000.00
应交税金	14	2,614,016.74	-40,909,447.73
其他应交款		54,717.07	268,401.09
其他应付款	15	11,817,461.33	13,573,232.25
预提费用	16	250,000.00	20,578,214.26
一年内到期的长期负债			
其他流动负债			
流动负债合计		130,638,482.93	623,715,415.73
长期负债:			
长期借款		250,000,000.00	
应付债券			
长期应付款			
住房周转金			
其他长期负债			
长期负债合计		250,000,000.00	
递延税项:			
递延税款贷项			
负债合计		380,638,482.93	623,715,415.73
股东权益:			
股本	17	680,000,000.00	680,000,000.00
资本公积	18	949,844,787.45	949,844,787.45
盈余公积	19	38,393,398.01	239,710,779.84
其中:公益金		12,797,799.34	93,324,752.07
未分配利润	20	190,776,088.69	651,514,734.19
股东权益合计		1,859,014,274.15	2,521,070,301.48
负债及股东权益合计		2,239,652,757.08	3,144,785,717.21

单位负责人:　　主管会计工作负责人:　　会计机构负责人:

利润及利润分配表　　2000年度

编制单位:中国石化中原油气高新股份有限公司　　金额单位:人民币元

项目	注释	本年发生数	上年发生数
一、主营业务收入		1,912,336,544.76	1,297,854,300.94
减:折扣与折让			
主营业务收入净额		1,912,336,544.76	1,297,854,300.94
减:主营业务成本		925,801,153.19	941,783,925.58
主营业务税金及附加		20,909,236.71	25,151,727.70
二、主营业务利润		965,626,154.86	330,918,647.66
加:其他业务利润		1,451,009.78	
减:存货跌价损失			
营业费用			2,368,010.36
管理费用	21	144,685,498.46	26,313,196.21
财务费用	22	7,171,712.59	42,422,449.06
三、营业利润		829,563,378.77	259,814,992.03
加:投资收益		-2,121,054.15	
补贴收入			
营业外收入		1,790,245.84	3,249,871.98
减:营业外支出		31,176,543.13	
四、利润总额		798,056,027.33	263,064,864.01
减:所得税			
五、净利润		798,056,027.33	263,064,864.01
加:年初未分配利润		190,776,088.69	104,622.69
盈余公积转入数			
六、可分配利润		988,832,116.02	263,169,486.70
减:提取法定盈余公积		80,526,952.73	25,595,598.67
提取法定公益金		80,526,952.73	12,797,799.34
七、可供股东分配利润		827,778,210.56	224,776,088.69
减:应付优先股股利			
提取任意盈余公积		40,263,476.37	
应付普通股股利		136,000,000.00	34,000,000.00
转作股本的普通股股利			
八、未分配利润		651,514,734.19	190,776,088.69

单位负责人:　　主管会计工作负责人:　　会计机构负责人:

九、公司其他有关资料

1、公司首次注册登记

日期:1999年10月25日?　　地点:河南省濮阳市中原路

2、公司变更注册登记日期:1999年11月24日

地点:河南省郑州市高新技术产业开发区瑞达路87号

3、工商登记号码:豫工商企4100001004908

4、税务登记号码:410902712651389

5、公司未上市股票的托管机构:深圳证券结算有限公司

6、公司报告期内证券主承销商机构名称:山东证券有限责任公司

7、公司聘请的会计师事务所:北京中洲光华会计师事务所有限公司

地址:北京市西城区金融大街市35号

十、备查文件目录

1、载有法定代表人、财务总监签名并盖章的会计报表

2、载有会计师事务所盖章、注册会计师签名并盖章的审计报告原件

3、报告期内在中国证监会指定报纸上公开披露过的所有公司文件的正本及公告的原稿。

4、在其他证券市场公布的年度报告

董事长:

中国石化中原油气高新股份有限公司董事会

二OO一年四月九日

中通客车控股股份有限公司

中通客车控股股份有限公司2000年年度报告摘要

本公司董事会保证本报告所载资料不存在任何虚假记载、误导性陈述或者重大遗漏，并对其内容的真实性、准确性和完整性负个别及连带责任。山东乾聚有限责任会计师事务所为本公司出具了有解释性说明的审计报告，本公司董事会、监事会对相关事项亦有详细说明，请投资者注意阅读。

一、公司简介

1、公司法定中、英文名称及缩写

中文名称：中通客车控股股份有限公司　　中文缩写：中通控股

英文名称：Zhongtong Bus & Holding Co.,LTD　　英文缩写：ZTKG

2、公司法定代表人：王庆福　先生

3、公司董事会秘书：姜明珠　先生

电　话：0635----8322161 转 2003　　传　真：0635----8328905

联系地址：山东省聊城市建设东路10号　　电子信箱：sdlck@lc-public.sd.cninfo.net

4、公司注册地址：山东省聊城市建设东路10号

公司办公地址：山东省聊城市建设东路10号　　邮政编码：252000

国际互联网网址：http://www.zhongtong.com　电子信箱：sdlck@lc-public.sd.cninfo.net

5、公司选定的信息披露报纸名称：《中国证券报》、《上海证券报》、《证券时报》

登载公司年报的中国证监会指定国际互联网网址：　http://www.cninfo.net

公司年度报告备置地点：公司董事会秘书处

地　址：山东省聊城市建设东路10号　　电话：0635----8322161 转 2003

6、公司股票上市交易所：深圳证券交易所

股票简称：中通控股　　股票代码：0957

二、会计数据和业务数据摘要

（一）本年度主要会计数据（万元）

利润总额	51,456,253.89
净利润：	46,716,292.29
扣除非经常性损益后的净利润：	37,291,316.04
主营业务利润：	47,671,521.19
其它业务利润：	3,494,431.52
营业利润：	23,995,977.16
投资收益：	25,862,207.35
补贴收入：	1,226,000.00
营业外收支净额：	372,069.38
经营活动产生的现金流量净额：	-56,709,365.60
现金及现金等价物净增加额：	-202,201,197.63

注：扣除非经常性损益后的净利润，扣除的项目为新产品增值税返还和出售山东双力（集团）股份有限公司的股权获得收益，涉及金额为122.6万元和986.220735万元。

（二）公司前三年主要会计数据和财务指标

序号	名称	单位		2000年度	1999年度	1998年度 调整前	1998年度 调整后
1	主营业务收入	（万元）		26,130	29,480	26,057	26,057
2	净利润	（万元）		4,672	3,711	3,007	1,542
3	总资产	（万元）		65,954	67965	37,905	35,867
4	股东权益	（万元）		43,197	41,340	14,409	12,239
5	每股收益	（元）	摊薄	0.19587	0.280	0.344	0.176
			加权	0.19587	0.280	0.344	0.176
6	每股净资产	（元）		1.81	3.12	1.65	1.40
7	调整后每股净资产	（元）		1.7975	3.10	1.63	1.39
8	每股经营活动产生的现金流量净额	（元）		-0.2377	-0.13	0.18	0.17
9	净资产收益率	（%	摊薄	10.8147	8.98	20.87	12.60
			加权	11.0522	13.8517	21.36	12.49

按照中国证监会《公开发行证券公司信息披露编报规则（第9号）》要求计算2000年度的加权净资产收益率和加权每股收益。

	报告期利润	净资产收益率(%) 全面摊薄	净资产收益率(%) 加权平均	每股收益(%) 全面摊薄	每股收益(%) 加权平均
主营业务利润	47,671,521.19	11.0359	11.2782	0.1999	0.1999
营业利润	23,995,977.16	5.5550	5.6770	0.1006	0.1006
净利润	46,716,292.29	10.8147	11.0522	0.1959	0.1959
扣除非经常性损益后的净利润	37,291,316.04	8.6329	8.8244	0.1564	0.1564

说明：几种财务指标的计算方法：

(1)每股收益=净利润÷年度末普通股股份总数

(2)每股净资产=年度末股东权益÷年度末普通股股份总数

(3)净资产收益率=净利润÷年度末股东权益×100%

(4)调整后的每股净资产=（年度末股东权益—三年以上的应收款项净额—待摊费用—待处理（流动、固定）资产净损失—开办费—长期待摊费用—住房周转金负数余额）÷年度末普通股股份总数

(5)每股经营活动产生的现金流量净额=经营活动产生的现金流量净额÷年度末普通股股份总数

(6)加权平均净资产收益率=p÷(E0+NP÷2+Ei×Mi÷M0-Ej×Mj÷M0)

其中，P为报告期利润；NP为报告期净利润；E0为期初净资产；Ei为报告期发行新股或债转股等新增净资产；Ej为报告期回购或现金分红等减少净资产；M0为报告期月份数；Mi为新增净资产下一月份起至报告期期末的月份数；Mj为减少净资产月份开始至报告期末月份数。

(7)加权平均每股收益=P÷(S0+S1+Si×Mi÷M0-Sj×Mj÷M0)

其中，P为报告期利润；S0为期初股份总数；S1为报告期因公积金转增股本或股票股利分配等增加股份数；Si为报告期内因发行新股或债转股等增加的股份数；Sj为报告期因回购或缩股等减少股份数；M0为报告期月份数；Mi为新增股份下一月份起至报告期期末的月份数；Mj为减少股份下一月份开始至报告期期末的月份数。

三、股本变动及股东情况

1、报告期末公司股东总数为33886个。

2、报告期末本公司前10名股东持股情况及持股5%以上的股东持股变化情况

单位：万股

股东名称	持股数	占总股本比例(%)
中国公路车辆机械总公司	5131.9542	21.51
山东聊城客车工业集团有限责任公司	4905.9	20.56
中国电力财务有限公司	1174.9005	4.92
深圳市泰安盈投资顾问责任公司	385.7491	1.62
饶向清	98.6587	0.40
饶金楼	92.4335	0.39
臧智勇	78.3	0.33
敖学英	78.12	0.33
王学玲	76.5	0.32
湘证证券投资基金	75.0039	0.31

说明：持有公司5%以上股份的股东持股数量无增减变化，均无股份质押或冻结情况。

山东聊城客车工业集团有限责任公司代表国家持有股份4905.9万股，占公司总股本的20.56%。

公司前三大股东所持股份均为未上市流通的法人股。

四、股东大会简介

（一）报告期内，公司共召开了三次股东大会，具体情况如下：

1、公司董事会于2000年4月22日向全体股东发出召开1999年度股东大会的通知。股东大会于2000年5月26日上午9时在公司二楼大会议室召开。会议到会股东及股东代理人共29人，代表股份67,789,313股，占总股本13250.275万股的51.16%，符合《公司法》和公司《章程》的有关规定，会议审议并通过了如下决议：

(1)审议通过了1999年度董事会工作报告、1999年度监事会工作报告、1999年度财务决算报告。

(2)审议通过了《1999年度利润分配方案》

以公司1999年末总股本13250.275万股为基数。向全体股东每10股送2股增6股，送股前公司总股本为132500.275万股，送股后总股本增至23850.495万股。

(3)关于变更前次募集资金投向的议案。

(4)关于聘请烟台乾聚会计师事务所有限责任公司为公司2000年度审计机构的议案。

(5)关于修改《公司章程》的议案。

2、公司董事会于2000年8月16日向全体股东发出召开2000年第一次临时股东大会的通知。大会于2000年9月19日上午9时在公司二楼大会议室召开。会议到会股东及股东代理人共14人，代表股份100,458,642股，占总股本23850.495万股的42.12%，符合《公司法》和本公司《章程》的有关规定，会议审议并通过了如下决议：

关于修改《公司章程》的议案。

3、公司董事会于2000年11月22日向全体股东发出召开2000年第二次临时股东大会的通知。大会于2000年12月25日上午9时在公司二楼大会议室召开。会议到会股东及股东代理人共14人，代表股份10046.3142万股，占总股本23850.495万股的42.12%，符合《公司法》和本公司《章程》的有关规定，会议审议并通过了如下决议：

关于转让山东双力（集团）股份有限公司股权的议案。

（二）、1999年度股东大会决议公告刊登在2000年5月27日《中国证券报》、《上海证券报》、《证券时报》上；2000年第一次临时股东大会决议公告刊登在2000年9月20日《中国证券报》、《上海证券报》和《证券时报》上；2000年第二次临时股东大会决议公告刊登在2000年12月26日《中国证券报》、《上海证券报》和《证券时报》上。

五、董事会报告

（一）公司经营情况

1、公司在行业中的地位

公司属汽车工业中客车整车生产企业。2000年度公司产销量列同行业第4位，销售收入列第4位，利润总额列第4位。（见中通车辆机械集团成员企业2000年12月份客车产销存汇总表和4季度主要经济指标汇总表）。

2、公司主营业务的范围及其经营状况

(1)2000年度，公司主营业务仍为大中型客车的生产及销售。

公司主营业务情况表：

序号	名称	单位	2000年度	1999年度	增减(+,-%)
1	客车产量	辆	2445	2756	-11.28
2	客车销量	辆	2509	2730	-8.10
3	主营业务收入	万元	26,130	29480	-11.36
4	产销率	%	102.6	99.1	3.53

3、在经营中出现的问题与困难及解决方案：

2000年度客车市场虽然稳中有升，但竞争异常激烈。公司面对着产品降价、材料涨价、费用增长等减利因素，坚持以改革为动力，调动广大员工的积极性和创造性，采取了一系列必要措施，保持了公司业绩快速稳定地增长。

公司经营班子围绕全年生产经营目标，一方面以市场为导向，加强管理，提高主业经营质量，另一方面搞好资本运作，培植新的经济增长点，通过自身的努力和对外机遇的良好把握，保持了公司主营业务的稳定经营和向高科技领域的成功拓展。

1.加强了对生产现场的综合治理工作。

2.严格质量管理，提高产品质量。

3.加快技术创新步伐，促进产品升级换代。

4.实施技改和引进工作，增强了技术实力。

（二）公司财务状况

1.公司财务状况分析

序号	名称	单位	2000年度	1999年度	增减(+,-%)
1	总资产	万元	65,954	67,965	-2.96
2	长期负债	万元	0	0	0
3	股东权益	万元	43,197	41,340	+4.49
4	主营业务利润	万元	4,767	4,845	-9.84
5	净利润	万元	4,672	3,711	+25.90

说明：(1)总资产的减少系短期借款、应交税金和其他应付款等流动负债下降所致。

(2)股东权益的增加系本年度利润增加所致。

(3)主营业务利润下降系由于主营业务收入下降所致。

石家庄东方热电股份有限公司

一、公司简介

1、公司法定中文名称：石家庄东方热电股份有限公司
公司法定英文名称：SHIJIAZHUANG DONGFANG THERMOELECTRIC CO.,LTD.
2、公司法定代表人：李德时先生
3、公司董事会秘书：胡俊芳先生　地址：河北省石家庄市建华南大街161号
电话：0311-5053913　传真：0311-5053924　电子信箱：hujunf@263.net
公司董秘授权代表：徐会桥先生　地址：河北省石家庄市建华南大街161号
电话：0311-5053913　传真：0311-5053924　电子信箱：xuhuiqiao@263.net
4、公司注册地址：河北省石家庄市建华南大街161号
公司办公地址：河北省石家庄市建华南大街161号
电子信箱：dfrdzqb@sj-user.he.cninfo.net　邮政编码：050031
5、公司选定的信息披露报纸名称：《中国证券报》、《证券时报》
登载公司年度报告的中国证监会指定国际互联网网址：　http://www.cninfo.com.cn
公司年度报告备置地点：公司证券部
6、公司股票上市交易所：深圳证券交易所
股票简称：东方热电　股票代码：0958

二、会计数据和业务数据摘要

1、本年度主要利润指标情况：(单位：人民币元)

利润总额	71,454,791.82
净利润	52,369,988.77
扣除非经营性损益后的净利润	51,446,007.30
主营业务利润	92,654,912.14
其它业务利润	3,687,259.15
营业利润	46,530,810.35
投资收益	616,667.00
补贴收入	24,000,000.00
营业外收支净额	307,314.47
经营活动产生的现金流量净额	179,834,001.04
现金及现金等价物流量净额	-67,283,863.28
加权净资产收益率(%)	10.14
扣除非经营性损益后的加权净资产收益率(%)	9.96

注：扣除非经营性损益项目和涉及的金额(人民币元)

项　目	金　额
(1)债券投资收益	616,667.00
(2)发行股票申购资金利息摊销	681,987.54
(3)处置固定资产损益	-434,064.97
(4)其它收益	59,391.90
合　计	923,981.47

2、截止报告期末公司前三年的主要会计数据和财务指标

项　目	2000年	1999年	1998年
主营业务收入	302,648,548.69	225,331,393.79	170,177,504.42
净利润	52,369,988.77	46,537,857.50	39,411,238.89
总资产	1,277,052,297.66	1,120,646,492.12	555,112,625.05
股东权益(不含少数股东权益)	527,832,674.42	490,341,996.27	197,660,331.15
每股收益	0.291	0.26	0.29
加权平均每股收益	0.291	0.32	0.29
扣除非经常性损益后的每股收益	0.286	0.26	0.29
每股净资产	2.982	2.72	1.46
调整后的每股净资产	2.911	2.64	1.36
每股经营活动产生的现金流量净额	0.999	0.58	-
净资产收益率 (%)	9.922	9.49	19.94

3、净资产收益率及每股收益情况

报告期利润	净资产收益率(%)		每股收益（元）	
	全面摊薄	加权平均	全面摊薄	加权平均
主营业务利润	17.554	17.938	0.515	0.515
营业利润	8.815	9.008	0.259	0.259
净利润	9.922	10.139	0.291	0.291
扣除非经常性损益后的净利润	9.747	9.960	0.286	0.286

注：财务指标的计算公式：
每股收益=净利润/年度末普通股股份总数；
每股净资产=年度末股东权益/年度末普通股股份总数；
调整后的每股净资产=(年度末股东权益-三年以上的应收款项净额-待摊费用-待处理(流动、固定)资产净损失-开办费长期待摊费用-住房周转金负数余额)/年度末普通股股份总数；

三、股本变动及股东情况

(一)股本变动情况
(二)股东情况介绍
1、报告期末公司股东总数为23662户。
2、报告期末公司前10名股东持股情况

股东名称	持股数(股)	占总股本比例(%)
1 石家庄东方热电燃气集团有限公司	133,350,000	74.08
2 深圳长安电力发展有限公司	1,109,108	0.62
3 石家庄医药药材股份有限公司	500,000	0.28
4 河北鸣鹿服装集团公司	400,000	0.22
5 石家庄天同拖拉机有限公司	400,000	0.22
6 石家庄金刚内燃机零部件集团公司	350,000	0.19
7 杜淑英	258,890	0.14
8 刘欢	226,289	0.13
9 包无畏	219,891	0.12
10 锡山聚慧科技创业投资有限公司	205,300	0.11

注：(1) 石家庄东方热电燃气集团有限公司为公司国有股股东，所持股份无质押和冻结。

(2)石家庄医药药材股份有限公司、河北鸣鹿服装集团公司、石家庄天同拖拉机有限公司、石家庄金刚内燃机零部件集团公司为公司法人股股东，所持股份无质押和冻结。

北京首钢股份有限公司

一、公司简介

1、公司中文名称：北京首钢股份有限公司
公司英文名称：Beijing　Shougang　Co.,Ltd.
2、公司注册地址：北京市石景山区石景山路
办公地址：北京市石景山区石景山路
邮政编码：100041
公司互联网网址：www.sggf.com.cn
3、公司法定代表人：罗冰生
4、公司董事会秘书：章雁　联系地址：北京市石景山区石景山路
电话：010-88293727　传真：010-68873028
电子信箱：cm1912650@ucinfo.com
5、公司选定的信息披露报纸：
《中国证券报》、《证券时报》、《上海证券报》
中国证监会指定国际互联网网址：
http://www.cninfo.com.cn
公司年度报告备置地点：公司证券部
6、公司股票上市交易所：深圳证券交易所
股票简称：首钢股份
股票代码：0959

二、会计数据和业务数据摘要

1、公司本年度利润总额及其构成(单位：元)

利润总额	900,862,521.69
净利润	758,733,398.79
扣除非经常性损益后的净利润	588,131,618.94
主营业务利润	1,311,164,790.21
其他业务利润	43,315,138.67
营业利润	899,998,116.20
投资收益	2,101,775.14
补贴收入	524,729.41
营业外收支净额	-1,762,099.06
经营活动产生的现金流量净额	1,009,284,173.71
现金及现金等价物净增加额	-504,607,072.77

注：扣除的非经常性损益项目和涉及金额：

资产处置损益	125,844.27
网下发行申购资金利息	141,585.57
财政返还所得税	170,334,350.01

2、截止报告期末公司前三年主要会计数据和财务指标(单位：元)

指标项目	2000年	1999年		1998年
	调整后	调整前		
主营业务收入	11,916,583,813.37	11,452,916,252.65	8,797,433,877.82	8,797,433,877.82
净利润	758,733,398.79	721,610,405.59	830,288,799.96	844,344,269.98
总资产	9,636,904,581.47	9,377,793,718.18	7,389,816,460.27	7,452,242,875.64
股东权益	5,035,381,470.03	4,898,110,689.99	2,508,874,634.90	2,571,301,050.27
每股收益(按净利润全面摊薄)	0.33	0.31	0.42	0.43
每股收益(按净利润加权平均)	0.33	0.35	0.42	0.43
扣除非经常性损益后的每股收益(全面摊薄)	0.25	0.24	0.28	0.29
扣除非经常性损益后的每股收益(加权平均)	0.25	0.35	0.28	0.29
每股净资产	2.18	2.12	1.28	1.31
调整后的每股净资产	2.16	2.10	1.25	1.28
每股经营活动产生的现金流量净额	0.44	0.04(四季度)		
净资产收益率(按净利润全面摊薄)	15.07%	14.73%	33.09%	32.84%
净资产收益率(按净利润加权平均)	14.38%	20.18%	33.02%	32.85%

3、利润表附表

	2000年				1999年			
报告期利润	净资产收益率(%)		每股收益(元)		净资产收益率(%)		每股收益(元)	
	全面摊薄	加权平均	全面摊薄	加权平均	全面摊薄	加权平均	面摊薄	加权平均
主营业务利润	26.04	24.84	0.57	0.57	26.45	36.25	0.56	0.63
营业利润	17.87	17.05	0.39	0.39	17.4	23.84	0.37	0.42
净利润	15.07	14.38	0.33	0.33	14.73	20.18	0.31	0.35
扣除非经常损益后的净利润	11.68	11.14	0.25	0.25	11.42	15.65	0.24	0.27

三、股东情况介绍

1、报告期末股东总数为149414户。
2、10大股东情况(截止2000年12月31日)

序号	股东名称	持股数(股)	比例(%)
1	首钢总公司	1,960,000,000	84.85
2	北京银威特投资顾问有限公司	9,293,134	0.40
3	昆明云内动力股份有限公司	2,870,000	0.12
4	中远集团财务公司	2,550,000	0.11
5	刘敏	2,525,930	0.11
6	普丰证券投资基金	1,795,394	0.08
7	泰和证券投资基金	1,505,505	0.07
8	青岛国信实业公司(有限)	1,317,000	0.06
9	吴曼珍	1,220,566	0.05
10	郑国年	1,130,093	0.05

[注]：1.报告期内本公司控股股东未发生变更，仍为首钢总公司；　2. 报告期内持股5%(含)以上的股东所持股份未发生质押或冻结；3本公司前10名股东之间无关联关系。

云南锡业股份有限公司

一、公司简介

1、公司法定中文名称：云南锡业股份有限公司
公司法定英文名称：Yunnan Tin Co., Ltd.
2、公司法定代表人：肖建明
3、公司董事会秘书：杨奕敏　　联系地址：昆明高新技术产业开发区
电话：0873——2448667　传真：0873——2448308
电子信箱：GFGS6609@mail.hh.yn.cninfo.net
4、证券事务代表：陈建雄
联系地址：昆明高新技术产业开发区
电话：0873——2448606　传真：0873——2448622
电子信箱：XYZJ39@mail.hh.yn.cninfo.net
5、公司注册地址：昆明高新技术产业开发区
公司办公地址：昆明高新技术产业开发区
邮政编码：650118
公司国际互联网网址：http://www.ytl.com.cn
公司电子信箱：GFGS6609@mail.hh.yn.cninfo.net
XYZJ39@mail.hh.yn.cninfo.net
6、公司选定的信息披露报纸名称：《中国证券报》、《证券时报》
登载公司年度报告的国际互联网网址：http://www.cninfo.com.cn
公司年度报告备置地点：公司证券部
7、公司股票上市交易所：深圳证券交易所
股票简称：锡业股份　　股票代码：0960

二、会计数据和业务数据摘要

1、主要利润指标情况(单位：人民币元)

利润总额：	97,276,880.20
净利润：	97,276,880.20
扣除非经常性损益后的净利润：	95,454,276.78
主营业务利润：	196,131,037.93
其他业务利润：	5,168,487.30
营业利润：	93,029,286.78
投资收益：	91,924.89
补贴收入：	2,424,990.00
营业外收支净额：	1,730,678.53
经营活动产生的现金流量净额：	181678,273.69
现金及现金等价物净增加额：	-62,534,709.05

注："扣除的非经常性损益后的净利润"说明

扣除项目	涉及金额(元)
资产处置收益	183,931.35
无法支付的应付款项	2,009,408.37
罚款收入	10,912.00
其他收入	111,533.14
营业外支出	-585,106.33
短期投资收益	91,924.89
共涉及金额	1,822,603.42

2、截止报告期末公司前三年主要会计数据和财务指标：单位：元

项　　目	2000年	1999年		1998年
		调整后	调整前	
主营业务收入	1,190,040,648.56	1,108,400,525.91	1,000,741,274.13	1,000,741,274.13
净利润	97,276,880.20	100,449,010.43	90,627,727.90	93,910,575.37
总资产	1,909,373,498.76	1,633,632,564.96	838,104,626.01	843,313,980.56
股东权益	1,161,861,043.57	1,100,374,563.37	330,718,162.94	334,001,010.41
(不含少数股东权益)				
每股收益	0.2718	0.2807	0.3977	0.4121
每股收益(加权)	0.2718	0.4025	0.4165	0.4121
扣除非经常性损益后的每股收益	0.2667	0.2577	0.3950	0.4121
每股净资产	3.2463	3.0745	1.4511	1.4655
调整后的每股净资产	3.2387	3.0611	1.4501	1.4645
每股经营活动产生的现金流量净额	0.5076	-0.4172		
净资产收益率(全面摊薄)	8.37	9.13		
净资产收益率(加权平均)	8.47	19.82		
扣除非经常收损益后净资产收益率(全面摊薄)	8.22	8.38		
扣除非经常收损益后净资产收益率(加权平均)	8.31	18.20		

三、股东情况介绍

1、报告期末股东总数
报告期末，公司股东总数为94352户，其中，国有法人股股东1户(云南锡业公司)。
2、公司前10名股东持股情况：

股东名称	持股数量(股)	占总股本(%)
1)云南锡业公司	225,000,000	62.87
2)个旧市锡资工业公司	1,234,200	0.34
3)泰和证券投资基金	1,114,287	0.31
4)个旧锡都有色金属加工厂	1,089,000	0.30
5)三易实业	550,000	0.15
6) 王齐	497,209	0.14
7)中国物资开发投资总公司	390,531	0.11
8)个旧市聚源工矿公司	363,000	0.10
9)田伟	352,880	0.10
10)黄洪林	255,001	0.07

说明：前10名股东之间不存在关联关系。持有公司5 %以上股份的股东为云南锡业公司，云南锡业公司为本公司发起人，持有的股份为国有法人股，本报告期内云南锡业公司股份未发生增减变动。上述股东所持股份未发生质押、冻结等情况。

大连金牛股份有限公司

一、公司简介

(一)公司的法定中文名称：大连金牛股份有限公司
公司的法定英文名称：DalianjinniuCo.,Ltd
(二)公司法定代表人：赵明远
(三)董事会秘书：周建平　董秘授权代表：王永杰
联系地址：大连市甘井子区工兴路4号
联系电话：0411-6678899、6672112-2198
传真：0411-6678899
电子信箱：ds4@dalian-steel.com
(四)公司注册地址：辽宁省大连市甘井子区工兴路4号
办公地址：辽宁省大连市甘井子区工兴路4号
邮政编码：116031
网址：http://www.dalian-steel.com
(五)公司选定的信息披露报纸：《中国证券报》
登载公司年度报告的中国证监会指定国际互联网网址：
http://www.cninfo.com.cn
公司年度报告备置地：大连金牛股份有限公司证券部
(六)公司股票上市地：深圳证券交易所
股票简称：大连金牛　股票代码：0961

二、会计数据与业务数据摘要

(一)本年度主要利润指标情况(单位人民币：元)

利润总额：	87,048,714.04
净利润：	73,991,406.93
扣除非经常性损益后的净利润：	70,554,189.36
主营业务利润：	153,912,047.76
其它业务利润：	2,051,000.57
营业利润：	83,611,496.47
营业外收支净额：	3,437,217.57
经营活动产生的现金流量净额：	41,528,288.00
现金及现金等价物净增加额：	-282,453294.20

注：扣除非经常性损益项目及金额：
(1)摊销申购资金中签利息收益：3,437,217.57元。
(二)截至报告年度末公司前三年的主要会计数据和财务指标　(单位：人民币元)

项目	2000年12月31日	1999年12月31日	1998年12月31日	
			调整后	调整前
主营业务收入	1,174,771,090.70	1,056,784,026.40	1,217,622,278.29	1,216,622,278.29
净利润	73,991,406.93	60,458,211.83	51,229,024.41	58,796,563.74
总资产	2,131,321,359.53	1,447,592,371.68	780,702,508.35	827,757,098.65
股东权益	737,539,718.71	671,664,211.78	233,175,705.95	270,230,296.25
每股收益	0.274	0.22	0.30	0.345
每股收益(加权)	0.274	0.34	0.30	0.345
每股收益(扣除非经常性损益)	0.274	0.21	0.30	0.345
每股净资产	2.73	2.48	1.31	1.585
调整后的每股净资产	2.40	2.30	1.21	1.486
每股经营活动产生的现金流量净额	0.154	-0.14	-0.10	-0.10
净资产收益率	10.03	9	21.97	21.76
净资产收益率(加权)	10.44	23.86	21.67	24.48
扣除非经常性损益的加权净资产收益率	9.96%	22.60%	21.67%	24.48%

报告期利润	净资产收益率(%)		每股收益(元/股)	
	全面摊薄	加权平均	全面摊薄	加权平均
主营业务利润	20.87%	21.72%	0.57	0.57
营业利润	11.34%	11.80%	0.31	0.31
净利润	10.03%	10.44%	0.27	0.27
扣除非经常性损益后的净利润	9.57%	9.96%	0.26	0.26

(三)报告期内股东权益变动情况(单位：人民币元)

项目	股本	资本公积	法定盈余公积金	法定公益金	未分配利润	股东权益合计
期初数	270,530,000	378,831,635.07	2,230,255.87	1,115,127.94	18,957,174.90	671,664,212.78
本期增加	-		7,399,140.69	3,699,570.35	54,776,795.89	65,875,505.93
本期减少						
期末数	270,530,000	378,831,635.07	9,629,396.56	4,814,698.29	73,733,970.79	737,539,718.71

变动原因：
1、本年度实现净利润73,991,406.93元；
2、本年度每10股派发现金红利0.30元(含税)。

三、股东情况介绍

(一)股东情况介绍
1、截止2000年12月29日公司在深圳证券交易所登记有限公司登记的股东共有72867户。
2、持有本公司5%(含5%)以上股份的股东和前十位股东持股情况

名次	股东名称	年末持股数(股)	占股本比例
1	大连钢铁集团有限责任公司	165,000,000	60.99%
2	瓦房店轴承集团有限责任公司	1,300,000	0.48%
3	兰州炭素有限公司	1,300,000	0.48%
4	吉林炭素股份有限公司	1,300,000	0.48%
5	金鑫证券投资基金	1,230,250	0.45%
6	天元证券投资基金	1,077,550	0.40%
7	大连华信信托投资股份有限公司	980,000	0.36%
8	吉林铁合金集团有限责任公司	650,000	0.24%
9	张燕	202,100	0.07%
10	普丰证券投资基金	165,551	0.06%

注：上述股东中代表国家持有股份的单位为大连钢铁集团有限责任公司。

宁夏东方钽业股份有限公司

一、公司简介

(一)、公司法定中英文名称及缩写:
中文名称:宁夏东方钽业股份有限公司
英文名称:Ningxia Orient Tantalum Industry Co.,Ltd.　缩写:OTIC
(二)、公司法定代表人:何季麟
(三)、公司董事会秘书及其授权代表的姓名、联系地址、电话、传真、电子信箱
董事会秘书:张宗国　股证事务代表:叶照贯
联系地址:宁夏石嘴山市大武口区冶金路　联系电话:0952-2012012-6016
传真:0952-2037628　公司证券事务电子信箱:zhqb@otic.public.yc.nx.cn
(四)、公司注册、办公地址及其邮政编码、公司国际互联网网址、电子信箱
公司注册及办公地址:宁夏回族自治区石嘴山市大武口区冶金路　邮政编码:753000
公司互联网网址:http://www.nnms.com.cn/
公司电子信箱:otic@public.yc.nx.cn
(五)、公司选定的信息披露报纸名称、登载公司年度报告的中国证监会指定国际互联网网址、公司年度报告备置地点:
信息披露报纸名称:《中国证券报》、《证券时报》
证监会指定的网址:http://www.cninfo.com.cn/
公司年度报告备置地点:公司证券部
(六)、公司股票上市交易所、股票简称和代码
上市交易所:深圳证券交易所
股票简称:东方钽业
股票代码:0962

二、会计数据和业务数据摘要

(一) 公司本年度实现利润数情况(单位:元):

利润总额:	182,867,935.33
净利润:	151,943,879.20
扣除非经营性损益后的净利润:	151,239,894.15
主营业务利润:	284,454,046.61
其他业务利润:	-11,364,461.21
营业利润:	180,541,951.03
投资收益:	1,621,999.25
补贴收入:	0
营业外收支净额:	703,985.05
经营活动产生的现金流量净额:	94,035,173.13
现金及现金等价物净增加额:	-14,638,737.62

注:"扣除非经常性损益后的净利润"是指从净利润中扣除公司报告期内正常经营损益之外的、一次偶发性损益,扣除数703,985.05元的构成为:新股发行冻结资金利息摊销数4,053,049.78元,罚款收入500.00元,赔款收入172,658.95元,营业外支出3,522,223.68元。

(二) 公司前三年主要会计数据和财务指标(单位:元)

项目	2000年	1999年	1998年(调整后)
主营业务收入	1,063,744,407.59	546,107,987.61	361,280,527.75
净利润	151,943,879.20	53,237,543.77	43,342,373.46
总资产	1,443,223,210.06	1,158,030,353.26	400,756,385.54
股东权益	887,105,799.72	772,252,913.00	127,479,404.35
每股收益(全面摊薄)	0.512	0.323	0.45
加权平均每股收益	0.512	0.505	0.45
扣除非经常性损益后的每股收益	0.509	0.298	0.45
每股净资产	2.99	4.68	
调整后的每股净资产	2.98	4.67	1.32
每股经营活动产生的现金流量净额	0.32	0.17	
净资产收益率(%)(摊薄)	17.13	6.89	33.85
净资产收益率(%)(加权平均)	17.91	25.65	

报告期利润	净资产收益率(%)		每股收益(元)	
	全面摊薄	加权平均	全面摊薄	加权平均
主营业务利润	32.07	33.54	0.958	0.958
营业利润	20.35	21.28	0.608	0.608
净利润	17.13	17.91	0.512	0.512
扣除非经营损益后的净利润	16.91	17.68	0.51	0.51

(三) 报告期内股东权益变动情况(单位:元)

项目	股本	资本公积	盈余公积	法定公益金	未分配利润	股东权益合计
期初数	165,000,000	576,852,037.31	6,606,664.46	3,303,332.23	23,794,211.23	772252,913.00
本期增加	132,000,000	34,007.72	30388775.84	15194387.92	151943879.20	314366,662.76
本期减少	0	132,000,000.00	0	0	67513,775.84	199513,775.84
期末数	297,000,000	444,886045.03	36995440.30	18497,720.15	108224314.59	887105,799.92

三、股本变动及股东情况

(一) 股本变动情况:
(二) 股东情况介绍:
1、截止2000年12月31日,本公司股东总数为23934人,其中:境内未流通国有法人股4户,境内未流通法人股1户,社会公众股股东23929人。
2、本公司前十名股东的持股情况

股东名称	持股数量(股)	与总股本的比例(%)
宁夏有色金属冶炼厂	172,800,000	58.18
天元证券投资基金	8,698,384	2.93
开元基金	7,524,149	2.53
裕阳证券投资基金	5,102,652	1.72
华西证券有限责任公司	4,949,530	1.67
青铜峡铝厂	1,800,000	0.61
中国有色金属技术交流开发中心	1,800,000	0.61
中国石油宁夏化工厂	1,800,000	0.61
宁夏恒力钢丝绳股份有限公司	1,800,000	0.61
平安证券有限责任公司	1,747,670	0.59

注:(1)公司前十名股东所持本公司股份未发现有质押或冻结的情况。
(2) 持有本公司5%以上股份的股东为本公司控股股东—宁夏有色金属冶炼厂、天元基金和开元基金同属南方基金管理有限公司。除此以外,未发现上述股东之间存在关联关系。

华东医药股份有限公司

(一)公司简介

1. 公司法定中文名称:华东医药股份有限公司
公司英文名称:HUDONG　MEDICINE　CO., LTD
2. 公司法定代表人:李邦良
3. 公司董事会秘书:鲍建平
公司董事会秘书授权代表:陈武军
电话:0571-8172165
传真:0571-8172165　8171332
E-mail:hdmed@mail.hz.zj.cn
4. 公司注册地址:杭州市下城区中山北路439号
公司办公地址:杭州市莫干山路866号(祥符桥)
邮政编码:310011
5. 公司信息披露报纸名称:《中国证券报》《证券时报》
登载公司年度报告的中国证监会指定国际互联网网址:http://www.cninfo.com.cn
公司年度报告备置地点:公司证券办(莫干山路866号)
6. 公司股票上市交易所:深圳证券交易所
公司股票简称:华东医药
公司股票代码:0963

(二)会计数据和业务数据摘要

1. 本年度主要会计数据和业务数据摘要(单位:人民币元)

项目	2000年
利润总额	68,458,547.23
净利润	45,910,354.13
扣除非经常性损益后的净利润	45,853,020.52
主营业务利润	270,171,346.86
其他业务利润	2,699,859.46
营业利润	69,572,787.97
投资收益	397,967.07
补贴收入	_
营业外收支净额	-1,512,207.81
经营活动产生的现金流量净额	19,588,627.39
现金及现金等价物净增加额	-139,119,945.06

2.公司前三年的主要会计数据和财务指标　(单位:人民币元)

主要指标	2000年	1999年	1998年	
项目			调整前	调整后
主营业务收入	1,617,730,923.06	1,245,869,345.06	1,139,095,420.06	1,139,095,420.06
净利润	45,910,354.13	37,092,469.29	38,711,496.96	26,467,970.62
总资产	1,143,425,584.54	1,004,839,801.36	691,097,254.68	669,063,020.01
股东权益	481,647,338.98	464,213,224.85	192,949,284.97	170,479,569.19
全面摊薄每股收益	0.24	0.20	0.28	0.19
扣除非经常性损益后全面摊薄每股收益	0.24	0.20	0.29	0.20
加权平均每股收益	0.24	0.26	0.28	0.19
扣除非经常性损益后加权平均每股收益	0.24	0.27	0.29	0.20
每股净资产	2.53	2.44	1.38	1.22
调整后每股净资产	2.42	2.30	1.25	1.10
每股经营活动产生的现金流量净额	0.10	0.30	0.17	0.17
全面摊薄净资产收益率	9.53%	7.99%	20.06%	15.53%
扣除非经常性损益后全面摊薄净资产收益率	9.52%	8.28%	21.06%	16.65%
加权平均净资产收益率	9.42%	19.62%	18.81%	14.94%
扣除非经常性损益后加权平均净资产收益率	9.41%	20.32%	19.75%	16.02%

3.按照中国证监会《公开发行证券公司信息披露编报规则(第9号)》要求计算2000年度的加权净资产收益率和加权每股收益

	报告期(2000年度)利润	净资产收益率		每股收益	
		全面摊薄	加权平均	全面摊薄	加权平均
主营业务利润	270,171,346.86	56.09%	55.46%	1.42	1.42
营业利润	69,572,787.97	14.44%	14.28%	0.37	0.37
净利润	45,910,354.13	9.53%	9.42%	0.24	0.24
扣除非经常性损益后的净利润	45,853,020.52	9.52%	9.41%	0.24	0.24

(三)股本变动及股东情况

1. 股东情况介绍
(1) 2000年期末股东总数2000年期末股东总数为21096户
(2) 本公司前十名股东:

股东名称	持股数(股)	比例(%)
1)杭州华东医药(集团)公司	38,466,364	20.25
2)中国远大集团公司	35,000,000	18.42
3)珠海海湾大酒店	35,000,000	18.42
4)浙江远大房地产开发公司	7,053,716	3.71
5)浙江省新昌制药股份有限公司	2,240,000	1.18
6)珠海经济特区丽珠医药有限公司	1,120,000	0.59
7)浙江省信鸿实业有限责任公司	646,800	0.34
8)西湖电子集团有限公司	560,000	0.29
9)广州花城制药厂	560,000	0.29
10)石家庄第二制药厂	560,000	0.29

注:1、在上述股东中,珠海海湾大酒店、浙江远大房地产开发有限公司为中国远大集团的子公司。
2、上述股东所持股份无质押或冻结情况。
3、在上述股东中,浙江信鸿实业有限责任公司所持股份为上市流通股。

天津水泥股份有限公司

一、公司简介

(一)公司名称:
中文名称:天津水泥股份有限公司
英文名称:Tian Jin Cement Co.,Ltd.
(二)公司法定代表人:王忠琪
(三)公司董事会秘书:王炳友　授权代表:王鸿林
联系地址:天津市南开区二马路 223 号。
联系电话:022 - 27021264、022 - 27021265　联系传真:022 - 27021270
电子信箱:byouwang@public.tpt.tj.cn
(四)公司注册地址:天津市南开区二马路 223 号。
公司办公地址:天津市南开区二马路 223 号。　邮政编码:300100
国际互联网网址:http://www.tsgf.com.cn　公司电子信箱:tsgf@public.tpt.tj.cn
(五)公司信息披露报刊:《证券时报》
登载年报的国际互联网网址:http://www.cninfo.com.cn
公司年度报告备置地点:本公司证券部。
(六)公司股票上市地:深圳证券交易所。
股票名称:天水股份　股票代码:0965

二、主要会计数据和业务数据摘要

1、本年度公司主要经营数据:

项　目	单位:元
利润总额	48979898.60
净利润	41783031.90
扣除非经常性损益后的净利润	28601517.47
主营业务利润	38259901.74
其他业务利润	11058396.53
营业利润	33472234.56
投资收益	862.00
补贴收入	2336372.22
营业外收支净额	13170429.82
经营活动产生的现金流量净额	-33584619.69
现金及现金等价物净增加额	60618259.45

注:"扣除非经常性损益后的净利润"是指从净利润中扣除公司报告期内非正常经营性损益。非正常经营性损益构成为国库券利息收入 862 元,减免增值税补贴收入 2336372.22 元,公司股票申购冻结资金利息 7820349.24 元,营业外净收入 5350080.58 元。

2、报告期末前三年的主要会计数据和财务指标:　单位:元

序号	栏　目	2000 年	1999 年	1998 年 调整后	1998 年 调整前
1	主营业务收入	322442931.13	314863833.75	391004417.23	391004417.23
2	净利润	41783031.90	29773431.14	31315418.81	22357377.21
3	总资产	1017074350.64	612449563.20	520477562.07	515306744.57
4	股东权益	578487816.05	225824784.15	221007721.70	221051274.86
5	每股收益	0.19	0.20	0.21	0.15
6	每股收益(加权)	0.21	0.20	0.21	0.15
7	每股净资产	2.67	1.54	1.50	1.50
8	调整后每股净资产	2.47	1.22	1.20	1.07
9	每股经营活动产生的现金流量净额	-0.15	-0.09	—	—
10	净资产收益率 %	7.22	13.18	14.17	10.11
11	净资产收益率(加权)	8.71	13.18	14.17	10.11
12	扣除非经营性损益后净资产收益率	4.92	11.70	11.30	7.30
13	扣除非经营性损益后净资产收益率(加权)	5.93	11.70	11.30	7.30
14	扣除非经营性损益后每股收益	0.12	0.18	0.17	0.11
15	扣除非经营性损益后每股收益(加权)	0.14	0.18	0.17	0.11

利润表附表:

报告期利润	净资产收益率(%) 全面摊薄	净资产收益率(%) 加权平均	每股收益(元) 全面摊薄	每股收益(元) 加权平均
主营业务利润	6.61	7.97	0.18	0.19
营业利润	5.79	6.98	0.15	0.17
净利润	7.22	8.71	0.19	0.21
扣除非经常性损益后的净利润	4.92	5.93	0.12	0.14

三、股本变动和主要股东持股情况

(一)、股本变动情况
(二)、公司股东情况介绍:
1、截止 2000 年 12 月 29 日,公司股东总数 23821 户,其中:境内法人股股东 6 户,社会公众股股东 23815 户。
2、主要股东持股情况(前 10 名股东):
主要股东持股情况(前 10 名股东):

名次	股东名称	期末持股数量(股)	持股比例(%)
(1)	天津建筑材料集团总公司	145660921	67.123%
(2)	招商局蛇口工业区理财服务公司	657184	0.303%
(3)	魏祥明	507903	0.234%
(4)	吕发清	505500	0.233%
(5)	金鑫证券投资公司	416683	0.192%
(6)	同盛证券投资公司	406000	0.187%
(7)	天津市天材房地产开发公司	336000	0.155%
(8)	天津建筑材料进出口公司	336000	0.155%
(9)	天津市建筑材料科学研究所	336000	0.155%
(10)	天津市新型建筑材料房地产开发公司	336000	0.155%

3、天津建筑材料集团总公司。
法定代表人:刘仲安。
公司注册地址:天津市和平区贵州路 4 号。

湖北长源电力发展股份有限公司

一、公司简介

1、公司中文名称:湖北长源电力发展股份有限公司
公司英文名称:HUBEI CHANGYUAN ELECTRIC POWER DEVELOPMENT CO.,LTD
2、法定代表人:韩学仲
3、董事会秘书:赵虎　董事会证券事务代表:胡谦
联系地址:武汉市武昌区徐东路 45 号　电话:027-86778352、86778357
传真:027-86786970　电子信箱:zhaohu310@163.net　dd312@sina.com
4、公司注册地址:武汉市武昌区徐东路
公司办公地址:武汉市武昌区徐东路 45 号长源电力商务中心　邮政编码:430077
公司国际互联网网址:www.cyep.com.cn
公司电子信箱:zfhbcydl@public.wh.hb.cn
5、公司选定的信息披露报纸名称:《中国证券报》、《证券时报》
中国证监会指定登载公司年报的国际互联网网址:www.cninfo.com.cn
公司年度报告备置地点:武汉市武昌区徐东路 45 号公司证券部
6、股票上市交易所:深圳证券交易所　股票简称:长源电力　股票代码:0966

二、会计数据和业务数据摘要

(一)本年度主要会计数据和业务数据

利润总额(元)	114,634,299.64
净利润(元)	86,517,531.93
扣除非经常性损益后的净利润(元)	69,709,195.18
主营业务利润(元)	145,082,347.57
其他业务利润(元)	561,416.85
营业利润(元)	79,575,576.68
投资收益(元)	31,054,829.81
补贴收入(元)	0.00
营业外收支净额(元)	4,003,893.15
经营活动产生的现金流量净额(元)	161,375,638.79
现金及现金等价物净增加额(元)	54,967,491.01

(二)前三年主要会计数据和财务指标

指标项目	2000 年	1999 年 调整前	1999 年 调整后	1998 年
主营业务收入(元)	673,971,333.93	629,714,268.35	629,714,268.35	611,229,101.30
净利润(元)	86,517,531.93	63,525,231.85	61,231,929.54	58,931,758.21
总资产(元)	2,138,988,952.48	1,805,543,862.69	1,805,660,988.93	1,862,189,267.39
股东权益(不含少数股东权益)(元)	851,485,609.23	315,774,201.54	313,480,899.23	294,494,268.95
每股收益(元/股)	0.28	0.29	0.28	0.27
加权平均每股收益	0.29	0.29	0.28	0.27
扣除非经常性损益后的每股收益(元/股)	0.23	0.29	0.28	0.27
每股净资产(元/股)	2.76	1.45	1.44	1.35
调整后每股净资产	2.73	1.31	1.30	1.16
每股经营活动产生的现金流量净额(元/股)	0.52	0.98	0.98	0.99
净资产收益率(%)	10.16	20.12	19.53	20.01
加权平均净资产收益	11.20	19.54	18.83	18.66
应收款项(元)	353,399,102.63	208,356,430.50	208,356,430.50	131,409,079.99

(三)本年度利润表附表

	净资产收益率% 全面摊薄	净资产收益率% 加权平均	每股收益(元/股) 全面摊薄	每股收益(元/股) 加权平均
主营业务利润	17.0387	18.7835	0.4704	0.4944
营业利润	9.3455	10.3035	0.2580	0.2712
净利润	10.1608	11.2023	0.2805	0.2948
扣除非经常性损益后的净利润	8.1868	9.0260	0.2260	0.2375

注:1、以上数据已经湖北大信会计师事务有限公司审计,均以合并报表数填列或计算,计算公式如下:
每股收益=净利润/年度末普通股股份总数
加权平均每股收益(EPS)

$$EPS=P/(S0+S1+Si\times Mi\div M0-Sj\times Mj\div M0)$$

其中:P 为报告期利润;S0 为期初股份总数;S1 为报告期因资本公积转增股本或股票股利分配等增加股份数;Si 为报告期发行新股或债转股等增加股份数;Sj 为报告期回购或缩股等减少股份数;M0 为报告期月份;Mi 为增加股份下一月份起至报告期末的月份数;Mj 为减少股份下一月份起至报告期末的月份数。

三、股东情况介绍

(一)报告期末股东总数:58710 户
(二)报告期公司前十名股东持股情况

股　东　名　称	持股数量(股)	股份性质	占总股本比例(%)
1、湖北省电力公司	111410400	国有法人股	36.12
2、湖北省电力开发公司	57901300	国有法人股	18.77
3、武汉银厦房地产综合发展公司	16800000	国有法人股	5.45
4、湖北建丰房屋建设开发有限公司	16800000	法人股	5.45
5、湖北民源电力实业发展有限责任公司	9280000	法人股	3.00
6、华中电力开发公司	4680000	国有法人股	1.52
7、东风汽车公司	1580000	国有法人股	0.51
8、景福证券投资基金	1049150	公众股	0.34
9、金鼎证券投资基金	737907	公众股	0.24
10、泰和证券投资基金	712800	公众股	0.23

注:1、前十名股东之间不存在关联关系。
2、报告期内,法人股东湖北建丰房屋建设开发有限公司所持的 1680 万股(占总股本的 5.45%)股份被法院冻结,其他法人股东所持股份未发生质押、冻结等情况。

浙江上风实业股份有限公司

一、公司简介

1、公司法定中文名称:浙江上风实业股份有限公司
公司法定英文名称:ZHEJIANG SHANGFENG INDUSTRIAL HOLDINGS CO.,LTD
2、公司法定代表:徐灿根
3、公司董事会秘书:竺铭浩
联系地址:浙江省上虞市上浦镇
联系电话:(0575)2366261 传真:(0575)2366328
电子信箱:sfjt@mail.sxptt.zj.cn
4、公司注册地址及办公地址:浙江省上虞市上浦镇 邮政编码:312375
公司国际互联网网址:http://www.shangfeng.org
电子信箱:sfjt@mail.sxptt.zj.cn
5、公司选定的信息披露报刊:《证券时报》
登载公司年度报告的国际互联网网址:http://www.cninfo.com.cn
公司年度报告备置地点:浙江上风实业股份有限公司证券部
6、公司股票上市交易所:深圳证券交易所
股票简称:上风高科 股票代码:0967

二、会计数据和业务数据摘要

1、公司本年度会计数据

单位:人民币元

项目	2000 年
利润总额	48,105,582.72
净利润	37,644,419.81
扣除非经常性损益后的净利润	34,066,440.09
主营业务利润	66,342,821.62
其他业务利润	363,133.50
营业利润	42,962,789.84
投资收益	2,353,960.98
补贴收入	530,198.01
营业外收支净额	2,258,633.89
经营活动产生的现金流量净额	16,309,292.70
现金及现金等价物净增加额	112,354,869.00

注:非经常性损益是按证监公司字[1999]137 号文精神所指的公司正常经营损益之外的,一次性或偶发性损益,本公司扣除的非经常性损益为新股申购冻结资金利息的摊销数 1,941,984.21 元,股权投资差额摊销 465,377.80 元,固定资产处置收益 170,617.71 元,财政贴息收入 1,000,000 元。控股子公司深圳上风通风制冷设备有限公司的地产地销增值税免征补贴收入额计 530,198.01 元,属非临时性补贴收入,相应不予扣除。

2、公司前三年主要会计数据和财务指标 单位:人民币元

指标项目		2000 年		1999 年		1998 年
主营业务收入		139,122,782.25		135,583,143.57		109,161,326.58
净利润		37,644,419.81		34,063,546.41		29,087,795.84
总资产		501,844,774.08		230,748,638.30		232,770,994.86
股东权益(不含少数股东权益)		429,808,311.22		122,498,748.37		126,899,005.58
每股收益	摊薄	0.2752	摊薄	0.3809	摊薄	0.3169
	加权	0.30				
每股收益(扣除非经常性损益)	摊薄	0.2472	摊薄	0.3809	摊薄	0.3169
	加权	0.2714				
每股净资产		3.14		1.335		1.3826
调整后的每股净资产		3.0572		1.258		1.3709
每股经营活动产生的现金流量净额		0.1192		0.8556		-0.0956
净资产收益率(%)		8.76		28.54		22.92

注:1998 年及 1999 年净利润较以前曾披露数据分别小 278,058.50 元及 672,292.90 元,系为增强可比性按本年度处理原则,将控股子公司提取的职工奖福基金转入管理费用所致。其余相应指标也作变动。

3、按照中国证监会《公开发行证券公司信息披露编报规则(第 9 号)》要求计算的净资产收益率及每股收益 单位:人民币元

报告期利润	净资产收益率(%)		每股收益	
	全面摊薄	加权平均	全面摊薄	加权平均
主营业务利润	15.44	18.64	0.4850	0.5285
营业利润	10.00	12.07	0.3141	0.3422
净利润	8.76	10.58	0.2752	0.2999
扣除非经常性损益后的净利润	7.93	9.57	0.2490	0.2714

注:每股收益、每股净资产、调整后的每股净资产、每股经营活动产生的现金流量净额、净资产收益率等财务指标的计算公式如下:

三、股本变动和股东情况

1、股本变动情况
2、股东情况介绍
(1)、截止 2000 年 12 月 31 日,公司股东总数为 39895 名。
(2)、公司前 10 名股东持股情况

序号	股东名称	持股数(股)	所占比例(%)
1	浙江风机风冷设备公司	50,655,200	37.03
2	上虞上峰压力容器厂	29,708,880	21.72
3	上虞风机厂	3,872,000	2.83
4	杭州济和科技投资有限公司	3,420,000	2.50
5	上海明方工程造价咨询事务所	2,530,000	1.85
6	绍兴市流体工程研究所	1,600,000	1.17
7	景福证券投资基金	1,129,886	0.83
8	金元证券投资基金	974,978	0.71
9	隆元证券投资基金	858,410	0.63
10	景宏证券投资基金	531,712	0.39

公司前六名股东为法人股东。

山西神州煤电焦化股份有限公司

一、公司简介

1、公司法定中文名称:山西神州煤电焦化股份有限公司
公司法定英文名称:SHANXI SHENZHOU COAL ELEOTEICITY COKING CO., LTD
2、公司注册地址:山西省太原市和平南路 83 号
公司办公地址:山西省太原市和平南路 83 号 邮政编码:030024
3、公司法定代表人:麻禄斗
4、公司董事会秘书:刘恩孝 联系地址:山西省太原市和平南路 83 号
电话:0351-6019365 公司证券事务代表:张广红 联系电话:0351-6019034
5、公司选定的信息披露报纸:《中国证券报》和《证券时报》
登载公司年度报告国际互联网网址:http://www.cninfo.com.cn/
6、公司股票上市交易所:深圳证券交易所 股票简称:神州股份 股票代码:0968

二、会计数据和业务数据摘要

1、公司本年度实现利润情况

序号	项目	金额(元)
1	利润总额	60,419,128.32
2	净利润	53,680,815.97
3	扣除非经常性损益后的净利润	50,813,522.80
4	主营业务利润	107,742,025.55
5	其他业务利润	24,782,511.13
6	营业利润	58,468,044.78
7	投资收益	
8	补贴收入	
9	营业外收支净额	1,951,083.54
10	经营活动产生的现金流量净额	-40,880,925.53
11	现金及现金等价物净增加额	255,459,910.28

备注:扣除非经常性损益项目为
(1)营业外收入 3,082,274.18 元,
(2)营业外支出 214,981.01 元。

2、截止本报告期末公司前三年的主要财务数据和财务指标

序号	项目	2000 年度	1999 年度	1998 年度
1	主营业务收入	594,446,825.89	531,494,954.59	557,562,589.75
2	净利润	53,680,815.97	57,814,567.94	48,752,975.74
3	总资产	1,707,902,276.26	1,035,038,253.73	676,073,689.84
4	股东权益(不含少数股东权益)	1,109,216,481.19	422,000,349.57	262,917,954.06
5	每股收益	0.1358	0.2358	0.1988
6	每股净资产	2.81	1.72	1.07
7	调整后的每股净资产	2.71	1.71	1.07
8	每股经营活动产生的现金流量净额	-0.1034	-0.1190	
9	净资产收益率(%)	4.84	13.70	18.54
10	按月平均加权计算的每股收益	0.1555	0.2358	0.1988
11	扣除非经常性损益后的每股收益	0.1286	0.2404	0.2062

(1)主要财务指标的计算公式:
每股收益=净利润/报告期末普通股股份总数
净资产收益率=净利润/报告期末股东权益×100%
每股净资产=报告期末股东权益/报告期末普通股股份总数
调整后的每股净资产=(报告期末股东权益-三年以上的应收款项-待摊费用-待处理(流动、固定)资产净损失-开办费用-长期待摊费用-住房周转金负数余额)/报告期末普通股股份总数。
(2)2000 年末总股本为 39519 万股,1999 年、1998 年总股本为 24519 万股。 以上指标均按当期实现数除以当期总股本所得。
(3)2000 年 1—4 月总股本为 24519 万股,5—12 月为 39519 万股。以上述月份相关数据作为加权平均的计算基础。

3、按中国证监会信息披露编报规则(第九号)要求计算的数据

项目	数额(元)	净资产收益率(%)		每股收益(元/股)	
		全面摊薄	加权平均	全面摊薄	加权平均
1、主营业务利润	107,742,025.55	9.71	12.80	0.2726	0.3238
2、营业利润	58,468,044.78	5.27	6.95	0.1479	0.1757
3、净利润	53,680,815.97	4.84	6.38	0.1358	0.1613
4、扣除非经常性损益后的利润	50,813,522.8	4.58	6.04	0.1286	0.1527

以上计算公式如下:
(1)全面摊薄净资产收益率=报告期利润÷期末净资产
(2)全面摊薄每股收益=报告期利润÷期末股份总数
(3)ROE=P÷(EO+NP÷2+Ei×Mi-Ej×Mj÷Mo)

三、股本变动和主要股东持股情况

1、股本变动情况:
2、股东情况介绍
(1)、截止 2000 年 12 月 31 日,本公司股东总数为 86011 户。
(2)、前 10 名股东持股情况:

序号	股东名称	持股数量(股)	持股比例
1	太原煤炭气化(集团)有限责任公司	239,340,000.00	60.56%
2	山西省经济建设投资公司	4,550,000.00	1.15%
3	中国五金矿产进出口总公司	3,562,246.00	0.90%
4	上海西盟物贸有限公司	2,000,000.00	0.51%
5	杭州乾忠贸易有限公司	2,000,000.00	0.51%
6	金泰基金	1,448,399.00	0.37%
7	中国煤炭工业进出口集团公司	1,400,000.00	0.35%
8	上海金润工贸发展有限公司	1,300,000.00	0.33%
9	江南重工股份有限公司	1,204,276.00	0.30%
10	上海金陵股份有限公司	1,204,275.00	0.30%

安泰科技股份有限公司

一、公司简介

(一)公司法定中文名称:安泰科技股份有限公司(安泰科技)
公司法定英文名称:Advanced Technology & Materials Co., Ltd.(AT&M)
(二)公司法定代表人:股瑞钰
(三)公司董事会秘书:钱学军
联系地址:中国北京市海淀区学院南路 76 号
联系电话:86-010-62188403　传真:86-010-62182695　电子信箱:securities@atmcn.com
(四)公司注册地址:中国北京市海淀区学院南路 76 号
公司办公地址:中国北京市海淀区学院南路 76 号
邮政编码:100081　公司国际互联网网址:http//: www.atmcn.com
(五)公司信息披露报纸名称:《中国证券报》、《证券时报》
登载公司年度报告的国际互联网网址:http//: www.cninfo.com.cn
年度报告备置地点:公司证券部
(六)公司股票上市交易所:深圳证券交易所　股票简称:安泰科技　股票代码:0969

二、会计数据和业务数据摘要

(一)本年度主要会计数据和业务数据(单位:元)

项　目	2000 年度
利润总额	80,345,920.73
净利润	71,378,795.83
扣除非经常性损益后的净利润	69,381,403.79
主营业务利润	84,124,070.38
其他业务利润	1,079,458.02
营业利润	58,131,540.88
投资收益	17,321,940.23
补贴收入	2,851,279.17
营业外收支净额	2,041,160.45
经营活动产生的现金流量净额	27,855,096.84
现金及现金等价物净增加额	1,044,156,659.71

扣除非经常性损益项目(单位:元):

项目	2000 年度	1999 年度	1998 年度
处理固定资产等	398,982.43	86,844.25	140,771.81
新股申购冻结资金利息	1,642,178.02		
合并价差摊入	-43,768.41		
合计	1,997,392.04	86,844.25	140,771.81

(二)公司前三年的主要会计数据和财务指标(单位:元)

项　目	2000 年度	1999 年度	1998 年度
主营业务收入	356,623,288.18	216,511,796.78	209,354,752.52
净利润	71,378,795.83	38,898,513.45	36,338,456.24
总资产	1,486,032,760.73	260,340,397.23	227,090,339.36
股东权益(不包含少数股东权益)	1,031,300,886.90	122,890,691.07	111,575,529.41
每股收益(全面摊薄)	0.4678	0.4201	0.3924
每股收益(加权平均)	0.5594	0.4201	0.3924
扣除非经常性损益后的每股收益	0.4547	0.4191	0.3909
每股净资产	6.7582	1.3271	1.2049
调整后的每股净资产	6.7196	1.2741	1.1474
每股经营活动产生的现金流量净额	0.1825	0.4147	
净资产收益率(%)(摊薄)	6.92	31.65	32.57
净资产收益率(%)(加权)	10.69	29.69	34.04
扣除非经常损益后的加权净资产收益率(%)	10.39	29.62	33.90

利润表附表

报告期利润	2000 年				1999 年			
	净资产收益率(%)		每股收益(元)		净资产收益率(%)		每股收益(元)	
	全面摊薄	加权平均	全面摊薄	加权平均	全面摊薄	加权平均	全面摊薄	加权平均
主营业务利润	8.16	12.60	0.5513	0.6593	55.50	52.06	0.7366	0.7366
营业利润	5.64	8.71	0.3809	0.4556	36.70	34.42	0.4871	0.4871
净利润	6.92	10.69	0.4678	0.5594	31.65	29.69	0.4201	0.4201
扣除非经常性损益后的净利润	6.73	10.39	0.4547	0.5437	31.58	29.62	0.4191	0.4191

三、股东情况介绍

一、截止到 2000 年 12 月 31 日,本公司股东总数 18654 户。
二、前十名股东持股情况(截至 2000 年 12 月 31 日):

序号	股东名称	持股数量	持股比例(%)
1	钢铁研究总院	90,000,000	58.98
2	开元基金	4,036,263	2.64
3	金瑞新材料科技股份有限公司	3,000,000	1.97
4	天元证券投资基金	2,070,949	1.36
5	平安证券有限责任公司	2,052,900	1.35
6	深圳华强集团有限公司	2,000,000	1.31
7	江南重工股份有限公司	2,000,000	1.31
8	宁夏有色金属冶炼厂	2,000,000	1.31
9	湖南华菱钢铁集团有限责任公司	2,000,000	1.31
10	长峰科技工业集团公司	1,000,000	0.66

说明:1 持有 5%(含 5%)以上的股东所持股份本年度未发生质押、冻结情况;

2 公司前十名股东中,开元基金和天元基金同属南方基金管理有限公司。除此之外,其他股东之间不存在关联关系。

3 前十名股东中战略投资者和其约定持股期限的起止日期如下:

金瑞新材料科技股份有限公司	2000 年 5 月 29 日至 2001 年 5 月 29 日
深圳华强集团有限公司	2000 年 5 月 29 日至 2001 年 5 月 29 日
江南重工股份有限公司	2000 年 5 月 29 日至 2002 年 5 月 29 日
宁夏有色金属冶炼厂	2000 年 5 月 29 日至 2001 年 5 月 29 日
湖南华菱钢铁集团有限责任公司	2000 年 5 月 29 日至 2001 年 8 月 29 日
长峰科技工业集团公司	2000 年 5 月 29 日至 2002 年 5 月 29 日

北京中科三环高技术股份有限公司

一、公司简介

1、公司法定中文名称:北京中科三环高技术股份有限公司
公司法定英文名称:Beijing Zhongke Sanhuan High-Tech. Co.,Ltd.
中文缩写:中科三环
英文缩写:Zhongke Sanhuan Co.,Ltd
2、公司法定代表人:王震西
3、公司董事会秘书:王东明
联系地址:北京市海淀区白石桥路 3 号友谊宾馆迎宾楼 D 座
电话:010-68945729,68498888-1279
传真:010-68712144
电子信箱:WTM@san-huan.com.cn
4、公司注册地址:北京市海淀区白石桥路 3 号友谊宾馆迎宾楼 D 座
公司办公地址:北京中关村南三街 8 号
邮政编码:100080
公司网址:http://www.san-huan.com.cn
电子信箱:shhq@san-huan.com.cn
5、公司信息披露报纸:《证券时报》、《中国证券报》
公司信息披露网址:http://www.cninfo.com.cn
公司年度报告备置地:北京市海淀区白石桥路 3 号
友谊宾馆迎宾楼 D 座中科三环证券部
6、公司股票上市交易所:深圳证券交易所
股票简称:中科三环　股票代码:0970

二、会计数据和业务数据摘要

(一)主要财务数据

	单位:人民币元
利润总额	47,201,083.00
净利润	27,325,554.00
扣除非经常性损益后的净利润	23,817,407.95
主营业务利润	103,531,291.00
其他业务利润	137,321.08
营业利润	44,097,598.60
投资收益	-358,390.77
营业外收支净额	3,461,875.17
经营活动产生的现金流量净额	-44,207,254.22
现金及现金等价物净增加额	67,103,873.31

(二)截至报告期末公司前三年的主要会计数据和财务指标

单位:人民币元

项　目	2000 年	1999 年
主营业务收入	371,899,953.28	219,050,528.19
净利润	27,325,554.00	25,266,702.92
总资产	540,182,472.27	248,670,904.51
股东权益(不包含少数股东权益)	344,864,096.96	85,371,832.46
每股收益(全面摊薄)	0.314	0.486
每股收益(加权平均)	0.363	0.486
扣除非经常性损溢后的每股收益	0.274	0.486
每股净资产	3.964	1.64
调整后的每股净资产	3.870	1.49
每股经营活动产生的现金流量净额	-0.508	0.251
净资产收益率(%)(全面摊薄)	7.92	29.60
净资产收益率(%)(加权平均)	10.25	29.60

报告期利润	净资产收益率(%)				每股收益(元)			
	全面摊薄		加权平均		全面摊薄		加权平均	
	2000	1999	2000	1999	2000	1999	2000	1999
主营业务利润	30.02	76.73	38.84	76.73	1.190	1.260	1.374	1.260
营业利润	12.79	40.70	16.54	40.70	0.507	0.668	0.585	0.668
净利润	7.92	29.60	10.25	29.60	0.314	0.486	0.363	0.486
扣除非经常性损溢后的净利润	6.91	29.60	8.94	29.60	0.274	0.486	0.316	0.486

(三)股东权益变动情况　单位(元)

项　目	股本	资本公积	盈余公积	法定公益金	未分配利润	股东权益合计
期初数	52,000,000	25,490,177.34	3,790,005.44	1,263,335.15	4,091,649.68	85,371,832.46
本期增加	35,000,000	216,955,357.01	4,422,420.88	1,474,140.29	27,325,554.00	283,703,331.89
本期减少	2,388,646.51				21,822,420.88	24,211,067.39
期末数	7,000,000	240,056,887.84	8,212,426.32	2,737,475.44	9,594,782.80	344,864,096.96
变动原因	发行新股	股本溢价	提取盈余公积	提取法定公益金	提取盈余公积	分配股利

三、股东情况介绍

1、截至 2000 年 12 月 31 日,公司股东总数为 34,204 户,其中:国有法人股股东 3 户,社会法人股股东 1 户,外资股股东 2 户,社会公众股股东 34,198 户。

2、前 10 名股东持股情况(2000 年 12 月 31 日)

股　东　名　称	持股数(股)	占总股本比例(%)
北京三环新材料高技术公司	29,536,600	33.95
美国特瑞达斯公司	6,849,200	7.87
宁波电子信息集团有限公司	6,317,600	7.26
台全(美国)公司	5,281,700	6.07
宁波联合集团股份有限公司	3,679,400	4.23
联想集团控股公司	335,500	0.39
周明怀	161,720	0.19
杭州泰丰化工有限公司	145,308	0.17
王学元	138,400	0.16
董红庆	124,800	0.14

注:报告期内,本公司持股 5%(含 5%)以上的股东所持股份没有发生质押和冻结的情况;前十大股东无关联关系。

湖北迈亚股份有限公司

一、公司简介

1、公司法定中文名称:湖北迈亚股份有限公司
公司英文名称:HUBEI MAIYA CO. ,LTD.
2、公司法定代表人:叶金堂
3、公司董事会秘书:付楚雄
联系地址:湖北省仙桃市勉阳大道131号
联系电话:(0728)3275828 传 真:(0728)3275829
4、公司注册地址:湖北省仙桃市勉阳大道131号
公司办公地址:湖北省仙桃市勉阳大道131号
邮政编码:433000
5、公司信息披露报纸名称:《证券时报》、《中国证券报》、《上海证券报》
登载公司年度报告的中国证监会指定国际互联网网址:
http:/www.cninfo.com.cn
公司年度报告备置地点:公司证券部
6、公司股票上市地:深圳证券交易所
股票简称:湖北迈亚 股票代码:0971

二、会计数据和业务数据摘要

1、本年度利润总额及构成 (单位:人民币元)

利润总额	46,474,734.77
净利润	39,138,072.30
扣除非经常性损益后的净利润	29,992,912.30
主营业务利润	83,864,783.51
其它业务利润	−77,711.23
营业利润	35,715,723.02
投资收益	9,194,196.06
补贴收入	/
营业外收支净额	1,564,815.69
经营活动产生的现金流量净额	42,850,757.36
现金及现金等价物净增加额	229,004,229.91

说明:本年度扣除非经常性损益的项目及涉及金额
(1)公司参与配售"凯乐股份"所取得的投资收益 9,194,196.06元;
(2)营业外收入是发行股票时,申购冻结资金利息 1,359,357.00元;
(3)营业外收支净额是处置固定资产损益 205,458.69元。

2、截止报告期末公司近三年的主要会计数据和财务指标: (单位:人民币元)

项目	2000年	1999年	1998年 调整后	1998年 调整前
主营业务收入	242,741,759.70	207,338,185.47	157,392,500.92	157,392,500.92
净利润	39,138,072.30	32,325,815.91	24,369,465.04	27,116,131.90
总资产	913,015,670.85	579,063,998.75	516,399,869.80	523,065,557.26
股东权益	416,791,420.71	187,839,785.86	179,273,969.89	185,939,657.35
每股收益(摊薄)	0.21	0.24	0.18	0.21
每股收益(加权)	0.23	0.24	0.18	0.21
每股净资产	2.23	1.42	1.36	1.41
调整后的每股净资产	2.20	1.38	1.31	1.36
每股经营活动产生的现金流量净额	0.23	0.11	−0.21	−0.21
净资产收益率(%)摊薄	9.39	17.20	13.57	14.56
加权	10.60	14.81	12.72	13.91
扣除非经常性损益的净资产收益率% 摊薄	7.20	17.14	13.57	14.56
加权	8.12	14.75	12.72	13.91

3、按中国证监会《公开发行证券公司信息披露编报规则》(第9号文)通知要求:计算的2000年度每股收益和净资产收益率如下:

报告期利润	净资产收益率(%) 全面摊薄	净资产收益率(%) 加权平均	每股收益(元) 全面摊薄	每股收益(元) 加权平均
主营业务利润	20.12	22.72	0.45	0.50
营业利润	8.57	9.67	0.19	0.21
净利润	9.39	10.60	0.21	0.23
扣除非经常性损益后的净利润	7.20	8.12	0.16	0.18

4、报告期内股东权益变化情况 (单位:元)

项目	股本	资本公积	盈余公积	法定公益金	未分配利润	股东权益合计
期初数	132000000	22,000,000	24,470,568.55	8,156,856.18	9,369,217.31	187,839,785.86
本期增加	55000000	169,876,062.55	5,870,710.85	1,956,903.62	39,138,072.30	269,884,845.71
本期减少	/	/	/	/	40,933,210.85	40,933,210.85
期末数	187000000	191,876,062.55	30,341,279.40	10,113,759.80	7,574,078.76	416,791,420.71

三、股东情况介绍

(1)报告期末股东总数

截止2000年12月29日,本公司股东总数37291户,其中国有法人股东1户,法人股东4户,公司高管人员15户。

(2)主要股东持股情况 (单位:股)

序号	股东名称	年末持股数	占总股本%
1	湖北仙桃毛纺集团有限公司	92160000	49.28
2	仙桃市财务开发公司	9600000	5.13
3	湖北省纺织品公司	2400000	1.28
4	仙桃市彩凤实业公司	1200000	0.64
5	景宏证券投资基金	630200	0.34
6	景福证券投资基金	364400	0.20
7	宁波民安实业投资有限公司	355466	0.19
8	张荣江	343000	0.18
9	普丰证券投资基金	334358	0.18
10	裕隆证券投资基金	326700	0.18

说明:1)前十大股东中仙桃市彩凤实业公司是湖北仙桃毛纺集团有限公司的全资子公司,其它股东之间不存在关联关系。

2)持有5%以上股份的股东在报告期内所持股份无变动、质押和冻结情况。

新疆中基实业股份有限公司

一、公司简介

1、公司法定中文名称:新疆中基实业股份有限公司
公司法定英文名称:XINJIANG CHALKIS CO., LTD
英文缩写:CHALKIS
2、公司法定代表人:刘一
3、公司董事会秘书:成屹
联系地址:新疆乌鲁木齐市五星路17号五星大厦12楼
联系电话:(0991)2649534
传 真:(0991)2616688
电子信箱:xzjcy@163.net
4、公司注册地址:新疆乌鲁木齐市五星路17号
公司办公地址:新疆乌鲁木齐市五星路17号
邮政编码:830002
电子信箱:Chalkis@xj.cninfo.net
5、公司选定的信息披露报纸:《证券时报》
登载公司年度报告的中国证监会指定国际互联网网址:
http: //www.cninfo.com.cn
公司年度报告备置地点:公司董事会秘书处
6、公司股票上市交易所:深圳证券交易所
股票简称:新中基
股票代表:0972

二、会计数据和业务数据摘要

1、本年度主要财务指标的完成情况(单位:人民币元)

项目	金额(元)
实现利润总额	32,212,214.02
实现净利润	27,136,457.31
扣除非经常性损益后的净利润	20,634,534.99
主营业务利润	74,920,232.75
其他业务利润	8,505,205.19
营业利润	25,487,061.53
投资收益	223,230.17
补贴收入	2,528,227.34
营业外收支净额	3,973,694.98
经营活动产生的现金流量净额	(159,486,918.60)
现金及现金等价物净增加额	45,718,110.15

注:营业外收入中含新股发行冻结资金利息转入3,575,171.60元.

2、截止报告期末公司前三年主要会计数据和财务指标

项目	2000年	1999年	1998年 调整前	1998年 调整后
主营业务收入(元)	467,575,925.95	392,197,687.34	360,952,504.04	360,952,504.04
净利润(元)	27,136,457.31	25,432,371.54	28,001,201.04	22,285,352.68
总资产(元)	1,038,766,878.01	587,021,441.06	449,143,395.11	440,986,352.42
股东权益(不含少数股东权益)(元)	398,484,032.90	169,956,486.55	167,335,447.12	158,931,959.57
每股收益(摊薄)(元)	0.22	0.32	0.35	0.28
每股收益(加权平均)(元)	0.25	0.32	0.81	0.65
扣除非经常性损益后的每股收益(元)	0.17	0.23	0.33	0.26
每股净资产(元)	3.20	2.14	2.10	1.99
调整后的每股净资产(元)	2.84	2.00	2.04	1.93
每股经营活动产生的现金流量净额(元)	(1.28)	0.42	(0.016)	(0.016)
净资产收益率(%)	6.66	14.96	16.73	14.02

注:1 1998年及1999年度按总股本79,589,173股计算,2000年度按总股本124 ,589,173股计算。

2 以上数据和指标以公司合并会计报表数填列和计算

3、利润表附表:

报告期利润	净资产收益率(%) 全面摊薄	净资产收益率(%) 加权平均	每股收益(元) 全面摊薄	每股收益(元) 加权平均
主营业务利润	18.40	23.15	0.60	0.68
营业利润	6.26	7.88	0.20	0.23
净利润	6.66	8.39	0.22	0.25
扣除非经常性损益后的净利润	5.07	6.38	0.17	0.19

三、股本变动及主要股东情况

(一)、股本变动情况
公司股份期末数 124,589,173股
(二)、股东情况介绍
1、报告期末股东总数 本报告期末公司股东总户数为38,074户,其中国家股股东2户,国有法人股东3户,法人股股东3户,社会公众股股东38,066户。
2、持有本公司5%以上(含5%)股份的股东及前十名股东的持股情况:

持股单位	持股数(股)	持股比例(%)
石河子国有资产经营投资有限公司	19,855,303	15.94
新疆生产建设兵团投资中心	15,822,997	12.70
新疆温泉道拉达农场(农五师87团)	13,615,146	10.93
新疆博乐蒙古庙农场(农五师85团)	12,986,002	10.42
乌鲁木齐三木实业有限公司	10,996,453	8.83
新疆兵团和田农场管理局乌市果品加工厂	3,313,272	2.66
乌鲁木齐楠悦工贸有限公司	2,400,000	1.93
新疆荣丰工贸有限公司	600,000	0.48
蒋诗云	208,000	0.17
朱贻田	116,340	0.09

注:1 截止报告期末持有本公司5%以上股份的股东所持的本公司股份未发生质押,冻结情况。

佛山塑料集团股份有限公司

一、公司简介

1、公司法定中文名称:佛山塑料集团股份有限公司
公司法定英文名称:FOSHAN PLASTICS GROUP CO., LTD
2、公司法定代表人:冯兆征
3、董事会秘书:罗汉均　　证券事务代表:何水秀　联系地址:广东省佛山市汾江中路82号
联系电话:(0757)2297484　　联系传真:(0757)2225754
4、公司注册及办公地址:广东省佛山市汾江中路82号　　邮政编码:528000
公司国际互联网网址:http://www.foshan-plastic.com
5、公司指定的信息披露报刊:《中国证券报》、《证券时报》
登载公司年报的国际互联网网址:http://www.cninfo.com.cn
公司年度报告备置地点:公司董事会秘书办公室
6、公司股票上市交易所:深圳证券交易所　　股票简称:佛塑股份(A股)　股票代码:0973

二、会计数据和业务数据摘要

1、本年度公司主要经营数据:　　单位:元

利润总额:	88,702,492.66
净利润:	75,628,611.47
扣除非经常性损益后的净利润:	69,628,903.44
主营业务利润:	174,728,474.40
其他业务利润:	15,802,473.24
营业利润:	60,606,930.81
投资收益:	21,002,786.62
补贴收入:	5,349,133.00
营业外收支净额:	1,743,642.23
经营活动产生的现金流量净额:	-123,485,225.85
现金及现金等价物净增加额	262,061,725.76

注:扣除非经常性损益涉及的项目和金额如下:
(1) 补贴收入:5,349,133.00
(2) 营业外收入中的利息:650,575.03

2、公司前三年主要会计数据及财务指标:　　单位:元

序号	项目	2000年	1999年	1998年
1	主营业务收入	1,482,378,715.24	1,260,462,359.10	1,065,428,188.41
2	净利润	75,628,611.47	65,894,431.07	60,248,520.87
3	总资产	2,088,994,881.08	1,605,397,725.96	1,493,076,780.50
4	股东权益(不包含少数股东权益)	1,110,895,446.11	514,869,900.75	495,215,372.17
5	每股收益(摊薄)	0.20	0.24	0.22
6	每股收益(加权)	0.22	0.24	0.22
7	扣除非经常性损益后的每股收益(摊薄)	0.19	0.21	0.18
8	扣除非经常性损益后的每股收益(加权)	0.20	0.21	0.18
9	每股净资产	2.97	1.85	1.78
10	调整后每股净资产	2.96	1.83	1.74
11	每股经营活动产生的现金流量净额	-0.33	-0.16	
12	净资产收益率(摊薄)	6.81%	12.80%	12.17%
13	净资产收益率(加权)	8.05%	12.48%	11.73%
14	扣除非经常性损益后的加权净资产收益率	7.44%	11.15%	9.73%

注:主要财务指标计算公式:
每股收益=净利润/年度末普通股股份总数
每股净资产=年度末股东权益/年度末普通股股份总数
调整后每股净资产=(年度末股东权益—三年以上的应收款项净额—待摊费用—待处理(流动、固定)资产净损失—开办费—长期待摊费用—住房周转金负数余额)/年度末普通股股份总数
每股经营活动产生的现金流量净额=经营活动产生的现金流量净额/年度末普通股股份总数
净资产收益率(摊薄)=净利润/年度末股东权益×100%
3、利润分配表附表

报告期利润	净资产收益率(%)		每股收益	
	全面摊薄	加权平均	全面摊薄	加权平均
主营业务利润	14.93	18.60	0.47	0.51
营业利润	5.18	6.45	0.16	0.18
净利润	6.81	8.05	0.20	0.22
扣除非经常性损益后的净利润	6.27	7.44	0.19	0.20

全面摊薄净资产收益率=报告期利润÷期末净资产
加权平均净资产收益率=报告期利润/(期初净资产+报告期净利润÷2+报告期发行新股或债转股等新增净资产×新增净资产下一月份起至报告期期末的月份数÷12-报告期回购或现金分红等减少净资产×减少净资产下一月份起至报告期期末的月份数÷12)

三、股本变动及股东情况

1、报告期末股东总数:39947户。
2、主要股东持股情况(前十名股东)

序号	股东名称	持股额(万股)	占总股本比例(%)	备注
1	佛山市塑料工贸集团公司	147,028,500	39.370	
2	佛山市塑料皮革工业合作联社	110,024,400	29.462	
3	广东财信投资有限公司	2,700,000	0.723	战略投资者
4	广东梅县梅雁经济发展总公司	2,700,000	0.723	战略投资者
5	广州经济技术开发区广远海运服务公司	2,700,000	0.723	战略投资者
6	广东兆源投资发展有限公司	2,450,000	0.656	战略投资者
7	金鑫证券投资基金	2,375,699	0.636	
8	佛山三冠塑胶有限公司	2,300,000	0.616	战略投资者
9	宜兴市皇康物资有限公司	2,000,000	0.536	战略投资者
10	上海裕达房地产发展投资有限公司	1,800,000	0.482	战略投资者

分子聚合物、家用电器、化纤制品。

重庆乌江电力股份有限公司

一、公司简介

(一)公司法定中文名称:重庆乌江电力股份有限公司　　简称:乌江电力
公司法定英文名称:Chongqing Wujiang Electric Power Co.,Ltd.　公司英文简称:WJEP
(二)公司法定代表人:李鸿铭
(三)公司董事会秘书:张辉　　联系地址:重庆市黔江区新华西路　　邮政编码:409000
电话:023-79239491　传真:023-79239494　电子信箱:domy-c@yeah.net
(四)公司注册地址:重庆市黔江开发区黔江县联合镇西山坪水井湾东侧　邮政编码:409000
公司办公地址:重庆市黔江区新华西路　　邮政编码:409000
公司电子信箱:ywdzjtzb@public.cta.cq.cn
(五)公司选定信息披露报纸:《中国证券报》、《证券时报》
刊登公司年度报告的中国证监会指定国际互联网网址:http://www.cninfo.com.cn
公司年度报告备置地点:公司董事会秘书办公室
(六)公司股票上市交易所:深圳证券交易所
股票简称:乌江电力　股票代码:0975

二、会计数据和业务数据摘要

(一)公司本年度会计数据摘要　　(单位:元)

1、主营业务收入	96,645,143.69
2、主营业务利润	63,669,895.77
3、营业利润	53,804,752.25
4、投资收益	2,000,000.00
5、营业外收支净额	-21,614.23
6、利润总额	55,783,138.02
7、净利润	37,374,702.48
8、扣除非经常性损益后的净利润	36,898,604.30
9、经营活动产生的现金流量净额	31,244,375.59
10、现金及现金等价物净增加额	378,768,085.82

注 :扣除非经常性损益476,098.18元,为公司2000年发行新股冻结资金利息收入。
(二)截止报告期末公司前三年的主要会计数据和财务指标(单位:元)

项目/年度	2000年	1999年	1998年
1、主营业务收入	96,645,143.69	92,525,098.41	83,912,618.20
2、净利润	37,374,702.48	40,021,677.88	23,993,736.81
3、总资产	804,049,291.79	338,035,841.94	251,780,494.80
4、股东权益	696,212,434.77	163,577,732.30	82,989,864.05
5、每股净资产	3.76	1.56	
6、调整后的每股净资产	3.75	1.54	
7、每股经营活动产生的流量净额	0.17	0.61	
8、净资产收益率			
(1)按主营业务利润计算			
全面摊薄(%)	9.15	38.35	73.93
加权平均(%)	12.13	60.47	67.12
(2)按营业利润计算			
全面摊薄(%)	7.13	29.00	46.98
加权平均(%)	10.25	45.72	42.66
(3)按净利润计算			
全面摊薄(%)	5.37	24.47	28.91
加权平均(%)	7.12	38.56	26.25
(4)按扣除非经常性损益后的净利润计算			
全面摊薄(%)	5.30	24.47	28.91
加权平均(%)	7.03	38.56	26.25
9、每股收益			
(1)按主营业务利润计算			
全面摊薄	0.34	0.60	
加权平均	0.40	0.60	
(2)按营业利润计算			
全面摊薄	0.29	0.45	
加权平均	0.35	0.46	
(3)按净利润计算			
全面摊薄	0.20	0.38	
加权平均	0.24	0.38	
(4)按扣除非经常性损益后的净利润计算			
全面摊薄	0.20	0.38	
加权平均	0.23	0.38	

三、股本变动和股东情况

(一)股东情况介绍 1、报告期末公司共有股东46817户,其中发起人股东5户。
2、公司前10名股东持股情况:(数量单位:万股)

序号	股东名称	期初持股量	增减变动(+)	期末持股量	持股比例
1	重庆乌江电力集团公司	9,841.59		9,841.59	53.20%
2	重庆市水利电力产业(集团)有限责任公司		880.00	880.00	4.76%
3	江苏江动集团有限公司		600.00	600.00	3.24%
4	重庆市黔江县小南海(集团)公司	558.00		558.00	3.02%
5	重庆鼎泰电力有限公司		360.00	360.00	1.95%
6	重庆拓源电力公司		300.00	300.00	1.62%
7	金鑫证券投资基金		288.7429	288.7429	1.56%
8	江西电机有限责任公司		200.00	200.00	1.08%
9	中国兵器装备集团公司		180.00	180.00	0.97%
10	南京新港高科技股份有限公司		180.00	180.00	0.97%

除此之外的前10名大股东中,公司未发现其他股东所持本公司股份在报告期内发生质押或冻结情况。
(3)以上前10名股东中重庆鼎泰电力有限公司,重庆拓源电力公司均为重庆市电力公司下属具有独立法人资格的企业。
重庆市水利电力产业(集团)有限责任公司拟收购重庆乌江电力集团公司30%的权益。具体情况见公司于2001年2月13日在《中国证券报》、《证券时报》刊登的重要事项公告。

广东开平春晖股份有限公司

一、公司简介

1、公司法定中文名称:广东开平春晖股份有限公司
2、公司法定英文名称:GUANGDONG KAIPING CHUNHUI CO., LTD
3、公司注册及办公地址:中国广东省开平市长沙港口路10号
邮编:529300　电子信箱:jmkpdl2@pub.jiangmen.gd.cn
4、公司法定代表人:梁树相
5、公司董事会秘书:陈伟奇　董事会证券事务代表:余志新
联系电话:(0750)2276949,2228111转287　传真:(0750)2276959
电子邮箱:jmkpdl2@pub.jiangmen.gd.cn
6、公司选定的信息披露报纸名称:《中国证券报》、《证券时报》、《上海证券报》
登载公司年度报告的国际互联网网址:http://www.cninfo.com.cn
年度报告备置地点:广东开平春晖股份有限公司证券部
7、公司股票上市地点:深圳证券交易所　股票简称:春晖股份　股票代码:0976

二、主要财务数据和指标

1、主要财务数据和指标(单位:元)

项　目	2000年12月
利润总额	113,925,920.53
净利润	76,407,948.77
扣除非经常性损益后的净利润	73,698,810.22
主营业务利润	149,326,882.92
其他业务利润	6,357.62
营业利润	109,647,333.16
投资收益	235,097.00
营业外收支净额	4,043,490.37
经营活动产生的现金流量净额	−11,018,790.77
现金及现金等价物净增加额	79,077,661.98

说明:"扣除非经常性损益后的净利润"中扣除项目为社会公众股认购资金冻结利息,金额为4,130,050.89元,处理固定资产损失86,560.52元,考虑所得税影响数1,334,351.82元,实际扣除金额为2,709,138.55元.

2、截止报告期末公司前三年的主要会计数据和财务指标

项目	2000年	1999年	1998年
主营业务收入	957,524,364.79	773,679,742.94	728,860,244.34
净利润	76,407,948.77	61,253,295.27	54,207,617.13
总资产	1,670,331,798.60	1,212,311,179.86	1,273,746,203.28
股东权益(不含少数股东权益)	1,179,085,481.54	566,764,602.77	505,22511,307.50
每股收益(摊薄)	0.18	0.37	0.33
每股收益(加权)	0.19	0.37	0.33
每股净资产	2.80	3.46	3.08
调整后的每股净资产	2.79	3.44	3.08
每股经营活动产生的现金流量净额	−0.03	1.95	0.05
净资产收益率(%)(摊薄)	6.48	10.81	10.72
净资产收益率(%)(加权)	8.07	11.42	11.33

按照中国证监会公开发行证券公司信息披露编报规则(第9号)的要求,计算的2000年净资产收益率和每股收益。

报告期利润	净资产收益率(%)		每股收益	
	全面摊薄	加权平均	全面摊薄	加权平均
主营业务利润	12.66	15.76	0.3546	0.3809
营业利润	9.30	11.57	0.2604	0.2797
净利润	6.48	8.07	0.1814	0.1949
扣除非经常性损益后的净利润	6.14	7.64	0.1718	0.1846

说明:主要财务指标计算公式如下:

$$\text{加权平均净资产收益率(ROE)} = \frac{P}{E0+NP\div2+Ei\times Mi\div M0-Ej\times Mj\div M0}$$

(其中:P为报告期利润;NP为报告期净利润;E0为期初净资产;Ei为报告期发行新股或债转股等新增净资产;Ej为报告期回购或现金分红等减少净资产;M0为报告期月份数;Mi为新增净资产下一月份起至报告期期末的月份数;Mj为减少净资产下一月份起至报告期期末的月份数。)

三、股本变动及股东情况

1、股本变动情况
2、股东情况介绍　截止2000年12月31日,公司股东总数为33,322户。
3、前十名股东持股情况:

股东名称	年度内股份增加情况(股)	年度内持股数(股)	占总股本比例(%)
1 广东省开平涤纶企业集团有限公司	58,300,400	131,175,900	31.15
2 开平市工业实业开发公司	18,400,000	41,400,000	9.83
3 开平市工业材料公司	18,400,000	41,400,000	9.83
4 开平市工业供销公司	8,112,320	18,252,720	4.33
5 武汉香烟伴侣生物工程有限公司	4,590,000	4,590,000	1.09
6 开平市化工实业公司	3,600,000	3,600,000	0.85
7 开平市友联贸易公司	3,600,000	3,600,000	0.85
8 开平市荣富化工有限公司	3,600,000	3,600,000	0.85
9 开平市盛达经贸有限公司	3,600,000	3,600,000	0.85
10 江门市工业产品进出口公司	3,600,000	3,600,000	0.85

说明:
1、本公司前十名股东不存在关联关系。

浪潮电子信息产业股份有限公司

一、公司简介

1、公司法定中文名称:浪潮电子信息产业股份有限公司
公司法定英文名称:LANGCHAO ELECTRONIC INFORMATION INDUSTRY CO.,LTD.
2、公司注册地址:山东省济南市山大路224号　办公地址:山东省济南市山大路224号
邮政编码:250014　互联网址:http://www.langchao.com.cn
电子信箱:bairong@langchao.com.cn
3、公司法定代表人:王爱先
4、董事会秘书:张磊　证券事务代表:白荣
联系地址:山东省济南市山大路224号(公司证券部)　联系电话:0531-8932888-8591
传真:0531-8958704　E-mail:bairong@langchao.com.cn
5、公司信息披露报纸名称:《中国证券报》、《证券时报》
登载年度报告的中国证监会指定国际互联网网址:　http://www.cninfo.com.cn
公司年度报告备置地点:公司证券部
6、公司股票上市地:深圳证券交易所　股票简称:浪潮信息　股票代码:0977

二、会计数据和业务数据摘要

1、本年度主要会计数据和业务数据(单位:元)

项目	金额
利润总额	86,430,342.97
净利润	60,276,156.05
扣除非经常性损益后的净利润	58,650,564.84
主营业务利润	204,947,967.72
其他业务利润	2,567,737.21
营业利润	72,266,162.08
投资收益	5,329,635.05
补贴收入	7,208,954.63
营业外收支净额	1,625,591.21
经营活动产生的现金流量净额	11,487,124.85
现金及现金等价物净增加额	596,855,424.20

注:2000年非经常性损益1,625,591.21元,其中新股申购冻结资金利息1,611,204.31元,其他营业外收支净额14,386.90元.

2、前三年主要会计数据和财务指标,(单位:元)

项　目	2000年	1999年		1998年	
		调整后	调整前	调整后	调整前
主营业务收入	814,470,312.49	394,413,968.11	394,413,968.11	434,299,023.10	434,299,023.10
净利润	60,276,156.05	42,719,963.10	45,349,963.10	32,291,688.11	33,441,688.11
总资产	1,168,248,541.05	379,121,151.49	382,901,151.49	489,169,005.22	490,319,005.22
股东权益(不含少数股东权益)	784,927,168.26	235,236,231.88	239,016,231.88	207,516,268.78	208,666,268.78
每股收益(摊薄)	0.28	0.28	0.30	0.22	0.22
每股收益(加权)	0.31	0.28	0.30	0.24	0.25
扣除非经常性损益后的每股收益(摊薄)	0.27	0.28	0.30	0.22	0.22
扣除非经常性损后的每股收益(加权)	0.30	0.28	0.30	0.24	0.25
每股净资产	3.65	1.57	1.59	1.38	1.39
调整后的每股净资产	3.62	1.55	1.58	1.35	1.36
每股经营活动产生的现金流量净额	0.05	0.15	0.15	*	*
净资产收益率(摊薄)	7.68	18.16	18.97	15.56	16.03
净资产收益率(加权)	10.24	18.67	19.60	17.47	18.03
扣除非经常性损益后的加权平均净资产收益率	9.96	18.17	19.11	17.77	18.33

按中国证监会发布的《公开发行证券公司信息披露编报规则》第9号的要求计算的净资产收益率及每股收益

报告期利润	净资产收益率(%)		每股收益	
	全面摊薄	加权平均	全面摊薄	加权平均
主营业务利润	26.11	34.81	0.95	1.06
营业利润	9.21	12.28	0.34	0.37
净利润	7.68	10.24	0.28	0.31
扣除非经常性损益后的净利润	7.47	9.96	0.27	0.30

注:(1)上述财务指标的计算公式如下:
每股净资产=年度末股东权益/年度末普通股股份总数
调整后的每股净资产=(年度末股东权益-三年以上的应收款项-待摊费用-待处理(流动、固定)资产净损失-开办费-长期待摊费用)/年度末普通股股份总数

三、股东情况介绍

1、截止2000年12月29日公司股东总数为62565户;
2、截止2000年12月29日前十名股东持股情况:

名次	股东名称	持股数(股)	占总股本%
1	浪潮电子信息产业集团公司	128700000	59.86
2	烟台东方电子信息产业集团有限公司	10000000	4.65
3	北京算通科技发展有限公司	5000000	2.33
4	山东时风(集团)有限责任公司	2800000	1.30
5	山东金达实业有限公司	2000000	0.93
6	全泰电脑(惠阳)有限公司	1500000	0.70
7	无锡锅炉厂	508400	0.236
8	无锡市威孚集团有限公司	500000	0.233
9	天元证券投资基金	399600	0.186
10	裕隆证券投资基金	386150	0.180

注:(1)本公司前十名股东不存在关联关系
(2)持股5%以上法人股东情况

截止报告期末,持有本公司5%以上股份的股东为浪潮电子信息产业集团公司,持有本公司国家股股份59.86%,计12870万股,报告期内,其所持股份未发生增减变化,亦未有任何质押、冻结的情况和其他法律争议。

桂 林 旅 游 股 份 有 限 公 司

桂林旅游股份有限公司2000年年度报告摘要

重要提示：本公司董事会保证本报告所载资料不存在任何虚假记载、误导性陈述或者重大遗漏，并对其内容的真实性、准确性和完整性负个别及连带责任。

一、公司简介

1.公司法定中文名称：桂林旅游股份有限公司
公司中文名称缩写：桂林旅游
公司法定英文名称：Guilin Tourism Corporation Limited
公司英文名称缩写：GTCL
2.公司法定代表人：陈青光
3.董事会秘书：周茂权
联系地址：广西桂林市榕湖北路十七号榕湖饭店四号楼4301房
邮编：541001
电话：(0773)2863839　传真：(0773)2863880
电子信箱：zhoumaoquan@163.net
董事会证券事务代表：黄锡军
联系地址：广西桂林市榕湖北路十七号榕湖饭店四号楼4101房
邮编：541001
电话：(0773)2863857　传真：(0773)2863880
电子信箱：ZJB888@163.net
4.公司注册地址：广西桂林市榕湖北路十七号
公司办公地址：广西桂林市榕湖北路十七号榕湖饭店四号楼
邮政编码：541001
公司国际互联网网址：http://www.guilintravel.com
电子信箱：gtcl@public.glptt.gx.cn
5.公司选定的信息披露报纸：《中国证券报》、《证券时报》
登载公司年度报告的中国证监会指定国际互联网网址：http://www.cninfo.com.cn
公司年度报告备置地点：公司证券部
6.公司股票上市交易所：深圳证券交易所
公司股票简称：桂林旅游　公司股票代码：0978

二　、会计数据和业务数据摘要

1.公司本年度会计数据
单位：人民币元

利润总额	42,571,913.93
净利润	36,324,455.31
扣除非经常性损益后的净利润	33,496,696.01
主营业务利润	56,756,528.61
其他业务利润	3,484,716.34
营业利润	39,030,874.63
投资收益	713,280.00
补贴收入	
营业外收支净额	2,827,759.30
经营活动产生的现金流量净额	45,603,328.61
现金及现金等价物净增加额	69,726,159.48

扣除的非经常性损益项目：新股申购冻结资金利息3,433,074.10元；处理固定资产净收益66,045.92元；罚款、违约金收入31,369.50元；其他收入54,228.73元；处理固定资产净损失691,608.95元；捐赠支出60,450元；罚款及其他支出4,900元。

2.公司近三年财务指标
单位：人民币元

指标项目	2000年度	1999年度	1998年度
主营业务收入	138,705,594.97	126,496,995.09	224,135,834.97
净利润	36,324,455.31	32,831,802.14	73,601,543.72
总资产	429,844,909.21	218,605,201.43	374,888,397.60
股东权益	354,614,026.35	88,548,088.04	191,321,214.76
每股收益	0.308	0.421	0.409
每股收益(加权平均)	0.347	0.421	0.409
每股收益(扣除非经常性损益)	0.284	0.421	0.400
每股净资产	3.005	1.135	1.063
调整后的每股净资产	2.956	1.060	0.517
每股经营活动产生的现金流量净额	0.387	0.350	-0.100
净资产收益率(%)	10.24	37.08	38.47
净资产收益率(%)(加权平均)	12.96	32.51	33.03

按照中国证监会《公开发行证券公司信息披露编报规则(第9号)》要求计算2000年报告期利润的净资产收益率和每股收益。

报告期利润(元)		净资产收益率(%)		每股收益(元)	
		全面摊薄	加权平均	全面摊薄	加权平均
主营业务利润	56,756,528.61	16.01	20.25	0.481	0.542
营业利润	39,030,874.63	11.01	13.92	0.331	0.373
净利润	36,324,455.31	10.24	12.96	0.308	0.347
扣除非经常性损益后的净利润	33,496,696.01	9.45	11.95	0.284	0.320

财务指标计算方法如下：
(1) 全面摊薄净资产收益率=报告期利润÷期末净资产
(2) 全面摊薄每股收益=报告期利润÷期末股份总数
(3) 加权平均净资产收益率(ROE)的计算公式如下：
ROE=P/(E0+NP÷2+Ei×Mi÷M0-Ej×Mj÷M0)
其中：P为报告期利润；NP为报告期净利润；E0为期初净资产；Ei为报告期发行新股或债转股等新增净资产；Ej为报告期回购或现金分红等减少净资产；M0为报告期月份数；Mi为新增净资产下一月份起至报告期期末的月份数；Mj为减少净资产下一月份起至报告期期末的月份数。
(4) 加权平均每股收益(EPS)计算公式如下：
EPS=P/(S0+S1+Si×Mi÷M0-Sj×Mj÷M0)
其中：P为报告期利润；S0为期初股份总数；S1为报告期因公积金转增股本或股票股利分配等增加股份数；Si为报告期因发行新股或债转股等增加股份数；Sj为报告期因回购或缩股等减少股份数；M0为报告期月份数；Mi为增加股份下一月份起至报告期期末的月份数；Mj为减少股份下一月份起至报告期期末的月份数。
(5) 每股净资产=年度末股东权益/年度末普通股股份数
(6) 调整后的每股净资产=(年度末股东权益-三年以上的应收款项净额-待摊费用-待处理(流动、固定)资产净损失-开办费-长期待摊费用-住房周转金负数余额)/年度末普通股股份总数
(7) 每股经营活动产生的现金流量净额=经营活动的现金流量净额/年度末普通股股份总数。
注：本公司1998年末股份总数为18,000万股，1999年末股份总数为7,800万股，2000年末股份总数为11,800万股。

3、报告期内股东权益变动情况及原因　单位：人民币元

项目	股本	资本公积	盈余公积	法定公益金	未分配利润	股东权益合计
期初数	78,000,000	--	6,300,094.23	4,247,993.81	--	88,548,088.04
本期增加	40,000,000	220,421,483	3,632,445.53	1,816,222.77	30,875,787.01	296,745,938.31
本期减少	--	--	--	--	30,680,000.00	30,680,000.00
期末数	118,000,000	220,421,483	9,932,539.76	6,064,216.58	195,787.01	354,614,026.35

变动原因：
(1)股本增加，系公司2000年4月21-22日以上网定价与向二级市场投资者配售相结合方式向社会公开发行4,000万人民币普通股(A股)所致。
(2)资本公积增加，系公司以每股6.86元发行新股，超出面值部分转入资本公积所致。
(3)盈余公积、法定公益金增加，系公司本年度盈利提取所致。
(4)未分配利润本期增加部分，系公司本年度盈利转入；本期减少部分，系根据公司董事会分配预案进行利润分配所致。

三、股本变动及股东情况

(一)股本变动情况
1、股本变动情况表
数量单位：股

	本次变动前	本次变动增减(+、-) 配股	送股	公积金转股	增发	其他	小计	本次变动后
一、未上市流通股份								
1.发起人股份	78,000,000							78,000,000
其中:国家持有股份	52,887,291							52,887,291
境内法人持有股份	25,112,709							25,112,709
未上市流通股份合计	78,000,000							78,000,000
二、已上市流通股份								
1.人民币普通股					40,000,000		40,000,000	40,000,000
已上市流通股份合计					40,000,000		40,000,000	40,000,000
三、股份总数	78,000,000				40,000,000		40,000,000	118,000,000

2、股票发行与上市情况
(1)经广西壮族自治区人民政府桂政函(1998)40号文批准，本公司由桂林旅游发展总公司、桂林五洲旅游股份有限公司、桂林中国国际旅行社、桂林集琦集团有限公司、桂林三花股份有限公司共五家发起人，于1998年4月29日发起设立，总股本18,000万股。
(2)根据1998年12月21日的1998年第三次临时股东大会决议，本公司1999年上半年以1998年12月31日为基准日进行了股份回购：用本公司所属全资附属企业漓江饭店（含土地使用权）经评估的净资产向发起人桂林旅游发展总公司和桂林五洲旅游股份有限公司定向协议回购102,000,000股，并按法定程序注销，自1999年元月1日起本公司总股本由18,000万股缩减为7,800万股。
(3)本公司2000年4月21-22日以上网定价和向二级市场投资者配售相结合方式向社会公开发行4,000万人民币普通股(A股)，每股发行价6.86元，并于2000年5月18日在深圳证券交易所上市交易，公司总股本增至11,800万股。
(二)股东情况
(1)截止2000年12月31日，公司股东总户数为16,176户，其中发起人股东5户。
(2)截止2000年12月31日，公司前十名股东持股情况

序号	股东名称	年末持股数(股)	占总股本比例(%)
1	桂林旅游发展总公司	50,951,793	43.18
2	桂林五洲旅游股份有限公司	24,144,960	20.46
3	桂林中国国际旅行社	967,749	0.82
4	桂林三花股份有限公司	967,749	0.82
5	桂林集琦集团有限公司	967,749	0.82
6	天元证券投资基金	677,627	0.57
7	叶旭明	214,900	0.18
8	李千金	156,350	0.13
9	深圳市施易源信息咨询有限公司	133,200	0.11
10	董世英	132,280	0.11

注：①桂林旅游发展总公司、桂林中国国际旅行社、桂林集琦集团有限公司为国有法人股股东，桂林五洲旅游股份有限公司、桂林三花股份有限公司为社会法人股股东，其余为社会公众股股东。
②报告期内，本公司持股5%(含5%)以上的股东桂林旅游发展总公司、桂林五洲旅游股份有限公司的持股数量未发生变化，其所持股份本公司亦未发现有质押、冻结的情况。
③本公司前10名股东中，桂林五洲旅游股份有限公司是桂林旅游发展总公司的控股子公司，其他前10名股东之间未发现有关联关系。
(3)持股10%(含10%)以上的法人股东情况介绍
①桂林旅游发展总公司：成立于1994年，注册资本13,600万元，法定代表人聂玉梅，经营范围：饭店、公园、汽车维修、游船制造等。
②桂林五洲旅游股份有限公司：设立于1993年，注册资本9,526万元，法定代表人李志雄，经营范围：船舶修造、汽车维修、房地产、石油经营、物业管理等。
(4)报告期内控股股东无变更。

四、股东大会简介

本年度公司召开了1999年年度股东大会和2000年第一次临时股东大会。

(一)1999年年度股东大会

本公司1999年年度股东大会于2000年2月28日在漓江饭店召开,出席会议的股东及股东代表5名,代表股份数7,800万股,占公司股份总数的100%。会议由陈青光董事长主持。会议审议通过了以下决议:

1、1999年度公司董事会工作报告;

2、1999年度公司监事会工作报告;

3、1999年度公司财务决算报告;

4、1999年度8-12月公司利润分配修改方案;

5、公司2000年度财务预算方案;

6、公司2000年度经营投资计划;

7、2000年度公司董事、监事的工资及报酬标准。

(二)2000年第一次临时股东大会

召开本次股东大会的通知公告于2000年6月22日的《中国证券报》和《证券时报》,通知中说明了召开会议的时间、地点、审议事项以及其他有关事项。2000年7月22日,本公司2000年第一次临时股东大会在广西桂林漓江饭店二楼会议室召开,出席会议的股东及股东代表5名,代表股份77,042,251股,占公司股份总数的65.29%。会议由陈青光董事长主持,会议审议通过了以下决议:

1、关于修改公司章程的议案;

2、关于续聘湖北大信有限责任会计师事务所为公司2000年度会计师事务所的议案(注:"湖北大信有限责任会计师事务所"已更名为"湖北大信会计师事务有限公司")。

本次股东大会经北京市中伦金通律师事务所孙为律师见证并出具了法律意见书。

本次股东大会决议公告刊登于2000年7月24日的《中国证券报》和《证券时报》。

五、董事会报告

(一)公司经营情况

1、公司所处的行业及在行业中的地位

公司所处的行业为旅游行业。公司拥有游船80艘,约占桂林市漓江游船总数的45%,公司漓江涉外游客的接待量约占桂林市漓江涉外游客总量的75%,漓江国内游客的接待量约占桂林市漓江国内游客总量的40%;公司拥有旅游客车196辆,约占桂林市旅游客车总量的16%,在桂林市旅游客车数量和市场份额上排名第一;公司拥有出租汽车293辆,约占桂林市出租汽车总量的18%;公司的全资附属企业桂林山水国际旅行社,为桂林市业务收入最大的5家旅行社之一。

2、公司主营业务的范围及其经营状况

公司主要从事旅游服务及与旅游服务相关的业务,主营业务包括:游船客运、公路旅行客运、汽车出租、旅行社业务。

2000年度公司共接待中外游客1,934,442人次,实现主营业务收入13,871万元,实现净利润3,632万元,分别比1999年度增长15.56%、9.65%、10.64%。

2000年度公司主营业务收入及主营业务利润的行业构成情况:

单位:人民币万元

类　　别	主营业务收入	主营业务利润
漓江游船客运	8,853	5,003
旅游客车营运	1,511	352
出租汽车营运	499	155
旅行社	2,995	154
其他	13	12
合计	13,871	5,676

2000年度公司漓江游船客运业务共接待游客698,620人次,实现的业务收入、业务利润分别占公司主营业务收入、主营业务利润的63.83%、88.15%。

3、公司主要全资附属企业及控股子公司的经营情况及业绩

(1)桂林市出租汽车公司(全资附属企业):该公司2000年度共接待游客996,392人次,主营业务收入499万元,主营业务利润155万元。

(2)桂林山水国际旅行社(全资附属企业):报告期内该公司注册资本由150万元变更为490万元,2000年度共接待游客58,777人次,主营业务收入2,995万元,主营业务利润154万元。

(3)桂林旅游航空服务有限责任公司(控股子公司):报告期内,公司根据业务发展需要,将本公司之全资附属企业桂林山水票务公司改制并更名为桂林旅游航空服务有限责任公司,注册资本为500万元,本公司直接持有其35%的股权,桂林山水国际旅行社持有其15%的股权,本公司合计持有其50%的股权。该公司承继原桂林山水票务公司的航空票务业务,并逐步发展相关的航空服务业务。2000年度该公司主营业务收入13万元,主营业务利润12万元。

4、在经营中出现的问题与困难及解决方案

经营中出现的问题:

(1)油料大幅涨价,增加了车船的营运成本;

(2)旅游市场竞争激烈,旅游汽车客运价格疲软,市场占有率有所下降;

(3)经营管理运行机制有待进一步创新和完善。

针对以上问题,公司采取了如下对策:

(1)采取措施增收节支,努力提高经营运行质量。如对车船燃油实行定额管理、对出租车实行定额承包经营、加强对旅游车的经营核算、加大对车船维修费及管理费的控制等;

(2)根据旅游市场形势的变化,不断开发新的旅游产品,拓展客源市场,提高一体化运作能力,增强市场的竞争力;

(3)积极探索公司改革,推进公司的现代企业制度建设。进一步完善公司法人治理结构,建立健全相互制衡机制。加大劳动、人事、分配制度的改革力度,促进经济效益的提高。坚持以成本管理为核心,以资金管理为纽带,以质量管理为重点,以经济责任制为保障的原则,建立并完善经营、计划、投资等管理体系,全面提高了企业管理水平。

(二)公司财务状况

单位:人民币万元

项　目	2000年	1999年	增减(%)
总资产	42,984	21,861	96.63%
长期负债	200	200	--
股东权益	35,461	8,855	300.47%
主营业务利润	5,676	5,217	8.80%
净利润	3,632	3,283	10.63%

财务状况变动原因:

1、总资产、股东权益增长,主要系本年度内公司成功发行4,000万股社会公众股所致。

2、主营业务利润增长,主要系募集资金投入的项目"旅游船更新改造"、"出租轿车更新"、"旅游车辆更新"已产生收益。

3、净利润增长,主要系主营业务利润增长和营业外收入增长所致。

(三)公司投资情况

1、募集资金使用情况

公司于2000年4月21-22日发行4,000万股社会公众股,共募集资金26,040万元(已扣除发行费用)。公司已按照招股说明书承诺项目进行了投资,截止2000年12月31日,公司已累计投入9,106万元。

(1)募集资金承诺投资项目与实际投资项目一致

(2)募集资金承诺投资项目情况　　单位:人民币万元

序号	项目名称	计划总投资	至本期末实际投入	项目进度	收益情况
1	旅游车辆更新	4,935	4,500	100%	35
2	旅游船更新改造	4,150	1,243	30%	469
3	出租轿车更新	1,021.5	1,363	133%	97
4	旅游业务推广及日常营运资金	5,000	2,000	40%	--
5	漓江娱乐城	2,286.1	--	--	--
6	漓江水月食府	2,385.1	--	--	--
7	环城旅游巴士	2,519.6	--	--	--
8	水上观光巴士	2,903.1	--	--	--
9	桂林旅游环线"两场"(商场、停车场)建设	1,734.8	--	--	--
	合　　计	26,935.1	9,106	--	601

说明:①由于桂林市正在对城市基础设施和市容、旅游环境进行大规模的改造,上述募集资金承诺投资项目中的5~9项的项目投资环境已发生重大变化,本着对股东负责,谨慎投资的原则,这些项目尚未能按计划实施。

②出租轿车更新项目原计划购置62辆轿车,由于公司2000年有一批出租车已到营运期限,为了保持公司出租车的市场占有率,增加购置了30辆出租车,使得出租轿车更新项目实际投资金额比承诺投资总额多出341.5万元。

③旅游车辆更新项目原计划购置67辆旅游客车,由于车价下降,至本期末公司已完成购置67辆旅游客车的项目计划,该项目节余资金435万元。

(3)尚未使用的募集资金

尚未使用的募集资金共16,934万元,其中7,000万元购买国债,其余为银行存款。

2、报告期内无非募集资金投资的重大项目。

(四)生产经营环境及宏观政策、法规的变化对公司财务状况和经营成果将产生的影响

1、国家更加重视和扶持旅游业发展及国家实施西部大开发战略,为旅游业发展创造了更为有利的宏观环境,这对公司实施区域化发展战略十分有利。

2、中国加入WTO将会形成更加开放的市场格局,从而有利于旅游业的国际化经营,这对公司经营规模的提升和公司走向国际化经营将产生积极的影响。

(五)新年度的业务发展计划

新年度业务发展的指导思想是:以市场为导向,以利润最大化为目标,以改革创新为动力,以发展旅游为主线,在抓好主营业务生产经营的基础上,积极开发新的经济增长点,调整和完善旅游产品结构和经营结构,促进公司的进一步发展。

(1)加快募股资金的使用。预计已投入的募集资金投资项目在2001年年底前全部完成,同时积极探索和规划新项目、新产品的开发。

(2)实施经营发展的战略性调整,拓展公司发展的空间和领域。抓住国家实施西部大开发和中国加入WTO的机遇,积极扩张旅游产业规模,加大对旅游景区景点和相关产业的投资开发,使公司从以本地经营为主向以桂林为核心的区域化经营转变。

(3)不断推进公司生产要素的重组,有效配置各种资源,提高资源的转化效率。

(4)建立健全与现代企业和市场经济相适应的决策机制、经营机制、竞争机制、激励机制和约束机制,进一步完善法人治理结构,提高公司整体运作和抗风险能力。

(5)进一步强化成本管理,提高资金使用效率,加强财务审计、财务监督,强化内部控制。

(六)董事会日常工作情况

1、报告期内董事会会议情况及决议内容

报告期内公司董事会召开了以下三次会议。

(1)第一届董事会2000年第一次会议

本次会议于2000年1月10日在桂林市榕湖饭店召开,应到董事11人,实到11人,会议由陈青光董事长主持,会议审议并通过以下议案:

1)董事会1999年度工作报告;

2)总经理1999年度工作报告;

3)1999年度财务决算方案;

4)公司2000年度财务预算方案;

5)公司2000年度经营计划;

6)公司计提资产减值准备方案;

7)公司2000年度增加出租车投资规模的议案;

8)1999年8--12月份公司利润分配方案的修正预案;

9)公司2000年度高级管理人员工资报酬的议案;

10)聘任崔寒松为公司总工程师、李伟光为公司总经理助理;

11)关于召开1999年年度股东大会的议案。

(2)第一届董事会2000年第二次会议

本次会议于2000年6月20日在桂林市漓江饭店召开,应到董事11人,实到8人,会议由陈青光董事长主持,会议审议并通过以下议案:

1)关于修改公司章程的议案;

2)续聘湖北大信有限责任会计师事务所为公司2000年度会计师事务所的议案;

3)公司经理工作暂行规定;

4)批准公司成立投资部;

5)批准将公司综合办公室改为总经理办公室;

6)批准公司成立董事会办公室;

7)关于董事会秘书辞职的议案;

8)关于聘任周茂权先生为公司董事会秘书,委任黄锡军先生为董事会证券事务代表的议案;

9)关于召开2000年第一次临时股东大会的议案。

本次会议决议公告刊登于2000年6月22日的《中国证券报》和《证券时报》。

(3)第一届董事会2000年第三次会议

本次会议于2000年8月3日在桂林市漓江饭店召开,应到董事11人,实到10人,会议由陈青光董事长主持,会议审议并通过以下议案:

1)公司2000年中期报告及中期报告摘要;

2)公司2000年中期不进行利润分配及资本公积金转增股本的议案。

本次会议决议公告刊登于2000年8月3日的《中国证券报》和《证券时报》。

2、董事会对股东大会决议的执行情况

报告期内,股东大会通过的1999年度利润分配方案、关于修改公司章程的议案等决议事项均已由董事会实施。

(七)公司管理层及员工情况

1、董事、监事、高级管理人员情况

姓　名	性别	年龄	职务	任期	持股数年初(股)	持股数年末(股)	年薪(元)
陈青光	男	50	董事长	1998.12-2001.4	0	0	66,288
聂玉梅	女	54	副董事长	1998.12-2001.4	0	0	63,216
周益平	男	43	副董事长 总经理	1998.4-2001.4	0	0	62,832
李克强	男	48	董事	1998.4-2001.4	0	0	47,374

孙其钊	男	38	董事 副总经理	1999.11–2001.4	0	0	46,608
陶　武	男	43	董事 总经济师	1999.11–2001.4	0	0	47,088
谢襄郁	男	36	董事 总会计师	1999.11–2001.4	0	0	45,780
李志雄	男	43	董事	1998.4–2001.4	0	0	0
刘及响	男	49	董事	1998.4–2001.4	0	0	0
鲁施红	女	45	董事	1998.4–2001.4	0	0	0
赵瀛生	男	53	董事	1998.4–2001.4	0	0	0
周茂权	男	37	董事会 秘书	2000.6–2001.4	0	0	46,068
叶林华	男	62	监事会 召集人	1998.4–2001.4	0	0	42,072
沈江卫	男	42	监事	1999.10–2001.4	0	0	18,540
马峥嵘	女	46	监事	1998.4–2001.4	0	0	22,092
宋连宝	男	48	副总经理	1998.4–2001.4	0	0	47,184
崔寒松	男	48	总工程师	2000.1–2001.4	0	0	47,472

董事、监事、高级管理人员中年薪在6–7万元的董事3人,在4–5万元的有8人,在1–3万元的2人,李志雄、刘及响、鲁施红、赵瀛生4名董事不在本公司领取薪酬。

经公司第一届董事会2000年第一次会议审议通过,聘任崔寒松为公司总工程师;经公司第一届董事会2000年第二次会议审议通过,同意张志红因工作需要辞去董事会秘书职务,聘任周茂权为董事会秘书。

2、公司员工情况

公司员工共1,471人,其中生产人员1,175人,销售人员48人,技术人员123人,财务人员37人,行政人员67人,其他人员21人。以上人员大专及以上学历154人。

公司现有退休职工1人。

(八)2000年度利润分配预案及预计2001年度利润分配政策

1、2000年度利润分配预案

根据湖北大信会计师事务有限公司出具的鄂信审字(2001)第0050号审计报告,公司2000年度实现净利润36,324,455.31元,提取10%的法定盈余公积金3,632,445.53元,提取5%的法定公益金1,816,222.77元,本年度可供股东分配的利润为30,875,787.01元。

董事会提议以2000年末总股本11,800万股为基数,向全体股东按每10股派发现金2.6元(含税),共计分配股利30,680,000.00元,尚余未分配利润195,787.01元结转下一年度。

2、公积金转增股本预案

公司2000年末资本公积金为220,421,483.00元,董事会提议以2000年末总股本11,800万股为基数,向全体股东按每10股转增5股,总计转增59,000,000股,转增后,资本公积金剩余161,421,483元。

以上利润分配及公积金转增股本预案需提交2000年度股东大会审议。

3、预计2001年度利润分配政策

(1)公司拟在2001年结束后分配利润一次;

(2)公司下一年度实现净利润用于股利分配的比例不低于60%;

(3)公司本年度未分配利润用于下一年度股利分配的比例不低于60%;

(4)分配主要采用派发现金的方式;

(5)2001年度利润分配政策为预计方案,公司董事会保留根据公司实际情况对该分配政策进行适当调整的权利。

(九)其他报告事项

1、公司本年度信息披露报纸为《中国证券报》和《证券时报》。

2、本年度公司聘任的审计机构为湖北大信会计师事务有限公司,没有变更。

六、监事会报告

公司监事会根据《公司法》、《证券法》及《公司章程》的有关规定,本着对股东、公司负责的宗旨,积极开展工作,认真履行监事会的职能,维护股东和公司的合法权益。

(一)会议召开情况

报告期内公司监事会召开了两次会议,同时列席了本年度各次董事会会议和股东大会。

1、第一届监事会2000年第一次会议

本次会议于2000年1月18日在公司会议室召开,会议审议通过了《1999年度监事会工作报告》。

2、第一届监事会2000年第二次会议

本次会议于2000年7月7日在公司会议室召开,全体监事进一步学习了《深圳证券交易所股票上市规则》和其附件《监事声明及承诺》。

(二)监事会对下列事项的意见

1、公司依法运作情况:公司董事会按照股东大会的决议要求,切实履行了各项决议,决策程序符合《公司法》和《公司章程》的有关规定。公司已建立一套完善的内部控制制度,依法管理,依法经营。公司董事、经理及其他高级管理人员在履行职责行使职权时,能以公司利益为出发点,没有发现违反法律、法规和公司章程的行为,也没有损害公司利益和股东权益。

2、检查公司财务情况:公司监事会对公司财务结构和财务状况及有关业务进行了认真细致地检查,认为公司财务结构合理,财务状况良好。湖北大信会计师事务有限公司出具的审计报告真实、客观地反映了公司截止2000年12月31日的财务状况和经营成果。

3、募集资金情况:公司2000年4月发行4,000万A股共募集资金26,040万元(已扣除发行费用),其使用情况已经在年度报告有关内容中披露。监事会认为其披露内容全面、真实反映了实际使用情况。

4、报告期内,公司无收购、出售资产。

5、关联交易情况:公司的主要关联交易是接受与公司不存在控制关系的关联方桂林五洲旅游股份有限公司提供的船舶修造、汽车修理服务,采购燃料及车船配件,房屋租赁,共计交易金额1,146.33万元。其关联交易事项都以商业原则和市场价格为基础,坚持公开、公平、公正的原则,没有发现有损于公司及股东利益的行为。

七、重要事项

1、本年度公司无重大诉讼、仲裁事项。

2、报告期内公司、公司董事及高级管理人员无受监管部门处罚的情况。

3、报告期内公司控股股东无变更,公司董事会未换届或改选,公司总经理未变更。

公司第一届董事会2000年第二次会议审议通过了董事会秘书张志红女士辞职的议案,并审议通过了关于聘任周茂权先生为董事会秘书的议案。

4、报告期内公司无收购及出售资产、吸收合并事项。

5、报告期内公司重大关联交易事项

报告期内公司的主要关联交易为桂林五洲旅游股份有限公司向本公司提供船舶修造服务、燃料及车船配件等,总金额为1,146.33万元。

关联方	关联事项	关联交易金额(万元)
桂林五洲旅游股份有限公司	船舶修造服务	391.17
	采购燃料及车船配件	690.58
	房屋租赁	47.70
	汽车修理	16.88
	合计	1,146.33

说明:(1)桂林五洲旅游股份有限公司持有本公司20.46%的股份,为本公司第二大股东,也是本公司第一大股东桂林旅游发展总公司的控股子公司。

(2)关联交易的定价原则:以市场价格为依据,进行公平交易和核算。

(3)上述关联交易事项主要为本公司正常经营提供所需的船舶修造、燃料、车船配件等,该等关联交易还将延续下去,其对公司的利润无直接影响。

6、公司与控股股东在人员、资产、财务上的"三分开"情况

(1)在人员方面,公司设有专门的部门负责劳动、人事及工资管理,制定了完善的劳动、人事管理制度。

公司董事长陈青光、副董事长聂玉梅、副董事长兼总经理周益平现分别任本公司第一大股东桂林旅游发展总公司的副董事长兼总经理、董事长、副董事长,公司董事李克强现任本公司第一大股东的董事兼副总经理。

公司董事李志雄、刘及响、鲁施红、赵赢生现分别任本公司股东桂林五洲旅游股份有限公司、桂林集琦集团有限公司、桂林中国国际旅行社、桂林三花股份有限公司的董事长、董事长兼总经理、总经理、董事长兼总经理。

公司其他董事、监事、副总经理等高级管理人员,在股东单位没有担任职务。除李志雄、刘及响、鲁施红、赵瀛生4名董事不在本公司领取薪酬外,其他董事、监事、总经理、副总经理等高级管理人员在公司领取薪酬。

(2)在资产方面,公司拥有独立的经营资产、辅助系统和配套设施,亦拥有独立的销售和采购系统。

(3)在财务方面,公司设有独立的财务部门,并建立了独立的会计核算体系和财务管理制度,在银行独立开户。

7、报告期内公司发生的托管、承包、租赁其他公司或其他公司托管、承包、租赁本公司资产的事项

(1)依据公司招股说明书披露的募集资金使用计划,当项目资金运用暂时出现闲置时,闲置资金将用于投资国债、重点建设债券等。公司于2000年6月1日与国泰君安证券股份有限公司签订了70,000,000元的资产委托管理协议书,委托该公司购买并管理国债,委托管理期限为一年,截至本期末市价为72,291,100元。

(2)2000年6月6日,公司以自有资金与新疆金新信托投资股份有限公司签订了10,000,000元的信托资产管理合同,委托管理期限为一年;2000年9月28日,公司以自有资金与申银万国证券股份有限公司签订了50,000,000元的资产委托管理协议书,委托管理期限为一年;截至本期末此二笔委托管理资金的市价为62,251,578.92元。

8、聘任会计师事务所情况

本公司于2000年7月22日召开的2000年第一次临时股东大会通过了续聘湖北大信会计师事务有限公司为本公司2000年度会计师事务所的议案。

9、报告期内,除本报告已披露之外,公司对外无其他重大合同(含担保等)事项。

10、报告期内公司未更改名称或股票简称。

11、公司和持股5%以上股东在指定报纸和网站上未披露过承诺事项。

八、财务会计报告

(一)审计报告

审　计　报　告

鄂信审字(2001)第0050号

桂林旅游股份有限公司全体股东:

我们接受委托,审计了贵公司2000年12月31日的资产负债表及合并资产负债表、2000年度的利润表及合并利润表、2000年度利润分配表及合并利润分配表、2000年度的现金流量表及合并现金流量表。这些会计报表由贵公司负责,我们的责任是对这些会计报表发表审计意见。我们的审计是依据《中国注册会计师独立审计准则》进行的。在审计过程中,我们结合贵公司实际情况,实施了包括抽查会计记录等我们认为必要的审计程序。

我们认为,上述会计报表符合《企业会计准则》和《股份有限公司会计制度》的有关规定,在所有重大方面公允地反映了贵公司2000年12月31日的财务状况以及2000年度的经营成果和现金流量情况,会计处理方法的选用遵循了一贯性原则。

湖北大信会计师事务有限公司　　中国注册会计师　吴卫星

中国.武汉　　中国注册会计师　蔡瑜

2001年3月10日

(二)会计报表(附后)

(三)会计报表附注:

桂林旅游股份有限公司

会 计 报 表 附 注

附注一、公司简介

桂林旅游股份有限公司是于1998年4月29日经广西壮族自治区人民政府桂政函[1998]40号文批准,由桂林旅游发展总公司联合桂林五洲旅游股份有限公司、桂林三花股份有限公司、桂林中国国际旅行社、桂林集琦集团有限公司五家发起人,以发起方式设立的股份有限公司,公司设立时总股本18,000万股。1998年12月21日,公司临时股东大会通过了股份回购方案。1999年,经广西壮族自治区人民政府桂政函(1999)67号文批准,公司以1998年12月31日为基准日进行了股份回购,共计回购股份10,200万股,回购后公司总股本由18,000万股缩减为7,800万股,其中:桂林旅游发展总公司持有50,951,793股,占总股本的65.32%;桂林五洲旅游股份有限公司持有24,144,960股,占总股本的30.96%;桂林三花股份有限公司、桂林集琦集团有限公司、桂林中国国际旅行社各持有967,749股,各占总股本的1.24%。2000年4月14日经中国证券监督管理委员会证监发字(2000)42号文批准同意公司向社会公众公开发行人民币普通股(A股)4,000万股,2000年4月21日公司社会公众股通过深圳证券交易所系统以上网定价与向二级市场投资者配售相结合方式发行,并于5月18日挂牌上市交易。本次发行后公司总股本为11,800万股。

公司营业执照注册号:4500001001100

公司住所:桂林市榕湖北路17号

公司经营范围:游船客运、公路旅行客运、出租汽车业务、旅游观光服务;旅游贸易、旅游工艺品制造、销售。

附注二、公司主要会计政策、会计估计和合并会计报表的编制方法

1、会计制度:公司执行《股份有限公司会计制度》及其有关补充规定。

2、会计年度:采用公历年度,即自1月1日起至12月31日止为一个会计年度。

3、记帐本位币:以人民币为记帐本位币。

4、记帐基础和计价原则:以权责发生制为记帐基础,以历史成本为计价原则。

5、外币业务核算方法:对发生的外币经济业务,采用业务发生当日中国人民银行公布的市场汇率中间价折合人民币记帐,月末对外币货币性帐户余额,按期末市场汇率的中间价调整,其差额属于资本性支出的计入相应的资产价值;属于收益性支出的计入当期损益。

6、短期投资核算方法

(1)短期投资计价方法:按取得短期投资时支付的全部价款,包括税金、手续费等相关费用入

帐,但不包括在取得短期投资时,实际支付价款中包含的已宣告而尚未领取的现金股利,或已到期尚未领取的债券利息。

(2) 短期投资收益确认方法:短期投资持有期间所获得的现金股利或利息,除取得时已记入应收项目外,以实际收到时作投资成本的收回。待处置短期投资时,按收到的处置收入与短期投资帐面价值的差额,确认为当期投资损益。

(3) 期末短期投资按成本与市价孰低计价,并按投资总体计提跌价损失准备。但如某项短期投资占整个短期投资 10%(含 10%)以上,则按单项投资计提跌价损失准备。

附注三、税项

1、流转税及其他附税:均按国家有关税法规定并由税务部门核定计缴,主要税种税率如下:

税　种	税率(%)	计税依据
营业税	5	旅游车船客运收入
营业税	5	旅行社毛利
城建税	7	应纳流转税额
教育费附加	3	应纳流转税额
防洪费	0.1	上年同期营业收入(广西区规定)

2、所得税

按应纳税所得额的 33%缴纳;根据广西壮族自治区人民政府桂政函[1998]38 号文的批复,公司在缴纳 33%的所得税后,由桂林市财政返还 18%。

附注四、控股子公司及合营企业

控股子公司及合营企业:

名　称	经营范围	注册资本(万元)	母公司持股比例(%)
桂林市出租汽车公司	出租车业务	1,185	100
桂林山水国际旅行社	旅游代理	490	100
桂林旅游航空服务有限公司	票务代理	500	50
广西集联高速客运有限公司	公路客运	312	30

注: 桂林旅游航空服务有限公司是由公司的原全资子公司桂林山水票务公司通过增资扩股方式改制设立的,本公司直接持有其 35%的股权,桂林山水国际旅行社持有其 15%的股权,公司合计持有其 50%的股权,因公司拥有经营管理控制权而合并其会计报表。

附注五、合并资产负债表主要项目注释(金额单位:人民币元)

1、货币资金

项　目	期初数	期末数
现　金	5,634.47	15,565.79
银行存款	42,451,005.20	112,167,233.36
合　计	42,456,639.67	112,182,799.15

注:货币资金比期初数增长 164%,主要是本年度内公司发行 4,000 万股社会公众股募集资金到位所致。

2、短期投资和短期投资跌价准备

项　目	期初数			期末数		
	投资金额	市价	跌价准备	投资金额	市价	跌价准备
债券投资	–		–	70,000,000.00	72,291,100.00	
其他投资				60,000,000.00	62,251,578.92	
合　计	–		–	130,000,000.00	134,542,678.92	

注:(1)根据公司招股说明书中披露的募集资金运用的安排计划,公司在项目资金运用暂时出现闲置时,于 2000 年 6 月 1 日与国泰君安证券股份有限公司签定了 7,000 万元的资产委托管理协议书,委托该公司购买并管理国债,委托管理期限为一年。

(2) 2000 年 6 月 6 日公司与新疆金新信托投资股份有限公司签定了 1,000 万元的信托资产管理合同,委托管理期限为一年。

(3)2000 年 9 月 28 日公司与申银万国证券股份有限公司签定了 5,000 万元的资产委托管理协议书,委托管理期限为一年。

(4)以上市价均由受托公司提供。

3、应收帐款

帐　龄	期初数	比例(%)	坏帐准备	期末数	比例(%)	坏帐准备
1 年以内	39,997,436.68	87.23	2,399,846.20	38,986,156.02	81.03	2,339,169.36
1-2 年	3,388,130.00	7.39	203,287.80	5,296,068.32	11.01	317,764.10
2-3 年	26,698.80	0.05	1,601.92	301,806.59	0.63	18,108.40
3 年以上	2,440,459.80	5.33	146,427.59	3,526,750.86	7.33	211,605.05
合计	45,852,725.28	100	2,751,163.51	48,110,781.79	100	2,886,646.91

欠款金额前五名的单位

单位名称	所欠金额	欠款时间	欠款原因
桂林市漓江游览调度结算中心	27,435,170.08	1 年以内	船　票　款
香港国际旅行社	5,144,504.03	1-2 年	包船款
香港旅行社	3,038,622.92	1 年以内	包船款
桂林市陆运中心	1,356,191.04	1 年以内	汽车票结算款
西安康辉旅行社	349,978.75	1 年以内	旅行社结算款

注:无持本公司 5%(含 5%)以上股份股东单位的欠款。

4、其他应收款

帐　龄	期初数	比例(%)	坏帐准备	期末数	比例(%)	坏帐准备
1 年以内	22,600,598.62	93.81	1,356,035.92	8,638,251.59	56.36	518,295.10
1-2 年	908,789.34	3.77	54,527.36	6,185,883.60	40.36	371,153.02
2-3 年	76,021.90	0.32	4,561.32	501,437.32	3.27	30,086.23
3 年以上	505,382.68	2.1	30,322.96	–	–	
合　计	24,090,792.54	100	1,445,447.56	15,325,572.51	100	919,534.35

欠款金额前五名的单位

单位名称	所欠金额	欠款时间	欠款原因
桂林市地税局一分局	2,000,000.00	1 年以内	纳税备付金
广西集联高速客运有限公司	1,792,000.00	1-2 年	借款
桂林旅游发展总公司	1,522,778.02	1 年以内	往来款
桂林五洲旅游股份有限公司	520,745.68	1 年以内	预付材料款
康达实业开发公司	300,741.48	1 年以内	往来款

注:(1)其他应收款期末数比期初数下降了 36.38%,主要原因:①募股资金到位后转销了代垫股票发行费用 526 万元;②桂林旅游发展总公司偿还了 150 万元。

(2)持本公司 5%(含 5%)以上股份的股东单位欠款,详见"附注七、关联方关系及其交易"。

5、预付帐款

帐　龄	期初数	比例(%)	期末数	比例(%)
1 年以内	138,791.07	100	886,404.00	95.68
1-2 年			40,000.00	4.32
2-3 年			–	–
3 年以上			–	–
合　计	138,791.07	100	926,404.00	100

金额前五名的单位

供货单位	预付金额	预付时间	预付原因
广西航空公司	689,991.00	1 年以内	机票款
桂林市绿洲环境艺术有限责任公司	100,000.00	1 年以内	装修款
南宁市泛美装修装饰有限责任公司	46,848.00	1 年以内	办公家具款
广西南宁科技广告公司	40,000.00	1-2 年	广告费
厦门航空公司	1,200.00	1 年以内	机票款

注:无持本公司 5%以上股份的股东单位欠款。

6、应收补贴款

2000 年 12 月 31 日余额 8,448,486.23 元,系指应收桂林市财政局应返还的 1999 年度的所得税款。

7、存货及存货跌价准备

项　目	期初数 金　额	跌价准备	期末数 金　额	跌价准备
库存材料	2,594,770.21	668,914.51	1,849,795.09	
低值易耗品				
燃料			14,779.20	
合　计	2,594,770.21	668,914.51	1,864,574.29	

注:公司的各项存货期末成本均低于可变现净值,无需计提存货跌价准备。

8、待摊费用

类　别	期初数	本期增加	本期摊销	期末数
保险费	140,273.00	650,334.65	483,661.41	306,946.24
养路费	104,187.00	915,374.43	1,016,993.05	2,568.38
广告费		1,048,680.00	1,004,625.98	44,054.02
发行登记费		290,000.00	150,000.00	140,000.00
其　他	52,299.52	1,741,992.81	1,706,913.25	87,379.08
合　计	296,759.52	4,646,381.89	4,362,193.69	580,947.72

9、长期投资

(1) 投资项目

项　目	期初数 金额	减值准备	本期增加	本期减少	期末数 金额	减值准备
长期股权投资	1,768,000.00		960,000.00		2,728,000.00	
合　计	1,768,000.00		960,000.00		2,728,000.00	

本公司本年度未发生被投资单位可收回金额低于长期投资帐面价值的事项,故未计提长期投资减值准备。

(2)长期股权投资

其他股权投资

被投资单位	投资期限(年)	投资金额
广西集联高速客运有限公司	长期	2,728,000.00

被投资单位	占被投资单位注册资本比例	减值准备	备注
广西集联高速客运有限公司	30%		

10、固定资产及累计折旧

(1) 固定资产原值

类　别	期初数	本期增加	本期减少	期末余额
房屋建筑物	7,404,822.80	1,329,113.71	1,709,729.81	7,024,206.70
机械设备	2,732,058.25	263,031.66	449,419.30	2,545,670.61
运输设备	334,196,006.78	34,907,980.92	36,649,500.58	332,454,487.12
其他设备	2,279,066.18	341,930.00	23,860.00	2,597,136.18
合　计	346,611,954.01	36,842,056.29	38,832,509.69	344,621,500.61

(2) 累计折旧

类　别	期初数	本期增加	本期减少	期末余额
房屋建筑物	2,589,330.55	253,868.11	698,663.99	2,144,534.67
机械设备	1,904,653.42	295,210.59	389,837.88	1,810,026.13
运输设备	256,019,014.82	15,173,878.72	33,495,367.90	237,697,525.64
其他设备	1,519,127.65	287,038.75	22,898.42	1,783,267.98
合　计	262,032,126.44	16,009,996.17	34,606,768.19	243,435,354.42

(3) 固定资产净值

期初数: 84,579,827.57

期末数:101,186,146.09

注:(1) 固定资产原值本期增加数中由在建工程转入 34,554,682.60 元。

(2) 上述固定资产中无抵押、担保事项。

11、在建工程

工程名称	期初数	本期增加数	本期转入固定资产	其他减少数
游船更新改造	5,822,219.14	4,356,345.11	5,567,426.68	
客车更新	19,614,083.61	19,614,083.61		
出租车更新	7,705,163.60	7,705,163.60		
其他零星工程	221,580.00	1,473,056.81	1,668,008.71	
合　计	6,043,799.14	33,148,649.13	34,554,682.60	

工程名称	期末数	资金来源	工程进度
游船更新改造	4,611,137.57	募集	90%
客车更新	–	募集	
出租车更新	–	募集	
其他零星工程	26,628.10	自筹	
合　计	4,637,765.67		

注:在建工程中游船更新改造有银行借款利息 131,554.50 元。

12、固定资产清理

期末余额 3,546,340.75 元,系指因桂林市政府对城市基础设施、市容和旅游环境进行大规模改造而被拆除的部分房屋及建筑物的帐面净值,以及营运期限已到而转入清理但尚未清理完毕的部分旅游车船的帐面净值。

13、开办费

类别	期初数	本期增加	本期摊销	其他减少数	期末数
开办费	2,829,885.77		435,880.94	1,086,361.98	1,307,642.85

14、长期待摊费用

类　别	期初数	本期增加	本期摊销	期末数
其　他	233,516.11	38,060.15	36,612.32	215,629.42
合　计	233,516.11	38,060.15	36,612.32	215,629.42

15、其他长期资产期末余额为 1,800,000 元,系交付旅游质量保证金。

16、短期借款

借款类别	期初数	期末数
担保借款	55,000,000.00	–
合　计	55,000,000.00	–

17、应付帐款

期初数 2,624,646.38 元

期末数 3,882,330.54 元

注: (1) 期末数比期初数增长了 47.94%,主要因旅行社的欠款增加所致。

(2) 无欠持有本公司 5%(含 5%)以上股份的股东单位款项。

18、预收帐款

期初数 8,605,913.78 元

期末数 4,944,697.84 元

注:期末数比期初数下降了 42.55%,主要因出租汽车公司上年预收的管理费在本期转入营业收入所致。

19、应付股利

主要投资者	期末数
桂林旅游发展总公司	13,247,466.18
桂林五洲旅游股份有限公司	6,277,689.60
桂林三花股份有限公司	251,614.74
桂林中国国际旅行社	251,614.74
桂林集琦集团有限公司	251,614.74
社会公众股东	10,400,000.00
合　计	30,680,000.00

注: 根据公司董事会决议通过的 2000 年度利润分配预案,2000 年度可供分配利润按 2000 年 12 月 31 日的总股本 11,800 万股为基数,每 10 股派送现金红利 2.6 元(含税),共计派送现金股利 30,680,000.00 元。

20、应交税金

税　种	期初数	期末数
营业税	3,954,790.26	2,695,651.17
城市维护建设税	275,889.77	188,695.59
所得税	16,541,922.09	12,212,682.64
个人所得税	3,522.50	395,522.99
其他税	12,611.55	
合　计	20,788,736.17	15,492,552.39

21、其他应付款

期初数 11,768,956.98 元

期末数 11,384,972.99 元

注: 欠持本公司 5%(含 5%)以上股份的股东单位款项,详见“附注七、关联方关系及其交易”。

22、预提费用

项目	期初数	期末数
大修理费	278,716.44	238,488.10
办公室租赁费	120,000.00	63,661.80
合计	398,716.44	302,149.90

23、股本

24、资本公积

项　目	期初数	本期增加	本期减少	期末数
股本溢价		220,421,483.00		220,421,483.00
合　计		220,421,483.00		220,421,483.00

注:资本公积本期数全部系溢价发行 4,000 万股人民币普通股形成的股本溢价。2000 年拟以年末总股本 11,800 万股为基数向全体股东每 10 股转增 5 股。

25、盈余公积

项　目	期初数	本期增加	本期减少	期末数
法定盈余公积	6,300,094.23	3,632,445.53		9,932,539.76
公益金	4,247,993.81	1,816,222.77		6,064,216.58
合计	10,548,088.04	5,448,668.30		15,996,756.34

26、未分配利润

项　目	金　额	备　注
期初数	–	
加:本期增加数(本年实现净利润)	36,324,455.31	
减:本期减少数	36,128,668.30	
其中:提取法定盈余公积	3,632,445.53	按本年实现净利润的 10%提取
提取法定公益金	1,816,222.77	按本年实现净利润的 5%提取
应付普通股股利	30,680,000.00	
转作股本的普通股股利		
期末数	195,787.01	

27、其他业务利润

项　目	本年发生数	上年发生数
材料销售利润	926.10	
租　赁		176,148.00
其　他	3,483,790.24	2,067,959.17
合　计	3,484,716.34	2,244,107.17

注:(1)其他数主要是指本公司漓江游船上向游客提供餐饮、照相等服务所形成的利润。

(2) 本年数比上年同期增长 55%,主要原因是游客增加所致。

28、管理费用

本年发生数 20,508,312.60 元

上年发生数 15,060,998.93 元

注:管理费用比上年同期增长 36%,主要原因是: (1)本年度公司员工工资增加,致使工资及福利费比上年同期增加 322 万元;(2)劳动保险费比上年增加 86 万元;(3)折旧费比上年增加 41 万元。

29、财务费用

项　目	本年发生数	上年发生数
利息支出	1,712,459.70	1,784,366.37
减:利息收入	955,120.88	198,763.27
汇兑损失	–	
减:汇兑收益	–	
其　他	6,633.50	15,832.50
合　计	763,972.32	1,569,770.60

注:财务费用比上年发生数减少 51.33%,主要原因是:

(1) 公司本年度偿还了长、短期借款使利息支出比上年同期减少。

(2)公司于 2000 年 4 月募集资金到位后使银行存款利息收入较上年同期增加所致。

30、投资收益

项　目	本年发生数	上年发生数
联营公司分配的利润	713,280.00	1,559,920.00
合　计	713,280.00	1,559,920.00

注:投资收益全部来源于广西集联高速客运有限责任公司的分红。

31、补贴收入

类　别	本年发生数	上年发生数
所得税返还	–	7,039,700.22
合　计	–	7,039,700.22

注:根据财政部财会[2000]3 号文《关于印发<股份有限公司税收返还等有关会计处理规定>的通知》,本年度所得税返还数,已冲减当期所得税费用。

32、营业外收入

项　目	本年发生数	上年发生数
申购无效资金冻结利息	3,433,074.10	
处理固定资产净收益	66,045.92	
罚款、违约金收入	31,369.50	
其　他	54,228.73	272,097.55
合　计	3,584,718.25	272,097.55

注:营业外收入比上年同期数增长 1218%,主要是本年度发行社会公众股取得申购无效资金冻结利息摊销转入所致。

33、营业外支出

项　目	本年发生数	上年发生数
处理固定资产净损失	691,608.95	
捐赠支出	60,450.00	
罚款支出	3,600.00	
其　他	1,300.00	292,705.26
合　计	756,958.95	292,705.26

注:本年发生数比上年同期数增长 158.61%,主要因本年度清理营运到期的出租车所形成的清理净损失所致。

34、所得税

项　目	本年发生数	上年发生数	备　注
所得税计提数	13,976,669.47	12,906,117.07	
减:本期财政返还	7,688,397.30		上年度所得税返还计入“补贴收入”
所得税	6,288,272.17	12,906,117.07	

注:公司根据财政部财会[2000]3 号文《关于印发<股份有限公司税收返还等有关会计处理规定>的通知》,本年度所得税返还冲减当期所得税费用。

35、支付的其他与经营活动有关的现金 5,593,332.98 元,其中:

项　目	金　额
董事会费	1,387,055.95
差 旅 费	392,947.46
办公费	134,621.23
通讯费	597,021.65
宣传展览费	438,465.98
场租费	300,148.72
业务招待费	389,152.50
修理费	214,785.94

附注六、分行业资料

行业	营业收入 上年数(万元)	营业收入 本年数(万元)	营业成本 上年数(万元)	营业成本 本年数(万元)	营业毛利 上年数(万元)	营业毛利 本年数(万元)
旅游服务业	12,649.70	13,870.56	6,878.37	7,620.09	5,771.33	6,250.47
合计	12,649.70	13,870.56	6,878.37	7,620.09	5,771.33	6,250.47

附注七、关联方关系及其交易

(一)存在控制关系的关联方

1、存在控制关系的关联方关系

企业名称	注册地址	主营业务	与本公司的关系	经济性质
桂林旅游发展总公司	桂林市	旅游业	母公司	国有独资
桂林市出租汽车公司	桂林市	出租车业务	子公司	有限责任
桂林山水国际旅行社	桂林市	旅游代理	子公司	有限责任
桂林旅游航空服务有限公司	桂林市	票务代理	子公司	有限责任

企业名称	法定代表人
桂林旅游发展总公司	聂玉梅
桂林市出租汽车公司	宋连宝
桂林山水国际旅行社	阮莉萍
桂林旅游航空服务有限公司	陶武

2、存在控制关系的关联方的注册资本及其变化

企业名称	期初数(万元)	本期增加数(万元)	本期减少数(万元)	期末数(万元)
桂林旅游发展总公司	13,600			13,600
桂林市出租汽车公司	1,185			1,185
桂林山水国际旅行社	150	340		490
桂林旅游航空服务有限公司	150	350		500

3、存在控制关系的关联方所持股份及其变化

企业名称	期初数 金额(元)	期初数 比例(%)	本期增加数 金额(元)	本期增加数 比例(%)	本期减少数 金额(元)	本期减少数 比例(%)	期末数 金额(元)	期末数 比例(%)
桂林旅游发展总公司	50,951,793	65.32					50,951,793	43.18
桂林市出租汽车公司	11,850,000	100					11,850,000	100
桂林山水国际旅行社	1,500,000	100	3,400,000				4,900,000	100
桂林旅游航空服务有限公司	1,500,000	100	1,000,000				2,500,000	50

注:(1)桂林旅游发展总公司持有股份由 65.32%减至为 43.18%,主要是本年度内公司发行 4,000 万股社会公众股后,使持有股份比例相应减少。

(2)桂林旅游航空服务有限公司是由公司的原全资子公司桂林山水票务公司通过增资扩股方式改制设立的,本公司直接持有其 35%的股权,桂林山水国际旅行社持有其 15%的股权,公司合计持有其 50%的股权。

(二) 不存在控制关系的关联方

企业名称	与本公司关系
桂林五洲旅游股份有限公司	同一母公司
广西集联高速客运有限责任公司	合营企业

(三) 关联方交易

(1)采购物资、房屋租赁、接受劳务等

关联交易金额

关联方	关联事项	2000年(万元)	1999年(万元)
	船舶修造服务	391.17	836.39
	采购燃料及车船配件	690.58	502.49
桂林五洲旅游股份有限公司	汽车修理	16.88	35.56
	房屋租赁	47.70	29.46

(2) 关联方交易的定价政策:在上述本公司与关联方的经济交易活动中,均以市场价格为依据,进行公平交易和核算。

(四) 关联方应收应付款项余额

报表项目	企业名称	期初数(元)	期末数(元)
其他应收款	桂林旅游发展总公司	3,004,953.46	1,522,778.02
	桂林五洲旅游股份有限公司	4,451,354.00	520,745.68
	广西集联高速客运有限责任公司	1,792,000.00	1,792,000.00
其他应付款	桂林五洲旅游股份有限公司	141,974.00	1,111,997.60

报表项目	企业名称	占全部余额的比例	
		期初数	期末数
其他应收款	桂林旅游发展总公司	12.47%	9.94%
	桂林五洲旅游股份有限公司	18.48%	3.4%
	广西集联高速客运有限责任公司	7.44%	11.69%
其他应付款	桂林五洲旅游股份有限公司	1.21%	9.76%

(五) 其他需要披露事项

1、1999年度桂林旅游发展总公司为本公司的2,500万元银行贷款提供了担保;2000年度桂林旅游发展总公司为本公司的200万元银行贷款提供了担保。

2、鉴于本公司与桂林旅游发展总公司的母子公司关系,双方就后勤服务签订了生活服务合同,由总公司向本公司提供职工宿舍、食堂、幼儿园等项服务。

附注八、承诺事项和或有事项

截止报告日,本公司无重大对外财务承诺和或有事项。

附注九、期后事项

2001年2月11日公司召开的第一届董事会2001年第一次董事会会议审议并通过了公司参股青海庆泰信托投资有限责任公司的议案。青海庆泰信托投资有限责任公司设立于1997年,注册资本16,700万元,经中国人民银行银办函[1999]179号文批准,该公司现正在采取平价发行方式(每股一元)增资扩股,扩股后的注册资本不少于30,000万元。本公司将以自有资金参股该公司,投资金额为4,000万元,约占13.3%的股权。

九、公司的其他有关资料

1、公司首次注册或变更注册登记日期、地点

1998年4月29日公司登记注册,注册地为桂林市榕湖北路17号

2、企业法人营业执照注册号:4500001001100

3、税务登记号码:地税桂字450300708618439

4、公司未流通股票的托管机构名称:深圳证券登记有限公司

5、公司报告期内证券主承销机构名称:国泰君安证券股份有限公司

6、公司聘请的会计师事务所

名称:湖北大信会计师事务有限公司

办公地址:武汉市中山大道1056号金源世界A座八楼

十、备查文件目录

1、载有法定代表人、主管会计工作负责人、会计机构负责人签名并盖章的会计报表。

2、载有会计师事务所盖章、注册会计师签名并盖章的审计报告原件。

3、报告期内在中国证监会指定报刊上公开披露过的所有公司文件的正本及公告的原稿。

4、载有董事长亲笔签署的年度报告正本。

董事长:陈青光

(签名)

桂林旅游股份有限公司

二OO一年三月十二日

资 产 负 债 表

编制单位:桂林旅游股份有限公司　　单位:人民币元

2000年12月31日

项 目	合并	母公司
流动资产:		
货币资金	112,182,799.15	105,534,450.66
短期投资	130,000,000.00	130,000,000.00
减:短期投资跌价准备		
短期投资净额	130,000,000.00	130,000,000.00
应收票据		
应收股利	790,000.00	790,000.00
应收利息		
应收帐款	48,110,781.79	41,047,863.71
其他应收款	15,325,572.51	16,203,206.52
减:坏帐准备	3,806,181.26	3,706,483.06
应收帐款净额	59,630,173.04	53,544,587.17
预付帐款	926,404.00	40,000.00
应收补贴款	8,448,486.23	8,448,486.23
存货	1,864,574.29	1,864,574.29
减:存货跌价准备		
存货净额	1,864,574.29	1,864,574.29
待摊费用	580,947.72	371,245.78
待处理流动资产净损失		
一年内到期的长期债权投资		
其他流动资产		
流动资产合计	314,423,384.43	300,593,344.13
长期投资:		
长期股权投资	2,728,000.00	21,187,186.44
长期债权投资		
长期投资合计	2,728,000.00	21,187,186.44
其中:合并价差		
减:长期投资减值准备		
长期投资净额	2,728,000.00	21,187,186.44
固定资产:		
固定资产原价	344,621,500.61	319,005,848.27
减:累计折旧	243,435,354.52	233,254,437.63
固定资产净值	101,186,146.09	85,751,410.64
工程物资		
在建工程	4,637,765.67	4,637,765.67
固定资产清理	3,546,340.75	2,954,048.87
待处理固定资产净损失		
固定资产合计	109,370,252.51	93,343,225.18
无形资产及其他资产:		
无形资产		
开办费	1,307,642.85	1,307,642.85
长期待摊费用	215,629.42	62,836.99
其他长期资产	1,800,000.00	1,000,000.00
无形资产及其他资产合计	3,323,272.27	2,370,479.84
递延税项:		
递延税款借项		
资产总计	429,844,909.21	417,494,235.59
流动负债:		
短期借款		
应付票据		
应付帐款	3,882,330.54	1,481,364.09
预收帐款	4,944,697.84	588,024.06
代销商品款		
应付工资		
应付福利费	3,938,546.49	3,800,041.97
应付股利	30,680,000.00	30,680,000.00
应交税金	15,492,552.39	15,426,529.90
其他应交款	146,446.26	143,048.98
其他应付款	11,384,972.99	8,697,538.44
预提费用	302,149.90	63,661.80
一年内到期的长期负债		
其他流动负债		
流动负债合计	70,771,696.41	60,880,209.24
长期负债:		
长期借款	2,000,000.00	2,000,000.00
应付债券		
长期应付款		
住房周转金		
其他长期负债		
长期负债合计	2,000,000.00	2,000,000.00
递延税项:		
递延税款贷项		
负债合计	72,771,696.41	62,880,209.24
少数股东权益	2,459,186.45	
股东权益:		
股本	118,000,000.00	118,000,000.00
资本公积	220,421,483.00	220,421,483.00
盈余公积	15,996,756.34	15,996,756.34
其中:公益金	6,064,216.58	6,064,216.58
未分配利润	195,787.01	195,787.01
外币报表折算差额		
股东权益合计	354,614,026.35	354,614,026.35
负债和股东权益总计	429,844,909.21	417,494,235.59

利润及利润分配表

编制单位:桂林旅游股份有限公司　　单位:人民币元

2000年度

项 目	合并	母公司
一、主营业务收入	138,705,594.97	103,641,331.48
减:折扣与折让		
主营业务收入净额	138,705,594.97	103,641,331.48
减:主营业务成本	76,200,934.17	44,441,595.11
主营业务税金及附加	5,748,132.19	5,651,465.77
二、主营业务利润	56,756,528.61	53,548,270.60
加:其他业务利润	3,484,716.34	3,484,716.34
减:存货跌价损失	-270,453.45	-270,453.45
营业费用	208,538.85	
管理费用	20,508,312.60	18,401,784.15
财务费用	763,972.32	810,496.41
三、营业利润	39,030,874.63	38,091,159.83
加:投资收益	713,280.00	1,166,001.62
补贴收入		
营业外收入	3,584,718.25	3,583,322.52
减:营业外支出	756,958.95	231,723.32
四、利润总额	42,571,913.93	42,608,760.65
减:所得税	6,288,272.17	6,284,305.34
减:少数股东损益	-40,813.55	
五、净利润	36,324,455.31	36,324,455.31
加:年初未分配利润		
盈余公积转入		
六、可供分配的利润	36,324,455.31	36,324,455.31
减:提取法定盈余公积	3,632,445.53	3,632,445.53
提取法定公益金	1,816,222.77	1,816,222.77
七 可供股东分配的利润	30,875,787.01	30,875,787.01
减:应付优先股股利		
提取任意盈余公积		
应付普通股股利	30,680,000.00	30,680,000.00
转作股本的普通股股利		
八 未分配利润	195,787.01	195,787.01

利润表附表

编制单位:桂林旅游股份有限公司

		净资产收益率(%)		每股收益(元)	
	报告期利润(元)	全面摊薄	加权平均	全面摊薄	加权平均
主营业务利润	56,756,528.61	16.01	20.25	0.481	0.542
营业利润	39,030,874.63	11.01	13.92	0.331	0.373
净利润	36,324,455.31	10.24	12.96	0.308	0.347
扣除非经常性损益后的净利润	33,496,696.01	9.45	11.95	0.284	0.320

安徽省科苑应用技术开发(集团)股份有限公司

安徽省科苑应用技术开发(集团)股份有限公司2000年年度报告摘要

本公司董事会保证本报告所载资料不存在任何虚假记载、误导性陈述或者重大遗漏,并对其内容的真实性、准确性和完整性负个别及连带责任。本年度报告摘要摘自年度报告,投资者欲了解详细内容,应阅读年度报告。天健会计师事务所为本公司出具了标准无保留意见的审计报告。

一 公司简介

(一)公司法定中、英文名称及缩写

公司法定中文名称:安徽省科苑应用技术开发(集团)股份有限公司 简称:科苑集团

公司法定英文名称:ANHUI KOYO APPLIED TECHNOLOGY DEVELOPMENT(GROUP) CO., LTD. 简称:KOYO GROUP

(二)公司法定代表人:汪德荣

(三)公司董事会秘书姓名、联系地址、电话、传真及电子信箱

公司董事会秘书:欧阳明

联系地址:安徽省宿州市浍水路271号

联系电话: (0557)3920707

传 真: (0557)3912448

电子信箱:atri_ah@mail.ahbbptt.net.cn

(四)公司注册地址、办公地址、邮政编码、国际互联网网址及电子信箱

公司注册地址:安徽省宿州市浍水路271号

公司办公地址:安徽省宿州市浍水路271号

公司国际互联网址:http://www.koyo_a.com

公司电子信箱:ahkoyo@mail.ahbbptt.net.cn

(五)公司选定的信息披露报纸名称,登载公司年度报告的中国证监会指定国际互联网网址、公司年度报告备置地点

公司信息披露报刊名称:《中国证券报》、《证券时报》

刊登公司年度报告的国际互联网网址:http://www.cninfo.com.cn

公司年度报告备置地点:公司董事会秘书室

(六)公司股票上市交易所、股票简称和股票代码

上市交易所:深圳证券交易所

股票简称:科苑集团

股票代码:0979

二 会计数据和业务数据摘要

(一) 本年度公司主要经营数据 (单位:人民币元)

利润总额	33,534,691.08
净利润	21,519,506.83
扣除非经常性损益后的净利润	17,724,492.08
主营业务利润	48,623,480.90
其他业务利润	1,231,354.25
营业利润	29,333,629.37
投资收益	399,812.96
补贴收入	6,234.00
营业外收支净额	3,795,014.75
经营活动产生的现金流量净额	—28,494,927.67
现金及现金等价增加值	168,522,797.61

注:2000年非经常性损益3,795,014.75元,主要系新股申购冻结资金利息4,452, 751.65元,其他营业外收支净额—657,736.90元。

(二)近三年的主要会计数据和财务指标 (单位:人民币元)

指标项目	2000年	1999年	1998年	
			调整后	调整前
主营业务收入	142,807,135.22	96,554,237.44	80,223,133.32	80,223,133.32
净利润	21,519,506.83	21,796,616.18	17,790,745.07	18,906,837.23
总资产	651,469,886.47	191,520,315.42	114,543,052.27	115,659,144.43
股东权益	460,207,535.69	62,509,458.72	58,275,440.02	59,391,532.18
每股收益				
摊薄	0.23	0.40	0.33	0.35
加权	0.28	0.40	0.33	0.35
扣除非经常性损益后每股收益	0.19	0.39	0.32	0.34
扣除非经常性损益后每股收益(加权)	0.23	0.39	0.32	0.34
每股净资产	4.90	1.16	1.08	1.09
净资产收益率(%)				
摊薄	4.68	34.87	30.53	31.83
加权	7.33	34.87	30.53	31.83
调整后的每股净资产	4.86	1.15	1.06	1.08
每股经营活动产生的现金流量净额	-0.30	0.65	0.02	0.02

[注] (1)主要财务指标计算方法

每股收益[摊薄]=净利润/年度末普通股股份总数

每股净资产=年度末股东权益/年度末普通股股份总数

净资产收益率=净利润/年度末股东权益×100%

每股经营活动产生的现金流量净额=经营活动产生的现金流量净额/年度末普通股股份总数

调整后的每股净资产= (年度末股东权益—三年以上的应收款项净额—待摊费用—待处理(流动、固定)资产净损失—开办费—长期待推费用—住房周转金负数余额)/年度末普通股股份总数

(2)收上数据以公司合并会计报表数据填列

(三)报告期内股东权益变动情况: (单位:人民币元)

项目	股本	资本公积	盈余公积	公益金	未分配利润	股东权益合计
期初数	54,000,000	—	6,759,456.68	2,253,152.23	1,750,002.04	62,509,458.72
本期增加	40,000,000	349,338,570.14	3,204,655.77	1,075,975.34	5,154,851.06	397,698,076.97
本期减少						
期末数	94,000,000	349,338,570.14	9,964,112.45	3,329,127.57	6,904,853.10	460,207,535.69

变动原因:

1、股本增加,为公司于2000年5月12日-13日以上网发行及对二级投资者配售的方式利用深圳证券交易系统发行4000万股社会公众股(A股)所致

2、资本公积增加,为本公司以10.08元/股发行新股,超过面值部分转入资本公积所致

3、盈余公积金、法定公益金增加,为本公司年度盈利提取所致

4、未分配利润增加,为本年度利润未分配留存所致

5、股东权益增加,为公司本年度发行新股及本年度盈利留存所致

三 股本变动及股东情况

(一)股本变动情况

(1)报告期末股东总数为40865户。

(2)报告期末公司前10名股东持股情况:

股东名称	年末持股数量(股)	持股比例(%)
安徽省应用技术研究所	49,140,000	52.28
宿县地区技术服务公司	2,700,000	2.87
景宏证券投资基金	800,000	0.85
汪德荣	540,000	0.57
李健	405,000	0.43
夏洪亮	405,000	0.43
刘勇	405,000	0.43
胡明	405,000	0.43
雷晓峰	198,055	0.21
北京中经开物业管理有限责任公司	174,470	0.19

注:本公司前10名股东之间无关联关系。

(3)持股5%以上法人股东情况

截止报告期末,持有本公司5%以上股份的股东为安徽省应用技术研究所,持有本公司法人股52.28%,计4914万股,报告期内,该所所持股份未发生增减变化,亦未有任何质押、冻结的情况和其他法律争议。

安徽省应用技术研究所成立于1981年3月,注册资本2888万元,法定代表人丁月华,主营范围:高新技术产业投资、技术咨询、技术中介、养殖技术服务、计算机软件开发、装潢材料销售、设计、制作、发布国内路牌、灯箱、霓虹灯、印刷品广告。

四 股东大会简介

本年度召开了公司1999年度股东大会和2000年度第一次临时股东大会。

(一)1999年度股东大会

公司1999年度股东大会于2000年4月30日在公司会议室召开,公司股东及股东代表7人,代表股份数为5400万股,占公司股本的100%,符合《公司法》及《公司章程》的规定。会议由董事长汪德荣先生主持,会议审议通过如下议案:

1、1999年度公司董事会工作报告;

2、1999年度公司监事会工作报告;

3、1999年度公司财务决算和2000年度财务预算报告;

4、1999年度公司利润分配方案的报告;

5、公司章程经营范围变更(修订案)的议案。

以上内容已分别于2000年5月10日、2000年6月10日、2000年8月2日《证券时报》、《中国证券报》刊登的《招股说明书概要》、《上市公告书》和《股份公司2000 年中期报告》中进行了披露。

(二)2000年度第一次临时股东大会

本次股东大会通知于2000年8月2日刊登在《中国证券报》、《证券时报》上,以公告形式刊登了关于召开2000年度第一次临时股东大会的通知,说明了会议召开的时间、地点、审议事项及其他有关事项。2000年9月6日,第一次临时股东大会如期在合肥市国家高新技术开发区管委会多功能厅召开,出席会议的股东和股东代表共7人,所持和代表的股份5400万股,占有表决权股份总额的57.44%,符合公司法及公司章程的有关规定。会议由董事长汪德荣先生主持,与会股东及股东代表以记名投票表决的方式审议通过以下决议:

1、选举产生了公司第二届董事会成员;公司第二届董事会成员为汪德荣、刘勇、李健、夏洪亮、胡明、汪蓓蕾、孙连峰、徐辉、袁飞。

2、选举产生了公司第二届监事会成员;公司第二届监事会成员为孙嵘、郝振民、朱继军,其中朱继军为职工监事。

本次股东大会经安徽安泰律师事务所鲍金桥律师到会见证并出具了法律意见书。

本次股东大会决议公告已刊登于2000年9月7日的《中国证券报》、《证券时报》。

五 董事会报告

(一)公司经营情况

1、公司所处行业

公司以生物工程、精细化工等领域高新技术和产品的研究开发、生产经营、技术转让为主导,经过多年的努力,公司以持续的创新能力和良好的市场信誉确立了竞争优势,成为国内氨基酸等生化产品的主要研发和技术转化企业,被国家科技部认定为国家重点高新技术企业(集团),并被安徽省科技厅评为安徽省优秀高新技术企业。

2、公司主营业务的范围及其经营情况

公司主营业务是生物工程、精细化工、新型建材、机电一体化等领域高新技术和产品的研究开发、生产经营、技术转让及本公司生产的科技产品出口及科技、生产所需的技术、原辅材料、零配件的进口。2000年度, 公司主营业务收入为 142 ,807,135.22 元, 主营业务利润为48,623,480.90元。

(1)报告期内公司明确以预算为基础,以成本控制为中心的管理模式, 并对公司原有机构按现代企业运作要求进行重新优化配置。

(2)报告期内公司加强对现有产业的调整和整合,确立以生化、制药为主导产业的发展思路,实现了统一规划、统一生产、统一营销、统一研发的格局。

(3)报告期内公司导入ISO9000质量体系, 并以塑胶分公司为突破口, 推行 ISO9000质量体系。塑胶分公司并于2000年4月和11月顺利通过了ISO9002 体系认证和复审,塑胶异型材产品被评为"建设部重点推荐产品"和"安徽省质量免检产品"。

(4)报告期内公司引入竞争机制,建立管理干部能上能下机制, 公司出台了《科苑集团经营管理干部竞聘上岗暂行办法》及一系列操作细则,采取了"全面推进、重点突破、自上而下、上下联动"的方式,在公司内部举行管理岗位竞聘活动,按照"公开、公平、公正"的原则,经过严格的竞选和民意测验,一批有创新精神,学历较高的年轻人走上了不同的管理岗位。

(5)报告期内公司积极拓展市场,加强售后服务工作, 经济运行状况良好, 2000年主营业务收入比1999年增长了47.90%,主营业务利润48,623,480.90万元,较上年同期增长24.97%。

黄山金马股份有限公司

黄山金马股份有限公司2000年年度报告摘要

本公司董事会保证本报告所载资料不存在任何虚假记载、误导性陈述或者重大遗漏，并对其内容的真实性、准确性和完整性负个别及连带责任。

一、公司简介

〈一〉公司法定中文名称：黄山金马股份有限公司
公司法定英文名称：HUANGSHAN JINMA CO.,LTD
公司法定英文名称缩写：HSJM
〈二〉公司法定代表人：方汉佐
〈三〉公司董事会秘书：吴金辉
联系地址：安徽省黄山市歙县壕城路1号
联系电话：0559-6516169
传真电话：0559-6536668
电子信箱：hsjm@21cn.com
〈四〉公司注册地址：安徽省黄山市歙县壕城路1号
公司办公地址：同上
邮政编码：245200
公司国际互联网网址：http:/www.hsjinma.con
公司电子信箱：hsjinma@mail.ahwhptt.net.cn
〈五〉公司选定的信息披露报纸：《中国证券报》、《证券时报》
中国证监会指定的国际互联网网址：http:/www.cninfo.com.cn
公司年度报告备置地点：董事会秘书室
〈六〉公司股票上市交易所：深圳证券交易所
股票简称：金马股份
股票代码：0980

二、会计数据及业务数据摘要

〈一〉本年度主要利润指标情况〈单位：人民币元〉

利润总额	44,909,637.70
净利润	38,173,192.05
扣除非经常性损益后的净利润	32,434,647.29
主营业务利润	66,586,499.44
其它业务利润	1,189,269.06
营业利润	35,327,677.19
投资收益	3,843,415.75
补贴收入	2,996,086.45
营业外收支净额	2,742,458.31
经营活动产生的现金流量净额	-24,439,450.75
现金及现金等价物净增加额	185,044,715.00

〈二〉截止报告期末公司前三年主要会计数据和财务指标

项目	2000年	1999年 调整后
调整后		
主营业务收入	280,270,093.85	335,386,874.17
净利润	38,173,192.05	38,274,556.09
总资产	719,045,449.99	366,585,079.32
股东权益	499,241,713.57	172,990,542.19
每股收益(摊薄)	0.2545	0.4160
每股收益(加权)	0.3034	0.4160
扣除非经常性损益后每股收益(摊薄)	0.2162	0.4172
扣除非经常性损益后每股收益(加权)	0.2578	0.4172
每股净资产	3.3283	1.8803
调整后的每股净资产	3.3209	1.8658
每股经营活动产生的现金流量净额	-0.1629	0.3086
净资产收益率〈摊薄〉%	7.65	22.13

项目	1998年 调整后
调整后	
主营业务收入	292,678,414.19
净利润	38,615,050.97
总资产	320,311,839.40
股东权益	134,715,986.10
每股收益(摊薄)	0.4197
每股收益(加权)	0.4197
扣除非经常性损益后每股收益(摊薄)	0.4004
扣除非经常性损益后每股收益(加权)	0.4004
每股净资产	1.4643
调整后的每股净资产	1.4454
每股经营活动产生的现金流量净额	
净资产收益率〈摊薄〉%	28.66

〈三〉根据中国证监会关于发布《公开发行证券公司信息披露编报规则》第9号通知精神，公司2000年按全面摊薄法和加权平均法计算的净资产收益率及每股收益：

	净资产收益率%		每股收益	
	全面摊薄	加权平均	全面摊薄	加权平均
主营业务利润	13.34	17.94	0.4439	0.5292
营业利润	7.08	9.52	0.2355	0.2807
净利润	7.65	10.29	0.2545	0.3034
扣除非经常性损益后净利润	6.50	8.74	0.2162	0.2578

注：1、扣除非经常性损益后净利润是指扣除营业外收入、补贴收入加营业外支出的净利润。

2、主要财务指标的计算方法

全面摊薄每股收益=报告期利润/期末股份总数

加权平均每股收益=报告期利润/（期初股份总数+报告期因公积金转增股本或股票股利分配等增加股份数+报告期因发行新股或债转股等增加股份数×增加股份下一月份起至报告期末的月份数÷报告期月份数-报告期因回购或缩股等减少股份数×减少股份下一月份起至报告期末的月份数÷报告期月份数）

全面摊薄净资产收益率=报告期利润/期末净资产

加权平均资产收益率=报告期利润/（期初净资产+报告期净利润÷2+报告期发行新股或债转股等新增资产×新增净资产下一月份起至报告期末的月份数÷报告期月份数-报告期回购或现金分红等减少净资产×新增净资产下一月份起至报告期末的月份数÷报告期月份数）

每股净资产=年度末股东权益/年度末普通股股份总数

调整后的每股净资产={年度末股东权益-三年以上的应收款项净额-待摊费用-待处理〈流动、固定〉资产净损失-开办费-长期待摊费用-住房周转金负数余额}/年度末普通股股份总数

每股经营活动产生的现金流量净额=经营活动产生的现金流量净额 /期末普通股股份总数

〈四〉报告期内股东权益变动情况

项目	股本	资本公积	盈余公积	法定公益金	未分配利润	股东权益合计
期初数	92,000,000	48,949,917.02	8,738,583.69	4,369,291.85	23,302,041.48	172,990,542.19
本期增加	58,000,000	248,827,979.33	7,634,638.42	3,817,319.21	30,538,553.63	345,001,171.38
本期减少						
期末数	150,000,000	297,777,896.35	16,373,222.11	8,186,611.06	53,840,595.11	517,991,713.57

变动原因 1、股本增加是由于2000年5月对外公开发行5800万股公众股所致。

2、资本公积金增加是由于2000年5月发行股票形成溢价收入248,817,900.00元，加上有效申购资金利息10,079.33元，导致本期增加248,827,979.33元。

3、盈余公积金增加为2000年当年实现的净利润提取10%的盈余公积金、10%的公益金所致。

4、期末未分配利润53,840,595.11元，经董事会一届七次会议审议，拟以2000年12月31日总股本15000万股为基数，按每10股派发现金1.25(含税)元分配。报股东大会批准实施后，未分配利润35,090,595.11元结转以后年度分配。

三、股本变动及股东情况

〈一〉股本变动情况

1、股份变动情况表〈截止2000年12月31日〉　单位：股

	本次变动前	本次变动增减(+、-)						本次变动后
		配股	送股	公积金转股	增发	其他	小计	
一、未上市流通股份								
1、发起人股份	92,000,000							92,000,000
其中：国家持有股份	90,302,980							90,302,980
境内法人持有股份	1,697,020							1,697,020
未上市流通股份合计	92,000,000							92,000,000
二、已上市流通股份								
1、境内上市的人民币普通股							58,000,000	58,000,000
已流通股份合计							58,000,000	58,000,000
三、股份总数	92,000,000						58,000,000	150,000,000

2、股票发行与上市情况

证券种类：A股

发行日期：2000年5月19、20日

发行价格：5.49元

发行数量：5800万股。其中对一般投资者上网发行4640万股，向证券投资基金配售1160万股

上市日期：

上网发行4640万股和向证券投资基金配售股份的50%即580万股合计5220万股：2000年6月16日

向证券投资基金配售股份的其余50%即580万股：2000年12月18日

上市流通总股份：5800万股〈2000年12月18日后〉

〈二〉股东情况介绍

1、报告期末股东总数：38682户

2、十大股东情况〈截止2000年12月31日〉　单位：股

序号	股东名称	持股数量	持股比例%	是否上市流通
1.	黄山金马集团有限公司	90302980	60.2	否
2.	同盛证券投资基金	1284222	0.86	是
3.	安徽省农业生产资料公司	720699	0.48	是
4.	杭州永磁集团有限公司	652700	0.44	否
5.	隆元证券投资基金	546726	0.36	是
6.	天元证券投资基金	536000	0.35	是
7.	安徽省资信评估公司	479000	0.32	是
8.	泰和证券投资基金	453500	0.30	是
9.	景博证券投资基金	439256	0.29	是
10.	新疆金科电子信息开发公司	400000	0.27	是

注：〈1〉公司第一、四大股东系发起人股东；

〈2〉公司未知其他股东之间有无关联关系；

〈3〉持股10%以上的法人股东：黄山金马集团有限公司，授权持有国家股股份90302980股。法定代表人：潘金根　经营范围：汽车、摩托车车用零部件的生产、销售，电子产品，电工仪表，电机及配件，农机产品，高压阀门及零部件，法兰盘及铸造件，塑胶制品，计算机外围产品及耗材，矿泉饮料食品，按摩器具，纸张，包装制品，工艺品，玩具，服饰，汽车、摩托车整车及零部件营销；

〈4〉报告期内公司控股股东无变更；

(5)报告期内公司持股5%以上的股东所持股份未质押或冻结。

四、股东大会简介

〈一〉2000年2月16日，公司1999年度股东大会在黄山金马宾馆举行，应到股东5人，实到股东及股东代表5人，代表公司股份9200万股，占公司总股份的100%。会议审议通过了以下决议：

1、审议通过了董事会工作报告；

2、审议通过了监事会工作报告；

3、审议通过了公司1999年财务决算和2000年财务预算报告；

4、审议通过了公司1999年度利润分配方案。

〈二〉2000年4月28日，公司2000年第一次临时股东大会在黄山金马宾馆举行，应到股东5人，实到股东及股东代表4人，代表公司股份91347300股，占公司总股份的99.29%。会议审议通过了以下决议：

1、同意潘金根先生辞去公司董事职务，增补徐双贵先生为公司董事；

2、同意徐双贵先生辞去公司监事职务，增补方永忠先生为公司监事。

以上两次股东大会的决议，因当时公司尚未上市故未公告。

五、董事会报告

（一）公司经营情况

1、公司所处行业及在本行业中的地位

公司属仪器仪表行业，拥有完整的产供销体系，是目前全国生产规模最大的摩托车仪表生产企业和微电机生产骨干企业。主导产品摩托车仪表、微电机国内市场占有率分别为25%、12%（全国车用仪表委员会资料）。

2、公司主营业务的范围及其经营状况

公司主营汽车仪表、摩托车仪表、微电机、车用零部件、电子产品、电工仪表、包装制品的生产、销售。

主要产品收入情况如下（单位：元）

产品名称	2000年	1999年
车用、电工仪表	151,970,410.49	212,885,589.51
微电机	118,830,094.66	117,205,666.36
包装制品	6,007,127.75	2,867,281.20

3、公司主要全资附属企业及控股子公司的经营情况及业绩公司无全资附属企业及控股子公司。

4、经营中出现的问题、困难及解决方案

2000年，针对车用仪表业竞争格局突变及持续不断的价格战，公司本着"正视市场，调整结构，练好内功，强化竞争"的原则，积极以变应变，卓有成效地开展了以下主要工作：

①按照"成本优先，质量否决"的思路，对原材料、财务费用、管理费用等加大力度压缩，并对原材料采购实行竞价招标，努力降低成本，全年主营业务成本比上年降低16.5%，其它费用也有较大下降，使公司在残酷的价格大战中稳住了阵脚；

②鉴于车用仪表配套市场由原来的国有、国有控股企业为主转为国有、国有控股企业与民营企业三足鼎立且民营企业蓬勃发展的形势变化，公司及时调整市场结构，向民营企业倾斜配套；

③通过为主机厂销售整车及提供相关服务的"主配联姻、共同发展"方式，密切与主机厂的关系，稳定市场销售网络，加快公司与主机厂双方货款回笼的速度，创造双方共赢局面；

④以市场为导向，全力开发适销对路、科技含量高、附加值高的新产品应市，全年开发各种新产品（含改型品种）120多个，全部投产应市，新产品贡献率达35%，同步增强了企业的技术创新能力；

⑤对企业新的利润增长点进行研究，探索多元化经营，已在新能源领域取得进展，为公司下一步发展打下了基础。

（二）公司财务状况（单位：元）

项目	2000年	1999年	增减%
总资产	719,045,449.99	366,585,079.32	96.14
长期负债	23,256,979.03	54,700,000.00	-57.48
股东权益	517,991,713.57	172,990,542.19	199.43
主营业务利润	66,586,499.44	79,862,695.14	-16.62
净利润	38,173,192.05	38,274,556.09	-0.26

（三）公司投资情况

1、报告期内募集资金使用情况

经中国证监会证监发行字〔2000〕62号文核准，公司于2000年5月19、20日采取上网定价发行与向二级市场投资者配售相结合的方式，通过深圳证券交易所交易系统发行人民币普通股（A股）5800万股，每股面值1元，每股发行价5.49元，募集资金总额31842万元，扣除发行费用后实际到位资金30681.79万元。报告期内除实际投资外，公司投入资金10000万元进行短期国债及债权投资，其余募集资金现存于银行。

项目投资情况如下：　　单位（万元）

项　　目	计划投资	实际投资	工程进度
（一）摩托车仪表技术改造项目			
电子式摩托车仪表生产线技改项目	2980	1300	
摩托车仪表传感器、线束技改项目	2950		
摩托车仪表计数器技改项目	2500		
液晶显示摩托车仪表项目	2980		
扩大欧式摩托车仪表技改项目	500		
（二）汽车仪表技术改造项目			
汽车仪表中西部优势工程"规划"项目	9600		
轿车仪表国产化技改项目	5200		
（三）微电机技术改造项目			
车用微电机生产线技改项目	2980		
合计	29690	1300	

注：汽车仪表技术改造的两个项目，由于黄山金马集团有限公司与芜湖仪表厂解除了兼并协议，经公司董事会一届六次会议审议，形成了不再收购黄山金马集团有限公司芜湖仪表厂并对其实施技改投资的决议，涉及相关的计划投资项目将予以变更。

2、公司长期股权投资情况

报告期内，公司长期股权投资533.6万元，比上年增加7.45%。原因是公司出资42万元，参股南京长安汽车有限公司。同时，收回原招股说明书披露的参股歙县城市信用社的本金5万元。

（四）生产经营环境及宏观政策、法规发生了重大变化，对公司的财务状况和经营成果产生重要影响的情况

目前尚未有因生产经营环境及宏观政策、法规发生了重大变化，而对公司的财务状况和经营成果产生重要影响的情况。

（五）新年度的业务发展计划

2001年，公司将确立资本运作为产业化发展服务的指导思想，在稳步推进现有主导产品经营的基础上，实施"两翼发展战略"（车用仪表业升级换代，开发新能源及环保节能产品），积极进取，开拓创新，确保企业产品品种、技术创新、经济实力等在国内车用仪表及零部件行业的领先地位，并实现太阳能光伏系统供水供电产品的较大规模市场化经营目标。

1、"面向全行业，开拓大市场"，继续下大力气抓好现有主导产品的生产和销售，尤其是以变应对配套市场结构之变，向民营主机厂，发展迅速的主机厂，货款回笼快的主机厂进行倾斜销售。

2、以汽车仪表为重点，调整优化车用仪表产品结构，启动实施好业经国家经贸委、计委以国经贸投资（2000）951号文批准的2000年国家重点技术改造项目即第四批国债专项资金项目--电子式轿车仪表项目，力争年内投产；

3、抓住国家西部大开发机遇，积极实施业经国家计委以计高技（1999）1587号文批准的高新技术产业化示范工程--太阳能光伏系统供水供电项目，开发新的利润增长点；

4、强化企业内部管理，重点抓好财务管理、成本管理、质量管理等工作，建立健全公司资产经营责任制；

5、以调整优化企业内部组织结构为突破口，建立切实有效的公司内部管理体制，进一步推进企业改制工作，精简机构，减员增效；

6、继续加强市场调研，采取产品直销、到境外办厂等方式多方开拓国际市场，同时力争与国际间同行业著名企业开展合资合作上取得突破。

7、以人才工程实施为重心，加强公司两个省级技术中心建设，积极申报建立国家级技术中心。

（六）董事会日常工作情况

1、报告期内董事会的会议情况及决议内容

〈1〉2000年1月12日，董事会一届四次会议在黄山金马宾馆召开，全体董事出席了会议，审议通过了以下决议：

审议通过了董事会工作报告；

审议通过了公司1997、1998、1999年财务报告按"四项计提"进行追溯调整的议案；

审议通过了公司1999年财务决算和2000年财务预算的报告；

审议通过了公司1999年度利润分配预案。

〈2〉2000年4月17日，董事会采取通讯方式召开了2000年第一次临时会议，审议通过了以下决议：

同意潘金根先生辞去公司董事、董事长职务；

选举方汉佐先生继任公司董事长职务；

同意方汉佐先生辞去公司总经理职务，聘任何卫中先生为公司代总经理。

〈3〉2000年7月31日，董事会一届五次会议在公司本部会议室召开，全体董事出席了会议，审议通过了以下决议：

审议通过了公司2000年中期报告正文及摘要；

审议通过了电子式摩托车仪表技术改造项目实施计划；

审议通过了公司上半年生产经营情况和下半年生产经营计划；

以上决议已刊载于2000年8月8日的《中国证券报》、《证券时报》。

〈4〉2001年1月5日，董事会一届六次会议在公司本部会议室召开，全体董事出席了会议，审议通过了以下决议：

审议通过了关于修改公司《章程》的议案；

审议通过了以自有资金参股青海庆泰信托投资有限公司的议案；

审议通过了关于不再收购黄山金马集团有限公司芜湖仪表厂并对其实施技改投资的议案；

聘任何卫中先生为总经理，余晓东、方燕华先生为公司副总经理；

以上决议已刊载于2001年1月12日的《中国证券报》、《证券时报》。

2、董事会对股东大会决议的执行情况

报告期内董事会严格执行股东大会通过的各项决议。

（七）公司管理层及员工情况

1、董事、监事、高管人员情况

姓名	性别	年龄	职务	任期
方汉佐	男	48岁	董事长	1998.8-2001.8
何卫中	男	32岁	董事兼总经理	1998.8-2001.8
琚三玖	男	49岁	董事兼副总经理	1998.8-2001.8
吴金辉	男	37岁	董事兼董事会秘书	1998.8-2001.8
罗易钗	女	53岁	董事	1998.8-2001.8
贾贵元	男	51岁	董事	1998.8-2001.8
张尔保	男	54岁	董事	1998.8-2001.8
程基洛	男	59岁	董事	1998.8-2001.8
徐双贵	男	31岁	董事	1998.8-2001.8
应华兴	男	53岁	监事会主席	1998.8-2001.8
赵　明	男	53岁	监事	1998.8-2001.8
方永忠	男	30岁	监事	2000.4-2001.8
余晓东	男	45岁	副总经理	2001.1-2001.8
方燕华	男	37岁	副总经理	2001.1-2001.8
张发科	男	37岁	财务负责人	1998.8-2001.8

报告期内以上董事、监事、高级管理人员均未持有公司股票。

报告期内以上董事、监事、高级管理人员在公司领取报酬的共10人，领取的年度报酬总额为12.5万元。其中，在1.5-2万元区间的2人，在1-1.5万元区间的8人。贾贵元、张尔保、程基洛、徐双贵、方永忠先生不在公司领取报酬。

报告期内董事潘金根先生离任，增补徐双贵先生为董事；监事徐双贵先生离任，增补方永忠先生为监事；无高级管理人员离任情况。

报告期内无解聘公司总经理、董事会秘书情况。

2、公司员工的数量、专业构成、教育程度及退休职工人数情况截止2000年12月31日，公司在册职工3022人。按专业构成分，其中管理人员386人，占12.8%；技术人员378人，占12.6%；销售人员155人，占5.1%；生产人员2040人，占67.6%；财务人员63人，占1.9%。按教育程度分，大专及大专以上学历206人，占6.8%；中专学历717人，占23.7%；中专以下学历2099人，占69.5%。公司无离退休职工。

（八）本次利润分配预案或资本公积金转增股本预案

经华证会计师事务所（原安徽精诚会计师事务所）审计，公司2000年实现税后利润38,173,192.05元，在扣除法定公积金、公益金各10%后，可分配利润30,538,553.63元，加上历年结转下来的未分配利润23,302,041.48元，累计可分配利润为53,840,595.11元。经公司董事会一届七次会议审议，拟以2000年12月31日公司总股本15000万股为基数，按每10股派发现金红利1.25元（含税）进行分配，共需派发现金18,750,000.00元，余额35,090,595.11元结转以后年度分配。公司本次不以资本公积金转增股本。

（九）无其他报告事项。

六、监事会报告

报告期内，公司监事会召开了一届三次会议：2001年1月5日，会议在公司本部会议室召开，全体监事出席，审议通过了关于修改公司《章程》的决议，具体内容已刊载于2000年1月12日的《中国证券报》、《证券时报》。同时，还列席了董事会一届四、五、六次会议。

报告期内，公司监事会依据《公司法》、《证券法》和公司《章程》赋予的职责，对公司、董事及高级管理人员等的工作积极给予支持，依法开展监督。对公司一年来的工作，公司监事会认为：

1、公司董事会勤勉、敬业、尽职尽责，圆满完成了公司股票的发行、上市任务。上市后，本着对投资者负责的精神，依法规范运作，决策程序合法，积极开展工作，认真履行了自己的责任和义务；

2、公司经营班子针对行业持续不景气的困难，敢于开拓创新，扬长避短，使公司各项经营较为稳定，基础持续夯实；

3、公司董事、经理能克己奉公，勤奋工作，未发现有违反法律、法规、公司《章程》或损害公司利益的行为；

4、公司最近一次募集资金实际投入项目和承诺投入项目一致。实际投入项目在报告期内未发生变更；

5、公司和控股股东的关联交易严格按协议或合同执行，没有损害公司利益的情况；

6、华证会计师事务所（原安徽精诚会计师事务所）出具的审计报告真实可靠，公司财务报告及审计意见真实反映了公司的财务状况和经营成果；

7、2000年度华证会计师事务所（原安徽精诚会计师事务所）对公司财务报告出具了无保留意见的审计报告。

七、重要事项

（一）报告期内公司无重大诉讼、仲裁事项。

（二）报告期内公司、公司董事及高级管理人员均未发生受监管部门处罚的情况。

（三）报告期内公司控股股东无变更；公司董事会无换届、改选或半数以上成员变动；公司总经理无变更；公司无解聘或新聘董事会秘书情况。

（四）报告期内，公司无收购及出售资产、吸收合并事项。公司于2000年5月17日在《中国证券报》、《证券时报》、《上海证券报》上披露：将在公司股票上市后收购改制重整后的黄山金马集团有限公司芜湖仪表厂，由于控股股东已与芜湖仪表厂解除兼并协议及该厂尚未摆脱困境等原因，经公司

董事会一届六次会议审议，决定不再收购黄山金马集团有限公司芜湖仪表厂并对其实施技改投资。有关具体内容已刊载于2001年1月12日的《中国证券报》、《证券时报》。

（五）报告期内，公司无重大关联交易事项。与控股股东涉及土地使用权租赁、综合服务两个合同的交易费用已按协议支付完毕。

（六）报告期内，公司在人员、资产、财务等方面与控股股东实现了"三分开"。

（七）报告期内，公司无托管、承包、租赁其他公司资产或其他公司托管、承包、租赁上市公司资产的事项。

（八）报告期内，公司聘任安徽精诚会计师事务所为公司审计的会计师事务所，未发生解聘情况。

（九）报告期内，公司除关联交易中与控股股东签订的有关合同外，公司无其他重大合同。

（十）报告期内，公司没有更改名称或股票简称。

（十一）报告期内，公司未发生《证券法》第六十二条、《股票条例》第六十条和《信息准则》第十七条所列举的重大事件，以及公司董事会判断为重大事件的事项。

八、财务会计报告

一、审计报告（华证证字（2001）第B024号）

黄山金马股份有限公司全体股东：

我们接受委托，审计了贵公司2000年12月31日的资产负债表、2000年度的利润表及利润分配表以及现金流量表。这些会计报表由贵公司负责，我们的责任是对这些会计报表发表审计意见。我们的审计是依据《中国注册会计师独立审计准则》进行的。在审计过程中，我们结合贵公司实际情况，实施了包括抽查会计记录等我们认为必要的审计程序。

我们认为，上述会计报表符合《企业会计准则》和《股份有限公司会计制度》的有关规定，在所有重大方面公允地反映了贵公司2000年12月31日的财务状况及2000年度经营成果和现金流量变动情况，会计处理方法的选用遵循了一贯性原则。

华证会计师事务所　　中国注册会计师：吕勇军　章正芳　刘继斌

中国．北京　　2001年3月2日

二、会计报表（附后）

三、会计报表附注

一、公司的基本情况

黄山金马股份有限公司（以下简称本公司）系由黄山金马集团有限公司作为主要发起人，联合杭州永磁集团有限公司、黄山徽新金塑有限公司、中国兵器工业第二一四研究所、黄山普乐房地产开发公司共同发起，经安徽省人民政府皖政秘[1998]269号"关于同意设立黄山金马股份有限公司的批复"批准，设立于1998年8月，注册资本为人民币9,200万元。

2000年5月11日，经中国证券监督管理委员会证监发行字[2000]62号文核准，向社会公众发行人民币普通股5,800万股，每股面值人民币1元，公司股票于2000年5月19日在深圳证券交易所上网发行，公司股票简称"金马股份"，股票交易代码：0980。发行成功后，注册资本为人民币15,000万元。2000年6月1日在安徽省工商行政管理局办理变更注册登记，注册号为3400001300055。

公司主要经营范围：汽车仪表、摩托车仪表、微电机、车用零部件、电子产品、电工仪表、包装制品生产销售。

二、公司采用的主要会计政策

1、执行的会计制度

本公司执行《企业会计准则》、《股份有限公司会计制度》及其补充规定。

2、会计年度

公司会计年度为公历制1月1日至12月31日。

3、记帐本位币

以人民币为记帐本位币。

4、记帐基础和计价原则

以权责发生制为记帐基础，以历史成本为计价原则。

5、外币业务的核算

涉及外币的经济业务，按发生当日人民币市场汇价中间价折算为人民币记帐。期末，对外币帐户余额按期末人民币市场汇价中间价折算为本位币进行调整，其差额列入"财务费用-汇兑损益"计入当期损益。

6、现金等价物的确定标准

⑴对持有的期限短、流动性强、易于转换为已知金额现金及价值变动风险很小的投资作为现金等价物。

⑵本报告期无现金等价物。

7、坏帐损失的核算方法

⑴坏帐的确认标准

a.债务人破产或死亡，以其破产的财产或遗产依法清偿后仍然不能收回的款项。

b.债务人逾期未履行偿债义务超过三年确实不能收回的款项。

⑵坏帐的核算方法：

坏帐核算采用备抵法。公司应收款项（包括应收帐款和其他应收款）采用帐龄分析法，按应收款项期末余额计提坏帐准备。经确认为坏帐的应收款项，冲销提取的坏帐准备。计提坏帐准备的标准为：按期末应收款项帐龄余额计提，1年以内5%、1-2年10%、2-3年20%、3-4年40%、4-5年75%、5年以上100%。

8、存货核算方法

⑴存货主要包括：原材料、包装物、低值易耗品、在产品、自制半成品、产成品及库存商品等。

⑵存货计价方法：

原材料、包装物、在产品：购入或入库采用实际成本计价，发出采用加权平均法计价；

低值易耗品：领用时采用"五五"摊销法；

产成品、库存商品：入库采用实际成本计价，发出采用加权平均法计价。

⑶存货跌价准备的确认标准、计提方法：

按存货可变现净值低于成本的差额确认。中期期末或年度终了，由于存货遭受毁损、全部或部分陈旧过时、可变现净值低于成本等原因使存货成本不可能收回的部分，计提存货跌价准备。

9、短期投资核算方法

（1）短期投资指购入的能随时变现且持有时间不准备超过一年（含一年）的各种股票、债券等。购入的各种股票、债券按实际支付的价款入帐，其中包含的以宣告发放但尚未领取的现金股利、利息分别计入应收股利、应收利息科目单独核算。

（2）短期投资跌价准备的确认、计提方法：

短期投资按成本与市价孰低计价。中期期末或年度终了，短期投资的市价低于成本的差额，计提短期投资跌价准备，并计入当期损益。出售或收回短期投资时按其实际成本转帐，不同时调整已计提的短期投资跌价准备，待年末时一并予以调整。

10、长期投资核算方法

（1）长期股权投资核算方法

A、按投资时实际支付的价款计价；

B、公司对其他单位的股权投资拥有该单位20%或20%以上，或虽不足20%但有重大影响的权益性资本，采用权益法核算；

C、公司对其他单位的股权投资拥有该单位20%以下，或虽拥有20%或20%以上但不具有重大影响的权益性资本，采用成本法核算；

D、采用权益法核算其"股权投资差额"，按会计制度的规定分期平均摊销。

（2）长期债权投资核算方法

A、按购入时实际支付的价款扣除税金、手续费等费用，作为实际成本计价；

B、按期计提应计利息，并确认收益；

C、债券实际成本与债券面值的差额作为溢价或折价，并采用直线法摊销。

（3）长期投资减值准备的确认标准、计提方法：

按长期投资可收回金额低于帐面价值的差额确认。中期期末或年度终了，由于市价持续下跌或被投资单位经营状况恶化等原因，导致其可收回金额低于帐面价值（且预计未来期间内不可能恢复）的部分，计提长期投资减值准备，并计入当期损益。

11、固定资产计价与折旧政策

⑴固定资产标准：使用年限在一年以上的房屋建筑物、机器设备、运输工具以及其他与生产经营有关的设备、器具、工具等列为固定资产。不属于生产经营主要设备的物品，单位价值在2000元以上，并且使用期限超过二年的，也列为固定资产。

⑵固定资产计价：按购置或取得时的实际成本计价，公司改制设立时发起人投入的固定资产按经评估确认的价值计价。

⑶固定资产分类：固定资产主要分为房屋及建筑物、机器设备、运输工具、其他设备等四大类。

⑷固定资产折旧：采用平均年限法，并按各类固定资产的原值和预计的使用年限扣除残值，确定其折旧率，分类折旧率如下：

资产类别	使用年限	残值率	年折旧率
房屋及建筑物	20-40年	3%	4.85-2.43%
机器设备	5-14年	3%	19.40-6.93%
运输设备	8-12年	3%	12.13-8.08%
其他设备	12-18年	3%	8.08-5.39%

12、在建工程核算方法

⑴在建工程指兴建中的房屋及建筑物、待安装设备和其他固定资产，并按实际成本入帐。

⑵用借款进行的工程发生的借款利息，在工程尚未完工交付使用之前发生的，计入在建工程的成本；工程完工形成固定资产并交付使用后发生的，列"财务费用"计入当期损益。

⑶在建工程完工并交付使用时，按实际发生的全部支出转入固定资产核算。

13、借款费用的会计处理方法

本公司为筹集生产经营所需要的资金而发生的借款费用计入当期损益；为购建固定资产而筹集资金所发生的借款费用，在固定资产尚未完工交付使用前的，计入有关固定资产的购建成本，固定资产交付使用后的，计入当期损益。

14、收入确认原则

商品销售：公司以商品所有权上的重要风险和报酬转移给买方，公司不再对该商品实施继续管理权和实际控制权，相关的收入已经收到或取得了收款的证据，并且与销售该商品有关的成本能够可靠地计量时，确认为营业收入的实现。

提供劳务：以劳务已经提供，同时收讫价款或取得收取价款的凭据时，作为业务收入实现。

15、所得税的会计处理方法

所得税的会计处理采用应付税款法。

16、税项

①增值税　　仪表和电机类按17%、农机类按13%税率计算销项税额，扣除允许在当期抵扣的进项税额后，缴纳增值税；

②城建税　　按应交流转税额的5%缴纳；

③教育费附加　　按应交流转税额的3%缴纳；

④所得税　　根据安徽省人民政府1998年10月10日皖政秘（1998）272号文件批复，同意本公司自上市之日起所交纳的所得税实行"先征后返"的优惠政策，即：按33%的税率征收入库后，再由地方财政返还18%，企业所得税实际负担率为15%。同时根据财政部财会[2000]3号文的规定，公司在实际收到地方财政返还的所得税时，直接冲减当期的所得税费用。

17、利润分配方法

所得税后的净利润按下列原则进行分配：

①弥补以前年度亏损；

②提取法定盈余公积　　10%；

③提取公益金　　10%；

④提取任意盈余公积

⑤支付股利

三、会计报表主要项目附注

（如无特别说明，以下货币单位均为人民币元）

1、货币资金

项目	2000年12月31日	1999年12月31日
现金	16,669.50	23,626.20
		17,114,673.88
银行存款	202,166,345.58	
合计	202,183,015.08	17,138,300.08

货币资金年末余额比1999年增长1,079.71%，系本公司于2000年5月向社会公众增发5,800万A股股票，募集资金到位使货币资金增加。

2、短期投资和短期投资跌价准备

	2000年12月31日		1999年12月31日	
项目	投资金额	跌价准备	投资金额	跌价准备
短期股票投资	-	-	-	-
短期债券投资	-	-	-	-
短期债权投资＊	100,000,000.00	-	-	-
合计	100,000,000.00	-	-	-

＊本公司与深圳市国贝投资发展有限公司签定"委托理财协议书"，本公司将暂时闲置的募集资金人民币100,000,000.00元，全权委托深圳市国贝投资发展有限公司投资运作（国债、债券等）。并承诺年投资收益率为12%。委托投资期限为2000年12月29日至2001年7月29日，委托投资期限届满，由深圳市国贝投资发展有限公司支付给本公司投资本金及收益。

3、应收票据

出票单位	票据种类	出票日	承付日
1、上海新大洲摩托车有限公司	商业承兑汇票	2000.09.01	2001.03.01
2、上海新大洲摩托车有限公司	商业承兑汇票	2000.11.04	2001.05.04
3、上海新大洲摩托车有限公司	商业承兑汇票	2000.10.27	2001.04.27
4、上海新大洲摩托车有限公司	商业承兑汇票	2000.10.27	2001.04.27
5、轻骑摩托车集团总公司服装厂	银行承兑汇票	2000.09.14	2001.03.13
合计			

出票单位	票据金额
1、上海新大洲摩托车有限公司	500,000.00
2、上海新大洲摩托车有限公司	600,000.00
3、上海新大洲摩托车有限公司	500,000.00
4、上海新大洲摩托车有限公司	500,000.00
5、轻骑摩托车集团总公司服装厂	50,000.00
合计	2,150,000.00

应收票据无贴现、抵押。

4、应收帐款

①帐龄

2000 年 12 月 31 日

帐 龄	金 额	比 例%	坏帐准备
1 年以内	130,554,186.69	88.37	6 ,527,709.33
1-2 年	12,232,173.80	8.28	1,223,217.38
2-3 年	3,535,851.16	2.39	707,170.23
3-4 年	1.289,697.34	0.87	515,878.93
4-5 年	115,904.49	0.09	86,928.36
合 计	147,727,813.4810	0.00	9,060,904.23

1999 年 12 月 31 日

帐 龄	金 额	比 例%	坏帐准备
1 年以内	110,275,413.38	90.10	5,513,771.00
1-2 年	8,937,517.73	7.30	893,752.00
2-3 年	3,060,456.08	2.50	612,091.00
3-4 年	117,923.68	0.10	47,169.00
4-5 年			
合 计	122,391,310.87	100.00	7,066,783.00

②主要帐户：

项 目	金 额
中国嘉陵工业股份有限公司	7,702,582.90
济南轻骑摩托车股份有限公司	6,142,443.72
长春长岭摩托车有限公司	3,140,067.31
石首第四机械厂	3,039,327.96
重庆万业摩托车公司	2,954,766.52

应收帐款中无持本公司 5%(含 5%)以上股份的股东单位欠款。

5、其他应收款

①帐 龄

项目 2000 年 12 月 31 日

帐 龄	金额	比 例%	坏帐准备
1 年以内	35,913,535.70	96.74	1,795,676.78
1-2 年	548,510.07	1.48	54,851.01
2-3 年	520,119.63	1.40	104,023.92
3-4 年	142,807.23	0.38	57,122.89
合 计	37,124,972.63	100.00	2,011,674.60

项目 1999 年 12 月 31 日

帐 龄	金额	比 例%	坏帐准备
1 年以内	22,697,290.51	98.56	1,134,864.00
1-2 年	123,904.02	0.54	12,390.00
2-3 年	40,300.00	0.17	8,060.00
3-4 年	167,308.79	0.73	66,924.00
合 计	23,028,803.32	100.00	1,222,238.00

②主要帐户

项 目	性质和内容	金 额
黄山金马集团有限公司	代垫款	9,926,438.04
黄山杰纳斯电子有限公司	临时借款	1,251,135.60
市汽配公司	临时借款	1,457,889.92
县财政局	暂欠款	2,303,292.94
祁门太阳能装备有限公司	临时借款	1,002,883.04

(1)其他应收款中应收持本公司 60.20%股份的股东单位黄山金马集团有限公司款项为 9,926,438.04 元，主要为股份公司替集团代垫款。

(2)其他应收款年末余额比 1999 年增长 61.21%，主要为黄山金马集团有限公司欠款所致。

6、预付帐款

①帐龄

项目	2000 年 12 月 31 日		1999 年 12 月 31 日	
帐 龄	金 额	比 例%	金 额	比 例%
1 年以内	10,735,243.84	89.49	4,749,961.26	70.94
1-2 年	462,953.58	3.86	1,381,264.76	20.63
2-3 年	609,882.49	5.08	89,395.43	1.34
3-4 年	188,577.51	1.57	475,490.71	7.09
合 计	11,996,657.42	100.00	6,696,112.16	100.00

②主要帐户	金 额
方峰鸣	1,433,561.00
上海爱建造纸机械公司	1,322,900.00
芜湖锅炉厂	456,000.00
歙县燃料公司	339,950.73
山东济宁轻工机械厂	197,600.00

预付帐款中无持本公司 5%(含 5%)以上股份的股东单位欠款。

7、存货及存货跌价准备

	2000 年 12 月 31 日		1999 年 12 月 31 日	
类 别	金 额	跌价准备	金 额	跌价准备
原材料	32,517,444.05		28,671,728.32	1,465,325.81
低值易耗品	2,176,154.57		2,167,323.87	
委托加工材料	733,803.51		757,096.35	
在产品	15,881,822.29		18,139,132.68	
自制半成品			622,097.25	
产成品	67,898,377.40	552,019.33	49,575,872.88	
库存商品	1,249,962.29		494,324.71	
合计	120,457,564.11	552,019.33	100,427,576.06	1,465,325.81

存货跌价准备根据 2000 年 12 月 31 日存货帐面价值高于可变现净值的差额计提。

8、待摊费用

类 别	期初数	本期发生数	本期摊销数	期末数
期初进项税	105,893.00		105,893.00	
财产保险费	59,301.38	298,147.97	135,415.19	222,034.16
新产品开发费	0			
租赁费	0			
上市前期费用	997,000.00		997,000.00	
合 计	1,162,194.38	298,147.97	1,238,308.19	222,034.16

9、长期投资

(1)、长期投资分类

项目	期初数	本期增加	本期减少	期末数
长期股权投资	4,966,000.00	420,000.00	50,000.00	5,336,000.00
长期债权投资	–	–	–	–
合计	4,966,000.00	420,000.00	50,000.00	5,336,000.00

(2)长期投资—其他股权投资

被投资单位	股份种类	股数(股)	占被投资单位注册资本比例
1、九江昌河股份有限公司	法人股	4,000,000	0.5510%
2、山东华日股份有限公司	法人股	30,000	0.0315%
3、中国轻骑集团总公司	法人股	118,300	0.0072%
4、池州家用机床厂	法人股	400,000	2.5300%
5、南京长安汽车有限公司	法人股	420,000	1.87%
合 计			

被投资单位	投资金额
1、九江昌河股份有限公司	4,000,000.00
2、山东华日股份有限公司	38,400.00
3、中国轻骑集团总公司	477,600.00
4、池州家用机床厂	400,000.00
5、南京长安汽车有限公司	420,000.00
合 计	5,336,000.00

长期股权投资均采用成本法核算，期末无减值。

10、固定资产及折旧

①固定资产原值	期初余额	本期增加	本期减少
房屋及建筑物	56,805,434.20		3,179,091.84
机器设备	58,476,303.08	14,068,577.19	159,680.00
运输设备	5,575,650.01	1,250,280.00	1,254,810.00
合 计	120,857,387.29	18,497,949.03	1,414,490.00

①固定资产原值	期末余额
房屋及建筑物	59,984,526.04
机器设备	72,385,200.27
运输设备	5,571,120.01
合 计	137,940,846.32

②累计折旧	期初余额	本期增加	本期减少
房屋及建筑物	16,682,563.78		1,468,294.24
机器设备	24,389,623.78	4,469,938.19	114,836.68
运输设备	2,221,010.59	710,237.05	481,570.34
合 计	43,293,198.15	6,648,469.48	596,407.02
③固定资产净值	77,564,189.14		

②累计折旧	期末余额
房屋及建筑物	18,150,858.02
机器设备	28,744,725.29
运输设备	2,449,677.30
合 计	49,345,260.61
③固定资产净值	88,595,585.71

11、在建工程

工程名称	期初余额	本期增加	本期转入固定资产
电机生产线	620,000.00	–	620,000.00
纸箱设备	776,906.97	–	776,906.97
模具Ⅰ	3,561,635.20	–	3,561,635.20
模具Ⅱ	652,441.60	–	–
五号机生产线	3,944,601.28	4,625,456.32	8,570,057.60
电子式摩托车仪表技改项目	5,160,000.00	8,006,000.00	25,000.00
奉贤营业房	333,915.30	–	333,915.30
其他	2,000,998.03	221,296.00	1,004,330.07
合计	17,050,498.38	12,852,752.32	14,891,845.14

工程名称	其他减少	期末余额	其中：资本化利息	资金来源
电机生产线		–	–	自筹
纸箱设备		–	–	自筹
模具Ⅰ		–		自筹
模具Ⅱ		652,441.60	–	自筹
五号机生产线		–	–	自筹
电子式摩托车仪表技改项目	135,000.00	13,006,000.00	–	募集
奉贤营业房		–	–	自筹
其他		1,217,963.96	–	自筹
合计	135,000.00	14,876,405.56	–	–

12、短期借款

借款类别	2000 年 12 月 31 日	1999 年 12 月 31 日
抵押借款	–	–
担保借款	–	–
信用借款	80,560,081.33	41,010,081.33
合计	80,560,081.33	41,010,081.33

短期借款余额比 1999 年增长 96.44%，主要是增加流动资金借款。

13、应付票据

票据类别	2000 年 12 月 31 日	1999 年 12 月 31 日
银行承兑汇票	7,740,000.00	8,503,000.00
商业承兑汇票	1,050,000.00	
合计	8,790,000.00	8,503,000.00

截止 2000 年 12 月 31 日应付票据余额为 8,790,000.00 元，应付票据中无应付持本公司 5%(含 5%)以上股份的股东单位款项。

14、应付帐款

截止 2000 年 12 月 31 日应付帐款余额为 52,520,939.84 元，应付帐款中无应付持本公司 5%(含 5%)以上股份的股东单位款项。

15、预收货款

截止 2000 年 12 月 31 日预收帐款余额为 4,071,105.14 元，预收帐款中无应付持本公司 5%(含 5%)以上股份的股东单位款项。

16、未交税金

税 种	2000 年 12 月 31 日	1999 年 12 月 31 日
1、增值税	12,370,409.23	8,589,967.95
2、城建税	405,846.17	363,227.46
3、企业所得税	–2,406,741.86	–104,186.87
4、其他税	–	–8,995.77
合计	10,369,513.54	8,840,012.77

17、其他应付款

截止 2000 年 12 月 31 日其他应付款余额为 13,465,459.34 元，其他应付款中无应付持本公司 5%(含 5%)以上股份的股东单位款项。

18、预提费用

项目	2000 年 12 月 31 日	1999 年 12 月 31 日
1、利息	539,643.85	---
2、水电费	149,882.35	-
合计	689,526.20	-

19、长期借款

贷款单位	币种	借款金额	借款日期	还款日期	年利率%	借款条件
歙县建行	人民币	9,000,000.00	2000.12.06	2003.12.05	6.534	信用
祁门县工行	人民币	8,000,000.00	2000.06.14	2002.06.14	5.94	信用
安徽省财政厅	人民币	500,000.00				信用
合　计		17,500,000.0			0	

20、股本

经中国证监会批准于 2000 年 5 月向社会公众增发(A 股)股票 5,800 万股，每股面值 1 元。

21、资本公积

项目	期初数	本期增加数	本期减少数	期末数
股本溢价	48,949,917.02	248,827,979.33		297,777,896.35

本公司于 2000 年 5 月向社会公众发行 A 股股票 5,800 万股(每股面值 1 元)，发行价格为 5.49 元/股，共计募集资金 318,420,000.00 元，扣除发行费用 11,602,100.00 元及股本金 58,000,000.00 元后，加有效申购冻结资金利息 10,079.33 元，形成股本溢价 248,827,979.33 元。

22、盈余公积

项　目	期初数	本期增加数	本期减少数	期末数
法定盈余公积	4,369,291.84	3,817,319.21		8,186,611.05
公益金	4,369,291.85	3,817,319.21		8,186,611.06
合　　计	8,738,583.69	7,634,638.42		16,373,222.11

23、未分配利润

项　　目	2000 年度	1999 年度
本期净利润	38,173,192.05	38,274,556.09
加：年初未分配利润	23,302,041.48	
追溯调整影响数		-7,317,603.39
可供分配利润	61,475,233.53	30,956,952.70
减：提取法定盈余公积	3,817,319.21	3,827,455.61
提取公益金	3,817,319.21	3,827,455.61
可供股东分配的利润	53,840,595.11	23,302,041.48
减：分配普通股股利	18,750,000.00	
折为股本的股利		
期末未分配利润	35,090,595.11	23,302,041.48

根据本公司 2001 年 3 月 4 日第一届董事会七次会议决议，按本期净利润的 10%分别计提法定公积金和法定公益金计 7,634,638.42 元后，累计可供分配利润为 53,840,595.11 元，以 2000 年末股本总数 150,000,000 股为基数，向全体股东按每 10 股派发现金股利 1.25 元(含税)，共计派发现金股利 18,750,000.00 元。

24、其他业务利润

项　目	2000 年度	1999 年度
材料销售	1,074,940.87	606,536.19
其他	114,328.19	
合　　计	1,189,269.06	606,536.19

25、财务费用

项　目	2000 年度	1999 年度
利息支出	7,876,078.56	7,549,082.87
减：利息收入	3,372,290.48	589,628.78
利息支出净额	4,503,788.08	6,959,454.09
其他	26,894.52	30,960.42
合　计	4,530,682.60	6,990,414.51

本期比上期下降 35.19%，主要为募集资金存款利息增加。

26、投资收益

项　目	2000 年度	1999 年度
其他股权投资	3,415.75	10,329.30
其他债权投资	3,840,000.00	
合计	3,843,415.75	10,329.30

本公司用暂时闲置的募集资金与深圳市国贝投资发展有限公司签定"委托理财协议书"，共计出资人民币 100,000,000.00 元，委托深圳市国贝投资发展有限公司投资于国债、债券等，年投资收益率为 12%。委托投资期间分别为 2000 年 6 月 28 日至 2000 年 12 月 28 日和 2000 年 9 月 28 日至 2000 年 12 月 28 日，委托投资到期后共获投资收益为 3,840,000.00 元。

27、补贴收入

项　目	2000 年度
增值税返还收入	2,996,086.45

28、营业外收入

项　目	2000 年度	1999 年度
处理固定资产收益	54,938.27	302,624.41
清理应付款净收入	39,328.00	623.39
罚款收入	4,614.44	2,272.96
捐赠收入	1,000.00	5,000.00
其他	167,893.11	25,323.44
冻结申购资金利息收入	2,878,489.51	
合　计	3,146,263.33	335,844.20

本期比上期增加 836.82%，主要为冻结申购资金利息收入，分三年期摊销所致。

29、营业外支出

项　目	2000 年度	1999 年度
固定资产清理损失	149,159.31	214,636.32
固定资产盘亏报废		
罚款支出	153,426.55	57,001.78
捐赠支出	24,800.00	61,900.00
其他	76,419.16	107,875.13
合　计	403,805.02	441,413.23

30、支付的其他与经营活动有关的现金

2000 年度本公司支付其他与经营活动有关的现金为 36,162,633.07 元，其中主要项目如下：

差旅费	3,808,387.42
办公费	3,409,414.41
运输费	6,283,717.91
售后服务费	2,373,014.79
保险费	497,602.96
技术开发费	515,189.60

31、支付的其他与投资活动有关的现金

2000 年度本公司无支付其他与投资活动有关的现金。

32、支付的其他与筹资活动有关的现金

2000 年度本公司支付其他与筹资活动有关的现金为 26,894.52 元。

四、分行业资料

主营业务收入

项　目	2000 年度	1999 年度
车用、电工仪表	151,970,410.49	212,885,589.51
微电机	118,830,094.66	117,205,666.36
包装制品	6,007,127.75	2,867,281.20
其他	3,462,460.95	2,428,337.10
合计	280,270,093.85	335,386,874.17

	主营业务成本		主营业务毛利	
项　目	2000 年度	1999 年度	2000 年度	1999 年度
车用、电工仪表	108,975,938.83	157,061,060.92	42,994,471.66	55,824,528.59
微电机	95,541,389.19	92,637,630.36	23,288,705.47	24,568,036.00
包装制品	4,846,932.43	2,392,925.08	1,160,195.32	474,356.12
其他	2,914,880.17	2,114,150.23	547,580.78	314,186.87
合计	212,279,140.62	254,205,766.59	67,990,953.23	81,181,107.58

五、关联方关系及其交易

(一)存在控制关系的关联方：

企业名称：黄山金马集团有限公司
注册资本：13,000 万元
经济性质或类型：国有
法人代表：潘金根
注册地址：歙县
主营业务：仪表机电
与本公司关系：母公司

(二)存在控制关系的关联方的所持股份及其变化

企业名称	期初数	本期增加	本期减少	期末数
黄山金马集团有限公司	98.16%			60.20%

(三)不存在控制关系的关联方：

企业名称	与本公司关系
杭州永磁集团有限公司	本公司发起股东
黄山徽新金塑有限公司	本公司发起股东
中国兵器工业部第二一四所	本公司发起股东
黄山普乐房地产开发公司	本公司发起股东

(四)关联方交易

1、关联方往来款项余额

项　目	金额	占项目余额比例	交易性质
其他应收款：			
黄山金马集团有限公司	9,926,438.04	26.74%	代垫款

六、或有事项

截至 2001 年 3 月 2 日，本公司无需要披露的重大或有事项。

七、承诺事项

截至 2001 年 3 月 2 日，本公司无需要披露的重大承诺事项。

八、资产负债表日后事项中非调整事项

截至 2001 年 3 月 2 日，本公司无需要披露的重大资产负债表日后事项中的非调整事项。

九、债务重组事项

截至 2001 年 3 月 2 日，本公司无需要披露的债务重组事项。

九、公司的其他有关资料

(一)公司注册登记日期：1998 年 8 月 31 日
注册登记地点：安徽省黄山市歙县壕城路 1 号
(二)营业执照注册号码：3400001300055
(三)税务登记号码：341021711767072
(四)公司未流通股票的托管机构名称：深圳证券登记结算公司
(五)公司报告期内主承销机构：华安证券有限责任公司(原安徽省证券公司)
(六)公司聘请的会计师事务所：
名称：华证会计师事务所(原安徽精诚会计师事务所)
办公地点：合肥市淮河路 278 号商会大厦四楼

十、备查文件目录

(一)载有公司负责人、财务负责人、会计经办人员亲笔签名并盖章的会计报表。
(二)载有安徽省精诚会计师事务所盖章、注册会计师亲笔签名并盖章的审计报告原件。
(三)报告期内公司在《中国证券报》、《证券时报》上披露过的所有文件的正本及公告原稿。

黄山金马股份有限公司董事会
2001 年 3 月 8 日

资　产　负　债　表

会股　01 表

编制单位：黄山金马股份有限公司　　2000 年 12 月 31 日　　单位：人民币元

资　　产	行次	2000 年 12 月 31 日	注释	1999 年 12 月 31 日
流动资产：				
货币资金	1	202,183,015.08	1	17,138,300.08
短期投资	2	100,000,000.00	2	
减：短期投资跌价准备	3	-	2	
短期投资净额	4	100,000,000.00		
应收票据	5	2,150,000.00	3	5,914,441.74
应收股利	6	-		
应收利息	7	-		
应收帐款	8	147,727,813.48	4	122,391,310.87
其他应收款	9	37,124,972.63	5	23,028,803.32
减：坏帐准备	10	11,072,578.83		8,289,021.00
应收帐款净额	11	173,780,207.28		137,131,093.19
预付帐款	21	11,996,657.42	6	6,696,112.16
应收补贴款	24	-		

存货	30	120,457,564.11	7	100,427,576.06
减:存货跌价准备	31	552,019.33	7	1,465,325.81
存货净额	32	119,905,544.78		98,962,250.25
待摊费用	33	222,034.16	8	1,162,194.38
待处理流动资产净损失	34	-		
一年内到期的长期债券投资	35	-		
其他流动资产	36	-		
流动资产合计	39	610,237,458.72		267,004,391.80
长期投资:		-		
长期股权投资	40	5,336,000.00	9	4,966,000.00
长期债权投资	41	-		
长期投资合计	42	5,336,000.00		4,966,000.00
减 :长期投资减值准备	43	-		
长期投资净额	44	5,336,000.00		4,966,000.00
		-		
固定资产		-		
固定资产原价:	45	137,940,846.32	10	120,857,387.29
减:累计折旧	46	49,345,260.61	10	43,293,198.15
固定资产净值	47	88,595,585.71		77,564,189.14
工程物资	48	-		
在建工程	49	14,876,405.56	11	17,050,498.38
固定资产清理	50	-		
待处理固定资产净损失	51	-		
固定资产合计	53	103,471,991.27		94,614,687.52
无形及递延资产		-		
无形资产 :	54	-		
开办费	55	-		
长期待摊费用	56	-		
无形及其他资产合计		-		
资产总计	60	719,045,449.99		366,585,079.32
流动负债:				
短期借款	61	80,560,081.33	12	41,010,081.33
应付票据	62	8,790,000.00	13	8,503,000.00
预收帐款	63	52,520,939.84	14	48,569,879.95
应付帐款	64	4,071,105.14	15	9,418,615.81
代销商品款	65	-		
应付工资	66	3,409,314.74		3,307,411.09
应付福利费	67	3,191,704.77		5,619,649.18
应付股利	68	18,964,402.19		214,402.19
应交税金	69	10,369,513.54	16	8,840,012.77
其他未交款	70	514,710.30		577,077.13
其他应付款	71	13,465,459.34	17	12,834,407.68
预提费用	72	689,526.20	18	
一年内到期的长期负债	73	-		
其他流动负债	74	-		
流动负债合计	80	196,546,757.39		138,894,537.13
长期负债:		-		
长期借款	81	17,500,000.00	19	54,700,000.00
应付债券	82	-		
长期应付款	83	5,756,979.03		
住房周转金	84	-		
其他长期负债	85	-		
长期负债合计	90	23,256,979.03		54,700,000.00
负债合计	92	219,803,736.42		193,594,537.13
股东权益:		-		
股本	93	150,000,000.00	20	92,000,000.00
资本公积	94	297,777,896.35	21	48,949,917.02
盈余公积	95	16,373,222.11	22	8,738,583.69
其中:公益金	96	8,186,611.06		4,369,291.85
未分配利润	97	35,090,595.11	23	23,302,041.48
股东权益合计	98	499,241,713.57		172,990,542.19
负债及股东权益总计	99	719,045,449.99		366,585,079.32

企业负责人: 财务负责人: 制表:

利 润 表

会股:02 表

编制单位:黄山金马股份有限公司 2000 年度

项目	行次	2000 年度	注释	1999 年度
一、主营业务收入		280,270,093.85		335,386,874.17
减:折扣与折让	2	-		
主营业务收入净额	3	280,270,093.85		335,386,874.17
减:主营业务成本	4	212,279,140.62		254,205,766.59
主营业务税金及附加	5	1,404,453.79		1,318,412.44
二、主营业务利润	10	66,586,499.44		79,862,695.14
加:其它业务利润	11	1,189,269.06	24	606,536.19
减:存货跌价损失	12	552,019.33		
营业费用	13	11,725,233.06		12,433,482.57
管理费用	14	15,640,156.32		15,921,205.00
财务费用	15	4,530,682.60	25	6,990,414.51
三、营业利润	18	35,327,677.19		45,124,129.25
加:投资收益	19	3,843,415.75	26	10,329.30
补贴收入	22	2,996,086.45	27	
营业外收入	23	3,146,263.33	28	335,844.20
减:营业外支出	25	403,805.02	29	441,413.23
四、利润总额	27	44,909,637.70		45,028,889.52
减:所得税	28	6,736,445.65		6,754,333.43
	29	-		
五、净利润	30	38,173,192.05		38,274,556.09

附注:

非常项目	行次
1、出售、处置部门或被投资单位	
2、自然灾害发生的损失	
3、会计政策变更	
4、其他	

企业负责人: 财务负责人: 制表:

利 润 分 配 表

会股 02 表:(附表 1)

编制单位:黄山金马股份有限公司 2000 年度 单位:人民币元

项目	行次	2000 年度	注释	1999 年度
一、本年净利润	1	38,173,192.05		38,274,556.09
加:年初未分配利润	2	23,302,041.48		-7,317,603.39
其中:追溯调整影响数				-7,317,603.39
二、可供分配利润	8	61,475,233.53		30,956,952.70
减:提取法定盈余公积金	9	3,817,319.21		3,827,455.61
提取法定公益金	10	3,817,319.21		3,827,455.61
三、可供股东分配利润	11	53,840,595.11		23,302,041.48
减:应付优先股股利	12			
提取任意盈余公积金	13			
应付配普通股利	14	18,750,000.00		
转作股本的股利	15			
四、未分配利润	20	35,090,595.11		23,302,041.48

企业负责人: 财务负责人: 制表

现 金 流 量 表

会股 03 表

编制单位:黄山金马股份有限公司 2000 年度 单位:人民币元

项目	行次	金额	注释	备注
一、经营活动产生的现金流量:				
销售商品、提供劳务收到的现金	1	305,051,145.20		
收到的租金	2			
收到的税费返还	3	8,883,487.82		
收到的其他与经营活动有关的现金	8	1,170,221.66		
现金流入小计	9	315,104,854.68		
购买商品、接受劳务支付的现金	10	248,355,778.95		
经营租赁支付的现金	11			
支付给职工及为职工支付的现金	12	23,041,656.61		
实际交纳的增值税税款	13	13,867,976.24		
支付的所得税款	14	15,669,093.92		
支付的增值税、所得税以外的其他税费	15	2,474,061.16		
支付的其他与经营活动有关的现金	20	36,135,738.55		
现金支出小计	21	339,544,305.43		
经营活动产生的现金流量净额	22	-24,439,450.75		
二、投资活动产生的现金流量:				
收回投资所收到的现金	23	50,000.00		
分得股利或利润收到的现金	24	3,415.75		
取得债券利息收入所收到的现金	25			
处置固定资产、无形资产和其他长期资产收回的现金净额	26	7,197.09		
收到的其他与投资活动有关的现金	30	3,840,000.00		
现金流入小计	31	3,900,612.84		
购建固定资产、无形资产和其他长期资产支付的现金	32	16,328,856.21		
权益性投资支付的现金	33	210,000.00		
债权性投资所支付的现金	34	100,000,000.00		
支付的其他与投资活动有关的现金	40			
现金流出小计	41	116,538,856.21		
投资活动的现金流量净额	42	-112,638,243.37		
三、筹资活动产生的现金流量:				
吸收权益性投资收到的现金	43	306,827,979.33		
发行债券收到的现金	44			
借款所收到的现金	45	159,240,000.00		
收到其他与筹资活动有关的现金	50	12,007,759.02		
现金流入小计	51	478,075,738.35		
偿还债务所支付的现金	52	148,590,000.00		
发生筹资费用所支付的现金	53			
分配股利或利润所支付的现金	54			
偿付利息所支付的现金	55	7,336,434.71		
融资租赁所支付的现金	56			
减少注册资本所支付的现金	57			
支付的其他与筹资活动有关的现金	62	26,894.52		
现金流出小计	63	155,953,329.23		
筹资活动产生的现金流量净额	64	322,122,409.12		
四 汇率变动对现金的影响	65			
五、现金及现金等价物净增加额	66	185,044,715.00		

企业负责人: 财务负责人: 制表:

甘肃兰光科技股份有限公司

一、公司简介

(一)公司法定名称： 中文名称:甘肃兰光科技股份有限公司
英文名称:GANSU LANGUANG SCIENCE & TECHNOLOGY CO.,LTD
(二)公司法定代表人:路有志
(三)公司董事会秘书:李伟 股证事务代表:杜颖
联系地址:深圳市福田区振华路56号兰光大厦8楼 电话:0755-3321515
传真:0755-3354195 电子信箱:liwei @languang.com
(四)公司注册地址:甘肃省兰州市城关区陇西路大众市场85号
办公地址:深圳市福田区振华路56号兰光大厦 邮政编码:518031
公司网址:http://www.Languang.com 电子信箱: Info@languang.com
(五)公司指定信息披露报刊:《证券时报》、《中国证券报》
登载公司年度报告的国际互联网网址: http//www.cninfo.com.cn
公司年度报告备置地点:深圳市福田区振华路56号
(六)公司股票上市交易所:深圳证券交易所
股票简称:兰光科技 股票代码:0981

二、会计数据和业务数据摘要

(一)公司本年度实现的利润构成及现金流量(单位:人民币元)

项目	金额
利润总额	54,301,648.60
净利润	54,301,648.60
扣除非经常性损益的净利润	48,867,858.66
主营业务利润	95,633,075.28
其他业务利润	-49,531.20
营业利润	48,867,858.66
投资收益	4,503,923.33
营业外收支净额	929,866.61
经营活动产生的现金流量净额	6,675,505.67
现金及现金等价物净增加额	603,827,042.85

说明:扣除非经常性损益项目:

1.短期投资收益	4,503,923.23
2.营业外收入	997,411.83
3.营业外支出	67,545.22

(二)公司近三年主要会计数据和财务指标(单位:人民币元)

指标项目	2000年	1999年	1998年
主营业务收入	733,243,445.21	721,530,270.63	600,502,332.22
净利润	54,301,648.60	51,490,546.94	35,969,967.75
总资产	1,182,574,912.19	443,938,521.45	338,003,823.03
股东权益(不含少数股东权益)	698,720,436.86	223,247,458.39	171,756,911.45
每股收益	0.34	0.46	0.32
每股收益(扣除非经常性损益)	0.30	0.47	0.31
每股净资产	4.34	2.01	1.55
调整后的每股净资产	4.33	2.01	1.55
每股经营活动产生的现金流量净额	0.04	-0.31	
净资产收益率(%)	7.77%	23.06%	20.94%

(三)按中国证监会《公开发行证券公司信息披露编报规则(第9号)》要求计算的利润数据

报告期利润	净资产收益率(%)		每股收益(元)	
	全面摊薄	加权平均	全面摊薄	加权平均
主营业务利润	13.69	19.28	0.59	0.68
营业利润	6.99	9.85	0.30	0.35
净利润	7.77	10.95	0.34	0.39
扣除非经常性损益后的净利润	6.99	9.85	0.30	0.35

注:主要财务指标计算方法:

全面摊薄每股收益=报告期利润/期末股份总数

加权平均每股收益=报告期利润/(期初股份总数+报告期因公积金转增股本或股票股利分配等增加股份数+报告期因发行新股或债转股等增加股份数×增加股份下一月份起至报告期末的月份数÷报告期月份数-报告期因回购或缩股等减少股份数×减少股份下一月份起至报告期期末的月份数÷报告期月份数)

全面摊薄净资产收益率=报告期利润/期末净资产

加权平均净资产收益率=报告期利润/(期初净资产+报告期净利润÷2+报告期发行新股或债转股等新增净资产×新增净资产下一月份起至报告期末的月份数÷报告期月份数-报告期回购或现金分红等减少净资产×新增净资产下一月份起至报告期期末的月份数÷报告期月份数)

三、股东情况介绍

1.截止到2000年12月31日,公司股东总户数为43708户。

2.公司前10名股东持股情况(单位:股)

股东名称	持股数(股)	占总股本比例(%)
(1)深圳兰光经济发展公司	100,000,000	62.11
(2)北京科力新技术发展总公司	6,000,000	3.73
(3)北京公达电子有限公司	2,200,000	1.37
(4)上海创思科技公司	1,800,000	1.12
*(5)深圳市兴高商贸有限公司	1,540,000	0.96
(6)深圳大学文化科技服务公司	1,000,000	0.62
*(7)深圳市怀新企业投资顾问有限公司	1,000,000	0.62
*(8)西安凯特计算机工程有限责任公司	900,000	0.56
*(9)深圳市华夏兰海物业管理有限公司	443,900	0.28
(10)泰和证券投资基金	373,200	0.23

说明:(1)持有本公司5%以上的股东年度内股份无增减,所持股份未发生质押、冻结等情况。

(2)*为战略投资者因获配公司发行股份而成为前10名股东,其持股期为2000年6月22日至2000年12月22日,期满后上市交易。

泰和证券投资基金获配股份的50%上市首日即可流通,另50%2000年12月22日上市流通。

(3)前10名股东之间不存在关联关系。

宁夏圣雪绒股份有限公司

一、公司简介

1.公司法定中、英文名称及缩写 中文:宁夏圣雪绒股份有限公司
英文:NINGXIA ST.EDENWEISS CO.,LTD. 英文缩写:ST.EDENWEISS
2.公司注册地址:宁夏回族自治区银川市解放西街119号
公司办公地点:宁夏回族自治区银川市解放西街119号六楼 邮政编码:750001
公司国际互联网网址:http://www.st-edenw.com 公司电子信箱:stedenw @public.yc.nx.cn
3.公司法定代表人:侯羽乾先生
4.董事会秘书:房进贤先生
联系地址:宁夏回族自治区银川市解放西街119号六楼 电话:0951-5026999
传真:0951-5043634 电子信箱:fangjinxian @ st-edenw.com
证券事务代表:陈晓非女士 联系地址:宁夏回族自治区银川市解放西街119号六楼
电话:0951-5048418 传真:0951-5043634
电子信箱:securities @st-edenw.com
5.公司选定《证券时报》、《上海证券报》作为公司信息披露的报刊,登载公司年度报告的中国证监会指定国际互联网网址:http://www.cninfo.com.cn。
公司年度报告备置地点为:宁夏回族自治区银川市解放西街119号六楼证券部。
6.公司股票上市地:深圳证券交易所 股票简称:圣雪绒 股票代码: 0982

二、会计财务数据和业务数据摘要

1、公司本年度会计数据(单位:人民币元)

利润总额:	33,977,254.28
净利润:	25,612,118.94
扣除非经常性损益后的净利润:	18,584,483.91
主营业务利润:	66,028,817.79
营业利润:	25,088,047.74
投资收益:	2,253,570.72
补贴收入:	3,475,000.00
营业外收支净额:	3,160,635.82
经营活动产生的现金流量净额:	-142,679,301.14
现金及现金等价物净增加额:	43,361,523.05

注:扣除非经常性损益后的净利润所扣除的项目及金额

项目	
资金冻结利息(冻结资金利息共计10,657,905.10元,分三年分摊)	3,552,635.03
外贸发展补贴收入	3,475,000.00
合计	7,027,635.03

2、前三年主要会计数据和财务指标

指标项目	2000年	1999年	1998年
主营业务收入	388,646,660.59	324,037,527.77	323, 008,876.68
净利润	25,612,118.94	18,267,563.96	12, 326,563.88
总资产	643,503,801.86	263,938,535.58	249,822,615.20
股东权益	341,642,689.17	73,220,016.78	54,952,452.82
全面摊薄每股收益	0.35	0.42	0.28
加权平均每股收益	0.43	0.42	0.28
扣除非经常性损益后的每股收益	0.25	0.42	0.28
每股净资产	4.62	1.66	1.25
调整后的每股净资产	4.56	1.59	1.21
每股经营活动产生的现金流量净额	-1.93	0.04	0.16
净资产收益率	7.50	24.95	22.43

3、报告期内股东权益变动情况(单位:元)

项目	股本	资本公积	盈余公积	法定公益金
期初数	44,000,000.00	8,354,871.65	5,408,001.92	1,728,572.25
本期增加	30,000,000.00	220,210,553.45	5,177,593.14	1,725,864.38
本期减少				
期末数	74,000,000.00	228,565,425.10	10,585,531.69	3,528,531.69

续上表:

项目	未分配利润	股东权益合计
期初数	15,457,143.21	73,220,016.78
本期增加	25,612,118.94	281,000,265.53
本期减少	12,577,593.17	12,577,593.17
期末数	28,491,669.01	341,642,689.17

报告期利润	净资产收益率		每股收益	
	全面摊薄	加权平均	全面摊薄	加权平均
主营业务利润	19.33	31.29	0.89	1.12
营业利润	7.34	11.89	0.34	0.43
净利润	7.50	12.14	0.35	0.43
扣除非经常性损益后的净利润	5.32	8.81	0.25	0.32

三、股本变动及股东情况

1、股份变动情况

2、股东情况介绍

(1)截止报告期,宁夏圣雪绒股份有限公司股东总数16473名。

(2)持有本公司5%以上股份及前10名股东持股情况 单位:万股

名次	股东名称	期末持股数	占总股份比例%
1	宁夏圣雪绒国际企业集团有限公司	4000.00	54.05
2	北京国际电力开发投资公司	300.00	4.05
3	开元基金	127.07	1.72
4	天元证券投资基金	105.35	1.42
5	宁夏嘉源绒业有限公司	50.00	0.67
6	中信证券北京地坛证券交易营业部	50.00	0.67
7	孙传玉	44.35	0.60
8	上海金桥(集团)有限公司	30.00	0.40
9	李顺和	20.30	0.27
10	郑新国	20.00	0.27

说明:(1)持股5%(含)以上的法人股股东所持股股份未发生抵押、冻结等情况。

山西西山煤电股份有限公司

一、公司简介

1、公司法定中文名称：山西西山煤电股份有限公司
公司法定英文名称：Shanxi Xishan Coal and Electricity Po-wer Co.,Ltd
2、公司法定代表人　梁兴保
3、公司董事会秘书　宁志华　联系地址：山西省太原市西矿街319号
联系电话：0351-6127434　联系传真：0351-6127434
公司证券事务授权代表　段天生　联系地址：山西省太原市西矿街319号
联系电话：0351-6148453　电子信箱：xsstock@public.ty.sx.cn
4、公司注册地址：山西省太原市西矿街319号
公司办公地址：山西省太原市西矿街319号　邮政编码：030053
公司电子信箱　xishanco@public.ty.sx.cn
5、公司指定信息披露报纸：《证券时报》
登载公司年报的中国证监会指定国际互联网网址：http://www.cninfo.com.cn
公司年报备置地点：山西省太原市西矿街319号公司证券部
6、公司股票上市交易所：深圳证券交易所
股票简称：西山煤电　证券代码：0983

二、会计数据和业务数据摘要

1、公司本年度会计数据	单位：人民币元
利润总额	255,095,319.82
净利润	193,677,549.46
扣除非经常性损益后的净利润	190,174,389.90
主营业务利润	534,065,420.79
其他业务利润	16,475,018.99
营业利润	251,592,160.26
投资收益	-1,841,767.80
补贴收入	————
营业外收支净额	5,344,927.36
经营活动产生的现金流量净额	316,003,365.11
现金及现金等价物净增加额	935,991,596.77
备注：扣除的非经营性损益项目和涉及金额	3,503,159.56 元
(1)投资收益	-1,841,767.80 元
(2)营业外收入：	5,945,534.32 元
其中：新股申购冻结资金利息	5,898,748.42 元
(4)营业外支出	600,606.96 元

2、主要会计数据和财务指标(单位：人民币元)

项　目	2000年度	1999年度	1998年度
主营业务收入	1,256,587,725.30	1,001,389,034.89	1,083,710,273.63
净利润	193,677,549.46	177,668,860.43	158,680,511.92
总资产	3,804,018,262.69	1,754,699,210.71	1,133,042,361.57
股东权益(不含少数股东权益)	2,795,546,519.23	1,754,699,210.71	1,133,042,361.57
每股收益	0.24	0.34	—
按月平均加权法计算的每股收益	0.30	0.34	—
扣除非经常性损益后的每股收益	0.235	0.34	—
每股净资产	3.46	1.50	—
调整后的每股净资产	3.37	1.50	—
每股经营活动产生的现金流量净额	0.39	0.10	—
净资产收益率(%)	6.93	22.77	30.81
扣除非经常性损益后的净资产收益率(%)	6.80	22.77	30.81

根据中国证监会《公开发行证券公司信息披露编号细则(第9号)》要求计算的利润数据如下：

报告期利润	净资产收益率		每股收益	
	全面摊薄	加权平均	全面摊薄	加权平均
主营业务利润	18.65%	31.86%	0.645	0.815
营业利润	9.21%	15.74%	0.319	0.402
净利润	6.93%	11.84%	0.240	0.303
扣除非经常性损益后的净利润	6.80%	11.62%	0.235	0.297

三、股本变动及股东持股情况

1、股本变动情况
(1)报告期末股东总数
截止2000年12月29日公司股东总数108810户，其中：未流通法人股股东98户，流通股股东108712户。
(2)公司前十名股东持股情况
截止2000年12月29日公司前十名股东持股情况如下：

股东名称	期末持股数(股)	占总股本比例(%)
(1) 西山煤电(集团)有限责任公司	509,530,000	63.06
(2) 基金裕元	16,340,775	2.02
(3) 基金开元	11,269,500	1.39
(4) 基金兴和	11,269,500	1.39
(5) 基金天元	8,639,950	1.07
(6) 基金兴华	8,639,950	1.07
(7) 广州科技风险投资有限公司	6,573,875	0.81
(8) 山西电力公司	5,634,750	0.70
(9) 北京首钢股份有限公司	5,634,750	0.70
(10) 基金裕阳	4,883,450	0.60

说明：
1.报告期末持有公司5%(含5%)以上股份的股东是西山煤电(集团)有限责任有限公司一家，是本公司的控股股东和主要发起人，其持股数量在报告期内未发生增减变动情况。
2.持有公司5%(含5%)以上股份的股东未发生质押或冻结情况。

大庆华科(集团)股份有限公司

一、公司简介

公司法定中文名称：大庆华科(集团)股份有限公司
公司法定英文名称：Daqing Huake (Group) Company Limited
公司法定代表人：万志强　公司董事会秘书：金连富
董事会证券事务代表：孟凡礼
联系地址：大庆高新技术产业开发区建设路6号大庆华科(集团)股份有限公司
电话：(0459)6291061　传真：(0459)6282351
电子信箱：huake@huake.com
公司注册地址：大庆高新技术产业开发区建设路6号
公司办公地址：大庆高新技术产业开发区建设路6号　邮政编码：163316
电子信箱：huake@huake.com
公司选定的信息披露报纸：《中国证券报》
登载公司年度报告的国际互联网网址：http://www.cninfo.com.cn
公司年度报告备置地点：本公司董事会秘书处
公司股票上市地：深圳证券交易所　股票简称：大庆华科　股票代码：0985

二、会计数据和业务数据摘要

1、本年度主要利润指标(单位：人民币元)：

利润总额	42,422,944.35
净利润	37,205,249.00
扣除非经常性损益后的净利润	40,431,892.05
主营业务利润	66,106,177.37
其他业务利润	565,168.52
营业利润	47,283,710.84
投资收益	-818,941.82
补贴收入	0.00
营业外收支净额	4,041,824.67
经营活动产生的现金流量净额	54,033,284.53
现金及现金等价物净增加额	242,184,519.42

注：扣除非经常性损益项目涉及金额合计3,226,643.05元。
(1)收入类

新股申购冻结资金利息	756,476.46
处置固定资产	34,588.41
无法支付的款项	23,139.65
投资收益	815,181.62

(2)支出类

营业外支出	4,856,029.19

2、截止报告期末公司前三年主要会计数据和财务指标(单位：人民币元)：

项目	2000年	1999年	1998年
主营业务收入	400,190,634.29	232,699,168.79	219,371,117.43
净利润	37,205,249.00	29,107,592.02	31,839,107.22
总资产	475,395,010.41	180,705,115.12	176,545,015.30
股东权益(不包含少数股东权益)	379,558,763.07	132,132,872.57	125,059,024.55
每股收益(摊薄)	0.324	0.342	0.375
每股收益(加权)	0.382	0.342	0.375
扣除非经常性损益每股收益	0.352	0.342	0.376
每股净资产(元/股)	3.301	1.555	1.471
调整后的每股净资产(元/股)	3.286	1.533	1.440
净资产收益率(摊薄)%	9.80	22.03	25.46
净资产收益率(加权)%	14.86	22.03	25.46
扣除非经常性损益后的加权平均净资产收益率	16.15	20.82	25.04
每股经营活动产生的现金流量净额	0.470	0.223	

按中国证监会《公开发行证券公司信息披露编报规则》第9号要求计算的利润数据：

报告期利润	净资产收益率%		每股收益(元)	
	全面摊薄	加权平均	全面摊薄	加权平均
主营业务利润	17.42	26.41	0.5748	0.678
营业利润	12.46	18.89	0.4112	0.485
净利润	9.80	14.86	0.3235	0.382
扣除非经常性损益后的净利润	10.65	16.15	0.3516	0.415

(1)全面摊薄净资产收益率和全面摊薄每股收益的计算公式如下
全面摊薄净资产收益率=报告期利润÷期末净资产
全面摊薄每股收益=报告期利润÷期末股份总数
(2)加权平均净资产收益率(ROE)的计算公式如下：
$ROE=P\div(E0+NP\div2+Ei\times Mi\div M0-Ej\times Mj\div M0)$
其中：P为报告期利润；NP为报告期净利润；E0为期初净资产；Ei为报告期发行新股或债转股等新增净资产；Ej为报告期回购或现金分红等减少净资产；M0为报告期月份数；Mi为新增净资产下一月份起至报告期期末的月份数；Mj为减少净资产下一月份起至报告期期末的月份数。
(3)加权平均每股收益(EPS)的计算公式如下：

三、股东情况介绍

1、报告期末公司股东总数为26764户。
2、报告期末公司前十名股东持股情况

名次　股东名称	期末持股数	占总股本的比例%
1、大庆高新技术产业开发区高科技开发总公司	83,641,200	72.73
2、景宏证券投资基金	663,900	0.58
3、大庆高新技术产业开发区建设开发总公司	339,700	0.30
4、大庆龙化新实业总公司	339,700	0.30
5、大庆开发区华滨化工有限公司	339,700	0.30
6、大庆龙源石化股份有限公司	339,700	0.30
7、塔里木石油勘探开发指挥部	272,575	0.24
8、长江证券有限责任公司	200,000	0.17
9、史颐珠	163,400	0.14
10、唐宗相	147,600	0.13

广州友谊商店股份有限公司

一、公司简介

1.公司法定中文名称:广州友谊商店股份有限公司
公司法定英文名称:GUANGZHOU FRIENDSHIP CO.,LTD.
2.公司法定代表人:郭振球先生
3.公司董事会秘书:邓美薇女士
联系地址:广州环市东路369号广州友谊商店股份有限公司办公室
电话:020-83571948
传真:020-83572228
电子邮箱:meimy.d@cgzfs.com
股证事务授权代表:邓永光先生
联系地址:广州环市东路369号广州友谊商店股份有限公司企划投资部
电话:020-83570189
传真:020-83572228
电子邮箱:fcinvestment@cgzfs.com
4.公司注册地址:广州环市东路369号
公司办公地址:广州环市东路369号
邮政编码:510095
公司国际互联网址:www.cgzfs.com
公司电子邮箱:gzfs@cgzfs.com
5.公司选定的信息披露报纸:《证券时报》
中国证监会指定的登载公司年度报告的国际互联网网址:www.cninfo.com.cn
公司年度报告备置地址:公司企划投资部
6.公司股票上市交易所:深圳证券交易所
股票简称:广州友谊
股票代码:0987

二、会计数据和业务数据摘要

1.本年度实现的主要利润指标　　单位:人民币元

利润总额	44,684,010.06
净利润	37,904,414.53
扣除非经常性损益后的净利润	37,489,414.53
主营业务利润	170,976,299.44
其他业务利润	10,502,080.34
营业利润	43,374,277.89
投资收益	-23,583.82
营业外收支净额	1,333,315.99
经营活动产生的现金流量净额	105,588,172.89
现金及现金等价物净增加额	207,118,360.96

注:扣除的非经常性损益项目是报告期内所取得的新股申购冻结资金利息(本年摊入部分)415,000元。

2.截止报告期末公司前三年的主要会计数据和财务指标(追溯调整后)

指标项目	2000年度	1999年度	1998年度
主营业务收入(元)	945,743,251.97	776,896,268.67	820,479,426.87
净利润(元)	37,904,414.53	35,049,459.85	44,826,355.22
总资产(元)	997,408,907.84	729,016,117.34	643,404,806.14
股东权益(元)	584,243,177.82	332,803,680.64	315,684,761.29
全面摊薄每股收益(元/股)	0.1584	0.1955	0.2500
加权平均每股收益(元/股)	0.1855	0.1955	0.2500
扣除非经常性损益后的每股收益(元/股)	0.1567	0.1536	0.2500
每股净资产(元)	2.4414	1.8561	1.7606
调整后的每股净资产(元)	2.4001	1.8224	1.7928
全面摊薄净资产收益率(%)	6.4878	10.5316	14.1997
加权平均净资产收益率(%)	8.4209	10.5187	14.4098
扣除非经常性损益后的加权净资产收益率(%)	8.3287	8.3609	14.4098
每股经营活动产生的现金流量净额(元)	0.4412	0.3402	

3、本年度利润表附表

报告期利润	2000年度				1999年度			
	净资产收益率(%)		每股收益(元)		净资产收益率(%)		每股收益(元)	
	全面摊薄	加权平均	全面摊薄	加权平均	全面摊薄	加权平均	全面摊薄	加权平均
主营业务利润	29.26	37.98	0.71	0.84	46.55	46.55	0.86	0.86
营业利润	7.42	9.64	0.18	0.21	9.23	9.23	0.17	0.17
净利润	6.49	8.42	0.16	0.19	10.53	10.52	0.20	0.20
扣除非经常性损益后的净利润	6.42	8.33	0.16	0.18	8.28	8.36	0.15	0.15

三、股本变动及股东情况

1.股本变动情况
2.股东情况介绍
(1)截止2000年12月31日,本公司股东总数为48,502户。
(2)公司前10名股东的持股情况

序号	股东名称	持股数量(股)	持股比例
1	广州市国有资产管理局	150,745,405	62.99%
2	严建定	200,000	0.084%
3	许海培	169,470	0.071%
4	甄健荣	156,000	0.065%
5	郭艳	143,500	0.060%
6	普丰证券投资基金	135,528	0.057%
7	伦寿文	120,000	0.050%
8	余涛	105,000	0.044%
9	李卫华	104,400	0.044%
10	莫曼玲	104,400	0.044%

注:广州市国有资产管理局代表国家持有本公司股票,其持有的股票没有质押情况。

华工科技产业股份有限公司

一、公司简介

1、公司法定中文名称:华工科技产业股份有限公司
中文缩写:华工科技
英文名称:HUAGONG TECH COMPANY LIMITED　英文缩写:HGTECH
2、公司法定代表人:王延觉
3、公司董事会秘书:童俊
联系地址:武汉市珞瑜路243号华工科技产业股份有限公司证券部
电　话:027-87780282　传　真:027-87780282
电子信箱:hgtechtj@public.wh.hb.cn
4、公司注册地址:武汉市洪山区珞瑜路1037号
办公地址:武汉市珞瑜路243号华工科技产业大厦11楼　邮政编码:430074
国际互联网址:Http://www.hgtech.com.cn　电子信箱:hgtech@public.wh.hb.cn
5、公司信息披露指定报纸:中国证券报、证券时报
登载公司年度报告的国际互联网址:Http://www.cinfo.com.cn
公司年度报告备置地点:公司证券部
6、公司股票上市地:深圳证券交易所　股票简称:华工科技　股票代码:0988

二、会计数据和业务数据摘要

1、公司本年度利润总额及其构成　(单位:人民币元)

利润总额	52,806, 681.22
净利润	50,201, 443.68
扣除非经常性损益后的净利润	44,780, 889.74
主营业务利润	82,937, 095.75
其他业务利润	1,471, 084.78
营业利润	48,656, 548.83
投资收益	-902, 042.64
补贴收入	2,105,000.00
营业外收支净额	2,947,175.03
经营活动产生的现金流量净额	12,490,504.18
现金及现金等价物净增加	266,326,734.18

注:扣除的非经常性损益项目和涉及金额

1)补贴收入	2,105,000.00
2)营业外收入	3,315,553.94

2、截止报告年度末公司前三年的主要会计数据和财务指标

指标项目	单位	2000年	1999年	1998年
主营业务收入	(元)	180,498,217.24	93,400,484.62	81,459,691.64
净利润	(元)	50,201,443.68	30,556,758.64	22,212,606.09
总资产	(元)	792,932,887.14	185,007,134.29	135,145,014.78
股东权益	(元)	563,021,825.24	141,521,610.03	106,246,462.11
每股收益	(元/股)	0.44	0.36	0.26
每股收益(加权)	(元/股)	0.49	0.36	0.26
扣除非经常性损益后每股收益	(元/股)	0.39	0.33	0.24
扣除非经常性损益后每股收益(加权)	(元/股)	0.44	0.33	0.24
每股净资产	(元/股)	4.90	1.66	1.25
调整后的每股净资产	(元/股)	4.79	1.64	1.25
每股经营活动产生的现金流量净额	(元/股)	0.11	0.15	
净资产收益率	(%)	8.92	21.59	20.91
净资产收益率(加权)	(%)	12.45	21.59	20.91

注:主要财务指标计算方法:
每股收益=净利润/年度末普通股股份总数
净资产收益率=净利润/年度末股东权益*100%
每股净资产=年度末股东权益/年度末普通股股份总数
调整后净资产=(年度末股东权益-三年以上应收款项-待摊费用-待处理(流动、固定)资产净损失-开办费-长期待摊费用-住房周转金负数余额)/年度末普通股股份总数
每股经营活动产生的现金流量净额=经营活动产生的现金流量净额/年度末普通股股份总数

三、股本变动和主要股东持股情况

(一)股本变动情况(截止2000年12月31日)
(二)股东情况介绍
1、截止2000年12月31日,公司股东总数为29852户。
公司现任董事、监事、高级主管人员无持股情况。
2、截止2000年12月31日,公司前十名股东持股情况:

名次	股东名称	持股数(股)	占总股本比例(%)
1	华中理工大学科技开发总公司	65,454,900	56.917
2	华中理工大学印刷厂	7,027,400	6.111
3	江汉石油钻头股份有限公司	6,856,600	5.962
4	武汉建设投资公司	3,977,500	3.459
5	裕隆证券投资基金	2,224,299	1.934
6	武汉鸿象信息技术公司	876,100	0.762
7	华中理工大学机电工程公司	807,500	0.702
8	开元基金	648,665	0.564
9	金泰基金	620,949	0.540
10	湘证证券投资基金	430,842	0.378

注:以上前10名股东中,华中理工大学科技开发总公司、华中理工大学印刷厂、武汉鸿象信息技术公司、华中理工大学机电工程公司四家国有法人股股东存在关联关系;武汉建设投资公司为国有法人股股东,江汉石油钻头股份有限公司为法人股股东。

3、持股5%以上法人股东情况

华中理工大学科技开发总公司成立于1992年,是华中科技大学独家投资设立的全民所有制企业,公司注册资本20000万元,法人代表王延觉,注册地址为武汉市洪山区珞瑜路1037号,经学校授权经营管理部分校属科技企业,是本公司的主发起人,对本公司的生产经营和财务等方面具有重大影响。华中理工大学印刷厂成立于1992年,是华中科技大学所属的全民所有制企业,公司注册资本1600万元,法人代表刘大桥,注册地址为武汉市洪山区珞瑜路151号。主要经营书刊、报纸、杂件、商标印刷。

湖南九芝堂股份有限公司

一、公司简介

1、公司法定中文名称：湖南九芝堂股份有限公司
公司法定英文名称：HUNAN JIUZHITANG CO.,Ltd.
2、公司法定代表人：余克建
3、公司董事会秘书：汪崇湘　联系电话：0731-4489905
电子信箱：wcx@hnjzt.com.　公司股证事务代表：梁建华、熊亚军
联系电话(传真)：0731-4363184　电子信箱：ljh@hnjzt.com.
4、公司注册及办公地址：湖南省长沙市芙蓉北路155号　邮编：410008
公司国际互联网网址：http://www.hnjzt.com
公司电子信箱：office@hnjzt.com.
5、公司选定的信息披露报纸名称：《证券时报》
登载公司年度报告的国际互联网网址：http://www.cninfo.com.cn
公司年度报告备置地点：湖南省长沙市芙蓉北路155号公司四楼证券部
6、公司股票上市地：深圳证券交易所　股票简称：九芝堂　股票代码：0989

二、主要财务数据和指标

1、本年度主要利润指标情况

(1)、利润总额：	50,037,008.61 元
(2)、净利润：	45,719,406.98 元
(3)、扣除非经常性损益后的净利润：	40,181,872.21 元
(4)、主营业务利润：	156,245,048.88 元
(5)、其它业务利润：	10,021.48 元
(6)、营业利润：	43,522,261.82 元
(7)、营业外收支净额：	6,514,746.79 元
(8)、经营活动产生的现金流量净额：	54,866,841.70 元
(9)、现金及现金等价物净增加额：	354,265,279.83 元

注："扣除非经常性损益后的净利润"中扣除，项目及金额：减营业外收支净额6,514,746.79元，其中无效申购资金冻结利息收入4,955,368.15元。

2、公司前三年主要会计数据和财务指标(合并报表)

(1)、主要财务数据：

指标项目	2000年度	1999年度		1998年度
		调整前	调整后	
1、主营业务收入(万元)	45584	32954	31012	31012
2、净利润(万元)	4572	3142	2217	2217
3、总资产(万元)	81160	37636	32582	32582
4、股东权益(万元)	49607	15746	9995	9995
5、每股收益(元/股)摊薄	0.355	0.355	0.284	0.284
加权	0.421	0.373	0.284	0.284
6、扣除非经常性损益后的每股收益(元/股)	0.312	0.364	0.245	0.245
7、每股净资产(元)	3.86	1.78	1.28	1.28
8、调整后每股净资产(元)	3.82	1.74	1.21	1.21
9、每股经营活动产生的现金流量净额(元)	0.427	0.204	–	–
10、净资产收益率(%)摊薄	9.22	19.95	22.18	22.18
加权	13.99	24.00	24.95	24.95

(2)、利润表附表：

报告期利润	净资产收益率(%)		每股收益(元/股)	
	全面摊薄	加权平均	全面摊薄	加权平均
主营业务利润	31.50	47.82	1.215	1.438
营业利润	8.77	13.32	0.338	0.401
净利润	9.22	13.99	0.355	0.421
扣除非经常性损益后的净利润	8.10	12.30	0.312	0.37

说明：几种财务指标的计算方法：
1、每股收益=净利润÷年度末普通股股份总数
2、每股净资产=年度末股东权益÷年度末普通股股份总数
3、净资产收益率=净利润÷年度末股东权益×100%
4、调整后的每股净资产=[年度末股东权益-三年以上的应收款项净额-待摊费用-待处理（流动、固定)资产净损失-开办费-长期待摊费用-住房周转金负数余额] ÷年度末普通股股份总数
5、每股经营活动产生的现金流量净额=经营活动产生的现金流量净额÷年度末普通股股份总数
6、加权平均净资产收益率=p÷(E0+NP÷2+Ei×Mi÷MO-Ej×Mj÷MO)
其中，P为报告期利润；NP为报告期净利润；EO为期初净资产；Ei为报告期发行新股或债转股等新增净资产；Ej为报告期回购或现金分红等减少净资产；MO为报告期月份数；Mi为新增净资产下一月份起至报告期期末的月份数；Mj为减少净资产月份开始至报告期末月份数。
7、加权平均每股收益= p÷(S0+Sl+Sl×Mi÷MO-Sj×Mj÷MO)

三、股本变动情况

1、报告期内股票发行及股本变动情况：
2、主要股东持股情况(截至2000年12月29日)
(1)、报告期内股东总数：25935户，其中发起人股东5户。
(2)前十名股东持股情况

序号	股东名称	持股数(股)	比例%	股份性质
1	长沙九芝堂(集团)有限公司	78120000	60.74	国有股
2	国投药业有限公司	9000000	7.00	国有法人股
3	天元证券投资基金	1121752	0.87	流通股
4	海南湘远经济贸易公司	800000	0.62	国有法人股
5	于小锌	520000	0.40	流通股
6	湖南省医药公司	500000	0.39	国有法人股
7	历浩岗	492176	0.38	流通股
8	力盟岗	407000	0.32	流通股
9	裕阳证券投资基金	406000	0.32	流通股
10	贵阳市白云区云都加工厂	402100	0.31	流通股

注：1、长沙九芝堂(集团)有限公司为国家股股东，国投药业有限公司，海南湘远经济贸易公司，湖南省医药公司为国有法人股股东，其余为社会公众股股东。
2、本公司未发现前十名股东之间存在关联交易。

诚志股份有限公司

一、公司简介

(一)公司法定中文名称：诚志股份有限公司
公司法定英文名称：CHENGZHI SHAREHOLDING CO., LTD.
中文缩写：诚志股份
(二)公司法定代表人：荣泳霖
(三)董事会秘书：许晓阳
股证事务代表：熊智敏
联系电话：0791-6304746
传真：0791-6304524
董秘电子信箱：dongmiban@chengzhi.com.cn
(四)公司注册地址：江西省南昌市高新开发区火炬大道125号
公司办公地址：江西省南昌市北京西路88号江信国际大厦21层
邮政编码：330046
公司国际互联网网址：http://www.chengzhi.com.cn
公司电子信箱：chengzhi@chengzhi.com.cn
(五)公司选定的信息披露报纸名称：《中国证券报》、《证券时报》，登载公司年度报告的中国证监会指定国际互联网网址：http://www.cninfo.com.cn，公司年度报告备置地点：公司董事会办公室
(六)公司股票上市交易所：深圳证券交易所
股票简称：诚志股份　股票代码：0990

二、会计数据和业务数据摘要

(一)公司本年度会计数据　(单位：人民币元)

利润总额	63,663,836.68
净利润	40,438,493.94
扣除非经常性损益后的净利润	35,691,481.58
主营业务利润	70,925,953,33
其他业务利润	7,862,301.22
营业利润	50,463,805.08
投资收益	65,006.52
补贴收入	9,055,692.50
营业外收支净额	4,079,332.58
经营活动产生的现金流量净额	-6,317,709.53
现金及现金等价物净增加额	244,716,891.03

[备注]扣除的非经常性损益是指：
1、新股申购冻结资金利息　4,647,149.37元；
2、合并价差摊入　65,006.52元；
3、科技三项经费返还款　30,000元；
4、资产处置收益及罚没收入等　4,856.47元；
四项合计4,747,012.36元。

(二)公司近三年财务指标　(单位：人民币元)

项目	2000年度	1999年度	1998年度
主营业务收入	274,619,956.44	200,259, 774.20	232,627,534.50
净利润	40,438,493.94	28,173, 177.81	23,260,145.27
总资产	786,218,718.05	268,708,934.34	214,025,726.89
股东权益(不包含少数股东权益)	634,588,239.38	141,592,478.02	113,419,300.21
每股收益 (摊薄)	0.34	0.39	0.33
(加权)	0.42	0.39	0.33
扣除非经常性损益后的每股收益(摊薄)	0.30	0.39	0.33
(加权)	0.37	0.39	0.33
每股净资产	5.31	1.98	1.59
调整后的每股净资产	5.21	1.90	1.51
净资产收益率(%)(摊薄)	6.37	19.90	20.51
(加权)	10.26	19.90	20.51
扣除非经常损益后的加权净资产收益率	9.05	19.90	20.51
每股经营活动产生的现金流量净额	–0.05	0.22	—

[备注]主要财务指标计算方法：
每股收益(摊薄)=净利润/年度末普通股股份总数
每股净资产(摊薄)=报告期末股东权益/报告期末普通股股份总数
调整后的每股净资产=（年度末股东权益-三年以上的应收款项净额-待摊费用-待遇处理(流动、固定)资产净损失-开办费-长期待摊费用-住房周转金负数余额)/年度末普通股股份总数
每股经营活动产生的现金流量净额=经营活动产生的现金流量净额/年度末普通股份总数
净资产收益率=净利润/年度末股东权益＊100%
加权平均净资产收益率=当期净利润/（期初净资产+当期净利润/2+当期发行新股或配股新增净资产＊自新增净资产下一月份起至报告期末的月份数/12 -当期回购或现金分红等减少净资产＊减少净资产下一月份起至报告期期末的月份数/12)＊100%
加权平均每股收益=当期净利润/（期初普通股股份总数+报告期因公积金转增资本或股票股利等增加股份数+当期因发行新股或债转股等增加股份数＊增加股份下一月份起至报告期期末的月份数/12 -当期因回购或缩股等减少股份数＊减少股份下一月份起至报告期期末的月份数/12）＊100%

三、股本变动及股东情况

(一)股东变动情况
1、截止2000年12月31日，公司股东总数13974户。
2、截止2000年12月31日，公司前十名股东持股情况：

股东名称	持股数(股)	变动原因	占总股数(%)
清华同方股份有限公司	25741200		21.53
江西合成洗涤剂厂	22880200		19.15
江西草珊瑚企业(集团)公司	22163600		18.55
深圳对外贸易中心	2350000	战略投资者配售	1.97
上海邦联投资有限公司	2350000	战略投资者配售	1.97
金华金信投资有限公司	2350000	战略投资者配售	1.97
北京清华科技园发展中心	2350000	战略投资者配售	1.97
浙江康恩贝集团有限公司	2350000	战略投资者配售	1.97
金华市天声信息产业投资有限公司	2350000	战略投资者配售	1.97
北京知金科技投资有限公司	1370000	战略投资者配售	1.15

福建闽东电力股份有限公司

一、公司简介

1、公司法定中文名称:福建闽东电力股份有限公司
公司法定英文名称:FUJIAN MINDONG ELECTRIC POWER LIMITED COMPANY
2、公司注册地址:福建省福安市中兴街头71号
公司办公地址:福建省福安市中兴街头71号　邮编编码:355000
电子邮箱:mddl88@public.ndptt.fj.cn
3、公司法定代表人:翁小巧
4、公司董事会秘书:杨建华　股证事务代表:陈　胜
联系地址:福建省福安市中兴街头71号　电话:(0593)　6567918
传真:(0593)　6380906-6125　电子信箱:yjianhua@public.ndptt.fj.cn
5、公司选定的信息披露报纸名称:《中国证券报》、《证券时报》;
登载公司2000年度报告的中国证监会指定国际互联网网址:　http://www.cninfo.com.cn
公司2000年度报告备置地点:公司证券投资部
6、公司股票上市交易所:深圳证券交易所
股票简称:闽东电力　股票代码:0993

二、会计数据和业务数据摘要

(一)本年度利润总额、净利润及其构成(单位:人民币元)

项目	2000年度
利润总额	67,627,224.89
净利润	43,520,694.88
扣除非经常性损益后的净利润	38,948,468.74
主营业务利润	98,711,173.97
其他业务利润	3,487,718.53
营业利润	54,475,284.37
投资收益	8,579,714.38
营业外收支净额	4,572,226.14
经营活动产生的现金流量净额	-22,802,042.80
现金及现金等价物净增加额	500,407,863.70
注:扣除的非经常性损益项目金额	4,572,226.14
1、营业外收入	5,680,781.00
2、营业外支出	1,108,554.86

(二)截至报告期末公司前三年的主要会计数据和财务指标

项　目	2000年	1999年	1998年
主营业务收入(万元)	17,999.77	17,176.10	17,779.30
净利润(万元)	4,352.07	3,306.44	4,885.00
总资产(万元)	202,940.23	69,303.92	59,824.97
股东权益(不含少数股东权益)(万元)	144,308.82	31,470.40	30,643.79
每股收益(元/股)	0.15	0.17	0.24
每股收益(加权)(元/股)	0.18	0.17	0.24
扣除非经常性损益后的每股收益(加权)(元/股)	0.16	0.17	0.24
扣除非经常性损益后的每股收益(元/股)	0.13	0.17	0.24
每股净资产(元/股)	4.81	1.57	1.53
调整后的每股净资产(元/股)	4.72	1.57	1.53
每股经营活动产生的现金流量净额(元/股)	-0.08	0.43	0.37
净资产收益率(摊薄)(%)	3.02	10.51	15.94
净资产收益率(加权)(%)	5.43	10.24	27.14
扣除非经常性损益后的加权净资产收益率(加权)(%)	4.86	10.04	26.96
扣除非经常性损益后的加权净资产收益率(%)	2.70	10.30	15.94

注:(1)按照中国证监会《公开发行证券公司信息报露编报规则(第9号)》要求计算的2000年指标数据如下:

报告期利润(元)		净资产收益率(%)		每股收益(元)	
		全面摊薄	加权平均	全面摊薄	加权平均
主营业务利润	98,711,173.97	6.84	12.32	0.33	0.41
营业利润	54,475,284.37	3.77	6.80	0.18	0.23
净利润	43,520,694.88	3.02	5.43	0.15	0.18
扣除非经常性损益后的净利润	38,948,468.74	2.70	4.86	0.13	0.16

(2)2000年末普通股总数为30000万股,1999年末、1998年末普通股总数为20000万股。2000年7月公司发行A股10000万股。
(3)以上计算数据指标2000年使用合并数填列或计算。

三、股本变动及股东情况

(一)股本变动情况
(二)股东情况介绍
1、报告期末股东总数
截至2000年12月29日止,公司股东合计数为62,874户。
2、公司前十名股东持股情况

股东名称	年末持股数(万股)	占总股本比例(%)
福建省宁德市国有资产管理局	198470000	66.156
江苏综艺股份有限公司	2775740	0.925
上海市黄浦区市政建设有限公司	2244000	0.748
福建省盛德家私装饰工程有限公司	2000000	0.666
景博证券投资基金	1712000	0.570
余杭市经济开发投资公司	1637900	0.545
安徽省华茂纺织股份有限公司	1230500	0.410
吉林永兴实业有限公司	1150000	0.383
南京医药股份有限公司	908700	0.302
景阳证券投资基金	745050	0.248

注:前十名股东之间无关联关系。

甘肃皇台酒业股份有限公司

一、公司简介

1、公司法定中文名称:甘肃皇台酒业股份有限公司
英文名称:GANSU HUANGTAI WINE—MARKETING INDUSTRY CO.,LTD.9
2、公司法定代表人:张景发
3、公司董事会秘书:毛宏　授权代表:屈平原
联系地址:甘肃省武威市新建路55号
电话:(0935)6112830　6112946　传真:(0935)6112830
4、公司注册地址及办公地址:甘肃省武威市新建路55号　邮政编码:733000
电子信箱:ZHLIDAN@PUBLIC LZ.GS.CN　网址:HTTP://WWW.HUANGTAI.COM
5、公司选定的信息披露报纸:《中国证券报》、《证券时报》
刊载公司年度报告的国际互联网网址:HTTP://WWW.CNINFO.COM.CN
公司年度报告置备地点:公司董事会办公室
6、公司股票上市交易所:深圳证券交易所　股票简称:皇台酒业　股票代码:0995

二、会计数据和业务数据摘要

1、本年度会计数据:(单位:人民币元)

项目	金额
利润总额	39,469,844.73
净利润	26,412,709.06
扣除非经常性损益后的净利润	27,071,363.09
主营业务利润	55,992,149.45
其他业务利润	3,732,657.42
营业利润	40,135,442.68
投资收益	--1,992,207.60
补贴收入	0.00
营业外收支净额	1,326,609.65
经营活动产生的现金流量净额	-31,233,708.95
现金及现金等价物净增加额	24,067,402.99

注:"扣除非经常性损益后的净利润"指标中,扣除的项目和涉及金额:
(1)扣除短期投资跌价准备1,992,207.60元。
(2)扣除营业外收支净额1,326,609.65元(含新股发行冻结资金利息)。
2、报告期末公司前三年的会计数据和财务指标:(单位:人民币元)

项目	2000年度	1999年度	1998年度	
			调整前	调整后
主营业务收入	158,410,657.73	154,395,032.02	130,170,775.27	130,170,775.27
净利润	26,412,709.06	26,454,047.01	24,185,293.12	20,900,999.48
总资产	669,409,936.86	341,394,319.86	320,220,301.90	316,936,008.26
股东权益(不含少数股东权益)	472,449,617.57	148,181,759.31	135,012,005.94	131,727,712.30
每股收益	0.19	0.26	0.24	0.21
加权每股收益	0.23	0.26	0.24	0.21
扣除非经常性损益后的每股收益	0.19	0.26	0.24	0.21
每股净资产	3.37	1.48	1.35	1.32
调整后的每股净资产	3.33	1.47	1.33	1.30
每股经营性活动产生的现金流量净额	-0.22	-0.07		
净资产收益率(%)	5.59	17.85	17.91	15.87
加权净资产收益率(%)	10.15	19.60	19.68	17.23

注:(1)以上数据和指标按合并会计报表计算,其中1998年有关数据和指标已作了调整。(2)报告期内公司经批准发行新股4000万股,总股本增至14000万元。

按中国证监会《公开发行证券公司信息披露编报规则(第9号)》要求计算的利润数据:

报告期利润计算标准	净资产收益率全面摊薄		净资产收益率加权平均		每股收益全面摊薄(元/股)		每股收益加权平均(元/股)	
年度	2000	1999	2000	1999	2000	1999	2000	1999
主营业务利润	11.85%	36.10%	18.69%	39.66%	0.40	0.54	0.48	0.54
营业利润	8.50%	25.00%	13.40%	27.45%	0.29	0.37	0.34	0.37
净利润	5.59%	17.85%	8.82%	19.60%	0.19	0.26	0.23	0.26
扣除非正常性损益后的净利润	5.73%	17.59%	9.04%	19.29%	0.19	0.26	0.23	0.26

中国证监会《公开发行证券公司信息披露编报规则(第9号)》规定的计算公式:

$$加权平均净资产收益率(ROE)=\frac{P}{EO+NP\div 2+EI\times MI\div MO-EJ\div MO}$$

其中P为报告期利润;NP为报告期净利润;EO为期初净资产;EI为报告期发行新股或债转股等新增净资产;Ej为报告期回购或现金分红等减少净资产;MO为报告期月份数;Mi为新增净资产下一月份起至报告期末的月份数;MJ为减少净资产下一月份起至报告期末的月份数。

三、股本变动及股东情况介绍

1、股东情况介绍
(1)报告期末股东总数为:27125户。
(2)报告期末本公司前十名股东持股情况:

股东名称	股份性质	年末持股数(股)	所占比例(%)
甘肃皇台实业(集团)有限责任公司	国有法人股	91,017,560	65.01
北京丽泽隆科贸公司	法人股	2,994,150	2.14
上海人民印刷八厂	法人股	2,994,150	2.14
兴安证券投资基金	公众股	1,500,078	1.07
苍南县迪科技术发展公司	法人股	1,497,070	1.069
安阳市长虹彩印企业集团	法人股	1,497,070	1.069
常州市嘉迅仓储有限公司	公众股	220,000	0.157
李刚	公众股	212,920	0.152
张苏林	公众股	200,000	0.143
金盛证券投资基金	公众股	200,000	0.143

捷利实业股份有限公司

捷利实业股份有限公司2000年年度报告摘要

重要提示:本公司董事会保证本报告的资料不存在任何虚假记载、误导性陈述或者重大遗漏,并对其内容的真实性、准确性和完整性负个别及连带责任。本年度报告摘要摘自年度报告,投资者欲了解详细内容,应阅读年度报告

一、公司简介

1.公司法定中文名称:捷利实业股份有限公司

公司法定英文名称:JIELEE INDUSTRY CO.,LTD

2.公司法定代表人:姜 新

3.公司董事会秘书:徐朝武

联系地址:哈尔滨市南岗区宣义街1号

电 话: 0451—2700598 传 真: 0451—2731666

电子信箱:xu-cw@jielee.com

4.公司注册地址:哈尔滨市南岗区宣义街1号

公司办公地址:哈尔滨市南岗区宣义街1号

邮政编码:150001 公司电子信箱:jielee@jielee.com

5.公司选定的信息披露报纸名称:《证券时报》

登载公司年度报告的中国证监会指定国际互联网网址:http://www.cninfo.com.cn

公司年度报告备置地点:本公司证券部。

6.公司股票上市交易所:深圳证券交易所

股票名称:捷利股份 股票代码:0996

二、会计数据和业务数据摘要

(一)本年度主要会计数据和业务数据 单位:元

项 目	2000年度
利润总额	33,879,646.14
净利润	24,633,266.41
扣除非经常性损益后的净利润	24,155,062.84
主营业务利润	46,556,227.93
其他业务利润	1,977,379.11
营业利润	33,596,604.77
投资收益	-195.162.20
补贴收入	——
营业外收支净额	478,203.57
经营活动产生的现金流量净额	-37,970,585.44
现金及现金等价物净增加额	117,964,565.92

注:扣除非经常性损益项目 单位:元

项 目	2000年度	1999年度	1998年度
处理固定资产等	-4,859.56	-129,946.83	——
新股申购冻结资金利息	483,063.13	——	——
合并价差摊入	——	——	——
合 计	478,203.57	-129,946.83	——

(二)公司前三年的主要会计数据和财务指标 单位:元

项 目	2000年度	1999年度	1998年度
主营业务收入	219,051,533.92	218,487,175.45	212,688,715.41
净利润	24,633,266.41	22,595,808.64	17,337,009.22
总资产	482,516,615.38	198,535,818.83	169,920,814.21
股东权益	408,413,412.18	118,055,103.63	110,419,294.99
每股收益(全面摊薄)	0.214	0.282	0.217
每股收益(加权平均)	0.269	0.282	0.217
扣除非经常性损益后的每股收益(摊薄)	0.210	0.284	0.217
扣除非经常性损益后的每股收益(加权)	0.264	0.284	0.217
每股净资产	3.551	1.476	1.380
调整后的每股净资产	3.537	1.475	1.379
每股经营活动产生的现金流量净额	-0.33	0.58	0.42
净资产收益率(%)(摊薄)	6.03	19.14	15.70
净资产收益率(%)(加权)	11.01	19.59	15.27
扣除非经常损益后的加权净资产收益率(%)	10.80	19.70	15.27

利润表附表

报告期利润	净资产收益率%		每股收益(人民币/股)	
	全面摊薄	加权平均	全面摊薄	加权平均
主营业务利润	11.40	20.81	0.405	0.508
净利润	6.03	11.01	0.214	0.269
扣除非经常性损益后的净利润	5.91	10.80	0.210	0.264

注:主要财务指标计算方法:

每股收益和净资产收益率按《公开发行证券公司信息披露编报规则第9号——净资产收益率和每股收益的计算及披露》方法计算

每股净资产=报告期末股东权益/报告期末普通股股份总数

调整后每股净资产=(报告期末股东权益—三年以上应收款项净额—待摊费用—待处理(流动、固定)资产净损失—开办费—长期待摊费用—住房周转金负数余额)/报告期末普通股股份总数每股经营活动产生的现金流量净额=经营活动产生的现金流量净额/年度末普通股股份总数

(三)报告期内股东权益变动情况 单位:元

项目	股本	资本公积	盈余公积	法定公益金	未分配利润	股东权益合计
期初数	80000000.00	16528438.97	20217,969.13	7,196,410.55	1,308,695.53	118,055,103.63
本期增加	35000000.00	242225042.14	5472617.38	1,824,205.79	24,633,266.41	307,330,925.93
本期减少数				16,972,617.38	16,972,617.38	
期末数	115000000.00	258753481.11	25690586.51	9,020,616.34	8,969,344.56	408,413,412.18

注:股东权益变动原因

(1) 股本增加系本公司于2000年7月3日增加发行社会公众股3500万A股股票;

(2) 资本公积增加系本公司2000年7月3日发行新股,募集资金扣除发行费用后超过股票面值的溢价款及有效申购发行新股利息;

(3) 盈余公积金本期增加系报告期内,实现净利润相应计提;

(4) 法定公益金本期增加系报告期内,实现净利润相应计提;

(5) 未分配利润本期增加系报告期内公司实现净利润扣除提取法定盈余公积金、法定公益金、拟向股东分配股利后的余额。

三、股东情况介绍

(一)报告期末公司股东总数为34748户

(二)报告期末公司前十名股东持股情况

名次	股东名称	期末持股数量(股)	持股比例(%)
1.	哈尔滨嘉利科技发展有限公司	53000000	46.09
2.	哈尔滨广信新型材料开发公司	15000000	13.04
3.	哈尔滨恒利高新技术发展公司	12000000	10.44
4.	同盛证券投资基金	366000	0.32
5.	黄雄燕	296358	0.26
6.	开元基金	265670	0.23
7.	江苏通信开发有限责任公司	140000	0.12
8.	张石磊	126300	0.11
9.	项 煜	101000	0.09
10.	无锡市威孚集团有限公司	100000	0.09

注:上述1—3名股东为公司法人股,它们之间不存在关联关系,第4— 10名股东所持股份为本公司上市流通股,本公司对其之间的关系不祥。

(三)持股10%以上法人股东情况

1.哈尔滨嘉利科技发展有限公司,法定代表人:刘润红。

该公司经营范围:从事高新技术项目的投资及投资管理,投资资询服务(以上项目国家有专项规定的除外)。

2.哈尔滨广信新型材料开发公司,法定代表人:赵松林。

该公司经营范围:从事新型包装材料、包装工艺及包装技术的开发、生产、销售。

3.哈尔滨恒利高新技术发展公司,法定代表人:徐东野。

该公司经营范围:从事新材料技术及产品的开发、生产、销售。

(四)报告期内无控股股东变更情况

四、股东大会简介

报告期内,公司召开两次股东大会。

1、2000年5月28日在哈尔滨市南岗区平公街38号二楼会议室召开了捷利实业股份有限公司1999年度股东大会,参加会议法人股股东代表3人,代表股份8000万股,占总股本的100%,公司部分董事、监事及有关高级管理人员列席了会议,会议以举手表决方式,审议并通过如下决议:

(1)审议通过1999年度董事会工作报告;

(2)审议通过1999年财务决算方案及2000年度财务预算方案;

(3)审议通过1999年度利润分配方案;

(4)审议通过关于公司根据财政部规定提取四项准备金的会计政策变更和具体提取办法的议案,以及根据该政策对公司以前年度经营业绩进行的追朔调整。

2、2000年12月12日,公司于总部二楼会议室召开2000年第一次临时股东大会,出席会议的股东及委托代理人共计4人,代表股份数8000.04万股,占公司股份总数的69.57%,公司董事、监事、部分高级管理人员列席了会议,会议以逐项记名投票表决方式审议通过以下决议:

(1)审议通过《关于修改章程的议案》;

(2)审议通过《关于何建强因工作变动辞去公司董事的议案》;

(3)审议通过《关于增选魏洪波、韩凤志为公司董事的议案》;

(4)审议通过《关于马文智、孔肃媛辞去公司监事的议案》;

(5)审议通过《关于增选孙怡丹、高江为公司监事的议案》。

(6)审议通过《关于授予董事会投资权限的议案》。

(7)审议通过《关于续聘武汉众环会计师事务所有限责任公司为公司审计机构的议案》。

五、董事会报告

(一)公司经营情况

1.公司所处行业及公司在本行业中的地位。

公司是集交通运输、仓储、物流配送与分拨和新型化学建材生产销售等于一身的综合类工业企业。本公司经营的海关监管货场是我国内陆省份规模最大,设施现化代水平最高的国际集装箱海关监管场站之一。

2.公司主营业务的范围及其经营状况

(1) 本公司经营范围:

国际集装箱公路运输及对俄过境运输;经营海关监管货场相关配套服务;国内外物流配送分拨业务。经营货物的包装、运输、仓储及口岸中转业务;生产、销售新型材料、新型包装材料和化学建材及其制品;机电一体化产品;根据省外经贸厅核准的进出口经营范围从事进出口业务及国内贸易。

(2)二000年主要经营业务:

2000年,公司调整业务格局,突出核心竞争优势,将原母公司业务从母体剥离,归属相关子公司体系,母公司转型为投资管理型公司,减轻了母公司即忙于经营,又面临决策的双重压力,理顺了管理体制,有效增强了公司经营监管和决策能力,为公司跳跃式、规模化发展奠定了良好的基础。

1、从事国际货运体系业务,包括公路运输、货运代理、海运代理、场站经营、报关、报验及相关配套服务。报告期内主要加大市场开拓力度,增加客户群,扩大市场份额,采取强强联合等发展策略,提升了主营业务收入。

2、全面进入物流领域,培育新的经济增长点。报告期内重点抓了以现有国际货运体系软硬件条件为依托,向现代物流转型的准备和布局工作。同时,加强了以物流网络为依托的分销领域业务的开展。

3、新型化学建材制品——塑料异型材、塑料门窗的生产和销售。报告期内重点进行以市场为导向,引进进口模具,增加产品品种,提高生产能力,满足客户不同需要。调整工业产业布局,适应市场发展需要,公司先后以自筹资金和公司原塑料制品厂门窗组装设备、中空玻璃生产制造设备等固定资产投资组建深圳市美捷佳化学建材有限公司,实现了资源的优化配置,初步形成了以深圳市美捷佳化学建材有限公司为龙头,哈尔滨为生产基地,面向华南、东北广大市场的业务新格局。2000年公司共销售塑料异型材2825.15吨,组装塑料门窗128338.24平方米,中空玻璃91833.02平方米,分别实现销售收入27441612.07元;32770704.55元;12020096.31元。

福 建 新 大 陆 电 脑 股 份 有 限 公 司

福建新大陆电脑股份有限公司2000年年度报告摘要

重要提示：本公司董事会保证本报告所载资料不存在任何虚假记载、误导性陈述或者重大遗漏，并对其内容的真实性、准确性和完整性负个别及连带责任。本年度报告摘要摘自年度报告正本，投资者欲了解详细内容应阅读年度报告正本。

(一)公司简介

1、法定中文名称：福建新大陆电脑股份有限公司
法定英文名称：FUJIAN NEWLAND COMPUTER CO.,LTD.
2、公司法定代表人：胡 钢
3、公司董事会秘书：李祖荣
证券事务代表：侯浩峰
联系地址：福建省福州市高桥路26号阳光假日大酒店14楼
联系电话：0591-3338178
传 真：0591-3338178 3362320
电子信箱：newland1@pub5.fz.fj.cn
4、公司注册地址：福州市马尾君竹路83号B座5楼
公司办公地址：福建省福州市高桥路26号阳光假日大酒店14楼
公司国际互联网网址：http://www.newland.com.cn
电子信箱：newland1@pub5.fz.fj.cn
5、公司选定的信息披露报刊：《证券时报》
登载公司年度报告的中国证监会指定国际互联网网址：
http://www.cninfo.com.cn
公司年度报告备置地点：公司证券部
6、公司股票上市交易所：深圳证券交易所
股票简称：新大陆 股票代码：0997

(二)会计数据和业务数据摘要

1、本年度利润总额及其构成(单位：元)

项 目	金 额
利润总额	44,428,774.46
净利润	39,859,184.53
扣除非经常性损益后的净利润	36,494,296.76
主营业务利润	74,870,078.44
其他业务利润	67,604.19
营业利润	39,726,873.36
投资收益	-501,000.00
补贴收入	1,878,013.33
营业外收支净额	3,324,887.77
经营活动产生的现金流量净额	23,439,870.97
现金及现金等价物净增加额	257,304,694.52

注：扣除非经常性损益项目及涉及金额(单位：元)
(1)补贴收入：财政扶持生产资金 40,000.00
(2)营业外收入：1.新股申购冻结资金利息：3,343,118.42
2.资产处置损益： 3,889.28
(3)营业外支出：资产处置损益： 22,119.93

2、前三年主要会计数据和财务指标(单位：元)

项 目	2000年	1999年	1998年
主营业务收入	417,277,515.96	304,757,842.06	229,312,229.09
净利润	39,859,184.53	30,440,836.08	27,340,847.41
总资产	730,072,205.34	234,048,345.20	173,636,227.67
股东权益(不含少数股东权益)	578,699,123.41	97,996,524.35	84,555,688.27
每股收益(加权平均)	0.41	0.45	0.72
每股收益(全面摊薄)	0.34	0.36	0.55
扣除非经常性损益后的每股收益(加权平均)	0.37	0.40	0.55
扣除非经常性损益后的每股收益(全面摊薄)	0.31	0.32	0.42
每股经营活动产生的现金流量净额	0.20	-0.30	0.49
全面摊薄净资产收益率(%)	6.89	31.06	32.34
加权平均净资产收益率(%)	12.71	30.51	39.40
每股净资产	4.99	1.15	1.69
调整后的每股净资产	4.97	1.13	1.67

3、按照中国证监会《公开发行证券公司信息披露编报规则(第9号)》要求计算的利润数据：

报告期利润	净资产收益率(%)		每股收益(元)	
	全面摊薄	加权平均	全面摊薄	加权平均
主营业务利润	12.94	23.87	0.65	0.76
营业利润	6.86	12.66	0.34	0.41
净利润	6.89	12.71	0.34	0.41
扣除非经常性损益的净利润	6.31	11.63	0.31	0.37

(三)股本变动及股东情况

1、股东情况介绍
(1)截止2000年12月31日，股东总数为24036户。
(2)前十名股东持股情况(截止2000年12月31日)

名次 股东名称	期末持股数量(股)	持股比例(%)
1、福建省新大陆发展有限公司	66,980,000	57.74
2、福建新大陆生物技术股份有限公司	8,500,000	7.33
3、福建新大陆药业有限公司	5,100,000	4.40
4、同盛证券投资基金	2,661,070	2.29
5、福建新大陆光电薄膜有限公司	1,700,000	1.47
6、福州开发区新大陆置业有限公司	1,700,000	1.47
7、北京科希盟科技集团	1,020,000	0.88
8、同益证券投资基金	880,065	0.76
9、天元证券投资基金	785,597	0.68
10、宁波证券有限责任公司	430,000	0.37

注：1.持有本公司5%以上股份的2名法人股东所持股份未发生被质押、冻结的情况。
2.本公司控股股东福建省新大陆发展有限公司持有本公司法人股股份66,980,000股，占总股本57.74%；同时是福建新大陆生物技术股份有限公司、福建新大陆药业有限公司、福州开发区新大陆置业有限公司控股股东，也是福建新大陆光电薄膜有限公司第一大股东。
3.第4、8、9、10名股东所持股份为本公司上市流通股，本公司与其之间不存在关联关系。
(3)持股10%以上法人股东情况
福建省新大陆发展有限公司
法定代表人：王晶
经营范围：高科技产品的研究开发及相关投资；建筑材料，办公用品，化工原料，机电产品，煤、糖、酒、副食品、农副产品，摩托车汽车配件，化肥的批发、零售。
(4)报告期内控股股东无变化。

(四)股东大会简介

报告期内召开两次股东大会。
--2000年3月8日，公司召开1999年度股东大会。
1、会议由董事会负责召集召开，并以书面形式向公司股东发出会议通知。
2、大会审议通过了《1999年度董事会工作报告》、《1999年度监事会工作报告》、《1999年度财务决算报告》、《2000年度财务预算报告》、《1999年度利润分配方案》。
--2000年6月30日，公司召开2000年度第一次临时股东大会。
1、会议由董事会负责召集召开，并以书面形式向公司股东发出会议通知。
2、大会审议通过了《关于公司增加经营范围并修改章程的决议》、《关于修改公司章程(修正案)的决议》。

(五)董事会报告

1、公司经营情况
(1)公司所处行业及公司在本行业中的地位。
公司所处行业为新兴的朝阳工业--电子信息行业，发展迅速，竞争激烈。公司从事主要业务为"新大陆"品牌卡系列机具等高科技电子产品的生产、销售以及通信、金融、高速公路等行业应用软件系统的开发与服务。从行业市场上看，公司开发的拥有自有知识产权的二维码码制、解译码机制、二维码系列识读机具以及移动通讯支撑网络软件开发在国内处于领先的地位；高速公路收费、监控系统软件处于先进地位；目前运用于金融领域的金融电子化系列产品位居全国前列。公司是"国家重点高新技术企业"。公司于2000年8月获得英国皇冠认可标志的ISO9001质量体系证书。
(2)公司主营业务的范围及其经营状况。
公司主营业务范围为：电子计算机及其外部设备的制造、销售，租赁，对电子产品行业的投资，电子计算机技术服务，信息服务；公路计算机收费、监控、系统设计、咨询及安装调试；经营本企业自产产品及相关技术的出口业务。2000年公司完成主营业务收入41,727.75万元，实现利润总额4,442.88万元，净利润3,985.92万元，与1999年的主营业务收入、利润总额、净利润相比，分别增长了36.92%、33.50%、30.94%。每股收益为0.34元。公司主营业务按产品划分为：卡系列机具、行业应用软件开发及服务。卡系列机具产品的业务收入为8,933.20万元，营业毛利为2,787.61万元；行业应用软件开发及服务的业务收入为32,239.96万元，营业毛利为4,424.76万元。
(3)新产品的研究开发情况。
报告期内，公司重点对金融电子化新产品、二维码、商业银行信贷审批管理系统进行了研制开发。2000年6月NL3000高性能网络终端，NL5000终端先后上市，NL-8100新型POS系列、新外型终端系列、NL-8800自助终端系列研制成功，将于2001年上半年投产。2000年9月，二维码自有码、二维码识读器研制成功，通过了国家科技部高技术研究发展中心，中国防伪技术协会和中国物证鉴定中心的评审鉴定，正在拓展商用市场。商业银行信贷审批管理系统已提交建设银行总行使用，进入银行核心业务体系，为其商业价值创造条件。不断推出升级的移动通讯支撑网络软件、高速公路信息系统软件。
(4)公司主要全资附属企业及控股子公司的经营情况及业绩。(单位：万元)

企业名称	注册资本	本公司控股比例	主营收入	净利润
1 北京义驰美迪技术开发有限责任公司	500	51.40%	374.74	73.61
2 福建中安电子技术有限公司	500	60.00%	140.07	-84.10
3 南京东富石油自动化设备有限公司	400	51.00%	1203.77	123.18

(5)在经营中出现的问题与困难及解决方案。
1.IT行业市场竞争激烈、公司市场管理体系跟不上发展的要求。目前公司加强了市场策划功能，扩大了销售队伍，建立产品销售专人负责制，在分公司、办事处销售平台上，配备技术支持与服务的专业技术人员，深入了解客户的需求，解决产品的技术支持服务工作。
2.高素质技术人才和管理人才满足不了公司迅速发展的要求。由于国家对软件产业发展的各项政策出台，国内许多企业纷纷向软件产业扩张，加剧了这部分人才竞争，为此，公司强化了人力资源体系建设，广泛开展人才招聘工作，适应市场情况，制定有吸引力的，既有利于员工，又有利于公司长期发展的人力资源政策和激励机制。
3.随着国家加入世贸组织的临近，参与国际合作的深度，广度有待加强。公司通过各种渠道与国外著名IT公司接触，进行技术交流和人员培训，积极寻找合作机会，引进和消化先进技术，促进产品升级换代，发挥已经形成的具有新大陆特色的、极具市场创新意识的技术创新机制，使拥有核心技术的新项目迅速转化成产品，投放市场。
2、公司财务状况

项目	2000年(元)	1999年(元)	增减(%)
总资产	730,072,205.34	234,048,345.20	+211.93
长期负债	15,272,473.68	20,000,000.00	-23.64
股东权益	578,699,123.41	97,996,524.35	+490.53
主营业务利润	74,870,078.44	55,714,647.07	+34.38
净利润	39,859,184.53	30,440,836.08	+30.94

主要原因：总资产和股东权益增加是因为受本年度发行新股及盈利因素影响；长期负债减少是因为长期借款减少；主营业务利润和净利润的增加是因为卡系列机具、行业应用软件开发及服务、加油机税控装置收入增加所致。
3、公司投资情况
(1)长期股权投资

被投资公司简称	年初投资额(万元)	年末投资额(万元)	投资比例	主要经营活动
北京智通科创信息				

技术有限公司 500 50% 电子信息

注:北京智通科创信息技术有限公司尚处于开办期,未有营业记录。

(2)报告期内,公司募集资金的使用情况。

2000年7月20日,公司采取网上定价方式向社会公众公开发行人民币普通股(A股)3100万股,发行价格为15.88元,共募集资金49228万元,扣除发行费用2247.72万元后,实际募集资金净额为46980.28万元,其中计入股本3100万元,计入资本公积43880.28万元。募集资金已于2000年7月27日全部到帐。截止2000年12月31日,公司募集资金已投入14,114.75万元人民币,实际使用情况如下表:

单位:人民币万元

序号	项目名称	投资总额	2000年计划	2000年实际	项目完成情况
1	NL系列金卡终端扩建	5800	500	2960.91	正进行中
2	NL880客户自助终端产业化技改	5200	500		正进行中
3	NL800POS产品产业化技改	6000	1000		正进行中
4	NL890网络控制器技改	3200	–		正进行中
5	NLJQ通讯加密器技改	2800	–		正进行中
6	二维条码阅读器生产技改	5500	500		正进行中
7	软件发展中心	5600	500		正进行中
8	增加科技研究开发资金	1500	397	391.24	正进行中
9	加强全国营销服务网络	3000	2500	82.32	正进行中
10	偿还短期银行贷款	5200	5200	7500.00	已完成
11	补充流动资金	4179	4179	3180.28	已完成
合计		47979	15276	14114.75	

注:

1.依照募集资金使用用途,公司投资上表所列第1项至第7项项目,需先行建造现代厂房。公司已与福州市马尾区土地管理局签定了《国有土地出让使用合同》,决定在福州市经济技术开发区快安延伸区、面积205.40亩的土地上建设"新大陆科技园",以作为公司的生产基地。公司募集资金计划2000年投资金额3000万元,截止2000年12月31日,实际投入资金2960.91万元,其中支付土地出让金2095万元,支付吹填沙工程款842万元,支付工程整体规划设计款项23万元等。工程项目正按计划顺利进行。

2.公司募集资金计划2000年增加科技研究开发资金397万元,截止2000年12月31日,实际投入391.24万元。

3.公司募集资金计划2000年投资加强全国营销服务网络2500万元,截止2000年12月31日,实际投入82.32万元,与投资计划数相差2417.68万元,系因公司正进行营销服务网络房产、交通工具、计算机设备等固定资产采购的选型工作,预计2001年可依计划全部完成。

4.公司募集资金计划2000年偿还10月底前的到期短期银行贷款5200万元,截止2000年12月31日,实际偿还7500万元,系增加归还11月至12月到期的短期银行贷款2300万元,原因是为合理地减少公司现金持有成本,待2001年实际投入加强全国营销服务网络2000年未完成计划数时,再向银行取得短期银行贷款2300万元。

5.公司募集资金计划补充流动资金4179万元,截止2000年12月31日,实际补充流动资金3180.28万元,差额998.72万元,系公司募集资金净额较计划数减少所致。

综上所述,公司募集资金2000年实际执行情况除加强全国营销服务网络因特殊原因外,其他投资项目均是按照招股说明书披露的使用计划投入使用。另因公司募集资金的投资项目大部分属基本建设投入,经济效益在项目投产时方能体现。

(3)截止2000年12月31日,公司募集资金尚未投入的资金金额为32,865.53万元,现存放于公司银行帐户和国债投资上。

4、经营环境、政策法规对公司的影响

2001年及未来几年内,公司在生产经营环境、宏观政策、法规等方面将面临国内外三方面的影响:一、WTO的加入,我们将不可避免地直面各种外资及各种新思维前所未有的挑战,企业间的竞争将日益透明化,同时我们也面临着巨大的发展机遇。公司产品的使用客户所属的行业,诸如电信、金融、高速公路等都是未来发展的朝阳行业,为在竞争中求生存,公司势必在经营模式、发展理念、服务手段等方面作出相应的改变。二、公司所处地域为福建沿海,与台湾一水之隔,如果海峡两岸"三通"取得实质性的进展,台湾电子行业的先进技术及雄厚的资金实力,对企业竞争的影响力不容忽视,同时也带来了合作的机会。三、党中央制定了国民经济和社会发展第十个五年计划纲要,通过其中所阐述的五年发展思路,可以预见,未来五年内,随着各种制度的完善及健全,企业的外部环境也将越来越趋于良性发展,公司将依托资本市场,做强做大。

5、新年度业务发展计划

2001年是实施"十五"计划的第一年,我们确定2001年的年度方针为"转变观念,把握机遇,加强创新能力与服务水平,以求显著提高本年度经营业绩,促进公司整体实力与竞争能力较大提升。"

在2001年,我们主要做好以下工作:

(1)为求2001年度有良好的经营业绩,要尽量拓展与提升公司主营业务,为此我们要着力于完善金融端末设备产品线,提高产品竞争力,扩大市场占有率;继续扩大移动系统集成及高速公路计费、通信、监控系统业务,争取形成移动通讯支撑网络系列软件产品和全套高速公路信息系统软件产品;并以积极、谨慎的态度,寻找机会,推出其它种类新产品,以求形成新的经济增长点。同时还要开展代理国内外产品的业务,扩大自有品牌产品的代理商,以求较快扩大经营规模与效益。继续承接国外电子产品加工业务,扩大出口量。

(2)大力加强研发和应用研究,完善技术创新体系。公司核心竞争力表现在"将市场需求快速转化成产品、服务与效益的能力",我们要继续坚持市场导向战略,继续采用与用户协作开发产品的形式,以市场研究带动技术创新。

(3)提升市场策划水平,加强总行工作及客户服务,是2001年营销体系建设的重点。为此,我们要密切跟踪各总行、移动总公司、各部委动态,做好相应的商务工作及产品入围工作,争取获得大订单。此外,我们还要培养和壮大核心客户群,加大客户资源管理的力度,并使该项工作制度化。

(4)进一步完善人力资源体系,加强干部队伍的培养与考核,同时还将有三个重要的举措出台:

1.调整公司薪资结构,设立岗位工资,提高司龄工资;

2.实施员工考核制度,以规范员工劳务管理;

3.开始试行员工职业生涯规划,将员工个人事业的发展纳入企业的发展目标中。

(5)导入现代化管理手段,提高管理平台。质量是产品的生命线,ISO9001管理体系的导入使公司质量管理工作上了一个新的台阶,也是公司走向规范化管理的重要里程碑。今年,我们将对ISO9001质量体系作进一步的改进和完善,使之更适合公司新的组织架构,更贴近日常真实的经营过程。

6、董事会日常工作情况

(1)董事会的会议情况及决议内容

报告期内,公司董事会共召开10次董事会议。

--2000年1月8日召开了会议,审议通过了《关于提取资产减值准备和损失处理的内部控制制度》、《关于计提资产减值准备的报告》。

--2000年1月18日召开了会议,审议通过了《福建新大陆电脑股份有限公司1999年度董事会工作报告》、《福建新大陆电脑股份有限公司1999年度总经理业务报告》、《福建新大陆电脑股份有限公司1999年度财务决算和2000年度财务预算报告》、《福建新大陆电脑股份有限公司1999年度利润分配预案》,决定于2000年3月8日召开1999年度股东大会。

--2000年4月11日召开了会议,审议通过了《关于公司与福建三木集团股份有限公司向银行借款互为提供信用担保的决议》。

--2000年4月24日召开了会议,审议通过了《关于公司为福建创识科技集团有限公司贷款提供担保的决议》。

--2000年4月25日召开了会议,审议通过了《关于公司向福州市工行南门支行申请短期流动资金借款额度的决议》。

--2000年5月30日召开了会议,审议通过了《关于增加公司经营范围并修改章程的决议》、《关于投资设立北京智通科创信息技术有限公司的决议》、《关于修改公司<章程(修正案)>的决议》、《关于调整公司公开发行股票并上市有关事宜的决议》、决定于2000年6月30日召开临时股东大会。

--2000年6月6日召开了会议,审议通过了《关于公司向中国光大银行福州支行申请增加贷款授信额度并贷款的决议》、《关于公司向福州市商业银行乌山支行申请流动资金贷款的决议》。

--2000年6月26日召开了会议,审议通过了《关于公司向福州市工行南门支行申请流动资金借款的决议》。

--2000年7月27日召开了会议,审议通过了《关于变更公司注册资本的决议》。

--2000年10月24日召开了会议,审议通过了《关于同意设立沈阳办事处的决议》。

(2)董事会对股东大会决议的执行情况

1.根据1999年度股东大会决议,公司董事会实施组织了1999年度利润分配工作,每10股派发2元(含税),共派发现金17,000,000.00元。

2.根据2000年度临时股东大会决议,公司董事会修改了公司章程,增加了经营范围。

3.根据1999年度临时股东大会决议,公司于2000年7月20–30日成功发行3100万股社会公众股,并于2000年8月7日在深圳证券交易所挂牌交易。

7、公司管理层及员工情况

(1)董事、监事、高级管理人员情况

胡 钢,男,43岁,任期1999年6月至2002年6月,本公司董事长,未持有公司股票,未在本公司领取报酬。

王 晶,女,43岁,任期1999年6月至2002年6月,本公司副董事长,未持有公司股票,未在本公司领取报酬。

林学杰,男,41岁,任期1999年6月至2002年6月,本公司董事、总经理,未持有公司股票,在本公司领取报酬,年薪为36,077元。

高秀英,女,45岁,任期1999年6月至2002年6月,本公司董事、财务总监,未持有公司股票,在本公司领取报酬,年薪为36,068元。

郭承瀚,男,48岁,任期1999年6月至2002年6月,本公司董事,未持有公司股票,在本公司领取报酬,年薪为32,966元。

许成建,男,41岁,任期1999年6月至2002年6月,本公司监事会召集人,年初持有公司股票1000股,年末持股数量未发生变化。在本公司领取报酬,年薪为29,894元。

齐闽昌,男,48岁,任期1999年6月至2002年6月,本公司监事,未持有公司股票,未在本公司领取报酬。

李劭君,女,33岁,任期1999年6月至2002年6月,本公司监事,未持有公司股票,在本公司领取报酬,年薪为33,999元。

卢 杨,女,48岁,任期1999年6月至2002年6月,本公司副总经理,未持有公司股票,在本公司领取报酬,年薪为34,649元。

李祖荣,男,42岁,任期1999年6月至2002年6月,本公司董事会秘书,未持有公司股票,在本公司领取报酬,年薪为27,926元。

报告期内,董事:胡钢、王晶;监事:齐闽昌不在公司领取报酬。公司董事林学杰、高秀英、郭承瀚,监事许成建、李劭君和高级管理人员卢杨、李祖荣在公司领取报酬。公司董事、监事、高级管理人员年度报酬总额为231,579元。

(2)公司员工的数量、专业构成,教育程度及退休职工人数情况:

截止报告期末,公司员工总数为587人,其中生产人员100人,销售人员153人,技术人员252人,财务人员18人,行政人员64人;研究生以上88人,本科学历399人,专科学历35人,其他65人;按职称分类,高级职称18人,中级职称112人,初级职称364人,其他93人。本公司无离退休人员。

8、本年度利润分配预案及预计下一年度利润分配政策

(1)公司2000年度实现净利润39,859,184.53元,提取法定公积金10%计3,985,918.45元,提取法定公益金5%计1,992,959.23元,2000年度可供股东分配的利润为33,880,306.85元。经董事会研究提出本年度向全体股东按每10股派送现金红利2.50元(含税)的预案,该预案将提交股东大会审议。

(2)2001年利润分配政策

预计2001年年度公司分配股利1-2次,2001年实现净利润用于股利分配的比例为10%-70%,2000年度末分配利润主要用于下一年度股利分配。分配主要采用派发现金、送红股及公积金转增相结合的形式,现金股息占股利分配的比例为20%–80%,具体分配方案依实际情况由董事会提出预案,报股东大会审议决定。公司董事会保留根据公司发展及当年盈利情况,对分配政策做出调整的权利。

9、报告期内公司选定的信息披露报纸为《证券时报》、《中国证券报》。

(六)监事会报告

2000年,公司监事会根据《公司法》、公司章程和国家有关法律、法规的规定,本着对公司全体股东负责的原则,监督公司法人治理规范运作,强化自身建设。

1、报告期内共召开一次监事会会议。

2000年1月19日召开了会议,审议通过了《公司监事会工作规则》、《公司1999年度监事会工作报告》、《关于对公司计提资产减值准备和损失处理工作监督情况的报告》。

2、对公司2000年工作,监事会发表如下独立意见

(1)报告期内,监事会依照国家有关法律、法规以及《公司章程》的有关规定对公司的依法运作情况进行了日常的检查和监督,公司董事、经理、高级管理人员执行公司职务过程中,认真贯彻落实股东大会决议,按照上市公司要求规范公司的经营活动,未发现有违反法律、法规和违背《公司章程》或损害公司及股东利益的行为。

(2)对公司财务进行了日常审计与监督,按照"三分开"的原则,公司建立有独立财务帐册,并设有独立财务人员。公司稳健经营,在2000年取得良好的经营业绩,整体竞争实力进一步增强,这有赖于公司董事和经营层高度敬业和积极进取的精神。厦门天健华天有限责任会计师事务所对公司2000年度财务报告进行了审计,出具了无保留意见的审计报告,公司监事会认为,财务报告真实地反映了公司的财务状况和经营结果。

(3)公司监事会对公司股票发行所募集资金的使用情况进行了检查,2000年7月20日公司向社会公众公开发行股票3100万股,发行价格为15.88元,共募集资金49228万元,扣除发行费用2247.72万元,实际募集资金净额为46980.28万元。其中:计入股本3100万元、计入资本公积43880.28万元。募集资金已于2000年7月27日到帐。公司按照《招股说明书》的承诺投资项目计划进行投资,截止2000年12月31日,已投入14,114.75万元,报告期内,没有变更募股资金用途。

(4)报告期内,公司未发生收购、出售资产事项,未发现有内幕交易行为及损害部分股东权益或造成公司资产流失现象发生。关联交易行为公平、合理,未发现有损害上市公司利益情况。

(七)重要事项

1、重大诉讼、仲裁事项。

本公司于2000年9月14日接到福州市中级人民法院传票及应诉通知书,福州市中级人民法院已受理中国农业银行马尾支行诉福州生洋油料有限公司借款合同纠纷一案,中国农业银行马尾

支行请求判令:福州生洋油料有限公司返还原告贷款本金 270 万美元,并支付至实际还款日止的利息及加息;本公司对被告福州生洋油料有限公司尚欠原告的款项承担连带还款责任。关于本项法律潜在纠纷,本公司已在《福建新大陆电脑股份有限公司招股说明书》,2000 年 7 月 18 日《证券时报》、《中国证券报》、《上海证券报》上刊登的本公司《招股说明书概要》以及 2000 年 9 月 15 日《证券时报》、《中国证券报》上刊登的本公司《重大事项公告》中作了风险提示及详细披露。本公司将视案件审理的进展情况继续履行信息披露义务。

2、报告期内公司董事及高级管理人员无受监管部门处罚情况。

3、报告期内公司控股股东未发生变更,公司董事会成员未发生变动,公司总经理、公司董事会秘书未发生变更、解聘。

4、报告期内公司未发生收购及出售资产、吸收合并事项。

5、报告期内,公司无重大关联交易事项。

6、公司与控股股东在人员、资产、财务"三分开"情况。

本公司与控股股东福建省新大陆发展有限公司在人员、资产、财务上严格遵守"三分开"的原则,即人员独立、资产完整、财务独立。

(1)在人员方面,公司拥有独立的劳动、人事及工资管理体系,适应股份公司的管理要求。总经理、副总经理及其他高级管理人员均在公司领取报酬,并且未在股东单位任职。

(2)在资产方面,公司于成立之初即建立了独立的产、供、销体系,具有面向市场竞争的独立经营能力。对于目前存在的公司与股东之间的关联交易,公司通过与股东按市场公正、公平的原则予以明确和规范。同时控股股东还与本公司签订了《避免同业竞争协议》。

(3)在财务方面,公司设立了独立的财务部门,建立了独立的财务核算体系,具有规范、独立的会计制度和对分公司、子公司的财务管理制度。公司开设了独立的银行帐户,独立纳税。 7、报告期内未发生托管、承包、租赁其他公司资产事项,也未发生其他公司托管、承包、租赁本公司资产事项。

8、聘任会计师事务所情况

拟聘请厦门天健华天有限责任会计师事务所(原厦门天健会计师事务所有限公司)为公司审计,聘期一年。此项议案尚需经 2000 年度股东大会批准通过。

9、报告期内公司为其他单位提供贷款担保的情况如下:

序号	被担保单位	担保期限	担保金额
1	福州生洋油料有限公司	1998/07/23-1998/10/23	USD160 万
2	福州生洋油料有限公司	1998/09/03-1998/10/23	USD110 万
3	福建创识科技集团公司	2000/05/25-2001/05/25	RMB1000 万
合 计		-	USD270 万 RMB1000 万

注:(1)以上第 1、2 两项担保事项均已超过担保期限,本公司提供贷款担保的同时,取得了福建福强精密印刷线路板有限公司的反担保。本公司于 2000 年 9 月 14 日接到福州市中级人民法院传票及应诉通知书,福州市中级人民法院已受理中国农业银行马尾支行诉福州生洋油料有限公司借款合同纠纷一案,本公司对被告福州生洋油料有限公司尚欠原告的款项承担连带还款责任。诉讼情况请见(七)重要事项部分。

注:(2)公司与福建创识科技集团公司互相提供信用担保,公司目前为福建创识科技集团公司提供人民币 1000 万元的担保,合同未到期。

(八)财务会计报告

1、审计报告

审 计 报 告

厦门天健华天所审(2001)GF 字第 5023 号

福建新大陆电脑股份有限公司全体股东:

我们接受委托,审计了贵公司 2000 年 12 月 31 日的资产负债表和合并资产负债表、2000 年度的利润表和利润分配表和合并利润表和利润分配表、2000 年度的现金流量表和合并现金流量表。这些会计报表由贵公司负责,我们的责任是对这些会计报表发表审计意见。我们的审计是依据中国注册会计师独立审计准则进行的。在审计过程中,我们结合贵公司实际情况,实施了包括抽查会计记录等我们认为必要的审计程序。

我们认为,上述会计报表符合《企业会计准则》和《股份有限公司会计制度》的有关规定,在所有重大方面公允地反映了贵公司 2000 年 12 月 31 日的财务状况、 2000 年度的经营成果和 2000 年度的现金流量情况,会计处理方法的选用遵循了一贯性原则。

厦门天健华天有限责任会计师事务所　　中国注册会计师:徐珊、涂振连

中国　　厦门　　二〇〇一年三月十五日

2、会计报表(附后)

3、会计报表附注

附注一、公司简介

本公司系由福建新大陆电脑有限公司(以下简称"有限公司")变更设立,公司历史沿革如下:

有限公司系由福建省新大陆发展有限公司和林学杰等 17 个自然人共同发起,于 1994 年 4 月 20 日成立,注册资本人民币 150 万元,其中:福建省新大陆发展有限公司出资 76.5 万元,占 51%;林学杰等 17 人出资 73.5 万元,占 49%。工商登记注册号 15458615-5,法定代表人:胡钢。

1995 年 3 月有限公司增加福建新大陆生物技术有限公司为新股东,福建新大陆生物技术有限公司出资 45 万元;原 17 个自然人股东将全部股权转让给福建省新大陆发展有限公司,福建省新大陆发展有限公司追加投入资本金 255 万元,累计出资 405 万元。有限公司的注册资本由原 150 万元增至 450 万元,福建省新大陆发展有限公司占 90%;福建新大陆生物技术有限公司占 10%。

1997 年 5 月有限公司增资,由福建省新大陆发展有限公司和福建新大陆生物技术有限公司分别增加投入资本金 1935 万元和 215 万元。增资后,有限公司注册资本由原 450 万元增至 2600 万元,股权比例不变。

1998 年 6 月有限公司以盈余公积 1300 万元转增资本,同时福建省新大陆发展有限公司和福建新大陆生物技术有限公司分别增加投入资本金 990 万元和 110 万元。增资后,有限公司注册资本由原 2600 万元增至 5000 万元,股权比例不变。

1998 年 7 月福建省新大陆发展有限公司出让其持有的有限公司 11.2%股权给福建新大陆药业有限公司(6%)、福建新大陆光电薄膜有限公司(2%)、福州开发区新大陆置业有限公司(2%)和北京科希盟科技集团(1.2%)。股权转让后,注册资本仍为人民币 5000 万元,其中:福建省新大陆发展有限公司占 78.8%,福建新大陆生物技术有限公司占 10%,福建新大陆药业有限公司占 6%,福建新大陆光电薄膜有限公司占 2%,福州开发区新大陆置业有限公司占 2%,北京科希盟科技集团占 1.2%。

有限公司自 1994 年成立以来,一直致力于卡系列机具和金融、通信等行业应用软件的开发及服务。公司先后有 3 个科研项目被列为国家级火炬计划项目(其中 1 项为国家重点项目),有一项被列为国家"九五"重点攻关项目,共获 6 项国家专利,有 4 项产品填补国内空白,4 项产品列为国家重点新产品,2 项产品列入国家级科技成果推广项目计划。

有限公司 1996 年 8 月被原国家科委火炬计划办公室认定为全国首批"国家重点高新技术企业"(证书号:Q9635037);据电子工业部计算机与微电子发展研究中心市场信息研究中心(CCID-MIC)1997 年度报告,有限公司已成为全国三大终端生产厂家之一;1998 年被原国家科委确认为"国家火炬计划闽东南电子与信息产业基地"首批骨干企业、全国火炬先进集体;1999 年 2 月被科学技术部认定为国家火炬计划软件产业基地"福州软件园"骨干企业;1999 年被国家信息产业部评为"电子百强",成为国内最主要的卡系列机具供应商之一和金融、通信等行业较有影响的应用软件开发商和服务商。

1999 年 4 月 22 日经国家对外贸易经济合作部[1999]外经贸政审函字第 795 号文批准同意有限公司经营进出口业务。

1999 年 6 月 8 日经福建省人民政府闽政体股[1999]10 号文批准同意,有限公司变更设立为股份有限公司,1999 年 6 月 28 日领取了注册号为 3500001002064 的企业法人营业执照,注册资本人民币 8500 万元。

2000 年 7 月 17 日,经中国证券监督管理委员会证监发行字[2000]103 号文《关于核准福建新大陆电脑股份有限公司公开发行股票的通知》的核准,同意本公司利用深圳证券交易所系统,采用上网定价发行的方式向社会公开发行人民币普通股 3100 万股,股票面值:人民币 1 元。2000 年 7 月 20 日本公司向社会公开发行的普通股 3100 万股在深圳证券交易所上网定价发行, 每股发行价格:人民币 15.88 元,2000 年 8 月 7 日正式挂牌交易。本次公开发行后,本公司总股本增至 11600 万元。

本公司经营范围:电子计算机及其外部设备的制造、销售、租赁,对电子产品行业的投资,电子计算机技术服务,信息服务;公路计算机收费、监控、系统设计、咨询及安装调试;经营本企业生产、科研所需的原辅材料,经营本企业自产产品及相关技术的出口业务,机械设备、仪器仪表、零配件及相关技术的进口业务;经营本企业的进料加工和"三来一补"业务。

附注三、税 项

本公司应纳税项列示如下:

1、流转税

税 种	税 基	税 率
营业税	软件服务收入	5%
营业税	工程安装收入	3%
增值税	应税产品销售收入	17%

附加税费:

(1)基础设施费附加	应交增值税额×5%	应交营业税额×5%
(2)社会事业发展费	营业收入×2‰	
(3)城市维护建设税	应交增值税额×7%	应交营业税额×7%
(4)教育费附加	应交增值税额×4%	应交营业税额×4%

注:根据《国务院关于印发鼓励软件产业和集成电路产业发展若干政策的通知》(国发[2000]18 号文)和《关于鼓励软件产业和集成电路产业发展有关税收政策问题的通知》(闽国税发[2000]107 号文),本公司自行开发生产的软件产品的销售,按 17%的法定税率征收增值税后,对增值税实际税负超过 3%的部分实行即征即退政策。

2、企业所得税

1996 年 3 月,根据福建省科委闽科新(1996)7 号文,本公司被认定为"高新技术企业"。本公司是国务院批准的高新技术产业开发区-福州市科技园区的入园企业。同年 8 月,本公司被国家科委火炬计划办公室认定为全国首批"国家重点高新技术企业"。根据财政部、国家税务总局财税字(94)001 号《关于企业所得税若干优惠政策的通知》和福建省财政厅闽财税政[1994]14 号《关于企业所得税若干优惠政策衔接问题的通知》,本公司 1996 年、1997 年免征企业所得税,1998 年、1999 年和 2000 年按 15%税率减半征收企业所得税,实际税负为 7.5%。

本公司控股子公司北京义驰美迪技术开发有限责任公司是经批准的北京市新技术产业开发实验区新技术企业,适用税率为 15%。

本公司控股子公司福建中安电子技术有限公司是国务院批准的高新技术产业开发区-福州市科技园区的入园企业,减按 15%的税率征收企业所得税。

本公司控股子公司南京东富石油自动化设备有限公司企业所得税税率为 33%。

3、个人所得税

员工个人所得税由本公司代扣代缴。

附注四、控股子公司

本公司控股子公司基本情况如下:

公司名称	注册地	法定代表人	公司经营范围
北京义驰美迪技术开发有限责任公司	北京	王晶	技术开发、技术转让、技术咨询、技术服务;销售本公司开发后的产品、计算机软硬件、仪器仪表(未取得专项许可的除外)。
福建中安电子技术有限公司	福州	胡钢	研究、开发、销售电子产品、高科技产品;提供相关的技术、信息咨询服务;网络工程施工。
南京东富石油自动化设备有限公司	南京	林学杰	石油自动化设备及其配套设施的制造、销售、技术服务;研究、开发、销售高科技产品,提供高科技技术、信息咨询服务。

公司名称	注册资本(万元)	拥有股权比例
北京义驰美迪技术开发有限责任公司	500	51.4%
福建中安电子技术有限公司	500	60%
南京东富石油自动化设备有限公司	400	51%

附注五、会计报表主要项目注释

以下对比较合并资产负债表、合并利润表和合并现金流量表的主要项目进行注释(母公司会计报表项目注释将予特别注明)。

1、货币资金

货币资金明细项目列示如下:

项 目	年初数	年末数
现金	271,965.91	251,065.11
银行存款	14,972,702.65	322,296,483.60
其他货币资金	600,000.00	18,000.00
合计	15,844,668.56	322,565,548.71

注: 货币资金年末数比年初数增加了 30,672 万元, 主要为本年发行社会公众股募集资金所致。

2、短期投资

短期投资年末数 100,583,814.37 元,全部为债券投资。明细项目列示如下:

种 类	数量	购入均价	成交金额	2000.12.31 收盘价
99 国债(5)	568080 手	99.72	56,649,759.51	99.85
99 国债(8)	439830 手	99.89	43,934,054.86	99.94
合计	-	-	100,583,814.37	-

注:2000 年 12 月 31 日收盘价高于购入均价,因此不需计提短期投资跌价准备。

3、应收账款

应收账款账龄分析列示如下:

账 龄	年初数		年末数	
	金额	比例(%)	金额	比例(%)
1 年以内	43,915,026.65	83.22	66,463,663.91	91.45
1-2 年	6,444,752.00	12.21	4,469,287.82	6.15
2-3 年	980,305.00	1.86	311,414.00	0.43
3 年以上	1,430,724.00	2.71	1,431,075.00	1.97
合 计	52,770,807.65	100.00	72,675,440.73	100.00

注: (1)三年以上的应收账款主要为银行和保险公司等客户欠款。

(2)无持有本公司 5%(含 5%)以上股份的股东单位欠款。

(3)应收账款金额最大的前五家列示如下:

序号	单位名称	所欠金额	欠款发生年份	欠款原因

1	长沙三金电子有限公司	8,350,000.00	1999-2000年	货款
2	广州市中望商业机器有限公司	6,784,882.80	2000年	货款
3	福建八方科技发展有限公司	4,040,000.00	2000年	货款
4	福建省移动通信有限公司	3,900,099.20	1999-2000年	货款
5	香港金泰力威有限公司	3,205,125.16	2000年	货款

(4)应收账款年末数比年初数增加了37.72%,主要原因为销售额增加,应收销货款相应增加。
(5)截至2001年2月21日已收回货款2188万元。

4、其他应收款

其他应收款账龄分析列示如下:

账龄	年初数		年末数	
	金额	比例(%)	金额	比例(%)
1年以内	20,013,682.19	95.78	39,867,968.26	97.53
1-2年	757,169.20	3.62	641,885.07	1.57
2-3年	125,467.10	0.60	333,153.55	0.81
3年以上	-	-	35,945.98	0.09
合计	20,896,318.49	100.00	40,878,952.86	100.00

注:(1)其他应收款金额最大的前五家列示如下:

序号	单位名称	所欠金额	欠款发生年份	欠款原因
1	福建八方科技发展有限公司	15,500,000.00	2000年	资金往来
2	南京东潮工贸公司	5,000,000.00	2000年	关联往来
3	福建三强投资有限公司	5,000,000.00	2000年	资金往来
4	福建福强精密印制线路有限公司	3,000,000.00	2000年	资金往来
5	北京索达兴业科技有限公司	2,930,074.52	2000年	资金往来

(2)关联往来情况见附注六之二。

(3)其他应收款年末数比年初数增加了95.63%,主要原因为增加应收福建八方科技发展有限公司资金往来款1550万元。

5、坏账准备

坏账准备年末余额1,341,312.91元,计提情况如下:

账龄	金额	计提比例(%)	坏账准备
应收账款			
1年以内	66,463,663.91	0.00	-
1-2年	4,469,287.82	10.00	446,928.78
2-3年	311,414.00	15.00	46,712.10
3年以上	1,431,075.00	50.00	715,537.50
小计	72,675,440.73	-	1,209,178.38
其他应收款			
1年以内	39,867,968.26	0.00	-
1-2年	641,885.07	10.00	64,188.51
2-3年	333,153.55	15.00	49,973.03
3年以上	35,945.98	50.00	17,972.99
小计	40,878,952.86	-	132,134.53
合计	113,554,393.59	-	1,341,312.91

注:由于本公司应收账款主要客户为各商业银行、保险公司、移动通信局、邮政局等单位,均有着良好的信誉,从本公司这几年的应收款项回收情况分析,一年以内的应收款项属于正常的收款期限,按本公司目前的坏账准备计提政策进行计算的结果已较稳健反映本公司实际坏账情况,因此对一年以内的应收款项未计提坏账准备。

6、预付账款

预付账款账龄分析列示如下:

账龄	年初数		年末数	
	金额	比例(%)	金额	比例(%)
1年以内	62,732,686.41	95.82	50,452,178.29	93.33
1-2年	1,644,357.42	2.51	2,422,772.64	4.48
2-3年	420,460.56	0.64	537,265.58	0.99
3年以上	675,140.74	1.03	647,137.50	1.20
合计	65,472,645.13	100.00	54,059,354.01	100.00

注:(1)无持有本公司5%(含5%)以上股份的股东单位欠款;

(2)预付账款金额最大的前五家列示如下:

序号	单位名称	所欠金额	欠款发生年份	欠款原因
1	福建省华闽进出口公司	19,472,294.22	2000年	购货款
2	福建八方科技发展有限公司	15,567,961.18	2000年	购货款
3	福州仓山年星电子有限公司	2,334,981.77	2000年	购货款
4	北京天宇恒通计算机技术有限公司	1,544,400.00	2000年	购货款
5	深圳山田组企业管理顾问公司	1,500,000.00	2000年	购货款

7、应收补贴款

应收补贴款年末余额1,650,741.70元,系应收出口增值税退税款。

8、存货

存货明细项目列示如下:

项目	年初数		年末数	
	金额	跌价准备	金额	跌价准备
原材料	11,773,605.68	-	13,691,061.92	-
低值易耗品	55,706.23	-	62,414.89	-
自制半成品	5,557,753.89	-	4,517,357.13	-
在产品	1,511,105.04	-	7,142,278.59	-
产成品	10,618,330.23	-	24,335,265.21	-
库存商品	25,355,451.31	-	28,504,055.75	-
辅助材料	1,787.99	-	-	-
包装物	7,512.81	-	-	-
合计	54,881,253.18	-	78,252,433.49	-

(1)公司2000年12月末存货跌价准备均为零的原因为:本公司采取以销定产的方式组织生产与购货,在2000年12月末这个时点存货无毁损、陈旧过时的情况,本公司各项存货成本低于其可变现净值。

(2)存货年末数比年初数增加了42%,主要原因为本公司控股子公司南京东富石油自动化设备有限公司产销量比上年有较大幅度增加,库存量相应增加所致。

9、长期股权投资

2000年12月31日,本公司合并抵销后的长期投资为对福州城市合作银行和北京智通科创信息技术有限公司的股权投资,福州城市合作银行目前该行经营情况良好,北京智通科创信息技术有限公司尚处于开办期,对其投资未出现减值迹象,故本公司未计提长期投资减值准备。

(2)长期股权投资年末数比年初数增加42.51%,原因为本年新增对北京智通科创信息技术有限公司的股权投资。

10、固定资产及折旧

固定资产原价及其累计折旧本年增减变动情况列示如下:

固定资产类别	年初数	本年增加	本年减少	年末数
原值				
机器设备	11,816,956.91	206,842.00	-	12,023,798.91
运输工具	1,896,719.55	1,250,212.35	-	3,146,931.90
通讯设备	709,271.52	51,098.00	-	801,320.02
电脑及外部设备	2,251,366.96	1,941,084.55	13,974.77	4,642,252.74
办公设备	1,685,820.46	316,444.42	162,167.10	1,335,371.28
合计	18,360,135.40	3,765,681.32	176,141.87	21,949,674.85
累计折旧				
机器设备	2,729,672.74	1,262,904.19	-	3,992,576.93
运输工具	678,794.47	387,781.18	-	1,066,575.65
通讯设备	385,056.43	140,052.25	-	552,390.50
电脑及外部设备	930,168.07	642,009.80	4,521.76	1,699,959.88
办公设备	524,489.05	235,707.67	24,861.78	575,749.35
合计	5,248,180.76	2,668,455.09	29,383.54	7,887,252.31
净值	13,111,954.64	-	-	14,062,422.54

母公司固定资产原价及其累计折旧本年增减变动情况列示如下:

固定资产类别	年初数	本年增加	本年减少	年末数
原值				
机器设备	11,030,221.91	168,212.00	-	11,198,433.91
运输工具	1,719,162.55	811,499.00	-	2,530,661.55
通讯设备	633,675.52	25,142.00	-	658,817.52
电脑及外部设备	2,251,366.96	1,515,666.45	13,974.77	3,753,058.64
办公设备	700,627.92	133,576.50	-	834,204.42
合计	16,335,054.86	2,654,095.95	13,974.77	18,975,176.04
累计折旧				
机器设备	2,455,675.30	1,106,361.22	-	3,562,036.52
运输工具	587,718.82	333,393.96	-	921,112.78
通讯设备	353,788.28	113,834.66	-	467,622.94
电脑及外部设备	930,168.07	485,772.76	4,521.76	1,411,419.07
办公设备	266,190.02	135,936.04	-	402,126.06
合计	4,593,540.49	2,175,298.64	4,521.76	6,764,317.37
净值	11,741,514.37	-	-	12,210,858.67

11、在建工程

12、无形资产

无形资产本年增减变动情况如下:

项目	原始金额	年初数	本年增加	本年摊销	年末数	剩余摊销期限
开发部用软件	65,105.00	52,084.00	1,200.00	14,220.96	39,063.04	3年
ATZ系统	423,000.00	423,000.00	-	84,600.00	338,400.00	4年
汉字字型点阵使用权	90,000.00	-	90,000.00	1,500.00	88,500.00	4年
用友财务软件	16,462.02	16,462.02	-	4,167.62	12,294.40	4年
其他	1329.06	-	1,329.06	-	1,329.06	5年
合计	595,896.08	491,546.02	92,529.06	104,488.58	479,586.50	-

13、开办费

开办费本年增减变动情况列示如下:

项目	原始金额	年初数	本年增加	本年摊销	年末数	剩余摊销年限
福建中安电子技术有限公司开办费						
	999,066.25	375,031.77	624,034.48	99,906.62	899,159.63	4年6个月
合计	999,066.25	375,031.77	624,034.48	99,906.62	899,159.63	-

注:福建中安电子技术有限公司开办费从2000年7月开始摊销。

14、长期待摊费用

15、短期借款

短期借款年末余额为15,000,000.00元,明细项目列示如下:

项目	年初数	年末数	备注
担保借款	60,900,000.00	10,000,000.00	由福建创识科技集团提供担保
信用借款	-	5,000,000.00	-
合计	60,900,000.00	15,000,000.00	-

注:短期借款年末数比年初数减少了4590万元,原因为本年到期的短期借款均已归还。

16、应付账款

应付账款年末余额27,532,342.33元,其中无欠持本公司5%(含5%)以上股份的股东单位的款项。

应付账款年末数比年初数增加了85.26%,主要原因为商品采购量增加,应付购货款相应增加。

17、预收账款

预收账款年末余额8,284,690.85元,其中无欠持本公司5%(含5%)以上股份的股东单位的款项,无一年以上大额预收款。

预收账款年末数比年初数增加了约620万元,原因为销售订单增加,预收客户货款相应增加。

18、应付股利

应付股利年末余额29,000,000.00元,详见注释26。

19、未交税金

未交税金明细项目列示如下:

项目	年初数	年末数
增值税	1,742,211.70	3,654,021.56
营业税	539,713.72	295,534.85
城建税	265,105.60	199,397.01
印花税	16,728.84	347,734.93
个人所得税	-	81,299.00
企业所得税	-1,428,351.59	2,423,702.35
合计	1,135,408.27	7,001,689.70

注:未交税金年末数比年初数增加了约580万元,主要原因为本年度利润总额比上年度增加了33.5%,计提的企业所得税相应增加。

20、其他未交款

其他未交款明细项目如下:

项目	年初数	年末数
教育费附加	122,338.68	109,371.73
基础设施附加费	65,878.08	-
社会事业发展费	-	132,869.44
合计	188,216.76	242,241.17

21、其他应付款

其他应付款年末余额18,944,337.37元,账龄均在一年以内,其中应付关联方的款项见附注六。

其他应付款年末数比年初数增加了65.45%,主要原因为增加应付关联方福建省新大陆发展有限公司的资金往来款约600万元。

22、预提费用

预提费用明细项目列示如下：

项目	年初数	年末数	结存原因
租赁费	22,000.00	38,118.55	按合同约定预计
水电费	37,852.40	15,819.25	2000年12月份水电费
其他	2,450.00	6,500.00	-
合计	62,302.40	60,437.80	-

23、一年内到期的长期负债

24、长期应付款

25、少数股东权益

26、股本

股本年末余额为116,000,000.00元，本年度变动情况如下： 单位：万股

项目	年初数	本年增减变动(+,-) 送股	其他	小计	年末数
一.尚未流通股份					
1.发起人股份	8500	-	-	-	8500
其中：					
国家拥有股份	-	-	-	-	-
境内法人持有股份	8500	-	-	-	8500
外资法人持有股份	-	-	-	-	-
其他	-	-	-	-	-
2.募集法人股	-	-	-	-	-
3.内部职工股	-	-	-	-	-
4.公众股	-	-	-	-	-
尚未流通股份合计	8500				8500
二.已流通股份					
1.境内上市的人民币普通股	-	-	3100	-	3100
2.境内上市的外资股	-	-	-	-	-
3.境外上市的外资股	-	-	-	-	-
4.其他	-	-	-	-	-
已流通股份合计	-	-	3100	-	3100
股份总数	8500	-	3100	-	11600

法人股股东持股情况如下：

股东名称	持有法人股股份(万股)	占总股本比例(%)
福建省新大陆发展有限公司	6,698	57.74
福建新大陆生物技术股份有限公司	850	7.33
福建新大陆药业有限公司	510	4.40
福建新大陆光电薄膜有限公司	170	1.46
福州开发区新大陆置业有限公司	170	1.46
北京科希盟科技集团	102	0.88
合计	8,500	73.27

注：经证监会核准2000年7月20日本公司在深圳证券交易所以上网定价发行方式向社会公开发行人民币普通股3100万股，共募集资金492,280,000.00元，扣除因本次募股发生的相关费用22,477,198.57元后，实际募集资金469,802,801.43元，其中：计入股本31,000,000.00元，计入资本公积438,802,801.43元。发行后的股本已经厦门天健会计师事务所厦门天健所验(2000)GF字第5008号验资报告验证。

27、资本公积

资本公积年末数438,889,549.03元，明细项目列示如下：

项目	金额	备注
发行社会公众股股本溢价	438,802,801.43	详见注释26
有限公司变更为股份有限公司时的折股差额	46,134.50	
有效申购利息收入	40,613.10	
合计	438,889,549.03	

28、盈余公积

盈余公积年末数18,929,267.53元，明细项目列示如下：

项目	年初数	本期增加	本期减少	年末数
法定公积金	3,044,083.61	3,985,918.45	-	7,030,002.06
法定公益金	1,522,041.80	1,992,959.23	-	3,515,001.03
任意公积金	8,384,264.44	-	-	8,384,264.44
合计	12,950,389.85	5,978,877.68	-	18,929,267.53

29、未分配利润

未分配利润本年增减变动情况列示如下：

项目	本年数	上年数
本期净利润	39,859,184.53	30,440,836.08
加：年初未分配利润	-	-
可供分配的利润	39,859,184.53	30,440,836.08
减：提取法定公积金	3,985,918.45	3,044,083.61
提取法定公益金	1,992,959.23	1,522,041.80
可供股东分配的利润	33,880,306.85	25,874,710.67
减：应付优先股股利	-	-
提取任意公积金	-	8,874,710.67
应付普通股股利	29,000,000.00	17,000,000.00
年末未分配利润	4,880,306.85	-

本公司2000年度的利润分配预案为：按2000年度可供分配的利润分别提取10%和5%的法定公积金和法定公益金，向本公司全体股东派发现金股利，每10股派发现金2.50元(含税)，共派发现金29,000,000.00元，剩余利润4,880,306.85元结转以后年度分配。

30、主营业务收入、主营业务成本和毛利

主营业务收入、主营业务成本和毛利明细如下：

项目	本年数	上年数
主营业务收入		
卡系列机具	89,332,046.92	89,299,692.77
行业应用软件开发及服务	322,399,563.08	214,960,976.03
加油机税控装置	12,037,663.37	497,173.26
抵销关联交易	-6,491,757.41	
合计	417,277,515.96	304,757,842.06
主营业务成本		
卡系列机具	61,455,970.86	61,046,114.77
行业应用软件开发及服务	278,151,930.40	184,979,602.64
加油机税控装置	6,479,683.19	517,831.95
抵销关联交易	-6,491,757.41	
合计	339,595,827.04	246,543,549.36
毛利		
卡系列机具	27,876,076.06	28,253,578.00
行业应用软件开发及服务	44,247,632.68	29,981,373.39
加油机税控装置	5,557,980.18	-20,658.69
合计	77,681,688.92	58,214,292.70
毛利率		
卡系列机具	31.21%	31.64%
行业应用软件开发及服务	13.72%	13.95%
加油机税控装置	46.17%	-4.16%
综合毛利率	18.61%	19.10%

注：主营业务收入本年数比上年数增加了36.92%，主要原因为行业应用软件和加油机税控装置的销售比上年有较大幅度的增长。

母公司主营业务收入、主营业务成本和毛利明细如下：

项目	本年数	上年数
主营业务收入		
卡系列机具	89,332,046.92	89,299,692.77
行业应用软件开发及服务	317,251,462.73	212,592,493.30
合计	406,583,509.65	301,892,186.07
主营业务成本		
卡系列机具	61,455,970.86	61,046,114.77
行业应用软件开发及服务	275,859,590.99	184,605,155.58
合计	337,315,561.85	245,651,270.35
毛利		
卡系列机具	27,876,076.06	28,253,578.00
行业应用软件开发及服务	41,391,871.74	27,987,337.72
合计	69,267,947.80	56,240,915.72

31、其他业务利润

其他业务利润系材料销售产生的收益，具体如下：

项目	本年数	上年数
其他业务收入	100,198.77	178,989.76
其他业务成本	32,594.58	69,869.95
其他业务利润	67,604.19	109,119.81

32、财务费用

财务费用明细项目列示如下：

类别	本年数	上年数
利息支出	5,283,638.61	4,672,671.38
减：利息收入	1,917,164.17	118,500.16
汇兑损失	--	--
减：汇兑收益	--	--
银行手续费	19,468.47	13,100.06
合计	3,385,942.91	4,567,271.28

33、投资收益

投资收益明细项目列示如下：

项目	本年数	上年数
参股企业分利	99,000.00	352,000.00
股权投资差额摊销	-600,000.00	-50,000.00
合计	-501,000.00	302,000.00

母公司投资收益明细项目列示如下：

项目	本年数	上年数
参股企业分利	99,000.00	352,000.00
股权投资差额摊销	-600,000.00	-50,000.00
合并子公司投资收益	501,978.15	533,284.17
合计	978.15	835,284.17

34、补贴收入

补贴收入明细项目列示如下：

类别	本年数	上年数
财政扶持生产资金	40,000.00	1,900,000.00
科研项目拨款	-	1,150,000.00
增值税返还	1,838,013.33	273,000.00
合计	1,878,013.33	3,323,000.00

注：(1)福州市经济技术开发区财政局为扶持企业的发展，增强企业生产发展后劲，鼓励科研开发、创收、创利，1999年度、2000年度分别补贴本公司190万元、4万元作为企业生产发展基金。

(2)上年度的科研项目拨款系科技部科技型中小企业技术创新基金管理中心对本公司网络终端项目、移动通信支撑网应用软件商品化等项目的无偿拨款。

(3)软件产品销售原按5%征收营业税，从2000年开始，软件产品销售按17%征收增值税，根据国发[2000]18号文的有关规定(见附注三)，福州马尾经济开发区国家税务局将超税负的部分退回，款项均于2000年12月收到。

35、营业外收入

营业外收入明细项目列示如下：

类别	本年数	上年数
无效申购利息收入*	3,343,118.42	-
其他	3,889.28	12,447.58
合计	3,347,007.70	12,447.58

* 详见注释24。

36、少数股东本期损益

少数股东本年损益明细项目列示如下：

类别	本年数	上年数
北京义驰美迪技术开发有限责任公司	357,728.04	562,550.75
福建中安电子技术有限公司	-336,385.08	-
南京东富石油自动化设备有限公司	603,581.88	-440,111.08
合计	624,924.84	122,439.67

37、收到的其他与经营活动有关的现金

收到的其他与经营活动有关的现金20,291,984.89元，主要系收到福大新大陆科学园和福建省新大陆发展有限公司资金往来款分别为900万元和600万元。

38、支付的其他与经营活动有关的现金

支付的其他与经营活动有关的现金 50,495,241.88元，主要为支付福建八方科技发展有限公司、南京东潮工贸公司、福建三强投资有限公司、福建福强精密印制线路有限公司和北京索达兴业科技有限公司往来款3143万元(详见注释4)以及支付日常经营管理费用。

39、收到的其他与投资活动有关的现金

收到的其他与投资活动有关的现金1,838,738.55元，系银行存款利息收入。

40、支付的其他与投资活动有关的现金

支付的其他与投资活动有关的现金 150,548,854.73 元，主要为定期存款 150,000,000.00 元。

41、收到的其他与筹资活动有关的现金

收到的其他与筹资活动有关的现金 16,805,592.10 元，主要为 2000 年 7 月 20 日本公司在深圳交易所上网发行社会公众股取得的无效申购利息收入 16,715,592.10 元。

附注六、关联方关系及其交易

1、关联方关系

2、关联方往来款项余额

关联方往来款项余额明细项目列示如下：

项 目	关联方名称	年末数	年初数
1、福建新大陆电脑股份有限公司(母公司)			
其他应收款	福建新大陆经贸有限公司	159,274.50	163,824.00
其他应付款	福建省新大陆发展有限公司	6,087,887.86	110,616.11
2、福建中安电子技术有限公司			
其他应付款	福建新大陆药业有限公司	33,891.06	-
其他应付款	福建省新大陆发展有限公司	300,000.00	-
3、南京东富石油自动化设备有限公司			
其他应收款	南京东潮工贸公司	2,634,081.52	-

3、关联方交易

(1)2000 年 12 月本公司控股子公司福建中安电子技术有限公司向福建省新大陆发展有限公司购进货物，具体如下：

货物名称	数量	单价	金 额
金卡机芯	3000 套	149.57	448,717.91
读卡机芯	1500 套	555.56	833,333.33
合计	-	-	1,282,051.24

注：购入价接近市场价。

(2)本公司控股子公司南京东富石油自动化设备有限公司向南京东潮工贸公司销售商品，具体如下：

商品名称	收 入	成 本	毛 利
电池测试仪	28,044.60	28,044.60	-
SF222H 加油机	19,658.12	19,658.12	-
SF8 型加油机	142,877.51	142,877.51	-
SC 型加油机	5,641.02	5,641.02	-
SF111H 加油机	82,051.28	82,051.28	-
SF111HB 加油机	54,487.17	54,487.17	-
B 型测试仪	210,600.00	210,600.00	-
C 型测试仪	196,312.20	196,312.20	-
合 计	739,671.90	739,671.90	-

注：按购入价售出。

4、其他应披露的事项

(1)商标使用权

根据 1999 年 9 月 30 日本公司与福建省新大陆发展有限公司(母公司)签订的《商标使用许可合同》，福建省新大陆发展有限公司许可本公司无偿使用其依法拥有的注册商标("新大陆"中文、英文文字商标和图形商标)，许可期限自《商标使用许可合同》签订之日起至商标注册有效期满之日止。商标注册有效期届满时，福建省新大陆发展有限公司应当及时办理续展手续，每次续展后，本公司可无偿连续使用；若福建省新大陆发展有限公司不愿意办理续展手续，福建省新大陆发展有限公司应当将商标无偿转让给本公司。

(2)房屋租赁

根据 1999 年 7 月 1 日本公司与福建省新大陆发展有限公司(母公司)签订的《房屋租赁合同》，福建省新大陆发展有限公司将座落于福州市高桥路的阳光假日大酒店 14 层写字楼转租给本公司作为日常办公及软件开发场所。写字楼建筑面积 1448 平方米，租金标准为每月 45 元/平方米，每月租金总额计 65,160.00 元，租赁期限为 3 年(1999 年 7 月 1 日至 2002 年 6 月 30 日)。该转租合同已取得写字楼所有权人福州市台江区茶亭街道高桥村民委员会书面同意。

(3)主要管理人员报酬

2000 年度和 1999 年本公司支付给关键管理人员报酬分别为 139,760.00 元和 224,976.00 元。

附注七、或有事项

本公司为其他单位提供贷款担保的情况如下：

序号	被担保单位	担保期限	担保金额
1	福州生洋油料有限公司	1998/07/23-1998/10/23	USD 160 万
2	福州生洋油料有限公司	1998/09/03-1998/10/23	USD 110 万
3	福建创识科技集团公司	2000/05/25-2001/05/25	RMB1000 万
	合 计	-	USD 270 万 RMB1000 万

注：1、以上 1、2 两项担保事项均已超过担保期限，本公司提供贷款担保的同时，取得了福建福强精密印刷线路板有限公司的反担保。

2、有关借款人及反担保单位的情况如下：

A、借款人系在国家工商行政管理局登记注册之港商独资经营企业，注册资本 8180 万元人民币；经营范围为：保税油料(柴油、汽油、机油)的仓储、贸易、在保税区内从事石油制品加工；法定代表人：张灵敏。截止 1998 年 6 月 30 日，借款人的总资产为 237,709,383.14 元，负债为 174,447,611.67 元，净资产为 63,261,771.47 元。借款人最近的财务数据无法取得。

B、反担保人福建福强精密线路板有限公司(以下简称"福强公司")系在国家工商行政管理局登记注册之合资经营企业(港资)，营业执照注册号：企合闽总字第 003568 号；注册资本 4600 万元人民币；经营范围为：生产精密的双面和多层印制线路板；法定代表人：林万强。根据福强公司未经审计的会计报表，截止 2000 年 12 月 31 日，福建福强精密线路板有限公司的总资产为 179,014,572.35 元，负债为 127,562,750.13 元，净资产为 51,451,822.22 元。

附注八、承诺事项

本公司无未披露的重大承诺事项

附注九、资产负债表日后事项

本公司 2001 年 1 月 28 日到期的长期借款已于 2001 年 1 月按期归还。

附注十、其他重要事项

(1)2000 年 6 月 20 日本公司与北京恒银投资管理有限公司签订投资合同，拟共同投资设立"北京智通科创信息技术有限公司"。2000 年 7 月 4 日，北京智通科创信息技术有限公司成立，注册资本人民币 1000 万元，双方股东各持有 50%股权。本公司经营范围：技术开发、转让、服务、培训、咨询；销售开发后的产品、计算机软硬件及外围设备、机械电器设备。

本公司实质上未拥有北京智通科创信息技术有限公司的控制权，因此，不将其纳入会计报表的合并范围。

(2)2000 年 10 月 16 日，本公司与福州市马尾土地管理局签订"国有土地出让使用合同"，福州市马尾土地管理局将位于福州经济技术开发区快安延伸区江滨大道旁的 136934 平方米(折合 205.4 亩)的土地使用权转给本公司作为工业及生活配套设施用地，总价款 4108 万元，土地使用年限为 50 年。截至 2000 年 12 月 31 日止已付土地款 2095 万元，与土地相关的手续正在办理过程中。

(九)公司的其他有关资料

1、公司首次注册登记日期：1994 年 4 月 20 日

公司首次注册登记地址：福州马尾君竹路 83 号 B 座 5 楼

2、企业法人营业执照注册号：3500001002064

3、税务登记号码：350105154586155

4、公司未流通股票的托管机构名称：深圳证券登记有限公司

5、主承销商：东方证券有限责任公司

6、公司聘请的会计师事务所名称、地址

会计师事务所名称：厦门天健华天有限责任会计师事务所

办公地址：厦门湖滨南路 57 号金源大厦 18 层

(十)备查文件目录

1、载有法定代表人、主管会计工作负责人签名并盖章的会计报表。

2、载有会计师事务所盖章、注册会计师签名并盖章的审计报告原件。

3、报告期内在中国证监会指定报纸上公开披露过的所有公司文件的正本及公告的原稿。

利 润 表 及 利 润 分 配 表

编制单位：福建新大陆电脑股份有限公司　　单位：人民币元

项 目	注释号	2000 年度 合并数	2000 年度 母公司	1999 年度 合并数	1999 年度 母公司
一、主营业务收入	30	417,277,515.96	406,583,509.65	304,757,842.06	301,892,186.07
主营业务收入净额	30	417,277,515.96	406,583,509.65	304,757,842.06	301,892,186.07
减：主营业务成本	30	339,595,827.04	337,315,561.85	246,543,549.36	245,651,270.35
主营业务税金及附加		2,811,610.48	2,618,064.70	2,499,645.63	2,424,347.17
二、主营业务利润		74,870,078.44	66,649,883.10	55,714,647.07	53,816,568.55
加：其他业务利润	31	67,604.19	-	109,119.81	-
减：存货跌价损失			-	-	-
营业费用		14,706,949.64	12,091,563.85	11,185,556.80	10,978,011.16
管理费用		17,117,916.72	13,494,941.08	10,420,361.56	8,984,432.53
财务费用	32	3,385,942.91	3,377,146.52	4,567,271.28	4,577,485.14
三、营业利润		39,726,873.36	37,686,231.65	29,650,577.24	29,276,639.72
加：投资收益	33	-501,000.00	978.15	302,000.00	835,284.17
补贴收入	34	1,878,013.33	1,878,013.33	3,323,000.00	2,973,000.00.
营业外收入	35	3,347,007.70	3,344,231.70	12,447.58	4,294.98
减：营业外支出		22,119.93	13,497.33	8,711.01	300.00
加：以前年度损益调整		-	-	-	
四、利润总额		44,428,774.46	42,895,957.50	33,279,313.81	33,088,918.87
减：所得税		3,944,665.09	3,036,772.97	2,716,038.06	2,648,082.79
少数股东本期损益	36	624,924.84	-	122,439.67	-
五、净利润		39,859,184.53	39,859,184.53	30,440,836.08	30,440,836.08
加：年初未分配利润		-	-	-	
盈余公积金转入数		-	-	-	
六、可供分配的利润		39,859,184.53	39,859,184.53	30,440,836.08	30,440,836.08
减：提取法定公积金		3,985,918.45	3,985,918.45	3,044,083.61	3,044,083.61
提取法定公益金		1,992,959.23	1,992,959.23	1,522,041.80	1,522,041.80
职工福利及奖励金-		-	-		
七、可供股东分配的利润		33,880,306.85	33,880,306.85	25,874,710.67	25,874,710.67
减：应付优先股股利		-	-		
提取任意公积金		-	-	8,874,710.67	8,874,710.67
应付普通股股利		29,000,000.00	29,000,000.00	17,000,000.00	17,000,000.00
其他		-	-	-	
八、未分配利润		4,880,306.85	4,880,306.85	-	

袁隆平农业高科技股份有限公司

一、公司简介

(一)公司法定中英文名称:袁隆平农业高科技股份有限公司
英文名称:Yuan Longping High-tech Agriculture Co.,Ltd.
(二)公司法定代表人:田际榕
(三)公司董事会秘书及股证事务代表的姓名、联系地址、电话、传真、电子信箱
董事会秘书:彭光剑　股证事务代表:何久春
联系地址:长沙市芙蓉区远大二路马坡岭农业高科技园
联系电话:0731-4691889　传真:0731-4691806　电子信箱:lphtsd@public.cs.hn.cn
(四)公司注册、办公地址及邮政编码、公司国际互联网网址、电子信箱
公司注册及办公地址:长沙市芙蓉区远大二路马坡岭农业高科技园　邮政编码:410125
公司互联网网址:www.longpinghightech.com　公司电子信箱: lpht@public.cs.hn.cn
(五)选定信息披露报纸名称:《中国证券报》、《证券时报》、《上海证券报》
证监会指定的互联网网址:www.cninfo.com.cn
公司年度报告备置地点:袁隆平农业高科技股份有限公司证券投资部
(六)上市交易所:深圳证券交易所　股票简称:隆平高科　股票代码:0998

二、会计数据和业务数据摘要

(一)公司本年度实现利润情况(单位:元)

利润总额:	37,929,183.42
净　利　润:	37,959,874.98
扣除非经营性损益后的净利润:	36,601,348.07
主营业务利润:	58,563,209.80
其它业务利润:	285,894.14
营业利润:	34,868,430.88
投资收益:	1,702,225.63
补贴收入:	0
营业外收支净额:	1,358,526.91
经营活动产生的现金流量净额:	106,645,309.80
现金及现金等价物净增加额:	735,521,462.42

扣除非经营性损益明细表(单位:元)

项　目	金　额
1、新股申购冻结资金利息	1,525,551.29
2、营业外收入	166,364.67
其中:罚款收入	2,490.00
处理呆帐收入	156,055.31
3、营业外支出	
其中:罚款支出	73,800.00
捐赠支出	147,340.94
处理固定资产净损失	108,247.45
非常损失	4,000.66
合　计	333,389.05

(二)公司前三年主要会计数据和财务指标(单位:元)

项　目	2000年	1999年	1998年
主营业务收入	162,544,558.57	114,605,108.66	113,676,854.39
净利润	37,959,874.98	27,216,382.90	26,271,779.01
总资产	926,413,446.74	178,739,930.49	123,713,907.96
股东权益	777,724,165.28	86,968,488.19	39,332,888.04
每股收益(全面摊薄)	0.36	0.260	
加权平均每股收益	0.49		
扣除非经营性损益后每股收益	0.35		
每股净资产	7.41	1.74	0.79
调整后每股净资产	7.41		
每股经营活动产生的现金流量净额	1.02		
净资产收益率(%)(全面摊薄)	4.88	31.29	66.79
净资产收益率(%)(加权平均)	8.41%		
扣除非经营性损益后净资产收益率(加权平均)	8.11%		

报告期利润	净资产收益率(%)		每股收益	
	全面摊薄	加权平均	全面摊薄	加权平均
主营业务利润	7.53	12.98	0.55	0.75
营业利润	4.48	7.73	0.33	0.45
净利润	4.88	8.41	0.36	0.49
扣除非经营性损益后净利润	4.71	8.11	0.35	0.47

三、股本变动及股东情况

1、截止2000年12月31日,本公司股东总数为37736户,其中:境内未流通国有法人股4户,境内未流通法人股1户,境内未流通自然人股(发起股东袁隆平先生)1户,社会公众股股东37730户。

2、本公司前十名股东的持股情况

股东名称	持股数量(股)	占总股本比例(%)
湖南省农业科学院	27,500,000	26.19
湖南杂交水稻研究中心	12,500,000	11.90
湖南东方农业产业有限公司	5,000,000	4.76
袁隆平	2,500,000	2.38
富邦资产管理有限公司	2,000,000	1.90
上海证大投资管理有限公司	1,775,000	1.69
中国科学院长沙农业现代化研究所	1,500,000	1.43
湖南郴州市种子公司	1,000,000	0.95
湖南驰宇实业有限公司	996,000	0.95
湖南汇林投资有限公司	886,800	0.84

三九医药股份有限公司

一、公司简介

(一)、公司法定中文名称:三九医药股份有限公司
公司英文名称:Sanjiu Medical & Pharmaceutical Co., Ltd.
(二)、公司法定代表人:赵新先
(三)、公司董事会秘书:许宁　联系电话:0755-3360999转3579
电子信箱:xuning@999.com.cn　联系传真:0755-2118858
公司股证事务代表:屈定坤　联系电话:0755-3360999转3447
电子信箱:qudingkun@999.com.cn
(四)、公司注册及办公地址:深圳市北环大道1028号
联系电话:0755-3360999　传真:0755-3350888　邮编:518029
(五)、公司选定的信息披露报纸名称:《中国证券报》、《证券时报》、《上海证券报》
登载公司年度报告的国际互联网网址:http://www.cninfo.com.cn
公司年度报告备置地点:公司证券部
(六)、公司股票上市地:深圳证券交易所　股票简称:三九医药　股票代码:0999

二、公司会计数据和业务数据摘要

(一)、2000年业务数据(单位:元)

利润总额	248,423,403.10
净利润	201,578,513.26
扣除非经常性损益的净利润	201,956,951.49
主营业务利润	815,670,010.30
其他业务利润	7,175,101.38
营业利润	190,515,148.56
投资收益	5,734,816.10
补贴收入	1,763,500.00
营业外收支净额	50,409,938.44
经营活动产生的现金流量净额	266,860,908.25
现金及现金等价物净增加额	-113,756,000.31

注:扣除非经常性损益项目及金额

1、补贴收入	1,763,500.00
2、申购资金冻结利息收入	6,753,417.72
3、无法支付的应付款	2,644,643.12
4、征地赔偿款	1,450,000.00
5、罚款收支净额	-886,596.00
6、处理固定资产净额	-1,777,049.71
7、股权投资差额摊销	-9,140,435.92
8、捐赠支出	-558,348.86
9、固定资产盘亏	-16,549.51
10、国家水利基金	-240,277.46
11、其它营业外收支净额	-370,441.61
以上项目涉及金额为:	-378,138.23

(二)、截止2000年12月31日前三年主要会计数据及财务指标(单位:元):

项　目	2000年	1999年	1998年
主营业务收入	1,828,175,159.07	1,476,418,817.82	1,425,879,412.25
净利润	201,669,188.26	220,218,774.49	150,831,526.69
总资产	5,889,942,233.58	3,579,604,605.84	1,706,789,122.44
股东权益(不包括少数股东权益)	2,582,573,906.31	2,575,909,009.26	694,786,553.81
每股收益(摊薄)	0.27	0.29	0.22
每股收益(加权)	0.27	0.29	0.22
每股净资产	3.43	3.42	1.00
调整后的每股净资产	3.01	3.24	1.00
扣除非经常性损益后的净利润	201,956,651.49	212,751,641.52	151,002,132.86
每股经营活动产生的现金流量净值	0.35	0.16	-
净资产收益率%	7.81	8.30	21.71
净资产收益率%(加权)	7.33	23.35	25.37

(三)、根据中国证监会《公开发行证券公司信息披露编报规则》第九号通知的要求,本公司利润数据计算如下(单位:元/股):

项　目	净资产收益率		每股收益	
	全面摊薄	加权平均	全面摊薄	加权平均
主营业务利润	31.58	29.63	1.08	1.08
营业利润	7.38	6.92	0.25	0.27
净利润	7.81	7.33	0.27	0.27
扣除非经常性损益后的净利润	7.82	7.34	0.27	0.27

三、股本变动及股东情况

(一)截止2000年12月31日,公司股东总数为109,799户,其中发起人股东共5户。

2、前十名股东持股情况(截至2001年12月31日)

序号	股东名称	持股数(股)	比例%
1	深圳三九药业有限公司	472,259,600	62.72
2	三九企业集团	79,740,400	10.59
3	横店集团公司	20,000,000	2.66
4	上海大众科技创业(集团)股份有限公司	16,000,000	2.12
5	北京华资银团集团	7,000,000	0.93
6	新疆宏源建信发展公司	3,200,000	0.42
7	威海市医用高分子有限公司	3,080,000	0.41
8	山东省工贸总公司	2,000,000	0.27
9	中国铁路工程总公司	2,000,000	0.27
10	金飞民航经济发展中心	1,650,000	0.21

注:1、横店集团公司、上海大众科技创业(集团)股份有限公司、北京华资银团集团、山东省工贸总公司和中国铁路工程总公司所持股份为战略投资者股份,上述战略投资者持股期分别为:横店集团公司、北京华资银团集团和中国铁路工程总公司截止于2001年5月18日,上海大众科技创业(集团)股份有限公司和山东省工贸总公司截止于2001年11月18日。

深圳本鲁克斯实业股份有限公司

(一) 公司简介

1、公司法定中文名称:深圳本鲁克斯实业股份有限公司
公司法定英文名称:SHENZHEN BENELUX ENTERPRISE CO., LTD.
2、公司法定代表人:赵从钊先生
3、公司董事会秘书:沈焰雷先生
联系地址:深圳市南山区南油中兴工业城 11 栋　　邮政编码:518062
联系电话:0755-6068614,6068025　　传真号码:0755-6068031
电子邮箱:szshbshi@sz.gd.cninfo.net
4、公司注册地址:深圳市南山区南油中兴工业城 11 栋
邮政编码:518062
公司办公地址:深圳市南山区南油中兴工业城 11 栋
邮政编码:518062
电子邮箱:szshbshi@sz.gd.cninfo.net
5、公司选定的信息披露报纸名称:《证券时报》、香港《大公报》
登载公司年度报告的中国证监会指定国际互联网网址:http://www.cninfo.com.cn
公司年度报告备置地点:公司董事会秘书处
6、公司股票上市交易所:深圳证券交易所
股票简称:深本实 B　　股票代码:2041

(二)会计数据和业务数据摘要

1、公司本年度会计数据(单位:人民币元)

利润总额	3,829,063.16
净利润	3,634,940.90
扣除非经常性损益后的净利润	2,014,758.87
主营业务利润	95,925.02
其他业务利润	-
营业利润	2,208,881.13
投资收益	-
补贴收入	-
营业外收支净额	1,620,182.03
经营活动产生的现金流量净额	4,740,806.70
现金及现金等价物净增加额	442,724.60

备注:(1) 按不同会计准则、制度计算的净利润及差异产生的原因:

按照国际会计准则审计的 2000 年度净利润为港币 3,418,546.90 元,与上述按照中国会计制度审计的 2000 年度净利润出现差异是由于汇率原因。

(2) 扣除的非经常性损益项目、涉及金额:

1.营业外收入人民币 1,743,880.69 元,为重组收益。

2.营业外支出人民币 123,698.66 元,为处理库存废品损失。

2、截至报告期末公司前三年的主要会计数据和财务指标:　　单位:人民币元

指标项目	2000 年度	1999 年度	1998 年度
主营业务收入	10,460,444.01	14,137,888.57	53,824,289.90
净利润	3,634,940.90	−11,446,567.18	1,823,323.40
总资产	260,477,037.23	236,437,343.47	232,293,408.44
股东权益	133,494,065.83	130,210,739.01	141,802,692.53
每股收益	0.06	−0.19	0.0301
每股净资产	2.21	2.15	2.34
调整后的每股净资产	2.16	1.21	2.21
每股经营活动产生的现金流量净额	0.08	0.03	0.03
净资产收益率(%)	2.72	−8.79	1.29
按月平均加权法计算的每股收益	0.06	−0.19	0.0301
扣除非经常性损益后的每股收益	0.03		

注:1、因本年度股本没有发生增减变化,按加权计算的每股收益和每股净资产与摊薄计算的相一致。

2、根据中国证监会《公开发行证券公司信息披露编报规则(第 9 号)》要求计算的利润数据:

报告期利润	净资产收益率(%)		每股收益(元)	
	全面摊薄	加权平均	全面摊薄	加权平均
主营业务利润	0.07	0.07	0.0016	0.0016
营业利润	1.65	1.68	0.0365	0.0365
净利润	2.72	2.76	0.0601	0.0601
扣除非经常性损益后净利润	1.51	1.53	0.0333	0.0333

(三)股本变动及股东情况

1、截止 2000 年 12 月 31 日,本公司 A 股股东数量为 64 名,B 股股东数量为 1737 名。

2、截止 2000 年 12 月 31 日,公司前 10 名股东的持股情况:

股东名称	年末持股数	增减变动	备　注
蛇口汉盛电子有限公司	19,558,077	0	A 股
香港佳利紧密制造有限公司	14,247,290	0	B 股
武汉华兴电子有限公司	8,473,001	0	A 股
香港捷利音响工业有限公司	1,039,632	0	B 股
WONG WAI MING	850,300	-60,100	B 股
KOTO TRANSPORT LTD.	726,000	0	B 股
PETO VENTURES LTD.	490,250	-191,250	B 股
文灿荣	354,868		B 股
LING CHI FOON	320,492	92,091	B 股
钟香云	303,125		B 股

备注:前 10 名股东之间,除蛇口汉盛电子有限公司与武汉华兴电子有限公司法定代表人为同一人外,其余均不存在关联关系。

(四)股东大会简介

1、报告期内,公司召开了 1999 年度股东大会及 2000 年度临时股东大会。

2、1999 年度股东大会的召开情况:

(1) 股东大会的通知、召集、召开情况:

2000 年 5 月 30 日,公司分别在《证券时报》和香港《文汇报》上刊登了《关于召开 1999 年度股东大会的公告》。公司本次股东大会于 2000 年 6 月 29 日在深圳市南山区南油中兴工业城 11 栋 6 楼公司会议室召开,出席会议人员除公司股东外,还有公司董事、监事、董事会秘书、高级管理人员以及公司聘请的见证律师。

深圳赤湾石油基地股份有限公司

一、公司简介

公司法定中文名称:深圳赤湾石油基地股份有限公司
公司法定英文名称:SHENZHEN CHIWAN PETROLEUM SUPPLY BASE CO., LTD
(缩写:SCPSB)
公司法定代表人:傅育宁
公司董事会秘书:崔伟
授权代表:刘伟　于忠侠
电话:6694211　　传真:6694227
联系地址:中国广东省深圳市赤湾基地楼
注册地址:中国广东省深圳市赤湾
办公地址:中国广东省深圳市赤湾基地楼
邮政编码:518068　　电子信箱:szcpsb@szonline.net
公司信息披露报纸名称　深圳《证券时报》　香港《南华早报》
登载公司年度报告的中国证监会指定的国际互联网地址:http://www.cninfo.com.cn
年度报告备置地点　中国广东省深圳市赤湾基地楼三楼行政部
公司股票上市交易所深圳证券交易所
股票简称:深基地 B　　股票代码:2053

二、会计数据和业务数据摘要

(一) 本年度利润总额及构成

	单位:美元	单位:人民币元
利润总额	6,301,414.67	52,175,713.46
净利润	5,417,050.48	44,853,177.97
扣除非经常性损益后的净利润	5,451,515.36	45,138,547.18
其中:主营业务利润	6,414,260.88	53,110,080.08
其它业务利润	0	0
营业利润	5,926,569.76	49,071,997.61
投资收益	405,653.37	3,358,809.90
补贴收入	0	0
营业外收支净额	(30,808.46)	(255,094.05)
经营活动产生的现金流量净额	8,872,431.66	73,463,734.14
现金及现金等价物净增加额:	4,401,580.21	36,449,969.23

(二) 税后利润差异说明

经罗兵咸永道会计师事务所按照香港会计师公会颁布的标准核数准则进行的审计,与中国会计师审计结果相同,无差异。

(三) 主要会计数据及财务指标　　截止 12 月 31 日

指标名称	2000	2000	1999	1999	1998	1998
	千美元	万元人民币	千美元	万元人民币	千美元	万元人民币
主营业务收入	11,676	9,668	10,733	8,885	11,961	9,902
利润总额	6,301	5,218	5,408	4,477	6,183	5,119
净利润	5,417	4,485	4,601	3,809	5,275	4,367
资产总额	69,296	57,377	67,470	55,861	67,617	55,978
股东权益	60,965	50,479	59,882	49,578	58,962	48,813
普通股总数(万股)						
(摊薄)	23,060	23,060	23,060	23,060	23,060	23,060
(加权)	23,060	23,060	23,060	23,060	23,060	23,060
每股收益(元/股)						
(摊薄)	0.0235	0.1945	0.02	0.165	0.0229	0.189
(加权)	0.0235	0.1945	0.02	0.165	0.0229	0.189
每股净资产(元/股)						
(摊薄)	0.264	2.189	0.260	2.150	0.256	2.117
调整后的每股净资产(元/股)						
(摊薄)	0.259	2.143	0.254	2.106	0.25	2.07
每股经营活动产生的现金流量净额 (元/股)						
(摊薄)	0.038	0.319	0.032	0.267	0.036	0.300
净资产收益率(%)						
(摊薄)	8.9	8.9	7.7	7.7	8.9	8.9
扣除非经常性损益后的每股收益(元/股)						
(摊薄)	0.0235	0.1945	0.02	0.165	0.0229	0.189

注:　因 99 年和 2000 年股份总数无变化,各财务指标的摊薄数值与加权数值相同。

注:2000 年"扣除非经常性损益后的净利润"中扣除的非经常损益为:

	单位:美元	单位:人民币元
东莞仓库勘探设计费	−24,713.89	−204,631.01
固定资产报废	−9,750.99	−80,738.20

三、股东情况介绍

(一)　报告期末股东总数

截止 2000 年 12 月 31 日,登记在册股东总人数 3147 人,其中 A 股股东只有发起人中国南山开发(集团)股份有限公司一家,B 股股东 3146 人。

(二)　主要股东持股情况

前十大股东持股情况(截止 2000 年 12 月 31 日)

序号	股东代码	股东名称	持股数量	持股比例
1	00038657	中国南山开发(集团)股份有限公司	*119,420,000	51.79
2	00210963	OFFSHORE JOINT SERVICES (BASES) CO OF SGP PTE LTD	*51,180,000	22.19
3	00210854	SEMBAWANG MARINE & LOGISTICS LTD	13,000,000	5.64
4	00003361	BONY/ABERDEEN PROLIFIC INTL FD RE CHINA OPS FUND	1,500,000	0.65
5	00306298	杨丽华	1,478,941	0.64
6	00302362	陈丽琼	1,297,798	0.56
7	00280896	文沛荣	1,152,737	0.50
8	00306302	黄转堂	1,104,508	0.48
9	00269983	文灿荣	790,923	0.34
10	00259341	CREATE INVESTMENTS LIMITED	668,000	0.29
合计			191,592,907	83.08

注:持有本公司 5%以上股份的股东本年度持股数量无任何变化,*为未流通股份。

南京普天通信股份有限公司

(一)公司简介

1.公司中文名称:南京普天通信股份有限公司
公司英文名称:Nanjing Postel Telecommunications Co., Ltd.
2.法定代表人:路俊海 先生
3.董事会秘书:肖兆开 先生　　授权代表:顾小荣 先生
联系地址:南京市秦淮区普天路1号
电话:86-25-2309954　　传真:86-25-2309954
电子信箱:Ntelecom@public1.ptt.js.cn
4.公司注册地址:中国江苏省南京市江宁经济技术开发区爱立信西侧一幢
公司办公地址:南京市秦淮区普天路1号　　邮政编码:210012
公司主页:www.postel.com.cn　　公司电子信箱:Office@postel.com.cn
5.公司信息披露报纸:证券时报、香港大公报
年报指定登载网址:www.cninfo.com.cn
年度报告备置地:公司证券管理室
6.公司股票上市交易所:深圳证券交易所
股票简称:宁通信B　　股票代码:2468

(二)会计数据和业务数据摘要

1. 2000年度会计数据(单位:人民币元)

利润总额	10,335,098
净利润	3,343,768
扣除非经常性损益后的净利润	1,963,086
主营业务利润	161,930,012
其他业务利润	2,072,593
营业利润	5,917,873
投资收益	2,435,799
补贴收入	1,218,418
营业外收支净额	763,008
经营活动产生的现金流量净额	-51,569,787
现金及现金等价物净增加额	-63,492,340

注1:扣除的非经常性损益项目为:

补贴收入	1,218,418
合并价差	162,264

注2:境内外会计师审计结果差异说明:

	2000年度 税后利润/(亏损) 人民币万元	2000年12月31日 资产净值 人民币万元
按中国会计准则编制之合并报表	334.4	48,749
为符合国际会计准则所作的调整		
计提固定资产折旧	(171.3)	(171.3)
计提固定资产减值准备	(277.5)	(277.5)
职工住房补贴支出	(5,262.6)	(5,262.6)
资产重估增值	-	(2,861.8)
其他	-	1,100.5
按国际会计准则编制之合并报表	(5,377)	41,276.3

2.公司近三年主要会计数据(单位:人民币元)

财务指标	2000	1999	1998
主营业务收入	639,343,330	392,421,137	483,620,642
净利润	3,343,768	790,933	12,108,025
总资产	1,039,871,325	873,597,238	751,119,341
股东权益(不包含少数股东权益)	487,489,679	484,192,348	481,460,861
每股收益	0.016	0.004	0.056
扣除非经常性损益后的每股收益	0.009	-0.004	0.056
每股净资产	2.267	2.25	2.24
调整后的每股净资产	1.96	2.11	2.15
每股经营活动产生的现金流量净额	-0.24	-0.12	-0.05
净资产收益率(%)	0.69	0.16	2.51

3.利润表附表

报告期利润	净资产收益率(%)		每股收益(元)	
	全面摊薄	加权平均	全面摊薄	加权平均
主营业务利润	33.22	33.33	0.753	0.753
营业利润	1.21	1.22	0.028	0.028
净利润	0.69	0.69	0.016	0.016
扣除非经常性损益后的净利润	0.40	0.40	0.009	0.009

(三)股东情况介绍

1. 截止2000年12月31日,本公司股东总数为4467户,其中国有法人股东1户,B股股东4466户。

2. 报告期末前十名股东持股情况(单位:股)

序号	股东名称	年末持股数	持股比例(%)
1	中国普天信息产业集团公司	115,000,000	53.49
2	彭德政	2,000,000	0.93
3	黄　真	1,998,100	0.93
4	CBNY S/A PNC/ SKANDIA SELECT FUND/CHINA EQUITY AC	1,982,803	0.92
5	文沛荣	1,753,196	0.82
6	BONY A/C CMG CH CHINA INVESTMENTS LIMITED	1,500,001	0.70
7	HKIT/006-113039-431	957,900	0.45
8	林锡丰	820,200	0.38
9	UNION INV LUX SA RE;EM FERNOST FONDS (LUX)	777,303	0.36
10	孙容金	762,310	0.35

山东晨鸣纸业集团股份有限公司

一、公司简介

1、公司法定中文名称:山东晨鸣纸业集团股份有限公司
公司法定英文名称:SHANDONG CHENMING PAPER HOLDINGS LIMITED
英文名称缩写:SCPH
2、公司注册地址和办公地址:山东省寿光市圣城街595号　　邮政编码:262700
公司国际互联网网址:http://www.chenmingpaper.com
电子信箱:cmzqb@public.wfptt.sd.cn
3、公司法定代表人:陈永兴
4、公司董事会秘书:郝筠　　联系地址:山东省寿光市圣城街595号
电　话:0536-5280011　　传　真:0536-5228900
5、公司选定的信息披露报纸:《中国证券报》、《证券时报》、《上海证券报》和《香港商报》
中国证监会指定国际互联网网址:http://www.cninfo.com.cn
公司年度报告备置地点:公司资本运营部
6、公司股票上市交易所:深圳证券交易所
股票简称:晨鸣纸业　晨鸣B　　股票代码:0488　　2488

二、会计数据和业务数据摘要

1、本年度主要利润指标情况　　(单位:人民币元)

(1)利润总额:	421,819,509.21
(2)净利润:	231,326,965.35
(3)扣除非经常性损益后的净利润:	176,916,948.61
(4)主营业务利润:	683,060,936.29
(5)其他业务利润:	6,610,490.08
(6)营业利润:	367,611,473.11
(7)投资收益:	1,165,785.27
(8)补贴收入:	52,326,460.67
(9)营业外收支净额:	715,790.16
(10)经营活动产生的现金流量净额:	146,105,026.20
(11)现金及现金等价物净增加额:	720,456,626.93

注:扣除的非经常性损益项目和涉及金额共计54,410,016.74元。其中营业外收支净额715,790.16元;补贴收入52,326,460.67元;股权投资差额摊销1,367,765.91元。

公司除按中国会计准则出具财务报告外,还按国际会计准则出具了财务报告,以供境外投资者参考。境内会计师审计的净利润(合并)23,132.6万元,境外会计师审计的净利润(合并)20,860万元,境外会计师比境内会计师审计的净利润少2,272.60万元,主要是境外会计师按国际会计准则

1.扣除由内部评估而产生的商誉及相关的摊销金额,增加利润132.3万元;
2.调整开办费减少利润727.60万元;
3.抵消热电评估增值并调整相关所得税金减少利润927.80万元;
4.调整期初未分配利润中的出售职工住房损失减少利润621.60万元;
5.调整计提的年终分红减少利润127.90万元。

2、截止报告期末公司前三年的主要会计数据和财务指标

指标项目	2000年	1999年	1998年 调整后	1998年 调整前
主营业务收入(元)	2,411,474,316.81	1,720,307,508.38	1,070,232,642.49	1,070,232,642.49
净利润(元)	231,326,965.35	173,348,660.54	128,023,367.36	128,051,584.11
总资产(元)	5,384,263,585.32	3,316,785,771.14	2,476,368,862.24	2,490,568,401.35
股东权益(元)(不含少数股东权益)	2,863,730,747.28	1,341,214,269.86	1,172,626,482.64	1,186,826,021.75
每股收益(摊薄)(元/股)	0.5102	0.452	0.334	0.334
每股收益(加权)(元/股)	0.5943	0.452	0.334	0.334
每股收益(摊薄)(扣除非经常性损益后)	0.3902	0.296	0.252	0.252
每股收益(加权)(扣除非经常性损益后)	0.4545	0.296	0.252	0.252
每股净资产(元/股)	6.3162	3.498	3.06	3.10
调整后的每股净资产(元/股)	6.1841	3.423	2.973	3.01
每股经营活动产生的现金流量净额	0.322	-0.597	0.447	0.447
净资产收益率(%)(摊薄)	8.08	12.92	10.92	10.79
净资产收益率(%)(加权)	14.68	13.77	11.55	11.40

3、根据中国证监会关于发布《公开发行证券公司信息披露编报规则》第9号通知精神,公司2000年按全面摊薄法和加权平均法计算的净资产收益率及每股收益:

	净资产收益率(%)		每股收益(元/股)	
	全面摊薄	加权平均	全面摊薄	加权平均
主营业务利润	23.85	43.35	1.507	1.755
营业利润	12.84	23.33	0.811	0.944
净利润	8.08	14.68	0.5102	0.5943
扣除非经常性损益后净利润	6.18	11.23	0.3902	0.4545

三、股东情况介绍

1、报告期末公司股东总数为55626户。

2、主要股东持股情况(前10名)

名次	股东名称	期末持股数	持股比例%
1	寿光市国有资产管理局	142,371,440	31.40
2	KWONG WAH INVESTMENT (SHOUGUANG) LIMITED	26,709,591	5.89
3	庄春园	3,644,380	0.80
4	BONY A/C CMG CH CHINA INVESTMENTS LIMITED	3,006,710	0.66
5	GUANGDONG DEVELOPMENT FUND LTD	2,813,161	0.62
6	郝云峰	2,250,423	0.50
7	周康林	1,937,920	0.43
8	邓文平	1,924,850	0.42
9	LO, FUNG SIM 卢凤婵	1,847,805	0.41
10	成愉有限公司	1,733,500	0.38

1.持有本公司5%以上(含5%)股份的股东分别为寿光市国有资产管理局和英国广华投资(寿光)有限公司,报告期末分别持有142,371,440股、26,709,591股。本报告期内上述两家股东所持有本公司的股份未发生变动并均未作任何质押和冻结。

厦门灿坤实业股份有限公司

一 、公司简介

公司名称(中文):厦门灿坤实业股份有限公司
公司名称(英文):TSANN KUEN(CHINA) ENTERPRISE CO ., LTD　　缩写:TKC
公司法定代表人:吴灿坤
公司注册地址:中华人民共和国厦门市
办公地址:厦门市湖里工业区兴隆路88号
邮政编码:361006　　电子信箱:tcy@tke.tsannkuen.com
信息披露报纸:国内-<证券时报>,境外-<香港新报>
登载年报的网址:www.cninfo.com.cn
年度报告备置地点:厦门市湖里工业区兴隆路88号
股票上市地:深圳　　股票简称:闽灿坤B　　股票代码:2512
董事会秘书姓名:田竹英　　董秘联系地址:厦门市湖里工业区兴隆路88号
董秘电话:0592-6030228　　董秘传真:0592-6035905

二、会计资料和业务资料摘要

(一)、公司本年度实现的利润金额:　　单位:仟元

项次	项目/年度	金额
1	利润总额(税前)	199,861
2	净利润	183,990
3	扣除非经常性损益的净利润	186,842
4	主营业务利润	473,217
5	其它业务利润	10,811
6	投资收益	-671
7	补贴收入	3,672
8	营业外收支净额(支出)	-5,132
9	经营活动产生的现金流量净额	407,545
10	现金及现金等价物净增加额	95,567

(1)非经常性损益的项目,其中较大者如:投资损失671仟元;补贴收入3,672仟元;资产报废损失9,425仟元。

(二)、不同会计准则计算的净利润差异说明

本财务报表按国际会计准则报告的税后净利为178,621仟元,按中国会计准则报告的税后净利为183,990仟元。主要调整如下:

	本年净利润人民币千元
于中国会计准则财务报表	183,990
按国际会计准则调整:	
因使用调剂汇率折算1994年之前购置	
的固定资产的调整	(2,327)
资产重估调整	666
子公司的开办费调整	(3,708)
报表折算差额	-
其它	-
于国际会计准则财务报表	178,621

(三)、主要会计数据和财务指针

项目/年度	2000年	1999年	1998年	2000年/1999年
主营业务收入(千元)	2,506,148	1,774,267	1,311,479	141.25%
净利润(千元)	183,990	132,513	81,478	138.85%
净利润(%)	7.34%	7.47%	6.21%	98.26%
总资产(千元)	2,469,473	1,943,038	1,334,015	127.09%
股东权益(千元)	886,485	702,041	587,559	126.27%
每股收益(元)	0.41	0.29	0.23	141.38%
每股净资产(元)	1.97	1.56	1.63	126.28%
调整后的每股净资产(元)	1.94	1.53	1.53	126.80%
每股经营活动产生的现金流量净额	0.90	0.61	-0.06	147.54%
净资产收益率(%)	20.76%	18.88%	13.87%	109.96%

本公司取得厦门市税务局批准,自首个有营利的营业年度起,四年全免缴所得税,其后五年减半缴交所得税。首个有营利年度,指扣除已往年度结算的亏损后,出现应课税溢利的年度,以此基准,截至一九九二年十二月三十一日止,为本公司首个有盈利年度,因此本公司于一九九二年至一九九五年可免缴中国所得税,一九九六年度至二零零零年度,本公司须按7.5%税率评定所得税。

三、股本变动及股东情况

(一)、股本变动情况　　单位　:仟元

项目	期初数	本次变动增减(+,-)					期末数
		配股	送股	公积金转股	其它	小计	
一、尚未流通股份							
1、发起人股	263,250		39,487	26,325		65,812	329,062
外资法人持有股份	263,250		39,487	26,325		65,812	329,062
尚未流通股份合计	263,250		39,487	26,325		65,812	329,062
二、已流通股份							
2、境内上市的外资股	97,500		14,625	9,750		24,375	121,875
已流通股份合计	97,500		14,625	9,750		24,375	121,875
三、股份总数	360,750		54,112	36,075		90,187	450,937

(二)、股东情况介绍

1、股东数量:报告期末公司股东总数为5,228户。

2、前十名股东持股情况

序	股东名称	年初持股数	本年增减数	年末持股数	持股比例
1	香港福驰工业有限公司	105,300,000	26,325,000	131,625,000	29.19%
2	香港优柏发展有限公司	105,300,000	26,325,000	131,625,000	29.19%
3	香港侨民投资有限公司	52,650,000	13,162,500	65,812,500	14.59%
4	TIMMERTON CO INC	4,704,375	1,176,093	5,880,468	1.30%
5	LI,WEI QUAN	2,812,500	-82,600	2,729,900	0.61%
6	TSAI SHU HUI	1,392,743	348,185	1,740,928	0.39%
7	TTOP DYNAMIC INVESTMENTS LLIMITED	1,289,000	381,000	1,670,000	0.37%
8	CHINA PINGAN INSURANCE (HK) CO.LTD	1,192,031	64,632	1,256,663	0.28%
9	HKIT/006-113039-431	231,000	934,924	1,165,924	0.26%
10	YU FEI XIONG		1,060,358	1,060,358	0.24%

大连冷冻机股份有限公司

(一)公司简介

1、公司法定中文名称:大连冷冻机股份有限公司
公司法定英文名称:Dalian Refrigeration CO., LTD. 缩写:DRC
2、公司法定代表人:张和先生
3、公司董事会秘书:吕连珍女士　　授权代表:葛彦女士
联系地址:大连市沙河口区西南路888号
电话:0086-411-6653081-8130　　传真:0086-411-6641470
4、公司注册及办公地址:大连市沙河口区西南路888号　　邮政编码:116033
互联网网址:http://www.bingshan.com　　电子信箱:dlzj@mail.dlptt.ln.cn
5、公司选定的信息披露报纸名称:《中国证券报》、《大公报》
登载公司年度报告的中国证监会指定网址:http://www.cninfo.com.cn
公司年度报告备置地点:公司证券部
6、公司股票上市交易所:深圳证券交易所
股票简称:大冷股份;大冷B　　股票代码:0530;2530

(二)会计数据和业务数据摘要

1、报告期主要业务数据摘要　(单位:元)

利润总额	85,438,523.60
净利润	78,151,266.89
扣除非经常性损益后的净利润	78,215,611.36
主营业务利润	139,507,129.79
其他业务利润	1,072,844.30
营业利润	27,181,957.82
投资收益	58,276,438.50
补贴收入	26,228.00
营业外收支净额	-46,100.72
经营活动产生的现金流量净额	40,930,712.90
现金及现金等价物净增加额	12,731,035.18

注:扣除非经常性损益项目和涉及金额:
(1)处理固定资产损益-90,572.47元;
(2)补贴收入26,228.00元。

经大连华连会计师事务所有限公司按照中国会计准则审计,公司2000年度实现净利润7,815万元;经安达信公司按照国际会计准则审计,公司2000年度实现净利润6,621万元。境内外审计差异为1,194万元。

按国际会计准则调整对净利润的影响(单位:千元):

	2000	1999
本公司法定帐目金额	78,153	71,064
提列坏帐准备		(3,841)
提列存货损失准备		(4,471)
安装业务收入及成本确认	(7,789)	
递延税项负债确认	(7,219)	
销售收入截止	1,715	(1,222)
权益法核算投资收益	1,753	1,821
其他	(404)	849
根据国际会计准则本公司调整后金额	66,209	64,200

2、截止报告期末公司前三年的主要会计数据和财务指标(单位:元)

项目	2000	1999	1998
主营业务收入	800,683,245.80	720,585,250.60	651,435,731.38
净利润	78,151,266.89	71,063,628.79	65,359,014.10
总资产	1,767,519,306.58	1,531,014,855.25	1,547,026,481.76
股东权益	1,102,703,562.24	1,059,513,792.85	1,023,425,961.56
每股收益(按净利润全面摊薄)	0.223	0.203	0.187
每股收益(按净利润加权平均)	0.223	0.203	0.204
扣除非经常性损益后的每股收益(全面摊薄)	0.223	0.203	0.187
扣除非经常性损益后的每股收益(加权平均)	0.223	0.203	0.204
每股净资产	3.15	3.03	2.92
调整后的每股净资产	3.10	3.01	2.91
每股经营活动产生的现金流量净额	0.117	0.072	0.116
净资产收益率(按净利润全面摊薄)	7.09%	6.71%	6.40%
净资产收益率(按净利润加权平均)	7.09%	6.71%	6.99%
扣除非经常性损益后的加权净资产收益率	7.09%	6.71%	6.40%

3、2000年度利润表附表

报告期利润	净资产收益率		每股收益(元)	
	全面摊薄	加权平均	全面摊薄	加权平均
主营业务利润	12.65%	12.70%	0.40	0.40
营业利润	2.47%	2.47%	0.08	0.08
净利润	7.09%	7.11%	0.22	0.22
扣除非经常性损益后的净利润	7.09%	7.12%	0.22	0.22

(三)股东情况介绍

1、报告期末股东总数为73,910户,其中A股股东总数为71,806户,B股股东总数为2,104户。

2、主要股东持股情况(前10名股东)

股东名称	年初(万股)	年末(万股)	占总股本(%)	类别
大连冰山集团有限公司(国家股)	10,442.25	10,442.25	29.83	A
SANYO ELECTRIC CO., LTD.	3,500.15	3,500.15	10.00	B
WISEMAX INTERNATIONAL LIMITED	195.01	382.40	1.09	B
吉林九州开发公司	315.00	315.00	0.90	A
太原兆和投资发展公司	315.00	315.00	0.90	A
申银万国证券股份有限公司	0	283.70	0.81	A
XI JIANG	0	197.47	0.56	B
联合国际财务投资有限公司	64.80	186.59	0.53	B
大连华信信托投资股份有限公司	179.50	179.50	0.51	A
大连热电集团股份有限公司	175.00	175.00	0.50	A

公司前10名股东之间不存在关联关系。
持股5%以上的法人股东所持公司股份无质押情况。

瓦房店轴承股份有限公司

一、公司简介

1、公司中文名称：瓦房店轴承股份有限公司
公司英文名称：Wafangdian Bearing Company Limited
2、公司法定代表人：王路顺
3、公司董事会秘书：张兴海
证券事务代表： 苏绍礼
联系地址：中国辽宁省瓦房店市北共济街一段1号
咨询电话：0411-5509888-3829、3373
传　　真：0411-5500794
电子邮件：zwz214@mail.dlptt.ln.cn
4、公司注册地址：中国辽宁省瓦房店市北共济街一段1号
公司办公地址：中国辽宁省瓦房店市北共济街一段1号
邮 政 编 码 ：116300
国际互联网网址：http//www.zwz-bearing.com
5、公司选定的信息披露报纸：《证券时报》、《香港商报》及英文《虎报》
登载公司年度报告的中国证监会指定国际互联网网址：
http://www.cninfo.com.cn
6、公司年度报告备置地点：公司投资证券部
7、公司股票上市地：深圳证券交易所
股票简称：瓦轴B　　股票代码：2706

二、会计资料与业务资料摘要

1、公司本年度主要经济指标情况　　（单位：人民币元）

利润总额：	47,966,310.49
净利润：	44,294,256.48
扣除非经常性损益后净利润：	47,440,042.06
主营业务利润：	220,072,480.16
其它业务利润：	14,132,696.37
营业利润：	37,443,163.62
投资收益：	11,580,232.45
补贴收入：	--
营业外收支净额：	(1,057,085.58)
经营活动产生的现金流量净额：	43,341,309.57
现金及现金等价物净增加(减少)额：	(42,261,179.81)

2、截止报告期公司前三年的主要会计资料和财务指标：
追塑调整后　　单位：人民币元

指针项目	2000年	1999年	1998年
主营业务收入	1,095,680,727.81	1,117,594,129.07	1,208,437,170.66
净利润	44,294,256.48	43,379,436.07	53,503,828.31
总资产	2,162,950,508.24	2,182,585,451.87	2,063,448,263.21
股东权益	1,013,331,950.45	981,428,296.50	956,946,309.07
每股收益	0.134	0.131	0.162
按月加权法计算的每股收益	0.134	0.131	0.162
加权平均每股收益	0.134	0.131	0.162
扣除非经常性损益后的每股收益	0.137	0.1353	--
每股净资产	3.07	2.97	2.90
调整后的每股净资产	2.97	2.91	2.788
每股经营活动产生的现金流量净额	0.131	0.08	0.09
净资产收益率%	4.37	4.42	5.59
加权净资产收益率%	4.28	4.25	5.32
扣除非经常性损益后的净利润	47,440,042.06	44,651,425.09	-

三、股东情况介绍

1、报告期内股本变动情况表
报告期内：本公司股本结构没有发生变化，股本结构如下：

	期初数	本次+变动增减(+,-) 配股	送股	公积金	转股	其他	小计	期末数
一、尚未流通股份								
1、发起人股份	200,000,000							200,000,000
其中：国家拥有股份	200,000,000							200,000,000
尚未流通股份合计	200,000,000							200,000,000
二、已流通股份								
2、境内上市的外资股	130,000,000							130,000,000
已流通股份合计	130,000,000							130,000,000
三、股份总数	330,000,000							330,000,000

2、(1)截止本年度末公司登记在册的股东共计3590户，其中国有股股东 1 名，社会公众股股东 3589户。

(2) 截止本年度末公司前十名股东持股情况：

名次	股东名称	持股数	占总股本比例
1、	瓦房店轴承集团有限责任公司	200,000,000.00	60.60%
2、	AKTIEBOLAGET SKF	65,000,000.00	19.70%
3、	HKIT/006-113039-431	1,245,300.00	0.38%
4、	文沛荣	721,600.00	0.22%
5、	洪爱芬	698,700.00	0.21%
6、	TAN ZHI 谭志	665,000.00	0.20%
7、	WONG SHIT FUI 黄雪辉	612,000.00	0.19%
8、	陈丽琼	594,157.00	0.18%
9、	黄嘉仪	540,100.00	0.16%
10、	招盈财务有限公司	540,000.00	0.16%
	合　计	270,616,857.00	82.01%

注：1)本公司前十名股东不存在关联关系，持有5%(含有5 %)的股东所持股份在报告期内未发生质押、冻结情况。

2)持股10%以上股东介绍：瓦房店轴承集团有限责任公司(本公司母公司) 持有本公司200,000,000股，占总股本的60.6%；瑞典斯凯孚(SKF)公司(本公司战略投资者)持有本公司65,000,000股，占总股本的19.7%。

3)董事、监事及高级管理人员没有持有本公司股票。

北京东方电子集团股份有限公司

一、公司简介

1、公司中文名称：北京东方电子集团股份有限公司
公司中文缩写：京东方
公司英文名称：BEIJING ORIENT ELECTRONICS GROUP CO.,LTD.
公司英文缩写：BOE
2、公司注册地址：北京市朝阳区酒仙桥路10号
公司办公地址：北京市朝阳区酒仙桥路10号
邮政编码：100016
公司国际互联网网址：http://www.boe.com.cn
公司电子信箱：web.master@boe.com.cn
3、公司法定代表人：王东升
4、公司董事会秘书：陈炎顺
公司董事会证券事务代表：仲慧峰
联系地址：北京市朝阳区酒仙桥路10号
电话：010-64366264 或010-64370756
传真：010-64366264
5、公司选定的信息披露报纸：《证券时报》、《香港大公报》
中国证监会指定的国际互联网网址：http://www.cninfo.com.cn
公司年度报告备置地点：公司资本与股证事务部
6、公司股票上市交易所：深圳证券交易所
A股股票简称：京东方A　　A股股票代码：0725
B股股票简称：京东方B　　B股股票代码：2725

二、会计数据和业务数据摘要

1、本年度主要会计数据：　　（单位：人民币元）

利润总额：	159,929,737
净利润：	110,395,830
扣除非经常性损益后的净利润：	110,267,579
主营业务利润：	275,374,568
其他业务利润：	1,501,072
营业利润：	95,344,398
投资收益：	62,735,196
补贴收入：	-
营业外收支净额：	1,850,143
经营活动产生的现金流量净额：	-176,842,472
现金及现金等价物净增加额：	1,086,195,822

注：非经常性损益是指公司正常经营损益之外的、一次性或偶发性损益，涉及的项目和金额包括：

项目	金额
搬迁补偿收入	2,000,000元
处理固定资产损益	-1,871,749元
合　计	128,251元

2、截至报告期末公司前三年主要会计数据和财务指标：

指标项目	2000年度	1999年度	1998年度
主营业务收入(元)	2,277,898,830	741,886,971	237,497,076
净利润(元)	110,395,830	74,502,439	60,720,752
总资产(元)	4,026,726,235	2,258,881,965	1,712,851,427
股东权益(元)	2,096,417,855	1,066,544,779	991,780,304
每股收益(元)	0.201	0.152	0.124
扣除非经常损益后的每股收益(元)	0.201	0.148	0.118
每股净资产(元)	3.82	2.18	2.03
调整后的每股净资产(元)	3.78	2.15	2.01
每股经营活动产生的现金流量净额(元)	-0.32	-0.18	—
净资产收益率	5.27%	6.99%	6.12%
加权平均净资产收益率	9.84%	7.24%	6.32%

注 1 上述摊薄数据均以各年末总股本计算；

注 2 按国际会计准则(境外报告)审计的销售收入为223482.2万元，境内、外报告产生差异的主要原因是对公司下属合资企业“北京旭硝子电子玻璃有限公司”采取了不同的合并方法：境内报告采用的是合并法，境外报告采用的是分配法，净利润境内、外报告审计结果无重大差异；

按国际会计准则(境外报告)审计的股东权益为215452.3万元，境内、外报告产生差异主要原因是境外报告根据国际会计准则(2000年)的要求，对上市公司董事会分配预案中分配的普通股股利在本年不列示，在次年按股东大会通过的分配方案列示。

三、股本变动及股东情况

1、截至2000年12月31日，公司股东总数40318户，其中法人股股东3户，B股股东3936户，内部职工股股东2324户，A股股东34055户。

2、截至2000年12月31日公司前十名股东持股情况

	股　东　名　称	持股数(股)	持股比例	股权性质
1	北京电子管厂	325,429,000	59.22%	国有法人股
2	NORMAL WIN ASSETS LIMITED	3,636,570	0.66%	B股
3	北京华银实业开发公司	3,575,000	0.65%	法人股
4	CHINA SOUTHERN CORPORATE FINANCE LIMITED	3,492,000	0.64%	B股
5	WISEMAX INTERNATIONAL LIMITED	3,060,400	0.56%	B股
6	RIPPERTON ASSETS LIMITED	3,019,270	0.55%	B股
7	北京显像管总厂	2,600,000	0.47%	国有法人股
8	刘建东	2,500,000	0.45%	B股
9	CHINA SOUTHERN CAPITAL LIMITED	2,230,800	0.41%	B股
10	GOOD CAPTURE INVESTMENTS	2,170,600	0.39%	B股

注：以上股东之间不存在关联关系。

3、持有公司5%以上(含5%)股份股东的持股变动情况

北京电子管厂以协议方式受让中国工商银行北京市亚运村支行所持公司法人股 6506.5万股，北京电子管厂持有公司股份由26036.4万股增至32542.9万股；北京电子管厂所持公司股份未作质押和冻结。

中国工商银行北京市亚运村支行不再持有公司股份。

鲁泰纺织股份有限公司

一、公司简介

1、公司名称
中文:鲁泰纺织股份有限公司
英文:LUTHAI TEXTILE JOINT STOCK CO.,LTD
2、公司法定代表人:刘石祯
3、公司董事会秘书:秦桂玲;
股证授权代表:郑卫印
电　话:0533-5185166　传　真:0533-5182188
联系地址:淄博市淄川区松龄东路81号
4、公司注册地址:淄博市淄川区松龄东路81号
公司办公地址:淄博市淄川区松龄东路81号
邮政编码:255100
电子信箱:lttc @ public.zbptt.sd.cn
国际互联网网址:www.lttc.com.cn
5、公司年度报告备置地点:公司证券部
公司年报指定登载网址:http://www.cninfo.com.cn
6、公司股票上市地:深圳证券交易所
股票简称:鲁泰A、鲁泰B　股票代码:0726 、2726

二、会计数据和业务数据摘要

1、公司本年度会计数据　单位:人民币元

利润总额	98,279,134.76
净利润	86,511,010.18
扣除非经常性损益后的净利润	85,304,019.50
主营业务利润	155,108,677.51
其他业务利润	1,929,442.04
投资收益	-32,244.08
补贴收入	--
营业外收支净额	796,723.17
经营活动产生的现金流量净额	86,456,229.81
现金及现金等价物净增加额	591,714,076.00

说明:扣除非经常性损益后的净利润系扣除索赔及职工违纪罚款等净收入207,440.17元,出口贴息收入589,283.00元以及公司增发A股冻结资金部分利息410,267.51元后所致。

公司净利润差额说明:　单位:人民币千元

国际会计准则税前利润	99215
调整项目:	
时间性差异	
折旧/摊销	(3387)
依中国会计准则需递延的人员培训费	2451
中国会计准则税前利润	98279
计提所得税	11845
少数股东权益	(77)
净利润	86511

2、公司近三年的主要会计数据和财务指标　单位:人民币元

指标项目	2000年	1999年	1998年
主营业务收入	485,928,527.85	398,139,110.47	316,330,804.06
净利润	86,511,010.18	64,429,486.80	53,592,198.69
总资产	1,418,552,507.87	610,002,198.02	581,252,006.53
股东权益	1,211,056,058.77	335,174,404.15	321,069,965.35
每股收益(摊薄)	0.415	0.41	0.33
每股净资产	5.81	2.12	2.03
净资产收益率	7.14%	19.22%	16.69%
调整后的每股净资产	5.79	2.10	2.03
每股经营活动产生的现金流量净额	0.42	0.62	0.74

3、新增财务指标

报告期利润	净资产收益率		每股收益(元)	
	全面摊薄	加权平均	全面摊薄	加权平均
主营业务利润	12.81%	44.43%	0.74	0.98
营业利润	8.05%	27.94%	0.47	0.62
净利润	7.14%	24.78%	0.415	0.55
扣除非经常性损益后的净利润	7.04%	24.44%	0.41	0.54

三、股本变动及股东情况

1、股本变动情况
变动后股份总数208300000股。
2、股东情况介绍
(1)本年度末股东总数22500户,其中境内上市外资股(B股)股东2279户 。
(2)本公司前10名股东持股变动情况

序号	股东名称	期初数	本期增减	期末数	持股比例
1	淄博鲁诚纺织有限公司	29150000	0	29150000	14%
2	泰纶纺织有限公司	29150000	0	29150000	14%
3	ITOCHU HONG KONG LIMITED (B股)	5000000	0	5000000	2.40%
4	CBNY S/A PNC/SKANDIA SELECT FUND /CHINA EQUITY AC (B股)	1089332	+2021672	3111004	1.49%
5	CHINA SOUTHERN CAPITAL LIMITED (B股)	820002	+2103098	2923100	1.40%
6	CSSC INTL LTD (B股)	672001	+1681370	2353371	1.13 %
7	方科 (B股)	588001	+1699496	2287497	1.10 %
8	SINOCOT DEVELOPMENT COMPANY LIMITED (B股)	2341700	-140675	2201025	1.06 %
9	WONG CHUN 黄镇 (B股)	0	+1806000	1806000	0.88 %
10	深圳恒硕贸易发展公司 (A股)	0	+1649211	1649211	0.79%

说明:上述前10名股东中的第三位至第九位股东所持股份的变动是因B股交易流通所致,第十位股东持股变动是因购买公司本次增发A股所致。

武汉锅炉股份有限公司

一、公司简介

1、公司法定中文名称:武汉锅炉股份有限公司
公司法定英文名称:WUHAN BOILER CO., LTD.
2、公司法定代表人:黄江
3、公司董事会秘书:陈性智
联系地址:湖北省武汉市武珞路586号　联系电话:027-87883008 、87657002
传真:027-87883938　电子信箱:wbgchw@public.wh.hb.cn
4、公司注册地址:湖北省武汉市武珞路586号
公司办公地址:湖北省武汉市武珞路586号　邮政编码:430070
公司电子信箱:wbgchw@public.wh.hb.cn
5、公司信息披露报刊名称:《证券时报》、《大公报》
登载公司年度报告的国际互联网网址:http://www.cninfo.com.cn
公司年度报告备置地点:公司董事会办公室
6、公司股票上市地:深圳证券交易所　股票简称:武锅B　股票代码:2770

二、会计数据与业务数据摘要

一、会计数据和业务数据摘要
1、本年度会计数据摘要　单位:人民币元

利润总额	17,307,101.47
净利润	12,584,918.96
主营业务利润	47,298,045.31
其他业务利润	-723,517.42
投资收益	1,138,026.12
补贴收入	2,575,735.92
营业利润	14,410,431.08
营业外收支净额	-817,091.65
经营活动产生的现金流量净额	13,513,116.65
现金及现金等价物净增加额	10,034,584.11
扣除非经常性损益后的净利润	13,402,010.61

注:扣除的非经常性损益项目及金额为:-817,091.65

普华永道中国有限公司按国际会计准则调整的净利润为816.1万元,根据国际会计准则及其他调整对中国法定财务报表之影响如下:

	净利润	资产净值
	人民币千元	人民币千元
根据中国法定财务报表所列报	12,585	499,672
国际会计准则及其他调整		
-冲销长期投资重估增值	-	(2,227)
-冲销以前年度已确认但无法实现的建造合同收入	(4,666)	-
-冲销已于以前年度冲销的开办费摊销	563	(1,313)
-其他	(321)	(242)
经国际会计准则及其他调整后所列报	8,161	495,890

注:差异产生的主要原因是公司根据中国财政部的规定,对以前年度计提资产减值准备,境内会计师采用的是追溯调整法,而境外会计师全部计入当期损益。

2、公司前三年主要会计数据及财务指标(追溯调整后):单位:人民币元

项目	2000年	1999年(调整后)	1998年(调整后)
主营业务收入	251,209,679.89	149,038,520.17	229,967,539.90
净利润	12,584,918.96	2,266,824.49	14,299,248.85
总资产	976,262,292.63	931,150,735.04	886,622,809.13
股东权益(不含少数股东权益)	493,731,806.03	487,061,714.14	484,794,889.65
每股收益	0.0424	0.0076	0.0481
每股收益(按月平均加权法计算)	0.0424	0.0076	0.0481
扣除非经常性损益后的每股收益	0.0451	0.0076	0.0481
每股净资产	1.6624	1.6399	1.6323
调整后的每股净资产	1.6108	1.5326	1.5796
每股经营活动产生的现金流量净额	0.0455	-0.0652	
净资产收益率	2.55%	0.46%	2.95%

3、根据中国证监会《公开发行证券公司信息披露编报规则第九号》计算的净资产收益率和每股收益:

报告期利润	净资产收益率(%)		每股收益(元/股)	
	全面摊薄	加权平均	全面摊薄	加权平均
主营业务利润	9.58	9.59	0.1593	0.1593
营业利润	2.92	2.92	0.0485	0.0485
利润	3.51	3.51	0.0583	0.0583
扣除非经常损益后的净利润	2.71	2.71	0.0451	0.0451

三、股本变动和主要股东持股情况

1.报告期末公司股东总数为2729户。
2.前10名股东的持股情况

名次　股东名称	持股数(股)	占总股本比例(%)
1、武汉锅炉集团有限公司	172,000,000	57.9
2、龙芹芳	4,405,521	1.48
3、方静文	4,346,000	1.46
4、DA WEI ZHANG 张大伟	3,487,900	1.17
5、跨国有限公司	2,300,000	0.77
6、卢汉明	2,237,574	0.75
7、广博投资有限公司	2,170,492	0.73
8、国盟投资集团有限公司	1,460,100	0.49
9、湖北证券公司	1,398,300	0.47
10、HKIT/006-113039-431	1,245,700	0.42

持有本公司5%以上(含5%)股份的股东为武汉锅炉集团有限公司,年末持股数为17200万股,占总股本的57.9%,被冻结的股份为155400550股。

杭州汽轮机股份有限公司

一、公司简介

1、公司法定名称：

中文：杭州汽轮机股份有限公司

英文：HANGZHOU STEAM TURBINE CO., LTD　英文缩写：HTC

2、公司法定代表人：方　文

3、公司董事会秘书及其授权代表的姓名、联系方式：

董事会秘书：何建航　电话：(0571)5780198　股证授权人：柏荣华　电话：(0571)5780422

联系地址：杭州市石桥路 357 号杭州汽轮机股份有限公司证券办

邮政编码：310022　传　真：(0571)5780433　电子信箱：he@htc.net.cn

4、公司注册地址、办公地址、通讯方式及其国际互联网网址：

注册及办公地址：杭州市石桥路 357 号　邮政编码：310022　电话：(0571)5780114(总机)

5、国际互联网网址：http://www.htc.net.cn/

6、公司选定的信息披露报纸名称、登载公司年度报告网址、公司年度报告备置地点：

公司选定的信息披露报纸：《证券时报》、《香港商报》；

登载公司年度报告的中国证监会指定国际互联网网址：http//www.cninfo.com. cn 公司年度报告备置地点：本公司证券办

7、公司股票上市交易所、股票简称和股票代码：

股票上市交易所：深圳证券交易所　股票简称：杭汽轮 B　股票代码：2771

二、会计数据和业务数据摘要

1、本年度主要会计数据　金额单位：人民币元

1	利润总额	34,956,142.27
2	主营业务利润	83,241,517.65
3	其他业务利润	972,058.17
4	营业利润	34,170,268.85
5	投资收益	-45,838.44
6	补贴收入	-
7	营业外收支净额	831,711.86
8	净利润	30,071,014.34
9	扣除非经常性损益后的净利润	30,189,379.06
10	扣除追溯调整影响后可供分配的利润	30,071,014.34
11	经营活动产生的现金流量净额	58,871,531.68
12	现金及现金等价物净增加额	-821,416.40
13	按国际会计准则计算的净利润	30,843,000.00
14	按国内会计准则计算的净利润	30,071,014.34

注：(1) 注：(1)2000 年度本公司非经常性损益扣除了固定资产报废损失 118, 364.72。"扣除非经常性损益后的净利润"均为 30,189,379.06 元。

(2)其他业务利润主要是指公司销售零星材料所产生的利润。

2、利润表附表：根据中国证监会《公开发行证券公司信息披露编报规则第 9 号》的规定编制：

报告期利润	2000 年			1999 年			
净资产收益率(%)		每股收益(元)		净资产收益率(%)		每股收益(元)	
全面摊薄	加全平均	全面摊薄	加全平均	全面摊薄	加全平均	全面摊薄	加全平均
主营业务利润							
19.20	19.20	0.38	0.38	27.07	26.16	0.52	0.52
营业利润							
7.81	7.88	0.16	0.16	11.93	11.53	0.23	0.23
净利润							
6.87	6.93	0.14	0.14	14.01	13.54	0.27	0.27
扣除非经常性损益后的净利润							
6.90	6.96	0.14	0.14	12.10	11.69	0.23	0.23

3、截止报告期末公司中前三年主要会计数据和财务指标　金额单位：人民币元

序号	指标名称	2000 年 12 月 31 日	1999 年 12 月 31 日	备考 1998 年 12 月 31 日
1	主营业务收入	249,196,348.70	113,326,562.00	300,198,729.00
2	净利润	30,071,014.34	58,664,285.00	72,278,356.00
3	总资产	675,302,781.67	672,143,149.00	686,357,345.00
4	股东权益	473,688,611.23	418,617,596.00	403,953,313.00
5	每股收益(元/股)	0.14	0.27	0.33
6	每股净资产(元/股)	1.99	1.90	1.84
7	调整后的每股 净资产(元/股)	1.97	1.84	1.81
8	每股经营活动产生的现金流量净额(元/股)	0.27	-0.005	-
9	净资产收益率(%)	6.87	14.01	17.89
10	加权平均后的 每股收益(元/股)	0.14	0.27	0.37
11	扣除非经营性损益后的每股收益(元/股)	0.14	0.23	0.37

三、股本变动及股东情况

1、股本变动情况：报告期内，本公司股本没有发生任何变动。

2、股东情况介绍

(1)报告期末本公司共有股东总数 1199 名；其中国家股股东 1 名，B 股股东 1198 名。股东数比上年同期增加 601 名。

(2)截止报告期末公司前 10 位股东情况

序号	股东名称	期末持股数(股)	期内增减数(股)	期末占总股本的比例(%)
1	杭州汽轮动力集团有限公司	140,000,000	0	63.64%
2	中国中小企业发展基金有限公司	10,505,092	10,045,092	4.78%
3	WISH HASTER INVESTMENTS	9,000,300	300	4.09%
4	GOOD CAPTURE INVESTMENTS	7,606,600	-1,174,400	3.46%
5	NORMAL WIN ASSETS LIMITED	7,468,300	-288,261	3.39%
6	PERFECT SPACE INVESTMENTS	7,036,200	3,878,084	3.20%
7	FORTUNE DAILY INVESTMENTS	5,084,494	5,084,494	2.31%
8	李国强	2,429,000	0	1.10%
9	MESABI ASSETS LIMITED	1,359,200	1,359,200	0.62%
10	MONOTRACTION (SHANGHAI) HOLDINGS LIMITED	1,233,935	-2,086,065	0.56%

烟台张裕葡萄酿酒股份有限公司

(一)公司简介

1、公司法定中文名称：烟台张裕葡萄酿酒股份有限公司

法定英文名称：YANTAI CHANGYU PIONEER WINE COMPANY LIMITED

2、公司法定代表人：孙利强　3、公司董事会秘书：曲为民

联系地址：山东省烟台市世回尧路 174 号　电话：0086-535-6247214、6647864

传真：0086-535-6247214、6244616　电子信箱：quwm@changyu.com.cn

公司股证事务授权代表：李廷国　联系地址：山东省烟台市世回尧路 174 号

电话：0086-535-6647864；　传真：0086-535-6244616

4、公司注册地址：山东省烟台市大马路 56 号

公司办公地址：山东省烟台市世回尧路 174 号　邮政编码：264001

公司国际互联网网址：http://www.changyu.com.cn　公司电子信箱：stock@changyu.com.cn

5、本公司信息披露报纸：境内：《中国证券报》、《证券时报》；境外：《香港商报》

登载本公司年度报告的国际互联网网址：http://www.cninfo.com.cn

公司年度报告备置地点：公司董事会秘书处　联系电话：0086-535-6647864

公司股票上市交易所：深圳证券交易所

股票简称：张裕 A、张裕 B　股票代码：0869、2869

(二)会计数据和业务数据摘要

1、本年度会计数据摘要	金　额(单位：人民币元)
利润总额	172,479,707
净利润	127,480,258
扣除非经常性损益后的净利润	127,480,258
主营业务利润	446,544,705
其他业务利润	-
营业利润	171,682,709
投资收益	-
营业外收支净额	3,292,400
补贴收入	-
经营活动产生的现金流量净额	177,882,620
现金及现金等价物净增加额	713,496,215

2、按境内外两种会计准则审计之净利润的差异说明

2000 年度，本公司经安达信.华强会计师事务所按中国会计准则审计的净利润为 127,480,258 元，经安达信公司按国际会计准则调整后的净利润为 121,748,709 元，差异如下：　单位：人民币元

按照中国会计准则计算之净利润	127,480,258
按国际会计准则调整对净利润的影响：	
——财政返还确认的会计政策变更	(11,916,549)
——递延税项	6,185,000
按国际会计准则重报之数据	121,748,709

3、截至报告期期末公司前三年的主要会计数据和财务指标　单位：人民币元

项　目	2000.1-12	1999.1-12		1998.1-12	
		调整前	调整后	调整前	调整后
主营业务收入	873,617,952	629,926,974	629,926,974	568,494,018	568,494,018
净利润	127,480,258	92,321,626	84,049,229	79,488,654	84,418,164
总资产	1,610,758,121	820,918,829	809,002,280	711,023,318	707,379,166
股东权益	1,250,121,625	573,097,916	561,181,367	514,976,290	511,332,138
每股收益全面摊薄	0.49	0.405	0.37	0.35	0.37
加权平均	0.55	0.405	0.37	0.35	0.37
每股净资产	4.81	2.51	2.46	2.26	2.24
净资产收益率(%)					
全面摊薄	10.2	16.1	15	15.4	16.5
加权平均	17.5	16.1	15	15.4	16.5
调整后的每股净资产	4.67	2.38	2.34	2.19	2.17
扣除非经常性损益后的每股收益	0.49	0.405	0.37	0.35	0.37
每股经营活动产生的现金流量净额	0.68	0.34	0.34	0.06	0.06

4、利润表附表	报告期利润	净资产收益率(%)		每股收益(元)	
	(单位：元)	全面摊薄	加权平均	全面摊薄	加权平均
主营业务利润	446,544,705	35.7	61.4	1.72	1.91
营业利润	171,682,709	13.7	23.6	0.66	0.74
净利润	127,480,258	10.2	17.5	0.49	0.55
扣除非经常性损益后的净利润	127,480,258	10.2	17.5	0.49	0.55

注：(1) 以上数据和指标均按合并会计报表数计算，其中 1998、1999 年有关会计指标已按新的会计制度重新编列，以符合本年度之编列方式。

(2)以上数据和各项指标均按中国证券监督管理委员会制定的"年度报告准则"规定的公式计算。

(三)股东情况介绍

1、股东情况介绍

截止 2000 年 12 月 31 日，本公司共有股东 32,769 户，其中，国家股股东 1 名，由烟台市国有资产管理局委托烟台张裕集团有限公司持有；人民币普通股股东 30,338 户；境内上市外资股股东 2,430 户，前 10 名股东持股情况如下：

股东名称	股份类别	持股数(股)	占总股本比例(%)
烟台张裕集团有限公司	A 股	140,000,000	53.9
中国光大资产管理有限公司	B 股	2,500,400	0.96
SPEEDY LINK INVESTMENT LIMITED	B 股	2,500,000	0.96
WELLPLANNED LIMITED	B 股	2,500,000	0.96
CHINA EVERBRIGHT FINANCIAL HOLDINGS LIMITED	B 股	2,435,000	0.94
中国国泰控股有限公司	B 股	2,403,600	0.93
NATEXIS BANQUES POPULAIRES	B 股	2,213,627	0.85
金鑫证券投资基金	A 股	2,113,140	0.81
LONGBUSY INVESTMENT LIMITED	B 股	1,825,600	0.70
BONY A/C CMG CH CHINA INVESTMENTS LIMITED	B 股	1,690,700	0.65

广东海埠律师事务所

广东海埠律师事务所经司法部、中国证监会确认具有从事证券法律业务资格，资格证号：99101。

广东海埠律师事务所前身为深圳国际商务律师事务所，自1991年起，该所律师率先在全国参与企业改制并涉足证券法律事务。该所从事的证券法律业务范围主要有担任企业改制重组事务法律顾问工作；担任企业在境内外发行股票和上市的法律顾问工作、为企业在境内外发行股票和上市出具法律意见书；担任企业收购上市公司股份的法律顾问工作并出具相关法律意见书；担任上市公司资产重组的法律顾问工作并出具相关法律意见书等等。迄今为止，该所提供过证券法律服务的客户主要有：

深能源(A股)、深桑达(A股)、深南光(A股)、深宝恒(A股)、深华宝(A股)、黔中天(A股)、黔凯涤(A股)、万向潮(A股)、浙申达(A股)、粤海投资(香港上市)、咏辉国际(香港上市)、深南电2000年度配股、中兴通讯2000年度公募增发以及其他企业改制并拟于创业板上市项目。

地址：深圳市滨河路5020号证券大厦17层
电话：(0755)2890380　邮编：518026
传真：(0755)2890246
电子邮箱：szharbor@public.szptt.net.cn

深圳市德正信资产评估有限公司

公司前身为深圳市资产评估事务所，成立于1989年，是国内第一批成立的专业资产评估机构之一。1999年改制，更名为深圳市德正信资产评估有限公司。

公司自1989年成立以来，已承揽了1400多项资产评估业务，其中涉及股票上市公司的有40多家，涉及金融业的有10多家，涉及申报创业板上市的有9家，公司在无形资产的理论和实践上作了大胆的探索。目前已完成上市公司、创业板企业及其他无形资产的评估项目30余项。

公司技术力量较为雄厚，现有注册资产评估师13人，注册会计师7人，注册房地产估价师5人，土地估价师2人，以及一批经济、财务、工程技术等专业的专职评估人员，可以胜任客户委托的各种资产评估工作。

公司作为资产评估的一个社会公正性中介机构，把“崇尚职业道德，坚持独立公正，树立企业诚信，实现兴业育人”作为执业宗旨，以公平、公正、公开作为自己的执业责任，坚持独立性、客观性、科学性的原则，力求不断提高执业质量，回避执业风险。通过自身实践，公司在客户中享有较高的信誉，同时也促进了自身的不断发展和进步。

董事长兼总经理：李太奎
地址：深圳市人民北路3146号永通大厦10楼B座
电话：(0755)2221352　2221353　2221349
传真：(0755)2221353　邮编：518001

南方基金管理有限公司

南方基金管理有限公司是首批经中国证券监督管理委员会批准设立的基金管理公司，公司成立于1998年3月6日，注册地为中国广东省深圳经济特区。2000年经证监会批准，公司注册资本增加至1亿元人民币。公司增资扩股后股东及持股比例为：南方证券有限公司持股30%，厦门国际信托投资公司、陕西省国际信托投资股份有限公司、海通证券有限公司、华泰证券有限责任公司、华西证券有限责任公司、兴业证券股份有限公司、长城证券有限责任公司各持股10%。至2000年底，公司员工总数66人，硕士及其以上学历有37人，占57%，本科学历24人，占36%，大专学历5人，占7%；有海外学习或工作经历的6人，占9%。

公司目前管理四只证券投资基金：第一只为“开元证券投资基金”（简称“开元基金”），基金规模为20亿份基金单位。开元基金于1998年3月23日上网发行，4月7日在深圳交易所挂牌交易。第二只为“天元证券投资基金”（简称“天元基金”），基金规模为30亿份基金单位，并为指标型基金新品种。天元基金于1999年8月18日上网发行，9月20日在深圳交易所挂牌交易。第三只为“金元证券投资基金”（简称“金元基金”），该基金由清理规范大连四家老基金而成，经增发后基金份额为5亿份基金单位。第四只为“隆元证券投资基金”（简称“基金隆元”）。该基金由清理规范哈尔滨四只老基金而成，经增发后基金规模为5亿份基金单位。截止2000年12月31日，公司管理的四只基金其资产总净值为95.6亿元人民币。

公司本着诚实信用、勤勉尽职、开拓进取的精神，以专业化经营、规范化管理运作基金资产，基金业绩取得了可喜成绩。截止2000年12月31日，开元基金资产单位净值为1.8813元，与期初净值1.1645元相比，增长率达61.55%，在33只规范性证券投资基金中排名第一；天元基金资产单位净值为1.5849元，与期初净值0.986元相比，增长率为60.76%，在33只规范性证券投资基金中排名第三，在同期发行同等规模的9只可比基金中排名第一；金元基金资产单位净值为1.0802元，增长率为8.25%，在同类可比基金中排名第三；隆元基金资产单位净值为1.0086元，增长率为0.03%。

公司将加强内部管理，规范基金投资运作，加强与汇丰投资（香港）公司的合作，有效地降低经营风险，实现与国际规范接轨，积极准备开放式基金和保险基金发行及管理的筹备工作，力争使管理的基金规模增加100亿。建立基金业绩分析评估系统和风险控制系统，提高投资的科学化和理性化程度。

地址：深圳市福田中心区深南大道4009号投资大厦7楼
邮编：518026
电话：86-755-2712000
传真：86-755-2712948

公司董事长：陈勇胜

基金金鑫上市

公司高级管理人员(左起):副总经理吴亦力、总经理李春平、副总经理陈坚

公司对外交流

开放式基金研讨会

开放式基金现场汇

国泰基金管理有限公司(以下简称公司)是《证券投资基金管理暂行办法》颁布后经中国证监会批准的首批基金管理公司之一，并在国内最早推出规范的契约型封闭式基金-基金金泰。公司成立于1998年3月5日，总部设在上海。股东为国泰君安证券股份有限公司、上海爱建信托投资公司、浙江省国际信托投资公司、新疆宏源信托投资公司和中国电力财务有限公司。公司旗下有20亿规模的金泰基金、30亿规模的金鑫基金及清理规范一些老基金后组建的分别为5亿规模的金盛基金和金鼎基金。截止到2000年底，公司所管理的基金资产规模达到89.10亿元(年终资产净值)。2000年四个基金年内净值增长率均超过同期证券市场平均收益率。

公司自成立以来，始终坚持"稳健为本、规范运作、精心管理、争创一流"的管理理念，通过完备的组织结构、明确的制度流程和顺畅的信息沟通，保障基金运作的科学性和规范性。公司现设3个非常设机构；投资决策委员会、风险控制委员会、投资研究联席会议及基金管理部、研究开发部、交易清算部、市场部、稽核监察部、信息技术部、综合管理部等7个职能部门，另设北京办事处。在基金资产管理方面公司实行投资决策委员会领导下的基金经理负责制，通过明确严格的岗位职责和规范的工作流程实行投资决策委员会的宏观决策监督、基金经理在授权范围内的管理运作、中央交易室的执行指令权三个层次有机结合的投资管理体系，保障基金运作的规范性；依托对宏观经济、行业和上市公司的调研分析，强调价值发现的理性组合投资，通过投资、研究联席会议制度加强信息沟通和共享，保障基金投资决策的科学性，建立完备的风险控制制度和独立的稽核监察体系，采用国际先进的风险识别系统和控制软件，实行全方位、多层次的实时风险管理和监察控制，保障公司运营和基金运作合法、合规、安全。

公司总经理：李春平

地址：深圳市深南大道6008号报业大厦19楼
电话：(0755)3516888　传真：(0755)3516968
网址：www.yhfund.com.cn

公司董事长：黑学彦　公司董事总经理：于楠

银华基金管理有限公司

YINHUA FUND MANAGEMENT CO.,LTD.

银华基金管理有限公司是经中国证监会批准设立的全国性基金管理公司，于2001年5月28日正式登记成立，注册资本1亿元人民币，经营范围为：发起设立基金、基金管理及中国证监会批准的其他业务。公司注册地为：中国广东省深圳市。

公司秉承“严于律己、竭诚服务、取信于民、博采众长、稳健经营”的理念，实行董事会领导下的总经理负责制，下设综合管理部、基金经理部、研究策划部、运作保障部、市场开发部、监察稽核部及北京办事处等部门，并设置“投资决策委员会”和“风险控制委员会”两个专业委员会。

银华基金管理有限公司拥有一支高素质的员工队伍，在四十名员工中，研究生以上学历人数占65%，且大部分毕业于国内著名院校，还有多名留学归国的专业人士加盟，公司多数人员拥有丰富的证券行业从业经验，为保证公司规范、稳健运作，公司聘请了国内资深经济学家、财务专家、金融专家以及法律专家等作为公司的独立董事，另外，为能快捷、全面地获取证券业界的最新研究成果，为基金投资决策提供有力支持和保障，公司已与国内多家知名证券研究机构建立长期合作伙伴关系，为公司的健康发展打下扎实基础。

公司本着“诚实信用、勤勉尽责”的原则，专业化、规范化管理运作基金资产，以严谨、专业的调查研究为基础，注重投资对象的业绩及成长，不断发掘公司自身潜能，崇尚理性的中长期投资项目，以稳健的投资确保基金业绩不断提升，为基金持有人谋求稳定的回报。

2001年8月8日，银华基金管理有限公司旗下第一只基金“天华证券投资基金”正式在深圳证券交易所公开上市交易，交易代码：184706，简称“基金天华”。“基金天华”属契约型封闭式基金，存续期10年，投资范围为国内依法公开发行、上市的股票、债券及中国证监会允许基金投资的其它金融工具。

“基金天华”将在尽可能地分散和规避投资风险的前提下，谋求基金资产增值的最大化。“基金天华”管理人将以政策为先导，以科学严谨的行业、企业研究和市场分析为基础，选择未来一定时期内持续、高速成长的上市公司为主要投资目标，根据相对稳健的价值评估原则，采取适度集中的投资策略，详细计划，严格执行，追求基金资产长期稳定的增长。

继“基金天华”之后，公司还将陆续研究推出更多更新的基金品种，本着“诚实信用、勤勉尽责”的原则，锐意创新，稳健投资，诚信理财，竭诚为基金投资者服务，为中国基金业的发展贡献自己的力量。公司董事长黑学彦、总经理于楠及全体员工感谢广大持有人的支持与厚爱。

com.cn

[诚实信用　勤勉尽责]

研究人员在研讨问题

公司办公区（前厅）

根深叶茂才是栖身之处
我们的基金托管服务
安全、可靠、优质
ICBC
中国工商银行

诚实信用　严守秘密

中国农业银行证券投资基金托管部全体员工将本着诚实信用、严守秘密、勤勉尽责、开拓进取的精神，脚踏实地的工作，为广大投资者和基金管理公司提供优质高效的服务。

中国建设银行
China Construction Bank

2000年，建设银行抓住证券投资基金业快速发展的历史机遇，坚持“客户至上，服务第一”的经营原则，以优异的后台服务为基础，以一流的业务运行系统为保障，基金托管业务取得了良好的业绩。到2000年底，建设银行托管基金资产规模达115亿元，基金资产净值达164亿元。建设银行还积极与国外金融机构建立基金业务合作关系，促进该项业务更快地与国际惯例接轨，推进建设银行基金业务的发展。

基金托管部联络地址：中国北京金融街25号　邮编：100032　业务咨询电话：010-62598378

中国银行
BANK OF CHINA
中国银行 全球服务
ALWAYS WITH YOU
www.bank-of-china.com

总经理：谢红兵

交通銀行

证券投资基金托管部

一流的服务质量　一流的工作效率　一流的银行信誉

BANK OF COMMUNICATIONS

交通银行始建于1908年，具有悠久的历史，是我国早期的四大银行之一。1986年经国务院批准，重新组建，成为全国性的股份制商业银行，为国内五大银行之一。截止到2000年底，资产规模达6282亿元，各项业务持续快速发展。2001年英国《银行家》杂志7月份公布的全世界1000家大银行中，交通银行列108位，较上年提升了22位。

1998年7月，经中国证监会和中国人民银行批准，交通银行获得开展基金托管业务资格，是中国首批获准开展基金托管业务的五家银行之一。2001年7月经中国人民银行和中国证监会批准，获得开放式基金认购、申购、赎回和注册登记代理业务资格，成为中国第一家获得开放式基金代理业务资格的商业银行。

根据中国证监会和中国人民银行的要求，交行设立了专门的基金业务部门—证券投资基金托管部。托管部现有24名员工，其中拥有硕士和博士学位的多名，员工的学历层次较高，具有基金、证券和银行的从业经验。

自开展基金托管业务至今，交行始终坚持以“一流的服务质量、一流的工作效率、一流的银行信誉”为宗旨，“诚实信用、勤勉尽责”，坚持人才、科技、制度和管理先行的原则，不断加强人才培养，提高基金托管业务的科技含量，不断进行产品创新和开发，多次在基金业率先开展新业务：是首家尝试证券投资基金网下发行的托管银行；是第一个托管大额规模（30亿）证券投资基金的托管银行；首家开创一家基金管理公司管理的多只基金分别在不同银行进行托管的模式，为基金托管业务有效竞争局面的形成作出了贡献。交行还积极探索研究B股基金、保险基金、中外合作基金、产业基金、私募基金的运作和托管模式。

基金托管部每年在电脑系统方面投入了大量的人力和物力，拥有自己独立的机房和技术人员，在近两年中先后开发了会计核算和交易监管软件、开放式基金代销和注册服务软件，并成功投入开放式基金托管业务的实际运作中，基金托管部在软件的运行和管理方面有严密的安全措施，符合“独立、安全、及时、稳定”的原则。

在业务的管理上，交行十分注重加强制度建设，提高管理水平，把业务发展与规范管理有机地结合在一起，确保了交通银行基金托管业务安全、规范、高效、优质地运行，多年来，在基金的资金清算上，保持了零差错。

目前已托管了普惠、安顺、汉兴、兴科、裕华、安久、科讯、科汇、久富、华安创新等十只证券投资基金，累计托管的基金资产发行规模已达到160亿元。托管服务质量和水平受到证券主管部门和基金同业的认可和好评。

交通银行对新业务的运作十分重视，2001年9月成功代理发行我国首只开放式基金，受到了证券主管部门、基金管理公司、投资者和社会媒体的好评。

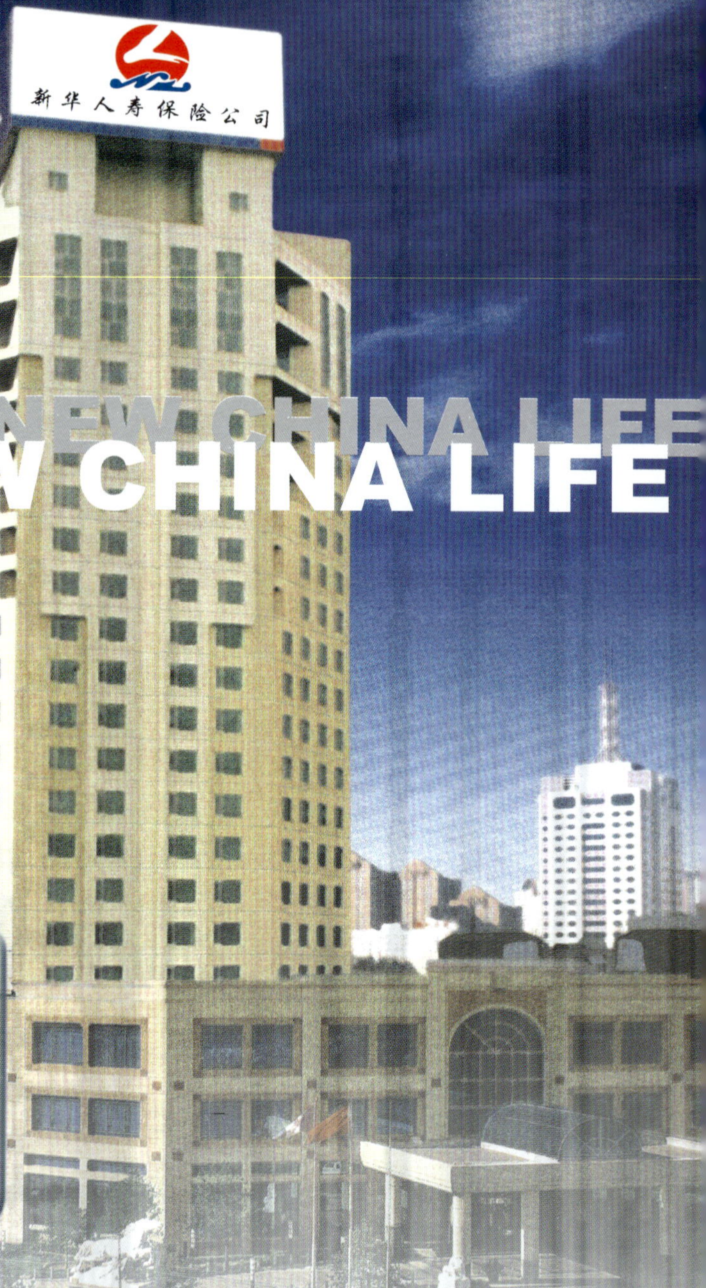

NEW CHINA LIFE

新华人寿保险股份有限公司成立于1996年9月，是全国性股份制专业寿险公司，经营各类人寿保险、健康险和意外伤害保险。

新华人寿保险公司总部设在北京，公司由十五家大型国有股份制企业发起成立，注册资本金5亿元人民币。2000年8月，新华人寿保险公司向瑞士苏黎世保险公司、日本明治生命保险公司、国际金融公司和荷兰发展金融公司等四家国际著名的金融保险机构招募了总股本24.9%的股份，资本金增加到12亿元。公司现有北京、天津、南京、成都、上海、广州、武汉、杭州、济南、哈尔滨十家分公司；拥有管理人员及代理人队伍一万二千人。

地址：北京市丰台区莲花池西里8号新华保险大厦
邮编：100073
电话：010-63903399
传真：010-63958610

Add: New China Insurance Tower,8 LianHuachixili,Fengtai District,Bei Jing
Post Code: 100073
Tel: 010-63903399
Fax: 010-63958610
http: // www.newchinalife.com

第十编

香港上市股份公司

1950/2028

香港联交所上市股份公司

长江实业集团有限公司

【公司概况】 股票代码为0001，业绩报告结算日期为12月31日，实收资本为2316164338股，合计1158082169元。公司董事会主席：李嘉诚。

【经营业绩】 以经营地产为主，并作控股及其他投资。现有投资或自用物业面积519.3万方呎；香港土地储备可供建成面积1181.5万方呎；另有农地1042.4万方呎，其中于2000年完成者，共166.9万方呎；2001年约完成244.2万方呎。发展中或待发展之物业内地占1526.3万方呎，海外占61.7万方呎。2000年内增购多项土地，包括西九龙混合地及荃湾（与信置合作）地盘等。并与和黄合作成立酒店管理公司，管理集团酒店。在香港已完成及待建酒店共5间，并在内地6间酒店占有权益，亦占海南省洋浦港开发权益10%，还参与物业投资及发展多项。其他主要投资：和黄49.9%、加拿大怡东财务50%、深圳长和实业20%。另占有tom.com上市时股权16.15%，占汇网集团48.75%等。1999年底总借贷176.6亿元，现金33亿元，香港及海外证券40亿元。2000年上半年盈利173.95亿元，增253.6%，中期息0.38元，增15.2%，李嘉诚因注入新加坡旭日湾物业收取新股，已豁免全面收购，所持股权已增至35.5%，并于6月下旬增持至36.03%。

【财务状况】 1999年度每股纯利25.84元，每股股息1.38元。

中电控股有限公司

【公司概况】 股票代码为0002，业绩报告结算日期为12月31日，实收资本为2081227000股，合计1040613500元。公司董事会主席：米高·嘉道理。

【经营业绩】 公司原名中华电力，于1998年内部重组，中华电力经营受法则管制业务，另设附属公司经营其他业务，改名如上。主营业务为生产及供应九龙、新界各区、大屿山、长洲及若干离岛之电力。利润受法例管制，为平均固定资产值之13.5%。现有发电厂包括青山A、B发电厂、竹篙湾发电厂，各占40%；另占香港抽水蓄能发电49%，向从化抽水蓄能电站购买电力50%（约600兆瓦）；1999年底，供电能量8263兆瓦，占广东核电厂25%，购入核电70%电力。1993年2月开始于龙鼓滩兴建新发电厂，安装8台总发电量达2500兆瓦，已完成6台，因电力需求放缓。已协议另行检讨。其他电力业务包括：与法国电力成立新中国电力投资（中电占60%）；参与广东怀集县水利发电合营项目，兴建10座电站，总容量115兆瓦，总投资9.4亿元；在印度发展门格洛尔电力项目1000兆瓦，因发展延误，已终止，正研究恢复可能性；收购泰国EGCO股权15.2%；参与台湾和平电厂容量1320兆瓦发展，占30%，2000年开始施工，并增购至40%；1999年9月购入马来西亚YTL股权5%，YTL总发展电量1200兆瓦，双方将合作及按情况竞投当地未来3年内私有化的6200兆瓦资产；2000年12月投资46.3亿元与Powergem合作，占80%，占澳洲、印度、泰国及印尼电厂权益，已完成3325亿兆，发展中3994亿兆。地产业务有：鹤园街地盘（海逸豪园住宅）正与长江实业合作，仍在发展第四及第五期中。2000年上半年盈利29.27亿元（包括第三期盈利13.3亿元）。减6.9%，中期息派0.80元，另特别中期息0.27元。流动资金16.29亿元，债项30.87亿元。中信泰富于9月减持股后仍占4%。

【财务状况】 1999年度每股纯利3.5元，每股股息2.27元（包括特别股息25仙）。注：截至1999年12月止15个月，以往结算期为9月。

香港中华煤气有限公司

【公司概况】 股票代码为0003，业绩报告结算日期为12月31日，实收资本为5157862155股，合计1289465539元。公司董事会主席：李兆基。

【经营业绩】 生产及销售煤气，并租售家用炉具。已于番禺、中山及广州成立合营公司，发展及供应气体燃料。占京士柏豪宅45%，总面积24万方呎，占机铁香港站15%，商业综合总面积448万方呎，已完成91万方呎，其余将分期在2005年前完成。另有马头角南厂等待重建。占恒基数码18.05%，获广东省液化然气认购权3%。1999年底每股净值3.86元，净存款41亿元。2000年上半年盈利15.95亿元，增8.1%，中期息0.12元。

【财务状况】 1999年度每股纯利55.9仙，每股股息31.8仙。

高信集团控股有限公司

【公司概况】 股票代码为0007，业绩报告结算日期为12月31日，实收资本为210000000股，合计21000000元。公司董事会主席：蓝国庆。

【经营业绩】 为提供股票经纪，期货与期权经纪及证券保证金融资服务。亦以分配售代理身份，透过私人配售股份协助香港上市公司筹集资金。拥有交易客户户口逾2500个。无意参与自营买卖业务，所持港交所股份已于上市前售出，将参与网上买卖。2000年8月配售及发售新股52.5百万股上市，每股售价1.2元。9月止半年盈利35.25百万元，增220.8%，不派中期息。上市后每股有形资产净值0.7176元。2000年3月止年度每股盈利0.271元。

【财务状况】 2000年度纯利42614千元。

九龙仓集团有限公司

【公司概况】 股票代码为0004，业绩报告结算日期为12月31日，实收资本为2446254629股，合计2446254629元。公司董事会主席：李唯仁。

【经营业绩】 主营地产、酒店、货仓、公共交通、通讯及财务投资。1993年10月开办有线电视服务，并获批准固定电讯网络牌照。1993年5月拟将海港企业私有化，为股东否决。1999年拟再私有化，其后放弃。1999年底止拥有写字楼583万方呎、商场346.4万方呎、住宅75.9万方呎、工业/货仓135.3万方呎及香港酒店3间。发展中物业有荃湾住宅53万方呎；占深井啤酒厂地盘（33.3%），可兴建280万方呎住宅；占机铁九龙站第二期20%，可兴建220万方呎住宅；山顶物业及窝打老道住宅正在兴建中，正将若干工贸及货仓楼宇申请重建为住宅。位于大陆的物业发展项目分布于北京、大连、武汉、上海等地，楼面总面积达12.5百万方呎，已完成215.9万方呎。有线电视及互联网业务已于1999年11月分拆，于香港及美国上市，仍占79.4%。1999年底净借贷215亿元，另有长期证券投资52.09亿元（市值）。2000年上半年盈利1119.7百万元，增5.3%，每股盈利0.46元，中期息0.28元。11月以每股29.2元出售宝福集团34.87%，予和成国际，其余已售予第三者，不再持有。主要附属公司及联号有海港企业61%、宝福集团49.9%、香港隧道25%、现代货柜码头51%、空运站12.5%。

【财务状况】 1999年度每股纯利139.0仙，每股股息78.0仙。

汇丰控股有限公司

【公司概况】 股票代码为0005，业绩报告结算日期为12月31日，实收资本为9229754955股，合计USD4614877477.5美元。公司董事会主席：庞约翰。

【经营业绩】 国际性银行集团，初以香港为基地发展亚洲业务，于80及90年代进军美国及欧洲市场，1997年扩展至拉丁美洲。1997年底获准于深圳经营人民币业务。1999年动用768亿元收购美国利宝银行，已于当年年底完成。2000年上半年盈利274.46亿元（35.25亿美元），增30.8%，每股盈利3.27元，中期息1.17元（0.15美元），增12.8%。以税前盈利计，欧洲占37.6%、香港占36.6%、北美洲占8%、亚太区占14.1%、拉丁美洲占3.7%。呆坏账准备28.65亿元（较上年同期减55.2亿元，较上年下半年减少48.54亿元）。6月底客户存款30330亿元，银行存款2886亿元，客户贷款20391亿元，银行贷款8782亿元。6月底总资产45232.8亿元，股东资金2753亿元，相当于每股32.27元。与美林成立合营公司，各占50%，创办首个网上银行及投资服务公司，为美国以外提供服务，又计划收购泰国京华银行75%。主要附属公司及联号：美国海丰银行、美国利宝银行、英格兰中东银行、米特兰银行、沙地英国银行（51%）、汇丰投资、汇丰财务、恒生银行（64.22%），其他分布于加拿大、澳洲、马来西亚及新加坡等地的银行及财务公司。

【财务状况】 1999年度每股纯利5.04元，每股股息2.64元。

香港电灯集团有限公司

【公司概况】 股票代码为0006,业绩报告结算日期为12月31日,实收资本为2134261654股,合计2134261654元。公司董事会主席:麦理思。

【经营业绩】 主要为电力生产及供应、范围包括港岛、鸭脷洲及南丫岛,工程设计、承办及管理。电力盈利受法则管制,准许盈利为平均固定资产净值13.5%。发电厂位于南丫岛,总发电量为3305兆瓦。现时专利权已延至2008年底。2000年5月获批准1999至2004年财务计划270亿元支出,包括于现有电厂毗邻兴建首台300兆瓦发电机组于2004年投产,占上述支出20%。与长建合组各占50%合营公司,已于1999年底以168亿元投得南澳洲省ETSA200年配电业务管理及经营权,并于2000年8月以106.5亿元收购澳洲维多利亚省的Powercor Australia Ltd. 为配电及零售商。2000年上半年盈利20.26亿元,增4.6%,中期息0.54元,增0.47%。已获广东液化天然气项目认购权3%。

【财务状况】 1999年度每股纯利258.0仙,每股股息148.75仙。

电讯盈科有限公司

【公司概况】 股票代码为0008,业绩报告结算日期为12月31日,实收资本为21864196139股,合计1093209815元。公司董事会主席:李泽楷。

【经营业绩】 原名为德信佳,为中策成员,1999年5月李泽楷注入中港物业,经营卫星双频上网业务及数码港计划,大量发行新股,使控股权转移,8月改名为盈科数码动力,投资于多项科网有关权益,并与世界著名科网公司合作。2000年3月建议与香港电讯合作,于8月17日完成合并。由盈科数码动力改名为电讯盈科。目前业务分为电讯服务、连接服务、流动通讯服务、宽频业务(包括接驳及内容服务)、商业对商业服务、数据中心网络寄存、基础设施(数码港)及有关投资。已与澳洲Telstra结成策略性联盟:各自提供资产,经营全球IP主干网络业务,各占50%;Telstra占香港无线通讯业务60%;成立合营公司各占50%,经营亚太区互联网数据中心网络,此等合作可望于2001年完成程序,电讯盈科可收取35.55亿美元。以19.5亿港元购入日本PCCW-JAPAN 83%,为NOW宽频互联网提供游戏内容及日语内容,也于日本提供其他互联网服务。数码港包括非住宅139万方呎及住宅404万方呎,电讯盈科负责发展数码港建筑,非住宅由政府收租,住宅(地价定为78.09亿元)可分利润47.3%,2004年完成。住宅电话收费有权于2000年1月增至100元。其后1年可增至110元,之后收费不受限制。已决定2001年住宅电话月费调高至100元。已投资于四十多项有关科网业务,包括CMGI(3.4%)、Sofinet(23%)、ilink(80%)、Star East(20%)、城市电讯(8%)、tom.com(5%)及outblaze(46%)等。9月底未偿还债项793亿元(101.6亿美元),11月安排再融资366亿元(47亿美元),发行债券11亿美元,供股集资41亿港元(5.2亿美元),可收取Telstra 35.5亿美元,2001年认股证可集资96亿元(12.3亿美元)。供股后备考资产负值56.17亿元,未包括Telstra交易带来的影响。

【财务状况】 1999/2000年度每股纯利68.1仙,每股股息83.6仙。

恒隆有限公司

【公司概况】 股票代码为0010,业绩报告结算日期为6月30日,实收资本为1324738242股,合计1324738242元。公司董事会主席:陈启宗。

【经营业绩】 地产投资及发展、经营酒店及餐厅、建筑工程、财务投资、洗衣及停车场管理,地产业务已交由淘大负责。2000年6月底,香港土地储备可供建成各项应占面积80万方呎,主要位于荃湾及东涌(不包括由淘大发展的物业),又占上海港汇广场及恒隆广场面积约130万方呎(淘大权益除外),另有工业面积47.6万方呎位于荔枝角道及永康街、油柑头汀兰居住宅21.6万方呎,原作出售,已转为投资。2000年6月底净借贷55.47亿元,(包括淘大净借贷15.96亿元)。主要附属公司及联号:淘大置业57.83%、格兰酒店73.7%及恒隆白洋舍50%。

【财务状况】 1999/2000年度每股纯利65.7仙,每股股息52.5仙。

恒生银行有限公司

【公司概况】 股票代码为0011,业绩报告结算日期为12月31日,实收资本为1911842736股,合计9559213680元。公司董事会主席:艾尔敦。

【经营业绩】 经营银行及有关业务,为汇丰集团机构,2000年6月止香港总分行及办事处共157间,深圳及厦门有代表处,于广州及上海设有分行。又与汇丰成立联号,在香港提供人寿保险业务,并推出三种环球基金。1999年底,存款(包括其他账项)3757.11亿元,贷款(包括其他帐项)1972.8亿元,贷款比率52.5%。2000年中期盈利51.95亿元(已扣除呆坏账准备83百万元,上年同期为7.9亿元),增21.9%,每股盈利2.72元,中期息2元,每股净值20.86元。存款4115.41亿元,贷款2114.12亿元,较1999年底增9.5%及7.2%,贷款比率51.4%。问题贷款占总贷款3.5%,逾期未偿还贷款占2.8%。成本对收入比率22.6%,总资本比率16.3%,平均股东资金回报率25.3%。已与汇丰合作投资发展电子银行业务,并与长实、和黄及汇丰合作组成汇网集团。

【财务状况】 1999年度每股纯利4.35元,每股股息8.20元(包括特别中期息4.1元)。

恒基兆业地产有限公司

【公司概况】 股票代码为0012,业绩报告结算日期为6月30日,实收资本为1722140000股,合计3444280000。公司董事会主席:李兆基。

【经营业绩】 地产投资及发展,并提供建筑、代理、管理、金融方面之专业服务及证券投资。于1981年7月上市,以4元公售。1985年12月购入永泰建筑,并于1988年8月重组为恒基发展,至2000年10月底,占其股权68.2%。1996年3月将大陆物业组成恒基中国分拆上市,仍占57.65%。2000年6月底,应占2120万方呎土地储备,其中包括收租物业600万方呎,发展中及待发展面积1520万方呎,另有农地2330万方呎,已在预售地盘涉及面积142万方呎,1996年9月配售55百万股,每股64元,1997年2月发行33百万股在日本第二上市,每股73.25元,共集资59亿元。2000年6月底短期借贷28.3亿元,长期借贷122.3亿元,存款11.59亿元,应收分期38.25亿元。7月组成恒基数码,集中资讯科技业务,包括名气佳(资讯电子商贸)、恒基数据库、裕基科技及智慧居等,恒基发展占66.67%,中华煤气占18.05%。

【财务状况】 1999/2000年度每股纯利3.38元,每股股息1.55元。

和记黄埔有限公司

【公司概况】 股票代码为0013,业绩报告结算日期为12月31日,实收资本为4263370780股,合计1065842695元。公司董事会主席:李嘉诚。

【经营业绩】 透过一系列附属及联营公司经营地产投资及发展、酒店、货柜码头、零售、电讯及传媒、能源、财务及投资。为长江实业之联营公司。拥有庞大投资及自用物业,主要为长江集团中心及和记大厦等,计商业面积657万方呎,工业面积297.2万方呎,货仓504.8万方呎及住宅7.7万方呎。全资拥有海逸酒店8间及39%喜来登酒店;发展中物业包括红坎豪宅50%,机铁青衣站上盖发展权占60%,占红坎火车上盖商业发展25%,洪水桥地皮占50%,占马鞍山住宅发展项目50%。在国内、伦敦、东京及新加坡也有物业发展,并在国内参与多项物业发展。在港拥有多处货柜码头,并在英国、荷兰、印尼、巴拿马及马来西亚等国拥有多处码头;在内地投资包括位于上海、深圳、厦门及珠江三角洲码头及港口。在缅甸也有投资。持香港和记流动电话56%,和记环球通讯50%,于澳洲、印度及以色列也有流动电话业务,占Vodafone股份已发行可换股券234亿元,换股后仍持2%,占美国Voicesteam股权22%,成本100亿元,已有条件协议接受德国电讯收购,2001年完成。投得英国、意大利、奥地利等国3G牌照。占tom.com31%,汇网集团24.9%、Arena(B2B)92%,另与科联及中联等合作。赫斯基石油已与当地公司合并上市,占35%。经营零售业包括百佳、屈臣氏及丰泽,在英国也有连锁店,占长江基建84.6%(控制港灯)。经营新城广播电台及拥有庞大投资组合。1999年底净债项498亿元,证券投资1761亿元。2000年上半年盈利311.26亿元(包括出售部分Vodafone及其他获利255亿元),增325.6%,每股盈利7.3元,中期息0.51元,增17%。

【财务状况】 1999年度每股纯利27.527元,每股股息1.482元。

希慎兴业有限公司

【公司概况】 股票代码为0014,业绩报告结算日期为12月31日,实收资本为1033511610股,合计5167558050元。公司董事会主席:利汉钊。

【经营业绩】 经营地产投资及发展,拥有投资物业:铜锣湾兴利中心、礼顿中心、新宁大厦、希慎道1号、礼顿道111号、友邦中心、嘉兰中心、利舞台广场、利园广场及中区娱乐行等商业大厦；另有新宁阁、竹林苑及车位400个。共有铺位面积112万方呎，写字楼276方呎，住宅79万方呎。发展中物业：上海和平花苑第一期708310方呎（占44.725%）已完成正在租售，另占上海广汇广场（366万方呎）15%在兴建中。另参与新加坡四项住宅发展，均占10%至25%，其中一项1998年完成，其余延期发展。1999年投资证券市值30.28亿元，净债项62.8亿元，每股专业估值为19.8元。2000年上半年盈利6.26亿元，减32.1%；派中期息0.11元，增10%，盈利包括出售中国移动股份利润2.93亿元，估计仍有三千多万股未售。

【财务状况】 1999年度每股纯利116.0仙，每股股息40.0仙。

盈信控股有限公司

【公司概况】 股票代码为0015，业绩报告结算日期为3月31日，实收资本为160000000股，合计16000000元。公司董事会主席：魏振雄。

【经营业绩】 于香港承办各类公营及私营机构的建筑工程，工作范围大致有：政府建筑物、机构建筑物及公共房屋工程；公共房屋，政府及其他机构建筑的维修保养，翻新及装修工程；土木工程项目，包括道路工程、渠务及排污工程、水务工程及化共事业土木工程；斜坡及挡土墙的防止山泥倾泻及修筑工程。对象主要为工务局、房屋委员会及私营机构。2000年8月配售及发售新股30百万股及配售旧股20百万股上市，每股售价1元。9月止半年盈利14.15百万元，减39%，不派中期息。上市后每股有形资产净值0.438元。

【财务状况】 2000年度纯利盈利35901千元。

东方报业集团有限公司

【公司概况】 股票代码为0018，业绩报告结算日期为3月31日，实收资本为2397917898股，合计599479474元。公司董事会主席：林顺财。

【经营业绩】 出版东方日报、马经及周刊杂志等。拥有九龙湾东方报业中心107452方呎及贵州街工业面积8905方呎；1998年10月以215百万元购入大埔厂房，1999年3月出版太阳报。设有入门网站及附属网站。2000年3月底每股净值1.08元。净存款2.9亿元，9月以90百万元将eastweek.com.hk 50%售予丰德丽公司。9月止半年盈利170.8百万元（上年同期亏损63.18百万元），派中期息0.05元。

【财务状况】 1999/2000年度每股纯利1.96仙。

新鸿基地产发展有限公司

【公司概况】 股票代码为0016，业绩报告结算日期为6月30日，实收资本为2400907362股，合计1200453681元。公司董事会主席：郭炳湘。

【经营业绩】 地产发展、投资及管理、建筑、混凝土制造、装修、电器消防工程、保险、财务、酒店投资、电讯及基建投资。主要投资物业包括新鸿基中心、世界贸易中心、沙田新城市广场、中环广场、新世纪广场及新都会广场等，另拥有帝苑酒店、帝都酒店及帝京酒店。已完成物业投资组合包括住宅110万方呎、商场750万方呎、写字楼580万方呎、酒店90万方呎及工商综合物业350万方呎，共为1880万方呎。另有戏院30间，拥有停车场约2.4万个车位。另参与位于中环之机场铁路物业上盖发展计划（占47.5%）。1999/2000年内建成物业3.7百万方呎，商业综合面积30万方呎。发展中租售物业5.2百万方呎，另农地22百万方呎。发展中物业总面积28.1百万方呎，其中2000/2001年度将完成4.3百万方呎。另参与兴建管理三号干线（郊野公园段）公路，占50%，总投资额72.5亿元，管理权30年。于新机场兴建货运中心占65%，总投资额19亿元，经营权20年。占28.5%权益的亚洲货柜码头，将其9号货柜码头完成后，交换8号码头两个泊位。另占屯门内河码头33%，1999年底完成。1999年发展科技，先后与微软及太阳组成策略性联盟，并成立优势互联网服务中心，提供网络设施管理及伺服器置存服务。且已拓展至国内，亦设多项网站，提供各样服务，已组成新意网于2000年3月在创业板上市，仍占83.8%。2000年6月底净借贷179.75亿元。主要附属公司及联号：九巴33.79%、富联国际19%、数码通电讯26.48%及驾驶学院30%。

【财务状况】 1999/2000年度每股纯利4.51元，每股股息1.75元。

新世界发展有限公司

【公司概况】 股票代码为0017，业绩报告结算日期为6月30日，实收资本为2114084809股，合计元2114084809。公司董事会主席：郑裕彤。

【经营业绩】 地产投资及发展、酒店投资及管理、基建项目、电讯、服务行业及策略性投资。拥有新世界中心、新世界大厦、万年大厦及会议展览中心等面积773万方呎，作收租用途。发展中物业面积达2655万方呎。2000年度推出发售或完工面积308万方呎，农地土地储备2085万方呎。大陆物业已于1999年内分拆上市，包括各类物业发展。占香港新世界万丽酒店、万丽海景酒店及君悦酒店各64%，又占丽晶酒店48%，占大陆十三间酒店及东南亚四间酒店部分权益。并提供管理，该等客房共8430间。投资道路长达1178公里、桥梁10.3公里、发电厂电量1878兆瓦、水厂每日处理164万立方米、水泥年产267万吨及作策略性投资，如巴士及证券投资，占新世界基建57%，已上市。并持有太平洋港口控制权，正将香港及国外港口业务注入。经营固定网络服务及直通国际电话服务占95%、传讯及个人通讯及公众多媒体服务。已将"面面通"电话业务注入新世界数码，占股权37.47%，并成立新世界传动网，与雅虎合作，提供资讯服务。此外，还提供建筑及机电工程、物业及停车场管理、投资第一巴士及冠忠巴士12%、持有惠记16.5%、保安及护卫、园艺及清洁等服务，已组成新世界创建，占51.3%，于国内经营百货，投资于多间上市国企红筹股分作策略性投资，还投资大陆工业，并计划投资中药业。2000年6月底集团净负债331.3亿元，正计划出售物业、酒店及引入股东投资电话业务。

【财务状况】 1999年度每股纯利10仙，每股股息20.0仙。

太古洋行有限公司

【公司概况】 股票代码为A0019 B0087，业绩报告结算日期为12月31日，实收资本为A股940111885股B股3059301271股，合计931183283元。公司董事会主席：萨秉达。

【经营业绩】 包括地产发展、航空及有关投资、贸易、实业、保险、酒店、船坞、海洋开发等。拥有中环金钟太古广场写字楼1558774方呎及商场711181方呎；两间酒店（部分权益）及豪华住宅等，连同太古城及其他地区投资计算，共拥有商场面积及写字楼面积共897万方呎、豪华住宅87万方呎及工业楼宇面积181万方呎。发展或待发展投资物业为商业面积162万方呎。发展中供出售楼宇为商住面积350万方呎；包括占东涌地铁站上盖第一期发展权益20%，将设一间酒店（400间房）、住宅280万方呎及商业面积5.9万方呎及884个车位。1998年5月以16.77亿元投入爱秩序湾地盘，将兴建住宅742000方呎，占50%，将于2001完成。1999年至2000年将完成东涌两地盘及将军澳地盘（占49%）。主要附属公司及联号：太古地产100%，太古汽水100%，国泰航空45.1%，飞机工程38%，香港空运站30%，联合船坞50%，现代码头17.6%，港龙航空23.8%，蛇口集装箱码头25%及嘉士伯啤酒49%。1999年盈利来源地产占30.02亿元，航空占10.38亿元，实业占81百万元，饮料占1.87亿元，贸易占114百万元，海洋开发占4.72亿元，其他开支占4.59亿元，负债比率23%。2000年上半年盈利25.9亿元，增42.5%，每股盈利1.669元，中期息0.36元，增5.9%，净借贷170.4亿元，净负债比率23%，地产盈利14.44亿元，航空11.09亿元，贸易53百万元，饮料75百万元，海洋开发2.18亿元，实业亏损1.2亿元，其他支出调整1.89亿元。

【财务状况】 1999年度每股纯利2.858元，每股股息1.1元。注：除注明外，均以A股或折为A股计算。

会德丰有限公司

【公司概况】 股票代码为0020，业绩报告结算日期为3月31日，实收资本为2030599287股，合计1015299643元。公司董事会主席：李唯仁。

【经营业绩】 原名为隆丰国际，于1993年底易名如上。为控股公司，主要投资为九仓48%及新亚置业74%，1999年7月私有化连卡佛（每股12.5元），8月收购Joyce56.9%（每股0.25元）及向九仓收购City Super39.5%，9月曾拟私有新亚，随即取消。1993年起开始直接参与地产发展。1994年以35亿元购入深井生力啤酒厂，可兴建楼面面积282.6万方呎，补地价每方呎约800元，已在动工兴建，2003年完成，会德丰、九仓及新亚各占三分之一。1997年10月投得地铁九龙站第二期发展计划，可兴建楼面面积226万方呎，与集团内公司九仓、海港、新亚及联邦各占权益20%，已商妥地价每方呎1325元。于大陆物业项目：与中方合伴合作，土地储备共达25百万方呎，以广州一带为发展重心、正积极规划，发展进度则视供求而定。2000年9月止半年盈利460.5百万元，增1.1%，中期息每股0.025元。净债项165.29亿元。长期投资39.6亿元，每股净值13.3元。

【财务状况】 1999/2000年度每股纯利35.6仙，每股股息7.5仙。

宝福集团有限公司

【公司概况】 股票代码为0021，业绩报告结算日期为12月31日，实

收资本为29282000股，合计117128000元。公司董事会主席：赵渡。

【经营业绩】 原名联合企业。为九仓成员，1993年改名如上，投资财务及证券，2000年11月九仓出售34.87%股权予和成，每股作价29.2元，其余亦售出，不再持有股权。1999年底每股净值21.07元，净存款3.45亿元。2000年上半年盈利13.5百万元，减1.5%，派中期息0.25元。

【财务状况】 1999年度每股纯利1.09元，每股股息0.7元。

亚细安资源有限公司

【公司概况】 股票代码为0022，业绩报告结算日期为3月31日，实收资本为1286482836股，合计128648284元。公司董事会主席：曾文豪。

【经营业绩】 经营地产业，主要资产为依利莎伯大厦商场及停车场235000方呎，日航酒店47.7%、万豪酒店24.8%，及保华德祥24.8%，发展中住宅面积31万方呎及工业面积约5万方呎。1999年11月主席曾拟与第三者成立合营公司提出收购，未能协议。2000年3月底每股净值3.23元，净项项7.6亿元，9月止半年盈利50.3百万元，减39.8%，不派中期息。11月惠泰将亚细安股权售予曾氏及其合营公司，每股作价0.70元，每2股惠泰可认购1股。

【财务状况】 1999年度每股纯利6.49仙，每股股息1.0仙。

东亚银行有限公司

【公司概况】 股票代码为0023，业绩报告结算日期为12月31日，实收资本为1405449764股，合计3513624410元。公司董事会主席：李国宝。

【经营业绩】 经营一切银行业务，1995年6月以12.87亿元收购中国联合银行全部股全后，现拥有香港分行网络共106间，在国内18间、台湾及海外设有分行及办事处6间。1999年底存款1122.59亿元，贷款840.7亿元，债务证券110亿元，减15%。2000年上半年存款1087.6亿元，贷款853.6亿元，资产总值1455.3亿元。上半年盈利9.4亿元，(已扣除呆坏账准备2.2亿元，上年同期6.6亿元)，增38.9%，中期息0.20元，增33.3%。问题贷款占贷款总额7.03%，逾期未偿还贷款占6.7%，贷存比率70.8%，资本充足比率18.1%。每股净值11.29元，已在提供电子网络银行服务，并已于中国市场提供类似服务，2000年3月份收购印尼大和银行24.5%(可增至30%)。10月购入Secretaries Ltd.(公司秘书及股份过户)权益80.1%。11月协议以每股3.5元收购第一太平银行75%，并将提出合面收购，程序在进行中，年底时仍未完成。主要附属公司及联号：中国联合银行、东业财务、东亚授信、东盛证券、蓝十字保险、银联通宝20%、鼎协租赁国际20%、深圳中国国际财务25%、上海中国国际财务25%、及海南国际35%。

【财务状况】 1999年度每股纯利108.0仙，每股股息53.0仙。

创新发展集团有限公司

【公司概况】 股票代码为0024，业绩报告结算日期为12月31日，实收资本为911675529股，合计91167553元。公司董事会主席：陈城。

【经营业绩】 经营含铁金属、非含铁金属等贸易，兼营金属加工，投资于国内五金厂。1998年3月，现任主席联同江苏省政府窗口公司以1.1亿元购得控股权，并注入有关业务。1999年9月协议收购国科兆信51%，专营电码电话防伪系统工程。11月由宝威改名如上，结算期改为12月。1999年底每股净值0.682元，净存款1.5亿元。持有澳洲及香港主要物业已售，正在江苏兴建杨州时代广场中，面积71万方呎，占69%，设有Worldmetal.com，为金属业提供服务。2000年上半年盈利10百万元，减62.6%，不派中期息。

【财务状况】 1998/1999年度每股纯利9.82仙，每股股息4.0仙。注：截至1999年12月止18个月，以往结算期为6月。

其士国际集团有限公司

【公司概况】 股票代码为0025，业绩报告结算日期为3月31日，实收资本为1166366152股，合计291591538元。公司董事会主席：周亦卿。

【经营业绩】 经营贸易业务，包括升降机、电梯、冷气机、汽车代理、机电工程、保险经纪及财务服务，1997年8月集团重组，现持有其士科技50.1%、其士建筑37.3%及新加坡其士71.1%，成为其士系控股公司。1999年11月将其士发展私有化，每股0.94元(资产值1.27元)。2000年3月底每股净值1.75元，净负债5.25亿元，9月止半年盈利83.7百万元，减54.3%，派中期息0.025元。

【财务状况】 1999/2000年度每股纯利24.0仙，每股股息8.0仙。

中华汽车有限公司

【公司概况】 股票代码为0026，业绩报告结算日期为6月30日，实收资本为46268256股，合计92536512元。公司董事会主席：颜成坤。

【经营业绩】 港岛部分公共巴士及隧巴业务专利权于1998年8月届满。现经营非专营巴士线路1条，以物业为主。七姊妹道港运城已完成，保留商场已租出；英皇道写字楼大厦30万方呎将于1998年完成，与太古合作占50%，在出租中，已参与爱秩序湾发展项目20%，北角员工宿舍、黄竹坑工业及柴湾车厂地盘待发展。2000年6月底每股净值94.5元，净存款24.25亿元，期内购入两项伦敦物业投资。

【财务状况】 1999/2000年度每股纯利4.99元，每股股息4.16元。

嘉华建材有限公司

【公司概况】 股票代码为0027，业绩报告结算日期为12月31日，实收资本为1082214868股，合计108221487元。公司董事会主席：吕志和。

【经营业绩】 原名国际简业，1997年6月易名如上。生产预制混凝土渠筒及经营安达臣道石矿场。1997年2月以6.1亿元新股及306百万元可换股票据向母公司购入中港两地建材业务。于广州、上海及湖州分别经营水泥、混凝土及碎石，为上海8家一级混凝土企业供应商之一。1999年底每股净值1.02元，净债项1.53亿元；2000年上半年盈利98.1百万元，增3.9%，派中期息0.025元。

【财务状况】 1999年度每股纯利13.4仙，每股股息6.0仙。注：截至1999年12月止9个月，以往结算期为3月。

天安中国投资有限公司

【公司概况】 股票代码为0028，业绩报告结算日期为12月31日，实收资本为8490658332股，合计1698131666元。公司董事会主席：许业荣。

【经营业绩】 经营中国业务。包括物业投资及发展、酒店饮食、工业及贸易等。拥有中国多个地区土地大量权益，可供建成面积约2800万方呎，其中深圳一个地盘已获批准兴建深圳天安数码城。其他投资包括深圳上洞电厂27%，深圳国贸饮食26%及上海联合水泥30%。1999年底每股净值0.70元，净借贷12.68亿元，另有89.7百万元证券投资；2000年上半年盈利21.1百万元，增563.8%，不派中期息。

【财务状况】 1999年度每股纯利0.3仙。

达力集团有限公司

【公司概况】 股票代码为0029，业绩报告结算日期为6月30日，实收资本为219103681股，合计219103681元。公司董事会主席：叶黎明。

【经营业绩】 原名为中华造船，股权一再易手，改名如上。现时主要业务为经营货仓及物业投资，拥有荃湾达力货柜中心71.8万方呎货仓。另占深圳东角头合营公司49%，发展港口船舶及仓储设施，已完成三个泊位及一客运站，填海土地3.5百万方呎已获准进行发展商住综合楼宇，股权增至100%。北京发展商住面积240万方呎，获益95%，该项朝阳花园于1999年开始分期完成。2000年底每股净值3.57元，净借贷115.3百万元。

【财务状况】 1999/2000年度每股纯利15.8仙，每股股息4.0仙。

佳讯(控股)有限公司

【公司概况】 股票代码为0030，业绩报告结算日期为3月31日，实收资本为466886000股，合计46688600元。公司董事会主席：谢志雄。

【经营业绩】 提供无线电传呼及资讯服务及销售、出租传呼机。并在其他东南亚经营之流动通讯公司持有股权，仍持有数码通0.29%与菲律宾Easy Call5.6%，又持台湾宏远传呼11.97%及台湾远传电话1.17%。本地传呼业已于1999年7月出售，10月推出财讯网及收购报价王科技，2000年3月底每股净值0.824元，净存款2.3亿元。9月上半年亏损43.45百万元(上年同期盈利16百万元)，派中期息0.01元。

【财务状况】 1999/2000年度每股纯利10.5仙，每股股息4.0仙。

航天科技国际集团有限公司

【公司概况】 股票代码为0031，业绩报告结算日期为12月31日，实收资本为2142419902股，合计2142419902元。公司董事会主席：陆晓春。

【经营业绩】 红筹股，经营电子业，包括电视、电话机、收音机、印刷线路版及电子表。汽车配件、国内卫星电视及有线电视。1997年分拆航天科技通信上市，并持有亚太卫星股份14.72%，于港有44万方呎工业用物业，国内有427万方呎商工物业。已投资于苏天网及常州网视，提供数据平台及数据广播业务。1999年底每股净值1.35元，净负债14.3亿元，2000年上半年亏损84百万元，不派中期息。

【财务状况】 1999年度纯利亏损384.0百万元。

港通控股有限公司

【公司概况】 股票代码为0032，业绩报告结算日期为12月31日，实收资本为191638401股，合计191638401元。公司董事会主席：李唯仁。

【经营业绩】 拥有及经营往返香港九龙的海底隧道专利权，于1999年8月底期满，已无偿交予政府，而占37%股权联号投得管理权两年。1983年度设立驾驶学院，占股权50%，1992年8月增至70%。联同中信及招商局等获得西区海底隧道兴建及经营权，占37%。西隧总投资额75亿元，已于1997年4月通车。占37%的快易通收费系统已有42条行车线运作中，用户达130066名。1999年底每股净值6.7元，净存款2.8亿元，2000年上半年盈利23.8百万元，减80%，首两季股息各派0.05元。

【财务状况】 1999年度每股纯利0.93元，每股股息0.55元。

依利安达国际集团有限公司

【公司概况】 股票代码为0033，业绩报告结算日期为6月30日，实收资本为977863674股，合计97786367元。公司董事会主席：苏章盛。

【经营业绩】 各类印刷线路板、液晶体显示屏及磁电产品，线路板已分拆于新加坡上市；于持续配售后，仍占42.33%，1999年12月已订立意向书以40亿元出售线路板业务，已于2000年3月取消。2000年6月底每股净值0.823元，净负债79.9百万元，已参与资讯科技业务，并与中文大学合作研究。

【财务状况】 1999/2000年度每股纯利11.91仙，每股股息4.0仙。

九龙建业有限公司

【公司概况】 股票代码为0034，业绩报告结算日期为12月31日，实收资本为483767850股，合计48376785元。公司董事会主席：伍兆灿。

【经营业绩】 以投资及发展香港物业为主，持有作投资物业；楼面总面积约60万方呎；另车位170个。拥有九巴约11.9%权益作长线持有。其他业务包括放款、皮鞋护理及高级洗衣服务等业务少数权益。亦经营证券经纪，于沈阳及吉林经营巴士，占加拿大网上石油交易系统30%，罗便臣道物业在兴建中。1999年底每股净值8.62元，净借贷5.9亿元。2000年上半年盈利119.7百万元，增21.3%，派中期息0.08元。

【财务状况】 1999年度每股纯利36.7仙，每股股息24.0仙。

远东发展国际有限公司

【公司概况】 股票代码为0035，业绩报告结算日期为3月31日，实收资本为939147635股，合计93914764元。公司董事会主席：邱德根。

【经营业绩】 物业投资及发展，投资酒店及工业。香港投资物业34万方呎。发展中物业约26万方呎。于马来西亚、澳洲及美国有酒店三间，亦有物业在发展中；国内投资包括锅炉厂、水泥厂、压缩机及电缆，于广州及上海有物业发展，上海锦秋加州花园为主要发展，1999年已安排New China Home(上海物业)于美国NASDAQ上市，仍占75%。亦持有远东科技21.8%。2000年3月底每股净值2.59元，净负债5.06亿元，9月止半年盈利22.65百万元，减25.1%，不派中期息。

【财务状况】 1999/2000年度每股纯利4.0仙，每股股息2.0仙。

远东科技国际有限公司

【公司概况】 股票代码为0036，业绩报告结算日期为12月31日，实收资本为298568905股，合计298568905元。公司董事会主席：邱德根。

【经营业绩】 拥有香港戏院3间，马来西亚一个哥尔夫度假村51%，持有多项星马物业发展项目及香港农地19.6万方呎。原出售星唐城，已延迟。1999年底每股净值1.48元，手头现金13百万元，长短期贷款2.5百万元。2000年上半年亏损3.9百万元(上年同期盈利3百万元)，不派中期息。期内与中国最大软件公司成立中软远东，各占50%，由远东投资改名如上，又购入得信佳环宇数码18.3%。

【财务状况】 1999年度每股纯利亏损29.6仙。

远东酒店实业有限公司

【公司概况】 股票代码为0037，业绩报告结算日期为3月31日，实收资本为488842675股，合计488842675元。公司董事会主席：邱德根。

【经营业绩】 经营酒店及娱乐事业，拥有长洲华威酒店及海外华威集团权益16.09%，于北京占华威国际公寓90%，亦持有远东发展股权0.36%及澳洲旧雪梨镇娱乐场45%。已与长实合作发展荔园之土地为商住单位，各占50%，以480百万元购入有关土地360000方呎，已完成换地592000方呎，南部补价7.1亿元，已获准兴建住宅48万方呎及商场11万方呎，2000年动工，北部收地尚待完成。2000年3月底每股净值1.27元，净负债38.86百万元，9月止半年亏损5.96百万元，不派中期息。

【财务状况】 1999/2000年度纯利亏损10.76百万元。

第一拖拉机股份有限公司

【公司概况】 股票代码为0038，业绩报告结算日期为12月31日，实收资本为A股450000000股H股335000000股，合计人民币785000000元。公司董事会主席：方刚。

【经营业绩】 国家企业，为中国农业拖拉机最大制造商，产品包括70至120匹马力轮式及履带拖拉机、15至18匹马力轮式拖拉机并提供运作保养、修理及拖拉机配套，为中国农业用拖拉机的唯一生产商。产品绝大部分在大陆销售。1997年6月发行300百万股H股上市，每股售价4.50港元。1999年11月以人民币1.3亿元增持洛阳工程机械及洛阳建筑机械49%。1999年底每股净值人民币3.05元，净存款人民币9.2亿元。2000年上半年亏损人民币97.1百万元(上年同期盈利人民币39.2百万元)，不派中期息。

【财务状况】 1999年度每股纯利10.21仙，每股股息5.3仙。

金山工业(集团)有限公司

【公司概况】 股票代码为0040，业绩报告结算日期为3月31日，实收资本为530214865股，合计265107433元。公司董事会主席：罗仲荣。

【经营业绩】 从事发展、制造及销售电池及汽车音响器材。于香港、台湾及新加坡以至大陆有厂房。还从事电器、电话及电子零件生产。现其业务分为四大类：电池、电器、电子及策略性投资。电池、电器及电子部已分别于新加坡上市，2000年6月重组，由电子部控制电池及电器，增持电子股权至84.6%及电池股权45%与奇胜49%。2000年3月底每股净值2.34元，净负债14.13亿元，9月止半年盈利4730万元，增23.7%，派中期息0.03元。策略性投资包括兆光科技(巨型视像屏幕)及Asian E2E.Com 29%。

【财务状况】 1999/2000年度每股纯利31.49仙，每股股息10.0仙。

鹰君有限公司

【公司概况】 股票代码为0041，业绩报告结算日期为12月31日，实收资本为546368530股，合计273184265元。公司董事会主席：罗鹰石。

【经营业绩】 地产及酒店投资、旁及建筑材料、财务及证券等。香港物业及酒店：万国宝通广场122.7万方呎，占85.93%，另全资占写字楼70000方呎；湾仔鹰君中心，面积271000方呎；山村道逸东轩，面积23300方呎；蓝塘道逸东轩，面积34000方呎；湾仔逸东轩，面积35000方呎；普庆戏院逸东酒店(472间客房)，商场及2间戏院，面积28万方呎；尖沙嘴鹰君酒店(客房500间)。港外酒店及物业：伦敦朗威酒店(客房427间)；澳洲墨尔本Sheraton Towers Soothgate Hotel(客房386间)；加拿大多伦多Delta Chelsea Inn(客房1594间)；奥克兰Sheraton Auckland Hotel and Tower(406客房)；波士顿Hotel Le Meridien(326客房)；纽约Metropolitan Tower；加州Ygnacio Valley Centre；加州比华利山Pacific Wilshire Plaza；三藩市Sacramento Street353号物业。旺角市区重建计划，已完成收购，投资已付50亿元。正动工兴建写字楼709222方呎、商场603000方呎及酒店477000方呎(899间房)。计划于2003年完成，已修订为长期投资。预期再增投资39.5亿元。，2000年8月已安排融资51亿元。2000年上半年盈利315.2百万元，减3.2%，中期息派0.1元，6月底净借贷93.2亿元，占熊猫Recruit 19.62%。

【财务状况】 1999年度每股纯利118.0仙，每股股息30.0仙。

东北输变电机械制造股份有限公司

【公司概况】 股票代码为0042,业绩报告结算日期为12月31日,实收资本为A股615420000股H股257950000股,合计人民币873370000元。公司董事会主席:项永春。

【经营业绩】 国家企业。制造及销售供电力站向用户输电及分配电力所需的输变电设备。主要产品为变压器、系统保护设备及输电设备,厂房全部设于辽宁省。主要客户为国有电力公司及省、市或地方电力局。产品亦外销往马来西亚、巴基斯坦、菲律宾、叙利亚及泰国。1995年6月发行247.95百万股H股(其中90%国际配售),每股以1.8港元公售。于7月以同价再配售10百万股。2000年6月底止每股净值人民币1.75元,上半年亏损人民币22.8百万元,不派中期息。

【财务状况】 1999年度每股纯利亏损人民币168.3百万元。

卜蜂国际有限公司

【公司概况】 股票代码为0043,业绩报告结算日期为12月31日,实收资本为2158480786股,合计USD107924039元。公司董事会主席:谢国民。

【经营业绩】 于大陆从事农业及工业相关业务。在上海合营养鸡场、饲料生产及肉品加工。并经营家乡鸡小食店,产品由自设贸易部外销。又在上海设有电单车厂(已于1993年于美国上市,仍占70%)。亦拥有位于大陆、土耳其、泰国及印尼之水产养殖、农业其他投资。属下联号分别于泰国及印尼上市。1999年底每股净值0.377元,债项净额约60亿元,资产负债比率522%。2000年上半年亏损81.7百万元,减36.2%,不派中期息。

【财务状况】 1999年度纯利亏损106.7百万元。

香港飞机工程有限公司

【公司概况】 股票代码为0044,业绩报告结算日期为12月31日,实收资本为167250250股,合计元167250250。公司董事会主席:唐宝麟。

【经营业绩】 修理飞机引擎及仪器工程,于新飞机场拥有机库。已与厦门机构等合作于当地兴建两机位机库,于1996年启用。并于将军澳兴建大型发动机试验间及组件更换设施,与英国劳斯莱斯合组联营公司经营,1999年底每股净值13.23元,净借贷13.2百万元。2000年上半年盈利267.3百万元,(包括出售宿舍单位9个利润61.7百万元,仍存单位3个),增323%,中期息0.23元,增64.3%。

【财务状况】 1999年度每股纯利32.0仙,每股股息44.0仙。

科联系统集团有限公司

【公司概况】 股票代码为0046,业绩报告结算日期为12月31日,实收资本为262814838股,合计26281484元。公司董事会主席:吴长胜。

【经营业绩】 于中港两地从事系统集成及提供相关技术支援服务;并在香港分销电脑软硬件及相关配件,并为香港政府承包设计及建立电子投标系统及管理五年。获20个省市的邮电管理局批授承包合约。在上海办事处成立系统及网络测试,培训及维修中心。1998年5月配售及发售55百万股新股上市,每股售价1.08元。1999年底每股净值0.637元,净存款84.9百万元。2000年上半年盈利9.28百万元,增60.9%,不派中期息。1月和黄认购可换股债券,已转为股本11.1%,仍有认购权,可增至16.7%,双方已成立公司从事互连网及电子商贸业务。

【财务状况】 1999年度每股纯利6.26仙,每股股息1.5仙。

香港上海大酒店有限公司

【公司概况】 股票代码为,业绩报告结算日期为12月31日,实收资本为1170888577股,合计585444288元。公司董事会主席:米高·嘉道理。

【经营业绩】 拥有及经营与管理酒店、地产投资、山顶缆车及饮食与食品业。半岛酒店客房已增至300间,商场72511方呎及写字楼72903方呎;九龙酒店客房736间,商场40813方呎;纽约半岛酒店客房241间,商场5224方呎;加州鹈园100间客房及屋地;占加州比华利山酒店20%,客房196间;占马尼拉半岛酒店40%及北京王府井饭店20%权益。曼谷半岛酒店客房300间,占75%。另拥有:花园道圣约翰大厦写字楼61317方呎;浅水湾住宅285893方呎;浅水湾湾影园住宅51万方呎及商场28500方呎;山顶凌霄阁商场27779方呎;越南胡志明市住宅54821方呎及写字楼80234方呎,占20%;曼谷写字楼137260方呎,占50%;曼谷乡村俱乐部50%。发展计划:于澳洲悉尼兴建住宅237个单位,已完成并售大部分,于芝加哥兴建半岛酒店336间房,将于2001年完成。2000年上半年盈利1.26亿元,增282%,每股盈利0.11元,不派中期息。净借贷59.9亿元。

【财务状况】 1999年度每股纯利50.0仙,每股股息5.0仙。

合兴集团有限公司

【公司概况】 股票代码为0047,业绩报告结算日期为12月31日,实收资本为409113021股,合计40911302元。公司董事会主席:洪克协。

【经营业绩】 购入食油混制及装瓶进行营销。香港食油业已与南顺合作,另设厂于浙江平湖及绍兴。并于番禺设炼油厂,1998年6月购入超群饼店若干机器设备,已开设16间店铺。已于2000年售予大股东。1999年底每股净值1.32元,净借贷1.78亿元。2000年上半盈利20.18百万元(上年同期亏损46.4百万元),不派中期息。债项已重订还款期,已申请将大陆业务(合建控股)分拆于创业板上市。

【财务状况】 1999年度纯利亏损24.9百万元。

联洲国际集团有限公司

【公司概况】 股票代码为0048,业绩报告结算日期为12月31日,实收资本为11296778080股,合计1129677808元。公司董事会主席:史璧加。

【经营业绩】 主要业务为持有特许证在欧洲及远东从事设计、装嵌及分销钟表,并在德国分销各类珠宝产品。工厂设在香港、东莞、印度、澳洲、德国及瑞士。间接持有23.95%宜进利、22.6%东力实业股权及联洲珠宝52.35%。1998年10月购入德国Goldfeil皮具厂。2000年上半年盈利70百万元,减16.3%,不派中期息。每股净值0.13元,净负债1.78亿元,11月以3.04亿元收购德国钟表厂Junghans。

【财务状况】 1999年度每股纯利1.59仙,每股股息0.65仙。

新亚置业信托有限公司

【公司概况】 股票代码为0049,业绩报告结算日期为3月31日,实收资本为2069637125股,合计413927425元。公司董事会主席:李约翰。

【经营业绩】 为控股公司,亦经营物业发展,拥有联邦地产74.17%及新加坡马哥孛罗发展74.5%,后者拥有酒店及商业物业,正在发展雅茂园豪宅100万方呎中,已预售96%,2001年完成,另占深井生力啤地盘33.3%及机铁九龙站二期项目20%。9月止年盈利203.3百万元,减37.4%,派中期息0.02元。每股净值5.75元,净借贷39.28亿元。投资市值42.94亿元(包括占九仓7%)。

【财务状况】 1999/2000年度每股纯利0.32元,每股股息7.0仙。

香港小轮集团有限公司

【公司概况】 股票代码为0050,业绩报告结算日期为12月31日,实收资本为356273883股,合计356273883元。公司董事会主席:林高演。

【经营业绩】 经营香港境内小轮服务(专利航线权利已售出)、船只制造、地产投资、旅游及贸易业务。地产投资包括,长沙别墅10间14200方呎及银矿湾酒店,另占梅窝农地30万方呎(50%)。大角咀物业已获准重建综合物业195万方呎,将于2002年至2004年完成。已协议与恒基合作半数住宅发展权,收取十五亿元(其中利润5.2亿元),分期收取。另大角咀员工宿舍及油塘工商中心已获准重建为32万方呎及15万方呎住宅,正洽商条款。1999年底每股净值10.9元,净借贷7.1亿元。2000年上半年盈利110.9百万元,增138%,派中期息0.08元。

【财务状况】 1999年度每股纯利34.0仙,每股股息28.0仙。

海港企业有限公司

【公司概况】 股票代码为0051,业绩报告结算日期为12月31日,实收资本为315000000股,合计157500000元。公司董事会主席:李唯仁。

【经营业绩】 拥有香港酒店(客房665间、商场13.6万方呎及写安楼3.5万方呎),另向九仓租入马哥孛罗酒店及太子酒店。(租约于1998年底期满,已交还九仓经营),占机铁九龙站第二期发展项目20%。1999年7月九仓拟再度提出私有化,但未提条件已放弃。1999年底每股净值14.79元,净借贷4.5百万元,证券投资9.2亿元。2000年上半年盈利54.1百万元,增0.37%,中期息0.05元。

【财务状况】 1999年度每股纯利34.0仙,每股股息17.0仙。

大快活集团有限公司

【公司概况】 股票代码为0052，业绩报告结算日期为3月31日，实收资本为1198281300股，合计119828130元。公司董事会主席：罗芳祥。

【经营业绩】 以大快活餐厅名称经营连锁式快餐店，亦曾开设千岛美食餐厅及马里奥餐厅已予结束。至2000年3月止，香港大快活餐厅共83间及大陆各地设有4间及机构性食堂13间。2000年3月止每股净值0.252元，净存款38.25百万元，9月止半年盈利3.5百万元，减63.4%，不派息。

【财务状况】 1999/2000年度每股纯利1.21仙，每股股息0.5仙。

国浩集团有限公司

【公司概况】 股票代码为0053，业绩报告结算日期为6月30日，实收资本为426631086股，合计USD213315543元。公司董事会主席：郭令灿。

【经营业绩】 控股公司，持有道亨银行71.47%，IMGO(原名国浩地产)24.25%，新加坡First Capital 54.28%(投资各地物业)、菲律宾Guoco Holding 36.6%(综合性)及马来西亚Hong Leong Credit 20.9%(金融业)，均为上市公司，另于香港经营证券业及保险业，又投资大陆若干工业。大股东大马丰隆集团占31.37%，(科威特政府另占17.34%)。2000年6月底每股净值26.6元。

【财务状况】 1999/2000年度每股纯利1.76元，每股股息70.0仙。

中大印刷集团有限公司

【公司概况】 股票代码为0055，业绩报告结算日期为3月31日，实收资本为311377280股，合计31137728元。公司董事会主席：薛济杰。

【经营业绩】 主要从事印刷及制造一系列产品，包括印刷在胶料、聚酯纤维料、纸、金属片及胶片上之标签、电器与电子产品、玩具、电脑及其有关之包装盒等印刷品。亦生产礼品盒、单张、小册子、贺卡及手挽袋。厂房设于大陆，已作扩充，主要客户位于香港及大陆。2000年3月底每股净值1.07元，净存款33.48百万元，9月止半年盈利50.85百万元，增14.8%，派中期息0.026元。

【财务状况】 1999/2000年度每股纯利27.1仙，每股股息5.7仙。

合和实业有限公司

【公司概况】 股票代码为0054/2994，业绩报告结算日期为6月30日，实收资本为875982121股，合计2189955302元。公司董事会主席：胡应湘。

【经营业绩】 地产投资及发展、建筑及管理，以至在大陆进行庞大投资。主要投资物业为合和中心78万方呎；另拥有荃湾悦来酒店1000间客房、九龙湾国际展贸中心面积163万方呎。建筑业独家供应滑模工程设备，业务遍及香港及海外。发展中物业包括澳门水仔商住综合性楼宇面积973万方呎(占50%)，而湾仔亦有酒店计划，将设客房2400间，占地73582方呎，考虑改为商住物业。投资主要有：中国大酒店权益20%，客房1200间；广深珠高速公路第一期皇岗口岸至广州，广深珠东线全长122.8公里，1996年6月全线通车，占47.5%；广东顺德公路102公里，占50%；于马尔他兴建酒店，客房438间，已于2000年完成；优化顺德105国道占30%，2000年初投入营运；广州东南西环高速公路38公里，占45%；广深珠西段58公里，占50%；已洽商发展；2000年6月完成；洽商投资洛溪二桥，将占13%；于深圳皇岗拥有土地权312万方呎待发展。泰国曼谷高架公路及铁路系统项目已终止，正与泰国政府接触谋求折衷方案。印尼电厂投资虽已撤数，仍与新发展商谈判，以期收回若干投资。2000年6月底，公司债务净额26.97亿元，广深珠东线项目债务75亿元(其中28.72亿元无追索权)。

【财务状况】 1999/2000年度每股纯利19.3仙，每股股息11.0仙。

联合地产(香港)有限公司

【公司概况】 股票代码为0056，业绩报告结算日期为12月31日，实收资本为2900539424股，合计580107885元。公司董事会主席：麦蕴利。

【经营业绩】 物业及酒店投资，业务遍及香港、大陆、马来西亚及美国。香港投资物业10.4万方呎，货仓50万方呎，占联合鹿岛大厦(21.7万方呎50%)发展中面积36万方呎，占世纪酒店50%及菲律宾马拉湾酒店；另在国内、美国及菲律宾有若干物业权益。1996年7月购入新鸿基公司股权33.18%。1999年底每股净值1.92元，净借贷15.6亿元。2000年上半年盈利69.5百万元，增66.2%，不派中期息。

【财务状况】 1999年度每股纯利4.5仙。

震雄集团有限公司

【公司概况】 股票代码为0057，业绩报告结算日期为3月31日，实收资本为608807600股，合计60880760元。公司董事会主席：蒋震。

【经营业绩】 在香港、台湾及大陆从事生产各类塑胶注塑机，亦生产塑胶元件与自动机械臂及球墨铸铁元件自用。于国内设有多间合营厂房，正于深圳兴建震雄工业园。1991年9月发行127.5百万新股上市，每股以1.68元公售。将发展物流中心及电子商贸业务。2000年3月底每股净值1.91元，净存款3.08亿元。9月止半年盈利76.4百万元，增10.1%，中期息0.04元。

【财务状况】 1999/2000年度每股纯利8.88仙，每股股息6.0仙。

新威国际控股有限公司

【公司概况】 股票代码为0058，业绩报告结算日期为9月30日，实收资本为1001044919股，合计100104492元。公司董事会主席：黄赛琴。

【经营业绩】 从事设计、开发、制造及销售电子及相关零部件、如石英晶体、液晶显示屏、电路板及表芯等；电子消费品各式产品，如电子计算机及电子钟表。亦从事买卖以俄制集成电路为主的电子零部件。厂房位于福建省。1999年8月配售及发售新股2.5亿股上市，每股售价1.26元。1999年9月每股净值0.686元，净存款70.3百万元。计划推出电讯产品。2000年3月止半年盈利1.08亿元，减10%，无中期息。

【财务状况】 1998/1999年度每股纯利35.1仙，每股股息2.0仙。

人人媒体有限公司

【公司概况】 股票代码为0059，业绩报告结算日期为12月31日，实收资本为7522617832股，合计75226178元。公司董事会主席：邹世维。

【经营业绩】 主要业务在香港、澳门及大陆代理销售汽车。1999年底负值52.6百万元，净借贷14.66百万元，2000年上半年亏损47.8百万元，不派中期息。2月以新闻集团为首投资者注入资金收购，6月由安佳集团改名如上。与新闻集团及Fox建立策略性关系，设立双语网站(Renren.com)及提供电子解决方案，并收购五个大陆网站：360china.com，hirechina.com，dazhela.com，samedream.com及dol-do.com。

【财务状况】 1999年度每股纯利亏损11.9仙。

四洲食品网汇控股有限公司

【公司概况】 股票代码为0060，业绩报告结算日期为3月31日，实收资本为247820000股，合计24782000元。公司董事会主席：戴德丰。

【经营业绩】 主要进口冻肉及海产，供应香港及大陆市场。设有加工厂，制成火腿、进口冷厂鱼类及海产，加工外销。1992年12月发行62.5百万新股上市，每股以1.13元公售。1999年3月，四洲向八佰伴国际购入30.79%股权，每股作价0.72元，成为最大股东。由八佰伴食品改名如上。2000年3月底每股资产净值0.861元，净负债48.9百万元，4月将制造业务换取四洲集团股权23%，仍继续贸易业务，6月由四洲冷冻改名如上。9月止半年盈利69.49百万元，增322.6%，派中期息0.01元。

【财务状况】 1999/2000年度每股纯利13.19仙，每股股息2.5仙。

宏昌科技集团有限公司

【公司概况】 股票代码为0061，业绩报告结算日期为12月31日，实收资本为354000000股，合计35400000元。公司董事会主席：陈子昂。

【经营业绩】 主要在中港两地(以国内为主)分销Sequent电脑产品(取得独家分销权至2001年底)；电脑周边设备；于中港两地提供技术服务及分销电脑软件产品；并提供相关产品服务。并从事开发数据通讯市场，会在数据通讯软件及网络安全方面致力发展。1999年6月配售及发售新股70百万股上市，每股售价1.28元，8月以1.56百万元购入China Cast股权19.9%，从事中港互联网内容供应商业务。1999年底每股净值0.43元，净存款31百万元，2000年上半年盈利14.99百万元，增21.4%，派中期息0.015元。

【财务状况】 1999年度每股纯利14.0仙，每股股息4.2仙。

九龙巴士控股有限公司

【公司概况】 股票代码为0062,业绩报告结算日期为12月31日,实收资本为403639413股,合计403639413元。公司董事会主席:钟士元。

【经营业绩】 原名九龙巴士(一九三三),1997年业务结构重组,易名如上。专利公共巴士服务,已续权至2007年7月底,但无盈利保障协议,活动范围包括九龙及新界轻铁区除外。仍以九龙巴士名义经营,并成立龙运巴士经营大屿山及连接机场业务,亦成立阳光巴士经营非专利巴士业务,亦透过联号经营跨境及内地巴士服务。1999年底每股净值5元,净借贷6.98亿元;2000年上半年盈利3.6亿元,增20.8%,中期息0.33元,增17.8%。荔枝角车厂以55亿元内部转让,并委任新地为项目经理。

【财务状况】 1999年度每股纯利183.0仙,每股股息135.0仙。

荣丰国际有限公司

【公司概况】 股票代码为0063,业绩报告结算日期为12月31日,实收资本为685940993股,合计34297050元。公司董事会主席:钟斌铨。

【经营业绩】 物业投资。现持有马己仙峡道15及17号两住宅、大道中九号8楼,面积13742方呎;另经营建筑及园艺服务;又占新会地盘92%,计划兴建12百万方呎各项面积。1995年9月以属下经营居屋及建筑的瑞昌控股收购茂基上市、占瑞昌45.4%。已于1998年7月出售。持有新加坡上市鸿福股权20.2%。1999年底每股净值2.29元,净债项5.2亿元,2000年上半年亏损1.32亿元(包括物业拨备1.08亿元),于8月出售石澳物业1.05亿元。

【财务状况】 1999年度纯利亏损31.4百万元。

盈科保险集团有限公司

【公司概况】 股票代码为0065,业绩报告结算日期为12月31日,实收资本为689250000股,合计689250000元。公司董事会主席:袁天凡。

【经营业绩】 从事为港人提供范围广泛的个人终身寿险,储蓄人寿保险及定期寿险产品。当中包括个人及团体意外、医疗与伤残保险及团体退休金计划。并与Manhattan Card Company设立联营信用卡计划。现透过特约代理营销队伍分销产品。分别在北京、上海及广州设代表处。1999年7月配售及发售178.5百万股新旧股上市,其中新股占一半,每股售价6.28元。1999年每股净值1.38元,2000年上半年盈利52.3百万元,增65.5%,每股盈利0.08元,不派中期息。4月获准开办一般保险业务,并开展强积金业务。因下半年聘请大量营销员及停止作出财务再保险安排,影响收益,预计今年有重大亏损。

【财务状况】 1999年度每股纯利12.0仙。

地铁有限公司

【公司概况】 股票代码为0066,业绩报告结算日期为12月31日,实收资本为5150000000股,合计5150000000元。公司董事会主席:苏泽光。

【经营业绩】 为香港公共交通服务营办商。拥有经营地下铁路。于2000年6月底起计获政府授予50年地铁独家专营权,轨道全长82.2路线公里,共设44个车站,每日平均载客2.3百万人次。亦与多家第三者发展商共同发展及销售住宅及商业物业。目前拥有投资物业141万多方呎商场及2800多个停车位,发展中物业包括机铁香港站,九龙站一至七期,东涌站及将军澳沿线四站。而计划中的项目包括沙田至中环线、竹篙湾铁路(迪士尼站)及港岛线延展。2000年9月全球发售10亿股,香港占6亿股上市,每股售价9.38元。香港居民认购价8.88元,认购后持有至2001年10月5日,可获20送1红股,持有至2002年10月5日,可获15送1红股。上市后每股有形资产净值15.88元。

【财务状况】 1999年度盈利2116百万元。

建联通有限公司

【公司概况】 股票代码为0067,业绩报告结算日期为6月30日,实收资本为3051438765股,合计1525719382元。公司董事会主席:Claes Ake Gustaf Dahlback。

【经营业绩】 原名立兴,钟表制造与销售、财务及证券投资,1996年11月国浩收购,并注入两项物业,易名如上,拥有物业权益。3月由瑞典Investor、爱立信及和黄注资13.72亿元,将业务转为无线技术(包括电线及互联网),已售部分物业。11月由国浩地产易名如上,有权于2001年中后将余下物业胡忠大厦、海托大厦及中环中心各单位售予国浩,Investor占33.7%,爱立信占16.4%,和黄占9.9%,国浩占28.2%。2000年6月底每股净值0.1945元,净存款15.65亿元。

【财务状况】 1999/2000年度每股盈利损0.38元。

利兴发展有限公司

【公司概况】 股票代码为0068,业绩报告结算日期为12月31日,实收资本为342617471股,合计342617471元。公司董事会主席:陈文生。

【经营业绩】 主要投资于有价证券:包括香港富豪、南华集团及东南亚证券。市值10.37亿元,1999年底每股净值5.03元,增14.3%,存款1.57亿元。2000年上半年亏损11.4百万元,派中期息0.01元。10月以1.02亿美元收购Argent91%,主要占Silverlink 62%,于世界各地拥有及经营11间Amanresorts酒店,并协议将所持南华集团股份售出,成价1.2亿元,2001年6月成交,可获利13.5百万元。

【财务状况】 1999年度每股股息2.5仙。

香格里拉(亚洲)有限公司

【公司概况】 股票代码为0069,业绩报告结算日期为12月31日,实收资本为2251859670股,合计2215859670元。公司董事会主席:叶龙蜚。

【经营业绩】 主要投资于香港及大陆的酒店及有关物业合作权益,包括九龙香格里拉及港岛香格里拉,所占权益为100%及80%,客房共1290间。大陆有酒店15间,客房7677间、住宅1248间及商业面积303万方呎;东南亚酒店16间,客房8501间。另国内仍有多个项目在发展中。1999年底每股净值10.8元。2000年上半年盈利1.56亿元,减27%,中期息0.07元,净负债约70亿元。

【财务状况】 1999年度每股纯利27.4仙,每股股息15.0仙。

德智发展有限公司

【公司概况】 股票代码为0070,业绩报告结算日期为6月30日,实收资本为884200000股,合计17684000元。公司董事会主席:杨庚霖。

【经营业绩】 制造及销售电器,提供电机工程及承包服务,为中港物业提供照明及电力安装与保养,亦买卖建筑材料及投资证券,早已上市,受法律诉讼影响,于1986年11月17日停牌,前主要股东詹培忠与各方达成诉讼和解。于2000年7月以每股30元收购其未拥有股份。并于9月以每股15元售出1000万股予杨氏及关连人士,10月以7元配售290万股予独立承配人,詹士不再持有股份。于11月7日复牌。2000年6月止,每股资产净值6.05元,存款7111万元,有价证券1718万元,银行贷款82万元。

【财务状况】 2000年度纯利3.9百万元。

美丽华酒店企业有限公司

【公司概况】 股票代码为0071,业绩报告结算日期为3月31日,实收资本为577231252股,合计404061876元。公司董事会主席:何添。

【经营业绩】 拥有及经营酒店、旅行社、饮食业及物业投资。现时主要物业为美丽华酒店(54万方呎)及美丽华大厦。写字楼约为100万方呎及商场38万方呎。还有零星物业;亦占蛇口南海酒店25%;上海两项物业发展已完成,正在销售中;温哥华及美国加州(土地5000亩)在策划发展中。2000年3月底每股净值12.16元,净负债17.23亿元,8月恒发曾以每股5.25元全面收购,只有少数股份接纳,当时重估每股净值12.44元。9月止半年盈利75.5百万元,增7.7%,派中期息0.13元。

【财务状况】 1999/2000年度每股纯利28.0仙,每股股息28.0仙。

耀荣明泰国际集团有限公司

【公司概况】 股票代码为0072,业绩报告结算日期为3月31日,实收资本为1087027066股,合计108702706元。公司董事会主席:郑昭明。

【经营业绩】 从事楼宇建造,占有海洋皇宫酒楼股权74.9%。占湖北长洲电厂40%,持若干厦漳公路权益。1998年12月购入武汉余家头水厂54%,并增至90%,水厂盈利获保证。于1999年起三年,每年盈利不少于27.5百万元人民币。其他投资包括广州民族宾馆、北京世界公园及北京玫瑰园等权益。余家头水厂权益存在疑问,曾拟收购星洲博凌志(数码广播)12.865%,未成事实,而拟收购物业也遭否决。

【财务状况】 1999/2000年度纯利亏损3.2百万元。

第一珍宝(集团)有限公司

【公司概况】 股票代码为0073,业绩报告结算日期为3月31日,实收资本为3866024000股,合计38660240元。公司董事会主席:朱嘉乐。

【经营业绩】 主要在香港、澳门、大陆经营珍宝冷气机、雪柜、洗衣机进口、市场推广、分销。为香港、大陆珍宝冷气机独家特约总代理。与富士通将军公司达成五项中国代理协议,包括冷气机及离子显示屏。香港拥有总实用面积约23701平方呎作货仓、维修工场、办事处。1997年7月发行新股80.9百万股上市,每股售价1元。产品销售已拓展至科技消费产品,2000年3月底每股净值0.0718元,净存款20百万元,9月止半年盈利12.65百万元,减38.6%,派中期息0.001元。

【财务状况】 1999/2000年度每股纯利0.78仙,每股股息0.37仙。

长城科技股份有限公司

【公司概况】 股票代码为0074,业绩报告结算日期为12月31日,实收资本为内资股743870000股H股453872000股,合计人民币1197742000元。公司董事会主席:王之。

【经营业绩】 国家企业,产销硬盘驱动器及元部件。占长城电脑64.05%(与IBM合作)于国内生产(金长城)品牌个人电脑及产销周边产品及提供软件开发和资讯科技服务。1999年8月与Conner合力生产硬盘驱动器,与美国德州仪器公司签定合营企业公司,采用先进数码信号处理科技发展及特许电子、电力及机械产品设计,以及通讯、家用设备及消费者应用元部件。7月底已获准经营互联网国际业务。2000年中用户为90万。1999年7月配售及发售H股约4.09亿股新股上市,每股售价人民币3.15元。1999年底每股净值人民币2.36元,净存款人民币9.8亿元。2000年上半年盈利人民币1.75亿元,减4.4%,不派中期息。

【财务状况】 1999年度每股纯利36.6仙,每股股息3.15仙。

彩星地产集团有限公司

【公司概况】 股票代码为0075,业绩报告结算日期为12月31日,实收资本为797157415股,合计79715742元。公司董事会主席:张松桥。

【经营业绩】 1992年开始投资物业。1993年底发行新股向大股东购入多项地产,进行重组;于1994年初将彩星玩具分拆上市,改名彩星地产。拥有香港商业物业36万方呎及工业物业31.7万方呎;占深圳信兴广场10%及上海和平花苑20.64%。1999年底每股净值2.79元,净借贷8.9亿元。2000年上半年盈利24.8百万元,减9.2%,不派中期息。9月由渝港国际购得34.25%股权,每股作价2.2元。

【财务状况】 1999年度每股纯利18.9仙,每股股息2.0仙。

辛康海联控股有限公司

【公司概况】 股票代码为0076,业绩报告结算日期为12月31日,实收资本为672191740股,合计USD67219174元。公司董事会主席:何虹。

【经营业绩】 原名森马宝秘,开采中国北部湾石油,因财务问题放弃。1985年9月收购印尼油田,再因财务问题于1992年11月停牌。1993年10月,华闽及海裕等注入资金复牌,每股收购价0.0773元,并易名如上。1994年8月向赫斯基购入印尼Limau油田10年开采权,成价183百万元。1996年10月因股权25.3%拥有权不明朗而停牌。1998年2月复牌。1999年7月集资拟购吉林油田天然气权益,已予终止。于11月已完成收购深圳星虹石油化工30%。1999年底每股净值26港仙,存款3.2百万美元。2000年5月收购Amsara 35%(互联网内容供应商)。

【财务状况】 1999年度每股盈利亏损0.6美仙。

联邦地产有限公司

【公司概况】 股票代码为0077,业绩报告结算日期为3月31日,实收资本为1151389640股,合计230277928元。公司董事会主席:李唯仁。

【经营业绩】 地产投资发展,投资物业包括会德丰大厦写字楼211100方呎及铺位3200方呎,坚尼地城商场货仓143800方呎及北角健威商场停车场239700方呎。2000年3月止已完成待沽物业成本4.7亿元,发展中住宅25.7万方呎,亦占地铁九龙站二期发展权20%,2000年9月止半年盈利116.8百万元,增1.48%,派中期息0.03元,净借贷12.9亿元,每股净值5.88元。

【财务状况】 1999/2000年度每股纯利0.14元,每股股息0.09元。注:除注明外,均以A股或折为A股计算。

富豪酒店国际控股有限公司

【公司概况】 股票代码为0078,业绩报告结算日期为12月31日,实收资本为3938772503股,合计393877250元。公司董事会主席:罗旭瑞。

【经营业绩】 经营酒店业,拥有富豪九龙、富豪启德、沙田丽豪、富豪香港及机场富豪(已完成845间房,仍有255间待建);亦拥有多伦多星座富豪(835房)。于美国拥有酒店已于1999年售出减债,亦于上海管理两间酒店,又占赤柱黄麻角道发展洋房133座权益30%,楼面428900方呎,每呎地价成本12800元,已作减值至7360元。1999年底每股净值1.7元,净借贷46.7亿元,2000年上半年亏损99.2百万元,不派中期息。持有从事全国性铁路光纤宽频网络资讯科技业务的世纪数码企业股权6.4%。

【财务状况】 1999年度纯利亏损1085.7百万元。

世纪建业(集团)有限公司

【公司概况】 股票代码为0079,业绩报告结算日期为12月31日,实收资本为478000000股,合计47800000元。公司董事会主席:张志聪。

【经营业绩】 主要从事Fortei牌运动鞋及运动服与便服设计、市场推广及分销业务。集团产品主销香港、澳门及大陆华南等地。1998年6月以友力投资占45%为首集团以每股0.4元收购51%。1999年7月,明珠兴业拟变相收购,未能协议。8月由现主席以每股0.17元收购,2000年6月以8百万元收购软件开发商40%,7月以11.5百万元收购光亚科技(8061)3.5百万股。1999年底每股净值0.118元,净存款6百万元,2000年上半年亏损1.8百万元,不派中期息。

【财务状况】 1999/2000年度纯利亏损55.8百万元。

邵氏兄弟(香港)有限公司

【公司概况】 股票代码为0080,业绩报告结算日期为3月31日,实收资本为398390400股,合计99597600元。公司董事会主席:邵逸夫。

【经营业绩】 于1996年出售全部物业,现拥有清水湾片场约45万方呎,租予外界,(包括租予电视广播9万方呎),占电视广播股权(2000年3月止)26%,还经营电视制作及发行。1998年8月投得将军澳影城,将投资10亿元,占35%,将于2001年完成。已协议将电影片库以4.8亿元出售,将于2000年底交易。2000年3月底每股净值4.2元,净借贷17.2百万元,9月止半年盈利5.27亿元,增294.8%,派中期息0.10元。

【财务状况】 1999/2000年度每股纯利53.0仙,每股股息20.0仙。

蚬壳电器工业(集团)有限公司

【公司概况】 股票代码为0081,业绩报告结算日期为12月31日,实收资本为515636837股,合计257818418元。公司董事会主席:翁佑。

【经营业绩】 制造吊扇、风扇、电子、电话产品及影音光碟;经营钢材加工及生产电线电缆等。厂房设于香港、深圳、顺德及广州。占广州三项物业发展面积20.3万方呎,投资于顺番公路股权于1998年5月已售,未收款部份已换为良杏公路52%;1999年出售光纤产品业务换为E—TEK股份包括2000年5月出售获利4.29亿元;1999年底每股净值4.65元,净借贷1.85亿元,证券投资6.7亿元。2000年上半年盈利327.6百万元(上年同期亏损7.6百万元),中期息0.02元,特别中期息0.18元,已投资1.9亿元于多个科技项目。

【财务状况】 1999/2000年度每股纯利14.0仙,每股股息6.0仙。

益安国际集团有限公司

【公司概况】 股票代码为0082,业绩报告结算日期为12月31日,实收资本为190750673股,合计95375336元。公司董事会主席:梁华济。

【经营业绩】 主要产销CD/VCD机芯、CD唱机、VCD影碟机及扩音机等产品及相关组件,并生产办公室用碎纸机。1998年取得全球独家生产"减针器"医疗环保设备,1999年底每股净值1.29元,手头现金23.7百万元,长期负债37百万元。2000年上年亏损17.8元,不派中期息。已生产机顶盒及MP3机,亦购入Global Cyber10%,为中国有线电视台安装自选影像系统。

【财务状况】 1999年度纯利亏损45.6百万元。

信和置业有限公司

【公司概况】 股票代码为0083,业绩报告结算日期为6月30日,实

收资本为3629901942股,合计3629901942元。公司董事会主席:黄志祥。

【经营业绩】 地产投资及发展。于1981年4月上市,以1.8元公售。1995年3月将酒店及饮食业务分拆上市,全部送予股东。于1999年6月底,实益拥有已完成各项投资物业660万方呎及车位3068个,已完成待售各项投资物业350万方呎、发展中物业552万方呎,均位于香港。其他发展中物业,另有新加坡43万方呎,厦门及福州248万方呎。投资物业主要包括中港城25%、尖沙咀中心48%、幸福中心44.5%、观塘广场及屯门广场以至中环广场10%等。发展中物业包括奥港城(A、C地盘占30%,B地盘占42.5%)、小西湾蓝湾半岛40%及云景道住宅等,于2000年6月止年度将完成面积75万方呎,2001年度将完成349万方呎。1999年底与中建电讯换股,占其5%,并于2000年7月推出88港入门网站,亦投资于其他科技公司。2000年6月底香港有价投资市值11.4亿元,海外证卷市值4.4亿元。长期债项65.2亿元,短期债项29亿元,存款21.7亿元。2000年6月底净负债72.5亿元。

【财务状况】 1999/2000年度每股纯利38.5仙,每股股息10.0仙。

宝光实业(国际)有限公司

【公司概况】 股票代码为0084,业绩报告结算日期为3月31日,实收资本为936340023股,合计93634002元。公司董事会主席:黄子明。

【经营业绩】 包括控股投资、地产、零售与贸易及手表制造等。持有泰国最大地产公司曼谷置地股权10.6%,投资成本2278百万元。于东南亚各地经营时间廊、眼镜88及小河马童装店。1998年初完成新蒲岗宝光商业中心33万方呎,尖沙咀远时广场已于1998年1月售出,亏损11.75亿元,曼谷置地股权已撇数,已减至4%,按市值22.2百万元入帐。现拥有香港及澳门店铺各6间,泰国铺位40个。2000年3月底每股净值0.774元,净债项7.3亿元,9月止半年盈利15.68百万元,减23%,不派中期息。

【财务状况】 1999/2000年度每股纯利9.97仙。

运盛(中国)投资集团有限公司

【公司概况】 股票代码为0085,业绩报告结算日期为12月31日,实收资本为1068000000股,合计106800000元。公司董事会主席:陈泽盛。

【经营业绩】 主要在国内从事物业发展,投资及管理。占上海上市的运盛实业50.4%。截至1999年底止,国内投资物业约11万方呎,已完成待售物业29.4万方呎,发展中及待发展物业900万方呎,位于福州、南京、上海及苏州,1997年7月发行250百万新股上市,每股售价2.01元。1999年底每股净值0.564元,净负债5.5亿元。2000年上半年盈利2.7百万元,不派中期息。正与内地学府合作发展各项互联网,包括北大在线(教育)、中国建设在线及华夏交通在线。

【财务状况】 1999年度纯利亏损69.6百万元。

新鸿基有限公司

【公司概况】 股票代码为0086,业绩报告结算日期为12月31日,实收资本为1162583062股,合计232514612元。公司董事会主席:狄亚法。

【经营业绩】 经营外汇、黄金、期货及证券等经纪、公司财务、投资管理、证券财务及保险代理。并拥有天安43.29%,亦持有亚洲联合财务10%。万力信贷全部股权及上市之力宝股权8.54%。设有鸿财网(www.shkonline.com)买卖证券。1999年底每股净值2.83元,净债务项5.79亿元,2000年上半年盈利2亿元,增139.1%,中期息0.04元。

【财务状况】 1999年度每股纯利18.7仙,每股股息5.0仙。

大昌集团有限公司

【公司概况】 股票代码为0088,业绩报告结算日期为3月31日,实收资本为617531425股,合计61753142元。公司董事会主席:陈斌。

【经营业绩】 地产发展、投资及占有喜来登酒店权益35%,收租物业有大同新村铺位7536方呎,康宏广场车位350个。1999年3月底已完成待售工商业楼宇213万方呎,正兴建屯门商住面积30万方呎。投资创业资本资金300万美元。2000年3月底每股净值7.14元,净负债4.5亿元,9月止半年盈利41.8百万元,增141.6%,派中期息0.02元。

【财务状况】 1999/2000年度每股纯利1.0仙,每股股息1.0仙。

大生地产发展有限公司

【公司概况】 股票代码为0089,业绩报告结算日期为12月31日,实收资本为287669676股,合计287669676元。公司董事会主席:马清伟。

【经营业绩】 地产投资、发展及冻房货仓经营。1999年底拥有货仓经营面积1.57百万方呎及工业面积21.2万方呎、商住面积85万方呎及商业面积2.3万方呎。另在美国三藩市拥有1座商业大厦,面积168330方呎。香港山顶住宅3.76万方呎。另可供租赁物业14.9万方呎及美国加洲土地261万方呎。1999年底每股净值7.09元,净债项约4亿元,2000年上半年盈利71.8百万元(包括出售美国土地46百万元),增126.6%,中期息0.10元,特别股息0.05元。

【财务状况】 1999年度每股纯利17.5仙,每股股息17.0仙。

航宇数码科技控股有限公司

【公司概况】 股票代码为0091,业绩报告结算日期为12月31日,实收资本为437584391股,合计437584391元。公司董事会主席:唐乃勤。

【经营业绩】 原名德荣投资,香港建筑业务已于1997年出售,业务集中于物业及管理,香港物业位于北角国宾商场五层、卫理径及寿山村若干住宅,占北京龙泉宾馆31.5%,轩尼诗道地盘计划兴建15000方呎商业大厦。1999年引入新股东唐乃勤占21.19%。1999年底每股净值0.185元,净借贷1.28亿元。2000年上半年亏损23.36百万元(上年同期盈利11.57百万元),不派中期息。6月由德荣改名如上,收购广信企业32.09%,与航天附属合作收购中航宇股权50%,发展互联网科技,10月与美国思科协议为国内市场提供有关专业服务。

【财务状况】 1999年度每股纯利10.5仙。

冠军科技集团有限公司

【公司概况】 股票代码为0092,业绩报告结算日期为6月30日,实收资本为5885403571股,合计588540357元。公司董事会主席:简文乐。

【经营业绩】 设计、发展、制造及销售包括无线电传呼系统及传呼机以至资讯科技及有关软件;亦经营一个系统中心;授予香港、大陆及台湾有关中文传呼机之特许权,并为其建立传呼系统,已在大陆各大城市建立传呼网络。拥有英国传呼系统最大厂商无敌通。于1997年初以介绍方式分拆看通上市,每10股冠军获送1新股,仍持57%,1999年开展电子商贸服务供应商业务及发展数码通讯产品。2000年6月底每股净值0.396元,净存款约2亿元。

【财务状况】 1999/2000年度每股纯利5.6仙,每股股息0.431仙(包括0.156仙特别中期息,以数码香港股份派发)。

添利工业国际(集团)有限公司

【公司概况】 股票代码为0093,业绩报告结算日期为3月31日,实收资本为1664643050股,合计133171444元。公司董事会主席:李立。

【经营业绩】 原来业务为生产线路板有关业务,于1999年8月以25.16亿元出售,现业务为国内物业。在中山兴建永胜广场470住宅单位,已完成并售出199个单位;在从化仍有土地,但未有发展计划。2000年3月底每股净值0.483元,净存款6.57亿元,9月止半年盈利5.6百万元,减99.6%,不派中期息。

【财务状况】 1999/2000年度每股纯利87.0仙,每股股息108.0仙(特别股东)。

永隆银行有限公司

【公司概况】 股票代码为0096,业绩报告结算日期为12月31日,实收资本为232190115股,合计1160950575元。公司董事会主席:伍步高。

【经营业绩】 经营商业银行于香港设有分行37间,1994年8月于广州设立代表处。拥有中区永隆银行大厦、旺角银行中心及大部分分行行址。为"银通卡"自动柜员机及EPS(易办事)成员,并经营保险业及证券与期货经纪。1992年3月新加坡发展银行买入股权10%。2000年成为银联信托成员。2000年上半年盈利479.7百万元,增20.2%,每股盈利2.07元,增20.3%,中期息每股0.42元,客户存款469.8亿元,增3.9%。贷款277亿元,减7%,每股净值28.14元,资本充足比率21.5%,平均流动资金比率54.5%。

【财务状况】 1999年度每股纯利3.68元,每股股息1.33元。

两仪科技有限公司

【公司概况】 股票代码为 0094，业绩报告结算日期为 12 月 31 日，实收资本为 3543676822 股，合计 35436768 元。公司董事会主席：何永安。

【经营业绩】 从事制造及经销消费音响器材，并作有关主要元件销售，1999 年嘉域于 12 月以每股 0.092 元收购，已购得 56.39%。1999 年底每股净值 0.183 元，净借贷 19.4 百万元。为雅佳控股提供贷款 6.55 亿元，雅佳在强制清盆中，已拨备 2 亿元，2000 年 3 月以 2.2 亿元购入 Asia e Market，经营 B2B 业务，以新股及现金分期支付，4 月将消费电子业务以 1.8 亿元售予嘉域，于 10 月由东茗改名如上，11 月嘉域将股权 22.6%售予现任主席。2000 年上半年亏损 1.48 亿元，不派中期息。

【财务状况】 1999 年度纯利亏损 611.5 百万元。

恒基兆业发展有限公司

【公司概况】 股票代码为 0097，业绩报告结算日期为 6 月 30 日，实收资本为 2817327395 股，合计 563465479 元。公司董事会主席：李兆基。

【经营业绩】 经营物业投资及控股，拥有商场 544880 方呎、写字楼 149047 方呎、工业 292264 方呎，工贸面积 162000 方呎及住宅 108214 方呎；拥有香港丽东及九龙丽东酒店，客房共 538 间，亦经营千色店及中景护百货且已进军广州。占煤气 33.07%、香港小轮 30.48%及美丽华 37.59%；投资杭州钱江三桥经营权 48%及四川嘉陵电力 51%，占中国投资集团 44%，投资国内工商业基建等业务，联同中华煤气合作发展资讯科技业务，已组成恒基数码于创业板上市，占 66.67%。2000 年 6 月底净借贷 18.8 亿元，每股净值 6.55 元。

【财务状况】 1999/2000 年度每股纯利 57 仙，每股股息 23 仙。

南联实业有限公司

【公司概况】 股票代码为 0098，业绩报告结算日期为 3 月 31 日，实收资本为 259685289 股，合计 129842645 元。公司董事会主席：周文轩。

【经营业绩】 经营纺织、制衣、漂染及其他投资。厂房设澳门及大陆。现占鹤山针织印染厂 30%、苏州水泥厂 46%、百草堂 50%、无锡中药食品 42.5%。现占上海东海商业中心 18%。2000 年 3 月底每股净值 3.49 元，净存款 1300 万元，投资市值较高成本 2.2 亿元。11 月大股东建议以现金 2.6 元（包括 0.10 元股息）私有化，正进行程序中。9 月止半年盈利 41.28 百万元，减 9.5%，中期息 0.05 元，特别股息 0.10 元。

【财务状况】 1999/2000 年度每股纯利 31.0 仙，每股股息 13.0 仙。

王氏国际（集团）有限公司

【公司概况】 股票代码为 0099，业绩报告结算日期为 12 月 31 日，实收资本为 463016794 股，合计 46301679 元。公司董事会主席：王忠桠。

【经营业绩】 制造印刷电路板、电子产品装配、贸易及经销。并于大陆设有厂房；将军澳工业村厂房已投产，墨西哥亦设有厂房。印刷电路板已分拆于新加坡上市。名为 WCH，占 74.25%，于 2000 年 8 月已售印刷电路板业务，成价 13.8 亿元，WCH 正考虑资金用途。占半山物业 50%，于 2000 年完成。1999 年底每股净值 3.05 元，净存款 86.8 百万元。2000 年上半年盈利 113.8 百万元，增 127.2%，派中期息 0.08 元，增 166.7%。

【财务状况】 1999 年度每股纯利 33.9 仙，每股股息 9.0 仙。

淘大置业有限公司

【公司概况】 股票代码为 0101，业绩报告结算日期为 6 月 30 日，实收资本 2891113407 股，合计 2891113407 元。公司董事会主席：陈启宗。

【经营业绩】 物业投资及发展，拥有分布于港九各地商铺 229 万方呎、写字楼 188.4 万方呎、住宅 39.5 万方呎、工业面积 52.6 万方呎及车位 4749 个。包括中区渣打银行大厦、铜锣湾恒隆大厦及百德新街若干物业。正于司徒拔道兴建豪宅 16.4 万方呎，2001 年完成。亦于上海占商场 93 万方呎及写字楼 137 万方呎，1999 年 3 月投得机铁九龙站 4 期发展权，兴建 138.6 万方呎住宅。2000 年 6 月底每股净值 9.5 元，净负债 15.97 亿元，期内投得何文田地盘，可建住宅 13.7 万方呎，又投得西九龙混合地盘，应占完成后面积约 71 万方呎。期后已售花园台住宅约一半，将获利 3 亿元。

【财务状况】 1999/2000 年度每股纯利 42.1 仙，每股股息 36.0 仙。

i—Onyx Ltd.

【公司概况】 股票代码为 0102，业绩报告结算日期为 12 月 31 日，实收资本为 615896000 股，合计 61589600 元。公司董事会主席：马世民。

【经营业绩】 主要在香港、澳门及大陆进口及经销建筑产品及工程设备，包括卫生洁具、橱柜、瓷砖、大理石、保险、隔热及空调机电设备等。于 1993 年 12 月发行 49.38 百万元新股上市，1999 年底每股净值 1.35 元，净现金 43.4 百万元。2000 年上半年盈利 18.5 万元（上年同期亏损 23.1 万元），不派中期息。3 月由马世民等注资成大股东，英文名由 Arnhold 改为如上，计划发展电讯网业。

【财务状况】 1999 年度每股纯利 2.78 仙，每股股息 3.41 仙。

首长宝佳集团有限公司

【公司概况】 股票代码为 0103，业绩报告结算日期为 12 月 31 日，实收资本为 765372000 股，合计 76537200 元。公司董事会主席：苏根强。

【经营业绩】 原名宝佳集团。于 1993 年由首长国际购得控股权，经营铁合金矿物、铜及黄铜材料贸易，亦经营工业化工产品贸易，电器配件加工，产销预应力钢帘线。1999 年底每股净值 0.431 元，净债项 1.1 亿元，2000 年上半年盈利 34 万元（上年同亏损 12.1 百万元），不派中期息。

【财务状况】 1999 年度纯利亏损 65.6 百万元。

冠亚商业集团有限公司

【公司概况】 股票代码为 0104，业绩报告结算日期为 3 月 31 日，实收资本为 291719516 股，合计 291719516 元。公司董事会主席：梁仲平。

【经营业绩】 1996 年 10 月奇盛等财团斥资 1.125 亿收购 40.5%重组，股本重组包括原有股份 50 股合并为 1 股，并发行大量新股注资及抵销债项。1999 年 8 月将东莞物业项目售予长实和黄，套现 1.57 亿元，2000 年 3 月底每股净值 0.436 元，净存款 6.3 百万元，9 月止半年亏损 55.5 万元（上年同期盈利 1.8 百万元），不派中期息。

【财务状况】 1999/2000 年度纯利亏损 6.3 百万元。

凯联国际酒店有限公司

【公司概况】 股票代码为 0105，业绩报告结算日期为 3 月 31 日，实收资本为 360000000 股，合计 360000000 元。公司董事会主席：钟辉煌。

【经营业绩】 拥有及经营凯悦酒店。凯悦酒店共有客房 763 间，占地 43525 方呎，建筑面积 645000 方呎，其中商店面积 48869 方呎。透过全资附属公司于马来西亚 476 英亩土地发展为附设高尔夫球场、大楼、别墅、住宅及俱乐部之度假村，除别墅及住宅外，所有设施已在运作。2000 年 3 月底每股净值 9.93 元，净存款 1.8 亿元。

【财务状况】 1999/2000 年度每股纯利 32.0 仙，每股股息 20.0 仙。

深圳科技控股有限公司

【公司概况】 股票代码为 0106，业绩报告结算日期为 12 月 31 日，实收资本为 5110076293 股，合计 USD127751907 元。公司董事会主席：陈小雄。

【经营业绩】 曾名世界发展、十字军及伟东，股权一再转手。经营物业投资及发展。现拥有红山半岛 4 座洋房 1.3 万方呎及皇后大道西住宅 4595 方呎。上海爱俪园商住项目权益 60%。所持华远大厦及黄埔车位已售。1998 年 6 月，股权再易手，原大股东以每股 0.28 元出售 22.33%股权予深建。1999 年底每股净值 0.06 元，净借贷 2.3 亿元。2000 年上半年亏损 24.6 百万元，不派中期息。于 6 月由伟东改名如上，9 月签订意向书，收购曙光全部股权，代价 2.01 亿元，曙光生产高科技信息产品。

【财务状况】 1999 年度纯利亏损 114.3 百万元。

四川成渝高速公路股份有限公司

【公司概况】 股票代码为 0107，业绩报告结算日期为 12 月 31 日，实收资本为内资股 1662740000 股 H 股 895320000 股，合计人民币 2558060000 元。公司董事会主席：杨淑庄。

【经营业绩】 国家企业。在四川省从事发展投资、管理及经营基建项目，拥有全长 226 公里的四川成渝高速公路权益，并拥有四川成雅高速公路权益 58.75%、成都城北出口高速公路 60%及成都机场高速公路25%。1997年9月发行H股89532万股上市，每股售价人民币1.55元。1998年8月收购邓关至自贡及阳公桥至荣县两段收费公路60%，也经营各公路各类维修及有关工程。1999年9月收购泸隆路、泸合路、沱江二桥60%。1999年底每股净值人民币1.65元，净负债人民币21.5亿元。2000年上半年盈利人民币79.57百万元，减11%，每股盈利人民币0.0311元，不派中期息。

【财务状况】 1998年度每股纯利6.62仙，每股股息3.0仙。

建懋国际有限公司

【公司概况】 股票代码为0108，业绩报告结算日期为1月31日，实收资本为89173638股，合计89173638元。公司董事会主席：庄汉杰。

【经营业绩】 原名为高升地产，1974年控制权易手，改名如上，现主要资产为澳门葡京花园地盘，占81.65%，已判予澳门联建合作，但未能如期完成，已继续采取法律途径收回自行发展，若干程序在进行中。澳门小葡京住宅继续销售中。1998年9月发行新股约8百万股，每股计1.3元，购入海怡半岛住宅两单位面积共2175方呎；1999年4月发行可换股优先股约9百万股，每股计1.3元，购入福建综合性物业湖东大厦45%，实占面积98万方呎，物业将于2001年底完成。2000年1月底每股净值0.68元，净借贷5百万元。7月止半年亏损1.47百万元，不派息。

【财务状况】 1999/2000年度纯利亏损117.0百万元。

数字地球控股有限公司

【公司概况】 股票代码为0109，业绩报告结算日期为6月30日，实收资本为51174977046股，合计51174977元。公司董事会主席：陈德雄。

【经营业绩】 从事向大陆市场分销影音产品、电器及电脑相关产品。1997年12月发行67百万股新股上市，每股售价0.8元。其后管理层一再转变，于2000年1月由奇德改名如上。2000年6月底每股净值0.0095元，净存款56.76百万元。投资新项目包括ANCORA资讯系统、INFO－CAR汽车拍卖网、黎小田制作70%、北京时空网络5%及四个入门网站3.05%。

【财务状况】 1999/2000年度每股纯利0.04仙。

亨达国际控股有限公司

【公司概况】 股票代码为0111，业绩报告结算日期为12月31日，实收资本为299000000股，合计29900000元。公司董事会主席：邓予立。

【经营业绩】 是香港持牌外汇交易商，提供杠杆式外汇买卖服务，包括各种可自由兑换货币的现货及远期外汇买卖及场外外汇期权买卖，一般不会参与自营买卖。客户账户数目由1997年13名增至1999年200多名。2000年7月配售及发售新股74.75百万股上市，每股售价1元。上市后每股有形资产净值0.6547元。1999年12月止年度每股盈利0.1591仙。

【财务状况】 1999年度纯利47574百万元。

至祥置业有限公司

【公司概况】 股票代码为0112，业绩报告结算日期为12月31日，实收资本为2971305343股，合计297130534元。公司董事会主席：吴国璋。

【经营业绩】 经营物业投资及发展。吴国璋与百利保组成公司，于1997年11月以每股4.27元全面收购，其后出现财务困难，1999年底每股负值2.28元，净负债9.17亿元，2000年上半年亏损64.2百万元，不派中期息。债务重整已获解决，11月由华人置业入主，占66.9%，每股净值0.04元，相当于净资产1.19亿元。

【财务状况】 1999年度纯利亏损257.8百万元。

迪生创建有限公司

【公司概况】 股票代码为0113，业绩报告结算日期为3月31日，实收资本为257451152股，合计77235346元。公司董事会主席：潘迪生。

【经营业绩】 于1985年底透过收购顺福企业而注入业务上市。经营批发及零售业务。拥有各项名牌产品产销权；于东南亚拥有庞大零售网；1987年10月购入法国都彭集团；1991年10月购入英国夏菲尼高百货及物业223800方呎；1993年在上海设立国内总部；1996年4月分拆夏菲尼高百货于伦敦上市，仍占50.1%；1996年6月购入香港西武85%；1996年12月分拆都彭于法国上市，仍占56.6%，1999年4月主席以15.26亿元购回非亚洲区业务资产后，每股派现金股息6.8元。2000年3月底每股净值4.06元，净存款6.4亿元，已发展电子商贸业务迪生数码，并有意分拆上市。9月止半年盈利30.8百万元，减90.5%，派中期息0.05元。

【财务状况】 1999/2000年度每股纯利57.0仙，每股股息705.0仙。

兴利集团有限公司

【公司概况】 股票代码为0114，业绩报告结算日期为3月31日，实收资本为625200763股，合计USD6252007元。公司董事会主席：George Bloch。

【经营业绩】 原名为亚洲置地，1986年由现大股东收购，易名如上。经营制造业，包括玩具、家庭用品及电脑磁头等。亦开展时计业。厂房设计于香港、印尼、珠海及上海等地，若干为合营企业。已投资于VTM SYSTEM为首项电子商贸项目；2000年3月底每股净值0.731元，净存款1.54亿元，9月止半年盈利8.06百万元，减36.7%，中期息0.01元。

【财务状况】 1999/2000年度每股纯利6.1仙，每股股息4.0仙。

钧濠集团有限公司

【公司概况】 股票代码为0115，业绩报告结算日期为12月31日，实收资本为1096500000股，合计21930000元。公司董事会主席：曾炜麟。

【经营业绩】 原名为豪华置业，1982年控制权再次易手。于1988年1月，以25亿元购入一炼油厂设备，安装于湛江，此项交易以炼油厂试车为准。1989年9月因未能解释交易所关注资产及业务而停牌。1991年3月底，该炼油厂为中国法院对资产扣押，并于1992年5月17日将该中外合营机构除名。1993年6月詹培忠购入股权20%，董事会重组。炼油厂的投资撇账。停牌多年，1999年10月复牌，获钧濠集团注入深圳已完成及在建物业，由忠德石油改名如上。1999年底每股净值0.158元，净负债55百万元。2000年上半年盈利7.16百万元，减65.8%，不派中期息。

【财务状况】 1999年度每股纯利2.98仙。

周生生集团国际有限公司

【公司概况】 股票代码为0116，业绩报告结算日期为12月31日，实收资本为440000000股，合计110000000元。公司董事会主席：周君廉。

【经营业绩】 金银珠宝饰物制造及手表销售、外币找换、财务及地产投资、证券及期货经纪。多项物业权益，包括弥敦道229号全幢物业。1999年底每股净值3.85元，净存款99百万元。2000年上半年盈利50.5百万元，减2.4%，中期息0.06元。

【财务状况】 1999年度每股纯利28.54仙，每股股息16.0仙。

万邦航业投资有限公司

【公司概况】 股票代码为0117，业绩报告结算日期为12月31日，实收资本为374197380股，合计187098690元。公司董事会主席：曹慰德。

【经营业绩】 经营航业。1999年底共拥20艘船只，载重约829759公吨。1995年7月收购马来西亚Wawasan航运部分权益30%（拥有16艘现有轮船部分权益）；又占泰国船厂Unithai Shipyard25%。1999年底每股净值3.67元，净债项4.27亿元。2000年上半年盈利63.75百万元（上年同期亏损29.9百万元），不派中期息。

【财务状况】 1999年度纯利亏损437.3百万元。

大同机械企业有限公司

【公司概况】 股票代码为0118，业绩报告结算日期为12月31日，实收资本为640831434股，合计256332574元。公司董事会主席：邓焘。

【经营业绩】 从事工业机械经销及销售，在大陆及泰国生产。并从事蒸溜水生产及装瓶；还于国内生产光学塑料制品。印刷线路板、电子及电器消费品。1997年4月以2.9亿元向华润购华大机械，以新股支付，华润集团因而成为第二大股东。1999年底每股净值1.05元，净借贷2.1亿元，2000年上半年盈利3.2百万元，减67.9%，不派中期息。

【财务状况】 1999年度每股纯利0.35仙。

新海康航业投资有限公司

【公司概况】 股票代码为0119，业绩报告结算日期为3月31日，实收资本为835257200股，合计417628600元。公司董事会主席：王军。

【经营业绩】 经营航业。现拥有货船3艘,载重18万吨。持有禹铭6.89%及保兴投资40%;持有海富中心25楼、北京丽京花园57座别墅、浦东上海证券大厦6层、北京保利大厦酒店写字楼75%及天津华盛广场25%、浙江嵊州热电26%、江苏太仓热电51%及浙江富阳水厂44.53%。2000年3月底每股净值3.04元,净负债66.9百万元。3月购入保利星数据49%,又收购丰泰保险48%,经营上海非寿险业务。9月止半年盈利5.39百万元,减83.7%,不派中期息。
【财务状况】 1999/2000年度每股纯利5.4仙,每股股息4.0仙。

四海国际集团有限公司

【公司概况】 股票代码为0120,业绩报告结算日期为12月31日,实收资本为108909267股,合计10890926元。公司董事会主席:何鸿章。
【经营业绩】 地产及证券投资,包括零星的商业、写字楼及住宅物业出租。1990年底一再有财团洽购股权,均未能协议。1999年底每股净值3.3元,净存款26.9百万元,海外证券投资78百万元。2000年上半年亏损42.24百万元,(上年同期盈利11.54百万元),不派中期息。
【财务状况】 1999年度每股纯利62.9仙,每股股息30.0仙。

香港富泰有限公司

【公司概况】 股票代码为0121,业绩报告结算日期为12月31日,实收资本为5996614408股,合计119932288元。公司董事会主席:S. CHEARAVANONT。
【经营业绩】 经营物业投资及发展。拥有深圳高尔夫球俱乐部24.5%权益及于上海浦东区开发面积40公顷土地,占35%,已售出七幅土地,仍续出售,其中10万方呎计划自行发展中。广州项目协议以1.5亿元出售,分期于2001年8月前收取。1999年底每股净值0.125元(拆细后),净负债3.38亿元。2000年上半年亏损35.9百万元,不派中期息。
【财务状况】 1999年度纯利亏损37.3百万元。

鳄鱼恤有限公司

【公司概况】 股票代码为0122,业绩报告结算日期为7月31日,实收资本为617127130股,合计154281782元。公司董事会主席:林百欣。
【经营业绩】 生产成衣及销售,在香港及中山设有厂房,产品除外销世界各地外,在港亦设有门市部。大陆零售点300间,亦入口LACOSTE运动装销售。2000年7月底每股净值0.705元,净借贷25.3百万元。
【财务状况】 1999/2000年度纯利亏损35.7百万元。

越秀投资有限公司

【公司概况】 股票代码为0123,业绩报告结算日期为12月31日,实收资本为3936503400股,合计393650340元。公司董事会主席:刘锦湘。
【经营业绩】 红筹股,为广州市政府机构,主要在中、港、澳从事物业发展及投资业务。实益占国内土地储备(主要位于广州)1200万方呎,港澳两地不再增添地盘。占世纪水泥70%(占4间水泥厂控制权);又占广州造纸51%及福建造纸51%。1997年1月分拆越秀交通上市(仍占36.91%。),1999年8月以2.2亿元收购金鹏32.75%,从事电讯设备制造及有关投资。1999年底每股净值1.68元,净债项42.1亿元。2000年上半年盈利38百万元,增7%,不派中期息。8月以2.37亿元可换股债券收购中科越秀46.7%,从事地理讯息系统技术相关软件及产品制造。
【财务状况】 1999年度每股纯利0.52仙。

粤海啤酒集团有限公司

【公司概况】 股票代码为0124,业绩报告结算日期为12月31日,实收资本为1250000000股,合计125000000元。公司董事会主席:吴嘉乐。
【经营业绩】 红筹股,主要生产、分销及销售“金威”啤酒。主要销售在国内。持金威两酒厂权益,1厂占95%,2厂占87%;持琥珀啤酒50%权益。1997年8月发行350百万新股上市,每股售价1.8元。1999年底每股净值0.86元,净负债3.54亿元。2000年上半年盈利12百万元,减50.4%,不派中期息。
【财务状况】 1999年度每股纯利3.9仙,每股股息1.0仙。

新兴光学集团控股有限公司

【公司概况】 股票代码为0125,业绩报告结算日期为3月31日,实收资本为205000000股,合计20500000元。公司董事会主席:顾毅勇。
【经营业绩】 从事各类金属与手制塑胶眼框的设计、产品开发及制造业务,并以享誉国际品牌及著名设计家名字销售。生产设施位于东莞市新民,面积约32.7万方呎。产品主销美国及欧洲。1999年2月发售及配售新股共45百万股上市,包括新股20.7百万股及旧股24.3百万股,每股售价1.12元。2000年3月底每股净值0.929元,净存款73.7百万元,9月止半年盈利34.65百万元,增27.4%,派中期息0.034元。
【财务状况】 1999/2000年度每股纯利30.0仙,每股股息6.0仙。

达成集团有限公司

【公司概况】 股票代码为0126,业绩报告结算日期为3月31日,实收资本为726187219股,合计72618722元。公司董事会主席:马介章。
【经营业绩】 设计、制造、分销及零售成衣,主要为牛仔裤及便服。在香港、莱索托及南非制造,已于国内设厂。除销欧美外,已经在香港及大陆设有零售店。另占位于湾仔、尖东及国内7间佳宁娜酒楼权益;国内发展中物业主要位于深圳,其中深圳佳宁娜友喧商场(占30%,即42万方呎)已完成。已成立两家合营企业,从事资讯保安及网上整合方案。2000年3月底每股净值0.957元,净负债2亿元,9月止半年盈利18.3百万元,增19%,不派中期息。
【财务状况】 1999/2000年度每股纯利3.04仙。

华人置业有限公司

【公司概况】 股票代码为0127,业绩报告结算日期为12月31日,实收资本为2169151203股,合计216915120元。公司董事会主席:刘銮鸿。
【经营业绩】 经营物业投资发展。主要物业为皇室大厦、爱美高大厦、夏悫大厦及新港中心商场等,占爱美高中国46.4%及广生行实益32.15%,发展计划包括湾仔太原街土发重建计划,实益占83%,估计发展面积84万方呎,其他发展地盘位于兴华街、肇辉台、禧利街、干德道、靠背垄道及京士伯前陆军医院等。1999年底每股净值7.66元,净借贷24.5亿元。2000年上半年盈利69.1百万元,减61.3%,不派中期息。正收购至祥(112)股权66.9%,待达成债务偿还安排方可完成。
【财务状况】 1999年度每股纯利7.2仙。

安宁数码科技有限公司

【公司概况】 股票代码为0128,业绩报告结算日期为12月31日,实收资本为1486334676股,合计743167338元。公司董事会主席:支声钟。
【经营业绩】 地产及证券投资,经营香港及上海显达乡村俱乐部,土地44万方呎,有度假屋64间。另持有中巴股份4%。1999年11月完成收购New Media,改名如上(原为安宁企业),提供电话媒介及互联网服务。1999年底每股净值0.965元,净债项65.7百万元。2000年上半年盈利7.2百万元(上年同期亏损12.5百万元),不派中期息。1月配售2.35亿股,集资8.59亿元,发展网上动画,并获美国BBM加密技术于亚洲及欧洲独家特许权。12月龚如心增持,由12.48%增持至34.64%(每股1.4元)。
【财务状况】 1999年度纯利亏损10.3百万元。注:至1999年12月止9个月,以往结算期为3月。

泛海国际集团有限公司

【公司概况】 股票代码为0129,业绩报告结算日期为3月31日,实收资本为4090269730股,合计40902697元。公司董事会主席:冯兆滔。
【经营业绩】 原为财务地产,1991年底为泛海集团收购。持有收租商业面积32.3万方呎及工业面积18万方呎;另拥有湾仔皇悦酒店及温哥华Landmark酒店;于天文台道兴建新酒店中。1999年8月英资Grosvenor入股15%及菲资Ayala入股1.6%。酒店已于2000年7月分拆上市,仍占70%。已完成待售物业19.8万方呎,发展中物业约70万方呎,国内发展中物业326万方呎。2000年3月底每股净值1.21元,净负债29.7亿元,9月止半年亏损194.9百万元(上年同期盈利32.20百万元),不派中期息。
【财务状况】 1999/2000年度每股股息0.9仙。

卓能科技(集团)有限公司

【公司概况】 股票代码为0131，业绩报告结算日期为6月30日，实收资本为3232987170股，合计323298717元。公司董事会主席：赵世曾。

【经营业绩】 经营物业投资及发展，拥有香港收租商住物业8万方呎及多个车位，香港发展中物业3项，应占完成后面积14.8万方呎；另拥有吉隆坡庞大地盘，计划兴建酒店及商业大厦195万方呎，分期完成，首期已建成32.5万方呎，持有财路网5%。2000年6月底每股净值0.5元，净借贷3.25亿元。大股东有意出售控股权，正在洽商中。

【财务状况】 1999/2000年度每股纯利2.24仙，每股股息0.1仙。

中国兴业控股有限公司

【公司概况】 股票代码为0132，业绩报告结算日期为12月31日，实收资本为582925192股，合计58292519元。公司董事会主席：梁绍辉。

【经营业绩】 原名联益工业，1982年起控股权一再转移，曾易名为第一城市及菲华，1992年易名如上，为邓六根控股，于1995年7月转移至现任董事会。经营房地产，亦于国内经营桂林酒店。拥有数个国内地盘，可兴建2.3百万方呎，在港拥有工商物业面积21.7万方呎；汕头14.3万方呎及惠州4.6万方呎。1999年底每股净值0.824元，净债项22.2百万元。2000年上半年亏损6百万元，不派中期息。5月配售集资24百万元。

【财务状况】 1999年度纯利亏损61.9百万元。

中国(香港)石油有限公司

【公司概况】 股票代码为0135，业绩报告结算日期为12月31日，实收资本为5300233512股，合计53002335元。公司董事会主席：张如桩。

【经营业绩】 原名富辉企业，控制权一再易手曾易名为第一华南及Paragon，1993年6月为中国石油总公司以每股0.15元收购960百万股。拥有游艇会俱乐部权益及油田权益，于1994年11月易名如上。现时持有泰国一项石油产业之开采权益96%(月产2万桶)。1996年7月投资新疆克拉玛依一项石油权益54%(2000年上半年产420317吨)。1997年收购冷家堡油田70%权益(2000年上半年产627111吨)。1999年底每股净值0.412元，净存款2.34亿元。2000年上半年盈利2.8亿元，增229.3%，不派中期息。母公司已向中国石油天然气(857)承诺避免竞争，中国(香港)石油将不再注资。

【财务状况】 1999年度每股盈利4.19仙。

马斯葛集团有限公司

【公司概况】 股票代码为0136，业绩报告结算日期为3月31日，实收资本为424000100股，合计42400010元。公司董事会主席：陈爱玲。

【经营业绩】 从事设计、制造、销售照相、多媒体产品配件(须刨袋、镭射唱机皮夹、机袋、手提电脑袋)。客户主要为原设备制造商。生产设施位于广东省东莞市。1997年9月发行新股81百万股上市，每股售价1.00元。2000年2月曾有买家协议收购股权53%，并将以0.416元公开收购，最终未能完成。7月购入一项专门技术许可证，生产数码相机。2000年3月底每股净值0.486元，净存款18.85百万元。9月止半年盈利7.09百万元，减30.4%，不派中期息。

【财务状况】 1999/2000年度每股纯利3.0仙，每股股息2.0仙。

金辉集团有限公司

【公司概况】 股票代码为0137，业绩报告结算日期为12月31日，实收资本为526242488股，合计52624248元。公司董事会主席：吴少辉。

【经营业绩】 1991年上市时从事航运，其后将航运业分拆挪威上市，仍占51%，亦兼营散装干货贸易，包括集团生产的焦炭。1999年持中山阜港公路/大南沙大桥权益。1999年底每股净值1.12元，净借贷30.69百万元。2000年上半年盈利6.85百万元(上年同期亏损15.2百万元)，不派中期息。现有干货船载重29.4万公吨，将于2002年9月增至59.4万公吨。

【财务状况】 1999年度纯利亏损46.2百万元。

中建电讯集团有限公司

【公司概况】 股票代码为0138，业绩报告结算日期为12月31日，实收资本为1585988060股，合计792994030元。公司董事会主席：麦绍棠。

【经营业绩】 原名中翘，1994年由连城集团改名如上。从事通信网络服务及相关产品产销，亦拥有金融业务。曾收购时富，已售出，致力于互联网，占HKNet网21%(日本NIT占79%)，已分拆多媒体伟达上市，已易名为中数码媒体，占61.42%，投资于上海及山西流动电话业务，已售予联通，部分收联通股权。1999年底每股净值1.95元，净存款1亿元。2000年上半年盈利36百万元(上年同期亏损9百万元)，不派中期息。

【财务状况】 1999年度每股纯利9.2仙。

预发集团有限公司

【公司概况】 股票代码为0139，业绩报告结算日期为3月31日，实收资本为4988800478股，合计498880048元。公司董事会主席：陈振东。

【经营业绩】 乃为Playboy、加菲猫以及Amold Palmer牌子产品系列在香港、澳门及大陆之独家特许权持有人，销售对象主要为批发及零售客户。1998年9月止国内分销零售点共有644间，另在香港有12个分销处。2000年3月底每股净值0.10元，净存款2.8亿元。9月止半年亏损37.29百万元，不派中期息。

【财务状况】 1999/2000年度纯利亏损196.4百万元。

荣电国际有限公司

【公司概况】 股票代码为0140，业绩报告结算日期为12月31日，实收资本为6116826925股，合计1223365385元。公司董事会主席：伊广祺。

【经营业绩】 原名金山地产，股权多次易手，1996年6月由黄伟志再获股权，易名为港泰，经营投资发展以至沙石贸易，曾持有星港股权，已出售。2000年，业务策略改变，再改名如上。已收购互联网上语音服务牌照，使用独家电话网络系统，亦成立公司产销数码电子消费品，正洽购南京制药厂股权，仍待协议。持有物业将予出售，转为生物科技及电讯。1999年底每股净值0.027元。净债项6.26亿元。2000年上半年亏损147.29百万元，不派中期息。

【财务状况】 1999年度纯利亏损163.9百万元。

大中华集团有限公司

【公司概况】 股票代码为0141，业绩报告结算日期为12月31日，实收资本为261684910股，合计52336982元。公司董事会主席：贺鸣玉。

【经营业绩】 原名金城国际，1989年2月被日资收购，出售制造业；1991年7月台商以每股0.9385元收购，1992年改名如上。现时业务除物业投资外，更参与海南洋浦港开发计划(以熊谷组为首财团)，占5%。在港拥有商业铺位6309方呎、2艘货轮收租。于上海投资物业住宅14.3万方呎，也经营饲料及谷物贸易。1999年底每股净值2.37元，净债项2.46亿元。2000年上半年亏损9.2百万元，不派中期息。

【财务状况】 1999年12月止15个月纯利损51.15百万元。注：截至1999年12月止15个月，以往结算期为9月。

第一太平有限公司

【公司概况】 股票代码为0142，业绩报告结算日期为12月31日，实收资本为2915015862股，合计USD29150159元。公司董事会主席：彭泽伦。

【经营业绩】 市场推广及分销、银行、地产及通讯，占第一太平银行41.25%。1998年至1999年业务重整，出售克马洋行及讯联股权，电讯业重组，现时核心业务为印尼食品40%、泰国BERLI JUKER(消费品)83%、菲律宾PLDT电讯24.61%及BONIFACIO LAND54%。2000年上半年盈利3.9亿元，减55.4%，派中期息0.01元，6月底每股净值1.37元，净债项63.9亿元。于中联通有关投资已收回若干现金，并获5430万美元股份认购权，11月已协议出售第一太银股权。

【财务状况】 1999年度每股纯利41.6仙，每股股息4.0仙。

耀科国际(控股)有限公司

【公司概况】 股票代码为0143，业绩报告结算日期为9月30日，实收资本为454209190股，合计45420919元。公司董事会主席：施争辉。

【经营业绩】 主要在大陆销售及分销"诺基亚"及"三星"等牌子蜂窝流动电话机及相关配件如电池及充电器等业务；在番禺、杭州、重庆及广州提供售后服务。将在大陆建立连锁零售店；并进一步扩展售后服务中心业务，1999年4月配售及发售共82.25百万股新股上市(每五股获发一份认权证)，每股售价1.8元。2000年3月止半年盈利1.82

亿元,增85.1%,派中期息0.16元,存款9亿元,每股净值1.02元。已投资于电子商贸及多媒体软件,并投资于电视体育节目广告时段。

【财务状况】 1999/2000年度每股纯利92.0仙,每股股息38.0仙。

招商局国际有限公司

【公司概况】 股票代码为0144,业绩报告结算日期为12月31日,实收资本为2049847388股,合计204984739元。公司董事会主席:张大春。

【经营业绩】 为招商局集团成员。在香港及大陆产销油漆,投资航运,占明华集团75%(于新加坡上市),占8条公路权益、中国国际海运集装箱27.34%、现代货箱码头20.3%、深圳南山集团28.5%(占赤湾港航58.8%及赤湾石油51.8%)、蛇口集装箱码头32.5%、蛇口控股17.3%及亚洲空运中心20%。又占西隧及香港隧道管理股权13%。1999年底每股净值4.64元,净存款3.08亿元。2000年上半年盈利511.9百万元,其后因出售南玻股权调整为397.9百万元,中期息0.05元。

【财务状况】 1999年度每股纯利35.81仙,每股股息11.0仙。

香港建屋贷款有限公司

【公司概况】 股票代码为0145,业绩报告结算日期为12月31日,实收资本为225000000股,合计225000000元。公司董事会主席:宁高宁。

【经营业绩】 经营楼宇贷款,以分期付款购楼者为对象。1990年12月为霸宝收购,并于1993年4月以每股19元售予华人银行。1999年底每股净值1.44元,放款总额11.3亿元,净借贷7.9亿元。2000年上半年亏损29百万元,不派中期息。5月将8.52亿元按揭贷款售予华人银行,而58.6%股权则转移至力宝华润。并以每股1元提出全面收购,仍然上市,每股净值调整为1.31元。

【财务状况】 1999年度每股纯利21.0仙,每股股息11.5仙。

太平地毡集团有限公司

【公司概况】 股票代码为0146,业绩报告结算日期为12月31日,实收资本为135279200股,合计13527920元。公司董事会主席:李德信。

【经营业绩】 生产地毡、行李箱及销售,业务遍及香港、美国、欧洲、新加坡、菲律宾、泰国及印尼等地。于各地(包括深圳)均有厂房及销售处。拥有多项零星投资物业。1999年底每股净值3.37元,净债项67.45百万元。2000年上半年盈利15.01百万元,增25.5%,不派中期息。

【财务状况】 1999年度每股纯利29.0仙。

鹰驰实业有限公司

【公司概况】 股票代码为0147,业绩报告结算日期为3月31日,实收资本为8539860830股,合计170797217元。公司董事会主席:林太珏。

【经营业绩】 1992年重组,成为英皇(中国观念)附属公司。现时主要业务为出版新报及经济一周。1999年内收购生产时装公司,由新系集团改命如上,又发行股份偿还母公司贷款,部分新股售予林太珏,曾以每股0.03元提出全面收购。2000年3月底每股净值0.0038元,净负债1.19亿元,6月将新报等及印刷业务售予英皇科技资讯,专注于时装,并发展科技业务。

【财务状况】 1999/2000年度纯利亏损84.98百万元。

建滔化工集团有限公司

【公司概况】 股票代码为0148,业绩报告结算日期为3月31日,实收资本为472077448股,合计47207744元。公司董事会主席:张国荣。

【经营业绩】 主要从事积层板生产及销售业务。积层板乃属于电绝缘体,在电器及电子产品之制造及电机工程中有广泛用途。厂房设于国内深圳、番禺、清远、上海及昆山等地,自设铜箔厂,亦生产玻璃纤维布、甲醛及双氧水。1999年12月已分拆铜箔业务(KBCF)于新加坡上市,集资约4亿元,仍占63.7%。2000年3月底每股净值2.62元,净负债2.6亿元,9月止半年盈利205.8百万元,增77.7%,派中期息0.04元。

【财务状况】 1999/2000年度每股纯利95.1仙,每股股息9.0仙。

中国置地集团有限公司

【公司概况】 股票代码为0149,业绩报告结算日期为12月31日,实收资本为1236419295股,合计USD24728386美元。公司董事会主席:陈国鸿。

【经营业绩】 发展中国物业为主。占加拿大HMH中国股权81.96%,占澳洲HMH金矿56.15%,1997年底重组于1998年1月由港澳发展改名为宝荣坤,已将肇兴土地另加40百万元换取一条深圳公路权益60%,将于2000年底通车,亦持有北京及桂州地盘。北京地盘权益本以72.5百万元出售,而买方未履行协议。1999年底每股净值1.44元,净负债3.18亿元,2000年上半年亏损14.08百万元(上年同期亏损22.5百万元),不派中期息。4月由中策购得股权,以每股0.90元提出全购,5月购入302国道,10月由宝荣坤易名为中国数码港,12月再易名如上。

【财务状况】 1999年度纯利亏损226.1百万元。

深圳国际控股有限公司

【公司概况】 股票代码为0152,业绩报告结算日期为12月31日,实收资本为11092768261股,合计1109276826元。公司董事会主席:李黑虎。

【经营业绩】 原名茂昌眼镜,1988年迪生购控制权易名新创见。1994年深圳建材收购,每股成价0.336元,再改名如上。注入多项权益,1999年股权转移至深圳投资,业务作出重组,现占深投运输60%,南玻集团25%,全程物流网70%,深圳市高速公路开发19.3%,深圳科技26.64%及深圳一项物业。1999年底每股净值0.144元,净债项1.8亿元。2000年上半年盈利1.06亿元(包括出售资产),增加70.7%,不派中期息。和黄于3月认购可换股债券5.13亿元,可于18个月内以每股0.43元换为股份约9.79%。

【财务状况】 1999年度纯利亏损100.8百万元。

北京发展(香港)有限公司

【公司概况】 股票代码为0154,业绩报告结算日期为12月31日,实收资本为85758750股,合计85758750元。公司董事会主席:白金荣。

【经营业绩】 红筹股,1993年8月为北京国际信托为首财团以每股8.64元收购,并将香港毛纺厂易名如上。拥有葵涌工业面积4.9万方呎待售。并拥有国内若干物业收租。又于北京、上海及新加坡经营酒家。1999年底每股净值0.557元,手头现金9.2百万元,长短期负债1.71亿元。2000年上半年亏损11.5百万元,不派中期息。

【财务状况】 1999年度纯利亏损50.19百万元。

光通数网控股有限公司

【公司概况】 股票代码为0155,业绩报告结算日期为3月31日,实收资本为4437531891股,合计443753189元。公司董事会主席:王景慈。

【经营业绩】 分销及零售Puma运动服装及附属品,又经营饮食业。持有泰国上市公司泰华荣股权31%,已协议售予黄氏家族。而Puma又终止专营权。于1998年11月获Shine United承诺投资60百万元,重组债务。主要业务为华南光缆网络66%及Kanssen专业涂层厂21.8%,数网通权益100%及iTec World电讯10%。2000年3月底每股净值0.187元,净存款2.26亿元,9月止半年亏损25百万元,不派中期息。

【财务状况】 1999/2000年度纯利25.5百万元。

力宝华润有限公司

【公司概况】 股票代码为0156,业绩报告结算日期为12月31日,实收资本为9201088716股,合计920108872元。公司董事会主席:李白。

【经营业绩】 曾名为新时代及高日发展,股权一再易手,1992年由力宝购得控制权,改名华地,1997年重组购入华银股权,与华创共同持有,改名如上。除银行财务外,亦持新加坡Auric上市食品股实益28.3%,香港万力钱庄及中港海外各项物业,主要物业为力宝大厦及东涌二期发展10%。1999年底每股净值0.81元,净借贷3.68亿元,2000年上半年亏损95百万元,不派中期息,9月公开收购建屋货款至87.1%。

【财务状况】 1999年度纯利亏损299.0百万元。

万邦投资有限公司

【公司概况】 股票代码为0158,业绩报告结算日期为9月30日,实收资本为25000000股,合计125000000元。公司董事会主席:郑裕彤。

【经营业绩】 地产投资及发展,为中区万邦行(259130方呎)及金利商业大厦(49019 方呎)之业权人。又参与佛山占地 3050 万方呎之物业,包括 2 个高尔夫球场发展,占 5%,球场及其他设施已启用,楼宇兴建中,待完成后发售。1999 年 9 月底每股净值 61.4 元,存款 34.8 百万元,2000 年 3 月止半年盈利 14.49 百万元,减 42.8%,中期息 0.50 元。

【财务状况】 1998/1999 年度每股纯利 206 仙,每股股息 200 仙。

华南集团有限公司

【公司概况】 股票代码为 0159,业绩报告结算日期为 12 月 31 日,实收资本为 2138218630 股,合计 213821863 元。公司董事会主席:陈伯滔。

【经营业绩】 原名显江置业,1974 年及 1985 年股权一再易手,曾易名为河联投资,于重组业务后,为消费电器及电子产品产销、瓷砖生产及小量物业投资。1994 年 10 月大马上市公司注资改组,易名如上,收购山西公路及杭州桥梁经营权,亦售出瓷砖业,于香港兴建村屋,于上海开发土地,占 50%,总投资 3.3 亿元人民币,每年回报 15%,首次回报于 2000 年发放。已出售杭州三桥股权 10%,成价 70 百万元,并计划出售杭州 320 国道,代价 85 百万元。因财力困难未能重组债务,已于 2000 年 8 月进行清盘。

【财务状况】 1998 年度纯利亏损 92.5 百万元。

汉国置业有限公司

【公司概况】 股票代码为 0160,业绩报告结算日期为 3 月 31 日,实收资本为 1334147191 股,合计 667073595 元。公司董事会主席:王世荣。

【经营业绩】 经营物业投资及发展。拥有香港收租商场及写字楼 18.5 万方呎、吉隆坡商场 40 万方呎已完成,待售香港物业 9.8 万方呎,发展中面积 64.8 万方呎,内地土地储备 334 万方呎,多伦多土地可建 85 万方呎。1 月购入北京一个网络 49%,已售其中 13.67%。2000 年 3 月底每股净值 1.25 元,净负债 17.37 亿元。4 月协议出售汉国铜罗湾中心,作价 1.98 亿元。9 月止半年盈利 52.59 百万元,增 22.6%,不派中期息。

【财务状况】 1999/2000 年度每股纯利 4.3 仙。

深圳中航实业股份有限公司

【公司概况】 股票代码为 0161,业绩报告结算日期为 12 月 31 日,实收资本为内资股 400000000 股 H 股 242000000 股,合计人民币 642000000 元。公司董事会主席:李志正。

【经营业绩】 国家企业,直属中航总公司,从事以高新技术电子消费品生产及销售。现有业务包括飞亚达的钟表 52.24%。天马从事液晶显示器占 68.34%。深南从事印刷路板权益 95%,迈威 60%从事有线电视系统器材设计。精密模具 74.5%权益。飞亚达正于深圳南山区发展一高科技工业园区。1997 年 9 月发售 H 股 2.42 亿股上市公售及配售,每股售价 1.73 港元,1999 年底每股净值人民币 1.5 元,净存款人民币 3.09 亿元。2000 年上半年盈利人民币 11.1 百万元,减 31.3%,不派中期息。

【财务状况】 1999 年度每股纯利 6.0 仙,每股股息 2.0 仙。

一木国际控股有限公司

【公司概况】 股票代码为 0162,业绩报告结算日期为 3 月 31 日,实收资本为 250000000 股,合计 25000000 元。公司董事会主席:邱季端。

【经营业绩】 从事多种木制家私产品的设计、制造及销售,包括书桌、餐桌、椅、碗、柜、床、沙发、厨柜及花园配套家私。均由自行设计,并以原设计制造形式销售或以本身品牌"喜梦宝"销售。主要市场为日本及中国并拥有逾 50 名客户基础。包括分销商,零售商及拥有约 30 个主要供应商,生产设施位于中国福建省,总楼面面积约 25.7 万方呎。2000 年 10 月配售及发售新股 62.5 百万股上市,每股售价 0.80 元。9 月止半年盈利 22.3 百万元,增 56%,不派中期息。上市后每股有形资产净值 0.258 元。

【财务状况】 2000 年度纯利 33468 千元。

英皇集团(国际)有限公司

【公司概况】 股票代码为 0163,业绩报告结算日期为 3 月 31 日,实收资本为 863293521 股,合计 863293521 元。公司董事会主席:杨海成。

【经营业绩】 原名为国际酒楼,曾易名华胤馨,1990 年为杨受成购得,易名如上。经营物业投资及发展;1996 年开始证券及金融业。拥有英皇(中国概念)49.11%及英皇科技资讯 34.94%,已收购新系属下之欧化家私,香港投资物业面积约 71.3 万方呎;发展中面积 15 万方呎,于国内亦有多项发展进行中,主要为上海明星城、重庆新纪元广场及北京牡丹园。2000 年 3 月底每股净值 6.63 元,净借贷 8.74 亿元,8 月以 2.5 亿元购入英皇科技所持互联网权益;9 月止半年盈利 66.15 百万元,减 51.8%,派中期息 0.008 元。

【财务状况】 1999/2000 年度每股纯利 67.0 仙,每股股息 2.8 仙。

惠泰国际有限公司

【公司概况】 股票代码为 0164,业绩报告结算日期为 3 月 31 日,实收资本为 1564735970 股,合计 625894388 元。公司董事会主席:曾文豪。

【经营业绩】 地产投资及发展。现持有亚细安股权 63.68%,并直接持有中区大昌大厦 3585 方呎。1996 年 5 月曾建议以 3 元私有化亚细安,未获接纳。1999 年 11 月底主席曾拟联同第三者合作收购控制权,未成事实。2000 年 3 月底每股净值 1.56 元,净债项 10.95 亿元,11 月将亚细安股权以每股 0.7 元售予主席及其合营公司(其他惠泰股东每 2 股可认购 1 股亚细安)后,中策及东方魅力以每股 0.22 元收购,并注入成报,广角镜及中青网 60%,程序进行中;9 月止半年盈利 29.4 百万元,减 2.4%,不派中期息。

【财务状况】 1999/2000 年度每股纯利 1.18 仙。

中国光大控股有限公司

【公司概况】 股票代码为 0165,业绩报告结算日期为 12 月 31 日,实收资本为 1542090712 股,合计 1542090712 元。公司董事会主席:王明权。

【经营业绩】 股权多次易手,1991 年光大注资,1994 年易名光大明辉,1997 年易名如上。1997 年购入多项权益:港基银行 20%,国卫保险 5%,三商行 20%,嘉利美商 7.83%、光大银行 20%、中国移动 1.5%(已逐步减持)仍占新加坡英保良百货 44%。1998 年 11 月,购入光大金融,作价 7 亿元,以新股支付,12 月,全数出售国卫权益,套现 6.5 亿元。1999 年 5 月购入光大证券 49%,代价 12.3 亿元。并与英国标准人寿及澳洲兴业保险组合营公司,占 20%,于 2001 年开业。2000 年上半年盈利 11.36 亿元(包括出售中国移动利润 8.65 亿元),增 1211.6%,中期息 0.05 元,每股净值 4.31 元,净存款 23.9 亿元,6 月底仍持中国移动 5200 万股。11 月光大银行增资,已按比例增加投资 6.77 亿元。

【财务状况】 1999 年度每股纯利 31.9 仙,每股股息 10.0 仙。

太平洋兴业集团有限公司

【公司概况】 股票代码为 0166,业绩报告结算日期为 3 月 31 日,实收资本为 286488000 股,合计 28648800 元。公司董事会主席:蒋丽莉。

【经营业绩】 以香港为基地,提供金融服务,包括证券及期货买卖、企业财务顾问、贷款安排、债项融资及孖展融资服务。拥有联交所 2 个席位。1998 年 9 月发售 59.72 百万股新股上市,每股售价 1.17 元。2000 年 3 月底每股净值 0.948 元,净存款 1.64 亿元。期内引入新股东,成立科技业务,曾拟收购 CENTS.COM 股权,为股东否决。9 月止半年盈利 15.38 百万元,减 17.5%,不派中期息。

【财务状况】 1999/2000 年度每股纯利 15.0 仙,每股股息 3.0 仙。

万威国际有限公司

【公司概况】 股票代码为 0167,业绩报告结算日期为 3 月 31 日,实收资本为 1974458872 股,合计 197445887 元。公司董事会主席:陈炜文。

【经营业绩】 从事设计发展及制造各类电子产品,包括三大核心产品:液晶体显示电子消费产品(已于 1997 年 1 月在新加坡分拆上市),仍占 64%;电子资讯及电子游戏;电讯产品(主要为无线电话)。2000 年 1 月以讯威科技于新加坡上市,仍占 75%,联号 KYOSHA(印刷线路板),亦于 3 月在星上市,仍占 37.3%。2000 年 3 月底每股净值 0.458 元,净存款 5 亿元;9 月止半年盈利 109.7 百万元,增 18%,派中期息 0.02 元。

【财务状况】 1999/2000 年度每股纯利 18.0 仙,每股股息 7.0 仙。

青岛啤酒股份有限公司

【公司概况】 股票代码为 0168,业绩报告结算日期为 12 月 31 日,实收资本为A股553150000股H股346850000股，合计人民币900000000元。公司董事会主席：李桂荣。

【经营业绩】 国家企业。主要生产及销售啤酒，主销香港、美国及澳门。于1993年6月发行45百万H股上市，每股以2.8港元公售。近年大事发展收购合并厂房遍布国内，推行内销。2000年上半年盈利人民币46.7百万元，减6.9%，不派中期息。上半年产量72万吨，增长62%，净债项约人民币15亿元，每股净值人民币2.61元，11月已议决发行A股1亿股，等待实行。

【财务状况】 1999年度每股纯利4.5仙，每股股息10.0仙。

中国置业(控股)有限公司

【公司概况】 股票代码为0170，业绩报告结算日期为12月31日，实收资本为74383160股，合计USD7438316元。公司董事会主席：劳元一。

【经营业绩】 投资控股，旨在建立一个投资于以大陆为主要经营地点及其他企业股本之投资组合。1992年4月配售新股29百万股以介绍形式上市，每股以1.1美元配售。主要股东及管理人为中国国营公司及财政部。已投资于中国15项非上市企业，均占少数股权(35%以下)，业务包括塑胶、水泥、钢铁、工业链条、柴油机、玻璃等，投资额40.8百万美元。占第一上海20.42%。曾拟将若干投资售予第一上海后分派资本，未能达成协议。1999年底存款6.5百万美元。2000年上半年盈利2.1百万美元，不派中期息。每股净值1.0052美元。

【财务状况】 1999年度纯利亏损1.44百万美元。

银建国际实业有限公司

【公司概况】 股票代码为0171，业绩报告结算日期为12月31日，实收资本为1284684100股，合计256936820元。公司董事会主席：石春贵。

【经营业绩】 原名国际实业。1993年5月为中资收购后，易名如上。投资中港物业、基建及工业，香港商业/豪宅面积43405方呎，北京住宅316155方呎(每年回报不少于68百万元，至2000年6月止)，透过占50%的中国基建投资八项路桥，投资额24亿元，透过占50%国际铜业占江西铜业20.6%。持有庆铃汽车2.5%，并与其合作零件厂，并与王府井合作百货业。1999年底每股净值1.83元，净债项2.3亿元。2000年上半年盈利57.95百万元，减43.5%，不派中期息。1月中国信达入股占16.67%，又购入凯达(已改名为银网)股权35%，发展科技网业。

【财务状况】 1999年度纯利亏损120.6百万元。

长发建业有限公司

【公司概况】 股票代码为0172，业绩报告结算日期为3月31日，实收资本为594000000股，合计148500000元。公司董事会主席：陈发梁。

【经营业绩】 纺织品漂染、印花及整理。股权一再易手，1997年添发庆丰以每股19元向禹铭购33.71%，成大股东。1999年5月以2.1亿元购入旺角金都商场45595方呎，年底协议收购上海梅龙镇(长和系物业)及长发花园，葵涌厂地84230方呎正在申请改变发展，与长实合作，由香岛印染改名如上。2000年3月底每股净值3.48元，净借贷7.88亿元。9月以4亿元协议向"中房"购入成都及昆明3项物业(主要发新股)；10月向长实购入一批屯门及元朗土地及洋浦权益4.9%，成价1.45亿元，并将葵涌地盆售予长实，作价1.47亿元。9月止半年亏损62.5百万元，不派中期息。

【财务状况】 1999/2000年度纯利亏损52.3百万元。

嘉华国际集团有限公司

【公司概况】 股票代码为0173，业绩报告结算日期为12月31日，实收资本为1727315510股，合计172731551元。公司董事会主席：吕志和。

【经营业绩】 经营物业及建筑材料，1997年将建材注入嘉华建材占57%，香港投资物业10万平方呎，新加坡61800方呎。发展中物业香港有成和道、广播道、亚皆老街、东山台及屯门地盘。主要于国内发展，以广州、上海及江苏为主，土地储备达821万方呎，广州嘉和苑在分期完成中。1999年底每股净值1.33元，净负债12.6亿元。2000年上半年盈利40.1百万元，增21.5%，派中期息0.01元。

【财务状况】 1999年度每股纯利4.5仙，每股股息2.0仙。注：1999年截至12月止9个月，以往结算期为3月。

奇盛(集团)有限公司

【公司概况】 股票代码为0174，业绩报告结算日期为12月31日，实收资本为44550000股，合计22275000元。公司董事会主席：梁树荣。

【经营业绩】 从事电镀金属贸易、电子及录影带零件贸易，并作物业投资，中港两地共148528平方呎，包括尖沙咀奇盛中心数个单位及上海若干商住物业。1999年底每股净值1.22元，净债项240万元，证券投资市值1.59亿元，包括冠亚商业及南华早报等。2000年上半年盈利21.9百万元，减53.2%，派中期息0.02元。

【财务状况】 1999年度每股纯利17.5仙，每股股息6.5仙。

南华资讯及科技有限公司

【公司概况】 股票代码为0175，业绩报告结算日期为12月31日，实收资本为680529805股，合计68052980元。公司董事会主席：吴鸿生。

【经营业绩】 原名为志正国际及东龙集团，股权一再易手，1995年4月南华工业以每股0.44元购得股权25.26%。1995年12月购入黄大仙之住宅物业及1996年3月购入位于中环亚毕诺道商用之大厦30%及东莞太和花园，已在发展中。1996年2月南华工业以每股0.20元收购全部南策股权，并结构重组。1998年3月收购四海旅游64.97%，5月由南华策略改名如上。6月大股东公开以每股0.20元收购，现持44.8%，已成立的国内合营企业12间，仍有13间在成立中，均经营工业应用软件及资讯科技服务。1999年底每股净值0.252元，净负债20百万元。2000年上半年亏损1.5百万元，不派息。

【财务状况】 1999年度纯利51.8百万元。

联太工业有限公司

【公司概况】 股票代码为0176，业绩报告结算日期为3月31日，实收资本为558058400股，合计55805840元。公司董事会主席：何子刚。

【经营业绩】 主要业务为制造电压转换器，再充电池及其他电子产品。1994年4月发行68百万新股上市，每股以1.28元公售。1996年5月发行139.74百万股新股予一财团，每股1.05元，并以同价全面收购。原名为品德集团，1996年10月改名如上。1997年5月以239百万元购香港玩具72.65%(2000年1月出售)；9月以122百万元购英发29.25%，因亏损，已予撇数。2000年3月底每股净值0.613元，净存款69.18百万元，9月止半年盈利51.5百万元，增895.5%，派中期息0.05元。

【财务状况】 1999/2000年度纯利亏损39.59百万元。

江苏宁沪高速公路股份有限公司

【公司概况】 股票代码为0177，业绩报告结算日期为12月31日，实收资本为A股3665747500股H股1222000000股，合计人民币4887747500元。公司董事会主席：徐华强。

【经营业绩】 国家企业，从事建设、经营、管理及保养沪宁高速公路并提供发展公路沿线的客运和其他配套服务业。1997年6月发行1222百万股H股上市，每股售价人民币3.11元，现经营6条公路，收购江苏扬子大桥已批准，仍待完成。1999年底每股净值人民币2.2元，净存款人民币1.37亿元。2000年上半年度盈利人民币2.79亿元，减8.6%，不派中期息。11月江苏交通控股协议将12.22%股权售予华建交通。

【财务状况】 1999年度每股纯利12.9仙，每股股息8.0仙。

莎莎国际控股有限公司

【公司概况】 股票代码为0178，业绩报告结算日期为3月31日，实收资本为1347365172股，合计134736517元。公司董事会主席：郭少明。

【经营业绩】 主要在香港从事多种名牌化妆品零售、批发业务，于港澳台及新加坡等地开设零售店。1997年2月28日与日本微少堂签定一份合营协议，1997年底在日本展开化妆品邮购业务。1997年6月发行新股328百万股上市，每股售价2.38港元。1998年起作出整顿，包括精简结构、调整店铺及存货及增聘专业管理人员，计划开设精品店及销售健康食品。2000年3月底止每股净值0.787元，净存款7.7亿元，9月止半年盈利38.27百万元，增23%，派中期息0.01元。

【财务状况】 1999/2000年度每股纯利5.4仙，每股股息5.0仙。

德昌电机控股有限公司

【公司概况】 股票代码为0179，业绩报告结算日期为3月31日，实

收资本为3673788920股，合计45922361元。公司董事会主席：汪穗中。

【经营业绩】 制造微型马达，适用于多种产品，如汽车配件及附件、家庭电器用品、电动工具、商业文仪及个人护理产品等。厂房设于香港、大陆、泰国及瑞士。1999年6月以24.03亿元收购美国EMS，为全球最大小型汽油引擎用起动马达生产商，此公司1998年盈利约1.5亿元。2000年3月底每股净值0.81元，净存款约2.7亿元，9月止半年盈利6.2亿元，增22.5%。派中期息0.03元。

【财务状况】 1999/2000年度每股纯利28.7仙，每股股息9.6仙。

开达实业有限公司

【公司概况】 股票代码为0180，业绩报告结算日期为12月31日，实收资本为665042338股，合计66504234元。公司董事会主席：丁鹤寿。

【经营业绩】 从事设计、制造各类儿童洋娃娃及玩具、人物玩具及玩具汽车等；亦设计、制造模型火车及多类电子产品。厂房设于大陆、墨西哥、印尼及泰国。1996年开始生产汽车电池、配件及视像光碟机。拥有九龙湾开达工业大厦35万方呎收租；投资加州一会所30%。1997年购上海招商局大厦16个单位作收租用。1999年底每股净值0.788元，净债项4.38亿元，2000年上半年亏损29.7百万元，不派中期息。

【财务状况】 1999年度纯利亏损6.4百万元。

福海集团有限公司

【公司概况】 股票代码为0181，业绩报告结算日期为3月31日，实收资本为1074328367股，合计134291046元。公司董事会主席：庄友松。

【经营业绩】 地产投资，在港有多项物业，股权多次易手，1998年福建省旗下华鑫增持至33.77%。由标力易名如上。现拥有厦门宏都酒店60%，1997年内进行多项物业买卖，包括购入上海银星皇冠假日酒店25%。1998年7月，购厦门宏都酒店60%，代价1.4亿元，以新股及物业支付。2000年3月底每股净值1.33亿元，净负债8.7亿元，现在重组债项。9月止半年亏损62.06百万元，不派中期息。

【财务状况】 1999/2000年度纯利亏损345.1百万元。

香港药业集团有限公司

【公司概况】 股票代码为0182，业绩报告结算日期为3月31日。实收资本为1119396698股，合计111939670元。公司董事会主席：孙晓路。

【经营业绩】 批发及零售中医及其他药物、补品及海味等。零售店以南北行命名。股权多次易手，1996年东方红收购，后转至国际德祥，再转至邬伟铭，1999年5月再转至现任主席。在国内从事医药开发，也作贸易，并在中港两地进行物业投资。2000年3月底负值90.7百万元，净债项84.3百万元。9月止半年亏损4.5百万元，不派息。4月落实重组计划，发行新股及债券，于10月由南北行改名如上，已订意向书以4270万元购入上海华新生物股权57%。

【财务状况】 1999/2000年度纯利亏损5.86百万元。

中信嘉华银行有限公司

【公司概况】 股票代码为0183，业绩报告结算日期为12月31日。实收资本为2594461444股，合计2594461444元。公司董事会主席：洪允成。

【经营业绩】 经营商业银行业务。1985年经营困难，1986年6月重组，由北京中信收购。原名嘉华银行，1998年7月易名如上，6月，更换管理层，2000年上半年盈利2.31亿元，增348.1%，派中期息0.02元，存款418.6亿元，贷款309.8亿元，资本充足比率18.09%，贷存比率74%，呆坏帐拨备1.98亿元，每股净值2.13元。

【财务状况】 1999年度每股纯利4.19仙，每股股息1.0仙。

激成投资(香港)有限公司

【公司概况】 股票代码为0184，业绩报告结算日期为12月31日。实收资本为340200000股，合计340200000元。公司董事会主席：何健源。

【经营业绩】 原名为信大船务，1979年控制权易手，改名如上。业务转为物业发展，现拥有澳门国际银行大厦部分共30264方呎；发展中澳门物业有海洋花园约90万方呎。另占北京香江花园住宅(1.3百万方呎)24%，销售中；占武汉川晴假日酒店(338间客房)41%；加拿大两酒店权益(50%及25%)；越南两酒店权益(25%及63%)。1999年底每股净值3.66元，净借贷2.55亿元；2000年上半年亏损3.7百万元(上年同期盈利41.4百万元)，不派中期息。

【财务状况】 1999年度每股纯利16.0仙，每股股息1.50仙。

联网信贷国际有限公司

【公司概况】 股票代码为0185，业绩报告结算日期为3月31日。实收资本为1268116063股，合计317029016元。公司董事会主席：陈恒辉。

【经营业绩】 于香港持有零星物业。1995年6月董事会改组；9月将名称建煌新记易名为恒锋，12月购入英皇道写字楼5605方呎、启德道可供发展商住面积11344方呎地盘及红坎必嘉街2174方呎地盘、持有联网业务56%，经营成衣零售贸易、投资银行及证券经纪以至资讯科技；1999年11月由恒锋改名如上，占美国NASDAQ上市的eVision36%、Global Med.16%。2000年3月底每股净值0.257元，净存款70百万元，9月止半年亏损19百万元，不派中期息。

【财务状况】 1999/2000年度纯利亏损33.8百万元。

嘉域集团有限公司

【公司概况】 股票代码为0186，业绩报告结算日期为12月31日。实收资本为366862062股，合计917155155元。公司董事会主席：何永安。

【经营业绩】 公司原名为恒辉电子，后易名如上。业务一再重组，包括曾持有讯科及银舜，均以出售。现主营业务为电脑磁头及荧幕显示器，电子音响产品及经营互动娱乐中心网络。1996年底将隆辉私有化，后将其注入新购之日本上市公司Nakamichi内(占70%)。1999年11月已购入Toyo50.5%，以每股0.1元全面收购，已获56.39%。2000年减至36%。1999年底每股净值6.34元，净负债约49百万元。2000年上半年盈利151百万元，增62.4%，派中期息0.12元。

【财务状况】 1999年度每股纯利75.0仙，每股股息18.0仙。

北人印刷机械股份有限公司

【公司概况】 股票代码为0187，业绩报告结算日期为12月31日。实收资本为A股300000000股，H股100000000股，合计人民币400000000元。公司董事会主席：朱武安。

【经营业绩】 公司为国家企业，在大陆从事生产各类印刷机，产品主销大陆，少量销往东南亚及中东，厂房位于北京市。1999年底每股净值人民币2.33元，净存款人民币1.88亿元。2000年上半年盈利人民币21.66百万元，减15.6%，每股盈利0.054元，不派中期息。

【财务状况】 1999年度每股纯利12.6仙，每股股息8.0仙。

汇富金融控股有限公司

【公司概况】 股票代码为0188，业绩报告结算日期为6月31日。实收资本为1000000000股，合计100000000元。公司董事会主席：蔡冠深。

【经营业绩】 从事证券投资，提供各种财务顾问及相关服务，包括企业融资、股票经纪、融资及基金管理等服务。截至2000年3月底止9个月，证券投资占集团总收益约67.7%，企业融资、股票经纪之佣金及费用与利息各占集团总收益约15.5%、11.9%及1.5%，其余收益来自银行存款利息及基金管理及安排贷款之佣金与收费。2000年8月配售及发售新股2.5亿股上市，每股售价1元。持有港交所约3百万股，上市前未售，有意参与网上买卖。上市后每股有形资产0.50元。

【财务状况】 2000年度(至3月底止9个月)纯利195157千元。

广生行有限公司

【公司概况】 股票代码为0189，业绩报告结算日期为11月30日。实收资本为959899416股，合计383959766元。公司董事会主席：刘莹鸿。

【经营业绩】 地产投资发展及化妆品制造销售。公司原为百富勤持有，1996年底曾建议私有化，遭否决。百富勤1998年1月清盘，由华人置业及关连人士购入广生行64.1%股权，每股成价1.7元。投资物业主要为上海百富勤广场，香港兴伟中心及星光行，主要发展物业为荃湾一号交易广场，上水哥尔夫山庄及湾仔太原街重建项目25%。1999年11月底每股净值3.19元，净借贷1.24亿元。2000年5月止半年亏损11.2百万元(上年同期盈利46.9万元)，不派中期息。

【财务状况】 1999年度纯利亏损4.4百万元。

香港建设(控股)有限公司

【公司概况】 股票代码为0190,业绩报告结算日期为12月31日。实收资本为507853996股,合计507853996元。公司董事会主席:刘明康。

【经营业绩】 公司主营业务为建筑土木工程及物业发展,2000年8月持有工程合约181亿元,占海南洋浦经济区开发权益30%及发电厂40%。占北京王府井饭店12%及北京京广新世界酒店32%。1997年9月光大国际成为大股东。1998年6月以2.65亿元收购一项广州建造及经营的收费路桥项目20%权益。又占深圳、广州及海口若干物业权益。1999年底每股净值6.5元,净债项23.29亿元,2000年上半年亏损72.9百万元(上年同期亏损3.67亿元),不派中期息。正计划出售洋浦发电厂权益。

【财务状况】 1999年度纯利亏损1213.1百万元。

丽新制衣国际有限公司

【公司概况】 股票代码为0191,业绩报告结算日期为7月31日。实收资本为1437709710股,合计718854855元。公司董事会主席:林百欣。

【经营业绩】 公司由丽新集团1987年改组而成。经营制衣出口业。拥有丽新发展股权益42.25%及鳄鱼恤股权54.93%。2000年7月底每股净值2.27元,净存款12.7百万元。11月向第三者购入丽丰集团可换股债券面值293.59百万元,代价为155.47百万元,换股后占丽丰20.56%。

【财务状况】 1999/2000年度纯利亏损1055.8百万元。

圣安娜控股有限公司

【公司概况】 股票代码为0192,业绩报告结算日期为3月31日。实收资本为196229000股,合计19622900元。公司董事会主席:陈伟彰。

【经营业绩】 从事经营两间连锁式包饼店,一间以面包廊,另一间则以圣安娜饼屋之名称经营。制造及分销两类主要产品一包饼及佳节礼品,亦有制造及销售其他包装食品。截至2000年9月底止,包饼在香港及澳门67间旗下零售分店销售,而佳节礼品在本地零售分店出售及经大陆、新加坡、加拿大及英国之分销商于海外销售。亦向香港之公司客户作直接销售。设有3间中央制造工场,两间位于香港及一间位于深圳。合共67间零售分店中有47间附设店内生产设施。为香港饮食集团成员,将部分股份送予股东,2000年10月以介绍方式上市。9月止半年盈利18.1百万元,增11.4%,不派中期息。上市后每股有形资产净值0.4379元。

【财务状况】 2000年度纯利24944千元。

庆屋国际有限公司

【公司概况】 股票代码为0193,业绩报告结算日期为7月31日。实收资本为401999630股,合计160799852元。公司董事会主席:廖毅荣。

【经营业绩】 经营物业投资发展与食品业,并参于证券投资。拥有五项收租物业及元朗农地丰乐园8.6百万方呎15.33%,于武汉及南京发展物业,并于广州及南京设有饼干厂。于日本瑞浪市有3幅地皮6.2百万方呎。1999年已出售武汉物业、广州及南京饼干厂,2000年7月底每股净值75.3%,净负债75.5百万元。12月协议由中富注入长春会等资产,占股权69.5%,而远东发展则以1.2亿元购回庆屋所持丰乐景园权益15.33%,协议待完成,将以每股0.48元收购。

【财务状况】 1999/2000年度纯利亏损37.8百万元。

廖创兴企业有限公司

【公司概况】 股票代码为0194,业绩报告结算日期为12月31日。实收资本为379173440股,合计379173440元。公司董事会主席:廖烈文。

【经营业绩】 公司经营银行、地产及保险。占廖创兴银行45.1%;拥有投资物业66万方呎;正计划重建九肚山物业;占宝翠园10%(应占32.6万方呎)。于广州、潮洲、及上海亦有地盘发展中,楼面面积477万方呎。1999年底每股净值14.89元,净借贷21.37亿元。2000年上半年盈利1.82亿元,增3%,派中期息0.14元。

【财务状况】 1999年度每股纯利97.0仙,每股股息35.0仙。

格兰酒店集团有限公司

【公司概况】 股票代码为A0195 B0196,业绩报告结算日期为6月30日。实收资本为A股621631226股合计62163122元;B股600000000股,合计6000000元。公司董事会主席:陈启宗。

【经营业绩】 公司为恒隆成员。现拥有旺角格兰酒店,客房549间;康山康兰酒店,客房248间及豪峰寓所242间。1992年起经营位于湾仔的卫兰轩酒店20年,客房251间。2000年6月止每股净值2.42元,净存款158.7百万元。

【财务状况】 1999/2000年度每股纯利3.12仙,每股股息2.1仙。注:上述资料均以A股计算。

东方魅力集团有限公司

【公司概况】 股票代码为0198,业绩报告结算日期为3月31日。实收资本为726963781股,合计72696378元。公司董事会主席:谭咏麟。

【经营业绩】 公司曾名大富及DC财务,经营物业及财务,控制权一再转移,1999年6月收购东方魅力,9月改名如上。先后购入东方魅力网24.3%(上市后为19.67%)、最佳拍挡(电视电影制作)全部股权及辰达永安合作发展旅游网等。2000年3月底每股净值0.895元,净存款58.9百万元,10月增持Planet Hollywood至100%,并联同中策购入成报,已建议注入惠泰,9月止半年亏损8.9百万元(上年亏损215.3百万元),不派中期息。

【财务状况】 1999/2000年度纯利亏损335.3百万元。

祥泰行集团有限公司

【公司概况】 股票代码为0199,业绩报告结算日期为3月31日。实收资本为1951993121股,合计195199312元。公司董事会主席:黄俊康。

【经营业绩】 进口及经销摩托车配件、缝纫机与打字机及有关零件、味之素、家乐牌等调味料及相关产品,亦经销汽车电池及轮胎。1996年3月股权易手,收购价0.62元。1997年收购多项权益,包括空调工程、强化木地板、汽车配饰及药品业务。于上环及北京有地盘在发展中。2000年3月底每股净值0.202元,净债项63.6百万元;期内购入30% Value-Net权益,于大中华区经营互联网软硬件及技术服务,9月止半年亏损13.4百万元,不派中期息。

【财务状况】 1999/2000年度纯利亏损13.4百万元。

新濠国际发展有限公司

【公司概况】 股票代码0200,业绩报告结算日期为12月31日。实收资本为121087134股,合计121087134元。

【经营业绩】 公司主营业务为经营物业投资及饮食业。拥有东山台住宅单位12个。1993年发行新股收购香港仔饮食企业86.68%,经营3只中式海鲜坊。另拥有香港仔1个停车场,车位509个。1999年11月入股旅游网站ASIA-HOTEL COM占7.5%。1999年底每股净值3.28元,净存款2.16亿元,2000年上半年亏损3.86百万元,不派中期息。于2月已出售珍宝皇宫海鲜舫。

【财务状况】 1999年度纯利亏损17.29百万元。

华大地产投资公司

【公司概况】 股票代码为0201,业绩报告结算日期为3月31日。实收资本为3223566785股,合计32235667元。公司董事会主席:郑启文。

【经营业绩】 公司主营业务为地产、证券及财务投资。1987年8月,顺豪地产收购后,资产明显变化,再于1990年重组。现时业务为拥有及经营酒店。1991年9月以343百万元收购九龙华美达轩酒店(客房206间);其后再购入中区顺豪大厦商业面积55218方呎,原占50%,1997年2月增持至100%。1996年3月购入威灵顿广场商场50%权益。又持有上海地盘兴建商住面积10万方呎,1999年完成。1997年4月购西贡商用物业,面积约2万方呎,已全数租出。2000年9月底止半年盈利5.99百万元,增119%,不派中期息。

【财务状况】 1999/2000年度每股纯利0.14仙。

国中控股有限公司

【公司概况】 股票代码为0202,业绩报告结算日期为3月31日。实收资本为3770123632股,合计37701236元。公司董事会主席:张扬。

【经营业绩】 公司原名万年置业,股权多次转移,经营2间圣地亚哥酒店,并于1992年中易名如上。1996年4月出售水车屋权益,1998年出售酒店业务。公司现在上海、北京及中山,以至美国加洲合作物业发展。拥有出租物业北京商业面积40万方呎(占51%),上海地下城

10 万方呎及香港若干物业。2000 年 3 月底负值 4.37 亿元，净负债 10.66 亿元。8 月重组完成，资产值为 3.07 亿元，每股面值由 1 元减至 1 仙，由柏宁顿易名如上，以介绍方式恢复买卖。9 月止半年盈利 395.6 百万元（上年同期亏损 42.36 百万元），不派中期息。

【财务状况】 1999/2000 年度纯利亏损 97.1 百万元。

骏威投资有限公司

【公司概况】 股票代码为 0203，业绩报告结算日期为 12 月 31 日。实收资本为 2945990970 股，合计 294599097 元。公司董事会主席：张房有。

【经营业绩】 公司经营汽车产销及有关业务。透过广州汽车占广州标致汽车 46%。1997 年广州标志汽车重组，骏威已经脱离，并组成广州本田汽车厂占 50%，投资 5 亿元，并售出其他非核心业务。广州本田已于 1999 年 3 月投产，预计 2000 年产量 30000 部，2001 年为 50000 部。1999 年底每股净值 0.34 元，净存款 23.87 百万元。2000 年上半年盈利 160.9 百万元，增 13.9 倍，不派中期息 。销售汽车 12000 部。

【财务状况】 1999 年度每股纯利 37.9 仙。

首富国际投资有限公司

【公司概况】 股票代码为 0204，业绩报告结算日期为 3 月 31 日。实收资本为 206568000 股，合计 2065680 元。公司董事会主席：邱志哲。

【经营业绩】 为投资公司，主要投资于大中华及亚太区内成立或在区内有重大营运或业务之企业所发行之股份，与股分相关证券及债务证券，组成一个平衡投资组合，以透过资本增值及股息及利息收入赚取合理回报。9 月底有价投资包括齐翔食品 2.14%，华联 2.71%，宝讯科技 0.44%，恒基数码 0.01%及荣电 0.35%。由安信达投资公司负责管理及一般行政服务。2000 年 11 月配售及发售新股 40.5 百万股上市，每股售价 0.33 元。上市后每股有形资产净值 0.30 元。2000 年 9 月止半年亏损 1.7 百万元。

【财务状况】 1999/2000 年度纯利 2974.5 千元。

国基资讯科技控股有限公司

【公司概况】 股票代码为 0205，业绩报告结算日期为 12 月 31 日，实收资本为 904075000 股，合计 90407500 元。公司董事会主席：叶选基。

【经营业绩】 从事设计、制造及销售多种电子消费品，如传呼机、计算机、数据库及翻译机等。亦透过联号经营穿梭传呼服务。1998 年 6 月，以叶选基为首财团 KK1 以 0.43 元购 27%，并由宝雅科技易名如上。购入 Wu Holdings 28.84%（投资于 QIAO XING71%，于大陆产销通讯终端机设备，已于 1999 年 3 月于美国 NASDAQ 上市），1999 年底每股净值 0.142 元，净存款 8 百万元，2000 年上半年盈利 4.8 百万元（上年同期亏损 22.8 百万元），不派中期息。

【财务状况】 1999 年度纯利亏损 72.36 百万元。

侨福建设企业机构有限公司

【公司概况】 股票代码为 0207，业绩报告结算日期为 3 月 31 日，实收资本为 535359258 股，合计 535359258 元。公司董事会主席：黄健华。

【经营业绩】 原名明仁企业，1990 年股权易手，1992 年底易名如上。截至 2000 年 3 月底，拥有阳明山庄豪宅面积 7.7 万方呎，中区写字楼 2 万方呎。于英国拥有船厂，国内投资有南京丁山花园酒店（116 房）45%，于美国 2 酒店各占 10%，上海阳明新城在租售中。大坑道物业于 2000 年 8 月完成，船厂权益于 3 月售出。2000 年 3 月底每股净值 2.83 元，净存款 1.47 亿元，9 月止半年盈利 1.47 百万元，减 95.7%，不派中期息。

【财务状况】 1999/2000 年度每股纯利 11.49 仙。

金盾集团控股有限公司

【公司概况】 股票代码为 0208，业绩报告结算日期为 11 月 30 日，实收资本为 940661976 股，合计 9406619 元。公司董事会主席：杨国光。

【经营业绩】 主要从事生产销售及分销“金盾”及“高洛奇”男士服装、皮衣、皮具及饰物。主要透过特许经营商售予顾客。曾于大陆 22 个省份中 91 个城市/县及四个直辖城市共有 154 间“金盾”特许经营店。1998 年 9 月发行 87.5 百万新股及大股东出售 37.5 百万旧股上市，每股售价 1 元。因存货及应收帐项撇数，1999 年 11 月底股东资金亏绌 83.9 百万元，净负债 54.6 百万元。2000 年 5 月止半年亏损 94.39 百万元，不派中期息。其后购入香港李杨传媒广告 48%，6 月澳门商人柯为湘拟注资，未能协议。但于 8 月已吸入股权 26%，正重整资本。

【财务状况】 1998/1999 年度纯利亏损 299.2 百万元。

永恩国际集团有限公司

【公司概况】 股票代码为 0210，业绩报告结算日期为 12 月 30 日，实收资本为 1498392384 股，合计 149837238 元。公司董事会主席：张文仪。

【经营业绩】 从事生产及销售鞋类，主销国内，亦从事生产鞋类元件及物料以供自用及售予大陆其他制造商，现于国内拥有 130 家专门店及专柜 250 个，加盟店 30 间。1998 年开始在国内经营连锁式咖啡店已增至 14 间。所持股权已由 52%减至 17%，已全面运作。1995 年 10 月发行 132.75 百万新股上市，每股售价 1 元。1999 年底每股净值 0.30 元，净存款 9.5 百万元，2000 年上半年盈利 14.8 百万元，减 17%，不派中期息。

【财务状况】 1999 年度每股纯利 2.2 仙。

大凌集团有限公司

【公司概况】 股票代码为 0211，业绩报告结算日期为 3 月 31 日，实收资本为 364809918 股，合计 3648099 元。公司董事会主席：张志诚。

【经营业绩】 从事地产投资、发展、证券及贸易。1995 年收购长雄证券及长雄财务。1997 年以 1.3 亿元购武汉 318 国道权益。现于中山有商住面积 33.6 万方呎，香港有数项物业。2000 年 3 月底每股净值 0.0272 元，净存款 5.4 亿元。2000 年 3 月收购网络世界科技 40%，从事地理信息系统、全球定位系统、遥感及相关系统集成，5 月收购互联世界 36%，投资于大中华区网站。9 月止半年盈利 18.36 百万元，增 148.9%，不派中期息。

【财务状况】 1999/2000 年度每股纯利 31 仙，每股股息 1.2 仙。

南洋集团有限公司

【公司概况】 股票代码为 0212，业绩报告结算日期为 12 月 31 日，实收资本为 46850299 股，合计 4685030 元。公司董事会主席：高登。

【经营业绩】 经营纺织业。除菲律宾有制衣联号外，厂房集中于大陆，其大部分业务已迁至河南及上海。亦拥有香港观塘工商业 31 万方呎。另持香港及海外有价证券，市值 473 百万元。1999 年底每股净值 22 元，存款 47.45 百万元。2000 年上半年盈利 3.6 百万元，减 92.3%，不派中期息。

【财务状况】 1999 年度每股纯利 225 仙，每股股息 55 仙。

乐声电子（集团）有限公司

【公司概况】 股票代码为 0213，业绩报告结算日期为 3 月 31 日，实收资本为 1177847928 股，合计 117784793 元。公司董事会主席：李源清。

【经营业绩】 从事制造石英表及液晶体电子表。持有若干牌子特许产销权。参与物业投资、发展及买卖。于多伦多有土地 10.9 亩待发展。2000 年 3 月底每股净值 0.335 元，净负债 4.4 亿元，大潭道物业已完成并蚀售，浅水湾面积 17507 方呎于 2002 年完成，山顶 3 幢物业亦同期完成。9 月止半年盈利 6.26 百万元，增 24.8%，不派中期息。

【财务状况】 1999/2000 年度纯利亏损 35.9 百万元。

汇汉控股有限公司

【公司概况】 股票代码为 0214，业绩报告结算日期为 3 月 31 日，实收资本为 7491321498 股，合计 37456607 元。公司董事会主席：冯兆滔。

【经营业绩】 主要为控股，现持有泛海股权 54.1%。1999 年 9 月收购中国资讯行 40%，12 月收购快码中文输入法及九方输入法 40%。2000 年 3 月底每股净值 0.417 元，净负债 25.2 亿元，9 月止半年亏损 70.7 百万元（上年同期亏损 309.7 百万元），不派中期息。

【财务状况】 1999/2000 年度纯利亏损 461.2 百万元。

建业实业有限公司

【公司概况】 股票代码为 0216，业绩报告结算日期为 3 月 31 日，实收资本为 551368153 股，合计 137842038 元。公司董事会主席：王世荣。

【经营业绩】 主要为控股投资，现持有汉国置业股权 46.03%、建荣建业（建筑业）57.83%、荣文科技 20%，顺昌集团 21.39%及建联集团

24.5%,均为上市公司,其他业务为成衣制造及贸易以至家庭电器销售。2000年3月底每股净值2.05元,净负债4.1亿元。4月已与荣文科技及顺昌股权售予建联成价1.11亿元,又售建荣股权购回建筑业务,收入1.39亿元,9月止半年盈利108.5百万元(上年同期亏损14.6百万元),不派中期息。

【财务状况】 1999/2000年度每股纯利1.62仙。

中国物流集团有限公司

【公司概况】 股票代码为0217,业绩报告结算日期为3月31日,实收资本为1456854968股,合计145685497元。公司董事会主席:袁炜。

【经营业绩】 原名为南海发展,1997年9月为现任主席以每股1.88元(经拆细后)收购,12月易名如上。现时业务为物业、贸易、环保及其他。持有香港商业物业6.7万方呎,及工业面积17.3万方呎。另于番禺持有商场面积31万方呎及住宅5.4万方呎,占中国北部环保供热项目75%。并作电脑、卫生护理品及运动服装贸易(于1998年底获彪马产品于大中华区独家特许权),购入网上书店项目70%(新华书店占其约30%);亦购入华南分销网络70%,2月与中国集装箱集团订立备忘录,商谈合作物流配送业务。2000年3月底每股净值1.05元,净借贷1.39亿元,10月由物华集团改名如上,9月止半年盈利12.75百万元,减96.3%,不派中期息。

【财务状况】 1999/2000年度每股纯利6.64仙,每股股息0.4仙。

申银万国(香港)有限公司

【公司概况】 股票代码为0218,业绩报告结算日期为12月31日,实收资本为519359126股,合计259679563元。公司董事会主席:姜国芳。

【经营业绩】 原名为王集团。经营股票经纪、企业融资、包销及分销新股业务。1993年6月由上海万国(原名大众国际)及长实等以每股1.265元收购55.36%,继续原有业务,并予扩展。1996年10月与申银香港合并,易名如上。1999年5月以3.9亿元收购四川成绵公路20.66%,后因法律问题而降至15.71%,正向世纪城市索偿93.5百万元。另为世纪垫支1.97亿元。1999年底每股净值1.16元,净借贷4.58亿元。2000年上半年盈利13.8百万元,增225.3%,不派息。

【财务状况】 1999年度每股纯利4.76仙。

顺豪科技控股有限公司

【公司概况】 股票代码为0219,业绩报告结算日期为12月31日,实收资本为537076602股,合计268538301元。公司董事会主席:郑启文。

【经营业绩】 投资控股、证券财务投资、物业投资及发展。拥有华大地产股权49%,直接拥有山顶及浅水湾住宅3.1万方呎收租及中环两商用物业权益,应占3万方呎。1999年底每股净值1.78元,净债项16.4百元元。2000年上半年盈利3.4百万元,减71.7%;不派中期息。在发展互联网提供3D游戏及电子购物商场服务,5月由顺豪建筑改名如上。

【财务状况】 1999年度每股纯利2.5仙。

晋利地产金融有限公司

【公司概况】 股票代码为0220,业绩报告结算日期为1月31日,实收资本为67760000股,合计67760000元。公司董事会主席:李德义。

【经营业绩】 经营地产。在香港拥有商业面积22万方呎(主要为湾仔捷利中心一、二期)、工业面积8.4万方呎及住宅7018方呎收租,另有待售住宅面积2.5万方呎。在关岛实益拥有各项用途土地66百万方呎,发展延缓中。九龙塘地盘计划兴建住宅2.5万方呎;2000年1月底每股净值15.9元,净借贷85百万元,7月止半年盈利15.59百万元,增10.4%,派中期息0.08元。

【财务状况】 1999/2000年度每股纯利36.3仙,每股股息28.0仙。

闽信集团有限公司

【公司概况】 股票代码为0222,业绩报告结算日期为12月31日,实收资本为459428656股,合计459428656元。公司董事会主席:王希超。

【经营业绩】 拥有中国厦门国际银行股权36.75%(将增至48.75%,待世银属下公司磋商入股完成后实行),亦直接经营闽信保险,拥有香港广东道永发大厦商场14841方呎。国内物业投资,位于杭州、福州及北京等地。香港发展物业已完成清水湾别墅35%,应占面积22340方呎正在出售中。经营319国道漳州段收费公路60%及浙江一条公路40%。1999年底每股净值2.4元,净存款2.1亿元。2000年6月止亏损9.3百万元,不派中期息。

【财务状况】 1999年度每股纯利5.15仙,每股股息4.0仙。

道亨银行集团有限公司

【公司概况】 股票代码为0223,业绩报告结算日期为6月30日,实收资本为694973200股,合计USD347486600美元。公司董事会主席:郭令灿。

【经营业绩】 1989年及1993年分别收购恒隆及海外信托银行,1993年11月以21.7元上市。经营各项银行业务,并为按揭证券庄家,于伦敦设有独立银行,并占菲律宾道亨银行60%(正与当地银行合并)。2000年6月底每股净值18.05元,存款总额1132.35亿元,贷款总额653.37亿元,资本充足率22.6%,贷存比率57.7%,住宅按揭占40.7%,物业投资贷款占10.7%,贸易融资占8.2%及运输占8.4%。

【财务状况】 1999/2000年度每股纯利249仙,每股股息120仙。

建生国际(集团)有限公司

【公司概况】 股票代码为0224,业绩报告结算日期为3月31日,实收资本为752672917股,合计75267291元。公司董事会主席:吴汪静宜。

【经营业绩】 物业及一般投资。除15项香港海外物业外,主要投资为华光航业股权及泰国盘谷银行。一般投资包括大陆、东南亚及美国非控制性股权投资,涉及物业、酒店。1999年11月大股东建议以5.52亿元收购全部美国物业、华光航业23.55%、泰国盘谷银行1.85%及曼谷一项信托基金,已于2000年2月完成,业务转至科技业,发展电讯科技及酒店网络设施。2000年3月底每股净值0.837元,净借贷33.86百万元。9月止半年亏损4.9百万元,不派中期息。

【财务状况】 1999/2000年度每股股息100.0仙(特别股息)。

博富临置业有限公司

【公司概况】 股票代码为0225,业绩报告结算日期为9月30日,实收资本为110179385股,合计110179385元。公司董事会主席:黄炳礼。

【经营业绩】 地产发展及投资。又持有经营国际器材之大象行51.9%。拥有商业面积134527方呎、工业面积51236方呎、豪宅182372方呎及车位167个。持有北京一幢住宅共16个单位,作出租用途。持有销售手表公司及领前基因工程少数股权,占广州东银广场19%在兴建中,中山物业发展已搁置。2000年9月底每股净值10.24元,净负债3.19亿元。

【财务状况】 1999/2000年度每股纯利17.8仙,每股股息9.0仙。

力宝有限公司

【公司概况】 股票代码为0226,业绩报告结算日期为12月31日,实收资本为438257010股,合计43825701元。公司董事会主席:李宗。

【经营业绩】 原名万众财务,1991年4月为力宝集团以每股1.32元收购,易名如上。随后一连串发展,从事金融、保险及地产发展,并参与国内多项物业发展。1997年6月进行重组,将持有若干上市公司股权售予华创及京华。现持有力宝华润(前名华地)54.3%、间接持有华银控股59%(占华人银行100%)。1998年11月,新鸿基公司以5亿元间接购入24.4%力宝股权,控股公司于2000年5月购回该项股权,另直接售股7.18%;1999年底每股净值6.6元,净存款75.6百万元,2000年上半年亏损38.65百万元,不派中期息。

【财务状况】 1999年度纯利亏损186.4百万元。

第一上海投资有限公司

【公司概况】 股票代码为0227,业绩报告结算日期为12月31日,实收资本为1125163705股,合计225032741元。公司董事会主席:劳元一。

【经营业绩】 原名大众国际,1992年底售予中资万国创业(1999年不再持有股份)及长实等组成之财团,继续原有证券及财务投资。1993年4月联同其他财团收购王集团(已易名为申艮万国),实占10.07%。其他投资包括上海中创国际集装箱储运54%、绍兴怡东仪表40.8%、昆山华东物流服务50%、好孩子儿童用品66%,康贝好孩子33%,好孩子百康30%。香港上市的红发25.2%及中国置业33.8%(持有第一上海18.6%)。1999年7月以14百万元购入巨灵科技41.

8%,于提供大陆金融资讯及互联网股票经纪平台。1999年底每股净值0.838元,净存款2.46亿元。2000年上半年盈利28.9百万元,减7.2%,不派中期息。

【财务状况】 1999年度每股纯利5.1仙。

利民实业有限公司

【公司概况】 股票代码为0229,业绩报告结算日期为12月31日,实收资本为314300804股,合计157150402元。公司董事会主席:黄乾利。

【经营业绩】 从事制造小型电器用品,包括美容电器用品、厨房电器用品及家庭电器用品等。主销美国、澳洲及西欧等地。部分厂房设在大陆。1995年中与日本新力电池协议,于1996年起向日本市场供应锌碳电池系列产品。1997年9月购入凯心(附属公司四川锦丰生产烟纸)63.35%股权,作价84.7百万元,以新股支付。1999年底每股净值1.07元。净借贷2.1亿元。2000年上半年盈利12.6百万元,减13.4%,派中期息0.02元。10月重组,将生产烟纸组成祥丰科技分拆上市。

【财务状况】 1999年度每股纯利13.24仙,每股股息8.0仙。

东方有色集团有限公司

【公司概况】 股票代码为0230,业绩报告结算日期为12月31日,实收资本为772181783股,合计77218178元。公司董事会主席:高德柱。

【经营业绩】 原为罗氏国际成员,1993年3月中国有色金属以每股3.42元收购,易名如上。经营物业投资、专业建筑及工业用料。于调整资产后,主要物业为云咸街东方有色中心54131方呎。1997年内购多项权益,银丰(防火建材)52%、瑞和工程及多利加工程、积架石油化工100%、京域(公路)17.9%(已在清盘中)。1999年5月承诺于珠海发展物业,占海天花园项目80%。1999年底每股净值1.3元,净存款3.78亿元。2000年上半年盈利7.15百万元,减75%,不派中期息。正筹备建立有色金属网上交易平台,6月底存款5.1亿元。

【财务状况】 1999年度每股纯利3.35仙,每股股息13.0仙(包括特别股息12仙)。

惠阳控股集团有限公司

【公司概况】 股票代码为0231,业绩报告结算日期为12月31日,实收资本为1238038830股,合计123803883元。公司董事会主席:曾文能(已辞职待再委任)。

【经营业绩】 于国内发展地产及在各地经营陆地运输及边境贸易。1997年6月购一河北省张家口经营收费桥梁公司80%。1998年4月,因财务问题出售已分拆的全数太平洋港口股权。现正发展上海惠浦大厦及厦门中信惠扬大厦。1999年4月投资13百万元占东莞电脑装配厂48.15%,11月以9.5百万元购入恒德科技10%,12月以15百万元购入APL10%,经营娱乐网。又占imall 123.com5%及tinyschool.com.hk75%,airlodge.com 2%及cult－ture.com 1.6%,亦持有惠州三九新兽药40%。1999年底每股净值0.31元,净借贷33.7百万元。2000年上半年盈利1.02百万元(上年同期亏损13.25百万元),不派中期息。

【财务状况】 1999年度纯利亏损69.5百万元。

中国航空技术国际控股有限公司

【公司概况】 股票代码为0232,业绩报告结算日期为12月31日,实收资本为2204100000股,合计220410000元。公司董事会主席:杨春澍。

【经营业绩】 从事设计、制造及安装,主要用于商业大厦、高级住宅及酒店发展项目之建筑用铝制产品。业务地区包括香港及大陆,已于北京成为合营企业;亦于上海设立办事处。1999年8月中国航空技术以每股0.23元购得51%,长实亦持9.14%,由远东铝质改名如上。1999年底每股净值0.184元,净存款21.38百万元。2000年上半年亏损9.9百万元,不派中期息。

【财务状况】 1999年度每股纯利亏损10.83仙。

星岛有限公司

【公司概况】 股票代码为0233,业绩报告结算日期为3月31日,实收资本为419619246股,合计104904812元。公司董事会主席:张定远。

【经营业绩】 从事报章、杂志、书籍出版及印刷业、地产投资及发展。出版包括星岛日报及iMAIL,亦出版多份星岛海外版。印刷业除承印刷集团出版之报章、杂志及书籍外,亦承印外界出版之书籍及其他印刷品,范围远及美国和英国。除于香港拥有厂房外,于加拿大及纽西兰亦有物业。1999年5月为Lazard Asia以1.25元购得51.34%,管理层改变。2000年9月止半年亏损7.6百万元(上年同期盈利10.5百万元),不派中期息,每股净值2.1元,净存款2.08亿元。

【财务状况】 1999/2000年度每股纯利0.7仙,每股股息20.0仙(为特别股息)。

万亚行国际控股有限公司

【公司概况】 股票代码为0234,业绩报告结算日期为3月31日,实收资本为474253276股,合计4742533元。公司董事会主席:李志诚。

【经营业绩】 原名玫瑰针织,1989年起股权持续转移,1991年由茂基成为主要股东,易名正德行。1997年9月易名如上。有国内两间面粉厂。观塘工业楼宇三层及葵涌、湾仔两项铺位,于吉隆坡土地在发展经营。2000年3月底每股净值0.456元,净借贷36.27百万元,于国内经营三间面粉厂占60%,一间在清远,一间已批承包。2000年4月购入Linkdex,以互联网提供有关地产资料。9月止半年亏损20.7百万元,不派中期息。

【财务状况】 1999/2000年度纯利亏损33.7百万元。

中策集团有限公司

【公司概况】 股票代码为0235,业绩报告结算日期为12月31日,实收资本为4610385552股,合计461038555元。公司董事会主席:陈国强。

【经营业绩】 原名红宝石,1991年由黄鸿年购得控制权,易名如上。在国内投资多家企业,包括树胶轮胎、纸业、啤酒及其他消费品。1999年底每股净值0.754元,净存款8.74亿元;2000年上半年亏损1.5亿元,不派中期息。所持德信佳及中国网络股权已分别于1999年内出售。于2000年8月收购宝荣坤74.2%,其他股份投资还有中国发展、明报及明珠兴业等。10月保华德祥及锦兴购得34.9%,11月联同东方魅力购入成报。正收购惠泰,并将传媒业注入,仍待完成。

【财务状况】 1999年度每股纯利23.39仙,每股股息1.0仙。

香港生力啤酒厂有限公司

【公司概况】 股票代码为0236,业绩报告结算日期为12月31日,实收资本为373570560股,合计186785280元。公司董事会主席:安德士苏理安诺(三世)。

【经营业绩】 制造及销售生力啤,并取得露云堡啤酒及日本麒麟啤酒制造销售权。投资于顺德酒厂,占85%,1995年5月投产。1996年10月大股东建议以每股3.75元提出私有化,已否决。1997年8月,以81.8百万元增持生力啤(广东)至92.99%间接令生力啤(广东)持股增至65.09%。2000年上半年盈利59.5百万元,增32%,首三期股息共0.10元。8月止净债项54百万元,每股净值5.94元。

【财务状况】 1999年度每股纯利16.0仙,每股股息11.0仙。

安全货仓有限公司

【公司概况】 股票代码为0237,业绩报告结算日期为3月31日,实收资本为135000000股,合计135000000元。公司董事会主席:吕辛。

【经营业绩】 经营货仓及地产。拥有2幢货仓,面积约85.6万方呎;观塘振万广场工贸面积43万方呎作出租用途。1999年研究将部分货仓重建为住宅。2000年3月底每股净值5.26元,净借贷1.16亿元。9月止半年盈利18.89百万元,增35.8%,派中期息0.05元。

【财务状况】 1999/2000年度每股纯利23.0仙,每股股息22.0仙。

利星行有限公司

【公司概况】 股票代码为0238,业绩报告结算日期为12月31日,实收资本为951165000股,合计951165000元。公司董事会主席:杨富山。

【经营业绩】 原名为自由发展,股权多次易手,曾易名为森满合。1991年易名如上。现时业务主要为汽车销售及维修、物业发展、贸易及证券投资。获平治汽车华东区独家分销权(占55%),并于北京、上海、南京、天津及厦门参与多项物业发展。并代理推土机械,及进行木材(夹板)贸易。1997年底收购台湾中华宾士公司44%股权,代价为74.8亿新台币(19.45亿港元)。1999年底每股净值3.86元,现金4.9亿元,定存6.9亿元及短期投资1.96亿元。银行长短期贷款25.2亿元;另有长期证券投资 6.2 亿元。2000 年上半年盈利 129.3 百万元,增 10.4%,不派中期息。

【财务状况】 1999 年度每股纯利 15.2 仙,每股股息 3.0 仙。

白花油国际有限公司

【公司概况】 股票代码为 0239,业绩报告结算日期为 12 月 31 日,实收资本为 130000000 股,合计 13000000 元。公司董事会主席:颜为善。

【经营业绩】 主要制造、推广及分销传统药油白花油,本销及分销海外。拥有自用及投资物业,计商业面积 8853 方呎、工业面积 52109 方呎及住宅 2673 方呎。于新加坡拥有工业面积 5059 方呎;并投资于护肤、保健及家庭用品业务。于 1991 年 12 月发行新股 39 百万股上市,以每股 0.9 元公售。1999 年底每股净值 1.7 元,净存款 26.73 百万元。2000 年上半年盈利 13.7 百万元,增 231.9%,派中期息 0.045 元。

【财务状况】 1999 年度每股纯利 19.2 仙,每股股息 14.5 仙(包括特别股息 5 仙)。

I—China Holdings Ltd.

【公司概况】 股票代码为 0240,业绩报告结算日期为 3 月 31 日,实收资本为 508339764 股,合计 50833976 元。公司董事会主席:蔡莜蕊。

【经营业绩】 地产投资发展及证券投资。1983 年 9 月控制权易手,1984 年 4 月将原来金佑地产易名为海裕。主要业务为地产及控股,曾持有百乐门股权 63%及海晖 42%。经 1999 年 10 月重组后,现持海晖 36.99%及百乐门(壹传媒)的 5.6%,后者已售,海晖成为投资主力,亦投资于证券。2000 年 3 月底每股净值 0.126 元,净负债 5.7 亿元,9 月止半年亏损 133.9 百万元,不派中期息。由海裕改名如上。

【财务状况】 1999/2000 年度纯利亏损 99.96 百万元。

21 世纪通有限公司

【公司概况】 股票代码为 0241,业绩报告结算日期为 3 月 31 日,实收资本为 3059266000 股,合计 30592660 元。公司董事会主席:陈晓颖。

【经营业绩】 原名瑞兴百货,经营百货、拥有物业。1997 年 10 月,永义以每股 20.2 元购 71.36%;将若干资产物业售回原大股东,并易名为永富建设。1999 年底已结束全部百货零售,持有 10 个铺位及 4 幢工贸大厦收租,继续做成衣贸易。2000 年 2 月大股东出售及新股东注资,股权易手,主席控制公司于配售予基金及北京中信(7.5%),持股量为 61.62%,并改名如上。已推出中学电脑课堂,亦与北京李杨广告合作制作及发行,并占万宝电讯 36%,3 月底每股净值 0.012 元,净借贷 1.69 亿元,9 月止半年亏损为 9.89 百万元,不派中期息。

【财务状况】 1999/2000 年度纯利损 66.3 百万元。

信德集团有限公司

【公司概况】 股票代码为 0242,业绩报告结算日期为 12 月 31 日,实收资本为 1553947128 股,合计 388486782 元。

【经营业绩】 经营港澳航运,又于中港澳进行物业投资发展外,亦占华民航空 20%、澳门旅游(赌场等)5%、澳门文华东方酒店 50%及威斯登酒店 34.9%。1993 年收购新濠股权,并注入饮食业。发展中物业主要为澳门濠景花园(25%)、宝翠园(占 51%)住宅在发展中分期于 2001 年前完成 2250 个单位,另占商场 21 万方呎、长沙湾船厂地盘占 64.56%将兴建酒店及住宅,修订计划,待补地价。1998 年 12 月购入侨福船务权益,将信德船务与中旅合并,仍占 71%。1999 年底每股净值 3.3 元,净债项 55 亿元;2000 年上半年盈利 116 百万元,增 32%,派中期息 0.02 元。

【财务状况】 1999 年度每股纯利 16.7 仙,每股股息 6.0 仙。

品质国际有限公司

【公司概况】 股票代码为 0243,业绩报告结算日期为 4 月 30 日,实收资本为 514844439 股,合计 41187555 元。公司董事会主席:李同乐。

【经营业绩】 经营集成电路引线框。1989 年 4 月进行改组发展及 1992 年收购英国业务包括集成电路矽晶片生产,1998 年因英国财政困难,1999 年厂房已被接管并售出,1999 年 7 月已大通基金为首投资者购入乐依文 50%,并于 2000 年 7 月于美国 NASDAQ 上市,股权降至 42.6%,财务已作重组,,债务分七年偿还。2000 年 4 月底每股净值 1.13 元,经债项 3.23 亿元。10 止半年盈利 8.9 亿元,减 4.6%,不派中期息。

【财务状况】 1999/2000 年度每股纯利 219.0 仙。

先施有限公司

【公司概况】 股票代码为 0244,业绩报告结算日期为 2 月 28 日,实收资本为 574308000 股,合计 287154000 元。公司董事会主席:马景华。

【经营业绩】 经营百货业及其他投资,拥有先施人寿、保险及化妆品股权,并予互控。于香港经营多间百货店及山顶餐厅,于上海及广州有分店,持有利舞台广场权益 30%;于伦敦有投资及发展物业,大连亦有物业发展中。2000 年 2 月底每股净值 3.17 元,净借贷约 9.8 亿元。8 月止半年亏损 70.29 百万元,不派中期息。

【财务状况】 1999/2000 年度纯利亏损 26.48 百万元。

星港地产投资有限公司

【公司概况】 股票代码为 0245,业绩报告结算日期为 12 月 31 日,实收资本为 28914137763 股,合计 722853444 元。公司董事会主席:黄伟志。

【经营业绩】 1983 年起多次股权易手,1998 年 8 月由现任主席以每股 0.18875 元(拆细后)收购。1999 年多次配售,集资收购物业及伊朗德黑兰飞机修理权益 15%、北京一间水泥厂 60%,应用卫星通讯项目之中国公司 60%及经营湖南和浙江煤气权益 51%。1999 年底每股净值 0.022 元,净负债 3.59 亿元。2000 年上半年亏损 79.69 百万元(上年同期亏损 25.38 百万元),不派中期息。

【财务状况】 1999 年度纯利亏损 346.5 百万元。

恒基中国集团有限公司

【公司概况】 股票代码为 0246,业绩报告结算日期为 6 月 30 日,实收资本为 496776205 股,合计 496776205 元。公司董事会主席:李家杰。

【经营业绩】 原为恒基地产业务,于 1996 年 3 月分拆上市,每股售 21.5 元。集中投资发展大陆物业,已持有收租物业商场面积 99.5 万方呎(北京恒基中心及上海不夜城广场)。共有土地储备 37.4 百万方呎,包括位于北京、上海、广州及珠江三角洲。其中住宅占 50%。2000 年 6 月底每股净值 14.58 元,净借贷 19.68 亿元。

【财务状况】 1999/2000 年度每股纯利 29.0 仙,每股股息 16.0 仙。

尖沙咀置业集团有限公司

【公司概况】 股票代码为 0247,业绩报告结算日期为 6 月 30 日,实收资本为 1348369895 股,合计 269673979 元。公司董事会主席:黄志祥。

【经营业绩】 地产投资及发展,拥有信和置业控制权 50.2%及占有新加坡商业面积约 109130 方呎。1991 年将原名信和地产易名如上。2000 年 6 月底每股净值 7.81 元,净负债 117.29 亿元。

【财务状况】 1999/2000 年度每股纯利 41.93 仙,每股股息 10.0 仙。

森那美香港有限公司

【公司概况】 股票代码为 0249,业绩报告结算日期为 6 月 30 日,实收资本为 466185500 股,合计 233092500 元。公司董事会主席:敦依士迈。

【经营业绩】 业务包括汽车销售及维修、物业投资及管理、建筑产品销售及支援服务、承包电器工程及设备销售、租购财务、保险、航运代理及大米贸易、包装物料及印刷等。最终控股公司为马来西亚森那美。2000 年 6 月底每股净值 2.9 元,净现金约 4.3 亿元。大股东正以每股 4 元私有化,程序在进行中。

【财务状况】 1999/2000 年度每股纯利 43.0 仙,每股股息 28.0 仙。

中国数码信息有限公司

【公司概况】 股票代码为 0250,业绩报告结算日期为 3 月 31 日,实收资本为 3931176877 股,合计 1965588439 元。公司董事会主席:于品海。

【经营业绩】 原名南海发展,经于品海收购后,业务不断转变,现时集中于中港物业及资讯网络。1999 年 9 月改名如上。其后陆续换股又出售酒店及物业。已申请行使认购权购入中信国安信息产业 22.3%,又持有中国企业网 60%、百科全书、体育及足球等互联网,以及持有北京世华国际金融信息 45%等。2000 年 3 月底每股净值 0.455 元,净负债 4.13 亿元。2000 年 7 月,其属下香港网络电视投得收费电视牌照,8 月将教育入门网站注入 Savoy Concepts,获其股权 75.96%。9 月止半年盈利25.6百万元(上年同期亏损46百万元),不派中期息。
【财务状况】 1999/2000年度每股纯利1.55仙。

爪哇控股有限公司

【公司概况】 股票代码为0251,业绩报告结算日期为12月31日,实收资本为505293586股,合计50529359元。公司董事会主席:吕和。
【经营业绩】 地产发展及投资。拥有湾仔大新金融中心,面积共40万方呎及15个车位。曾与澳纽公司合营SEABIL,于大陆发展物业,其后拆伙,购入成都海外交流中心97%(98万方方呎)及回购公司股份8.1%,另持有澳洲TTP物业股权54.8%,发展中地盘位于礼顿道及上水,其他投资包括成衣制造及贸易。并占PSB 24.9%,经营电子商贸入门网站。1999年底每股净值6.5元,净借贷31亿元。2000年上半年盈利81.7百万元,增3.3%,派中期息0.06元。
【财务状况】 1999年度每股纯利27.8仙,每股股息16.0仙。

华信地产财务有限公司

【公司概况】 股票代码为0252,业绩报告结算日期为3月31日,实收资本为131769000股,合计131769000元。公司董事会主席:蔡绍华。
【经营业绩】 经营地产、证券财务及塑胶厂业务。拥有作收租用之尖沙嘴华龙大厦、亦有工业面积11.8万方呎及九龙塘旅馆客房18间。国内发展中之商住面积共54.43万方呎在租售中。另占马尼拉地皮76万方呎43%。2000年3月底每股净值3.08元,净借贷93.7百万元。9月止半年盈利23.4百万元,增70.8%,不派中期息。
【财务状况】 1999/2000年度每股纯利11.5仙,每股股息4.0仙。

顺豪资源集团有限公司

【公司概况】 股票代码为0253,业绩报告结算日期为12月31日,实收资本为304368750股,合计152184375元。公司董事会主席:郑启文。
【经营业绩】 股权一再易手,业务亦不断重组,现时主要业务为控股。持有顺豪科技50%,而顺豪科技则占华大地产50%,该等公司进行物业投资买卖及酒店经营,于天津及上海均有地盘在发展中。1999年底每股净值1.61元,净负债9.57百万元。2000年上半年盈利2.08百万元,减67%,不派中期息。
【财务状况】 1999年度每股纯利2.4仙。

光讯联网集团有限公司

【公司概况】 股票代码为0254,业绩报告结算日期为6月30日,实收资本为230100000股,合计230100000元。公司董事会主席:陈漱石。
【经营业绩】 曾名广联企业、华新国际、金狮亚洲及信侨。现由华建控制。现时主要资产为胡忠大厦30楼(24881方呎);2000年3月华建向其他股东增购股权,5月由信侨改名如上。11月购入珠海再创55%,从事宽频有线网络设备,尚待完成。
【财务状况】 1999/2000年度纯利亏损106.4百万元(未经审核业绩)。

龙记(百慕达)有限公司

【公司概况】 股票代码为0255,业绩报告结算日期为3月31日,实收资本为481202343股,合计48120234元。公司董事会主席:邵铁龙。
【经营业绩】 主要设计、制造及销售模胚,以及进口及销售用作生产塑胶产品之模具的钢材。已取得海外若干牌子特殊钢销售权。厂房设于香港、东莞及新加坡、上海、马来西亚及广州。产品售予港商及海外客户。模胚为预制金属模具雏形,金属模具为制造塑胶产品及元件工具。于1993年2月发行新股50百万股上市,每股以1.21元公售。1996年已分拆龙记五金(模胚业)于新加坡上市仍占75%。2000年3月底每股净值1.22元,净存款52百万元,9月止半年盈利71.3百万元,增40.7%,派中期息0.06元。
【财务状况】 1999/2000年度每股纯利23.07仙,每股股息12.8仙。

中国光大科技有限公司

【公司概况】 股票代码为0256,业绩报告结算日期为12月31日,实收资本为1560220669股,合计156022067元。公司董事会主席:刘明康。
【经营业绩】 原名恒华。主要生产及销售电视。1993年配售新股予中国光大(集团),每股计0.55元,1994年易名如上。1996年出售全部制造业务,保留香港及东莞两厂物业,1997年内共以477百万元购5项权益,后因各种因素售出,现时主要业务为钟表制造及销售及通讯产品分销,与美国GMAI组成光大通讯网络系统(占65%),另换入无锡物业发展权益,正因债务而重组。1999年底每股净值0.192元,净借贷13.95百万元。2000年上半年盈利2.48百万元,不派中期息。
【财务状况】 1999年度纯利亏损149.7百万元。

中国光大国际有限公司

【公司概况】 股票代码为0257,业绩报告结算日期为12月31日,实收资本为2548311700股,合计254831170元。公司董事会主席:刘明康。
【经营业绩】 股权一再转移,1993年3月由光大集团向辰达以每股1元收购,于10月易名如上。1996年7月光大集团入主,经重组后,现持有光大木材77.12%,熊谷组35.07%,深圳妈湾电力15%及厦门厦漳公路80%,福州青州大桥正在兴建中,另占上海嘉里不夜城、商贸大厦公寓及深圳中山商场若干权益。1999年底每股净值0.702元,净债项12.06亿元;2000年上半年亏损26百万元(上年同期亏损1.43亿元),不派中期息。
【财务状况】 1999年度纯利亏损887.6百万元。

浦东开发集团有限公司

【公司概况】 股票代码为0258,业绩报告结算日期为12月31日,实收资本为1059749112股,合计529874556元。公司董事会主席:仝玉洁。
【经营业绩】 原名为永盛财务,川河于1988年10月购得控制权,改名为汤臣太平洋。1990年购入世贸中心,1993年将世贸售予鹏利,改名如上。重整业务后为投资中国酒店、物业及工业。上海新亚汤臣酒店(500房)占50%;胶管厂、混凝土厂及电镀金属门厂共5间;上海浦东高尔夫球场已启用,配套楼宇已完成大部份,汤臣金融大厦及汤臣国际大楼为投资中物业,陆家咀汤臣商务中心大厦在租售中,在发展中物业736万方呎,已售37%。1999年底每股净值2.94元,净存款1.14亿元;2000年上半年盈利35.6百万元(上年同期亏损34百万元),不派中期息。
【财务状况】 1999年度纯利亏损79.6百万元。

亿都(国际控股)有限公司

【公司概况】 股票代码为0259,业绩报告结算日期为3月31日,实收资本为640489631股,合计128097926元。公司董事会主席:方铿。
【经营业绩】 从事制造及销售各类电子消费品所用之液晶体显示器,亦制造及销售电路板。1993年8月发行113.75百万新股上市,每股以1.5元公售。由于涉及多宗财务问题,1996年起停牌近15个月,进行股本重整以减债务。控股权亦转让。1997年5月底复牌。2000年3月每股净值0.312元,净存款为20.6百万元,原拟引入股东于成立合营公司于国内提供电讯及互联网基建服务,未获股东批准,11月引入台资认购新股占34.7%,9月止半年盈利3.5百万元,增2.9%,不派中期息。
【财务状况】 1999/2000年度每股纯利0.71仙。

丰泰集团国际有限公司

【公司概况】 股票代码为0260,业绩报告结算日期为3月31日,实收资本为1383011170股,合计27660223元。公司董事会主席:徐旺仁。
【经营业绩】 原名和丰地产,1985年7月为李明治收购易名联合东荣,1991年易名联合工业,1996年底印财团Wiseway以每股0.85元购50.59%股权成大股东。现时业务为化学工业、建材、消费及日用产品、主要投资于大陆。1997年6月购国际金叶(香烟)25%,并于1998年4月增购其余75%,已成为全资公司,国际金叶获中国红塔山牌香烟承包制造及分销权,发行新股支付,亦持有中国绿丹兰化妆品股权30%。2000年底每股净值0.193元(合并送股后),净存款38.48百万元,9月止半年亏损8.6百万元,不派中期息。
【财务状况】 1999/2000年度纯利亏损897.5百万元。

浩宇科技有限公司

【公司概况】 股票代码为0261,业绩报告结算日期为6月30日,实收资本为6034709981股,合计120694199元。公司董事会主席:梁浩文。

【经营业绩】 主要从事电讯产品之发展、制造及销售。厂房设于香港、大陆及马来西亚。已与上海邮电部成立合营公司，透过其分销网销售产品。与美国电话成立合营公司、1994年内已获牌照，于亚太区以美国电话(AT&T)为商标，销售电讯产品。由于美国AT&T重组，减少承诺定单，影响业务，已入禀法院索偿1.01亿美元。2000年6月止6个月亏损36百万元，不派息，6月重组债务，由诚德国际改名如上，年结将改为9月。

【财务状况】 1998/1999年度纯利亏损158.8百万元。

迪臣发展国际集团有限公司

【公司概况】 股票代码为0262，业绩报告结算日期为3月31日，实收资本为4850704250股，合计48507043元。公司董事会主席：王克端。

【经营业绩】 主要在国内经营建筑业务及物业投资。拥有资质证准许其在北京、上海、山东省、浙江省及广东省承包建筑业务。亦为香港政府工程分判商，参与北京及上海物业投资。1997年5月发行新股75百万股上市，每股售价1元。已组成电子系统工程公司，经营中港两地智能大厦网络，并经营健身、消闲及医疗医材买卖及安装。2000年3月底每股净值0.059(拆细后)，净存款2百万元，9月止半年盈利5.39百万元，减58.8%，不派中期息。

【财务状况】 1999/2000年度每股纯利0.35仙。

保兴投资控股有限公司

【公司概况】 股票代码为0263，业绩报告结算日期为3月31日，实收资本为1214115987股，合计607057994元。公司董事会主席：王军。

【经营业绩】 原名为顺豪物业，股权辗转由英皇集团购得，曾易名为新贻投资。1993年6月为新海康以每股0.65元收购，于10月易名如上，现时物业投资为元朗商业大厦(面积42665方呎)、证券投资及财务融资，亦投资于杭州纤维厂，占55%；及上海虹桥友谊商场30%，于上海及苏州设有两间零售城。2000年3月底每股净值0.502元，净存款1.74亿元，9月止半年盈利6.99百万元(上年同期亏损3.8百万元)，不派中期息。

【财务状况】 1999/2000年度每股纯利0.98仙。

南华集团有限公司

【公司概况】 股票代码为0265，业绩报告结算日期为12月31日，实收资本为455662688股，合计45566269元。公司董事会主席：吴鸿生。

【经营业绩】 原名为德利投资。1992年为南华集团收购，易名如上。现控制已上市之南华工业(74.7%)及南华在线(74.50%)，并由南华工业控制南华资讯科技、耐力及华盛，亦间接持有四海旅游及实惠股权。其他业务有出版投资(包括儿童快报、快报周刊及养德堂)。亦于天津经营药厂；于南京参与珠宝首饰投资；于广东投资一个最大荔枝园，可种植50万棵。1999年底每股净值2.15元，净负债63百万元。2000年上半年盈利1.55百万元，减87.6%，中期息为0.05元。

【财务状况】 1999年度每股纯利12.7仙，每股股息7.0仙。

天德地产有限公司

【公司概况】 股票代码为0266，业绩报告结算日期为3月31日，实收资本为474731824股，合计118682956元。公司董事会主席：钟辉煌。

【经营业绩】 酒店投资及地产投资，除占凯联国际酒店股权50.01%外，还拥有小量工业单位收租及广州商业大厦14个单位。2000年3月底每股净值4.1元，净存款247.5百万元。9月止半年盈利34.4百万元，减3.6%，派中期息0.04元。

【财务状况】 1999/2000年度每股纯利15.0仙，每股股息10.0仙。

鹏利国际集团有限公司

【公司概况】 股票代码为0268，业绩报告结算日期为12月31日，实收资本为2675136092股，合计2675136092元。公司董事会主席：周明臣。

【经营业绩】 原名国际京城，1986年底为澳洲财团收购，易名为奔达。1990年为汤臣收购，易名世贸中心。经买卖资产后，1993年11月为中国粮油属下之鹏源以每股1.96元收购53.4%，易名如上。现其拥有的香港投资物业约24万方呎(主要为鹏利中心17万方呎)，另美国1.9万方呎；于国内8项物业在发展中。另占中国食品51%。拥有三亚凯莱酒店、北京凯莱65%、沈阳凯莱60%、大连凯莱70%及深圳香格里拉20.7%。1999年底每股净值1.94元，净债项37.3百万元。2000年上半年盈利45.5百万元，减28.1%，不派中期息。

【财务状况】 1999年度每股纯利2.25仙。

中信泰富有限公司

【公司概况】 股票代码为0267，业绩报告结算日期为12月31日，实收资本为2225176170股，合计890070464元。公司董事会主席：荣智键。

【经营业绩】 原名为新景丰，于1985年重组，控制权曾转移至港澳国际及曹氏家族。1990年1月，中国国际信托投资(中信)购得控制权。1991年易名如上。现时投资包括物业、基建、贸易及工业等业务。物业方面，在香港拥有已完成工业货仓105万方呎，商业面积249万方呎及住宅13.5万方呎，包括中信大厦(占40%)、又一城(占50%)，占愉景湾权益50%，除原有发展外，可增建210万方呎，已恰妥补地价。另占盈翠半岛权益20%及广东道一项发展权益15%。也占洪水桥农地246万方呎40%，正进行修改用途。基建方面，1997年上半年以162亿元(每股32.66元)购入中华电力20%，增购东区隧道股权35.5%至69%，西隧(占35%)已于1997年4月通车。另占澳门电讯20%、国泰航空25.5%、港龙航空28.5%及空运站10%。国内基建包括上海、重庆公路及桥梁，亦投资于河南利港发电厂。贸易方面，以大昌行经营汽车、电器及食品业，遍及中港两地。此外还投资于国内钢铁厂、工业电机厂、钢管及电缆等，以及香港多项环境保护业务。1999年8月建议出售中电股份(已于10月完成交易)15%或367.2百万股，每股34.8元，套现127.8亿元，即派发特别股息每股2元。仍持有中电股份6.26%(130.38百万股)。1999年底每股净值17.95元。2000年1月收购内地一项固定光纤网络工程60%，代价18.87亿元。又磋商收购中国国安股权50%，初步代价约18.87亿元。国安资产包括多个有线电视网络权益，已在重组资产中，实际资产未确定，尚待有关批准方可交易。2月配售集资39亿元。2000年上半年盈利15.93亿元，增5.2%，中期息0.20元，6月底净债项87亿元，负债比率21%。期内业务项献为基建88%(包括电力22%)、贸易分销6%、物业5%及其他1%。9月售出中电4450万股，成价35元，套现15.5亿元，仍持8588万股(约4.13%)。

【财务状况】 1999年度每股纯利139.4仙，每股股息275.0仙(包括特别股息)。

海晖国际实业有限公司

【公司概况】 股票代码为0269，业绩报告结算日期为3月31日，实收资本为1547042829股，合计77351141元。公司董事会主席：蔡筱蕊。

【经营业绩】 原名大宝，1989年8月为海嘉以每股0.98元收购，易名如上。现拥有葵涌冻房3座面积110万方呎及澳洲货仓2座21万方呎。于香港及国内有若干投资发展。印尼待发展土地483万方呎，所持壹传媒股份(由百乐门票据转换)，食物分销与证券期货业务已售出，但以股权每股1元购回港交所股份7028500股(2000年6月行使权利)。2000年3月底每股净值0.544元，净负债12.6亿元。9月止半年亏损51.86百万元，不派中期息。

【财务状况】 1999/2000年度纯利亏损161.5百万元。

丹枫控股有限公司

【公司概况】 股票代码为0271，业绩报告结算日期为12月31日，实收资本为1135606132股，合计567803066元。公司董事会主席：戴小明。

【经营业绩】 原名伊人置业，1987年1月韦理收购，易名亚洲证券。其后控股权一再易手，1994年10月丹枫投资以每股2.9元收购(估值4.41元)。持有香港若干物业。国内主要发展物业为北京西单及王府井项目，西单项目(355万方呎)，因安排融资而重组，股权由60%降至29.4%，已在动工中，其中部分已预售，王府井项目(208万方呎)部分2001年完成，其余待筹建。1999年底每股净值1.92元，净借贷7.65亿元，2000年上半年亏损7.5百万元，不派中期息。

【财务状况】 1999年度纯利亏损65.5百万元。

粤海投资有限公司

【公司概况】 股票代码为0270，业绩报告结算日期为12月31日，实收资本为2567636920股，合计1283818460元。公司董事会主席：武捷思。

【经营业绩】 原名为国泰置业，1987年成为广东粤海集团成员，于1991年起开始发展，已成为综合企业。实业方面，投资于广州麦芽51.6%、羊城麦芽厂51.6%、宁波麦芽厂51%、粤海实业57.16%（经营楼宇装修，于澳洲上市）、粤海制革71.56%及粤海啤酒72%，并投资于水泥及木业。基建方面，投资项目包括中山发电厂95%、韶关发电D厂45.9%、梅县发电厂、中山公路、新北江大桥及占广东交通51%（投资二路二桥，总投资27亿元）。物业方面，拥有粤海大厦18万方呎，浅水湾住宅12个单位及和富中心车位420个其中60%，于国内主要发展为番禺丽江花园，又占广州天河商贸中心51%，及泰国伟城汇发展5%。批发零售方面，占广东天贸股权51.01%、与吉之岛合资天贸南方大厦开业（占31.63%）。亦透过南方大厦经营百货零售。旅游方面，拥有香港之新国泰酒店、伊荣阁、广旅宾馆、粤海酒店、华美酒店及深圳粤海酒店；并拥有广东旅游，经营香港游及其他旅游业务。1997年底收购珠海粤海酒店及百粤金融。1999年3月4日宣布暂缓偿还本金安排，并提出重组建议，计划取得一切批准及同意后，将出让及退出国内的水泥、木材、南方大厦零售及广州百货连锁店业务，日后将以公用事业、基建、地产及酒店为核心业务。1999年底每股资产净值1.78元，已协议收购东江水权益。未偿还银行贷款、票据及可换股债券73.6亿元，存款19.37亿元。2000年上半年亏损2.7亿元，重组建议初步获同意，尚待完成。

【财务状况】 1999年度纯利亏损2393.2百万元。

互联控股有限公司

【公司概况】 股票代码为0273，业绩报告结算日期为3月31日，实收资本为9503894622股，合计95038946元。公司董事会主席：庄友衡。

【经营业绩】 原名怡南，1994年由现任主席以每股12.18元收购，易名为首创。不断调整业务及资产，现时为中港物业投资、销售电源开关用品、半导体产品、礼品包装用品及国内一项收费公路。1996年3月易名华汇。现于港及国内有若干物业。1999年占32.3%的确利达包装上市，因作抵押，已于9月为债权银行沽出，11月改名如上。2000年3月底每股净值0.102元（经合并调整），净负债507.8百万元。3月购入TCM17%，经营中医及保健内容网站，8月行使一亿元可换股票据，持有经营证券期货的HMI股份78.12%，亦出售香港物业，谋求债务重组。9月止半年亏损168.9百万元，不派中期息。

【财务状况】 1999/2000年度纯利亏损500.9百万元。

高宝绿色科技集团有限公司

【公司概况】 股票代码为0274，业绩报告结算日期为12月31日，实收资本为250000000股，合计25000000元。公司董事会主席：刘劲玮。

【经营业绩】 从事开发、制造和销售家居及个人护理产品如阳光漂染、漂白、抗 微生物和柔顺软化等（并日渐注重环保的考虑），及工业用表面活性剂（如棉、丝、麻以及人造纤维如聚酯及丙酸纤维等）。亦以一系列以“光漂（Tinolux）”为品牌的洗衣液。现时已开发35种家居及个人护理产品及16种工业用表面活性剂。2000年12月配售、发售及公开分售新股75百万股上市，每股售价1元。上市后每股有形资产净值为0.50元。

【财务状况】 2000年度（至7月底止7个月）纯利27034千元。

锦兴集团有限公司

【公司概况】 股票代码为0275，业绩报告结算日期为3月31日，实收资本为3954115468股，合计98852887元。公司董事会主席：袁天凡。

【经营业绩】 生产磁碟、盒式录音带盒为主。1993年底购入美国Memorex业务，与原有Dysan合并业务，其后大量亏损，已予重组。年内股权多次转变，投资于英国生产DVD。并透过三家合营公司生产。1999年已将东方红售出套现1.95亿元，11月购入先思行股权19.5%，又购入多项互联网及科技权益，包括明星网27.2%，代价5.55亿元。2000年3月底每股净值0.595元，净债项为3.47亿元，2月减持MEMTEK（销售光学媒体商）至76.25%，套现2.3亿元。9止半年盈利66.25百万元，减13.6%，派中期息0.0025元。9月以1.6亿元购入AVS（卫星宽频网络）20%，10月协议以6.43亿元购入中策股权17.45%。

【财务状况】 1999/2000年度每股纯利9.58仙，每股股息0.5仙。

新世界数码基地有限公司

【公司概况】 股票代码为0276，业绩报告结算日期为3月31日，实收资本为3805307441股，合计76106148元。公司董事会主席：郑家纯。

【经营业绩】 曾名宇宙船务、宇宙控股及保华地产，股权一再转手，经营物业。1999年5月新世界注入“面面通”业务，8月改名如上，业务转型为科技，随后购入中华网2.4%（10百万美元）、奥讯15%、亚洲讯息20%、安信资讯、Asia v－sat等，又与红豆网、北大青鸟、中远网络及海外公司组成联盟及合作，并有多个网站。2000年3月底每股净值0.422元，净借贷5.4亿元，9月止半年亏损1.19亿元（上年同期亏损15.8百万元），不派中期息。9月出售中华网股份，11月出售面面通，并结束CDLNWES网站。

【财务状况】 1999/2000年度纯利亏损313.9百万元。

太兴置业有限公司

【公司概况】 股票代码为0277，业绩报告结算日期为3月31日，实收资本为308138522股，合计154069261元。公司董事会主席：陈海寿。

【经营业绩】 原名为协兴建筑，于1987年8月太兴以每股1.87元收购，易名如上。现拥有收租物业14项：包括上海2项及温哥华1项，另持有浙江街和兴工业大厦待重建。2000年3月底每股净值2.2元，净债项1.2亿元。9月止半年盈利5百万元，减28.5%，派中期息0.01元。

【财务状况】 1999/2000年度每股纯利4.5仙，每股股息2.5仙。

华厦置业有限公司

【公司概况】 股票代码为0278，业绩报告结算日期为3月31日，实收资本为120960000股，合计78624000元。公司董事会主席：钟江海。

【经营业绩】 主营业务位地产投资及承包建筑工程。拥有零星物业作为收租，计工业货仓及写字楼面积91316方呎、商业面积1390方呎、住宅50527方呎。已完成待售商业面积14386方呎及工业综合面积207488方呎。2000年3月底每股净值4.09元，存款89.4百万元，9月止半年盈利12.7百万元，增9.5%，派中期息0.011元。

【财务状况】 1999/2000年度每股纯利19.3仙，每股股息5.0仙。

东方红集团有限公司

【公司概况】 股票代码为0279，业绩报告结算日期为3月31日，实收资本为713090015股，合计71309002元。公司董事会主席KWONG WAI TIM。

【经营业绩】 主要经营中药、补品及海味零售、物业投资、证券买卖及食品业投资，以至药品生产，于香港开设门市部及大陆销售专柜，股权曾多次变化。1994年底罗兆辉成为主要股东，1997年底售予锦兴及亚太基建，东方红又将物业售出。7月增购正美西药至100%。成立多个网站，与东方魅力合组公司投资内地物业。2000年3月底每股净值0.55元，净存款48.75百万元；9月止半年亏损19.36百万元，不派中期息。11月将中药，补品，食品及互联网权益49%售予中策，而德祥企业则将33.98%领东方红股权予MTD Ltd.

【财务状况】 1999/2000年度纯利亏损189.2百万元。

景福集团有限公司

【公司概况】 股票代码为0280，业绩报告结算日期为3月31日，实收资本为435071650股，合计108767912元。公司董事会主席：杨秉梁。

【经营业绩】 创设于1949年，经营黄金首饰、珠宝、钟表及礼品零售，金条买卖及外币兑换，开设店铺十多家。其他业务包括：钻石批发与打磨，黄金提炼及证券期货经纪业。已于广东设有钻石打磨厂。2000年3月底每股净值1.12元，净借贷1.17亿元，9月止半年盈利17.9百万元，增54.9%，不派中期息。

【财务状况】 1999/2000每股纯利5.9仙，每股股息0.5仙。

川河集团有限公司

【公司概况】 股票代码为0281，业绩报告结算日期为12月31日，实收资本为1309455426股，合计65472771元。公司董事会主席：汤君年。

【经营业绩】 经营地产及投资。主要资产为占浦东（原名汤臣），股权24.57%，在澳门亦有土地待发展。1991年及1992年分别为海嘉及亚细安提出收购，均未获接纳。1999年底每股净值0.557元，净借贷60.9百万元，2000年上半年盈利2.82百万元（上年同期亏损13.29百万元）。不派中期息。

【财务状况】 1999年度纯利亏损39.6百万元。

壹传媒有限公司

【公司概况】 股票代码为0282，业绩报告结算日期为3月31日，实收资本为3238193810股，合计647638762元。公司董事会主席：黎智英。

【经营业绩】 原名威华航业，1981年7月上市。控制权一再转移，1992年为海裕购得控制权，经营印刷。1999年10月以16.755亿新股购入一本便利及九个网站，形成股权转移。2000年3月底每股净值0.089元，净负债2.46亿元。于7月发行新股3.62亿股（作价5亿元）购入苹果网站（苹果日报员工占一半），10月停办11个网站，在营运中网站为14个。9月止半年亏损43.4百万元，不派中期息。

【财务状况】 1999/2000年度纯利亏损78.47百万元。

英皇科技资讯有限公司

【公司概况】 股票代码为0283，业绩报告结算日期为3月31日，实收资本为589257804股，合计5892578元。公司董事会主席：黄志辉。

【经营业绩】 原名伟益置业，股权一再易手，1992年王正平购得控制权，易名如上。已出售原有物业，现时经营水产、零售及金融业，于东南亚及大陆捕鱼及养殖；投资大中国饮用水、衣饰零售、贸易及保税业务、提供证券投资顾问服务。1998年3月英皇集团购得24%，改名如上，并成立"伊个网集团"，共设五个网站，购入新报，经济一周出版业，其后将伊个网50%售予英皇团。2000年3月每股净值0.493元，净存款1.88亿元，9月止半年亏损16.4百万元，不派中期息。

【财务状况】 1999/2000年度每股纯利11.0仙。

和顺控股有限公司

【公司概况】 股票代码为0285，业绩报告结算日期为12月31日，实收资本为1860000000股，合计186000000元。公司董事会主席：陈顺利。

【经营业绩】 主要生产及分销各种差别化纤产品，例如各种涤纶差别化长丝及细旦、超细旦改性丙纶长丝。主要用于制造各种优质服装面料，纺纤装饰用品及工业用纺纤品。所有产品均以"和顺"商标出售。生产设施位于福州市长乐国际机场漳港工业区。2000年10月配售及发售新股4.65亿股上市，每股售价0.50元。上市后每股有形资产净值0.309元。

【财务状况】 2000年度（至4月底止4个月）纯利人民币36168千元。

金匡企业有限公司

【公司概况】 股票代码为0286，业绩报告结算日期为3月31日，实收资本为1160593961股，合计116059396元。公司董事会主席：史国治。

【经营业绩】 原名惠泰联号，1990年重组独立上市。1991年收购保华。1993年分拆保华德祥上市。其后一再重组，曾名为东方红地产，于1998年8月改名如上，买卖各项物业，亦购入DC财务34.9%，并将若干资产售予DC财务。1999年6月将DC财务股权34.8%抵消所欠东方红债项，10月重组节能业务，将其中50%售于长建，仍占37.5%，其后已增至50%，以投资于数码银通股权23%（网上交易系统）及中国亚洲卫视5%，并获澳门卫视亚洲台MATV独家广告代理权。2000年3月底每股净值27.1元，净负债1.6亿元。9月上半年亏损42.78百万元，不派中期息。

【财务状况】 1999/2000年度纯利亏损230.5百万元。

永发置业有限公司

【公司概况】 股票代码为0287，业绩报告结算日期为3月31日，实收资本为40000000股，合计40000000元。公司董事会主席：伍时华。

【经营业绩】 地产投资及发展，且投资证券。2000年3月底拥有8项零售物业。发展中地盘位于青山道，可兴建1.4万方呎，在兴建中。另有9.1万方呎农地。2000年3月底每股净值5.7元，净存款45.78百万元。9月止半年盈利4.6百万元，减43.7%，派中期息0.02元。

【财务状况】 1999/2000年度每股纯利25.0仙，每股股息14.5仙。

成功控股（香港）有限公司

【公司概况】 股票代码为0288，业绩报告结算日期为4月30日，实收资本为591047975股，合计118209595元。公司董事会主席：陈国平。

【经营业绩】 原名为永鸿基，经营业务已于1991年作出调整，现持有小量投资物业。1993年7月为大马上市公司以每股0.50元收购；于1994年3月易名如上。已协议合作发展上海浦东加工区工商大楼102万方呎占82%，计划尚待发展。1996年5月参与国内首项汽车防盗电子追踪系统发展，合营20年，5年内投资3亿元，协议已终止，并予撇数。2000年4月底每股净值0.18元，净债项38.48百万元。

【财务状况】 1999/2000年度纯利亏损4.1百万元。

永安国际有限公司

【公司概况】 股票代码为0289，业绩报告结算日期为12月31日，实收资本为295326000股，合计29532600元。公司董事会主席：郭志梁。

【经营业绩】 地产投资、百货经营、证券买卖以及物业，主要为香港永安中心及澳洲4座商业楼宇，开设永安百货；又占美国大昌汽车行50%，重建油麻地物业已完成。1999年底每股净值15.0元，手头现金3.6亿元，长短期贷款共16.1亿元。2000年上半年盈利3.2百万元，减94%，不派中期息。

【财务状况】 1999年度每股纯利15.0仙，每股股息8.0仙。

华润创业有限公司

【公司概况】 股票代码为0291，业绩报告结算日期为12月31日，实收资本为1986433333股，合计1986433333元。公司董事会主席：谷永光。

【经营业绩】 拥有商业物业12万方呎及车位200个，还经营货仓以及冷仓。灏景湾最后48万方呎于2001完成。其他主要投资有北京置地44.2%、五丰行53.9%、沈阳啤酒45.9%、励致国际40.6%、国际货柜码头10%、中港混凝土100%、华银控股（实益37.2%）及力宝华润9.6%等。1999年10月以27.2亿元收购华润百货及中艺（代价27.2亿元）。2000年10月以21.44亿元收购华润石油（部分以北置及励致股权抵付），11月建议私有化五丰行，正在进行中，集团将继续重组为分销业务及电子商务。1999年底每股净值7.08元，净存款12.71亿元，2000年上半年盈利7.65亿元，减20.5%，派中期息0.06元。

【财务状况】 1998年度每股纯利79.0仙，每股股息15.0仙。

泛海酒店集团有限公司

【公司概况】 股票代码为0292，业绩报告结算日期为3月31日，实收资本为5000005568股，合计100000111元。公司董事会主席：潘政。

【经营业绩】 原名八佰伴，1984年开业，经营香港之零售业务。经多年发展，已于香港及澳门开设百货店共10间。于1996年8月建议私有化，代价为1000股八佰伴香港换505.8股八佰伴国际，未获股东接纳。因财务问题，百货店已于1997年11月21日停业，并自动申请清盘，随即停牌。泛海协议重组取代上市地位，于2000年7月开始买卖，每2000股八佰伴可获发20股，名称更改如上。现拥有湾仔皇悦酒店，及温哥华EMPIRE LANDMARK HOTEL（385房）、九龙皇悦酒店（328房）刚于2000年完成。2000年3月年底净借贷11.4亿元，资产净值15.23亿元，9月止半年盈利23.7百万元，增4.4%，派中期息0.002元。

【财务状况】 1999/2000年度每股纯利3.85仙。

国泰航空有限公司

【公司概况】 股票代码为0293，业绩报告结算日期为12月31日，实收资本为3369746848股，合计673949370元。公司董事会主席：萨秉达。

【经营业绩】 公司成立于1946年，主要经营定期及不定期班机服务，包括客运及货运。提供班次往返于五大洲四十九个城市。又透过附属及联营公司提供航空辅助业务，包括航空伙食、飞机工程、地勤及保安等。占有上市香港飞机工程股权25%。本身为太古集团成员。1985年5月上市，由太古及汇丰将股份售出，公售15%，售价为3.88元。1990年1月购入港龙航空股权30%，耗资294百万元，并由国泰管理。1994年收购华民航空75%；1995年1月购入香港货运站10%。1996年5月国泰及港龙股东重组后，国泰占港龙股权由30%减至17.79%。2000年6月底，机队包括77架，年内再增2架，2001年计划增购10架。2000年上半年盈利21.83亿元，增1921%，派中期息0.20元。借款净额117.84亿元，乘客运载率75.7%（上年67.1%）、收益率47.6%（上年46%）、货物邮件运载率71.9%（上年68.8%）、收益率2.1%（上年1.8%）、每单位成本2.33元，减0.4%。

【财务状况】 1999年度每股纯利64.7仙，每股股息30.0仙。

长江制衣厂有限公司

【公司概况】 股票代码为0294，业绩报告结算日期为3月31日，实收资本为147207792股，合计70603896元。公司董事会主席：陈瑞球。

【经营业绩】 经营梭织及针织成衣产销，厂房设于香港、大陆、斯里兰卡、马来西亚及缅甸，市场以香港、东南亚及大陆为主，欧洲亦有销售，并投资于青海铝厂占55%，耗资85百万元，后股权摊薄至35.9%。2000年3月底每股净值2.12元，净债项23.5亿元。9月止半年盈利17.1百万元，增56.4%，派中期息0.03元。

【财务状况】 1999/2000年度每股纯利34.0仙，每股股息12.0仙。

江山控股有限公司

【公司概况】 股票代码为0295，业绩报告结算日期为12月31日，实收资本为619053571股，合计61905357元。公司董事会主席：江禄森。

【经营业绩】 原名为联合汽水，1981年起，控制权一再转移，1993年由蔡冀影购得股权，1994年7月易名和山企业。1996年11月大马一地产商江氏家族提出以每股4.05元收购，后易名如上。主要从事物业投资、股票经纪及贷款。大马马六甲有物业发展中。1999年3月已收购上海一项物业。8月又收购新加坡Intwell资讯科技50%，2000年4月以2.03亿股收购大马一个地盘，并于9月收购新领域资讯教育科技。1999年底每股净值0.327元，净债项为16.9百万元。2000年上半年盈利1.6百万元(上年同期亏损4.1百万元)，不派中期息。

【财务状况】 1999年度纯利亏损4.49百万元。

英皇(中国概念)投资有限公司

【公司概况】 股票代码为0296，业绩报告结算日期为3月31日，实收资本为2751720884股，合计55034418元。公司董事会主席：陆小曼。

【经营业绩】 曾名为裕兴建筑及宝成置业，1992年易名如上，为英皇集团成员。投资及发展中港物业，主要物业为湾仔英皇集团中心，1999年重组。将香港全部物业换为大陆物业项目，位于厦门、顺德、新会、樟木头、重庆、上海及北京，可建面积1660万方呎，除厦门项目发展中外，其余均待发展。2000年3月底每股净值0.314元，手头现金16.3百万元，债券2亿元。9月止半年盈利25.97百万元，增267.5%，不派息。

【财务状况】 1999/2000年度纯利亏损60.2百万元。

华德丰集团有限公司

【公司概况】 股票代码为0297，业绩报告结算日期为3月31日，实收资本为1352981845股，合计135298185元。公司董事会主席：陈复礼。

【经营业绩】 主要从事香港物业与投资，专注乙级写字楼单位发展；又提供物业管理服务，投资物业已扩展至服务住宅。1996年9月发行新股上市，招股价1.88元。现持有香港多项物业作收租及待售物业11.7百万方呎。1997年8月曾与兴港换股。转向非物业发展，已购入汇宝付款交易系统25%及纸品产销与贸易等。2000年3月底每股净值0.1元，净借贷6亿元。9月止半年亏损118.2百万元(上年同期盈利69.9百万元)，不派中期息。

【财务状况】 1999/2000年度每股纯利3.7仙。

中国数码世界有限公司

【公司概况】 股票代码为0298，业绩报告结算日期为3月31日，实收资本为854439690股，合计42721985元。公司董事会主席：黄鉴。

【经营业绩】 物业投资及发展，项目主要集中在国内上海、番禺、东莞、四川等地。现已投资于多个互联网，包括文化、教育、拍卖、电子商务及其有关技术，也收购勤达印刷17%，继续产销表带。由庄士中国改名如上。2000年3月底每股净值2.15元，净存款32.59百万元。9月止半年亏损17.9百万元，不派中期息。

【财务状况】 1999/2000年度每股纯利20.88仙，每股股息2.0仙。

昆明机床股份有限公司

【公司概况】 股票代码为0300，业绩报告结算日期为12月31日，实收资本为A股180007400股H股65000000股，合计人民币245007400元。公司董事会主席：叶香瑜。

【经营业绩】 国家企业，总部位于云南省昆明市。从事设计、开发、生产及销售机床、精密测量设备和精密位移传感器，主销国内，其余销欧美及东南亚。1993年11月发行65百万股H股上市，每股以1.98港元公售。1999年底净存款人民币58.45百万元。2000上半年亏损人民币2.97万元，不派中期息，每股净值人民币2.05元。12月西安交通大学注资占29%，云南政府减至12.8%。

【财务状况】 1999年度纯利亏损人民币46.57百万元。

新世界基建有限公司

【公司概况】 股票代码为0301，业绩报告结算日期为6月30日，实收资本为857523540股，合计857523540元。公司董事会主席：郑家纯。

【经营业绩】 分拆自新世界发展，投资于大陆及香港基建项目。拥有香港大老山隧道27.5%、三号货柜码头实际权益33.34%及亚洲货柜中心55.67%。1995年10月发行162百万新股，每股售价12.75元。后于1998年收购太平洋港口37.15%，并有大量公路、桥梁、电厂及水厂投资。占上市北京大唐9.54%、江苏宁沪高速公路3.12%及四川成渝公路9.9%。1999年占中华网17.8%，已于7月于美国NASDAQ上市，12月将中港两地港口业务纳入太平洋港口。2000年6月底每股净值14.4元，每股股息0.25元，净借贷80.9亿元，不包括强制性换股债券11.6亿元。于减持中华网后仍持1200万股，已协议出售所持北京大唐股分(其后告吹)，已投资于电讯、宽带及互联网等技术。

【财务状况】 1999/2000年度每股盈利139.0仙。

永亨银行有限公司

【公司概况】 股票代码为0302，业绩报告结算日期为12月31日，实收资本为293974500股，合计293974500元。公司董事会主席：冯钰斌。

【经营业绩】 于1937年成立，为香港持牌银行，共有28间分行，另澳门亦有13间分行。香港分行中有19间行址及澳门之分行皆为自置物业，主要提供银行及有关财务，包括外汇、金融、股票经纪、保险代理及金银买卖等服务。还在深圳设有分行，广州设有代办处。已成为银联信托成员，参与强积金业务。纽约银行占股权25%，冯氏占20%，新加坡政府机构占5%。2000年上半年盈利432.1百万元，增30%，中期息0.37元，减32.1%。存款434.15亿元，增4%，贷款328.2亿元，增1.8%，利息悬账贷款占4.37%，过期贷款3.77%，资本充足比率16.6%，每股资值17.64元。

【财务状况】 1999年度每股纯利2.32元，每股股息85.0仙。

伟易达集团有限公司

【公司概况】 股票代码为0303，业绩报告结算日期为3月31日，实收资本为214456787股，合计USD10722839元。公司董事会主席：黄子欣。

【经营业绩】 主要经营电子工业，包括设计、制造及销售电子、学习产品及电讯产品，产品行销美国为主，生产设施位于东莞。1999年产品已发展至GSM流动电话及互联网相关产品，并推出伟易达学习网页。2000年3月底每股净值10.8元，净借贷8.29亿元，9月止半年盈利为0.8百万美元(即6.24百万港元)，减97%，不派息。

【财务状况】 1999/2000年度每股纯利163.8仙，每股股息136.5仙。

宜进利(集团)有限公司

【公司概况】 股票代码为0304，业绩报告结算日期为3月31日，实收资本为3678223019股，合计367822302元。公司董事会主席：周湛煌。

【经营业绩】 从事设计、制造及销售钟表，行销欧美，生产设施于大陆。与北方安华及远宝集团在国内投资一合营企业，占51%，从事食品饮品批发，已于1999年结束。为联洲集团联营机构，占其股权19.7%。2000年3月底每股净值0.146元，净借贷35.1百万元，9月止半年盈利28.49百万元，增80.5%，不派中期息。

【财务状况】 1999/2000年度每股纯利0.58仙。

万能国际集团有限公司

【公司概况】 股票代码为0305，业绩报告结算日期为12月31日，实收资本为615024175股，合计61502417元。公司董事会主席：林中隆。

【经营业绩】 原名威达利，1992年11月发行新股90百万股及由旧股东出售10百万股上市，每股以1.25元公售。主要从事设计、制造及分销液晶显示产品，包括手提电脑游戏机相关之可更换游戏带及手提电子游戏等。厂房设于大陆，主销欧洲。1993年11月大马上市公司万能企业购得控股权，于收购万能证券，进军金融业，并将制造及贸易业整顿。于1995年改名如上。1997年开始菲律宾证券业务。1999年底每股净值0.077元，净借贷24百万元。2000年上半年亏损4.3百万元(上年同期亏损41百万元)，不派中期息。

【财务状况】 1999年度纯利亏损50.8百万元。

冠忠巴士集团有限公司

【公司概况】 股票代码为0306，业绩报告结算日期为3月31日，实收资本为393906000股，合计39390600元。公司董事会主席：黄松柏。

【经营业绩】 主要在香港提供非专利及专利巴士服务，以及在大陆提供巴士服务及有关运输业务。1995年底成为香港四间专利巴士公司之一。在上海、广州、汕头、重庆、大连及深圳提供巴士及有关业务。1996年9月发行新股59百万股上市，以每股1.8元公售。2000年3月止，在港巴士总数587辆，大屿山有23条专利巴士线，在国内直接经营或合营所占巴士数目为2868架，共有146条路线。1999年9月新世界入股19.85%，并有认购权增至34.98%。2000年3月底每股净值1.95元，净存款15.2百万元，9月止半年盈利12.3百万元，减56.2%，派中期息0.01元。

【财务状况】 1999/2000年度每股纯利14.0仙，每股股息7.0仙。

阳光文化网络电视控股有限公司

【公司概况】 股票代码为0307，业绩报告结算日期为3月31日，实收资本为6024215989股，合计120484319元。公司董事会主席：杨澜。

【经营业绩】 主要在港从事私人机构建筑工程。于1992年11发行新股35百万股上市，每股以1元公售。1993年9月由龙山行以每股1.35元收购其主要股权，并于1994年5月收购上市锐鸿集团(电子业)71.3%。1996年12月底出售全部锐鸿股权，每股作价0.194元。2000年1月由高振顺与杨澜入股，使股权转移，增设新业务，卫星电视及制作、新媒体企业及策略性投资，4月由良记改名如上，阳光卫星电视已于8月启播。2000年3月底每股净值0.014元，净存款73百万元，9月止半年亏损63百万元，不派中期息。

【财务状况】 1999/2000年度纯利亏损35.3百万元。

香港中旅国际投资有限公司

【公司概况】 股票代码为0308，业绩报告结算日期为12月31日，实收资本为3251115027股，合计325111502元。公司董事会主席：车书剑。

【经营业绩】 经营货运代理及运输服务之业务，重点在中港两地之铁路特许货运业务。占有深圳锦绣中华微缩景区、中国民俗文化村及世界之窗权益51%。拥有京港酒店(400房)、星港酒店(173房)及京华酒店(487房)。又投资于陕西省渭河电厂51%、京沪公路天津北段12.24%、福州路桥项目14.28%及占兴港29.82%，并购入深圳宝日哥尔夫球会，亦购入铜锣湾地盘兴建酒店中。1999年客运业务已与信德合组公司，占29%。1999年底每股净值1.96元，净借贷17.2亿元。2000年上半年盈利1.2亿元，减35.6%，派中期息0.01元。12月洽谈出售所持兴港股权予赛博控股，仍待落实。

【财务状况】 1998年度每股纯利7.69元，每股股利2.0元。

金源创展有限公司

【公司概况】 股票代码为0310，业绩报告结算日期为12月31日，实收资本为899900000股，合计89990000元。公司董事会主席：林世豪。

【经营业绩】 原名鸿基中国工业投资，主要投资国内非上市公司，1997年股权转让，1998年易名为德众集团投资有限公司。已持有大陆公司股权，包括上海信谊药业、恒泰纺织、天安轴承、永安乳品及上海食品等。1999年底净存款14.2百万元。2000年4月金源米业购得股权24.27%，由德众集团改名如上，计划逐渐改变业务。2000年上半年盈利18.5百万元，增832.2%，不派中期息。

【财务状况】 1999年度纯利亏损7.63百万元。

美时集团有限公司

【公司概况】 股票代码为0312，业绩报告结算日期为4月30日，实收资本为3785127272股，合计378512727元。公司董事会主席：林正华。

【经营业绩】 主要业务为进口各式各样之办公室家具及陈设，拥有多项分销代理权，并于香港及大陆自行生产部分家具，主销香港及大陆。在东莞设有厂房，并发展若干特许经营权。1995年经营分销家居橱具及洁具业务。1992年11月发行62.5百万新股上市，每股以1.05元公售。2000年4月底每股净值0.213元，净负债33.87百万元。8月以换股形式换入得意科技16.5%。已终止住宅家具业务，于国内发展一站式购物中心。

【财务状况】 1999/2000年度纯利亏损64.0百万元。

德信集团控股有限公司

【公司概况】 股票代码为0313，业绩报告结算日期为3月31日，实收资本为482761963股，合计48276196元。公司董事会主席：何纪功。

【经营业绩】 从事建筑及土木工程，为公共楼宇工程总承建商。也于东莞设厂生产高精密机械配件。已开发网站，提供电脑产品资讯及网上购物服务。2000年3月底每股净值0.34元，净债项55.1百万元，9月止半年盈利1.8百万元，增416.5%，不派中期息。

【财务状况】 1999/2000年度纯利亏损8.46百万元。

数码通电讯集团有限公司

【公司概况】 股票代码为0315，业绩报告结算日期为6月30日，实收资本为602389100股，合计60238910元。公司董事会主席：郭炳联。

【经营业绩】 在香港提供流动电话通讯及销售电话手机服务，1998年3月收购八方通讯。1996年10月发行84000000新股上市，其中配售71400000股，售价17.25元。2000年6月底每股净值9.07元，净存款35.2亿元。9月15日客户93万名。市场占有率19%，已推出WAP服务，涵盖200个资讯项目，并设有数码通互联网及WAP流动入门网站“FUNLAND共和国”。

【财务状况】 1999/2000年度每股股息0.16元。

东方海外国际有限公司

【公司概况】 股票代码为0316，业绩报告结算日期为12月31日，实收资本为517141632股，合计USD51714163元。公司董事会主席：董建成。

【经营业绩】 以货柜运输为主，拥有货柜轮37艘，运载量104391吨，货柜297771个标准箱，车架19758台，包括自置及租入。又投资于英、美及加拿大货柜码头；于上海投资食物及饮品。亦占北京东方广场发展计划，已由23%减至8%，另于上海及杭州投资物业业务。1999年底每股净值10.58元，净债项36亿元。2000年上半年盈利1.76亿元(上年同期亏损12百万元)，中期息1美仙。

【财务状况】 1999年度每股纯利93.6仙，每股股息23.4仙。

广州广船国际股份有限公司

【公司概况】 股票代码为0317，业绩报告结算日期为12月31日，实收资本为国家股210800080股H股157398000股A股126479500股，合计人民币494677580元。公司董事会主席：胡国良。

【经营业绩】 国家企业，主要从事造船、集装箱制造及修船。现其最大可建造6万吨级船舶。其他业务包括货柜制造及船舶有关产品。1993年7月发行H股145百万股新股上市，每股以2.08港元公售。2000年上半年盈利人民币23.9百万元，增21.6%，不派中期息；每股净值人民币2.78元，净债项人民币6.75亿元，包括存放广州国投人民币4.22亿元仍待收回，手头定单人民币36.6亿元。

【财务状况】 1999年度每股纯利0.19仙。

五丰行有限公司

【公司概况】 股票代码为0318，业绩报告结算日期为12月31日，实收资本为1045256000股，合计104525600元。公司董事会主席：陈树林。

【经营业绩】 华润集团成员，获外经贸部授权为内地鲜活冷冻食品于香港的统一代理机构。以自营或代理方式经销，其中所经销牲畜(猪、牛、羊)。亦经销粮油、其他副食品及大陆酒类等。又投资国内养猪场及米粉厂。其他投资包括华润超市100%(香港60间，内地206间)、国际渔业51%、豆奶、葡萄酒、速冻食品及经营屠房等。1999年底每股净值1.86元，净存款13亿元。2000年上半年盈利3.79亿元，增42.3%，派中期息0.06元。华创已提出私有化，并于2001年1月5日最后买卖。

【财务状况】 1999年度每股纯利52.8仙，每股股息18.0仙。

德永佳集团有限公司

【公司概况】 股票代码为0321,业绩报告结算日期为3月31日,实收资本为1278720104股,合计63936005元。公司董事会主席:潘彬泽。

【经营业绩】 主要提供纺纱染色及在针织染色及整理服务;并自行生产及出售原色布、经营染针织布。1994年与丰田汽车及其他牌子汽车合作,于东莞成立汽车维修中心,销售及维修发电机。1996年7月以Baleno牌销售便服,已于香港设零售店21间、大陆400间及台湾40间。另于香港青衣及荃湾拥有出租工业面积58万方呎。2000年3月底每股净值1.02元,净存款1.17亿元。9月止半年盈利2.32亿元,增41%,派中期息0.06元。

【财务状况】 1999/2000年度每股纯利23.6仙,每股股息9.0仙。

顶益(开曼岛)控股有限公司

【公司概况】 股票代码为0322,业绩报告结算日期为12月31日,实收资本为5597319360股,合计USD27986597元。公司董事会主席:魏应州。

【经营业绩】 于大陆设厂产销以"康师傅"牌方便面为主。并生产及销售米果、饼干及饮品。1996年2月上市,全球发行811088000股,每股售价1.68元。1999年6月日本三洋食品成为主要股东,由大股东售予33.14%(各占股份相同),供股集资7.8亿元还债,1999年底每股净值0.658元,净借贷25亿元。2000年上半年盈利133.8百万元(上年同期亏损177百万元)。不派中期息。至9月止第三季,共获利144.9百万元,负债比率52.23%。

【财务状况】 1999年度每股股息4.2仙。

马鞍山钢铁股份有限公司

【公司概况】 股票代码为0323,业绩报告结算日期为12月31日,实收资本为A股4722370000股H股1732930000股,合计人民币6455300000元。公司董事会主席:顾建国。

【经营业绩】 国家企业,总部设于华东安徽省,为钢铁联合生产企业,主要生产包括生铁、粗钢及钢材、焦碳及化工产品等,为中国生产火车车轮箍的唯一厂家。1993年10月发行H股1732930000股上市,每股以2.27港元公售。2000年6月底每股净值人民币1.85元,净负债人民币20.8亿元,2000年上半年盈利人民币63.47百万元,不派中期息。

【财务状况】 1999年度每股纯利人民币0.20分。

北京燕化石油化工股份有限公司

【公司概况】 股票代码为0325,业绩报告结算日期为12月31日,实收资本为内资股2362百万股H股1012百万股,合计人民币3374百万元。公司董事会主席:杜国盛。

【经营业绩】 国家企业,从事生产石油化工产品,包括树脂、塑料及乙烯等,2000年上半年,树脂及塑料占总销售62.9%,基本有机化工产品占22.7%。于北京市西南郊拥有五个化工厂。1996年6月发行1012百万股H股上市,每股售价2.25港元。1999年底每股资产净人民币值1.6元,净债项人民币20.6亿元。2000年上半年盈利人民币243.6百万元,增144.6%,每股盈利0.072元,不派中期息。

【财务状况】 1999年度每股纯利10.3仙,每股股息6.0仙。

中国星集团有限公司

【公司概况】 股票代码为0326,业绩报告结算日期为12月31日,实收资本为1763266965股,合计88163348元。公司董事会主席:向华强。

【经营业绩】 原为星光娱乐,从事制作、分销及销售电影镭射影碟、录影带及卡拉OK镭摄影碟。1992年10月发行新股31.25百万股上市,每股以1.02元公售。1996年6月向华强夫人陈明英购得控制股权,每股0.279元。其后获得永盛集团电影,电视全球发行权,并于12月改名如上。1999年6月,协议为天地数码于中国市场提供影片。1999年底每股净值0.512元,净存款53.6百万元,2000年上半年亏损16百万元(与上年同期相若)。不派中期息。期内协议为Yahoo属下供应节目三年及为卫星电视提供若干电影播放权三年。

【财务状况】 1999年度纯利亏损7.7百万元。

正中药业国际有限公司

【公司概况】 股票代码为0327,业绩报告结算日期为5月31日,实收资本为420000000股,合计42000000元。公司董事会主席:侯丽萍。

【经营业绩】 从事开发、生产及提供一系列中药产品,现其绝大部分为主治类风湿病及关节炎病症的医疗制剂及抗类风湿胶囊;经营及管理太原医院,为类风湿及关节炎病症的患者提供诊断及医疗服务;在大陆从事中西药用品及保健产品的批发及零售业务;并取得大陆有关监管机构的批文,可以商业生产28种医疗制剂及两种中药保健产品及一种名为菊明冲剂的中药保健品及13种中药。2000年7月配售及发售新股75百万股及旧股30百万股上市,每股售价0.85元。上市后每股有形资产净值0.291元。2000年5月止年度每股盈利0.19元,派末期息0.02元。

【财务状况】 2000年纯利65465千元。

爱高电业有限公司

【公司概况】 股票代码为0328,业绩报告结算日期为3月31日,实收资本为511797854股,合计51179785元。公司董事会主席:梁剑文。

【经营业绩】 主要从事消费音响产品之设计、制造及销售。亦产销无线电话、放像、录象机等家庭影院系统及微型磁碟音响组合系统,厂房设于香港及大陆,产品主销美国及欧洲。2000年3月底每股净值1.55元,净债项82百万元,9月止半年盈利46.05百万元,增11.9%,中期息0.015元。

【财务状况】 1999/2000年度每股纯利18.3仙,每股股息4.5仙。

思捷环球控股有限公司

【公司概况】 股票代码为0330,业绩报告结算日期为6月30日,实收资本为1120308826股,合计112030884元。公司董事会主席:邢李源。

【经营业绩】 主要以Esprit标签生产、零售及批发多类男女服装及童装、鞋具、床上及沐浴用品。亦为Red Earth护肤品亚洲市场之独家经销商(占股权60%)。除于深圳设有厂房外,其余产品由香港及海外分包商制造。1993年11月上市。1995年11月以185百万元收购澳洲Esprit。1996年12月收购Esprit欧洲全部股权及Esprit日本股权10%,代价18.39亿元,现已经拥有Esprit品牌,业务遍及全球(不包括美国)6300个销售点;已与华润创业成立合营企业(占49%),国内分店377个零售点。2000年6月底每股净值1.54元,净存款3.2亿元,拟将欧洲业务分拆于法兰克福上市,已予延期。

【财务状况】 1999/2000年度每股纯利41.32仙,每股股息15.0仙。

毅力工业集团有限公司

【公司概况】 股票代码为0332,业绩报告结算日期为3月31日,实收资本为792679284股,合计79267928.4元。公司董事会主席:林文灿。

【经营业绩】 主要从事设计、制造及销售音响消费品,包括微型音响组合、唱盘及时钟收录机、汽车、手提卡式收录机、镭射唱盘及电话等。厂房设于东莞。1992年9月发行新股82.5百万股上市,每股以1元公售。1996年9月以117.7亿元购入港澳台销售电单车零配件业务及浙江一摩托车厂股权50%。1997年10月成立联号,经营证券经纪及融资业务。原拟分拆摩托车业务上市,已予终止。2000年3月底每股净值0.769元,净借贷85百万元,9月止半年盈利1.09亿元,增31.2%,派中期息0.015元。

【财务状况】 1999/2000年度每股纯利19.4仙,每股股息4.5仙。

黛丽斯国际有限公司

【公司概况】 股票代码为0333,业绩报告结算日期为6月30日,实收资本为735608744股,合计73560874元。公司董事会主席:冯炜尧。

【经营业绩】 从事女装内衣之设计、生产、分销、推广及零售,本销及销售海外。厂房设于香港、大陆、菲律宾及泰国。因亏损及财务问题,已予重组,已出售"巴黎春天"百货及大陆物业权益。暂停还款协议已获银行同意发行可换股债券1.2亿元,重组注资完成,业务集中于亚洲制造及欧亚分销,并继续出售国内物业。2000年6月底集团资产负值90.9百万元,银行净债项1.58亿元。

【财务状况】 1999/2000年度每股纯利4.0仙。

唯冠国际控股有限公司

【公司概况】 股票代码为0334,业绩报告结算日期为6月30日,实收资本为635514129股,合计63551413元。公司董事会主席:杨荣山。

【经营业绩】 从事设计、制造及销售电脑显示器,并制造及买卖电脑显示器零件及配件。产品主要外销往北美、西欧及亚洲。生产设施位于深圳市。1997年6月发行130百万股新股上市,每股售价1.12元。2000年6月底每股净值1.03元,净负债2.9亿元,已投资开发互联网应用品,并已生产iPAD。

【财务状况】 1999/2000年度每股纯利19.3仙,每股股息3.0仙。

美建集团有限公司

【公司概况】 股票代码为0335,业绩报告结算日期为3月31日,实收资本为280000000股,合计2800000元。公司董事会主席:曾焯鎏。

【经营业绩】 以香港为基地,提供各类金融服务,包括证券买卖、孖展融资、企业融资顾问、期货买卖及资产管理。截至2000年3月底止,证券买卖业务的佣金及费用收入约占集团营业额51%,而孖展融资及银行存款的利息约占营业额37%。客户包括机构、公司及私人投资者。2000年9月发售新股70百万股上市,每股售价1元。9月止半年盈利45.6百万元,增264%,不派中期息。上市后每股有形资产净值0.44元。2000年3月止年度每股盈利0.187元。

【财务状况】 2000年纯利39182千元。

网基科技有限公司

【公司概况】 股票代码为0336,业绩报告结算日期为3月31日,实收资本为687874359股,合计6878743元。公司董事会主席:卢永仁。

【经营业绩】 原名银鹰,从事鞋类制造及销售业务。1994年美国大客户业务困难影响,1994年12月嘉域注资,占73.22%。1997年6月,KWH向嘉域购股权,业务改为电子消费品产销,曾改名为银舜,于1998年2月改名如上。其后股权移至友利电讯。1999年11月卢永仁等入股,发展电子商务方案,易名如上。2000年3月底每股净值0.563元,净存款80.7百万元,9月止半年亏损96.7百万元,不派中期息。

【财务状况】 1999/2000年度纯利亏损99.5百万元。

上海石油化工股份有限公司

【公司概况】 股票代码为0338,业绩报告结算日期为12月31日,实收资本为A股4870000000股H股2330000000股,合计人民币72亿元。公司董事会主席:陆益平。

【经营业绩】 国家企业,上市前重组为股份有限公司。主要生产将原油加工成各类合成纤维、树脂及塑胶、中间石化产品及石油产品,为国内最大乙烯生产商。产品绝大部分内销。1993年7月发行840百万H股上市,每股以1.58港元公售;另840百万股于美国配售。1996年8月全球配售H股5亿股,每股2.075港元。2000年上半年盈利人民币414.3百万元,增74.2%,不派中期息。每股净值人民币1.86元。

【财务状况】 1999年度每股纯利人民币8.4分,每股股息人民币5.0分。

安利时投资控股有限公司

【公司概况】 股票代码为0339,业绩报告结算日期为12月31日,实收资本为60000000股,合计6000000元。公司董事会主席:李国梁。

【经营业绩】 为投资公司,主要在香港及大陆的上市公司及非上市公司以取得中期资本增殖,并将80%以上的资产投资于股本证券,可换股票据、优先股、认购权、认股权证、期货合约及债务证券。由成骏投资有限公司负责管理一般行政服务。2000年7月发售新股10百万股上市,每股售价1元。

【财务状况】 上市后每股有形资产净值0.95元,该公司于2000年2月成立,未有帐项提供。

创富生物科技集团有限公司

【公司概况】 股票代码为0340,业绩报告结算日期为12月31日,实收资本为584728853股,合计58472885元。公司董事会主席:唐乃勤。

【经营业绩】 原名广信企业,广东省政府拥有及控制。主要为云石及花岗岩产品。从事中港两地批发零售建筑材料及加工,拥有广东国际大厦二楼购货商场及湾仔广信商业中心写字楼两层。1997年3月发新股100百万股上市,每股售价1.05元。1998年因母公司广信财政影响而停牌,于1999年10月复牌,出售部分云石业务。1999年底每股净值0.528元,欠银行债项8.2百万元,2000年上半年盈利2.43百万元,(上年同期亏损5.6百万元)不派中期息。4月由航宇数码购得股权32.1%,并于11月发行新股收购一间生物科技公司,从事脐带血液干细胞的商业发展,用于治病,易名如上。

【财务状况】 1999年度纯利亏损79.98百万元。

大家乐集团有限公司

【公司概况】 股票代码为0341,业绩报告结算日期为3月31日,实收资本为548994033股,合计54899403元。公司董事会主席:陈裕光。

【经营业绩】 经营香港各区一系列中西自助式餐厅业务,1986年7月上市,公开1亿股发售,每股售价1.18元。1997年度收购北欧集团(火腿生产及分销),共开设快餐为主各式餐厅181间,收购丹尼面包,又于2000年10月以2260万元收购北美中式连锁快餐店Manchu Wok47.765%股权,该公司全线分店共195间。2000年3月底每股净值2元,净存款2.7亿元,9月止半年盈利111.7百万元,增15%,派中期息0.044元。

【财务状况】 1999/2000年度每股纯利39.94仙,每股股息16.8仙。

新海国际有限公司

【公司概况】 股票代码为0342,业绩报告结算日期为9月30日,实收资本为2665936873股,合计266593687元。公司董事会主席:岑少雄。

【经营业绩】 主要从事设计、制造及销售消费电子产品,生产设施设于大陆。1993年2月发行95百万新股上市,每股以1元公售。1996年12月因财务问题停牌,1999年7月新海建议获接纳,撤销高声上市地位,新海以介绍方式上市,高声股东5股可换2股。1999年9月底每股负值0.042元,净存款4百万元,2000年3月止半年亏损10.8百万元,不派中期息。3月入股购物网站ClearHit.com40%,11月获内地“华宝”品牌使用期,又购入批发分销液化气公司70%,于大庆经营。

【财务状况】 1998/1999年度每股纯利1.0仙。

文化传信集团有限公司

【公司概况】 股票代码为0343,业绩报告结算日期为3月31日,实收资本为2710159642股,合计271015964元。公司董事会主席:张伟东。

【经营业绩】 原名玉郎国际,股权一再转移,售出天天日报及印刷业,只营漫画书已与国内合作。1999年发展科技业务,9月与中国科学院合作,开发中文2000资讯科技平台,预期于2000年第三季启用,亦设立文娃网店提供简便操作网上购物,软件产品Q9已售出40%予汇汉,只占30%。2000年3月底每股净值0.254元。净存款4.37亿元。9月止半年亏损13.12百万元(上年同期亏损25百万元),不派中期息。

【财务状况】 1999/2000年度每股纯利0.26仙。

维他奶国际集团有限公司

【公司概况】 股票代码为0345,业绩报告结算日期为3月31日,实收资本为974329500股,合计243582375元。公司董事会主席:罗友礼。

【经营业绩】 从事生产及分销以维他奶和维他两个牌子之非酒精类饮品。产品包括豆奶、果汁、蒸馏水及茶类等,除本销外,亦分销至其他市场;亦于美国设厂生产豆腐及豆奶。主要厂房设于屯门、深圳及上海,已与澳洲上市公司合作建厂,2001年第二季投产。1994年3月发行127.2百万新股上市,每股以2.28元公售。2000年9月止半年盈利65.69百万元,增20.1%,派中期息每股0.028元。每股净值1.18元,净存款2.05亿元。

【财务状况】 1999/2000年度每股纯利12.9仙,每股股息7.0仙。

鞍钢新轧钢股份有限公司

【公司概况】 股票代码为0347,业绩报告结算日期为12月31日,实收资本为法人股1319000000股A股621354190股H股890000000股,合计人民币2830354190元。公司董事会主席:刘　。

【经营业绩】 国家企业,生产冷轧薄板,线材及宽厚板等钢材,以国内销量为主,其余主要销往美国、日本、南韩、加拿大、香港及东南亚。1997年7月发行890百万股H股上市,每股收价人民币1.63元。1999年3月,以人民币3.4亿元现金向其母公司购钢厂(1998年产量75万吨)。1999年钢材产量293.2万吨,产销率达到100%。1999年底,银行存款人民币9.96亿元。2000年上半年盈利人民币224.3百万元,增221%,每股盈利0.089港元,不派中期息,每股净值人民币2.257元。

【财务状况】 1999年度每股纯利11.8仙。

龙昌国际控股有限公司

【公司概况】 股票代码为0348,业绩报告结算日期为3月31日,实收资本为413800000股,合计41380000元。公司董事会主席:梁麟。

【经营业绩】 从事原设备形式为客户制造,销售不同类型玩具及有无线电遥控车,主输美欧。生产设施位于东莞及印尼。获协议非独家许可证于大陆产销"田宫"无线电遥控车及迷你四驱车,并获特许产销"铁胆火车侠"玩具。已开始生产电子消费产品如数码相机,并已收购模具厂。1997年9月发行新股95百万股上市,每股售价1.08元。2000年3月底每股净值0.70元,净负债1亿元,9月止半年盈利20.16百万元,增28.4%,派中期息0.005元。

【财务状况】 1999/2000年度每股纯利6.4仙,每股股息1.0仙。

中国工商银行(亚洲)有限公司

【公司概况】 股票代码为0349,业绩报告结算日期为12月31日,实收资本为450871855股,合计901743710元。公司董事会主席:姜建清。

【经营业绩】 由招商局控制,除经营一般银行业务外,共设分行22间。另占中国平安保险25%。2000年上半年盈利84.3百万元(上年同期亏损5.57亿元),不派中期息,期内存款增0.8%,至155亿元,贷款减3.4%为107亿元,资本充足比率20.1%,平均流动资金比率45.3%。4月控制权转移至中国工商银行,并以每股7.52元公开收购,8月由友联银行改名如上,并售出证券业。正磋商收购若干中国工商银行资产。

【财务状况】 1999年度纯利亏损545.0百万元。

经纬纺织机械股份有限公司

【公司概况】 股票代码为0350,业绩报告结算日期为12月31日,实收资本为H股180800000股,A股203000000股,法人股220000000股,合计人民币603800000元。公司董事会主席:尹守恩。

【经营业绩】 公司为国家企业。从事制造及销售纺织机械、有关配件及专件的业务,是中国大型同类制造商之一。产品出口东南亚七个国家。1996年1月发行180.8百万H股新股,每股售价1.29港元。1998年底每股资产净值人民币1.73元,净借贷人民币1.53亿元。1999年9月以4间亏损中加工厂换入母公司4间获利中纺织机械厂,进行业务重组。1999年底每股净值人民币1.95元。净借贷人民币3.1亿元。2000年上半年盈利人民币65.4百万元,增671%,不派中期息,每股净值人民币3.52元。5月增发A股1.8亿股,集资人民币12.34亿元,净现金人民币10.47亿元,寻求发展与纺织有关科技项目。

【财务状况】 1999年度每股纯利21.0仙。

中洲控股有限公司

【公司概况】 股票代码为0351,业绩报告结算日期为12月31日,实收资本为2663370147股,合计456074029元。公司董事会主席:程三昌。

【经营业绩】 原名为永德信,主要业务为产销录影带及有关业务,河南省政府机构豫港企业于1997年8月入股,易名如上。业务作出整顿,已售录影带业,现实主要业务位于河南,包括汽车维修、有线电视及产销冶金生产所需之焦煤,煤气及煤焦油等以至其他基建,占河南一个光纤有线电视网络49%,已延长至2700公里,并已开通。并经营太屋电力25000千瓦机组至2017年,投资1.21亿元,回报17%。1999年底每股净值0.254元,净借贷19.6百万元。2000年上半年盈利3.77百万元,减50%,不派中期息。

【财务状况】 1999年度纯利亏损0.29百万元。

世纪城市国际控股有限公司

【公司概况】 股票代码为0355,业绩报告结算日期为12月31日,实收资本为3326773953股,合计332677395元。公司董事会主席:罗旭瑞。

【经营业绩】 为控股公司,占百利保控股约60.4%,而百利保控股则占有富豪酒店国际控股74%。亦经营城利财务。1998年4月,以106.5百万股百利保股份向新中港集团换入成都绵阳高速公路实际权益20.66%,作价6.92亿元,又以百利保44百万股向新中港集团换入新中港金融服务(包括证券,期货及财务顾问等),作价2亿元。于1999年1月已将绵阳公路权益以3.96亿元出售。1999年底每股净值0.547元,集团净负债96.1亿元;2000年上半年盈利113.6百万元(上年同期亏损155.2百万元),不派中期息。债项正待重新安排,计划收购世纪数码30%(中国全国性铁路光纤宽频网络,最高代价24.75亿元,将发行新股支付),每股作价0.55元。

【财务状况】 1999年度纯利亏损1261.6百万元。

江西铜业股份有限公司

【公司概况】 股票代码为0358,业绩报告结算日期为12月31日,实收资本为内资股1277556200股,H股1156482000股,合计人民币2434038200元。公司董事会主席:何昌民。

【经营业绩】 国家企业。主要在华东、江西省东北部作铜矿开采、选矿、熔炼和精练设施。现经营德兴矿和永平矿,而矿产则由贵溪冶炼厂处理。已扩建贵溪冶炼厂及优化德兴铜矿。1997年6月发行628212000股H股上市,每股售价2.72港元。1999年底每股净值人民币1.57元,净负债人民币25.8亿元,2000年上半年盈利人民币30.96百万元(上年同期亏损人民币44.1百万元),不派中期息。期中内销售电解铜77905吨(包括加工),黄金2254公斤及白银29542公斤与硫酸42万吨。

【财务状况】 1999年度每股纯利1.0仙。

顺龙控股有限公司

【公司概况】 股票代码为0361,业绩报告结算日期为3月31日,实收资本为300000000股,合计30000000元。公司董事会主席:朱振民。

【经营业绩】 主要以原设备制造及原设计制造方式从事高尔夫球杆(包括杆头及杆身)的设计、开发、制造及销售。集团根据客户订单及规格要求制造产品,并以客户的48个品牌名称进行销售。产品主要出口至海外市场以北美为主,其次欧洲、亚洲 及日本。2000年12月配售及发售新股75百万股上市,每股售价1.3元。9月止盈利23.5百万元,增31.1%,不派中期息。上市后每股有形资产净值0.425元。

【财务状况】 2000年度至6月底止3个月纯利20385千元。

上海实业控股有限公司

【公司概况】 股票代码为0363,业绩报告结算日期为12月31日,实收资本为896206000股,合计89620600元。公司董事会主席:蔡来兴。

【经营业绩】 红筹股,由上海市政府设于香港机构所控制。主要从事制造、分销及销售香烟、包装材料及印刷产品、药品及个人护理产品与化妆品。生产设施设于香港及大陆。1996年5月发行148百万股上市,每股售价7.28元。1996年11月配股集资31亿元。1997年4月配售集资47.6亿元,1998年11月配售集资7.5亿元,投资于公路、乳业、汽车零部件、零售(便利店160间)、通讯科技产品及生物技术开发。将上海家化及杭州青春宝组成上海实业医药科技,已于12月在创业板市场上市。1999年底每股净值12.88元,净存款24亿元。2000年上半年5.84亿元,增1%,每股盈利0.66元,中期息0.11元。7月以9.33亿元及购股权5000万股(购股价15.9元,行使期18个月)购入上海信投20%(上海信息港投资主体)。

【财务状况】 1999年度每股纯利1.14仙,每股股息33.0仙。

日东科技(控股)有限公司

【公司概况】 股票代码为0365,业绩报告结算日期为3月31日,实收资本为312000000股,合计31200000元。公司董事会主席:毕天庆。

【经营业绩】 从事电子消费品,家居电器用品及电讯产品制造商设计,制造及分销生产线。主要包括制造及装配设备及插件与组装生产线系统。用作生产移动电讯之PCB组装,电脑主板、DVD机及VCD机之生产线。该等设备包括插件生产线、自动波峰焊接系统、热风回流焊接系统、在线测试仪、丝网印机、清洗设备及其他半自动设备及电子消费及数码产品、电脑及相关产品、电器控制模件消费品及电讯产品提供加工分包服务。2000年9月配售及发售新股78百万股上市,每股售价1.18元。9月止半年盈利36.59百万元,增78.4%,派中期息0.01元。上市后每股有形资产净值0.6168元。

【财务状况】 2000年度纯利53888千元。

陆氏实业有限公司

【公司概况】 股票代码为0366,业绩报告结算日期为12月31日,实收资本为340511964股,合计170255982元。公司董事会主席:陆擎天。

【经营业绩】 于国内产销电视机及发展地产业务,两者已分别售出大部分,于越南的投资,包括夹板厂、水泥厂(占87.5%)及西贡贸易中心(占75%)均在营运中。7月发行32.8百万新股(9.96%)换取美国LPFC股份1百万股(1.57%),LPFC经营互联网相关产品及服务,于场外市场交易。年前以电视机业务交换的TCL已于香港上市,陆氏所占权益摊薄至及出售后仍占1亿股。1999年底每股净值4.3元,净借贷209百万元。2000年上半年亏损4.53亿元,(包括出售及持有TCL市值调整),不派中期息,出售TCL已套现2.6亿元。

【财务状况】 1999年度每股纯利2.5仙。

庄士机构国际有限公司

【公司概况】 股票代码为0367,业绩报告结算日期为3月31日,实收资本为1108006155股,合计277001539元。公司董事会主席:庄绍绥。

【经营业绩】 经多次重组,现时业务集中于香港及星物业投资发展。其他业务为制造业及策略性投资,香港投资物业包括中环庄士大厦、尖沙嘴伦敦广场、红▮庄士广场及湾仔城市商业大厦。另马来西亚商业面积24万方呎。其他投资:占庄士中国52%(已投资中国4项资讯科技业)及占新加坡新的尼龙棉制厂88.2%;香港发展中地盘4项,应占面积15600方呎。2000年3月底每股净值2.8元,净借贷5.99亿元,9月止半年亏损26.08百万元(上年同期盈利75.65百万元),不派中期息。

【财务状况】 1999/2000年度每股纯利10.3仙,每股股息2.0仙。

吉林化学工业股份有限公司

【公司概况】 股票代码为0368,业绩报告结算日期为12月31日,实收资本为A股200000000股H股964778000股 法人股2396300000股,合计人民币3561078000元。公司董事会主席:焦海坤。

【经营业绩】 为国家企业。主要生产石油产品、石化及有机化工产品、染料及染料中间体、合成橡胶、化肥和其他化工产品。为中国最大的基本化工产品和化工原料生产商。1995年5月发行893027百万股H股(其中10%在香港发售),每股售价1.68港元。1998年7月,国内重组化工企业,中国石油天然气集团成为最终控股公司。1999年底净借款人民币79.49亿元。2000上半年盈利人民币46百万元(与上年同期相若),不派中期息。每股净值人民币1.9元,12月决定撇销资产人民币6.7亿元,提出盈利警告。

【财务状况】 1999年度每股纯利4.0仙,每股股息1.0仙。

富联国际集团有限公司

【公司概况】 股票代码为0369,业绩报告结算日期为12月31日,实收资本为517625339股,合计258812670元。公司董事会主席:郑维志。

【经营业绩】 曾名为大元置业、彩虹发展及宝丽碧,1990年易名如上。业务为成衣制造贸易及分销,持有英国Gieves71.2%及Lee Copper29%,亦拥有四项物业少数发展权益,包括漾日居、宝山道、九龙塘及青山公路小榄。另于新、马两地经营酒店管理业务。现持有九龙湾、新蒲港及观塘三幢工业大厦,应占面积63万方呎作出租用途。7月收购南联地产35.57%,持有已上市的Sunday股权11.5%及Chiverb发声图书出版商71.2%。1999年底每股净值2.47元,净借贷9亿元。2000年上半年盈利14.8百万元,增89.7%,不派中期息。

【财务状况】 1999年度每股纯利3.5仙。

益来国际控股有限公司

【公司概况】 股票代码为0370,业绩报告结算日期为3月31日,实收资本为1015375660股,合计101537566元。公司董事会主席:白松。

【经营业绩】 从事国际空运及海运代理业务。在美国、加拿大、新加坡、台湾、越南、澳门及大陆等地拥有广泛之海外网络,亦任美国航空公司来往香港及大陆独家业务总代理,与及Cargopar航空公司之香港业务总代理。1996年3月发行50百万新股上市,每股售价1元。1999年4月重组股权易手,由捷亚改名如上,购入南京益来基因医学股权61.7%,主要开发及芯片科技。2000年3月底每股净值0.0004元,净负债20.68百万元。9月止半年亏损5.8百万元,不派中期息。

【财务状况】 1999/2000年度纯利亏损86.0百万元。

IFTA Pacific Holdings Ltd.

【公司概况】 股票代码为0371,业绩报告结算日期为6月30日,实收资本为643727663股,合计64372766元。公司董事会主席:吕舜华。

【经营业绩】 主要设计、制造及销售无线电话,亦制造及销售特色电话。大部分产品均以Wanon商标在市场推广,主销美国及欧洲市场。厂房设于石岐,产品已获准于大陆各地不限量销售。1993年3月发行52.8百万新股及旧股东出售13.2百万新股上市,每股以1元公售。1998年11月,主要股东以每股0.187元售出42%予谭大成,股权易手,于1999年6月由远亮国际改名如上。1999年8月股权再易手至何厚锵。2000年6月底每股净值0.047元,净存款18百万元;7月何厚锵将股权33.9%售予邓虹。

【财务状况】 1999/2000年度纯利亏损12.9百万元。

德祥企业集团有限公司

【公司概况】 股票代码为0372,业绩报告结算日期为3月31日,实收资本为525960774股,合计52596077元。公司董事会主席:陈国强。

【经营业绩】 股权多次易手,曾名海成及亚太基建,1997年重组,再改名如上,目前占保华德祥建筑38.9%、锦兴21.6%、东方红集团33.1%、Burcon27%、东方魅力17.7%及Stareast45%。2000年3月底每股净值3.25元,净债项7亿元,9月上半年亏损88.68百万元(上年同期盈利41.48百万元),不派中期息。11月已售东方红股权,并购回东方红中药等权益49%。

【财务状况】 1999/2000年度每股纯利116.0仙。

联合集团有限公司

【公司概况】 股票代码为0373,业绩报告结算日期为12月31日,实收资本为3511328360股,合计702265672元。公司董事会主席:麦蕴利。

【经营业绩】 原名为兆安地产,1986年7月为李明治集团收购,易名如上。曾拥有9间上市公司股权。1992年8月财政司下令调查若干交易,李明治于9月底辞退职务。现占联合地产57%及亚洲联合财务70%(占万力信贷50%),经营私人财务业务。1999年底每股净值1.29元,净借贷19.75百万元。2000年上半年盈利为168.4百万元,增39.4%,不派中期息。

【财务状况】 1999年度每股纯利7.6仙。

四洲集团有限公司

【公司概况】 股票代码为0374,业绩报告结算日期为3月31日,实收资本为399565640股,合计39956564元。公司董事会主席:戴德丰。

【经营业绩】 主要在香港、澳门及大陆从事进口及分销日本小食与其他食品及饮品。由联号于深圳从事蛋糕产销及经营面包店及于中港澳经营一系列咖啡餐厅14间。1993年8月上市,每股以1元公售。1997年4月购入八佰伴食品股权(已改名为香港冷冻食品)48%。2000年3月底每股净值1.62元,净借贷1.84亿元,4月发新股收购四洲冷冻(四洲网汇)制造业务,并将全部四洲网汇送予股东(1000送377股)。9月止半年盈利27.9百万元,减9.8%,派中期息0.016元。

【财务状况】 1999/2000年度每股纯利17.9仙,每股股息5.3仙。

YGM贸易有限公司

【公司概况】 股票代码为0375,业绩报告结算日期为3月31日,实收资本为150673792股,合计75336896元。公司董事会主席:陈瑞球。

【经营业绩】 服装批发及零售,于香港、台湾及大陆设有庞大零售网,分别为86间、228间及80个销售点,于菲律宾及新加坡分别有分销店28间及7间,主要销售Hangten、堡狮龙及各项特许牌子产品。在广州及东莞设有成衣厂,旁及物业投资及发展印刷业。2000年3月底每股净值4.4元,净存款3.15亿元。9月止半年盈利57.9百万元,增93.2%,派中期息0.12元,特别股息1.5元。

【财务状况】 1999/2000年度每股纯利78.0仙,每股股息43.0仙。

万胜集团有限公司

【公司概况】 股票代码为0376,业绩报告结算日期为12月31日,实收资本为373169481股,合计74633896元。公司董事会主席:劳汝福。

【经营业绩】 经营证券经纪业,包括香港及海外证券、债券、指数、商品及金融期货及黄金买卖。亦提供货款便利、保管、代理人及负责单位信托管理。正于广州河南区发展各项物业217万方呎,占92%。分多年发展。已成立互联网作股票交易。1999年底每股净值0.315元,净存款80百万元,2000年上半年盈利21.9百万元(上年同期亏损6.68百万元),不派中期息。已开设网上交易服务中心,亦入股新华网络10%(经营三个网站),7月将港交所股份全部套现31.9百万元。

【财务状况】 1999年度纯利亏损39.2百万元。

新洲印刷集团有限公司

【公司概况】 股票代码为0377,业绩报告结算日期为3月31日,实收资本为222529000股,合计22252900元。公司董事会主席:苏周艳屏。

【经营业绩】 从事精美、彩色包装产品及瓦通之印刷及制造,并印刷书籍、小册子及其他纸品。客户为各行业之主要国际公司,并获和路迪士尼特许写协议,于中国印刷及分销该类图书。总部设于元朗,上海也有厂房,正在进行第二期发展。2000年3月底每股净值1.09元,净负债约1.8亿元,9月止半年盈利为13百万元,增38.8%,派中期息0.02元。

【财务状况】 1999/2000年度每股纯利8.33仙,每股股息3.5仙。

金汇投资集团有限公司

【公司概况】 股票代码为0378,业绩报告结算日期为12月31日,实收资本为1153022336股,合计899357422元。公司董事会主席:冯家彬。

【经营业绩】 曾名为兴富海陆、城市资源及中国工业,在出售伐木业后,于1993年5月停牌。1995年6月金汇以每股3.88元收购,恢复买卖,并注入证券经纪、财务顾问、 展融资及物业发展业务,于1995年7月易名如上。并持有从事首饰及手表包装业务的永保时股权88%。拥有6间厂的中国面粉厂。2000年上半年盈利32.9百万元,增205%,不派中期息。每股净值0.838元,净存款1.9亿元,期内与双科融资合并,提供企业财务业务,并推出汇股网。

【财务状况】 1999年度每股纯利2.4仙。

世贸彬记集团有限公司

【公司概况】 股票代码为0380,业绩报告结算日期为12月31日,实收资本为240000000股,合计24000000元。公司董事会主席:曾锡贤。

【经营业绩】 公司主要在香港进口及销售各类型喉管、管件及其他相关配件,供建筑及有关工程用途。其产品以批发或零售方式销售。亦经营仓储业务。储存升降机、发电机、空调机、电缆、建材、衣服、皮鞋及其他设备等多类产品。于旺角、湾仔及元朗开设三间零售站。2000年12月配售及发售新股60百万股上市,每股售价为1元。上市后每股有形资产净值0.565元。

【财务状况】 2000年度(至6月底止6个月)纯利22211千元。

国信华凌集团有限公司

【公司概况】 股票代码为0382,业绩报告结算日期为12月31日,实收资本为1174456408股,合计117445641元。公司董事会主席:陈小石。

【经营业绩】 主要从事雪柜生产销售。以华凌牌在中国销售。1993年12月发行150百万新股上市,每股以1.28元公售。广州国际信托因包销供股而获股权。1997年12月由华凌易名如上。1998年3月以1.68亿元向母公司购广州国信大厦11.6万方呎,以新股支付。1999年底每股净值0.433元,净银行债项4.42亿元,2000年上半年盈利61百万元,增42.9%,不派中期息。

【财务状况】 1999年度每股纯利4.7仙。

中国网络(百慕达)有限公司

【公司概况】 股票代码为0383,业绩报告结算日期为12月31日,实收资本为9286461740股,合计92864617元。公司董事会主席:罗永杰。

【经营业绩】 原名星光电讯,于1999年改名如上。亦持有得信佳控制权,该股权已为盈科动力收购,其余业务已大部分售出,主要业务为流动手机分销及持有2亿股盈科动力,中国科技已协议以每股0.28元收购30亿股(32.82%),1999年底每股净值0.454元,净存款6.4亿元。2000年上半年盈利13.2亿元,增261.7%,不派中期息。期内已售出盈科动力股份19046万股,套现30.1亿元,又购入新鸿基(86)216.85百万股,占18.7%,又购入丰泰203百万股,占19.7%,每股成本为0.33元。

【财务状况】 1999年度每股纯利2.86仙,每股股息2.0仙(特别中期股息)。

联网商业香港有限公司

【公司概况】 股票代码为0384,业绩报告结算日期为3月31日,实收资本为208292307股,合计2082923元。公司董事会主席:陈恒辉。

【经营业绩】 主要在香港零售中至高级时装及配饰,包括日本及法国进口之男女及儿童成衣、皮具、鞋类及袋。1995年10月发售新股31375百万新股及旧股东售出18625百万股,每股售价1元。1997年7月恒锋购得股权35%,作价1.22元,并以1.69元全面收购。1998年10月由岩井国际改名如上。1999年已成立网站,提供网上购物。2000年3月底净资产19.37百万元(包括优先股67.5百万元),9月止半年亏损1.09百万元,不派中期息。

【财务状况】 1999/2000年度纯利亏损0.6百万元。

建联集团有限公司

【公司概况】 股票代码为0385,业绩报告结算日期为12月31日,实收资本为2755994984股,合计27559949元。公司董事会主席:王世荣。

【经营业绩】 从事金融、工业及农业以至商品贸易投资,1998年10月建业实业以每股0.10元认购新股233.7百万股(16.67%),12月由大马集团改名如上。1998年底协议出售停车场全部权益及部分保安权益。1999年出售嘉洛证券。1999年底每股净值0.126元,净存款1.47亿元,2000年上半年盈利24.4百万元(上年同期亏损209百万元),不派中期息。4月购入顺昌21.4%(82.8百万股)及荣文科技20%(35.5百万股),并寻求投资科技业务。

【财务状况】 1999年度纯利亏损236.3百万元。

中国石油化工股份有限公司

【公司概况】 股票代码为0386,业绩报告结算日期为12月31日,实收资本为16780488000股,合计人民币16780488000元。公司董事会主席:李毅中。

【经营业绩】 是一家拥有上游、中游和下游业务的综合一体化石油和石化公司。亦是中国和亚洲最大的汽油、柴油、航煤和大部分其他石油产品的炼油厂,分销和营销商。还有勘探、开发和开采原油厂和天然气,主要供本公司的炼油和化工业务自用。于1999年分别生产约1700万吨汽油和3100万吨柴油,约占中国汽车和柴油总产量45%和50%。截至2000年6月底止,约有1100座油库和17200多个使用"中国石化"品牌的加油站。7月底总债项人民币630亿元,2000年10月全球发售约167.8亿股H股及公开发售约8.39亿股H股上市,每股售价1.59港元。上市后每股有行资产净值人民币1.42元。

【财务状况】 2000年度(至6月底止6个月)纯利人民币7513百万元。

香港交易及结算所有限公司

【公司概况】 股票代码为0388,业绩报告结算日期为12月31日,实收资本为1040664846股,合计1040664846元。公司董事会主席:邝其志。

【经营业绩】 由联交所、期交所及结算所合并而成。是香港唯一股票交易期货交易所,负责现货市场、衍生产品市场、结算、资讯科技系统及电子商务及资讯系统。原有会员获分配股份及交易权,于2000年3月6日前将不会授出交易权,其后两年所授交易权每项不低于3百万元,期交所交易权亦不低于1.5百万元。2000年底将推出第三代自动对盘及成交系统计划于年底前削减联位150个,每年节省支出8500万元。2000年6月以介绍形式上市,6月止半年盈利5.5亿元,增160%,派中期息0.08元,每股净值4.48元。截至1999年12月底止年度往绩每股盈利0.5元,每股经调整资产净值3.99元。

【财务状况】 1999年度纯利520.7百万元。

泰兴光学集团有限公司

【公司概况】 股票代码为0389,业绩报告结算日期为3月31日,实收资本为2009247306股,合计200924731元。公司董事会主席:马宝基。

【经营业绩】 主要从事设计、制造、销售及分销视光产品。产品包括眼镜架、太阳眼镜、配件及零件,亦从事隐形眼镜及滤光玻璃镜片买卖业务。客户包括多间国际名牌商号。主要市场有美国、中国、亚洲、欧洲及加拿大。生产设施则位于大陆、香港及加拿大。正扩建大陆厂房,已于上海开设23间美式眼镜店。1993年9月发行100百万新股上市,每股以1.02元公售。2000年3月底每股净值0.588元,净债项2.24亿元,9月止半年盈利135.9百万元,增8.9%,中期息0.024元。

【财务状况】 1999/2000年度每股纯利14.31仙,每股股息4.8仙。

美亚娱乐资讯集团有限公司

【公司概况】 股票代码为0391，业绩报告结算日期为3月31日，实收资本为771124200股，合计77112420元。公司董事会主席：李国兴。
【经营业绩】 主要向大陆、香港、澳门、东南亚、加拿大及美国客户发行影片之录影带及镭射影碟。为国内发行影片版权的唯一香港机构。1993年9月发行62.5百万新股上市，每股以1.08元公售。录影产品租售及零售业务已于1998年3月结束。1999年11月购入中华万年网45%。2000年3月底每股净值0.49元，净存款13.65百万元，9月止半年盈利3.37百万元(上年同期亏损2.8百万元)，不派中期息。
【财务状况】 1999/2000年度每股纯利2.67仙。

北京控股有限公司

【公司概况】 股票代码为0392，业绩报告结算日期为12月31日，实收资本为622500000股，合计62250000元。公司董事会主席：胡昭广。
【经营业绩】 为北京市政府在港唯一窗口公司。占燕京啤酒公司54.28%权益。王府井百货集团之50.1%、首都高速公路96%、建国饭店50.5%、八达岭旅游75%。三元食品95%及国际交换系统40%。于1997年5月发行150百万股新股上市，每股售价12.48元。1998年7月收购北京龙庆峡景区、葡萄酒厂及冷冻系统工程业务，并以14亿元收购北京水厂特许经营权，回报率14%。已投资于多项高科技项目，包括格林柯尔5.33%。1999年底每股净值9.9元，净负债10.6亿元；2000年上半年盈利260.9百万元，增2.7%，每股盈利0.42元，中期息0.1元。
【财务状况】 1999年度每股纯利78.0仙，每股股息25.0仙。

旭日企业有限公司

【公司概况】 股票代码为0393，业绩报告结算日期为3月31日，实收资本为1000584000股，合计100058400元。公司董事会主席：杨钊。
【经营业绩】 主要是经营日常便服之零售，出口及制造。亦为海外客户提供成衣设计和采购服务。用(真维斯)牌子在大陆及澳洲开设连锁店，于2000年3月底，大陆零售店480间，澳洲纽西兰211间，自设厂房，亦产羊毛衫，2000年3月底每股净值1.1元，净存款2.9亿元，9月止半年盈利130.5百万元(与上年同期相若)，派中期息0.033元。
【财务状况】 1999/2000年度每股纯利24.04仙，每股股息10.8仙。

兆峰陶瓷集团有限公司

【公司概况】 股票代码为0395，业绩报告结算日期为12月31日，实收资本为1437727924股，合计143772792元。公司董事会主席：李兆峰。
【经营业绩】 1993年10月发行334.5百万新股上市，每股以1.68元公售。主要以整厂承建为基础，设计、安装及销售陶瓷生产线，以及销售用于造陶瓷产品之机器及设备。于中国33间陶瓷厂占有权益由25%至70%不等。拥有德国多博仕及汉索夫陶瓷机器厂(1997年已宣布破产)。1994年底与机构投资者成立兆峰创建，将中国合营陶瓷厂权益注入，仍占兆峰创建股权65.1%。1996年10开始停牌，进行债务重组。多间机构拟入股，均未能协议，已在清盘。DAIDO GROUP已协议重组，收购多博仕、宜兴及北京洁具。2000年11月27日恢复买卖，协议仍待完成。1999年底净负债约17亿元，负值16.4亿元。
【财务状况】 1999年度纯利亏损148.2百万元。

均来集团有限公司

【公司概况】 股票代码为0396，业绩报告结算日期为3月31日，实收资本为914685890股，合计91468589元。公司董事会主席：戴权。
【经营业绩】 主要业务为在香港(特别在新界)之物业发展与投资，并为发展之物业提供管理服务。1993年9发行新股12百万股及旧股东出售30百万股上市，每股以1.02元公售。1996年7月收购伦敦上市公司Water House72.7%，已改名为Golden Land，占商业面积73090方呎及提供其物业有关服务。于香港有商业面积13项，面积71404方呎；工业面积122834方呎及停车位117个，发展中住宅面积41万方呎，农地127万方呎。2000年3月底每股净值0.975元，净贷款9.44亿元，9月止半年亏损44.19百万元，不派中期息。
【财务状况】 1999/2000年度每股纯利0.4仙。

元开达利环保科技集团有限公司

【公司概况】 股票代码为0397，业绩报告结算日期为3月31日，实收资本为6263937076股，合计62639371元。公司董事会主席：邓耀荣。
【经营业绩】 从事三大类电子消费产品(音响、电视及电话)之设计、制造及市场推广。产品主要以其商标"Recor"制造，主销欧洲、南美、美国、中东及亚洲，厂房设于中国东莞及福州。1996年3月因债务问题停牌，股权一再转移。1999年购入专利生产线以生产环保包装垫料，由合一改名如上。2000年3月底每股净值0.031元，净存款78.9百万元；9月止半年亏损35.95百万元，不派中期息。其后主要股东一再转移，均不涉及收购。
【财务状况】 1999/2000年度纯利亏损49.3百万元。

东方表行集团有限公司

【公司概况】 股票代码为0398，业绩报告结算日期为3月31日，实收资本为276759200股，合计27675920元。公司董事会主席：杨明标。
【经营业绩】 经销多种时尚名牌手表零售批发业务。亦销售名牌笔、打火机、时钟及精致首饰等。旗下零售店，均位于主要购物区，并已开展在大陆的零售业务。1993年9月发行48.4百万新股及旧股东出售12.1百万股上市，每股以1元公售。1996年7月获"东方"手表于中国特约经销权。香港零售店8间，国内2间。2000年3月底每股净值1.49元，净存款62.8百万元，9月止半年盈利45百万元，增43.4%，派中期息0.03元。
【财务状况】 1999/2000年度每股纯利37.9仙，每股股息8.0仙。

远东生物制药科技有限公司

【公司概况】 股票代码为0399，业绩报告结算日期为6月31日，实收资本为320000000股，合计32000000元。公司董事会主席：蔡从义。
【经营业绩】 主要以"塔山"品牌在中国生产，推广及分销药品。并取得福建省卫生厅之生产批文生产41种药品，大致分为六类：包括抗病毒感冒药、广谱抗菌药、维生系类药、解热镇痛药、中成药及中药补酒。并透过批发商及分销商在中国22个省份，自治区及省级城市销售。计划开发药品包括治疗高血压、糖尿、解毒及补品等。2000年8月配售及发售新股80百万股上市，每股售价1元。上市后每股有形资产净值0.51元。
【财务状况】 2000年度(至3月底止9个月)纯利61729千元。

401.COM Ltd.

【公司概况】 股票代码为0401，业绩报告结算日期为3月31日，实收资本为11382539825股，合计113825398元。公司董事会主席：陈承辉。
【经营业绩】 主要从事国际货运代理业务。1995年曾与东亚银行合组公司经营国内空运业务，其后此公司自动清盘。1995年12月大股东林景高将股权30.9%售予梁子亨，每股作价0.8元。1996年底起经营物业代理，1997年10月由美联空运改名如上。其后一直寻求债务重组，1999年11月获债权人同意，2000年3月底每股净值0.0046元，净存款73.45百万元，投资于Cyber office占60%，从事商业楼宇数据管理及应用，又购入物流中心60%。经营中港电子商贸模式采购、物流、货运及分销服务，于6月由浩亨改名如上。9月止半年亏损36.5百万元，不派中期息。
【财务状况】 1999/2000年度纯利亏损43.6百万元。

星光集团有限公司

【公司概况】 股票代码为0403，业绩报告结算日期为3月31日，实收资本为401800989股，合计40180099元。公司董事会主席：林光如。
【经营业绩】 主要为印制包装纸盒、手册说明书、标签、贺卡及礼品等，客户乃香港、大陆及澳门之当地跨国制造商及分销商。厂房位于香港、深圳及江苏。1993年2月发行63.4百万新股上市，每股以1元公售。1994年及1995年收购新加坡、马来西亚业务。广州环保中心已生产环保产品；纸浆模塑机已成功试产。1999年自行设计小兔亚比系列产品(文具、礼品及首饰)及互联网。2000年9月止半年盈利15.5百万元，增25%，不派中期息。
【财务状况】 1999/2000年度每股纯利4.44仙。

新昌营造集团有限公司

【公司概况】 股票代码为0404，业绩报告结算日期为3月31日，实收资本为639934738股，合计63993474元。公司董事会主席：叶谋遵。
【经营业绩】 从事广泛建筑业务，包括土木工程、打桩及地基工程、上盖建筑、电机工程、修葺及装修工程等，亦有若干物业投资发展。截至2000年11月底未完成工程合约76.7亿元；另联号未完成合约6.7亿元。持有湾仔怡安保险大厦7.7万方呎，租赁权16年。投资西环世纪海景酒店（占22.5%）、衙前围道项目（占23%）及越南酒店（占35%）、吉隆坡1酒店（占10%）、吉隆坡1地盘（占20%）、广州文昌广场（占42%）、天津泰丰工业园（占95%）。2000年9月止半年亏损23.4百万元，不派中期息；每股净值1.03元，净存款5.8亿元。

【财务状况】 1999/2000年度每股纯利6.6仙，每股股息2.5仙。

有利集团有限公司

【公司概况】 股票代码为0406，业绩报告结算日期为3月31日，实收资本为442746100股，合计88549220元。公司董事会主席：黄业强。

【经营业绩】 主要从事楼宇建筑，提供保养及装修服务。1991年8发行1.66亿股新股上市，每股以1.08元售。至2000年10月止，手头工程合约总值37亿元。其他投资包括容奇混凝土业务及中澳越境工程管理业务等。2000年3月底每股净值1.34元（合并调整后），净存款97百万元。9月止半年盈利25.6百万元，增123.5%，派中期息0.016元。

【财务状况】 1999/2000年度每股纯利9.12仙，每股股息2.8仙。

叶氏恒昌（控股）有限公司

【公司概况】 股票代码为0408，业绩报告结算日期为3月31日，实收资本为490559121股，合计49055912元。公司董事会主席：叶志成。

【经营业绩】 产品主要制造混合溶剂及漆油、买卖各种石油化工及化学产品。厂房设于大陆，产品售予香港及大陆多行工业用家。业务已扩展至单体溶剂、润滑油、液体化工储罐、溶剂原料及包装容器等。1991年8月发行新股50百万股及旧股东出售50百万股上市，每股以1.25元公售。2000年3月底每股净值1.03元，净存款19百万元。9月止半年纯利34.9百万元，减30.9%，中期息0.025元。

【财务状况】 1999/2000年度每股纯利11.2仙，每股股息6.0仙。

四通电子技术有限公司

【公司概况】 股票代码为0409，业绩报告结算日期为12月31日，实收资本为1039599993股，合计103959999元。公司董事会主席：沈国均。

【经营业绩】 红筹股，主要在中国生产及经销一体化文字处理机，亦经销OKI打印机及电脑周边设备、办公室自动化设备及其他电子产品之代理及经销。亦发展计税电子收款机及税票稽核联网系统及生产电脑软件。于1993年7月发行150百万新股上市，每股以1.26元公售。亦向母公司购四通松下电工35%，作价1.34亿元。10月，以1.3亿元购ICO（卫星通讯16.01%）。2000年9月收购四通摩天71%，实益占8%新浪网已在美国NASDAQ上市。1999年底每股净值0.973元，净现金3.27亿元。2000年上半年盈利2.86亿元（包括新浪网上市利润3.62亿元），增347.9倍，不派息。

【财务状况】 1999年度每股纯利0.15仙。

南顺（香港）有限公司

【公司概况】 股票代码为0411，业绩报告结算日期为12月31日，实收资本为242259560股，合计242259560元。公司董事会主席：黄大桩。

【经营业绩】 产销及进口食油、食品、果汁、清洁精及铝质容器，并兼营广告代理、货仓以至一般贸易，及兼营电子产品贸易。除占南顺食品60.92%，还于台湾制造电路板及记忆体。1996年11月以5.64亿元出售美特容器股权。占创业板骏科网络讯息14%。1999年底每股净值4.6元，净债项4.4亿元，2000年上半年亏损10.5百万元，不派中期息。

【财务状况】 1999年度纯利亏损164.9百万元。

大雄科技集团有限公司

【公司概况】 股票代码为0412，业绩报告结算日期为3月31日，实收资本为8480128747股，合计84801287元。公司董事会主席：黄振雄。

【经营业绩】 原名合盈国际，于1992年4月6日上市，经营皮革业。1996年4月建议以0.77元私有化，旋于1996年10月由现时主席以每股0.83元收购，合盈旧股东购回皮革业，易名如上。业务改为国内物业投资发展，经作重组，现时发展中物业为广州东湖御苑30%，深圳东峻怡苑销售权70%及广州东峻广场6个办公室单位与上海华富大厦3层商场，由东峻集团改名如上。与互联控股成立合营公司（占30%），收购SIL 29.51%，DBZ 22%及Infocast 4.02%，并收购以预售国际电话卡予菲佣的Dilink 22%。2000年3月底每股净值0.031元，净负债10.96亿元。

【财务状况】 1999/2000年度纯利亏损456.2百万元。

南华工业有限公司

【公司概况】 股票代码为0413，业绩报告结算日期为12月31日，实收资本为530334742股，合计53033474元。公司董事会主席：吴鸿生。

【经营业绩】 原名华盛国际，1992年易名如上。从事玩具及鞋业产销，拥有耐力股权39.9%及南华资记科技56.5%。其他权益包括南京微分电机厂51%，占天津一鞋业集团占80%，于天津及南京成立多间合营公司，业务包括各项工业。1995年底将属下华盛玩具于新加坡分拆上市，仍占72.7%。1999年底每股净值1.56元，净存款43百万元；2000年上半年盈利16百万元，增50%，派中期息0.2仙。

【财务状况】 1999年度每股纯利10.1仙，每股股息2.2仙。

谢瑞麟珠宝（国际）有限公司

【公司概况】 股票代码为0417，业绩报告结算日期为2月28日，实收资本为391889263股，合计97972315元。公司董事会主席：谢达峰。

【经营业绩】 从事经营珠宝首饰业务。珠宝销售以香港及大陆市场为主，东南亚亦为推销市场。曾涉及物业买卖亏损，勤达印刷之刘竹坚以私人向银行购入60%谢瑞麟有关股权，被证监裁定需以每股0.32元，提出收购，其后已协议售予现任主席49.67%，原主席被申请破产中。2000年2月底每股净值0.529元，净借贷3.16亿元。8月止半年亏损10.4百万元（上年同期亏损为11.97百万元），不派中期息。

【财务状况】 1999/2000年度纯利亏损285.6百万元。

方正（香港）有限公司

【公司概况】 股票代码为0418，业绩报告结算日期为12月31日，实收资本为1123799893股，合计112379989元。公司董事会主席：王选。

【经营业绩】 从事与出版业及其他行业（如银行及零售）有关的应用软件开发及电脑系统集成。1995年12月上市，每股售价1.98元。1999年内部结构改组。6月底以3.2亿元（新股2.5亿股）购入一项从事向中国银行业务提供系统集成解决方案，获保证18个月内获利不少于1.21亿元，已推出电子传播业务。9月于雅虎订立谅解备忘录，在中国互联网相关业务合作，不包括电子通讯及提供互联网服务。1999年底每股净值0.503元，净存款1.69亿元，2000年上半年盈利51百万元（上年同期亏损106百万元），不派中期息。期内将若干互联网业务注入荣文科技，并将其改名为方正数码。

【财务状况】 1999年度纯利亏损223.1百万元。

友利电讯工业有限公司

【公司概况】 股票代码为0419，业绩报告结算日期为12月31日，实收资本为2774293157股，合计499372768元。公司董事会主席：高振顺。

【经营业绩】 产销电讯、视像及影音产品，以至机顶盒，并且经营金融资讯服务，已开发中国市场设计电子付款/收款系统。占天地数码股权54%及奇正科技63.2%，已协议由卢永仁等注资，所持奇正已改名为网基科技，股权降至19%。1999年底每股净值0.236元，净负债9.6百万元。2000年上半年亏损2亿元，主要源自网基科技市值下跌及终止电话与电脑显示屏业务。

【财务状况】 1999年度每股纯利3.3仙。

福田实业（集团）有限公司

【公司概况】 股票代码为0420，业绩报告结算日期为8月31日，实收资本为771658960股，合计154331792元。公司董事会主席：夏松芳。

【经营业绩】 生产及销售针织成品布，代客加工染色及整理，以至经营胚纱业务，生产程序由处理胚纱至生产针织成品布，主销香港。香港厂房面积175万方呎，国内面积400万方呎，已全部投产。1994年4月起与开平平达棉纱厂协议，以承包方式，在20年内获致棉纱稳定供应。斯里兰卡厂房于1996年6月投产。1995年5月主席联同其他财团建议以每股1.45—1.5元私有化，但于10月告吹。同年12月再提出以1.5元全面收购，仍维持上市地位。已于东莞沙田镇兴建新厂房，香港厂房业务迁至东莞，并将厂房出租。1999 年 8 月底每股净值 2.71 元。净债项 16.2 亿元。2000 年 2 月上半年盈利 1.01 亿元，增 1.1%，派中期息 0.035 元。

【财务状况】 1998/1999 年度每股纯利 30.1 仙，每股股息 7.0 仙。

亨亚有限公司

【公司概况】 股票代码为 0428，业绩报告结算日期为 12 月 31 日，实收资本为 911226010 股，合计 9112260 元。公司董事会主席：利芳烈。

【经营业绩】 原名为“新鸿基可换股票据”，乃上市规则管辖之投资公司，投资方针为投资于可换股票据。因全部票据已赎回，于 1997 年 2 月曾拟清盘，曾有财团收购未协议。于 1997 年底由 Sino Path 收购（1998 年底占 37.5%），于 1998 年易名如上，仍投资于上市及非上市证券，1999 年底每股净值 0.21 元，净现金为 8.59 百万元。2000 年上半年盈利 8.34 百万元，减 38.6%，不派中期息。10 月发行可换股债券集资 29.7 百万元，5%利率，2002 年 12 月 8 日到期。

【财务状况】 1999 年度每股纯利 1.93 仙，每股股息 0.5 仙。

东方网库控股有限公司

【公司概况】 股票代码为 0430，业绩报告结算日期为 12 月 31 日，实收资本为 1315000000 股，合计 13150000 元。公司董事会主席：刘志勇。

【经营业绩】 从事钢铁买卖。货源采购自独联体及南非。主销东南亚国家。持有国内 3 间钢铁厂合营权益。设有电子元件制造部门。1993 年 3 月发行 150 百万股新股上市，每股以 1.38 元公售。1995 年第三股东联同主席提出以 0.59 元全面收购。1999 年底每股净值 0.237 元，净存款 96.6 百万元，2000 年上半年亏损 33.6 百万元，不派中期息。4 月由能丰国际改名如上。

【财务状况】 1999 年度每股纯利 0.68 仙。

咏辉国际集团有限公司

【公司概况】 股票代码为 0431，业绩报告结算日期为 6 月 30 日，实收资本为 1051886686 股，合计 105188668 元。公司董事会主席：杨鸿游。

【经营业绩】 从事制造及销售缝制品，如运动袋、旅行袋、软身行李箱、塑料编织地席、软玩具及体育用品等。1993 年 6 月 18 日，商业罪案调查科检走会计记录，指称售股章程及中期报告失实，随即停牌。于 1994 年 2 月复牌，但调查事件未知何时完结。1996 年 8 因债务问题开始停牌，进行债务重组；1997 年 11 月，台商海富以每股 0.1 元购 48%，成大股东。已发行大量新股偿还若干银行贷款及董事垫款。建议发行可换股债券 50 百万元，未能落实。1999 年 6 月底流动负债 3.09 亿元，再寻求合作伙伴。

【财务状况】 1999/2000 年度纯利亏损 111.3 百万元。

友联建筑材料(集团)有限公司

【公司概况】 股票代码为 0432，业绩报告结算日期为 3 月 31 日，实收资本为 14454865376 股，合计 144548653 元。公司董事会主席：萧若慈。

【经营业绩】 主要在香港从事入口瓷砖及花岗岩与云石制品，以批发及零售方式销售该等货品。主销香港、澳门及大陆。于温州及重庆投资瓷砖厂；于新会设打磨厂。1995 年购入保德祥属下之云石花岗石销售公司，已于东莞设立云石加工厂。1996 年 4 月分拆友晖云石上市（仍占 46.5%）。1999 年 5 月售出得信佳（盈动）68.7 百万股，套现 1.21 亿元。2000 年 3 月底每股净值 0.121 元，净负债 1.89 亿元，9 月止半年盈利 16.9 百万元，减 88.3%，不派中期息。

【财务状况】 1999/2000 年度每股纯利 1.4 仙。

新万泰控股有限公司

【公司概况】 股票代码为 0433，业绩报告结算日期为 12 月 31 日，实收资本为 1969416940 股，合计 19694169 元。公司董事会主席：钱永伟。

【经营业绩】 曾名国泰置业及国泰城市，1991 年易名为茂基。1994 年管理阶层转变，为资产大撇帐，于 1994 年 6 月停牌，证监会于 1994 年 12 月申请将此股清盘。1995 年 10 月由荣丰属下之瑞昌买壳上市，每 20 股换 1 股瑞昌。主要从事建筑业，并以参与居屋发展为主。现任主席于 1998 年 7 月以每股 1.0245 元购得 58.5%，并全面收购，于 12 月改名如上。1999 年底每股净值 0.10 元，净借贷 29 百万元；2000 年上半年盈利 1.28 百万元，增 18.5%，不派中期息。

【财务状况】 1999 年度每股纯利 0.45 仙，每股股息 0.35 仙。

太平协和集团有限公司

【公司概况】 股票代码为 0438，业绩报告结算日期为 12 月 31 日，实收资本为 2542973337 股，合计 254297334 元。公司董事会主席：汪世忠。

【经营业绩】 于中国经营消费品产销（手表、化妆品等），设有百货公司，持有协和电讯 60%，产销传呼系统，占八佰伴国际 19.87%，1997 年底以 20 亿元（包括现金 6 亿元及新股 4.14 亿股，每股计 3.38 元）购入中港石油分销业务 33%，除占泰国一地产公司 35%，其余物业已组成和建设上市（仍占 75%），曾计划将协和电讯分拆上市，未能实现。1999 年底每股净值 1.65 元，净借贷 19.49 亿元；2000 年上半年盈利 1 亿元，减 55.3%，不派中期息。已设有互联网 B2B 业务平台并为客户提供支援。

【财务状况】 1999 年度每股纯利 11.94 仙。

英发国际有限公司

【公司概况】 股票代码为 0439，业绩报告结算日期为 3 月 31 日，实收资本为 374990800 股，合计 37499080 元。公司董事会主席：冯广恩。

【经营业绩】 主要从事设计、发展、生产及销售纸品，如相簿、办公室纸制文具、礼品及印刷品等。主要销售相簿，客户以欧美为主，厂房设于中国。1993 年主席冯广发退出，冯志强提出以 1.87 元收购，并将 25%股权（每股 1.2 元）售予会德丰。其后联太工业以每股 1.1 元，向会德丰购 26.67%，令持股量增至 29.25%，成为第二大股东。2000 年 3 月底净值为 3.98 亿元；9 月止半年亏损为 27.68 百万元，不派中期息。11 月盛世控股建议注资重组债务，仍在进行中。

【财务状况】 1999/2000 年度纯利亏损 51.1 百万元。

大新金融集团有限公司

【公司概况】 股票代码为 0440，业绩报告结算日期为 12 月 31 日，实收资本为 245628802 股，合计 491257604 元。公司董事会主席：王守业。

【经营业绩】 为控股公司，经营银行及人寿保险业务，拥有大新银行、建新银行 30%及安利私人银行 100%，2000 年中期客户存款 321 亿元，增 2.6%，贷款为 279 亿元，增 6.2%，贷存比率 71.4%，成本收入比率 39.4%，净息差 3.75%，主要贷款住宅占 26.6%及运输设备占 16.7%。每股净值 17.64 元，盈利 3.4 亿元（包括呆坏帐拨备 180.4 百万元，减 22.4%），增 40.4%，中期息 0.42 元，增 35.5%。

【财务状况】 1999 年度每股纯利 240.0 仙，每股股息 81.0 仙。

雅佳控股有限公司

【公司概况】 股票代码为 0448，业绩报告结算日期为 1 月 31 日，实收资本为 2191302089 股，合计 219130209 元。公司董事会主席：丁谓。

【经营业绩】 产销消费品，曾购入胜家及百福衣车，已予售出，现产销电子消费品，占日本雅佳 74.4%，雅佳占港华（原为上市公司）100%及山水 12.3%。于 1999 年 7 月由善美（环球）改名如上，日本雅佳专注电子消费产品及酒店专用电视业务。1999 年 1 月底每股净值 4.24 元，净债项 33 亿元。1999 年 6 月 28 日配售 2.59 亿股（11.8%），每股作价 0.315 元。加拿大善美所持股权已降至 35.5%，已于 9 月 8 日及之前分批全部售出。日本佳雅申请破产保护令，港华及雅佳亦为债权银行申请清盘，2000 年 8 月停牌，已委任清盘人。

【财务状况】 1999/2000 年度纯利亏损 13483 百万元。

鸿兴印刷集团有限公司

【公司概况】 股票代码为 0450，业绩报告结算日期为 3 月 31 日，实收资本为 573794798 股，合计 57379480 元。公司董事会主席：任昌洪。

【经营业绩】 主要从事彩盒之印刷及制造、纸张贸易及瓦通纸箱制造，厂房设于大埔及深圳。彩盒主要为中国玩具制造商印制。占中山合营厂房权益 56%以及中山联合鸿兴造纸 35%。1992 年 2 月发行新股 100 百万股上市，每股以 1.25 元公售。2000 年 3 月底每股净值 2.19 元，净债项 1 亿元，9 月止半年盈利 171.36 百万元，增 17.9%，派中期息 0.095 元，每股净值 2.39 元，净债项 1 亿元。已在兴建中山联兴纸厂，占 35%，2001 年底投产。

【财务状况】 1999/2000 年度每股纯利 43.6 仙，每股股息 26.0 仙。

森泰集团有限公司

【公司概况】 股票代码为0451,业绩报告结算日期为3月31日,实收资本为531865600股,合计53186560元。公司董事会主席:叶森然。
【经营业绩】 主要从事液晶体时计、电话、计算机,手提电子游戏等电子消费品之设计、发展、制造及销售业务。于福建省设厂生产及分销电子产品。1992年3月发行新股58.5百万股及由旧股东出售13百万股上市,每股以1元公售。2000年3月底每股净值0.441元,净负债41.3百万元,9月止半年盈利11.2百万元,增43.5%,不派中期息。
【财务状况】 1999/2000年度每股纯利1.4仙。

云南实业控股有限公司

【公司概况】 股票代码为0455,业绩报告结算日期为3月31日,实收资本为459553000股,合计45955300元。公司董事会主席:宇国瑞。
【经营业绩】 原为恒信集团,经营中港建筑业务。1992年3月发行5327万新股上市,每股以0.88元公售。1996年5月由现任主席以每股0.35元购得控制权,改名如上。1998年5月获玉溪红塔烟草于中国境外出口代理,并为其相关产品之机械设备进口代理。1999年5月收购玉溪环球12.5%,从事烟包及烟盒印刷。2000年3月底每股净值0.411元,净存款1.29亿元,4月收购深圳新鹏生物工程48%,发展生物科技。9月止半年盈利1.32百万元,增560.9%,不派中期息。
【财务状况】 1999/2000年度每股盈利0.19仙。

新协城市建设有限公司

【公司概况】 股票代码为0456,业绩报告结算日期为12月31日,实收资本为250000000股,合计250000元。公司董事会主席:梁戈。
【经营业绩】 原名莱利集团,经营珠宝首饰及上海地产。1998年7月停牌,未能重组债务,已在清盘中,新协城市与清盘人协议获得上市地位,原来莱利2000股换得新协52股,于2000年5月以介绍方式上市,于北京拥有投资广场在出租中,又在兴建中国证券大厦,已订立意向书与北辰分期交换资产,亦洽购北京华厦资讯26.5%,新协上市时每股净值1.28元。1999年底,手头现金30百万元,长短期贷款2.38亿元。2000年上半年亏损13.8百万元,不派中期息。
【财务状况】 1999年度每股纯利3.5仙。

联亚集团有限公司

【公司概况】 股票代码为0458,业绩报告结算日期为12月31日,实收资本为263390253股,合计26339025元。公司董事会主席:唐骥千。
【经营业绩】 经营成衣产销,于大陆、台湾及菲律宾设厂,销往美洲为主。1997年新大股东曾建议以每股4.8元私有化未成功。1998年1月售出菲律宾业务。1999年初发行1.39亿股收购华孚制衣,每股作价1.88元,控制权转移至汪氏占53%。1999年底每股净值2.1元,净借贷72.25百万元。2000年上半年盈利39.2百万元,增39%,派中期息0.06元。
【财务状况】 1999年度每股纯利33.0仙,每股股息12.0仙。

锦宏集团有限公司

【公司概况】 股票代码为0464,业绩报告结算日期为3月31日,实收资本为341991884股,合计3419918元。公司董事会主席:李裕龙。
【经营业绩】 曾名YGM国际及容刚,经营纺织,股权一再转移。1994年10月现任主席以每股1.34元收购,1995年3月改名为锦宏集团,主要投资为纺织及贸易业。因财务影响,于1996年9月停牌,石家庄棉宏纺织已解散,拟投资棉宏造纸亦无法注资。2000年3月底负债28百万元。10月已向联交所呈复牌建议,已获准将联消上市地位延至2001年1月25日。9月止半年亏损2.43百万元,不派息。
【财务状况】 1999/2000年度纯利亏损11.5百万元。

东润拓展集团有限公司

【公司概况】 股票代码为0467,业绩报告结算日期为3月31日,实收资本为767883000股,合计76788300元。公司董事会主席:张宏伟。
【经营业绩】 主要从事洗水丝及其他质料成衣之设计、制造及分销。丝质成衣以私人牌子或集团牌子分销;并兼营印染业务,市场以美国为主。厂房设于中国,已于国内开设零售店。1999年9月由特时泰改名如上。1998年12月曾协议收购中国医药投资,已于2000年8月取消,并收回定金。2000年3月底每股净值0.167元,净存款6百万元。9月止半年亏损1.96百万元(上年同期盈利3.1百万元),不派中期息。
【财务状况】 1999/2000年度纯利亏损3.49百万元。

盈联网络有限公司

【公司概况】 股票代码为0472,业绩报告结算日期为6月30日,实收资本为2298523641股,合计574630910元。公司董事会主席:洪王家琪。
【经营业绩】 产销各项电子产品及物业投资。占远东金融中心写字楼16730方呎,成本价93.68百万元。1999年起生产电脑连接器配件。2000年初曾发展互联网电子商贸,由鸿运电子改名如上,该等新发展已暂停或重组。2000年6月底每股净值0.157元,净存款74.7百万元。
【财务状况】 1999/2000年度纯利亏损24.8百万元。

瑞源国际集团有限公司

【公司概况】 股票代码为0476,业绩报告结算日期为3月31日,实收资本为7066374400股,合计70663744元。公司董事会主席:张韧。
【经营业绩】 主要从事设计、制造及销售皮革服装。亦设计及销售貂皮外衣及咖士咩外衣,产品以“Danny”、“Giovanni Valentino”作牌子。生产加工设施均设于深圳、福建、上海及北京等,而在中港两地销售。1996年5月发行50百万新股上市,每股售价1.03元。2000年3月底每股净值0.013元,净存款47.37百万元,9月止半年亏损15.6百万元,不派中期息。
【财务状况】 1999/2000年度纯利亏损66.4百万元。

名力集团有限公司

【公司概况】 股票代码为0478,业绩报告结算日期为3月31日,实收资本为3275334601股,合计818833650元。公司董事会主席:查懋声。
【经营业绩】 控股公司。占香港兴业57.23%;亦占中国国际金融股权7.5%。于2000年3月重组,持有香港兴业股份售予查氏家族及派予股东,并向查氏家族购入美国科技投资组合7.7亿元及中国染厂大厦;9月底证券投资12亿元(包括中国移动470万股及i—ONYX 19.84万股),现金17.6亿元,每股净值1.16元。
【财务状况】 1999/2000年度每股纯利5.1仙,每股股息4.0仙(另特别股息1.3元)。

华建控股有限公司

【公司概况】 股票代码为0479,业绩报告结算日期为6月30日,实收资本为3751614739股,合计375161474元。公司董事会主席:司徒若瑟。
【经营业绩】 主要在中港两地提供室内装修及翻新工程,以及电机、建筑等一系列楼宇建造承办服务;亦经营中港两地之室内装修材料贸易。1993年7月上市,1996年8月原主席胡经纬出售股权,由建材控股改名如上。收购承建工程,经营建造及装备钢筋及混凝土构架楼宇业务。1999年曾购入信侨(254)50%,已作抵押,已遭沽售大部分,2000年5月,收购淦辉电子(数码通讯产品)之65%、北京盛百年技术开发3.4%、科进旅游网及音乐网19.96%,Work Stender.com 33.3%,Grand Project 15%(购物网)及charitylobal.com.hk之12.5%。
【财务状况】 1998/1999年度纯利亏损608.0百万元。

升冈集团有限公司

【公司概况】 股票代码为0485,业绩报告结算日期为3月31日,实收资本为2607944192股,合计260794419元。公司董事会主席:刘锡康。
【经营业绩】 从事设计、制造及销售影音及通讯消费电子产品,包括电视机、无线电话、收音机、卡式唱机及光碟机等。厂房设于港、澳及大陆,亦占番禺富临花园(住宅70万方呎)60%。已投资于好狗网15%及中文健康护理网17%,并参与证券投资。2000年3月底每股净值0.22元,净存款7.8百万元,9月止半年盈利41.5百万元,减14.7%,派中期息0.004元。
【财务状况】 1999/2000年度每股纯利3.84仙,每股股息1.1仙。

香港兴业国际集团有限公司

【公司概况】 股票代码为0480,业绩报告结算日期为3月31日,实

收资本为1157378029股,合计289344507元。公司董事会主席:查济民。

【经营业绩】 物业投资及发展,海外酒店经营及管理。亦经营建筑业及轮船服务。1994年2月以34亿元出售愉景湾50%权益予中信泰富。投资物业方面,拥有荃湾中国染厂大厦(977000方呎);荃湾愉景新城已完成,保留商场465685方呎用作收租(占50%);长沙湾工厦146232方呎;北角商厦30798方呎;百福控股(占93.28%)拥有及经营位于曼谷、新加坡及布里斯班(已于2000年出售)三间酒店只余两间。占中山洁具厂95%,已开始生产浴缸。物业发展方面,愉景湾二白湾项目(占50%),可供建成187万方呎住宅及商业面积19.5万方呎,已补妥地价,每方呎楼面798元,另有商业及酒店面积90.8万方呎,已将完成第九及第十期(连接机场及东涌道路网之隧道已于2000年中投入服务)。占东涌站上盖2期发展项目30%,可以兴建200万方呎住宅及2.6万方呎商场,已获增建面积35%。全资拥有愉景湾各期单位约6.7万方呎。另于上海、广州、天津及日本汶留亦有物业发展权益。2000年3月底每股净值5.89元,净债项30.9亿元,上市及非上市投资33.9亿元,3月重组不再为名力附属公司,将中国染厂大厦售予名力,持有股份10.6%,11月将私人长期创业基金及杠杆式收购基金组合一半以6.24亿元售出(其中一半由名力购入,余一半由查氏家族购入)。9月止半年盈利3.14亿元,增93%,派中期息0.06元。

【财务状况】 1999/2000年度每股纯利68.0仙,每股股息15.0仙。

中国发展集团有限公司

【公司概况】 股票代码为0487,业绩报告结算日期为6月30日,实收资本为831261558股,合计332504623元。公司董事会主席:李豪荣。

【经营业绩】 多次重组,曾名冠恒顿及森昶国际,1996年黄鸿年曾购入股权,前主席刘德光售清股份,业务曾重组,将印尼业务售出。1997年6月易名如上。主要业务为新加坡建筑工程,机械销售及租赁,亦有八艘船只于新加坡及马来西亚出租,亦投资卡里曼丹及苏门塔纳采矿业务,并于苏州发展收费公路中,亦有其他类似业务。黄鸿年所持股份已出售。1997年8月底最大股东为余福强已在美申请破产保护令。2000年6月底每股净值0.279元,净存款21.3百万元。邓鸿年再购入股权、中策再成为主要股东,于2000年9月6日占股权30.67%。

【财务状况】 1999/2000年度纯利亏损173.1百万元。

丽新发展有限公司

【公司概况】 股票代码为0488,业绩报告结算日期为7月31日,实收资本为3746002320股,合计1873001160元。公司董事会主席:林建岳。

【经营业绩】 地产投资及发展、酒店投资及经营,并作策略性投资。包括工商业收租物业3百万方呎,香港土地储备可供建成27万方呎。占丽新酒店股权52.17%、丽丰股权74.68%。将亚洲电视及SUNDAY等股权注入丽新酒店,并改名为丰德丽。2000年7月底每股净值1.7元,净负债65.89亿元。

【财务状况】 1999/2000年度纯利亏损2758百万元。

伟柏集团有限公司

【公司概况】 股票代码为0491,业绩报告结算日期为6月30日,实收资本为6449107840股,合计64491078元。公司董事会主席:李振国。

【经营业绩】 主要从事手提液晶体显示电子游戏机之设计。1992年5月发行新股56.25百万股上市,每股以1元公售。已发展至无线电话、视像摄录机、数码相机及卡拉OK系统,印尼厂房已售。现计划参与中港处理废料及污水环保业务。2000年6月底每股净值0.0237元,净负债30.47百万元。

【财务状况】 1999/2000年度纯利亏损22.1百万元。

京华自动化集团有限公司

【公司概况】 股票代码为0493,业绩报告结算日期为3月31日,实收资本为188000000股,合计18800000元。公司董事会主席:陈迪原。

【经营业绩】 为纺织及成衣业设计、生产及销售电脑辅助设计系统。又于东莞设电脑绣花机制造厂,浙江激光制品厂及苏州服装及纹制服务厂。亦购入绍兴土地兴建商住面积38万方呎,首期19万方呎已完成。1992年3月发行新股39.25百万股上市,每股以1元公售。1999年8月已售出绍兴土地项目权益。2000年3月底每股净值0.333元,净存款4.29百万元,7月股权转移,詹培忠的Goldenmount成为主要股东,9月配售后占26.6%。9月止半年亏损5.7百万元,不派中期息。

【财务状况】 1999/2000年度纯利亏损9.6百万元。

利丰有限公司

【公司概况】 股票代码为0494,业绩报告结算日期为12月31日,实收资本为28611740000股,合计1430870000元。公司董事会主席:冯国经。

【经营业绩】 主要从事出口贸易业务。1973年曾上市挂牌,其后于1988年私有化。而于1992年再度上市。1995年分别收购天祥及英之杰采购服务股权。1999年1月以12亿元收购新加坡上市的英之杰亚太区业务全部股权。2000年上半年盈利293.8百万元,增52.1%,派中期息0.07元,每股净值1.01元,净存款6.4亿元,11月以现金2.47亿元及新股1.1318亿股(每股作价17.25元)收购美国采购业务Colby全部股权(预测2000年盈利1.34亿元)。

【财务状况】 1999年度每股纯利22.35仙,每股股息17.0仙。

百利大有限公司

【公司概况】 股票代码为0495,业绩报告结算日期为6月30日,实收资本为528271615股,合计264135808元。公司董事会主席:罗晃(代主席)。

【经营业绩】 物业投资及发展,经营丝绸以及纺纱贸易。持有会展广场写字楼16518方呎及山顶住宅1964方呎。位于山顶道住宅地盘91655方呎在发展中,兴建27个单位及停车位,原定2000年完成,而工程已暂停。2000年6月底止每股净值0.32元,净借贷6.83亿元。

【财务状况】 1999/2000年度纯利亏损125.4百万元。

创见太平洋控股有限公司

【公司概况】 股票代码为0497,业绩报告结算日期为3月31日,实收资本为583361200股,合计58336120元。公司董事会主席:吴志成。

【经营业绩】 从事基本个人电脑软件及个人电脑之设计、制造与销售。1993年3月发行新股66百万股上市,每股以2元公售。2000年2月引入新股东Dotcom Pacific,加入新业务,网上广告媒体,网上模特儿及演艺专才网络及电子商务有关业务,7月由海洋资讯改名如上。2000年3月底每股净值1.13元,净借贷79.2百万元。9月止半年亏损28.7百万元(上年同期盈利26百万元),不派中期息。2000年12月21日Dotcom将股权30.86%以每股0.511元售予另一董事控制的AirZone。

【财务状况】 1999/2000年度每股纯利8.57仙,每股股息1.5仙。

保华德祥建筑集团有限公司

【公司概况】 股票代码为0498,业绩报告结算日期为3月31日,实收资本为980115103股,合计98011510元。公司董事会主席:陈国强。

【经营业绩】 主要在中港及亚洲从事建筑工程及地产投资;分拆自国际德祥。1994年购入纽西兰DGL集团合并。1993年9月发行新股190.25百万股上市,每股以2元公售。1997年7月将物业注入宇宙,并予重组收购74%,已改名为保华地产。9月,以7亿元购铜锣湾6600方呎地盘,现在港有3个地盘发展权益,另有若干投资物业。1998年6月,将Downer分拆于澳洲上市。1999年正建议将Downer交换为EDI股分,而保华地产已改名为新世界数码,持股已减至20%以下。2000年3月底每股净值2.98元,净负债23亿元,9月止半年盈利299.6百万元,减17.5%,派中期息0.01元。10月联同锦兴以每股0.80元收购中策34.9%。

【财务状况】 1999/2000年度每股纯得33.3仙,每股股息2.0仙。

华脉无线通信有限公司

【公司概况】 股票代码为0499,业绩报告结算日期为3月31日,实收资本为1182566973股,合计118256697元。公司董事会主席:黎耀强。

【经营业绩】 原名建生电子。1988年7月发行50百万新股上市,每股以0.9元公售。1995年7月4日主席苏健强失踪,出现债务问题。1997年10月由百利好注资重组,百利好以介绍方式上市配售价1.28元,经营地产业。香港商住投资物业5.3万方呎,发展中项目11个,为较小型地盘。2000年3月底每股净值0.115元,净负债3.28亿元,期内减持物业,购入Hycomm25.88%及Code Bank 18%,经营无线数据软件及互联网软件,于11月改名如上。9月止半年亏损18.85百万元，不派中期息。

【财务状况】 1999/2000年度纯利亏损230.8百万元。

天地数码(控股)有限公司

【公司概况】 股票代码为0500，业绩报告结算日期为12月31日，实收资本为271186431股普通股83108000股优先股，合计531441646元。公司董事会主席：高振顺。

【经营业绩】 曾名为讯科及凯威，股权一再转移。1997年为友利电讯收购，除产销电脑显示屏及有关产品外，1998年及1999年于中国成立合营公司，与文化部及希望工程合作，经营数码影音传送系统及提供数码遥远学习服务及生产有关传送产品。1999年底每股净值0.60元，净存款18.9百万元。2000年上半年亏损33.2百万元，不派中期息。

【财务状况】 1999年度纯利亏损496.1百万元。

庆丰金集团有限公司

【公司概况】 股票代码为0501，业绩报告结算日期为4月30日，实收资本为1376824810股，合计137682481元。公司董事会主席：陈发柱。

【经营业绩】 为投资控股公司。参与黄金及有色金属业务投资与发展。具有三个普通行员及两个金集团行员会籍。生产设施于香港及马来西亚。1996年11月发行168百万股新股上市，每股售价1.01元。1997年8月，光大金融入股13%，每股作价1.13元。12月，以253百万元购珠宝首饰业的添发庆丰(百慕达)。2000年4月底每股净值0.873元，净债项2.1亿元；6月重组结构，引入长实为股东，于2001年2月完成后，长实占51%的公司占庆丰金37.84%，12月分拆卓施金网上市。

【财务状况】 1999/2000年度每股纯利1.26仙。

侨弼控股有限公司

【公司概况】 股票代码为0505，业绩报告结算日期为3月31日，实收资本为381920000股，合计38192000元。公司董事会主席：黄荣华。

【经营业绩】 主要从事买卖、开发及供应亚麻及多种亚麻制成品；亦从事买卖塑胶原料贸易业务与生产再造原料涤纶短纤维。从法国及比利时采购亚麻，经中国纱厂加工制成纱后，然后以分包方式加工为布料，售予国际名牌及设计师牌子之成衣制造商。部分布料亦出口南美、欧洲及东南亚国家等。1995年9月发售87.5百万新股，每股售价1.05元。已于加拿大种植亚麻，并与亚洲最大的哈尔滨亚麻纺织厂合作，亦于番禺购入厂房，与意大利制造商合作拓展市场。1998年7月底负债净值9.9亿元，加拿大一全资公司已被接管，其他正作财务重组安排。至1999年3月底负债净值14.5亿元，未偿还银行贷款8.78亿元，1999年9月停牌，若未能于2001年2月底提交复牌建议，将取销上市地位。

【财务状况】 1997/1998年度每股股息1.0仙。

中国食品发展集团有限公司

【公司概况】 股票代码为0506，业绩报告结算日期为12月31日，实收资本为股660317027，合计66031702元。公司董事会主席：周明臣。

【经营业绩】 原名为海嘉，为海裕实业的业务部分，1988年9月上市。1993年4月，中国粮油属下鹏源发展以每股2.61元收购，进行资产重组，于1994年改名如上，投资国内食用植物油加工及面粉厂。亦于江苏合作经营一所热电厂及投资维生素C厂。1998年9月购入东州油脂厂(已增至84%)，售出海晖全部股权21%及荃湾东亚商场。1998年8月以121.9百万元购入中国长城葡萄厂25%。1999年底每股净值2.1元，净现金8.66亿元；2000年上半年盈利155.4百万元，增1.4%，派中期息0.03元，

【财务状况】 1999年度每股纯利13.2仙，每股股息7.0仙。

其士科技控股有限公司

【公司概况】 股票代码为0508，业绩报告结算日期为3月31日，实收资本为854469558股，合计85446956元。公司董事会主席：周亦卿。

【经营业绩】 经营办公室设备销售，包括电脑、电话、影印机以及图文传真机等。曾经营第二代电话已结束，现仍经营传呼机，又获安装卫星电视天线系统牌照。1997年7月光大科技购入82.78百万股，每股作价0.658元。于1999年10月计划联同地产商拓展网厦业务，由其士商业系统改名如上。2000年3月底每股净值0.48元，净存款2.48亿元，9月止半年盈利7.36百万元，减60.6%，派中期息0.01元。

【财务状况】 1999/2000年度每股纯利3.1仙，每股股息4.0仙。

运通泰集团(百慕达)有限公司

【公司概况】 股票代码为0510，业绩报告结算日期为12月31日，实收资本为420000000股，合计42000000元。公司董事会主席：郑鸿标。

【经营业绩】 主要经营买卖的士及小巴，出租的士及担任保险代理，为的士及小巴提供分期付款融资；经销入口汽车零件，于珠海经营汽车维修中心，曾经营中式酒楼，已全部出售及结束业务，1995年12月为日本信用保证收购，条件为1股日本信用可换3股运通泰。1999年底每净值1.64元，净债项9.8亿元，应收供款14亿元；2000年上半年亏损22.9百万元，不派中期息。

【财务状况】 1999年度每股纯利亏损15.6仙。

电视广播有限公司

【公司概况】 股票代码为0511，业绩报告结算日期为12月31日，实收资本为438000000股，合计21900000元。公司董事会主席：邵逸夫。

【经营业绩】 经营电视广播，其业务包括经营无线电视台、节目发行、动画及漫画书籍制作。目前经营翡翠台及明珠台无线电视，于加拿大有两个中文台，于台湾及欧洲亦以卫星电视播放华语节目。1995年底于泰国成立联营公司，于1997起将泰语节目配音为中文节目。1998年合营台湾直驳家居卫星服务，另增设两条新频通迅于亚洲24小时播放。将军澳电视城与建中，2003年完成，属下银河卫星广播已经获收费电视牌照。1999年底每股净值5.26元，净存款7.29亿元；2000年上半年盈利2.21亿元，增18%，派中期息0.20元。

【财务状况】 1999年度每股纯利117.0仙，每股股息80.0仙。

中国太阳神集团有限公司

【公司概况】 股票代码为0512，业绩报告结算日期为12月31日，实收资本为815100000股，合计81510000元。公司董事会主席：骆辉。

【经营业绩】 为中国主要口服液及保健饮品生产商之一，产品以太阳神牌子销售，包括各种口服液、乳酸奶、杏仁汁、蒸溜水及矿泉水，分销商分布中国各主要省市。1995年12月发行200百万股新股上市，每股以1.5元公售。1999年底每股净值56.5元，持现金1.3亿元，另短期投资11.3百万元，短期银行贷款41百万元。2000年上半年亏损64.66百万元，不派中期息。

【财务状况】 1999年度纯利亏损24.2百万元。

恒和珠宝集团有限公司

【公司概况】 股票代码为0513，业绩报告结算日期为6月30日，实收资本为257352500股，合计25735250元。公司董事会主席：陈圣泽。

【经营业绩】 从事设计、制作及销售珠宝首饰。市场以美国、加拿大及欧洲为主。产品于香港、上海、广州及孟买制造。香港设有零售店及陈列室。于西班牙及瑞士亦有业务，参与一项具专利权无压燃结碳化硅产品(占15%)，亦购入一项生产合成板专利配方。1999年内出售西班牙业务，购入浙江省一项钻石切割加工业务权益27%及天后庙道物业地盘4530方呎重建。2000年6月底每股净值2.14元，净存款1.16亿元。

【财务状况】 1999/2000年度每股纯利15.2仙，每股股息3.0仙。

和信致元股份有限公司

【公司概况】 股票代码为0516，业绩报告结算日期为3月31日，实收资本为2400001640股，合计240000164元。公司董事会主席：辜濂淞。

【经营业绩】 从事楼宇建筑。以兴建公共房屋为主。已于中国河源市成立合营公司经营石矿场及混凝土产品。另占中国紫金县竹港酒店60%。1992年8月发行新股100百万股上市，每股以1.28元公售。2000年3月台湾辜氏入股，6月由冯祥记改名如上，其后购入华讯25%，仲讯28.26%及BeXcom10.82%。2000年3月底每股净值0.136元，净负债93百万元，9月上半年亏损4.46百万元，不派中期息。

【财务状况】 1999/2000年度纯利亏损48.9百万元。

中远国际控股有限公司

【公司概况】 股票代码为0517，业绩报告结算日期为12月31日，实收资本为1381959291股，合计137043479元。公司董事会主席：魏家福。

【经营业绩】 主要在港承办公营楼宇之建筑营造及保养工程。1997年12月中远属下以每股0.72元提出收购61%，于1997年7月由顺成集团改名如上。1997年10月以每股3.6元购入金朝阳1.21亿股(10%)。1998年4月以16.58亿元购入中远大厦17.26万方呎、以5.45亿元购入河南新中益电力48.6%及购入上海地盘85%，可发展215万方呎住宅。1999年收购深圳艾科创新集成电路51%。1999年底每股净值1.21元，净债项12.9亿元。2000年上半年盈利35.2百万元(上年同期亏损19.8百万元)，不派中期息。9月曾建议收购中远网络99.09%(已持0.91%)，代价为发行9.73亿新股，未获股东批准。

【财务状况】 1999年度每股纯利1.25仙。

同得仕(集团)有限公司

【公司概况】 股票代码为0518，业绩报告结算日期为3月31日，实收资本为352137298股，合计70427459元。公司董事会主席：董华荣。

【经营业绩】 代美国设计商及百货公司制造高级女性时装。并扩展至欧洲及日本客户，时装以丝质为主。大部份于香港及大陆生产，新加坡及马来西亚有小型设施，有部分由大陆分包商生产，中山厂房已完成并投产，国内零售店共30间。已于中、港、菲、泰增设非丝质成衣设施。2000年3月底每股净值1.18元，净存款1.79亿元；9月止半年盈利38.6百万元，增9.3%，派中期息0.055元。

【财务状况】 1999/2000年度每股纯利25.8仙，每股股息20.0仙(包括特别股息)。

实力国际集团有限公司

【公司概况】 股票代码为0519，业绩报告结算日期为6月30日，实收资本为941080745股，合计188216149元。公司董事会主席：洪建生。

【经营业绩】 制造电子玩具、益智游戏及电子保育产品；此外还从事生产音响产品，以至保安及保健产品等。厂房设于中国。于欧美以传销商方式直接销售其产品，其传销业务已予重组并拓展至亚洲。持有鸿运电子(已改为盈联网络)股权55.2%。于淡水、江门、东莞及平湖实益拥有土地9.3百万方呎，于美国亚里桑亚洲、加洲及罗省等地拥有商住用土地21.7百万方呎，年来已经逐渐出售。正计划以互联网方式传销业务。2000年6月底每股净值0.451元，净负债26.15百万元。

【财务状况】 1999/2000年度每股纯利2.2仙。

首长科技集团有限公司

【公司概况】 股票代码为0521，业绩报告结算日期为12月31日，实收资本为798323280股，合计199580820元。公司董事会主席：苏根强。

【经营业绩】 从事生产及销售电话线及电话附件业务。曾为联合集团收购，1993年7月由首网及长实等以1.699元收购67.77%，其后将股权售予首长国际。现时业务为制造电话线及附件、印刷电路板、电脑及电子产品，以至货运代理及运输。1994年9月由三泰实业易名如上。1998年出售其电话线权益20%(仍持60%)，又购入电讯服务公司50%。1999年6月首长国际将股权转让予首长四方，代价163.5百万元。1999年底每股净值0.691元，净存款22.8百万元。2000年上半年盈利16.88百万元，减5.6%，不派中期息。已参与合作投资昆山一铜线制造厂，在试产阶段。

【财务状况】 1999年度每股纯利3.3仙。

ASM Pacific Technology Ltd.

【公司概况】 股票代码为0522，业绩报告结算日期为12月31日，实收资本为378000000股，合计37800000元。公司董事会主席：Arthur H. del Prado。

【经营业绩】 从事生产半导体元器件及管芯线路板之物料、工具及机械设计、生产及销售。为全球少数产制此等半自动及全自动管芯键金机、焊线机及封装设备制造商之一，亦是日本以外产制引线框架，并备有冲压、电镀设计及生产有关工具技能之主要制造商。为全球第二大半导体装配设备供应商。厂房设于香港、新加坡及大陆。行销香港、台湾、马来西亚、新加坡及美国等地。1999年底每股净值3.05元，净借贷6.6百万元。2000年上半年盈利5.2亿元，增515.7%，中期息0.30元，增328%，6月底手头定单14亿元。

【财务状况】 1999年度每股纯利88.0仙，每股股息35.0仙。

E—Kong Group Ltd.

【公司概况】 股票代码为0524，业绩报告结算日期为12月31日，实收资本为1559909336股，合计31198186元。公司董事会主席：卫斯文。

【经营业绩】 原名为瑞菱。产销录影带及录影带盒。于1993年4月委任临时清盘人，由新加坡Goldtron注资，取代瑞菱上市地位。只经营深圳动画及成都鸿远电池25%。1999年10月发行2.4亿股(作价55.2百万元)购入Magictel.com提供互联网电话服务，并扩展多媒体动画业务，由旧名Goldtron改名如上。目前以经营国际电讯服务及投资各类网站为主，原来业务逐渐出售，已投资多个服务入门网站。1999年底每股净值0.091元，净存款99.8百万元。2000年上半年亏损1.28百万元，不派息。

【财务状况】 1999年度纯利亏损78.4百万元。

广深铁路股份有限公司

【公司概况】 股票代码为0525，业绩报告结算日期为12月31日，实收资本为2904250000股国家股1431300000股H投，合计人民币4335550000元。公司董事会主席：张正清。

【经营业绩】 经营广州至深圳铁路客货运输，与九广铁路合作往香港之直通车服务，包括在列车及站内销售食品及商品。1996年5月发行H股14.31亿新股，2.91港元环球配售及于香港公售。1999年底每股净值人民币2.2元，净存款人民币19.38亿元。2000年上半年盈利人民币253百万元，增10.5%，不派中期息。正计划兴建广州至平湖铁路，已开展电子商务。

【财务状况】 1999年度每股纯利人民币12.0分，每股股息人民币12.0分。

通达工业(集团)有限公司

【公司概况】 股票代码为0526，业绩报告结算日期为3月31日，实收资本为434366720股，合计43436672元。公司董事会主席：江益明。

【经营业绩】 主要从事多种塑胶及五金日常家居用品、厨房用具、礼品及浴室用品之设计、制造及销售业务。主要出口至北美洲、欧洲及亚洲，而美国为集团最主要之出口市场。生产设施则设于深圳。1996年12月开始于国内生产塑胶瓶，供汽水商使用。1999年12月出售生产塑胶瓶全部权益之伟东股权54%，作价50百万元。2000年3月底每股净值0.335元，净负债3.2亿元，9月止半年亏损14.08百万元，不派中期息。正进行债务重整。

【财务状况】 1999/2000年度纯利亏损118.5百万元。

新龙国际集团有限公司

【公司概况】 股票代码为0529，业绩报告结算日期为12月31日，实收资本为268050000股，合计26805000元。公司董事会主席：林森桂。

【经营业绩】 从事电脑硬件及软件产品销售。拥有多项代理权，供应香港、台湾、新加坡及马来西亚客户，并于中国设立办事处。1992年8月发行新股63.8百万股上市，以每股以1元公售。1998年3月以4.86亿元出售S1S分销业务股权80%予美国上市公司CHS，至1999年9月16日，仍有3.4亿元未收，于年底以无偿方式收回该项股权，现占100%。1999年底每股净值1.67元，净存款1.4亿元。2000年上半年盈利8.5百万元，增10%，不派中期息。

【财务状况】 1999年度每股纯利9.9仙，每股股息2.0仙。

广益国际集团有限公司

【公司概况】 股票代码为0530，业绩报告结算日期为12月31日，实收资本为3327841113股，合计33278411元。公司董事会主席：Kwee, Cahyadi Kumala。

【经营业绩】 主要从事制造及分销电容器，厂房设于中国。1993年底属下的深圳大通实业(占49%)已于深圳上市。1994年8月购入绍兴东风酒厂51%。1997年11月庆南集团入股，名称由益通改为广益。1998年9月购入南非驼鸟公司，从事屠宰、销售及制革，为南非第二大制革，并于韶关设立驼鸟场、屠宰及制革设施，占75%。1999年底每股净值0.154元，净负债1.9亿元，2000年上半年盈利7.1百万元，增63.8%，不派中期息。2月配售集资40百万元，8月收购PASM(印尼通讯业务)11.14%，投资1.56亿元(现金23.4百万元，其余发行新股)。

【财务状况】 1999年度纯利亏损37.26百万元。

王氏港建(集团)有限公司

【公司概况】 股票代码为0532,业绩报告结算日期为12月31日,实收资本为692791964股,合计69279196元。公司董事会主席:王忠桐。
【经营业绩】 原为王氏工业集团业务部分,1989年7月以介绍方式上市。业务为印刷电路板之有关工业产品制造,分销用以制造电路板及电子产品之化学品原料及设备,并生产精密注塑零件,也致力于生产电脑有关产品。1999年底每股净值0.493元,净债项2.2亿元。2000年上半年盈利98百万元,包括出售物业盈利65.6百万元(上年同期亏损3.5百万元),不派中期息。经营中的内地快餐业在亏损,已计划结束。
【财务状况】 1999年度每股纯利3.12仙。

金利来集团有限公司

【公司概况】 股票代码为0533,业绩报告结算日期为12月31日,实收资本为877114035股,合计87711403元。公司董事会主席:曾宪梓。
【经营业绩】 主要从事广泛系列以本身牌子产销为主的男士服装、饰件,包括领带、成衣、皮具及饰物。主销大陆、香港及东南亚。购入广州天河商厦30万方呎作出租用途,1997年底完成。梅州工业大楼第一期已完成,作为成衣加工厂。已推出女性护肤化妆品,并于1996年初推出金利来香烟发售。1997年起经营葡萄酒,且推出Van Garie及Trussardi时装。1999年已停止香烟、葡萄酒及进口服装皮革业务。1999年底每股净值2.2元,净存款3.17亿元,2000年上半年亏损1.37亿元(上年同期盈利36.46百万元),不派中期息。大陆零售点620间,香港14间及新加坡30间。
【财务状况】 1999年度每股纯利4.6仙,每股股息5.0仙。注:截至1999年12月9个月,以为结算期为3月。

冠华国际控股有限公司

【公司概况】 股票代码为0539,业绩报告结算日期为3月31日,实收资本为69120000股,合计69120000元。公司董事会主席:李铭洪。
【经营业绩】 从事布匹针织、漂染及定型服务、以及成品针织布匹之生产及销售,制造设施于广东新会市,主销香港。1996年5月发售50百万股上市(包括新股37.5百万股及旧股12.5百万股),每股售价1.0元。1997年开拓美国市场。2000年3月底每股净值5.42元,净负债95.3百万元,9月止半年盈利为14.49百万元,增54.7%,不派中期息。
【财务状况】 1999/2000年度每股纯利40.8仙。

兴港集团有限公司

【公司概况】 股票代码为0535,业绩报告结算日期为12月31日,实收资本为1667935487股,合计166793548元。公司董事会主席:朱悦宁。
【经营业绩】 原名孙福记及新福港,1997年7月中旅联同周年茂以每股1.38元收购,售出建筑业,专注于物业,2000年参与各项科技业务。物业方面主要有:2000年完成太子道西维景雅轩住宅40000方呎以及湾仔坚弥地街住宅65600方呎;2001年将完成正街住宅33000方呎以及元朗翠韵华庭住宅219000方呎;2002年完成北京宣武区广宁花园一期969000方呎(占50%)及红坎办公室大楼(毗邻火车站)230000方呎。北京项目可兴建总面积366万方呎,另有红坎、深井、元朗及大连土地在规划中,另持有荔枝角道励丰中心工业面积245460方呎(占40%)及大埔聚豪天下多个单位作投资或待售。科技方面:占深圳宝博韦尔软件产业园95%,可兴建570万方呎面积,第一期25万方呎已于2000年9月完成,并已租出。二期将于一年后完成;北京金海航电子技术50%,经营学校网络多媒体教育平台,获保证金海航未来两年每年纯利不少于三千万元人民币;佳罗一号中文键盘快速输入技术,已制成产品推广;占美国e—Cell股权26.5%,并成立合营公司产销以铜线为主的宽频通讯技术产品。1999年底每股净值1.31元,净负债4.58亿元;2000年上半年盈利13.9百万元,减44.7%,不派中期息。2000年12月22日,中旅表示正与另一主要股东 博控股洽商出售股权予 博,仍待落实。
【财务状况】 1999年度每股纯利1.8仙,每股股息1.0仙。

马联香港有限公司

【公司概况】 股票代码为0542,业绩报告结算日期为12月31日,实收资本为1379741460股,合计275948292元。公司董事会主席:邱继炳。
【经营业绩】 1992年亚洲证券以每股1.25元购得股权。1993年再以每股1.35元售予大马财团。1996年底由星晨易名如上。现经营酒店管理、旅游、财务及物业。占澳洲星晨67.5%及香港嘉里财务61.8%,占中山星晨花园已完成六期,星晨广场亦在发展中,占湾仔国卫中心25936方呎。于国内合营旅游及互联网业务。1999年底每股净值0.259元,净负债53百万元。2000年上半年亏损为3.55百万元,不派中期息。
【财务状况】 1999年度纯利亏损47.4百万元。

大同混凝土(香港)有限公司

【公司概况】 股票代码为0544,业绩报告结算日期为12月31日,实收资本为3000000000股,合计750000000元。公司董事会主席:彭德忠。
【经营业绩】 为港日资本合作,经营建筑及有关材料业务。1997年6月开始停牌,进行债务重组,期内多家上市公司磋商债务重组。1999年11月高力获债权人同意削债,收购大同股权,现时业务为蒸压护养轻混凝土,工字桩产品贸易,各项钢筋及扩张金属产品及半预制混凝土板。1999年底每股净值0.04元。净存款59.7百万元。2000年上半年盈利17.1百万元,不派中期息。
【财务状况】 1999年度纯利亏损60.25百万元。注:截至1999年12月底止8个月,以往结算期为4月。

民信集团有限公司

【公司概况】 股票代码为0547,业绩报告结算日期为12月31日,实收资本为4042436573股,合计404243657元。公司董事会主席:陈庭川。
【经营业绩】 主要经营香港及大陆建筑之消防系统及电机供应及安装,1997年出现财务困难,1998年初开始重组。1999年底每股净值0.035元,净存款为53.65百万元,2000年上半年亏损34.69百万元,(上年同期亏损为31.2百万元),不派中期息。7月以现金及新股购入威非路道万国宝通中心一铺位及车位成价69百万元,主要股东不断转变,于8月底主席持3.24%,e—compact占19.9%。
【财务状况】 1999年度纯利亏损60.8百万元。

深圳高速公路股份有限公司

【公司概况】 股票代码为0548,业绩报告结算日期为12月31日,实收资本为内资股1268200000股H股747500000股,合计人民币2015700000元。公司董事会主席:陈潮。
【经营业绩】 国家企业,主要在深圳开发经营及管理收费公路。现拥有两条一级公路107国道和205国道。亦拥有梅观高速95%、机荷高速100%权益,参与投资发展长沙市绕城路51%及兴建临霸高速公路发展。长沙项目于1999年底通车,临霸项目将于2001年第一季通车。于1997年3月发行650百万股H股上市,每股售价2.2港元。2000年上半年盈利人民币1.73亿元,增8.1%,每股盈利人民币0.0859元,不派中期息。已为省内外多个项目签订合作意向书。6月底每股净值人民币2.15元,净债人民币7.19亿元。
【财务状况】 1999年度每股纯利16.8仙,每股股息6.0仙。

裕元工业(集团)有限公司

【公司概况】 股票代码为0551,业绩报告结算日期为9月30日,实收资本为708523953股,合计354261976元。公司董事会主席:蔡其能。
【经营业绩】 主要为原设备制造以国际名牌销售之运动鞋。生产设施于东莞及珠海。透过联号于中山、东莞及印尼设厂,并于越南兴建垂直式新厂房。1992年6月发行新股440百万股及旧股东售出110百万股上市,每股以1.18元公售。1996年11月以14.4亿元收购宝元工业55%,成为全资公司。持有唯冠股权25%。1999年9月底每股净值8.96元,净债项8.5亿元,10月配售集资6.6亿元。2000年6月止9个月盈利12.79亿元,增11.4%,派中期息0.40元。
【财务状况】 1998/1999年度每股纯利225.5仙,每股股息80.0仙。

南京熊猫电子股份有限公司

【公司概况】 股票代码0553为,业绩报告结算日期为12月31日,实收资本为413015000A股,242000000H股,合计人民币655015000元。公司董事会主席:李安建。

【经营业绩】 为国家企业，主要产品为电视机，以“熊猫”牌为商标。现时投资VCD播放机，开发卫星通信移动电信UPS系统、电脑新产品及技术组件设计、仪器和生产工艺研究。1996年4月新发行242百万股H股上市，售价2.13港元。已与爱立信合作生产程控交换机及手提流动电话机。2000年上半年盈利人民币72.4百万元(上年同期亏损人民币107.8百万元)，不派中期息。每股净值人民币1.12元，10月已协议将全部有关电视机等业务(在亏损中)以人民币1.679亿元出售予控股公司，并以人民币1.124亿元购入京华股权38.03%(数码产品)及熊猫机电厂99%(高科技机电)。

【财务状况】 1999年度每股纯利2.0仙。

理文集团有限公司

【公司概况】 股票代码为0554，业绩报告结算日期为3月31日，实收资本为825000000股，合计人民币82500000元。公司董事会主席：李运强。

【经营业绩】 制造及销售手袋，纸制包装产品，卡式录音带产品，所出口大部份产品透过跨国百货连锁店出售，全部生产设施于东莞市，厂房面积逾百万平方呎。已于东莞兴建一间全新纸制包装产品工业城，占地面积约710000平方呎；并于泰国设厂生产手袋；1997年5月发行20625万股新股上市，每股售价1元。2000年9月止半年盈利81.28百万元，减1%，中期息0.06元，净存款70百万元，每股将值0.625元。

【财务状况】 1999/2000年度每股纯利15.5仙，每股股息13.0仙。

万信集团有限公司

【公司概况】 股票代码为0555，业绩报告结算日期为12月31日，实收资本为600000000股，合计60000000元。公司董事会主席：张永水。

【经营业绩】 从事提供一系列多种金融服务，包括证券买卖、保证金融资、期货及期权买卖、企业财务、研究和资产管理。收益大部分来自证券买卖、期货及期权买卖业务。所持港交所股份已于上市前出售。2000年9月配售及发售新股1.25亿股上市，每股售价0.55元。上市后每股有形资产净值0.574元。

【财务状况】 2000年度(至4月底止4个月)纯利27699千元。

城市e—Solutions有限公司

【公司概况】 股票代码为0557，业绩报告结算日期为12月31日，实收资本为383125524股，合计383125524元。公司董事会主席：郭令明。

【经营业绩】 原名城市酒店，曾调整资产，于2000年7月控股公司收购全部酒店权益，每股派现金3.38元，并重组资本，转营互联网业务为酒店服务，重组后净存款6亿元，其中2.7亿元将用于互联网商贸业务。8月改名如上。2000年上半年盈利11百元，减97%，不派中期息。

【财务状况】 1999年度每股纯利178.2仙，每股股息167.1仙(包括特别股息1.11元)。

精艺集团国际有限公司

【公司概况】 股票代码为0559，业绩报告结算日期为12月31日，实收资本为276000000股，合计27600000元。公司董事会主席：赖锦荣。

【经营业绩】 从事设计、生产销售仿真植物。产品以仿真圣诞树为主，分为素业类及仿真花两种。产品原料包括PVC胶片及金属材料，生产设施位于东莞、从化及威海市，1997年1月发行57.5百万新股上市，每股售价1元。1999年底每股净0.632元，净存款28.36百万元。2000年上半年盈利3.1百万元，增3.1%，不派中期息。3月开始制作及代理电视剧集，以换取广告时段，8月起合营内地机动车监测网络系统及有关器材及销售。

【财务状况】 1999年度每股纯利5.0仙。

珠江船务发展有限公司

【公司概况】 股票代码为0560，业绩报告结算日期为12月31日，实收资本为750000000股，合计75000000元。公司董事会主席：杨连威。

【经营业绩】 红筹股，直属广东省政府，主要从事香港与珠江三角洲各口岸之间内河货物运输。占广东省广佛高速公路公司25%股权、东莞虎门货柜码头东莞虎门公司30%股权、德庆康州港集装箱货运及鹤山市鹤港货运各40%。在港经营屯门珠江货仓，设一私家码头及拥有120辆货柜拖车。1997年5月发行新股187.5百万股上市。1999年底每股净值1.05元，净存款3.9亿元。2000年上半年盈利51.69百万元，增6.6%，派中期0.01元。

【财务状况】 年度每股纯利12.7仙，每股股息5.0仙。

保昌控股有限公司

【公司概况】 股票代码为0562，业绩报告结算日期为7月31日，实收资本为238800400股，合计23880040元。公司董事会主席：刘少荣。

【经营业绩】 主要从事货运代理、展品付运代理有关业务。新加坡、美国、中国亦设有海外办事处。于中国及海外有多间联号，并与中国教育委员合作于上海开设持牌展览搬运公司。1992年4月发行新股50百万股及旧股东出售10百万股上市，每股1元公售。1995年2月开设合营货仓，占地3.7万方呎。2000年7月底止每股净值1.1元，净存款1.4亿元。

【财务状况】 1999/2000年度每股纯利27.7仙，每股股息12.5仙。

科建拓展有限公司

【公司概况】 股票代码为0563，业绩报告结算日期为4月30日，实收资本为5625778046股，合计562577805元。公司董事会主席：Walter. J. Sovsa。

【经营业绩】 原名为永顺国际，主要从事国际海、陆、空运代理服务，包括船务代理、国际性搬屋服务、货仓及水险代理等。办事处分布香港、美国、加拿大、新加坡、中国等地。1993年8月发行43.3百万新股及旧股东出售9.7百万股上市，每股以1元公售。1999年管理层于8月变动，11月改名为辉联配运，4月配售予三星财团及禹铭投资等，集资4.9亿元，发展科网业，再改名如上，已入股科亚策略20%及飞卓科汇25%。2000年4月底每股净值0.0327元，净存款31.2百万元。

【财务状况】 1999/2000年度纯利亏损59.82百万元。

红发集团有限公司

【公司概况】 股票代码为0566，业绩报告结算日期为12月31日，实收资本为330229620股，合计33022962元。公司董事会主席：叶润权。

【经营业绩】 主要从事设计、制造及销售儿童玩具，产品主要出口至欧洲、亚洲及北美。生产设施位于深圳、东莞及香港。1996年1月发售新股65百万股上市，每股1元公售。1999年底每股净值1.12元，净存款1.13亿元。2000年上半年盈利21.89百万元，减3.6%，派中期息0.05元

【财务状况】 1999年度每股纯利28.6仙，每股股息15.0仙。

秀华国际集团有限公司

【公司概况】 股票代码为0567，业绩报告结算日期为3月31日，实收资本为466013785股，合计46601378元。公司董事会主席：刘学宏。

【经营业绩】 从事设计及销售ASIC之非标准晶片。并设计、制造及销售适用于私人电脑及其兼容设睾之系统板及增强产品；亦兼营电路及其他电子产品如CD机及电话等。1993年5月配售73.88百万股新股，每股计0.65元。配予惠州市政府占51%之机构(东茗占49%)，并将寿幸科研易名如上。现时主要业务为线路板制造及有关装配。2000年3月底每股净值0.372元，净存款70.3百万元，9月上半年盈利2.3百万元，减83.2%，不派中期息。

【财务状况】 1999/2000年度每股纯利5.2仙，每股股息2.5仙。

荣山国际有限公司

【公司概况】 股票代码为0570，业绩报告结算日期为12月31日，实收资本为829018244股，合计82901824元。公司董事会主席：叶少珍。

【经营业绩】 主要在国内从事发电业务。持有佛山发电厂及佛山城西发电厂各九成股权，两厂发电量为174735兆瓦。1993年3月发行45百万新股上市，每股以1.02元公售。两电厂于1998年4月售予佛山市政府的佛山发展，并向其购入佛山沙口发电厂80%，发电量为300000千瓦，作价13.38亿元，补差价约4.7亿元。付予新股3.15亿股及票据54百万元及承担债项。1999年底每股净值1.73元，净负债5.2亿元，2000年上半年亏损15.1百万元(上年同期盈利37.7百万元)，不派中期息。

【财务状况】 1999年度每股纯利11.6仙，每股股息5.0仙。

丰德丽控股有限公司

【公司概况】 股票代码为0571，业绩报告结算日期为12月31日，实收资本为1828143092股，合计182414309元。公司董事会主席：连宗

正。

【经营业绩】 原名景耀国际，1996年获注酒店改名为丽新酒店，曾持有丽嘉酒店及富丽华酒店等。2000年中重组，将酒店业售予丽新发展，现持有小量物业及多项电讯科网权益，包括Sunday 10%，HKATV Com25%，香港中国经济信息网络33%，comicinema.com100%，eSun 168 com60%，丽星广告100%，easyweek.com.hk 50%等，另持有丽展债项15亿元，协议于2002年底收回，并于7月改名如上。1999年底每股净值1.64元，净借贷97百万元。2000年上半年亏损1.92亿元，不派中期息。

【财务状况】 1999年度纯利亏损884.7百万元。

励晶太平洋集团有限公司

【公司概况】 股票代码为0575，业绩报告结算日期为3月31日，实收资本为1100174288股，合计11001743元。公司董事会主席：Jim Mellon。

【经营业绩】 为新兴市场之独立投资集团，业务遍布欧亚，对多种专门基金提供管理及顾问服务，亦从事设立、推广及分销等基金，并进行投资活动，主要投资上市证券。于俄罗斯亦设有证券经纪业务。1997年5月发行新股170.5百万股上市，每股售价2.62港元。1999年购入韩国金融公司实益14.26%。2000年3月底每股净值0.99元，净存款65.8百万元。5月，收购Interman(相当于Bigsave.com 67.2%，并更改英文名称；9月止半年亏损186.8百万元，不派中期息。

【财务状况】 1999/2000年度每股纯利72.5仙，每股股息24.0仙。

浙江沪杭甬高速公路股份有限公司

【公司概况】 股票代码为0576，业绩报告结算日期为12月31日，实收资本为内资股2909260000股，H股1433854500股，合计人民币4343114500元。公司董事会主席：耿小平。

【经营业绩】 国家企业。主要在浙江省经营公路投资建设和管理，有权开发和经营汽车维修加油设施等配套服务。共持有已完成495.2公里收费公路。1997年5月，发售H股上市公售及配售，每股售价2.38港元。1998年内投资人民币2亿元，合营石油公司，占50%。12月，以人民币9.14亿元增持嘉兴段公路权益至84.2%。1999年底每股净值人民币1.94元，净债项人民币17.9亿元；2000年上半年盈利人民币3.15亿元，增31.7%，派中期息0.02元，4月以人民币1850万元收购中恒世纪科技30%。

【财务状况】 2000年度每股纯利12.62仙，每股股息5.5仙。

天网(国际集团)有限公司

【公司概况】 股票代码为0577，业绩报告结算日期为3月31日，实收资本为3430164945股，合计68603299元。公司董事会主席：梁国驹。

【经营业绩】 为香港及大陆的建筑项目提供花岗岩及云石制品铺砌服务。并进口各式之花岗岩及云石制品，在香港及大陆批发。1996年4月以介绍方式上市399百万股。1999年9月成立天网，10月由友晖云石改名如上，天网设有三个网站，包括HK Cyber.com，HK Stock.com及Gameplayerscom均占59.5%，其中HK Cyber.com已分拆上市。2000年3月以每股净值0.206元(拆细后)，净负债26.79百万元，9月止半年盈利20.5百万元，增12.7%，不派中期息。

【财务状况】 1999/2000年度每股纯利0.188仙。

恒发世纪控股有限公司

【公司概况】 股票代码为0578，业绩报告结算日期为3月31日，实收资本为3108000000股，合计31080000元。公司董事会主席：陈进强。

【经营业绩】 主要从事对中国市场之皮革服装设计，制造及销售业务，厂房设于深圳及龙岩市，1997年4月发行新股9千万上市，每股售价1元。2000年3月底每股净值0.029元，净负债83百万元，6月购入福建一间电厂权益12.6%，成价90百万元，由龙田集团改名如上，所付代价包括皮革业滞销存货、应收帐及可换股票据。9月止上半年亏损9.9百万元，不派息。

【财务状况】 1999/2000年度纯利亏损68.8百万元。

其士建筑集团有限公司

【公司概况】 股票代码为0579，业绩报告结算日期为3月31日，实收资本为249000000股，合计24900000元。公司董事会主席：周亦卿。

【经营业绩】 原为其士发展部分业务，主要从事香港之楼宇建筑及土木工程，包括私人及公共两方面的建筑工程，亦承接香港政府的港口道路、渠务及水务工程。1996年1月以介绍方式上市，其士发展仍占控制权。1997年8月其士系进行重组，其士国际成为控股公司，占37.3%；而周亦卿则占18%，1998年合成联营公司，从事水管维修，占45%。2000年3月底每股净值0.376元，净存款65.4百万元，9月止半年亏损19.76百万元，不派中期息。

【财务状况】 1999/2000年度每股纯利3.41仙。

南华早报(集团)有限公司

【公司概况】 股票代码为0583，业绩报告结算日期为6月30日，实收资本为1733003996股，合计173300399元。公司董事会主席：郭孔演。

【经营业绩】 出版及刊印南华早报、出版书刊、杂志及经营印刷业务。公司早于1971年上市，1987年3月为澳洲新闻集团收购，于1990年6月重新上市，由新闻集团出售旧股262.5百万元，每股以3.08元公售。1993年10月郭鹤年以每股5.17元购得34.2%；1994年马联加入为股东，1996年收购电视企业私有化，兼营康乐及消闲业务。1999年11月推出财经网站，亦入股其他类型网站。2000年6月底每股净值2.36元，净存款4.72亿元。

【财务状况】 1999/2000年度每股纯利34.3仙，每股股息30.0仙。

宝途集团国际有限公司

【公司概况】 股票代码为0585，业绩报告结算日期为3月31日，实收资本为3385825000股，合计67716500元。公司董事会主席：高长昌。

【经营业绩】 主要设计、制造、推广及分销圣诞节日产品，包括仿真圣诞树、塑胶挂饰品、花环、铁线剪影架、反光装饰软藤草及其他挂饰配件。生产设施于深圳，并在布吉新厂生产PVC胶片。1997年2月，发行新股125.4百万股上市，每股售价1.28元。1997年7月上实入股7.4%。于1998年开始生产悠闲家私。2000年9月止半年盈利1.46亿元，增2.3%，派中期息0.006元。每股净值0.236元，净存款约1.5亿元。

【财务状况】 1999/2000年度每股纯利5.45仙，每股股息2.21仙。

科维控股有限公司

【公司概况】 股票代码为0586，业绩报告结算日期为3月31日，实收资本为609157333股，合计60915733元。公司董事会主席：刘学林。

【经营业绩】 从事设计、制造及销售本身牌子之广泛种类玩具，包括婴儿及学前玩具，以至电动、机动及供学习行走之玩具；亦买卖其他玩具及杂项货品。厂房设于中国，产品主销欧洲及澳洲。又成立零售部门，销售儿童玩具、家私及服装等。1990年7月发行75百万新股上市，每股以1.23元公售。1997年3月股权易手，联太工业成大股东。2000年3月底每股净值0.261元，净负债为51.6百万元。3月由刘学林及詹剑岑等收购，由香港玩具改名如上，随后收购"柔性控制系统"实益22%，10月购入广州购物中心约1万方呎。9月止半所亏损27.7百万元，不派中期息。

【财务状况】 1999/2000年度纯利亏损134.7百万元。

北京北辰实业股份有限公司

【公司概况】 股票代码为0588，业绩报告结算日期为12月31日，实收资本为内资股1160000000股，H股707020000股，合计人民币1867020000元。公司董事会主席：沙万泉。

【经营业绩】 国有企业，主要在北京从事物业投资及发展。物业均集中在朝阳区亚运村内的物业及配套设施物业。新世界中国旗下占9.6%股权。1997年5月发行614.8百万股H股上市，每股2.4港元。1997年底，收租投资物业4.7百万方呎，待销住宅92万方呎，发展中商住物业17.3百万方呎，待发展物业11.4百万方呎。1999年底每股净值人民币2.58元，净现金及存款人民币14.95亿元。2000年上半年盈利人民币80.18百万元，减17.2%，不派中期息。

【财务状况】 1999年度每股纯利7.3仙，每股股息2.5仙。

六福集团(国际)有限公司

【公司概况】 股票代码为0590，业绩报告结算日期为3月31日，实收资本为456000850股，合计45600085元。公司董事会主席：黄伟常。

【经营业绩】 从事金饰钻石首饰与宝石及其他配饰之采购、批发及零售。截至1999年底,共有18家零售店。1997年4月发行114百万股新股上市,每股售价1元。2000年2月与万兴合作拓展证券业,又已推出珠宝世界网,包括B2B及B2C交易平台。3月底每股净值0.915元,净现金70.4百万元,9月止半年盈利29.4百万元,减3.2%,派中期息0.025元。

【财务状况】 1999/2000年度每股纯利17.6仙,每股股息7.5仙。

堡狮龙国际集团有限公司

【公司概况】 股票代码为0592,业绩报告结算日期为3月31日,实收资本为274297493股,合计27429749元。公司董事会主席:罗蜀凯。

【经营业绩】 主要在东南亚以Bossini之牌子名称零售便服及配件。在香港、澳门、大陆、新加坡及马来西有庞大分销网,香港市场为主,亦出口往其他国家,并无设厂房,只由供应商提供产品。原为罗氏国际业务部分,1993年10月以介绍方式上市,并予独立分拆、将股份送予股东。港澳零售店41间,国内特许店63间,台湾45间及新加坡21间。2000年3月底每股净值1.2元,净存款46.76百万元;9月止半年盈利10.6百万元,减62.8%,不派中期息。

【财务状况】 1999/2000年度每股纯利28.89仙,每股股息11.5仙。

卓健亚洲有限公司

【公司概况】 股票代码为0593,业绩报告结算日期为12月31日,实收资本为884231851股,合计88423185元。公司董事会主席:Brian O'Connor。

【经营业绩】 主要在国内及港澳地区从事先进科技医疗设备。1997年初失去主要代理权。7月为现任主席以每股0.765元收购。原名为科力,于1998年1月改名如上。多次发行新股收购医疗机构,1999年底每股净值0.185元,净负债23百万元;2000年上半年盈利5.39百万元,增116.6%,9月底,拥有医疗中心261间,中医诊所19间,护老床位1475张,物理治疗中心12间以及牙科诊所32间、期内收购建荣建业68.3%,将医疗设备及网络注入,并且改名为ehealth careasia。每持20股卓健获1股作为中期息0.05元。

【财务状况】 1999年度每股纯利5.6仙。

先思行有限公司

【公司概况】 股票代码为0595,业绩报告结算日期为3月31日,实收资本为234141613股,合计23414161元。公司董事会主席:苏煜均。

【经营业绩】 为三星电子在香港、新加坡、马来西亚及印尼等地认可分销商之一,分销半导体镭射机芯、晶体管及其他电子元件之全线产品。1996年4月发行48百万股上市,售价1.1元。其后发展至电脑周边设备、多媒体产品、电子玩具以及MP3播放机。2000年3月底每股净值0.791元,净负债1.06亿元,8月完成购入韩国Reigncom 30%,开发DSP产品及互联网产品,9月止半年盈利14.4百万元,增13.7%,不派息。

【财务状况】 1999/2000年度每股纯利11.45仙。

怡邦行控股有限公司

【公司概况】 股票代码为0599,业绩报告结算日期为3月31日,实收资本为200000000股,合计20000000元。公司董事会主席:谢新法。

【经营业绩】 主要为进口及销售建筑五金(与门有关之产品)及卫浴设备。产品主要采购自欧洲及日本。销售对象为香港(占90%以上)及大陆的物业发展项目,以批发为主。在香港经营4间零售店铺并作陈列室。对未来作多项扩充计划,如提供网上采购,扩阔产品类别及增设零售点等。2000年3月配售新股60百万股上市,每股售价1.2元。9月止半年盈利19.5百万元,增3.6%,派中期息0.03元,上市后每股有形资产净值0.71元。2000年3月止年度每股盈利0.31元,派末期息每股0.01元。

【财务状况】 1999/2000年度纯利42736千元。

大华国际(集团)有限公司

【公司概况】 股票代码为0600,业绩报告结算日期为3月31日,实收资本为710208200股,合计35510410元。公司董事会主席:李达。

【经营业绩】 主要从事各类中上价加工软皮革贸易。包括鞋类、手袋、手表及家私的皮革贸易。在国内设立代办处、皮革加工厂及皮具制造厂,并收购澳洲一项进出口皮具业务。1993年9月发行40百万股及由旧股东出售10百万股上市,每股以1元公售。其后收购深圳石化化纤49%。已于澳洲开设6间零售皮具店,获奥运产品特许权。获预发集团三项品牌手袋独家制造权。2000年3月底每股净值0.286元,净负债74.7百万元;9月止半年亏损12.77百万元,不派息。

【财务状况】 1999/2000年度纯利亏损76.1百万元。

权智(国际)有限公司

【公司概况】 股票代码为0601,业绩报告结算日期为3月31日,实收资本为1186301029股,合计118630103元。公司董事会主席:谭伟豪。

【经营业绩】 主要从事设计、制造及销售私人电子英汉辞典、多语翻译机、手提液晶显示游戏机、电子记事簿、传呼机及图文传真卡等。也生产唯读光盘及光碟以至掌上电脑(设置发音功能)及个人数码助理,已经在国内开设分销网络,厂房设于大陆,主销香港、德国及东南亚。并与亚洲传讯公司订立合营项目,以拓展传呼市场产品并提供传播服务。1993年1月发行新股200百万股上市,每股以1.02元公售。已与美商及中国科学院合作发展网上教材服务。并投资于电子商贸、医疗入门网站及互联网电子交易所等。2000年3月底每股净值0.634元,净值项5.68百万元。9月止半年亏损54.6百万元,不派中期息。

【财务状况】 1999/2000年度每股纯利4.1仙,每股股息1.0仙。

光通信国际有限公司

【公司概况】 股票代码为0603,业绩报告结算日期为3月31日,实收资本为4663785628股,合计116594641元。公司董事会主席:铃木雅典。

【经营业绩】 主要制造及经销电池、电器及电子消费产品之电子零部件。并生产环保电池、电子宠物及硅橡胶产品。1993年5月发行36百万新股及由旧股东出售9百万股上市,每股以1.09元公售。1999年12月日本光通讯及盈科动力认购新股占51%及20%,以每股0.90元提出收购。已购入韩国拍卖网站,由金力易名如上,其后再购9个网站权益。2000年9月底每股净值0.207元(拆细后),净存款5.1亿元,半年盈利6.35百万元(上年同期亏损为15.1百万元)不派中期息。年结将改为7月。

【财务状况】 1999/2000年度纯利亏损114.4百万元。

深业控股有限公司

【公司概况】 股票代码为0604,业绩报告结算日期为12月31日,实收资本为1079500000股,合计107950000元。公司董事会主席:宋枝旺。

【经营业绩】 深圳市政府在港窗口公司。主要从事物业发展与投资,运输,基建及科技投资,占妈湾电力19%,环保电厂25%(在建中),赛格日立彩色显示器17.4%,深圳天威视讯(有线电视宽频网络)21.1%,正计划增购及投资深圳宽频城域网,占土地储备1894万方呎,已完成作投资314万方呎。1997年3月发行250百万股新股上市,每股售价1.85元。1999年底每股净值2.03元,净借贷6亿元,2000年上半年盈利118.7百万元,增10.3%,派中期0.03元。

【财务状况】 1999年度每股纯利22.26仙,每股股息6.0仙。

港佳控股有限公司

【公司概况】 股票代码为0605,业绩报告结算日期为12月31日,实收资本为564433557股,合计56443356元。公司董事会主席:张小林。

【经营业绩】 从事制造化学肥料及植物油,于上海及广州合作经营超级市场,亦进行化肥及谷类贸易。1999年底每股净值0.45元,净借贷1.34亿元,2000年上半年盈利8.6百万元,减20.2%,不派中期息。正与合作伙伴寻求设立散装食糖B2B贸易平台。

【财务状况】 1999年度每股纯利1.79仙,每股股息1.00仙。

东宁高科技(控股)有限公司

【公司概况】 股票代码为0606,业绩报告结算日期为6月30日,实收资本为15917378554股,合计1591737855元。公司董事会主席:黄仕灵。

【经营业绩】 1993年以1元上市,买卖电视及音响产品零件、发展至电单车及汽车零件。1994年开始制造电视机、影音产品、空调及洗衣机。1997年分拆高路华(已改名为中华数码)上市。1998年财务困难,初步获债权人同意重组,将于2001年2月底完成,1999年9月购入吉林显示器(TFT)产品权益30%,并获代销权。2000年6月底止每股净值0.05元,净负债11.4亿元,占中华数码52.37%,主席持股32%(2000年7月11日)。

【财务状况】 1999/2000 年度纯利亏损 384.5 百万元。

达利国际有限公司

【公司概况】 股票代码为 0608，业绩报告结算日期为 9 月 30 日，实收资本为 314423630 股，合计 31442363 元。公司董事会主席：潘汉锦。

【经营业绩】 从事洗水丝成衣之设计、制造、推广及销售业务。销予美国及美国以外之海外代理。于东莞及中山设有厂房。亦于杭州成立两间合营制衣厂，于国内共有 13 间制造厂权益，并于香港及国内设有零售点。1992 年 7 月发行新股 75 百万股上市，每股以 2.33 元公售。1999 年 9 月止每股净值 1.57 元，净存款 2.8 亿元。12 月提出三商行重组建议，已于 2000 年 8 月完成，占股权 80.8%。

【财务状况】 1998/1999 年度每股纯利 30.0 仙，每股股息 15.6 仙。

惠记集团有限公司

【公司概况】 股票代码为 0610，业绩报告结算日期为 3 月 31 日，实收资本为 773994034 股，合计 77399403 元。公司董事会主席：单伟豹。

【经营业绩】 经营土木工程。于珠海及上海经营石矿场；并于中国经营建筑材料贸易。1996 年 7 月将国内公路投资组成路劲上市，仍占 49.9%；1996 年 10 月以 1.52 亿元购入瑞安土木工程 80%，并购入鹤记建筑股权，与瑞安合并为亚太建设。2000 年 10 月末完成工程合约 70 亿元，2000 年 9 月底每股净值 2.3 元，净借贷 1.6 亿元，半所盈利 105.1 百万元，减 55.9%，不派息。新世界发展 6 月入股 16.54%。

【财务状况】 1999/2000 年度每股纯利 23.83 仙，每股股息 4.0 仙。

德兴集团有限公司

【公司概况】 股票代码为 0611，业绩报告结算日期为 3 月 31 日，实收资本为 300052800 股，合计 30005280 元。公司董事会主席：陈树杰。

【经营业绩】 主要在香港经营酒楼业，开设 10 间酒楼及餐厅，包括香港 9 间及澳门 1 间。且已开设西餐厅及咖啡室，提供各种西餐及意大利餐，亦与深圳设立上海菜馆。1993 年 1 月发行 75 百万新股上市，每股 1.02 元公售。2000 年 3 月底每股净值 0.29 元，净负债 2 亿元，9 月止半年亏损 18.27 百万元（上年同期亏损 35.35 百万元），不派中期息。

【财务状况】 1999/2000 年度纯利亏损 45.3 百万元。

渝港国际有限公司

【公司概况】 股票代码为 0613，业绩报告结算日期为 12 月 31 日，实收资本为 8453321700 股，合计 845332170 元。公司董事会主席：张松桥。

【经营业绩】 主要经销影音器材及元件，工业设备、金属及塑胶材料及汽车部件，而客户以中国为主。1993 年 10 月发行 91.5 百万新股上市，每股以 1.2 元公售。1999 年收购上市的确利达包装(1224)51.03%及可换股票据，可以增至 74.93%；2000 年 8 月购入彩星地产(075)34.5%，每股成价 2.2 元。1999 年底每股净值 0.245 元，净存款 7.2 亿元。2000 年上半年盈利为 15.1 百万元，增 10.9%，不派中期息。

【财务状况】 1999 年度每股纯利 1.65 仙，每股股息 0.5 仙。

东强电子集团有限公司

【公司概况】 股票代码为 0615，业绩报告结算日期为 12 月 31 日，实收资本为 404498648 股，合计 40449865 元。公司董事会主席：潘嘉雄。

【经营业绩】 从事设计、制造、出售消费音响产品、数码镭射唱机、电话、电子玩具、汽车立体声音响系统、卫星接收器及多功能电视等，厂房设于大陆。1991 年 8 月发行 50 百万新股上市，每股以 1.08 元公售。现致力于数码技术产品，占北京朝歌宽带网络信息公司 51%，成为全面有线电视网络解像供应商，亦于无锡成立合营公司生产家庭娱乐产品。1999 年底每股净值 1.05 元，净负债约 70 百万元；2000 年上半盈利 28.3 百万元，增 35.3%，派中期息 0.01 元。

【财务状况】 1999 年度每股纯利 16.4 仙，每股股息 3.0 仙。

I100 Limited

【公司概况】 股票代码为 0616，业绩报告结算日期为 12 月 31 日，实收资本为 1001000000 股，合计 100100000 元。公司董事会主席：徐大麟。

【经营业绩】 原名益泰，经营洁具有关业务及工程，2000 年 2 月以汉鼎亚太港金为首财团注入现金 2 亿元成为主要股东，于 4 月改名如上，除维持原有业务外，逐步发展资讯科技，业务包括解决方案及软件，无线及电讯媒体，已占启旋 ASP49%（亚洲互联网出牌版解决方案供应商），食亿网（中国食品工业电子商贸平台），亦投资于网上中文专家网络等。1999 年底每股净值 0.853 元，净存款 4 万元。2000 年上半年亏损 23.7 百万元（上年同期盈利 3.6 百万元），不派中期息。

【财务状况】 1999 年度每股纯利 2.7 仙，每股股息 4.8 仙。

百利保控股有限公司

【公司概况】 股票代码为 0617，业绩报告结算日期为 12 月 31 日，实收资本为 2318497452 股，合计 2318497452 元。公司董事会主席：罗旭瑞。

【经营业绩】 原为百利保国际业务部分，1993 年 12 月分拆上市，再于 1995 年 8 月合并。业务为物业投资及酒店东主及管理，占富豪 74%。也投资建筑及水泥厂，拥有百利保广场 198500 方呎及九龙城广场 515100 方呎。其他已完成待售物业 18.5 方呎，待发展 34.3 万方呎（包括赤柱黄麻角道项目）；山东、沈阳及北京各地，应占楼面面积约 140 万方呎；洛杉机有地盘 34 万方呎。1999 年底每股净值 2.37 元，净负债 88 亿元（包括富豪）。2000 年上半年亏损 279 百万元，不派中期息。谋求将非正式暂缓还款作出新安排。

【财务状况】 1999 年度纯利亏损 1363.6 百万元。

方正数码(控股)有限公司

【公司概况】 股票代码为 0618，业绩报告结算日期为 12 月 31 日，实收资本为 817000000 股，合计 81700000 元。公司董事会主席：张旋龙。

【经营业绩】 从事家用烟雾探测器、浴室及厨房用电子磅、量重器及高级照明设备和半导体之设计、制造及销售。产品于中国制造，主销美加及欧洲。1999 年底每股净值 1.05 元，净负债 25.6 百万元。2000 年上半年亏损 4.8 百万元（上年同期盈利 5.4 百万元），不派中期息，9 月底以 439.56 亿元（股）购入 Founder Data 全部权益，经营互联网广告，B2B 平台及解决方案，控制转移至方正占 39.62%，Yahoo 亦占 11.41%。

【财务状况】 1999 年度每股纯利 10.16 仙。

南华在线有限公司

【公司概况】 股票代码为 0619，业绩报告结算日期为 12 月 31 日，实收资本为 4862194240 股，合计 121554856 元。公司董事会主席：吴鸿生。

【经营业绩】 提供金融服务，包括股票经纪、 展融资及恒生指数期货合约、金银、商品及外汇买卖，主要客户集中于香港。集团亦从事证券投资。1993 年 2 月与广州资产评估公司合组广州南华投资顾问公司（占 70%），为中国及海外提供金融管理服务。1993 年 6 月发行 100 百万新股上市，每股以 2.2 元公售。1998 年底每股净值 0.046 元，净债项 39 百万元。1999 年底每股净值 0.0576 元，净债项 115 百万元。2000 年上半年盈利 19.7 百万元，减 24.9%，派中期息 0.00525 元。3 月由南华证券改名如上；于 9—10 月出售港交所股份 8.52 百万股（套现 1.2 亿元）后；仍持 1.66 百万股。已成立南华互动金融网。

【财务状况】 1999 年度每股纯利 1.31 仙，每股股息 0.5 仙。

太元集团有限公司

【公司概况】 股票代码为 0620，业绩报告结算日期为 7 月 31 日，实收资本为 504612390 股，合计 50461239 元。公司董事会主席：梁悦通。

【经营业绩】 从事土木及海事工程业务，包括挖掘、拖船、打捞沉船、填海工程、海港工程及造船；拥有驳船及同类船支队伍。上市后发展至楼宇电机工程、结构钢铁工程、海事有关工程及油漆工程等；于新加坡及中山设有船厂。1991 年 9 月以 1 元公售。4 月分拆基电控股（机电工程）上市。1999 年财政困难，基电控股于 2000 年已另行重组，太元亦于 4 月重组债务完成。2000 年 7 月底每股净值 0.0315 元，净借贷 131.7 百万元。

【财务状况】 1999/2000 年度每股纯利 510.0 仙。

中保永兴集团有限公司

【公司概况】 股票代码为 0621，业绩报告结算日期为 3 月 31 日，实收资本为 287500000 股，合计 28750000 元。公司董事会主席：张小舒。

【经营业绩】 主要于香港从事私人工程方面之上盖及地基打桩与基层建筑工程；亦承接更先进技术能力之特别工程，包括土木、电机与机械工程等。亦为“公共工程认可承建商”之一。1995 年 11 月发行 50 万元新股上市，每股以1元公售。2000年3月底每股净值0.728元，净存款1.4亿元，9月止半年亏损19.17百万元，不派中期息。
【财务状况】 1999/2000年度每股股息1.0仙。

银网集团有限公司

【公司概况】 股票代码为0622，业绩报告结算日期为8月31日，实收资本为3600375567股，合计360037557元。公司董事会主席：孙强。
【经营业绩】 从事皮制品零售，获全球专利权，使用成龙名字及肖像配集团设计之手袋及皮制饰物。并占有越南一间免税店63%。1993年8月为英皇杨氏以每股0.50元购得股权，1997年12月陈国平以每股0.235元，购得40%，并提全购，后由幸福集团易名凯达，而原有业务不变。1999年8月底每股净值0.038元，净借贷71.5百万元。2000年2月止半年亏损24.9百万元，不派中期息。2000年3月银建购控股权，将凯达易名如上，已开始终止并检讨零售业，投资于液晶体显示器，电子商贸及网上资讯服务。
【财务状况】 1998/1999年度纯利亏损97.0百万元。

利丰雅高印刷集团有限公司

【公司概况】 股票代码为0623，业绩报告结算日期为12月31日，实收资本为303280918股，合计30328092元。公司董事会主席：杨一贵。
【经营业绩】 从事精装书籍及平装书籍以至财经印刷业，亦与北京印刷厂合作，于当地设合营企业，并于上海参与包装业投资。1995年1月收购"赛马天下"。1999年底每股净值1.93元，净债项3.72亿元。2000年上半年盈利为50.5百万元，增19%，派中期息0.04元。
【财务状况】 1999年度每股纯利31.4仙，每股股息10.5仙。

日本信用保证集团有限公司

【公司概况】 股票代码为0626，业绩报告结算日期为12月31日，实收资本为707022412股，合计70702241元。公司董事会主席：郑鸿标。
【经营业绩】 经营存放款及发行信用卡服务，设有分行37间。为吉隆坡大众银行集团成员。1995年11月发行新股收购运通泰75%。1999年底每股净值3.77元，2000年上半年盈利1.97亿元，增10%，派中期息0.08元。客户存款12.6亿元，客户贷款37亿元，向外借款项9.1亿元。
【财务状况】 1999年度每股纯利51.7仙，每股股息20.0仙。

佑威国际控股有限公司

【公司概况】 股票代码为0627，业绩报告结算日期为3月31日，实收资本为275000000股，合计27500000元。公司董事会主席：梁鄂。
【经营业绩】 从事针对中港两地市场之男女便服设计、制造、分销及销售。所有产品均以U－RIGHT品牌分销。可分为春夏系列及秋冬系列。截至2000年3月底止年度之销售额分别占集团营业额约42%及58%。拥有约130间遍布中国17个省份及84个城市，以及20间由集团直接在香港经营之门市。亦透过八名认可分销商及其他客户在中国进行内销，继而分销各门市及百货商店之销售柜位。生产设施位于顺德市浩镇碧江工业开发区。而主要则由分包商制造，2000年10月发售新股68.75百万股上市，每股售价0.80元。9月止半年盈利24.58百万元，增26.7%，不派中期息。上市后每股有形资产净值0.93元(包括商标价值)。
【财务状况】 2000年度纯利33194千元。

辉影国际集团有限公司

【公司概况】 股票代码为0630，业绩报告结算日期为12月31日，实收资本为358494000股，合计35849400元。公司董事会主席：何燕琼。
【经营业绩】 制造及销售空白之资讯储存媒体产品，以及制造复制有内容之磁碟、唯读光碟、视像光碟、光碟数码唱片等。亦向全承包客户出售生产线，提供安装、专技及售后服务。亦为客户提供电脑软件服务，获MICROSOFT委任为授权代表。并为互联网提供"供应键管理"服务。1996年11月发行90750000股上市，每股售价1.05元。1999年底每股净值0.866元，净债项为88.4百万元。2000年上半年盈利25.6百万元，增20.7%，派中期息0.022元。
【财务状况】 1999年度每股纯利15.36仙，每股股息5.5仙。

爱美高中国集团有限公司

【公司概况】 股票代码为0631，业绩报告结算日期为12月31日，实收资本为2161581384股，合计216158138元。公司董事会主席：刘銮鸿。
【经营业绩】 原为华置集团业务部分。1996年11月重组分拆独立上市，集中于中国经济最蓬勃之三区域：北京、广东、上海。从事物业发展及投资，投资物业主要为北京东方大厦、北京希尔顿酒店、上海协泰中心(两层)、天津华盛广场及深圳罗湖商业城商场79个铺位等，发展中物业主要为上海新世界大厦(61层高)34.65%。1996年11月，以介绍方式上市，每4000股华置获送623股，1999年底每股净值0.947元，净存款3亿元。2000年上半年亏损15.7百万元(上年同期盈利14百万元)，不派中期息。
【财务状况】 1999年度纯利亏损48.8百万元。

启祥集团有限公司

【公司概况】 股票代码为0632，业绩报告结算日期为3月31日，实收资本为1825150000股，合计182515000元。公司董事会主席：姚贻昌。
【经营业绩】 主要从事视听器材、个人护理用品、家庭电器用品、成衣及食品之市场推广及经销业务。主要市场为港澳、南非及大陆。并于深圳兴建保税仓库，并投资生产业务，包括啤酒、食品及纸品等，于国内设厂。1997年已经将"启祥中国纸业"于美上市，12万股获送100股。2000年3月底每股净值0.241元，净借贷1.1亿元，6月每20万股送1000股启祥中国纸业，又作配售，股权已减至32.2%。9月止半年亏损13.3百万元，不派中期息。
【财务状况】 1999/2000年度每股纯利0.15仙。

彩星互动科娱有限公司

【公司概况】 股票代码为0635，业绩报告结算日期为12月31日，实收资本为672703673股，合计67270367元。公司董事会主席：陈俊豪。
【经营业绩】 早于1984年11月上市。1993年购入大量物业后，业务转为地产。将玩具业务于1994年初独立以介绍方式上市，送予股东，现时业务为玩具设计、发展及推广。透过占49%的友义玩具生产，主销美国。1999年底每股净值0.606元，净存款2.1百万元，2000年上半年盈利1.24亿元，(上年同期亏损34.7百万元)。派中期息0.02元。已发展互动电子玩具，5月改名如上，持有彩星地产4.3%及ICG股份约4%。
【财务状况】 1999年度每股纯利0.91仙，每股股息31.0仙。

港基国际银行有限公司

【公司概况】 股票代码为0636，业绩报告结算日期为12月31日，实收资本为1172160000股，合计1172160000元。公司董事会主席：亚里沙巴。
【经营业绩】 为香港注册成立之持牌银行，提供各类银行金融、保险等有关服务，拥有28间分行，分布香港各有利地点，原名为新鸿基银行，阿拉伯银行于1985年收购，1993年10月上市由大股东出售159百万股，每股售价3.76元。2000年上半年盈利1.09亿元，增50.4%，中期息0.03元，贷款159.6亿元，呆账拨备86.9百万元，存款222.5亿元。每股净值2.9元，资本充足比率为19.37%。
【财务状况】 1999年度每股纯利2.03仙，每股股息5.0仙。

建溢集团有限公司

【公司概况】 股票代码为0638，业绩报告结算日期为3月31日，实收资本为376845000股，合计37684500元。公司董事会主席：郑楚杰。
【经营业绩】 从事设计，制造及销售遥控及线控玩具车，兼营家电产品，输美国和欧洲为主。厂房设于中国，在宝安松岗建一幢总面积约38万平方呎之工厂大楼，另在韶关建有两幢大楼11万方呎。1997年4月发售新股85百万股上市，每股售价1.28元。2000年初收购标准摩打70%，代价30百万元。2000年3月底每股净值0.906元，净存款1.1亿元，9月止半年盈利48.08百万元，减2.2%，中期息0.025元。
【财务状况】 1999/2000年度每股纯利23.19仙，每股股息9.5仙。

福辉控股有限公司

【公司概况】 股票代码为0639，业绩报告结算日期为12月31日，实收资本为730800000股，合计73080000元。公司董事会主席：许美星。
【经营业绩】 设计、制造及销售珠宝首饰，主要包括玉石首饰及钻石首饰。1996年12月苏适等向林祥湖购入29.68%，每股0.55元，成大股东。1998年投资证券大量亏损、原主席苏适于1999年5月辞职，出售非核心业务，计划供股集资有条件收购福建龙岩市电厂90%，未能实行。1999年底每股负值0.116元,净借贷91.9百万元。2000年上半年亏损13.1百万元,不派中期息。正商讨重组债务。

【财务状况】 1999年度纯利亏损97.17百万元。

立信工业有限公司

【公司概况】 股票代码为0641,业绩报告结算日期为12月31日,实收资本为524586285股,合计52458628元。公司董事会主席:方寿林。

【经营业绩】 设计、制造及销售纺织工业用之染色及整理机械。主销香港,次销大陆,亦售予其他国家,厂房设于香港及内地,亦投资于不锈钢铸件制造;北京金融街物业发展占权益18.2%,已在进行中。1999年底每股净值0.826元,净负债1.4亿元。2000年上半年盈利为47.6百万元,增331%,派中期息0.03元。

【财务状况】 1999年度每股纯利7.7仙,每股股息3.0仙。

恒富控股有限公司

【公司概况】 股票代码为0643,业绩报告结算日期为12月31日,实收资本为360000000股,合计36000000元。公司董事会主席:Rusli Hendrawan。

【经营业绩】 从事制造,出口及买卖针织上衣(包括马球衫、便装衬衫、短袖汗衫及女装上衣等)。亦有制造,出品及买卖梭织衬裤及毛衫。产品以男仕、女仕及儿童为对象,按客户指定设计及规格制造。并使用客户品牌出售(包括Gap及Tommy Hilifiger),生产设施位于印尼。主要输往美国,其次欧洲,加拿大,亚洲及其他国家。2000年2月配售及发售新股90百万股上市,每股售价1元。6月止半年盈利43.65百万元,增14%,中期息0.056元。上市后每股有形资产净值0.59元。2000年12月止年度每股盈利0.3729元,不派末期息。

【财务状况】 1999年度纯利100676千元。

港台集团有限公司

【公司概况】 股票代码为0645,业绩报告结算日期为3月31日,实收资本为340616934股,合计153277620元。公司董事会主席:杨天生。

【经营业绩】 主要从事制造运动及轻便鞋、以多个国际知名牌子销售、主销美国。生产设施位于中国及印尼。1993年12月发行220百万新股及旧股东出售55百万股上市,每股以1.28元公售。印尼厂房1999年已协议售出,但未能完成,并涉及诉讼,已予拨备。2000年3月底每股净值0.825元,净存款28.8百万元。9月止半年盈利27.8百万元(上年同期亏损41.64百万元),不派息。

【财务状况】 1999/2000年度纯利亏损38.0百万元。

Joyce Boutique Holdings Ltd.

【公司概况】 股票代码为0647,业绩报告结算日期为12月31日,实收资本为1600000000股,合计160000000元。公司董事会主席:马景华。

【经营业绩】 零售男女时装及饰物、经营一系列连锁店,并出版Joyce Magazine。该等连锁店以Joyce或设计师命名,并经营咖啡座及花店。除香港零售店外,已进军东南亚,其后整顿,业务集中香港及台湾。1998年12月发行新股予意大利上市时装集团Hdp,占20%。1999年底每股净值0.263元,净借贷32.6百万元,2000年上半年盈利8.38百万元,不派中期息。7月会德丰注资2.05亿元,并以每股0.25元提出收购,已占51.99%。

【财务状况】 1999年度纯利亏损12.4百万元。注:截至1999年底止9个月,以前年结为3月。

软库发展有限公司

【公司概况】 股票代码为0648,业绩报告结算日期为6月30日,实收资本为1885915878股,合计188591588元。公司董事会主席:后藤顺一。

【经营业绩】 分销染料及有关产品,为"拜耳"及"嘉色喇"染料之独家经销商,亦提供染色、印花及整理服务、以及制造家用织物及成衣;参与发展南海桃园乡村俱乐部(占地400亩),占57.9%。日本软库2000年1月认购新股占61.1%;2000年6月底每股净值0.182元,净存款1.2亿元,现已入股金汇,中华网,中旅网及软库亚洲基金、Morning Star Asia,并已订意向书与其他科技机构合作。

【财务状况】 1999/2000年度纯利亏损29.8百万元。注:截止2000年6月止15个月,以往结算期为3月。

东建科讯控股有限公司

【公司概况】 股票代码为0649,业绩报告结算日期为12月31日,实收资本为258688400股,合计25868840元。公司董事会主席:魏可英。

【经营业绩】 主要在福州市发展住宅及商用物业,并提供物业管理服务。1998年6月发售50百万股新股上市,每股售价1元。1999年底每股资产净值0.98元,净借贷1.57亿元。2000年上半年盈利为49.3万元,减95.2%,不派中期息。多项物业发展中,3月开通中国财富网络,占55%,由东建集团改名为东建科讯,计划透过中英合营公司兴建福建海峡科技城及海峡数码港大楼,已在动工中,2001年带来贡献。

【财务状况】 1999年度每股纯利8.0仙。

顺昌集团有限公司

【公司概况】 股票代码为0650,业绩报告结算日期为3月31日,实收资本为387371600股,合计38737160元。公司董事会主席:王世荣。

【经营业绩】 主要在香港从事建筑及建造之电力及机械工程服务设计、供应、安装、保养工作。获电力、消防及水务设施承造认可承建商资格。亦买卖电力及电机工程用料与设备。1992年9月发行65百万股新股上市,每股以1.02元公售。2000年3月底每股净值0.502元,净存款91.4百万元,4月至10月共购入启航国际7.7%,参与台湾投资重制歌曲为VOD系统。9月止半年盈利5.89百万元,减56.5%,不派中期息。

【财务状况】 1999/2000年度每股纯利9.63仙,每股股息1.75仙。

和成国际集团有限公司

【公司概况】 股票代码为0651,业绩报告结算日期为12月31日,实收资本为4698693818股,合计469869382元。公司董事会主席:赵渡。

【经营业绩】 主要从事金属产品贸易业务,代理买卖铝锭,另亦以委托人身份从事金属产品之贸易。1998年7月发行105百万股新股上市,每股售价1元,1999年底每股净值0.128元,净债项81.6百万元,2000年上半年亏损77.4百万元,不派中期息。正与中国邮电器材总公司合作成立网上贸易入门网站,10月协议以每股29元收购宝福集团股权34.87%,耗资2.98亿元。

【财务状况】 1999年度纯利亏损180.3百万元。

香港华人银行集团有限公司

【公司概况】 股票代码为0655,业绩报告结算日期为12月31日,实收资本为1351537094股,合计1351537094元。公司董事会主席:李文正。

【经营业绩】 力宝集团成员,与华创共控,占华人银行100%,深圳华商银行25%,力宝美卫人寿保险50%(已售出)及力宝亚洲(证券及业务顾问),华人银行原拥有建屋贷款58.6%,已售予力宝华润。于1992年9月发行200百万股新股上市,每股以2元公售,1998年7月华创拟购力宝所持股权,每股作价2.82元,并提全购,后告吹。1999年底每股净值2.92元,2000年上半年盈利268.2百万元(包括出售力宝美卫寿险利润1.61亿元),增1641.9%派中期息0.0175元,呆坏帐为1.11亿元,客户存款较上年底减13%,贷款增3.5%;贷存比率为66.7%,资本充足比率32.1%。

【财务状况】 1999年度每股纯利3.0仙。

环科国际集团有限公司

【公司概况】 股票代码为0657,业绩报告结算日期为3月31日,实收资本为484853527股,合计48485352元。公司董事会主席:郑合辉。

【经营业绩】 主要业务为在香港经营专门供应潮州菜之中式连锁酒楼,中港两地均有多家分店;又经营惠州君豪酒店,占90%权益。1992年10月发行38百万股新股上市,每股以1.28元公售。2000年3月底每股净值0.262元(经8月供股调整),净借贷47百万元。9月止半年亏损5.5百万元,不派息,计划投资于食物容器业务,于10月由潮州城集团改名如上。

【财务状况】 1999/2000年度纯利亏损13.88百万元。

太平洋港口有限公司

【公司概况】 股票代码为0659,业绩报告结算日期为6月30日,实收资本为2059968000股,合计205996800元。公司董事会主席:陈永德。

【经营业绩】 投资、发展,经营港口及内河码头。持有福建省厦门、江苏省南京及苏州五个项目之发展权。1997年4月惠扬控股发行新股2亿股分拆上市,每股售价3.09元。1998年出现财务问题,新世界基建以每股1.15元购得股权。于2000年4月以46.47亿元向新基购入海陆货柜码头33.34%及亚洲货柜55.67%等权益,新基另持优先股(可购回可换股)31.93亿股。2000年6月底每股净值0.635元,净存款39.38百万元。

【财务状况】 1999/2000年度每股纯利2.58仙。注:至2000年6月底止18个月,以往结算期为12月。

耐力国际集团有限公司

【公司概况】 股票代码为0660,业绩报告结算日期为12月31日,实收资本为268104508股,合计26810451元。公司董事会主席:冯申铨。

【经营业绩】 为OEM客户制造真皮及人造皮鞋、运动鞋、轻便鞋、休闲鞋及护士鞋,供该等客户包括多个名牌子销售。生产设施位于大陆,拥有多间厂房及联号,于台湾亦设有样品生产厂房及仓库,主销美国。为南华集团成员占42.52%,未加入董事会。1995年中曾有财团拟收购,已予拒绝。1999年底每股净值1.11元,净存款约54百万元。2000年上半年亏损1.7百万元(上年同期盈利3.8百万元),不派中期息。

【财务状况】 1999年度每股纯利1.0仙,每股股息1.0仙。

添发庆丰(集团)有限公司

【公司概况】 股票代码为0661,业绩报告结算日期为4月30日,实收资本为2267508631股,合计56687715元。公司董事会主席:陈发柱。

【经营业绩】 从事黄金提炼及买卖,珠宝首饰零售。于常州设有厂房。占東方鑫源及鑫成金属部分股权。于中国从事提炼业务。拥有两项投资物业出租。又参与国内若干物业发展,并设有金融投资及服务,1996年11月将黄金及金属业务组成庆丰金分拆上市。10月购入香岛印染33.71%(已摊薄至31.34%),1997年12月将珠宝首饰业务售于庆丰金,占股权48.89%。2000年4月底每股净值0.10元,净借贷7.36亿元。

【财务状况】 1999/2000年度纯利亏损43.9百万元。

亚洲金融集团有限公司

【公司概况】 股票代码为0662,业绩报告结算日期为12月31日,实收资本为1025955853股,合计1025955853元。公司董事会主席:陈有庆。

【经营业绩】 原名为亚洲保险,经营保险业务。在1990年底与香港商业银行合并为亚洲金融。现时业务为银行、保险及证券经纪。1999年底每股净值2.92元。2000年上半年盈利89.3百万元,增20.8%,中期息0.025元,银行客户存款97.46亿元,贷款73为亿元,提供纯利35.7百万元,增68%,保险业纯利30.8百万元,减28%,其他盈利投资。

【财务状况】 1999年度每股纯利14.9仙,每股股息7.0仙。

恒光行实业有限公司

【公司概况】 股票代码为0663,业绩报告结算日期为12月31日,实收资本为732044805股,合计146408961元。公司董事会主席:G.C. Dobby。

【经营业绩】 从事眼镜架、矫正视力眼镜及太阳眼镜之设计、制造及销售,亦产销验光眼镜片,经销光学仪器及配件与有关产品等,核数师对1996及1997年业绩有保留。1997年3月18日遭证监停牌。1999年底负值2.19亿元,净负债5.3亿元。1999年4月银行债项11亿元,已协议发行新股及票据等完成重组债务。2000年上半年亏损14.33百万元,不派中期息。

【财务状况】 1999年度纯利亏损37.7百万元。

大福证券集团有限公司

【公司概况】 股票代码为0665,业绩报告结算日期为3月31日,实收资本为488409699股,合计48840970元。公司董事会主席:郑家纯。

【经营业绩】 主要业务为在香港提供金融服务,包括股票经纪、融资、买卖期货、期权及日转期汇、并提供企业融资、投资管理及代理人服务,亦以投资者身份进行证券买卖,已拓展至中国股市买卖B股。1996年7月发行新股75百万股上市,售价1.33元。1997年9月,以12百万元购母公司之保险经纪及代理业务。成立网上交易部。2000年3月底每股净值1.78元,净借贷6.28亿元,9月止半年盈利62.29百万元,减32.4%,中期息0.04元。

【财务状况】 1999/2000年度每股纯利57.7仙,每股股息19.0仙。

禹铭投资有限公司

【公司概况】 股票代码为0666,业绩报告结算日期为12月31日,实收资本为1691171989股,合计169117198元。公司董事会主席:冯永祥。

【经营业绩】 主要投资于香港或澳门之上市或非上市的物业公司。1990年12月发行新股200百万股上市。1997年合资购入旺角中心共4.5万方呎,已售部分,部分出租;证券投资包括南顺、壹传媒、新世界中国、海晖及新华制药,投资可换股票据,包括科建拓展、上实、广南、信和、鹰君、新基、汉国、百利保、保华德祥、北置、中远太平洋、粤海及丽展等。1999年底每股净值0.75元,存款2.6亿元,2000年上半年盈利39.3百万元,增2.7%,派中期息0.02元,9月底每股净值0.74元,12月底已售清科建拓展13.9%。

【财务状况】 1999年度每股纯利3.5仙,每股股息4.0仙。

香港饮食管理有限公司

【公司概况】 股票代码为0668,业绩报告结算日期为3月31日,实收资本为312803609股,合计31280361元。公司董事会主席:陈伟彰。

【经营业绩】 经营食肆及面包店,包括中式酒楼、西餐厅、韩国以及日本料理等,另拥有圣安娜饼屋,已拓展至中国。并于深圳设立制造厂。又收购面包廊权益。饼店及面包店共67间,于1997年12月由八百伴饮食改名如上。2000年3月底每股净值1.39元,净存款1.37百万元,11月分拆圣安娜控股(西饼及面包)上市,每4股获送1股,仍占60.15%。9月止半年盈利20.9百万元,增30%,中期息0.03元。

【财务状况】 1999/2000年度每股纯利15.6仙,每股股息10.0仙。

创科实业有限公司

【公司概况】 股票代码为0669,业绩报告结算日期为12月31日,实收资本为561016826股,合计112203365元。公司董事会主席:H.J. Pudwill。

【经营业绩】 从事设计制造及经营家居轻工业可再充电无线机动工具,厂房设于中港及印尼,产品主销北美及欧洲。经年发展,现业务为四类:电动工具、地板护理产品、太阳能及电子产品、贸易及其他。1999年底每股净值1.19元,净存款20.8百万元,2000年上半年盈利79.7百万元,增28%,派中期息0.04元,6月以7亿元购入北美RYOBI手提及工作台电动工具资产及业务。

【财务状况】 1999年度每股纯利28.15仙,每股股息9.3仙。

中国东方航空股份有限公司

【公司概况】 股票代码为0670,业绩报告结算日期为12月31日,实收资本为法人股3000000股A股300000000股H股1566950000股,合计为人民币4866950000元。公司董事会主席:李仲明。

【经营业绩】 国家企业,从事国内与国际航空客货运服务。1997年1月发行H股140百万股上市,每股售价1.38元。截至2000年6月底止,经营184条航线,国内航线156条(包括香港13条),国际航线28条,共拥有68架飞机。2000年上半年盈利人民币2亿元,增110%,不派中期息。每股资产净值人民币1.48元,净债项人民币161亿元,综合运载率56.45%,盈亏平衡点运载率52.87%。

【财务状况】 1999年度每股纯利3.1仙。

恒利国际集团有限公司

【公司概况】 股票代码为0673,业绩报告结算日期为3月31日,实收资本为358004664股,合计35800466元。公司董事会主席:林日强。

【经营业绩】 主要经营采购及分销二极管、三极管与电容器及制造。产品主要售予香港之电子零件分销商及产品制造商,也出口美国、欧洲及亚洲国家。总办事处位于香港。生产设施则位于东莞及深圳。1996年10月发售新股67百万股,每股1元。2000年3月底负值2.28亿元,净债项2.08亿元,正磋商债务重组。9月止半年亏损15.18百万元,不派息。

【财务状况】 1999/2000年度纯利亏损49.9百万元。

友力投资(控股)有限公司

【公司概况】 股票代码为0674,业绩报告结算日期为3月31日,实

收资本为1094000000股,合计54700000元。公司董事会主席:施静腾。

【经营业绩】 经营供应潮洲菜式酒楼。1991年1月发行35575000新股上市,每股以1.2元公售。原名为金岛集团。1997年8月现任主席以每股1.68元收购60.3%,并易名如上,现经营中港之间潮式酒楼、也经营一般贸易业务,2000年1月现任主席购得控制权,2000年3月底每股净值0.224元,净存款80.9百万元,4月购入10百万美元美国OPAL(中国有机肥料产销)4%可换股票据。9月止半年亏损1.1百万元,不派中期息。

【财务状况】 1999/2000年度纯利亏损47.3百万元。

坚宝国际控股有限公司

【公司概况】 股票代码为0675,业绩报告结算日期为12月31日,实收资本为250004800股,合计25000480元。公司董事会主席:赖培和。

【经营业绩】 制造及销售导电硅橡胶按键及其他硅橡胶产品,以及设计制造、销售电子计算机及闹钟;亦为客户牌子制造,而本身亦有牌子。生产设施位于中山及观澜。产品售予中国、欧洲、北美及亚洲国家。1997年1月发行55百万新股上市,每股售价1元。1999年底每股净值0.461元,净负债6.7百万元,2000年上半年盈利2.32百万元,增74.5%,不派中期息。

【财务状况】 1999年度每股股息0.5仙。

创信集团有限公司

【公司概况】 股票代码为0676,业绩报告结算日期为12月31日,实收资本为721200000股,合计72120000元。公司董事会主席:吴振山。

【经营业绩】 从事制鞋业制造商、生产多种运动鞋休闲鞋、凉鞋、皮靴、保龄球鞋及高尔夫球鞋、主要客户为国际知名的鞋类商标拥有和使用者,目前拥有34条生产线,主销往北美、设施位于广东番禺市。1996年10月发行180.3百万股新股上市,每股售价1.08元。1998年底起获魔术屋、迪士尼及史诺比鞋品于国内产销权。1999年底每股净值0.919元,净借贷39百万元,2000年上半年盈利87百万元,增5.8%,派中期息0.03元。

【财务状况】 1999年度每股纯利16.3仙,每股股息6.5仙。

金源米业国际有限公司

【公司概况】 股票代码为0677,业绩报告结算日期为3月31日,实收资本为1278581460股,合计127858146元。公司董事会主席:林炯灿。

【经营业绩】 在香港经营入口、处理、调沟、包装及分销食米之业务,厂房设于青衣及汕头。亦投资于越南加工厂。1998年10月以每股0.95元,配售95百万股予广南集团。2000年3月底每股净值0.886元,净存款1.7亿元,4月收购德众(已改名为金源创展)28.45%,现为投资业务,计划转型至生物科技。9月止半年盈利50.49百万元,增53.7%,派中期息0.015元。

【财务状况】 1999/2000年度每股纯利12.7仙,每股股息3.0仙。

丽星邮轮有限公司

【公司概况】 股票代码为0678,业绩报告结算日期为12月31日,实收资本为4140994537股,合计USD414099454美元。公司董事会主席:拿督林国泰。

【经营业绩】 是世界上第四大邮轮经营者,旗下拥有二十艘邮轮及逾21000个下层客舱。借着丽星邮轮品牌,现为亚太区手执牛耳的邮轮旅游公司。丽星以下层客店仓数目计算占亚太区载客量约达51%。于2000年2月购入NCL的控股权,经营挪威和东方邮轮。NCL以下层客舱数目计算为美国第四大邮轮旅游经营者,透过收购NCL,现时经营遍及整个美洲,欧洲及亚太区港口出发的定期邮轮旅游。2000年11月以介绍方式及配售旧股609781993股及新股7579.2万股上市,每股售价USD5.66元。上市后每股有形资产净值USD1.79元。截至2000年9月止9个月纯利USD1726.9万元。

【财务状况】 2000年度(至6月底止6个月)纯利亏损1544千美元。

亚洲联网科技有限公司

【公司概况】 股票代码为0679,业绩报告结算日期为3月31日,实收资本为5207168000股,合计520716800元。公司董事会主席:蓝国恩。

【经营业绩】 原名亚洲企业,从事设计、制造及销售客户订制之电镀机械、电路板所需之湿式处理设备、装配半导体及一般金属表面处理所用之电镀机械。亦设计及生产水质净化设备及废料处理系统,1997年开展舞台制作工程服务、娱乐制作服务、放款及物业投资。又与航天成立合资企业,从事设计制造整流器及制造风力发电机。1999年投资于卫星通讯HK Skye.com 16%,2000年3月底每股净值0.116元,净存款1.17亿元,9月止半年盈利90.9百万元(上年同期亏损8.77百万元),不派中期息。

【财务状况】 1999/2000年度每股纯利0.56仙。

Savoy Concepts Ltd.

【公司概况】 股票代码为0680,业绩报告结算日期为12月31日,实收资本为6187192000股,合计618719200元。公司董事会主席:林小春。

【经营业绩】 主要从事设计、发展、制造及销售电讯及教育性电子产品,在大陆及香港生产,以外销欧美为主。12月底Savoy购得控制权,2000年5月由群思集团改名如上,9月由中国数码信息认购47亿股,每股0.10元,由负资产转由净资产4.73亿元,每股0.076元。2000年上半亏损59.87百万元,年结期改为3月,并将再改名为Learning Concepts Holding Ltd.。

【财务状况】 1999年度纯利亏损75.2百万元。

基电控股有限公司

【公司概况】 股票代码为0681,业绩报告结算日期为3月31日,实收资本为713368757股,合计71336876元。公司董事会主席:王克端。

【经营业绩】 为太元集团成员,主要在港及从事设计、供应、安装及保养建造业之机电工程。1997年4月发售新股1亿股分拆上市,每股售价1元。2000年3月底每股负值1.48元(经调整后),债务已作重组,迪臣发展控制56%,至9月上半年盈利36.7百万元(上年同期亏损31百万元),不派中期息。

【财务状况】 1999/2000年度纯利亏损110.6百万元。

超大现代农业(控股)有限公司

【公司概况】 股票代码为0682,业绩报告结算日期为6月30日,实收资本为1600000000股,合计160000000元。公司董事会主席:郭浩。

【经营业绩】 为综合性及现代化农业企业。于大陆从事农产品及畜牧业管理与经营。利用先进农业技术提供种类繁多的农产品、农业原料及农业副产品。亦从事农产品培植及销售,包括蔬菜、水果及米,为大陆及香港市场的主要供应商之一。亦透过于其专卖店出售副食品。所出售的农产品均以"超大"品牌及商标出售。亦于广东经营两个山羊繁殖场,正研究以更具成本效益大量繁殖。2000年12月发售及配售新股4亿股上市,每股售价人民币1.52元。上市后每股有形资产净值人民币0.53元。

【财务状况】 2000年度纯利人民币67314百万元。

嘉里建设有限公司

【公司概况】 股票代码为0683,业绩报告结算日期为12月31日,实收资本为1119323197股,合计1119323197元。公司董事会主席:郭孔轮。

【经营业绩】 投资发展中港物业与货仓,拥有中港多项物业及货仓,亦经营物流中心。另占西隧15%,亚洲航空货运站15%。深圳凯丰码头25%,沪宁高速公路(上海段)19.6%,亦投资于澳洲及马尼拉物业。2000年上半年盈利6.03亿元,减8.6%,派中期息0.20元。借贷净额91.9亿元,负债比率37%,每股净值22.09元。

【财务状况】 1999年度每股纯利110.25仙,每股股息40.0仙。

亚伦国际集团有限公司

【公司概况】 股票代码为0684,业绩报告结算日期为3月31日,实收资本为335432520股,合计33543252元。公司董事会主席:张伦。

【经营业绩】 集团从事设计、生产、销售多类家庭电器,如搅拌器、榨汁机等,亦生产塑胶零件、精密元件及注塑模具,以至吹发器及卷发器,主要厂房设于大陆。1992年10月发行新股56百万股及旧股东出售14百万股上市,每股以1.03元公售。2000年3月底每股净值0.908元,净存款81百万元,9月止半年盈利48.1百万元,增49.1%,派中期息0.02元。

【财务状况】 1999/2000年度每股纯利22.1仙,每股股息8.0仙。

明报企业有限公司

【公司概况】 股票代码为0685,业绩报告结算日期为3月31日,实收资本为392245000股,合计39224500元。公司董事会主席:张晓卿。
【经营业绩】 从事报章、书籍杂志印刷及出版业务,包括明报、明报周刊、亚洲周刊及明报月刊;并经营旅游业。1991年1月发行75百万新股上市,每股以2.9元公售。1991年底,明智控股以每股3.025元购入50%,1999年已经营"mingpao.com"互联网站,并获中建电讯及雅虎入股。2000年3月底每股净值3元,净存款900万元,9月止半年盈利50.2百万元,增536.7%,派中期息0.03元
【财务状况】 1999/2000年度每股纯利21.0仙,每股股息3.0仙。

Gay Giano International Group Ltd.

【公司概况】 股票代码为0686,业绩报告结算日期为3月31日,实收资本为200000000股,合计20000000元。公司董事会主席:张承智。
【经营业绩】 为零售女士及男士时尚服装,销售由集团拥有,设计及生产之品牌Gray Giano ,Cour Carre'及Due G时装。包括外套、西装上衣、大褛、晚礼服、裙、裤、男女装恤衫、皮革品、针织服装及配饰物。透过深圳、广州及重庆之特许经销商推广及分销Cour Carre'系列之产品。2000年3月于香港拥有19间Gay Giano, Cour Carre'以及Due G时装店及4间位于中国之Cour Carre'特许经营专卖店。计划于台湾、韩国及新加坡发展新市场。2000年3月配售及发售新股50百万股上市,每股售价1.2元。9月止半年亏损1.3百万元,不派中期息。上市后每股有形资产净值0.36元。2000年3月止年度每股盈利0.238元,每股末期息0.058元。
【财务状况】 1999/2000年度纯利35666千元。

泰升集团有限公司

【公司概况】 股票代码为0687,业绩报告结算日期为3月31日,实收资本为731865903股,合计73186590元。公司董事会主席:张舜尧。
【经营业绩】 主要从事地基打桩业务及有关机械租赁与贸易。亦作物业投资及发展。1993年8月,由中国冶金占40%的财团以每股1.2元收购38.8%,并于1994年10月由志成易名如上,继续地基打桩业务,现持有中港两地若干物业作投资,包括天津国际大厦(561439方呎)80%.上海华园大厦60%(约14万方呎);上海爱都公寓60%(约10万方呎);上海内销房约30万方呎待发展。2000年3月底每股净值0.915元,净负债2.6亿元,9月止半年盈利8.5百万元,增59.5%,不派中期息。
【财务状况】 1999/2000年度每股纯利1.76仙。

中国海外发展有限公司

【公司概况】 股票代码为0688,业绩报告结算日期为12月31日,实收资本为5436503609股,合计543650361元。公司董事会主席:孙方杰。
【经营业绩】 投资及发展香港与大陆物业,亦经营建筑业。1992年8月,发行820百万股新股上市,每股以1.03元公售。拥有五个香港发展项目部份权益,物业发展以内地为主。已投资于韶关电厂、南宁4桥1路、柳州6桥1路、山东2路1桥、梧州及南京水电站等。又持有菱电发展股权21.11%。1999年底每股净值1.45元,净借贷28.75亿元。2000年上半年盈利2.23亿元,增334%,派中期息0.02元。
【财务状况】 1999年度纯利亏损471.8百万元。

长城数码广播有限公司

【公司概况】 股票代码为0689,业绩报告结算日期为3月31日,实收资本为1631809404股,合计163180940元。公司董事会主席:王国荣。
【经营业绩】 制造及销售音响产品、电话、彩色电视机及空调器,主销中国及欧洲,厂房设于中国、法国及加拿大。与惠州机构合组公司,于中国建立销售网。已参与惠州永湖住宅发展,首期为100个别墅及住宅。1999年已成功开发数据广播机顶盒。2000年3月底每股净值0.949元,净负债1.5亿元,9月止半年盈利25.4百万元,减49.2%,派中期息0.005元。
【财务状况】 1999/2000年度每股纯利6.2仙,每股股息2.0仙。

正兴(集团)有限公司

【公司概况】 股票代码为0692,业绩报告结算日期为12月31日,实收资本为200000000股,合计10000000元。公司董事会主席:姚正安。
【经营业绩】 从事提供布料加工服务及棉布料销售。截至1999年12月底止年度分别占总营业额91%及9%,客户主要为香港布料贸易商,以供应美国及西欧制造名牌休闲服;其余则为中国成衣制造商。坯布则采购自香港,巴基斯坦及中国。总办事处设于香港,加工设施则设于中山市,总楼面面积为37.1万平方呎,每日最高加工量约16万码,计划增添设备,将产量增加至约18.8万码。2000年1月配售旧股及发售新股各25百万股上市,每股售价1.1元。上市后每股资产净值0.80元。截至1999年12月底止每股盈利0.278元,不派息。
【财务状况】 1999年度纯利41719千元。

陈唱国际有限公司

【公司概况】 股票代码为0693,业绩报告结算日期为12月31日,实收资本为2013309000股,合计1006654500元。公司董事会主席:拿督陈金火。
【经营业绩】 主要从事新加坡、香港代理销售汽车、工业机械流动电话及配件,投资与发展物业及中国制造汽车零件。除独家代理新加坡日产汽车外,亦获得富士汽车Subaru和日产柴油货车独家代理权。于新加坡陈昌汽车中心面积约21万方呎。威美公寓大厦180个住宅单位。1998年6月,以介绍方式上市,配售价0.65元。1999年底每股净值1.49元,净现金3.25亿元。2000年上半年盈利1.34亿元,增48%,派中期息0.015元。9月以6.57亿元售出威美公寓,获利为2.4亿元,计入半年帐项,正将新加坡车厂及办公大楼重建为住宅。
【财务状况】 1999年度每股纯利9.2仙,每股股息4.0仙。

北京首都国际机场股份有限公司

【公司概况】 股票代码为0694,业绩报告结算日期为12月31日,实收资本为内资股2500000000股,H股1346150000股,合计人民币3846150000元。公司董事会主席:李培英。
【经营业绩】 于1999年在中国注册成立,与合资公司于北京机场从事以下业务:航空性业务,包括提供飞机起降、旅客和地面代理服务;非航空性业务,包括提供空中配餐服务、出租广告位、商贸和零售铺位,亦经营免税店和其他零售商店、餐厅、候机室,以及停车场设施。客户包括63间航空公司,外国占40间,国内占21间,香港和澳门各1间,已与西安及大连机场签订意向书,参与投资。2000年1月发行新股H股13.46亿股上市,每股售价1.87港元。6月止半年盈利人民币219.9百万元,增减21.5%,派中期息0.01636元。上市后每股有形资产净值人民币1.79元。截至1999年12月底止年度每股盈利人民币0.2元,不派息。
【财务状况】 1999年度纯利人民币495.0百万元(未计机场费税影响)。

首长国际企业有限公司

【公司概况】 股票代码为0697,业绩报告结算日期为12月31日,实收资本为1895856454股,合计379171290元。公司董事会主席:张燕林。
【经营业绩】 原名东荣钢铁。1992年10月为中国首钢总公司与长江实业以每股0.928元收购,1993年易名如上。现时业务为钢材产销、电子产品产销、金属及建材贸易、黑色及有色金属贸易、运输及船务。自购货轮3艘及租入货轮7艘经营、已与P&O合并为ABC。1999年6月首长四方购入首长科技46.7%,而首长国际占首长四方63.1%及首长宝佳36.6%,9月将钢材存销业务售予万顺昌;也售出ABC股权,保留船只权益。1999年底每股净值0.509元,净负债14亿元。2000年上半年亏损54.5百万元(上年同期亏损2.3亿元),不派中期息。
【财务状况】 1999年度纯利亏损652.8百万元。

通达集团控股有限公司

【公司概况】 股票代码为0698,业绩报告结算日期为12月31日,实收资本为300000000股,合计30000000元。公司董事会主席:王亚南。
【经营业绩】 从事设计、制造及销售电器及电子产品之元件及配件。产品可分为三大类:五金部件包括个人电脑、微波炉及视听产品等金属外壳;电器部件如装饰面板、水晶滴注商标、SMT、家电控制板及IMD;电子元件一碳膜固定电阻。设施位于福建省石狮市。主销中国、印尼、马来西亚、菲律宾及新加坡。并以其客户设计之品牌销售其产品。新产品包括高质素印刷产品及数码卫星电视接收机。于2000年7月,与日本名古屋实业共同创立名实通达计划设立丝印厂。2000年

12月配售及发售新股75百万股上市,每股售价1元。上市后每股有形资产净值0.5093元。

【财务状况】 2000年度(至6月底止6个月)纯利34136千元。

八佰伴国际集团有限公司

【公司概况】 股票代码为0700,业绩报告结算日期为3月31日,实收资本为988800000股,合计98880000元。公司董事会主席:和田一夫。

【经营业绩】 主要在香港、澳门及大陆经营及发展,提供消费产品(包括百货店、酒楼食肆、快餐店、时装店、面包店及户内游乐中心)。1993年10月发行247.2百万新股上市,每股以2.68元公售。1996年8月曾拟私有化八佰伴香港,未能成功。1997年5月太平协和入股19.867%。1997年9月日本八佰伴申请破产,而八佰伴国际亦于1998年8月申请破产并停牌,仍持八佰伴香港42%,欢乐天地24.5%,香港冷冻食品27.9%及香港饮食管理19.3%。已进行清盘程序,若未能于2001年3月14日前向联交所提交复牌建议,将取消上市地位。现时天安中国仍与清盘人洽商收购事宜。

【财务状况】 1998/1999年度市价幅度0.145—0.012元。

北海集团有限公司

【公司概况】 股票代码为0701,业绩报告结算日期为12月31日,实收资本为1528188193股,合计152818819元。公司董事会主席:徐展堂。

【经营业绩】 原名中华制漆,于宝安及武汉设厂生产油漆。1992年初购入城巴控股。1993年初易名如上。1996年9月将"城巴"分拆独立上市,1999年2月出售城巴股权。投资于大连酒店及住宅(占60%)待审批计划。于香港有若干物业,刚完成天后庙道住宅,梅窝农地在策划发展中,于广东投资永远坟场会。1999年底每股净值0.84元,净存款34.8百万元;2000年上半年盈利为11.4百万元,减96%,不派中期息。购入维美云石33.3%及古董拍卖网15%,亦占全球大专教育资讯网20%。

【财务状况】 1999年度每股纯利17.22仙。

百姓食品控股有限公司

【公司概况】 股票代码为0702,业绩报告结算日期为12月31日,实收资本为250000000股,合计25000000元。公司董事会主席:李汉朝。

【经营业绩】 主要从事生产,销售及开发方便食品。产品包括黑芝麻糊,黑麦片及其他冲调型及糊状方便食品。以"黑五类"、"南方"或"快点"三个品牌出售,黑芝麻及其他糊类相关产品年产量约2.2万公吨,黑麦片则为2千公顿,在国内设有8个区域销售总部及24个地区销售办事处,包括480个分销商及8000家零售店。将授出特许使用商标权。2000年1月配售及发售新股62.5百万股上市,每股售价0.8元。上市后每股有形资产净值0.352元。1999年12月底止年度每股盈利0.205元。

【财务状况】 1999年度纯利38575千元。

嘉利美商国际有限公司

【公司概况】 股票代码为0704,业绩报告结算日期为12月31日,实收资本为477909272股,合计47790927元。公司董事会主席:林普佳。

【经营业绩】 从事设计,制造及销售品种广泛之家庭消费品,包括餐具及厨房用品、家居纺织品、台垫、装饰时钟、纸制产品及便服袋等,亦产销相架及镜框木产品,2000年收购乾坤烛(图表系统)若干股权,经营ProSticks.com,又占音响网站iPDmusic.com5.4%及Webradio.com.hk33.31%。1999年底每股净值0.517元,净负债34.2百万元,2000年上半年盈利11.4百万元,增21.4%,派中期息0.01元。

【财务状况】 1999年度每股纯利7.958仙,每股股息4.0仙。

实达科技控股有限公司

【公司概况】 股票代码为0706,业绩报告结算日期为12月31日,实收资本为400644000股,合计40064400元。公司董事会主席:叶龙。

【经营业绩】 主要在中国提供系统集成服务,分销电脑产品及产销电脑有关产品。1998年7月发售80百万股新股上市,每股售价1.16元。原名福达万国,1999年7月改名如上,1999年底每股净值0.637元,净借贷为11.89百万元,1999年8月,已于中国推出首家互联网目录式服务提供商,透过"所有"网站,为用户提供各项目录检索功能,占60%,现已建成网站群,包括电子商贸网及教育网等,亦购入东方快车翻译软件70%。2000年上半年盈利为5.4百万元,减73.5%,不派中期息。

【财务状况】 1999年度每股纯利4.0仙。

佐丹奴国际有限公司

【公司概况】 股票代码为0709,业绩报告结算日期为12月31日,实收资本为1427770518股,合计71388526元。公司董事会主席:刘国权。

【经营业绩】 经营零售"佐丹奴"牌子便服,并于大陆设厂生产。2000年中零售店共825间,分别为香港61间、台湾178间、大陆306间、韩国126间及新加坡27间,包括澳洲、马来西亚及菲律宾以至中东均有零售店。1999年每股净值0.89元,净存款7.8亿元,2000年上半年盈利1.73亿元,增31%,派中期息0.0425元。

【财务状况】 1999年度每股纯利25.65仙,每股股息17.25仙(包括特别股息8.5仙)。

精电国际有限公司

【公司概况】 股票代码为0710,业绩报告结算日期为12月31日,实收资本为290433308股,合计72608327元。公司董事会主席:张树成。

【经营业绩】 从事液晶体显示器与有关产品,包括马会采用的投注宝之设计、制造及销售,产品在香港及大陆制造。与合伙人于马来西亚设厂,亦于河源亦设有厂房。将军澳工业村新厂已投产。1997年开始生产汽车用电铬镜及硅面液晶体微型显示器。1991年6月发行48百万股及旧股东售出14百万股上市,每股以2.75元公售。1999年底每股净值4.01元,净存款4.88亿元。2000年上半年盈利124.3百万元,增7.2%,派中期息0.15元。

【财务状况】 1999年度每股纯利89.0仙,每股股息115.0仙(包括特别股息55仙)。

俊和集团有限公司

【公司概况】 股票代码为0711,业绩报告结算日期为3月31日,实收资本为732831483股,合计73283148元。公司董事会主席:彭锦俊。

【经营业绩】 主要在香港承接私人、公共土木及楼宇工程,大部分为总承建商。并向政府及法定组织提供保养服务,包括道路、渠务、水务工程及楼宇保养,亦经营大陆之私人楼宇工程。2000年3月底每股净值0.758元,净债项1.4亿元,9月止半年盈利23.67百万元,减24%,不派中期息0.01元。

【财务状况】 1999年度每股纯利7.0仙,每股股息2.5仙。

世界(集团)有限公司

【公司概况】 股票代码为0713,业绩报告结算日期为12月31日,实收资本为669660492股,合计66966049元。公司董事会主席:李达兴。

【经营业绩】 主要设计、制造及销售多种PVC及布制家用产品,包括台布、浴帘、餐具垫、隔热布及手套等。另制造及销售塑胶配件及PVC印刷滚轴。产品主销美国、欧洲及加拿大。厂房设于葵涌及深圳。已自行生产PVC胶布及塑胶管材件。1999年底每股净值0.987元,净债项98百万元,2000年上半年盈利12.64百万元,减58.5%,派中期息0.005元。

【财务状况】 1999年度每股纯利9.8仙,每股股息1.0仙。

ICG Asia Works Ltd.

【公司概况】 股票代码为0715,业绩报告结算日期为12月31日,实收资本为5550497775股,合计555049779元。公司董事会主席:Victor Hwang。

【经营业绩】 原名港陆国际,产销玩具,2000年3月改名如上,由美国ICG、和黄及李嘉诚基金认购大量新股,计划投资科技有关业务,尤其B2B业务,已投资78百万元入股Mega Village.com也入股美资纺织公司Free Borders,并已签订多项投资意向书,玩具业在经营中已计划出售。1999年底每股净值0.914元,净存款3.9亿元,2000年上半年亏损10亿元(主要为玩具业以及物业拨备),不派中期息。

【财务状况】 1999年度每股纯利3.7仙,每股股息0.5仙。

胜狮货柜企业有限公司

【公司概况】 股票代码为0716,业绩报告结算日期为12月31日,实收资本为456001760股,合计45600176元。公司董事会主席:张允中。

【经营业绩】 为全球最大货柜制造商,五个厂房分别设于上海、厦门及宜兴以至印尼泗水,生产各类型货柜,大部分为海外客户,亦于中港两地经营七个货柜及码头,也于香港经营中流作业。1993 年 6 月发行 75 百万新股上市,每股以 1.38 元公售。1999 年 9 月起合作经营顺德顺安达集装箱厂。1999 年底每股净值 0.71 元,净负债 2.8 亿元。2000 年上半年盈利 16.5 百万元,增 88%,不派中期息。

【财务状况】 1999 年度每股纯利 5.8 仙。

第一太银控股有限公司

【公司概况】 股票代码为 0717,业绩报告结算日期为 12 月 31 日,实收资本为 1248000000 股,合计 1248000000 元。公司董事会主席:叶迅达。

【经营业绩】 于香港经营第一太平银行,其中第一太平占 41.25%,中国金信占 33.75%。2000 年上半年盈利 96.4 百万元,增 212.7%,派中期息 0.04 元。存款 188 亿元,减 6.5%,贷款 146.5 亿元,减 5%,息差 3.27%,每股净值 2.35 元。资本充足率 21.3%,流动比率 45.29%,住宅按揭占 49%,运输设备占 12.5%。第一太平与中金共持 75%,已于 12 月以每股 3.5 元售予东亚银行,正接受全面收购。

【财务状况】 1999 年度每股纯利 4.9 仙,每股股息 2.0 仙。

Bestway International Holdings Ltd.

【公司概况】 股票代码为 0718,业绩报告结算日期为 3 月 31 日,实收资本为 1425600000 股,合计 142560000 元。公司董事会主席:唐贯健。

【经营业绩】 从事以胶布、人造皮、胶地板及发泡胶制造,总公司设于香港。生产设施位于大陆多个地区。产品主销香港及大陆之制造厂,面胶地板则主要售予大陆之公司。1995 年 9 月发行 75 百万元新股上市,每股售价 1.28 元。1999 年底由联发行改名如上。2000 年 3 月底每股净值 0.191 元,净负债 2.58 亿元。

【财务状况】 1999/2000 年度纯利亏损 120.4 百万元。

山东新华制药股份有限公司

【公司概况】 股票代码为 0719,业绩报告结算日期为 12 月 31 日,实收资本为 A 股 277312830 股,H 股 150000000 股,合计人民币 427312830 元。

【经营业绩】 从事开发、制造及销售化学原料药、制剂(如针剂与片剂)及化工产品,产品以"新华"商标作销售,生产设施于山东淄博市,1996 年 12 月发行新股 H 股 35 百万股公售,另 105 百万股配售,每股售价 1.82 港元。2000 年上半年盈利人民币 43.3 百万元,增 13.3%,不派中期息,每股净值人民币 2.19 元,净负债人民币 56.6 百万元。

【财务状况】 1999 年度每股纯利 13.5 仙,每股股息 4.0 仙。

和记行(集团)有限公司

【公司概况】 股票代码为 0720,业绩报告结算日期为 12 月 31 日,实收资本为 1406645178 股,合计 140664518 元。公司董事会主席:李永森。

【经营业绩】 主要在香港、大陆、新加坡及马来西亚经营入口、推销与代理视听器材、冷气设备、汽车音响及电子、电器产品,以至卫星接收系统。并扩展至汽车及汽车配件代理。1999 年底出售汽车业服务 67%,但大部分款项待收,亦开设"买家仓"直销式市场,并推行易买网虚拟购物商场。1999 年底每股净值 0.329 元,2000 年上半年亏损 5.15 百万元,不派中期息,6 月底银行贷款总额 1.3 亿元。

【财务状况】 1999 年度纯利 0.69 百万元。

安历士国际控股有限公司

【公司概况】 股票代码为 0723,业绩报告结算日期为 3 月 31 日,实收资本为 427824848 股,合计 42782485 元。公司董事会主席:郭汉青。

【经营业绩】 从事设计、制造及出口一系列家庭电器用品、美容产品、汽车配件、灯光生产、家居保安警报器及安全产品系列等电器消费品。厂房设于香港及大陆。外销以欧洲为主,亦已于大陆开设销售专柜。1996 年开展影视发行业务,于指定地区及国家发行,已成功于大陆推出电视剧集系列,并已包括放送国际体育节目。2000 年 3 月底每股净值 0.44 元,净负债 8.3 百万元,9 月止半年亏损 79.6 万元(上年同期亏损 1.8 百万元),不派中期息。

【财务状况】 1999 年度纯利亏损 16.1 百万元。

千禧智慧控股有限公司

【公司概况】 股票代码为 0724,业绩报告结算日期为 6 月 30 日,实收资本为 150000000 股,合计 15000000 元。公司董事会主席:佘德志。

【经营业绩】 从事设计、制造及分销各款打火机,包括用完即弃及可充气打火机两类,各配备安全锁或可替换火石等各种装置,均备有火石及电子两款。并以集团客户的标签或本身品牌 Liberty Lites, Purilite 及 Liberty Flame 销售。主要市场为美国及香港,客户超过 40 个国家当中拥有 3 百名客户。亦从事买卖打火机配件,特色打火机增品及丁烷气体及液体补充剂。7 月 21 日东莞厂因江门烟花厂爆炸而获停产令。生产设施位于东莞及山东省。2000 年 6 月配售及发售新股 30 百万股,旧股 20 百万股上市,每股售价 1 元。上市后每股有形资产净值 0.494 元。2000 年 6 月止年度每股纯利 0.257 元,末期息 0.066 元。上市后每股有形资产净值 0.494 元。2000 年 6 月止年度每股盈利 0.257 元,末期息 0.066 元。

【财务状况】 2000 年度(至 11 月底止 5 个月)纯利 30862 千元。

恒都集团有限公司

【公司概况】 股票代码为 0725,业绩报告结算日期为 12 月 31 日,实收资本为 198958000 股,合计 19895800 元。公司董事会主席:孟振雄。

【经营业绩】 制造及销售用作电器及电子产品集成组件之电线及导线产品,包括交流电源线及组合线束,以本身牌子售予客户。组合线束以原设备制造方式售予单一日本客户。生产设施位于深圳石岩镇。1996 年 12 月发行新股 40 百万股,另旧股东配售 20 百万股上市,每股售价为 1.07 元。1999 年底每股净值 0.629 元,净负债 19.67 百万元,2000 年上半年盈利 7.1 百万元,减 72%,不派中期息。

【财务状况】 1999 年度每股纯利 11.7 仙,每股股息 4.0 仙。

东南国际集团有限公司

【公司概况】 股票代码为 0726,业绩报告结算日期为 3 月 31 日,实收资本为 3305718800 股,合计 330571880 元。公司董事会主席:钟瑞卿。

【经营业绩】 从事制造及销售录音带、盒式录音带及录影带、磁碟等。厂房设于香港、大陆及印度。占深圳上市的本鲁克斯实业 25%,1996 年因财务重组,于 1997 年由佳利国际改名如上。已出售印尼业务及香港厂房物业,新业务为于国内合营葡萄酒业务,于上海浦东及澳洲悉尼有物业在发展中。2000 年 3 月底每股净值 0.059 元,净存款 34.24 百万元,9 月止半年亏损 6.1 百万元(上年同期盈利 44.9 百万元),不派中期息。

【财务状况】 1999/2000 年度每股纯利 2.81 仙。

金英控股(香港)有限公司

【公司概况】 股票代码为 0727,业绩报告结算日期为 3 月 31 日,实收资本为 72000000 股,合计 14400000 元。公司董事会主席:李胡秀妍。

【经营业绩】 以香港为基地提供多种金融服务,包括股票经纪、融资、保管及托管服务,发展其他地区如新加坡、马来西亚等之业务。已与新加坡金英订立协议,未来在不与其构成竞争之情况下,开展中国、韩国、台湾及日本之业务及设立办事处。1998 年 1 月发售 18 百万股新股上市,每股售价 8 元。2000 年 9 月止半年盈利 74 百万元,增 142.7%,中期股息 0.10 元,特别中期红利 0.50 元。每股净值 5.55 元,存款 5.8 亿元,所持港交所股份 380 万股,已售 350 万股。

【财务状况】 1999/2000 年度每股纯利 109.0 仙,每股股息 75.0 仙(包括现金红利 50 仙)。

南顺食品工业有限公司

【公司概况】 股票代码为 0728,业绩报告结算日期为 12 月 31 日,实收资本为 127904201 股,合计 127904201 元。公司董事会主席:黄大桩。

【经营业绩】 从事面粉加工及批发,调混与分销食油、制造及分销洗洁精及去污粉。产销铝罐,厂房设于大陆及台湾、香港食油与合兴集团合作,日资占铝罐权益 22%。1999 年底每股净值 9.95 元,净借贷 4.8 亿元,2000 年上半年亏损 32.6 百万元,不派中期息。

【财务状况】 1999 年度纯利亏损 26.8 百万元。

巨川国际(集团)有限公司

【公司概况】 股票代码为 0729,业绩报告结算日期为 3 月 31 日,实收资本为 579039594 股,合计 57903959 元。公司董事会主席:张连兴。

【经营业绩】 主要从事天线及汽车配件之设计、制造及推销,厂房设于大陆。上市后参与印刷业务,亦与国内企业合作生产环保电池、单车及电讯用品。1991年9月发行62.5百万新股及由旧股东出售37.5百万股上市,每股以1.06元公售。2000年3月底资产负值72.85百万元,净负债5.8亿元,9月止半年亏损48.2百万元(上年同期亏损1.46亿元),不派中期息。债项已协议延期还款,正在出售物业及非核心业务中。

【财务状况】 1999/2000年度纯利亏损291.6百万元。

首长四方(集团)有限公司

【公司概况】 股票代码为0730,业绩报告结算日期为12月31日,实收资本为827867914股,合计8278679元。公司董事会主席:张燕林。

【经营业绩】 原为开达集团部分业务,于1991年7月组成开达投资分拆上市。1993年7月中资收购,每股7.02元,易名如上,其后收购海成集团控制权,及持有保华德祥股权9.9%,均已于1995年售出,于1996年中股权转移至首长国际。现持有香港若干物业权效权益。1998年7月以234百万元购入北京东湖别墅44%,包括128套房多层公寓。36幢别墅及1幢办公大楼及商店,总面积45万方呎。1999年6月以1.63亿元购入首长科技46.7%。1999年底每股净值0.86元,净借贷62百万元;2000年上半年盈利11.4百万元,减3.5%,不派息。

【财务状况】 1999年度每股纯利2.42仙。

森信纸业集团有限公司

【公司概况】 股票代码为0731,业绩报告结算日期为3月31日,实收资本为429258039股,合计42925804元。公司董事会主席:岑杰英。

【经营业绩】 从事纸品贸易及销售,包括粉灰卡、粉纸及书纸、粉卡及其他纸品,为香港最大纸品商之一。主销香港,客户包括包装印刷商及制造商、书籍印刷及出版商、印刷代理、文具印刷及自设印刷设备之消费品制造商。另有小部分为大陆客户,集团已在北京及深圳设立代办处。1995年11月发行100百万新股上市,每股售价1.28元。2000年3月底每股净值1.14元,净借贷约5亿元,9月止半年盈利30.5百万元,增5%,派中期息0.015元。10月,配售29百万股新股予新加坡上市的唯高达。

【财务状况】 1999/2000年度每股纯利15.6仙,每股股息3.0仙。

信利国际有限公司

【公司概况】 股票代码为0732,业绩报告结算日期为12月31日,实收资本为433507527股,合计43350753元。公司董事会主席:林伟华。

【经营业绩】 从事产销液晶显示器(包括超扭曲向列型液晶显示器),原有计算机及传呼机业务已收缩,但发展个人电子助理及手提电话。1991年7月发行新股74百万股上市,每股以1.02元公售。1999年底每股净值1.67元,净负债1亿元,2000年上半年盈利47.6百万元,增21.3%,派中期息0.04元

【财务状况】 1999年度每股纯利14.6仙,每股股息6.0仙。

齐翔食品国际有限公司

【公司概况】 股票代码为0735,业绩报告结算日期为4月30日,实收资本为1400000000股,合计140000000元。公司董事会主席:林厚美。

【经营业绩】 主要生产及销售优质加工鳗鱼及鳗鱼饲料。所生产加工鳗鱼以旗下"齐翔"品牌,约7%以其中一个客户品牌出售。所有鳗鱼饲料以"三华"注册商标出售。加工鳗鱼销售日本大型海鲜进口商/分销商,连锁百货公司及便利店。厂房设于福建省。1999年10月配售及发售新股70百万股上市,每股售价1元。2000年4月底每股净值0.0978元,净借贷28.9百万元。

【财务状况】 1999/2000年度每股纯利4.34仙,每股股息1.1仙。

北方兴业控股有限公司

【公司概况】 股票代码为0736,业绩报告结算日期为3月31日,实收资本为4207057705股,合计42070577元。公司董事会主席:庄声元。

【经营业绩】 主要产销电子消费品,主销欧洲及香港。1992年以1元上市,曾称锐鸿及上亿,股权一再易手,现任主席于1998年2月以每股0.05元购得控制权。6月改名如上。2000年3月底每股净值0.024元,净借贷15百万元,已作债务重整,10月向大股东购入产销塑胶分段界刀业务,代价45百万元(12亿股新股),9月止半年亏损6.87百万元,不派中期息。

【财务状况】 1999/2000年度纯利亏损22.0百万元。

利信达集团有限公司

【公司概况】 股票代码为0738,业绩报告结算日期为2月28日,实收资本为448619600股,合计44861960元。公司董事会主席:李强。

【经营业绩】 主要在香港经营皮鞋及手袋零售业。以进口意大利皮鞋为主。并于广东顺德设厂,生产若干特许权皮鞋。已于国内各经济区开设免税店。1992年11月发行85百万新股及由旧股东售出15百万股上市,每股以1.3元公售。顺德市之合营地产项目大部分已售,尚余1地盘待发展。2000年于顺德市的物业发展,包括北浩住宅单位900个及大良单位700个,佛山碧桂园将包括洋房1900间及别墅350幢。8月止半年盈利47.9万元,减91.6%,不派中期息。每股净值0.955元,净借贷9百万元。

【财务状况】 1999/2000年度每股纯利6.0仙,每股股息3.0仙。

菱电发展有限公司

【公司概况】 股票代码为0745,业绩报告结算日期为12月31日,实收资本为1126340026股,合计536170513元。公司董事会主席:胡法光。

【经营业绩】 为日资三菱及胡氏家族合作,主要从事物业投资以及物业发展业务。中海有关公司已购菱电股份21.6%。1992年9月,发行187.5百万新股上市,每股以2元公售。香港主要投资物业为宏利保险中心及新九龙广场,另占上海广场(购物中心)43万方方呎60%,香港、上海、深圳及广州均有物业发展,亦经营物业管理、办公室用品及电脑配件分销。1999年底工每股净值2.23元,净负债11亿元;2000年上半年亏损16.7百万元(上年同期盈利51.5万元),不派中期息。

【财务状况】 1999年度每股纯利0.76仙。

沈阳公用发展股份有限公司

【公司概况】 股票代码为0747,业绩报告结算日期为12月31日,实收资本为国有股600000000,H股420400000股,合计人民币1020400000元。公司董事会主席:蔺文斌。

【经营业绩】 国家企业,是辽宁省沈阳市的主要城市公用事业发展和经营商,为生产及销售净化水,亦提供长途客运服务,并通过一家合资公司从事燃煤热电联产业务。拥有99%权益在沈阳市抽取地下水、开发与管理水源地和水加工厂、并生产净化水,然后售予销售商。沈阳经纬客运透过经营118条授权路线,车队共236辆。并拥有沈阳热电22.5%股权,经营沈阳市最大的燃煤热电联产电厂。总装机发电能力为400兆瓦。1999年12月配售H股4亿股新股上市,每股售价1.8元。2000年上半年盈利1.24亿元,增8%,派中期息0.06元。每股净值1.49元。

【财务状况】 1999年度纯利222.0百万元注:为备考业绩。

创维数码控股有限公司

【公司概况】 股票代码为0751,业绩报告结算日期为3月31日,实收资本为2050000000股,合计205000000元。公司董事会主席:黄宏生。

【经营业绩】 在中国从事彩色电视机,数码视听产品之设计,制造及销售业务。也生产及销售互联网及网络通讯产品。目前生产及销售146种型号彩色电视机,五种型号VCD机,七种型号超级VCD机及两种型号DVD机。已推出Web2000系列上网电视机机顶盒,亦开发接收DVB信号机顶盒样机。分销网络遍及中国130个代表办事处组成。为中国最大彩色电视机出口商以产量计,则排第四。2000年3月配售及发售新股5.5亿股上市,每股售价2.07元。9月止半年亏损125.7百万元,不派中期息。上市后每股有形资产净值1.05元。2000年3月底止每股纯利0.2233元,不派息。

【财务状况】 2000年度纯利318.3百万元。

笔克远东集团有限公司

【公司概况】 股票代码为0752,业绩报告结算日期为10月31日,实收资本为495957252股,合计49595725元。公司董事会主席:谢松发。

【经营业绩】 集团主要为展览会主办机构及专业发展商设计及承建展览摊位及展品,业务集中于亚太区。1992年9月上市,每股1元公售。上市后于深圳及北京成立生产制作设施。1996年及1997年购入13个国家有关业务。1998年5月,以33.8百万元购斯里兰卡及越南

展览业务。1999 年 10 月底每股净值 0.795 元，净借贷 99 百万元。2000 年 4 月止半年盈利 12.1 百万元，(上年同期亏损 6.2 百万元)，不派中期息。
【财务状况】 1998/1999 年度每股纯利 9.69 仙，每股股息 5.0 仙。

合生创展集团有限公司

【公司概况】 股票代码为 0754，业绩报告结算日期为 12 月 31 日，实收资本为 1000000000 股，合计 100000000 元。公司董事会主席：朱孟依。
【经营业绩】 于广东省广州市内从事物业发展及投资，拥有广州市及海珠市八个发展项目权益，占总建筑楼面面积约 5000 万方呎，拟在广州市内以现有或计划运输系统作支援的新城市中心或中心区外围边缘的用地重点进行大型住宅发展项目，并保留大部分商用地方出租。1998 年 5 月配售与发售 250 百万股新股上市，每股售价 2.7 元。1999 年底每股净值 1.68 元，净负债 3.23 亿元。2000 年上半年盈利 89.96 百万元，减 23.8%，派中期息 0.01 元。
【财务状况】 1999 年度每股纯利 29.0 仙，每股股息 8.0 仙。

四海互联网有限公司

【公司概况】 股票代码为 0755，业绩报告结算日期为 12 月 31 日，实收资本为 3807825580 股，合计 76156512 元。公司董事会主席：吴鸿生。
【经营业绩】 主要经营机票销售及提供其他与旅游有关之服务，并参与物业投资。1992 年 10 月发行 40 百万新股上市，每股以 0.8 元公售。1999 年 3 月为南华策略收购 75%(每股收购价 0.20 元)。亦完成旅游互联网提供资讯。1999 年底资产负值 4.36 百万元，净借贷 1.4 亿元，2000 年上半年亏损 16.8 百万元，不派中期息。
【财务状况】 1999 年度纯利亏损 40.6 百万元。注：至 1999 年 12 月止 9 个月，以往结算期为 3 月。

中联系统控股有限公司

【公司概况】 股票代码为 0757，业绩报告结算日期为 3 月 31 日，实收资本为 420688199 股，合计 42068820 元。公司董事会主席：林汉南。
【经营业绩】 主要为电脑系统项目之系统集成及个人电脑分销，为少数拥有简体中文软件者。持有康达电讯工程，并与电脑系统集成，于国内为商厦提供智能系统，并提供电讯资讯系统集成。1995 年 3 月发行新股及公开售股 45 百万股，每股售价 1.12 元。2000 年底 3 月底每股净值 0.756 元，净负债 29.86 百万元；9 月止半年盈利 10.4 百万元，增 193.4%，不派中期息，和黄持有债券 1.98 亿元及认股权可占股权 7.5%。
【财务状况】 1999/2000 年度每股纯利 10.9 仙。

德信控股(亚太)有限公司

【公司概况】 股票代码为 0758，业绩报告结算日期为 12 月 31 日，实收资本为 300000000 股，合计 30000000 元。公司董事会主席：蔡维谦。
【经营业绩】 从事一般建筑业务，尤其中港两地之室内装饰与机电工程，以及大陆之物业发展、投资与管理业务。主要目标为中港两地这商界(如银行、酒店、购物中心、餐厅、写字楼及娱乐中心)。拥有 49% 权益中外合资经营武汉广场。1999 年 11 月发行新股 75 百万股上市，每股售价 1 元。1999 年底每股净值 0.778 元，净负债为 19.26 百万元，2000 年上半年盈利 28.7 百万元，增 6.6%，不派中期息。
【财务状况】 1999 年度每股纯利 27.82 仙，每股股息 4.0 仙。

CEC 国际控股有限公司

【公司概况】 股票代码为 0759，业绩报告结算日期为 4 月 30 日，实收资本为 500000000 股，合计 50000000 元。公司董事会主席：林伟骏。
【经营业绩】 主要设计、开发、生产及销售各式各样之线圈。一般按照客户之订单及规格生产，然后用作生产各类电子及电器产品，包括电讯用品、家庭电器、影音器材、办公室自动化设备、测量仪器以及其他电子消费产品等。总办事处及生产设施位于广东省中山福建及新加坡。1999 年 11 月配售及发售新股 50 百万股上市，每股售价 1.1 元。2000 年 4 月底每股净值 0.983 元，净负债 47.59 百万元。10 月止半年盈利 27.5 百万元，增 15.2%，不派中期息。
【财务状况】 1999/2000 年度每股纯利 9.65 仙，每股股息 2.0 仙。

明日国际集团有限公司

【公司概况】 股票代码为 0760，业绩报告结算日期为 12 月 31 日，实收资本为 825228815 股，合计 82522881 元。公司董事会主席：邱德华。
【经营业绩】 从事电子产品(包括数码温度计、时计、电子钟及汽车附件)之设计、开发、制造及销售。亦旁及印刷线路板之制造及销售。1995 年 7 月发行 100 百万股新股上市，每股售价 1.06 元。1999 年底每股净值 0.442 元，净存款 40.8 百万元。2000 年 1 月陈远明购得股权 26.96%，7 月，购入易达兴业股权 30.8%；2000 年上半年盈利 28.18 百万元，增 231%，不派中期息。
【财务状况】 1999 年度纯利亏损 44.9 百万元。

北京时装(集团)有限公司

【公司概况】 股票代码为 0761，业绩报告结算日期为 3 月 31 日，实收资本为 317035700 股，合计 31703570 元。公司董事会主席：贾安民。
【经营业绩】 从事设计、制造、销售皮革成衣、皮革外衣、微织编外衣、买卖制成革。1997 年 2 月发行新股 64.75 百万股上市。每股售价 1 元。2000 年 3 月底每股净值 0.383 元，净存款 5.4 百万元，9 月止半年亏损 12.3 万元(上年同期亏损 3.76 百万元)，不派中期息。
【财务状况】 1999/2000 年度纯利亏损 10.4 百万元。

中国联通股份有限公司

【公司概况】 股票代码为 0762，业绩报告结算日期为 12 月 31 日，实收资本为 12552996070 股，合计 1255299607 元。公司董事会主席：杨贤足。
【经营业绩】 中国综合电信服务运营商。提供多种电信服务，含移动通信、寻呼、长途通信、数据和因特网服务。于 2000 年 6 月共拥有 830.5 万蜂窝移动电话用户，市场份额为 19.6%，寻呼服务共有 4400.5 万用户，占市场 59.0%，亦于 2000 年 4 月开始在中国 25 个主要城市提供利用公用交换电话网(PSTN)的国内及国际长途电话服务。在中国 50 个城市提供数据服务。计划于 2000 年年末扩大到 220 个城市。并发展全国性宽带光纤传输网络。2000 年 6 月全球发售约 28.27 亿股，香港占 1.23 亿股，售价人民币 15.42 元，海外售价人民币 15.58 元。2000 年上半年盈利人民币 1.71 亿元，已扣除终止"中中外"安排损失人民币 11.93 亿元。因调整收费及支出，以上半年计，将增加收益人民币 1.9 亿元。
【财务状况】 1999 年度纯利人民币 839 百万元。

海洋集团有限公司

【公司概况】 股票代码为 0764，业绩报告结算日期为 12 月 31 日，实收资本为 150000000 股，合计 15000000 元。公司董事会主席：洪良德。
【经营业绩】 在港澳、亚太区及美加等地发行各种制式家庭影视娱乐节目与及转授影视节目发行权，亦从事复制 VHS 制式影视节目，并为影片提供复制、剪辑、字幕制作等服务。影视节目以电影为主，片种类型广泛，亦发行中国戏曲及纪录片。截至 1999 年 10 月底止，集团拥有超过 800 套影视节目之发行权。2000 年 1 月配售及发售新股 37.5 百万股及旧股 22.5 百万股上市，每股售价为 1.33 元。6 月止半年盈利 930 万元，增 6.7%。上市后每股有形资产净值 0.8228 元。1999 年 12 月止每股盈利 0.2987 元，不派息。
【财务状况】 1999 年度纯利 33602 千元。

威发国际集团有限公司

【公司概况】 股票代码为 0765，业绩报告结算日期为 12 月 31 日，实收资本为 285931607 股，合计 28593161 元。公司董事会主席：潘少忠。
【经营业绩】 集团从事多种塑胶产品之设计、制造、市场推广及销售等。产品包括奇趣精品、包装产品，节日装饰品，PVC 胶片以及塑料贸易。厂房设于大陆，主销香港及欧美市场。于 1992 年 10 月发行 40 百万股上市，每股以 1.03 元公售。1999 年底每股净值 0.656 元，净存款 2.7 百万元；2000 年上半年盈利 11.4 百万元，减 25.6%，派中期息 0.02 元。
【财务状况】 1999 年度每股纯利 19.7 仙，每股股息 6.36 仙。

太平洋实业控股有限公司

【公司概况】 股票代码为 0767，业绩报告结算日期为 12 月 31 日，实收资本为 5580897243 股，合计 139522431 元。公司董事会主席：黄进益。
【经营业绩】 从事合板及单板制品之制造、分销与销售业务。1995 年 11 月发行 220 百万股上市，每股售价 1.15 元，现时厂房设于马来西亚，的长春、大连及吉林，主销日本，其他市场包括欧美及亚太区。

1999 年底每股净值 0.146 元，净负债 6.6 亿元，2000 年上半年亏损 18.9 百万元(上年同期盈利 20.3 百万元)，不派中期息。

【财务状况】 1999 年度每股纯利 0.5 仙。

开明投资有限公司

【公司概况】 股票代码为 0768，业绩报告结算日期为 3 月 31 日，实收资本为 100000000 股，合计 1000000 元。公司董事会主席：李国祥。

【经营业绩】 为一间投资公司，总部设于香港，超过 80%之资产投资于香港及大陆的上市及非上市公司所发行之股本证券，可换股票据、优先股、购股权、认股权证、期货合约及债务证券及其他类别投资，由亨亚资产管理有限公司提供投资管理服务，未来拟投资于具潜力在联交所或任何海外证券交易所上市之非上市公司。2000 年 1 月发行 50 百万股新股上市，每股售价 1 元，上市时投资包括联洲国际，联洲珠宝，香港电讯，东力及永亨银行，8 月底每股净值 1.1 元。9 月止半年亏损 7.8 百万元(上年同期亏损 2.6 百万元)，不派中期息。至 2000 年 3 月止每股盈利 0.28 元，9 月 1 送 9 红股及扩大每 5 股获送 1 份认购股证。

【财务状况】 1999/2000 年度纯利(由 6 月 8 日至 3 月 31 日止)为 14.74 百万元。

中国稀土控股有限公司

【公司概况】 股票代码为 0769，业绩报告结算日期为 12 月 31 日，实收资本为 600000000 股，合计 60000000 元。公司董事会主席：蒋泉龙。

【经营业绩】 主要制造及销售各类稀土产品及耐火材料，所生产稀土产品用于强化玻璃，耐用灯泡、电脑记忆晶片、彩色电视机用萤光粉，手提电话电池、汽车自动控制系统、航空工业及通讯光纤等。耐火材料用于钢铁、建材，有色冶金等工业用窑炉。1999 年 10 月配售及公售新股 1.5 亿股上市，每股售价为 0.93 元。1999 年底每股净值 0.511 元，净存款 73.4 百万元，2000 年上半年盈利 56.9 百万元，增 51.2%，派中期息 0.01 元。5 月由宜兴新威改名如上。

【财务状况】 1999 年度每股纯利 16.8 仙，每股股息 2.0 仙。

沪光国际上海发展投资有限公司

【公司概况】 股票代码为 0770，业绩报告结算日期为 12 月 31 日，实收资本为 9017000 股，合计 USD901700 美元。公司董事会主席：陈宣伟。

【经营业绩】 为一间在开曼群岛注册之投资公司，主要在大陆透过上海地区的直接投资以取得长期资本增值，对象为中外合资企业，股份有限公司，外资独资企业等。1993 年 11 月配售新股 10 百万股以介绍形式上市，每股以 10.4 美元配售。主要股东占股权 35.3%。

【财务状况】 2000 年度上半年盈利 214.3 万美元，每股净值 9.83 美元，派发特别股息，每股 3 美元后为 6.83 美元。

自动系统集团有限公司

【公司概况】 股票代码为 0771，业绩报告结算日期为 3 月 31 日，实收资本为 284130000 股，合计 28413000 元。公司董事会主席：A. J. RATHMARAJAH。

【经营业绩】 在香港、澳门及台湾(透过 DSC)从事系统综合及供应电脑及相关产品、设置国际网络/内联网及提供工程及软件服务。提供 Windows NT 平台之解决方案，并透过 ELM 及 DSC 扩充与 IBM 系统相关之业务，1997 年 10 月发售新股 7 千万股上市，每股售价 1.18 元。政府及教育占业务 30%，1998 年底一间美国科技上市公司 CSI 已购入 CSA 股权 26.2%(于新加坡上市，占自动系统 67.75%)。2000 年 3 月底每股净值 0.978 元，净存款 69.4 百万元，9 月止半年盈利 31.7 百万元，增 36.2%，派中期息 0.03 元。

【财务状况】 1999/2000 年度每股纯利 22.9 仙。注：截至 2000 年 3 月止 15 个月，以往结算期为 12 月。

粤海建业有限公司

【公司概况】 股票代码为 0818，业绩报告结算日期为 12 月 31 日，实收资本为 84218010 股，合计 84218010 元。公司董事会主席：候伯坚。

【经营业绩】 从事香港及大陆商业大厦、购物中心酒店、住宅大厦、工业大厦及公共工程项目玻璃幕墙系统、工业用外墙板、花岗石及不锈钢外墙板系统、铝窗、门及橱窗、采光天窗及其他建筑有关产品设计、供应、安装。亦为厨柜及洁具批发供应商。并参予整个玻璃幕墙制造过程，为客户提供玻璃幕墙设计，在香港设有两个工场，负责将玻璃幕墙材料装嵌及加工判予承办。为粤海投资旗下公司，1993 年已于澳洲上市。1997 年 12 月发行新股 8 百万股以配售方式上市，每股售价 3.125 元。2000 年上半年亏损 56.3 百万元，不派中期息。欠银行 2.09 亿元，已获暂缓偿还。

【财务状况】 1999 年度纯利亏损 332.3 百万元。

Ehealthcareasia Limited

【公司概况】 股票代码为 0835，业绩报告结算日期为 3 月 31 日，实收资本为 2514916240 股，合计 251491240 元。公司董事会主席：王世荣。

【经营业绩】 主要在香港经营地基打桩业务。1997 年 12 月发行新股 90 百万股上市，每股售价 0.90 元。原为建业实业的部分业务。2000 年 3 月底每股净为 0.525 元，净借贷 83.6 百万元。9 月止半年亏损 42.5 百万元，不派中期息。建业实业于 6 月将 50.01%股权售予卓健亚洲，并注入医疗医材及互联网业务，由建荣建业改名如上；11 月购入 Medweb 业务。

【财务状况】 1999/2000 每股年度纯利 1.5 仙。

建美集团有限公司

【公司概况】 股票代码为 0851，业绩报告结算日期为 4 月 30 日，实收资本为 2647700000 股，合计 26477000 元。公司董事会主席：苏显华。

【经营业绩】 主要制造及销售环形变压器、换能器、E1 变压器及电器零件等低耗电量电子产品。厂房设于深圳，主销美国、日本及欧洲。1998 年 11 月发行 37.5 百万股新股及大股东售出 6.75 百万股旧股上市，每股售价 1.13 元。1999 年投资于天网权益 14%，2000 年 6 月收购天网家居 40%及一个中医药网站，7 月天网娱乐增购股权成为大股东，占 26.64%，9 月购入太平洋明珠证券 50%。2000 年 4 月底每股净值 0.086 元，净存款 11.88 百万元。

【财务状况】 1999/2000 年度每股纯利 0.2 仙。

易达兴业电子(集团)有限公司

【公司概况】 股票代码为 0855，业绩报告结算日期为 3 月 31 日，实收资本为 400000000 股，合计 40000000 元。公司董事会主席：唐耀麟。

【经营业绩】 从事设计、制造及销售具液晶体显示之电子产品，包括计算机及欧罗兑换器，数据接收终端机等，主销欧美、中东及中国。生产设施位于东莞虎门镇。1999 年 9 月发售新股 1 亿股上市，每股售价 0.80 元。2000 年 3 月底每股净值 0.421 元，净存款 9.5 百万元。

【财务状况】 1999/2000 年度每股纯利 16.4 仙，每股股息 3.2 仙。

中国石油天然气股份有限公司

【公司概况】 股票代码为 0857，业绩报告结算日期为 12 月 31 日，实收资本为内资股 158241758000 股，H 股 17582418000 股，合人民币 175824176000 元。公司董事会主席：马富才。

【经营业绩】 是中国最大原油和天然气生产商。主要从事开采生产提炼石油及有关化学产品与供应天然气。截至 1999 年 9 月止，探明原油储量约为 108 亿桶，天然气则为 24.3 万亿立方呎，平均日产量分别约为 213 万桶和 11.86 亿立方呎。在国内经营 29 家炼油厂；零售分销网共有 6440 个加油站；拥有 17 家化工厂生产广泛的基本和衍生石化产品及其他化工产品。拥有和经营的原油输送网络包括约 8400 公里长的管道；成品油输送网络包括约 1000 公里长的管道，区域天然气管道网络包括总长约为 11000 公里的管道。2000 年 3 月全球发售 175.82 亿股 H 股，于香港公开发售 879.122 百万股 H 股上市，每股售价 1.28 港元。6 月底止半年盈利人民币 230.7 亿元，增 49%，中期息派 0.059042 元。上市后每股净资产值人民币 1.24 元，1999 年度每股盈利 0.17 元，不派末期息。

【财务状况】 1999 年度纯利人民币 27001 百万元。

精优药业控股有限公司

【公司概况】 股票代码为 0858，业绩报告结算日期为 3 月 31 日，实收资本为 1900000000 股，合计 19000000 元。公司董事会主席：何普昊。

【经营业绩】 从事向中国客户推广及经销药品、保健和营养产品及医疗仪器和设备。又在大陆开发、制造及销售药品。经销 60 个类别之入口产品，自身产品以生物制品如免疫药物及脑血管药为主。生产设施位于吉林省长春市。1999 年 2 月发售及配售共 50 百万股新股上市，每股售价 1 元。2000 年 3 月底每股净值 0.052 元,净存款 5.17 百万元;9 月止半年盈利 5.9 百万元,减 58.7%,不派中期息,8 月大马 GUO JIAN FENG 购入 26.3%.

【财务状况】 1999/2000 年度每股纯利 0.74 仙,每股股息 0.53 仙。

华基电脑科技有限公司

【公司概况】 股票代码为 0859,业绩报告结算日期为 3 月 31 日,实收资本为 188000000 股,合计 18800000 元。公司董事会主席:张忠华。

【经营业绩】 从事其名下品牌"Tomatoboard"个人电脑主机板之设计、开发、制造及销售。透过与领导晶片组制造商,包括英特尔、VIA 及矽统科技建立长期关系,产品主要于欧洲、北美洲、亚太区各国、中国大陆及香港销售。生产设施位于东莞及蛇口,每月能产生约 35 万块。从事中央处理器及纪忆体贸易。蛇口厂房于 1999 年 9 月起,每月最多可生产 12 万台个人电脑系统。2000 年 5 月配售及发售新股 47 百股上市,每股售价 1.07 元。9 月止半年盈利 6.1 百万元,减 70%,派中期息 0.015 元。上市后每股有形资产净值 1.33 元。2000 年 3 月止年度每股盈利 0.306 元。若已全年上市,每股股息应为 0.032 元。

【财务状况】 1999/2000 年度纯利 43208 千元。

亚洲物流科技有限公司

【公司概况】 股票代码为 0862,业绩报告结算日期为 12 月 31 日,实收资本为 2529230200 股,合计 25292302 元。公司董事会主席:陈国强。

【经营业绩】 主要在中国福建省各大城市经营保龄康乐中心及提供多类配套设施包括餐饮服务,保龄球器材专门店、儿童游乐中心、娱乐电子游戏、台球及贵宾房。1998 年 9 月发行新股 40 百万股,及大股东出售 10 百万股上市,每股以 1 元公售。现任主席于 12 月出售全部股权予任德章,每股成 0.03 元,正待全面收购。1999 年每股净值 0.066 元,净存款 16.3 百万元;1999 年 12 月首任主席许猛猛将所持股权售予任德章,每股成 0.03 元,而德祥系陈国强于 2000 年 1 月提出以每股 0.10 元收购,由华益控股改名如上;于 10 月,鲁连城再以每股 0.12 元收购,程序在进行中。2000 年上半年亏损 8.6 百万元(上年同期盈利 16 百万元),不派中期息。

【财务状况】 1999 年度纯利亏损 20.78 百万元。

Sunday Communications Ltd.

【公司概况】 股票代码为 0866,业绩报告结算日期为 12 月 31 日,实收资本为 2990000000 股,合计 299000000 元。公司董事会主席:卫斯文/郑维新。

【经营业绩】 公司是香港无线通讯及互联网服务开发商及供应商。以本身品牌"Sunday"提供服务。所提供数码 GSM1800 流动电话服务,现已覆盖约 99%,并推出以流动电话预订戏票、音乐选播、约会及银行服务等。亦提供多元化之"一站式购物"服务包括蜂巢式电话、国际直拨长途电话、互联网接驳及以互联网为基础之服务。于 2000 年 1 月,提供其"So Wap"数据服务。2 月推出"Sunday .com"互联网入门网站。2000 年 3 月香港公开发售 69 百万股及国际配售 6.21 亿股新股上市,每股售价 3.78 元。6 月止半年亏损 2.78 亿元,流动电话客户 297000 名。上市后每股有形资产净值 0.50 元。1999 年 12 月止年度每股亏损 0.40 元。不派息。

【财务状况】 1999 年度纯利亏损 923927 千元。

恒丰金业科技有限公司

【公司概况】 股票代码为 0870,业绩报告结算日期为 3 月 31 日,实收资本为 5332000000 股,合计 53320000 元。公司董事会主席:林世荣。

【经营业绩】 主要为设计、制造及分销种类繁多之金饰产品,其他名贵金属及珠宝首饰产品;另有少量合约加工。以销往中国大陆、东南亚、香港、美国及欧洲等地。已取得电脑扫描金铸像 8 年期专利权,并已推出市场。正在红▮及沙头角设施内增设生产线,提高生产量。1999 年 3 月发售及配售新股 78.75 百万股上市,每股售价 0.90 元。6 月发行新股 16.32 亿股收购霍震宇之新纪元讯息 49.9%,开发电子商贸,利用非网上交易配合 B2B 平台。2000 年 9 月止半年盈利 32.8 百万元,增 8.9%,不派息,净债项 1.42 亿元,每股净值 0.0913 元。

【财务状况】 1999/2000 年度每股纯利 2.6 仙。

威乐控股有限公司

【公司概况】 股票代码为 0873,业绩报告结算日期为 3 月 31 日,实收资本为 500000000 股,合计 50000000 元。公司董事会主席:邓跃康。

【经营业绩】 从事以项目形式入口及销售香港住宅及商业物业市场所需综合系列厨房设备、大理石及花岗石、瓷砖及卫生装置及设备,1997 年 12 月发行新股 125 百万股上市。每股售价 1 元。北京中信于 1993 年已占股权 40%,上市后降至 28.8%,于 1997 年 12 月发表至 1997 年 9 月止半年盈利 40.5 百万元。于 1998 年 7 月停牌。理由为流动资金问题,可能导致股权易手,其后多家银行追讨欠款,商业罪案调科进行调查,10 月公布将威乐中国清盘(大部份业务透过该公司进行)。12 月公布遗失大部份业务文件,未能依期公布 1998 年 3 月止年度业绩,并表示威乐中国负债约 8 亿元。估计资产只可变现 26 百万元。上市后每股资产净值 0.502 元,预测 1998 年 3 月底止年度盈利不少于 70 百万元,每股盈利全面摊薄 0.147 元,末期息 0.035 元,若全年上市,每股股息则应为 0.075 元,上市以来高低价为 1.3—0.66 元,联交所已于 2000 年 12 月 21 日起撤销其上市地位。

【财务状况】 1997 年度 7 月 31 日 4 个月止纯利 24511 千元。

广州药业股份有限公司

【公司概况】 股票代码为 0874,业绩报告结算日期为 12 月 31 日,实收资本为国家股 513000000 股,H 股 219900000 股,合计人民币 732900000 元。公司董事会主席:蔡志祥。

【经营业绩】 国家企业,主要从事中成药(及小规模西药)制造及销售西药、中成药、中药材及各种医疗器械仪器之贸易,拥有八家成药制造机构。零售业务透过本身的彩芝林(91 家)及健民零售连锁店(49 家)进行,拥有药品进出口许可证以从事药品的进出口业务。1997 年 10 月发行 H 股 219.9 百万股 H 股上市,每股售价人民币 1.65 元。1998 年 4 月,获白花油全国总代理权。1999 年底每股净值人民币 2.02 元,净债项约人民币 1.16 亿元,2000 年上半年盈利为人民币 78.4 百万元,增 15.6%,每股盈利 0.11 元,中期息 0.02 元。已计划发行 A 股于内地上市。

【财务状况】 1999 年度每股纯利 18.0 仙,每股股息 5.0 仙。

港冠集团有限公司

【公司概况】 股票代码为 0875,业绩报告结算日期为 12 月 31 日,实收资本为 1178003083 股,合计 117800308 元。公司董事会主席:郭文雨。

【经营业绩】 主要在中国以"聚华"牌子制造及销售鳗鱼饲料,于广西及福建拥有五间厂房,亦于南海设立虾饲料之生产线。1998 年 6 月配售及发售 70 百万股新股上市,每股售价 0.80 元,1999 年底每股净值 0.35 元,净存款 56.6 百万元,2000 年上半年盈利 31.65 百万元,增 21.3%,不派中期息。3 月购入 FISHTAIL49%,经营鳗鱼加工业务,市场为日本及中国。

【财务状况】 1999 年度每股纯利 9.24 仙。

永利控股有限公司

【公司概况】 股票代码为 0876,业绩报告结算日期为 9 月 30 日,实收资本为 280000000 股,合计 28000000 元。公司董事会主席:周德雄。

【经营业绩】 主要从事设计、制造及销售直流电源开关、插座及交流电源连接器、兼扬声器端子。产品多以香港注册之商标"MSC"出售。销售对象主要为影音产品、电讯器材、玩具。电脑、电子及电器之香港分销商及制造商。1997 年 3 月发行 70 百万新股上市,每股售价 1 元。厂房设于东莞 。1999 年 9 月底每股净值 0.609 元,净存款 86.5 百万元,2000 年 3 月底半年盈利 5.4 百万元,增 8%,不派中期息。于 2 月,大股东曾洽售股权,未成事实。

【财务状况】 1998/1999 年度每股纯利 4.07 仙,每股股息 1.0 仙。

金朝阳集团有限公司

【公司概况】 股票代码为 0878,业绩报告结算日期为 12 月 31 日,实收资本为 3001402151 股,合计 300140215 元。公司董事会主席:傅金珠。

【经营业绩】 从事物业发展及买卖。1997 年 3 月发行新股 300 百万股上市,每股售价 2.3 元。当时中远国际占 20.7%股权。1999 年 11 月以 13.3 百万元(发行新股及可兑换优先股各 41.56 百万股)购入网上行科技公司 35%,于中国经营互联网内容供应商业务。1999 年底每股净值 0.398 元,净借贷 22.1 亿元。2000 年上半年亏损 14.3 百万元(上年同期亏损 112.3 百万元),不派中期息。已在出售物业套现减债,银行暂缓还款协议仍然生效,正待重组。

【财务状况】 1999 年度纯利亏损 685.9 百万元。

天津发展控股有限公司

【公司概况】 股票代码为0882，业绩报告结算日期为12月31日，实收资本为601750000股，合计60175000元。公司董事会主席：王广浩。
【经营业绩】 天津市政府窗口公司，从事多项商业投资，如葡萄酒、纱线及纺织品，经营基建设施包括港口码头及公路，产销升降机及扶手电梯。占王朝酒厂62%权益，东亚羊毛线厂(已换为科技产业园土地)，天津港内最大之集装箱厂100%权益，第二港埠公司100%权益。天津交通公司90%权益，独家管理及经营外环东路30年(已改为收费公路)。占奥的斯电梯厂37.59%。1997年12月发行新股203.29百万股上市，每股售价6.6元。1998年10月以204.9百万元购入山广公路天津段6.62%，又购入燃气投资40%，并参与天津青西区住宅发展及占天津百事可乐44%，2001年底投产。1999年底每股净值4.78元，净存款4.18亿元。2000年上半年盈利92.3百万元，增11.7%，派中期息0.035元。
【财务状况】 1999年度每股纯利17.6仙，每股股息4.0仙。

万裕国际集团有限公司

【公司概况】 股票代码为0894，业绩报告结算日期为12月31日，实收资本为373872000股，合计37387200元。公司董事会主席：陈浩成。
【经营业绩】 从事买卖电容器、电阻、电路板元件及生产电容之机械及原材料。以电容器为主，大部分于香港销售。于深圳及无锡设有中外合资合营企业。1997年2月发行新股55百万股上市，每股售价1.08元。1999年底股净值0.697元，净负债61.4百万元。2000年上半年盈利6.31百万元，增36.2%，不派中期息。8月成立电子交易平台，经营电子业B2B业务。
【财务状况】 1999年度每股纯利0.7仙。

得利集团有限公司

【公司概况】 股票代码为0897，业绩报告结算日期为3月31日，实收资本为131645914股，合计13164591元。公司董事会主席：梁伟浩。
【经营业绩】 从事设计、制造、装嵌及销售手表零件。销售地区为美国、欧洲及中国。生产设施设于东莞雁田，占用地盘面积约19.4万平方呎。1997年10月以介绍方式在港上市。除外销外，主要发展中国业务，集中零售、于国内设有Time Zone商店91家及专柜32个，并推销女装手袋及背包。2000年9月止半年亏损5.67百万元(上年同期亏损3.09百万元)，不派中期息。每股净值0.096元，净债项50百万元。
【财务状况】 1999/2000年度纯利亏损6.9百万元。

万事昌国际控股有限公司

【公司概况】 股票代码为0898，业绩报告结算日期为12月31日，实收资本为2525584800股，合计252558480元。公司董事会主席：刘志勇。
【经营业绩】 主要从事投资及发展中港两地的各项住宅及商用物业。1998年底止持有物业权益：在香港占总楼面面积约17.7万方呎，在大陆总楼面面积约34万方呎，主要为服务式住宅作出租用途。另有待建独立房屋100间，面积达58万方呎。1998年7月发售及配售1亿股新股上市(每五股股份连同一份认股权证)。每股售价1元。8月以每股0.138元购入能丰约2.13亿股，占22.64%，参与钢铁业务。1999年底每股净值0.342元，净借贷6.38亿元。2000年上半年盈利97.8万元，减95.2%，派中期息0.0025元。
【财务状况】 1999/2000年度每股纯利0.83仙，每股股息0.5仙。

永利实业控股有限公司

【公司概况】 股票代码为0899，业绩报告结算日期为3月31日，实收资本为1414291326股，合计141429133元。公司董事会主席：周荣基。
【经营业绩】 主要在东南亚提供集装箱及相关运输服务。包括香港与广东省及台湾航线。自置五艘集装箱货船及五艘驳船，在香港拥有45部货柜拖车及50部货柜拖架。1997年10月发行新股80百万股上市。每股售价1元。于1998年9月由永利航运改名如上，其后主要股东一再转变。2000年3月底每股净值0.197元，净借贷58.9百万元；9月止半年亏损44.47百万元，不派中期息。11月建议收购神州晟昱股权30%，从事煤炭贸易，仍待完成，若一切落实，计划改名为亚洲资源运输。
【财务状况】 2000年度纯利亏损77.0百万元。

AEON信贷财务(亚洲)有限公司

【公司概况】 股票代码为0900，业绩报告结算日期为2月20日，实收资本为418765600股，合计41876560元。公司董事会主席：杉桥裕。
【经营业绩】 为日本AEON信贷之附属公司，提供多类消费信贷融资服务。1995年8月发行83.4百万新股上市，每股售价1.26元，亦分别为AEON招财信用卡、AEON招财万事达卡及吉之岛信用卡等联号之签发机构。设有28间分行，278台招财柜员机，其中备有影带租赁服务分行共20间。截至1999年8月20日止，持卡人数576000名；信贷放款结余25.7亿元。2000年8月20日止半年盈利101.8百万元，增25.5%，中期息0.045元，每股净值1.88元。
【财务状况】 1999/2000年度每股纯利43.0仙，每股股息10.45仙。

华能国际电力股份有限公司

【公司概况】 股票代码为0902，业绩报告结算日期为12月31日，实收资本为内资股4150000000，H股1500000000股，合计人民币5650000000元。公司董事会主席：李小鹏。
【经营业绩】 中外合资公司，以现代化设备和技术，在中国开发、建设、拥有和经营大型燃煤电厂。1998年1月以介绍方式在香港上市，发行250百万股H股，每股售4.4港元。2000年上半年盈利人民币11.29亿元，增28.9%，每股净值人民币3.96元，不派中期息，净负债人民币139.5亿元，9月获股东批准以人民币57.68亿元收购山东华能(总装机容量2113兆瓦)，集团总装机容量将增至10813兆瓦及安装中与拟开发5520兆瓦。
【财务状况】 1999年度每股纯利33.0仙，每股股息9.0仙。

冠捷科技有限公司

【公司概况】 股票代码为0903，业绩报告结算日期为12月31日，实收资本为1200000000股，合计93600000元。公司董事会主席：宣建生。
【经营业绩】 从事各式各样电脑监视器之制造、设计及销售业务。产品多在北美、欧洲及亚洲销售。发展及分销液晶电脑显示器(委任台湾承包商制造)，亦从事装配及分销"AOC"品牌彩色扫描器。生产设施位于福建福清市，在北京拥有映象管电脑监视器之生产制造设施，于1995年5月投产为中外合资公司。1999年9月发售及配售新股2亿股及旧股1亿股上市，每股售价1.19元。1999年底每股净值0.597元，净存款1.8亿元。2000年上半年盈利为123百万元，增53%，派中期息0.016元(0.21美仙)，9月止9个月盈利199.6百万元。
【财务状况】 1999年度每股纯利16.4仙，每股股息1.48仙。

希域投资有限公司

【公司概况】 股票代码为0905，业绩报告结算日期为12月31日，实收资本为100000000股，合计1000000元。公司董事会主席：王方剑。
【经营业绩】 主要投资于香港或大陆的上市或非上市公司，从中获取中期资本升值。拟专注于股票市场提供之投资机会及大陆非上市投资项目之投资机会。1998年7月发售50百万股新股上市，每股售价1元。1999年底投资香港上市股份包括亨亚6.84%，美时3.17%，永恩1.5%，东力1.22%及泰升0.7%。1999年底每股净值1.02元，净存款5.7百万元。2000年上半年盈利1.7百万元，减7.5%，不派中期息，10月底每股净值0.80元。
【财务状况】 1999年度每股纯利1.45仙。

高雅国际集团有限公司

【公司概况】 股票代码为0907，业绩报告结算日期为3月31日，实收资本为323649123股，合计32364912元。公司董事会主席：许亮华。
【经营业绩】 主要从事设计、制造及销售金属眼镜架，除建立本身牌子外，在香港及东南亚、大陆等分销公司取得多项专利权。产品主要销往美国、欧洲、香港、大陆及东南亚市场。生产设施位于大陆，1996年3月发行69.18百万股新股上市，每股售价1.08元。米兰上市SAFILO占23.05%。1999年购入新加坡Optics 2000 35%，参与零售业，计划于大陆发展零售。2000年3月底每股净值1元，净存款56.4百万元，9月止半年盈利56.1百万元，增56.3%，派中期息0.04元。
【财务状况】 1999/2000年度每股纯利20.94仙，每股股息9.5仙。

珠光发展有限公司

【公司概况】 股票代码为0908，业绩报告结算日期为4月30日，实

收资本为799000000股，合计79900000元。公司董事会主席：蔡光成。
【经营业绩】 现为珠海市政府唯一海外上市综合企业，从事珠海的酒店业务及旅游景点业务。为珠海度假村酒店（占建筑面积约58万方呎）及圆明新园（占地面积约6百万方呎）之控股公司。1998年5月发售及配售126百万股新股上市，每股售价1.13元。1999年7月配售集资40百万元，计划收购香洲市场。2000年4月底每股净值1.09元，净存款63.58百万元；年结前，收购珠海九洲客运服务权益90%及珠海高速客轮49%。
【财务状况】 1999/2000年度每股纯利1.49仙，每股股息2.06仙。

金威集团控股有限公司

【公司概况】 股票代码为0910，业绩报告结算日期为6月30日，实收资本为769505200股，合计76950520元。公司董事会主席：吴良好。
【经营业绩】 主要为设计、制造及销售男仕套装西服，产品以本身"金威"品牌及客户私人品牌销售。客户包括分销商、团体及零售商，当中包括中国人民检察院，国家商品检验检疫局及公安部。生产设施设于福建省。1998年11月配售及发售50百万股新股上市，每股售价1元。2000年6月底每股净值0.306元，净存款93.6百万元。8月长实以每股0.95元购入70百万股，金威于8月购入佑威9%。
【财务状况】 1999/2000年度每股纯利7.5仙，每股股息1.0仙。

Unity Investments Holdings Ltd.

【公司概况】 股票代码为0913，业绩报告结算日期为12月31日，实收资本为100000002股，合计10000000.20元。公司董事会主席：颜方杰。
【经营业绩】 为投资公司，主要在香港及大陆之上市及非上市公司以取得中期资本增值、并将20%或以下之资产投资其它地方股本证券，可换股票据、优先股、购股权、认股权证、期货合约及债务证券。由Alpha Asset Investment Ltd.负责投资管理及一般行政服务。1999年10月发售新股1亿股上市，每股售价1元，上市前未开始经营业务。1999年底每股净值0.956元，净现金93百万元。2000年上半年盈利5.6百万元，不派中期息。1999年度由3月5日至12月31日止，营业额10.5百万元，纯利1.6百万元。
【财务状况】 1999年度每股纯利6.27仙。

安徽海螺水泥股份有限公司

【公司概况】 股票代码为0914，业绩报告结算日期为12月31日，实收资本为A股622480000，H股361000000股，合计人民币983480000元。公司董事会主席：郭文三。
【经营业绩】 国家企业，为全国最大水泥产销商。从事"海螺"、"黄山"商标水泥及熟料生产及销售。厂房分别位于安徽省宁国市及芜湖市宁国水泥厂及白马山水泥厂。并占安徽海螺水泥厂75%、安徽铜陵海螺水泥68.2%、荻港海螺水泥51%、宁波海螺水泥60%，另与香港水泥合建朱家桥水泥（占40%）已投产。1997年10月发售新股H股361万股上市，售价每股2.28港元。1999年底每股净值人民币1.98元，净借贷人民币14.9亿元。2000年上半年盈利人民币54.1百万元，增54.7%，每股盈利人民币6分，派中期息。
【财务状况】 1999年度每股纯利6.0仙。

新世界中国地产有限公司

【公司概况】 股票代码为0917，业绩报告结算日期为6月30日，实收资本为1463772938股，合计146377294元。公司董事会主席：郑家纯。
【经营业绩】 为国内主要物业发展企业集团之一。发展项目有：传统式房产，发展中面积4465万方呎；普及屋苑住宅，面积1.33亿方呎；安居房屋6500万方呎；重建旧城2954万方呎地盘；土地整治工程项目，地盘7000万方呎。分布于中国大城市或主要交通枢纽。1999年7月配售及发售463772938股新股上市，每股售价9.5元。2000年6月底每股净值11.6元，净借贷33.36亿元。
【财务状况】 1999/2000年度每股纯利13.9仙。

第一德胜控股有限公司

【公司概况】 股票代码为0918，业绩报告结算日期为3月31日，实收资本为374600000股，合计37460000元。公司董事会主席：黄德顺。
【经营业绩】 从事外衣采购、加工、市场推广及销售，产品由聘用加工商在中国制造，产品有防水外套、短外衣及滑雪服装，均采用羽绒或聚酯夹里，大部分产品输往美国。1997年9月发行新股90百万股上市，每股售价1元。1999年10月与北京国图数字技术公司合组公司，总投资1.31亿元（各占50%第一德胜有增持10%权利），将图书馆藏书数据化，提供专项信息及透过有线电视网络提供信息。2000年9月底每股净值0.50元，净债项42.6百万元，9月止半年盈利20.77百万元，减65.1%，不派中期息。
【财务状况】 1999/2000年度每股纯利13.9仙，每股股息12.0仙。

广东科龙电器股份有限公司

【公司概况】 股票代码为0921，业绩报告结算日期为12月31日，实收资本为内资股532416755股，H股459589808股，合计人民币992006563元。公司董事会主席：王国瑞。
【经营业绩】 乡镇企业。从事冰箱制造及销售。占三洋科龙冷柜合营项目44%；成都及营口设有新厂房。1996年7月发行新股H股201352000股，每股售价3.67港元。1998年11月以人民币2.81亿元收购广东科龙空调60%，并同意收购华宝空调，当时未能完成交易，债权人要求拍卖资产，广东科龙于1999年11月以人民币5.92亿元投得上述资产，连同其他承诺，成本为人民币7.63亿元。2000年上半年盈利人民币108百万元，减74.7%，不派中期息，每股净值人民币5.02元，净存款人民币2.76亿元。
【财务状况】 1999年度每股纯利67.0仙，每股股息21.4仙。

金科数码国际控股有限公司

【公司概况】 股票代码为0922，业绩报告结算日期为3月31日，实收资本为215000000股，合计21500000元。公司董事会主席：洪金明。
【经营业绩】 从事于中港两地销售及经销日本及南韩等地之名牌影音产品，如大型彩色电视机、音响、影碟机、摄录机、数码影碟之主要元件及其他中高档电子产品。更于香港从事汽车及有关零部件之贸易。并拥有中港两地经销三星若干型号及大陆经销新力若干型号之电子影音产品独家代理。大陆多个城市有办事处。于北京及番禺装配三星牌背面投影彩色电视机及数码影碟机。1999年12月配售及发售新股50百万股上市，每股售价1.35元。2000年3月底每股净值0.771元，净借贷19.4百万元，9月止半年亏损85.3万元，不派中期息。
【财务状况】 1999/2000年度每股纯利28.6仙，每股股息3.0仙。

元升国际集团有限公司

【公司概况】 股票代码为0925，业绩报告结算日期为12月31日，实收资本为315254000股，合计31525400元。公司董事会主席：林春癸。
【经营业绩】 主要从事多种类型装饰礼品及实用家居产品设计，生产及销售。大部分产品均按客户品牌制造，少数是自有牌子。市场以北美为主。其次是亚洲及欧洲，生产设施于内地。总办事处及主要营业地点设于香港。1998年1月发行62百万股新股上市，每股售价1元。1999年底每股净值0.641元，净借贷72.5百万元。1999年11月收购德国产销水泵及家庭园艺装置业务。2000年上半年盈利35百万元，增241.5%，每股0.114元，不派中期息。
【财务状况】 1999年度每股纯利12.1仙，每股股息3.0仙。

联洲珠宝有限公司

【公司概况】 股票代码为0926，业绩报告结算日期为12月31日，实收资本为3101818894股，合计155090945元。公司董事会主席：史璧加。
【经营业绩】 主要从事设计高级珠宝产品在欧洲（德国为主）及亚洲（香港、大陆及日本）分销；亦经营少量珠宝产品贸易及制造。本身拥有商标及其他牌子独家特许权；另以特许形式交予独立第三者作设计、制造及或分销非钟表类消费品。总办事处设于香港。设计及产品开发部设于德国、奥地利及香港。生产设施于大陆。1998年6月以介绍方式于香港上市，将股份以红利方式送予认购联洲国际新股者。1999年底每股净值0.105元。净负债44.8百万元。2000年上半年盈利33.1百万元，减4%，派中期息0.0038元。
【财务状况】 1999年度每股纯利2.32仙，每股股息1.38仙。

富士高实业控股有限公司

【公司概况】 股票代码为0927，业绩报告结算日期为3月31日，实收资本为359600000股，合计35960000元。公司董事会主席：杨志雄。
【经营业绩】 主要从事设计、制造及销售电声产品，包括音响耳机、麦克风、通讯耳机、多媒体音箱及多媒体耳机，并制造及销售电子产品及配件，如变压器、电子转接器及精密金属插头。超过60%以上按原设计制造出售。主要生产设施位于东莞市。市场主要为北美、欧洲以及亚太区。宁波PVC胶粒厂年底投产，已引进一系列蓝牙科技电声产品，于2000年中推出。2000年3月配售及发售新股89.9百万股上市，每股售价1元。9月止半年盈利36.5百万元，增20%，中期息0.025元。上市后每股有形资产净值0.6004元。2000年3月止年度每股盈利0.2095元，不派息。

【财务状况】 1999/2000年度纯利56500千元。

环球应用科技集团有限公司

【公司概况】 股票代码为0930，业绩报告结算日期为6月30日，实收资本为1071250211股，合计107125021元。公司董事会主席：邝汇珍。

【经营业绩】 主要从事阳极氧化及涂漆铝型材产品之设计制造、销售及分销。亦从事制造及销售不锈钢产品。主要结构包括亚洲铝厂、新亚铝业以及泛亚喷涂。1998年3月发行162.5百万股新股上市，每股售价1.17元。2000年6月底每股净值1.25元，净存款1.75亿元。6月由亚洲铝业改名如上。

【财务状况】 1999/2000年度每股纯利20.41仙。

先来国际控股有限公司

【公司概况】 股票代码为0933，业绩报告结算日期为6月30日，实收资本为1250760400股，合计125076040元。公司董事会主席：刘东海。

【经营业绩】 主要在大陆、香港及澳门分销Moutagut牌子之针织品及非针织品。亦持有其他牌子产品之特许使用权。1995年11月发行294.3百万股新股上市，每股售价1元。1997年7月失去Montagut针织品产销分销权。1999年中终止合作，发展自有品牌Ixesse，并开展证券经纪业务。2000年6月底每股净值0.592元，净存款2.29亿元，另持有债务证券4.9亿元(其中1.88亿元非上市)。

【财务状况】 1999/2000年度每股纯利1.6仙。

中石化冠德控股有限公司

【公司概况】 股票代码为0934，业绩报告结算日期为12月31日，实收资本为1036830000股，合计103683000元。公司董事会主席：洪志铭。

【经营业绩】 主要业务为：在大陆发展及经营原油卸载，储存及输送设施；在广州市经营加油站及石油产品之贸易。持有70%权益之附属公司华德经营惠州码头(华南最大原油码头)并获准征收费用。并与华德订立之承包权安排在广州市以“广石化”商标经营加油站。于1997年开始经营华德加油站；是广州市第三大加油站经营商(共33个)。在原油贸易方面，主要将原油售予进口代理。1999年6月，配售及发售287.5百万股新股上市，每股售价1.02元。1999年底每股净值0.851元，净负债5.87亿元。2000年上半年盈利1.02亿元，增21.8%，派中期息0.015元。

【财务状况】 1999年度每股纯利16.8仙。

民生国际有限公司

【公司概况】 股票代码为0938，业绩报告结算日期为3月31日，实收资本为631870930股，合计63187093元。公司董事会主席：郑松兴。

【经营业绩】 从事采购、加工、镶嵌、买卖及批发分销珍珠及珍珠产品，以中国海水养珠及中国淡水珍珠为主。在中国拥有面积约523532平方呎民生工业城，内有自置珍珠加工设施，部分单位作出租用。1997年9月发行新股127.5百万股上市，每股售价1.08元。2000年3月底每股净值0.673元，净存款35百万元；9月止半年盈利14.67百万元，减29%，不派中期息。设有零售网站，www.4376Zone.com。

【财务状况】 1999/2000年度每股纯利5.4仙。

中国移动(香港)有限公司

【公司概况】 股票代码为0941，业绩报告结算日期为12月31日，实收资本为18601315836股，合计1860131583元。公司董事会主席：王晓初。

【经营业绩】 红筹股，在广东及浙江省从事移运通信业务。1997年10月国际配售2456百万股新股，每股11.8港元，亦发行144百万股新股在港上市，每股售价11.68港元。1998年4月，以224.75亿港元现金购江苏移动电话全部权益。1999年11月以497.5港元收购福建、河南及南海三省移动电话。1999年底每股净值人民币4.16元，净存款人民币140.9亿元。2000年上半年盈利人民币87.24亿元，增117.9%，每股盈利人民币64分，不派中期息。2000年11月以人民币2560亿元收购北京等七省市业务，以人民币48元配售，英Vodafone认购约4亿股，于市场共集资584亿港元。国内收费变动，估计收益减5.4%。

【财务状况】 1999年度每股纯利40.0仙。

意科控股有限公司

【公司概况】 股票代码为0943，业绩报告结算日期为12月31日，实收资本为1136851606股，合计56842580元。公司董事会主席：梁松山。

【经营业绩】 从事各类型电动个人护理产品，健康护理产品，浴室用品及办公室设备。1997年6月13日发行57000000股上市，每股售价1.08元。1999年底每股负值1.78元，净负债77百万元。2000年上半年亏损40.4百万元，不派中期息。2月完成债务重组，注资及配售，5月由辉煌改名如上，以70百万元购入北京瀛海威(互联网)18%，购入广州至珠海一条440芯公里光织电览，与瀛海威合作推出儿童入门网站及妇女入门网站。

【财务状况】 1999年度纯利亏损93.4百万元。

宏利金融有限公司

【公司概况】 股票代码为0945，业绩报告结算日期为12月31日，实收资本为482005387股，无面值。公司董事会主席：Arthur R. Sawchuk。

【经营业绩】 经营个人、团体人寿及医疗保险及再保险，投资及管理退休金及各项基金，1999年9月发行138335616股新股，于香港及美加菲上市，每股售价18加元(94.8港元)。2000年9月止第三季盈利3.15亿加元，增41%，每股盈利65加仙。首三季盈利7.89亿加元，增27%。

【财务状况】 1999年度纯利874百万加元。

华富国际控股有限公司

【公司概况】 股票代码为0952，业绩报告结算日期为3月31日，实收资本为2402950500股，合计24029505元。公司董事会主席：包利华。

【经营业绩】 主要从事设计、制造及销售以多种材料如皮革、人造皮革及尼龙布等所制成之公文袋及软行李袋产品。1997年9月发行新股5625万股上市，公售1元。2000年2月引入股东重整债务，并于5月完成，正计划收购财经网Quamnet 49.6%，将发新股8.31亿股，仍待股东批准。2000年9月止半年亏损5.1百万元，净存款2.2亿元，每股净值0.112元。

【财务状况】 1999/2000年度纯利亏损96.4百万元。

佳信科技集团有限公司

【公司概况】 股票代码为0959，业绩报告结算日期为3月31日，实收资本为320000000股，合计32000000元。公司董事会主席：孙永剑。

【经营业绩】 从事设计、制造及销售手提电子消费产品，主要包括个人数码助理、电子多语翻译及便携式或电子游戏机，亦生产液晶体显示器及电讯产品。1997年9月发行新股8千万股上市，每股售价1.11元。2000年3月底每股净值0.857元，净负债38.7百万元。9月止半年亏损15.3百万元，不派息。

【财务状况】 1999/2000年度每股纯利10.2仙，每股股息2.3仙。

裕丰国际集团控股有限公司

【公司概况】 股票代码为0965，业绩报告结算日期为5月31日，实收资本为963200000股，合计96320000元。公司董事会主席：李荣根。

【经营业绩】 从事设计、开发、制造、销售各类型电子计算机以及电子产品。1997年9月发行65百万股新股上市，每股售价1元。1999年4月开发创新双行显示型计算机，并取得专利权。亦发展数码相机。2000年1月购入硅橡胶按键及科学瓷生产来务20%，2月购印刷电路板及电子零件商30%，5月收购数码影像产品业务，11月购入Slough Tech 18.72%，设有网上交易平台，为中国及海外公司进行电子产品贸易。2000年5月底每股净值0.603元，净负债50.8百万元。

【财务状况】 1999/2000年度每股纯利6.2仙。

中保国际控股有限公司

【公司概况】 股票代码为0966，业绩报告结算日期为12月31日，实收资本为893748000股，合计44687400元。公司董事会主席：杨超。

【经营业绩】 为中保集团之成员，由中国国务院管辖。包括再保险承保，再保险经纪。亦持有证券，货币市场投资工具与物业投资以配合再保险业务。于1998年占香港专业再保险公司承保在香港之再保险保费总额约20.6%，占全港第2位。总部设在香港，主要市场为中国大陆、香港、澳门、日本以及其他亚洲国家。集团投资可分为四大类：本地与海外债券，定息证券，本地与外国上市股票，香港与大陆房地产及20多种货币之现金存款。亦有投资性贷款及联营公司股份。2000年6月配售及公售新股3.41亿股，每股售价1.43元。2000年中期盈利46.6百万元，减4.8%，无中期息。上市后每股有形资产净值0.91元。截至1999年12月止每股盈利0.08元。

【财务状况】 1999年度纯利101.9百万元。

华联国际(控股)有限公司

【公司概况】 股票代码为0969，业绩报告结算日期为12月31日，实收资本为686400000股，合计68640000元。公司董事会主席：蔡礼任。

【经营业绩】 主要从事将生皮加工处理制成皮革后售予鞋类和手袋等皮革产品制造商及皮革贸易商；现计划集中生产沙发及汽车座椅家具皮革产品及开发其他新产品。拥有三个生产设施，包括新会及西安。正扩展新会嘉联生设施已完成首期工程，年产量为9000万方呎；二期在进行中，2001年底完成，年产量增至1.08亿方呎。2000年1月发售新股68.64百万股及旧股34.32百万股上市，每股售价1元，6月止半年盈利42.4百万元，不派息。上市后每股有形资产净值0.7672元。

【财务状况】 1999年度纯利88375千元。

环球饮食文化集团有限公司

【公司概况】 股票代码为0970，业绩报告结算日期为3月31日，实收资本为1190490400股，合计119049040元。公司董事会主席：陈港生。

【经营业绩】 以元绿寿司、水车屋作商号经营两组日本料理连锁店。已开设元绿寿司17间，元绿仔13间(已结束)，亦将水车屋转营渔人码头及欣叶台湾料理。1997年9月发售新股12296万股上市。每股售价1.08元，邓崇光于1998年11月出售股份，现主席及英皇等购入股权，进行精简结构，与英皇系合作投资大中华饮食娱乐网占40%。2000年3月底每股净值0.07元，净负债86.9百万元，9月止半年亏损42.89百万元(上年同期亏损24.9百万元)，不派息。

【财务状况】 1999/2000年度纯利亏损110.9百万元。

东力实业控股有限公司

【公司概况】 股票代码为0978，业绩报告结算日期为3月31日，实收资本为635259975股，合计63525998元。公司董事会主席：凌少文。

【经营业绩】 从事设计、生产、销售各式消视听产品，如便携式镭射光碟机、立体声接收器。1997年9月发行72百万股，每股售1元。已发展MP3镭身光碟机，CD—RW及数码视象机，并将生产数码卫星接收器及互联网机顶盒。2000年3月底每股净值0.573元，净存款22.7百万元，9月止半年盈利26.89百万元，减21.7%，中期息0.01元。

【财务状况】 1999/2000年度每股纯利12.6仙，每股股息5.3仙。

盈盛数码世纪有限公司

【公司概况】 股票代码为0979，业绩报告结算日期为12月31日，实收资本为550145732股，合计55014573元。公司董事会主席：王海生。

【经营业绩】 主要在港从事装修、改建和加建工程。1997年6月，发行120百万股新股上市，每股售价1.65元，1998年10月，协议收购黑龙江一所发电厂95%，购入代价1.9亿元(已于2000年6月以2亿元出售)。于1999年5月由安利士改名为中国盛业，7月，原大股东萧永丰出让股权予澳洲财团，又以1.8亿元可换股债券收购持有数码世纪网络33%；并于国内生产机顶盒及制作电视广告节目。1999年底每股净值0.428元，净债项1.5亿元。2000年上半年亏损14.3万元，不派中期息。6月由中国盛业改名如上。11月有多家公司洽购数码世纪网络股权。已于12月公布有条件以8亿美元出售该股权33%。

【财务状况】 1999年度纯利亏损138.6百万元。

瑞安建业有限公司

【公司概况】 股票代码为0983，业绩报告结算日期为3月31日，实收资本为263304000股，合计263304000元。公司董事会主席：罗康瑞。

【经营业绩】 主要承建建筑工程及经销建筑材料。于重庆、贵州及南京投资水泥厂。2000年10月底手头合约总额119亿元，其中未完成合约为66亿元。1997年1月，发行新股65百万股上市，每股售价9.3元。2000年9月止半年盈利2.54亿元，增10.4%，派中期息0.60元，净债项12.34亿元(包括兴建居屋债项16.51亿元)，已推出网上采购及工程管理网socam.com及电子商贸asiamaterials.com。

【财务状况】 1999/2000年度每股纯利192.0仙，每股股息180.0仙。

吉之岛(香港)百货有限公司

【公司概况】 股票代码为0984，业绩报告结算日期为2月28日，实收资本为260000000股，合计52000000元。公司董事会主席：岗田卓也。

【经营业绩】 在港经营8间综合购物百货公司，分别位于康怡广场、乐富购物中心、荃湾广场、大埔、将军澳、慈云山、黄埔及屯门；亦于国内广州市开设天河城店及中华广场店。1994年1月发售新股52百万股及13百万旧股上市，每股以1.6元公售。2000年8月底每股净值1.04元，现金及存款1.17亿元，8月止半年盈利为7.66百万元(上年同期亏损17.6百万元)，派中期息0.01元。

【财务状况】 1999/2000年度每股纯利12.51仙，每股股息4.0仙。

中国科技集团有限公司

【公司概况】 股票代码为0985，业绩报告结算日期为3月31日，实收资本为5806770000股，合计580677000元。公司董事会主席：赵渡。

【经营业绩】 产销双向无线电通讯设备，以中国市场为主。1994年1月以每股1.08元上市，1997年9月现任主席收购股权，于12月由快讯国际改名如上。于1998年2月以4.65百万元购入中国国际专业航空60%，为国内飞机有关项目顾问；12月以每股0.28元收购中国网络30亿股，相当于32%，又购入澳洲CGC19.9%，为博彩娱乐事业。2000年3月底每股净值0.244元，净借贷80.4百万元，9月止半年亏损317.9百万元，不派中期息。

【财务状况】 1999/2000年度每股纯利1.68仙。

南兴集团有限公司

【公司概况】 股票代码为0986，业绩报告结算日期为3月31日，实收资本为372106800股，合计37210680元。公司董事会主席：刘桂。

【经营业绩】 主要从事积层板设计、制造及分销业务，自设铜薄厂于泰国。并制造印刷电路板及买卖用以生产积层板之原料及化学品。积层板为电绝缘体、用以制造电器及电子产品之基本组件之一。厂房分别设于东莞、中山及泰国，主销香港及东南亚等地。1994年1月发行62.64百万新股上市，每股以1元公售。2000年3月底每股净值0.619元，净负债75.65百万元，9月止半年盈利13.3百万元，增1652%，派中期息0.01元。苏州厂房将于2001年兴建。

【财务状况】 1999/2000年度每股纯利0.899仙，每股股息1.0仙。

新科(远东)有限公司

【公司概况】 股票代码为0987，业绩报告结算日期为12月31日，实收资本为400002000股，合计40000200元。公司董事会主席：中原福盛。

【经营业绩】 主要经营用于镭射唱机之配件及部件之供应，并设计及生产镭射音响之有关产品及电子电路板等，亦为香港及大陆两地Sony半导体与镭射机芯之主要特许经销商，1994年1月发售新股50百万股。"南太"于1998年11月入股2亿股，每股计0.35元，集资70百万元，年结期改为12月。1998年底净负债3.8亿元，股东资金1.039亿元；1999年上半年亏损178.9百万元，不派中期息。因未能与债权人达成债项重组，已于8月20日起在自动清盘中，并已停牌。若于2001年2月6日未能提交复牌建议，将取消上市地位。

【财务状况】 1998年度纯利亏损529.3百万元。注：截止1998年12月止9个月，以往为3月结。

明珠兴业网络科技有限公司

【公司概况】 股票代码为0988，业绩报告结算日期为12月31日，实收资本为13418039801股,合计1341803980元。公司董事会主席:黄坤。

【经营业绩】 经营商业物业及酒店,拥有多项物业之发展权益,1994年1月发售新股250百万股上市,每股以1元公售。已完成投资物业包括湾仔明珠兴业中心、明珠广场、明珠豪庭酒店等,待发展地盘有位于山顶"天比高"及施动道。1999年内收购多项科技业务,包括集群香港系统通讯、医院电脑管理系统60%、北韩电话50%、美国亚洲商业通讯65%、Stockonline55%、北京在线网站65%及网上拍卖站60%。1999年底每股净值0.14元,净负债16.3亿元。2000年上半年亏损99.5百万元,不派中期息。

【财务状况】 1999年度纯利亏损747.5百万元。

润迅通信国际有限公司

【公司概况】 股票代码为0989,业绩报告结算日期为3月31日,实收资本为420380459股,合计315285344元。公司董事会主席:候东迎。

【经营业绩】 主要为中国之网络经营者提供多种类电讯有关服务、设备以及产品,包括设计、规划及安装传呼网络及销售有关硬件及软件系统。在香港设有零售店以销售及推广传呼服务及其他电讯有关产品,在大陆协助深圳润迅建立全国的传呼业务。已设有网络通信话音服务及提供电子贸易解决方案;2000年3月底每股净值2.11元,净借贷1.37亿元,9月止半年亏损2.37亿元,不派中期息,建议4供1,每供1元,将于2001年1月中完成。

【财务状况】 1999/2000年度每股纯利12.33仙,每股股息3.0仙。

三商行国际集团有限公司

【公司概况】 股票代码为0990,业绩报告结算日期为3月31日,实收资本为627082352股,合计62708235元。公司董事会主席:林富华。

【经营业绩】 从事销售及设计本身牌子Theme、For You、Essence及Vision系列装。亦拥有Body Glove牌子运动及消闲服装之专营权。于港澳台中国及其他地区设有大量零售店。合营厂房设于东莞。占FIT-LADY丝袜厂40%。1997年8月以3.35亿元收购新加坡英保良56%,光大控股因而占股权20%。1998年债务重组,持续减缩业务,已出售丝袜厂40%权益。2000年达利国际获得控制权,10月已完成债务重组,正进行有关安排。2000年3月底负债2.2亿元,净借贷5.8百万元,年结日期将改为九月三十日。9月止半年亏损6百万元,不派中期息。

【财务状况】 1999/2000年度纯利亏损41.3百万元。

北京大唐发电股份有限公司

【公司概况】 股票代码为0991,业绩报告结算日期为12月31日,实收资本为内资股3732180000股,H股1430669000股,合计人民币5162849000元。公司董事会主席:黄含凯。

【经营业绩】 国家企业,开发、兴建、拥有及经营母公司华北电力集团服务地区(包括北京,天津及唐山)内的燃煤发电厂,总装机容量达4050兆瓦。1997年3月发售新股上市,每股售价人民币2.52元。7月以人民币13.8亿元向母公司购张家口二期发电机组。1998年8月,向母公司购买天津盘山发电工程二期75%权益。1999年底净现金及存款人民币10.35亿元。2000年上半年盈利人民币6.5亿元,增0.8%,不派中期息,每股净值人民币2.36元,2000年10月购入张家口一期二号机组。在建工程为容量2400兆瓦,2002年完成。

【财务状况】 1999年度每股纯利24.0仙,每股股息6.0仙。

联想集团有限公司

【公司概况】 股票代码为0992,业绩报告结算日期为3月31日,实收资本为7474298519股,合计186857463元。公司董事会主席:柳传志。

【经营业绩】 从事在大陆及香港之市场分销及推销电脑及其附属产品,并制造及供应主机板和附加卡,亦采购个人电脑配件售予北京联想。1994年1月上市,招股价1.33元。1995年7月收购惠阳联想科技园物业95%,将生产业务集中,并开始生产线路板。1997年12月以20.92亿元(发行新股作价2.38元)收购北京联想制造电脑及销售业务。1999年已参与联网业务,并推出第一代互联网电脑,内置中国电信全国漫游上网帐号及入门网站。2000年3月底每股净值0.681元,净存款18.47亿元。9月止半年盈利4.08亿元,增135%,中期息0.011元。

【财务状况】 1999/2000年度每股纯利6.8仙,每股股息2.425仙。

天行国际(控股)有限公司

【公司概况】 股票代码为0993,业绩报告结算日期为4月30日,实收资本为2062160000股,合计206216000元。公司董事会主席:张人龙。

【经营业绩】 主要从事有色金属及矿砂与废金属付运买卖及加工,亦进行有色金属仓货买卖作对冲、实货金属大部分向中国各工业单位销售。投资于铜厂及铝厂。1994年1月发行52.5百万股新股上市,每股以1.05元公售。1995年9月添发庆丰提出以每股0.56元收购;1997年7月收购张氏证券及物业,参与证券业。1998年2月由鑫成金属改名如上。2000年4月底每股净值0.30元,净借贷1.37亿元,8月收购大中华交易网,9月收购台湾联荣电讯59.78%.。

【财务状况】 1999/2000年度每股纯利0.69仙。

安徽皖通高速公司股份有限公司

【公司概况】 股票代码为0995,业绩报告结算日期为12月31日,实收资本为A股915600000股,H股493010000股,合计人民币1408610000元。公司董事会主席:王水。

【经营业绩】 为国家企业。经营及开发中国安徽省境内外收费公路,由省交通厅监管。现持有:于安徽省合宁高速公司,全长133.54公里;205国道全长30公里;双桥至界牌公路66.7公里51%;高界公路109.7公里30%(于2000年11月增持至51%,代价3.87亿元人民币)。1996年11月发行493010000股H股市公售及配售,售价每股1.89元。1999年成立皖通科技占51%。1999年底每股净值2.14元,净存款3亿元。2000年上半年盈利131百万元,增36.3%,不派中期息。

【财务状况】 1999/2000年度每股纯利14.64仙,每股股息4.0仙。

实惠集团有限公司

【公司概况】 股票代码为0996,业绩报告结算日期为3月31日,实收资本为628669000股,合计62866900元。公司董事会主席:关百豪。

【经营业绩】 在港经营专门销售家私及家庭用品连锁店,以"实惠家居广场"名称经营,所有分店均为租赁。1996年内已开设物业代理。1994年发行50百万股新股上市,每股以1.38元公售。1998年已停止物业代理,正计划将西贡货仓重建,正修改用途,应占完成后面积约13万方呎住宅。2000年3月底每股净值0.103元,净借贷61.5百万元,9月止半年盈利605万元(上年同期亏损11.59百万元)。

【财务状况】 1999/2000年度纯利亏损84.4百万元。

达艺控股有限公司

【公司概况】 股票代码为0997,业绩报告结算日期为3月31日,实收资本为200000000股,合计20000000元。公司董事会主席:曾志雄。

【经营业绩】 从事建筑装饰木工制品、制造、订做木制家私、建筑装饰装置,亦是专业室内工程承建商。并以特许经营方式于亚洲制造及分销各类办公室家私,以香港、新加坡及大陆为主要市场。生产设施位于东莞市总面积超过50万平方呎。2000年2月配售及发售新股50百万股上市,每股售价1.52元。于9月22日手头未完成项目约4.4亿元。9月止半年盈利7.39百万元,减80%,派中期息0.01元。上市后每股有形资产净值1.24元。2000年3月止年度每股盈利0.38元,末期息0.086元。

【财务状况】 1999/2000年度纯利58052千元。

万顺昌集团有限公司

【公司概况】 股票代码为1001,业绩报告结算日期为3月31日,实收资本为355286822股,合计35528682元。公司董事会主席:姚祖辉。

【经营业绩】 主要业务在香港及大陆储存及供应钢筋。主要顾客包括香港之建筑承建及发展商。其他则包括钢筋转口商(主要转往中国),而供应来源包括中美、南美、北美、南非及欧洲等地。亦经销工程塑胶树脂及塑胶注射机,与宝山钢铁于上海合组公司。从事钢材贸易;并于东莞设立钢材加工中心。1994年1月发行61.67百万新股上市,每股以1.08元公售。1999年10月收购首长国际钢筋存销业务,成立开科加工中心及联合多家同业设立亚洲钢铁电子交易所,已分拆上市,派送予股东后,仍占19.11%。2000年3月底每股净值1.68元,9月止半年盈利3.6亿元,增617.5%,派中期息0.03元,净债项1.7亿元。

【财务状况】 1999/2000年度每股纯利29.9仙,每股股息8.8仙。

乐家集团有限公司

【公司概况】 股票代码为1003,业绩报告结算日期为12月31日,实收资本为559760000股,合计55976000元。公司董事会主席:郭展荣。

【经营业绩】 以"Rockapetta"牌子或客户牌子产销儿童玩具,产品主要市场为美国、欧洲及亚洲。1992年在大陆成立一家名为深圳乐家玩具之中外合作企业,在大陆36个城市设立56个分销点;1993年该集团与日本三阳会社订立特许权协议,制造"三阳"牌之音乐琴,在日本以外之地区销售;为日本著名厂商Aprica装嵌婴儿车。1996年开始生产高级合金印模铸造产品。1994年2月发行60百万新股上市,每股以1.02元公售。1999年底每股净值0.204元,净负债1.1亿元;2000年上半年亏损9.38百万元(上年同期亏损19.96百万元),不派中期息。

【财务状况】 1999年度纯利亏损2.18百万元。注:截至1999年12月止9个月,以往结算期为3月。

丽盛集团控股有限公司

【公司概况】 股票代码为1004,业绩报告结算日期为3月31日,实收资本为398264000股,合计39826400元。公司董事会主席:吴银龙。

【经营业绩】 主要从事外褛、外套及背心等高档皮皮革成衣之设计,制造及销售毛皮贸易,为若干名牌制造。主要售予日本,其次是香港,亦从事皮革成衣制造及制成革贸易。制造设施设于大陆。在香港设有零售店及干洗中心。1997年9月发行新股1亿股上市,每股售价1元。2000年3月底每股净值0.504元,净存款为35百万元;9月止半年盈利为15.17百万元,增9.9%,派中期息0.012元。

【财务状况】 1999/2000年度每股纯利5.8仙,每股股息2.5仙。

美力时集团有限公司

【公司概况】 股票代码为1005,业绩报告结算日期为12月31日,实收资本为144720000股,合计14472000元。公司董事会主席:郑榕彬。

【经营业绩】 主要经营收藏品及礼品之设计、开发、生产及销售,包括活动音乐盒及装饰品;制造及销售肖像玩偶及木制饰果壳夹及经销礼品。也生产陶瓷产品,包括家居用品。厂房设于珠海及中山。1994年2月发行111.8百万新股上市。每股以1元公售。2000年4月,原主席黄泽鸿联同其他人士注资,重组债务,资产由1999年底的负债1.64亿元转为资产净值29.8百万元,7月现任主席以每股0.2365元购得控制权,提出全购。2000年上半年盈利1.84亿元,不派中期息。

【财务状况】 1999年度纯利亏损60.1百万元。

弘茂企业集团有限公司

【公司概况】 股票代码为1010,业绩报告结算日期为12月31日,实收资本为336587142股,合计33658714元。公司董事会主席:司徒汝奂。

【经营业绩】 原从事销售纺织机械之业务及提供维修,在香港进行物业投资。1994年1月发行75百万新股上市,每股以1.23元公售。大丰行于1995年8月以每股1.388元收购75%,于1996年10月将原有业务售予前股东;并购入一家集成电路半导体制造商权益51%。1996年12月业务重组,转营电子制造业为主,将原"荣荣国际"改名如上。1997年7月以69百万元入股台湾南茂科技5%。现于柴湾拥有62000方呎之商业面积收租。1999年底每股净值0.69元,净存款21.5百万元。2000年上半年亏损1.39百万元,不派中期息。

【财务状况】 1999年度纯利亏损9.1百万元。

普纳集团有限公司

【公司概况】 股票代码为1013,业绩报告结算日期为3月31日,实收资本为568900000股,合计56890000元。公司董事会主席:邹艺尚。

【经营业绩】 从事设计制造消费音响产品及玩具,已扩展产品至包括面包机、保温瓶内胆等小型家庭电器,亦经营印刷厂。1997年1月发行82百万股新股上市,每股售价1.03元。1998年7月获霸菱基金提供约1亿元。2000年9月止半年盈利2亿元(包括重整债项调整),不派中期息,资产负值2.6亿元。进行债务重组,于2000年9月已协议,并已完成,12月由骏泰改名如上。

【财务状况】 1999/2000年度纯利亏损150.3百万元。

迈特科技集团有限公司

【公司概况】 股票代码为1031,业绩报告结算日期为12月31日,实收资本为2917520105股,合计29175201元。公司董事会主席:张力中。

【经营业绩】 主要从事原设备制造本身牌子及"童装表牌子"设计,销售多类型石英行针表,市场主要为中东国家、亚太区及南美洲 。亦向香港及大陆其他手表制造商提供电镀及销售零件服务。装嵌及元件制造设备位于广东东莞。1996年7月发行新股50000000上市,每股售价1元。1997年与债权人商讨暂停偿债。1999年10月已协议由张力中注资,以股代债及削债等,2000年4月由表准时改名如上。1999年底负值1.5亿元,净借贷2亿元,2000年上半年盈利31.89百万元(包括设免银行贷款及利息与拨备回拨,上年同期亏损20.58百万元),不派中期息。

【财务状况】 1999年度纯利亏损24.9百万元。

仪征化纤股份有限公司

【公司概况】 股票代码为1033,业绩报告结算日期为12月31日,实收资本为H股14亿股,A股26亿股,合计人民币4000000000元。公司董事会主席:傅兴堂。

【经营业绩】 为国家企业,于江苏省仪征市,从事制造及经销聚酯切片及涤纶短纤维之业务。为中国目前最大型之涤纶生产商,占全球第5大涤纶生产商的地位。1994年3月上市,发行10亿股H股,每股售价2.68港元。1995年8月收购佛山化纤集团。已完成三期发展,第四期发展在进行,母公司已重组为中国石化集团。2000年上半年盈利人民币3.7亿元,增64.7%,不派中期息,每股净值人民币2.147元,净存款人民币7.9亿元。

【财务状况】 1999年度每股纯利19.3仙,每股股息11.0仙。

南联地产控股有限公司

【公司概况】 股票代码为1036,业绩报告结算日期为3月31日,实收资本为259685288股,合计2596853元。公司董事会主席:周文轩。

【经营业绩】 原为南联实业业务部分。从事物业投资、发展及货仓业务,亦经营物业管理。持有香港之物业主要为4幢工业/货仓大厦(约210万方呎),两幅工业用地及161幅农地。于大陆、新加坡及美国也有若干物业权益。1996年10月透过介绍方式分拆上市,将全部股份送予南联实业股东。1999年因富联国际属下为股东,供股时额外认购至36.32%,提出按每股1.9元收购。2000年3月底每股净值8.89元,净借贷13亿元,9月止半年盈利46.7百万元,增206.5%,不派中期息。已订约以9亿元出售南联中心,楼价分期收取。

【财务状况】 1999/2000年度每股纯利5.0仙。

台和商事控股有限公司

【公司概况】 股票代码为1037,业绩报告结算日期为3月31日,实收资本为158751600股,合计15875160元。公司董事会主席:刘得还。

【经营业绩】 主要从事设计、发展、制造及经销电子零件、生产微调电阻及可变电阻;并透过联号生产分裂半导体器件。生产电子零件用品音响、视像及电讯产品等,产品大部分于香港销售。厂房设于大陆;1994年3月发行50百万新股上市,每股以1.17元公售;2000年9月止半年盈利为18.39百万元,增107%。派中期息0.05元。每股净值1.57元,净债项4百万元。

【财务状况】 1999年度每股纯利15.9仙,每股股息5.0仙。

长江基建集团有限公司

【公司概况】 股票代码为1038,业绩报告结算日期为12月31日,实收资本为2254209945股,合计2254209945元。公司董事会主席:李泽钜。

【经营业绩】 原为长江实业部分业务,包括青洲英泥及安达臣大亚重组而成。从事中国基建及与基建有关之业务。1996年7月发售342百万新股上市,每股售价12.65元。1997年3月长实重组业务,和黄将所持之港灯股权35.01%以187.43亿元售予长建,现增至38%。1999年联同港灯以168亿元(各占一半)购入澳洲ESTA配电经营权200年。1999年底每股净值9.84元,净借贷25.3亿元。2000年上半年盈利13.89亿元,增2.3%,派中期息0.20元,增53.8%。8月再以102亿元购得澳洲Powercor(仍与港灯合作),10月签订备忘录,与法、韩财团于南韩兴建二桥一隧,总投资130亿元,长建占33%。

【财务状况】 1999年度每股纯利139.0仙,每股股息42.0仙。

大福国际集团有限公司

【公司概况】 股票代码为1041,业绩报告结算日期为12月31日,实

收资本为828448317股,合计USD16568966美元。公司董事会主席:刘清枝。

【经营业绩】 制造、销售及买卖木材有关产品,为全面一体化制造工序,生产广泛系列木材产品,主要为木芯板、胶合板及装饰板。生产设施位于天津、湖北、吉林、黑龙江等地。1996年12月发行168百万新股上市,每股售价1.01元。1999年底每股净值0.035元,净负债5.67亿元。2000年上半年亏损33.9百万元,减50%,不派息。正进行债务重组。

【财务状况】 1999年度纯利亏损237.9百万元。

光宇国际集团科技有限公司

【公司概况】 股票代码为1043,业绩报告结算日期为12月31日,实收资本为363080000股,合计36308000港元。公司董事会主席:宋殿权。

【经营业绩】 主要在中国产销充电式电池及电池相关配件。专门生产适用于电话及电信机楼之后备电力供应及电力控制站之不间断电力供应之固定型阀控密封铅酸蓄电池。中国最大同类之制造商之一。销售地域遍及中国逾25个省份、自治区及多个城市,充电式电池获邮电部、电力部、铁路部及解放军批准使用。1999年10月配售及发售新股9077万股上市,每股售价1.25港元。1999年底每股净值0.765元,存款人民币18.68百万元,2000年上半年盈利人民币32.5百万元,增19.4%,派中期息0.02元,已开始生产锂离子电池。

【财务状况】 1999年度每股纯利23.81仙,每股股息5.35仙。

恒安国际集团有限公司

【公司概况】 股票代码为1044,业绩报告结算日期为12月31日,实收资本为995312000股,合计99531200元。公司董事会主席:施文博。

【经营业绩】 主要在中国制造及销售个人卫生用品,包括卫生巾及一次性婴儿纸尿裤,全部产品均以本身品牌出售,销售遍布国内30个省,并有136个销售办事处,生产设施分14个省,直辖市及自治区,拥有17项生产设施,115条生产线。1998年12月配售有发售新股250百万股上市,每股以2.8元公售。1999年底每股净值1.52元,净存款为5.26亿元,2000年上半年盈利为1.29亿元,跌19%,派中期息0.10元。

【财务状况】 1999年度每股纯利29.9仙,每股股息25.0仙。

亚太卫星控股有限公司

【公司概况】 股票代码为1045,业绩报告结算日期为12月31日,实收资本为416100000股,合计41610000元。公司董事会主席:刘纪原。

【经营业绩】 主要专注为中国及其他亚太地区提供优质卫星服务,亦提供电话交换网者邮电部及联通服务。第一枚卫星于1994年7月发射,第二枚于1996年7月发射,第三枚卫星于1997年10月成功发射。1996年12月发行105百万股新股上市,每股以13.4元公售。第三枚大部分于1999年9月起出租14年,于2000年3月底前收取全数2.728亿美元。已获港府批出卫星电视上下行牌照,将与中国电信合作,并拟寻求互联网服务。1999年底每股净值5.62元,2000年上半年盈利29.6百万元,增26.7%,派中期息0.05元。已与新加坡电讯成立亚太电讯(占55%)。并计划于2002年下半年发射第四枚卫星。6月底现金18.66亿元,负债比率26%。

【财务状况】 1999年度每股纯利89.18仙,每股股息35.0仙。

寰宇国际控股有限公司

【公司概况】 股票代码为1046,业绩报告结算日期为6月30日,实收资本为945000000股,合计18900000元。公司董事会主席:林小明。

【经营业绩】 主要在香港及澳门从事影视节目发行出版。超过八个其他地区,包括大陆,转授影视节目版权。并透过在大陆的音像出版社建立发行网络。并有多组DVD复制生产线。1999年7月配售及发售45百万股新股上市,每股售价1.22元。2000年6月底每股净值0.206元,净负债57.5百万元。

【财务状况】 1999/2000年度每股纯利6.8仙,每股股息0.6仙。

毅兴行有限公司

【公司概况】 股票代码为1047,业绩报告结算日期为6月30日,实收资本为300000000股,合计30000000元。公司董事会主席:许世聪。

【经营业绩】 主要制造塑料着色剂,并向塑胶产品制造商供应合成树脂及提供着色服务。拥有沙田海辉工业中心楼面总面积30135方呎之工厂单位及红坎一幅24075方呎之货仓及车位等。1994年4月发售50百万新股上市,每股以1.36元公售。2000年6月底每股净值0.766元,净负债27.3百万元。

【财务状况】 1999/2000年度每股纯利11.3仙,每股股息3.0仙。

时富投资集团有限公司

【公司概况】 股票代码为1049,业绩报告结算日期为12月31日,实收资本为5923657392股,合计592365739元。公司董事会主席:关百豪。

【经营业绩】 提供金融服务,范围包括股票经纪、开展融资及有关恒生指数期货合约、期权、金银、商品及外汇之经纪服务。1994年4月发售63.9百万新股上市,每股以1元公售。1998年2月,中建电讯以每股0.15元购得控制权51.4%。6月主席连同管理层向中建购入控制权,并设立时富金融网,持有美国iLux30%。1999年底每股净值0.235元,净存款9.5亿元。2000年上半年盈利1.74亿元(上年同期亏损32.6百万元),不派中期息,时富金融网于12月分拆上市,10送1予股东后,仍占49.77%。

【财务状况】 1999年度每股纯利3.3仙。

嘉利国际控股有限公司

【公司概况】 股票代码为1050,业绩报告结算日期为3月31日,实收资本为374090000股,合计37409000元。公司董事会主席:何焯辉。

【经营业绩】 主要制造及销售个人电脑外壳、录影带壳、先进办公室设备及电源开关。以OEM形式制造影印机盛纸盒及入纸架。生产镭射打印机及传真机。生产设施于东莞,拥有自置厂房物业。1996年12月发行90百万新股上市,每股售价1.15元。2000年3月底每股净值0.913元,净负债31.4百万元;9月止半年盈利15.4百万元,增7.5%,派中期息0.011元;4月刘鸾鸿拟入股收购发展科技,未能协议。

【财务状况】 1999/2000年度每股纯利5.7仙,每股股息4.4仙。

星光生物科技(控股)有限公司

【公司概况】 股票代码为1051,业绩报告结算日期为6月30日,实收资本为14363593629股,合计143635936元。公司董事会主席:黄金富。

【经营业绩】 从事制造及分销专供奢侈品用之包装产品。1995年郭应泉以1.25元收购、由富城包装易名如上。1996年,收购南昌百事可乐罐樽厂内一条生产线;又收购中国生产及分销食品饮品业务;于沈阳铁路各站供应食品及饮品。1996年底分拆旗下LEPI在美上市。(已于2000年6月出售),其他业务收缩。2000年6月底净值32.9百万元,净存款39.9百万元,6月黄金富入股解决财务问题,由中华发展改名为星光数码,投资国内糖海拍卖网27.6%。国内商贸资讯网25%,北京中文三星科技25%,思维(智能易译笔)70%以及星光网络财经,于12月再改名如上。

【财务状况】 1999/2000年度每股纯利1.99仙。注:截至2000年6月底止15个月,以往结算期为3月。

越秀交通有限公司

【公司概况】 股票代码为1052,业绩报告结算日期为12月31日,实收资本为1037503530股,合计103750353元。公司董事会主席:刘锦湘。

【经营业绩】 红筹股,主要在广东省投资开发、经营、管理收费项目。拥有广深公路80%、广汕公路80%、广从公路一段80%、新丰公路55%、广花公路55%、广州北环公路24.3%、虎门大桥24%、清连公路15.6%、广从公路2段51%、1909省道51%及三水公路35.7%,所占广州北二环公路51%,将于2001年启用,另占浙江省东阳公路82%、陕西西临公路51%及湖南湘江二桥75%。1997年1月发行新股250百万股由越秀投资分拆上市,每股3.23元。1999年底每股净值2.56元,净负债4.55亿元;2000年上半年纯利145.7百万元,增15.2%,每股盈利0.1405元,中期息0.03元。净负债比率10.8%,第二季收购广州宽频光纤主干网络22%。

【财务状况】 1999年度每股纯利25.77仙,每股股息7.00仙。

重庆钢铁股份有限公司

【公司概况】 股票代码为1053,业绩报告结算日期为12月31日,实收资本为内资股650000000,H股413944000,合计人民币1063944000元。公司董事会主席:唐民伟。

【经营业绩】 国家最大钢铁企业、产品有板材、型材、线材以及钢坯等半制成品。用于造船、容器及锅炉。副产品有焦炭、高炉水渣及多类焦化产品，生产设施于重庆，产品本销为主。1997年10月发售新股H股4.1亿股上市，售价每股人民币1.71元。1998年10月向母公司收购一个煤调湿控制系统，成价人民币147.5百万元。1999年底每股净值人民币1.59元，净借贷人民币11.6亿元；2000年上半年盈利人民币23.7百万元，增344%，不派中期息。

【财务状况】 1999年度纯利亏损人民币49.5百万元。

中国南方航空股份有限公司

【公司概况】 股票代码为1055，业绩报告结算日期为12月31日，实收资本为内资股2200000000股，H股1174178000股，合计人民币3374178000元。公司董事会主席：于延恩。

【经营业绩】 国家企业，提供民用航空服务，并在国内提供航空货运及邮运服务。拥有厦门航空、汕头航空、广西航空及珠海航空各60%股权，并与附属公司提供航运业务与航运有关业务，如飞行培训，飞机维修以及航空配餐服务。占合营企业广州飞机工程股权50%。1997年7月，发行71百万新股H股上市，每股售价为4.7港元。长实、和黄、新世界、新地、周大福、高盛共占10%股权。1999年底每股净值人民币2.48元；2000年上半年盈利人民币348百万元，增46.1%，不派中期息。机队102架，平均运载率52.1%，盈亏平衡点为48.1%，净债项126亿元。

【财务状况】 1999年度每股纯利2.0仙。

粤海制革有限公司

【公司概况】 股票代码为1058，业绩报告结算日期为12月31日，实收资本为524154000股，合计52415400元。公司董事会主席：余子权。

【经营业绩】 为粤海投资附属公司，以产销皮革及制成品为主，包括牛皮、羊皮、牛二层皮、双面羊皮等。设有南海及徐州两厂。1996年12月发行新股110百万股分拆上市，每股售价1.03元。业务受粤海集团重组债务影响。1999年底每股净值0.92元，净借贷1.09亿元；2000年上半年亏损4.8百万元，不派中期息。

【财务状况】 1999年度纯利亏损65.1百万元。

看通集团有限公司

【公司概况】 股票代码为1059，业绩报告结算日期为6月30日，实收资本为370160292股，合计37016029元。公司董事会主席：简文乐。

【经营业绩】 从事设计、制造、分销无线电通讯系统、器材。以看通、Multitone及PSL牌子销售。生产设施位于英国、马来西亚及巴西。为冠军科技业务部分。1996年12月以介绍方式上市。1999年已与英资合作开发智能汽车及与加商合作开发用于互联网之储值卡，并开展互联网有关项目业务。2000年6月底每股净值1.33元，净借贷30.2百万元。

【财务状况】 1999/2000年度每股纯利29.8仙。

圆方陶瓷科技有限公司

【公司概况】 股票代码为1060，业绩报告结算日期为3月31日，实收资本为934876089股，合计93487609元。公司董事会主席：颜文波。

【经营业绩】 主要为陶瓷制造商设计、供应及装设生产线，及在香港、中国分销瓷砖花岗石及云石产品；亦投资于大陆合营企业，生产及销售瓷砖。在香港及大陆分销各种辅助设备，香港设有零售店，国内亦有分销网。亦生产"花花公子"陶瓷产品，如餐具、茶具、花瓶及礼品系列，亦与祥泰行合作成立陶瓷连锁店。因财务困难与债权银行商讨重组债项。曾有多个财团建议，均未获债权人接纳。2000年3月底负值7.86亿元，已于9月委任资产接管人，已在停牌中。9月止半年亏损83.79百万元，不派中期息。

【财务状况】 1999/2000年度纯利247.5百万元(包括特殊项目收益)。

ING北京投资有限公司

【公司概况】 股票代码为1062，业绩报告结算日期为12月31日，实收资本为500000000股，合计50000000元。公司董事会主席：刘晓光。

【经营业绩】 主要于大陆(尤其是北京)拥有资产、投资、生产活动，贸易若其他业务，收益最少一半源自大陆，达致资本增值。管理人为荷兰商业银行之全资附属公司，而北京市投资咨询服务中心则为中国投资顾问。1994年5月上市，以配售方式发行5亿股，每股售价1.08港元。2000年上半年亏损1.77百万元，不派中期息。7月底的投资包括创维、友联中国、天网、光大木材、亚太首置通讯、China Go及HK Cyber.com等，7月底每股净值0.877元。

【财务状况】 1999年度纯利亏损116.3百万元。

新确科技有限公司

【公司概况】 股票代码为1063，业绩报告结算日期为12月31日，实收资本为1513150867股，合计15131509元。公司董事会主席：区沛达。

【经营业绩】 主要从事设计、发展及制造电迅产品，包括无线电话、数码电话、录音机及设有先进功能的有线电话，所有产品均以客户之牌子销售，主销美国、欧洲及亚太区等，而生产设施则设于深圳。1994年5月发售112.5百万新股上市，每股以1元公售。1998年3月于英国推出GSM手提电话。债务重组，由现主席等注资，1999年9月由锡威改名如上。随后已分别购入话音及文字讯息系统及法国科技公司。2000年上半年亏损47百万元，不派中期息。10月完成收购美力时，每股0.2365元，占74.65%。。

【财务状况】 1999年度纯利亏损24.35百万元。注：截至1999年12月止5个月，以往结算期为7月。

中华置业地产控股有限公司

【公司概况】 股票代码为1064，业绩报告结算日期为12月31日，实收资本为596003345股，合计59600334元。公司董事会主席：何湛雄。

【经营业绩】 主要在大陆大城市从事房地产发展及投资，在广州、重庆发展项目拥有权益。广州投资商业物业19万方呎，在建中面积260万方呎，具选择权购入地盆，可建473万方呎。1997年9月发行新股150百万股上市，每股售价2.08元。1999年底每股净值1.38元，净借贷97百万元。2000年上半年盈利7.63百万元，减34.3%，中期息0.008元。

【财务状况】 1999年度每股纯利0.4仙，每股股息2.8仙。

天津渤海化工(集团)股份有限公司

【公司概况】 股票代码为1065，业绩报告结算日期为12月31日，实收资本为A股990000000股，H股340000000股，合计人民币1330000000元。公司董事会主席：王宝弟。

【经营业绩】 中国国营企业，为中国海洋化工最大生产商之一。1994年5月上市，发行340百万股H股，每股以1.2港元公售。化工业亏损，已与天津市有关机构协议，将全部化工业换为天津市污水处理及收费道路维修(2000年上半年纯利9600万元人民币)，将无负债，协议订去年底完成，易名为天津创业环保股份有限公司。2000年上半年亏损人民币73.6百万元，不派中期息，每股净值0.866元，净负债人民币37.4亿元。

【财务状况】 1999年度纯利亏损人民币364.4百万元。

TCL国际控股有限公司

【公司概况】 股票代码为1070，业绩报告结算日期为12月31日，实收资本为2405600000股，合计240560000元。公司董事会主席：李东生。

【经营业绩】 在大陆从事电子产品设计、制造、组装及销售，涉足生产彩色电视需用电子零件及元件买卖业务。可分为4类：彩色电视机，影音器材，互联网资讯科技及白色家庭电器，产品超逾160种型号，均以TCL品牌行销。1999年11月配售及发售新股6亿股上市，每股售价1.75元。已发展数码电视机，亦与美国Lotus Pacific成立合营公司，产销互联网产品及提供互联网服务。1999年底每股净值0.888元，净存款8亿元。2000年上半年盈利2.3亿元，减8.9%，不派中期息。11月向母公司购入中山空调75%，正发展大学远程教育网，亦洽购电脑生产业务。

【财务状况】 1999年度每股纯利27.43仙。

山东国际电源开发股份有限公司

【公司概况】 股票代码为1071，业绩报告结算日期为12月31日，实收资本为内资股3825056200股，H股1431028000股，合计人民币5256084200元。公司董事会主席：田沛良。

【经营业绩】 为国家企业，拥有及经营山东省的邹县及十里泉等多间燃煤发电厂，装机容器共有4435兆瓦，为中国最大的燃煤发电厂，另有青岛电厂及滕州电厂计划等候审批中。1999年6月，发行13.75亿股H股上市，每股售价人民币1.58元。1999年底，净借贷人民币69.38亿元；2000年上半年盈利人民币6.98亿元，增36.4%，派中期息0.02元。每股净值人民币1.5元，正研究投资山西王曲发电厂。
【财务状况】 1999年度每股纯利25.4仙，每股股息3.65仙。

东方电机股份有限公司

【公司概况】 股票代码为1072，业绩报告结算日期为12月31日，实收资本为A股280000000股，B股170000000股，合计人民币450000000元。公司董事会主席：斯泽夫。
【经营业绩】 为中国制造大型水力及火力发电机设备的重点企业，主要产品包括水轮发电机组、汽车发电机、交直流电机及有关之附属设备，产品主要为内销。亦供东南亚及中东之发电站使用。1994年6月上市，发行1亿7千万股H股，每股以2.83港元公售。2000年上半年亏损人民币12百万元（上年同期盈利人民币9.56百万元），不派中期息。每股净值人民币2.57元，手头定单人民币2.4亿元，净负债人民币63.6百万元。
【财务状况】 1999年度纯利亏损人民币36.66百万元。

中国制药企业投资有限公司

【公司概况】 股票代码为1093，业绩报告结算日期为12月31日，实收资本为1240447279股，合计124044728元。公司董事会主席：蔡东晨。
【经营业绩】 为中国国营企业石家庄市第一药厂香港机构，主要从事制造及销售维生素C原料药及衍生产品，1994年6月发售186百万股新股上市，每股以1.05元公售。1995年7月收购河北中抗制药26%，该厂生产青霉素。1996年12月增购权益至99%，1997年5月收购柯柯碱及维生素B12生产线，已开发7—ACA及衍生产品。1999年已与中资及加资成立合营公司，将于香港发展药物及健康食品。1999年底每股净值0.886元，净借贷2.77亿元。2000年上半年盈利70.6百万元，增0.3%，不派中期息。
【财务状况】 1999年度每股纯利12.52仙，每股股息3.3仙。

德胜集团有限公司

【公司概况】 股票代码为1095，业绩报告结算日期为12月31日，实收资本为849600000股，合计84960000元。公司董事会主席：王文荣。
【经营业绩】 从事制造及销售，供大陆饮品及食品行业使用之三片罐，并处理马口铁之涂黄及彩印，厂房设于福建、黄田及河南郑州。现正于上海兴建新厂中，1997年试产中。1994年6月发售200百万新股上市，每股以1.7元公售。1999年10月重组债务，所有银行债务及利息4.84亿元转让予一股东JHY（占13.2%），作为股东贷款。1999年底资产负债87百万元，净借贷5.76亿元。2000年上半年亏损14.29百万元，不派中期息。
【财务状况】 1999年度纯利亏损36.6百万元。

有线宽频通讯有限公司

【公司概况】 股票代码为1097，业绩报告结算日期为12月31日，实收资本为2014000000股，合计2014000000元。公司董事会主席：李唯仁。
【经营业绩】 香港唯一收费电视系统营办商，2000年6月底止服务超过48万名收费电视用户。而拨号互联网服务上网用户16.3万个。网络已覆盖超逾1.6百万户，宽频用户2万户。1999年11月发行新股4.14亿股于海外配售及香港公开发售，每股售价10.39元。分别于香港及以存托股份于美国NASDAQ上市。1999年底每股净值0.0103元，净借贷2.06亿元。2000年上半年亏损40百万元（上年同期亏损1.26亿元），不派中期息。
【财务状况】 1999年度纯利亏损387.2百万元。

路劲基建有限公司

【公司概况】 股票代码为1098，业绩报告结算日期为12月31日，实收资本为506156967股，合计50615697元。公司董事会主席：单伟豹。
【经营业绩】 有22项国内公路权益（所占权益由35%—75%不等），分布于8个省份。1996年6月上市新股140.54百万股，每股售价8.40元。1998年6月国际运输公司Stagecoach向美亚基金购入20%，并购入路劲可转换优先股5.18亿元。1999年底每股净值7.5元，净借贷5.9亿元。2000年上半年盈利2.4亿元，减42%，派中期息0.19元。6月长建曾洽购股权，未能协议。
【财务状况】 1999年度每股纯利107.0仙，每股股息39.00仙（包括特别股息7仙）。

飞达帽业控股有限公司

【公司概况】 股票代码为1100，业绩报告结算日期为12月31日，实收资本为240000000股，合计24000000元。公司董事会主席：颜禧强。
【经营业绩】 从事休闲帽品如棒球帽、渔夫帽、冬天保暖帽、急帽、头围及太阳帽等之设计，制造及销售，该等产品以布料制成。客户包括欧美及香港等入口商及分销商，其中大部分客户更持有世界知名电影人物，商标及品牌之休闲帽品专利商标使用权。产品均输往美国及欧洲市场及分销予美国各地百货公司和超级市场。生产设施位于深圳市布吉镇并于九龙湾拥有一家工场及附属办公室，部分生产外判予香港及国内制造商。2000年11月配售及发售新股60百万股上市，每股售价1元。上市后每股有形资产净值0.578元。
【财务状况】 2000年度（至5月底止5个月）纯利20032千元。

盈荣集团有限公司

【公司概况】 股票代码为1104，业绩报告结算日期为12月31日，实收资本为200000000股，合计20000000元。公司董事会主席：蔡汉忠。
【经营业绩】 主要从事胚布加工以及经销集团所加工之成品布。主要供在香港及大陆地区销售。亦有自行织造部分胚布供加工及售予大陆之成衣制造商。生产设施位于广东省潮阳市。占地面积约26万平方呎。1998年12月配售及发售50百万新股上市。每股售价1港元。1999年底每股净值0.623元，净存款26百万元。2000年上半年盈利2.03百万元，减89.8%，不派中期息。1月投资3360万元于汕头保税区成立中外合资公司，产销消闲产食品。
【财务状况】 1999年度每股纯利13.76仙，每股股息8.0仙。

泛华科技集团有限公司

【公司概况】 股票代码为1105，业绩报告结算日期为3月31日，实收资本为1203245846股，合计120324585元。公司董事会主席：何柱国。
【经营业绩】 从事进口及经销Ricoh，Nikon及Kodak照相产品及电器消费品，在大陆、香港及澳门出售。1996年6月发行新股100000000股，每股售价为1元。1997年7月于北京成立合营公司。销售微软产品及其他有关产品，于天津生产各式电话。持有泰盛实业股权20%。2000年3月底每股净值0.776元，净存款1.89亿元；9月止半年亏损12.6百万元，不派中期息。6月安大略省政府雇员退休金管理局及何柱国等入股，由柏宝改名如上，9月以2.4亿元投资于山东宽频，占40%，共同开发国内第二大商用信息网百灵网。
【财务状况】 1999/2000年度纯利亏损92.4百万元。

洛阳玻璃股份有限公司

【公司概况】 股票代码为1108，业绩报告结算日期为12月31日，实收资本为A股450000000股，H股250000000股，合计人民币700000000元。公司董事会主席：郭晓寰。
【经营业绩】 为国家企业，主要从事浮法平板玻璃生产和销售，产品主要应用于建筑等行业；亦从事第二次加工平板玻璃制造和销售，此类产品多作为各类车辆的窗玻璃、玻璃幕墙、工艺玻璃等。产品主销大陆，其余出口往香港、日本及韩国。1994年7月发行2亿5千万股H股，每股以3.65港元公售。1995年9月发行5千万股A股，每股以人民币5.03元于国内公售。1999年底每股净值人民币2.12元，净负债人民币4.4亿元；2000年上半年盈利人民币32.2百万元（上年同期亏损人民币18.7百万元），不派中期息。
【财务状况】 1999年度每股纯利8.0仙。

华润北京置地有限公司

【公司概况】 股票代码为1109，业绩报告结算日期为12月31日，实收资本为1496459428股，合计149645942元。公司董事会主席：宁高宁。
【经营业绩】 透过北京华远（占70.4%）经营，华远为中国国家企业。为北京最大物业发展公司之一。承接规模及类别均不受北京市政府当局限制，透过政府划拨取得低成本土地储备。1996年11月发行300百万新股，其中45百万股公售、255百万股配售、每股售价2.36元。主要投资物业为华威大厦58万方呎，发展中物业24项，并拥有25.8百万方呎土地储备。1999年底每股净值2.4元，净负债11.15亿元。

2000 年上半年盈利 40.9 百万元，减 51.3%，不派中期息。持有深圳上市万科企业 2.7%，亦计划增持。
【财务状况】 1999 年度每股纯利 10.0 仙，每股股息 2.0 仙。

中航兴业有限公司

【公司概况】 股票代码为 1110，业绩报告结算日期为 12 月 31 日，实收资本为 3235182000 股，合计 323518200 元。公司董事会主席：王贵祥。
【经营业绩】 从事客货航空运输服务，机场地勤服务、物业投资。拥有 43.29%港龙航空，主要经营国际定期航班服务及包机服务，并拥有 50%股权之联营公司怡中参与机场地勤服务，亦拥有商业物业面积 74388 方呎作投资。1997 年 12 月发行新股 375.922 百万股上市，每股售价 1.63 元。1999 年底每股净值 0.594 元，净存款 6.72 亿元。2000 年上半年盈利 138.4 百万元，增 56%，派中期息 0.006 元。
【财务状况】 1999 年度每股纯利 6.55 仙，每股股息 1.2 仙。

廖创兴银行有限公司

【公司概况】 股票代码为 1111，业绩报告结算日期为 12 月 31 日，实收资本为 435000000 股，合计 217500000 元。公司董事会主席：廖烈文。
【经营业绩】 香港持牌银行，原为廖创兴企业附属公司，于 1994 年 6 月分拆上市，发行 100 百万股新股，每股以 10 元公售。设有分行 36 间，大部分行址为自置物业；另于三藩市、澳门、汕头市及上海市设有分行办事处，主要提供银行、金融及有关服务。正于上海兴建占地 55444 方呎之商业大厦作为总部，占权益 45%。1997 年 11 月中远太平洋入股占 20%。每股作价 18.88 元。1999 年底每股净值 12.12 元。2000 年上半年盈利 2.35 亿元，增 27.13%，呆坏帐准备 73.7 百万元，减 14.6%，派中期息 0.18 元，存款 289.08 亿元，增 11.9%，贷款 190.38 亿元，增 12.8%，资本充足比率 22.15%。
【财务状况】 1999 年度每股纯利 82.0 仙，每股股息 42.0 仙。

华晨中国汽车控股有限公司

【公司概况】 股票代码为 1114，业绩报告结算日期为 12 月 31 日，实收资本为 3348052900 股，合计 USD33480529 美元。公司董事会主席：仰融。
【经营业绩】 拥有沈阳客车 51%权益，为中国主要小型客车制造商及分销商；1998 年 5 月收购两间汽车零部件制造商绵阳新晨以及宁波裕民，占权益 50%及 51%；10 月成立兴远东（占 100%权益）作为搜购汽车零部件。沈阳客车可年产豪华及中价小型客车 4 万辆，及标准小型客车 12000 辆；在国内拥有超过 800 间分销商及 2000 间售后服务中心。1999 年 10 月以介绍方式上市，配售及发售新股 2175 万股，每股售价 29.53 港元。1999 年底每股净值 0.834 元，净现金 6.3 亿元。2000 年上半年盈利 4.52 亿元，增 70%，每股盈利 0.1484 元，派中期息 0.3 港仙。
【财务状况】 1999 年度每股纯利 23.94 仙，每股股息 0.21 港仙。

高力集团有限公司

【公司概况】 股票代码为 1118，业绩报告结算日期为 12 月 31 日，实收资本为 566877500 股，合计 56687750 元。公司董事会主席：彭德忠。
【经营业绩】 主要从事印刷机及辅设械器、印刷消耗品及印刷油墨，于大中华及星马销售。1994 年 7 月发行 50 百万新股上市，每股以 1.13 元公售。1996 年 11 月原有股东程氏售股予现任主席，每股收购价为 0.90 元，期后兼营金属钢材加工、贸易，买卖建筑及楼宇物料，1997 年 6 月由大鹏集团改名如上。1999 年 10 月已完成收购大同混凝土 50.1%，已终止印刷有关业务；1999 年底每股净值 0.593 元，净负债 1.29 亿元。2000 年上半年盈利 18 百万元，减 10.9%，不派中期息。
【财务状况】 1999 年度每股纯利 7.42 仙，每股股息 2.0 仙。

雅视光学集团有限公司

【公司概况】 股票代码为 1120，业绩报告结算日期为 12 月 31 日，实收资本为 338000000 股，合计 33800000 元。公司董事会主席：吴海英。
【经营业绩】 从事设计、制造及销售各类眼镜架，生产设施位于深圳及中山，有 64 万平方呎厂房，产品主销欧洲及美国，国内零售店共 20 家。1996 年 11 月发行 84500000 新股上市，每股售价 1.0 元。1999 年底每股净值 1.02 元，净存款 1.14 亿元；2000 年上半年盈利 68.28 百万元，增 89%，派中期息 0.07 元。
【财务状况】 1999 年度每股纯利 23.9 仙，每股股息 10.8 仙（包括特别股息 0.05 元）。

协和建设有限公司

【公司概况】 股票代码为 1121，业绩报告结算日期为 12 月 31 日，实收资本为 1259886600 股，合计 125988660 元。公司董事会主席：汪世忠。
【经营业绩】 主要在香港及大陆从事商业住宅物业发展及投资。1996 年 11 月发行新股 300000000 股，其中 79100000 股由大股东售出，每股售价 3.96 元。投资物业包括国卫中心写字楼 13000 方呎，苏州协和广场 14.8 万方呎，上海协和广场 36.3 万方呎，上海、沈阳、武汉及广州待建物业 2682 万方呎，香港荃湾、元朗及粉岭在建面积 68.9 万方呎，仍有农地 77.4 万方呎。1999 年底每股净值 5.04 元，净债项 5.2 亿元。2000 年上半年盈利为 170.2 百万元，减 48.5%，不派中期息。
【财务状况】 1999 年度每股纯利 60.57 仙，每股股息 4.0 仙。

庆铃汽车股份有限公司

【公司概况】 股票代码为 1122，业绩报告结算日期为 12 月 31 日，实收资本为 B 股 982402526 股，A 股 1020000000 股，合计人民币 2002402526 元。公司董事会主席：吴云。
【经营业绩】 原为中国国家企业，于 1994 年 5 月重组为一家中外合资企业；于重庆市从事生产五十铃轻型商用车，皮卡车及小型客车、组装及销售等，产品为载重量由 1.25 至 2.75 吨之五十铃 H 系列轻型商用车。汽车销售子遍布全国之 250 个经销商。1994 年 8 月上市，发行 5 亿 H 股（包括 4 亿股作配售），每股以 2.07 港元公售。1995 年 6 月与日本五十铃成立模具厂，占 51%。1999 年底每股净值人民币 2.25 元，净债项人民币 6.26 亿元。2000 年上半年产销轻型车 17660 台，盈利人民币 2.1 亿元，增 3.7%，不派中期息。
【财务状况】 1999 年度每股纯利 23.0 仙，每股股息 10.0 仙。

中港照相器材集团有限公司

【公司概况】 股票代码为 1123，业绩报告结算日期为 3 月 31 日，实收资本为 1093828377 股，合计 109382838 元。公司董事会主席：孙大伦。
【经营业绩】 主要从事进口、推销及经销日本富士所制造之一系列产品（包括摄影卷装菲林、照片冲印照相机、磁带、医疗影像系统及资讯系统产品）；亦提供照片冲印及售后支援服务、包括设备之维修及为专卖店提供员工技术训练及意见，主销大陆、香港及澳门，为三地富士产品唯一认可经销商。1994 年 9 月发行 250 百万新股上市，每股以 1.18 元公售，又生产冲印药液及冲印机销售。并设影像服务及数码店，国内富士专卖店会员 3300 名。2000 年 3 月底每股净值 0.982 元，存款 4.5 亿元；9 月止半年盈利 81.5 百万元（与上年同期相若），派中期 0.04 元。
【财务状况】 1999/2000 年度每股纯利 13.2 仙，每股股息 16.3 仙。

沿海物业集团有限公司

【公司概况】 股票代码为 1124，业绩报告结算日期为 3 月 31 日，实收资本为 640000000 股，合计 64000000 元。公司董事会主席：曾文仲。
【经营业绩】 从事国内物业发展、推广、包销、投资、代理及管理。1997 年 9 月发行新股 80 百万股上市，每股售价为 2.73 港元。于国内各地投资及待售物业 103 万方呎，发展中物业 415 万方呎，另土地储备可供建成 2815 万方呎，主要位于武汉及鞍山。2000 年 3 月底每股净值 3.66 元，净借贷 4.57 亿元，9 月止半年盈利 6.68 百万元（上年同期亏损 15.2 百万元），不派中期息。
【财务状况】 1999/2000 年度每股纯利 1.62 仙。

丽丰控股有限公司

【公司概况】 股票代码为 1125，业绩报告结算日期为 7 月 31 日，实收资本为 1047113586 股，合计 104711358 元。公司董事会主席：林建岳。
【经营业绩】 从事发展及投资广州及上海之物业、物业组合总建筑面积约 2133 万平方呎。其中包括作出售及出租物业面积约 47.4 万平方呎，另发展中物业面积约 21 百万平方呎。新中地产（中银集团）占 2.1%。1997 年 11 月发售 280 百万股新股分拆上市，每股售价 3 元。1999 年期内向丽新酒店购回上海香港广场服务式住宅，授予新中地产认购2.3亿股新股认购权(每股0.65元),又发行予新中6亿元可换股票权,换股价0.65元。2002年7月到期。1999年7月底每股净值4.79元,净负债16.16亿元。未赎回债券9.39亿元,已决定于2000年1月10日强制换股,定价46.4仙,届时丽展只占25.4%,而丽新制衣则占20.6%。

【财务状况】 1999/2000年度每股纯利1.1仙。

中国石化镇海炼油化工股份有限公司

【公司概况】 股票代码为1128,业绩报告结算日期为12月31日,实收资本为A股1800000000股,H股723754468股,合计人民币2523754468元。公司董事会主席:张伟君。

【经营业绩】 为中国主要炼油公司之一,位于浙江省宁波市,生产及销售石油产品(包括汽油、煤油及柴油)、中间石化产品(包括苯及丙烯)、尿素及其他有关产品,如液化气及石油焦,产品大部分于大陆销售,并以来料加工形式为外国石油公司炼制原油,收取加工费用。1994年11月发行600百万H股上市,每股以2.38港元公售。1999年底净存款人民币4.86百万元。2000年上半年盈利人民币1.5亿元,减46.5%,派中期息0.015元,每股净值人民币2.86元。

【财务状况】 1999年度每股纯利24.0仙,每股股息5.5仙。

奋发国际控股有限公司

【公司概况】 股票代码为1130,业绩报告结算日期为6月30日,实收资本为668329000股,合计66832900元。公司董事会主席:陈星洲。

【经营业绩】 主要于中港台三地从事日常便服之零售以及制造业务。其中进口Benetton、Sisley、012牌子服装在港销售。1997年5月发行100百万股新股上市,每股1.15元。其后出售港台业务套现31百万元,将集中于国内业务,以Fun牌推销便服。1999年6月底每股净值0.1625元,净借贷12.55百万元。

【财务状况】 1999/2000年度纯利亏损19.1百万元。

广兴国际控股有限公司

【公司概况】 股票代码为1131,业绩报告结算日期为3月31日,实收资本为1611000000股,合计161100000元。公司董事会主席:李万程。

【经营业绩】 从事布匹针织、漂染、定型服务,并生产、销售成品针织布匹。生产设施均位于南海市。1997年3月发行新股45百万股上市,每股售价1.2元。2000年3月底每股净值0.193元,净存款20.7百万元,7月以新股购入科进股7%,经营旅行网、音乐网及音乐产品拍卖。9月止半年盈利7.5百万元,减30.3%,不派中期息。

【财务状况】 1999/2000年度每股纯利0.52仙。

嘉禾娱乐事业(集团)有限公司

【公司概况】 股票代码为1132,业绩报告结算日期为6月30日,实收资本为800887500股,合计80088750元。公司董事会主席:邹文怀。

【经营业绩】 在亚洲从事电影发行及戏院经营业务,并于香港从事电影冲印业务。此外亦国际性发行中文电影予远东区之国家及其他华人社区的当地发行商。1994年11月发行125百万新股上市,每股1.93元公售。于香港、新加坡、马来西亚、泰国、韩国及上海经营248间影院。1998年8月,邹文怀及Village Road Show合组公司,股权各半,持嘉禾50.54%股权,并以每股0.60元提全购。

【财务状况】 1999/2000年度每股纯利0.2仙。

哈尔滨动力设备股份有限公司

【公司概况】 股票代码为1133,业绩报告结算日期为12月31日,实收资本为A股720000000股,H股469151000,合计人民币1189151000元。公司董事会主席:耿雷。

【经营业绩】 国家企业,为电站设备制造商,产品包括单机容量50—60OMW之火电机组及最高容量55OMW之水力发电机组;亦经营电站设备进出口业务,在国内提供工程、技术咨询及电站交钥匙工程,产品主销大陆,部分销往世界及发展中国家。1994年12月发行435百万H股上市,每股以2.58港元公售。已成为外商参与三峡工程分包商。1999年底净借贷人民币18.8亿元。2000年上半年盈利人民币10百万元,增45.7%,不派中期息,每股资产净值人民币2.46元。

【财务状况】 1999年度每股纯利2.9仙,每股股息1.7仙。

亚洲卫星有限公司

【公司概况】 股票代码为1135,业绩报告结算日期为12月31日,实收资本为390262500股,合计39026250元。公司董事会主席:秦晓。

【经营业绩】 提供卫星转发服务,主要是广播和电讯市场,包括专用通讯网络市场。1996年6月由旧股东出售121百万股上市,每股售价19.8元。现经营三枚卫星,分别为亚洲一号、二号和三号,三号卫星于1997年底发射失败,再造于1999年3月发射。1999年12月底每股净值4.69元,净借贷76.3百万元,2000年上半年盈利2.86亿元,增71.2%,派中期息0.06元。已达成发射亚洲四号卫星协议,代价17.16亿元,将于2002年上半年发射。

【财务状况】 1999年度每股纯利91.0仙,每股股息20.0仙。

台泥国际集团有限公司

【公司概况】 股票代码为1136,业绩报告结算日期为12月31日,实收资本为808340000股,合计80834000元。公司董事会主席:辜成允。

【经营业绩】 主要从事进口及分销来自台湾及日本的水泥,并于香港、广州、顺德及汶莱生产与分销预拌混凝土。设施位于青衣岛毗邻码头。于马尼拉湾有水泥分销设施;与安徽海螺合作于芜湖建一年产达70万吨之水泥及分销厂。占60%权益。1997年9月发行新股120百万股上市每股售价1.47港元。1999年底每股净值1.32元,净存款2.3亿元。于2000年4月底以15.37亿元购入台湾和信电讯股权10%,又购入同宏科技51%,亦占和宇宽频5.1%(和信占50%),由香港水泥改名如上。2000年上半年盈利76百万元,增2.3%,派中期息0.03元,期内应占和信盈利1000万元。

【财务状况】 1999年度每股纯利30.1仙,每股股息10.0仙。

城市电讯(香港)有限公司

【公司概况】 股票代码为1137,业绩报告结算日期为8月31日,实收资本为490534000股,合计49053400元。公司董事会主席:王维基。

【经营业绩】 主要在香港从事提供国际电讯服务。获电讯管理局牌照,可提供虚拟专用网络服务。亦提供互联网服务。1997年7月发行新股100百万股上市,每股售价1.8元。1999年1月推出国际简单分销服务(ISR),已获固定无线网络牌照,将以卫星接收,将推出宽频多媒体服务,包括宽频互联网。11月3日发行80百万股于美国NASDAQ上市,每股作价5.6元。2000年8月底每股净值1.54元,净存款6.08亿元。

【财务状况】 1999/2000年度每股纯利14.9仙。

中海发展股份有限公司

【公司概况】 股票代码为1138,业绩报告结算日期为12月31日,实收资本为A股1680000000,H股1296000000股,合计人民币2976000000元。公司董事会主席:李克麟。

【经营业绩】 以中国沿海货物航运为主,兼营远洋客货运输,拥有各类船舶共153艘。船舶总吨位约367万载重吨,主要航运为华东地区。1994年11月发行1080百万H股上市,每股以1.46港元公售。母公司重组,与上海海兴及广州海运组成中海集装箱,经营管理船支逾70艘,海兴上25%。1997年8月由上海海兴轮船改名如上。1998年3月收购19艘油轮,代价人民币14.32亿元,配售H股集资3.63亿港元及发售A股予母公司集资人民币5.27亿元。1999年底每股净值人民币1.645元,净债项人民币27.39亿元。2000年上半年盈利人民币111.5百万元,增50.7%,不派中期息。

【财务状况】 1999年度每股纯利4.26仙。

华多利集团有限公司

【公司概况】 股票代码为1139,业绩报告结算日期为12月31日,实收资本为1230744000股,合计24614880元。公司董事会主席:陈进财。

【经营业绩】 主要为推广及批发销售左太汽车。经大陆之进口商及香港之采购代理商向国内分销以三菱、丰田、本田、日产及现代等商标为主之轿车。拟协助特许分销商设立维修中心加强客户服务。1998年2月发行57.5百万股新股上市,每股以0.87元公售。1998年3月及6月已于天津港及深圳福田之保税区开设贸易业务。1999年底资产净值1.9万元,净负债41.67百万元,2000年上半年亏损5.5百万元,不派中期息。2月底购入网域控股48%。

【财务状况】 1999年度纯利亏损49.5百万元。

雄丰集团控股有限公司

【公司概况】 股票代码为1141,业绩报告结算日期为3月31日,实

收资本为2483936760股，合计24839367元。公司董事会主席：Lo Ming Chi。

【经营业绩】 主要以本身品牌H&C设计、制造及销售玩具，包括儿童座车、学前玩具及电池操控玩具，另按原设备制造方式生产的则占10%。生产设施设于大陆。产品主要市场有北美洲及欧洲。1998年2月发行50百万股新股上市，每股售价1元。2000年3月底每股净值0.092元(拆细后)，净负债35.7百万元，12月董事会改组，主要股东兼主席陈振洪辞职，涉及调查及押股，仍等澄清。

【财务状况】 1999/2000年度每股纯利1.18仙。

泰盛实业集团有限公司

【公司概况】 股票代码为1159，业绩报告结算日期为12月31日，实收资本为450000000股，合计45000000元。公司董事会主席：唐锡麟。

【经营业绩】 从事制造及经销电子计算机及电子记事簿，亦经销导电硅橡胶按键，生产设施位于东莞，总办事处设于香港。产品主要售予亚洲及欧美之电动及电子产品制造商、批发商及零售商，已开发新系列备有翻译功能之电子记事簿(备有多国语言)，1998年2月，发行1亿股新股上市，每股售价0.7元。1999年1月向柏宝购入印刷电路板业务80%。并发展个人数码助理，数码相机及电讯产品。1999年底每股净值0.542元，净负债55百万元。2000年上半年盈利10.87百万元，减3.2%，不派中期息。

【财务状况】 1999年度每股纯利3.5仙。

莹辉集团有限公司

【公司概况】 股票代码为1163，业绩报告结算日期为12月31日，实收资本为300000000股，合计30000000元。公司董事会主席：徐振森。

【经营业绩】 从事设计、制造及销售照明产品，分别为：户外照明装置；吸顶灯；多头吊灯及单吊灯；室内灯饰及浴灯。客户以美国为主，其次以加拿大及欧洲。生产设施位于东莞虎门。1999年10月配售及发售新股75百万股上市，每股售价1.13元，1999年底每股净值0.516元，净现金1.38亿元。2000年上半年盈利48.3百万元，增11.1%，派中期息0.07元，与日资合作设立玻璃制造厂，将于2001年第四季投产。

【财务状况】 1999年度每股纯利31.6仙，每股股息16.0仙(包括特别股息3仙)。

荣盛科技国际控股有限公司

【公司概况】 股票代码为1166，业绩报告结算日期为3月31日，实收资本为13258436251股，合计132584363元。公司董事会主席：周礼谦。

【经营业绩】 制造及销售电线、电缆、漆色线、橡胶线及裸铜杆，主要出口。生产设施位于东莞、上海两地。1996年12月发行125百万新股上市，每股售价1.2元。2000年3月底每股净值0.09元，净债项11.7百万元，9月止半年盈利11.2百万元，减74.6%，不派中期息。期内收购通福47.5%，于福州生产光纤电缆，上海互联网站40%。北京互联网服务40%，香港金融资讯网30%，电影娱乐网19.9%，广东互联网技术35%，又与深圳软件系统公司订立合作协议，发展外语软件，由美盛周氏改名如上。

【财务状况】 1999年度纯利0.72百万元。

百仕达控股有限公司

【公司概况】 股票代码为1168，业绩报告结算日期为12月31日，实收资本为1520000000股，合计152000000元。公司董事会主席：欧亚平。

【经营业绩】 主要在大陆从事房地产发展及投资。有独家权利开发位于深圳银湖及笔架山因电缆改造工程完成后腾出可作发展之约3.4百万平方呎土地，并获深圳其他地区土地之优先开发权。发展中物业有深圳罗湖区百仕达花园，总建筑面积约10.6百万平方呎，预期2003年底全部完成。从事发电及供电业务，拥有装机容量70.8兆瓦。电力售予深圳供电局。1998年5月配售及发售380百万股新股上市，每股售价1.15元。1999年2月收购中国百江集团，产销液化石油气。1999年底每股净值0.775元，净存款2.5亿元。2000年上半年盈利4.4百万元，减67.8%，不派中期息。

【财务状况】 1999/2000年度每股纯利2.4仙。

中建数码媒体有限公司

【公司概况】 股票代码为1169，业绩报告结算日期为3月31日，实收资本为1414516000股，合计141451600元。公司董事会主席：麦绍棠。

【经营业绩】 从事生产、采购及销售婴儿护理产品，产品大部分销美国市场。于国内设立生产设施。1997年12月发行新股50.6百万股上市，每股售价1.0元。1999年10月推出"易买格价中心"网站。2000年3月底每股净值0.701元，净存款1.1亿元；年结期改为12月，期内中建电讯注资，获得好合拍多媒体股权，10月由伟达改名如上。9月止半年盈利1.65百万元，减89.7%，不派中期息。

【财务状况】 1999/2000年度每股纯利9.83仙，每股股息2.0仙。

信星鞋业集团有限公司

【公司概况】 股票代码为1170，业绩报告结算日期为3月31日，实收资本为575507750股，合计57550775元。公司董事会主席：陈敏雄。

【经营业绩】 生产户外鞋及其他鞋类，主销美国。厂房设于珠海，自置物业，面积约28900平方米。1994年5月在澳门购入厂房增设生产线。1994年9月发售86.4百万新股及股东售出21.6百万股上市，每股售价1元，越南厂房将于2001年2月投产。2000年9月止半年盈利82.38百万元，增34.9%，派中期息0.035元，净存款4亿元，每股净值0.801元。

【财务状况】 1999/2000年度每股纯利22.38仙，每股股息8.4仙。

兖州煤业股份有限公司

【公司概况】 股票代码为1171，业绩报告结算日期为12月31日，实收资本为内资股1750000000，H股850000000股，合计人民币260000000元。公司董事会主席：赵经彻。

【经营业绩】 为中国国有地下煤炭开采企业，于山东省的煤矿采得低硫煤，售予华东各省发电厂、冶金厂及其他客户，及外销予东亚客户，现拥有有经营五个煤矿。1998年3月发行85百万股H股上市，每股售价2.42港元。2000年上半年盈利人民币358.8百万元，减19.5%，不派中期息，每股净值人民币2.49元，原煤产量达1276.4万吨，增6.5%，销售量1244.7万吨，增8.2%，平均价较上年同期减16.5%，存款人民币5.5亿元，已协议收购济宁三号煤矿，年产400万吨，定价人民币25.67亿元，正寻求融资方案。

【财务状况】 1999年度每股纯利32.0仙，每股股息8.9仙。

勤达印刷集团有限公司

【公司概况】 股票代码为1172，业绩报告结算日期为12月31日，实收资本为361904068股，合计36190407元。公司董事会主席：陈相照。

【经营业绩】 主要从事商业印刷、杂志、报纸印刷及书籍印刷。厂房设于香港及大陆两地。1996年5月发行50百万新股上市，每股售价1.18元。1996年10月购入大华印刷。厂房设施集中于国内，1998年7月收购利华印刷。1999年底每股净值0.788元，净借贷78百万元。2000年上半年盈利16.5百万元，增38.5%，派中期息0.02元。2月主要股东以每股0.88元出售股权33.77%，经两度配售后，庄士中国成为最大股东。

【财务状况】 1999年度每股纯利10.7仙。

威高国际控股有限公司

【公司概况】 股票代码为1173，业绩报告结算日期为3月31日，实收资本为1656000000股，合计16560000元。公司董事会主席：郑钟文。

【经营业绩】 主要从事女装设计、制造以及零售业务。以自有品牌WANKO以及VEEKO销售，于港澳经营零售店54间及台湾22间，小量产品批发海外。生产设施于1999年初迁往东莞新厂后。1999年4月发行32百万股新股及18百万股旧股上市，每股售价1元。2000年3月底每股净值0.0707元(拆细后)，净存款48.3百万元，9月止半年盈利25百万元，增46.4%，派中期息0.0023元。

【财务状况】 1999/2000年度每股纯利2.96仙，每股股息0.6仙。

太平洋恩利国际控股有限公司

【公司概况】 股票代码为1174，业绩报告结算日期为3月31日，实收资本为656939266股，合计65693926元。公司董事会主席：黄洛翔。

【经营业绩】 从事未加工白肉鱼及白肉鱼柳之采购及供应，亦经营若干贝、虾类及其他冷冻海产品之贸易。产品主要来自俄罗斯，亦向大陆进口公司购买冷冻白肉鱼柳，出口予北美及欧洲之客户。1994年9月发售56百万新股及旧股东售出14百万股上市，每股以1.38元公售。已购入美国及中国加工及分销业务，又购入3艘冷冻运输船。2000年3月底每股净值0.844元，净借贷为5.45亿元，9月止半年盈利30.2百万元，增131.8%，不派中期息。
【财务状况】 1999/2000年度每股纯利5.4仙。

南方国际控股有限公司

【公司概况】 股票代码为1176，业绩报告结算日期为12月31日，实收资本为1360000000股，合计136000000元。公司董事会主席：黄华。
【经营业绩】 在广东省内主要城市及广州市从事物业发展、投资物业及管理。现时持有南方国际广场及荔湾广场商场136万方方呎及若干车位作收租用途，占有五个发展中地盘，可建面积为340万方呎。1996年11月每股售价2.88元，其后粤海系购入股权。1998年底核数师对应收售楼过期帐项823百万元是否需要作出拨备有所保留。因委任核数师议案未获通过，业绩拖延发表，2000年11月债权人入禀高院申请主席黄华破产。
【财务状况】 1998年度纯利亏损310.3百万元。

美丽宝国际控股有限公司

【公司概况】 股票代码为1179，业绩报告结算日期为2月28日，实收资本为254636000股，合计25463600元。公司董事会主席：邓伟林。
【经营业绩】 主要经营专门售卖鞋类，并以青年顾客为对象之门市网络建立大型连锁店业务。于香港及澳门设有逾67间以Mirabell及Joy&Peace为名之零售店，亦与国内开设155间零售店。1996年11月发行新股60000000股上市，售价每股1.22元。2000年8月底每股资产净值0.836元，净存款1.08亿元。8月止半年盈利26.33百万元，增75.4%，中期息0.028元。4月取得K－Swiss鞋类及服装大陆分销代理，9月于香港开设INshoesnet分店。
【财务状况】 1999/2000年度每股纯利17.6仙，每股股息7.8仙。

生命科技集团有限公司

【公司概况】 股票代码为1180，业绩报告结算日期为12月31日，实收资本为1073945946股，合计10739459元。公司董事会主席：单世勇。
【经营业绩】 从事设计、制造及销售推广赠品及玩具，并制造及销售仿皮。1997年1月发行新股50百万股上市，每股售价1元。1998年10月，陈汉强以每股0.38元购入32%，成为最大股东，其后再易手。1999年9月由叶氏保健改名如上，获内地保健产品绿多维香港及东南亚独家代理权。买卖聚氨脂产品及再造树脂。购入山东威海赛洛金药厂20%，收购LT3000.com20%．提供远程医疗功能。11月收购赛洛金药厂为全资公司。1999年底每股净值0.093元，净债项49.75百万元。2000年上半年亏损11百万元(上年同期亏损39.98百万元)，不派中期息。
【财务状况】 1999/2000年度纯利亏损59.5百万元。

东联控股有限公司

【公司概况】 股票代码为1182，业绩报告结算日期为3月31日，实收资本为1171334315股，合计117133432元。公司董事会主席：韩明光。
【经营业绩】 从事海、陆、空之综合运输服务，包括货运、驳船及趸船经营、货物仓储及船务代理等。以中国业务为主，另在北美、欧洲及亚洲亦拥有超过60家代理商之网络。于上海成立一合营企业，发展集装箱堆场，又购入新加坡货运代理。1994年9月发售102062500新股，每股以1元公售。1998年3月股权易手，中洲控股以每股0.38元购入44.7%，1998年10月改名，由海德太平洋易名如上。1999年3月股权再移至现任主席。2000年3月底每股净值0.245元，净存款为90.9百万元，6月计划以3.08亿元(新股)收集天鸿信息股权(完成后中国电信香港将占7.35%)，完成期已延至2001年1月10日。9月止半年亏损35.7百万元，不派中期息。
【财务状况】 1999/2000年度每股纯利3.8仙。

时捷集团有限公司

【公司概况】 股票代码为1184，业绩报告结算日期为12月31日，实收资本为234996720股，合计23499672元。公司董事会主席：严玉麟。
【经营业绩】 从事电子元件经销，MP3唱碟机及GSM流动电话等，零售体育用品及时装。1994年9月发售42百万新股。另公开售股18百万股上市，每股以1元公售。1999年6月及7月曾配售集资18百万元。1999年底每股净值1.87元，净负债1.9亿元。2000年上半年盈利为7.08百万元，增74.8%，不派中期息，期内多次配售集资。
【财务状况】 1999年度每股纯利0.18仙。

航天科技通信有限公司

【公司概况】 股票代码为1185，业绩报告结算日期为12月31日，实收资本为777139763股，合计77713976元。公司董事会主席：王彦广。
【经营业绩】 从事电讯及GPS全球卫星定位系统，电讯业务包括开发、制造及销售电讯交换设备(在大陆出售)、电话终端机设备和有关售后服务(销往海外)。GPS业务主要为大陆及澳门客户开发、制造、销售、安装GPS产品及售后服务。亦制造宽频无线接入系统产品。1997年7月航天科技国际(0031)发行新股1.5亿股分拆上市，每股1.18元。1999年6月中配售集资60百万元。1999年底每股净值0.474元，净负债27.7百万元。2000年上半年亏损11.66百万元，不派中期息。
【财务状况】 1999年度纯利亏损193.4百万元。

珠江轮胎(控股)有限公司

【公司概况】 股票代码为1187，业绩报告结算日期为12月31日，实收资本为105116280股，合计21023256澳元。公司董事会主席：洪源成。
【经营业绩】 从事重型及轻型商用汽车与农业车辆斜交轮胎之设计、制造及销售。以"珠江PEARL River"注册商标出售轮胎。为中国22家最大之制造商之一，1995年1月于澳洲上市。销售以广东省为主、其余出口往20多个国家。生产设施位于广东省花都市，总面积约322.9万平方呎。1999年6月以介绍方式上市。1999年底每股净值6.49元，净借贷1.36亿元。2000年上半年亏损9.7百万元(上年同期亏损1百万元)，不派中期息。
【财务状况】 1999年度纯利亏损5.57百万元。

圆通科技控股有限公司

【公司概况】 股票代码为1188，业绩报告结算日期为12月31日，实收资本为1263634000股，合计126363400元。公司董事会主席：仰融。
【经营业绩】 原由八佰伴国际控制，于1997年底起股权持续转移，至1998年11月由中国华晨购得33.69%，每股作价0.25元，以欢乐天地或Whimsyland名义经营户内游乐中心，Cyber World亦为集团成员，曾合作经营香港业务，已于6月结业，内地仍有8间合作游乐中心经营中，占沈阳辽华汽车零件51%。1995年3月发售50百万新股上市，每股售价1元。1999年底负值11百万元，净负债21.6百万元。2000年上半年亏损6.11百万元，不派中期息。8月配售予管理层(与华晨汽车一致行动)，提出以每股0.30元收购，由欢乐天地改名如上。
【财务状况】 1999/2000年度纯利亏损12.5百万元。

辰达永安旅游(控股)有限公司

【公司概况】 股票代码为1189，业绩报告结算日期为3月31日，实收资本为7694317770股，合计76943178元。公司董事会主席：陈若伟。
【经营业绩】 主要从事组办旅行团，提供客运及旅游相关服务。组办各种海外旅游及内地旅行团。现有123辆轿房车及148辆旅游车。1997年9月发行新股137.5百万股上市，每股售价2.88元。1999年6月发行1.46亿新股(作价1.93元)收购哈尔滨新加坡酒店50%权益及管理权。11月以新股73.3百万股(计1.575元)换入东方魅力55百万股(计2.1元)，并成立合营公司经营旅游网站。2000年3月底每股净值0.141元，净负债1.35亿元，9月止半年盈利78.7万元，减96.1%，不派中期息。
【财务状况】 1999/2000年度每股纯利0.16仙。

联昌泰国际控股有限公司

【公司概况】 股票代码为1190，业绩报告结算日期为5月31日，实收资本为371054501股，合计37105450元。公司董事会主席：陈文川。
【经营业绩】 主要在港从事广泛的公营部门及私人机构建筑工程，业务包括：防止山泥倾泻/修补工程；道路及渠务；楼宇建筑、拆卸与装修；海事及港口工程；地盘平整。1998年11月发行50百万股新股上市，每股以1元公售。1999年10月与台商成立合营公司，于台湾参与地震后重建。2000年5月底每股净值0.80元，净负债1.09亿元；9月以1.25亿元购入拉丁美洲苏里南面积27975公顷森林土地，拥有开采权，并从事木材贸易。

【财务状况】 2000年度每股纯利1.34仙。

中富控股有限公司

【公司概况】 股票代码为1191，业绩报告结算日期为7月31日，实收资本为2072366196股，合计207236620元。公司董事会主席：叶光。

【经营业绩】 工程建设及楼宇维修保养；1994年10月发售97百万新股上市，每股以1元公售。1997年3月一股东注入顺德一住客会所，以每股0.43元提全面收购。1998年7月由永辉改名如上。1999年与广州交通投资合组公司为广州机场提供工程顾问，于花都发展长春会俱乐部，购入中医药网及Outblaze，又购入高明银海高球俱乐部80%及广州协和医疗中心。2000年7月底每股净值0.372元，净存款54.7百万元。已将Outblaze权益全部出售，中医药网已组成大中华科技上市，仍占39%。12月协议将长春会、医疗中心及高球会注入庆屋，将可换取庆屋股份69.5%，仍待完成。

【财务状况】 1999/2000年度每股纯利12.0仙，每股股息2.0仙。

金犀宝控股有限公司

【公司概况】 股票代码为1192，业绩报告结算日期为12月31日，实收资本为2501500000股，合计25015000元。公司董事会主席：蔡炯明。

【经营业绩】 主要从事本身Gemzboh，Shitelan及Nibbio等品牌服装之设计、制造及销售，产品销售对象以大陆为主，生产设施设于福建省。1998年6月发售40百万股新股及由大股东出售20百万股旧股上市。每股售价1元。1999年12月配售34.5百万元，投资于太空陶瓷项目，但未能协议，已予终止。1999年底每股净值0.063元，净存款27.8百万元。2000年上半年盈利为2.75百万元，减76%，不派中期息。

【财务状况】 1999年度每股纯利0.9仙。

励致国际集团有限公司

【公司概况】 股票代码为1193，业绩报告结算日期为3月31日，实收资本为1508832261股，合计150883226元。公司董事会主席：宋林。

【经营业绩】 主要业务包括进口、推广及分销办公室家具。1994年开始生产办公桌。1994年10月发行50百万新股上市，每股以1.65元公售。2000年3月底负债69.8百万元，净借贷2.19亿元，4月华创认购新股注入资金3.5亿元；9月止半年亏损11.58百万元，不派中期息。10月华创所持股权转移至华润；11月华润注入冷气压缩机权益63.75%，半导体及信息服务三项业务，发可换股债券8.51亿元支付代价。

【财务状况】 1999/2000年度纯利亏损159.2百万元。

世嘉网络亚洲有限公司

【公司概况】 股票代码为1196，业绩报告结算日期为3月31日，实收资本为510300000股，合计51030000元。公司董事会主席：雷志。

【经营业绩】 从事印刷及制造包装盒、标签、签条、恤衫纸板与供成衣产品使用之胶袋。1997年1月发行新股80百万股上市，每股售价1元。2000年3月底每股净值0.855元，净存款53.55百万元，9月止半年盈利16.1百万元，增3.8%，不派中期息。4月发行1.6亿股购入Sega.com PC 6.8%，6月由昌明控股改名如上，正由世嘉协助下开展网上游戏业务。

【财务状况】 1999/2000年度每股纯利7.2仙，每股股息11.0仙（包括特别股息10仙）。

中华数码信息有限公司

【公司概况】 股票代码为1197，业绩报告结算日期为6月30日，实收资本为19414053651股，合计1941405365元。公司董事会主席：黄仕灵。

【经营业绩】 从事设计、制造、装配及销售以“高路华”为商标之家庭电器，产品包括电视机、录像机、小光碟机之影音产品、洗衣机及空调器等。1997年6月发行393120000股上市，每股售价1元。重组银行债券初步协议。1999年9月已协议购入国内6项电子商贸及互联网权益各51%，于国内法律容许下即行购入。2000年6月底每股净值0.111元，净负债3.47亿元；8月与广东电信订立协议，将成立合营企业，计划生产使用WAP之视像流动电话。

【财务状况】 1999/2000年度纯利亏损319.3百万元。

中远太平洋有限公司

【公司概况】 股票代码为1199，业绩报告结算日期为12月31日，实收资本为2139228298股，合计213922830元。公司董事会主席：陈忠表。

【经营业绩】 拥有及租赁集装箱业务。最终控股公司为中远。2000年中拥有约508985个标准箱。1994年12月发行255百万新股上市，每股以2.88元公售。1995年11月收购葵涌8号货柜码头东面权益50%。1996年12月购入香港3个货柜堆场；1997年3月购入青岛、张家港、上海及盐田码头权益，1997年8月购入廖创与银行5%（计23.88元），11月再购15%（计18.88元）。亦投资于上海逸仙高架公路外高桥一期码头及屯门内河码头。1999年底每股净值3.57元，净负债24亿元。2000年上半年盈利5.38亿元，增3.7%，派中期息0.082元。

【财务状况】 1999/2000年度每股纯利49.6仙，每股股息18.2仙。

美联物业（集团）有限公司

【公司概况】 股票代码为1200，业绩报告结算日期为12月31日，实收资本为593989000股，合计59398900元。公司董事会主席：黄建业。

【经营业绩】 主要从事各类物业之代理业务。提供各类物业买卖或租赁服务。拥有173间（截至2000年9月）分行及办事处。亦透过其联营公司在国内提供地产代理服务。1995年5月发售50百万新股上市，每股售价1.28元。1999年初成立“美联物业数码代理”发展至互联网提供地产资讯服务。1999年底每股净值0.796元，净存款49百万元。2000年上半年盈利16.3百万元，减24%，派中期息0.01元。6月底收购香港置业，长实则购入美联数码网20%，业务已拓展至新加坡。

【财务状况】 1999年度每股纯利8.6仙，每股股息3.0仙。

侨威集团有限公司

【公司概况】 股票代码为1201，业绩报告结算日期为12月31日，实收资本为266000000股，合计26600000元。公司董事会主席：许绘振。

【经营业绩】 主要在大陆从事印刷及制造高质素彩色包装产品，以香烟包装印刷品为主，其余为酒类硬纸盒及医药用品纸盒。生产设施位于云南及黑龙江省。1998年6月配售及发售66.5百万股新股上市，每股售价1.08港元。1999年5月收购UNION COMPUTER46%，从事电脑、通讯及相关产品分销。1999年底每股净值0.767元，净债项66.56百万元。2000年上半年盈利18.7百万元，减30%，派中期息0.015元。

【财务状况】 1999年度每股纯利12.0仙，每股股息8.0仙（包括特别股息3仙）。

成都电缆股份有限公司

【公司概况】 股票代码为1202，业绩报告结算日期为12月31日，实收资本为A股240000000股，H股160000000股，合计人民币400000000元。公司董事会主席：张庆忠。

【经营业绩】 主要生产及销售通讯电缆及配套产品，包括铜览、光缆、电缆套管，以产量计算，被列为中国最大制造商。总部及主要生产设施位于四川省，在东莞也有生产设施，主销国内大部分客户，为邮电部辖下大陆各省市之邮电器材公司和电信局。1994年11月发行H股160百万股上市，每股以2.8港元公售。1999年底每股净值人民币2.13元，净存款人民币15.46百万元。2000年上半年亏损人民币10.7百万元，不派中期息。将改名为成都普天电缆。

【财务状况】 1999年度纯利亏损人民币103.2百万元。

广南（集团）有限公司

【公司概况】 股票代码为1203，业绩报告结算日期为12月31日，实收资本为909508722股，合计90950872元。公司董事会主席：叶旭全。

【经营业绩】 粤海企业集团成员，为外经贸部授权作为输入广东生产之所有鲜活商品（包括家禽、淡水鱼、牲畜及果菜）之香港独家经销及其他产品之代理。向国企提供农产品，设备与技术之最新资讯。投资国内多项食品加工（如鳗鱼业、猪只养殖及玉米食品）、包装及零售，拥有KK超市及油麻地超市。占广益国际12%，金源米业10%、四洲集团9.22%、环球饮食文化13.8%等。1999年底净负债28.3亿元，股东资金亏蚀13.94亿元。2000年上半年亏损312.2百万元，不派中期息。重组财务仍在进行中，已于11月建议2供17股（77.3亿股），每股供 0.10 元，正待完成。

【财务状况】 1999 年度纯利亏损 194.2 百万元。

东南亚木业集团有限公司

【公司概况】 股票代码为 1205，业绩报告结算日期为 12 月 31 日，实收资本为 9600000000 股，合计 96000000 元。公司董事会主席：郭炎。

【经营业绩】 主要从事制造，销售胶合板、碎木板、切锯木材及木材产品贸易。制造业务在寮国。在广东省汕头成立一合营企业，以制造木画框及家私，1997 年 8 月发行新股 150 百万股上市，每股售价 1.08 元。1999 年出售寮国业务，收购东莞新联木业。1999 年底每股净值 0.121 元，净负债 1.4 亿元。2000 年上半年亏损 1 亿元（上年同期亏损 2.8 亿元），不派中期息。8 月获现任主席有关人士注资认购大新股。

【财务状况】 1998/1999 年度纯利亏损 378.5 百万元。注：截至 1999 年 12 月底止 15 个月，以往结算期为 9 月。

瀚洋科技投资有限公司

【公司概况】 股票代码为 1207，业绩报告结算日期为 12 月 31 日，实收资本为 1000000000 股，合计 100000000 元。公司董事会主席：施建。

【经营业绩】 为上海市的房产发展企业之一，从事住宅地产发展及投资，另从事管理服务。1999 年 12 月配售及发售新股 250 百万股上市，每股售价 0.798 元，1999 年底每股净值 0.451 元，净存款 2.1 亿元；2000 年上半年盈利 26.08 百万元，增 3.2%，不派中期息。2000 年将上海住宅网提升为中国国家网，另设中国西部网，从事网络智能化小区，提供各项功能；由瀚洋国际改名如上。

【财务状况】 1999 年度每股纯利 7.36 仙，每股股息 1.7 仙。

东方鑫源（集团）有限公司

【公司概况】 股票代码为 1208，业绩报告结算日期为 12 月 31 日，实收资本为 1319726950 股，合计 131972695 元。公司董事会主席：高德柱。

【经营业绩】 主要经销有色金属矿产及半制成品及投资国内多间金属厂。为东方有色的附属公司、专责经营东方有色集团在有色金属贸易及有关投资之业务。东方有色为有色金属附属公司，而有色金属总公司为国营企业。1994 年 12 月发售 133.9 百万新股上市，每股以 1.5 元公售。1999 年底每股净值 0.507 元，净债项 7.7 亿元。2000 年上半年盈利 40.6 百万元（上年同期亏损 26 百万元），不派中期息。

【财务状况】 1999 年度纯利亏损 194.3 百万元。

华利资源控股有限公司

【公司概况】 股票代码为 1215，业绩报告结算日期为 6 月 30 日，实收资本为 4861831400 股，合计 48618314 元。公司董事会主席：张化。

【经营业绩】 主要在大陆及香港经销空调系统、影音及照相产品与三菱重工、柯尼卡及法国汤盛订立经销协议。亦经销无订立经销协议之电器产品及香烟。与中侨签订分销协议；在旗下国内的 98 个商场设分销点。照相产品之市场包括澳洲。1997 年 7 月，中国光大金融控股认购 9.68%股权。1997 年 1 月发行 70 百万新股上市，每股售价 1 元。1999 年开始债务重组，2000 年 6 月获刘国华为首财团注资，已于 10 月完成。

【财务状况】 1999/2000 年度纯利亏损 75.6 百万元（未经审核业绩）。

永义国际集团有限公司

【公司概况】 股票代码为 1218，业绩报告结算日期为 3 月 31 日，实收资本为 735374106 股，合计 73537410 元。公司董事会主席：官永义。

【经营业绩】 主要经营采购及出品女装及童装棉织成衣业务，亦采购及出品棉质布料。出品之成衣由成衣制造商独家供应。主销美国、加拿大及欧洲。1997 年购入若干物业，并开设零售连锁店，并将向上海及台湾进军，12 月以每股 20.2 元收购瑞兴百货，已改名为永富，将物业售予瑞兴原日大股东，其后发行新股买入各项店铺及发展物业；1998 年则予出售并关闭若干零售店。永富已因财团注资改名为 21 世纪通，至 2000 年 5 月，只占 13.78%，2000 年 3 月底每股净值 0.29 元，净负债 5.39 亿元，9 月止半年盈利 3.77 亿元，增 1531%，不派中期息。

【财务状况】 1999/2000 年度每股纯利 8.1 仙。

海域集团有限公司

【公司概况】 股票代码为 1220，业绩报告结算日期为 12 月 31 日，实收资本为 3649755229 股，合计 364975523 元。公司董事会主席：叶剑波。

【经营业绩】 从事制造、销售铝型材料：幕墙系统、窗框、门框所使用建筑产品及作固定照明、开花板、镜等室内装修材料。生产工业产品如机器、电器用品铝型材产品等。主销大陆、海外市场及香港客户。1997 年 9 月发行新股 140.8 百万股上市，每股售价 1.00 元。1999 年 8 月收购侨立金盐（制造电镀化之原料）全部股权。1999 年底每股净值 0.181 元，净存款 37 百万元。2000 年上半年盈利 43 百万元，增 15%，不派中期息。2 月收购北京蓝帆科技（互联网）40%，6 月收购特种结构玻璃工程 55%。

【财务状况】 1999 年度每股纯利 3.6 仙，每股股息 0.6 仙。

信和酒店集团有限公司

【公司概况】 股票代码为 1221，业绩报告结算日期为 6 月 30 日，实收资本为 776119328 股，合计 776119328 元。公司董事会主席：黄志祥。

【经营业绩】 分拆自信和置业，主要在香港拥有、管理及投资酒店，以及有关酒店业务之权益。包括位于北角（设有 615 间客房）之城市花园酒店 100%股权（正扩建至少多 50 个房及若干设施），尖沙嘴皇家太平洋酒店（673 间客房）25%股权。以“富临门酒家”商号经营之 3 间酒楼各 100%股权。又持有香港上海大酒店 4.3%股权及其他酒店管理业务。1995 年 1 月以介绍方式上市。1997 年 1 月以 12 亿元购入港丽酒店 50%（510 间房）。2000 年 6 月底每股净值 3.6 元，净借贷 15.47 亿元。

【财务状况】 1999/2000 年度每股纯利 4.0 仙，每股股息 1.0 仙。

宏安集团有限公司

【公司概况】 股票代码为 1222，业绩报告结算日期为 3 月 31 日，实收资本为 817593914 股，合计 8175939 元。公司董事会主席：邓清河。

【经营业绩】 在香港从事提供与楼宇有关之装修服务，包括在私人参建计划项目中独立住宅单位之室内装修以及翻新商场店铺、政府楼宇、便利店及其他物业；屡获发展商委任为私人参建度划项目之推广装修商。亦从事 8 个购物中心、9 个城市及 12 个公屋停车场之项目持有、管理、包括设计、规划及改建等，亦提供建筑服务。1995 年 2 月发行 50 百万新股上市，每股以 1 元公售。12 月与国内机构磋商合作经营中华文化讯息网站，其后已终止。2000 年 3 月底每股净值 0.389 元，净存款 2.2 亿元，9 月止半年盈利 2.27 百万元，减 66.5%，不派中期息。

【财务状况】 1999/2000 年度每股纯利 4.55 仙，每股股息 1.0 仙。

新洋集团有限公司

【公司概况】 股票代码为 1223，业绩报告结算日期为 12 月 31 日，实收资本为 5131749907 股，合计 513174991 元。公司董事会主席：陈庭川。

【经营业绩】 为原设备制造客户制造各类运动鞋及轻便鞋，产品制造后以著名牌子销售。集团亦制造鞋类半制成品供应其他鞋类制造商。生产设施位于番禺、花都、东莞以及澳门。产品主销美国、欧洲及亚洲。1997 年初由现任主席购得主要股权，每股收购价 0.138 元，其后与粤海制革合组公司购入中山大量土地发展工业城，于 10 月由良兴集团改名如上。1998 年 6 月以若干物业注入民信。获得股份已按 5 送 1 民信方式派予股东。1999 年底每股净值 0.132 元，净存款 3.5 亿元。2000 年上半年盈利 30.8 百万元，增 37%，不派中期息。

【财务状况】 1999 年度每股纯利 1.16 仙，每股股息 1.0 仙。

确利达国际控股有限公司

【公司概况】 股票代码为 1224，业绩报告结算日期为 3 月 31 日，实收资本为 2070012060 股，合计 20700121 元。公司董事会主席：林孝文。

【经营业绩】 主要从事设计、发展、制造及销售。以不同物料制成时尚包装盒、包装袋及销售点陈列用品，市场遍及美国、欧洲、中东及亚洲多个国家城市。1999 年 4 月发售 40 百万新股及由大股东出售 3.2 百万股旧股，并配售 4.8 百万股上市，每股售价 1.08 元。1999 年 11 月渝港向大股东购得 44.01%，并以每股 0.78 元提出全面收购。2000 年 3 月底每股净值 0.136 元（拆细后），净存款 92.5 百万元。

【财务状况】 1999/2000 年度每股纯利 2.18 仙，每股股息 0.5 仙。

隆成集团（控股）有限公司

【公司概况】 股票代码为 1225，业绩报告结算日期为 12 月 31 日，实收资本为726908724股,合计72690872元。公司董事会主席:黄英源。
【经营业绩】 主要从事婴儿产品之设计、制造及销售。包括:婴儿车、婴儿床、系列产品如弹跳椅、门护栏及床栏及软类制品(如背巾及汽车座椅椅套)。产品以原设计制造方式销售。美国客占产品销售74.5%。1998年12月配售及发售新股180百万股上市,每股1元公售。1999年已发展电动骑行车,获迪士尼特许使用品牌于大陆销售婴儿用品。1999年底每股净值0.659元,净存款2.13亿元。2000年上半年盈利86.2百万元,减4.3%,派中期息0.03元。
【财务状况】 1999年度每股纯利17.33仙,每股股息9.0仙。

祥丰科技(集团)有限公司

【公司概况】 股票代码为1228,业绩报告结算日期为12月31日,实收资本为420000000股,合计210000000元。公司董事会主席:黄英豪。
【经营业绩】 在大陆从事各类卷烟纸之制造及销售业务,并取得有关生产许可证,产品均以"Jinfeng"品牌销售予中国国有烟草物资公司及香港烟制造商。生产设施设于四川省之成都科技园。设有两条生产线,卷烟纸总年产量约为9750吨。截至2000年4月底止4个月,30至40 Cu,50 Cu及60 Cu卷烟纸之销售额分别约占总营业额71.5%、19.8%及8.7%。2000年10月配售,发售新股共96百万股及优先发售24百万股上市,每股售价1.08元。上市后每股有形资产净值0.7858元。
【财务状况】 2000年度(至4月底止4个月)纯利11422千元。

雅域集团有限公司

【公司概况】 股票代码为1229,业绩报告结算日期为3月31日,实收资本为242807500股,合计24280750元。公司董事会主席:梁金友。
【经营业绩】 主要从事多类型行针及液晶显示钟之设计、制造及分销。亦生产塑胶、木制及金属钟壳,并提供电镀部件服务及生产其他产品,如计时器、天气测量仪及音乐机芯等,而主要生产设施则位于深圳、上海及慈溪。上市后已收购德国2间著名时钟资产,并予合并。1997年初参与节能灯具业务。1998年8月现任主席以每股0.40元,分批购入50.77%。2000年3月底每股净值0.813元,净存款7.58百万元,9月止半年盈利4.16百万元,增7.9%,不派中期息。
【财务状况】 1999/2000年度每股纯利1.79仙。

香港创业板上市股份公司

Tom.com limited

【公司概况】 股票代码为8001,业绩报告结算日期为12月31日,实收资本为3267234899股,合计326723490元。公司董事会主席:王竞。

【经营业绩】 于创业板上市,2000年3月1日配售及公开发售新股492.2百万股上市,每股售价1.78元。是以中国资讯及娱乐为主的网站,藉互联网作中国与世界各地间的文化交流渠道。已推出一个名为Tomcast"我自机"之中文资讯及娱乐内容平台,提供个人化即时资讯选播器兼互联网浏览功能。正集中发展其内容(包括旅游、文化、科学、学术、艺术、时装、游戏及趣味内容;新闻、体育及娱乐资讯等)及建立其后端之网站架构。2000年5月以1.95亿元购入美亚在线(上海互联网内容供应商家)50%。6月以30百万元购入AA astocks.com50%,并推出she.com占35%。9月协议收购中国鲨威体坛(shawei.com)羊城公司70%(体育推广及宣传策划)及深圳新飞网(163.net及1 hao.com提供服务收取费用),9月配售60百万股,每股5.08元,手持现金约11亿元。9月底止9个月亏损3.58亿元,不派中期息。上市后每股有形资产净值0.351元。

【财务状况】 1999年度纯利亏损53060千元。

凤凰卫视控股有限公司

【公司概况】 股票代码为8002,业绩报告结算日期为6月30日,实收资本为4847060000股,合计484706000元。公司董事会主席:刘长乐。

【经营业绩】 于创业板上市。2000年6月配售有发售新股72706万股,每股售价1.08元。为中国市场的主要外国卫星电视经营商。主要购买、制作及分别透过亚卫三号S卫星及Astra2A卫星为亚太区及欧洲的观众播华语电视节目。并拥有及经营两条频道,非加密式的凤凰卫视中文台及加密式的凤凰卫视电影台,并参与凤凰卫视欧洲台的营运,设有资讯娱乐网站及出版综合性凤凰周刊,卫视美洲台及资讯台将于2000年底前启播。2000年9月止3个月盈利51.39百万元,上市后每股有形资产净值0.18元。2000年6月止年度每股盈利1.22仙。不派息。

【财务状况】 2000年度每股纯利50315千元。

大诚电讯科技有限公司

【公司概况】 股票代码为8003,业绩报告结算日期为3月31日,实收资本为286000000股,合计28600000元。公司董事会主席:刘士凯。

【经营业绩】 于创业板上市。从事电缆、电力监控系统及网络接入设备分销,并提供增值服务,为中港两地之电讯服务营运商服务组装动力监控及电力电缆监控系统以及接入网设备(如声音数据、传真及ISDN等电讯服务网络专站之组成部分)。主要顾客为内地之政府电讯部门及中港两地之主要电讯服务营运商。1999年12月配售及发售新股79.2百万股上市,每股售价1.5元。2000年3月底每股净值0.683元,净存款1.2亿元。9月止半年盈利7.1百万元,减28.8%,不派息。

【财务状况】 1999/2000年度每股纯利19.11仙。

裕兴电脑科技控股有限公司

【公司概况】 股票代码为8005,业绩报告结算日期为12月31日,实收资本为400000000股,合计40000000元。公司董事会主席:祝维沙。

【经营业绩】 于创业板上市。2000年1月配售新股1亿股上市,每股售价4.2元。在中国研究、设计、推广及销售信息家电产品。遍布全国多个地区的独家销售代理,以"裕兴"品牌销售信息家电。包括电脑VCD及普及型电脑以及相关应用软件。于1996年透过在中国成立金裕兴开展业务。在1998年成功开发裕兴信息家电多媒体软件开发平台。2000年9月止9个月盈利80.36百万元,减3.4%,派中期息0.10元。上市后每股有形资产净值1.42元。2000年12月止年度每股盈利36.3仙,不派息。

【财务状况】 1999年度纯利109031千元。

香港网国际网络有限公司

【公司概况】 股票代码为8006,业绩报告结算日期为12月31日,实收资本为4096000000股,合计409600000元。公司董事会主席:钱果丰。

【经营业绩】 于创业板上市。2000年2月配售新股7.36亿股上市,每股售价1.88元。以网域名称www.hongkong.com经营互联网入门站,该网站建基于内容、社群及商务之基本概念。提供一站式互联网渠道,共七个内容频道。并透过集团编辑小组及与庞大内容供应商合作,以繁体中文提供广泛内容,搜寻器、网站目录及电子商务功能,以及免费邮帐户及聊天室之增值社群服务,部分产品及服务亦以英文提供。3月收购infoisLive 30%为无线应用服务供应商,曾拟发行新股7.8亿元收购Bigstore.com Asia 51%,因未获发行新股而取消。2000年6月底持现金及证券12亿元。9月止9个月亏损4.5百万元,不派中期息。上市后每股有形资产净值0.26元。

【财务状况】 1999年度纯利亏损21778千元。

数码香港有限公司

【公司概况】 股票代码为8007,业绩报告结算日期为6月30日,实收资本为150000000股,合计15000000元。公司董事会主席:简文乐。

【经营业绩】 于创业板上市。2000年4月配售新股25.2百万股上市,每股1.2元。是一间商贸服务供应商,提供综合电子商贸解决方案外判服务,协助进行网上交易。电子服务重点是发展和提供一个安全稳健的电子付款处理平台,适用于商业对客户及商业对商业应用付款系统和付款选项。并透过与独立第3方和冠军集团成员公司通力合作提供"一站式商店"周全服务。及专门为主要信用卡公司用户而设的网上购物中心Cagthay mall,还有其他发展初段的网站。2000年9月止3个月亏损1.7百万元,不派息。上市后每股有形资产净值0.1786元。

【财务状况】 1999年度(至12月底止6个月)纯利亏损1718千元。

新意网集团有限公司

【公司概况】 股票代码为8008,业绩报告结算日期为6月30日,实收资本为2045000000股,合计204500000元。公司董事会主席:郭炳联。

【经营业绩】 于创业板上市。2000年3月配售及发售新股345百万股上市,每股售价10.38元。1992年开展资讯科技业务。经营设计、安装及维修住宅楼宇的网络基础设施系统,即SMATV系统。于1998年推出shkhome.net互联网服务,为住户提供特定资料及服务。1999年4月集团成立互联优势,提供设施管理及经营伺服器配置中心,又提供7个不同内容网络。其他还有各行业电子商贸及科技基金投资,亦于7月以1.56亿元购入C2C 4.25%于亚洲建造私人海底电缆网络,7月中现金达30亿元。2000年9月止3个月亏损31.78百万元,不派息。上市后每股有形资产净值1.83元。2000年6月止年度每股亏损2.59仙,不派末期息。

【财务状况】 2000年度纯利亏损46536千元。

菱控电子商业有限公司

【公司概况】 股票代码为8009,业绩报告结算日期为3月31日,实收资本为1255566000股,合计125556600元。公司董事会主席:孔令远。

【经营业绩】 于创业板上市。2000年3月配售新股232.5百万股及销售股份5813万股上市,每股售价1.48元。提供电子商贸解决方案,这些解决方案包括向亚洲区内的公司提供顾问服务及服务站,亦计划借着投资于培育阶段已过的企业(主力于或使用电子商贸)以发展一个业务组合。并协助客户介定网上策略,建立电子商贸架构及将网络应用程式与客户的其他系统结合。于1999年6月推出服务站为其客户管理,操作及维持网上零售购物、拍卖、业务对业务交易所及采购网站。亦以合作形式发展网上银行及航天零件服务及贸易。2000年9月止6个月盈利1.5百万元,不派中期息。上市后每股有形资产净值0.28元。2000年3月止年度每股亏损1.09仙,不派息。

【财务状况】 2000年度纯利亏损9277千元。

东魅网有限公司

【公司概况】 股票代码为 8010，业绩报告结算日期为 3 月 31 日，实收资本为 1025500000 股，合计 102550000 元。公司董事会主席：谭咏麟。

【经营业绩】 于创业板上市。2000 年 5 月配售及发售新股 195.5 百万股上市，每股售价 1.18 元。是首批中文互联网媒体公司，透过其本身由纵向整合之娱乐资讯入门网站所组成之网络，制作及分销原创之互动式节目。主要入门网站 www.stareastnet.com。或于北美及东南亚国家建立之区域网站，设置已签订协议及愿意准守非竞争条款的名人专业网站，制作互动式多媒体互联网内容，并发放以宽频下载之娱乐及生活内容，社群专题及提供电子商业产品与服务等。9 月止半年亏损 1.04 亿元，不派中期息。上市后经调整每股资产净值 0.2419 元。2000 年 3 月止年度每股亏损 9.6 仙，不派息。

【财务状况】 1999/2000 年度纯利亏损 79815 千元。

浩伦农业科技集团有限公司

【公司概况】 股票代码为 8011，业绩报告结算日期为 6 月 30 日，实收资本为 250000000 股，合计 25000000 元。公司董事会主席：吴少宁。

【经营业绩】 于创业板上市。从事中国生产及销售以增产胺为本的调节型植物生长剂，为目前国内唯一的生产商。初期生产一般用于农业产品。但现时正生产两种专用调节型植物生长剂，分别用于蔬菜及水果。烟草型和水稻型已成功开发。生产设施位于福建省厦门。1999 年 11 月配售及发售新股 75 百万股上市，每股售价 1.2 元。2000 年 6 月底每股净值 0.396 元，净存款 50.78 百万元；9 月止 3 个月盈利 15.83 百万元，增 216%，不派息。

【财务状况】 1999/2000 年度每股纯利 13.6 仙。

远东化聚工业股份有限公司

【公司概况】 股票代码为 8012，业绩报告结算日期为 12 月 31 日，实收资本为 410296000 股，合计 410296000 元。公司董事会主席：徐旭东。

【经营业绩】 于创业板上市。2000 年 1 月配售及发售新股 6154.6 万股上市，每股售价 4.68 元。从事中国产销聚酯产品，包括瓶级 PET 切片、涤纶长丝及成品织物。该产品可再加工制成各式各样的最终产品，如 PET 瓶樽、PET 薄片、薄膜、磁带，其他包装材料及纺织品等。是台湾大型综合企业远东集团于中国经营聚酯业务的旗舰公司。于 1996 年在上海成立为外商独资企业，1998 年 9 月投产。2000 年 9 月底止 9 个月盈利 165.0 百万元，增 71.8%，不派息。上市后每股有形资产净值 2.47 元。1999 年 12 月止每股盈利 39 仙，不派息。

【财务状况】 1999 年度纯利 123386 千元。

松景科技控股有限公司

【公司概况】 股票代码为 8013，业绩报告结算日期为 6 月 30 日，实收资本为 684750000 股，合计 68475000 元。公司董事会主席：赵亨泰。

【经营业绩】 于创业板上市。从事设计、开发、制造及分销优质电脑部件、电脑消费电子产品、通称为资讯科技行业。经营：技术负责设计、开发制造及分销以集团"Pine"、及"Retail Plus"及"D'Music"品牌之电脑产品；全球分销部负责分销由集团与其他制造商开发及制造之产品。主要售予个人电脑系统集成商、地区分销商，客户遍布超过 50 个国家。1999 年 11 月配售及销售 148.5 百万股及发售新股 16.5 百万股上市，每股售价 1.5 元。2000 年 6 月底每股净值 0.514 元，净借贷 33.38 百万元，9 月止 3 个月盈利 12.86 百万元，减 18.9%，不派息。

【财务状况】 1999/2000 年度每股纯利 12.6 仙，每股股息 2.0 仙。

乾隆科技国际控股有限公司

【公司概况】 股票代码为 8015，业绩报告结算日期为 12 月 31 日，实收资本为 210500000 股，合计 21050000 元。公司董事会主席：陈森田。

【经营业绩】 于创业板上市。为外商独资企业，于大陆从事证券分析软件产品的发展，生产及分销。并拥有本身品牌注册商标在网络版及个人版为大陆投资者提供证券分析软件。网络版用户主要证券商，而个人版则由个人投资者所购买。1999 年 12 月配售及发售新股 70 百万股上市，每股售价人民币 1.06 元。1999 年底每股净值人民币 0.408 元，存款人民币 92.6 百万元。2000 年 9 月止 9 个月盈利人民币 5.6 百万元，减 43.8%，不派息。第四季致力于开拓分销网络，亦有小量股权投资于台湾软件业。

【财务状况】 1999 年度每股纯利 7.85 仙。

中华数据广播控股有限公司

【公司概况】 股票代码为 8016，业绩报告结算日期为 12 月 31 日，实收资本为 79500000 股，合计 7500000 元。公司董事会主席：寇纪淞。

【经营业绩】 于创业板上市。2000 年 1 月配售新股 34.5 百万股上市，每股售价 1.28 元。从事数据广播业务。包括研究、开发及销售数据广播硬件及软件、有关系统集成、技术支援与顾问服务、策划、搜集及制作数据广播用之多媒体内容以及软件销售。目前仅于大陆进行其业务。内容包括远程教育内容、即时股票报价、电子报章及杂志、音乐、共用软件及其他互联网上之内容。透过模拟电视讯号广播、经地面有线或卫星电视网络传送之技术。于 1997 年 7 月其数据广播多媒体电视机机顶盒等申请实用新型专利权。9 月底止 9 个月盈利 80 万元，不派息。上市后每股有形资产净值 0.38 元。截止 1999 年 12 月止年度每股盈利 0.8 仙，不派息。

【财务状况】 1999 年度纯利 16 千元。

美域数码国际(控股)有限公司

【公司概况】 股票代码为 8017，业绩报告结算日期为 3 月 31 日，实收资本为 250000000 股，合计 25000000 元。公司董事会主席：刘超沛。

【经营业绩】 于创业板上市。2000 年 8 月配售新股 37.5 百万股及旧股 12.5 百万股上市，每股售价 0.93 元。乃大中华区首批利用 ASP 方式及以中小型企业为目标之移动 B2B 电子商业解决方案供应商，侧重于提供以互联网为基础之 B2B 电子商业解决方案及移动及无线计算技术。以自身品牌开发、订制商业应用解决方案及套装软件，已出售逾 4000 个该等商业应用解决方案的用户牌照。于 2000 年与 Sybase Inc 全资附属公司 Sybase 香港签订合作协议，以发展及促进以互联网为基础之商贸及无线解决方案。2000 年 9 月止 6 个月盈利 81.2 万元，增 18.9%，不派中期息。上市后每股有形资产净值 0.1245 元。2000 年 3 月止年度每股盈利 0.73 仙，不派息。

【财务状况】 2000 年度纯利 1542 千元。

上海实业医药科技(集团)有限公司

【公司概况】 股票代码为 8018，业绩报告结算日期为 12 月 31 日，实收资本为 620000000 股，合计 62000000 元。公司董事会主席：卓幅民。

【经营业绩】 于创业板上市。1999 年 9 月 17 日由上实控股建成为一间医药科技企业。包括经营杭州青春宝中外合资企业(占 55%)，从事开发、制造、分销及销售以天然草本成份为主之中成药，占上海家化 40%。主要制造、分销及销售多种产品包括个人护理用品、化妆品及家居清洁用品。1999 年 11 月配售及公开发售新股 215.8 百万股上市，每股售价 1.63 元。中信泰富及新地各占 4.4%，长实及和黄各占 2.2%。1999 年底每股净值 0.763 元，净存款 3 亿元。2000 年 9 月止 9 个月盈利 55.6 百万元，增 21.5%，不派中期息。青春宝增长 19%，上海家化增 1 倍，正开发多项保健品，并研究枸杞及紫锥菊产品。

【财务状况】 1999 年度每股纯利 14.6 仙。

恒基数码科技有限公司

【公司概况】 股票代码为 8023，业绩报告结算日期为 6 月 30 日，实收资本为 5000000000 股，合计 500000000 元。公司董事会主席：李兆基。

【经营业绩】 于创业板上市，2000 年 7 月配售及发售新股 7.5 亿股上市，每股售价 1.25 元。为恒基地产集团成员公司，执行恒基集团现有互联网、电讯及高科技服务营运。并正式发展成为香港住宅及商业客户的综合端对端互联网，电讯及高科技服务的一部份，于 1996 年成立智慧居为恒基集团提供高科技及基建设计服务。其后，名气佳、裕基及恒基数据库分别负责互联网、电讯及数据中心服务；而恒基数据库则拟为其客户提供软件解决方案及 ASP 服务，以及伺服器配置服务。2000 年 9 月止 3 个月亏损 12.85 百万元，不派息。上市后每股有形资产净值 0.205 元。

【财务状况】 2000 年度(至 3 月止 9 个月)纯利亏损 4711 千元。

亚洲讯息(控股)有限公司

【公司概况】 股票代码为 8025，业绩报告结算日期为 12 月 31 日，实收资本为 480000000 股，合计 48000000 元。公司董事会主席：梁中昀。

【经营业绩】 于创业板上市。为提供网上大中华商贸资讯顾问服务，并提供互联网解决方案。与多家基本资料供应商合作，发放中国各类资料，并已发放至美国及荷兰及东南亚等地。首创流动语音，手机可收听香港及国内各项资讯，并设有各类网站及提供电子商贸网络建设。

1999年12月配售及发售新股1.2亿股上市,每股售价1.25元。1999年底每股净值0.317元,现金及存款1.47亿元。2000年9月止9个月亏损16.5百万元(上年同期亏损1.87百万元)。不派中期息。上市后每股有形资产净值0.31元。

【财务状况】 1999年度纯利亏损1.4百万元。

长达科技控股有限公司

【公司概况】 股票代码为8026,业绩报告结算日期为3月31日,实收资本为500000000股,合计50000000元。公司董事会主席:叶醒民。

【经营业绩】 于创业板上市。2000年3月以配售新股75百万股上市,每股售价4.5元。从事宽频数据网络兼互联网主干线解决方案供应商,包括利用ATM/TR及IP等最先进之技术。于国内设计及配置。集团之数据网络服务以省级宽频数据输送商为对象并向电讯、研究中心、运输及公用事业等多种行业提供联网主干线方案。于香港成立一家宽频互联网服务供应商及2000年初并获电讯管理局批授非专利公众电讯服务(PNets)经营牌照,提供消费者互联网接入服务。并成立资料中心,提供应用软件供应服务,又与北京大学成立联合实验室,加强科研及软件开发能力。9月底止半年盈利25.29百万元,增126.6%,不派中期息。上市后每股有形资产净值0.683元。2000年3月止年度每股盈利7.6仙,不派息。

【财务状况】 2000年度纯利32236千元。

中国生物制药有限公司

【公司概况】 股票代码为8027,业绩报告结算日期为12月31日,实收资本为300000000股,合计30000000元。公司董事会主席:谢炳。

【经营业绩】 于创业板上市。2000年9月配售新股60百万股上市,每股售价1.2元。主要透过中外合资企业正大福瑞达及正大天晴从事研究、开发、生产及销售一系列治疗眼科疾病的生物药品及治疗肝炎病症的中药现代制剂及西药。分别持有55%和60%的股权。生产设施位于山东省及江苏省。上市后每股有形资产净值0.63元。

【财务状况】 2000年度(至5月底止5个月)纯利21478千元。

天时软件有限公司

【公司概况】 股票代码为8028,业绩报告结算日期为3月31日,实收资本为751500000股,合计75150000元。公司董事会主席:郑云翔。

【经营业绩】 开发及提供软件及资讯科技服务,包括互联网科技及相关服务、企业规划顾问及商务应用系统等。1999年11月以介绍方式上市,配售1.5亿股,每股作价3.30元。上市后购入珠海南方软件园28.5%,与恒基中国成立电子皇朝(各占一半)及购入亚洲铜铁网络10%,购入中环中心79楼代价1.735亿元于8月完成交易,除付3570万元可换股票据外,余付现金 。2000年3月底每股净值0.686元,净存款3.3亿元,9月止半年盈利30百万元,增531%,不派中期息。

【财务状况】 1999/2000年度每股纯利12.75仙。

丰裕兴业国际有限公司

【公司概况】 股票代码为8029,业绩报告结算日期为3月31日,实收资本为800000000股,合计16000000元。公司董事会主席:庞维仁。

【经营业绩】 于创业板上市。2000年12月配售1.6亿股新股上市,每股售价0.20元。从事在大中华区提供有关中档合并与收购市场的商务中介人服务。该等服务范围介乎行业研究,审慎调查潜在投资者及投资目标,以及商讨建议交易的条款。亦提供商业推介服务及信贷融资推介,还提供商业顾问服务,包括提供有关销售与商业策略,提高盈利能力及债务重组,亦提供招标顾问服务。透过其网上与传统业务模式,经营互联网入门网站猎机网,提供有效渠道,刊发及浏览投资机会与获得现有商业资讯,以促进跨国交易。上市后每股有形资产净值0.03元。截至2000年9月止3个月亏损31.7百万元。

【财务状况】 2000年度(至6月底止6个月)纯利1020.5千元。

数通集团有限公司

【公司概况】 股票代码为8030,业绩报告结算日期为12月31日,实收资本为1000000000股,合计100000000元。公司董事会主席:李传碧。

【经营业绩】 于创业板上市。2000年7月配售新股1亿股上市,,每股售价1.05元。8月与美国北电网络合作投资于大中华地区。为香港及大陆之公用事业及服务供应商,主要业务有:宽频多媒体通讯网络之系统整合及工程;为客户提供全面通讯解决方案;互联网服务供应商业务为客户提供互联网通道及应用服务供应商业务是透过互联网,提供企业应用系统及电子商贸平台。9月止9个月盈利15.6百万元,增281%,不派中期息。上市后每股有形资产净值0.1592元。

【财务状况】 1999年度12月止每股盈利97仙,每股股息1仙。

大中华科技(集团)有限公司

【公司概况】 股票代码为8032,业绩报告结算日期为7月31日,实收资本为678080000股,合计6780800元。公司董事会主席:郑洁贤。

【经营业绩】 于创业板上市。2000年3月配售新股202.08百万股上市,每股售价1.38元。为网上保健内容及服务供应商,1999年11月其网站greaterchinaherbs.com正式使用,透过该网站提供以下服务:中英文保健内容,重点为中草药及疗法;电子邮件提供中医师网上咨询服务,与广东医院著手开发中草药资料库,涵盖逾300种草药资料。亦研究及开发其他保健内容如"养生之趣"及"每周服务热点"之网站。目前拥有逾460个网页之中英方专有内容如保健、药疗及理论资讯。1999年11月与第一诊所签订为期2年之协议提供网上中医师保健咨询服务。并计划2000年发展ladiesasia.com及ceohk.com网站。2000年10月底止3个月亏损2百万元,不派息。上市后每股有形资产净值0.522元。2000年7月止年度每股亏损4.8仙。

【财务状况】 2000年度纯利亏损27016.3千元。

爱利达网络控股有限公司

【公司概况】 股票代码为8033,业绩报告结算日期为6月30日,实收资本为600000000股,合计60000000元。公司董事会主席:Jose' Manuel dos Santos。

【经营业绩】 于创业板上市。2000年2月配售新股1.725亿股,每股售价1.33元。1992年7月成立,总公司设在澳门。是中国大型网络方案供应商,专攻数码数据网络、帧中继、ATM及IP技术。集团向信息产业部所管辖的中国电讯属下的公共电信服务供应商,大陆及澳门两地的企业客户提供全面服务,提供网络设备以至企划、设计、安装与调试网络及售后保养与技术支援不等。主要中国网络通信项目,包括在上海中国首个公共数码数据网络。亦为广东省邮电局在广东省兴建公共数码数据网络。包括主要银行、大型证券及股票经纪行、行政机构及私营公司。2000年9月止3个月盈利12.5百万元,减3.2%,不派息。

【财务状况】 2000年度纯利78185千元。

华燊燃气控股有限公司

【公司概况】 股票代码为8035,业绩报告结算日期为3月31日,实收资本为193100000股,合计19310000元。公司董事会主席:沈家燊。

【经营业绩】 于创业板上市。2000年3月配售新股43.1百万股上市,每股售价1.3元。主要在国内供应燃气燃料,包括:燃气管道网络的兴建;为客户提供管道燃气作住宅用途及收取一次性接驳费用;批发和零售液化石油气,方式是为住宅、工业和商业客户添补燃气罐及销售液化石油气设备和民用燃气具。集团亦与当地有关政府机关订约,在河北省、山东省及广西壮族自治区额外八个地区提供燃气燃料及铺设有关燃气管道网络。容量可为约252000户提供服务。共有21个燃气站。2000年3月止年度每股盈利17仙,不派息。

【财务状况】 2000年度纯利25033千元。

36.com Holdings Ltd.

【公司概况】 股票代码为8036,业绩报告结算日期为3月31日,实收资本为2441026000股,合计244102.60元。公司董事会主席:叶松茂。

【经营业绩】 于创业板上市。2000年7月配售及发售新股280百万股上市,每股售价0.36元。透过属下之入门网站,为全球华人社会提供以中文为主之内容(包括财经、消费、新闻、娱乐、少年、算命、饮食、体育、赛马、车天地等)。亦为其客户提供多项媒体相关服务,包括为客户发展媒体沟通策略,进行媒体部门策略审核和评估,以及为行政人员提供媒体训练及发展计划及提供有关互联网之咨询和综合服务。上市后每股有形资产净值0.06元。2000年3月止年度每股亏损79仙,不派息。

【财务状况】 2000年度纯利亏损17094.0千元。

长远电信网络集团有限公司

【公司概况】 股票代码8040为,业绩报告结算日期为3月31日,实收资本为300000000股,合计30000000元。公司董事会主席:刘小鹰。

【经营业绩】 于创业板上市。2000年2月发售新股57百万股及出售旧股 18 百万股上市，每股售价 2.5 元。从事在香港及大陆买卖及分销不同型号流动电话及相关配件（包括 SIM 卡）；及透过大陆认可分销商/经销商，发展辅助性的市场推广及售后服务网络。主要以非独家方式出售及分销"诺基亚"、"飞利浦"、"阿尔卡特"等品牌流动电话与相关配件及"Gemplus"SIM 卡往中港两地。拥有逾 250 名经常客户，包括在大陆及香港的批发商与分销商等。2000 年 9 月止半年盈利 25.29 百万元，增 126.6%，不派息。上市后每股有形资产净值 0.5533 元。2000 年 3 月止年度每股盈利 20.3 仙，派末期息 5 仙。

【财务状况】 2000 年度纯利 50842 千元。

大陶精密科技集团有限公司

【公司概况】 股票代码为 8041，业绩报告结算日期为 12 月 31 日，实收资本为 401724875 股，合计 200862437.5 元。公司董事会主席：董大勇。

【经营业绩】 于创业板上市。2000 年 6 月配售 81 百万股新股上市，每股售价 1.78 元。从事制造及销售陶瓷素材及套圈。陶瓷套圈乃光纤连接器的开键及必不可少元件，广泛用于电讯系统、数据传输网络，地区性网络及有线电视网络。总部及生产设施目前位于台湾台北县，占全世界光纤连接器总产量 10%，为台湾唯一该类厂商，亦为全球九家主要厂商之一，月产 1.3 百万素材及 1.1 百万套圈。预计 2002 年于大陆设立新的生产设施，每月能产量约 3 百万颗素材及 2.6 百万颗套圈。2000 年 9 月止 9 个月亏损 24.37 百万元，不派中期息。上市后每股有形资产净值 0.7004 元。

【财务状况】 1999 年度纯利亏损 18559 千元。

志鸿科技国际控股有限公司

【公司概况】 股票代码为 8048，业绩报告结算日期为 12 月 31 日，实收资本为 1000000000 股，合计 100000000 元。公司董事会主席：徐陈美珠。

【经营业绩】 于创业板上市。2000 年 6 月配售及发售新股 1.5 亿股上市，每股售价 1.38 元。为香港银行及金融界之主要商业应用解决方案供应商。从事业务有：开发、销售及企业软件投入运作；透过一间合资公司（拥有 37.5%权益，其他股东为汇丰，恒生、长实及和黄）经营应用系统服务供应商业务；资讯科技顾问及订制应用系统开发，以及系统综全及转售及保养资讯科技产品。亦于 Net Fun Ltd. 进行策略性投资，提供网上互动游戏及网上互联网服务之多种语言入门网站。计划继续运用其他专利企业软件，开发应用服务供应商业务及其他电子商务目标。计划继续运用其他专利企业软件，开发应用服务供应商业务及其他电子商务目标。长实持有票据，可换为股份 11.25%。2000 年 9 月止 9 个月盈利 10 百万元，不派中期息。上市后每股有形资产净值 0.296 元。

【财务状况】 1999 年度纯利亏损 10658 千元。

FlexSystem Holdings Ltd.

【公司概况】 股票代码为 8050，业绩报告结算日期为 3 月 31 日，实收资本为 600000000 股，合计 60000000 元。公司董事会主席：骆伟文。

【经营业绩】 于创业板上市。2000 年 7 月配售新股 1.2 亿股上市，每股售价 1.23 元。从事香港、大陆及其他亚洲国家之企业软件产品之开发及销售。为商业机构提供其他企业软件产品逾 13 年及香港企业软件产品之主要开发商及经销商。采用本身之专利互联网技术 Soma * A1 提供网上企业软件之应用服务供应商业务及以"Flex Account"商标进行推广之企业软件产品并已销至大陆逾 10 个省份，覆盖逾 20 个城市。获上海市财政局确认为唯一一间香港基础之财务及会计软件公司。9 月止半年盈利 9.1 百万元，增 11.1%，派中期息 0.015 元。上市后每股有形资产净值 0.25 元。2000 年 3 月止年度每股盈利 3.37 仙，不派息。

【财务状况】 2000 年度纯利 16194 千元。

格林柯尔科技控股有限公司

【公司概况】 股票代码为 8056，业绩报告结算日期为 12 月 31 日，实收资本为 1000000000 股，合计 100000000 元。公司董事会主席：顾唯军。

【经营业绩】 于创业板上市。2000 年 7 月配售新股 2.5 亿股上市，每股售价 2.18 元。是替换氯氟化碳（"CFC"）制冷市及若干能源效益较低无 CFC 制冷剂，采用格林柯尔制冷剂为制冷及空调系统中的制冷剂进行替换工程，亦在大陆分销格林柯尔制冷剂。替换业务主要包括从客户的制冷及空调系统内抽走 CFC 制冷剂，并将格林柯尔制冷剂注入客户的制冷及空调系统内，并且在替换工作完成后，为客户的系统提供测试及保养服务。所采用制冷剂均购自天津。客户来自商界及工业界。9 月止 9 个月盈利人民币 238.8 百万元，增 32.4 倍，派中期息 5 港仙上市后每股有形资产净值 97 仙。

【财务状况】 1999 年度纯利人民币 41157 千元。

光亚科技有限公司

【公司概况】 股票代码为 8061，业绩报告结算日期为 12 月 31 日，实收资本为 5064615385 股，合计 506461538.5 元。公司董事会主席：郑承文。

【经营业绩】 于创业板上设上市。2000 年 7 月配售 1.8 亿股新股上市，每股价 3.28 元。主要业务在印尼，为力宏母公司机构，为宽频接入、内容、电子商贸，资讯科技服务及互联网方案供应商，提供各式各样的互联网及数据通讯服务于亚洲的最终用户。拥有目前印尼唯一的有线宽频网络，目标成为一间跨亚洲的主要互联网公司，计划透过印尼及其他亚洲国家建立一个全面的有线及无线双向宽频网络，向客户提供全面的平台，以便进行互联网所有相关活动，正在大陆、台湾及香港等市场，寻找合作及收购机会。2000 年 9 月底止 9 个月亏损 60.48 百万元，不派息。上市后每股有形资产净值 0.16 元。

【财务状况】 1999 年度纯利 4146 千元。

卓施金网有限公司

【公司概况】 股票代码为 8063，业绩报告结算日期为 12 月 31 日，实收资本为 2380000000 股，合计 23800000 元。公司董事会主席：罗比尔。

【经营业绩】 于创业板上市。2000 年配售新股 242.8 百万股上市，每股售价 0.21 元。为透过"即时"专用电子交易系统卓施，提供现有国际市场买卖贵金属之服务。而取代目前市场用于现货交时主要以电话交易之方法而开发之先进系统。该系统现时能向用户提供四种贵金属（包括黄金、白银、白金及钯金）买卖之服务。集团将本身定位为交易服务供应商，收入来源主要为透过卓施进行交易所收取之费用。Man Power 现占 10%股权，有认股权于 18 个月内向庆丰金再购 10%，李嘉诚、长实及和黄有购股权，可于 18 个月内以上市价 90%认购新股 166.6 百万股，周大福亦可购入 5.6 百万股。上市后每股有形资产净值 0.0197 元。

【财务状况】 2000 年度 4 月底止 4 个月纯利亏损 4.13 百万元。

汇科数码制造控股有限公司

【公司概况】 股票代码为 8068，业绩报告结算日期为 12 月 31 日，实收资本为 4000000000 股，合计 20000000 元。公司董事会主席：罗文明。

【经营业绩】 于创业板上市。2000 年 5 月以配售方式发售新股 50 百万股上市，每股售价 1 元。为模具及塑胶制品制造商，厂房设于东莞。业务策略为：加强其模具设计及开发能力；发展多样化的先进模具及塑胶制品业务；扩大生产能力以及开拓大陆及海外新市场。客户为各工业企业，尤其是组装及制造、消费品及电器电子产品行业，并致力于快速模具性能开发，先进造型能力及高质设计发展服务上广泛采用电脑硬件及软件产品。主要市场包括香港、欧洲及北美。2000 年 9 月底止 9 个月盈利 10 百万元，减 34.4%，不派中期息。上市后每股有形资产净值 0.0243 元。1999 年往绩每股盈利全面摊薄 0.51 仙。

【财务状况】 1999 年度纯利 20250 千元。

北京同仁堂科技发展股份有限公司

【公司概况】 股票代码为 8069，业绩报告结算日期为 12 月 31 日，实收资本为 182800000 股，合计人民币 182800000 元。公司董事会主席：殷顺海。

【经营业绩】 于创业板上市。2000 年 10 月以配售方式 72.8 百万股新股上市，每股售价人民币 3.28 元。主要生产及销售中成药，以"同仁堂"商标销售。产品类别为：冲剂、水蜜丸剂、片剂及软胶囊剂，包括感冒清热冲剂、六味地黄丸、牛黄解毒片及板蓝根冲剂等。并制造了 86 种中成药，以内销为主，其中有 30 多种产品出口。已与和黄合组公司于香港开发及出口中成药，亦与德国药厂合组公司开发生物科技，并进军电子商务及设立中药原材料种植基地。和黄占股权 3.28%。2000 年 9 月止 9 个月盈利人民币 38.4 百万元，增 33.9%，不派中期息。上市后每股有形资产净值人民币 2.03 元。

【财务状况】 2000 年度（至 4 月底止 4 个月）纯利人民币 23768 千元。

熊猫 Recruit 有限公司

【公司概况】 股票代码为 8073，业绩报告结算日期为 12 月 31 日，实收资本为 1125000000 股，合计 56250000 元。公司董事会主席：罗嘉瑞。

【经营业绩】 于创业板上市。2000 年 7 月配售及发售新股 2.25 亿股上市，每股售价 0.28 元。是招聘广告媒体经营商，为求职者及招聘广告客户提供由印刷媒体支援之互联网服务方案。并经营一个名为 pandaplanet.com 之中英文互联网站，提供一站式个人服务，约有 38393 名求职者登记其履历。现时设有六个网上服务区域，即求职基地、博学基地、专财基地、游戏基地、心意基地及健美基地及招聘中心共约有 9195 个网页。亦出版两份名为“Recruit”免费中英文招聘广告刊物，及“central”提供自我提升及与职业有关之资料。9 月止 9 个月亏损 3.6 百万元，不派息。上市后每股有形资产净值 0.11 元。

【财务状况】 1999 年度纯利亏损 1858 千元。

英皇娱乐集团有限公司

【公司概况】 股票代码为 8078，业绩报告结算日期为 3 月 31 日，实收资本为 240000000 股，合计 2400000 元。公司董事会主席：陆小曼。

【经营业绩】 于创业板上市。2000 年 12 月配售及发售新股股 96 百万股上市，每股售价 1.08 元。为在大中华地区（主要为香港）具领导地位之音乐娱乐及艺人管理集团，从事业务有：音乐制作及经销；艺人管理一提供培训及代理服务予新艺人及知名艺人；节目制作包括组织及制作演唱会及表演。并拓展至台湾及中国大陆市场。上市后每股有形资产净值 0.41 元。

【财务状况】 2000 年度（至 6 月底止 3 个月）纯利亏损 1498 千元。

亚洲钢铁电子交易所有限公司

【公司概况】 股票代码为 8080，业绩报告结算日期为 3 月 31 日，实收资本为 1452000000 股，合计 145200000 元。公司董事会主席：姚祖辉。

【经营业绩】 于创业板上市。2000 年 4 月配售新股 1 亿股上市，每股售价 1.08 元。主要为钢材业供应链内之参与者提供贸易及其他增值服务。取代一直以透过电话、图文传真及私人探访，为其客户采购钢材产品及安排增值服务（包括协助客户进行存货管理及物流安排）。于 1999 年 12 月推出 isteelAsia.com 网站提供互联网平台，为买家采购钢材及卖家出售钢材产品，并于网上提供钢材业资料及一系列增值服务，如保险及贸易融资。2000 年 2 月，亚洲钢铁注册成立，收购顺昌之传统贸易业务及负责 isteelAsia.com 网址运作。9 月止半年亏损 48 百万元，不派中期息。上市后每股有形资产净值 0.10 元。2000 年 3 月止年度每股亏损 0.53 仙，不派息。

【财务状况】 2000 年度纯利亏损 6812 千元。

骏科网络讯息有限公司

【公司概况】 股票代码为 8081，业绩报告结算日期为 12 月 31 日，实收资本为 200000000 股，合计 20000000 元。公司董事会主席：李文龙。

【经营业绩】 于创业板上市。2000 年 6 月配售新股 60 百万股上市，每股售价 0.50 元。从事研究、开发及销售行业组合软件产品，提供软件相关顾问及技术支援服务及系统集成服务。主要提供大陆之银行资讯科技解决方案供应商。总部设于香港，并在北京、广州及成都设有办事处。截至 1999 后 12 月底止集团之营业额逾 60%来自大陆之银行。2000 年 9 月止 9 个月盈利 13.4 万元，不派中期息。上市后每股有形资产净值 0.10 元。

【财务状况】 1999 年度纯利亏损 5940 千元。

矽感科技控股有限公司

【公司概况】 股票代码为 8083，业绩报告结算日期为 12 月 31 日，实收资本为 888129280 股，合计 88812928 元。公司董事会主席：张伟。

【经营业绩】 于创业板上市。2000 年 4 月配售新股 152 百万股上市，每股售价 1.33 元。从事设计、研究、开发、制造及分销光学影像器材及相关部件，包括互补金属氧化物半导体感应器芯片、光学影像模组及扫描器。并设计及开发光学感应器芯片，为影像器材最关键的组件，这程序为“芯片系统化”。亦开发有关光学影像或加工的多种其他科技。已获授 5 项有关光学影像及加工的专利权，并提出另外 14 项专利权申请。厂房设深圳，产品销北美及亚太区。9 月止 9 个月亏损 16 百万元，不派中期息。上市后每股有形资产净值 0.29 元。

【财务状况】 1999 年度纯利亏损 38845 千元。

易宝有限公司

【公司概况】 股票代码为 8086，业绩报告结算日期为 6 月 30 日，实收资本为 920000000 股，合计 92000000 元。公司董事会主席：邝泽松。

【经营业绩】 于创业板上市。2000 年 7 月配售新股 1.2 亿股上市，每股售价 0.70 元。从事开发及应用支援电子商贸的软件产品，为亚洲商业企业及政府机构提供系统集成与资讯科技相关服务。亦分销电脑硬件及相关的周边设备。主要集中开发三个主要之可重复使用及以互联网为基础的应用方案：电子物流、电子计费以及电子交易 ASP。并与 Cabletron、Candle 、Compag、惠普、IBM、英特尔、微软、Novell、Oracle 及 Sun Microsystems 订立业务联盟，转售彼等所供应的硬件及软件产品，联合提供资讯科技解决方案或开发软件中心。总办事处设于香港。分别在新加坡、澳门及大陆主要城市设立办事处。2000 年 9 月止 3 个月盈利 9.7 万元，不派息。上市后每股有形资产净值 0.12 元。2000 年度每股盈利 1.07 仙，不派息。

【财务状况】 2000 年度纯利 8594 千元。

亚科网有限公司

【公司概况】 股票代码为 8088，业绩报告结算日期为 12 月 31 日，实收资本为 2399677245 股，合计 USD2399677 美元。公司董事会主席：区伟贤。

【经营业绩】 于创业板上市。2000 年 4 月配售及发售新股 3 亿股上市，每股售价 1.05 港元。主要是商业对商业服务，业务为促进亚洲之初创及不尚未发展成熟之科技公司之发展，并为亚洲科技公司安排融资，主要透过五种互相紧扣之项目拓展上述业务，包括为尚未发展成熟之公司提供“Toolbox”服务、M3 计划、栽培新公司、企业融资咨询服务及科技企业资本管理活动。未来拟将网站 www.techpacific.com 发展为一网上平台，以拓展 Toolbox 及栽培计划内之公司。5 月购入中文入门网站创远网络（Soft Pub）40%，网页设计之 Webmedia 11.1%，法律工作室（LegalStudio.com）25%及入股 2 bsure.com。6 月底止手头现金 3.7 亿元，9 月底止 9 个月盈利 6.4 百万元，增 372%，不派中期息。上市后每股净值 0.19 元。不派息。

【财务状况】 1999 年度（由 1998 年 12 月 5 日至 1999 年 12 月底止）纯利 790.2 千元。

宝讯科技控股有限公司

【公司概况】 股票代码为 8089，业绩报告结算日期为 12 月 31 日，实收资本为 232000000 股，合计 23200000 元。公司董事会主席：曾志谦。

【经营业绩】 于创业板上市。2000 年 5 月以配售新股 46.4 百万股上市，每股售价 1.38 元。为设计、开发及销售侧重于商业应用之增值电讯产品，以电讯网络商及服务供应商为目标用户。而电脑电话产品主要以不同行业之公司客户为推广对象，包括流动互联网接入及应用服务及话音辨识股票报价及买卖系统。9 月底止 9 个月盈利 1.5 百万元，减 30%，不派中期息。上市后每股有形资产净值 0.2682 元。

【财务状况】 1999 年度纯利 4349 千元。

北京北大青鸟环宇科技股份有限公司

【公司概况】 股票代码为 8095，业绩报告结算日期为 12 月 31 日，实收资本为内资股 700000000 股，H 股 264000000 股，合计人民币 96400000 元。公司董事会主席：许振东。

【经营业绩】 于创业板上市。2000 年 7 月配售 H 股 26.4 百万股上市，每股售价人民币 11 元。为国家企业软件发展商及集成电路设计商之一，拥有发展嵌入式系统产品之软件应用及设计集成电路的专业技术。于北京及深圳进行研究及开发嵌入式技术及嵌入式系统产品。亦从事设计、制造、市场推广、分销及销售应用由公司研发的五种嵌入式系统产品，分别为 ASIC、网络卡应用系统、GPS 应用系统、无线火灾警报系统。亦为客户提供全面解决方案，透过应用现有嵌入式系统产品，切合各客户的特定需求。9 月止 9 个月盈利人民币 16.35 百万元，不派中期息。上市后每股有形资产净值 0.328 元（拆细后）。

【财务状况】 1999 年度纯利亏损人民币 4486.2 千元。

恒科创业有限公司

【公司概况】 股票代码为 8097，业绩报告结算日期为 3 月 31 日，实收资本为 720000000 股，合计 72000000 元。公司董事会主席：蔡兆清。

【经营业绩】 于创业板上市。2000 年 8 月配售新股 1.48 亿股上市，每股售价 1.18 元。为一家独立供应商，专为广泛系列 3C 产品（通讯产品、消费者电子产品及电脑周边设备)提供半导体应用的解决及创新方案。亦透过其专才、产品意念及创新着手改革及实践其本身产品意念及发展其智慧电子装置的整套可装置方案。9月止半年盈利51.7百万元,增422%,不派中期息。

【财务状况】 2000年度纯利24377千元。

上海复旦微电子股份有限公司

【公司概况】 股票代码为8102,业绩报告结算日期为12月31日,实收资本为内资股375000000股,H股143750000股,合计人民币51875000元。公司董事会主席:蒋国兴。

【经营业绩】 于创业板上市。2000年7月配售H股14375万股上市,每股售价80港仙。国家企业,以大陆为基地的应用专门集成电路(或ASIC)设计及系统集成公司。主要从事设计及销售工业应用IC。包括通信产品、聪明卡、摩托车电子产品、电力电子产品及消费电子产品的IC。公司以“无工厂”模式运作,只负责设计产品,生产则委托独立委托制造商负责。目前有8家委托制造商,其中七家位于大陆,一家位于新加坡。9月止9个月盈利人民币39.5万元,不派息。上市后每股有形资产净值19港仙。1999年12月止年度每股亏损0.51仙,不派息。

【财务状况】 1999年度纯利亏损人民币65千元。

讯泰科技(控股)有限公司

【公司概况】 股票代码为8103,业绩报告结算日期为3月31日,实收资本为1000000000股,合计100000000元。公司董事会主席:杜祖基。

【经营业绩】 于创业板上市。2000年9月配售新股2亿及旧股42.5百万股上市,每股售价0.56元。为互联网技术供应商,从事设计、开发及制作互联网软件解决方案,以及向采用及改善互联网及电子商业应用的商业机构及政府机构提供资讯科技顾问及电子商贸创新服务,大致分为金融科技部、互联网互动科技部、互联网及信息保密部,以及电子商业创新服务部。总部设于香港,并在北京及上海设有办事处。2000年9月止6个月盈利2.12百万元,增121%,不派中期息。上市后每股有形资产净值0.13元。预期不派息。

【财务状况】 2000年度纯利6669千元。

盛创企业系统有限公司

【公司概况】 股票代码为8108,业绩报告结算日期为12月31日,实收资本为400000000股,合计40000000元。公司董事会主席:余宗荣。

【经营业绩】 于创业板上市。2000年7月配售及发售新股11915万股上市,每股售价0.50元。乃香港之电脑软件及服务供应商,并已发展成为先进ERP软件套装之主要研发及供应商,透过以给予特许使用权方式以本身品牌“Grandmass”及“OMS”为香港工业界客户提供产品。亦提供资讯科技顾问服务,专用软件开发服务与电脑系统集成及系统配置声援服务,给予特许使用权方式销售会计及数据应用系统。于2000年3月开放生产系统有200多家直接授权用户,另透过香港电讯之ASP有220多名间接授权用户。9月止9个月亏损2.78百万元,不派中期息。上市后每股有形资产净值0.10元。

【财务状况】 1999年度纯利2654千元。

第一电讯集团有限公司

【公司概况】 股票代码为8110,业绩报告结算日期为12月31日,实收资本为1750000000股,合计175000000元。公司董事会主席:Ng Kok Hong。

【经营业绩】 于创业板上市。2000年12月配售新股1.4亿股上市,每股售价0.82元。主要在亚太区透过设于香港、大陆、马来西亚、菲律宾、澳洲及英国之分销网络及设于英国之贸易及直销网络,从事分销买卖多种品牌之流动电话及相关配件。并为制造商提供市场推广及宣传服务以及最终用户提供售后服务,业务主要于香港及英国进行,客户主要来自欧洲及亚太区。上市后每股有形资产净值0.178元。

【财务状况】 2000年度(至6月底止6个月)纯利64.7百万元。

一创科技集团有限公司

【公司概况】 股票代码为8111,业绩报告结算日期为3月31日,实收资本为450000000股,合计45000000元。公司董事会主席:钟乐晖。

【经营业绩】 于创业板上市。2000年12月配售新股60百万股及旧股30百万股上市,每股售价0.40元。是中国其中具领导地位的银行与邮务资讯科技解决方案供应商。除推行和改良自动ATM系统和电子邮务自动化系统外,亦向客户提供有关自助ATM系统和电子邮务自动化系统的软硬件技术支援和顾问服务。为香港、澳门和大陆的商业银行和金融机构开发及推行电子银行应用系统软件。上市后每股有形资产净值0.090元。

【财务状况】 2000年度(至6月底止3个月)纯利15280千元。

优能数码科技(控股)有限公司

【公司概况】 股票代码为8116,业绩报告结算日期为12月31日,实收资本为560000000股,合计56000000元。公司董事会主席:王浙安。

【经营业绩】 于创业板上市。2000年7月配售新股84百万股及旧股56百万股上市,每股售价0.43元。是电讯方案及服务供应商,具备研究与开发、设备生产、软件开发、系统集成及资讯内容供应能力。于大陆提供与电话信息服务有关之技术、无线电集群系统集成及提供互联网方案及有关之技术服务。于1999年11月起向昊远英特提供独家技术服务十五年,昊远英特拥有全国性牌照在中国主要城市营运电话信息业务。2000年9月止9个月亏损8.86百万元,不派中期息。上市后每股有形资产净值0.0667元。2000年至5月底止5个月亏损3.69百万元,不派息。

【财务状况】 1999年度纯利5160千元。

Cyber日报(控股)有限公司

【公司概况】 股票代码为8118,业绩报告结算日期为3月31日,实收资本为1250000000股,合计62500000元。公司董事会主席:黄毓民。

【经营业绩】 于创业板上市。2000年7月配售新股2.5亿股上市,每股售价0.68元。为网上报章。1999年11月,hkcyber.com正式推出,乃一组中文互联网公司,提供本地及国际新闻内容,涵盖多项主题及社群服务,并发营电子商务及为有关货品及服务提供一个互动市场推广平台。利用旗下hkcyber.com及hkcyberyouth.com网站之上网人流及本身之管理技术专才,为客户提供网上市场推广之全面解决方案,包括网站及门面设计、技术支援及制订市场推广及通讯方案。2000年5月,为和记提供wap手机用户供应内容;此外,IBM、西门子、嘉士伯及惠普亦已采用其网上推广服务。9月与中国公司进行磋商,合作经营共青团关连之网上报章业务,将提供非新闻内容,分享网上报章广告收入。9月止半年亏损34.16百万元,不派息。上市后每股有形资产净值0.1441元。

【财务状况】 1999年2月2日至2000年3月31日止纯利亏损19.9百万元,每股亏损1.99仙。

时富数码金融有限公司

【公司概况】 股票代码为8122,业绩报告结算日期为12月31日,实收资本为2015200000股,合计201520000元。公司董事会主席:关百豪。

【经营业绩】 于创业板上市。2000年12月以介绍方式上市。透过提供全面之电子金融服务产品。成为服务以B2B及B2C模式经营业务之公司之电子金融服务供应商。现有业务包括发展及经营电子交易平台及财经资讯入门网站www.e—finance.com.hk。已发展及正在营运一个电子交易平台,令用户透过互联网及流动电话进行证券及商品交易。主要股东为时富投资占49.77%,光通信占18.56%及电盈占4.37%。上市后每股有形资产净值0.14元。

【财务状况】 2000年度(至5月底止5个月)纯利亏损70771千元。

康健国际控股有限公司

【公司概况】 股票代码为8138,业绩报告结算日期为3月31日,实收资本为400000000股,合计40000000元。公司董事会主席:曹贵子。

【经营业绩】 于创业板上市。2000年10月配售及发售新股4432.4万股及旧股5.3百万股上市,每股售价1.25元。经营西医诊所及牙医诊所及授出使用“康健医务中心”名称之许可,并提供管理及行政服务。并设有医疗入门网站www.health—easy.com作为电子医疗杂志,提供与医疗相关资料及提供网上覆诊服务。亦从事健康食品分销业务。其医疗网络由合共21间向超过420000名病人提供服务。计划扩充传统中药,安老及幼儿之服务。长实系占股权9.9%,于行使可换股票据,将增至20%。上市后每股有形资产净值0.24元。2000年3月止年度溢利不少于32百万元,每股盈利全面摊薄7.5仙,不派息。

【财务状况】 2000年度纯利24871千元。

第十一编

非上市股份公司

2030/2041

非上市股份公司

广州宏城发展股份有限公司

【公司概况】 广州宏城发展股份有限公司是广州市城市建设开发集团有限公司控股的公司，成立于1993年8月18日，是广州市首家以定向募集方式设立的综合型股份制企业，注册资本为8006万元人民币。公司秉承"高起点、高质量、高效益"的经营方针，充分利用自身优势，不断实施名牌产品发展战略，立足于房地产开发建设，积极开展多元化经营，取得了较好的经济效益和社会效益。公司董事长：欧兆禾。

【经营业绩】 公司经营范围为：房地产开发、物业租赁、建筑业高科技项目投资等。作为房地产综合开发二级企业，公司至今已成功开发建设了二沙岛云影花园、荟雅苑，并与广州市城市建设开发集团有限公司合作开发建设了天河名雅苑、黄石花园等小区。其中名雅苑小区荣获"全国城市小区建设试点优秀小区"等多种荣誉称号；荟雅苑项目被评为"广州市样板工程"，获得广州地区最高质量奖"五羊杯"，并获得"广东省优良样板工程"的称号，该项目现正申报全国建筑业最高荣誉"鲁班奖"，并在广东省推荐名单中排名第一；此外，宏城公司还评为"1998—2000年度广州市房地产开发综合实力30强企业"。公司在房地产发展方面潜力巨大，前景看好。目前，正开发建设二沙岛宏城花园别墅、珠江新城商住楼、聚雅苑、清水濠商住楼等几个大型房地产项目。其中，宏城花园别墅位于广州市豪宅区——二沙岛的西部，全区分布花园别墅63栋，并设有功能设施齐全的高级住客会所，其设计风格别具一格，将大自然、人与文化艺术融为一体，充分体现出地中海的热带海滨风情；而位于海珠区珠江河畔的聚雅苑，南临广州著名的高等学府中山大学，户型分布合理，中国式的园林设计形成清新优雅的生活环境，尽显现代生活的悠然雅趣。除房地产业外，公司还结合自身发展需要，投资餐饮、康体等行业，控股企业有广州市玫瑰园西餐酒廊有限责任公司及宏城网球俱乐部等，在广州天河黄金地段拥有宏城停车场及经营宏城商业广场等几个大型物业。

江西三和电力股份有限公司

【公司概况】 公司于1996年7月24日成立，2000年底总股本14080万股，公司股东：江西省电力公司、江铃汽车集团公司、华中电力开发公司、江西铜业公司、江西省水电工程局、江西省火电建设公司，董事长：毛日峰，总经理：殷少彬。

【经营业绩】 公司经营范围：电力和热力建设、投资与经营，新技术产品开发、生产和销售，实业投资，百货、工业生产资料的供应和销售，生产服务，综合技术服务。公司拥有上犹江水电厂和洪门水电厂，总装机容量97.5MW，是一个以水力发电为主的集团公司。公司上市后，首次募集资金将主要投向江西柘林水电开发有限责任公司。公司主要关联企业：江西省电力公司。2000年底，公司主营业务收入9602万元，净利润1984万元，资产总额40686万元。

【财务状况】 公司2000年度股东权益15901万元，每股收益0.14元，净资产收益率12%。

北方光电科技股份有限公司

【公司概况】 北方光电科技股份有限公司(以下简称公司)是由中国北方工业公司联合云南联通科工贸有限公司、上海欣普光电技术有限公司、宁波华光精密仪器有限公司和昆明科兰科技有限责任公司等四家民营企业，遵循"突出光机电产品主业，发挥我国光电产业传统技术优势和民营企业的经营活力，走强强联合的道路"的原则，通过资产重组，经国家经贸委批准，以发起设立的方式组建的股份公司，在广东省工商行政管理局注册登记，取得营业执照，注册资本7298万元人民币，注册地广州高新技术产业开发区科学城。

【经营业绩】 公司的经营范围是：自营和代理各类商品及技术的进出口业务、经营进料加工和"三来一补"业务；经营对销贸易和转口贸易；光学、电子、机械及光电一体化产品的生产、销售；光学、电子新材料及新产品的科研、开发、推广；与上述业务相关的技术咨询、技术服务。北方光电科技股份有限公司的经营宗旨是：以人为本，诚信开拓，依法经营，服务至上；以增强我国光电行业竞争力为己任，不断创新，追求卓越；以持续的优良业绩回报股东、奉献社会。北方光电科技股份有限公司是一家集光电产品科研、生产、贸易为一体，具有较强竞争实力的外向型企业。截止2000年12月31日，公司总资产31957万元，净资产10474万元，总股本7298万股。共设置职能部门7个、业务部门4个、控股子公司2个，6个参股公司。2000年12月29日被广州市科委认定为"新办高新技术企业"。公司发展的使命是：综合输出高品质产品和服务，提升客户和员工价值。公司2001年至2005年发展战略目标确定为：依托现代企业制度，面向国际国内市场，以人为本，协作创新，将公司发展成为主业突出，结构合理，管理科学，具有持续的技术创新和优秀的产品与服务品牌支撑的领先光电企业。

桂林利凯特环保实业股份有限公司

【公司概况】 桂林利凯特环保实业股份有限公司系研究、开发、生产和销售环保净化催化剂及其应用装置的高新技术企业。公司注册资本3073.8万元，已建成有3000平方米标准工业厂房，具有年产30万升催化剂，配套生产汽车催化转化器15万套和摩托车催化转化器50万套的生产能力。公司从1991年成立至今已发展成为国内外知名度甚高的环保企业。2000年被认定为全国百家环保骨干企业之一。法人代表：雷新民，总裁：罗浩夫。

【经营业绩】 公司目前已形成GR系列催化剂、GWMC系列摩托车净化消声器和GCP系列汽车净化器三大系列产品，其技术产品拥有国内多个第一：国内第一个研究开发出高效复合型稀土—过渡金属—贵催化剂；国内第一个研究开发出以金属为载体的催化剂的先进上载技术；国内第一个研究开发出实用的摩托车催化净化技术和净化消声装置。GCP汽车净化器和GWMC摩托车净化器被国家环保总局认定为环境保护实用技术产品。其中GWMC系列摩托车催化净化(消声)器采用先进的“逐级推动、分级净化”的思路,配合计算机模拟系统精心设计,使摩托车催化净化器既具有可满足严格排放的净化效果,又有良好的整车动力经济性,系列产品满足不同类型摩托车和不同排放标准的要求,是目前国内唯一研制成功并商品化的摩托车排气净化产品。汽车、摩托车净化器两大系列产品在新车配套、在用车改造方面得到全面的应用。在用车:已运用到广州、昆明、南昌、武汉、长沙等在用车市场,产品性能深受用户好评,其中在昆明的安装量一直占当地治理安装量的50%以上。新车:已与轻骑、新大洲、钱江、建设、南方等国内知名的摩托车生产厂家签订技术合作协议,利用利凯特的技术产品为其生产的摩托车作匹配,使其产品达到欧I标准。公司在国内外建立广泛的合作网络。在国际上与瑞典、美国、日本等多家催化剂企业和大学相关机构建立联系;在国内与各大学院校建立了长期密切的合作关系。由利凯特、清华大学、武汉汽车工业大学三方共同承担的国家“九五”重点攻关科技项目“摩托车排气催化净化技术的研究与应用”顺利通过国家科技部、国家环保总局、国家经贸委等组织的鉴定、验收,并获“九五”国家重点科技攻关计划优秀科技成果奖。利凯特公司不仅在技术开发研究方面居领先地位,同时在公司经营管理方面建立了一套较为科学的现代企业管理模式,已通过ISO—9001国际质量认证。目前利凯特公司已被国家计委、国家环保总局、国家科技部、国家机械局等部委联合确定为摩托车排气净化装置的国家产业基地,扩容后将具有年产500万件金属载体催化剂和250万套摩托车催化净化消声器的生产能力。利凯特公司同时也具备组织和实施大型环保工程和项目的能力,在城市生活污水处理、工业污水处理及垃圾处理方面已取得一定的业绩,同时利凯特公司也是是筹建“桂林国际环保工业园”和“广西环保产业集团”的骨干单位。

泉州市名流路桥投资开发股份有限公司

【公司概况】 泉州市名流路桥投资开发股份有限公司是由泉州刺桐大桥投资开发有限公司整体变更设立的股份有限公司,成立于1999年12月27日,注册资本为8500万元。

【经营业绩】 公司作为泉州刺桐大桥的承建业主,采用国际通行的BOT方式,负责大桥的建设和管理。泉州刺桐大桥及接线公路工程总投资3亿元,大桥长1530米,宽27米,全桥并列6车道。连接省道306线和国道324线接线公路8.8公里,形成国道324线过境泉州快捷便利的复线公路,是闽东南重要的交通大动脉。泉州刺桐大桥以民营经济为主的投资模式,开创了我国以民营经济投资基础设施建设的先河,也是我国采用BOT投融资方式和投资体制改革的成功范例,为我国投融资体制改革提供了借鉴。自1997年1月1日正式营运以来,车辆通行费收入年均增长20%,现日通车量达1.5万辆次,月车辆通行费收入400多万元,取得了良好的经济效益和社会效益。

山东永昌股份有限公司

【公司概况】 山东永昌股份有限公司是经临沂市体改委临政字[1996]第69号文件确认,省政府[1997]第160号文批准确认,由临沂市钢铝门窗总厂发起,以定向募集方式设立的股份制企业。公司现拥有总资产8000万元,占地面积150亩,职工600余人,通过资产重组,公司总股本3384万股,其中法人股1344万股,内部职工股2240万股。公司现正在进行两大工作:一是作好各项准备工作,迎接今年度的股票上市;二是红红火火进行产业结构的调整,压缩无科技含量、附加值不高、市场困难的产品,调整政策性强、附加值高、市场广阔,具有一定科技含量的产品,为企业的发展打好基础、创造条件、增强后劲。公司董事长:李富道

【经营业绩】 公司经营范围广泛,主要产品有:钢、铝、塑门窗系列;各类家具系列;绢花、刺绣等工艺品系列;建筑装饰系列等,现已形成八大系列上千个品种。其中,门窗系列是省市建筑系统重点专业生产单位,省市级名牌产品;家具系列被全国轻工会授予“最受消费者欢迎产品”称号;绢花、刺绣等产品出口美国、日本、澳大利亚、法国等三十多个国家和地区,饮誉海内外。公司自成立以来,本着“开拓、务实、高效、拼搏”的企业精神,在技术、资金、市场等方面进行优化利用,经济效益逐年递增,社会效益广泛显著,连年多次荣获部级“全国质量管理达标企业”,省市级“重合同守信用企业”;省市级“文明单位”及“先进企业”等荣誉称号。

广东北大新世纪生物工程股份有限公司

【公司概况】 广东北大新世纪生物工程股份有限公司(公司前称为梅州市金云生物工程有限公司组建于1996年4月)是一家民营科技企业和高新技术企业,公司位于梅州市锭子桥,通迅交通便利。公司注册资本为1830万元人民币,资产总额达3381万元,公司兴建的新世纪大厦占地面积6千多平方米,建筑面积1万多平方米。该公司管理机构健全,按照股份公司的架构设立相应的部门(科室),拥有一批高素质的专业科技人员。2001年参加“十五”国家攻关项目投标,荣幸中标承担一项国家科技攻关项目。公司董事长:余谭昌

【经营业绩】 公司生产配套系统采用现代先进设备,管理系统完善,产品质量保证体系采用先进的质量检测仪器,由专业技术人员负责把关,为了检验产品实际使用效果,公司还设有大、中、小试验基地,先后开发了水稻,玉米专用型、蔬菜专用型、烟草专用型、水果专用型及茶叶专用型5种系列产品。我司研制的BT固态深层发酵技术在全国同行中居领先地位,1997年被国家化工部核准为生物农药生产定点厂,1999年被国家计委批准列为高技术产业化推进项目,是目前全国唯一一家定为年产3000吨生物农药的生产基地。公司与北京大学科技开发部共同合作攻关,不断壮大经济和技术实力,在提高整体素质的同时,注重塑造现代企业形象,发展前景看好。公司的主要技术力量以北京大学科技开发部为依托,成立研究中心,配备有中、高级技术职称专业人才,我司所生产的生物农药经过与速效低毒杀虫剂科学组配后,既具有胃毒作用,又具有触杀作用,其显著特点:高效、低毒。经检测在48小时后,无残留,具有国内先进水平,该项技术填补省内空白,产品经临床试验和推广应用,反映效果良好,杀虫率达95%以上。目前产品在全省各农业部门及海南、福建、贵州、江西等地被广泛推广应用。

广州协荣发展股份有限公司

【公司概况】 广州协荣发展股份有限公司是1987年8月经

广东省建委批准成立的、具有法人资格二级城市建设综合开发公司，并于1994年改制为股份制公司。上级控股单位为广州程总承包集团有限公司。本公司另具有建筑装饰装修二级（暂定）企业资质，是省级档案管理达标单位。公司具有较强的专业技术队伍和较雄厚的经济实力，现有员工50人，注册资金2200万元。公司董事长：黄卫平。

【经营业绩】 公司经营范围：房地产开发经营、房地产中介服务、物业管理，兴办各类实业及商场，室内装饰。销售：建筑材料。12年来，公司在激烈的市场竞争中锐意进取，努力为广州市的城市开发建设做出贡献。公司独资、合作开发的项目有赤岗鸿运花园小区、德政中商住楼、长寿路商住楼、东沙角商住小区、河南漱珠岗回迁楼、龙津东商住楼、河南同福中商住楼等项目，完成了北京顺义度假村等项目的装修工程。为开拓经营业务，公司组建了广州鸿昌物业公司，负责本公司开发的商住楼宇（小区）的物业管理和对外物业经营。物业公司管理的鸿运花园小区被评为区安全文明小区。为适应日趋激烈的市场竞争，两年来，公司对内进一步加强管理，苦练内功，于1999年6月以优异的成绩被市档案局认定为省级档案管理达标单位。对外积极参与开发地块的拍卖活动，在今年6月底市国土局举办的拍卖会上，一举以1.52亿元的叫价买下广州市白云区集贤庄14.2万平方米的开发地块，使企业获得了更多的发展空间。公司在经济建设上取得了发展的同时，企业精神文明建设也取得较好成绩，于1998年被评为广州市建委系统精神文明建设先进单位，1999年被评为广州市文明单位。

广东银源水电股份有限公司

【公司概况】 广东银源水电股份有限公司是广东省第一家以小水电为主业，集水电开发、生产、销售于一体，兼营自来水生产供应、观光旅游等项目的股份有限公司。公司由乳源县小水电集团有限公司（含泉水水电厂、官溪、杨溪口、八里排、鹰咀石电站及自来水公司）、乳源县供电局、广东粤水水电发展有限公司、韶关市利能水电实业有限公司和乳源县水利水电建设公司等5家企业法人共同出资，总股本12000万股，于1999年12月13日成立。公司总经理：谭彬。

【经营业绩】 公司拥有水电站六座，装机容量4万KW；在建水电站二座，装机3.2万KW；110KV变电站二座，35KV变电站三座，主变容量119.9兆伏安；自来水厂一座，日处理净化水能力3万立方米。公司现有员工1100余人，年创产值1.3亿元、税利4500万元。公司的经营宗旨是充分发挥乳源县水力、电力资源的优势和国家关于民族区域自治的优惠政策，利用股份制企业在经营机制上的优越性和市场经济配置资源的作用，实现跨行业、跨地域扩大生产经营规模。

广州利德嘉公路技术股份有限公司

【公司概况】 广州利德嘉公路技术股份有限公司是“路翔牌”改性沥青主要的科研生产与销售推广基地。拥有达到国际先进水平的路翔第三代改性沥青高速剪切混炼设备和成套改性工艺技术。改性沥青产品、设备和改性工艺技术于1998年通过国家科委、国家计委、交通部组织的国家重大科技成果鉴定，1999年获科技部、国家技术监督局等五部委颁发的国家重点新产品证书。2000年申请国家发明专利，现已进入公告期。作为经广州市政府批准认证的高新技术企业，公司本着服务公路、报效社会的经营宗旨，坚持技术为根、质量为本、专家管理、创新经营的经营理念，走产、学、研相结合的发展道路。公司现聘用公路、化工、机械等学科博导、博士6名，硕士4名，建有两个改性沥青与路面技术联合研究室（分别与上海交大、西安公路交通大学合作），一个改性剂研发推广中心（与美国杜邦、比利时时菲纳、北京燕山石化等合作）。

【经营业绩】 公司在广州与东莞各建有改性沥青生产基地，具有年产20万吨改性沥青的生产能力，已成为南方地区最具规模的改性沥青生产企业。2000年利德嘉公司生产改性沥青逾2万吨，占广东市场一半以上，占全国20%。主要供应：京珠高速粤境南段，广州市广园东高速，广州北环高速，107国道路面改造工程（东莞段），佛山至广州国道路面改造工程，广州、深圳、珠海、佛山、东莞、惠州等地城市道路改造工程。公司通过与交通厅合组广东路翔技术发展有限公司，与广东交通集团新粤公司、广深珠高速公路公司形成策略联盟占据广东市场，并独立参与福建、湖南临近省份的市场竞争逐步向内地省份辐射。

贵州仙灵药业股份有限公司

【公司概况】 贵州仙灵药业股份有限公司是一家民营高新技术企业，成立于1997年，前身为贵州仙灵药业有限责任公司，2000年9月，公司在此基础上改制为股份有限公司，目前总资产已达到9800余万元，其净资产为3967万元。自公司成立以来，销售收入从350万翻至8000多万，累计销售收入1.3亿，实现税收2000多万。公司现有职工280多人，其中“双高”（高学历：硕士、博士、高级职称）人才占15%，各类专业技术人才占36%（未包括销售人员），并拥有操作技能娴熟的工人100多人，人才结构趋于合理。

【经营业绩】 公司力倡以科技为先导，民族药物为基础，集种植、生产、开发、营销于一体，设有人力资源部、营销部、财务部、市场策划部、新产品开发部、生产技术部、种植部、供应部等几个主要部门，有力保证了公司的正常经营。公司现有淫羊藿种植基地20000多亩。GMP标准厂房2万多平方米，拥有胶囊、片剂、颗粒剂和针剂四种剂型八条生产线。公司拥有准字号品种6个，即：仙灵骨葆胶囊、仙灵骨葆片、养颜润燥胶囊、心脑康胶囊、胶体果胶铋胶囊、枣仁安神胶囊。1个在研品种——惊天宁注射液。其中仙灵骨葆胶囊、片剂以及养颜润燥胶囊为贵州苗族验方，采用贵州地道的名贵苗药研制而成。公司主导产品仙灵骨葆胶囊在防止骨质疏松症方面的独特疗效已在北京、上海、广州等地进入公费医药品目录，并远销东南亚地区和国家。目前公司已建立了覆盖全国的营销网络。在全国三十个省市自治区建立了办事处。

琼海万泉河温泉旅游开发股份有限公司

【公司概况】 公司2000年底总股本13031.2万股，其中发起法人持股7760万股，内部职工持股2726.2万股，非发起法人持股2545万股。主要股东有琼海市政府、海南赛格国际信托投资公司、海南新鼎实业公司、海南世达房地产开发公司、国泰君安证券股份有限公司、海口建海工贸公司。公司法定代表人、董事长：符贻智，公司总经理：王国彬。

【经营业绩】 2000年度公司主要工作有如下几个方面：1、整治环境，增创优势。一是在省政府、市财政部门的支持下，自已动手制作安装主干大道与区内道两旁路灯；二是配合市政府启动万泉河游，整治修复游艇码头；三是在道路小区两旁种树。2、整顿机制，增强活力。公司董事会与经营班子改选后就及时致力于公司内部的机制整顿，即机构整顿、人员整顿、工资整顿、干部队伍整顿、经营整顿。通过五个整顿取得了预期的效果，人力成本大幅度降低，工作效率大大提高，从而促使了整体工作有序地进行。3、加强营销，增创收入。重点是面对旅游市场无序激烈竞争的形势，调整思路，采取对策，一是加强营销机构，充实营销人员；二是选中目标，突出重点，全面出击；三是在旅客定位策略上周日至周四以团队与会议为主，周五、周六以散客为主，同时采取有效措施，刺激团队用餐，在抓好平时旅游接待的同时，重点突出做好假日旅游的定位；四是推行总经理为首的全员营销策略，并把营销收入与工资紧密挂钩，由此，在下半年第四季度就成功接待全国性大型会议8个，从而，使酒店的经济效益逐步回升，住房率比去年同期提高8个百分点。主要关联企业有官塘温泉休闲中心、琼海万泉河温泉旅游开发股份有限公司物业管理公司、官塘度假山庄、琼海万泉河温泉旅游开发股份有限公司农业开发分公司。公司2000年主营业务收入13990663.34元，净利润－9151814.2元，总资产284727765.76元。

【财务状况】 公司2000年底股东权益160175358.36元，每股收益－0.07元，每股净资产1.23元，净资产收益率－5.71%。

南昌先锋软件股份有限公司

【公司概况】 南昌先锋软件股份有限公司属国家重点高新技术企业，主营计算机软件、网络技术、系统集成及交通电子工程，2000年12月经江西省政府批准改制成为规范的股份制企业。公司自94年成立以来，一直从事基础软件和应用软件的研发与推广。在基础软件方面进行深入研发，并确立了以Linux和嵌入式软件技术在应用领域的研究为重点的研发方向。公司正在与有关单位着手筹建清华大学先锋软件研修学院，公司设在江西的软件研发中心大量采用软件复用技术及构件技术，开展软件中间件的研发，着手建立软件工厂，并在境外设置分支机构，开展软件外包业务。公司在行业应用软件方面取得了长足的发展，同时在金融、交通、部队等诸多领域，先锋软件的部分产品占有主导地位，其中交通ITS收费系统领域方面，先锋AHEAD系统在十省市6000多公里几十个路段得到广泛应用，国内占有率达5.6%，是国内同行市场占有率最高的公司之一。

【经营业绩】 目前，公司主营业务收入每年以100%以上的速度增长，预计2001年纯软件收入将达到4000万元，2000年度实现净利润784万多元，2001年预计可达到1200万元；公司的财务状况良好，流动比率、速动比率、资产负债率、现金比率、存货周转率、资产收益率等指标均处于良好水平，总的资产质量良好。公司已与华夏证券签订主承销商协议，上市前期工作已基本准备就绪，拟在创业板首发上市。

先锋软件研发中心目前承担了国家火炬计划、国家计委高新技术产业项目、信息产业部电子基金项目等诸多国家级项目的研发任务，整个的研发过程严格按照软件企业ISO9000质量体系和国际软件成熟度标准进行规范操作，公司规划了五年通过CMM5认证的计划。99年公司被团中央和全国青联授予"中国青年科技创新行动示范基地"、"中国青年南方软件研发基地"，2000年被评为"江西省优秀民营科技企业"，最近公司又被评为"中国科技创新行动先进集体"和"中国科技创新行动教育基地"，也被列为国家信息产业部的骨干企业。先锋软件正成为我国软件行业的一支新生力量。

海南南希实业股份有限公司

【公司概况】 公司2000年底总股本6000万股，其中发起法人持股3500万股，其他法人持股530万股，内部职工持股1200万股。主要股东有南希建设总公司、海口希亚公司、恒源信托投资公司、南亚工贸有限公司、海南京海房地产开发公司。公司董事长、法定代表人：常国民，总经理：郭荣。

【经营业绩】 2000年度，公司的主要业务是积极筹措资金，加强内部管理，不断寻求高速企业的产业方向。由于公司大量资金沉淀在房产地产上，待建工程目前尚无资金启动。同时公司与市政府长堤路拆迁办交涉，追回公司长堤路建设项目工程款。近几年，海南的房地产市场逐渐好转，随着国家政策逐步放宽，这必将给公司的发展带来新的机遇。主要关联企业有广西北海南希房地产置业有限公司、北大南希生物工程公司。公司2000年底净利润－149707.25元，总资产215181705.69元。

【财务状况】 公司2000年底股东权益88138217.22元，每股收益－0.0025元，每股净资产1.47元，净资产收益率－0.17%。

海南国际租赁股份有限公司

【公司概况】 公司2000年底总股本6000万股，其中发起人持股2100万股，非发起人持股2820万股，内部职工持股1080万股。主要股东有海南国泰实业发展总公司、海南吴氏集团有限公司、海南省国际信托投资公司、中国海南国际经济技术合作公司、大庆恒昌经济开发公司。公司法定代表人、董事长：马勇。

【经营业绩】 公司在本报告内无投资项目。当前存在的问题是：由于区域性房地产市场冷淡和后续资金的严重困难，公司前期投入大量资金的房地产项目停工至今。公司2000年底净利润－3303674.27元，总资产61335435.15元。

【财务状况】 公司2000年底股东权益19748058.87元，每股收益－0.12元，每股净资产0.209元，净资产收益率－57.53%。

三亚亚龙湾开发股份有限公司

【公司概况】 公司2000年底总股本67100万股，其中发起法人股13200万股，外资股34100万股，其他法人股13200万股，内部职工股6600万股。其中主要股东有亚龙湾开发股份（香港）有限公司、三亚市国有资产管理公司、国泰证券有限公司、中国光大国际信托投资公司、海南省旅游总公司、海南省国际信托投资公司、海南省开发建设总公司。公司法定代表人、董事长：胡经纬，公司总经理：孔锦洪。

【经营业绩】 在广大股东的支持下，公司上下齐心协力，使亚龙湾的开发建设者再上新的台阶。一方面，公司继续下大力气完善湾内基础配套服务设施，加强对亚龙湾的绿化和环境保护，以缔造更好的游览投资环境；另一方面，公司积极扶持现有发展商项目建设，并引进新的有实力发展商开发商建设新项目，截至目前，天鸿度假村、假日海景酒店、金棕榈酒店先后开业迎宾，环球娱乐文化广场将于2001年内建成运营。这些项目的兴建和运营，将为观光者提供更完善的服务，对亚龙湾的建设有着重要的积极意义。公司2000年底主营业务收入127798143.74元，净利润20485746.04元，总资产1134764688.01元。

【财务状况】 公司2000年底股东权益1083032367.70元，每股收益0.0305元，每股净资产1.61元，净资产收益率1.89%。

海南赛格实业股份有限公司

【公司概况】 公司2000年度总股本18000万股，其中发起人持股7560万股，非发起人持股6840万股，内部职工持股3600万股。主要股东有海南赛格国际信托投资公司、三亚中亚信托投资公司、海南世达房地产开发公司、海口建海工贸公司、北京鑫滨商贸发展总公司。公司法定代表人、董事长：李建民，总经理：郭金华。

【经营业绩】 2000年公司进一步加强内部管理，各项工作定员定岗，责任到人；加强对项目清理，完善有关法律手续，主要投资项目工作取得进展。海威大厦已进行了产权登记，预计明年三月份完成项目启动的前期准备工作。长秀开发区E区土地道路补偿问题得到解决，三亚芒果园、临高角开发、杭州项目等问题也进行了积极的处理工作，其中杭州项目收到一定效果。全面推进兵工物资公司胶合板一案的执行，中院执行庭已开始执行前的调查取证工作，具体的财产状况尚未查明，正在多方寻求解决。公司对广东东莞项目投资已经到位，但生产情况不容乐观，年内已出现亏损。主要关联企业有海口市旧机动车辆交易市场、东莞市新昆仑实业有限公司。公司2000年底净利润－6198156.71元，总资产504628129.79元。

【财务状况】 公司2000年底股东权益170453640.85元，每股收益－0.0345元，每股净资产0.947元，每股净资产收益率－3.64%。

海南金轮实业股份有限公司

【公司概况】 公司2000年底总股本9177.562005万股，其中发起法人持股5465.622005万股，其他法人持股390万股，内部职工持股3321.94万股。主要股东有联大集团有限公司、海南新特汽车技术公司、青海民委经济开发总公司、昆明银利公司、新疆商业公司。公司法人代表、董事长：吴晓梦，总经理：秦晓峰。

【经营业绩】 2000年公司主要做了以下工作：1、公司管理：鉴于停产，除了压缩多余人员和压缩各种费用开支外还坚持开展每一周一次的设备及设施的维护、保养、检修和安全工作。确保各种设备、设施的完好无损。2、物资和债权的管理：对各类库房及各类债务采取了不同形式的催收和清查，确保债权的合法有效。3、市场状况：2000年锦纶帘子布市场需求趋旺，锦纶66民用丝市场仍较活跃，因公司停产，无正常销售业务。公司2000年底主营业务收入10597571.49元，净利润－24889852.72元，总资产222746572.26元。

【财务状况】 公司2000年底股东权益－722059346.45元，每股收益－0.27元，每股净资产－7.87元。

海南清澜实业股份有限公司

【公司概况】 公司2000年底总股本5938.5万股，其中发起法人持股5305万股，其他法人持股400万股，个人持股233.5万股。主要股东有文昌市清澜开发总公司、海南发展银行海口分行、文昌市房地产投资开发公司、文昌市清澜经济开发区管理委员会。公司法定代表人、董事长兼总经理：黄循发。

【经营业绩】 2000年公司工作重点是：1、努力解决投资开发中产权证办理的遗留问题，继续完善清澜土地开发的基础设施建设，推动房地产销售。2、由于前几年投资与浙江、椒江供销公司等单位合作的船务公司项目，鉴于对方违反合作协议，本公司继1999年提起诉讼，在2000年经过多方努力，获得胜诉，追回部分投资款，减少了损失。3、继续探索产业结构调整新路子，公司与海南省交通运输协会等单位牵头组建的全国货运信息服务网海南网络中心运作基本正常，并有大型的货运停车场，设有货运信息、吃、住一整套服务，尽管目前该项目尚未获利，但有良好的发展前景。主要关联企业有海南亚之桥货运信息咨询有限公司、文昌市清澜净水剂有限公司。公司2000年底主营业务收入1758390.59元，净利润－8158737.58元，总资产54785754.12元。

【财务状况】 公司2000年底股东权益46408883.16元，每股收益－0.1374元，每股净资产0.7815元，每股净资产收益率－17.58%。

海南航空旅业开发股份有限公司

【公司概况】 公司2000年底总股本5317.2925万股，其中发起人持股1977.3625万股，其他法人持股2720万股，内部职工持股619.93万股。主要股东有海口金穗实业发展公司、海南省琼山信用社联合社、中国农行海口市分行金贸区支行、海南润峰实业有限公司、中国信达资产管理公司海口办事处。公司总经理：李丽君

【经营业绩】 2000年公司面临的经营环境仍然严峻。面对不利的经济形势，公司经营班子及时调整经营策略，对内加强管理，精简人员，压缩成本费用，使公司2000年的管理费用较上年度降低7.18%。主要关联企业有海南航旅潜艇观光有限公司、海南定安航旅物业开发总公司、北京国丹机电设备发展有限公司。公司2000年底主营业务收入2627125元，净利润－2432725.76元，总资产54215613.27元。

【财务状况】 公司2000年底股东权益42505000.14元，每股收益－0.04元，每股净资产0.80元，每股净资产收益率－5%。

海南华山实业股份有限公司

【公司概况】 公司2000年底总股本6000万股，发起法人持股4653.712万股，募集法人持股1196.288万股，内部职工股150万股。主要股东有海南华山房地产开发总公司、建行陕西省信托投资公司、交通银行西安分行、陕西电视台经济发展公司、海南商业储运公司。公司法定代表人、董事长兼总经理：高文选。

【经营业绩】 1、公司经营方向的转移，在海南经济形势严峻的情况下，公司及时转移经营方向到西安市场，目前几个项目的前期工作已完成，为新的一年实施开发、创造效益打下了良好的基础。2、产业结构调整进入实施阶段，公司开发的高科技生化工程，主要项目已通过海南省各主管部门的评审，上报到国家主管部门评审，其它几种专利产品，也正在申报之中。3、努力盘活积压房地产。投入到华山大厦的股本金，在全力促进

销售的同时，拓展多种经营渠道，以联营、租赁等方式经营创收。4、盘活土地存量，使投入到土地的资金发挥部分效益。对石山以及海甸岛的土地，采取定向开发，分区利用，多方筹资，力使投入到土地的资金部分盘活。公司2000年底净利润－24889852.72元，总资产63339166.91元。

【财务状况】 公司2000年底股东权益51992621.17元，每股收益－0.02元，每股净资产0.87元，每股净资产收益率－2.63％。

海南中海联置业股份有限公司

【公司概况】 公司2000年底总股本13506.87万股，其中发起人持股3780万股，其他法人持股7840万股，内部职工持股1886.87万股。主要股东有海南金鑫实业有限公司、中国房地产集团海南公司、交通银行海南分行、海南德海房地产开发有限公司、海南天龙房地产开发有限公司。公司法定代表人、董事长：韩志刚，总经理：宋和义。

【经营业绩】 2000年公司的主要工作目标仍然是清理处置旧业务，保全公司资产。现在已有四起房地产纠纷获得胜诉，有三起正在执行过程中，有效地维护了公司的合法权益。主要关联企业有重庆涪陵华粹食品有限公司、烟台中海联置业有限公司、中海联恒兴（屯昌）实业开发公司。公司2000年主营业务收入2227833.58元，净利润－12498466.08元，总资产92992439元。

【财务状况】 公司2000年底股东权益67518860.94元，每股净资产0.5元，每股收益－0.0925元，每股净资产收益率－18.51％。

海南太平洋实业股份有限公司

【公司概况】 公司2000年总股本36720.0264万股，其中发起人持股23902.2498万股，其它法人持股12626.6566万股，个人持股191.12万股。主要股东有中国化工进出口总公司、亚太国际石油有限公司、三亚凤凰国际机场总公司、中国航空油料总公司、中国西南航空公司。公司法定代表人、董事长：刘玉琦，总经理：张翊洲。

【经营业绩】 公司主要业务是为三亚凤凰国际机场提供油料。2000年公司经营班子进行了调整，在新的经营班子领导下，实现了第六个安全生产年，实现了公司的质量方针和目标，强化基础管理，完善、健全了企业制度，控制费用开支，搞活企业经营，实施了“开源节流”，完成了2000年董事会所确定的经营目标。同时，公司在董事会领导下，在各股东的大力支持下，于2000年11月份成功地与中国石油化工股份有限公司进行了资产重组。

【财务状况】 公司2000年底股东权益306223709.27元，每股净资产0.8339元，每股收益－0.041元，每股净资产收益率－4.9175％。

海南和平实业股份有限公司

【公司概况】 公司2000年底总股本33632.45万股，其中发起人持股8460万股，其他法人持股19250万股，内部职工持股5922.45万股。主要股东有中国和平利用军工技术协会、中国航空技术进出口总公司、中国航空供销总公司、中国中原对外工程公司、中国核工业总公司。公司法定代表人、董事长：崔玉润，总裁：费立业。

【经营业绩】 2000年公司进一步贯彻董事会提出的“规范运作、稳健经营、审慎投资、适度扩张”的方针，以资本营运，优化重组为突破口，扩充实力。目前，根据市场实际情况，把业务重点转移到岛外。1、投资1000万元人民币成立的海南飞网联盟信息技术有限公司（原海南五指山万亩花果园有限公司），茶园租赁收入44.5万元，已并入公司合并报表。2、投资432万元人民币从事证券投资，获利174万元的投资收益，收回投资27万元，得到了预期的投资目的。3、飞网因特网吧，因受市场因素影响，今年亏损7万元人民币。主要关联企业有海南和平物业管理有限公司、海南三亚和平国际潜水旅游公司、海南和平卫星应用有限公司、海南和平绿色工程有限公司。公司2000年底主营业务收入1188517.95元，净利润－15601333.33元，总资产106143364.66元。

【财务状况】 公司2000年底股东权益103282014.94元，每股净资产0.3071元，每股收益－0.0464元，每股净资产收益率－15.11％。

海南金鼎实业发展股份有限公司

【公司概况】 公司2000年底总股本4433.7万股，其中发起人持股2661.1万股，其他法人持股1772.6万股。主要股东有海南农垦金鼎实业发展总公司、海南省国营桂林洋农场、中国农垦物资公司、海南省国营红光农场、海南国营黄岭农场。公司董事长：符孟彪，公司法定代表人、常务副董事长、总经理：吴光明。

【经营业绩】 2000年公司在房地产业开发建设中以市场为导向，规避“大项目、大投入、长周期”的建设风险，以“分项实施，分幢开发，滚动发展”的操作方式进行动作，完成金城苑项目C、D幢7600平方米建设，当年完成、房产销售7400平方米；加大对积压房地产盘活力度，与洋浦东方鼎管理顾问有限公司正式签订金华苑项目C、D幢转让合同；积极利用政府对盘活房产特殊优惠政策，力争土地出让金返还工作的落实。主要关联企业有海南金冠包装工贸有限公司、海南金鹏工贸有限公司、海南金垦机械制造有限公司、海南金实贸易有限公司、海口金鼎大厦。公司2000年底主营业务收入17700318.30元，净利润－2291926.69元，总资产144197530.20元。

【财务状况】 公司2000年底股东权益72286881.93元，每股净资产0.715元，每股收益－0.052元，每股净资产收益率－3.17％。

海南兴安实业股份有限公司

【公司概况】 公司2000年底总股本10000万股，其中发起人持股3667万股，其他法人持股5020万股，个人持股1313万股。主要股东有海南澄迈县亚珠实业有限公司、海南兴安建设总公司、胜利油田实业集团公司、海南国际信托投资有限公司、陕西汉中地区建行房地产开发总公司。公司董事长：杨梅，法定代表人及总经理：王龙。

【经营业绩】 2000年撤销公司下属的西安分公司及北海分公司这两个长期亏损的企业，更进一步增强了公司的盈利能力，致使公司2000年度比上年同期利润增加了378.69万元，增长率62％。公司的主要业务来自于广州天河高新技术产业开发公司及深圳胜南实业有限公司。公司主要关联企业有广州天河高新产业开发公司、海南生物工程制品厂、儋州华昌水泥厂、澄迈县亚珠庄园、深圳胜南实业有限公司。公司2000年底主营业务收入37964107.16元,净利润6013168.33元,总资产220158118.62元。

【财务状况】 公司2000年底股东权益163232379.40元,每股净资产1.73元,每股收益0.10元,每股净资产5.66%。

海南神龙股份有限公司

【公司概况】 公司2000年底总股本6115.97万股,其中发起人持股3979万股,其它法人持股2095.72万股,内部职工股41.25万股。主要股东有中国乡镇企业投资开发有限公司、国泰证券有限公司、贵州赤天化集团有限公司、珠海人寿保险股份有限公司。公司法定代表人、董事长:楼申光。

【经营业绩】 公司建立新的市场营销模式和体系,全方位疏通各销售渠道,建立、巩固并逐步扩大自身独特的市场营销网络,加大科研开发深度,通过与北京林业大学、海南农科院土肥所、海南热作两院的科研合作,成功开发出橡胶、果树、香蕉专用肥等五个体系多个品种产品,自投放市场以来社会反应良好。成功研制开发出第二代氨基酸保水肥料新产品,该产品可广泛应用在农、林、环境保护等产业领域,具有极高的农业、商业开发价值和巨大的市场发展前景,目前该项发明已获国家专利。公司主要关联企业有海南神龙氨基酸肥料有限公司、昆山金桥实业股份有限公司、中国乡镇企业投资开发有限公司。公司2000年底主营业务收入7352902.81元,净利润－3027424.77元,总资产8363270.29元。

【财务状况】 公司2000年底股东权益41731101.15元,每股净资产0.682元,每股收益－0.05元,净资产收益率－7.25%。

三亚东方旅业股份有限公司

【公司概况】 公司2000年底总股本18000万股,其中法人股15000万股,个人股3000万股,主要股东有海南新能源有限公司、海南农垦系统、浙江吉利集团。公司董事长及法人代表:林玉权,公司总经理:彭晓涛。

【经营业绩】 2000年,三亚市又有一批新的酒店投入营业,从而加剧了三亚酒店的竞争局面。针对东方大酒店地理上不靠海这一不利因素,经营班子抓住国家推行假日旅游经济这一机遇,在稳定原有旅行社关系的基础上,与北京、上海、广东等地区的订房中心和商务旅游中心建立直接的联系,从而保证了东方大酒店的客源基础。全年开房率达61.7%,营业收入基本与上年持平。同时,通过控制企业内部经营费用,使酒店在保持四星级标准的前提下,现金结余比上年度有所增加。公司2000年底主营业务收入15074783.37元,净利润－4865355.26元,总资产224888139.4元。

【财务状况】 公司2000年底股东权益182510483.66元,每股净资产1.014元,每股收益－0.027元,每股净资产收益率－0.0267%。

海南国际奥林匹克股份有限公司

【公司概况】 公司2000年底总股本12309万股,其中发起人持股6500万股,非发起人持股4405万股,内部职工持股1404万股。主要股东有海南国际奥林匹克俱乐部、海口市房地产投资开发公司、北京华云实业股份有限公司、中建八局东海开发总公司、海南国华工贸发展公司。公司法定代表人、董事长兼总经理:冯川建。

【经营业绩】 2000年度,公司进一步加强企业管理,立足现有项目,积极寻求新的机会。射击中心经营收入仍是公司的主营业务收入,全年共接待海内外游客20多万人次。主要关联企业有三亚国际奥林匹克房地产开发公司、三亚国际奥林匹克射击娱乐中心、海南奥林匹克花园有限公司。公司2000年底主营业务收入6184722.5元,净利润－21637740.17元,总资产143464496.51元。

【财务状况】 公司2000年底股东权益71403698.58元,净资产0.58元,每股收益－0.18元,净资产收益率－30.3%。

海南中商旅业股份有限公司

【公司概况】 公司2000年底总股本10800万股,其中发起人持股6150万股,其他法人持股2850万股,内部职工持股1800万股。主要股东有中行北京信托咨询公司、上海东申经济发展有限公司、翻斗乐娱乐有限公司、中国华新实业总公司、中国光大对外贸易总公司。公司法定代表人、董事长:郑鲁军,公司总经理:张树新。

【经营业绩】 2000年公司继续进行资产重组和债务重组,基本剥离泡沫经济时期不良资产,提高了公司资产质量。对明阳和平旅业公司的两个酒店进行了重新装修,提高了酒店的盈利能力。本公司在房地产业维持以前的业务,其他业务按2000年度股东大会批准的年度计划进行。主要关联企业有海南明阳和平旅业有限公司、海南浦琼实业发展有限公司、海南中商物业管理有限公司。公司2000年主营业务收入15398568.77元,净利润－883641.65元,总资产323461560.74元。

【财务状况】 公司2000年底股东权益92731721.17元,每股净资产0.86元,每股收益－0.008元,净资产收益率－9.3%。

汇视(海南)股份有限公司

【公司概况】 公司2000年底总股本3825万股,其中发起法人股3700万股,内部职工股125万股。主要股东有北京电视台、贵州电视台、辽宁电视台、河北电视台、广东电视台。公司法定代表人、董事长:曲贵年,公司总经理:余明炬。

【经营业绩】 2000年度,公司主要做了以下工作:1、购买18集都市言情剧《永恒恋人》的国内发行权,并向各电视台发行。代理发行电视剧及专题片220集。2、公司制作的《有线60》节目继续在全国126家电视台播出。为进一步提高该节目质量,丰富节目内容,在2000年9月份,召开了该节目改版研讨会,决定自2000年元月1日起,《有线60》改名为《视线》,新版《视线》增加了节目主持人,质量有所提高,已确定在2001年播出的电视台有200家。3、投拍20集都市言情剧《永远有多远》,18集中外警方合作缉毒剧《情证》,20集反映中国援非医疗队传奇经历和异城情感生活的《情定北非》。以上3剧均在2000年内开拍,其中《永远有多远》、《情证》已在年内封镜并进入后期制作阶段,预计2001年3月份开始陆续在全国播出。4、妥善处理历史遗留问题,处理旧片及追回应收账款1038万元。公司2000年主营业务收入21289315.64元,净利润1687073.

14 元，总资产 48965406.97 元。

【财务状况】 公司 2000 年底股东权益 43747068.47 元，每股净资产 1.14 元，每股收益 0.044 元，净资产收益率 3.86%。2000 年度利润分配预案：本公司实现的税后利润是按照企业会计制度所规定的先提取 10%的盈余公积 168707.34 元后，按 1999 年度底实收到的总股本为基数，每 10 股派发现金红利 0.5 元，共计派发现金 1226830 元，余下 122828.52 元全部转作任意公积金。

海南和普实业股份有限公司

【公司概况】 公司 2000 年总股本 6298.36 万股，其中发起法人持股 5355 万股，其他法人持股 545 万股，内部职工持股 398.36 万股。主要股东有海南中房商丘房地产综合开发公司、北京金鹏房地产开发公司、中国汽车贸易华东公司、海口阳信贸易华东公司、齐鲁石化齐华工贸集团总公司。公司法定代表人、董事长：李建奇。

【经营业绩】 2000 年公司仍停留在维持与内部清理阶段，未开展经营活动。主要关联企业有海南华基物业总公司、海南九州丝绸工业总公司、海南亚洲旅游总公司、海南中地农贸总公司、海南万力建材总公司。公司 2000 年净利润－4059279.59 元，总资产 40496868.8 元。

【财务状况】 公司 2000 年底股东权益 28170097.03 元，每股净资产 0.4473 元，每股收益－0.0644 元，净资产收益率－14.41%。

海南国际招商股份有限公司

【公司概况】 公司 2000 年底总股本 5750 万股，其中发起法人持股 1500 万股，其它法人持股 3300 万股，内部职工持股 950 万股。主要股东有海南华银国际信托投资公司、海南汇通国际信托投资公司、海南华大鸵鸟开发有限公司、海南兴国发展控股股份有限公司、深圳合众实业股份有限公司。公司法定代表人、总经理：张学军。

【经营业绩】 公司在债务重组方面，继上年度取得突破性进展的基础上，经过努力，所余工作已于本年度内全部完成。包括：(1)与省交行资产置换工作已告清结；(2)抵债物“亚洲大厦”经过清理并报告政府主管部门审批，已完整地过户给全权人沈阳银行银合支行；(3)公司的对外负债已大大降低，截止 2000 年底，对外负债总额占总资产的比例已降至 4%以下。公司本身的重组，即从公司的股本到资产结构和业务结构的重组，已提上日程，前期工作已经铺开，力争下年度内取得突破。公司 2000 年底净利润 213411.61 元，总资产 63644993.46 元。

【财务状况】 公司 2000 年底股东权益 61164077.93 元，每股净资产 1.064 元，每股收益 0.004 元，净资产收益率 0.349%。

海南兴源股份有限公司

【公司概况】 公司 2000 年底总股本 5000 万股，其中发起人持股 1769 万股，其它法人持股 1731 万股，社会公众股 1500 万股。主要股东有海南万恒投资有限公司、成都市煤气总公司、成都工商信托投资有限责任公司、中国烟草总公司四川省公司、中国五冶机电公司。公司法定代表人：于振涛。

【经营业绩】 2000 年，公司经营班子按照董事会制定的经营计划和工作目标，结合公司自身特点，进一步理顺产业的结构，稳步发展；继续盘整存量资产，对历史遗留的产权不清的资产进行确认、核实、清理，2000 年共确认资产 1176 万元；配合中介机构筹备股票上市工作。公司主要关联企业有海南万恒投资有限公司、成都海南实业开发公司、海南成都企业集团(股份)有限公司成都房地产公司、北京万恒盛业信息系统有限公司、福建浦城鸿发工程有限公司、海南志诚资讯网络有限公司。公司 2000 年底主营业务收入 46061590.38 元，净利润 6861241.95 元，总资产 127678003.33 元。

【财务状况】 公司 2000 年底股东权益 76261524.50 元，每股净资产 1.53 元，每股收益 0.137 元，每股净资产收益率 9.00%。

海南大千实业股份有限公司

【公司概况】 公司 2000 年底总股本 7994.65 万股，其中发起人持股 72625 万股，其它人持股 490 万股，内部职工持股 242.15 万股。主要股东有四川合邦电力投资公司、三亚大千实业有限公司、三亚金得来房地产公司。公司法定代表人、董事长兼总经理：邹振。

【经营业绩】 1、三亚红沙荔枝园别墅项目还有一小部分遗留问题正在积极处理中。2、因海南房地产行业普遍不景气，公司受大环境影响近几年来经营艰难；公司房地产基础上的巨额亏损，主要原因是提取存货跌价损失；公司前期形成的一些遗留问题，尚处于理顺、调整时期。3、加强对控股公司的管理，生产经营已形成良性发展，因此，2000 年控股公司已实现扭亏。主要关联企业有四川乐山大千药业有限公司，四川合邦电力投资有限责任公司。公司 2000 年底主营业务收入 10194312.9 元，净利润－23482870.31 元，总资产 111894426.32 元。

【财务状况】 公司 2000 年底股东权益 10251154.22 元，每股净资产 0.128 元，每股收益－0.294 元，净资产收益率－1.068%。

海南高新农业投资股份有限公司

【公司概况】 公司 2000 年底总股本 7750 万股，其中发起法人持股 2631 万股，非发起法人持股 4500 万股，内部职工持股 619 万股。主要股东有海南银通国际产业发展有限公司、中国国际旅行社总社、中国工商银行河北省分行第二营业部、河北省金属材料总公司。公司法定代表人、董事长、总经理：王昭棣。

【经营业绩】 1、农业方面：公司经营班子通过对市场的充分调查论证，经多方努力，与内地及台湾地区的水产养殖商就合作开发、利用基地现有资产达成协议；2、公司于 1994 年投资建设的海神公寓，与有关各方逐步理顺各种错综复杂的关系，根据经济适用房要求，顺利实现了该房产的销售，并以此偿还原银行的贷款本息；3、公司的工作重点在于尽快销售处理库存产品。4、三亚海神度假村项目：公司积极同银行协商，现已将原来的担保抵押关系进行调整；公司已与银行方面达成了追加贷款投入项目的意向，有关工作公司正在积极筹备中。主要关联企业有海南海神现代农业发展有限公司、三亚海神度假村有限公司、海南万国现代农业发展公司、洋浦新九州实业有限公司、海南国旅假日旅业有限公司。公司 2000 年底主营业务收入 1645105.10 元，净利润 300869.52 元，总资产

77281,865.74 元。

【财务状况】 公司 2000 年底股东权益 42882453.87 元,每股净资产 0.558 元,每股收益 0.004 元,净资产收益率 0.7%。

海南物业股份有限公司

【公司概况】 公司 2000 年底总股本 13715.6 万股,其中发起法人持股 7295 万股,非发起法人持股 3905 万股,内部职工持股 2515.6 万股。主要股东有海南省开发建设总公司、中海恒实业发展有限公司、天津开发区诚信实业公司、海南改革发展研究基金会、中国建设银行海南省分行住房城建支行。公司法定代表人:张铭新(董事长),公司总裁:丁秀梅。

【经营业绩】 2000 年公司根据年初确定的经营目标,集中精力抓好调整结构,优化人员;加强管理,强化监督机制。妥善处理历史遗留经济纠纷,盘活资产存量项目;拓展物业管理业务,寻求发展新路子,取得良好效益。全年实现主营业务收入 1770 万元,完成年计划 108%,比上年同期增长 6.88%,回笼资金 996.51 万元,清偿债务 882.15 万元,公司经营状况逐渐改善。主要关联企业有北海金泽物业发展有限公司、海南奥斯罗克酒店有限公司、海南银强建筑设备有限公司、海南金业贸易实业联合公司、海南金翼国际有限公司、海南迪希商业城有限公司。公司 2000 年底主营业务收入 1770 万元,净利润－503.33 万元,总资产 69571.1 万元。

【财务状况】 公司 2000 年底股东权益 1096.93 万元,每股净资产 0.08 元,每股收益－0.037 元,净资产收益率－45.88%。

海南华侨旅业股份有限公司

【公司概况】 公司 2000 年底总股本 12724.3 万股,发起人持股 7704.6 万股,其他法人股 2898.7 万股,内部职工持股 2121 万股。主要股东有海南省兴隆华侨农场、海南省侨办华人服务中心、海南发展银行清算组、吉林省国际信托投资有限责任公司、海南省华侨建设开发总公司。公司法定代表人:黄炳松。

【经营业绩】 2000 年度,公司在董事会的领导下,全体员工同心协力,团结奋斗,努力清除经营中的不利因素,基本完成公司年初制定计划。1、公司继续加强规范化管理,健全并完善规章制度,重新修改完善了公司章程。2、解决历史遗留经济纠纷,强化债权催收工作并收到预期效果。3、加强酒店管理和员工业务培训,对酒店进行部分装修改造,顺利通过市旅游局星级酒店复核。在国内努力拓展旅游业务,占旅游市场份额。主要关联企业有海南华侨宾馆、海南华侨富兴工贸发展公司、海南华侨置业儋州公司。公司 2000 年底主营业务收入 6873842.53 元,净利润－7221611.62 元,总资产 126224808.28 元

【财务状况】 公司 2000 年底股东权益 93136635.07 元,每股净资产 0.73 元,每股收益－0.06 元,净资产收益率－7.8%。

中国机械设备海南股份有限公司

【公司概况】 公司 2000 年总股本 11618 万股,其中法人持股 11534.0577 万股,职工个人持股 83.9423 万股。主要股东有中国机械设备进出口总公司、中工信托投资公司、上海市机械设备进出口公司、江苏省机械设备进出口集团公司、广东省机械设备进出口集团公司。公司董事长:李树智。

【经营业绩】 2000 年度公司主要还是围绕实业生产营销、进出口贸易、物业管理开展了以下业务:在实业生产销售方面,以市场营销为龙头,积极开拓市场,挖潜降耗,开发新产品。在进出口业务方面,在巩固原有业务的同时,开拓新的业务,效益有一定增加。在物业经营管理方面,提高服务质量,稳定客户,开拓客源,提高出租率。进一步加强管理,降低费用开支,加强收款力度,避免亏损。主要关联企业有海南路达新型建筑材料有限公司、烟台路达新型建筑材料有限公司、南京金路达新型建筑材料有限公司、北京希迈克贸易有限公司、海南中机物业经营管理公司、海口保税区中机工贸有限公司、北京美路达新型建筑材料有限公司。公司 2000 年主营业务收入 45233485.5 元,净利润－1930357.36 元,总资产 194015523.85 元。

【财务状况】 公司 2000 年底股东权益 120481413.77 元,每股净资产 1.037 元,每股收益－0.0166 元,净资产收益率－1.602%。

海南深海(集团)股份有限公司

【公司概况】 公司 2000 年底总股本 20000 万股,其中发起法人持股 8150 万股,其他法人持股 11524 万股,内部职工持股 326 万股。主要股东有中国寰岛(集团)公司、深圳市经济协作发展公司、北京地鑫房地产开发有限公司、中国机床总公司、海口市房地产投资开发公司。公司法定代表人、董事长:王欣荣,总裁:沈建太。

【经营业绩】 1、全力保全以“深海城”为主体的公司资产。2、积极处理债权债务工作。3、完善总裁办公会议制度,强化集体领导、集体决策,增强公司经营决策的科学化程度。4、加强激励机制,完善规章制度,精减人员、提高工作效率、降低管理成本。5、加强对分支机构的管理,使分支机构逐步走上良性发展轨道。主要关联企业有海南深海自驾旅游租车公司、湖北深海防火建材市场发展公司、海南绿海天草业技术有限公司、海南深海期货经纪有限公司。公司 2000 年底主营业务收入 4224119.80 元,净利润－26405901.81 元,总资产 341119925.57 元。

【财务状况】 公司 2000 年底股东权益 68406484.12 元,每股净资产 0.34 元,每股收益－0.234 元,净资产收益率－68.32%。

海南万国商城股份有限公司

【公司概况】 公司 2000 年底总股本 10000 万股,其中发起人持股 3640 万股,其他法人持股 4925.50 万股,个人持股 1434.50 万股。主要股东有海南海泓机械工业有限公司、海南省供销发展总公司、海南能源股份有限公司、海南万国贸易博览中心、海南省生产资料公司。公司法定代表、董事长:谢宗林,公司总经理:张友波。

【经营业绩】 1、2000 年,公司继续就债权问题与海南新能源股份有限公司进行协商、交涉,落实公司与海南新能源股份有限公司达成的法庭调解协议,努力回收其所欠公司债务。2、维护公司澄迈金江西市场建设项目土地的正当权益;加强市场调研,继续做好澄迈金江西市场的开发准备工作。3、继续做好公司股权托管工作,帮助个人股东解决因遗失股权证及股权证出现错、漏情况所产生的问题。公司 2000 年底主营业务收

入350000元,净利润116533.08元,总资产99789299.61元。

【财务状况】 公司2000年股东权益97569799.61元,每股净资产0.98元,每股收益0.0012元,净资产收益率-0.12%。

海南阳光城开发股份有限公司

【公司概况】 公司2000年底总股本28500万股,其中发起人法人股9300万股,其他法人持股17700万股,内部职工股1500万股。主要股东有交通银行海南分行、北京华建房地产有限公司、中国兴南(集团)公司、海南建信投资管理股份有限公司、海南桂林洋经济开发区、太平洋经济发展有限公司(美国)、海南银通国际产业发展有限公司、海南申海企业集团公司、银建国际财务有限公司(香港)、海南阳光城高尔夫球俱乐部有限公司。公司法人代表:李运英,公司总经理:高建民。

【经营业绩】 1、协助海南航空股份有限公司办理了重组海南阳光城高尔球俱乐部有限公司的工商、税务等种种变更手续;2、同桂林洋农场一起办理高尔夫球场用地手续,并由农场负责普查用地范围内的地上物情况,制定了赔偿方案;3、按调整后的阳光城度假村总体规划,经海南航空股份的限公司请美国设计师调整了高尔夫球场的布局,并做了规划设计修改。4、为配合高尔夫球场工程做了主干道路面延长段土方测量工作并制定了工程预算。主要关联企业有海南高新农业投资股份有限公司(原名海南国际旅游投资有限公司)、北京二建海南分公司。公司2000年度净利润39938.79元,总资产438308759.50元。

【财务状况】 公司2000年股东权益310970359.40元,每股净资产1.091元,每股收益0.00014元,净资产收益率0.013%。

海南金牌科技股份有限公司

【公司概况】 公司2000年底总股本12157.95万股,其中发起法人持股8605万股,非发起法人持股3400万股,内部职工持股152.95万股。主要股东有海南金牌土地开发有限公司、秦皇岛电力实业总公司、中国铁道建筑总公司、铁道部第一勘测设计院、江苏溧阳燃料总公司。公司法定代表人、董事长、总经理:王进修。

【经营业绩】 2000年公司根据年初确定的经营思路,集中精力做了以下工作:按计划收回"海南交通规费管理控制系统"项目的投资回收款,余额已在2001年4月10日全部收回;"税控装置系统"在海南市场已进入全面安装阶段;为盘活存量资产,充分发挥现有资金效率,将北京金软科技开发有限公司及北京通码网络技术有限公司进行转让;金牌大酒店为适应市场变化,不断调整经营管理思路,开源节流,取得了一定的成绩。主要关联企业有海南金牌信息技术有限公司、武汉华工大金牌高新技术研究所、武汉金华工信息产业有限公司、金牌大酒店。公司2000年底主营业务收入4509241.91元,净利润-2758640.4元,总资产125845165.82元。

【财务状况】 公司2000年股东权益120717412.87元,每股净资产0.9929元,每股收益-0.0227元,每股净资产-2.28%。

海南五洲旅游股份有限公司

【公司概况】 公司2000年底总股本10800万股,其中发起法人持股6110万股,非发起法人持股3090万股,内部职工持股1600万股。主要股东有海南凯业船务有限公司、海南旅游总公司、海南中恒实业公司、建行海南省分行、海口市房地产投资开发公司。公司董事长、总经理:殷海。

【经营业绩】 2000年度,公司主营业务未发生改变,仍以酒店服务业为公司主营业务。公司坚持对海口宾馆和五洲大酒店实行指标考核的激励型管理机制,在完善内部管理、提高管理水平,增收节支等方面做了大量工作,取得了一些成效。两酒店在全年平均开房率都高于1999年的情况下,经营成本费用有较大幅度下降。主要关联企业有海南五洲大酒店、海南旅游用品厂。公司2000年底主营业务收入22529225.23元,净利润18320063.78元,总资产178257991.66元。

【财务状况】 公司2000年底股东权益35652740.34元,每股净资产0.33元,每股收益-0.17元,净资产收益率-51.38%。

海南泛华高速公路股份有限公司

【公司概况】 公司2000年底总股本30000万股,其中发起法人持股11000万股,其他法人持股19000万股。主要股东有中国水利水电第九工程局海南工程公司、中国葛洲坝水利水电工程集团海南工程公司、海南中色十六冶建设有限公司、武警交通一总队海南工程处三队、铁道部第十六工程局。公司法定代表人:焦沛安,总经理:刘笃寿。

【经营业绩】 2000年被省政府收回的海文高速公路项目的工作谈判已近尾声,本年度已到帐1100万元,其余款额有望2001年内解决。公司规范化工作按照省证管办要求已基本完成,只有个别股东单位的有待最后确认。经过清查审理,已基本理顺公司债权债务,现已着手对外部应收款进行追讨。几个投资开发项目已考察、论证、准备逐个付诸实施。公司2000年净利润-74140570.35元,总资产173070564.41元。

【财务状况】 公司2000年底股东权益91735674.83元,每股净资产0.455元,每股收益-0.376元,净资产收益率-80.81%。

海南龙华股份有限公司

【公司概况】 公司2000年底总股本5372.406万股,其中发起人持股4859.616万股,其他法人持股212.8万股,内部职工持股299.99万股。主要股东有中国兴南(集团)公司、海口兴岛贸易实业公司、中国饲料工业发展总公司、中国农垦海南公司、中国牧工商总公司。公司法定代表人、董事长:吴虎,总经理:李宏轩。

【经营业绩】 2000年以来公司的主要工作围绕龙华饮料厂生产自营开展,积极寻求合作伙伴,拓宽融资渠道,改造产品结构。与此同时加强了盘活资产的力度,利用龙华股份闲置土地,招商引资,开展白虾养殖;认真清理公司因为历史原因造成的债权债务遗留问题,为公司长远发展扫清障碍。公司2000年底净利润30443.29元,总资产49527929.39元。

【财务状况】 公司2000年底股东权益30960291.77元,每股净资产0.58元,每股收益0.0006元,净资产收益率0.098%。

海南第一投资招商有限公司

【公司概况】 公司2000年底总股本10416万股,定向法人股

3498.37 万股，发起人股 3691.81 万股，内部职工股 2083.2 万股，拟流通法人股 1142.62 万股。主要股东有：海南第一投资集团有限公司、海南同创租赁公司、三亚亚龙湾开发股份有限公司、中国教学仪器设备总公司、海南宝生经济贸易公司。公司代表法人、董事长：蒋会成，公司总裁：许献红。

【经营业绩】 公司进一步强化主营业务，使公司商贸旅游业务结构和功能更趋于合理。第一百货通过调整商场布局、实施品牌战略、完善商品部负责制，不断进取，经营再创新高。商场年内获得中央、国家部委和海南省有关部门授予的先进荣誉称号 12 项，被中宣部、国内贸易局、中央文明办等六部门命名为"全国百城万店无假货活动示范店"，被国内贸易局评为"全国内贸系统先进集体"（是海南省唯一获此殊荣的商业企业），被海南省委、省政府授予"文明单位标兵"称号。投资新建的海口市大同路商场顺利开业经营，并引入世界著名的快餐肯德基，扩大了施达商业的规模和实力，有助于调整区域布局。望海酒店积极抓好促销宣传、服务质量和员工培训，取得了显著效果，年平均入住率 60.64%。按现代企业制度要求，进一步规范公司管理，继续深化 ISO9002 质量体系标准推行工作；加强费用控制，加大审计监督力度，健全企业内控制度。上市工作有序推进，公司已于 2000 年 11 月份完成了与三亚东方实业股份有限公司原于 NET 系统挂牌交易的流通法人股的股权置换工作，编制申请上市材料，并将按有关规定和程序申请审批与核准。公司主要关联企业海南望海国际大酒店有限公司，海南施达商业有限公司。公司 2000 年底净利润 23293946.73 元，总资产 545487207.84 元。

【财务状况】 公司 2000 年底股东权益 236743901.64 元，每股净资产 2.27 元，每股收益 0.224 元，每股净资产收益率 9.84%。

海口泰华旅业股份有限公司

【公司概况】 公司 2000 年底总股本 17000 万股，发起人股 10200 万股，其他法人股 3400 万股，内部职工股 3400 万股。主要股东有：海口市国有资产经营有限公司、海南发展银行（海口分行及振东支行）、深圳国际信托投资公司、香港海南海达隆发展有限公司、海南港澳实业股份有限公司。公司董事长（法人代表）：雷立；公司总经理：齐冰。

【经营业绩】 2000 年度，公司继续抓好酒店经营，突出主营业务。海口泰华酒店 2000 年利润为 124.60 万元，比上年增长 77.74 万元，增长幅度为 165.89%；2000 年公司与海口市国有资产经营有限公司、海南椰岛股份有限公司、广东南海绿怡种苗有限公司共同发起设立"海南椰卉园艺有限公司"，努力向热带花卉产业、生态旅游业、绿色环保产业方面的转型。目前，"椰卉公司"已建立起了高规格的生产研究基地，并准备在广州设立大型的营销基地；继续追索和保全在征地执法中的债权、产权。主要关联企业有海口泰华酒店、海南泰华贸易有限公司、海南椰卉园艺有限公司。公司 2000 年底净利润－16232387.84 元，总资产 173238679.54 元。

【财务状况】 公司 2000 年底股东权益 124963114.07 元，每股净资产 0.735 元，每股收益－0.095 元，每股净资产收益率－12.9%。

海南南大高新股份有限公司

【公司概况】 2000 年度公司总股本 21534.65 万股，发起法人持股 7670 万股，其它法人持股 10864.65 万股，内部职工持股 3000 万股。主要股东有：航空信托投资有限责任公司、江西省证券公司、文昌国资局、华南热带农业大学。公司法定代表人、董事长：赵玉南。

【经营业绩】 2000 年 1 月至 7 月公司受中国证监会委托，国家科技部和中国科学院对公司以高新技术企业上市进行了评审（双高评审）。作为海南省唯一参加双高评审的股份公司，主营产品和所选报的项目受到了两部委专家高度评价。公司根据两部委专家意见对有关项目进行了调整，并完善了相应的材料，使公司的上市工作迈出了重要的一步。主要关联企业有：乐东恒升农业发展有限公司、海口东湖嘉丰大酒店。2000 年，公司结合项目产业化开发的需要，在不断加大科研开发投入的同时，进一步充实了公司科研开发队伍，为公司持续、稳健经营打下坚实的基础。公司 2000 年底净利润 3708440.19 元，总资产 283767005.80 元。

【财务状况】 公司 2000 年底股东权益 232731916.78 元，每股净资产 1.80 元，每股收益 0.017 元。净资产收益率：1.59%。

海南高目助商科技股份有限公司

【公司概况】 公司 2000 年底总股本 6000 万股，发起人持股 3530 万股，其他法人持股 1870 万股，内部职工持股 600 万股。主要股东有：深圳市高目助商投资有限公司、中国运载火箭技术研究院、海南鹰蓝物业管理公司、海南天慈实业有限公司。公司法定代表人、董事长、总经理：王彬。

【经营业绩】 2000 年公司进一步贯彻董事会提出的"规范动作、稳健经营、审慎投资、适度扩张"的方针，资本营运，优化重组为突破口，扩充实力。目前，根据市场实际情况，把业务重点转移到岛外。1、投资 1000 万元人民币成立的海南飞网联盟信息技术有限公司（原海南五指山万亩花果园有限公司），茶园租赁收入 445000 元，已并入公司合并报表。2、投资 1000 万元人民币从事证券投资，获利 174 万元的投资收益，收回投资 27 万元，得到了预期的投资目的。3、飞网因特网吧，因受市场因素影响，2000 年亏损 7 万元人民币。主要关联企业：海南飞网联盟信息技术有限公司、海南富华环境工程公司。公司 2000 年底净利润 16.73 万元，总资产 17081.04 万元。

【财务状况】 公司 2000 年底股东权益 113383900 元，每股净资产 1.8909 元，每股收益 0.0012 元。净资产收益率 0.06%。

海国投实业股份有限公司

【公司概况】 2000 年度公司，总股本 45132.032 万股，其中发起人持股 26179.12 万股，占总股本 58%，STAQ 系统流通法人股 18952.912 万股，占总股本 42%。主要股东有：中国长城资产管理公司、上海高泰稀贵金属股份有限公司、交通银行海南分行、中国农业银行海口市金贸区支行、四川天歌集团股份有限公司。公司董事长：许诺，总经理：蔡泽俊。

【经营业绩】 2000 年度，公司继续加大对原有投资项目及存量资产的清理、盘活力度，积极采取转让、出租、合作等形式盘活现有厂房、土地、固定资产等；健全、完善各项规章制度，对企业管理提出新的要求，加大对各企业经营目标责任制的落实力度；2000 年底，中国长城资产管理公司成为公司新的第一大股东，公司积极配合作好资产核查、移交等相关工作，为更好确定公司今后的发展方向打下基础。主要关联企业：海南远航船务有限公司、海南国际集装箱储运公司、海南国际鞋业制品厂有限公司、海南港澳国际工业区服务公司、海南国际兴发制衣厂有限公司、海南易得利塑料品有限公司、广州东湛房地产有限公司、海南国际乳胶制品有限公司、越南越华实业有限公司。公司 2000 年净利润－6506312.83 元，总资产 354729707.60 元。

【财务状况】 公司 2000 年底股东权益 227646807.28 元，每股净资产 0.504 元，每股收益－0.0144 元。净资产收益率－2.858%。

第十二编

中介机构

2044/2054

中介机构

中磊会计师事务所有限责任公司

【公司概况】 中磊会计师事务所有限责任公司(简称中磊会计师事务所),是经财政部财会(2000)1013文批复的社会中介机构,在国家工商行政管理总局登记注册,总部设在北京。本公司具有上市公司评估、证券期货相关业务审计资格、大型金融相关审计业务资格和国家大中型企业审计资格,工程造价咨询资格,已形成了集财务审计、资产评估、资本验证、基建预(结)算、税务代理、管理咨询为一体的全方位服务格局。目前,本公司拥有员工323人,其中:注册会计师163人(证券执业资格38人)、注册资产评估师64人、造价工程师20人、其他注册资格的21人、中高级职称191人、大专以上学历260人。公司开设了江西分所、嘉兴分所、北京分所、吉林分所,内部设有办公室、教育培训部、质量控制部、咨询策划部、网络信息部、事业发展部、审计业务部、评估业务部、工程业务部、税务业务部、综合业务部。中磊会计师事务所以质量求信誉、以帮助客户发展为己任,能高标准、高要求、高效率地承办各类审计、评估、咨询等业务。本公司将竭诚为社会各界客户服务,为社会经济的发展和进步作出应有的贡献。服务宗旨:坚持"独立、客观、公正"的宗旨,以质量求信誉、以帮助客户发展为己任,能高标准、高要求、高效率地服务社会各界。法定代表人(主任会计师):熊靖。

【经营业绩】 服务范围:对上市公司报表及其它各类实体经济效益、经济责任、经营业绩进行审计、验证企业资本;对上市公司整体资产及其它各类资产(含破产资产)进行评估;帮助客户进行股份制改制、资产重组、合并收购、策划上市;为客户进行财务审慎调查;编制工程预(结)算,承办基建工程预(结)算审核业务;进行财务、会计和税务咨询、为客户设计会计制度、财务制度和内部控制制度,拟订合同、章程和其他经济文件;为客户提供财务会计相关信息等服务。

江苏武晋会计师事务所

【公司概况】 江苏武晋会计师事务所系省属独立法人所,成立于1988年12月,坚持"以质量求生存,以信誉求发展"的办所方针。经省财政厅、省体改委批准具有从事组建定向募集股份有限公司的审计及资产评估业务资格。江苏武晋会计师事务所共有从业人员75人,其中:中国注册会计师25人,中国注册资产评估师19人,中国注册造价工程师5人,房地产估价师5人。职称分类:高级会计师5人,高级经济师4人,会计师11人,高级建筑工程师2人,机械设备及建筑工程师7人。董事长、所长、主任会计师:陈华康。

【经营业绩】 执业范围:审查企业会计报表,出具审计报告;验证投入资本,出具验资报告;办理企业合并、分立、清算事宜中的审计业务,出具有关报告;基建预决算审计;各种类型资产评估;设计财务会计制度,担任常年会计顾问,提供财务、会计、税务、经济管理咨询,代理记帐、提供会计电算化业务服务;培训财会人员;法律、法规规定的其他审计和会计咨询服务业务。本所是经国家财政部门批准成立的具有独立法人资格的社会中介机构,经江苏省建设委员会批准具有工程造价咨询管理资格。承办各种资产评估、建筑工程项目预决算审计等业务。主要开展业务:新设立企业、单位注册资本评估;合资、合作、投资、联营、合并、兼并、股份制改造企业的资产评估;拍卖、转让、出租、承包资产的评估;贷款抵押资产、保险及受损资产、仲裁及公证资产的评估;各种自然资源资产、土地使用权、房屋建筑物的评估;解散、倒闭、破产企业资产的清算与评估;技术改造项目资产、安装工程资产、设备投资资产的评估;各类无形资产和流动资产的评估;企业所有者权益及负债的评估;建设工程项目的预、决算审计;其他各种经济活动需要的资产评估。事务所为200余家中外合资、独资公司及企业集团提供服务。主要单位有(排名不分先后):江苏新科电子集团、江苏五菱集团(现B股上市公司)、新加坡(武进)大众钢铁有限公司、法国VALLOUREC GROUP常州法力诺长城焊管公司、香港ROAD KING INFRASTRUCTURE LIMITED、德国MANNESMANN REXROTH GMBH常州公司、马来西亚·文秀(常州)房地产开发公司、江苏武进钢铁集团、江苏江南铁合金集团、江苏新华昌集团、江苏武进物资集团、武进商拥集团、武进粮食集团、江苏华喜毛纺集团、江苏奥普集团、武进创成塑机集团、江苏远宇电子集团、江苏江浪减速机集团、武进制药集团、江苏新中装饰集团、江苏红联集团、常州飞达电梯集团、武进柴油机厂、武进齿轮厂、常州液压成套设备厂、常州运来生物化工有限公司、常州丰厚服装有限公司、常州申新制冷机械有限公司、常州鸿联灯饰有限公司、武进亚能热电有限公司、武进供销社(集团)公司、江苏常恒集团、武进天工经编机集团、武进农机集团、江苏新亚化工集团、江苏华东机房设备集团、江苏中华多宝集团、江苏东方石油化工集团、江苏亚邦集团、江苏金牛线缆集团、武进晨阳工业公司、江苏中东集团、武进通达集团、武进电机厂、武进路劲常漕公路开发有限公司、五菱柴油机德州有限公司、常州东方精细化工有限公司、常州翔达纺织印染有限公司、常州亨运服装有限公司、常州创成塑料机械有限公司、江苏多宝珠保健药品有限公司。

广东恒信德律会计师事务所有限公司

【公司概况】 广东恒信德律会计师事务所有限公司是经广东省财政厅批准设立的具有证券相关业务审计资格和证券相关业务评估资格的会计师事务所,是广东省最大规模的会计师事务所之一,在江西省、中山市、东莞市等地设有分所,各种专业人才共170多人,其中:注册会计师71人,具有证券许可证的注册会计师40人,具有注册资产评估师、房地产估价师、造价工程师、土地估价师资格的评估师40多人,注册税务师等其他资格的专业人员10多人,拥有充足的人力资源,是全国首批取得从事金融相关审计业务资格的会计师事务所之一。法人代表、董事长:潘荣卿。

【经营业绩】 事务所服务范围：从事证券相关业务（包括审计与评估）；审计，验资，咨询，培训，企业整体评估，会计电算化，设计财务管理制度，会计顾问，税务代理，办理建设工程预、决算编制及工程造价审查，设计、销售会计管理软件。恒信德律以良好的职业操守、严谨的工作作风和较高的专业水准，赢得了中外客户、各级政府部门和业内同行的信赖和赏识。恒信德律继续"以质量求信誉，以信誉求发展"为宗旨，与新老客户合作并提供优质专业服务。

中勤万信会计师事务所

【公司概况】 中勤万信会计师事务所经中华人民共和国财政部批准设立，国家工商行政管理局注册登记，独立从事注册会计师业务，具有法人资格。DFK INTERNATIONAL 会计师联合组织的正式成员。

【经营业绩】 中勤万信具有执行证券、期货相关业务、金融相关业务、基建项目预决算的审计资格以及资产评估、税务代理等相关业务资质。拥有一批具备财务、会计、税务、金融、机电、土木建筑、电脑软件、管理咨询等方面知识和经验的专业人员。现有从业人员 185 人，其中，注册会计师 80 人，注册评估师 22 人，注册税务师 20 人。高级项目经理以上人员曾到欧美、澳大利亚、香港接受业务培训和工作。中勤万信与国际知名的会计师事务所建立了合作关系，定期与国外同行互访、交流、业务考察。中勤万信恪守独立、客观、公正、谦洁的职业道德准则。中勤万信的服务宗旨是为客户提供优质、高效的服务，为客户创造价值，为客户带来竞争优势。

天一会计师事务所

【公司概况】 天一会计师事务所是经财政部批准，在国家工商行政管理局注册登记，由原贵州黔元会计师事务所与国内其他几家会计师事务所发起成立的专门从事审计、会计、资产评估、管理咨询、税务代理等专业服务的中介机构。天一会计师事务所总部设在北京，现设有云南分所（原云南同舟）、贵州分所（原贵州黔元）、河南分所（原河南华为）、山东分所（原山东中立信）和北京营业部（原北京中兴华）。天一会计师事务所，除具有从事一般会计师事务所的执业资格以外，还具有以下特种执业资格：具有经财政部和中国证监会批准的从事证券、期货相关业务资格，具有经财政部和中国证监会批准的证券业务资产评估资格，具有经财政部和中国人民银行批准，首批获得从事金融相关审计业务资格，具有经国家大型企业工委认可，审计特大型国有企业资格。天一会计师事务所拥有一批既有专业知识、又具丰富实践经验的审计、会计、评估、税务、金融、管理、法律、计算机及工程技术各类专业人才，共有从业人员 400 多人。其中：注册会计师 200 多人（具有从事证券、期货相关业务资格的注册会计师 50 人，熟悉金融相关业务资格的注册会计师 40 人）；注册资产评估师、注册税务师、注册造价工程师、律师、高级工程师等资格人员 100 多人。

【经营业绩】 事务所主要业务范围包括：审查上市公司、证券公司、金融机构、三资企业、特大型企业等各类企业报表，出具审计报告。验证企业资本，出具验资报告。办理企业改组、合并、分立、整顿、解散、破产清算及经济鉴定、法律公证等审计业务，出具有关报告。代理申报工商注册登记、协助拟定经济合同、公司章程和其他业务文件。办理企业整体资产评估、单项资产评估业务，包括：房地产、机械设备、流动资产、无形资产等项目的评估。税务代理、税务咨询等业务。工程概/预/结算编制、审核，招投标工程标底及报价的编制，以及建设工程造价鉴定等。设计会计制度，担任会计顾问，培训会计人员。提供管理、会计、税务、投资和其他咨询服务业务。法律、法规规定的其他经济业务。

岳华会计师事务所

【公司概况】 岳华会计师事务所总部设在北京，属中国注册会计师协会和中国资产评估协会的理事单位，具有证券业审计资格和证券业评估资格、大中型企业审计验证资格、金融机构审计资格、税务代理资格，是我国首家批准上规模走集团化试点的会计师事务所，是我国企业集团中的第一家人合公司。在发展与组建中，岳华始终坚持总部在北京，市场在全国，成员在各地，优势互补，共同发展的结构布局。经过多年的集团化整合，已在深圳、南京、郑州、武汉、成都、西安、天津、沈阳、哈尔滨等中心城市设立了分支机构，为我国注册会计师行业走向规模化、专业化发展道路作出了新的贡献。

【经营业绩】 岳华会计师事务所的业务范围包括：1、证券业务，包括企业股改和证券上市方案论证及企业策划；股份有限公司资产重组、剥离及上市审计；内控制度评价、独立财务顾问报告、股改及上市公司资产评估、股本验证及盈利预测等。2、审计业务，包括验证企业注册资本；年度会计报表审计；基建项目预（决）算审计；厂长（经理）离任审计、合并、分立、清算审计；其他特殊项目的审计。3、资产评估业务，包括单项资产评估；整体资产评估；兼并、联营、解散、破产资产评估；融资租赁、抵押、转让及拍卖资产评估；房地产及土地评估；无形资产评估；其他资产评估等。4、基本建设概预算审计，包括基本建设预算审查、建安工程竣工结算审查及基本建设总投资审计等。5、税务代理业务，包括代办税务清理及纳税申报；审核税款缴纳及清算；担任税务顾问及其他税务事项。6、管理咨询业务，包括担任会计顾问；受托设计财务管理制度及内部控制制度；企业改制财务顾问；制作可行性研究报告及商业计划书等。7、开发培训业务，包括财务软件开发；计算机技能培训；会计、审计人员培训等。岳华已成功为上千家国内外客户提供了良好的专业服务，客户遍及电讯、电子、交通、钢铁、能源、金融、汽车、娱乐、建材、酒店、医药卫生、国防等行业，分布于全国 29 个省、市、自治区。

天华会计师事务所

【公司概况】 天华会计师事务所是由财政部、中国注册会计师协会和中国证券监督管理委员会批准的具有证券期货执业资格的合伙制事务所。事务所现有 150 余名专业人员，其中有 71 名执业注册会计师，其中 25 名具有证券业资格，且有多名为中国第一批注册会计师。

【经营业绩】 天华会计师事务所主要从事各类企业审计、验资、资产评估、税务代理、税务咨询、企业上市及企业改转制、兼并、收购等方面的财务咨询、投资咨询等业务。审计服务是内容包括：上市公司三年业绩审计，年度及期中财务报表审计、利润预测审核；证券、期货企业财务报表审计；外商投资企业财务报表审计；国营企业财务报表审计；收购合并前的财务审核及其他专项审计。验资服务内容包括：企业设立投入资本验资；变更、重组、上市资本验资；工商年检验资等。税务服务内容包括：为公司合理安排税务结构、制定税务规划；代理解决税务纠纷;代理税务登记、纳税鉴定、申报缴税等。会计服务内容包括:帮助企业设计和改善会计制度和会计管理系统,根据企业所处的行业设立符合管理需要的会计核算、控制、监督体系和财务管理结构;帮助企业进行内部会计、财务组织结构的审查,向管理层反馈业务的执行情况,提出改革方案;帮助培训会计人员,解决企业经营管理中的会计、财务等问题。企业顾问服务内容包括:公开上市企业财务顾问及审计;合并和收购的财务顾问及财务资料审核;企业重组、重整、财务策划;估价和调查;接管及破产清算。天华会计师事务所的客户广泛分布于各行各业,包括金融、证券、保险公司;上市公司;拟上市公司;国有企业;外商投资企业;二板上市公司等。

安达信·华强会计师事务所

【公司概况】 安达信·华强会计师事务所(安达信·华强)于1992年8月正式成立。它是由率先于1991年在中国成立独资咨询公司的外方—安达信公司和当时财政部下属的中方—华强会计师事务所,共同建立的第一家中外合作经营的会计师事务所。如今,安达信·华强已从当时的几十人迅速壮大成长为一个拥有几百人的会计师事务所。作为安达信公司在中国的六个办事处之一,安达信·华强的业务也随着安达信公司全球新战略和新品牌的推出,归纳在其几项服务类目中,即:审计、企业咨询、企业融资、电子商务、人力资源、商务服务承包、风险管理和税务咨询。

【经营业绩】 安达信·华强在审计、企业咨询、企业融资和税务咨询等方面为众多的客户提供了高质量全面周到的专业服务。特别值得赞誉的是,安达信中国公司秉承安达信一贯良好声誉,以其卓越的技术和专业知识,对中国变化多端的市场和行业有深入透彻的了解,在中国奠定了投资及企业咨询业务的领导地位,并成功帮助中国企业在美国、英国、上海、深圳及香港等地的股票交易所上市,开创了中国企业在境外上市的先河。在同行业的激烈竞争中,安达信始终保持领先的地位,是为最多内地企业担任申报会计师的咨询公司。安达信在全世界84个国家拥有85000多名员工。自1913年成立以来,安达信公司一直保持着持续增长的势头。安达信在2000财政年度的总收入超过了84亿美元。目前,公司在北京、重庆、广州、深圳、上海和香港的事务所拥有近1600位专业人员。

华联律师事务所

【公司概况】 1985年1月,经中华人民共和国司法部审核批准,由司法部和中国侨联共同领导的华联经济律师事务所在北京成立。华联经济律师事务所是受司法部直接领导和管理的成立最早的几家律师事务所之一。1998年经司法部批准,华联经济律师事务所更名为华联律师事务所。2001年6月,根据国务院办公厅和司法部有关文件精神,华联律师事务所改制为合伙制律师事务所,同时,根据属地管辖的原则,华联律师事务所归属北京市司法局管理,名称为北京市华联律师事务所。华联律师事务所的合伙人,均是在华联律师事务所从业多年的资深专职律师,在多年的工作中有着较好的业绩和良好的声誉。华联律师事务所的专职律师和兼职律师由在原华联执业多年的律师及新近吸收的各方优秀律师组成,既有具有丰富实践经验的资深法律专业人才,又有一批在各行各业有特殊才能和贡献的专门人才担任兼职律师,还有从事法学教育和研究的理论专家,还有一批法学界的知名人士担任顾问。主任:谢炳文。

【经营业绩】 华联律师事务所共设立:公司法律事务部、金融证券法律事务部、房地产法律事务部、刑事法律事务部、民事法律事务部、知识产权法律事务部、国际法律事务部等机构。公司法律事务部:为客户提供包括公司的设立、收购、兼并、改组、股权(出资)转让、股票(可转债)发行与上市、产权纠纷和产权界定、公司的破产清算等法律服务。金融证券法律事务部:为银行和非银行金融机构提供各项法律服务。1993年7月,华联经济律师事务所获得司法部和中国证监会颁发的证券从业资格,成为第一批获得该资格的律师事务所。作为发行人或券商律师为盐湖钾肥、同仁铝业、华北制药、许继电气、中通客车、大恒科技、大成基金所属的基金景业等多家公司的股份制改造和股票(债券)发行上市提供法律服务,受到当事人的好评。房地产法律事务部:为客户提供有关房地产方面全方位的法律服务。知识产权法律事务部:受托办理有关专利、商标、著作权、专有技术、计算机软件等方面的法律事务。刑事法律事务部:为犯罪嫌疑人提供法律帮助,接受委托作为辩护人为被告辩护,接受委托作为被害人的代理人提起刑事附带民事诉讼,接受委托作为原告的代理人代理原告提起自诉。民事法律事务部:为客户提供包括经济和房地产纠纷、损害赔偿、建筑工程、劳动、保险、婚姻、继承等方面的法律服务,代理当事人进行诉讼或仲裁。国际法律事务部:代理境外机构在我国以及国内机构或个人在国外的法律事务。

云南千和律师事务所

【公司概况】 云南千和律师事务所是直属于云南省司法厅的合伙制律师事务所,现有专职律师十九名,兼职律师五名,所有律师均具有大学本科及以上学历(其中九名律师具有法律研究生学历,三名律师具有证券从业资格,两名律师具有产权界定资格,一名律师具有外贸企业改制资格)。

【经营业绩】 本所具有司法部和中国证监会颁发的证券从业资格,在经济诉讼、证券业务、企业改制以及外商投资业务等方面有着丰富的实践经验。近年来,本所律师承办经济、民事

刑事案件数百起,并曾担任省内十余家企业股票发行的专项法律顾问。本所律师现担任云天化、云南铜业、云维股份、云大科技、锡业股份、红河光明、景谷林业、南天信息、交大昆机(均为上市公司)及英茂通信、天浩集团、昆明水泥、昆明电缆、云南驰宏锌锗公司、罗平锌电公司、隆格兰园艺公司等四十多家公司的常年或专项法律顾问。多年的执业实践表明,本所律师不仅专业能力强,而且具有良好的人品和职业道德。"与客户共发展"是本所的宗旨。本所在与客户签约时,均由多名律师承办,共同负责;重大疑难业务还需经所务会集体讨论"会诊",以避免律师单兵作战时因个人能力以及突发、偶然事件等原因影响客户委托业务办理的事件发生,切实维护了委托人的合法权益。主任:伍志旭

嘉德律师事务所

【公司概况】 嘉德律师事务所是一家立足于本土化服务同时又面向世界提供国际化服务的专业法律服务机构。嘉德律师事务所拥有一支近30人的优秀律师队伍。多名律师具有硕士学位。许多律师曾在国外或香港的律师事务所工作和学习。大部分律师是有双语工作能力。嘉德律师事务所于2000年5月

取得从事证券法律业务的资格。同年，又获得证监会和司法部授予从事涉外证券法律业务的资格，成为全国59家中天津唯一具有该资格的律师事务所。

【经营业绩】 嘉德律师事务所自成立以来，始终活跃于金融、证券、投资、公司、贸易、海事海商、房地产等诸多领域，致力于成为在广阔的本土及海外市场上为客户提供多元化法律服务的组织。一、嘉德律师事务所的律师在公司股票发行与上市及重组领域已完成的主要法律服务项目如下：天津环球磁卡股份有限公司上市A股、天津美伦股份有限公司上市A股、天津百货大楼股份有限公司上市A股、香港大福国际集团有限公司上市、天津发展控股有限公司香港上市、天津汽车夏利股份有限公司上市、宁夏圣雪绒股份有限公司上市A股、天津市房地产发展(集团)股份有限公司上市A股、天津特精液压股份有限公司上市A股。为天津的国营企业、民营企业的股份制改造提供法律服务。二、嘉德律师事务所在投资、股权等领域已从事的主要法律服务项目如下：代表香港津联集团为香港津联集团收购天津彩虹路桥发展有限公司股权项目提供法律服务；代表新加坡Sembcorp建筑有限公司为新加坡Sembcorp收购保定泰利陶瓷有限公司股权项目提供法律服务；代表中国银行总行及天津分行为中国银行总行及天津市分行对天津大唐盘山发电有限公司融资项目(正在进行)提供法律服务；代表天津市复印设备公司为天津市复印设备公司与日本国佳能公司(Canon)合资设立天津佳能有限公司项目提供法律服务；代表正大集团(天津)实业有限公司为美国Cargill公司购买正大集团(天津)实业有限公司整体资产项目(正在进行)提供法律服务；代表澳洲澳维奶制品有限公司为澳维奶制品有限公司与天津市凌云饮料厂合资设立大M奶项目提供法律服务；代表天津津能投资公司为天津津能投资公司与香港和记电力收购天津陈塘庄热电厂并增资扩股项目提供法律服务；代表STARWELL HOLDINGS CO.,LTD.为STARWELL HOLDINGS CO.,LTD.收购天津市卫生科贸总公司股权项目提供法律服务；代表STARWELL HOLDINGS CO.,LTD.为STARWELL HOLDINGS CO.,LTD.与南开大学合资成立天津南大星运生物医药开发有限公司项目提供法律服务；代表中国银行塘沽分行为中国银行塘沽分行对津滨高速公路建设融资项目提供法律服务。

山东颐通地产评估有限公司

【公司概况】 山东颐通地产评估有限公司是根据国务院关于经济鉴证类中介机构脱钩改制的要求，由原山东省地产估价事务所所长、副所长、总工程师等人发起设立，并在山东省工商局注册登记的专业地产评估机构。具有国土资源部认证的A级土地评估资质和山东省经济体制改革办公室认证的从事股份制改制业务资格。

公司发起人刘占增，原为山东省地产估价事务所所长、高级工程师，现任颐通公司总经理、中国土地估价师协会理事，具有土地估价师和房地产估价师资格。1988—1992年在原山东省土地管理局地籍处工作期间，即参加了全国城镇土地分等定级及基准地价试点工作，1992年底参与筹备组建山东省地产估价事务所，是全国土地评估业务起步阶段最早参与、组织、推动并实践该项工作的人员之一，曾担任山东省历次土地估价师培训主讲工作，指导过全省数十个地市县的基准地价工作，主持过中国石化集团公司涉及全省各县市区3万余宗土地，30余万亩土地的大型评估项目，执笔完成的土地评估报告曾在全国A级估价机构研讨会报告集中列为首篇报告。

公司发起人姜文明，原为山东省地产估价事务所副所长、总工程师，高级工程师，现任颐通公司副总经理。具有土地估价师资格。曾先后主持和参加过近30余项土地评估项目，项目涉及石油、煤炭、化工、机械、医药、轻工、电子、纺织、通讯、商业等众多领域，项目类型包括境内外上市公司、大型中外合资项目、重点国有企业改制等，曾主持完成了多家山东省遗留问题股份有限公司的上市土地评估工作，主持过中国移动(香港)集团公司收购山东移动通讯公司权益和中国电信集团公司山东省电信公司多元化经营重组改制等涉及全省17地市的大型土地评估项目。

【经营业绩】 公司从业范围：1、基准地价评估，2、出让或国家收回土地的地价评估，3、转让、出租、抵押、作价入股土地的评估，4、股份有限公司或有限责任公司涉及的土地评估，5、企业兼并、破产、清产核资涉及的土地估价，6、司法仲裁中涉及到的土地估价，7、征收土地税费涉及到的土地估价，8、其他依照法律、法规需要进行的土地估价，9、地产代理及相关业务，10、地产咨询和人员培训。从业业绩：公司有着良好的业绩记录，在企业改制中涉及的包括评估在内的土地策划、处置方案优化、相关手续办理等方面积累了丰富的经验。其主要人员自1992年以来，一直从事土地估价的理论与实践工作，先后指导过数十个县、市、区的城镇土地定级与估价工作，主持过中国石化、中国移动、中国电信(山东部分)等大型土地评估项目，先后承担完成了胜利股份、东阿阿胶、泰山旅游、鲁北化工、新华制药、石油济柴、东方电子、华光陶瓷、鲁能泰山、烟台冰轮、烟台发展、济南轻骑、鲁西化工、中通客车、新潮实业、莱钢股份、鲁润股份、山东临工、兖州煤业、江泉实业、烟台张裕、南山实业、华泰纸业、中鲁渔业等数十家公司改制、上市、配股或吸收合并等100多个评估项目工作。

南宁开元行评估有限责任公司

【公司概况】 南宁开元行评估有限责任公司为南宁市地价评估事务所脱钩改制成立。南宁市地价评估事务所原为南宁市土地管理局下属的地价评估专业机构，成立于1995年1月，是广西土地部门成立最早的评估机构之一，一直是广西土地部门最具号召力和影响力的评估机构。公司是一个专业从事房地产评估业务的机构，在房地产估价领域特别是土地估价领域具有独特的专业优势，已连续4年通过国家A级土地资质等级评审，可在全国范围内从事土地评估业务。法人代表：石宝江

【经营业绩】 公司领导、专业人员均为注册房地产估价师和注册土地估价师，秉持专业、敬业、严谨、迅速的工作作风，本着服务为本，用心做事的精神，受到社会各界的广泛信赖。与广西各地土地部门保持着良好、密切的关系，为收集各地土地价格资料、高质量地完成评估业务提供了强有力的保证，同时还可以为客户到各地土地部门办理有关土地事宜提供很多额外的帮助。公司的经营范围：土地及房地产价格评估、咨询、经纪、登记代理。公司业务涵盖了各类房地产价格评估，包括基准地价、土地出让、公司上市、企业改制、抵押、买卖、作价出资(入股)、司法仲裁、征收税费、破产、兼并、清产核资等涉及的土地、房地产评估。还为广大客户提供房地产策划、房地产开发可行性研究、房地产信息咨询、建设用地咨询、代办土地和房产过户手续和产权证书、查询土地和房产登记信息等多项中介服务。

中地不动产评估有限公司

【公司概况】 中地不动产评估有限公司的前身是原国土资源部的直属中地资产评估事务所。中地资产评估事务所由原国家土地管理局(现为国土资源部)批准设立,是其下属土地评估机构中唯一在国家工商管理局注册登记的机构。2001年10月经国土资源部批准与国土资源部脱钩,变更登记为完全由自然人出资的有限责任公司。公司持有国土资源部批准认证的土地评估“A”级资格以及北京市国土与房屋管理局颁发的房地产评估资格,可从事包括上市公司在内的各类土地资产及房地产咨询评估。公司注册资金100万元,由十一位长期从事不动产咨询评估、经验丰富的估价师共同出资组成,改制后公司内部结构和组织管理得到进一步完善和加强,是目前国内最具实力和规模的土地评估机构之一。

【经营业绩】 公司可从事下列评估业务:一、土地评估,包括基准地价评估:出让或国家收回土地评估;转让、出租、抵押、作价入股土地评估;上市及非上市股份公司或国有独资公司,有限责任公司涉及的土地估价;企业破产、兼并、清产核资、债转股等涉及的土地估价;司法仲裁中涉及的土地估价;征收土地税费涉及的土地估价;其他依照法律、法规需要进行的土地估价;地价咨询。二、房地产评估,包括房地产转让评估;房地产出租评估;房地产抵押评估;房地产作价入股评估;司法仲裁涉及的房地产评估;征收有关房地产税费涉及的房地产评估。三、项目开发及可行性研究,包括项目开发预评估及中、后期可行性分析和研究;合资或独资等各类公司成立的可行性研究。四、项目及各类政策咨询,包括与房地产开发、合资等有关的项目或有关政策咨询。五、房地产中介代理,包括房地产交易、销售等策略研究、咨询及中介代理。截至目前中地不动产评估有限公司已先后完成了100多个上市公司的土地资产评估项目、50余个公司合资、土地出让、房地产抵押、城市基准地价等项目评估和多个开发区土地经济评价分析以及房地产开发可行性研究咨询,项目涉及的行业和领域有通信、邮电、电力、航空、房地产、煤炭、石油、化工、钢铁冶金、建材、旅游、信息、科研等,在这些行业的评估中积累了丰富的评估和项目组织经验。

华源房地产评估有限公司

【公司概况】 华源房地产评估有限公司(原中国地产咨询评估中心)是适应国务院关于经济鉴证类中介机构与政府机关脱钩改制的要求,于2000年8月在原中国地产咨询评估中心的基础上顺延成立的有限责任公司。原中国地产咨询评估中心是经中央机构编制委员会批准于1992年8月成立的国土资源部直属局级事业单位,拥有国土资源部颁发的A级土地评估资质和建设部颁发的一级房地产评估资质,为我国土地评估业的先驱与资深专业机构。经过优化组合,北京华源房地产评估有限公司由原中国地产咨询评估中心的主要技术骨干组成,并继承原中国地产咨询评估中心的A级土地评估资质。华源公司内设办公室、财务部、地产评估部、政策法律咨询部、发展部、市场代理部等六个部门。

【经营业绩】 主要业务范围有:(一)房地产评估　主要包括企业股份制改造、上市、债转股、企业兼并、破产、中外合资、合作等涉及的土地资产评估;城镇基准地价与宗地标定地价评估;土地出让、转让、抵押、国家收回、课税、司法仲裁地价评估。(二)政策法律咨询　为企业股份制改造、兼并联营等涉及到的土地利用、处置问题提供政策法律咨询,并协助办理有关报批手续;为建设项目用地可行性研究与技术论证、房地产经营策划提供有关的政策法律咨询服务。(三)市场代理部　提供房地产买卖、租赁、置换等交易的居间介绍及代办证件服务;提供房地产产权初始登记、变更登记及他项权利登记等代理服务。北京华源房地产评估有限公司系原中国地产咨询评估中心脱钩改制成立的公司,原中国地产咨询评估中心作为全国第一家土地评估机构,业绩丰厚,赢得社会各界一致好评。

北京华信房地产评估有限公司

【公司概况】 北京华信房地产评估有限公司系国土资源部中国地产咨询评估中心改制后成立的中介机构,专门为房地产市场提供咨询、评估、代理等相关服务。成员由原地产中心领导和估价所、培训部、综合业务部负责人及业务骨干组成。公司成员作为原全国最大一家土地评估机构的骨干人员,在历时近十年的评估业务中,完成了百余个大型土地评估项目(主要为股份制改组上市或合资、购并)以及数百宗房地产评估项目。大量地实践积累,使评估理论不断提升,出色的业绩,得到广大客户的尊重与承认,为公司发展奠定了坚实的基础。被国土资源部授予全国土地评估A级资质,被北京市国土资源和房屋管理局授予“北京市经纪机构”资质。公司内设评估一部(改制项目部)、评估二部(北京项目部)、咨询代理部、研究发展部、综合业务部。

【经营业绩】 公司主要业务包括:基准地价、土地出让、转让、出租、抵押、仲裁、合资、兼并、破产、清产、改制、债转股等。为企业股份制改造、资产重组、各类建设用地提供有关政策、法规、信息、手续办理等咨询服务。为企业起草申请并取得土地评估结果的确认及资产处置方案批复;代办土地确权、测量、登记、发证等手续。开展房地产市场中介服务领域的调研工作,确定专业课题,组织研讨;承接房地产项目的可行性研究。

海南普诚华通资产评估事务所

【公司概况】 海南普诚华通资产评估事务所是海南目前唯一一家具有上市公司业务评估资格(证券资格)的评估机构,它的前身是海南资产评估事务所,成立于1991年,是海南成立最早的专职评估机构,集中了海南评估行业中的精英,在评估理论研究和实践操作中均取得了辉煌成就。1993年经国家财政部和国家证监会联合授予评估业最高资格—上市公司业务(证券)评估资格。

【经营业绩】 1991年事务所一成立后,就为海南的股份制改造作出了贡献,完成了琼能源、琼港澳、琼海虹、琼民源的评估工作,使这些公司最终都成功的成为上市公司。在此之后,事务所又完成了琼海药、琼华侨投资、富岛基金、琼海盛、琼南洋等上市公司的评估业务,在上市公司的评估领域取得了良好声誉。在其它评估领域,事务所完成了海南发展银行的组建评估业务,该项目评估值超百亿元,属于海南特大型评估项目。1993年海南设立了一大批定向募集的股份公司,也以我所为主完成了组建评估工作。事务所完成的评估项目评估值合计已超千亿元,居于海南领先地位,在全国也属一流水平。

北京君之创证券投资咨询有限公司

【公司概况】 北京君之创证券投资咨询有限公司是适应中国市场经济和证券市场发展的需要，于1993年8月创建的国内最早的证券投资咨询机构之一。1998年3月，被中国证监会授予证券投资咨询从业资格，成为我国首批获得从业资格的专业证券投资咨询机构之一。

【经营业绩】 公司主要从事股份制改造、拟上市公司培育、上市公司财务顾问、企业并购与资产重组顾问、风险投资顾问、管理咨询等相关业务。公司下设投资银行部、管理咨询部、研究发展部、综合部等业务部门。公司所有员工均具有本科或本科以上学历，均具有三年以上证券从业经历，其中硕士以上学历员工超过50%。公司拥有一支专业素质高、从业经验丰富、专业结构合理的专家顾问队伍。公司与国内外金融界、产业界以及许多证券公司、律师事务所、会计师事务所等中介机构、新闻媒体、大专院校、科研院所都保持着良好的联系和密切的合作关系。公司先后为甘肃皇台、桂林旅游等二十几家主板上市公司的股份制改造、资产重组、兼并、收购、上市策划提供了高水平的服务，为浙江依多金集团、天津天马线缆集团、西藏耗牛股份有限公司等十几家企业提供了股份制改造及创业板上市前期培育和辅导服务。

证券投资咨询机构及其执业咨询人员2000年年度检查结果公告

一、天津市

1、天津证券投资咨询有限公司及以下7名个人

孙伟 李伟 张雷 张永贞 郑飞虎 黄赛刚
王娟

2、天津市万科投资咨询有限公司及以下7名个人

张旭东 张珣 陈向军 严莉 马晓军 崔立新
李宇

二、辽宁省

鞍山市金龙投资咨询有限公司及以下5名个人

周凤武 王天奇 张勇 李胜 李鹏

三、上海市

1、东方证券有限公司及以下14名个人

陶晋 李峰 梁宇峰 阮斐 程俊豪 赵雷
冯玉明 吴一萍 伍军 鲁伟铭 夏锐鹏 顾伟
吴晓晖 魏立波

2、海通证券有限公司及以下33名个人

高道德 刘军 娄伟 程昕 朱吕陈 马婴
张峦 胡祖刚 于小丽 陈绍胜 胡曙光 王益聪
熊旭敏 张均宇 金铭 顾峥 王建敏 邵佳民
郎唯群 金冠峰 张崎 张卫东 杨晖 凌如水
陆成渊 张士军 余颖舟 乔雷璋 李保国 陈久红
顾青 梅文胜 刘宇英

3、光大证券有限公司及以下20名个人

杨旭 张奇英 陈建东 杨建华 赵红蕾 宋健
杨小川 邓小明 罗江涛 罗晓群 周照利 朱钢
王宏业 陈晓明 侯良智 卢文伟 刘向军 高玉喜
吴美萍 戴绪鹏

4、国泰君安证券股份有限公司及以下81名个人

姚蓉勤 胡隽 施任梅 胡远航 芦新梅 张戬非
王剑梅 胡崇俊 彭韬 潘洁 向波 孙玲玲
韩孝亮 向宇明 魏晖 杜丽娟 杨青丽 张骏
黄敏 秦嘉学 胡建发 莫言钧 哈索库 魏兴耘
马玖军 孟庆亮 赵贵来 渠洪喜 张峡 刁悦
许滨 夏有力 王戈 陈希怡 张凌云 冯智勇
王青怡 李开 江伟 史沛然 唐毅俊 黎平刚
曹勇志 曹紫涛 陈广志 靳贤明 初同新 范海洋
黄昕 李小勇 吴寿康 吴军 肖利娟 谢建军
徐凌峰 王福 阮克竖 张剑文 张敏 张大军
郑学璋 舒晓光 李志凌 刘广宇 刘泉 刘令仪
刘瑀 林彬 魏业华 孟涛 祝刚 王波
闵毅 曲克勤 邹坚凌 李迅雷 鲍隽 瞿永祥
王战强 胡锡权 刘勇

5、上海金汇信息系统有限公司及以下11名个人

胡少红 李智 刘宇 武鹏 廖冰 曾巍
申庆九 林志宗 王永胜 肖星 张泽

6、上海证联投资咨询服务有限公司及以下8名个人

陶永根 陈黎明 钱伟海 张延兵 丁建厂 雷建辉
沈钧 汪昕赟

7、上海赛德投资咨询有限公司及以下8名个人

潘敏立 钱锋 吴江 俞力 赵远军 薛永胜
刘佳 胡柏良

8、上海君创财经顾问有限公司及以下7名个人

黄忠明 钱伟琛 孙枝来 吴缨 邹永新 杨继宏
郭瑞

9、上海点津投资顾问有限公司及以下5名个人

周倜 沙俊涛 邹炜 徐宣宣 谢红娟

四、山东省

山东百益顾问咨询有限责任公司及以下6名个人

宋振学 华东 李海明 刘瑞花 马强 侯文生

五、湖北省

1、长江证券有限公司及以下8名个人

聂祖荣 李晓昌 刘开忠 黄斌 邵稳重 张义波
赵佑启 陈春艳

2、武汉证券有限公司及以下10名个人

张戬 陈国平 马传刚 张泽宇 吴金娇 余进洋
褚卫 姜振中 方文洲 许军

六、广东省

1、广东证券股份有限公司及以下18名个人

刘新华 胡天存 宋华 蔡裕鹏 邵一帆 向进
汪志德 黄国城 林穗林 蒋罡 陈秋伟 蒋建光
刘慧红 刘小勇 丘海云 王晖 黎维 邓清华

2、广发证券股份有限责任公司及以下18名个人

谢国满 徐子庆 郭勇 朱项平 方红 游文峰
于小飞 刘文红 童志荣 王建明 闫鸣 肖雯
李华乾 章丹群 徐茂谦 黄统华 黄奕 林国春

3、广州证券有限公司及以下19名个人

彭培祥 陈里强 丁训刚 王芩 陈小坚 徐佑军
黄美田 石志华 胡瑜萍 路志刚 许振 李赞
颜新雯 官照辉 陈建军 罗路石 郭永青 李楠
梁礼平

4、广州越声理财咨询有限公司及以下6名个人

陈新亮 关妙钿 黄鹏 吴向伟 周懿 高宇涛

5、广东科德投资顾问有限公司及以下 9 名个人

王泽辉 张旭晖 张亚梁 杨城 蔡志强 林燕辉 邢茂荣 张宏 林健明

6、广东百灵信投资顾问有限公司及以下 7 名个人

周建新 程峰 刘小华 张志立 吴佳 陈钟 唐斌兵

7、广州新升咨询顾问有限公司及以下 13 名个人

胡代强 程传功 尤晓光 王建立 刘荀 梁群力 黎志坚 龙纪明 王东升 苗禾壮 李林 叶朝晖 程昭

七、深圳市

1、联合证券有限责任公司及以下 17 名个人

英定文 张弘 段海虹 杜丽娟 谭伟成 山鹰 蓝滨 王逸钢 王晓东 左恩林 周世杰 陈炜 向南忠 霍光 姜殿耀 陈东胜 闵晓蒙

2、长城证券有限责任公司及以下 12 名个人

王勇 邬玮 刘希玮 梁燕华 王玮 梅律吾 邓红郢 林采宜 徐涛 熊俊 顾颖杰 黎瑛

3、国通证券有限责任公司及以下 21 名个人

汪顺德 任远果 彭小泉 尹中立 喻洪涛 周力 范路 李昕虹 沈剑冰 刘越 邓良生 王国青 张悠金 邱波 段敏 李稷文 康剑雄 郭业胜 周崇武 程国发 马逸伦

4、国信证券有限责任公司及以下 20 名个人

郑育淳 何劲 殷怀义 文德军 邵兵 邢修元 姜必新 王海平 曲亚男 刘惟进 邱光福 李文辉 苏细强 周建新 白燕阳 马志新 张文 赵兵 李世新 梅松

5、平安证券有限责任公司及以下 16 名个人

唐勇 陈守红 林贤苏 刘中学 南方 周艳 杨谷 王云峰 刘文弟 陈瑶 徐晓东 金晖 包乃群 钱巍 徐刚 俞静

6、中信证券股份有限公司及以下 14 名个人

黄卫中 张明莉 王丹林 孙林 刘伟 宋文雷 周鹰 武昂 孙超 沈宇飞 陈淑绵 周扣山 黄涛 林继东

7、大鹏证券有限责任公司及以下 34 名个人

梁天喜 康凯 艾民 沈彤 杨刚 陈作为 高声敢 李硕 林田 蒋顺才 李军 曲俊生 谈自力 于克银 钟精腾 刘伟平 李翔 洪海 居培明 胡伟涛 祝朝安 李保东 王晓路 田军伟 余志情 李军 曲胜 李敬献 牛承悦 黄凯军 武增祥 刘军云 王孝德 李卫红

8、深圳市尊悦证券投资顾问有限公司及以下 6 名个人

梁涌 王光明 万海龙 熊勇兵 陈少勇 翁建雄

9、深圳市周明海询商务投资顾问有限公司及以下 6 名个人

刘建军 郑炜 陆欣 王宋 姚欣东 黄治雄

10、深圳市怀新企业投资顾问有限公司及以下 11 名个人

聂根红 赖宏斌 杨新波 陈映鹏 刘斌 关登成 郑树钿 刘纯浩 张剑峰 王斌 覃欣

八、成都市

1、成都证券有限公司及以下 24 名个人

莫春阳 杨华 邹宏 汤咏梅 罗杰 苏小育 赵小玲 黄伟军 肖腾文 杨晓春 文革 穆海权 王虹 曾凤 任福萍 韩震宇 陈芝妮 邹斌 蒙宇 郑伟 仲崇岗 袁炜 钟惠敏 余雪红

2、华西证券有限公司及以下 11 名个人

陈建平 朱伟 王锦 曾钟吉 毛胜 胡清泉 王勇 胡兰 宋宁 吴坤 陈群

3、成都倍新投资咨询公司及以下 6 名个人

严为民 林兰 李小伟 郝彤 王志华 张建锋

九、北京市

1、北京海问投资咨询有限责任公司及以下 5 名个人

姜波 程苹 董利华 雷春雨 崔华峰

2、北京东方高圣投资顾问有限公司及以下 7 名个人

陈健 林仁兴 高磊 梁嘉原 胡海元 蒋颖 冉卫东

3、北京汇正财经顾问有限公司及以下 6 名个人

李刚剑 李庆阳 刘凤鸣 吴喻慧 肖振良 林漳

4、北京中方信富投资管理咨询有限公司及以下 6 名个人

田新民 侯积良 赵宇 葛成 何敏志 尤欣

5、北京京放投资管理顾问有限责任公司及以下 5 名个人

汪洪 彭吉海 张邦明 彭作纲 袁程武

6、华夏证券有限公司及以下 19 名个人

齐亮 张望 彭砚苹 诸建芳 孙鹏勃 李森 董晨 何媛媛 仇彦英 戴春荣 吴春龙 殷亦峰 陈丽辉 袁建军 钱宏伟 许君 于江勇 施中华 沈周翔

7、北京证券有限责任公司及以下 6 名个人

吕立新 冯玉成 崔海萍 吕松 侯金涛 王晓鹏

十、重庆市

1、西南证券有限公司及以下 22 名个人

况雨林 刘亚林 朱进明 胡虎 梅新岩 陈远明 肖颖 许利民 曹军 吴恒 曾力 张一鸣 吕丹 梁祖芝 赵波 冯德建 刘艾 蒋山洪 牟钢 陈纪元 张艳华 陈敏

2、重庆正友证券投资咨询有限公司及以下 6 名个人

刘艳平 蒋晓东 王晋航 罗栗 蒋志刚 陈蓉

十一、河北省

1、河北源达证券投资咨询有限公司及以下 5 名个人

郭增金 张万华 王琪 尚国明 成涛

2、河北证券有限责任公司及以下 10 名个人

许国齐 张海利 王腾 李振梓 曲文波 边丽云 陈淑翠 徐国锋 韩长风 王金晖

十二、山西省

1、山西信鼎证券期货投资咨询有限公司及以下 5 名个人

董敬华 石晓斌 陈卫 叶栩彪 杨瑞

2、山西证券有限公司及以下 17 名个人

武建峰 郑敬忠 刘文康 邬展霞 张科职 文建伟 张彦君 田莉华 党银良 石志勇 尤济敏 郭建兴 乔永朝 韩冬梅 孙小利 朱晋平 原登峰

十三、内蒙古自治区

内蒙古证券有限责任公司及以下 5 名个人

张俊峰 张宗友 冯亮 崔智 白云

十四、吉林省

1、东北证券有限责任公司及以下 7 名个人

焦志常 韩健 贺义 张迹 章关荣 刘鹏 毕子男

2、吉林省北方万盛投资管理顾问有限公司及以下 6 名个人

于永 赫荣祥 程世永 马振江 李晓冬 贾元鹏

3、吉林省上证吉龙投资咨询有限公司及以下7名个人

刘晓东 张礼进 赵俊峰 潘宇伟 王建平 王新宇 张德良

十五、黑龙江省

黑龙江省容维投资顾问有限责任公司及以下6名个人

刘宝华 翁伟东 张 健 丁 莹 徐桂英 姜 鸣

十六、大连市

大连北部资产经营有限公司及以下5名个人

杨红桥 董 政 徐梦寒 陆新宇 赵立国

十七、江苏省

1、华泰证券有限公司及以下15名个人

李 杰 郝国梅 瞿 醒 毛 昽 武晓春 钱 建 潘伟荣 朱 伟 顾立新 李 响 王 鑫 武廷山 张世国 朱建平 何 叶

2、江苏天鼎投资咨询有限公司及以下7名个人

甘 丹 秦 洪 金 战 邱敬萍 钟 华 胡 凯 韩 勇

3、江苏现代资产投资管理顾问有限公司及以下5名个人

王成君 周 昊 丁玉芳 吴 耀 闫近伦

十八、浙江省

杭州三元证券投资顾问有限公司及以下5名个人

吴劲松 谭志浩 王雷杰 杨惠忠 龙 华

十九、安徽省

1、安徽新兴证券投资咨询有限公司及以下8名个人

袁 立 康淑敏 贺 晓 常硕永 王世清 刘锦峰 丁国宇 郭松平

2、合肥皖建投资咨询有限公司及以下5名个人

张本照 袁家春 徐建新 姚禄仕 陈晓辉

二十、河南省

河南博星投资咨询有限公司及以下9名个人

袁光顺 张保盈 高颖生 刘乐宇 江松伟 陈 禹 彭娟娟 秦阿峰 穆伯达

二十一、青岛市

青岛市大摩投资顾问有限责任公司及以下6名个人

徐胜治 吴 军 聂福刚 任奎斌 马 欣 于 倬

二十二、湖南省

1、湘财证券有限公司及以下21名个人

张银旗 王建文 夏星舟 陈 静 谭青春 王骁敏 赵景星 宋绍坤 唐文萍 焦 巍 许 超 李洁球 张 结 余劲松 吴 巍 周帅军 徐嘉昌 刘 勇 朱晓明 胡爱军 唐利民

2、湖南金证投资咨询顾问有限公司及以下5名个人

杨 扬 冯 晖 柳旌 蒋慕飙 文 哲

3、湖南证券研究所有限公司及以下16名个人

申文高 周懿文 曹桂香 余加权 张茂槐 何亚刚 汪劲松 邹文超 熊 冰 胡建清 李文捷 程学军 白 云 郭晋炜 罗印华 李大庆

二十三、福建省

1、福建兴业证券股份有限公司及以下23名个人

熊伟佶 吴 明 邱江传 彭李雯 刘 锋 申 庆 王传序 刘秋芬 郑 捷 吴齐华 刘 景 方有伟 许 颖 俞 园 林 朵 颜克益 陈 慨 张俊东 吴怀坤 唐嘉平 张训苏 宋淮松 郭光琛

2、福建省闽发证券有限公司及以下10名个人

林 瑾 黄 列 陈许峰 吴秋容 汪贵华 王金叶 郑景利 杨卫东 周新风 邱少苏

二十四、厦门市

厦门市新汇通投资咨询有限公司及以下8名个人

孔志卫 冷元庆 姚正禹 周 翔 黄国典 林 军 江培煌 华 国

二十五、海南省

1、海南精信资讯有限公司及以下7名个人

徐明贵 尹红卫 肖 超 符绪永 冯 冠 丘晓红 于 涛

2、海南港澳资讯产业有限公司及以下6名个人

赵重国 田文斌 张诚 陈晓栋 邢 军 刘 斐

二十六、青海省

青海证券有限公司及以下7名个人

苏武康 徐传豹 黄 硕 常 锦 仲建强 刘 兵 谭去非

二十七、新疆维吾尔族自治区

新疆证券有限公司及以下8名个人

唐纪平 张高丽 王 刚 孙晓明 朱振杰 顾中曙 张 海 王 峰

第二批通过2000年年度检查的证券投资咨询机构及其执业人员名单

一、天津市

天津市中融投资咨询有限公司及以下8名个人

韩 东 郑晓明 刘春胜 杨湘东 周晓辉 兰 海 翟明杰 刘庆忠

二、上海市

1、上海世基投资顾问有限公司及以下15名个人

陈 宪 其 实 鲁晓云 黄永东 王凌霄 徐 磊 徐敏毅 徐 鸣 冯舒鸣 沈益伟 江 铁 汪洋洋 赵治忠 陈 实 郑旻

2、上海中广信息传播咨询有限公司及以下10名个人

焦宏坤 吴 坚 袁 丽 吴为民 干宝雁 胡 锰 徐 军 陈 磊 姜 韧 孟中伟

3、上海万国股市测评咨询有限公司及以下11名个人

张长虹 王永辉 余海华 陆 飞 林 震 张晓峰 陈 攻 唐 军 戴 俊 李 浩 赖涌涛

4、上海新世纪投资服务有限公司及以下5名个人

潘翠英 陈剑芬 韩 晔 许国才 钟智伦

5、上海申银万国证券研究所有限公司及以下18名个人

高 清 魏道科 强 立 董樑 钱启敏 牟永宁 黄燕铭 杜松宁 秦 曦 廖舒天 严爱娥 张 岚 赵金厚 蔡国华 鞠学良 盛 亮 单永志 王 艳

6、上海金信证券研究所有限公司及以下9名个人

刘踊翔 顾宇萍 王汇涛 刘园萍 杨兴君 陈兆洪 候英民 许 祥 徐 毅

7、上海新兰德证券投资咨询顾问有限公司及以下7名个人

曲静瑶 俞志强 梁 琦 陈 宇 郭禹令 张鲁东 刘力军

8、上海证券综合研究有限公司及以下6名个人

郭勇斌 励列俊 孙雷民 郭 胜 郑 侠 耿依宁

9、上海涌金理财顾问有限公司及以下7名个人

朱锦伟 许德培 乔志城 陈月敏 刘 铮 周福民 徐 静

10、上海万盛投资咨询有限公司及以下9名个人

赵海林 赵立强 季敏波 刘鄂秋 王伟纲 陆洁华 袁利军 邹 胜 王 飚

11、上海亚洲商务投资咨询公司及以下6名个人

何晓军 陆 敏 陈广浪 高 宇 戴群中 刘劲林

三、山东省

1、山东国发投资顾问有限公司及以下5名个人

马 刚 盛 昕 牛立军 谢永华 王法力

2、济南英大证券投资咨询有限责任公司及以下6名个人

迟 雷 殷彩雷 刘传东 徐朝晖 王金栋 朱 筠

3、山东神光咨询服务有限责任公司及以下12名个人

孙成钢 董佳芳 季立宗 刘建刚 赵卫国 孙佃民 文国峰 申敬松 栾丽萍 汪贻文 王全胜 廖晓媛

四、湖北省

1、武汉新德兰投资顾问有限公司及以下6名个人

李 勇 叶学平 宋雨桐 曾 刚 刘诗亮 黄国庆

2、三峡证券有限责任公司及以下18名个人

宋辉旺 李玉清 赵天如 郭小芳 罗嗣红 周 辉 刘 漩 匡小新 候向前 何 卫 陈俊洪 陈 蕾 叶迎春 肖 兰 穆 兵 陈亚陵 王星华 张子任

五、广东省

1、广州市运财行投资理财顾问有限公司及以下9名个人

黄伟刚 戴少军 蓝永增 徐浙军 汪安杰 段 超 盖翊中 郭 岗 赖 剑

2、珠海博众证券投资咨询有限公司及以下5名个人

葛隆志 沈 飞 何勤阳 赵凤义 徐 迁

3、广州万隆证券咨询顾问有限公司及以下8名个人

王震宇 孟向东 蔡英姿 陈志斌 吴孔银 黄永耀 江 伟 冯剑修

六、深圳市

1、深圳市中证投资资讯有限公司及以下5名个人

高文伟 吴学杰 马 越 王 曦 张志民

2、深圳华鼎财经资讯股份有限公司及以下7名个人

祁大成 黎 松 傅子恒 徐泽林 杨淑梅 黄家坚 李 华

3、深圳市新兰德证券投资咨询有限公司及以下8名个人

黄 玲 吕万珍 曾 伟 林昆仑 刘月新 孙亚铭 陈文杨 裴继伟

4、深圳市珞珈投资咨询有限公司及以下11名个人

陈 杰 邓学文 吴敬远 林师顺 杨 波 陈 炜 冯明波 樊五州 张 勇 曾 勇 蔡红标

5、深圳经济特区证券公司及以下7名个人

纪方舟 杨 军 熊 艳 王 军 徐兴华 李贺光 管卫泽

6、南方证券有限公司及以下29名个人

周龙华 蒋露洲 罗延新 陈建钢 郭 PENG 王勇健 钟立琼 詹诗华 孟 浩 刘细兵 朱文晖 田世欣 汪前明 程志斌 王义国 杨冬梅 高 戈 桑卫峰 杨宗耀 周绍晚 胡洪涛 顾宝成 鲁亦斌 陈 红 陈 森 刘仁和 涂 斌 符致东 王创练

七、四川省

成都道博投资咨询有限公司及以下3名个人

焦 寅 谭 翔 傅 浩

八、陕西省

1、陕西融泰投资咨询有限公司及以下5名个人

杨志平 李西君 杨 桦 何 炜 赵建勋

2、陕西巨丰投资资讯有限责任公司及以下4名个人

崔卫东 候 鉴 廖晓东 王 磊

九、北京市

1、北京中咨北方投资顾问有限公司及以下8名个人

卢信群 孙少勇 秦雪青 吴建军 刘自敏 慎永海 胡雪明 孔小红

2、北京清华紫光投资顾问有限责任公司及以下5名个人

沈 铭 王爱武 李兴宇 张 展 郑 威

3、中国银河证券有限责任公司及以下58名个人

陈 东 陈晓宇 陈 欣 崔江红 方 琴 费庆武 傅 斌 郭济敏 何应泽 胡英新 胡永贵 黄格非 黄矫敏 黄旭庆 黄毓平 黎世明 李 兵 李立生 李 潭 刘光耀 陆 琦 罗 峰 罗维俭 毛 昂 宁占平 浦 蕾 祁 红 任承德 任剑宏 佘志宏 沈建明 沈 洁 苏宏鸣 孙 勇 索峰 谭德敏 唐震斌 王建中 王喜峰 王亦雷 魏纪周 吴 涛 吴珣 吴月香 吴祖尧 楚 刚 谢棋文 徐向华 杨一平 易小斌 张 琪 张庆军 张庆生 张庆升 张艳丽 章庆华 赵 波 周 旭

4、北京融正投资顾问有限公司及以下5名个人

宋国良 李广超 彭 焱 何兴壮 张泽晓

5、北京海融资讯系统有限公司及以下13名个人

姚振山 夏时柏 周 钰 刘 琰 谢小磊 林 涛 李志刚 金洪涛 董黎明 崔建波 吴 浩 丁 剑 宣 震

6、北京君之创证券投资资讯有限公司及以下5名个人

符德智 韦抗生 李建忠 曾德垓 陶 丹

7、北京中鼎信理财顾问有限公司及以下5名个人

魏 斌 邵东亚 赵奎勋 杨 洋 赵永强

8、北京新兰德证券投资咨询有限责任公司及以下8名个人

王天甫 王颖聪 乐 强 邵 原 余 湛 张大光 张学庆 张景东

9、北京首证投资顾问有限公司及以下6名个人

杨成义 董旭海 高铁军 龙江虹 曹远钢 乔庆海

十、重庆市

重庆市成长财经顾问有限公司及以下4名个人

王志勇 周庆华 蔡 轩 彭 毓

十一、山西省

山西广瑞投资财务顾问有限公司及以下5名个人

邸永忠 毛春临 赵树人 牛向阳 周晓东

十二、江苏省

江苏太仓证券投资资讯有限公司及以下5名个人

陈红兵 王翀 马晓阳 穆宝敏 周朝晖

十三、浙江省

1、杭州新希望证券投资顾问有限公司及以下3名个人

王 玮 王治平 胡俊

2、浙江证券有限公司及以下5名个人

马文新 吕小萍 范国祖 余 雷 胡建平

十四、宁波市

宁波海顺投资咨询有限公司及以下4名个人

王　栋　钟天强　单雄鸣　陈　睿

十五、河南省

1、河南万国咨询开发有限公司及以下 6 名个人

宋全启　宋绪钦　许四海　刘吉斌　王丽英　王宏伟

2、河南金博投资咨询有限公司及以下 7 名个人

薛保谦　薛胜利　刘继广　张金科　柳循晓　谢清喜　于军礼

3、河南华证金融投资咨询公司及以下 9 名个人

张爱民　刘增学　王晓刚　杨中贤　郭　兵　朱小会　马海燕　陈　恺　王　义

十六、青岛市

青岛安信投资顾问有限责任公司及以下 5 名个人

李　群　唐建平　赵　强　汪　辉　李国柱

十七、湖南省

1、湖南君士国际投资有限公司及以下 5 名个人

邓可人　吴镇南　马　杰　施为民　张晓红

2、湖南运达投资管理顾问有限公司及以下 5 名个人

曾　三　杨孟华　吴晓佳　彭木乔　吴　策

十八、福建省

1、福建省企业顾问有限公司及以下 8 名个人

欧阳建勋　吴鸥祥　关　菁　林炳华　林　挺　张云峰　江用峰　王　峰

2、福州天力投资顾问有限公司及以下 9 名个人

贾新华　姚　迅　卓　敏　吕文德　聂成文　杨　震　蒋皓如　陈文彬　汪少雄

十九、厦门市

厦门市鑫鼎盛证券投资咨询服务有限公司及以下 8 名个人

卢镇金　杜朝运　颜长胜　肖杨清　徐宝林　蒋　峰　颜开强　伍伯宏

二十、云南省

昆明博闻证券投资咨询有限公司及以下 6 名个人

庄恩达　邓志民　杨学禹　蒋　冠　聂方元　高春涛

二十一、宁夏回族自治区

宁夏嘉信证券投资咨询有限公司及以下 8 名个人

刘忠川　刘安定　蔡　旭　邓春朝　王宏伟　王文生　卢　琦　李　辉

二十二、辽宁省

沈阳汇融投资咨询服务有限公司及王璐 1 名个人

中华人民共和国国土资源部土地评估机构资质评审结果公告

机构名称	单位地址	法人代表	联系电话	资质
中地不动产评估有限公司	北京市西城区金融街 33 号通泰大厦 B 座 601 室	王朝阳	88086862	A * *
北京中土源房地产评估有限公司	北京市海淀区大慧寺路 2 号	陈伟强	62176681	A *
北京中地华夏咨询评估中心有限公司	北京市复兴门南大街甲 2 号天银大厦 A 座西区 716 室	周维纾	66413004	A * *
北京市中恒业房地产评估有限责任公司	北京市西城区寿逾百胡同 10 号院	陆伟俊	66074438	A * * *
北京天平行房地产咨询有限公司	中国人民大学贤进楼 B 区 801#	林增杰	62513739	A * *
北京方圆土地资产评估有限责任公司	北京市海淀区北四环中路 229 号海泰大厦 1623 室	蒯旭	82883233	A * *
北京北方房地产咨询评估有限责任公司	北京市西城区金融大街 27 号投资广场 B 座 2101 室	白龙吉	66210088	A * * * * *
北京华信房地产评估有限公司	北京市西城区南草厂街 11 号中发商务楼	张瑜	66189704	A *
北京华源房地产评估有限公司	北京市东城区东环广场 32 号楼 302 室	王芳宇	64174372	A *
北京京港房地产咨询评估有限公司	北京市海淀区西三环北路 100 号北京金玉大厦 A 座 1101 室	高千里	68727081	A * * * * *
北京凯旋达房地产评估有限责任公司	北京市海淀区新街口外大街 19 号北京师范大学内	邬翊光	62200196	A *
北京国地不动产咨询中心	北京市西城区车公庄大街乙 1 号富通大厦 3 层 3016 室	金昀	68305860	A * * *
北京宝信房地产评估咨询中心	北京市建外大街 24 号华侨村 4 门 1 层 C 座	田占雄	65159311	A * * *
北京首佳房地产评估有限公司	北京市东城区南河沿大街天安大厦 207 室	高喜善	65273528	A * * * * *
北京中地联合房地产评估有限公司	北京市海淀区知春路 118 号知春大厦 B902	张立新	62576402	A * * *
北京康正宏基房地产评估有限公司	北京市东城区安德里北街 21 号	齐宏	64246439	A * * *
信永中和会计师事务所有限责任公司	北京市东城区朝阳门北大街 8 号富华大厦 C 座 12 层	张克	65542288	A * * * * *
山西大地房地产咨询评估有限公司	山西省太原市亲贤北街 100 号(南海明珠六层)	杜翠花	7586713	A * * *
山西博瑞地产评估咨询有限公司	山西省太原市漪汾街 12 号	王长生	6161188	A * *
邯郸华信地产评估咨询有限公司	河北省邯郸市滏河北大街 83 号	侯永军	3011081	A * *
河北新世纪房地产评估咨询有限公司	河北省石家庄市槐中路 99 号石府公司东三楼	崔真凯	6100114	A * * * *
保定恒达土地咨询评估有限责任公司	河北省保定市园南街 6 号	曾荣珍	3016066	A * * * * *
包头市金宏不动产评估有限责任公司	内蒙古自治区包头市青山区团结大街 11 号	杨东升	5132054	A * * *
辽宁国地资产评估有限公司	辽宁省沈阳市皇姑区宁山东路新新巷 1—1 号	陈良	86227576	A * * * * *
沈阳国地不动产评估有限公司	辽宁省沈阳市和平区南四经街 149 号 502	曲长令	23236405	A * * * *
大连天石房地产咨询服务有限公司	辽宁省大连市西岗区育仁巷 1 号	张万忠	3626047	A * * * * *
本溪地源资产评估有限责任公司	辽宁省本溪市明山区解放北路 58 号	杨殿智	3866472	A * * *
铁岭市兰德土地估价有限责任公司	辽宁省铁岭市银州区南环路 16 号	王涛	4847883	A * * * * *
吉林省吉佳房地产评估咨询有限公司	吉林省长春市建设街 60 号	焦春华	8526834	A * * * * *
吉林省吉港房地产咨询评估有限公司	吉林省长春市建设街 60 号	刘胜峰	5692212	A *
长春众维房地产评估咨询有限责任公司	吉林省长春市西康路 42 号	孙怀君	5676077	A * * * * *
哈尔滨市远东地价评估咨询事务所	黑龙江省哈尔滨市道里区尚志胡同 20 号	尤文郁	4677260	A * * * * *
哈尔滨国源土地房屋估价咨询有限公司	黑龙江省哈尔滨市道里区买卖街 159 号	王泽伟	4639706	A * * * * *
黑龙江省时代国土资产评估咨询有限责任公司	黑龙江省哈尔滨市香坊区赣水路 36 号	于力	2337972	A * * * * *
上海八达房地产估价有限公司	上海市淮海中路 98 号金钟广场 24B	桂国杰	65083354	A * * *
上海房地产估价师事务所有限公司	上海市浦东区崂山西路 201 号 10 楼	杨国诚	58824870	A * * * * *
上海仲衡不动产评估有限公司	上海市建国西路 287 号 10 楼 C 座	蔡一农	64665751	A * * * * *
上海地源房地产评估有限责任公司	上海市愚园路 309 号 606 室	程进	62484985	A * * * * *
江苏金宁达土地评估有限公司	江苏省南京市汉口西路匡庐新村 8 号同德大厦 5 楼	黄克龙	3739125	A * * * * *
南京大陆土地估价师事务所有限责任公司	江苏省南京市同仁西街 7 号 416	杨志良	3612330	A * * * * *
宁波远东不动产评估有限公司	浙江省宁波市三市路 1 号国土大厦 3 楼	陈武斌	7306475	A * * * * *

杭州信诚地产评估咨询有限公司	浙江省杭州市西湖区体育场路 586 号 4 楼	费建华	5117622	A＊＊＊＊＊
绍兴市世博不动产咨询代理有限责任公司	浙江省绍兴市胜利西路 127 号	赵水阳	5122762	A＊＊
安徽地源土地评估有限责任公司	安徽省合肥市永红路光明巷 1 号	孟宪林	2822396	A＊＊＊＊＊
合肥金土地咨询评估有限责任公司	安徽省合肥市阜南路 1 号	李群	2611837	A＊＊＊＊＊
安徽开元资产评估事务所	安徽省合肥市美菱大道 419 号农业大厦 601 室	黄菊	2625062	A＊＊＊
厦门仁达房地产评估咨询有限公司	福建省厦门市湖滨北路 78 号兴业银行大厦	闫旭东	5313399	A＊＊＊
福建大地评估咨询有限公司	福建省福州市华林路 128 号屏东写字楼四层	蔡少晖	7820724	A＊＊＊＊＊
江西省地源评估咨询有限责任公司	江西省南昌市洪都北大道 20 号	甘志伍	8502374	A＊＊＊＊＊
山东颐通地产评估有限公司	山东省济南市文化东路 88 号	刘占增	2962854	A＊
山东正衡不动产评估事务所有限公司	山东省济南市二环东路中段	张锐	8947642	A＊＊＊＊＊
济宁仁和土地评估事务所有限责任公司	山东省济宁市海关路西首地产大厦 5 楼	孙琳	2343081	A＊
淄博鲁盛地产评估所有限公司	山东省淄博市张店区人民西路 60 号	王冬青	2771609	A＊＊＊＊
威海圣达地产估价有限公司	山东省威海市海滨北路 8 号	姚庆义	5227077	A＊＊
河南省大地地价评估咨询中心有限公司	河南省郑州市农业路 6 号 11 号楼	马成合	3920308	A＊＊
南阳市晨光地产评估咨询有限责任公司	河南省南阳市兴隆路 8 号	尹恒武	3128681	A＊
武汉天马评估有限公司	湖北省武汉市武昌区武珞路 586 号江天大厦 15 楼	卢新海	87655216	A＊＊＊＊＊
武汉汉信地产评估咨询有限责任公司	湖北省武汉市澳门路 232 号金冠大厦 1404－05	汪普查	82739552	A＊＊＊＊＊
湖北永业行评估咨询有限公司	湖北省武汉市武昌区紫阳东路 12－1 号	方国成	87893910	A＊＊＊＊＊
长沙永信房地产评估咨询服务有限公司	湖南省长沙市湘湖路地产大厦六楼	李昌军	2180698	A＊＊＊＊
湖南万源评估咨询有限公司	湖南省长沙市文艺路乔庄 1 号	吴跃民	4432609	A＊
株洲大地地价评估咨询有限责任公司	湖南省株洲市河西天台路	秦雪光	8811153	A＊＊
广东金兰德房地产评估咨询有限公司	广东省广州市东山区寺右二横路 10 号之三乐景阁 201 室	李新	87752493	A＊＊＊＊＊
江门市中骏房地产评估有限公司	广东省江门市港口二路 8 号 103(北苑大厦)	司徒朝晃	3106618	A＊＊
珠海市思源估价师事务所有限公司	广东省珠海市吉大海滨南路旧直升机场内	刘敏军	3364979	A＊＊＊
深圳市中土地房地产评估咨询有限公司	广东省深圳市深南东路 5033 号金山大厦 20 楼	冯少帆	2073308	A＊＊＊＊
深圳国际房地产咨询股份有限公司	广东省深圳市深南中路国际科技大厦 31 楼	桂强芳	3279666	A＊＊＊＊＊
广西大公财产评估有限公司	广西壮族自治区南宁市桃源路 86 号桃苑大厦 4 楼	武绍会	5335460	A＊＊＊＊＊
南宁开元行评估有限责任公司	广西壮族自治区南宁市东宝路 3 号	石宝江	5887997	A＊＊＊＊
桂林华地评估有限公司	广西壮族自治区桂林市崇善路 14 号北一楼	唐如霆	2800988	A＊
海口琼地不动产评估有限公司	海南省海口市国贸二横路国土大厦 10 层	吴家宪	8542011	A＊＊＊＊＊
重庆君达资产评估有限责任公司	重庆市渝中区上曾家岩 28 号	谢勇	63876460	A＊＊＊＊＊
重庆瑞升资产评估有限责任公司	重庆市渝中区人民支路 63 号 204 室	徐泽辉	63635716	A＊
四川川地地产评估事务所有限公司	四川省成都市署袜北一街 93 号	隋太明	6613486	A＊＊＊＊
四川南充创业地产发展有限公司	四川省南充市顺庆区丝绸路 88 号	黄金树	2803793	A＊＊＊
成都大成不动产评估有限责任公司	四川省成都市红墙巷 65 号	徐涛	6277177	A＊＊＊＊＊
绵阳大地地价评估事务所有限责任公司	四川省绵阳市南河路 5 号	宋世松	2234827	A＊＊＊＊＊
贵州黔地不动产评估有限公司	贵州省贵阳市中华北路 191 号	邓永忠	6833841	A＊＊＊＊
贵阳天辰地产评估事务所有限公司	贵州省贵阳市瑞金北路 59 号	张灿阳	6830909	A＊＊＊
云南通达资产评估有限公司	云南省昆明市鼓楼 120 号省土地局 2 楼	李猛	5152758	A＊＊＊＊＊
陕西华地不动产评估咨询有限责任公司	陕西省西安市斜七路雁塔世纪商务楼 A 段四楼	雒爱萍	8212165	A＊＊＊＊＊
咸阳恒达地产评估咨询有限公司	陕西省咸阳市玉泉路西段(市土地局一楼)	李国栋	3549430	A＊＊＊
甘肃方圆不动产咨询评估中心有限公司	甘肃省兰州市城关区滩尖子 66 号	田水民	8512760	A＊＊＊＊＊
宁夏恒正不动产评估咨询有限公司	宁夏回族自治区银川市高新技术产业开发区科技街 44 号	马子奇	5051384	A＊＊＊＊＊
宁夏博源估价师事务所	宁夏回族自治区银川市文化东街 66 号	祁晓轩	6092130	A＊
青海金地资产评估咨询服务有限责任公司	青海省西宁市教场街 2 号	胡建平	8211754	A＊＊＊＊＊
新疆国地不动产评估有限责任公司	新疆维吾尔自治区乌鲁木齐市天山区西河坝前街 56 号附 6 号	李华珍	2814439	A＊＊＊
北京中锋资产评估有限责任公司	北京市西城区金融大街 35 号国际企业大厦 B－1224	张梅	88091830	准 A
唐山兰德资产评估有限公司	河北省唐山市卫国北路 18 号	陆建华	2234772	准 A
廊坊市博泰地产评估有限公司	河北省廊坊市永丰道 7 号	杨金元	2029427	准 A
苏州天元不动产咨询评估有限公司	江苏省苏州市锦帆路 1 号	吴秋根	5246348	准 A
南京南大房地产评估中心	江苏省南京市鼓楼区汉口路 22 号东大楼 411 室	张厚森	3592997	准 A
南昌市振源土地房产估价事务所有限公司	江西省南昌市民德路 255 号	王磊	6777404	准 A
荆门市博通地产咨询评估有限公司	湖北省荆门市象山二路 9 号	宋宏武	2348198	准 A
湘潭国地评估咨询有限责任公司	湖南省湘潭市车站路 97 号国土大厦	肖卓	8239724	准 A
世联地产顾问(深圳)有限公司	广东省深圳市深南东路发展银行大厦 13 楼	陈劲松	2080729	准 A
广西明冠房地产评估有限公司	广西壮族自治区南宁市东葛路 131 号	许晓辉	5873177	准 A
泸州天地咨询评估有限公司	四川省泸州市江阳区大山坪市政府 3 号楼 8 楼	周朝林	3103129	准 A
昆明超凡地价评估咨询有限公司	云南省昆明市人民中路吹箫巷 52 号	翟家贵	3186066	准 A
汉中大地评估有限责任公司	陕西省汉中市东塔北路中段	张俊龙	2238204	准 A
陕西华德诚有限责任会计师事务所	陕西省西安市金花北路中段副九号	李廉	2392709	准 A
中资资产评估有限公司	北京市西城区阜外大街甲 28 号京润大厦 15 层东	张宏新	68042230	备案
北京东信房地产评估有限责任公司	北京市西城区宣武门西大街丙 121 号金水大厦 8 层	张继军	66411989	备案
北京新生代资产评估有限公司	北京市复兴路 33 号翠微大厦东塔 14 层	王青华	68167927	备案
北京源恒房地产评价顾问有限公司	北京市宣武区广安门外南滨河路 1 号高新大厦 1605	张聪虎	63288604	备案
广西梧州兴业土地评估所有限公司	广西壮族自治区梧州市蝶山一路 39 号	郑建华	3830894	备案
海南正理土地评估有限公司	海南省海口市海府一横路华宇大厦 1506 室	刘海涛	5347770	备案
重庆铂码会计师事务所有限公司	重庆市江北区嘉陵二村 6 号(金岗大厦 13 层)	李萍	67723599	备案
漳州金土地评估有限公司	福建省漳州市胜利东路 8 号国土大厦一楼	庄严	2960389	备案
烟台卫正资产评估有限责任公司	山东烟台芝罘区环山路 88 号	李卫政	6151515	备案
安阳市金土地价评估事务所有限责任公司	河南省安阳市平原路 411 号	杨云	2953381	备案

栏目协办

辽宁证券有限责任公司

第十三编

证券经营机构

2056/2088

证券经营机构

南方证券有限公司

【公司概况】 南方证券有限公司是经中国人民银行批准，在中华人民共和国财政部的大力支持下，由中国工商银行、中国农业银行、中国银行、中国建设银行、交通银行和中国人民保险公司联合发起，并由国内四十多家著名企业出资组建的全国性证券公司。公司于1992年12月21日在深圳经济特区正式宣告成立，注册资本10亿元人民币。公司现有员工近3000人，其中大学本科学历以上占61%。

【经营业绩】 公司坚持"立足南方，面向全国，走向世界"的发展战略，遵循"安全性、创造性、效益性"的经营方针，发扬"竭诚服务，客户至上，团结友爱，开拓进取"的企业精神，规范经营，强化管理，积极开拓各项证券业务，取得了良好的经营业绩，各项业务指标持续稳定增长。截止2000年底，公司共完成代理交易总额21028.64亿元，保证金余额达186亿元，开户数113万户。公司的自营业务也取得了丰硕成果，并且对资产管理等新兴业务进行了积极有效的探索，开拓出业务发展的新空间。

投资银行业务　投资银行业务是公司的传统强项，在国内同行中始终处于领先地位。自成立以来，共完成主承销项目177家，其中A股54家，B股15家，增发6家，配股100家，可转债2家；承销企业债券11家；推荐上市股票107家；承销总股数103.3亿股，累计募集资金700多亿元。

国际业务　南方证券是国内较早开展国际业务的券商之一。八年来，共完成B股主承销18家，B股副主承销7家，承销总股数14.7亿股，累计募集资金25.8亿元。二级市场方面，在深圳B股市场上长期名列第一，八年来深沪B股总代理交易量达211亿元人民币。2000年公司在B股一级市场的新股发行和增发项目数量上占据了半壁江山，二级市场代理交易量也占市场份额的8.66%。

证券研究　研究所成立三年多来，已完成各类研究报告1000余篇，近1000万字；编辑出版了《资产证券化》、《政府财务顾问探索》等15本专著；与有关部门合作，成功举办了"第二届中国国际高新技术成果交易会高新技术创业投资论坛"等有影响的研讨会。公司先后担任7个省市的政府财务顾问和50多家企业财务顾问，在资产证券化、股票期权、股票指数期货等新业务的研究也取得丰硕成果。

2000年底，经过艰苦的努力，公司基本完成资产剥离、增资扩股及改制为股份有限公司的战略性转变，增资扩股之后的南方证券股份有限公司募集的总股本为34.58亿元，拥有股东56家，截止2000年12月31日，公司总资产已达357.58亿元，净资产38.54亿元，实现了跨世纪的飞跃。

南方证券将一如既往地坚持"法制、监管、自律、规范"的八字方针，以《证券法》为准绳，规范经营，强化管理，防范风险，深入推进现代企业制度建设，进一步完善决策机制、运营机制和监控机制，在做好传统业务的同时，积极稳妥地开展业务创新，努力改善服务手段，提高服务质量，为国有企业改革和国有经济的战略性重组，为中国证券市场的繁荣和发展做出更大的贡献。

中国银河证券有限责任公司

【公司概况】 中国银行证券是按照党中央、国务院的部署，在原五家信托公司证券业务和证券营业部的基础上组建的。在不到一年的时间里，经过全体员工的共同努力，中国银河迅速完成了筹备工作，并形成了统一、团结的团队，公司转入正常经营，初步搭建起经营管理框架，各项工作呈现出良好的发展太势。公司总裁：朱利。

【经营业绩】 2000年全年中国银河累计股票、基金交易量7922亿元，名列深沪市场第一，客户总量达210万户；完成营业收入33.3亿元，实现利润总额11.6亿元。投资银行业务也在迅速恢复的同时储备了一批项目，为拓展业务打好了基础；资产管理业务在建章建制的基础上，开发了一批重点客户；证券投资业务正在恢复运作，总体上把握了大势，效益不错；基金和风险投资业务的各项准备工作也正在加紧进行。进入新世纪，中国银河将坚持规范经营、坚持以客户和利润为中心的经营理念，坚持严格管理和稳健发展并重，培育核心竞争能力，建设中国一流投资银行。首先，公司要进一步提升在经纪业务方面的综合服务能力，通过和中国银河渊源深厚的国有商业银行及信誉较高的金融机构合作，为客户提供一揽子金融服务。另一方面要大力发展投资银行、资产管理和基金业务，针对大型客户提供综合服务，充分发挥综合类券商业务门类齐全的优势，使经纪业务、投资银行和资产管理、基金业务成为三足鼎立的核心业务竞争能力。第二，公司要下更大的力量加强研发队伍的培养和建设。努力提升公司的研发能力，充分发挥研发成果在公司经营和发展中的先导作用。第三，公司要增加公司在业务和管理方面的高科技含量，抢占高科技的制高点，加大投入，提高计算机的建设水平，配备先进的、统一的硬件和软件，构建高效的计算机技术平台，形成公司在行业内的信息技术领先优势。第四、公司在国内同行中规模最大，在成本 控制方面有相当大的潜力。公司必须通过财务预算管理，实现规模效益，使成本控制逐渐成为我们在市场竞争中制胜的又一法宝。第五，引进和培训人才，通过有效的人力资源开发和管理，形成富有竞争力的高素质团队。

国泰君安证券股份有限公司

【公司概况】 2000年是国泰君安成立后运行的第一个完整会计年度。一年来，公司上下按照"统一思想，加强管理，规范经营，团结创新，优化资产结构，提高创利能力，为公司持续稳步发展打好基础"的指导思想，一手抓管理，一手抓经营，在稳步推进公司合并整合工作的同时，不失时机地抓住市场机遇，大力推进各项业务的规范发展，全年实现税前利润13.53亿元。截至2000年底公司总资产比合并之初增加了42.8%，净资产增加了17.06%。经过一年辛勤的工作，公司因合并而带来的整合工作已经顺利完成，为公司下一步的快速发展打下了坚实的基础，国泰君安正在朝着建立管理科学、运作规范、资产优质、效益良好的一流证券公司的目标迈进。为了快速适应市场变化，提高运转效率，公司按照扁平化的原则，对组织结构进行了大幅度调整，将原来的37个委、部、办精简到17个，形成8大业务部门、6大管理部门和3大业务支持部门。国泰君安认真落实“能上能下、能进能出”的用人政策，建立以绩效挂钩、奖优罚劣为基本理念的薪酬制度，大大调动了员工的积极性，推动了业务的快速发展。

【经营业绩】 在一系列管理措施的配合下，2000年，国泰君安完成A、B股公发和增发主承销项目20个，配股主承销项目13个，共为企业筹集资金183.4亿元，筹资金额位居全国券商第二。共完成A、B股及基金交易量7188亿元，经纪业务交易量占全国市场份额的5.71%，也居全国券商第二位。国泰君安是唯一一家在企业融资和经纪这两个目前衡量券商业务实力最重要的排名中都进入前三甲的券商。2000年国泰君安的资产委托管理业务在监管部门尚无具体规范性指引、市场竞争不太有序的情况下，坚持专户管理、不承诺回报率的规范运作方法，受托资产规模比上一年度增长4倍，树立了品牌。同时国泰君安积极开拓国际业务，2000年组建了全资控股的国泰君安香港金融控股公司，取得了香港证监会核发的交易、主板、创业板、资产委托等业务牌照，在港开展全方位证券业务，2000年共取得8000万港币的净利润。

2001年随着中国即将加入WTO，我国证券市场的国际化、市场化进程将进一步加快，结构变革将向广度和深度发展，证券公司面临的竞争将更加激烈。根据今年的市场形势，国泰君安提出的经营管理工作的指导思想是：规范经营，务实创新，快速适应市场变革，推进经营模式转型，提高核心竞争能力，加快公司扩张发展。

2001年国泰君安各项工作的基本方针是，适应知识经济、信息社会的要求，把经营管理工作与信息技术应用紧密结合起来，建立集中统一的经营管理平台和“以市场为导向，以客户为中心”的经营模式，构建学习型组织，以提高公司的核心竞争能力，加快公司的发展速度。针对证券市场的变化，国泰君安提出要“让最好的企业成为公司的客户，让公司的客户成为最好的企业”，力争在企业融资、经纪等业务发展中更上一层楼，实现把国泰君安建设国内一流证券公司、服务中国资本市场的目标。

上海证券有限责任公司

【公司概况】 上海证券有限责任公司是根据国务院有关规定，经上海市人民政府同意和中国证监会批准，在对原上海财政证券公司和上海国际信托投资公司证券部整合重组的基础上，按规范化要求组建成立的证券公司。公司注册资本金15亿元人民币，总资产逾100亿元，现有32家营业网点和700多名员工。上海证券将以稳健为原则，创新为重点；以市场为导向，效益为中心；规范经营，积极进取；立足上海，服务全国，促进证券市场的繁荣稳定。公司董事长：周有道，总经理：赵叶龙。

【经营业绩】 上海证券有限责任公司经营范围：证券的代理买卖；代理证券的还本付息和分红派息；证券的代保管、鉴证、代理证券登记开户；证券的自营买卖；证券的承销和上市推荐；证券投资咨询；资产管理；发起设立证券投资基金和基金管理公司；中国证监会批准的其他业务。

华泰证券有限责任公司

【公司概况】 年来，华泰证券，在全体员工的共同努力和社会各界的关心支持下，华泰证券规模不断扩大，公司注册资本从创始之初的1000万元发展至现今的8.5亿元，2001年4月，股东大会已经通过决议，将资本金增至22亿元，公司员工人数从成立之初的7人，扩大到今天的1000多人，营业部从成立之初的1家扩展到今天的31家。华泰证券已经由一个地方性券商逐渐成长为全国性较大规模的综合类券商。华泰证券始终秉承"高效、诚信、稳健、创新"的核心价值观。坚持规范前提下的稳健发展，注重企业文化建设，重视内部管理。坚持以人为本，制定有效的激励机制，拥有一支结构合理的员工队伍。籍由高效的管理与高素质人才的有效整合，公司能为各类客户提供全方位、高附加值的服务。公司董事长：吴万善，总裁：潘剑秋。

【经营业绩】 华泰证券各项业务均获得稳步增长，沪市证券交易量、利润总额、净资产收益率等多项指标连续多年居中国证券业前列。2001年，华泰证券的业绩又有了新的发展，2001年6月，公司实现营业收入5.36亿元，较上年同期增长13%；实现利润总额2.03亿元，较上年同期增长26%；6月底，公司总资产达154亿元，较年初增长10%，净资产达14.2亿元。

投资银行业务　1993年以来，华泰证券先后担任太极实业、小天鹅、宏图高科、华西村、南京钢铁、江苏舜天、宁沪高速等20余家上市公司的新股主承销，江苏春兰、中发展、江苏阳光等40余家上市公司的副主承销，南京高科、北京城建、中国化建、红豆股份等20余家上市公司的上市推荐人。公司作为国债一级自营商，具有丰富的国债承销经验，曾经取得国债承销团主干事和副主干事地位，累计承销国债逾66亿元，在全国券商中名列前茅。华泰证券积极探索购并业务的合理定位和拓展空间，与诸多企业形成良好的合作关系，在收购兼并方面积累了丰富经验，被南京新港、江淮动力等多家企业聘为财务顾问，在业内享有较高声誉。2001年，公司对投资银行业务组织和运作的体系进行了调整，开始实行适合投资银行特点的考评和激励机制，项目覆盖区域遍及全国，业务品种较往年有所增加。

证券经纪业务　华泰证券目前拥有证券营业部31家，分布于江苏省内13个大中城市及北京、上海、广州、武汉、成都、沈阳、天津、深圳等全国经济发达或具有地域影响力的大中城市，目前，又有两家营业部已经通过审批。公司在经纪业务方面具有较强的竞争实力和盈利能力，形成较为完整的业务网络。2001年上半年，在全国证券市场上半年的总成交量比去年同期下降约28%的情况下，公司沪、深市场交易量达1012亿元，其中A股(含基金)交易量达802亿元，市场占有率为17.87‰，较去年同期上升5.1个千分点，上升幅度为40%；B股交易量达161亿元，市场占有率为21.7‰，债券、回购等交易量达49亿元；A股客户数达63.07万，比去年同期增长28.8%，实现利润1.42亿元，与去年同期相比略有下降，但下降幅度小于全国市场交易量下降的幅度。据《上海证券报》报道，2001年上半年，公司在沪、深两个交易所的股票基金交易额排名中位列全国第九。

公司技术力量雄厚，开发了多个证券交易品种和交易手段，在全国率先开通了卫星双向、电话委托、无形席位、网上交易、银证联网等业务，在业内素有"技术先锋"之称。基于技术创新和业务创新的有效结合，华泰证券网上交易取得巨大成功，中国证券业协会先后两次在全国券商经纪业务研讨会上介绍华泰证券网上经纪经验。《中国证券报》、《证券时报》、《上海证券报》等国内主要证券媒体均对华泰证券网上交易作了重点报道，2000 年与 2001 年，在《证券时报》主办、全景网络协办的"首届最受股(网)民喜爱的优秀证券网站"评比中，华泰证券网均力拔头筹，名列"十佳"之首。2001 年 1—6 月份实现网上 A、B 股委托成交金额 183 亿元，比去年同期增长 127%，网上交易客户数达 22 万户，比去年同期增长 120%，并呈稳定增长势头。

资产管理业务　华泰证券将资产管理业务作为业务拓展重点之一，经过多年探索，华泰证券形成了符合市场发展规律的投资理念，开发、引进先进的风险控制系统，建立起科学的自营投资决策体系，取得了良好的效益。华泰证券参与组建了富国基金管理公司、南方基金管理公司和华夏基金管理公司，并出任富国基金管理公司的监事长。华泰证券委托资产品种具有多样性，包括现金、国债、公司债券、股票、基金等；公司能根据客户的风险偏好，为其度身定做各种个性化投资组合，最大限度保障客户的收益。

历经我国证券市场的动荡与发展，华泰证券在开拓创新和规范自律方面均积累了丰富的经验，造就了一支管理和业务骨干队伍，形成了完善的内部控制和风险防范体制，完备的人事、行政、业务、财务管理制度，有力地保证了公司业务和各项工作的平稳运行和健康发展。公司证券从业人员逾千人，大学本科以上的员工占总人数的 49%，目前公司已有三分之二的员工通过了证券从业资格考试，居全国券商领先水平。

广发证券股份有限公司

【公司概况】　广发证券股份有限公司是国内首批综合类券商之一，现注册资本为 16 亿元人民币，有员工 1700 多人，在全国各地拥有 61 家证券营业部和 16 家证券服务部，另托管了 28 家证券营业部。

【经营业绩】　公司高度重视健全内部管理体制和完善风险防范机制，已制订出各类规章制度 300 余项，初步形成了一套具有自身特色的、合乎证券业规范运作要求的制度化管理体系。有效的管理措施保证了公司的规范运作，使公司不仅获得了国家主管部门和评估机构的肯定，还获得国际金融组织的认可。近年来，公司先后被推选为上海证券交易所会员理事单位、中国企业家协会常务理事单位、中国证券业协会副理事长单位，并成为世界时代金融研究所亚洲首家会员单位。自 1994 年开始，广发证券已连续七年进入全国十大券商行列。2000 年广发证券主承销新股 11 只，主承销配股 6 只，推荐上市股票 16 只，在国内券商中的排名分别为第 5、第 8、第 6 位；证券交易总额为 4416.56 亿元，在全国同业中排名第 7 位，在深、沪交易所分别排名全国同业第 4 位和第 8 位。2000 年公司总资产 235.15 亿元，净资产 22.06 亿元，利润总额 10.93 亿元。

大鹏证券有限责任公司

【公司概况】　大鹏证券有限责任公司成立于 1993 年 7 月，目前注册资本 15 亿元人民币，是全国性综合类证券公司。公司目前有 45 家股东，其行业、地域分布非常广泛，并不乏实力雄厚的上市公司或集团公司。高度优化的股权结构为大鹏证券的长期稳定发展打下了坚实的基础。

【经营业绩】　八年来，公司规模不断壮大，总资产、净资产同步增长，截止 2000 年 12 月 31 日，公司总资产达到 95.04 亿元，净资产达到 24.62 亿元。2000 年，公司营业收入 12.20 亿元，实现利润总额 5.11 亿元。与此同时，公司的资产质量一直保持良好的状态，流动资产比重一直保持在 80%以上，1998 年国家审计部门对全国券商进行全面审计后，认为大鹏证券资产和经营状况良好，公司亦成为第一批解决融资渠道的七家券商之一，获准首批进入全国银行间同业拆借市场。公司目前在全国各大中城市设有 35 家证券营业部，并在上海、大连、北京、西安、成都、武汉、广州设立七个地区总部。2000 年，由大鹏证券发起设立的大鹏创业投资有限责任公司和大鹏网络有限责任公司先后在深圳注册成立。大鹏证券以振兴民族经济为己任，努力学习国外投资银行成功的经营管理模式。2001 年，根据证券市场发展的需要，公司进行管理创新，改进决策和运营机制，强化地区总部的营运功能，并通过授权方式，明确责任，调动各地区开拓市场的积极性；进一步完善组织的扁平化结构，为合理整合资源、迅速响应市场、更有效率地服务客户提供了制度保障。

投资银行业务　大鹏证券致力于与中国优秀企业建立战略伙伴关系，为客户提供从发行承销、项目融资、资产管理，到收购兼并、财务顾问、企业重整、管理咨询等全方位深层次服务。为适应核准制的实施，2000 年，公司在业内率先建立"大投行"体制，完全按国际通行模式整合投资银行业务，即以综合研究所的行业专家团队为后盾，以销售与客户服务部的客户网络为前端，下设：质量总监室、项目管理部、客户服务部、行业开发部、战略融资部、财务顾问部和各地区分部，体现了专业化分工的优势，努力为客户提供全方位、多元化、金融百货店式的服务。八年以来，大鹏证券累计完成 A 股主承销与上市推荐项目近百家，累计承销股数近 17 亿股，累计筹集资金约 120 亿元人民币。2000 年，公司完成 11 家主承销项目，主承销募集资金总额 42.24 亿元。

经纪业务　大鹏证券为客户提供全面优质的经纪服务，将客户资产的增值作为我们服务的方向。2000 年，公司开展"千禧科技投资之旅"、"网上网下全国巡回路演"等大型资讯活动，2001 年，抓住 B 股市场开放机遇，开展"B 股市场高级研讨会"等多种宣传推广活动，大大提高了公司的资讯品牌，培养出一大批具有较大社会影响的资讯专家。2000 年，公司实现综合交易总额 2,550.52 亿元，市场份额 1.5387%，其中股票基金成交额 1,877.35 亿元，市场份额 1.4747%。为适应市场发展需要并提高核心竞争实力，公司制定了以客户类分为中心、以 FC 专业服务和非现场服务为重点的经纪业务发展战略。一方面组建高素质的 FC 团队，塑造专业服务品牌，按照与国际接轨的模式整合公司内外部资源，为客户提供个性化、针对性的专业服务；另一方面完善电子交易平台和客户服务平台，借助各种非现场交易方式，实现低成本基础上的差异化服务。公司的各种非现场交易方式如网上交易、银证通、手机炒股等业务发展迅速，截至 2000 年底，网上交易开户数超过 8000 户，交易额超过 13 亿元。公司级 CALL CENTER 初具规模，全公司集中交易即将开通，非现场交易的辐射范围和服务内涵不断提高。研究先导、技术领先、组织变革、营销提升，是大鹏证券经纪业务稳步发展的信心所在。

直接投资业务　大鹏证券的直接投资业务包括证券投资、收购兼并和风险投资，公司拥有一支高素质的投资理财队伍，其精心的研究、敏锐的洞察力、科学的投资组合、丰富的从业经验和高超的风险管理水平，使资产管理的平均增值率远远超过同期深沪股市的平均涨幅，创造了较高的投资回报，实现了收益性、安全性和流动性的有机统一。1999年，公司主发起设立了大成基金管理公司，并先后发起设立了景宏、景福、天元三家投资基金，大成基金管理公司由于运作出色，成为国内首家托管老基金（巨博、长阳基金）的管理公司。

证券研究　大鹏证券的研究水平在全国同行中名列前茅。2000年，公司研究业务紧紧围绕市场，及时调整工作思路，在基金服务、金融工程、行业研究等方面成绩显著，重点创立了“企业创值评估体系”的品牌，设立了IT产业、生物制药和新材料等研究小组，并兼顾其他传统产业的研究。在由中国证监会和深交所共同举办的“2000年证券市场金融创新”课题研究中，公司力拔头筹，《妥善解决国有股流通问题、促进中国证券市场健康发展》等研究报告获得了包括一等奖、三等奖在内的多个奖项。

西南证券有限责任公司

【公司概况】　西南证券有限责任公司成立于1999年12月，注册资本11.28亿元人民币。公司总部设于重庆，在重庆、北京、上海、深圳、济南、成都、昆明、广州等中心城市设有26家证券营业部，并在重庆、北京、上海、深圳、兰州、长沙等地设有投资银行部及代表处。公司董事长：张引，总裁：孙兵。

【经营业绩】　公司经营范围：证券代理买卖；代理还本付息、分红派息；证券代保管、鉴证；代理登记开户；证券自营买卖；证券的承销和上市推荐；证券投资咨询；资产管理；发起设立证券投资基金和基金管理公司等。作为全国性大型证券公司，西南证券以“拥有优秀企业文化和一流经营业绩的现代国际投资银行”为发展目标，将“以人为本，追求卓越”作为自身的企业文化精髓，始终致力于建立真正意义的现代企业制度及科学完善的法人治理结构，并以此为基础广纳人才、拓展市场、塑造高品质的企业品牌形象。2000年，西南证券秉承“诚信、稳健、创新、求精”的经营理念，努力创建科学、务实、规范而高效的组织体系、业务流程和管理机制，积极开展全方位、面对面、精品化的客户服务，在证券承销、证券经纪、证券自营、资产管理、研究咨询、基金管理等各项业务上均取得了飞速发展，多项业务指标已位列全国各大证券公司前列，经营业绩较公司成立之初显著提高。公司2000年净利润22503万元，比上年的2470万元增长911.05%，上缴税金17419万元，比上年的3235万元增长538.45%，营业收入79651万元，比上年的32041万元增长248.59%，净资产135778万元，比上年的113275万元增长119.87%，总资产643946万元，比上年的351588万元增长183.15%。创新为西南证券赢得了发展的先机，更是西南证券持续、稳健、高速发展的不竭动力。2000年，西南证券向传统经纪业务领域引入“券商＋网站＋银行”这一证券电子商务模式，借助世纪飞虎的网络技术平台和遍布城乡的银行结算体系，为广大股民提供证券在线交易、个性化证券分析咨询以及证券投资知识培训等网上服务（http://www.fayhoo.com），在国内同业中独具特色，受到监管部门的充分肯定。

湘财证券有限责任公司

【公司概况】　公司前身是成立于1992年的湘财证券营业部。1995年10月经中国人民银行批准改组设立湘财证券有限责任公司。1999年4月23日首家获得中国证监会批准进行增资扩股，注册资本增至10.02亿元。公司严格按照《公司法》运作，设股东大会和董事会。董事长是公司法人代表，同时也是公司战略规划委员会主席，具体分管客户战略中心、CI策划中心和领导力发展中心。总裁负责本公司的日常经营和管理，具体分管办公室、行政总部、人力资源总部、财务总部、北京、湖南、南方、西北和西南五大地区投资银行总部、创新发展总部、并购总部、投资管理总部、证券投资总部、资产营销总部、国际业务总部、电脑总部、机构管理总部、研究发展中心、信息发布中心、稽核总部和法律事务中心以及各分支机构。目前，本公司共在北京、上海、广州等地设有23家证券营业部，并在北京、湖南、深圳、成都和乌鲁木齐设立了五个地区管理总部。以证券营业部为桥头堡、以地区管理总部为结点，构筑了遍及全国各地的全国性经营网络。

【经营业绩】　公司经营范围：证券的代理买卖；代理还本付息、分红派息；证券代保管、鉴证；代理登记开户；证券的自营买卖；证券的承销和上市推荐；证券投资咨询和财务顾问；资产管理；发起设立证券投资基金和基金管理公司；中国证券监督管理委员会批准的其他业务。公司以投资银行、经纪和投资为重点，大力开拓综合性证券业务，市场份额和行业定位不断提高。在证券发行市场上，公司先后担任“湘酒鬼”、“秦丰农业”、“隆平高科”等10多家上市公司的新股发行主承销商、3家上市公司的配股主承销商、30多家上市公司的副主承销商和分销商，“深惠中”等20余家上市公司和证券投资基金的上市推荐人。在证券交易市场上，公司开户人数已超过17万人，2000年代理股票交易金额超过1100亿元。继首家获得中国证监会批准进行增资扩股之后，公司在中国证券市场迅速崛起，又连续创造了好几个“第一”：第一家综合类证券公司、第一批进入全国银行间同业拆借市场、第一批进入中央国债交易市场、第一家与国有商业银行签署股票质押贷款主办行协议。

从1996年成立之初至2000年底，公司资产和业绩稳步攀升：总资产由31,279万元增至874,963万元，增长27倍；净资产由13,071万元增至133,435万元，增长9.2倍；营业收入由4,470万元增至89,059万元，增长18.9倍；利润总额由2,108万元增至40,766万元，增长18.3倍。五个年度净资产收益率（加权计算）分别达到16.1%、25.6%、25.8%、21.0%和23.6%。同时，公司在发展过程中一直保持了合理的资产结构和较好的盈利能力，资产流动性强，质量状况良好。

截至2000年12月，本公司在册职工人数902人，其中博士40多人，硕士135人，大学636人，分别占员工总数的4%、14%和70%。43人具有教授、高级经济师等高级职称，占员工总数的4%。目前共有37人获得中国证监会颁发的证券咨询执业资格，另有26人新近通过证券咨询执业资格考试。所有投资银行业务人员全部一次性通过执业资格考试。公司正在面向北京、上海、深圳等地广纳贤才，旨在建立一支专业化、年轻化富有凝聚力和战斗力的员工队伍。湘财证券创业八年来，秉承“以文化营造企业，以思维构造卓越，以CI塑造形象，以勤奋创造未来”的经营理念，注重企业文化的培育。公司汲取中国传统儒家思想的精华，承袭湖南“湘土文化”气韵，创造出独特的“湘财文化”，崇尚“人本立正”，恪守“承诺是金”，追求“义利合一”，强调“团队精神”。独特的“儒商文化”使得公司凝聚力、辐射力、综合实力不断增强。

在中国经济的持续高速增长中，资本市场特别是证券市场将扮演十分重要的角色。面对历史性的发展机遇，公司将力争把握好谨慎原则与进取精神之间的平衡，实现公司的持续高速发展，在三至五年内把公司建成具有较大资产规模和市场规模、强大市场竞争优势、全面的综合服务能力、灵敏的利润发现机制和创新意识、相当的市场影响力和公信力的专业证券公司，朝着国内一流的专业投资银行迈进，在此基础上，向以综合性证券业务为核心的金融产业集团的战略目标发展。

光大证券有限责任公司

【公司概况】 2000年是光大证券发展历程中实现大跨越的一年，公司在"稳健经营、规范发展"的指导思想下，努力完善法人治理结构，严格强化风险管理，积极拓展创新业务，加快增资扩股步伐，逐步建立高效的考核激励机制，经过全体员工的共同努力，公司各项业务取得了前所未有的好成绩，开创了经营管理的新局面。截止2000年12月末，公司总资产达119.7亿元，净资产17.8亿元，全年实现营业收入19.8亿元，完成税前利润8.12亿元。

【经营业绩】 2000年，证券代理买卖2235.56亿元，其中A股200.36亿元，B股12.67亿元，股票、基金交易额排名居深、沪两市第八位，经纪业务稳步发展，规模进一步扩大。

公司全年共完成发行、配股主承销项目、上市推荐项目49家，募集资金105.60亿元，综合排序名列全国第三位。其中，新发5家，分别为"沧洲大化、春晖股份、南化股份、天利高新、珠峰摩托"；增发3家，分别为"托普软件、海欣股份、电广传媒"。A股主承销排名居全国第六位；配股主承销项目24家，排名居全国第一位，公司投行业务在竞争激烈的一级市场中，始终保持着相对明显的竞争优势和旺盛的发展态势。2000年公司资产管理业务通过运用科学、合理的组合投资和重点投资，在有效降低非系统性风险的前提下，实现了业务收入的大幅度增长。

在抓好业务发展的同时，公司积极推行和强化规范化管理，健全和完善内控机制，编制了《营业部管理手册》，提升对营业部的规范管理水平；成立了投资银行内控小组，加强对投行项目的全过程监控；强化了"中台"的职能作用，确保资产管理业务的安全性和规范性；建立了全公司网络化的"中央财务数据库系统"，实现对财务管理的实时监控，同时还加大了稽核审计的监督检查力度，及时防范各类风险。

2000年，公司全面推行了工作目标责任制，为了真正体现绩效挂钩，对业务激励和考核机制进行了完善，同时，加强了业务培训工作。为应对证券市场面临的国际化挑战，公司积极推进增资扩股及改制上市工作，并在设立合资基金及证券机构方面与境外知名投资银行进行了富有成效的商谈。在加强业务创新方面，开通了"光大证券网上交易系统"，储备了一大批创业板推荐企业，积极为公司培育新的利润增长点。

联合证券有限责任公司

【公司概况】 联合证券有限责任公司成立于1997年10月，由上海宝钢集团等37家大型企业集团共同出资组建，注册资本10亿元，实收资本11.18亿元。公司总部位于深圳，并设有北京、上海、东北、西南4个地区管理部，在全国范围内有40家营业部，营业网点遍及全国14个省、市，属全国大型综合类券商。公司现有员工1300多人，平均年龄约28岁，其中总部硕士以上学历者占总数的41%，本科以上学历者占总数的82%。高学历、高素质、年轻化、专业化的员工队伍，是联合证券为客户提供高质量服务的根本保证。

【经营业绩】 公司主要从事各类证券金融服务及相关的投资业务，主要包括：证券承销、证券交易代理、证券自营、证券投资基金和资产管理、企业重组、收购兼并、投资咨询、财务顾问及中国证监会批准的其他业务。联合证券有限责任公司自成立以来，始终坚持走自己的发展道路——成为中国一流的投资银行。伴随中国资本市场的快速发展和逐步规范，联合证券本着取信于市场、取信于客户的商业原则，在承销、经纪、自营等传统投资银行业务和并购重组、财务顾问、资产管理、投资咨询等投资银行创新业务领域确立了独特优势，拥有了稳定的客户群体。三年来公司各项业务稳步增长，综合实力显著提升。截止2000年底，公司总资产已达84亿元，净资产达13亿元，各项业务指标在全国券商中稳居前10名。

2000年，公司取得良好经营业绩。一级市场方面，公司投资银行业务实现跳跃式发展，全年共完成新股、增发、配股及债券主承销项目20家，在全国券商中排名第6位，主承销金额逾57亿元；全年推荐上市股票14只，签订财务顾问协议10多家。其中多个投资项目受到市场的好评和肯定，打响了联合证券品牌，产生了良好的社会效益。如新力药业项目创2000年新股发行价第一（18.80元）；银基发展项目创2000年增发低折扣率第一，发行效率第一，成为市场化增发新股模式的一个成功典范，受到市场的广泛关注。

二级市场方面，公司本着"坚持规范经营，优质服务取胜"的指导思想，重点放在抓服务、创品牌上，经纪业务交易量排名三年来一直稳居全国券商前10名。2000年共有13家营业部完成迁址，32家营业部完成扩建改造，股票基金交易总额为2043亿元，在全国券商中排名第9位，市场占有率1.66%。

在精心做好传统业务的同时，联合证券积极培育新的经济增长点，开展业务创新。在产业投资基金领域，与科技部火炬中心、中关村等单位共同发起设立了"火炬高新技术产业投资有限公司"；在证券投资领域，与有关单位发起设立了"宝盈基金"和"融通基金"两家基金管理公司。

华夏证券有限公司

【公司概况】 华夏证券有限公司成立于1992年，业务范围包括证券发行承销、证券经纪、证券自营、投资基金管理、委托资产管理、投资咨询等。公司总部北京，下辖23个一级分支机构、131个证券营业机构，营业网点覆盖全国40多个大中城市。公司现有员工3,100名，其中，40%以上为大学本科以上学历，总部员工40%以上为硕士以上学历。截止至2000年底，公司总资产319.9亿元，为全国大型综合类证券经营机构。

【经营业绩】 华夏证券自成立以来，始终坚持为客户服务，为证券市场发展服务，为振兴国民经济服务的指导思想，秉承"偕客户同发展，与华夏共繁荣"的经营理念，以"稳健经营、规范运作"的经营方略，奋力开拓业务，取得良好业绩。

投行业务　公司以"为客户提供高质量、全方位的股票发行承销及上市推荐服务"为宗旨，先后为118家企业股票发行担任主承销商和上市推荐人，共筹集资金403.46亿元；为47家上市公司担任配股主承销商，筹集资金96.69亿元；为3家上市公司A股增发担任主承销商，筹集资金35.14亿元。经过八年的发展，公司目前已经成为国内股票发行市场上一支举足轻重的力量。

债务业务　公司债务业务一直在同行业中保持领先地位。1992年至今，公司共承销各类债券47期，承销总额为人民币244.77亿元，美元4000万元。特别是1995年至2000年期间，连续六年担任中国铁路建设债券的主承销商，总承销金额达141.62亿元，成为证券公司与发债主体长期成功合作的典范。

经纪业务　公司自成立以来，始终坚持以优质的服务赢得客户，通过深化服务层次、提高业务技术含量、改善交易环境、推行客户经理制度、实行营业部标准化管理、加强信息与咨询服务、开通网上交易等手段，不断满足投资者个性化、多层次的服务要求，近年来公司证券代理交易量呈现逐年稳步增长的良好态势，交易结构也明显改善，市场排名稳居同行业前列。

国际业务　经过八年的发展，公司国际业务取得的成绩令人瞩目。在一级市场上，公司积极为企业B股发行和配股担任主承销商和分销商；在二级市场上，公司充分利用广泛的营业网点，为众多投资者提供完善的投资经纪服务，历年来，公司B股交易量在深沪证券交易所排名中均名列前茅。近年在境外资产管理方面也取得长足的发展，目前公司管理的海外基金与受托资产的规模已近5000万美元，是国内较早开展海外基金与受托资产管理业务的证券公司。

证券研究咨询业务　高质量的研究开发工作始终是公司经营发展的基础与核心。公司坚持"研究工作要以市场为导向，以业务发展为中心"的经营原则，采取多种措施，加强研究所建设，并取得了重大成效。目前，公司在宏观经济分析与预测、证券投资组合、证券投资基金产品创新、可转换债券定价等理论性较强的研究领域保持领先优势。同时在二级市场走势研判、行业发展趋势预测和黑马股挖掘方面，也达到同行业领先水平。为保障公司上述业务发展需要及提高内部管理效率，公司积极进行电脑开发和网络建设。目前公司已建成了一个技术先进、应用广泛、覆盖全系统23家分支机构的广域网，构筑了内部信息高速公路，开发了信息发布平台和公文流转系统，实现了无纸化办公，大大提高了办公效率；此外，"飞天"技术分析软件的开发、全国B股的开通、清算中心的成功运作、财务帐表合并汇总以及华夏证券网的正式开通，无不借助了网络的威力。使公司在短时间内超过同行，成为网络技术应用的典范。

发展方向　展望新世纪，世界经济充满活力，中国经济也有着非常美好的发展前景。同时中国也将在不久内加入世界贸易组织。在上述背景下，中国证券市场将迎来更大的发展机遇。同时也面临着诸多挑战。作为证券市场的主要参与者，我们要努力加强经营管理，积极开拓新的业务领域，提高公司的核心竞争力，争取在不太长的时间内将华夏证券公司真正建设成为国内乃至世界一流的证券公司，为中国经济的发展做出更大的贡献。

东方证券有限责任公司

【公司概况】　东方证券有限责任公司是由上海地方财政和十四家大型企业集团共同出资组建，经中国人民银行批准，于1998年3月9日在上海正式成立。公司注册资本为10亿元人民币(含1500万美元)，现有700余名员工，36家证券交易营业部，硬件设施先进，投资环境优良，可为客户提供集中电话委托、远程可视委托、银证联网、通买通卖等多种先进的交易手段。

【经营业绩】　公司业务范围包括：发行和代理发行各种有价证券、自营和代理买卖各种有价证券、基金和资产管理、企业重组、收购与兼并、证券投资咨询、证券抵押融资、公司财务顾问及其他与证券有关的业务。2000年是东方证券成立的第三年。伴随着中国证券市场法制化、规范化、市场化的历史进程，东方证券以稳健和进取的姿态，在实现公司初创阶段总体战略目标的历程中又迈出了坚实而重要的一步。在过去的一年中，公司恪守依法规范经营的理念，有效发挥自身优势，紧紧跟随证券市场发展的趋势和方向，牢牢把握市场机遇，圆满完成了董事会制定的主要经营目标，实现了经营业绩的快速提高。至2000年末，公司资产总额、利润总额、净资产收益率分别比上年同期增长49.9%、56.7%和46.1%，资产质量继续保持优良状态；公司沪、深两市证券交易总量达到976亿元，其中A股交易总量达到845亿元，分别比上年增长54.5%和96.2%，客户保证金余额较上年增长109.3%；公司主承销新股2家，副主承销A股4家，完成1家企业的上市推荐工作，承销A股新股总额170018.1万元，承销A股配股总额49722万元，承销增发A股总额11245.4万元。与此同时，2000年，公司还先后获得了证券投资咨询机构从业资格、股票主承销业务资格、经营外汇和外资股业务资格，成功参股华安基金管理公司，获准加入全国银行间同业拆借市场和中国国债协会，并获准在北京、深圳、成都三地新设证券营业网点，这标志着公司已拥有了健全的综合性证券业务体系和融资渠道，并在构筑全国性业务网络建设方面取得了重要的突破。另一方面，公司以规范的法人治理结构为依托，重视严格的内部管理和内部控制制度建设，加快科技进步和人才开发，综合公司整体资源的开发和利用，为公司进一步加速发展奠定了较为牢固的基础。成立三年来，公司在规范经营、加强风险控制、完善激励机制建设等方面取得了阶段性成果。公司将继续稳步发展经纪业务、稳妥推进交易业务、全面启动国际业务、积极拓展基金业务，进一步加快发展步伐，实现既定经营目标。同时，公司还将通过不断完善经营机制，增强业务创新能力、深化人才发展战略、健全技术支持系统，进一步提高经营管理水平和风险防范能力。

天同证券有限责任公司

【公司概况】　天同证券有限责任公司前身是山东证券有限责任公司，自成立以来，已经走过了十个春秋。风风雨雨之中，我们始终与年轻的中国证券市场一起成长，经历过失败的苦恼，体验过探索的困惑，也分享过成功的喜悦。1991年公司建立之初，注册资本仅为1000万元，员工不满百人；1997年公司增资改制，注册资本提高至5.08亿元，业务稳定发展；2001年中国证监会批准公司吸收合并厦门国际信托证券总部，注册资本增至20.36亿元，并更名为天同证券有限责任公司。2001年8月18日，在山东证券十年华诞之际，天同证券有限责任公司正式挂牌。董事长：段虎，总裁：徐维西。

【经营业绩】　目前，公司的注册资本金、市场占有率和投行业务的排名进入全国券商前10名。在开始新征程的时候，我们也清醒地认识到未来的挑战。当今的中国证券市场正处于一种划时代的变革，中国证监会加强了对上市公司及证券公司的治理与监管，整个市场的市场化、规范化、法制化和国际化进程明显加快。加入WTO后，证券公司不仅要应对原本激烈的国内同业竞争，还要与全球金融业中的超级航母抗衡。但机遇往往与挑战共存，天同证券秉承山东证券的精髓，一定能够抓住机遇，迎接挑战，开拓创新，规范经营，稳健发展。

辽宁证券有限责任公司

【公司概况】 辽宁证券有限责任公司的前身为辽宁省证券公司，是经中国人民银行批准成立最早的证券专营机构之一，设立于1988年1997年经中国人民银行批准改组为有限责任公司，总部设在东北最大的城市沈阳。在“规范经营、创新发展”的经营思想指导下，经过十多年的发展，公司在网点建设、人才储备、业务开拓等方面取得了长足进展。目前，公司拥有辽宁、上海、深圳、天津等地营业部22个，证券服务部19个。拥有员工800余人，，平均年龄28岁，拥有博士、硕士、中国注册会计师和注册评估师60多人，80%以上员工具有大专以上学历。

【经营业绩】 公司是东北地区最早较全面开展投资银行业务的证券公司，也是东北地区最早担任主承销商的证券公司。从1993年开始，公司先后对辽宁省70多家企业进行咨询服务，为40多家企业提供股份制改组方案，这其中已有20余户企业发行了股票并上市，占辽宁上市公司的近一半。公司先后承销证券金额50多亿元，为繁荣地方经济和证券市场作出了贡献。

在股票经纪业务方面，公司不断采用最先进的技术手段，不断提升服务水平，这使得公司的证券交易量不断扩大，市场占有率稳步提高，经济效益明显增强。2000年公司证券交易量突破1000亿元，市场份额由97年的5‰上升到2000年底的6.5‰，截止今年5月，市场份额已上升至8.5‰，列全国第32位，同时，2000年公司实现利润总额1.18亿元，较以前年度有了较大幅度增长。

为防范和化解风险，提高管理效率，公司在全国券商中率先推出了证券信息化管理工程。该工程是信息技术与证券业务管理相互渗透的产物，是公司“人本化管理”思想的实践。它使公司的组织框架体系、决策与控制、监督与反馈系统与工作程序、业务流程较好地融合到一起，使公司制定一系列科学的工作制度、业务规范真正落到实处。证券信息化管理工程的实施取得了显著成效。它不仅使公司的办公及管理效率大大提高，防范和控制风险的能力大为增强，同时也极大地促进了公司网上交易业务的开展。以此为基础，公司实现了22家营业部股票交易(含A、B股)的“通买通卖”，并在东北券商中率先推出了大型财经证券交易网—中国龙投资网，公司成为中国证监会核准的国内首批23家开展网上证券委托业务的券商之一及中国证券业协会批准的首批开展代办股份转让服务业务的全国6家试点券商之一。

公司成立以来，坚持“以人为本“的管理思想，加强员工思想教育，强化员工知识技能培训，同时开展形式多样的文体活动以丰富员工的业余文化生活，给予员工提供充分展现自我的机会。几年，公司已形成了一支思想稳定、学历优良、业务熟练具有强大凝聚力的优秀员工队伍。

长城证券有限责任公司

【公司概况】 长城证券有限责任公司是一家全国性的综合类证券公司，注册资本金8.25亿元，注册地点在深圳经济特区。长城证券主要经营证券经纪业务、承销和上市推荐业务、证券的自营买卖、资产管理业务、财务顾问业务、证券投资咨询业务及发起设立证券投资基金和基金管理公司业务。

【经营业绩】 长城证券成立以来，各项业务综合发展。今天，长城证券在中国十多个大中城市设有二十二家证券营业部，长城证券以其稳健经营和优质服务赢得了投资者的长期信任。长城证券一方面在一级市场承销发行股票、企业债券和国债，另一方面在股票零售市场分别占1%左右的市场份额。2000年是中国证券市场蓬勃发展的一年，也是充满竞争和不断变革的一年。一年来，长城证券根据宏观环境和市场形势的变化，适时调整经营策略，加强内部管理，应对来自技术、市场竞争、客户需求等方面的挑战，在经营业绩、综合实力、规范管理等方面取得了长足的进步。2000年，长城证券实现营业收入8.34亿元，比上年增长97.2%；实现利润3.01亿元，比上年增长195.2%。2000年底，公司总资产55.58亿元，比年初增加16.35亿元，净资产11.3亿元，比上年增长18.1%；净资本5.0亿元，比上年增长46.5%。2000年是长城证券各项业务发展迅速的一年。经纪业务从硬件设施和软件服务两方面，进一步改善了交易环境，二级市场代理交易量大幅上升，比1999年增长81.3%。投资银行综合业务能力提升较快，达到了公司成立以来的最高水平，各项业务指标在全国券商排名中大为提高。自营和资产管理业务积极探索新方式，拓展新业务，大力开拓委托理财客户，取得了较好的业绩。研发工作也逐步形成了自己的特色。业务保障机制不断完善，风险防范工作进一步加强。2000年3月，中国证监会批准长城证券为综合类证券公司，长城证券由此迈上了一个新的发展台阶。

东北证券有限责任公司

【公司概况】 东北证券有限责任公司是经中国证监会核准，吉林省政府批准，于2000年6月成立的有限责任公司，注册资本101022.25万元，是目前我国东北地区规模最大的证券经营机构。公司的前身吉林省证券有限责任公司和吉林省信托投资公司证券总部分别成立于1988年和1987年，在10余年的发展过程中，各方面业务取得了长足的发展，经营业务量和经济效益成倍增长。公司总部下设14个职能部门和上海、北京管理总部，共有23家证券交易营业部，营业网点覆盖北京、上海、深圳、重庆、吉林省等地。现有员工中，大学本科以上学历272人，硕士51人，博士和在读博士20人。公司董事长兼总裁：李维雄。

【经营业绩】 公司的经营范围包括：证券的承销；证券的自营买卖；证券交易的代理；证券抵押融资；证券投资咨询；公司财务顾问；企业重组、收购和兼并；基金与资产管理。2000年，公司在成立仅半年的时间内，取得了突出的经营业绩，共实现利润总额14171万元，上交各项税金7383万元，资产总额由年初的24.3亿元，增加到48.9亿元。在全国101家券商中，综合业绩排名列第16位；净资产11.65亿元，排名列第24位；完成1家新股主承销和8家配股主承销工作，在全国券商中新股主承销家数排名第13位，配股主承销家数排名第6位，主承销金额排名第17位，在全国36家主承销商信誉积分排名中列第12位，实现了跨越式发展目标。东北证券公司将本着“立足吉林、依托东北、面向全国”的发展战略，坚持“以人为本、效率优先、规范经营、加快发展、回报股东、服务社会”的经营理念，建立和完善现代公司管理体制、用人机制与激励机制，切实防范风险；以经济效益为中心，努力追求公司利润最大化，积极扩大公司规模经营，提高综合竞争实力，实现企业与员工的共同持续发展。

西北证券有限责任公司

【公司概况】 西北证券有限责任公司是宁夏惟一一家证券业务专营机构。公司前身是宁夏回族自治区证券公司,成立于1991年11月。1997年改制为宁夏证券有限责任公司,2000年,经中国证券监督管理委员会批准,宁夏证券有限责任公司与宁夏伊斯兰国际信托投资公司、宁夏回族自治区信托投资公司、银川市信托投资公司的证券类资产进行合并重组,增资扩股,更名为西北证券有限责任公司。公司董事长:吕莉,副董事长、总裁:姜巍。

【经营业绩】 公司经营范围包括:证券的代理买卖;代理还本付息和分红派息;证券代保管、鉴证;代理登记开户;证券的自营买卖;证券的承销和上市推荐;证券投资咨询;资产管理;发起设立证券投资基金和基金管理公司。目前,公司在全国共设有15个证券营业部和5个证券服务部,并在北京、上海、深圳和银川设立了地区分部。公司自成立以来,始终以"依法经营、规范运作、诚实守信"为指导原则,切实防范经营风险,强化经营管理,业务不断拓展,经营业绩稳步上升,呈现出良好的发展态势。公司在经营过程中,坚持客户至上的宗旨,努力提高服务质量。通过管理创新和服务创新,为广大投资者提供安全、快捷、高效、优质的服务,使营业部的盈利能力不断提高,为公司扩大市场份额、创造优良业绩奠定了坚实的基础。近年来,公司作为主承销商或上市推荐人,代理发行了民族化工、东方钽业等上市公司的股票;参与发行了银广夏、美利纸业、新华百货、西北轴承等上市公司的股票,并代理发行了银广夏、美利纸业、宁夏电力公司等多家企业债券。为企业筹措了大量的建设资金。公司在经营过程中,以经济效益和社会效益并重,积极响应自治区党委、政府的倡议,与其他单位和个人共同集资成立宁夏证券光明助学促进会,精心运作助学基金,以其增值的部分资助南部山区八县贫困大学生顺利完成学业。公司这一行为对弘扬中华民族扶贫帮困、助人为乐的传统美德,促进社会主义精神文明建设具有积极的推动作用,同时也体现了公司企业文化的丰富内涵。面对新形势,公司将以更加积极的态度,敏锐的眼光,抢抓机遇,秉承"责任、成就、危机意识、团队精神"的经营理念,始终以经济效益为中心,以稳健经营为基础,以规范管理为保障,以改革创新为动力。努力开拓业务,扩大市场份额。在西部大开发中发挥证券公司在资金供需、优化资源配置等方面的媒介作用,促进西部地区经济的腾飞、金融市场的进一步繁荣。

华安证券有限责任公司

【公司概况】 公司的前身安徽省证券公司自1998年从中国人民银行安徽省分行脱钩并划归安徽省政府以后,即开始合并重组和增资扩股。改制方案几经反复未能实施。2000年10月安徽省政府决定,在原安徽省证券公司和安徽省证券交易中心合并的基础上,通过向国内上市公司和大中型企业募股的方式进行增资改制并更名为华安证券有限责任公司,注册资本金17.05亿元,其中原安徽省证券公司和安徽省证券交易中心8.8亿元净资产形成的股权由安徽省国有资产运营有限公司代为持有。其他股东单位有中国烟草总公司安徽省公司、安徽古井贡酒股份有限公司、安徽海螺集团有限责任公司、黄山旅游发展股份有限公司、皖能股份有限公司、东方国际创业股份有限公司、浙江东方集团有限公司、江苏舜天国际集团有限公司、江苏舜天国际集团服装进出口股份有限公司、安徽省投资集团有限责任公司等10家。华安证券有限责任公司在筹建过程中,不仅妥善处理了历史遗留问题,按照现代企业制度,建立起规范的法人治理结构,重新制定了发展目标和规划,吸引了一批证券经营和管理方面的高级专门人才,建立起一个富有朝气的经营管理班子。2000年12月28日经中国证监会证监机构字[2000]299号文件核准华安证券有限责任公司综合类证券公司,标志着公司在新的世纪迈入一个新的发展阶段。

【经营业绩】 在世纪之交的2000年,华安证券有限责任公司坚持稳健经营、诚信服务、求实创新、持续发展的经营方针,把握证券市场迅速发展的机遇,狠抓规范管理,努力拓展业务,取得了突出的经营业绩。公司全年营业收入达7.17亿元,比去年同期增长128.6%;创利税4.84亿元,同比增长214.3%;实现净利润2.83亿元,同比增长157.3%。

证券经纪业务　证券经纪是公司的基础业务,2000年在网点建设、客户发展和完善管理服务等方面再上新的台阶。一是营业网点向县级延伸,扩大了市场覆盖面。公司在上海、深圳及安徽省内已开设24个证券营业部,2000年又通过周密的市场调研和精心的组织策划,并经过中国证监会的核准,在安徽省大部分县(包括县级市)先后开设了30个证券服务部,做到了当年投入、当年运营、当年收益。二是在扩大客户资源的同时,改善客户结构。抓住证券二级市场"牛市"机遇,吸引广大居民投资入市,特别是抓住允许"三类"企业入市等有利政策,加强对企业的联络和宣传工作,吸引了一大批机构投资者。三是完善营业部的管理和服务,以服务促发展,向管理要效益。在硬件服务方面,改造交易场所,更新电脑设备,特别是按照信息系统技术规范,对营业部计算机房进行合理规划和科学改造;在软件服务方面,扩大银证合作,探索智能型服务、网上交易业务,不断提升服务层次;在营业部内部管理方面,除继续强调制度建设以外,还加强检查和稽核力度,重点强调依法经营和加强成本管理。公司全年代理沪、深A股交易额781.79亿元,代理沪、深圳B股交易额18.36亿元,代理基金交易额43.24亿元,分别比上年增长89.7%、124.7%和6.0%。2000年马鞍山湖东中路证券营业部荣获中国证券业协会授予的全国优秀证券营业部称号。

投资银行业务　投资银行业务是公司的品牌业务,尽管国家证券发行由额度制向核准制转变,并开始筹建创业板市场,使这项业务竞争更加激烈,但公司从完善内部管理、加强风险控制入手,采取抓住重点、主动出击的策略,使投资银行业务取得新的进展。积极与省内地市政府和主管部门合作,对有关企业进行证券市场和资本运营知识的普及宣传,深入重点企业进行调研、辅导,取得显著成效。作为主承销商,全年完成金马股份、铜峰电子、鑫科材料等3家高新技术企业的股票发行上市以及新疆啤酒花的配股工作,在全国证券公司排名中承销家数列第11位,募集资金总额达10.4亿元,募集资金量列第17位。作为公司财务顾问,先后完成长江装备、雷鸣科化、四创电子、安科生物、天大塑料、环球药业、皖北药业、裕中纺织、九华山旅游、华信生物等10家公司的股份制改造,并进行为时一年的上市辅导工作;向中国证监会和交易所推荐18家具有高科技含量和发展潜力的创业板备选企业;完成了省内外部分上市的调研和发展策划,包括3家上市公司配股或增发的前期准备工作,为投资银行业务今后提供了丰富的项目来源。

证券投资业务　证券投资是公司利润的重要来源,2000

年取得新的突破。一是进一步完善决策体系，建立科学的证券自营决策和操作程序，有效防范投资风险。二是将证券市场研究和上市公司实地调研相结合，在把握二级市场脉博和重点个股基础上，做好证券投资组合；三是抓住市场“牛市”行情，努力扩大自营规模，全年证券自营业务的收入达22440万元，比上年增长111.98%。

资产管理业务　资产管理是近几年在国内兴起新型证券业务品种。为充分发挥证券专业人才集中的优势，公司经过二年的运作尝试，于2000年3月正式设立资产管理总部，按照基金管理模式专门从事代客理财业务，接受客户委托管理资产近10亿元。当年为客户创造收益7800万元，公司资产管理业务也取得收入4763万元。

内部管理　坚持“法制、监管、规范、自律”，加强规范管理，防范和化解业务风险，始终是公司工作的重要方面。2000年公司加强内部管理，主要体现在三个方面：一是继续加强制度建设，特别是在法人清算、资金调度和信息系统安全保障等方面，出台了新的管理制度和操作规程。与此同时，积极参与核准制条件下中国证监会和证券交易所关于证券发行有关法律法规的制定和修改，如股票发行审核条例、上市保荐人制度、发行人质量评价体系制度等；根据《证券法》等法律法规的要求，对公司现行内部管理和风险控制制度进行了相应的调整和修订。二是继续加强职工教育，主要包括对领导干部的“三讲”教育和反腐倡廉教育，对广大共产党员的“三个代表”教育，对全体职工的职业道德教育和业务培训。三是认真做好机构合并重组期间的稳定工作，通过细致周密的工作，确保业务顺利发展，资产完整移交，人员妥善安置。

汉唐证券有限责任公司

【公司概况】 汉唐证券有限责任公司是由贵州证券公司和湛江证券有限责任公司合并重组并增资扩股后成立的公司，注册资本金90120.74万元(其中美元750万元)。业务范围包括证券代理买卖，代理还本付息，分红派息，证券代保管、鉴证，代理登记开户，证券的自营买卖，证券的承销和上市推荐，证券投资咨询，资产管理，发起设立证券投资基金和基金管理公司等。公司三十多家分支机构遍布北京、上海、深圳、广州、南京、贵阳、成都等全国主要城市。

【经营业绩】 投资银行业务　投资银行业务是汉唐证券有限责任公司大力拓展的核心业务。汉唐证券有限责任公司在数年中，已累计完成新股、配股等主承销、副主承销、分销四十余家及大量政府、企业的财务顾问项目。目前，汉唐证券投资银行业务在公司的快速转型下确定了全新的发展定位。公司在深圳总部设有投资银行总部，并在北京、上海、广州、南京、贵阳等地设立了分部，业务网络已覆盖全国大部分地区。公司拥有一支素质优良、经验丰富、具有较强业务创新意识和开拓进取精神的专业性投资银行队伍，大部分具有博士、硕士学历。公司在传统及创新投资银行业务方面均有快速发展，具备向客户提供包括企业股权及债权融资、改制上市、收购兼并、管理咨询，企业、政府财务顾问等全方位投资银行业务服务的良好实力。

汉唐证券拥有高素质的专家理财队伍，以科学的投资决策程序、高效的投资管理机制、高超的和完善的风险控制体系为基础，依托公司雄厚的研究力量和广泛的投资银行业务网络，凭借先进的投资理念和价值评估体系，精心设计投资项目及投资组合，在“跑赢大市”的基础上获得丰厚的投资回报。汉唐证券在资产管理过程中，注意控制风险，为投资者提供专业化、个性化受托服务，实现客户利益最大化。同时，根据市场和客户需求，不断推出金融创新品种，以实现安全性、盈利性和流动性的有机统一。

汉唐发展与风险控制委员会坚持有效性、安全性、制约性和创新性的原则，通过建立健全风险管理组织架构和体系，以完善业务流程为重点，实施风险控制的程序和政策，建立风险评测指标和风险控制技术模型及方法，对公司的财务风险和经营风险进行全面量化的评估、监管和控制，有效遏制和化解经营风险和财务风险，保证公司稳健、高效运行。

经纪业务　汉唐证券拥有先进和齐全的交易手段，通过遍布全国主要城市的17家证券营业部和13家证券服务部为客户提供包括股票、债券、基金等多元化的交易品种，将客户资产的保值增值作为我们服务的第一目标。公司制定了以客户分类为中心、以FC专业服务和非现场服务为重点的经纪业务发展战略，一方面组建高素质的FC团队，塑造专业服务品牌，按照与国际接轨的模式整合公司的内外部资源，为客户提供个性化、针对性的专业服务；另一方面完善电子交易平台和客户服务平台，借助各种非现场交易方式，实现低成本基础上的差异化服务。为适应证券市场发展的需要并提升竞争力，制定了以构建市场营销体系为重点的发展战略，变坐商为行商。借助交易平台和客户平台，依托研究所的雄厚实力，营业部近百名分析师贴身跟踪，全方位了解上市公司动态，为客户提供及时、量身定制的投资建议及咨询服务，使客户在瞬息万变的证券市场中运作自如。我们秉承“竭诚服务，开拓创新”的服务宗旨及“公开、公平、公正、诚信”的原则全面提升服务质量。

证券研究　汉唐证券研究所将紧紧围绕中国证券市场，致力于宏观经济金融服务、金融工程以及公司价值评估等一系列的研究工作，不仅关注基础性研究，更注重与市场紧密相关的应用性研究工作。研究所注重于研究特色性、品牌性，将金融产品、金融服务的创新作为研究的重点，为汉唐证券提供持续发展的动力与智力支持，同时也为各类企业提供富有个性化的财务顾问、战略咨询等服务。2001年，汉唐证券研究所的《远程证券经纪业务发展研究》报告获中国证券业协会科研课题一等奖。

国元证券有限责任公司

【公司概况】 国元证券有限责任公司是为了顺应信证分业、行业重组的发展趋势，由安徽省国际信托投资公司和安徽省信托投资公司作为主发起人，联合其他有资格的法人单位按照现代企业制度共同发起设立的，经中国证监会批准、国家工商行政管理总局注册登记的综合类证券公司，注册资本20.3亿元。新组建的国元证券下设三个专门委员会以及经纪业务管理总部、网上经纪业务部、投资银行总部、投资管理部、资产管理部、研究发展中心、资金计划部、稽核总部等17个直属部门，36家证券营业部覆盖安徽全省及上海、深圳、广州等金融中心城市。是一个资产质量高、综合实力强、组织架构科学规范的全国性综合类证券公司。现有员工1000余人，其中90%以上具有大专以上文化程度，900多人获得证券从业资格，是一支经验丰富、技术精湛、富于创新的高素质专业队伍。

【经营业绩】 国元证券主发起人安徽国投和安徽信托，早在1990年12月，就成为上海证券交易所首批22家发起会员之一，同年在上海设立了证券业务部；次年6月，将上海证交所股票代理业务引入安徽，是全国仅次于浙江证券的第二家开办异地股票交易的券商；1993、1994 年，其 A、B 股主承销资格先后获得中国证监会批准；1996 年 4 月和 11 月，作为 B 股的主承销商和 H 股中国财务顾问，顺利完成了古井贡 B 股的发行以及皖通高速 H 股的全球配售工作，创造出省级券商参与 H 股发行的纪录。十余年来，这两家公司历经中国证券市场的风雨磨砺，为中国证券市场的发展作出了积极贡献，取得了辉煌的业绩，在业内创出了很高的知名度。

在过去的经营和发展中，公司先后参与了 56 只股票的发行工作，其中担任 A、B 股主承销商 14 家、H 股财务顾问 1 家、上市推荐人 16 家，累计筹资总额 60.5 亿元。从 1996 年起，连续几年其新股主承销、上市推荐人家数以及承销数量均居全国券商前十位。在企业并购、资产重组方面，2000 年担任了“海螺型材”受让“红星宣纸”51％股权的财务顾问，开安徽企业“借壳上市”之先河，被证券市场公认为资产重组的经典之作。证券投资基金业务取得重大突破，从 1998 年起，先后参与发起设立了鹏华、长盛等 2 家基金管理公司，所管理的普惠、同益等 8 只基金经营稳健、运营良好。同时，还承销债券 29 次、国债 10 期，承销金额为 7.36 亿元和 19 亿元。在经纪业务的激烈竞争中，他们强化管理，大胆创新，着力以全方位、深层次、智能化的优质服务赢得市场，积极推出将“大户室搬到家”等营销办法，创办国元证券网，开办网上交易等业务，证券交易量不断增长，市场份额逐年提高，近两年股票和基金的代理交易量占市场份额分别为 2.48％和 2.08％，并涌现出全国优秀证券营业部。在证券自营方面，科学决策，审慎操作，抓住证券市场不同时期的行情，进行了成功运作，获取了丰厚回报。

在努力提高经济效益的同时，国元证券这两家主发起人始终不忘回报社会，积极开展向社会献爱心活动，热心赞助教育文化事业、妇幼事业和残疾人事业，支持灾区、贫困地区以及特困企业等，累计捐资一亿多元，比较大的项目有：出资 7000 万元独家赞助安徽省图书馆扩建工程，捐款 1200 多万元资助安徽省农科院支持该省“科教兴农”战略，主发起设立“兴皖育才”基金资助贫困大学生完成学业，设立安徽大学“奖励发展基金”，赞助合肥一中改善教学环境，资助安徽省妇女儿童活动中心建设，向下岗再就业中心进行捐资等等。

随着我国证券市场的日益规范，国际化进程的不断加快，国内资本市场与国际资本市场的逐渐接轨，证券业的竞争将愈加激烈，国元证券将严格遵守“法制、监管、自律、规范”八字方针，以高度的责任感和使命感为筹资者和投资者提供多元化、个性化、系统化、专业化的优质高效服务。大力弘扬“规范、自律、求实、创新”的企业精神，秉承“繁荣中国资本市场，提高社会经济效益，追求企业价值最大化”的宗旨，进一步完善法人治理结构，努力建立高效的激励约束机制和灵活的用人机制，营造优秀人才发展平台。进一步巩固和发展传统业务，提高服务质量和档次，稳步扩大市场份额。加大现代科技的应用水平和开拓创新力度，不断开发新型金融产品，大力拓展网上经纪、资产管理、购并重组、财务顾问、投资咨询等业务，形成种类齐全、布局合理、发展协调的业务体系。积极参与国内外市场的竞争和合作，不断增强核心竞争力和可持续发展能力，以创造世界品牌券商的勇气和胆识，力争在 5 至 10 年内逐步把公司建设成国内一流、世界知名的现代化、国际化、规模化的证券公司，为经济建设、社会发展再立新功。

华龙证券有限责任公司

【公司概况】 华龙证券有限责任公司是由甘肃省人民政府组织筹建，经中国证监会批准，通过合并重组省内四家信托投资公司的证券业务和证券资产并增资扩股而组建的具有综合类业务资格的证券经营机构。公司实行股东大会、董事会、监事会、总裁四位一体、三权分立的公司治理结构。下设总裁办公室、人力资源总部、计划财务总部、资产管理总部、投资银行总部、证券交易总部、国际业务部、研发中心、电脑中心等职能部门，在北京、上海、深圳分别设有管理总部，并在兰州、上海、深圳等地设有 22 家证券营业部和证券服务部，初步构成了辐射全国的业务经营网络。公司董事长：张文武，总裁：雷原。

【经营业绩】 经中国证监会核定的主要业务范围是：证券的代理买卖；证券的自营；证券的承销和推荐上市；证券投资咨询；资产管理；发起设立证券投资基金和基金管理公司；以及中国证监会批准的其他业务。华龙证券牢固树立“以人为本、诚信务实、规范经营、服务第一、利润第二”的经营理念，吸引和汇集了大批高级人才，确保了公司高起点、稳步快速发展。公司积极拓展证券研究业务、证券投资基金业务、资产管理业务等，并致力于新的金融工具开发与创新，满足客户的需求。公司在作好狭义投资银行业务的同时，不断向“大投行”业务方向拓展，为企业提供收购兼并、财务顾问、发展战略策划等各项服务。华龙证券始终以促进证券市场发展、繁荣中国产权市场和技术市场、完善西部要素市场、服务于国企改革为己任，坚持走可持续发展之路，致力于为市场筹资者和投资者提供更多更好的服务。

证券经纪业务　华龙证券拥有甘肃最多和最早的证券营业部，并在上海、深圳等地开设有证券营业部，形成了以西部为基础、辐射全国的经营机构网络。公司所属各个营业部交易设施齐全，设备先进，拥有现代化网上交易委托系统，保证了交易的畅通、及时和准确，使客户在瞬息万变的市场上运作自如。

投资银行业务　华龙证券本着至诚至信的宗旨，谋求与企业建立长期合作的战略伙伴关系。华龙证券投资银行部在承接原甘肃信托和兰州信托投行优秀人员和业务能力的基础上进行了业务和人员拓展，曾成功地主承销和推荐过甘长风、祁连山、三毛派神、长城电工、兰光科技等股票的发行和上市。这五家企业通过发行股票、配股，在证券市场筹措资金累计达 29 亿元。

资产管理业务　资产管理业务包含证券自营和委托理财两大内容。华龙证券资产管理业务本着"稳健经营、规范运作、科学投资"的原则，通过树立正确的投资理念、培育良好的市场感觉、依靠具有丰富投资经验和高超的风险控制能力的专业人才并借助高效的信息网络平台，在做好市场分析、行业研究和上市公司调研的基础上，合理选择投资领域和投资品种，使公司资产管理的收益率远远高于国内同行的平均水平，实现了受托资产收益性、安全性和流动性兼顾的良性循环。

基金业务　以华龙证券为主发起人，并联合华泰证券有限责任公司、山东证券有限责任公司等五家证券公司发起的华商基金管理公司拟于 2001 年底在深圳注册成立，注册资本金 15000 万元人民币。现已进入申请报批阶段。

长江证券有限责任公司

【公司概况】 长江证券有限责任公司是一家全国性的证券公司，创建于 1991 年 3 月 18 日，总部设于华中重镇武汉。公司注册资本金为人民币 20 亿元，股东包括海欣股份、新亚股份、津滨发展、葛洲坝、保定天鹅等上市公司以及青岛海尔投资发展有限公司、湖北清江水电投资公司、湖北省经济开发公司、中国土畜产进出口总公司等大型国有企业。公司业务触角延伸全国，营业网点布局合理。除湖北省内大部分城市之外，在北京、上海、深圳、重庆、天津、哈尔滨、成都、福州、西安、南京、佛山等地设有25家营业网点。

【经营业绩】 公司业务架构完备，办理综合类券商所有业务，主要包括：证券承销，证券自营，证券交易代理，证券抵押融资，证券投资咨询，基金和资产管理，企业重组、收购与兼并，公司财务顾问，风险投资，网上交易以及经国家监管部门批准的其它证券业务。公司人力资源丰富，拥有员工近千人，其中20%以上拥有硕士或硕士以上学历。公司在证券行业内较早设立博士后工作站。公司在全国首批获得A、B股股票主承销、外汇经营、证券投资咨询资格，是财政部国债一级自营商、记帐式国债甲类承销商，并获准进入全国银行间同业拆借市场和债券市场。

投资银行业务　作为我国最早从事投资银行业务的券商之一，公司在一级市场的项目培育能力、策划能力以及创新能力和筹资能力得到了市场的充分肯定和客户的高度评价。到目前为止，公司共担任了国内100多家上市公司的主承销商、副主承销商和上市推荐人。其中包括"葛洲坝"、"华工科技"等品牌项目。公司力争与一批优秀的目标企业建立战略伙伴关系，并扮演其一向忠诚可靠的服务和顾问角色。即依托我们强大的研究力量和资深的人才队伍，为客户提供从战略咨询到发行承销、融资策划等全方位的持续性的深层次服务，满足客户多样化的金融需求。

证券经纪业务　面对新经济的挑战，公司积极顺应市场需求，将经纪业务管理进行转型。依靠总部强大的IT技术平台，公司证券经纪业务实行集中化和专业化管理。公司建立了总部监控系统，并逐步向集中交易过渡。同时，公司推行客户关系管理，通过有效管理客户信息资源，提供客户满意的产品和服务，和客户建立长期、稳定、相互信任的密切关系。良好的营销意识和科学的资源配置方式，推动公司证券交易量逐年递增，在公司证券营业部数量偏少的情况下，截至2001年底，公司经纪系统仍累计完成交易量7000多亿元。债券、基金业务　公司自成立之日起，即十分重视债券业务，在国内专业券商中，公司债券业务规模位居前列。除连续多年承销多期国债之外，公司还把企业债承销置为一重点业务，承销过清江债、三峡债、铁道债、陆家嘴金融债等。作为中西部地区最早介入基金业务的券商，公司参与发起设立了长盛基金管理公司，到目前为止，已发起设立三只证券投资基金。同时，公司以主发起人的身份现正在申请设立长信基金管理公司。

投资咨询业务　公司投资咨询业务主要表现为两个方面，一是针对个人投资者的咨询业务；二是针对企业客户的财务顾问业务。其中，公司财务顾问业务主要包括收购兼并、企业重组、期权激励机制设计、企业管理咨询顾问等。公司已成功担任"陕西金叶"、"长源电力"、"东湖高新"等十余家上市公司的财务顾问。在为客户提供咨询服务的同时，公司还多次与国务院有关部委和国内部分省、市人民政府联合举办研讨会，从而为政府决策提供相应支持。

直接投资业务　作为证券市场的中介机构，公司直接参与市场的投资活动，并始终以专业的机构投资者身份倡导理性的投资理念。在直接投资业务领域，公司还对风险投资保持着较为浓厚的兴趣。作为国内较早介入风险投资业务领域的券商，公司已参与发起设立华工创业投资有限责任公司，并将此作为一批优秀科技项目的孵化器和助推器。

资产管理业务　资产管理是公司一项新的业务，公司通过建立规范、稳健、安全、合理的投资决策机制和风险控制体系，并依托专业人士敏锐的市场触觉和科学的投资技巧，为客户制作合理的投资方案，规避风险，实现投融资利益最大化。公司坚持"规范经营、持续发展"的经营和管理特色。依据该理念，公司在实践中逐步摸索、寻求既符合证券业发展规律，又符合公司工作实际的基本管理原则，即主业为主、全行业监控风险、分系统管理业务、前后台分离的原则。并逐步在证券市场树立起"规矩人"的形象，赢得客户好评。公司始终致力于企业文化建设，已逐步形成自身独特的文化管理体系。公司提出"服务客户、服务股东、服务经济"的经营宗旨，坚持"以人为本、价值共融"的核心价值观，追求"团队至上"的企业精神，提倡"有情的管理、无情的制度"的管理原则、"承认主义"的人才观以及"更诚信、更智能、更高效"的行为准则。

国海证券有限责任公司

【公司概况】 国海证券有限责任公司是现今广西区内成立的第一家经中国证监会批准的可从事综合业务的全国性证券公司。它的前身广西证券有限责任公司成立于1988年，属于中国证券市场上成立较早的证券公司之一，也是广西最大的一家证券经营机构，市场份额一直占据全广西的百分之四十以上。本着"服务全国，走向世界"目标，公司于2001年实施了增资扩股，并获中国证监会批准，注册资本金由原来的1亿元人民币提高到8亿元人民币，并更名为国海证券有限责任公司。公司业务范围也从单一的经纪业务扩展到证券承销发行、资产管理、投资咨询、财务顾问及国际业务等综合性的主营业务体系，同时网上交易、在线服务和银证通业务也即将全面开通。截止至2001年12月底，公司现有员工489名，其中博士、硕士31名，大专以上学历364名，证券营业部13家，证券服务部24家。增资扩股后的国海证券迎来了一次跨越式的飞跃。

【经营业绩】 国海证券注册地南宁，同时在北京、上海、深圳三地设立区域管理总部，业务遍及全国，现有证券营业部13家、证券服务部24家。公司还将收购已托管的广西信托、广西国托两家信托公司11家营业部，到时公司证券营业部将增至24家，证券服务部将增至24家。

证券经纪业务　即证券交易代理业务，是券商的核心业务之一。公司成立以来，证券交易量额一直稳居广西各券商首位。目前，国海证券网已开通，通过拓展网上经纪业务，努力向"网络券商"的目标迈进；与此同时，积极开展以银证通为起点的银证全面合作，为投资者提供了更加便捷的交易手段。

投资银行业务　主要包括证券发行与承销、企业改制资产重组、收购兼并和融资业务。公司是广西境内最早开展证券一级市场业务的专业券商，先后担任了桂柳工、广西斯壮、桂林集琦等10多个项目的承销及上市推荐工作。目前，公司已建立了以深圳为投资银行总部，北京、上海、南宁为分部的组织架构，业务辐射全国。

证券研究咨询业务　公司将把研究咨询工作作为公司业务发展及为广大投资者服务的重要基石，研究服务范围涵盖：宏观战略策划；行业和上市公司研究；证券投资咨询以及为不同投资者尤其是机构投资者提供专业化、个性化、特色化投资组合、风险控制等服务；资产重组、收购兼并等资本运作策划财务顾问；金融新产品新工具等创新业务研究。

资产管理业务　公司将依靠强大的专业投资理财专家，

良好的市场信息网络，为不同客户提供不同方式的专业化资产委托管理及投资理财服务。

华鑫证券有限责任公司

【公司概况】 华鑫证券有限责任公司(以下简称“公司”)是经中国证券监督管理委员会批准于2001年3月在深圳市注册成立的全国性综合类证券经营机构。公司系在西安证券有限责任公司及受让原上海浦东联合信托投资有限责任公司证券营业部的基础上增资扩股组建而成，发起人分别为上海仪电控股(集团)公司、邯郸钢铁股份有限公司、邯郸钢铁集团有限责任公司、上海金陵股份有限公司、上海飞乐音响股份有限公司、上海飞乐股份有限公司和上海贝岭股份有限公司等7家企业。

【经营业绩】 公司注册资本10亿元人民币，公司能够经营范围广泛的证券业务，包括：发行和代理发行各种有价证券；自营和代理买卖各种有价证券；有价证券的代保管、鉴证和过户；代理还本付息、分红、派息等权益分配；基金和资产管理；企业重组、收购和兼并；投资咨询、财务顾问；外币证券业务。

华鑫证券成立虽然不到一年，但业务发展很快：(1)、机构设置基本完成。目前公司设有经纪业务部、投资银行部、北京代表处、资产管理部等十三个职能部门和上海分公司(筹)、西安管理总部等分支机构，以及投资决策委员会、预算委员会等常设机构；(2)、收购上海浦东联合信托13家营业部，使得公司证券营业部总数增加到20家，分布在上海、西安、深圳等地，并经中国证监会批准，即将在北京新设一家证券营业部；(3)、公司通过代理买卖国债和代客理财方式，并严格遵守法律法规的规定开展委托资产管理业务。委托资产管理业务以行业分析和公司基本分析为基础，采用组合投资的方法，通过平衡投资于成长型上市公司和价值型上市公司，为客户减少分散投资风险，在确保客户资产安全的前提下获取最大收益。

华鑫证券作为中国证券市场的新兴力量，具有自己独特的优势：(1)、作为新成立的券商，资产质量非常好，几乎全部是证券资产，没有历史包袱。(2)、公司拥有一支高素质的员工队伍。全公司现有众多博士、硕士及具有证券从业资格、从事证券行业多年的专业骨干和专业人员，90%的员工具有大专以上学历。尤其值得一提的是，公司主要高管人员来自证券监管机构、银行、证券及其他金融企业，经验丰富、信誉良好。(3)、公司具有良好的管理制度及规范的业务流程，用现代化的办法规范企业运作，回避市场风险；(4)、华鑫证券主要股东上海仪电控股(集团)公司和邯郸钢铁等对本公司全力支持，这使得华鑫证券的运营能够完全企业化，具备现代企业的制度优势。华鑫证券的成立为中国证券市场增添了一支新兴力量，正在按照打好基础、规范管理、控制风险、稳健成长的经营方针，努力以专业优质的服务提供社会，以良好的业绩回报股东，为中国资本市场的繁荣昌盛和健康发展作出应有的贡献。

广东证券股份有限公司

【公司概况】 广东证券股份有限公司成立于1997年，其前身是广东证券公司，是1989年经中国人民银行批准成立最早的专业证券公司之一。1997年率先进行了增资扩股和股份制改造，进入全国“十大券商”行列，目前已发展成为有8亿元注册资本金、50多亿元总资产、40多个营业网点和1200多员工的大型证券公司。随着中国证券市场和公司进一步发展的要求，公司计划在近期继续扩充资本金，计将达到16亿人民币，届时将成为中国证券市场上最具实力的综合类证券公司之一。

【经营业绩】 在以知识经济和信息经济为特征的新经济时代，广东证券具有强烈的危机感和责任感。公司强调“以人为本”的发展战略，重视知识，尊重人才，通过富有活力的激励机制和竞争机制，发掘人才，培养人才，筑造起一道由20多名博士、100多名硕士和众多行业专家组成的人才高地。培养出一支在企业财务顾问、投资理财、行业研究和信息技术等方面的高素质专业队伍。广东证券从九十年代初开始就进入投资银行领域，积极参与企业的股份制改造、A股、B股、债券发行、兼并收购、资产重组、财务顾问、融资工具组合应用和风险投资等现代投资银行业务，帮助一大批企业进入资本市场并获得长足发展，广东证券以高水准的专业指导、不拘一格的创新精神和良好的职业道德赢得市场的认同，并逐步奠定自己的行业地位和品牌优势。广东证券适应传统产业信息化、经营方式网络化的当今世界经济发展趋势，高度重视信息网络的建设，通过收购盛润STOCK2000财经网站，发展自已的电子商务平台把公司传统业务与新技术结合起来，朝着“虚”，“实”结合的经营模式阔步前进。

大通证券股份有限公司

【公司概况】 大通证券股份有限公司是经中国证监会批准，于2001年7月成立的全国性证券经营机构，注册地在大连，注册资本为11.188亿元。公司以大连为管理中心，以北京、上海为业务中心，向全国范围辐射发展。公司拥有一支高素质的人才队伍，现员工总数为388人，具有本科以上学历的198人(其中具有研究生以上学历的有41人)，占员工总数的51%；其它的190人，占员工总数的49%。

【经营业绩】 公司经营范围包括：证券的代理买卖，证券的自营，证券的承销和上市推荐，资产管理，投资咨询，发起设立证券投资基金和基金管理公司，中国证券监督管理委员会批准的其他业务。

研究业务　大通证券研发中心一贯坚持以深入的基础研究为本，创新和服务为中心，研究能力和研究水平正在不断提高。目前的研究范围涉及以下几个方面：宏观经济和专题研究、新产品开发研究、行业与公司研究、基金和债券研究、市场研究等。公司的研究成果为政府经济管理部门、证券投资基金、上市公司和广大投资者提供多层次、全方位的金融信息和咨询服务，是客房值得信赖的投资顾问。

经纪业务　大通证券经纪业务以服务投资大众为己任，不断满足客户需求，并提高自己的服务质量。公司现有营业部20个，分别设在北京、上海、深圳、大连、天津、太原、成都等地，在布局上力求做到合理分布，辐射全国。

资产管理业务　公司拥有一批从业多年，实战经验丰富的理财专家，内部实行严格的专户管理，具有健全的风险控制制度。公司资产管理业务覆盖所有经批准的证券交易品种，为客户量身定作各种投资组合。公司通过强化管理以提高服务水平，创造品牌优势，随着市场的发展，公司还将不断扩大业务领域，创新业务手段，坚定以客户利益为中心的服务理念，实现客户财富的持续增长，为客户创造阳光下的丰厚回报。

投资银行业务　大通证券引入国际投资银行经营理念，结合国内外资本运作实践，借助增资扩股的契机，迅速开拓国内外资本市场。主要业务包括：企业改制、上市辅导、股票和债券的发行与承销、财务顾问、购并重组、融资顾问、宣传推介、市场形象策划、战略发展规划设计、资产证券化设计等。

大通证券的投资银行业务特色为"长、专、精",精选人才,精心制作、打造精品项目,着眼于与客户建立长期高效的战略合作,共谋长远发展之路。同时建立由行业专家、财务专家、法律专家组成的投资银行队伍,为客户提供一揽子专业化服务。

电子商务　公司充分利用自身网站——中华证券网(www.estock.com.cn)这一互联网平台,为广大投资者提供真正的网上证券服务。中华证券网的每一个细节都将以提供优质的服务作为根本出发点。中华证券网坚持服务就是一切的理念,通过完善的技术平台,丰富的证券资讯和深入的财经新闻分析,为投资者提供全方位、零距离、个性化的网上证券服务,使个人投资者得到过去只有机构投资者才能享受的待遇。在第二届最受股(网)民喜爱的"中国优秀证券网站"评选活动中,中华证券网入选并获十佳券商类网站的称号。

天元证券经纪有限公司

【公司概况】 天元证券经纪有限公司是经中国证券监督管理委员会批准的经纪类证券公司。主要经营证券代理买卖;代理还本付息;分红派息;证券代保管、鉴证、代理登记开户等业务。公司现有从业人员380人,其中80%员工具有大专学历,高级管理人员多数具有研究生以上学历。公司依照《公司法》建立起现代企业管理机制,成立了董事会、监事会,实行董事会领导下的总裁负责制。公司内部设有综合办公室、计划财务部、研究发展部、经营管理部、稽核审计部、电脑部、信息部等职能部门。公司董事长兼总裁:刘成。

【经营业绩】 公司营业网点从南到北贯穿全国,在深圳、上海、北京、沈阳、大连、哈尔滨、大庆、齐齐哈尔、伊春等地设立了十几家营业部。为客户提供一流的环境、一流的设备、一流的服务、一流的管理,实时揭示股市行情。交易委托突破了原有空间的限制,形成了自动委托、电话委托、网上委托、远程可视委托等多层次、立体化的交易网络。公司的信息工作形成了平台网络式管理,提供的信息全面、及时、准确,除了专业信息公司的股市信息外,还提供《天元资讯》等股市信息专刊。聘请专家在每日闭市后做解盘,并定期邀请著名股评家举办股市讲座等活动。公司成立一年来,本着"强化管理、规范经营、优质服务、稳健发展"的经营理念,面对竞争激烈的证券市场,立足于经纪业务主业,不断探索交易品种多元化,努力实现客户服务的创新,恪守"诚信、高效、创新、卓越"的企业精神,使业务规模有了较大的发展,取得了较好的经济效益,表现出良好、健康的发展势头。

广东民安证券公司

【公司概况】 广东民安证券公司是在广东粤财信托投资公司"信托业与证券业"分离和原广东联合期货交易所的基础上改组成立的广东省第三家省级证券公司,公司是广东省最早成立的券商之一,于2000年12月18日正式开业,注册资本金为3亿元人民币。主要股东包括:广东粤财信托投资公司、广东风华高新科技集团公司、中全资产管理有限公司、鹤山市资产经营有限公司、广东省科技风险投资有限公司、惠州市投资管理有限公司等实力雄厚的企业。民安证券公司实行董事会领导下的总裁负责制,下设办公室、机构管理部、研究发展部、计划财务部、审计部、网络营销部和电脑中心等部门,已正式开业的证券营业部十五家。目前,公司员工近400人,其中从国内外名牌高校毕业的各类专业人才占有较大比例。公司董事长:孔祥其,总裁:金国燕。

【经营业绩】 公司经营范围为:证券的代理买卖;代理还本付息、分红派息;证券代保管、鉴证;代理登记开户以及国家证券监督管理部门批准的其他业务。民安证券公司开业以来,坚持"维护客户利益",坚持"规范经营、防范风险",力求实现证券市场投资者资金安全、增值与公司发展壮大相统一,在中国证券市场繁荣发展中积极开拓、努力创新。公司通过完善营业网点布局和网上交易系统,以优异的经纪业务服务质量为证券市场带来全新的服务理念。公司与"中国金融在线"合作开发的网上交易系统的成功推出,与交通银行等多家银行共同推出的"银证通"、"银证网通"等业务,为广大证券市场投资者提供方便快捷安全优质的交易服务。改组成立半年来,民安证券公司下属证券营业部由开业最初的6家发展到15家,建立起完善的投资服务体系,在深圳、上海证券交易所的成交量及市场占有份额稳步增长、业务规模稳健扩展、经营业绩持续提高,创造了良好的经济效益和社会效益。

工商东亚金融控股有限公司

【公司概况】 工商东亚成立于1998年,经过短短三年发展,在股票上市、股票配售及供股、合并及收购、项目融资、银团贷款以及债务重组及再融资业务等方面均取得了迅速发展,在股票市场交易份额节节上升,已跻身在头30名内(香港共有超过500家券商),成为香港当地增长最迅速的投资银行。1998年,中国工商银行与香港东亚银行共同在香港收购了擅长投资银行业务的英资"国民西敏银行"下属的西敏证券亚洲有限公司,由工商银行控股60%,联合组建了工商东亚金融控股有限公司,从事香港和内地的投资银行业务。

【经营业绩】 工商东亚成立三年来,立足香港,背靠内地,面向国际资本市场,致力于为客户提供全方位的投资银行服务。针对去年香港经济摆脱衰退逐渐复苏的经营环境,工商东亚进一步明确发展战略,调整业务布局,提高综合竞争能力。目前,工商东亚在资本市场的业务包括了主板上市、创业板上市、股票配售与供股、合并及收购等多个领域,并已成为各类欲上市企业在香港联交所主板及创业板市场上市的优质保荐人之一,由工商东亚牵头的股票发行总数超过15亿美元。工商东亚已拥有全面的股票销售、证券买卖及股票调研业务,其客户群包括机构投资者、企业以及零售客户,强大的配售能力也有效的支持了工商东亚所保荐及主承销的上市项目。

三年来,工商东亚在香港资本市场中创造了多项第一:香港主板上市的第一支高科技农业股票—超大现代农业有限公司,香港创业板上市的第一支股票—浩伦农业,中国内地第一家赴香港创业板上市的信息家电企业—裕兴电脑科技控股有限公司。

此外,工商东亚还担当了中国石油香港及美国上市联席经办人、中国联通香港主板上市包销商、中国民航计算机信息中心(中航信)香港上市联席主承销、创维数码控股有限公司香港主板上市牵头经办人兼联系保证人、凤凰卫视控股有限公司香港创业板上市联席牵头经办人及合生创展集团有限公司香港主板上市全球协调人兼独家配售包销商等一系列重要的角色,并担任了友联银行、广信企业有限公司等多个合并与收购项目的财务顾问,还成功完成了有利集团有限公司、丽新发展有限公司等配股项目。目前,工商东亚已成为在香港乃至国际金融市场上都广受赞誉的一家投资银行。在致力开拓股票资本市场业务的同时，工商东亚还在其控股股东中国工商银行的全力支持下，广泛涉足债务融资市场，为企业提供的服务包括项目融资、银团贷款、债务重组及再融资、人民币贷款等，在过去三年内经办的项目总额已达到71.11亿美元。

ING霸菱

【公司概况】 ING霸菱是ING集团旗下的国际商业和投资银行。ING集团是荷兰最大，并且是全球最大的综合金融服务集团之一，市值约800亿美元。在2000年度ING集团旗下管理的资产超过6,101亿美元，利润110亿美元，在福布斯(Forbes)杂志2000年度全球500强综合排名中位列第五。ING霸菱的总部设阿姆斯特丹，并在全球49个国家设有办事处。其中37个办事处是在亚洲、非洲、东欧、印度和拉美等新兴市场。ING霸菱现有8,000多名员工。

2001年3月，ING集团宣布实施金融批发业务的战略，以期整合旗下之ING霸菱、BBL、BHF和ING银行及其众多下属机构的公司银行服务和投资金融服务。这项整合计划将与ING集团目前正在联合平台上运作的诸多批发业务继续同步进行，虽然这些金融业务目前有其他的名称。

【经营业绩】 ING霸菱致力向私人及公众客户提供广泛的商业和投资银行及二级市场产品，包括股票销售、交易、研究、外汇、定息和衍生产品、结构融资和收购兼并咨询服务。

香港是ING霸菱亚洲区的总部。自1974年创办香港业务以来，ING霸菱在香港市场非常活跃，并在发行、交易、研究方面有相当的影响力。自1991年至今，ING霸菱主承销了二十多项股本及债券交易，是香港联交所主板及创业板市场的优质保荐人之一及香港最大的投资银行之一。在1999年香港政府挑选ING霸菱为处理近2,000亿港元之释股工作的三家投资银行之一，并参与及后相并工作之财务顾问，反映了它在香港的实力与地位。

从90年初起，ING霸菱将累积的国际融资经验伸展至中国，藉此帮助国内企业找寻国际集资机会，使中国企业进一步踏向国际化水平。ING霸菱在中国北京及上海均设有分支机构，并在H股及B股市场为多家公司担任主承销、上市保荐人或国际协调人。

ING霸菱中国经验　ING霸菱自1991年底中国股本市场对外开放以来一直活跃於中国企业国际融资活动。多年来ING霸菱为中国企业境外融资担任了多次主承销商及主协调人，在H股及B股的发行，积累了丰富的中国业务经验，并在企业及监管机构中建立了良好的口碑。这些公司包括昆明机床、镇海炼化、鞍钢新轧钢、上海二纺机、上海耀华皮尔金顿、无锡小天鹅、黑龙江电力等公司。它亦为镇海炼化承销了第一个H股公司可转换债券，及为顶益发行了首个中国公司浮息债券。除了主承销角色外，ING霸菱在重大的中国企业境外发行中多次担任了副主承销或以上的角色，及十数次承销经理人的角色。

ING霸菱在多项中外合作、收购兼并或融资项目为中石化总公司、鞍钢新轧钢，中国水泥、法国电讯，国泰国际控股及宝洁等公司担任财务顾问。

ING霸菱近年来在中国石化、中国联通、中国电信(现中国移动)、首都机场、中石化冠德、山东华能、玉柴、吉化、东航、燕化、沪宁高速等中国企业国际发行中担任了地区联席主承销、副主承销等高级经理人角色，也参与了上海陆家咀，广东电力等多项B股的发行工作。

【ING霸菱创业板业绩】 ING霸菱在香港创业板也累积了丰富经验。自1999年创业板运作至今，ING霸菱在多项发行中扮演了重要角色，包括首次在创业板上市的天时软件及创业板龙头股格林柯尔。

格林柯尔科技控股有限公司　格林柯尔科技在中国主要从事环保业务，替换氯氟化碳(CFC)制冷剂及若干能源效益较低无CFC制冷剂，并采用格林柯尔制冷剂为制冷及空调系统中的制冷剂进行替换工程，集团亦在中国分销格林柯尔制冷剂。格林柯尔制冷剂被中国国家环境保护局确认为A类推荐品，并获海南省、湖北省及天津市政府推荐，以替换该等地区的制冷剂。格林柯尔科技集团於2000年7月成功在香港联合交易所创业板上市，配售约7,000万美元股票。这次配售取得空前成功，上市後股价表现理想。集团于2000年营业额较1999年大幅上升292%，净溢利上升554%，并于同年第三季派发中期股息每股0.05港元。此外，格林柯尔被亚洲货币杂志(Asiamoney)选为2000年度中国最佳小型公司(Best Small Companies)及2001年度福布斯全球国际首200名最佳小型公司之一。ING霸菱在是次交易担任主承销商/建档人及上市保荐人。这次的成功显示了国内优质企业及ING霸菱为保荐人的成果。

天时软件有限公司　天时软件有限公司於1999年11月25日在香港创业板上市，成为首间在创业板上的公司。天时软件主要业务是为企业提供有关电子商贸及互联网科技软件，解决方案及相关服务。天时软件上市後的股价及盈利表现理想。集团在截至2000年3月31日止年度录得1.5520亿港元收入，盈利为6,890万港元，盈利率高达44.4%。该业绩较集团在招股时预测为高。ING霸菱在这项交易担任主承销商及上市保荐人。这宗6,800万美元股票配售超额认购16倍，总认购额约10亿美元，当中超过91%股票是透过ING霸菱配售，充份表现ING霸菱强大的销售网络。

东英亚洲有限公司

【公司概况】 东英亚洲有限公司("东英亚洲")是东英金融集团有限公司全资附属公司。东英金融集团有限公司，是一家独立的、专门提供国际投资银行服务的公司。成立于1993年，总部设于香港，随著业务的迅速拓展，在深圳、北京及纽约亦设有分公司、办事处。

【经营业绩】 东英亚洲有限公司负责集团的财务顾问和企业融资业务。服务范围包括企业融资、上市保荐及财务顾问、收购合并、私人/公司配售、上市包销等。东英亚洲作为保荐人、主承销商和主经办人已成功使超过61间公司在香港联合交易所上市，当中更包括大型的H股公司和红筹股(窗口)公司。此外，东英亚洲亦参与了多宗上市公司的股票包销工作。截止2001年8月底，东英亚洲曾参与的包销活动涉及集资额超过478亿港币。除股本融资外，东英亚洲还成功组织了多项衍生工具融资和银团贷款。1999年，东英亚洲有限公司更首批获得香港"创业板注册保荐人"资格。至2001年8月，东英亚洲已先后保荐6家公司于香港创业板成功上市。由于东英亚洲在选择拟上市公司时审慎严谨，独具慧眼，著重于发掘公司业务的发展潜力，同时掌握市场脉搏，从而令到公司上市时有不错的表现，其中更有公司以其卓越的业绩成为市场的焦点并受到追捧。东英亚洲的成功在于植根香港，对亚洲及中国的经济环境和区内客户的财政需要有透彻的了解，亦深切理解香港市场及其与国内唇齿相依的关系，可根据企业和个人客户独特需求，提供"度身订造"金融服务。

另外，东英亚洲的管理层由经验丰富及百分百投入业务的专业人士组成：荣誉主席：刘鸿儒先生，中国证监会第一任主席，也是前中国人民银行副行长和前中国国家经济改革委员会副主任。刘先生在中国乃至国际金融界享有声誉，参与、领导了中国的金融改革与发展，开创了中国企业在海外交易所上市的先河。常务主席：张志平先生，毕业于中国人民银行金融研究所研究生院，是中国证监会第一任机构部主任，在此之前曾任中国人民银行金融管理司副处长和海南证券公司董事长兼总经理。张先生有近二十年的证券业经验，对中国金融市场有十分透彻的了解。董事总经理：张高波先生，北京大学经济学硕士。曾任海南省省长秘书、政策处副处长、中国人民银行海南省分行金融市场管理委员会副主任以及海南证券交易中心理事长。张先生参与了多间H股和红筹企业在港上市的工作，对中国和国际金融市场有超过十多年的丰富经验。董事：陈立基先生 陈先生持有国际市场学硕士学位及中国经贸投资文凭。曾任职于大型国际银行，对银行运作、企业财务和证券市场有十多年的宝贵经验。董事：陈立德先生 持商学学士学位，是香港和澳洲会计师公会及香港证券学院会员。陈先生曾任职于国际大型会计师行，对会计、企业财务和证券经纪有超过十年的经验。董事：梁展胜先生 梁先生是澳洲证券学会会员，曾受聘于香港政府参与经济研究工作。在企业财务和证券经纪方面拥有超过十年的经验，已成功负责及主持多间公司在香港上市的工作。

金鼎综合证券（香港）有限公司

【公司概况】 金鼎综合证券（香港）有限公司（简称金鼎香港）为金鼎证券集团的子公司。金鼎证券集团于1988年成立，现为台湾十大综合证券商及三大承销商。金鼎香港业务始于1993年，现时资本额达2.15亿港元，为香港五大台资证券公司之一。

【经营业绩】 金鼎香港的业务全面，主要业务包括（一）企业融资：公司已于2000年初获取香港创业板上市保荐人资格，为首批获取此等资格的台资公司，可为企业募集资金、公开承销上市、私募配售及提供企业财务顾问等服务；（二）资产管理及直接投资：提供投资咨询及资产管理等服务，如大中华直接投资基金管理及风险投资等；（三）证券交易：现时以成交金额计算为全港排名前100名之券商，并于中港台及其它主要海外市场提供证券买卖服务；（四）衍生商品交易：从事衍生性金融商品如认股权证买卖及回购协议买卖等业务。自1996年开业迄今的短短五年间，金鼎香港已迈向了多方面发展，并就上述之业务范畴提供全面及多元化的服务。如在企业融资方面，金鼎香港及有关人员无论于创业板、主板、中国B股、独立财务顾问、上市前配售及可转换债券等范畴均曾为不少本地、H股、民企及海外大型知名企业服务。在香港主板上市的个案包括中铝国际、广深铁路、上海实业、广州制药H股、洛阳玻璃H股、天津发展、首富国际、亚洲铝业及CEC国际等；在创业板上市的个案包括浩伦集团、吉林长龙、山河控股、实时科研、东光集团及新利软件等。在中国B股上市的个案包括深圳大洋、东方电子、万科及武锅等；在独立财务顾问方面的个案包括香港首钢集团、粤海投资重组、广州越秀关连交易、CEC国际配售认股权证、方正迁拆百慕达及亚洲证券收购等。此外还有其它业务，包括上市前配售、次级市场配售、承办印尼资本市场个案如CITATAH上市案及APP浮动利率票券、增资、可转换股票及修订雇员购股权计划等，均突显了金鼎香港在企业融资方面的成就，并已吸引不同企业寻求合作。事实上，金鼎香港之整体业务均能互相配合，提供一条龙的一站式服务。如在资产管理及直接投资方面，金鼎香港能提供上市前的辅导，安排在创业板或主板上市。另外在证券交易方面，于中港台及其它海外市场为机构及个人客户提供证券买卖服务，并设有研究部对有关证券及行业作出深入分析，为客户提供专业意见。除此之外，金鼎香港在衍生商品交易的范畴中亦将转趋积极，如认股权证买卖及回购协议买卖等新兴产品，相信能够配合未来市场对衍生商品日益增加的需求。金鼎香港亦与金鼎证券集团在上海及北京之代办处有着紧密的联系，除了解当地的市场状况及信息交流外，更重要的是就拓展客户网及开拓新业务互相补足，成为金鼎集团在大中华区内的重要联络及操作枢纽。

证券业乃注重人才与经验的行业，为此金鼎香港的管理层从事证券行业多年，相信其所具备丰富的行业知识及管理经验能够符合不同企业及投资者的要求。金鼎香港的主要管理层包括张平沼先生、陈淑珠女士及戴吉庆先生。

群益亚洲有限公司

【公司概况】 群益金融集团（Capital Group）系于1988年台湾群益证券成立后，为推动证券国际化之业务需要，陆续筹组而成的证券金融事业体，资产管理规模达3000亿台币。服务项目包括公司理财、股票经纪、固定收益、直接投资、衍生性金融商品、期货交易、投资管理及专案融资等。发展目标为向亚太地区大型投资银行之目标迈进。

【经营业绩】 台湾群益证券（Capital Securities Corporation）设立于1988年，1995年上柜挂牌，实收资本额92.23亿台币，资产总额560亿元（台湾前三大证券商），2000年税后盈利在台湾券商排名第三，连续四年（1997至2000）获权威杂志"欧洲美元"Euromoney选为台湾最佳券商。目前在台湾的营业据点共计25家，每一据点之营运绩效已连续数年居同业之冠，营业项目含盖经纪、自营、承销、股务代理、债券、信用交易等，冀提供法人及一般投资人全方位金融理财服务。

群益亚洲有限公司（CSC Asia Limited）设立于1992年，是群益金融集团全资附属公司，获得香港证监会注册投资顾问资格及香港联合交易所创业板批准保荐人（自1999年11月开始）资格。最近在香港资本市场的实绩有：（担任保荐人角色）：讯通控股、东光集团、即时科研集团、MRC Holdings，（担任包销商角色）：英君交通系统技术有限公司、雅高企业集团、东光集团、即时科研集团、金泽超分子科技控股、MRC Holdings、连达科技、江苏南大苏富特、成都托普、通达集团、世贸杉记、一木国际、讯泰科技、易宝有限公司、盛创企业系统。

第一上海融资有限公司

【公司概况】 第一上海融资有限公司（第一上海）于1993年成立，为香港联合交易所主板上市公司第一上海投资有限公司旗下从事金融服务业的全资附属公司。第一上海集团拥有非常健全的财务状况，资产净值约为10亿港元，负债比率极低。第一上海拥有强大的母公司作为后盾，随时为客户提供强大的支援及广泛的网络，使其在发展业务时更能得心应手，应付自如。第一上海之服务宗旨乃为我国包括香港之企业提供全面的金融及财务顾问服务，其中包括担任拟于香港联合交易所主板及创业板上市企业首次公开招股之保荐人、包销商及分包销商;协助已上市企业透过公开售股、配股、供股、发售可换股债券或其他金融工具,于资本市场集资。此外,我们亦为客户提供有关收购合并、财务及企业重组、上市公司私有化、成立合资公司及直接投资等财务顾问服务。

【经营业绩】 第一上海的服务主要包括以下三个环节。

企业融资　第一上海一向以务实和专业的精神、创新和进取的态度,为大中华地区的客户提供度身订造的专业服务,积极引领各大企业进入国际资本市场,务求与客户共同努力、共同成长。于2000年,在香港联合交易所主板及创业板上市的公司共有90家,第一上海成功保荐或包销其中15家,涉及的总集资金额约35亿港元;当中包括:北京同仁堂科技发展股份有限公司、中国生物制药有限公司、远东生物制药科技有限公司、康健国际控股有限公司及凤凰卫视控股有限公司等著名香港及国内企业。于2001年上半年,第一上海成功协助9家公司上市集资,当中包括亚洲网上交易科技有限公司、中国海洋石油有限公司、合纵连网控股有限公司及路讯通控股有限公司等企业;预期下半年第一上海协助经办上市公司集资的数目将比上半年为多。

证券经纪　香港证券业市场在全球资本市场一直保持举足轻重的位置,透过第一上海在金融市场累积对证券买卖的丰富经验、高度专业知识及强大配售能力,证券经纪部已发展成为第一上海的核心业务之一。除了提供股票买卖服务之外,第一上海亦积极参与股份配售、新股发行及提供证券托管及代理人服务。踏进新纪元,电子化证券买卖更趋灵活,为迎接市场的最新发展,第一上海透过自设的互联网股票买卖系统(网址:www.mystockhk.com)为客户提供专业而全面的网上证券交易服务,令客户可以随时随地在全球任何一个角落进行证券买卖。

资产及基金管理　第一上海的资产管理队伍致力为客户提供度身定造及充分衡量风险与回报的投资组合,以便协助客户设定最佳的投资策略,并务求为客户实践最理想的投资目标。凭著于金融市场的稳固基础,第一上海已计划成立一系列的投资基金,以迎合市场不同的需要。此外,我们亦为客户设立及管理个别之授权买卖户口,藉以提供为个别客户而设之专业投资策略。

南华集团有限公司

【公司概况】 南华集团有限公司为香港联合交易所上市公司,其市值于1998年12月31日约为港币4.3亿元,集团属下的公司分别从事金融、制造、传媒、酒店、地产发展与投资等业务。南华集团之前身南华证券有限公司成立于1988年,从事一系列与股票、商品、期货、黄金、外汇及商人银行等有关的金融服务。成立之初,资本额仅为港币2000万元,经过几年的发展,业务亦早已扩展至台湾、英国、东南亚与西欧等地;集团之股东资金由原本的2000万港元跃升至1998年底的约港币2.2亿元。南华证券在1993年7月在香港联合交易所上市,其市值于1998年12月31日约为2.3亿港元。

【经营业绩】 南华集团现时之控股公司,南华集团有限公司,上市名称原本为德利投资有限公司(以下简称"德利")。南华集团主要股东之一利兴发展有限公司早于1988年末已是德利主要股东。1990年5月,随着利兴的重组,利兴将其持有之50%的南华证券股份售予德利,同时将其约一半的德利股份,即34.4%售予南华证券有限公司管理层,即吴鸿生先生,Howard Gorges先生及张赛娥小姐。之后,经过多次的股本转变,现时南华证券管理层全资拥有的Earntrade Investments Limited已是南华集团有限公司的最大股东,南华证券管理层亦于1992年5月,将其持有50%的南华证券股份注入德利,使南华证券成为德利的全资附属公司。南华证券管理层入主德利后,即大展拳脚,于1990年7月收购另一上市公司万年投资有限公司之34.2%,其后通过包销万年的供股,把持股量增至71%。在1992年1月,集团决定把万年主要物业与快报售回给德利,然后将万年的上市地位并一些物业出让予第三者,获利约港币3500万元。在1991年2月,德利购入华盛国际有限公司34.5%之股份。此外,集团在国内还有多项其它投资,包括与广州市经委属下广州评估公司与企业家报合作成立投资顾问公司及读者服务公司;与南方工贸在增城县内合作开发并经营果园;与广州市白云区对外经济发展公司合作发展花卉、蔬菜引种及生产业务;在番禺与布吉分别拥有三万及十四万多平方米土地作发展用途;在广州市经营酒楼业;与天津塘沽房地产开发股份有限公司合作开发面积共超过1.5公里的土地。集团于1999年2月成功收购了于香港上市的四海旅游国际有限公司。

瑞士信贷第一波士顿

【公司概况】 瑞士信贷第一波士顿是一家具规模的国际性投资银行,为全世界机构、企业、政府及个别客户提供证券包销、销售和交易、投资银行业务、财务咨询、投资研究、基金募集、相对代理服务及在线代理服务。它在全球6大洲的39个国家共87个地区拥有员工28000多名。瑞士信贷第一波士顿是总部设在苏黎世的瑞士信贷银行集团的一家全资附属公司。

怡富资产管理集团

【公司概况】 怡富资产管理集团(JF Assct Management Group)是亚洲历史最悠久、经营绩效最好、也是深耕大中华资产管理市场最成功的资产管理集团之一。怡富资产管理集团是全球前三大金融机构——摩根大通集团(JP Morgan Chase)旗下成员公司之一。2000年间,英国富林明资产管理集团、美国大通银行以及美国著名投资银行J.P.摩根集团强强合并,形成的全球金融服务巨人——摩根大通集团(JP Morgan Chase),集团总资产超过7000亿美元,管理资产规模近6500亿美元。摩根大通集团资产管理业务遍及美洲、欧洲、亚太地区、非洲和日本。在37个国家和地区中共有767位专业投资人员通过集团遍布全球的资讯网络,为各地的客户提供资产管理服务。集团以摩根富林明资产管理集团(JP Morgan Fleming Asset Management)的名义负责美国以外的资产管理业务,总部仍然设在英国伦敦;在亚洲亦仍延用饶富盛名的——怡富资产管理集团(JF Asset Management)的名义继续经营在亚太地区的业务。

【经营业绩】 怡富资产管理于1970年即已开始在亚洲募集基金经营资产管理业务。集团发行的第一个基金——怡富日本基金——成立于1969年8月6日,至今已有32年的历史。经过三十多年的耕耘,怡富不仅在亚太各主要国家和地区建立了资产管理网络,在大中华地区,怡富资产管理更是积累了可贵的华人社会基金管理经验,取得了令人瞩目的业绩。在香港,怡富是该地区最具实力的基金管理公司,旗下五十余支基金为全球投资人提供了最优秀的亚太地区资产管理服务。1999年和2000年“南华早报”最佳基金经理评奖中，半数以上大奖均被怡富获得，充分显示了怡富在亚洲基金市场的实力。在台湾，怡富拥有近40万投资人，是投资人最多的基金公司，也是管理股票型基金资产规模最大的基金公司。禀承诚信的经营原则，怡富在台湾享有极高的声誉，被当地著名媒体评为“台湾最佳基金管理公司。”怡富资产管理对中国的基金管理业务一直非常关注。在过去6年中，怡富始终竭尽所能，积极投入协助国内基金管理业务发展和投资人教育的工作。多年来，怡富为中国基金业发展作出的努力得到了业内同行和主管机构的高度评价。2000年8月，怡富(富林明投资管理公司)与上海华安基金管理公司签订了技术合作协议。近期，怡富更全力协助华安发行中国第一支开放式基金，在显示怡富与国内基金管理公司的合作已经获得良好的进展并且获得各界的肯定。

贝尔斯登亚洲有限公司

【公司概况】 贝尔斯登公司总部位于美国纽约，是华尔街历史最悠久、规模最大的综合性金融服务公司之一，主要业务包括投资银行业务、股本销售交易、债务销售交易及私人理财等。贝尔斯登的投资银行业务主要包括股本融资、债务融资及收购兼并，并进行了高度专业分工，主要专业小组包括电信、媒体、高科技、民用消费品、金融、自然资源、房地产、医疗系统、收购兼并等。同时，贝尔斯登拥有一个经验丰富的研究部门，积极配合投资银行及销售交易等部门的工作。

【经营业绩】 自1923年创始以来，贝尔斯登已经保持了77年连续盈利的记录，并于1985年在纽约股票交易所上市，现为华尔街上市的五家主要独立投资银行之一。贝尔斯登公司的总资产高达1,730亿美元，总资本为276亿美元。按总资本计算，贝尔斯登是美国第六大投资银行，在全球共有1万1千多名员工。除了在美国纽约、波士顿、芝加哥、达拉斯、洛杉基、旧金山等美国主要城市拥有办事机构外，贝尔斯登还在北京、上海、香港、新加坡、东京、汉城、伦敦、卢加诺和圣保罗等地开设了办事机构。作为一家全球性综合投资银行，贝尔斯登高度重视中国市场，并大力加强了对中国业务的投入。贝尔斯登于1993年和1994年分别在上海和北京建立办事处，成为第一批在国内建立办事处的美国投资银行。贝尔斯登积极参与中国公司海外上市项目，自1996年以来，参与中国项目总额约为30亿美元，在所有投资银行中排名第五位。贝尔斯登于1997年担任了中国移动(香港)42.2亿美元首次公开售股项目的财务顾问及副主承销商，并于1999年担任了中国移动(香港)21亿美元全球配售项目的联席全球协调人及联席登记簿管理人。最近，贝尔斯被挑选为中国电信的独家财务顾问。贝尔斯登公司担任过财务顾问、全球协调人及主承销商的中国项目还包括广深铁路、北京燕化石油及兖州煤业等大型海外发行工作。

中国优秀证券营业部经验介绍

深圳经济特区证券公司
北京营业部

深圳证券公司北京营业部成立于1994年7月，她以拼搏的精神和稳健的经营风格在京城独树一帜，在充满机遇、挑战和竞争和证券市场上不断发展壮大。北京营业部被评为2000年全国优秀营业部。营业部地处海淀区北太庄路牡丹园十字路口，环境优雅、交通便捷，在总经理齐艳的带领下，正以崭新的面貌、一流的设施和一支高素质、服务精良的优秀员工队伍，满怀热情迎接着八方投资者。

深圳证券北京营业部秉承"客户至上"以及"公开、公平、公正、公信"的原则，始终坚持以优质服务赢得客户的信任。公司各部门鼎力配合，建立了高效灵活的管理运转体制，确保为客户提供有价值的服务。先进的电脑配置和完善的交易系统，高质量的研究资讯服务，快速有力的行政体系保证，大大增强了客户抵御风险的能力，使客户在瞬息万变的证券市场上运作自如。

公司在传统证券业务蓬勃发展的同时，瞄准信息时代互联网加速扩张带来的巨大潜力，开创了安全、快速的网上证券交易新业务。客户可以通过公司的"每日证券网(http://www.24stocknet.com)，第一时间获取特证研究所、咨询部的研究成果和最新资讯信息，通过网站进行高效安全的证券交易，全面开通24小时网上交易查询委托服务。网站集证券交易业务、理财业务、投行业务、研究咨询成果于一体，为客户提供全方位的服务。同时，还开通了全国性的CALL－CENTER，客户可以通过电话、互联网等多种接入方式，随时随地享受到个性化的互动交流和服务。公司以领先的技术走在网上交易的最前列，在国内首家推出WAP手机证券业务，向移动互联网用户提供新闻、无线交易、股票实时行情、股票专家点评、娱乐等综合服务，实现了WAP手机上网交易的突破。网络时代的到来为证券交易创造了无限的扩展空间，我们将以最先进的技术为客户提供最全面的电子化服务。

高质量的研究资讯工作是北京营业部经营发展的基础，也是为客户提供优质服务的核心。公司已将不断提高资讯研究工作的质量作为始终追求的重要的发展战略，目前正逐步加大该部门的投入。公司现已拥有数名高水平的资深市场分析师及行业研究人员，并经常活跃于京城的各类证券电视媒体、报刊中。在营业部内的每一位客户，无论是大户、中户还是散户都能享受到高效优质的咨询服务，他们在盘中可随时与咨询人员面对面交流大势看法、潜力个股。此外，每周二到周五下午收盘后举办精彩的盘后点评，周六上午有周末股市沙龙专场，以上活动的解盘人员将轮流邀请京城著名的股评人士到场。资讯部追求的目标：先见及时，客观精辟。

特区证券注重电脑网络的安全与建设，北京营业部组建了以主干千兆为基础的高效、安全的网络体系，为客户提供迅速、畅通的传统交易业务和漫游Internet网上交易服务。高效、安全、快捷的网络系统，突破了网点和营业面积的限制，以有限的空间服务于无限的客户，为客户的交易提供了有力的技术保障。用不断的技术开发带来业务的创新，提高了公司的整体经营优势。

深圳证券公司北京营业部以创造、智慧、诚信、协作为宗旨，在证券市场不断完善、发展，她永远是客户最佳的选择。

渤海证券有限责任公司
天津赤峰道证券营业部

渤海证券有限责任公司天津赤峰道证券营业部成立于1995年7月，现有员工17人，大专以上占83%，其中硕士研究生1人。赤峰道营业部成立以来，秉承"积极进取，稳健经营"的宗旨，把握机遇，不断开拓创新，经营水平稳步提高。目前已开办了A股、B股、回购等多项经纪业务，共有投资者19300余户，年交易量位于天津证券营业部的前列。2000年交易量为46.55亿元，实现利润1123.4万元。1998年被评为"天津市证券行业十佳文明窗口"，2000年被中国证券业协会评为"全国优秀证券营业部"。

一、抢抓机遇，勇于创新

1996年11月在天津首先开通了电话委托业务和银行转账业务，并实行零起点开户。1997年又对电话委托系统进行了完善和补充，推出了电话咨询系统，为股民提供了多方面的市场信息。1999年初，虽然B股市场长期低迷，却果断开通了B股交易业务，同时利用媒介宣传B股市场的情况，为日后的B股交易打好了基础。当internet兴起时，赤峰道营业部及时开通了网上交易，如今在线客户呈稳步增长趋势。

二、客户至上，优质服务

营业部拥有200多条电话委托中继线，沪深两市采用双向高速卫星的两套接收系统，汇金、乾龙、大智慧三套行情分析系统并行使用，保证客户行情及时，交易顺畅。优质的服务来源于高素质的员工队伍。赤峰道营业部17名员工中，业余攻读高一级学历的有13人，取得从业资格的有15人。营业部还采取轮换培训的方法，组织员工参加创业板、开放式基金等培训和各种高级经理人研讨会。浓厚的学习气氛，使员工的文化素质和业务水平不断提高。以营销为主线，不断扩大服务内涵，开展了代理销售、集体申购、邮寄对帐、专业指导定期股评等服务项目，每年还邀请部分股民与员工共度佳节，使客户有宾至如归的感觉。营业部一直推崇"以人为本、服务至上"的宗旨，员工们总是亲切地对客户说："如果您满意请告诉您的朋友，如果您不满意请告诉我"。独特的服务视角，全新的投资理念赋予营业部无限的活力。

三、规范管理，防范风险

营业部把规范经营防范风险作为重要工作，根据有关法规，结合自身情况，先后制定了《操作流程》、《财务管理》、《机房管理》、《安全保卫》等一系列规章制度。为防止操作系统故障，营业部配置了8小时UPS，地面拨号备份系统，沪深两市互为备份。同时制定了《异常情况处理办法》，明确了事故发生后各方应承担的责任，使投资者和券商的利益都受到了保护，减少了纠纷，降低了风险，受到客户和主管部门的好评。全体员工认真抓好每一个环节，严格落实查验三证、留存复印件、每日对帐、24 小时摄像监控等措施，多年来赤峰道营业部从未出现过股票盗卖、资金盗取等损害客户的现象，赢得了客户的信任和良好的声誉。

广发证券有限责任公司
北京阜成门南大街证券营业部

广发证券有限责任公司北京阜成门南大街证券营业部前身是原中银新文化街营业部，原营业部地理位置差，场地狭小，设备陈旧，且交易手段落后，经营状况不佳。96 年广发证券接管后，新领导班子经过对市场形势的认真研究分析，决定从原来地理环境较差的营业部地址迁到金融和商务气氛浓厚、交通便利的金融街上。迁址后营业部通过提供不断完善的各项服务功能和先进可靠安全的交易设备吸引了大量的投资者前来交易。营业部始终秉承公司的"团结、开拓、求实、高效"的企业精神，坚持稳健、规范的经营方针，强化内部管理，加强优质服务，在 98、99、2000 连续三年获得总公司经营业绩嘉奖，在京城券商中也享有良好的声誉和知名度，2000 年度又被评选为全国优秀证券营业部。

五年来营业部在各级领导的亲切关怀和全体员工的共同努力下，取得了骄人的业绩，利润逐年上台阶，成交量在京城排名中一直名列前茅。2000 年以来营业部在市场环境较好的情况下，也进入了一个快速发展时期。截止 2000 年底开户人数 10058 人，创利润 9200 万，客户保证金和市值总额近 30 亿。

(一)、始终规范经营，不断进行技术创新。

在规范经营方面，一贯遵守各项法律法规，加强内部管理、内部监控，守法经营，规范发展、稳步前进，在业内赢得了良好的声誉。始终围绕技术创新这一主线，在确保交易系统安全高效的基础上，积极开拓远程大户，实现了远程可视电话委托和网上交易，实现银证联网和手机炒股，不断完善交易软件的功能和稳定性，可以说技术创新是我部吸引客户和创收的主要手段。

(二)、从细微处入手，提供全面优质服务。

优质服务是我部的立足之本，随着营业部的发展和竞争的不断加剧，在诸如微笑服务、提供安全高效的交易系统、良好的交易环境以及其他服务手段等方面，各营业部均无明显的差别，服务手段和产品基本雷同，因此我部在服务方面坚持的是不仅服务品种齐全，更重要的是强调服务质量，使我们推出的每项服务能够真正的发挥它应有作用。在服务方面我们体会最深的四点：其一是对自身进行正确的市场定位——立足中小客户，重点开发机构、大户，目前我部开户人数中大户比例很高，从而保证了我部的保证金和成交量；其二对各类客户的需求做到详细分析和了解，有针对性的满足大中小户的各种需求，对不同类型的投资者提供不同的服务；其三对客户一定要诚实、守信，处处为客户着想，维护客户的利益；其四跟客户交朋友，日常工作中我们非常重视与客户的相处、交流和沟通，同客户建立了良好的合作关系，客户对我们的工作也给予了极大的支持和理解。

(三)、加强内部管理，防范和控制风险。

加强内部管理，尤其风险控制和防范、提高员工队伍素质、建立团结向上的团队、创造内部宽松、祥和的工作氛围，是广发证券公司一贯倡导的精神，也是我部的管理目标，几年来通过大量的工作，已取得了很大的成绩，从而为落实各项服务措施和经营目标打下了良好的基础，如建立健全各部门岗位责任制、部门之间相互制约和监督机制、差错处理规定、经理打分制度、员工聘任和奖励方法、员工福利制度等具体制度和措施，同时，加强员工业务培训和政策法规的学习、公司各项管理制度的学习以及职业道德培训，使员工在业务水平、政策水平和道德水平方面均有较大提高，整体水平达到甚至超过公司和同行业的标准。

(四)、重视咨询工作，建立完整的咨询体系。

咨询工作是最近两年来我部非常重视并下大力气做好的一个重点工作，现已有一套较为完整的咨询体系，如通过各种渠道收集各专业机构的咨询信息供股民参考，每日进行盘后分析和现场咨询、不定期邀请专家和著名股评人士举办股评报告会，为股民尤其是大户提供研究机构的各类研究报告。除上述日常的咨询工作外，还有诸如举办股民培训班、员工定期与股民进行座谈、交流等，旨在培养股民树立正确的投资理念和风险防范意识。

(五)投身公益活动，树立良好的企业文化形象。

我部始终倡导争创效益回报社会的理念，在我国长江遭受百年不遇的特大洪水、内蒙发生罕见雪灾、及闻知因困难而不能得到及时救治的危重病儿时，员工表现出了极大热忱，积极捐款、捐物。几年来，营业部参加了向残疾人送温暖、献爱心和为残疾人基金会捐款的活动，在兴教助学上向小学捐献电脑等教学用具、利用公休日多次组织员工在市中心的繁华地段发放宣传手册、普及证券知识和政策法规，受到了群众的广泛好评和欢迎。

总之，营业部作为证券经纪工作的最前沿，作为直接服务与广大股民的中介机构，在今后的工作中，我部仍将一如既往的围绕做好经纪工作这一主业，以技术创新和优质服务作为主要手段，以规范经营和遵纪守法作为宗旨，面对证券市场的日新月异的变化，不断总结和探索新型的服务模式，同时学习和采纳别人的先进经验，不断进取、稳步发展。

山东证券烟台胜利路营业部

山东证券有限责任公司烟台胜利路证券营业部，现有员工 28 名，营业面积 5000 平方米，开户股民达 2.76 余万户。近几年来，始终以市场为导向，规范经营管理，开拓市场资源，提升服务水平，在本地 12 家营业部中成为发展比较快、服务比较优、效益比较好的营业部，各项经营指标一直名列前茅。营业部 A 股交易额由 98 年的 33 亿、99 年的 39 亿元，2000 年攀升至 101.19 亿元，成为山东证券交易额率先突破百亿元的营业部。

一、严格规范管理，坚持依法经营 几年来，营业部始终将规范管理，作为促进效益的基础。一是加强遵纪守法的教育。组织员工系统地进行了《证券法》、《公司法》、《经济法》和新《刑法》的学习，先后编印下发了 6 期辅导材料，编录了近年来国家的有关金融方面的法规和沪、深两市的交易规则、创业板的交易规则等。在学习的基础上，进行了全员闭卷考试，收到了较好的效果。二是依法规范经纪业务和经营行为。营业部在严格执行国家有关证券法律、法规的过程中，创造性地规范经纪业务操作，制定了《营业部标准化管理细则》，规范了各岗位的工作标准、工作流程和行为准则，对电脑等关键岗位重点控制，对委托、清算、资金存取等重要环节严加防范，特别强调了从业人员的禁止行为和法律责任的界定。三是制定严格的管理制度。营业部先后制定了《员工奖惩管理方法》、《差错处理办法》、《设备管理及维护办法》、《内部岗位及职责划分》、《突发性事件应急方案》等,并付诸实施,彻底杜绝了违法违纪现象的发生。由此,使营业部的经营管理水平不断提高,确保了经纪业务的稳健发展。

二、提高整体素质、提升服务水平 服务水平的提升取决于人的素质。一是教育员工要爱客户、爱公司、爱岗位。客户管理员都为客户建立了《客户管理档案》,了解客户的投资风格、持仓情况、个人喜好,及时帮助客户解决问题,使营业部真正成为"投资者之家"。二是强化员工的业务培训。不断引导教育员工高标准、严要求、提高内存素质,适应未来证券业的发展要求,并对员工实行考试上岗制,使员工变"要我学"为"我要学"。每年都组织在岗培训、脱岗轮训、技能达标和从业资格考试,并赋予新的内涵、新的标准和新的要求,力求在岗员工向专业型、专家型的人才迈进。三是全方位加强为散户群体服务的意识。通过举办股民培训班、股市沙龙、专家授课等形式,提高投资者理论水平和实战经验。设立咨询台,实行副总经理坐班制,及时为散户投资者答疑解难。同时,加强科技进步和设备改造的步伐,使主要设备水平达到国内券商一流配置,切实保障了交易委托数据的快捷传递。通过这些,使营业部的常规服务、文明服务、智能化服务、个性化服务,一步一个台阶,雄深而有力,逐步形成了品牌效应。

三、更新转变观念,寻求开拓创新 1、融入智能个性化服务,稳固大中户的砥柱力量。首先,实施经纪代表制度。经纪代表对客户实行"面对面,点对点"的服务,建立客户档案,提出投资建议,经常走访客户,加强与客户的沟通。其次,实施跟踪服务。自94年以来,坚持对代理发行的"东方电子"内部职工股进行追踪服务。通过实行细致的登门服务、代办业务,吸引原始股持有者,上市前托管在我营业部的股份达1亿股,约占本次上市股份的45%,这其中潜在着几百个百万元以上的准大户,成为营业部发展的动力。2000年新增百万元以上大户390户,使营业部大中户的交易额由98年的16.7%上升到99年的36.6%,2000年比1999年又翻了一番。

2、进行机构户的超前服务,储备发展后劲。认真研究国家政策导向,洞悉投资主体变化,对机构户提早进行超前引入服务。一是引进农村养老基金进入债市。98年上半年跑遍了11个县市区 的有关主管部门,现场举办培训班,先后有8个县市区的农村养老基金进入债市,共引进1.6亿元,创造了3亿元的交易额。二是推动三类企业入市。99年,营业部总经理带领业务骨干,上门为有关企业提供投资指导,提供可行性报告,讲解国家政策,分析市场形势,计算回报收益率,赢得了客户的信任。通过前期的准备和近期的努力,不少机构慕名前来,为营业部储备了发展后劲。今年又新增机构户11户,资金3亿多元。胜利路营业部是在不断地超越自我中发展壮大起来的 ,自93年营业部成立伊始,就用自己的心血与汗水、勤奋与智慧,造就了一个又一个第一。当地第一家证券经营机构;第一家承销原始股票的单位;第一家开通无形席位、远程及网上交易的单位;第一家荣获"全国优秀营业部"的单位;第一家证券行业被评定为省级"青年文明号"的单位。目前,烟台胜利路营业部的发展势头良好,正以只争朝夕,勇攀高峰的精神,全力以赴为我国证券事业的发展贡献力量!

河南证券有限责任公司
许昌南关大街证券营业部

河南证券有限责任公司许昌南关大街证券营业部位于许昌市南关大街38号,成立于1994年9月。目前营业部总营业面积4000多平方米,各类微机700余台,拥有沪深双向卫星接收系统和四个沪深交易席位,80条连选电话委托线路,12条DDN专用线路,并在长葛、禹州两市分设有经中国证监会审批合法的证券服务部。在2000年10月份,我部被评为"全国优秀证券营业部"。许昌营业部之所以能取得"全国优秀营业部"的称号,是和优质服务与业务创新分不开的,这两条主线始终贯穿于我们的管理之中,时时刻刻都没有放松过。"努力,让客户感动"是我们对客户的服务宗旨,围绕这句话,营业部全体员工积极出主意、想办法,在提高服务质量的同时,不断努力开辟新的业务服务范围,推出了一项又一项新的服务项目,得到了广大投资者的一致好评和肯定。

许昌营业部信条及服务宗旨 许昌营业部在管理中坚持以人为本,鼓励员工学习,加强交流,达成了许多共识。形成了以下信条:1、以更好的服务满足客户,2、企业造就人才,人才造就企业,3、以不断的学习促进进步与创新,4、充分沟通与交流,5、共享成果。我们的服务宗旨:努力,让客户感动!

加强培训和推进组织学习,建立学习型团队 在营业部的日常工作中,营业部的两位经理都不约而同的把提高员工素质,培养人才,建立学习型团队做为营业部工作的一个重点,长抓不懈。对于如何培养人才,提高员工素质,进而创建一个学习型组织,我们不断在进行尝试。如通过定期对员工的业务知识学习培训,服务技能培训,知识竞赛及表演比赛等手段,促进员工加强学习。同时为大家提供公平的机会,如股民学校的试讲等。平日的学习是多种多样的,它不只局限于固定的课堂,它有许多种方式,如在一些重大消息事件出台后的行情研讨会上;交易所的交易规则变化后各部室下发的学习文件中;在股民学校即将开课时组织员工试讲时的试听会上等等。这种学习还经常以小组的形式开展,针对范围很广泛:有信息方面的,大盘走势研讨方面的,政策法规变化方面的甚至还有电脑硬件组装、维修方面的等等,通过参加这些学习,员工们眼界宽了,知识提高了,由此对营业部的工作创新、服务创新方面帮助很大。

注重企业文化建设,以激励型管理代替约束型管理

1、推出营业部的卡通形象大使—"赛克"。许昌营业部只所以能取得今天的成绩,是与全体员工的精诚团结、努力工作分不开的,在历次的工作会议上,营业部经理常说,企业文化就是全体员工的共识,是大家都认同的一种经营理念,许昌营业部的企业文化就是在此基础上建立起来的。为了使这种文化在员工心中找到一个凝聚点,我们今年请专人设计了能代表我们企业文化内涵的一个卡通小牛形象—赛克(save),是英文名Strive add value client(努力增加客户价值)的缩写,赛克小牛的"出生",是对我们企业文化发展过程的一个总结,又是一个新的开始。

2、举牌制度。在以前的管理中,运用最多的就是约束型管理,它在初级管理阶段非常有效,但随着企业文化的发展,这种管理制度就日渐显得呆滞了,它虽然对一些规章制度进行了硬性约束,但它也同时约束了创造力、约束了对工作的激情和想象力,阻碍了一些工作的发展,那么营业部"举牌制度"的产生,就是从约束型管理向激励型管理的一种过渡,它也是在营业部每月的合理化建议中产生的。具体分为金牌、银牌、黄牌和红牌,金牌是营业部的最高荣誉,除了奖金2000元外,还有2年的豁免权,并荣获当年营业部优秀员工;银牌的获得是营业部奖励500元,提供一次外出学习的机会,黄牌和红牌则分别是不同级别的处罚标志。通过这些激励措施,极大的调动了员工的工作积极性、创造性，截止目前，已有三位员工获得了银牌奖励，通过这种奖励，在营业部内部形成了在工作中你追我赶，在生活中互帮互助的良好氛围。

3、开心自助餐。“开心自助餐“也是我部以激励型管理代替约束型管理的一种，它的含义是：对在工作中有突出表现的员工以奖励，奖励方式很多，有200元现金；有购买价值200元的书籍；有以公司的名义向亲人送花祝福等等六项，由获奖员工任意选择，就象去吃自助餐一样，有很多种菜，你的口味是什么你自己选择。开心自助餐也是从中受到启发而来，它主要是尊重人、激励人的一种方式和手段，推出以后深受广大员工的欢迎，目前”吃“过开心自助餐的员工已经达80%以上，并且有好多员工都已经获得过2份甚至3份的开心自助餐。

4、建议制度、对话和内部论坛等。我部在日常工作中非常注重领导与员工之间的沟通和交流，每月都要开中层工作会议和全体员工大会，在会上营业部要对每月的合理化建议进行讨论和奖励，对一些好的建议，营业部还将授予本月最佳建议奖或最多采纳建议奖，颁奖采用的是摸奖的形式，新颖独特，气氛活跃。同时，营业部对一些关系到员工的利益和对营业部的发展有影响的事情组织全体员工进行研讨，这在我部称为“对话机制”：全体员工坐在会议室里，和营业部领导直接交流，说出自己的看法和建议，营业部经理对员工们提出的问题一一做出解释。刚开始有点不习惯，但慢慢的大家都接受了这种方式，并都喜欢上了这种交流，营业部经理称这种会议是“股东大会”，经理和中层是董事会成员，员工们是股东，要通过一个事项，须有半数以上的股东举手方可通过。这种对话机制极大鼓舞了员工们的主人翁意识，产生了良好的效果。在各种各样的交流中，最有特点、也是最受大家欢迎的就是营业部的“内部交流论坛”，它是我部在网上的一个主页，只有内部员工知道它的地址，大家在论坛上都注册有自己的昵称或别名，用来发表一些看法和建议，粘贴一些工作经验、小知识，并畅谈自己对人生、对生活的理解和感悟，是我们心灵碰撞、思想交汇的一个窗口。

其他种特色服务　1、客户电话服务中心。为投资者提供个股公告信息及其基本资料、业务咨询、信息交流等多项的免费服务。电话：0374—2337711。电子信箱：hnxczq@21cn.com。2、服务快车。为投资者提供上门服务，原来看似办不到的事情，我们可在短时间内为投资者解决！预约电话：2331122 主要内容：网上交易的上门调试和使用讲解、上门存取款、上门清密、上门办理委托取款协议书，送对帐单及调研报告、网上交易和系统操作说明书的赠送、及财经网站和营业部特色服务项目的介绍等。3、“一对一”服务。对十万元以上的投资者提供“一对一”的贴身服务，主要内容有：股票风险提醒、信息服务、电话秘书等。4、赛克投资学校。通过由浅入深的三十节系统课程的免费培训，帮助投资者提高操作水平，规避投资风险。主要内容包括：股票基础知识、股票交易知识、基本面分析、技术分析、财务分析等。5、“信息定制”和“手机短信”业务。根据投资者需求，以：“信息定制”（电子邮件）形式发送各类信息资料。通过手机为投资者及时发送当天最新的股票相关信息。6 网上在线、值班经理制、图书阅览室、专家热线等。

华泰证券有限责任公司江阴营业部

华泰证券江阴营业部成立于1993年11月。营业部成立七年多来，始终坚持“以客户为中心，以市场为导向，以效益为目标”的经营方针，努力把握市场发展机遇，对内狠抓管理，对外强化服务，积极开拓，锐意创新，经营规模不断扩大，经营业绩逐年提高，股票交易量、市场占有率、利润等多项指标名列公司前茅，并被共青团江苏省委命名为省级“青年文明号”。在2000年全国证券营业部评比中，华泰证券江阴营业部从全国2600多家营业部中脱颖而出，被评为“全国优秀证券营业部”。

良好的投资环境是华泰证券江阴营业部快速发展的基础。营业部现有营业面积9400多平方米，其中有两个交易大厅；经营品种齐全，目前有上海和深圳A股、B股、基金、可转换债券、国债发行、国债现货、国债回购、企业债券发行等；交易委托方式多种多样，有柜台委托、电话委托、小键盘委托、磁卡委托、钱龙自助委托、手机炒股、网上交易；证券分析系统先进实用，有“钱龙分析系统”、“通达信分析系统”、“大智慧分析系统”；各种设施配套齐全，配备了5台高档次康柏7000型服务器，1台康柏8500服务器，2000多台电脑，电话委托中继线560门。同时，营业部具有完善的银证联网系统，到目前为止，已与证券监管部门认可的江阴地区所有银行网点实现了银证联网，实行所有银行一卡通，并与中国银行江阴支行开通了B股银证转帐系统，极大地方便了投资者。

优质的服务是华泰证券江阴营业部的特色。营业部自成立以来，就将为客户提供优质服务作为立身之本，针对客户的需求和工作中存在的问题，制订并不断完善《员工服务规范》，明确服务标准。强化服务监督是确保提供优质服务的重要手段，因此，营业部建立了客户举报、投诉处理制度，对客户的每一件投诉都及时处理，对未严格执行服务规范的员工按章严肃处理。为了适应证券市场发展和客户需求变化的需要，营业部不断深化服务内涵，努力提高质量，一是长年坚持夜市服务活动，为广大股民提供看行情、解盘等服务，并每周六固定为新入市股民举办证券知识讲座。二是成立信息搜集小组，每天将相关信息和重大新闻通过多种方式告知客户。三是成立咨询小组，并聘请上海万国测评工作室研究员，为客户作早评、午评、闭市后的日评和个股点评。同时定期邀请著名股评人士来营业部与客户交流，购买一些著名投资咨询机构的信息提供给广大投资者。四是对交易量比较大的客户定期或不定期提供电子邮件服务，为客户及时提供宏观经济政策和行业分析、个股咨询和点评等内容，努力为客户提供个性化服务。五是根据客户需要上门服务。六是提醒服务。优质的服务，使营业部受到了广大客户的一致好评。

严格规范的管理是华泰证券江阴营业部快速发展的保证。营业部自成立以来，就始终把加强和完善内部管理作为日常工作主线，根据国家有关法规和公司有关规定，结合营业部实际情况，不断探索和完善，逐步形成了60多种、200多页的规范的管理制度。为保证制度的落实，营业部经常采取突击检查的方式，检查员工执行各项业务操作规定及行政规章情况，发现问题，即时解决。同时，加强重要岗位的管理，防范和化解各种经营风险。一是根据业务需要及时更新有关设备，加强计算机系统的维护和有关人员的管理，并经常进行系统的检查和测试，防范各种技术性风险，切实保障投资者。二是认真贯彻落实国家有关法律法和公司的各项规定，不断修订完善内控制度，加强对各个岗位、各个环节监控，努力把经营风险降到最低程度。

良好的环境、优质的服务、严格的管理，使华泰证券江阴营业部吸引了50000多名客户，也使华泰证券江阴营业部在江阴地区证券业竞争中立于不败之地。

联合证券有限责任公司上海牡丹江路营业部

联合证券上海牡丹江路营业部位于上海市最北部地区——宝山区，这里的经济特点和地理位置决定了我部的服务对象集中在中、小散户。从我部的客户结构来看，散户数占开户总数的91%；从股票成交量来看，大、中户分别只占总成交量的7.5%和5.5%。营业部处在这样十分不利的地理位置和面临这样的客户结构特点，不仅在激烈的市场竞争中站稳了脚跟，而且取得了良好的经营业绩，99年实现利润681万元，2000年实现利润1512万元。这些经营业绩的取得，其中奥秘何在呢?我们的体会是：功夫要下在环境上，劲要使在管理上，目标要盯在效益上。

一、改善环境、吸引客户，是提高效益的基础。

改善硬环境，提供一流的交易场所。1999年初迁新址后营业面积由原来的600平方米扩大到1400平方米；全面改造了网络系统，更新了电脑设备，增设了自动交割机并将电话委托线路增至128条，自助委托柜也达54台，开设了8个大户室和220个座位中户交易厅。交易环境得到较大改善，提高了营业部的竞争能力。

加强"软"环境，提供一流的服务质量。证券市场的竞争归根到底是人才的竞争，营业部业务工作发展的关键是人才，只有高质量的人才才能提供高质量的服务，进而吸引更多的股民，实现利润最大化。为此，我们非常重视对员工的教育培训工作。首先开展了以爱岗敬业、遵纪守法为主要内容的职业道德教育活动。使营业部形成了一种爱岗敬业，遵纪守法的风气；一种勤奋学习，刻苦钻研的风气；一种争当先进，弘扬正气的风气。第二加强员工业务培训，组织业务交流，使员工业务素质和技能水平有较大提高。第三以开展优质服务劳动竞赛等活动为载体强化窗口形象建设，以客户为中心，让客户满意，使股民有信任感；加深与股民的沟通，使股民有亲切感。我们还增加服务项目，开办了隔日委托、银证转帐、24小时电话委托和代理二级市场配售等一系列便民服务措施，受到广大投资者的好评。

二、强化管理，规范运作，是提高效益的保障。

加强管理，防范风险，规范经营很重要，在经营管理上有效地控制风险即等于盈利，这是我营业部一向坚持的基本原则。

强化内部风险意识教育。营业部经常对员工进行"规范运作，稳健经营"经营理念的教育。有针对性地对国内外发生的各种金融事件进行研究、剖析，反复不断地对全体员工进行风险意识教育。近年来，营业部名项业务取得较大发展，但基本上没有因为对风险问题考虑不周而导致出现大的问题。

建章立制，规范管理。除了要具有强烈的风险意识外，最重要的是要搞好建立规章制度的工作。制度落实了，责任到岗位了，才能有效地化解和防范经营中的风险。建立了《营业部管理办法》，包括人事管理、业务管理、交易管理、财务管理、安全保卫工作管理等制度，全面地明确了工作职责范围、评价标准，规范了工作秩序，强化了内部管理。成立了"风险防范小组"，建立了差错分析赔偿制度，抓好关键岗位的安全运作，严格操作制度和加强管理的力度。营业部的整体工作步入了管理严密、运作有序、效率提高、效益显著的良好循环轨道。

规范运作，稳健发展。有的客户向我们提出"透支"、"手续费返还"等要求，对此我们一律婉言拒绝。我们认为坚持规范经营，表面上看在吸引客户方面可能是劣势，但大多数客户特别是象我营业部散户占多数的情况下，他们最看重的就是经营管理的规范程度，实际上，"规范"又变成了极大的优势，这种优势具有强大的生命力，也是不断提高效益的可靠保障。

增强竞争意识。上海宝山区现有证券营业部十家，比前三年增加了50%，且硬件上较我们有优势。我们通过正常渠道严密关注周围的同行们，及时在管理层召开专题分析会，群策群力，采取相应措施，并据此提早半年考虑第二年的经营策略和发展方向。去年底，我们在认真预测分析经营环境的基础上，编制了一个具有科学性、前瞻性和可操作性的营业部三年发展规划。

三、开源节流，降本增效，实现效益最大化。

我营业部在面对既无规模效益，又不能走恶性竞争道路，加之刚迁新址而增加一块成本负担的困难，效益从何而来，除了前面介绍的向管理要效益，向服务要效益外，还有一条体会就是向内部挖潜要效益，我们的主要措施有：树立勤俭节约、艰苦创业的精神；领导以身作则，做降成本的表率；发动员工提合理化建议；减员增效。由于采取了一系列举措，才使得营业部实现了利润最大化。

中国银河证券有限责任公司绍兴证券营业部

银河证券绍兴营业部位于绍兴市鲁迅中路146号，总面积4300平方米。营业部自98年初迁址以来，始终坚持规范经营、开拓创新的经营思路，在公司领导关心支持和广大员工的共同努力下，在业务上取得了长足的进步，近几年来，业务量在公司和当地券商中均排名前列，取得了较好的经济效益和社会效益。2000年，被中国证券业协会评为全国优秀营业部，并被浙江省消费者协会等5家单位抽样调查评为"浙江省新千年服务质量信得过单位"。银河证券绍兴营业部在短短几年内，业务上不断取得进步是与营业部始终以"五个一流"(一流的设备、一流的服务、一流的管理、一流的形象、一流的规范）为经营理念，自我加压，多方面提高经纪业务管理水平分不开的：

一、坚持开拓创新，不断推出新的业务项目。

几年来，营业部始终把开拓创新作为立身之本，不断推出新业务，提供新服务，先后在绍兴本地券商中率先推出了银证转帐、家庭大户室、网上交易、手机炒股和银证通业务。例如，在推广网上交易上，营业部曾为此专门召开了几次网上交易研讨会，在加强宣传策划的同时，还由员工在绍兴市区及周边乡镇进行了巡回路演，为投资者现场办理开户、业务咨询，并推出了一系列的优惠措施。网上交易在营业部总成交量中的占比也有了明显提高。最近，营业部又与电信部门和网络公司合作，推出了优惠安装ADSL专线和电视机顶盒，以便进一步开发新的交易手段，降低客户的交易成本，开发客户群。

二、坚持大中散户并举，进一步完善设施。

管业部98年初装修完成后；几乎每年都要对新增或原有的营业用房进行装修或改造，力图为客户提供高档次的软硬件设施和舒适的投资环境。2000年又在营业部六楼专门开辟了一个设施齐全的餐厅，大大方便了客户的用餐。在散户大厅有多台自动委托机定时切换为钱龙信息，成为绍兴市首家为散户提供钱龙信息的证券营业部，还配备了市内唯一的小屏电视墙，设置了阅报栏、咨询窗，每天及时提供三大证券报和各类咨询机构的资讯报告

三、客户至上，为客户提供尽善尽美的服务。

在服务上，营业部遵循的是“服务无止境”。员工按公司要求统一着装，佩戴服务胸卡上岗，推行亲情服务。在大厅设立了意见箱，公布了投诉电话，并专门设立了“有问心答”股民意见反馈栏，每年不定期地召开客户座谈会，倾听客户呼声，对客户提出的意见和建议做到想客户所想，急客户所急，有问必答，及时改进。在双休日向客户开放钱龙信息、银证转帐、交割、咨询等业务。交易部和投资发展部的员工还会经常走访客户，探讨股市行情，交流思想，增进相互感情。

四。强化员工素质教育加强营业部内部管理

营业部每周一下午是固定的总经理办公会议时间，由各部门汇报上周工作情况，安排本周工作计划。每月初的员工大会，主要是传达公司的会议精神，通报营业部的当月工作，提出近期工作重点。每周还组织一次业务学习；提高员工的业务技能和综合素质。在工作中，还注重树立和培养员工的危机感、紧迫感、集体荣誉感和工作责任心及进取心。今年，又专门组织了员工的职业道德教育和警示教育。内部管理基本上做到了制度化、规范化。

五、规范经营，追求阳光下的利润。

规范经营是公司对营业部的要求，也是营业部领导一贯坚持的经营思路，面对本地个别券商不惜用违规手段吸引客户的做法，营业部依然坚持合法合规经营。虽然这会在一定程度上引起部分客户的流失，但身处高风险的证券市场，营业部领导始终把规避风险、规范运作作为营业部经营运作的首要条件，做到以规范促发展，以规范出效益。

六、加强投资者教育，服务社会。

今年，根据公司和中国证监会的安排和部署，营业部深入开展了投资者教育活动。在这次活动中，通过投资者问卷调查、组织客户参加证券投资知识竞赛、观看电影、张贴宣传资料等形式深入浅出地进行了投资者教育活动，并与《上海证券报》合作建立了股民学校授课点，授课内容主要是针对普通投资者普及证券基础知识，增强投资风险意识，提高分析判断能力，而且是向社会上所有投资者免费开放，而不仅限于在本部开户的投资者。所以股民学校一经推出，就受到了投资者的一致好评。

除此以外，营业部还积极协助当地企业提高管理水平。参与资本市场，帮助多家企业进行股份制改造和资产重组，在为企业服务，为社会服务，为当代经济服务方面作了新的探索和实践。

长江证券有限责任公司
上海汉口路营业部

长江证券上海汉路营业部是长江证券上海总部下设的三个营业部之一，它成立于1992年，地处上海黄金地段—外滩汉口路130号大楼，地理环境优越，营业面积达1948平方米。现有正式员工23人，年龄层次为20—30岁，其中大专以上学历的员工达80%。

一、业务经营情况

自成立以来，汉口路营业部在坚持稳健经营的同时，注意抓住机遇，努力开拓和发展各项业务，现我部主要受理的业务包括：代理沪深A股交易业务、沪深B股的交易业务、柜台债券业务。二千年度，在总部的支持和员工的努力下汉口路营业部交出了一份满意的答卷：2000年汉口路营业部超额完成了全年利润指标，人均利润达65万元，依法纳税832万元。2000年全年汉口路营业部无一失窃、火警、扰乱治安事件发生，多次获黄浦区经保支队好评。无挪用客户交易结算金、个人柜台债券的现象发生。1998年获上海首届证券业“十佳示范窗口”营业部荣誉称号。2000年获证券业协会首届“全国优秀营业部”荣誉称号。2000年，汉口路营业部作为黄浦区唯一一家证券经营机构，被黄浦区团委授“共青团号”的荣誉称号。

二、管理制度

“没有制度、不成方圆”，汉口路营业部一直以来倡导“向管理要效益”，在内部大力推行标准化管理，先后制定了一系列的规章制度，包括：《员工行为准则》、《营业部各岗位职责及内控制度》、《业务操作流程》、《应急措施》、《安全保卫制度》等，并通过多次模拟演习和不断的摸索、实践反复对以上制度加以完善修改，实行对各环节的标准化管理。与此同时，汉口路营业部还在机构设置上进行了改革，理顺内部管理机制，明确部门分工。依托前后台相分离的原则，营业部在前台设置了柜台业务部和经纪业务部；后台设置了财务部、电脑部、市场部，在此基础上还设置了综合管理部，以协调各部门之间的配合。各部门业务主管直接对营业部经理负责，营业部经理起着领导、组织、监督、协调的决策层作用，同时又接受总部领导的领导和监督。在申请设立证券服务部时，我部相应地建立了证券服务部的管理制度，基本业务流程将参照营业部代理交易业务流程规范操作。清晰的业务分工使汉口路营业部以一种更新的管理思路和手段去迎接严峻的市场挑战。

三、经营特色

(1)免费邮寄对帐单：为方便不常到营业部来的客户，我部开通了每月为客户免费邮寄对帐单的服务项目，并随信寄去营业部的宣传内容，这样既方便了客户也为营业部找到一条好的宣传途径。

(2)股市沙龙：长期以来，汉口路营业部一直坚持在每周三收市后举办股市沙龙活动，特邀万国测评著名分析师余海华等到场为股民解判大势及个股行情，投资者对此反映热烈。

(3)免费代理二级市场配售：自今年三月二级市场配售新股方案开始实施后，汉口路营业部为方便客户周六进行新股配售，立即推出了免费配售新股业务，并与大部分客户签定新股配售协议。同时，柜面员工还认真记下客户的联络电话，以便于在新股中签后及时通知客户。

(4)开通“点津热线”：63521608，是汉口路营业部最繁忙的一部电话。为了提高我部的咨询服务力量，帮助客户把握投资方向，汉口路营业部及时开通“点津热线”，并在投资者中产生了良好的反响。“一个好的传统、一条清晰的管理思路、一支优秀的员工队伍”，这不仅是汉口路营业部的成功之道，也是汉口路营业部的立足之本。对于汉口路营业部每一位员工来说，成绩已成为过去，留下的是一个更新更高的起点。

中国经济开发信托投资公司
南京证券交易营业部

中经开南京证券交易营业部成立于1997年6月，在四年多的经营活动中，营业部贯彻国家有关证券市场的方针、政策，认真地遵守、运用有关的法令、法规，规范经营，坚决防范金融风险，为客户创造良好的投资环境。经过全体员工的不懈努力，营业部的经纪业务保持了较高的增长，2000年股票、基金交易量高达107.4亿元，利润总额达到1539万元，多次被总公司评为优秀营业部，2000年10月被中国证券业协会评为“2000年度全国优秀证券营业部”，取得了良好的社会效益和经济效益。

成绩来自于我们为客户提供的优质服务,"客户是衣食父母"的观念深入人心。做好服务的首要内容是风险教育,坚决杜绝为了获取手续费而盲目要求客户不顾形势的做交易量,同时千方百计为客户投资盈利创造条件:每天向客户提供的证券相关的信息,容量不少于3万字;加强公司的调研和基本面分析,引导投资者理性投资;针对大户比例较高的特点,建立了"客户专人负责制",采用个性化的服务;做好常规服务的同时,提出"延伸服务":开设配股、二级市场配售事先提示服务;交寄对帐单;上门办理开户手续以及为方便上班族而开设证券夜市等等;还斥巨资改造营业场所、更新通讯设备以及和多家银行联通,为客户创造良好的投资环境。

服务水平的提高取决于严格管理。营业部特别重视管理制度的建设,每一个岗位的职责,每一项业务的流程,甚至个人仪表等一些细节都有明确的规定,重点加强金融风险防范,建立内部控制制度和稽核制度,严格执行客户保证金管理制度。全体员工对照制度严格执行,营业部领导和员工代表组成的考评组每个月进行考核,及时发现问题、解决问题。由于管理严格,工作细致,营业部成立以来没有发生过大的经营事故。

证券行业的竞争十分激烈,但归根到底在于人才的竞争,营业部十分重视员工的教育、培养,坚持每周一次的学习制度,进行业务学习和职业道德教育。绝大多数员工通过证券从业资格考试;鼓励和支持员工进行后续教育,提高自身素质;建立轮岗制度,培养员工多岗位的技能;注重培养团队精神,建立企业文化,积极参与社会公益事业。逐步建立了一支素质优秀、业务能力过硬的员工队伍,成为营业部业务进一步发展最可贵的资源。

创建一流的营业部,带出一流的员工队伍,必须有一个战斗力强的领导集体,营业部领导通过认真学习党的基本路线,学习"三个代表"的思想,不断提高思想政治素质,为各项工作建立了坚实的基础。在工作中严格要求自己,身先士卒,主要客户大多是营业部领导联系和开发的。营业部订立《总经理议事规则和办事规则》,通过总经理办公会议制度,坚持集体领导,民主决策,重大决策都事先交由员工充分讨论,广泛听取意见,使每项制度的建立都能取得最佳的效果。在对员工严格管理的同时,也在工作、学习、生活上多方关心员工,干群关系密切,为各项工作的顺利进行创造了好的氛围。

西部证券股份有限公司
咸阳渭阳西路证券营业部

陕西证券有限公司咸阳渭阳西路证券营业部于1993年8月16日成立,在中国证券市场多年的风雨洗礼中,营业部已由一株破土幼芽,迅速成长为参天大树,各项经济指标和社会效益均有大幅提高,并荣获"2000年全国优秀证券营业部"称号。2001年1月17日,随着增资扩股工作的完成,以陕西证券有限公司为主体的西部证券股份有限公司成立,咸阳渭阳西路证券营业部也随之步入了一个全新的发展时期。

西部证券股份有限公司咸阳渭阳西路证券营业部现有营业面积4000余平方米,为开业之初的十倍,服务终端全部焕然一新,性能更稳定,速度更快捷,营业部机房更被中国证监会和两交所列为示范单位。交易手段实现多样化,由最初单一的柜台委托、人工报单发展到今天的无形席位、电话委托、自助委托、远程委托等手段。为紧跟形势发展,营业部正在努力完成网上交易业务开通的有关工作。不但如此,营业部在服务这一软环境上也实现了质的飞跃,健全客户服务机制,提出并落实"微笑服务是标准,客户满意是宗旨"的服务思想。时至今日,在营业部开户的客户数量已有五万。

咸阳渭阳西路证券营业部之所以取得如此骄人的成绩,是与其成熟的经营理念分不开的:

一、依法经营,规范运作

营业部在管理上立足于长远,坚持依法经营,规范管理。(一)建章立制,严格管理。营业部根据具体情况,确立了完整的经营管理体系:在制定详尽的岗位责任制和其他管理制度的同时,各部门、各岗位的评价考核体系及奖惩标准也相应建立。随着证券市场及营业部的发展变化,这些规章制度也在不断的修订、完善之中。几年来,营业部先后组织员工学习了《宪刑法》、《公司法》、《证券法》中证券交易、金融管理等方面的法规制度,以法律的准绳约束员工行为。(二)防范市场风险,保护投资者利益。营业部将风险防范工作分三个方面来抓:第一,投资者是市场风险最直接的承受者,为增强投资者的风险意识,营业部除利用印发宣传资料、张贴宣传标语及横幅,广播有关讲话、摘录并公布各种防风险文章等形式向投资者进行宣传外,还多次组织部分投资者进行座谈,推心置腹地介绍市场风险及过度投机的危害性。第二,为加强自身的风险防范能力,在健全监督机制基础上,采取了以下措施:1、自觉接受证监会及公司总部的监督、检查,及时汇报经营工作中存在的问题和解决设想;2、耐心向客户解释有关法规、政策,不向客户透支;3、坚决按章经营,堵塞违规资金进入营业部的各种渠道;4、定期检修电脑和通讯设备以及供电系统,努力将自然风险降至最低。由于坚持规范化运作,积极防范各种风险,营业部在市场大起大落的多次考验中,都交出了一份令投资者满意的答卷。

二、狠抓质量、诚信服务

以诚信服务换取经济效益,营业部将全心全意为投资者服务、全方位提高工作质量作为营业部的核心任务。(一)想客户所想,长年开展优质文明服务活动。营业部以"创建优质文明营业部,全天候提供最佳服务"为目标,修订了文明用语,每半年自行举办一次优质文明服务月活动,并制订各岗位业务限时标准及"微笑服务规范",还聘请部分投资者作为"客户监督员",对各岗位服务质量进行不定期检查。(二)加强资讯研究,提供及时准确的投资分析。营业部通过内引外联,不断调整、充实信息工作人员。并加强与外界信息交流,与专业咨询服务机构合作开发信息资源等。目前,营业部已形成以信息部、公司研究中心、专业咨询机构"三点一线"信息服务为中心,多渠道信息来源为补充的综合信息研究网络。(三)强化技术管理,适时更新设施。营业部对服务器、网络设备到用户终端等交易设施都定期进行更新,保持交易设备的区域性领先水平。在中国证监会《证券经营机构营业部信息技术管理规范》颁布后,营业部重建机房,更新服务器、重建网络系统、完善数据备份系统,强化人员素质,使机房的软硬件水平均上了一个新台阶。1999年7月,在中国证监会信息中心及交易所领导参加的信息系统抽查中,咸阳营业部的机房建设与管理得到了较高评价,西安证管办向辖区券商推广了咸阳营业部的信息系统管理经验,随后,西安、汉中、宝鸡、宁夏、新疆等地多家券商前来考察并交流体会。

三、弘扬文化、团结奋进

首先,以"自我价值的实现在于企业的发展"为主题,培育并强化员工的主人翁精神。营业部充分为员工创造发展机会,使员工利益与营业部利益息息相关、个体价值与整体价值紧密相联，从体制上保障了员工的主人翁地位。其次，以人为本，形成营业部企业文化的基础。主要表现在：在员工之间、上下级之间倡导相互尊重、相互学习的美德；充分发挥员工的主观能动性和创造力，通过各种形式和途径，鼓励员工提出合理化建议，为营业部发展出谋划策。第三、树立团队精神，增强企业凝聚力。咸阳营业部利用各种形式，培养员工的团队观念，使员工认识到自己是整体的一分子，在团体归属感的塑造过程中，员工的精神面貌也焕然一新。

成绩只代表过去，随着新世纪中央开发大西北战略的实施，咸阳渭阳西路证券营业部将抓住这一大好机遇，不断开拓，奋力进取，在新的时期创造出更加辉煌的业绩。

辽宁省证券公司丹东分公司沈阳证券交易营业部

辽宁省证券公司丹东分公司沈阳证券交易营业部于1992年底正式成立，营业部按照“规范经营、创新发展、客户至上”的经营原则，以“提高投资者的投资回报率”为服务宗旨，在全体员工的不懈努力下，目前已发展成为东北地区一流的证券营业部。在营业部的部门设置上，我们充分考虑投资者的需要，内设以咨询服务为主要方向的投资顾问部、理财服务中心；以新业务研发为主要方向的研究发展部、总经理办公室；以提供服务平台为主要方向的业务部和网上交易服务中心；以及技术部、财务部等后台服务部门。现有营业面积7800多平方米；散户大厅1000多平方米，拥有100多台自助委托划卡机，700多个固定座椅；中户大厅设有500多个位置；大特户50多个房间。

在经营上，我们以“遵守国家有关法律、法规及各项金融方针政策，运用市场机制引导社会资金流向，通过对投资者的培育来引导理性投资，为中国证券市场健康发展尽力尽责，保护投资者的合法权益”为经营宗旨。在管理上，营业部强调以共同价值观来统一思想，以团队行动为特征，在充分发挥集体智慧的前提下，倡导自主管理，发挥每个员工的内在潜力，确保工作总目标的顺利实现。在服务上，一方面，我们强调服务平台的建设，另一方面，我们强调在这个服务平台上如何为投资者服务以及为投资者提供何种服务两个核心问题。根据投资者可选择的交易方式，我们不断完善了以营业部为主的建立在以柜台交易为主要服务方式的传统式服务平台，同时为满足欠发达地区投资者的投资需求，我们又建设了以“丹证理财网”为咨询平台的网上交易服务方式，使更多的投资者享受到我们的优质服务。这样就解决了如何为投资者服务的问题。在为投资者提供何种服务这一问题上，我们充分认识到投资者的投资目的是追求资金的高回报。为此，我们强调投资者分析能力的提高、决策能力的提高，而不是依赖股评人士的股票推荐。为提高投资者的判断能力，我们不断地在营业部举办理财培训班，开夜市与投资者增加交流的时间，通过丹证理财网对远距离投资者进行培训。通过我们的努力，投资者的投资效益得到了提高，增加了营业部的客户资源，同时也带来了营业部业绩的持续上升。这就为营业部的稳定、健康发展提供了保障，也为中国证券市场的健康发展尽到了我们应尽的责任。

几年来营业部始终把争创“一流服务、一流环境、一流信誉、一流券商”作为发展目标，不断提高服务层次，我们所做的工作得到投资者和有关部门的赞赏，于1997年被省证监会评为“辽宁省窗口行业公众形象最佳单位”，被沈阳市证监会评为“优质文明服务窗口单位”，2000年被中国证券业协会评为“全国优秀营业部”。展望未来，营业部将努力弘扬辽证精神，强化管理，稳健经营，努力提高服务层次，走专业理财之路，以答谢广大投资者的厚爱。

黑龙江省证券公司西大直街营业证券交易营业部

黑龙江省证券公司西大直街营业证券交易营业部成立于1993年10月，由于其建部早、规模大、效益好、信誉卓著，在黑龙江及东北地区的证券营业部中有一定的影响。她以其稳健规范的经营方式和良好经营业绩，以其公认的社会信誉和独特的企业文化，深受广大投资者的信任和爱戴。营业部地处哈尔滨市南岗区繁华地带，拥有营业面积4000多平方米，拥有开户股民32000多人，几年来共实现交易金额260多亿元，累计实现利润5200多万元，为黑龙江省证券公司的发展壮大做出了突出贡献，也为地方经济的发展做出了贡献，营业部多年来不仅致力于推动地方证券市场的发展，而且培养和增强了百姓的证券投资意识，营业部先后受到过行业主管部门和公司的多次嘉奖和表扬。多年来，西大直街营业部依靠员工们的努力积累了一些经验，取得了一定的成绩，为与大家共同推进营业部的工作和方便营业部之间的沟通交流，现将西大直街营业部近年工作中的一些做法向大家做些介绍，以利同行们共勉。

一、西大直街营业部的发展靠的是规范稳健的经营和科学的管理

总结西大直街营业部多年的经营管理经验，应该说遵纪守法、规范经营、科学管理、稳健发展是最重要的根本，营业部建部八年来，经历了证券市场上的风风雨雨，曲曲折折，但营业部从未发生任何经营风险和重大安全责任事故，未有任何不良资产存在，也未有因违规违纪被行政主管部门处罚的纪录，这些完全归功于规范稳健的经营和科学的管理，正是营业部的两任领导和全体员工坚持这样的认识和共识，使营业部取得了稳定的经济利润，赢得了广大投资者的信任，也使营业部得以持续快速地发展成长。

二、效益的增长依赖于优质高效的服务和经营环境的改善

西大直街营业部之所以有广大的客户群体，有较好的经营业绩，有良好的信誉和形象，完全依赖于优质高效的服务和完善的投资环境。为使营业部的服务工作落到实处，营业部下了很大功夫在全营业部范围内推行标准化服务方案，使员工们的日常服务规范化、制度化，使其在具体工作中有章可循，有了具体、明确的行为制约和执行要求，确保服务标准化，交易服务标准化，信息服务标准化，咨询服务标准化，电脑服务标准化的推行，也对营业部的经营环境提出了更高的要求，更加有利于客户的监督、检查，有利于公司的评比和考核。

推行标准化服务工作方案，改变了西大直街营业部过去对服务要求停留在口头上和纸面上的做法，通过标准化服务方案公开向客户宣传和公布，方便了股民的监督和评比，并采取填制“标准化服务务考查表”的方式计算得分，按评比结果与员工责任津贴收入挂钩，极大地推动了营业部优质服务工作的开展和营业环境的改善，对客户满意程度高，信誉好的员工营业部评选为服务明星给予表彰。这项工作的开展，使客户对营业部的工作给予充分的肯定，扩大了社会影响，吸引了大批股民前来落户，增加了营业部的经济效益，使营业部尝到了甜头，取得了较好的效果。

三、强化人事管理考核办法，着力培养高素质人才队伍

西大直街营业部共有员工19人，全部拥有大专以上学历。其中硕士研究生四名，本科生13人，有较高文化素质的员工队伍有力地保障了营业部工作的顺利开展，为客户提供了高质量的服务，也使营业部的各项工作和活动走在其它部门的前列。为此，营业部内部建立科学、规范、完善的人员考核管理办法，全面实行“631”劳动合同管理工程方案，这项方案采取“两年一周期，一年一考核”的方式对员工进行考核聘用，根据营业部员工年度考评结果，将职员聘用合同期二年、一年及缓签比例规定在60%、30%、10%范围内。并制定详细的考评办法就员工的工作能力、工作表现、工作成效等内容进行多种方式的考核。依据考评结果签定聘用合同，此项工作方案的认真贯彻执行，对员工的促动很大，也充分调动了员工工作的积极性和主动性，提高了员工服务意识和服务质量，增强了员工学习业务，提高工作能力的自觉性，真正建立了人员考核任用上的激励机制和竞争机制，改变了过去干多干少一样，表现好坏一样，奖金多少一样的大锅饭体制，体现了市场化、规范化的人员考核聘用机制，推动营业部各项工作的开展。

营业部十分重视人才的培养，重视人才的作用，也给人才以充分锻炼的机会，鼓励大家多学习业务知识和文化知识，多提高工作能力和劳动技能，在营业部内努力营造一种业务讨论畅所欲言、技能培养比学赶超、学术观点百家争鸣的氛围，并舍得花费精力和财力按照公司的统一部署，拿出一部分资金从营业部中挑选优秀人员进修研究生学历，现营业部有三人在哈尔滨工业大学研究生院进修管理科学与工程专业，充分体现了营业部对人才的渴望和需求。营业部在岗位人员的选择上也根据各个员工不同特点合理安排，并实行岗位轮换制度，充分培养员工们的综合工作素质和能力，营业部还定期组织业务学习和岗位练兵，对实际工作中适用的一些基本技能（如键盘输入、股票代码熟记等）定期举行考试，督促员工提高技能水平，增强技能的熟练掌握程度。利用休市时间内部组织多种形式的股市研讨会，给员工创造机会参与股评报告和股评写作，提高大家的语言表达能力和文学写作能力，一些员工还被专业宣传媒体（报刊、广播、电视等）聘为市场咨询人士，即锻炼了自己，也提高了营业部的知名度。营业部充分重视员工的潜能，倡导大家敢讲、敢写、敢于提出不同见解，鼓励大家就营业部的工作提出意见和建议，合理采纳，真正做到人有所用，人尽所能，使员工真切感受到在西大直街营业部工作不但能学习知识、提高技能、培养能力、锻炼完善自己，而且身心愉快，精神饱满，为成为这样集体中的一员感到骄傲和自豪。

四、建设精诚团结的集体和富有生气的团队是西大直街营业部做好一切工作的保障

西大直街营业部是一个精诚团结的集体，也是一支富有朝气的团队，这是她取得成绩的保障。历年来西大直街营业部都把班子队伍建设和精神文明建设摆在工作中重要的位置，领导班子团结合作，协调一致，领导干部不仅以身作则，各项工作和活动都走在员工的前面，而且严格要求自己，廉洁自律，反腐倡廉，不搞特殊，与员工打成一片，起了很好的带头作用，西大直街营业部成为一个风气正、作风硬的光荣集体，同时，大力开展精神文明建设和企业文化建设，开展题材广泛，形式多样的活动，带动起营业部青年的工作热情和生活追求，造就了一支富有勃勃生气的战斗团队。

营业部设有多种文体活动小组，乐队、球队、棋类活动都开展的有声有色，丰富多彩。西大直街营业部团支部还被黑龙江团省委授予的“青年文明号”光荣称号，并多次组织参加了多项“青年志愿者”活动。青年员工还参加各种社会公益活动和省、市、公司组织的大型活动，从这些活动中受到了教育，培养了情操，建立了正确人生观和世界观，员工们也在活动中得到锻炼，培养了良好的职业道德，成长为新时代的合格青年。正是基于这样的一个集体，才使西大直街营业成为证券经营机构的排头兵，成为一支特别能战斗的队伍，成为一支奋发向上，朝气蓬勃的团队，也使西大直街营业部经历了证券市场风雨的洗礼和考验，逐渐壮大，成熟，焕发出勃勃生机。

在未来的时间内，南岗部将总结过去的经验，向兄弟单位学习成功以验，不断地扩大经营规模，提高经营效益，建立更加良好的社会形象和信誉，不断扩大经营范围和领域，进一步改善服务，提高竞争能力，力争在新千年里取得更大的成绩。

北京证券有限责任公司
德胜门东滨河路营业部

北京证券有限责任公司德胜门东滨河路营业所坐落在古老的德胜门城楼东北侧，是北京地区最早开设的证券营业部之一。自1994年5月16日成立以来，在激烈的市场竞争中，德胜门营业部披荆斩浪，逐步的壮大、成熟，时至今日，已经颇具规模：营业面积达4000多平方米，现有客户12724户，2000年沪深两市A股的交易量97亿元，市场占有率达到0.08%。

“先客户之忧而忧，后客户之乐而乐”是我们的工作口号。几年来，在员工的辛勤努力下，德胜门营业部已逐步形成了自己的特色：散户大厅明快高雅，中户室宽敞实用，大户室豪华气派，超大户室高贵典雅。同时，为了更好地服务于客户，营业部还配有宽裕的专用停车场，设有茶饮休息室和健身娱乐中心等休闲配套设施，使客户能够劳逸结合。冬天里的一杯热茶、夏日里的一碗冰水、柜台上的一副老花镜和营业部全体员工的每一声问候和每一张笑脸，一件件微不足道的小事，都是我们为客户提供的细致入微的服务。

作为营业部而言，最宝贵的资源莫过于客户，尤其在金融业市场化不断深入的今天，争夺有限的客户资源，已成为证券公司经营活动的一个重要环节。为此营业部确立了“以人为本”的经营方针，并充分发挥了营业部开业时间长、营业面积大的优势，在中小户中倡导“客户自助交易，券商信息服务”的服务理念，进一步完善了“证券超市”的服务模式。真正做到了为客户提供了一条委托快捷、手段丰富、品种齐全的交易“通道”。

面对激烈的市场竞争，营业部争取“发展、更新、进步”的经营方针，在保障交易的情况下，营业部已对原有的设施进行数次更新换代。目前我营业部拥有上海、深圳两个交易大厅，数十台自动委托机。在营业部开户的大中户都配有586工作站，人手一机。营业部机房采用的服务器是新型的COMPAQ6500，性能可靠、优越，同时具有一百条中继线电话委托系统。新近还增设了INTERNET网络系统和远程终端可视电话委托系统，大大方便了客户，而且还能提供准确、及时的路透社信息。在资金划转方面，同时开通了工商银行，建设银行的电话划款系统，极大的方便了客户办理存取款业务。为了防止突发事件，尤其防止在交易时间行情突然中断的情况发生，营业部从加强防范入手，专门购置了图文电视股票机，并与闭路电视系统联接，一旦出现行情中断，图文电视股票机将马上开始工作，向各大中户室及交易大厅传送行情，保证营业部客户依然能及时的了解到沪深两市的交易变化情况，最大限度地维护了投资者的利益。

营业部在咨询服务工作的实践中不断探索和总结，推出了具有营业部自身特色的点面结合的工作模式，体现在以下几方面：收集整理各类市场信息；提供各类市场信息及市场权威人士的研究分析报告和市场性评论；撰写了具有营业部特色、实战参考性很强的《每日资讯》、行业分析报告和一级市场投资分析。针对不同的客户需求，营业部定期举办了高、中、低三个不同档次的股民培训班，向客户讲解证券市场基本常识以及各种操作技术分析方法；与此同时，营业部还定期聘请知名股评家来营业部做现场股评报告；为了能及时和最大限度的了解股民的情况和他们对营业部的意见，营业部还在散户大厅专门开设了"个股咨询柜台"和"意见反馈箱"，这使我们总能在第一时间了解到股民的动态并用来及时调整和改进我们的工作。

事实证明，优越便利的地理位置，诚挚热情的服务水平，宽敞明亮的营业场所，先进齐全的技术手段，将会使德胜门营业部从一个胜利走向另一个胜利，"笑迎股市别样红"是德胜门人最真实的心理写照！

无锡证券有限责任公司中山路营业部

中山营业部成立于1994年12月，自开业以来即遵循"勤奋工作、团结协作、优质服务"的宗旨，认真贯彻证监会"法制、监管、自律、规范"的八字方针，在总公司"规范经营求发展"战略思想指引下，以切实满足投资者需求为出发点，不断提升营业部的服务水平和服务内涵，总结出一套行之有效的经营管理经验和制度方法，初步确立了在地区证券市场的龙头地位，获得了许多荣誉和称号，2000年被中国证券业协会评为"全国优秀证券营业部"。营业部2000年经营情况。

营业部资产总额121916万元，托管证券市值106000万元，投资者开户33515户，营业收入4309万元，全年股票累计交易量1290450万元（含基金），利润总额2825万元。经过长期探索和实践，营业部总结出了一整套完整的经营管理办法，制定了一系列规章制度，切实防范风险杜绝差错，营业部强调管理出效益，强调业务发展制度先行，对员工个人素质和思想教育工作常抓不懈，善于调动员工的危机意识和主人翁意识，最大限度地激发员工的创造性，营业部的经验材料曾在全国优秀营业部中交流，获得一致好评。主要有如下具体措施：

（一）、坚持守法经营、按章办事，以制度管理人，以机制激励人，内部管理年年上台阶。（1）、订立和完善了各部门各岗位的业务操作流程和岗位职责，做到分工明确，事有其人，人有其责。（2）、制定"年度考核实施细则"和"奖金分配考核办法"，使员工的切身利益与营业部效益挂钩，做到多劳多得。（3）、设立专职业务稽核人员，对日常开支、利润分配、业务开展进行监督，发现问题及时纠正。（4）、强化对电脑交易系统的管理，严格落实《证券经营机构营业部信息系统技术管理规范》，做到系统安全稳定。

（二）、以人为本，提倡团结协作精神，鼓励岗位成才。将团结共创意识融会到每一个员工的思想和行动中去，不仅使营业部的业务迅猛提高，更培养了一批具有较高业务水平和职业道德水准的员工。员工能自觉将维护公司利益和形象放在首位，保持最佳的服务态度、服务质量。

（三）、突出服务，注重业务创新，做到人无我有，人有我优。营业部特别重视优质文明服务，进一步落实服务承诺制，引进首问负责制和柜员制，简化表格，客户在任何营业柜台填写一张表格，即可办理任何柜面服务，客户不必重复排队，填写类似的表格，大大方便了客户。强化信息服务和咨询服务，由市场部和大户室轮流值班，讲解大盘走势和个股情况，开展股评活动，让客户有交流的舞台。

（四）、作为窗口企业，争创良好的社会效益。营业部派人到企事业单位讲课，宣传证券知识和国家方针政策。我部是全市第一个证券业"青年文明号"，多次参观革命历史陈列馆，聘请党建理论专家到营业部讲解"三讲"、"三个代表"理论，既极大地改变了员工的精神面貌，又得到社会各界的广泛赞扬。

黄河证券有限责任公司
郑州市西太康路证券营业部

黄河证券郑州市西太康路证券营业部，地处河南省郑州市西太康路139号，营业面积6000余平方米，是目前国内规模最大的证券营业部之一。近年来，他们树名牌意识，创精品服务，不断开拓和占领市场，立足中原，面向全国，谱写了一曲迅速发展的亮丽诗篇。

一、实现标准化优质服务，稳定老客户

实现标准化优质服务，稳定老客户，帮助投资者实现赢利最大化，一直是太康路营业部孜孜以求的工作目标，也是营业部最基础的管理工作。他们按照公司《营业部标准化工作流程》，在各岗位开展标准化作业。几年来，通过这一方案的实施，全面提升了营业部服务质量，有效化解了各业务流程中可能出现的金融风险，使广大客户真正享受到优质服务、温情服务和超值服务，塑造了黄河证券太康营业部优质服务的品牌形象，稳定了营业部现有的客户群体。

1、坚持每天开市前的例会制度。由各楼层客户经理座谈当天股市，提出各自看法，酝酿后形成统一意见，作为当天对股民辅导的基调。并汇集客户各方面意见，及时解决客户提出的问题。

2、开展送情谊活动，使客户以营业部为家。他们在每个中大户生日和特殊日子的时候预先送上鲜花和生日蛋糕，使客户感受到营业部对客户的关心和照顾。营业部的一名大户得了癌症，他们总经理带人前去探望，送去营业部的关心和安慰。该客户激动地表示：我的资金量在你们营业部并不算大，可你们对我是关怀备至，我已经告诉我的儿女们，即使我走了，我的资金也永远放在太康营业部。对因各种原因已经离开营业部的客户，他们也安排有关客户经理经常保持和客户保持联系，及时通报营业部开展的各项活动，促使客户在可能的情况下重返营业部。现在通过做工作，已经有许多客户又重新回到了营业部。

近年来，太康营业部周边新开了几家新营业部，这些新营业部的硬件基础设施都比太康要好的多，并提供了高额的返佣，公司的一些员工跳槽后也开始拉太康的客户。这些不利因素给太康营业部老用户的稳定工作带来了很大的难度。面对困难，我们通过这些细致入微的工作，使太康营业部的股民和营业部、和营业部的领导员工建立了深厚友情，有了不是家胜似家的感觉，既便在周边新营业部不断崛起的情况下，太康营业部的客户群也很稳定。

3、加强咨询力度，深化服务层次。由于2001年市场大起大落，客户不容易把握获利的机会。为此营业部专门组织了精干的咨询小组，采取个别与集中的办法为客户提供咨询服务，个别的客户有了疑问就反映到楼层客户经理那里，楼层客户经理若解答不了就由咨询小组专门为该客户解答，遇到共性问题则召开小范围的沙龙，为客户解疑答惑。并在每天举行现场解盘。这项活动收到了良好的效果，客户反映很好。

4、营业部现有客户和兼职证券经纪人对营业部稳定和开拓客源都起着十分重要的作用。为此，他们在营业部推行了全员营销战略和全员经纪人制度，通过对现有客户细致周到的服务，让客户感到满意满足，然后再充分利用客户的社会关系，主动给营业部介绍客户，从而起到开拓客源、良性循环的市场效果。

二、创新经纪业务，开拓新客源

加大工作力度，吸引更多的客户加盟太康营业部，是营业部工作的重点之一。他们通过加强客户关系管理，细分客户群体，制定出当年开拓新客源的重点措施和客户群落。例如2001年，他们就把重点放在了以下几个方面：

1、吸引期货资金。相比期货市场而言，股市相对活跃，这样就使得期货资金有进入股市的可能，2001年他们做了大量的工作吸引期货资金，并初步取得了一定成效。

2、吸收更多的中小客户。太康营业部曾组织对大中散户股民的投资利润率进行调查研究，得出的结论是中小散户股民创造的利润并不小。为此，他们及时调整了经营理念，合理配置资源，加强了为中小散户股民的服务。在散户大厅增设了行情查询机，自助委托，电子信息资料提示板，互联网系统等，及时播出深沪两市最新信息，咨询机构报告，专家点评等，使缺乏信息的中小散户投资者也能像大户股民一样，及时地了解瞬息万变的证券市场，为正确投资提供参考。太康营业部对散户股民的服务很有特色，服务吸引了很多散户股民的加盟。

3、吸引一级市场资金进入二级市场。由于2001年一级市场曾经几度暂停或放缓，太康营业部就抓准有利时机，做了大量的细致工作，提供二级市场研究报告，使得以前只做一级市场的资金开始进入二级市场，进一步盘活了沉淀资金。

4、仔细划分客户群体，对于有追加资金能力的客户，他们就分析具体行情，帮助客户制定投资计划，使其进一步追加资金。

总之，太康营业部在做好经纪业务的同时，还坚持技术更新，改善交易环境，为客户提供一流的信息交易通道；加强内部监控，杜绝各类金融风险；面向市场，不断拓展新的金融服务项目及交易手段，增强营业部发展后劲。

国元证券有限责任公司
上海武宁路营业部

2001年在两家公司合并重组的情况下，我营业部按照公司精神，能及时抓住机遇，合规经营，平稳过渡，并依托国家宏观经济政策和我国加入WTO的政策利好，大胆发挥自身的优势，克服种种困难，圆满完成了公司各项工作任务，并取得了较好的成绩。

1、加强党的建设，不断增强自身的凝聚力和号召力。

我证券部在省驻沪办党委的领导下，遵照江泽民总书记的讲话精神，认真学习、贯彻、落实“三个代表”重要思想，以合规经营，开拓创新为中心，坚持两个文明一起抓的发展方针，并以求真务实、真抓实干，讲究实效的工作作风，带领员工，争创一流服务。证券部党支部还注重培养优秀人才，引导他们积极参加组织活动，认真学习党员义务并坚持每周三学习制度，宣传党的方针政策和公司精神，让员工及时了解我党的路线、方针和公司的发展方向。今年党员和入党积极分子先后两次参加省驻沪办的学习讲座，并参观了“一大”会址，深受教育，在支部的培养下有2名同志入党，一名同志作为党员发展对象，并已被省驻沪办党委批准。

通过学习和参加活动，员工们认为只有及时学习，回顾历史，面向未来，才能更好发展自己，做好本职工作。

2、进一步加强内部管理，规范经营，防范风险。

为进一步加强内部管理，建立风险防范机制，营业部领导在认真调查研究的基础上，加强科学管理，规范经营。去年我部就实行目标责任制，实行量化百分制考核办法，收到了明显成效，岗位责任制的实行，让每位员工人人有岗，人人有责，并遵照此办法进行考评，我们调整了2名中层干部，调动了员工积极性，促进了工作的开展。在规范业务管理上，交易管理部能严格执行营业部的各项制度，规范了股民的开户、委托、交割、资金的存取及查询。由于制度健全，责任明确，没有出现任何差错。电脑管理部能认真履行工作职责，先后完成了《恒生2000》、《资金服务器和其热备份系统》、《双向卫星和天地备份系统》、钱龙、B股的交易以及证券代码、席位代码、股东代码的升级、改造等大量工作。今年由于两公司合并重组，财务管理部在财务合并核算及新的财务体制和形成都做出了相应的调整，财务部本着高效求实，严谨负责的精神，经过多方努力。通过了上海市税务局普陀区分局评审并取得了具备税务信用A类等级资格证书，两年免检。先后完成1—7月和8—12月的两次财务决算。此外，还新增了B股交易业务，确保B股交易的顺利进行，11月份财务部还完成财务软件的升级工作，在财务处理和资金调度方面，财务部本着实事求是，不弄虚作假，严格遵守公司的各项财务制度和规定，认真编制会计报表确保其内容的真实性、准确性和完整性。在资金调度方面积极筹措资金，用足用好资金，严把资金的收益性与安全性，提高了资金的利用率。财务部经常组织财务人员学习《会计法》、《证券法》和“证监会三号令”的管理办法，严格遵守公司的各项规章制度，控制费用，较好地防范了业务风险。

3、树立形象，优质服务

证券营业部为了提高竞争实力，本着“客户就是上帝”的经营理念，充分发挥我部的优势。营业部设立的投资咨询服务一直是我们的强项，每天坚持午间和闭市后讲解行情走势，并研判下个交易日的走势。在下半年股市难做的情况下，及时为股民规避了风险，赢得了荣誉。营业部还着重员工的素质教育，为员工购置证券知识书籍，开办知识讲座，目前我部证券从业资格考试通过率已达100%，为进一步提高优质服务打下了基础。年初，营业部为总公司培训了一期B股交易学习班，我部总经理张静同志亲自讲话，受到了好评，扩大了营业部的形象。另外还主动兼负着驻沪五家营业部的协调工作，并且代办营业执照和经营许可证申请等材料的报批，起到模范带头作用。

4、加强自身建设，努力扩大业务

2001年，我部充分利用社会力量，调动员工们的积极性，参与上海大中型企业交流会，多渠道建立业务联系，为了开拓业务，年初，我们开展上海网点建设，证券部领导多次在上海许多地区进行现场考察、精心选址、论证，并取得了第一手资料，同时做好当地政府及证管办的工作，现已将网点选址前期工作顺利完成，报上海证管办和公司审批。7—11月份，为了解决营业大厅2块显示大屏老化问题，电脑部本着勤俭节约精神，自己动手，利用个人休息时间，顺利完成了2块大屏的改造，为营业部节约了资金，另外还对已开设的“家庭大户可视电话委托”等进行了维护工作，这一活动深受客户的欢迎，也树立了我们以客户为本的服务形象。

5、抓好制度建设，搞好后勤保障，确保工作的完成

在两公司合并重组下，我们领导班子非常重视制度建设，首先进一步完善一系列的规章制度，让每一位员工在各自的岗位上静有其责，动有其规。多次召开中层干部会议，总结经验，及时解决工作中的问题，不断加强与员工之间的沟通和理解。在制度建设方面，我部着重加强政治思想学习，发挥党支部和工会组织作用，开展有益活动。12月营业部组织了员工与客户联欢活动，这一活动深受欢迎，增强了内部凝聚力，提高了员工们的工作热情，另外"三防一保"工作是我部保障各项工作的前提，2001年在营业部领导的重视下，在搞好宣传安全保卫、防火、防盗的同时，我们还制定三级负责制，营业部里一把手亲自鉴定责任书，分管到经理安全书，保卫人员责任书，分工明确，有制度、有检查、有落实。

多年来，我部一直坚持每晚10点经理汇报制度，并记录实情。由于制度的健全，工作认真，上海证券营业部多次受到上海市普陀区公安局的表扬。另外，车辆安全已定期保养维护，决不带病出车，多年来，上海证券营业部没有一次车辆事故，今年，我部又安全行车11万余公里。接待省厅和公司多人次，圆满完成了上级交给的任务，受到了多方好评。

关于公布2000年度主承销商信誉积分排序的公告

中国证券业协会组织的2000年度主承销商信誉考评工作，日前已经结束。

为促进证券公司提高证券承销执业水平，鼓励和引导证券公司在证券发行市场开展积极、规范、健康的业务竞争，培育资质高的主承销商队伍，中国证券业协会根据《信誉主承销商考评试行办法》(中证协字[2000]21号)和《信誉主承销商信誉积分规则》(中证协字[2000]48号)，组织276家发行人、32家证券公司、10家基金管理公司、19家律师事务所、15家会计师事务所以及中国证监会相关部门对32家有主承销资格的证券公司2000年度的执业情况进行了考评。以上六个考评部分的353个考评主体共填写了3000余份考评表。

鉴于今年核准制正式实施后对主承销商提出了新的要求，为适应这一新的情况，使主承销商信誉考评结果能更多地反映市场化条件下主承销商的执业情况，在充分吸取市场各方面的意见后，中国证券业协会现决定对所有有主承销商资格的证券公司的信誉积分依高低次序予以公布。对信誉积分较高的，监管部门在审核其所报发行申请材料时，将予以较为积极的考虑。

中国证券业协会将继续征求各方意见，改进评分方式，使主承销商信誉考评更为公平、合理。

中国证券业协会秘书处

二OO一年五月十八日

附件：2000年度主承销商信誉积分排序

2000年度主承销商信誉积分排序

考评对象	信誉积分	名次	考评对象	信誉积分	名次
国信证券有限责任公司①	435.86	1	国泰君安证券股份有限公司	406.07	2
光大证券有限责任公司②	401.18	3	南方证券有限公司	369.68	4
中信证券股份有限公司	338.70	5	广发证券有限责任公司	281.05	6
西南证券有限责任公司	258.13	7	华夏证券有限公司	243.43	8
联合证券有限责任公司	238.50	9	海通证券有限公司	237.12	10
大鹏证券有限责任公司	229.77	11	东北证券有限责任公司	218.76	12
中国国际金融有限公司	213.94	13	长城证券有限责任公司	210.30	14
山东证券有限责任公司③	195.98	15	国通证券有限责任公司	195.01	16
华泰证券有限责任公司	193.44	17	兴业证券股份有限公司	182.26	18
广东证券股份有限公司	174.02	19	湘财证券有限责任公司	168.04	20
长江证券有限责任公司	159.38	21	北京证券有限责任公司	159.36	22
华安证券有限责任公司	156.43	23	平安证券有限责任公司	152.39	24
申银万国证券股份有限公司	149.01	25	宏源证券股份有限公司	140.80	26
东方证券有限责任公司	139.36	27	中国银河证券有限责任公司	131.03	28
浙江证券有限责任公司	121.81	29	泰阳证券有限责任公司	114.77	30
河北证券有限责任公司	108.73	31	深圳经济特区证券公司	106.09	32
①所承销的吉林化工在发行当年出现亏损			②所承销的厦华电子在发行当年出现亏损		
③所承销的襄阳轴承在发行当年出现亏损					

2000年证券公司名录

1 中国银河证券有限责任公司
2 北京证券有限责任公司
3 华夏证券公司
4 首创证券经纪有限责任公司
5 中国国际金融有限公司
6 天津证券有限责任公司
7 河北证券有限责任公司
8 山西证券有限责任公司
9 大同证券有限责任公司
10 内蒙古证券有限责任公司
11 辽宁证券有限责任公司
12 北方证券公司
13 沈阳财政证券公司
14 大连证券有限责任公司
15 大连财政证券公司
16 辽宁锦州证券公司
17 辽宁鞍山证券公司
18 东北证券有限责任公司
19 新华证券有限责任公司
20 黑龙江省证券公司
21 哈尔滨财政证券公司

22 齐齐哈尔证券公司
23 牡丹江证券公司
24 天元证券经纪有限责任公司
25 佳木斯证券公司
26 国泰君安证券股份有限公司
27 海通证券有限公司
28 东方证券有限责任公司
29 申银万国证券股份有限公司
30 光大证券有限责任公司
31 上海财政证券公司
32 上海久联证券经纪有限责任公司
33 华泰证券有限责任公司
34 南京证券有限责任公司
35 恒远证券经纪有限责任公司
36 苏州证券有限责任公司
37 无锡证券有限责任公司
38 常州证券有限责任公司
39 浙江证券有限责任公司
40 宁波证券有限责任公司
41 华安证券有限责任公司
42 兴业证券股份有限公司
43 闽发证券有限责任公司
44 华福证券有限责任公司
45 厦门证券有限责任公司
46 江西省证券公司
47 山东证券有限责任公司
48 万通证券有限责任公司
49 河南证券有限责任公司
50 黄河证券有限责任公司
51 开封证券公司
52 洛阳证券公司
53 长江证券有限责任公司
54 武汉证券有限责任公司
55 三峡证券有限责任公司
56 湘财证券有限责任公司
57 湖南证券有限责任公司
58 长沙证券公司
59 广发证券有限责任公司
60 广东证券股份有限公司
61 广东民安证券经纪有限责任公司
62 广州证券有限责任公司
63 惠州证券有限责任公司
64 江门证券有限责任公司
65 中山证券有限责任公司
66 湛江证券有限责任公司
67 汕头证券有限责任公司
68 东莞证券有限责任公司
69 佛山证券有限责任公司
70 珠海证券公司
71 中信证券股份有限公司
72 南方证券公司
73 联合证券有限责任公司
74 国信证券有限责任公司
75 国通证券有限责任公司
76 大鹏证券有限责任公司
77 长城证券有限责任公司
78 蔚深证券有限责任公司
79 深圳经济特区证券公司
80 平安证券有限责任公司
81 深圳金牛证券经纪有限责任公司
82 广西证券有限责任公司
83 中富证券经纪有限责任公司
84 海南省证券有限责任公司
85 海口财政证券公司
86 华西证券有限责任公司
87 成都证券有限责任公司
88 天风证券经纪有限责任公司
89 西南证券有限责任公司
90 重庆证券经纪有限责任公司
91 贵州证券有限责任公司
92 云南证券有限责任公司
93 西藏证券经纪有限责任公司
94 西部证券有限责任公司
95 西安证券有限责任公司
96 甘肃证券有限责任公司
97 青海证券有限责任公司
98 西北证券有限责任公司
99 宏源证券股份有限公司
100 新疆证券有限责任公司

注：以上资料和数据截止 2000 年 12 月 31 日）

2000 年取得股票承销业务资格的证券公司名单

序号	公司名称	资格种类	公司名称	资格种类
1	海通证券有限公司	主承销商	天津证券有限责任公司	承销商
2	广发证券有限责任公司	主承销商	贵州证券公司	承销商
3	大鹏证券有限责任公司	主承销商	福建省华福证券公司	承销商
4	山东证券有限责任公司	主承销商	长春证券有限责任公司	承销商
5	安徽省证券公司	主承销商	山西证券有限责任公司	承销商
6	中信证券股份有限公司	主承销商	广州证券有限责任公司	承销商
7	湘财证券有限责任公司	主承销商	厦门证券有限公司	承销商
8	国通证券有限责任公司	主承销商	佛山证券有限责任公司	承销商
9	广东证券股份有限公司	主承销商	黄河证券有限责任公司	承销商
10	联合证券有限责任公司	主承销商	河南证券有限责任公司	承销商
11	北京证券有限责任公司	主承销商	苏州证券有限责任公司	承销商
12	国信证券有限公司	主承销商	无锡证券有限责任公司	承销商
13	光大证券有限责任公司	主承销商	内蒙古证券有限责任公司	承销商
14	福建兴业证券公司	主承销商	武汉证券公司	承销商
15	华泰证券有限责任公司	主承销商	三峡证券有限责任公司	承销商
16	平安证券有限责任公司	主承销商	南京证券有限责任公司	承销商
17	长江证券有限责任公司	主承销商	广西证券有限责任公司	承销商
18	华夏证券有限责任公司	主承销商	宁夏证券有限责任公司	承销商
19	中国国际金融有限公司	主承销商	福建省闽发证券有限公司	承销商
20	国泰君安证券股份有限公司	主承销商	黑龙江证券有限责任公司	承销商
21	长城证券有限责任公司	主承销商	新疆证券有限责任公司	承销商
22	南方证券有限公司	主承销商	大连证券有限责任公司	承销商
23	浙江证券有限责任公司	主承销商	宁波证券有限责任公司	承销商

24	西南证券有限责任公司	主承销商	华西证券有限责任公司	承销商
25	湖南证券有限责任公司	主承销商	蔚深证券有限责任公司	承销商
26	河北证券有限责任公司	主承销商		
27	中国银河证券有限责任公司	主承销商(临时)		
28	宏源证券股份有限公司	主承销商		
29	申银万国证券股份有限公司	主承销商		
30	东方证券有限责任公司	主承销商		
31	东北证券有限责任公司	主承销商		
32	中国信达资产管理公司	主承销商(特别)		
33	中国华融资产管理公司	主承销商(特别)		
34	深圳经济特区证券公司	主承销商(临时)		
35	中国东方资产管理公司	主承销商(特别)		
36	中国长城资产管理公司	主承销商(特别)		

2000年取得外资股业务资格的证券经营机构名单

序号	公司名称 Companies	资格种类 Qualification
1	怡富证券有限公司 Jardine Fleming Securities Limited	经纪商、主承销商
2	唯高达香港有限公司 Vickers Ballas HongKong Ltd.	经纪商、主承销商
3	嘉诚证券有限公司 Cazenove Asia Limited.	经纪商、主承销商
4	里昂证券有限公司 Credit Lyonnais Securities (Asia) Ltd.	经纪商、主承销商
5	东洋证券公司 Dong Yang Securities Co., Ltd.	经纪商、主承销商
6	现代证券株式会社 Hyundai Securities Co., Ltd.	经纪商、主承销商
7	和升国际有限公司 Worldse International Limited.	经纪商、主承销商
8	京华证券国际有限公司 Core Pacific Securities Internation Ltd	经纪商、主承销商
9	大和证券(香港)有限公司 Daiwa Securities (H.K.) Limited	经纪商、主承销商
10	德意志证券亚洲有限公司 Deut Sche Securities Asia Limited	经纪商、主承销商
11	乐金证券公司 LG Securities Co., Ltd.	经纪商、主承销商
12	JP. 摩根证券亚洲有限公司 J.P. Morgan Securities Asia (Private) Limited	主承销商
13	法国兴业证券(香港)有限公司 SG Securities (H.K.) Limited	经纪商、主承销商
14	新日本证券株式会社 New Japan Securities Co., Ltd.	经纪商、主承销商
15	新日本证券国际(香港)有限公司 New Japan Securities International (H.K.) Ltd.	经纪商、主承销商
16	三星证券株式会社 Samsung Securities Co., Ltd.	经纪商、主承销商
17	宝源投资有限公司 Schroders Asia Limited	主承销商
18	荷银融资亚洲有限公司 ABN AMRO Asia Corporation Finance Limited	主承销商
19	新加坡发展亚洲融资有限公司 DBS Asia Capital Ltd.	主承销商
20	内藤证券株式会社 Natio Securities Co., Ltd.	经纪商
21	加怡证券经纪有限公司 CEF Brokerage Limited	经纪商
22	国际证券(香港)有限公司 Kokusai Securities (Hongkong) Limited	经纪商
23	元富证券(香港)有限公司 MasterLink Securities (HongKong) Co., Ltd	经纪商
24	荷银证券亚洲有限公司 ABN AMRO Asia Limited	经纪商
25	ING 霸菱证券(香港)有限公司 ING Baring Securities (HongKong) Limited	经纪商
26	洛希尔父子(香港)有限公司 NM Rothschild&Sons (HongKong) Limited	经纪商
27	中国国际金融有限公司 China International Capital Corporation Limited	经纪商、主承销商
28	南方证券有限公司	经纪商、主承销商
29	华夏证券有限公司	经纪商、主承销商
30	湖北证券有限责任公司	经纪商、主承销商
31	广发证券股份有限公司	经纪商、主承销商
32	国信证券有限责任公司	经纪商、主承销商
33	华泰证券有限责任公司	经纪商、主承销商
34	大鹏证券有限责任公司	经纪商、主承销商
35	申银万国证券股份有限公司	经纪商
36	中国民族国际信托投资公司	经纪商
37	天津北方国际信托投资公司	经纪商
38	浙江省国际信托投资公司	经纪商

39	珠海国际信托投资公司	经纪商
40	安徽省国际信托投资公司	经纪商

香港创业板保荐人名单

序号	公司名称	生效日期
1	英高财务顾问有限公司	05/01/2000
2	亚洲融资有限公司	15/09/1999
3	贝尔斯登亚洲有限公司	15/10/1999
4	法国国家巴黎百富勤融资有限公司	15/09/1999
5	中银国际亚洲资本市场有限公司	15/09/1999
6	里昂证券资本市场有限公司	03/11/1999
7	京华山一企业融资有限公司	15/09/1999
8	Credit Suisse First Boston (Hong Kong)Limited	15/09/1999
9	群益亚洲有限公司	24/11/1999
10	道亨证券有限公司	15/09/1999
11	新加坡发展亚洲融资有限公司	15/09/1999
12	第一上海融资有限公司	13/11/1999
13	高盛(亚洲)有限责任公司	15/09/1999
14	汇丰投资银行亚洲有限公司	15/09/1999
15	工商东亚融资有限公司	15/09/1999
16	霸菱亚洲有限公司	15/09/1999
17	J. P. 摩根亚洲证券私人有限公司	15/09/1999
18	怡富证券有限公司	15/09/1999
19	德利佳信集团	15/09/1999
20	美国雷曼兄弟亚洲投资有限公司	15/09/1999
21	Merrill Lynch Far East Limited	15/09/1999
22	摩根士丹利添惠亚洲有限公司	15/09/1999
23	东英亚洲有限公司	15/09/1999
24	太平洋兴业融资有限公司	15/09/1999
25	百德能证券有限公司	15/09/1999
26	所罗门美邦香港有限公司	15/09/1999
27	宝源投资有限公司	15/09/1999
28	法国兴业证券(香港)有限公司	15/09/1999
29	南华融资有限公司	13/11/l999
30	渣打银行	15/09/1999
31	大福融资有限公司	15/09/1999
32	新加坡大华亚洲(香港)有限公司	15/09/1999
33	唯高达融资有限公司	15/09/1999
34	Warbufrg Dillon Read (Asia) Limbed	15/09/1999
35	和升财务顾问有限公司	20/10/1999
36	元大证券(香港)有限公司	15/09/1999

下列保荐人只获准担任联席保荐人

1	时富融资有限公司	15/09/1999

外资证券类机构代表处名录

1. 法国国家巴黎百富勤有限公司北京代表处　BNP PRIME PEREGRINE LTD. BEIJING REP. OFFICE
2. 法国国家巴黎百富勤有限公司上海代表处　BNP PRIME PEREGRINE LTD. SHANGHAI REP. OFFICE
3. 里昂证券公司上海代表处　CLSA LTD. SHANGHAI REP. OFFICE
4. 里昂证券有限公司北京代表处　CLSA LTD. BEIJING REP. OFFICE
5. 里昂证券有限公司深圳代表处　CLSA LTD. SHENZHEN REP. OFFICE
6. 法国兴业证券亚洲有限公司北京代表处　SG SECURITIES ASIA LTD. BEIJING REP. OFFICE
7. 法国兴业证券亚洲有限公司上海代表处　SG SECURITIES ASIA LTD. SHANGHAI REP. OFFICE
8. 法国兴业证券亚洲有限公司深圳代表处　SG SECURITIES ASIA LTD. SHENZHEN REP. OFFICE
9. 大宇证券公司上海代表处　DAEWOO SECURITIES CO. LTD. SHANGHAI REP. OFFICE
10. 韩国现代证券公司上海代表处　HYUNDAI SECURITIES CO. LTD.
11. 乐金投资证券公司上海代表处　LG INVESTMENT SECURITIES CO. LTD. SHANGHAI REP.
12. 霸菱集团上海代表处　ING BARING LTD. SHANGHAI REP. OFFICE
13. 荷银融资亚洲有限公司北京代表处　ABN AMPO ASIA CORPORATE FINANCE LTD. BEIJING REP.
14. 荷银证券亚洲有限公司上海代表处　ABN AMPO ASIA LTD. SHANGHAI REP. OFFICE
15. 荷银证券亚洲有限公司深圳代表处　ABN AMPO ASIA LTD. SHENZHEN REP. OFFICE
16. J. P. 摩根北京代表处　J. P. MORGAN BEIJING REP. OFFICE
17. J. P. 摩根上海代表处　J. P. MORGAN SHANGHAI REP. OFFICE
18. 贝尔斯登有限公司北京代表处　BEAR STEARNS CO. INC. BEIJING REP. OFFICE
19. 贝尔斯登有限公司上海代表处　BEAR STEARNS CO. INC. SHANGHAI REP. OFFICE
20. 高盛(中国)有限公司北京代表处　GOLDMAN SACHS(CHINA)L. L. C. BEIJING REP. OFFICE
21. 高盛(中国)有限公司上海代表处　GOLDMAN SACHS(CHINA)L. L. C. SHANGHAI REP. OFFICE
22. 美国雷曼兄弟有限公司代表处　LEHMAN BROTHERS INC. BEIJING REP. OFFICE
23. 美国培基证券有限公司上海代表处　PRODETIAL SECURITIES SHANGHAI REP. OFFICE

24. 美林国际有限公司北京代表处　MERRILL LYNCH INTNATIANAL INC. BEIJING REP.
25. 美林国际有限公司上海代表处　MERRILL LYNCH INTNATIANAL INC. SHAGHAI REP. OFFICE
26. 摩根士丹利添惠亚洲有限公司北京代表处　MORGAN STANLEY DEAN WITTER ASIA LTD. BEIJING REP.
27. 摩根士丹利添惠亚洲有限公司上海代表处　MORGAN STANLEY DEAN WITTER ASIA LTD. SHAGHAI REP.
28. 所罗门美邦中国有限公司北京代表处　SALOMON SMITH BARNEY CHINA LTD. BEIJING REP. OFFICE
29. 大和证券SB资本市场公司北京代表处　DAIWA SECURITIES CO. LTD. BEIJING REP. OFFICE
30. 大和证券SB资本市场公司上海代表处　DAIWA SECURITIES CO. LTD. SHANGHAI REP. OFFICE
31. 日本国际证券公司北京代表处　KOUSAI SECURITIES CO. LTD. BEIJING REP. OFFICE
32. 日兴证券公司北京代表处　THE NIKKO SECURITIES CO. LTD. BEIJING REP. OFFICE
33. 日兴证券公司上海代表处　THE NIKKO SECURITIES CO. LTD. SHANGHAI REP. OFFICE
34. 野村证券公司北京代表处　THE NOMURA SEC CO. LTD. BEIJING REP. OFFICE
35. 野村证券公司上海代表处　THE NOMURA SEC CO. LTD. SHANGHAI REP. OFFICE
36. 华宝德威(亚洲)有限公司北京代表处　WARBURGDILLON READ(ASIA)LTD. BEIJING REP. OFFICE
37. 华宝德威(亚洲)有限公司上海代表处　WARBURGDILLON READ(ASIA)LTD. SHANGHAI REP. OFFICE
38. 瑞士信贷第一波士顿(香港)有限公司北京代表处　CSFB HONGKONG LTD. BEIJING REP. OFFICE
39. 建弘证券(亚洲)有限公司上海代表处　NSC SECURITIES(ASIA)LTD. SHANGHAI REP. OFFICE
40. 金鼎综合证券(维京)股份有限公司上海代表处　TAIWAN INTERNATIONAL SECURITIES (B. V. I.)CORPORATION SHANGHAI REPRESENTATIVE OFFICE
41. 群益国际控股有限公司上海代表处　CSC INTERNATIONAL HOLDINGS LTD. SHANGHAI REP. OFFICE
42. 日盛嘉富国际有限公司上海代表处　JS CRESVALE INTERNATIONAL LTD. SHANGHAI REP. OFFICE
43. 太丰行融资有限公司上海代表处　PACIFIC CAPITAL LTD. SHANGHAI REP. OFFICE
44. 香港京华证券国际有限公司上海代表处　CORE PACIFIC SECURITIES INTERNATIONAL LIMITED SHANGHAI REPRESENTATIVE OFFICE
45. 元富证券(香港)有限公司上海代表处　MASTERLINK SECURITIES(H. K.)CO. LTD. SHANGHAI REP. OFFICE
46. 新鸿基投资服务有限公司上海代表处　XIN HUNG KAI INVESTMENT SERVICES LTD. SHANGHAI REP. OFFICE
47. 新鸿基投资服务有限公司深圳代表处　XIN HUNG KAI INVESTMENT SERVICES LTD. SHENZHEN REP. OFFICE
48. 工商东亚金融控股有限公司北京代表处　EC FINANCE HOLDINGS LTD BEIJING REP. OFFICE
49. 中银国际控股有限公司　BOCI BEIJING REP. OFFICE
50. 唯高达香港有限公司上海代表处　VICKERS BALLAS HONG KONG LTD. SHANGHAI REP. OFFICE
51. 唯高达香港有限公司深圳代表处　VICKERS BALLAS HONG KONG LTD. SHENZHEN REP. OFFICE
52. 新加坡发展亚洲融资有限公司上海代表处　DBS ASIA CAPITAL LTD. SHANGHAI REP. OFFICE
53. 巴克莱证券有限公司上海代表处　BARCLAYS CAPITAL SECURITIES LTD. SHANGHAI REP. OFFICE
54. 汇丰投资管理香港有限公司上海代表处　HSBC ASSET MANAGEMENT H. K. LTD. SHANGHAI REP. OFFICE
55. 汇丰投资银行亚洲有限公司北京代表处　HSBC INVESTMENT BANK ASIA LTD. BEIJING REP. OFFICE
56. 洛希尔父子(香港)有限公司上海代表处　NM ROTHSCHILD—SONS(H. K.)LTD. SHANGHAI REP. OFFICE
57. 洛希尔父子有限公司北京代表处　NM ROTHSCHILD—SONS LTD. EIJING REP. OFFICE
58. 施罗德国际商人银行北京代表处　SCHRODERS PUBLIC LTD. CO. BEIJING REP. OFFICE
59. 施罗德国际商人银行上海代表处　SCHRODERS PUBLIC LTD. CO. SHANGHAI REP. OFFICE
60. 怡富证券有限公司上海代表处　JARING FLEMING SECURITIES LTD. SHANGHAI REP. OFFICE
61. 怡富证券有限公司深圳代表处　JARING FLEMING SECURITIES LTD. SHENZHEN REP. OFFICE

上海证券有限责任公司是根据国务院有关规定，经上海市人民政府同意和中国证监会批准，在对原上海财政证券公司和上海国际信托投资公司证券部整合重组的基础上，按规范化要求组建成立的证券公司。公司注册资本金15亿元人民币，总资产逾100亿元，现有32家营业网点和700多名员工。

上海证券将以稳健为原则，创新为重点；以市场为导向，效益为中心；规范经营，积极进取；立足上海，服务全国，促进证券市场的繁荣稳定。

上海证券有限责任公司经营范围：证券的代理买卖；代理证券的还本付息和分红派息；证券的代保管、鉴证、代理证券登记开户；证券的自营买卖；证券的承销和上市推荐；证券投资咨询；资产管理；发起设立证券投资基金和基金管理公司；中国证监会批准的其他业务。

抓住机遇 开拓创新
规范经营 稳步发展

贺上海证券有限公司成立
陈良宇题于二〇〇一年四月

上海證券有限責任公司
SHANGHAI SECURITIES CO.,LTD.

营业部名称	地址	咨询电话	邮编
西藏路证券营业部	西藏北路1号	63815528	200070
九江路证券营业部	九江路41、47号	63297420	200002
临平路证券营业部	临平北路19号	65084024	200086
芷江西部证券营业部	芷江西路244号	56978546	200070
商城路证券营业部	商城路365号	58870637	200120
东昌路证券营业部	东昌路528号	58820636	200120
东方路证券营业部	东方路818号底层北大厅	58209198-118	200122
高安路证券营业部	高安路107号	64375899	200031
襄阳北路证券营业部	襄阳北路27号	54049068	200040
南桥证券营业部	南桥镇南奉路47号	57422932	201400
茸城证券营业部	松江人民北路40号	57718124	201600
堡镇证券营业部	崇明堡镇中路378号	59421582-12	202157
龙镇路证券营业部	宝山月浦龙镇路98号	56932799	200941
西藏南路证券营业部	西藏南路889号	63766288	200011
妙境路证券营业部	浦东妙境路829号	58902030	201200
虹梅路证券营业部	虹梅路3309号	64468828	201103
武宁路证券营业部	武宁路48号	52905648	200063
玉屏南路证券营业部	玉屏南路697号	62298020	200051
定西路证券营业部	定西路1118号	62527571-9	200050
延长西路证券营业部	延长西路80号	56958948	200065
平顺路证券营业部	平顺路108号	56833260	200435
广灵四路证券营业部	广灵四路100号	65445831	200083
宁国路证券营业部	宁国路200号	65184501	200090
鹤庆路证券营业部	闵行区鹤庆路16号	54719000	200240
莘庄证券营业部	闵行区莘西路319号	64880099	201100
嘉定证券营业部	嘉定区清河路156号	59927899	201800
宝山证券营业部	吴淞淞滨路93号	56671970	200940
金山证券营业部	金山区象州路138号	57958678	200540
周浦证券营业部	周浦镇年家浜路388号	58112000	201318
青浦证券营业部	青浦城中东路566号	59738888	201700
崇明证券营业部	崇明城桥镇东门路177号	69615462	202150
北京万寿路证券营业部	北京市海淀区万寿路翠微中里14楼	(010)68254010	100036

上海证券有限责任公司领导成员
董事长：周有道　监事长：李惠珍
副董事长：丁晓云　总经理：赵叶龙
副总经理：朱学华　龚德雄　薛万祥　吴高祥

公司地址：上海市九江路111号
电话：(021)63231111　邮编：200002
业务总部地址：上海市临平北路19号
电话：(021)65076608　邮编：200086
Http://www.shsec30.com

联结海内外

合 纵 天 地 间

董事长：王世宏 先生

公司总部：深圳市深南东路5047号发展银行大厦　电话：86-755-2492000　传真：86-755-2493000　邮编：518001

http://www.lhzq.com

EVERBR

代总裁：聂庆平 博士

公司高级管理人员：
代总裁聂庆平（左二）、副总裁王韬光（右一）、
副总裁史致金（右二）、副总裁 傅琳（左一）

光大证券有限责任公司

GHT SECURITIES CO.,LTD

我 们 不 断 超 越

2000年是光大证券有限责任公司发展历程中最辉煌的一年。在中国光大(集团)总公司的正确领导下，光大证券全体员工坚持稳健规范，开拓创新，实现了经纪业务、投资银行业务、资产管理业务的稳步增长，取得了前所未有的好成绩：经纪业务规模比上年有较大幅度增长，在全国同行业中排名第八；投资银行业务成绩显著，全年共完成新发、增发、配股主承销项目、上市推荐项目49家，实现公司综合承销排序全国第三，其中配股家数排名第一，光大证券已迈入全国十大券商的行列。

在主要业务取得迅猛发展的同时，公司致力于建设现代投资银行的良好公司治理结构，内部控制制度进一步完善，风险防范能力和经营管理水平得到提高。在公司结构上，光大证券实现了经纪、投行和资产管理的专业化管理模式，以应对中国加入WTO后的竞争需要；在公司管理上，光大证券以依法依规经营为原则，建立严格的内控机制，以形成良好的公司操守；在人力资源开发上，光大证券以建立全员经营目标责任制为基础，探索绩效挂钩的用人机制，以寻求公司长远发展的动力。健康的营业收入结构和公司财务结构，使光大证券连续五年通过了由安达信国际会计事务所按国际会计准则进行的年度审计。

良好业绩的取得，受惠于中国证券市场的发展、广大客户的信任和社会各界的支持。在此，公司全体员工向光大证券的广大客户和各界朋友致以最诚挚的谢意。

世纪之交，天风浩荡，千帆竞进，新的机遇和挑战扑面而来，我们充满应对的信心和豪情。我们将继续坚持规范、稳健、务实的工作作风，积极开拓进取，努力发展成为符合现代企业制度要求的规范化证券公司，为繁荣和发展中国证券市场作出更大的贡献。

董事、常务副总裁：宋建生

汉唐证券作为中国证券界极具活力的中等券商，我们将秉承“盈利、求实、服务、创新”的企业精神，以富有激情的激励机制，凝聚一流的证券精英，按照国际化的管理标准，科学运用证券创新工具，构筑以深圳为基地，以长江、珠江三角洲为两翼，以北京为战略制高点，以上海为龙头的机构平台，为海内外客户提供专业化、优质化的资产管理、证券承销、财务顾问、信息咨询等金融增值服务，追求与客户共成长，给广大客户和股东予最丰厚的回报。

汉唐证券有限责任公司

HANTANG SECURITIES CO.,LTD

汉唐证券有限责任公司是由贵州证券公司和湛江证券有限责任公司合并重组并增资扩股后成立的公司，注册资本金90120.74万元（其中美元750万元）。业务范围包括证券代理买卖，代理还本付息，分红派息，证券代保管、鉴证，代理登记开户，证券的自营买卖，证券的承销和上市推荐，证券投资咨询，资产管理，发起设立证券投资基金和基金管理公司等。公司三十多家分支机构遍布北京、上海、深圳、广州、南京、贵阳、成都等全国主要城市。

投资银行业务是汉唐证券有限责任公司大力拓展的核心业务。汉唐证券有限责任公司在数年中，已累计完成新股、配股等主承销、副主承销、分销四十余家及大量政府、企业的财务顾问项目。目前，汉唐证券投资银行业务在公司的快速转型下确定了全新的发展定位。公司在深圳总部设有投资银行总部，并在北京、上海、广州、南京、贵阳等地设立了分部，业务网络已覆盖全国大部分地区。公司拥有一支素质优良、经验丰富、具有较强业务创新意识和开拓进取精神的专业性投资银行队伍，大部分具有博士、硕士学历。公司在传统及创新投资银行业务方面均有快速发展，具备向客户提供包括企业股权及债权融资、改制上市、收购兼并、管理咨询，企业、政府财务顾问等全方位投资银行业务服务的良好实力。

汉唐证券拥有先进和齐全的交易手段，通过遍布全国主要城市的17家证券营业部和13家证券服务部为客户提供包括股票、债券、基金等多元化的交易品种，将客户资产的保值增值作为我们服务的第一目标。公司制定了以客户分类为中心、以FC专业服务和非现场服务为重点的经纪业务发展战略，一方面组建高素质的FC团队，塑造专业服务品牌，按照与国际接轨的模式整合公司的内外部资源，为客户提供个性化、针对性的专业服务；另一方面完善电子交易平台和客户服务平台，借助各种非现场交易方式，实现低成本基础上的差异化服务。为适应证券市场发展的需要并提升竞争力，制定了以构建市场营销体系为重点的发展战略，变坐商为行商。我们秉承“竭诚服务，开拓创新”的服务宗旨及“公开、公平、公正、诚信”的原则全面提升服务质量。

汉唐证券研究所将紧紧围绕中国证券市场，致力于宏观经济金融服务、金融工程以及公司价值评估等一系列的研究工作，不仅关注基础性研究，更注重与市场紧密相关的应用性研究工作。研究所注重于研究特色性、品牌性，将金融产品、金融服务的创新作为研究的重点，为汉唐证券提供持续发展的动力与智力支持，同时也为各类企业提供富有个性化的财务顾问、战略咨询等服务。2001年，汉唐证券研究所的《远程证券经纪业务发展研究》报告获中国证券业协会科研课题一等奖。

地址：深圳市南山区华侨城汉唐大厦24、25层　邮编：518053
www.ehantang.com
电话：(0755)6936288　6936388　传真：(0755)6936236

董事长：段虎

天同证券有限责任公司

TIANTONG SECURITIES CO.,LTD.

中共中央政治局委员、山东省委书记吴官正（中）与中国证监会副主席耿亮（左）在听取山东证券情况汇报后与董事长段虎合影留念

加强银证合作，与建设银行签定全面合作协议

在上交所第六次会员大会上，我公司当选为会员理事单位，段虎董事长同时当选为理事会理事

2001年5月13日，美国证券交易商协会（NASD）副主席、美国证券交易所（AMEX）董事长兼首席执行官萨尔瓦多·索丹诺先生与段虎董事长进行会晤并交流中外金融与资本市场业务

長城證券有限責任公司
GREAT WALL SECURITIES CO.,LTD.

总裁：徐英

长城证券有限责任公司（长城证券）是一家全国性的综合类证券公司，注册资本金8.25亿元，注册地点在深圳经济特区。长城证券主要经营证券经纪业务、承销和上市推荐业务、证券的自营买卖、资产管理业务、财务顾问业务、证券投资咨询业务及发起设立证券投资基金和基金管理公司业务。

长城证券成立以来，各项业务综合发展。今天，长城证券在中国十多个大中城市设有二十二家证券营业部，长城证券以其稳健经营和优质服务赢得了广大投资者的长期信任。长城证券一方面在一级市场承销发行股票、企业债券和国债，另一方面在二级市场代理业务中占1%左右的市场份额。

2000年是中国证券市场蓬勃发展的一年，也是充满竞争和不断变革的一年。一年来，长城证券根据宏观环境和市场形势的变化，适时调整经营策略，加强内部管理。应对来自技术、市场竞争、客户需求等方面的挑战，在经营业绩、综合实力、规范管理等方面取得了长足的进步。2000年，长城证券实现营业收入8.34亿元，比上年增长97.2%；实现利润3.01亿元,比上年增长195.2%。2000年底，公司总资产55.58亿元，比年初增加16.35亿元，净资产11.3亿元，比上年增长18.1%；净资本5.0亿元，比上年增长46.5%。2000年是长城证券各项业务迅速发展的一年。经纪业务从硬件设施和软件服务两方面,进一步改善了交易环境，二级市场代理交易量大幅上升，比1999年增长81.3%。投资银行综合业务能力提升较快，达到了公司成立以来的最高水平，各项业务指标在全国券商排名中大为提高。自营和资产管理业务积极探索新方式,拓展新业务，大力开拓委托理财客户，取得了较好的业绩。研发工作也逐步形成了自己的特色。业务保障机制不断完善，风险防范工作进一步加强。

2000年3月，中国证监会批准长城证券为综合类证券公司，长城证券由此迈上了一个新的发展台阶。长城证券将通过增强竞争力、扩大经营规模，发展专业而富有个性的服务，在未来的发展中取得更好的业绩。

华鑫证券有限责任公司

总经理：雷波

华鑫证券有限责任公司（以下简称“公司”）是经中国证券监督管理委员会批准于2001年3月在深圳市注册成立的全国性综合类证券经营机构。公司系在西安证券有限责任公司及受让原上海浦东联合信托投资有限责任公司证券营业部的基础上增资扩股组建而成，发起人分别为上海仪电控股（集团）公司、邯郸钢铁股份有限公司、邯郸钢铁集团有限责任公司、上海金陵股份有限公司、上海飞乐音响股份有限公司、上海飞乐股份有限公司和上海贝岭股份有限公司等7家企业。公司注册资本10亿元人民币。

华鑫证券作为中国证券市场的新兴力量，具有自己独特的优势：

(1)作为新成立的券商，资产质量非常好，几乎全部是证券资产，没有历史包袱。

(2)公司拥有一支高素质的员工队伍。全公司现有众多博士、硕士及具有证券从业资格、从事证券行业多　年的专业骨干和专业人员，90%的员工具有大专以上学历。尤其值得一提的是，公司主要高管人员来自证券监管机构、银行、证券及其他金融企业，经验丰富、信誉良好。

(3)公司具有良好的管理制度及规范的业务流程，用现代化的办法规范企业运作，回避市场风险；

(4)华鑫证券主要股东上海仪电控股（集团）公司和邯郸钢铁等对本公司全力支持，这使得华鑫证券的运营能够完全企业化，具备现代企业的制度优势。

地址：深圳市罗湖区深南东路5047号深圳发展银行大厦十一楼
电话：(0755)2081188
传真：(0755)2081518
邮编：518010

西北证券有限责任公司是宁夏惟一一家证券业务专营机构。公司前身是宁夏回族自治区证券公司，成立于1991年11月。1997年改制为宁夏证券有限责任公司，2000年，经中国证券监督管理委员会批准，宁夏证券有限责任公司与宁夏伊斯兰国际信托投资公司、宁夏回族自治区信托投资公司、银川市信托投资公司的证券类资产进行合并重组，增资扩股，更名为西北证券有限责任公司。公司经营范围包括：证券的代理买卖；代理还本付息和分红派息；证券代保管、鉴证；代理登记开户；证券的自营买卖；证券的承销和上市推荐；证券投资咨询；资产管理；发起设立证券投资基金和基金管理公司。目前，公司在全国共设有15个证券营业部和5个证券服务部，并在北京、上海、深圳和银川设立了地区分部。

公司自成立以来，始终以"依法经营、规范运作、诚实守信"为指导原则，切实防范经营风险，强化经营管理，业务不断拓展，经营业绩稳步上升，呈现出良好的发展态势。公司在经营过程中，坚持客户至上的宗旨，努力提高服务质量。通过管理创新和服务创新，为广大投资者提供安全、快捷、高效、优质的服务，使营业部的盈利能力不断提高，为公司扩大市场份额、创造优良业绩奠定了坚实的基础。近年来，公司作为主承销商或上市推荐人，代理发行了民族化工、东方钽业等上市公司的股票；参与发行了银广夏、美利纸业、新华百货、西北轴承等上市公司的股票，并代理发行了银广夏、美利纸业、宁夏电力公司等多家企业债券。为企业筹措了大量的建设资金，有力地支持了企业的发展，赢得了社会各界的一致赞誉。公司在经营过程中，以经济效益和社会效益并重，积极响应自治区党委、政府的倡议，与其他单位和个人共同集资成立宁夏证券光明助学促进会，精心运作助学基金，以其增值的部分资助南部山区八县贫困大学生顺利完成学业。公司这一行为对弘扬中华民族扶贫帮困、助人为乐的传统美德，促进社会主义精神文明建设具有积极的推动作用，同时也体现了公司企业文化的丰

公司成立大会

庆祝公司成立暨迎新春文艺汇演

领导名录： 吕莉(董事长) 姜巍(副董事长、总裁) 黄枞(副董事长) 张月萍(董事、副总裁)
宋学东(董事、副总裁) 代晓勇(副总裁) 孙寿荣(董事、总稽核)

公司董事长：吕莉

西北证券有限责任公司
NORTHWEST SECURITIES CO., LTD.

富内涵。

展望未来，我们充满信心。中国加入WTO，国家西部大开发战略的实施，对地处西部的西北证券来说将面对更大的挑战，也更是一次十分难得的发展机会。面对新形势，公司将以更加积极的态度，敏锐的眼光，抢抓机遇，秉承“责任、成就、危机意识、团队精神”的经营理念，始终以经济效益为中心，以稳健经营为基础，以规范管理为保障，以改革创新为动力。努力开拓业务，扩大市场份额。在此基础上，扎根宁夏、立足西北，面向全国，以全新的发展观、管理观、人才观和全新的发展思路，在西部大开发中发挥证券公司在资金供需、优化资源配置等方面的媒介作用，促进宁夏经济快速发展，为西部地区经济的腾飞、金融市场的进一步繁荣做出自己的贡献。

公司办公楼外景

公司领导成员

○**友情链接** 巨灵信息网 山虎网 焦点网 新浪网 和讯网 湘财证券 证券时报 网易财经 中国证券报 上海证券报 金融早报网 中国财经信息网 ○ **行情交易** JANA行情 快捷网上交易 远程预约开户 ○ **专家咨询** 每周七日 每日8:30-2:00在线问答，浙证专业研究人员在网上实时答复您的咨询 会员咨询 网友查看 咨询检索 专家解答 ○ **财经纵横** 国内财经 海外财经 港澳台财经 要闻回顾 ○ **市场动态** 证券市场 上市公司 公告信息 热点聚焦 ○ **浙证研究** A股午评 A股日评 B股日评 基金日评 热门股跟踪 模拟操作 专题研究 新股点评 公司直通车（直接调研上市公司、祥尽报告、公司基本面、对后期走势进行预测） 信息点评 个股全景图（每个交易日结束后，浙证专家为您奉上所有个股的最新点评） ○ **八面来风** 大势研判 个股点评 热点跟踪 市场传闻 B股专栏 研究报告 ○ **模拟股市** 游戏规则 委托买入、卖出、撤单，实践练兵，探索炒股门道，积累炒股经验，在这里您可大显身手 ○ **投资理财** 股民学校（在初级、中级、高级课堂中，提供相关交易知识）。智能选择（数据最新，功能强大，是您选股好邦手） 投资组合 ○ **股民社区** 大势研判 股海论坛 个股浮沉 浙证聊天室

我的言语　悄然无声
却在传递一份真诚
是你是他都不要紧
只要彼此信任
我们--
以网络传情……

公司董事长：刘春茂

公司总经理：安保和

西部证

WESTERN

西部证券股份有限公司是经中国证券监督管理委员会批准设立，于2001年1月正式注册开业的证券经营机构。公司注册地陕西省西安市，注册资本金10亿元人民币。西部证券股份有限公司的经营范围是：证券代理买卖；代理还本付息、分红派息；证券代保管、鉴证；代理登记开户；证券的自营买卖；证券的承销和上市推荐；证券投资咨询和财务顾问；资产管理；发起设立证券投资基金和基金管理公司。公司在陕西、上海、深圳共设有20家证券营业部和7家证券服务部，并在北京、上海、深圳分别设有业务管理总部。西部证券股份有限公司是在四家证券经营机构重组后经增资扩股而设立的。重组各方原有的业务网络、技术装备、专业人员是公司起步的基础，而综合实力雄厚的公司股东则为西部证券的业务发展和资本迅速扩张奠定了坚实根基。我们将在此基础上，根据未来市场变化的要求，引进先进的管理方式，构建科学规范的组织结构，营造优秀人才发展的平台，使西部证券在中国资本市场超速发展的时期快速成长，在世界经济一体化的潮流中不断走向成熟。

证券经纪业务

西部证券所属二十家证券营业部分布于陕西省内及上海、深圳等地。先进的电脑配置和完善的交易系统，为客户提供了安全、及时、准确的交易手段。强大的研究队伍，高水准的投资咨询服务，增强了客户抵御风险的能力，帮助客户取得满意的投资回报。公司将申请在中西部重点城市和经济发达地区增设分支机构，实现经营机构合理布局，并大力推行证券经纪人制度，给客户提供全面、专业的投资指导，同时充分利用网上交易、网上咨询、银证转帐等先进的技术手段，为客户提供最大程度的便利。

投资银行业务

西部证券拥有一支熟知金融、证券、财务和法律知识的投资银行队伍，并与众多企业建立了广泛的合作与密切的联系，使我们具备了努力拓展投资银行业务的坚实基础。我们将集中优秀人才、全面提供包括证券发行、企业资产重组、收购、兼并、项目融资、财务顾问等投资银行相关服务。

- 公司改制咨询与策划
- 股票承销与上市推荐
- 地方政府经济发展顾问
- 企业财务及管理顾问
- 项目融资与投资顾问
- 证券投资基金的设计、发行与上市
- 金融工具创新设计

资产管理业务

西部证券设有投资管理总部和委托资产管理总部，分别负责公司的证券投资业务和资产管理业务。深具市场洞察力及证券投资技巧的专业人士，善于把握投资良机，以审慎稳健的作风、科学严谨的运作，以创造最大利润为原则，为公司及客户创造丰厚的回报。

- 证券投资
- 公司资产管理
- 委托资产管理
- 企业融资
- 机构理财
- 个人理财顾问

研究发展业务

西部证券十分重视证券市场研究，高质量的研究开发工作始终是西部证券经营发展的基础和核心。研究部门建立了全面的、多方位的研究体系，深入进行宏观经济研究、市场研究、行业研究以及公司研究，研发部门还经常与业内同行进行广泛的合作与交流。公司的研发中心每日提供实时财经信息和股票市场趋势分析，定期出版各种行业研究报告和公司研究报告，随时发表热点问题专题研究。公司为了进一步完善研究咨询体系，将设立西部证券研究所，集中一批专家学者，并借用社会研究力量，同时加强分支机构的研究咨询力量，进行高水平的实务与理论相结合的研究，为公司的经营管理提供决策支持，为客户提供科学、全面、高质量的咨询服务。

券股份有限公司

SECURITIES CO.,LTD.

陕西省委书记李建国(左)和陕西省省长程安东(右)共同为西部证券股份有限公司开业揭牌

地址：西安市东新街232号　陕西信托大厦16-17层

电话：029-7406081　7406088　传真：029-7406100

E-mail: zjlbgs@xbmail.com.cn

华安证券有限责任公司

HUAAN SECURITIES

华安证券有限责任公司是经中国证监会核准于2001年1月8日成立的综合类证券公司，注册资本17.05亿元，法定代表人汪永平，公司总部设在合肥市长江中路证券大厦。华安证券的前身是于1991年5月成立的安徽省证券公司，经过十年的稳健经营和努力开拓，现已发展成为一家资产优良、业务齐全、管理规范、市场竞争能力较强的全国性证券经营机构。

华安证券的股东单位有安徽省国有资产运营有限公司、中国烟草总公司安徽省公司、安徽海螺集团有限责任公司、黄山旅游发展股份有限公司、安徽古井贡股份有限公司、安徽皖能股份有限公司、东方国际创业股份有限公司、浙江东方集团股份有限公司、江苏舜天国际集团有限公司、江苏舜天国际集团服装进出口股份有限公司、安徽省投资集团有限责任公司。

华安证券坚持贯彻“法制、监管、自律、规范”的方针，建立起一整套独具特色的内部控制和管理制度，为公司持续健康发展奠定了坚实的基础。

公司办公大楼

公司成立暨揭牌仪式

安徽省委书记王太华、省长许仲林、证监会前主席周道炯共同为公司开业揭牌

公司广泛开展合作，为投资者提供便捷、优质服务

董事长、总裁　汪永平先生

诚信　稳健　专业　和谐

华安证券在全国各地设有24个证券营业部，30多个证券服务部，2001年拟增设16个营业部和60个服务部；公司在合肥、北京、上海和深圳等地设有投资银行、证券经纪、证券投资、资产管理、证券研究等业务总部；公司现有员工800多名，汇聚了一批具有博士硕士学历、丰富经验从事证券业务的专门人才，成为公司快速发展的不尽源泉。公司具有股票主承销资格和创业板保荐人资格，先后承销股票50多只，其中担任A、B股新股和配股主承销17家，担任H股财务顾问1家，全国券商承销综合排名第14位；证券经纪业务设施先进，服务规范，代理交易额位居全国前30位，2000年各类证券年交易额1200多亿元；证券投资和资产管理业务规模日益扩大，业绩突出；公司盈利能力良好，在全国证券公司中连续五年名列前20位。

司经常开展投资者教育和咨询活动，到投资者欢迎

公司营业大厅

■ 经营范围：证券的承销和上市推荐；证券自营；代理证券买卖、代理证券还本付息和红利的支付；证券投资咨询；资产管理；发起设立证券投资基金和基金管理公司；中国证监会批准的其他业务。

■ 经营宗旨：以〝发展市场、回报股东、奉献社会〞为使命，竭诚为广大客户提供一流的投资和融资服务。

■ 发展目标：争取在5-10年把公司建成国内一流的证券公司。

■ 经营方针：稳健经营、诚信服务、求实创新、持续发展。

■ 发展战略：规范化、股份化、集团化、国际化。

东北证券有限责任公司是经中国证监会核准，吉林省政府批准，于2000年6月成立的有限责任公司，注册资本101022.25万元，是目前我国东北地区规模最大的证券经营机构。公司总部下设14个职能部门和上海、北京管理总部，共有23家证券交易营业部，营业网点覆盖北京、上海、深圳、重庆、吉林省等地。

公司的经营范围包括：证券的承销；证券的自营买卖；证券交易的代理；证券抵押融资；证券投资咨询；公司财务顾问；企业重组、收购和兼并；基金与资产管理。公司在发展过程中，重视吸引各方面的优秀人才，为各种人才提供良好的发展机会。现有员工中，大学本科以上学历272人，硕士51人，博士和在读博士20人。

公司的前身吉林省证券有限责任公司和吉林省信托投资公司证券总

公司董事长兼总裁：李维雄

东北证券
Northeast Securities

东北证券有限

部分别成立于1988年和1987年，在10余年的发展过程中，不断开拓进取，各方面业务取得了长足的发展，经营业务量和经济效益成倍增长，为地方经济和我国资本市场的发展做出了重要贡献。

2000年，公司在成立仅半年的时间内，取得了突出的经营业绩，共实现利润总额14171万元，上交各项税金7383万元，资产总额由年初的24.3亿元，增加到48.9亿元。在全国101家券商中，综合业绩排名列第16位；净资产11.65亿元，排名列第24位；完成1家新股主承销和8家配股主承销工作，在全国券商中新股主承销家数排名第13位，配股主承销家数排名第6位，主承销金额排名第17位，在全国36家主承销商信誉积分排名中列第12位，实现了跨越式发展目标，为我国资本市场的发展状大做出了贡献。

面向21世纪的中国证券市场，东北证券公司将本着“立足吉林、依托东北、面向全国”发展战略，坚持“以人为本、效率优先、规范经营、加快发展、回报股东、服务社会”的经营理念，建立和完善现代公司管理体制、用人机制与激励机制，切实防范风险；以经济效益为中心，努力追求公司利润最大化，积极扩大公司规模经营，提高综合竞争实力，实现企业与员工的共同持续发展。

公司主承销的“物华股份”在上交所隆重上市

宽敞的交易大厅

现代化的办公场所

责 任 公 司

地址：长春市人民大街138-1号（长春紫荆花饭店） 邮编：130022
电话：(0431)5687888-2001 传真：(0431)5604083

公司董事长：张文武　　公司总裁：雷原

HUA LONG SROCK

华龙证券有限责任公司

华龙证券有限责任公司是由甘肃省人民政府组织筹建，经中国证监会批准，通过合并重组省内四家信托投资公司的证券业务和证券资产并增资扩股而组建的具有综合类业务资格的证券经营机构。

经中国证监会核定的主要业务范围是：证券的代理买卖；证券的自营；证券的承销和推荐上市；证券投资咨询；资产管理；发起设立证券投资基金和基金管理公司；以及中国证监会批准的其他业务。

公司实行股东大会、董事会、监事会、总裁四位一体、三权分立的公司治理结构。下设总裁办公室、人力资源总部、计划财务总部、资产管理总部、投资银行总部、证券交易总部、国际业务部、研发中心、电脑中心等职能部门，在北京、上海、深圳分别设有管理总部，并在兰州、上海、深圳等地设有22家证券营业部和证券服务部，初步构成了辐射全国的业务经营网络。

华龙证券牢固树立“以人为本、诚信务实、规范经营、服务第一、利润第二”的经营理念，吸引和汇集了大批高级人才，确保了公司高起点、稳步快速发展。公司积极拓展证券研究业务、证券投资基金业务、资产管理业务等，并致力于新的金融工具开发与创新，满足客户的需求。公司在作好狭义投资银行业务的同时，不断向“大投行”业务方向拓展，为企业提供收购兼并、财务顾问、发展战略策划等各项服务。

华龙证券始终以促进证券市场发展、繁荣中国产权市场和技术市场、完善西部要素市场、服务于国企改革为已任，坚持走可持续发展之路，致力于为市场筹资者和投资者提供更多更好的服务。

HUA LONG SROCK

公司交易大厅

证券经纪业务

华龙证券拥有甘肃最多和最早的证券营业部，并在上海、深圳等地开设有证券营业部，形成了以西部为基础、辐射全国的经营机构网络。公司所属各个营业部交易设施齐全，设备先进，拥有现代化网上交易委托系统，保证了交易的畅通、及时和准确，使客户在瞬息万变的市场上运作自如。

投资银行业务

华龙证券本着至诚至信的宗旨，谋求与企业建立长期合作的战略伙伴关系。华龙证券投资银行部在承接原甘肃信托和兰州信托投行优秀人员和业务能力的基础上进行了业务和人员拓展，曾成功地主承销和推荐过甘长风、祁连山、三毛派神、长城电工、兰光科技等股票的发行和上市。这五家企业通过发行股票、配股，在证券市场筹措资金累计达29亿元，已成为甘肃乃至国内企业中的佼佼者。

公司开业庆典

资产管理业务

资产管理业务包含证券自营和委托理财两大内容。华龙证券资产管理业务本着“稳健经营、规范运作、科学投资”的原则，通过树立正确的投资理念、培育良好的市场感觉、依靠具有丰富投资经验和高超的风险控制能力的专业人才并借助高效的信息网络平台，在做好市场分析、行业研究和上市公司调研的基础上，合理选择投资领域和投资品种，使公司资产管理的收益率远远高于国内同行的平均水平，实现了受托资产收益性、安全性和流动性兼顾的良性循环。

公司召开董事会会议

基金业务

以华龙证券为主发起人，并联合华泰证券有限责任公司、山东证券有限责任公司等五家证券公司发起的华商基金管理公司拟于2001年底在深圳注册成立，注册资本金15000万元人民币。现已进入申请报批阶段。

地址：兰州市静宁路138号东四楼 邮编：730030
电话：(0931)8888088 传真：(0931)4890515
E-mail:hualongzq@public.lz.gs.cn

国元证券
GUOYUAN SECURITIES

董事长（法定代表人）陈树隆先生

企业精神： 规范、自律、求实、创新

经营宗旨： 繁荣中国资本市场，提高社会经济效益，追求企业价值最大化。

公司定位： 立足华东，面向全国，走向世界，努力成为中国证券市场稳健经营的典范。

发展方向： 国内一流，世界知名的现代化、国际化、规模化的证券公司

公司领导班子成员

2001年10月18日，国元证券在合肥隆重举行开业典礼

国元证券
GUOYUAN SECURITIES

国元证券总部所在地——国元大厦

7月7日，常务副省长张平在公司董事长陈树隆的陪同下亲临公司视察指导

国元大厦（公司总部）证券大厅豪华、典雅、宽敞

7月28-29日，国元证券召开经纪工作会议，全面部署经纪业务工作

安徽省委常委、常务副省长张平（左)和前中国证监会主席周道炯（右)为国元证券揭牌

南方证券广州分公司
CSSC GUANGZHOU BRANCH
方证券大厦
南方证券
广州体育东路证券营业部

南方证券有限公司广州分公司成立于1993年3月，系中国南方证券有限公司属下全资分公司。目前，广州分公司设有8个职能部门，12家营业部，正式员工人数达360多人，其中本科以上学历的员工达到55%。

南方证券广州分公司自成立以来，各方面的业务蒸蒸日上，经营业绩不断提高。资产总值从1993年的3000万元增加至2000年的51.5亿元，利润总额从1993年的16万元增长至2000年的14385万元。南方证券广州分公司拥有一批高素质、高学历的专业人才，专门从事A股、配股承销、上市推荐、财务顾问等投资银行业务。广州分公司先后主承销、分销了粤宏远、江苏阳光、粤美雅等多家新股，推荐了粤宏远、粤电力、粤甘化等六家公司上市，并担任粤美雅、粤甘化、珠海中富、燕京啤酒、超声电子等多家上市公司的配股主承销。

近年来，分公司的二级市场代理业务成绩一直位居广州地区同行的前列。2000年，分公司二级市场代理业务成交量（A股+基金）达1134.5亿元，创开业以来最好水平。在广东省各证券营业部2000年1-10月成交总额排行榜中，分公司属下的水荫路营业部、番禺营业部和建设三马路营业部名列前茅。

地址：广州市体育东路140-148号南方证券大厦27-29楼
电话：(020)38878999(转)

水荫路营业部	(020) 37601620
滨江东营业部	(020) 34255108
建设三马路营业部	(020) 83836428
大德营业部	(020) 81923239
体育东营业部	(020) 38878888
番禺营业部	(020) 84611745
江门营业部	(0750) 3392913
顺德营业部	(0765) 2331205
中山营业部	(0760) 8623469
珠海营业部	(0756)3354354-223
东莞营业部	(0769) 2781888
福州营业部	(0591) 7544948
南宁办事处	(0771) 5881893

大户室里笑看股市风云

为投资者提供优质的服务

公司拥有轻松的服务环境

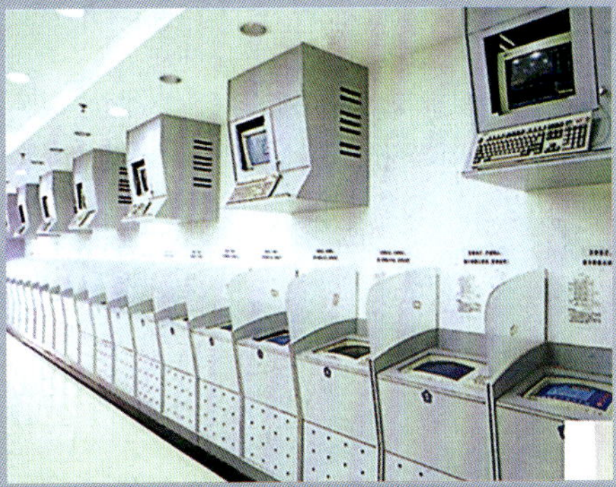
公司拥有先进的设备

宽敞的环境为投资者虚位以待

公司董事长兼总裁：刘成

哈尔滨中央大街营业部

公司开展投资者教育宣传活动

天元证券经纪有限公司

地址：哈尔滨市香坊区珠江路50号 电话：(0451)2357060 传真：(0451)2357061

天元证券经纪有限公司是经中国证券监督管理委员会批准的经纪类证券公司。主要经营证券代理买卖；代理还本付息；分红派息；证券代保管、鉴证、代理登记开户等业务。公司现有从业人员380人，其中80%员工具有大专学历，高级管理人员多数具有研究生以上学历。

公司依照《公司法》建立起现代企业管理机制，成立了董事会、监事会，实行董事会领导下的总裁负责制。公司内部设有综合办公室、计划财务部、研究发展部、经营管理部、稽核审计部、电脑部、信息部等职能部门。营业网点从南到北贯穿全国，在深圳、上海、北京、沈阳、大连、哈尔滨、大庆、齐齐哈尔、伊春等地设立了十几家营业部。为客户提供一流的环境、一流的设备、一流的服务、一流的管理，实时揭示股市行情。交易委托突破了原有空间的限制，形成了自动委托、电话委托、网上委托、远程可视委托等多层次、立体化的交易网络。公司的信息工作形成了平台网络式管理，提供的信息全面、及时、准确，除了专业信息公司的股市信息外，还提供《天元资讯》等股市信息专刊。聘请专家在每日闭市后做解盘，并定期邀请著名股评家举办股市讲座等活动。

公司成立一年来，本着“强化管理、规范经营、优质服务、稳健发展”的经营理念，面对竞争激烈的证券市场，立足于经纪业务主业，不断探索交易品种多元化，努力实现客户服务的创新，恪守“诚信、高效、创新、卓越”的企业精神，使业务规模有了较大的发展，取得了较好的经济效益，表现出良好、健康的发展势头。

展望未来，公司将在巩固现有市场份额的基础上，不断扩大营业网点，拓展新的客户群体。为适应证券市场发展趋势，壮大公司经济实力，迎接中国证券市场新的挑战和新的历史机遇，公司正积极着手工作，向有一定竞争规模的券商发展。

深圳经济特区证券公司

——北京营业部

总经理：齐艳

深圳A股席位号：310600　　深圳B股席位号：000200

深圳经济特区证券公司北京营业部成立于1994年7月，她以特区的拓荒牛精神和稳健的经营风格在京城独树一帜，在充满机遇、挑战和竞争的证券市场上不断发展壮大，被评为2000年全国优秀证券营业部。营业部地处海淀区北太平庄路牡丹园十字路口，环境优雅、交通便捷，她正以崭新的面貌、一流的设施和一支高素质、服务精良的优秀员工队伍，满怀热情迎接着八方投资者。

适合超大户及机构使用

大户室豪华、庄重、富于品位

中户厅宽敞、整洁、井然有序

散户厅明快、高雅、座位充裕

地　　址：北京市海淀区北太平庄路二号
邮　　编：100088
委托电话：86213338
咨询电话：62073522　62047946
传　　真：62073522　82071686
http：//www.24stocknet.com

渤海证券有限责任公司

——天津赤峰道证券营业部

办公楼外景

营业部外景

宽敞舒适的交易环境

渤海证券有限责任公司天津赤峰道证券营业部成立于1995年7月，现有员工17人，大专以上占83%，其中硕士研究生1人。赤峰道营业部成立以来，秉承"积极进取，稳健经营"的宗旨，把握机遇，不断开拓创新，经营水平稳步提高。目前已开办了A股、B股、回购等多项经纪业务，共有投资者19300余户，年交易量位于天津证券营业部的前列。2000年交易量为46.55亿元，实现利润1123.4万元。1998年被评为"天津市证券行业十佳文明窗口"，2000年被中国证券业协会评为"全国优秀证券营业部"。

地址：天津市和平区赤峰道132号
电话：(022)27119920
传真：(022)27116900

中国优秀证券营业部专辑

广发证券有限责任公司

---北京阜成门南大街证券营业部

总经理：席鹰

营业部始终秉承公司的"团结、开拓、求实、高效"的企业精神，坚持稳健、规范的经营方针，强化内部管理，加强优质服务，在1998、1999、2000连续三年获得总公司经营业绩嘉奖，在京城券商中也享有良好的声誉和知名度，2000年度又被评选为全国优秀证券营业部。

五年来，营业部在各级领导的亲切关怀和全体员工的共同努力下，取得了骄人的业绩，利润逐年上台阶，成交量在京城排名中一直名列前茅。2000年以来营业部在市场环境较好的情况下，也进入了一个快速发展时期。截止2000年底开户人数10058人，创利润9200万元，客户保证金和市值总额近30亿元。

团结 开拓 求实 高效

地址：北京市西城区阜成门南大街甲3号
邮编：100037
电话：(010)68017919
传真：(010)68042714

中国优秀证券营业部专辑

大连证券有限责任公司

---天津营业部

总经理：李璟

大连证券天津营业部成立于1997年2月，经营面积3000多平米。首层1000平米，800平米散户交易大厅，200平米办公及铺助区域：二层大中户室：中间通透式的中户大厅俱乐部，24间客户室，有日式风格、欧式风格、中式风格、近600平米宽敞舒适的休息大厅，曲径通幽的走廊、风格独特的庭院式喷泉，每日中午的钢琴演奏，在津门独创，客户尽享会员待遇。

经营宗旨：以人为本、客户至上

经营业绩：1998年在津门首推证券行业星级服务，得到天津证管办的认可，并刊登简报 推广服务经验。1999年交易量在公司总部及天津市名列前茅。

以人为本 客户至上

地址：天津市河西区大沽南路985号
邮编：300210
电话：(022) 28253933
传真：(022) 28321875
E-mail:pdlzpt j@public.tpt.tj.cn

中国优秀证券营业部专辑

山东证券有限责任公司

---烟台胜利路证券营业部

总经理：刘志

企业精神

允公允能 共铸天同

地址：山东省烟台市芝罘区环山路83号
邮编：264001
电话：(0535)6604660
传真：(0535)6604698

中国优秀证券营业部专辑

华泰证券有限责任公司

——江阴虹桥路证券营业部

总经理：顾福平

以客户为中心
以市场为导向
以效益为目标

地址：江苏省江阴市虹桥北路146号
电话：(0510)6812777
传真：(0510)6812777

中国优秀证券营业部专辑

长江证券有限责任公司

——上海汉口路证券营业部

总经理：沈燕

经营宗旨

服务经济　服务股东　服务客户

地址：上海市汉口路130号
邮编：200002
电话：63521608

中国优秀证券营业部专辑

中国银河证券有限责任公司

——绍兴证券营业部

总经理：孙永祥

经营理念

一流的设备　一流的服务
一流的管理　一流的形象
一流的规范

地址：浙江省绍兴市鲁迅中路146号
邮编：312000
电话：(0575)5138192

联合证券有限责任公司

——上海牡丹江路证券营业部

总经理：周金发

改善环境　吸引客户　是提高效益的基础

强化管理　规范运作　是提高效益的保障

开源节流　降本增效　实现效益最大化

地址：上海市宝山区牡丹江路1512号
邮编：201900
电话：(021)36010276
传真：(021)56125100

中国优秀证券营业部专辑

河南证券有限责任公司

——许昌营业部

总经理：闫新生

营业部信条

以更好地服务满足客户.企业造就人才，人才造就企业.
以不断的学习促进进步与创新,充分沟通与交流,
共享成果!

服务宗旨

努力，让客户感动!

地址：河南省许昌市南关大街38号
电话：（0374）2621868
传真：（0374）2627824

中国优秀证券营业部专辑

无锡证券有限责任公司

——中山路证券营业部

负责人：程钧

经营宗旨

规范经营求发展

企业精神

勤奋工作　团结协作　优质服务

地址：无锡市中山路53号时代中心大厦
电话：(0510)2735311(传真)
邮编：214001

中国优秀证券营业部专辑

北京证券有限责任公司

——德胜门东滨河路营业部

总经理：董寒冰

企业精神

时空转变　服务依旧

营业部外景

地址：北京市西城区德外东滨河路B11号
咨询电话：(010)62057993
传真：(010)60258004
邮编：100011

中国优秀证券营业部专辑

西部证券股份有限公司

——咸阳渭阳西路证券营业部

总经理：徐新民

服务思想

微笑服务是标准
客户满意是宗旨

中国优秀证券营业部专辑

黑龙江省证券公司

——西大直街证券交易营业部

总经理：邵维民

经营思想

规范化经营
标准化管理
全方位服务

中国优秀证券营业部专辑

黄河证券有限责任公司

——郑州市西太康路证券营业部

总经理：宇海英

在机遇与挑战并存的新时代，中国的证券业任重而道远。已有的成就属于历史，黄河证券有限责任公司郑州市西太康路证券营业部属于明天！他们将满载社会各界的期望和关怀，以淳厚的品格、精睿的智慧和不拔的韧性，迎接中国证券市场更加辉煌的明天，为更多的投资者开启致富之门。

中国优秀证券营业部专辑

南方证券有限公司

——南京建宁路(金桥)证券营业部

总经理：胡刁文

一流的信誉
多年交易量名列江苏省前列
1998年荣获"南方证券十佳营业部"称号
2000年荣获"全国优秀营业部"称号
2000年荣获"青年文明集体"称号

一流的环境
散户大厅宽敞明亮，面积近2000平方米，总营业面积7000平方米
营业部2-4楼为幽雅舒适的大中户室，配有股市沙龙休闲区、多功能活动厅

一流的设备
全省先进的双向通讯卫星、数据传输速度与交易所同步
营业大厅配有先进超宽LED显示屏，信息量大，数据齐全
电话中继线300多条，保证了投资者通过电话方便快捷的下单
配置全新的磁卡委托机300多台，钱龙行情机300多台，内部委托电话7部

一流的服务
客户经理可专为您提供周到的服务
营业部星期六照常办理开户及资金存取业务
营业部可为您在中国银行办理B股外汇银证转帐
营业部与中行、交行、招行及建行合作，提供银证联网转帐服务
提供晚间看盘、开户、交割、通过24小时自助委托系统隔日下单
数个博士、硕士已获得"证券分析师资格"，可为您提供全方位的咨询与服务
免费开办资金帐号、磁卡、电话委托、网上交易、手机短信息交易及远程委托

深圳席位号：207800
隔日委托电话：5620868 5626632
咨询电话：5629925 5531366 5531377
委托电话：5620868 5626632 6641111 6641211 6641311

营业部地址：南京市下关区建宁路16号
邮编：210037
www.sostock.com.cn
www.long18.com.cn

中国优秀证券营业部专辑

辽宁省证券公司丹东分公司

——沈阳证券交易营业部

总经理：郭颖

经营宗旨

遵守国家有关法律、法规及各项金融方针政策，运用市场机制引导社会资金流向，扩展资金融通渠道，开拓证券市场业务，发展和完善金融市场，保护投资者合法权益。

服务宗旨

提高投资者的投资回报率

企业精神

投资者的需要就是我们要做的工作

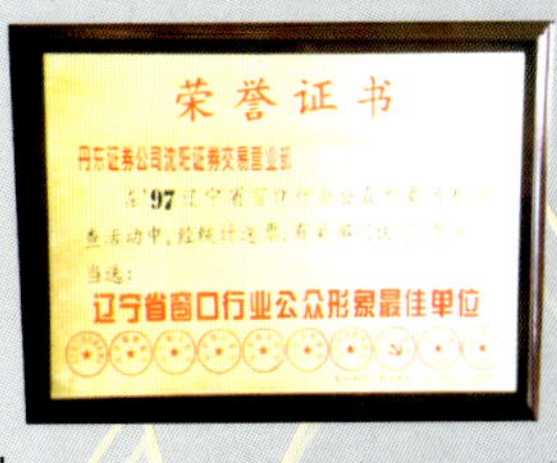

地址：沈阳市大东区北顺城路61号
邮编：110041
电话：(024)24841213 24856208
传真：(024)24841010
中国龙投资网：www.lsss.com.cn
丹证理财网：www.zhuanra.com

金通证券股份有限公司

——环北证券营业部

总经理：金士杨

金通证券股份有限公司环北证券营业部（即原浙江省国际信托投资公司环北证券营业部）位于美丽的天堂、西子湖畔，自1994年成立以来，营业部始终坚持“规范经营、稳健发展”的经营方针，积极开展文明优质服务活动，交易规模日益扩大，经济效益不断提高，目前已成为浙江省规模最大、交易量最多、效益最好的证券营业部之一，并荣获“2000年全国优秀营业部”光荣称号。

环北证券营业部经营上海、深圳的A股、B股、基金、国债现货、国债回购等金融商品的代理买卖，除自助委托外，还开通了具有200路电话委托中继线、钱龙远程委托、网上交易、手机炒股等多种委托交易手段。营业面积5000平方米，一楼1500多平方米散户厅宽敞明亮，两块50平方米超大多媒体显示屏视野覆盖整个大厅，七十余台钱龙终端和自助终端为广大散户投资者提供方便、快捷的服务。100多间大中户包厢装修考究，设施豪华，适合不同类型的投资者。营业部电脑主机采用目前国际顶级服务器和千兆网络交换设备，沪深两地委托买卖全部采用一流的双向卫星自动报盘，双路供电并自备发电系统，先进可靠的技术设备确保了交易过程的安全、畅通、快捷。

在为客户提供最先进的硬件设备和优美环境的同时，环北营业部秉承“服务第一、客户至上”服务宗旨，加强规范化管理，注重提高员工的业务技能和服务意识，竭诚为客户投资活动提供高效、高质量的服务，在广大投资者心目中树立了良好的服务形象，连续荣获金融系统省级“青年文明号”和“文明服务示范点”荣誉称号。自2001年起，环北营业部与《上海证券报》合作开办股民学校，投资者教育活动开展得有声有色。环北股民学校在办学中坚持以普及证券投资知识、提高股民素质、注重风险教育为宗旨，认真实践投资者教育的主题，各位授课教师在不涉及股市行情、不点评推荐个股的前提下传播证券知识，“授人以渔”，受到投资者的广泛好评，被上海证券报评为“优秀授课点”。

目前环北营业部的特色服务内容主要包括：1、营业部配有专职研究人员为大中户提供投资理财的咨询服务，每日收市后有专业证券分析师进行盘后解盘和个股推荐，不定期邀请著名股评专家举行股评报告会。2、与工商银行、建设银行、浦发银行等开通银证转帐业务，方便客户资金存取。3、开展免费代理配售新股业务，并及时对资金不足的配号中签客户电话通知。4、对持有钱江、鼎鑫台寻呼机的客户均可免费开通成交回报业务。5、散户厅实施无烟、卫生、文明大厅管理制度，配有急救药品、针线、雨具，准备了多种股票操作与技术分析的书籍，供客户免费借阅。6、营业部为客户提供神光、珞珈、上海新兰德、万国、港澳、万盛等国内著名咨询机构的最新资讯和公司总部研究部的证券快讯、《环北证券研究》等，辟有专门的信息栏收集张贴各种统计资料、热点分析和证券研究报告。7、在散户厅为资金量较小但交易频繁的短线高手也配备电脑和专座，方便其操作。

营业部地址：杭州市文晖路318号（市交警支队旁）
公司网址：www.bigsun.com.cn
咨询电话：0571-85771666
传真：0571-85771577

中国优秀证券营业部专辑

中国经济开发信托投资公司

——南京证券交易营业部

总经理：王忠

企业精神

敬业 守信 自律 创新

地址：江苏省南京市湖南路115号
电话：(025)3376307
传真：(025)3376307
邮编：210009

第十四编

证券业科技教育

2130/2140

证券业科技

深圳证券通信有限公司

【公司概况】 深圳证券通信有限公司(原深圳证券卫星通信有限公司)成立于1993年8月，是一家为证券市场提供数据通信服务的专业通信公司，承担着深交所与全国各地证券营业部之间全部的证券信息传输任务，股东单位包括深圳证券交易所、中国空间技术研究院和中国通信广播卫星公司。公司拥有一支高素质的员工队伍，现有的正式员工98人，其中66.3%具有本科以上学历。公司现已建成的深圳证券通信网是目前国内规模最大的专用证券通信网。该网由卫星通信网和地面通信网两部分组成，通过天地实时互备、自动切换的通信方式为证券市场提供了安全、优质、高效的通信服务。

【经营业绩】 1993年4月，公司在全国率先建成使用单向卫星广播系统，实现了深圳证券市场交易信息向全国券商的实时广播传送。1994年8月，公司又率先在全国建成使用证券卫星双向通信网。该网的建成使用使得广大券商在接收股市行情、成交结果、买卖盘等信息的同时，还可以向深交所发送买、卖委托，由此大大促进了证券市场的发展。迄今为止，公司已经对单向卫星通信系统进行了三次升级，对双向卫星系统进行了两次升级，卫星通信能力大大提高。卫星单、双向网的建成使用为解决深圳证券市场通信瓶颈问题和推动交易自动化进程做出了突出的贡献。目前公司的单、双向卫星小站已经遍布全国除台湾、香港和澳门之外的所有地区。截止2001年底，双向卫星网在全国各地开通用户小站2196家，单向卫星网开通小站3238家。为了满足证券市场长远发展的需要，提高通信能力，进一步确保证券通信安全，公司从1998年开始积极建设证券地面通信网。地面网除了以高速、稳定的链路保证行情发送、交易、结算等常规主体业务的开展外，还能提供实时开户、券商内部网络互联、多点视频会议、IP话音等多种服务。更为重要的是，证券地面通信系统和卫星通信系统通过新版通信软件实现了实时互备、自动切换，并且自动切换可以在1分钟内完成，进一步提高了证券通信系统的安全性、可靠性。经营证券信息专用卫星通信和地面通信以及相关的技术开发及应用是公司目前的主要业务。近年来，为了更好地为证券市场和券商提供专业化和标准化的服务，公司采取了一系列的措施加强主站和用户小站的通信安全。主站方面公司制定了严密的运行制度，加强技术人员队伍的建设与主站设备的维护和升级以加强主站运行安全。为了确保用户卫星小站运行安全，公司采取了承诺36小时内排障、经常性的用户培训、定期巡检、网上远程服务等一系列的服务措施，为用户解决了很多技术难题，并大大降低了用户小站的故障率。对于证券地面通信网的接入申请，公司为用户提供一点咨询、一点受理、一点结算的一站式服务，即由公司负责用户到电信机房的线路申请、所有相关路由器配置、用户端通信软硬件的安装调试以及系统运行时的线路、设备和软件的维护、管理、升级。专业的管理和一揽子的解决方案可以使券商避免在通信系统的管理和维护中花费过多的人力、物力，从而可以集中精力参与日趋激烈的市场竞争。

深圳市金至典科技有限公司

【公司概况】 深圳市金至典科技有限公司是由深圳金证科技股份有限公司出资组建的有限责任公司，专业从事证券投资模型的研究、证券投资分析软件的研究与开发、经营和服务。公司成立于1999年5月，现有员工40多人，其中技术人员占70%以上，目前已形成以深圳、上海、北京、沈阳、郑州、武汉、成都等城市为中心的全国性服务支持网络，我们的服务宗旨是：为券商提供最好的产品、最快的响应、最优的服务。

【经营业绩】 公司主导产品有：Dos平台上的至典证券行情分析咨讯系统(包括网络版、图文版、电视墙)；Windows平台上的至典证券行情分析咨讯系统(包括网络版、图文版)；Internet网上证券行情分析咨讯交易系统(包括委托、查询)及系列配套产品：自助委托系统、模拟操盘系统、智能选股和开放平台系统；远程证券行情接收分析咨讯交易系统(包括券商大户室版、家庭大户室版)；券商行情备份系统(包括DDN版、MODERN版、图文版)。至典证券行情分析咨讯系统将动、静态分析完美结合在一起，融合中国证券市场特色和操盘手丰富的经验开发了大量的看盘、分析和选股工具：大单追踪、ZXX(买卖趋势线)、CBX(市场成本线)、移动筹码分布、阶段统计、板块特征分析、智能选股、开放平台等，并与多家国内著名投资咨询机构合作开发了信息地雷功能，创造性地将行情与资讯、咨询结合起来，与同类产品相比，体现精益求精，尽显卓尔不凡。

深圳市全景网络有限公司

【公司概况】 深圳市全景网络有限公司(www.p5w.net)是一家经营证券类财经信息服务的网络高科技公司。其经营的由7个中文频道和1个英文频道及众多特色专栏组成的集群式网站，构成了功能强大、信息全面、投资者参与广泛的网上证券社区。

【经营业绩】 全景网络依托《证券时报》长期形成的客观、公正、严谨、权威的品牌优势和广泛的市场渠道，在我国首创报纸与网站联动发布信息的经营模式。近200多名资深财经记者编辑组成的专业采编队伍遍布全国，准确、迅速、快捷提供财经新闻和市场动态等原创信息。全景网络长期以来形成的与国家相关政府部门、证券研究机构、交易所、上市公司、券商、基金及中介机构、财经界专家、学者和广大投资者的密切合作关系，构成了全景网络得天独厚的资源优势。

全景网络在业内敢为天下者先，创新不断：率先推出中英文双语种网上财经报道；开辟专门的"香港频道"，全面、准确、深入的报道香港财经新闻和市场动态；首创"千面全景"，首页一日三变，以满足投资者不同时段的上网需求；在国内首创上市公司"新股发行网上路演"、"网上调查"、"网上证券市场热点论坛"、"上市公司网上业绩推介会"等大型开放式、互动式的交流活动，至今已经为包括中国石化、宝钢股份、民生银行等在内的多家上市公司成功举办新股发行网上路演、增发A股网上路演等多种形式的网上推介活动200多次，在“网上路演”领域占据绝对领先的竞争优势；以网络高科技为手段，集网站、报纸为一体的“立体化媒体”信息发布，成功实现“世界经济论坛2000中国企业高峰会”、“第二届高交会世界证券市场峰会”、“第四届中国高新技术产业国际周”等大型会议网上直播报道。

全景网络基于庞大的数据库资源，实现全方位推送式服务，根据社会各界不同层次的需要，提供专业、权威的证券财经信息和全面的投资参考解决方案等各类深加工信息产品。

中国普天信息产业集团公司

【公司概况】 中国普天信息产业集团公司(PTIC)的前身中国邮电工业总公司成立于1980年，原隶属于邮电部和信息产业部，1998年成为中央直属大型企业。公司总资产额达360亿元，拥有北京邮电通信设备厂(首信集团)等16家直属工厂，东方通信、上海邮通、成都电缆和南京普天4家上市公司，北京爱立信、北京松下和巨龙信息等20家总部直接投资的合资联营企业和10多家全资子公司，是面向国内国际市场、从事研究开发和生产经营系统成套通信技术装备和邮政设备的信息产业集团公司。

【经营范围】 中国普天的主要生产经营和开发大型数字程控交换机、GSM和CDMA移动通信系统设备和手持机、IP系列产品、微波通信设备、光通信设备、通信光缆和电缆、各类通信电源、配线分线设备、IC卡电话机、网管系统、多媒体计算机终端、传真机、邮政机械等众多门类的通信设备，并承担国际国内通信工程总承包和开展合资合作、技术引进、产品进出口等技术经济业务。

【经营业绩】 中国普天已连续多年跻身英国《电讯周刊》(COMMUNICATIONS WEEK)“全球50家最大的电信设备制造巨人”排行榜，2000年实现销售收入465亿元，位列2001年(第十五届)全国电子信息百强企业第一名。中国普天的发展和壮大始终顺应国企改革的潮流。1993年中国普天开始对直属工厂进行现代企业制度和上市试点工作，现已对7家国有企业进行了股份制改造，其中的4家企业分别在香港、上海和深圳上市。在科研开发方面，中国普天积极推进技术创新，紧密跟踪国内国际通信技术的发展动向，坚持自主开发与合作引进并举，重点推进了移动通信、IP数据、多媒体及网络软件、光通信、接入网和邮政产品等项目的研发。在市场拓展方面，建成了一个以总部市场部为中心、以大区公司和集团成员企业市场开发部门为脉络、能覆盖到全国县以上地区的市场开发和售后服务网络，其中大区公司13个，一级网点55个，二级网点500多个。在利用外资方面，充分利用国家对外开放的政策，与世界各大知名通信厂商如诺基亚、摩托罗拉、爱立信等建立了良好的合作关系，走出了一条“引进、消化、吸收、创新”的路子，截止到2000年底共引进了20多条生产线，组建了60多家中外合资企业。根据国家经贸委就国有企业下一步改革发展的新部署，即按照市场经济的办法，通过企业改革、战略重组、提高技术创新能力和市场营销能力、突出主业、加强企业管理等措施，重点培育和发展30到50家具有国际竞争力的大企业集团，中国普天再次吹响进军的号角，以发展为主题，以深化改革、科技进步和资产重组为动力，通过机制创新、技术创新和管理创新，努力把中国普天打造成为我国信息通信制造业的“国企航母”；用五年左右的时间，把中国普天建设成为国内一流、国际知名和信息产业集团，进入世界企业500强。“与普天握手，和世界交流”——中国普天愿与各界朋友携手并进，共创美好未来。

北京博雅讯电子信息技术有限责任公司

【概况】 北京博雅讯电子信息技术有限责任公司是北京新技术产业开发实验区的一家高新技术企业，成立于1997年。拥有以博士后、博士为主的年轻科研群体，在金融、通信等领域取得多项国内领先成果并研发制成产品，有丰富的基础理论研究以及应用产品的开发经验。

【经营业绩】 公司主要产品有以下三个部分：一、金融信息咨询系统：“投资家”金融证券咨询分析决策系统—覆盖卫星、图文、Cable Modem、互联网等多种手段；包揽国内外证券、期货、外汇、现券等各种信息及新闻评述；实时接收与盘后分析全方位服务以及多种技术分析研究成果。二、电子商务：期货交易系统、现货交易系统，网上交易系统、模拟交易系统。三、通讯平台：INTERNET PPP代理/路由系统、双网卡模式代理服务器系统、电话/卫星非对称信道INTERNET接入系统电话/CABLE MODEM非对称信道INTERNET接入系统、系列防火墙产品系统等。公司先后独立承接多项大型的软件开发项目，如国家信息中心网络金融系统、上海外汇交易中心交易系统、大连现货交易市场交易系统、大连商品交易所交易系统、香港的股票行情传输系统等。《投资家》金融咨询分析决策系统四个系列版本，同时开发出非对称信道传输系列产品和网络产品。公司研发的软件系统创造的全国第一有：一、国内第一个利用单一信道提供期货、外汇、股票、财经信息的综合服务，并同时拥有采集、综合、播出、接收、分析软件。二、国内第一个将图文电视系统提供金融信息服务的传输延时从分钟级缩小到秒级。三、国内第一个利用因特网进行专业级实时金融服务，并且使传输延时达到秒级。四、国内第一个开发成功并投入商业运行的卫星非对称因特网接入和代理系统，上行信道使用现有的因特网信道，用户可以拨入到任一ISP。五、国内第一个开发成功并投入商业使用的Cable Modem平台的专业的金融信息播出、接收、分析软件。

北京金智融星科技发展有限责任公司

【概况】 北京金智融星公司是从事金融资讯技术分析的技术密集型专业公司，它集中了计算机软件业和金融投资业的专业人才，在我国金融信息产业发展之初即在股票、期货、外汇、国债等领域开发了多品种、全系列的行情发送和接收、技术分析图表和结算管理等软件系统，并提供金融信息、金融分析、投资咨询、网络集成等全方位的服务。

【经营业绩】 近年来，金智公司结合国际技术分析理论新发展，精心研究中国市场，特别推出功能强大的融经典分析方法与特殊专业手法于一体的新一代分析成果。金智螺旋系列指标曾在96、97年准确预测各个时间转向重要位置，成为轰动全国的神奇周期指标。在《首届中国证券与期货市场技术分析应用与创新学术研讨会》上，金智软件赢得了全国各地技术分析专家和投资高手的一致高度评价。金智软件由于不断的开拓创新而在技术分析方面具有特别的优势，成为独具优势的专业级投资分析精品软件。金智融星公司和北京商品交易所、苏州商品交易所、郑州商品交易所、国家信息中心阳光数据公司、中北信息公司等多年合作推广的全国证券与期货行情动态分析系统用户遍及全国各地。"实时、高速、高效、高能"是金智信息分析系统的风格。

成都财智软件有限公司

【概况】 成都财智软件有限公司成立于1993年3月，致力于以理财软件和互联网为主的服务方式，为中国家庭提供方便的理财工具和完善的理财服务，并成为连接金融机构和消费者之间的渠道，业务范围包括软件开发、销售、互联网服务及电子商务等。其理念是：通过财智的理财软件和财智网的理财服务，使用户能够方便地管理其个人财务，同时也降低金融零售产品和金融服务的销售和推广成本。

【经营业绩】 财智网(www.imoney.com.cn)是财智公司所属国内第一家、也是目前国内最全面、最专业化的个人理财网站，其内容范围包括财经新闻、证券、保险、银行服务、按揭、外汇等一切与家庭财务相关的方面。财智网的目标是发展成为中国的家庭金融中心，主要用户服务有：提供金融资讯、提供理财咨询、开展金融教育、提供理财工具、提供金融产品。财智系列软件是国内最好的家庭理财和投资管理软件，无论在功能或市场份额都处于绝对领先的地位。目前，财智公司拥有的软件产品包括如下几个系列：1、财智家庭理财软件：一款非常成熟的国产家庭理财软件，能全面管理日常收入、消费、储蓄、个人贷款、保险、证券投资。2、财智投资管理软件：供专业投资者用于结算和管理投资事务，可以有效地节省投资者管理的成本和时间，并且可用于评价投资者的绩效，以及通过事后统计分析的方式总结经验和教训。3、财智老板通：财智老板通是针对个人及微型企业的管理软件，主要功能包括进销存、收支管理、债权债务管理、报表等。整个软件精巧实用、简单方便，填补了普通家庭理财软件和企业管理软件之间的断层，正适合不需要出具正规财务报表的个人及微型企业的需要。4、财智股票搜索王：是一款股票信息搜索软件。与Internet连接，为用户搜索全面、有效的证券信息。

长城计算机软件与系统有限公司

【概况】 长城计算机软件与系统有限公司(简称GW/SSI)原名长城计算机软件与系统公司，成立于1993年7月，它的前身是中国长城计算机集团公司(简称长城集团)于1988年组建的应用开发事业部。1997年6月，由中国长城计算机集团公司发起，对中国长城计算机深圳公司和长城计算机软件与系统公司进行股份制改造，成立了中国长城计算机深圳股份有限公司，长城计算机软件与系统公司是中国长城计算机深圳股份有限公司的成员企业之一。1998年7月，长城计算机软件与系统公司完成改制工作，更名为长城计算机软件与系统有限公司。

【经营业绩】 GW/SSI的业务主要包括：从事以应用系统为主的计算机软件开发，承担大型系统集成工程，向用户提供整体解决方案和发展嵌入式系统产品等。同时，GW/SSI是IBM公司和JetForm公司的软件总代理，也是Lotus中国地区最大的总代理和增值开发商。数年来，凭借高度专业化的技术服务水平，GW/SSI优秀的整体解决方案广泛应用于金融、财务、税务、商业、社会保险、办公自动化、企业MIS及非金融卡应用等多个领域。公司开发的50多项技术成果和软件产品，达到了国内领先和国际先进水平，部分荣获国家颁发的科技进步奖。1998年，GW/SSI获得ISO9001国家质量体系认证。

上海格尔软件股份有限公司

【概况】 上海格尔软件股份有限公司前身是上海格尔软件有限公司，成立于1998年3月，2000年7月由上海市政府科技投资基金、上海飞乐音响股份有限公司及公司主要技术骨干共同投资，是专业从事网络安全方面产品开发、安全咨询和项目集成的高科技公司。

【经营业绩】 格尔软件致力于推动我国信息产业的发展，利用联合的优势，自主开发信息安全软件，产品覆盖电子商务安全、金融证券安全、安全电子邮件、企业网络安全和IC应用卡等领域，并针对用户的实际要求，提供全方位、多层次的安全解决方案，并给出有效的安全咨询意见。成立至今的两年多的时间里，格尔软件投入大量资金、人力，为维护企业网络安全、建立一个安全的可信赖的安全电子商务环境做出了大量的科研开发工作，填补了国内在信息安全领域多项空白，并已和政府、企业、银行、证券和ICP领域开展了多方位的合作，取得良好的社会与经济效益。

浪潮通用软件有限公司

【概况】 浪潮集团山东通用软件有限公司(简称浪潮通软)是由浪潮集团以及公司内部职工共同投资成立的股份制软件企业，是国家科委最早批准的四大软件园之一——齐鲁软件园的骨干企业。公司自1992年创立以来，一直专注于自有知识产权软件产品的开发、销售和服务，是国内最早全面导入CMM管理规范并通过了ISO9002国际质量体系认证的软件企业。

【经营业绩】 1994年浪潮公司率先在国内推出了采用大型关系型数据库的浪潮国强财务软件，在1996、1997、1998连续三年评为优秀软件，并终生获得该荣誉称号。国强ERP金融软件产品是浪潮国强面向证券、信托、银行、保险及财务公司等金融机构定制的行业财务及管理软件。它以先进的业务流程为基础，采用用面向对象的技术进行分析设计，采用组件技术构建软件，实现各系统高度集成。系统按照CMM来规范组织生产，并严格遵循ISO国际认证系统标准，充分保证系统的安全可靠、实用先进。

莲花发展有限公司

【概况】 莲花发展有限公司成立于1982年，总部位于美国麻省波士顿，是全球领先的Internet/Intranet平台、消息传递、群件、协同计算、知识管理及其解决方案的市场领袖，是IBM公司的全资子公司。1993年11月，Lotus设立北京办事处；1995年增设产品开发部，并在广州、上海设立办事处；1997年1月莲花软件(中国)有限公司正式成立。

【经营业绩】 长期以来，Lotus公司一直致力于为企业实现Internet/Intranet、网络通信、网络协同工作及电子商务提供高质量的产品及服务。Lotus公司不仅拥有先进创新的产品，更通过其专业的销售、技术服务部门帮助各种规模的企业成功顺利地实现Internet通讯、协作和业务运营。Lotus正在积极致力于为客户提供基于Internet应用的知识管理(KM)解决方案，实现与客户的共同发展。在中国发展的短短的几年中，Lotus 公司与一大批政府主管部门、应用部门、金融单位、企事业单位建立了良好的合作伙伴关系。如中国银行、中国人民银行、中国工商银行、中国农业银行、中国招商银行、中保人寿、太平洋保险公司、深圳华为集团、海南洋浦开发区政府等一系列政府行政机构及企事业单位相继建成基于 Lotus Domino/Notes 的信息应用网络系统 。目前，Lotus 不仅拥有一批高素质本地化的科研管理队伍，同时也吸收了百余家国内合作伙伴共同开发中国市场。合作伙伴主要负责系统集成、应用系统开发和培训，Lotus 公司定期向合作伙伴及客户提供产品培训、专业技术支持，并且协同合作伙伴举办各种市场推广活动。

深圳市博经闻资讯技术有限公司

【概况】 深圳市博经闻资讯技术有限公司是一家以证券、期货等金融领域的信息资源研究与开发为主体的公司。经过几年来的辛勤开拓，已经形成了立足深圳、深入全国，拓展海外的战略格局。公司先后在北京、上海、武汉、哈尔滨、重庆等地成立分中心网点，业务领域覆盖全国，形成既集中又分散，既有统一性又有灵活性，适应于不断发展的市场要求的高效运作的管理，决策、经营体系，成为一家以开发资讯产品为主，集投资咨询、投资银行、市场研发、信息交流等业务于一体的综合性跨区域的现代型资讯企业。

【经营业绩】 博经闻由证券期货等金融领域的高级顾问和计算机网络专家组成的技术小组，先后开发出《博经闻期货资讯系统》、《博经闻证券资讯系统》、《WINDOWS 95 证券资讯系统》、《INTERNET 证券资讯系统》。博经闻资讯产品因其操作简单、价格低廉、界面美观、功能完善深受广大用户的青睐。目前，博经闻用户已遍及全国各省（不含西藏）直辖市。

深圳市金牛信息技术有限公司

【概况】 深圳市金牛信息技术有限公司是国内最早从事证券、期货、外汇等金融信息资讯服务的信息技术公司之一，拥有深圳市信息统计局颁发的《深圳市信息网络服务机构资格证书》。公司技术力量雄厚，在计算机软件开发、信息采编、期货证券投资等方面拥有一批高素质的专业技术人才，拥有强大的软件开发实力和丰富的维护、售后服务经验，员工 80% 以上具有大学本科以上学历，其中硕士以上学历占 30%。

【经营业绩】 公司主要信息产品有通过卫星、图文电视、电话等多方式传输的《金中讯财经资讯系统》；互联网站——中国有色金属网；通过传真与电邮订阅的 CRU 月度报告（中文版）等等，其中《金中讯财经资讯系统》在国内有色行业市场占有率为第一。公司在信息处理、系统集成和网络通讯方面成就突出，1993 年与深圳有色金属期货交易所合作开发并投入运行的《SME 电脑期货交易、控制管理及通讯网络系统》获国家有色金属工业总公司 96 年度科技进步一等奖与国家科技进步 97 年度三等奖；1993 年由公司独立开发并投入运行的《IFT 信息通讯，智能决策支持及风险管理系统》获中国有色金属工业局 98 年度科技进步一等奖（部级）。经过多年的发展，公司已形成规模效益，形成多品种，多渠道的服务网络，在有色金属行业及期货业内享有盛誉，用户遍及全国二十多个省市自治区，并在北京、上海、重庆、大连等中心城市设有办事机构。

英特尔公司

【概况】 英特尔是世界最大的芯片制造商，同时也是计算机、网络与通讯产品的领先供应商。它成立于 1968 年，具有 30 多年产品创新和市场领导的历史。公司的第一个产品是半导体存储器。1971 年，英特尔推出了全球第一个微处理器。微处理器所带来的计算机和互联网革命，改变了这个世界。作为全球信息产业的领导公司之一，英特尔致力于在客户机、服务器、网络通讯、互联网解决方案和互联网服务方面为日益兴起的全球互联网经济提供建筑模块。

【经营业绩】 英特尔公司目前在中国内地设有 12 个代表处：北京、成都、重庆、福州、广州、哈尔滨，济南、南京、上海、沈阳、武汉和西安，并把亚太区总部设在香港特别行政区。2000 年 10 月英特尔在华成立英特尔中国实验室，该实验室包括如下机构：1、英特尔架构实验室（iAL）：设在上海，共有 100 多名工程师，与本地和国际软件厂商一起为中国电脑用户合作开发和提供引人入胜的消费和商业应用程序。该实验室的宗旨在于通过向本地软件开发商提供技术和营销支持，在中国促进技术的推广。该实验室也注重通过内容组在美国和中国本地的企业工程师之间进行知识交流，并向整个业界进行推广。2、英特尔中国软件实验室（ICSL）：该实验室 1993 年在上海创立，现有约 100 名软件工程师，旨在为英特尔芯片、系统和解决方案创造并扩大全球价值。作为大规模系统软件的一流中心，该实验室在以下三大领域蓬勃发展：1）基础系统软件，2）汇编和二进制动态翻译技术，3）嵌入系统工具和高性能多媒体函数库。此外，该实验室正在通过为固有和智能计算机技术开发引人入胜的应用，发展个人电脑和新兴平台的新用途和新用户。3、英特尔中国研究中心（ICRC）：1998 年在北京成立的英特尔中国研究中心是英特尔在中国唯一致力于研究的实验室。ICRC 的任务是研究未来 3－7 年的人机界面技术，降低使用计算机、接入互联网的阻碍，尤其是使用方块文字时可能产生的阻碍。为实现这一目标，ICRC 致力于加速开发应用语音作为使用互联网服务的界面，并发展在亚洲多见的用户界面的核心技术。ICRC 现有 44 位研究员，主要研究与语音技术、手写输入技术、实用性、NLP 和互联网信息集合有关的核心技术。5、无线技术开发中心（WCCG）：英特尔于 2000 年 4 月在京启动了第三个无线技术开发中心，其使命是通过与中国蜂窝电话业界领先公司合作，促进无线互联网技术的开发。该中心将有助于中国企业开发技术，通过移动电话为宽带互联网连接提供新内容和服务。6、互联网交换架构（IXA（tm））开发中心：IXA 开发中心设在北京，为中国主要网络和通讯设备供应商提供项目级的支持，加快客户开发，缩短产品上市时间。该中心还将帮助本地第三方厂商改进 IXA 软硬件解决方案，旨在使 IXA 成为网络和通讯解决方案平台，实现动态的互联网服务。7、应用程序解决方案中心（ASC）：该中心设在上海，旨在为中国加强和加速发展基于英特尔标准的高容量服务器市场。目前，大、中、小型企业都开始从业界标准服务器架构产生的规模经济中受益。此外，ASC 还协助原始设备制造商和互联网软件厂商将原有服务器应用程序进行移植、调谐并优化，适应英特尔 32 位和未来的 64 位架构中文环境。ASC 是亚洲第一家此类性质的机构，并将在帮助当地计算机产业发展方面，特别是在服务器领域，起到积极重要的作用。

深圳市金证科技股份有限公司

【概况】 深圳市金证科技股份有限公司是在深圳市政府认定的高新技术企业，是中国最早，也是目前国内最大的证券软件开发及系统集成商，注册资金5072万元，从事证券业计算机系统的规划、软件开发、结构化布线、网络工程施工、硬件安装、网络调试及售后服务工作，年产值超亿元。

【经营业绩】 公司服务于包括交易所、证券卫星公司、交易中心、证券商在内的千余家证券机构。同时，在研究开发大型、复杂的计算机网络和证券交易软件方面积累了许多成功经验。目前，金证科技有限公司以雄厚的技术力量和忠实可靠的服务在证券也获得了很高的声誉。公司已在上海、北京、成都、兰州、广州、河南、设立了6家分公司，在海口、武汉、重庆、沈阳、长春等城市设立了近20个办事处。

安易公司

【概况】 安易公司是由中华人民共和国财政部批准并投资的专业财务及企业管理软件公司，1992年正式成立；1993年4月安易会计软件(Dos版)通过财政部评审；1995年在国内最早推出Windows版财务软件；1997年7月安易启动基于Internet的大型管理软件安易2000开发工程；1998年5月发布安易2000第一期产品安易2000购销链，并被确认为中国最大的国有财务软件厂商；1998年12月，安易2000入选国家“863”计划；1999年11月安易公司通过ISO9000国际质量认证；2000年1月18日，安易公司改制后成立新公司—北京安易软件有限公司注册成立。经过8年的发展，安易公司已成为我国最大的财务及企业管理软件企业之一。目前，安易公司在全国共有直属子公司20个，二级子公司、办事处和授权技术支持培训中心30个，授权代理200个左右。安易软件用户已遍及全国各地和各行各业：国家气象局下属全国数百家单位统一采用安易软件，成为安易行政事业版财务软件最大客户；包括外交部、外经贸部、科技部、信息产业部、国务院办公厅、人大办公厅、政协办公厅等在内的中央五十余家部委统一采用安易财务软件；全国证券行业五大证券商中的两家(君安、联合)以及中国最大的新型建材企业北新建材和中国最知名IT专业媒体《计算机世界》、《中国计算机报》均是安易软件用户。目前，公司的用户已发展到香港、澳门、日本等地区和国家。

【业务范围】 公司自成立以来，一直坚持致力于财务及管理软件业。从业务拓展来看，目前主要是面向中小型用户的财务软件事业群和面向大中型企业的管理软件事业群，今后将会依托这两大事业群发展电子商务，目标是通过与国际公司的合作，建成中国最强的面向互联网经济的企业管理及商务应用解决方案供应商。目前所涉及的专业技术领域包括：1、高端产品：系统采用客户机/服务器、浏览器/服务器(c/s、B/S)结构，数据库采用大型数据库(如SQL Server、ORACLE、DBII)，服务器端支持NT、UNIX，客户端支持Windows。2、中端产品：系统采用文件服务器(F/S)结构，数据库采用小型数据库(例如：Foxpro、Access)，支持NT、NOVELL、Windows。3、低端产品：系统主要在PC机上运行，数据库采用小型数据库(例如：Foxpro、Access)，支持Windows.安易软件根据产品的类型和适用对象的不同，采用不同的软件开发工具。程序设计语言主要有：VC、Delphi、Java。数据库主要有：SQL Server、ORACLE、DBII 、Foxpro、Access、Clipper。操作系统主要有：NT、UNIX、Novell、Windows。

网泰金安信息技术有限公司

【公司概况】 网泰金安信息技术有限公司成立于2000年10月，由国家开发投资公司、信息产业部电子第十五研究所、世纪中天企业股份有限公司共同出资，依托国家计委批准、并列入2001年国家高技术产业发展项目计划的“金融信息安全系统产品产业化项目”而设立。公司注册资本7500万元，是国内同类企业当中最具实力的高技术企业之一。公司聚集了一批富有理论和实践经验的资深研发人员，工程技术人员和高级管理人员，具有博士、硕士、及本科以上学历的人员占到公司总人数的90%以上。

【经营业绩】 公司立足于信息安全产业，专业从事网络安全技术研究、安全产品开发与安全系统集成和服务，为金融、政府、电信、电子商务及个人理财提供先进、易用、安全可靠的网络安全产品和解决方案。公司与国家密码管理委员会授权的商用密码科研定点单位——中科院信息安全国家重点实验室(DCS中心)合作开发的安驿信动态密码认证系统，于2001年9月通过了公安部颁发的信息安全产品销售许可证书，该项科研成果达到了国际先进、国内领先水平。为了保证网上交易信息安全的需要，公司自主研发了一套“NETSAFE证券网上委托交易安全系统”。该系统包括基于时间同步的动态密码强身份认证系统“安驿信动态密码认证系统”和基于SSL协议的客户信息加密系统“安密信客户信息强加密系统”，即用动态密码强身身份认证系统取代接入网上证券交易系统的静态密码身份认证系统，保证股民身份的唯一性；用安全套接层SSL协议单向证书提供的安全机制，特别是SSL提供的128位密码超强加密信道，保证股民交易信息传输的完整性、可信性和不可抵赖性。公司并提供网络安全系统集成和行业解决方案，安全系统前瞻和实用结合的咨询、规划和方案设计，专业外包和安全贴身服务，信息安全产品的升级服务，以及为企业量身定制信息安全产品和组织网络安全专业知识的培训等。公司推出的即时通无线数据接收机是与寻呼系统和证券投资分析决策系统配套的实时无线数据接受机，属于数据通信与信息处理技术领域，该产品具有数据接收稳定可靠、股票信息高速更新、信息联网、全国漫游、即插即用、安装方便等特点。公司推出的3.5G宽带接入网系统属于宽带多媒体通信技术领域，主要使用国外成熟技术，并与应用系统密切结合，快速建立宽带多媒体通信网络。

证券业教育研究

对外经济贸易大学金融学院

【概况】 2000年6月，原中国金融学院与原对外经济贸易大学合并，组建成新的对外经济贸易大学，直属教育部。对外经济贸易大学金融学院是两校合并以后，以原中国金融学院的金融系、国际经济系、工商管理系组建而成的新学院，下设金融、国际金融、证券投资三个系，目前共有教师42人，其中教授11人、副教授12人，享受政府特殊津贴的专家五人，拥有博士学位的教师达12人，已基本形成了一支知识结构合理、学历水平高的教师队伍。为进一步加强金融学科建设，同时继续保持与金融、证券领域广泛的联系，邀请了国内一些著名经济、金融学家为我院客座教授，并建立了以刘鸿儒教授为主任的学院指导委员会。

【业务范围】 金融学院以"面向国际、特色鲜明、培养精英、服务社会"为教学指导思想，致力于培养适应市场需要、综合素质精良、专业技能熟练、理论基础扎实、富有创新和进取精神的优秀人才。证券投资专业作为金融学的子专业，又有其自身特色，旨在培养学生既具有扎实的经济理论与金融专门知识的基础，又具备从事资本市场运作与投资银行的经营管理的素质与技能，使学生毕业后具备较高的专业理论素质和实际运用能力，能够胜任国内外证券投资、融资、证券分析与交易、证券经营管理的实际工作和教学、科研工作。该子专业下设投资银行、证券交易与管理和金融衍生产品的设计与开发三个专业方向。自1994年起，原中国金融学院开始举办证券期货节。证券节开全国大学校园内模拟证券市场学生活动之先河，它的目的在于提高学生的实践能力，增强投资意识和风险意识。该活动的规模与影响越来越大，其规范、求实以及创新的特点也得到了社会各界的广泛关注与肯定。合并后的新一届证券期货节，因与上海证券所的通力合作，故命名"上交所证券节"，得到学校领导及各方面的高度重视，证监会副主席高西庆亲自到会并做了精彩发言，规模超过以往历届。《金融时报》、中央电视台等多家媒体对此次活动给予报道和宣传。

（白建军）

上海证券期货学院

【概况】 1994年6月8日，在上海财经大学领导和上海证券交易所领导的积极推动下，经过一年多的紧张筹备，上海财经大学证券期货学院正式成立。学院的成立是中国资本市场快速发展，迫切需要人才的体现，也是高等院校和企业合作办学的一个成功范例。龚浩成教授担任学院的董事长兼院长。学院成立之日起，就把"国际知名、国内一流"作为办学目标，将"培养和造就跨世纪有献身精神及证券期货职业道德责任的，适应社会主义市场经济需要，具备'四有素质'的应用型、复合型、外向型的投资管理人才"作为办学宗旨。为此，必须有一支高质量的师资队伍。学院通过招聘和严格筛选的方式形成了整体精良的师资队伍结构。学院拥有在编教师10人，其中教授3人，副教授5人，讲师2人。学历构成为博士、博士后5人，硕士3人，本科2人。学院有一支兼职教师队伍，由此扩大了校际学术与教学方法的交流，使学生在学习中扩大视野，推动教育质量的提高。学院利用自身优势加快教师出国深造的步伐。几年来有多名教师出国作半年以上访问进修或短期考察与培训。学院还聘请了一批证券期货界的专家、学者为兼职教授，与实务部门建立起信息交换系统，成为沟通理论与实际的"信息高速公路"。

【经营业绩】 学院推行学历教育为主，非学历教育为辅，兼办证券业从业人员资格考试培训的学历教育与职业教育相结合的全方位的办学体系。在学历教育方面，形成了一套证券期货本科教学计划，要求学生在掌握基本经济理论的基础上，加大数学、外语和计算机应用能力的训练力度。部分课程使用原版教材，实行双语教学，提高学生的外语水平。在上海证券交易所的支持下，学院选派品学兼优的学生赴境外考察交流。大多数学生毕业后在证券金融行业从事管理和研究工作，很多人已经成为业内的骨干，为中国证券市场的发展和规范化运作发挥着积极作用。此外，学院还重视非学历教育，1994年起连续三年面向证券从业人员开办证券期货副修专业班，为非金融专业毕业的从业人员补上证券专业知识。1997年起，学院连续举办了四期金融专业证券期货方向研究生课程进修班，共有400余名学员参加学习，已有15名学员通过论文答辩，取得经济学硕士学位。学院曾与上海证券交易所合作，举办国债期货交易员培训班，共培训3000余人次。积极参与中国证券监督管理委员会组织的证券业从业人员资格考试大纲和教材的编写工作，协助并参与中国证券业协会举办的证券营业部经理和投资咨询人员培训班，并举办证券从业人员资格考试培训，受益达万人以上，学院还专门为证券公司设计课程，举办旨在提高证券从业人员专业与综合素质的专业培训班。此外，学院还承担上海证券交易所及部分券商的员工培训工作。

学院提倡以科研带动教学、以教学促进科研。七年来，共自主完成研究课题30余项，教材和专著20多本，国家级、省部级及横向委托课题10多项。科研工作不仅提升了学院整体研究水平和教学水平，也为中国证券市场的发展贡献了智慧和力量。学院重视追踪国际资本市场的最新发展动态和研究成果，与香港联交所、香港证券专业学会、英国伦敦国际金融期货交易所、英国伦敦证券业协会、加拿大证券业协会等国家及地区的有关机构建立了资料交换和信息联系。（张圣华）

北京大学金融与证券研究中心

【概况】 北京大学金融与证券研究中心于1996年1月成立。该中心是以北京大学光华管理学院在金融与证券方面的科研力量为主，联合北京大学其他院系在金融、保险、法律等领域的专家、教授，并借助于国家各部委、科研机构以及国内外商业银行、保险公司、证券公司、投资基金等方面的研究力量而组建的科研机构。主要从事金融、证券和保险理论、实务、政策及法律的研究。中心实行主任负责制，设主任一人，副主任四人。首届主任由北大光华管理学院前副院长曹凤岐教授担任，副主任由北大法学院院长吴志攀教授、北大经济学院保险系主任孙祁祥教授、北大光华管理学院财务与金融系副主任姚长辉副教授、北大光华管理学院院长助理于鸿君副教授兼任。中心聘请了数十名在国内外享有盛名的学者、专家作为顾问教授和特约研究员。

【经营业绩】 北京大学金融与证券研究中心的主要研究任务是承接国家、部委以及国内外的企业、金融机构等委托的关于金融、证券和保险等方面的研究项目，同时中心通过自筹资金的办法，对某些重要的理论和政策问题进行独立的研究。研究领域主要有：中国金融与证券市场发展的趋势与国际比较；国际竞争与企业融资的策略；证券投资的收益与风险分析；中国保险市场与保险投资；金融与保险企业的经营与管理；企业重组与兼并策略；金融衍生产品研究；投资基金研究；宏观经济、货币政策与金融市场的发展；证券市场的技术分析方法与应用研究；中国的内债与外债研究；金融自由化、国际化与证券投资策略；国民待遇与外资金融机构在中国的发展研究；中国社会保障制度的改革；金融与保险法律法规研究。除了开展各种课题的研究之外，研究中心还从事以下工作：组织各种类型的学术研讨会；邀请顾问教授和特约研究员举办学术讲座；组织金融从业人员的培训；组织编写和翻译关于金融、证券和保险等方面的教材和专著。北京大学金融与证券研究中心承接的主要研究课题包括：由中国人民银行组织，南方证券公司资助的金融债券研究，研究成果为研究报告《金融债券研究》；由华夏证券公司资助的股票投资组合研究，研究成果为《投资组合理论及其在中国股票市场上的应用研究》；由广发证券公司资助的投资基金组合研究，研究成果为《投资基金投资组合研究报告》；由上海三新公司资助的高科技风险基金研究，研究成果为《高科技风险基金研究》；由曹凤岐教授主持，中心人员参与的国家教委“八五”重点科研项目——股份制理论研究，成果为《股份制与现代企业制度》；由曹凤岐教授主持，中心人员参与的国家社会科学基金项目——中国证券市场发展战略研究，成果为《中国证券市场发展、规范与国际化》；由重庆国际信托投资有限公司资助的证券公司组建个案研究，研究成果为《组建西南证券公司设计方案》；由日本中岛和平财团资助的中国金融国际化研究，研究成果为《中国金融改革与国际化》。

（北京大学金融与证券研究中心）

中国人民大学金融与证券研究所

【概况】 中国人民大学金融与证券研究所(FSI)是在原中国人民大学证券研究所的基础上，经国家有关管理机构批准设立的，并得到新疆金新信托投资有限公司资助的专业性研究机构。青年经济学家吴晓求教授任所长。FSI秉承“产学研一体化”的原则，从1993年设立至今，已经迅速成长为中国金融证券业颇具实力的专业研究机构。FSI有强大的专家队伍，其核心专家群中，有著名金融证券专家吴晓求、投资银行专家王明夫、管理咨询专家彭剑峰、风险投资专家刘曼红、投资基金专家马庆泉、公司理财专家周新长、金融工程专家赵锡军、证券法专家董安生、公司法专家叶林、金融信息化专家刘振亚。此外，还拥有10余名有创新精神的专业研究人员，有近20位具有丰富实践经验的投资银行专家和管理咨询专家。全所共有教授8人(博士生导师6人)，21人获经济学、法学和管理学博士学位。

【经营业绩】 FSI以准确把握金融业与证券市场基本走势为宗旨，融理论研究于金融、证券的实践之中，从宏观经济、财政与金融政策、公司和行业研究、市场分析等多角度全方位透视市场。每年一度的“中国资本市场论坛”集合了国内理论界、实务界及政府主管部门的一流金融证券专家，成为中国资本市场的盛会。FSI主笔的《中国资本市场研究报告》(年度报告)成为国内最具影响力的政策研究和市场分析报告。FSI自成立以来，先后承担了国家社科基金、教育部、科技部、中国人民银行、中国证监会等委托的研究课题，先后为摩托罗拉、清华同方(中国)、双鹤药业、新疆屯河、湘火炬、南风化工、山西汾酒、燃气股份等国内外知名上市公司提供了包括市场调研、项目策划、资产重组方案等在内的多项咨询服务；为南方证券、中信证券、海通证券、兴业证券、建设银行等著名券商和金融机构进行了专业人才培训。

（许多多）

中央财经大学金融证券研究所简介

【概况】 中央财经大学金融证券研究所是国内首家由高校控股的公司制金融类研究机构，注册资本100万。该所以中央财经大学的教育和科研队伍为依托，聘请国内经济界著名专家数十人任顾问及兼职研究人员，联系并借助国家各部委、国内各大研究机构、各商业银行、证券公司、基金管理公司等的研究力量，有很强的教学、科研能力。该所以金融证券业理论研究、政策咨询、人员培训、方案设计等为主要业务范围，共设有培训部、研发部、咨询部、投资银行部等多个机构。自1999年9月成立以来，已经在国有股减持、创业板市场设计、证券公司高级经营管理人员、企业高级证券管理人员培训和企业财务顾问等方面作了大量卓有成效的工作，赢得了良好的社会影响和声誉，在中金网、中央电视台、北京电视台、中宏网、中国证券报、上海证券报等多家媒体上发表大量研究成果。并与国家有关宏观经济部门、地方政府部门、科研院所、新闻单位、金融机构和企业界有着广泛的联系和合作，一批合作项目正陆续展开。

【经营业绩】 该所发扬中央财经大学“忠诚团结，求实创新”的校风，重点开展以下几项工作：1、就“国有商业银行产权制度改革和机制调整”、“地方性商业银行的出路与生机”等课题继续进行深入研究，结合我国加入WTO的时间表，以及国内各商业银行的现实，提出可行的解决方案和政策建议。2、加大对业内人员的培训。培训重点放在银行和证券业新兴业务上，加快为我国金融业培训高级经营人才的速度。3、进一步加强对工商企业进行股份制改造、发行上市、兼并重组、期权制度建设等资本运营人才的培训，继续与国内知名的券商合作，重点对经营业绩好，有一定规模、成长性强、科技含量高的中小企业、民营企业进行培训，为国内的民营企业、高科技企业能尽快进入资本市场运作、按国际惯例加速发展创造条件。4、加大对金融控股集团发展、规划、规范的研究。5、加强金融监管，化解金融风险，防范金融危机。6、积极参与资本市场运作，发挥在金融、会计、经济法等领域的教学、科研优势，主动参与企业的股份制改造、发行上市、完善法人治理结构、期权股权制度、收购兼并、资产置换等经济活动。目前研究所已为多家公司担任财务顾问，为企业融资发展、股份制改造、发行上市提供咨询服务。7、研究金融在国民经济各部门中的地位及影响，尤其是在农村经济发展与转型中的作用是发展中国家金融理论的基本问题。8、承接了有关部委、企业事业单位、各金融机构的大量研究、调研课题，对我国证券市场存在的问题、准公共产品利用资本市场进行发展等课题都作出了相应的研究。9、积极拓展代客理财业务。10、积极参与金融教学改革，通过为工商企业、金融机构进行人员培训，了解社会需求，推动中央财经大学的金融学教学改革，设立新学科，满足社会对金融领域新兴学科和对新型金融人才的需求。 （王胜春）

中国青年金融证券培训中心

【概况】 中国青年金融证券培训中心是由团中央所属中国青年国际人才交流中心、中国人民银行总行所属中国金融学院及部分金融证券机构共同创办并经国家教育主管部门批准设立的金融证券专门人才培训机构。中心的宗旨和任务是适应我国金融证券市场飞速发展的需要，培养高素质、高水平的金融证券专业人才，宣传党和国家有关金融证券市场的法律法规和方针政策，普及金融证券知识，加强金融证券界的国际交流与合作，引进国外智力，促进我国金融证券市场的健康发展。中心拥有由90多名国内外一流专家组成的专兼职教师队伍，并拥有由30多位国内外经济、金融、证券、法律等领域的著名专家教授和国家有关主管部门领导组成的理事会，审查中心的教学计划、教学内容和教学方法，选聘各培训班教员。中心由著名证券专家韩世君博士担任主任。

【经营业绩】 自1994年底成立以来，中心举办各类研讨会、研讨班、进修班、培训班、出国研修团和考察团、函授班等二百多期，参加人员达两万多人次，受到社会各界的好评。中心与国家体改委、国务院发展研究中心、中国金融学院、香港会计师公会、香港公司秘书公会等境内外机构合作举办的培训班、研讨会在国内外引起较大反响；已连续举办多期的全国股份公司董事长、总经理、董事、监事、财务负责人、董事会秘书等高级管理人员培训班，为推进我国现代企业制度试点工作，促进我国股份公司的规范化运作和经营管理水平的提高发挥了很大的作用；每年举办多期的全国证券营业部经理高级研修班、证券分析师高级研修班、客户经理培训班、证券经纪人培训班、证券研究与投资咨询人员培训班、投资银行业务培训班、投资基金经理人培训班、证券机构人事教育干部研修班、证券机构财务会计与内部稽核培训班、证券机构电脑系统管理培训班等各类证券从业人员在职培训班和函授班，以及证券业从业人员资格考试考前辅导班等均受到证券界的普遍欢迎和好评，被学员们誉为“金融证券业的‘黄浦’，投资银行家的摇篮”;《金融时报》等报刊也多次载文盛赞中心为我国金融证券人才培训做出巨大贡献。中心还接受各证券机构、上市公司及拟改制上市企业的委托，为其举办内部培训班，每年达二十多期，为提高我国证券从业人员及上市公司高级管理人员的水平和素质，促进我国证券市场的稳定发展作出了贡献。

（孙良辰）

上海申银万国证券研究所有限公司

【概况】 上海申银万国证券研究所有限公司是由原申银证券公司证券研究所和原万国证券公司研究发展中心合并改制建成的具有独立法人地位的综合性证券研究咨询机构，控股股东为申银万国证券股份有限公司，注册资本为2000万元，迄今已有9年的历史，于2000年获得中国证监会颁发的开展证券投资咨询业务的从业资格。在1999年和2000年中国证券研究咨询机构基金服务综合排名中，申银万国证券研究所连续两年名列业内前茅，显示出一流的研究实力。研究所下设10个职能部门，即办公室、宏观研究部、行业研究一部、行业研究二部、行业研究三部、市场研究部、信息统计部、投资策划部、咨询服务部和电子商务部，分别负责研究产品的开发制作、市场营销和后台支持。至2001年6月底，研究所人员规模将近100人，其中70%为专职研究人员，其余人员分别负责行政后勤、市场营销和技术支持工作。员工中具有研究生以上学历的人员占70%以上，具有中级以上职称的人员占50%以上，大多数员工在加盟研究所前均具有证券从业经验和专业背景，具有中国证监会核发的证券从业资格。研究所现任董事长庄东辰博士和现任所长秦曦均具有丰富的证券从业经验，董事长庄东辰博士还担任中国证券业协会证券分析师专业委员会副主任委员职务。研究所建有完善的员工培训制度。员工培训分职前培训、在岗培训两类。职前培训针对新员工，培训重点为业务流程和规章制度介绍。通过职前培训，新员工能迅速熟悉申银万国证券研究所的日常工作流程和要求，能较快适应新的工作岗位。由于证券行业所具有较高的风险，在职前培训中，法规教育占有重要地位。在岗培训分内部培训与交流、学位学习、境外培训等多种形式。内部培训与交流重点在于研究成果与方法的交流，学位学习计划为员工继续深造，在职攻读硕士和博士学位提供了保障。境外培训计划重点在于让业务骨干了解境外发达证券市场的最新发展动态。目前申银万国证券研究所每年选派不少于10人次参加各类境外培训。

【经营业绩】 申银万国证券研究所研究领域涵盖宏观经济形势与政策、市场制度建设、行业前景、上市公司综合发展实力、行情演变等各方面，在保值贴补率预测模型、国债期货套利模型、沪深股市变盘指标、上市公司相对投资价值模型、资产重组与收购兼并等方面曾经取得一系列研究成果。研究所还同时承担申银万国证券股份有限公司和申银万国证券研究所客户的咨询业务培训工作。全年至少开设四期培训班，为参加培训的人员介绍证券研究与咨询业务、金融营销方式。2000年，研究所参加各类培训的人员超过200人次。 （张岚）

南方证券研究所

【概况】 南方证券有限公司研究所于1997年10月16日正式成立。根据公司业务发展需要，研究所目前设立理论研究部、公司研究部、财务顾问部、市场研究部、信息管理部、网站运行管理部六个部门。研究所现有各类专业研究人员近80人，90%以上具有硕士以上学位或中高级专业技术职称，其中博士占15%以上；研究人员专业背景涵盖经济、金融、企业管理、财务会计、法律以及电子、机械、建材、化工等多个领域。研究人员中有30余人获中国证监会证券投资咨询执业资格。

【经营业绩】 1、理论研究部的业务范围包括：宏观经济与政策研究；证券理论研究；国际金融市场研究；创新业务研究。2、公司研究部的业务范围包括：行业与公司研究；配合公司投行业务和自营业务的开展。3、市场研究部的业务范围包括：证券市场走势研判；证券投资咨询服务；国债、基金、B股、H股等研究；配合公司经纪业务的开展。4、财务顾问部的业务范围包括：政府与企业财务顾问；配合公司投行业务和自营业务的开展。5、信息管理部的业务范围包括：信息咨询服务、研究报告管理、《南方证券研究》月刊编辑。6、网站运行管理部的业务范围包括：公司"搜股"网站（sostock.com.cn）运行管理、网站信息资料更新。研究所成立两年多以来，共完成了各类研究报告

1000余篇，近1000万字。其中，证券理论和宏观经济研究报告200余篇，行业和公司研究报告500余篇，市场研究200余篇，其他研究报告100余篇。在国内有影响的报刊上发表研究报告200余篇，其中数篇论文在《经济研究》等国内一流刊物上发表。通过中国金融出版社、经济科学出版社公开出版发行了《资产证券化》、《政府财务顾问探索》等12本专著；编辑出版《南方证券研究》月刊30余期。研究所被聘为湖南省、海南省、黑龙江省、江苏省、西安市、朝阳市、长春市等省市政府财务顾问，先后为湖南投资、兰陵陈香、哈医药、乐凯胶卷、浦东大众等50多家企业提供了多种形式的财务顾问服务。其中，为湖南投资、兰陵陈香等策划的资产重组方案已成为范例。此外，还配合投资银行业务部门完成了桂冠电力、哈医药等40余个新股和配股项目；配合投资理财业务部门进行了大量的项目策划，为公司创造了巨大的利润。

华泰证券研究所

【概况】 华泰证券研究所是首批经中国证监会核准的具有证券投资咨询资格的研究机构。综合研究所目前为公司业务总部设置，下辖宏观部、行业部、投资策略部、市场咨询部、综合部五个业务研究部门。目前所拥有的研究载体主要有《财经证券分析》月刊及年刊、《研究分析报告》、《行业、板块与上市公司研究》、《每日内参快讯》、《商机与建议》、《证券资讯一体化网络》、《网上紫金证券资讯》及《华泰证券网站》等。华泰证券综合研究所拥有数十名研究人员，各研究人员均有博士或硕士学位，半数以上研究人员拥有高级职称。专业背景涵盖金融、管理和理工农医等多个学科。

【经营业绩】 公司综合研究所以促进证券市场和区域经济的发展，支持公司投资银行、资产管理和经纪等各项业务的开拓，以及为客户提供一流的服务为根本宗旨，形成了宏观经济政策背景分析与证券业务创新研究、行业与上市公司研究、投资咨询服务以及投资策划四大支柱，其大量研究成果受到政府、业界、客户和金融证券媒体的广泛关注与好评，一批研究报告成果被证券主管部门和政府等所采纳。1、市场咨询部主要职责是：对证券市场的基本面进行全面分析，对股票二级市场整体运行状态、走势及个股进行跟踪分析，提供投资建议；保证华泰证券网专家门诊、华泰市场专线栏目以及沪深两市所有个股当日及时评述（个股点评栏目）的正常运行；负责与新闻媒体保持密切联系，扩大公司影响。目前该部门为中央电视台、中央人民广播电台、江苏卫视等定期提供市场评述咨讯，并在《中国证券报》、《上海证券报》、《证券时报》等专业媒体开辟专栏及发表了数百篇各类市场研究分析报告，此外，借助华泰证券网站，有效地实现了证券研究分析人员与广大投资者的互动交流，如专家门诊、专家组合、华泰市场专线、华泰研究、专题论坛等栏目，使投资者得到市场研究人员及时指导，了解最新的研究成果和动态。2、宏观部主要职责是：根据宏观经济政策及证券主管部门政策变化，提供相应的政策分析和建议；开展公司发展战略和各业务部门业务发展策略研究，制定相应的操作计划；开展金融市场新型业务（如二板市场、国有股减持等）的超前性研究；根据国家产业政策及金融市场政策变化，为地方政府利用资本市场发展区域经济提供建议等。在为投资者提供服务的同时，宏观部还积极为地方政府发展经济出谋划策。目前，宏观部在网上证券交易、二板市场、股指期货、股票期权、国有股减持等方面的研究水平在业内居于前列。3、行业部主要职责是：加强行业、上市公司的长期跟踪、调研和研究，为投资银行、资产管理及投资者提供行业现状、发展动态、产业政策分析报告及相关上市公司调研分析报告和资料；参与投资银行项目的前期策划、投标工作，提供相关行业专业服务；在投行项目开展过程中，提供新股、配股或增发新股定价分析报告；参与投行项目内核工作；参与投行相关项目的路演推介等。此外，数据库与市场定量分析也是行业部研究的重点内容之一，由富有证券投资实践经验，并熟悉定量分析方法的专业人员主持研究，主要提供证券市场的各种数据和统计结果，以及定量分析研究成果。该部门拥有强大的信息优势和技术优势，以经过长期积累形成的数据库为依托，借助计算机技术和信息定量分析技术，研究分析证券市场规律，不断发现投资目标。4、投资策略部主要职责是：根据上市公司基础资料、盘面表现和市场信息，精选个股，积极开展上市公司实地调研，为资产管理部门及投资者提供个股投资价值分析报告；结合行业和板块研究，深化行业或板块热点前瞻性分析研究，提供相应分析报告；根据公司及有关客户的投资目标和投资规模，构筑定量分析模型，提供投资策略和投资组合建议；跟踪证券市场所有新股发行计划，进行新股二级市场定价分析，提供定价、上市后走势及投资价值分析报告。5、综合部为综合研究所内部事务及对外联络部门，其主要职责是：负责定期或不定期编辑和印发《研究分析报告》、《财经证券分析》及《潜力板块和上市公司研究》等期刊、分析报告；负责研究资料的收集、整理、归档和管理；负责研究所内部事务；负责综合研究所的对外联络；负责华泰证券网栏目管理工作。此外，综合部信息中心还承担着公司信息的保障任务，目前已拥有电子图书资料量达10G以上，每日处理数量达8M以上，为公司经纪业务、资产管理业务、投资银行业务等提供了强有力的信息支持。

国泰君安证券研究所

【概况】 国泰君安证券研究所成立于1999年8月，由原君安证券研究所和原国泰证券研究所合并而成，隶属于国泰君安证券股份有限公司。国泰君安证券研究所共有100余人，其中百分之八十以上取得了证监会颁发的证券投资咨询执业和从业资格证书。研究所地域上分深圳、上海、北京三地设置，下设行业公司部、金融工程部、市场研究部、宏观研究部、发展研究部、客户服务部、信息支持部，已形成一支以博士、硕士为主体的专业化研究队伍。研究所的研究特色是：尽可能保持研究工作的独立性和客观性，以最专业的手法去分析问题并提出解决问题的方案。研究所的研究工作除了促进公司各项业务的发展并为其带来直接效益之外，在相关机构的决策中也发挥着越来越大的作用，研究所提出的很多方案、建议已被许多机构部门采纳。研究所一直致力于追求卓越，秉承求实、进取的理，坚持贴近客户、贴近市场、贴近业务是研究所的一贯作风。目前研究所已建成了强大的全国性的信息网络。

【经营业绩】 国泰君安证券研究所一直以对行业、上市公司进行动态跟踪研究而闻名，目前，除了保持传统的优势以外，在其他方面的研究实力也正日益增强。研究所已经建成了一整套综合研究体系，以多层次、多角度、解剖式专业化手法探究市场内的焦点问题。研究所下属业务部门的研究方向主要为：行业公司部：主要从事行业、公司（包括上市公司与非上市公司）的分析与跟踪研究，为客户提供投资建议，担任财务顾问，及提供购并重组、企业管理咨询等多方面服务。金融工程部：主要从事金融创新研究，包括衍生工具与金融新产品的开发、投资组合的研究与运作策略，国际股市、汇市、债市的各种套利机制和风险对冲工具的研究，交易制度的研究等。以数理分析为工具，以量化资本市场各参数为目标，以严谨的逻辑思维追寻买卖行为中的规律。目前该部门推出的“国泰君安指数”等一系列产品对于在我国资本市场开展金融创新业务具有极高的参考价值。市场研究部：主要从事证券市场趋势研究、政策效应分析及其预测，对深沪两地二级市场运行机理进行有点有面的分析。把握板块互动、解析投资者关心的热点问题等，同时为机构投资者提供专题研究服务。市场研究部主办的《财经快讯》在市场上久负盛名。宏观研究部：主要针对与证券市场密切相关的宏观经济、政策、经济发展战略规划及国际经济情势进行时效性很强的分析，同时也向政府有关部门不定期提出宏观政策建议。发展研究部：主要对公司发展战略、国内外资本市场、政策法规等方面进行专题性研究，为政府部门担任经济顾问。客户服务部：根据客户的不同需要，制定不同的服务体系及提供个性化的研究服务。信息支持部：主要工作是信息的收集、整理、汇编，图书馆管理，对外资料交流等，统筹研究所产品的编辑、发行，包括系列产品的编辑、研究专著的出版，以及其它产品的包装、对外发行及其推广应用。2000 年研究所取得的成绩有：《中国股票指数期货市场方案设计—标的指数设计》在“2000 年证券市场金融创新课题”评比活动中获得一等奖；《中外投资银行制度比较》获 2000 年中国证券业协会课题评比二等奖；《上市公司配股融资及其监管研究》和《证券税制设置的国际比较及相关建议》在深圳证券交易所第三届会员研究成果评选活动中分获二等奖和三等奖；2000 年独立承担并完成上海证券交易所联合研究计划首批 10 个课题中的两个课题《上市公司再融资及其监管研究》、《中国证券登记结算最佳模式研究》；2000 年初研究所由上海财经大学出版社出版了《2000 年国泰君安证券研究报告》一书。研究所还将部分研究成果刊登在研究所独立设计管理和维护的网站 www.askgtja.com 中。（孙虹）

海通证券有限公司研究所

【概况】 海通证券有限公司研究所是国内较早成立的证券专业研究与分析机构，目前已形成一支以博士(后)、硕士为主体的专业研究开发队伍，多人已拥有教授、研究员等高级职称以及获得证监会颁发的投资咨询从业资格，学历构成和研究实力均居同行业前列。研究所共有 80 余人，上海本部 50 人，其余分布于北京、深圳、武汉、重庆等经济中心城市，形成了全国性的信息网络。研究所凭借海通证券、上实集团和交通银行的强大实力，已逐步建立了与证券主管部门、国家各大部委、地方政府、各类专业研究机构、国外研究机构以及新闻媒介等之间的信息沟通网络和良好的合作关系。

【经营业绩】 研究所下设六个部门：宏观研究部，主要从事国内外经济形势分析和预测，为证券市场运行状况作前瞻性研判，同时亦对证券市场建设和相关热点进行专题研究；行业公司部，主要从事行业及相关上市公司的动态跟踪研究，为行业内重构、公司资产重组以及股票投资提供专家性建议；投资咨询部，主要进行二级市场分析并提供投资方案策划、投资咨询等服务；综合信息部，主要从事信息的收集、整理和加工，开发电子研究产品，包括海通指数、海通数据库、上市公司信息查询系统、风险预警系统等，为研究所人员研究、公司各部门、客户以及大学和社会研究机构等提供技术支持和信息服务；机构投资者服务部，专门为三类企业、保险公司、投资公司和大户投资者提供专业化的精品服务。包括专题研究报告、投资策略、投资组合、行业动态分析、上市公司投资价值分析报告等及时有效的个性化服务；金融工程部，主要进行研究设计和开发新金融产品。目前，研究所研究成果的信息载体已成系列化，主要包括：每日的《海通证券投资通讯》、每周的《宏观经济周评》和《网上经济动态》、双周的《金融证券参考信息》、每月的《机构投资组合》、《市场投资月报》、每季度的《海通证券研究》和每年的《海通证券研究年报》，同时还有不定期的《行业研究报告》、《上市公司调研报告》、《潜力股投资价值分析报告》、《专题研究报告》、《证券投资组合与策略综合研究报告》、《基金评级及投资价值分析报告》、《新股投资价值及定价预测报告》和在各大报刊杂志上发表的具有前沿性和可操作性的业务创新研究报告以及海通证券系列丛书等。此外，研究所还就宏观经济热点问题、行业以及证券市场建设等方面具有超前性和理论性的议题举办大型的国内国际研讨会，与海内外各界人士进行探讨和交流。（孙涛）

华夏证券研究所有限公司

【概况】 北京华夏证券研究所有限公司(华夏证券研究所)在华夏证券有限公司研究发展部的基础上成立，是华夏证券有限公司的全资子公司。目前，华夏证券研究所在职员工 76 人，资深专业研究人员 50 余人，86％具有博士或硕士学位，大多数具有行业和金融方面的双重专业背景，并拥有多年的研究工作经验。华夏证券研究所利用设在北京的优势，建立起了与证券主管部门、各行业主管部门、综合经济管理部门、各类专业研究机构、同业之间及证券新闻媒体之间的信息交流渠道和合作关系，形成了把握宏观经济和证券市场所必须的强大信息网络。同时利用华夏证券遍布全国的分支机构，与当地政府部门及上市公司建立了良好的合作关系，并形成了以北京和上海为中心覆盖全国的调研网络。华夏证券研究所组织与撰写的中国当前宏观经济分析预测、证券投资基金研究、可转换债券定价分析等系列专题报告，以及各行业与上市公司的研究报告，在业内已经引起了广泛关注。同时，研究所还与一些国际知名的证券公司建立起了长期友好的交流合作关系，紧握国际证券市场脉搏；1998 年，研究所开创中国证券界之先河，与一些海内外证券经营机构多次共同举办了上市公司分析师系列培训活动，使得研究所研究人员的业务能力得以较大的提高。

【经营业绩】 目前华夏证券研究所的研究工作主要涉及以下几个方面：宏观经济及政策研究，包括宏观经济及证券市场的运行状况研判及走势预测；专题研究，包括证券市场建设、各类金融产品及创新研究、证券市场热点分析等；行业及上市公司研究，包括行业与上市公司动态跟踪分析、股票投资分析等；二级市场研究等。同时研究所还设立了功能完善的信息资料中心，开发了上市公司数据库，为各项研究工作提供了强有力的支持。华夏证券研究所目前拥有的主要信息和研究载体包括每日编发的《华夏证券快讯》、《华夏资讯信息系统》、《华夏证券研究周刊》和不定期编发的《宏观经济与证券市场》、《行业与上市公司研究》、《产业研究专题报告》以及《华夏证券研究所丛书》等。

西南证券研究发展中心

【概况】 西南证券研究发展中心是专业从事证券研究的机

构，秉承“诚信、稳健、创新、求精”的企业精神和“务实与创新相结合”的研究理念，致力于对国内、国际宏观经济形势及政策、区域经济及其发展规划、行业及上市公司、资本市场、各类金融产品及业务创新等多方面的深入分析及研究，为各级政府主管部门、企业、投资基金、境内外广大投资者提供多层次、多方位的研究产品和专业服务。西南证券研发中心拥有研究范围涉及二十几个行业的专职研究人员40余人，其中博士后、博士、硕士达到80%以上。中心对外建立了与各级政府部门、证券主管机构、各类专业研究单位、新闻媒体以及同业之间良好的交流和合作关系，建立了覆盖全国的调研信息网络；对内根据证券市场发展的需要，已形成从宏观到微观的广泛的研究方向，建立了一支由不同类型人力资源优化组合形成的研究队伍，拓展了若干个在国内同行业中领先的研究领域，全方位地为公司业务和社会各界提供高水准的专业优质服务。西南证券研发中心现设有行业公司部、市场研究部、宏观策略部、综合管理部等主要部门。

【经营业绩】 西南证券研发中心根据证券市场发展的需要，形成从宏观、中观到微观的广泛的研究方向，研究成果已形成《西南证券行业研究》、《西南证券专题研究》、《公开发表成果集萃》、《研发中心信息传真》等系列化信息载体，先后在《经济日报》、《中国证券报》、《上海证券报》、《证券时报》等全国综合性和行业性媒体上公开发表了各种类型的研究报告上千篇计千万字。

国信证券研究策划中心和客户咨询部

【概况】 国信证券拥有一支高水平的证券投资研究队伍，设有研究策划中心和客户咨询部，专门从事宏观经济走向和产业政策研究、行业与公司研究、中外证券市场研究、金融创新研究等等，为各级政府经济管理部门、证券投资基金、上市公司和广大投资者提供多层次、全方位的金融信息和投资咨询服务，是最可信赖的投资顾问。

【经营业绩】 国信证券研究策划中心和客户咨询部的研究范围包括提供独家研究成果；定期组织高质量的巡回股评；主办《国信证券研究》；主编《国信证券研究报告》、《国信投资策略》、《国信上市公司观察》、《国信财经信息速递》、《国信世界股市动向》；每天提供《投资理财快讯》及各种专版，提供详实的广播股评、盘中盘后分析。

联合证券研究所

【概况】 联合证券研究所是随着联合证券不断发展而逐渐壮大起来的。以"决策的参谋，业务的支撑"为办所宗旨，研究所在宏观经济与金融政策跟踪上，在公司业务拓展与内部管理上，在客户咨询上，一直提供着专业化的研究与咨询服务，逐渐得到公司、业界与客户的认可与赞许，研究成果也在重大评选活动中多次获奖。联合证券研究所已成为业界有一定影响的证券研究机构。拥有一批基础深厚、经验丰富的研究员。目前，全体研究员拥有硕士或博士学位，专业涵括金融、企业管理、财务会计、技术经济与部分工程学科，其中行业研究员大部分受过医药、材料、通讯、电子等专业教育，或在相关工业企业工作多年，这使得研究所在高新技术产业、公司发展战略研究等方面已尤具实力。联合证券研究所与政府主管部门、国家部委、国内部分著名研究机构、证券同行以及相关媒体建立了密切的合作关系与及时、畅通的信息交易渠道，已经初步建立起能较准确地把握政策变化与证券市场动态的信息网络，为研究工作的前瞻性、针对性与专业性奠定了更坚实的基础。

【经营业绩】 联合证券研究所十分重视对上市公司、机构客户和投资者的服务工作，与多家上市公司、基金管理公司、风险投资公司等建立起战略合作关系，定期提供有关经济政策、金融创新工具、行业发展状况、上市公司分析等方面的研究报告，并根据合作伙伴的需要提供及时的咨询服务。同时，研究所已为多家上市公司提供发展战略规划、项目调研服务。

（段海虹）

平安证券综合研究所

【概况】 平安证券综合研究所是在平安证券原研究咨询部的基础上改组后成立的。综合研究所作为平安证券公司经营与服务的智囊，汇聚了一批素质高、经验丰富的专业人士，形成了证券行业专家群体。研究所现有各类专业人员近30人，多数具有硕士以上学历，其中博士后2人、博士3人。综合研究所下设四个部门：市场战略研究部、投资与购并研究部、客户服务部、信息与金融产品研究部。

【经营业绩】 综合研究所研究领域涵盖：对宏观经济政策及国内外资本市场的趋势与动态分析、重点行业（主要包括网络通讯、生物制药、新材料、化工、环保、教育和房地产等）及上市公司研究，企业购并研究、金融工程和金融产品创新研究等。同时研究所还将构建功能完善的金融信息资料库及开发上市公司数据库，为各项研究工作提供强有力的支持。研究所目前拥有的主要信息和研究载体包括：《平安证券研究丛书》、《平安证券研究月刊》、《上市公司调研报告》（单行本）、《平安研究快讯》及《卫星电视股评》等，形成了针对不同客户需求的多层次、高水平的研究产品体系。

第十五编

证券业新闻传媒

2142/2152

新闻报刊

中国证券报

【概况】《中国证券报》是新华通讯社主办的全国性证券专业报纸，是中国证券监督管理委员会指定披露上市公司信息的报纸，每星期一至六出版，平均每期32版以上，海内外公开发行。《中国证券报》创刊于1993年1月3日，最初为对开四版周二刊，1997年元旦扩版为对开12版日报。1996年1月1日报社创办《中国证券报·电子版》，现发展为《中国证券报互动版》。1997年报社实现采编、拼版、广告设计、资料查询等办公电脑化。1997年3月1日中国证券报电子声讯台开播。1997年10月推出《中国证券报》周末版。1997年初，国家有关邮政部门把《中国证券报》列入全国9种重要报刊发行范围，在全国设有28个代印点通过卫星传版同时印刷，并在各地印点实现了早报早投，进一步提高了报纸时效，使大多数读者在开市之前就可以看到当天的报纸。新华通讯社遍布世界各地的分社、支社以及现代化的通讯网络，为《中国证券报》提供了广泛的信息来源和快速的传递手段。1999年12月，《中国证券报》再度改版。2000年3月，央视调查咨询中心在15个城市的调查显示，在全国金融证券类报刊中，《中国证券报》阅读率名列第一。2001年7月，推出网上路演。中国证券报社组织机构为社委会，下设编委会、经营会、办公会；编委会下设总编室、市场部、公司部、采访部、专版部、网络部、信息数据中心、技术部、电脑中心、校对室、各地记者站；经营会下设咨询策划部、发行部、财务部、新证广告公司、参股公司。各地记者站包括上海、深圳、湖北、四川、海南、辽宁、福建、山东、江苏、广州、重庆、浙江、西安等。2001年10月中国证券报上海总部、深圳总部成立。《中国证券报》从诞生之日起，一直得到中国证监会、中国人民银行、国家计委、国家经贸委、国家财政部、国家统计局等部委的大力支持，并与沪、深证券交易所以及全国各地证券、期货监管机构和中介机构建立了密切的联系，还同美国、日本、韩国、新加坡、澳大利亚以及台湾、香港等地的证券界人士建立了友好合作关系。

北京新证广告公司成立于1994年，是中国证券报社直属的全资专业广告公司。公司下设广告部、公关部、设计制作部、财务部。全面代理发布中国证券报的企业形象及产品广告，设计、制作、代理、发布国内及外商来华的各大媒体广告，开展与证券相关的咨询服务，承办国内外证券类研讨会及组织证券考察团等公关活动。公司本着“客户至上，信誉第一”的原则，依托中国证券报的媒体优势，不断开拓进取，规模不断扩大，经济效益和社会效益显著提高。公司现已与国内上百家同行及数十家媒体单位保持着良好的接触和交流，同时开发了一大批稳定的广告客户群，并与他们保持着密切、长期的友好合作关系。

深圳市中证投资资讯有限公司是中国证券报直属企业，经中国证监会批准具有证券投资咨询机构从业资格。公司拥有多名获执业资格的证券分析师，有广泛的咨询服务网络。集权威资讯、集体智慧、专家经验于一身，主要从事证券咨询、上市公司形象宣传、互联网信息传播等业务。公司自成立以来，秉持“诚信、勤勉、尽责”的原则，坚持规范运作、稳健经营，竭诚为投资者服务，立志做投资者可信赖的顾问和真诚朋友。

【内容设置】《中国证券报》的办报宗旨是：宣传党和国家有关经济、金融、证券的方针、政策，传递金融、证券信息，评析金融、证券市场，普及金融、证券知识，促进中国证券、金融市场健康发展，做可信赖的投资顾问。《中国证券报》主要报道证券市场和股份制经济的方方面面，报道国际国内经济大势、宏观政策，以及影响证券市场变化的重大政治和经济问题，全面对上市公司、股份制企业和证券公司、中介机构的经营业绩、发展状况以及经验和问题进行报道与评析，宣传投资理念和证券文化。在坚持以证券报道为主的同时，还系统报道货币、保险、基金、期货、房地产、外汇、邮币卡等市场。作为一张全国性的证券专业报纸，《中国证券报》努力弘扬报道的权威性，帮助读者把握宏观政策精神，客观认识市场走势；着力增加有效信息量，方便读者及时了解国民经济、行业部委、上市公司和证券市场等各个层面的信息，为其投资决策提供有效参考；注重市场报道的实用性。《中国证券报》希望通过这些努力，把做可信赖的投资顾问的办报宗旨落到实处。同时，也十分重视发挥媒体的监督功能，揭露并抨击重大违法违规行为，维护投资者利益，促进证券市场健康发展。

新闻板块　由要闻、综合新闻、公司新闻和国际新闻组成，主要报道我国财经生活中的新政策、新变化，我国各行各业发展中的新特点、新趋势，我国上市公司运作中的新动向、新问题，以及可能直接或间接影响财经生活的国内外重大政治、经济、军事、外交事件。

市场板块　从基本面、资金面、技术面等多角度立体切入，重点评析A股市场、B股市场、债券市场、外汇市场、基金市场和期货市场等投资市场的走势，其中包括大势研判、板块透析、个股点评和行情数据等内容。

专版板块　由读者热线、证券理论、证券文化、金融高科技、保险、房地产和邮币卡等组成。其中读者热线重在反映广大读者和投资者的心声、解答他们的疑问；证券理论版重在对我国证券市场建设及时进行理性思考，用理论来指导实践、推进实践；证券文化版重在用轻松的笔调、用文学的浪漫来书写财经生活中的“凡人小事”，来贬斥证券市场中的“奇观怪物”；金融高科技版重在报道计算机、网络等高科技在证券行业里的应用，介绍适用于证券行业的新产品和新技术。

网络互动版—中证网　中国证券报社于1996年在全国率先推出专业证券报纸网络版，经过多年的积累与发展，中证报网络已成为我国最有影响力的证券网站之一。其目标是建成国内最有影响的金融证券网站，为金融证券界人士提供一个全面即时的政策观象、市场评析、资料检索、理论研讨和发表观点的网上中心。

中证网开设的频道有：新闻中心、上市公司、证券投资、股市众议院、投资基金、投资理财、演播中心、政策法规、创业板。

（特约编委：陆士新）

金融时报

【概况】 已有15年创刊历史的《金融时报》，是中国人民银行主管、各主要金融机构参与，按照"共同出资、共同办报"的原则创办的，邓小平同志为《金融时报》题写了报名。《金融时报》是以金融宣传为中心的全国性、综合性、权威性经济类报纸，是银行、证券、保险、信托等的信息总汇，是指导金融工作的重要刊物，是党和国家在经济金融领域的重要舆论阵地。《金融时报》创刊以来，为宣传党和国家关于金融工作的方针、政策，促进金融改革和发展，加强金融队伍建设发挥了重要作用。《金融时报》在全国共设有34个记者站、办事处，涵盖了所有省、市、区及各重点城市，在东京、伦敦也设有记者站，在全国10多个城市设有卫星传真分印点，保证了报纸发行时效性，目前国内外日发行量逾30万份。《金融时报》发行以订阅为主，读者群稳定，读者对象主要是：金融系统(包括银行、证券、保险、信托业)、政府经济管理部门、各研究机构、大专院校、大中型企业、股份制企业、上市公司及证券投资者。《金融时报》是中国证监会首批指定披露上市公司信息报纸，也经中国人民银行授权公布重要金融统计资料，报道客观、公正、权威。15年来，《金融时报》记者采写的一大批新闻报道受到读者好评，有的获中国新闻奖，还有的在全国现场短新闻、全国国际好新闻、全国宣传人民代表大会制度好新闻评比中获奖。

【内容设置】 《金融时报》重点宣传报道党中央、国务院在金融经济工作方面的方针、政策、法规，传递国内外金融新闻和动态，为顺利实现货币政策、金融监管创造舆论条件，致力于提高全民族的金融意识，普及金融知识。目前《金融时报》日出12版，分三个板块：前4个版是新闻板块，包括要闻、经济金融新闻、财经热点分析、国际金融新闻等；中间4个版是金融市场板块，包括证券新闻、市场分析、每日行情、保险新闻、专题报道等版面；后4个版是分类新闻，主要包括投资理财、金融科教、金融文化、经济金融理论等内容。此外，《金融时报》还主办了《中国金融市场·证券周刊》。 (梅志翔)

证券时报

【概况】 《证券时报》于1993年11月27日在深圳创刊，由人民日报社主管主办，是中国证监会指定披露上市公司信息报刊，国内统一刊号：CN44—0157，每天出对开16版，面向国内外公开发行。《证券时报》采用先进的卫星系统传版，在全国30个中心城市设有分印点，建有12个记者站，是目前国内最具权威性，信息披露最全面、及时，覆盖面最广、影响力最强的全国性财经类专业报刊之一。

《证券时报》已成功建立起了依托传统媒体(《证券时报》)，调动并运用多种现代传播手段(包括周刊、杂志、电视、网络、广播)的证券财经信息服务跨媒体平台。从1997年开始，《证券时报》陆续推出了《财经周刊》、《百姓投资》和《中国创业板》三份大型周刊，深受广大投资者的欢迎；由证券时报旗下的怀新企业投资顾问有限公司主办的《中国证券报道》，通过卫星传输每天在全国60多家电视台播出，受众十分广泛，收视率名列各电视台节目前茅；《证券时报》投资的全景网站每天页面访问量在150万—250万之间，是国内最著名的财经专业网站之一；《新财富》杂志，自2001年初创刊以来广受业内好评，影响日益扩大；全景网络公司首创的网上路演，已成为新闻发布和介绍推广的一种模式，占全国市场份额的85%。《证券时报》财经信息服务跨媒体平台有效实现了信息资源的整合和共享，是一个能提供专业报纸、网络、电视、杂志新闻和广告宣传配套服务的一站式媒体集群，能为广告客户提供领先于其它同类媒体的立体化宣传。2001年10月，该平台荣获中国报协颁发的"中国报业(经营管理)创新奖"。

【内容设置】 《证券时报》的宗旨是：坚持正确的舆论导向，积极宣传党和国家的有关政策法规；客观、准确、及时传递证券市场信息；为广大投资者、上市公司、证券经营及中介机构服务。

《证券时报》主要设有要闻版、市场版、综合新闻版、公司版、专刊版、数据版。逢周一出版《证券时报·百姓投资》，运用专题、图表、漫画等多种表现手法，以贴近市场、面向中小投资者为己任，生动活泼，独具特色；逢周日出版的《证券时报·财经周刊》，是一份16版彩色财经类周末刊，面向财经界读者，以关注资本的眼光关注财经界的大事件，擅长分析及解释性报道；逢周三出版的《证券时报·中国创业板》，是一份倡导创业理念，服务创业企业、鼓励科技创新的专刊，旨在从宏观、微观层次上全面跟踪、把握创业市场的发展脉络，为创业市场的参与各方提供一个展示、交流的媒介。

《证券时报》在北京、上海、辽宁、山东、浙江、广东、海南、福建、湖北、陕西、四川、重庆、新疆等地建立了记者站。报社编采部门集中了来自全国28个省市的新闻、金融证券专业人才，财经、新闻专业的硕士、博士研究生占编采人员的30%以上。

中国日报

【概况】 中国日报(China Daily)是中华人民共和国唯一的全国性英文日报。1981年6月在北京正式创刊。它以通俗易懂的现代英语，丰富多彩的高质量图片，大量的独家采访报道和生动活泼的版面向国内外读者介绍中国的政治经济、社会、教育和科技等方面的重大发展以及文化、生活、旅游和各地风土人情等，是海内外英文读者掌握中国社会各类信息的主要来源。中国日报在广州，上海，西安，沈阳，昆明，成都，海口，南京，厦门，深圳和烟台等地设有办事处或记者站，在一些中心城市设有印刷点，周一至周五对开十二版(周六周日合出八版)，日发行量达30万份，在国内30个省、市、自治区及世界150多个国家和地区发行。中国日报的网络版(www.chinadaily.com.cn)也受到广大读者的欢迎，月平均访问量超过2100万次。中国日报还在每周二出版商业周刊(Business Weekly)，它以独家访问的形式向中外工商界提供广泛的贸易、财政、金融和市场动态等信息，介绍中国改革开放政策和各地最新经济发展形势，双边及多边贸易和外商投资动态等。此外，中国日报还在北京出版北京周末(Beijing Weekend)，二十一世纪(21st Century)，二十一世纪中学生版，在上海出版上海星报(Shanghai Star)，在美国出版中国报道(Reports from China)，随华盛顿邮报(Washington Post)发行，在香港出版中国日报香港版(China Daily Hong Kong Edition)。

【内容设置】 作为中国证券监督管理委员会指定上市公司信息批露的报刊中唯一的英文媒体，中国日报非常重视对金融和证券市场的报道。每周均有大量篇幅介绍金融证券领域的最新动态、市场分析以及就热点问题进行的重点报道和专家访谈。读者对象为国外金融机构、投资银行、保险公司驻华代表、基金经理、金融证券市场分析人员、国内主要金融机构、券商以及国内外投资证券或对证券市场有兴趣的人士。中国日报每天的第七版为市场版，介绍上海，深圳，香港，纽约，东京，伦敦等重要股票市场、外汇市场、黄金市场的行情分析及人民币汇率。值得一提的是，中国日报是国内为数不多刊登欧洲主要股市当日收盘行情和纽约股市当天上午收盘行情和当日汇率的报纸。同时，中国日报还每天刊登沪深股市B股收市行情和H股收市行情，成为海外投资者了解B股、H股的最佳渠道之一。在该版还设有每日沪深股市分析以及股市简讯。

（刘伟玲）

中国证券报·互动版

【概况】《中国证券报·互动版》(http://www.cs.com.cn)是中国证券报社于1997年在全国率先推出的专业证券类网站，经过多年的积累与发展，依靠《中国证券报》在业界的权威地位，《中国证券报·互动版》已成为我国最有影响力的证券网站之一。主要内容为财经证券信息，信息内容涵盖国内外重大政治、经济消息及评论；港台、海外媒体的敏感报道与评论；证券二级市场走势分析与潜力股推荐；上市公司的最新动态；及有关热点与焦点的系列报道。经过近几年的努力，网站已形成以下特色：1、高度权威性、迅捷时效性的财经新闻报道。依托新华通讯社和中国证券报覆盖全球的庞大记者网络为信息源，实时发布国内外重大政治、经济信息；报道各行业的行业政策、行业信息；了解宏观层面，评述与各类投资市场相关的国民经济主要产业的现状和发展趋势，披露和解释国家的重要产业政策。2、有背景、有观点、有针对性的证券市场评述汇集百家之言。集中了国内各大证券咨询机构、经营机构及资深业内人士对市场走势的测评和研判，紧跟金融投资市场，及时提供股票、债券、基金的市场趋势分析、聚焦市场热点、发掘投资机会，是观察主力动向的窗口。3、功能强大、方便快捷的实时分析系统。网站采用国内最好的网上实时分析系统，提供沪、深市场以及个股的动态交易情况。4、资料完备、更新及时的中国上市公司信息查询系统。第一时间报道上市公司经营状况、投资项目进展情况及所属行业最新动态，提供方便快捷的资料查询服务，内容涵盖所有上市公司的各类公告全文及相关新闻、深度报道、经营与管理等。5、投资者良师益友的投资学校、政策法规。针对股民及刚入市的投资者，普及证券市场基本知识、基础理论以及证券投资分析的基本方法，培养正确的投资理念、掌握实战技巧。定期与券商和咨询机构合作，推出"跟我学操作"等指导性栏目，帮助股民建立熟悉具体的操作办法。6、股民的交流园地，投资者的网上论坛。"股市众议院"为投资者提供了一个发表个人观点、意见和看法的专门场所，投资者可以在BBS的十几个栏目中畅所欲言，直舒胸臆。论坛邀请中国证券报的部分知名记者以及业内的资深人士来主持大家关注程度比较高的几个栏目，作为这些栏目的"版主"。7、近期应广大投资者的要求，互动版还将开通以下服务，包括免费电子杂志(邮件列表)、股民聊天室、证券电子商务、投资组合与风险监控等等。目前《中国证券报·互动版》与国家级重点网站新华网共享100M带宽和技术保障，其准确权威的报道、完整的信息体系，和良好的发布平台受到了广大网上股民的青睐，在国内的金融证券信息网站之中占据了重要的一席。在由CNNIC主办的"九九年度中国优秀网站评选"活动中被评为金融与证券类优秀网站。

【内容设置】 经过多次改版，《中国证券报·互动版》主要设立下列栏目：新闻中心：实时报道国内外政经大事、宏观经济走向、行业动态和证券市场新闻；上市公司：各种公司新闻、公司研究报告、公司公告及上市公司信息披露；证券市场：大盘走势分析、潜力股推荐、机构与专家论市、投资研究；投资基金：投资基金相关内容总汇、尽展国内外基金巨子风采；投资理财：汇集保险、期货、债券、外汇、邮币卡、投资学校，助你理财；政策法规：汇总有关证券市场发展建设及相关领域的法律法规；创业板：了解创业板的新闻、制度建设、市场规则、企业动态的窗口；股市众议院：投资者对股票市场发表个人见解，专家提供咨询的交互平台；网上演播中心：为上市公司与投资者提供面对面交流的渠道。

（郭宏）

《经济日报·每日证券》

【概况】《经济日报》创刊于1983年1月1日。1984年，邓小平同志为《经济日报》题写了报名。《经济日报》隶属于国务院系统，是党中央、国务院指导经济工作的重要舆论阵地，是中共中央直属党报，是在国内外具有较大影响的以经济报道为主的综合性全国性报纸。《经济日报》与中央国家机关、国务院各部委以及各省、自治区、直辖市政府之间有着密切的联系，能及时了解和掌握国家经济政策和宏观经济形势，是党和政府发布经济政策的主要媒介，是企业界获取经济政策和信息的首选报纸。与世界上100多个新闻机构和经济团体建立了联系，在我国对外经济交往中，发挥着重要的作用。2000年报纸发行量达60多万份。《经济日报》非常重视证券市场报道，2000年专门开辟了《每日证券》专版，每周二至周六刊出。根据情况的新变化，《每日证券》的编辑思想在1999年的基础上作了新的调整。

【内容设置】《每日证券》版的编辑方针从原来的主要为投资者服务，调整为主要为关心股市的读者服务。证券版的主要任务是：报道证券市场的最新动态，为读者提供实用资讯，提供投资决策参考。版面力求突出六性：宏观性、政策性、新闻性、事件性、可读性、通俗性。要树立精品意识，力争在众多的证券报刊及专版中，办出自身的精品特色。版面内容的调整如下：1、重点加强并做好头条报道。抓住重大新闻事件和热点问题，加强策划，精心采编，版面突出处理。2、加强股市新闻的报道。原则上不漏掉新闻事件。适当增加短消息。3、公司公告类信息不再要求全部刊登。选择其中重要的、会影响投资行为的、有可读性信息刊出。4、通常市况下，淡化股评内容，减少微观信息，适量减少表格。遇重大行情、转折性行情或突发行情时，给予及时、突出、充分报道。5、充分开发利用指数工作室的数据资源，推出独家报道，并使之成为本报的一大特色。6、版式设计尽量与经济日报评价标准接轨。

（特约编辑、特约撰稿：崔书文）

《财经时报·新证券》

【概况】《财经时报 新证券》由中国证券市场研究设计中心(简称"联办")等机构主办，创办于1999年7月3日，逢周六出版，全国范围发行。目前在北京、上海、深圳、成都、重庆、西安、长春、哈尔滨、南昌、武汉、长沙、济南、郑州、沈阳、南宁、大连、福州、贵阳、呼和浩特、乌鲁木齐等地设有分印点。经过不到两年的时间，已经拥有近20万名读者，以机构和个人投资者为主。据最新调查显示，时报读者在证券市场投资获利的占59.1%，持平的占24.7%，亏损的占16.2%。对市场走势和政策的超前判断成为本报突出特色，本报于2000年1月1日作出转配股即将上市、房地产企业上市禁令将解除等《2000年八大预言》全部应验！此举引起市场极大反响。2000年12月30日本报又作出创业板暂缓开盘、B股市场将对内开放等《2001年八大预言》，其中B股市场将对内开放已经应验。《新证券》在努力创造一种新型证券传媒模式，文风简约，判断鲜明。其头版标题大胆，而且一以贯之，如2000年的《逆转大局已定》、《龙年缺口坚如石》，2001年的《三大做多理由》、《B股将再度井喷》等等，均在关键点位明确指出大盘走向，而随后的走势都与上述文章的判断相吻合。该报目前还建立了首席分析题制度、投资者俱乐部制度、热线电话值班制度等。

【内容设置】 主要版面包括：要闻版：报道和预测市场走势及政策走势，报道热点公司新闻；实战热点：披露市场动态及国内外权威机构重点分析；公司报道：全方位报道上市公司及拟上市公司最新消息，提出投资建议；深度报道：解剖证券市场及宏观经济热点，为机构和个人投资者提供决策建议；黑马驿站和分析师荐股：提供中长短线个股选择方案；董秘热线及传闻求证：追求实证新闻，刊登澄清性新闻，颇受公司和投资者欢迎。新证券网络版已开通：点击 http://www.homeway.com.cn 进入和讯网首页；在其首页“相关链接”中即有“新证券”标志，点击进入即可。

（董少鹏）

《证券导刊》周刊

【概况】《证券导刊》周刊（前身为《证券市场消息》，2000年更名）由中国人民大学主办，中国人民大学书报资料中心编辑出版。《证券导刊》以服务于广大投资者进行理性投资为己任，及时报道国内政策动向，全面反映股市风云，刊登权威人士的真知灼见，适时揭示投资机会和市场风险，传播投资知识与技巧。《证券导刊》采用文摘与专稿两种编发方式，实现了动态与静态，时效与精萃的完美结合。

【内容设置】《证券导刊》主要栏目与内容是：《本刊特稿》为编辑部策划主持的栏目，对一周市场焦点展开集中讨论和深度挖掘。《看盘操作》、《个股锦囊》、《三言两拍》、《主力透视》栏目刊登权威市场分析人士及看盘高手对市场走势的研判，主力资金流向的分析及潜力个股推荐。《实战工具箱》为周刊资料室作独家制作的数据统计资料。《东方快车》、《消息总动员》、《资料大观园》为信息资料类栏目，汇总编发当周财经要闻、产经动向、公司公告、下周备忘、一周行情等。《股民学园》为知识性栏目，刊登操作技巧、投资心得及散户心声。《证券导刊》一年来在与协办单位《信息早报》的通力合作下，成功借助其经营证券媒体的经验和优良的品牌效益发展迅速，市场地位和影响不断得到巩固和扩大。

（于明娥）

期货日报

【概况】 期货日报创刊于1994年9月，是全国唯一一家全面反映我国期货市场发展动态的专业日报。报纸在北京、上海、大连和郑州四个城市异地同版印刷，并于1998年6月建立网站，通过“中国期货网”www.qhrb.com.cn 和 www.cnfutures.net，向全球发布信息。《期货日报》充分发挥舆论工具的引导、监督作用，客观全面地报道我国期货市场的重大事件，为政府部门提供了有益的投资参考。报纸在普及期货知识、宣传期货市场套期保值发现价格功能的同时，充分发挥纽带作用，成为沟通政府与市场、市场与市场关系的桥梁，为我国期货市场的规范和发展作出了较大贡献。《期货日报》已成为中国期货市场权威的信息中心。每天都有大批业内人士光临，互通市场信息，探讨品种行情，研判国内外时事，已成为期货人的网上家园。

【内容设置】《期货日报》自创刊以来发行量不断提高，目前覆盖全国各大城市和世界主要期货市场发达地区。报纸对开四版，一版为国内外期货市场及现货批发市场重大事件的报道和评判，二版为国内期货交易所上市品种每日行情评述和近期、中远期观测，三版为期货经纪机构看市、国内各期货合约成交和持仓排名以及全球各大期货交易所主要品种行情，四版为专版，包括有色金属、农产品等品种专版和综合、理论、网络、财经、副刊等。主要栏目设置有：特别关注、期市观潮、环球期市、机构看市、合约点评、每日解盘、现货面扫描、第一视点、期市茶座、博弈之道、市场万象、财经观察等，中国期货网的“期货论坛”。

（宋雪芬）

《证券市场》周刊

【概况】《证券市场》周刊由中国证券市场研究设计中心（即联办，成立于1989年，由9家全国性非银行金融机构发起和集资成立，隶属于国家体改办的非盈利、会员制事业单位）主办，创刊于1992年3月，是国内最早的专业性证券刊物，是中国证监会指定披露上市公司信息的唯一周刊，为证券界最权威的刊物。周刊发行量为每周80万份，居全国周刊之首（国家统计局1998、1999、2000年全国媒体调查结果），内容以对证券市场的综合分析报道为主，综合宏观经济及个股分析为一体，设有由专家、研究机构写的70余个栏目，对个人投资、上市公司和相关机构具有极大的影响力。《证券市场》周刊的受众群体覆盖了国家政府职能机构、全国所有证券公司及金融机构、全国各个金融公司、各级机构的研究部门，是全国6000万股民、5500家证券营业部大户室必订刊物。《证券市场》周刊分为综合刊、市场刊，每星期六在北京、上海、深圳、成都、长春、西安、乌鲁木齐、重庆、武汉、石家庄、哈尔滨、济南、昆明、贵阳、南昌、南京、福州、沈阳、郑州等24个地区同时印刷出版。

（于嘉）

《中国证券期货》周刊

【概况】《中国证券期货》周刊的前身是《中国期货》周刊，该刊于1994年3月创办。经国家新闻出版署批准，1997年12月《中国期货》更名为《中国证券期货》。《中国证券期货》周刊在国内外公开发行。海外订户主要分布在美国、英国、法国、日本、韩国、新加坡、以及台湾、香港等地区。《中国证券期货》周刊每星期六在北京、上海、深圳、成都、武汉、重庆、南京、广州、西安、郑州、济南、长沙、南宁、哈尔滨、长春、厦门、沈阳、乌鲁木齐、贵阳等25个地区同时印刷出版。

【内容设置】《中国证券期货》作为我国在海内外公开发行的证券期货综合性专业刊物，主要着眼于证券期货行业的理论研究、政策研究、热点追踪、宣传政府经济政策方针和关注上市公司质量。刊物读者包括证券期货行业的管理层、政府主管部门、研究机构、大专院校的研究人员、上市公司以及证券业与期货业的从业人员、股市投资者等。主要栏目设有特稿、专家专栏、热点追踪、问题研究、名家看市、名人沙龙、基金观察、证券公司荐股、公告解密、行业信息、期货天地、数据资料库等。

（特约编委：李俊，特约撰稿：李洪）

新闻传媒

中央电视台《中国财经报道》

【概况】 《中国财经报道》栏目是中央电视台第二套经济生活服务频道中的财经新闻栏目，其前身是创办于1996年7月1日的《财经报道》。《中国财经报道》栏目拥有稳定、忠实的观众群，其特点是知识层次较高、投资决策能力强。其在中央电视台二套的播出时间为周一至周五中午12:30、晚19:35首播，周一至周五每天下午15:10中央电视台四套重播当日12:30的节目。《中国财经报道》提出的口号是成功人士最关注的财经新闻，投资大众更便捷的理财顾问。在1999年和2000年《新周刊》、央视调查等机构联合举办由观众投票选出的“中国电视节目榜”评选中，《中国财经报道》连续两年获最佳财经节目。1999年“中国电视节目榜”对该栏目的评价是：《中国财经报道》是中国电视最权威的财经报道节目，既新且快，对各类财经问题的评论有较高的政策水平，政府高层人士和行业巨头们在节目中极高的出镜率，增加了节目的报道分量。2000年对该栏目的评价是：“以百姓的眼光看经济，以经济的眼光看社会，迅速崛起为投资时代财经新闻领域的新势力。面面俱到评论财经动向，一洗以往传统财经节目对股市的单一报道和对市场的漠视”。

【内容设置】 四年来，《中国财经报道》成功报道了一系列重大的新闻事件，以自己对新闻的独特视角，独立分析，赢得了经济界人士的广泛注目。《中国财经报道》以全方位报道财经新闻和证券市场动态为主旨，以迅速传递权威的信息并能提供服务为己任，突出及时性、权威性、知识性、服务性，成为电视观众获取市场经济信息和了解全球财经动态的重要信息资讯渠道。其有关“亿安科技成为股市一道风景”、“胜利股份股权之争”、“追踪ST郑百文”、“北京房价到底高不高”及“揭开PT农商社的盖头”等报道受到广泛的关注。从2000年7月3日开始《中国财经报道》以新的面貌与广大观众见面。改版伊始“转配股上市市场波澜不惊”、“投资者看股评人士”、“郑百文说不做对不起股民的事”、“‘创智科技’解散‘五一文’”以及“财经点击2000”等独家报道，就使栏目有了令人耳目一新的变化。新版《中国财经报道》将继续以中国市场为核心，及时传播国内外重要财经信息，客观分析重大财经问题，深入报道热点财经事件，为广大观众提供有价值的、有趣味的财经新闻。

（特约编辑、特约撰稿：姜诗明）

《经济半小时》

【概况】 1989年12月18日，《经济半小时》正式开播。作为中央电视台创办最早，影响最大的名牌经济栏目，十年来，《经济半小时》的报道内容、报道的风格和手段都在变化。但《经济半小时》独特的品质和追求——用经济的眼光关注社会热点一直没变。《经济半小时》总是选择重大经济事件、业界风云人物作为报道的焦点，以严谨的态度、新闻的眼光、经济的视角、权威的评论，深度报道经济事件、透彻分析经济现象、忠实纪录企业变革、准确把握经济脉博。作为中央电视台唯一的经济时事的深度报道性栏目，它的权威性和深度透析力，也给国家宏观经济的决策层提供了生动鲜活的参考价值。《经济半小时》拥有以经济界中高层管理决策人士与技术服务阶层为主体的稳定的收视群体。1999年度央视调查公司的权威报告显示，在中央电视台全部的298个电视栏目中，《经济半小时》名列”观众认知度”第十位。在中央电视台商务经济类栏目中，“全国观众满意度”排名第一，收视率排名第一。播出时间：CCTV－2首播：每周一至周六21:25、周日：23:05；CCTV－2重播：每周一至周六13:10、周日12:00。

【内容设置】 2000年7月，随着中央电视台经济生活服务频道的推出，《经济半小时》进行了成功改版。这次改版以新闻化为方向，以“追逐新闻，捕捉热点，揭示内幕，力求独到”为追求，以“质疑的精神，研究的态度”为宗旨，争取给新闻更多的理解，给事实更多的背景。2001年7月9日《经济半小时》做出重大调整，维持了十二年之久的30分钟的节目长度延长至35分钟，同时该节目的形态也作了相应的调整。节目内容更加丰富，更加深刻。不仅对经济事件和经济现象进行全面的组合报道和深入的连续报道，还对当日的新闻进行独到的信息筛选，为观众提供最有价值的关键新闻。在加重加厚日常节目的同时，《经济半小时》还将对重大题材进行报道，举办各项重大活动。改版之后的栏目设立了5个主要板块：头条：独有的题材，独特的视角，独到的见解；聚焦：关注、分析热点经济事件和现象，从各角度、各层面提供更多的信息和观点；时评/当事人：由主持人对新闻当事人或时事评论员就热点新闻事件进行采访；调查：以揭密性和独家性，做事实真相的探寻者；数字：百姓视角，权威发布，用数字显现问题，用数字测验民意，用数字解读经济。

上海人民广播电台金融证券节目

【概况】 上海人民广播电台的金融证券节目历经8个春秋，在证券市场不断变化的同时，作为同这一市场时刻保持紧密联系的以广播为载体的金融证券节目，也在不断增强创新力度。节目于2000年8月18日再次进行局部改版，着重对知名度较高、收听率领先的《全国证券联播网》和《证券传真》、《股市行情》、《财经访谈》等栏目加以调整，并新辟了《股民俱乐部》节目，不但继续在网上播出部分金融证券节目，而且开通网络同步直播，扩大听众参与渠道，有效地提升了证券资讯服务质量。上海人民广播电台的金融证券节目由经济频道制作并播出，接收频率是AM 1422、FM 105·7。

【内容设置】 节目内容主要包括：1、《全国证券联播网》（每周一至周五18:00—19:00播出），保留原有的“证券快讯”、“财经短讯”、“热点追踪”、“行家看股”、“股海纵横”等子栏目，第一时间播出沪深两市证券交易所发布的上市公司信息，播报各类技术指标，及时报道社会关注的市场热点，由行家解析当日市场变化态势。改版后增设“股市今晚谈”、“股市热线”等新的子栏目。节目播出过程中，主持人、嘉宾和听众通过热线电话相互交流，发表对股市的看法，展开对上市公司的分析。一些投资者还非常热情地传授参与股市操作的成功经验，供同是中小散户的听众参考。2、《证券传真》（每周六 12：00—13：00 播出），针对一周股市的跌宕起伏，邀请证券界人士解读走势，点评板块，展望后市。8 月 18 日改版该节目的同时，推出“慧眼识马”、“股市热线”等单元，让普通股民走进电波，说股道金，展现好眼力。隔周比较收益涨跌，并请领先者再度出场，自我小结，启示他人。新单元播出时，从者如云，热线爆满。3、《股市行情》（每周一至周五 10：00—16：00 逢整点播出），其中，11：30、14：00、16：00 继续播报沪市股票收盘或即时价格，10：00、11：00、12：00、13：00 均在简要介绍盘面情况包括指数、成交量、资金流向、涨跌幅排名之后，分别由注册分析师为听众看盘说股，剖析市场焦点，指导后市操作。4、《财经访谈》（每周一至周五 10：30—11：00 播出，次日 7：00 重播），改版前该节目播出时间为 15：30—16：00，自 8 月 18 日起提前至上午播出。内容上增加了“理财教室”、“中报（年报）点评”以及行业板块综述等，既有系列性的讲座，又有动态性的评述，还有不乏宏观性的研判。形式上亦有发展，与证券网站合作，同步直播，听众和上网的投资者可同时通过热线电话或网络和行家们对话、探讨。投资者参与的热情由此而更为高涨。5、《股民俱乐部》（每周一至周五 15：00—16：00 播出），这是一档定位于“传递投资理念、提供股票资讯、定制统计资料、切磋操作技巧、反映股民心声”的新节目，给投资者一个敞开心扉的空间、分享成功的乐园以及一种轻松交谈的氛围，当然也有颇具竞技性的机会。它是以股民为成员的空中俱乐部，逐步开设丰富多彩的活动项目，使参与者感受欣喜。

2000 年度上海电台金融证券节目部分改版受到听众肯定，收听率基本达到预期的上升幅度。第三季度节目收听率调查显示，上海电台金融证券节目进入全市所有广播频率前 40 名的数量增加了 200%，其中，《全国证券联播网》、《证券传真》收听率都提高了 2 个百分点以上。送评好节目的成绩有所提高，《全国证券联播网》送选的《采写股市，见证历史》、《话说股市人生》为同行交口称赞，获全国广播证券好新闻专题类一等奖、上海市广播电视政府奖二等奖。另有两件作品分别入选全国广播证券好新闻评选新闻类、专题类三等奖。（李慧英）

《证券时间》

【概况】 《证券时间》是中央电视台第一个以中国资本市场交易为主要内容，面向广大投资人的新闻类实时证券资讯栏目。该栏目紧紧依托沪、深两个交易所的现场交易活动，对每日的财经新闻和正在进行的股市交易作即时报道，为各类投资人提供充分、准确、丰富的信息。《证券时间》采用京京、京沪、京深三地对传直播方式，在沪、深交易所内设立直播室，适时向北京总直播室传送信息。在北京总直播室内，由中央电视台金牌主持人杨平担纲总主持，与财经界人士、券商分析师以及上市公司的老总们一起探讨财经热点，分析股市动向；上海、深圳交易所内，由中央电视台资深记者适时为观众做现场报道。播出时间：周一至周五，每日两次。第一时段：9：15——9：35；第二时段：16：30——17：00。

【内容设置】 对上市公司的报道是栏目的主要内容，开播以来栏目对清华同方、四川长虹、王府井、四砂股份、苏威孚等一系列市场上的热点都进行了跟踪报道；东湖高新、天山股份等一批公司的高管人员走进直播室，直接回答投资者的提问。《证券时间》栏目的主要内容包括：1、上市公司新闻报道。结合当天上市公司的公告，及时对公司高管人员进行采访，同时，请专业人士进行点评。2、上市公司调查：针对市场表现活跃的上市公司的基本面展开调查，旨在让投资人明明白白投资；针对部分上市公司的公告承诺进行专项调查，以保护投资人的利益；针对部分市场传闻对相关的上市公司进行调查，帮助投资人发现空头陷阱，规避市场风险。3、行业热点与公司动态。报道各行业最新发展趋势，对相关上市公司产生的影响，帮助投资人发现投资机会。4、基金等机构投资报道。随着开放式基金的推出，机构投资者将逐渐成为市场的主力，他们的投资理念和具体的投资行为都将成为资本市场上重要的风向标。5、上市公司与投资者直接对话。在国内部分地区组织若干场上市公司高管人员与广大投资人见面会，让市场的利益双方直接面对面。6、另外，为了突出证券市场重要发展轨迹，栏目将开辟专门时间，制作一批特别节目，如创业板系列报道、中国资本市场十周年直播等。

《证券之夜》

【概况】 《证券之夜》是中央电视台信息部首次面向资本市场而开办的一档新闻类谈话节目，自 2000 年 7 月 3 日开播以来，一直秉承严谨务实、开拓创新的栏目宗旨，得到了证券内外人士的认可和好评，栏目收视率呈稳步上升的势头，已经成为中央电视台二套经济、生活、服务频道的新亮点。

【内容设置】 《证券之夜》现有新闻及延展、机构看盘、观察员报道、特别关注等几个板块，每周一到周四晚 10：05（周五晚 11：05），证券界的资深人士如约而至，在《证券之夜》与广大投资者一道"关注股市冷暖，探寻投资之道"，为广大投资者解读证券市场的热点现象。栏目每天还有新加坡桥讯社、上海、深圳三方观察员的报道，对海内外资本市场进行全景式的分析和概括，为投资者提供权威、周到、细致的资询服务。《证券之夜》开播至今，凭借证券、谈话、深度报道三张特色牌，逐步得到了投资者和业内人士的认同。

《对话》

【概况】 《对话》栏目是中央电视台经济部 2000 年 7 月全新改版之后推出的一栏演播室谈话节目，每次时长 60 分钟，是中央电视台目前播出时间最长的严肃节目。《对话》栏目的首播时间为每周日晚 22：00—23：00，重播时间为下周六早上 9：40——10：40，针对的目标收视群体为：关注经济改革动态并具有决策能力的社会精英人士。

【内容设置】 每次节目由突发事件、热门人物、热门话题或某一经济现象导入，捕捉鲜活经济事件、探讨新潮理念、演绎故事冲突，着重突出思想的交锋与智慧的碰撞。《对话》通过主持人和嘉宾以及现场观众的充分对话与交流，直逼热点新闻人物的真实思想和经历，展现他们的矛盾痛苦和成功喜悦，折射经济社会的最新动向和潮流，同时充分展示对话者的个人魅力及其鲜为人知的另一面。《对话》栏目致力于为新闻人物、企业精英、政府官员、经济专家和投资者提供一个交流和对话的平台。这里出现的人物颇具份量，都是左右经济走向的权威人士、经历商海沉浮的企业巨头、见证热点事件的当事各方。栏目里有经济热点的幕后故事，还有极富传奇色彩的企业家个人经历，以及形形色色经济现象发生的背景分析。

出版专著

金融大举措与市场新机遇

由于金融资产管理公司在我国尚属新生事物，因此，有许多问题迫切需要进行研究。然而，迄今为止，在国内全面而系统地对金融资产管理公司进行分析和研究的著作尚不多见，本书在借鉴已有的研究成果的基础上，结合作者的亲身实践和体会，在这方面进行了有益的尝试。本书主要从六个层次对金融资产管理公司进行了阐述。

王兴益著，中国经济出版社出版。

股票期权：基本知识与操作实务问答

什么是股票期权制度？怎样实施股票期权制度？本书旨在通过介绍若干基本理论知识和操作模式，对上述问题进行解答。特别对在国有企业中推行年薪制颇有帮助。

辛向阳著，中国经济出版社出版。

反倾销反补贴保障措施知识读本

《读本》是为了全面普及和宣传反倾销、反补贴、保障措施的相关法律知识，以适应中国即将加人世贸组织的需要。《读本》除了介绍反倾销、反补贴、保障措施相关基本知识，还选编了一部分经典案例，同时对世贸组织及各成员国反倾销、反补贴、保障措施法规等进行了深入浅出的阐述。该书既有一定的理论深度，又结合实践，可操作性强，可作为企业领导及广大研究和从事反倾销、反补贴、保障措施工作的同志的参考书。

国家经贸委反倾销反补贴办公室编，中国经济出版社出版。

项目管理学

该书在对项目的评估进行理论分析和论证基础上，尽量反映项目管理学领域的最新动向和科研成果，共分十章；前六章着重阐述通用的理论和方法，后四章对技术改造项目、公共项目、企业资信项目后的评估——在操作实务和技巧上进行比较具体的阐述。该书既可作为高校项目管理学课程教材，也可供各类工程技术、管理人员学习参考。

柴宝善、殷永昌著，中国经济出版社出版。

2001跨国公司在中国投资报告

该书是人们全面、系统地了解世界著名跨国公司在中国投资和经营管理情况的一本很好的著作。中国企业可以通过了解跨国公司在中国投资的战略和策略，学习跨国公司，在"引进来"的基础上"走出去"，从内向的被动的全球化发展到外向的主动的全球化，成长壮大为中国的跨国公司。外国企业也可以从该书了解跨国公司进入中国的经验和教训，从中得到借鉴，更积极地参与中国新一轮经济增长。中外企业通过合作和竞争，共同发展，取得双赢。

王志乐著，中国经济出版社

金融证券热点问题探索

该书阐述了我国证券市场的发展与理论研究，对我国证券市场在实践过程中出现的问题和困惑及加入WTO后证券市场面临的挑战进行了研究和探索，提出了解决的措施和办法。

卢克群著，中国经济出版社出版。

中国反倾销报告

该书是在"宏观运筹，微观实现"的大前提下，倡导整个国家的各个领域上下协调，团结一致，发愤与拼搏；研讨在把握机遇，赢得挑战的过程中，如何依据WTO原则，做好反倾销工作，清除路障，开拓市场；与中国政府和企业一道达成这样的共识：中国的反倾销工作，将始终伴随以至决定着中国企业及中国经济的繁荣与发展。

于永达著，中国经济出版社出版。

劳动力产权论

该书是我国学术界第一部系统研究劳动力产权问题的专著。作者通过对马克思主义经济学的产权理论和现代西方产权理论的研究，对涉及劳动力产权的劳动力所有制、劳动力商品、按劳分配等社会主义经济理论的若干重要问题和劳动力的扩大再生产、国有企业改革、劳动力市场建设等社会主义经济建设中的实际问题进行了较为全面和深入地研究和探讨，提出了一系列具有较高理论价值的个人观点。

张兴茂著，中国经济出版社出版。

国企股份制改造实务

此书以社会主义市场经济理论为指导，以现行的国有企业股份制改造有关政策法规为依据，吸收了以往我国有关股份制经济和股份制改造实际运作过程中成功的方法，结合作者理论研究的成果，全面系统地论述了国有企业股份制改造与企业上市的基本理论、基本政策、基本方法及具体操作规程，并针对国有企业股份制改造实践中存在的问题，进行了前瞻性的深入探索，提出了建设性意见，旨在使国有企业有关人员能够较全面掌握股份制经济管理知识，熟悉党和国家的经济方针政策，提高实际运作能力。

常宗贤著，中国经济出版社出版。

品牌领导

全书从四个方面论述了品牌管理在打造品牌过程中的重要性:如何对不同的市场有效地制订品牌认识、品牌延伸、品牌构架及如何将亚品牌和托权品牌打造成强势品牌;如何超越广告去成功地建立品牌;如何缔造经济高效的品牌管理组织和程序以应对全球范围的挑战。在论述这一问题的过程中,书中穿插了阿迪达斯、耐克等一批国际知名品牌的个案。

〔美〕大卫·A·艾可、艾里克·乔瑟米赛勒著,新华出版社出版。

B股:操作与预测

自2001年2月19日B股股票对境内居民开放以来,B股成为中国股市上一支非常活跃的力量。为了让广大股民和关心中国股市发展的人士对B股有一个透彻的了解,该书在分析B股的历史沿革和现实状况的基础上,着重回答了以下重大问题:为什么要开放B股?B股,是金矿还是陷阱?如何识别最有投资价值的B股?如何进行B股的买卖?B股,将走向何方?

郑自强主编,新华出版社出版。

金融一体化与全球政治

本书探讨全球金融一体化过程中,国际性经济机构如何在国际金融和国家政治之间发挥无可替代的影响作用。本书包括全球市场与国家政治、国际资本活动的政治经济学、全球化理想和早期的国际货币基金组织等丰富内容,对中国如何适应加入WTO以后的国际金融环境有参考价值。

〔美〕路易斯·W、保利著,新华出版社出版。

商业银行的未来—组织机构、战略及趋势

20世纪60年代以来,随着市场竞争的不断加强,长期以来一直处于垄断地位的英国四大商业银行开始面临激烈竞争的压力。本书作者在对银行做了大量调研的基础上,根据银行内部的历史数据和银行案例的分析,揭示了商业银行在危机面前如何调整组织结构、重新制定战略决策,从困境中走向成功的过程。

〔美〕戴维·罗杰斯著,新华出版社出版。

亚太经合组织与中国企业

该书揭示了美国积极推动亚太经合组织机制化的战略意图,剖析了美国等亚太经合组织发达国家大力推行贸易和投资自由化却极力阻挠经济技术合作的动机;论述了中国加入世界贸易组织后将提前履行亚太经合组织关于在能源工业、化学工业、电信设备工业、医疗器械工业、环保产业等9个部门贸易和投资自由化的义务,从而面临亚太经合组织贸易和投资自由化与世界贸易组织协议的双重挑战。通过比较方法,研究了中国能源工业、化学工业、电信设备工业、医疗器械工业、环保产业、渔产业、林产业、珠宝工业、玩具工业的国际竞争力,提出了守护产业市场的对策和变挑战为机遇的对策。

叶卫平著,北京出版社出版。

创新与保护——专利经营启示录

该书介绍了专利制度的一些基本知识、专利运作管理的发展变化,特别是就如何利用专利开发技术和产品市场这个主题,列举了国内外企业在这方面的经验与教训并进行了评述和分析,阐述了实施专利战略战术对于企业发展的重要意义,评述了企业的专利经营管理模式和方法,以通俗性为主,兼顾条理性的总结,尤其是在对这些事例所做的归纳和点评中,结合专利实践工作进行了分析和预测,并提出了相关的建议;在当今世界进入知识产权时代、信息革命造就知识经济的时刻,日益强调企业管理特别是知识管理的形势下,这本书对于系统地利用专利制度占领当代的技术和产品市场,颇有启示和裨益,尤其对企业管理工作者更有特殊的意义。

马秀山著,科学出版社出版。

挑战——WTO中国产业竞争力再造

该书以国际最新理论为指导,在对中国产业现状进行深入研究的基础上,系统分析和阐述了中国主要产业的发展态势和竞争力强弱,加人世贸组织对中国主要产业可能带来的利弊得失,产业竞争力提升所需的环境条件及中国产业竞争力提升面临的问题和对策,并介绍了一些国外产业的成功经验。见解独到,可操作性强,对培植和提高中国产业竞争力及相关问题的研究有较高的参考价值。

张文忠、杨荫凯著,科学出版社出版。

网络营销基础—网站策划与网上营销

作者针对当前国内电子商务事业蓬勃开展的需要,从互联网技术、市场营销和信息管理等多学科角度对网络营销的理论和实践问题进行了系统的研究,开创性地建立了"Internet网络营销"的内容体系,即它是由"网站建设和推广"(即网站营销和策划)加上"网上营销"组成的综合体。全书围绕这个清晰的结构展开,内容包括电子商务的现状和发展趋势、网络营销的内涵理解和理论方位;网络营销环境(因特网基础知识和Web技术的应用);网站建设中的域名策略、信息内容组织、网站平台架构、站点优化和网页设计;网站推广的搜索引擎注册、在线和离线策略的整合以及用户忠诚度的提高;网上营销的战略规划、网上市场调查、网上广告和综合运作实务等;同时配有大量的资源站点和精彩案例。

阴双喜、何佳讯、王磊著,复旦大学出版社出版。

证券市场监管:理论、实践与创新

该书注重理论联系实际,密切关注国际证券监管最新动态,突出证券监管中的创新。内容涉及证券监管基本理论;各主要国家、地区证券监管实践及其发展;对中国证券市场发展的成就和监管中存在的主要问题,监管部门应采取对策,作了深入的比较分析;同时在建立的监管者监督约束机制、自律监管、网上证券业务监管等方面,提出了独到的见解。本书具有鲜明的时代特色,特别是在中国即将加入WTO之际,对证券

监管者和从业人员的学习和工作具有较大参考价值，对研究和教学人员也是一本难得的参考书。

黄运成、申屹、刘希普著，中国金融出版社出版。

现代商业银行内部控制系统论

本书首先从银行稳健经营的角度阐述了商业银行加强内部控制的重要性必要性；然后以系统论、控制论、信息论为理论基础，运用系统方法和结构方法对商业银行内部控制系统以及控制环境、风险评估、控制活动、信息与交流、内部审计等五个子系统进行了全面系统的研究，初步建立了商业银行内部控制系统的理论框架，提出了构建商业银行内部控制系统的思路和方法；最后有针对性地提出了建立和完善中国商业银行内部控制系统设想和步骤。本书对银行理论研究者、银行业监管者能及银行经营管理人员都具有参考价值。

卢鸿著，中国金融出版社出版。

各国金融体制比较

该书以金融体制为研究对象，采用多层次、多角度、纵横交错的比较研究方法，对不同社会制度、不同意识形态的国家的金融发展和运行进行了深入研究和比较分析，主要包括各国的金融发展战略、组织形式、框架结构、业务分工、监督管理、构造方式、运行机制、运转环境和总体效用。在深入比较研究的基础上，达到吸收和借鉴的目的。

白钦先、郭翠荣主编，中国金融出版社出版。

商业汇票承兑与贴现操作实务

该书介绍了商业汇票的起源、发展与现状以及国外商业汇票业务的发展情况，对我国加入 WTO 对银行业票据业务的影响作了简要分析；介绍了如何签发商业承兑汇票和银行承兑汇票、商业银行办理商业汇票贴现业务操作流程及其注意事项、商业银行如何办理转贴现及再贴现、商业汇票风险控制、商业银行如何营销票据业务等问题。同时介绍了一些商业银行的先进做法并收录了现行有关商业汇票业务的政策、法规。

杨子强主编，中国金融出版社出版。

B 股市场投资指引

该书探讨了 B 股发行背景与发展历程，B 股市场的发展方向，A、B 股市场的分割与合并，B 股市场的法规建设回顾；从经营状况、财务指标和发展前景等方面对深沪 B 股 100 余家上市公司基本面做了详细阐述；介绍了如何进入 B 股市场，B 股如何交易，B 股具体交易中的小常识等。本书主要是为 B 股投资和操作提供基础性研究。

沈沛主编，中国金融出版社出版。

在华外资银行概览

该书收集了 150 多家在华设有营业性机构或代表处的外资银行资料，着重介绍了其母国金融体制和银行业发展情况，各外资银行的历史沿革、经营现状、组织结构、管理模式、风险管理手段、业务优势、在华业务发展的历史与现状，并附有我国管理外资机构的相关法规，以及外资银行总部和在华分支机构名录。全书按洲别、国别分类，内容详实、语言精练，是具有较高实用价值的工具书。

唐双宁主编，中国金融出版社出版。

中国对外经济贸易白皮书

《中国对外经济贸易白皮书》(2001)是中国对外贸易经济合作部按照国际惯例组织编写的一部每年一次对国内外公开发表的外经贸年度报告书。该书对 2000 年世界经济贸易发展形势、中国对外经贸的发展情况及 2001 年发展趋势进行权威性分析和论述。

中华人民共和国对外经济贸易经济合作部《中国对外经济贸易白皮书》编委会编，中国金融出版社出版。

项目融资

项目融资以被融资项目本身的经济强度作为决定是否提供贷款的首要考虑因素，与传统的融资方式着重于借款人的资信等级有着根本的区别。本书可作为金融、管理及国际经济合作等专业开设项目融资与管理课程时的教材，也可以作为从事管理学、工程学教研的人员和经济工作者的参考书。

蒋先玲编著，中国金融出版社出版。

合作金融发展模式及运行机制研究

我国合作金融经历过的几次历史性挫折，重要原因之一是对合作金融的理论研究不深，对环境因素估计得不充分，停留在组织机构的调整和管理权限的划分，特别是制度创新滞后，内部人控制严重。在我国农业结构进行战略性调整和农村经济实现现代化的历史关键时期，本书为重建农村合作金融体制，以至于发展城市合作金融，可能大有裨益。

何广文著，中国金融出版社出版。

放眼世界—中国人民银行出国报告文萃

进入新世纪，经济和金融全球化的趋势明显加快，各国经济、金融的相互依存性越来越强，各个国家相互借鉴经济发展的经验愈发重要。中国人民银行每年都有计划地派出一定数量的团组到国外进行学习和考察。本书的 57 篇报告是从几百篇出国报告中精选出来的。结合我国情提出了许多有益的意见和建议，具有很强的针对性，对现实工作具有较强的参考价值和借鉴意义。

中国人民银行国际司编，中国金融出版社

WTO 企业指南

该书通过回顾世贸组织体系的发展演变过程，全面系统地介绍了该体系的总体情况；说明了 WTO 作为谈判场所和贸易争端解决机构的作用；解释了包含在 1994 年关贸总协定及其附属协议之中、适用于货物贸易的规则；评述了服务贸易总协定和成员国家/地区相关承诺的主要特征；阐明了适用于政府采购和国营贸易的规则;描述了贸易相关知识产权协议的条款,概括了WTO工作计划中新增加的包括外国直接投资、贸易促进等6个贸易相关领域正在讨论的问题;每章都分析了所涵盖问题对企业的启示。本书除了详细解说WTO成员企业必须熟悉的有关基本条款和规则以及这些规则的基本目标以外,还进一步分析了每条规则给不同发展水平成员企业所带来的商业机会,其中包括了很多相关的贸易案例和贸易争端解决的参考案例。

联合国贸发会议/世界贸易组织国际贸易中心、英联邦秘书处编著,中国(海南)改革发展研究院本书翻译组译,企业管理出版社出版。

如何制定企业经营计划

该书作者是在美国企业界享有很高声望的企业战略、企业计划和企业管理咨询方面的专家。他们在书中向企业管理人员传授了在制定企业经营计划时必须掌握的方法和技巧。作者以企业计划的制定过程为框架,对企业战略管理的诸多方面进行了比较全面的理论介绍和分析。本书的最大用途就在于使企业的计划工作变得切实可行。书中内容取材丰富、见解独到,使较为复杂的企业管理理论和方法变得浅显易懂。

[美]保罗·蒂法尼、史蒂文·彼得森著,企业管理出版社出版。

如何做好客户服务

该书是一本优秀的做好客户服务的指导用书,也是国内首次全面阐述客户服务过程及要则的工具书。作者利用大量翔实的例证说明了做好客户服务的重要性,并且阐明了达到此目的所应采取的措施和手段。书中列举的许多具有实际意义的建议和忠告以及解决各类与服务有关的问题和方法,指出了服务质量的好坏直接影响到客户与企业自身利益,也是企业生存的关键所在。

[美]卡琳·勒兰德、基思·贝利著,企业管理出版社出版。

为创新投资——21世纪的创新战略

该书是美国多位政府科学技术政策方面的资深学者和专家对美国政府重大的创新投资政策的评价,并且从长远的发展利益出发,提出了世纪性国家方略问题,虽然是讲美国的情况,但其中不乏许多新的观点、理论、视野和新的手段。

路易丝·伯兰斯卡姆、杰姆斯·凯勒编著,光明日报出版社出版。

网络经济及其发展安全

该书设10章,内容是网络经济的兴起与发展;网络经济与世界经济增长;当前网络经济发展的主要问题;网络经济安全的涵义;网络经济安全与经济增长理论联系;网络经济发展的主要安全问题;网络经济发展安全的技术总体策略;网络经济基础设施总体策略;人力资源保障策略;安全制度总体策略等。该书内容新颖,理论观点充满时代气息;理论与实际的结合清楚地阐述网络经济发展的全过程,针对现实存在的问题,提出了可行对策,有较强的实用性和可操作性。

黄磊、郑建华等著,经济管理出版社出版。

保险学(第二版)

该书全面地融汇了国内外保险理论和实务的最新变化和发展,将保险学的最新理论、观点和动态完整地介绍给读者,使读者能比较准确地掌握保险学的基础理论和基础知识,系统学习各项保险业务的实际操作手段和方法,全面地熟悉保险市场运用的基本规则,客观地了解保险学术研究的进展。全书从引导和启发读者客观、公正和全面地了解保险学术研究的进展过程出发,为读者进一步深入地研讨保险学和动态脉络奠定了扎实的专业基础。同时,作者还注意对个别在理论和实务发展过程中尚无定论和仍然处于商榷阶段的观点和动态,在予以客观评价的基础上,阐明自己的见解,体现了作者一贯倡导务实基础、动态介绍、观点清晰的治学风格和科研立场。

王绪瑾著,经济管理出版社出版。

客户关系管理(CRM)

该书全面、系统地研究了客户关系管理(Customer Relationship Management,CRM)的思想、管理理念、应用体系和功能组件,设计了Internet时代企业实施客户关系管理的解决方案和方法。全书对客户关系管理的定义、基础架构、企业组织再造、业务流程重构及CRM系统设计与建设等问题进行了深入探讨,较深刻地论述了客户关系管理环境下呼叫中心、数据全库、决策支持系统的建设,以及CRM与MIS(企业住处系统)、ERP(企业资源规划)、SCM(供应链管理)等应用系统的整合集成方法,详尽阐述了客户关系管理在提升企业核心竞争力,推动电子商务开展,实现企业全面电子化运营目标方面的重要作用。

王方宇著,经济管理出版社出版。

如何应对国外反倾销

该书收集了来自美国、欧洲、澳大利亚、韩国、印度和泰国的多家律师事务所的律师或专家的文章,他们大都代理过中国企业参加反倾销案应诉,并取得过较好的成绩。该书强调理论与实践相结合,书中涉及大量具体案例,对应诉程序的介绍也着重强调了实用性和可操作性。

中国五矿化工进出口商会编,中国对外经济贸易出版社出版。

现代金融结构导论

该书首先形成一个"开放的增长型经济"概念,考察的重点是金融结构战略,这是一个国家金融战略的核心,可以被视为一个国家经济发展的基础性工程。同时对属于金融政策组成部分的货币政策的内涵进行了创新性的论述。该书的研究属于发展经济学的重要视野,从金融战略角度来研究经济发展,这是歧见最多的领域,也是有待创新的领域。该书研究的金融结构战略,既是对金融发展和金融深化的战略,也是推动经济持续增长的战略李量著，经济科学出版社出版。

投资银行业务

该书是根据教育部金融学专业教学大纲中关于《投资银行业务》课程的相关要求而编写的，吸取了国内外最权威的研究成果，主要介绍了投资银行的宏观定位，投资银行的发展模式，投资银行的组织结构，投资银行的承销业务，经纪业务，自营业务，企业并购业务，投资咨询业务，风险投资业务等。在理论分析和探讨的基础上，较多地强调了实践性和操作性，特别是专门介绍论述了投资银行业务创新的发展轨迹。本书既有成熟的理论，又具有较强的可操作性，努力促进理论与实践相结合，既可作为高等院校财经各专业特别是金融学专业《投资银行业务》课程的选用教材，也可作为投资银行、商业银行、资产管理公司、财务顾问公司、信息咨询公司和专业基金管理人等专业人士的学习参考用书。

韩复龄著，经济科学出版社出版。

区域经济与欠发达地区现代化

该书分上中下三篇。上篇探讨了沿海省份区域经济发展与欠发达地区现代化建设的总体思路与战略等理论前沿问题。中篇以欠发达地区经济社会的可持续发展为主线，从产业发展、城市化、社会事业发展、发展环境与政府行为等方面进行了专题研究，提出相关的对策建议。下篇在对浙江省区域经济发展水平及欠发达地区的分布做出明确界定的基础上，就26个欠发达县(市)的发展态势与现代化道路，分别提供了研究报告。

陆立军著，中国经济出版社出版。

中国城市竞争力理论研究与实证分析

该书严格按照实证研究的范式展开研究，对直观上容易理解但不易精确把握的城市竞争力概念作了较为准确的概述，使用一组关键指标集合表达了城市竞争力；构建了价值体系理论，提出了集合优势概念，并使之成为分析城市竞争力的基本工具。而且它开发了一个崭新的易于理解和把握的城市竞争力弓弦箭理论模型，在模型内特别强调城市竞争的软力，开发了两套新的城市竞争力指标体系，运用有关方法全面测量了中国 24 个城市的竞争力。它对城市竞争力框架假说的检验和实证分析采用了模糊曲线法。结果显示，影响城市综合竞争力的关键因素依次为：资本、文化、基础设施、聚集、管理和科学技术。提出了提升城市竞争力的产业集群战略。

倪鹏飞著，中国经济出版社出版。

国有企业：委托代理与激励约束

该书采用比较研究、定性分析和定量分析相结合、实证研究和规范研究相结合的方法，利用经济学和管理学的理论，在前人大量研究的基础上，借鉴和吸收西方现代公司委托代理理论的先进思想，针对我国国有企业的特点和国情，对国有企业的委托代理制度进行了系统、全面的分析。对国有企业的治理结构、委托风险和代理风险、企业家素质评估、经营者的激励约束机制等委托代理中的关键问题进行了深入、细致的探讨，构造了国有企业委托代理制的理论框架。

史金平著，中国经济出版社出版。

B2B 交易场：电子商务第三次浪潮

作者分析了正发生在 B2B 电子商务领域的这场革命的本质，阐述了 B2B 交易场的准确定义，把 B2B 交易场与 B2B 电子商务公司加以区分。并运用大是详实的资料，描述了 B2B 交易场的发展现状，提示了 B2B 交易场为什么堪称 B2B 电子商务的新起点。该书对 B2B 交易场的模式进行了深刻的剖析，提供了许多成功经营的 B2B 交易场案例，其中有一个来自中国的案例——科利华图书交易场。该书还提示了 B2B 交易场七大成功秘诀。作者还曾断言：互联网改变 B2B 的一切，大多数企业将遭遇互联网"地震"，必须在未来五年内进行自我重构，才能在新经济中立于不败之地。

阿瑟·斯加利 威廉·伍兹著，现代出版社出版。

第十六编

证券业社会团体

2154/2164

证券业社会团体

中国证券业协会

【概况】 中国证券业协会成立于1991年8月28日，是中国证券业的自律性组织，是依法注册的非营利性社会团体法人。中国证券业协会是中国改革开放的产物，伴随着建设有中国特色的社会主义市场经济的热潮而发展。现在，中国证券业协会有会员单位141家，会员遍布全国除西藏、香港、澳门、台湾外的各个省、自治区、直辖市。中国证券业协会已与亚洲、欧洲、美洲、大洋洲的20多个国家或地区的同行形成了友好往来与合作关系，与证券商协会国际联合会、亚洲证券分析师公会等国际组织建立了联系，并已成为亚洲证券论坛的正式成员。1999年7月1日实施的中华人民共和国证券法，明确了中国证券业协会的法律地位与职责，掀开了中国证券业协会发展的历史新篇章。1999年12月15日，中国证券业协会依照证券法进行了调整和规范，召开了会员大会，选举了新的领导机构，通过了新的章程。协会的组织机构有：会员大会、理事会、监事会、专门委员会、常务理事会、秘书处。其中秘书处的机构设置为行政部、会员部、调查部、研究部、培训部、外联部。

【职能】 在国家有关发展证券市场的方针政策的指引下，中国证券业协会对会员实行自律性管理，发挥着政府与会员之间的桥梁和纽带的作用。中国证券业协会积极维护会员的合法权益，维护市场的公开、公平、公正和有序运行，有效促进了证券市场健康稳定地发展。在规范证券机构的经营行为、控制市场风险、加强证券机构之间的交流、提高证券从业人员的素质、深化对证券市场的宏观研究、密切海内外同行之间的友好往来等诸多方面，中国证券业协会都在作出越来越大的贡献。

中国注册会计师协会

【概况】 中国注册会计师协会成立于1988年11月，是注册会计师的全国组织，依法对注册会计师行业实行管理。1995年6月，中国注册会计师协会与中国注册审计师协会联合成立新的中国注册会计师协会，统一了对社会审计行业的管理。根据国务院清理整顿经济鉴证类社会中介机构领导小组《关于抓紧落实注册税务师、注册资产评估师、注册会计师行业合并统一管理工作的通知》和财政部《关于同意中国注册会计师协会与中国资产评估协会合并的通知》要求，2000年9月，中国注册会计师协会先后与成立于1993年12月的中国资产评估协会、中国财会、资产评估人才交流中心合并，组成新的中国注册会计师协会，对注册会计师行业、资产评估行业实行统一管理。截止到2000年底，我国共有注册会计师51349人，注册会计师非执业会员7万余人，会计师事务所4674家；注册资产评估师13420人，注册资产评估师非执业会员3000余人，资产评估机构2546家，其中专营机构865家，兼营机构1681家。

行业体制改革　为使会计师事务所、资产评估机构发展成为真正独立、客观、公正的中介机构，1998、1999年，我国先后启动了注册会计师行业、资产评估行业的脱钩改制工作。脱钩改制的基本要求是，所有会计师事务所、资产评估机构必须与原挂靠单位在人员、财务、业务、名称等方面彻底脱钩，改制为由执业人员发起的有限责任制或合伙制的中介机构。目前，所有会计师事务所和资产评估机构均已完成脱钩改制工作。随着我国资本市场的不断完善与发展和大型国有企业专业服务需要的不断提高，行业需要有一批符合国家条件和有能力承接大型业务的事务所。为适应这一形势的需要和应对加入WTO后的挑战，增强国内事务所的竞争力，2000年，中国注册会计师协会以提高执行证券、期货相关业务资格和金融审计业务资格事务所的准入条件为突破口，启动了以会计师事务所上规模、上水平为主要内容的结构调整，在行业内掀起了合并浪潮。截止到2000年12月底，全国共有300多家事务所合并为110家。其中，原106家有证券资格的事务所，经过合并减少为78家，数量减少了，但整体实力得到了壮大，初步形成了一批较具规模的事务所，积极效应已经显现，具体表现为：增强了事务所执业能力、竞争能力和抗风险能力；促进了事务所内部管理的加强和执业质量的提高。事务所的合并，不是简单的扩大规模，搞1＋1＝2，关键是通过上规模达到上水平的目的，并推动了行业结构的优化，从而使“小、散、乱”的局面得到改善，“大、中、小”合理并存的行业机构格局正在逐步形成。

【职能】 为适应注册会计师、注册资产评估师、注册税务师三行业合并管理的需要，中国注册会计师协会的职能和机构建设进一步完善和加强。国家赋予合并后的中国注册会计师协会的主要职能是：依据国家有关法律、法规和中国注册会计师协会章程的规定，对注册会计师行业、资产评估行业、税务代理行业实行自律性管理；制订和组织贯彻注册会计师、注册资产评估师、注册税务师执业准则、规则；组织注册会计师、注册资产评估师、注册税务师任职资格和执业情况的年度检查；受财政部、国家税务总局委托，负责草拟有关注册会计师行业、资产评估行业、税务代理行业的法律、法规和规章；审批会计师事务所和注册会计师、资产评估机构和注册资产评估师、税务代理机构和注册税务师，监督和管理其业务工作；依法对注册会计师行业、资产评估行业和税务代理行业违法、违规行为进行处罚；办理审核外国会计师（税务师）组织、资产评估组织在我国设置常驻代表机构的有关工作，并对其活动进行监督、管理；为相关专业服务行业提供人事代理服务等。为切实履行好各项职责，中国注册会计师协会秘书处对内设机构进行了调整和完善，共设有办公室、综合部、培训部、业务监管部、专业标准部、法律部、国际部、财务部、信息部、人事部等10个独立的部室和考试中心、注册中心、期刊中心、人才中心、服务中心等5个中心，其中考试中心、注册中心、期刊中心各下设三个部门。

【业务工作】 重建于1980年的注册会计师行业和兴起于80年代末的资产评估行业，在服务于对外开放、服务于国有企业改革与发展、服务于证券金融市场、服务于财税改革和维护经济秩序等方面发挥了重要作用。与此同时，注册会计师行业、资产评估行业也顺应市场经济发展的要求，在行业协会的服务、监督、管理、协调下不断成熟和完善，自身的各项建设取得了很大的进展和成绩。

专业标准建设　从1994年到1999年，中国注册会计师协会先后组织制定、发布了包括独立审计准则、职业道德准则、质量控制准则和后续教育准则在内的38个准则项目，基本形成了以《独立审计准则》、《审计实务公告》和《审计指南》为主要内容的审计标准体系。至此，我国初步建立起了独立审计准则体系框架。独立审计准则的颁布实施，对于统一和规范注册会计师和事务所的执业行为，提高行业执业质量起到了积极的作用。2000年，针对执业中面临的新问题和行业业务领域的新拓展，制订了有关金融审计方面的准则，对独立审计准则体系做了进一步修订和完善。主要的工作包括：配合财政部、证监会的有关政策，印发了《资产减值准备审计指导意见》；为维护证券市场秩序、金融体系秩序和注册会计师行业秩序，完成了《会计估计》、《商业银行会计报表审计》、《银行间函证程序》的拟订工作和《验资》的修订工作；为增强独立审计准则的可操作性，开展了《小型企业审计》、《商业银行会计报表审计》、《会计师事务所质量控制指南》及《验资》等4个执业规范指南的草拟和修订工作。在资产评估专业标准、制度建设方面，完善出台了评估报告、评估责任、评估参数选择和评估方法应用等四个行为准则。完善了专业组织建设，成立了企业整体资产评估、不动产评估、机器设备评估、无形资产评估、资源性资产评估、珠宝资产评估等专业准则起草工作小组，制定了工作计划。

行业监管体系建设　贯彻国务院、财政部领导关于制止行业做假行为的指示精神，中国注册会计师协会多年来致力于行业监管体系的建设，采取有效手段，遏制作假行为。目前，已初步构建起了包括与政府部门联手监管、重大业务事项报备、上下联动开展行业互查、公众举报和新闻曝光相结合的社会监督等在内的行业监管体系，行业监管工作迈上了一个新台阶，走出了一条新路子。2000年通过加强行业监管和惩处工作力度，治理了弄虚作假行为，促进了行业职业道德和执业质量的提高。此外，评估行业重点加强了业务监管工作的法规制度建设，先后起草和修改了《资产评估行业处罚暂行办法》、《中国资产评估协会惩戒委员会工作规程》、《注册资产评估师违反职业道德罚镇》、《资产评估行业评估纠纷调解裁决实施办法》和《资产评估行业业务监管实施办法》等行业监管制度，行业处罚制度也不断完善。

队伍建设　1、实行全国统一考试，引进高级专业人才。随着注册会计师、注册资产评估师在社会经济发展中的作用不断增强，其社会影响也在日益扩大，资格考试已经引起社会的广泛关注和积极参与。我国于1991年开始实行注册会计师全国统一考试，至今已举办了9次，有5万余人取得注册会计师考试合格证书。1994年，依据《注册会计师法》我国的注册会计师考试对港澳台居民和外国籍公民开放。1996年，实行了注册资产评估师全国统一考试制度，至今共举办4次，已有2万多人取得注册资产评估师考试合格证书。初步形成了有一定素质和专业水平的注册会计师和注册资产评估师队伍。2、建立强制性后续教育培训制度，完善体系建设，提升行业执业质量。为不断提高队伍的执业水平和职业道德，1996年实施了注册会计师后续教育培训制度。目前以中国注册会计师协会为龙头，地方协会为骨干，事务所为基础的培训组织体系已基本建立，根据行业执业的需要，各类后续培训教材的建设不断丰富和完善。依托北京国家会计学院和上海国家会计学院进行行业高层次人才的培训工作已经展开。此外，实施了注册会计师专业的学历教育，从1994年起，在23所高等院校开设了注册会计师专业方向专业，专门培养注册会计师专业人才。2000年，中注协根据社会主义市场经济发展的需求，根据注册会计师行业发展中遇到的新情况、新问题，举办了各种类型的培训班21期，培训人数2300余人。培训内容涉及新会计准则、金融保险审计业务、计算机环境下的审计和计算机辅助审计、企业绩效评价、事务所内部管理和质量控制、注册会计师职业道德和法律责任等方面。在后续培训教材建设方面，编写了《合并会计报表》、《资产评估工作底稿》、《金融资产评估》等后续教育教材和《会计师事务所从事基本建设工程预算、结算、决算审核暂行办法讲解》、《2000年注册会计师证券、期货相关业务资格考试试题答案及依据》等后续教育资料；并制作了后续教育教学光盘。

会计市场开放和对外交往　从80年代初，我国就开始逐步对外开放会计市场。目前，我国会计市场开放的形式有：允许外国会计师事务所在我国设立代表处、合作所、成员所和申请临时执业，允许外国公民和港澳台居民参加注册会计师全国统一考试，允许考试合格者符合注册条件的可以注册为注册会计师。目前，中国注册会计师协会已有海外非执业会员308人，海外执业会员18人。我国在开放会计市场的同时，也重视加强对外交往与合作，积极参与注册会计师行业的国际事务。目前，中国注册会计师协会已与16个国家和地区的26个职业会计师组织和团体建立了正式交往关系。1996年10月，中国注册会计师协会加入亚太会计师联合会，1997年4月成为亚太会计师联合会理事；1997年5月，中国注册会计师协会加入国际会计师联合会；2000年11月，中国注册会计师协会秘书长李勇当选为亚太会计师联合会唯一副会长。中国资产评估协会于1995年3月加入国际评估准则委员会，1999年10月成为常务理事国。2000年，为增强国际专业服务组织和国内中介服务行业发展情况的了解，扩大国内中介服务业的影响，6月和7月分别举办了“中介服务与市场经济发展”国际研讨会和“高新技术企业价值评估研讨班”。同时，积极开通与国外合作培训渠道，选派专业人员到国际会计公司、评估公司进行实习培训，与英国曼彻斯特大学和英国驻华使馆就培养中国注册会计师人才的合作项目达成共识，已派出首批人员到英国曼彻斯特大学学习深造。

行业信息网络建设　为提高行业管理和建设的信息化水平，1999年起，中国注册会计师协会投资2000万元兴建注册会计师行业网络。2000年，中国注册会计师协会内部局域网建成，协会内部实现了信息资源共享，同时，开发并投入使用了协会办公自动化系统，许多工作已经实现了“网上作业”，较大地提高了工作效率和效果。2000年2月，中注协网站第一版正式在INTERNET上运行，使全国的注册会计师在INTERNET上有了自己的“家”。截止到2000年12月底，全国7个省级协会已完成了广域网专线和集成的安装、连通工作，预计再用一年左右的时间，中国注册会计师行业网络将全面建成。1999年建成的中评协网站于2000年开发建立了评估行业管理信息系统数据库。

（特约编委：李勇，特约编辑：李杰，特约撰稿：姚冬萍）

中华全国律师协会

【概况】　中华全国律师协会成立于1986年7月，社会团体法人，是全国性的律师行业自律组织，依法对律师实行行业管理。中华全国律师协会现有团体会员 31 个(即各省、自治区、直辖市、市律师协会),截至 2000 年初有个人会员 109276 余人,其中专职律师 63152 人,兼职律师 15908 人,特邀律师 5922 人,其余 24000 余人为律师助理。中华全国律师协会现设有十个业务委员会和七个专门委员会。十个业务委员会是:刑事、民事(包括传统民法、建筑与房地产、公司法等三个专业论坛)、海商海事、金融证券(分金融和证券两个专业组)、知识产权、经济、涉外业务委员会、劳动法业务委员会、环境与资源法业务委员会、行政法业务委员会。业务委员会由优秀执业律师组成,其主要任务是:总结交流业务工作经验,组织学术探讨;就相关业务领域的立法"工作提出意见和建议;就律师执业活动中的重要问题、疑难案件进行专题研究论证;草拟律师执业规范等。七个专门委员会是:维护律师执业合法权益委员会、律师执业纠纷调处委员会、行业规则委员会、发展战略研究委员会、纪律委员会财务委员会、外事委员会。专门委员会的任务是:研究、审议、拟订有关律师行业自律议案、规则、发展战略,监督会费的使用,办理相关事务。中华全国律师协会每三年举行一次全国律师代表大会,选举产生理事会,理事会选举会长、副会长和常务理事。现任会长高宗泽,副会长付洋、朱洪超、杨伟成、于宁、许智慧、王天举。在全国律师代表大会和理事会闭会期间,常务理事会行使理事会的职权,执行全国律师代表大会的决议。全国律协的执行机构由秘书长领导,现任秘书长吴明德。下设办公室、会员部、业务委员会工作部、培训部、信息调研部、国际部(中国国际律师交流中心),开展日常工作。全国律协主办会刊"中国律师"杂志。

中华全国律师协会的宗旨是:团结和教育会员,维护宪法和法律的尊严,忠实于律师事业,恪守律师职业道德和执业纪律;维护会员的合法权益,提高会员的业务素养;加强行业自律,促进律师事业的健康发展,以发展社会主义民主,健全社会主义法制,促进社会的文明和进步。

【业务工作】 依据《中华人民共和国律师法》,中华全国律师协会不断强化和改进行业管理职能:①保障律师依法执业,维护律师的合法权益,自 1995 年以来,全国律协接到律师维权投诉 130 余起。1999 年以来由全国律协直接受理的 20 起,其余由各地律协受理;全国律协正进一步修改、完善维权工作规则程序,以把维权工作提高到一个新的水平。②总结、交流律师工作经验,2000 年 11 月,全国律协组织召开了中国律师 2000 年大会,大会由主会场和刑事、民事、经济、金融证券、涉外、知识产权、海商海事、律师法和律师管理等八个业务论坛组成,有 1200 多名律师参加会议,尉建行、罗干同志出席了开幕式,罗干同志发表了重要讲话。会期 3 天。大会发布了《中国律师业发展报告》,这份 24000 余字的报告,回顾了中国律师业恢复、重建 20 年的历程,总结了律师事业在不断改革中发展壮大的基本经验,剖析了目前存在的问题及其原因,提出了进一步改革发展的设想。与会律师和特邀嘉宾还就改善律师刑事业务执业环境,公司、建筑、房地产、反倾销等新兴法律实务,民事与刑事案件中的精神损害赔偿,海商海事立法的最新进展、深化律师制度改革和律师事务所管理现代化等广泛的议题进行了研讨,编选了 180 余万字的论文集。③按照中国证监会的要求,由全国律协金融证券业务委员会部分委员组织了信誉主承销商考评小组,对考评办法提出了意见和建议,与证券业协会互相配合,开始进行信誉主承销商考评活动;民事业务委员会还接受了关于国家赔偿法、公司股份制改造等重要课题的研究。④把制定律师执业规范工作提上重要日程,2000 年 1 月正式颁布了《律师办理刑事业务规范》,制定了律师办理民事经济诉讼案件规范、律师参与仲裁工作规则、律师法律顾问工作、律师事务所业务活动中利益冲突审查处理办法等执业规范。⑤组织律师业务培训,2000 年举办了 WTO、税法、电子商务、特许经营等培训讲座 4 期,近 1200 名律师参加了培训,此外,还与加拿大律协合作举办了律协管理工作培训,培训对象为各地律协负责人;⑥进行律师职业道德和执业纪律的教育、检查和监督,公布了执业律师宣誓誓词。⑦开展了积极的对外交流活动,律协会长出席了在荷兰举行的国际律协 2000 年会,组团参加了第十一届亚洲律协会长会,协会领导出访日本、英国、法国、巴基斯坦、泰国等,主办了第四届中日律师交流大会,接待了来访的韩国、芬兰等国家和香港地区的法律界人士,与全美律师协会合作,组织中国律师赴美参加律师事务所合伙人培训项目,受司法部委托实施了中国—欧盟律师培训项目。

(特约编委:吴明德,特约编辑、特约撰稿:里红)

中国国债协会

【概况】 中国国债协会成立于 1991 年,现有结构会员 207 家,其中:证券公司 62 家,银行 65 家,信托公司 51 家,保险公司 10 家,农村信用联社 6 家,投资基金 10 家和交易场所 3 家。中国国债协会的组织结构是:会员代表大会、理事会和常委理事会。会员代表大会是最高权力结构。理事会是会员代表大会的执行机构,在会员代表大会闭幕期间领导协会的日常工作,对会员代表大会负责。常委理事会由理事会选举产生,在理事会闭会期间行使相关职责,对理事会负责。协会现有理事会员 152 家,常委理事会 75 家。协会秘书处是中国国债协会的办事机构,也是协会的常设机构,内设 5 个职能部门,既综合部、会员管理部、宣传培训部、咨询服务一部和咨询服务二部。中国国债协会会长是田一农(原财政部副部长、八届全国政协常委),副会长有刘鸿儒(原中国证券监督管理委员会主席、国务院证券委员会副主任、现全国政协财经委员会副主任)、吴小平(现中国保险监督管理委员会副主席、中央金融工作委员会委员)、朱福林(原财政部综合计划司司长、中国经济开发信托投资公司总经理)和赵鹏华(原中国钞票印制公司总经理、现中国人民银行国库局局长),秘书长由朱福林兼任,副秘书长是李大春、张红力和白宁。

【职能】 中国国债协会的主要职能是:1、组织实施国债业的行业管理,贯彻行业宗旨;2、维护会员的合法权益,采取多种形式听取、收集会员的意见,并经常性地向有关部门反映;3、收集整理国内外国债行业信息,进行综合统计和分析,向会员提供咨询服务;4、研究我国国债投资的理论、政策、方法以及国债市场发展中存在的问题,向政府主管部门提出建议;5、在会员之间交流国债业务经验,沟通有关国债业务的信息,提高业务水平,提高国债交易技术;6、同国际、国内其他证券机构或组织建立关系,进行交流与合作;7、组织学术交流和国内外业务培训;8、监督会员执行国家法律、法规、政策及合法经营,对违章会员提出惩罚建议;9、配合政府主管部门做好国债发行、交易、兑付和国债一级自营商资格初审、年审等项具体工作,受主管部门委托,做好外国政府贷款项目登记的初审工作;10、促进会员单位之间的团结与协作。

【业务工作】 *召开二届二次常委理事会议暨国债理论研讨会*

中国国债协会二届二次常务理事会暨国债理论研讨会于 2000 年 4 月 25 日至 26 日在江苏省扬州市召开。会议的主要内容有两项:一是总结会议 1999 年工作,安排 2000 年工作计划；二是对协会组织并委托财政部科研所、深圳证券交易所等单位完成的《我国国债规模及相关政策研究》课题报告进行研讨论证。副会长兼秘书长朱福林作协会工作报告。为结合形式开好会议，会议请副会长刘鸿儒、吴小平就我国金融、保险业的改革和发展问题作了专题报告，收到了很好的效果。会议还通过了变更理事会、常务理事会单位等项决议。

组织会员单位出国考察访问和业务培训　按照财政部2000年的外事计划，协会于2000年12月，分别组织了美国、加拿大考察访问团和德国培训团。赴美、加考察团访问了美、加财政部，纽约证券交易所、美林证券公司等机构，了解了美、加两国近年来的经济状况、国债管理体制和国债市场发展等情况。赴德国培训团主要是进行国债与证券业务方面的培训，通过培训，大家对德国的经济发展状况、德国国债管理体制以及德国的商业银行等情况有了一定的了解。此外，协会还和中国国际人才交流协会共同举办一期赴韩国的证券与国债业务培训班，部分常务理事和理事级会员单位的24人参加了培训。

完成了社团重新登记工作　国务院机构改革后，按照民政部的要求，协会重新上报了社团登记的有关资料，于2000年4月23日正式领取了民政部颁发的社团法人登记证书，完成了社团重新登记工作。

承担主管部门委托的有关业务　1、配合财政部国库司完成了2000年度总额4657亿元共17期的国债发行任务，保证了国债资金的及时、足额入库。编制了1999年度国债兑付决算和2000年度兑付旬、月报表，对历年财政部门兑付的国债券进行帐务核对和组织销毁。协助国库司顺利完成了财政部门凭证式国债的移交工作，为2002年财政部门停止办理兑付提前做好收尾的工作。2、举办了国债反假培训班。为防止误收误兑97年无记名（一期）假国库券，受财政部委托，协会利用两个半月的时间，举办了16期国债券反假培训班，培训业务人员1853名，保证了该期国债兑付工作的顺利进行。3、为在全国建立外国政府贷款统计制度作了前期准备工作。协会配合财政部金融司对全国财政部门和中央部门上报的2800多个利用外国政府贷款项目的有关资料，进行了初步统计汇总和校对审核，协助完成了外国政府贷款项目信息统计报表格式（初稿）的编制工作。4、举办外国政府贷款业务培训班。协会于2000年9月1—2日，在青海省西宁市举办了西部地区外国政府贷款业务培训班，西部地区财政部门、外国政府贷款项目单位、全国采购公司的180多人参加了培训。财政部金融司、转贷银行和采购公司的有关人员亲自授课，使培训班收到了很好的效果，对西部地区的外国政府贷款工作取到了一定的促进作用。

（特约编委：朱福林，特约编辑、特约撰稿：李大春）

中国保险学会

【概况】 中国保险学会（The Insurance Institute of China，简称：IIC）是从事保险理论研究的全国性群众学术团体，1979年11月在北京成立。中国保险学会全国会员代表大会是该会的最高权力机构，它的常设机构是常务理事会，在理事会闭幕期间行使理事会的职权。全国会员代表大会的代表由会员代表和特约代表组成。全国会员代表大会每四年召开一次，由常务理事会召集。必要时由常务理事会决定提前或推迟召开。

【职能】 全国会员代表大会的职责是：审议并批准理事会的工作报告；制订和修改学会章程；讨论并决定学会的工作方针；选举理事并组成理事会；审查和批准学会财务收支执行情况的报告；提名并聘请社会知名人士和对保险理论研究或保险学会工作作出突出贡献的专家、学者，担任学会的名誉会长。理事会的职责是：在全国会员代表大会闭会期间，讨论决定常务理事会提交的有关事项，选举常务理事，组成常务理事会。理事任期四年。理事会会议每年召开一次。理事会下设学术委员会、教育培训委员会和编辑出版委员会等。常务理事会在理事会闭幕期间，负责学会全面工作，常务理事会在常务理事中推选会长1人，副会长若干人，专职秘书长1人，副秘书长若干人。常务理事会每年至少召开两次会议，讨论决定日常工作中的重大问题。常务理事会由会长主持召开。会长因故不能主持会议时，指定一名副会长主持。学会专职人员逐步实行聘任制，从会员单位或从社会上择优录取。中国保险学会第五次全国会员代表大会于1999年11月23日到24日举行，选举中国保险监督管理委员会主席马永伟同志担任名誉会长，中国金融工会主席、中国人寿保险公司原总经理何界生同志担任会长。

【业务工作】 2000年是中国保险学会第五届全国代表大会召开后的第一年，也是我国保险体制改革进入攻坚阶段的关键一年。在这一年里，中国保险学会始终坚持以邓小平理论和江泽民同志“三个代表”思想为指导，贯彻落实中国保险学会第五届全国代表大会的精神要求，充分发挥各会员单位的作用，在组织协调、学术交流、信息沟通和保险培训等方面做了大量工作。

召开保险学会秘书长会议　3月3日，中国保险学会在河北省保定市召开第五届学会第一次秘书长会议，拟订学会会费和活动经费的收费标准；商讨学会出访境外举办学术活动的意见和方案。

加强与港台保险业的交流与合作　4月3日，保险学会会长何界生、秘书长梁明智在北京会见了台湾保险学会理事长王传通，就如何开展和加强海峡两岸保险学术交流活动进行会谈。8月29日，保险学会会长何界生、副会长潘履孚在北京会见了以香港保险中介人商会会长、恒昌保险顾问有限公司董事麦邦顺为团长的香港保险中介人商会代表团。双方在加强交流和合作方面达成如下共识：一是香港保险人商会、香港保险学会正在参考英国皇家特许保险学会（CII）的会员资格考试，拟订适合香港地区的保险专业资格考试办法。中国保险学会也考虑建立适合中国国情的保险专业资格考试制度。双方可以在这方面加强交流和合作。二是双方加强对国际市场和中国内地、香港地区保险信息的交流；三是在适当时候，双方共同举办保险学术研讨会。

举办中、韩汽车保险国际研讨会　9月7日，中国保险学会与韩国三星火灾海上保险公司在北京共同举办了“中韩汽车保险国际研讨会”，保险学会会长何界生就如何开好这次研讨会提出了明确要求并出席大会。韩国驻华大使官员、韩国金融监督院监督局林宰永局长莅临大会并讲话。中国保监会、中国人民保险公司代表就我国汽车保险的规范与发展作了专题发言。韩国保险开发院、三星火灾保险公司围绕韩国车险费率制定、车险的赔偿处理等问题作了专题发言。来自国内外的保险公司、高等院校和研究机构的领导、专家、学者也发表了专题演讲。200余位业内人士参加了大会，并就扩大和加强中韩两国保险的进一步合作进行了广泛、深入的交流。

协办2000年中国金融论坛　中国保险学会作为协办单位，参与了2000年“中国金融论坛”的组织、协调和筹备工作。中国保险学会副会长、华泰财产保险股份有限公司董事长王梓木受会长何界生的委托，出席论坛举办的“全球化与金融风险管理”研讨会。该论坛由中国人民大学主办，协办单位有中国银行业协会、中国保险学会、卓凡同策科技发展公司。

加强中外保险教育合作　7月，由中国保险学会、美国通用科隆再保险公司和对外经济贸易大学联合开办的“中美高级保险培训及信息中心”第二期培训班结业，该中心主要为高、中层保险管理人员提供精算、核保、投资理财和再保险四门课程的学习。建设保险理论队伍　5月29日，由中国保险学会《保险研究》编辑部主办、林肯国民（中国）股份有限公司北京代表处和中国人寿保险公司云南省分公司协办的保险理论研讨会，将国内多家公司的部分员工汇集昆明，采取“以会代训”的方式，传播保险知识，建设保险理论队伍。

（特约编委：潘履孚，特约编辑、特约撰稿：万里虹）

中国土地估价师协会

【概况】　中国土地估价师协会经原国家土地管理局批准、民政部审核登记，于1994年5月在北京正式成立。现业务主管部门为中华人民共和国国土资源部，同时接受中华人民共和国民政部的监督管理。中国土地估价师协会是以联合全国土地估价人员和中介机构为主要成员的全国非赢利性的土地估价自律性社会团体法人，以遵守国家法律和政策法规；遵守土地估价职业道德；维护全体会员的合法权益；促进土地估价事业的发展，为社会主义市场经济服务为宗旨。土地估价师协会在成立之初拥有团体会员53个，其中A级机构25个，B级机构28个。当时全国经考试取得土地估价师资格的仅有3000人，现在中国土地估价师协会有团体会员单位200个，其中A级估价机构114个；B级机构86个。全国经考试取得执业资格的土地估价师已达16000人。目前土地估价师协会内设机构有办公室、培训部、咨询部、对外交流与联络部、专业技术部等。中国土地估价师协会第一届理事会会长：王先进；副会长：马克伟、林增杰、袁征、黄小虎；秘书长：张瑜。1999年5月在北京举行了第二届全体会员代表大会，换届选举产生了新的领导，会长：刘文甲；副会长：袁征、陈永申、向洪宜、高向军、张瑜；秘书长：秦海荣。

【主要职能】　中国土地估价师协会的主要职能包括：维护会员的合法权益，保障土地估价师依法执业，代表会员向有关部门进行申述；负责会员的管理及组织联络，沟通会员间的联系；对会员的职业道德和执业纪律进行检查监督，对违反规定的给予处分；组织土地估价理论、方法和政策的研究与交流，制定协会土地估价技术指南；组织会员的业务培训，受托负责土地估价师继续教育；向主管部门推荐优秀团体会员参加评估机构资质等级评审，推荐优秀个人会员参加资质评审工作；受理土地估价业务活动中发生的纠纷调解和裁定，向业务主管部门提出违规执业者的制裁建议，代表会员向有关部门进行申述；编辑出版土地估价书刊、资料，提供土地估价信息；加强与国内相关组织的合作；开展国际间的业务交流，经批准代表土地估价行业参加国际组织、签定合作协议；建立与地方土地估价师协会的经常联系并协同开展工作；承办业务主管部门技术性、事务性工作；接受业务主管部门委托，制定行业管理规章，实施土地估价行业管理。

【业务工作】　2000年，协会主要进行了以下工作：年初，协会在京召开了第二届常务理事会，明确提出了以土地估价师培训为突破口，以土地估价师继续教育为龙头开展扎实有效的服务活动，以此来推动协会工作。5月协会在福建省厦门市举办了以农用地价格评估和土地他项权利估价为主要内容的高级研讨班，期间有87个单位的140余人参加了研讨。8月，协会在山西忻州地区举办了以土地评估中出现的新问题及如何提高土地评估报告质量为基本内容的培训班，该班共有24个省（区、市）130余名执业土地估价师接受了培训，从而达到了广泛交流、共同提高的目的。7月，亚洲房地产学会第五届年会在北京召开。协会作为协办单位之一，我们珍惜并利用这次机会，先后举办了以《土地制度与政策》为主题的论坛和以《企业改制中的国有土地资产处置问题》、《土地管理》为题目的两个专题讨论会。为了加大中国土地制度与政策的宣传力度、扩大国土资源部及其职能在国际上的影响，协会先后邀请了国土资源部领导、业内及理论界、法律界专家到会作了精彩的演讲，向大会组委会推荐论文28篇，组织出席会议的代表近40人。11月前后，协会配合土地利用管理司围绕土地估价师资格考试作了大量事务性工作，确保了考试的严格、公正。在此期间，协会共组织监考人员63人，其中代表行政主管机关的主考官37人，协调各省（区、市）辅助考官26名。还组建由业内专家、大专院校老师等组成的讲师团在京举办了一期考前培训班，以解决部分省份缺乏辅导师资的问题，并借此机会建立协会的人才储备库和智囊团。此外，协会在2000年度还先后组织了两个出访考察培训团，均取得了圆满成功，不但学到了境外同行业的先进经验、扩大了联系，且为今后的长期合作奠定了良好基础。2000年，协会还修订和完善了内部管理制度，先后编印了十期《中国土地估价师通讯》，努力搞好为行政机关和中介机构会员的两个服务。

（特约编委：秦海荣，特约撰稿：骆平力）

北京注册会计师协会

【概况】　北京注册会计师协会是北京地区注册会计师组成的社会团体，成立于1993年5月，并于1997年8月同北京注册审计师协会实现联合。协会的组织机构有：会员代表大会、理事会、常务理事会、秘书处、注册会计师考试委员会、纪律委员会、专业指导委员会、培训专家咨询组。其中秘书处为本会常设办事机构，由秘书长主持日常工作，机构设置为“七部一室两中心”，即综合部、注册部、监管部、考试部、培训部、财务部、行政部、办公室、人才服务中心、信息中心。协会主要领导成员有：会长程显华；秘书长李士松；副秘书长吕国祥、孙燕红、孙立文。秘书处专职工作人员为27人。

【职能】　协会的宗旨是：服务、监督、管理、协调。主要职责有：审批、管理本会会员；办理注册会计师注册、事务所审批；贯彻、制定专业标准并监督其执业情况；组织专业培训和全国注册会计师统一考试；协调同政府部门和企业的关系；促进对外交流等。

【业务工作】　截至2000年12月31日，协会所属会计师事务所138家，注册会计师2471人，各会计师事务所实现当年业务收入为5.41亿元。协会2000年完成的主要工作如下：1、认真组织开展2000年度业务检查。修订、完善《协会业务检查制度》及业务检查工作底稿，制定了2000年业务检查工作计划，组建首届检查员队伍20人，制定了检查员制度，下发检查通知，明确检查重点。截至8月16日，完成对29家事务所的外勤检查，形成检查报告；9月5日，会同专业指导委员会对检查报告复审。10月23日，向中国注协正式报送了业务检查报告。此次共抽查法定业务报告374份，其中合格报告250份，不合格报告124份，合格率为67%。根据检查结果，对存在质量问题的事务所予以通报批评。2、加强行业注册管理。办理注册会计师考试全科合格人员入会及新批注册会计师审核工作，共有558人加入协会成为非执业会员，341人获得执业注册会计师资格；完成本年度138家事务所、2240名注册会计师的年检工作，并在9月27日《北京日报》上予以公告、准予执业；10月20日—27日，完成本年度非执业会员年检，共有2000余人参加了年检。3、力促行业合并重组。为迎接会计市场开放挑战，推动行业结构升级，经财政部、北京市财政局批准，共有永拓、京都等10家事务所完成了合并，形成了一批竞争实力强、业务多元化、跨地区联合并在全国具有一定影响力的大型事务所。4、抓好后续教育，提高队伍素质。举办形式多样、内容新颖的各类培训班。紧跟形势，满足需求，先后举办了《外商投资企业年度会计报表审计》相关法规政策讲座班、《会计法》内部师资培训班、管理咨询及会计报表分析讲座、法律责任讲座、计算机环境下的审计讲座、上岗培训、《会计法》和WTO有关服务贸易相关知识讲座及国有企业改制、基本建设审计相关内容师资培训班；为在行业内加快培养一批高级专业人员，协会与首都经济贸易大学于共同举办"注册会计师研究生课程进修班"，该班于6月2日正式开课。5、圆满完成2000年度注册会计师考试组织工作。考试报名于3月6日至3月25日进行。为提高效率，实现了考试报名工作的计算机管理。2000年考生报名人数逾41000人，辅导班报名25000科次，9月15日到9月17日，考试统一进行，各项组织工作顺利完成；6月18日组织完成了第三届证券期货及相关资格北京地区考试工作，全国各省市的1200多名考生参加了考试。6、加强财务管理，深入开展财务检查。从8月份开始，共对15家事务所进行了财务检查，检查重点为业务收入是否属实及会计基础工作是否合规。通过检查，对部分存在问题的事务所提出了整改意见。7、实施注册会计师职业责任保险。为合理防范执业风险，协会积极开展职业责任保险调查研究，并与中国人民保险公司北京分公司达成合作意向，双方于12月27日签署《注册会计师职业责任保险合作协议书》，首批共有20家事务所投保。8、完成行业重点调研课题。协会承担的中注协行业重点调研课题—《中国会计师事务所扩大规模的方式和途径》按计划于1月31日上报中注协，并获中注协专家评审小组一致通过。9、扩大宣传、增进交流。多形式、多渠道宣传注册会计师行业。参加了市计委、《中国财经报—财会世界》举办的大型画册宣传活动，并向《中国证券业年鉴》、《财政年鉴》、《会计年鉴》、《北京年鉴》编辑部分别报送了协会1999年主要工作情况，积极扩大行业的社会影响；按季发行《北京注册会计师》会刊四期，增刊一期；设计完成了协会会标、名片，加强了协会形象宣传；积极开展同行间交流。先后接待了捷安国际会计公司、西藏自治区注协考察团的来访，并赴浙江、上海注协进行了考察，对行业发展中的有关问题积极开展同行间交流。10、促进行业人才交流，积极开展人才服务。根据部分事务所提出的人才市场需求，协会于8月10日在《北京晚报》上发布求职服务广告，为事务所与社会财会人才牵线搭桥；在征求市劳动局和部分事务所意见的基础上，编制完成事务所劳动合同样本，便于事务所规范劳动用工管理。11、加强行业党建工作。随着事务所脱钩改制工作的完成，行业党建工作的重要性日益突出。为此协会积极做好党委筹备工作，并批复17家事务所建立党支部，人才中心累计接受党员组织关系已达213份。12、组织开展北京市清理整顿经济鉴证类社会中介机构工作。按照国务院清理整顿办公室的统一要求和部署，北京市于2000年4月19日成立了"北京市政府清理整顿经济鉴证类社会中介机构领导小组"，翟鸿祥副市长任组长，成员由市计委等9个综合部门的负责同志组成。领导小组下设办公室，办公室设在协会。改制期间，领导小组多次召开会议，传达国务院清理整顿经济鉴证类社会中介机构的政策精神，研究确定了本市清理整顿各阶段工作方案。市清办多次出面与有关部门协调，促其加快改制步伐，并在《中国财经报》等报刊上刊登了清理整顿的宣传材料，以扩大这项工作的社会影响。至2000年底，各单位所属中介机构改制工作总体进展良好，其中市国税局、市司法局所属中介机构的脱钩改制工作已基本完成。

（特约编辑：李士松，特约撰稿：汪宁）

山西省证券业协会

【概况】 山西省证券业协会于1997年3月经山西省民政厅批准注册登记，于1999年2月正式成立。协会是山西辖区证券行业自愿结成的具有社团法人资格的非盈利性的自律组织。协会现有26个团体会员和82名个人会员。协会的最高权力机构是会员大会，协会理事会是会员大会闭会期间的常设权力机构和执行机构，由28名理事组成。协会常务理事会是协会的最高决策议事机构，由12名常务理事组成。协会设秘书处，为协会的常设办事机构。协会由申志杰同志兼任会长，主持协会的常务工作，同时也是协会的法定代表人。协会有六位副会长，均为兼职。协会秘书长孙春生，负责主持协会和秘书处的日常工作。

【职能】 山西省证券业协会的宗旨是：团结省内证券经营机构和中介组织，贯彻执行国家法律、法规及业务主管部门有关证券工作的方针、政策，共同制定行业自律公约和从业行为守则，加强自律管理，竭诚为会员服务，维护会员合法权益，组织和开展证券业务活动，在证券监管部门、地方有关部门和证券经营机构之间发挥桥梁和纽带作用，促进山西辖区证券市场规范而稳健地发展。协会的主要职责有五个方面：(1)根据国家及证券监管部门的有关规定，制定行业行为守则和自律管理公约，配合证券监管部门加强对本行业的管理；(2)协调证券业与有关部门和其他行业的关系，协调会员之间的关系，调解会员之间、会员与客户之间的纠纷；(3)代表会员的共同利益，向地方政府及有关部门集中反映会员的意见和建议，对会员的投诉进行调查和处理，维护和保障会员的合法权益，为会员创造一个宽松、公平的经营发展环境；(4)组织有关证券市场方面的学术报告和市场考察活动，开展证券理论、业务的研究、开发工作，收集、整理、综合国内外证券行业信息，编辑印发证券业务内部资料，加强人员培训、业务交流，进行对外联络、交往与合作，提高从业人员的业务技能和管理水平；(5)监督、检查会员的从业行为，对违反协会章程、自律公约和从业守则的按规定给予处理，对违反法律、法规及规章而需追究行政责任或刑事责任的移交主管机关或司法机关予以处理。

【业务工作】 山西省证券业协会近两年的主要工作是夯实基础，加强自律，搞好服务。具体做了以下几个方面的工作：一是制定规章制度，开展自律管理。协会把制度作为自律的保证，非常重视并大力加强规章制度建设。在协会成立前后，对《章程》就作过反复讨论，认真修订。随后，根据情况变化，在1999年9月的协会一届二次理事会上又对《章程》再次进行了修改，对协会的性质、宗旨、职责、机构、经费及会员的范围、权利、义务等均作了明确且可行的规定。同时，为了切实加强证券业自律管理，规范会员从业行为，保障会员合法权益，维护证券市场正常秩序，促进证券市场健康发展，根据《章程》有关规定，制定并经协会一届二次理事会讨论通过，公布实施了《山西省证券业协会自律公约》和《山西省证券从业人员行为守则》，在证券业自律管理方面迈出了坚实的一步。根据会员的反映，针对省城太原证券营业部较多，而且存在收费悬殊等恶性竞争的实际，为了体现公平交易，促进平等竞争，协会于1999年9月统一制定了《省城证券营业部收费标准暂行规定》，并严格予以执行，从而抑制了辖区证券市场上一度比较混乱的收费秩序，进一步规范了证券营业部的经营行为。二是组织业务活动，提供优质服务。协会本着讲求实效、竭诚服务的原则，先后组织开展了业务研讨、工作交流、评比表彰等方面的活动。如1999年的证券经营工作交流会，2000年的证券经纪业务研讨会、优秀证券营业部和模范证券从业人员表彰会，对缩小差距，防范风险，规范运作，良性发展，全面提高证券经营机构的经营管理水平起到了积极的作用。同时，在调解会员单位与有关部门的关系，维护和保障会员的合法权益方面也进行了有益的探索，发挥了积极的作用。特别是2000年年初，山西省地方税务局发文要求各地地税局从1997年1月1日起对股民资金帐户利息所得征收个人所得税，并要求各证券经营机构代扣代交。此事在证券行业反应强烈，纷纷要求协会出面协调处理。协会经过半年多的交涉和调解，解决了利息税起征时间问题。三是组建办事机构，打好工作基础。协会秘书处作为常设办事机构，为了更好地为会员服务，切实加强自律管理，按照精简、效能的原则，招聘三名工作人员，开展日常工作。按照取之于会员、用之于会员的原则，向会员收取了一定的入会基金和会费，使协会工作有了较好的经济条件。此外，协会还集中会员的意见，制定了相应的工作制度和年度工作安排，为协会工作打下了一定的基础。

（特约编委：申志杰，特约编辑、特约撰稿：孙春生）

西安证券业协会

【概况】 西安证券业协会成立是于1994年9月成立的具有法人资格的社会团体，上级主管机关是中国证监会西安证管办。协会现有单位会员30个。协会设名誉会长1人，会长1人，副会长4人，理事10人，秘书长1人，日常办事机构为协会办公室，有工作人员4人。协会还聘请证券管理机关、西安市体改委、西安市人民银行等有关部门的领导同志为顾问。

【职能】 协会的职责是协助主管机关教育和组织会员认真执行国家有关证券的法律、法规和方针政策；制定会员应遵守的规则，加强自律管理，对证券从业人员组织培训；组织会员之间及国内外同业的交流，为会员提供服务；维护会员的合法权益，向主管机关反映会员的建议和合理要求；协调会员之间的关系，调解会员与客户之间的纠纷；开展有关证券市场发展运作及有关情况的调查研究；督促检查会员行为，对违反法律、法规或协会章程的行为，按照规定给予纪律处分。

【业务工作】 2000年，协会积极开展了各项活动。一、发动会员继续认真学习党和国家的各项方针政策。2000年协会继续发动和督促各会员单位认真学习党和国家的各项方针政策，认真学习“三个代表”的重要论述和关于实施西部大开发的重要讲话，通过学习，促进了各会员单位和证券从业人员提高和加深了对中央关于推进改革和发展的一系列方针政策的理解，认识了实施西部大开发战略的意义。此外，协会还召开了“发展西安证券市场，支持西部大开发”座谈会。二、继续加强行业自律管理。2000年协会发动会员继续学习、宣传、贯彻《证券法》和国家有关规范发展证券市场的方针政策。在《证券法》施行一周年之际，发动会员结合实际，认真对照检查一年来遵守《证券法》的情况。督促会员单位和证券从业人员继续认真遵守中国证券业协会公布的“会员公约”、“证券从业人员行为守则”及协会所定“会员自律公约”。协会还采用召开座谈会、重点检查等形式继续对证券经营机构会员自律管理和收取佣金等情况进行了解，促进会员严格自律。三、开展证券文化宣传活动。协会举办了“宣扬证券业文化，展示证券业形象”演讲比赛。通过展示我国证券市场十年来发展的成就，回顾本单位发展的经历，激发证券业职工为本单位和证券市场的发展多做贡献的积极性，加强了精神文明建设。四、协会根据我国的经济形势和证券市场的新发展，与会员单位联合举办了“证券市场形势分析报告会”。五、继续开展和国内外同业的交流，2000年继续与20多个省市协会保持联系，进行工作和有关资料的交流。继组团赴美国、东南亚国家考察学习及与韩国证券业协会相互访问交流后，2000年上半年又和厦门证券业协会来西安的同志进行了工作交流，9月参加了由厦门市证券业协会主办的全国地方证券业协会联谊会。此外，协会在7月份与省贸保会一起接待了台湾证券业协会代表团的来访。通过与国内外同业的交流，取得了有益的经验。六、按照证券监管机关的委托和要求，几年来对西安地区的证券从业人员进行了较系统的业务培训，对部分证券投资者进行了培训。及时向领导机关汇报在2000年全国证券从业人员资格考试准备过程中反映的情况，为部分参考人员解决书籍等资料，帮其积极做好考前的学习和准备工作。七、组织文体活动。几年来先后举办了西安证券业文艺汇演、乒乓球、足球比赛。2000年先后又举办了足球和羽毛球比赛，活跃了证券业职工文化生活。

（特约编委：薛文石，特约编辑：王宏斌，特约撰稿：单印民）

海南证券商协会

【概况】 海南证券商协会于1995年6月在海南省民政厅注册成立，是海南券商的行业自律组织，是具有法人资格的社会团体。协会实行团体会员制，在海南省依法设立的36家证券交易营业部均为海南证券商协会会员。会员大会为协会的最高权力机构。海南证券商协会设理事会，由理事会成员单位选派代表组成。1997年海南证券商协会加强了自身的机构建设，增设了协会秘书处。

【职能】 海南证券商协会的宗旨是：贯彻国家和海南省有关证券的法律、法规，制定行业行为守则，促进证券商提高业务水平，加强证券商的自律管理。维护会员的合法权益，竭诚为证券商服务，发挥政府与证券商之间的桥梁和纽带作用。促进海南证券市场的健康发展。协会的职能是：根据国家和海南省有关证券的法律、法规以及证券管理的有关政策规定，共同制订行业行为守则和职业道德规范，制订、执行自律性管理规章，配合证券管理部门加强行业管理；促进主管机关与会员之间的信息沟通，增进证券商与主管机关及相关业务部门的相互了解与合作，为会员的业务开拓提供积极的帮助；代表会员的共同利益，向政府及有关管理部门反映会员的意见和建议，并协助解决问题，维护会员的合法权益；协助证券主管部门开展有关证券市场方面的学术报告会、市场考察活动及中外合作交流等。对券商的发展提出意见和建议；搜集、整理国内外证券市场信息，向会员提供咨询服务，编辑和出版有关证券业务的书籍和内部资料；组织行业人才培训和从业人员资格审查、出境考察和业务交流，提高从业人员的业务技能和管理水平；负责本行业的对外联络及国际间的交往与合作；开展其他符合协会宗旨的活动；开展主管机关要求或批准的其他活动。

【业务工作】 2000年海南省证券商协会克服地位不明确等不利因素，充实了协会秘书处工作人员，充分发挥监管机关和会员之间的桥梁和纽带作用，向监管机关提出会员单位的意见和建议；搜集、整理证券市场信息，向会员单位提供咨询服务；做好与中国证券业协会的沟通与信息反馈工作，加强与其他兄弟省市地方证券业协会的联系与信息交流；组织全体会员开展羽毛球、乒乓球赛等多种健康向上的文体活动。

（特约编委：尹怀安，特约编辑：邢力红，特约撰稿：邹晓晖）

天津证券业协会

【概况】 天津市证券业协会是经中国人民银行天津市分行同意，经天津社团管理机关登记注册，于1994年12月28日成立的地方证券行业自律组织，为会员制社团法人。协会会员为经批 准在天津依法从事证券经营及证券相关业务的机构，现有会员64家，涵盖天津市97家证券营业部。

【职能】 按照天津市证券业协会第二次会员大会讨论通过的《章程》规定，主要职责有：1、制定行业自律规章、行业行为准则和规范，进行自律管理；2、沟通协调证券业与有关部门、相关行业的关系；调解会员之间以及会员与投资之间的纠纷；3、代表会员的共同利益，积极争取和维护会员合法权益，反映会员的意见和建议；4、组织有关证券市场的理论研究和业务开发工作，开展有关学术交流活动；5、收集、整理国内外证券市场信息，开展证券业人员的业务培训；6、代表本行业开展对外联络，组织对内对外交流活动；7、对违反协会章程、规则的会员或从业人员进行处分，或就会员的违法、违纪问题建议有关部门予以处罚等。

【业务工作】 2000年天津市证券业协会主要开展了以下几项工作：

开展业务交流活动 1、为配合证券公司新的会计制度的实施，研究、探讨证券经营机构在财务会计工作中的一些实际问题，协会于5月13日举办了19家会员单位财务经理参加的财务工作经验交流会。会上，天津证券、天津信托、南方证券天津分公司和申银万国佟楼营业部的同志分别就证券公司一级法人单位的财务管理、信托公司证券部的财务工作、分公司级管理机构的财务管理和营业部基层财务工作四方面作了重点发言，并围饶证券机构的会计科目处理、税务工作等方面进行了探讨。2、天津的证券经营机构较多，交易量排名在全国比较落后，这其中虽有地方经济发展的制约因素，但券商如何改善经营是长期探讨的活动。6月23日，协会组织部分会员代表参观了华夏证券北京东四营业部。该营业部是我国较早成立的营业部之一，不论在成交量、利润方面还是在规范经营、企业信誉、市场形象方面都取得了优秀的成绩。通过参观和座谈，代表们对该营业部的历史、各项业务发展、管理机制进行了了解，为天津券商学习外地券商的成功经验提供了良好的机会。3、为了解各地证券业协会的工作动态，学习各地协会为券商服务的经验，协会派人参加了九月下旬在厦门召开的全国地方证券业协会联谊会。

开展业务讲座活动 2000年协会进行了两次讲座活动：1、为加强法制观念，提高证券从业人员的自觉守法意识，协会于8月22日邀请天津市检察院二分院的同志进行了有关金融领域经济犯罪的专题讲座。各会员单位的负责人和员工共100多人参加。2、11月23日，协会又邀请天津市信息化工作领导小组办公室同志主讲了“天津信息化建议的‘十五’设想与电子商务的基本情况”专题讲座，重点讲解信息技术 、电子商务在金融领域的应用及发展展望，使证券经营人员普及了电子商务知识，拓宽了业务思路。

开展群众性的体育比赛 9月9日，协会组织会员进行了一天的乒乓球团体比赛。此次活动受到会员单位的热烈欢迎和广泛参加。协会会员单位及市证管办共30多个代表队100多位运动员参加了比赛，增进了会员单位之间的了解。

与各种媒体进行合作 协会与《天津证券》报共同举办“我与中国证券市场同成长”征文大奖赛，参加了获奖文章的评选工作，此次活动受到各界人士广泛支持，对天津证券市场发展起到了积极的作用。

开展出访活动 为加强对国际金融证券市场的了解，便于与国外证券机构交流，了解最新业务动态，及时进行业务创新，协会每年均组织一次出国考察活动，

协会的日常性工作 每月一次进行会员单位业务数据的统计、整理、排序、分析工作；每月一次进行《协会通讯》的编印工作。这些工作为会员单位了解政策信息、介绍同行业的最新动态 为领导决策起到了参考作用。

（特约编委：窦汝广，特约编辑、特约撰稿：初乃祯）

新疆证券业协会

【概况】 新疆证券业协会成立于1998年7月16日，是新疆证券业自律性管理组织，具有社团法人资格。协会的最高权力机关为会员代表大会，协会设理事会。2000年12月进行换届改选，选举产生了第二届理事会、会长、副会长等。会长：王宏；副会长：刘东、张栋、张新、马雍全、伍星星；秘书长：唐明；副秘书长：樊文亮、陈亮、张全志、李树林；协会还选举了名誉会长王友三、伍成，顾问：全秉中。截止2000年底，会员单位共四十六家，其中包括证券公司二家；兼营证券业务的信托投资公司二家；证券营业部二十九家；上市公司六家；拟上市公司二家；其它中介机构六家。

【职能】 协助证券监督管理机构教育和组织会员执行证券法律、行政法规；依法维护会员的合法权益，向证券监督管理机构反映会员的建议和要求；收集整理证券信息，为会员提供服务；制定会员应遵守的规则，组织会员单位从业人员的业务培训，开展会员间的业务交流；对会员之间、会员与客户之间发生的纠纷进行调解；组织会员就证券业的发展、运作及有关内容进行研究；监督、检查会员行为，对违反法律、行政法规或者协会章程的，按照规定给予纪律处分。

【业务工作】 1、加强行业自律。针对新疆一些证券经营机构间的恶性竞争现象，制定并实施了《自律准则》，维护了公平竞争的市场环境和秩序，同时也维护了新疆证券业的共同利益。据各证券营业部自查上报统计，实施《自律准则》后，全行业每月可减少因减费造成的损失80余万元。2、依法维护会员单位的合法权益。对会员单位反映的证券营业部电话委托中继线收费大幅提价的问题，经过调查研究，向自治区物价局与乌鲁木齐电信局反映和交涉，使收费过高问题得到了合理解决。个别会员单位发生涉讼案件，在接受执法部门调查的过程中，协会本着正确区分“违法与违规的界线”、“《证券法》颁布实施前与实施后的界线”的原则，提出了合理建议，使有关案件得到了公正的裁决，既维护了法律的严肃性，又保护了会员单位的利益。3、积极组织业务考察交流活动。为提高辖区证券经营机构的经营管理水平，促进会员单位开阔视野、更新观念，协会

组织了多种业务交流活动。包括：组织证券经营机构赴沪深证券市场参观学习；组织会员单位赴东部沿海地区、新加坡、香港地区考察；举办"天山之秋金新论坛""新疆首届风险投资研讨会"等研讨活动，请全国著名专家、学者来疆讲学。同时，协会也在人力、财力比较困难的条件下，安排接待了区外一些协会组团来辖区进行的考察活动。4、服务会员，丰富文化生活。努力办好《新疆证券业通讯》，及时传递业内信息；尝试性开展咨询工作，为会员单位服务；举办新春联欢会，迎国庆五十周年篮球赛，使会员单位加强交流，增进了解。5、开展评选"优秀证券营业部"和争创"青年文明号"活动，对评出的优秀单位进行了挂牌表彰，并在《新疆证券业通讯》上刊登了先进事迹和倡议书。6、深入开展"证券法宣传年活动"。组织宣传车进行街头宣传、《证券法》专题报告会、学习《证券法》座谈会等多种形式的宣传活动，使《证券法》日益深入人心。

（新疆证券业协会秘书处）

黑龙江省证券业协会

【概况】 黑龙江省证券业协会成立于1995年，1999年9月按照《证券法》的有关要求重新规范改组成立。协会的最高权力机构是会员大会，会员大会每届二年。协会设理事会，理事会是会员大会的执行机构，在闭会期间领导协会开展日常工作，理事会由若干名理事组成。协会设会长一名，副会长二至四名，由理事会选举产生，协会会长为协会法定代表人。协会设秘书长一人，负责日常工作，副秘书长一至二人，协助秘书长工作。协会内部机构的设置由秘书长提请理事会决定。协会会长为丁若鹏，副会长为曹殿义、张云琦、刘成，秘书长为静洁，副秘书长为杜进。

【职能】 协会的职能包括：协助监管机构教育和组织会员执行证券法律、法规；维护会员的合法权益，向监管机构反映会员经营活动中的问题、建议和要求；对会员之间、会员与客户之间发生的纠纷进行调解；根据主管单位的授权，组织证券从业人员资格培训，提高从业人员的业务技能和管理水平；收集、整理证券信息，编辑出版有关刊物，为会员提供服务；制定会员应遵守的规则，监督检查会员行为。对违反自律规则及协会章程的会员，根据规定给予处罚；组织会员就证券市场发展、运作及有关内容进行研究、交流；总结交流会员管理经验，开展会员间的业务交流及证券业的民间国内外交流；监管机构赋予的其他职责。

【业务工作】 1、开展研讨会。请国内著名专家、学者讲学，就证券市场发展、经济形势分析等举行专题讲座。2、交流活动。组织协会会员到管理好、效益高的营业部和地区参观学习。为会员提供出访方面的服务，组织部分会员赴欧洲考察证券市场。通过对德、法等欧洲发达国家证券市场监管构架、运作体系、交易情况的考察，使会员了解到先进的生产力和科学的组织管理，开阔了视野。3、收集信息。编辑创办了协会会刊《黑龙江证券业》，与中国证券业协会、各兄弟省市证券业协会进行了刊物、信息等方面的交流。协会与厦门等地方协会结为友好协会，开展两地会员间的访问交流。4、进行培训。协会聘请高水平的专业教师，开办证券知识辅导班，督促证券营业部实施强化学习、训练，圆满完成了第二届证券从业人员资格考试相关工作。 （特约编委：丁若鹏，特约编辑、特约撰稿：赵东方）

武汉证券业协会

【概况】 武汉证券业协会于1999年10月份由原湖北省证券业协会和武汉市证券业协会合并成立的。协会有会员单位61家，设理事长1名，副理事长2名，常务理事11名，理事27名。协会的常设机构为秘书处，设秘书长1名，副秘书长2名。秘书处工作人员4名，负责协会的日常工作。

【职能】 武汉证券业协会的宗旨是：自觉遵守中华人民共和国宪法、法律、法规和国家政策，加强行业自律管理，维护证券市场公开、公平、公正和诚实信用原则；加强会员之间的交流协作，保护会员的合法权益和社会公共利益；发挥会员与主管部门及异地同行业之间的桥梁纽带作用，促进证券市场健康发展。协会的职能是：协助证券主管部门教育和组织会员执行证券法律、行政法规；根据宪法、法律、法规和国家政策，制定本行业共同遵守的行为准则、职业道德规范等自律管理规章，积极配合证券监管部门加强行业和从业人员自律管理；维护会员的合法权益，保障会员的正当利益，正确、及时地向有关部门反映本行业的重大问题，并提出相应的建议；对会员之间、会员与客户之间发生的纠纷进行调解；收集、整理国内外证券市场信息，编辑出版有关本行业的内部资料和书籍刊物，向会员提供咨询服务；组织开展有关证券市场的理论研究与业务开发的学术交流活动；组织会员单位的从业人员培训，提高从业人员的职业道德、业务技能和管理水平；监督、检查会员行为，对遵纪守法、自觉履行会员义务、成绩显著的会员及从业人员进行表彰、奖励，对违反协会章程或规则的会员及从业人员进行处分，对会员的其他违法违纪行为，向有关部门提出处罚建议；开展符合协会宗旨及证券主管部门批准、委托的其他活动。

【业务工作】 2000年武汉证券业协会的主要工作包括：1、编辑和出版了多期《武汉证券业协会通讯》。《通讯》设置了管理动态、协会动态、政策园地、文件汇编、会员天地等栏目，注重及时收集各类证券信息。为会员与会员之间、会员与监管部门之间的沟通和交流起到了桥梁和纽带的作用。2、按照中共中央金融工作委员会、教育部和国家语言文字工作委员会关于加强金融系统语言文字规范化工作通知的精神，2000年9月3日至9月7日，组织广大会员单位进行了推广普通话宣传周活动，为在证券行业推广普通话起到了促进作用。3、配合中国证监会举行的证券从业人员资格考试，举办考前辅导班。一方面使会员单位的员工能进行较系统的考前复习，在一定程度上保证了考试质量；另一方面也为从业人员提供了一次夯实证券基础知识，提高自身素质的好机会。4、举办武汉证券业协会2000年"证券杯"网球比赛。5、组织开展"树行业新风、创文明窗口"的评选优秀证券营业部活动。评选了10家优秀营业部，促进了行业自律，为会员之间的有序竞争创造了条件。6、组织参加了2000年9月在厦门举行的全国地方证券业协会联谊会。加强了与其他地方证券业协会之间的联系，通过交换内部刊物、内部信息等形式，增进了交流，加深了了解。7、成功组织有关会员单位赴欧洲考察证券市场。在协会的组织下，代表团到英国、法国等地考察了西欧证券市场的运行方式、自律管理和监管模式，学习了西欧证券市场优秀的管理经验。8、继续充分发挥咨询委员会的作用，解决会员与会员之间、会员与客户之间的纠纷。9、为会员单位提供有关法律、证券业务和计算机业务方面的咨询意见，保障会员单位的合法权益。

（特约编委：黄湘平，特约编辑、特约撰稿：周军）

甘肃证券业联席会

【概况】 兰州辖区目前没有证券业协会。为了方便工作，加强联系，2000年12月30日，辖区29家证券期货经营机构以及甘肃证券登记公司等组成的兰州辖区证券、期货公司并证券期货营业部总经理联席会成立。联席会办公地点设在华龙证券有限责任公司总部，现有工作人员两名。联席会成立大会暨第一届年会选举出第一届执委会。大会选举华龙证券有限责任公司总裁雷原为会长，甘肃证券有限责任公司副总经理于定卫为副会长，华龙证券有限责任公司财务总经理王建国为秘书长，甘肃省信托投资公司总经理王志杰、国泰君安兰州西固营业部副总经理李咏涛、华夏证券兰州营业部副总经理宋少平、甘肃证券有限责任公司办公室主任曹子超等四位同志为执委会委员。大会讨论修改并通过了《联席会章程》、《联席会会员自律公约》、《联席会会员管理办法》、《联席会会费缴纳办法》等文件。

【职能】 联席会的宗旨是：依照国家法律、法规和有关证券市场的方针政策，实行自律性管理；维护会员的合法权益，加强会员自律意识，促进券商、监管机构、投资者三者之间的沟通、联系，积极发挥桥梁和纽带作用；维护投资者的合法权益，维护证券市场的公开、公平、公正，促进证券市场的健康稳定发展。（特约编委：马才斌，特约编辑：方向瑜、刘洪斌，特约撰稿：雷东平）

江西省证券业协会

【概况】 江西省证券业协会是江西省证券期货经营机构和从事证券、期货业务的中介服务机构依法自行设立的自律性组织，具有社团法人资格，成立于1995年12月8日。创始会员为34名，现有会员53名，其中本年度新增会员1名，即福建省闽发证券有限公司南昌中山路证券营业部。协会理事会有会长1名，副会长8名，理事9名。协会下设秘书处，为协会的具体办事机构，有工作人员6名。协会制定了《江西省证券业协会章程》和《江西省证券协会公平竞争公约》（以下简称《公约》），还设有财务监督管理委员会。

【职能】 主要职能是：根据法律规定，制定自律性管理的章程或规则，加强行业自律管理；协调证券、期货业与其他行业的关系；维护会员的合法权益，反映会员愿望和要求，为会员提供必要的服务；协调会员之间、本行业与政府主管部门之间的关系，依照法规和本协会章程及《公约》，调解会员间的纠纷；监督、检查会员行为，对违反协会《章程》或《公约》的行为，按规定进行处罚，对违反法规的，建议主管机关或有关部门予以处分；收集、整理有关证券、期货业的信息，进行统计分析，向会员提供信息、咨询服务；就证券、期货业的重大问题向主管机关提出建议或报告；组织证券、期货从业人员培训和业务交流，提高从业人员的技能和管理水平；接受主管机关及其他有关部门委托办理的事宜等。

【业务工作】 1、协助有关部门组织辖区内证券、期货从业人员参考和巡考，并完成了参考人员的资格审查和证书的发放工作。2、举办了证券、期货从业人员资格考试培训班，邀请上海财经大学教授讲课，收到较好效果。3、协会秘书处派员学习考察了上海、厦门等证券业协会，并参加全国地方证券业协会联席会，和兄弟省、市、区证券业协会进行了交流。4、开展优秀证券营业部、优秀部门经理、优秀从业人员和证券、期货优秀论文的组织评选工作。先后收到各单位推荐的优秀营业部11家，优秀部门经理23人，优秀从业人员30，优秀论文9篇。经协会秘书处进行资格审查、考察、初步评选，并经评审小组讨论，最后报经协会理事会研究审批通过。对荣获优秀营业部、优秀部门经理和优秀从业人员、优秀论文的作者，由协会通报表彰，并分别颁发了铜牌、证书。5、举办了“我与证券市场”演讲比赛，对获奖选手，由协会颁发了证书。（六）举办了“迎千禧、庆新春”联欢会。

（特约编委：何渭滨，特约编辑、特约撰稿：喻达志）

福建省证券业协会

【概况】 福建省证券业协会经福建省民政厅批准于1998年12月25日成立。会员有省内（不含厦门市，下同）各证券公司，信托投资公司所属证券部，外省证券公司在闽的证券营业部以及省内部份证券中介服务机构，至2000年底共有会员63人。

【职能】 福建省证券业协会的宗旨是：宣传、贯彻、执行《证券法》及党和国家的有关方针政策，在政府与证券经营机构之间起桥梁和纽带作用，依照国家有关法律、法规，按社团行为规范、独立开展活动，促进本省证券业的健康发展；加强证券业的自律管理，维护会员和投资者的合法权益。福建省证券业协会在中国证监会福州特派办的领导下开展各项业务工作，其主要职责是组织会员学习贯彻执行证券法律、行政法规；维护会员的合法权益，向证券监管机构反映会员的建议和要求；收集信息，为会员提供服务；组织会员开展业务培训和业务交流；对会员之间，会员与客户之间发生的纠纷进行调解；对本省证券业的发展进行研究，以及证券监管部门交办的各项工作。

【业务工作】 协会成立至2000年底主要做了以下几项工作：1、采取多种形式组织会员学习、宣传、贯彻执行《证券法》。协会组织会员单位，各证券营业部认真学习《证券法》，并进行专题讲座，上街宣传，领导访谈，知识竞赛和文艺节目等形式广泛宣传、深入贯彻《证券法》。2、在全省各证券营业部开展以“依法经营、规范发展、优质服务、良好业绩”为内容的创建文明营业部活动。3、举办各种专题讲座或研讨会，先后举办过《证券法》专题讲座；证券经纪业务研讨会；加入WTO对本省经济的影响及其对策措施研讨会；协助有关部门举办二板市场专题讲座。4、开展调查研究：先后完成福建省证券经营机构调查报告；福建省证券市场“返佣”情况调查和福建省证券市场集中申购新股情况调查。5、协调处理会员与证券投资者之间的纠纷。如福州某股民多次投诉某证券营业部盗卖其股票，经协会调查了解，系该营业部电脑故障所致，经解释且已纠正，未造成经济损失。6、创办协会会刊《八闽证券》，每月一期至2000年底已出版20期，对有关证券的理论研究、热点问题探讨，业内经验交流等发挥了重要作用。每月还公布了全省证券营业部的交易情况。7、进行业务交流，两次组织会员单位负责人到6个兄弟省市参观学习，业务交流以及与近20个省市的协会交换会刊。8、开展各种文化，体育活动。

（特约编委：魏书松，特约编辑：黄宗福，特约撰稿：郑文辉）

深圳市证券业协会

【概况】 深圳市证券业协会前身是成立于1994年的深圳证券商协会，是具有独立社团法人资格的深圳市证券业行业性自律管理组织。协会的宗旨是：加强证券业的自律管理，促进证券业中介机构提高业务经营水平，维护会员的合法权益，在证券中介机构与政府之间发挥桥梁和纽带作用。目前协会的业务主管部门是深圳市证券管理办公室。协会的主要工作职责是制定行业自律性管理规章，配合证券管理部门加强行业管理，积极争取和维护会员的权益，协调会员之间及行业内的各种工作关系。协会实行的是团体会员制，会员大会是协会的最高权力机构，协会理事会是会员大会闭会期间的常设权力机构。理事会理事由理事单位推荐并经会员大会选举产生。会员大会由理事会组织召开，每年举行一次。协会设专职秘书长一人，协会工作实行理事会领导下的秘书长负责制。协会设立秘书处，秘书处是协会的日常工作机构，秘书处在秘书长的领导下开展工作。协会秘书处下设办公室、培训部、财务部、对外联络部、会员管理部等几个主要部门，同时主管深圳市证券业培训中心和《深圳证券市场年报》编辑部的工作。协会为非营利性组织，协会经费自行筹措和运用并自求平衡。在证券管理部门和社会各方的关心支持下，协会发展较为迅速，目前已发展成为拥有近百个会员的深圳市较大型社团组织。会员主要包括经批准在深圳市开展证券业务的证券经营机构、注册地在深圳的基金管理公司、外资证券机构深圳代表处及经中国证监会批准获得证券投资咨询业务资格的深圳专业咨询机构等。

【业务工作】 深圳市证券业协会自成立以来，在中国证监会深圳证管办的正确领导下，在加强深圳证券行业自律、增进深圳市证券行业内部沟通与交流、提高本市证券从业人员素质和促进深圳证券市场健康稳定发展方面发挥着重要而积极的作用。

继续开展深圳证券经营机构经营业绩年度统计排行工作　从2000年元月开始，深圳市证券业协会组织开展了1999年度深圳证券经营机构(机构类和网点类)经营业绩统计排行工作。此次统计排行的主要对象为依法在深圳注册的9家专业证券公司、3家分公司、其他证券公司在深圳设立的管理总部(有2个以上证券部)以及深圳市内201家非法人证券营业部，统计期限为1999年1月1日起至1999年12月31日止。经过一个多月的努力，深圳市证券业协会秘书处的工作人员对此次各证券经营机构上报的近万个数据进行了认真的催报、录入、校对和协调处理工作，纠正了不少证券经营机构上报数据的错误，制作出了行业所需的各项数据，形成了深圳市证券经营机构(机构类)1999年度深沪股市成交总额、深沪债券成交总额、净资产、利润总额、净利润，年末托管总市值和一级市场承销统计排行数据；(网点类)1999年度深沪股市成交总额、深沪债券成交总额、净资产前100名、深市成交总额前100名、沪市成交总额前100名、深沪B股成交总额前100名、利润总额前100名、人均创利前100名等统计排行数据。

认真开展优秀证券营业部评选活动　为进一步提高深圳市证券经营机构的整体质量，经深圳证券监督管理办公室同意，深圳市证券业协会于2000年三月起在全市范围内组织开展了1999年度深圳市优秀证券营业部评选活动。经过主要经济指标(包括深、沪成交总额、利润总额、人均利润额和净资产收益率)的衡量及对照评选条件的考核、审定，评选产生了国信证券有限公司深圳红岭中路营业部等30家"优秀证券营业部"。同时深圳市证券业协会还决定对国信证券有限公司深圳红岭中路营业部等8家"深圳市证券行业1999年度深沪成交总额超百亿元营业部"予以通报表扬。

进一步做好协会培训工作　深圳市证券业协会于2000年8月至10月间组织了3批深圳证券业从业人员赴香港、新加坡培训考察。参加培训考察人员主要由我市各证券经营机构管理人员组成，培训的主要内容包括：新加坡证券市场运作架构及基本情况；新加坡证券经纪业务、企业融资及基金运作情况；香港创业板的市场准入、交易状况、监管条例及最新发展趋势；国内企业进入香港创业板市场的前景分析等。

(深圳市证券业协会秘书处)

青岛证券业协会

【概况】 青岛证券业协会于1994年10月18日经青岛市民政局批准成立，现拥有证券、期货、律师事务所、会计师事务所、投资咨询等机构团体会员24家，是青岛证券业的自律性组织，非营利性社会团体法人。

【职能】 青岛证券业协会的宗旨：根据社会团体登记管理条例和国家及青岛市有关法律、法规制定行业公约、行为守则等自律性规范，实行自律性管理；充分发挥政府与会员之间的桥梁和纽带作用；促进券商提高业务水平和规范经营，竭诚为券商服务；搞好投资者教育工作，维护会员和投资者的合法权益，促进青岛证券市场的稳定发展。

【业务工作】 强化自律管理，规范会员经营行为　青岛证券业协会成立于证券市场发展的初级阶段，证券机构(会员)设立时间不长，经营不规范的问题比较突出。为维护证券市场的正常秩序，维护广大投资者和会员的利益，协会经过认真研究，起草了具有约束力的《青岛公约》(会员公约)，并及时召开会员大会，统一思想认识。青岛地区与会的18家会员一致认同并在该公约上签了字。基于证券从业人员中炒股等违纪情况较为严重，根据中国证券业协会有关自律规则，协会及时组织制定了青岛证券业《从业人员守则》，下发到个会员单位执行，并对自律性管理进行跟踪检查，对违纪违规行为分别采取会议或简报的方式进行通报，有效的促进了会员的自律管理。为了便于会员之间的信息交流，同时也为动态管理提供依据，协会自成立之初起，对会员的月报、年报进行统计，并对各会员交易情况进行排序和公布。从1995年起，协会会同青岛市统计局将证券交易状况纳入全市统计范围。这一举措，便利了青岛市政府和证券监管部门及时了解证券市场动态和发展情况，也为各会员之间的良性竞争和健康发展创造良好的氛围。

积极组织各类培训和活动，努力提高证券从业人员和广大投资者素质　一是1996年初，协会与工行信托投资公司、青岛证券报(当时)联合，历时二个月举办了"把青岛建设成区域性证券中心"的有奖征文活动，活跃和开拓了青岛市证券市场的理论研究和业务发展。二是为加强证券从业人员的培训，大力提高从业人员的素质，协会组建了青岛市证券期货咨询培训中心，形成了青岛市证券从业人员业务培训基地。三是1999年5月，协会举办了《证券法》知识竞赛活动，使《证券法》深入人心，进一步提高了广大投资者的素质。四是自1995年以来，协会先后组织了20多人赴英国、法国及其他欧洲国家参加证券管理人员的培训。通过学习培训，对英、法和西欧的资本市场、交易制度、公开上市等方面的知识和操作有了更深层次的了解，同时也加强了与国外券商及投资机构的交流合作关系。五是协助中国证监会青岛特派办安排和部署投资教育工作，并组织了"前哨杯"证券知识大奖活动。

加强精神文明建设，提高会员社会公德意识　协会先后发动会员及部分股民捐款6万元，救助病重学生3人，向贫困地区学校捐助了价值上百万元的微机设备。为活跃会员单位的文体生活，协会在1997年组织了证券杯足球。

(特约编委：张慎峰，特约编辑：万景初，特约撰稿：叶昆忠)

第十七编

证券业人物

2166/2178

证券业新闻人物

【编者按】 为了促进中国证券市场的规范化和国际化，加强交流与合作，提高证券业经营管理水平，编辑部决定从1996年起，在《中国证券业年鉴》中文版和英文版开辟证券业人物栏目，反映和介绍股份制企业、证券经营机构、期货经营机构、投资基金单位、产权交易机构、新闻出版、科技教育及理论研究等方面的有丰富管理经验和显著成就的专家学者、企业领导，每一年度推选十位证券业新闻人物。2000年度中国证券业年鉴编辑部推荐的十位证券业新闻人物是：

吴家骅

【工作简历】 吴家骅，男，1948年3月生，大学文化程度，高级经济师，中共党员。1982年8月—1992年8月，先后任上海市计划委员会工业处科员、上海市计划委员会物资能源处主任科员、副处长，1992年8月，任申能电力开发公司副总经理，1993年1月任申能股份有限公司副总经理，1996年5月，任申能(集团)有限公司党委委员、副总经理，1999年5月起任申能股份有限公司副董事长、总经理。吴家骅同志目前还兼任上海石油天然气总公司(申能股份控股子公司)董事长兼总经理、上海天然气管网有限公司(申能股份控股子公司)董事长兼党委书记。

【管理实践】 十年的市政府工作经历及长期从事公司电力、能源项目的开发及财务工作，使吴家骅同志熟悉国家宏观政策，具备一定的专业知识和丰富的实践经验，具有很强的领导能力、组织能力与独特的管理艺术。几年来，他组织参与了华能石洞口第二电厂、上海外高桥电厂一、二期工程、上海吴泾热电厂八期工程、天荒坪抽水蓄能电站、东海平湖油气田开发、上海天然气高压输气管网一期工程、桐柏抽水蓄能电站等重大项目的谈判、组建和实施工作，使公司投资建设电力、天然气的主营业务突出，为公司创造了稳定及不断发展的良好经营业绩，2000年公司实现净利润15.23亿元，每股收益达0.933元，为公司历史最高，也在沪深两市1000多家上市公司中名列前茅。1996年以来，在董事会领导下，他还组织参与并实施了公司一系列重大筹融资及资产重组方案，使公司的发展发生了几次飞跃。1996年，他组织实施了公司10比8转配10的高比例配股，为公司一次筹资7.2亿元，公司是全国第一家被中国证监会批准高比例配股的上市公司。1997年，他参与谈判并顺利组织实施了公司资产转让方案，即公司将投资于华能上海石洞口第二电厂49.34%的资产整体转让给华能国际电力开发公司，获得转让额35亿元人民币，公司对该项目的实际投资额为18亿元，已收回投资收益16亿元，因此，该资产转让使公司共获得33亿元的高收益，为公司投资开发新的高收益项目及进行资产重组奠定了基础。同时，为公司赢得了17亿元收益按五年均摊的财务政策，公正、客观地反映了公司的实际情况。1999年，他组织实施了一次金融创新，即公司以25.1亿元价格回购并注销了10亿股国家股，这一全国首宗国家股回购方案的成功实施，为其他上市公司解决国家股比例过大问题提供了有益的借鉴，同时，也对公司规范运作和长远发展产生了极其深远的影响。

吴家骅同志钻研业务、大胆创新、锐意改革。1999年8月，他担任上海石油天然气总公司董事长兼总经理。到任之后，吴家骅同志对总公司的情况作了全面调查研究，对内采取了一系列改革措施，使公司发生了重大转变。一是调整生产关系。从点块结合调整为以块为主、分工负责管理模式，改变管理理念，以适应生产经营期专业分工、管理细化、协调一致要求；二是调整机构职能。三是建立干部能上能下机制。加强了对中层干部考察、评议和聘任制度，精简了30%现职中层干部数，使一批青年干部走上主要工作岗位；四是形成员工能进能转机制。实行员工双向选择、聘任上岗制度，并初步建立以员工聘任上岗制度与劳动合同制为核心的劳动用工机制；五是实施收入分配制度改革；六是推动公司发展规划构思，为公司中长远发展制定方向和途径。2000年，天然气公司完成原油产量52.73万吨，天然气产量2.60亿立方米，销售收入14.33亿元，净利润5.67亿元。

为配合国家“西气东输”战略决策顺利实施，进一步推动上海市燃气事业新一轮的改革，加速上海市城市燃气结构调整，2000年9月吴家骅同志又担任了上海天然气管网有限公司董事长。为使管网公司尽快运作起来，吴家骅同志协调各方，在较短的时间内组建了公司党政领导班子，确定了公司管理机构，并于2000年10月底完成了与上海燃气浦东销售有限公司有关交接工作。

吴家骅同志敬业务实，具有较强的组织领导能力和业务技术能力，为申能的建设和发展做出了较突出的贡献。

(责任编辑：曹文乔)

王世宏

【工作简历】 王世宏，男，联合证券有限责任公司董事长，高级会计师。1981年—1998年在宝钢集团从事财务会计和金融业务工作，历任宝钢总厂财务处专务副处长，宝钢集团财务公司董事、总经理，华宝信托投资公司董事长。1989年、1990年两次被评为宝钢总厂“百佳”先进个人；1992年被评为全国冶金财会系统先进工作者。1998年5月至今任联合证券有限责任公司董事长。

【管理实践】 王世宏长期在企业从事金融和财务管理工作，有着丰富的理财经验，精通企业经营管理，以经营作风稳健而著称。作为联合证券有限责任公司的开拓者，在公司的初创、成长、发展中，提出以“创建中国一流投资银行”为目标，以权责分明、科学规范的管理体系为依托，以“依法规范经营，立足稳健经营”为宗旨的经营理念，努力开发现代投资银行各项业务与中国国企改革要求的最佳结合点，现在相关领域确立了品牌效应。

联合证券在国内证券界最早确立了“服务于高新技术产业化”的业务定位，在建立风险投资基金、推动高新技术企业上市等方面做了大量基础工作，并在组织机构、信息网络、研究开发、业务拓展等方面进行了一系列有益的探索。“服务于高新技术企业进入资本市场”和“服务于高新技术成果进入企业”已成为公司的业务指引。首先，公司为配合战略构想的实施，适应各种不同客户特别是核心客户的需要，逐步充实完善了“高新技术项目数据库”和“高新技术企业数据库”等服务系统，以提供更加优质和高效的服务。其次，公司主动主动开展与高新技术产业化有关的业务。例如，联合证券是首家与国家科技部火炬中心签定合作协议的证券公司，并已与西安高新技术产业开发区、成都高新技术产业开发区等10余家单位签订了合作协议。

联合证券致力于将高新技术产业化、证券市场与投资银行的健康持续发展，营造“双赢”局面：一方面，实现产融一体化，联合证券由产业资本组成，代表了资本市场产融一体化的发展方向；追求自身利益与企业利益的同一性，致力于与企业改革发展相适应的金融支持和金融创新，为企业资本、资产的良性运作提供强有力的金融组合服务；另一方面，利用业务网络宽阔的优势实现长线配套服务，针对企业主导产业发展的不同阶段、不同水平对资本运作提出的不同要求，采取纵向业务流程，整体策划，连贯运作，综合运用企业债券、产业基金、可转换债券及各种上市及非上市金融工具，为企业提供长期一条龙服务。

联合证券确立了“坚持规范经营，优质服务取胜”的经营理念，目前已在全国范围内拥有41家证券营业部，并在北京、上海、东北等地设地区性的管理部门。积极推行现代企业制度在公司的建立和完善，善于吸取国外及同行业的先进管理经验，大力推行“坚持以人为本，坚持任人唯贤”的用人机制，让公司人尽其才，使公司具备有年轻而专业化的员工队伍。在公司内部推行雷厉风行、扎扎实实、少说多做的工作作风，提倡实事求是、谦虚谨慎、讲求道德的思想作风，为公司“创建一流投资银行”的目标奠定精神基础。

他始终秉着“求实、创新、诚信、自律”的企业精神，在创业的路上为中国证券行业做出令人瞩目的贡献。

【成就业绩】 截至2000年，公司累计担任31家新股、配股及债券的主承销商；25家新股、配股及债券的副主承销商。如担任江苏阳光、新力药业、上风高科等12家A股新股发行主承销商；担任国风塑业、哈空调等8家A股新股发行副主承销商；担任深圳华强、惠天热电、精密股份等15家A股配股主承销；黔轮胎、粤美雅、江西水泥等5家A股配股副主承销；担任98湖南五凌水电债券、98沈阳城建债券等四只共面值8.6亿元人民币的债券主承销商；担任97铁路、97吉化、98江苏高速公路、99宝钢债券等12只债券副主承销商。累计推荐兰花科创、江苏阳光、新力药业等15家A股在证券交易所挂牌上市；担任深振业A、华北高科、燃气股份等22家上市公司财务顾问。

在不足三年的实践里，他率领公司千名员工，凭借一流的人才、先进的管理、完善的设施和优质的服务，公司已进入全国十大券商行列。2000年底总资产达到87亿元，2000年度深沪股票债券和基金成交总额2479亿元，市场占有率1.61%，实现利润22761万元。2000年度主承销新股6家，市场排名第八；主承销配股12家，市场排名第四；推荐上市股票14只，市场排名第二；为市场筹集资金共计554035万元，市场占有率3.6%。

（责任编辑：曹文乔）

陈青光

【工作简历】 陈青光，男，1950年3月生，中共党员，高级经济师，研究生学历。现任桂林旅游发展总公司党委书记、副董事长，总经理，桂林旅游股份有限公司董事长，并担任中国旅游车船协会副会长等社会服务职务。曾就读于重庆交通学院管理工程系，杭州大学旅游系函授部，中山大学哲学系。先后在桂林机床厂、桂林汽车总站、桂林市泰和饭店、桂林市杉湖旅行社、桂林市旅游车船公司、桂林市旅游局、桂林市人民政府工作，曾任桂林市旅游车船公司总经理，桂林市旅游局局长，桂林市人民政府副秘书长、市长助理，桂林旅游发展总公司董事长等职务及广西旅游协会副会长，桂林市旅游协会会长，桂林市道路同业工会副会长，桂林市青年企业家协会副会长等社会职务。

【管理实践】 八十年代初期，陈青光任桂林汽车总站办公室副主任期间，曾参与桂林铁、公、航（铁路、汽车客运、漓江客运）旅游联运的策划组织工作；八十年代中期，担任新建的桂林泰和饭店及其所属的泰和船队的总经理，负责从装修、人员培训到经营的全过程。之后，参与组建桂林杉湖国际旅行社，主管经营。1988年，调任桂林旅游车船公司第一副总经理、党委副书记，后任总经理、党委书记。任职期间，该公司在圆满完成接待党和国家领导人及外国政要等重要任务的同时，年年超额完成经营计划，企业资产规模不断扩大，成为桂林市效益最好、规模最大的旅游骨干企业，被评为省市两级先进企业和文明单位。1992年调任桂林市旅游局局长、党组书记、党委书记，参与组织实施了桂林酒店业的资本重组和股份转让工作，参与组织实施了桂林旅游集团的运作工作，参与组织实施了桂林新一代旅游产品的设计、开发和建设，并直接参与了桂林民俗风情园、冠岩景区和漓江市区夜景泛光工程的建设。同时与韩方合作，完成了桂林桃花江旅游度假区总体规划。系统组织推出了桂林少数民族风情游、漓江二日游、桂林古文化游、大桂林风情游、漓江漂流等专线旅游产品，并参与策划组织了中国精华游和中国名山名水游，参与策划和组织了一至六届桂林山水旅游节。参与组织实施了桂林旅游整体形象的促销，参与了桂林旅游市场的维护和整治工作，其中包括旅游价格的制定和维护，星级酒店、国内旅游定点和旅游车船的评定、复核，旅行社的审批、年审及导游员的考核、培训，桂林旅游咨询服务中心落地服务体系的建立和运作，旅游购物点和文化娱乐场所的标准制定和定点工作。

陈青光1996年调任桂林市政府副秘书长、市长助理后，仍主要协助分管旅游。1997年桂林市委、市政府决定组建桂林旅游发展总公司，并以桂林旅游发展总公司作为主要发起人，发起设立桂林旅游股份有限公司，陈青光同志作为筹建办公室常务副主任，参与了重组方案的具体制订和组织实施工作。1998年12月，陈青光同志出任桂林旅游发展总公司党委书记董事长(后因股份公司上市工作需要，根据有关法律法规的要求，陈青光同志不再担任桂林旅游发展总公司董事长职务)、总经理，桂林旅游股份有限公司董事长。上任以来，带领新的公司领导班子立即对市场进行认真分析和研究，深刻探讨旅游业发展趋势和现代企业成长规律，明确了公司发展的指导思想，即依托桂林旅游资源优势，按照资源优化、人员优化、结构优化的原则，以建立现代企业制度为目标，以重组创新为核心，通过整合和集团化发展，促进企业的不断发展。两年多来，带领广大职工大刀阔斧搞改革，在大重组中实施体制、管理、经营创新，重构企业的组织结构和运营机制，改变了原来的运行模式，形成了新的运转格局、组织框架和经营体系，促进了公司的健康发展。

在《旅游学刊》、《经济学动态》等全国性刊物上发表过《组建桂林旅游集团初探》、《市场经济条件下旅游业发展战略构想》等文章，并获奖。

【成就业绩】 陈青光同志曾被评为桂林市优秀青年企业家。担任桂林市旅游发展总公司董事长、总经理和桂林旅游股份有限公司董事长以来，在领导企业进行资产重组、改制和上市的同时，在充分调研的基础上，根据企业实际建立了一套符合公司发展的经营管理和考核体系，不仅使总公司、股份公司经营业绩逐年大幅度增长，而且健全了公司内部的法人治理结构和规范运作的机制。总公司经营收入、利税总额、净利润三项主要经济指标，1999年比1998年分别增长17.46%、7.28%、39.88%，2000年比1999年分别增长17.04%、21%、18.3%。股份公司主营业务收入、利税总额、净利润三项主要财务指标，2000年比1999年分别增长9.7%、14.5%、10%。总公司和股份公司现已发展成为桂林乃至整个广西旅游业的龙头企业，形成了集车船客运、出租汽车、旅行社、高档酒店、餐饮娱乐、园林景点、广告策划、信息网络、项目开发、旅游工艺品生产与销售等业务为一体的生产经营体系，成为融旅游行、住、吃、游、购、娱六要素为一体，具有完整旅游概念的大型旅游企业集团。

(责任编辑：邢达)

邵荣第

【工作简历】 邵荣第，男，1947年生，大学文化程度，高级经济师。曾任辽宁省计划委员会财金处副处长、处长。1992年起任辽宁省证券公司总经理，1997年起任辽宁省证券有限责任公司董事长。邵荣第董事长是我国资深的证券管理专家，曾任上海证券交易所理事、中国证券业协会常务理事、辽宁省证券业协会会长。作为早期从事证券管理的工作者，邵荣第董事长对辽宁证券有限责任公司发展战略、工作方针的制定及业务经营的开展作出了重要贡献，在各级刊物上就国家宏观政策、资本市场建设、企业管理等方面发表了多扁文章。

【管理实践】 邵荣第董事长在辽宁证券的管理实践可以归结为八个字“规范、创新，以人为本”。他认为，我国的证券市场属新兴市场，尚处快速发展时期，其间不可避免地会出现不甚规范的情况。作为证券市场重要桥梁的证券公司若要取信于投资者，保持良好的信誉及社会形象，就要对自己的经营管理不断地进行规范。为此，他在日常管理中经常要求员工要坚持规范的原则，按法律法规及正常的操作规程来运作，不搞恶性竞争，以优质的服务来吸引投资者。经过多年发展，辽宁证券已在投资者心中树立起了规范经营的良好形象。

同时他也认为，证券市场是资本市场的核心，是充满活力的市场，我国证券市场尚有许多创新性的工作要做。在规范的前提下，证券公司应大力加强创新性工作的研究和开展。在出任辽宁省证券公司总经理后，他采取了一系列创新尝试：92年在全国证券公司中第一个使用“钱龙软件”；93年在辽沈地区第一个开通股票委托买卖及电话、磁卡自助交易；95年在东北地区首批采用深圳双向卫星及无形席位；96年在东北地区首家担任A股主承销商及上市推荐人。97年公司合并重组成功后，他敏感地意识到采用现代企业管理观念及手段管理重组后的公司已成为当务之急。为此，以邵荣第为核心的辽宁证券的领导班子结合国际资本市场的发展形势在东北地区率先推出了股票网上交易。99年在全国券商中率先提出证券信息化管理工程，对现代信息技术对证券行业的影响及作用进行了深刻的阐述，在全国同行引起了强烈反响。辽宁证券的证券信息化管理工程建设已居全国同行领先水平，并得到国家有关部门的认可。

人是最活跃的生产要素。在长期的管理实践中，他强烈感觉到人的主观能动性对于企业发展的重大影响。为此，他提出了“以人为本”的用人管理原则，要求员工建立“积极的工作态度和积极的工作方式及比较竞争优势”的意识，树立“讲正气”、遵纪守法爱岗敬业的观念。在他的倡导下，辽宁证券开展了系统的企业文化建设，形成了辽宁证券特有的企业精神理念。业届流传的“辽证凌源精神”便是典型的例子。

【成就业绩】 作为脱钩于人行系统的地方性证券公司，辽宁证券有限责任公司在邵荣第董事长的经营管理思想指导下，取得了较为显著的成绩。公司已由一个1000万注册资本、一个营业部的规模发展为资产56亿元，41个营业网点的区域性证券公司。公司曾获辽宁省证券系统“十佳券商”称号，所属营业部荣获“全国优秀证券营业部”称号。2000年，公司实现证券交易量1018亿元，股票基金交易量828亿元。公司还成为全国首批开展网上证券委托业务资格的23家券商之一及全国开展股份代办转让服务业务的6家券商之一。

(责任编辑：柏青)

汪永平

【工作简历】 汪永平先生，江苏太仓人，1969年毕业于南京大学。现任华安证券有限责任公司董事长兼代总裁、法定代表人，中国人民政治协商会议安徽省第六届委员会委员。历任安徽省地震局分析测报中心主任，中国人民银行安徽省分行科技处副处长、计算中心副主任、高级工程师，安徽省证券公司总经理、法定代表人。

【管理实践】 汪永平先生具有丰富的金融电子化、银行和证券等方面的理论知识和实践经验，注意钻研金融及证券法律、法规和政策，具有强烈的市场意识和不懈的进取精神，善于把握市场发展脉博，敢于开拓创新。在中国人民银行安徽省分行工作期间，主持和参与多项科研项目，曾获国家科技进步三等奖和省级科技成果奖数次，享受国务院特殊津贴，并担任人民银行总行工程类高级职称评委。自1993年起担任公司总经理、法代表人，强调发展与规范并重，勇于创新但不失规矩，严格管理并不乏灵活，建立起符合市场原则的经营机制，构筑了严密有效的内部监控体系，带领公司走出一条合法规、低风险、快发展、有特色的经营道路。公司的净资产翻了十倍，业务品种日益齐全，经营规模不断扩大，盈利水平连年提高，多项业务指标长期高于全国平均水平，近年的证券经纪业务、投资银行业务和公司盈利水平在全国同行排名中均位于前列。

【成就业绩】 在世纪之交的2000年，汪永平先生抓住我国证券市场深化改革、快速发展的机遇，成功完成公司的增资改制工作，使公司注册资本金达到17.05亿元，并跨入全国综合类证券公司的行列，为公司实现更加高远的战略目标奠定了坚实的基础。

（责任编辑：曹文乔）

明云成

【工作简历】 明云成，男，1940年8月出生，中共党员，高级经济师。现任长江证券有限责任公司董事长、第九届全国人大代表。明云成先生自参加工作以来，长期在金融部门担任主要领导，曾历任人民银行武汉分行常务副行长、人民银行湖北省分行行长、农业银行湖北省分行行长、农业银行四川省分行行长、农业银行海南省分行行长等职。1999年到长江证券有限责任公司工作，担任公司党委书记兼董事长。

【管理实践】 明先生具有一定的经济理论水平和丰富的经济金融工作经验，以及较强的决策水平。主编《现代银行经营与管理》、《会计达标升级理论与实践》、《2001年湖北经济形势分析与预测》等书，并撰写了大量有一定理论价值的论文，取得了较好的成果。明先生在长江证券工作期间严格管理、勇于探索、稳健务实，同时以身作则，表现出了高度的责任心、敬业精神和强烈的改革意识，对公司的发展起到了很好的推动作用。他注重发挥经营班子的作用，在长江证券经营和管理上进行了积极的探索，坚持稳健经营，完成了基本的制度设计，为公司下一步发展奠定了坚实的基础，正在推进公司由现阶段向着发展阶段的转变。明先生十分强调战略规划。在整个证券市场发生深刻变化的今天，他十分注重向业界的专家和学者的学习，并倡导组织成立了“长江证券发展战略咨询委员会”，中国证监会前任主席、现全国政协财经委员会副主任刘鸿儒先生担任该咨询委员会主任。通过听取发展战略咨询委员会的意见，公司组织课题小组深入研究国内外经济金融形势，分析证券业未来发展趋势，制订公司未来五年发展战略规划，为公司下一步发展指明了方向。明先生崇尚“规范经营、持续发展”的经营思路。中国证券市场发展历程不长，存有一些缺陷，各种违规违纪事件时有发生。作为证券市场的中介机构，券商也面临着很多利益的诱惑。但明先生和公司经营团队冷静对待，坚持规范经营，秉承“服务客户、服务股东、服务经济”的经营宗旨，对市场、对客户、对股东保持高度的责任感，做证券市场的规矩人。明先生通过各种方式在广大干部员工中强化风险防范意识，在制度建设上强化内部风险控制，建立覆盖全公司的风险监控体系，使公司在市场动荡的大浪中经受了考验，把握了商机，半年时间就完成了董事会年初下达的主要经营指标，从而在下半年证券市场格局变动之时，有充分的余地思考公司进一步的发展，并总结可持续发展的方方面面。明先生重视企业的核心竞争力建设。他提出长江证券应从体制、机制、技术、人才四个方面着手，尽快培育企业的核心竞争力。他认为：体制是公司发展的载体，公司组织结构调整需要以顾客导向和战略目标为中心，注重业务流程重组，进行组织结构、运行流程和信息通道重建，以达到适应快速变化的市场环境；机制是公司发展的活力所在，良好的激励机制和制约机制是公司持续发展的动力；技术是公司发展的保障，公司提倡“科技先行”，依靠先进的科技手段提高经营管理水平；人才是公司发展之本，公司坚持以人为本，通过发挥人的主动性和创造性，实现公司价值与员工价值的同一性。明先生注重团队建设和企业文化建设。2001年，公司上下多次进行企业文化的讨论，使全体员工认识到公司价值与员工价值具有同一性，是辩证的统一，公司与员工互为依存，一荣俱荣，一损俱损。他强调个人的价值观应融合到企业共同的价值观中来，公司价值由员工共同去创造，员工在创造公司价值的过程中实现自身价值，同时员工在不断创造价值并不断使公司价值增值的过程中提升自身价值，以此调动员工的工作积极性和责任心，增强团队精神。明先生到任不久曾告诉过证券媒体记者：“只要我们把基础打好，工作做得扎实一点，中国加入WTO之后，不管我们规模是大也好，是小也好，都能站得住脚，都有竞争能力。只要我们资产质量好，创利水平高，队伍稳定，班子比较强，不管未来出现什么情况，我们在市场上都能够立于不败之地”。现在看来，这一切都在现实之中，迎接长江证券的必定是新一轮的大发展。

（责任编辑：曹文乔）

陈树隆

【工作简历】 陈树隆先生，1964年11月生，中共党员，大学本科学历，高级经济师、高级会计师。87年7月毕业于安徽财贸学院会计学专业并留校任教，89年调安徽省财政厅综合处从事预算外资金、国债发行等管理工作。现任国元证券有限责任公司董事长、首席执行官。

【管理实践】 1993年8月,陈树隆调任安徽省国债服务部(安徽省国债服务中心的前身)副主任,当时该部资产规模不足400万元。收入仅能维持正常开支。到任后他敏锐地抓住国企股份制改造的机会,争取到股票认购证的发行资格,当年实现利润452万元。因业绩突出,94年6月,他被破格提拔为安徽省国债服务中心主任(安徽省财政证券公司总经理)、法人代表。从此,他进一步发挥对金融证券市场的超人感悟力,带领全体员工锐意创新、艰苦创业,使该中心依靠自我滚动发展,一跃成为国内财政证券界的知名企业。截止97年底,其资产规模近10亿元,净资产4.32亿元;累计实现利润4.7亿元,连续四年人均年利润超过290万元。95—97年,该中心连续三年在全国财政证券中介机构中利税排名第一。

1998年1月,安徽省国债服务中心并入安徽省信托投资公司,陈树隆任安徽省信托投资公司(国元证券有限责任公司的主发起人之一)总经理、法人代表。当时安徽信托的有效净资产几乎为零,经营极为困难。为扭转困境,他大刀阔斧地进行了以增强企业活力为目标的经营管理体制改革,带领安徽信托找到了适合自身发展的新路子。

抢抓机遇,开拓创新,努力拓展业务 在证券业务方面,陈树隆制定了"大力拓展证券经纪业务,重点突破投资银行业务,积极稳键经营证券自营业务"的经营方针。公司把投资银行业务作为连接其他业务的纽带,充分发挥本外币信托的优势,对有关企业辅以资金支持,精心培育后推荐进入证券市场,这样既为富余资金找到了出路,又促进了证券业务的发展,使投资银行业务成为公司的创利龙头,在证券自营中,他及时、准确地把握证券市场行情,果断决策,审慎操作,取得了骄人的业绩。对证券经纪业务,公司采用强化管理、大胆创新、提高服务质量等办法,不断增加市场份额。信贷、投资业务在坚持服务地方经济的同时,努力盘活存量、优化增量。积极参与发起设立证券投资基金和基金管理公司,尝试高科技风险投资。经过不断探索,安徽信托逐步形成了本外币信托(委托)存贷款、证券经纪、投资与投资银行五大业务板块相互促进、联动发展的良性经营格局。

深化改革,优化机制,着力加强管理 陈树隆认为,机制和制度建设是企业成败的关键,重点是激励和约束机制。因此,安徽信托制订了一套科学、系统的管理制度和内部控制制度,确保各项经营管理活动的健康运行。第一,模拟市场构造新型管理模式,成功地探索出"安徽信托目标责任管理模式"。其基本框架是在划小核算单位的基础上,按业务类别组建多个利润中心。每年初,公司对业务部门下达以目标利润为中心的业务考核指标体系,对综合部门下达以提高管理效率和服务质量为中心的量化考核指标体系,并签定目标责任书。经过不断完善,业务部门从利润指标考核为主发展到收入、成本、资产质量等多项指标并重的目标责任体系,克服了增收不增效或少增效的现象;综合部门增加了管理成本指标,提高了公司的经营管理水平;增加了目标责任考核指标调节系数,既增强了考核的可操作性,又极大地调动了各部门的积极性。第二,改革人事制度,实现干部能上能下、员工能进能出。对中层及以下干部一年一聘,续聘的主要依据是上年的目标责任完成情况;员工与部门间实行"双向选择"。第三,改革分配制度,严格奖惩。在工资分配上,降低基本工资比重,提高效益工资比例;在奖金分配上,公司根据部门目标责任的完成情况确定部门奖金总额,部门根据员工的业绩、工作表现二次分配,奖金上不封顶,下不保底。为体现奖惩对称的原则,规定完成目标利润不足60%的部门负责人自动离职。

稳健经营,强化内控,切实防范风险 陈树隆认为,经营的粗放、管理的疏漏、决策的盲目是形成金融风险的根源。为此,安徽信托加强内控,规范经营,逐步构建了严密的风险防范网,各业务板块之间均有层次分明的管理制度、实施细则与操作程序,不同业务板块之间既有沟通管道,又有严格的"防火墙"隔离风险,并建立了三道防线。第一道是各部门的自我控制。各部门完善内部制约、监督机制,实行风险防范第一责任人制度,出了问题追究部门领导和公司分管领导的责任。第二道是加强稽核审计、财务、资金、合同等管理。稽审室可根据需要随时对任何部门进行专项或全面稽审;财务实行集中管理和分支机构财务主管直派制,建立资金清算中心,加强对各独立核算单位资金运营的监管;资金计划部负责统一调度、管理资金;所有法律文本均需经法律顾问室审查后方可对外出具;建立电脑管理中心,实施远程监控。第三道是纪检、监察控制。公司努力强化遵纪守法意识,强调令行禁止,做到处理事先处理人。

【成就业绩】 在陈树隆同志带领下,安徽信托凭借全新的机制、科学的管理、灵活的经营,焕发出勃勃生机。从1998年初到2000年底,共实现利润19.6亿元,其中98年2.2亿元,99年7.2亿元,2000年10.2亿元,名列全国信托业前茅;证券经纪业务的省内市场占有率由1997年的14.5%增至2000年的39%;盘活资产1.6亿元,资产结构进一步优化,资产质量显著提高;相继培育、挖掘了"丰原生化"、"科苑集团"等A股发行主承销或上市推荐项目,其中"丰原生化"是全国首家通过高科技途径上市的企业;成功担任了"海螺型材"受让"红星宣纸"51%股权的财务顾问,被证券市场公认为资产重组的经典之作。

在努力提高经济效益的同时,陈树隆所领导的企业始终不忘回报社会。96年以来,累计捐资、赞助社会公益事业9000多万元,比较大的项目有98年独家捐资7000万元支持建设的安徽省图书馆扩建工程。

在工作中,陈树隆同志作风踏实,坚持走群众路线,廉洁自律,宽以待人,凡是要求别人做到的自己首先做到,凡是要求别人不做的自己首先不做,艰苦奋斗,勤俭持家。在政治上,他始终与党中央保持一致,自觉地把党的路线、方针和政策贯彻到工作中去。这些年来,由于贡献突出,陈树隆先后被授予全国"五一劳动奖章"、"安徽省劳动模范"等多项荣誉称号,并当选为中国青年企业家协会副会长。

2001年9月,中国证监会批准国元证券有限责任公司开业,核准其为综合类券商。作为国元证券的带头人,陈树隆深知任重道远,充满危机意识和忧患意识,不断求索,扎实起步,为提高国元证券的综合竞争力,正着重抓好以下工作:一是构建以合肥公司总部为基地、以上海和深圳等大中城市为重要业务渠道的地域分布格局。二是吸收借鉴国内外同行的先进经验,加强机制建设和制度化管理。三是全方位实施品牌战略。通过导入形象识别系统，整合业务，建设高素质的员工队伍，努力打造“国元”品牌。在陈树隆的领导下，国元证券成立伊始，就显示出良好的发展态势。国元证券正立足新起点，发挥新优势，朝着成为现代化、规模化、国际化的国内一流券商的目标迈进！

（责任编辑：曹文乔）

刘宁生

【工作简历】 刘宁生，男，1952年3月出生，籍贯山东，大学毕业，高级经济师。于1977年杭州大学毕业后，分配到浙江省轻工业品进出口公司从事外销业务工作，1981年调到浙江省纺织品进出口公司任棉针织科副科长（主持工作），公司副总经理，1984年通过了全国首批企业厂长、经理统考，1985—1986年经组织推荐到上海外贸学院进修。1987年外派赴美国组建富春国际有限公司，任常务董事、副总经理（主持工作）、1989年外派德国组建富德有限公司，任副董事长兼副总经理、总经理，1994年12月任浙江东方集团股份有限公司党委书记、董事长。

【管理实践】 刘宁生同志在外贸战线工作20余年来，大胆改革，奋发进取，把握机遇、果断决策，属于讲实效、开拓型人才。1984年任浙江纺织品进出口公司副总经理分管外销业务工作期间，当的出口创汇达1.3亿美元，比上年增长1倍，1987年出口创汇达2.3亿美元，增长幅度在全国外贸系统中首屈一指，公司被评为全国财贸系统先进集体，外派美国负责富春国际有限公司工作期间，组建了机械设备、针棉织品、畜产品和土畜产4个业务部，在管理体制上形成了一种灵活的经营机制，为浙江省各外贸公司扩展美加地区业务创造了条件。1989年组织决定调派刘宁生同志赴德国富德有限公司工作，当时面对欧洲政局急剧变化、经济衰退、海湾危机等影响正常贸易往来的严峻形势，制定出“以信誉赢得客户、以服务争取客户、以产品拓展客户”营销策略，在较短时间内站稳脚跟，实现当年接单1000多万美元，在汉堡120多家中资企业中，富德公司属于起步晚、发展快、颇具影响的海外企业。刘宁生同志在美国、德国海外公司工作期间，坚持以改革促管理、以管理促营销的指导原则，结合海外企业实际，先后制定了《实施驻外工作的管理和考核制度》、《业务经营和合同管理办法》、《商品交叉经营的暂行规定》和《海外企业财务管理细则》等管理制度，使海外企业的管理体制与国内外贸体制改革的步伐相一致，理顺了海外企业与国内各外贸公司的关系，有效地促进了海外企业经营机制的转换，进一步激发了驻外人员的积极性，取得了以管理促规模、增效益的良好成果。

1994年12月刘宁生同志任浙江东方集团股份有限公司董事长后，为迅速掌握情况，深入调查研究，在广泛听取职工意见的基础上作出果断决策，从调整内部组织机构着手，将原有业务部组建为业务分公司，并适当下放经营权，改进考核办法，在财务管理上全面推行“三级”核算，为提高公司科学化管理程度，积极开发和推行计算机管理，公司的经营机制和管理模式呈现出一种新的活力。1995年公司被浙江省列为百家现代企业制度试点单位。刘宁生同志担任公司试点工作小组组长，经过调查研究，提出实施以人为本的管理思想，制定出试点主体方案，以及劳动用工，岗位技能工资，职工民主管理，中层干部聘用、考核和专业人才招聘等制度，形成了一套完整的、符合现代企业制度特点和要求的管理体制，公司整体管理水平明显提高，公司从试行股份制以来，经营规模获稳步增长，经济效益明显提高，至1996年底，公司净资产从1.5亿元增加到3亿多元，实现了翻番。

【成就业绩】 1997年底，公司股票获准公发上市，为企业的发展营造了一种新的动力。刘宁生同志面对我国即将入世的新形势，结合公司在改革中不断发展、壮大的历程，组织公司决策层对公司的发展大计进行研究探讨，经过分析形成共识，明确提出，公司的股票公发上市不等于改革已经到位，企业要获得新的发展必须要继续深化以产权制度为核心的改革，根据《公司法》的规范要求，公司目前各分公司已改制为有限公司，建立以资本为纽带的母子公司体制，在改制中本着利益共享、风险共担的原则，让经营者持大股，业务骨干多持股，极大地增强了企业的凝聚力，公司上市三年来经营业绩每年都上一个新台阶：1997年底至2000年，公司进出口规模从1.5亿美元上升到3.6亿美元，销售总额从14亿元上升到31亿元，净资产从3亿多元上升到6亿多元，实现翻番。刘宁生同志作为企业法人、董事长，面对新形势、新情况，讲究实际，善于分析，把握机遇，提出立足本业，多业并举，实施企业继续发展新思路，以具前瞻性的战略决策，加大投资开发力度和资本运筹，已在实业基地、生物科技、金融证券、房产等方面初具规模，有的已收到良好经济效益，为实现公司跨世纪新一轮的发展做出了积极贡献！

（责任编辑：曹文乔）

杨寿海

【工作简历】 杨寿海，男，1957年4月生于江苏省南京市高淳县，中共党员，硕士研究生，高级经济师。1986年毕业于江苏省句容农校，1997年以优异的成绩毕业于美国西北理工大学和中国东南大学合办的工商行政管理（MBA）研究生班，现为红太阳集团公司董事长兼总经理、东南大学首届董事会董事。

【管理实践】 杨寿海以承载生命科学、民族产业的希望为己任，以超人的胆魄、超前的眼光以及永不停止的创新思维，将一个仅靠手工分装农药的小作坊，发展成为拥有农药、生物医药、基因种业、国际贸易、国内连锁、油漆涂料、高分子材料和印务包装等融产业经营、资本经营、技术经营、人才经营和品牌经营于一体的国家产学研和星火科技示范企业。短短12年间，产值增长了1893倍，利润增长了1080倍，国有资产增长了13818倍，特别是农药产业，创造了中国同行业发展奇迹，由倒数第一名跃至全国农药行业首位，被国际权威媒体——英国《环球植保》誉为“世界超高效杀虫剂生产王国”，将中国民族农药工业与国际先进发达国家的距离拉近了十年。

创业以来，杨寿海通过实施观念创新、机制创新、市场创新、技术创新、管理创新、人才创新等经营战略，借鉴国际先进的管理模式，结合公司的实际情况及发展目标，探索提炼出一套具有科学性、可行性、前瞻性的“红太阳管理模式”以及“三器联动（集团公司为孵化器、各事业部为吸氧部、股份公司为融资器）”、“三本（人本为经、资本为纬、成本为网）、三脑（用活内脑、巧借外脑、开掘电脑）、三场（争取官场、开拓市场、管好现场）”的经营理念。1999年，杨寿海以军事家的果断、政治家的理智、哲学家的敏感，大举进入资本市场。以资本经营拉动产业经营，相互联动，形成产业经营、资本经营、品牌经营、技术经营、人才经营并举的战略格局。

【成就业绩】 杨寿海和他创办的红太阳集团，创业十二年来，最突出的成功不光是实现产值和利税的几何级数飞增，更体现在红太阳文化和红太阳的管理模式的创立。“三本”、“三脑”、“三场”以及“外圆内方”的小铜钱等理论，成为我国国有企业的改革和发展的一笔巨大的无形资产和成功经验。

十二年来，杨寿海先后荣获“江苏省优秀工作者”、“江苏省科技兴农带头人”、“江苏省优秀企业经营管理者”、“南京市十大科技之星”、“南京市十大青年企业家”等荣誉100多项，享有国务院特殊津贴，曾被国家科委授予“全国十年企业先进个人”等称号，受到江泽民、李鹏等党和国家重要领导人的亲切接见。

（责任编辑：曹文乔）

兰先德

【工作简历】 兰先德，男，1978年至1984年就读于华东理工大学化学工程系，获硕士学位，1998年至2000年就读于中欧工商学院，获工商管理硕士学位。曾任化工部第八设计院开发室工程师、上海交通大学生物科学与技术系讲师、上海交大天王生物制品有限公司副总经理、总经理，现任上海交大昂立股份有限公司董事、总裁。

【管理实践】 1989年兰先德与上海交通大学生物系的同事们一起，经过反复实验，从菌种筛选、产品配方、生产工艺、功能验证等方面进行了一系列研究，成功研制出“昂立一号”活性生态口服液，将微生态理论与现代生物工程技术应用于保健食品领域。该成果经专家鉴定为具有国内领先、国家先进的水平，填补了国内空白，具有良好的应用前景。由于目睹了当时高校科技成果产业化的落后局面，兰先德不满足实验室科研成果的获得，下决心办企业，将科研成果转化为产品，实现科研的真正价值，造福于社会大众。于是1990年10月上海昂立生物食品厂诞生了。

作为一名企业领导人，兰先德在不断加大科研投入、不断完善产品工艺配方和不断增加新产品的同时，十分注重生产与管理。昂立系列产品在市场深受消费者欢迎，市场需求与日俱增，为此公司先后投入巨资，扩大生产规模，加强质量控制，成为中国保健品行业中首家通过ISO9001质量管理体系认证的企业。为了保证企业的健康发展，他对公司进行了规范化管理，建立了完善的现代企业管理制度。在市场经济中，营销策略已成为企业能否成功的一个至关重要的因素。兰先德凭借他对保健品市场独特的触角，从倡导产品的科普宣传开始，进而提出了“知识营销”的概念，向大众宣传先进的保健观念，以普及科学知识为手段来培育消费者，拉动市场需求，同时建立全国性营销网络，使昂立产品迅速占领国内市场，产品销售额逐年提升。

保健食品是国际公认的朝阳产业，前景十分广阔。站在发展的角度，兰先德开始关注如何能使昂立获得更快的发展。1997年12月27日，交大昂立改制为中国保健品行业第一家发起式股份有限公司，2001年6月18日交大昂里股票在上海证券交易所上网定价发行，7月2日上市交易，开拓出高校知识资本与社会资本相结合的一条新路，使交大昂立不仅在资金实力、经营机制等多方面如虎添翼，而且还给高校蓄势待发的高科技力量以更广阔的发展空间。公司将在上市后的三到五年内，形成“一主两翼”的产业格局，即以保健品为主线，以相关中药现代化和生物医药为两翼，实施健康产业多元化战略；投资建立昂立生物医药研究院，高起点地加强对生物医药保健领域的基础性研究及产品开发，并以更专业的水准加强营销网络的建设。同时将坚持产品经营和资产经营并举，加快对行业优势资源的整合，缔造规模经济，积极参与国际竞争，迎接WTO的挑战。兰先德对此概括为：不求所有，但求所用，尽可能地调动起所有资源进行规模化运作，大幅度、高效率地促进产业资源的最优化和规模化，是资本市场的一个最基本的原理。

【成就业绩】 由兰先德担任项目负责人的中国第一个生态活菌保健制剂—昂立一号，始终保持在国内同类产品中的领先地位，先后被国家科委评定为国家级新产品，被教育部评定为上海市科技成果二等奖，获得了国家卫生部颁发的首批功能保健食品证书。在昂立一号的基础上，他又相继领导开发了昂立多邦胶囊、昂立美之知胶囊、昂立舒渴口服液、昂立西洋参胶囊、昂立明视胶囊和昂立康尔润通糖浆等系列产品，在激烈的市场竞争中奠定了昂立公司在中国保健品行业的领军地位。由于个人的突出贡献，兰先德被评为2000年度上海市劳动模范，第三届中国优秀青年科技创业奖。交大昂立也在他的领导下，经过十年的创业，由一个校办工厂发展成为注册资本两亿元、资产总额达九亿元的上市公司，并先后荣获上海市高新技术企业称号、上海市优秀企业称号、中国保护消费者基金会最高奖—保护消费者杯等荣誉，“昂立”商标也被评为上海市著名商标，昂立一号、昂立多邦多年来一直被评为上海市名牌产品。

（责任编辑：曹文乔）

人物纪实与专访

中国银行界的职业经理人

记中国民生银行党委书记、行长董文标

董文标，男，1957年6月出生，河南叶县人，经济学硕士，现任中国民生银行党委书记、行长。主要经历：1982年7月至1990年3月，河南金融管理学院历任教师、培训处处长、副院长职务；1990年4月至1992年4月，交通银行郑州分行党组书记、行长；1992年5月至1995年4月，海通证券公司董事长、总经理、党组书记；1995年4月至1996年元月，中国民生银行筹备组副组长；1996年元月至2000年5月，中国民生银行副行长、党委委员；2000年4月至今，中国民生银行党委书记、行长。

2000年5月出任中国民生银行第三任行长时，董文标令媒体眼前一亮。因为他亦学亦商的资历，也因为他的年轻。43岁，这个年纪在金融领域坐上第一把交椅实属不易。和民生的前两任年逾或年近六旬的行长相比，董文标委实"幼"了些。但正如股东所言，董事会看中董文标的，也正是"他比较年轻"和"资历更市场化"。

这位被媒体称之为"实力不可小视的技术型干部"，进入金融一线之前，曾执教于河南金融管理学院。学院背景为他赢得了来自理论前沿的高阔视野，更重要的，董文标并未止于此，而是在实践的路上走的更远。在他担任交通银行郑州分行行长期间，一手创造了系统内的金融奇迹—在他任内，郑州分行由于经营业绩突出，规模迅速扩张，在全系统被称作"郑州奇迹"。1993年，董文标又为自己的人生履历写下重要的一笔，那就是组建海通证券股份公司，并出任第一任董事长兼总经理。

在民生银行内部，董文标亦属老资历。1995年民生银行创立之初，董文标即参与了该行的筹备工作。及至1996年1月民生银行成立，董文标担任副行长，时年39岁。2000年5月，董事会进行了行长选举投票。董事长经叔平提名了在民生银行班子中排名第三的副行长董文标，获得董事会全票通过。

董文标对自己的位置看得很清。"我是逐渐下海的。90年代初的交通银行应该算是最市场化的银行，那还只能说是进入了一个有边有沿但看不到边际的大水库；到了民生银行，我有了一种'新的下海'的感觉——这里不是水库，而是海。"海之于水库，更阔大，同时也更无形，机遇与挑战并存于无形之中。世纪之交，一个更为严峻的完全市场化重任横在董文标面前。

董事会和媒体一样，对新任行长投以热切期待的目光。虽说民生作为中国第一家民营股份制商业银行，自成立4年多来利润增长在国内金融业独占鳌头，但细观银行内部，仍有许多传统的惯性，在悄悄抗拒着民生银行的现代化进程。而近年来日趋激烈的金融市场竞争，股东们已为民生的发展后劲感到担心。董文标感到了肩上的压力。上任第4个月，他发起了民生银行历史上的第一次机构重组，一个月内总行人员精简了1/6。在民生内部，董文标提出了"在控制风险的前提下超常规发展"的口号。2000年11月，也就是董文标上任半年后，民生银行在本世纪最后时刻走进中国资本市场，迈出了历史性的一步，引起了海内外轰动。

对于民生银行来说，上市亦是发展的契机。董文标将上市带来的机遇概括为"一方面可以进一步树立民生银行的品牌，加大营销力度；另一方面上市也为加入WTO之后的国际化作了充分的准备"。对迎接WTO的挑战，董文标也有充分的信心："民生银行的体制优势和经营特色决定了与外资金融机构的合作大于竞争。目前，民生银行已与世界许多著名的国际银行建立了广泛的业务合作和交流渠道，与IFC也在进行业务交往。"

董文标将他任内民生银行的三年总体发展目标定为：到2003年，资产规模日均将达到1000亿元人民币；利润率水平力争显著提高。实现这一目标的三大法宝是民生银行完善的法人治理结构、高素质的员工团队以及先进的高科技装备。股东们拭目以待。

看上去文质彬彬的董文标，令周围的同事又爱又恨，因为他"除了工作没有特别的业余爱好，经常加班，弄得大家都无法回家"。没办法，太勤勉的上司总会带给属下压力，因为他的身体力行你不能视而不见，即便那是无意的。

（责任编辑：曹文乔）

做有创新精神的证券人

记西南证券有限责任公司总裁孙兵

孙兵，男，33岁，中共党员，中国社会科学院企业管理学硕士。1992年进入证券行业，历任重庆国际信托投资公司证券总部总经理、西南证券有限责任公司总裁。

中国证券市场十年风云际换，涌现了一批又一批极富创新精神与开拓意识的证券人。西南证券有限责任公司首任总裁孙兵就是其中之一。

作为经历了证券市场十余年风风雨雨的资深证券人，作为从一名普通的柜台交易员成长起来的目前国内证券业最年轻的CEO，孙兵通过多年实践与不懈探索，对中国证券业的发展有着深入的思考与独特见解。他受聘担任了北京对外科学技术交流协会理事，所撰写的《西部资本市场发展与券商的使命》、《新时期综合类券商业务发展战略》、《上规模 讲文化 发展券商业务的良策》等证券业务研究论文屡屡见诸报端，其中《西部资本市场发展与券商的使命》一文入选2000年重庆·中国西部开发国际研讨会专题研讨文章。2000年，受北京大学光华管理学院邀请，他在“北大金融论坛”发表了题为“中国证券业的出路与挑战”的演讲，其演讲内容被《环球商务》、《中国经营报》、《深圳商报》、《科学投资》等多家报刊杂志转载，引起了较大反响。

1999年12月，孙兵出任西南证券有限责任公司总裁。其时，他所面对的是国内证券业随着中国加入WTO、国际资本涌入国内市场而更加严峻的发展前景和一个几乎集中了中国证券业所有亟待解决的问题，从经营体制、人才结构到业务流程、市场开拓等都急需优化整合的年轻公司。所谓“逆水行舟，不进则退”，作为西南证券首任总裁，孙兵在承受巨大压力的情况下，始终以冷静和前瞻的目光关注公司的长远发展，他大力倡导“以人为本，追求卓越”的企业文化精神，以果敢而扎实的作风整肃公司的管理模式，探索形成了以创新、务实与国际化为特色的西南证券经营理念，并以此为纲，致力于建立绩效挂钩的分配机制、规范高效的业务流程、疏而不漏的监控体系和优胜劣汰的人才成长通道，从而构筑集约化、效益化、人性化的经营管理平台，广纳海内外人才的加盟，寻求传统证券业务与新经济的接合点，全面拓展市场，塑造高品质的企业文化品牌。2000年，这位年轻的总裁带领年轻的西南证券迈出了令同行瞩目的步伐：

西南证券2000年底的总资产、流动资产及净资产较公司组建之时分别增长了113.30%、134%和16.30%；上缴税收增长了438.61%；税后利润增长了10倍以上。公司投资银行业务多项指标进入全国前十位，特别是10月底，西南证券的主承销排名全国第9位，其中配股第6位，募集资金第7位，副主承销第5位。而经纪业务在营业部年内有1家置换、7家搬迁的情况下，市场占有率仍然从全国排名29位上升到了24位。尤为值得一提的是，为了迎接信息与网络技术所带来的新经济浪潮，孙兵创造性地提出了“券商＋网站＋银行”三位一体的证券电子商务模式的构想，2000年，由西南证券联合飞虎信息技术有限公司、中国建设银行开发并成功推出的飞虎证券电子商务，突破了传统经纪形式的制约，为投资者提供真正意义的金融在线交易服务，在国内同业中独具特色，得到了监管部门的充分肯定。

经济如同军事，在这个特殊的战场上没有无往不胜的神明，只有高明的指挥官和善战的士兵。孙兵之于西南证券正犹如一位富有梦想与开拓精神的指挥官，在他的带领下，追求卓越的西南证券正向着成为现代国际投资银行的发展目标大步迈进。

（责任编辑：曹文乔）

十年历程　铸就辉煌

记天同证券有限责任公司董事长段虎

伴随着中国资本市场的兴起与发展，天同证券已走过了十年历程。十年来，天同证券既经历了严重亏损、几近破产倒闭的挫折，也经历了巧抓市场机遇、挽救破产企业的成功尝试，既经历了惨痛的失败，更收获了增资扩股、兼并重组的喜悦。十年来，天同证券取得了令人瞩目的成绩，注册资本金从1000万元增加到20.36亿元，总资产从不足1亿元增长到110亿元，经营网点从无到有、从小到大，目前已增加到74家，形成了覆盖山东、遍布全国的经营网络。经过十年的不懈努力，天同证券已发展成为国内规模较大、实力较强、有一定影响和地位的综合类证券公司。

艰难曲折的发展历程

天同证券的前身“山东省证券公司”，是于1991年5月经中国人民银行总行批准，中国人民银行山东省分行出资1000万元设立的，当时在全国省级专业证券公司中不仅成立最晚，而且规模也较小。1994年4月，山东省证券公司与深圳君安证券公司合作，注册资本金增至5000万元，名称改为山东证券公司。双方合作后，由于法人治理结构不健全，个别人盲目决策，违规参与国债期货炒作，至1995年5月，亏损总额达5.26亿元，山东证券公司已名存实亡。

为保住山东省唯一一家省级专业证券公司不破产，1995年8月，山东省政府第60次省长办公会果断决策“挽救山证、重振山证”，立即成立了以段虎为组长的工作组，进驻并接管山证具体工作。在山东省政府的大力支持下，组建了“山东省资产管理公司”，以承担债务方式收购山证；烟台证券公司、潍坊证券公司 、山东省财政国债服务中心先后合并到山东证券公司。1997年6月18日，中国人民银行以非银字(1997)9号文批准了山东证券公司的合并重组、增资改制方案。同年8月18日，山东证券有限责任公司正式挂牌成立，注册资本金增加到5.08亿元。改制后的公司紧紧抓住市场机遇，迅速实现规模扩张，大力拓展各项业务，一举实现扭亏为盈。1997年12月，选举产生了公司第二届董事会，段虎当选为董事长，李庆当选为监事长，聘任柳亚男为总经理，公司步入了规范、健康发展轨道。此次成功进行增资改制，被中国人民银行总行称作挽救破产金融企业的有效途径和有益探索，作为全国典型案例，编入人总行“防范化解金融风险”教材。

《证券法》颁布后特别是1999年以来，山东证券抓住证券、信托分业经营的机遇，加快了吸收合并的步伐。同年5月30日，公司与厦门国际信托投资公司正式签订了吸收合并其证券总部的协议，自2000年1月1日起，公司与厦信证券总部并账并表，进入实质性合并阶段。此次跨区域、跨行业吸收合并，是全国证券业吸收合并中动作大、影响面较广的一次兼并重组活动，属于典型的市场化强强联合，中国证监会给予了充分肯定。

与此同时，公司加大了增资扩股的力度。2000年3月2日，中国证监会以证监机构字[2000]40号文正式批准了山东证券的增资扩股方案，同意我公司增资扩股、吸收合并厦门国际信托投资公司所属证券经营机构，并更名为“天同证券有限责任公司”。2000年6月1日，公司召开了新一届股东大会，确认了47家股东单位的出资额，通过了新的公司章程，选举产生了第三届董事会、监事会，段虎当选为董事长，张继升当选为监事长，同时还聘任了以宫龙云为总裁的经营班子，公司进入了新的发展时期。

2001年3月26日，公司第三届董事会第四次会议，决定推荐徐维西为总裁候选人，并报中国证监会。5月8日，第三届董事会通过决议，一致同意聘任徐维西为公司总裁。

2001年7月11日，中国证监会以证监机构字(2001)121号文正式核准了我公司的更名及增资扩股工作，公司注册资本金增至20.36亿元，核准了段虎等公司高级管理人员的任职资格，同时，核准我公司为综合类证券公司。

令人瞩目的经营成绩

近年来，天同证券本着“立足山东，面向全国”的经营思路，坚持“依法稳健经营，改革创新发展”的经营理念，倡导“允公允能，同心同德”的企业精神，抢抓机遇，深化改革，加强管理，业务领域迅速扩大，每年均以优异的业绩引起社会的关注。

天同证券是上海证券交易所的会员理事单位和深圳证券交易所的会员单位，拥有交易席位99人，经营网点74家。1997年以来共实现沪深A股、基金交易量4986.21亿元，国债交易量1103.12亿元，综合交易量6089.33亿元。2000年综合交易量完成3102.51亿元，名列全国第8位，市场占有率从1999年的1.76%上升为2.03%。

自1997年9月取得A股主承销资格以来，天同证券在A股发行、配股、债券承销、上市推荐以及担任财务顾问方面成绩突出。先后成功实施了中原油气、华泰股份等6家企业的新股发行主承销，华能电力、烟台市政等7家债券的主承销和锦州石化、南开戈德等18家配股主承销；担任了浪潮信息、复兴实业等29家企业的新股发行或配股的副主承销，参与了宝钢股份、民生银行等54只股票的分销；圆满完成了万杰实业、新中基等17只股票和汉博基金的上市推荐工作，为30多家企业和宁夏回族自治区政府、济南市政府等担任财务顾问。特别是成功策划了山东电缆、新潮实业的资产重组，在业内引起很大反响。1999年公司的投行业务整体排名进入全国券商前10名，2000年股票主承销家数列全国第10位，主承销金额列第11位。

天同证券拥有一支作风稳健、经验丰富的投资理财专家队伍，建立了有效的风险防范体系，健全了各项管理制度，证券投资及资产委托管理业务连年取得较高收益，每年平均收益率均在30%以上。

在扩大经营规模、壮大传统业务的同时，天同证券还致力于业务创新，努力培植新的利润增长点。近年来，先后参与发起设立或为主发起设立了华安、中融和富邦基金管理公司；还作为主要发起人成功参与设立了我国第一批额度为20亿元的投资基金——安信基金，大大提高了天同证券的声誉。

随着公司自身实力的增强，天同证券的社会形象和地位迅速提高。1999年4月，在上交所第六次会员大会上，公司当选为会员理事单位，段虎董事长当选为上交所会员理事，成为上交所10位领导成员之一。1999年底，公司当选为中国证券业协会理事单位，段虎董事长当选为理事会25位理事之一，天同证券已经逐步从一个地方性券商跨入了全国大券商的行列。

具有广阔的发展前景

二十一世纪的中国证券市场，机遇与挑战并存，成功与失败同在。面对激烈的市场竞争，天同证券充满了信心，并已做好了充分的准备。

天同证券进一步完善了法人治理结构，股东会、董事会、监事会规范运作、科学决策，为公司的发展提供了强有力的保障。天同证券拥有一支年龄、知识、学科结构合理的高素质员工队伍，近2000名员工平均年龄29岁，大专以上学历者占72%，其中博士后3名，博士14名，硕士150余名。以段虎董事长为首的公司高级管理人员团队，年富力强、经验丰富、团结务实、开拓进取。雄厚的人才队伍及高素质的公司领导班子，是公司发展的根本保证。天同证券的净资产达到24亿元，在国内券商排名第九位，公司的资本运营能力和抗风险能力大大增强。按照科学、精简的原则，天同证券调整了部门设置，设立了3个分公司、6个管理总部，建立了高效的管理体制；天同证券已经形成了门类齐全、协调发展的业务格局，建立了完善的人力资源开发体系和有效的风险防范体系，为公司的发展奠定了坚实的基础。天同证券积极创造优秀的现代企业文化，倡导“允公允能、同心同德”的企业精神，视信誉为生命，视同行为朋友，视客户为上帝，视发展为真谛；天同证券具有山东人所特有的黄河和泰山的性格，敢于在逆境中奋起，善于在强手如林的市场竞争中抓住机遇，迎接挑战，再创辉煌。天同证券已拟定了“三次创业”规划，制定了二十一世纪的发展战略，决定以证券业务为依托，组建金融控股集团。目前，全体员工正以饱满的精神状态、高昂的工作热情，为早日实现这一宏伟的发展目标而努力奋斗！

十年，在历史长河中仅是一个瞬间；十年，对天同证券来说又是多么的重要。天同证券的十年，是艰苦创业的十年，是团结奋斗的十年，是可以在中国证券发展史上写下浓重一笔的十年。回顾十年发展史，勿忘创业的艰辛，铭记成功的喜悦；展望证券市场的未来，天同证券力争抢市场竞争的制高点，努力拼搏，积极进取，追求卓越，为促进国民经济发展，繁荣中国证券市场做出更大的贡献。（责任编辑：曹文乔）

创新路上勤奋进

访浙江海正药业股份有限公司董事长、总经理白骅

浩瀚的台州湾、雄奇的椒江口，海正药业刚落成不久的现代化楼群背山面江而立，耀眼夺目；大弧度对称式综合楼，以富于创意的建筑语言昭示着海正“海纳千川”的创业气魄。

海正的前身浙江海门制药厂以林产化工起步，1997年整体改组为浙江海正集团有限公司，1998年设立股份有限公司。公司现已形成一个占地20余万平方米，总资产11亿元，净资产7.3亿元的高科技制药企业。“九五”以来，海正的产品销售收入和利润总额年均增长率分别达到27.2%和22.99%，保持了稳定、强劲的增长势头。

日前，我们走访了九届全国人大代表、海正药业董事长、总经理白骅，他看上去朴实无华，不善言辞，然而谈起公司的经营和管理，谈起公司的未来和发展，却思路敏捷，谈锋甚健。

科技先导　外向为主

近年来,医药行业的新上市公司比较多,这标志着医药行业的企业竞争不再囿于产品市场领域,而进一步扩大到资本市场。因此,我们的话题首先涉入海正药业在医药行业中有哪些独特之处和优势。白骅认为,与国内的同行相比,海正药业最大的特点有两个方面:第一,海正是一个科技先导型企业。具体表现为:首先,产品科技含量高。公司充分运用发酵工程、酶工程和基因工程等现代生物技术及化学手性定向合成技术,研究、开发和生产的高新技术药品,技术难度高,工艺复杂。其次,高科技产品层出不穷,已形成抗肿瘤药、抗寄生虫药、心血管药、抗感染药等四大系列药物优势。其中7个产品填补国家空白,4个产品被认定为国家级新产品。再次,科技投入大。公司在1997—2000年科技投入超亿元,占公司销售收入的10.2%,远远高于国内同行业平均水平。第二,海正是一个外向型的企业。国内的大多数医药企业的产品市场在国内,而海正很早就开始走外向型道路。因为海正从诞生起就不是纯粹的国有企业,这形成了海正特有的经营机制,不等不靠,根据市场需求来开发、生产产品,久而久之,就形成了海正的市场优势。海正75%以上的产品销往国外,市场分布在欧美等30多个国家和地区,这在国内医药行业中是不多见的。

白骅说,海正目前在全国同行业中已是国内最大的抗生素抗肿瘤药物生产基地。海正以其抗肿瘤药品齐全、档次高而闻名全国,联合国世界卫生组织推荐的24种抗肿瘤化疗基本药物目录的前10种中,海正就有5个品种。其次,海正是全国化学原料药重要骨干生产企企业和出口创汇企业。心血管系统药、抗感染药和抗寄生虫药方面,海正是全国重要的原料药生产企业,如阿佛菌素、依维菌素的生产量及出口量居国内制药企业之首。再次,海正是我国通过FDA认证最多的企业之一,公司生产全过程严格执行GMP标准。在通过了法国ATM质量管理模式之后,又于1995年成为浙江省医药行业首家通过ISO9002质量保证体系认证的企业。此外,海正是国家火炬项目和"863"攻关项目完成最多的企业之一,已实施并圆满完成国家四个火炬项目。公司1995年被认定为浙江省首批高新技术企业和科技创新试点企业;1999年通过国家科技部和中国科学院"双高"新技术企业认证;2000年阿霉素产品率先获许欧共体COS注册、粉针车间通过国家GMP认证。以海正药业为核心企业的浙江海正集团有限公司被国务院列入全国520户重点企业。

强化管理　服从市场

海正药业在近几年的经营中业绩呈稳定增长态势,之所以能取得如此成绩,这与公司在经营管理上的成功是分不开的。海正药业在公司运作和经营管理上不仅科学严谨,而且富有自己的个性。白骅说,海正的经营管理首先是以市场定位。从80年代末开始,公司的生产就不是根据计划,而是瞄准市场、跟踪市场、根据市场需求来定生产计划,市场需求要什么,公司就生产什么,市场需要多少,公司就生产多少。有的产品有市场,但公司还没有能力生产,就寻找科研单位一起去研制、开发。总之,一切取决于市场,在这一原则下产生了我们的运作管理方法。首先,尽可能挖掘设备工艺的潜能,发展产品延伸。公司在一个产品投入生产后,就研究有什么产品与这一产品相近,然后利用生产这一产品的设备和工艺生产出延伸产品。其次,根据公司本身的特点,独辟蹊径,开拓市场。海正公司现有的规模要与国内大的制药企业在生产数量规模上竞争,无疑是不行的;所以公司重点选择批量小、但科技含量高的产品作为主攻方向,这样就形成了我们的产品特点和优势;然后通过外贸途径,公司就逐渐在国际市场上打开了局面。第三,对产品质量的高度重视。产品要进入美国市场,就必须通过FDA(美国食品与药品管理局)认证,这本身就意味着产品和整个生产工艺流程都要达到一定的水平和质量,从原料、工艺到整个生产流程都要符合FDA的要求。海正深深的认识到,质量是公司的立身之本,因此始终把质量列入领先战略的首位。在药品生产中,从厂房设计、原料入库、生产流程直至成品入库与销售,都严格按照GMP规范操作。同时,公司引进国外先进的检测仪器、设备,严格控制生产过程中的每一细小环节。先进的设备是质量的必要保证,公司为了进一步提高产品质量,从德国、美国、瑞士等国引进世界一流的高、精、尖设备,广泛应用于发酵、提取、合成、生化等生产过程。目前,公司已有阿霉素、柔红霉素、丝裂霉素、依维菌素、妥布霉素和氟尿脱氧核苷等6个产品通过了美国FDA认证,其中每通过一个产品,公司在国际医药行业中的知名度就提高一点。产品不断通过FDA认证,公司的国际市场也就不断扩大。

科技创新　资源整合

医药产品是科技密集型产品,从某种意义上说,企业的产品研究开发能力如何关系到企业未来的发展前景。那么,海正药业的产品研究开发能力究竟如何,公司在这方面有哪些举措和进展?对此,白骅认为,产品的开发是海正的强项。海正在短短的几年时间里,从一家只能生产普通产品的小企业一跃为生产大批高科技高附加值产品的高新技术企业,其根本原因在于,公司在产品的研究开发这一"不竭之源"中摸到了一套行之有效的办法,即对有效而丰富的资源进行整合。海正人懂得:只有把大学、研究院所研究出来的新技术、新方法,应用于新产品开发,形成产业新优势,才能抢占市场制高点。于是,海正领先同行实施了研究和生产一体化工程,并把这一"工程"作为企业科技创新的第一步。起先,海正出资向科研单位购买科研成果,主动向高校、科研单位出资金出题目,获得人才先选、成果先用的优先权,科研单位专门为海正研制开发具有科技领先水平的新产品。而后,为了抢时间、争速度,保证企业产品开发的方向,海正又创造了"蜜蜂采花"和"交叉战术",产品开发由以往的单家独户的攻关,变为"蜜蜂采花",将研究开发的过程实行分解,分别交由最具实力的单位攻关,形成百家之长、集多家科技优势为我所用的机制。采用"交叉战术"后,公司既是生产基地,又是研究开发和实验基地,加快了产品研制开发向大生产的转化。如在开发抗肿瘤药表阿霉素时,几家科研院所和公司联合攻关,把有效的资源进行优化组合,从而加快了成果产业化进程。公司与上海有机所、北京微生物研究所、浙江大学、中科院上海药物研究所等20多家国内最具实力的研究单位建立了长期的紧密的伙伴关系,其中上海医药工业研究院、四川抗菌素工业研究所和中国药科大学都已成为海正药业股份有限公司的发起人之一。

科研和生产一体化的工程仅是海正科技创新的一个方面,不是全部,海正迈出了科技创新的"第二步"是创办自己的医药研究中心。同时,在国外建立了自己的信息网络,确保在第一时间把国外的最新信息传递到海正,使公司永远处于世界医药技术发展的前沿。企业产品研究开发能力的强弱,最终取决于研究人员的素质和水平。海正深深懂得这一点,因此公司不惜花大力气、大代价寻找一流人才。搜寻范围甚至超出了国家和地域的界限;目前已招聘国外专家、中国工程院院士等担任新产品的开发研制、市场营销和管理。1993年中国工程院院士沈寅初直接指导海正的阿佛菌素项目的开发，海正用了短短4个月时间就实现了产业化，该成果获得了国家科技进步二等奖和“八五”重大科技攻关奖，从而提升了企业的科研档次。1999年，海正又从美国招聘了3名高级专家到公司工作，为公司的科研和开发能力的进一步提高，打下了坚实的基础。

面对挑战　主动接轨

在谈到公司的发展前景时，白骅说，公司“十五”发展的总体战略是“营造优势，创海正品牌；追求发展，建设大集团。”具体战略措施是：“营造‘一个形象’、建设‘一个文化’、实施‘四个重点’、强化‘六大支撑’。”即塑造海正整体形象，建设海正“人企合一、共求满意”的先进文化，实施产品特色、资本运作、市场扩张、跨国经营，强化技术创新、装备一流、清洁生产、创立品牌、人才集聚、管理现代的六大支撑点。白骅说，海正药业追求的经营目标是保持业绩持续稳定地增长。他认为，从发展的角度看，随着我国经济的发展和人民生活水平的提高，中国对人的生命会越来越重视，因此对药品的需求量将日益增大，同时对药品的质量要求也会越来越高，这意味着医药市场的前景非常可观。公司只要不断加强产品研究开发能力，严格管理，开拓市场，就一定会有一个美好的前景。

中国加入WTO已成必然，因此，中国的医药行业要面临两个问题。一是关税，原来的制剂药品进口关税为20%，加入WTO后，关税从现在的20%降到6.5%，将对国内市场构成一定冲击；另一是知识产权保护，药品是知识密集型产品，原来国内制药企业仿制产品比较多，实际上是降低了产品的成本，加入WTO后，仿制将受到重罚，这对我国的制药企业产生较大影响。对此，白骅认为，关税和知识产权对于医药行业，确实是敏感问题。但关税主要对制剂产品构成冲击，对原料产品影响不大。具体到海正药业，加入WTO后既有利也有弊。有利之处是，由于公司主要是外向型企业，产品大部分销往国外，所以加入WTO后，不但不会直接对公司的产品销售构成冲击，而且有利于海正与国外公司的合作及进一步开拓国际市场。不利之处是，一、现在中国与国际上发达国家在医药研究和开发水平上存在明显差距，我们的产品科技含量还不如人家。对此，公司已制定了相应的对策，一方面加强国际非专利市场的开发；另方面加强开发中药，实行中西药并进战略；此外，还打算开展与国内及国际研究机构合作进行医药前端的开发研究，这是未来的发展趋势。二、加入WTO后，可能使国际竞争进一步扩大到家门口，国际市场国内化、国内市场国际化趋势将更加明显。为了适应这一变化，公司对经营战略要作一些相应调整，变国际市场为主为国际国内市场并举，增加国内市场的份额；在产品类型上，变原料产品为主为原料和制剂产品并举，加大制剂产品的研制和开发力度。目前，我们正在通过ISO14000环境管理体系的认证，获得国际绿色通行证，就能在市场上获得主动。总之，要增大公司在国内市场的占有率，形成新的优势，从而形成公司新的利润增长点。

海正，面临又一次发展的新机遇。海正，海纳千川，正逢其时······

（责任编辑：曹文乔）

抓住机遇　迎接挑战

记利安达信隆会计师事务所有限责任公司董事长黄锦辉

随着我国加入WTO，我国会计市场的对外开放将成为不争的事实，我国注册会计师行业在面临着更大挑战的同时，

也迎来了难得的发展机遇，为了积极响应财政部关于会计师事务所上规模、上档次、上水平的要求，利安达会计师事务所根据自己的优势和特点，积极寻找扩大规模、实行规模经营的路子，在财政部、中国证监会、中国注册会计师协会的关心和支持下，通过与原挂靠黑龙江省财政厅的黑龙江龙源会计师事务所和原挂靠珠海市审计局的珠海经济特区嘉信达会计师事务所将近一年的谈判，三方的领导和全体股东从大局出发，在平等、自愿、互利的基础上最终达成了联合的协议。2000年7月26日财政部正式批准利安达、黑龙江龙源、珠海嘉信达三所的联合方案，2000年10月20日国家工商行政管理局变更注册登记，联合后事务所更名为利安达信隆会计师事务所有限责任公司。联合后的利安达信隆注册资本由原来的200万元增加到300万元，执业风险基金超过1000万元人民币，增强了事务所扩大规模后抗风险能力。由于有国家大政方针的指导，有财政部、证监会、中注协等有关部门的支持，加上联合三方全体员工的共同努力，联合后的利安达信隆实现了平稳过渡，理顺了内部管理体制和质量监管体系，尤其是董事会成员和经营班子精诚团结，使利安达信隆真正享受到上规模、上档次、上水平的优势，取得了骄人的成绩。联合后的利安达信隆，一如既往地恪守独立客观、薄利重义、优质高效的执业原则，及时调整客户结构。目前利安达信隆的服务对象主要是大型国有企业、上市公司、金融企业、建筑业和服务业等，客户网络已经遍布全国各地，拥有1000多家客户，其中：在大型企业工委主管的160多家大型、特大型的国有企业中，有11%的企业是利安达信隆的客户；在全国1000多家上市公司中，利安达信隆的客户有23家；在金融企业中，利安达信隆已经先后涉及到中国工商银行、中国进出口银行、中国光大银行、中国人民保险公司、中国对外经济贸易信托投资公司、中国金谷国际信托投资公司、中国华诚集团财务公司等10多家金融企业客户。

利安达信隆视人才为本，广纳贤才，目前拥有一批能吃苦、会战斗、年富力强的专业人才队伍。目前利安达集团网络的员工超过500人，平均年龄30岁，其中注册会计师228人，具有证券业资格的注册会计师超过40人，注册评估师102人，注册税务师50余人。员工中，90%以上具有大学本科以上学历，20%以上具有在国外工作、学习和培训的经历，同时还有6%的高级会计师、高级工程师等高级专业人才。随着事业的发展，利安达在实现业务集团化、规范化、国际化的过程中，将吸纳国内外的优秀人才，逐步实现人才国际化。

提高执业质量是事务所生存和发展的基础和保证，联合后的利安达信隆，重视强化执业质量的监控和员工的培训。事务所的质量监管部门，通过总结几年来的执业经验和教训，结合中注协颁布的各种执业标准，在借鉴国内外会计师事务所在制度建设方面成功经验的基础上，逐步出台了一系列质量监管制度和办法，建立了一套具有利安达特色的执业标准和程序，规范执业标准，防范和降低审计风险。为了加强对集团

网络的整体执业质量的监管，统一执业标准，利安达信隆还成立了在董事会领导下的质量监督管理委员会，设立执业标准、质量监控和执业检查3个专业委员会，完善了执业标准制定和质量监控的管理体系，强化了内部质量检查的力度，每半年组织人员对各分所、成员所的内部质量复核制度的实施情况和执业质量情况进行检查评估，及时发现问题，解决问题。为化解执业风险，事务所对具备执业资格人员实行统一授权签字、分级管理，同时对项目进行集中管理，突出集体观念，强化团队精神，将执业风险尽量降低至可控范围内。在董事会和经营班子的全力支持下，经过事务所员工的研制、开发、试用和完善，利安达信隆自行研究推出的计算机辅助审计程序已经开始在分所和成员所中推广、使用，电脑辅助审计技术的采用，在一定程度上改变了原来传统审计的一些落后的技术和程序，逐步向国际惯例接轨，这对提高事务所执业质量和效率，严格规范执业标准将有着特别重要的意义。利安达信隆自成立以来，由于努力恪守独立、客观、公正的执业原则，执业严谨规范，目前在中国证监会、财政部、审计署等国家监管部门没有存在重大违法、违纪的记录，这是我们能为客户提供良好服务的必要条件。

利安达信隆本着实事求是、稳步发展的精神，继续积极实施事务所的集团化、规范化和国际化，走规模经营的道路。目前利安达信隆除了拥有注册会计师法定执业资格外，还同时具备了由财政部和中国证监会批准的执行证券、期货相关业务资格、财政部和中国人民银行批准的从事金融相关审计业务资格和中国注册会计师协会推荐具备承担大型国有企业审计的资格，在此基础上，利安达信隆目前在国内已经建立能够满足客户业务发展需要的集团网络，分别在北京、广东、广西、上海、湖南、湖北、福建、陕西、辽宁、黑龙江、吉林等地、市先后建立14家分支机构，形成了一定规模的会计师事务所集团网络，已发展成为能够为广大客户提供审计、会计、税务、评估、咨询、培训等全方位服务的大型综合性中介机构，以雄厚的实力跻身于中国知名会计师事务所的行列；同时利安达信隆非常重视走国际化的道路，积极探索和加强与国际会计公司的联系，自1997年以来先后成为国际第六、第八大国际会计公司BDO、RSM国际会计网络的联系所，预计在2001年利安达信隆有望成为BDO国际会计公司的成员所，真正融入国际会计行业的大家庭中，逐步实现与国际惯例接轨。利安达信隆所拥有的国内外网络，为更好地为客户提供全方位、跨地域、便捷的网络服务提供了保证。随着利安达信隆集团化、规范化、国际化的不断发展，经营规模不断扩大，2000年度利安达集团网络业务收入达到5000万元，其中执行国企、证券、期货、金融相关业务收入占全部收入的90%。此外，国际业务也有长足的发展，来自于法国、意大利、德国、台湾、香港、新加坡、韩国等国家的外国公司先后与利安达信隆建立业务合作关系，国际业务合作将逐步成为利安达信隆业务规模的重要组成部分。

利安达信隆的联合成功，是财政部关于事务所扩大规模要求的一个成功范例，也是我国注册会计师行业进行重大改革的一次成功的尝试，人类已经迎来了充满希望的新世纪，我们回顾过去，展望未来，随着我国加入WTO，利安达信隆面临着严峻的挑战和更大的发展机遇，在未来两年里，利安达信隆有信心通过自己的努力，争取进入全国十大会计师事务所之一，整个利安达集团网络将覆盖全国各地的主要城市，业务收入规模将力争达到1亿元人民币；同时利安达信隆还将尽快融入国际会计市场中，利用利安达信隆的涉外优势和国际成员所的地位，努力开拓国际市场，尽快在美国、欧洲、澳洲等地设立驻外代表处，真正使利安达信隆会计师事务所成为国际会计师行业的一员。与有志于注册会计师行业的国内外同仁们携手共进，努力开创注册会计师事业的新局面。

（责任编辑：邱天）

第十八编

证券业理论研究

2180/2214

证券业基本概念

关于宏观经济问题

【经济增长率】 也称经济增长速度，它是反映一定时期经济发展水平变化程度的动态指标，也是反映一个国家经济是否具有活力的基本指标。

【货币供应量】 是单位和居民个人在银行的各项存款和手持现金之和，其变化反映着中央银行货币政策的变化，对企业生产经营、金融市场，尤其是证券市场的运行和居民个人的投资行为有重大的影响。我国现行货币统计制度将货币供应量划分为三个层次，一是流通中现金（用符号 M0 表示），是指银行体系以外各个单位的库存现金和居民的手持现金之和；二是狭义货币供应量（用符号 M1 表示），是指 M0 加上企业、机关、团体、部队、学校等单位在银行的活期存款；三是广义货币供应量（用符号 M2 表示），是指 M1 加上企业、机关、团体、部队、学校等单位在银行的定期存款和城乡居民个人在银行的各项储蓄存款。

【通货膨胀率】 是指用某种价格指数衡量的一般价格水平的持续上涨，是物价指数总水平与国民生产总值实际增长率之差。

【财政收支】 包括财政收入和财政支出两个方面。财政收入是国家为了保证实现政府职能的需要，通过税收等渠道集中的公共性资金收入；财政支出则是为满足政府执行职能需要而使用的财政资金。收入大于支出是盈余，收入不抵支出则出现财政赤字。

【固定资产投资规模】 是指一定时期在国民经济各部门、各行业固定资产再生产中投入资金的数量投资规模过小，不利于为经济的进一步发展奠定物质技术基础；投资规模过大，超出了一定时期人力、物力和财力的可能，又会造成国民经济比例的失调，导致经济大起大落。

【货币政策】 是指政府为实现一定的宏观经济目标所制定的关于货币供应和货币流通组织管理的基本方针和基本准则。货币政策的工具包括法定存款准备金率、再贴现政策、公开市场业务三种一般性政策工具和直接信用控制、间接信用指导等选择性政策工具。

【收入政策】 是国家为实现宏观调控中目标和总任务，针对居民收入水平高低、收入差距大小在分配方面制定的原则和方针。与财政政策、货币政策相比，收入政策局具有更高层次的调节功能，它制约着财政政策和货币政策的作用方向和作用力度，而且收入政策最终也要通过财政政策和货币政策来实现。

【收入总量目标和收入结构目标】 收入总量目标着眼于近期的宏观经济总量平衡，着重处理积累和消费、人们近期生活水平改善和国家长远经济发展的关系，以及失业和通货膨胀的问题。收入结构目标则着眼于处理各种收入的比例，以解决公共消费和私人消费、收入差距等问题。

关于企业体制问题

【资本运营】 所谓资本运营是指以利润最大化和资本增值为目的，以价值管理为特征，将本企业的各类资本，不断地与其它企业、部门的资本进行流动与重组，实现生产要素的优化配置和产业结构的动态重组，以达到本企业自有资本不断增加这一最终目的的运作行为。资本运营的内涵大致可以分为三个方面：一是资本的内部积累；二是资本的横向集中；三是资本的社会化控制。

【买壳上市】 所谓买壳上市，是指非上市公司通过拥有某一家上市公司的控股权，然后利用反向收购方式注入自己的有关业务和资产，从而达到间接上市的目的。一个典型的买壳上市一般来讲是由以下两个交易组成的：交易之一是买壳交易，非上市公司通过股票二级市场或内部协议转让方式取得上市公司的控股权；交易之二是资产转让交易，即上市公司反向收购非上市公司的资产，一般应为有发展潜力和很强获利能力的优质资产，即非上市公司将自己的有关业务和资产注入到这个"壳"里去。

【股权激励机制】 所谓股权激励指的是公司与部分员工或全部员工之间进行某种股权安排，如：以一定方式授予一定数量的公司股份，或给予员工在一定时期内以一定价格购买公司股份的权力等等。目前，在国际上通行的股权激励方式主要有：股票期权、模拟股票、公式股票、股票增值权、长期业绩奖励、员工持股计划（ESOP）、管理层股票购买计划和限制性股票等等。股权激励作为企业激励机制的重要组成部分和重要的激励方式之一，已被国内许多企业引进。

【分拆】 指一个母公司通过将其在子公司中所拥有的股份，按比例分配给现有母公司的股东，从而在法律上和组织上将子公司的经营从母公司的经营中分离出去，这时，便有两家独立的（最初的）股份比例相同的公司存在，而在此之前，只有一家公司。广义的分拆包括已上市公司或者未上市公司将部分业务从母公司独立出来单独上市；狭义的分拆指的是已上市公司将其部分业务或者某个子公司独立出来，另行公开招股上市。

【资产剥离】 是指上市公司将非经营性闲置资产，无利可图资产以及已经达到预定目的资产从公司资产中分离出来。从具体实践看，资产剥离方式包括资产置换、减资、资产出售等形式。

【资产置换】 所谓资产置换，是指以上市公司之外的优质资产注入上市公司，并置换出上市公司原有的劣质资产，以保持上市公司永远是一个由优质资产组成的组合。上市公司资产置换的目的一般是调整资产结构，提高资产质量，加强主营市场

关于金融市场问题

【民营银行】 是指同时具备下列条件的商业银行。这些条件是：(1)资本金主要来自民间；(2)由民间资本控股经营；(3)人事任免权真正属于股东大会及董事会。按上述标准，我国现有的商业银行中尚无真正严格意义上的民营银行。然若，伴随着我国民营经济的快速发展和金融体制改革的日渐深化，时至今日，我国的民营银行已经呼之欲出。

【间接标价法】 又称为应收汇率、外币计价汇率或应收标价法。是"直接标价法"的对称。这种方法是以一定数额的本国货币为标准，折算成为一定数额的外国货币的标价法。在间接标价法下，外汇汇率的涨跌与外国货币标价数额的增减趋势是反向运动。如果外汇汇率上涨，就表示一定单位本国货币折合的外国货币的标价数降低了；如果外汇汇率下跌，就表示在外国货币的标价数提高了。

【直接标价法】 又称为支付汇率、本币计价汇率或应付标价法，是"间接标价法"的对称。这种方法是以一定单位的外币为标准，折算为一定数额的本币的标价方法。在直接标价法下，外汇好像商品，本巾好像货币，可以用本币购买外汇或者出售外汇收回本巾；外汇汇率的涨跌与本国货币标价数额的增减是一致的，也就是说，本国货币标价数的提高就表示外汇汇率上涨；本国货巾标价数降低就表示外汇汇率下跌。我国人民币汇率使用的就是直接标价法。

【实盘买卖】 个人外汇买卖，均是即期实盘买卖，即客户根据银行即时公布的外汇买卖汇率，卖出（买入）一种外币，同时买入（卖出）另一种外币，其卖出（买入）和买入（卖出）的金额相对应，即按客户投入的实际外币金额进行买卖清算。

【虚盘买卖】 又称保证金交易，就是客户可在银行存放一定数量外汇，作为外汇买卖保证金，根据国际市场价格变动而委托银行进行外汇买卖，其外汇买卖的金额可达保证金金额的若干倍。进行虚盘买卖的客户只需在交易平仓后进行轧差计算，由银行根据客户的盈亏情况，盈利则贷记客户保证金帐户，亏本则借记客户保证金帐户。若汇率变化导致交易亏损金额达到保证金的一定比例时，客户需立即追加保证金，若客户不能及时追加，银行有权强行平仓，并从客户保证金帐户中支付亏损。

【自动续期】 自动续期就是存款人与银行约定在款项到期时，若没有新的协定，原签定的存款合同继续生效。但第二期的本金是第一期的本利和，第三期本金是第二期的本利和，如此类推。其实质是存款人与银行约定，在款项未提取以前按约定的存款复利计算利息。

【甲种外币存款】 是外汇专业银行为外国驻华机构（包括外交、商务、国际组织和民间机构）、中外合资企业及国内企业单位、城乡集体经济组织设立的外币存款账户。此项存款只有"外汇账户"、持有外币现钞的单位，需做外钞通过银行办理外汇买卖后再存入"外汇账户"。甲种外币存款有甲种外币定期存款和甲种外币活期存款两种形式。

【丙种外币存款】 丙种外币存款的对象是中国境内居民，包括归侨、侨眷和港澳台同胞的亲属。这些人可以以本人名义开立丙种外币存款账户。这种存款分为丙种外币定期存款和丙种外币活期存款。均可分为外汇账户与外币现钞账户，定期存款分为三个月、六个月、一年、两年四种期限；起存金额为人民币 50 元的等值外币，多存不限。存款

时先由存储户填写存款申请书申请开户，经银行审核后开给记名式定期存单。活期存款开户起存金额为人民币20元的等值外币，存储户填写开户申请书经银行审核同意并给记名式活期存折，存款利息按统一公布的个人外币存款利率计付外币利息。

【保值储蓄】 是国家银行根据国民经济状况及物价上涨情况，对储户存入银行的三年、五年、八年期储蓄存款在规定的期限内给予一定保值补贴的储蓄方式。保值储蓄补贴率是物价指数高于储蓄利息的部分，其计算公式是：保值储蓄补贴率＝物价上涨指数－储蓄利息率。当物价指数比储蓄利率低的时候，保值储蓄补贴率就是零。

【分段计息】 分段计息是存款人或借款人在存（贷）款期内遇到国家调整利率，从存入（借入）日至调整日，银行按原合同同档次利率计付（计收）利息；从调整日开始按调整后的同档次利率计付或计收。如再有调整，同理类推。它是银行的计息专用术语，它适用于本外币的活期存款、外币的浮动利率流动资金贷款、人民币的定期存款等。

关于证券市场问题

【网上委托】 就是证券经纪商的电脑交易系统与互联网联结，委托人利用任何可上网的电脑终端，通过互联网凭交易密码进入证券经纪商电脑交易系统委托状态，委托人自行将委托内容输入电脑交易系统，完成证券交易。证券公司开展网上委托必须具备中国证监会规定的条件。

【配股权证】 是上市公司给予其老股东的一种认购该公司股份的权利证明。配股权证分配方案的产生与分红派息方案的产生大致相同，即首先由董事会提出配股方案，经股东大会审议通过后，向社会公告其配股方案。目前，A股的配股权证不挂牌交易，不允许转托管。

【证券回购交易】 是指证券买卖双方在成交的同时就约定于未来某一时间以某一价格双方再进行反向交易的行为。其实质内容是：证券的持有者（融资者、资金需求方）以持有的证券作抵押，获得一定期限内的资金使用权，期满后则需归还借贷的资金，并按约定支付一定的利息；而资金的贷出方（融券方、资金供应方）则暂时放弃相应资金的使用权，从而获得融资方的证券抵押权，并于回购期满时归还对方抵押的证券，收回融出资金并获得一定利息。

【网上发行】 就是利用沪、深证券交易所的交易网络，新股发行承销商在证券交易所挂牌销售，投资者通过证券营业部交易系统申购的发行方式。新股网上发行目前主要采取网上竞价发行、网上定价发行和网上定价市值配售等三种方式。

【网上竞价发行】 是指主承销商利用证券交易所的交易系统，以自己作为唯一的"卖方"，按照发行人确定的底价将公开发行股票的数量输入其在交易所的股票发行专户；投资者则作为"买方"，在指定时间通过交易所会员交易柜台以不低于发行底价的价格及限购数量，进行竞价认购的一种发行方式。

【网上定价发行】 是发行价格固定，采用证券交易所先进的交易系统来发行股票的发行方式。即主承销商利用证券交易所的交易系统，按已确定的发行价格向投资者发售股票。

【网上订价市值配售】 就是在新股网上发行时，将发行总量中的一定比例（目前规定为网上发行总量的50%）的新股向二级市场投资者配售。投资者根据其持有上市流通证券的市值和折算的申购限量，自愿申购新股。

【证券存管】 是财产保管制度的一种形式，是指作为法定登记机构的证券登记结算机构及其代理机构接受投资者委托向其提供记名证券的交易过户、非交易过户等股权登记变更、分红派息以及股票帐户查询挂失等各项服务，使股东权益和股权变更得以最终确定的一项制度。

【集合竞价连续竞价】 是在每个交易日上午9:25，交易所电脑主机对9:15至9:25接受的全部有效委托进行一次集中撮合处理的过程。集合竞价确定成交价的原则是：首先，在有效价格范围内选取使所有有效委托产生最大成交量的价位；其次，进行集中撮合处理。集合竞价结束、交易是即进入连续竞价，直至收市。连续竞价阶段的特点是，每一笔买卖委托输入电脑自动撮合系统后，当即判断并进行不同的处理，能成交者予以成交，不能成交者等待机会成交，部分成交者则让剩余部分继续等待。

【外资股】 外资股是指股份公司向外国和我国香港、澳门、台湾地区投资者发行的股票。这是我国股份公司吸收外资的一种方式。外资股按上市地域，可以分为境内上市外资股和境外上市外资股。境内上市外资股是指股份有限公司向境外投资者募集并在我国境内上市的股份。这类股票称为B股。境外上市外资股是指股份有限公司向境外投资者募集并在境外上市的股份。它采取记名股票形式，以人民币标明面值，以外币认购。在境外上市时，可以采取境外存股证形式或者股票的其他派生形式。

【公债】 是指国家为了筹措资金而向投资者出具的、承诺在一定时期支付利息和到期还本的债务凭证。公债的举债主体是国家。广义的公债是指公共部门的债务，狭义的公债指政府部门的债务，我们一般所指的公债大多是狭义的，即政府举借的债。公债具有以下特性：安全性高、流通性强、收益稳定、免税待遇。

【公司债券】 是公司按照法定程序发行的、约定在一定期限还本付息的有价证券。公司债券的特征：1、契约性，公司债券代表一种债权债务的责任契约关系，它规定债券发行人在既定的时间内必须支付利息，在约定的日期内必须偿还本金，从而确定债务双方的权利、义务和责任。2、优先性，债券持有人是公司的债权人，不是股东。他无权参与但有权按其取得利息，并且利息分配顺序优先于股东。公司因经营不良而破产，清理资产时，债券持有者也可优先于股东收回本金。3、风险性，公司经营的稳定性不能与政府信誉相比较，就是与金融机构相比，公司的风险相对来说一般也比较大。

【证券市场监管】 是指证券管理机关运用法律的、经济的以及必要的行政手段，对证券的募集、发行、交易等行为以及证券投资中介机构的行为进行监督与管理。证券市场监管主要有依法管理原则、保护投资者利益原则、公开、公平、公正原则、监督与自律相结合的原则。

【操纵市场】 是指某一组织或个人以获取利益或者减少损失为目的，利用其资金、信息等优势、或者滥用职权，制造证券市场假象，诱导或者导致投资者在不了解事实真相的情况下作出证券投资决定，扰乱证券市场秩序的行为。操纵市场的行为方式主要有虚买虚卖、合谋、连续交易操纵。

【认股权证与优先认股权】 认股权证全称股票认购授权证，它由上市公司发行，给予持有权证的投资者在未来某个时间或某一段时间以事先确认的价格购买一定量该公司股票的权利。认股权证实质上是一种股票的长期看涨期权。优先认股权又称股票先买权，是普通股股东的一种特权，在我国又称之为配股权证。当股份公司需要再次筹集资金而向现有股东发行新股时，股东可以按原有的持股比例以较低的价格购买一定数量的新发行股票。认股权证是对债权人和优先股股东的优惠券，而优先认股权则是对普通股股东的优惠权。另外，优先认股权的有效期较短，而认股权证的有效期较常，且其认购价格一般高于认股权证发行时公司普通股票的市场价格。

【场外交易市场】 是在证券交易所以外的证券交易市场的总称，具有以下特征：1、场外交易市场是一个分散的无形市场；2、场外交易市场的组织方式采取做市商制，在场外证券交易中，证券经营机构先行垫入资金买进若干证券作为库存，然后开始挂牌对外进行交易。3、场外交易市场是一个拥有众多证券种类和证券经营机构的市场，以未能在证券交易所批准上市的股票和债券为主。4、场外交易市场是一个以议价方式进行证券交易的市场；5、场外交易市场的管理比证券交易所宽松。

【股票价格指数】 是将计算期的股价与某一基期的股价相比较的相对变化指数，用以反映市场股票价格的相对水平。我国主要的股票价格指数包括上证综合指数、深证综合指数、上证30指数、深证成份股指数等。

【可转换证券】 是指其持有者可以在一定时期内按一定比例或价格将之转换成一定数量的另一种证券的证券。可转换证券通常是转换成普通股票，主要分为可转换债券和可转换优先股票两类。

【注册制与核准制】 注册制是指发行人申请发行股票时，必须依法将公开的各种资料完全准确地向证券监管机构申报。证券主管机构的职责是对申报文件的全面性、准确性、真实性和及时性作公开式审查，而将发行公司股票的良莠留给市场来决定。核准制是指发行人在申请发行股票时，不仅要充分公开企业的真实情况，而且必须符合有关法律和证券监管机构规定的必备条件，证券监管机构有权否决不符合规定条件的股票发行申请。证券监管机构除进行注册制所要求的形式审查外，还对发行人的营业性质、财力、素质、发展前景、发行数量和发行价格等条件进行实质审查，并据此作出发行人是否符合发行条件的价值判断和是否核准申请的决定。

关于期货市场问题

【金融期货】 是期货的一种，它是以各种金融商品如外汇、债券、股价指数等作为标的物的期货；金融期货是以金融商品合约为交易对象的期货。金融期货交易具有两个特有性质，一是金融期货交易中基差的决定与变动不同于普通商品期货交易，这种区别主要是由金融商品的持有成本和运输成本远较普通商品为低、持有金融商品还可获取收益的特点所决定的；二是金融期货交易中的结算与交割同普通商品相比有着明显的便利性，这主要是由金融商品的同质性决定的。

【利率期货】 是以一定数量的某种与利率相关的商品，即各种固定利率的有价证券为标的物的期货交易。固定利率有价证券的价格受到现行利率和预期利率的巨大影响，它们的价格变化和利率变化一般呈反比关系。

【金融期权】 是指以金融商品或金融期货合约为标的物的期权交易形式。具体地说，其购买者在向出售者支付一定费用后，就获得了能在规定期限内以某一特定价格向出售者买进或卖出一定数量的某种金融商品或金融期货合约的权利。

【股票期权和股票指数期权】 股票期权是指卖方在交付了期权费后，即取得在合约规定的到期日或到期日以前按协议价买入或卖出一定数量相关股票的权利。股票指数期权以股票指数为标的物，买方在支付了期权费后，即取得在合约有效期内或到期时以协定指数与市场实际指数进行盈亏结算的权利。股票指数期权没有可作为实物交割的具体股票，采取现金轧差的方式计算。

【利率期权】 是指买方在支付了期权费后，即取得在合约有效期内或到期时以一定的利率（价格）买入或卖出一定面额的利率工具的权利。利率期权合约通常以政府短期、中期、长期债券，欧洲美元债券，大面额可转让存单等利率工具为标的物。

【货币期权】 又叫外币期权、外汇期权，是指买方在支付了期权费后即取得在合约有效期内或到期时以约定和汇率购买或出售一定数额某种外汇资产的权利。货币期权合约主要以美元、马克、日元、英镑、瑞士法郎、加拿大元及澳大利亚元等为标的物。

【金融期货合约期权】 是一种以金融期货合约为交易对象的选择权，它赋予其持有者在规定时间内以协定价格买卖特定金融期货合约的权利。

【套期保值】 是指通过在现货市场与期货市场同时作相反的交易而达到为其现货保值目的的交易方式。其基本做法是：在现货市场买进或卖出某种金融资产的同时，做一笔与现货交易品种、数量、期限相当但方向相反的期货交易，以期在未来某一时间通过期货合约的对冲，以一个市场的盈利来弥补另一个市场的亏损，从而回避现货价格变动带来的风险，实现保值的目的。包括多头套期保值和空头套期保值两种基本类型。

关于基金市场问题

【国债基金和股票基金】 国债基金是一种以国债为主要投资对象的证券投资基金。由于国债的年利率固定，有国家信用作为保证，因此，这类基金的风险较低，适合于稳健型投资者。股票基金是指以股票为主要投资对象的证券投资基金。股票基金的投资目标侧重于追求资本利得和长期资本增值。股票基金可以提供不同的风险类型供投资者选择，而且可以克服股票市场普遍存在的区域性投资限制的弱点，具有变现性强、流动相强等优点。

【成长型基金、收入型基金和平衡型基金】 成长型基金是基金中最常见的一种，它追求的是基金资产的长期增值。为了达到这一目标，基金管理人通常将基金资产投资于信誉度较高、有长期成长前景或长期盈余的公司的股票。收入型基金主要投资于可带来现金收入的有价证券，以获取当期的最大收入为目的。收入型基金的资产成长潜力较小，损失本金的风险相对也较低。平衡型基金的投资目标是既要获得当期收入，又要追求长期增值，通常是把资金分散投资于股票和债券，以保证资金的安全性和盈利性。

【到期收益率】 一项长期付息投资如债券，被投资者一直持有到到期日，投资者将获得的收益率。到期收益率考虑到了如下因素：购买价格、赎回价格、持有期限、票面利率以及利息支付间隔期的长短等。

【对冲基金】 对冲基金意为"风险对冲过的基金"，其操作的宗旨，在于利用期货、期权等金融衍生产品以及对相关联的不同股票进行买空卖空、风险对冲的操作技巧，在一定程度上可规避和化解证券投资风险。

【风险资本】 又称"创业基金"。它是一种以私募方式募集资金，以公司等组织形式设立，投资于未上市的新兴中小型企业（尤其是新兴高科技企业）的一种承担高风险、谋求高回报的资本形态。在我国，通常所说的"产业投资基金"即属于创业基金。

【货币市场基金】 货币市场基金是指投资于货币市场上短期有价证券的一种基金。该基金资产主要投资于短期货币工具如国库券、商业票据、银行定期存单、政府短期债券、企业债券等短期有价证券。

【基金费用】 投资基金在运作过程中必须支付一些费用，这些支出就是基金费用，这些费用构成了基金管理人、托管人以及其他当事人的收入来源。一般来说，基金费用包括三类，一是在基金设立、销售和赎回时发生的费用，该部分费用由投资者直接承担；二是基金在运作过程中的管理费用；三是基金在买卖证券时的交易费用。二、三类费用都由基金资产支付。

【基金托管费】 基金托管费是指基金托管人为基金提供服务而向基金或基金公司收取的费用。托管费通常按照基金资产净值地一定比例提取，逐日计算并累计，至月末支付给托管人。此费用也是从基金资产中支付，不须另向投资者收取。

【收益率曲线】 表示在某一时点上固定收益债券的收益率与期限之间关系的曲线，一般情况下，收益率曲线是倾斜向上的，因为债券通常是期限越长，其收益率也越高。但是在某些特定情况下（如公众预期未来利率会下降），收益率曲线会是水平的，甚至是倾斜向下的。

【投资基金】 投资基金是一种利益共享、风险共担的集合投资方式，即通过发行基金单位，集中投资者的资金，由基金托管人托管，由基金管理人管理和运用资金，从事股票、债券、外汇、货币等金融工具投资，以获得投资收益和资本增值。投资基金在美国称为"共同基金"，在英国和我国香港称为"单位信托基金"，日本和我国台湾称为"证券投资信托基金"。

【指数基金】 按照某种指数构成的标准购买该指数包含的证券市场中的全部或者一部分证券的基金，其目的在于达到与该指数同样的收益水平。

关于产权市场问题

【产权界定】 是指国家依法划分财产所有权和经营权等产权归属，明确各类产权形式权力的财产范围和管理权限的一种法律行为。产权界定应当依据"谁投资，谁拥有产权"的原则进行。

【资产评估】 是指由专门的评估机构和人员依据国家的规定和有关数据资料，根据特定的评估目的，遵循公允、法定的原则，采用适当的评估原则、程序、计价标准，运用科学的评估方法，以统一的货币单位，对被评估的资产价值进行评定和估算。

【资产重组】 是指企业改组为上市公司时将原企业的资产和负债进行合理划分和结构调整，经过合并、分立等方式，将企业资产和组织重新组合和设置。狭义的重组资产仅指对企业的资产和负债的划分和重组，广义的资产重组还包括企业机构和人员的设置与重组、业务机构和管理体制的调整。

【股权拍卖】 所谓股权拍卖，是指股权所有者委托专门的机构，在特定的时间和地点，按照一定的章程和原则，通过市场上公开叫价，在竞买人之间通过竞价卖出，谁出价高，谁就可以获得股权。拍卖股权的范围限定为：有限责任公司的股东出资；上市公司非上市流通的法人股；非上市股份有限公司的国家股、法人股、个人股股权；外商投资企业的股东股权。

【知识产权】 又称无体财产权或无形物权，指公民或法人因其在科学技术、文学艺术等领域里基于智力活动所创造的精神财富所享有的权利。知识产权分为两大类：一类是工业产权，包括发明权、专利权、商标权；一类是版权，也称著作权，有的国家又称文学产权，以与工业产权相对应，包括文学、艺术、科学等作品的版权。知识产权具有下列特征：1、专有性，也称独占性或垄断性。2、地域性。3、时间性。4、法律确认性。

【托管经营】 是指出资者或其代表在所有权不变的条件下，以契约形式在一定时期内将企业的法人财产权部分或全部让渡给另一家法人或自然人经营。由于托管这一方式能够在不改变或暂不改变原有产权归属的前提下，直接开展企业资产的重组和流动，从而有效地回避了企业破产、购并中的某些敏感性问题和操作难点，是现有条件下推进国有企业改革的有效模式之一。

【股权托管】 全称是股权的委托管理，是公司的股东将股权委托给受托人行使，受托人根据委托合同的授权范围行使股权。在法律上是一种委托关系。所谓"委托关系"，是指当事人双方约定，受托方以委托方的名义和费用为委托方处理事务的法律关系。委托关系通过委托合同的订立而得到确立，受托人在委托的权限内以委托人的名义办理受委托的事务，与第三人发生民事法律关系，其后果直接由委托人承担。受托人在委托权限内所实施的行为，等同于委托人自己的行为；受托人办理受托事务的费用也由委托人负担。

【股权重组】 企业在资本经营过程中，资产重组的投资者在对资本市场状况进行分析的基础上，利用其实物资产、金融资产、无形资产等资产形式，通过参股、控股、股权的相互转让与置换，决定企业的资产在不同企业之间的重组，通过这种以企业产权为核心的股权重组，以期达到使资本收益最大化的目的。

研究论文

关于宏观经济问题

中国经济发展的趋势与政策取向

王梦奎

从新世纪开始，中国进入全面建设小康社会，开始向现代化建设第三步战略目标迈进的新的发展阶段。今后10年，中国经济预期年均增长7%左右，2010年GDP比2000年增长1倍。今年经济增长的预期目标是7%，虽然有美国经济和全球经济增长减速的不利影响，下半年经济增长速度会慢于上半年，全年经济增长目标仍然可以达到，明年仍有可能保持7%左右的经济增长率。

今后5到10年，中国经济发展的趋势和政策取向，可以概括为以下七个方面：

第一，调整经济结构。这是今后相当长时间经济发展的主线。要通过经济结构的调整，使我国经济发展上一个新的水平，而不仅是GDP总量的低水平的扩张。产业结构调整是当前经济结构调整的主要内容。中国技术和经济发展不平衡，在产业结构调整中需要注意处理两个关系：一是发展新兴产业和用新技术改造传统产业的关系，一是发展资本技术密集型产业和发展劳动密集型产业的关系。从发展速度看，新兴产业会超过传统产业；从在我国经济总量中所占的比重来看，在今后比较长的时期，传统产业仍将占主要地位。我国工业化还没有完成，工业化和现代化是交织在一起进行的，用信息化带动工业化，可以发挥后发优势，在比较高的起点上实现跨越式发展。

第二，加快城市化进程。农村经济发展有近期的问题，也有远期的问题。九十年代以来有两个基本情况：一是粮食产量年均增长速度明显高于人口增长速度，二是城乡居民人均口粮消费下降。这带来了过去所没有过的相当多农产品销售困难的现象。现在不少农产品高于国际市场价格，很难再用提高农产品价格的办法增加农民收入。中国农业单产并不低，种粮不赚钱的根本原因是人多地少，达不到规模经营，单纯务农很难使农民富裕起来。农村有大量剩余劳动力，加上农业季节性的特点，许多地方是"一个月过年，三个月种田，八个月赌钱"。乡镇企业是农民增加收入的重要来源，非农业收入在农民收入中占的比重越来越大，但许多乡镇企业面临生产过剩和销售困难，初始阶段那种低水平的规模扩张已经不能适应市场需求的变化，结构调整和技术进步应该包括乡镇企业。从长远来说，农村问题的根本解决，要靠工业化和城市化，靠大量农业人口向非农产业转移。可以这样说：中国工业化和现代化的最困难之点，不在城市，而在广大农村地区；中国工业化和现代化的起步点在城市，最终落脚点是在农村。这是中国现代化进程中最艰巨的任务。推进城市化是21世纪中国经济发展的一个根本性的问题。要积极探索有中国特色的农村人口非农化和城市化的道路。非农化和城市化的进展，将打破传统的农村经济的封闭状态，引起社会生产和生活方式的深刻变化，生产和生活社会化程度将会明显提高，引起市场的扩大。这也就是农村现代化和整个国家现代化的过程。这个过程可能要持续几十年甚至上百年的时间。为了推进城市化，长期以来所实行的限制农民进城的政策需要改变，同时要完善制度，加强管理，保持社会稳定。

第三，西部大开发。地区经济发展不平衡是普遍规律，中国在几千年历史上，地区发展就是不平衡的。几十年来，地区政策几经变化，总的说来，各个地区经济都有很大发展，纵向比较发展速度都很快，但横向比较，地区发展差距是扩大的趋势。今后一个时期，例如在"九五"时期和2010年之前，地区发展水平的绝对差距，即人均GDP的差距，还是继续扩大的趋势；相对差距的变化趋势则取决于发展速度的差异。不论东部还是西部，省、自治区内部各市、县之间，差距也呈扩大的趋势，这是各个地方经济发展要解决的问题。区域经济政策要强调两个大局。允许一部分地区先富裕起来是一个大局，这个政策要坚持。实施西部大开发战略，不是放松或者延缓东部地区的发展。东部地区的发展，过去是，今后相当长时期仍然是从财力、物力和技术上支撑国民经济全局的极为重要的力量，也是支持西部开发和加快中西部发展的条件，东部地区仍然具有很大的发展潜力。实施西部大开发战略，实现地区协调发展和共同富裕，这也是一个大局。西部地区，西南五省、市、区加上西北五省、区，如果再加上比照执行西部政策的广西和内蒙，面积占全国的71.3%，人口占全国的28.5%，而GDP只占17.8%。可以这样说：中国工业化和现代化的最困难之点，不是在东部，而是在西部；中国工业化和现代化的起步点在东部，而最后的落脚点是在西部。西部地区不实现现代化，也就没有全国的现代化。

第四，实现可持续发展。这是世界性大课题。在新的发展阶段，应该把可持续发展放到突出的位置。主要是人口、环境。

人口问题是我国经济发展中的特殊问题。去年11月底大陆人口12.6亿，2010年全国人口可以控制在14亿。中国增加1亿人口的最短的时间，是1969年9月到1974年6月，从8亿增加到9亿，只用四年零九个月时间。现在人口总量还在继续增加，但增势明显趋缓，最紧张的时期可以说已经过去了。预测在2035年左右人口高峰期，即使按最保守的测算，也能够控制在16亿以内。人口问题过去是两句话：控制人口数量，提高人口质量。现在应该加一句话：注意老龄化问题。我国在经济不发达、人口基数很大的条件下，在很短的时期内进入老龄社会，困难很大，需要预谋对应之策，健全社会保障制度。

环境保护是提高生活质量的需要。环境保护可以推动企业技术改造，推动产业结构调整，形成环保产业，成为新的经济增长点。我国环境恶化的状况，还没有根本扭转，现在温饱问题已经解决了，对于环境问题应该给予更多的关注。按照"十五"计划，2005年经济增长50%左右，主要污染物排放总量要比2000年减少10%。经济发达国家在人均2000美元时开始治理环境，我国在人均不到800美元的条件下开始大规模控制环境污染，难度更大，要靠长期努力。

资源的合理开发和节约使用是长远大计。主要是水资源和能源问题。水资源短缺是我国经济和社会发展的严重制约因素，特别是北方，必须通过科学技术和加强管理，全面推行节约用水制度。能源主要是石油问题。国内石油开发不能满足需要，2000年进口7000多万吨，很快就会达到1亿吨。2010年石油的对外依存度会达到50%。要在国际上寻找稳定的石油资源供应，建立国内石油储备体系，像过去抓食粮那样抓石油。我国资源相对短缺，在进出口贸易中，要减少初级产品出口以节约资源，进口资源消耗多的产品以弥补国内资源的不足。

第五，完善市场经济体制。现在只是"初步"建立市场经济体制，就是说，有了一个雏形，一个大的框架，不健全、不完善之处还很多，仍然需要强调体制创新，通过深化改革为经济发展提供体制保障。加入WTO标志着中国的经济体制改革进入新的发展阶段，就是建立与国际市场经济规则接轨的、比较完善的社会主义市场经济体制的阶段。体制创新是中国现代化事业的不可缺少的重要组成部分。可以说，我们正在进行"三个文明"建设：物质文明建设，精神文明建设，以及与物质文明和精神文明建设相适应的各方面的体制或制度建设，也可以说是体制或制度文明建设。

第六，发展开放型经济。中国所处的国际经济环境和对外经济关系发生了深刻的变化。主要是经济全球化和我国对外开放的扩大。经济全球化是一种趋势，交织着各个国家错综复杂的利益关系和激烈的竞争，必然经过许多曲折和反复。其后果，有正面的，也有负面的。进一步融入经济全球化进程是实现现代化的条件，但我国经济技术落后，在同发达国家的竞争中面临着很大的压力。加入WTO给我国经济带来新的机遇，这是具有很大挑战性的机遇；我们面临的挑战也是包含着发展机遇的挑战。加入WTO本身并不能保证一个国家经济的顺利发展，正如舞台本身不足以保证演出成功。加入WTO只是获得入场券和参赛资格，关键是提高我国经济的竞争能力。真正的考验还在后头。今后几年是加入WTO以后的过渡时期，要珍惜这几年的时间做好准备工作。

第七，提高人民生活水平。要妥善处理国家建设和人民生活的关系，在积累和消费的关系上，要兼顾国计和民生；在社会政策上，要注重调节社会分配和解决就业问题。我国面临着沉重的就业压力。今后

5 年城镇将新增就业岗位 4000 万个,农业劳动力向非农产业转移 4000 万人。达到了这样的目标,城镇失业者仍将有 1200 万人以上,农村仍将有 1 亿以上的剩余劳动力。积极扩大就业是需要长期坚持的一项基本政策。中国市场商品短缺的状况已经结束,现在是供过于求,没有城乡居民收入的增加和消费水平的提高,国内市场不可能开拓,经济就不可能持续增长。(作者:国务院发展研究中心主任)

入世机遇来自正确应对挑战

吴敬琏

随着 11 月中旬中国正式加入 WTO 在即,中国经济在加入 WTO 以后发展前景的话题再次成为经济界讨论的热点。讨论中最常见的一句话是:"中国加入 WTO,既是一种难得的机遇,又意味着严峻的挑战。"这句话当然是不错的。问题在于,人们往往把机遇和挑战两者截然分开,以为机遇就是机遇,挑战就是挑战,而没有看到它们之间是紧密联系在一起的。人们往往把入世的"机遇"理解为只要一加入 WTO,出口对象国消除了关税和非关税障碍,我国出口就自然而然地大幅度增加;只要外国投资者对中国开放国内市场抱有信心,外国投资就会源源而来,等等。我觉得这种理解过于简单和乐观了。决不能以为加入 WTO 以后天上会下"金雨",不用努力,机遇便自然降临。我同意这样的判断:"机遇是潜在的,挑战却是现实存在的。"为了使潜在的机遇变成现实,必须准备作出艰苦的努力。

事实上,在加入 WTO 以后,中国经济将遇到严峻的挑战。中国经济有它的巨大优势,也有明显的弱点。在过去的年代里,中国经济表现良好,甚至在全球衰退的情况下"一枝独秀",在一定程度上是因为它的弱点被关税和非关税壁垒、政府的行政保护、"倾斜政策"等等所"屏蔽"和淡化了。

加入 WTO,意味着国内市场与国际市场"打通",我国的企业和政府都要根据 WTO 的要求,按照国际通行的游戏规则去玩"游戏"。上述保护和"屏蔽"在不超过 5 年的过渡期以后将不再存在。中国企业要能在激烈的竞争中存活、中国经济要能自立于世界强国之林,不能再靠政府的保护,而是要取决于自身的素质。如果根据这种要求审视我国的企业、我国的市场环境、我国政府对经济活动的规制方式和监管质量,就会发现,加入 WTO 的挑战是十分严峻的。例如:(1)我国农业产业化过程迟滞,农产品成本大大高于发达国家,部分农民群众贫困状态没有消除;(2)国有经济布局调整和国企改革尚未到位,国有经济效率未有根本提高,大量国企"下岗职工"分流成为重大社会问题;(3)银行体系相当脆弱,资本市场不能实现有效配置资本资源和度量企业绩效的基本功能;(4)市场秩序混乱状况和腐败蔓延趋势尚未扭转。在这种情况没有改变的条件下,即使加入了 WTO,中国出口收益也未必能够大幅度提高,中国市场对外国投资的吸引力也未必能够大幅度增强。相反,国内经济却会受到进一步开放的巨大冲击。

面对这种形势,不变革图存、加快推进改革以便存利去弊,增强自身体质,将会如邓小平南方谈话时所说:"死路一条"。不过出路是存在的。在过去 20 多年里,中国不论遇到什么样的风浪与挑战,依靠改革开放,总能逢凶化吉,遇难呈祥。经验告诉我们:改革的最大困难来自由既得利益产生的体制惰性。我国政府加入 WTO 时的承诺,为市场化改革设定了时间底线。这就为克服由保守思想和既得利益产生的体制惰性提供了极其强大的动力。我们正是要在对挑战作出正确应对的推动下,加快我们的改革步伐。

总之,我以为机遇来自对挑战的正确应对。我们是否能把加入 WTO 提供给我们的潜在机遇变成现实,取决于改革在如下方面的实际进展:(1)切实改善民营企业的经营环境,大力发展中小企业,启动民间投资;(2)加快完成国有经济布局调整,使国有企业的公司化改制真正到位;(3)加快银行体系的改革,在规范的基础上发展资本市场;(4)改变用内部文件、审批制度、政府政策和对企业进行微观干预等管理社会经济事务的老办法,实现政府规制(监管)的转型;(5)建立透明的法律框架,实现司法机构的独立审判和公正执法,确立法治社会。

(2001 年 11 月 05 日《人民日报》)

实现可持续发展的几点建议

林毅夫

现在可持续发展的紧迫性和必要性已经成为社会各界的共识。问题的关键是,究竟是哪些因素,导致了资源和环境消耗和退化的速度超过了其再生、补充或人造资源替代它们的速度?本文从经济学的角度对可持续发展的问题提出几点看法和建议:

发展经济与保护资源

有人认为,保护资源、环境和经济发展之间的关系是"鱼与熊掌,不可兼得"。其实正好相反,经济发展了,环境也会改善。

第一,对自然资源的破坏,通常是人们直接以自然资源作为生产的投入要素的结果。任何国家在低发展水平时,大量的人口总是从事以自然资源为直接投入要素的农业、采矿业等第一产业。经济发展了,产业结构将发生变化。经济越发展,从事第一产业的人口比例就越少,而从事于工业、服务业等自然资源使用量少的产业的劳动力就越多。经济发展实际上能减轻人们对自然环境直接进行开发和利用的压力。

第二,环境保护需要有一定的物质投入,经济越发展,可利用的经济资源越多,可用于环境保护的资源也越多。而且,经济越发达,人们的收入越高,对包括拥有一个干净清洁的环境在内的生活质量的要求将越高,这将推动着人们去寻求改善环境,实现可持续发展的具体途径。

许多实证研究表明,造成环境恶化的首要原因不是别的,而正是贫困。而贫困,显然只有靠经济发展才能彻底解决。

按比较优势发展农业

我国地域辽阔,各地的资源禀赋很不相同,有些地区在粮食作物的生产上具有比较优势,而另一些地区则在非粮食作物或其它产品的生产上具有比较优势。在各种产品有全国统一市场的情况下,前一类地区将多生产粮食,并和后一类地区交换非粮食产品,而后一类地区则少生产或不生产粮食。这样,不仅双方都能通过地区间的贸易获得好处,而且,各地的产业结构和其资源禀赋条件相吻合,也有利于各类资源的最佳配置和可持续使用。

历史上,我国西南和西北的许多省区靠其植物、矿产和草场资源的优势发展当地经济,部分粮食则经由市场从华南和华中的省份获得。但自 1950 年推行了计划经济体制以后,各地区的粮食自给自足变成了一个政策目标。结果,那些本来在粮食生产上不具有比较优势的地区,被迫将大量的山坡林地或是草场改种粮食作物,这一方面降低了资源配置的效率,另一方面还破坏了植被,造成了水土流失、草场沙化。因此,以市场为纽带,让各地区按照比较优势来发展经济,对经济的可持续发展也至关重要。

各地能将其资源的比较优势发挥到什么程度,取决于市场的规模。市场的规模则和运输成本、仓储成本、通讯成本等成反比。各地要发挥当地的比较优势,不单要考虑本地的自然禀赋、人口和资本存量,而且还要考虑市场交易的成本。若基础设施不完善,交通运输非常困难,即使政府没有诸如粮食自给自足之类的政策限制,当地居民也可能将大量的土地用来种植粮食而不是发展其它经济作物或产业。因此,改善交通等和市场有关的基础设施,有利于各地区比较优势的发挥,进而有利于可持续发展。

另外,不仅国内各地区的经济应该按比较优势来发展,世界各国也有不同的比较优势。我国人多地少,人均可耕地面积相对较低,在粮食生产上不具有比较优势。如果我国要达到全国的粮食自给自足,势必要把许多不太适合种植粮食的土地也用来生产粮食,这样环境的压力、土地资源的耗费就会较大。如果进行国际分工,通过国际市场进口一部分粮食,就相当于进口了我国相对稀缺的土地资源,即有利于我国资源的有效配置,也有利于我国经济的可持续发展。从这个角度看,加入 WTO 对于实现可持续发展也是有益的。

人口迁移

我国地域辽阔,有些边远地区自然生态条件十分恶劣,土地贫瘠,没有什么特别有价值的优势资源,而且交通困难、信息闭塞。改善这些地方人民生活、减轻环境压力的最有效办法就是将这些地区的居民迁移出去,以避免他们对周围资源和环境的掠夺性的使用。

技术进步有些环境经济学家认为,技术进步具有不对称性,资源开发利用技术的进步远远快于环境保护技术,因而技术进步不利于可持续发展。虽然某些技术对环境客观上存在一定的负面效应,但总的来说,经济的可持续发展最终有赖于技术的进步。

第一、经济的发展以新技术的不断涌现为基础。只有在新技术的直接推动下,产业结构不断向高级化发展,才有可能将大量人口从直接依赖自然资源的第一产业中释放出来。

第二、技术进步推动经济发展,而经济发展和收入水平的提高,将推动社会将更多的资源用于环保型技术的研究、推广和运用。

(作者:北京大学中国经济研究中心主任)

税率结构应适时调整

顾海兵

十五时期是一个特殊的经济发展时期,中国经济如何发展,是世人关注的焦点，而税率结构的调整又是经济界人士关注的重要方面。

第一、关于增值税率

十五期间应逐步取消产品比例税率。因为不同产品实行不同的增值税率不符合市场经济的公平竞争要求，低的增值税率并不意味着低价格、并不意味着购买者得到实惠，并不意味着真正需要支持的购买者得到实惠。相反，有可能高收入者得到更多的实惠。例如，煤气、自来水，若其税率低，价格也低，则高消费者得到的实惠更多，也就是国家的少征税款大部分转移到了高收入者那里。实行统一的增值税率，既有利于生产者公平竞争，又有利于消费者公平消费。至于税率统一后可能引发的价格提高，从而使低收入者可能受影响，可以通过非税收的明补，如最低收入保障、特别申请补贴等方法予以解决。调整增值税率的具体做法可以是：升高低的增值税率，统一为17%，或调低高的增值税率逐步至13%，或同时调高低的，调低高的，均为15%，或者配合所得税改革，将高的增值税率逐步调低至13%，之后再考虑进一步下调。

第二、关于消费税

目前不同产品的消费税率相差太大，有的偏高，有的偏低。比如，化妆品高达30%，而护肤护发品仅8%，显然差距过大。过高的税率也增加了逃税的动机，增加了征税的难度。比如，对卷烟、酒类按单价高低定不同税率，高价高税率，低价低税率，则不仅不利于公平竞争，并且打击了名牌产品，助长了造假。因为，甲类高价烟多是名牌，其税率高，导致价格更高，这样造假的利润空间增大。笔者有理由认为，如果红塔山烟税率下降一半，则造假者将自动消失。如果名牌烟税率下降，则其销量必增，国家税收总额不会减少，也能使更多的消费者抽上名烟。玉溪卷烟厂也不必花费十几亿元用于打假。名牌不等于价高。以50元调拨价为界把税率分为30%与45%，则49元的太松而51元的太严，显失公允。因此，杀好济差的税制应该修正。再比如，粮食白酒税率高、薯类白酒税率低也不符合我国目前粮食过剩的实际情况。其实这样的差别税率既无必要，也使征税成本加大。据了解，由于粮食白酒税率高，众酒厂纷纷将自己的酒说成是白薯酒以争取低税率；由于酒的消费税率高，不少知名酒厂纷纷设立自己的销售公司，低价出厂以减少消费税税基，甚至低价卖给商业企业再获取返回利润，有的自产自用酒不算作销售。因此，笔者建议：十五期间对消费税作一次大力度调整，使其差别减小，逐步统一，不要让税率承担过重的再分配功能。

第三、关于营业税

对娱乐行业统一征收20%的高税率似有不当。本来随着经济的发展，娱乐产业愈益成为新的经济增长点，而现在的高税率使得娱乐行业远离百姓，导致了高价格，客观上助长了逃税经营，从而使国内需求受到很大的抑制。从另一个角度看，对文化体育产业征收3%的营业税，而对娱乐业征收20%的营业税并无道理。因为文化体育业很明显属于娱乐业，而射击、台球等明显属于体育业，为何厚此薄彼？笔者认为，十五期间，我国的营业税率应逐步统一，考虑到我国处于中低收入水平，营业税宜低不宜高，应考虑设计为3%。比如建筑业，1999年总产值为11153亿元，增加值为3022亿元，税金为340亿元，其增值税率相当于13%。因此，营业税率如果设计为5%，则明显偏高。

第四、关于个人所得税

十五期间应降低个人所得税的累进税率，减少级数(由9级减少为5级，甚至更少。税制极为复杂的美国，其个人所得税也仅为5级，1994年分别为：年收入0—2.275万美元，边际税率为15%；年收入2.2751万—5.51万美元，边际税率为28%；年收入5.5101万—11.5万美元，为31%；年收入11.50013—25万美元，为36%，年收入25万美元以上，为39.6%。最近美国国会通过的减税法案规定，个人所得税的最低累进税率15%下降到10%，到2006年，个人所得税的最高累进税率39.6%将下降到35%，其他税率均下降3个百分点。笔者建议，个人与企业所得税最高累进税率应不超过30%。因为，发达国家美国的个人所得税边际税率在年应税收入超过25万美元时其最高值仅39.6%(以后为35%)，公司所得在超过1000万美元以上时最高边际税率仅35%；2000年香港打工皇帝年薪为2.74亿港元，其所得税仅0.41亿港元，税款仅占收入的不到15%。而我国的现行个人所得税最高边际税率为45%。若某人每月收入30.08万元，年收入360.96万元，则其每月纳税近12万元，年纳税143万多元，税款占收入高达40%！若是个体经营纯收入，则每月应纳税近10万元，年纳税118万多元，税款占收入高达33%。与此同时，取消800元起征点，对全部收入征税，免去对所谓起征点调整的不必要争论。除去低于最低生活保障线与最低工资的人，其余所有人均应纳税，第1级税率可仍定为5%。如此，既不会增加纳税人负担，同时也培养公民的纳税意识，避免化整为零的避税。具体累进税率可为：月收入1000元以下为20%；1001—2500元为6%；2501—5000元为10%；5001—8000元为15%；8001元以上为20%。在具体操作中要抓住重点人群，如企业家、律师、会计师、明星名人，拥有高级职称者、县里科级以上干部、市里处级以上干部。对重点人群必须进行年度或季度收入申报制度，非重点人群实行抽样(5%)收入申报。另外应取消某些免税项目，比如省军级及外国组织颁发的奖金，财政部及国务院批准发行的国债与债券利息。

需要指出的是，中国人民大学钱晟教授从反面指出了现行个人所得税率设计之缺陷。她说，彩票中奖的500万元，目前税率为20%，仅需纳税100万元；而同额工资薪金，税率为45%，其应纳税为223.45万元。显然彩票中奖所得税负远低于勤劳致富所得税负，这是不公正的。

第五、关于关税税率

十五期间要大力简化。近7000个税号过多，可以考虑不以具体商品划分税号，应以税率多少划分税号，一个税号可以对应多种商品。相反，对出口实行零税率的政策需要重新思考。

(2001年11月14日《经济参考报》)

关于企业体制问题

外资购并国企的条件及影响

桑百川

外资购并我国国有企业是在特殊的法律、政策条件下，在市场经济体制尚不完善的状况下展开的。购并中的供给与需求关系失衡，等待外商购并的国有企业数量远远大于外商的需求。在此背景下，外资购并国有企业对我的利益会产生什么影响，需要高度关注。

我国没有专门的适用于外资购并国有企业的法律，也没有专门规范并购行为的法律和法规。调节外资购并国有企业活动的基本法律散见于《中华人民共和国中外合资经营企业法》、《关于企业兼并的暂行办法》等法律法规中。这些法律涉及跨国购并的主要问题是：股权安排、企业治理结构和经营设定、行业准入、企业待遇等。而参照这些法律执行的外资购并的交易成本具有不确定性，达成购并协议的成本取决于双方的态度和谈判的条件；履行协议的成本、解决纠纷的成本，取决于购并双方的供求关系和态度，缺乏相应的明确的法律规范。

长期以来，我国对于外商投资企业(包括外资控股企业和外资购并的国有企业)，实行以所得税为核心的优惠政策待遇，不仅中央规定了所得税的"免二减三"优惠，而且地方政府规定有各种各样的优惠待遇。此外，产业政策在调节外商投资方向中起到了越来越重要的作用，限制类产业目录规定了不允许外商控股或独资经营的内容，而大多数产业领域并没有对外商控股购并国有企业作出规定。这为外商购并国有企业留出了较大的空间，而且对于外资购并国有企业具有很大的吸引力。

国有企业的制度性特征，决定了一旦中央政府有意推动外资购并，外资购并国有企业的活动将会迅速展开。

国有企业制度具有两个鲜明的特征：

第一，虽然理论上全民是国有企业的唯一所有者，但企业的剩余索取权和控制权都没有掌握在全民的手中，而是掌握在政府部门或企业内部人手中，形成了掌握企业实际控制权和剩余索取权的政府部门不对企业的亏损风险负责，倒争相分割收益的局面。

第二，在"放权让利"的改革过程中，国有企业演变成了两种类型：一类是政府主导型的国有企业或国有控股公司；另一类是企业主导型或内部人控制型国有企业、国有控股公司。前一类企业的购并和跨国购并决策集中在政府机构手中；对于后一类企业，政府则在促进"政企分开"的过程中放弃了对企业重大问题的决策权，企业经理人员成了企业的实际控制者，可以决定购并之类事宜。

国有企业的这种体制状况，决定了它与市场经济下非国有企业购并遇到的问题和购并机制是不尽相同的。

我国政府仍然具有双重职能，既是大量竞争性国有企业的所有者，又是行政管理机构，负责社会管理和经济干预。在政企关系没有得到合理解决的条件下，政府在企业购并中发挥着独特的作用，

(2001年10月24日《经济参考报》)

我国的经济体制改革和公司治理

李剑阁

建立现代企业制度，是我国经济体制改革的必然产物。实施有效的公司治理，也必将对我国今后的改革与开放产生深远影响。在此，我想就有关问题谈几点看法。

一、公司治理的价值取向应是实现股东价值的最大化

从世界范围看，因社会文化传统、法律体系的差异，产生了两种有代表性的公司理论。一是"股东优先"或"股东控制"理论，该理论认为股东是公司的真正所有者，在良好的制度环境下，公司在追求股东价值最大化的同时，也满足了其它索取权的利益，从而实现社会效率的最大化。另外一个与之相对立的公司理论叫做"利益相关者"理论，该理论强调公司有多个利益相关者，公司的目标不是追求股东价值最大化，而是满足多方利益相关者的不同需求。

我国正处于由计划经济向市场经济的转轨时期。不可否认，"相关利益者"理论的确在许多方面符合我国改革渐进性特征的要求。但这只是转轨时期的策略性需要，而不是改革的终极目标。我国即将加入WTO，中国企业势必以更快的速度溶入世界经济潮流。面对经济、资本市场全球化时代，在企业体制改革中，公司治理的目标建立在以股东利益最大化的基础上，就能增加股东投资回报，获得持续的资本投资，提升企业竞争力，从而提高全社会的福利水平，包括出资人、经营者和全体员工的福利水平，这对我国经济和社会的健康持续稳定发展具有非常重要的意义。

二、公司治理应强调竞争的重要作用

我国的经济体制改革实践，已经证明了引入竞争机制对改善企业经营的重要性。标准的竞争理论强调，只有高度竞争，才能令市场、所有权和利益激励机制产生良性互动。在公司治理结构的改革中，如果没有竞争因素，就会出现无效运用资源以及各种寻租行为，就谈不上建立有效的公司治理结构。因此，在目前产权变更的有效性受多种因素制约的条件下，公司治理改革中竞争的因素具有格外重要的意义。

今后我国经济体制改革的一项重要内容，就是要充分发挥市场竞争机制的作用。为此必须进一步实行政企分开，切实转变政府职能，减少行政性审批，发挥商会、行业协会等社会中介组织的作用。推进电力、铁路、民航、电信等行业体制改革，引入竞争机制。大力整顿和规范市场经济秩序，打破行业垄断和地区封锁，反对地方保护主义，建立和完善全国统一、公平竞争、规范有序的市场体系。只有在充分竞争的市场环境下，才能促使公司治理结构有效形成。

三、有力的股权约束和债权约束是公司治理的前提

改革初期，我们曾经针对企业盲目扩张和无偿占用国家投资的弊端，实行了国家资本金拨款改为银行贷款的改革。人们认为，由国家银行贷款，迫使企业考虑还本付息，可以改变资金浪费、低效的状况。现在看来，这是一种比较肤浅的做法。实施债转股的初衷，本来是改善企业的资产负债比例，帮助企业走出困境。但是，由于国有银行在转换经营机制、加强产权约束方面严重滞后。在这种情况下，对于不准备对银行还本付息的企业来说，资本金仍然是不要回报、可以无偿占用的资金。因此，可以断言，没有法律意义上和实际上的强硬的股权约束和债权约束，健康的公司治理结构是不可能建立起来的。

四、必须重视金融机构的公司治理

尽管不同的国家存在不同的治理结构，但银行机构实施规范化的治理时，都应包括以下要素：确立公司的价值准则、指导规范和其他相应的行为准则以及明确的公司战略；明确涵盖公司各个层面的职责及决策机制；在董事会、高层管理部门和审计人员之间建立互动合作机制；强化内部监控系统，包括内部与外部的审计功能，独立于业务系统的风险管理职能和其他制约平衡系统；建立专门的风险控制机制以避免特殊的利益关系所造成的风险；对高级管理人员、业务管理人员和雇员采取适当的方式，给予财务上和管理上的回报；建立内部信息交流和公共信息披露渠道等。我想这些改革要素同样适用于包括证券公司在内的其他金融机构。

五、资本市场的效率对公司治理具有重要意义

一般而言，资本市场对公司治理的正面作用主要体现在以下几个方面，一是资本市场的股价机制，方便投资者了解公司经营信息，降低了股东对管理层的监控信息成本；二是资本市场的收购兼并机制，可以对公司治理的低效率加以强制性纠正；三是经理层的期权报酬合同，可以向经营者提供激励机制以使其行为符合股东利益。但是，如果资本市场缺乏效率，上述作用将大打折扣。

因此，建设一个规范化的资本市场以提升资本市场的效率，将是我国资本市场改革中的一项长期任务。中国的证券市场是一个新兴市场，法制尚不完备，监管理念和手段还不到位，市场层次和产品的多样化还有待提高。证券管理部门已将规范发展作为我国资本市场的主题。我相信，进一步改革我国证券监管体制，提高股票发行机制的市场化，培育机构投资者，加大查处内幕交易力度，建立赔偿机制，保护中小投资者利益，实施和完善退市机制以及加强对投资者的教育等措施，我国资本市场的效率将会得到明显的改善，从而能够为实施有效的公司治理创造良好的制度环境。

（作者：国务院经济体制改革办公室副主任）

控股股东行为与公司治理

吴敬琏

我想讨论一个有关公司治理的具体问题：股权结构与公司治理有效性的关系，或者说，一股独大和内部人控制情况下公司的治理问题。

股权结构是决定公司治理机制的有效性的最重要的因素，因为股权结构如何将决定公司控制权的分布，决定所有者与经营者之间的委托代理关系的性质。发达市场经济中公司运作的历史表明，公司股权集中度与公司治理有效性之间关系的曲线是倒U形的，股权过分分散或过度集中都不利于建立有效的公司治理结构，一方面，如果股权过分分散，所有股东都怀着"搭便车"的心理，对公司的经营状况不闻不问，对经理人员的监督会变得十分软弱无力。另一方面，如果一股独大，控股股东擅权独断，高层经理人员唯大股东之命是从，也不利于有效公司治理机制的建立。在东方国家某些家族控股的公司中，由于控股股东一股独大和执行层多半是控股股东的亲信，时常发生控股股东损害公司中小股东和公司整体利益的情况。因此，虽然在香港这样的地方家族控股公司的数量正在趋于减少，但为了防止控股股东损害中小股东和其他利害相关者的利益，证券交易所和证券交易监管机构仍然要做出种种规定来约束和规范控股股东的行为，以利于建立有效的公司治理机制。

以上这种股权结构的偏差对公司治理产生消极影响的情况在我国的上市公司中也是存在的。

我国多数上市公司股权结构存在的第一个问题，是国有股"一股独大"。由于我国国有企业实行股份化改造时通常采取剥离非核心资产、以原国有独资企业作为唯一发起人组建股份有限公司进行首发公募（IPO）的办法，国家在大多数上市公司中拥有高度集中的股权。目前在我国上市公司中，有54％的股权属于国家所有和国有法人所有。在上市公司的全部董事中，有73.3％的董事具有国有股（27.9％）和国有法人股（占45.4％）的背景。这种控股股东在上市公司的公司治理中占有绝对优势的情况，使规范控股股东行为成为建立有效的公司治理和保证国企改革成功的一个关键。

我国国有控股上市公司存在的另一个问题，是国家所有权的代理行使问题没有得到妥善的解决。目前，大多数国有控股公司采取由授权投资机构（控股公司、国有资产经营公司、集团公司等等）全权代理行使国有股权的办法。由于"授权投资机构"一旦建立，就会有自己区别于国家这个最终所有者利益的独立利益，同时，这些机构又是以国家所有者的全权代表的身份出现的，因而这些机构的领导人就有可能运用他们握有的控制权追求自身的利益。于是，就出现了授权投资机构的"代理风险"或"内部人控制"问题。也就是说，作为国家所有权受托人（代理人）的"授权投资机构"的内部人离开委托人的要求（例如把上市公司建设成为具有强大市场竞争力的企业）自身的目标，甚至不惜为了本机构或者本机构领导人的利益，损害而作为最终所有者的国家的利益。由于上面的原因，在上市公司的公司治理结构中就出现了一些不尽如人意的现象。例如，目前不少上市公司与控股母公司之间存在摩擦，不利于上市公司的健康发展。更有甚者，近年来出现了一系列控股机构利用自身特殊地位损害其它投资者（中小股东、贷款银行等），以及股权最终所有者的利益的恶性事件。

例如，控股股东通过不正当的关联交易、强制上市公司为自己出具担保、抽逃上市公司资金、私分上市公司财产等办法"掏空"上市公司等等。"猴王"只是其中广为人知的一个事例。这些恶性事件的频繁发生，充分说明了问题的严重性。对于这种情况，投资人有许多不满的反映，也直接威胁到我国上市公司在国际上的声誉。

为了改变这种情况，看来有必要采取以下的措施：

第一，减持国有股，引进国内外非国有的机构投资者，形成前几名股东拥有较高比例的股权、但彼此相差不大的股权格局。过去几年拟议过的办法，如"债转股"以后资产管理公司介入上市公司的治理，将用以补偿老职工社会保障基金的国有资产过户到老职工的个人帐户，由社会保障基金会招商代为经营等等，都是不错的设想，不妨进行探索和试验。第二，严格执行中国证监会关于上市公司必须在财产、帐目和领导人员上与控股母公司"三分开"的规定,控股母公司除行使股东权利外,不应干预公司事务。当然,这里所说还只是在现有国家所有权行使办法不变的情况下防止出现大的弊端的一种处理办法。其实,对于国有股权的行使方式,我们还应该放开思想,广泛吸收国外的经验,寻求能够降低代理成本的根本解决方法。第三,提升小股东对公司治理的参与程度,例如:组织小投资者协会;引进为中小股东和独立董事服务的中介机构(如股东投票咨询机构);在股东会的表决中试行累积投票制等等。第四,完善董事会的工作程序,保证董事会作为集体以会议形式执行职能;要求每个上市公司董事会至少设立2名以上与大股东没有关联的独立的外部董事;在董事会中设立以独立的外部董事为主的提名委员会(负责提出董事会各项提名的候选人名单)、审计委员会(监事会并入审计委员会)和薪酬委员会;独立董事有权聘用中介机构帮助他们做好董事会专门委员会的工作和审查关联交易的公正性。第五,加重董事个人的受托责任;建立健全保护分散的中小股东利益的法律体系,包括衍生诉讼、集团诉讼等制度;加强执法力度,以便加强对大股东、董事会和经理人员的监督。第六,强化强制性披露制度,特别是上市公司与控股股东之间的关联交易、财务担保关系和同行业竞争情况的披露。

(2001年6月08日《证券时报》)

国有股减持应走出八个误区

韩志国

误区之一,以为减持只是量的变化而不是质的飞跃。实际上,证券界有关国有股减持问题的讨论已经进行几年时间了,今年以来,讨论的主题更是日益集中,即怎样通过减持来解决我国股市中的类别股份——按投资者出身来把上市公司的股份划分为国有股、法人股和个人股问题,进而解决上市公司中因普遍存在着的"一股独大"而导致公司治理结构失效问题,但在原有的国有股减持方案中,减持的数量只是增量的10%,减持的目的主要是为了从股市筹措资金,这样,减持本身所应具有的质的要求和改革涵义都被搁置一边,这就不可能得到市场的真正认同。

误区之二,以为可以把局部的减少视为全局的减持。国有股减持的真实涵义应是上市公司中国有股在数量上绝对地减少而不是相对地减少,而按照原有的减持方案,却是上市公司国有股数量的绝对增加,这样,减持本身不是在减少矛盾或是解决矛盾,而是在累积矛盾甚至激化矛盾,并且使国有股减持成为一个更加难以解决的问题。也正是由于这个原因,原有减持方案很难与我国经济体制的转轨进程在方向与目标上有机地联系起来和统一起来。减持方案存在着重大的体制缺陷,这也是原有减持方案中途停止的一个重要原因。

误区之三,以为国有股与流通股可以同股同权。不错,同股同权确实是股份经济的一个最基本原则,但同股同权的前提是同股同价和同股同质,而我国上市公司中的国有股与流通股既不是同股同价也不是同股同质。从同股同价的角度来看,国有股与流通股从来就不同价,国有股是按评估后被普遍高估的净资产值折价入股的,很多公司的国有股就是按面额折股,最高的也只是按1.5元左右折股,而流通股却普遍按照较高的溢价认购,这样,股票发行时的同股不同价就必然导致上市后的同股不同权,在国有股从社会公众股股东那里分享了大量的溢价收入从而大幅提高了每股净资产后,现在又要求同股同权和同股同价,显然是不科学的。从同股同质的方面来看,国有股与流通股实际上是两个不同的股票品种,国有股、法人股不流通是现行规则,是一级市场投资者认购、二级市场投资者参与、一级与二级市场股价形成的前提,抛开这些历史的和现实的因素来谈同股同权,就不可避免地导致对同股同权的曲解。

误区之四,以为一级市场的发行价就是市场价。由于我国的股票发行在实际上还是采取行政审批的方式而不是市场决定原则,因而在一级市场上发行的可流通股票在某种程度上仍然具有稀缺资源的性质,再加上我国现行银行存款利率较低,场内一级市场囤积着大量申购资金,市场上存在着明显的需求拉动倾向,因而现行的股票价格实际上是一种垄断价格,把这种垄断价格理解为市场价格,并按这样的"市场价格"来进行国有股减持,不但投资者难以接受,而且市场也无法承受,这也就是市场把按"市场价"进行国有股减持视为重大利空的一个重要原因。

误区之五,以为可以进行分类减持并且价格可以不必同一。如果说,国有股、法人股与流通股不是同股同质因而不能同股同权的话,那么在国有股内部和国有股与法人股之间则既是同股同质,又必须同股同权。一部分国有股按市场价减持就意味着其他国有股和法人股也必须按这样的价格减持,国有股、法人股可以有不同的减持方式,但定价原则、价格基准则必须统一和同一,否则就是对其他国有股和法人股权益的侵犯,并且会造成股份经济机制的进一步扭曲。

误区之六,以为只有高价减持才是国有资产的保值增值。实际上,即使原有方案继续实施,那么实现保值增值的国有资产也只是一小部分,大部分国有股由于没有减持的操作空间而将仍然处于呆滞状态,而对于市场经济和股票市场来说,不流动就必然流失。如果从我国股市诞生之日算起,股市的上下起伏已有过多次,指数也有较大幅度上涨,但国有股只是跟着上下"坐电梯",国有资产既不能变现,也不能增值,其流失的规模和程度实在是无法估量。而且,一旦上市公司亏损甚至破产,国有资产还可能会血本无归。只有在一个切实可行的减持方案下,国有股顺利地从市场中退出,其潜在的效益才能变成现实的效益。如果总是期待以高价减持从而导致国有股减持一再中断,那就可能使国有股呆滞问题无限地拖下去,到头来受损的还将是国家利益。不仅如此,上市公司股权革命的完成将使其从行政机制走向市场机制,资源配置机制的产生和作用也将会大大增加国家的经济实力,并且会使国有经济有一个更广阔的生存环境和发展空间。对于国家和民族来说,通过国有股减持换来一个充满活力的企业体制和充满效率的股票市场,可能比单纯追求取得几百亿、几千亿甚至几万亿资金要重要得多,对此必须有深刻的认识。

误区之七,以为减持资金用于社保基金,市场就可以接受而且必须接受,减持方式就自然合理。有人甚至主张,充实社保基金是公共政策,它可以高于市场政策。这种观点显然难以令人认同。必须指出,减持方式与资金使用是两个完全不同的过程,资金用途的合理性不能反过来印证减持方式的正当性和正确性。国有股减持首先是市场行为,必须符合市场的基本准则,而不能因为减持资金用于补充社保基金属于公共政策,就把减持行为强加于市场。从法律角度来看,充实社保基金这种公共政策属于公法调整范围,国有股减持这种市场行为属于私法调整范围,公法与私法的调节领域、调节方式和调节机制各不相同,并不存在也不允许把公法凌驾于私法、把公共政策凌驾于市场政策之上的问题。

误区之八,以为财政部门是国有股权的持有者,可以由他们来制定减持方案。实际上,作为国有股权的持有者,财政部门具有双重职能:一方面,作为国有资产的管理者,他们具有宏观管理职能,是裁判员;另一方面,作为股东,他们是市场的参与者,是运动员,与其他股东具有同等的权利和义务。国有股减持属于市场行为,在市场面前,国有股股东与其他股东都处于运动员的地位。如果减持方案由财政部门来制定和执行,那实际上就是一部分运动员改变了原有规则,自行为其他运动员制定规则并要求其他运动员去遵守这些规则,这显然不符合股份经济的股权平等原则和协商合意原则,建立在这样基础上的减持方案,也就不可能为其他投资者所接受,从而成为投资者的共同意志和市场的整体意志。

必须指出,国有股减持是一项关系股票市场全局的重大决策,对于这样一项关系投资者命运乃至整个市场命运的重大事项,必须经过市场的充分讨论,在广泛听取市场各方意见的基础上进行决策。新的国有股减持方案应与法人股减持方案来统一考虑,并且要瞻前顾后,反复权衡,在深思熟虑的基础上力求推出一个让市场、投资者、社会公众和国家等各方多赢的方案,也只有这样的方案才能在市场中平稳着陆,并且实现企业转轨、市场轨制和社会获益的多重目标,进而使我国的股票市场进入一个新的、更广阔的发展空间。

(2001年11月01日《上海证券报》)

我国资产管理公司与债转股的困境分析

丁邦石　韩嫄

我国于1999年相继成立了信达、东方、长城和华融四家资产管理公司,负责处理四大国有独资商业银行的坏账问题。四大资产管理公司从建立伊始,就承接了两项重大使命:一是集中处理和回收历史遗留下来的国有商业银行不良资产,防范和化解金融风险,即解决不良资产的存量问题;二是加快国有大中型企业转亏为盈步伐,促进企业转换经营机制、建立现代企业制度,即解决不良资产的流量问题。完成这两项使命的主要手段是债转股。

债转股之所以被作为资产管理公司的基本手段,用以改善多年以来国企效益低下、银企关系混淆不清的状况,是出于以下几个考虑:

一是强化对企业的经营监督。我国资本市场不发达,国有企业资金严重依赖银行贷款,但银行的债权人地位使得银行无法很好地约束企业的行为。实行债权转股权后,资产管理公司取得对企业的监督机,可以增加对债务企业的约束力度,促进企业改善经营管理,从而更好地保障自身利益。

二是减轻国有企业负担,加快实现国有企业脱困目标。国有企业脱困的难点之一是解决沉重的银行债务负担。债转股后,企业不用还本付息,负担随之减轻;资产负债结构也趋于合理,便于获得新的融资;债权转股权触及企业的产权制度,有利于推动企业尽早建立新的经营机制。

三是社会震动小,容易得到各方支持。债权转股权兼顾了财政、银行。企业三方面的利益。国有银行债权变股权,没有简单勾销债务,而是改变了偿债方式,从借贷关系改变为不需还本的投资合作,既没有增加财政支出,又减轻了企业还债负担,银行账面的不良资产也得到了减少。这是一种代价最小的债务重组方案。

以上的思路虽具有较强的理论意义,但其理想化特征也显而易见,在运作过程中具有相当的困难和风险。其原因如下:

1.我国国有企业经济效益不佳的根本原因在于运行机制的行政性和非市场化。不良债权转变为股权并不能直接导致国有企业运行机制的转变,即使某些国有企业转变为上市公司,也并不意味着它们的运行机制已根本调整。因此,债转股极容易导致不良债权转变为不良股权。

2.在不良债权转变为股权的条件下,资产管理公司可以运用其持有的股权,对有关国有企业的经营进行干预甚至调整,以提高这些国有企业的营运效率,从而获得较好的股权收益。但这种期望缺乏足够的实践条件,因为资产管理公司既缺乏足够的国有企业经营人才,也缺乏治理国有企业的"灵丹妙药"。

3.从减轻国企财务负担的角度讲,债转股确实会使一些企业的利息负担减轻,并改善其资本结构。但国有企业的根本问题并不是利息过高而是经营效率低下,单靠减轻利息负担并不能从根本上改变企业的经营状况。

4.从相关各方的利益得失来看,债转股对国有银行和国企确实是有利的,但不良资产的风险转移到了资产管理公司。由于资产管理公司是由政府注资成立的,如果债转股最终沦落为一种账面游戏的话,损失还是要由国家财政来负担。

中国政府仿照国外的模式建立金融资产管理公司,并在法律上和资金上给予支持,赋予其多种投资银行业务手段对不良资产进行处置。但是,这种国际经验对中国的可借鉴性及其最终的效果,不仅依赖于资产管理公司本身的完善性和运作效率,同时还取决于中国目前所具备的制度条件。具体来讲,资产管理公司在中国的运作不可避免地受到以下因素的制约:

1.我国资本市场欠发达。

中国资本市场容量小,法规不健全,中介机构和投融资双方行为尚不成熟。这对资产管理公司运作的影响主要表现在两方面:一是造成资产管理公司可选择业务手段范围狭窄;二是造成投资方对资产管理公司的产品——处置后的不良资产的需求不足。

2.资产管理公司本身不完善。

资产管理公司本身的工作质量对不良资产的回收也产生重要影响。与国外的资产管理公司相比,我国的资产管理公司还存在着不少缺陷:

首先,公司内部治理结构和人力资源状况欠佳。作为国有的金融公司,如何透过建立有效的法人治理结构,摆脱效率不高,避免内部人的"道德风险",是摆在资产管理公司面前的一道难题。另外,资产管理公司是技术层次很高的金融企业,需要法律、会计、投资银行、企业经营等各方面的专业人才,而目前资产管理公司的人才队伍尚难以适应上述业务的要求。

其次,资产管理公司的一些处置手段缺乏法律支持,有的甚至与现行法律相抵触。例如,资产管理公司几乎囊括了商业银行、投资银行、信托公司和证券公司的所有业务种类,成了名副其实的超级金融公司,而这显然违背了分业经营的现行法规。

第三,资产管理公司的业务受到政府的较大干涉,操作程序上有非市场化倾向。这些非市场化倾向必将给处置不良资产带来负面影响。

第四,资产管理公司处置不良资产的范围较窄。四家资产管理公司仅仅处理四家国有商业银行的不良资产,政策性银行、其他商业银行、信托公司、证券公司、信用社等金融机构中仍存在着较多的不良资产,金融风险依然存在。国有商业银行的不良贷款也只有一小部分移交到资产管理公司来处理,其整体资产质量并不会因为债转股而得到实质性改善。

由以上的分析来看,即使把资产管理公司纯粹定位为处理不良资产存量的财务投资者,由于受到自身及外界制度条件的限制,它能发挥的作用也受到较大制约。目前可以得出的一点结论是:债转股不应该是资产管理公司治理不良资产的唯一手段,资产管理公司不可能也不应该是中国治理不良资产的唯一模式。

(2001年第9期《中国金融》)

关于金融市场问题

粤港港币支票联合结算业务基本情况及设想

曾宝泉　梁茵

一、粤港港币支票联合结算业务简介

粤港港币支票联合结算系指经中国人民银行、香港金融管理局批准的以香港银行为付款人的港币支票结算,也就是指香港银行港币支票通过广州市银行电子结算中心和香港银行同业结算有限公司进行的结算,它是粤港两地政府共同促进粤港金融合作的结果。粤港港币支票联合结算具有以下特征:

1、支票交换与资金清算的集中统一性。粤港港币支票联合结算的具体做法是将原来各外汇指定银行分散寄送香港各付款银行的港币支票改为集中送交广州市银行电子结算中心,再由人民银行广州分行指定的香港代理行送交香港银行同业结算有限公司,变分散寄送为统一送达,人民银行广州分行与香港金融管理局负责资金的集中清算。

2、资金到账时间的相对固定性。粤港港币支票联合结算资金到账时间一般为2天,即提票行提出港币支票交换的第二个工作日为银行给客户进账时间,也就是银行只要在当天规定的票据交换时间将客户托收的票据提交广州市银行电子结算中心,第二天银行在确定无退票后即可给客户办理进账,第三天银行营业开始时客户就可以使用进账资金。这种联合结算的资金到账时间较原来各家银行的做法普遍提前了1至2天的时间。

3、联合结算范围的广泛性。粤港港币支票联合结算业务在广东省范围内全面开展,较之深圳深港港币支票联合结算更具有广泛性,满足了广州周边地区乃至全省各地的业务需要。

4、结算手续的相同性。客户(广东省辖内的机构或个人)仍然按照过去的做法在银行营业时间内将香港签发的港币支票送到开户行,开户行受理客户港币支票托收。5、结算支票的限定性。目前参与粤港港币支票联合结算的支票只限限港币支票,且仅限于香港出票并以香港银行为付款人、粤方机构或个人为收款人的港币支票结算。

二、开通粤港港币支票联合结算结算业务的目的和意义

为适应中国即将加入WTO新形势的需要,加速粤港两地之间的资金周转,提高资金使用效益,为企业提供更好的金融服务,促进粤港两地经济的共同发展,在粤港两地政府的高度重视和大力支持下,人民银行广州分行、外汇局原广州分局根据总行、总局的授权,经与香港财经事务局、金融管理局商洽,于2000年10月1日正式在广东省范围内开通粤港港币支票联合结算业务。开办粤港港币支票联合结算业务有利于增进粤港两地的经济交流和金融合作,提高经济效益;有利于增强商业银行的服务意识;有利于规范国内商业银行的结算行为,为商业银行创造良好的平等竞争的外部环境;有利于进一步改善广东的投资环境。

三、粤港港币支票联合结算结算业务取得的成效

粤港港币支票联合结算业务的顺利开通为广东省外汇指定银行提供了港人在省内使用港币支票结算的新渠道,变分散寄送为统一送达,变跨境结算为同城结算,大大减少了资金的在途时间,提高了企业资金的使用效率,有力地促进广东外向型经济的发展,取得了较为明显的社会效益和经济效益。到目前为止,全省共有203家外汇指定银行分支机构经批准参与粤港港币支票联合结算,覆盖广州、佛山、东莞、珠海、中山、江门、肇庆、惠州、清远、湛江、汕尾等11个地区。据统计,截止2001年6月30日,粤港港币支票联合结算累计清算资金8947笔,金额107397万港元。由于结算时间的缩短,周边地区申请参加联合结算的外汇指定银行也不断增加,业务量日趋扩大,今年1—3月份银行共提交支票3202笔,39328万港元,实际清算资金3050笔,36212万港元,环比分别增加76%和65%;2001年4月份银行共提交支票1195笔,16031万港元,实际清算资金1125笔,13982万港元,结算量分别为2001年第一季度的37%、41%、37%、39%,居各月结算量之首位。

四、粤港港币支票联合结算结算业务存在的问题

由于受多种因素的影响,处于初级阶段的粤港港币支票联合结算

业务当前还存在一些问题,主要表现在:

1、结算量离原预计结算量还有差距。根据商业银行港币支票托收业务调查结果显示,广东省内外汇指定银行港币支票托收日均600笔,资金量5000多万元,而2001年上半年粤港港币支票的日均结算量仅为750万港元。

2、结算品种单一影响了业务的发展。目前粤港港币支票联合结算只限于香港出票并以香港银行为付款人的、粤方机构或个人为收款人的港币支票结算,属于单向、单币种结算。

3、目前的粤港港币支票联合结算系统还不能真正成为全省银行间外币清算渠道,这也是业务量不大的原因之一。自1998年11月关闭原广东外汇清算中心之后,广东外币清算业务处于分散状态,外币清算业务尚未恢复,目前开办粤港港币支票联合结算业务的优势不太明显,吸引力不够。

4、广州银行电子结算中心收费标准对周边地区银行纳入统一结算渠道缺乏吸引力。据统计,到目前为止,在102家提交支票的外汇指定银行当中,周边地区只有15家,占15%。粤港港币支票联合结算使银行资金到账时间普遍缩短了一至二天,但相对于周边地区甚至是边远地区的银行而言,由于受距离、交通和交换场次的影响,资金到账时间与银行原来清算渠道的到账时间可以说差别不大或无差别,都需要三、四天时间,因此,结算成本无疑是他们考虑是否参加联合结算的重要因素。

五、建议及设想

1、恢复开办外币清算业务。目前我省商业银行的外币清算渠道大体上有商业银行系统内进行的外汇联行清算、各商业银行通过中国银行进行的外汇清算和各商业银行通过境外帐户行或代理行进行的外汇清算。由于缺少一个负责承担银行间外汇清算的部门机构,造成清算线路迂回曲折,通汇环节多、通汇时间长,严重影响资金使用效率。因此,人民银行应该利用开办粤港票据联合结算业务的时机,尽快恢复开办外币清算业务。

2、统一运作外币清算业务。在申请恢复开办外币清算业务的同时,争取先将分散的同城外币票据清算业务、粤港澳ATM网络外币清算业务和粤港港币支票联合结算业务合并,逐步形成统一的外币清算系统。这不仅为外汇指定银行提供一个公平、合理的清算平台,有利于外汇业务的发展和良性竞争,而且有利于监管部门对外币清算业务的监管。

3、扩大粤港联合结算业务。粤港港币支票联合结算业务的顺利开通,奠定了粤港两地金融合作的基础。为巩固合作成果,进一步加强与香港经济金融方面的合作,建议尽快组织实施总行已经批准增加粤港港币汇票、本票业务;力争开办粤港港币支票双向交换业务;利用目前香港已开通美元支票支付系统的大好时机,适时开通粤港美元支票联合结算业务;建立广州市同城外币实时支付系统,并研究与香港实时支付系统对接问题。

4、加强外币清算业务的培训,提高外币清算管理操作水平。可通过多种形式组织有关人员到有丰富清算经验的商业银行和省外外汇清算中心参观学习,或者聘请香港金融管理局的有关专家讲解境外支付清算系统的运作方式,还可以派员到香港实地考察学习香港美元结算系统和香港即时支付系统。

5、加大宣传力度,扩大业务覆盖面。继续通过各种新闻媒体广泛宣传粤港港币支票联合结算的特点和运作方式,印制发送宣传手册,让粤港联合结算家喻户晓,争取在较短时间内,将粤港港币支票联合结算业务覆盖珠江三角洲范围的每一家外汇指定银行分支行,促使粤港港币支票资金结算量有一个较大的增长幅度。

6、降低收费标准。目前参与联合结算的外汇指定银行按每票5元人民币的标准交付手续费。从周边地区及边远地区银行的综合结算成本考虑,建议收交费标准参照人民币票据收费或本外币票据统一收费。

(作者单位:中国外汇交易中心广州分中心)

亚洲资本市场的未来

史美伦

去年以来,同欧美一样,亚洲大部分国家的经济增长开始趋缓。该地区的股票市场也同步下跌。中国股票市场经过几年的牛市后,尽管国民经济增长还是很强劲,但今年股票市场也有很大幅度的下调。有些人认为亚洲经济衰退引起股市下跌将导致财富负效应,而另一些则对证券市场资产配置的有效性提出置疑,认为股市的本质是“投机”的。因此,新经济是否可以依托资本市场作为发展引擎也引起了人们议论。我相信亚洲资本市场的未来是光明的,振奋人心的。不仅仅是因为新旧经济都会依靠资本市场来获得发展的动力,而且因为在未来的几十年内,投资者队伍和投资需求都进一步扩大。

一、亚洲新经济结构

未来10年间,亚洲新经济结构的变革也许将是影响亚洲资本市场发展的最主要因素。从很大程度上讲,亚洲经济借助1999年和2000年美国的IT泡沫从金融危机中复苏。但亚洲的出口由于美国和日本经济的疲软而受阻,中国加入WTO,亚洲经济也需要调整结构。在过去,亚洲经济增长是出口拉动型的。但去年美国IT泡沫破灭,全球经济增长放缓,未来几年发达国家的进口需求会降低。“9·11”事件的发生无疑对全球经济是雪上加霜。因此,亚洲的发展必须依靠扩大内需来带动。在过去的几年间,中国经济的增长并不完全靠出口而是靠内需来拉动,是靠吸引外资和民间资本。这也部分说明了中国经济为什么能够在全球经济普遍不景气的状况下表现出众。

亚洲资本市场的新经济结构意味着什么?新经济需要资本市场提供更巨大的支持力度。因为亚洲已经不能依赖出口,而是该靠内需来拉动增长。亚洲的贸易顺差会缩小,有些国家甚至会出现贸易逆差。比如,同去年相比,韩国的出口已经下滑了20%,今年7月台湾地区的出口出现了自1976年以来最大的滑坡。为了弥补经常项目下的赤字,亚洲需要提高其资本项目的效率,吸引更多的资本从而支撑其新经济结构,包括持续吸引更多的外商直接投资。换句话说,亚洲需要向国内投资者和工业国家出售更多的股票和债券以便能引进资本项目和技术。因此,亚洲国家需要建立一个公平而又效率的资本市场以吸引资本流入,并适应新的经济环境。

二、从资本市场获得融资

世界银行最新的研究成果表明,亚洲上市公司最主要的资金来源是银行贷款,其中相当一部分是短期外币借款。除了韩国,企业债券只占企业融资相当小的比例。然而,1997年的金融危机表明,如果依靠短期外币借款来支撑长期的本币项目,一旦发生债务危机,就会造成企业和金融市场的“多米诺”效应。1997年的危机还表明,政府加速经济发展的政策如果引导投资进入效率不高和不能持续发展的企业,就是对资本的乱配置,最终会导致整个金融体系的崩溃。为了给新经济发展提供金融支持,亚洲经济体政府应该努力创造一个有利的环境,让亚洲公司能够脱离高杠杆效应的资本结构,通过股票和中长期债券来获得融资。亚洲经济体政府还应该让其资本市场对国内和国际投资者都具有吸引力。资本市场体现了一国金融资本的效率。资本不应该进入生产效率不高的企业。此外,市场规则应该适用于所有公募资本的公司。

三、投资者需求

亚洲人口占全球人口的55%。在过去的几十年间,亚洲经济的发展使得该地区产生了相当一部分中产阶级,他们有能力参与到资本市场中来。90年代的牛市,也使得亚洲人对股票市场越来越有兴趣。与此相比,超过一半的美国家庭拥有股票,而在二战结束后只有5%。纳斯达克75%的交易量是由个人投资者来完成的。在中国,个人投资者的交易量也从1992年的200万元上升到6000万元,但个人投资者占全国总人口的数量还不到5%。总而言之,私人投资股市的队伍会不断扩大。

在投资者队伍不断扩大的同时,亚洲社会正趋于老龄化,相应地,退休基金的投资需求也在增加。据估计,到2025年,亚洲60岁以上的人口将超过4.22亿,这将是现在的两倍多。随着人口的老龄化,收益超过银行存款、风险相对较低的中长期投资品种的需求会日益增加。集体投资计划,比如共同基金和退休基金就可以满足这种需求。尽管亚洲各国普遍储蓄率比较高,但这种集体投资计划却不够普及。因此,它们在亚洲市场的发展潜力巨大。以中国为例,也只有在今年才刚刚建立起了社会保障基金和开放式基金。这些机构投资者的加盟,将对中国证券市场的稳定性和流通性作出巨大的贡献。

四、资本市场改革

要挖掘亚洲资本市场的潜力,亚洲经济体政府应该让那些潜在的投资者看到市场的稳定性和可能的收益。然而,大多数亚洲资本市场都患上了新兴市场的共同病症:比如说高波动性和低透明度。在1997年金融危机后,亚洲经济体的一些政府已经着手改革他们的金融市场,并且取得了不同程度的效果。韩国的金融改革被认为是最成功的。在新世纪中,为了建立一个更稳定、坚实和高效的市场结构,亚洲各国应该进一步深化改革,包括进一步提升法人治理结构,严格规范会计制度、信息披露准则和中介机构的执业标准,加强对市场违规行为的打击。

中国内地证券市场只有11年的历史,但是市值已经达到6000亿美元,是继日本和香港股市之后的亚洲第三大市场:1100多家上市公司,100多家证券公司,超过6500万个股票帐户。从任何一个标准看,我国资本市场的发展都令人振奋。当然,我们的规模尽管已经很大了,但还没有脱离一些新兴市场的特点。

为了让我们的资本市场更好地服务于经济体制改革，促进经济发展，吸引更多的国内储蓄加入到资本市场中来，我们还必须提升资本市场的质量。资本市场，包括金融服务业，还必须为应对中国加入WTO后的挑战作准备。因此，中国证监会决心要进一步提升上市公司法人治理结构，加强证券公司的风险管理，提高中介机构的职业标准，并加强投资者教育等方面的工作。

（2001年10月22日《上海证券报》）

二十年期国债的悬念

李刚　金勇

7月31日财政部向社会发行我国发行期限最长的债券——20年期国债，认购火爆。票面年利率通过公开招标被确定为4.26%，半年付息一次。在股市低迷的情况下，国债确实是一个令人心安的投资渠道，但是20年期国债也有悬念。

首先，未来经济周期与利率走势的相互影响不明。目前市场有人从经济周期的角度来分析利率周期。如有人认为20年一般能经过两个以上的经济周期，利率周期也可能是两个以上，这意味着利率水平经过波峰、波谷的震荡后，很可能又恢复到现在的水平。但实际上由于我国经济发展在未来20年将处于一个全面国际化和市场化的时期，因此，经济周期将随着宏观经济政策的变化、经济调节的手段的改变、经济结构的调整而形成新的形态。这点可以从美国的经济周期中得到启发。美国经济持续增长10年，其经济周期形态打破了传统经济周期预测形态，其主要原因之一就是新经济的培育和发展。这种经济结构调整带来的经济周期变化极大地影响了利率的走势。美联储在升息和降息前，都必须仔细为新经济号脉。仅仅通过上述简单周期分析说利率的风险可以通过经济周期避免，在某种程度上过于机械化了。

其次，利率市场化不仅是国内利率市场化，而且受国际市场的影响。有人认为，即使利率水平有些变化，随着我国利率市场化的加快，以前那种把利率上调到10%以上的情况将很少发生，市场的力量将使利率波动的区间相对减小。但据估计6年之后中国可实现人民币自由兑换。这意味着中国金融市场将在很大的程度上和国际市场接轨。国际金融市场的资金供求变化将会直接传导到国内来，利率也将随之变化。如果是和国际金融市场隔绝，那么中国将有能力迅速通过市场调节控制经济运行状态和利率水平。但是在整个世界经济融为一体，国际金融市场牵一发动全身的情况下，我国对利率水平的调控要受到世界经济发展的影响和诸多有关世界协议、规定的限制。

第三，收益计算尚有技术限制因素。专家指出，目前我国还没有基准利率，这个基准利率在整个货币市场与利率体系中起着不可替代的作用。近来我国发行的记帐式国债大多数是浮息国债。浮息国债是在中央银行确定的一年期定期存款利率基础上，上浮多少个基点，通过投票机制来形成浮息国债利率。由于没有长期固定的利率，使得中国债券市场很难计算收益曲线。

中国经济保持高速增长已有多年，持续的增长必然会带来通货膨胀的隐患，再考虑到加入WTO、同国际市场接轨、未来的金融市场开放和中国经济结构的剧变，20年期国债确实悬念很多。但在股市风险加大时，国债应是较好的投资品种。（作者：西部证券研发中心）

入世后金融业八大对策

李永森

金融服务业在我国民经济中具有特殊地位，人们对入世后金融服务业将受到的冲击尤为关注。我们应当充分利用五年的缓冲期，加快改革开放步伐，按照国际通行标准实现与国际金融市场的对接。

一、提高金融政策的连续性及政策变化的可预测性。金融政策的制订和实施应有必要的民主程序，戒除"暗箱"操作现象。在金融政策制订中要建立健全规范的规则。

二、提高金融信息的透明度。完善规范信息披露制度，改革不符合国际惯例的财务会计制度，提高各类数据与国家之间的可比性。

三、加强央行金融监管的权威性、独立性。为提高监管质量和监管效率，必须加强央行金融监管的权威性和独立性。同时央行在监管调控上应更多的使用间接手段，减少使用直接的行政手段，加强风险管理。

四、顺应世界上金融混业经营趋势，逐步实现混业经营。为了分散经营风险，扩大经营规模，混业经营已经成为世界各国金融服务业的发展趋势。我们应在大力发展和规范银行和非银行金融机构各自业务的同时，在它们之间既建立起防火墙，又建立起有规则的疏通管道。在此基础上应积极探索混业经营模式。

五、积极推进国内利率市场化。利率是决定众多金融产品价格的基础，只有利率的市场化，才能真正实现金融产品价格的市场化；才能从根本上解决风险与收益不对称、金融工具之间的非市场差别等问题；才能体现利率的价格信号作用，为国家宏观调控提供依据；才能优化金融资产配置，提高金融市场效率。我国应逐步地建立以市场资金供求为基础，以中央银行基准利率为调控核心，由市场资金供求决定各种利率水平的利率决定体制。

六、清理和完善金融法规。我国现行的有关金融法律、法规、条例、决定及实施细则等，在不同程度上存在着与市场经济及国际惯例不相适应的地方，大大阻碍和延缓了我国金融业的改革和国际化进程。因此有必要对现行的金融法规进行清理，废止或修订完善不适应新形势的法规，尽快制定新的金融法规，填补立法空白，建立起适应市场经济及金融业对外开放要求的金融法律法规体系。

七、改善用人机制和激励机制。我国金融服务业所面临的竞争，最直接的是人才和技术的竞争。从世界范围看，外资进入某国金融业，更多的是聘用熟悉当地市场情况的所在国本土的管理人员和技术人才，我国也不例外，外资金融业进入我国将首先展开人才的竞争。这就使得我们必须在用人机制和激励机制方面进行必要的、根本的改革，从机制和制度上留住人才、稳住人才、吸引人才。

八、提高金融企业的市场意识、竞争意识和创新意识。目前我国市场发育程度与发达国家还有较大差距，企业尤其是金融企业长期处在开放度低、保护度高的环境中，反映在企业的行为上是普遍缺乏市场意识、竞争意识，随着我国政府按照承诺和WTO规则要求逐步减少对企业的保护，就要求企业提高自身素质，强化市场意识和竞争意识，在竞争中求得生存和发展。创新是企业生存和可持续发展的灵魂，金融服务业必须保持不断的创新才能在竞争中实现发展。

（2001年1月12日《经济日报》）

关于证券市场问题

良好的公司治理是证券市场的基石

史美伦

良好的公司治理是证券市场的基石，是企业进入资本市场融资的关键所在。完善上市公司治理，是提升上市公司质量、规范证券市场发展的必由之路，也是保护投资者的重要措施。公司治理已成为全球性的热门话题，世界各国以及国际机构都对这一问题非常重视，制定了一系列的公司治理的原则和标准。我国的上市公司治理，也越来越受到包括政府部门、监管部门、学术界以及上市公司在内的各界的重视。

对于我国上市公司治理中存在的突出问题，主要表现在股权结构过于集中；集团公司、控股股东和上市公司之间没有完全分开，国有股权控制权不明确，导致内部人控制；董事会运作不规范，董事未尽诚信和勤勉义务；监事会未能发挥应有的监督作用；经理层缺乏激励和约束机制。针对这些问题，中国证监会在提升上市公司治理水准方面，还有许多事情要做。具体来说，我们将采取以下措施：（一）从股票发行入手，要求拟上市公司认真做好企业改制工作，在辅导期期间就必须建立起规范的公司治理结构，包括合理的股权结构，健全有效的股东会、董事会、监事会等机构及其议事规则和公司章程。拟上市公司和母公司之间应该做到人员、资产、财务、机构完全分开;上市公司应该是一个完全独立于母公司的法人实体,公司治理将作为核准上市发行时考查的一个重要内容之一。(二)建立健全有关上市公司治理的原则标准和法律法规。我们已经起草了《中国上市公司治理的基本原则和标准》,待与有关部委协商之后,征求社会各方的意见,修订后尽快实施,作为规范我国上市公司治理的一个重要举措;另外,我们还将制定或修改一些具体操作的细则,包括董事会、监事会、公司章程、和认股权制度等。(三)引入独立董事制度,规范董事会的运作。为加强董事会的独立性和董事会对管理层的监督,我们将在上市公司中引入独立董事制度,逐步要求上市公司董事会成员中有三分之一以上为独立董事。我们已经制定了上市公司设立独立董事的指导意见,将尽快颁布实施。独立董事将需要在关联交易和重大资产重组等问题上发表独立意见。我们将加强独立董事人才的挑选和培训,包括建立独立董事人才库等。我们也知道,引入独立董事只是完善上市公司治理的一个重要步骤,并不能够解决公司治理中的所有问题,需要有其它措施的配合;独立董事真正发挥作用,也还需要有一个过程,需要在实施中不断完善这一制度。但是,这将是重要的一个开始。(四)大力发展机构投资者,发挥它们在公司治理中的积极作用。从根本上说,公司治理结构的完善,股权结构的优化,有赖于机构投资者的壮大。只有机构投资者队伍壮大了,股权过于集中和流通股过于分散的现象才能得到缓解。只有机构投资者所持有的股票大量增加时,它才会一改"用脚投票"、对企业管理被动、旁观的态度,开始积极介入企业战略管理,从外部施加压力,要求上市公司改善治理结构。这一点已经被成熟市场的经验所证明。1999年,美国保险基金、养老基金、共同基金等机构投资者的持股比重达57.6%,日本银行、企业法人和保险公司等主要机构投资者占70%以上,英国养老基金股票投资占总市值的比重为32.5%,保险公司占16.3%,其他金融机构占16.2%,个人只占20%。这种以机构投资者为主的格局,根本上改变了成熟资本市场的结构,极大地推动了上市公司治理。使市场的整体素质得以提高,从而使所有投资者都受益。我国证券投资基金近两年的发展,也有了很快的发展,但与成熟市场相比所占市场份额还很低。截止2000年底,10家基金管理公司管理的34家封闭式基金资产总值为847元,仅占总市值的1.8%,占流通市值的5.3%。我们要进一步加大培养机构投资者的力度,使机构投资者在优化股权结构,推进上市公司完善法人治理结构方面发挥更大的作用。第一,要大力发展证券投资基金。除继续发展封闭式基金外,要根据国务院发布的《开放式证券基金试点办法》,尽快推出开放式基金。第二,推动社保基金和金融资产管理公司成为证券市场的机构投资者,社保基金是为适应国家社会保障体制改革而设立的、以运营社会保障资金为目的的专门机构。四家金融资产管理公司是为处理和国有商业银行不良资产而设立的专门金融机构。它们可以作为已上市公司国有股的长期的机构投资者。第三,可以通过收购、兼并、投资基金和证券投资的方式引入境外机构投资者。从境外引入合格的机构投资者,是新兴市场渐进开放证券市场的一种成功做法,有利于扩大我国证券市场的资金供应规模,引导投资理念,规范投资行为。(五)加强投资者教育工作。我国目前投资者的投资理念以短线投资为主,追求短期效应,较少关注公司的长期绩效;同时,散股股东和小股东在公司治理中往往采取消极态度。我们需要加强投资者的教育工作,逐渐改变以短线投资为主的投资理念和投资文化。一方面要鼓励投资者积极参与公司治理,充分利用作为股东的权力,参与股东大会,行使投票权;另一方面,要鼓励投资者选择治理结构良好的绩优企业,作长线投资,从而使企业更多地关注及改良其治理结构。提升上市公司治理的水准,是一项长期而艰巨的任务,需要包括政府有关主管部门、所有者和股东、上市公司、中介机构、社会公众、和监管部门的积极参与。

(2001年05月31日《证券时报》)

创业板市场早设立早受益

董辅礽

人们企望已久的创业板市场迟迟没有设立,都说"万事俱备,只欠东风"。这"东风"是什么?笔者猜测,一再推迟设立的原因可能是顾虑创业板市场的风险大。我们看到,前几年,有些国家(英国、澳大利亚等国)的创业板市场相继关闭了,近几个月来NASDAQ的指数又狂泻,我国香港的创业板市场的指数也掉了不少。在这个时候推出创业板市场确实令人担心。要开办创业板市场自然只能成功,不能失败,否则会带来一系列问题,甚至可能引发社会动荡。这样考虑是负责的,也是有道理的。因为,创业板市场的风险确实比主板市场的风险要大。

为了使创业板市场在设立后运行比较平稳,不发生大的震荡,出现大的风险,考虑到创业板市场有更大的风险,在其设立前采取一些防范措施是必要的,而且也是可以做到的。

(1)为防止创业板市场发生大的风险,特别是在其设立的初期,应对进入的公司的结构有所谋划。考虑到主要受大量业绩不佳的网络股的拖累,NASDAQ指数急剧下挫的教训,在创业板市场,应让属于实体类的高科技、成长性好的公司更多地上市,特别是在创业板市场设立的初期。这类公司的业务的发展不可能像网络公司那样靠炒概念,而必须有实实在在的产品制造出来并有市场。网络股自然也可在创业板市场上市,而且也应该有网络股上市,但网络公司发展得太滥,不少网络公司的设立只是为了等别人收购以赚一大笔钱,还有不少网络公司长期不能赢利。这类公司多了,创业板市场的风险自然就大了。从我国已申报到创业板市场上市的公司的产业分布来看,网络公司的比重相当大,在核准最初上市的公司的结构中控制其数量对减少创业板市场的风险有好处。

(2)为防范创业板市场的风险而提高上市的门槛是不合适的,那不仅会抹掉主板市场与创业板市场的区别,而且也使设立创业板市场失去了必要性和意义。创业板市场对公司上市设置的条件比主板市场低,那是为了适应高科技企业和良好成长性企业的特点,同时也只是在某些上市条件(主要是资本金的规模、赢利记录等)方面比主板市场的条件低,而绝不是放松对上市公司的一切条件,实际上对在创业板上市的公司还有一些另外的特殊条件。所以降低创业板市场的上市门槛绝不是放松对申请上市的公司的要求。对申请到创业板市场上市的公司,必须按照规定的条件作严格的审核,防止主板市场曾大量发生的弄虚作假到证券市场骗钱的情况发生。在创业板市场上市的公司的"高科技性"、"成长性"都是需要严格界定的概念,以防鱼目混珠。严格审核是创业板市场减少风险的重要措施。除发审机构的努力外,要让为公司上市提供服务的中介机构切实承担起责任。在创业板市场建立严格的保荐人制度是很必要的,证券公司不仅要帮助企业改制成上市公司、承销公司的股票,而且作为公司的保荐人,要按照创业板市场的性质和要求负责地严格地选择合格的公司,向证券发审机构和投资者推荐,负责地保证公司披露的信息的真实性、准确性和完整性,在公司上市后还要为其推荐的公司作一段时间的顾问,帮助公司改进经营管理,及时、真实、完整地披露信息,并发挥监督的作用。显然,保荐人承担了创业板市场的一部分风险,保荐人制度的实施有助于控制和减少创业板的风险。

(3)为减少创业板市场的风险,建立严格的公司信息披露制度是一个重要环节。创业板市场的信息披露应比主板市场更严格,对需披露的信息的内容应能反映创业板市场及其上市公司的特点。目前在主板市场开始实施的按季度披露信息的制度,在创业板也应实施。

(4)为减少创业板市场的风险,是否可以减少股价升降的涨跌停板的限界呢?例如不是30%,而是20%?那是需要研究的。但不论其限界如何设置,更重要的是加强对市场的监管,严格防止和制止某些投资者单独地或合谋地操纵股票价格。在现代技术的条件下,对股票价格的异动是能够监视和及时发现并制止的。

(5)对在创业板市场上市的公司实行股权的全额流通对创业板市场是完全必要的,不能因为担心发生公司的发起人在公司上市和股票升值后抛售股票,而对股权的流通设置一些不当的限制,如规定所有发起人在首次公开发行后在规定期限(如一年)内不得出售其持有的公司股份。这种规定不符合设置创业板市场的宗旨。因为这样规定会使那些风险投资在规定的期限内被锁定,而无法退出,这不利于风险投资事业的发展,从而也不利于高科技的发展。合适的办法是,允许风险投资适时地退出,而让企业的初始创办者(往往是高科技的开发者)在规定的期限(如一年)内不得出售其持有的公司的股票。这对维护公司的稳定,减少公司上市后的风险是有帮助的。

如果以上几点做到了,加上其他措施,创业板市场的风险就会减少和可以防范,至少是可以控制的。在此条件下,创业板市场早设立比晚设立好。因为,早设立就可以早一点借助证券市场促进高科技的发展,发挥高科技在推动国民经济发展中的作用。去年以来,有一大批高科技企业等待着创业板市场上市,指望从创业板市场获得所需的资金,使其拥有的高科技能投入生产,获得发展,并进一步开发更新更高的技术。在当今,科学技术突飞猛进,日新月异,更新换代极其迅速,这些企业急切地盼望着早日上市,是有道理的。创业板市场设立的长时间拖延,对它们的发展极其不利,对风险投资事业的发展极其不利,对我国的高科技的发展极其不利。再拖延下去,一些企业拥有的高科技不久就会被别人开发出来的更高更新的技术挤出市场,失去价值。目前已经有不少原本要求到创业板市场上市的高科技公司纷纷转向主板市场上市,这对创业板市场的设立和发展是不利的,使其失去了一批可贵的公司资源,而对这些公司的发展也会有一些不利影响,因为原来支持它们的风险投资将由于主板市场缺乏退出的渠道而不愿对它们投资。同时,创业板市场设立时间的拖延,也使刚刚兴起的风险投资举棋不定,并可能减弱其发展的势头。

(2001 年 5 月 9 日《经济参考报》)

股票期权制须解决四大问题

陈小洪

股票期权制度是西方国家的公司激励经营者及员工为公司长期发展而努力工作的一种薪酬制度。对公司经营者普遍缺乏激励和约束,是我国公司治理存在的一个主要问题。因而我们也需要创造条件,尽快有步骤地推行股票期权制度。必须解决的基本问题:

1. 对股票期权制度的内容及实施所需条件不了解,存在认识上的盲目性。如不知道可能带来的风险,不知道对股东(特别是小股东)可能产生的负面影响,不重视建立企业经营者包括考核、"薪酬包"等在内的基本制度,不了解这些基本制度对实行股票期权等股权激励制度的重要意义。

2. 公司治理不完善,在"内部人控制"的情况下引入股票期权制度,必然出现经营者为自己定薪定股,损害公司和股东利益的情况。国有企业,包括国有控股(含相对控股)的上市公司,公司治理结构不健全的突出表现是国有企业老板不到位,没有一个机构承担国有资本经营责任,承担决定有关人事、考核的责权。上市公司经营者多为与控股机构关系密切的"内部人",甚至与控股公司负责人是同一个人,只要控股机构同意,上市公司经营者很容易控制公司。这种结构,加上企业未建立严格的审计、考核体系,国有上市公司内部人不合理的自定薪酬股份的可能性很大。私人或非国有法人控制的上市公司,由于公司治理结构不健全,也有同样的问题。最近已引起各方关注的国有和非国有上市公司被掏空的事件,说明上述担心决非空穴来风。

3. 资本市场不健全,有可能因引入股票期权制度出现更多的黑箱操作、幕后交易。我国对幕后交易等违规行为的监管尚不健全不严格。实行股票期权制度、甚至允许回购股票,诱发经营者搞违规的"内部交易"及和外部人结合操作市场的可能性加大。

4. 政府直接控制国有企业薪酬的管理体制,不利于企业制定合理的股票期权制度。股票期权形式的薪酬是经营者全面薪酬的一部分,公司只能根据自己的需要、财务承受力、人才市场价格等确定经营者的薪酬总水平和结构。经营者薪酬方案是公司人才战略和经营战略的重要组成部分,用国家审批的办法管理,很难与企业人才战略所要求的薪酬体系协调,会破坏包括长期和短期、股票形式与现金形式的薪酬体系内在的统一性,不利于合理真实地估计公司的完全的薪酬成本。

境外上市公司需解决的主要问题:

以国有企业为基础改组改制在境外上市的红筹股和H股公司,要遵守当地资本市场的法规及监管,因此不存在实行股票期权制度的法律方面的障碍。这类公司实行股票期权制度需要解决的主要问题有股票期权方案合理设计问题、股票期权方案的负责和决定权在谁的问题、与方案实行有关的用汇处理问题。

方案设计中容易引起争论的问题是股票期权的授予对象和数量问题。授予对象是公司经营层和骨干,还是延伸到普通员工?对各层人授予量的多少及差距如何把握,例如是否原行政级别高的人士就应授予较多股份?本质的问题是按什么原则设计股票期权方案。

在香港注册的红筹股公司和其他海外上市公司一般都有由独立董事负责的薪酬委员会。薪酬委员会提出的方案经股东会认可后是否就可以执行,抑或还必须经国内有关部门批准?问题的实质是经营者薪酬到底由谁定,在公司治理结构健全的情况下,国家有关部门是否要直接管上市公司经营者薪酬的问题。

另外,还有一个由于我国资本项目下的外汇自由兑换尚未放开带来的问题。这是一个技术性问题,可以用变通办法处理。不过靠个案审批的办法处理效率太低,需要国家明确有关政策和实施规则。

境内上市公司需解决的主要问题

1. 上市公司实行股票期权制度的最大障碍是,由于公司治理不健全、证券资本市场监管不到位,一些公司的股价与公司内在价值严重脱节,有些公司经营者与庄家勾结股价经常很不正常的大起大落。在这种情况下实行股票期权制度可能带来严重后果:股价不真实使经营者所得的收入远高于其应得收入;经营者为获得股票期权收益,人为炒作股市动机强化。

2. 需要消除境内上市公司实行股票期权存在的法律障碍。《公司法》、《证券法》都无公司实行股票期权制度的规定,还有些条款使股票期权方案根本无法实行。《公司法》方面的突出问题有:规定上市公司经营者在任职期间不能转让股票,使得股票期权方案基本上无法实施;我国法律规定实行实收资本制,使经营者或员工对股票期权机动行权困难,股东会也无法在经营者到底是否会行权不确定的情况下决议公司增资和修改章程,经营者行权后立即到工商部门登记虽可行,但由于持有者行权期未必一致会很麻烦;我国法律禁止公司回购股票,使得公司只能用增资摊薄股本的办法实行股票期权方案。

为规避现行法规的限制,我国一些公司实行变相股票奖励或模拟股票期权制度,主要有三种做法:(1)母公司对上市子公司的经营者实行根据业绩奖励股票、期股;(2)上市子公司经营者在大股东的同意下由公司决定给自己奖励股票或期股;(3)上市公司经营者通过对子公司持股、经营者组织公司间接持有上市股份或在子公司获得期股的办法获得股权激励。这些探索取得了一定成效,但是也有些公司由于治理结构不健全,存在内部人控制下的一股独大问题,采用多种变通形式自定薪酬,出现了一些问题:例如当母公司或大股东与上市子公司经营者都是"内部人"时进行自我交易或内部利益交换;经营者间接持股或对下持股、领薪,使上市公司股权和治理状况不透明,经营者脱离股东、董事和监事监督;上市公司经营者可以通过关联交易、股市操作等获得隐性收入。

此外,国有控股(含相对控股)的上市公司也有和红筹股公司类似的如何合理设计方案、是否要由国家有关部门审批薪酬方案等问题,还有可否利用国有大股东通过转让减持的国有股票给经营者解决股票期权行权股票来源的问题。

非上市公司需解决的问题:

非上市公司有两种情况。一类是有较好成长前景,将来拟上市的公司,这类公司的基本问题与上市公司类似,其特有的问题是,在公司未上市时设计的股票期权方案在公司上市时是否会成为不能上市的法律障碍。另一类是在相当长一段时间内不可能或者也不打算上市的公司,国内这类企业有的也设计了所谓的股票期权方案。

(作者:国务院发展研究中心)

证券公司如何构建金融控股集团

李明亮　袁国良

经过十来年发展,我国证券公司组织结构建设已经取得了一定成果,特别是一些大型证券公司组织结构建设已领先一步,组织结构呈现多样化和个性化。但从目前情况来看,仍然存在一些问题,主要表现在以下几个方面:一是在当前公司制形式下,由于普遍存在着内部人控制问题,必然使得证券公司的治理结构无法达到现代企业制度的要求;二是缺乏有效的内控机制,抗风险能力整体上还比较差,特别是在组织结构上,目前国内证券公司均为单纯的有限责任公司或股份有限公司。在目前的增资扩股热潮中,几乎所有的证券公司都在积极进行规模的扩张,但组织结构调整往往被忽略了;三是我国目前大部分证券公司在组织结构上采用的是传统的集权式直线型组织结构,处于集权有余,灵活不足,管理层次众多,运作效率低下的状态。针对我国证券公司组织结构的现状,我们可以重新设计新的组织结构。

一、证券公司组织设计的原则

权变组织理论认为,企业是一个开放的系统,各个企业可分成不同的结构模式。组织结构并不存在所谓最好的。权变的组织结构着眼于任务、组织及人员的相互配合,组织结构应该能及时满足成员的需要,并能有效地应付外来压力。当授权扩大到企业组织的整个管理部门或管理阶层时,就被称为分权。与分权相对应的是集权,即授权程度非常有限,或者不授权。

对证券公司来说,同样也存在集权与分权的不同结构形式。随着企业规模的扩展以及技术深化,大部分证券公司采取了分权式的组织结构。基于这些考虑,证券公司组织设计应该遵循以下几个原则:1、组织目标一致;2、组织必须是高效的;3、专业化分工与协作;4、广泛地授权;5、管理幅度与管理层次原则;6、证券公司内部必须建立合理的岗位约束机制,有效地防范风险。以上这些原则对证券公司组织结构设计具有重要意义。

二、我国证券公司组织结构的选择:金融控股集团

所谓金融控股集团,即是控制着其他金融公司的股份,对其经营施加影响的公司,控股金融集团的问题可以说就是母子金融公司的问题。

金融控股公司可以分为两类,即纯粹金融控股公司和事业金融控股公司。纯粹金融控股公司是指只凭借掌握所属子公司的股权来控制其经营活动,不兼营其他任何事业的公司。因此,纯粹金融控股公司的收益靠收取子公司的红利获得。事业金融控股公司本身经营其他事业,并掌握子公司的股权控制其经营活动,这种形式较为普遍。

证券公司组织结构采用金融控股集团模式,存在明显优势:第一:

各子公司经营自由度高,自主性强,能灵活调整经营战略,以迅速对市场作出反应。第二,证券公司组织结构采用金融控股集团模式,可以有针对性地专门为子公司培养经营者。第三,证券公司通过采用金融控股集团模式,有利于通过母公司来筹措资金;另外,可以规避风险,即使子公司倒闭,母公司的负担也控制在当初的投资和借款的范围内。第四,从物的方面来看,可以分摊广告和研究开发的成本,集团内的骨干子公司可提高整个集团的形象。第五,金融控股集团子公司具有所在国法人地位,其正当权益会受到所在国法律保护。同时,子公司可以遵照各国的法制和制度进行经营,能符合各国的文化和习惯。第六,实行金融控股集团模式,使得企业收购与出售更加容易。

考虑到当前的监管环境和一些证券公司的现实,我国现阶段存在着发展金融控股公司的要求,以此推动金融业务创新,提高证券公司的经营效率和竞争力。尽管我国现阶段的金融体系是按照分业经营、分业管理的思路构建的,从理论上说目前应该没有金融控股公司存在的空间,但实际上却存在三类情况:第一类,由于历史原因,以金融机构身份同时控制着银行、证券、保险、信托甚至工商企业的金融集团,如中国国际信托投资公司;第二类,在近年来金融机构增资扩股的过程中,以产业资本控制银行、证券等多类金融机构的企业集团,如山东电力集团;第三类,一些地方政府通过对所属的信托机构、证券机构进行重组,组建的纯粹控股公司。目前这三类情形金融机构存在着严重缺点,一是各自为政,难以整合资源提高竞争力;二是由于股权结构复杂,这些金融机构难以将集团的跨行业经营转化为现实的竞争优势。

综合多方面因素,我们认为,我国大型综合类证券公司组织结构可考虑选择金融控股公司。控股集团内部采取二级法人制而不是内设部门的单一法人制度。就金融控股公司的组织架构而言,主要由最高决策管理、内部管理、业务管理和区域管理等四个方面组成:(1)决策管理。董事会是公司决策管理的主要承担者,主要负责公司的发展规划、战略管理和重大投资决策,对公司内部经营管理进行审计监督;(2)内部管理。内部管理按职能划分部门进行,重点实现有效的监管和激励。通过稽核部、财务部、法律部和风险管理部实行对子公司和业务部门的监督,通过人力资源部实行对公司成员的激励;(3)业务管理。业务管理按提供的产品或服务划分部门进行,具体分为投资银行、资产管理、网络经纪和风险投资、自营等各子公司和业务部门;(4)区域管理。公司各项业务主要依托于各地的附属公司或地区管理部门具体开展,实行区域总经理负责制。

这种金融控股集团的组织结构,是一种多维立体型网络结构。决策管理层一旦作出决策,业务管理、内部管理、区域管理三方面一起行动,通过共同协调发挥专业分工和团体协作的优势,将决策高效地付诸实施。

(作者:海通证券研究所)

正确认识资本经营与资产经营

刘力

一、资本与资产是两个完全不同的概念,代表着完全不同的内涵。资产,英文为Asset,是企业用于从事生产经营活动以为投资者带来未来经济利益的经济资源,出现在资产负债表的左侧,归企业所有。企业的所谓法人财产权,就是指企业对其控制的资产拥有的所有权。资本,英文为Capital,是企业为购置从事生产经营活动所需的资产的资金来源,是投资者对企业的投入,出现在资产负债表的右侧,它为债务资本与权益资本,分别归债权人和公司所有者(股东)所有,企业对其资本不拥有所有权。

二、资本经营与资产经营的主体由于资本和资产分别属于不同的所有者,因此也必然由不同的所有者进行经营。企业是企业资产的所有者,它可以支配和运用属于自己的资产,企业的职责和作用就是充分和有效地利用自己拥有的资产从事主业范围内的生产经营活动。但是,由于企业对自己的资本不具有所有权,因此企业无法也无权经营自己的资本。企业的股东和债权人是企业资本的所有者,他们可以支配和运用属于自己那一部分的企业资本。股东和债权人的职责和作用是将自己拥有的资本投入到自己认为合适的企业中去,以期获得理想的收益或回报。但股东和债权人对企业的资产不具有所有权,因此也不能直接处置企业的资产。由以上分析不难看出,企业是资产经营的资本,其职责是从事资产经营活动,所应该做的事情是将自己控制的资产经营好。企业的股东和债权人是企业资本的所有者,其职责是经营企业的资本,即决定将资本投入哪一个企业。

从企业的资本投资者(股东和债权人)的角度看,如果他们能够自由选择投资对象,则他们选择何种企业投入自己的资本就表明了他们希望通过什么方式获取投资收益。如果投资者希望通过企业的资本经营获取投资收益,他们将选择从事资本经营的企业作为投资对象,他们将投资于商业银行、证券公司、金融控股公司或共同基金。如果投资者投资于工商企业,则表明他们希望通过投资某种实际的生产经营活动获取投资收益。比如,投资者投资于所谓IT企业,就是看中了IT企业未来的发展前景和盈利机会,希望借助这种投资获得资本的增值。因此,工商企业要实现投资者的目标,就必须将获得的资本投资于用于进行IT生产经营活动的资产,切实地从事相关的生产经营活动。而不是将投资者的资金四处投放,充当其它企业的资本所有者,获取所谓投资收益,因为这并不是投资者的投资目的。如果这样,这些所谓工商企业就不再是真正意义上的工商企业,而变相地成为一种进行资本投资的金融企业。

三、价值创造的源泉从价值创造的角度看,资本需要通过自身的投资活动和企业的筹资活动进入企业,在企业内根据选定的投资项目转化为资产(具体的经济资源),用于某种生产经营活动(这就是企业的资产经营活动)。这种生产经营活动创造出的产品或服务通过销售获得销售收入,扣除各项经营成本(其它要素的应得的报酬)及政府税收后即为资本的回报。显然,只有企业生产的产品或提供的服务为需求者所接受,并为此支付足够的价格,即企业的资产经营取得成功,资本才能得到足够的回报。相反,如果企业的资产经营失败,其数量不足的销售收入首先要支付其它要素提供者所需的报酬,如工人的工资,原材料费用等,其剩余可能是零甚至是负数,这时资本所有者所得到的只是亏损。由此不难看出,资本本身是不能直接创造价值的,其价值增值只能建立在投资于正确的资产经营的基础上。离开了成功的资产经营,资本经营就不可能成功,更不可能增值。

四、资本市场融资、企业购并与重组的实质。首先看资本市场融资,企业从资本市场融资的前提是它们具有良好的资金用途,即有良好盈利前景的实物资产投资项目,企业需要资金进行这些项目的投资,并通过项目的成功运行为资本投资者创造回报。因此,企业进行资本市场融资的实质是为资本投资者提供进行资本投资的机会,为资本投资者进行经营自己的资本提供舞台。从企业的角度看,企业是在为自己将要从事的资产经营筹措资金,其目的是要进行资产经营。如果企业没有合适的资产经营项目可做,企业就不需要也不应该进行资本市场融资,因为它们无法利用好资本所有者的资金。不但无法为资本投资者提供足够的投资收益,还会给资本投资者造成损失。

再看企业购并。资本投资者买入某个企业的股票或股权是在进行资本经营,但一个工商企业收购另一个工商企业就不是在进行资本经营,因为二者的目的完全不同。如前所述,对资本投资者来说,投资于一个企业的股份是希望通过这个企业的生产经营活动的成功获取投资收益。对一个工商企业来说,收购另一个工商企业的实质不是为了获得被收购企业的股权而得到投资收益,因为这种投资可以由资本投资者自己去做,由资本投资者直接投资于被收购公司的股票而获取投资收益。工商企业收购另一个工商企业的实质是获得被收购企业的资产,并使两个企业合并后的资产运营得更有效率,创造出资产使用的协同效益。因此,企业收购另一个企业的核心在于收购企业可以更有效地利用被收购企业的资产,是其资产经营能力的体现。企业购并的失败,就在于购并后被收购企业的资产并不能如预期的那样得到有效率的使用,或并购双方的资产没有能够产生出预期的协同效率,而这正是收购企业资产经营能力不足导致的购并后资产经营的失败。

企业的资产重组是企业对经营的资产内容进行重新配置,这本身同样是一种资产经营行为。比如,企业因原有资产经营效益不佳而进行所谓资产重组,调整所经营资产的内容,其本质就是对资产的经营,而不是对资本的经营,因为企业的资本并不因此而产生变化。如果企业因收购等行为导致股权变更,新的股东注入新的资产进行经营,我们也需要认真分析新股东行为的意义。首先,如果新的股东是为了将被收购企业的资产与自己原有的资产结合起来共同经营,取得更好的经营收益,则就是前面讨论的企业收购行为,就是一种资产经营活动。如果新的股东希望通过收购上市公司,注入新的资产获得上市筹资的资格(即所谓买壳上市),则新股东的主要目的就是筹资,这就回到了与上市筹资类似的情景。第一,注入的资产是要经营的,说明新股东具有经营好注入资产的经营者。第二,需要筹资说明新股东有好的投资项目,同时又没有恰当的资金来源,需要通过收购上市公司来取得筹资渠道。甚至说明新股东的投资项目的收益相当丰厚,所以才需要采取收购上市公司,注入资产,获取公开筹资资格这样一种成本相当高昂的筹资方式进行筹资。这样,与其说新股东资本经营技巧高超,巧妙地运用了买壳上市的方法,不如说新股东资产经营能力超群,其经营项目的获利能力很高,因此可以用很高的筹资成本筹措资金。

由以上分析不难看出,工商企业进行上市筹资、企业购并和资产重组从本质上看都是其资产经营能力的体现,而不是对资本的经营。

(2001年11月7日《中国证券报》)

关于期货市场问题

开发我国股指期货势在必行

沈冰

伴随着证券投资基金的不断扩容、“三类企业”和保险资金的相继被允许入市或间接入市，我国证券市场上机构投资者的队伍不断壮大。这些机构投资者虽然可以通过股票投资组合来消除非系统性风险，但却不能规避系统性风险。面对系统风险，当股市下跌时机构投资者若是在现货市场上大量抛出股票，往往会造成股市进一步下跌，带来的交易成本可能会更大，因此只好被动套牢。如果利用股指期货，机构投资者可以暂不将股票套现，只需卖出适量的股指期货即可规避风险，又避免了对现货市场的冲击。

在我国的股票市场上，与机构投资者相比，个人投资者在资金、信息、技能等方面明显处于劣势，在股市博奕中处于被动挨打的地位也就在所难免，“公开、公正、公平”原则难以真正体现。而股指期货的推出，有利于为中小投资者提供一个相对公平的投资机会。由于股票价格指数本身就是大量有代表性的股票的组合，能够比较有效地防止市场操纵的行为，对于那些中小投资者来说，股指期货的推出将使他们取得了不必直接从事大量的股票买卖而实现分散化投资的效果，这种效果相对来说比较公平。

我国即将加入 WTO，为此必须采取有效的措施，适时进行股指期货的开发与实践，为国内金融衍生产品的创新积累经验，这是我国资本市场国际化的需要。此外，中国在开展自己的股指期货交易方面并无专利权，如日经 225 指数被新加坡抢先开发成功就是一例。我国即将加入 WTO，资本市场对外开放是早晚的事。如果某个国外证券市场率先推出针对我国股票价格指数的期货合约交易，当我国经济融入国际市场之后，那么就有可能绕开我国政府的监管来操纵我国的证券市场，抢走了我们的市场。

从 1990 年开始，我国期货市场经过十年的发展，经历了产生——快速发展——整顿——规范发展几个阶段。经过治理整顿，目前我国期货市场已走上规范发展之路，为股指期货的推出提供了制度、技术与经验等方面的准备。具体表现在：

（1）形成了统一的监管体系与合理的市场布局。目前，期货市场由中国证监会统一监管，形成证监会一交易所两级监管模式。1999 年《期货交易管理暂行条例》及与其相配套的《期货交易所管理办法》、《期货经纪公司管理办法》等四个办法正式实施，使我国期货市场形成了统一的法规体系。同时，为提高市场效率，期货交易所已由 14 家合并为 3 家，品种由 35 个压缩到 12 个，期货经纪公司由 300 多家调整至 200 余家，形成了合理的期货市场布局。

（2）形成了一批专业的期货管理与投资者队伍。通过期货从业人员的培训及长期实践，期货市场从业人员的素质得到提高，形成一支懂期货业务有丰富实践经验的期货管理人员、经纪人与投资者队伍。经过几年的治理整顿以及年检与增资工作，期货经纪公司的数量与布局已趋于合理，业务行为逐步规范，抗风险能力大大提高。这些都为股指期货开展提供了人才与经验保障。

（3）形成了严密的风险管理等制度。经过十年实践，期货市场已建成一套严密的交易、结算与风险控制制度，特别是经过“327”国债期货事件的洗礼，期货市场风险监控技术与能力得到大幅提高，目前已能有效遏制期货市场较大风险事件的发生。从交易特征看股指期货交易与商品期货交易没有多大区别，我国商品期货的交易系统、结算系统、管理制度后理方法等一切硬件设施和管理系统均完全适合于股票指数期货的交易，为股指期货交易提供了制度与技术的保障。

股指期货市场是建立在发达的证券现货市场基础上的，而当前我国证券市场的快速发展，为股指期货开展提供了市场规模、投资主体、套期保值需求及良好市场环境的保障。

（1）证券市场的发展保证了股市规模与流动性的要求。我国证券市场经过十年的发展，已具备一定的规模。截止 2000 年底，我国境内上市公司达 1211 家，累计筹资总额达 5843.2 万亿元，股票市价总值达到 4.8 万亿元，占 GDP 的 57%。成交金额、上市公司数量、市场换手率等已超过香港、新加坡、韩国等亚洲国家与地区，已成为亚洲地区最活跃的股市之一。这为股指期货的开展奠定了现货市场基础。

（2）股指的频繁波动提供了巨大的套期保值需求。股指的频繁波动是开展股指期货进行套期保值的市场基础，股指期货开发的主要目的是为了回避证券市场的系统风险。从我国股市分析看，系统风险非常大，约占市场风险的 65%，而美国等发达国家大都只有 30%；股指波动幅度也非常大，以上证指数为例，其在中位点平均年上下波幅在 30%以上，远远超过发达国家的市场波幅。频繁而巨大的波动为股票指数期货的套期保值交易提供了内在需求与条件。

（3）投资者队伍强烈的避险要求。根据 2000 年底统计，我国证券市场的投资者已达 5800 多万。国有企业、国有资产控股企业和上市公司可被允许进入股票市场，特别是证券投资基金的推出、保险基金入市比例的不断增加，开放式基金的即将出台，使得机构投资者规模及类型不断增加。但由于缺乏有效的做空机制，这些机构投资者存在着强烈的避险要求，从而大大推动了股指期货投资主体的形成。

（4）证券、期货法规与监管体系有利于风险监控。目前，我国证券市场与期货市场均由中国证监会的统一监管，从而形成统一的监管体系，有利于股指的期货的推出。在风险控制方面，形成证监会、交易所、经纪公司及结算机构间的层层风险监控制度，风险监控能力已得到大幅提高。从法规建设来看，1999 年颁布了《证券法》，我国证券交易走上法制化发展的道路，这有利规范证券市场，促进股指期货交易的安全运作。

我国证券市场的发展与期货市场的试点为股指期货的推出提供了一系列市场条件，此外，管理层也多次表示将尽快推出我国的股相期货。可见，开发股指期货的条件已基本具备。

（2001 年第 8 期《金融与保险》）

中国不需要指数期货

沈遥

最近，常可以在媒体上看到呼唤推出股市指数期货的文章，对于证券业、期货业人士以及投机炒作人士有此想法，我倒觉得不难理解，因为他们希望增加收入来源与投机工具。但对于一些学术界以及管理层人士，从中国金融市场发展的角度也认为中国应该尽快推出指数期货，我则觉得这是在认识上的一种误差。

控制风险有多种途径

作为支持指数期货的一个主要理由，是认为中国目前没有做空机制，缺乏有效的避险工具。只有推出指数期货，使机构投资者具有回避股市下跌风险的工具，才能使包括证券投资基金在内的机构投资者得到快速发展。

但这里有一个明显的逻辑上的问题：我们之所以要大力发展证券市场中的机构投资者，不正是因为看好中国的证券市场吗？既然如此，为什么要耿耿于怀避险工具呢？如果真的认为市场风险如此之大，那么让大家先不要投资于证券市场，慢一点发展机构投资者，不是更好吗？

当然支持者会说，我们要求避险工具并不代表我们不看好中国的证券市场，只是希望具有有效地控制风险的工具。但是，即使没有指数期货，目前中国的证券市场已经有着最有效的避险工具——不买证券。我从来没有听说有谁因为不买股票而在股市里亏钱的。如果要控制风险，完全可以通过最原始的调整持股比例的方法，为什么非要有指数期货呢？

从投资角度讲，除非有法规限制直接买卖股票，否则是没有任何的避险功能必须非用指数期货而不能通过简单的直接买卖股票来实现的。

但是，指数期货的支持者马上会说，假如我想回避价格下跌的风险但又不想卖出股票，我就可以通过卖出指数期货来避险，而你就没有办法了。但问题是为什么“不想卖出股票”呢？对投资基金来说，如果拿了投资者的钱，却是什么股票都没有的话，可能会不好意思，但这不能成为不卖出股票的理由。

对于一些投资基金来说，持有的现金部分是不收管理费的，但这更不应该成为不卖出股票的理由。当然，我们也确实可以想象到在一些情况下，股票持有人会担心价格下跌，但同时又不想或不能抛出股票。比如要控制公司的控股权，持有的股票还处于锁定期不能抛出等。但所有这些肯定都只是特定情形下的个别现象，与机构投资者发展的大局扯不上边。

然而，指数期货的支持者会说，直接抛出股票确实可以达到与卖出指数期货同样的避险功能，但对于交易量庞大的机构投资者来说，期货市场的交易成本更低，流通性更好，更容易进出。但是，要降低交易成本，增加流通性，并不非要有指数期货，可以采用其他途径，比如佣金市场化、场外大宗交易协议等。

而且,1987 年美国股市的崩盘显示,所谓期货市场流通性更好的观点,可能完全是一个错觉。当时有大量的机构投资者买了基于指数期货的“股票保险”,便是相信期货市场的流通性更好。但实际上,当大家最需要流通性的时候,这种所谓的保险就像打了洞的保险套一样,一点都不保险。况且,即使所有这些关于成本、流通性的说法都是正确的,我也只能看到指数期货的一些微弱优势,而绝不至于影响到机构投资者的发展。

何必迷信做空机制

当然,一些人会说,如果有指数期货这样的做空机制的话,投资者就不仅可以抛光股票不亏钱,而且还可以通过做空来赚钱。这种想法当然很好,但任何参与过股市的人都会知道,要判断市场什么时候会跌,一点也不比判断市场什么时候会涨容易。

对希望通过指数期货来获利的人,很有可能只是多了一条亏钱的途径罢了。实际上,无论是机构投资者还是个人投资者,如果真的能准确判断市场什么时候会下跌的话,不需要指数期货就会在股票市场上干得很好,也不会去抱怨没有做空机会。

同样的,希望指数期货的做空机制可以抑制一味做多的股市泡沫,降低市场风险的想法也是很天真的。真要起到这样的作用,做空者必须能够准确地判断什么时候是有股市泡沫,可以做空了。做不到这一点的话,指数期货非但不能降低市场的风险,只会更加加大市场的波动,增加市场的风险。从历史来看,美国股市中卖空股票、指数期货等做空机制已经存在多时,但所有这些工具除了在股市下跌时可能起到加速下跌的作用外,对于从 1920 年末的市场泡沫到最近的网络股泡沫,一次也没起到抑制作用。

中外股市环境有差异

但是,支持指数期货的人可能会反问,如果指数期货真的一无是处的话,为什么成熟的证券市场中普遍地都有指数期货呢?为什么会有这么多人进行指数期货交易呢?应该承认,就像其他的一些期货品种一样,指数期货对于那些不想承担市场价格波动风险,但又因为某些原因而不得不承担这种风险的人,确实可以起到套期限保值、降低风险的作用。

比如说,纳斯达克的股票都是通过做市商来进行交易的。做市商实际上就像百货店老板,通过批发价与零售价之间的差价来赚钱,只不过一个卖的是百货,另一个卖的是股票。做市商必然自己要有一些所做的股票作为库存,但他并不是靠库存股票的价格涨跌来赚钱。对他来说,库存股票价值的涨跌是他不想承担的额外风险,因此,他就可以通过期货市场来避险。

但就中国而言,目前没有做市商,其他的必须运用指数期货来避险的情况也非常少,所以可以说对指数期货作为避险工具,几乎没有任何实际的需求。

从上面的分析来看,就目前中国市场的现状,需要指数期货惟一说得过去的理由就是,对机构投资者来说,指数期货的流通性可能会好于股票市场,交易费用也可能更低,因此可以降低总的交易成本。

实际上这一理由也不充分。但即使这一理由确实成立,就目前中国证券市场的现状来说,因推出指数期货而引起的监管成本和市场风险,则远远是要超过这些受益的。

期指可能加剧股价波动

目前之所以会有这么多的声音要求推出指数期货,主要是反映出了当前相当一部分人一方面希望大力发展机构投资者,另一方面又感觉当前市场风险过大的这种矛盾心态。如果真是这样的话,把化解市场风险的希望寄托在指数期货的身上是天真的,也是危险的。

由于对期货市场缺乏了解,有的人可能以为有了指数期货后,我们可以在期货市场上把风险慢慢化解,而实际的股票市场上的价格波动就不会那么大。但是,由于有套利机会的存在,指数期货可能会更加剧股票市场的价格波动,而不是缓解。

因此,如果真认为目前市场风险太大,那只有面对问题,从根本上入手解决,而不应寄希望于指数期货这样看似吸引人的“金融工具”。即使指数期货真能缓解市场的下跌压力,也没有什么好处。要知道,一个慢慢盘跌 20 年的股市中,20 年都没有人赚钱;而一个在一年里面暴跌的股市,却可以在 19 年里都有人赚钱。

(2001 年 10 月 16 日《财经时报》)

搞活我国粮食期货市场的对策分析

赵蓉

期货市场的主体是由套期保值者和投机者构成的。我国粮食期货市场主体尚未成熟,机构投资者不足,中小散户过多,形成了粮食期货市场以中小散户投机者为主的投资者结构,这个特点决定了粮食期货市场资金规模有限,市场稳定性较差,期货价格极易受到个别大户操纵,导致市场价格失真,风险加大,正常的套期保值业务难以运作。培育粮食期货市场的竞争主体,主要是形成一个结构合理、理性成熟的套期保值者群体和投机者群体。由于粮食期货市场是行业内市场,具有该行为的专业性特点的市场,因此,培育套期保值者应以粮食生产经营企业为主。一方面加大国有粮食企业改革力度,把企业培育成自主经营、自负盈亏、自我约束、自我发展的“四自”型企业,逐步进入粮食期货市场,利用套期保值规避经营风险,使其成为重要的竞争主体;另一方面创办真正的农民合作经济组织,作为中介组织代表农民利益进入粮食期货市场,进行套期保值交易,保护农民利益。应鼓励社会游资及有资金实力的企业进入粮食期货市场参与套利保值交易。为防止过度投机,应建立相关制度加以引导和制止。如建全大户报告制度,完善涨跌停板制度,建立最高持仓制度,严格裁制制度等。

我国期货市场上的“过度投机”,主要出现在小品种的期货交易中,因为短期高额利润的游资对在大品种期货的市场行情进行操纵时具有较大难度,即使这些游资进入期货市场,也只能起到润滑期货市场运行的作用,不可能像在小品种期货交易中那样可以为所欲为地操纵市场进行大户“造市”。大品种期货交易,游资操纵市场的成份相对较少,期货市场功能也能充分发挥。由此可见,期货品种的大小直接决定着期货市场对社会游资的容纳程度,也决定了期货市场价格发现和套期保值功能的有效发挥。而我国目前尚在运作的大宗粮食期货品种只有小麦、大豆和豆粕等,这在一定程度上弱化了期货市场在我国粮食市场的运行和粮食流能体制改革中的应有作用,也给期货市场的后续发展以及未来的生存前景投下了阴影。因此,开发大宗粮食期货品种上市不仅有助于深化我国粮食流通体制改革,而且在一定程度上改善我国期货市场的整体形象及促进期货市场的正常运作展。

期货市场建立初期,由于其畸形的快速发展,有关部门加强了对期货市场的规范整顿,出台了很多限制期货市场资金进入的政策。在当时的市场条件下,有关部门的政策和决定是非常正确的。但是目前这种政策限制却成为制约期货市场发展的关键因素之一。随着对我国期货市场多年的规范整顿,期货市场逐渐步入了健康、有序、安全发展的轨道,客观上要求取消整顿时期下达的诸多限制措施,敞开资金进入期市的大门。我国国有企业入市规定可以在完善机制的前提下逐步放开;非银行金融机构的资金,在建立完善投资和风险控制制度的前提下,也可以有选择地逐步进入期货市场;在此基础上,引进和培育期货市场机构投资者,机构投资者利用对宏观经济走势的准确判断,在期货市场获利丰厚,同时也有利于期货市场发现价格,减少不合理波动,促进了价格回归。中国的期货市场同样需要机构投资者,要以超常规的手段迅速建立期货投资基金,使其成为稳定市场的重要力量。可以允许现有的证券投资基金适度参与期货交易。

我国现行的粮食保护价政策,是为了保护农民的利益,而实行操作过程中,农民的利益常常受到损害。有些基层单位在粮食收购过程中,通过虚报收购量、库存等手段,骗取国家大量财政补贴。为改变这一状况,不妨借鉴美国的经验:政府代为支付购买期权合约的权利和交易手续费。这种措施使政府对农业生产的补贴通过期权市场直接与农场主发生紧密联系,农场主是农业补贴政策的直接受益者。

我国也可进行粮食期权交易试点,在交易所进行粮食期货交易的同时,再开辟粮食期权交易。对优先进入集约化粮食生产地区,给予粮食期权支持。首先选定某一优质粮食品种为对象,在该品种主产省的某一地区试点。可按如下做法:粮食期权的买方可以是“四自”型的国有粮食企业、农民自己组建的粮食经营企业及国有农场等。期权买方按市场需求,在该粮食品种播种前,与以村或乡为单位,以政府保护价订购所需数量的该品种粮食。期权买方在期权市场上购买按粮食保护价的看跌期权,政府支付期权权利金和手续费。待粮食收获后,粮食价格无论升降,农民总能按保护价卖粮,不会出现打白条或拒收的现象;粮食经营企业规避了经营风险,政府宏观调控政策通过市场直接发挥功效。不仅使政府粮食价格政策更具合理性,政府财政补贴最小化,而且能够起到保护农民利益的作用。

目前期货交割的税率远远高于现货交易税率,有些在期货交割中征税而在现货交易中免税,这既不符合公平纳税原则,也不利于期货市场功能的发挥。而且在期货交割中还涉及到运输费、检验费、仓储费等费用,进一步加大了期货交割的成本,使期现价格的关联性降低,影响了期现价格的聚合的基差的缩小。税收制度一定要结合现货情况和期货市场的特殊性,合理确定税率,对现货和期货市场的征税要公平对待。另外,交割管理制度直接影响期现价格的趋同和趋合,结合现货流通的实际情况,合理布局交割仓库,压缩运输和仓储费用,降低期货交割成本,促进期现市场有效衔接。

目前交易所的结算中心(结算部)还不具有银行的职能,它只对会员和客户交存到交易所的保证金进行划拨和结算,实际只是控制了会员和客户的保证金,对会员和客户交易的外围资金(主要是指存放在结算银行的那一部分资金)未加控制。随着交易的发展,交易所结算中心(结算部)也应转变职能。从国际经验看,为了防范期货风险,越来越多的国家采用了独立的清算所制度。独立的清算所不仅进行期货交易结算,而且参与期货市场的管理。在期货市场中建立独立的清算所,打破了期货交易中交易所与会员之间的一对一的对应关系,形成了交易所、清算所与会员三者之间的三角制衡量模式。其中,会员是期货交易的参与者,交易所是市场交易的管理者,清算所则承担着风险管理的责任。这种制衡关系对期货市场的发展起到正面的促进作用。

(2001年第3期《投资与证券》)

观念创新:期货市场发展的先导

李亚光

我国期货市场是解放思想、观念创新的产物。10年来期货市场的发展历程证明,观念创新是市场发展的先导。当前人们对期货市场许多理论问题存在认识差异,观念创新不足,已经成为市场健康发展的瓶颈。这就要求我们进一步解放思想,创新观念,扫清期货市场发展的认识障碍。

1.关于期货交易的对象问题。期货交易的对象是商品、还是风险?如果说期货交易对象是商品,那么期货交易是现货交易半径的扩大,期货市场是现货市场在时间和空间上的延伸如果风险是期货交易的对象,那么期货市场是风险交易的场所,是虚拟经济的组成部分,一切有风险交换要求的人(包括风险的嗜好者和厌恶者)均可进入这个市场进行交易。

传统的市场理论很少关注风险形态的转换,因而将市场定义为"流通领域中一切商品货币关系的总和",市场运行表现为W—G—W的商品流通过程和G—W—G'过程。在我国期货市场理论研究中,几乎谁都认同期货市场具有风险转移功能,但鲜有人提出这样的观念:期货交易的对象就是风险本身。我们认为:期货交易的本质是风险交易,期货合约是风险的载体,如果用FP代表期货价格,FC代表期货合约,则期货市场风险流通公式表述为:FP—FC—FP。FP和FC的形态变化,实质上是风险形态的不断转换,期货市场风险流通过程,既显示这个风险金融市场特异的个性,也体现了一切市场最一般的共同属性。

2.关于期货风险问题。风险究竟是行为主体的或有损失,还是行为主体的或有损失及其对社会经济的危害?此与相适应,风险控制是行为主体的人为控制过程?还是包括市场自然调节、市场各种角色的相互作用及行为主体自身调控的系统工程?我们认为,风险不仅是行为主体的或有损失,而且包括对市场其他主体和整个社会经济可能产生的危害。风险控制应综合运用两只手——靠看不见的手进行自然调节,用市场力量分散、规避、消化风险,当市场失效时,可以运用看得见的手进行人为控制,但不能片面强调人为控制,更切忌采用对市场有破坏作用的人为控制措施。

期货市场风险控制应该以政府监管为主导,以微观自律为基础,当市场运转正常时,政府以少管为佳。政府监管应该以克服市场缺陷,兼顾效率与公平,发挥市场功能为核心,实现以下几个转变:第一,监管目标从消极的不要出事向促进市场健康发展转变;第二,监管手段从行政干预为主向遵循市场内在规律,综合运用多种手段转变;第三,监管过程从事后处理为主向事前防范为主转变;第四,监管内容从控制风险为主向揭示风险为主转变;第五,监管角色从运动员和教练员向裁判员转变。

3.关于国有企业参与期货市场问题。按照国家现行制度,国有企业只能从事期货套保业务,随着我国经济改革的逐步深化,这一规定值得重新讨论。首先,在市场经济条件下,期货市场是客观存在的风险交易市场,任何企业(当然包括国有企业),不管形式上是否参与期货市场,实际上都无法回避风险交易。其次,在市场经济条件下,国有企业是特殊企业还是一般企业?如果承认国有企业为一般企业,它应该拥有参与期市的自主权,不但可以套期保值,而且可以投机。我国即将加入WTO,我国期货市场价格将率先与国际接轨,期货市场为各类企业参与国际竞争提供了"缓冲带"、"练兵场"和"信息源",企业参与期货市场是市场意识提高的过程,也是国际市场竞争力增强的过程,国有企业没有理由不利用这个市场。

4.关于期货市场的评价问题。期货市场是为了防范和调控基础商品市场和基础金融市场风险而产生的,期货市场的大部分风险是从基础市场转移过来的,基础市场风险在期货市场通过交易集中释放和再分配风险,从宏观角度讲,风险既未消除也未放大;期市运行失误造成的风险,才是期货市场应负责任的风险。事实上,期货市场的贡献远远大于风险,目前全行业仅数十亿资金,市场功能发挥有限,但据有关专家估算,这几十亿资金产生的宏观价值远大于一般行业同等规模资金的价值,随着期市发展和功能的充分发挥,贡献也会更大。一个健康的期货市场产品——价格,具有公共产品的特征,它像天气预报,参与其形成过程的人不多,使用者不少。评价期货市场时只见风险不见贡献,是一种十分有害的观点。另外,还可以从强化国家宏观经济安全的角度认识淡展期货市场的意义。中国是一个正处于发展中的大国,没有期货市场的大发展,没有在国际期货市场上对于关键品种的定价权和领导地位,就意味着中国的国民经济基础是不稳定的,中国的许多农产品和能源价格将不得不由外国人来决定,要看外国人对中国经济发展的容许程度,或者说,要看西方人认为中国对于西方国家经济安全的"威胁"程度。近几年来,芝加哥商品交易所要推出人民币汇率期货,新加坡等地期货交易所都有意推出中国股票指数,国外都把期货品种做成了中国的产品和货币,我们还有什么理由不发展国内的期货市场?

(2001年第6期《财经研究》)

关于基金市场问题

走近私募基金

厉以宁

大力发展投资基金,既有必要性,又有可行性。从必要性方面看,为了实现经济结构的调整和加快高科技产业的成长,我们必须充分利用投资基金这种形式;为了稳健地发展证券市场,让更多的机构投资者入市,我们同样有必要培育投资基金,促进投资基金的建立和发展。从可行性方面看,大力发展投资基金的条件已经成熟:一是国内有大量闲散的资金可以利用,投资者对"共享收益,共担风险,组合投资,专家运作"这种投资方式越来越感兴趣,也越来越熟悉;二是在证券市场10年发展的基础上,无论对投资基金的监管,还是对投资基金的运作,都已经积累了不少经验。因此,当前是有条件大力发展投资基金的。

按募集方式来划分,投资基金可以分为公募和私募两类。公募,是指向社会公开招募,并向社会公众公布信息;私募,或称非公募,是指向特定对象募集,只向特定对象发布信息而不得向社会公众或非特定人士发布信息。从发达国家的情况看,证券投资基金,一般是公募的;产业投资基金、创业投资基金,则绝大多数是私募的。

目前,我国的投资基金主要采用公募形式,但私募基金在我国已经存在。它们或者把所募集来的资金投资于股票等有价证券,或者投资于未上市公司包括处于创业阶段的企业以及已发育成熟、前景看好的企业的股权。但值得指出的是,这些私募基金现在都没有户口,没有合法地位。目前我国的私募基金数额估计有几千亿元。如果这些私募基金没有合法的地位,既没有法律规范,更不能得到法律保护,必然会产生种种消极影响。首先,这笔游资随时有可能冲击我国目前还不太健全的金融市场,容易造成金融不稳定甚至动荡。其次,类似代客理财形式的私募基金目前已产生大量纠纷,吃亏的都是投资者。不对它们进行规范,不足以保障投资人的合法权益,也无法维护正常的资本市场秩序。三是地下私募基金往往是滋生腐败的温床。目前地下私募基金的来源十分复杂,有不少是国有资产,如果不加以规范,就会造成国有资产流失。因此,对地下私募基金视而不见、不闻不问肯定是不行的。

私募的产业投资基金、创业投资基金,是促进产业结构合理化和加速高科技企业成长的催化剂。高科技产业中的企业在发展初期,由于投资风险高,缺乏有效的投资评估手段,难以从传统的融资渠道获得发展所需的资金,资金往往成为企业创业时的主要瓶颈。但是,这些企业潜在的盈利机会和高成长性却可以吸收创业资本的介入,实现私募投资基金、资本市场与高科技的结合。

产业投资基金、创业投资基金是不是也可以采取公募的形式呢?可以。产业投资基金、创业投资基金,如果向社会公众募集,依靠广大投资人的集资，将有利于经济结构的战略性调整和高科技产业的成长。但根据国内外的经验，私募基金在一般情况下要比公募基金灵活，能适应形势的变化，也更有利于从事风险性较大的投资。因为社会上有各种各样的投资人，有人偏向稳妥，不愿涉猎风险性较大的投资领域，宁肯取得的回报率低一些；有人则相反，愿意从事高风险但回报率也高的投资。这样，公募的产业投资基金、创业投资基金在组建和运作时所受到的制约较多，投资基金管理人会分外小心谨慎，结果往往难以取得好的业绩，即稳健有余而进取性不足。私募的产业投资基金、创业投资基金则恰恰在这方面具有自己的优势。所以，我的看法是：应当容许产业投资基金、创业投资基金兼用公募和私募两种形式，而客观上则势必形成以私募为主的格局。

人们关心的一个问题是：在私募的产业投资基金、创业投资基金发展起来以后，投资人的合法权益怎样才能得到有效的保护？是不是会出现私募基金的管理人在筹集到一笔巨额资金之后就潜逃的情况？是不是会出现这些管理人从事违法违规的交易活动而使投资人蒙受损失的情况？这些正是我们需要认真研究的问题。

要知道，私募基金同样应该是有法必依、执法必严、违法必究的。私募基金设立时，应有明确的组织形式，有符合规定的基金管理人和基金托管人，有合法的资金来源、合法的投资方向。私募基金的管理人依法管理资金，并按基金合同或者基金章程的约定，向投资人披露重大投资活动、基金投资组合以及经过审计的财务会计报告，而所披露的信息必须真实，不得弄虚作假。同公募基金一样，私募基金的资产同样要独立于基金管理人和基金托管人的自有资产。凡是擅自设立和募集资金的，不管是公募基金还是私募基金，都要受到处罚，直至追究刑事责任。如果基金管理人、基金托管人有卷款潜逃、操纵交易、欺诈行为的，都要被查处，给投资人造成损失的，要负民事赔偿责任。因此，只要有较完备的法律法规对私募基金进行规范和约束，并能够得到有效执行，投资人的权益就会得到有效保护。

以上所谈的是私募产业投资基金、创业投资基金的情况。那么，能不能有私募的证券投资基金？证券投资一般都是公募的。但实际经济生活中已经出现了一些代客买卖股票的投资公司之类的机构。从目前的调查情况看，这些还不能称作私募证券投资基金，因为基金管理人不能向投资人作出“保本”的承诺，也不能同投资人之间有分红（按比例分享股票交易盈利）的约定，而现在这些代客买卖股票的投资公司却是同投资人分红的，或者有“保本”承诺。

私募的证券投资基金只要规范化，即按规定向特定投资人私下募集资金而形成、并按基金方式运作，也未尝不可。由于投资群体规模小，风险承受能力强，相对于公募的证券投资基金而言，私募证券投资基金也有一定的优势。例如，私募证券投资基金的投资人与管理人之间的信息不对称问题比较小，投资人对管理人比较了解，并有一定的信任，从而运作比较灵活。

在我国现阶段，发展私募的证券投资基金是可行的。一方面是因为目前银行储蓄收益率较低，广大居民有很强的投资欲望；另一方面是我国证券市场已具相当规模，为私募证券投资基金提供了比较充分的风险控制工具，创造了比较良好的市场环境。因此，借鉴国外经验，发展规范的私募证券投资基金，既可以满足各类投资者投资的需求，同时也能促进我国证券市场的健康发展。

（2001年8月25日《人民日报》）

探析私募基金发展的政策取向

耿志民

客观分析，我国“私募基金”完全是由市场需求而自发成长起来的，并随着我国证券市场的发展而异军突起。长期以来，我国私募基金的管理人主要包括理财工作室、资产管理公司或投资咨询公司、券商和“管理精英”四类，在基金治理上，资金、财务、市场和监控四权分立，基金投资比较注重公司的基本面，通常是利用信息的不对称性，通过提前确认上市公司的收入和关联交易等操纵利润，将投资和投机结合起来，达到在一级市场和二级市场上套利的目的。私募基金从业人员及其规模在市场及高收益的刺激下迅速发展，基金管理人的身份渐趋复杂，还形成了专门的中介代理环节。中介代理人不过问私募基金的运作，而只负责组织资金的来源。这为防范非法资金流入证券市场增加了难度。虽然受制于完全由市场决定的“游戏规则”，现阶段我国私募基金运转的状况还比较好，没有出现信用危机，但从经济学的角度看，资本有逐利的本性，经济人有甘冒风险的心理，如果继续以地下形式存在，投资者的利益难以得到有效保护，其寻租机制容易滋长腐败现象，影响我国证券市场的正常运行，严重时甚至可能造成金融动荡。

正因为私募基金是市场化的产物，若能将这一长期处于地下状态的机构投资者的活动合法化，使其在阳光下成长，将能够在降低交易成本、防范金融风险的同时，对我国证券市场及国民经济发展产生重要的促进作用。

目前，国内除了6.7万亿元的居民个人储蓄有待进一步分流外，一级市场新股申购资金高达6000亿元之巨，可见市场资金供应的丰沛程度和投资需求的旺盛。由于新股发行市场化的步伐加快，申购资金的收益率将下降，部分申购资金将需要其他的投资方向。而从更大的范围来看，一方面，在我国的金融资产中，大量的货币资产积淀在银行，并没有转化为专门的资产管理对象；另一方面，从我国证券市场的投资者构成比例上看，小额投资者占投资主体的90%以上。国有企业、国有资产控股企业和上市公司等“三类企业”在制度上已被准入证券二级市场，加上各类社会基金，如教育基金、扶贫基金、互助基金、养老基金和保险基金等，出于保值增值、追求利润的动机和目的，都希望能根据他们持有和运用资金的状况，提供具有针对性的投资理财方案。种种现象显示了我国私募基金的前景和空间，私募基金将为投资者增加更多的选择机会。

考虑到我国证券市场的结构及投资者的分布特征，借鉴美国对冲基金的制度模式，我国私募基金的发展应采用有限合伙制开放式基金模式。私募基金的合伙人包括主要合伙人（General Partner）与有限合伙人（Limited Partner）两种，前者即基金的发起人或管理人，以少量资金和技能入伙，后者即普通的个人投资者，以资金入伙，提供大部分资金来源。与公募基金及非有限合伙制私募基金相比，有限合伙制开放式私募基金能够较好地解决基金委托人与代理人之间的利益冲突。首先，基金的管理人同时也是合伙人，在一定程度上化解了所有者与经营者的冲突；其次，基金的主要合伙人也是基金的管理者，对基金资产负有无限责任，减少了有限合伙人所承担的风险；最后，主要合伙人虽然承担了基金经营管理很大的义务，但是基金管理人也将拿到基金投资收益的20%，体现了权利与义务的一致性。在这种风险—利益机制之下，私募基金的管理人并无动力从事损害基金持有人的行为，可以较好地克服公募基金的道德风险，避免所有者缺位的不良后果。

另一方面，私募基金“阳光利润”的获得，有赖于适度而又灵活的政府监管，这要求同时启动保护投资者、确保市场完整和降低系统风险这三个金融监管目标。建议在《信托法》的基础上，修改《公司法》、《合伙企业法》和《证券法》等法律法规，并在《投资基金法》中从以下几个方面对私募基金的设立、基金各当事人的权利义务关系等作出框架性的制度安排：

第一，出于保护基金投资者利益和基金业健康发展、以及确保中国证券市场稳定发展的需要，私募基金的管理人必须具备符合要求的足够的准备金、经营业绩、人才和营业硬件设施等市场准入资格，并且，管理人的资格应该是竞争性的，而不能是垄断性的，设立私募基金时应向证券监管部门备案。

第二，私募的资金要符合入市要求。主要是有着一定经济实力、能够承担一定风险及具有自我保护能力的社会个人和私人企业，合伙人数应在100至200人之间，每个基金投资者的出资额不得低于100万元，主要合伙人则要有1000万元以上的资金入伙。银行贷款、上市公司募集资金、国有资产和其它风险承受能力较低的社会资金，不能作为私募基金的资金来源。

第三，禁止私募基金公开宣传和广告，而只能通过特定的方式，如召开总人数不超过200人的推介会、使用投资顾问销售等，吸引前述之特定投资者入伙。

第四，要求在基金契约中对主要合伙人和普通合伙人的权利和义务作出明确规定，提醒私募基金将保持基金管理的独立性与健全基金内部治理结构有机地结合起来。投资者作为有限合伙人，承担有限责任，而基金管理人负责基金的投资运作，同时对基金资产承担无限责任。

第五，由于私募基金并不影响社会公众，私募基金的有效运转应主要由私募基金契约和章程来约束，应通过强化债权人及其交易对象组成的风险监管体系，来最大限度地减少因私募基金活动可能造成的系统风险，证券监管部门则从大的方面对私募基金加以规制和引导。

（2001年07月16日《国际金融报》）

商业银行与开放式基金比较研究

钱华

开放式基金要想正常运作，就需要一个类似商业银行的外部环境。开放式基金要取得成功，就要学习商业银行的运作方式，取得和商业银行一样的商业信誉，应尽快设立股指期货和编制权威的指数

商业银行与开放式基金是两类不同性质的机构，但在许多方面，

两者之间又有类似之处。笔者认为，将两者进行比较，对目前关于开放式基金的讨论和方案设计具有参考意义。

一、外部环境

与开放式基金一样，商业银行也需要在制度上保证能随时应付支付(或赎回)的需求。为保障这个需要，商业银行有一系列重要的外部制度体系，包括：中央银行制度、存款准备金制度、备付金制度、再贴现制度、存款保险制度，等等。因为有制度保证，所以存款人不必担心自己的存款取不出来，商业银行也不必担心发生挤兑风潮。

开放式基金要想取得公众和投资人的信任，也要在制度上保证能随时应付赎回的需求，这就需要一个类似商业银行的制度安排。这些制度安排可以包括：应付日常赎回的融资制度、应付大额赎回的规定、对不可抗力的界定、股指期货，以及权威的指数等。

笔者认为，开放式基金是种成熟的金融产品。我国采用国际通行的做法，就能为开放式基金创造一个生存的外部环境。在此，笔者想着重呼吁推出两大制度：股指期货制度与权威的指数。

股指期货能降低交易成本，提高资金利用效率；增加投资组合的品种，提高投资收益率；规避系统风险，保障收益的稳定性；满足流动性要求，应付赎回压力，对基金经理来说，是一种很重要的投资工具。权威的指数则是基金经理参照的指标，也是投资人评价基金经理业绩的一个依据。目前我国缺乏统一的和分类的指数，使得所有的封闭式基金缺乏个性，投资人也无法进行客观的比较。开放式基金是种非常市场化的产品，对权威指数的要求也比较迫切。

二、内部管理

商业银行的经营管理是以确保支付为中心的，它主要包括：资产负债比例管理、信贷资产管理(如信用放款、抵押放款、担保放款)、利率管理、结算管理、财务(分红)管理、风险控制等。资产负债比例的硬性规定是为了从根本上杜绝银行存款的盲目扩张，增加抵抗风险的能力。

信贷资产的管理是商业银行日常管理的重点。对商业银行来讲，控制不良资产的比例是关系到银行能否生存下去的关键所在。通过减少信用放款，增加抵押放款和担保放款，就能保证大部分资产的安全，从而将不良资产控制在银行能够承受的范围之内。

虽然商业银行在利率方面的自主权较小，受制于中央银行，但也有可调节的余地。通过设计合理的产品结构，制定科学的利率水平，商业银行就能提高资本收益率。

商业银行在经营管理方面的所有努力都是为了在保证银行资产健康的前提下，使资本收益率最大化。只有取得行业平均利润率以上水平的利润率，才能保持自己的市场份额，银行的各项资产负债比例也会更加健康，抵抗金融风险的能力就会越强。

开放式基金在内部管理方面同商业银行也有相似之处。它的投资管理包括：资产负债比例管理、投资组合管理(如现金、债券、股票配置和股票投资组合管理)、管理费率管理、登记过户(银行、券商、管理公司)管理、风险与收益的平衡管理、财务(分红)管理等。

开放式基金同样有资产负债比例管理问题。其融资的目的有两个：一是筹集资金进行投资，以发挥杠杆效应，实现最大收益；二是应付短期赎回压力。前者会造成基金风险的放大，所以即使在美国，也有严格的比例限制。我国香港特区禁止这种融资行为。已颁布的《证券投资基金管理暂行办法》也已明文禁止这种行为。开放式基金的融资，只能是应付短期的赎回。正因为如此，开放式基金必须有一个明确的资产负债比例，即融资规模和基金净资产的比例。本人认为，这个比例不能太高，10%应是比较合理的水平。如果随着基金净资产的变化，超过了这一比例，基金必须在规定的时间内偿还借贷，将比例控制在10%以内。

开放式基金同商业银行一样，也必须保证财务健康。如果不能取得平均收益水平以上的收益率，那么开放式基金将会缩小，长此以往可能走向清盘。开放式基金管理人追求的是"在承担一定风险的前提下，使收益最大化"；或反过来，"在追求一定收益的前提下，使所承担的风险最小化"。

(作者：国泰基金管理公司)

开放式基金与封闭式基金：投资价值比较分析

赵献兵

开放式基金与封闭式基金在交易规则、基金管理公司的运作模式、市场表现、投资成本等方面存在很大差异，从而决定了它们表现出不同的收益性与风险性。本文将从几个重要方面对开放式基金与封闭式基金的投资价值作一浅析，使投资者在投资决策之前能做到心中有数。

(1)基金运作管理方式比较。由于开放式基金的投资者可按规定自由赎回基金份额，因此基金经理在开放式基金的运作过程中必须要保持足够量的流动资金以应付投资者的随时赎回，从而这部分"闲置"资金不可能带来经营效益。而封闭式基金不具有可赎回性，基金投资者只有通过二级市场在投资者之间互相进行基金买卖转让，基金经理可以不保持"闲置"资金，而将全部资金用于投资。因此从这一点上说，开放式基金的可赎回性决定了其投资收益小于封闭式基金的投资收益。

(2)投资成本比较。开放式基金的申购费率一般为成交金额的2%左右，赎回费率一般为赎回份额市值(即赎回金额)的0.5%左右。相比较，这一数字远高于目前封闭式基金0.25%的买卖佣金率。另外，封闭式基金的买卖成交当天便可得到确认，而开放式基金的交易是非实时的，其申购或赎回于次一交易日才能确认成交与否；并且开放式基金成交的可能性一般要小于封闭式积极成交的可能性，特别在有巨额赎回的情况下；因此，开放式基金的交易成本要高于封闭式基金的交易成本。再者，封闭式基金的流动性体现在二级市场，开放式基金的流动性则体现在与基金管理公司的申购与赎回上，同时开放式基金申购资金的冻结时间与赎回资金的入户时间均要长于封闭式基金的对应时间。因此，投资开放式基金的机会成本要高于投资封闭式基金的机会成本。

(3)市场表现比较。封闭式基金通过证券交易所上市交易，属场内交易，其价格走势必然与大盘指数之间存在一定程度的联动效应，因此封闭式基金的市场表现包括两方面的含义：基金所投资证券的市场表现受大盘的影响、基金本身的市场表现受大盘的影响。而开放式基金属场外交易，其申购与赎回价格以每日公布的基金单位资产净值为基准，开放式基金的价格走势独立于交易所的大盘走势，表现出自身的运行规律——围绕基金单位资产净值上下波动。因此，与开放式基金相比，封闭式基金在市场上表现出较大的波动性与投机性。

(4)投资风险比较。相比较，封闭式基金在市场上表现出较大的波动性、投机性，因此其风险性明显高于开放式基金的投资风险。但另一方面，开放式基金没有明确的存续期限，因此投资者可能遭遇开放式基金清盘的风险。当然，封闭式基金的投资者也会遇到封闭式基金被交易所停牌、摘牌的风险。

与封闭式基金相比，开放式基金的收益性与风险性均较低，其投资成本居高。但是，开放式基金作为一种新的投资工具，适合不同投资者的需求，增加了投资者投资选择的机会；并且在我国证券市场不够成熟的今天，开放式基金的出台与市场表现难免会不同程度地带有政府的"烙印"。总之，当前投资开放式基金不失为投资者的一种较好选择。

(作者：华夏证券研究所)

设立养老保险基金体制上存在的风险

孙殿武

"老人"、"中人"的历史欠账

计划经济体制下，我国实行的是高积累、低收入和低消费政策，劳动者所创造的财富中为职工预先提取的保障基金，作为剩余产品价值，以利税形式上缴国家，用于奠定工业化基础和国有资产的积累。而实际却没有为职工的养老储备基金，尤其是由企业保险转向社会保险后，这部分人的养老只能采取代际转移的方式，即后人养前人的办法解决。他们没有基金做保障的"视同缴费年限"，就形成了国家对老年及中年职工的保险债务。特别是国家对这部分人的养老基金缺乏明确说法和办法的情况下，养老保险基金因为这部分人的存续将是一个巨大的缺口。

离退休金的高替代率

建国后至改革前，我国始终未进行工资改革，职工是低工资、低消费，工资只能满足基本的生活需求，离退休金按在职工资的一定比例计发，其替代率较高，在那个特殊情况下，是有其存在道理的。但改革开放20多年来，我国城镇职工的工资早已超出了原先"生活费"的概念，而我们的养老保险制度却维持了计划经济体制下的高替代率。不断增长的工资水平，加上职工退休前的突击升级，使养老保险待遇超出了"保障基本生活"的制度设计目标，致使养老金实际支出远远超出预计值。西方发达国家的替代率约在40%—50%之间，而目前我国平均替代率却高达87.9%，有7个省区超过100%，有的高达110%以上，大大增加了养老保险基金的压力。

个人账户的潜在风险

我国的社会保险制度经过10多年改革探索，并借鉴国外经验，确立了社会统筹与个人账户相结合的制度，这对改变养老保险基金由现收现付为预筹积累，迎接老龄化高峰的到来无疑具有积极的意义。但我国的现实是，在缺乏政治、法律和经济的扎实准备与周赛筹划的情况下，在企业保险还未转化成社会保障，历史欠账还未找到有效化解方案的情况下，推选这样一种制度，带来了一系列问题。一是个人账户空账运转。如前所述，由于历史欠账过大，加之企业结构调整，使在职职工人数下降，中断缴费人数增多，参保职工与离退休人员的抚养比逐年上升，使养老保险基金收不抵支，缺口日益加大。1998 年全国养老保险基金缺口 50 多亿元，1999 年是 100 多亿元，去年就达 300 多亿元。这样不得不将统筹基金与个人账产基金混合使用，向个人账户透支，以缓解基金压力，从而使个人账户资金不能实现其积累的目的。殊不知，这种短期行为增加了未来的基金支付风险。二是做实个人账户，加大了基金缺口。国家看到个人账户空账运转带来的未来风险，尝试做实个人账户，并在辽宁省进行试点。这无异给当期收不抵支的养老保险基金的缺口更加增大。倘若这一做法推开后，不敢设想许多地方的养老保险怎样为继。从另一个角度看，个人账户基金 30 年后才能使用，那时，科技、经济和生活水平将有很大的进步，所积累的钱不但因通胀而贬值，而且这些钱转化到生活水平上，也大打折扣。加之，我国在基金运营上较为保守，缺乏有效的增值渠道，效率低下，今天积累的钱到使用时将不敷支出。三是个人账户技术设计有待研究。按个人账户政策规定，退休后个人账户积累额按 10 年余额计发，这一设计给养老保险基金增加了风险。随着我国人民生活水平的提高和医疗卫生条件的改善，国民的寿命越来越长。资料显示，我国男子的平均寿命已达 71 岁，女子的平均寿命达 76 岁。政策规定是，个人账户未支取完的，可以继承，而退休 10 年、个人账户储存额用完后仍健在的退休人员的养老金却要全部由统筹基金来支付。因了退休人员寿命的继续延长和高龄退休人群的加大，潜在的基金支付风险将更大。

（2001 年第 8 期《投资与证券》）

关于产权市场问题

中国产权交易市场发展的四大趋势

常修泽

一、产权交易市场的多样化

产权市场的深入发展及市场竞争的加剧，必将使产权市场出现多样化的发展态势，主要表现在以下几个方面：

一是产权市场中产权出让主体将呈现多样化。随着产权市场的不断完善和发展，产权市场中将云集各种不同的产权出让主体。从国别看，不仅有中国的产权出让主体，还会有国外的产权出让主体，还有跨国的产权出让主体；从地区看，不仅有中国大陆的产权出让主体，还会有港澳台的产权出让主体，而且大陆本身的沿海、内地、南方、北方的产权出让主体都会参与其间。从财产关系来看。不仅有国有企业产权出让主体，还会有城市集体企业、乡镇企业、私营企业及三资企业等产权出让主体，等等。

二是产权市场中产权收购主体将呈现多样化。随着产权市场的发展。产权收购主体中将不仅有国内收购主体。而且还会出现国外收购主体；不仅有企业，而且金融机构、个人投资者也会异军突起。在产权收购主体的行列中将兼容社会上不同类型的社会公众，这些都将大大增强产权市场发展的深度和广度。

三是产权市场中产权品种将呈现多样化。随着规范化产权市场的建立及产权交易的大规模展开，产权市场中各不同经济主体之间必然展开日益激烈的竞争。就产权出让方来看，为使自己的产权商品能以更快的速度和更好的价格出售，必然会推出各种各样的产权品种以满足各类投资者的投资偏好，这必然造成产权市场中产权品种的多样化。就产权收购方来看，随着产权交易的大规模展开，各类不同的收购主体将被吸引到产权市场中来，其收购行为、收购方式及希望收购的对象也会有差别，这也会促进产权市场中种类的多样化。

四是产权交易的类型也将呈现出多样化趋势。随着我国金融体制改革的推进及金融市场和产权市场的规范化发展，可以预计，产权交易除了普通的现货交易外，必将会出现期货交易、期权交易和信用交易等现代市场经济中的交易类型，从而使产权交易的类型呈现出多样化。

二、产权交易市场的现代化

产权交易市场现代化是产权交易走向成熟的重要标志，主要表现在以下三方面：

交易方式的现代化。随着产权市场的发展，其交易方式将日益采用现代市场经济中的通用方式，如证券化交易方式。可以预计，这一崭新的产权交易有可能成为产权交易的重要方式之一。另外值得一提的是，80 年代中后期，在美国的产权交易中出现了一种新的交易方式，被称作"杠杆收购"(Leveraged Buy－Out，简称 LBO 方式)，其作法就是一个公司通过借债来获得另一公司的产权，又从后者的现金流量中偿还负债。这样一种产权交易方式对降低风险，减少资金占用等都有着重要作用。可以预计，诸如此类符合现代市场经济要求的产权交易方式都将在产权交易中占据重要位置，从而推动产权市场中交易方式的现代化。

配置设施的现代化。现代科学技术的迅猛发展，必将推动产权市场中配套设施的日趋现代化。产权市场通讯、服务系统的计算机化，会加快市场行情的传递速度，提高产权交易的灵活性和买卖成交后事务处理的效率，从而必将大大增加产权市场的交易规模。

产权交易市场环境现代化。表现在政府行为更加符合现代社会的特性，产权交易方面的法律法规也更加符合现代要求等。

三、产权交易市场的规范化

从产权交易发展的长远趋势来看，产权交易市场将逐步走向规范化，表现在：

第一，产权交易进一步法制化。市场经济的正常运行需要在法律上加以保证，包括承认各经济主体的利益、各经济主体的产权界定等等都需要在法律上得到认可，明确、肯定哪些利益、行为是合法的，哪些利益、行为是非法的，而且在执法方面要依据法律来保证市场经济的运行。在西方发达国家，产权交易的政策法规已经相当完备，发达国家的经验对我国产权交易立法是一个借鉴。在中国，产权交易尚属市场经济的新事物，参与产权交易的各主体利益以及产权交易市场的运作规范还缺乏完备的法律，因此，制定一部规范化的、权威性的、适应市场经济发展需要的《产权交易法》势在必行。可以设想，用立法形式来引导和控制产权交易，产权交易市场就必将走向法制化。

第二，产权交易的制度化。产权交易市场的法制化可以维护交易行为以及交易主体利益的合法性。但产权交易市场的具体运作则需要一套完整、严格的制度来保证。这套制度表现为产权交易市场中实行的以自愿登记、资产评估、公开竞价、公证等为内容的严格程序。随着市场经济的发展，在产权交易方式、交易内容、交易程序、交易中介等方面将逐步形成一套适合规范化要求的制度，并严格按照制度规定来操作，从长远的观点看问题，产权交易市场制度创新也将不断出现。

第三，产权交易市场的网络化。随着产权交易的推进，产权市场的需求量和供给量增多，信息传递加快，产权交易市场将逐步形成一个多层次、立体型的市场网络协作系统，即以全国性产权交易中心为核心，以区域性产权交易市场为骨干的全国产权交易市场网络体系。在这一网络化的产权交易市场体系中，将实行电脑联网操作，为企业和产权投资者提供各种交易信息，把社会上分散的投资和需求聚合在一个大系统里，这就可以为跨地区、跨行业的产权交易活动提供有利的条件。

四、产权交易市场的国际化

自进入 90 年代以来，国际竞争日趋激烈，不论是发达国家还是发展中国家，都在不遗余力去保住自己已有的市场份额并拓展新市场。中国随着对外开放的不断深入，也已深入参与到激烈的国际竞争之中，并取得了相当大的进展。但是，从世界各国成功的经验来看，要想打入国际市场，光靠传统的贸易手段是不够的。通过产权交易的国际化，一方面吸引国外投资者收购中国企业，可以实现以资本输出带动产品输出，从而加强我国企业的国际竞争力。

另外，我国实行对外开放，重要的目的之一即是吸收国外先进技术与管理，以促进我国的经济发展，加强我国的国际竞争力。然而，在现实中，外商为避免树立日后的技术竞争对手，一般不愿向技术引进国提供培植技术创造和开发能力及技术转化和实现能力的便利和机会，为克服这一状况，一个重要的措施即是开展国际性产权交易，使我国企业走出国门，到境外去收购别国企业，这样，可使我国企业既壮大了自身的实力，参与到国际竞争之中，又把对方的先进技术与科学管理方法一同收为我有。因此，产权交易是我们吸收国外先进技术与管理的重要途径之一。

（2001 年第 3 期《产权交易运作》）

产权交易市场的思考

卢东斌

企业成为商品是产权交易市场形成的基本前提，而且是一个非常关键的前提。产权交易的对象是财产的所有权,这和一般资产的交易是不一样的。目前我国国有资产占产权交易量的大部分,而我们现在最难解决的是"国有资产流失"的问题。究竟怎么判断国有资产的流失?应有一个相应的标准,这个标准就是企业的价值。企业价值的大小由谁来判断?应由交易双方来判断,双方在购买企业时都感到满意,就是最合理的价格,这一价格比原来评估价高或低,都是正常的。因此,国有资产流失问题不能凭主观猜想,而应由市场交易价说话。

产权交易市场特点有三:

第一、从形成上看,除产权交易双方外,必须有中介机构。特别是国有资产进入产权交易市场以后,国有资产管理部门都有一个参与进来共同管理的问题。两个企业一拍即合的情况是少见的。中国产权交易市场从形成来看不完善,很重要一条是我们的中介机构还不成熟,其作用和影响都很小。好的东西必须炒出来才能升值。

第二、从运行上看,应是有形市场和无形市场的有机结合。产权交易的有形市场是产权交易的平台,包括信息网络、中介机构的场所等等;无形市场应是产权所有权和占有使用权相分离的。

第三、从发展上看,应以交易机构设置的网络交易占主导。网络产权交易平台可能是我国产权交易市场的发展趋势。

1、有形、无形需要配套

有形是推荐,无形是保荐。产权交易市场需要推荐和保荐两个环节。目前,推荐只有上市推荐人如证券公司、投资银行等有关部门,这是有形的;保荐可能是无形的,它由信誉来担保。

有形市场和无形市场有配套问题,其匹配程度需要三个方面的保障。一是信息保障,参与交易活动的各产权机构应分享充分及时、可靠有用的信息;二是信用保障,即交易双方和中介机构都要讲信用,不搞黑箱操作,特别是加入WTO后,将对产权交易活动的透明度提出更高的要求;三是法律保障,即从制度上保证交易活动的顺利进行。

2、统一、区域各有优势

区域市场的优势是信息灵,自主性强,我国的产权交易市场目前主要以区域性市场为主,由于各地人们的市场观念不一样,市场成熟程度不一样,产权交易市场所产生的作用也有天地之别。

区域市场因其所处区域有限,要进行广泛的交流合作会受到一定的限制。所以为拓宽交流合作空间,把各地有特色的产权交易市场联合起来形成一个全国统一的市场,是非常有必要的。全国统一的交易市场由于可跨地区交流,而且信息源十分丰富,因而能最大程度地活跃市场,提高交易成功率。

(作者:中国人民大学工商管理学院副院长)

高新技术企业更需产权制度创新

林汉川　叶红雨

一、高新技术企业产权不清的背景

不同的产权背景导致的产权不清严重制约了我国高新技术中小企业的持续发展。我国高新技术中小企业的生存机制大都是依靠"四自"原则,即:①自愿组合,创业时的核心成员都是出于一种创业冲动自由组合而成;②自筹资金,创业时所需的货币资本,都是由创业者自行筹集,包括个人储蓄,或向亲戚朋友的借款,或是包括高等院校、科研院所、地方政府等国有和集体单位以投资方式或借贷形式筹集;③自主经营,由企业的创业者自主负责企业的经营管理;④自负盈亏,由企业自行承担创业的全部风险。因此,不论其初始投资人是谁,也不论企业初始注册时所有制性质如何,统统是国家计划外的民营科技企业。虽然在我国有关企业的各条法律法规中,均未对民营企业有过相应的规定与条例。

由于当时在经济体制、法律、市场等多方面的限制,我国高新技术中小企业从一诞生起就埋下了产权不清的隐患。高新技术企业创业之时,并没有适宜高新技术企业的法律和市场经济背景,因而被迫套用当时经济年代所实行的划分企业类型的传统模式。按行政隶属关系和所有制性质来确定企业类型,因而也就无法在法律的基础上界定创业者与投资者及创业者之间的权、责、利。这种法前企业成为我国高新技术企业产权问题的基础根源。这些都为这些企业的产权不清问题埋下了根源,随着这些企业的成长壮大,产权不清就越发成为制约其成长的最大障碍。

由于特殊的历史原因,我国高新技术企业大部分都注册为全民所有制或集体所有制企业,造成企业注册资金来源复杂,常常注册资金的名义投资者与实际投资者不符合,或者在企业发展过程中,投资者、经营者变化频繁,这些都使得"谁是投资者"的问题难以解决。对于那些由上级单位注入了启动资金的高新技术企业,虽然初始产权是清晰的,但高新技术企业发展的特殊性质决定了其不能简单地按照"谁投资谁受益"原则来界定企业资本增值部分的产权,否则就易产生上级单位、创业者、经营者及企业职工多方位的利益冲突,进而使企业发展受阻。从我国一些高新技术企业成长实践可知,虽然在企业创业初期由上级单位注入了启'动资金,但这并不能成为企业后来发展壮大的最关键因素。高新技术企业发展更多地依靠企业创业者杰出的才能及企业内部人力资本的创造性发挥,在当时许多制度条件并不具备的情况下,通过自我探索才成长壮大的。因此,如果简单地用"谁投资谁受益"原则来界定产权,这势必会抹杀高新技术企业创业者、经营者及企业职工在企业发展过程中所发挥的重要贡献,也违背了我国"按劳分配"的原则,进而会打击高新技术企业内部人力资本发挥的积极性。

技术对于高新技术企业发展占有极重要的地位,技术产权在产权界定中也存在很多问题。高新技术企业的技术主要来自主办单位及创办人员原单位。这些技术多是国家投入大量资金,由科研院所和高等院校主要研制,经多年积累而来,其所有权自然很清楚。但受技术本身的特点、技术寿命及成熟程度等因素影响,技术产权难以量化。并且,在原有体制下,高新技术企业将近52.2%的技术投入都是无偿的,企业注册资本仅依附实物资本。随着企业的发展壮大,一方面,技术所有者的权益得不到保障,收益得不到体现,与企业的矛盾逐步加大,使得技术所有者为保护自己的权益而采取技术封锁的办法,使高新技术小企业的技术来源渠道受阻,影响和制约企业的发展;另一方面,也迫使一些企业采取不正当手段来得到技术,不仅严重侵犯技术所有者的权益,也使自己陷入技术产权纠纷之中。因此,就存在对以往技术产权及投入进行重新评估和核定的问题。但是,哪些技术产权应纳入资本之中重新评定,又成为很棘手的问题。

二、高新技术企业产权制度创新的基本思路

1.存量资产的终极产权的界定

对于高新技术企业而言,对于企业的投资不应仅仅指初始的实物资本投资,还应包括各种技术专利投资及各种人力资本的投资。在高新技术企业中,创新能力和将创新转化为市场盈利能力的企业家才能对企业发展均起着至关重要的作用,而这两种能力都是以人力资本的形式存在的。因此,高新技术企业的产权界定就不仅仅依据注册资本即初始的实物资本投资为准,还应重新来界定企业的产权问题。一方面是利用各种原始契约、原始凭证、会计资料及企业经营过程中的法律合同等来确认企业初始物质资本的投资者;另一方面则是对企业技术专利价值及人力资本的重新评定。要依据可以找到的各种企业原始生产经营资料,来确认企业的各种技术专利、非技术专利的价值。由于目前创业者投入的主要是人力资本或无形资产,对其评估认定在我国并未有一个统一的标准,这必须参照国外及国内有关规定,对企业的无形资产价值有一个合理的评定,并且这种评定应建立在企业创业者与投资者及企业"挂靠"单位之间的利益协调的基础上。

2.对企业增量资产的产权界定

增量资产的界定是建立在对企业的存量资产产权界定基础之上的。由上分析可知,投资不仅包括实物资本投资,也包括人力资本投资。企业的人力资本在企业发展中的贡献大小,在我国并未有统一标准,通常只能是创业者之间或者创业者对外部投资者互相谈判协商的结果。如果初始投资大,相应的分配比例就相应可以高些。根据国外经验,提供创业资本的风险投资者拥有的股权一般不超过50%。在我国由于投资者往往是上级单位,往往为高新技术企业提供了技术来源,成为技术拥有者和部分风险的承担者。因此,结合我国实际情况和国家关于技术入股的有关规定,参照别国经验,本文认为具体问题应具体分析。对于那些无明确初始投资者的高新技术企业,"挂靠"单位并未为其提供技术来源及各种无形资产的情况,企业的创业者所占股权应相对要高一些,分配的股权比例大致应在30%&.#0;60%,或者也可借鉴四通的产权改革模式,即MBO模式,由企业的管理层出资收购来达到产权界定的目的。对于那些有明确初始投资者,且投资者即上级单位为企业发展过程中提供了大量技术来源和各种无形资产的高新技术企业,创业者所占的股权比例相应就要低些,大致应在20%——40%,如联想集团员工持股会占35%。当然,对增量资产产权界定的比例应该是创业者、投资者根据实际情况认真协调、谈判的"博弈"结果,是一种市场行为,而不是受法律法规或政府限制的官方行为。对企业的增量资产的产权界定实际上就是将创业者的人力资本转化为货币资本的过程。

(2001年第6期《中国工业经济》)

经理层收购:公司产权改革新模式

李彬

从粤美的到万家乐、宇通客车、深圳方大,近期一批上市公司已实施或正在发生经理层收购行动,由此所带来的公司所有者结构的改

变，意味着这些公司既跳出了国有控股的模式，也有别于一些家族控股企业。而收购公司的经理层能否充分珍惜历史赋予的难得机遇，使上市公司在完善公司法人治理结构、提高上市公司质量等方面真正发挥出领先优势，也格外引人关注。

如果说产权改革最早的大众交通和大众科创，当初公司职工持股会诞生时，市场对其实质作用的认识还比较朦胧，那么今年2月粤美的经理层收购方案完全浮出水面时，市场的普遍评价是：有利于解决长期困扰上市公司的管理层权益问题，有利于消除国有控股造成的委托人失效的痼疾。及至日前万家乐、宇通客车、深圳方大等收购计划出台后，市场人士在感叹上市公司产权改革进程加快，担心这些公司是否会出现新的内部人控制问题的同时，也对它们寄予了加快推动上市公司股权结构优化的期望。

中国证券市场发展十年来，国有股“一股独大”造成公司治理结构的不完善，已成为市场各方人士的共识。实施经理层收购，在某种意义上，将促进上市公司多股制衡格局的形成，同时，上市公司的经营层与公司控制权紧密相连，意味着其与公司的利益高度一致。有关人士指出，粤美的、宇通客车这批企业，应该抓住机遇，扎扎实实完善公司治理，认认真真发展公司主业，对经营费用、财务费用等加大自控力度，逐渐摒弃目前许多公司存在的急功近利的短期行为。

与此同时，与新近出现的家族控股型上市公司的另一种“一股独大”不同，目前实施经理层收购的公司，其经理层对上市公司股权收购的比例基本没有超过30%，而四家家族控股型上市公司中，家族控股比例最低的也已超过了55%。而另一方面，粤美的、宇通客车等公司的上市均比较早，其经理层没有财富迅速放大这种经历，这些公司基本都是当年的创业者成为目前公司的核心收购者，如粤美的的董事局主席、总裁何享健，宇通客车的总经理汤玉祥，深圳方大的董事长熊建明，以及万家乐的“原创”董事潘泽明，均成为经理层收购行动中颇受关注的人物。

值得注意的是，经理层收购行动也并非不存在着任何问题，目前市场对经理层收购的非议主要在于定价。粤美的等收购案例显示，完全由上市公司及所在地方政府自发完成的产权改革，基本上是自己给自己定价，有些公司的定价甚至低于公司每股净资产，其公正性令人怀疑。因此，如何对上市公司股权合理评估，如何加强对收购定价的规范，尚需要有关各方的共同努力。

此外，对于带有一定私有化色彩的经理层收购，政府最终会对其表现出何种态度，这些收购公司股权转让能否获得有关部门的批准，不仅是宇通客车等公司的“悬念”，在很大程度上也将影响此类上市公司控制权改变的进程。　　(2001年6月28日《上海证券报》)

会议研讨

关于宏观经济问题

2001年中国经济发展论坛

时间:2001年3月21日

主办:国家计委宏观经济研究院、香港汇丰银行

会议邀请中国政府有关部门的官员和企业家发表演讲,介绍中国的经济形势、经济政策和长远发展战略问题。金融机构的官员和专家发表专题报告,介绍国际经济形势以及在中国开展经贸合作和投资活动的经验。会议围绕中国"十五"计划、结构调整、西部大开发战略、中国加入WTO、完善社会保障、财政金融政策、产业发展、住房制度改革等专题进行了广泛的讨论,取得了积极的成果。经济专家认为,中国是一个发展中国家,在新的世纪面临艰巨的发展任务。每年举办一次的"中国经济发展论坛",为国内外经济界人士加强联系,相互沟通,增加共识,共谋发展,创造了机会。

2000年宏观中国冬季论坛

时间:2001年1月22日

主办:北京天则经济研究所、中国社科院经济所宏观经济课题组、江西江南信托投资公司

中国社科院经济所宏观经济课题组提供的最新宏观经济分析报告指出,2000年是中国经济运行中的重要一年。随着国际经济环境的向好,扩张政策效应的积累和产业调整的加快,中国的经济增长结束了连续七年持续走低的态势,开始步入上升轨道,指导思想也开始从片面追求规模扩张向重技术创新和环境保护转变。该报告认为,2001年是新世纪经济周期运行的关键一年,中国经济将会进入新一轮增长周期,其态势有可能较上年进一步好转。对此,报告就财政问题和金融问题提出了若干条政策建议。

亚太经合组织(APEC)财长会第11次工作组会议

时间:2000年12月6日—7日

主办:国家财政部

会议主要讨论了近期全球及区域经济与金融形势、APEC财长会的中期战略目标及其项下各项倡议活动的进展情况等问题,并就各方普遍关注的区域财经合作和20国集团会议等问题进行了广泛交流。中方还向与会代表通报了初步确定的第八届APEC财长会的主题,即"经济增长、结构调整、共享繁荣"。

政府预算管理与会计改革国际研讨会

时间:2001年9月21日

主办:财政部、国家会计学院、清华大学管理学院和会计研究所会议就政府会计准则问题、会计准则的国际协调、中国预算改革、预算管理、公共财政体制、西方国家及中东欧国家模式的政府预算与政府会计改革等问题进行了讨论。财政部部长项怀诚指出,政府预算编制、国库管理制度和预算科目体系等基础性管理制度的改革,是今后一段时间内改革的重点,这一系列改革将促进社会主义市场经济公共财政体制框架的建立。今后即将进行的是一次非常深刻的改革,涉及预算观念、体系和管理方式的改变,是对传统预算管理制度的一次革命。财政部希望通过这次预算改革,促进社会主义市场经济公共财政体制框架的建立,更好地应用信息技术,不断提高预算管理水平。

中国发展高层论坛2001年年会

时间:2001年3月25日—26日

主办:国务院发展研究中心

本次论坛的主题是"经济全球化与政府作用"。温家宝指出,经济全球化并不意味着减少政府的责任和作用,在参与经济全球化的进程中,中国政府将担当起自己应负的责任,进一步转变职能,改进发挥作用的方式。财政部长项怀诚就中国国债阐述了中国政府的观点,他指出:从中国总体经济实力和发展趋势看,目前的债务水平是能够承受的。中国人民银行行长戴相龙提出了中国进行金融体制改革的安排,中国将争取用五年左右或更长一些时间,把四家国有商业银行改革成为在国际金融市场上具有一定竞争力的现代化大型商业银行。国务院体改办主任王歧山就垄断性行业的改组与重组作了专题发言。

全国信息产业工作会议

时间:2001年2月16日—17日

主办:中华人民共和国信息产业部

这次会议的主要任务是:认真贯彻党的十五届五中全会和中央经济工作会议精神,总结"九五"工作,安排"十五"计划,部署2001年任务。2001年信息产业工作的总体要求是:以邓小平理论为指导,按照"三个代表"的要求,贯彻落实党的十五届五中全会和中央经济工作会议精神,坚持以发展为主题,加强信息基础设施建设,增强制造业综合实力,推进信息技术、信息资源开发利用;坚持以结构调整为主线,提高制造业规模效益,推动网络优化升级;坚持以改革开放和科技进步为动力,加快建立现代企业制度,提高自主创新能力,作好加入世贸组织的各项准备工作;突出抓好法制建设和行业监管,规范市场秩序,加强统筹规划,合理配置资源;坚持两个文明一起抓,为信息产业"十五"跨越式发展奠定坚实的基础,为国民经济发展和人民生活水平的提高提供良好的服务。2001年工作重点是:1.加强规划指导,保持信息产业快速发展。2.以市场为导向,进一步加大结构调整力度。3.加强法制建设和市场监管,努力为产业发展创造良好的外部环境。4.以改革开放和科技进步为动力,全面提高信息产业自主创新能力。5.加强信息技术应用和信息资源开发,积极推进国民经济和社会信息化。6.按照"三个代表"的要求,进一步加强行业精神文明建设。吴基传部长做了题为《把握历史机遇 迎接新的挑战 实现我国信息产业"十五"更大跨越》的工作报告。吕新奎副部长作了《关于信息产业"十五"计划纲要的说明》。

全国整顿和规范市场经济秩序工作会议

时间:2001年4月2日—4日

主办:国务院

会议讨论了《国务院关于整顿和规范市场经济秩序的决定》、《国务院关于禁止在市场经济活动中实行地区封锁的规定》和《国务院关于特大安全事故行政责任追究的规定》。会议强调,整顿和规范市场经济秩序,关键是思想要统一,认识要到位。第一,要加强领导,分工负责,密切合作,形成合力。第二,突出重点,集中力量,严厉查处一批大案要案。要从查处大案要案入手,严厉打击犯罪集团和首恶分子。第三,要发动群众广泛参与,充分发挥社会监督作用。要动员人民群众积极举报,建立举报奖励制度。第四,要深化改革,转变政府职能,建立依法行政机制。第五,要采用高新技术手段,提高政府管理的科学性、有效性。第六,要修订和完善有关法律法规,加强执法队伍建设,提高执法水平。第七,打破地方保护,严禁地区封锁。所有地方要尽快撤销与国家法律法规相违背的地方性法规。第八,要大力倡导诚实守信的职业道德,加快健全社会信用制度。

全国社会保障工作会议

时间:12月26日—27日

主办:国务院

会议指出,进一步完善社会保障体系,是在新形势下推进我国改

革开放和现代化建设面临的一项重大而紧迫的任务。会议强调，明年社会保障工作的首要任务是认真贯彻落实现行的政策措施，切实做到“两个确保”；加强社会保障工作，完善社会保障体系，必须多渠道筹集社会保障资金，并建立资金的保值增值机制，严格规范资金的管理和使用。

全国农村税费改革试点工作会议

时间：2001 年 2 月 17 日—19 日

主办：国务院

这次会议的主要任务是，贯彻党中央、国务院关于加快推进农村税费改革的精神，总结交流安徽等地改革试点的经验，研究完善改革的有关政策，部署今年的改革试点工作。会议肯定了去年以来在安徽省和其他省区的部分县市进行的农村税费改革试点取得的初步成效，为全面推进农村税费改革积累的许多有益经验。会议指出，考虑到各地情况不同，今年是继续扩大试点，还是全面推开，由各省（区、市）党委、政府自主决定，中央不作统一规定。各地一定要结合当地实际，认真研究是否具备推开的条件，慎重决定。会议强调，农村税费改革成功与否，很大程度上取决于相关配套改革能否到位。各级党委和政府一定要充分认识改革的复杂性和艰巨性，增强使命感，切实加强领导。

中央经济工作会议

时间：2000 年 11 月 28 日—30 日

主办：中共中央、国务院

会议全面总结了 2000 年的工作，分析了当前形势，提出了明年经济工作的总体要求和主要任务及明年经济工作的部署；会议提出了明年经济工作需要把握的十个主要问题；强调必须加强和改善党对经济工作的领导，努力提高经济工作的领导水平，始终注意保持社会稳定，牢固树立脚踏实地的工作作风。

全国财政工作会议

时间：2000 年 12 月 13 日

主办：国家财政部

中共中央政治局常委、国务院副总理李岚清强调，当前及今后一个时期的财政工作，要始终贯彻“三个代表”的重要思想，按照“比重适当，集散有度，收支合理，使用得当”的方针，更新理财观念，加快改革步伐，逐步建立与我国国情和社会主义市场经济体制相适应的公共财政框架，努力实现江泽民同志提出的“建立稳固、平衡、强大的国家财政”的奋斗目标。李岚清说，财政问题是明年整个经济工作的焦点。明年为了扩大内需、促进经济适度增长，还必须继续实施积极的财政政策。财政部部长项怀诚指出，明年将继续实施积极财政政策，并通过发债、增加居民收入的方式拉动内需，确保经济持续稳定增长。今后国家将通过推进支出管理改革、税制及税费改革和社保体系建设，构建公共财政框架。他同时指出，要建立稳定、可靠、多渠道的社会保障筹资体系，抓紧实施国有股减持，为社会稳定和企业发展创造条件。

世界经济论坛·2001 中国企业高峰会

时间：2001 年 4 月 17 日—19 日

主办：世界经济论坛、中国企业联合会、中国对外经济贸易促进委员会 本次峰会的主题是——新世纪的中国经济：全球视角的变革与创新。全球著名跨国公司、著名华人企业高级执行官、部分国家领导、国际机构代表、经济权威专家、主要传媒代表等数百名高层人士出席了会议。本次高峰展望中国加入 WTO 后的经济蓝图，研究西部大开发为中国企业带来的机遇与挑战，剖析中国改革的前沿，以及生物科技、网络经济、通讯、医药等各个行业的发展。

中国国民经济核算研究会

时间：2000 年 2 月 27 日

主办：国家统计局

参加会议的代表有国务院有关部门和国家统计局的局、司级领导，各省统计局局、处级领导和有关院校领导及国民经济核算专家、学者等 80 余人。会议内容分为两部分：一是总结第一届理事会工作，选举第二届理事、常务理事、秘书长、副理事长、理事长和推举名誉理事长和顾问，讨论通过《中国国民经济核算研究会章程(修改稿)》，研究今后五年的工作规划；二是国民经济核算体系学术交流与研讨。国家统计局局长朱之鑫局长在大会上发表了重要讲话。

2001 年美中论坛

时间：2001 年 7 月 20 日

主办：美中基金会

本年度的美中论坛在美国最著名的高科技园区加州硅谷举办，主题为“携手迈向高新技术时代”，应参会代表的要求，本届论坛还确定了另一个议题——“企业家眼中的美中关系”。论坛为美中两国企业界的对接、交流架起一座沟通的桥梁，进一步增加中美两国企业的了解与共识，这无论是对中国市场情有独钟的美国高科技企业，还是对迫切需要走出国门的中国高科技企业家，都是一次相互接触与沟通的良机。

第二届全球脑库论坛

时间：2001 年 6 月 15 日—17 日

本次的主题为“新经济与亚洲”。亚洲如何面对新经济的浪潮以及如何在新经济浪潮中把握机遇快速发展，成为重点讨论的话题。各界人士 500 多人从"什么是新经济、世界是否已进入新经济时代、新经济与亚洲、新经济与社会、新经济与产业组织、新经济与中国经济前景"等 6 个方面展开了深入探讨。

诺贝尔经济论坛

时间：2001 年 6 月 20 日—21 日

主办：中国社会科学院、中国科学院

本次论坛是中美经济界之间的交流和对话。论坛将探讨新世纪经济的最新发展动向，交流最新的经济思想和经营理念，分析中国经济面临的机遇和挑战，推动中国经济的发展和企业改革的进一步深化。

中国—丹麦 WTO 论坛

时间：2001 年 5 月 22 日

主办：中国国际贸易促进委员会、丹麦外交部和丹麦工业联合会

中丹两国的政界、商界人士和专家学者就中国加入世贸组织后，在经贸、金融、保险、环境、能源等领域的发展前景进行了研讨。中国国际贸易促进委员会会长俞晓松认为，中丹两国企业界对发展双边经贸合作有着极大的兴趣和热情，双边贸易、投资和其他形式的合作还有很大的发展空间。中国即将加入世贸组织和正在实施的西部大开发战略将为丹麦企业家带来巨大的商机。丹麦外交大臣莫恩斯·吕克托夫特在论坛上致辞。此外，两国企业界人士就区域供热、风能和银行等问题进行了对口洽谈。

中国经济发展前景研讨会

时间：2001 年 5 月 31 日

主办：希腊—中国工商会、中国驻希腊大使馆

这是近年来在希腊首次举办有关中国经济发展前景的大型研讨会。中国信息产业部副部长曲维枝和中国国务院发展研究中心副主任孙晓郁向与会者详细介绍了中国经济的发展状况。他们强调，作为当今世界最大的发展中国家，中国是经济全球化发展不可缺少的重要组成部分。中国加入世贸组织将为经济全球化注入新的活力，有利于促进中国经济和世界经济的共同发展。他们呼吁欧洲和希腊加强同中国的经贸合作。希腊新闻和媒体部长雷帕斯在研讨会上说，如果没有中国的参加，世贸组织将是不完整的。作为欧盟成员国，希腊理解中国在加入世贸组织谈判中的立场，并积极支持中国早日加入世贸组织。包括希腊和中国政府官员以及希腊工商界知名人士在内的 500 多人参加了研讨会。与会者一致认为，中国经济的发展前景良好，中国将来在世界贸易中一定能发挥越来越重要的作用。

国有经济战略重组和民营企业发展理论研讨会

时间：2001 年 7 月 2 日

主办：复旦大学中国经济研究中心、中国社科院经济研究所、《经济研究》编辑部、复旦大学经济学院

与会者就国有企业的战略重组和当前的许多重大问题之间的联系展开讨论，一致认为：要把国有经济重组和发展民营经济结合起来，可以适当允许非公经济进入基础设施领域，以财政和金融手段支持中小企业的发展；要结合资本运营，实现国有资本的保值增值；要结合现

代企业制度的建设;要把国有经济重组和捕捉良好的商业机会结合起来。

2001年亚太经合组织经济展望研讨会

时间:2001年6月28日—29日

主办:中国香港特别行政区政府、亚太经合组织经济委员会

本次研讨会完成2001年亚太经合组织经济展望报告的编制工作。报告的主题是《亚太经合组织内的财经发展及经济增长》。来自亚太经合组织各成员的100多位经济专家参加了会议,就《财务与增长》、《财经中介人的角色》、《财经机构与经济表现的关系——地区经验》和《地区经济展望》等议题展开讨论。香港署理财经事务局局长区 智说,香港将通过同亚太经合组织的交流,加强市场基础设施和人力资源方面的建设,努力确保香港继续保持高度开放、透明的金融市场。这次研讨会将为香港企业界的改革和资本增值提供有效的策略,并为亚太区的经济持续增长和维持稳定、安全、繁荣发挥作用。。

亚太经合组织中小企业部长会议

时间:2001年8月29日—30日

主办:国家经济贸易委员会

这次会议是亚太经合组织专业部长会议之一。会议的主题是:"新世纪、新挑战:创新与发展环境",下设"推动技术创新"、"便利融资"和"改善中小企业的发展环境"三个议题。国家经贸委主任李荣融担任本次会议主席。与会者就影响全球及亚太地区中小企业发展的重大问题进行探讨,寻求共识,为于10月召开的亚太经合组织领导人非正式会议做准备。会议还讨论了亚太经合组织成员提出的加强成员间合作的具体倡议,并探讨如何能给中小企业带来实惠的问题。亚太经合组织21个成员主管中小企业事务的部长和代表、以及亚太经合组织秘书处的官员和代表总共近200人出席这次盛会。

亚太经合组织贸易部长会议

时间:2001年6月6日—7日

主办:国家经济贸易委员会

亚太经合组织(APEC)21个成员负责经济贸易事务的部长、副部长和代表参加了此次会议,他们围绕着为多边贸易体制做贡献、促进贸易投资自由化和便利化、加强经济技术合作等事关本地区和世界发展的重大问题进行探讨,取得了一系列积极成果。这次会议重申了APEC对多边贸易体制的坚定支持,并强烈呼吁世界贸易组织在2001年启动新一轮贸易谈判。针对区域贸易集团化倾向增强,贸易保护主义抬头的情况,本次会议主席、中国外经贸部部长石广生指出,这会损害全球贸易的发展,对发展中国家和发达国家都没有好处。中国何时加入世界贸易组织的问题是这次会议的另一个热点。会议还强调促进贸易与投资的自由化和便利化、加强经济技术合作;强调经济技术合作对实现茂物目标以及亚太地区经济秩序持续和稳定发展的重要意义,并敦促成员采取有效的措施,缩小成员之间的经济差距和数码鸿沟,发展电子商务和新经济,以实现共同繁荣。

APEC标准一致化分委会2001年第三次会议

时间:2001年8月19日—20日

主办:国家质量监督检验疫总局

来自20个APEC成员和5个专业区域性机构的近100名代表出席会议。本次会议的主要议题是:使APEC成员的国内标准与国际标准接轨;达成合格评定方面的认可,包括强制和自愿领域的多边认可协议;促进技术基础建设方面的合作;保证APEC成员在标准一致化方面的透明度,从而推动区域性贸易和投资活动。会议就标准接轨、合格评定认可、技术基础建设合作以及透明度等议题展开讨论。会议的成果将对今年APEC系列会议产生积极的影响。

泰中贸易专题研讨会

时间:2001年8月18日

主办:泰国中国和平统一促进会

来自泰国政府部门、工商界和华人社团的500多名代表与会。本次会议的目的是加强泰国工商界人士对泰中贸易重要性的认识,并探讨进一步发展泰中经贸和投资关系的途径。大会主席、泰国司法部长邦特·特甘差那说,希望本次研讨会能进一步加强泰中工商界之间的合作,以造福两国人民。他还表示希望中国企业家能多来泰投资。泰国中华总商会主席郑明如表示,中国被公认为是目前世界上最具发展潜力的国家,必将在世界经济舞台上发挥更大作用。他呼吁泰国工商界人士抓住机遇,扩大对华贸易和投资,为发展两国全面合作关系贡献力量。

关于企业体制问题

21世纪国际企业家上海论坛

时间:2001年3月29日

主办:上海市经委

论坛主要邀请2000年排名世界500强的跨国公司董事长或总裁来沪演讲,听讲对象为上海工业系统各控股公司、集团公司董事长、总裁,二级子公司和大型企业的董事长、总经理。"21世纪国际企业家上海论坛"系列讲座计划在年内举办20讲左右,演讲的内容主要包括跨国经营与跨国管理,跨国企业在经济全球化中的持续发展,多元化经营战略与经济全球化,传统支柱产业实施经济全球化发展战略,企业产业结构重组和资产运作,全球化经营对人才的要求和人力资源的开发等。该论坛将成为上海企业家与世界工业巨头直接对话的平台。

中央企业工委工作会议

时间:2000年12月22日

主办:中央企业工委

会议总结了2000年工委的工作,指出明年中央企业工作总的要求是:以邓小平理论为指导,按照江泽民总书记"三个代表"的要求,深入贯彻落实党的十五大和十五届四中、五中全会及中央经济工作会议精神,以经济建设为中心,以领导班子建设为重点,进一步加强党的建设、社会主义精神文明建设和思想政治工作,加强企业监督和党风廉政建设,巩固和扩大国有企业改革和脱困的成果,正确处理改革发展稳定的关系,为实现"十五"计划的良好开端而努力奋斗。会议指出中央企业明年的工作要着重抓好六个方面的工作:第一,按照中央的统一部署,进一步加快中央企业改革和发展步伐;第二,以企业开展"三讲"教育为契机,加强中央企业领导班子建设;第三,以江泽民总书记"三个代表"重要思想为指导,切实加强中央企业党的建设与思想政治工作;第四,坚持全心全意依靠工人阶级的方针,加强党对工会、共青团等群众组织的领导;第五,进一步健全完善监事会制度,建立规范的监督机制;第六,进一步加强党风廉政建设,建立和完善监督制约机制。

中国民营科技企业新世纪高峰论坛

时间:2001年2月24日

主办:中国民营科技实业家协会

会议指出,近年来,民营科技企业的产权制度正在发生重大转变,产权明晰、管理规范的股份制、股份合作制正在成为民营科技企业中不断增长的企业形式。产权制度的转变,为建立科学规范的现代企业管理模式打下了基础。民营科技企业由于兼具灵活机制和较好的技术基础,能够适应当代经济发展的潮流,在新世纪里将会有更大更好的发展。全国政协副主席、中国工程院院长宋健发表了重要讲话,国家科技部副部长徐冠华就关于中国民营科技企业发展的课题作了长篇报告。

经营者持股研讨会

时间:2001年4月14日

主办:中国证券报、上海企业管理发展研究所

本次会议旨在让与会的企业经营者了解到产权变革的趋势、企业改制的重要内容、股权激励及经营者持股的途径、方式及相关政策法规等内容,并探讨了如何帮助企业建立和完善激励与约束机制、解决所有权与控制权之间的代理问题,以及企业长期发展过程中的内部颈瓶问题。上海证券研究中心主任胡汝银、上海企业管理发展研究所所长符钢战、华夏银行上海分行行长郑修建、上海经济发展研究所所长沈晗耀等专家学者在研讨会上作了专题演讲。

关于金融市场问题

股份制商业银行改革与发展座谈会

时间:2001 年 3 月 16 日

会议提出股份制商业银行要进一步深化改革,力争在以下方面有所突破:1、要在进一步完善公司治理结构方面有所突破。2、要在创出股份制商业银行业务特色方面有所探索。3、在加强内控,提高资产质量,防范风险方面要有所突破。4、在加强联合、共同抵御风险方面要有所突破。5、在人才培养方面要有所突破。会议强调人民银行要继续依法加强对股份制商业银行的监管,改进服务,支持股份制商业银行在改革中发展。股份制商业银行要进一步完善公司治理结构,实行一级法人体制,强化内部管理和内部控制;降低不良贷款比例,提高资产质量,对资本充足率达不到监管要求的,对其业务的开展和机构的设置要进行限制。在加强监管的同时,人民银行将进一步改善服务,支持股份制商业银行开展业务创新,发展中间业务,解决城市商业银行的汇路问题等。

2000 年资本市场热点问题研讨会

时间:2000 年 10 月 25 日

主办:证券时报社

会议围绕当前证券市场的重大热点问题,如创业板市场的设立及影响、开放式基金的推出、金融企业上市、保险资金及社保基金入市、全国统一股价指数、股指期货、加入 WTO 以后的证券市场开放、上市公司资产重组、股票期权设计等问题作了专题讨论。会议认为,当前证券市场所出现的这些重大热点问题,是我国证券市场规范发展中的必然现象,反映了我国证券市场将要发生的根本性变化,其影响是十分深远的。深圳证券交易所的有关人士介绍了今年以来上市公司的监管工作和下一步的工作思路,并表示将强化交易所的一线职能,进一步加强市场风险防范,保护广大投资者的利益。

金融综合指数与基金管理研讨会

时间:2001 年 4 月 10 日

主办:中国证监会、英国国际贸易伙伴组织

英格兰银行副行长 MervynKing 认为,中、英间金融、证券、保险领域合作前景广阔。他们将致力于进一步推进上述几方面的良好合作和交流,探讨如何将出色的中国企业引入英国股票市场上市,或将优秀的英国公司引到中国来上市。专家认为,制订精确的指数是金融市场改革的关键。一种有效的市场指数是建立指数基金的基础,而指数基金是在资本市场投资的一种比较安全的手段。因为投入的基金涉及一系列用指数来代表的公司,而不是有许多公司在一起的投资组合,因此指数基金可为中国的保险和养老基金提供一种安全的投资手段。

民营金融发展论坛

时间:2001 年 4 月 22 日

主办:北洋集团

长城国际金融研究所所长、民营银行方案设计发起人徐滇庆在会议发言上介绍说,他们设计的是现代企业制度的新型股份制银行,这种全新的模式要有科学的准入制度、监管制度和退出制度。现在仅仅完成了第一阶段整体方案的设计,第二阶段具体规则的研究,第三阶段才是进行实质性的试点。预计没有两年的时间,整个方案出不来。有关专家学者在民营银行研究的大的方面已达成了一致,但在一些细节上还存在较大的争议,一些重大的问题也没有搞清楚。

全国保险监管工作会议

时间:2001 年 1 月 16 日—17 日

主办:中国保监会

中国保监会主席马永伟指出,今年,中国保监会将进一步加大保险市场整顿力度,在继续清理整顿车险、航意险和兼业代理业务的同时,将重点做好保险资金运用情况检查、剖析保险公司潜在风险、加强保险中介市场监管、规范外资保险经营行为四项工作。他强调指出,对市场整顿中发现的违法违规行为,要严格依照有关法律法规,加大查处力度。

全国银行证券保险工作座谈会

时间:2001 年 1 月 14 日

主办:国务院

中共中央政治局常委、国务院朱总理强调,金融系统要认真贯彻党的十五届五中全会和中央经济工作会议精神,真正把工作重点放在严格金融监管、加强内控机制上来,大力整顿金融秩序,进一步深化金融改革,努力建立现代金融管理制度。他指出,今年金融工作的重点是,切实加强和改进金融监管,全面整顿和规范市场经济秩序。朱总理最后要求,金融系统要切实转变工作作风,真正把中央的金融工作方针和部署贯彻到具体工作中去。

中国金融论坛

时间:2001 年 4 月 2 日

主办:西南财经大学中国金融研究中心

本届论坛的主题是"新时期中国金融发展与监管"。中国金融学会名誉会长黄达,中国金融学会副会长、原中国证监会主席刘鸿儒,中国金融学会副会长、中国证监会原副主席陈耀先等出席论坛并讲了话。来自全国各高校、科研机构、金融机构的中青年学者共 70 多人出席了论坛,招商银行行长马蔚华、国家开发银行副行长王益、国家重点金融机构监事会主席王为强等 20 多位学者作了专题发言。

新世纪企业清华大学高峰会

时间:2001 年 1 月 9 日

主办:清华大学

中国证监会主席周小川到会就资本市场价格机制的规范与完善发表演讲,他表示,中国证监会始终不断地、坚决地推动资本市场价格机制规范化和合理化,把当前的市场搞好,为市场未来的发展以及更多更新的市场产品做好服务。还就以下几点做了阐述:去年股价的上涨是经济资本供求关系的体现;利率下调和利差扩大引导资金流向资本市场;要更全面地看待微观企业素质问题;股票融资与资金总量相比仍然很小;价格总水平不是中国证监会要调节的对象;三月将彻底取消额度和上市指标,定价由市场供求决定;二板市场将给知识类企业更新的舞台;开放式基金最近将推出。

中国保险市场与保险政策高层研讨会

时间:2001 年 1 月 16 日

主办:国务院发展研究中心市场经济研究所、中国保险学会

会议围绕中国保险业发展的现状、存在的主要问题、中国保险市场的潜力分析与开拓市场的途径,以及中国保险市场的对外开放和保险市场的监管等热点问题展开研讨。著名经济学家吴敬琏发表了题为"中国经济发展的新趋势"演讲。这次研讨会对未来几年我国保险市场的发展状况、对外开放程度、监管模式与力度、中资保险公司改革等问题进行了卓有成效的探讨与交流,并针对我国保险市场面临的新形势,特别是我国加入 WTO 后所面临的各种机遇与挑战进行了广泛深入的研讨。

中国人民银行工作会议

时间:2001 年 1 月

主办:中国人民银行

会议部署了 2001 年人民银行的工作,提出银行系统要坚决贯彻落实国务院关于今年经济工作中各行各业都要狠抓管理的方针,突出抓好银行业的管理和监督,全面改善经营管理水平,提高银行业整体素质,确保金融业安全高效稳健运行,促进经济运行效率的提高和国民经济发展目标的实现。指出当前要集中精力做好四项管理监督工作:一是加强自我约束,不断提高金融监管水平;二是依法加强金融监管,促进商业银行强化内部管理。三是充分运用信贷杠杆强化对企业生产经营活动的监督,促进经济结构的调整,提高信贷资金的使用效率。四是整顿社会信用和金融秩序,严肃结算纪律,坚决打击金融"三乱"活动。2001 年人民银行要着力抓好三项工作任务:一是继续执行稳健的货币政策,支持经济发展,更好地防范和化解金融风险。二是切实加强金融监管,提高监管的质量和水平。三是做好金融服务工作,为加强金融监管提供强有力的支持,加快现代化支付清算系统的建设,重点解决跨行跨地区联行资金全额实时清算和银行卡联网通用问题。

中国人民银行货币政策委员会 2001 年第二季度例会

时间:2001 年 4 月

主办:中国人民银行货币政策委员会

会议提出,当前货币政策要继续保持稳定性、连续性和前瞻性,保持货币供应量平稳增长、人民币存贷款利率稳定和人民币汇率基本稳定。会议认为,要把股民保证金存款计入货币供应量 M2,以完善货币供应量统计。今后要继续采取措施促进货币市场与资本市场的协调发展,进一步加强信贷监督;改进对中小企业的金融服务,促进中小企业健康发展。会议认为,当前货币信贷总量适度,稳健的货币政策继续发挥重要作用。应继续坚持扩大内需的方针,继续实行积极的财政政策和稳健的货币政策,巩固国民经济发展的良好势头。

中国软件企业融资与上市高级研讨会

时间:2001 年 4 月 20 日—22 日

主办:信息产业部电子信息中心

此次会议分为以下几个专题:政策专题、上市专题、风险投资专题、融资策略专题。会议主要议题:1、中国软件产业发展战略与政策;2、中国软件企业现状及融资情况分析;3、国家对软件企业的投融资政策及计算机信息系统集成资质管理政策;4、创业板最新政策及最新规则介绍;5、企业创业板上市评定过程及标准详解;6、软件企业创业板上市包装实务及案例分析;7、软件企业上市筹备工作分析;8、现阶段软件企业融资过程中存在的问题及对策;9、软件企业如何获得风险投资;10、金蝶软件公司在不同发展阶段融资策略;11、IDG 的投资策略分析(结合金蝶案例)。

中国资本市场论坛

时间:2001 年 1 月 18 日

主办:中国人民大学财政金融学院

会议就中国宏观经济走势与资本市场发展、制度创新与市场成长、中国投资银行业向何处去以及中国资本市场的未来投资走向等四个议题进行了讨论。与会专家指出,要保持我国证券市场健康、快速、平稳的发展态势,必须走一条创新与可持续发展的路;资本市场要在创新中发展,同时发展也需要不断创新。证券市场当前还有很多不完善的地方,需要通过各个层面上的创新加以解决。首先,市场准入与退出机制还不完善,需要进行市场化的创新,以进一步深化资本市场功能,并提升市场效率;其次,交易手段、金融产品及衍生工具的创新也需要不断探索,交易手段的创新可以降低市场交易成本,保持市场活跃度,金融产品及衍生工具的创新则可增加交易品种,并控制市场风险。中国人民大学金融与证券研究所所长吴晓求在会上作了"创新与可持续发展"的主题报告。

国家外汇管理局全国分局长会议

时间:2001 年 1 月 18 日

主办:国家外汇管理局

会议明确了今年外汇管理工作的重点是集中精力,加强和改进外汇监管,堵塞逃骗汇漏洞;要以加强管理,改进服务为指导,认真做好入世准备工作,严肃查处外汇领域的违法违规经营行为,积极促进国际收支平衡和人民币汇率稳定。具体为:一、整章建制,大力规范和监管服务贸易外汇收支活动。二、用现代化技术手段,进一步完善贸易外汇管理。三、完善资本项目外汇管理法规,加强内部控制。四、统一、规范银行结售汇业务,着手建立银行收付汇监管体系。五、做好各项外汇检查工作,继续严厉打击逃骗汇活动。六、加强国际收支统计分析,进一步提高监测预警水平。七、进一步改进服务,为对外贸易和外商投资创造良好环境。

金融法论坛

时间:2001 年 5 月 27 日

主办:北京大学

参加本次论坛的 100 多位金融界、法学界的人士针对我国金融法制改革进程中面临的问题和挑战,以"WTO—金融竞争—法律调整"为主题,围绕"WTO 规则与中国金融法改革"、"证券监管机关培育和规范证券市场的努力"等问题展开了讨论。

投资银行业务转型与创新国际研讨会

时间:2001 年 5 月 22 日

主办:中国证券业协会

本次会议主要是深入研讨核准制下证券公司的投资银行业务有哪些特点以及与以前有哪些不同,应当如何开展。证监会发行部、机构部的负责人到会就核准制给股票发行和券商投行业务带来的变化,以及核准制下新的监管思路作了讲解。240 多名来自各家证券公司的投行业务人员出席了昨天的研讨会。

关于证券市场问题

宏观经济与证券市场发展研讨会

时间:2001 年 3 月 17 日—18 日

主办:国家信息中心经济预测部、中国证券报社

会议邀请了权威部门有关领导和专家学者参会,介绍中国"十五"规划要点及 2001 年宏观经济形势、产业政策、证券市场和国际经济环境等发展趋势,并就上述专题与参会代表进行了研讨和交流。专家指出,未来证券市场的市场化程度将会越来越高,证券市场规范化程度也将进一步提高,证券市场机构投资者队伍将不断扩大,证券市场的国际化也将有突破性进展。预计未来几年外资将被允许通过收购国有法人股、组建合资基金和外资基金等方式进入国内证券市场,外资有可能参与市场公司的重组收购活动,中国证券市场将初显国际化特征。

宏观经济展望与创业板发展研讨会

时间:2000 年 11 月 4 日—5 日

主办:国家计委宏观经济研究院、深圳证券交易所、证券时报

主要议题包括:2000 年我国宏观经济形势评估及明年和"十五"政策取向;当前及今后中国经济改革与发展若干重大问题评述;中国创业板市场启动的政策背景与监管思路;创业板上市、交易、信息披露规则及与主板市场的比较等等。来自国家计委、国家经贸委、财政部、中国人民银行、中国证监会、外经贸部、科技部、国务院发展研究中心、深交所等部门的有关领导及相关方面的知名专家到会发表主题演讲。

价格操纵问题国际研讨会

时间:2001 年 4 月 23 日—24 日

主办:中国证监会、国际证监会组织新兴市场委员会第四工作小组、波兰证监会

会议邀请美国、法国、意大利、香港、韩国、波兰和中国有关专家和官员进行了专题演讲。中外金融证券界的专家和监管机构的官员,通过大量的典型案例,对证券市场价格操纵的涵义、操纵行为的识别与调查、操纵行为的处罚及制裁措施等问题,深入而充分地交换了意见。会议指出,价格操纵是证券市场欺诈行为的一种。在金融全球化、证券市场一体化逐渐成为趋势的情况下,伴随着互联网的运用和金融衍生品的发展,价格操纵的手段和方式不断花样翻新,向各国市场监管者提出了日益严重的挑战。同时,跨境及跨市场价格操纵问题也尖锐地提到监管者面前,这就在客观上要求监管机构之间、交易所之间以及监管机构与交易所之间加强合作,共同面对严重的挑战。当前,我国证券市场已跨入了新的历史阶段,加大打击证券犯罪力度,保护投资者利益,促进我国证券市场规范发展,将成为我国证券市场的主题。

科技创新与创业板市场高层峰会

时间:2001 年 4 月 20 日

主办:国家信息中心经济预测部

与会专家就推出创业板的意义和作用进行了探讨。他们指出,首先,发展创业板市场有利于改善我国上市公司的质量和结构,提高证券市场的运作效率。总体的来看,在我国上千家上市公司中,科技含量高、效益稳定、成长性好的高科技企业仍然偏少。其次,发展创业板市场,有利于加强技术创新,加快我国高科技产业发展,推动结构升级和产业升级。借助证券市场支持高科技产业发展,既为高科技企业开通了一条从社会可持续融资的便利渠道,也为高科技企业转机建制创造

了必要的条件，更为高科技成果迅速转化为生产力建立了良好的催生机制。专家提出，为了尽快建立我国的创业板市场，当前必须在三个方面取得进展：一是修改和完善有关法律法规。目前创业板市场的运作机制与《公司法》、《证券法》有关法律法规存在冲突，必须抓紧对这些法律进行修改。二是要建立严格的、强制性的、持续的信息披露制度。三是要妥善处理好创业板市场建设和发展中的各种关系，为创业板市场的运作创造一个相对宽松的外部环境和内部环境。

医药行业证券投资研讨会

时间：2001 年 4 月 22 日

主办：中国证券报

与会代表就医药行业的发展趋势及投资背景、加入 WTO 后中国医药企业面临的机遇及生物医药类公司在纳斯达克的市场表现等问题进行了热烈的讨论。会议指出，去年我国医药的生产、销售、出口和效益都创下了历史最好水平。今年以来，医药行业的形势进一步好转，展现出“朝阳行业”的勃勃势头。可以肯定，2001 年医药经济发展是处在一个较为健康的、有所提高的发展之中。会议还针对目前比较严重的仿制问题进行了讨论。

2001 年中国证券信息技术论坛

时间：2001 年 4 月 25 日

主办：中国证券业协会信息技术应用委员会

中国证监会秘书长屠光绍在发言时指出，信息技术的迅猛发展给我国证券市场带来全新挑战，证券公司、投资人以及政府监管部门都应对此作好准备。中国证监会首席顾问梁定邦说，我国金融市场在发展先进信息技术的同时，也要融入先进文化。在不断借鉴国外公司治理结构、完善的市场监管体制等其他文化的同时，也要提倡自己的重诚实、守信用，在金融市场真正实现服务至上、客户为先的目标。来自证监会、证券业协会等有关方面的负责人，证券交易所、证券公司、信息技术公司的技术专家学者等近 500 人参加了会议。

中国证券电子商务研讨会开幕

时间：2001 年 7 月 29 日

主办：中国证券业协会信息技术应用委员会

本次会议目的是交流网上证券业务最新技术和进展，共同探讨国际证券电子商务的发展趋势，证券电子商务发展过程中的重点、难点问题及解决方案。中国证监会、信息产业部、国家统计局主管领导都进行了专题演讲。海外知名证券商如美林等就传统券商的转型以及新型公司的战略规划作具体个案介绍。

中国证券媒体与证券市场规范发展研讨会

时间：2001 年 6 月 28 日

主办：上海证券报

本次研讨会是在《上海证券报》创刊十周年之际召开的。各方代表积极发言，回顾了我国证券媒体的发展历程，分析了证券媒体存在的问题以及在发展过程中产生的困惑，同时就未来证券媒体的发展方向进行了热烈的探讨。与会代表普遍认为，从中国经济发展的需要和现状来说，证券媒体应该在中国证监会指导下，不仅要及时准确地传递国家证券监管部门的声音，更要把广大投资者关心的问题做足做透，同时还要做好投资者教育工作，为培育证券市场做出更大的贡献，实现媒体与市场的良性互动。

证券法执法检查组第二次全体会议召开

时间：2001 年 6 月 5 日

主办：证券法执法检查组

全国人大常委会副委员长、全国人大常委会证券法执法检查组组长成思危主持召开证券法执法检查组第二次全体会议，听取执法检查小组检查证券法执法情况的汇报。执法检查情况表明，证券法作为我国社会主义市场经济体系的一部重要法律，对于规范证券发行和交易行为、保护投资者的合法权益、维护社会经济秩序和社会公共利益、促进社会主义市场经济的发展发挥了重要作用。汇报中，各检查小组指出了检查中发现的上市公司信息披露不真实、法人治理结构不健全、少数中介服务机构不依法履行职责、投资者合法权益保护不力等问题，并提出了改进执法的建议。成思危充分肯定了证券法在保护投资者合法权益、促进证券市场健康发展中的重要作用，同时指出了证券法实施中存在的一些主要问题，希望有关部门改进工作，解决执法中存在的问题，促进我国证券市场健康发展。

关于期货市场问题

2001 年国际铜工业峰会

时间：2001 年 7 月 19 日—21 日

主办：国际铜业协会、中国有色金属协会

本次峰会旨在推进中国和世界同行探讨铜工业技术和市场的国际化合作，促进中国铜工业的发展。在为期 3 天的会议中，与会代表就世界及中国的铜工业与铜市场发展、铜企业发展战略、加入世贸组织以后中国铜工业的国际合作及影响、铜工业中的电子商务、铜工业与环保、铜冶炼和加工技术等一系列主题，进行深入研讨。来自世界 30 多个国家的 250 多位代表出席了大会。

中国期货业协会成立大会
暨第一届会员大会主席团会议

时间：2000 年 12 月 28 日

协会筹备组组长田源、成员常清、武小强、彭刚分别就关于提交第一届会员大会讨论表决的有关文件和事项进行了说明。主席团会议审议通过了《关于召开第一届会员大会的决定》、《会员大会议程》、《主席团会议关于提交会员大会讨论通过协会〈章程〉等文件的决定》、《主席团会议关于通过理事候选人名单并提交会员大会选举的决定》、《主席团会议关于通过理事选举监票人、唱票人、计票人产生办法的决定》共五项重要决定。这标志着中国期货业协会正式成立了。中国证监会期货部主任杨迈军在会上发表了讲话。

2001 年中国大豆豆粕市场研讨报告会

时间：2001 年 6 月 16 日

主办：大连商品交易所、中国饲料工业协会、国家粮油信息中心

会上，来自农业部、国家粮油信息中心、美国大豆协会、大连商品交易所、中谷粮油集团、路易一达孚、世货信息公司等国内外知名粮油企业的专家以及期货业资深人士进行了主题演讲，对加入 WTO 对中国大豆产业的影响及对策、中国大豆的生产、进口现状及发展趋势、中国大豆市场的供求关系及价格走势、美国大豆产业政策及贸易体系、CBOT 大豆走势等问题进行了深入探讨和分析。来自全国各地的 400 余名企业代表和投资者参加了会议。

防范打击证券期货违法犯罪第二次联席会议

时间：2001 年 9 月 26 日

主办：郑州特派办、河南省公安厅、河南省工商行政管理局、郑州商品交易所

会议认真总结了首次联席会议以来的主要工作，并成立组织机构，成立"防范打击证券期货违法犯罪联席会议办公室"，以进一步加强协调配合，密切协作，共同打击违法犯罪活动。同时他们明确了下一步工作重点。一是加强对上市公司虚假信息披露、内幕交易、操纵市场违法犯罪行为的查处力度；二是加大对具有证券从业资格的会计师事务所、律师事务所、资产评估机构等中介机构出具虚假审计、评估报告和法律文件等违法犯罪行为的查处力度；三是继续打击非法设立证券期货交易网点和以证券期货投资为名的诈骗活动，清除"证券黑市"现象；四是按照中国证监会的统一部署，进一步规范证券期货经纪公司的营业网点，促进证券期货市场的健康发展；五是加强舆论宣传，搞好投资者教育工作，以实际案例教育投资者，利用全社会的力量防范打击证券期货违法犯罪行为

关于基金市场问题

2000年基金立法国际研讨会

时间：2000年11月21日

主办：全国人大财经委《投资基金法》起草小组、南方证券有限公司、证券时报社

会议主要针对明年出台的《投资基金法》目前正在加紧征求各方的意见、建议，从而尽可能对其加以完善。会议邀请境外专家在更高的层次上对最新的《投资基金法》草拟稿逐章评述。新一稿的《投资基金法》在基金类型的区分规范、如何保护投资者利益等方面较前几稿有较大改动，如将以投资方向区分基金类型改为以资金来源来区分；拟在基金管理公司增设独立董事；针对外资进入中国基金市场的法律规范等。本次研讨会邀请的英国、意大利、德国、美国、香港等境外基金业专家，对草稿的各个章节展开了详细评论。

中国发展研究基金会第一届理事会第二次会议

时间：2001年1月16日

主办：中国发展研究基金会

会议通过了基金会2000年工作报告，介绍了2001基金会的工作设想，主要包括：第一，继续承办第三次中国发展论坛，主题为"经济全球化与政府的作用"；第二，开展新的项目活动，开展公共管理培训；第三，继续资助研究项目，课题招标费预计达到50万元，并资助每两年一次的中国发展研究奖评奖活动；第四，进一步积极筹集资金。提出中国发展研究基金会的宗旨是，募集资金以支持我国的政策咨询和学术研究工作，为国家的社会经济发展和科学的民主的政府决策服务。政府高级官员和著名经济学家参加了这次会议。

宏观中国研讨会

时间：2001年4月23日

主办：湘财证券、北京天则经济研究所

会议的主要议题是应将国内的私募基金合法化，让它们能在阳光下生长、壮大。专家们表示，虽然目前我国的公募基金已经达到一定规模，但与发达国家相比，无论规模还是品种，仍逊色许多。私募基金近几年在我国不断出现，并且目前发展的状况还比较好，没有出现信用危机，这说明私募基金的发展已经趋向成熟。当前应该顺应市场化的要求，将它们的地位合法化，以降低其交易成本。

创业投资基金管理实务高级论坛

时间：2001年7月12日

主办：深交所、深圳市创新科技投资有限公司

来自哈佛大学、新加坡、香港等地的海内外专家结合各自风险投资基金管理的实践进行了演讲，并就中国风险投资基金的运作模式进行了分析和研讨。他们认为，中国风险投资基金发展迅速，但其运作模式比照国际上先进的管理方式仍待改进。就此，专家建议，风险投资管理公司应与基金公司脱钩，并建立相关的委托管理机制；此外还应针对中国的特点建立管理团队的激励办法，基金投资人应独立于基金经理之外。

中国基金市场研讨会

时间：2001年8月16日—19日

主办：中国基金论坛、中国公共关系研究会、西雅理源公司

本次会议将围绕证券投资基金和产业投资基金进行专题研讨，旨在围绕业界关注的基金业政策法规、运作实务与管理创新、基金市场发展、国际经验等重要问题、热点问题进行深入探讨，以期推进国内外基金业界交流与合作，使论坛成为业内人士以及政策制定者的智慧库。

"开放式基金在中国"研讨会

时间：2001年6月27—28日

主办：中国证券业协会、中国证监会开放式基金试点境外专家评审小组

会上，境外专家评审小组的成员总结了对境内有关机构开放式基金准备情况所做的考察，分析了考察中发现的问题，同时介绍了目前全球基金业的发展趋势和管理经验。与会人员就开放式基金的运营、风险控制、资讯系统开发、投资管理、内部监察和政府监管等问题和境外专家进行了专题研讨。中国证监会副主席陈东征到会并发表讲话。

中国基金市场国际研讨会

时间：2001年8月16日

主办：中国基金论坛、中国公共关系研究会、西雅理源公司

研讨会首次以"基金市场"为视角，探讨了中国基金市场的现状、问题和发展；相关立法、法规与监管；私募基金的问题及规范；社保基金市场化发展；基金运作模式；基金运作和风险控制；公司治理；基金会计核算；基金投资业绩；保险资金投资管理体制；期货投资基金；创业投资公司与创业投资基金、私募基金发起设立及运作思路；国家创新机制与创业投资公司行业管理设想与实施；风险创业资本运作与风险控制分析；境外开放式基金运作实务以及入世后基金市场国际化发展等热点话题。与会专家指出，深化金融改革和积极健康地发展投资基金业，对迎接知识经济时代的挑战和国民经济的发展有着十分重要的作用和深远的意义。

关于产权市场问题

2001年收购与兼并国际研讨会

时间：2001年2月21——22日

主办：EFG公司、外经贸部信息中心、北京产权交易中心、北京中关村技术交易中心

与会者通过对2000年国内外十大并购案例的分析，共同讨论了国内实施并购的重要事项及并购后的整合策略，如资金运作、人力资源安排、税收政策、争议处理和知识产权保护等问题，并相互交流了在中国进行成功收购与兼并的观点和做法，展望了中国的并购趋势、机遇和挑战。

中国企业职工持股制度建设国际研讨会

时间：2000年12月11—13日

主办：中国（海南）改革发展研究院、中国经济体制改革研究会、美国国际共和研究所

会上讨论了《海南经济特区企业职工持股条例（讨论稿）》。该条例是今年年初海南省人大常委会委托中国（海南）改革发展研究院起草的。据悉，这是该省立法机构首次将具有法律性质的文件委托民间机构起草。会上中外专家呼吁：在充分借鉴和吸收先进国家经验，认真总结和研究我国企业改革进程中种种做法的基础上，尽快建立适合我国国情的职工持股制度。

文章索引

关于宏观经济问题

经济结构战略性调整的若干理论问题
杨治 2000年第11期《宏观经济研究》

全面推进经济结构战略性调整
田成平 2000年12月12日《经济日报》

产业结构升级要靠高科技
李云林 2000年11月8日《中国经济导报》

国有资产管理体制改革思路探讨
曹钢 2000年第6期《国家行政学院学报》

对我国财政未来政策取向的建议
梅光松 2000年第25期《中国财经信息资料》

坚持积极财政政策，推动投资稳定增长
国家计委宏观经济研究院经济形势分析课题组
2000年第10期《宏观经济研究》

中央地方关系与当前财政体制改革
黄佩华 2000年第10期《中国国情国力》

中国经济发展亟需解决十大问题
邓聿文 2001年1月11日《中国产经新闻》

新形式、新计划、新方法：关于制定我国中长期发展计划的方法研究
刘强 2001年第1期《宏观经济管理》

关于国民经济和社会发展第十个五年计划纲要的报告
朱镕基 2001年3月17日《人民日报》

面向新世纪，应对全球化
罗冰生 2001年第1期《经济管理》

跨国公司全球扩张对我国有何影响
陈友良 王勇 2001年第2期《了望》

今年宏观调控注重四个问题
陈东琪 2001年3月7日《经济参考报》

试论提高经济增长质量的途径
钟生坦 黄铁苗 2001年2月24日《光明日报》

2001年经济发展的环境和政策取向
韦卓 2000年第12期《宏观经济管理》

入世与推进市场经济体制改革
吴敬琏 2000年第12期《首都经济》

经济结构调整与财政投资政策
苏明 2001年2月17日《光明日报》

“十五”保持较快的发展速度是可能的
王春正 2001年2月17日《中国经济导报》

新世纪展望宏观经济
肖灼基 2001年2月22日《新经济时报》

摆脱困境仍需加快改革
梁中堂 2001年1月19日《中国经济时报》

中国如何创造和增加国民财富
胡鞍钢 2001年2月2日《中国经济时报》

协调利益关系以深化改革
卢周来 2001年2月21日《中国经济时报》

在全球化中怎样赢得新发展
柯居韩 2000年第49期《了望》

加入WTO与中国的第二次改革
迟福林 2000年第11期《企业管理》

新经济阶段的宏观政策
张新泽 2001年2月3日《金融时报》

新世纪我国经济结构与金融结构的优化
李茂生 李光荣 2001年1月6日《金融时报》

我国资源安全战略的重点措施
高德步 2001年2月9日《中国经济时报》

中国经济正处于重要时期
刘国光 2001年1月10日《经济参考报》

从三个百分比看形势
冯并 阎卡林 2001年1月15日《经济日报》

吴敬琏、厉以宁、郭励弘三位经济权威评点中国经济
王学会 2000年12月16日《科学时报》

什么制约了国内需求增长：内需不足的社会学分析
孙立平 2001年2月7日《经济参考报》

创业投资对宏观经济运行的影响
李光荣 2000年12月23日《人民日报海外版》

改革开放成就和“十五”奋斗目标
曾培炎 2000年第11期《宏观经济管理》

成就辉煌的中国经济
张翼 陆彩荣 2000年12月18日《光明日报》

“十五”期间推进可持续发展要抓住四个切入点
任珑 2000年12月12日《经济日报》

把石油问题放到经济发展战略高度来研究
王梦奎 2001年1月16日《中国经济时报》

我国经济改革和发展中的几个问题
高尚全 2001年第2期《宏观经济研究》

宏观制度变迁对转型时期中国经济增长的贡献
金玉国 2001年第2期《财经科学》

世纪之交的经济结构调整：背景与空间
王家新 2001年第1期《经济学动态》

转型期中国产业结构变动及其体制特征
周冯琦 2000年第12期《上海经济研究》

论我国经济增长模式的转换
张志勇 2001年第1期《山东经济》

当前产业结构调整的经济分析
杜华明 常培育 2001年第1期《理论与现代化》

今年经济运行的基本环境
刘南昌 2001年第1期《经贸导刊》

2000年经济形势分析及2001年展望
国家计委宏观经济研究院经济形势分析课题组
2001年第1期《管理世界》

西部产业结构调整环境分析
黄泓 2001年第1期《经济界》

构建金融安全区的设想
孙晨光 2001年第1期《金融理论与实践》

金融全球化中的金融监管问题
邱意定 王璇 2000年第12期《经济问题探索》

利益冲突与金融管制“三墙”
谢非 2001年第2期《国际贸易》

论网络经济对传统银行业的影响
林毓鹏 2001年第1期《金融理论与实践》

加入WTO对我国银行业的挑战及对策
焦瑾璞 2001年第1期《宏观经济研究》

构建西部两大经济战略开发带的思路
张伟峰 李亚兰 2001年第2期《西部论坛》

经济全球化和政府作用
温家宝 2001年第21期 《经济要参》

关于经济结构战略性调整的思路
杨伟民 2001年第1期《经济与管理》

正确认识收入分配差距
湖南邓小平理论研究会 2001年4月10日《人民日报》

经济一体化与上海对外开放战略的调整
韩汉君 2001年第2期《上海经济研究》

中国宏观经济形势与政策：2000—2001年
中国经济改革与发展研究院
2001年第1期《经济理论与经济管理》

2000年经济形势分析及2001年展望
国家计委宏观经济研究院经济形势分析课题组
2001年第1期《管理世界》
国际经济规则一体化对我国经济安全的影响及对策
夏兴园　王瑛　2001年第1期《经济与管理论丛》
我国西部大开发的有效途径与发展模式
吴卫卫　元真　谢健儿　2001年第2期《学术论丛》
政府在产业技术研究开发中的作用
国务院发展研究中心　2001年第11期《经济工作者学习资料》
进一步加强技术市场的建设
国务院发展研究中心　2001年第12期《经济工作者学习资料》
正确认识经济发展阶段特征，科学制定政府宏观调控政策
项怀诚　2001年第1期《财贸经济》
当前结构调整的背景、难点与对策
桂世镛　2001年第5期《经济管理》
论经济结构调整对国民经济增长的贡献
黄加仁　曾优越　2001年第4期《新企业》
论我国产业结构优化战略
毛健　2001年第2期《社会科学战线》
论中国加入WTO后对产业的保护
郑长军　任师东　2001年第3期《江汉论坛》
新经济与传统产业的发展
林毅夫　2001年第6期《中国物资流通》
我国发展新经济产业的对策
陈志军　2001年第3期《发展论坛》
当前中国经济形势判断
刘宪法　2001年2月3日《开放导报》
我对宏观经济几个问题的看法
刘国光　2001年4月11日《经济参考报》
网络经济对中国经济未来的八大影响
龚晓峰　2001年第2期《珠江经济》
国有经济布局战略性"退出"论
曹阳　2001年第2期《经济评论》
论国有经济布局结构的调整
沈越　2001年第3期《经济学动态》
关于经济结构战略性调整的思路
杨伟民　2001年第1期《经济与管理研究》
中国各地区信息化水平测算与比较研究
国家统计信息中心　2001年第2期《统计研究》
中国经济形势分析与预测(2001年春季报告)
中国社会科学院课题组　2001年4月16日《经济日报》
企业经营者对宏观经济形势与加入WTO的判断
中国企业家调查系统　2001年第1期《经济界》
当前社会经济发展中需要着重研究的问题
王梦奎　2001年第3期《学习·研究·参考》
关于西部大开发的战略思考
王茂林　2001年第3期《求是》
西北大开发的战略选择(上)
中国社会科学院西北开发战略研究课题组
2001年第1期《中国工业经济》
西北大开发的战略选择(下)
中国社会科学院西北开发战略研究课题组
2001年第2期《中国工业经济》
中国小企业发展战略研究
国家计委宏观经济研究院课题组　2001年第2期《管理世界》

关于企业体制问题

国企欲实现直接融资，改制必须严格规范
蒋黔贵　2001年2月17日《经济日报》
资本运营：国企改革的必由之路
国研　2001年3月23日《物资经贸报》
"三年脱困"后国企改革如何改
李从国、罗军　2001年5月25日《山西经济报》
国企纵深改革要走好四步棋
李东方　2001年4月3日《山西经济日报》
国有公司股权结构与公司治理机制分析
杨波　张从华　段飞　2000年第12期《当代经济研究》
论国有企业改革的不彻底性
林金忠　2001年第1期《山西财经大学学报》
中国国有企业债务问题的制度性分析
胡玉明　2001年第1期《经济评论》
虚拟企业中成员企业的组织结构
胡铮　2001年第2期《经济管理》
外贸体制改革进展与前途
王迎新　2001年第2期《经济研究资料》
对建立独立于企事业之外的社会保障体系的几点认识
时正新　陈日发　2001年第32期《经济参考》
构筑中小型流通企业职工持股制度的思考
陈宝林　2001年第2期《上海物资经济》
借鉴国外模式，完善我国公司治理
陈峥嵘　张宗　2001年5月19日《中国证券报》
聚集经济与国有企业规模结构优化
林金忠　2001年第4期《财经研究》
关于经济类中间性体制组织的研究
胡雄飞　2001年第4期《上海改革》
集体经济遭遇空前困境
上海市集体经济研究会　2001年3月21日《中国经济时报》
我国非公有制经济发展前景
褚平　2001年4月14日《光明日报》
国有企业集团产权管理的两种基本形式
肖军　2001年第3期《国有资产管理》
论我国中小企业管理模式及其体制创新
林民书　2001年第4期《财经研究》
提高我国企业管理国际竞争力的探讨
祝爱民　于丽娟　2001年第1期《管理现代化》
电子商务对企业的影响
龚文海　2001年第5期《现代工商》
目前我国中小企业发展中存在的问题与对策研究
孙天琦　2001年第4期《理论导刊》
论国有企业治理结构的规范构建
赵凌云　2001年第3期　《江汉论坛》
当前深化国有企业改革需要把握的几个问题
国家经济贸易委员会研究室　2001年5月10日《中国煤炭报》
国有企业如何应对经济全球化浪潮
何光辉　何光华　2001年第3期《学理论》
中小企业的国际化及国际化经营
张运通　2001年第4期《经营与管理》
跨国公司的创新全球化战略与中国企业的对策
柳卸林　胡志坚　2001年第3期《中国软科学》
我国跨国公司存在的问题及对策
王晋　2001年第3期《理论前沿》
上市公司结构存在的问题及其优化
吴安　2001年第5期《经济理论与经济管理》
独立董事需要怎样的制度环境
李刚　李中亚　2001年6月16日《经济日报》

关于金融市场问题

新世纪我国金融市场的发展模式
林毅夫　2001年第4期《中国金融》
金融市场国际化与印度对外资的利用
邓常春　2000年第2期《南亚研究季刊》

金融资源积累与金融可持续发展
陆家骝　2000年第4期华南《金融研究》
论金融服务贸易中的比较优势及其决定因素
刘辉煌　2000年第5期《经济评论》
金融可持续发展的动力问题研究
何五星　2000年第9期《城市金融论坛》
加入WTO金融业亟待解决的几个问题
杨盛新　顾治　2000年第9期《现代金融》
国际金融混业趋势与中国金融业的发展
孙振峰　2000年第5期《世界经济研究》
对我国金融发展战略的理论思考
郑泽华　2000年第9期《金融理论与实践》
知识经济、知识资本与金融资本的结合途径
李林　2000年第9期《上海金融》
投资、利润与经济发展:东亚经验对我国投资体制改革的启示
钟熙维　刘旺东　2000年第10期《经济问题探索》
创业投资制度重于技术
王曙光　2000年12月7日《中国产经新闻》
创业投资对宏观经济运行的影响
李光荣　王力　刘华　2000年12月23日《人民日报海外版》
国际风险投资与中国现状
催春雨　冯罡　2000年12月12日《中国财经报》
风险投资如何推进环境技术产业化
吕永龙　2000年12月9日《中国市场经济报》
风险投资项目融资定价模式探讨
董守胜　王秋祥　晏钢　2000年第11期《投资研究》
固定资产投资增势不均
刘立峰　2000年第21期《中国经济信息》
我国对外投资的战略意义与政策建议
江小娟　2000年第11期《中国外汇管理》
略论非传统安全和我国海外投资战略
钟伟　洪东辉　2000年第11期《中国外汇管理》
保险资金的证券投资与风险管理
徐徐　2000年12月14日《金融时报》
混业经营:中国金融业未来的发展趋势
李林　2000年第5期《管理现代化》
发展我国衍生金融市场的思考
李靖野　2000年第9期《中国金融》
我国中央银行货币政策实施过程中存在的问题及建议
高平　朱鸿轩　2000年第9期《金融理论研究》
构建西部大开发的投融资机制
陈元　2000年第11期《中国投资》
国有投资业在国民经济发展与改革进程中的战略地位
国务院发展研究中心市场经济研究所课题组
2001年第1期《经济研究参考》
我国风险投资发展的最大瓶颈
赵弘　2001年2月9日《中国经济时报》
将规范资本市场价格形成机制
周小川　2001年1月10日《经济日报》
创新与可持续发展:兼论中国资本市场的市场化改革
吴晓求　2001年1月6日《中国证券报》
继续实行稳健的货币政策
戴相龙　2000年第10期《中国金融》
货币政策:寻求新工具
黄健　2000年第11期《资本市场》
商业银行资源结构调整探析
陈晓光　2000年第11期《中国金融》
分业管理下券商与商业银行的合作思路
陈晖　田素华　2000年第11期《上海投资》
银行业购并动因与我国商业银行购并的初步构想
罗金生　2000年第10期《财贸经济》
加入WTO后外资银行监管方式探讨
蒋庆华　张信军　2000年第10期《国际市场》
关于发展我国票据市场若干问题及对策
戴小平　2000年第11期《财贸经济》
中国开放过程中的利率政策
邹运　2000年第11期《世界经济》
面对风险投资中小企业准备好了吗
松楠　2000年1月9日《中国高新技术产业导报》
风险投资的制度功能
辜胜阻　黄永明　2001年2月27日《光明日报》
风险投资谁是未来赢家
程延　2001年2月21日《中国改革报》
"十五"我国对外投资趋势研究:全球背景、投资规模与重点选择
江小娟　2001年第1期《管理世界》
市场的非理性与组合投资策略
冯玉明　2001年2月19日《中国证券报》
上海:融资体制改,资金滚滚来
吴凯　2001年2月22日《经济日报》
中国金融体制改革的选择
贾孝林　2001年第1期《中国改革》
人民币可兑换怎样实现
金中夏　2001年第2期《世界知识》
银行上市:拓宽资本补充渠道
王智　2001年2月15日《经济日报》
央行信贷政策的取向与操作
孙永桢　2001年2月1日《金融早报》
着力启动社会投资
王元京　2001年3月21日《经济参考报》
加快创业投资制度建设的对策建议
陈芳平　2001年3月17日《人民日报海外版》
中国风险投资的旋律
李娜　2001年3月24日《人民日报海外版》
发展风险投资业的必备要素
成杰　2001年3月6日《中国经济时报》
发展资本市场为金融改革重点
戴相龙　2001年3月26日《人民日报》
中国资本市场现状与发展重点
黄运成　2001年第1期《中国金融》
外资专业投资机构制度比较及借鉴
罗旭　2001年3月29日《中国证券报》
中国上市公司实施跨国经营及其战略选择
剧锦文　2001年第4期《经济学动态》
中国资本市场的制度缺陷
韩志国　2001年第2期《经济导刊》
新世纪资本市场的发展模式
林毅夫　2001年第2期《改革月报》
中国金融业在改革中发展
戴相龙　2001年第27期《经济要参》
通货紧缩演变为通货膨胀的可能性分析
韩文秀　2001年第1期月《管理世界》
中国国债规模问题论争
阎坤　徐佳蓉　2001年第3期《经济研究资料》
当前我国法人外资银行经营中存在的主要问题与对策
冯晖　2001年第8期《世界经济情况》
入世后中国银行业的监管环境建设
甘当善　2001年第4期《世界经济情况》
从资本经营看我国国有银行的商业化改革
蒋荷新　2001年第4期《世界经济情况》
利率和汇率政策协调与维护国家经济安全
中国人民银行研究局课题组
2001年第18期《经济工作者学习资料》
金融的证券化与不动产的证券化分析
张超英　2001年第2期《财贸经济》
加入WTO后中国金融业未来模式问题的思考
齐安甜　2001年第1期《软科学》
我国金融业推行混业经营的战略思考
邱火发　2001年第2期《新金融》
我国基层金融运行中存在的矛盾及政策建议
张育华　2001年第2期《新金融》
中国金融体制改革的新思考
刘鸿儒　2001年第3期《经济展望》
中小金融机构风险化解策略
黄德刚　2001年2月26日《中国市场经济报》
对我国金融监管国际化的审视与思考
杨庆和　2001年第3期《前进》

论公证在我国防范金融风险中的特殊作用
王艳宁　2001 年第 1 期《河北学刊》
我国西部大开发的金融对策研究
汪渝　2001 年第 1 期《经济问题》
对商业银行发展个人公建房贷款的思考
赵国旭　郭霞　2001 年第 2 期《中国房地产金融》
我国货币政策制度评析
程建胜　赵丽　2001 年第 2 期《上海改革》
关于电子货币理论与现实问题的探讨
黄正新　2001 年第 2 期《经济师》
信用货币制度下的货币创造和银行运行
孙国峰　2001 年第 2 期《经济研究》
加入 WTO 对国有商业银行影响及对策探讨
邱华炳　刘宏　2001 年第 3 期《国有资产管理》
网络银行:信息时代金融业的发展趋势
任碧云　2001 年第 3 期《前进》
国际银行业并购对我国银行业发展的启示
杨剑慧　2001 年第 3 期《金融理论与实践》
从商业银行的国际化看跨国银行管理的变化趋势
蒋序标　2001 年第 2 期《南方经济》
加入 WTO 与中国银行业的改革
李建华　杨明中　2001 年第 1 期《经济与管理研究》
对我国银行上市的思考
刘金　2001 年第 1 期《经济与管理研究》
论我国商业银行和跨国公司的合作伙伴关系
邱斌　秦定　2001 年第 2 期《新金融》
商业银行费用控制探讨
陈式龙　2001 年 2 月 15 日《国际金融报》
论国有商业银行信贷管理与利润目标的偏离及调整
韩强　2001 年第 2 期《中国金融》
发展票据贴现市场的现实意义
吴方伟　2001 年 2 月 27 日《金融时报》
我国利率走势的分析判断
赵革　2001 年第 2 期《经济师》
我国利率管理体制与利率市场化改革研究
傅承骏　2001 年第 2 期《学习与实践》
影响我国风险投资业发展的因素
马国芬　2001 年第 4 期《国有资产管理》
风险投资难在何处
李予阳　2001 年 5 月 15 日《经济日报》
中国资本外逃问题再思考
胡援成　2001 年第 4 期《当代财经》
论经济节奏的较量
宋则　荆林波　2001 年 6 月 12 日《光明日报》

关于证券市场问题

证券交易所整合
张文先　2000 年第 11 期《资本市场》
一级市场收成几何
李明亮　2000 年第 11 期《资本市场》
中国二板市场的模式选择
刘纪鹏　2000 年第 11 期《中国改革》
简析我国经济发展与证券市场的互动关系
卢克群　2000 年 12 月 9 日《金融时报》
我国网上证券交易何去何从
王炜　2000 年 12 月 9 日《中国贸易报》
货币政策间接调控证券市场与证券市场运行影响货币政策效果的内在机理研究
黄健　2000 年第 11 期《经济学动态》
证券市场营销新观念:定制营销
许章迅　2000 年 12 月 9 日《证券时报》
对我国推行经理股票期权制度及其相关问题的思考
汪洋　2000 年第 11 期《财务与会计》
中国更需要三板市场
钟朋荣　2000 年 12 月 5 日《中国财经报》
从瀑布理论看股指期货与股票市场波动的关系
殷晓峰　施建军　2000 年 11 月 29 日《期货日报》
股本扩张的价值发现
邱志军　2000 年 12 月 23 日《经济参考报》
扩展重组炒作的视野
秦洪　2000 年 12 月 9 日《经济参考报》
NASDAQ 股票市场交易制度对我国建立二板市场的借鉴
杨之曙　王丽岩　2000 年第 10 期《金融研究》
国有股流通对股票市场走势的影响
裴武威　吕志华　2000 年 12 月 23 日《金融时报》
信息不完全情况下新股发行定价的选择及效率
施锡铨　周侃　2000 年第 11 期《统计研究》
民营企业更需要三板市场
钟朋荣　2000 年 12 月 4 日《北京经济报》
上市公司再筹资路在何方
郭小芳　2000 年第 10 期《投资与合作》
资本市场还缺“三大件”
樊纲　2001 年 1 月 14 日《工人日报》
市场监管应持续均衡
梁定邦　2001 年 2 月 10 日《人民日报》
关于当前市场若干问题的争论
朱长征　姚毅　陆泓　2001 年 2 月 9 日《中国证券报》
关于完善我国证券监管的若干构想
李宁　孟繁荣　何孝星　2000 年第 11 期《金融研究》
互联网络——证券 IT 的未来
王亚军　2001 年 1 月 9 日《中国证券报》
我国证券市场新政策新高点
李红民　2001 年 1 月 13 日《中国贸易报》
建立适合我国证券市场的做市商制度
杨鸿鑫　2001 年 2 月 7 日《金融早报》
证券市场需要打假
张炜　2001 年 2 月 5 日《中国经济时报》
对证券市场发展的政策建议
徐均华　2001 年 1 月 2 日《经济日报》
构筑我国企业债券品种框架体系
安义宽　2001 年 1 月 2 日《中国经济导报》
中国股市发展十年的反思
韩志国　2001 年 1 月 23 日《中国企业报》
2001 年中国股市面临十大难题
何晓晴　2001 年 1 月 1 日《中国经济时报》
B 股发展步入黄金时代
郭春燕　2001 年 1 月 5 日《中国证券报》
沪深股票市场公司重组绩效实证研究
万潮领　储诚忠　李翔　2001 年 1 月 9 日《中国证券报》
股票期权计划的主要技术设计
国通证券公司课题组　2001 年 1 月 15 日《中国证券报》
什么样的股市才是正常的
纪宏　2001 年 2 月 10 日《人民日报海外版》
中国股市新世纪路向何方
谢静　2001 年 2 月 4 日《国际金融报》
从国有股的特征探析国有股减持工具的创新
何诚颖　沈彤　2001 年 2 月 10 日《人民日报海外版》
创业板市场出台指日可待
肖灼基　2000 年第 12 期《中外企业家》
创业板市场,民营企业的发展平台
陈峥嵘　2001 年 2 月 10 日《金融时报》
试论我国股票二板市场的监管制度
姚峥　2000 年第 12 期国际《金融研究》
金融控股公司的战略地位
戴君　2001 年 1 月 8 日《中国证券报》
以大企业改制为重点,多种方式减持国有股
刘世锦　2000 年 1 月 10 日《经济参考报》
国有股的减持流通与国有投资公司的运作
曹远征　2001 年第 1 期《经济研究参考》
正视股市存在问题,调整资本市场思路

陈炳才　2001年2月20日《中国经济时报》
中国证券市场超常规创新的理性思考
王开国　2001年第1期《中国社会科学》
证券市场:一个公开秘密和规范之正道
吴敬琏　2001年2月19日《北京科技报》
证券市场基石尚不稳固
张炜　2001年2月17日《人民日报海外版》
证券市场监管不能搞运动
梁定邦　2001年2月8日《经济日报》
规范发展中国证券市场
梅志翔　2001年2月13日《金融时报》
加强监管应着眼"软着陆"
王国刚　2001年2月17日《人民日报》
证券投资咨询业要实现"五化"
庄东辰　2001年2月27日《中国证券报》
住房按揭证券化仍任重道远
唐才旭　李振宇　2001年2月24日《人民日报》
一级市场定价放开"摇豪族"风光不再
刘艳　2001年2月18日《国际金融报》
我国发行认股权的可操作方式
向朝勇　郑颖　2001年2月22日《中国证券报》
保护小股东的关键:完善法律机制
郭锋　2001年2月27日《中国证券报》
竞价发行:价格决定与市场影响
姚新民　2001年2月27日《中国证券报》
退市制牵引股价就位
秦洪　2001年2月24日《经济参考报》
透过现象看本质:对近期股市走势的分析
钱进　2001年2月20日《金融时报》
什么是中国股市的本来面目
陈功　2001年2月15日《中国经营报》
全民炒股不是方向
张炜　2001年2月16日《中国经济时报》
国内外利率逆行对股市有弊也有利
张永军　2001年2月17日《中国经济导报》
浅析新股定价市场化对证券市场的影响
赵国习　2001年2月17日《人民日报》
也谈当今中国股市
夏斌　2001年2月14日《中国证券报》
股权管理工作经验浅谈
杨芬　2001年2月8日《中国证券报》
发展与规范:中国股市的基本取向
王国刚　2001年2月13日《中国证券报》
债转股:操作规范方能"一石三鸟"
顾立林　古文洪　2001年2月26日《经济参考报》
创业板应该何时叫板
黄成献　2001年2月8日《科技日报》
以市场化准则解决股市发展中的问题
蔡红标　2001年2月14日《中国证券报》
有关我国二板市场建设的几个问题
齐东平　2001年2月15日《科技日报》
B股也要"牛"起来
余珂　贾伟　2001年2月21日《经济日报》
B股开放对A股的影响
宋淮松　2001年2月24日《人民日报》
B股市场淘金不容易
李文川　2001年2月24日《经济参考报》
谈B股市场走向
吴晓求　2001年2月24日《经济参考报》
上市公司财务报告粉饰防范体系研究
肖时庆　2000年第12期《会计研究》
加快调整产业结构证券市场扮演什么角色
张霓　2001年3月28日《经济日报》
中国证券市场中政府监管的理论思考
李燕　2001年3月24日《人民日报海外版》
增强券商综合竞争实力的途径与对策
李维雄　2001年3月22日《证券时报》
证券市场一路走好
陈玉洁　2001年3月12日《中国产经新闻》
我对证券市场的看法
吴敬琏　2001年3月12日《财经时报》
关于机构投资者若干问题的思考
伐木人　2001年3月9日《中国证券报》
我国股票指数期货的指数选择及其对现货市场的影响
应展宇　2001年第1期《经济导刊》
指数化债券的实践与理论
易纲　吴任昊　2001年第2期《财贸经济》
国有股减持的路径选择和创新
张广慧　2001年3月23日《中国证券报》
股指期货的投资策略选择
袁野　2001年3月19日《证券时报》
对当前股市热点的几点看法
蔡红标　王强　2001年3月16日《中国证券报》
新股定价方式市场化后券商面临的风险与对策
张训苏　2001年3月1日《国际金融报》
让股市恢复基本功能
贺利娟　李锦龙　2001年3月1日《中国产经新闻》
投机和赌博概念辨析:由当前股市争论引发的思考
陈忠阳　2001年3月3日《金融时报》
对股市的期望不能过高
林毅夫　2001年3月3日《中国经济导报》
核准制下新股发行定价方式分析
张训苏　饶刚　2001年3月7日《中国证券报》
新股发行定价机制的改变对市场的影响
王群航　2001年3月7日《金融时报》
中国股市运行格局的变化趋势
韩志国　2001年3月14日《经济参考报》
二板市场应推行严格有效的保荐人制度
陈峥嵘　2001年3月17日《人民日报》
B股市场面临大发展
吴为民　2001年3月1日《国际金融报》
浅谈我国证券公司股权结构的合理选择
黄顺祥　2001年第2期《经济导刊》
谈我国证券经营机构的监管
彭佩玮　2001年第4期《金融时报》
证券市场十年实践的体会与思考
刘鸿儒　2001年第1期《金融科学》
我国证券市场开放策略和时序的选择
张霓　2001年第2期《中国金融》
2001年宏观经济走势及其对证券市场的影响
袁国良　李明亮　2001年第3期《上海投资》
对我国股票市场监管效率的思考
涂况　2001年第3期《西南金融》
中国股市的ARCH效应分析
唐齐鸣　陈健　2001年第3期《世界经济》
对中国创业板四个问题的深思
钟伟　2001年第5期《经济管理》
中国B股市场效率:理论、经验及成因解说
陈旭　卢鸿　2001年第3期《世界经济》
退市机制呼唤三板市场的推出
刘纪鹏　2001年第4期《中国证券报》
2001年中国证券市场资金供求分析
王鲁滨　2001年第1期《深圳金融》
寻求助力,克服阻力:发展证券市场,建设现代市场经济
吴敬琏　2001年第8期　《参考文选》
论中国资本市场未来与公司治理的作用
史美伦　2001年第16期《参考文选》
有关投资者权利保护问题的理论探讨
吴利军　2001年4月26日《中国证券报》
中国证券市场如何实现飞跃
胡祖六　2001年5月12日《人民日报:海外版》
对非法证券交易问题的反思
贾明琪　2001年5月15日《中国证券报》
证券市场在资源配制中的作用与中国证券市场的发展
焦方义　2001年第4期《商业研究》
中国资产证券化结构性规范研究

屠敏恺 2001年第3期《理论月刊》
对中国股市若干问题的几点看法
耿群 2001年第3期《国际金融研究》
2001年股市政策及其效应分析
顾铭德 2001年第4期《上海投资》
我国二板市场的模式比较分析
张玉臣 彭建平 2001年第3期《华东科技》
国有股定价问题研究
博磊 周波 2001年5月15日《中国证券报》
虚拟股票持有计划的分析研究
杨顺勇 蓝先德 唐元虎 2001年第4期《上海综合经济》
中国股市惯性策略和反转策略的实证研究
王永宏 赵学军 2001年第6期《证券市场导报》
关于加速创业板市场建设的几个问题
王松奇 2001年6月5日《中国经济时报》
中国证券市场如何实现飞跃
胡祖六 2001年5月12日《人民日报》
国有股减持的理性思考
汪异明 2001年第4期《中国工业经济》
外资企业上市对我国证券市场的影响
胡建斌 2001年5月22日《中国证券报》
关于建立股票评级机制的探讨
陈颖涛 2001年第6期《投资与证券》

关于期货市场问题

发挥期市功能,保障粮食安全
辛文 2000年12月13日《期货日报》
构建我国期货市场监管新体制
董长安 穆维松 许彪 2000年12月13日《期货日报》
期市进入稳步发展新阶段
曹越 鲍建平 2001年3月13日《证券时报》
期货市场功能有待充分发挥
何昌明 2001年3月13日《证券时报》
我国发展股指期货可行性分析
杨萍 2001年4月《中国证券报》
对当前我国期货市场发展的若干思考
管信林 2001年1月《华东经济管理》
基于跳跃真实过程的指数期权模型
杨智元 陈浪南 2001年2月《经济研究》
实行期权制应注意哪些问题
张红凤 2001年4月17日《光明日报》
推出股票指数期货的意义
何虹 2001年2月《当代经济》
期货市场喜与忧
余珂 2001年6月9日 《经济日报》
制约我国期货市场功能发挥的因素及其对策
赵蓉 2001年第16期《郑州工业大学学报》

关于基金市场问题

2001年证券投资基金展望
张景宇 2001年2月10日《中国贸易报》
投资基金的法律构造浅析
杜微 李奎 2001年1月20日《金融时报》
开放式基金向我们走来
马毅颖 2001年1月13日《人民日报海外版》
创业投资基金与证券投资基金立法比较
张东生 刘健均 2000年第11期《金融研究》
基金业:资本市场对外开放的新起点
刘文第 2001年3月24日《人民日报海外版》
开放式基金推出究竟能带来什么
刘晓宏 2001年3月12日《中国证券报》
开放式基金的流动性管理
喻洪涛 2001年3月12日《中国证券报》
开放式基金青睐百姓
默文 2001年3月31日《经济参考报》
风险投资基金——技术创新的资金依托
许皓 20001年2月《安徽大学学报》
我国风险投资业发展的现状及问题
殷圆 2001年2月《辽宁经济》
开放式基金对二级市场的影响
孙路 2001年4月《人民日报:海外版》
证券投资基金中的委托代理问题
刘静 2001年1月《广西经济管理干部学院学报》

关于产权市场问题

国有企业产权制度改革的路径
李维安等 2001年1月《首都经济贸易大学》
产权组织制度的创新:中国银行改革道路的探索与反思
姜波克 李军 2001年第3期《上海金融》

第十九编

证券业大事记

2216/2231

证券业十大新闻

国际金融十大新闻

一、全球证交所合纵联横，改制上市成风。2000年1月24日，巴西两大证券交易所合并，成立拉美第一大证券交易所；3月，香港联交所、期交所及中央结算公司合并，组成香港新交易所；6月，欧美亚三大洲十大股市宣布建立"全球股票市场"；9月23日，法、荷、比三大交易所正式合并，成立欧洲第二大股票交易所"欧洲第二"。香港交易所、伦敦证交所、新交所分别于6月27日、7月24日和11月23日上市，纳斯达克市场也计划改组为私营公司并上市。

二、全球并购市场风起云涌。1月10日，美国在线以1620亿美元收购时代华纳公司，两公司合并后成为世界第七大公司；9月13日，美国大通曼哈顿银行收购JP摩根银行，组建在美国金融业排名第三，拥有总资产达6680亿美元的摩根大通银行；10月22日，美国通用电气公司以450亿美元并购美国航空设备制造霍尼韦尔公司，揭开近百年来道指成份股合并之先河。

三、美联储三提利率。美联储先后于2月2日、3月21日和5月16日三次决定将联邦基金利率分别提高0.25%，从而使联邦基金利率和贴现率分别升至6.5%和6%，达到最近9年来的最高水平。

四、纳斯达克指数大幅下挫。纳斯达克指数在3月10日创下历史最高5048.62点后一路下滑，12月20日收于2332.80点，跌至20个月来的新低点，与今年高位相比重挫53.79%。该市场数百家上市公司均因股价跌至1美元以下而面临摘牌的危险。

五、国际油价大幅波动。4月份以来，国际市场原油价格不断攀升，9月20日，纽约市场的原油价格一度突破每桶37.8美元，创1990年海湾危机以来的最高点。

六、微软垄断案宣判。在经历长达两年多马拉松式的审判后，6月7日美国地区法院法官托马斯·杰克逊对微软垄断案作出最终判决，将微软分解为两家公司。同时还附加了一些其它限制措施。

七、美通过对华永久正常贸易关系法案。10月10日，美国总统克林顿签署对华永久正常贸易关系法案。

据此，在中国加入世界贸易组织后，美国将与中国建立永久正常贸易关系。

八、欧元汇价止跌上扬。欧元兑美元10月26日创下了0.8245美元的历史低点。但在欧元区经济逐步增长的影响下，欧元汇价渐露起色，12月22日德国法兰克福外汇市场上欧元对美元汇率大幅回升，三个月来首次突破0.92美元。

九、全球跨国直接投资总额首次突破万亿美元。联合国贸发会议公布的统计表明，今年全球跨国直接投资总量将超过1.1万亿美元，比1999年增长14%，再创历史最高纪录。

十、东南亚货币汇价走低。今年以来东南亚货币屡创新低，泰国汇市泰铢兑美元最低跌至44泰铢以上，印尼盾和菲律宾比索均创下近年来新低。

中国证券市场十大新闻

由中国证券报社编辑部评出2000年中国证券市场十大新闻是：一、朱总理在"两会"中外记者招待会上首次公开评价证券市场。朱镕基总理回答中国证券报记者提问时指出，股票市场非常重要，对国企改革具有非常重大的意义；我国证券市场发展很快，成绩很大，但很不规范，还要做大量工作；希望海内外专家都能来帮助我们规范和发展证券市场。二、沪深股市涨幅居全球之首。今年沪深综指双双迭创新高，最高涨幅均在五成以上。与此同时，我国证券市场规模进一步壮大。两市上市公司突破一千家；全年融资总额首次突破一千亿元；总市值占我国GDP总值的比重首次达到50%以上，流通市值占GDP比重也已达17%；投资者开户数达5600多万。三、周小川出任中国证监会主席，推出证券市场发展新思路。改革股票发行制度、超常规发展机构投资者、推动网上交易、转变监管机构职能、保护投资者利益。我国证券市场在市场化、规范化道路上迈出新步伐。四、股票抵押融资获准。2月13日，中国人民银行、中国证监会联合发布《证券公司股票质押贷款管理办法》，允许符合条件的证券公司以自营股票和证券投资基金券作质押向商业银行借款。3月3日，湘财证券与建行率先签署股票质押贷款主办行协议，同时签订首笔股票质押贷款承诺书。五、转配股上市。3月14日，中国证监会决定，转配股从4月开始，用24个月左右的时间逐步安排上市流通。截至12月25日，已上市部分占转配股总量的82%。转配股上市使解决历史遗留问题有了突破，也表明市场的承受能力增强。六、创业板提上日程，市场各方积极筹备。10月9日，深交所宣布，创业板技术准备基本就绪；10月18日，创业板市场规则(修订意见稿)正式上网披露。

七、上市公司控股权以及控制权的争夺愈演愈烈。引人关注的有金路集团、胜利股份、四砂股份、中联建设等。

八、上市公司与大股东间的关联交易花样翻新，品牌转让接二连三。其中，粤宏远、厦新电子等公司的有关品牌转让事件引起舆论普遍关注。沪深证交所出台意见，规范有关品牌转让的信息披露行为。

九、发展证券投资基金的步伐加快。老基金规范改造取得进展，证券投资基金队伍壮大，开放式基金呼之欲出。同时，基金的功能和行为规范问题受到各方关注。

十、郑百文事件。郑百文巨额亏损受到各方关注，各大媒体刊载新华社记者文章《假典型巨额亏空的背后——郑百文跌落发出的警示》之后，更是引发各方对退市机制设立等有关问题的讨论。国家有关部门组成的调查组抵达郑州，对郑百文巨亏问题展开调查。12月1日，郑百文重组方案出台，12月5日，中国证监会有关负责人就郑百文重组发表谈话。

中国经济十大新闻

由新华社经济参考报主办，首都15家新闻单位的总编辑、副总编辑联合评选的2000年中国十大经济新闻是：

一、10月11日，中国共产党第十五届五中全会通过了《中共中央关于制定国民经济和社会发展第十个五年计划的建议》，宣布我国“九五”计划胜利完成，我国人民生活总体上达到小康水平，提出了2001年到2005年第十个五年计划期间经济和社会发展的主要奋斗目标。

二、我国国民经济扭转了近两年减速增长的趋势，出现重要转机，预计全年经济增长8%左右。

三、国有大中型企业改革与脱困三年目标基本实现。今年前10个月，国有及国有控股工业实现利润1839亿元。到年底，国家重点监测的14个行业除个别行业外均能全行业盈利；31个省市自治区有望全部做到继续增盈或整体扭亏；6599户国有大中型亏损企业可减少65%左右。

四、中共中央、国务院决定从今年开始在安徽全省和由其他省、自治区、直辖市选择少数县(市)进行农村税费改革试点，探索建立规范的农村税费制度和从根本上减轻农民负担的办法。

五、11月8日厦门特大走私案首批25起案件一审公开宣判。中央专案组调查表明，1996年以来，赖昌星走私犯罪集团及其他走私犯罪分子大肆走私进口成品油、汽车、香烟等货物，价值人民币530亿元，偷逃税款人民币300亿元。14名犯罪分子一审被依法判处死刑。

六、12月18日，我国第一条国道主干线京沪高速公路全线贯通。京沪高速公路工程建设历时13年，全长1262公里，总投资393亿元。京沪高速公路的全线贯通使我国高速公路总里程达到了1.6万公里，居世界第三位。

七、3月31日，国务院发布了《个人存款账户实名制规定》，规定从4月1日起，个人在金融机构新开立存款账户办理储蓄存款时，必须出示本人身份证件，使用实名。

八、根据国际市场油价变动，我国今年先后9次对成品油价格进行调整。这标志着我国正在初步形成与国际市场接轨的油价调整机制。

九、2000年6月9日，包括康佳、TCL在内的国内9大彩电骨干企业领导人聚集深圳，宣布建立彩电价格联盟，对彩电实行最低限价销售。对此国家有关部门依据《价格法》明令禁止，彩电价格联盟以“流产”告终。

十、按国务院部署，第四季度开始加大联合打假力度，整顿市场秩序。11月下旬到12月初，河南省棉花造假案和“有毒大米”案被相继曝光。国务院有关部门联合紧急行动，有力打击“假棉花、毒大米”等造假活动。

证券业要事

B股向境内个人投资者开放

一、B股历程回放

1992年2月，B股市场诞生。1992年5月，沪市B股摸上历史高点140.85点。1993年8月18日，渣打、里昂、新鸿基、高诚、柏毅五家境外券商成为深圳证券交易所首批特许经纪商，可直接进场作B股交易。1995年11月2日，国务院常务会议讨论并原则通过《国务院关于股份有限公司境内上市外资股的规定》，这标志着我国第一部全国性B股法规的诞生。

1996年1月，国务院常务会议原则通过《国务院关于股份有限公司境内上市外资股的规定》，标志着我国第一部全国性B股法规诞生。1996年6月，中国证监会发布《关于严格管理B股开户问题的通知》，重申境外投资者才能持有B股。1996年9月，证监会发布《关于清理B股帐户的公告》，对不合格的B股帐户进行清理。1996年10月，证监会颁布《境内及境外证券经营机构从事外资股业务资格管理暂行规定》。1997年3月，证监会发布《关于推荐B股预选企业的通知》。1998年3月，证监会发布《境内上市外资股公司增资发行B股暂行办法》，首次提出符合条件的B股公司可增发B股。1998年2月24日，国务院证券委员会关于发布《境内上市外资股(B股)公司增资发行B股暂行办法》的通知。首次提出，符合一定条件的B股公司，可以增资发行股票。1998年7月11日，关于B股上市公司中期财务报告审计问题的通知(中国证券监督管理委员会)。股票交易特别处理的公司，可以只进行中期境内审计；拟在下半年办理配股的公司与在下半年实施分红或公积金转增股本的公司，可以不进行中期审计。1999年，中国证券监督管理委员会发出《关于企业发行B股有关问题的通知》。1999年3月，沪深B股分别创下21.24点和323.19点的历史新低。1999年6月，B股交易印花税由0.4%下调至0.3%，同时证监会发布《关于企业发行B股有关问题的通知》，取消B股发行中的所有制限制。

2000年5月，证监会发布《关于增发新股的通知》，有内外资股的公司可优先增发A股。2000年9月，证监会发布《关于境内上市外资股公司非上市外资股上市流通问题的通知》，指出凡发行前属中外合资企业的B股公司，获准后外资持股可上市流通。2000年12月，上证所改进B股交易措施，包括：推行B股无形交易；开通B股即时成交回报；调整B股交易结算费用，缩小申报价位的最小变动单位。

2001年2月，证监会决定允许境内居民以合法持有的外汇开立B股帐户，交易B股。2001年2月20日，根据中国证监会关于允许境内居民以合法持有的外币交易B股的决定，为保证信息充分披露，调整技术系统，维护市场正常秩序，经中国证监会批准，深沪证交所决定，自2月20日至2月23日B股停止交易。

二、如何开户和交易B股

中国证监会和外汇局联合发布了《关于境内居民个人投资境内上市外资股若干问题的通知》，对境内居民个人投资B股具体事项作出了明确规定。

1、境内居民个人可以使用境内现汇存款和外币现钞存款购买B股。2001年6月1日前，只允许境内居民个人使用在2001年2月19日(含2月19日)前已经存入境内商业银行的现汇存款和外币现钞存款，以及2001年2月19日以前已经存入境内商业银行、2001年2月19日后到期并转存的定期现汇存款和外币现钞存款，从事B股交易；不得使用外币现钞和其它外汇资金。

2001年6月1日后，境内居民个人可以使用2001年2月19日后存入境内商业银行的现汇存款和外币现钞存款以及从境外汇入的外汇资金从事B股交易，但仍不得使用外币现钞。

2、只要经证监会批准经营B股业务和经外汇局批准经营外汇业务的证券公司和信托投资公司，其总部和每一家分支机构均可以办理B股业务。境内居民个人可以在同城任何经批准经营B股业务的证券公司和信托投资公司及其分支机构进行B股交易。

3、境内居民个人办理划转资金和开立B股帐户手续。首先，要凭本人有效身份证明文件到其外汇存款银行将其现汇存款或外币现钞存款划入拟开户的证券经营机构在同城、同行的B股保证金帐户，暂时不允许跨行或异地划转外汇资金。境内商业银行应当向境内居民个人出具进帐凭证，并向证券经营机构出具对帐单。

其次，凭本人有效身份证明和本人进帐凭证到证券经营机构开立B股资金帐户，开立B股资金帐户的最低金额为等值1000美元。最后，凭B股资金帐户开户证明在经证交所证券登记结算公司委托的证券经营机构或其它机构开立B股股票帐户。境内居民个人办理上述手续时必须由本人办理，不得委托他人代办。

4、境内居民个人提取B股资金账户中的资金，只能划回原外币现钞帐户，或新开外币现钞帐户存储，不能回到原现汇帐户，境内居民个人也不得从B股资金帐户直接提取外币现钞，如果境内居民个人提取外币现钞，应当按照《境内居民个人外汇管理暂行办法》及其它外汇管理规定中有关外币现钞的规定，从原外币现钞帐户或新开立的外币现钞帐户中提取。

5、符合条件的证券公司和信托投资公司，可以凭证监会核发的从事B股业务资格证书和外汇局核发的经营外汇业务许可证，到所在地同一城市所有经批准经营外汇存款、汇款业务的境内商业银行或其分支机构开立B股保证金帐户。上述公司的分支机构可以凭加盖该分支机构印章的总公司资格证书复印件和许可证复印件办理开户手续。但只能在同一城市的每一家银行系统开立一个帐户，不能开立一个以上的帐户，也不得在异地开立B股保证金帐户。证券经营机构应当在开户后通过所在地新闻媒体对外公布其开户银行名称、地点和帐号。

6、境内商业银行在为境内居民个人办理外汇划转手续时，应该注意四点：一是必须严格按照本通知的规定审核存款日期和划转资金；二是2001年6月1日前，从境内居民个人定期存款帐户划转资金时，帐户资金存入日期不得晚于2001年2月19日；三是从境内居民个人活期存款帐户划转资金时，划转资金金额不得超过2001年2月19日前的帐户存款余额；四是在办理外汇划转时，应当将划出资金币种转为与证券经营机构B股保证金帐户相同的币种。

7、目前，上交所B股交易结算币种为美元，深交所B股交易结算币种为港币，而境内居民个人外汇存款币种多种多样，所以要求境内商业银行为境内居民个人办理外汇资金划转时，必须进行币种转换。

8、为减少黑市交易，维护外汇市场的秩序，实现逐步平稳过渡，《通知》规定对居民个人持有的外汇资金实行分阶段入市办法。2001年2月19日后存入境内商业银行的现汇存款和外币现钞存款要到6月1日后才能进入B股市场。

9、不允许使用外币现钞购买B股，主要是为了保证入市资金的合法性，防止非法资金流入B股市场和利用B股交易洗钱，维护外汇市场的秩序。

据沪、深两证券交易所公布的统计数字，截至2001年3月底，沪市B股开户数已经达到了60.06万户，比去年年底新增开户45.54万户，增幅达313.64%；深市开户数达38.94万户，比去年年底新增开户数26.03万户，增幅达201.78%。

从复牌后的2月28日起，B股市场就像一头脱缰的野牛，一段时间里，股价天天疯狂上涨，改写历史新高已成为家常便饭。据统计，截止到4月18日，上海B股指数为185.97点，较2月19日的83.2点上涨了100%；而深圳B股指数为2143.99点，较2月19日的866.16点上涨幅度超过了150%。不少个股的涨幅在短短的2个月内高达5－6倍。

（李建秀）

股票发行核准制度

1990年我国证券市场建立以来，上市公司的股票发行一直采用的是审批制，审批制是采用行政和计划的手段，由地方政府或晨门根据发行额度推荐发行上市，证券监管部门行使审批职能，核准制则是拟发行股票的公司按证监会发布的股票上市发行核准程序等规定进行申报。用友软件成了核准制实行后的第一股，核准制意味着计划发行股票方式的结束，市场化发行股票方式的开始。

为进一步提高股票发行核准工作的透明度，根据《中华人民共和国证券法》的有关规定，中国证监会于2001年3月17日公告修订后的《中国证监会股票发行核准程序》，新的核准程序取消了指标分配和行政推荐的办法，充分体现了新股发行市场化原则，标志着一个符合《证券法》要求的股票发行核准制度的基本形成。

根据新的核准程序，今后企业发行上市不再需要发行指标和地方或国务院有关部门推荐，只要符合法律法规要求，企业股东大会作出公开发行股票的决定，省级人民政府或国务院有关部门同意，主承销商即可向中国证监会推荐同时报送上市申请材料。新股发行不再经过预选，中国证监会受理申请后，首先对发行人申请文件的合规性进行初审，初审意见30日函告发行人和主承销商。期间国家计委和国家经贸委将出具相关产业政策意见。初审后由发行审核委员会于60日内通过投票方式提出审核意见。依据发审委审核意见，中国证监会对发行人申请做出核准或不予核准的决定，整个核准过程为期3个月。

新程序还特别对高技术企业申请公开发行股票的程序作出规定。首先在审核之前，高新技术企业必须在5个工作日内委托科技部和中科院进行论证，科技部和中科院在40个工作日内将论证结果函告中国证监会。经确认的高新技术企业将得到优先审核。

新程序还规定，主承销商应对企业进行为期一年的辅导，同时发布的《股票发行上市辅导工作暂行办法》对此项作了量化规定，主要内容是，帮助企业完善法人治理结构，建立健全财务制度，熟悉上市公司信息披露规则，对企业董事、监事和高级管理人员进行有关法律法规的培训和考试。辅导结束后，主承销商须向中国证监会出具承诺书方可报送上市申请材料。这将有利于企业按照现代企业制度建立相应的决策机制、激励机制和约束机制，推动企业规范经营，提高上市公司质量，切实保护广大投资者的利益。

实行发行核准制为提高新股发行公司质量提供了体制保证。由主承销商选择和推荐企业，加大了券商的权利和义务，可促使券商将效益好有发展潜力的企业推荐上市。股票发行制度改革的这一重大突破，将有利于夯实上市公司这一证券市场的基石，为证券市场的长期稳定发展提供可靠的制度保障。

3月17日中国证券业协会还发布了《信誉主承销商考评试行办法》，以提高主承销商的执业能力，配合股票发行核准制的实行。它将对具有主承销商资格的证券公司进行考评，由证券发行人、证券投资基金管理公司、证券公司、会计师事务所、律师事务所以及中国证监会按统一标准考评打分，积分前8位将被授予“信誉主承销商”，中国证监会将对主承销商的发行承销业务给予优先受理。经确认的高新技术企业将得到优先审核。

（李建秀）

转配股问题成功解决

转配股是上市公司在配股时，国有股或法人股股东将配股权转让给社会公众股股东，由社会公众股股东认购的股份。由于我国股票市场目前国有股和法人股暂不上市流通，因此，这部分应由国有股或法人股股东认购，而转由社会公众股东认购的股份也暂不上市流通。

转配股问题的产生原因是，由于一些国家股股东无钱参与配股，故在1994年及1994年前常常只能放弃配股权，由此引发国家股股东在公司中持股比例下降。为此，国有资产管理局于1994年4月5日发出了《关于在上市公司送配股时维护国家股权益的紧急通知》，主要精神为：(1)有能力配股时不能放弃，以防持股比例降低；(2)在不影响控股地位时，可以转让配股权；(3)配股权转让的限制及通过购买配股权认购的股份的转让办法，均按照证券监管机构的规定执行。

中国证监会于1994年10月27日颁发了《上市公司办理配股申请和信息披露的具体规定》，该规定明确：“配股权出让后，受让者由此增加的股份暂不上市流通。1994年已实施过转配方案的上市公司，也按本规定处理。”在与《规定》一起下发的“公开发行股票公司信息披露的内容与格式准则第四号《配股说明书的内容与格式(试行)》”说明中，要求信息披露时正文内容包括：“如进行配股权的转让，应详细说明转让的方式，并明确说明国家目前对转让后股份的流通方式的政策。”

因此，转配股暂时不能转让是有政策法规规定和依据的，而且，这种暂时不能转让在信息披露中也予以了充分披露。

为了促进证券市场的规范发展，中国证监会于2000年3月做出决定，转配股将从2000年4月开始，用24个月左右的时间逐步安排上市流通。同时，中国证监会重申上市公司国家股和法人股的存量及其增量仍不能上市流通。转配股分期、分批上市，将本着公开、公正、透明的原则，严格按产生转配股的时间先后，陆续进入二级市场流通；公司有多次转配行为的，按首次发生转配股的时间确定上市顺序，全部同时安排上市。中国证监会有关负责人强调，允许转配股上市流通是一项符合投资者意愿和市场需要的举措，要认真搞好有关转配股上市流通的信息披露工作。

转配股问题是长期困扰股市的遗留问题，中国证监会做出允许上市公司转配股分期、分批上市流通的决定，根本目的是从保护投资者合法权益出发，在维护证券市场稳定的前提下，实事求是地处理历史遗留问题。这是证券市场规范、健康发展的重要举措。

根据全景网络公司提供的转配股统计资料，深沪两市上市公司中共有170家含有历史遗留的尚未流通的转配股，股份总额为33.7亿股，其中深市70家，股份数为7.1亿股；沪市100家，股份数为26.6亿股。数据显示，转配股数量超过5000万股的上市公司共有11家，超过1亿股的有3家，分别为原水股份25425万股，四川长虹19950万股和江苏悦达10404万股；共有24家公司的转配股占其流通股比例超过50%，按转配股占流通股比例大小的顺序排列，前十位分别为大众交通、东方明珠、外高桥、中华企业、亚通股份、ST粤海发、中科健、原水股份、南京悦达和望春花；从第一次转配发生的时间看，1994年发生的有15家，1998年发生的有23家，其余132家都在1995至1997年间发生；这些上市公司发生转配时的配股价格普遍较低，大部分介于每股2元到5元之间，转配价格最高的为东大阿派，每股14元，转让费0.2元，共转配251万股；转配价最低的为ST粤海发，每股1.5元，转让费0.1元，共配售2237万费。

上海证交所和深圳证交所2000年3月31日就拟于二季度在两地上市的转配股上市安排发出公告，涉及公司共有25家，其中沪市10家，深市15家。据上证所的公告，拟安排在二季度上市的转配股股份总额为364851476股，其中珠江实业、东方明珠、外高桥、南京新百、诚成文化5家公司177699233股的转配股于4月3日上市；浙江凤凰、上海强生、宁波华联、江苏悦达、东百集团5家公司187152243股于5月8日上市。深证所的公告显示，粤华电A、佛山照明、闽福发A、丽珠集团、辽物资A、大冷股份6家公司的50814378股转配股于4月上市，美菱电器、猴王A、吉制药A、银河动力、港澳实业、白云山A6家公司的55379678股转配股于5月上市，穗恒运A、中科健A、广州浪奇3家公司的46053408股转配股于6月上市。

深沪证券交易所2000年6月24日发布公告，第三季度将分别安排18家和20家上市公司，共104713.0173万转配股上市，其中深市有18071.543万股，沪市有86641.4743万股。根据深交所安排，7月份依次有粤美雅、新都酒店、沙隆达、豫白鸽和新大洲共5家公司的6160.5652万转配股上市；8月份有创元科技、辽房天、轻骑海药、西安民生、云南白药、苏常柴、ST金田、川投长钢、ST南洋等9家公司的5940.672万转配股上市；9月份有深科技、深宝安、皖能电力和武凤凰4家公司的5970.3058万转配股上市。其中，新大洲转配股数量最多，有4273.92万股；其次是武凤凰，有3191.2057万股；转配股数量最少的是粤美雅，只有5111股。根据上证所安排，7月3日，有大众交通、望春花、新世界、华北制药、甬城隍庙、首创科技、复华实业、万象集团共8家公司的25237.0019万转配股上市；8月7日，有四川长虹、上实联合、大连商场、一钢异型、隧道股份共5家公司的27106.1514万转配股上市；9月4日，有上海九百、同济科技、新黄浦、中远发展、中华企业、杭州解百、益民百货共7家公司的34298.321万转配股上市。其中，四川长虹转配股最多，有近2亿股；其次是中华企业，也有1.46亿股。

深圳证券交易所2000年9月27日发布公告，就第四季度上市公司转配股上市作出安排。根据安排，第四季度共有14家公司的转配股上市。其中10月份有7家，分别是厦海发A、桂柳工A、闽闽东A、吉轻工A、湘中意A、深中侨A、陕长岭A；11月份有4家，分别是深能源A、深宝恒A、黔轮胎A、康达尔A；12月份有3家，分别是西北轴承、冀东水泥、光明家具。总计约1.9亿余股。上海证券交易所2001年10月1日发出通知，四季度有51家上市公司的12.5亿股转配股上市。其中，10月9日安排包括浙江创业、王府井等在内的10家公司的转配股上市，总数约为2亿股；10月23日安排原水股份约2.8亿股转配股上市；11月6日有包括青岛海尔、济南轻骑在内的9家公司转配股上市，总数约为2.2亿股；11月20日有包括申能股份、兰生股份在内的6家企业的转配股上市，总数约为2.2亿股；其余25家企业的3.26亿股转配股于12月8日上市，总数为2.2亿股，其中包括第一百货、哈医药。由于王府井、原水股份、青岛海尔等8家公司实施了分配方案和配股方案，其转配股数量与上证所原公布的截至2001年3月31日的数据稍有变化。为保证转配股上市工作的顺利进行，深沪证所宣布，在每季度转配股上市安排至上市公司转配股实际上市日的期间内，证交所不安排这些公司可能导致股份变化的工作。根据中国证监会《关于安排上市公司转配股分期分批上市的通知》和上海证券交易所的安排，17家上市公司共计22324.4496万股转配股于2000年12月8日上市流通。具体为：ST棱光、伊利股份、西南药业、欧亚集团、亚泰集团、西藏明珠、PT网点、鞍山信托、北大科技、哈药集团、第一百货、联通国脉、山东农药、浦东金桥、工大高新、上海医药万股、广钢股份。

2000年12月30日，深沪证交所发布的公告，2001年第一季度，深市有20家上市公司约1.44亿股转配股上市流通，沪市有15家约2.55亿股转配股上市流通。据深交所安排，2001年1月有10家上市公司约4400万股转配股、2001年2月有7家上市公司约4600万转配股，2001年3月有3家上市公司约5400万股转配股上市流通。而上海证券交易所2001年一季度转配股上市的时间表为：1月12日安排8家公司约1.64亿股上市，1月18日安排7家公司约0.91亿股上市流通。

2001年3月31日，沪深证券交易所安排宁波富达、友好集团、百隆集团、吉林敖东、风华高科、深天马A等6家上市公司转配股4月上市流通，至此，沪深两市上市公司转配股份已全部安排上市，原定两年完成的转配股流通时间表，在实际操作中缩短一年。

（李建秀）

宁夏恒力国有股股权运作

宁夏恒力钢铁集团有限公司是中国冶金行业的重点企业，宁夏十大骨干企业之一。其龙头企业宁夏恒力钢丝绳股份有限公司，是中国金属制品制造行业第一家发行股票的公司，“宁夏恒力”被誉为“中国钢丝绳第一股”、“中国金属制品重要生产基地”。宁夏恒力上市前是一家典型的大型国有企业，管着一万多人的生老病死。公司上市以后，规范运作，被当地证券监管部门认为是宁夏运作最规范的上市公司之一。股份公司和集团公司，两套班子两套人马，泾渭分明；地理上，以厂内一条大道为界完全分开。公司虽然地处偏远，但生产出来的产品却有相当的比例供应国际市场，高科技产品则占到公司销售总收入的三分之一左右，销售利润名列国内同行前两位。

宁夏的优质无烟煤不仅储量大、品种多，而且价格低廉。以无烟煤为原料生产出来的活性炭广泛用于城市水处理项目，市场前景不错。宁夏恒力看上了这一资源，打算投资活性炭项目。其实，公司的控股股东1992年就开始生产活性炭了，到2000年已达到年产8000吨的规模，是目前国内最大的。经过几年来的培育，产品技术和销售渠道已经成熟。宁夏恒力想在条件成熟时参与投资，通过技术改造，使其生产规模进一步扩大，产品全部出口。西部大开发，修路架桥要先行。恒力人敏锐地感觉到这中间蕴藏着商机。经过多次研究和论证，公司瞄准了预应力钢绞线项目。预应力钢绞线广泛应用于桥梁、公路建设，在西部大开发中可以有大作为。公司的1万吨柔性抽油杆募集资金投资项目2000年底已经完工。公司研制开发的柔性抽油杆是国内首创，在国际上也处于领先地位。该产品用于油田采油，可使抽油效率提高30%到40%，市场前景非常广阔。下一步公司的一个重要工作是抓该产品的市场推广。

2000年8月7日宁夏恒力向虎山粮机股东定向增发宁夏恒力人民币普通股，按照一定的折股比例，换取虎山粮机股东所持有的虎山粮机全部股份，虎山粮机的全部资产并入宁夏恒力，注销虎山粮机现有的法人资格。本次合并的折股比例为1.6：1，即每1股虎山粮机股份可换取宁夏恒力人民币普通股1.6股。因本次吸收合并虎山粮机，宁夏恒力向虎山粮机股东定向发行宁夏恒力人民币普通股1600万股，其中因合并增发的法人股816万股，个人股784万股。2000年11月8日宁夏恒力(600165)已完成吸收合并山东虎山粮油机械股份有限公司的各项工作，公司刊登公告披露了股份变动情况。

此次吸收合并的折股比例为1.6:1，即宁夏恒力向虎山粮油机械公司股东定向发行宁夏恒力人民币普通股1600万股。据公告，此次合并后，宁夏恒力社会法人股已增至1776万股，总股本上升为22960万股，荣成市邱家镇资产经营中心成为公司新的第二大股东，持股数816万股，占总股本的3.6%，而因换股向山东虎山粮油机械股份有限公司个人股定向发行的宁夏恒力人民币普通股784万股，在合并期满三年后经有关部门批准可上市流通。 （李建秀）

PT股要退市及相关政策

PT股票：PT是英文Particular Transfer(特别转让)的缩写。依据《公司法》和《证券法》规定，上市公司出现连续三年亏损等情况，其股票将暂停上市。沪深交易所从1999年7月9日起，对这类暂停上市的股票实施特别转让服务，并在其简称前冠以PT，称之为PT股票。并规定每周五交易一次。

深沪证交所2000年6月17日分别发布通知和公告，深交所同时公布《上市公司股票暂停上市处理规则》(修订稿)。深交所修订后的《上市公司股票暂停上市处理规则》规定，PT股票中报价格的涨幅不得超过上一次转让价格的5%(含5%)，不设跌幅限制。新规则6月17日开始施行。上交所公告则称，自6月23日起，将取消PT股票特别转让价格5%的跌幅控制，即PT股票申报价格将不设下限，价格跌幅也没有限制，但涨幅限制仍为5%。

目前，两市共有8家PT公司，共10只PT股票，它们分别是PT农商社、PT双鹿、PT水仙、PT水仙B、PT红光、PT北旅、PT网点、PT渝钛白、PT中浩、PT中浩B。PT公司转配股的交易方式 同PT股票交易方式相同。PT网点是沪深两市实行转配股上市制度以来首次出现的PT公司，转配股的投资者可在每周五的上午9:30—11:30及下午1:00—3:00报一个价格，至下午3:00按集合竞价的原则会产生一个交易价格。根据有关规定，该交易价格最高涨幅不得超过上一次交易收盘的5%，跌福受限制。公告的发布，引起了证券市场的高度关注。先知先觉的PT股票主力纷纷出货，导致PT股票全部以跌停收市，并引发了ST类股票的大幅下挫。

作为新兴证券市场，长期以来，我国证券市场的投机色彩一直较浓。管理层为防范和化解市场风险，推出了为连续两年亏损的上市公司戴ST(特别处理)帽子、为连续三年亏损的上市公司戴PT(特别转让)帽子的措施，涨跌幅限制分别为5%。但是，在实际的市场运作过程中，较小的涨跌幅限制反而起到了强烈的助涨助跌作用，亏损严重、甚至净资产为负值的“戴帽”公司动辄涨停，更加助长了市场的投机性，增大了市场风险。有资料表明，如果从股票被ST之日起持有，半年后获利50%的概率高达83%。PT股票的情况大致相似。如此一来，ST、PT的“帽子”反而由“耻辱帽”变成了照耀的“王冠”。如此的市场效应为管理层始料不及，违背了管理层的初衷，是管理层不能长期容忍的。PT股票取消跌幅限制措施的推出，从理论上讲，有利于PT股票市场风险的充分释放，有利于PT股票的价值回归，有利于投资者树立正确的投资理念，为长期亏损资不抵债的上市公司推出证券市场做好准备。但从实际交易过程来看，一方面，主力(“庄家”)的持仓成本仍对PT(ST)股票的交易价格具有重要的影响；另一方面，由于亏损的、被PT的上市公司亏损的原因在很大程度上属于“历史遗留问题”。

如PT红光，上市不久就暴露出重大问题，并在上市第二年即告亏损，但其股价却极其活跃，即使被ST后还在2000年初走出一波上扬行情，并拉出几个涨停板；2000年5月被PT后，该股又连续六个跌停，且在PT之初成交量极小，价已从7元下调到5元多，跌幅超过30%。同样也是上市第二年就亏损的还有PT北旅，该公司为生产轻型车厂家，上市6年，除去第一年，仅1996年微利，1997、1998、1999年连续三年都有不同程度的亏损。由于该公司规模较小，入关后该类公司面临的竞争将更加激烈。该公司被PT时间不长，但也是连连跌停，而且基本属于无量下跌。PT中浩涉讼案件多达156宗，金额近10亿元。该股1999年每股净资产3.35元，每股收益－0.82元。同时该公司还有2184万股的B股。其中在被PT后连续二周无量下行。老牌PT股农商社的1999年报让投资开了眼界，其每股收益为－6.17元，每股净资产达－7.73元。而该股被PT后的表现也颇为戏剧化，在刚被PT之后还曾缩量上行，股价到达7元多的高点，但最终回落并跌穿前期平台，放量下行，股价再创新低。连续4年亏损的PT双鹿从1999年报来看，其现金流量严重不足，债务负担沉重，人员分流严重，已失去可持续经营能力，大规模的债务和资产重组已成为公司目前的唯一出路。自999年6月实行PT交易之后震荡下行，跌幅近50%。并非所有的公司被PT后股份都是节节下行。渝钛白在被PT的一年多时间内，剥离出非经营性资产，并把7亿多的银行贷款转移出去，同时其主营业务也有一定程度的增长。其股价也走出一上升通道，并在2000年5月份冲至8元以上。

从深沪两市8家PT类公司基本面来看，PT双鹿、PT渝钛白等已经披露实施较大力度的资产重组的消息，但大部分PT类上市公司并没有资产重组的迹象。即使是正在实施资产重组的公司，其前景也不能令人乐观以白猫入主双鹿、渝钛白进行大规模债务清理为例，由于上市公司本身面临着巨额债务负担、产品竞争力差、经营机制僵化等多重困境，重组的难度也异乎寻常，最终能否使公司基本面发生根本性好转，从而摘掉PT的帽子还是一个未知数。

2001年3月23日，中国证监会新闻发言人就上市公司终止上市问题做了说明。(1)建立退市机制的条件已基本具备。中国证监会发言人认为："我国证券市场经过十年的发展，已具备了实施依法暂停上市 和终止上市制度的基础。"不久前推出的《亏损上市公司暂停上市和终止上市实施办法》(以下简称《实施办法》)我们可以看做是一个开端。这主要是指，《实施办法》仅针对最近3年连续亏损的公司。而1994年7月1日起实施的《公司法》，还规定了其他的条件。因此，一旦条件充分成熟，属于其他情形的上市公司，也将按《公司法》的规定，暂停或终止上市。中国证监会新闻发言人认为，有关审核程序和信息披露标准已初步制定完成，因而也使建立退市机制的条件已基本具备。(2)PT公司近期终止上市在所难免。中国证监会新闻发言人指出：对于《实施办法》发布前已经暂停上市的公司，如果未在2001年4月30日前公布2000年年度报告，或者公司决定不申请宽限期的，以及虽然申请宽限期，但公司近期没有扭亏的切实措施和盈利的可能性，证券交易所依照《实施办法》作出不给予宽限期决定的，证监会在这三种情况下都将随即作出终止上市的决定。PT公司不"享受"45天"待遇"，是合理的。《实施办法》中规定了暂停上市公司的45天期限，是给予新进入PT状况的公司对是否申请宽限期作出决定的最长期限。实际上，PT的公司以往所"享受"的，何止45天？因此，现在不给它们45天期限，也是完全合理的。(3)"柜台转让"的特点值得关注。中国证监会新闻发言人指出："PT公司终止上市后，证监会将准许合格的证券公司，为终止上市的公司提供代办股份转让服务，但在特定的证券公司代办股份转让服务前，先要进行股份的转托管工作。终止上市的公司股份，将依照终止上市的先后顺序，办理转托管及股份转让。"(4)连亏3年公司会否近期终止上市。《实施办法》第八条规定："公司暂停上市后，可以在45天内向证券交易所申请宽限期以延长暂停上市的期限。宽限期自暂停上市之日起为12个月。"第九条规定"公司向证券交易所申请宽限期的，应作出申请宽限期的决议，并向证券交易所说明近期盈利的可能性及公司采取的具体措施。"第十条规定："证券交易所应自接到公司申请后三个工作日内做出是否给予公司宽限期的决定，通知该公司并公告。公司应自接到证券交易所上述决定之日起两个工作日内公告这一决定的主要内容。"显然，新连亏3年公司也存在提出充分理由，并被证券交易所获准的"关口"。从将要连亏3年公司的情形看，南洋航运、粤金曼A要在今年扭亏为盈，难度同样不会比农垦商社等差多少。因此，是否会出现一步到位的案例，投资者也不可掉以轻心。

2001年4月19日，PT双鹿、PT农商社、PT网点、PT红光四家PT股份公布了各自的2000年度报告，表示本年度不分红、不送股。审计意见类型均为拒绝表示意见。由于公司董事会已向证交所提交了《关于申请延长暂停上市期限的报告》，根据有关规定，PT农商社、PT网点股票自4月19日起暂停特别转让服务，PT双鹿、PT红光自4月20日起暂停特别转让服务。PT水仙PT网点、PT农商社结伴告别股市。

(李建秀)

亿安科技股票神话破灭记

亿安科技股票曾经从1998年8月的5.6元左右，最高上涨到2000年2月的126.31元，涨幅高达21.5倍，被广大股民誉为中国股票市场的神话。

亿安科技前身为深圳市锦兴实业股份有限公司，它于1992年5月7日在深圳证券交易所上市交易。1999年3月，广东民营企业亿安集团收购了深圳商贸控股公司持有的深锦兴超过四分之一的股权，成为深锦兴第一大股东。同年8月深锦兴公布更名为广东亿安科技股份有限公司，深锦兴股票随之正式更名为亿安科技。亿安科技股票从1999年10月25日到2000年2月17日，在短短的70个交易日中，股价由26元左右不停歇地上涨，到2000年2月15日，亿安科技股价突破百元大关，成为自沪深股票实施拆细后首只市价超过百元的股票，引起了市场的极大震动。

中国证监会调查后查明，亿安科技股票的飙升纯属庄家操纵行为。广东的欣盛投资顾问有限公司、广东中百投资顾问有限公司、广东百源投资顾问有限公司和广东金易投资顾问有限公司四家公司自1998年10月5日起，集中资金，利用627个个人股票帐户及3个法人股票帐户，大量买入深锦兴(后更名亿安科技)股票。持仓量从1998年10月5日的53万股，占流通股的1.52%，到2000年1月12日最高时的3001万股，占流通股的85%。同时，还通过其控制的不同股票帐户，以自己为交易对象，进行不转移所有权的自买自卖。这些行为正好与亿安科技股票价格的飙升启动相吻合。这四家公司通过它们控制的股票帐户进行几乎没有成本的对敲买卖，来影响证券交易价格和交易量，联手操纵"亿安科技"的股票价格，大肆牟利。截至2001年2月5日，四家公司通过控制股票帐户共实现盈利4.49亿元，股票余额77万股。亿安科技股票暴跌始自2001年1月中旬。鉴于亿安科技股票出现的种种异常行为，中国证监会在2001年1月10日宣布，证监会正在查处涉嫌操纵亿安科技股票案，已对持有亿安科技股票的主要账户进行重点监控。受此消息影响，当天，亿安科技股票以42.66元跌停开盘，全天均封死在跌停板上，且成交极度萎缩。亿安科技股票在此后接连跌停。

2001年4月25日，中国证监会认为这四家公司进行违法操作行为确凿无疑。炒作亿安科技的这四家公司明目张胆地违反了《公司法》和《证券法》，肆无忌惮地操纵其股票价格，谋取暴利。依据《证券法》第一百八十四条、第一百九十条的规定，证监会开出如下罚单：没收上述四家公司违法所得4.49亿元，并罚款4.49亿元；责令上述四家公司在收到本处罚决定之日起3个月内，在交易所监督下卖出剩余股票77万股，并注销违规开立的个人股票帐户，盈利予以没收。上述四家公司应自收到本处罚决定之日起15日内，将罚没款汇交证监会开户银行，由银行上缴国库，并将付款凭证的复印件送证监会稽查局执行监督处备查。这份处罚决定书中称，如对证监会的处罚决定不服，四家公司可在收到本处罚决定之日起60日内，向中国证监会提出行政复议；也可在收到本处罚决定之日起三个月内直接向有管辖权的人民法院提起行政诉讼。复议和诉讼期间，上述决定不停止执行。 (李建秀)

中科创业事件

中科创业原名康达尔A，股票代码0048。总股本约为3.9

亿股，流通股本约为1.1亿股。公司由宝安县养鸡公司改制而成，隶属于深圳市龙岗区投资管理有限公司，1994年11月1日在深圳证券交易所上市。

原本不为人注意的康达尔A，1998年4月起股价开始走牛，在当时大盘低迷的情况下屡攀新高。1999年12月8日公司宣布名称变更为深圳市中科创业（集团）股份有限公司，1999年12月13日，股票简称由“康达尔A”变更为“中科创业”，其股价已近80元。

中科创业入主康达尔后，进行了一系列的资本运作，公司资本运作成效显著，据2000年公司中报显示，主营收入净利润比1999年同期增长370.6％。就在投资者对中科创业的前景看好时，中科创业的股价却突然于2000年12月下旬起，连续以跌停方式下挫。2000年12月22日的每股收市价33.59元跌至2001年1月9日收盘价的13.01元。不过，谁也没有想到，中科创业的股价在1月10日发生了中国股市历史上前所未见的重大转变——开盘跌停后不久，一个神秘买主陡然从地下冒了出来——一口气在三分钟内，吞下4000万至5000万股，直至封涨停板，全天总成交量52010900股。11日，中科创业仍然低开高走。

北京中科创业公司CEO吕梁是整个“中科创业事件”的核心人物，吕梁在中科创业没担任任何职务——在完成中科创业重组后，隐身幕后。但事实上，中科创业的11名董事中，有7名与中科系有关。”从中科创业二级市场表现来看，该股在2000年1月从40元左右，在一个半月内上升到84元的天价。此后，该股从65元左右缓慢下滑，直至12月25日突然出现接连9个交易日的大跳水。中科事件由此浮出水面。

“中科创业事件”导火线是2001年1月1日下午16时，深圳中科创业公司收到来自北京的8份公司董事及监事的传真——6位董事、2位监事——董事龚增力、王海钧、张永政、石亚君、宁欣然、王伟东，监事长林东、监事赵翔明提出辞职。然而，令人不解的是，如此大规模的高层地震，公司董事长、总经理事前竟毫不知情。8名高层人士除常务董事龚增力外，其余7名高层辞职理由几乎一致：长期工作在北京，很难正常履行职责。而龚增力辞职主要提出三个方面理由：一、由于第三届董事会有6名董事居住在外地，而公司日常经营中诸如向银行借新还旧之类的业务三两天就需要董事会出具决议，让6名董事频频开会签署文件几乎根本就不可能。于是，他们都书面委托他出席董事会，虽然每次开会前都知会并咨询他们的意见和态度，但是长期这样工作，他深感责任重大，难负重荷。二、在公司日常经营活动中，大多事务他无法介入，很多事情只是需要签字而全然不知决策经过。比如公司融资和资金调拨事务，他只是在主管财务的副总经理、财务总监、总经理和董事长都签署意见后，作为最后一个程序，代表董事会签字，他觉得，他和他所代表的6名董事已由决策机器蜕变成程序机器。三、公司大股东对公司经营理念上的分歧也使得他难以适从。特别值得关注的是，8份辞职报告日期不尽相同——监事长林东、监事王伟东、董事张永政、王海钧辞职日期为2000年12月28日，董事石亚君辞职日期为12月29日，董事宁欣然为12月30日，常务董事龚增力、监事赵翔明则为2001年1月1日。但是，上述辞职报告均是1月1日，同时从北京集中传真过来的。然而，上述董事和监事，分别代表着不同股东的股权，如此联合倒戈，市场人士认为只能说明一个问题：他们可能来自于一个利益集团。龚增力在该公司还有一个总经理特别顾问的头衔。根据董事会分工，总经理欧锡钊分管饲料、养殖、地产、运输等公司原有传统业务，龚分管行政、人事、秘书处，并在已有融资部的基础上，龚专门成立了资金二部，而且“资金二部只有龚一个人有权过问”。据悉，该部主要职能是与上海中科方面进行资金往来衔接，同时，龚还兼上海中科公司的法人代表。一个奇怪的现象由此产生了——一个公司存在着两个资金管理部门，资金一部主要负责传统产业的资金管理，资金二部则从事资本运营。公司由此形成两块互不干涉的“独立王国”——北京中科系主管资本运营，老康达尔系主管传统产业经营。

深圳中科创业（集团）股份有限公司2000年8月12日的《2000年中期报告摘要》显示，该公司前5名股东分别是：深圳市龙岗区投资管理有限公司持有的国有股占36.16％、海南燕园投资管理有限公司法人股占22.5％、海南沃和生物技术有限公司法人股占10.38％、北京英特泰投资顾问有限公司国有股转配股占2.59％、民乐燕园投资管理有限公司法人股占1.73％。海南燕园、海南沃和、民乐燕园的母公司均为北京中科，而北京英特泰公司的核心人物正是“因投资康达尔被深度套牢”的朱焕良。虽然从单一股本结构来看，龙岗区投资管理公司仍以36.16％为第一大股东，但中科创业的经营者承认，事实上，吕氏控制的海南燕园、海南沃和、民乐燕园及其它流通股权总量已超过龙岗投资的股权。北京中科系实际上已经控制了中科创业董事会和股东大会。

中科创业高层人士称，公司董事会早已成了摆设，因为凡是涉及股份公司利益的决策，都会形成两股对立的力量。事实证明，该公司两大股东的确在事关公司利益的重大决策上演绎两股力量交锋。2000年4月10日，该公司以通讯方式召开的该年度第二次临时股东大会，会议以占到会股份的53.7％赞成、46.3％反对，通过了《关于参与组建（中国电子商务联合网）的议案》。赞成的股份即为北京中科系，反对的则为龙岗区投资为主的康达尔体系。2000年8月1日，该公司董事会又以55.05％的表决股权通过了以6973.95万元受让海南中网投资管理有限公司及中科创业投资有限公司分别持有的上海中科创业公司50％、20％的股权。11月30日，该公司再次上演与此雷同的翻版临时股东大会。北京中科系提出的为迅速扩大新生力公司（中科创业占85％股权）生产经营规模，将原新生力3000万元注册资本增加到2亿元，中科创业公司需相应增资14450万元。最后的表决结果，仍然是赞成54.86％，反对45.14％。2000年12月27日，在中科创业连续跌停2天后，北京中科方面作出紧急安排：将上海中科持有的1500万股鲁银投资法人股权以每股2.8元价格转让给九州泰和公司。缘何要将鲁银投资股权急急出手？北京中科方面的解释是：再不出手，这笔股权可能被冻结。北京中科方面来电要中科创业董事长陈枫盖章同意，被陈拒绝。然而，次日上海中科方面来电称，该公司公章已被北京派来的人取走了。鲁银投资发布公告称，中科创业持有1500万股法人股权被九州泰和收购。经中科创业公司大股东——龙岗投资和经营班子研究后，28日中科创业派人赴京告之九州泰和：鲁银投资股权由中科创业全资所有，其它人无权转卖。并提出，钱不能支付给北京中科方面。

2001年1月4日，《投资快报》发表《中科创业崩盘内幕大揭秘》使本已连续数日跌停的中科创业再度火上浇油，各种版本的说法铺天盖地。该文点燃战火的另一个原因是，一直隐居幕后的北京中科CEO吕梁站到了前台，直指中科创业诸多内幕问题。而这些问题，每一个都触目惊心。1、吕梁认为，北京机构真正接手康达尔后，才发现实际上已落入了投资圈套。2、吕梁说康达尔其实早已烂掉，而且传统产业亏损严重。3、吕梁称，为配合二级市场庄家炒作，包装业绩导致企业财务虚数黑洞巨大。4、吕梁说公司不仅没有土地资源，而且卷入了走私。5、吕梁称，为彻底解决康达尔的财务虚数，北京机构挺而走险，试图打造一个新型的财务工具，用股票市值的虚数来填补企业多年积累的巨额的财务虚数。

2001 年 1 月 11 日，中国证监会有关负责人明确表示，证监会正在对有关机构涉嫌违规操纵中科创业股价一事进行调查。这位负责人说，一段时间以来，证监会及其派出机构对有关机构操纵中科创业股价一事十分关注，并进行了相应的调查。针对最近该公司股价异常波动的现象，深圳证券交易所已要求有关董事履行职责，要求公司及时、充分披露相关信息。这位负责人表示，中科创业最近的股价暴跌已经比较严重地影响到股票市场的正常秩序，中国证监会目前正在会同有关部门对涉嫌操纵股价者进行调查，对违法违规行为，一经查实，将依法采取严厉措施加以打击。2001 年 3 月 10 日，由于违反《深圳证券交易所股票上市规则》对“董事、监事承诺和董事、监事备案”的有关规定，未向深交所报送《董事(监事)声明及承诺书》，ST 大洋、中科创业、ST 猴王、ST 粤金曼及 ST 金马等 5 家上市公司共 38 位董事、15 位监事受到深交所的公开谴责。

2001 年 4 月 2 日，备受投资者关注的深圳市中科创业(集团)股份有限公司(0048)临时股东大会如期召开，会议一臻同意公司原六名董事和二名监事辞职，新一任董事和监事补选成员也随之发生，至此，历时一个多月的中科创业董事会因故停开及公司董事成员风波暂时有个了结。

中科创业 2001 年 4 月 30 日，中科创业在截止期最后一天刊登了年报。年报显示，2000 年度在上一年利润实现 6016 万元的基础上，实现净利润－32948 万元，每股收益也由上一年的 0.21 元降至－0.84 元。

安达信华强会计师事务所出具了保留意见解释性说明的审计报告。对此，公司董事会认为，公司决策受到新股东联手操纵，“中科系”事件对公司形象和声誉产生了严重影响。

（李建秀）

全国首例转配股纠纷案

1998 年 2 月 15 日，被告王海强收到原告杜春勇的供货后未付清货款。原、被告经协商于 1998 年 11 月 25 日签订一份协议，被告表示愿将其持有的转配股若干充抵所欠原告货款。双方于当日在南京市玄武区公证处将该协议书办理了公证，但到被告开户的原江苏证券洪武路营业部(现已更名为华泰证券南京长江路营业部)办理股票过户手续未成。于是，双方在 1998 年 12 月 2 日又签订一份协议书，约定被告欠原告货款 33330 元，因无法偿还现金，被告自愿将其沪市股票帐户归原告使用，其帐户上拥有的江苏悦达转配股 2489 股、万象集团转配股 7840 股用以充抵所欠原告货款，归原告所有；被告将股票帐户凭证、指定券商交易卡和股东磁卡一并移交原告等条款。当日，双方将该协议书在南京市洪武区公证处办理了公证，并共同持该协议书到原江苏证券洪武营业部办理了客户资料更改申请表，申请冻结股东帐号，同时还办理了委托书，由被告全权委托原告进行股票交易，委托期间从 1998 年 12 月 2 日至长期。在有关转配股将分批上市的消息公布以后，被告于 2000 年 4 月 14 日向南京市玄武区法院公证处申请撤证，但公证处未予办理。被告又于 4 月 19 日以电报方式通知原告要求归还原告欠款，认定协议书无效。因原告未予同意，致双方纠纷产生。另据法院查明，在该案审理过程中，被告于 2000 年 6 月 1 日将其股票帐户上的江苏悦达转配股，以每股 10.95 元的价格卖出 489 股，卖出所得 5313.39 元。

法院经审理认为，原、被告于 1998 年 12 月 2 日签订的转配股转让协议书合法有效，应受法律保护。首先，双方是在公平、自愿的条件下签订转让协议的，因此有效；其次，从利益与风险共担原则来看，被告因拖欠原告货款无力支付，而将其持有的与欠款数额大致相当的转配股转让给被告，这种转让行为同时也将该转配股可能产生的风险和收益转给了原告。最后从保证交易安全原则角度来看，双方是在公平、自愿基础上签订的转让协议只要不违反国家利益、社会公共利益和第三人的利益，并且是双方真实意思表示，对交易条款的约定就应对双方行为形成约束，不得随意变更和解除，交易的安全性应当受到法律的保护。因此，被告股票帐户约定转让的两支股票的所有权应当归原告所有，对其中被告已卖出的部分股票，虽然违反了双方的约定，但因原告对该行为已认可，其所得也应归原告所有。

根据庭审情况和有关法律规定，2000 年 10 月，南京玄武区法院作出如下判决：

1、被告所开设的沪市股票帐户中的江苏悦达转配股 2000 股、万象集团转配股 7840 股归原告所有。

2、被告在华泰证券南京长江路营业部开立的资金帐户中的资金 5313.39 元归原告所有。

对于此案的判决结果，败诉的被告不服，2000 年 11 月 23 日向南京市中级人民法院提起上诉。

此间南京日报报道，由于在该案中，王、杜之间转让股票是以解决债务为前提的，王海强在上诉状中对他与杜春勇之间的债务关系的真实性提出了疑议，要求二审法院查清作为债务关系存在的主要证据——一份手中的关于收到一大批锈钢制品的“收货单”的真假。王海强还在上诉状中称，在该案中，一审法院没有正视作为非流通股的转配的转让必须符合法定形式，不能场外交易和私相授受的规定。

为此，王海强在上诉状中要求：撤销一审法院的判决；判令被上诉人承担本案上诉费。

全国首例转配股转让确权纠纷案一审判决后，在法律界也引起了争议。一种意见认为，法院在审理此案时，风险与收益并存原则用得好，一审判决是一个助推司法保护的案例。但也有人认为，在这起纠纷案中，原被告之间私自转让转配股是以解决债务为前提的，但这一债务关系是否存在？

还有人认为，在该案中，转配股能够如此快地得以上市流通，是合同双方始料不及的，继续履行合同显失公平，因为照现价计算，两转配股最低市值达 12 万元，与 3 万元的债权相差太远，应适用情势变更原则，酌情调解处理。（李建秀）

2000年中国证券市场大事记

一 月

4 日 □2000年第一个交易日，沪深股市量价齐升，上证指数和深圳成指分别以1406.37点和3497.06点报收，涨幅分别达2.91%和3.78%，当日涨停个股达26只。

□国家计委主任曾培炎表示除关系国家安全和必须由国家垄断的领域外，其余 领域都应允许民间资本进入。在股票上市方面，民营企业应享有与国有企业同等的机会。

5 日 □湖北省武穴市政府决定给予广济药业董事长兼总经理何谧总额为100万元的奖励。此举引起各方关注。

6 日 □ 深圳证券交易所举办上市公司1999年年报培训会议。

9 日 □全国期货从业人员资格考试开始。

10日 □沪深两地股指强劲攀升，两市成交量达394.8亿元。新基金净值披露调整了增长计算口径，新设了累计净值指标。

14日 □人行批准第二批券商华泰、长城、北京、兴业证券及中国国际金融有限公司等5家证券公司进入全国银行间同业市场。《保险公司管理规定》出台。河北证券获准增资扩股，注册资本金由原来的6000万增至5.3亿元。

18日 □南通机床率先公布1999年年报。

19日 □国家税务总局负责人指出，企业债券从持有人取得债券起，都要按20%的利息缴纳个人所得税。

20日 □中国人民银行行长戴相龙表示，今年将继续支持资本市场发展，增加对证券公司的短期融资，商业银行可按规定对证券公司开办证券抵押融资；针对目前金融机构持有国债、金融债等各类债券13000亿元，今后央行将进一步加大公开市场业务操作的力度；债转股是国有银行“最后的晚餐”；作为企业，国有商业银行进行股份制改造没有政策障碍。

21日 □国务院发出《关于纠正地方自定税收先征后返政策的通知》。

25日 □全国银行、证券、保险工作会议在京召开。朱镕基调必须充分认识金融面临的新形势，继续大力推进金融改革和整顿，全面强化管理和监督。

27日 □中国证监会主席周正庆在全国证券期货工作会议上指出，1999年证券市场改革、发展和清理整顿的关系处理得比较好，各项工作达到了预定目标。2000年要着重抓好包括建立高新技术板、改革股票发行制度、试行上网发行与向二级市场投资者配售相结合的股票发行方式等在内的十项工作。

□中国证监会在昆明举办第三期期货经纪公司高级管理人员任职资格培训。

□国通证券公司获准增资扩股至22亿元。

二 月

13日 □中国证监会决定自2月22日起将试行向二级市场投资者配售新股，比例暂定为向证券投资基金优先配售后所余发行量的50%。

□中国人民银行、中国证监会联合发布《证券公司股票质押贷款管理办法》，允许符合条件的证券公司以自营股票和证券投资基金券作质押向商业银行借款。

□沪深股市大涨，有近一半的股票涨停，两地综合指数涨幅均超过9%，创涨跌停交易制度恢复以来的最大日涨幅。

15日 □ 证券投资咨询机构及其执业人员1999年度检查工作基本结束，77家机构通过年检，999名执业人员通过年检并获得资格。

□财政部、国家税务总局决定，对投资者（包括个人和机构）买卖封闭式证券投资基金，在今年年底前暂不征收交易印花税。

□亿安科技报收于104.39元，成为自1992年沪深股票实施拆细为1元后首只市价超过百元的股票。

17日 □沪深交易所发布公告称，连续三个交易日达到涨幅限制的股票可免于临时停牌处理，但ST股票和今年已预亏的股票除外。

□沪深两市大幅震荡，两市指数突破历史高点后又急剧下跌，两市成交金额放大到925亿元的天量。

18日 □北京竞天律师事务所及律师徐耀武受到中国证监会通报批评。

23日 □上市公司发行转债开先例，虹桥机场发行13.5亿元5年期可转换公司债。

□综艺股份因在发行上市过程中违反证券法规受到中国证监会行政处罚。

24日 □周小川同志出任中国证监会主席。

26日 □在原北京商品交易所撤销改组基础上组建的首创证券经纪有限责任公司挂牌开业。

28日 □大连大证利民基金、工行可转基金、建信基金、大信受益基金发布公告，拟进行合并、置换、更换管理人，并经清理规范后转变成证券投资基金，新基金将更名为“金元证券投资基金”。

□中石化将其旗下的部分公司重组发起成立中石化股份有限公司，沪深两市的11家石化类上市公司因此变更其国有法人股持股人。

□中国光大集团正式受让上海市财政局、原为中国工商银行持有的申银万国证券股份有限公司股份24640万股，成为申银万国的第一大股东。

□沪深大盘创今年收盘指数新高，沪市报收1704点，深市收盘4481点。

三月

1日 □中国保监会决定，自3月1日起，我国各保险机构可异地开展保险业务。

3日 □"两会"开幕。

□证券公司股票质押贷款进入实际操作，湘财证券与建行签署股票质押贷款主办行协议，同时签订首笔股票质押贷款承诺书。

6日 □九届全国人大三次会议在北京开幕。朱镕基总理向大会作政府工作报告。

7日 □香港新交易所成立。

8日 □中国证监会公告称，由于少数证券营业部尚未做好相关技术准备，新股发行暂用老方式。

□我国首家专门投资于"适应新经济时代发展需要的上市公司"的"新理念"基金——兴科证券投资基金问世。

9日 □国际油价创九年来新高，每桶升至34美元以上。

13日 □全国人大法工委负责人表示《公司法》将再修改，《投资基金法》最早可望明年出台。

14日 □中国证监会决定，转配股将从4月开始，用24个月左右的时间逐步安排上市流通。

□对外贸易经济合作部部长石广生表示，中国加入WTO正在进入谈判的结束阶段，加入这一组织为期已不远。

15日 □在"两会"中外记者招待会上，朱镕基总理回答中国证券报记者提问时指出，中国股票市场非常重要。他说，我国证券市场发展很快，成绩很大，但很不规范，还要做大量工作；股票市场对国企改革具有非常重大的意义；希望海内外专家都能来帮助我们规范和发展证券市场。

□泰康、华泰两公司获准提高进入证券市场的资金比例，由原来的5%增至10%。

16日 □九届全国人大三次会议闭幕。

□湖北证券有限责任公司资本金扩大到10.29亿元，并更名为长江证券有限责任公司。

17日 □中国证监会公告股票发行核准程序，同时发布《股票发行上市辅导工作暂行办法》。

□中国证券业协会发布《信誉主承销商考评试行办法》。

18日 □天津水泥和沧州大化率先采用新的发行方式向二级市场投资者配售新股。

20日 □长城证券资本金由1.57亿元扩增至8.25亿元，成为综合类证券公司。

□通百惠公司向胜利股份全体公众股股东公开征集受托表决权。

21日 □国务院发布施行《国有重点金融机构监事会暂行条例》和《国有企业监事会暂行条例》。

□中国证监会核准了兴业证券股份有限公司脱钩及增资扩股方案，公司资本金增加为9.08亿元，净资产达12.8亿元，为综合类券商。

23日 □建业基金、沈阳公众和陕建基金拟合并成立金鼎证券投资基金。

27日 □沪深综指刷新历史纪录，分别站上1775和557点。

四月

1日 □国务院发布《个人存款帐户实名制规定》。

3日 □沪市再度创出1816.86点的历史新高。

5日 □中国证监会就股票发行问题发出通知，对1999年7月28日发布的《关于进一步完善股票发行方式的通知》的有关规定作了修改，扩大了上网发行和对法人配售相结合方式的适用范围。

7日 □沪深综指再次刷新纪录，收于1819.90点和566.09点。

10日 □沪深综指再次刷新纪录，收于1831.35点和570.56点。

11日 □中国人民银行称，将鼓励包括股份制商业银行在内的中小金融机构按市场原则，通过联合、兼并、重组、上市等多种途径发展壮大。

□我国第一只浮动利率企业债券——第三期三峡债券将于今年上半年面市，发行总额为30亿元，期限10年。

13日 □沪市创1831.54点新高。

14日 □中国证监会颁布《网上证券委托暂行管理办法》，将网上证券交易纳入法规管理。

□新浪网在纳斯达克上市，首日收盘价为20.68美元。

□沪指收盘又创1833.66点新高。

16日 □"世界经济论坛·2000年中国企业高峰会"在京开幕。

17日 □中国证监会主席周小川指出，在我国设立第二板市场已作了充分的工作，一旦立法方面和技术方面的准备成熟，二板市场可以尽快出台。

18日 □财政部在全国银行间债券市场发行了280亿元记账式(二期)国债。

20日 □上证指数再创新高，收于1847.02点。

21日 □沪指盘中创1858.26点的历史新高。

25日 □沪深综指全天成交额仅为219.44亿元，两市成交创今年春节以来的新低。

26日 □上证所发布《上海证券交易所基金指数编制办法》，上证基金指数即将推出。

29日 □全国证券业从业人员资格考试在全国35个城市同时举行。

□经中国证监会批准，沪深证券交易所重新修订的《上市规则》，从今年5月1日起正式实施。

五月

8日 □中国证监会公布《证券公司网上委托业务核

准程序》。

9 日 □中国证监会主席周小川撰文认为，在国内股票市场或在海外股票市场上市发行新股，是国有商业银行充实资本并实现股份制改造的一种途径。

11日 □中国证监会主席周小川在"金融企业与资本市场发展座谈会"上指出，在规范发展证券市场和改革发行制度的基础上，欢迎金融企业发行上市。

13日 □中国证监会主席周小川表示，监管部门要当好"裁判员"，不能以上市公司主管部门自居，重蹈政企不分的老路。

16日 □中国移动通信集团公司正式揭牌。

17日 □中国电信集团公司在京正式揭牌。

18日 □人行发布施行《全国银行间债券市场债券交易管理办法》。

□财政部发行记账式(三期)国债，发行总额为200亿元，期限2年，到期一次还本付息。

20日 □中国证监会发布《上市公司向社会公开募集股份暂行办法》。

23日 □中国证监会发出通知，对证券投资基金认购新股的政策作出重大调整：基金不再享有单独配售新股的优惠，今后按市场方式参与申购。

□国务院办公厅邀请中国证监会副主席高西庆作"证券市场基本知识"的报告，朱镕基、李岚清等国务院领导出席听课。

□中国证监会主席周小川指出，中国在发展证券投资基金的过程中要强化市场机制的作用，充分发挥我国的后发优势，采用超常规、创造性的思路加快发展。

□记账式(四期)国债发行。

24日 □美国众议院以237票对197票的表决结果，通过了对华永久正常关系议案。

25日 □中国证监会发布修订过《上市公司股东大会规范意见》。

29日 □沪深两市综指又一次创出了新高，上证综指盘中一度突破了1900点整数关口，尾市收在1898.74点，创收盘新纪录。深综指同样在小幅攀升后创下新高589.65点，尾市收于586.94点。

六 月

2 日 □在上海证券交易所上市的公司达500家。

□中国太平洋保险公司获准将其入市资金比例从去年末总资产的5%提高到15%。

3 日 □中国人民银行、中国证监会和中国保监会首次联合主办的"中国金融发展战略研讨会"。

4 日 □国家计委决定再次提高成品油价格。

□上交所决定自今年9月起实行法人证券集中托管。

5 日 □经中国保监会批准中国太平洋保险公司已于近日将其入市购买证券投资基金的资金比例，从去年末总资产的5%提升至15%。

7 日 □中国证监会有关负责人指出，监管部门不存在通过控制发行节奏来干预市场行情的问题，今后新股发行时间由发行人与主承销商共同商量，自主决定。

9 日 □宁波波导、诚志股份发布的《招股意向书》显示，新股向法人配售部分试行竞价发行方式，发行前不定发行量，取消申购价格区间上限，法人申购者必须全额预缴款。

10日 □中国证监会主席周小川在接受新华社记者专访时表示，开展网上交易，符合国际证券市场的发展趋势，有利于提高市场的透明度，满足投资者多种形式的需求。中国证监会积极支持网上证券交易的发展。

14日 □"21世纪论坛"2000年会议在北京开幕。国务院总理朱镕基在讲话中指出，我国经济今年以来出现了重要转机，正朝着良性循环的方向前进。

□中国证监会就上市公司为他人提供担保问题作出具体规定。

17日 □沪深交易所发布公告，PT股取消跌停限制。

18日 □中国证监会和财政部制定管理办法，规定今后证券交易所和登记结算公司都将设立一定比例的风险基金，以防范和化解市场风险，保障交易和登记结算系统的安全运行。

19日 □中国证监会就涉及境内权益的境外公司相关问题，发出规范意见书。

□第二届"中证·亚商中国最具发展潜力上市公司50强"名单揭晓，东方电子、东大阿派、风华高科名列前三位。

□2000年记帐式(五期)国债发行。

□财政部发出通知，要求各地不得以行政手段干预会计师事务所依法执业。

23日 □中国证监会发布新的中期报告内容与格式。

26日 □沪深综指写下新记录，沪市站上1948点，深市高收606点。

□沪深证交所总结1999年年报披露工作，81家公司获准临时公告试行事后审核。

27日 □人类基因组的工作草图绘制完毕，并向世界公布。

□香港交易所成功上市。

七 月

1 日 □《中华人民共和国证券法》实施一周年。

□网易挂牌纳斯达克，首日跌破发行价。

4 日 □信托法草案再次提请人大审议。

5 日 □中国证券业协会证券分析师专业委员会在京召开成立大会。

6 日 □沪深两地上市公司逾千家，当日达1004家。

7 日 □中国证监会党委召开党委中心组学习会，中国证监会主席周小川强调，要加强和改进党的思想政治工作，抓好证券市场人才培育使用和改革创新。

□中国进出口银行以基本利差招标方式，成功发行今年首期50亿元10年期浮动利率金融债券。

□中国证监会发出通知，要求具有主承销商资格的证券公司切实加强内部协调和人员培训，做好增发工作。

□中国人民银行、中国证监会和中国保监会在上海召开“中国金融发展研讨会”，共商三业合作大计。

13日 □天天科技和北京同达志远公司举牌爱使引起关注。

□搜狐登陆纳斯达克。

21日 □北大青鸟环宇在港招股。

□《中国证券分析师职业道德守则》开始实施。

25日 □中国证监会首席顾问梁定邦谈在上海开幕的亚太金融学会第七届年会上表示：A、B股并轨将由市场决定；引入“合格的外国机构投资者”已提上议事日程；关于主板市场的合并还没有最后决定；在有关二板市场的法规出台前，中国证监会不接受企业的申请。

26日 □上证综指在小幅推升之后创下历史新高2012.40点，并以2012.32点收盘。深市综指也分别以619.40点和619.23点创下了历史新高和收盘新高。

□中国人民银行日前颁布《金融租赁公司管理办法》。

27日 □内地首家企业北京北大青鸟环宇科技股份有限公司在香港创业板上市。

30日 □中国证监会主席周小川视察深交所第二交易结算系统。

八月

1日 □中国证监会主席周小川视察上海证券交易所。

□经中国证监会批准，又有11家机构获得证券投资咨询从业资格，86名个人获得证券投资咨询执业资格。

3日 □华安基金管理有限公司与英国富林明集团旗下的富林明投资管理有限公司在上海签订技术合作协议，标志着基金业中外合作正式启动。

7日 □中国人民银行发布公告，撤销中国教育科技信托投资有限公司，

8日 □深圳市市长于幼军表示，深圳具备二板市场发展的最佳条件，深圳市政府将积极争取二板市场在深圳设立。

10日 □中国证监会主席周小川和埃及资本市场委员会主席签署《证券监管合作谅解备忘录》。

14日 □2000年度注册会计师证券、期货相关业务资格考试结果公布，有628名注册会计师取得合格成绩。

15日 □中国证监会对宁夏煤炭进出口销售公司违规申购新股行为提出批评，并宣布该公司中签的股份属于无效申购，没收其盈利收入。

16日 □深交所发布公告，对桂林集琦药业股份有限公司没有对涉及上亿元的交易信息及时披露予以公开谴责。

□中国证券业协会第二届常务理事会第二次会议透露，协会将在条件成熟时筹建投资者权益保障中心。

17日 □爱使股份发布董事会公告，大港减持5%爱使股份，“明天”成为爱使新的控股者。

□国家计委副主任李子彬透露，我国将再次出台包括允许外资企业在A、B股市场上市的一系列新举措。

21日 □中国证监会发布《法人配售发行方式指引》。

□沪深两市股指继续上扬，上证综指突破2100点。

□全国证券监管系统思想政治工作会议召开。

□全国证券工作会议召开，中国证监会主席周小川在会上强调，证券监管机构要从加强监管和防范风险方面强调职能转换，特别要把保护投资者利益作为重要的监管原则。证券监管部门今后不会调控股票指数的涨落，更不能将调控股票指数作为工作目标或工作方针。

22日 □证监会出台规范法人配售办法，首次明确发行价格须由询价产生，发行量在8000万股以下的原则上不使用法人配售，战略投资者的家数原则上不超过2家。

28日 □中国证监会第一期监管干部培训班举行。

29日 □中国证监会深圳证管办查处了一起非法证券交易活动。

□中国证监会首次在昆明举办证券投资咨询机构总经理培训班。

30日 □中国证监会主席周小川在全国证券工作会议上，向与会代表介绍了社保基金的进展情况。

31日 □保险及购买基金，单只基金持有份额可达10%。

九月

1日 □中国证监会副秘书长金颖指出，在投资基金建设方面，有关部门将推出四项重要措施：尽快进行开放式基金试点，力争5年内使开放式基金成为我国基金业的主流；逐步实行基金设立和发行的注册制；研究拓宽基金管理公司的业务范围；研究放宽对基金管理公司和基金发起人的资格限制。

□上海、深圳证券交易所新的企业债券上市规则经中国证监会批准，于2000年9月1日颁布实施。

4日 □中国人民银行、中国证监会、中国保监会宣布，建立三方监管联席会议制度。

7日 □国家经贸委发布《关于鼓励和促进中小企业发展的若干政策意见》。

8日 □外经贸部部长石广生指出，允许符合条件的外商投资企业在中国A股、B股市场上市；扩大跨国公司在华设立的投资性公司的经营范围。

9日 □中国人民银行印发《财务公司进入全国银行间同业拆借市场和债券市场管理规定》。

10日 □国务院体改办副主任李剑阁指出，现阶段应允许部分养老基金投资于证券投资基金；适当增加股票交易品种，适时推出A股综合指数期货。

11日 □中国证监会首席顾问梁定邦透露，全国性的指数设立方案可望于今年底推出。

12日 □中国证监会党委作出规定，厅局级以上干部

的配偶、子女不得从事可能与公共利益发生冲突的经商办企业活动。

13日 □中国证监会重新修订了《中国证券监督管理委员会工作人员手则》,并印发施行。

19日 □深交所启动创业板券商系统技术准备工作,要求在11月1日前,各券商必须做好创业板行情另板显示的所有准备工作。

20日 □随着宏愿信托成功改组为证券公司,中国第一家上市证券公司诞生。

21日 □朱从玖同志日前被任命为上海证券交易所党委书记、总经理。

25日 □国务院决定建立"全国社会保障基金",并设立"全国社会保障基金理事会",同时任命刘仲藜为理事长。

28日 □中国证监会发布《关于拟发行股票公司聘用审计机构等问题的通知》。

□深交所召开的"创业板市场法规海外专家座谈会"透出消息,已有9项涉及创业板市场的规章制度进入征求意见阶段。

十 月

9 日 □深交所宣布,创业板技术准备基本就绪。

10日 □证监会依法查处西藏圣地股份有限公司股东虚假出资问题,对违反证券法律法规的机构和个人做出了通报批评。

□中国石油化工股份公司宣布在香港招股。

□能准确、全面、及时反映我国国民经济走势和目前沪深两市股票价格走势的股票价格指数——新华指数实时版已经研制成功,并开始向全球进行实时播报。

11日 □ 中国证监会发出关于调整证券公司净资本计算规则的通知。

12日 □ 美国总统克林顿签署对华永久正常贸易关系议案。

□中共十五届五中全会在京举行,会议审议并通过《中共中央关于制定国民经济和社会发展第十个五年计划的建议》。

□中国证监会发布《开放式证券投资基金试点办法》。

□第二届深圳高交会隆重开幕。周小川主席就保护投资者利益问题接受三家证券媒体的联合采访。

13日 □"WorldCN2000——世界证券市场峰会"在深圳隆重开幕。在高交会高新技术论坛现场,中国证监会主席周小川做专题演讲并接受听众提问。

14日 □深交所副总经理胡继之在高交会"高新技术创业投资"论坛上发表了题为"创业板市场与深交所使命"的演讲,首次向公众全面、具体地阐述了创业板的功能定位和整体运作思路。

□成都技术产权交易所成立,这是继上海、北京、深圳之后的全国第4家技术产权交易所。

15日 □中国证监会主席周小川视察深交所创业板市场筹备情况。

16日 □十家基金管理公司针对《财经》杂志2000年10月号刊登的封面文章《基金黑幕——关于基金行为的研究报告解析》联合发表反击声明。

18日 □创业板市场规则(修订意见稿)正式上网披露。

20日 □中国石油化工股份公司在香港联交所挂牌,这是迄今为止我国唯一一家同时在香港、纽约、伦敦三地上市的特大型国企

24日 □中国证监会主席周小川在"WTO与中国资本市场国际研讨会"上指出,21世纪初期中国证券市场的发展战略应该是以规范化为目标,以优化结构和增强功能为手段,通过完善市场体系,大力发展机构投资者,把规范与发展更好地相结合,把防范金融风险与激发市场活力更好地结合起来,不断开拓创新,努力提高证券市场配置资源的效率和国际化水平。

25日 □劳动和社会保障部社会保障事业管理中心主任胡晓义在"WTO与中国证券市场国际研讨会"上指出,多渠道筹集、充实养老保险资金,创造条件,利用资本市场实现其保值增值,从而建立起完善的社会保障制度,社保基金能与资本市场形成良性互动。

□中国证监会主席周小川指出,养老基金应该是资本市场中最重要的投资者;中国资本市场对外开放将采取逐步推进的方针,首先要按WTO谈判的承诺,允许外国证券机构在交易所设立的特别席位直接进行B股交易,允许设立中外合资的证券公司和基金管理公司。

31日 □各大媒体刊载新华社记者文章——《假典型巨额亏空的背后——郑百文跌落发出的警示》,引发各方大讨论。

□易方达基金管理有限公司、银华基金管理有限公司、宝盈基金管理有限公司的筹建方案获中国证监会批准。

□同仁堂科技在香港成功上市。

十一月

1 日 □国务院召开第32次常委会,审议并原则通过了《金融资产管理公司条例(草案)》。

□中国证监会副主席高西庆在"对外开放形势下的中国证券市场研讨会"上表示,中国证监会明年的工作思路已定:要大力加强监管,保护投资者利益,做好风险防范工作;大力发展机构投资者;努力推进高新技术产业发展;推进证券市场开放。

□平安证券获准增资扩股,注册资本金将增至10亿元。

□中国证监会成立工团组织,周小川强调要进一步做好思想政治工作。

4 日 □国家计委宏观经济研究院和深交所共同主办"宏观经济展望与创业板市场发展"高层研讨会。

6 日 □中国证监会第六期上市公司董事培训班举行,中国证监会副主席范福春指出要大力加强董事会建设,上市公司千万不可重蹈郑百文覆辙。

□国家经贸委发出《关于债转股企业规范操作

和强化管理的通知》。

8 日 □ST 京天龙发布公告，兆维集团将入主 ST 京天龙。

□经历长时间盘整后 沪指再次突破 2000 点大关。

9 日 □中信国安公告重组事宜。

□沪深大盘价升量增，创反弹新高，两市分别以 2032.48 点和 4749.51 点报收。

□全国首家专业化票据经营机构——中国工商银行票据营业部开业。

10日 □湖南证券获准增资扩股，资本金将增至 12 亿元。

11日 □新华社消息称，国家有关部门组成的调查组已陆续抵达郑州，将对郑百文巨亏问题展开调查。

12日 □财政部会计司司长冯淑萍透露，我国正在酝酿又一次大的会计改革，有关方面正在草拟一套新的会计制度，可能在上市公司先期实施。

14日 □据悉，中国银行广东省分行对个人开办股票质押贷款业务。

□中国证监会发布《公开发行证券公司信息披露编报规则》第一至六号，对金融企业上市发行的信息披露做了特别规定。

□中国证监会副主席高西庆指出，证券公司不能超越银证合作的现行规定，也不得自行变更现行交易佣金标准。

□记账式(十期)国债开始分销。

15日 □宁波证券获准增资扩股，注册资本金将增至 10 亿元。

□中国证券业协会发出通知，要求不得擅改佣金标准。

□张育军任深圳交易所党委书记、总经理。

17日 □中国证监会有关人士指出，金融企业提交股票发行申请须经其行业监管部门同意，辅导期为一年，券商不得自我辅导、自我承销。

□中国银行四川省分行推出包括以股票市值作为抵押品的个人综合贷款业务。

□宝钢股份敲定发行价为 4.18 元。

□上证所推出国内首个大型数据仓库。

20日 □宝钢股份上网发行。

21日 □财政部权威人士指出，证券交易印花税税率将保持稳定。

□中国民生银行宣布将于 27 日发行 35000 万股 A 股。

□98 一、二期铁路建设债券上市。

22日 □沪指创收盘新高，深综指刷新历史纪录，两市分别以 2113.30 点和 652.57 点报收。

23日 □中国证监会新闻发言人就加强市场监管、打击操纵市场行为、保护投资者利益等问题发表谈话。

□上证所决定扩大上市公司临时公告事后审核试点企业范围。从即日起，110 家上市公司的临时公告将免予上证所的事前审核，实行事前登记、事后审核。

□两市综指创出历史新纪录，分别以 2119.44 点和 654.37 点报收。

24日 □沪深两市收出年内实体最大的阴线。

26日 □上证所举办“证券业信息标准研讨会”。

27日 □中国证监会发布《关于(证券经营机构高级管理人员任职资格管理暂行办法)的补充通知》，提出四大行为准则，规定十种人不得任职。

□国家税务总局发布《关于银行企业所得税若干问题的通知》、《关于保险企业所得税若干问题的通知》，规定经营国库券要交所得税。

□上证所《上市公司治理指引》上网征求意见。

28日 □广电总局有关人士表示，广电网络不对外资开放。

□中央经济工作会议在北京举行，中共中央总书记江泽民在会上发表了重要讲话。讲话全面总结了 2000 年的工作，分析了当前形势，提出了明年经济工作的总体要求和主要任务。中共中央政治局常委、国务院总理朱镕基就明年经济工作部署作了重要讲话。

十二月

1 日 □中国证监会发出通知称，证监会将开展受理新设证券服务部的审核工作。

□深交所开业十周年纪念日。

□中国证监会发布《2001 年证券业从业人员资格考试大纲》。

□广州证券和闽发证券获准增资扩股。

□郑州百文重组方案出台：现有全部资产、债务和业务、人员从上市公司退出，转入母公司整顿调整；山东三联集团以其下属部分优质资产注入 ST 郑百文，并以 3 亿元购买中国信达公司的部分债权约 15 亿元，实现借壳上市。

2 日 □中国证监会主席周小川在“2000 中国上市公司成果博览会研讨会”上表示，对中国证券市场存在的 A、B 股双轨运行和国有股法人股不流通两大历史遗留问题，中国证监会有决心积极妥善予以解决。

3 日 □全国计划会议在北京召开。

4 日 □经中国证监会法律部、司法部律师公证司认可，59 家律师事务所获得了从事涉及境内权益的境外公司相关业务的资格。

5 日 □中国证监会有关负责人就郑百文重组发表谈话表示，百文重组后若申请增发应符合有关规定，证监会尚未接到有关申请；郑百文重组提案能否实施关键看股东大会；证监会正在调查百文，接受重组备案材料不等于不追究当事人责任；对必须退市的公司，证监会将依法对其作出退市决定。

□中国期货业协会的组建方案已获中国证监会批准。

6 日 □沪深两交证所分别发出通知，要求上市公司规范无形资产关联交易行为。

8 日 □深交所举行成立十周年庆祝大会。

9 日 □中国证券报刊发梁定邦关于中国证券市场的专访。

11日 □全国经贸工作会议召开。

□隆平高科在深交所挂牌交易，股票上市当日，该公司自然人发起人袁隆平因持有250万股隆平高科而身价过亿。

12日 □宝钢股份上市。

□全国人大副委员长成思危指出，创业板设立时间未定，全国人大将就有关法律问题进行讨论。

□吴邦国在全国经贸工作会议上强调，要在总结中石油、中石化、中国联通等企业重组上市经验的基础上，继续推动一批有条件的企业通过重组在境内外上市。

14日 □PT红光被判欺诈发行股票罪，成为我国证券市场历史上首个被刑事处罚的上市公司。

□财政部负责人在全国财政工作会议上表示，社保支出占财政比重将提高。

□香港中银集团重组方案出台。

15日 □中国证监会发出通知，对2000年年度报告披露有关问题做了新规定。

□中国证监会要求各担任主承销商的证券公司尽职调查，重视对上市公司的辅导，切实把好质量关。

16日 □为纪念中国证券市场十周年，有关方面举办“中国证券十年论坛”，周小川、李剑阁、高西庆在论坛上发表重要讲话。中国证监会主席周小川在论坛上高度评价了证券市场十年来取得的成就，并且提出了在新形势下的规范和发展中要把握好的三个关键。他在题为《中国证券市场的发展与展望》的演讲中强调要加大规范力度，让市场机制发挥作用，重点保护中小投资者合法权益。

□上证所推出包括调整B股交易结算费用，降低交易成本在内的系列举措，以提高B股市场运行效率。

17日 □全国税务工作会议召开。

19日 □中共中央宣传部、中直机关工委、中央国家机关工委、中央党校、解放军总政治部和中共北京市委联合举办形势报告会，朱镕基总理作了关于中央经济工作会议精神和当前经济形势的报告。朱镕基在会上要求坚持扩大内需方针，继续实施积极的财政和稳健的货币政策，努力实现“十五”良好开局。

□上海证券交易所开业十周年。

□1999年一期中国铁路建设债券开始发行。

□全国人大财经委副主任委员厉以宁在《投资基金法》起草领导小组第四次会议上说，基金立法结束征求意见，草案第四稿再修改后提交全国人大财经委审议。

□民生银行上市。

20日 □因虚增巨额利润，隐瞒重大事项，擅改募资投向和编造虚假账单等违规事项，活力28受到中国证监会的处罚。

□记账式(十二期)国债开始发行。

□国家计委再次下调成品油价格。

□劳动保障部发布《进一步深化企业内部分配制度改革指导意见》。

21日 □中国证监会发布《证券公司检查办法》。

□五洲交通和振华港机上市，使上海证券市场股票总数突破600只，达到601只。

□科龙电器发布预亏公告。

23日 □中国证券业协会2000年一批重点科研课题获奖。

24日 □深万科董事会决定放弃增发B股方案。

□信息部、国家计委、财政部发出通知，决定对我国现行部分电信资费进行结构性调整。

25日 □沪市B股指数创出三年来新高，以88.95点报收。

27日 □沪市B股大挫6.9%。

28日 □中国证监会发布《商业银行年度报告内容与格式特别规定》、《证券公司年度报告内容与格式特别规定》。

□国务院发出关于实施西部大开发若干政策措施的通知。

□朱镕基总理在全国社保工作会议上强调，要加快完善社会保障体系。

□中科系股票连续三天跌停。

29日 □中国证监会组织开发的证券机构监管信息系统一期工程完成。

□中国证监会发布《上市公司发行可转换公司债券咨询文件》。

□中国人民银行决定撤销中国华融信托投资公司。

中國證券業年鑒 公益广告

第二十编

市场统计资料

2234/2350

证券市场行情

表 1　2000 年上海证券交易所 B 股行情报表　　　　单位：元

代码	券种	1.28	2.29	3.31	4.28	5.31	6.30	7.31	8.31	9.29	10.31	11.30	12.29
		收盘	收盘	收盘	收盘	收盘	收盘	收盘	收盘	收盘	收盘	收盘	收盘
900901	真空 B 股	0.444	0.508	0.490	0.472	0.594	0.486	0.496	0.492	0.452	0.482	0.496	0.604
900902	二纺 B 股	0.124	0.108	0.126	0.124	0.176	0.186	0.204	0.230	0.236	0.288	0.302	0.350
900903	大众 B 股	0.364	0.364	0.374	0.402	0.558	0.542	0.532	0.536	0.452	0.518	0.538	0.606
900904	永生 B 股	0.152	0.134	0.168	0.170	0.270	0.290	0.328	0.362	0.360	0.402	0.430	0.574
900905	中铅 B 股	0.170	0.176	0.204	0.194	0.278	0.262	0.280	0.300	0.270	0.316	0.366	0.438
900907	胶带 B 股	0.136	0.116	0.150	0.150	0.222	0.252	0.334	0.362	0.346	0.386	0.454	0.708
900908	氯碱 B 股	0.126	0.108	0.126	0.138	0.184	0.190	0.220	0.260	0.248	0.294	0.290	0.36
900909	轮胎 B 股	0.110	0.104	0.142	0.144	0.190	0.200	0.240	0.364	0.322	0.350	0.334	0.392
900910	冰箱 B 股	0.130	0.120	0.136	0.150	0.202	0.220	0.258	0.296	0.268	0.308	0.346	0.444
900911	金桥 B 股	0.220	0.188	0.214	0.232	0.302	0.304	0.358	0.330	0.310	0.348	0.396	0.476
900912	外高 B 股	0.290	0.268	0.294	0.284	0.350	0.366	0.402	0.384	0.386	0.446	0.486	0.596
900913	联华 B 股	0.142	0.130	0.146	0.172	0.266	0.296	0.328	0.346	0.308	0.350	0.408	0.576
900914	新锦 B 股	0.150	0.134	0.170	0.184	0.212	0.226	0.246	0.292	0.290	0.314	0.336	0.410
900916	凤凰 B 股	0.110	0.092	0.118	0.128	0.174	0.194	0.216	0.310	0.282	0.370	0.358	0.474
900917	海欣 B 股	0.280	0.260	0.292	0.314	0.420	0.472	0.500	0.480	0.432	0.510	0.516	0.638
900918	耀皮 B 股	0.200	0.180	0.198	0.226	0.308	0.302	0.360	0.440	0.358	0.384	0.436	0.518
900919	大江 B 股	0.106	0.100	0.122	0.146	0.200	0.226	0.256	0.272	0.246	0.290	0.316	0.440
900920	上柴 B 股	0.188	0.196	0.198	0.214	0.256	0.248	0.272	0.306	0.280	0.316	0.332	0.404
900921	英雄 B 股	0.182	0.188	0.206	0.210	0.268	0.246	0.262	0.276	0.280	0.296	0.350	0.460
900922	三毛 B 股	0.222	0.220	0.240	0.262	0.398	0.414	0.408	0.378	0.358	0.390	0.436	0.578
900923	友谊 B 股	0.184	0.182	0.220	0.226	0.294	0.292	0.364	0.344	0.336	0.380	0.426	0.540
900924	上工 B 股	0.150	0.134	0.166	0.168	0.248	0.228	0.258	0.306	0.268	0.318	0.350	0.456
900925	上菱 B 股	0.516	0.424	0.494	0.490	0.596	0.594	0.606	0.626	0.572	0.604	0.700	0.820
900926	钢管 B 股	0.110	0.090	0.118									
900927	物贸 B 股	0.140	0.168	0.196	0.234	0.272	0.244	0.258	0.294	0.270	0.304	0.346	0.494
900928	自仪 B 股	0.148	0.128	0.156	0.156	0.206	0.186	0.208	0.260	0.276	0.310	0.318	0.426
900929	国旅 B 股	0.222	0.220	0.226	0.238	0.312	0.380	0.428	0.400	0.388	0.416	0.478	0.610
900930	邮通 B 股	0.294	0.278	0.324	0.300	0.380	0.344	0.360	0.360	0.328	0.368	0.450	0.556
900932	陆家 B 股	0.300	0.282	0.308	0.312	0.372	0.376	0.432	0.396	0.360	0.412	0.450	0.508
900933	华新 B 股	0.108	0.114	0.126	0.128	0.180	0.188	0.210	0.248	0.238	0.274	0.300	0.370
900934	新亚 B 股	0.184	0.210	0.216	0.224	0.286	0.294	0.312	0.318	0.298	0.322	0.364	0.428
900935	ST 金泰 B				0.148	0.208	0.304	0.276	0.408	0.386	0.390	0.406	0.518
900936	鄂绒 B 股	0.260	0.240	0.260	0.270	0.340	0.348	0.364	0.420	0.392	0.420	0.454	0.530
900937	龙电 B 股	0.292	0.252	0.268	0.270	0.342	0.360	0.394	0.476	0.450	0.498	0.504	0.578
900938	天海 B 股	0.184	0.176	0.180	0.184	0.248	0.258	0.288	0.338	0.298	0.324	0.364	0.448
900939	汇丽 B 股	0.128	0.106	0.128	0.136	0.200	0.230	0.288	0.320	0.284	0.356	0.372	0.522
900940	华源 B 股	0.256	0.228	0.296	0.328	0.452	0.306	0.350	0.334	0.316	0.346	0.376	0.446
900941	东信 B 股	0.794	0.850	0.856	0.802	0.992	0.876	0.876	0.944	0.928	0.946	0.994	1.100
900942	黄山 B 股	0.406	0.316	0.380	0.390	0.454	0.470	0.490	0.438	0.448	0.458	0.496	0.556
900943	开开 B 股	0.194	0.232	0.252	0.252	0.316	0.328	0.350	0.394	0.384	0.416	0.450	0.540
900945	海航 B 股	0.300	0.270	0.258	0.284	0.342	0.438	0.422	0.458	0.382	0.430	0.410	0.494
900946	轻骑 B 股	0.148	0.128	0.146	0.140	0.184	0.180	0.214	0.238	0.232	0.260	0.272	0.310
900947	振华 B 股	0.294	0.256	0.280	0.286	0.360	0.372	0.406	0.400	0.380	0.424	0.476	0.600
900948	伊煤 B 股	0.112	0.096	0.116	0.120	0.158	0.172	0.204	0.230	0.232	0.278	0.280	0.360
900949	东电 B 股	0.244	0.208	0.224	0.254	0.318	0.310	0.344	0.336	0.310	0.370	0.400	0.440
900950	五菱 B 股	0.149	0.138	0.148	0.160	0.212	0.190	0.220	0.248	0.274	0.294	0.310	0.362
900951	大化 B 股	0.118	0.086	0.108	0.108	0.150	0.150	0.200	0.280	0.232	0.282	0.284	0.370
900952	锦港 B 股	0.238	0.216	0.218	0.234	0.300	0.376	0.390	0.334	0.324	0.352	0.388	0.506
900953	凯马 B 股	0.168	0.148	0.162	0.166	0.215	0.224	0.258	0.252	0.260	0.286	0.296	0.362
900955	茉织华 B	0.490	0.510	0.438	0.440	0.558	0.548	0.546	0.652	0.618	0.688	0.690	0.760
900956	东贝 B 股	0.200	0.186	0.192	0.188	0.232	0.250	0.282	0.260	0.254	0.284	0.296	0.380
900957	凌云 B 股							0.316	0.366	0.338	0.370	0.388	0.462

表 2　2000 年深圳证券交易所 B 股行情报表　　　单位：元

代码	券种	1.28	2.29	3.31	4.28	5.31	6.30	7.31	8.31	9.29	10.31	11.30	12.29
		收盘	收盘	收盘	收盘	收盘	收盘	收盘	收盘	收盘	收盘	收盘	收盘
2002	深万科 B	3.41	3.84	3.37	3.22	3.89	3.92	3.95	3.98	3.69	3.92	4.44	4.80
2003	深金田 B	1.03	1.10	1.41	1.16								
2011	深物业 B	1.07	1.08	1.43	1.25								
2012	深南玻 B	0.92	1.10	1.74	1.94	2.39	2.95	2.85	2.91	2.74	2.90	2.89	3.21
2013	深石化 B	1.87	1.99	2.09	1.94	2.24	2.80	2.78	2.65	2.38	2.50	2.58	3.04
2016	深康佳 B	6.45	6.52	6.89	6.95	8.31	8.03	6.10	5.26	4.17	5.37	5.30	5.50
2018	深中冠 B	2.10	1.90	2.29	1.97	2.49	2.48	2.43	2.59	2.39	2.53	2.78	3.32
2019	深深宝 B	2.20	2.42	2.50	2.20	2.82	3.50	3.45	3.49	2.99	3.14	3.19	3.55
2020	ST 华发 B			1.65	1.50	1.84	2.12	2.02	2.65	2.25	2.57	2.60	2.83
2022	深赤湾 B	2.25	1.82	2.14	1.95	2.72	2.70	2.75	2.61	2.37	2.60	2.74	3.40
2024	深招港 B	3.36	3.20	3.46	3.15	3.92	3.75	3.85	4.06	3.70	3.91	3.81	4.24
2025	深特力 B	1.23	1.31	2.05									
2026	飞亚达 B	1.98	1.84	2.22	1.85	2.29	2.46	2.54	2.47	2.35	2.50	2.49	2.84
2028	深益力 B	1.98	2.38	2.95	2.80	3.55	3.88	3.52	4.59	2.21	2.50	2.59	3.24
2029	深深房 B	0.92	0.93	1.53	1.83	2.21	2.70	2.63	2.12	1.88	1.92	2.12	2.29
2037	深南电 B	1.96	1.80	2.63	2.69	3.30	3.47	3.38	3.13	2.78	3.15	3.28	3.62
2039	中集 B	5.00	4.75	4.37	4.22	5.22	5.93	5.82	6.76	6.00	6.19	6.65	7.35
2041	深本实 B	2.80	2.75	2.41	2.10	2.57	2.64	2.45	2.87	3.10	3.33	4.38	4.84
2045	深纺织 B	2.10	1.84	2.08	1.92	2.67	2.85	2.87	2.63	2.70	2.90	2.98	3.47
2053	深基地 B	1.82	1.70	1.88	1.80	2.37	2.40	2.38	2.30	2.29	2.44	2.57	3.03
2054	深建摩 B	0.88	0.82	1.12	1.02	1.38	1.57	1.50	1.54	1.40	1.47	1.51	1.87
2055	深方大 B	2.88	3.02	3.33	3.05	3.50	3.66	3.38	3.48	3.00	3.44	3.48	4.07
2056	深国商 B	1.58	1.66	1.94	1.84	2.17	2.40	2.24	2.19	2.01	2.14	2.18	2.52
2058	深赛格 B	3.66	3.45	3.67	3.22	3.72	3.44	2.77	2.45	2.11	2.27	2.35	2.64
2152	山航 B									1.99	2.12	2.10	2.84
2160	帝贤 B									2.60	3.29	3.55	4.90
2168	雷伊 B										3.26	3.50	4.40
2413	ST 宝石 B				1.29	1.67	1.68	1.69	1.87	1.72	1.83	2.02	2.27
2418	小天鹅 B	3.91	3.71	3.80	3.63	4.27	4.49	3.90	4.02	3.40	3.74	4.00	4.32
2429	粤高速 B	2.68	2.66	2.72	2.68	3.30	3.18	3.29	3.20	2.97	3.13	3.12	3.38
2468	宁通信 B	3.28	3.39	3.27	2.90	3.52	2.95	2.95	2.78	2.57	2.78	2.84	3.33
2488	晨鸣 B	3.10	2.70	2.80	2.68	3.25	3.38	3.34	3.85	3.52	4.10	4.10	4.43
2505	琼珠江 B	1.19	1.40	1.67	1.96	2.20	2.21	2.11	2.39	2.30	2.25	2.23	2.46
2512	闽灿坤 B	3.29	3.00	2.98	3.27	4.14	2.92	3.01	3.10	3.00	3.15	3.18	3.47
2513	粤丽珠 B	1.80	1.61	1.89	1.75	2.31	2.48	2.25	2.39	2.01	2.04	2.08	2.83
2521	皖美菱 B	1.56	1.76	1.89	1.69	2.05	2.18	2.06	1.94	1.77	1.87	1.87	2.27
2530	大冷 B	1.65	1.70	1.88	1.90	2.21	2.22	2.09	2.10	1.95	2.06	2.09	2.56
2539	粤电力 B	3.65	3.51	3.74	3.65	4.51	4.92	5.54	6.34	5.77	3.07	3.07	3.45
2541	粤照明 B	3.95	3.90	4.16	4.26	5.14	4.35	4.38	4.04	3.77	4.06	4.20	4.51
2550	赣江铃 B	1.23	1.10	1.49	1.14	1.14							
2553	沙隆达 B	2.47	2.10	2.30	1.97	2.36	2.38	2.18	2.18	1.89	1.95	2.01	2.43
2570	苏常柴 B	2.49	2.62	2.80	2.30	2.91	2.82	2.80	2.85	2.66	2.81	2.90	3.20
2581	苏威孚 B	2.37	2.24	2.27	2.19	2.46	2.46	2.79	3.19	2.91	3.00	3.16	3.49
2596	古井贡 B	3.59	3.25	3.54	3.50	4.36	4.32	4.31	3.99	3.95	3.94	4.32	5.19
2613	ST 东海 B												
2625	长安 B	0.89	0.83	1.14	1.03	1.35	1.59	1.63	1.58	1.39	1.45	1.59	1.77
2706	瓦轴 B	1.80	1.69	1.81	1.66	2.10	1.97	1.87	1.92	1.78	1.82	1.90	2.38
2725	京东方 B	3.67	4.07	3.85	3.48	4.16	3.91	3.79	3.75	3.55	3.71	3.78	4.22
2726	鲁泰 B	3.56	3.47	3.56	3.42	4.00	3.69	3.81	3.75	3.59	3.91	4.13	4.72
2761	本钢板 B	1.44	1.31	1.50	1.35	1.70	1.72	1.75	1.99	1.82	1.87	1.78	1.95
2770	武锅 B	1.02	1.13	1.30	1.16	1.71	1.67	1.54	1.54	1.44	1.47	1.52	1.80
2771	杭汽轮 B	3.81	3.72	3.34	3.28	3.38	3.93	3.70	2.88	2.47	2.49	2.77	3.17
2869	张裕 B	3.00	2.75	2.83	2.63	3.21	3.27	3.44	3.75	3.40	4.09	4.10	4.62
2986	粤华包 B							2.35	2.46	2.18	2.29	2.32	2.79
2992	中鲁 B							2.63	3.38	2.82	3.08	3.14	3.66

表3　2000年上海证券交易所国债行情周报表　　单位：元

券种	1.07	1.14	1.21	1.28	2.18	2.25	3.03	3.10	3.17	3.24	3.31	4.07	4.14	4.21	4.28	5.12	5.19
	收盘	收盘	收盘	收盘	收盘	收盘	收盘	收盘	收盘	收盘	收盘	收盘	收盘	收盘	收盘	收盘	收盘
96国债(6)	151.60	151.66	152.19	152.60	152.05	152.29	152.58	152.98	152.90	153.60	153.64	153.61	153.75	153.93	154.21	154.42	154.39
96国债(8)	118.46	118.86	119.44	119.81	118.98	119.53	119.79	120.00	119.93	120.36	120.38	120.80	120.83	121.04	121.79	122.33	122.38
97国债(3)	126.47	126.83	127.02	126.88	126.80	126.84	126.94	127.18	127.25	127.30	127.30	127.29	127.32	127.36			
97国债(4)	142.58	142.64	143.14	143.39	142.78	142.93	143.30	143.34	143.40	144.52	144.42	143.90	143.93	144.02	144.09	144.39	144.39
99国债(5)	99.08	99.40	99.64	99.98	99.20	99.50	99.67	99.76	99.92	100.04	100.00	99.91	100.01	100.35	100.60	101.03	100.80
99国债(8)	98.68	99.00	99.23	99.35	99.00	99.20	99.40	99.51	99.63	99.87	99.97	99.90	100.04	100.32	100.60	101.01	100.76
20国债(4)																	
20国债(10)																	
南转化债	194.90	190.25	188.04	185.55	179.60	172.48	171.89	169.80	153.50	155.00	168.20	177.26	180.10	173.10	171.50	161.80	163.56
机场转债									101.58	100.04	99.96	99.99	100.24	99.22	98.20	96.94	96.23
96三峡债	132.50	132.25	132.43	132.60	132.39												
96吉化债	132.03	132.30	132.32	132.62													
96梅山债	131.25	131.30	131.50				132.82	132.00							132.46		
97国电债	116.60	116.45	116.67	117.25	117.10	117.65	118.20	117.95	118.40	118.30	118.50	118.40	118.40	118.40	118.30	118.95	119.00
97中铁(3)	116.50	116.89	117.00		117.30	117.60	118.60	118.40	118.70	118.30	118.62	118.50	118.04	118.70	118.80	119.80	118.76
97中铁(5)	121.90	121.93	122.20	122.31	122.00	122.70	123.89	124.00	124.40	124.40	124.25	124.13	124.20	124.15	124.30	124.40	124.35
98三峡(3)	106.50	106.70	106.50	106.50	106.20	106.80	108.45	108.51	108.50	108.70	108.85	108.80	108.50	108.75	108.79	109.35	109.30
98三峡(8)	112.39	112.30	106.00	105.80	104.58	104.50	105.05	104.70	104.64	104.94	104.60	104.79	105.20	105.55	105.20	105.71	106.61
98中铁(1)																	
98中铁(2)																	
98中铁(3)																	
99三峡债																	
R003	0.60	0.65	0.75	0.70	0.80	0.65	0.65	0.67	1.00	1.14	0.78	0.65	0.65	0.78	0.53	0.78	0.66
R007	2.80	2.46	5.55	0.70	3.90	2.98	2.95	3.30	3.29	2.88	2.76	2.69	2.70	3.50	0.37	2.30	2.30
R014	2.90	2.80	3.60	0.55	4.70	4.00	3.40	3.88	3.79	2.70	3.19	2.91	2.90	2.50	1.80	2.56	2.45
R028	3.90	3.00	2.32	2.00	3.99	4.02	3.95	3.90	3.88	3.98	3.10	3.21	3.11	2.70	2.19	2.58	2.50
R091	3.90	3.94	3.75	4.00	4.25	4.00	4.00	4.15	4.04	4.00	3.60	3.70	3.48	3.34	1.50	2.94	2.87
R182	4.00	3.98	3.80	3.50	4.60	4.00	4.40	4.25	4.19	3.95	4.03	3.94	3.30	3.50	3.44	3.30	3.10
RC091																	

券种	5.26	6.02	6.09	6.16	6.23	6.30	7.07	7.14	7.21	7.28	8.04	8.11	8.18	8.25	9.02	9.08	9.15
	收盘	收盘	收盘	收盘	收盘	收盘	收盘	收盘	收盘	收盘	收盘	收盘	收盘	收盘	收盘	收盘	收盘
96国债(6)	154.38	154.41	154.00	141.57	143.09	143.01	142.85	143.05	143.57	143.38	143.42	144.00	144.12	144.15	144.18	143.00	143.07
96国债(8)	122.27	122.23	122.50	122.55	122.63	122.58	122.30	122.54	122.92	122.70	122.91	123.16	123.41	123.82	123.81	123.34	123.45
97国债(3)																	
97国债(4)	144.15	144.18	143.98	143.70	144.16	143.89	143.50	143.47	143.93	144.10	144.90	145.43	145.00	146.18	145.28	134.70	134.82
99国债(5)	101.06	101.19	101.36	101.64	101.68	101.43	101.64	101.95	102.11	102.40	102.71	103.19		99.94	100.01	99.98	100.25
99国债(8)	101.10	101.14	101.24	101.54	101.55	101.30	101.45	101.75	102.00	102.14	102.48	103.10	103.04	103.02	102.95	102.96	103.19
20国债(4)		100.28	100.31	1400.9	101.83	101.62	101.96	102.19	102.54	102.54	103.49	104.47	104.22	104.57	104.50	103.80	103.80
20国债(10)																	
南转化债	193.80	216.01	210.00	250.00	276.45	287.00	274.00	268.00	271.58	269.70							
机场转债	98.20	99.85	99.00	100.00	99.39	99.98	99.97	100.75	107.00	106.56	106.33	106.69	106.65	104.00	102.00	98.90	99.00
96三峡债																	
96吉化债																	
96梅山债																	
97国电债	119.20	119.00	119.10	118.95	119.10	118.90	119.18	119.19	119.40	119.26	119.25	119.40	119.30	119.55	120.00	120.10	120.35
97中铁(3)	119.00	119.05	119.00	118.89	119.00	119.00	118.71	119.25	119.00	119.31	119.35	119.40	119.40		119.91	120.00	
97中铁(5)	124.40	125.00	125.17	125.09	124.70	125.00	124.50	124.50	124.00	124.47	124.30	124.30	124.30	124.30	124.20	123.84	124.49
98三峡(3)	109.11	109.20	109.09	108.63	109.10	109.09	108.50	108.90	108.72	108.83	109.03	109.30	109.54	109.15	109.20	109.16	109.25
98三峡(8)	106.46	106.50	106.55	106.20	106.00	105.83	105.69	105.80	105.85	105.90	106.09	106.15	106.20	106.20	106.17	106.25	106.30
98中铁(1)																	
98中铁(2)																	
98中铁(3)																	
99三峡债																	
R003	0.66	0.66	2.94	0.77	0.66	0.78	1.02	1.01	1.26	2.40	0.90	0.58	0.65	0.64	0.89	2.40	1.28
R007	2.27	2.20	3.40	2.85	3.02	3.58	3.26	3.66	3.78	3.40	2.80	2.70	2.86	2.93	3.00	3.00	2.85
R014	2.50	2.52	3.20	2.75	3.50	3.45	4.10	3.75	3.75	3.50	3.20	3.15	3.45	3.35	3.22	3.50	3.10
R028	2.50	2.50	2.70	3.00	3.60	3.50	4.37	3.90	3.80	3.60	3.50	3.06	3.41	3.00	3.60	3.50	3.32
R091	2.85	3.00	3.00	3.00	3.50	3.90	4.30	4.09	4.00	3.89	3.78	3.60	3.79	3.80	3.72	3.76	3.70
R182	3.07	3.00	3.10	3.09	3.25	3.50	4.15	4.11	4.05	3.70	4.00		3.99	3.95	3.90	3.90	3.80
RC091																	

券种	9.22	9.29	10.13	10.20	10.27	11.03	11.10	11.17	11.24	12.01	12.08	12.15	12.22	12.29			
	收盘	收盘	收盘	收盘	收盘	收盘	收盘	收盘	收盘	收盘	收盘	收盘	收盘	收盘			
96国债(6)	143.24	143.05	143.50	144.25	144.23	144.40	144.20	144.65	144.93	145.02	145.18	144.90	144.58	144.79			
96国债(8)	123.57	123.90	123.95	124.04	124.00	115.38	115.25	115.50	115.46	115.34	115.55	115.64	115.62	115.70			
97国债(3)																	
97国债(4)	135.99	135.28	135.43	135.73	135.58	135.43	135.60	135.40	135.33	135.36	135.43	135.29	135.15	135.20			
99国债(5)	100.21	99.99	100.15	100.30	100.41	100.78	100.65	100.68	100.67	100.40	100.49	100.24	99.81	99.85			
99国债(8)		100.00	100.14	100.31	100.48	100.75	100.56	100.63	100.75	100.59	100.70	100.67	99.88	99.94			
20国债(4)	103.79	103.86	103.77	103.61	103.44	103.33	102.80	103.64	103.49	102.98	102.77	102.85	102.31	101.71			
20国债(10)										99.99	99.98	100.04	100.08	100.08			
南转化债																	
机场转债	98.40	98.99	98.60	98.89	98.83	98.60	99.36	100.87	100.00	99.50	99.86	99.01	98.77	99.12			
96三峡债																	
96吉化债																	
96梅山债																	
97国电债	119.40	119.68	119.98	120.00	120.18	120.15	120.48	120.44	120.30	120.30	120.20	120.10	120.02	120.55			
97中铁(3)	119.80	119.76	119.95	119.99	120.40		120.50		120.80	120.60	120.88		120.78				
97中铁(5)	124.46	124.58	124.99	125.25	125.67	125.40		125.77	125.00	125.12	125.12	125.35	125.40	125.33			
98三峡(3)	109.65	109.88	109.92	109.80	109.98	110.14	110.00	110.10	109.82	110.36	110.15	110.40	110.40	110.35			
98三峡(8)	106.42	107.00	107.24	107.10	107.19	107.20	107.05	107.00	106.50	106.88	106.90	106.80	106.62	107.49			
98中铁(1)									115.00	115.30	115.55	115.55	115.59	115.50			
98中铁(2)									97.92	97.62	97.81	97.66	99.90	100.00			
98中铁(3)									97.92	97.50	97.07	96.50	99.90	100.00			
99三峡债													101.30	101.40			
R003	0.58	0.66	1.00	0.66	1.10	1.02	1.59	1.38	0.83	1.49	2.10	7.05	2.00	1.10			
R007	2.90	0.46	3.60	2.18	2.99	3.10	3.05	3.49	3.00	3.70	4.20	15.00	4.00	2.35			
R014	2.97	1.80	3.60	2.80	3.15	3.45	3.24	3.75	3.20	4.90	4.40	4.59	4.00	2.50			
R028	3.08	2.77	3.60	2.58	3.10	3.20	3.30	3.70	3.58	4.00	4.20	5.20	3.80	4.50			
R091	3.65	3.59	3.90	3.50	3.50	3.69	3.60	3.60	3.60	4.00	4.20	4.50	4.30	3.00			
R182	3.90	3.80	3.80	3.75	3.70	3.65	3.75	3.65	3.78	3.86	3.96	4.11	4.00	3.69			
RC091																	

表 4　2000 年深圳证券交易所国债行情周报表

单位：元

券种	1.07	1.14	1.21	1.28	2.18	2.25	3.03	3.10	3.17	3.24	3.31	4.07	4.14	4.21	4.28	5.12	5.19
	收盘	收盘	收盘	收盘	收盘	收盘	收盘	收盘	收盘	收盘	收盘	收盘	收盘	收盘	收盘	收盘	收盘
中铁 963	132.32																
中铁 965	139.60	140.55	140.85	141.00	141.20	141.00	141.35	142.29	143.25	144.50	143.70	143.60	143.85	143.90	144.35	145.00	145.09
中信 983	106.31	106.19	106.50	106.87	106.66	106.98	107.75	108.40	109.08	109.20	109.08	108.74	108.98	109.04	109.10	109.35	109.32
R003	0.85	0.70	0.60		0.90	1.00	0.69	1.00	1.45	2.40	1.14	0.60	0.68	0.66	0.60	0.70	0.67
R004			7.00				7.00		7.00	2.00	1.15	1.00	6.85	5.00	0.77	3.40	7.95
R007	2.82	2.27		0.20		2.80	1.10	3.28	3.40	4.20	6.95	1.00	3.00	10.00	0.40	2.35	2.70
R014	3.00	3.00							7.00		7.00				6.95	4.00	
R028	10.00	8.00		3.00	4.00	4.00			3.00	3.50				3.90		9.00	4.00
R063	3.00	3.00	3.00						2.50	2.00		4.00					3.50
R091	6.00			6.00		9.00				12.00		10.00					3.40
R182									6.00	4.50							
R273										6.00							
国债 904																	
国债 966			151.70		150.00		152.30										155.00
国债 968			119.00	119.30	119.40	119.30	119.75	119.64		120.00	120.00	120.40	120.80			122.25	
国债 972			126.50														
国债 973		141.50		142.36	141.00		142.00		143.85		142.00	143.80	143.98	142.80		143.87	143.99
国债 995	98.66		99.50	99.70	98.90	99.10	99.80	99.88	99.60	99.81	99.98	101.70	100.50	100.40	100.43	100.85	100.73
国债 998	98.50	98.62	99.06	99.36	98.60	99.00	99.26	99.64	99.62	99.55	99.82	99.87	99.90	100.20	100.27	100.88	100.70
丝绸转债	248.90	241.23	241.44	245.89	255.34	241.56	233.55	223.02	219.73	219.00	222.99	224.20	240.00	238.48	231.49	220.90	224.62
茂炼转债	105.88	102.29	103.01	102.80	102.85	103.42	103.75	104.21	103.60	103.06	103.59	103.40	106.50	103.89	103.24	100.10	98.56
鞍钢转债														97.12	97.64	95.84	96.33

券种	5.26	6.02	6.09	6.16	6.23	6.30	7.07	7.14	7.21	7.28	8.04	8.11	8.18	8.25	9.01	9.08	9.15
	收盘	收盘	收盘	收盘	收盘	收盘	收盘	收盘	收盘	收盘	收盘	收盘	收盘	收盘	收盘	收盘	收盘
中铁 963																	
中铁 965	145.30	146.00	145.91	145.95	146.40	146.51	146.70	146.70	146.00	146.20	146.10	146.40	146.50	146.85	146.90	147.05	147.00
中信 983	109.42	109.48	109.35	109.59	109.55	109.66	109.70	109.85	109.90	110.05	110.10		110.40	110.71	111.22	111.39	111.53
R003	0.80	0.70	3.00	2.00	0.70	1.25	1.00	1.00		1.20	0.50	1.00	0.65	0.70	1.00	1.50	1.30
R004	2.40	7.50	8.90	10.00	12.50				4.00	7.25	7.25	8.00	7.25		7.25	2.60	
R007	2.45	2.60	3.50	3.05	0.90	3.50	7.00	6.00	3.00	2.50	3.25	3.00	4.00	3.20	3.55	8.00	3.75
R014	2.48					7.95			4.00		4.80		8.00		4.00		4.50
R028	2.50		3.00	3.90	3.00		3.00	3.00	3.00		4.00	4.00	5.00		4.20		4.80
R063	3.50		3.00		3.00				3.00	3.00			6.00	3.00		5.00	5.00
R091	3.40		3.00	3.00			3.00						5.00	9.00			
R182		8.00		4.00							5.80						
R273																	
国债 904		100.35	100.20	100.67	101.30	101.60	101.68	101.80	102.00		103.00	104.00	103.88		104.28		103.50
国债 966			154.49		143.50	142.14		142.90			139.95	144.50					
国债 968				121.55	121.75	122.15	122.15		124.50	122.55		122.80		122.15	123.45		
国债 972																	
国债 973	142.18	142.55				143.58		139.00	142.80	142.70		144.50	144.00			134.00	133.61
国债 995	100.66	100.70	100.91	101.23	101.33	101.31	101.09	101.21	101.80	101.88	101.70	102.89		99.92	100.01	99.81	100.10
国债 998	100.67	100.60	100.96	101.23	101.24	101.33	101.01	101.19	101.81	101.70	102.23	103.10	103.05	102.94	103.01	103.00	103.10
丝绸转债	295.08	292.02	293.50	315.29	297.08												
茂炼转债	101.55	103.97	102.61	104.81	107.02	107.95	107.12	113.15	115.20	108.21	110.60	108.64	107.24	106.82	105.81	102.40	102.91
鞍钢转债	101.02	111.96	104.97	107.49	108.20	109.96	119.51	129.27	139.26	134.84	139.68	138.09	138.93	139	136.21	129.67	131.91

券种	9.22	9.29	10.13	10.20	10.27	11.03	11.10	11.17	11.24	12.01	12.08	12.15	12.22	12.29			
	收盘	收盘	收盘	收盘	收盘	收盘	收盘	收盘	收盘	收盘	收盘	收盘	收盘	收盘			
中铁 963																	
中铁 965	147.50		148.69	149.79	148.76	148.75	148.86	148.90	148.80	149.00	148.96	148.89	148.72	148.90			
中信 983	111.90	111.93	112.02	112.55	112.59	112.52	112.54	112.52	112.40	112.50	112.47	112.35	112.70	112.90			
R003	1.00	1.00	1.00	0.70	1.40	1.00	1.00	1.60	1.50	1.00	1.10	2.00	3.00	1.20			
R004			6.95	7.00	6.60	7.25	7.25	5.50	6.00	5.25		10.00	5.25	5.00			
R007			3.50	2.55	3.22		3.50	4.05	3.00	5.00	4.50	5.25	5.55				
R014	8.10	4.00	3.00		6.50		7.25		8.00		8.00						
R028	8.40	4.00			5.00			7.25	8.00								
R063		5.00								12.40							
R091													6.00				
R182																	
R273																	
国债 904					103.00		102.80	102.20	101.30		102.50			101.98			
国债 966	139.10	143.50		143.95							143.05	140.25	144.70	143.03			
国债 968	123.60	122.75	123.50	123.50	123.01	115.60	115.77	119.55	115.44			114.90	115.20	115.03			
国债 972																	
国债 973			134.80			134.32			134.48	134.49			134.00				
国债 995	100.18	100.20	100.09	100.08	100.18	100.45	100.46	100.55	100.47	100.37	100.36	100.28	99.99	99.98			
国债 998		99.91	99.90	100.15	100.25	100.43	100.56	100.59	100.45	100.33	100.59	100.50	100.46	99.56			
丝绸转债																	
茂炼转债	102.29	103.84	102.77	103.19	103.17	103.24	107.12	110.35	106.99	113.30	111.22	115.67	116.31	117.86			
鞍钢转债	121.27	122.68	121.01	125.92	126.69	125.90	126.45	137.13	132.17	135.48	135.88	130.14	128.50	127.80			

基金市场行情

表 5　2000 年深圳证券交易所基金行情周报表　　　　单位：元

基金名称	1.07	1.14	1.21	1.28	2.18	2.25	3.03	3.10	3.17	3.24	3.31	4.07	4.14	4.21	4.28	5.12	
	收盘	收盘	收盘	收盘	收盘	收盘	收盘	收盘	收盘	收盘	收盘	收盘	收盘	收盘	收盘	收盘	收盘
天骥基金	1.40	1.30	1.31	1.33	1.35	1.33	1.36	1.34	1.42	1.46	1.44	1.42	1.41	1.41	1.35	1.30	
蓝天基金	1.30	1.21	1.22	1.21	1.24	1.23	1.27	1.26	1.28	1.33	1.30	1.31	1.31	1.32	1.26	1.22	
广发基金	2.78	2.63	2.63	2.63	2.71	2.70	2.87	2.81	2.71	2.79	2.73	3.36	3.80	4.22	3.81	3.33	
南方基金	1.75	1.65	1.64	1.64	1.81	1.71	1.80	1.85	1.77	1.99	1.88	1.93	2.01	2.04	1.91	1.77	
广证基金	2.03	1.92	1.92	1.90	2.00	2.03	2.41	2.47	2.58	2.87	2.60	2.64	2.74	2.71	2.45	2.20	
华信基金	2.14	1.98	1.99	1.95	2.05	2.03	2.20	2.15	2.11	2.23	2.21	2.38	2.57	2.49	2.26	2.11	
富岛基金	2.08	1.96	1.95	1.94	2.00	1.99	2.09	2.10	2.08	2.17	2.16	2.27	2.31	2.28	2.14	2.01	
基金开元	1.37	1.30	1.36	1.42	1.59	1.49	1.55	1.60	1.57	1.58	1.64	1.35	1.32	1.29	1.28	1.23	
基金普惠	1.31	1.25	1.27	1.31	1.36	1.29	1.32	1.30	1.30	1.32	1.40	1.16	1.15	1.14	1.14	1.11	
基金同益	1.28	1.21	1.23	1.28	1.31	1.26	1.30	1.28	1.28	1.30	1.20	1.20	1.19	1.16	1.17	1.14	
基金景宏	1.20	1.13	1.17	1.21	1.28	1.21	1.25	1.23	1.23	1.24	1.29	1.10	1.08	1.07	1.07	1.04	
基金裕隆	1.12	1.04	1.05	1.11	1.18	1.10	1.15	1.14	1.12	1.14	1.17	1.11	1.09	1.08	1.09	1.07	
基金普丰	1.06	1.02	1.02	1.03	1.05	1.04	1.04	1.04	1.03	1.03	1.05	1.04	1.04	1.04	1.04	1.02	
基金景博	1.12	1.04	1.05	1.07	1.15	1.10	1.13	1.10	1.09	1.09	1.13	1.12	1.08	1.07	1.08	1.04	
基金裕华															1.80	1.74	
基金天元	1.06	1.02	1.02	1.03	1.06	1.05	1.06	1.08	1.09	1.10	1.10	1.09	1.09	1.08	1.07	1.04	
基金同盛	1.06	1.02	1.02	1.03	1.05	1.03	1.05	1.03	1.03	1.03	1.04	1.04	1.03	1.03	1.03	1.02	
基金景福		1.02	1.02	1.03	1.04	1.03	1.04	1.03	1.02	1.03	1.03	1.02	1.03	1.02	1.03	1.01	
基金同智																	
基金珠江																	
基金裕泽																	
基金兴科																	
基金隆元																	
基金兴安																	

基金名称	5.19	5.26	6.02	6.09	6.16	6.23	6.30	7.07	7.14	7.21	7.28	8.04	8.11	8.18	8.25	9.01	
	收盘	收盘	收盘	收盘	收盘	收盘	收盘	收盘	收盘	收盘	收盘	收盘	收盘	收盘	收盘	收盘	收盘
天骥基金	1.29	1.33	1.34	1.33	1.23	1.09	0.94										
蓝天基金	1.22	1.24	1.29	1.28	1.18	1.05	0.86										
广发基金	4.07	3.54	3.54	3.43	2.62	2.02	1.81	1.86									
南方基金	1.78	1.88	1.91	1.83	1.60	1.37	1.33	1.37									
广证基金	2.24	2.37	2.28	2.27	1.78	1.49	1.46	1.52									
华信基金	2.15	2.22	2.23	2.14	1.70	1.35	1.25	1.24									
富岛基金	2.03	2.10	2.10	2.08	1.77	1.67	1.60	1.62	1.72	1.71	1.70	1.88	1.85	1.90	1.91	2.03	
基金开元	1.24	1.26	1.26	1.27	1.25	1.27	1.26	1.27	1.28	1.33	1.36	1.39	1.40	1.39	1.36	1.35	
基金普惠	1.11	1.14	1.14	1.14	1.14	1.14	1.14	1.16	1.19	1.24	1.25	1.30	1.30	1.29	1.25	1.22	
基金同益	1.15	1.17	1.18	1.17	1.18	1.18	1.18	1.20	1.21	1.25	1.28	1.34	1.34	1.33	1.30	1.28	
基金景宏	1.05	1.07	1.05	1.06	1.05	1.05	1.04	1.06	1.07	1.11	1.12	1.13	1.14	1.13	1.10	1.10	
基金裕隆	1.06	1.08	1.08	1.08	1.08	1.08	1.09	1.17	1.19	1.19	1.20	1.24	1.25	1.22	1.20	1.19	
基金普丰	1.02	1.03	1.03	1.03	1.03	1.03	1.03	1.05	1.06	1.08	1.10	1.13	1.13	1.12	1.11	1.08	
基金景博	1.04	1.09	1.07	1.08	1.07	1.07	1.06	1.07	1.07	1.10	1.12	1.15	1.16	1.14	1.13	1.10	
基金裕华	1.67	1.78	1.73	1.74	1.29	1.22	1.21	1.22	1.21	1.24	1.26	1.39	1.40	1.40	1.36	1.27	
基金天元	1.04	1.07	1.06	1.07	1.07	1.06	1.06	1.08	1.08	1.11	1.12	1.15	1.17	1.15	1.13	1.12	
基金同盛	1.02	1.03	1.02	1.02	1.02	1.02	1.02	1.02	1.03	1.05	1.07	1.08	1.08	1.08	1.07	1.06	
基金景福	1.01	1.02	1.01	1.01	1.02	1.01	1.01	1.01	1.02	1.04	1.04	1.06	1.06	1.06	1.05	1.04	
基金同智	1.21	1.56	1.65	1.97	1.94	1.99	2.24	1.70	2.01	1.98	2.03	1.94	1.67	1.66	1.63	1.51	
基金珠江							1.48	1.71	1.68	1.61	1.56	1.63	1.40	1.37	1.37	1.36	
基金裕泽	1.34	1.50	1.50	1.55	1.40	1.16	1.16	1.20	1.21	1.23	1.23	1.32	1.33	1.30	1.29	1.24	
基金兴科										1.56	1.52	1.62	1.66	1.68	1.37	1.36	
基金隆元																	
基金兴安																	

基金名称	9.08	9.15	9.22	9.29	10.13	10.20	10.27	11.03	11.10	11.17	11.24	12.01	12.08	12.15	12.22	12.29	
	收盘	收盘	收盘	收盘	收盘	收盘	收盘	收盘	收盘	收盘	收盘	收盘	收盘	收盘	收盘	收盘	
天骥基金																	
蓝天基金																	
广发基金																	
南方基金																	
广证基金																	
华信基金																	
富岛基金	1.95	1.87	1.77	1.82	1.81	1.78	1.80	1.79	1.81	1.85	1.92	1.89	1.85	1.79	1.76	1.77	
基金开元	1.34	1.33	1.32	1.32	1.33	1.36	1.37	1.38	1.40	1.39	1.39	1.45	1.48	1.55	1.54	1.58	
基金普惠	1.19	1.19	1.16	1.18	1.19	1.21	1.21	1.22	1.26	1.25	1.24	1.27	1.28	1.31	1.30	1.34	
基金同益	1.25	1.24	1.22	1.23	1.24	1.27	1.27	1.29	1.31	1.33	1.30	1.36	1.37	1.42	1.40	1.47	
基金景宏	1.09	1.08	1.07	1.08	1.08	1.08	1.08	1.09	1.12	1.14	1.12	1.15	1.17	1.19	1.16	1.22	
基金裕隆	1.15	1.16	1.14	1.14	1.15	1.14	1.15	1.15	1.18	1.18	1.18	1.21	1.22	1.26	1.25	1.29	
基金普丰	1.06	1.06	1.06	1.06	1.05	1.07	1.07	1.07	1.09	1.10	1.08	1.11	1.13	1.15	1.14	1.17	
基金景博	1.09	1.09	1.08	1.09	1.08	1.09	1.08	1.08	1.10	1.09	1.15	1.19	1.19	1.19	1.16	1.18	
基金裕华	1.25	1.28	1.27	1.26	1.25	1.25	1.25	1.28	1.28	1.26	1.24	1.26	1.25	1.25	1.21	1.21	
基金天元	0.09	1.09	1.09	1.10	1.10	1.12	1.12	1.13	1.15	1.14	1.14	1.17	1.22	1.24	1.23	1.27	
基金同盛	1.04	1.04	1.04	1.04	1.03	1.04	1.04	1.05	1.06	1.05	1.05	1.08	1.08	1.10	1.10	1.13	
基金景福	1.03	1.02	1.02	1.02	1.02	1.02	1.02	1.03	1.04	1.03	1.03	1.05	1.05	1.07	1.06	1.09	
基金同智	1.41	1.52	1.51	1.50	1.49	1.48	1.47	1.49	1.48	1.46	1.43	1.43	1.40	1.41	1.37	1.37	
基金珠江	1.34	1.35	1.32	1.31	1.34	1.30	1.29	1.45	1.30	1.29	1.27	1.27	1.23	1.24	1.19	1.19	
基金裕泽	1.22	1.25	1.26	1.24	1.24	1.24	1.25	1.27	1.26	1.25	1.24	1.24	1.23	1.24	1.21	1.20	
基金兴科	1.34	1.36	1.34	1.32	1.33	1.33	1.37	1.49	1.30	1.30	1.29	1.29	1.25	1.25	1.20	1.19	
基金隆元						1.41	1.40	1.45	1.45	1.25	1.23	1.24	1.20	1.23	1.15	1.13	
基金兴安			1.50	1.45	1.44	1.42	1.39	1.29	1.25	1.26	1.22	1.23	1.19	1.20	1.17	1.15	

表6　2000年上海证券交易所基金行情周报表　　单位:元

基金名称	1.07	1.14	1.21	1.28	2.18	2.25	3.03	3.10	3.17	3.24	3.31	4.07	4.14	4.21	4.28	5.12	5.19
	收盘	收盘	收盘	收盘	收盘	收盘	收盘	收盘	收盘	收盘	收盘	收盘	收盘	收盘	收盘	收盘	收盘
基金金泰	1.25	1.18	1.20	1.26	1.34	1.28	1.33	1.32	1.32	1.34	1.38	1.37	1.16	1.16	1.16	1.12	1.15
基金泰和	1.11	1.05	1.06	1.07	1.12	1.08	1.09	1.08	1.08	1.09	1.09	1.09	1.09	1.08	1.09	1.06	1.06
基金安信	1.60	1.49	1.57	1.66	1.82	1.70	1.80	1.79	1.87	1.53	1.56	1.55	1.53	1.48	1.50	1.46	1.47
基金汉盛	1.20	1.14	1.16	1.19	1.29	1.22	1.25	1.24	1.23	1.23	1.28	1.14	1.13	1.11	1.11	1.09	1.09
基金裕阳	1.55	1.45	1.49	1.59	1.72	1.62	1.69	1.69	1.70	1.72	1.80	1.38	1.34	1.30	1.33	1.28	1.31
基金景阳	1.10	1.04	1.03	1.06	1.25	1.17	1.20	1.18	1.15	1.16	1.15	1.13	1.11	1.08	1.10	1.06	1.06
基金兴华	1.49	1.40	1.46	1.50	1.53	1.51	1.54	1.54	1.58	1.58	1.72	1.30	1.25	1.22	1.24	1.19	1.20
基金安顺	1.11	1.04	1.06	1.13	1.22	1.14	1.16	1.15	1.13	1.14	1.17	1.12	1.11	1.10	1.10	1.09	1.09
基金金元																	
基金金鑫	1.05	1.03	1.02	1.03	1.05	1.05	1.05	1.04	1.04	1.04	1.05	1.05	1.05	1.04	1.04	1.02	1.02
基金汉兴	1.01	1.02	1.02	1.03	1.05	1.04	1.05	1.04	1.04	1.03	1.05	1.05	1.05	1.03	1.04	1.02	1.02
基金裕元	1.10	1.04	1.03	1.08	1.24	1.12	1.18	1.16	1.14	1.15	1.16	1.14	1.12	1.11	1.12	1.08	1.09
基金兴和	1.06	1.02	1.03	1.04	1.06	1.05	1.06	1.05	1.05	1.06	1.07	1.06	1.05	1.04	1.05	1.02	1.03
基金金鼎																	
基金汉鼎																	
基金汉博																	
淄博基金	2.73	2.60	2.61	2.61	2.64	2.70	3.15	2.87	2.74	2.88	2.82	2.84	2.82	2.89	2.80	2.66	2.64
金龙基金	2.26	2.14	2.14	2.30	2.30	2.48	2.55	2.72	2.68	3.03	2.92	2.91	2.86	2.77	2.59	2.58	2.54
宝鼎基金	3.93	3.71	3.82	3.80	3.89	3.91	4.04	4.04	3.85	3.96	3.97	4.06	4.07	4.09	4.21	4.25	3.37
建业基金	2.27	2.15	2.14	2.18	2.20	2.28	2.35	2.38	2.28	2.39	2.58	2.29	2.28	2.23			
沈阳农信	3.14	2.95	2.98	2.96	3.00	3.08	3.27	3.10	2.98	3.05	3.00	3.06	3.10	3.18	3.04	3.01	2.97
沈阳富民	3.03	2.91	2.97	2.95	3.01	3.10	3.30	3.13	2.96	3.02	3.00	3.06	3.07	3.14	3.03	3.01	2.94
沈阳通发	3.05	2.92	2.94	2.88	2.97	3.12	3.28	3.10	2.95	2.99	2.98	2.98	3.03	3.08	2.98	2.89	2.83
沈阳公众	2.99	2.87	2.98	2.95	3.21	3.91	4.25	3.83	3.51	3.47	3.39	3.12	3.22	3.11			
沈阳兴沈	3.18	2.96	3.02	2.93	3.04	3.12	3.27	3.10	2.97	3.01	2.98	3.01	3.04	3.09	2.99	3.01	2.93
沈阳万利	2.88	2.75	2.77	2.74	2.83	2.97	3.17	2.96	2.85	2.88	2.88	2.89	2.87	2.95	2.86	2.76	2.77
沈阳银海	2.13	2.02	2.03	2.02	2.05	2.09	2.17	2.20	2.11	2.15	2.11	2.13	2.14	2.19	2.13	2.07	2.03
沈阳久盛	2.93	2.82	2.87	2.86	3.08	3.38	3.34	3.22	2.95	3.03	3.01	3.04	3.05	3.10	3.01	2.99	2.91
广东广发	2.96	2.76	2.78	2.79	2.81	2.85	2.91	2.88	2.78	2.85	2.82	3.00	3.14	3.23	2.99	2.87	2.93
广东海鸥	3.25	3.09	3.08	3.07	3.10	3.12	3.28	3.22	3.11	3.23	3.16	3.24	3.35	3.75	3.42	3.20	3.23
广东广信	1.93	1.93	1.93	1.93	1.93	1.93	1.93	1.93	1.93	1.93	1.93	1.93	1.93	1.93	1.93	1.93	1.93

续表 6

基金名称	5.26	6.02	6.09	6.16	6.23	6.30	7.07	7.14	7.21	7.28	8.04	8.11	8.18	8.25	9.01	9.08	9.15
	收盘	收盘	收盘	收盘	收盘	收盘	收盘	收盘	收盘	收盘	收盘	收盘	收盘	收盘	收盘	收盘	收盘
基金金泰	1.16	1.18	1.18	1.18	1.19	1.19	1.20	1.19	1.25	1.27	1.30	1.30	1.28	1.27	1.25	1.21	1.21
基金泰和	1.07	1.08	1.10	1.09	1.11	1.11	1.17	1.18	1.20	1.21	1.23	1.24	1.22	1.24	1.23	1.06	1.06
基金安信	1.51	1.48	1.49	1.47	1.48	1.47	1.48	1.48	1.52	1.52	1.56	1.55	1.56	1.53	1.51	1.50	1.49
基金汉盛	1.11	1.09	1.09	1.09	1.10	1.09	1.11	1.11	1.15	1.17	1.20	1.19	1.19	1.18	1.15	1.13	1.13
基金裕阳	1.32	1.30	1.29	1.29	1.30	1.29	1.30	1.32	1.36	1.38	1.45	1.44	1.41	1.40	1.39	1.38	1.39
基金景阳	1.12	1.08	1.11	1.11	1.11	1.09	1.10	1.12	1.14	1.15	1.18	1.19	1.17	1.16	1.15	1.13	1.13
基金兴华	1.22	1.19	1.20	1.19	1.18	1.18	1.22	1.22	1.26	1.25	1.28	1.29	1.26	1.24	1.22	1.19	1.20
基金安顺	1.11	1.11	1.12	1.12	1.11	1.12	1.14	1.15	1.17	1.19	1.22	1.22	1.21	1.19	1.17	1.14	1.14
基金金元								1.69	1.58	1.54	1.65	1.64	1.63	1.65	1.23	1.26	1.25
基金金鑫	1.04	1.02	1.04	1.04	1.04	1.03	1.06	1.06	1.09	1.10	1.13	1.14	1.13	1.11	1.08	1.07	1.07
基金汉兴	1.03	1.03	1.03	1.03	1.02	1.02	1.03	1.02	1.06	1.07	1.10	1.10	1.09	1.08	1.06	1.05	1.05
基金裕元	1.13	1.11	1.12	1.13	1.12	1.14	1.16	1.17	1.19	1.22	1.27	1.27	1.24	1.21	1.20	1.17	1.18
基金兴和	1.04	1.03	1.04	1.03	1.03	1.04	1.06	1.08	1.09	1.11	1.15	1.14	1.13	1.10	1.08	1.06	1.07
基金金鼎											1.53	1.76	1.73	1.74	1.66	1.63	1.62
基金汉鼎													1.47	1.68	1.62	1.65	1.68
基金汉博																	
淄博基金	2.69	2.59	2.48	1.86													
金龙基金	2.72	2.90	2.67	2.07	1.82	1.43	1.41										
宝鼎基金	3.45	3.38	3.28	2.95	2.70												
建业基金																	
沈阳农信	2.97	2.66	2.62	1.86													
沈阳富民	2.99	2.82	2.80	2.00	1.55	1.42	1.44										
沈阳通发	2.87	2.58	2.49	1.88													
沈阳公众																	
沈阳兴沈	2.96	2.80	2.79	2.00	1.51	1.37	1.45	1.51	1.49	1.50	1.94	2.02	2.03	2.24	2.68	2.67	2.65
沈阳万利	2.77	2.67	2.67	1.85	1.46	1.36	1.40										
沈阳银海	2.07	2.00	2.02	1.57	1.24	1.12											
沈阳久盛	2.95	2.76	2.75	2.01	1.55	1.39	1.51	1.52	1.51	1.53	1.95	2.02	2.03	2.23	2.70	2.68	2.65
广东广发	3.03	2.92	2.92	2.28	1.71	1.70											
广东海鸥	3.35	3.24	3.12	2.46	2.19												
广东广信	1.93	1.93	1.93	1.93	1.93	1.93	1.93										

基金名称	9.22	9.29	10.13	10.20	10.27	11.03	11.10	11.17	11.24	12.01	12.08	12.15	12.22	12.29			
	收盘	收盘	收盘	收盘	收盘	收盘	收盘	收盘	收盘	收盘	收盘	收盘	收盘	收盘			
基金金泰	1.19	1.20	1.19	1.21	1.21	1.22	1.24	1.25	1.24	1.26	1.30	1.33	1.31	1.37			
基金泰和	1.04	1.04	1.03	1.04	1.05	1.05	1.06	1.06	1.05	1.07	1.09	1.10	1.09	1.13			
基金安信	1.47	1.47	1.46	1.48	1.48	1.48	1.51	1.52	1.50	1.53	1.55	1.57	1.57	1.60			
基金汉盛	1.11	1.12	1.12	1.13	1.13	1.16	1.17	1.18	1.17	1.19	1.21	1.23	1.23	1.27			
基金裕阳	1.35	1.36	1.36	1.38	1.36	1.37	1.41	1.41	1.39	1.44	1.47	1.52	1.51	1.54			
基金景阳	1.09	1.09	1.09	1.10	1.10	1.11	1.12	1.12	1.13	1.16	1.16	1.17	1.16	1.21			
基金兴华	1.18	1.19	1.20	1.20	1.20	1.20	1.21	1.21	1.20	1.22	1.24	1.27	1.28	1.31			
基金安顺	1.12	1.12	1.13	1.15	1.15	1.17	1.18	1.19	1.19	1.20	1.23	1.23	1.24	1.27			
基金金元	1.25	1.23	1.23	1.23	1.24	1.29	1.26	1.25	1.25	1.25	1.23	1.23	1.17	1.17			
基金金鑫	1.06	1.06	1.05	1.07	1.07	1.06	1.09	1.09	1.08	1.09	1.13	1.13	1.14	1.17			
基金汉兴	1.04	1.04	1.02	1.04	1.03	1.03	1.04	1.04	1.04	1.06	1.07	1.08	1.07	1.10			
基金裕元	1.16	1.17	1.17	1.18	1.19	1.18	1.21	1.22	1.21	1.24	1.25	1.27	1.26	1.29			
基金兴和	1.06	1.07	1.07	1.07	1.08	1.08	1.09	1.09	1.08	1.10	1.13	1.15	1.14	1.18			
基金金鼎	1.26	1.25	1.24	1.24	1.31	1.34	1.30	1.28	1.27	1.27	1.24	1.25	1.21	1.20			
基金汉鼎	1.73	1.68	1.29	1.36	1.68	1.71	1.65	1.59	1.46	1.50	1.46	1.41	1.35	1.40			
基金汉博				1.47	1.51	1.55	1.35	1.33	1.29	1.28	1.22	1.24	1.18	1.17			
淄博基金																	
金龙基金																	
宝鼎基金																	
建业基金																	
沈阳农信																	
沈阳富民																	
沈阳通发																	
沈阳公众																	
沈阳兴沈	2.55	2.57	2.48	2.45	2.44	2.42	2.45	2									
沈阳万利																	
沈阳银海																	
沈阳久盛	2.53	2.55	2.48	2.45	2.44	2.42	2.44	2.64	2.90	2.84	2.73	2.60	2.55	2.55			
广东广发																	
广东海鸥																	
广东广信																	

其他统计资料

表 7　2000 年上交所每日收市综合指数表

日期	1月	2月	3月	4月	5月	6月	7月	8月	9月	10月	11月	12月
1			1697.74			1903.49		2028.15	1999.86		1977.36	2081.84
2			1713.01			1916.25		2030.68			1984.26	
3			1738.02	1801.00			1895.64	2036.30			1981.63	
4	1406.37			1760.69			1907.93	2026.36	2010.60			2092.14
5	1409.68			1771.20		1899.09	1909.19		1963.79			2091.67
6	1463.94		1681.09	1809.14		1925.54	1902.55		1925.91		1991.17	2075.63
7	1516.60		1694.80	1819.90		1935.03	1932.79	2039.42	1950.66		1997.08	2075.04
8			1726.03		1836.64	1925.21		2049.92	1959.31		2012.91	2073.16
9			1732.35		1806.64	1900.79		2061.18		1915.35	2032.48	
10	1545.11		1705.05	1826.06	1752.69		1948.02	2065.94		1942.15	2047.46	
11	1479.78			1821.17	1724.05		1960.54	2062.67	1972.04	1933.73		2046.08
12	1438.02			1807.33	1720.61	1912.56	1973.37		1979.10	1926.32		2059.05
13	1424.44		1728.88	1831.55		1938.67	1979.20		1988.94	1918.16	2070.79	2056.12
14	1408.85	1673.94	1685.35	1833.67		1932.29	1987.19	2076.30	1979.51		2085.12	2051.08
15		1670.67	1681.47		1704.59	1942.29		2076.82	1978.43		2081.91	2039.36
16		1693.11	1607.53		1724.54	1926.94		2083.47		1902.81	2095.98	
17	1433.33	1640.65	1658.60	1795.06	1725.40		1982.48	2091.59		1909.49	2093.24	
18	1426.62	1668.09		1813.50	1758.54		1993.99	2090.18	1946.75	1922.85		2044.55
19	1440.72			1828.71	1777.85	1915.21	1998.43		1903.15	1913.42		2049.03
20	1466.86		1699.25	1847.03		1895.35	1991.56		1922.29	1947.46	2101.39	2071.27
21	1465.09	1677.14	1710.32	1841.06		1913.13	1996.34	2108.69	1907.31		2097.98	2076.89
22		1632.29	1720.45		1824.74	1913.90		2074.70	1891.98		2113.30	2069.77
23		1594.93	1747.24		1832.08	1939.63		2057.92		1958.94	2119.44	
24	1477.34	1634.31	1730.50	1837.40	1855.49		1989.24	2071.16		1956.34	2053.37	
25	1476.51	1631.58		1833.47	1880.70		1996.58	2086.70	1875.91	1977.25		2068.17
26	1481.12			1832.78	1879.62	1948.64	2012.32		1887.83	1967.67		2076.27
27	1506.77		1775.91	1806.83		1942.90	2012.35		1914.09	1967.41	2049.67	2058.24
28	1535.00	1704.86	1791.44	1836.32		1947.48	2012.79	2100.59	1889.29		2079.40	2053.70
29		1714.58	1788.81		1898.75	1937.26		2105.48	1910.16		2067.50	2073.48
30			1810.98		1877.47	1928.11		2076.14		1973.58	2070.61	
31			1800.23		1894.55		2023.54	2021.20		1961.29		

表 8　2000 年上交所每日收市 A 股指数表

日期	1月	2月	3月	4月	5月	6月	7月	8月	9月	10月	11月	12月
1			1807.05			2021.14		2153.06	2121.72		2095.68	2206.01
2			1823.53			2034.75		2155.40			2102.98	
3			1850.53	1916.21			2013.30	2160.91			2099.27	
4	1494.50			1873.28			2026.40	2150.19	2131.82			2216.10
5	1498.05			1884.60		2017.36	2027.58		2082.30			2215.70
6	1555.95		1789.81	1924.99		2045.46	2020.87		2041.39		2109.29	2198.60
7	1611.81		1804.48	1936.51		2055.24	2053.13	2163.04	2067.38		2115.78	2198.05
8			837.82		1954.49	2045.68		2178.70	2076.35		2132.16	2196.06
9			1844.61		1922.67	2020.08		2185.96		2032.08	2153.20	
10	1642.53		1815.35	1943.19	1864.89		2069.37	2191.27		2060.43	2169.13	
11	1572.84			1937.85	1834.23		2082.88	2187.13	2089.89	2051.51		2167.34
12	1528.36			1923.12	1830.49	2032.29	2096.43		2097.71	2043.93		2180.99
13	1513.88		1840.81	1948.79		2059.08	2102.06		2108.42	2035.91	2194.75	2177.62
14	1497.27	1779.71	1794.27	1951.09		2052.41	2110.59	2200.37	2098.50		2210.27	2171.99
15		1776.76	1790.15		1813.21	2063.06		2201.11	2097.36		2206.14	2159.47
16		1801.05	1711.17		1834.35	2046.61		2207.85		2019.77	2220.89	
17	1523.52	1745.37	1765.29	1910.30	1835.39		2105.20	2215.82		2026.96	2217.79	
18	1516.34	1774.52		1929.88	1870.75		2117.51	2213.80	2064.59	2040.88		2163.64
19	1531.22			1946.19	1891.38	2034.28	2122.47		2018.46	2031.05		2168.42
20	1559.17		1809.04	1965.83		2013.56	2115.21		2038.80	2066.25	2225.65	2191.28
21	1557.32	1784.46	1820.97	1959.17		2032.28	2120.08	2231.97	2023.37		2222.11	2197.34
22		1736.80	1831.74		1941.13	2033.18		2196.80	2007.83		2238.21	2189.36
23		1696.93	1859.44		1948.93	2060.31		2181.34		2078.75	2245.41	
24	1570.64	1739.00	1841.61	1954.89	1973.14		2112.48	2194.96		2076.01	2176.20	
25	1569.72	1736.25		1950.83	2000.08		2119.95	2211.95	1990.60	2096.39		2186.87
26	1574.50			1950.05	1998.72	2069.56	2136.32		2003.14	2085.62		2195.30
27	1601.58		1889.53	1922.37		2063.37	2136.28		2030.29	2085.50	2172.21	2177.97
28	1631.52	1814.78	1906.18	1953.87		2068.38	2136.81	2227.94	2004.03		2203.35	2171.61
29		1825.07	1903.56		2017.75	2057.56		2232.57	2026.36		2190.94	2192.38
30			1927.19		1995.36	2047.70		2201.30		2091.29	2194.14	
31			1915.60		2012.03		2148.03	2144.01		2078.65		

表9　2000年上交所每日收市B股指数表

日期	1月	2月	3月	4月	5月	6月	7月	8月	9月	10月	11月	12月
1			38.108			56.468		61.549	64.475		70.155	74.999
2			37.847			56.660		62.612			70.402	
3			37.349	42.477			54.821	64.117			73.061	
4	38.151			41.636			55.062	64.301	68.586			77.826
5	38.148			41.495		53.811	55.543		66.645			77.545
6	38.981		36.413	42.343		54.566	54.372		67.513		73.667	76.984
7	40.684		36.516	42.371		55.663	54.856	67.627	69.089		73.184	77.028
8			36.951		42.295	52.923		69.337	69.971		74.913	76.947
9			36.901		41.330	51.274		68.817		61.689	74.738	
10	40.303		36.852	42.184	41.109		55.105	68.209		62.783	75.106	
11	39.231			42.455	40.955		54.844	70.025	70.299	62.455		76.032
12	38.389			42.112	41.105	52.429	55.451		69.540	61.428		76.793
13	38.148		37.107	42.957		55.869	57.240		69.082	59.254	73.289	77.491
14	37.839	43.047	36.700	42.877		55.358	57.347	74.025	68.529		72.792	78.226
15		41.524	36.614		41.381	55.571		73.494	68.504		74.825	78.133
16		40.927	35.693		42.098	55.563		74.612		58.342	75.851	
17	37.869	39.320	37.514	41.176	41.769		58.308	76.717		58.249	76.306	
18	37.827	40.092		41.716	42.266		58.402	78.228	65.053	59.412		82.408
19	38.503			41.740	42.425	54.823	57.806		63.261	58.623		82.473
20	38.730		37.101	41.776		53.199	57.515		63.786	62.397	78.915	85.500
21	38.590	39.451	36.951	42.486		54.203	58.253	83.066	61.943		78.575	85.340
22		38.246	37.203		43.962	53.987		79.401	59.376		79.537	86.470
23		37.674	40.036		44.163	55.284		72.047		61.839	77.662	
24	38.119	38.134	39.683	43.460	46.698		58.213	73.715		61.713	72.912	
25	38.162	37.656		43.044	46.964		59.397	72.768	59.361	67.693		88.959
26	38.618			43.140	47.503	56.433	60.870		60.038	69.184		89.694
27	39.812		41.832	42.719		56.537	61.073		62.958	68.683	72.970	83.427
28	40.717	37.832	41.864	43.097		56.272	60.922	69.566	62.008		75.107	88.240
29		83.218	41.286		51.690	55.870		71.345	62.128		74.094	89.550
30			41.726		50.502	56.017		70.818		71.130	74.503	
31			41.853		55.145		61.775	66.180		69.553		

表10　2000年上交所每日股票成交额　　单位:亿元

日期	1月	2月	3月	4月	5月	6月	7月	8月	9月	10月	11月	12月
1			238.74			154.27		112.74	119.09		81.96	86.22
2			203.53			174.81		110.96			88.42	
3			257.68	179.21			119.84	131.60			73.29	
4	51.84			148.33			85.81	145.18	95.73			94.42
5	81.37			121.64		214.94	80.74		89.16			88.34
6	95.21		266.15	144.68		162.17	88.25		88.66		89.29	107.95
7	194.85		164.39	156.84		158.44	107.42	131.94	76.25		72.79	101.98
8			172.18		93.70	152.27		134.90	71.43		86.00	103.06
9			186.05		94.43	143.54		157.75		57.25	131.03	
10	187.79		163.94	161.92	84.47		140.72	179.67		70.11	158.93	
11	157.72			143.31	81.41		143.92	154.07	73.68	76.63		91.01
12	126.57			126.74	71.46	124.88	149.06		69.06	76.30		94.57
13	74.69		128.83	149.57		138.72	193.50		77.26	73.31	154.79	86.32
14	62.56	231.58	186.61	167.89		159.23	163.35	137.86	65.11		143.77	68.75
15		349.25	156.95		66.43	140.27		127.76	61.03		143.38	79.23
16		340.09	136.37		53.11	145.89		134.58		60.96	149.83	
17	62.90	472.62	138.91	180.07	53.82		156.61	137.76		46.91	130.86	
18	70.72	258.42		125.64	78.88		110.81	129.15	63.80	77.82		92.12
19	64.94			133.17	101.86	120.38	126.85		79.38	59.38		109.95
20	88.75		172.20	164.63		97.53	129.97		65.36	96.89	134.68	111.35
21	137.43	326.16	176.36	170.92		87.54	108.09	164.86	64.18		120.42	124.53
22		261.79	168.86		152.94	95.46		157.19	64.48		120.51	126.18
23		185.77	174.34		125.73	127.48		230.07		96.39	142.89	
24	146.06	147.62	226.07	156.28	162.80		113.90	170.62		73.43	166.03	
25	129.97	185.05		111.12	183.50		110.50	134.64	46.75	114.09		119.65
26	95.77			105.97	183.16	141.36	116.80		46.29	86.84		108.73
27	159.93		201.03	122.27		116.29	146.63		42.92	77.87	114.68	118.11
28	207.09	244.22	223.88	113.68		121.12	133.27	145.01	51.19		92.62	113.52
29		321.96	192.40		188.61	122.65		133.39	51.01		107.54	116.66
30			180.12		168.61	126.24		137.97		93.74	91.15	
31			185.52		162.48		153.28	139.98		79.12		

表 11　2000 年上交所每日股票成交量　　单位:手

日期	1月	2月	3月	4月	5月	6月	7月	8月	9月	10月	11月	12月
1			1730554299			1310732991		902182489	926638187		582088227	607984475
2			1470587770			1563760637		897428542			654429491	
3			1845294031	1331152712			1000907485	1097328958			584797416	
4	437093283			1171900332			683468564	1167916012	763881933			707281263
5	688088526			943598786		1989718311	645652781		717958291			626759176
6	809045403		1942721831	1168019987		1393735486	670517099		720582691		686310573	736720062
7	1599787078		1295243198	1329600458		1329969326	893213163	1071385368	624957179		530279005	704238560
8			1289477061		680800638	1285855437		1087760186	568172949		630141324	711883959
9			1353769464		713243496	1246436736		1227007036		424584931	921732691	
10	1505398458		1193079686	1375398342	692281274		1196092213	1322574233		522865267	1101741721	
11	1282073130			1125416095	667474816		1186861052	1131479938	616490701	566963597		650896068
12	1015920872			1029783735	599311955	1041463014	1197051567		543594166	569861542		871842930
13	632760608		961866248	1361559386		1194189706	1518203625		603753054	542442478	1084673482	653943433
14	520472696	1771616140	1438800149	1496474144		1395740710	1297941836	1080763412	510427640		1014449448	541528706
15		2513949815	1219290150		542044117	1128815099		1034094739	469047696		1010352446	548703521
16		2374706569	1173978736		424044984	1189984275		1064648105		466744490	1034434804	
17	534398577	3314081379	1068958478	1503701535	429544357		1350878622	1111979779		354640516	958949085	
18	604529134	1859944948		1065513272	625249990		878002242	1028331068	517698471	505839981		729045675
19	538081215			1078532104	801648893	987694859	971777262		674231327	429807012		744492792
20	711282040		1368496026	1326762776		821727196	928315101		510608275	670333726	1004092524	829892455
21	1052432270	2286206781	1388214439	1359496321		683933839	853451829	1351916080	488490652		902445397	928054724
22		1872796404	1208528779		1215765499	712045831		1317062126	512275354		844737742	832829437
23		1363529642	1351110479		1071696734	984395039		1891858561		710546916	1031902555	
24	1124453943	1047496049	1741827392	1281631117	1295260308		927657728	1375175301		523243708	1228144893	
25	1025987583	1287532852		919648723	1452018648		875270044	1018381919	376578202	857620089		862954021
26	762356064			868580087	1488281945	1208695909	953181982		344904676	786145877		774605291
27	1196053960		1586679833	962050821		1027465101	1198327272		337982152	604910903	814538505	874306483
28	1508170758	1676122815	1930498008	846696912		955712715	1096612180	1122209384	381822652		667209735	779817872
29		2171987562	1582907091		1515201182	966762923		1003973103	368757813		715301537	849286836
30			1415577904		1381422727	1001850393		1004270124		744168856	638121756	
31			1501109966		1355533756		1230764120	1122894797		647150445		

表 12　2000 年上交所 A 股每日成交额　　单位:亿元

日期	1月	2月	3月	4月	5月	6月	7月	8月	9月	10月	11月	12月
1			238.44			151.51		111.12	116.37		80.76	8528
2			203.34			172.17		109.50			87.07	
3			257.36	178.61			119.01	129.25			70.59	
4	51.64			148.04			85.23	142.66	94.03			92.20
5	81.02			121.25		212.11	79.72		87.15			87.07
6	94.89		265.81	144.25		160.15	87.00		87.34		86.23	106.39
7	194.11		164.14	156.35		156.39	106.50	128.77	74.35		71.41	100.84
8			171.86		93.37	150.30		130.67	69.69		83.78	102.00
9			185.84		94.08	141.72		153.35		57.00	128.81	
10	187.15		163.75	161.64	84.17		140.15	177.22		69.78	156.96	
11	157.42			142.99	81.22		143.30	151.08	72.29	76.18		89.82
12	126.30			126.38	71.33	123.74	148.45		67.80	75.99		93.53
13	74.52		128.63	149.01		136.53	191.99		76.56	72.67	152.60	85.12
14	62.44	230.33	186.31	167.42		157.53	162.25	134.03	64.15		142.35	66.59
15		347.84	156.81		66.32	139.23		123.07	60.30		141.62	77.97
16		339.13	136.14		52.85	144.28		130.82		60.57	148.04	
17	62.77	471.68	138.58	179.44	53.66		155.44	133.05		46.51	129.39	
18	70.55	257.68		125.27	78.62		109.65	125.04	62.58	77.54		87.05
19	64.69			132.87	101.59	119.35	125.93		77.84	59.13		106.53
20	88.43		171.93	164.32		96.28	128.90		64.57	96.08	131.79	107.57
21	137.17	325.19	176.17	170.46		86.64	107.00	159.20	63.57		117.36	119.14
22		261.08	168.62		152.03	94.77		149.30	63.16		118.58	122.64
23		185.31	173.18		125.10	126.64		222.81		95.62	140.30	
24	145.87	147.35	225.28	155.55	161.28		113.07	163.78		73.13	162.53	
25	129.61	184.64		110.78	182.34		108.63	130.51	46.02	111.11		115.16
26	95.56			105.61	181.88	139.51	115.03		45.57	81.01		105.18
27	159.27		200.17	122.00		114.96	144.59		42.12	76.28	112.73	112.68
28	206.43	243.83	223.14	113.39		120.31	130.68	141.97	50.58		91.05	109.40
29		321.55	191.78		186.29	121.92		130.99	50.61		106.42	112.54
30			179.69		166.03	125.53		136.50		90.66	89.95	
31			185.15		159.61		151.37	137.02		76.60		

表 13　2000 年上交所 A 股每日成交量　　　　单位:手

日期	1 月	2 月	3 月	4 月	5 月	6 月	7 月	8 月	9 月	10 月	11 月	12 月
1			1715255891			1191545824		838311941	824532623		539178787	577862891
2			1460541446			1453706356		841575236			607242823	
3			1829708060	1299331407			966365646	1006406935			492295689	
4	427115181			1155659222			658781908	1069590779	699734671			635659994
5	670037678			922563090		1869018430	602807567		643609529			586979612
6	792431757		1924309181	1147384966		1303170789	627226091		670994048		587104462	688791982
7	1560457895		1282849501	1305388443		1244519328	858804555	951430146	558293742		484444082	668429679
8			1268031349		664598752	1200552089		933953196	506597721		561708587	679369691
9			1341197986		695330080	1164200930		1071813159		415066879	854543272	
10	1470541810		1182103925	1361208167	677442319		1173217285	1231883248		509693986	1042524704	
11	1267097006			1109533220	657565029		1160230173	1026005022	568560641	548953250		611803395
12	1001348719			1010009258	591682672	989551888	1170175558		498670966	557414484		839225131
13	623807114		950478370	1331768806		1099561326	1454993049		579282411	516870947	1017310819	615966469
14	513647892	1704555152	1421710806	1470638466		1323519499	1251760358	951718176	476652281		969046526	472366347
15		2449873450	1209302319		536208387	1087359683		878620938	443282615		957548611	510096285
16		2329965682	1159825828		410461954	1126076967		939703541		450998702	976566733	
17	526602711	3266627183	1047815883	1469291444	420150783		1298558395	956216542		338392993	912138135	
18	595574491	1821113930		1045834269	610360494		825492016	897263745	473531439	494282777		583966195
19	525021742			1062478160	787602416	945727369	931737576		617465329	419319646		644004620
20	693069231		1355587978	1309393107		765951291	882420269		480465647	637322736	915192619	723267037
21	1038375049	2233754903	1377353867	1333514968		641455107	807151986	1186172130	464459122		811030566	777907960
22		1838070610	1194452782		1163369556	682092647		1090865570	458740407		785309758	735556781
23		1339069307	1288698486		1035753987	951632674		1660903533		680321037	953323172	
24	1113854768	1034391897	1698275339	1241644023	1217469585		891074578	1155155563		511599182	1117175655	
25	1006579852	1269944279		900744168	1395316618		797369034	885557256	346886647	754273884		743788917
26	750133770			848479989	1427657669	1125728188	879780994		316634792	581623598		680991425
27	1161937464		1541334241	946952683		968844241	1115197212		305668908	548242266	750487024	726642171
28	1476801599	1658704340	1888823567	830541336		923062781	995382218	1016715326	357181266		616687665	666369842
29		2152015095	1545951125		1414053206	936720270		922864499	352817236		679872100	741867895
30			1389492758		1276886605	972553098		955968152		634717226	598924295	
31			1480776087		1237677599		1154689547	1019631408		557498911		

表 14　2000 年上交所 B 股每日成交额　　　　单位:亿元

日期	1 月	2 月	3 月	4 月	5 月	6 月	7 月	8 月	9 月	10 月	11 月	12 月
1			0.30			2.76		1.62	2.73		1.20	0.95
2			0.18			2.64		1.46			1.35	
3			0.31	0.60			0.83	2.35			2.70	
4	0.20			0.28			0.59	2.52	1.70			2.23
5	0.36			0.39		2.83	1.02		2.01			1.27
6	0.32		0.34	0.42		2.02	1.25		1.33		3.05	1.56
7	0.74		0.25	0.49		2.05	0.92	3.17	1.90		1.38	1.14
8			0.32		0.33	1.96		4.23	1.74		2.22	1.06
9			0.21		0.34	1.82		4.40		0.25	2.23	
10	0.64		0.19	0.28	0.30		0.57	2.45		0.33	1.97	
11	0.29			0.31	0.19		0.62	2.98	1.39	0.45		1.18
12	0.26			0.36	0.13	1.14	0.61		1.26	0.32		1.04
13	0.17		0.20	0.56		2.20	1.51		0.70	0.64	2.18	1.20
14	0.12	1.24	0.30	0.47		1.70	1.10	3.83	0.96		1.42	2.15
15		1.42	0.15		0.11	1.03		4.69	0.73		1.77	1.25
16		0.96	0.24		0.26	1.61		3.76		0.39	1.79	
17	0.14	0.94	0.33	0.63	0.16		1.18	4.72		0.39	1.46	
18	0.17	0.75		0.37	0.26		1.16	4.10	1.22	0.28		5.07
19	0.25			0.30	0.28	1.03	0.92		1.54	0.25		3.42
20	0.33		0.27	0.31		1.24	1.07		0.78	0.81	2.88	3.78
21	0.26	0.97	0.19	0.46		0.90	1.09	5.66	0.61		3.05	5.39
22		0.71	0.25		0.91	0.69		7.89	1.31		1.93	3.54
23		0.46	1.16		0.62	0.84		7.26		0.76	2.59	
24	0.19	0.27	0.79	0.73	1.51		0.84	6.84		0.29	3.50	
25	0.36	0.40		0.34	1.16		1.87	4.13	0.72	2.97		4.49
26	0.21			0.35	1.27	1.86	1.76		0.72	5.84		3.55
27	0.66		0.86	0.26		1.32	2.05		0.79	1.59	1.95	5.42
28	0.66	0.40	0.75	0.29		0.81	2.60	3.04	0.60		1.56	4.12
29		0.41	0.62		2.32	0.72		2.39	0.40		1.12	4.13
30			0.42		2.58	0.72		1.47		3.09	1.20	
31			0.37		2.87		1.91	2.96		2.52		

表 15　2000 年上交所 B 股每日成交量　　单位：手

日期	1 月	2 月	3 月	4 月	5 月	6 月	7 月	8 月	9 月	10 月	11 月	12 月
1			15298408			119187167		63870548	102105564		42909440	30121584
2			10046324			110054281		55853306			47186668	
3			15585971	31821305			34541839	90922023			92501727	
4	9978102			16241110			24686656	98325233	64147262			71621269
5	18050848			21035696		120699881	42845214		74348762			39779564
6	16613646		18412650	20635021		90564697	43291008		49588643		99206111	47928080
7	39329183		12393697	24212015		85449998	34408608	119955222	66663437		45834923	35808881
8			21445712		16201886	85303348		153806990	61575228		68432737	32514268
9			12571478		17913416	82235806		155193877		9518052	67189419	
10	34856648		10975761	14190175	14838955		22874928	90690985		13171281	59217017	
11	14976124			15882875	9909787		26630879	105474916	47930060	18010347		39092673
12	14572153			19774477	76296283	51911126	26876009		44923200	12447058		32617799
13	8953494		11387878	29790580		94628380	63210576		24470643	25571531	67362663	37976964
14	6824804	67060988	17089343	25835678		72221211	46181478	129045236	33775359		45402922	69162359
15		64076365	9987831		5835730	41455416		155473801	25765081		52803835	38607236
16		44740887	14152908		13583030	63907308		124944564		15745788	57868071	
17	7795866	47454196	21142595	34410091	9393574		52320227	155763237		16247523	46810950	
18	8954643	38831018		19679003	14889496		52510226	131067323	44167032	11557204		145079480
19	13059473			16053944	14046477	41967490	40039686		56765998	10487366		100488172
20	18212809		12908048	17369669		55775905	45894832		30142628	33010990	88899905	106625418
21	14057221	52451878	10860572	25981353		42478732	46299843	165743950	24031530		91414831	150146764
22		34725794	14075997		52395943	29953184		226196556	53534947		59427984	97272656
23		24460335	62411993		35942747	32762365		230955028		30225879	78579383	
24	10599175	13104152	43552053	39987094	77790723		36583150	220019738		11644526	110969238	
25	19407731	17588573		18904555	56702030		77901010	132824663	29691555	103346205		119165104
26	12222294			20100098	60624276	82967721	73400988		28269884	204522279		93613866
27	34116496		45345592	15098138		58620860	83130060		32313244	56668637	64051481	147664312
28	31369159	17418475	41674441	16155576		32649934	101229962	105494058	24641386		50522070	113448030
29		19972467	36955966		101147976	30042653		81108604	15940577		35429437	107418941
30			26085146		104536122	29297295		48301972		109451630	39197461	
31			20333879		117856157		76074573	103263389		89651534		

表 16　2000 年上交所每日基金成交量　　单位：百万单位

日期	1 月	2 月	3 月	4 月	5 月	6 月	7 月	8 月	9 月	10 月	11 月	12 月
1			410794695			126554765		1211559515	323937205		266608290	606243153
2			331521579			180274965		1483363042			236970918	
3			530792327	523093929			548506630	726386240			342368072	
4	445251615			454190591			750137751	767865941	206396993			710930522
5	329371979			360788779		886313853	65260941		249508942			753945648
6	501755229		587460699	294049547		292823249	305104101		359928427		311420275	391073192
7	1744252832		365422388	235689820		205180006	260581828	294826247	209482422		257147682	252845529
8			615976609		200947154	320176891		280931810	140926718		293848511	430398182
9			369203582		186858600	217583595		396127745		90462730	481118138	
10	1492979987		343317869	270172527	207457208		247692850	409610851		140510451	287050895	
11	830979922			269968425	148704546		233682755	391356081	112791415	154828836		542643322
12	462128288			281226152	119261604	131913850	154379639		108498090	149565533		223970836
13	197880732		985983247	262380752		221665858	276968322		272503144	114621129	353393442	282293400
14	197743907	2517972114	800621583	249450954		163487270	316052017	434412350	128374848		214031648	874865717
15		2615029002	419555984		144646638	221239580		311226988	145391306		309661501	762056643
16		1270006745	751000800		97168900	177040783		475366230		138208599	269923519	
17	207768558	1736066605	433388343	382957380	85423770		232273657	278547513		57082204	207828778	
18	149390126	776390450		188865030	198091819		876959241	217803336	163070619	66591547		392297616
19	246571168			151742225	139427792	171779096	1941092532		237599084	164831049		387421719
20	270541422		421106175	237919948		145480407	807504511		183696297	260563309	302388456	359310037
21	419890721	734109514	223290325	198662450		109067974	313037492	231885015	136791667		339955520	319268597
22		450650066	230062786		230324768	120321050		286541968	144453744		366148650	362429854
23		475333486	285397931		152687234	162703448		731462303		145414700	213609971	
24	432849074	293288436	401115721	289510415	270219633		261392032	331514971		105893259	390991135	
25	290059861	358657190		133969494	201864428		251602406	196519037	94655917	290215082		342993390
26	231102337			120678484	560476681	177814055	564307202		87472483	276851962		266433336
27	655254252		347793448	242855290		144911759	538683402		91970172	290891071	226549900	300261737
28	1398992068	851403517	471157121	230421988		157149401	393743139	255941452	117839476		183393422	604215247
29		613266042	680344941		273424363	214727050		443860876	90773533		260379271	551324583
30			1464514025		239876994	226981038		320158304		253608547	225211392	
31			810227426		175103372		485792565	467347742		260817789		

表 17　2000 年上交所每日基金成交额　　单位:亿元

日期	1月	2月	3月	4月	5月	6月	7月	8月	9月	10月	11月	12月
1			5.28			1.42		14.68	3.88		3.29	7.05
2			4.47			2.00		18.32			2.90	
3			7.25	7.41			6.22	8.90			4.28	
4	5.60			6.27			8.47	9.30	2.43			8.92
5	4.01			4.90		10.00	7.41		3.00			9.17
6	6.14		7.82	4.13		3.32	3.39		4.22		3.90	4.87
7	22.09		4.96	2.91		2.33	2.93	3.63	2.44		3.10	3.07
8			8.58		2.31	3.54		3.63	1.66		3.55	5.28
9			4.97		2.17	2.43		4.98		1.05	5.69	
10	17.70		4.56	3.18	2.30		2.76	5.05		1.61	3.47	
11	10.02			3.24	1.64		2.63	4.91	1.33	1.76		6.91
12	5.78			3.39	1.32	1.46	1.74		1.34	1.83		2.74
13	2.40		13.83	3.09		2.51	3.38		3.26	1.33	4.29	3.43
14	2.30	32.28	11.42	2.94		1.90	3.76	5.38	1.55		2.64	10.85
15		36.35	6.28		1.58	2.53		3.84	1.74		3.72	9.56
16		16.99	10.53		1.14	2.11		5.81		1.56	3.27	
17	2.55	23.68	6.32	4.50	0.94		2.74	3.40		0.65	2.49	
18	1.82	10.26		2.18	2.27		10.21	2.62	1.90	0.75		4.98
19	3.07			1.71	1.58	1.94	22.78		2.79	1.98		4.90
20	3.28		6.32	2.79		1.63	9.45		2.11	3.08	3.55	4.60
21	5.24	9.77	2.90	2.27		1.24	3.63	2.83	1.57		3.98	3.99
22		5.79	3.11		2.63	1.34		3.67	1.64		4.40	4.45
23		5.97	3.72		1.74	1.83		9.02		1.74	2.53	
24	5.54	3.62	5.12	3.30	3.24		3.07	4.18		1.24	4.67	
25	3.61	4.69		1.49	2.25		2.97	2.52	1.09	3.33		4.23
26	2.91			1.38	6.44	2.01	6.49		1.00	3.51		3.26
27	8.24		4.66	2.81		1.61	6.31		1.04	3.62	2.70	3.73
28	17.50	11.47	6.05	2.70		1.75	4.57	3.18	1.34		2.24	7.43
29		8.31	9.04		3.15	2.43		5.48	1.04		3.08	6.84
30			19.52		2.77	2.59		4.01		2.96	2.84	
31			11.29		1.99		5.69	5.74		3.13		

表 18　2000 年深交所每日收市综合指数

日期	1月	2月	3月	4月	5月	6月	7月	8月	9月	10月	11月	12月
1			523.832			587.267		625.748	611.387		609.491	642.753
2			526.182			591.347		627.020			611.765	
3			532.139	557.907			591.043	630.159			611.367	
4	414.686			545.432			596.707	625.479	616.403			647.409
5	415.961			549.628		584.960	596.200		604.410			645.984
6	433.060		511.433	561.426		594.594	594.152		593.726		614.026	638.929
7	449.157		517.989	566.020		596.724	601.670	629.231	601.645		614.867	635.890
8			526.789		567.484	591.364		633.513	603.875		618.667	637.237
9			526.573		559.405	584.159		635.031		592.864	625.710	
10	458.730		519.340	569.805	540.753		605.690	634.496		600.140	629.557	
11	439.994			568.492	529.321		609.561	634.136	607.465	598.109		627.628
12	427.941			563.591	529.262	586.614	612.346		611.974	595.005		632.692
13	425.154		528.337	569.557		594.002	613.317		615.671	593.520	636.467	632.549
14	420.467	512.245	517.184	568.876		592.025	615.142	637.957	613.111		640.246	631.639
15		514.893	520.030		522.222	594.187		636.976	612.991		640.177	628.824
16		527.109	495.320		529.907	590.389		638.434		589.336	645.281	
17	427.462	509.787	512.377	556.199	530.029		610.260	638.720		591.133	643.976	
18	427.818	518.956		562.072	542.415		614.316	639.367	603.121	597.073		630.280
19	434.058			565.455	550.838	589.008	615.006		588.784	592.619		630.906
20	441.420		527.351	568.998		584.870	614.240		594.696	602.247	645.821	637.065
21	443.723	521.711	531.532	565.270		592.468	615.389	643.766	590.021		644.733	637.571
22		504.617	536.129		565.570	593.114		633.241	584.248		652.579	634.917
23		490.946	545.108		566.000	600.584		627.164		606.595	654.374	
24	451.781	504.816	540.713	562.362	572.175		613.017	631.012		607.211	633.401	
25	451.848	503.971		562.724	579.716		614.923	636.292	578.762	611.401		632.907
26	453.584			562.543	580.329	606.546	619.236		583.038	606.293		635.077
27	460.738		557.255	555.450		606.912	619.625		590.710	607.885	633.330	628.508
28	469.649	526.176	561.237	566.753		607.634	621.520	639.842	583.099		642.328	628.895
29		524.637	558.379		586.496	606.138		642.552	590.373		638.167	635.731
30			565.133		579.704	602.062		635.137		609.511	639.223	
31			560.985		584.213		624.895	617.417		605.015		

表 19　2000 年深交所每日收市 A 股指数表

日期	1 月	2 月	3 月	4 月	5 月	6 月	7 月	8 月	9 月	10 月	11 月	12 月
1			564.111			631.837		673.310	657.513		655.526	691.488
2			566.680			636.110		674.587			657.934	
3			573.175	600.748			635.832	677.875			657.367	
4	445.317			587.315			641.959	672.857	662.777			696.483
5	446.881			592.098		629.157	641.456		649.919			694.929
6	465.340		550.828	604.819		639.520	639.422		638.136		660.243	687.269
7	482.540		557.956	609.812		641.781	647.475	676.742	646.696		661.290	683.959
8			567.495		611.755	636.489		681.172	649.148		665.319	685.387
9			567.301		603.091	628.650		682.891		638.027	672.980	
10	492.983		559.460	613.951	582.913		651.862	682.402		645.868	677.137	
11	472.840			612.594	570.590		656.046	681.971	653.134	643.725		674.976
12	459.731			607.288	570.506	631.053	659.065		658.089	640.396		680.456
13	456.723		569.324	613.701		638.831	660.041		662.065	638.947	684.711	680.317
14	451.726	550.850	557.333	612.959		636.782	662.006	685.871	659.280		688.829	679.311
15		554.030	560.470		562.814	639.200		684.884	659.152		688.678	676.294
16		567.494	533.838		571.066	635.151		686.420		634.340	694.194	
17	459.294	548.742	552.067	599.362	571.181		656.652	686.698		636.287	692.704	
18	459.689	558.605		605.615	584.599		661.055	687.454	648.731	642.692		677.657
19	466.474			609.199	593.707	633.894	661.847		633.498	637.938		678.321
20	474.486		568.347	613.124		629.538	661.011		639.896	648.162	694.647	684.835
21	477.006	561.678	572.931	609.107		637.395	662.277	691.642	634.955		693.466	685.308
22		543.340	577.936		609.554	638.163		680.409	628.866		701.960	682.313
23		528.579	587.166		610.076	646.154		674.094		652.984	703.972	
24	485.804	543.555	582.233	605.974	616.658		659.844	678.308		653.655	681.380	
25	485.927	542.652		606.429	624.804		661.867	684.077	622.811	657.470		680.153
26	487.721			606.264	625.430	652.510	666.406		627.391	652.138		682.485
27	495.383		599.777	598.572		652.880	666.695		635.588	653.930	681.283	675.268
28	505.024	566.727	604.243	610.835		653.658	668.791	688.103	627.462		690.994	676.521
29		565.031	601.441		631.521	652.073		690.871	635.337		686.526	682.607
30			608.619		624.260	647.627		682.818		655.591	687.689	
31			604.052		628.635		672.451	664.000		650.704		

表 20　2000 年深交所每日收市 B 股指数表

日期	1 月	2 月	3 月	4 月	5 月	6 月	7 月	8 月	9 月	10 月	11 月	12 月
1			86.767			111.895		116.023	118.278		116.259	120.057
2			86.620			114.468		117.629			117.227	
3			86.474	93.309			111.751	119.524			119.101	
4	86.510			93.309			112.312	118.382	121.159			121.128
5	84.063			90.235		114.443	111.552		118.264			121.152
6	86.217		83.736	92.014		114.443	108.562		120.483		119.386	120.867
7	90.783		83.879	92.142		115.301	110.495	121.386	121.359		117.541	120.879
8			84.434		88.197	107.222		124.866	121.003		119.046	121.425
9			83.882		86.301	107.199		123.874		107.646	119.218	
10	90.487		83.407	91.888	84.456		110.348	122.494		108.833	119.697	
11	86.905			90.862	84.456		110.787	123.074	119.882	107.847		120.694
12	86.726			90.432	84.745	111.220	110.986		119.194	107.132		121.148
13	86.349		82.375	91.601		115.169	112.174		119.194	104.793	119.083	120.921
14	84.862	96.068	80.247	91.625		113.620	112.501	126.943	119.157		119.059	121.130
15		91.750	79.696		85.179	112.629		125.689	119.119		120.096	120.445
16		89.304	75.917		86.899	111.360		126.439		105.625	120.708	
17	85.530	87.846	80.748	88.700	87.170		113.084	126.944		105.745	121.647	
18	85.426	89.524		90.709	88.162		113.252	126.174	114.431	106.656		123.674
19	85.563			92.141	89.054	107.525	112.646		109.030	105.302		123.936
20	85.618		81.014	91.187		105.260	112.668		109.595	108.959	122.592	126.710
21	85.452	88.520	80.550	91.187		111.553	112.446	134.991	107.432		122.539	127.860
22		84.691	80.526		91.953	110.575		131.652	104.567		123.267	129.344
23		82.968	88.330		91.140	112.679		127.194		107.760	122.471	
24	85.123	84.725	90.461	91.187	93.229		110.245	126.808		107.744	118.947	
25	84.442	84.480		90.317	94.165		111.002	126.494	105.666	118.221		129.344
26	85.777			89.849	94.785	114.679	113.299		106.745	114.997		129.344
27	87.556		97.092	89.421		115.136	115.262		108.988	114.176	119.227	130.242
28	88.382	85.884	95.193	90.053		115.250	114.788	123.945	106.670		120.489	133.898
29		86.152	90.749		103.981	114.583		126.641	107.319		119.595	137.686
30			93.221		101.955	114.736		126.360		115.660	119.408	
31			93.969		110.041		114.997	119.412		115.514		

表 21 2000 年深交所每日收市成分指数

日期	1月	2月	3月	4月	5月	6月	7月	8月	9月	10月	11月	12月
1			4427.201			4695.467		4905.027	4782.933		4604.415	4850.008
2			4443.524			4728.883		4899.139			4629.073	
3			4488.269	4508.084			4739.369	4916.637			4628.420	
4	3497.060			4413.747			4753.476	4915.972	4817.942			4855.223
5	3486.285			4442.218		4721.137	4735.259		4723.073			4820.590
6	3655.199		4316.112	4527.666		4824.790	4703.529		4632.687		4646.261	4771.480
7	3828.040		4399.951	4556.892		4826.191	4753.033	4950.789	4670.472		4632.966	4753.005
8			4498.219		4651.649	4760.341		4989.450	4700.881		4674.957	4747.943
9			4548.685		4554.061	4731.389		5022.877		4507.582	4749.510	
10	3921.484		4463.656	4546.442	4438.823		4723.393	5036.550		4572.208	4826.120	
11	3716.784			4595.070	4367.384		4804.067	5018.010	4704.873	4557.312		4667.243
12	3605.825			4538.653	4378.451	4737.880	4805.007		4734.010	4514.488		4704.887
13	3580.982		4495.922	4601.474		4790.023	4839.131		4771.325	4481.065	4913.643	4680.492
14	3542.820	4322.373	4371.559	4619.186		4766.485	4834.614	5013.178	4727.811		4927.285	4698.695
15		4394.694	4333.892		4296.919	4793.615		4980.145	4710.797		4915.059	4695.806
16		4457.414	4131.543		4346.123	4757.174		4999.460		4468.678	4953.340	
17	3594.649	4313.971	4315.000	4544.482	4357.094		4770.580	5011.909		4491.989	4953.893	
18	3571.974	4356.603		4568.434	4439.386		4795.605	5006.876	4628.838	4555.477		4710.822
19	3603.857			4574.250	4479.366	4752.922	4794.098		4512.509	4514.150		4699.026
20	3668.842		4367.730	4587.934		4733.929	4801.640		4551.033	4611.978	4960.992	4743.212
21	3702.088	4344.488	4387.270	4559.354		4788.612	4797.621	5021.254	4518.344		4928.782	4742.957
22		4186.695	4439.087		4573.426	4764.771		4944.662	4465.131		4986.285	4720.917
23		4072.469	4492.432		4547.504	4808.313		4901.465		4611.930	4981.408	
24	3734.725	4221.842	4461.659	4533.510	4616.098		4774.390	4936.293		4601.880	4841.469	
25	3726.058	4262.819		4528.921	4677.287		4781.091	4950.653	4428.032	4643.335		4675.372
26	3737.986			4554.846	4662.296	4823.824	4819.620		4477.398	4594.681		4696.856
27	3844.965		4571.664	4553.952		4816.375	4854.808		4541.323	4602.573	4818.441	4680.281
28	3952.407	4481.739	4591.120	4683.170		4824.676	4852.715	4957.475	4465.197		4868.200	4705.614
29		4484.164	4559.863		4701.228	4846.781		4985.459	4523.658		4819.996	4752.751
30			4580.821		4640.022	4830.674		4930.824		4597.007	4829.994	
31			4532.313		4643.155		4894.125	4826.303		4573.224		

表 22 2000 年深交所每日股票成交量

单位：百万股

日期	1月	2月	3月	4月	5月	6月	7月	8月	9月	10月	11月	12月
1			16131077.49			11924019.69		8674199.83	8266056.46		5147576.20	6376244.36
2			14800953.65			15540237.41		8865100.94			6936303.76	
3			17523164.88	14195649.90			9673170.87	11634391.14			6117040.39	
4	4056408.81			11508905.91			6381333.89	10783181.48	7645886.95			7064804.56
5	6021192.53			10087608.47		19313357.54	6984592.93		7361545.91			6360035.56
6	7267218.16		17555992.22	12606375.99		13400420.98	7638494.57		8050754.24		6330003.71	7394024.20
7	14444900.20		11936861.28	15594600.54		13484432.29	7898221.93	10137404.35	6490678.75		5747863.19	6191091.90
8			11234945.11		8402911.94	13364157.30		10547175.30	5780548.80		5702357.04	5233545.90
9			12908672.34		7763793.14	11406333.38		11004513.67		3944613.10	7953678.29	
10	14224209.85		11848225.11	15116939.50	7230210.21		11036306.98	10497086.18		5122591.00	10518879.41	
11	11071304.80			13305427.95	6157383.77		10392771.88	9009226.59	5597304.68	5442762.58		5586356.49
12	8132813.74			11034794.09	5465824.39	9501136.99	10302701.78		6488411.12	6230733.52		4823285.72
13	5091154.43		11823053.13	12723564.99		10126461.27	14134543.08		7658548.82	6088273.42	10881634.70	4445622.66
14	4353046.40	15852169.56	15169333.00	14351799.63		12407686.88	11131541.95	9165078.31	6533360.07		9221667.34	4300719.64
15		23252830.68	12990229.95		5039148.41	10747697.44		7729717.98	5364046.56		10068702.69	4386537.35
16		23305187.90	11684045.98		4522293.51	12083989.93		8362785.76		5169783.30	9639848.71	
17	4744725.78	29371268.20	10645523.66	14735337.27	4729469.64		10881443.12	8318344.49		4121054.61	9473601.80	
18	5492175.00	17746341.10		9976144.82	6669420.85		8564292.78	8857661.21	5296734.02	4587834.92		5230777.41
19	5391139.91			10238298.74	9449118.55	9606737.52	8021597.98		7088871.37	4345199.71		4201510.11
20	7621908.85		13855628.36	11236285.25		8109608.49	8474011.10		6073091.83	6662066.23	9401604.72	5322629.78
21	10280311.81	20011628.22	15313197.59	11080156.05		7332013.27	8520456.03	12633202.93	4744816.79		8810954.79	5845480.80
22		16512840.59	13950204.09		11648323.23	8804005.01		12206471.30	4301317.36		8530195.68	5715527.38
23		13869768.52	15903079.69		9811018.29	10627876.00		15968677.03		6639020.46	9711909.37	
24	11150841.49	11550202.90	19049848.93	10407557.63	12470520.76		10076322.94	11688064.16		5383339.85	11595969.90	
25	10185262.81	12877375.01		8534569.29	13000681.86		7742141.82	8922610.46	3722557.41	7812054.04		5847267.64
26	7555627.27			7920563.79	13234363.41	11412103.48	9356357.79		4761144.06	6107113.33		5368018.00
27	11088882.40		18431090.96	9278226.83		12337734.04	11639709.72		3949043.77	5717116.23	7839557.39	5565451.90
28	13270926.14	16557594.23	20475905.36	9417160.87		10767749.52	10432297.38	9797480.65	3839566.72		6575956.57	5275150.33
29		17490037.96	16282915.83		14750497.75	11318689.73		9197932.98	3926902.74		6829031.63	5141648.11
30			14159908.24		13585548.60	11044604.68		9259586.45		6580127.48	5573593.79	
31			15337128.13		12246689.35		10693026.54	11146588.55		6127282.02		

表 23　2000 年深交所每日股票成交额　　单位：百万元

日期	1月	2月	3月	4月	5月	6月	7月	8月	9月	10月	11月	12月
1			208.54			136.72		106.65	104.10		69.74	85.40
2			189.50			170.06		109.45			89.14	
3			222.69	170.18			121.57	143.09			79.29	
4	48.40			143.60			80.59	138.92	96.62			92.75
5	69.94			121.78		202.28	88.77		94.14			85.84
6	86.28		222.12	153.91		169.48	93.64		104.48		83.99	97.69
7	171.96		144.27	186.98		159.20	97.89	132.39	81.44		75.58	81.42
8			146.94		112.29	173.59		133.55	75.69		77.68	70.80
9			181.26		102.20	134.57		143.91		52.62	110.40	
10	170.86		153.44	178.53	87.61		133.78	142.55		69.01	143.74	
11	127.99			169.37	80.65		128.95	125.15	73.65	71.92		79.70
12	94.78			138.71	68.14	110.91	123.62		77.47	81.28		67.01
13	56.80		144.72	158.87		116.83	181.90		99.67	79.63	149.93	64.09
14	47.17	200.16	182.33	168.07		143.85	141.08	120.66	82.82		130.75	59.33
15		318.67	143.96		62.40	123.10		103.88	73.02		135.10	61.06
16		309.95	137.35		53.06	142.82		108.40		66.61	131.63	
17	52.92	408.34	133.85	172.87	57.53		130.72	106.87		53.42	124.22	
18	65.80	250.49		124.33	80.21		108.14	110.82	70.45	64.95		75.29
19	66.40			127.59	114.99	117.81	102.51		83.68	59.18		61.63
20	102.02		165.50	145.40		98.19	105.49		78.96	101.41	128.01	75.37
21	133.47	269.76	180.54	140.30		95.50	105.82	153.96	61.38		116.88	81.72
22		219.38	174.73		145.97	109.29		141.39	54.43		117.01	80.29
23		180.95	190.69		124.91	136.92		190.74		95.04	132.76	
24	146.54	156.74	230.39	126.54	155.29		117.45	144.37		76.90	154.59	
25	126.89	178.18		102.68	162.58		95.59	112.61	46.73	106.87		85.51
26	94.17			98.06	167.56	146.62	112.46		63.14	80.33		80.55
27	146.82		220.97	115.09		150.35	142.10		53.09	74.95	105.06	73.03
28	176.57	227.51	237.23	132.46		135.09	123.50	122.80	50.95		89.50	69.74
29		234.76	195.69		190.63	146.36		118.72	52.91		94.05	66.74
30			178.13		160.62	139.53		123.35		88.02	78.34	
31			188.48		140.93		134.12	136.64		80.90		

表 24　2000 年深交所 A 股每日成交额　　单位：亿元

日期	1月	2月	3月	4月	5月	6月	7月	8月	9月	10月	11月	12月
1			207.98			134.45		105.55	103.03		69.33	85.05
2			189.02			167.05		107.94			88.66	
3			222.22	169.43			121.01	141.05			78.33	
4	48.03			143.60			80.04	137.66	95.56			92.32
5	69.57			121.04		197.88	88.08		93.20			85.41
6	85.99		221.63	153.22		169.48	92.14		103.46		83.26	97.23
7	171.05		143.80	186.31		156.34	97.22	130.90	80.42		75.10	81.05
8			146.58		111.99	171.44		131.17	75.17		77.05	70.30
9			180.92		101.93	132.87		142.22		52.18	110.06	
10	170.16		153.16	178.11	87.42		133.23	141.55		68.50	143.03	
11	127.60			168.87	80.65		128.53	123.94	73.13	71.48		79.35
12	94.47			138.34	67.96	109.65	123.30		75.32	80.96		66.62
13	56.57		144.45	158.43		114.89	181.32		99.67	79.25	149.42	63.83
14	48.99	198.75	182.03	167.70		142.19	140.33	118.79	81.83		130.36	58.75
15		317.02	143.72		62.23	121.77		102.68	72.55		134.60	60.60
16		309.08	137.02		52.82	141.28		107.25		66.47	131.24	
17	52.77	407.44	133.46	172.33	57.29		129.76	106.05		53.23	123.72	
18	65.56	249.82		123.99	80.02		107.66	109.70	69.76	64.35		74.12
19	66.19			127.03	114.73	117.21	101.67		82.82	58.90		60.86
20	101.77		165.11	144.90		97.51	104.93		78.34	100.64	127.23	73.46
21	133.24	268.84	180.20	140.30		94.38	105.17	150.58	61.03		116.16	80.28
22		218.68	174.43		145.35	108.39		135.50	53.99		116.52	79.21
23		180.49	189.58		124.61	136.20		186.60		94.66	132.18	
24	146.19	156.34	228.52	126.54	154.67		115.47	141.76		76.51	153.70	
25	126.47	177.71		102.22	162.02		94.53	110.80	46.45	104.18		85.51
26	93.75			97.75	166.96	145.63	111.09		62.67	78.50		80.55
27	145.77		218.88	114.84		149.48	140.52		52.68	73.78	104.52	70.70
28	175.59	226.91	235.86	132.08		133.95	122.63	121.75	50.64		89.10	68.15
29		234.03	194.75		188.55	145.74		117.69	51.95		93.67	64.30
30			177.37		158.36	137.83		122.24		87.33	77.98	
31			187.84		138.29		133.09	134.55		80.07		

表 25　2000 年深交所 A 股每日成交量

单位：手

日期	1 月	2 月	3 月	4 月	5 月	6 月	7 月	8 月	9 月	10 月	11 月	12 月
1			15893811.57			11093258.50		8321807.01	7901817.55		4994202.24	6246442.87
2			14585197.08			14449194.44		8333302.25			6764595.17	
3			17332573.40	13846900.99			9491535.47	10929585.82			5785013.78	
4	3909156.78			11508905.91			6193686.02	10347762.38	7309950.99			6907889.00
5	5868925.09			9741589.02		17826650.13	6739919.66		7059209.13			6212169.25
6	7157094.78		17351551.21	12281782.33		13400420.98	7007180.58		7704095.20		6066635.42	7233063.70
7	14083370.07		11755269.37	15264290.24		12510543.66	7628607.82	9613044.03	6152957.80		5584328.77	6035601.06
8			11091820.14		8242823.79	12461198.16		9728562.71	5608561.91		5500939.61	5026041.33
9			12758180.17		7661724.38	10780874.23		10457209.04		3786038.59	7838984.48	
10	13941300.95		11727998.01	14924493.79	7153752.85		10836247.73	10150927.43		4946105.43	10279553.52	
11	10904022.72			13066027.62	6157383.77		10225419.13	8622152.33	5432178.54	5287192.52		5447890.49
12	8011417.55			10853283.45	5391501.51	9018470.97	10187497.55		5705042.03	6106749.82		4678776.75
13	4991140.67		11709998.15	12536735.71		9472173.42	13932168.84		7658548.82	5947376.80	10711010.90	4346350.99
14	4276588.47	15357914.93	15042615.04	14174736.92		11818894.70	10865548.07	8574466.28	6209599.44		9095483.90	4101575.49
15		22702524.61	12861992.49		4953548.77	10215983.87		7339761.30	5187598.03		9904568.14	4227565.62
16		22981326.87	11527972.63		4367553.11	11563019.40		8002988.07		5112299.93	9512163.28	
17	4671666.88	29062200.30	10461534.61	14471479.58	4607366.89		10563360.99	8044292.36		4054283.44	9311141.23	
18	5388304.42	17492220.54		9804531.25	6581982.59		8396271.70	8460332.41	5050833.10	4406832.14		4812622.08
19	5301233.72			9964414.50	9302406.18	9392949.39	7774755.63		6788396.07	4255003.33		3918549.47
20	7523849.53		13652472.22	10993765.38		7837232.98	8267545.82		5822911.46	6395203.40	9139581.50	4643400.14
21	10180864.55	19676839.30	15128936.83	11080156.05		6875145.35	8277603.28	11609116.76	4616400.01		8568233.03	5346755.94
22		16254384.86	13788964.63		11354874.86	8477488.39		10526124.51	4129411.64		8365563.33	5350673.18
23		13687074.76	15409469.48		9674495.02	10359216.20		14720758.78		6505346.25	9519370.56	
24	11012618.98	11390470.12	18300718.76	10407557.63	12196034.72		9359534.98	10902129.35		5226195.96	11300829.22	
25	10022129.15	12719929.30		8327636.91	12772047.95		7362678.94	8387958.12	3616973.91	6898354.74		5847267.64
26	7401660.38			7772230.42	12998503.89	11052427.27	8870159.49		4588499.17	5458210.59		5368018.00
27	10706207.04		17640664.06	9157349.27		12034766.18	11076419.76		3780376.64	5332301.59	7661478.80	4788462.07
28	12910632.56	16354919.88	19827959.75	9250071.49		10394812.34	10126509.45	9449266.33	3721226.00		6446549.86	4716454.85
29		17200913.92	15772884.54		13993241.61	11105706.89		8899546.08	3570233.68		6702666.02	4344921.75
30			13814863.08		12715865.17	10594117.40		8918834.87		6343262.13	5454343.60	
31			15038660.70		11282393.29		10306302.91	10498248.07		5844672.51		

表 26　2000 年深交所 B 股每日成交额

单位：亿元

日期	1 月	2 月	3 月	4 月	5 月	6 月	7 月	8 月	9 月	10 月	11 月	12 月
1			0.57			2.27		1.09	1.07		0.42	0.35
2			0.48			3.01		1.51			0.48	
3			0.47	0.75			0.56	2.04			0.96	
4	0.36						0.55	1.27	1.06			0.43
5	0.36			0.75		4.40	0.70		0.94			0.43
6	0.29		0.49	0.69			1.50		1.02		0.73	0.46
7	0.91		0.47	0.67		2.86	0.67	1.49	1.02		0.48	0.37
8			0.36		0.30	2.15		2.38	0.52		0.63	0.50
9			0.35		0.27	1.70		1.68		0.44	0.35	
10	0.70		0.27	0.42	0.19		0.54	1.00		0.51	0.72	
11	0.40			0.50			0.43	1.21	0.52	0.44		0.35
12	0.32			0.37	0.19	1.26	0.32		2.16	0.32		0.38
13	0.23		0.27	0.44		1.94	0.58			0.38	0.51	0.27
14	0.18	1.41	0.30	0.37		1.67	0.75	1.87	1.00		0.39	0.58
15		1.65	0.24		0.18	1.33		1.20	0.47		0.51	0.46
16		0.86	0.33		0.24	1.54		1.16		0.14	0.39	
17	0.15	0.90	0.40	0.54	0.23		0.95	0.83		0.19	0.50	
18	024	0.67		0.34	0.19		0.48	1.12	0.68	0.60		1.17
19	0.21			0.56	0.26	0.61	0.84		0.86	0.28		0.77
20	0.25		0.39	0.49		0.68	0.56		0.62	0.77	0.79	1.91
21	0.23	0.92	0.34			1.12	0.65	3.38	0.35		0.72	1.44
22		0.70	0.30		0.62	0.90		5.89	0.44		0.49	1.08
23		0.46	1.12		0.30	0.72		4.14		0.39	0.58	
24	0.35	0.41	1.87		0.62		1.99	2.61		0.39	0.89	
25	0.42	0.47		0.46	0.56		1.06	1.81	0.28	2.68		
26	0.41			0.30	0.59	0.99	1.37		0.47	1.82		
27	1.06		2.08	0.25		0.88	1.58		0.41	1.17	0.54	2.34
28	0.98	0.59	1.37	0.38		1.14	0.87	1.06	0.31		0.40	1.59
29		0.73	0.94		2.08	0.61		1.03	0.97		0.38	2.44
30			0.76		2.26	1.70		1.12		0.69	0.36	
31			0.65		2.64		1.02	2.09		0.82		

表 27　2000 年深交所 B 股每日成交量　　单位:手

日期	1 月	2 月	3 月	4 月	5 月	6 月	7 月	8 月	9 月	10 月	11 月	12 月
1			237265.92			830761.19		352392.82	364238.91		153373.96	129801.49
2			215756.57			1091042.97		531798.69			171708.59	
3			190591.48	348748.91			181635.40	704805.32			332026.61	
4	147252.03						187647.87	435419.10	335935.96			156915.56
5	152267.44			346019.45		1486707.41	244673.27		302336.78			147866.31
6	110123.38		204441.01	324593.66			631313.99		346659.04		263368.29	160960.50
7	361530.13		181591.91	330310.30		973888.63	269614.11	524360.32	337720.95		163534.42	155490.84
8			143124.97		160088.15	902959.14		818612.59	171986.89		201417.43	207504.57
9			150492.17		102068.76	625459.15		547304.63		158574.51	114693.81	
10	282908.90		120227.10	192445.71	76457.36		200059.25	346158.75		176485.57	239325.89	
11	167282.08			239400.33			167352.75	387074.26	165126.14	155570.06		138466.00
12	121396.19			181510.64	74322.88	482666.02	115204.23		783369.09	123983.70		144508.97
13	100013.76		113054.98	186829.28		654287.85	202374.24			140896.62	170623.80	99271.67
14	76457.93	494254.63	126717.96	177062.71		588792.18	265993.88	590612.03	323760.63		126183.44	199144.15
15		550306.07	128237.46		85599.64	531713.57		389956.68	176448.53		164134.55	158971.73
16		323861.03	156073.35		154740.40	520970.53		359797.69		57483.37	127685.43	
17	73058.90	309067.90	183989.05	263857.69	122102.75		318082.13	274052.13		66771.17	162460.57	
18	103870.58	254120.56		171613.57	87438.26		168021.08	397328.80	245900.92	181002.78		418155.33
19	89906.19			273884.24	146712.37	213788.13	246842.35		300475.30	90196.38		282960.64
20	98059.32		203156.14	242519.87		272375.51	206465.28		250180.37	266862.83	262023.22	679229.64
21	99447.26	334788.92	184260.76			456867.92	242852.75	1024086.17	128416.78		242721.76	498724.86
22		258455.73	161239.46		293448.37	326516.62		1680346.79	171905.72		164632.35	364854.20
23		182693.76	493610.21		136523.27	268659.80		1247918.25		133674.21	192538.81	
24	138222.51	159732.78	749130.17		274486.04		716787.96	785934.81		157143.89	295140.68	
25	163133.66	157445.71		206932.38	228633.91		379462.88	534652.34	105583.50	913699.30		
26	153966.89			148333.37	235859.52	359676.21	486198.30		172644.89	648902.74		
27	382675.36		790426.90	120877.56		302967.86	563289.96		168667.13	384814.64	178078.59	776989.83
28	360293.58	202674.35	647945.61	167089.38		372937.18	305787.93	348214.32	118340.72		129406.71	558695.48
29		289124.04	510031.29		757256.14	212982.84		298386.90	356669.06		126365.61	796726.36
30			345045.16		869683.43	450487.28		340751.58		236865.35	119250.19	
31			298467.43		964296.06		386723.63	648340.48		282609.51		

表 28　2000 年深交所每日基金成交量　　单位:手

日期	1 月	2 月	3 月	4 月	5 月	6 月	7 月	8 月	9 月	10 月	11 月	12 月
1			3667042			1804777		13958797	4747400		3390033	6708865
2			2617769			1866768		14148299			3155044	
3			6021001	5847552			7714708	9352631			7142845	
4	2996842			4499492			13496093	12562379	3828530			6686399
5	2878558			3488526		8860068	5721740		3694505			7463933
6	3581130		7567603	3273200		3990857	3586040		4087206		5673474	4442138
7	14588702		4225512	3426943		2892721	3592630	7044758	2557405		4545602	3201043
8			7383918		1846858	2195039		4791510	2558433		4924151	4943026
9			3942913		1873729	2686119		7325541		1448933	9637235	
10	12007266		4134380	3287585	2005075		3980766	6173855		2514963	7048248	
11	6004548			2825882	1418018		3175203	8026697	3120972	1555241		6174228
12	2930836			2142941	1622809	1878542	3552361		2059950	3647537		4476791
13	2190186		9486771	2721721		1843759	5036451		5302215	2892857	6545168	3897459
14	1567349	25138367	7580551	3046924		2064130	3601373	6261628	4423979		5155668	8892661
15		19826986	3573478		1524581	2601652		4913028	2053781		5969884	7206531
16		8675503	6444625		1221632	2354868		6698248		1289224	7016032	
17	1296979	13503958	4098008	3688467	2359117		2458601	3765118		1799408	5788597	
18	1691450	6621081		1694382	2642936		11445869	3861768	2066403	2045632		3893845
19	1828799			2809639	1730396	1778698	18545340		2996298	2073185		3008825
20	1944933		3809991	2645060		1551475	9641532		1970084	2789168	6354186	4057428
21	3284188	7036222	2014890	3421499		1458496	5994497	4961042	2782652		7561598	3829346
22		3954506	3003426		2952955	1446178		5150848	2296008		8333765	3242179
23		4107731	2746678		2712959	1948373		8571781		2729513	4732282	
24	3131463	2885612	3774605	3005275	3174713		4907411	4426982		1306440	6821285	
25	2076337	2951874		1898026	3932676		3995737	3477935	2128230	3549158		4291944
26	1940735			2194282	5934526	2587899	6691014		1925672	4012893		4238629
27	4686717		3971249	2452296		1870642	6635663		1936088	2375410	4439820	4857633
28	10931425	5682790	5508489	2516579		1759235	4065447	3143008	2592159		2662544	4477911
29		6207330	5048060		4648123	1616315		5519753	1419235		6539869	6196350
30			12800574		3776544	2535183		5138105		2340978	3496203	
31			6643792		2712742		7742371	6810027		2403478		

表 29　2000 年深交所每日基金成交额　　单位：亿元

日期	1月	2月	3月	4月	5月	6月	7月	8月	9月	10月	11月	12月
1			4.45			2.29		16.78	5.63		4.25	7.98
2			3.15			2.28		17.40			3.82	
3			7.48	7.43			8.80	11.47			9.32	
4	3.45			5.35			15.79	15.94	4.46			7.89
5	3.25			4.22		10.03	6.94		4.39			8.92
6	3.97		9.37	3.72		4.81	4.32		4.71		7.32	5.27
7	16.85		5.14	3.83		3.64	4.35	8.99	2.90		5.82	3.74
8			9.67		2.12	2.61		6.30	2.92		6.04	5.86
9			5.03		2.27	3.22		9.66		1.71	11.38	
10	13.24		5.09	3.64	2.33		4.64	8.26		2.96	8.33	
11	6.68			3.13	1.59		3.67	10.64	3.59	1.82		7.63
12	3.30			2.40	1.75	2.20	4.36		2.38	4.44		5.38
13	2.36		11.19	3.03		2.20	5.99		6.23	3.39	7.74	4.76
14	1.71	29.63	9.09	3.35		2.45	4.21	7.97	5.42		6.17	10.91
15		24.80	4.35		1.68	3.17		6.03	2.47		7.07	8.65
16		10.53	7.60		1.45	2.71		7.92		1.52	8.31	
17	1.44	16.50	4.86	4.07	2.97		2.92	4.47		2.03	6.84	
18	1.82	8.12		1.85	2.98		12.96	4.76	2.50	2.35		4.80
19	2.10			3.04	1.98	2.01	21.19		3.40	2.39		3.83
20	2.19		4.52	2.92		1.70	11.30		2.30	3.37	7.49	5.03
21	3.71	8.85	2.36	3.68		1.68	6.87	5.98	3.42		8.90	4.58
22		4.79	3.59		3.46	1.62		6.26	2.73		9.74	3.97
23		4.82	3.25		3.15	2.15		10.37		3.16	5.51	
24	3.63	3.32	4.52	3.43	3.59		5.55	5.24		1.54	7.94	
25	2.35	3.50		2.63	4.46		4.52	4.13	2.47	4.11		5.27
26	2.22			2.76	6.98	2.89	7.62		2.25	5.00		5.21
27	5.52		4.85	2.93		2.20	7.65		2.25	2.85	5.15	5.92
28	12.56	6.73	6.49	2.88		1.96	4.66	3.73	3.00		3.11	5.50
29		7.37	6.12		5.37	1.88		6.46	1.69		7.40	7.56
30			15.55		4.87	3.19		6.11		2.73	4.18	
31			8.21		3.49		8.94	8.01		2.83		

表 30　2000 年中国证券市场 B 股发行情况一览表

公司简称	发行时间	发行量(万股)	发行价(港元)	筹资金额(百万港元)	发行类型
粤华包 B	6.14	13000	1.68	28.24	新发
山东航空 B	8.25	14000	1.58	28.60	新发
承德帝贤 B	9.19	10000	1.99	25.73	新发
广东雷伊 B	10.17	6000	2.38	18.46	新发
中鲁 B	7.3	16000	1.84	38.08	增发
凌云 B	7.6	12000	1.93	29.71	增发
合计		71000		29.71	增发

表 31　2000 年中国境外股票发行情况一览表

公司简称	发行量(百万股)	发行价(港元)	超额认购倍数	筹资金额(百万港元)	发行时间	上市地点
首都机场	13.46	1.87	1.3	27.39	2000.02.01	香港
中国石油	175.8	1.28	1.29	225.024	2000.04.07	香港、美国
北大青鸟环宇	0.264	11	4.28	2.9	2000.07.27	香港
复旦微电子	1.25	0.8	N	1.05	2000.08.04	香港
中石化	167.8	1.61	2.92	268.287	2000.10.19	香港、伦敦、纽约
同仁堂医药	0.72	3.28	N	2.36	2000.10.31	香港
总计	359.294			527.011		

表 32　2000 年中国证券市场 A 股发行情况一览表

公司名称	行业分类	地区	发行时间	发行量（万元面值）	发行价（元）	筹资总额（万元）	主承销	上市地点
长源电力	D01	湖北	2—17—00	7200	6.10	54900	国泰君安	深圳
上风高科	C71	浙江	3—10—00	4500	6.62	29790	联合证券	深圳
天水股份	C62	天津	3—17—00	5600	4.60	32200	天津北方国投	深圳
特发信息	L21	深圳	3—24—00	5600	7.90	55300	国信证券	深圳
中科三环	C70	北京	3—31—00	3500	7.50	26250	中科信	深圳
湖北迈亚	C12	湖北	4—7—00	4400	4.42	24310	长江证券	深圳
新中基	A02	新疆	4—14—00	4500	5.00	22500	光大证券	深圳
佛塑股份	C55	广东	4—20—00	3000	6.28	59660	广东证券	深圳
桂林旅游	K35	广西	4—21—00	4000	6.86	27440	国泰君安	深圳
乌江电力	D01	重庆	4—24—00	3200	6.60	52800	华夏证券	深圳
浪潮信息	C99	山东	4—24—00	5200	7.71	50115	大鹏证券	深圳
春晖股份	C11	广东	5—8—00	2000	8.68	60760	光大证券	深圳
神州股份	B01	山西	5—10—00	6000	4.60	69000	海通证券	深圳
安泰科技	C99	北京	5—12—00	3000	14.98	89880	国泰君安	深圳
科苑集团	M	安徽	5—12—00	4000	10.08	40320	安徽证券	深圳
华工科技	C85	湖北	5—15—00	3000	13.98	41940	湘财证券	深圳
金马股份	C79	安徽	5—19—00	4640	5.49	31842	长江证券	深圳
兰光科技	C8	甘肃	5—31—00	2500	8.68	43400	安徽证券	深圳
隆平高科	A01	湖南	5—31—00	2802	12.98	71390	甘肃信托	深圳
九芝堂	C46	湖南	6—9—00	4000	9.00	36000	南方证券	深圳
圣雪绒	C11	宁夏	6—16—00	3000	8.60	25800	天津信托	深圳
诚志股份	C43	江西	6—19—00	2400	9.90	47520	中信证券	深圳
广州友谊	H21	广东	6—30—00	6000	4.08	24480	广州证券	深圳
中信海直	F09	深圳	7—3—00	6000	10.20	61200	广发证券	深圳
通海高科			7—3—00	2500	16.88	168800	国信证券	深圳
捷利股份	F	黑龙江	7—3—00	3500	8.28	28980	国泰君安	深圳
常山股份	C11	河北	7—6—00	10000	6.18	61800	国信证券	深圳
西山煤电	B01	山西	7—6—00	11520	6.49	186912	国泰君安	深圳
大庆华科	C43	黑龙江	7—7—00	3000	8.34	25020	长江证券	深圳
广聚能源	H03	深圳	7—10—00	8500	6.00	51000	中信证券	深圳
闽东电力	D01	福建	7—13—00	5000	11.50	115000	广发证券	深圳
皇台酒业	C05	甘肃	7—13—00	4000	7.80	31200	海通证券	深圳
新大陆	C85	福建	7—20—00	3100	15.88	49228	东方证券	深圳
麦科特	C76	广东	7—21—00	7000	7.68	107520	南方证券	深圳
中成股份	K99	北京	8—14—00	7000	7.78	54460	国信证券	深圳
安塑股份	C55	湖南	8—18—00	3600	8.98	32328	湘财证券	深圳
国际实业	A01	新疆	9—1—00	7000	5.88	41160	南方证券	深圳
新力药业	C45	安徽	9—7—00	2500	18.80	47000	联合证券	深圳
川化股份	C43	四川	9—8—00	13000	6.18	80340	国信证券	深圳
中联重科	C7	湖南	9—15—00	5000	12.74	63700	湘财证券	深圳
青岛碱业	C4	山东	2—17—00	9000	3.78	34020	中信证券	上海
桂冠电力	K	广西	3—7—00	11000	6.41	70510	南方证券	上海
沧州大化	C4	河北	3—17—00	8000	4.42	35360	光大证券	上海
亿阳信通	K	黑龙江	3—24—00	4000	18.24	72960	海通证券	上海
星新材料	C4	北京	3—31—00	8000	6.41	51280	国通证券	上海
凌钢股份	C6	辽宁	4—7—00	10000	5.58	55800	南方证券	上海
首创股份	K	北京	4—10—00	30000	8.98	269400	南方证券	上海
金鹰股份	C1	浙江	4—14—00	4500	5.28	23760	广发证券	上海
赣粤高速	F	江西	4.20—00	12000	11.00	132000	南方证券	上海
广汇股份	B	新疆	4—21—00	5000	6.60	33000	国信证券	上海
大连创世	C1	辽宁	4—24—00	3500	8.00	28000	大连证券	上海
天龙集团	M	山西	5—8—00	3000	5.59	16770	联合证券	上海
首旅股份	K	北京	5—8—00	7000	5.87	41090	中信证券	上海
兴业聚酯	C1	海南	5—8—00	7000	4.40	30800	东方信托	上海
民丰特纸	C3	浙江	5—10—00	5200	6.42	33384	浙江国投	上海
铜峰电子	C7	安徽	5—12—00	4000	7.66	30640	安徽证券	上海
洞庭水殖	A	湖南	5—15—00	4000	8.90	35600	平安证券	上海
秦丰农业	A	陕西	5—19—00	4800	7.68	36864	湘财证券	上海
仕奇实业	C1	内蒙古	5—29—00	7500	8.00	60000	海通证券	上海
维维股份	C0	江苏	6—7—00	10000	10.28	102800	西南证券	上海
北方股份	C7	内蒙古	6—9—00	5500	8.00	4400	国信证券	上海
南化股份	C4	广西	6—16—00	4000	4.65	18600	光大证券	上海
波导股份	C8	浙江	6—19—00	4000	16.00	64000	大鹏证券	上海
凯乐科技	C5	湖北	6—22—00	5500	9.48	52140	长江证券	上海
东方创业	H	上海	6—26—00	8000	6.25	50000	中信证券	上海
浙江阳光	M	浙江	6—30—00	4000	9.48	37920	中信证券	上海
上港集箱	F	上海	7—3—00	21000	11.98	251580	君安证券	上海
兰州铝业	C6	甘肃	7—3—00	11000	7.68	84480	南方证券	上海

续表 32

公司名称	行业分类	地区	发行时间	发行量（万元面值）	发行价（元）	筹资总额（万元）	主承销	上市地点
亿科科技	C4	内蒙古	7—4—00	5800	8.88	51504	国信证券	上海
路桥建设	F	北京	7—5—00	11500	7.30	83950	国通证券	上海
海正药业	C4	浙江	7—7—00	4000	11.83	47320	广发证券	上海
西水股份	C6	内蒙古	7—13—00	6000	6.38	38280	国信证券	上海
重庆港九	F	重庆	7—14—00	8600	6.18	53148	华夏证券	上海
景谷林业	A	云南	7—21—00	4000	5.19	20760	君安证券	上海
武昌鱼	A	湖北	7—28—00	7000	7.00	49000	长江证券	上海
安琪酵母	C0	湖北	8—3—00	3500	11.88	41580	海通证券	上海
江苏舜天	H	江苏	8—14—00	4000	10.56	42240	华泰证券	上海
三峡新材	C9	湖北	8—28—00	5500	8.30	45650	三峡证券	上海
南钢股份	C6	江苏	9—1—00	12000	6.46	77520	华泰证券	上海
先锋股份	A	北京	9—4—00	3000	6.80	20400	南方证券	上海
国旅联合	K	江苏	9—4—00	5000	5.86	29300	平安证券	上海
南京中商	H	江苏	9—6—00	3500	6.36	222600	东方证券	上海
恒瑞医药	C4	江苏	9—7—00	4000	11.98	47920	华夏证券	上海
华泰股份	C3	山东	9—8—00	9000	11.98	107820	山东证券	上海
羚锐股份	C4	河南	9—14—00	4000	8.30	33200	华夏证券	上海
钱江水利	D	浙江	9—15—00	8500	6.00	51000	中信证券	上海
太化股份	C4	山西	9—25—00	10500	5.50	57750	国通证券	上海
美罗药业	C4	辽宁	10—12—00	4000	9.80	39200	中信证券	上海
宁波韵升	C7	浙江	10—12—00	3500	10.37	36295	海通证券	上海
九龙电力	D	重庆	10—13—00	6000	9.00	54000	西南证券	上海
苏福马	C7	江苏	10—16—00	3000	4.8	14400	南方证券	上海
鑫科材料	C9	安徽	10—26—00	3000	12.00	36000	安徽证券	上海
中恒集团	J	广西	10—27—00	4500	5.25	23625	国通证券	上海
物华股份	H	吉林	10—31—00	3500	4.80	16800	东北证券	上海
青海华鼎	C7	青海	11—3—00	5500	4.55	25025	广发证券	上海
大恒科技	C8	北京	11—3—00	5000	9.00	45000	南方证券	上海
辽宁时代	C1	辽宁	11—6—00	3000	7.02	21060	广发证券	上海
美克股份	C2	新疆	11—10—00	4000	13.09	52360	宏源证券	上海
洪都航空	C7	江西	11—16—00	6000	14.98	89880	国泰君安	上海
昆明制药	C4	云南	11—16—00	4000	10.22	40880	国泰君安	上海
巢东股份	C6	安徽	11—17—00	8000	5.10	40800	平安证券	上海
宝钢股份	C6	上海	11—20—00	187700	4.18	784586	中金公司	上海
华龙集团	A	广东	11—21—00	6000	5.70	34200	广东证券	上海
哈飞股份	C7	黑龙江	11—22—00	6000	7.85	47100	南方证券	上海
长春燃气	D	吉林	11—22—00	6000	6.00	36000	国信证券	上海
标准股份	C7	陕西	11—23—00	4500	9.07	40815	国泰君安	上海
民生银行	I	北京	11—27—00	35000	11.80	413000	海通证券	上海
外运发展	F	北京	11—30—00	7000	14.30	100100	中信证券	上海
酒钢宏兴	C6	甘肃	11—30—00	20000	5.50	110000	广发证券	上海
兰太实业	C4	内蒙古	11—30—00	6000	7.88	47280	长城证券	上海
五洲交通	F	广西	12—1—00	8000	5.48	42840	中信证券	上海
天方药业	C4	河南	12—6—00	6000	7.75	46500	银河证券	上海
天利高新	C4	新疆	12—6—00	6000	7.28	43680	光大证券	上海
长江通信	C8	湖北	12—6—00	4500	8.18	36810	中信证券	上海
南海发展	D	广东	12—7—00	6500	6.68	43420	广东证券	上海
曙光股份	C7	辽宁	12—11—00	4000	8.80	35200	君安证券	上海
商业城	H	辽宁	12—11—00	4500	5.68	25560	南方证券	上海
澳柯玛	C7	山东	12—13—00	9000	9.10	81900	中信证券	上海
珠峰摩托	C7	西藏	12—13—00	5000	8.15	40750	光大证券	上海
抚顺特钢	C6	辽宁	12—13—00	12000	5.50	66000	广发证券	上海
龙净环保	C7	福建	12—14—00	6500	7.20	46800	兴业证券	上海
德臣股份	C1	江苏	12—14—00	4500	9.98	44910	华泰证券	上海
烟台万华	C4	山东	12—15—00	4000	11.28	45120	广发证券	上海
通葡萄酒	C0	吉林	12—15—00	6000	7.08	42480	湘财证券	上海
恒丰纸业	C3	黑龙江	12—20—00	4000	7.09	28360	中信证券	上海
金瑞科技	C9	湖南	12—20—00	4000	14.99	59960	国信证券	上海
长运股份	F	重庆	12—21—00	7000	6.18	43260	联合证券	上海
红豆股份	C1	江苏	12—21—00	5000	7.40	37000	华夏证券	上海
中农资源	A	北京	12—22—00	8000	6.30	50400	君安证券	上海
宁沪高速	F	江苏	12—22—00	15000	4.20	63000	华泰证券	上海
西藏天路	F	西藏	12—25—00	4000	6.88	27250	南方证券	上海
天科股份	C4	四川	12—25—00	4500	6.58	29610	国信证券	上海
天通股份	C6	浙江	12—26—00	4000	8.99	35960	浙江证券	上海
江山股份	C4	江苏	12—26—00	4000	7.00	28000	华泰证券	上海

表33　沪市上市公司行业分类一览

代码	公司简称	地区	行业编码	行业名称
600000	浦发银行	上海	I01	银行业
600001	邯郸钢铁	河北	C65	黑色金属冶炼及压延加工业
600002	齐鲁石化	山东	C41	石油加工及炼焦业
600003	东北高速	吉林	F11	交通运输辅助业
600005	武钢股份	湖北	C65	黑色金属冶炼及压延加工业
600006	东风汽车	湖北	C75	交通运输设备制造业
600007	中国国贸	北京	K39	租赁服务业
600008	首创股份	北京	K01	公共设施服务业
600009	上海机场	上海	F11	交通运输辅助业
600010	钢联股份	内蒙古	C65	黑色金属冶炼及压延加工业
600016	民生银行	北京	I01	银行业
600018	上港集箱	上海	F11	交通运输辅助业
600019	宝钢股份	上海	C65	黑色金属冶炼及压延加工业
600033	福建高速	福建	F03	公路运输业
600037	歌华有线	北京	L20	信息传播服务业
600038	哈飞股份	黑龙江	C75	交通运输设备制造业
600051	宁波联合	浙江	M	综合类
600052	浙江广厦	浙江	E01	土木工程建筑业
600053	江西纸业	江西	C31	造纸及纸制品业
600054	黄山旅游	安徽	K34	旅游业
600055	万东医疗	北京	C73	专用设备制造业
600056	中技贸易	北京	H21	商业经纪与代理业
600057	厦新电子	福建	G81	通信及相关设备制造业
600058	龙腾科技	北京	H21	商业经纪与代理业
600059	古越龙山	浙江	C05	饮料制造业
600060	海信电器	山东	G81	通信及相关设备制造业
600061	中纺投资	上海	C47	化学纤维制造业
600062	双鹤药业	北京	C81	医药制造业
600063	皖维高新	安徽	C47	化学纤维制造业
600064	南京高科	江苏	J01	房地产开发与经营业
600065	大庆联谊	黑龙江	C41	石油加工及炼焦业
600066	宇通客车	河南	C75	交通运输设备制造业
600067	福州大通	福建	C76	电器机械及器材制造业
600068	葛洲坝	湖北	E01	土木工程建筑业
600069	银鸽投资	河南	C31	造纸及纸制品业
600070	浙江富润	浙江	C11	纺织业
600071	凤凰光学	江西	C78	仪器仪表及办公用机械制造业
600072	江南重工	上海	C73	专用设备制造业
600073	上海梅林	上海	C03	食品制造业
600074	南京中达	江苏	C49	塑料制造业
600075	新疆天业	新疆	A01	农业
600076	青鸟华光	山东	G81	通信及相关设备制造业
600077	国能集团	辽宁	C71	普通机械制造业
600078	澄星股份	江苏	C43	化学原料及化学制品制造业
600079	人福科技	湖北	M	综合类
600080	金花股份	陕西	C81	医药制造业
600081	东风科技	上海	C75	交通运输设备制造业
600082	津百股份	天津	H11	零售业
600083	PT 红光	四川	G81	通信及相关设备制造业
600084	新天国际	新疆	H21	商业经纪与代理业
600085	同仁堂	北京	C81	医药制造业
600086	多佳股份	湖北	C13	服装及其他纤维制品制造业
600087	南京水运	江苏	F07	水上运输业
600088	中视股份	江苏	L10	广播电影电视业
600089	特变电工	新疆	C76	电器机械及器材制造业
600090	啤酒花	新疆	C01	食品加工业
600091	明天科技	内蒙古	C43	化学原料及化学制品制造业
600092	精密股份	陕西	C67	有色金属冶炼及压延加工业
600093	禾嘉股份	四川	A01	农业
600094	华源股份	上海	C47	化学纤维制造业
600095	哈高科	黑龙江	C01	食品加工业
600096	云天化	云南	C43	化学原料及化学制品制造业
600097	ST 恒泰	海南	C01	食品加工业
600098	广州控股	广东	D01	电力、蒸汽、热水的生产和供应业
600099	林海股份	江苏	C75	交通运输设备制造业
600100	清华同方	北京	C73	专用设备制造业
600101	明星电力	四川	D01	电力、蒸汽、热水的生产和供应业
600102	莱钢股份	山东	C65	黑色金属冶炼及压延加工业
600103	青山纸业	福建	C31	造纸及纸制品业
600104	上海汽车	上海	C75	交通运输设备制造业
600105	永鼎光缆	江苏	G81	通信及相关设备制造业
600106	重庆路桥	重庆	F11	交通运输辅助业
600107	美尔雅	湖北	C13	服装及其他纤维制品制造业
600108	亚盛集团	甘肃	A01	农业
600109	ST 成百	四川	H01	食品、烟草和家庭用品批发业
600110	长春热缩	吉林	C99	其他制造业
600111	稀土高科	内蒙古	C67	有色金属冶炼及压延加工业
600112	长征电器	贵州	C76	电器机械及器材制造业
600113	浙江东日	浙江	C99	其他制造业
600115	东方航空	上海	F09	航空运输业
600116	三峡水利	重庆	D01	电力、蒸汽、热水的生产和供应业
600117	西宁特钢	青海	C65	黑色金属冶炼及压延加工业
600118	中国泛旅	北京	K34	旅游业
600119	长江投资	上海	M	综合类
600120	浙江东方	浙江	H21	商业经纪与代理业
600121	郑州煤电	河南	D01	电力、蒸汽、热水的生产和供应业
600122	宏图高科	江苏	G81	通信及相关设备制造业
600123	兰花科创	山西	B01	煤炭采选业
600125	铁龙股份	辽宁	F01	铁路运输业
600126	杭钢股份	浙江	C65	黑色金属冶炼及压延加工业
600127	金健米业	湖南	C01	食品加工业
600128	江苏工艺	江苏	H21	商业经纪与代理业
600129	太极集团	重庆	C81	医药制造业
600130	波导股份	浙江	G81	通信及相关设备制造业
600131	岷江水电	四川	D01	电力、蒸汽、热水的生产和供应业
600132	重庆啤酒	重庆	C05	饮料制造业
600133	东湖高新	湖北	M	综合类
600135	乐凯胶片	河北	C43	化学原料及化学制品制造业
600136	道博股份	湖北	M	综合类
600137	长江包装	四川	C31	造纸及纸制品业
600138	青旅控股	北京	K34	旅游业
600139	鼎天科技	四川	G83	计算机制造业
600141	兴发集团	湖北	C43	化学原料及化学制品制造业
600145	四维瓷业	四川	E05	装修装饰业
600146	大元股份	宁夏	C41	石油加工及炼焦业
600148	离合器	吉林	C75	交通运输设备制造业
600149	邢台轧辊	河北	C71	普通机械制造业
600150	沪东重机	上海	C73	专用设备制造业
600151	航天机电	上海	C75	交通运输设备制造业
600152	维科精华	浙江	C11	纺织业
600153	厦门建发	福建	H21	商业经纪与代理业
600155	宝硕股份	河北	C49	塑料制造业
600156	益鑫泰	湖南	C11	纺织业
600157	鲁润股份	山东	M	综合类
600158	中体产业	天津	K99	其他社会服务业
600159	宁城老窖	内蒙古	C05	饮料制造业
600160	巨化股份	浙江	C43	化学原料及化学制品制造业
600161	天坛生物	北京	C85	生物制品业
600162	山东临工	山东	C73	专用设备制造业
600163	福建南纸	福建	C31	造纸及纸制品业
600165	宁夏恒力	宁夏	C69	金属制品业
600166	福田股份	北京	C75	交通运输设备制造业
600167	黎明股份	辽宁	C13	服装及其他纤维制品制造业
600168	武汉控股	湖北	D05	自来水的生产和供应业
600169	太原重工	山西	C73	专用设备制造业
600170	上海建工	上海	E01	土木工程建筑业
600171	上海贝岭	上海	C51	电子元器件制造业
600172	黄河旋风	河南	C61	非金属矿物制品业
600173	牡丹江	黑龙江	C61	非金属矿物制品业
600175	宝华实业	海南	K32	旅馆业
600176	中国化建	北京	C43	化学原料及化学制品制造业
600177	雅戈尔	浙江	C13	服装及其他纤维制品制造业
600178	东安动力	黑龙江	C75	交通运输设备制造业
600179	黑化股份	黑龙江	C41	石油加工及炼焦业
600180	九发股份	山东	A01	农业
600181	云大科技	云南	C43	化学原料及化学制品制造业
600182	桦林轮胎	黑龙江	C48	橡胶制造业
600183	生益科技	广东	C76	电器机械及器材制造业
600185	海星科技	陕西	K10	邮政服务业

600186	莲花味精	河南	C03	食品制造业
600187	黑龙股份	黑龙江	C31	造纸及纸制品业
600188	兖州煤业	山东	B01	煤炭采选业
600189	吉林森工	吉林	A03	林业
600190	锦州港	辽宁	F11	交通运输辅助业
600191	华资实业	内蒙古	C01	食品加工业
600192	长城电工	甘肃	C76	电器机械及器材制造业
600193	创兴科技	福建	M	综合类
600195	中牧股份	北京	C01	食品加工业
600196	复星实业	上海	C81	医药制造业
600197	伊力特	新疆	C05	饮料制造业
600198	大唐电信	北京	G81	通信及相关设备制造业
600199	金牛实业	安徽	C05	饮料制造业
600200	江苏吴中	江苏	M	综合类
600201	金宇集团	内蒙古	C11	纺织业
600202	哈空调	黑龙江	C76	电器机械及器材制造业
600203	福日股份	福建	G81	通信及相关设备制造业
600205	山东铝业	山东	C67	有色金属冶炼及压延加工业
600206	有研硅股	北京	C99	其他制造业
600207	安彩高科	河南	C51	电子元器件制造业
600208	戴梦得	浙江	C99	其他制造业
600209	罗顿发展	海南	M	综合类
600210	紫江企业	上海	C99	其他制造业
600211	西藏药业	西藏	C81	医药制造业
600212	江泉实业	山东	C61	非金属矿物制品业
600213	亚星客车	江苏	F03	公路运输业
600215	长春经开	吉林	J01	房地产开发与经营业
600216	浙江医药	浙江	C81	医药制造业
600217	秦岭水泥	陕西	C61	非金属矿物制品业
600218	全柴动力	安徽	C71	普通机械制造业
600219	南山实业	山东	C11	纺织业
600220	江苏阳光	江苏	C11	纺织业
600221	海南航空	海南	F09	航空运输业
600222	众生制药	河南	C81	医药制造业
600223	万杰高科	山东	M	综合类
600225	天香集团	福建	A01	农业
600226	升华拜克	浙江	C43	化学原料及化学制品制造业
600227	赤天化	贵州	C43	化学原料及化学制品制造业
600228	昌九股份	江西	C43	化学原料及化学制品制造业
600229	青岛碱业	山东	C43	化学原料及化学制品制造业
600230	沧州大化	河北	C43	化学原料及化学制品制造业
600231	凌钢股份	辽宁	C65	黑色金属冶炼及压延加工业
600232	金鹰股份	浙江	C11	纺织业
600233	大连创世	辽宁	C13	服装及其他纤维制品制造业
600235	民丰特纸	浙江	C31	造纸及纸制品业
600236	桂冠电力	广西	K01	公共设施服务业
600237	铜峰电子	安徽	C76	电器机械及器材制造业
600238	海南椰岛	海南	C01	食品加工业
600239	红河光明	云南	C05	饮料制造业
600240	仕奇实业	内蒙古	C11	纺织业
600241	辽宁时代	辽宁	C13	服装及其他纤维制品制造业
600242	华龙集团	广东	A07	渔业
600243	华鼎股份	青海	C71	普通机械制造业
600246	先锋股份	北京	C01	食品加工业
600247	物华股份	吉林	H21	商业经纪与代理业
600248	秦丰农业	陕西	A01	农业
600250	南纺股份	江苏	H21	商业经纪与代理业
600252	中恒集团	广西	M	综合类
600253	天方药业	河南	C81	医药制造业
600255	鑫科材料	安徽	C99	其他制造业
600256	广汇股份	新疆	B49	其他矿采选业
600257	洞庭水殖	湖南	A09	农、林、牧、渔服务业
600258	首旅股份	北京	K32	旅馆业
600259	兴业聚酯	海南	C13	服装及其他纤维制品制造业
600260	凯乐科技	湖北	C49	塑料制造业
600261	浙江阳光	浙江	C55	日用电子器具制造业
600262	北方股份	内蒙古	C73	专用设备制造业
600263	路桥建设	北京	E01	土木工程建筑业
600265	景谷林业	云南	A03	林业
600266	北京城建	北京	E01	土木工程建筑业
600267	海正药业	浙江	C81	医药制造业
600268	国电南自	江苏	C73	专用设备制造业
600270	外运发展	北京	F09	航空运输业

600272	开开实业	上海	C13	服装及其他纤维制品制造业
600275	武昌鱼	湖北	A07	渔业
600276	恒瑞医药	江苏	C81	医药制造业
600277	亿利科技	内蒙古	C43	化学原料及化学制品制造业
600278	东方创业	上海	H21	商业经纪与代理业
600279	重庆港九	重庆	F11	交通运输辅助业
600280	南京中商	江苏	H11	零售业
600281	太化股份	山西	C43	化学原料及化学制品制造业
600282	南钢股份	江苏	C69	金属制品业
600285	羚锐股份	河南	C81	医药制造业
600286	国光瓷业	湖南	C61	非金属矿物制品业
600287	江苏舜天	江苏	H21	商业经纪与代理业
600288	大恒科技	北京	G81	通信及相关设备制造业
600289	亿阳信通	黑龙江	G87	计算机应用服务业
600290	苏福马	江苏	C73	专用设备制造业
600291	西水股份	内蒙古	C61	非金属矿物制品业
600292	九龙电力	重庆	D01	电力、蒸汽、热水的生产和供应业
600293	三峡新材	湖北	C99	其他制造业
600295	鄂尔多斯	内蒙古	C13	服装及其他纤维制品制造业
600296	兰州铝业	甘肃	C67	有色金属冶炼及压延加工业
600297	美罗药业	辽宁	C81	医药制造业
600298	安琪酵母	湖北	C01	食品加工业
600299	星新材料	北京	C43	化学原料及化学制品制造业
600300	维维股份	江苏	C05	饮料制造业
600301	南化股份	广西	C43	化学原料及化学制品制造业
600302	标准股份	陕西	C73	专用设备制造业
600303	曙光股份	辽宁	C75	交通运输设备制造业
600305	恒顺醋业	江苏	C03	食品制造业
600306	商业城	辽宁	H11	零售业
600307	酒钢宏兴	甘肃	C65	黑色金属冶炼及压延加工业
600308	华泰股份	山东	C31	造纸及纸制品业
600309	烟台万华	山东	C43	化学原料及化学制品制造业
600310	桂东电力	广西	D01	电力、蒸汽、热水的生产和供应业
600312	平高电气	河南	C73	专用设备制造业
600313	中农资源	北京	A01	农业
600315	上海家化	上海	C43	化学原料及化学制品制造业
600316	洪都航空	江西	C75	交通运输设备制造业
600318	巢东股份	安徽	C61	非金属矿物制品业
600319	亚星化学	山东	C43	化学原料及化学制品制造业
600320	振华港机	上海	C73	专用设备制造业
600321	国栋建设	四川	C99	其他制造业
600323	南海发展	广东	D05	自来水的生产和供应业
600326	西藏天路	西藏	F03	公路运输业
600328	兰太实业	内蒙古	C43	化学原料及化学制品制造业
600330	天通股份	浙江	C51	电子元器件制造业
600332	广州药业	广东	C81	医药制造业
600333	长春燃气	吉林	D03	煤气生产和供应业
600335	中发展	天津	C71	普通机械制造业
600336	澳柯玛	山东	C76	电器机械及器材制造业
600337	美克股份	新疆	C25	家具制造业
600338	珠峰摩托	西藏	C75	交通运输设备制造业
600339	天利高新	新疆	C41	石油加工及炼焦业
600345	长江通信	武汉	G81	通信及相关设备制造业
600356	恒丰纸业	黑龙江	C31	造纸及纸制品业
600358	国旅联合	江苏	K34	旅游业
600359	新农开发	新疆	A01	农业
600360	华微电子	吉林	G81	通信及相关设备制造业
600363	联创光电	江西	C51	电子元器件制造业
600365	通葡萄酒	吉林	C03	食品制造业
600366	宁波韵升	浙江	C78	仪器仪表及办公用机械制造业
600367	红星发展	贵州	C43	化学原料及化学制品制造业
600368	五洲交通	广西	F03	公路运输业
600369	长运股份	重庆	F07	水上运输业
600376	天鸿宝业	北京	J01	房地产开发与经营业
600377	宁沪高速	江苏	F11	交通运输辅助业
600378	天科股份	四川	C43	化学原料及化学制品制造业
600382	广东明珠	广东	C73	专用设备制造业
600383	金地集团	深圳	J01	房地产开发与经营业
600386	北京巴士	北京	F19	其他交通运输业
600388	龙净环保	福建	C73	专用设备制造业
600389	江山股份	江苏	C43	化学原料及化学制品制造业
600390	金瑞科技	湖南	C99	其他制造业
600393	东华实业	广东	J01	房地产开发与经营业

600396	金山股份	辽宁	D01	电力、蒸汽、热水的生产和供应业
600398	凯诺科技	江苏	C11	纺织业
600399	抚顺特钢	辽宁	C65	黑色金属冶炼及压延加工业
600400	红豆股份	江苏	C13	服装及其他纤维制品制造业
600422	昆明制药	云南	C81	医药制造业
600466	迪康药业	四川	C81	医药制造业
600500	中化国际	北京	H21	商业经纪与代理业
600518	康美药业	广东	C81	医药制造业
600550	天威保变	河北	C76	电器机械及器材制造业
600555	茉织华	上海	C13	服装及其他纤维制品制造业
600558	大西洋	四川	C69	金属制品业
600600	青岛啤酒	山东	C05	饮料制造业
600601	方正科技	上海	G83	计算机制造业
600602	真空电子	上海	C51	电子元器件制造业
600603	兴业房产	上海	J01	房地产开发与经营业
600604	二纺机	上海	C73	专用设备制造业
600605	轻工机械	上海	C71	普通机械制造业
600606	金丰投资	上海	M	综合类
600607	上实联合	上海	M	综合类
600608	上海科技	上海	C69	金属制品业
600609	一汽金杯	辽宁	C75	交通运输设备制造业
600610	ST 中纺机	上海	C73	专用设备制造业
600611	大众交通	上海	K01	公共设施服务业
600612	第一铅笔	上海	C99	其他制造业
600613	永生股份	上海	L20	信息传播服务业
600614	胶带股份	上海	C48	橡胶制造业
600615	丰华圆珠	上海	C03	食品制造业
600616	第一食品	上海	H11	零售业
600617	联华合纤	上海	C47	化学纤维制造业
600618	氯碱化工	上海	C43	化学原料及化学制品制造业
600619	冰箱压缩	上海	C76	电器机械及器材制造业
600620	天宸股份	上海	M	综合类
600621	上海金陵	上海	G85	通信服务业
600622	嘉宝实业	上海	M	综合类
600623	轮胎橡胶	上海	C48	橡胶制造业
600624	复华实业	上海	M	综合类
600625	PT 水仙	上海	C76	电器机械及器材制造业
600626	申达股份	上海	C11	纺织业
600627	电器股份	上海	C73	专用设备制造业
600628	新世界	上海	H11	零售业
600629	ST 棱光	上海	C61	非金属矿物制品业
600630	龙头股份	上海	C11	纺织业
600631	第一百货	上海	H11	零售业
600632	华联商厦	上海	H11	零售业
600633	PT 双鹿	上海	C76	电器机械及器材制造业
600634	海鸟电子	上海	C51	电子元器件制造业
600635	大众科创	上海	M	综合类
600636	三爱富	上海	C43	化学原料及化学制品制造业
600637	广电股份	上海	G81	通信及相关设备制造业
600638	新黄浦	上海	J01	房地产开发与经营业
600639	浦东金桥	上海	J01	房地产开发与经营业
600640	联通国脉	上海	L20	信息传播服务业
600641	中远发展	上海	J01	房地产开发与经营业
600642	申能股份	上海	D01	电力、蒸汽、热水的生产和供应业
600643	爱建股份	上海	I31	金融信托业
600644	乐山电力	四川	D01	电力、蒸汽、热水的生产和供应业
600645	望春花	上海	C11	纺织业
600646	国嘉实业	上海	L20	信息传播服务业
600647	ST 粤海发	上海	M	综合类
600648	外高桥	上海	J01	房地产开发与经营业
600649	原水股份	上海	D05	自来水的生产和供应业
600650	新锦江	上海	K32	旅馆业
600651	飞乐音响	上海	M	综合类
600652	爱使股份	上海	M	综合类
600653	华晨集团	上海	M	综合类
600654	飞乐股份	上海	G81	通信及相关设备制造业
600655	豫园商城	上海	H11	零售业
600656	华源制药	浙江	C43	化学原料及化学制品制造业
600657	青鸟天桥	北京	G87	计算机应用服务业
600658	ST 京天龙	北京	G81	通信及相关设备制造业
600659	福建福联	福建	M	综合类
600660	福耀玻璃	福建	C61	非金属矿物制品业
600661	交大南洋	上海	M	综合类

600662	上海强生	上海	K01	公共设施服务业
600663	陆家嘴	上海	J01	房地产开发与经营业
600664	哈药集团	黑龙江	C81	医药制造业
600665	沪昌特钢	上海	C65	黑色金属冶炼及压延加工业
600666	西南药业	重庆	C81	医药制造业
600667	太极实业	江苏	C47	化学纤维制造业
600668	尖峰集团	浙江	C61	非金属矿物制品业
600669	鞍山合成	辽宁	C47	化学纤维制造业
600670	ST 高斯达	吉林	M	综合类
600671	天目药业	浙江	C81	医药制造业
600672	英豪科教	四川	A01	农业
600673	成量股份	四川	C78	仪器仪表及办公用机械制造业
600674	川投控股	四川	C65	黑色金属冶炼及压延加工业
600675	中华企业	上海	J01	房地产开发与经营业
600676	交运股份	上海	C75	交通运输设备制造业
600677	浙江中汇	浙江	C11	纺织业
600678	四川金顶	四川	C61	非金属矿物制品业
600679	凤凰股份	上海	C75	交通运输设备制造业
600680	上海邮通	上海	G81	通信及相关设备制造业
600681	诚成文化	湖北	L99	其他传播、文化产业
600682	南京新百	江苏	H11	零售业
600683	ST 甬华联	浙江	H11	零售业
600684	珠江实业	广东	J01	房地产开发与经营业
600685	广船国际	广东	C75	交通运输设备制造业
600686	厦门汽车	福建	C75	交通运输设备制造业
600687	新宇软件	福建	G87	计算机应用服务业
600688	上海石化	上海	C41	石油加工及炼焦业
600689	上海三毛	上海	C13	服装及其他纤维制品制造业
600690	青岛海尔	山东	C76	电器机械及器材制造业
600691	东新电碳	四川	C65	黑色金属冶炼及压延加工业
600692	亚通股份	上海	F07	水上运输业
600693	东百集团	福建	H11	零售业
600694	大商股份	辽宁	H11	零售业
600695	大江股份	上海	C01	食品加工业
600696	福建豪盛	福建	C61	非金属矿物制品业
600697	欧亚集团	吉林	H11	零售业
600698	济南轻骑	山东	C75	交通运输设备制造业
600699	辽源得亨	吉林	C47	化学纤维制造业
600700	数码测绘	陕西	M	综合类
600701	工大高新	黑龙江	M	综合类
600702	沱牌曲酒	四川	C05	饮料制造业
600703	ST 活力	湖北	C43	化学原料及化学制品制造业
600704	中大股份	浙江	H21	商业经纪与代理业
600705	北亚集团	黑龙江	M	综合类
600706	长安信息	陕西	G85	通信服务业
600707	彩虹股份	陕西	G81	通信及相关设备制造业
600708	东海股份	上海	M	综合类
600709	蓝田股份	辽宁	A01	农业
600710	常林股份	江苏	C73	专用设备制造业
600711	雄震集团	福建	M	综合类
600712	南宁百货	广西	H11	零售业
600713	南京医药	江苏	C81	医药制造业
600714	山川股份	青海	C65	黑色金属冶炼及压延加工业
600715	松辽汽车	辽宁	C75	交通运输设备制造业
600716	耀华玻璃	河北	C61	非金属矿物制品业
600717	天津港	天津	F11	交通运输辅助业
600718	东大阿派	辽宁	G87	计算机应用服务业
600719	大连热电	辽宁	D01	电力、蒸汽、热水的生产和供应业
600720	祁连山	甘肃	C61	非金属矿物制品业
600721	ST 百花村	新疆	H11	零售业
600722	沧州化工	河北	C43	化学原料及化学制品制造业
600723	西单商场	北京	H11	零售业
600724	宁波富达	浙江	C76	电器机械及器材制造业
600725	云维股份	云南	C43	化学原料及化学制品制造业
600726	龙电股份	黑龙江	D01	电力、蒸汽、热水的生产和供应业
600727	鲁北化工	山东	C43	化学原料及化学制品制造业
600728	新太科技	辽宁	A07	渔业
600729	重庆百货	重庆	H11	零售业
600730	中国高科	上海	M	综合类
600731	湖南海利	湖南	C43	化学原料及化学制品制造业
600732	上海港机	上海	C73	专用设备制造业
600733	前锋股份	四川	G81	通信及相关设备制造业

600734	实达电脑	福建	G83	计算机制造业
600735	兰陵陈香	山东	C05	饮料制造业
600736	苏州高新	江苏	J01	房地产开发与经营业
600737	新疆屯河	新疆	C61	非金属矿物制品业
600738	兰州民百	甘肃	H11	零售业
600739	辽宁成大	辽宁	H21	商业经纪与代理业
600740	山西焦化	山西	C41	石油加工及炼焦业
600741	巴士股份	上海	K01	公共设施服务业
600742	一汽四环	吉林	C75	交通运输设备制造业
600743	ST 幸 福	湖北	M	综合类
600744	华银电力	湖南	D01	电力、蒸汽、热水的生产和供应业
600745	康赛集团	湖北	C13	服装及其他纤维制品制造业
600746	江苏索普	江苏	C43	化学原料及化学制品制造业
600747	大显股份	辽宁	G81	通信及相关设备制造业
600748	浦东不锈	上海	C65	黑色金属冶炼及压延加工业
600749	西藏圣地	西藏	K34	旅游业
600751	天津海运	天津	F07	水上运输业
600752	哈慈股份	黑龙江	C81	医药制造业
600753	冰熊股份	河南	C76	电器机械及器材制造业
600754	新亚股份	上海	K32	旅馆业
600755	厦门国贸	福建	H21	商业经纪与代理业
600756	齐鲁软件	山东	G87	计算机应用服务业
600757	华源发展	上海	C13	服装及其他纤维制品制造业
600758	金帝建设	辽宁	E01	土木工程建筑业
600759	ST 琼华侨	海南	M	综合类
600760	山东黑豹	山东	C75	交通运输设备制造业
600761	安徽合力	安徽	C73	专用设备制造业
600762	金荔科技	湖南	A01	农业
600763	北京中燕	北京	C14	皮革、毛皮、羽绒及制品制造业
600764	三星石化	甘肃	C41	石油加工及炼焦业
600765	力源液压	贵州	C71	普通机械制造业
600766	烟台发展	山东	H11	零售业
600767	运盛实业	福建	J01	房地产开发与经营业
600768	宁波华通	浙江	F03	公路运输业
600769	祥龙电业	湖北	D01	电力、蒸汽、热水的生产和供应业
600770	综艺股份	江苏	M	综合类
600771	东盛科技	青海	C67	有色金属冶炼及压延加工业
600772	石油龙昌	河北	F05	管道运输业
600773	西藏金珠	西藏	H21	商业经纪与代理业
600774	汉商集团	湖北	H11	零售业
600775	南京熊猫	江苏	G81	通信及相关设备制造业
600776	东方通信	浙江	G81	通信及相关设备制造业
600777	新潮实业	山东	C11	纺织业
600778	友好集团	新疆	H11	零售业
600779	全兴股份	四川	C05	饮料制造业
600780	通宝能源	山西	D01	电力、蒸汽、热水的生产和供应业
600781	民丰实业	上海	C11	纺织业
600782	新华股份	江西	C69	金属制品业
600783	四砂股份	山东	C61	非金属矿物制品业
600784	鲁银投资	山东	M	综合类
600785	新华百货	宁夏	H11	零售业
600786	东方锅炉	四川	C71	普通机械制造业
600787	中储股份	天津	F21	仓储业
600788	达 尔 曼	陕西	C99	其他制造业
600789	鲁抗医药	山东	C81	医药制造业
600790	轻 纺 城	浙江	M	综合类
600791	贵华旅业	贵州	H11	零售业
600792	云南马龙	云南	C61	非金属矿物制品业
600793	宜宾纸业	四川	C31	造纸及纸制品业
600794	保税科技	江苏	C31	造纸及纸制品业
600795	国电电力	辽宁	D01	电力、蒸汽、热水的生产和供应业
600796	钱江生化	浙江	C85	生物制品业
600797	天然科技	浙江	C14	皮革、毛皮、羽绒及制品制造业
600798	宁波海运	浙江	F07	水上运输业
600799	科 利 华	黑龙江	G87	计算机应用服务业
600800	天津磁卡	天津	C99	其他制造业
600801	华新水泥	湖北	C61	非金属矿物制品业
600802	福建水泥	福建	C61	非金属矿物制品业
600803	威远生化	河北	C43	化学原料及化学制品制造业
600804	工益股份	四川	C65	黑色金属冶炼及压延加工业
600805	悦达投资	江苏	M	综合类
600806	昆明机床	云南	C73	专用设备制造业

600807	济南百货	山东	H11	零售业
600808	马钢股份	安徽	C65	黑色金属冶炼及压延加工业
600809	山西汾酒	山西	C05	饮料制造业
600810	神马实业	河南	C47	化学纤维制造业
600811	东方集团	黑龙江	M	综合类
600812	华北制药	河北	C81	医药制造业
600813	ST 鞍一工	辽宁	C73	专用设备制造业
600814	杭州解百	浙江	H11	零售业
600815	厦工股份	福建	C73	专用设备制造业
600816	鞍山信托	辽宁	I31	金融信托业
600817	宏盛科技	上海	M	综合类
600818	ST 永 久	上海	C75	交通运输设备制造业
600819	耀皮玻璃	上海	C61	非金属矿物制品业
600820	隧道股份	上海	E01	土木工程建筑业
600821	津 劝 业	天津	H11	零售业
600822	物贸中心	上海	H21	商业经纪与代理业
600823	万象集团	上海	H11	零售业
600824	益民百货	上海	H11	零售业
600825	华联超市	上海	H11	零售业
600826	兰生股份	上海	H21	商业经纪与代理业
600827	友谊股份	上海	H11	零售业
600828	成商集团	四川	H11	零售业
600829	天鹅股份	黑龙江	C61	非金属矿物制品业
600830	甬城隍庙	浙江	H11	零售业
600831	ST 黄河科	陕西	C76	电器机械及器材制造业
600832	东方明珠	上海	M	综合类
600833	PT 网 点	上海	J01	房地产开发与经营业
600834	凌桥股份	上海	D05	自来水的生产和供应业
600835	上菱电器	上海	C76	电器机械及器材制造业
600836	界龙实业	上海	C35	印刷业
600837	PT 农商社	上海	H01	食品、烟草和家庭用品批发业
600838	上海九百	上海	H11	零售业
600839	四川长虹	四川	G81	通信及相关设备制造业
600840	浙江创业	浙江	H11	零售业
600841	上柴股份	上海	C71	普通机械制造业
600842	中西药业	上海	C81	医药制造业
600843	上工股份	上海	C73	专用设备制造业
600844	英雄股份	上海	C37	文教体育用品制造业
600845	ST 钢 管	上海	G87	计算机应用服务业
600846	同济科技	上海	M	综合类
600847	万里电池	重庆	C76	电器机械及器材制造业
600848	自仪股份	上海	C78	仪器仪表及办公用机械制造业
600849	上海医药	上海	C81	医药制造业
600850	华东电脑	上海	G83	计算机制造业
600851	海欣股份	上海	C14	皮革、毛皮、羽绒及制品制造业
600852	中川国际	四川	E01	土木工程建筑业
600853	北满特钢	黑龙江	C65	黑色金属冶炼及压延加工业
600854	春兰股份	江苏	C76	电器机械及器材制造业
600855	PT 北 旅	北京	C73	专用设备制造业
600856	长百集团	吉林	H11	零售业
600857	首创科技	浙江	H11	零售业
600858	渤海集团	山东	M	综合类
600859	王 府 井	北京	H11	零售业
600860	北人股份	北京	C73	专用设备制造业
600861	北京城乡	北京	H11	零售业
600862	纵横国际	江苏	C71	普通机械制造业
600863	内蒙华电	内蒙古	D01	电力、蒸汽、热水的生产和供应业
600864	岁宝热电	黑龙江	D01	电力、蒸汽、热水的生产和供应业
600865	百大集团	浙江	H11	零售业
600866	星湖科技	广东	C03	食品制造业
600867	通化东宝	吉林	C81	医药制造业
600868	梅雁股份	广东	M	综合类
600870	厦华电子	福建	G81	通信及相关设备制造业
600871	仪征化纤	江苏	C47	化学纤维制造业
600872	中炬高新	广东	M	综合类
600873	西藏明珠	西藏	K32	旅馆业
600874	创业环保	天津	K01	公共设施服务业
600875	东方电机	四川	C76	电器机械及器材制造业
600876	洛阳玻璃	河南	C61	非金属矿物制品业
600877	中国嘉陵	重庆	C75	交通运输设备制造业
600878	北大科技	辽宁	M	综合类
600879	火箭股份	湖北	C73	专用设备制造业

600880	博瑞传播	四川	L20	信息传播服务业
600881	亚泰集团	吉林	M	综合类
600882	山东农药	山东	C43	化学原料及化学制品制造业
600883	富邦科技	云南	M	综合类
600884	杉杉股份	浙江	C13	服装及其他纤维制品制造业
600885	双虎涂料	湖北	C43	化学原料及化学制品制造业
600886	湖北兴化	湖北	C41	石油加工及炼焦业
600887	伊利股份	内蒙古	C03	食品制造业
600888	新疆众和	新疆	C67	有色金属冶炼及压延加工业
600889	南京化纤	江苏	C47	化学纤维制造业
600890	长春长铃	吉林	C75	交通运输设备制造业
600891	秋林集团	黑龙江	H11	零售业
600892	ST 石劝业	河北	C73	专用设备制造业
600893	吉发股份	吉林	C01	食品加工业
600894	广钢股份	广东	C65	黑色金属冶炼及压延加工业
600895	张江高科	上海	M	综合类
600896	中海海盛	海南	F07	水上运输业
600897	厦门机场	福建	F11	交通运输辅助业
600898	PT 郑百文	河南	H01	食品、烟草和家庭用品批发业
600899	信联股份	浙江	L20	信息传播服务业
900929	国旅 B 股	上海	K34	旅游业
900935	金泰 B 股	上海	C73	专用设备制造业
900939	汇丽 B 股	上海	E05	装修装饰业
900948	伊煤 B 股	内蒙古	B01	煤炭采选业
900949	东电 B 股	浙江	D01	电力、蒸汽、热水的生产和供应业
900950	五菱 B 股	江苏	C73	专用设备制造业
900951	大化 B 股	辽宁	C43	化学原料及化学制品制造业
900953	凯马 B 股	上海	C75	交通运输设备制造业
900956	东贝 B 股	湖北	C76	电器机械及器材制造业
900957	凌云 B 股	上海	E05	装修装饰业

表 34　深市上市公司行业分类一览

代码	公司简称	地区	行业编码	行业名称
0001	深发展 A	深圳	I	金融、保险业
0002	深万科 A	深圳	J	房地产业
0003	ST 金田 A	深圳	M	综合类
0004	深安达 A	深圳	F	交通运输、仓储业
0005	世纪星源	深圳	M	综合类
0006	深振业 A	深圳	J	房地产业
0007	深达声 A	深圳	C5	电子
0008	亿安科技	深圳	G	信息技术业
0009	深宝安 A	深圳	M	综合类
0010	ST 深华新	深圳	H	批发和零售贸易
0011	ST 深物业	深圳	M	综合类
0012	深南玻 A	深圳	C6	金属、非金属
0013	深石化 A	深圳	H	批发和零售贸易
0014	ST 深华源	深圳	G	信息技术业
0015	PT 中浩 A	深圳	M	综合类
0016	深康佳 A	深圳	C5	电子
0017	ST 中华	深圳	C7	机械、设备、仪表
0018	深中冠 A	深圳	C1	纺织、服装、皮毛
0019	深深宝 A	深圳	C0	食品、饮料
0020	深华发 A	深圳	C5	电子
0021	深科技 A	深圳	G	信息技术业
0022	深赤湾 A	深圳	F	交通运输、仓储业
0023	深天地 A	深圳	E	建筑业
0024	招商局 A	深圳	F	交通运输、仓储业
0025	ST 特力 A	深圳	M	综合类
0026	飞亚达 A	深圳	C7	机械、设备、仪表
0027	深能源 A	深圳	D	电力、煤气及水的生产和供应业
0028	深益力 A	深圳	C0	食品、饮料
0029	深深房 A	深圳	J	房地产业
0030	ST 英达 A	深圳	C99	其他制造业
0031	深宝恒 A	深圳	J	房地产业
0032	深桑达 A	深圳	G	信息技术业
0033	新都酒店	深圳	K	社会服务业
0034	深信泰丰	深圳	M	综合类
0035	中科健 A	深圳	G	信息技术业
0036	华联控股	深圳	C1	纺织、服装、皮毛
0037	深南电 A	深圳	D	电力、煤气及水的生产和供应业
0038	ST 深大通	深圳	C5	电子
0039	中集集团	深圳	C6	金属、非金属
0040	深鸿基 A	深圳	M	综合类
0042	深长城 A	深圳	J	房地产业
0043	深南光 A	深圳	M	综合类
0045	深纺织 A	深圳	C1	纺织、服装、皮毛
0046	光彩建设	深圳	J	房地产业
0047	深中侨 A	深圳	J	房地产业
0048	中科创业	深圳	C0	食品、饮料
0049	深万山 A	深圳	J	房地产业
0050	深天马 A	深圳	C5	电子
0055	深圳方大	深圳	C6	金属、非金属
0056	深国商	深圳	H	批发和零售贸易
0058	深赛格	深圳	C5	电子
0059	辽通化工	深圳	C4	石油、化学、塑胶、塑料
0060	中金岭南	深圳	C6	金属、非金属
0061	农产品	深圳	H	批发和零售贸易
0062	深圳华强	深圳	M	综合类
0063	中兴通讯	深圳	G	信息技术业
0065	北方国际	深圳	E	建筑业
0066	长城电脑	深圳	G	信息技术业
0068	赛格三星	深圳	C5	电子
0069	华侨城 A	深圳	K	社会服务业
0070	特发信息	深圳	C5	电子
0078	海王生物	深圳	C8	医药、生物制品
0088	盐田港 A	深圳	F	交通运输、仓储业
0089	深圳机场	深圳	F	交通运输、仓储业
0090	深天健	深圳	E	建筑业
0096	广聚能源	深圳	H	批发和零售贸易
0099	中信海直	深圳	F	交通运输、仓储业
0150	麦科特	广东	C7	机械、设备、仪表
0151	中成股份	北京	K	社会服务业
0153	新力药业	安徽	C8	医药、生物制品
0155	川化股份	四川	C4	石油、化学、塑胶、塑料
0156	安塑股份	湖南	C4	石油、化学、塑胶、塑料
0157	中联重科	湖南	C7	机械、设备、仪表
0158	常山股份	河北	C1	纺织、服装、皮毛
0159	国际实业	新疆	H	批发和零售贸易
0301	丝绸股份	江苏	C1	纺织、服装、皮毛
0400	许继电气	河南	C7	机械、设备、仪表
0401	冀东水泥	河北	C6	金属、非金属
0402	金融街	重庆	J	房地产业
0403	三九生化	江西	C4	石油、化学、塑胶、塑料
0404	华意压缩	江西	C7	机械、设备、仪表
0405	有色鑫光	广东	C6	金属、非金属
0406	石油大明	山东	B	采掘业
0407	胜利股份	山东	C4	石油、化学、塑胶、塑料
0408	河北华玉	河北	C6	金属、非金属
0409	四通高科	广东	C7	机械、设备、仪表
0410	沈阳机床	辽宁	C7	机械、设备、仪表
0411	ST 凯地	浙江	C1	纺织、服装、皮毛
0412	北方五环	吉林	M	综合类
0413	宝石 A	河北	C5	电子
0415	汇通水利	新疆	E	建筑业
0416	青岛国货	山东	H	批发和零售贸易
0417	合肥百货	安徽	H	批发和零售贸易
0418	小天鹅 A	江苏	C7	机械、设备、仪表
0419	通程控股	湖南	H	批发和零售贸易
0420	吉林化纤	吉林	C4	石油、化学、塑胶、塑料
0421	南京中北	江苏	K	社会服务业
0422	湖北宜化	湖北	C4	石油、化学、塑胶、塑料
0423	东阿阿胶	山东	C8	医药、生物制品
0425	徐工科技	江苏	C7	机械、设备、仪表
0426	富龙热力	内蒙古	D	电力、煤气及水的生产和供应业
0428	华天酒店	湖南	K	社会服务业
0429	粤高速 A	广东	F	交通运输、仓储业
0430	张家界	湖南	K	社会服务业
0488	晨鸣纸业	山东	C3	造纸、印刷
0498	丹东化纤	辽宁	C4	石油、化学、塑胶、塑料
0501	鄂武商 A	湖北	H	批发和零售贸易
0502	琼能源	海南	J	房地产业

0503	海虹控股	海南	M	综合类
0504	赛迪传媒	海南	M	综合类
0505	珠江控股	海南	J	房地产业
0506	东泰控股	四川	C3	造纸、印刷
0507	粤富华	广东	M	综合类
0509	天歌科技	四川	A	农、林、牧、渔业
0510	金路集团	四川	C4	石油、化学、塑胶、塑料
0511	银基发展	辽宁	J	房地产业
0513	丽珠集团	广东	C8	医药、生物制品
0514	渝开发A	重庆	J	房地产业
0515	PT渝钛白	重庆	C4	石油、化学、塑胶、塑料
0516	陕解放A	陕西	H	批发和零售贸易
0517	甬成功	浙江	G	信息技术业
0518	四环生物	江苏	C1	纺织、服装、皮毛
0519	银河动力	四川	C7	机械、设备、仪表
0520	中国凤凰	湖北	C4	石油、化学、塑胶、塑料
0521	美菱电器	安徽	C7	机械、设备、仪表
0522	ST白云山	广东	C8	医药、生物制品
0523	广州浪奇	广东	C4	石油、化学、塑胶、塑料
0524	东方宾馆	广东	K	社会服务业
0525	红太阳	江苏	C4	石油、化学、塑胶、塑料
0526	厦海发	福建	M	综合类
0527	粤美的A	广东	C7	机械、设备、仪表
0528	桂柳工A	广西	C7	机械、设备、仪表
0529	粤美雅A	广东	C1	纺织、服装、皮毛
0530	大冷股份	辽宁	C7	机械、设备、仪表
0531	穗恒运A	广东	D	电力、煤气及水的生产和供应业
0532	粤华电A	广东	D	电力、煤气及水的生产和供应业
0533	万家乐A	广东	C7	机械、设备、仪表
0534	汕电力A	广东	D	电力、煤气及水的生产和供应业
0535	ST猴王	湖北	C6	金属、非金属
0536	ST闽闽东	福建	C7	机械、设备、仪表
0537	南开戈德	天津	H	批发和零售贸易
0538	云南白药	云南	C8	医药、生物制品
0539	粤电力A	广东	D	电力、煤气及水的生产和供应业
0540	世纪中天	贵州	M	综合类
0541	佛山照明	广东	C7	机械、设备、仪表
0542	TCL通讯	广东	G	信息技术业
0543	皖能电力	安徽	D	电力、煤气及水的生产和供应业
0544	豫白鸽A	河南	C6	金属、非金属
0545	恒和制药	吉林	C8	医药、生物制品
0546	ST吉轻工	吉林	H	批发和零售贸易
0547	闽福发A	福建	C7	机械、设备、仪表
0548	湖南投资	湖南	K	社会服务业
0549	湘火炬A	湖南	C7	机械、设备、仪表
0550	ST江铃	江西	C7	机械、设备、仪表
0551	创元科技	江苏	C7	机械、设备、仪表
0552	甘长风A	甘肃	C7	机械、设备、仪表
0553	沙隆达A	湖北	C4	石油、化学、塑胶、塑料
0554	泰山石油	山东	H	批发和零售贸易
0555	太光电信	贵州	C4	石油、化学、塑胶、塑料
0556	ST南洋	海南	F	交通运输、仓储业
0557	银广夏A	宁夏	J	房地产业
0558	辽房天	辽宁	J	房地产业
0559	万向钱潮	浙江	C7	机械、设备、仪表
0560	昆百大A	云南	H	批发和零售贸易
0561	陕长岭A	陕西	C7	机械、设备、仪表
0562	宏源证券	新疆	I	金融、保险业
0563	陕国投A	陕西	I	金融、保险业
0564	西安民生	陕西	H	批发和零售贸易
0565	渝三峡A	重庆	C4	石油、化学、塑胶、塑料
0566	轻骑海药	海南	C8	医药、生物制品
0567	琼海德A	海南	M	综合类
0568	泸州老窖	四川	C0	食品、饮料
0569	川投长钢	四川	C6	金属、非金属
0570	苏常柴A	江苏	C7	机械、设备、仪表
0571	新大洲A	海南	C7	机械、设备、仪表
0572	琼金盘A	海南	M	综合类
0573	粤宏远A	广东	M	综合类
0576	广东甘化	广东	C0	食品、饮料
0578	数码网络	青海	H	批发和零售贸易
0581	威孚高科	江苏	C7	机械、设备、仪表
0582	北海新力	广西	F	交通运输、仓储业
0583	托普软件	四川	G	信息技术业
0584	蜀都A	四川	M	综合类
0585	ST东北电	辽宁	C7	机械、设备、仪表
0586	川长江A	四川	H	批发和零售贸易
0587	光明家具	黑龙江	C2	木材、家具
0588	ST粤金曼	广东	A	农、林、牧、渔业
0589	黔轮胎A	贵州	C4	石油、化学、塑胶、塑料
0590	紫光生物	湖南	C8	医药、生物制品
0591	桐君阁	重庆	C8	医药、生物制品
0592	ST中福	福建	J	房地产业
0593	成都华联	四川	H	批发和零售贸易
0594	内蒙宏峰	内蒙古	B	采掘业
0595	西北轴承	宁夏	C7	机械、设备、仪表
0596	古井贡A	安徽	C0	食品、饮料
0597	东北药	辽宁	C8	医药、生物制品
0598	蓝星清洗	甘肃	C4	石油、化学、塑胶、塑料
0599	青岛双星	山东	C1	纺织、服装、皮毛
0600	国际大厦	河北	M	综合类
0601	韶能股份	广东	D	电力、煤气及水的生产和供应业
0602	ST金马	广东	K	社会服务业
0603	威达医械	广东	C7	机械、设备、仪表
0605	中联建设	北京	C7	机械、设备、仪表
0606	青海明胶	青海	C4	石油、化学、塑胶、塑料
0607	华立控股	重庆	C7	机械、设备、仪表
0608	阳光股份	广西	J	房地产业
0609	燕化高新	北京	C4	石油、化学、塑胶、塑料
0610	西安旅游	陕西	K	社会服务业
0611	民族集团	内蒙古	H	批发和零售贸易
0612	焦作万方	河南	C6	金属、非金属
0613	ST东海A	海南	K	社会服务业
0615	湖北金环	湖北	C4	石油、化学、塑胶、塑料
0616	大连渤海	辽宁	K	社会服务业
0617	石油济柴	山东	C7	机械、设备、仪表
0618	吉林化工	吉林	C4	石油、化学、塑胶、塑料
0619	海螺型材	安徽	C3	造纸、印刷
0620	圣方科技	黑龙江	C4	石油、化学、塑胶、塑料
0621	比特科技	北京	G	信息技术业
0622	岳阳恒立	湖南	C7	机械、设备、仪表
0623	吉林敖东	吉林	C8	医药、生物制品
0625	长安汽车	重庆	C7	机械、设备、仪表
0626	如意集团	江苏	A	农、林、牧、渔业
0627	百科药业	湖北	C4	石油、化学、塑胶、塑料
0628	倍特高新	四川	J	房地产业
0629	新钢钒	四川	C6	金属、非金属
0630	铜都铜业	安徽	C6	金属、非金属
0631	兰宝信息	吉林	C7	机械、设备、仪表
0632	三木集团	福建	M	综合类
0633	合金投资	辽宁	M	综合类
0635	民族化工	宁夏	C4	石油、化学、塑胶、塑料
0636	风华高科	广东	C5	电子
0637	茂化实华	广东	C4	石油、化学、塑胶、塑料
0638	中辽国际	辽宁	M	综合类
0639	庆云发展	湖南	K	社会服务业
0650	九江化纤	江西	C4	石油、化学、塑胶、塑料
0651	格力电器	广东	C7	机械、设备、仪表
0652	泰达股份	天津	F	交通运输、仓储业
0653	ST九州	福建	H	批发和零售贸易
0655	华光陶瓷	山东	C6	金属、非金属
0656	重庆东源	重庆	C6	金属、非金属
0657	中钨高新	海南	C6	金属、非金属
0658	ST海洋	福建	M	综合类
0659	珠海中富	广东	C4	石油、化学、塑胶、塑料
0660	南华西	广东	M	综合类
0661	长春高新	吉林	C4	石油、化学、塑胶、塑料
0662	ST康达	广西	M	综合类
0663	永安林业	福建	A	农、林、牧、渔业
0665	武汉塑料	湖北	C4	石油、化学、塑胶、塑料
0666	经纬纺机	山西	C7	机械、设备、仪表
0667	华一投资	云南	H	批发和零售贸易
0668	武汉石油	湖北	H	批发和零售贸易
0669	中讯科技	吉林	G	信息技术业
0670	天发股份	湖北	H	批发和零售贸易
0671	石狮新发	福建	M	综合类

0672	铜城集团	甘肃	H	批发和零售贸易
0673	大同水泥	山西	C6	金属、非金属
0675	ST 银山	四川	C4	石油、化学、塑胶、塑料
0676	思达高科	河南	C7	机械、设备、仪表
0677	山东海龙	山东	C4	石油、化学、塑胶、塑料
0678	襄阳轴承	湖北	C7	机械、设备、仪表
0679	大连友谊	辽宁	H	批发和零售贸易
0680	山推股份	山东	C7	机械、设备、仪表
0681	远东股份	江苏	C1	纺织、服装、皮毛
0682	东方电子	山东	G	信息技术业
0683	天然碱	内蒙古	C4	石油、化学、塑胶、塑料
0685	公用科技	广东	H	批发和零售贸易
0686	锦州六陆	辽宁	C0	食品、饮料
0687	保定天鹅	河北	C4	石油、化学、塑胶、塑料
0688	朝华科技	重庆	C6	金属、非金属
0689	ST 宏业	广东	C6	金属、非金属
0690	宝丽华	广东	M	综合类
0691	寰岛实业	海南	M	综合类
0692	惠天热电	辽宁	D	电力、煤气及水的生产和供应业
0693	聚友网络	四川	L	传播与文化产业
0695	灯塔油漆	天津	C4	石油、化学、塑胶、塑料
0696	ST 联益	四川	C6	金属、非金属
0697	咸阳偏转	陕西	C5	电子
0698	沈阳化工	辽宁	C4	石油、化学、塑胶、塑料
0699	佳纸股份	黑龙江	C3	造纸、印刷
0700	模塑科技	江苏	C4	石油、化学、塑胶、塑料
0701	厦门信达	福建	M	综合类
0702	正虹科技	湖南	C0	食品、饮料
0703	招商股份	广西	G	信息技术业
0705	浙江震元	浙江	H	批发和零售贸易
0707	双环科技	湖北	C4	石油、化学、塑胶、塑料
0708	大冶特钢	湖北	C6	金属、非金属
0709	唐钢股份	河北	C6	金属、非金属
0710	天兴仪表	四川	C7	机械、设备、仪表
0711	龙发股份	黑龙江	G	信息技术业
0712	金泰发展	广东	C1	纺织、服装、皮毛
0713	丰乐种业	安徽	A	农、林、牧、渔业
0715	中兴商业	辽宁	H	批发和零售贸易
0716	广西斯壮	广西	M	综合类
0717	韶钢松山	广东	C6	金属、非金属
0718	吉林纸业	吉林	C3	造纸、印刷
0719	焦作碱业	河南	C4	石油、化学、塑胶、塑料
0720	鲁能泰山	山东	C7	机械、设备、仪表
0721	西安饮食	陕西	K	社会服务业
0722	金果实业	湖南	M	综合类
0723	天宇电气	福建	C7	机械、设备、仪表
0725	京东方 A	北京	C5	电子
0726	鲁泰 A	山东	C1	纺织、服装、皮毛
0727	华东科技	江苏	C7	机械、设备、仪表
0728	北京化二	北京	C4	石油、化学、塑胶、塑料
0729	燕京啤酒	北京	C0	食品、饮料
0730	环保股份	辽宁	E	建筑业
0731	四川美丰	四川	C4	石油、化学、塑胶、塑料
0732	福建三农	福建	C4	石油、化学、塑胶、塑料
0733	振华科技	贵州	C5	电子
0735	罗牛山	海南	A	农、林、牧、渔业
0736	重庆实业	重庆	C7	机械、设备、仪表
0737	南风化工	山西	C4	石油、化学、塑胶、塑料
0738	南方摩托	湖南	C7	机械、设备、仪表
0739	青岛东方	山东	H	批发和零售贸易
0748	湘计算机	湖南	G	信息技术业
0750	桂林集琦	广西	C8	医药、生物制品
0751	锌业股份	辽宁	C6	金属、非金属
0752	拉萨啤酒	西藏	C0	食品、饮料
0753	福建双菱	福建	C6	金属、非金属
0755	山西三维	山西	C4	石油、化学、塑胶、塑料
0756	新华制药	山东	C8	医药、生物制品
0757	内江峨柴	四川	C7	机械、设备、仪表
0758	中色建设	北京	E	建筑业
0759	武汉中百	湖北	H	批发和零售贸易
0760	湖北车桥	湖北	C7	机械、设备、仪表
0761	本钢板材	辽宁	C6	金属、非金属
0762	西藏矿业	西藏	B	采掘业

0763	锦州石化	辽宁	C4	石油、化学、塑胶、塑料
0765	华信股份	湖北	H	批发和零售贸易
0766	通化金马	吉林	C8	医药、生物制品
0767	漳泽电力	山西	D	电力、煤气及水的生产和供应业
0768	西飞国际	陕西	C7	机械、设备、仪表
0769	盛道包装	辽宁	C99	其他制造业
0776	延边公路	吉林	F	交通运输、仓储业
0777	中核科技	江苏	C7	机械、设备、仪表
0778	新兴铸管	河北	C6	金属、非金属
0779	三毛派神	甘肃	C1	纺织、服装、皮毛
0780	草原兴发	内蒙古	C0	食品、饮料
0782	美达股份	广东	C4	石油、化学、塑胶、塑料
0783	石炼化	河北	C4	石油、化学、塑胶、塑料
0785	武汉中商	湖北	H	批发和零售贸易
0786	北新建材	北京	C6	金属、非金属
0787	创智科技	湖南	G	信息技术业
0788	合成制药	重庆	C8	医药、生物制品
0789	江西水泥	江西	C6	金属、非金属
0790	华神集团	四川	C8	医药、生物制品
0791	西北化工	甘肃	C4	石油、化学、塑胶、塑料
0792	盐湖钾肥	青海	C4	石油、化学、塑胶、塑料
0793	燃气股份	海南	E	建筑业
0795	太原刚玉	山西	C6	金属、非金属
0796	宝商集团	陕西	H	批发和零售贸易
0797	中国武夷	福建	E	建筑业
0798	中水渔业	北京	A	农、林、牧、渔业
0799	湘酒鬼	湖南	C0	食品、饮料
0800	一汽轿车	吉林	C7	机械、设备、仪表
0801	四川湖山	四川	C5	电子
0802	京西旅游	北京	K	社会服务业
0803	美亚股份	四川	C1	纺织、服装、皮毛
0805	炎黄在线	江苏	G	信息技术业
0806	银河科技	广西	C5	电子
0807	云铝股份	云南	C6	金属、非金属
0809	第一纺织	四川	C1	纺织、服装、皮毛
0810	四川锦华	四川	C1	纺织、服装、皮毛
0811	烟台冰轮	山东	C7	机械、设备、仪表
0812	陕西金叶	陕西	C3	造纸、印刷
0813	天山纺织	新疆	C1	纺织、服装、皮毛
0815	美利纸业	宁夏	C3	造纸、印刷
0816	江淮动力	江苏	C7	机械、设备、仪表
0817	辽河油田	辽宁	B	采掘业
0818	锦化氯碱	辽宁	C4	石油、化学、塑胶、塑料
0819	岳阳兴长	湖南	C4	石油、化学、塑胶、塑料
0820	金城股份	辽宁	C3	造纸、印刷
0821	京山轻机	湖北	C7	机械、设备、仪表
0822	山东海化	山东	C4	石油、化学、塑胶、塑料
0823	超声电子	广东	C5	电子
0825	太钢不锈	山西	C6	金属、非金属
0826	国投原宜	湖北	C4	石油、化学、塑胶、塑料
0827	大龙泉	辽宁	C0	食品、饮料
0828	福地科技	广东	C5	电子
0829	赣南果业	江西	A	农、林、牧、渔业
0830	鲁西化工	山东	C4	石油、化学、塑胶、塑料
0831	关铝股份	山西	C6	金属、非金属
0832	龙涤股份	黑龙江	C4	石油、化学、塑胶、塑料
0833	贵糖股份	广西	C0	食品、饮料
0835	隆源实业	北京	M	综合类
0836	天大天财	天津	G	信息技术业
0837	秦川发展	陕西	C7	机械、设备、仪表
0838	西南化机	四川	C7	机械、设备、仪表
0839	中信国安	北京	G	信息技术业
0848	承德露露	河北	C0	食品、饮料
0850	华茂股份	安徽	C1	纺织、服装、皮毛
0851	中国七砂	贵州	C6	金属、非金属
0852	江钻股份	湖北	C7	机械、设备、仪表
0856	唐山陶瓷	河北	C6	金属、非金属
0858	五粮液	四川	C0	食品、饮料
0859	国风塑业	安徽	C4	石油、化学、塑胶、塑料
0860	顺鑫农业	北京	A	农、林、牧、渔业
0861	茂化永业	广东	C6	金属、非金属
0862	吴忠仪表	宁夏	C7	机械、设备、仪表
0863	北商技术	辽宁	C7	机械、设备、仪表

0866	扬子石化	江苏	C4	石油、化学、塑胶、塑料
0868	安凯客车	安徽	C7	机械、设备、仪表
0869	张裕A	山东	C0	食品、饮料
0876	新希望	四川	C0	食品、饮料
0877	天山股份	新疆	C6	金属、非金属
0878	云南铜业	云南	C6	金属、非金属
0880	山东巨力	山东	C7	机械、设备、仪表
0881	大连国际	辽宁	M	综合类
0882	中商股份	北京	H	批发和零售贸易
0883	三环股份	湖北	C7	机械、设备、仪表
0885	春都A	河南	C0	食品、饮料
0886	海南高速	海南	F	交通运输、仓储业
0887	飞彩股份	安徽	C7	机械、设备、仪表
0888	峨眉山A	四川	K	社会服务业
0889	华联商城	河北	H	批发和零售贸易
0890	法尔胜	江苏	C6	金属、非金属
0892	长丰通信	重庆	G	信息技术业
0893	广州冷机	广东	C7	机械、设备、仪表
0895	双汇发展	河南	C0	食品、饮料
0896	豫能控股	河南	D	电力、煤气及水的生产和供应业
0897	津滨发展	天津	K	社会服务业
0898	鞍钢新轧	辽宁	C6	金属、非金属
0899	赣能股份	江西	D	电力、煤气及水的生产和供应业
0900	现代投资	湖南	F	交通运输、仓储业
0901	航天科技	黑龙江	C7	机械、设备、仪表
0902	中国服装	北京	C1	纺织、服装、皮毛
0903	云内动力	云南	C7	机械、设备、仪表
0905	厦门路桥	福建	F	交通运输、仓储业
0906	南方建材	湖南	H	批发和零售贸易
0908	天一科技	湖南	C7	机械、设备、仪表
0909	数源科技	浙江	G	信息技术业
0910	大亚股份	江苏	C3	造纸、印刷
0911	南宁糖业	广西	C0	食品、饮料
0912	泸天化	四川	C4	石油、化学、塑胶、塑料
0913	钱江摩托	浙江	C7	机械、设备、仪表
0915	声乐股份	山东	C1	纺织、服装、皮毛
0916	华北高速	北京	F	交通运输、仓储业
0917	电广传媒	湖南	L	传播与文化产业
0918	亚华种业	湖南	A	农、林、牧、渔业
0919	金陵药业	江苏	C8	医药、生物制品
0920	南方汇通	贵州	C7	机械、设备、仪表
0921	科龙电器	广东	C7	机械、设备、仪表
0922	阿继电器	黑龙江	C7	机械、设备、仪表
0923	河北宣工	河北	C7	机械、设备、仪表
0925	浙大海纳	浙江	C99	其他制造业
0926	福星科技	湖北	C6	金属、非金属
0927	天津汽车	天津	C7	机械、设备、仪表
0928	吉林炭素	吉林	C6	金属、非金属
0929	兰州黄河	甘肃	C0	食品、饮料
0930	丰原生化	安徽	C0	食品、饮料
0931	中关村	北京	K	社会服务业
0932	华菱管线	湖南	C6	金属、非金属
0933	神火股份	河南	B	采掘业
0935	四川双马	四川	C6	金属、非金属
0936	华西村	江苏	M	综合类
0937	金牛能源	河北	B	采掘业
0938	清华紫光	北京	G	信息技术业
0939	凯迪电力	湖北	D	电力、煤气及水的生产和供应业
0948	南天信息	云南	G	信息技术业
0949	新乡化纤	河南	C4	石油、化学、塑胶、塑料

0950	民丰农化	重庆	C4	石油、化学、塑胶、塑料
0951	小鸭电器	山东	C7	机械、设备、仪表
0952	广济药业	湖北	C8	医药、生物制品
0953	河池化工	广西	C4	石油、化学、塑胶、塑料
0955	欣龙无纺	海南	C1	纺织、服装、皮毛
0956	中原油气	河南	B	采掘业
0957	中通控股	山东	C7	机械、设备、仪表
0958	东方热电	河北	D	电力、煤气及水的生产和供应业
0959	首钢股份	北京	C6	金属、非金属
0960	锡业股份	云南	C6	金属、非金属
0961	大连金牛	辽宁	C6	金属、非金属
0962	东方钽业	宁夏	C6	金属、非金属
0963	华东医药	浙江	C8	医药、生物制品
0965	天水股份	天津	C6	金属、非金属
0966	长源电力	湖北	D	电力、煤气及水的生产和供应业
0967	上风高科	浙江	C7	机械、设备、仪表
0968	神州股份	山西	B	采掘业
0969	安泰科技	北京	C99	其他制造业
0970	中科三环	北京	C6	金属、非金属
0971	湖北迈亚	湖北	C1	纺织、服装、皮毛
0972	新中基	新疆	A	农、林、牧、渔业
0973	佛塑股份	广东	C4	石油、化学、塑胶、塑料
0975	乌江电力	重庆	D	电力、煤气及水的生产和供应业
0976	春晖股份	广东	C1	纺织、服装、皮毛
0977	浪潮信息	山东	G	信息技术业
0978	桂林旅游	广西	K	社会服务业
0979	科苑集团	安徽	M	综合类
0980	金马股份	安徽	C7	机械、设备、仪表
0981	兰光科技	甘肃	G	信息技术业
0982	圣雪绒	宁夏	C1	纺织、服装、皮毛
0983	西山煤电	山西	B	采掘业
0985	大庆华科	黑龙江	C4	石油、化学、塑胶、塑料
0987	广州友谊	广东	H	批发和零售贸易
0988	华工科技	湖北	C7	机械、设备、仪表
0989	九芝堂	湖南	C8	医药、生物制品
0990	诚志股份	江西	C4	石油、化学、塑胶、塑料
0993	闽东电力	福建	D	电力、煤气及水的生产和供应业
0995	皇台酒业	甘肃	C0	食品、饮料
0996	捷利股份	黑龙江	F	交通运输、仓储业
0997	新大陆	福建	G	信息技术业
0998	隆平高科	湖南	A	农、林、牧、渔业
0999	三九医药	广东	C8	医药、生物制品
2041	深本实B	深圳	G	信息技术业
2053	深基地B	深圳	B	采掘业
2054	深建摩B	深圳	C7	机械、设备、仪表
2057	ST大洋B	深圳	F	交通运输、仓储业
2152	山航B	山东	F	交通运输、仓储业
2160	帝贤B	河北	C1	纺织、服装、皮毛
2168	雷伊B	广东	C1	纺织、服装、皮毛
2468	宁通信B	江苏	G	信息技术业
2512	闽灿坤B	福建	C7	机械、设备、仪表
2706	瓦轴B	辽宁	C7	机械、设备、仪表
2770	武锅B	湖北	C7	机械、设备、仪表
2771	杭汽轮B	浙江	C7	机械、设备、仪表
2986	粤华包B	广东	C99	其他制造业
2992	中鲁B	山东	A	农、林、牧、渔业

表 35 2000 年证券投资基金一览表

序号	基金名称	基金类型	成立日期	上市地	上市日期	基金单位（亿份）	单位净值	基金资产规模(亿元)	有续期（年）	基金管理人	基金托管人
1	开元	封闭式、契约型	1998.3.27	深圳	1998.4.7	20	1.8814	37.63	15	南方	工行
2	金泰	封闭式、契约型	1998.3.27	上海	1998.4.7	20	1.6712	33.42	15	国泰	工行
3	兴华	封闭式、契约型	1998.4.23	上海	1998.5.8	20	1.5260	30.52	15	华夏	建行
4	安信	封闭式、契约型	1998.6.22	上海	1998.6.26	20	1.9682	39.36	15	华安	工行
5	裕阳	封闭式、契约型	1998.7.25	上海	1998.7.30	20	1.7825	35.65	15	博时	农行
6	普惠	封闭式、契约型	1999.1.6	深圳	1999.1.27	20	1.6638	33.28	15	鹏华	交行
7	景博	封闭式、契约型	1992.6.1	深圳	1999.10.22	10	1.4120	14.12	15	大成	农行
8	景阳	封闭式、契约型	1992.5.1	上海	1999.10.22	10	1.4389	14.39	15	大成	农行
9	裕元	封闭式、契约型	1992.6.1	上海	1999.10.28	15	1.5593	23.39	15	博时	工行
10	同盛	封闭式、契约型	1999.11.5	深圳	1999.11.26	30	1.4197	42.59	15	长盛	中行
11	金鑫	封闭式、契约型	1999.10.21	上海	1999.11.26	30	1.4790	44.37	15	国泰	建行
12	泰和	封闭式、契约型	1999.4.8	上海	1999.4.20	20	1.4202	28.40	15	嘉实	建行
13	同益	封闭式、契约型	1999.4.8	深圳	1999.4.21	20	1.8101	36.20	15	长盛	工行
14	景宏	封闭式、契约型	1999.5.5	深圳	1999.5.18	20	1.4649	29.30	15	大成	中行
15	汉盛	封闭式、契约型	1999.5.10	上海	1999.5.18	20	1.5882	31.76	15	富国	农行
16	安顺	封闭式、契约型	1999.6.15	上海	1999.6.22	30	1.5940	47.82	15	华安	交行
17	裕隆	封闭式、契约型	1999.6.15	深圳	1999.6.24	30	1.5492	46.48	15	博时	农行
18	兴和	封闭式、契约型	1999.7.14	上海	1999.7.30	30	1.4183	42.55	15	华夏	建行
19	普丰	封闭式、契约型	1999.7.14	深圳	1999.7.30	30	1.4698	44.09	15	鹏华	工行
20	天元	封闭式、契约型	1999.8.26	深圳	1999.9.20	30	1.5851	47.55	15	南方	工行
21	景福	封闭式、契约型	1999.12.30	深圳	2000.1.10	30	1.3531	40.59	15	大成	农行
22	汉兴	封闭式、契约型	1999.12.30	上海	200.1.10	30	1.3858	41.57	15	富国	交行
23	汉博	封闭式、契约型	1992.5.30	上海	2000.10.17	5	1.0571	5.29	15	富国	建行
24	隆元	封闭式、契约型	1992.12.29	深圳	2000.10.18	5	1.0086	5.04	15	南方	工行
25	裕华	封闭式、契约型	1992.12.31	深圳	2000.2.24	5	1.1997	6.00	15	博时	交行
26	同智	封闭式、契约型	1992.3.13	深圳	2000.5.15	5	1.1692	5.85	15	长盛	中行
27	裕泽	封闭式、契约型	1996.5.31	深圳	2000.5.17	5	1.1957	5.98	15	博时	工行
28	金盛	封闭式、契约型	1994.12.1	深圳	2000.6.30	5	1.1588	5.79	15	国泰	建行
29	金元	封闭式、契约型	1992.5.28	上海	2000.7.11	5	1.0802	5.40	15	南方	工行
30	兴科	封闭式、契约型	1992.5.31	深圳	2000.7.18	5	1.1112	5.56	15	华夏	交行
31	汉鼎	封闭式、契约型	1994.1.1	上海	2000.8.17	5	1.0412	5.21	15	富国	工行
32	金鼎	封闭式、契约型	1992.5.31	上海	2000.8.4	5	1.1003	5.50	15	国泰	建行
33	兴安	封闭式、契约型	1992.12.29	深圳	2000.9.20	5	1.0660	5.33	15	华夏	中行
34	安久	封闭式、契约型	1992.8.31			2	0.6815	1.36	10	华安	交行
合计						562		847.35			

注：单位净值及基金资产规模数据截止 2000 年 12 月 29 日，其他数据截止 2000 年 12 月 31 日

表 36　2000 年国债发行表　　单位:亿元

	发行对象	累计发行额	发行利率	偿还期限(年)
一、1999 年发行的国债		4015.00		
1.凭证式国债(1)				
二年期	个人投资者	108.00	2.55	2
三年期	个人投资者	343.00	2.89	3
五年期	个人投资者	49.00	3.14	5
2.凭证式国债(2)				
二年期	个人投资者	120.00	2.55	2
三年期	个人投资者	300.00	2.89	3
五年期	个人投资者	180.00	3.14	5
3.凭证式国债(3)				
三年期	个人投资者	480.00	2.89	3
五年期	个人投资者	319.00	3.14	5
4.记帐式国债(1)	银行间市场会员	200.00	2.9	7(按年付息)
5.记帐式国债(2)	银行间市场会员	280.00	2.8	10(按年付息)
6.记帐式国债(3)	银行间市场会员	200.00	2.44	2
7.记帐式国债(4)	社会各类投资者	140.00	2.87	10(按年付息)
8.记帐式国债(5)	银行间市场会员	200.00	3.00	5(按年付息)
9.记帐式国债(6)	银行间市场会员	126.00	3.50	7(按年付息)
10.记帐式国债(7)	银行间市场会员	200.00	2.72	10(按年付息)
11.记帐式国债(8)	银行间市场会员	102.00	3.40	5(按年付息)
12.记帐式国债(9)	国有商业银行	500.00	2.55	10(按年付息)
13.记帐式国债(10)	社会各类投资者	120.00	2.63	7(按年付息)
14.记帐式国债(11)	银行间市场会员	200.00	2.35	1(按年付息)
15.记帐式国债(12)	银行间市场会员	252.00	2.85	7(按年付息)
16.定向国债(1)	各地社会保险经办机构	28.00	3.50	5
17.定向国债(2)	各地社会保险经办机构	200.00	2.42	2
二、2000 年以前年度发行的国债		17234.00		
合计		21891.00		

表 37　1996—2000 年深、沪股票交易情况统计表

项目	上海					深圳				
	1996 年	1997 年	1998 年	1999 年	2000 年	1996 年	1997 年	1998 年	1999 年	2000 年
交易所会员总数	524	467	330	310	305	542	373	329	318	326
其中:异地会员	478	424	318	299	293	508	349	314	304	310
上市公司数(个)	293	383	438	484	572	237	362	413	463	514
上市股票数(只)	329	422	477	525	614	270	399	454	504	560
其中:A 股	287	372	425	471	559	227	348	400	450	451
B 股	42	50	52	54	55	43	51	54	54	59
发行总股本(亿股)	671.19	975.57	1280.35	1580	2032	439.54	795.85	1065	1328.7	1580.97
其中:A 股	625.76	907.76	1206.11	1498.68	1947.35	399.47	738.37	997.85	1259.20	1492.25
B 股	45.43	67.81	74.23	81.47	85.07	40.06	57.48	67.14	69.49	88.72
流通股本(亿股)	186.81	285.76	379.73	494.41	648.99	158.75	275.06	361.21	457.93	584.33
A 股	141.38	217.95	305.49	412.94	563.92	125.76	225.29	301.52	397.51	514.41
B 股	45.43	67.81	74.23	81.47	85.07	32.98	49.76	59.68	60.41	69.92
流通市值(亿元)	1408.74	2513.47	2947.45	4249.69	8481.33	1458.29	2690.95	2798.14	3964.27	7606.19
A 股	1247.06	2327.86	2846.92	4109.94	8146.79	1266.95	2528.22	2703.10	3827.52	7377.42
B 股	161.68	185.61	100.53	139.75	334.54	191.33	162.72	95.04	136.74	228.77
市价总值(亿元)	5477.81	9218.07	10625.91	14580.47	26930.86	4364.57	8311.17	8879.73	11890.70	21160.08
其中:A 股	5316.13	9032.45	10525.38	14440.72	26596.32	4132.42	8121.74	8773.91	11726.90	20859.43
B 股	161.88	185.61	100.53	139.75	334.54	232.14	189.43	105.81	163.79	300.65
成交金额(亿元)	9114.82	13763.17	12386.11	16965.79	31373.86	12217.35	16958.66	11158.14	14353.81	29452.79
其中:A 股	9020.24	13550.24	12304.23	16826.20	31029.69	12032.05	16744.97	11113.49	14223.35	29248.98
B 股	94.57	212.93	81.88	139.59	344.17	185.30	213.69	44.64	130.45	203.80
成交量(百万股)	110188.37	121568.19	112795.49	156038.27	243765.39	143126.06	134433.70	102615.07	137200.61	232072.82
其中:A 股	107400.20	116601.27	108541.93	148825.08	231087.66	139092.71	130528.61	100708.15	132149.62	224714.41
B 股	2788.17	4966.92	4253.56	7213.19	12677.73	4033.35	3905.10	1906.92	5050.99	7358.40
最高综合股价指数	1258.69	1510.18	1422.98	1756.18	2125.72	473.02	517.91	441.04	525.14	654.37
其中:A 股	1313.92	1578.61	1508.41	1860.86	2251.89	498.45	546.02	471.99	561.56	703.97
B 股	87.12	99.31	59.58	62.56	89.90	198.14	184.19	98.97	125.42	137.69
最低综合股价指数	512.83	870.18	1043.02	1047.83	1361.21	105.34	305.81	317.10	310.65	414.69
其中:A 股	527.85	905.50	1108.91	1113.16	1446.12	107.93	319.25	341.00	333.77	445.32
B 股	44.80	51.93	26.17	21.25	35.47	58.97	92.79	49.88	41.56	75.92

表 38 2000 年全国银行间同业拆借利率统计表

单位:%

时期	隔夜	7天内	8—20天内	21—30天内	31—60天内	61—90天内	91—120天内
1月	2.76	2.48	2.51	2.64	5.07	5.54	5.83
2月		2.56	2.48	2.56	2.67	5.96	5.83
3月	2.50	2.49	2.45	2.54	6.25	2.72	5.64
4月	2.48	2.40	2.43	2.48	2.53	3.36	3.80
5月	2.40	2.38	2.41	2.42	2.47	4.87	5.83
6月	2.34	2.37	2.36	2.36	2.41	4.15	5.83
7月	2.42	2.37	2.44	2.44	2.31	4.62	5.83
8月	2.35	2.36	2.34	2.69	2.33	4.40	
9月	2.32	2.34	2.41	2.65	2.31	5.08	5.40
10月	2.29	2.34	2.35	2.74	2.32	2.52	4.40
11月	2.46	2.34	2.36	2.49	2.34	2.40	5.29
12月	2.64	2.48	2.48	3.02	2.62	3.45	

表 39 2000 年全国银行间市场债券回购利率统计表

单位:%

时期	7天	14天	21天	1个月	2个月	3个月	4个月	6个月	9个月	一年
1月	2.52	2.51	2.52	2.62	2.67	2.72	2.83			
2月	2.50	2.50	2.50	2.59	2.67	2.73		2.88		
3月	2.46	2.46	2.47	2.52	3.00	2.60	2.64	2.66	2.83	
4月	2.42	2.41	2.42	2.46	2.61	2.64				
5月	2.39	2.40	2.39	2.44	4.03	2.44	2.57		2.91	
6月	2.36	2.38	2.38	2.41	2.42	2.45	2.52	2.70	3.12	3.57
7月	2.36	2.36	2.37	2.40	2.36	2.51	2.51	2.51		3.09
8月	2.32	2.33	2.32	2.36	2.31	2.44	2.79	2.63		
9月	2.31	2.30	2.31	2.35	2.32	2.42	2.47	2.58	2.56	
10月	2.30	2.31	2.23	2.31	2.32	2.49	2.53	2.60		
11月	2.31	2.32	2.33	2.33	2.33	2.34	2.42	2.52	2.53	
12月	2.43	2.49	2.51	2.57	2.64	3.27	2.60		2.60	2.82

表 40 2000 年中央银行公开市场业务回购利率统计表

单位:%

时期	7天	14天	28天	91天	182天	364天
1月	2.57	2.58	2.62	2.75		
2月	2.52	2.56	2.62	2.73		
3月	2.49	2.50		2.68		
4月	2.48		2.55			
5月	2.48	2.50				
6月	2.48	2.50				
7月	2.48	2.50				
8月	2.48					
9月	2.48					
10月						
11月						
12月	2.50	2.50	2.49	2.71		

表41　2000年全国期货交易所交易品种一览表

交易所	简称	品种
大连商品交易所	大连商品	大豆、豆粕、啤酒大麦
上海期货交易所(筹)	上海金属	铜、铝、橡胶
郑州商品交易所	郑州商品	小麦、绿豆

表42　全国期货市场概况　　金额单位:亿元

项目	1993年	1994年	1995年	1996年	1997年	1998年	1999年	2000年
全年总成交额	5521.99	31601.41	100565.30	84119.16	61170.66	36967.24	22343.01	16082.29
全年总成交量	890.69	12110.72	63612.07	34256.77	15876.32	10445.57	7363.91	5461.07
全年总实物交割额			181.52	174.13	93.75	48.04	109.41	65.11
全年总实物交割量			83.09	78.33	38.18	20.56	16.12	8.40

表43　2000年全国期货交易分布概况

	成交金额	比重(%)	成交量	比重(%)
农产品	103127653.33	64.12	48353328	88.54
金属	57695202.87	35.88	6257344	11.46
总计	160822856.20	100.00	54610672.00	100.00

表44　2000年全国期货交易所会员情况

交易所	会员总数	经纪公司会员	非经纪公司会员
大连商品交易所	162	149	13
上海期货交易所	216	162	54
郑州商品交易所	216	165	51

表45　2000年全国期货交易所市场概况　　金额单位:万元

交易所	期货品种	会员总数	总成交额	总成交量	总实物交割额	总实物交割量
大连商品交易所	3	162	78172199.47	34960370	19563.08	8301
上海期货交易所	3	216	66634190.67	8252664	619259.52	71953
郑州商品交易所	2	216	16016466.05	11397638	12316.22	3734
合计	8	594	160822856.2	54610672	651138.82	83988

表46　2000年农产品期货交易分布概况　　金额单位:万元

品种	成交金额	比重(%)	成交量	比重(%)
大豆	76072536.614	73.77	33818002	69.94
豆粕	2099662.858	2.04	1142368	2.36
天然橡胶	8938987.80	8.67	1995320	4.13
小麦	15606054.59	15.13	11276752	23.32
绿豆	410411.46	0.40	120886	0.25
总计	103127653.326	100.00	48353328	100.00

表47　2000年金属期货交易分布概况　　金额单位:万元

品种	成交金额	比重(%)	成交量	比重(%)
铜	50377302.49	87.32	5347302	85.46
铝	7317900.38	12.68	910042	14.54
总计	57695202.87	100.00	6257344	100.00

表48 2000年上交所上市股份公司A股股票走势图

个股点评 统计制作 北京汇智科贸公司信息部

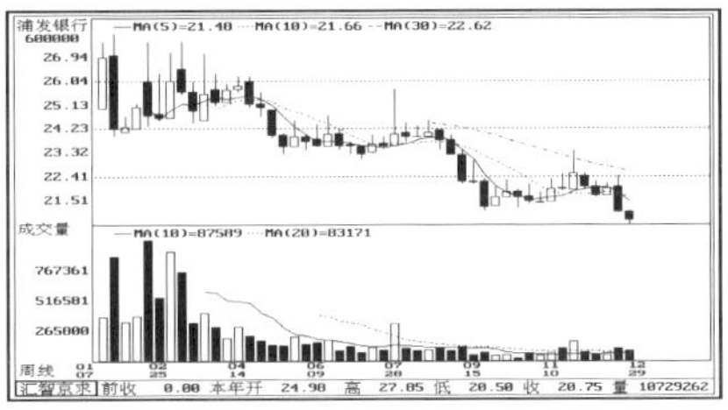

600000 浦发银行：流通股本40000万，主营金融与信托投资业务。1月10日最高价27.85元，12月27日最低价19.15元，2000年每股收益0.3970元。弱势整理，宜持币观望。

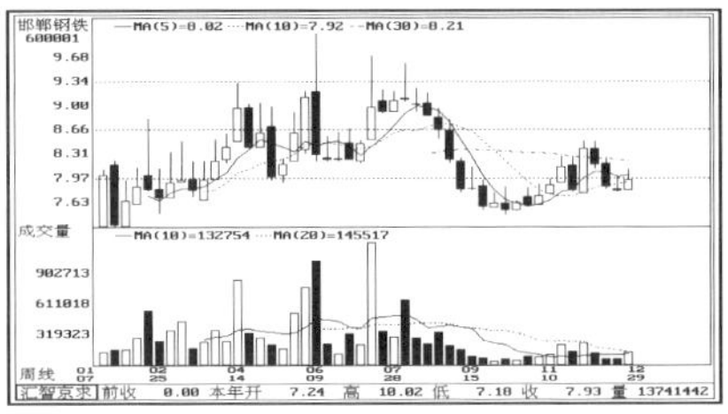

600001 邯郸钢铁：流通股本49000万，主营冶炼、钢坯。6月5日最高价11.25元，1月4日最低价7.18元，2000年每股收益0.5060元。调整过程中，暂可持股观望。

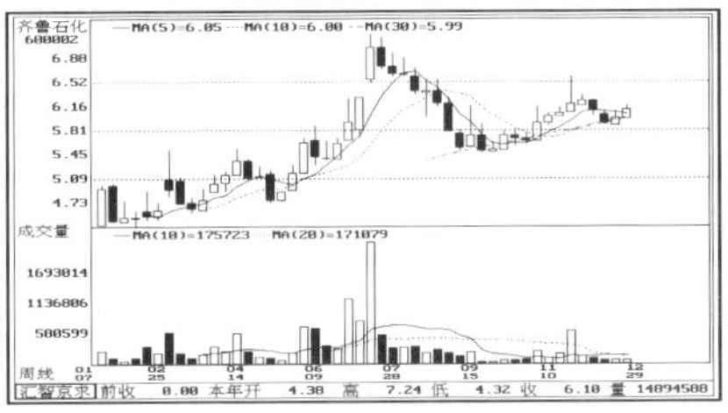

600002 齐鲁石化：流通股本35000万，主营石油化工产品。7月14日最高价7.24元，1月4日最低价4.32元，2000年每股收益0.2230元。仍未走强，上方压力大。

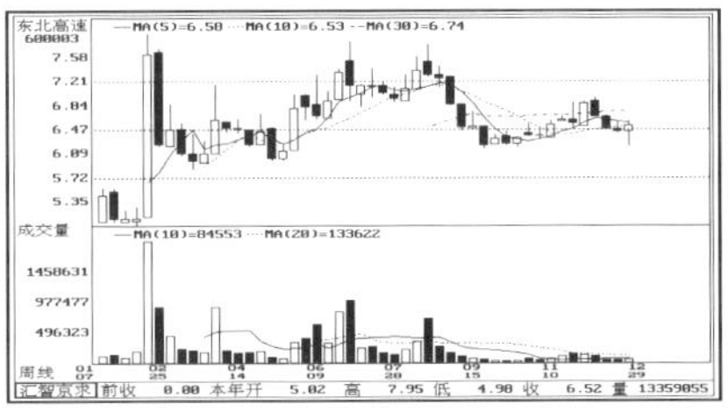

600003 东北高速：流通股本30000万，主营公路经营管理收费。2月18日最高价7.95元，1月28日最低价4.98元，2000年每股收益0.1767元。整理蓄势之中，持股不动。

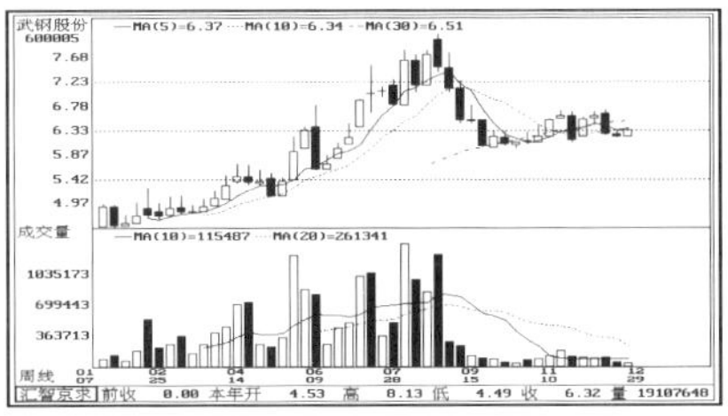

600005 武钢股份：流通股本32000万，主营冷轧薄板、镀锌板。8月21日最高价8.38元，1月4日最低价4.49元，2000年每股收益0.3380元。整理走势，关注均线支撑。

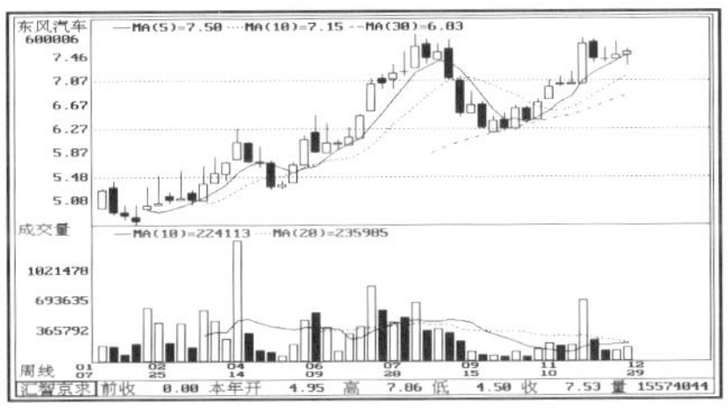

600006 东风汽车：流通股本30000万，主营汽车、汽车发动机。8月8日最高价7.86元，1月24日最低价4.50元，2000年每股收益0.3738元。消化阻力位，短期将拉升。

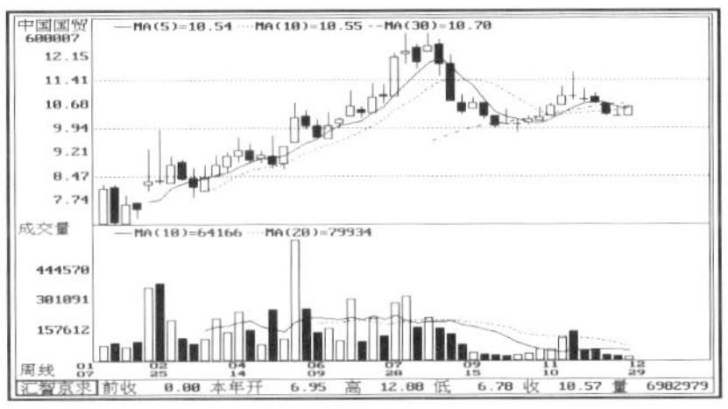

600007 中国国贸：流通股本16000万，主营商务服务设施的投资。7月31日最高价12.88元，1月4日最低价6.78元，2000年每股收益0.1800元。短线调整未结束，持币。

600008 首创股份：流通股本16000万，主营公用基础设施的开发。8月29日最高价25.58元，4月27日最低价16.01元，2000年每股收益0.3938元。上行动力不足，还需储蓄动能。

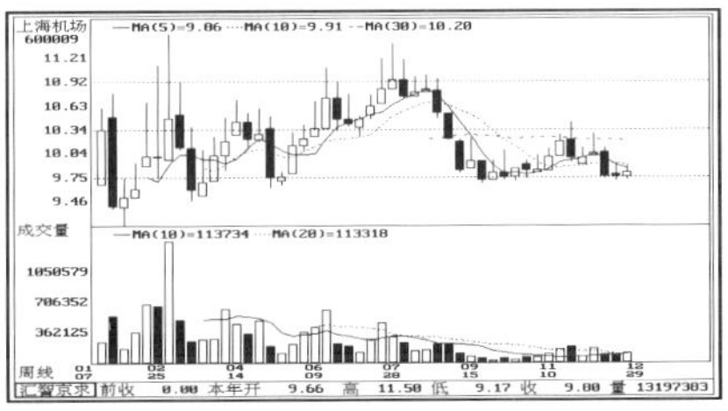

600009 上海机场：流通股本48130万，主营国内外航空运输。3月1日最高价11.50元，1月21日最低价9.17元，2000年每股收益0.3950元。调整走势，宜中线关注。

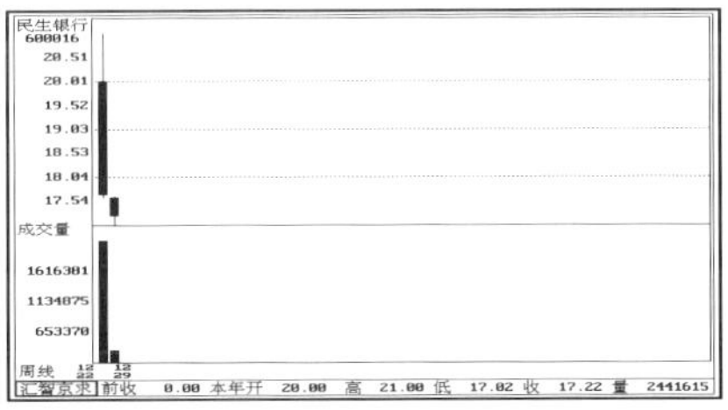

600016 民生银行：流通股本35000万，主营吸收公众存款。12月19日最高价21.00元，12月28日最低价17.02元，2000年每股收益0.2500元。仍有上攻潜力，中线可持有。

600018 上港集箱：流通股本8400万，主营国际集装箱装卸。12月26日最高价23.98元，7月21日最低价19.08元，2000年每股收益0.6030元。调整走势，宜中线关注。

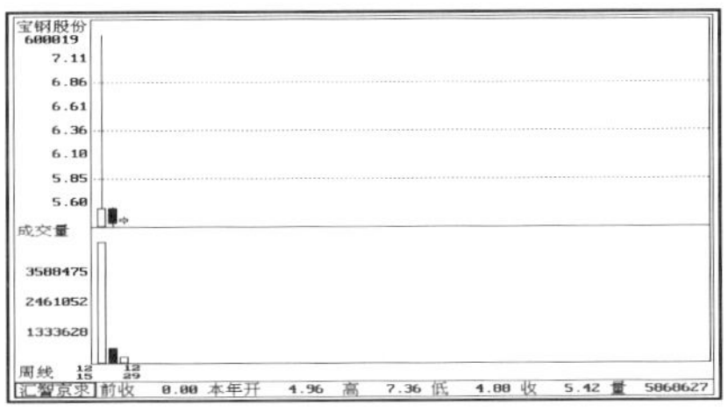

600019 宝钢股份：流通股本45000万，主营高档钢材。12月12日最高价7.36元，12月12日最低价4.88元，2000年每股收益0.2400元。回升趋势，持股观望。

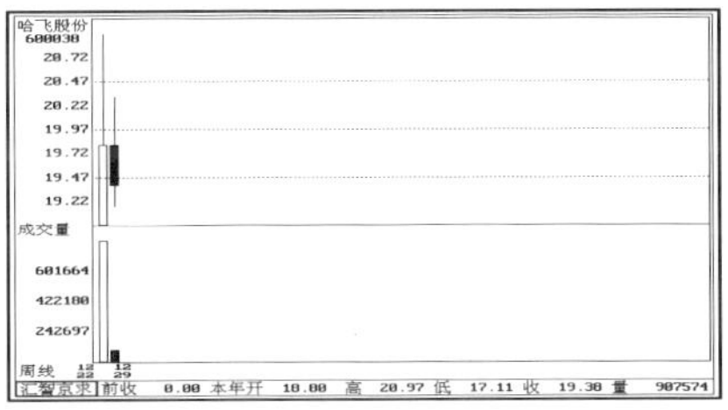

600038 哈飞股份：流通股本6000万，主营航空产品。12月21日最高价20.97元，12月18日最低价17.11元，2000年每股收益0.2706元。中线价值仍存，可持股。

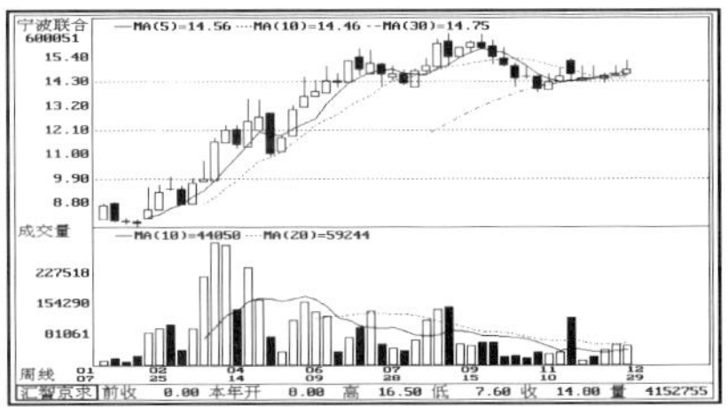

600051 宁波联合：流通股本8540万，主营基础设施建设。8月28日最高价16.50元，1月24日最低价7.60元，2000年每股收益0.1659元。均线反压仍在，持币观望。

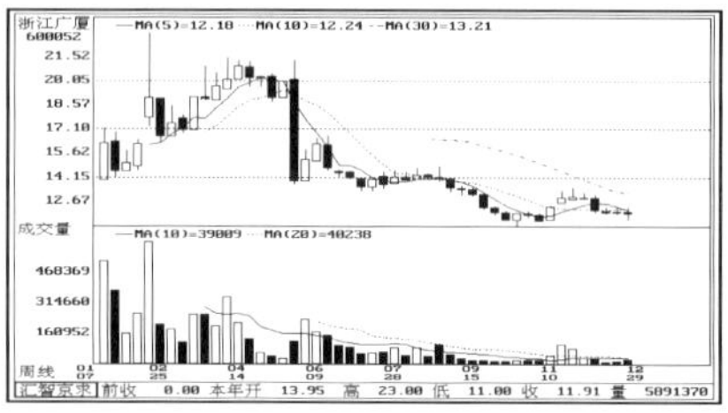

600052 浙江广厦：流通股本 19656 万，主营建筑工程的总承包。2 月 17 日最高价 24.99 元，10 月 17 日最低价 11.00 元，2000 年每股收益 0.2300 元。短线有减持迹象，暂不介入。

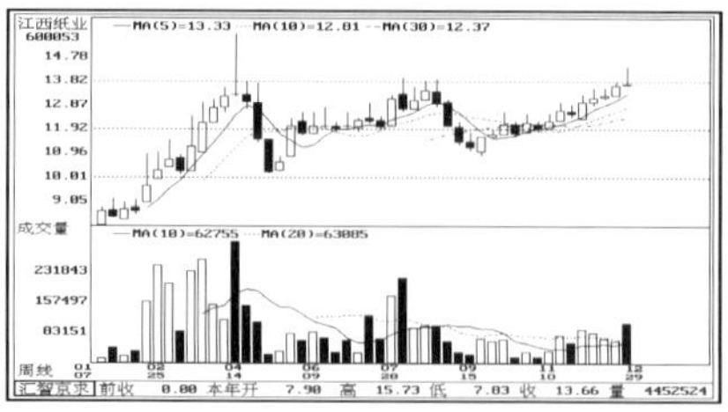

600053 江西纸业：流通股本 7597 万，主营新闻纸的生产和销售。4 月 13 日最高价 16.63 元，1 月 4 日最低价 7.83 元，2000 年每股收益 0.3400 元。整理走势，暂宜观望。

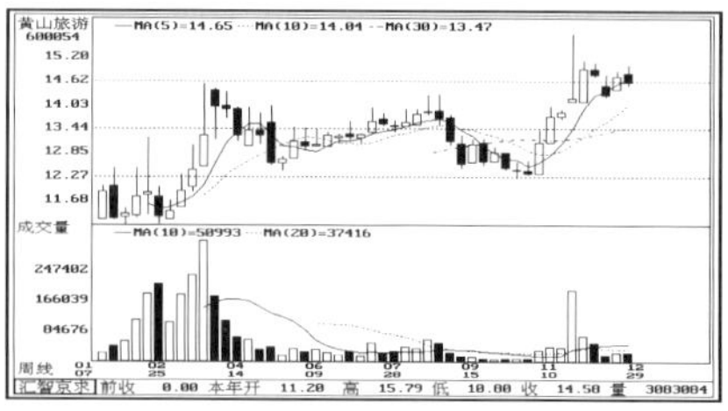

600054 黄山旅游：流通股本 5200 万，主营宾馆的经营与管理。11 月 22 日最高价 15.79 元，1 月 24 日最低价 10.80 元，2000 年每股收益 0.1500 元。短线调整未结束，持币。

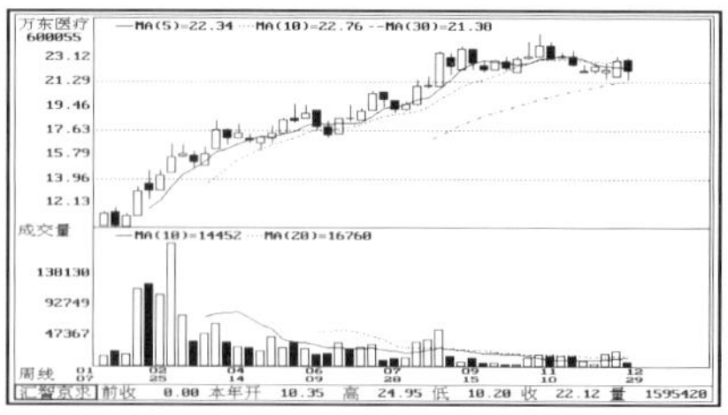

600055 万东医疗：流通股本 3900 万，主营医用诊断 X 射线机。10 月 31 日最高价 25.05 元，1 月 4 日最低价 10.20 元，2000 年每股收益 0.2800 元。反弹乏力，不可轻易介入。

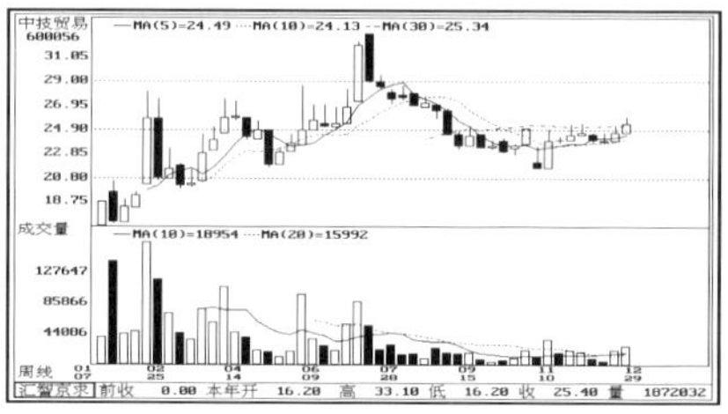

600056 中技贸易：流通股本 3900 万，主营机电产品进出口。7 月 10 日最高价 33.30 元，1 月 4 日最低价 16.20 元，2000 年每股收益 0.2474 元。成交淡静，短线压力需消化。

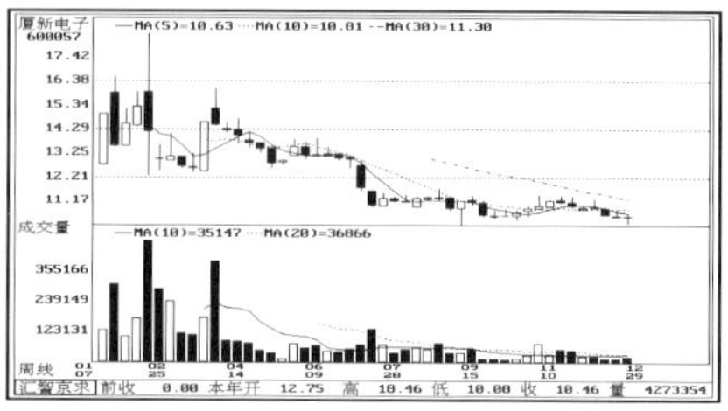

600057 厦新电子：流通股本 14400 万，主营数字化电子产品。2 月 15 日最高价 18.46 元，9 月 7 日最低价 10.08 元，2000 年每股收益 -0.4870 元。均线系统压力大，不介入。

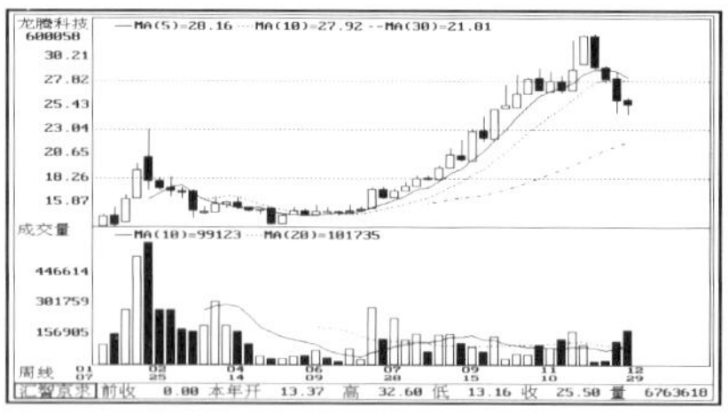

600058 龙腾科技：流通股本 12000 万，主营进出口贸易。12 月 4 日最高价 32.90 元，1 月 4 日最低价 13.16 元，2000 年每股收益 0.4898 元。短线调整，宜观望。

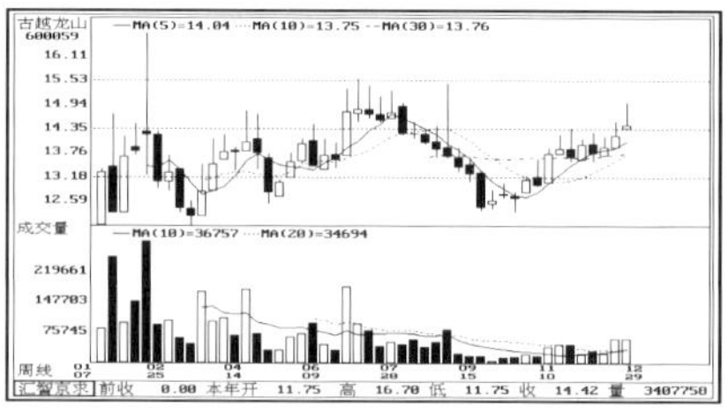

600059 古越龙山：流通股本 8190 万，主营黄酒、白酒、果酒。2 月 15 日最高价 16.70 元，1 月 4 日最低价 11.75 元，2000 年每股收益 0.4010 元。缩量整理，观望为宜。

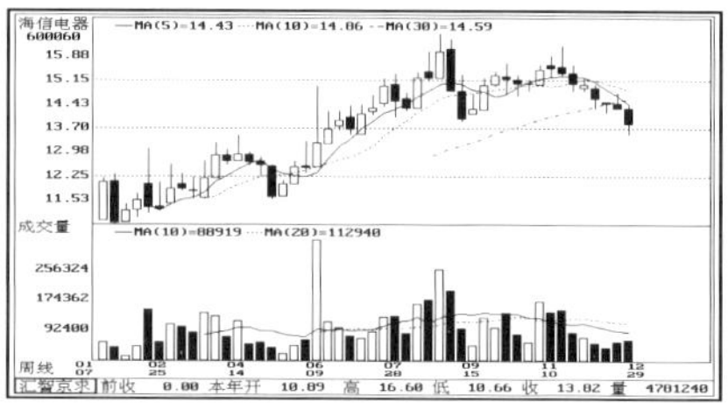

600060 海信电器：流通股本 12740 万，主营电视机、广播设备。8 月 25 日最高价 16.60 元，1 月 4 日最低价 10.66 元，2000 年每股收益 0.3000 元。震荡盘整中，需谨慎持股。

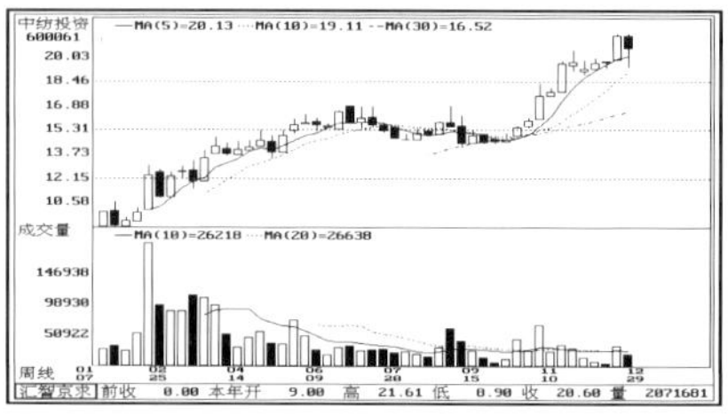

600061 中纺投资：流通股本 9360 万，主营锦纶单丝、涤纶长丝。12 月 25 日最高价 21.61 元，1 月 17 日最低价 8.90 元，2000 年每股收益 0.3350 元。中线价值仍存，可持股。

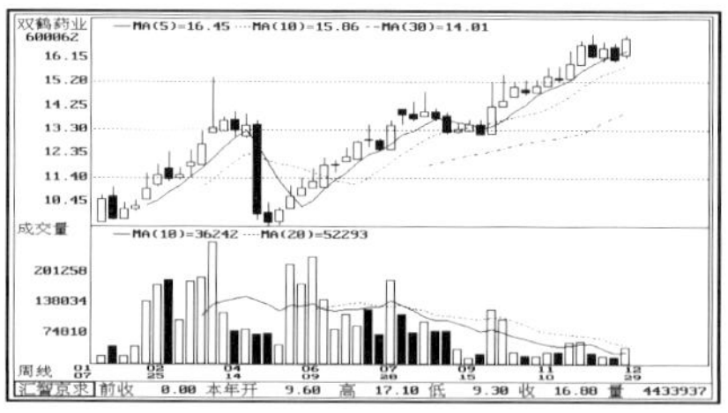

600062 双鹤药业：流通股本 14297 万，主营制剂药品。12 月 5 日最高价 17.10 元，5 月 16 日最低价 9.30 元，2000 年每股收益 0.4217 元。调整走势，短线出局观望。

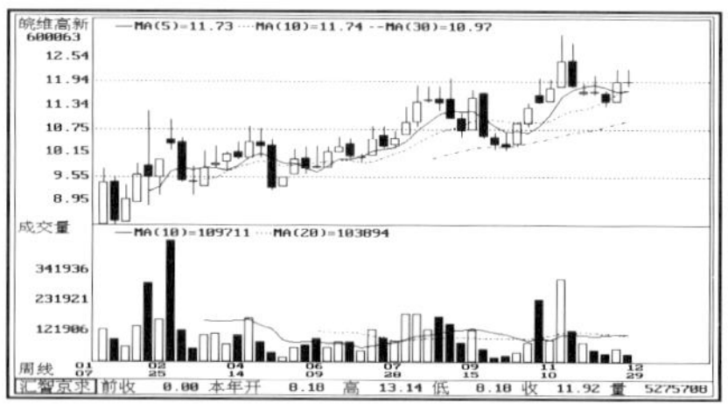

600063 皖维高新：流通股本 9900 万，主营聚乙烯醇。11 月 14 日最高价 13.14 元，1 月 4 日最低价 8.18 元，2000 年每股收益 0.2140 元。低位调整期间，多看少入为宜。

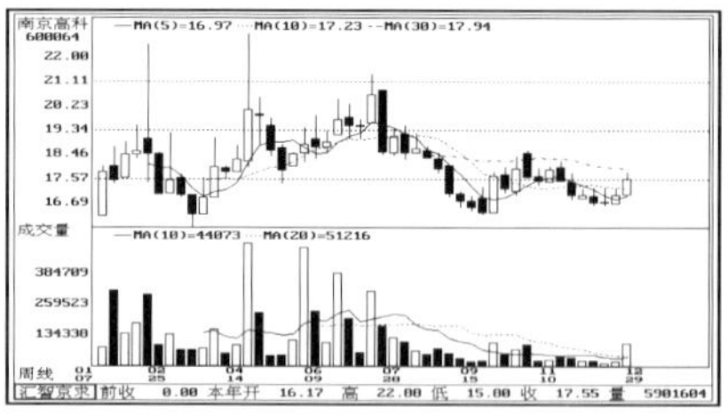

600064 南京高科：流通股本 15549 万，主营市政基础设施建设。4 月 21 日最高价 22.88 元，3 月 17 日最低价 15.80 元，2000 年每股收益 0.3270 元。上升空间有限，反弹减磅。

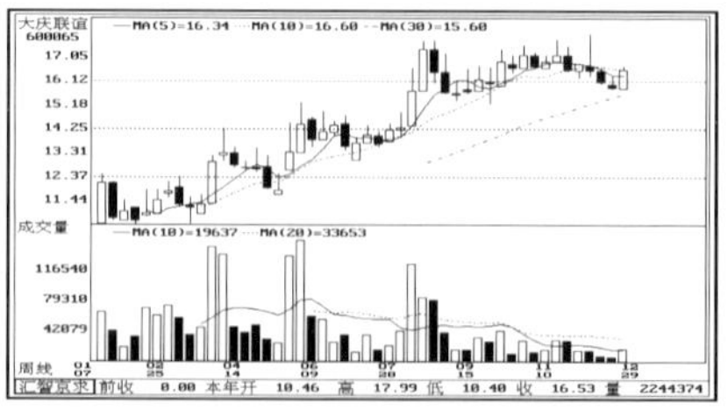

600065 大庆联谊：流通股本 6000 万，主营石油炼制、石油开采。12 月 5 日最高价 17.99 元，1 月 24 日最低价 10.40 元，2000 年每股收益 0.1612 元。短线有调整压力，宜获利了结。

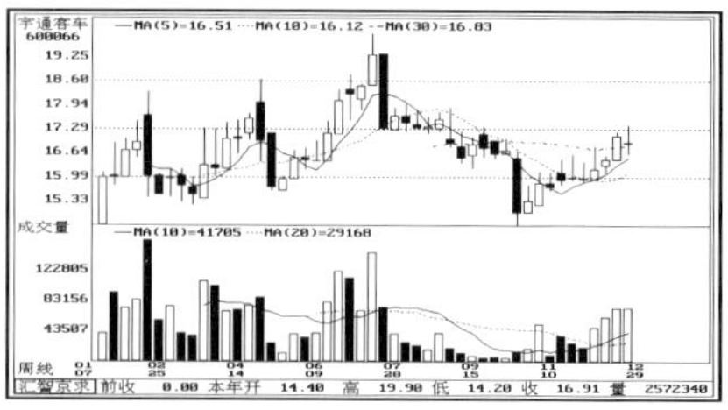

600066 宇通客车：流通股本 9372 万，主营大中型客车的生产。7 月 13 日最高价 19.90 元，10 月 19 日最低价 14.20 元，2000 年每股收益 0.6368 元。均线系统未调整到位，暂不介入。

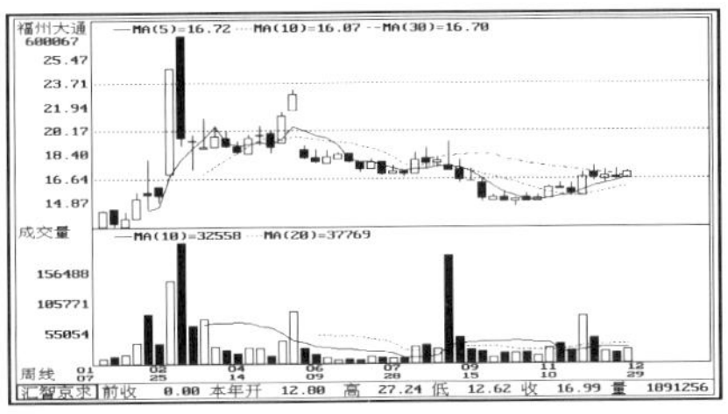

600067　福州大通：流通股本 6792 万，主营特种漆包线。3 月 6 日最高价 27.24 元，1 月 4 日最低价 12.62 元，2000 年每股收益 0.2200 元。整理走势，短线有一定压力。

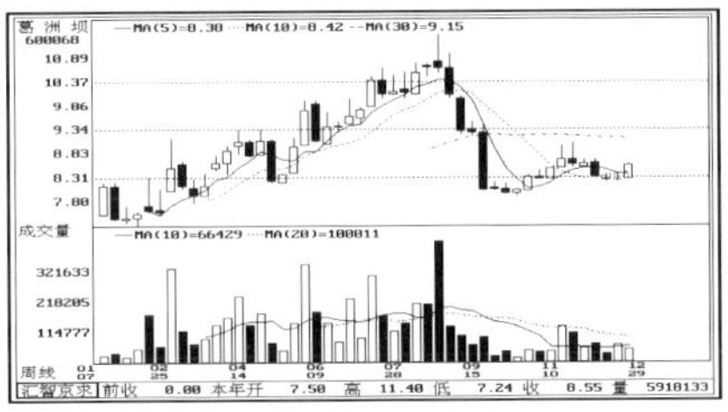

600068　葛　洲　坝：流通股本 34580 万，主营建筑工程承包施工。8 月 22 日最高价 11.40 元，1 月 24 日最低价 7.24 元，2000 年每股收益 0.3000 元。成交趋于活跃，仍有潜力。

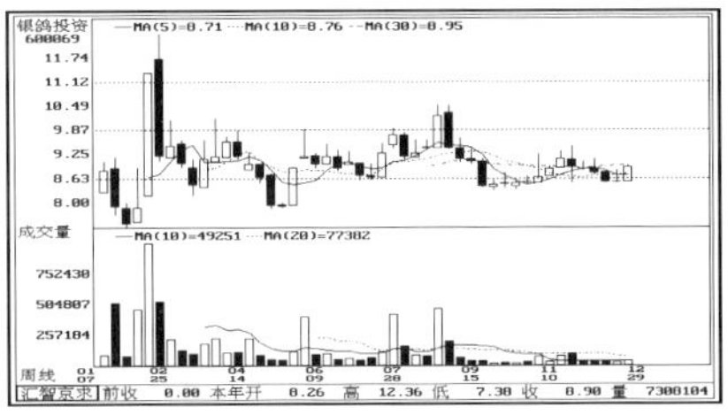

600069　银鸽投资：流通股本 14560 万，主营制浆、造纸、产热。2 月 21 日最高价 12.36 元，1 月 21 日最低价 7.38 元，2000 年每股收益 0.0280 元。均线系统有压力，不介入为宜。

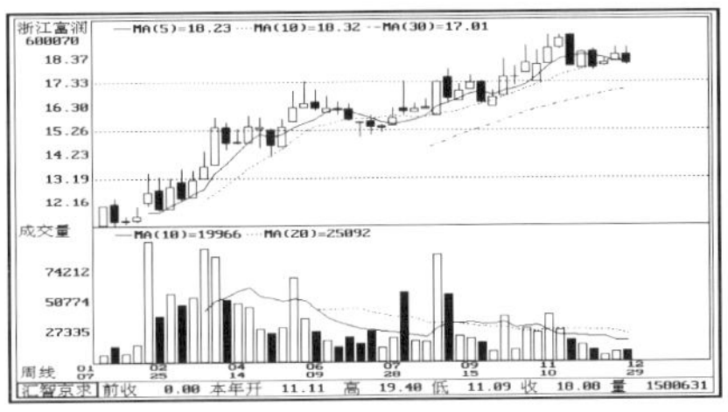

600070　浙江富润：流通股本 3115 万，主营针纺织品、绢纺。11 月 21 日最高价 19.40 元，1 月 17 日最低价 11.09 元，2000 年每股收益 0.3500 元。调整走势，宜中线关注。

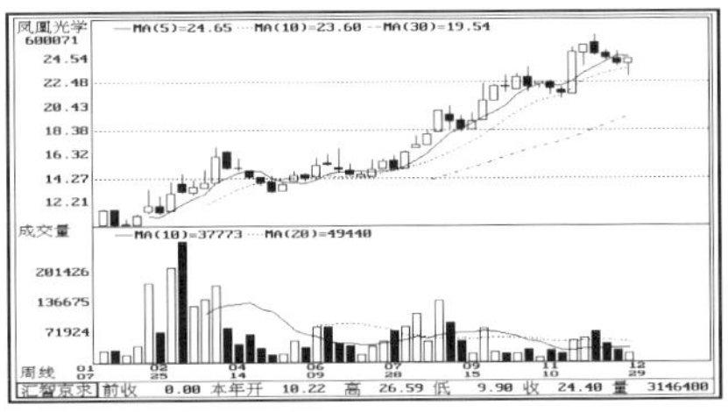

600071　凤凰光学：流通股本 8265 万，主营照相机、变焦镜头。12 月 5 日最高价 26.59 元，1 月 24 日最低价 9.90 元，2000 年每股收益 0.3600 元。短线走弱，观望为主。

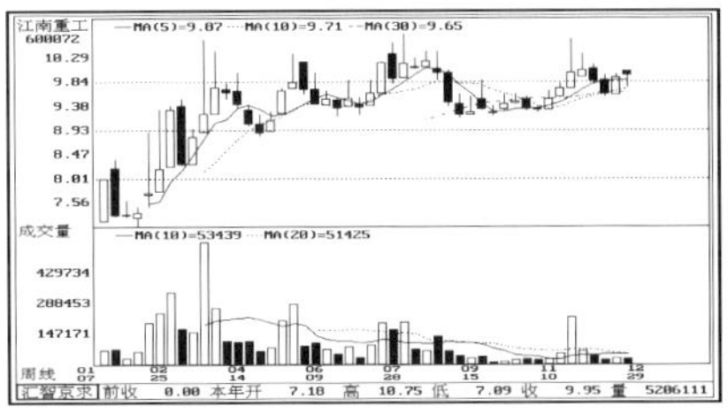

600072　江南重工：流通股本 12480 万，主营生产钢结构工程。8 月 2 日最高价 10.75 元，1 月 24 日最低价 7.09 元，2000 年每股收益 0.0720 元。上档压力较大，观望为宜。

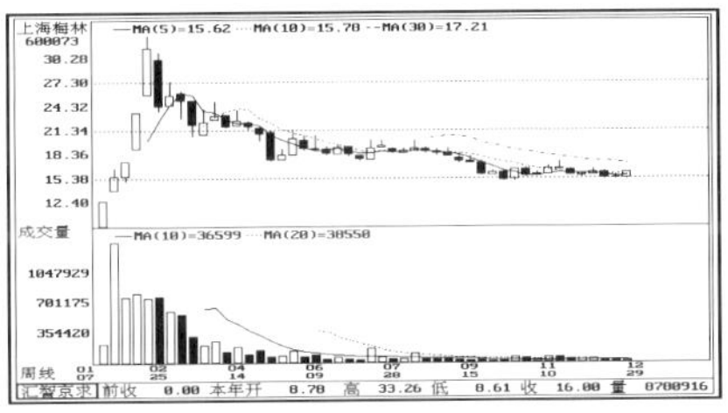

600073　上海梅林：流通股本 12000 万，主营电子商务，信息采集。2 月 17 日最高价 33.26 元，1 月 4 日最低价 8.61 元，2000 年每股收益 0.2500 元。回抽确认，面临均线支撑。

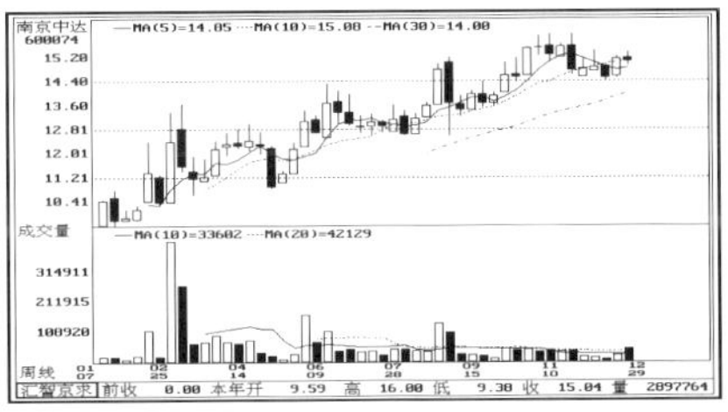

600074　南京中达：流通股本 5220 万，主营双向拉伸聚酯薄膜。11 月 23 日最高价 16.00 元，1 月 4 日最低价 9.38 元，2000 年每股收益 0.4420 元。上升空间有限，反弹减磅。

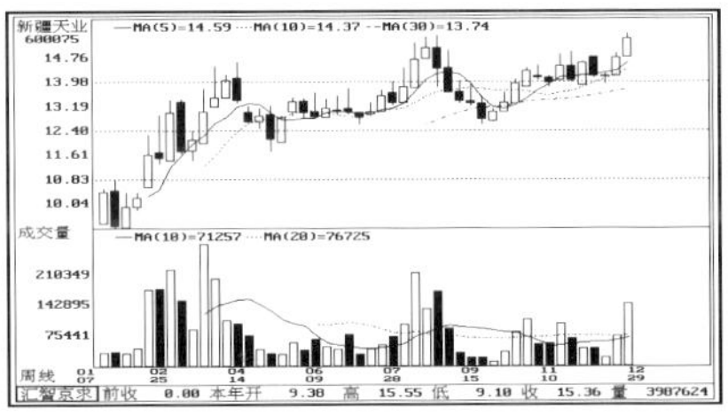

600075　新疆天业：流通股本 9720 万，主营塑料制品、氯碱化工。12 月 28 日最高价 15.55 元，1 月 4 日最低价 9.10 元，2000 年每股收益 0.3860 元。上档有均线压力，不介入为宜。

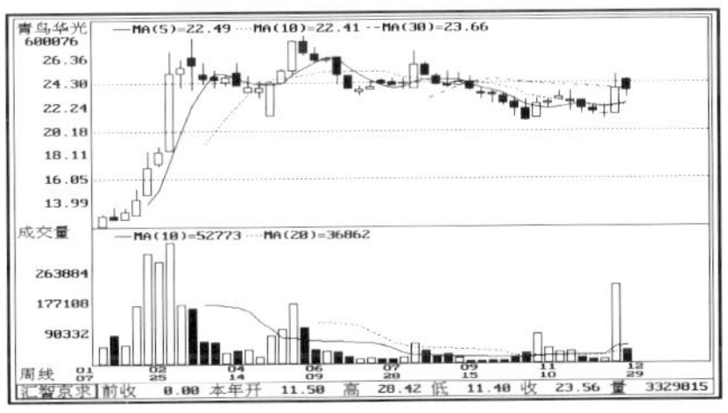

600076　青鸟华光：流通股本 9600 万，主营数字程控交换系统。5 月 30 日最高价 28.42 元，1 月 4 日最低价 11.40 元，2000 年每股收益 0.2653 元。短线调整将尽，反弹空间仍存。

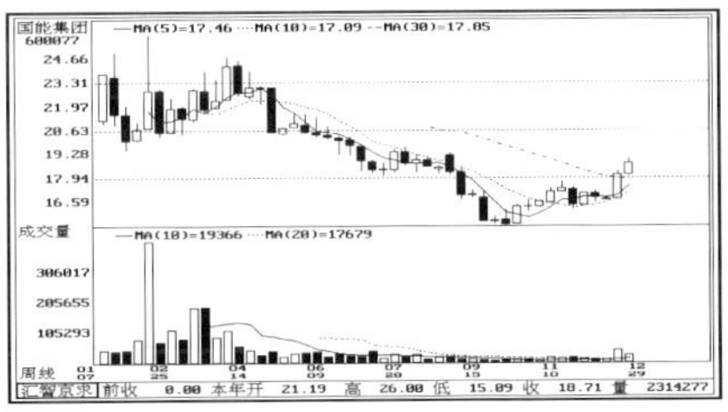

600077　国能集团：流通股本 4654 万，主营电子通讯产品。2 月 17 日最高价 26.00 元，9 月 25 日最低价 15.09 元，2000 年每股收益 0.2400 元。短线有一定的压力，正在调整。

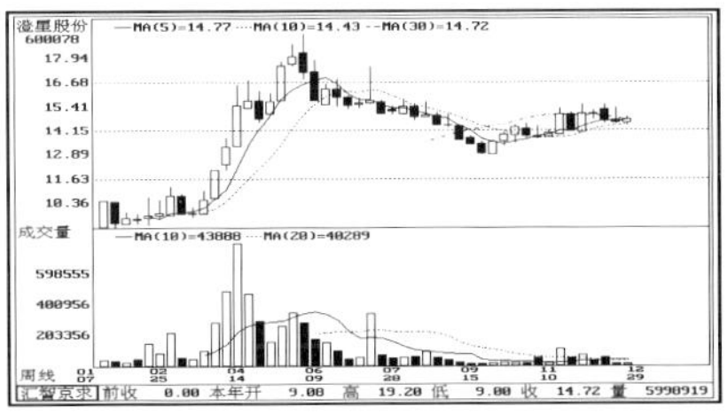

600078　澄星股份：流通股本 6628 万，主营磷化工和涂料产品。5 月 30 日最高价 19.20 元，2 月 16 日最低价 9.00 元，2000 年每股收益 0.2000 元。短线走淡，暂不宜介入。

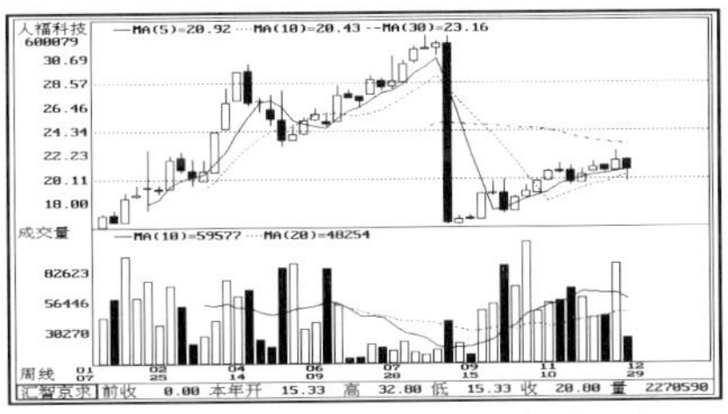

600079　人福科技：流通股本 6422 万，主营生物医药工程。8 月 14 日最高价 32.80 元，1 月 4 日最低价 15.33 元，2000 年每股收益 0.2890 元。弱势不改，不介入。

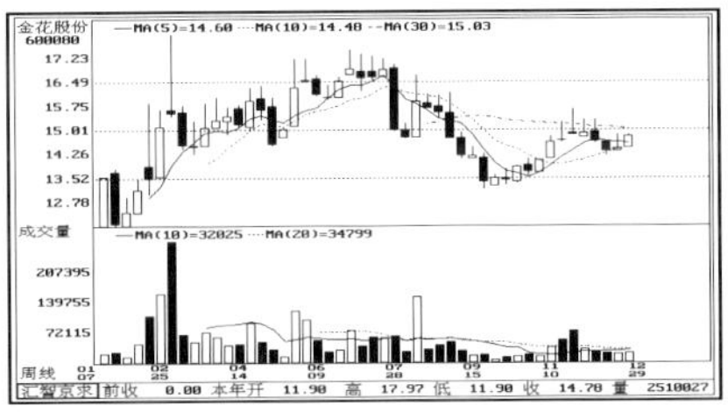

600080　金花股份：流通股本 9984 万，主营生物制药、旅游开发。2 月 29 日最高价 17.97 元，1 月 4 日最低价 11.90 元，2000 年每股收益 0.3500 元。处调整中，暂可持股观望。

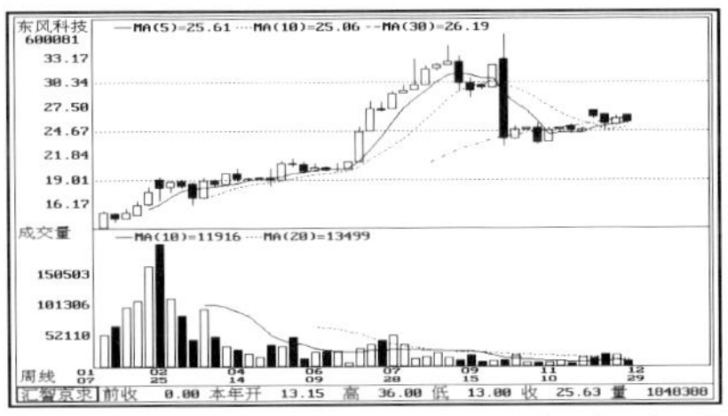

600081　东风科技：流通股本 5025 万，主营汽车仪表。10 月 11 日最高价 36.00 元，1 月 4 日最低价 13.00 元，2000 年每股收益 0.2600 元。均线反压大，不宜介入。

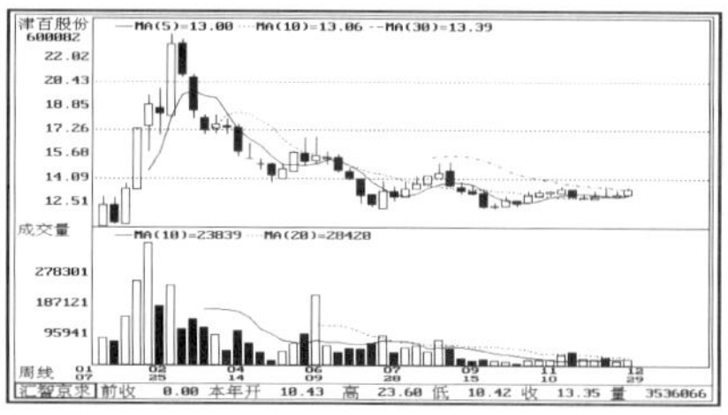

600082　津百股份:流通股本 7919 万,主营商业零售。3 月 3 日最高价 23.60 元,1 月 4 日最低价 10.42 元,2000 年每股收益 -0.6180 元。上行欲望不强,仍有整理。

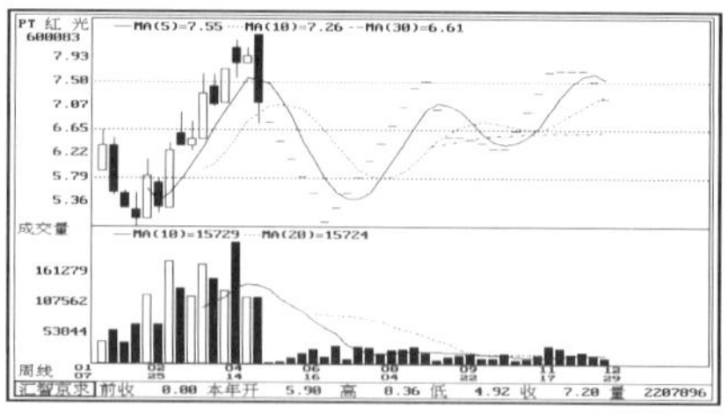

600083　PT　红　光:流通股本 13573 万,主营彩色显像管玻壳。4 月 24 日最高价 8.36 元,1 月 25 日最低价 4.92 元,2000 年每股收益 -0.3070 元。风险个股,不介入

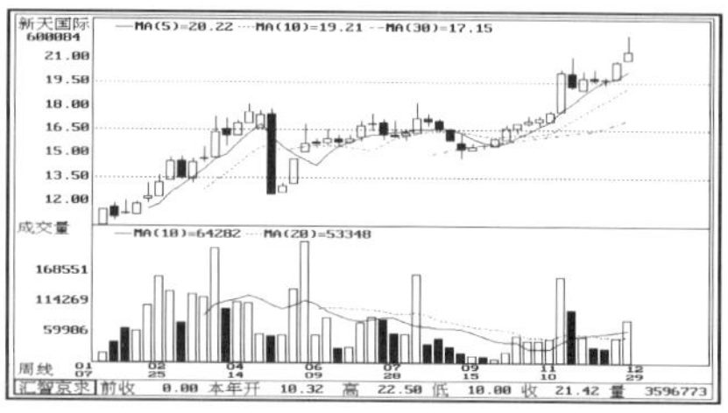

600084　新天国际:流通股本 8923 万,主营国内、国际贸易。12 月 26 日最高价 22.50 元,1 月 4 日最低价 10.00 元,2000 年每股收益 0.4900 元。均线反压大,不宜介入。

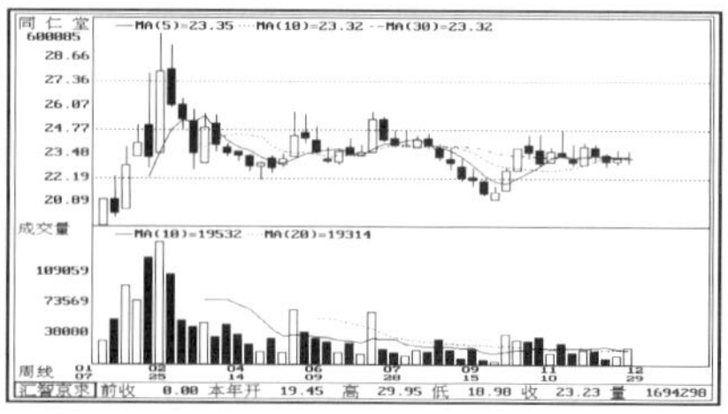

600085　同　仁　堂:流通股本 9962 万,主营中成药。2 月 25 日最高价 29.95 元,1 月 4 日最低价 18.98 元,2000 年每股收益 0.6110 元。均线有反压,仍有整理。

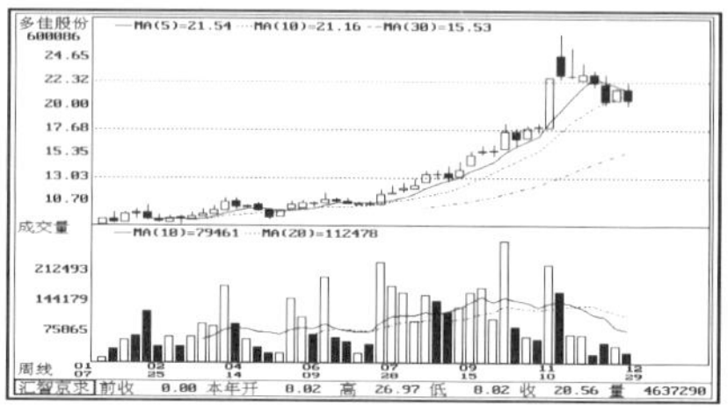

600086　多佳股份:流通股本 12822 万,主营纺织品,服装的制造。11 月 15 日最高价 26.97 元,1 月 4 日最低价 8.02 元,2000 年每股收益 0.1450 元。整理之中,观望不介入为宜。

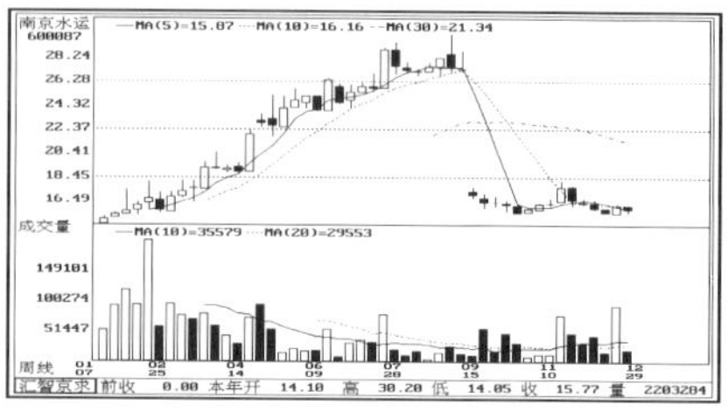

600087　南京水运:流通股本 7280 万,主营沿海石油。8 月 30 日最高价 30.20 元,1 月 4 日最低价 14.05 元,2000 年每股收益 0.4840 元。短线有一定的压力,正在调整。

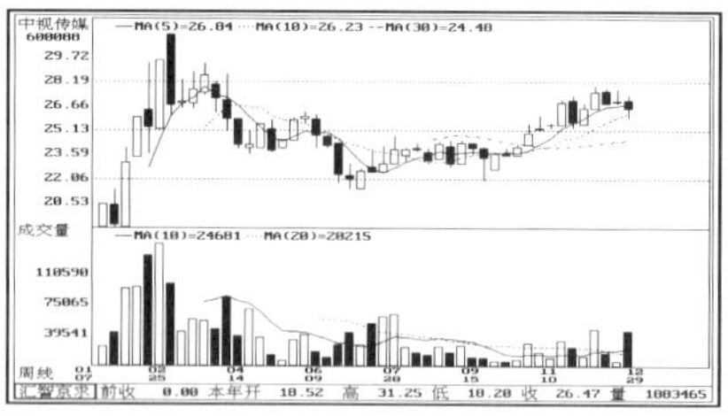

600088　中视股份:流通股本 7800 万,主营影视拍摄基地开发。2 月 28 日最高价 31.25 元,1 月 4 日最低价 18.20 元,2000 年每股收益 0.1310 元。反弹潜力欠佳,仍可持股。

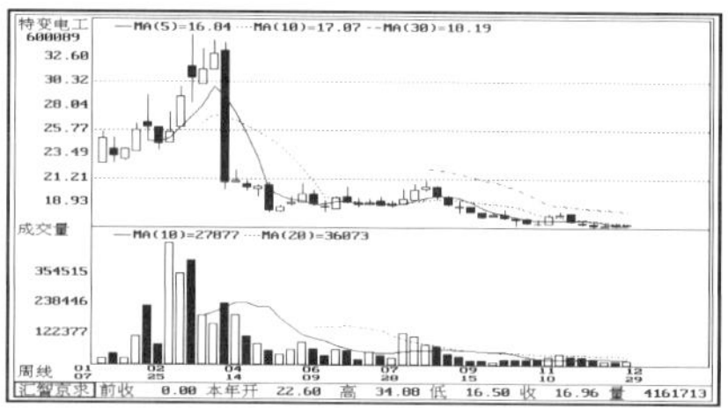

600089　特变电工:流通股本 13042 万,主营变压器、电线电缆。3 月 15 日最高价 34.88 元,12 月 11 日最低价 16.50 元,2000 年每股收益 0.3600 元。上行动力不足,还需储蓄动能。

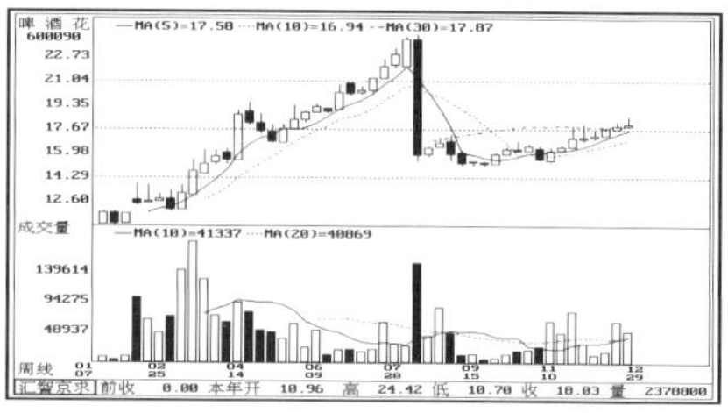

600090　啤　酒　花:流通股本 17412 万,主营啤酒花、啤酒花制品。8 月 7 日最高价 24.42 元,1 月 20 日最低价 10.70 元,2000 年每股收益 0.4100 元。整理走势,短线有一定压力。

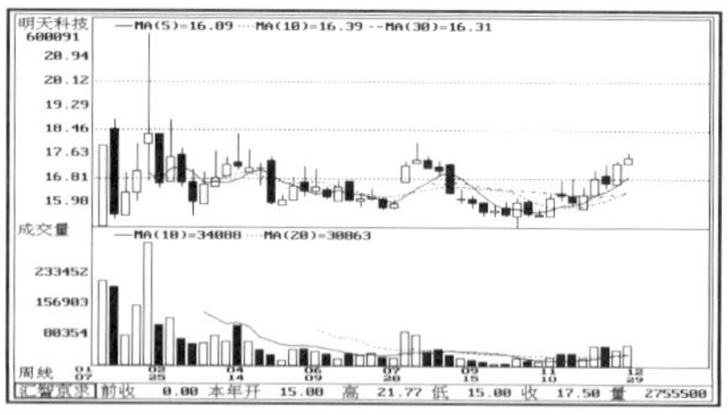

600091　明天科技:流通股本 9620 万,主营基础化工产品。2 月 17 日最高价 21.77 元,10 月 19 日最低价 15.00 元,2000 年每股收益 0.3800 元。中线价值仍存,可持股。

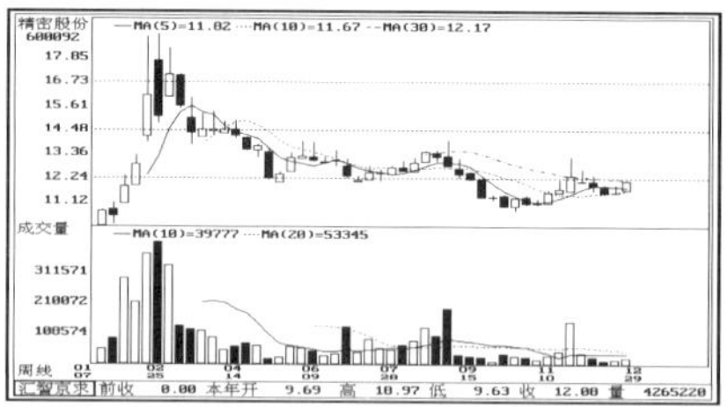

600092　精密股份:流通股本 13310 万,主营研制、生产精密合金。2 月 22 日最高价 18.97 元,1 月 4 日最低价 9.63 元,2000 年每股收益 0.1970 元。弱势,抛压重,观望。

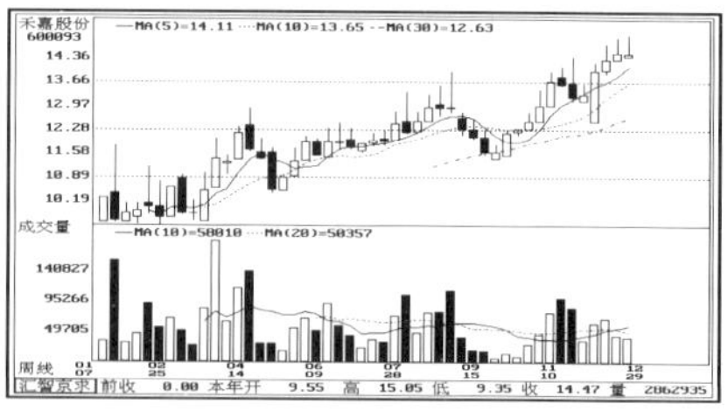

600093　禾嘉股份:流通股本 5100 万,主营对农副产品的深加工。12 月 26 日最高价 15.05 元,1 月 17 日最低价 9.35 元,2000 年每股收益 0.1700 元。回抽确认,面临均线支撑。

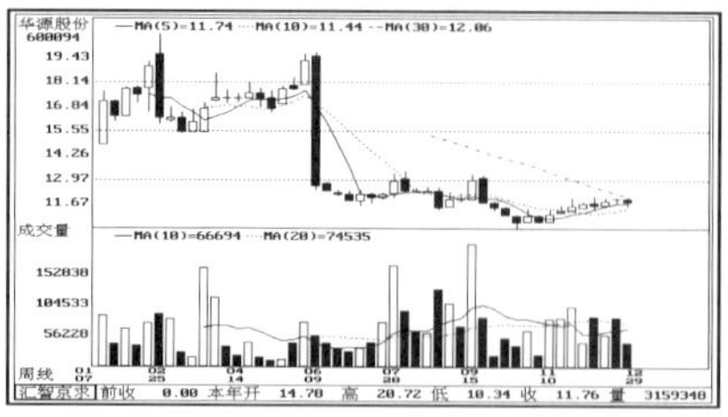

600094　华源股份:流通股本 11040 万,主营合成、超细纤维。2 月 21 日最高价 20.72 元,10 月 17 日最低价 10.34 元,2000 年每股收益 0.2500 元。均线系统压力大,不介入。

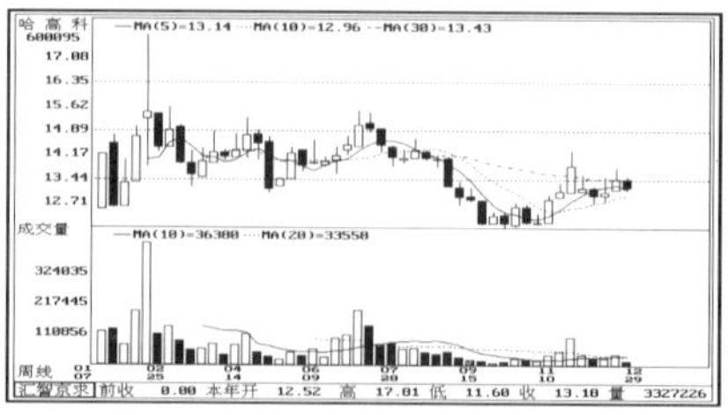

600095　哈　高　科:流通股本 15107 万,主营粮豆深加工和制药。2 月 17 日最高价 17.81 元,12 月 14 日最低价 11.60 元,2000 年每股收益 0.0780 元。均线反压大,不宜介入。

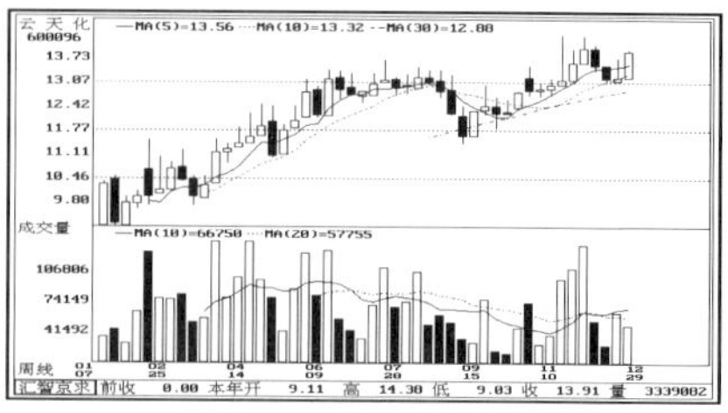

600096　云　天　化:流通股本 10000 万,主营尿素、合成氨等。11 月 15 日最高价 14.38 元,1 月 17 日最低价 9.03 元,2000 年每股收益 0.4479 元。上升实力不足,局外关注。

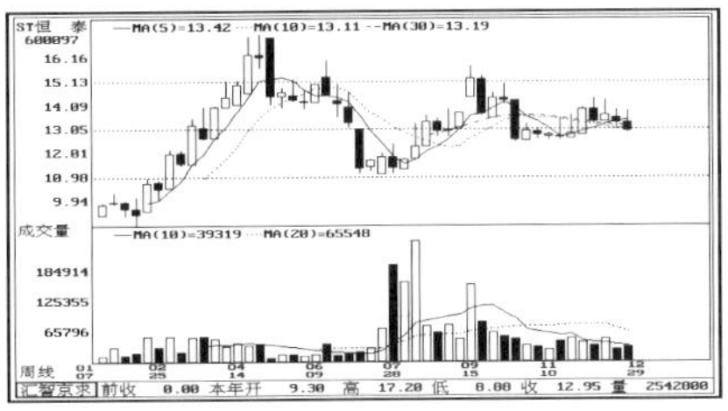

600097　ST 恒　泰：流通股本 3500 万，主营芒果和西番莲。4 月 25 日最高价 17.20 元，1 月 25 日最低价 8.88 元，2000 年每股收益 -0.5388 元。短线回档，仍可持股不动。

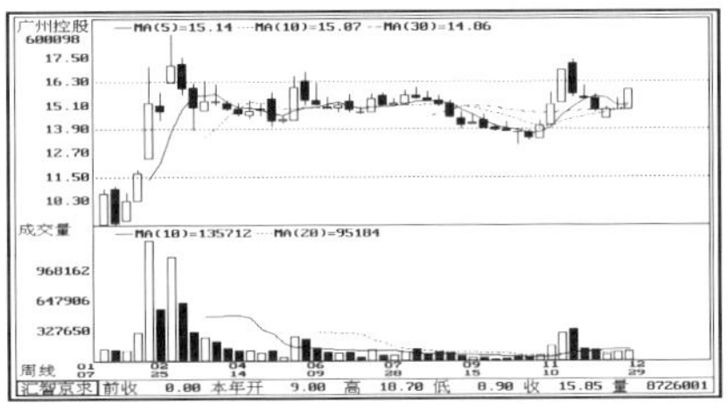

600098　广州控股：流通股本 23400 万，主营能源、交通、通讯。3 月 3 日最高价 18.70 元，1 月 4 日最低价 8.90 元，2000 年每股收益 0.7050 元。无企稳迹象，一般观望。

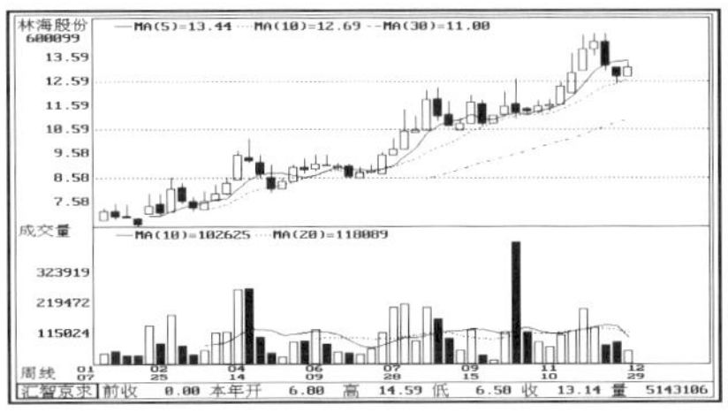

600099　林海股份：流通股本 9120 万，主营小型内燃机、摩托车。12 月 11 日最高价 14.59 元，1 月 28 日最低价 6.58 元，2000 年每股收益 0.0420 元。上攻动能增强，可适当持股。

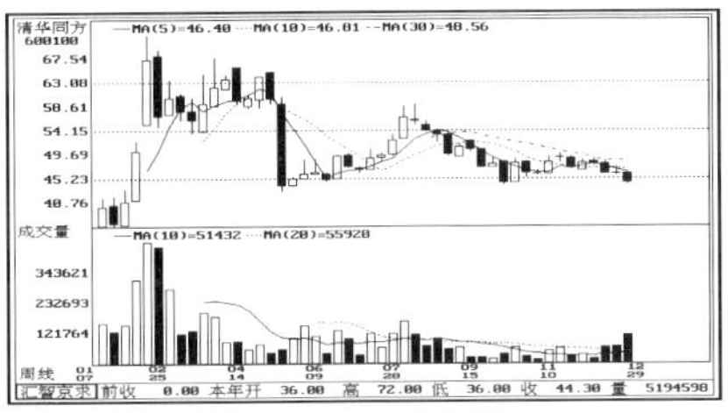

600100　清华同方：流通股本 24761 万，主营发展高新技术产业。2 月 17 日最高价 72.00 元，1 月 4 日最低价 36.00 元，2000 年每股收益 0.6160 元。短线有整理要求，回档关注。

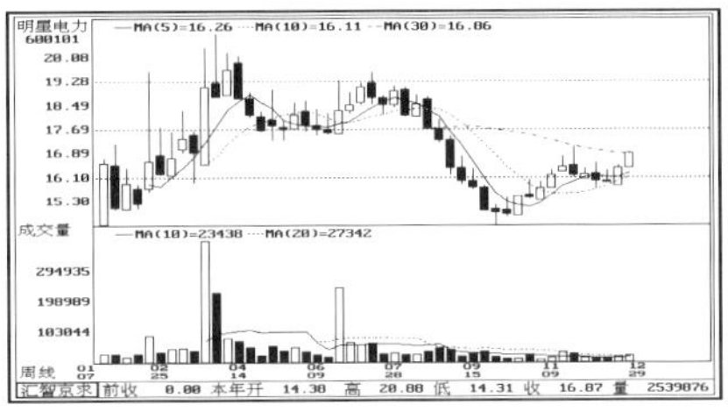

600101　明星电力：流通股本 9500 万，主营经营电力生产供应。3 月 27 日最高价 20.88 元，9 月 26 日最低价 14.31 元，2000 年每股收益 0.5580 元。短线回档，仍可持股不动。

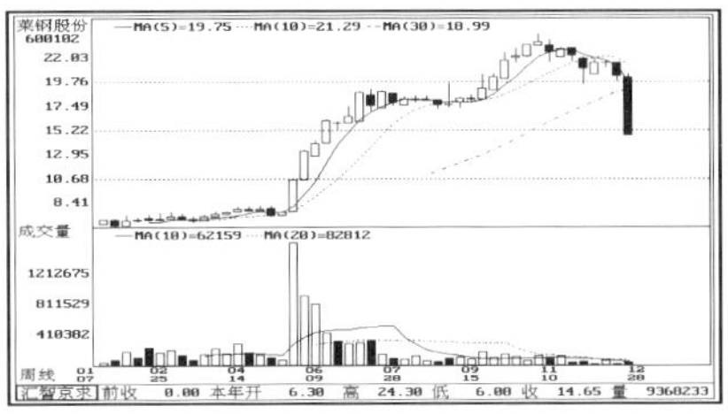

600102　莱钢股份：流通股本 15600 万，主营生铁、钢锭、钢坯。11 月 1 日最高价 24.30 元，1 月 12 日最低价 6.08 元，2000 年每股收益 0.6050 元。整理走势，短线有一定压力。

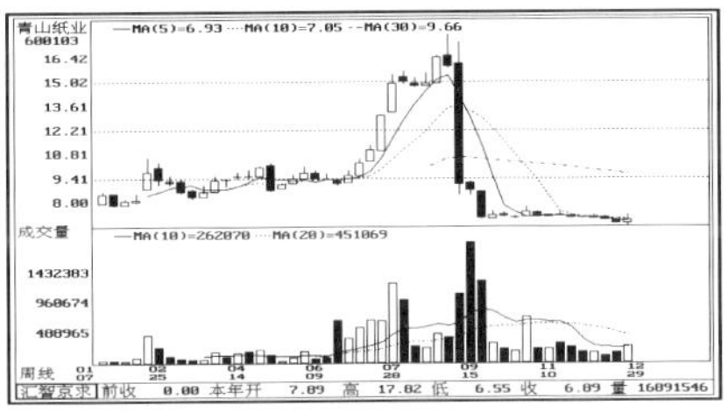

600103　青山纸业：流通股本 44608 万，主营纸、浆、卡系列纸品。8 月 30 日最高价 17.82 元，12 月 26 日最低价 6.55 元，2000 年每股收益 0.2380 元。人气不旺，多看少入。

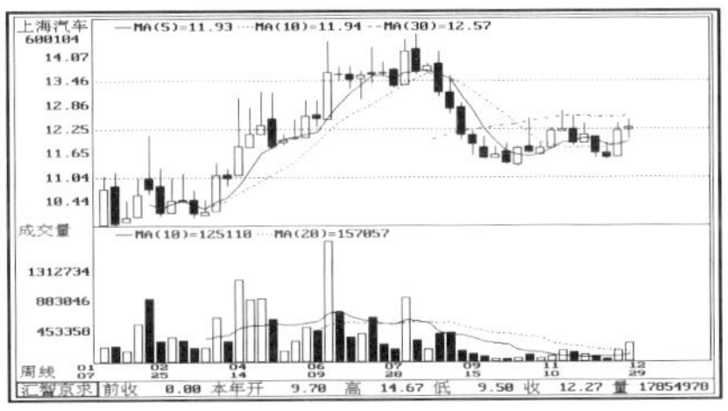

600104　上海汽车：流通股本 75600 万，主营投资参股整车企业。8 月 7 日最高价 14.67 元，1 月 4 日最低价 9.50 元，2000 年每股收益 0.5300 元。短线回档，仍可持股不动。

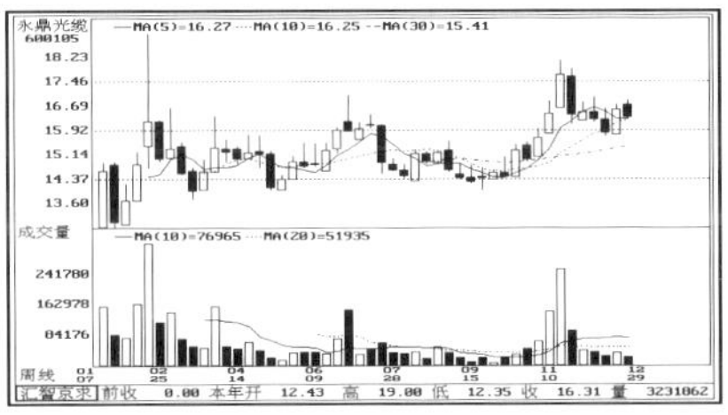

600105　永鼎光缆：流通股本 7500 万，主营通信光缆、电缆。2 月 17 日最高价 19.00 元，1 月 4 日最低价 12.35 元，2000 年每股收益 0.2480 元。整理蓄势之中，持股不动。

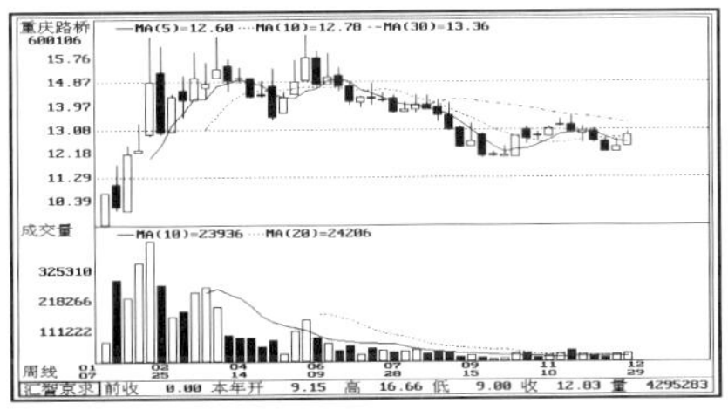

600106　重庆路桥：流通股本 9000 万，主营建设承包。6 月 1 日最高价 16.66 元，1 月 4 日最低价 9.00 元，2000 年每股收益 0.2510 元。上档压力仍重，需进一步整理。

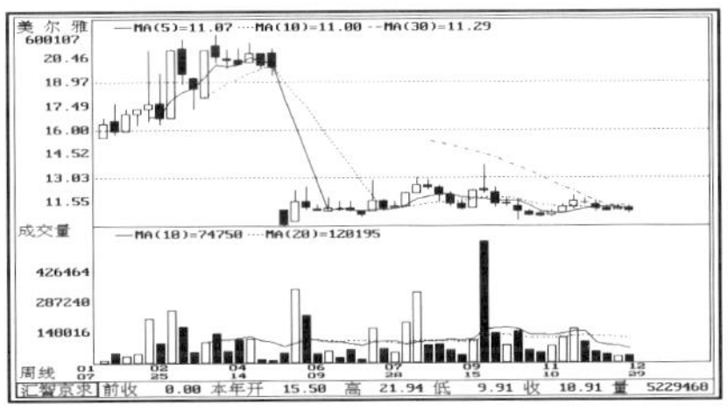

600107　美　尔　雅：流通股本 13320 万，主营服装系列产品。3 月 27 日最高价 21.94 元，5 月 16 日最低价 9.91 元，2000 年每股收益 0.1880 元。短线受阻，上档压力需时消化。

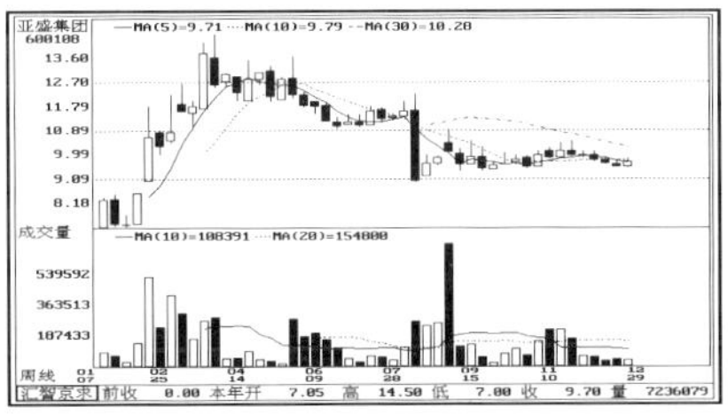

600108　亚盛集团：流通股本 27682 万，主营高科技产业。3 月 28 日最高价 14.50 元，1 月 4 日最低价 7.00 元，2000 年每股收益 0.2916 元。整理走势，短线有一定压力。

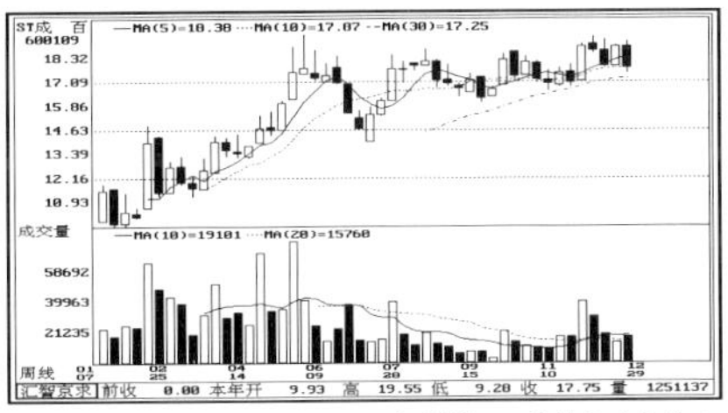

600109　ST 成　百：流通股本 2750 万，主营批发零售日用百货。5 月 30 日最高价 19.55 元，1 月 18 日最低价 9.28 元，2000 年每股收益 -0.4400 元。短线有一定的压力，正在调整。

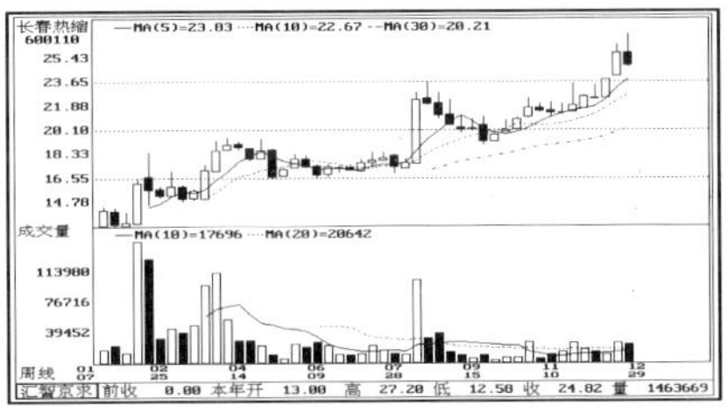

600110　长春热缩：流通股本 7648 万，主营辐射交联热收缩材料。12 月 26 日最高价 27.20 元，1 月 19 日最低价 12.58 元，2000 年每股收益 0.4004 元。短线受阻，上档压力需时消化。

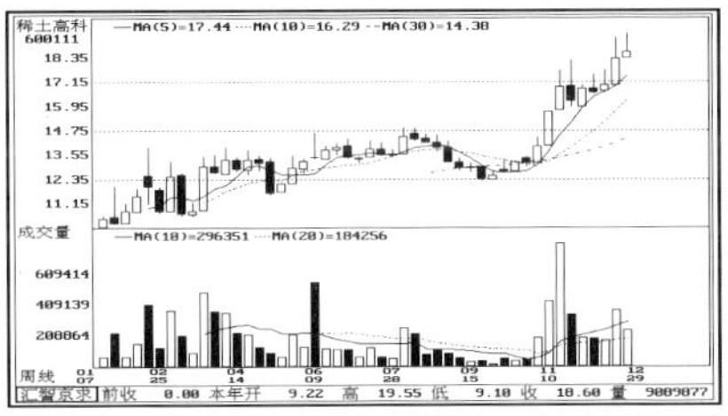

600111　稀土高科：流通股本 14560 万，主营稀土精矿、稀土。12 月 26 日最高价 19.55 元，1 月 4 日最低价 9.10 元，2000 年每股收益 0.2430 元。仍处弱势，观望为主。

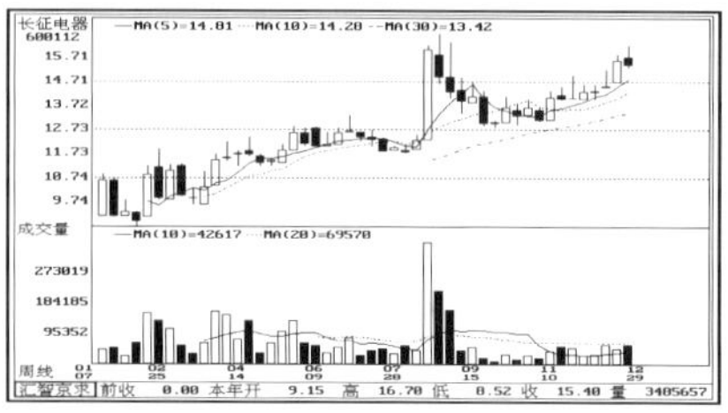

600112　长征电器:流通股本 5200 万,主营高低压电器元件。8 月 21 日最高价 16.70 元,1 月 24 日最低价 8.52 元,2000 年每股收益 0.2046 元。已基本整理到位,中线可持股。

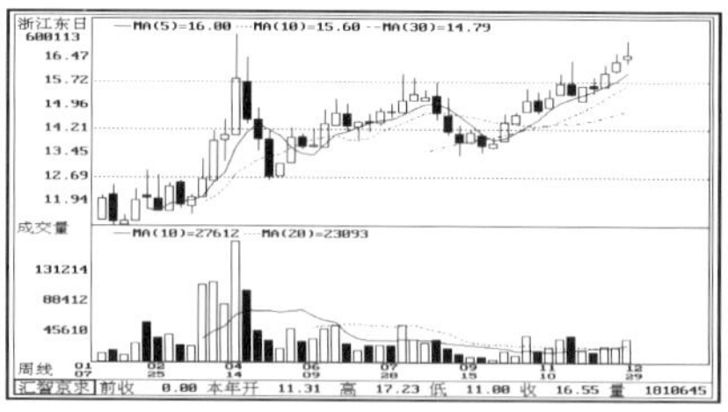

600113　浙江东日:流通股本 4000 万,主营离心浇注 HOBAS 管道。4 月 14 日最高价 17.23 元,1 月 25 日最低价 11.00 元,2000 年每股收益 0.1300 元。短线有一定的压力,正在调整。

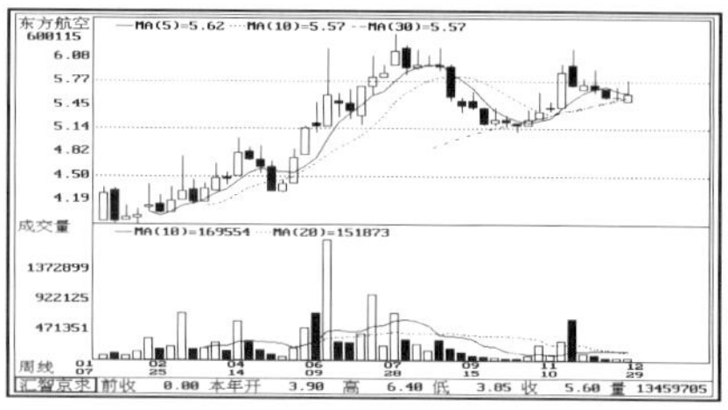

600115　东方航空:流通股本 30000 万,主营客运业务、货邮运输。7 月 24 日最高价 6.40 元,1 月 4 日最低价 3.85 元,2000 年每股收益 0.0040 元。维持震荡格局,持股观望。

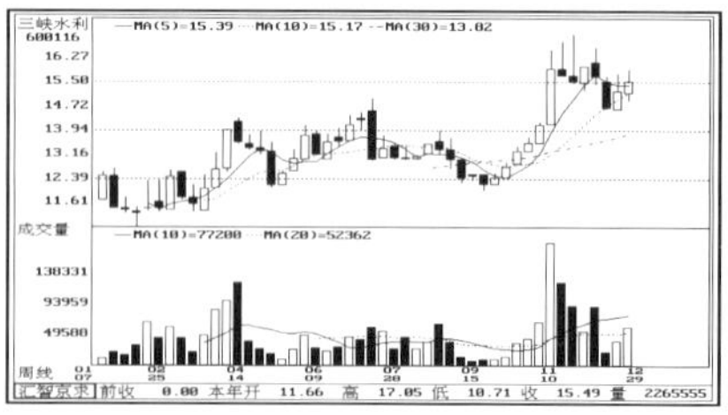

600116　三峡水利:流通股本 5799 万,主营发电、供电、供水。11 月 23 日最高价 17.05 元,1 月 25 日最低价 10.71 元,2000 年每股收益 0.2200 元。低位调整期间,多看少入为宜。

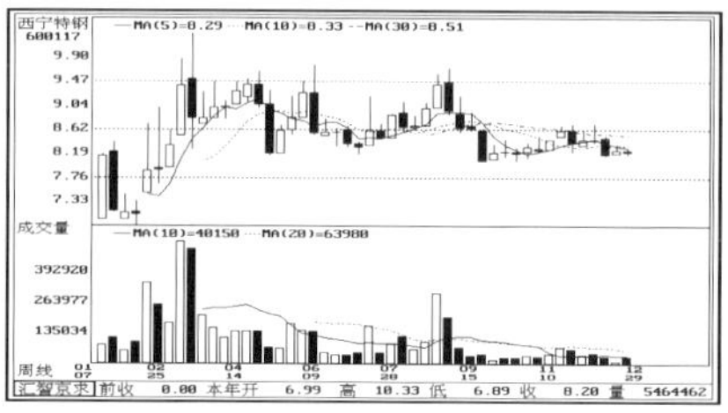

600117　西宁特钢:流通股本 16000 万,主营特殊钢冶炼及压延。3 月 13 日最高价 10.33 元,1 月 24 日最低价 6.89 元,2000 年每股收益 0.1372 元。调整走势,短线出局观望。

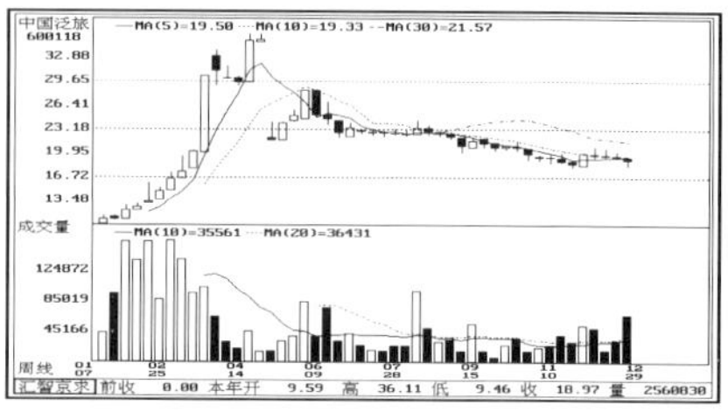

600118　中国泛旅:流通股本 7200 万,主营旅游商品的经营。4 月 21 日最高价 36.11 元,1 月 4 日最低价 9.46 元,2000 年每股收益 0.0910 元。上档有一定压力,不介入为宜。

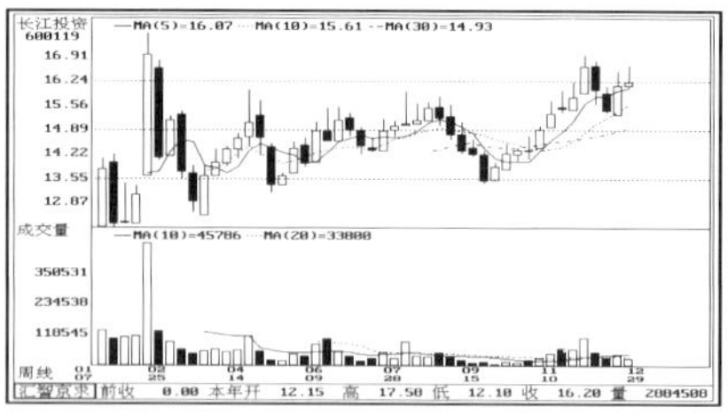

600119　长江投资:流通股本 5280 万,主营区域商贸综合开发。2 月 17 日最高价 17.58 元,1 月 24 日最低价 12.10 元,2000 年每股收益 0.1436 元。仍有调整要求,观望。

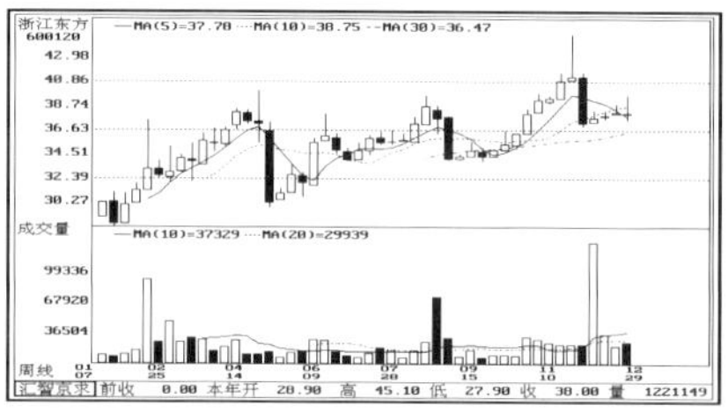

600120　浙江东方:流通股本 9370 万,主营主要经营以棉、毛。11 月 23 日最高价 45.10 元,1 月 4 日最低价 27.90 元,2000 年每股收益 0.6300 元。成交量萎缩,持股观望。

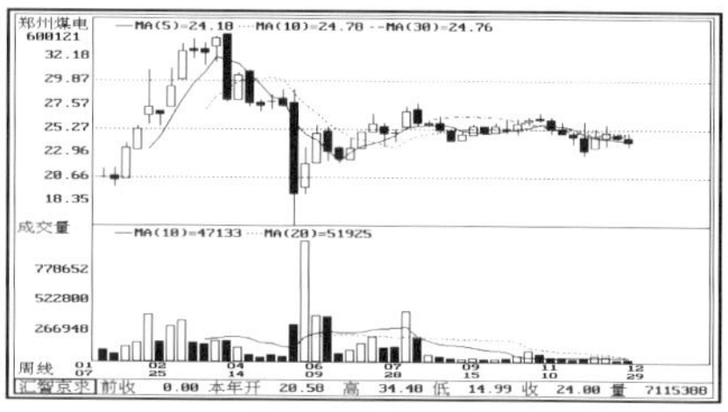

600121　郑州煤电:流通股本 21600 万,主营煤炭生产及销售。4 月 3 日最高价 34.48 元,5 月 23 日最低价 14.99 元,2000 年每股收益 0.1455 元。中线价值仍存,可持股。

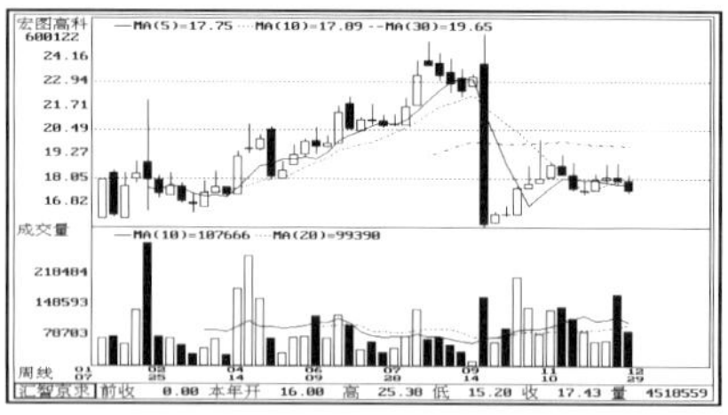

600122　宏图高科:流通股本 14400 万,主营软件、系统集成。9 月 21 日最高价 25.38 元,9 月 25 日最低价 15.20 元,2000 年每股收益 0.2710 元。上升空间有限,反弹减磅。

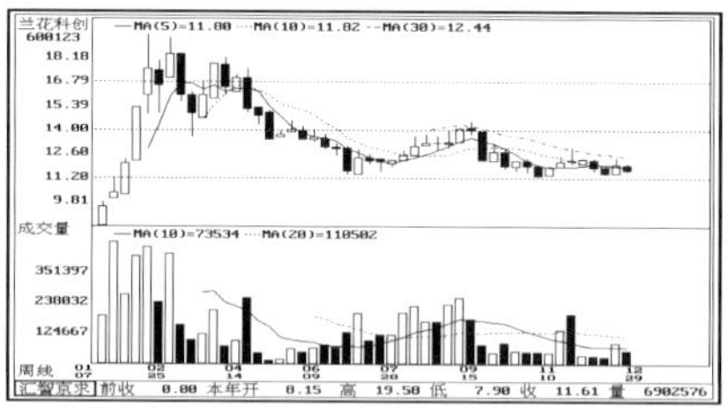

600123　兰花科创:流通股本 14400 万,主营煤炭、型煤、化工产品。2 月 17 日最高价 19.58 元,1 月 4 日最低价 7.90 元,2000 年每股收益 0.0223 元。仍有调整要求,持股观望。

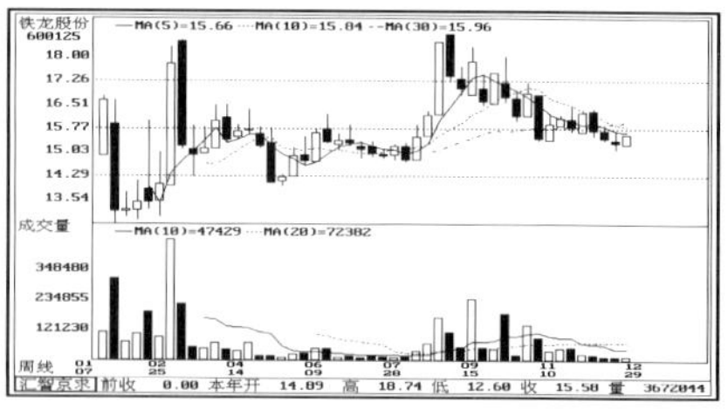

600125　铁龙股份:流通股本 9078 万,主营从事铁路运输服务。8 月 28 日最高价 18.74 元,1 月 13 日最低价 12.60 元,2000 年每股收益 0.4200 元。短线走淡,暂不宜介入。

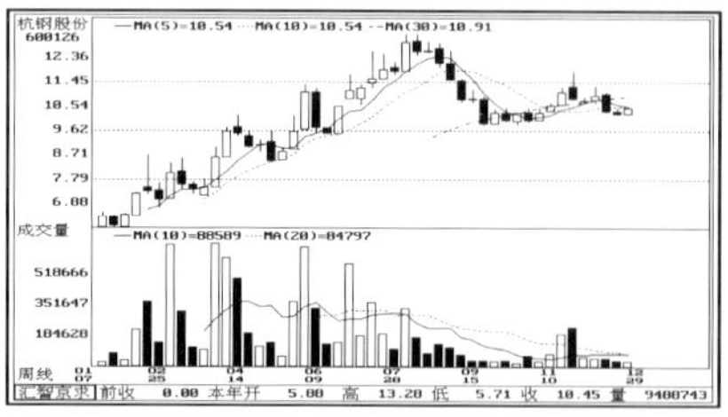

600126　杭钢股份:流通股本 16575 万,主营钢、铁(包括压延)。8 月 4 日最高价 13.28 元,1 月 5 日最低价 5.71 元,2000 年每股收益 0.5740 元。有走强的欲望,但动力不足。

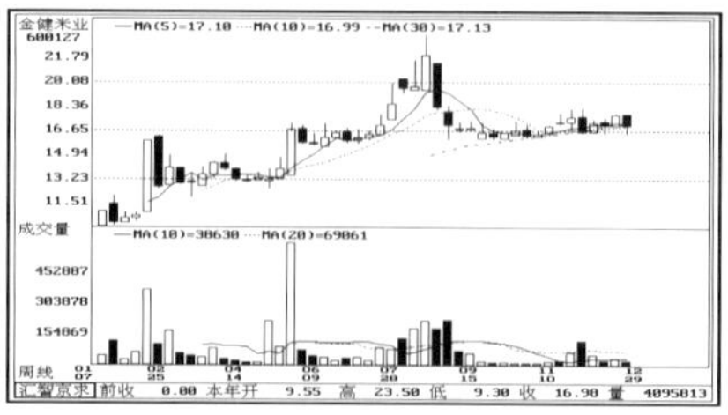

600127　金健米业:流通股本 19143 万,主营优质粮油。8 月 17 日最高价 23.50 元,1 月 4 日最低价 9.30 元,2000 年每股收益 0.2370 元。上档压力较大,不介入。

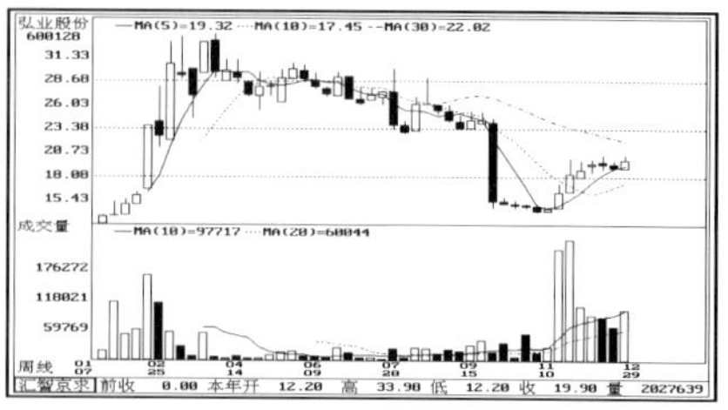

600128　江苏工艺:流通股本 7412 万,主营工艺品等商品的进出口。3 月 28 日最高价 33.98 元,1 月 4 日最低价 12.20 元,2000 年每股收益 0.2200 元。仍有调整,可趁反弹出局。

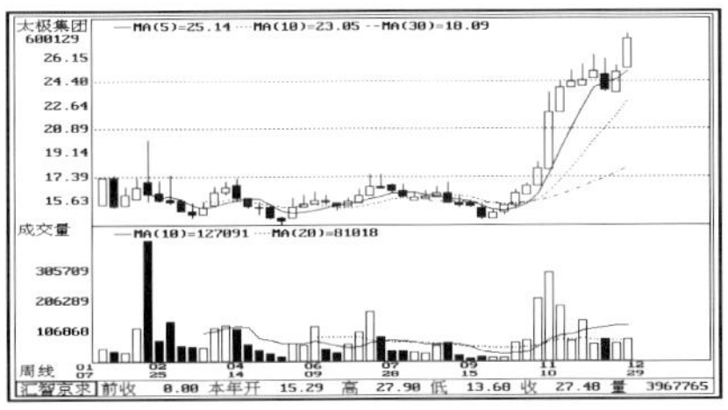

600129　太极集团：流通股本 7500 万，主营中成药的开发。12 月 29 日最高价 27.90 元，5 月 16 日最低价 13.68 元，2000 年每股收益 0.2320 元。缩量整理，观望为宜。

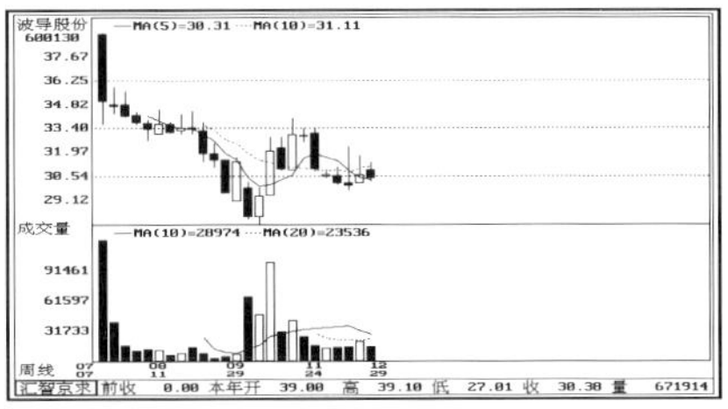

600130　波导股份：流通股本 4000 万，主营寻呼机、手机。7 月 6 日最高价 39.10 元，10 月 17 日最低价 27.01 元，2000 年每股收益 0.2750 元。整理走势，可适当关注。

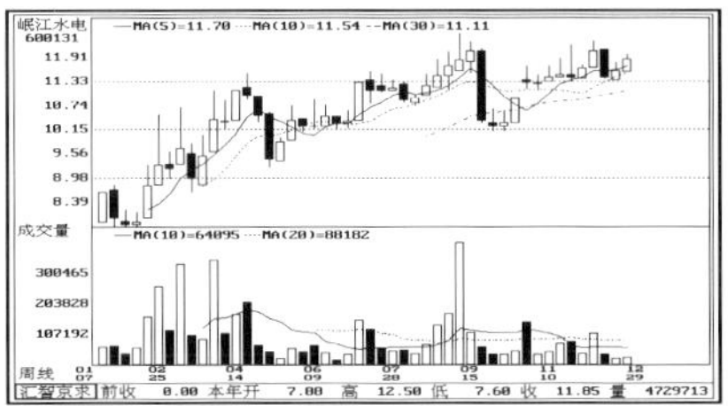

600131　岷江水电：流通股本 6930 万，主营发电、售电及转售电。9 月 6 日最高价 12.50 元，1 月 4 日最低价 7.60 元，2000 年每股收益 0.1100 元。短线回调，持股观望。

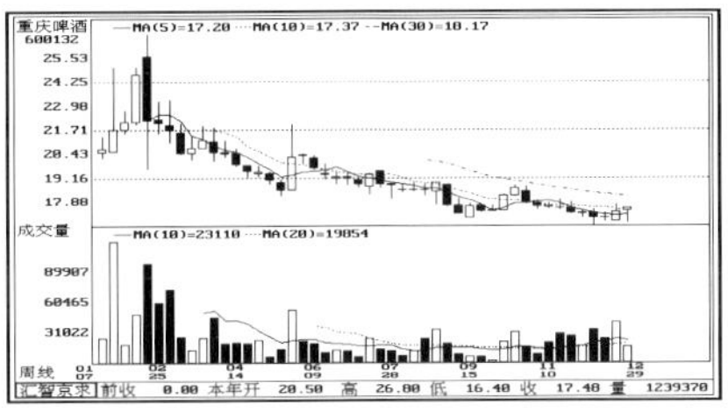

600132　重庆啤酒：流通股本 5200 万，主营啤酒生产。2 月 14 日最高价 26.80 元，12 月 7 日最低价 16.40 元，2000 年每股收益 0.2620 元。震荡蓄势中，可持股。

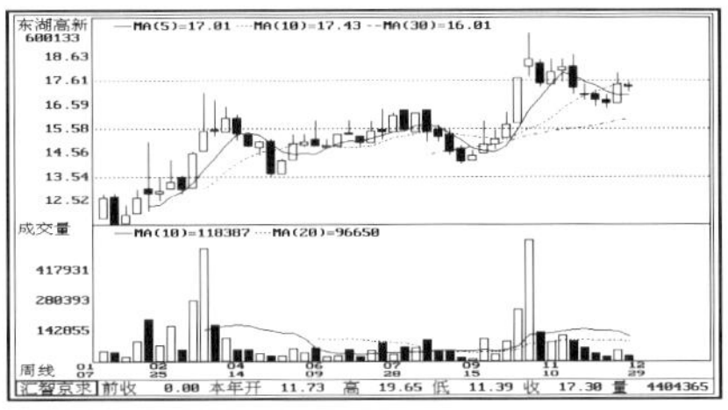

600133　东湖高新：流通股本 8320 万，主营科技工业园开发建设。10 月 25 日最高价 19.65 元，1 月 17 日最低价 11.39 元，2000 年每股收益 0.1800 元。调整走势，宜中线关注。

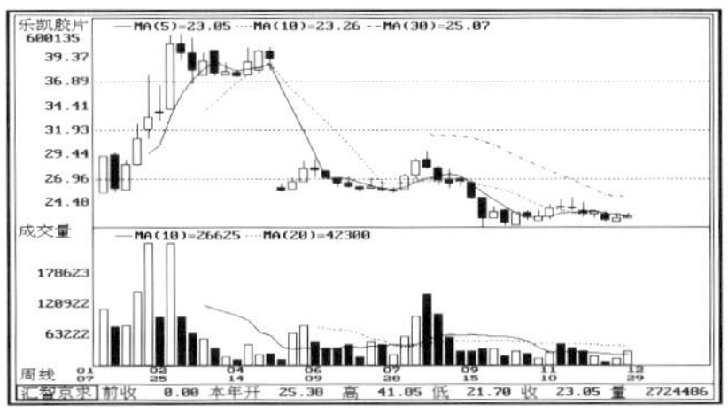

600135　乐凯胶片：流通股本 12600 万，主营彩色胶卷、彩色相纸。3 月 9 日最高价 41.85 元，10 月 16 日最低价 21.70 元，2000 年每股收益 0.7560 元。积蓄动力，中线可持。

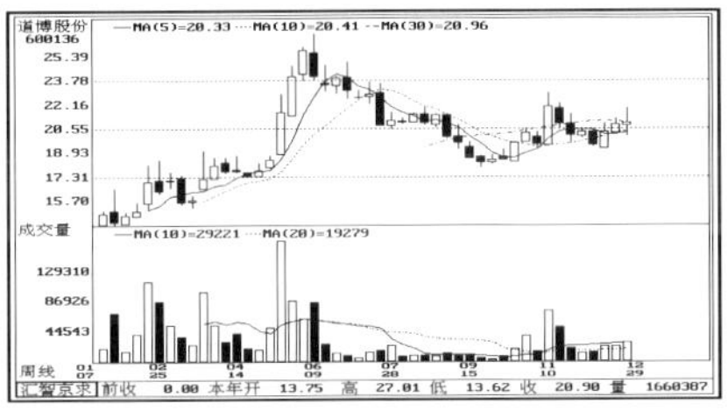

600136　道博股份：流通股本 4092 万，主营螺旋藻，羊绒制品。6 月 7 日最高价 27.01 元，1 月 4 日最低价 13.62 元，2000 年每股收益 0.1900 元。有走强的欲望，但动力不足。

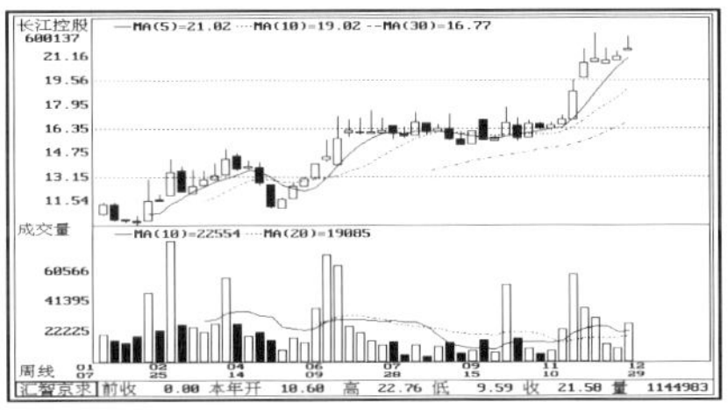

600137　长江控股：流通股本 1740 万，主营包装用纸，纸张检测。12 月 5 日最高价 22.76 元，1 月 18 日最低价 9.59 元，2000 年每股收益 0.2640 元。上升压力沉重，需淡化阻力。

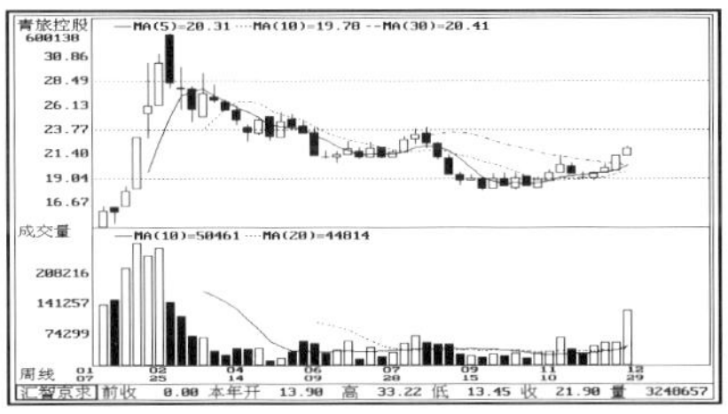

600138　青旅控股：流通股本 11700 万，主营旅游，高科技。2 月 29 日最高价 33.22 元，1 月 4 日最低价 13.45 元，2000 年每股收益 0.4504 元。短线回调压力大，不介入。

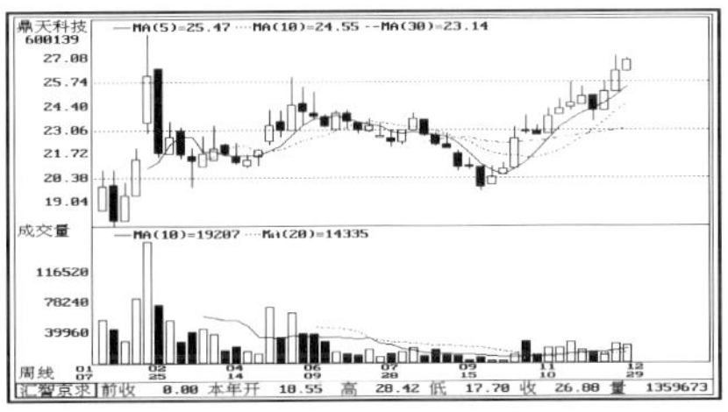

600139　鼎天科技：流通股本 2940 万，主营多媒体信息网络集成。2 月 17 日最高价 28.42 元，1 月 14 日最低价 17.70 元，2000 年每股收益 0.1800 元。中线已趋淡，趁反弹减磅。

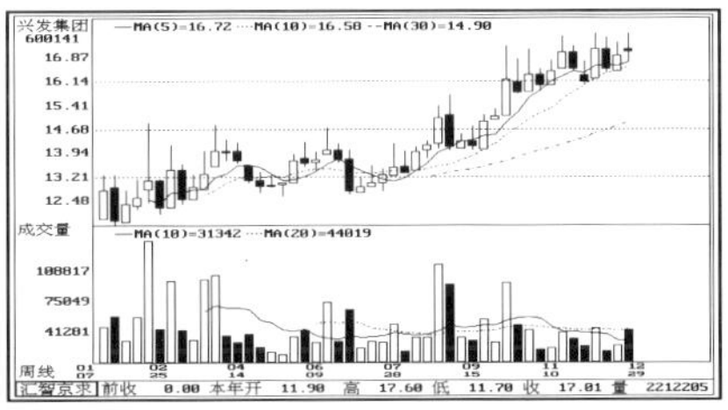

600141　兴发集团：流通股本 4000 万，主营磷化工产品。12 月 26 日最高价 17.60 元，1 月 17 日最低价 11.70 元，2000 年每股收益 0.1700 元。弱势，抛压重，观望。

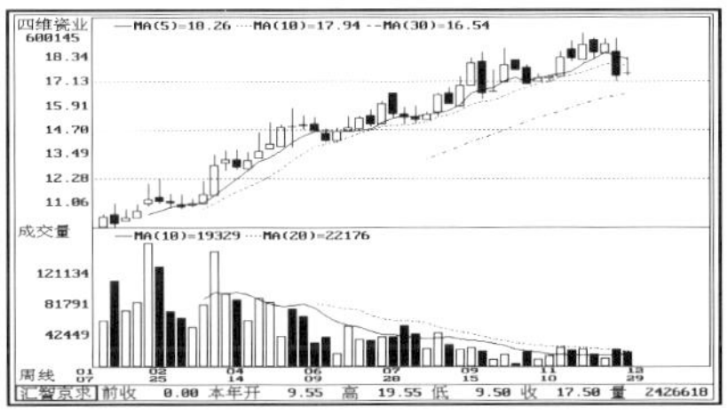

600145　四维瓷业：流通股本 8910 万，主营建筑卫生陶瓷。12 月 1 日最高价 19.55 元，1 月 4 日最低价 9.50 元，2000 年每股收益 0.2600 元。弱势整理，观望为宜。

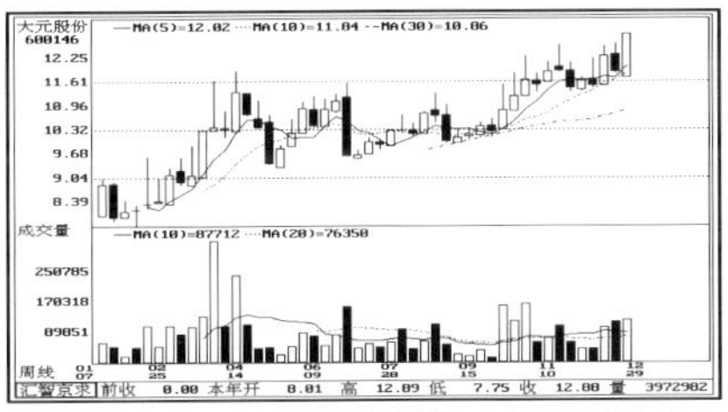

600146　大元股份：流通股本 6000 万，主营燃料油、液化气。12 月 29 日最高价 12.89 元，1 月 28 日最低价 7.75 元，2000 年每股收益 0.0300 元。缩量整理，观望为宜。

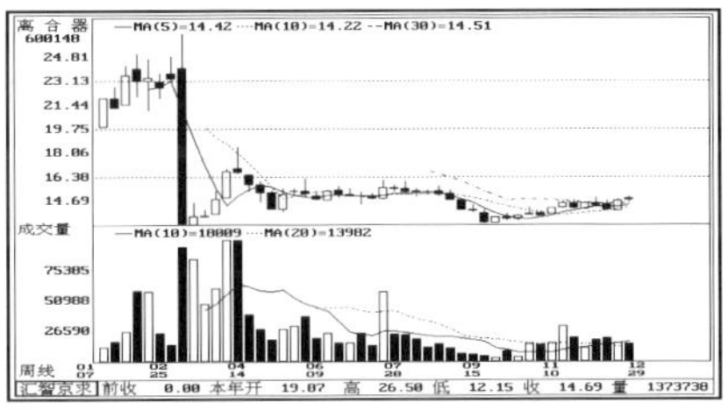

600148　离　合　器：流通股本 4200 万，主营汽车离合器。3 月 8 日最高价 26.50 元，3 月 14 日最低价 12.15 元，2000 年每股收益 0.0850 元。中线价值仍存，可持股。

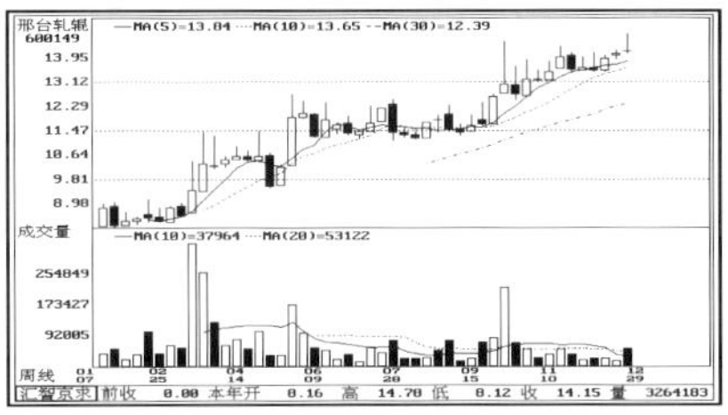

600149　邢台轧辊：流通股本 4500 万，主营各类轧辊的设计。12 月 26 日最高价 14.78 元，1 月 17 日最低价 8.12 元，2000 年每股收益 0.1900 元。调整未尽，继续观望。

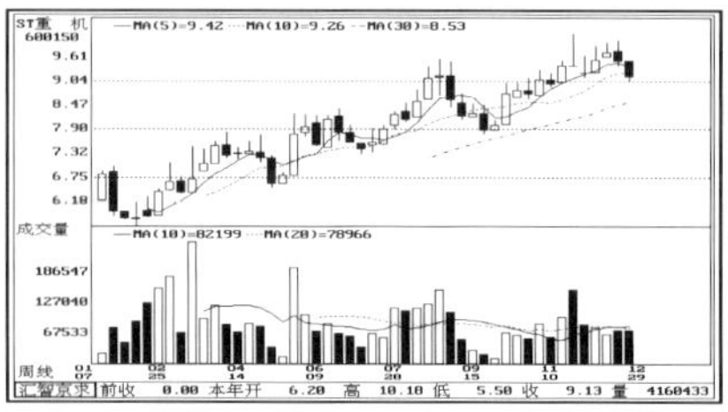

600150　ST重　机:流通股本7700万,主营船用大功率柴油机。11月23日最高价10.18元,1月24日最低价5.50元,2000年每股收益-0.1930元。短线受阻,上档压力需时消化。

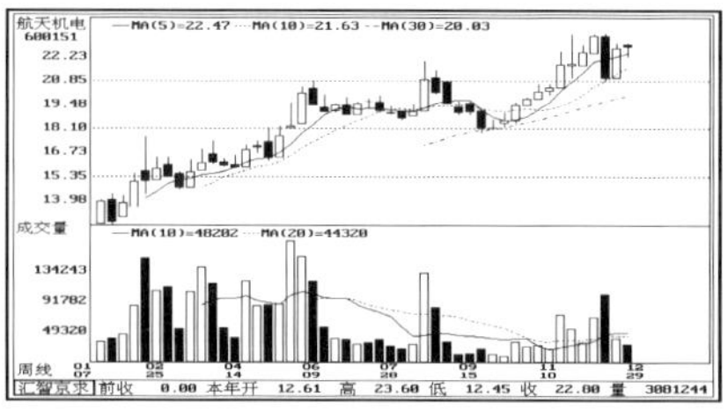

600151　航天机电:流通股本14144万,主营研制、开发卫星。12月11日最高价23.60元,1月4日最低价12.45元,2000年每股收益0.5000元。后市暂无力走强,不介入为宜。

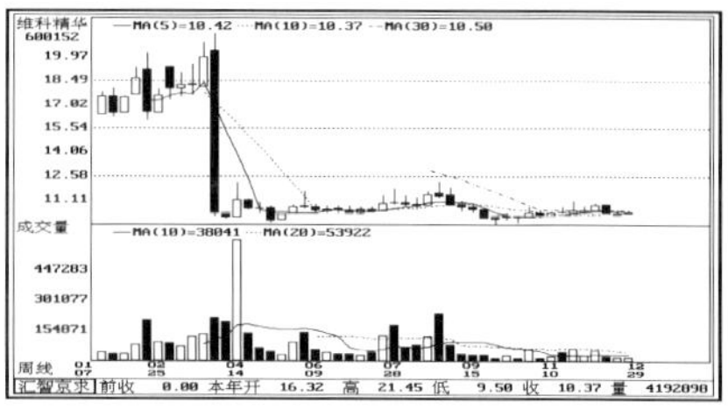

600152　维科精华:流通股本11098万,主营生产涤纶缝纫线。3月29日最高价21.45元,4月5日最低价9.50元,2000年每股收益0.1695元。弱势不改,不介入。

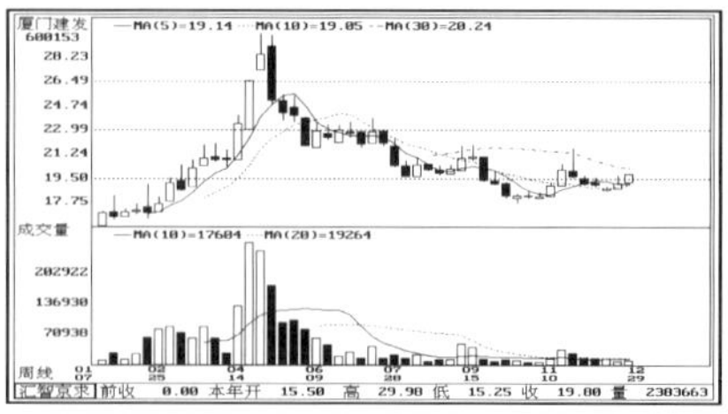

600153　厦门建发:流通股本8000万,主营进出口贸易。4月27日最高价29.98元,1月4日最低价15.25元,2000年每股收益0.3500元。回升趋势,持股观望。

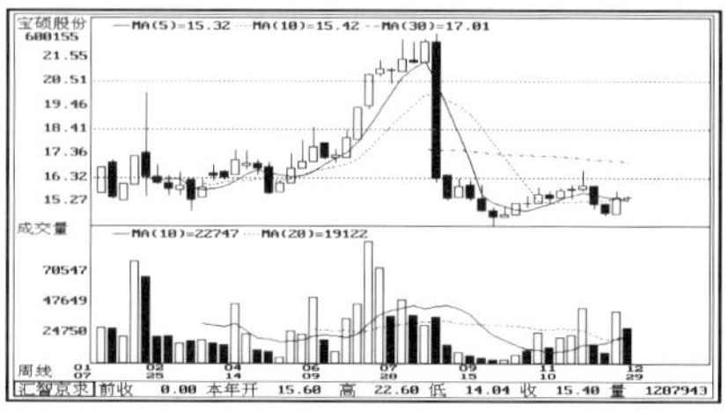

600155　宝硕股份:流通股本12000万,主营PE农地膜、包装薄膜。8月21日最高价22.60元,10月10日最低价14.04元,2000年每股收益0.3010元。上档压力仍重,需进一步整理。

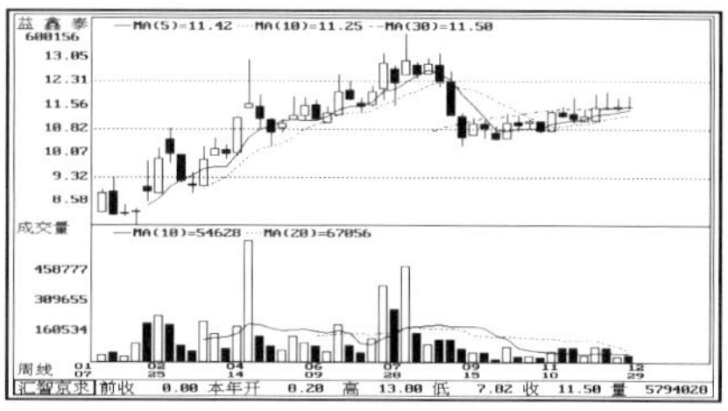

600156　益　鑫　泰:流通股本13600万,主营苎麻纺织品。8月4日最高价13.80元,1月24日最低价7.82元,2000年每股收益0.1760元。上升空间有限,反弹减磅。

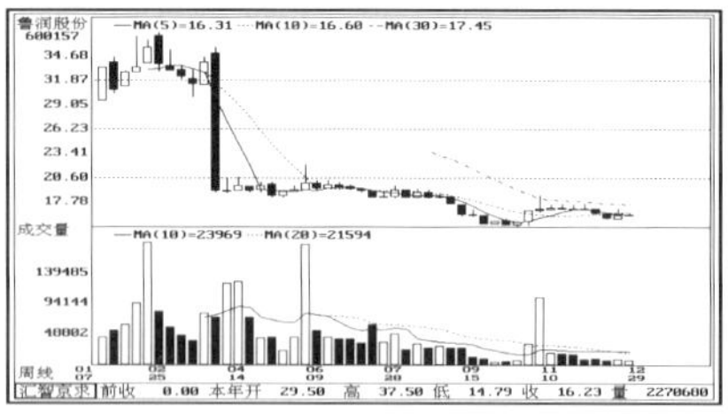

600157　鲁润股份:流通股本6356万,主营油品经营。2月21日最高价37.50元,10月17日最低价14.79元,2000年每股收益0.1923元。上档有一定压力,不介入为宜。

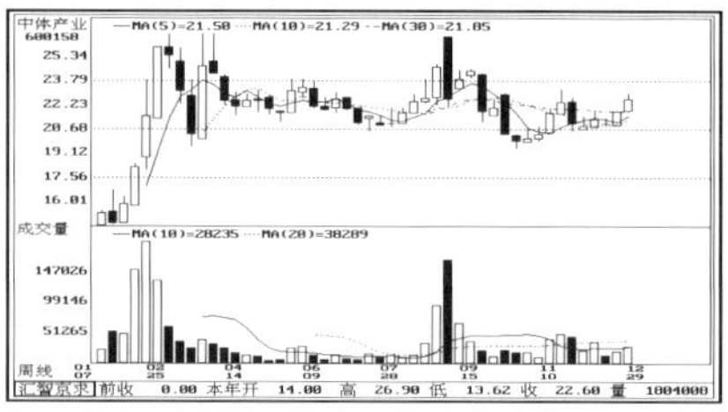

600158　中体产业:流通股本7605万,主营承办体育比赛。3月24日最高价26.90元,1月4日最低价13.62元,2000年每股收益0.3061元。反弹走势,持股观望。

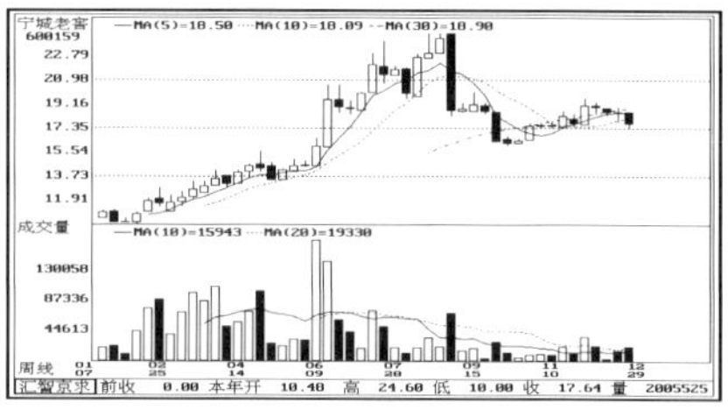

600159　宁城老窖:流通股本8801万,主营酒类、饮料、食品。8月28日最高价24.60元,1月25日最低价10.00元,2000年每股收益0.2100元。短线走淡,暂不宜介入。

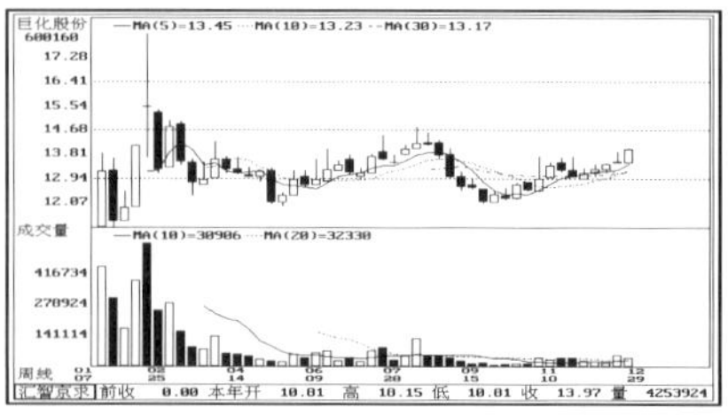

600160　巨化股份:流通股本11440万,主营氟化工原料。2月17日最高价18.15元,1月4日最低价10.81元,2000年每股收益0.3210元。上行欲望不强,仍有整理。

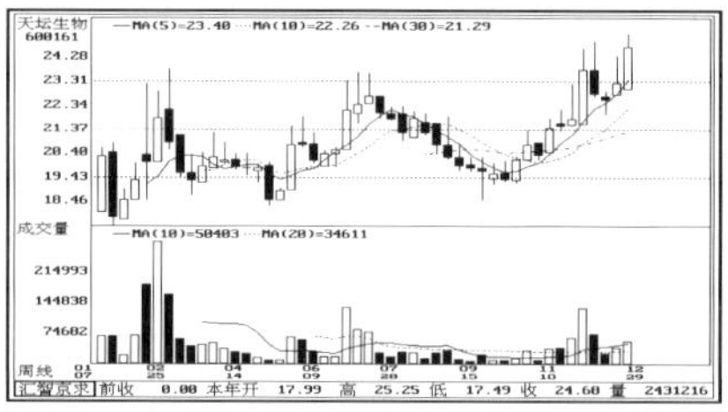

600161　天坛生物:流通股本4800万,主营各类生物制品。12月29日最高价25.25元,1月14日最低价17.49元,2000年每股收益0.1975元。短线压力仍大,形态需时修整。

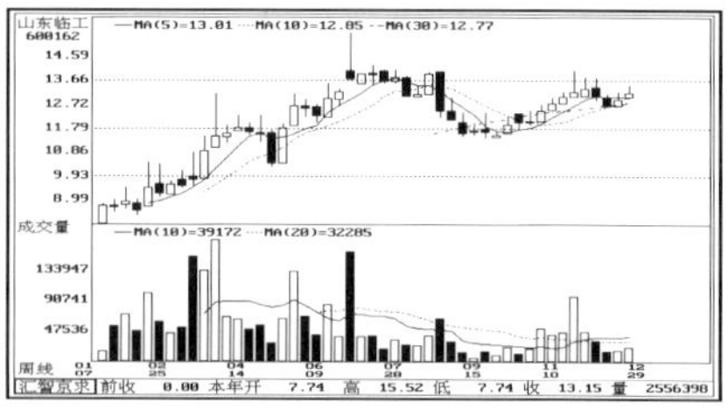

600162　山东临工:流通股本10752万,主营轮式装载机。6月27日最高价15.52元,1月4日最低价7.74元,2000年每股收益0.1500元。均线系统有压力,不介入为宜。

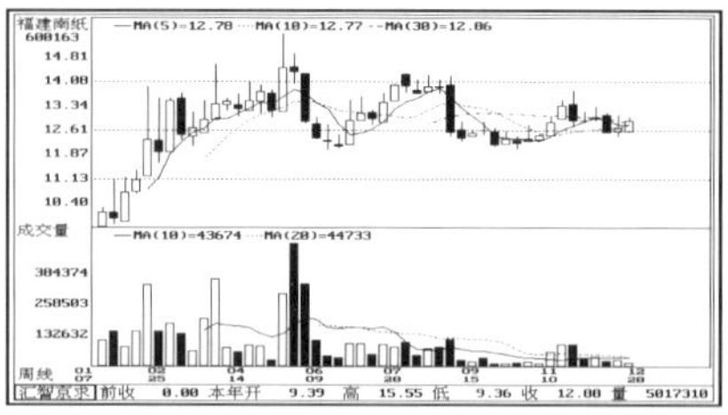

600163　福建南纸:流通股本9100万,主营新闻纸、纸制品。5月19日最高价15.55元,1月4日最低价9.36元,2000年每股收益0.2300元。上攻动力不足,持币观望。

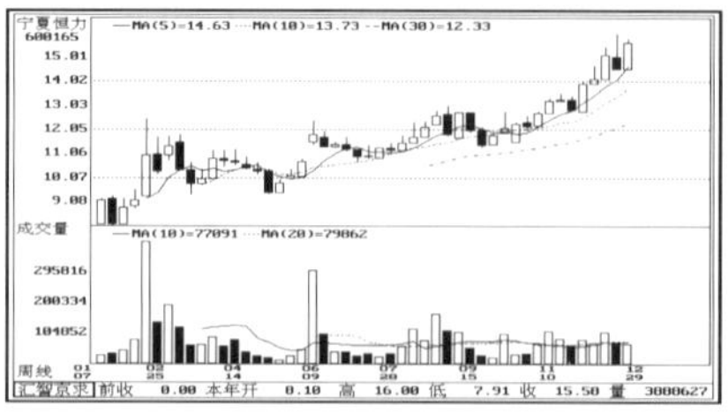

600165　宁夏恒力:流通股本9360万,主营钢丝绳、钢丝。12月21日最高价16.00元,1月4日最低价7.91元,2000年每股收益0.2190元。处调整中,暂可持股观望。

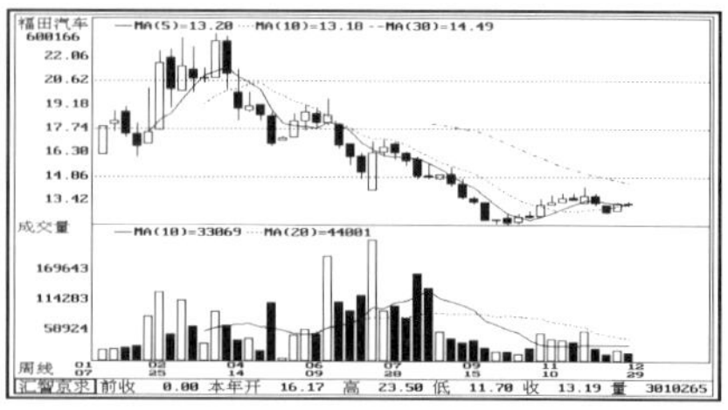

600166　福田汽车:流通股本8000万,主营汽车、农用运输车。3月31日最高价23.50元,9月26日最低价11.70元,2000年每股收益0.3236元。已基本整理到位,中线可持股。

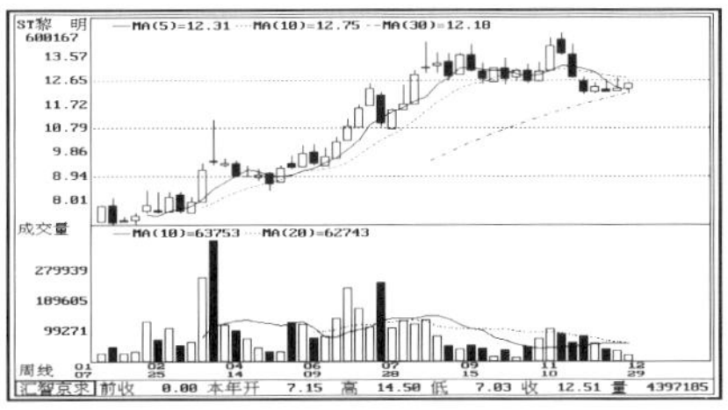

600167　ST黎　明：流通股本7000万，主营高中档服装。11月13日最高价14.50元，1月17日最低价7.03元，2000年每股收益-0.1812元。短线有一定的压力，正在调整。

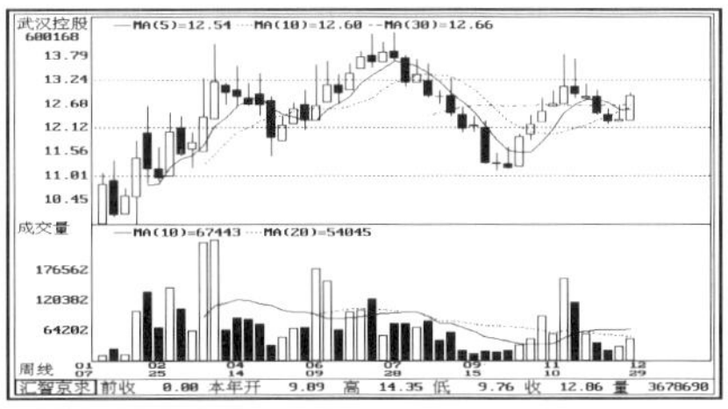

600168　武汉控股：流通股本12750万，主营城市给排水、污水治理。7月25日最高价14.35元，1月4日最低价9.76元，2000年每股收益0.3348元。均线反压大，不宜介入。

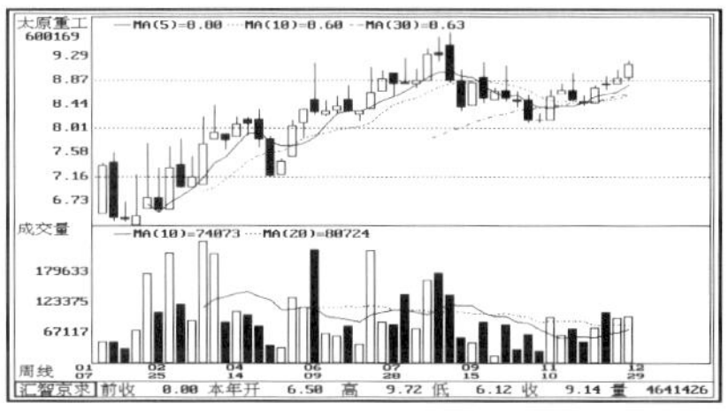

600169　太原重工：流通股本14400万，主营制造销售火车轴。8月29日最高价9.72元，1月24日最低价6.12元，2000年每股收益0.1400元。上行受阻，暂不宜介入。

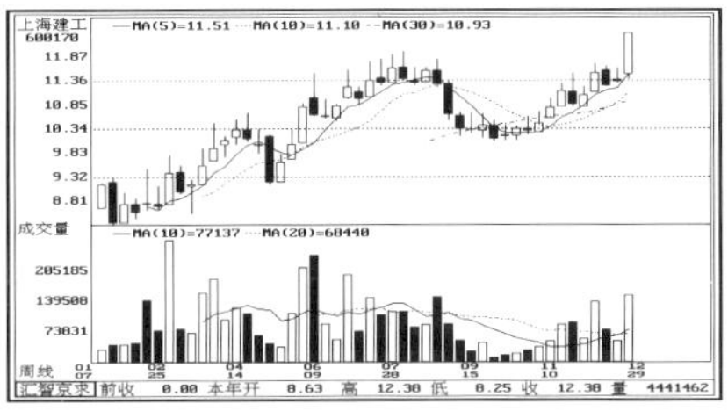

600170　上海建工：流通股本15000万，主营建筑工程总承包。12月29日最高价12.38元，1月18日最低价8.25元，2000年每股收益0.4200元。调整走势，宜中线关注。

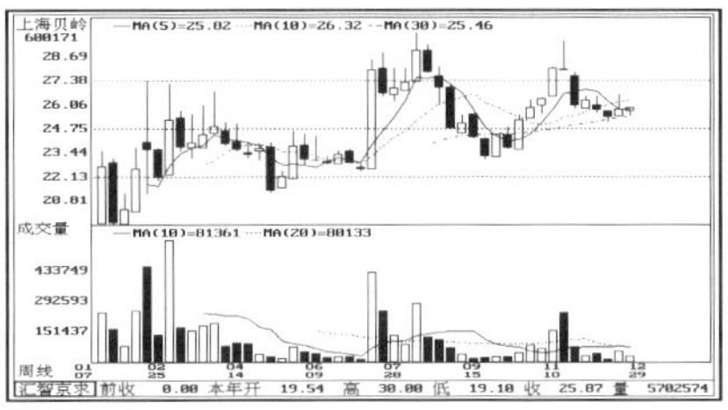

600171　上海贝岭：流通股本15600万，主营开发、研制通信。8月11日最高价30.00元，1月17日最低价19.10元，2000年每股收益0.4000元。下档整理，暂不介入。

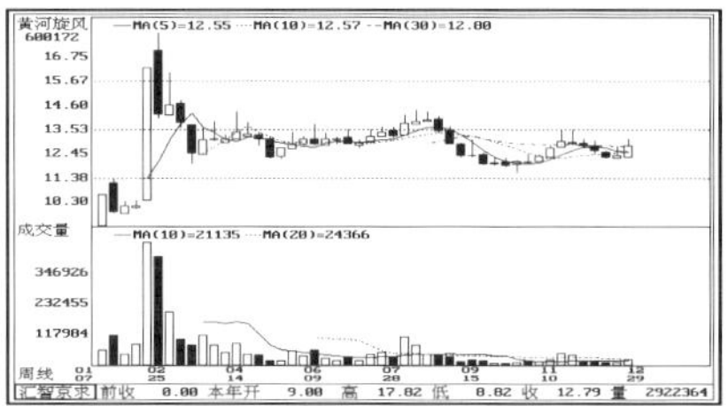

600172　黄河旋风：流通股本10400万，主营人造金刚石。2月21日最高价17.82元，1月4日最低价8.82元，2000年每股收益0.2000元。有走强的欲望，但动力不足。

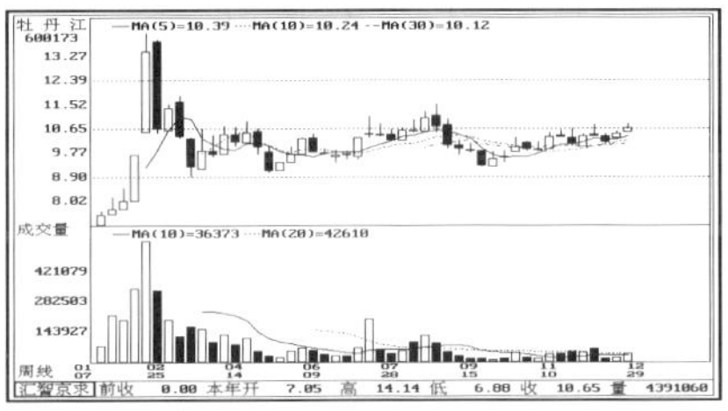

600173　牡　丹　江：流通股本8000万，主营硅酸盐水泥。2月17日最高价14.14元，1月4日最低价6.88元，2000年每股收益0.2540元。上档有一定压力，不介入为宜。

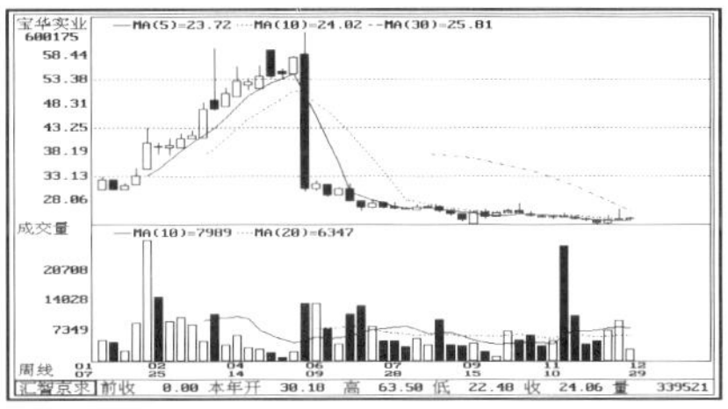

600175　宝华实业：流通股本2668万，主营旅游资源开发。6月1日最高价63.50元，9月11日最低价22.48元，2000年每股收益0.1770元。均线系统压力大，不介入。

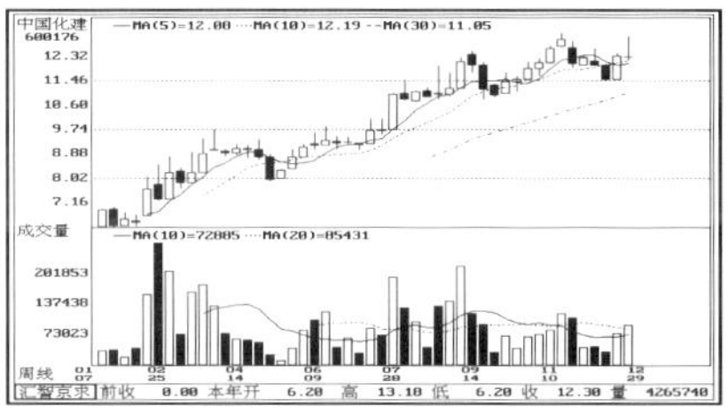

600176　中国化建：流通股本7420万，主营玻璃纤维及其制品。11月17日最高价13.18元，1月4日最低价6.20元，2000年每股收益0.2100元。整理走势，面临均线支撑。

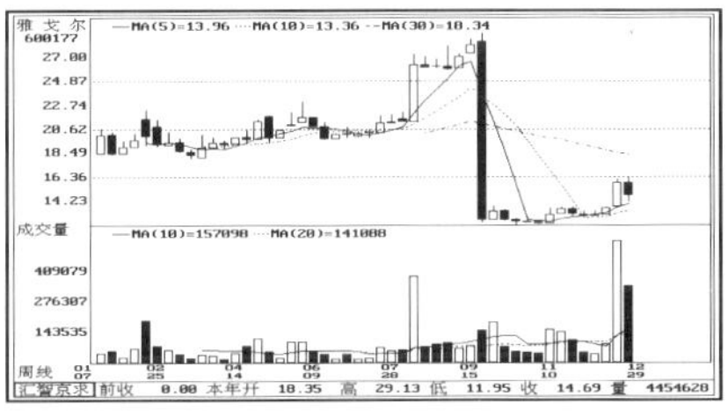

600177　雅　戈　尔：流通股本18590万，主营服装服饰产品。9月18日最高价29.13元，9月25日最低价11.95元，2000年每股收益0.5116元。整理走势，短线有一定压力。

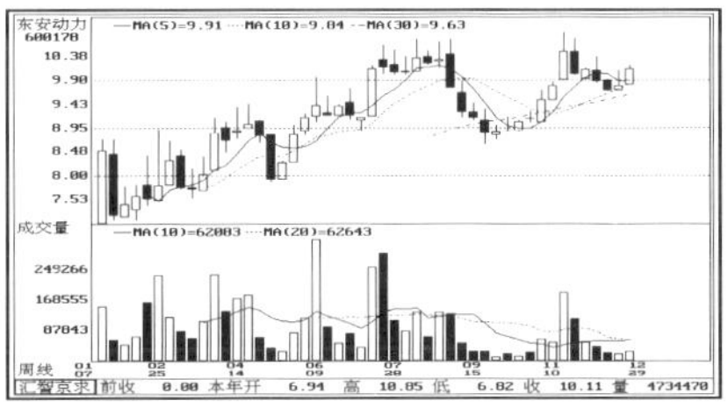

600178　东安动力：流通股本13858万，主营微型汽车发动机。11月17日最高价10.85元，1月4日最低价6.82元，2000年每股收益0.3312元。短线有回档压力，不入为宜。

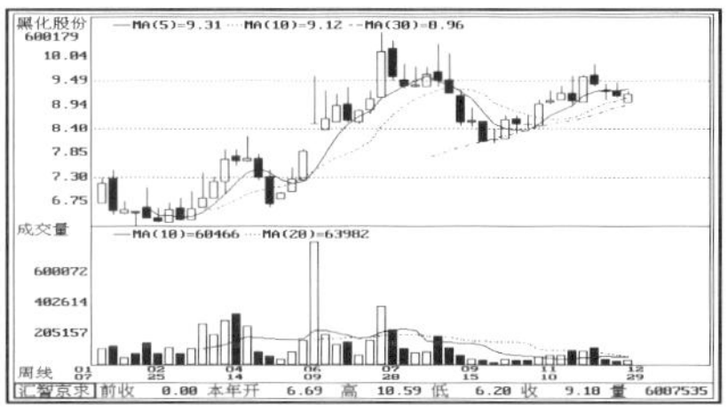

600179　黑化股份：流通股本10000万，主营焦炭、焦化产品。7月21日最高价10.59元，1月28日最低价6.20元，2000年每股收益0.0610元。缓步盘升走势，持股观望。

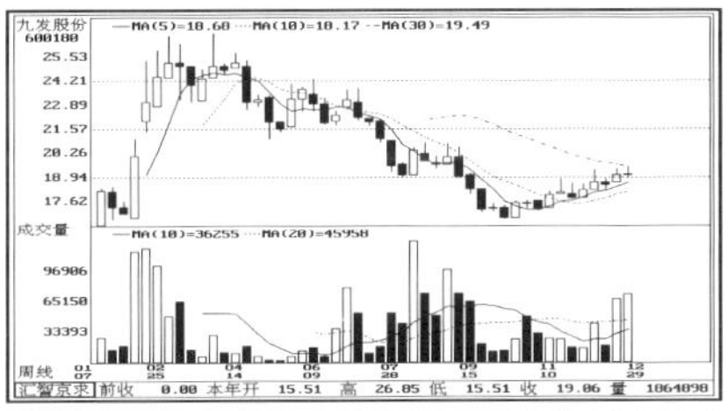

600180　九发股份：流通股本6656万，主营食用菌菌种的培育。3月28日最高价26.85元，1月4日最低价15.51元，2000年每股收益0.3098元。上升动力不足，谨慎持有。

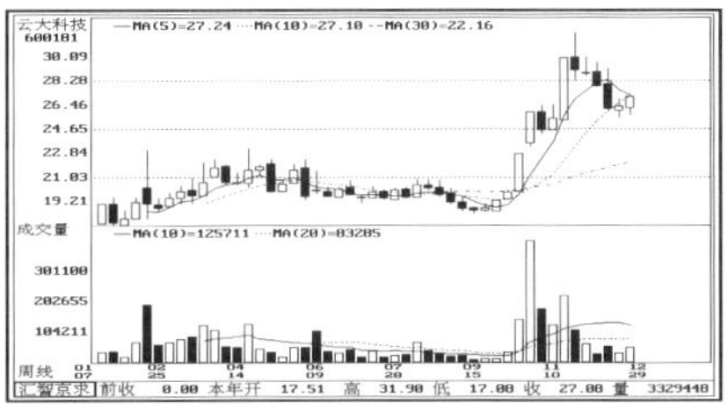

600181　云大科技：流通股本16800万，主营植物生长调节剂。11月23日最高价31.90元，1月19日最低价17.08元，2000年每股收益0.3900元。具有较大的上升动能，仍可持股。

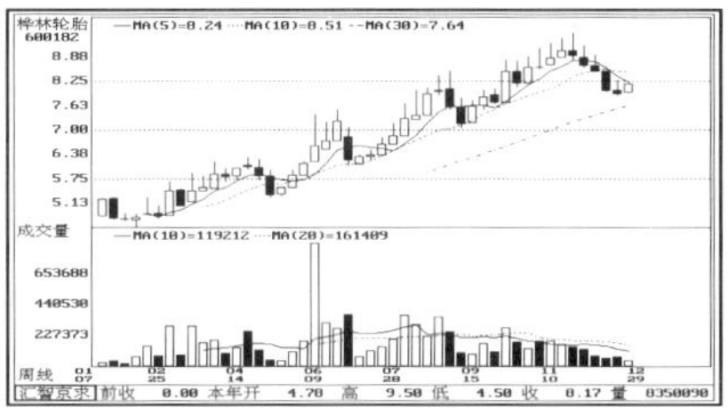

600182　桦林轮胎：流通股本12000万，主营轮胎的生产和销售。11月23日最高价9.50元，1月28日最低价4.50元，2000年每股收益0.0090元。回升趋势，持股观望。

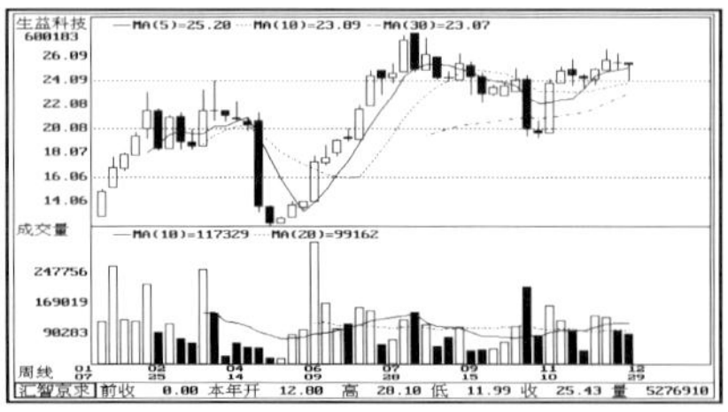

600183　生益科技：流通股本 14899 万，主营印刷线路用敷铜板。8 月 8 日最高价 28.10 元，5 月 11 日最低价 11.99 元，2000 年每股收益 0.4371 元。弱势整理，宜持币观望。

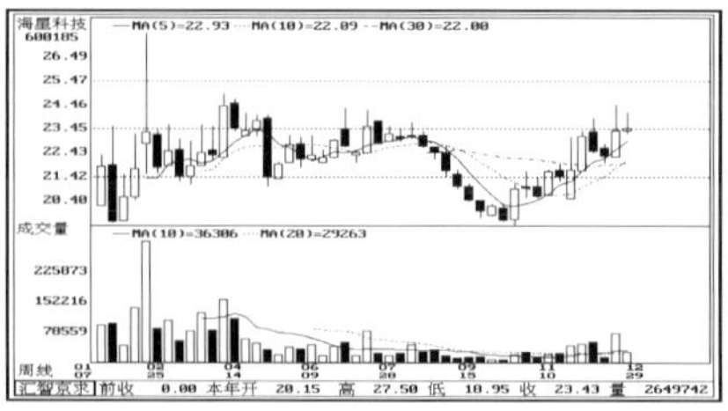

600185　海星科技：流通股本 6800 万，主营“海星”牌系列电脑。2 月 17 日最高价 27.50 元，10 月 17 日最低价 18.95 元，2000 年每股收益 0.1013 元。均线系统未调整到位，暂不介入。

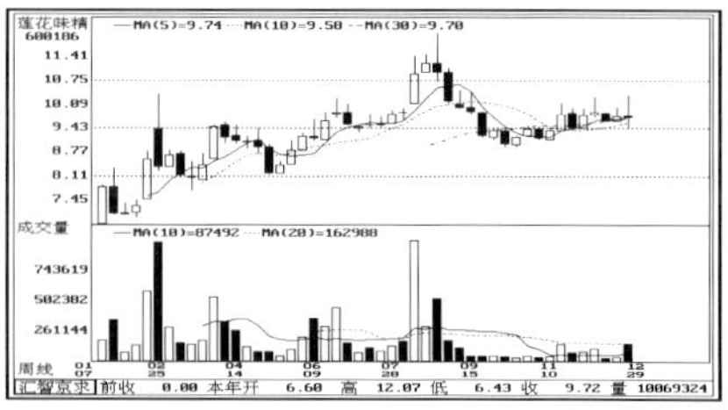

600186　莲花味精：流通股本 28000 万，主营味精及其副产品。8 月 22 日最高价 12.07 元，1 月 4 日最低价 6.43 元，2000 年每股收益 0.2864 元。短线回档，仍可持股不动。

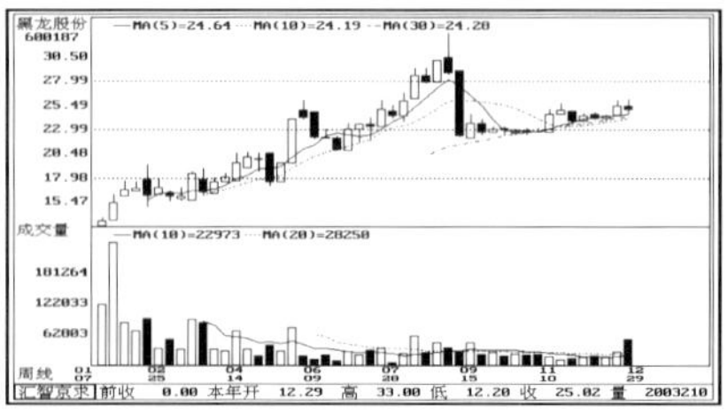

600187　黑龙股份：流通股本 9750 万，主营新闻纸和冰雪运动器材。8 月 30 日最高价 33.00 元，1 月 5 日最低价 12.20 元，2000 年每股收益 0.3151 元。弱势整理，观望。

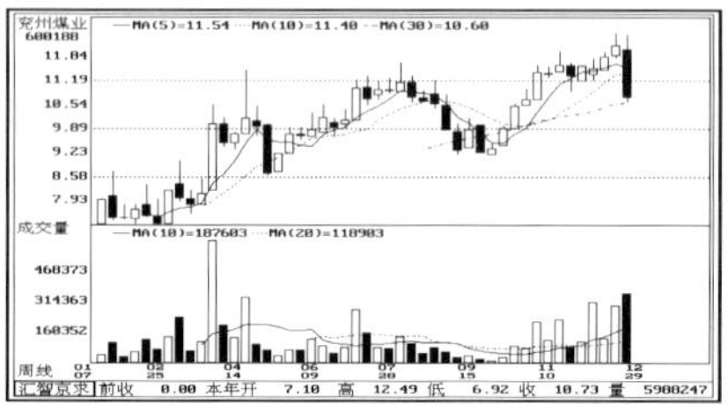

600188　兖州煤业：流通股本 17978 万，主营煤炭开采、洗选和销售。12 月 18 日最高价 12.49 元，1 月 4 日最低价 6.92 元，2000 年每股收益 0.2900 元。缩量整理，暂不介入。

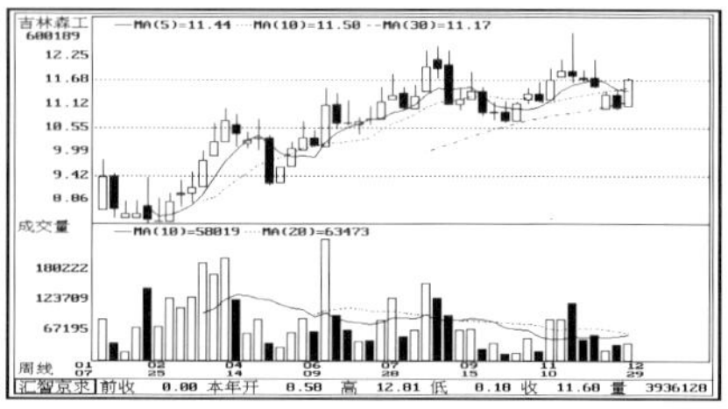

600189　吉林森工：流通股本 11050 万，主营木材及刨花板、贴面板。11 月 22 日最高价 12.81 元，1 月 24 日最低价 8.18 元，2000 年每股收益 0.3400 元。调整走势，短线出局观望。

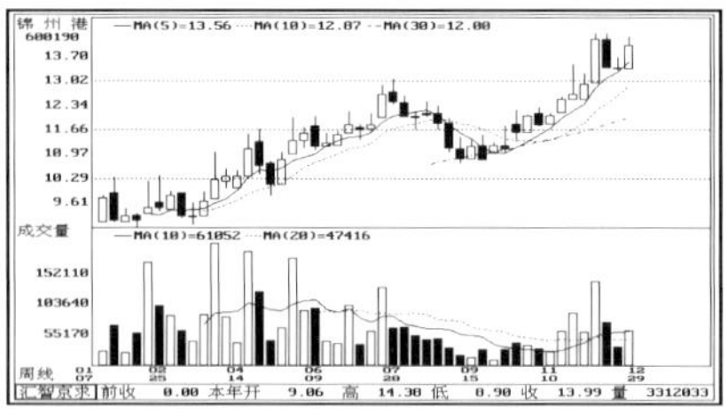

600190　锦 州 港：流通股本 9000 万，主营原油接卸、成品油输出。12 月 13 日最高价 14.38 元，1 月 24 日最低价 8.90 元，2000 年每股收益 0.1400 元。低位调整期间，多看少入为宜。

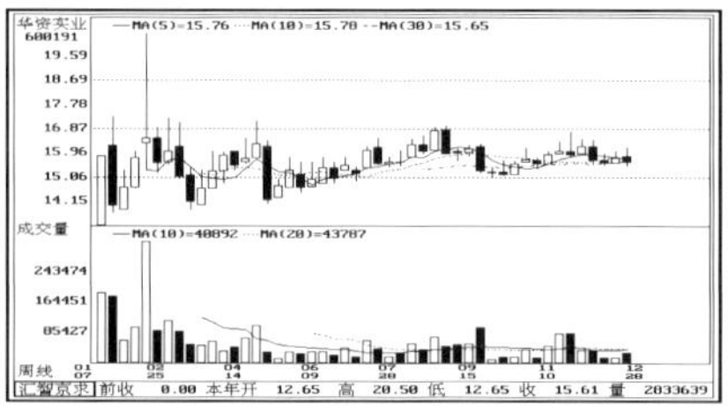

600191　华资实业：流通股本 9100 万，主营甜菜制糖业和电子业。2 月 17 日最高价 20.50 元，1 月 4 日最低价 12.65 元，2000 年每股收益 0.2800 元。中线已趋淡，趁反弹减磅。

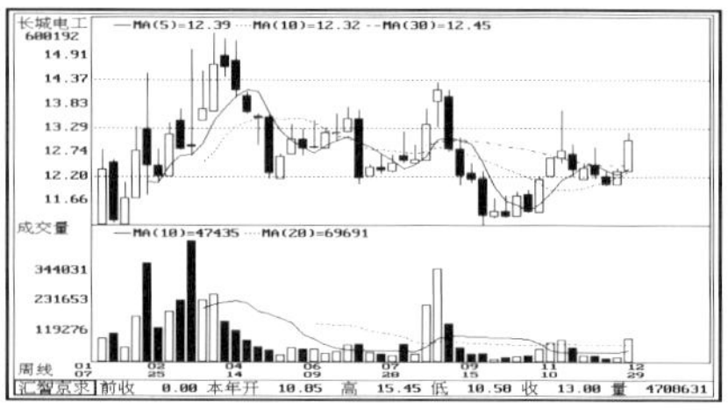

600192　长城电工：流通股本 11050 万，主营一般交流发电机。3 月 31 日最高价 15.45 元，1 月 4 日最低价 10.58 元，2000 年每股收益 0.1521 元。短线调整中，反弹时可适当介入。

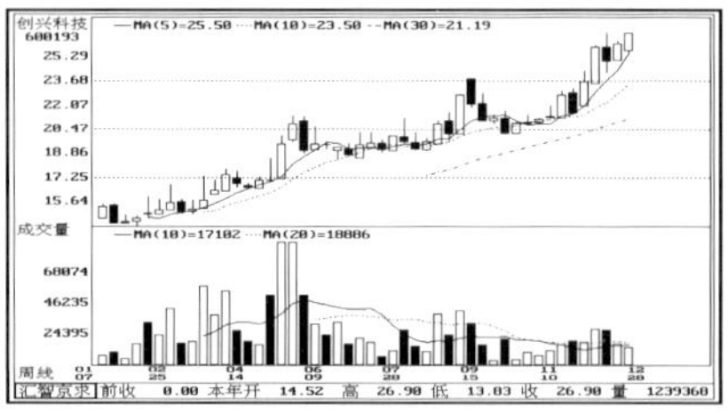

600193　创兴科技：流通股本 4600 万，主营房地产开发和烤鳗。12 月 28 日最高价 26.90 元，1 月 24 日最低价 13.83 元，2000 年每股收益 0.3070 元。短线有减持迹象，暂不介入。

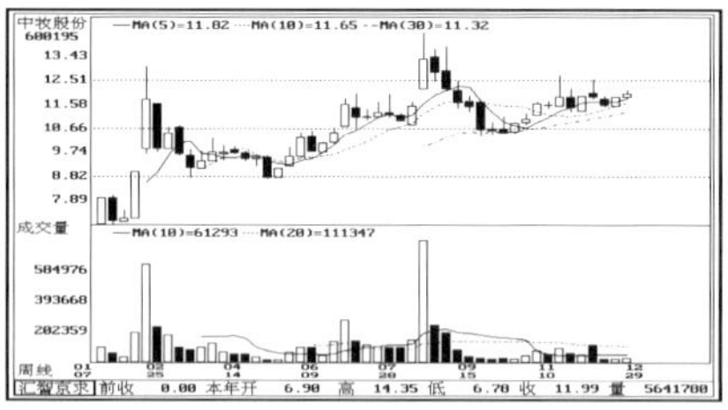

600195　中牧股份：流通股本 12000 万，主营动物保健品、饲料。8 月 16 日最高价 14.35 元，1 月 4 日最低价 6.78 元，2000 年每股收益 0.2300 元。调整将尽，可持股待涨。

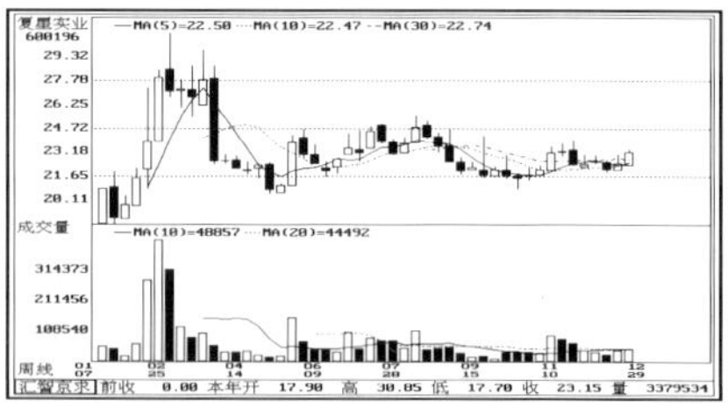

600196　复星实业：流通股本 11250 万，主营基因工程药物。2 月 29 日最高价 30.85 元，1 月 4 日最低价 17.70 元，2000 年每股收益 0.4370 元。中线已趋淡，趁反弹减磅。

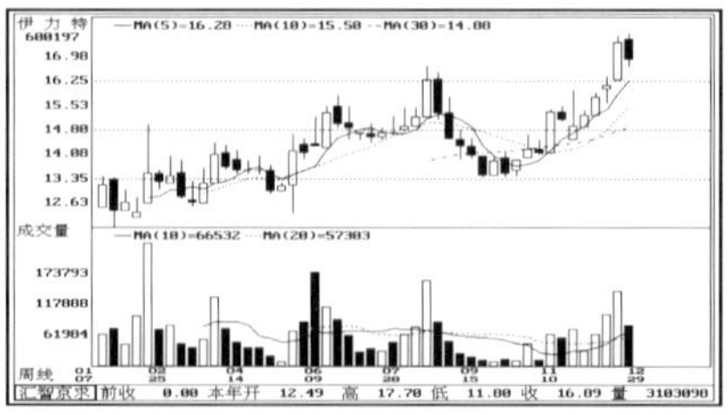

600197　伊 力 特：流通股本 7500 万，主营白酒、葡萄酒、饮料。12 月 25 日最高价 17.70 元，1 月 24 日最低价 11.80 元，2000 年每股收益 0.3400 元。短线有整理要求，回档关注。

600198　大唐电信：流通股本 16537 万，主营通信网络系统、软硬件。2 月 17 日最高价 40.95 元，1 月 14 日最低价 25.55 元，2000 年每股收益 0.4060 元。上升空间不大，观望。

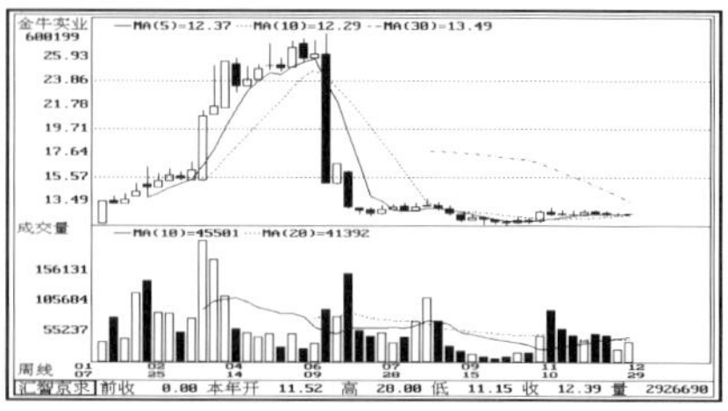

600199　金牛实业：流通股本 13000 万，主营黄牛产业开发。6 月 14 日最高价 28.00 元，10 月 17 日最低价 11.15 元，2000 年每股收益 0.2500 元。成交淡静，短线压力需消化。

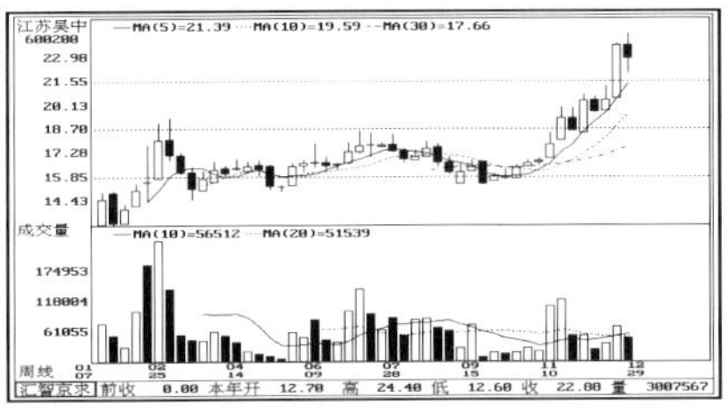

600200　江苏吴中:流通股本10452万,主营“365”学生系列产品。12月25日最高价24.40元,1月4日最低价12.60元,2000年每股收益0.3590元。上档压力较大,观望为宜。

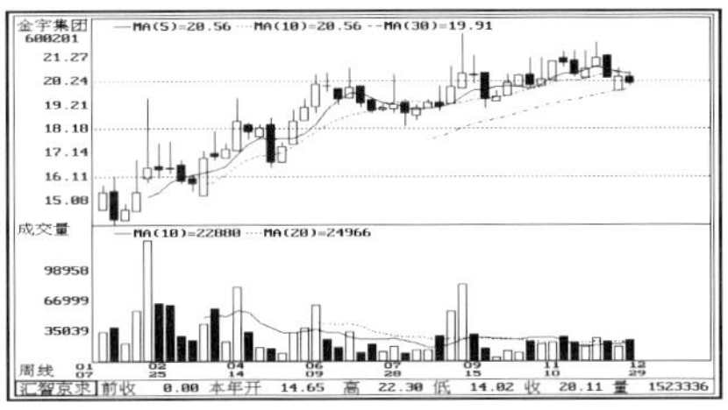

600201　金宇集团:流通股本4550万,主营绒毛纱加工。9月5日最高价22.30元,1月17日最低价14.02元,2000年每股收益0.2670元。仍有调整要求,观望。

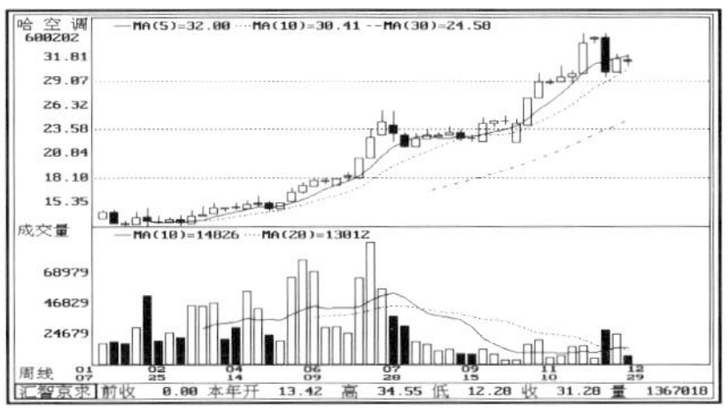

600202　哈　空　调:流通股本6000万,主营空气冷却冷凝设备。12月12日最高价34.55元,1月24日最低价12.28元,2000年每股收益0.5050元。上档压力较大,不介入。

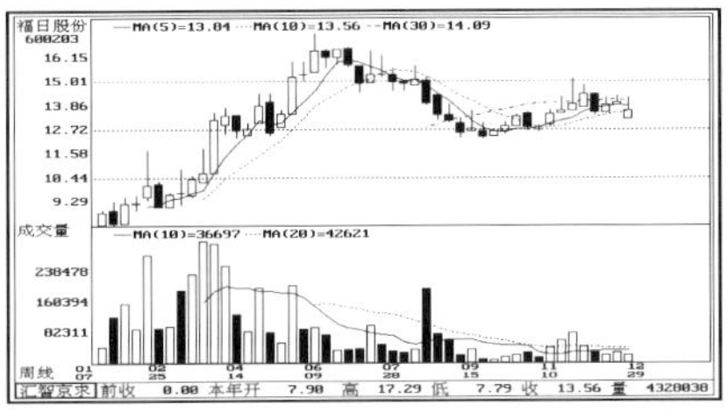

600203　福日股份:流通股本7000万,主营电视机的生产与销售。6月7日最高价17.29元,1月4日最低价7.79元,2000年每股收益0.2310元。调整未尽,继续观望。

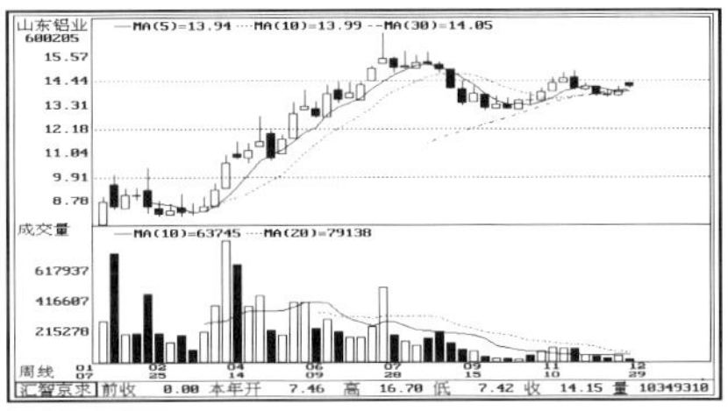

600205　山东铝业:流通股本16000万,主营氧化铝、铝锭。7月18日最高价16.70元,1月4日最低价7.42元,2000年每股收益0.7530元。短线回调,持股观望。

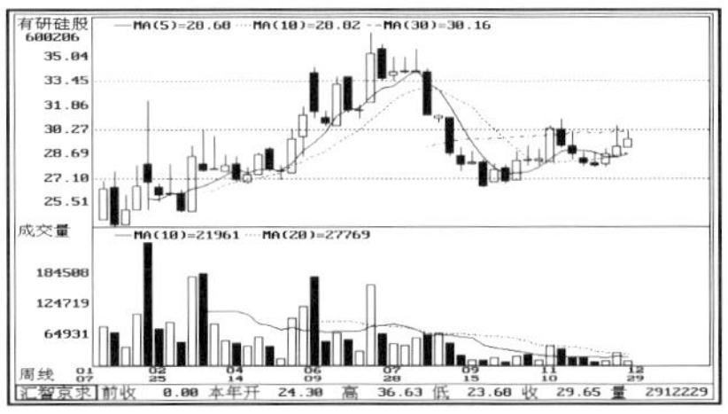

600206　有研硅股:流通股本6500万,主营硅单晶抛光片。7月14日最高价36.63元,1月17日最低价23.68元,2000年每股收益0.3100元。上行受阻,继续回调整理。

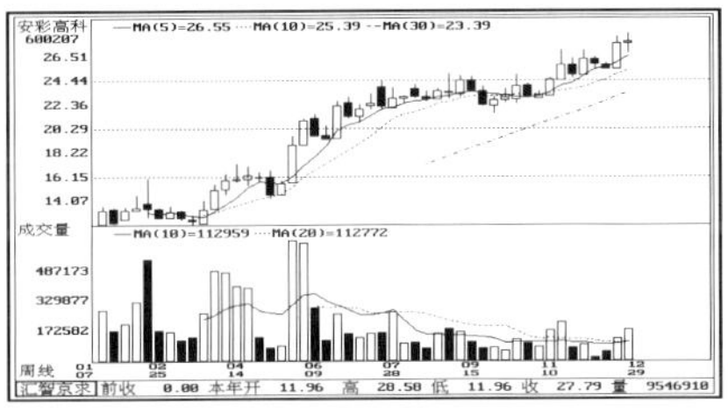

600207　安彩高科:流通股本18000万,主营彩电显像管玻壳。12月26日最高价28.58元,1月4日最低价11.96元,2000年每股收益1.2002元。反弹走势,持股观望。

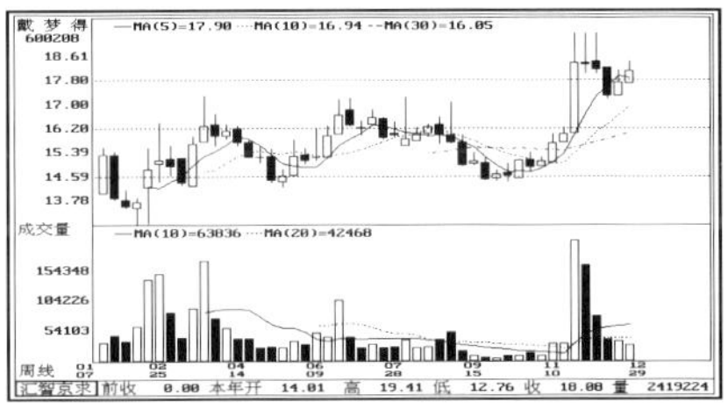

600208　戴　梦　得:流通股本6500万,主营稀贵金属,珠宝玉器。11月24日最高价19.41元,1月24日最低价12.76元,2000年每股收益0.2200元。震荡蓄势中,可持股。

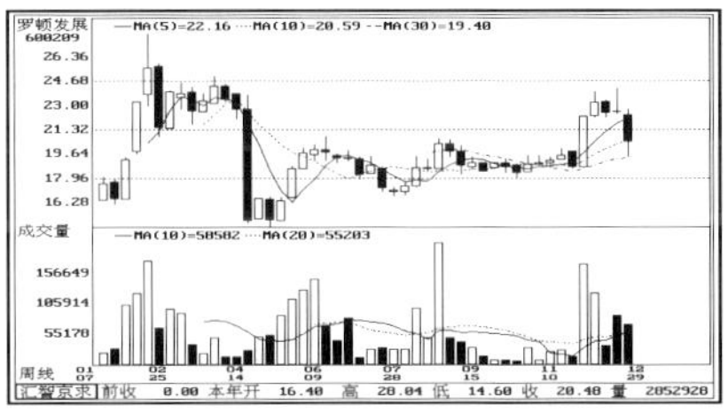

600209　罗顿发展:流通股本7500万,主营酒店经营、装饰工程。2月15日最高价28.04元,5月15日最低价14.60元,2000年每股收益0.2604元。已基本整理到位,中线可持股。

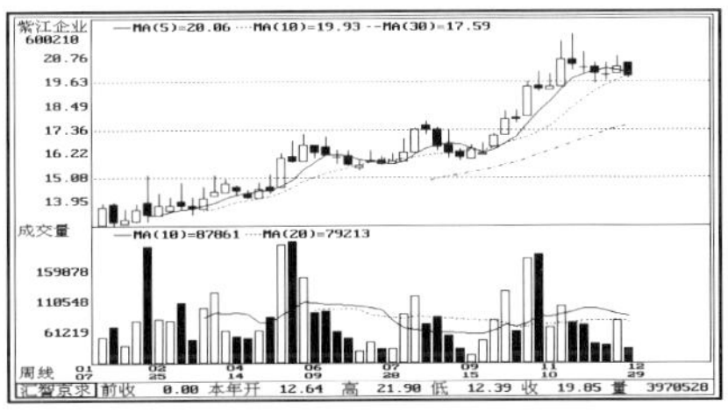

600210　紫江企业:流通股本17135万,主营PET瓶和瓶坯、皇冠盖。11月21日最高价21.90元,1月4日最低价12.39元,2000年每股收益0.4690元。仍处盘整状态,持股观望。

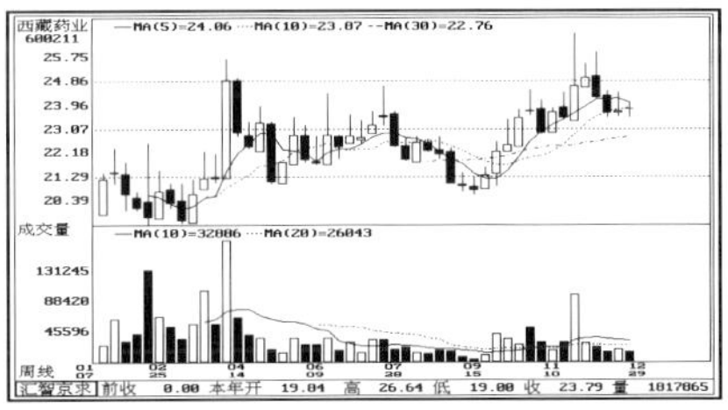

600211　西藏药业:流通股本4500万,主营诺迪康系列藏药。11月22日最高价26.64元,2月21日最低价19.00元,2000年每股收益0.2900元。弱势,抛压重,观望。

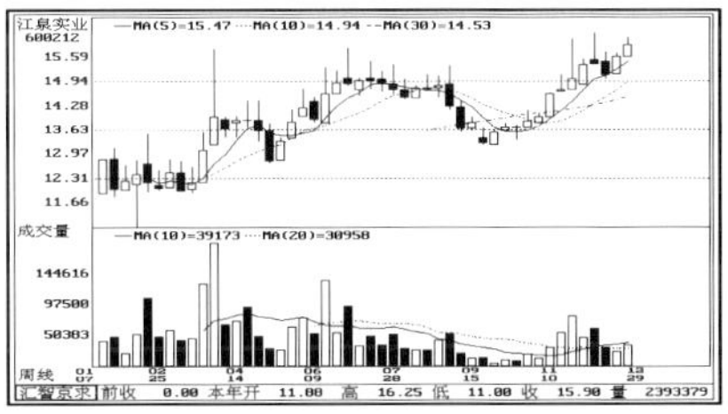

600212　江泉实业:流通股本5500万,主营建筑陶瓷、日用陶瓷。12月5日最高价16.25元,1月28日最低价11.00元,2000年每股收益0.4000元。上档压力沉重,宜不介入。

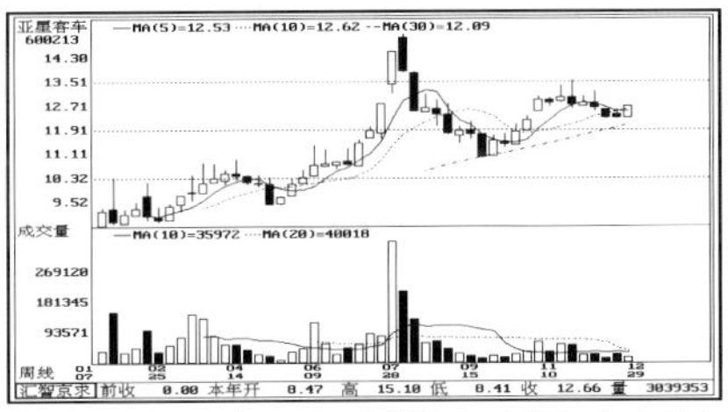

600213　亚星客车:流通股本6000万,主营大、中、轻型客车。7月31日最高价15.10元,1月4日最低价8.41元,2000年每股收益0.2900元。弱势整理,观望为宜。

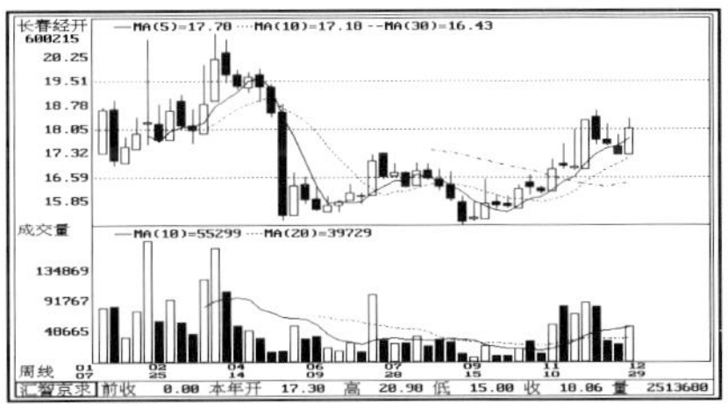

600215　长春经开:流通股本9000万,主营配套设施建设。3月31日最高价20.98元,5月18日最低价15.00元,2000年每股收益0.4700元。5日均线有支撑,持股观望。

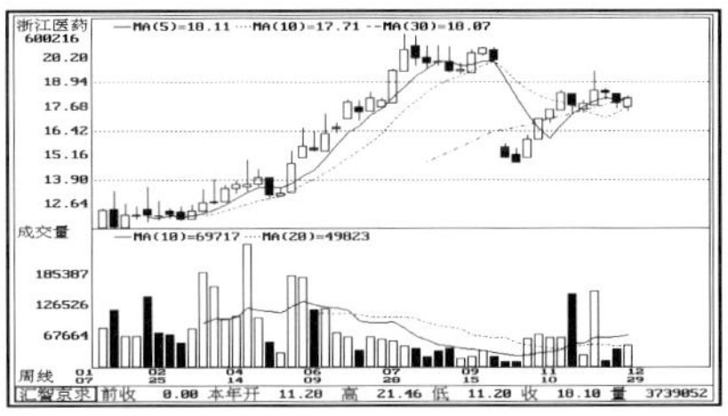

600216　浙江医药:流通股本11310万,主营化学原料药。8月2日最高价21.46元,1月4日最低价11.20元,2000年每股收益0.0690元。仍需整理蓄势,持股观望。

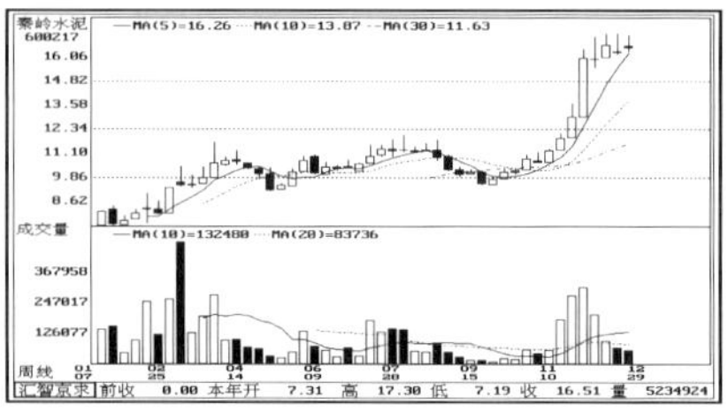

600217　　秦岭水泥:流通股本 14000 万,主营各种建筑用水泥。12 月 14 日最高价 17.30 元,1 月 4 日最低价 7.19 元,2000 年每股收益 0.3000 元。强势震荡,谨慎持股。

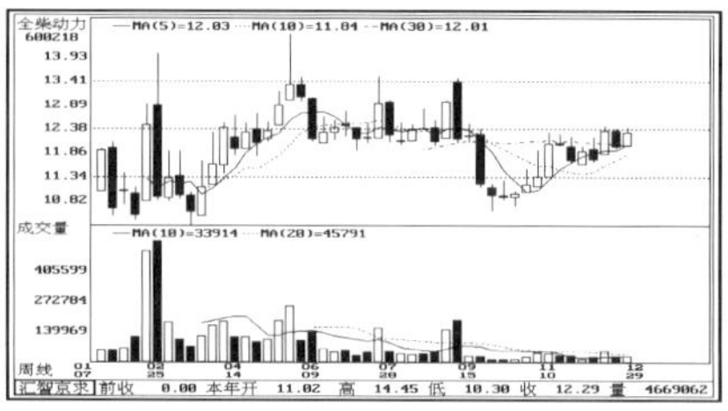

600218　　全柴动力:流通股本 10140 万,主营单缸、多缸柴油机。5 月 25 日最高价 14.45 元,3 月 17 日最低价 10.30 元,2000 年每股收益 0.2050 元。整理蓄势之中,持股不动。

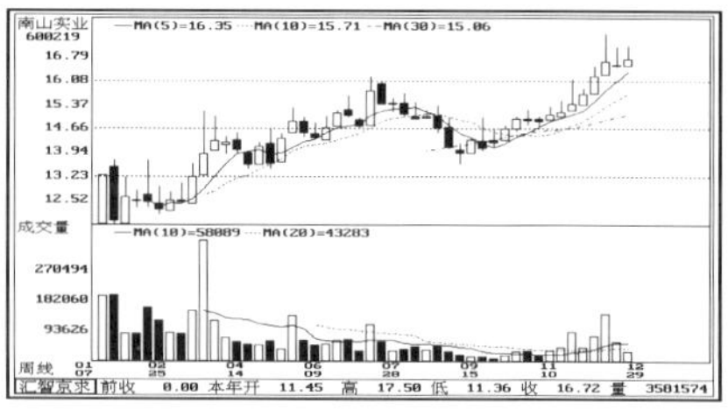

600219　　南山实业:流通股本 7500 万,主营高支多功能、超细超薄。12 月 13 日最高价 17.50 元,1 月 4 日最低价 11.36 元,2000 年每股收益 0.5394 元。弱势,抛压重,观望。

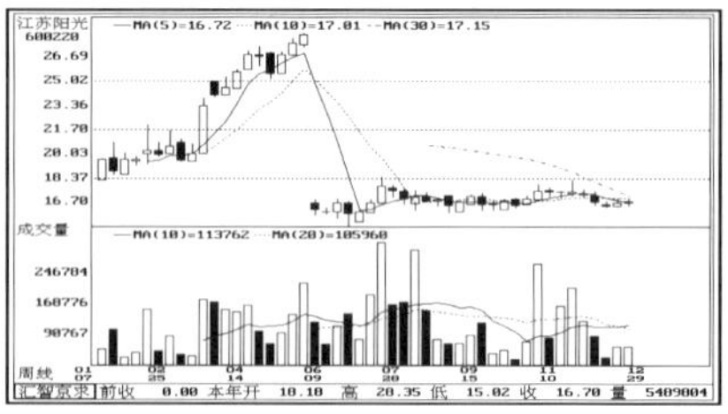

600220　　江苏阳光:流通股本 11900 万,主营精毛纺呢绒产品。6 月 2 日最高价 28.35 元,6 月 21 日最低价 15.02 元,2000 年每股收益 0.3800 元。整理走势,面临均线支撑。

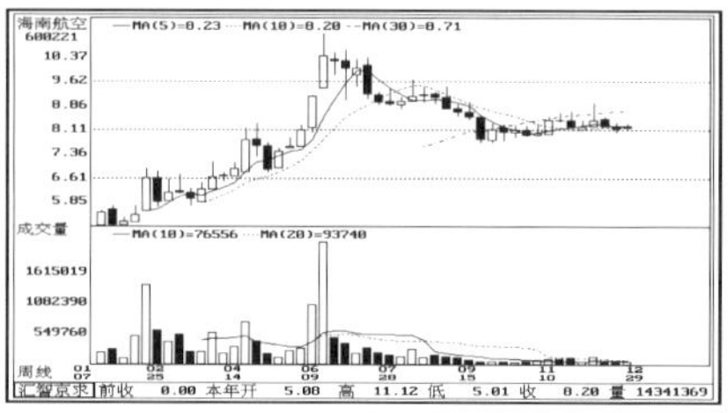

600221　　海南航空:流通股本 22140 万,主营航空客货运输业务。6 月 14 日最高价 11.12 元,1 月 25 日最低价 5.01 元,2000 年每股收益 0.2240 元。抛压沉重,暂不介入为宜。

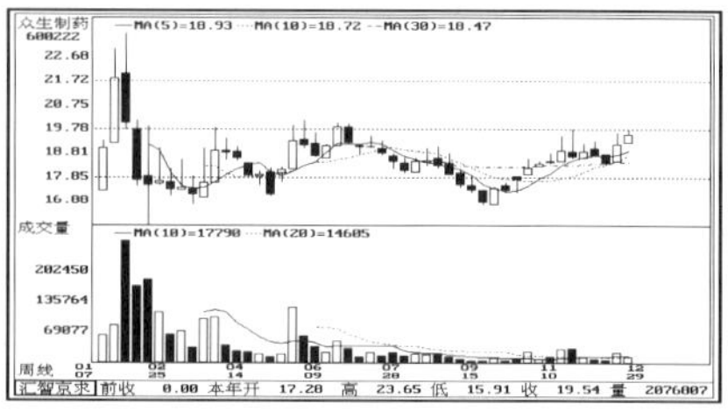

600222　　众生制药:流通股本 3500 万,主营中成药。1 月 19 日最高价 23.65 元,2 月 18 日最低价 15.91 元,2000 年每股收益 0.3150 元。放量向上突破,短线仍有一冲。

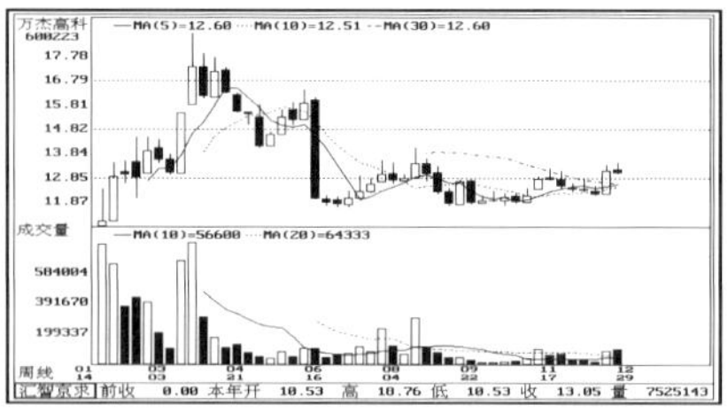

600223　　万杰高科:流通股本 14300 万,主营医疗康复、医用新材料。3 月 24 日最高价 18.76 元,1 月 13 日最低价 10.53 元,2000 年每股收益 0.2700 元。仍未走强,上方压力大。

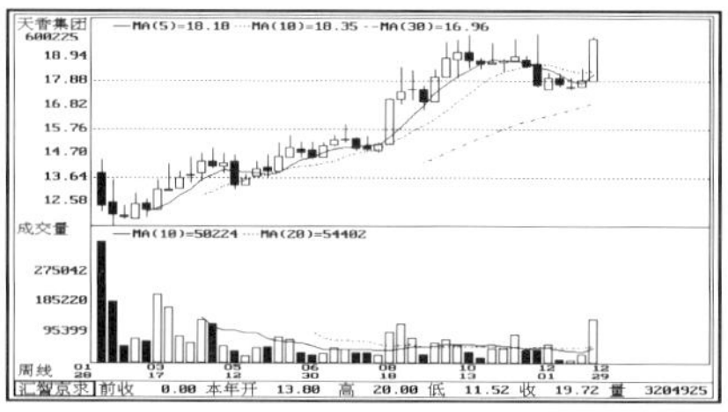

600225　　天香集团:流通股本 6750 万,主营项目投资开发管理。11 月 22 日最高价 20.00 元,2 月 18 日最低价 11.52 元,2000 年每股收益 0.2460 元。整理走势,后市观望。

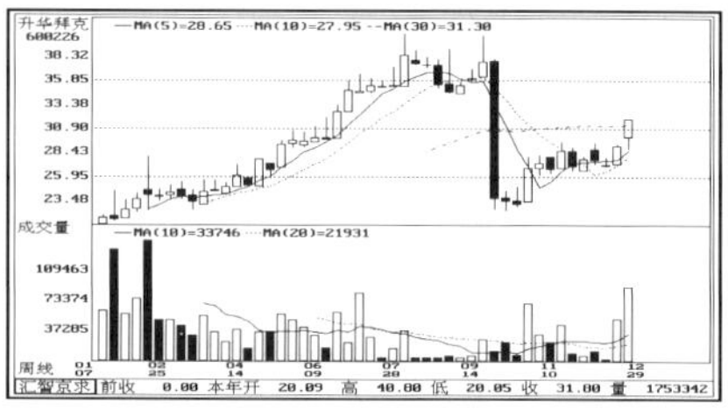

600226　　升华拜克:流通股本 8064 万,主营生物农药、兽药。8 月 4 日最高价 40.80 元,1 月 4 日最低价 20.05 元,2000 年每股收益 0.3460 元。阻力大,需整理。

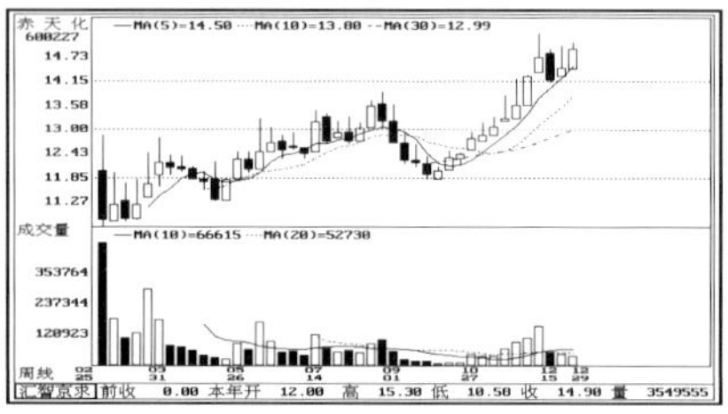

600227　　赤　天　化:流通股本 7000 万,主营尿素的生产和销售。12 月 6 日最高价 15.30 元,2 月 22 日最低价 10.58 元,2000 年每股收益 0.3830 元。整理蓄势之中,持股不动。

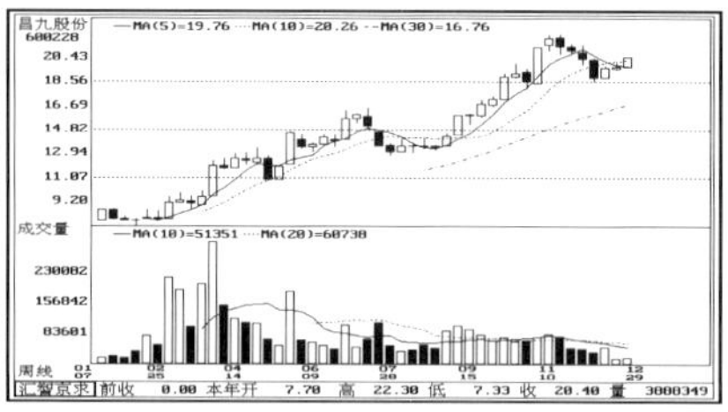

600228　　昌九股份:流通股本 9600 万,主营化肥、化工产品。11 月 16 日最高价 22.30 元,1 月 28 日最低价 7.33 元,2000 年每股收益 0.0900 元。弱势调整,暂不介入。

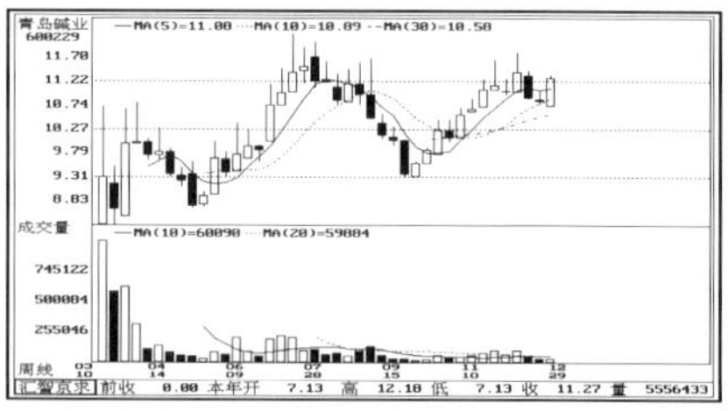

600229　　青岛碱业:流通股本 9000 万,主营纯碱、肥料、农药,7 月 12 日最高价 12.18 元,3 月 9 日最低价 7.13 元,2000 年每股收益 0.2200 元。上升空间有限,反弹减磅。

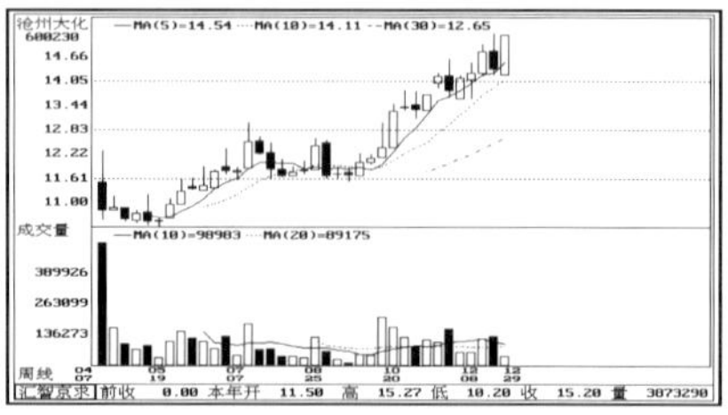

600230　　沧州大化:流通股本 8000 万,主营合成氨、尿素、硝酸。12 月 20 日最高价 15.27 元,5 月 17 日最低价 10.20 元,2000 年每股收益 0.1900 元。调整未尽,继续观望。

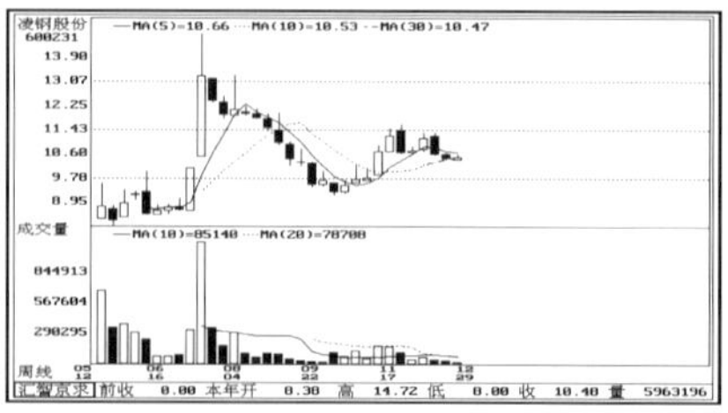

600231　　凌钢股份:流通股本 10000 万,主营连铸钢坯、热轧小型材。7 月 13 日最高价 14.72 元,5 月 18 日最低价 8.00 元,2000 年每股收益 0.4600 元。上行欲望不强,仍有整理。

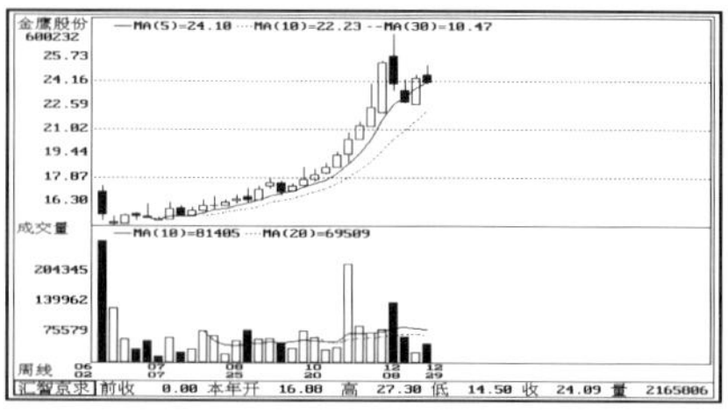

600232　　金鹰股份:流通股本 5850 万,主营绢、麻、丝、毛纺机械。12 月 5 日最高价 27.30 元,6 月 8 日最低价 14.50 元,2000 年每股收益 0.2888 元。不属于短期热点,不介入。

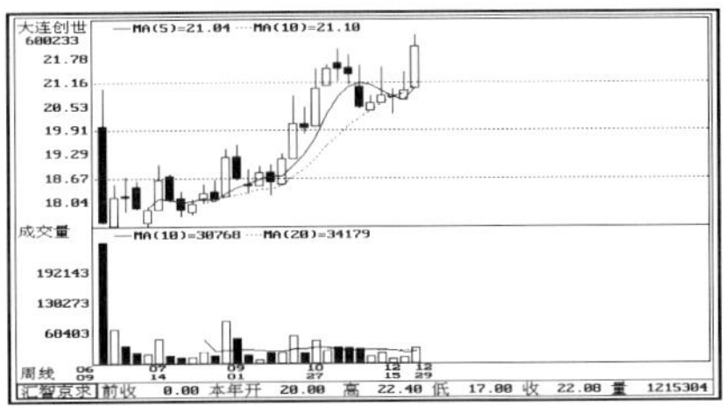

600233　大连创世:流通股本3500万,主营中高档男西装、女时装。12月28日最高价22.40元,6月12日最低价17.00元,2000年每股收益0.2700元。反弹潜力欠佳,仍可持股。

600234　天龙集团:流通股本3000万,主营商品的零售批发。12月5日最高价22.05元,6月15日最低价15.28元,2000年每股收益0.2100元。上档压力较大,观望为宜。

600235　民丰特纸:流通股本5200万,主营特种用纸和卷烟配套用纸。11月24日最高价15.80元,7月4日最低价13.12元,2000年每股收益0.2507元。连拉小阳,后市有反弹空间。

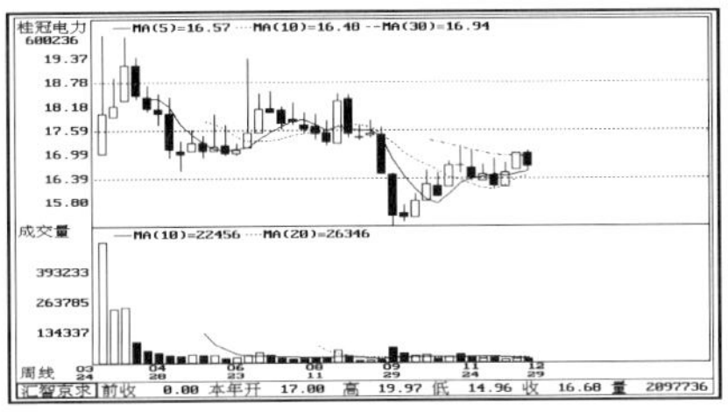

600236　桂冠电力:流通股本6200万,主营水力发电。3月24日最高价19.97元,9月26日最低价14.96元,2000年每股收益0.3480元。上升空间有限,反弹减磅。

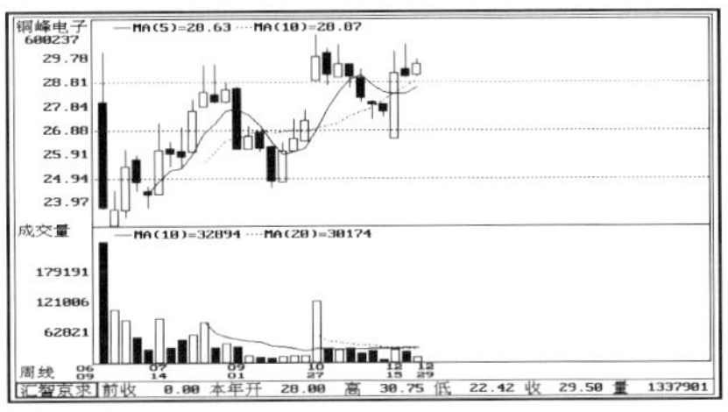

600237　铜峰电子:流通股本4000万,主营薄膜电容器及其相关材料。10月25日最高价30.75元,6月12日最低价22.42元,2000年每股收益0.2700元。短线高位整理,仍可持股。

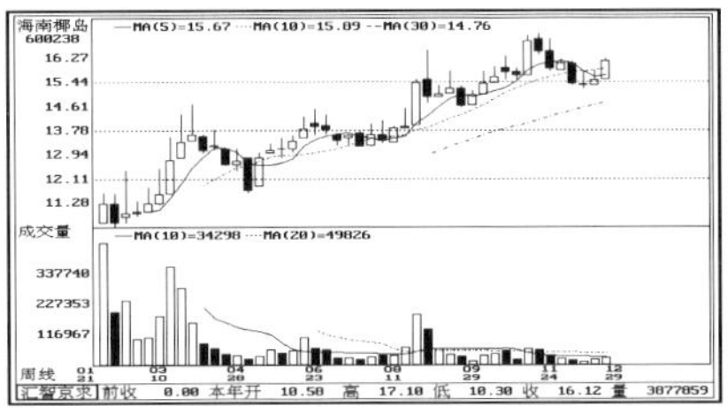

600238　海南椰岛:流通股本5000万,主营保健品、白酒、药酒。11月13日最高价17.10元,1月20日最低价10.30元,2000年每股收益0.2000元。维系强势,可持仓。

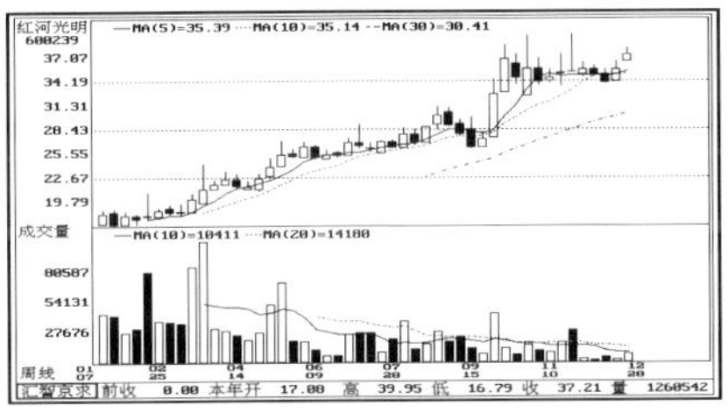

600239　红河光明:流通股本3000万,主营啤酒、饮料和矿泉。11月23日最高价39.95元,1月4日最低价16.79元,2000年每股收益0.4170元。整理走势,关注均线支撑。

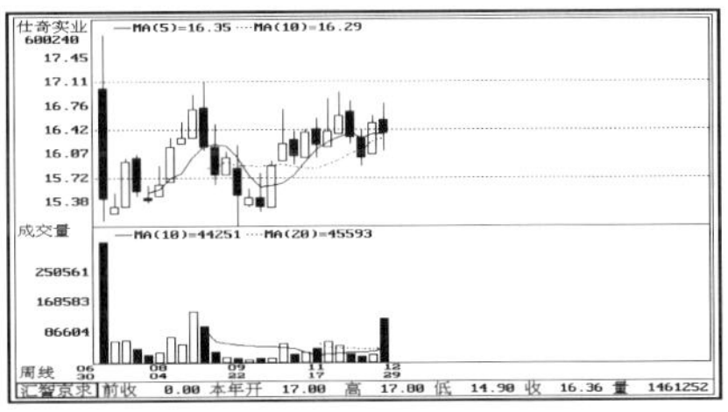

600240　仕奇实业:流通股本7500万,主营"仕奇"牌中高档西装。6月28日最高价17.80元,7月4日最低价14.90元,2000年每股收益0.2588元。上行欲望不强,仍有整理。

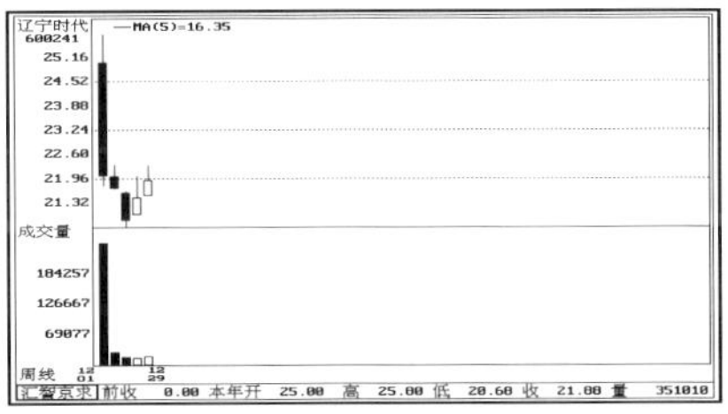

600241　辽宁时代:流通股本3000万,主营以棉、毛、丝、麻。11月28日最高价25.80元,12月15日最低价20.68元,2000年每股收益0.2983元。上档压力沉重,不介入为宜。

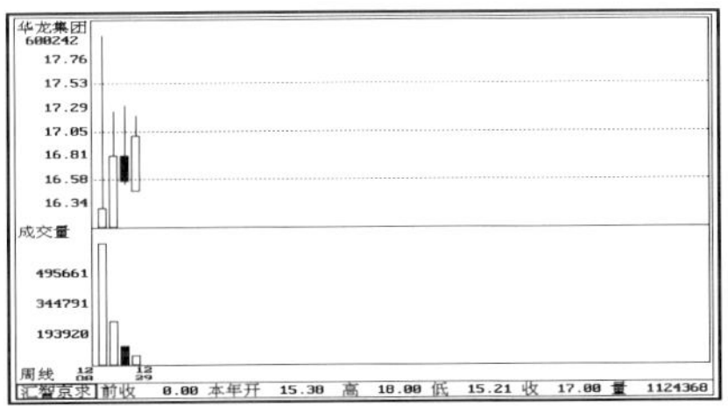

600242　华龙集团:流通股本6000万,主营海洋捕捞、海洋开发。12月7日最高价18.00元,12月7日最低价15.21元,2000年每股收益0.1500元。上升压力沉重,需淡化阻力。

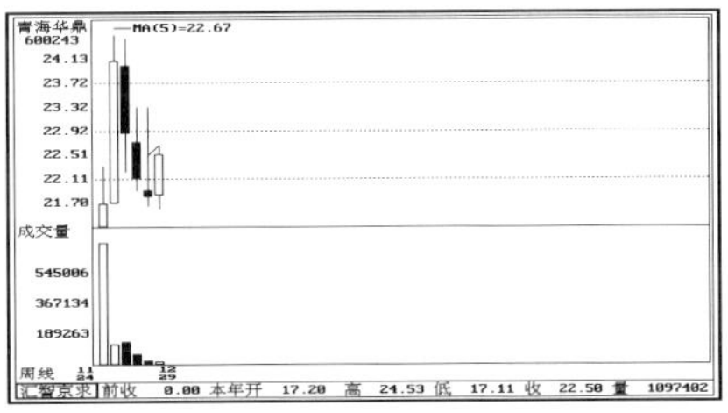

600243　青海华鼎:流通股本5500万,主营重型机床、食品机械。12月1日最高价24.53元,11月20日最低价17.11元,2000年每股收益0.1200元。均线反压大,不宜介入。

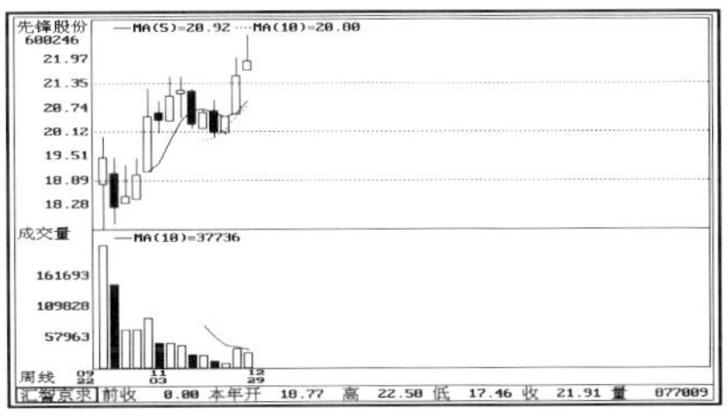

600246　先锋股份:流通股本3000万,主营玉米淀粉。12月26日最高价22.58元,9月26日最低价17.46元,2000年每股收益0.2000元。上升压力沉重,需淡化阻力。

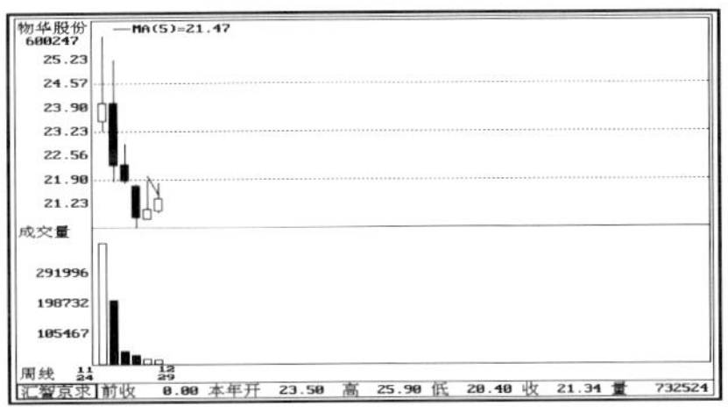

600247　物华股份:流通股本3500万,主营市场的开发、租赁。11月23日最高价25.90元,12月12日最低价20.40元,2000年每股收益0.1600元。弱势整理,观望为宜。

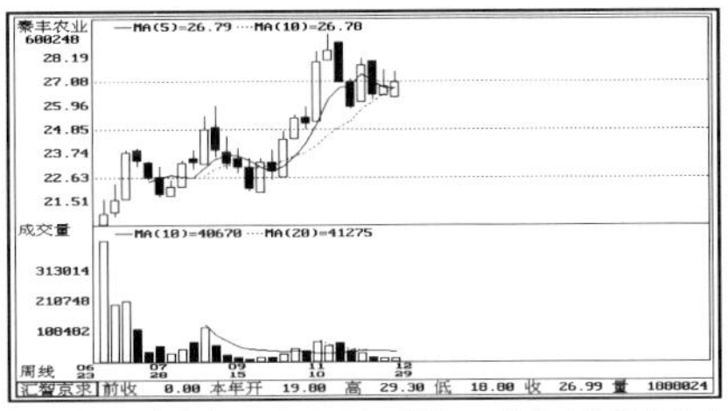

600248　秦丰农业:流通股本4800万,主营农作物种子的培育。11月17日最高价29.30元,6月22日最低价18.80元,2000年每股收益0.2400元。短线调整未结束,持币。

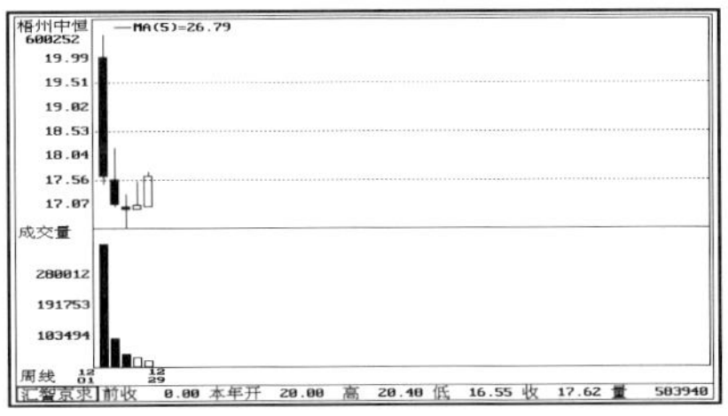

600252　梧州中恒:流通股本4500万,主营城市基础设施的建设。11月30日最高价20.48元,12月12日最低价16.55元,2000年每股收益0.2200元。小幅回调,但上升力度有限。

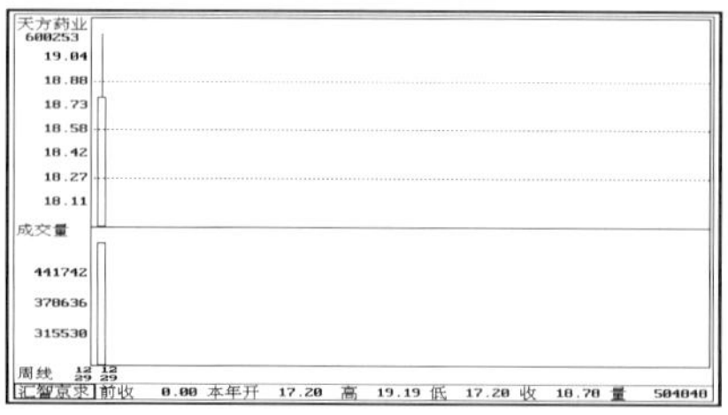

600253　天方药业：流通股本6000万，主营研制、开发成品药。12月29日最高价19.19元，12月27日最低价17.20元，2000年每股收益0.2000元。弱势整理，宜持币观望。

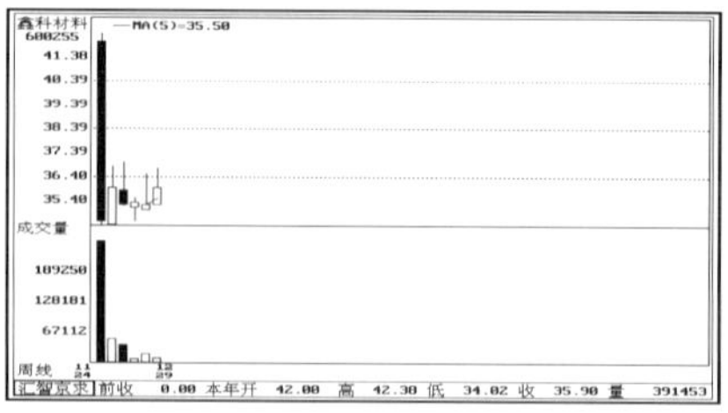

600255　鑫科材料：流通股本3000万，主营稀土光亮铜杆。11月22日最高价42.38元，11月27日最低价34.02元，2000年每股收益0.2930元。上档压力较大，观望为宜。

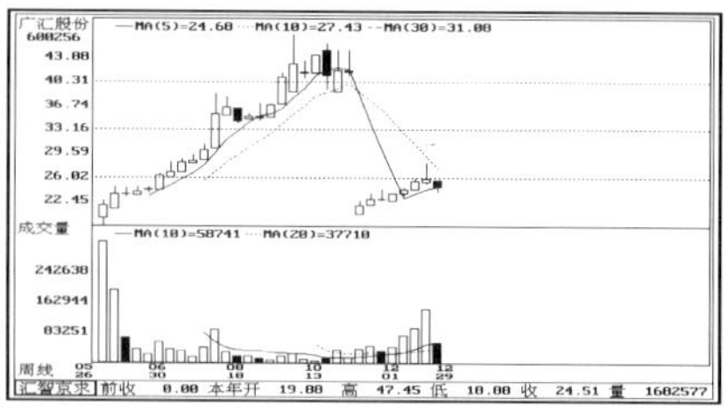

600256　DR广汇股：流通股本17000万，主营花岗岩装饰材料。9月22日最高价47.45元，5月26日最低价18.88元，2000年每股收益0.4180元。均线系统有压力，不介入为宜。

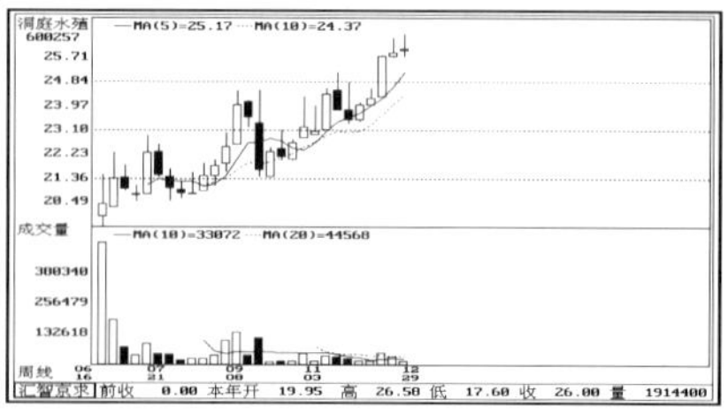

600257　洞庭水殖：流通股本4000万，主营水产品及水禽养殖。12月27日最高价26.58元，6月12日最低价17.60元，2000年每股收益0.3350元。大幅回调，短线仍有整理。

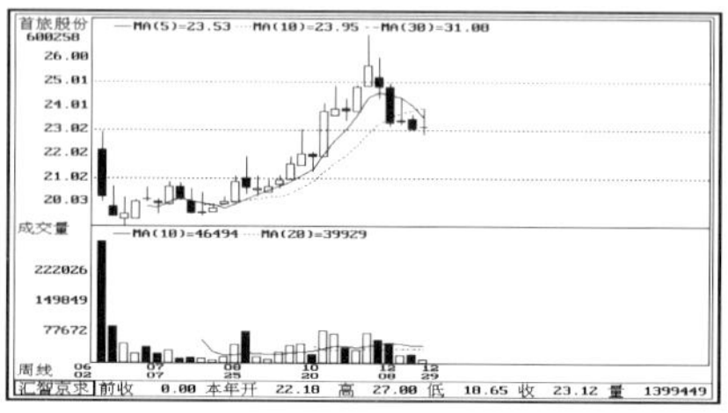

600258　首旅股份：流通股本4900万，主营旅游饭店经营管理。11月23日最高价27.00元，6月12日最低价18.65元，2000年每股收益0.2400元。调整未尽，继续观望。

600259　兴业聚酯：流通股本4863万，主营聚酯切片；█月25日最高价15.66元，5月25日最低价12.50元，2000年每股收益0.2100元。短线回调，持股观望。

600260　凯乐科技：流通股本5500万，主营塑料硬管及管件。8月29日最高价29.48元，7月6日最低价20.00元，2000年每股收益0.3900元。调整过程中，持股观望。

600261　浙江阳光：流通股本4000万，主营一体化电子节能灯。12月26日最高价22.65元，7月24日最低价18.32元，2000年每股收益0.3800元。均线系统未调整到位，暂不介入。

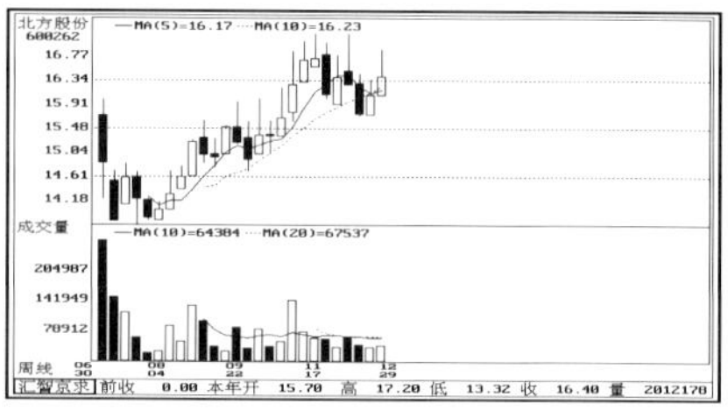

600262　北方股份：流通股本5500万，主营矿用自卸汽车。12月5日最高价17.20元，7月6日最低价13.32元，2000年每股收益0.1990元。均线系统有压力，不介入为宜。

600263　路桥建设：流通股本11500万，主营高技术含量的特大型桥梁和高级公路的建筑施工。12月27日最高价15.10元，7月25日最低价11.12元，2000年每股收益0.1990元。大幅回调，短线仍有整理。

600265　景谷林业：流通股本4000万，主营林产化工产品制造。8月25日最高价25.00元，9月22日最低价17.77元，2000年每股收益0.2400元。大幅回调，短线仍有整理。

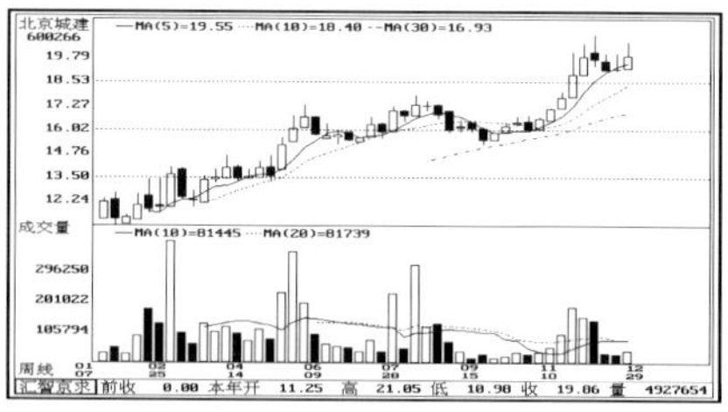

600266　北京城建：流通股本15000万，主营商品房。12月5日最高价21.05元，1月14日最低价10.98元，2000年每股收益0.3682元。上行受阻，暂不宜介入。

600267　海正药业：流通股本6400万，主营化学原料药。12月29日最高价33.86元，7月25日最低价25.01元，2000年每股收益0.3576元。短线调整未结束，持币。

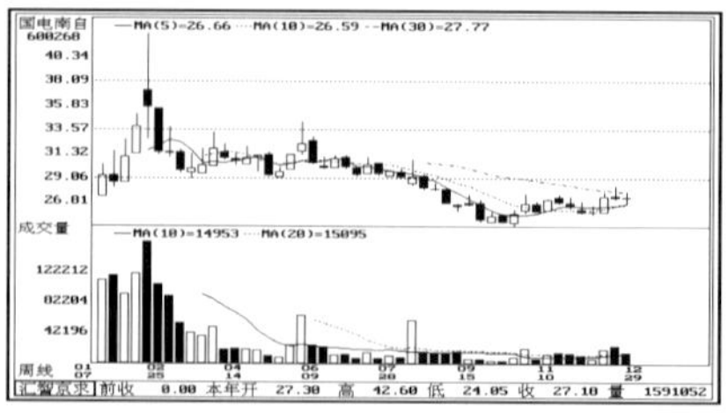

600268　国电南自：流通股本4000万，主营电力系统自化系统。2月17日最高价42.60元，10月17日最低价24.05元，2000年每股收益0.4010元。上档有一定压力，不介入为宜。

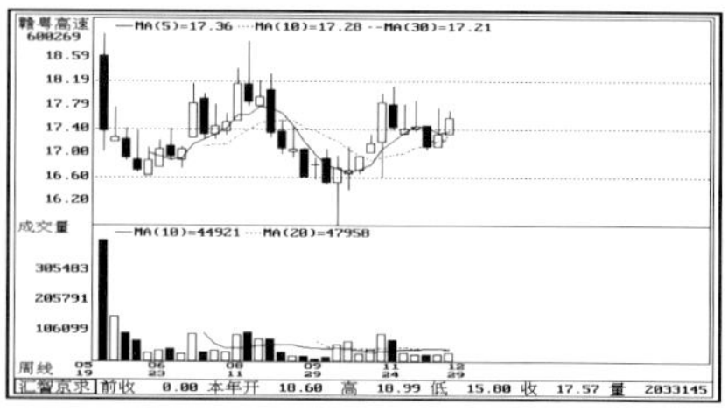

600269　赣粤高速：流通股本9240万，主营特定公路的开发。5月18日最高价18.99元，10月20日最低价15.80元，2000年每股收益0.4990元。上升空间有限，反弹减磅。

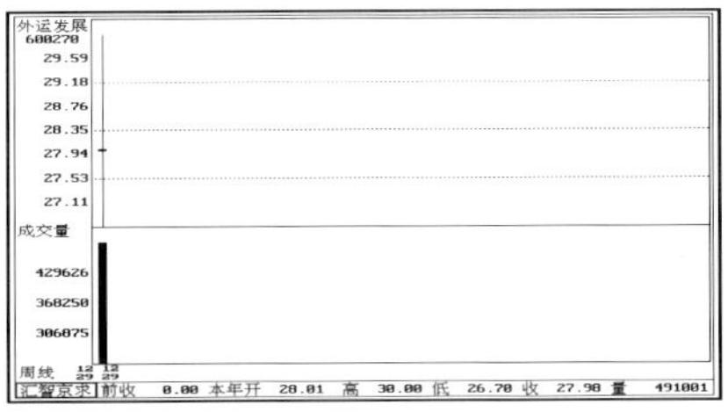

600270　外运发展:流通股本 7700 万,主营空运进出口货物。12 月 28 日最高价 30.00 元,12 月 29 日最低价 26.70 元,2000 年每股收益 0.6500 元。均线有反压,仍有整理。

600275　武　昌　鱼:流通股本 7000 万,主营淡水鱼类。8 月 16 日最高价 18.42 元,9 月 26 日最低价 14.68 元,2000 年每股收益 0.2795 元。量价有所放大,谨慎持股。

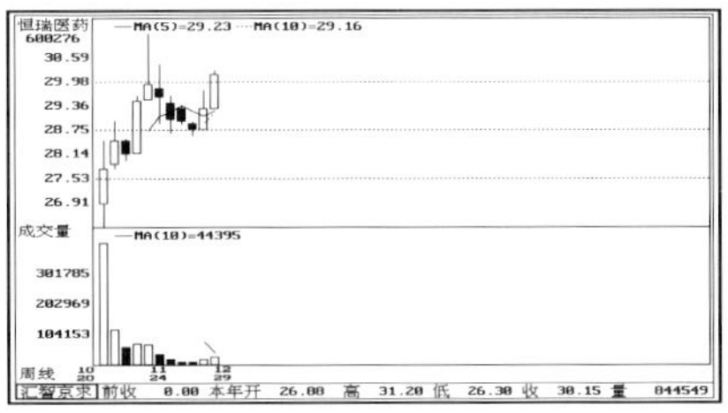

600276　恒瑞医药:流通股本 6400 万,主营化学原料药。11 月 15 日最高价 31.20 元,10 月 20 日最低价 26.30 元,2000 年每股收益 0.4910 元。均线系统有压力,谨持。

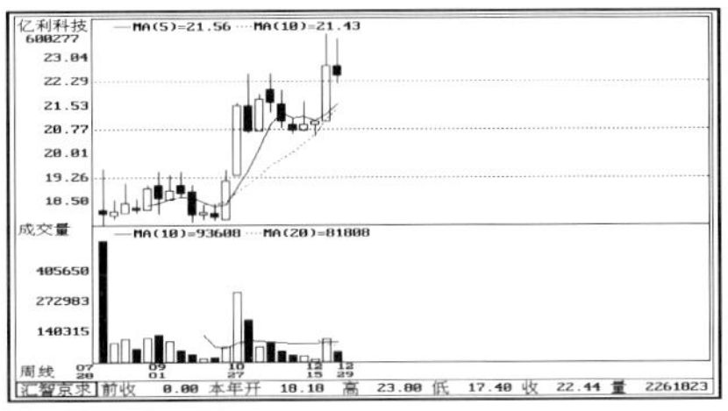

600277　亿利科技:流通股本 5800 万,主营无机化学品、医药产品。12 月 20 日最高价 23.80 元,7 月 25 日最低价 17.40 元,2000 年每股收益 0.2250 元。上档有均线压力,不介入为宜。

600278　东方创业:流通股本 8000 万,主营服装、医药化工。7 月 13 日最高价 19.79 元,9 月 26 日最低价 16.16 元,2000 年每股收益 0.3070 元。短期不活跃,中线关注。

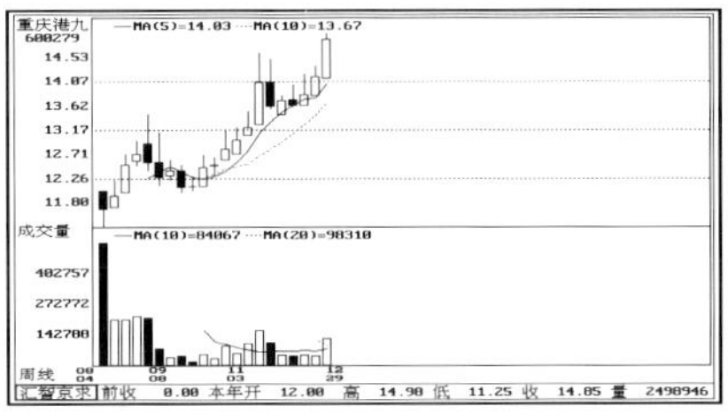

600279　重庆港九:流通股本 8600 万,主营九龙坡港区。12 月 29 日最高价 14.98 元,8 月 2 日最低价 11.25 元,2000 年每股收益 0.2090 元。上档压力较大,观望为宜。

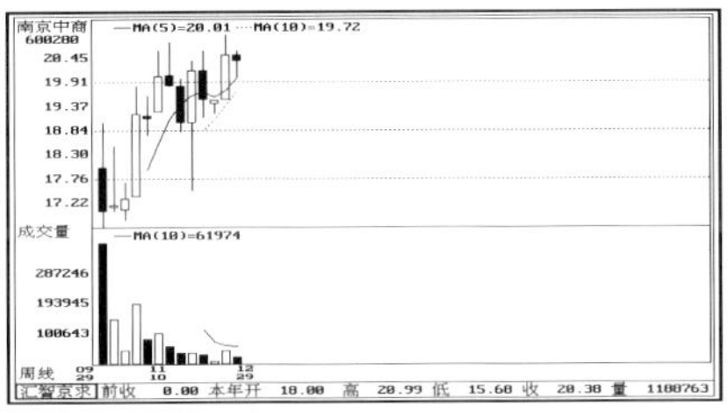

600280　南京中商:流通股本 3500 万,主营百货、食品、针织服装。12 月 21 日最高价 20.99 元,9 月 27 日最低价 15.68 元,2000 年每股收益 0.2200 元。弱势整理,观望为宜。

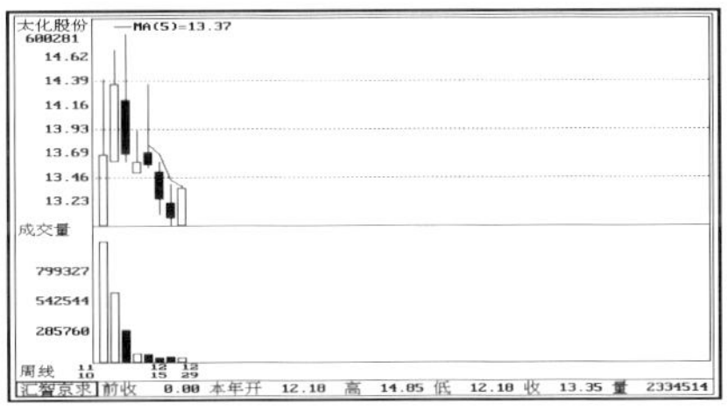

600281　太化股份:流通股本 10500 万,主营主营基本化工原料。11 月 20 日最高价 14.85 元,11 月 9 日最低价 12.18 元,2000 年每股收益 0.1290 元。上档压力沉重,不介入为宜。

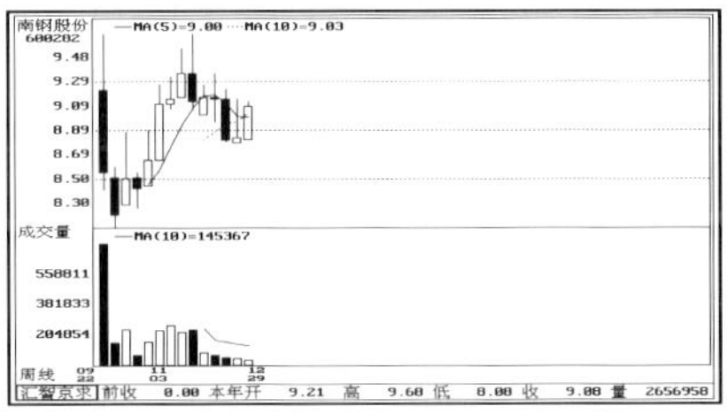

600282　南钢股份:流通股本 14400 万,主营钢铁冶炼、钢材轧制。9 月 19 日最高价 9.68 元,9 月 26 日最低价 8.08 元,2000 年每股收益 0.5000 元。上行欲望不强,仍有整理。

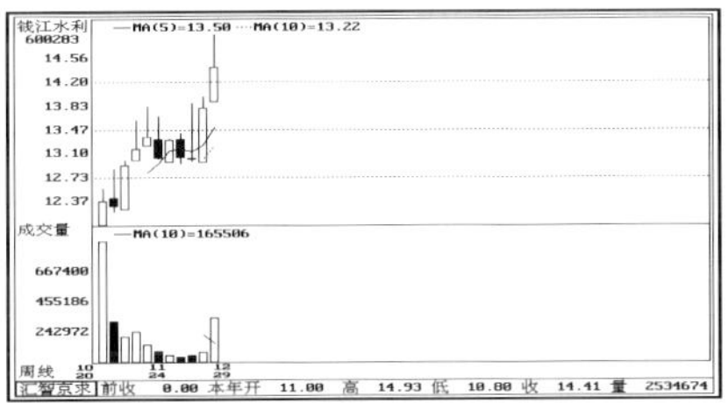

600283　钱江水利:流通股本 8500 万,主营经营浙江省内的水力发电。12 月 26 日最高价 14.93 元,10 月 18 日最低价 10.80 元,2000 年每股收益 0.1590 元。上档抛压较重,持股观望。

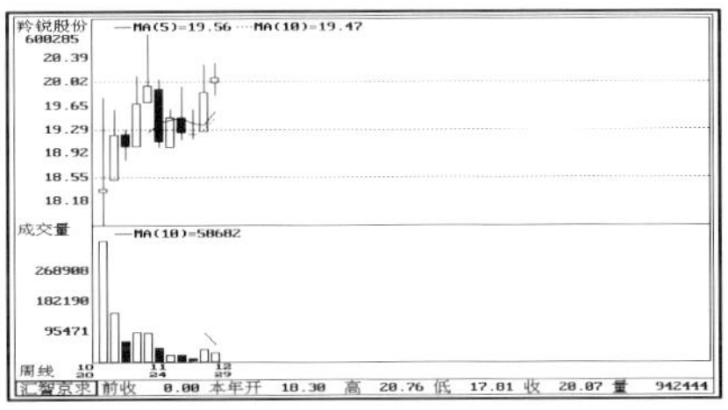

600285　羚锐股份:流通股本 4000 万,主营中药硬膏剂、冲剂。11 月 15 日最高价 20.76 元,10 月 20 日最低价 17.81 元,2000 年每股收益 0.2574 元。上档有均线压力,不介入为宜。

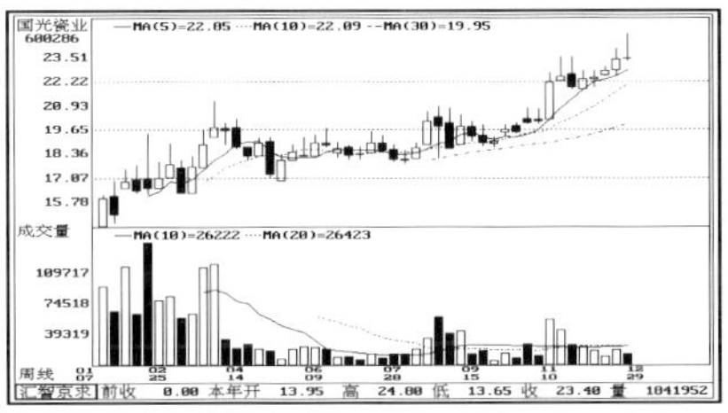

600286　国光瓷业:流通股本 3500 万,主营日用陶瓷、碳化硅窑具。12 月 27 日最高价 24.80 元,1 月 4 日最低价 13.65 元,2000 年每股收益 0.3000 元。小幅整理,观望为主。

600287　江苏舜天:流通股本 4400 万,主营各类服装、面料。9 月 1 日最高价 32.00 元,9 月 25 日最低价 23.00 元,2000 年每股收益 0.5939 元。均线系统有压力,观望。

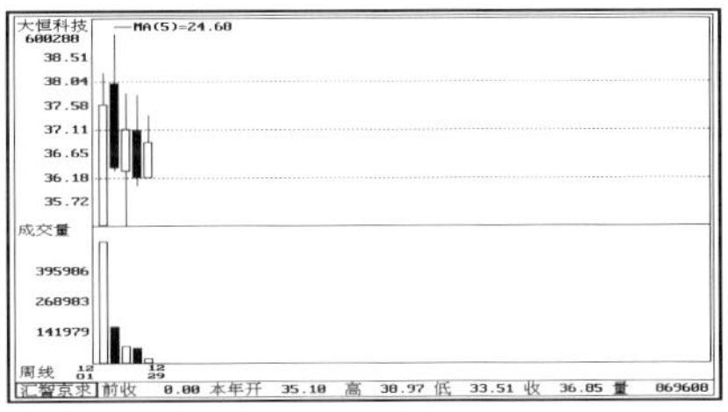

600288　大恒科技:流通股本 5000 万,主营以光机电一体化产品。12 月 4 日最高价 38.97 元,11 月 29 日最低价 33.51 元,2000 年每股收益 0.2800 元。震荡调理中,持币观望。

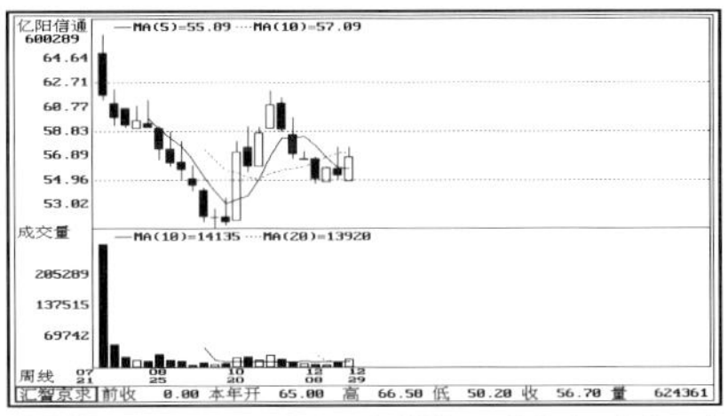

600289　亿阳信通:流通股本 4000 万,主营应用软件及系统集成业务。7 月 20 日最高价 66.58 元,9 月 26 日最低价 50.20 元,2000 年每股收益 0.5850 元。调整走势,短线出局观望。

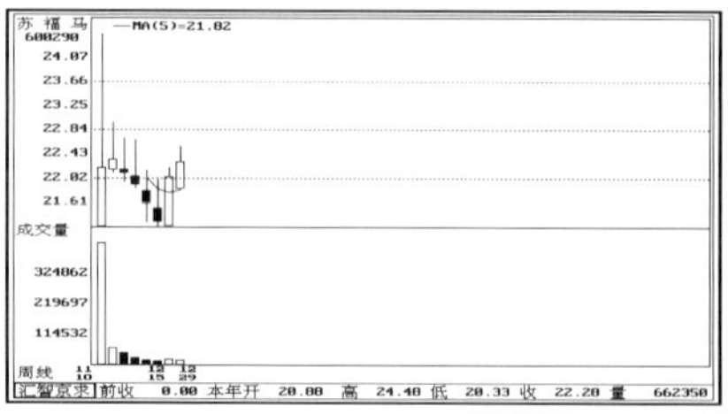

600290　苏　福　马:流通股本 3000 万,主营林业机械。11 月 6 日最高价 24.48 元,11 月 6 日最低价 20.33 元,2000 年每股收益 0.1900 元。拉抬空间有限,观望为上。

600291　西水股份:流通股本 6000 万,主营建筑用水泥研制。8 月 15 日最高价 17.10 元,7 月 31 日最低价 12.08 元,2000 年每股收益 0.2000 元。高位震仓,持币观望。

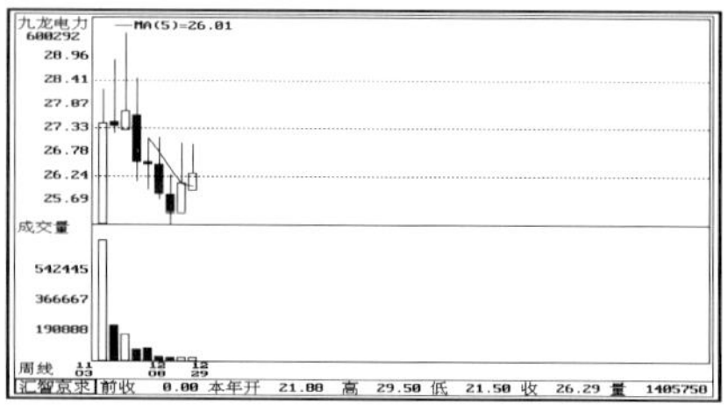

600292　九龙电力:流通股本 6000 万,主营电力生产。11 月 14 日最高价 29.50 元,11 月 1 日最低价 21.50 元,2000 年每股收益 0.4380 元。短期不活跃,中线关注。

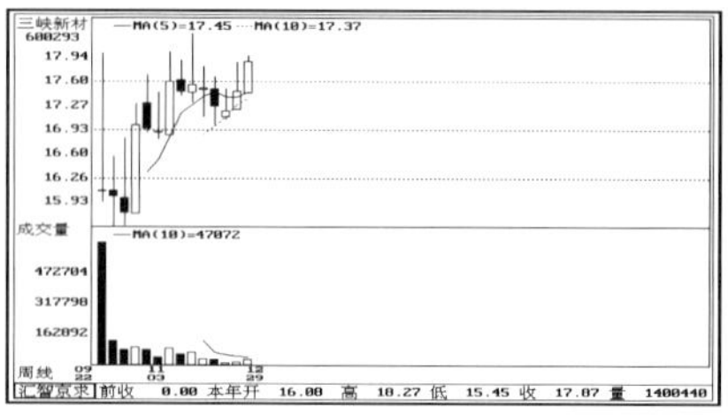

600293　三峡新材:流通股本 5500 万,主营平板玻璃。11 月 23 日最高价 18.27 元,9 月 26 日最低价 15.45 元,2000 年每股收益 0.2074 元。反弹动能不济,暂不介入。

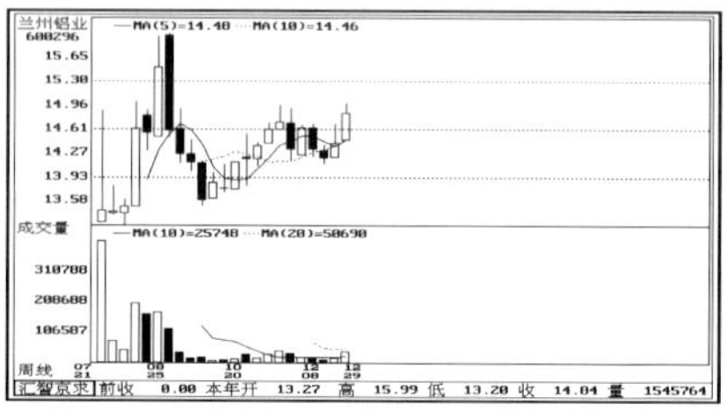

600296　兰州铝业:流通股本 11000 万,主营铝冶炼。8 月 28 日最高价 15.99 元,7 月 19 日最低价 13.20 元,2000 年每股收益 0.3330 元。均线反压,短线趋势仍淡。

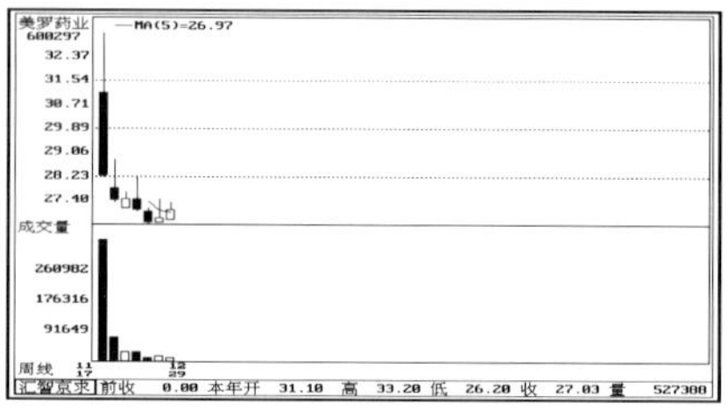

600297　美罗药业:流通股本 4000 万,主营医药产品的生产。11 月 16 日最高价 33.20 元,12 月 11 日最低价 26.20 元,2000 年每股收益 0.2500 元。上档压力较大,观望为宜。

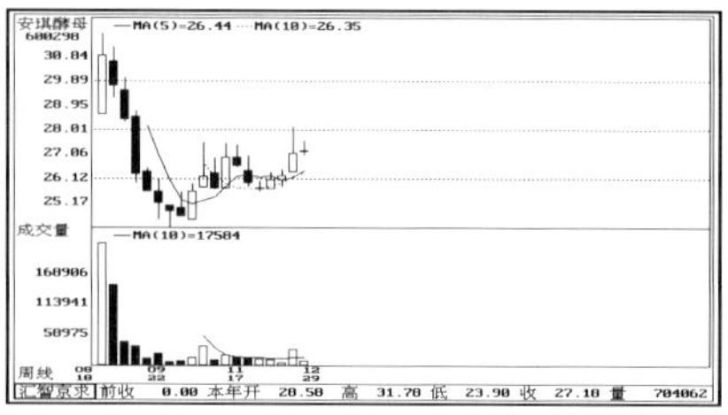

600298　安琪酵母:流通股本 3500 万,主营酵母及深加工产品。8 月 18 日最高价 31.78 元,9 月 19 日最低价 23.90 元,2000 年每股收益 0.3062 元。弱势,抛压重,观望。

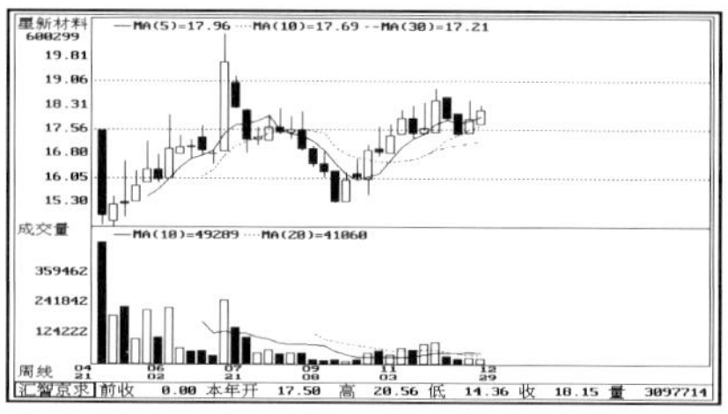

600299　星新材料:流通股本 8000 万,主营有机硅、双酚 A。7 月 14 日最高价 20.56 元,4 月 24 日最低价 14.36 元,2000 年每股收益 0.2600 元。已基本整理到位,中线可持股。

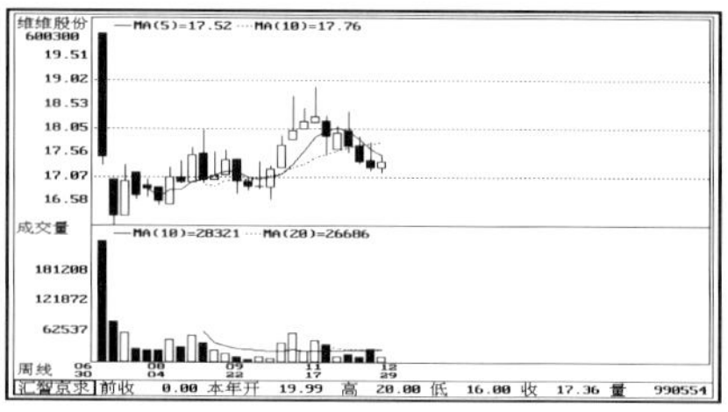

600300　维维股份:流通股本 10000 万,主营食品、饮料的制造。6 月 30 日最高价 20.00 元,7 月 6 日最低价 16.00 元,2000 年每股收益 0.3600 元。反弹潜力欠佳,仍可持股。

600301　南化股份:流通股本 7289 万,主营氯碱化学工业。7 月 12 日最高价 13.55 元,9 月 26 日最低价 10.94 元,2000 年每股收益 0.2200 元。有走强的欲望,但动力不足。

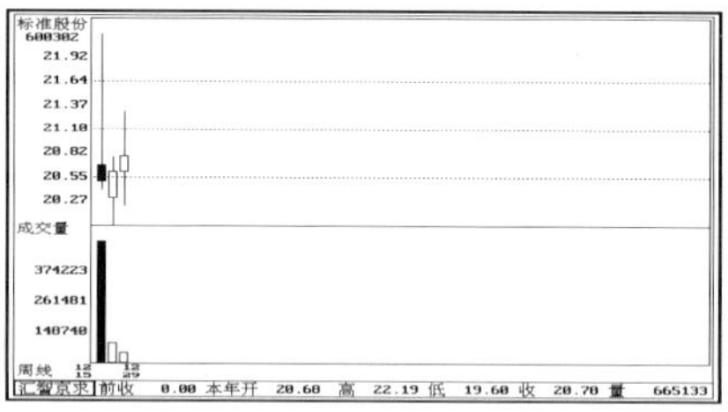

600302　标准股份:流通股本 4500 万,主营生产、销售缝制设备。12 月 14 日最高价 22.19 元,12 月 20 日最低价 19.60 元,2000 年每股收益 0.3810 元。上档压力沉重,不介入为宜。

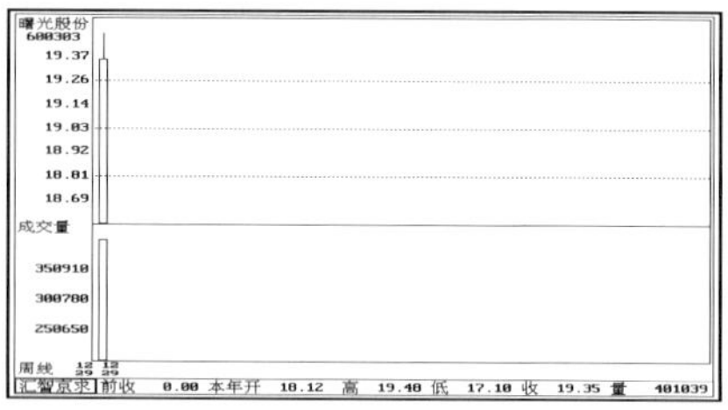

600303　曙光股份:流通股本 7200 万,主营轻型汽车的零配件。12 月 29 日最高价 19.48 元,12 月 26 日最低价 17.10 元,2000 年每股收益 0.3500 元。仍未走好,暂宜观望。

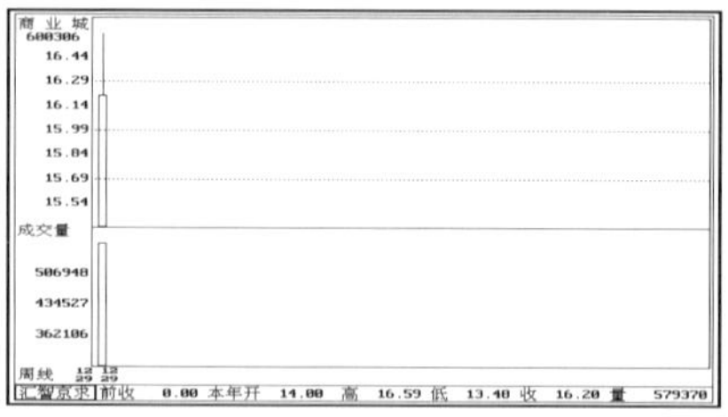

600306　商　业　城:流通股本 4500 万,主营日用百货、箱包皮具。12 月 27 日最高价 16.59 元,12 月 26 日最低价 13.48 元,2000 年每股收益 0.1900 元。弱势整理,宜持币观望。

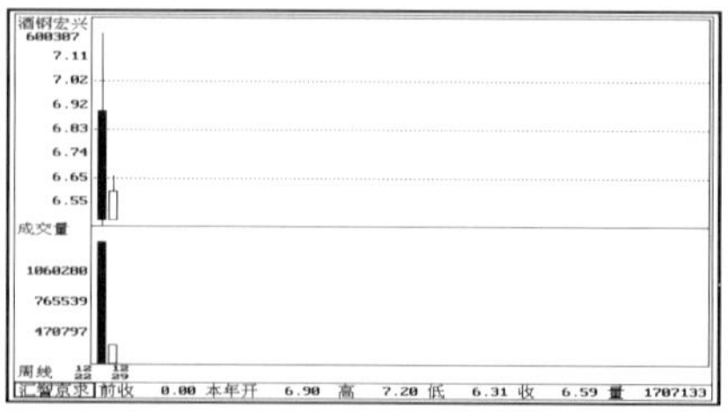

600307　酒钢宏兴:流通股本 20000 万,主营钢铁压延加工。12 月 20 日最高价 7.20 元,12 月 25 日最低价 6.31 元,2000 年每股收益 0.2400 元。有上攻的欲望,但动力不足。

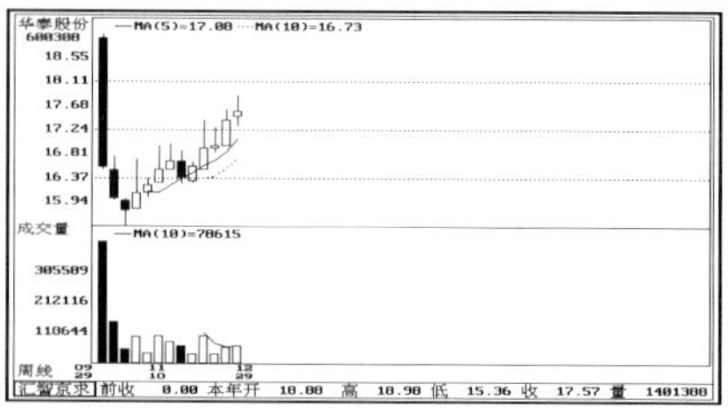

600308　华泰股份:流通股本 9000 万,主营造纸及纸制品的加工。9 月 28 日最高价 18.98 元,10 月 16 日最低价 15.36 元,2000 年每股收益 0.4600 元。上行欲望不强,仍有整理。

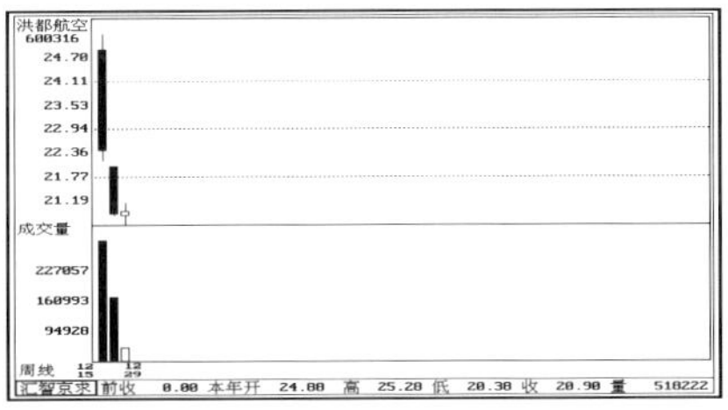

600316　洪都航空：流通股本6000万，主营研制、销售教练机。12月15日最高价25.28元，12月25日最低价20.38元，2000年每股收益0.2900元。前期主力未出，短线可看高一线。

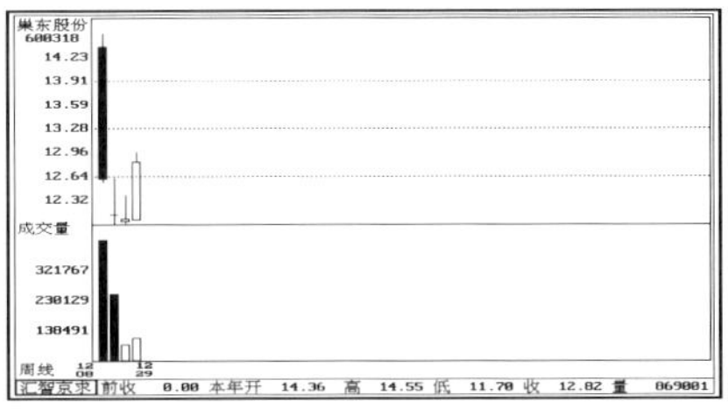

600318　巢东股份：流通股本8000万，主营各种建筑用水泥。12月8日最高价14.55元，12月11日最低价11.70元，2000年每股收益0.1800元。均线反压大，不宜介入。

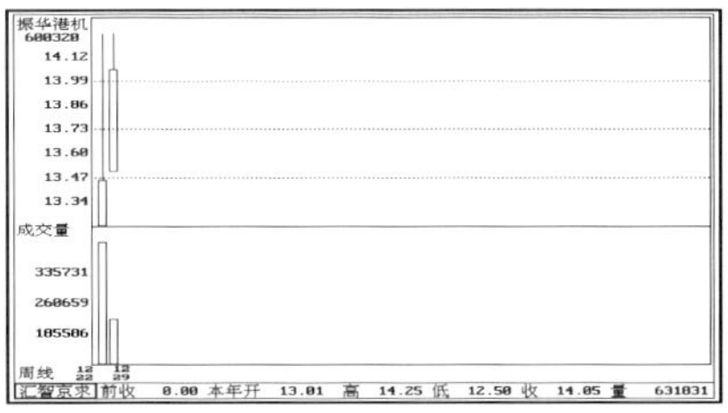

600320　振华港机：流通股本8800万，主营销售大型集装箱起重机械。12月29日最高价14.25元，12月21日最低价12.50元，2000年每股收益0.2700元。人气不足，放量可介入。

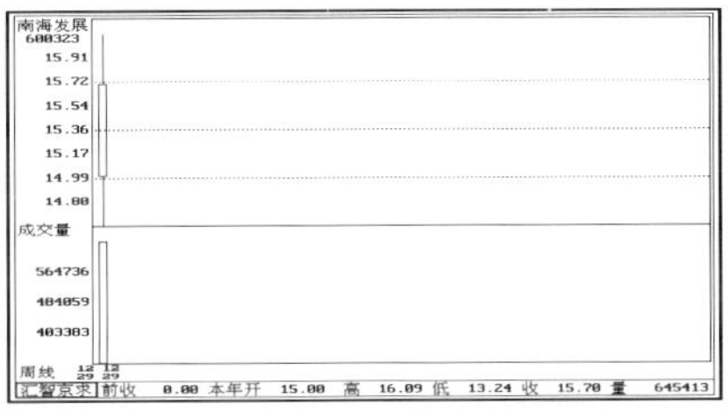

600323　南海发展：流通股本6500万，主营自来水的生产。12月28日最高价16.09元，12月25日最低价13.24元，2000年每股收益0.1900元。短线有一定的压力，正在调整。

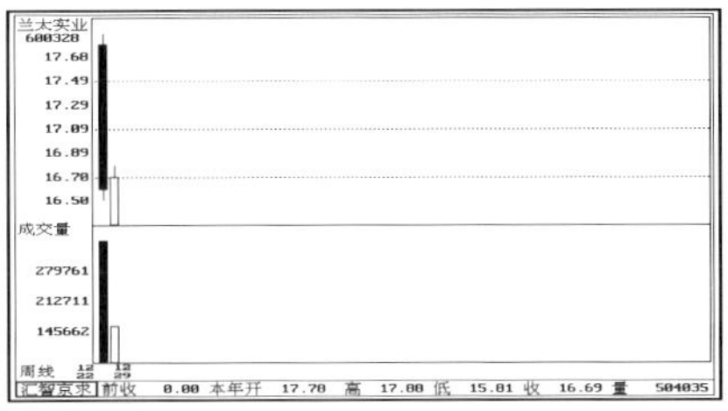

600328　兰太实业：流通股本6000万，主营加碘食用盐。12月22日最高价17.88元，12月25日最低价15.81元，2000年每股收益0.2200元。大幅回调，短线仍有整理。

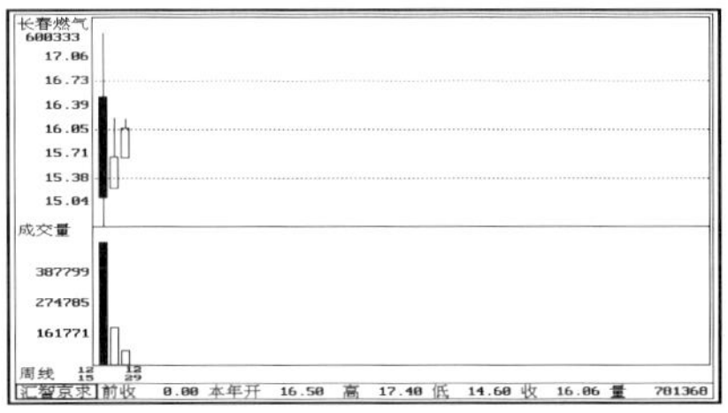

600333　长春燃气：流通股本6000万，主营城市管道燃气生产。12月11日最高价17.40元，12月12日最低价14.60元，2000年每股收益0.1800元。上行动力不足，还需储蓄动能。

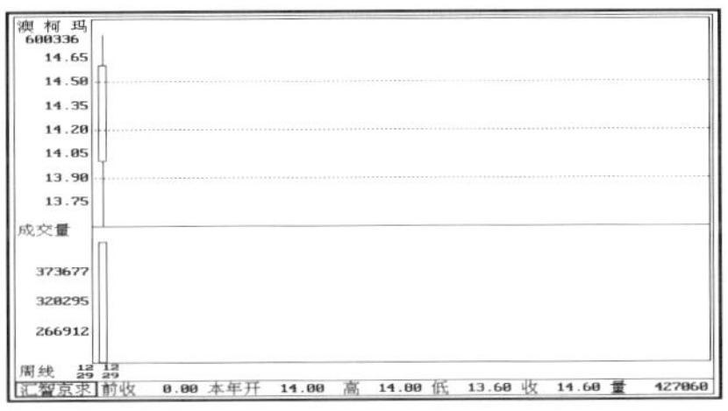

600336　澳　柯　玛：流通股本9000万，主营冷柜的制造与销售。12月29日最高价14.80元，12月29日最低价13.60元，2000年每股收益0.0830元。反弹潜力欠佳，仍可持股。

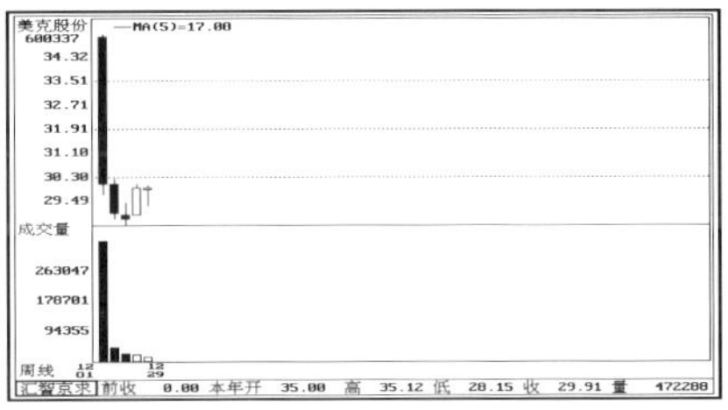

600337　美克股份：流通股本4000万，主营茶几、餐桌、餐椅。11月27日最高价35.12元，12月11日最低价28.15元，2000年每股收益0.4000元。上升压力沉重，需淡化阻力。

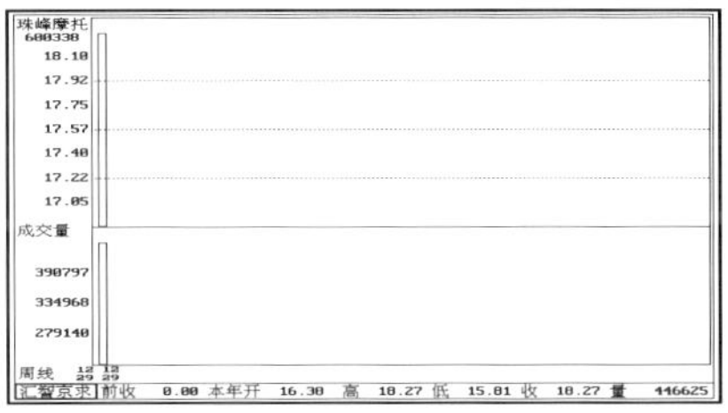

600338　珠峰摩托：流通股本5000万，主营"珠峰"牌摩托车。12月29日最高价18.27元，12月27日最低价15.81元，2000年每股收益0.2100元。大幅震仓，可持股不动。

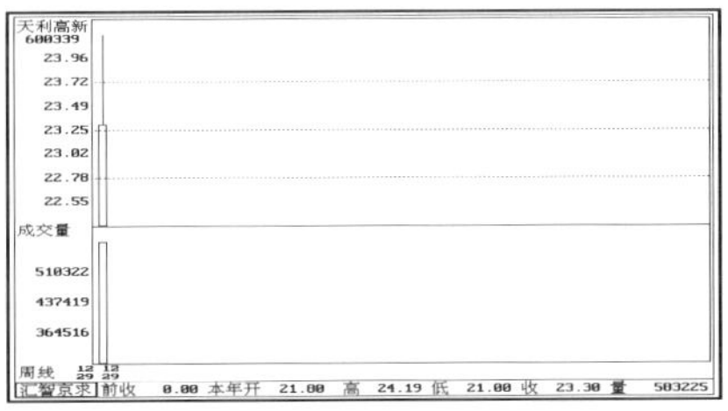

600339　天利高新：流通股本6000万，主营高碱性环烷酸钙。12月26日最高价24.19元，12月25日最低价21.00元，2000年每股收益0.2120元。缩量整理，暂不介入。

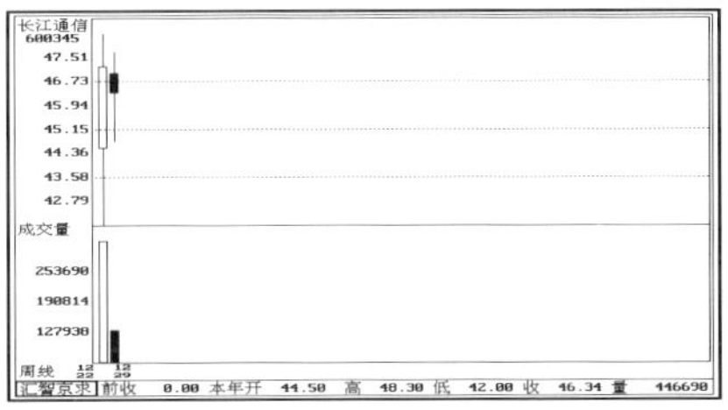

600345　长江通信：流通股本4500万，主营通信、电子。12月22日最高价48.30元，12月22日最低价42.00元，2000年每股收益0.5600元。中线价值仍存，可持股。

600358　国旅联合：流通股本5000万，主营旅游交通客运业务。12月26日最高价19.51元，9月26日最低价15.35元，2000年每股收益0.1353元。抛压沉重，暂不介入为宜。

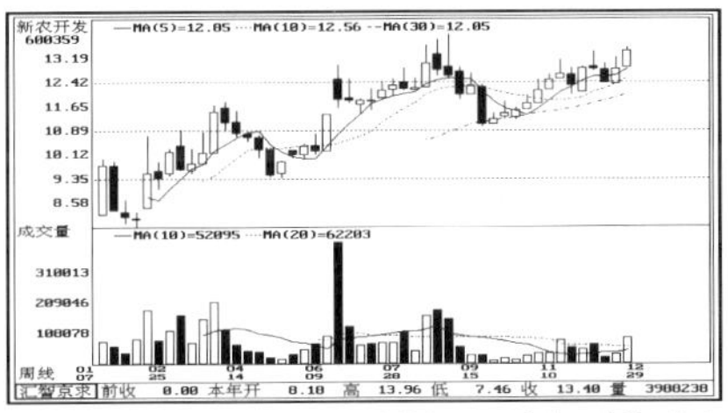

600359　新农开发：流通股本9000万，主营农业种植、牧渔养殖。8月29日最高价13.96元，1月24日最低价7.46元，2000年每股收益0.3030元。短线有调整要求，暂观望。

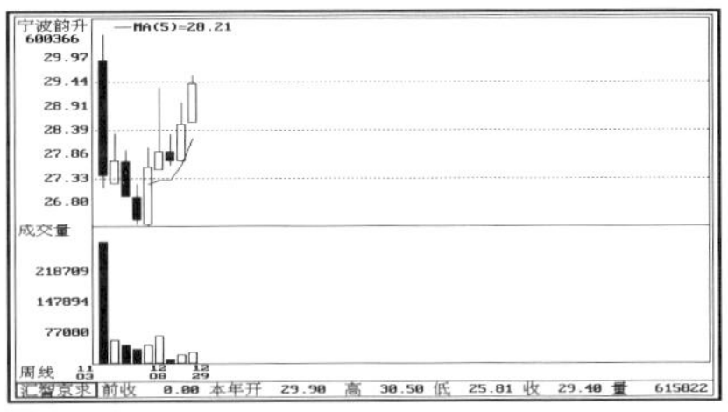

600366　宁波韵升：流通股本5250万，主营农业种植；牧渔养植。10月30日最高价30.50元，11月28日最低价25.81元，2000年每股收益0.2836元。反弹走势，持股观望。

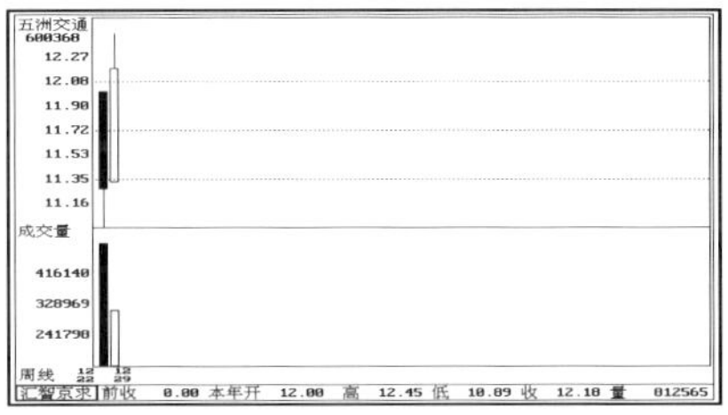

600368　五洲交通：流通股本8000万，主营公路建设、经营管理。12月29日最高价12.45元，12月21日最低价10.89元，2000年每股收益0.1900元。短线有一定的压力，正在调整。

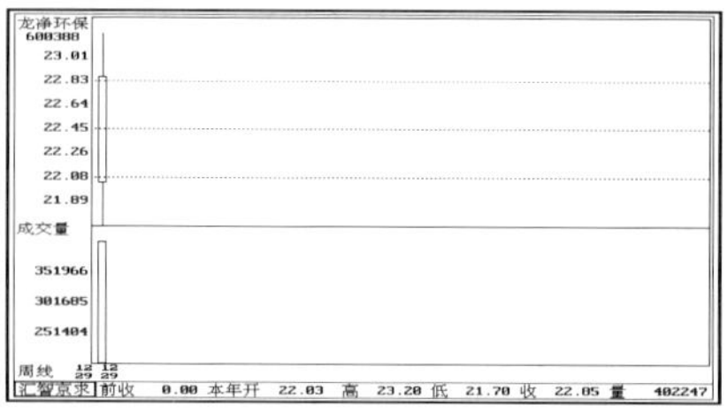

600388　龙净环保：流通股本6500万，主营环境污染防治设备。12月29日最高价23.20元，12月29日最低价21.70元，2000年每股收益0.1170元。上行欲望不强，仍有整理。

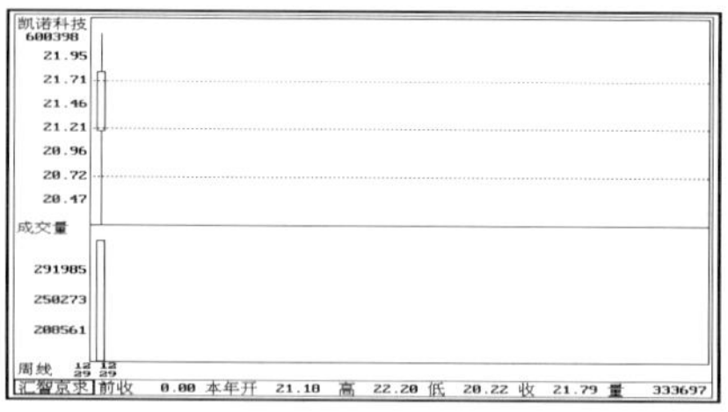

600398　凯诺科技：流通股本7650万，主营高档精纺呢绒、高档西服。12月28日最高价22.20元，12月29日最低价20.22元，2000年每股收益0.3500元。均线系统压力大，不介入。

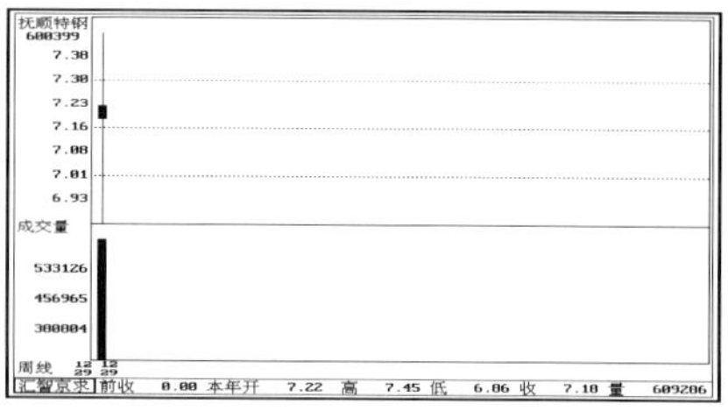

600399　抚顺特钢：流通股本12000万，主营轴承钢、齿轮钢。12月29日最高价7.45元，12月29日最低价6.86元，2000年每股收益0.2100元。短线受阻，上档压力需时消化。

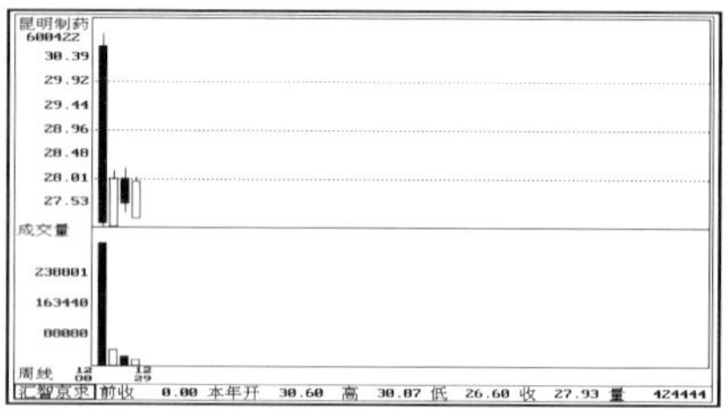

600422　昆明制药：流通股本4000万，主营天然植物药的研制。12月6日最高价30.87元，12月11日最低价26.60元，2000年每股收益0.3600元。短线有一定的压力，正在调整。

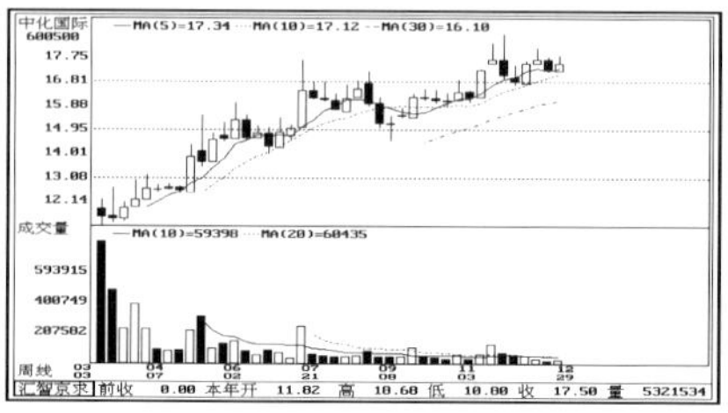

600500　中化国际：流通股本12000万，主营化学品贸易。11月20日最高价18.68元，3月1日最低价10.80元，2000年每股收益0.3500元。短线回档，仍可持股不动。

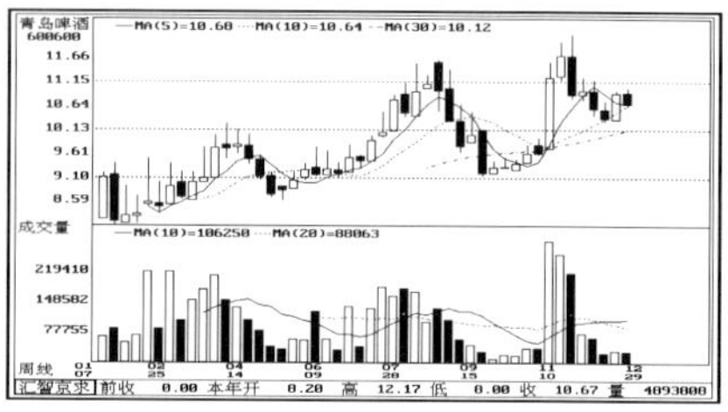

600600　青岛啤酒：流通股本20000万，主营啤酒制造、销售。11月20日最高价12.17元，1月17日最低价8.00元，2000年每股收益0.1058元。整理蓄势之中，持股不动。

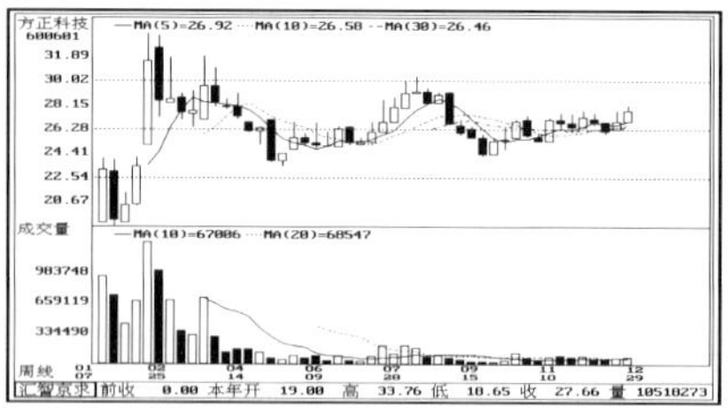

600601　方正科技：流通股本37325万，主营IT产品制造、软件开发。2月17日最高价33.76元，1月18日最低价18.65元，2000年每股收益0.6700元。无企稳迹象，一般观望。

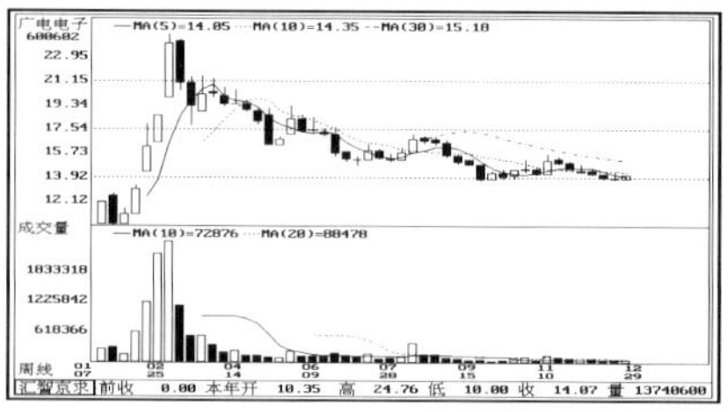

600602　广电电子：流通股本31816万，主营真空电子器件。3月3日最高价24.76元，1月4日最低价10.00元，2000年每股收益0.3570元。冲高回落，短线有调整要求。

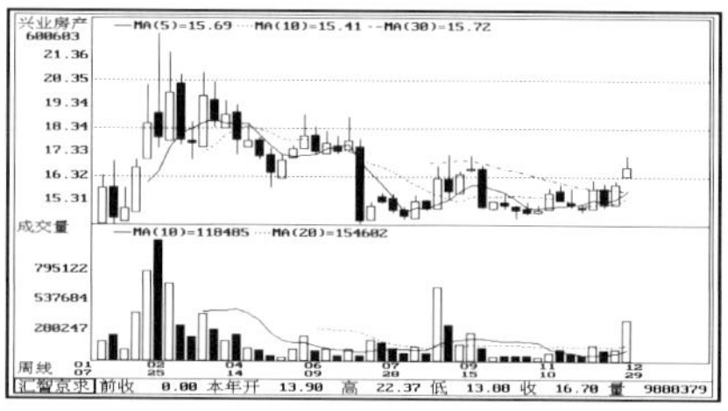

600603　兴业房产：流通股本19464万，主营房地产开发、经营。2月22日最高价22.37元，1月4日最低价13.88元，2000年每股收益0.0200元。可望回落整理，后市观望为主。

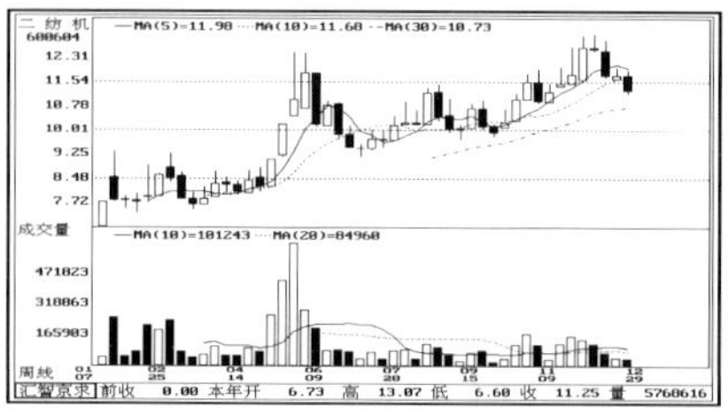

600604　二　纺　机：流通股本7118万，主营纺纱机械、合成纤维纺丝。12月4日最高价13.07元，1月4日最低价6.60元，2000年每股收益0.0120元。均线反压，短线趋势仍淡。

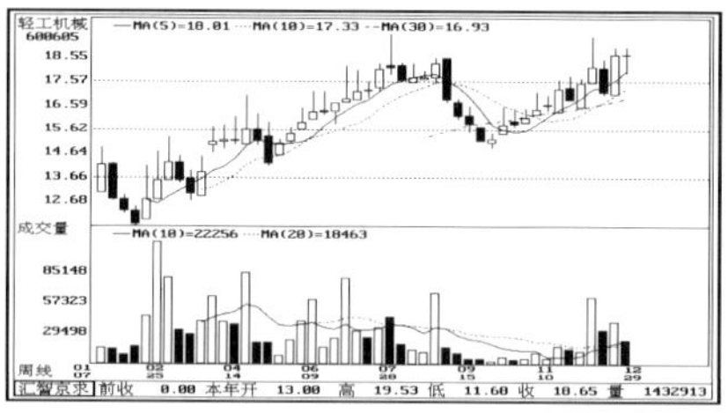

600605　轻工机械：流通股本2400万，主营轻工机械。7月26日最高价19.53元，1月24日最低价11.68元，2000年每股收益0.0400元。短线有压力，尚需企稳。

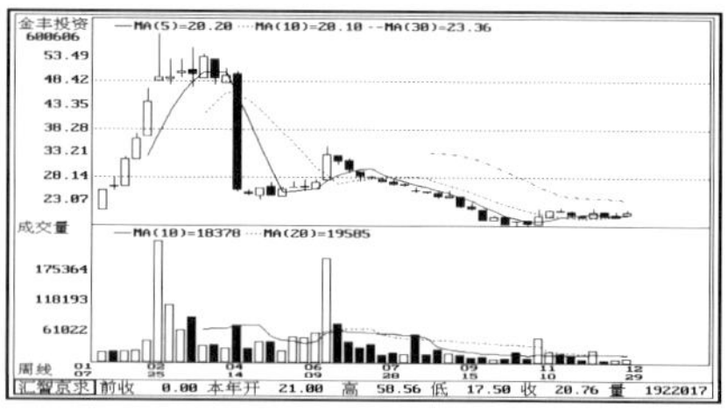

600606　金丰投资：流通股本4171万，主营住宅流通业务。2月23日最高价58.56元，10月17日最低价17.50元，2000年每股收益0.2680元。上行动力不足，还需储蓄动能。

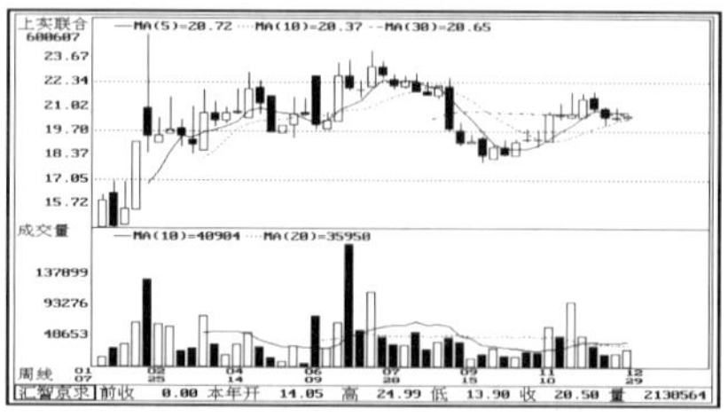

600607　上实联合：流通股本13293万，主营生物医药、商务网络。2月16日最高价24.99元，1月4日最低价13.90元，2000年每股收益0.4751元。调整走势，短线出局观望。

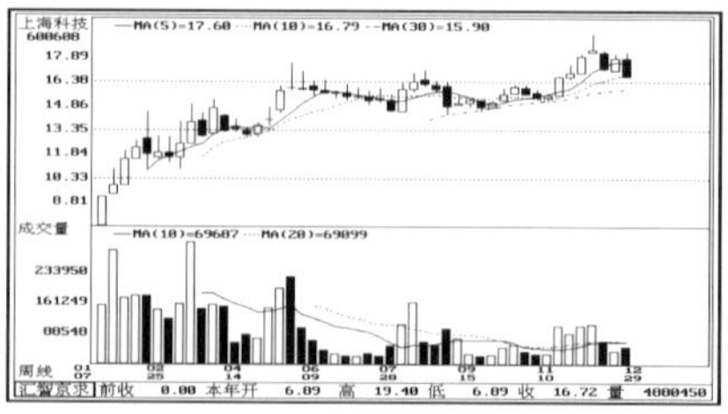

600608　上海科技：流通股本9321万，主营生产、销售。12月6日最高价19.40元，1月4日最低价6.89元，2000年每股收益0.1417元。已基本整理到位，中线可持股。

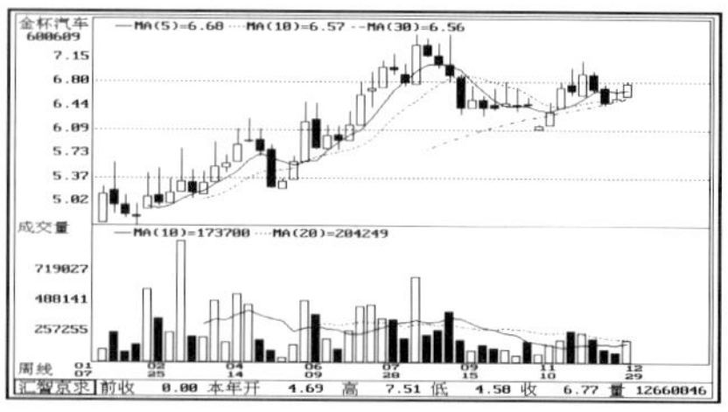

600609　金杯汽车：流通股本36400万，主营生产轻型货车。8月11日最高价7.51元，1月4日最低价4.58元，2000年每股收益0.2287元。短线回档，仍可持股不动。

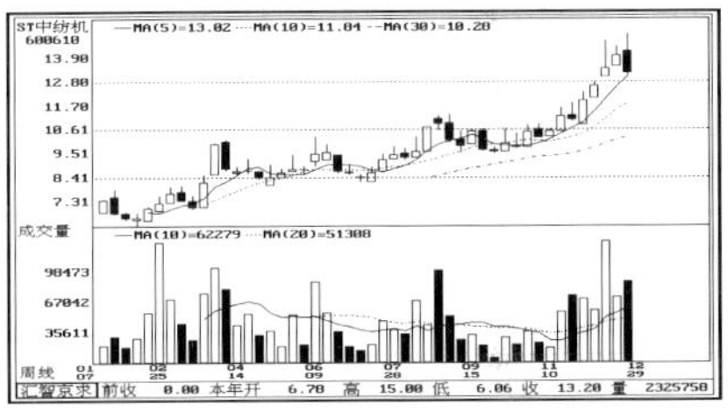

600610　ST 中纺机：流通股本 2574 万，主营纺织机械。12 月 26 日最高价 15.00 元，1 月 25 日最低价 6.06 元，2000 年每股收益 0.0100 元。上行欲望不强，仍有整理。

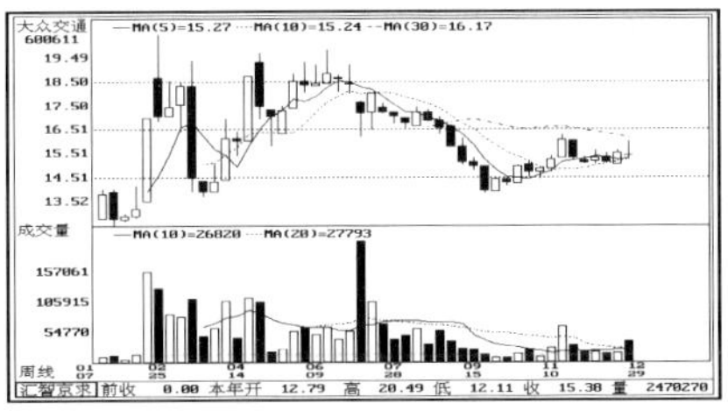

600611　大众交通：流通股本 10947 万，主营城市客运和城市货运。2 月 22 日最高价 20.49 元，1 月 26 日最低价 12.11 元，2000 年每股收益 0.3500 元。短线走淡，暂宜观望。

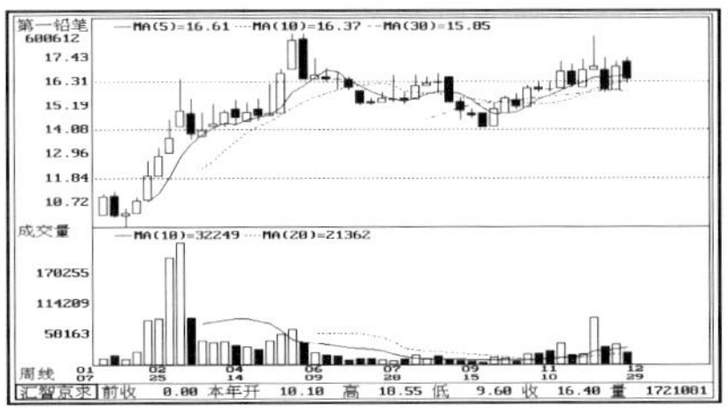

600612　第一铅笔：流通股本 2909 万，主营笔类文化用品。5 月 29 日最高价 18.55 元，1 月 21 日最低价 9.60 元，2000 年每股收益 0.0485 元。空方势头较强，不宜介入。

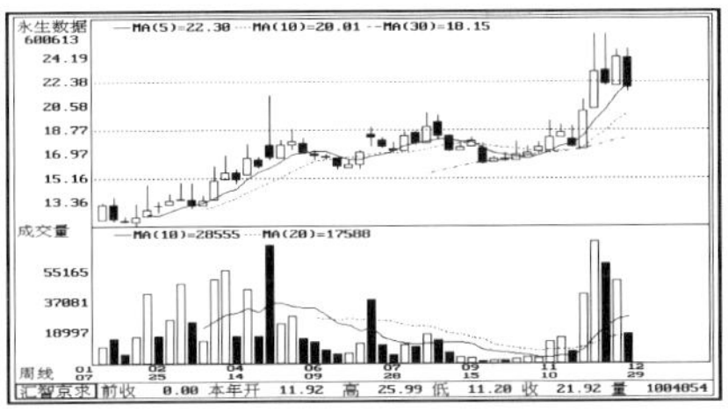

600613　永生股份：流通股本 913 万，主营笔类的生产、销售。12 月 8 日最高价 25.99 元，1 月 24 日最低价 11.20 元，2000 年每股收益 0.0453 元。上升压力沉重，需淡化阻力。

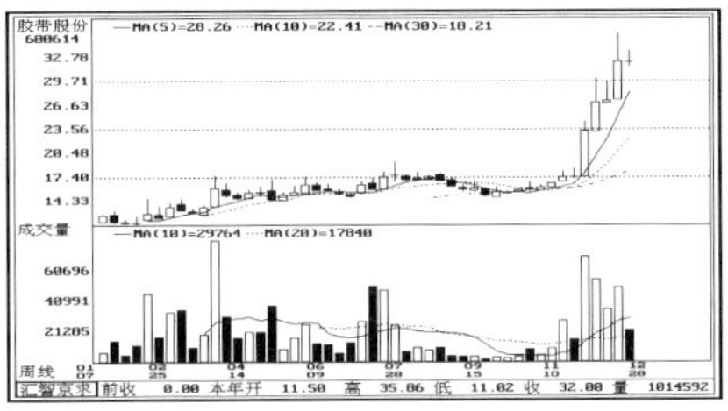

600614　胶带股份：流通股本 835 万，主营经营各类输送带，传送带和三角带。12 月 21 日最高价 35.86 元，1 月 24 日最低价 11.02 元，2000 年每股收益 0.1790 元。大幅回调，短线仍有整理。

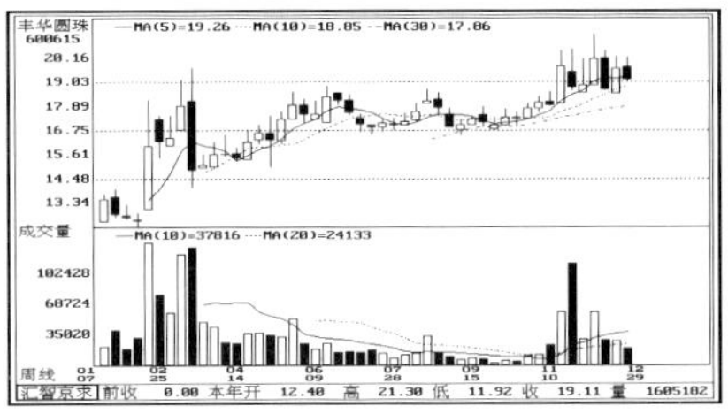

600615　丰华圆珠：流通股本 4650 万，主营生产食品、各种笔类。12 月 8 日最高价 21.30 元，1 月 24 日最低价 11.92 元，2000 年每股收益 0.0140 元。短线有一定的压力，正在调整。

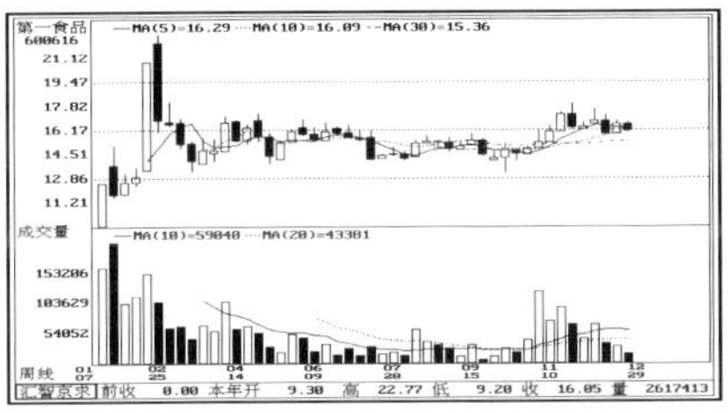

600616　第一食品：流通股本 4565 万，主营食品经营。2 月 21 日最高价 22.77 元，1 月 4 日最低价 9.20 元，2000 年每股收益 0.2100 元。高位震仓，持币观望。

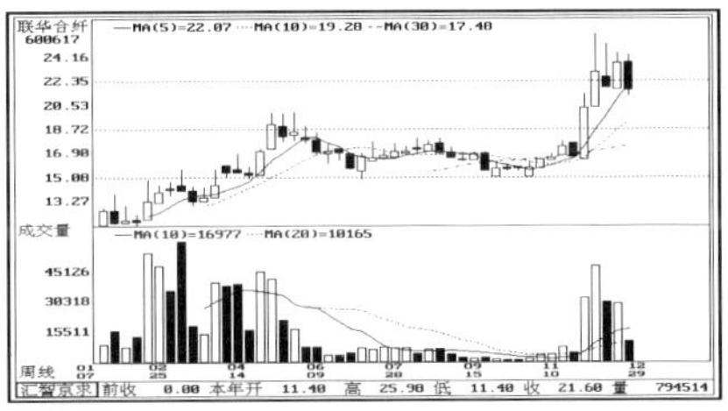

600617　联华合纤：流通股本 900 万，主营生产，销售聚酯切片。12 月 8 日最高价 25.98 元，1 月 4 日最低价 11.40 元，2000 年每股收益 0.0370 元。上升压力沉重，需淡化阻力。

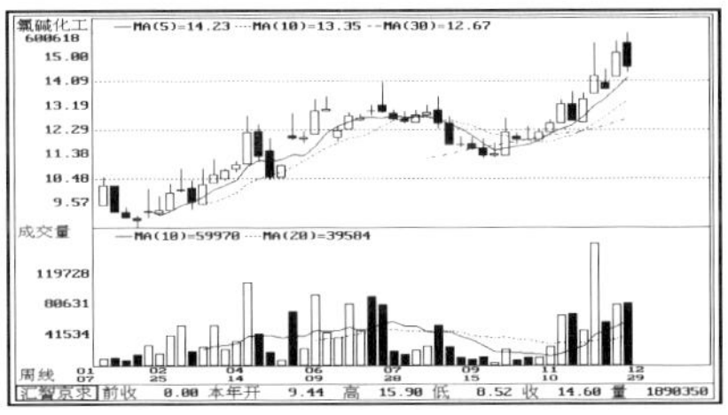

600618　氯碱化工：流通股本 2783 万，主营烧碱、氯、氟。12 月 25 日最高价 15.90 元，1 月 24 日最低价 8.52 元，2000 年每股收益 0.0440 元。上档有一定压力，不介入为宜。

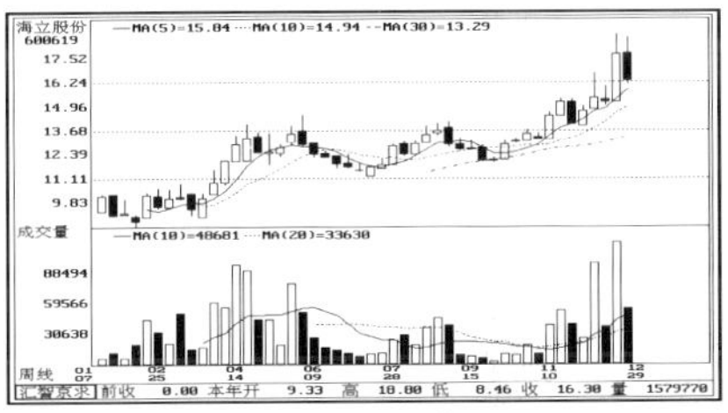

600619　海立股份：流通股本 2028 万，主营空调压缩机、冰箱压缩机。12 月 22 日最高价 18.80 元，1 月 25 日最低价 8.46 元，2000 年每股收益 0.1760 元。上行抛压沉重，观望为宜。

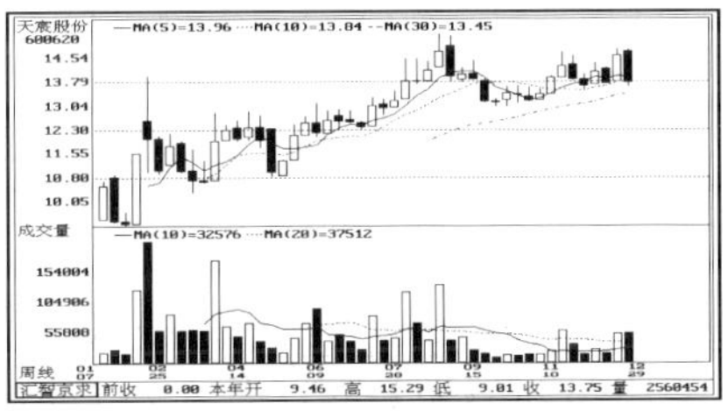

600620　天宸股份：流通股本 8047 万，主营实业投资、国内贸易。8 月 22 日最高价 15.29 元，1 月 24 日最低价 9.01 元，2000 年每股收益 0.1190 元。均线系统有压力，观望。

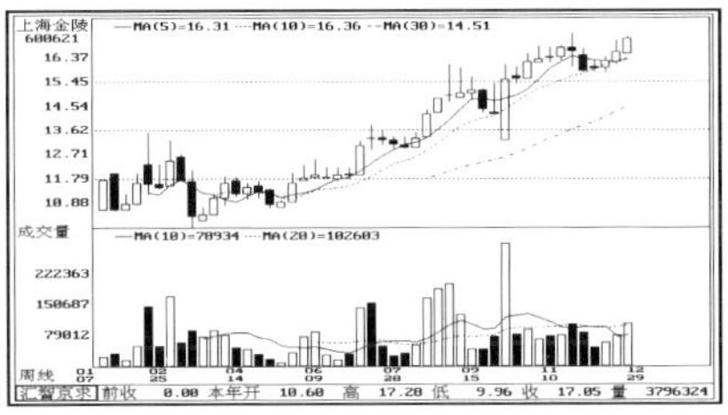

600621　上海金陵：流通股本 20996 万，主营微型电机、印刷电路板。11 月 24 日最高价 17.28 元，3 月 17 日最低价 9.96 元，2000 年每股收益 0.5011 元。短线调整未结束，持币。

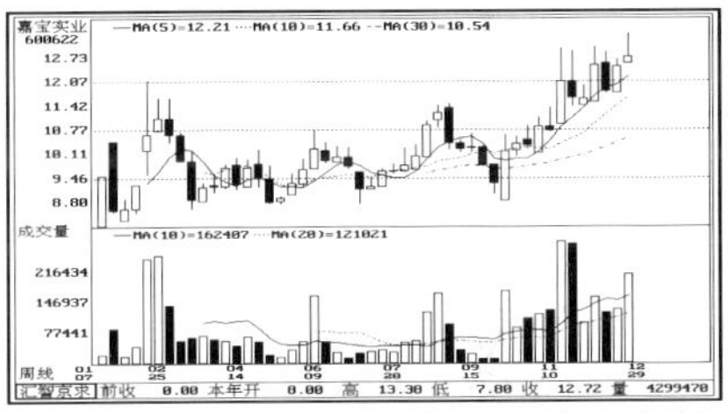

600622　嘉宝实业：流通股本 11520 万，主营生产和制造电机、电器。12 月 25 日最高价 13.38 元，1 月 4 日最低价 7.80 元，2000 年每股收益 -0.2670 元。短线走淡，暂不宜介入。

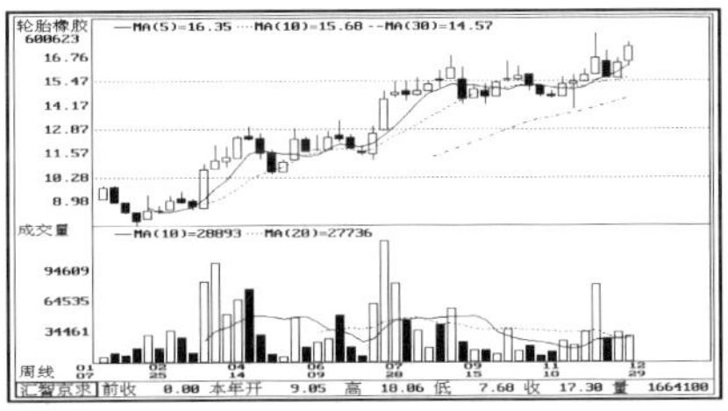

600623　轮胎橡胶：流通股本 2288 万，主营子午线轮胎。12 月 8 日最高价 18.06 元，1 月 28 日最低价 7.68 元，2000 年每股收益 -0.4840 元。震荡调理中，观望为主。

600624　复旦复华：流通股本 16172 万，主营新型能源、电脑设备。6 月 5 日最高价 20.15 元，3 月 16 日最低价 13.15 元，2000 年每股收益 0.1079 元。弱势，抛压沉重，观望。

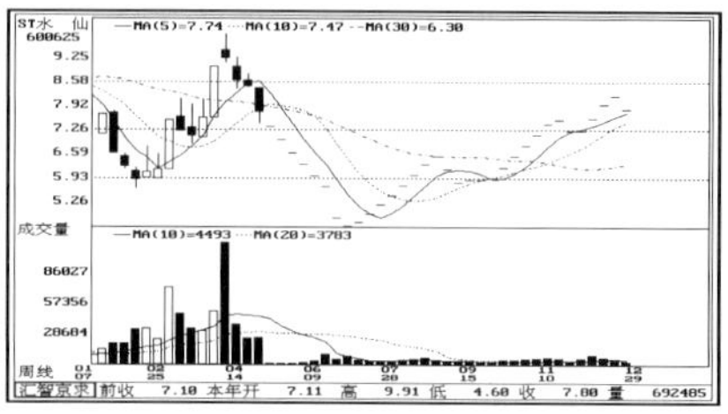

600625　PT水　仙：流通股本1755万，主营洗衣机、热水器等产品的生产销售。4月4日最高价9.91元，6月30日最低价4.60元，2000年每股收益-0.6200元。风险股，不参与。

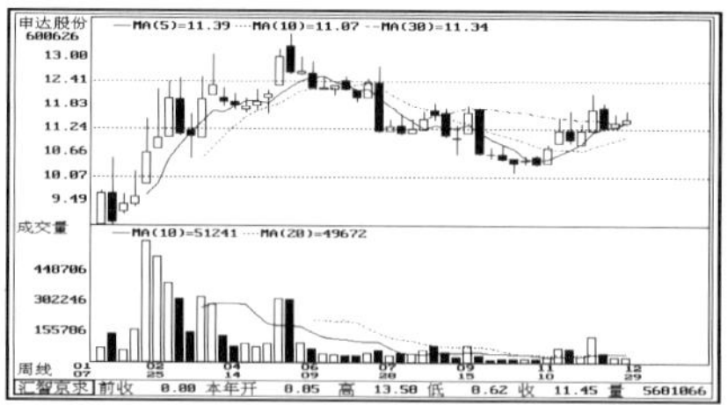

600626　申达股份：流通股本14048万，主营进出口贸易。5月22日最高价13.58元，1月4日最低价8.62元，2000年每股收益0.4060元。整理走势，均线尚需修复。

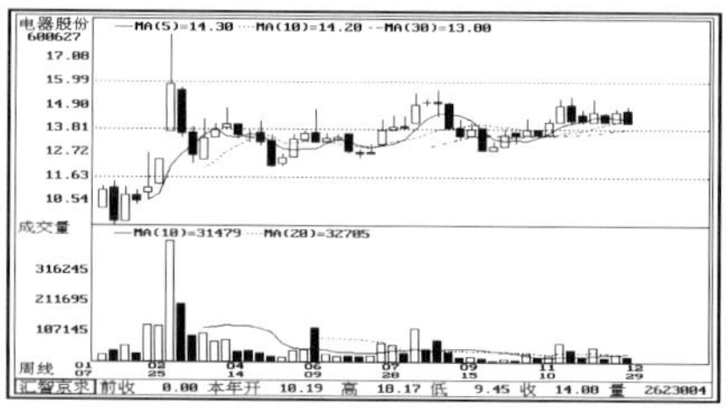

600627　电器股份：流通股本5100万，主营电器、电子。3月2日最高价18.17元，1月14日最低价9.45元，2000年每股收益0.2050元。面临突破，积极关注。

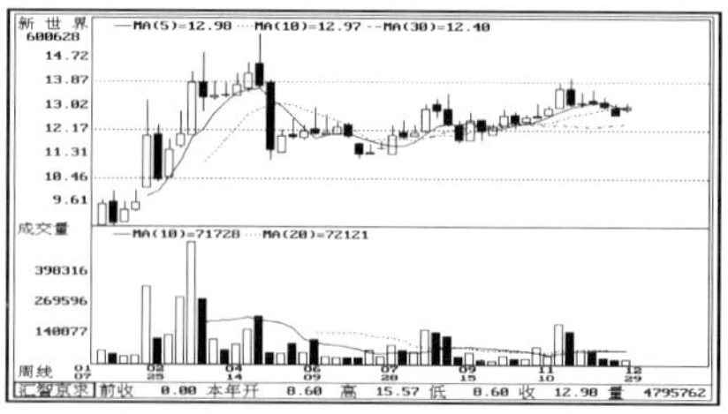

600628　新　世　界：流通股本11614万，主营商品批发零售。4月24日最高价15.57元，1月4日最低价8.60元，2000年每股收益0.3420元。反弹力不足，还需调整。

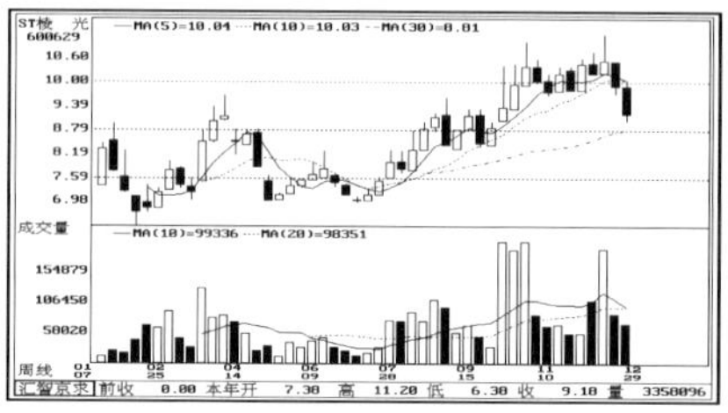

600629　ST棱　光：流通股本5776万，主营三氯氢硅、石英玻璃制。12月12日最高价11.20元，1月28日最低价6.38元，2000年每股收益-0.2640元。弱势，抛压重，观望。

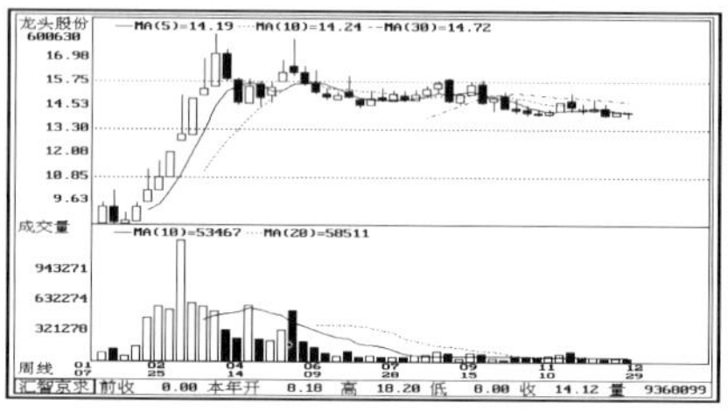

600630　龙头股份：流通股本19110万，主营棉纺、棉针织品。3月31日最高价18.20元，1月4日最低价8.00元，2000年每股收益0.4050元。上行欲望不强，仍有整理。

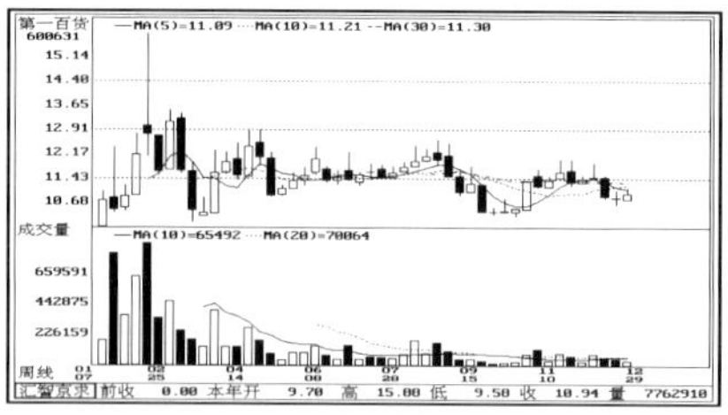

600631　第一百货：流通股本18831万，主营综合百货、进出口贸易。2月17日最高价15.88元，1月4日最低价9.58元，2000年每股收益0.1100元。高位横盘整理，仍可持股。

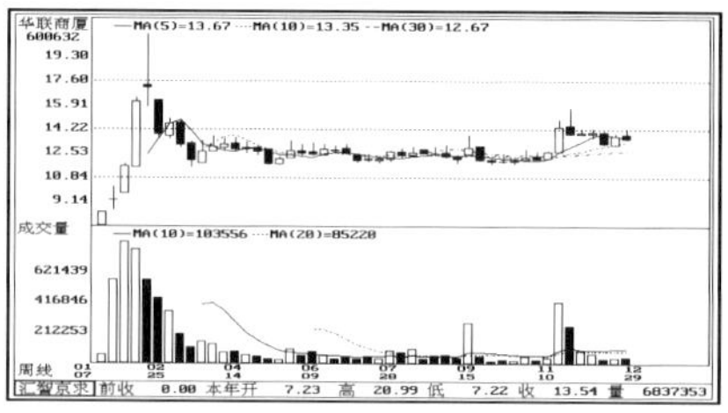

600632　华联商厦：流通股本12447万，主营百货、超市、专卖。2月17日最高价20.99元，1月4日最低价7.22元，2000年每股收益0.2940元。破位下调，短线走势趋淡。

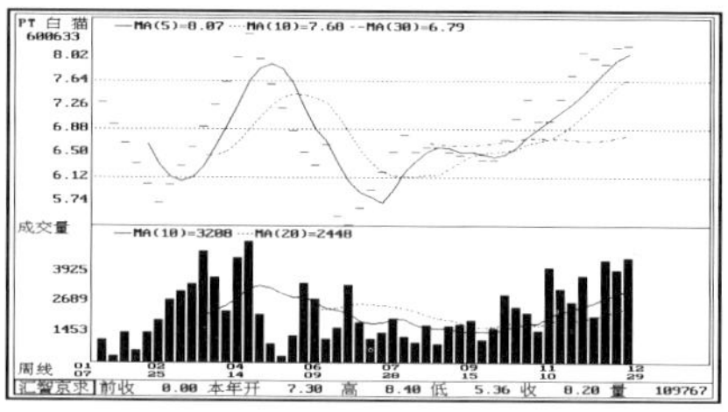

600633　PT　双　鹿：流通股本1320万，主营电器机械及器材制造。4月21日最高价8.40元，6月30日最低价5.36元，2000年每股收益-1.1660元。风险个股，不介入

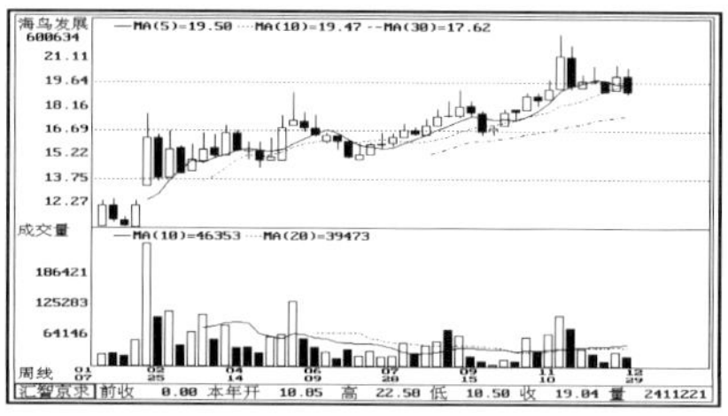

600634　海鸟电子：流通股本3981万，主营激光类电子产品及相关零部件。11月17日最高价22.58元，1月24日最低价10.50元，2000年每股收益0.0500元。上档压力沉重，不介入为宜。

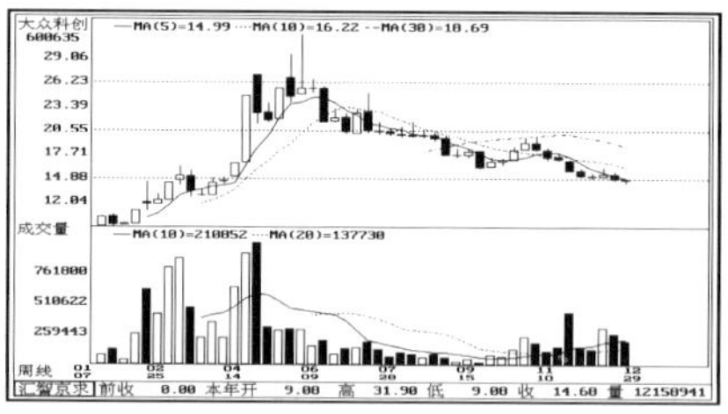

600635　大众科创：流通股本25730万，主营高新技术投资。5月31日最高价31.90元，1月4日最低价9.08元，2000年每股收益0.2692元。短线压力大，谨慎持股。

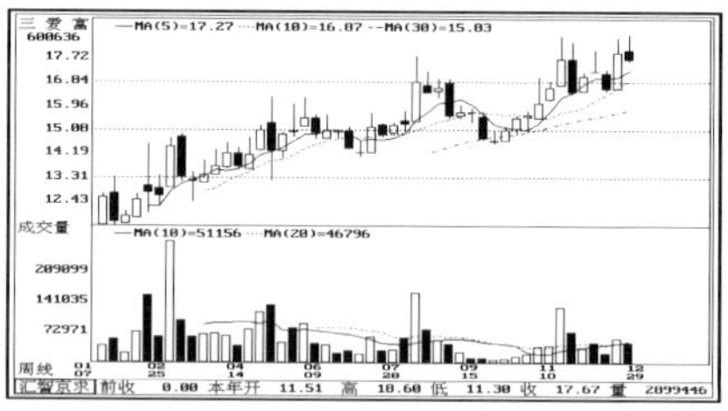

600636　三　爱　富：流通股本4493万，主营有机氟材料。12月26日最高价18.60元，1月24日最低价11.30元，2000年每股收益0.3599元。均线反压大，不宜介入。

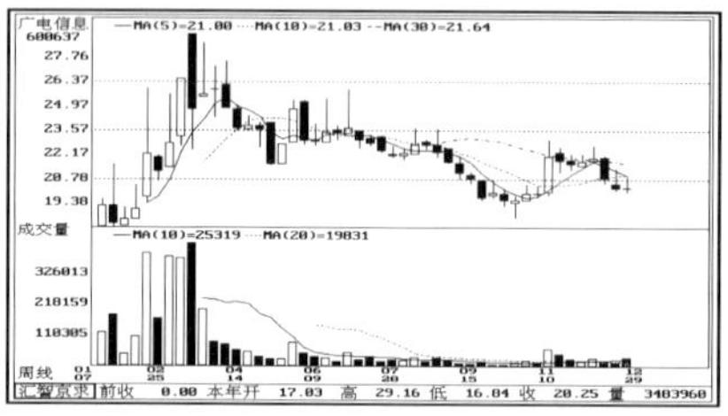

600637　广电信息：流通股本18528万，主营彩色电视接收机。3月13日最高价29.16元，1月4日最低价16.84元，2000年每股收益0.2824元。短线小幅整理，仍可持股。

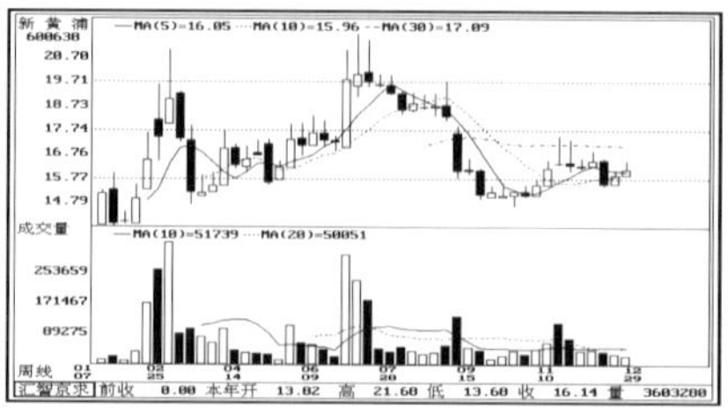

600638　新　黄　浦：流通股本13089万，主营房地产开发经营。7月3日最高价21.68元，1月4日最低价13.68元，2000年每股收益0.2372元。上档压力较大，观望为宜。

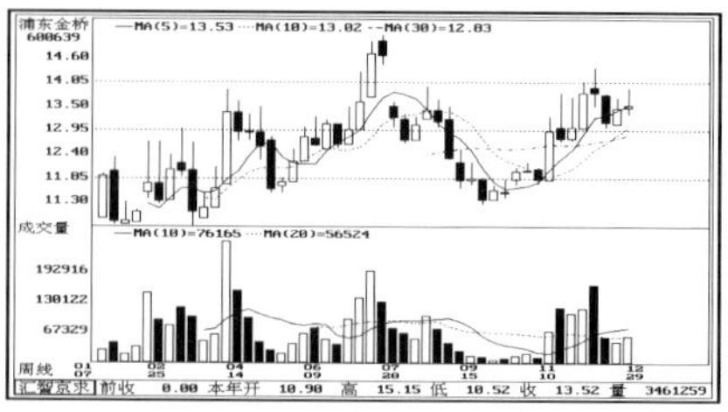

600639　浦东金桥：流通股本11715万，主营房地产开发经营销售。7月17日最高价15.15元，1月24日最低价10.52元，2000年每股收益0.1010元。上行欲望不强，仍有整理。

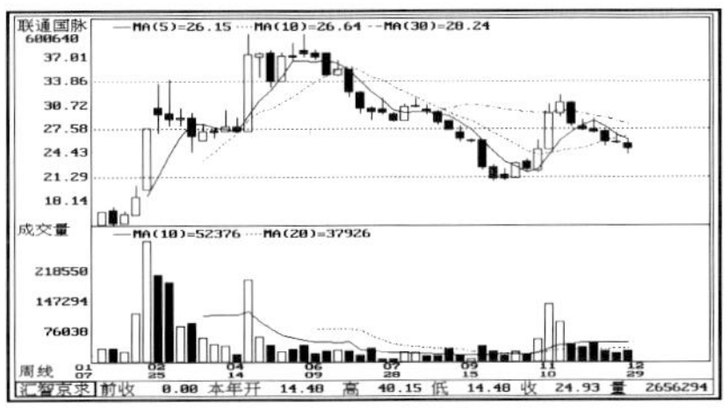

600640　联通国脉：流通股本5534万，主营无线通信、图像、资料。5月31日最高价40.15元，1月4日最低价14.48元，2000年每股收益0.1700元。短线调整中，反弹时可适当介入。

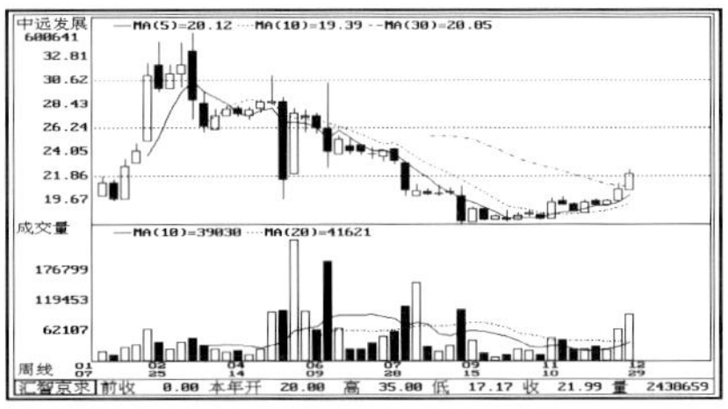

600641　中远发展：流通股本9907万，主营房地产开发、经营。3月13日最高价35.00元，10月17日最低价17.17元，2000年每股收益0.7650元。短线有支撑，仍有上行潜力。

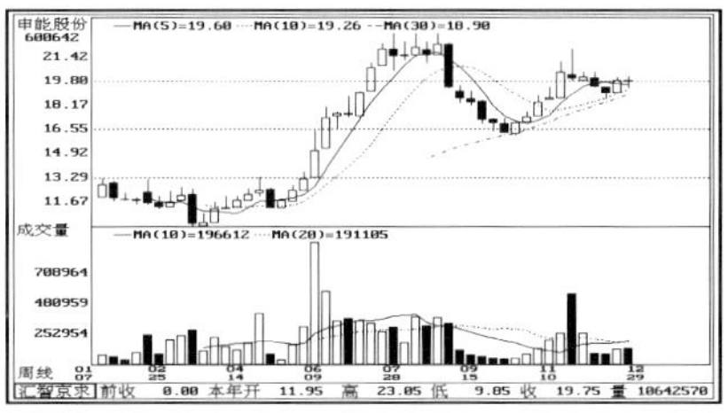

600642　申能股份：流通股本25099万，主营电力能源项目。8月22日最高价23.05元，3月20日最低价9.85元，2000年每股收益0.9330元。整理走势，关注均线支撑。

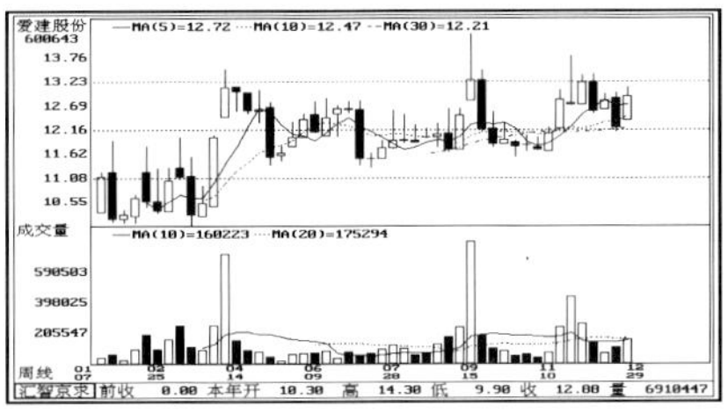

600643　爱建股份：流通股本30835万，主营实业投资，房地产开发。9月12日最高价14.30元，1月24日最低价9.90元，2000年每股收益0.2940元。上攻潜力较足，继续持有。

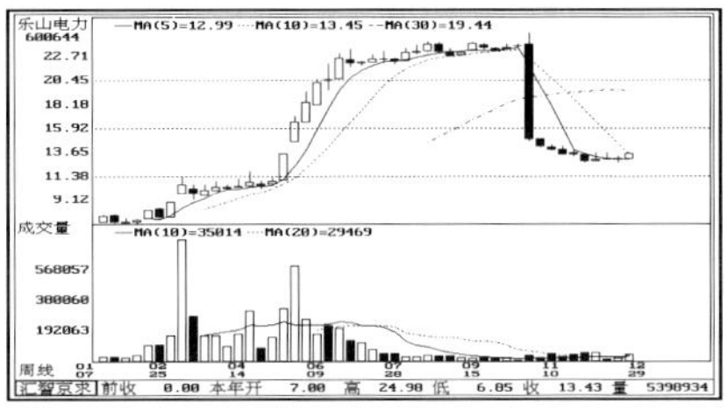

600644　乐山电力：流通股本12876万，主营电力开发。10月25日最高价24.98元，1月28日最低价6.85元，2000年每股收益0.1500元。上档压力较大，观望为宜。

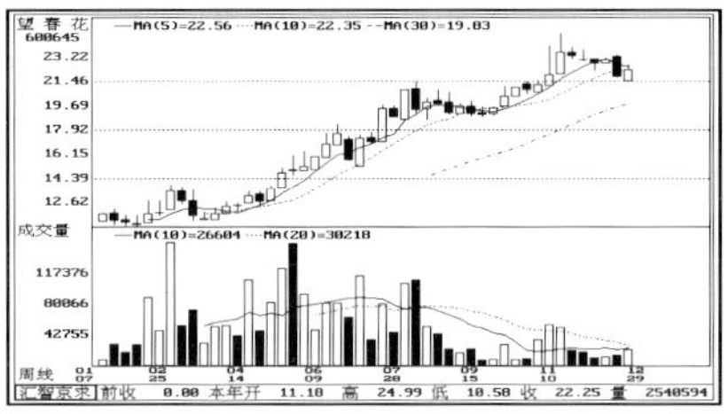

600645　望　春　花：流通股本9816万，主营干细胞基因工程产业化。11月15日最高价24.99元，1月12日最低价10.58元，2000年每股收益0.3030元。强势整理，仍可持股不动。

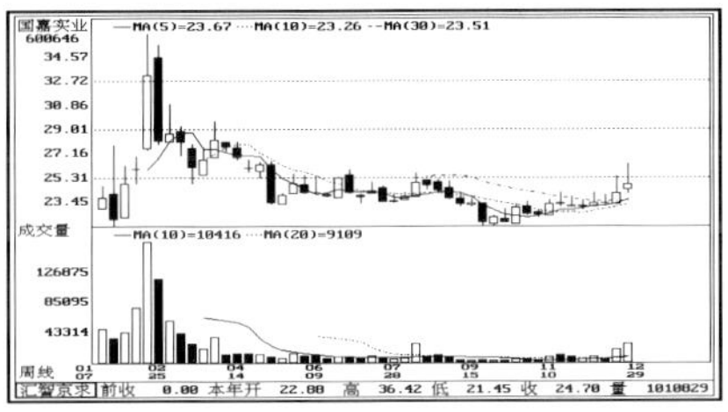

600646　国嘉实业：流通股本3038万，主营金融证券电子商务。2月17日最高价36.42元，9月25日最低价21.45元，2000年每股收益0.2530元。均线反压仍大，暂不参与。

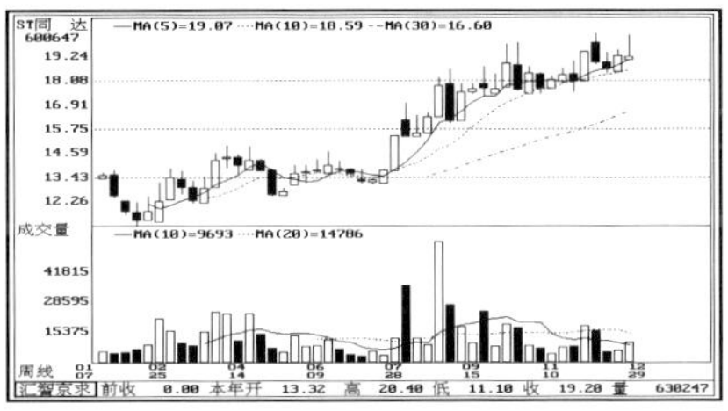

600647　ST粤海发：流通股本2100万，主营造船业，贸易业务及中式快餐连锁业。12月4日最高价20.40元，1月28日最低价11.10元，2000年每股收益-0.1478元。处调整中，暂可持股观望。

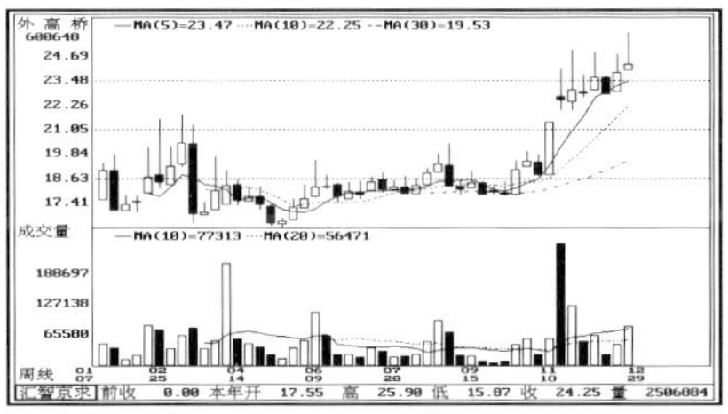

600648　外　高　桥：流通股本5445万，主营保税区房地产开发建设。12月27日最高价25.90元，5月16日最低价15.87元，2000年每股收益0.0351元。缩量整理，观望为宜。

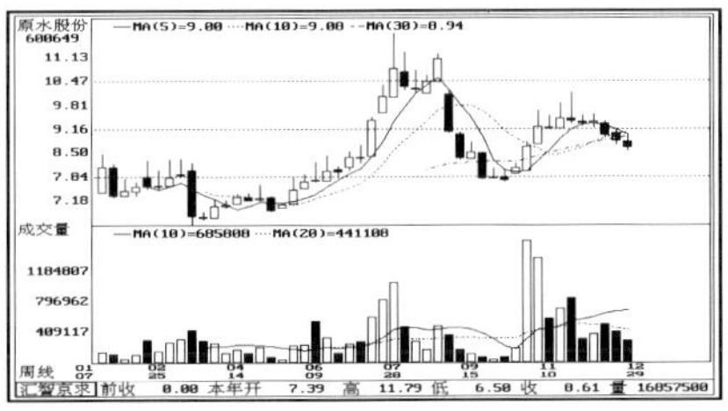

600649　原水股份：流通股本56085万，主营原水供应，自来水开发。7月27日最高价11.79元，3月20日最低价6.50元，2000年每股收益0.2200元。低位调整期间，多看少入为宜。

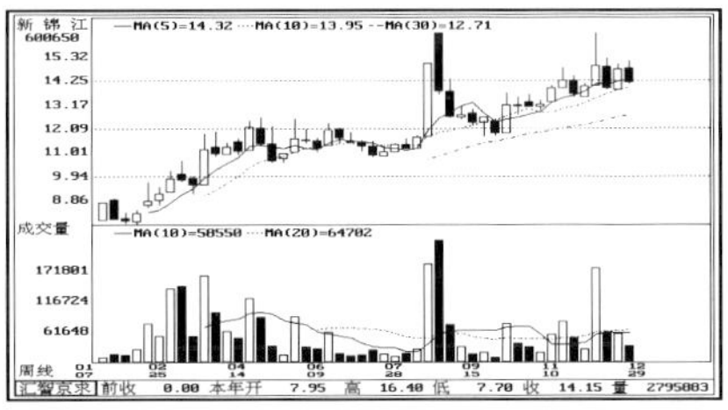

600650　新　锦　江：流通股本3802万，主营旅馆、餐饮。8月21日最高价16.40元，1月27日最低价7.70元，2000年每股收益0.0110元。低位弱势整理，一般关注。

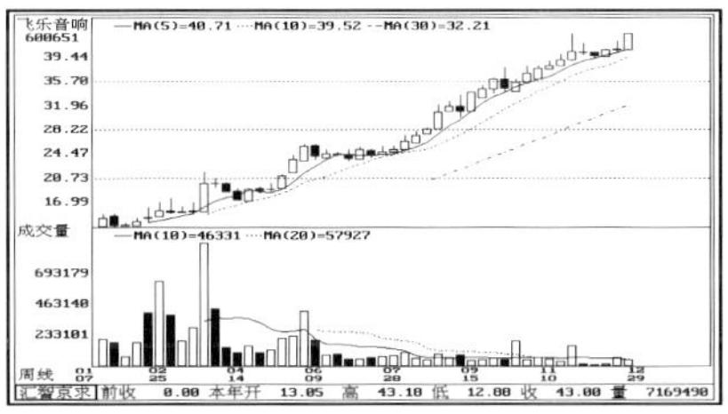

600651　飞乐音响：流通股本42417万，主营IC卡系统软件开发。11月24日最高价43.18元，1月24日最低价12.88元，2000年每股收益0.5410元。短线有一定的压力，正在调整。

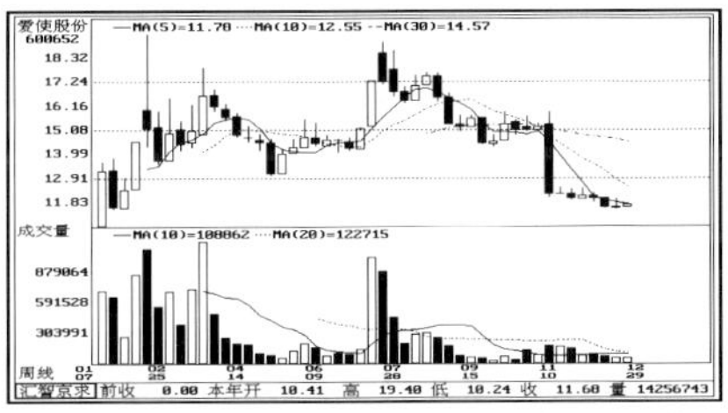

600652　爱使股份：流通股本29962万，主营软硬件的技术开发。2月17日最高价19.40元，1月4日最低价10.24元，2000年每股收益0.2244元。弱势整理，观望为宜。

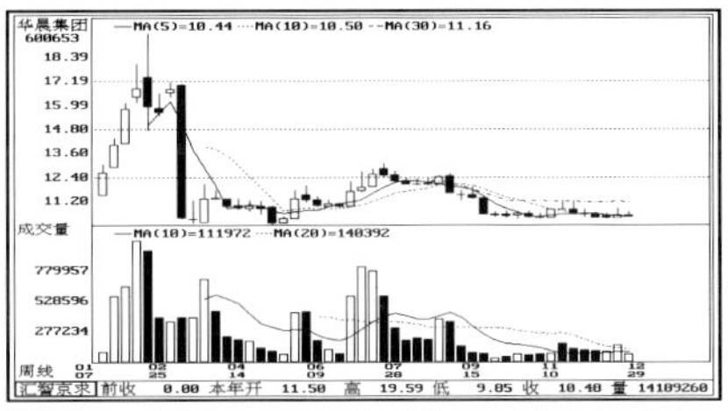

600653　华晨集团：流通股本80851万，主营汽车销售及零部件。2月15日最高价19.59元，5月15日最低价9.85元，2000年每股收益0.4100元。上行受阻，暂不宜介入。

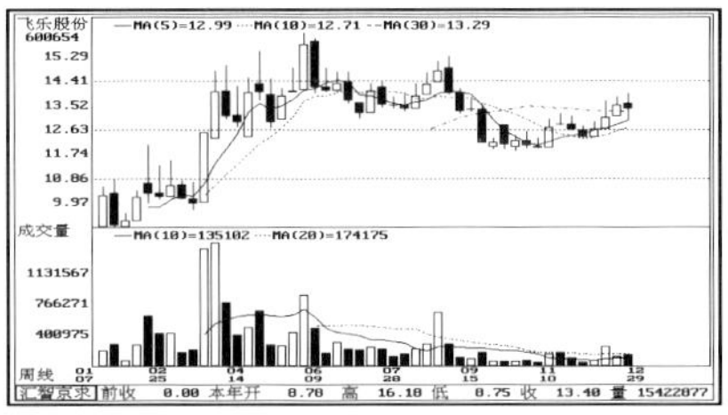

600654　飞乐股份：流通股本27751万，主营IC卡智能终端设备。6月1日最高价16.18元，1月4日最低价8.75元，2000年每股收益0.2000元。上档有均线压力，不介入为宜。

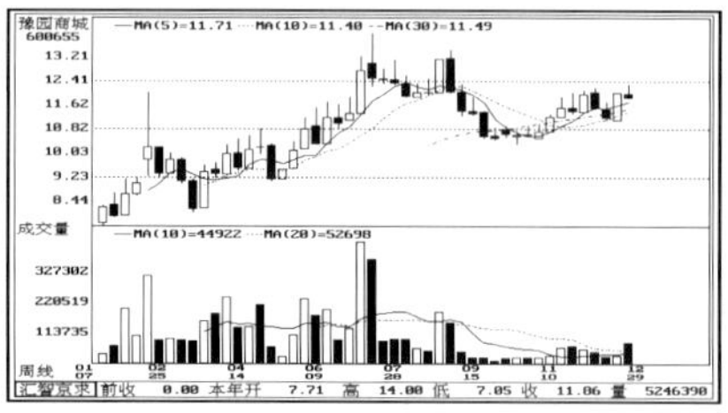

600655　　豫园商城:流通股本 14908 万,主营综合百货、黄金饰品。7 月 11 日最高价 14.00 元,1 月 4 日最低价 7.05 元,2000 年每股收益 0.2200 元。有走强的欲望,但动力不足。

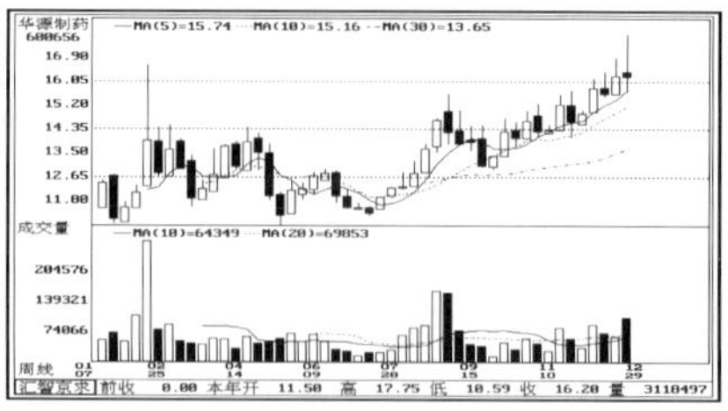

600656　　华源制药:流通股本 5096 万,主营工业、民用洗涤用品。12 月 27 日最高价 17.75 元,5 月 16 日最低价 10.59 元,2000 年每股收益 0.1480 元。成交淡静,短线压力需消化。

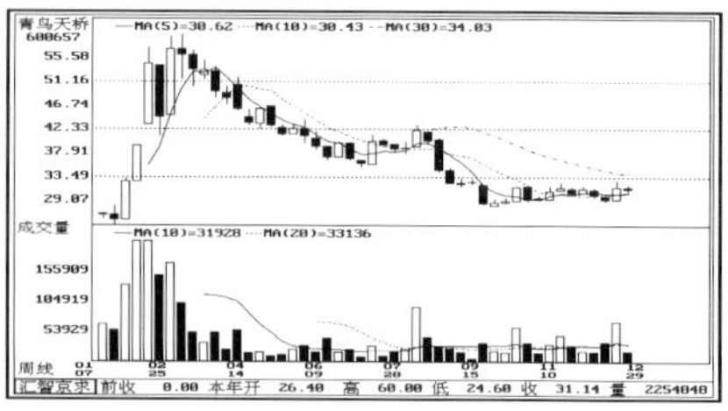

600657　　青鸟天桥:流通股本 7923 万,主营销售计算机软硬件。3 月 6 日最高价 60.00 元,1 月 6 日最低价 24.60 元,2000 年每股收益 0.5006 元。均线反压大,不宜介入。

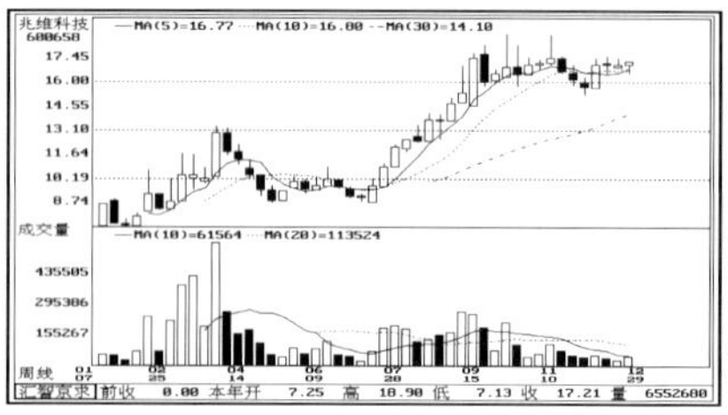

600658　　兆维科技:流通股本 9507 万,主营生产网络交换产品。10 月 12 日最高价 18.90 元,1 月 24 日最低价 7.13 元,2000 年每股收益 0.0331 元。调整走势,宜中线关注。

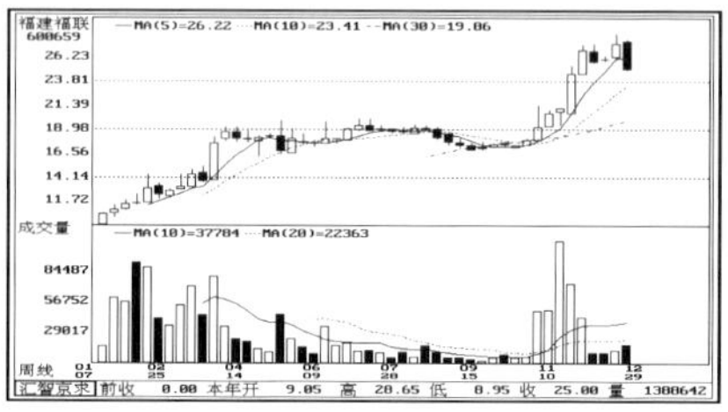

600659　　福建福联:流通股本 4457 万,主营食品饮料生产经营。12 月 22 日最高价 28.65 元,1 月 4 日最低价 8.95 元,2000 年每股收益 0.2000 元。均线系统压力大,不介入。

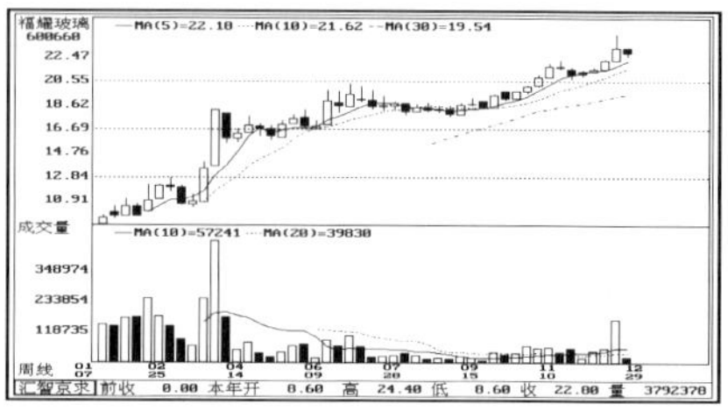

600660　　福耀玻璃:流通股本 13017 万,主营汽车安全玻璃。12 月 21 日最高价 24.40 元,1 月 4 日最低价 8.60 元,2000 年每股收益 0.5900 元。上行欲望不强,仍有整理。

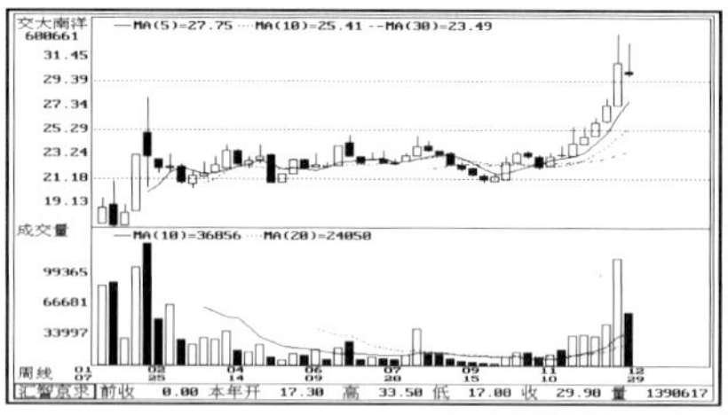

600661　　交大南洋:流通股本 2546 万,主营高新技术产品的生产。12 月 21 日最高价 33.50 元,1 月 14 日最低价 17.08 元,2000 年每股收益 0.2100 元。低位弱势整理,一般关注。

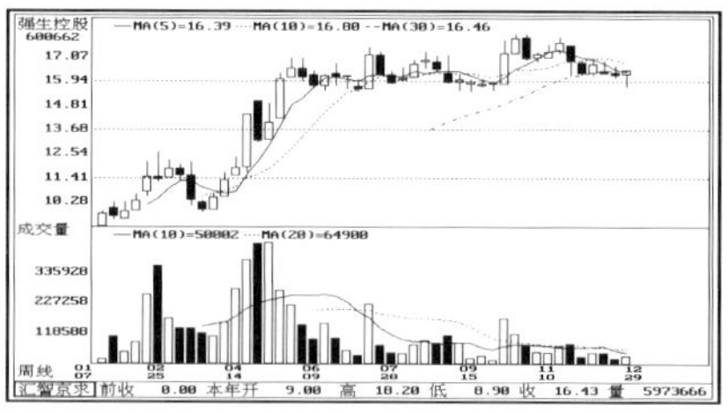

600662　　强生控股:流通股本 16537 万,主营汽车出租。10 月 23 日最高价 18.20 元,1 月 4 日最低价 8.90 元,2000 年每股收益 0.3300 元。均线反压大,不宜介入。

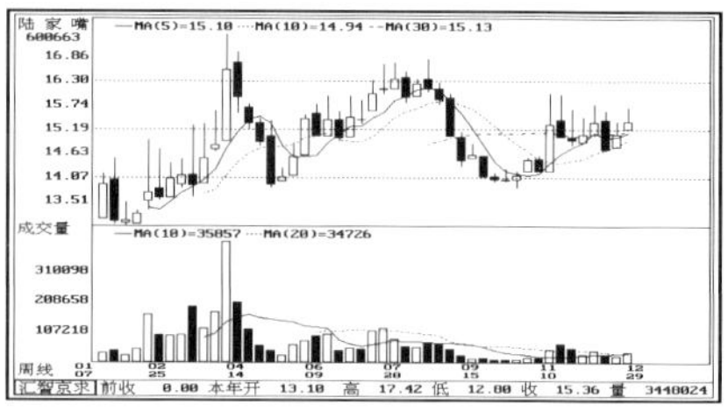

600663　　陆 家 嘴:流通股本 16052 万,主营市政公用基础设施。4 月 7 日最高价 17.42 元,1 月 24 日最低价 12.80 元,2000 年每股收益 0.1870 元。短线调整未结束,持币。

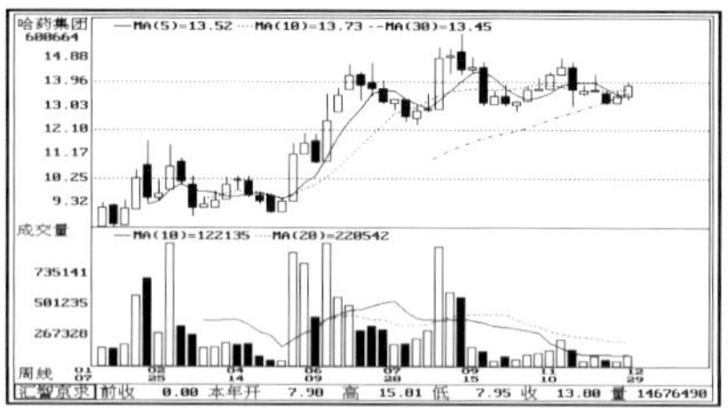

600664　　哈药集团:流通股本 26637 万,主营生产抗生素。9 月 5 日最高价 15.81 元,1 月 4 日最低价 7.95 元,2000 年每股收益 0.5100 元。有走强的欲望,但动力不足。

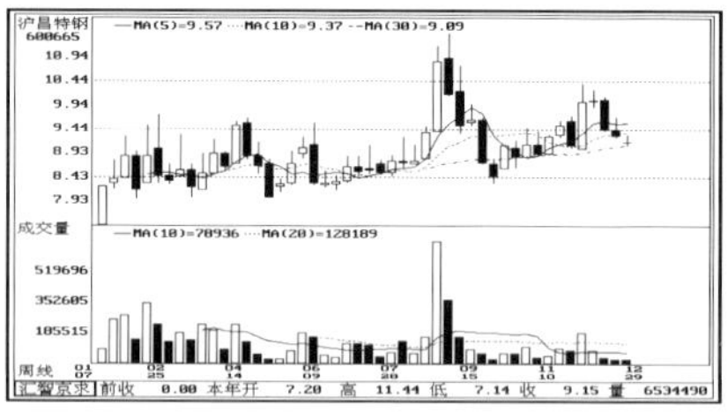

600665　　沪昌特钢:流通股本 14700 万,主营特殊钢材的生产。8 月 30 日最高价 11.44 元,1 月 4 日最低价 7.14 元,2000 年每股收益 0.0178 元。弱势整理,宜持币观望。

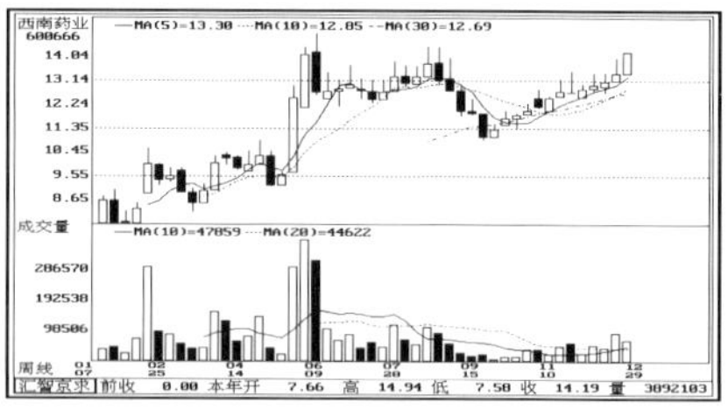

600666　　西南药业:流通股本 6319 万,主营加工销售原料药。6 月 5 日最高价 14.94 元,1 月 24 日最低价 7.58 元,2000 年每股收益 0.1400 元。反弹力不足,还需调整。

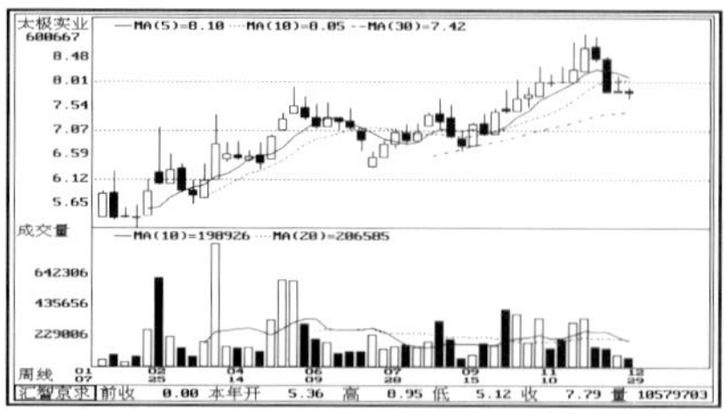

600667　　太极实业:流通股本 18964 万,主营化纤产品。11 月 28 日最高价 8.95 元,1 月 24 日最低价 5.12 元,2000 年每股收益 -0.1110 元。上档压力沉重,不介入为宜。

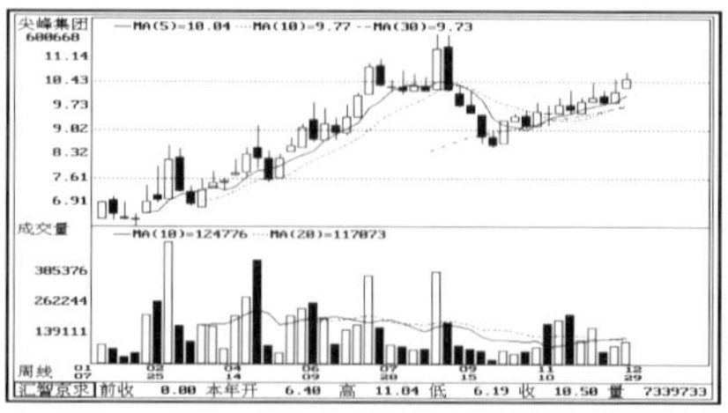

600668　　尖峰集团:流通股本 14484 万,主营药品、水泥。8 月 24 日最高价 11.84 元,1 月 4 日最低价 6.19 元,2000 年每股收益 0.1300 元。短线有压力,尚需企稳。

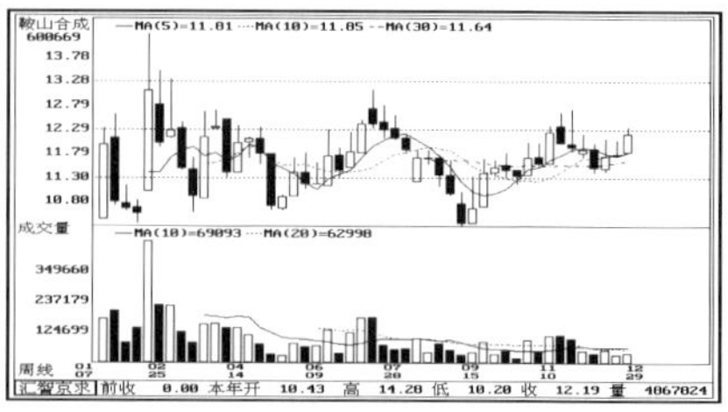

600669　　鞍山合成:流通股本 14865 万,主营化纤、中成药。2 月 17 日最高价 14.28 元,1 月 24 日最低价 10.20 元,2000 年每股收益 0.0970 元。上档压力沉重,不介入为宜。

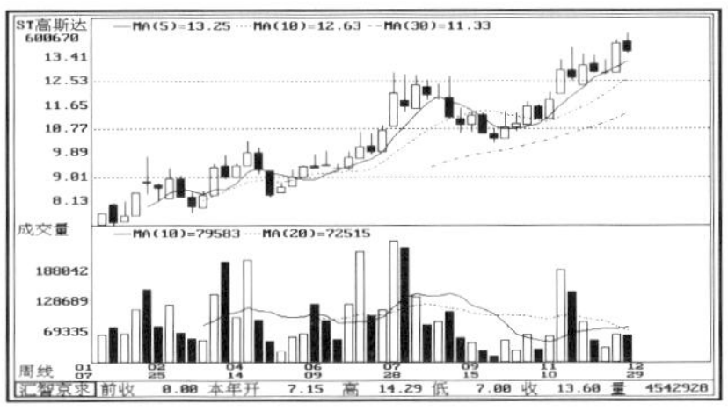

600670　ST 高斯达：流通股本 8605 万，主营生物制药和房产开发。12 月 25 日最高价 14.29 元，1 月 4 日最低价 7.00 元，2000 年每股收益 0.2130 元。上行欲望不强，仍有整理。

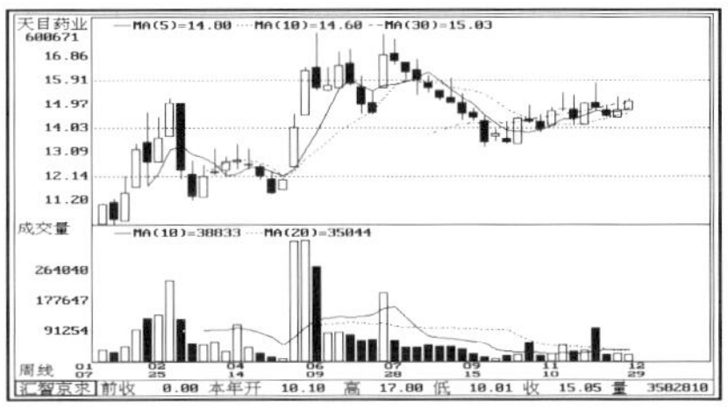

600671　天目药业：流通股本 6342 万，主营中成药、西药、电子。6 月 7 日最高价 17.80 元，1 月 19 日最低价 10.01 元，2000 年每股收益 0.0100 元。仍有调整要求，观望。

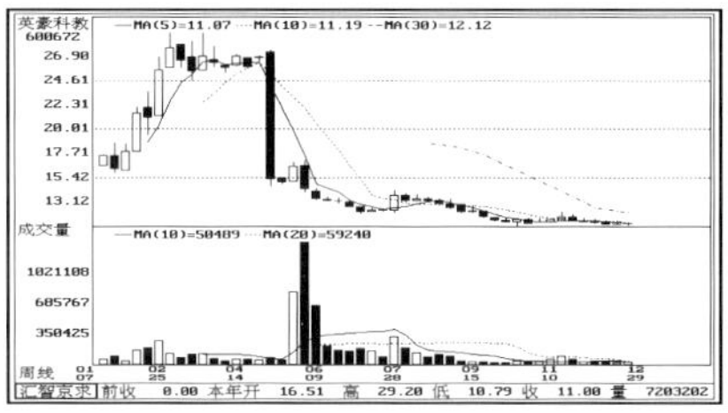

600672　英豪科教：流通股本 25600 万，主营花卉及种苗的生产销售、教育产业投资。3 月 23 日最高价 29.20 元，10 月 17 日最低价 10.79 元，2000 年每股收益 0.2600 元。无企稳迹象，一般观望。

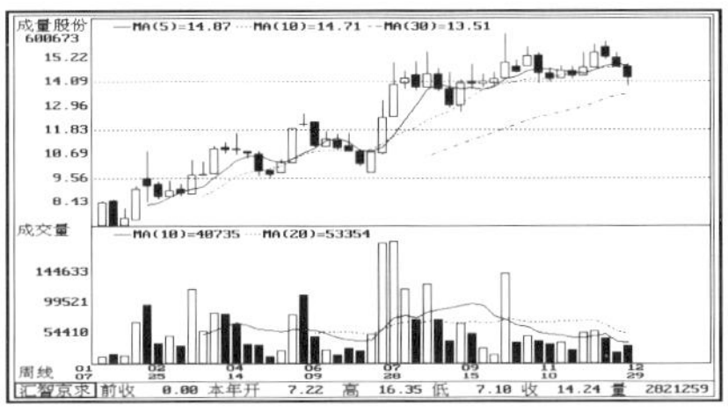

600673　成量股份：流通股本 4554 万，主营制造、加工、销售量具。10 月 10 日最高价 16.35 元，1 月 18 日最低价 7.10 元，2000 年每股收益 0.0100 元。反弹潜力欠佳，仍可持股。

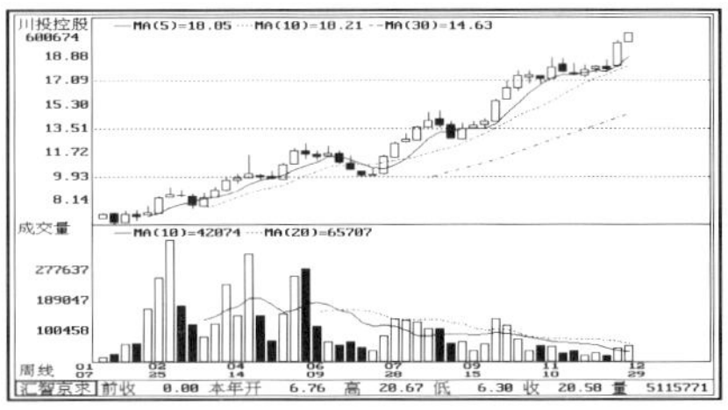

600674　川投控股：流通股本 15474 万，主营铁合金生产和销售。12 月 28 日最高价 20.67 元，1 月 19 日最低价 6.30 元，2000 年每股收益 0.5100 元。短线调整中，观望。

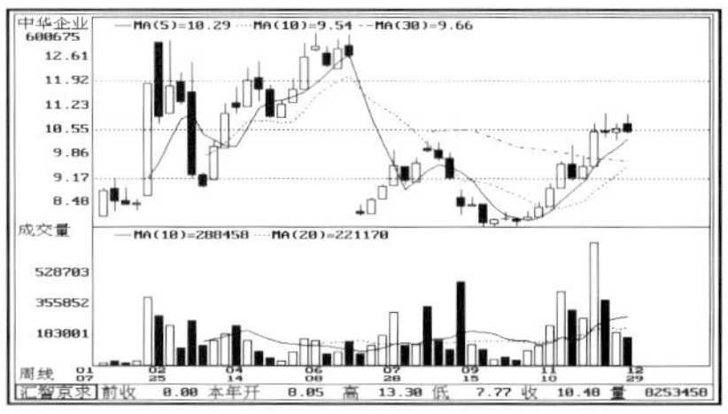

600675　中华企业：流通股本 26547 万，主营房地产投资。6 月 7 日最高价 13.30 元，9 月 25 日最低价 7.77 元，2000 年每股收益 0.1900 元。有走强的欲望，但动力不足。

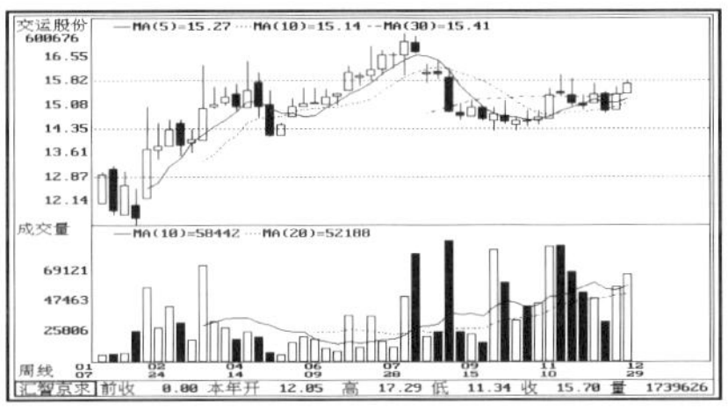

600676　交运股份：流通股本 7340 万，主营轿车零部件制造。8 月 1 日最高价 17.29 元，1 月 24 日最低价 11.34 元，2000 年每股收益 0.3281 元。短线有调整要求，暂观望。

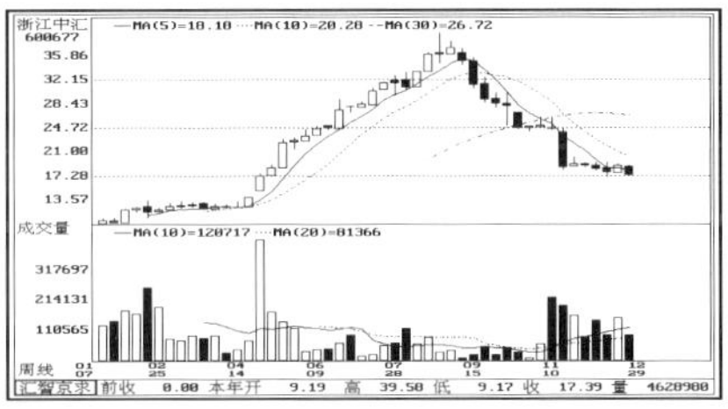

600677　浙江中汇：流通股本 17075 万，主营轻纺产品及原辅材料。8 月 21 日最高价 39.58 元，1 月 4 日最低价 9.17 元，2000 年每股收益 0.2823 元。仍未走好，暂宜观望。

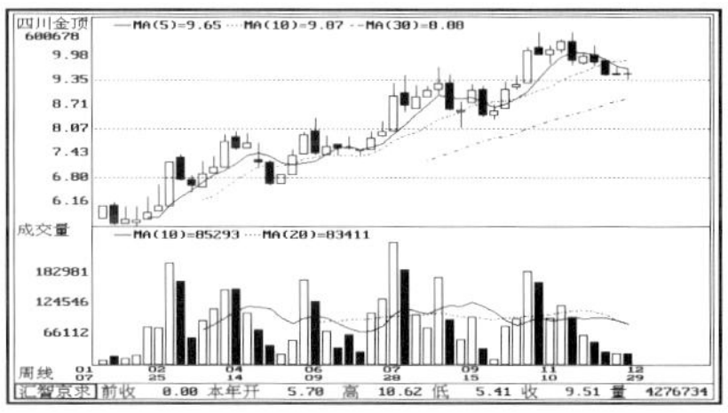

600678　四川金顶：流通股本 9600 万，主营水泥制造、销售。11 月 21 日最高价 10.62 元，1 月 18 日最低价 5.41 元，2000 年每股收益 0.0750 元。上行欲望不强，仍有整理。

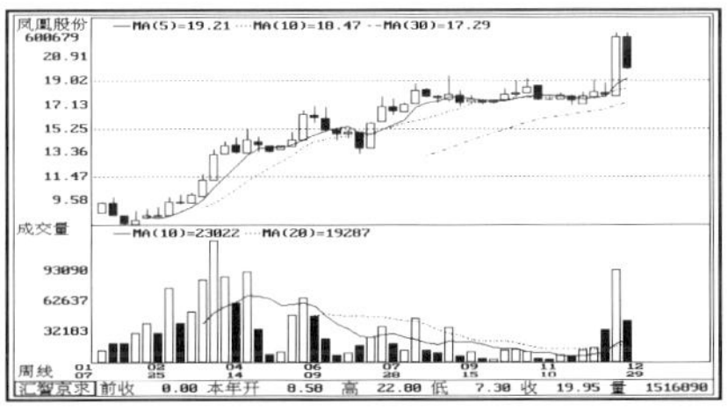

600679　凤凰股份：流通股本 2640 万，主营生产经营自行车。12 月 25 日最高价 22.80 元，1 月 24 日最低价 7.30 元，2000 年每股收益 0.0551 元。调整到位，具较大上行空间。

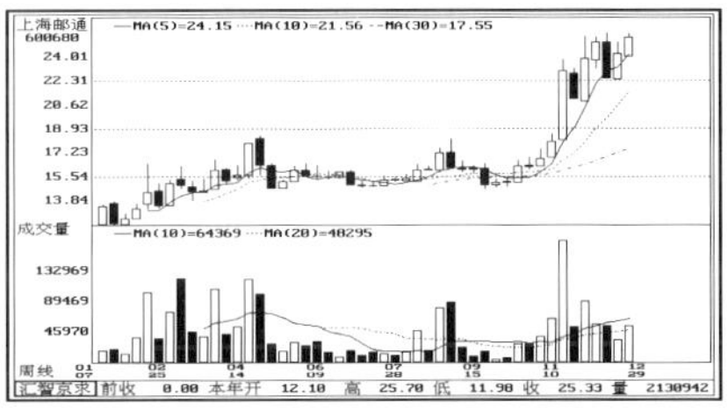

600680　上海邮通：流通股本 2704 万，主营各类通信设备。12 月 11 日最高价 25.70 元，1 月 4 日最低价 11.98 元，2000 年每股收益 0.0910 元。调整未尽，继续观望。

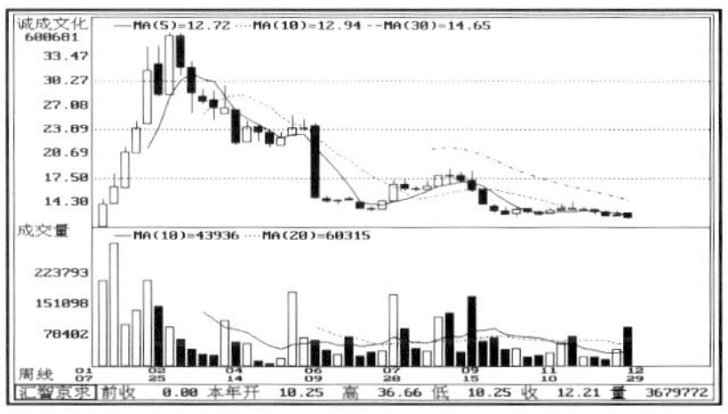

600681　诚成文化：流通股本 10852 万，主营纸塑包装制品开发。3 月 6 日最高价 36.66 元，1 月 4 日最低价 10.25 元，2000 年每股收益 0.1500 元。成交量萎缩，持股观望。

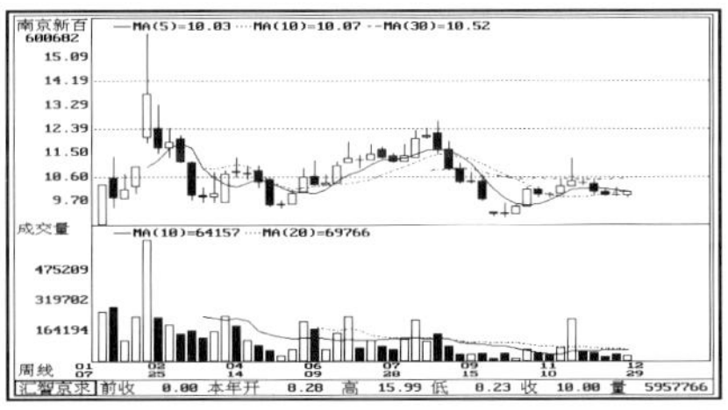

600682　南京新百：流通股本 15288 万，主营百货商品、商业零售。2 月 17 日最高价 15.99 元，1 月 4 日最低价 8.23 元，2000 年每股收益 0.3100 元。反弹走势，持股观望。

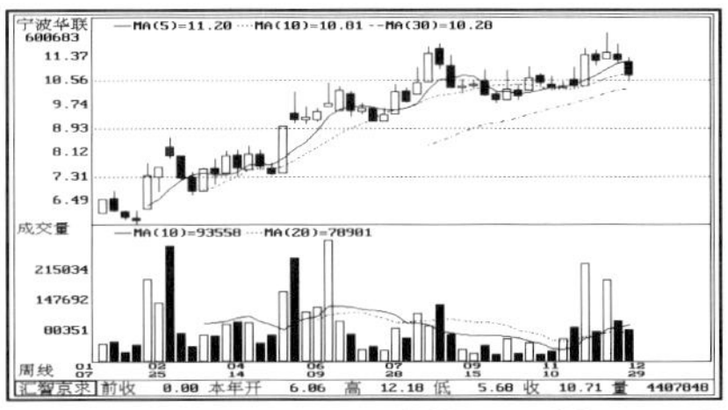

600683　宁波华联：流通股本 8989 万，主营商品批发、零售。12 月 14 日最高价 12.18 元，1 月 28 日最低价 5.68 元，2000 年每股收益 0.0300 元。均线反压，短线趋势仍淡。

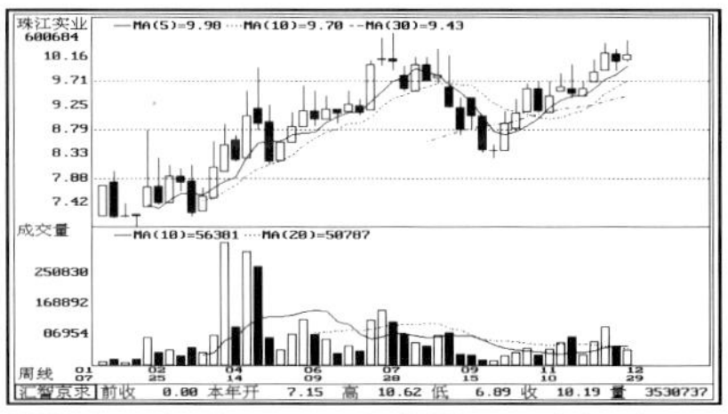

600684　珠江实业：流通股本 10004 万，主营房地产开发、经营。7 月 27 日最高价 10.62 元，1 月 24 日最低价 6.89 元，2000 年每股收益 -0.5500 元。短线机会不大，观望为宜。

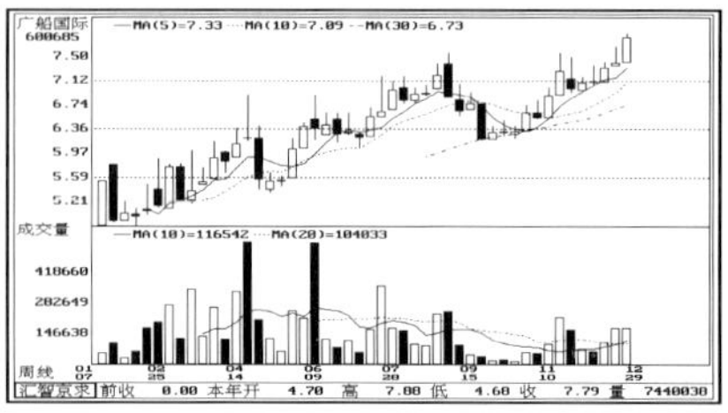

600685　广船国际:流通股本12648万,主营船舶及船舶辅机。12月27日最高价7.88元,1月4日最低价4.68元,2000年每股收益-1.4674元。上档压力较大,观望为宜。

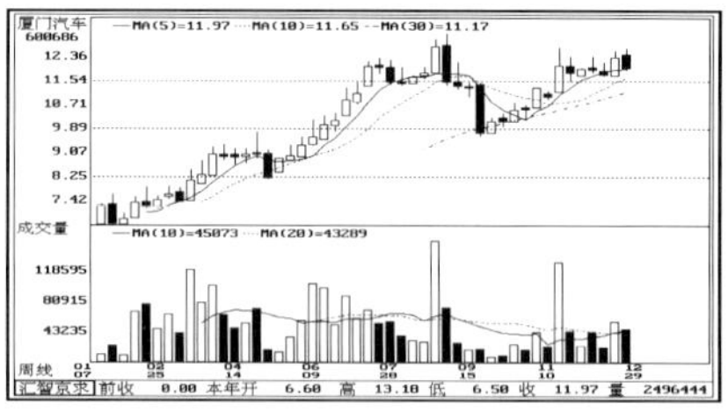

600686　厦门汽车:流通股本5760万,主营主营大、中、轻型客车。8月29日最高价13.18元,1月24日最低价6.50元,2000年每股收益0.2400元。缓步盘升走势,持股观望。

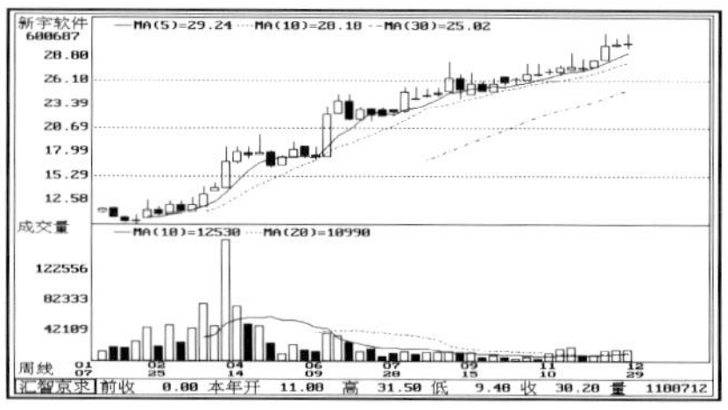

600687　新宇软件:流通股本4222万,主营系统网络集成工程。12月13日最高价31.50元,1月24日最低价9.48元,2000年每股收益0.4000元。上档压力沉重,不介入为宜。

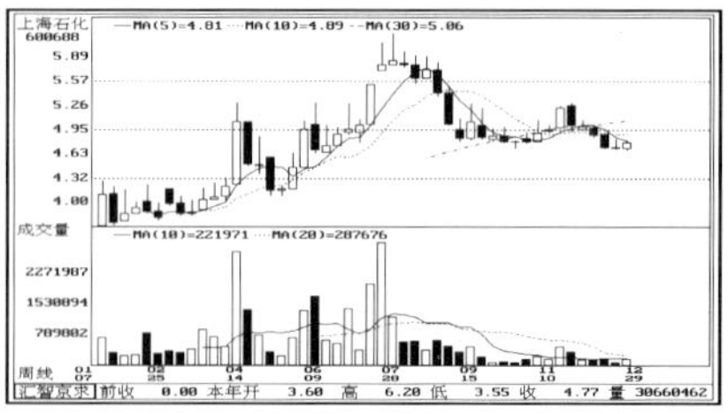

600688　上海石化:流通股本72000万,主营原油加工、油品、化工。7月27日最高价6.20元,1月4日最低价3.55元,2000年每股收益0.1260元。整理蓄势之中,持股不动。

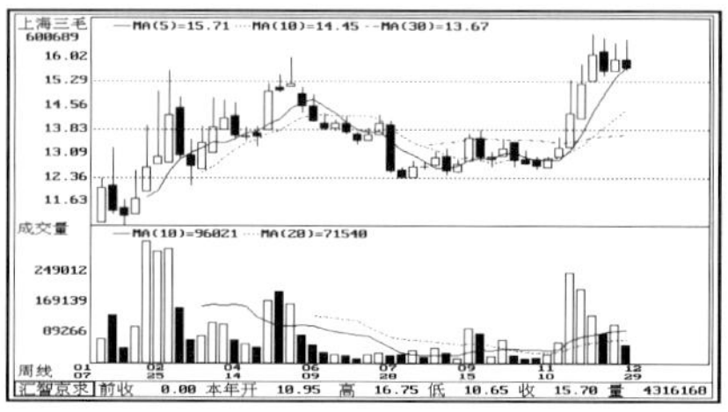

600689　上海三毛:流通股本6854万,主营生产、销售精粗纺呢绒。12月8日最高价16.75元,1月4日最低价10.65元,2000年每股收益0.3893元。有走强的欲望,但动力不足。

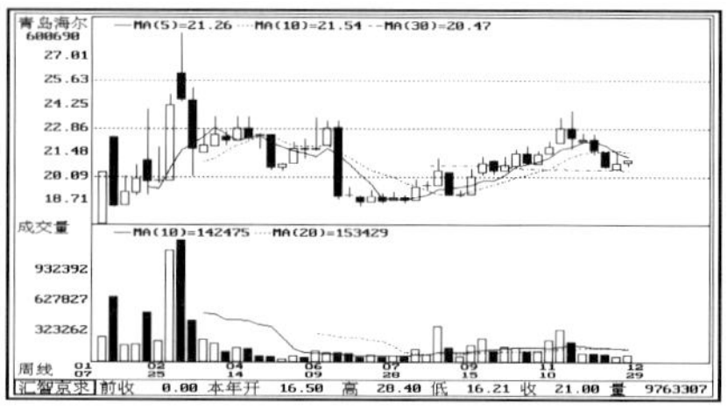

600690　青岛海尔:流通股本44990万,主营家用电冰箱、电冰柜。3月9日最高价28.40元,1月4日最低价16.21元,2000年每股收益0.7500元。调整走势,短线出局观望。

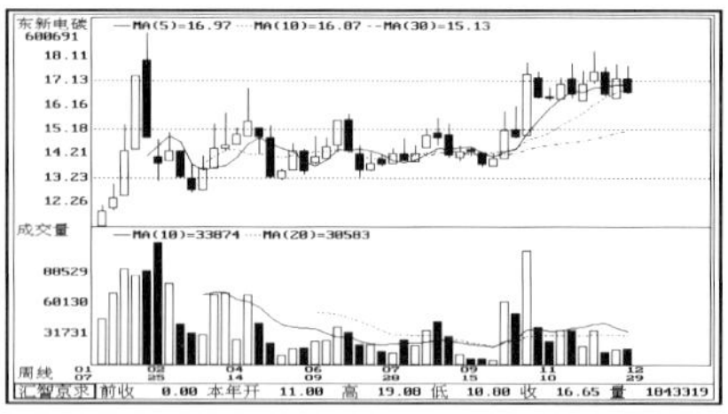

600691　东新电碳:流通股本3323万,主营电碳炭素制品。2月15日最高价19.08元,1月4日最低价10.80元,2000年每股收益-0.1490元。破位下调,短线走势趋淡。

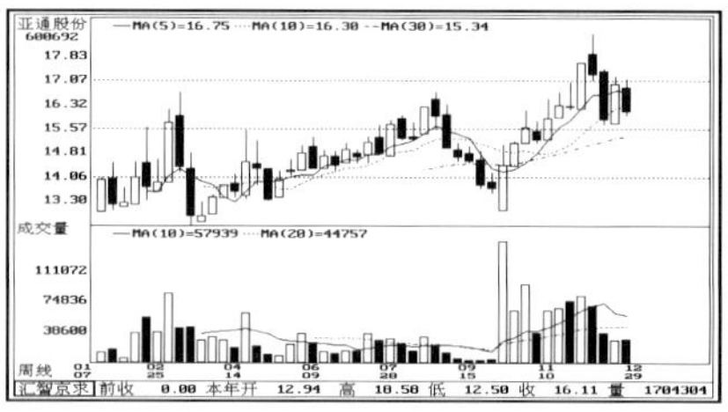

600692　亚通股份:流通股本5292万,主营水上客运。12月4日最高价18.58元,3月20日最低价12.50元,2000年每股收益0.2030元。整理走势,暂宜观望。

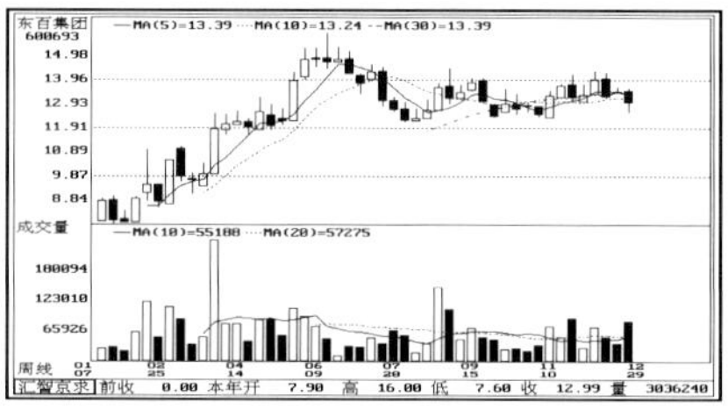

600693　东百集团:流通股本7230万,主营百货零售、批发。6月13日最高价16.00元,1月24日最低价7.60元,2000年每股收益0.0570元。短线有一定的压力,正在调整。

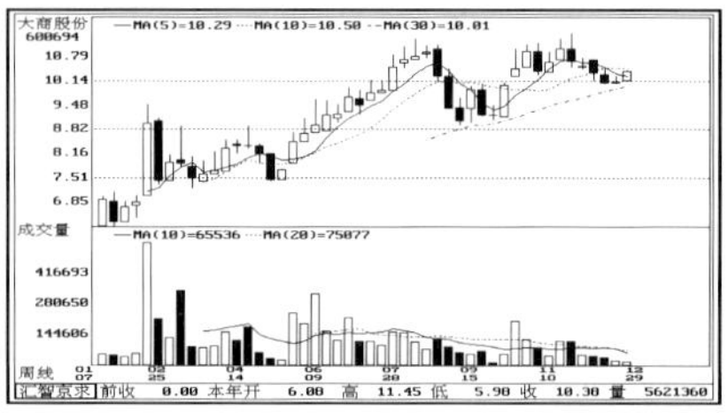

600694　大商股份:流通股本15617万,主营商品零售。11月23日最高价11.45元,1月4日最低价5.98元,2000年每股收益0.3700元。有走强的欲望,但动力不足。

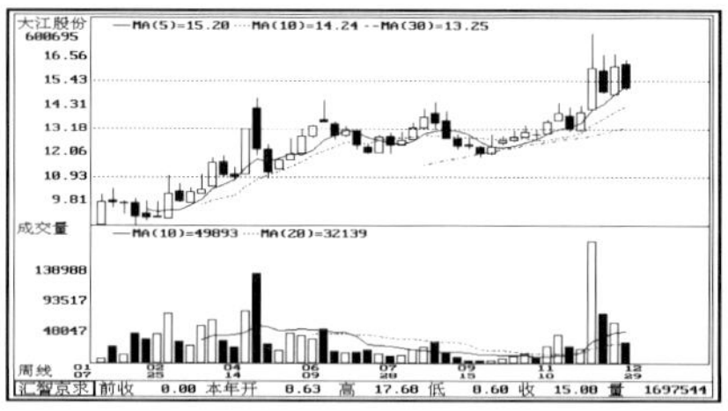

600695　大江股份:流通股本2574万,主营家畜、家禽、水产。12月8日最高价17.68元,1月4日最低价8.60元,2000年每股收益0.0120元。短线走弱,观望为主。

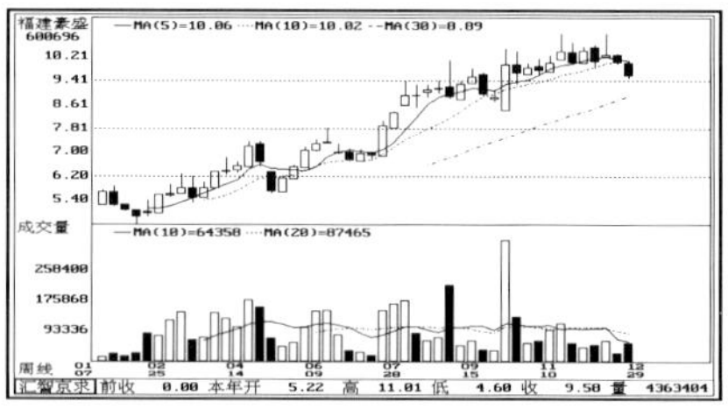

600696　福建豪盛:流通股本8965万,主营建筑卫生陶瓷产品。12月13日最高价11.01元,1月28日最低价4.60元,2000年每股收益0.0302元。整理蓄势之中,持股不动。

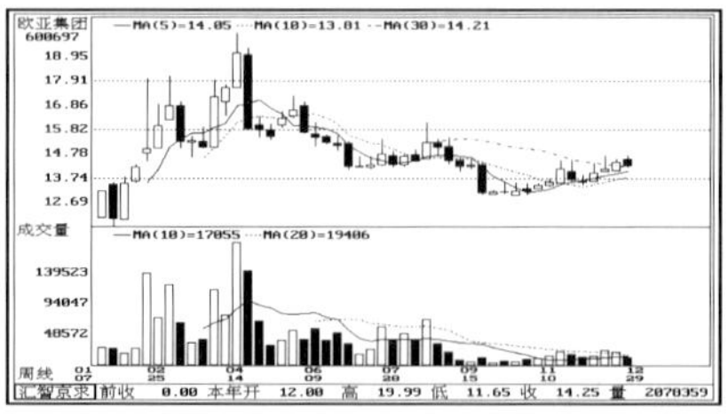

600697　欧亚集团:流通股本6491万,主营商业零售、批发。4月12日最高价19.99元,1月14日最低价11.65元,2000年每股收益0.3600元。上攻动力不足,持币观望。

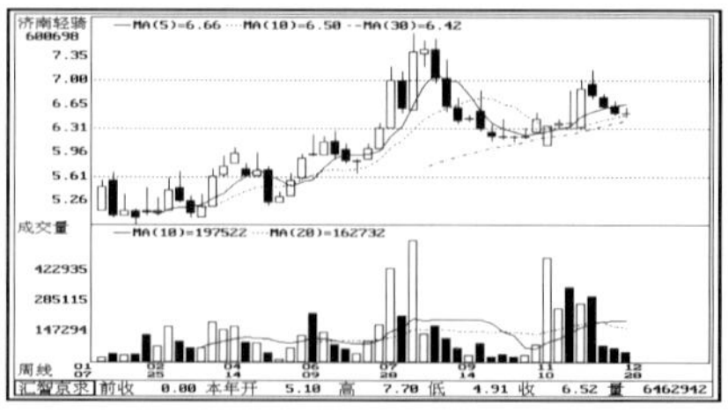

600698　济南轻骑:流通股本30671万,主营摩托车及零配件。8月10日最高价7.70元,1月28日最低价4.91元,2000年每股收益-0.2800元。仍未走强,不介入。

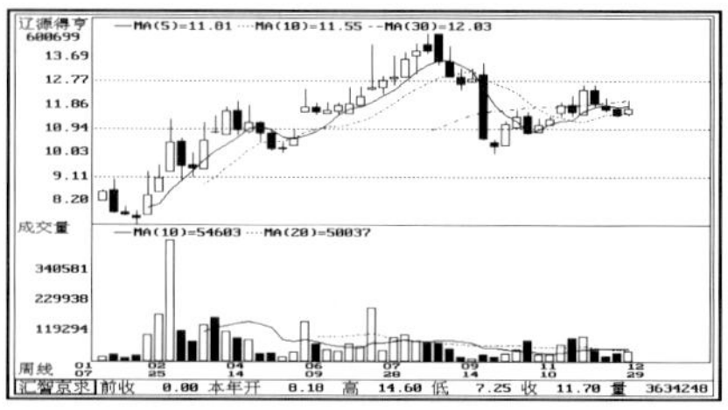

600699　辽源得亨:流通股本7199万,主营涤纶长丝。8月21日最高价14.60元,1月24日最低价7.25元,2000年每股收益0.2930元。上行抛压沉重,观望为宜。

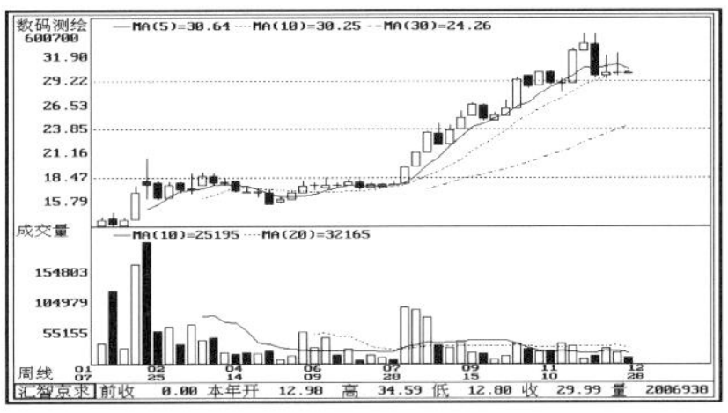

600700　　数码测绘：流通股本15569万，主营空间技术应用与开发。12月6日最高价34.59元，1月4日最低价12.80元，2000年每股收益0.3900元。短线走淡，暂宜观望。

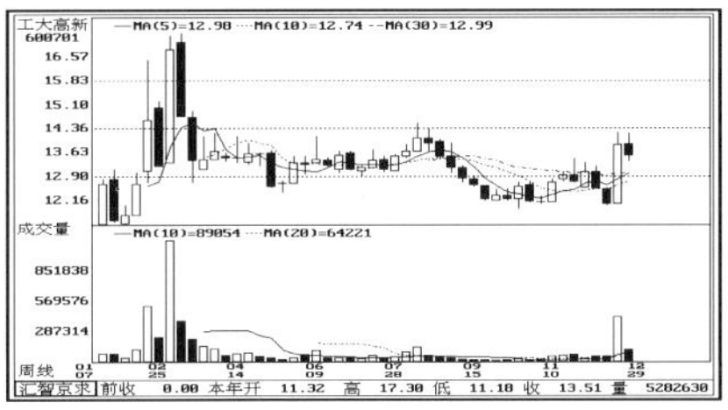

600701　　工大高新：流通股本17469万，主营生物及食品工程。3月6日最高价17.30元，1月4日最低价11.18元，2000年每股收益0.1930元。震荡盘跌走势，不介入。

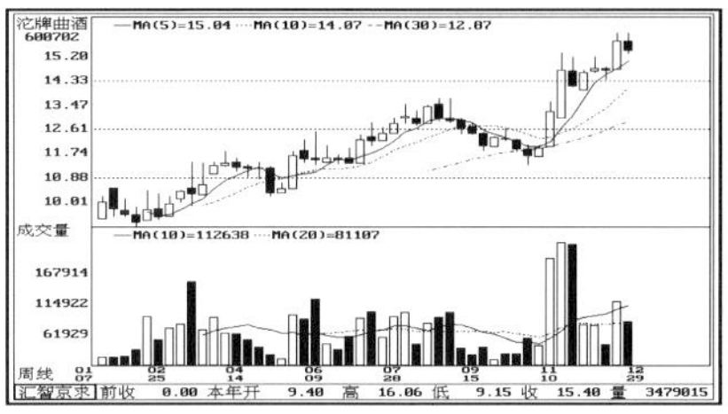

600702　　沱牌曲酒：流通股本14862万，主营中国名酒沱牌曲酒。12月25日最高价16.06元，2月14日最低价9.15元，2000年每股收益0.3160元。均线系统压力大，不介入。

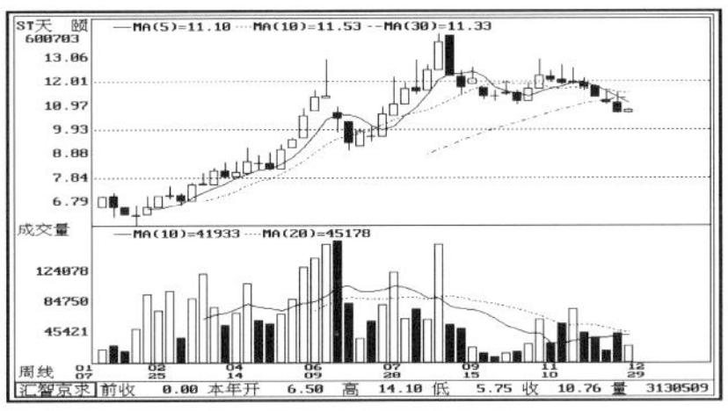

600703　　ST天　颐：流通股本5862万，主营精炼植物油。8月25日最高价14.10元，1月28日最低价5.75元，2000年每股收益-0.2070元。上档有均线压力，不介入为宜。

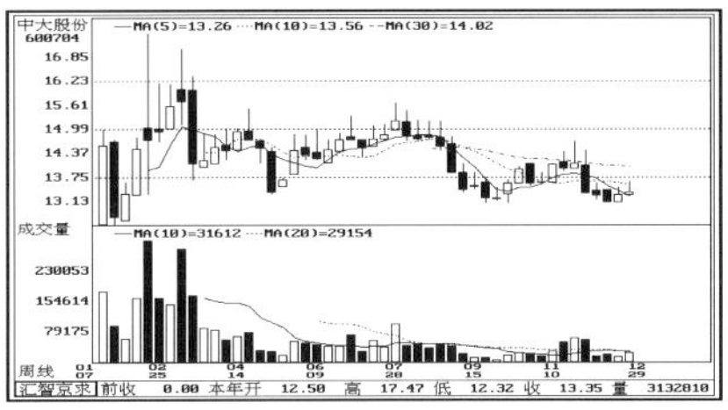

600704　　中大股份：流通股本12838万，主营各类服装、纺织品。2月15日最高价17.47元，1月4日最低价12.32元，2000年每股收益0.2500元。回升趋势，持股观望。

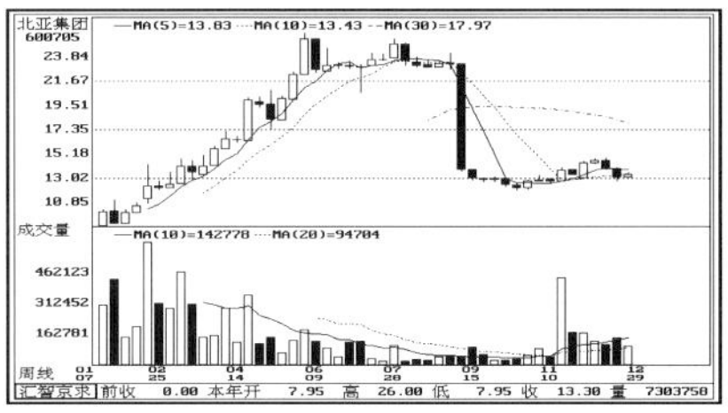

600705　　北亚集团：流通股本20892万，主营铁路客运、铁路货运。6月2日最高价26.00元，1月4日最低价7.95元，2000年每股收益0.2000元。缩量整理，观望为宜。

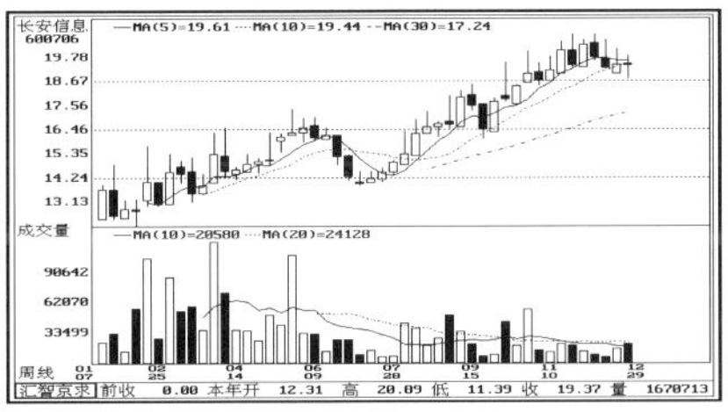

600706　　长安信息：流通股本3750万，主营计算机硬件、软件。11月23日最高价20.89元，1月26日最低价11.39元，2000年每股收益0.1250元。短线有一定的压力，正在调整。

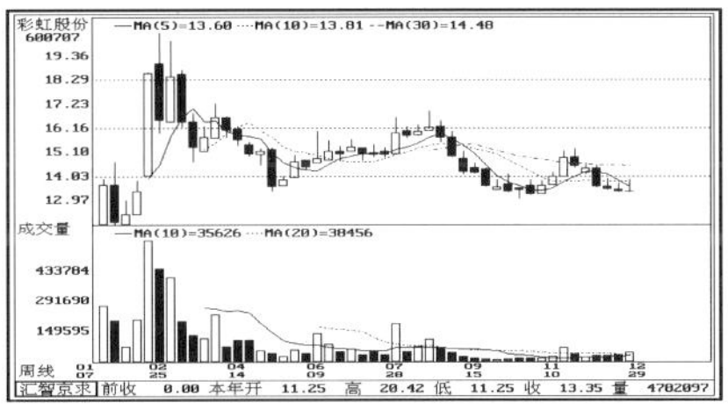

600707　　彩虹股份：流通股本14364万，主营彩色显像管。2月21日最高价20.42元，1月4日最低价11.25元，2000年每股收益0.2730元。弱势整理，宜持币观望。

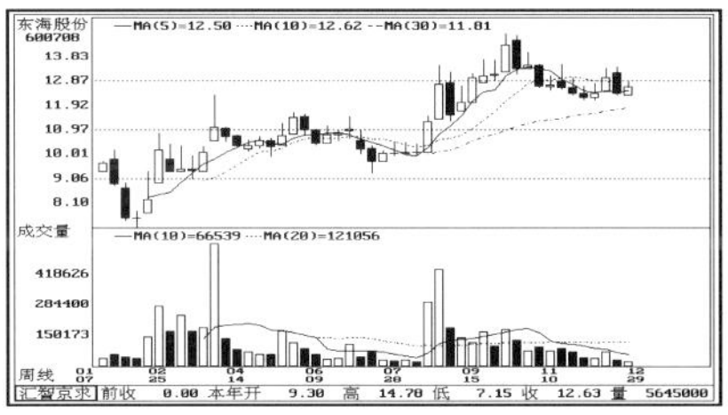

600708　　东海股份：流通股本8659万，主营工业品加工、批发。10月12日最高价14.78元，1月28日最低价7.15元，2000年每股收益0.0232元。成交趋于活跃，仍有潜力。

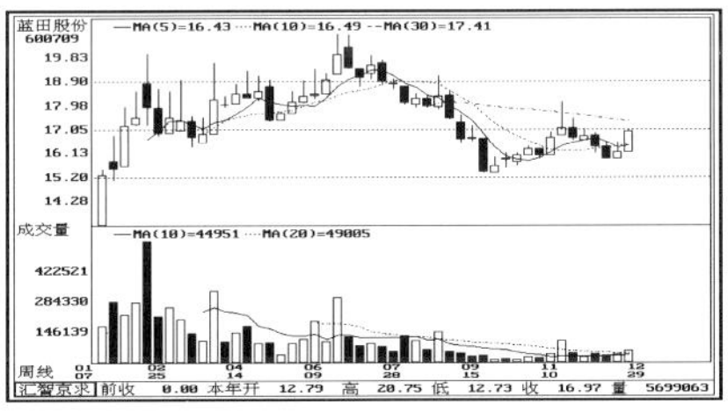

600709　　蓝田股份：流通股本19975万，主营农副水产品的种养。6月19日最高价20.75元，1月4日最低价12.73元，2000年每股收益0.9700元。大幅回调，短线仍有整理。

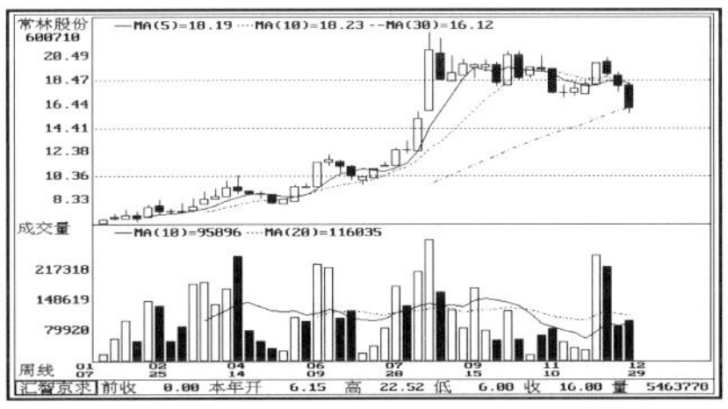

600710　　常林股份：流通股本7440万，主营轮式装载机。8月18日最高价22.52元，1月4日最低价6.08元，2000年每股收益0.0600元。上档有均线压力，不介入为宜。

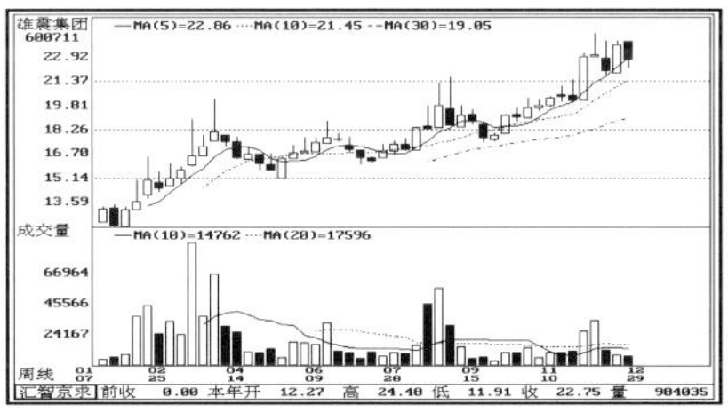

600711　　雄震集团：流通股本1512万，主营家用电器、防盗门。12月5日最高价24.48元，1月17日最低价11.91元，2000年每股收益0.0090元。上升能量减弱，逢高减磅。

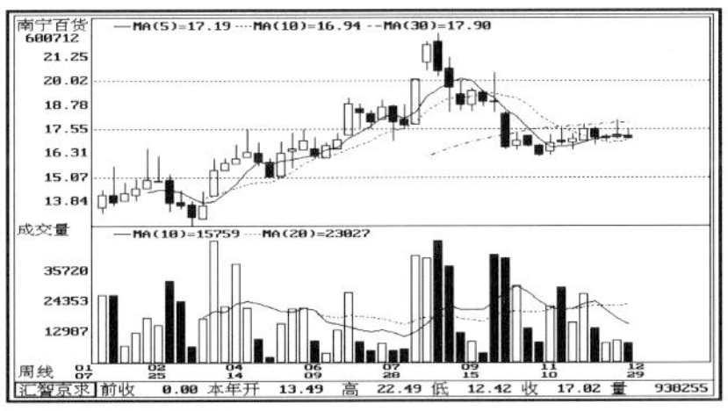

600712　　南宁百货：流通股本3954万，主营商品零售服务。8月24日最高价22.49元，3月20日最低价12.42元，2000年每股收益0.1980元。上档压力沉重，不介入为宜。

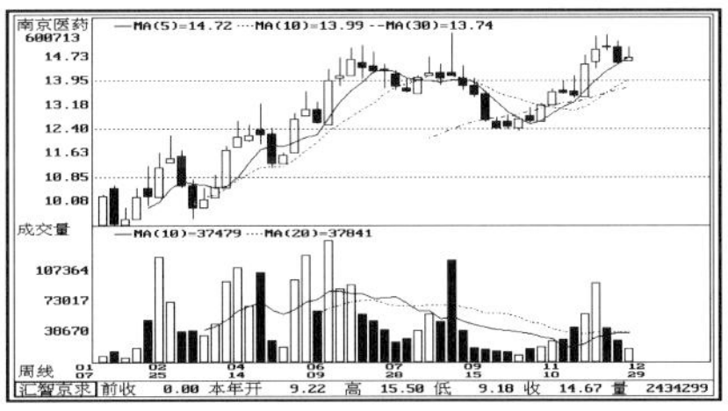

600713　　南京医药：流通股本8310万，主营药品、医疗器械。8月29日最高价15.50元，1月4日最低价9.18元，2000年每股收益0.2500元。成交量萎缩，持股观望。

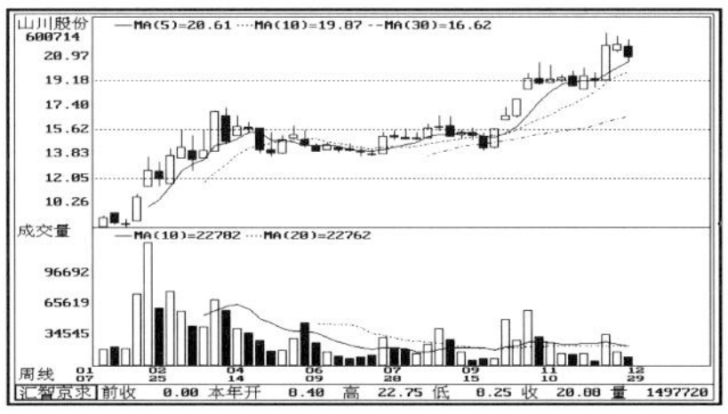

600714　　山川股份：流通股本2875万，主营开发铁合金系列。12月15日最高价22.75元，1月4日最低价8.25元，2000年每股收益0.1931元。短线调整未结束，持币。

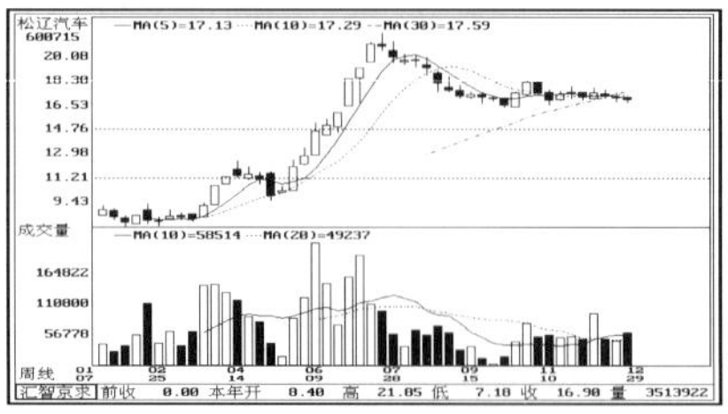

600715　松辽汽车：流通股本 10138 万，主营系列轻型越野客车。7 月 21 日最高价 21.85 元，1 月 25 日最低价 7.18 元，2000 年每股收益 0.2200 元。整理走势，后市观望。

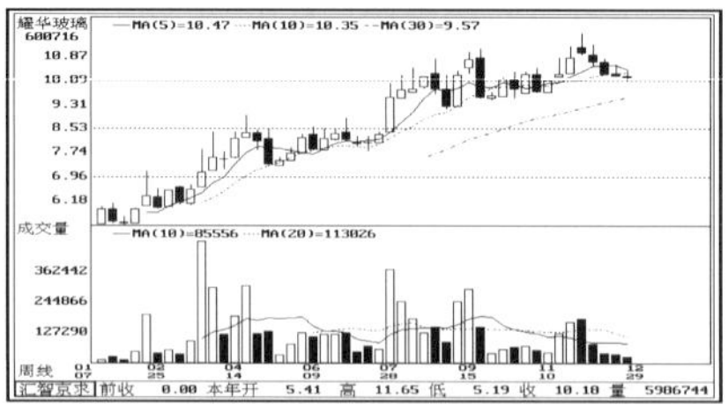

600716　耀华玻璃：流通股本 8100 万，主营平板玻璃。11 月 28 日最高价 11.65 元，1 月 24 日最低价 5.19 元，2000 年每股收益 0.1000 元。回升趋势，持股观望。

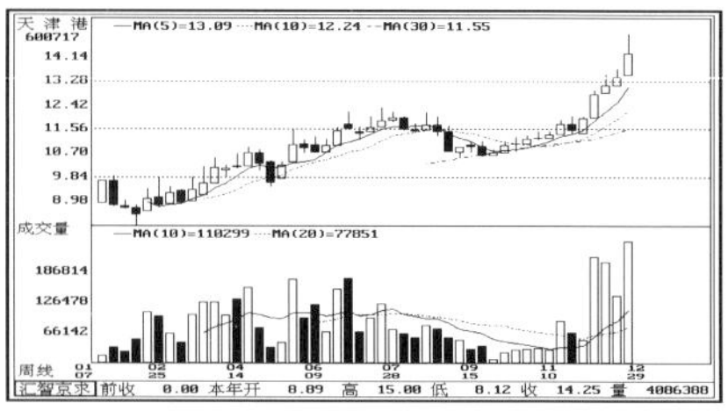

600717　天　津　港：流通股本 21522 万，主营商品储存、中转联运。12 月 29 日最高价 15.00 元，1 月 28 日最低价 8.12 元，2000 年每股收益 0.5200 元。均线系统压力大，不介入。

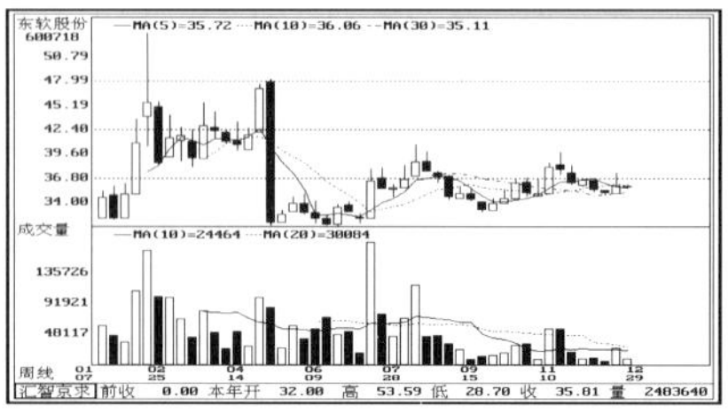

600718　东软股份：流通股本 11326 万，主营应用软件、大型数字化医疗设备。2 月 17 日最高价 53.59 元，7 月 11 日最低价 28.70 元，2000 年每股收益 0.5800 元。仍未走好，暂宜观望。

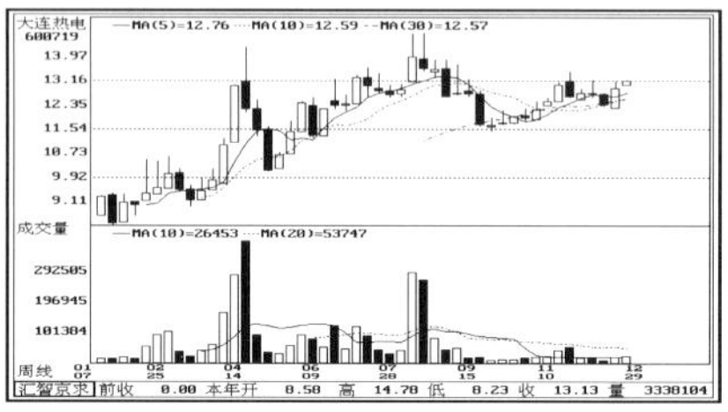

600719　大连热电：流通股本 7605 万，主营发电、供热，热电联产。8 月 16 日最高价 14.78 元，1 月 17 日最低价 8.23 元，2000 年每股收益 0.3000 元。短线有一定的压力，正在调整。

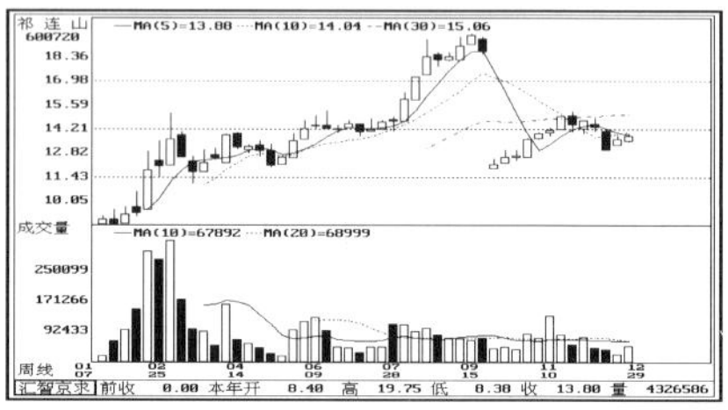

600720　祁　连　山：流通股本 16316 万，主营水泥及其系列产品。9 月 15 日最高价 19.75 元，1 月 4 日最低价 8.38 元，2000 年每股收益 0.2500 元。上档抛压大，不介入。

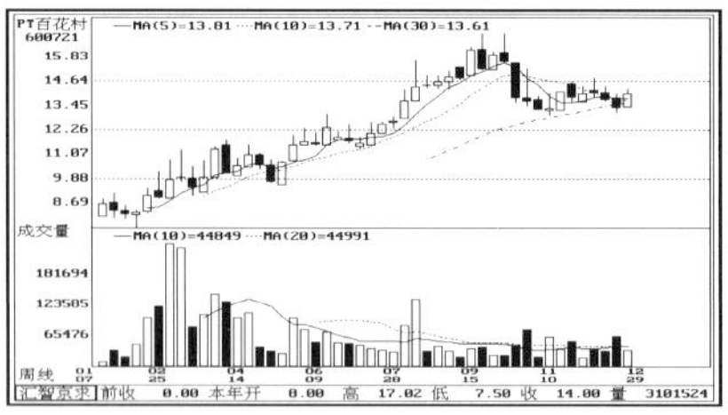

600721　ST 百花村：流通股本 4650 万，主营商业饮食业服务业。10 月 10 日最高价 17.02 元，1 月 28 日最低价 7.50 元，2000 年每股收益 -0.9200 元。风险个股，不介入。

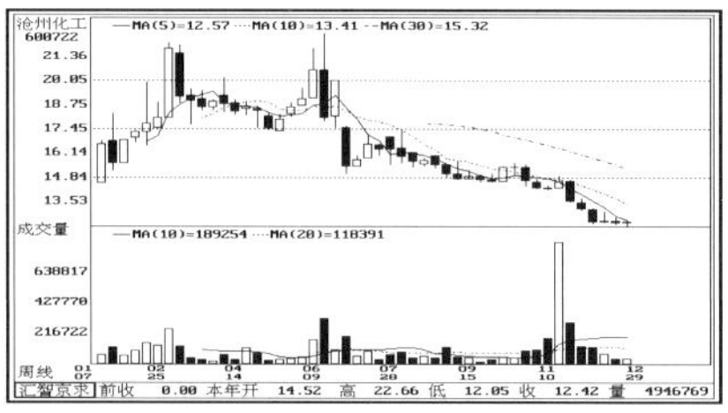

600722　沧州化工：流通股本 11500 万，主营化工原料。6 月 12 日最高价 22.66 元，12 月 12 日最低价 12.05 元，2000 年每股收益 0.2470 元。上档压力沉重，不介入为宜。

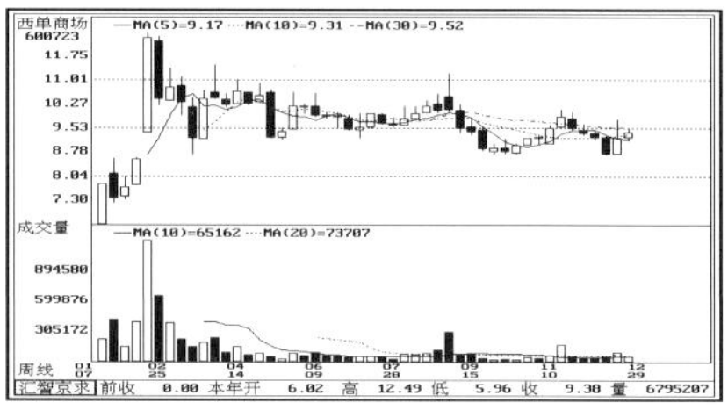

600723　西单商场：流通股本 18592 万，主营商业零售服务。2 月 17 日最高价 12.49 元，1 月 4 日最低价 5.96 元，2000 年每股收益 0.1729 元。需继续在低位震荡整理。

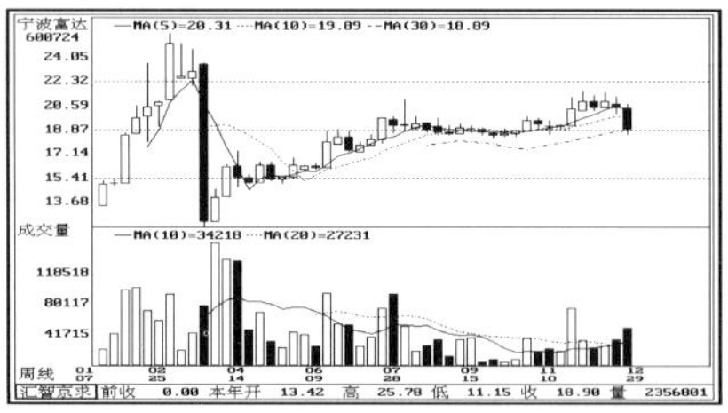

600724　宁波富达：流通股本 9842 万，主营生产和销售真空吸尘器。3 月 3 日最高价 25.78 元，3 月 21 日最低价 11.15 元，2000 年每股收益 0.2100 元。弱势整理，宜持币观望。

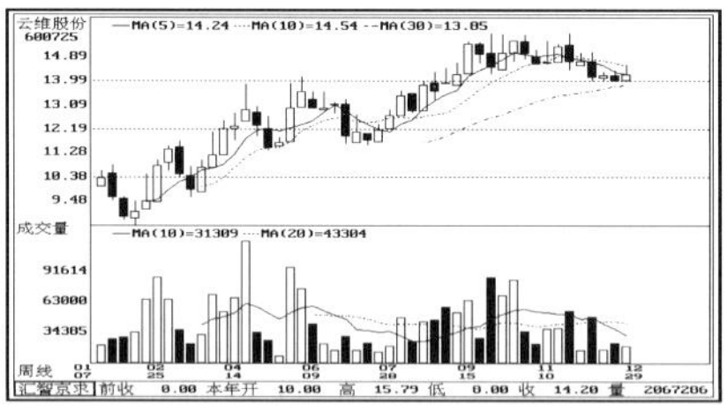

600725　云维股份：流通股本 3748 万，主营聚乙烯醇。9 月 26 日最高价 15.79 元，1 月 24 日最低价 8.00 元，2000 年每股收益 0.1920 元。均线系统压力大，不介入。

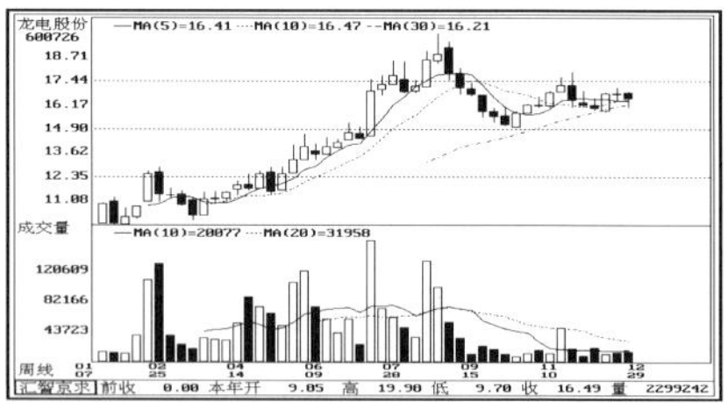

600726　龙电股份：流通股本 16800 万，主营电力生产、电厂检修。8 月 21 日最高价 19.98 元，1 月 17 日最低价 9.70 元，2000 年每股收益 0.3200 元。上档有一定压力，不介入为宜。

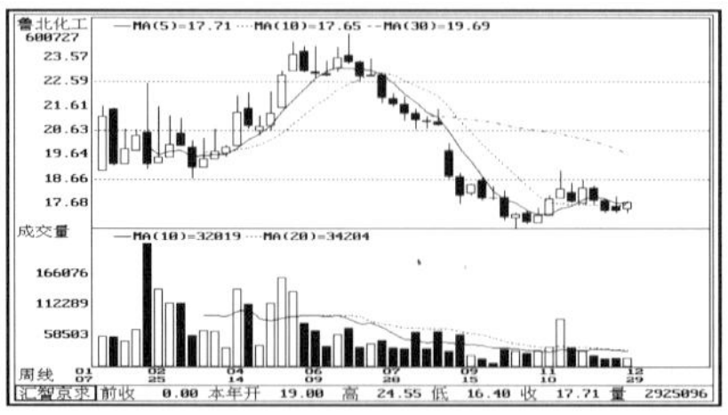

600727　鲁北化工：流通股本 15210 万，主营磷铵、硫酸、水泥。6 月 26 日最高价 24.55 元，10 月 16 日最低价 16.40 元，2000 年每股收益 0.5200 元。有 30 日均线支撑，持股。

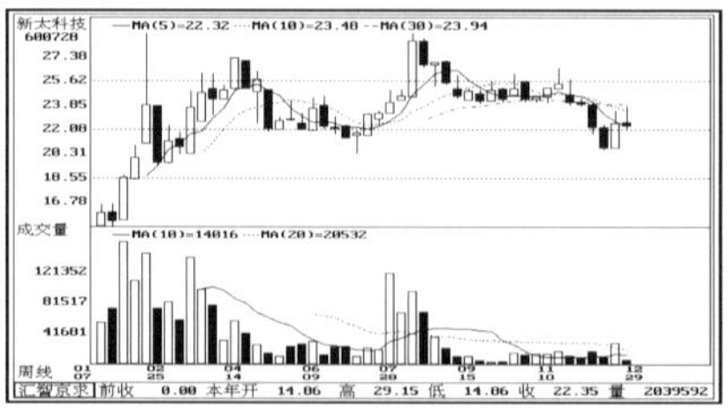

600728　新太科技：流通股本 8112 万，主营计算机新产品开发。2 月 17 日最高价 29.15 元，1 月 4 日最低价 14.86 元，2000 年每股收益 0.3100 元。短线回档，仍可持股不动。

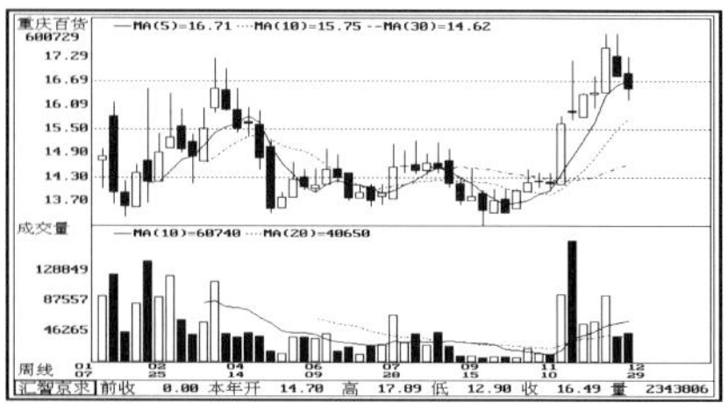

600729　重庆百货：流通股本 5100 万，主营商业批发零售。12 月 15 日最高价 17.89 元，10 月 18 日最低价 12.90 元，2000 年每股收益 0.3474 元。反弹力不足，还需调整。

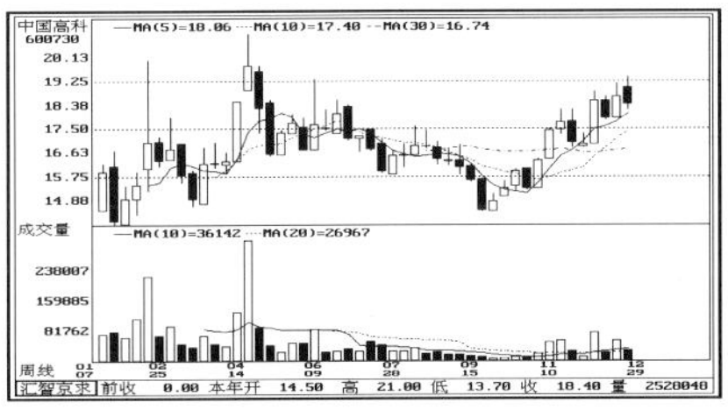

600730　　中国高科:流通股本 5460 万,主营生物制药。4 月 19 日最高价 21.00 元,1 月 17 日最低价 13.70 元,2000 年每股收益 0.1700 元。短线回吐,持股者需谨慎。

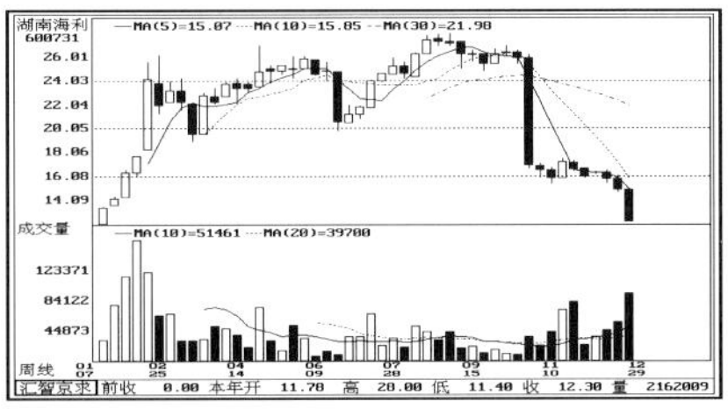

600731　　湖南海利:流通股本 7464 万,主营农药、精细化工产品。8 月 28 日最高价 28.00 元,1 月 4 日最低价 11.40 元,2000 年每股收益 0.1540 元。整理之中,观望不介入为宜。

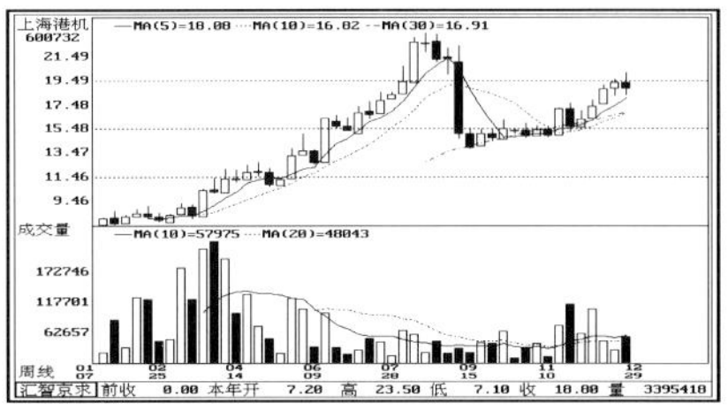

600732　　上海港机:流通股本 8294 万,主营各类集装箱起重机械。8 月 14 日最高价 23.50 元,1 月 4 日最低价 7.10 元,2000 年每股收益 0.0810 元。短线受阻,上档压力需时消化。

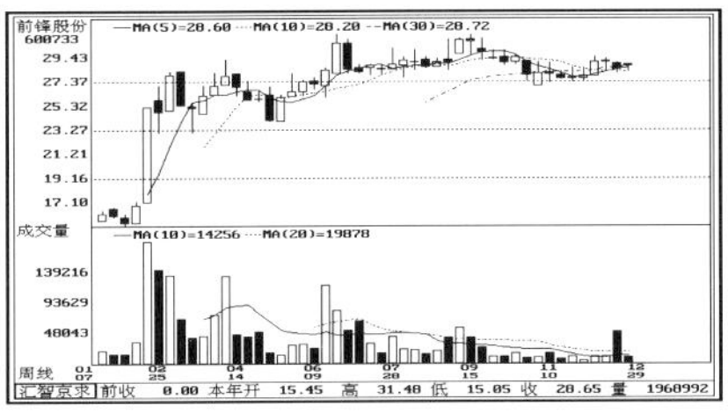

600733　　前锋股份:流通股本 7560 万,主营电子仪器、通信系统。6 月 21 日最高价 31.48 元,1 月 21 日最低价 15.05 元,2000 年每股收益 0.1260 元。均线系统压力大,不介入。

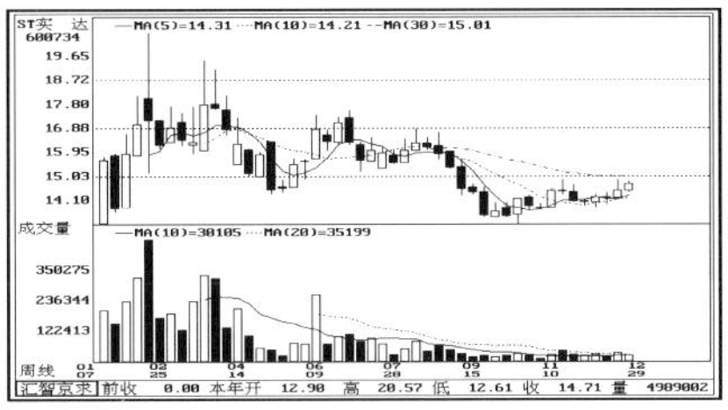

600734　　ST 实　　达:流通股本 13273 万,主营硬件、软件和信息服务。2 月 15 日最高价 20.57 元,1 月 4 日最低价 12.61 元,2000 年每股收益 -0.7171 元。低位弱势整理,一般关注。

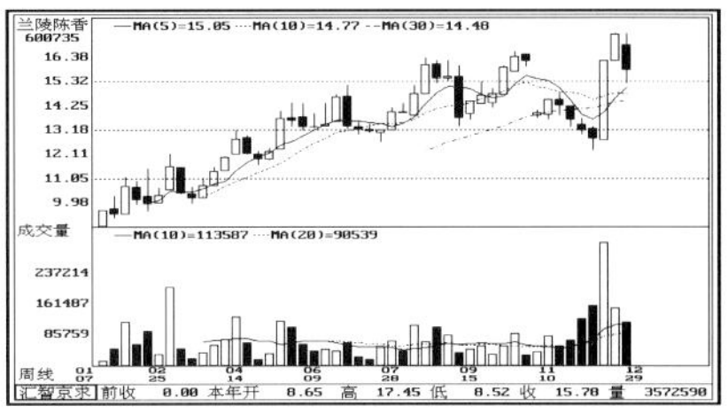

600735　　兰陵陈香:流通股本 8346 万,主营饮料、酒类。12 月 22 日最高价 17.45 元,1 月 4 日最低价 8.52 元,2000 年每股收益 0.1720 元。上档压力加重,暂不参与。

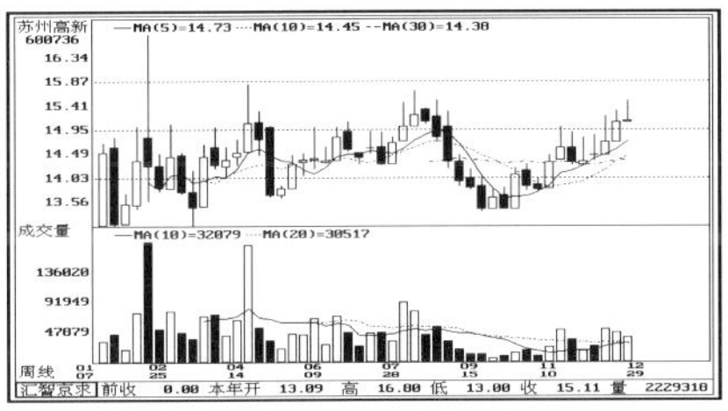

600736　　苏州高新:流通股本 15093 万,主营高新技术产品的投资。2 月 15 日最高价 16.80 元,1 月 17 日最低价 13.00 元,2000 年每股收益 0.2600 元。调整走势,短线出局观望。

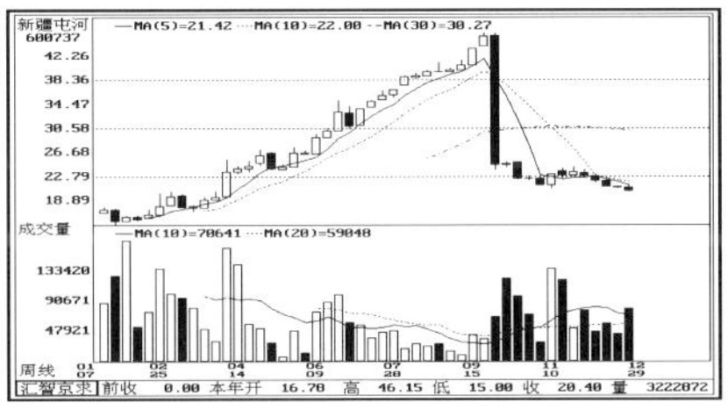

600737　　新疆屯河:流通股本 19347 万,主营水泥、番茄酱。9 月 22 日最高价 46.15 元,1 月 14 日最低价 15.00 元,2000 年每股收益 0.2400 元。仍未走强,上方压力大。

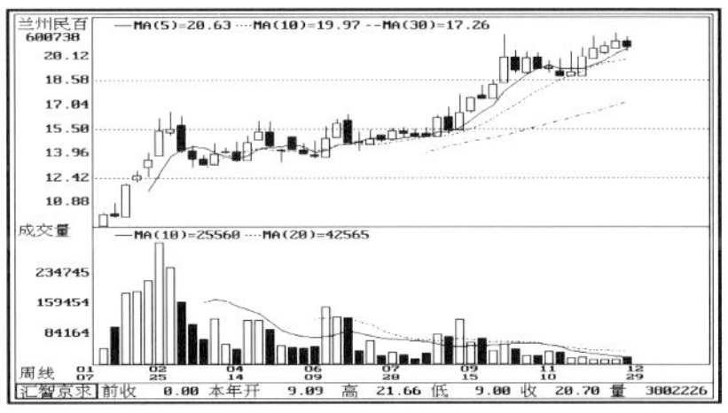

600738　　兰州民百:流通股本 13126 万,主营纺织生产、纺织贸易。12 月 21 日最高价 21.66 元,1 月 4 日最低价 9.00 元,2000 年每股收益 0.4500 元。整理蓄势之中,持股不动。

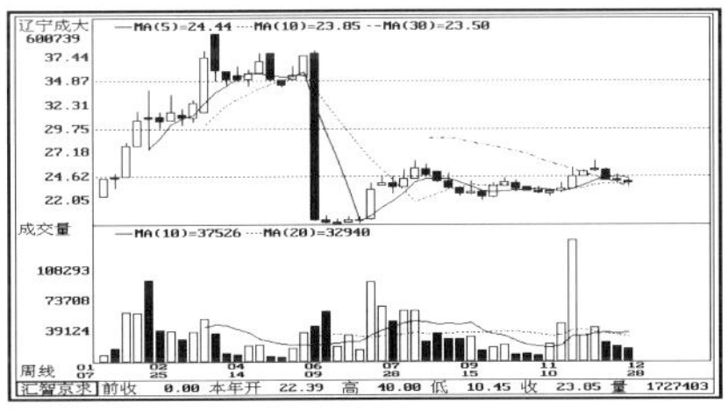

600739　　辽宁成大:流通股本 9781 万,主营棉针织品、毛针织品。3 月 27 日最高价 40.00 元,6 月 13 日最低价 18.45 元,2000 年每股收益 0.7000 元。上档压力仍重,需进一步整理。

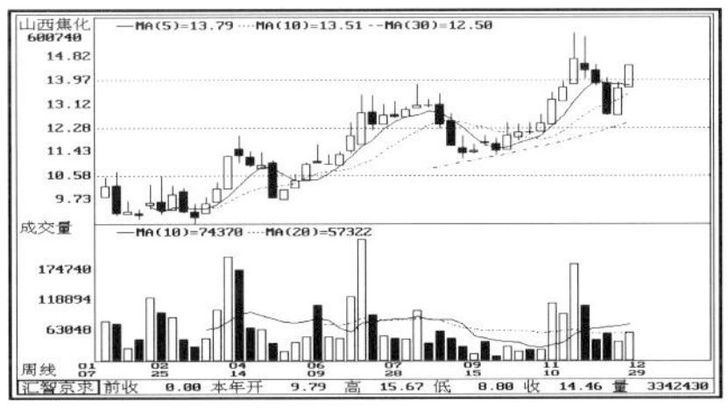

600740　　山西焦化:流通股本 8450 万,主营焦炭及其相关化工。11 月 24 日最高价 15.67 元,1 月 24 日最低价 8.80 元,2000 年每股收益 0.2352 元。上档有均线压力,不介入为宜。

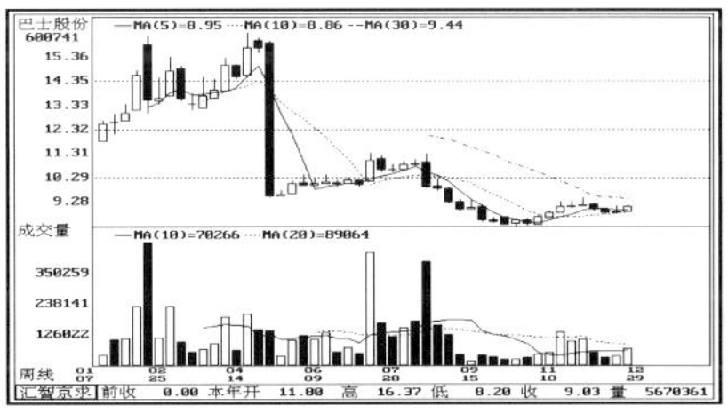

600741　　巴士股份:流通股本 24000 万,主营承担市区交通客运。4 月 21 日最高价 16.37 元,10 月 17 日最低价 8.20 元,2000 年每股收益 0.3100 元。短线横盘整理,可适当持股。

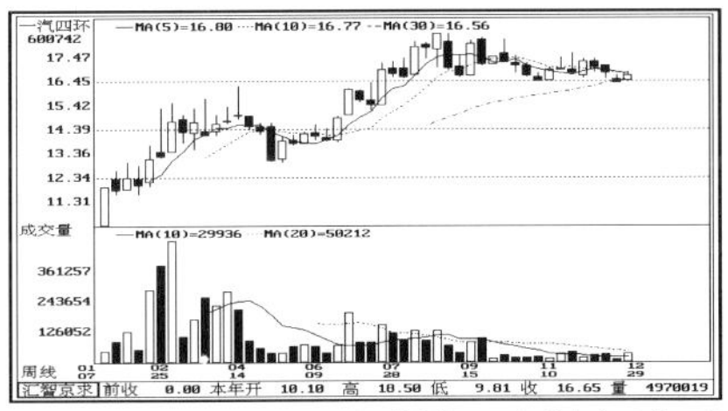

600742　　一汽四环:流通股本 10319 万,主营汽车改装。8 月 25 日最高价 18.50 元,1 月 5 日最低价 9.81 元,2000 年每股收益 0.5200 元。短线走淡,暂不宜介入。

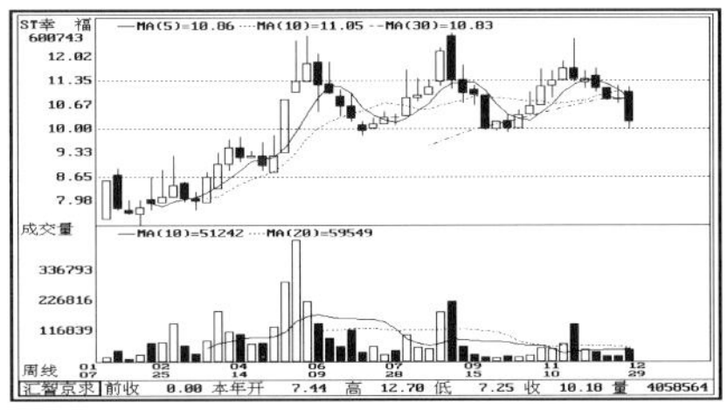

600743　　ST 幸　　福:流通股本 7820 万,主营服装、铝合金制品。8 月 28 日最高价 12.70 元,1 月 24 日最低价 7.25 元,2000 年每股收益 -0.9783 元。短线回调,持股观望。

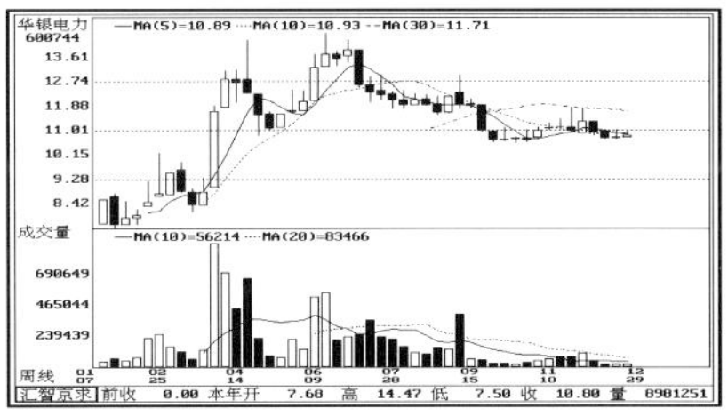

600744　　华银电力:流通股本 22176 万,主营电力生产和销售。6 月 16 日最高价 14.47 元,1 月 13 日最低价 7.50 元,2000 年每股收益 0.2751 元。缓步盘升走势,持股观望。

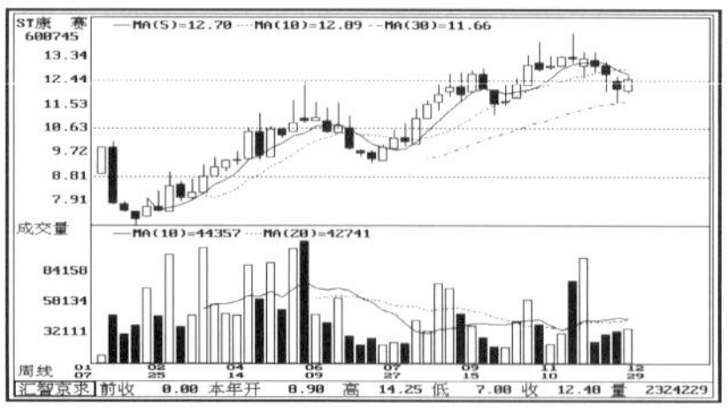

600745　ST 康　赛：流通股本 4676 万，主营纱、面料、T 恤衫。11 月 24 日最高价 14.25 元，1 月 28 日最低价 7.00 元，2000 年每股收益 -0.7500 元。调整未尽，继续观望。

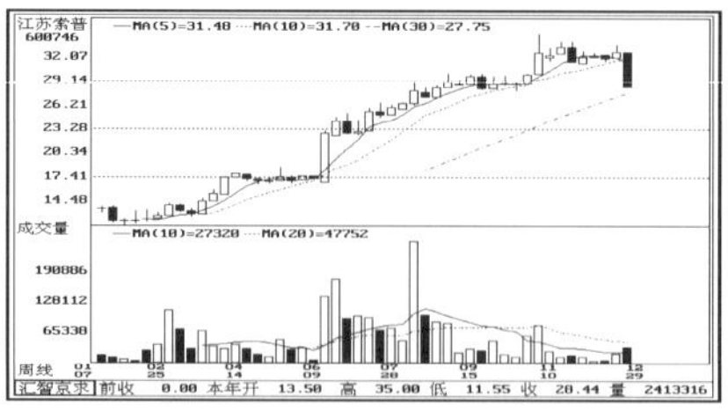

600746　江苏索普：流通股本 8803 万，主营化工原料。11 月 2 日最高价 35.00 元，1 月 21 日最低价 11.55 元，2000 年每股收益 0.2197 元。无企稳迹象，一般观望。

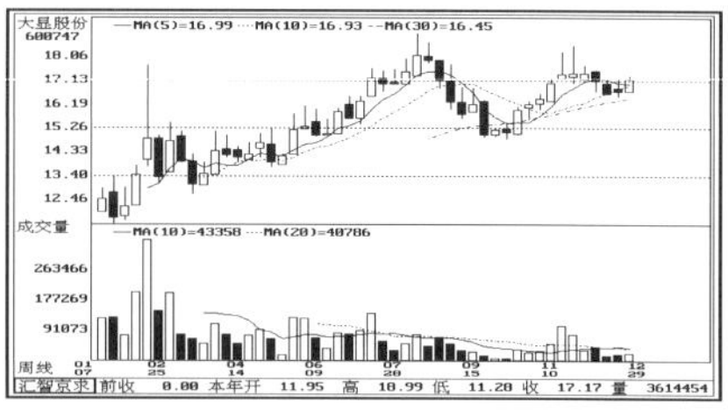

600747　大显股份：流通股本 15095 万，主营彩色显象管。8 月 10 日最高价 18.99 元，1 月 17 日最低价 11.28 元，2000 年每股收益 0.5400 元。短线调整中，反弹时可适当介入。

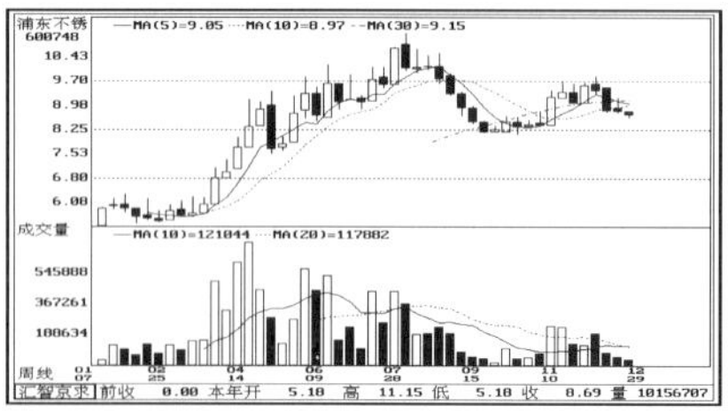

600748　浦东不锈：流通股本 15697 万，主营各类冷轧不锈薄板。7 月 31 日最高价 11.15 元，1 月 4 日最低价 5.18 元，2000 年每股收益 0.0250 元。上行受阻，暂不宜介入。

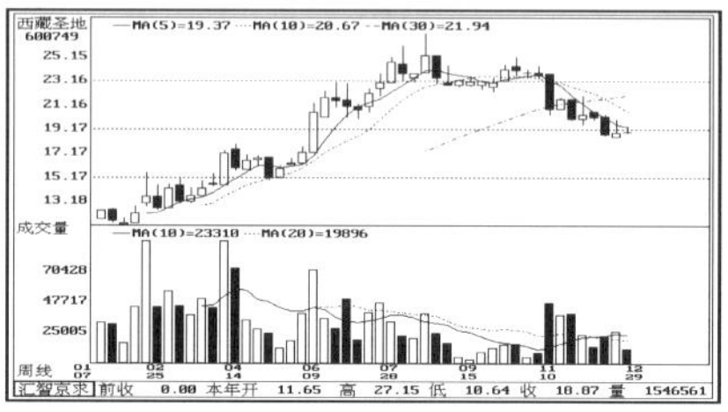

600749　西藏圣地：流通股本 2400 万，主营旅游、进出口贸易。8 月 18 日最高价 27.15 元，1 月 17 日最低价 10.64 元，2000 年每股收益 0.0830 元。需继续在低位震荡整理。

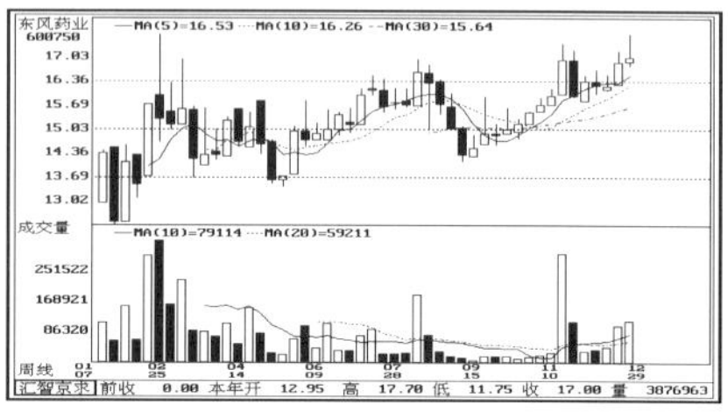

600750　东风药业：流通股本 6240 万，主营抗生素制剂。12 月 27 日最高价 17.70 元，1 月 20 日最低价 11.75 元，2000 年每股收益 0.1900 元。短线调整中，观望。

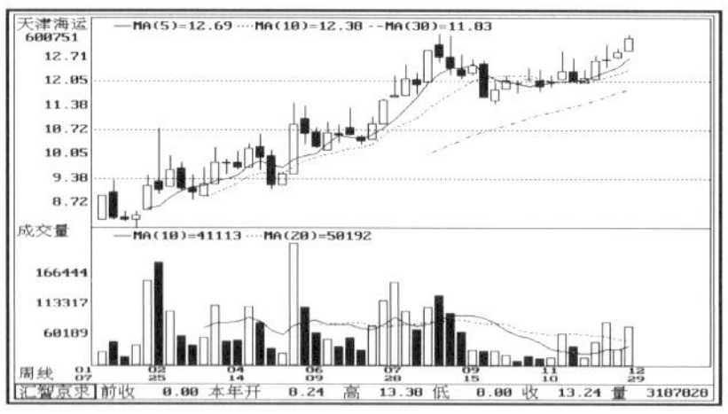

600751　天津海运：流通股本 10369 万，主营国际近洋运输。8 月 21 日最高价 13.38 元，1 月 24 日最低价 8.00 元，2000 年每股收益 0.1765 元。低位弱势整理，一般关注。

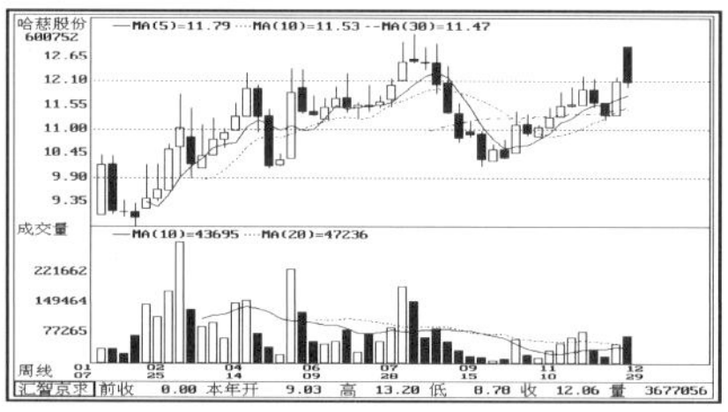

600752　哈慈股份：流通股本 12376 万，主营医药、保健食品。8 月 10 日最高价 13.20 元，1 月 24 日最低价 8.78 元，2000 年每股收益 0.1800 元。上档压力沉重，不介入为宜。

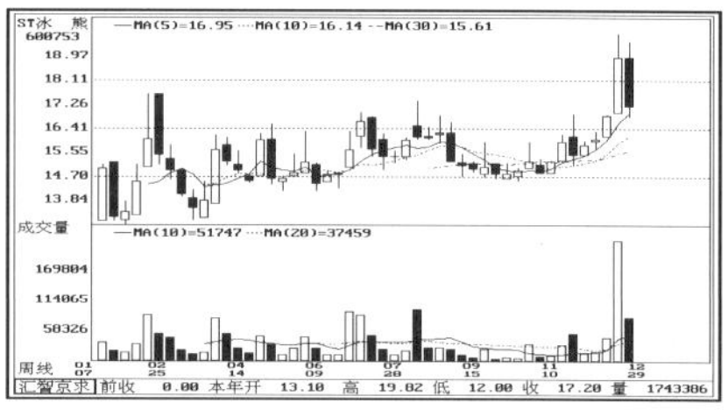

600753　ST 冰　熊：流通股本 3200 万，主营各种卧式冷柜。12 月 21 日最高价 19.82 元，1 月 17 日最低价 12.00 元，2000 年每股收益 -0.3400 元。缓步盘升走势，持股观望。

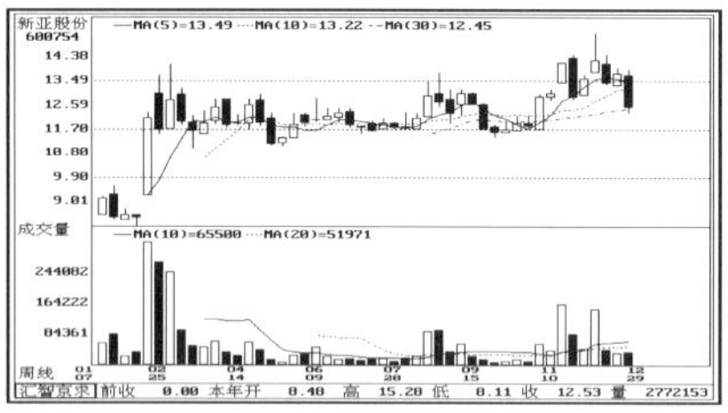

600754　新亚股份：流通股本 9836 万，主营经营酒店酒楼。12 月 8 日最高价 15.28 元，1 月 28 日最低价 8.11 元，2000 年每股收益 0.2130 元。弱势，抛压重，观望。

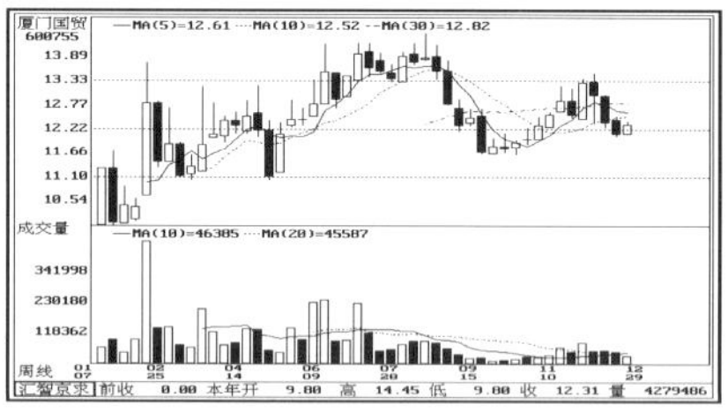

600755　厦门国贸：流通股本 12700 万，主营进出口贸易。8 月 16 日最高价 14.45 元，1 月 4 日最低价 9.80 元，2000 年每股收益 0.0210 元。反弹走势，持股观望。

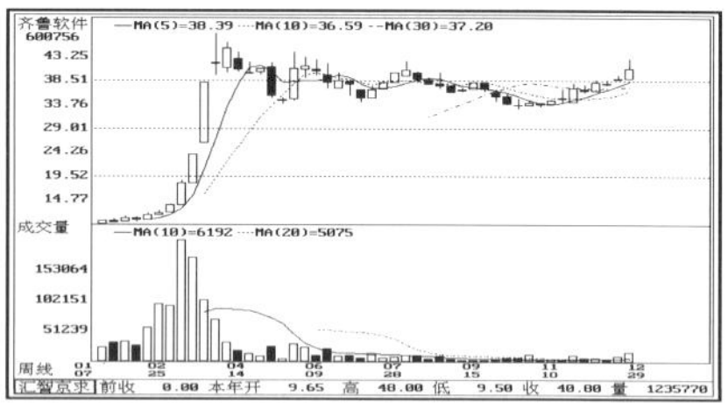

600756　齐鲁软件：流通股本 6870 万，主营软硬件技术开发。3 月 30 日最高价 48.00 元，1 月 4 日最低价 9.50 元，2000 年每股收益 0.1600 元。短线走弱，观望为主。

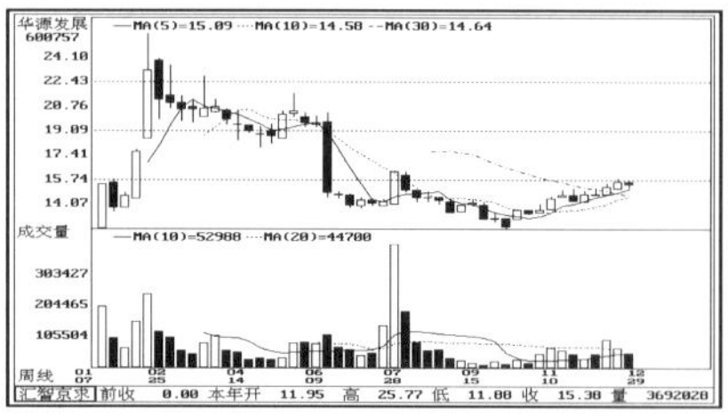

600757　华源发展：流通股本 14040 万，主营销售各类服装。2 月 17 日最高价 25.77 元，1 月 4 日最低价 11.88 元，2000 年每股收益 0.3300 元。短线调整中，反弹时可适当介入。

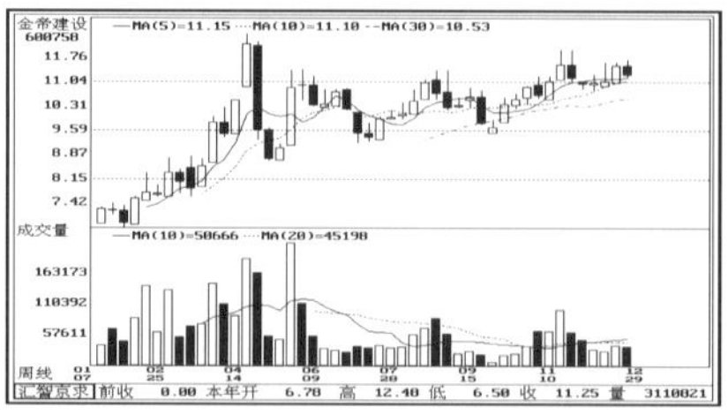

600758　金帝建设：流通股本 6160 万，主营土木工程施工。4 月 21 日最高价 12.48 元，1 月 24 日最低价 6.50 元，2000 年每股收益 0.0315 元。破位下调，短线走势趋淡。

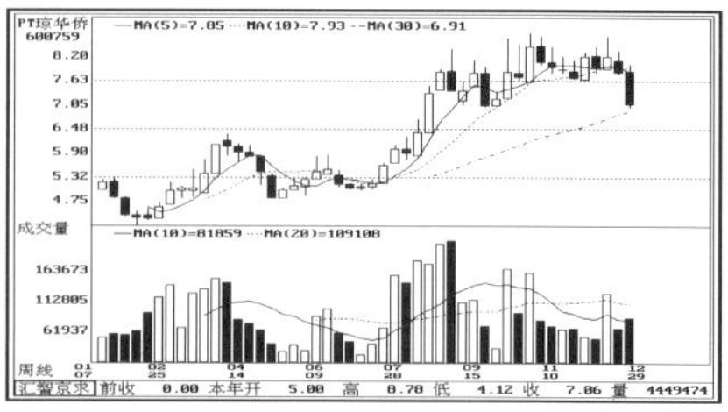

600759　PT 琼华侨：流通股本 6916 万，主营高新技术项目。10 月 27 日最高价 8.78 元，1 月 25 日最低价 4.12 元，2000 年每股收益 -0.3277 元。风险个股，不介入。

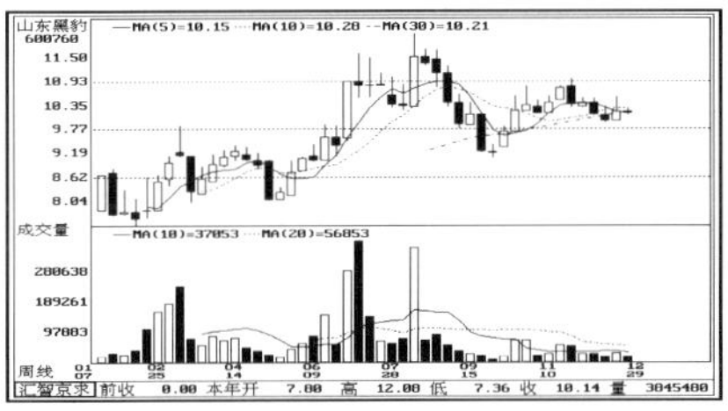

600760　山东黑豹:流通股本 13159 万,主营黑豹牌微型汽车。8 月 9 日最高价 12.08 元,1 月 24 日最低价 7.36 元,2000 年每股收益 0.0940 元。短线有一定的压力,正在调整。

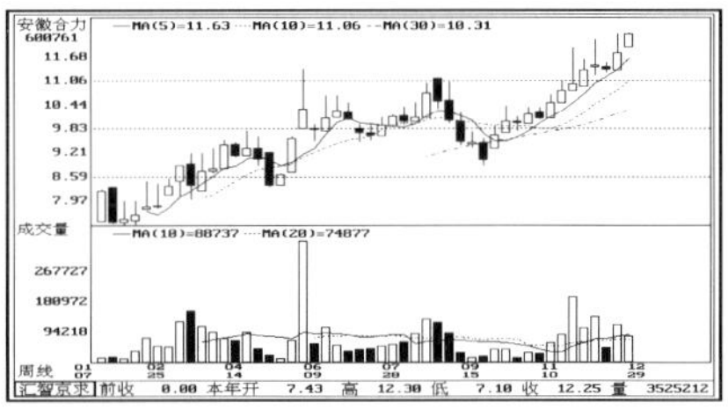

600761　安徽合力:流通股本 9422 万,主营叉车、工程机械。12 月 29 日最高价 12.30 元,1 月 25 日最低价 7.10 元,2000 年每股收益 0.2900 元。行情未了,中线关注。

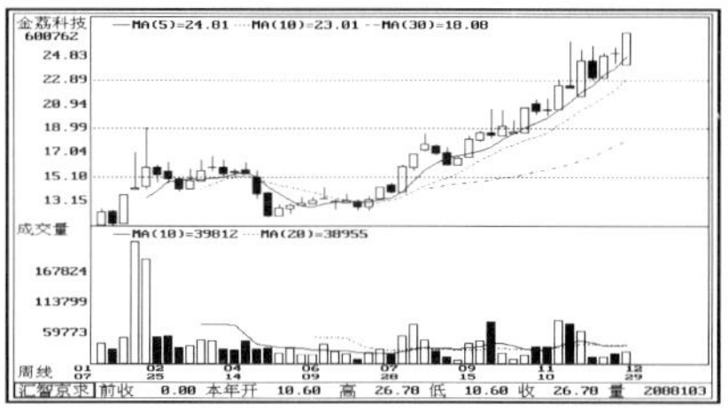

600762　金荔科技:流通股本 4326 万,主营农业高科技产品。12 月 29 日最高价 26.78 元,1 月 4 日最低价 10.60 元,2000 年每股收益 0.1400 元。上档抛压较重,持股观望。

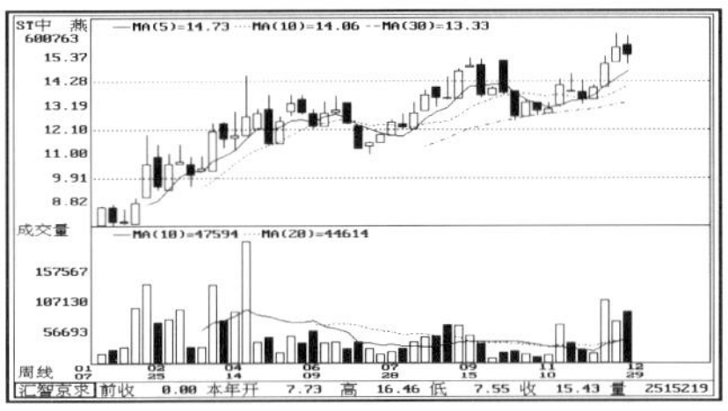

600763　ST 中　燕:流通股本 4032 万,主营羽毛羽绒产品。12 月 21 日最高价 16.46 元,1 月 13 日最低价 7.55 元,2000 年每股收益 -0.1490 元。整理走势,关注均线支撑。

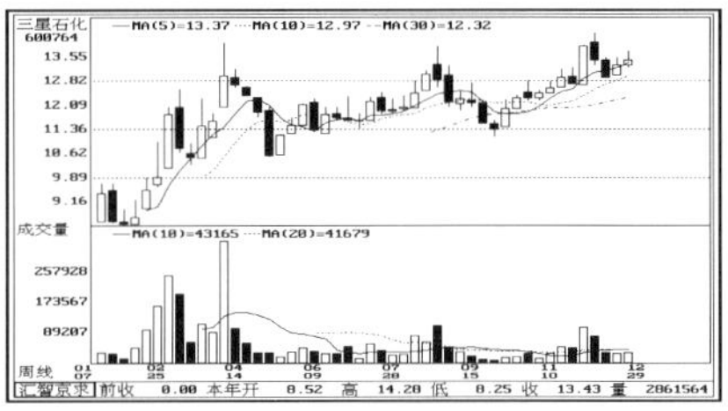

600764　三星石化:流通股本 5899 万,主营石油化工产品。12 月 4 日最高价 14.28 元,1 月 24 日最低价 8.25 元,2000 年每股收益 0.2950 元。均线系统压力大,不介入。

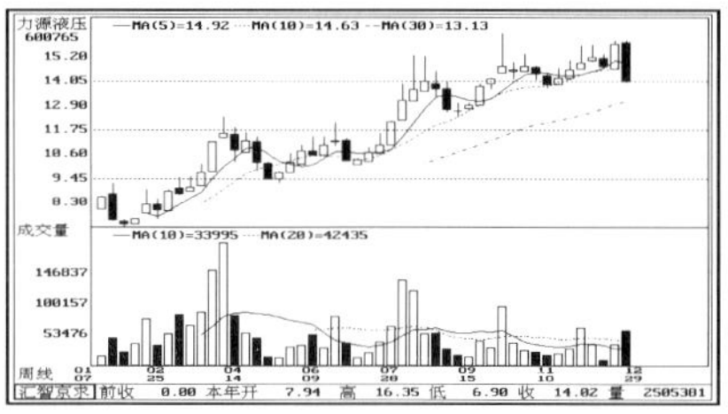

600765　力源液压:流通股本 3450 万,主营高压柱塞液压。10 月 12 日最高价 16.35 元,1 月 24 日最低价 6.90 元,2000 年每股收益 0.0040 元。中线价值仍存,可持股。

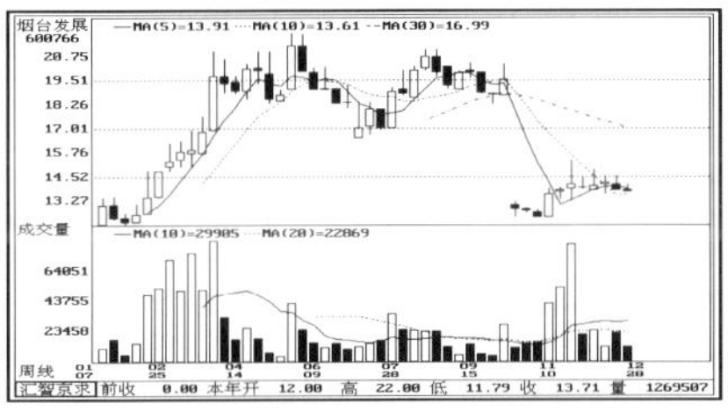

600766　烟台发展:流通股本 6021 万,主营商品零售及批发。5 月 25 日最高价 22.00 元,1 月 6 日最低价 11.79 元,2000 年每股收益 0.1327 元。中线已趋淡,趁反弹减磅。

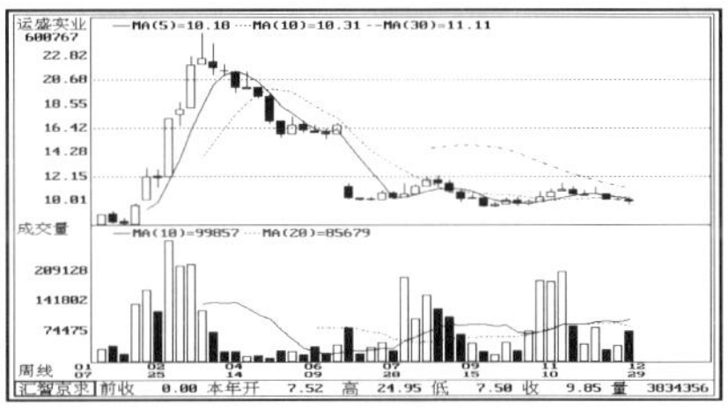

600767　运盛实业:流通股本 9674 万,主营城市基础设施。3 月 23 日最高价 24.95 元,1 月 24 日最低价 7.50 元,2000 年每股收益 0.0100 元。破位下调,短线走势趋淡。

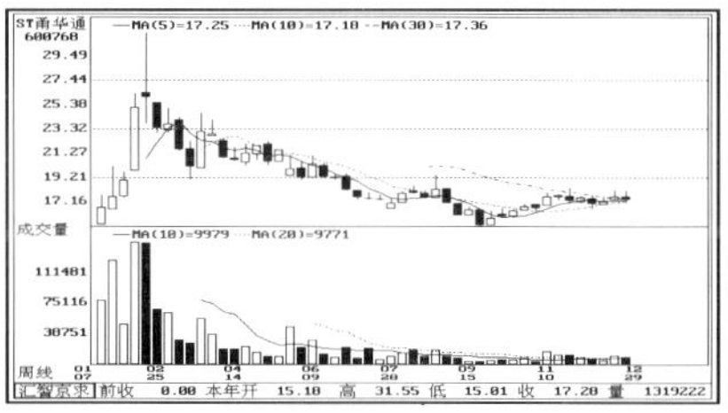

600768　ST 甬华通:流通股本 2678 万,主营公路货物运输。2 月 16 日最高价 31.55 元,1 月 4 日最低价 15.01 元,2000 年每股收益 -0.3100 元。短线有一定压力,需整固。

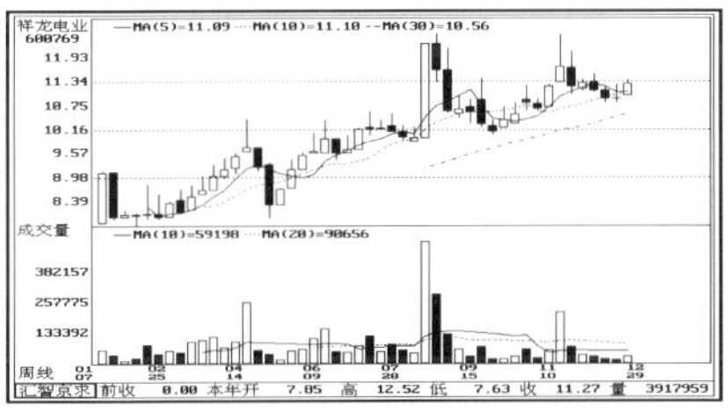

600769　祥龙电业:流通股本 8736 万,主营基本化工原料。8 月 22 日最高价 12.52 元,1 月 4 日最低价 7.63 元,2000 年每股收益 0.0600 元。有走强的欲望,但动力不足。

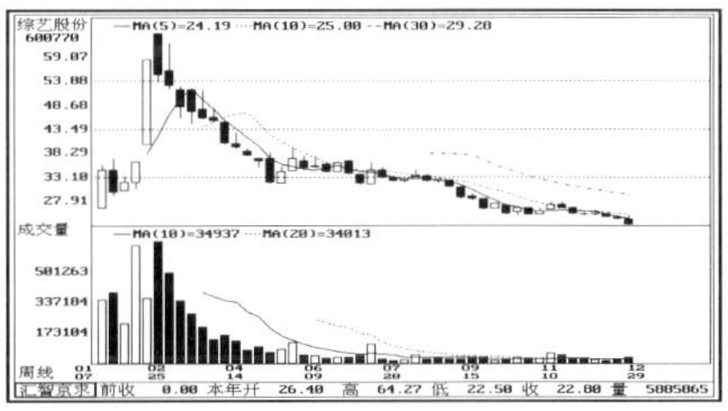

600770　综艺股份:流通股本 9900 万,主营各类中高档服装。2 月 21 日最高价 64.27 元,12 月 28 日最低价 22.50 元,2000 年每股收益 0.3360 元。中线已趋淡,趁反弹减磅。

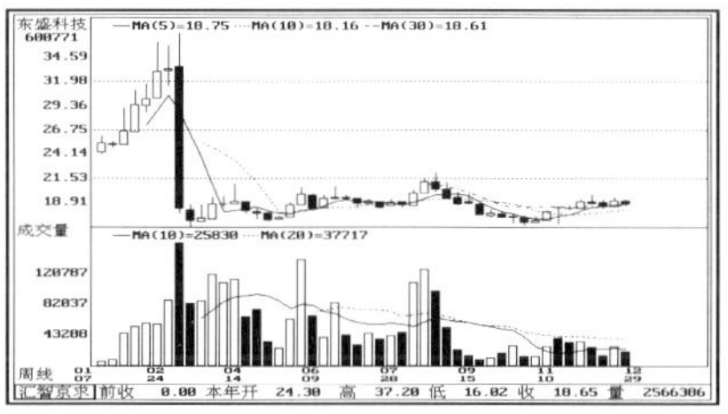

600771　东盛科技:流通股本 4950 万,主营各类医药产品。3 月 7 日最高价 37.20 元,3 月 29 日最低价 16.02 元,2000 年每股收益 0.2840 元。反弹压力较重,局外观望。

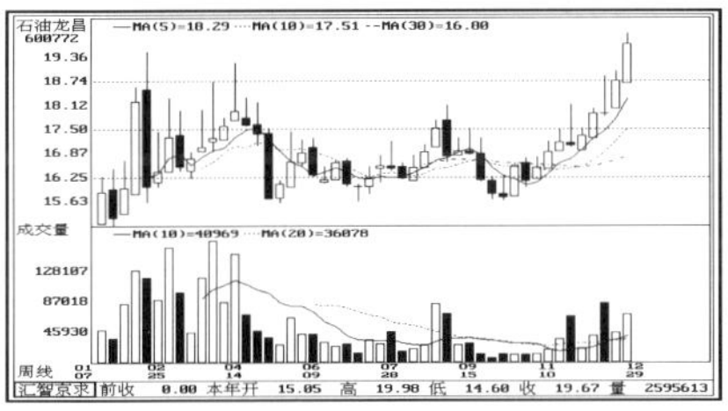

600772　石油龙昌:流通股本 7582 万,主营天然气管道运输。12 月 29 日最高价 19.98 元,1 月 4 日最低价 14.60 元,2000 年每股收益 0.2250 元。仍处弱势,观望为主。

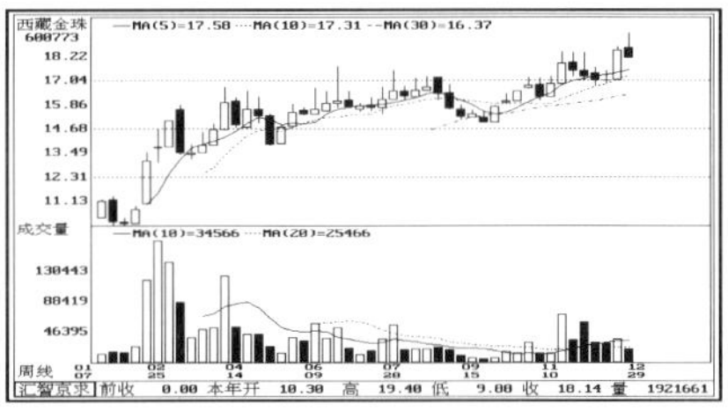

600773　西藏金珠:流通股本 4502 万,主营进出口贸易。12 月 26 日最高价 19.40 元,1 月 17 日最低价 9.88 元,2000 年每股收益 0.2500 元。反弹走势,持股观望。

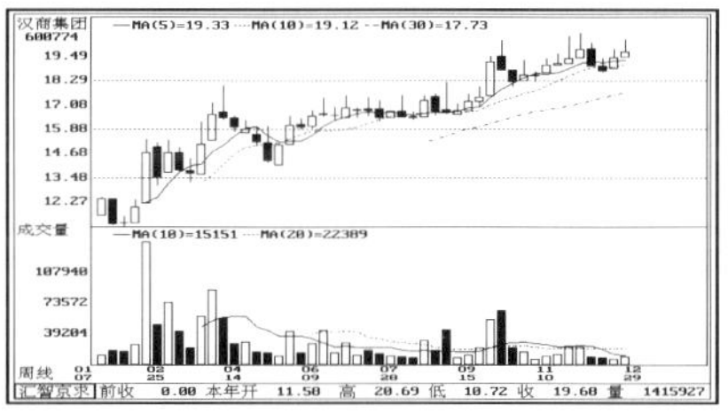

600774　汉商集团:流通股本 3461 万,主营百货零售、旅游。11 月 29 日最高价 20.69 元,1 月 17 日最低价 10.72 元,2000 年每股收益 0.3150 元。走强仍需放量,关注。

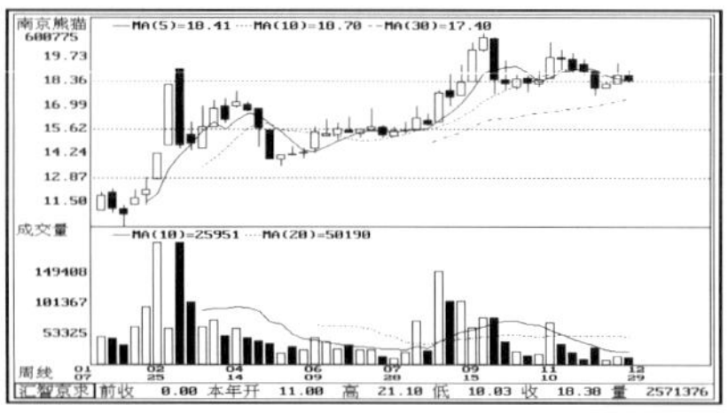

600775　　南京熊猫:流通股本5800万,主营销售移动通信。9月21日最高价21.10元,1月20日最低价10.03元,2000年每股收益0.2000元。无企稳迹象,一般观望。

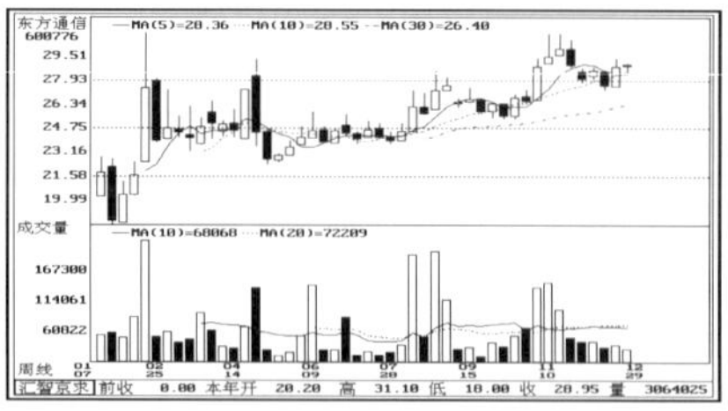

600776　　东方通信:流通股本11650万,主营生产经营移动通信。2月17日最高价31.10元,1月17日最低价18.00元,2000年每股收益0.6000元。调整走势,短线出局观望。

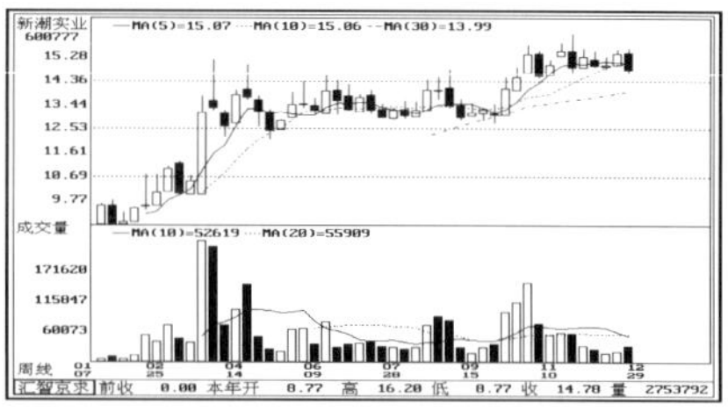

600777　　新潮实业:流通股本5037万,主营羊绒制品、针棉织品。11月21日最高价16.20元,1月4日最低价8.77元,2000年每股收益0.3200元。上档压力沉重,不介入为宜。

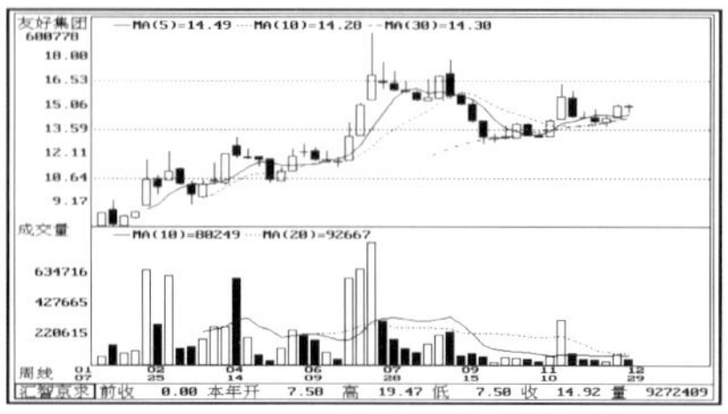

600778　　友好集团:流通股本17131万,主营商品零售兼批发。7月13日最高价19.47元,1月6日最低价7.50元,2000年每股收益0.1200元。短线有回档压力,不介入为宜。

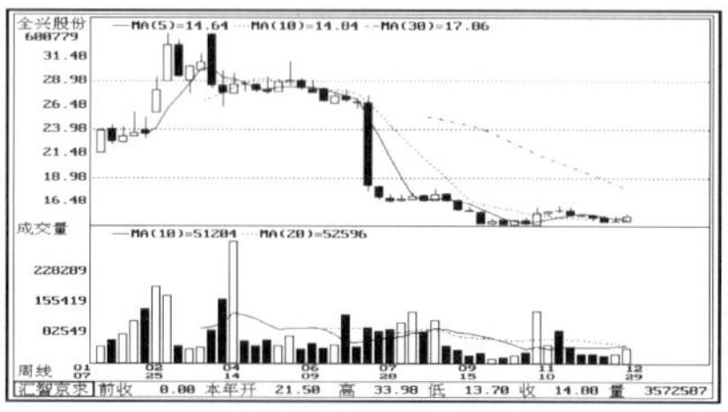

600779　　全兴股份:流通股本13366万,主营传统生物发酵工程。3月3日最高价33.98元,10月17日最低价13.70元,2000年每股收益0.4390元。通道式上行,持股为主。

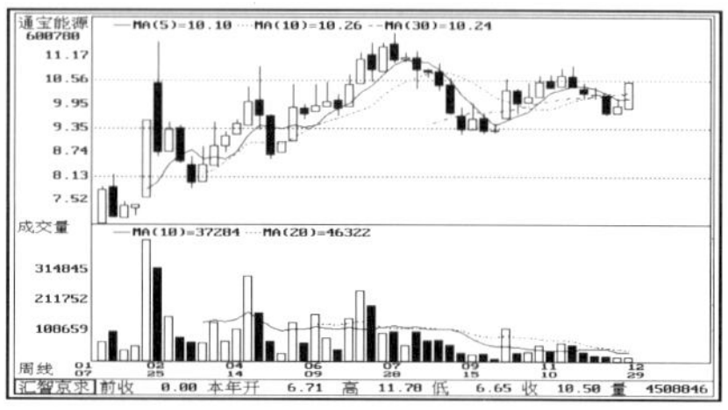

600780　　通宝能源:流通股本9357万,主营煤炭的开采。7月24日最高价11.78元,1月4日最低价6.65元,2000年每股收益0.2500元。处短线调整中,需观望。

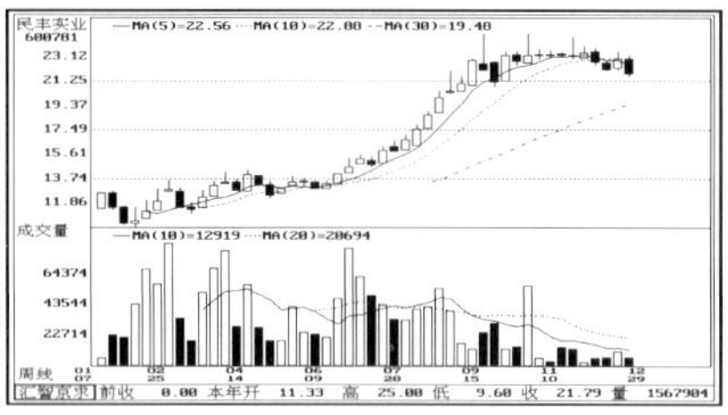

600781　　民丰实业:流通股本5063万,主营纺织印染产品。10月25日最高价25.00元,1月24日最低价9.60元,2000年每股收益0.0200元。成交量萎缩,持股观望。

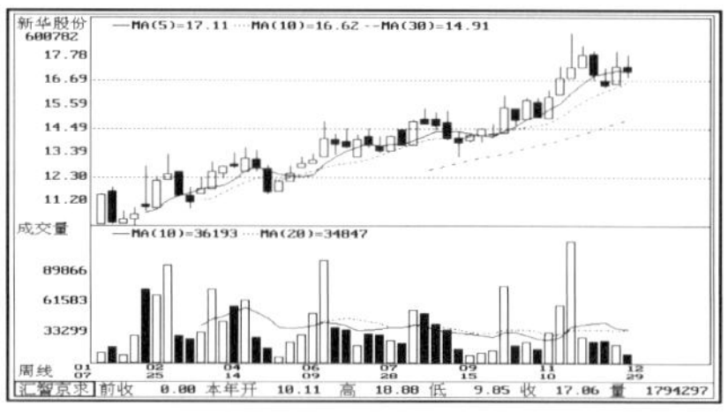

600782　　新华股份:流通股本5616万,主营各类预应力钢丝。11月23日最高价18.88元,1月24日最低价9.85元,2000年每股收益0.2227元。上攻动力不足,仍有调整。

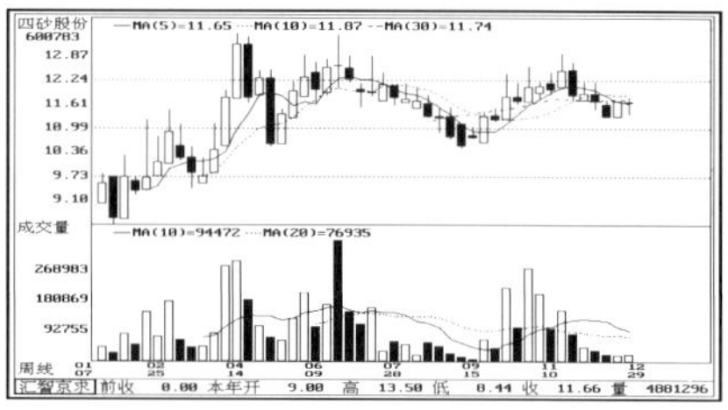

600783　　四砂股份:流通股本6490万,主营生产磨料磨具。4月14日最高价13.50元,1月17日最低价8.44元,2000年每股收益-0.1573元。有望维持盘升走势,持股观望。

600784　　鲁银投资:流通股本17183万,主营信托、证券业务。6月30日最高价16.30元,1月4日最低价8.24元,2000年每股收益0.1907元。均线反压大,不宜介入。

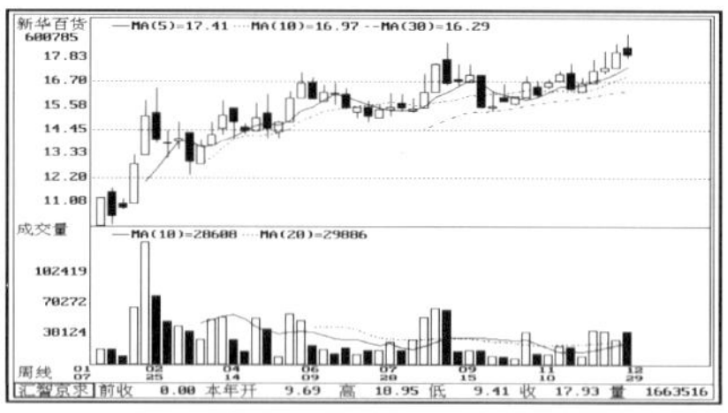

600785　　新华百货:流通股本4973万,主营百货零售业。12月26日最高价18.95元,1月4日最低价9.41元,2000年每股收益0.3950元。向下跳空,处弱势,不介入。

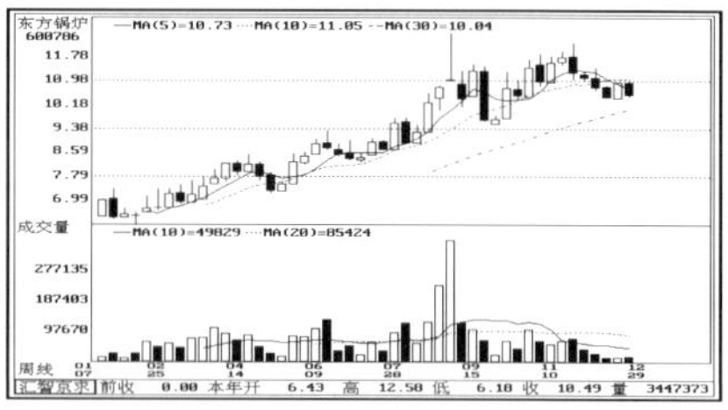

600786　　东方锅炉:流通股本5400万,主营电站锅炉。8月31日最高价12.58元,1月24日最低价6.18元,2000年每股收益-0.5590元。短线有减持迹象,暂不介入。

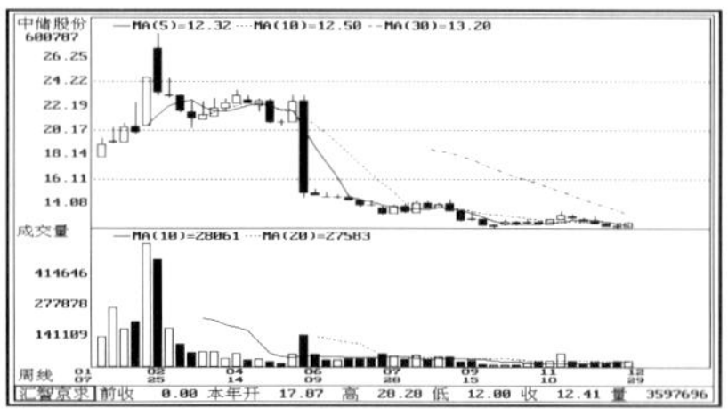

600787　　中储股份:流通股本12616万,主营商品储存、运输。2月22日最高价28.28元,9月11日最低价12.00元,2000年每股收益0.1530元。均线反压大,不宜介入。

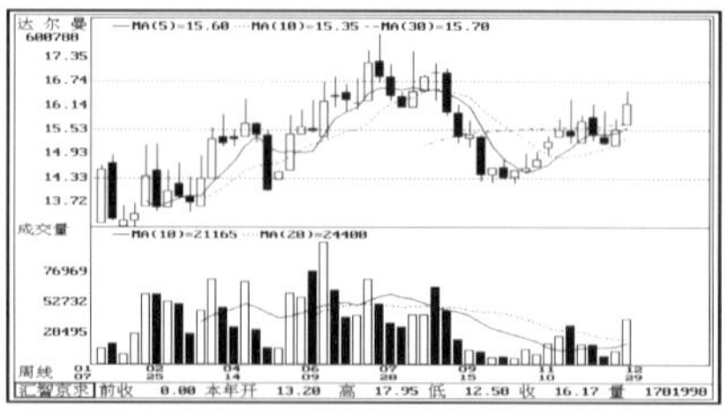

600788　　达　尔　曼:流通股本10472万,主营贵重宝石制品。7月17日最高价17.95元,1月24日最低价12.58元,2000年每股收益0.4160元。上档抛压较重,持股观望。

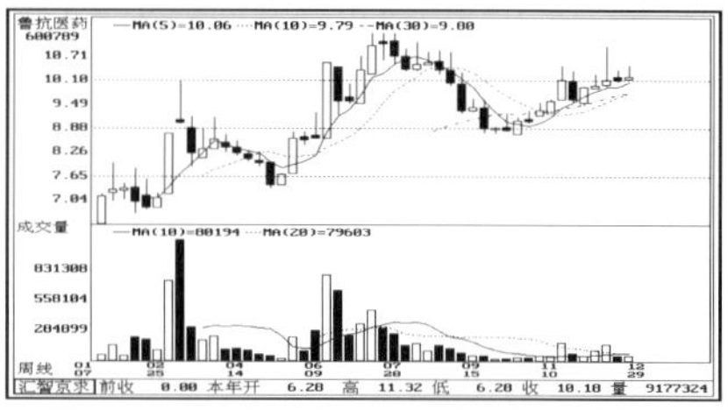

600789　　鲁抗医药:流通股本15810万,主营生产抗生素原料药。7月24日最高价11.32元,1月4日最低价6.28元,2000年每股收益0.1600元。短线调整未结束,持币。

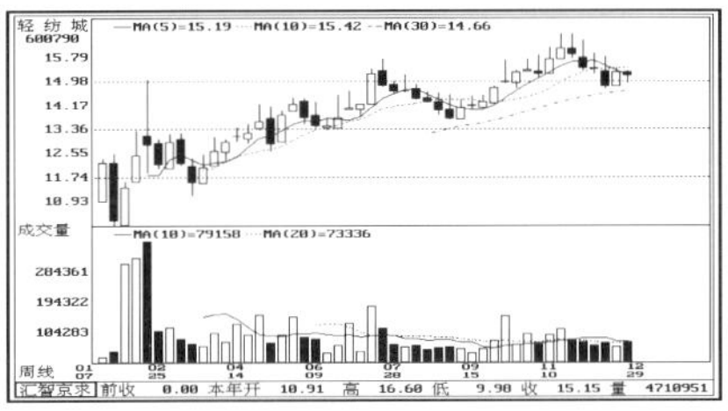

600790　　轻　纺　城：流通股本 25223 万，主营销售各类纺织品。11 月 24 日最高价 16.60 元，1 月 17 日最低价 9.98 元，2000 年每股收益 0.3740 元。无企稳迹象，一般观望。

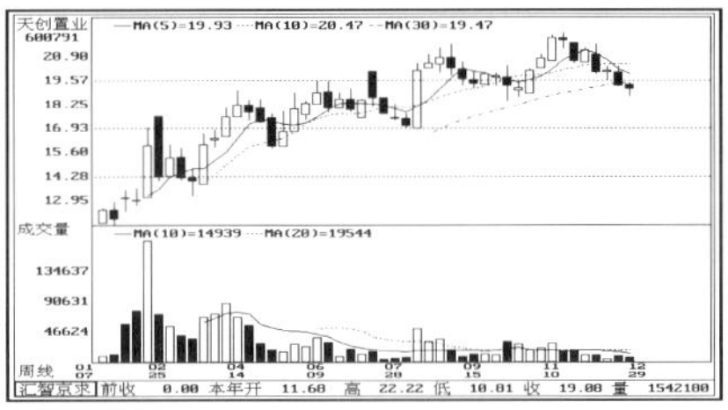

600791　　天创置业：流通股本 3300 万，主营商业批发零售。11 月 13 日最高价 22.22 元，1 月 5 日最低价 10.81 元，2000 年每股收益 -0.4700 元。反弹走势，持股观望。

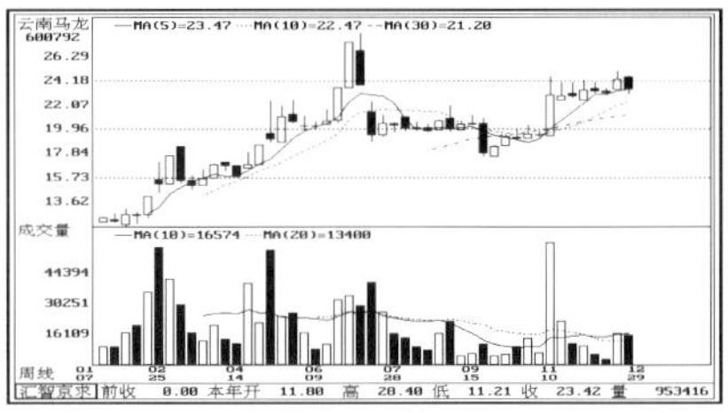

600792　　云南马龙：流通股本 1500 万，主营黄磷、磷酸。7 月 3 日最高价 28.40 元，1 月 4 日最低价 11.21 元，2000 年每股收益 -0.2700 元。升势途中，继续持股。

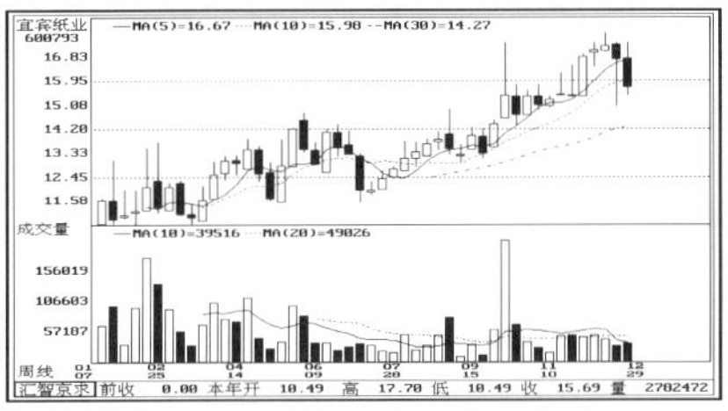

600793　　宜宾纸业：流通股本 3354 万，主营新闻纸及纸制品。12 月 15 日最高价 17.70 元，1 月 4 日最低价 10.49 元，2000 年每股收益 0.1190 元。上行欲望不强，仍有整理。

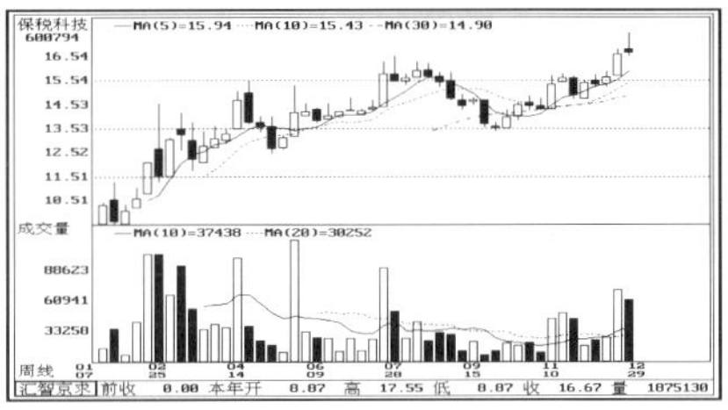

600794　　保税科技：流通股本 5012 万，主营机制纸及纸产品。12 月 25 日最高价 17.55 元，1 月 4 日最低价 8.87 元，2000 年每股收益 0.1920 元。短线调整将尽，反弹空间仍存。

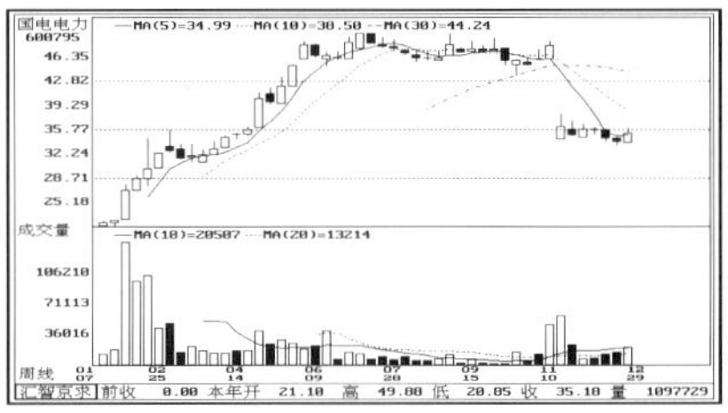

600795　　国电电力：流通股本 20703 万，主营电力、热力产品。7 月 7 日最高价 49.88 元，1 月 4 日最低价 20.85 元，2000 年每股收益 0.6150 元。低位弱势整理，一般关注。

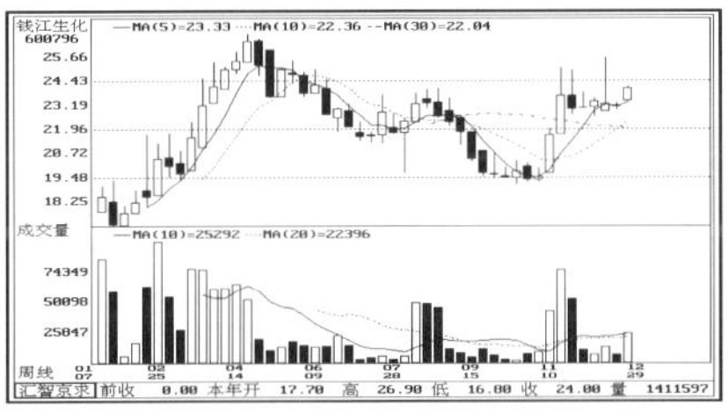

600796　　钱江生化：流通股本 3249 万，主营生物农药。4 月 21 日最高价 26.90 元，1 月 17 日最低价 16.80 元，2000 年每股收益 0.3674 元。上档压力沉重，不介入为宜。

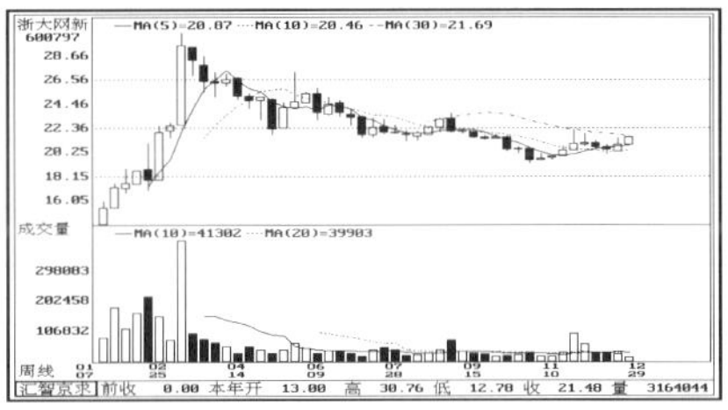

600797　　浙大网新：流通股本 16617 万，主营有线电视网络投资。3 月 9 日最高价 30.76 元，1 月 4 日最低价 12.78 元，2000 年每股收益 0.2800 元。上升动力不足，谨慎持有。

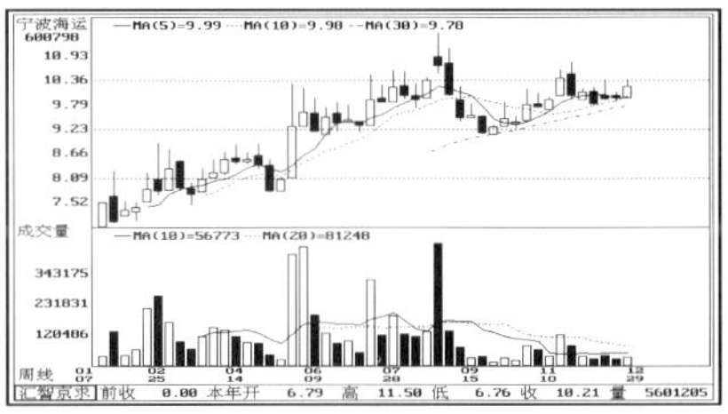

600798　　宁波海运：流通股本 14145 万，主营货物运输。8 月 22 日最高价 11.50 元，1 月 4 日最低价 6.76 元，2000 年每股收益 0.1630 元。上行受阻，暂不宜介入。

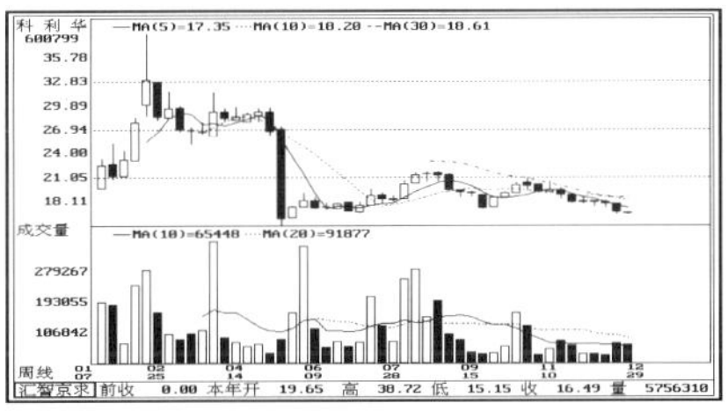

600799　　科　利　华：流通股本 17850 万，主营网上项目。2 月 17 日最高价 38.72 元，5 月 18 日最低价 19.61 元，2000 年每股收益 0.3069 元。短线调整将尽，反弹空间仍存。

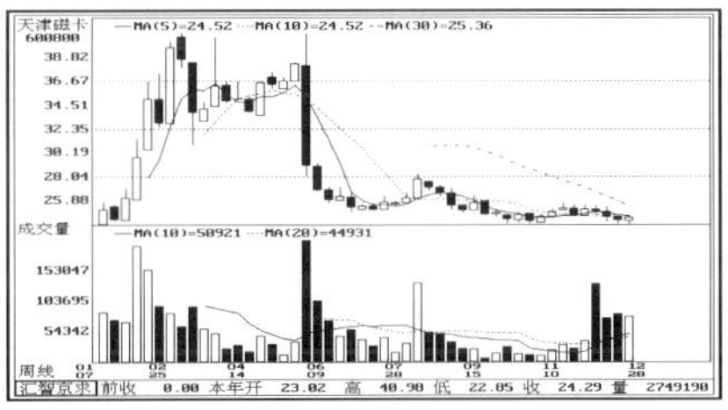

600800　　天津磁卡：流通股本 26174 万，主营包装印刷产品。3 月 6 日最高价 40.98 元，1 月 4 日最低价 22.85 元，2000 年每股收益 0.3020 元。上档压力沉重，宜不介入。

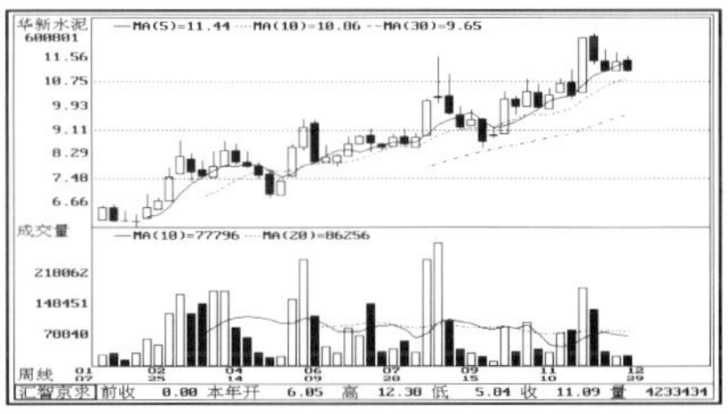

600801　　华新水泥：流通股本 4800 万，主营专营水泥制造和销售。12 月 4 日最高价 12.38 元，1 月 28 日最低价 5.84 元，2000 年每股收益 0.0500 元。上档压力沉重，不介入为宜。

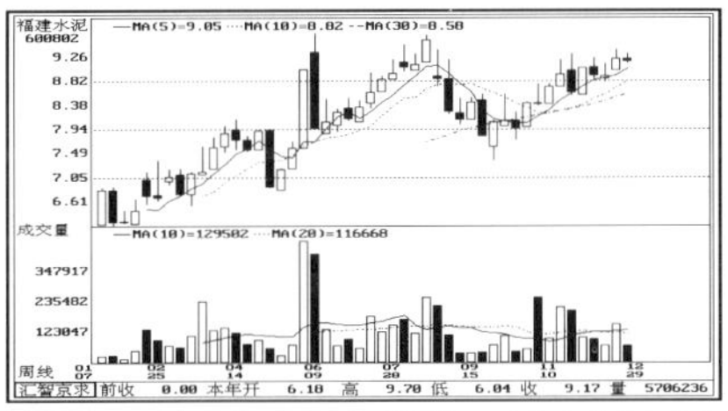

600802　　福建水泥：流通股本 13430 万，主营水泥的生产及销售。6 月 5 日最高价 9.70 元，1 月 24 日最低价 6.04 元，2000 年每股收益 0.1850 元。低位弱势整理，一般关注。

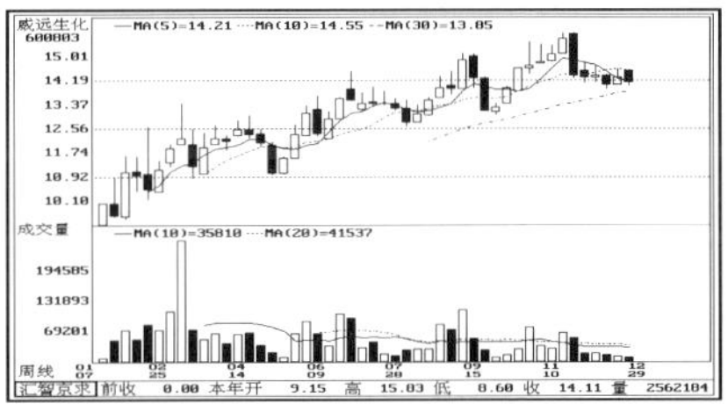

600803　　威远生化：流通股本 6610 万，主营阿维菌素系列。11 月 17 日最高价 15.83 元，1 月 17 日最低价 8.60 元，2000 年每股收益 0.2000 元。上升压力沉重，需淡化阻力。

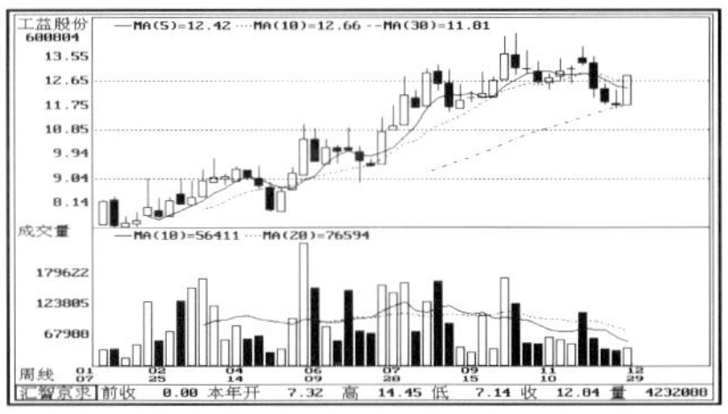

600804　　工益股份：流通股本 7196 万，主营电炉炼钢、冶金。10 月 18 日最高价 14.45 元，1 月 24 日最低价 7.14 元，2000 年每股收益 -0.2700 元。成交淡静，短线压力需消化。

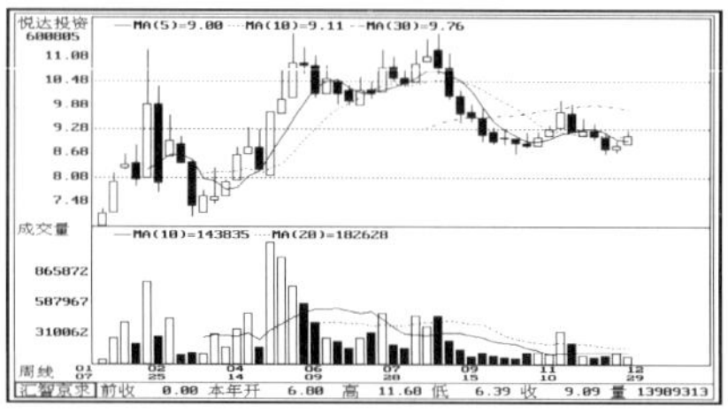

600805　　悦达投资:流通股本 30949 万,主营公路开发、经营。5 月 26 日最高价 11.68 元,1 月 12 日最低价 6.39 元,2000 年每股收益 0.2460 元。低位弱势整理,一般关注。

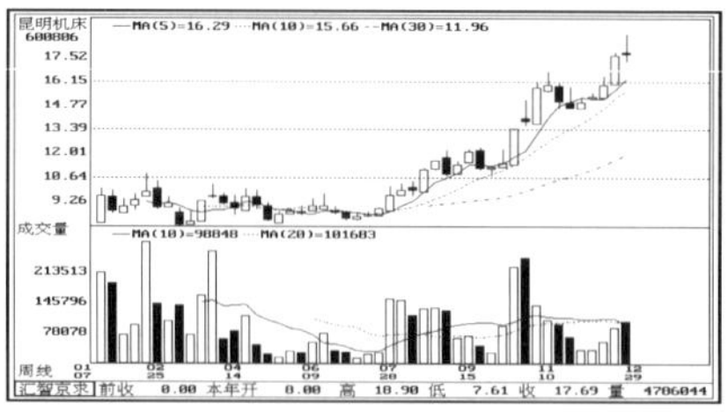

600806　　昆明机床:流通股本 6000 万,主营生产及销售机床。12 月 26 日最高价 18.90 元,3 月 7 日最低价 7.61 元,2000 年每股收益 0.0150 元。上升能量减弱,逢高减磅。

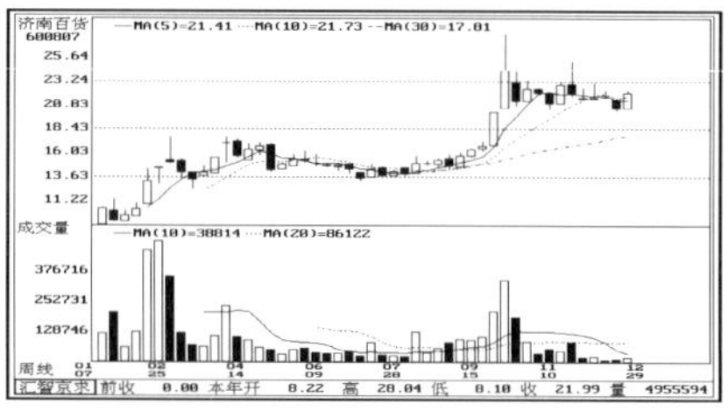

600807　　济南百货:流通股本 6435 万,主营商业零售、批发。10 月 13 日最高价 28.04 元,1 月 4 日最低价 8.10 元,2000 年每股收益 0.0020 元。短线机会不大,观望为宜。

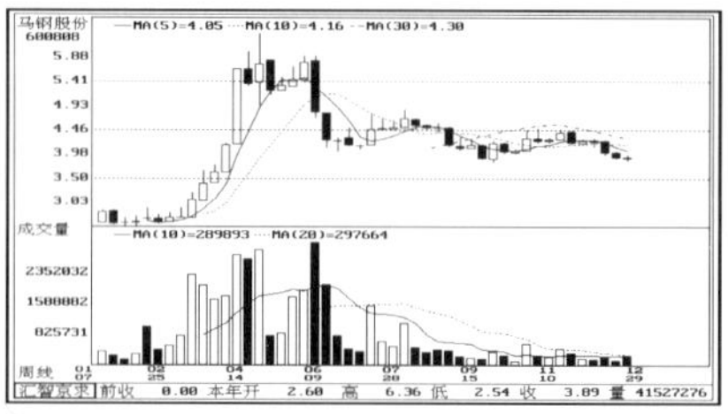

600808　　马钢股份:流通股本 60000 万,主营钢铁产品。4 月 26 日最高价 6.36 元,1 月 4 日最低价 2.54 元,2000 年每股收益 0.0270 元。支撑力度较大,中线吸纳。

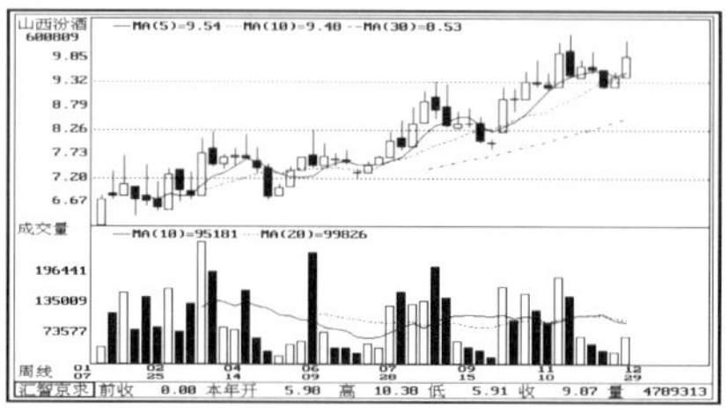

600809　　山西汾酒:流通股本 7668 万,主营汾酒、竹叶青酒。11 月 21 日最高价 10.38 元,1 月 4 日最低价 5.91 元,2000 年每股收益 0.0294 元。短线机会不大,观望为宜。

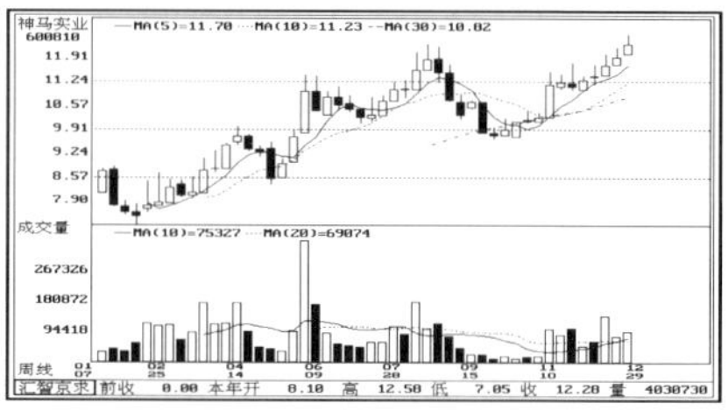

600810　　神马实业:流通股本 14157 万,主营尼龙 66 浸胶帘子布。12 月 27 日最高价 12.58 元,1 月 24 日最低价 7.05 元,2000 年每股收益 0.2150 元。短线有压力,尚需企稳。

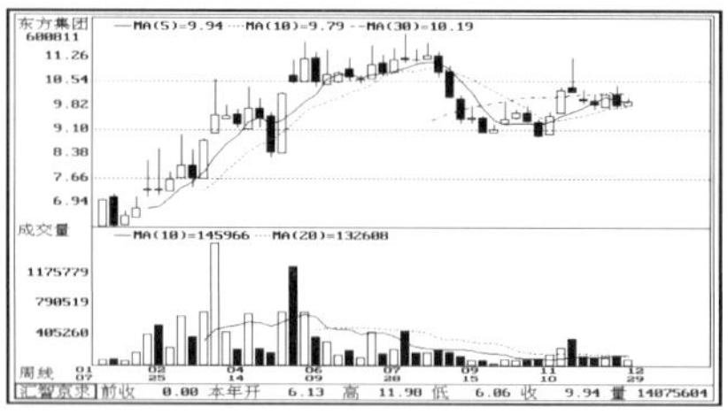

600811　　东方集团:流通股本 40180 万,主营商业银行、保险业务。8 月 1 日最高价 11.98 元,1 月 4 日最低价 6.06 元,2000 年每股收益 0.3530 元。回抽确认,面临均线支撑。

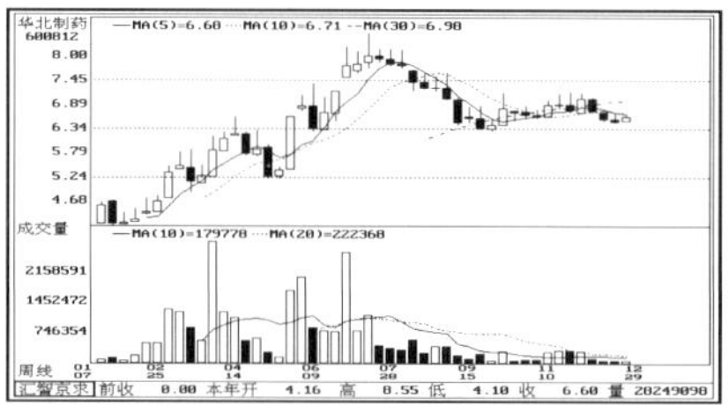

600812　　华北制药:流通股本 46927 万,主营生产抗生素药品。7 月 10 日最高价 8.55 元,1 月 17 日最低价 4.10 元,2000 年每股收益 0.1000 元。仍未走好,暂宜观望。

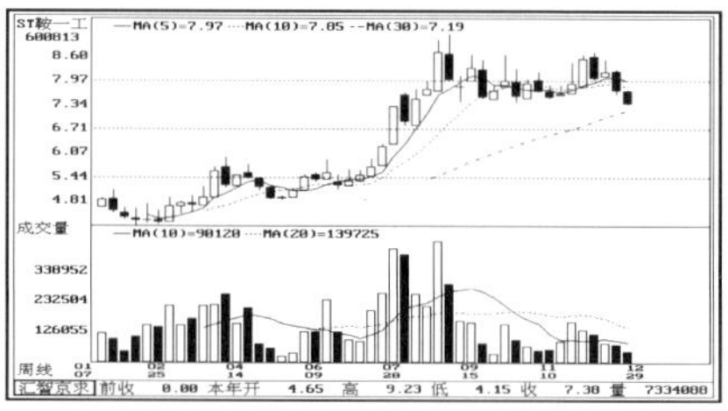

600813　　ST 鞍一工:流通股本 9960 万,主营推土机。8 月 29 日最高价 9.23 元,2 月 21 日最低价 4.15 元,2000 年每股收益 -0.4900 元。上档压力较大,不介入。

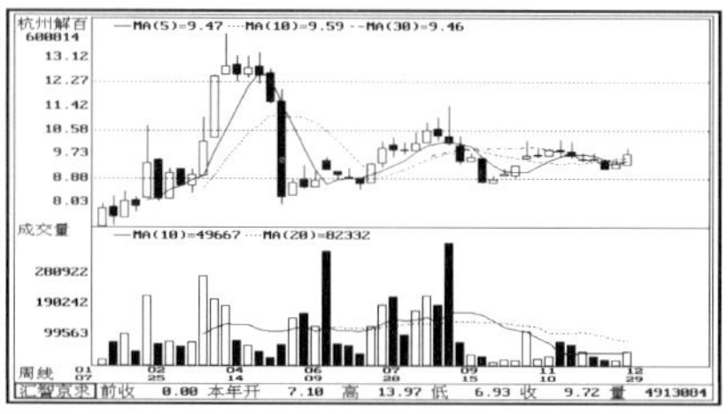

600814　　杭州解百:流通股本 10140 万,主营商品零售、批发。4 月 7 日最高价 13.97 元,1 月 4 日最低价 6.93 元,2000 年每股收益 0.1390 元。大幅回调,短线仍有整理。

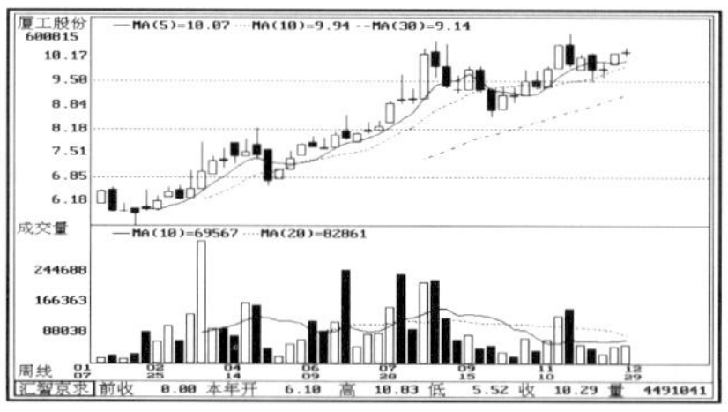

600815　　厦工股份:流通股本 7980 万,主营装载机、推土机。11 月 23 日最高价 10.83 元,1 月 28 日最低价 5.52 元,2000 年每股收益 0.0680 元。短线有调整要求,暂观望。

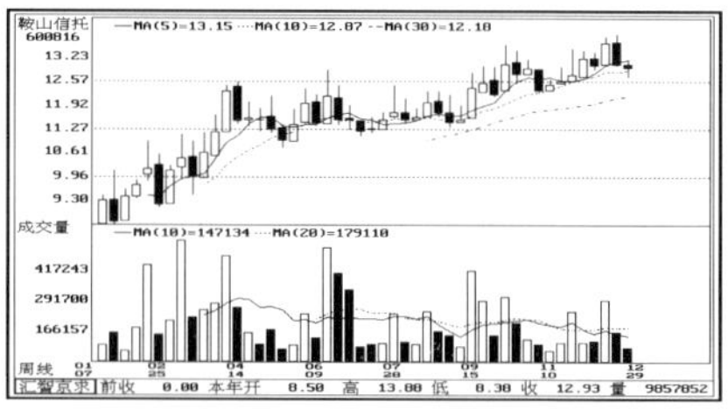

600816　　鞍山信托:流通股本 26667 万,主营信托、证券、实业投资。12 月 18 日最高价 13.88 元,1 月 6 日最低价 8.38 元,2000 年每股收益 0.2666 元。短线横盘整理,仍可观望。

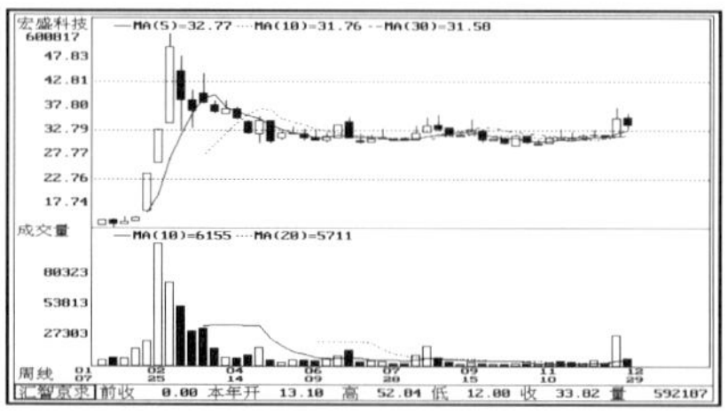

600817　　宏盛科技:流通股本 1124 万,主营电脑周边设备。3 月 3 日最高价 52.84 元,1 月 13 日最低价 12.00 元,2000 年每股收益 0.2800 元。上档压力较大,观望为宜。

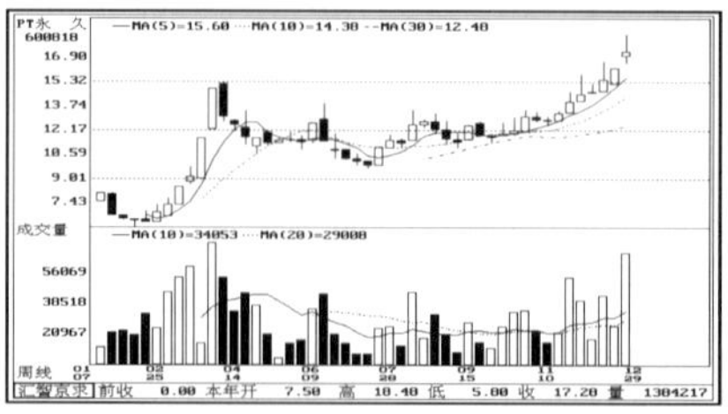

600818　　PT 永　　久:流通股本 1495 万,主营生产、销售自行车。12 月 27 日最高价 18.48 元,1 月 25 日最低价 5.80 元,2000 年每股收益 0.9300 元。风险个股,不介入

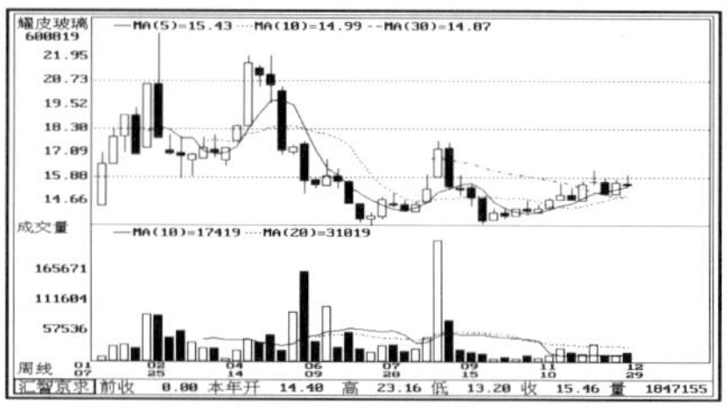

600819　　耀皮玻璃:流通股本 3125 万,主营平板玻璃、建筑玻璃。2 月 24 日最高价 23.16 元,7 月 4 日最低价 13.20 元,2000 年每股收益 0.3170 元。短线走淡,暂宜观望。

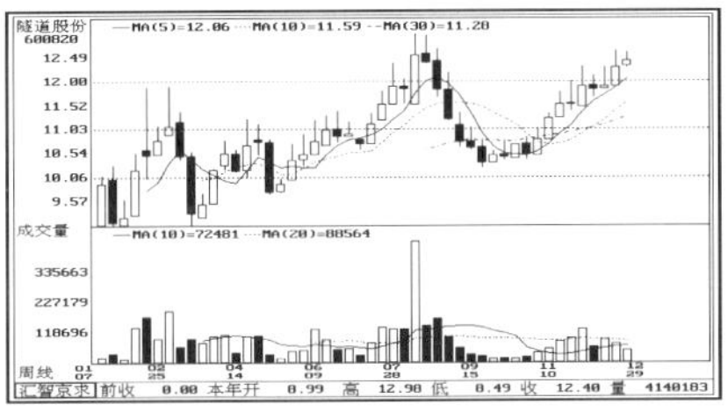

600820　隧道股份：流通股本 19683 万，主营土木工程建设。8 月 10 日最高价 12.98 元，1 月 17 日最低价 8.49 元，2000 年每股收益 0.3633 元。上档有均线压力，不介入为宜。

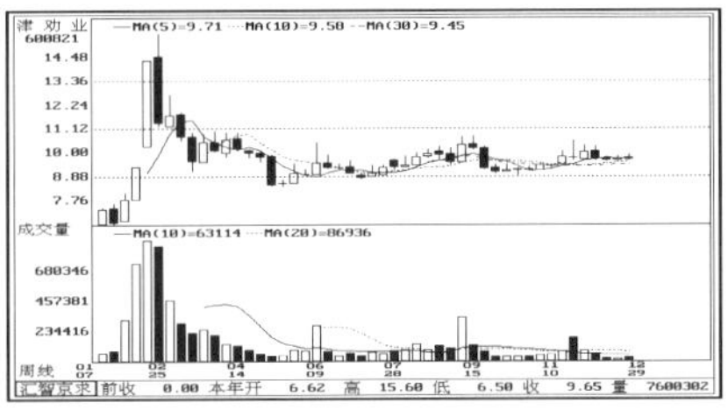

600821　津 劝 业：流通股本 14559 万，主营商业、各类物资。2 月 21 日最高价 15.60 元，1 月 4 日最低价 6.50 元，2000 年每股收益 0.1200 元。需继续在低位震荡整理。

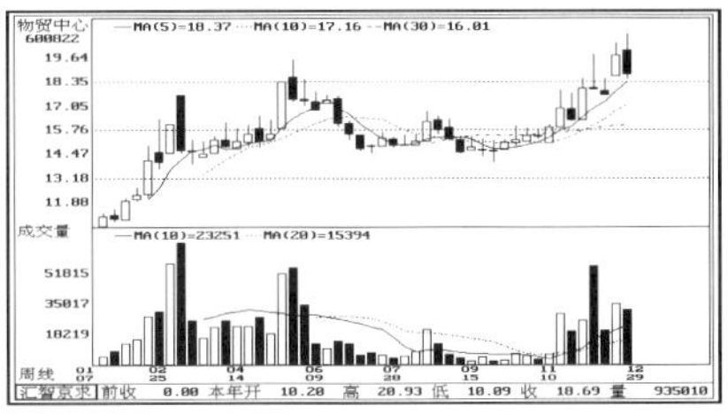

600822　物贸中心：流通股本 1331 万，主营燃料油、金属材料。12 月 26 日最高价 20.93 元，1 月 4 日最低价 10.09 元，2000 年每股收益 0.0110 元。上档压力较大，观望为宜。

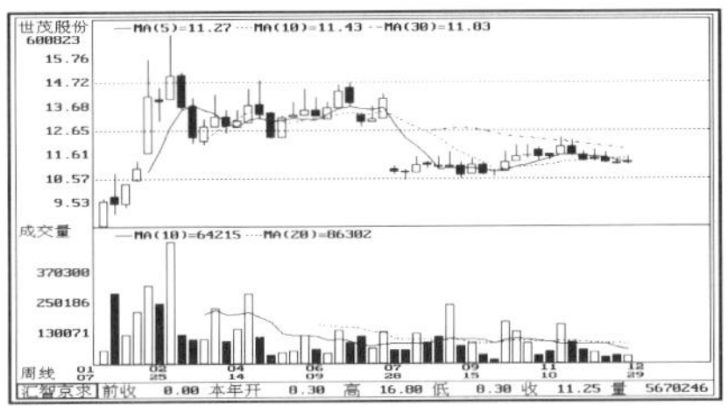

600823　世茂股份：流通股本 11316 万，主营经营针纺织类产品。2 月 29 日最高价 16.80 元，1 月 5 日最低价 8.30 元，2000 年每股收益 -0.1543 元。短线调整中，观望。

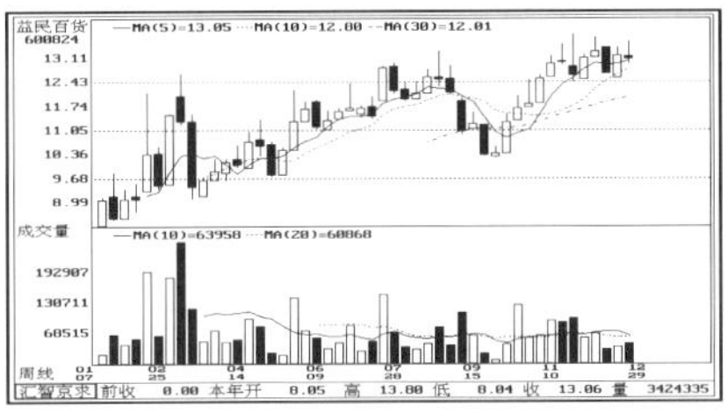

600824　益民百货：流通股本 8987 万，主营百货零售。11 月 22 日最高价 13.80 元，1 月 4 日最低价 8.04 元，2000 年每股收益 0.2590 元。短线大幅震仓，仍可持股。

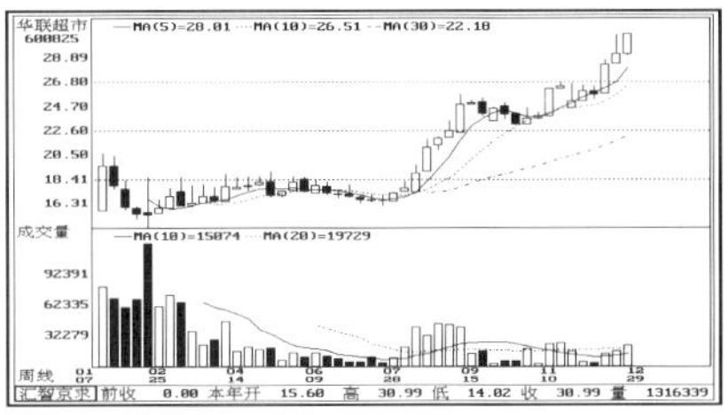

600825　华联超市：流通股本 3857 万，主营服装、服饰用品。12 月 29 日最高价 30.99 元，2 月 21 日最低价 14.02 元，2000 年每股收益 0.2780 元。仍未走强，上方压力大。

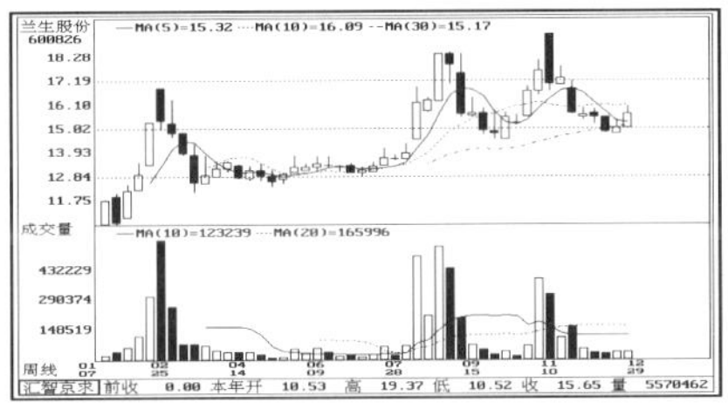

600826　兰生股份：流通股本 9514 万，主营文教体育用品。11 月 6 日最高价 19.37 元，1 月 4 日最低价 10.52 元，2000 年每股收益 0.2100 元。大幅回调，短线仍有整理。

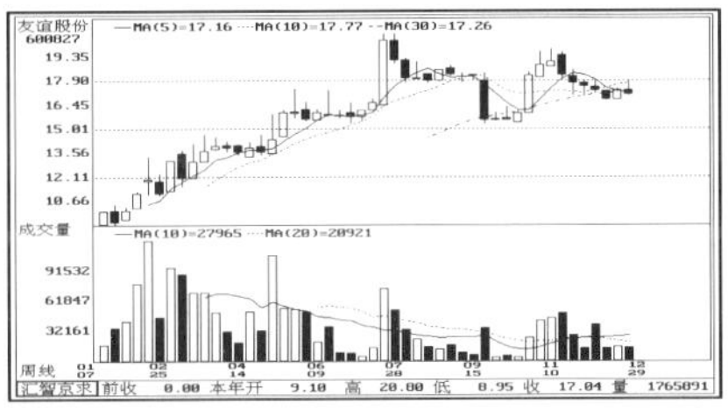

600827　友谊股份：流通股本 3356 万，主营零售连锁业。7 月 25 日最高价 20.80 元，1 月 4 日最低价 8.95 元，2000 年每股收益 0.2200 元。均线系统压力大，不介入。

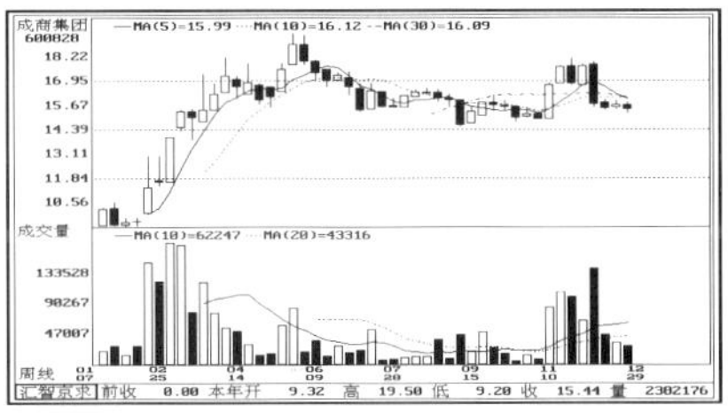

600828　成商集团：流通股本 4257 万，主营百货零售批发。5 月 26 日最高价 19.50 元，1 月 24 日最低价 9.20 元，2000 年每股收益 0.1420 元。上升压力沉重，需淡化阻力。

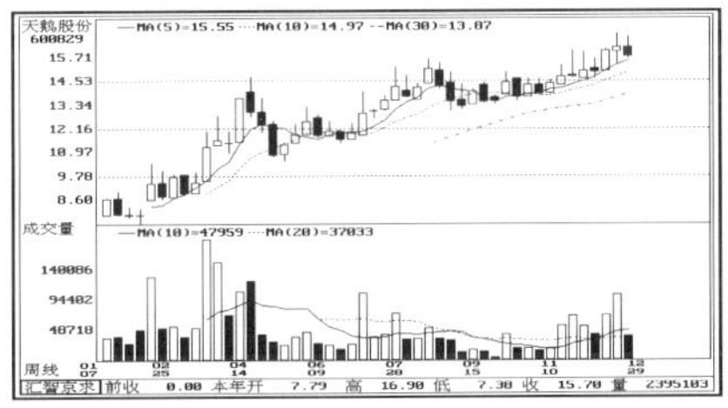

600829　天鹅股份：流通股本 3328 万，主营生产经营水泥。12 月 22 日最高价 16.90 元，1 月 24 日最低价 7.38 元，2000 年每股收益 0.4656 元。整理走势，关注均线支撑。

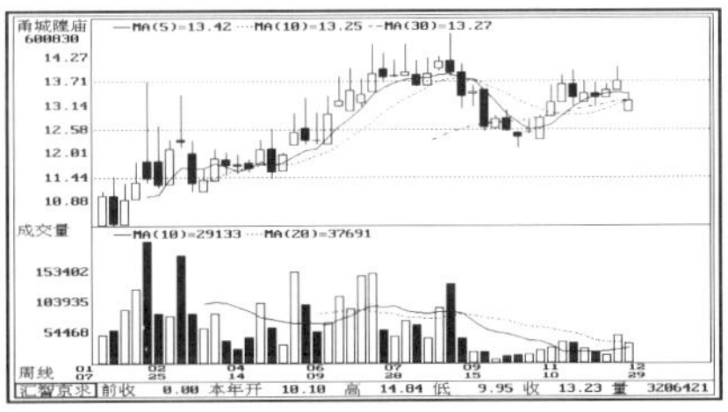

600830　甬城隍庙：流通股本 10263 万，主营商业、广告业。8 月 29 日最高价 14.84 元，1 月 4 日最低价 9.95 元，2000 年每股收益 0.2330 元。短线走淡，暂宜观望。

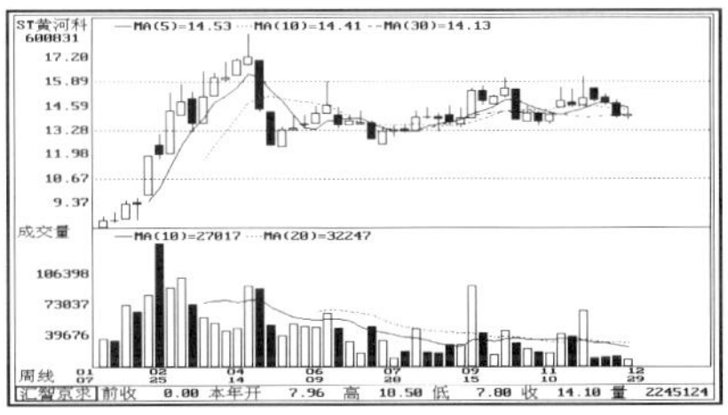

600831　ST 黄河科：流通股本 4635 万，主营电视、多媒体系统。4 月 18 日最高价 18.50 元，1 月 4 日最低价 7.80 元，2000 年每股收益 -0.2210 元。弱势整理，宜持币观望。

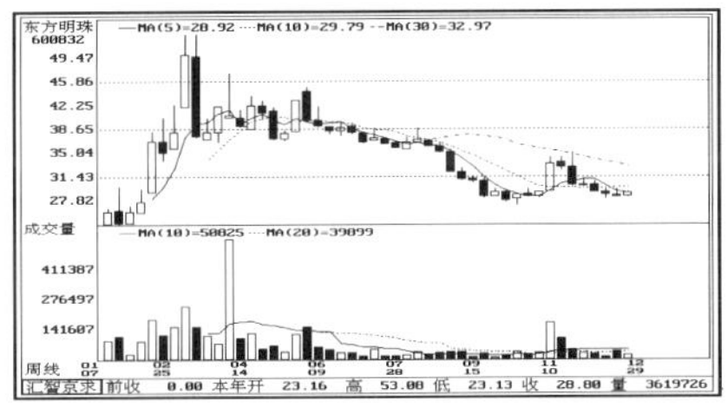

600832　东方明珠：流通股本 15689 万，主营广播电视传播服务。3 月 13 日最高价 53.08 元，1 月 4 日最低价 23.13 元，2000 年每股收益 0.3090 元。均线有反压，仍有整理。

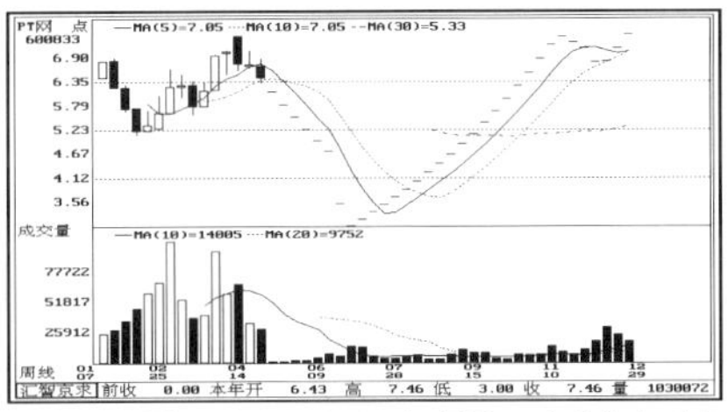

600833　PT 网　点：流通股本 4798 万，主营商业、饮食服务。12 月 29 日最高价 7.46 元，6 月 30 日最低价 3.00 元，2000 年每股收益 -0.8570 元。风险个股，不介入

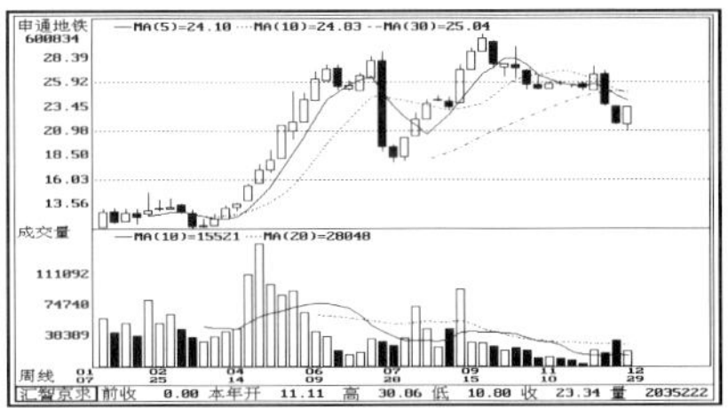

600834　凌桥股份：流通股本 8004 万，主营自来水生产与销售。9 月 21 日最高价 30.86 元，1 月 4 日最低价 10.80 元，2000 年每股收益 0.1600 元。短线调整将尽，反弹空间仍存。

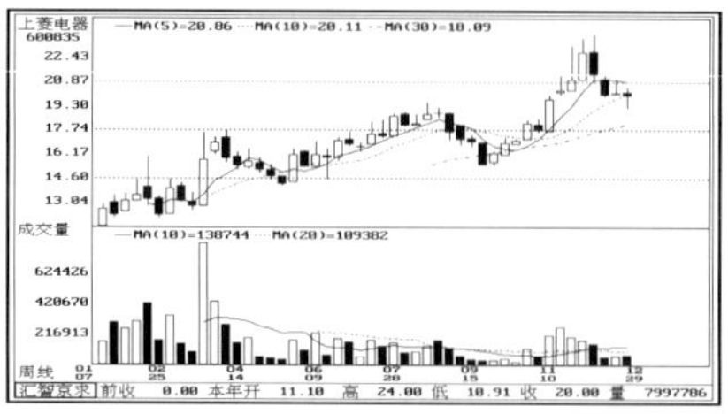

600835　上菱电器:流通股本 16992 万,主营生产制冰、冷藏设备。12 月 5 日最高价 24.00 元,1 月 4 日最低价 10.91 元,2000 年每股收益 0.6150 元。整理走势,短线有一定压力。

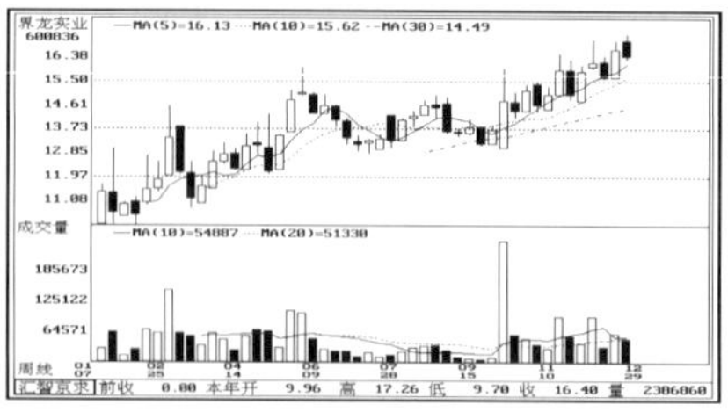

600836　界龙实业:流通股本 4133 万,主营包装装潢、彩色印刷。12 月 25 日最高价 17.26 元,1 月 4 日最低价 9.70 元,2000 年每股收益 0.0740 元。上档压力沉重,不介入为宜。

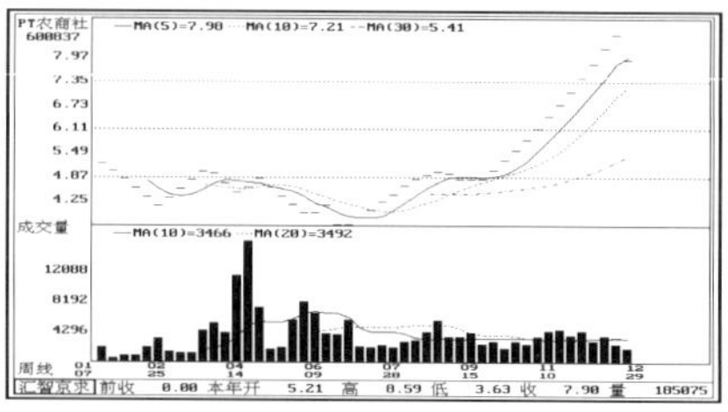

600837　PT 农商社:流通股本 1638 万,主营商业贸易。12 月 22 日最高价 8.59 元,6 月 30 日最低价 3.63 元,2000 年每股收益 -1.0600 元。风险个股,不介入

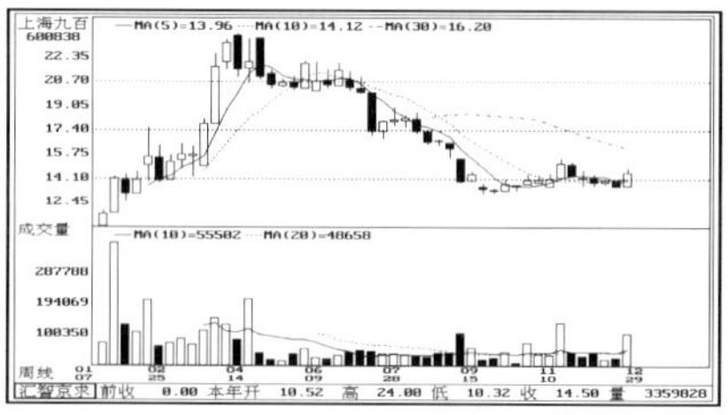

600838　上海九百:流通股本 19686 万,主营日用百货、家用电器。4 月 10 日最高价 24.00 元,1 月 4 日最低价 10.32 元,2000 年每股收益 0.2184 元。弱势整理,宜持币观望。

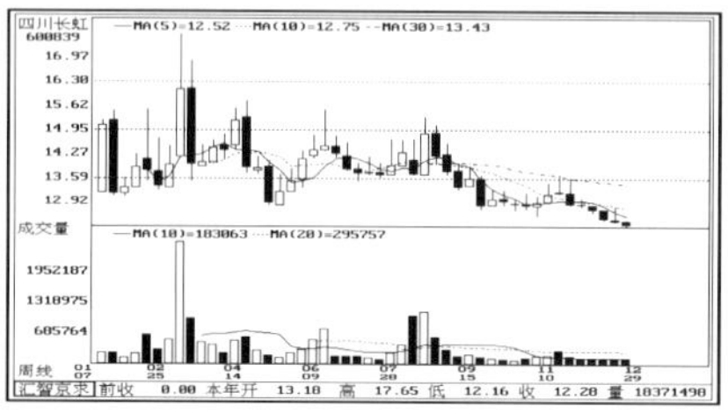

600839　四川长虹:流通股本 95140 万,主营视频产品、视听产品。3 月 9 日最高价 17.65 元,12 月 28 日最低价 12.16 元,2000 年每股收益 0.1270 元。弱势整理,宜持币观望。

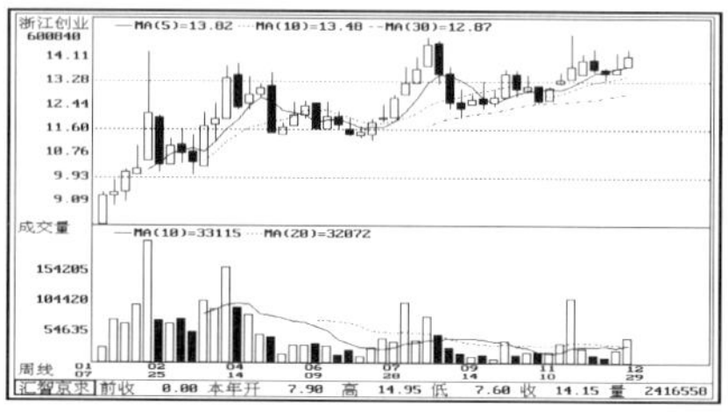

600840　浙江创业:流通股本 6442 万,主营房地产。11 月 21 日最高价 14.95 元,1 月 4 日最低价 7.60 元,2000 年每股收益 0.1498 元。回升趋势,持股观望。

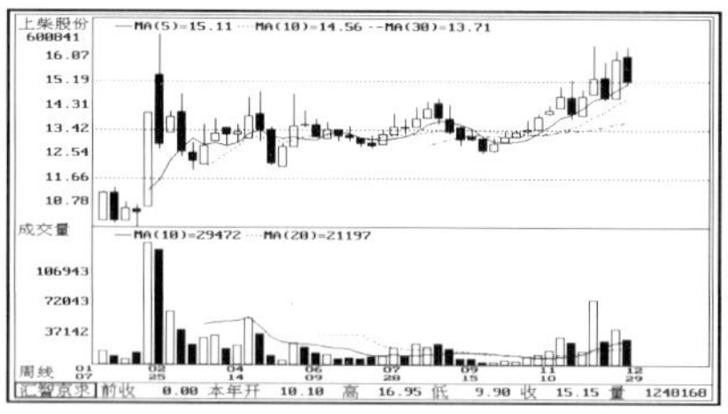

600841　上柴股份:流通股本 2160 万,主营柴油机、工程机械。2 月 22 日最高价 16.95 元,1 月 28 日最低价 9.90 元,2000 年每股收益 0.0810 元。上档压力较大,不介入。

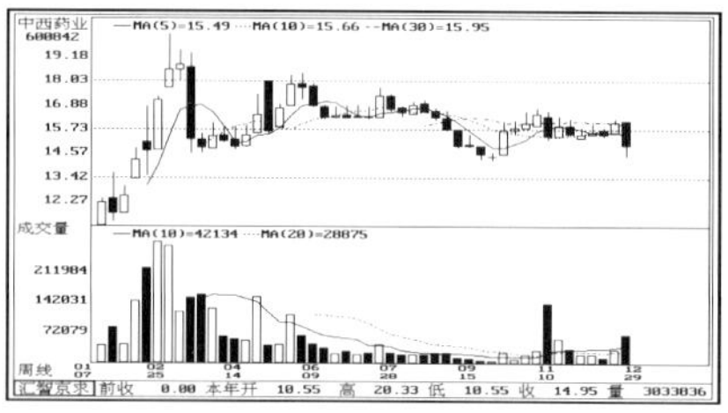

600842　中西药业:流通股本 8423 万,主营生产、经营医药。3 月 2 日最高价 20.33 元,1 月 4 日最低价 10.55 元,2000 年每股收益 -0.6514 元。反弹潜力欠佳,仍可持股。

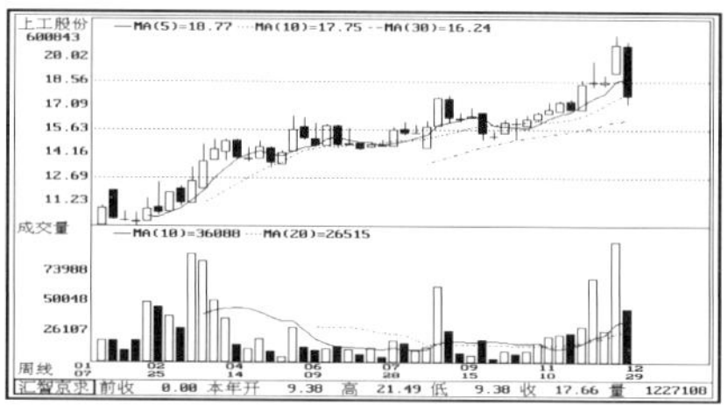

600843　上工股份:流通股本 1560 万,主营缝制设备。12 月 22 日最高价 21.49 元,1 月 4 日最低价 9.38 元,2000 年每股收益 0.1387 元。弱势,抛压重,观望。

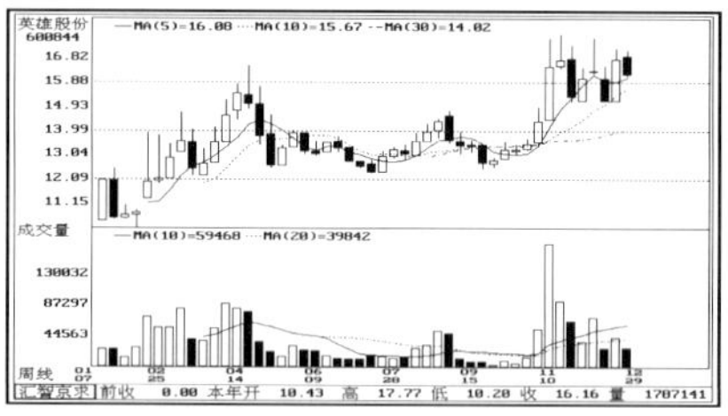

600844　英雄股份:流通股本 2768 万,主营笔类、礼品类。11 月 15 日最高价 17.77 元,1 月 28 日最低价 10.20 元,2000 年每股收益 0.0450 元。调整走势,宜中线关注。

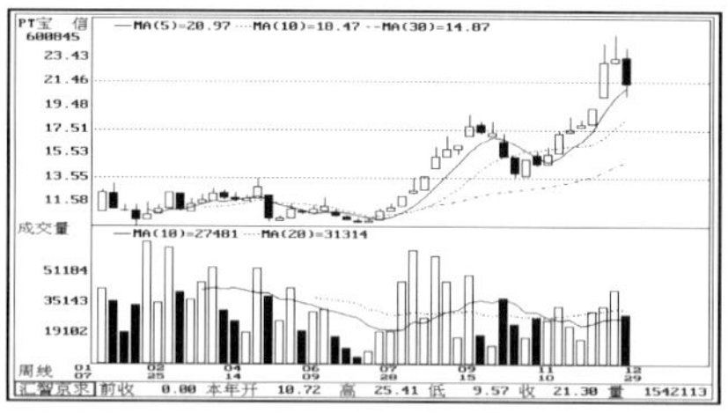

600845　ST 钢　管:流通股本 1320 万,主营计算机、自动化。12 月 19 日最高价 25.41 元,5 月 16 日最低价 9.57 元,2000 年每股收益 -0.4400 元。风险个股,不介入

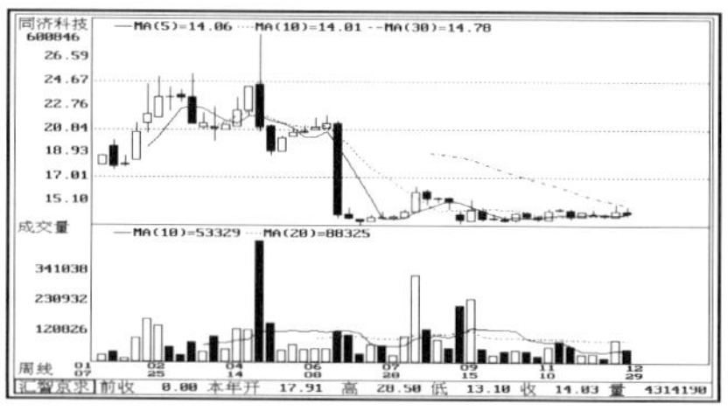

600846　同济科技:流通股本 11872 万,主营土建设计,装潢设计。4 月 25 日最高价 28.50 元,7 月 5 日最低价 13.10 元,2000 年每股收益 0.1414 元。调整走势,宜中线关注。

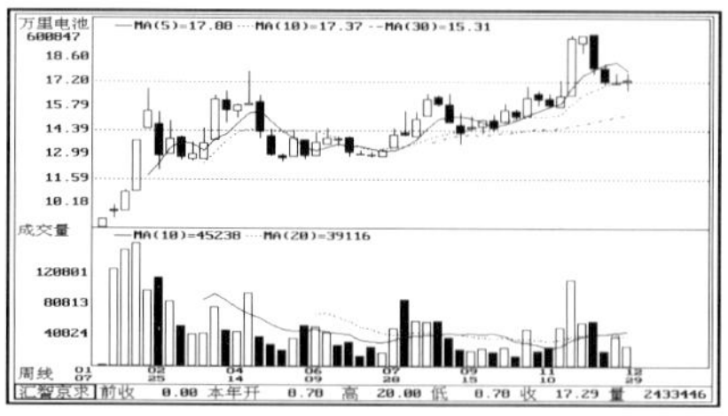

600847　万里电池:流通股本 3990 万,主营生产和销售铅蓄电池。12 月 4 日最高价 20.00 元,1 月 6 日最低价 8.78 元,2000 年每股收益 0.1019 元。整理蓄势,持股观望。

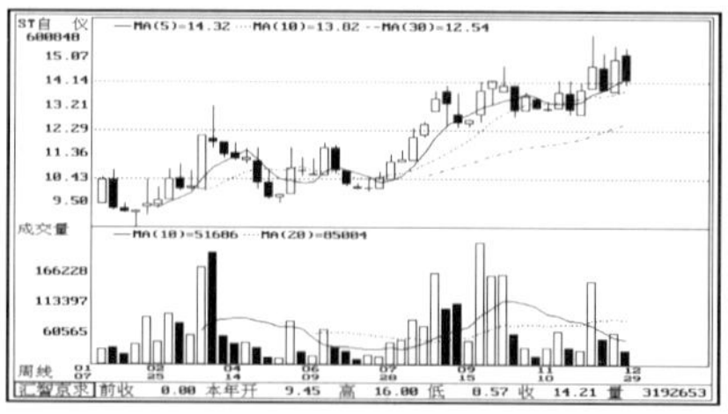

600848　ST 自　仪:流通股本 3367 万,主营自动化控制仪表。12 月 8 日最高价 16.00 元,1 月 28 日最低价 8.57 元,2000 年每股收益 -0.5400 元。上档压力较大,观望为宜。

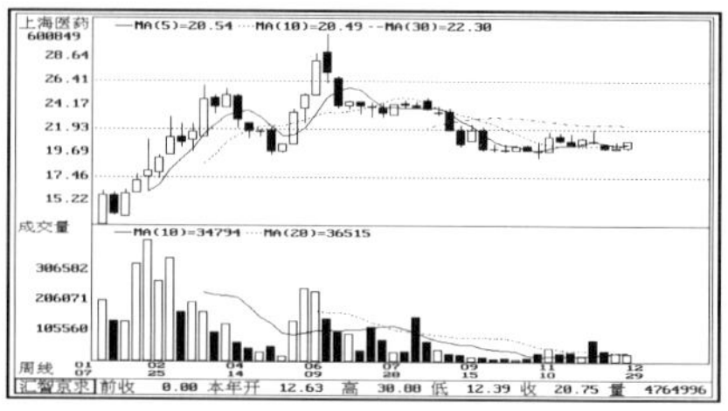

600849　上海医药:流通股本 19071 万,主营现代生物医药。6 月 12 日最高价 30.88 元,1 月 4 日最低价 12.39 元,2000 年每股收益 0.8052 元。上行欲望不强,仍有整理。

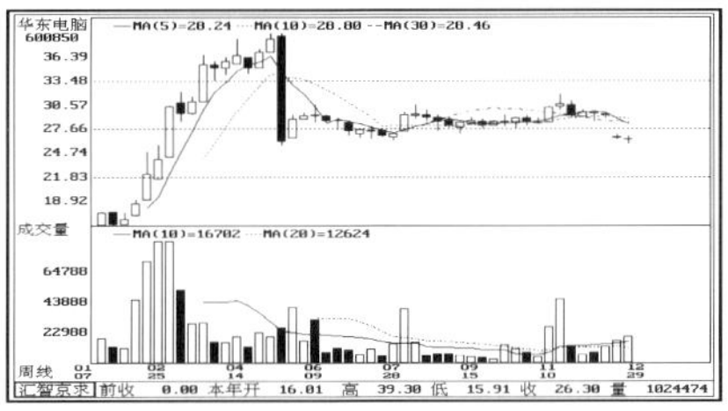

600850　华东电脑:流通股本 4860 万,主营计算机、电子。5 月 15 日最高价 39.30 元,1 月 18 日最低价 15.91 元,2000 年每股收益 0.1540 元。短期不活跃,中线关注。

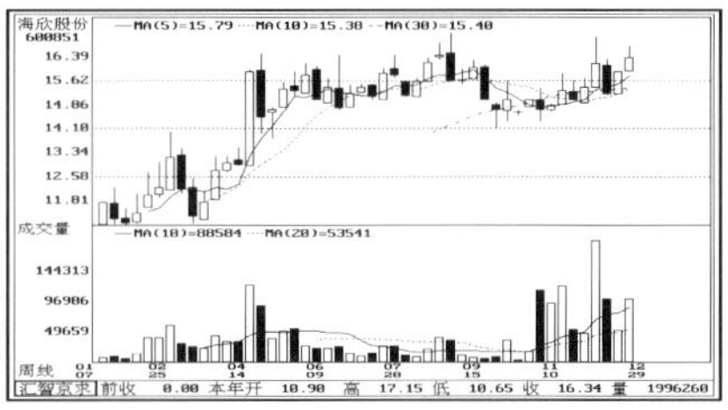

600851　海欣股份:流通股本 15306 万,主营各种人造毛绒。8 月 28 日最高价 17.15 元,1 月 6 日最低价 10.65 元,2000 年每股收益 0.3500 元。强势横盘,关注 30 日均线支撑。

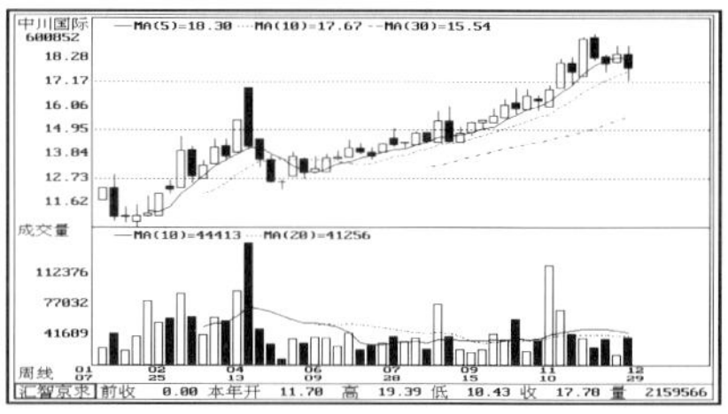

600852　中川国际:流通股本 5631 万,主营国际工程承包。12 月 4 日最高价 19.39 元,2 月 14 日最低价 10.43 元,2000 年每股收益 0.2500 元。破位下调,短线走势趋淡。

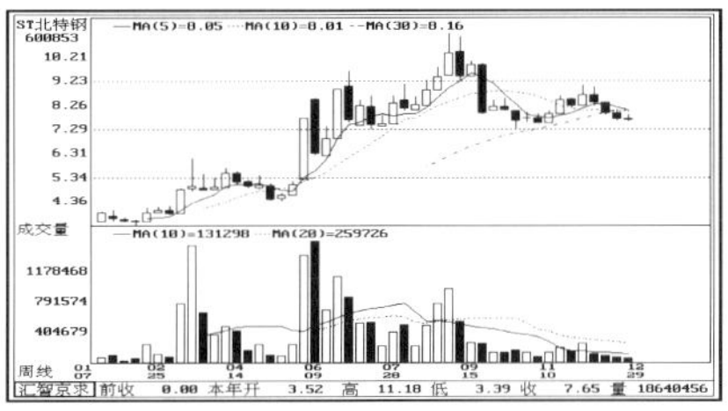

600853　ST 北特钢:流通股本 16456 万,主营钢材冶炼、轧制。8 月 31 日最高价 11.18 元,1 月 28 日最低价 3.39 元,2000 年每股收益 -0.3593 元。拉大阳,短线实力雄厚。

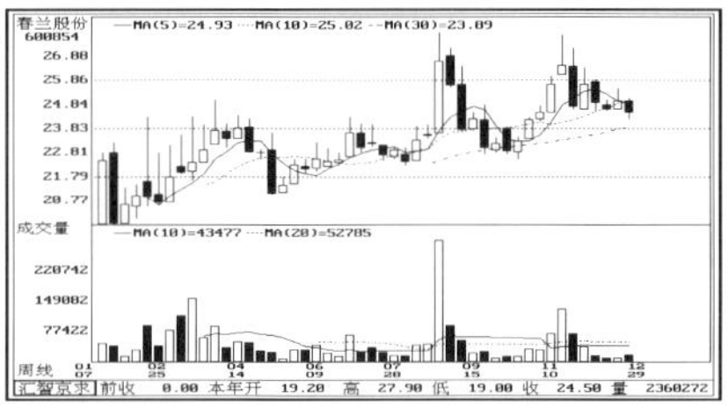

600854　春兰股份:流通股本 19824 万,主营“春兰”牌空调。8 月 24 日最高价 27.90 元,1 月 4 日最低价 19.00 元,2000 年每股收益 0.8700 元。整理走势,短线有一定压力。

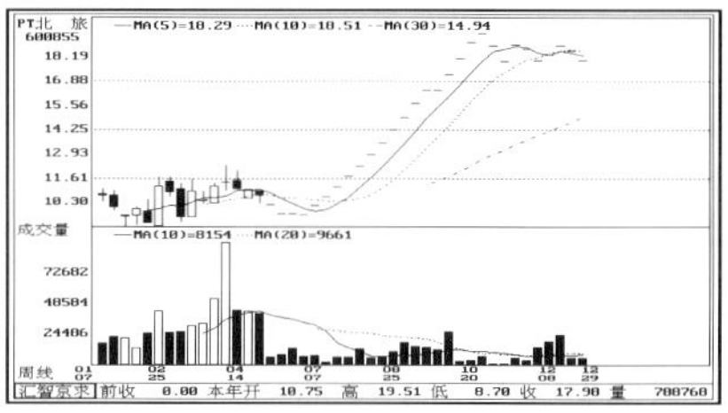

600855　PT 北　旅:流通股本 5299 万,主营电脑技术;环保。10 月 27 日最高价 19.51 元,2 月 21 日最低价 8.70 元,2000 年每股收益 -0.0400 元。风险个股,不介入

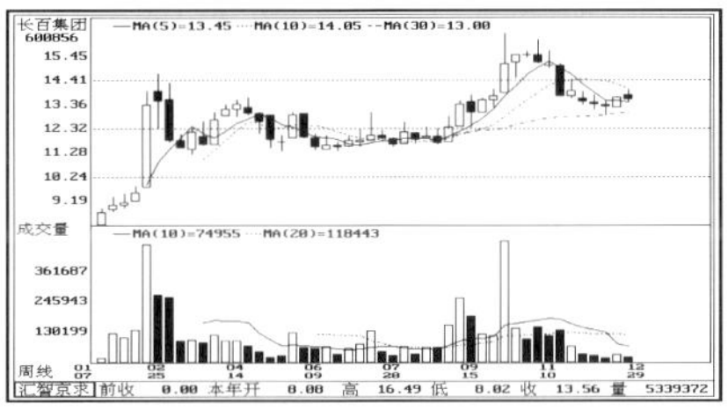

600856　长百集团:流通股本 8591 万,主营商业零售批发。10 月 12 日最高价 16.49 元,1 月 4 日最低价 8.02 元,2000 年每股收益 0.1300 元。人气不足,放量可介入。

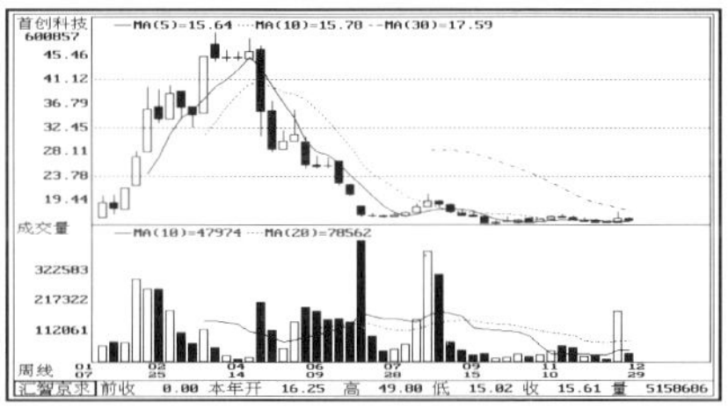

600857　首创科技:流通股本 9151 万,主营国内商业。3 月 28 日最高价 49.80 元,12 月 18 日最低价 15.02 元,2000 年每股收益 0.1700 元。小幅整理,观望为主。

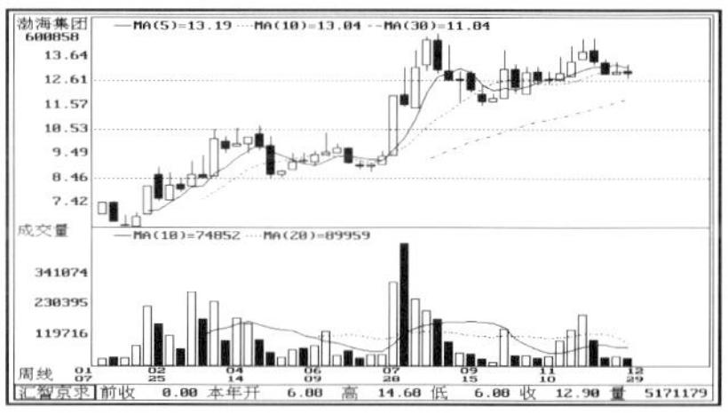

600858　渤海集团:流通股本 6795 万,主营热电供应、酒店。8 月 21 日最高价 14.68 元,1 月 24 日最低价 6.08 元,2000 年每股收益 -0.1981 元。短线走淡,暂宜观望。

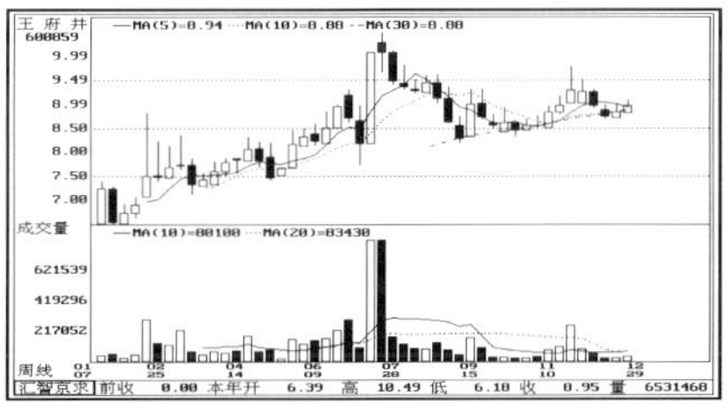

600859　王　府　井:流通股本 19838 万,主营商业零售、批发。7 月 17 日最高价 10.49 元,1 月 4 日最低价 6.18 元,2000 年每股收益 0.0780 元。反弹乏力,不可轻易介入。

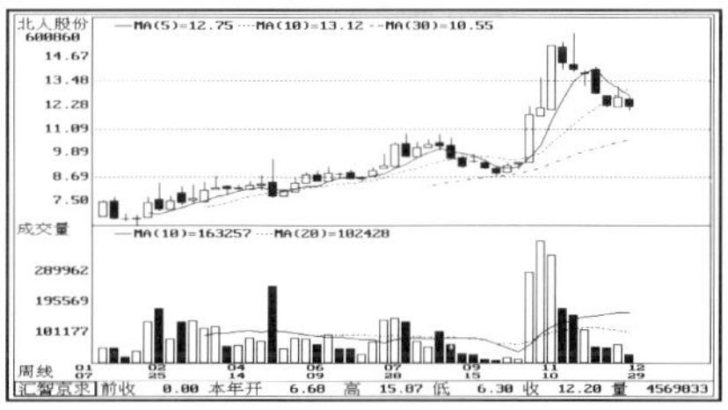

600860　北人股份:流通股本 5000 万,主营印刷机械。11 月 21 日最高价 15.87 元,1 月 28 日最低价 6.30 元,2000 年每股收益 0.1290 元。上升压力沉重,需淡化阻力。

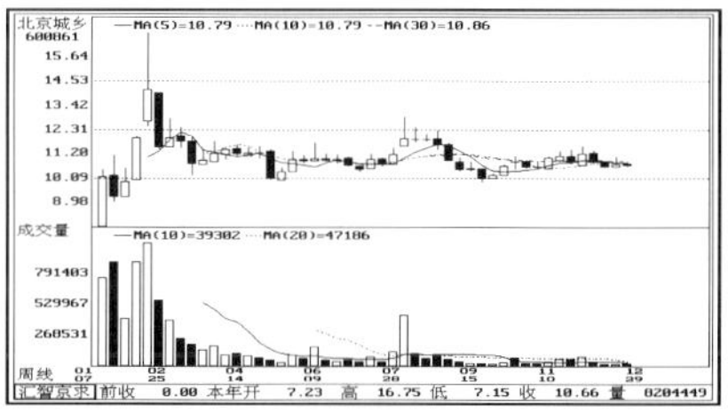

600861　北京城乡:流通股本 16731 万,主营商业零售、批发。2 月 17 日最高价 16.75 元,1 月 4 日最低价 7.15 元,2000 年每股收益 0.2400 元。反弹走势,持股观望。

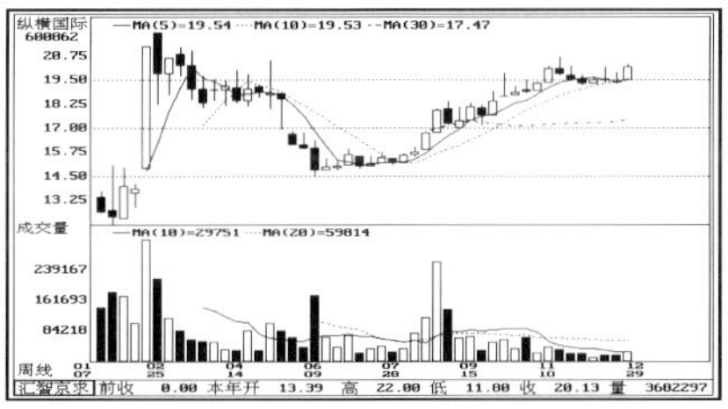

600862　纵横国际:流通股本 12237 万,主营信息电子、数控机床。2 月 21 日最高价 22.00 元,1 月 17 日最低价 11.80 元,2000 年每股收益 0.4500 元。缓步盘升走势,持股观望。

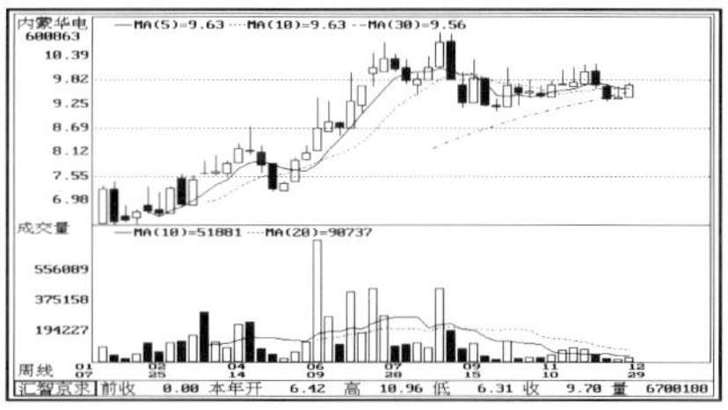

600863　内蒙华电:流通股本 15210 万,主营火力发电、供热。8 月 24 日最高价 10.96 元,1 月 24 日最低价 6.31 元,2000 年每股收益 0.3220 元。上行动力不足,还需储蓄动能。

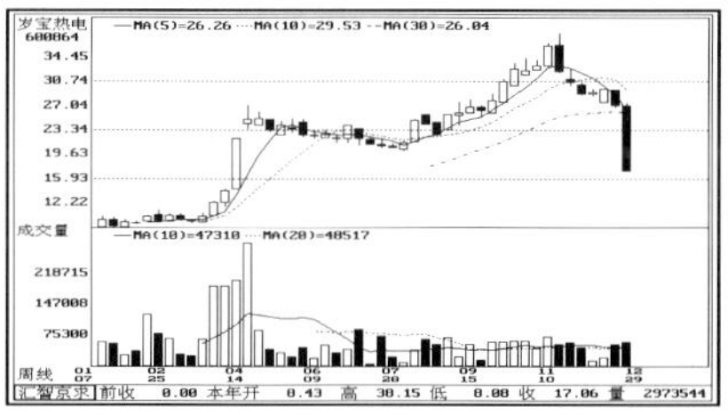

600864　岁宝热电:流通股本 4538 万,主营生产蒸汽、电力能源。11 月 13 日最高价 38.15 元,1 月 5 日最低价 8.08 元,2000 年每股收益 0.1180 元。上档有一定压力,不介入为宜。

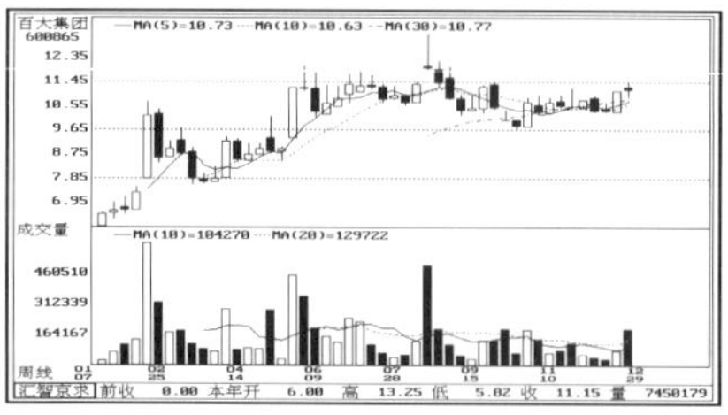

600865　百大集团:流通股本 13534 万,主营商品零售、批发。8 月 15 日最高价 13.25 元,1 月 4 日最低价 5.82 元,2000 年每股收益 0.2000 元。有走强的欲望,但动力不足。

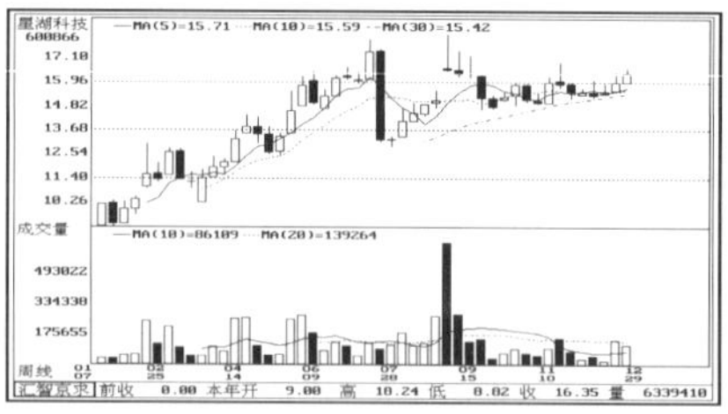

600866　星湖科技:流通股本 19438 万,主营主营核苷(酸)类。8 月 30 日最高价 18.24 元,1 月 4 日最低价 8.82 元,2000 年每股收益 0.3450 元。调整未尽,继续观望。

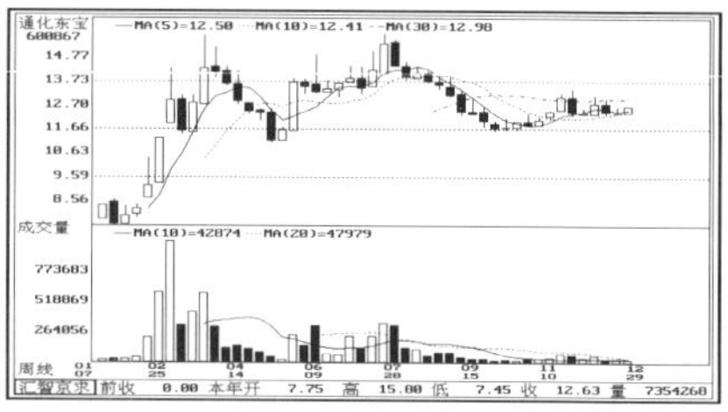

600867　通化东宝:流通股本 15770 万,主营中西成药、保健品。7 月 21 日最高价 15.80 元,1 月 4 日最低价 7.45 元,2000 年每股收益 0.1427 元。大幅回调,短线仍有整理。

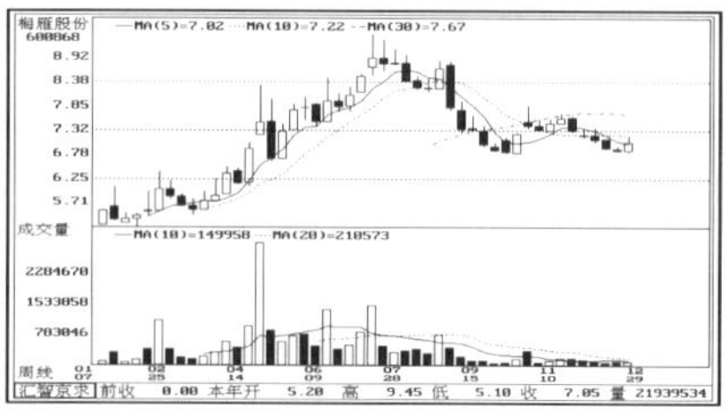

600868　梅雁股份:流通股本 77624 万,主营建筑及建筑安装。7 月 12 日最高价 9.45 元,1 月 4 日最低价 5.10 元,2000 年每股收益 0.2610 元。短线调整未结束,持币。

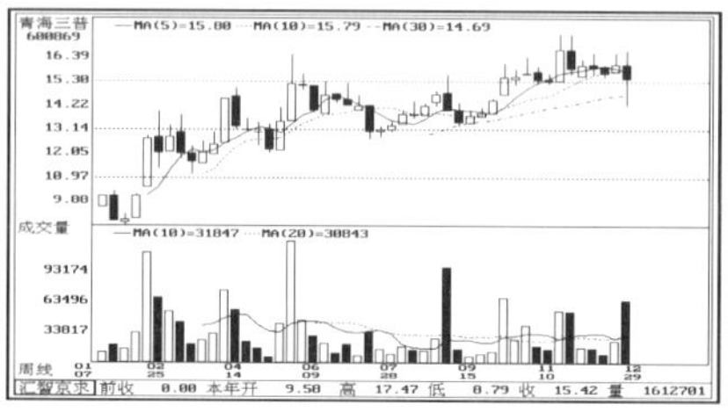

600869　青海三普:流通股本 3000 万,主营中藏成药、保健品。11 月 17 日最高价 17.47 元,1 月 17 日最低价 8.79 元,2000 年每股收益 0.0800 元。上行受阻,暂不宜介入。

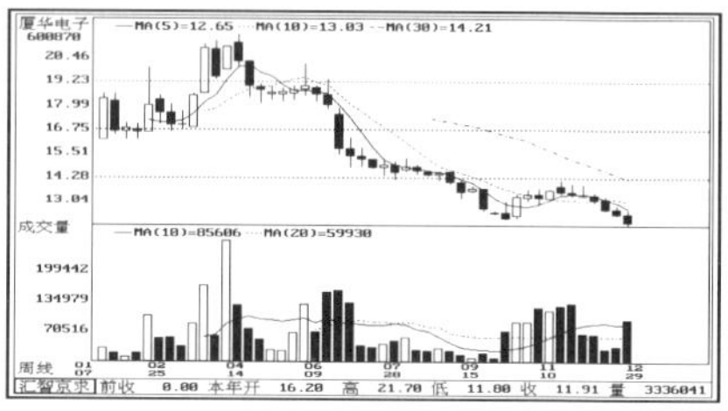

600870　厦华电子:流通股本 15151 万,主营彩电、移动通信。4 月 10 日最高价 21.70 元,12 月 29 日最低价 11.80 元,2000 年每股收益 -0.7900 元。弱势,抛压重,观望。

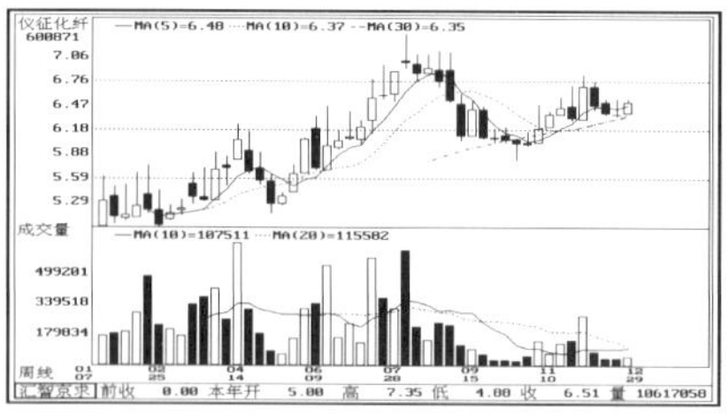

600871　仪征化纤:流通股本 20000 万,主营聚酯切片和涤纶短纤维。8 月 3 日最高价 7.35 元,1 月 13 日最低价 4.88 元,2000 年每股收益 0.2100 元。上行欲望不强,仍有整理。

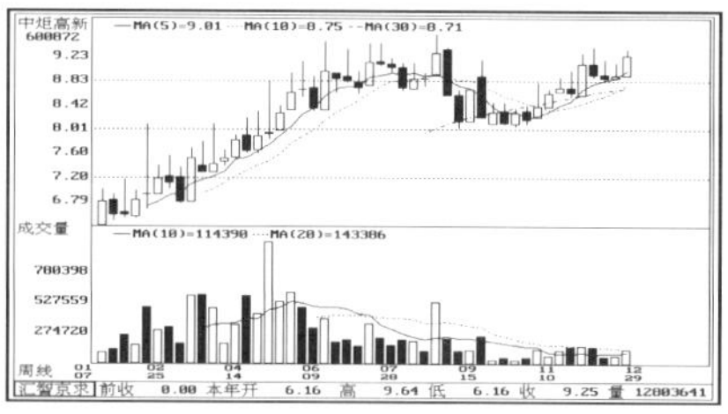

600872　中炬高新:流通股本 24924 万,主营高新技术产品的研制。8 月 22 日最高价 9.64 元,1 月 4 日最低价 6.16 元,2000 年每股收益 0.2976 元。整理走势,均线尚需修复。

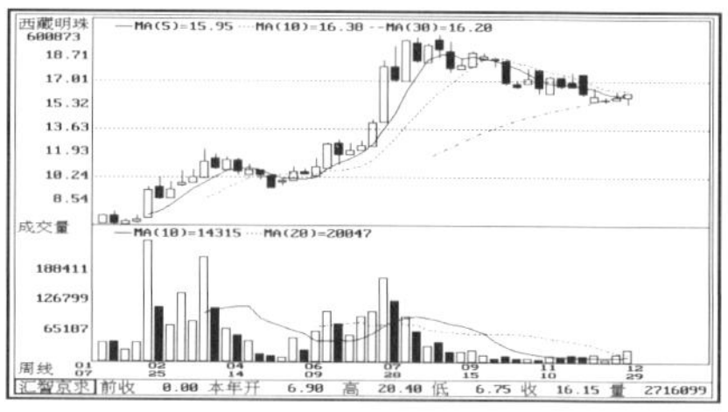

600873　西藏明珠:流通股本 5214 万,主营旅游饭店业。8 月 22 日最高价 20.40 元,1 月 17 日最低价 6.75 元,2000 年每股收益 0.0500 元。仍未走好,暂宜观望。

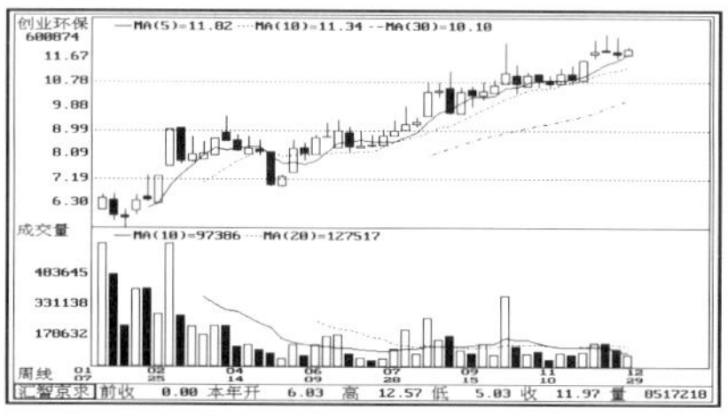

600874　创业环保:流通股本 11250 万,主营城市道路经营管理。12 月 12 日最高价 12.57 元,1 月 20 日最低价 5.03 元,2000 年每股收益 0.1300 元。下档有支撑,继续持股。

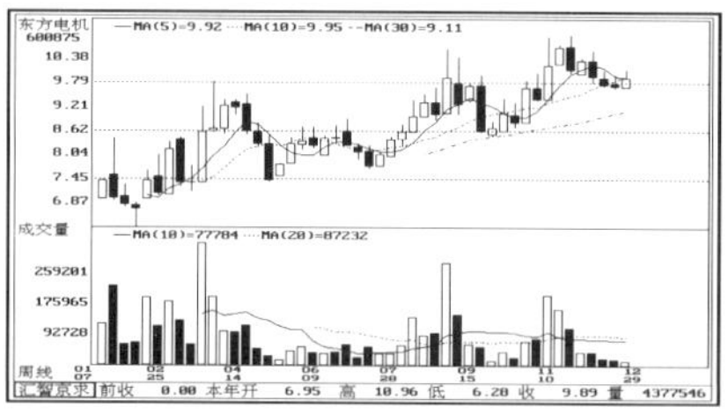

600875　东方电机:流通股本 6000 万,主营大中型水轮发电机组。11 月 21 日最高价 10.96 元,1 月 28 日最低价 6.28 元,2000 年每股收益 0.0051 元。上行动力不足,还需储蓄动能。

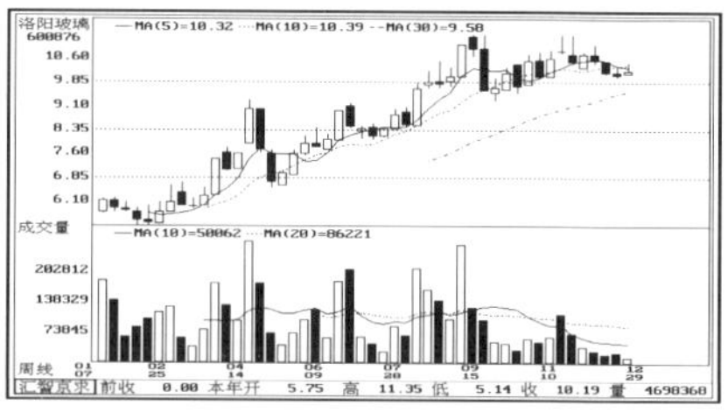

600876　洛阳玻璃:流通股本 5000 万,主营浮法平板玻璃。9 月 11 日最高价 11.35 元,2 月 21 日最低价 5.14 元,2000 年每股收益 0.0900 元。上档压力较大,不介入。

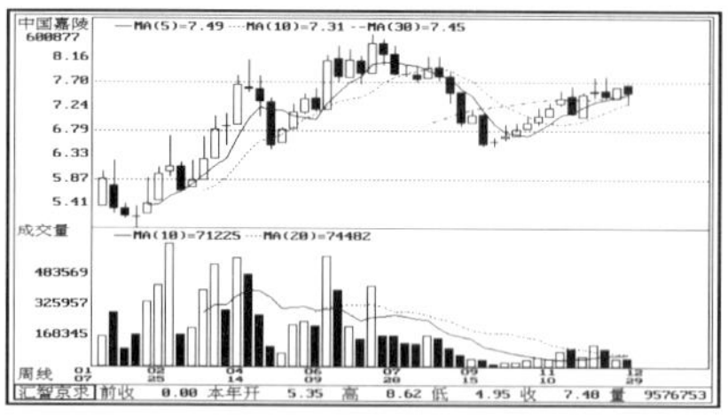

600877　中国嘉陵:流通股本 21960 万,主营摩托车及其发动机。7 月 13 日最高价 8.62 元,1 月 28 日最低价 4.95 元,2000 年每股收益 0.0500 元。行情未了,中线关注。

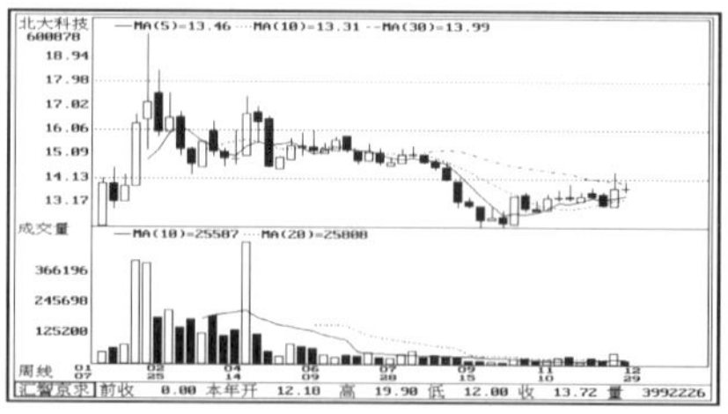

600878　北大科技:流通股本 8864 万,主营高科技纺织。1 月 17 日最高价 19.90 元,1 月 4 日最低价 12.00 元,2000 年每股收益 0.1140 元。大幅回调,短线仍有整理。

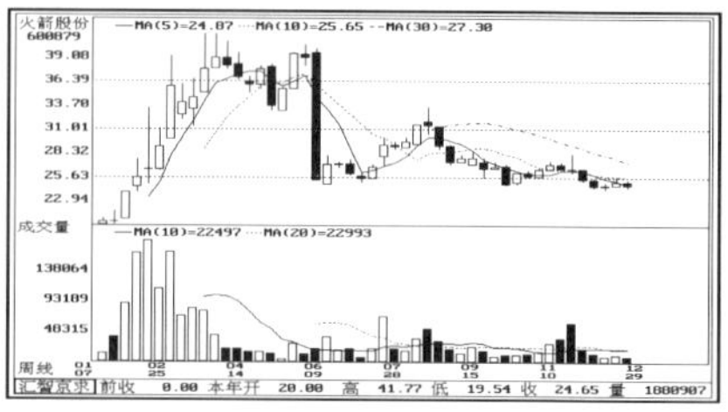

600879　火箭股份:流通股本 13714 万,主营民用航天。3 月 21 日最高价 41.77 元,1 月 6 日最低价 19.54 元,2000 年每股收益 0.4400 元。短线有一定压力,需整固。

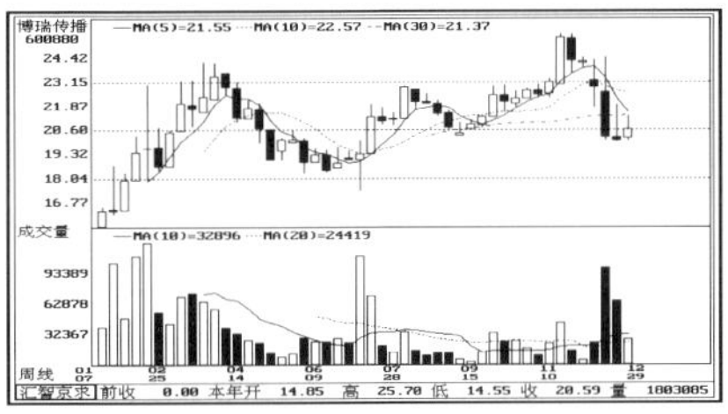

600880　博瑞传播：流通股本 4188 万，主营信息传播服务。11 月 15 日最高价 25.70 元，1 月 4 日最低价 14.55 元，2000 年每股收益 0.2100 元。短线调整中，观望。

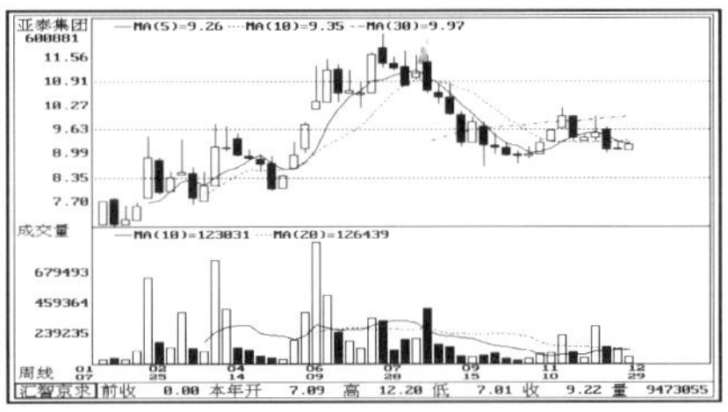

600881　亚泰集团：流通股本 27552 万，主营主营房地产、水泥。7 月 17 日最高价 12.20 元，1 月 17 日最低价 7.01 元，2000 年每股收益 0.3700 元。破位下调，短线走势趋淡。

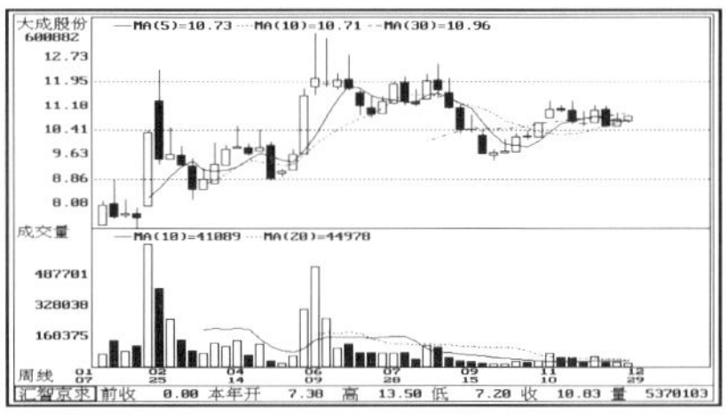

600882　大成股份：流通股本 9683 万，主营化学农药及化工。6 月 8 日最高价 13.50 元，1 月 4 日最低价 7.20 元，2000 年每股收益 0.0600 元。上升压力沉重，需淡化阻力。

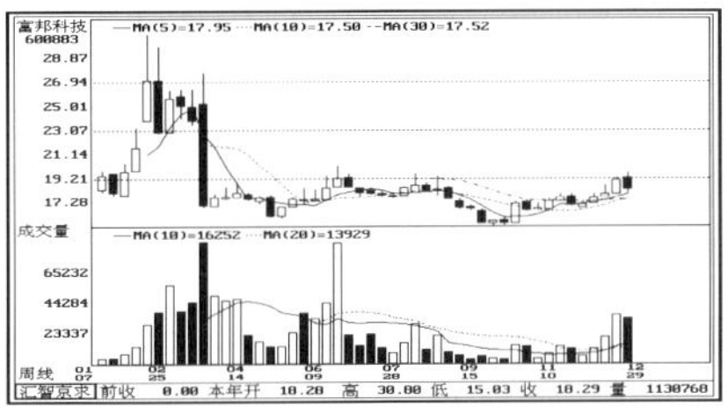

600883　富邦科技：流通股本 2700 万，主营硅酸盐水泥、水泥熟料。2 月 17 日最高价 30.80 元，9 月 25 日最低价 15.03 元，2000 年每股收益 0.1016 元。上档有一定压力，不介入为宜。

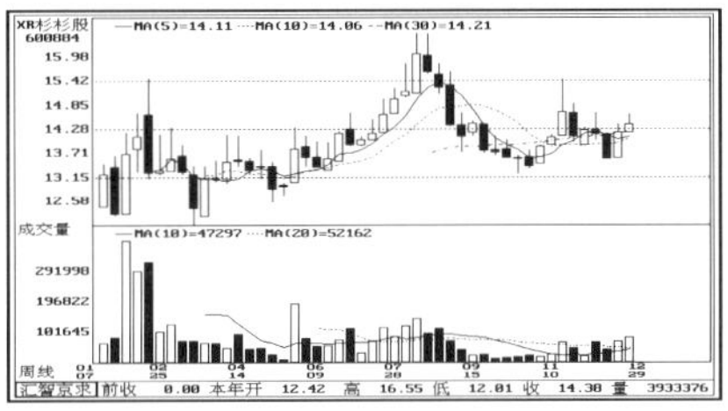

600884　杉杉股份：流通股本 11692 万，主营西服、休闲服。8 月 11 日最高价 16.55 元，3 月 17 日最低价 12.01 元，2000 年每股收益 0.5040 元。上攻动力不足，持币观望。

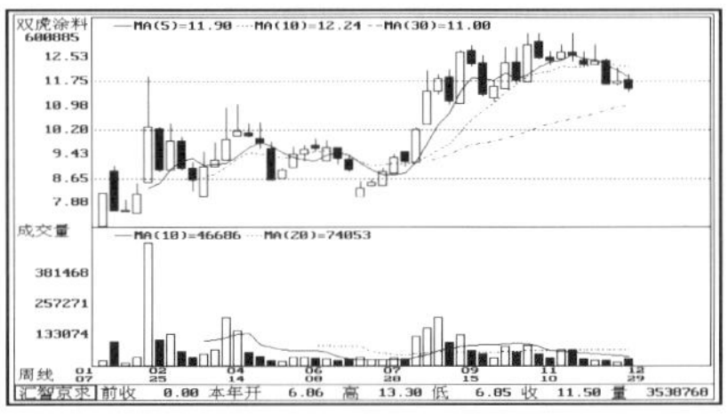

600885　双虎涂料：流通股本 4987 万，主营各种涂料的研制开发，10 月 27 日最高价 13.30 元，1 月 4 日最低价 6.85 元，2000 年每股收益 -0.1170 元。短线有调整要求，暂观望。

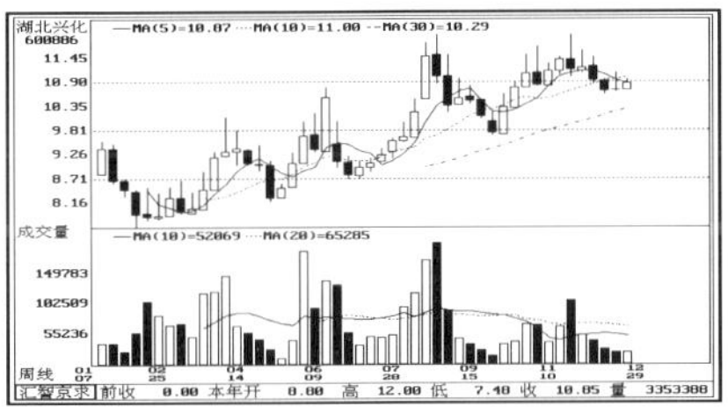

600886　湖北兴化：流通股本 10732 万，主营石油化工产品。8 月 21 日最高价 12.00 元，2 月 21 日最低价 7.48 元，2000 年每股收益 0.0210 元。整理蓄势之中，持股不动。

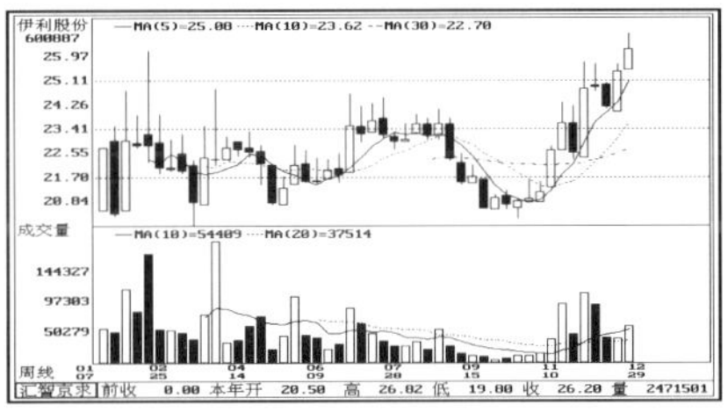

600887　伊利股份：流通股本 7989 万，主营农畜产品深加工。12 月 26 日最高价 26.82 元，3 月 16 日最低价 19.80 元，2000 年每股收益 0.6700 元。可望回落整理，后市观望为主。

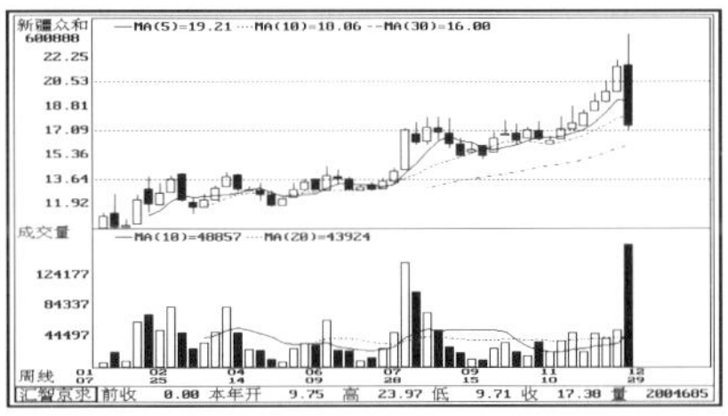

600888　新疆众和：流通股本 2925 万，主营普铝锭、精铝锭。12 月 27 日最高价 23.97 元，1 月 4 日最低价 9.71 元，2000 年每股收益 0.2420 元。均线系统有压力，观望。

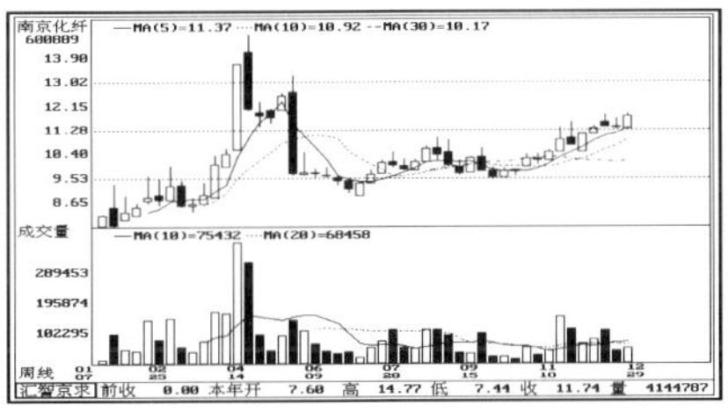

600889　南京化纤：流通股本 6682 万，主营粘胶长丝和自来水。4 月 17 日最高价 14.77 元，1 月 4 日最低价 7.44 元，2000 年每股收益 0.2500 元。上行欲望不强，仍有整理。

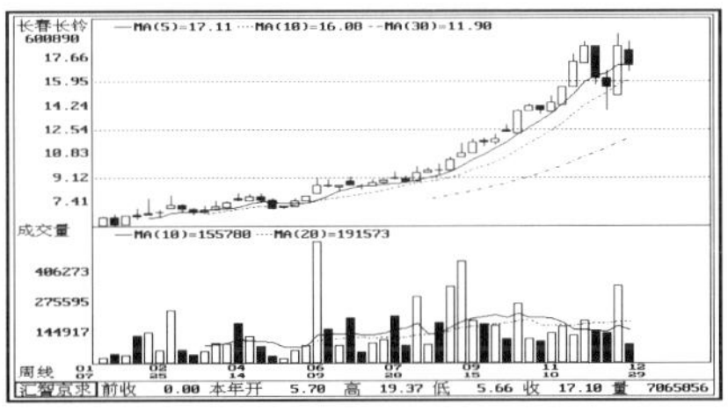

600890　长春长铃：流通股本 20509 万，主营摩托车、发动机。12 月 22 日最高价 19.37 元，1 月 17 日最低价 5.66 元，2000 年每股收益 0.2300 元。短线回档，仍可持股不动。

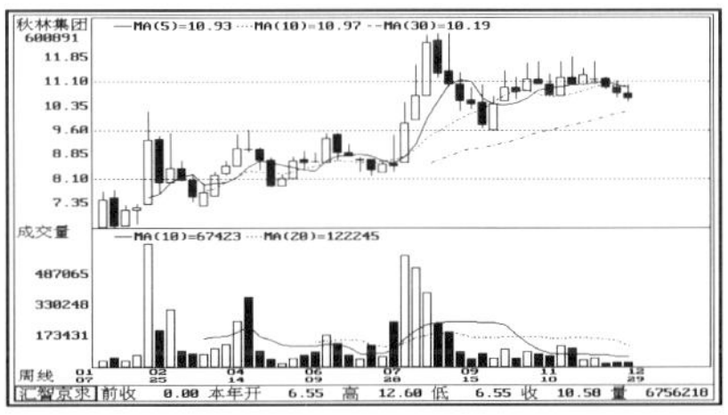

600891　秋林集团：流通股本 12942 万，主营商业零售批发。8 月 21 日最高价 12.60 元，1 月 17 日最低价 6.55 元，2000 年每股收益 0.0130 元。人气不足，放量可介入。

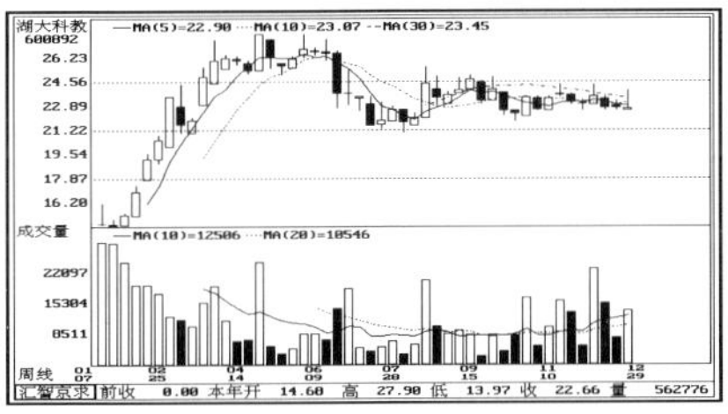

600892　湖大科教：流通股本 1531 万，主营机械制造、磨削。5 月 30 日最高价 27.90 元，1 月 10 日最低价 13.97 元，2000 年每股收益 0.0239 元。短线有调整要求，暂观望。

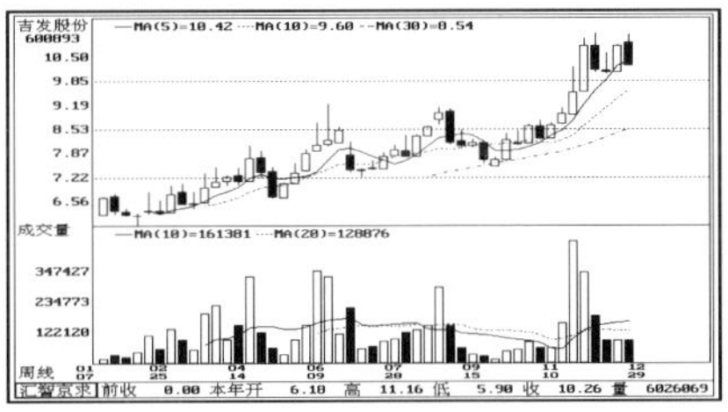

600893　吉发股份：流通股本 11532 万，主营农副产品深加工。12 月 4 日最高价 11.16 元，1 月 28 日最低价 5.90 元，2000 年每股收益 -0.0476 元。调整将尽，可持股待涨。

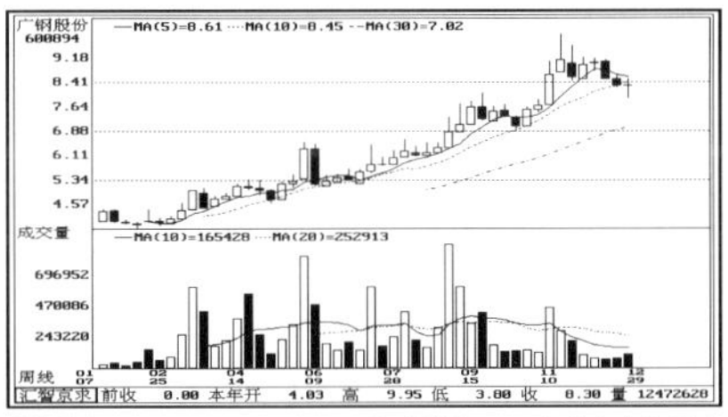

600894　广钢股份：流通股本 16169 万，主营生产钢铁产品。11 月 17 日最高价 9.95 元，1 月 28 日最低价 3.80 元，2000 年每股收益 0.1480 元。短线调整中，观望。

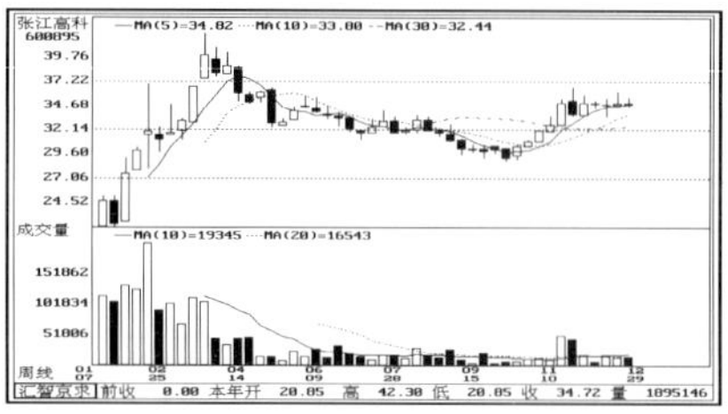

600895　张江高科：流通股本 16595 万，主营物业投资和经营管理。3 月 21 日最高价 42.30 元，6 月 1 日最低价 20.85 元，2000 年每股收益 0.5500 元。需继续在低位震荡整理。

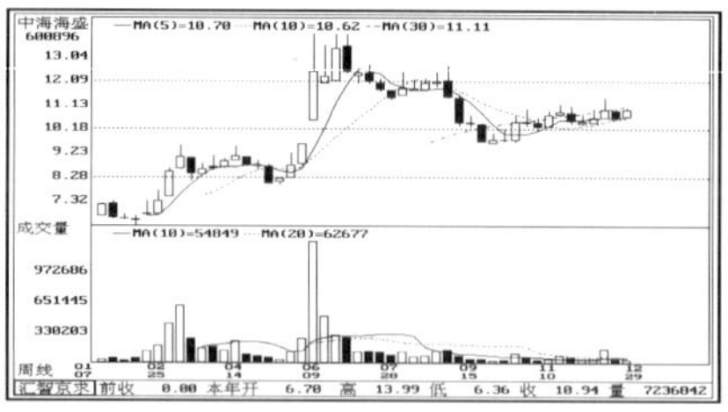

600896　中海海盛：流通股本 15608 万，主营货物运输。6 月 8 日最高价 13.99 元，1 月 24 日最低价 6.36 元，2000 年每股收益 0.2130 元。缩量整理，观望为宜。

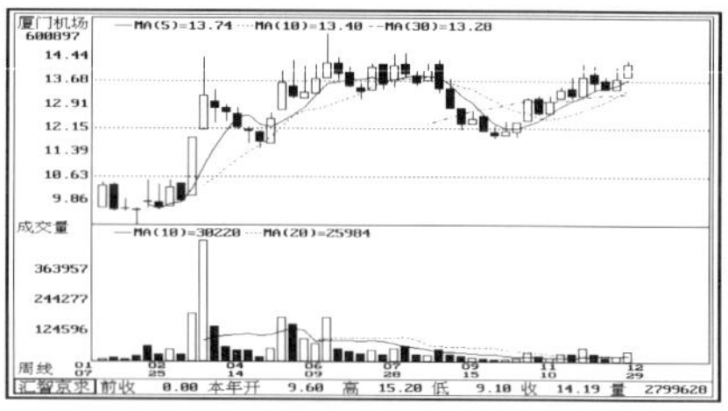

600897　厦门机场：流通股本 6750 万，主营为向国内外航空运输企业提供服务。6 月 13 日最高价 15.20 元，1 月 28 日最低价 9.10 元，2000 年每股收益 0.1900 元。均线反压仍在，持币观望。

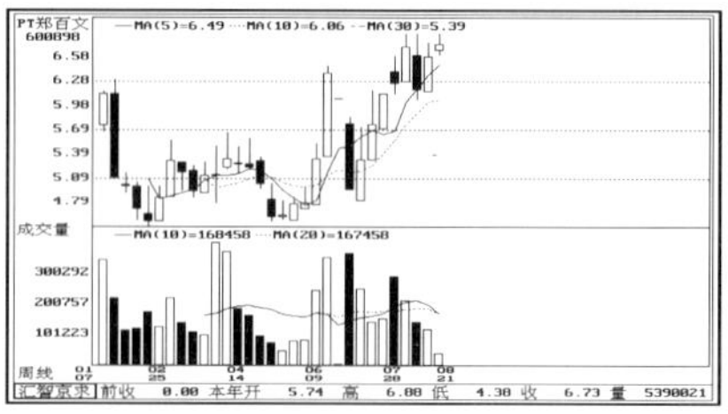

600898　ST 郑百文：流通股本 10710 万，主营日用百货、洗涤化妆。8 月 7 日最高价 6.88 元，2 月 21 日最低价 4.38 元，2000 年每股收益 -0.2381 元。风险个股，不介入

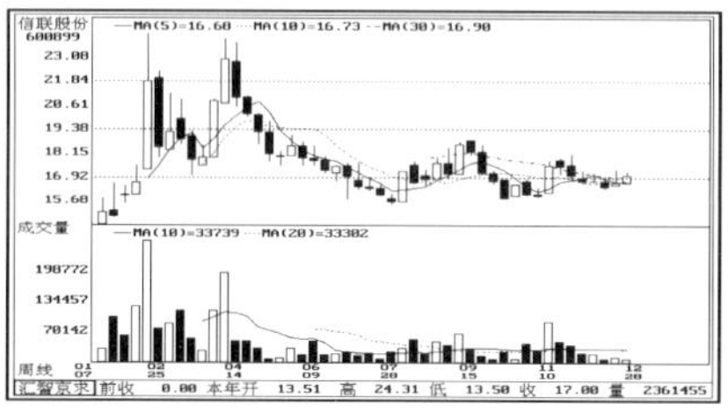

600899　信联股份：流通股本 5431 万，主营有线电视网络建设。2 月 17 日最高价 24.31 元，1 月 4 日最低价 13.50 元，2000 年每股收益 0.3500 元。上升压力沉重，需淡化阻力。

表 49 2000 年深交所上市股份公司 A 股股票走势图

个股点评
统计制作 北京汇智科贸公司信息部

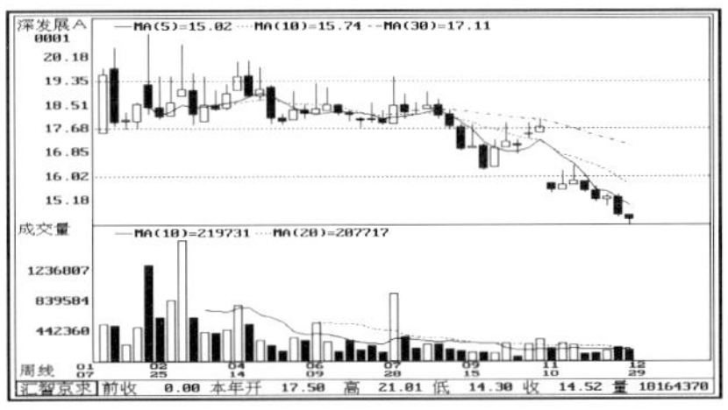

0001 深发展 A:流通股本 139312 万,主营人民币、外币存贷款。2 月 15 日最高价 21.01 元,12 月 26 日最低价 14.30 元,2000 年每股收益 0.2600 元。弱势整理,宜持币观望。

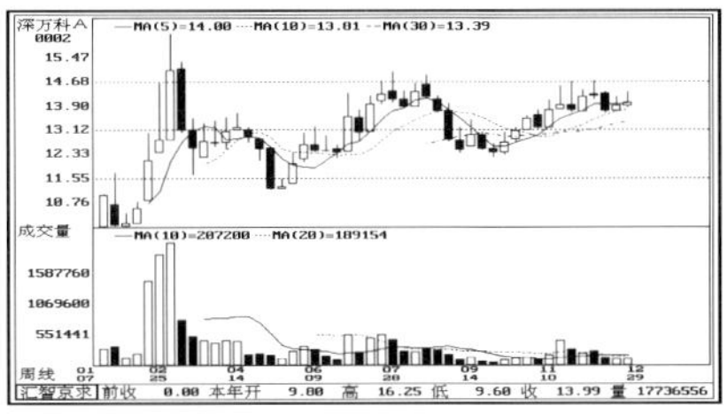

0002 深万科 A:流通股本 39810 万,主营以房地产为核心业务。3 月 1 日最高价 16.25 元,1 月 4 日最低价 9.60 元,2000 年每股收益 0.4770 元。调整途中,还需观望。

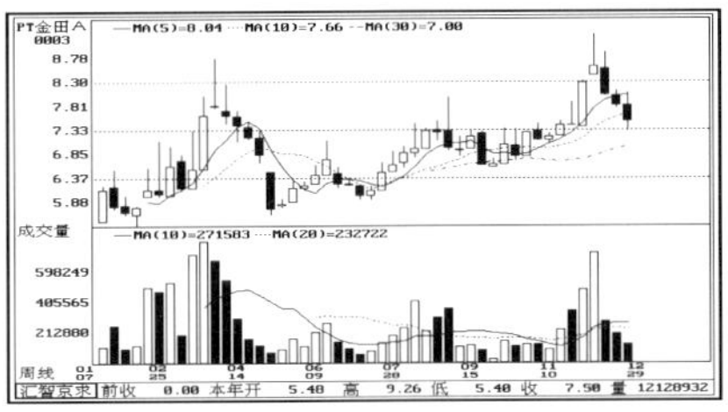

0003 ST 金田 A:流通股本 19181 万,主营房地产开发。12 月 7 日最高价 9.26 元,1 月 28 日最低价 5.40 元,2000 年每股收益 -1.8150 元。风险个股,不介入。

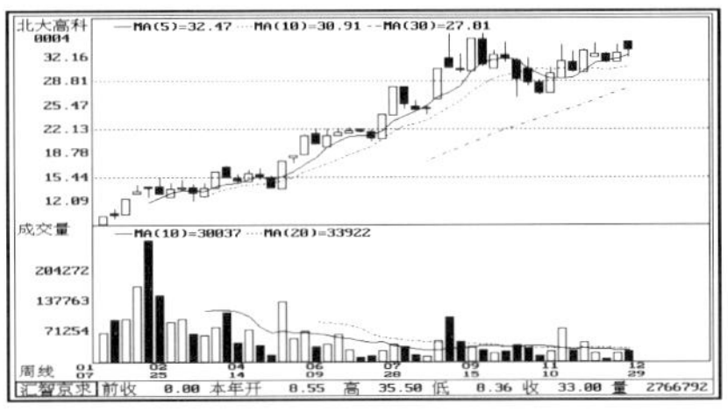

0004 北大高科:流通股本 4166 万,主营货物运输。9 月 18 日最高价 35.50 元,1 月 4 日最低价 8.36 元,2000 年每股收益 0.2620 元。上档有一定压力,不介入为宜。

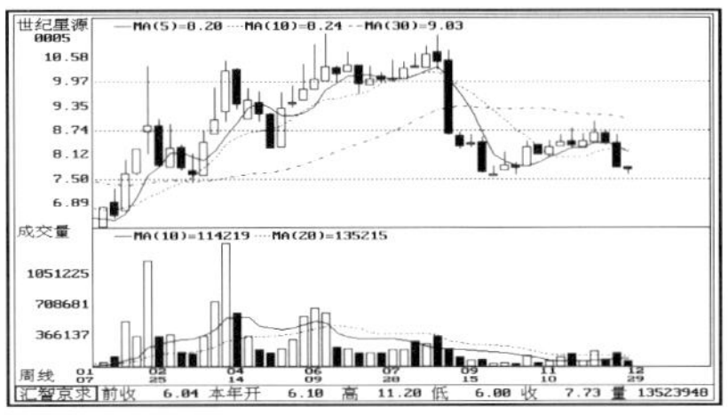

0005 世纪星源:流通股本 27019 万,主营房地产、交通运输。6 月 15 日最高价 11.20 元,1 月 4 日最低价 6.00 元,2000 年每股收益 0.0020 元。短线有减持迹象,暂不介入。

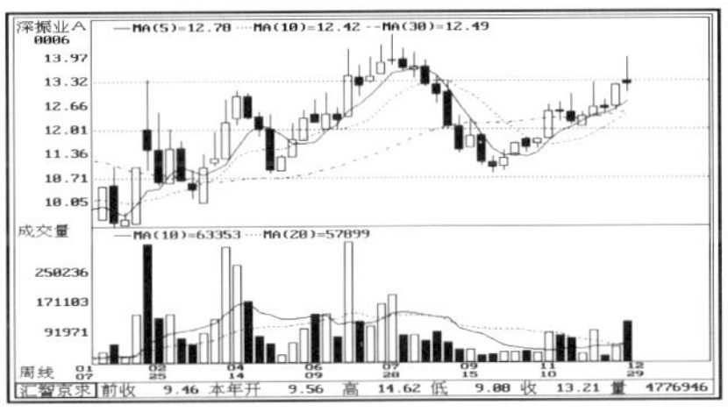

0006 深振业 A:流通股本 15781 万,主营房地产、建筑施工。7 月 26 日最高价 14.62 元,1 月 24 日最低价 9.08 元,2000 年每股收益 0.4670 元。大幅回调,短线仍有整理。

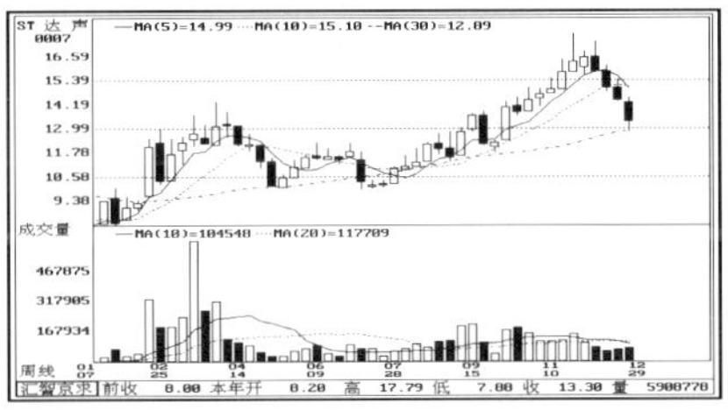

0007 ST 达声:流通股本 7956 万,主营电子、信息产品。11 月 23 日最高价 17.79 元,1 月 4 日最低价 7.88 元,2000 年每股收益 -1.2000 元。上档抛压大,不介入。

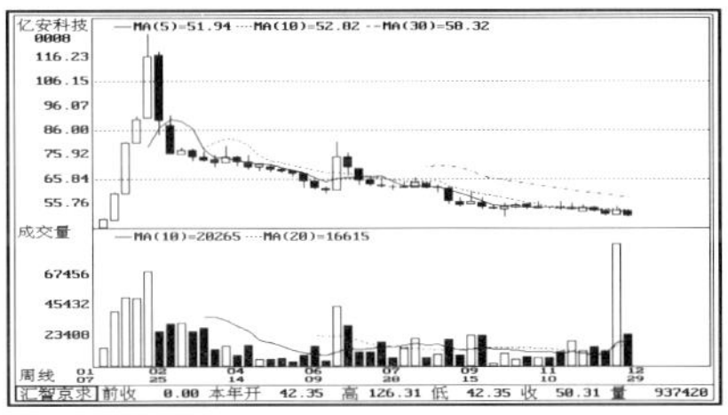

0008 亿安科技:流通股本 3529 万,主营科技、网络工程。2 月 17 日最高价 126.31 元,1 月 4 日最低价 42.35 元,2000 年每股收益 0.2460 元。有走强的欲望,但动力不足。

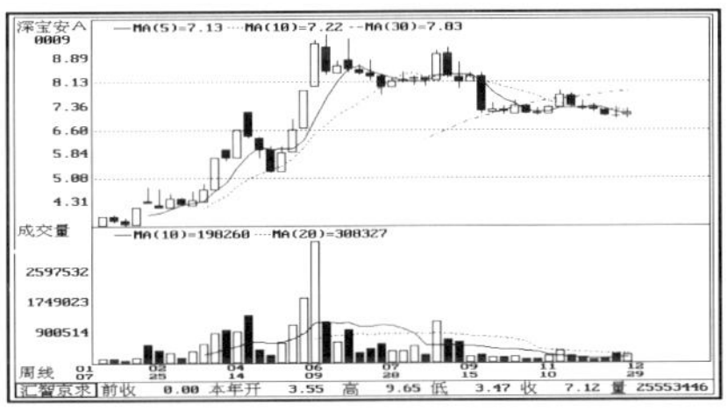

0009 深宝安 A:流通股本 57952 万,主营房地产和生物医药。6 月 12 日最高价 9.65 元,1 月 25 日最低价 3.47 元,2000 年每股收益 0.0390 元。上行欲望不强,仍有整理。

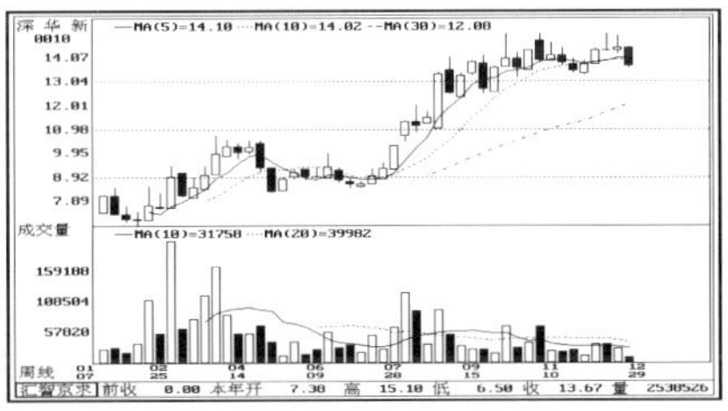

0010 深华新:流通股本 4950 万,主营进出口贸易业务。10 月 12 日最高价 15.10 元,1 月 24 日最低价 6.50 元,2000 年每股收益 0.1400 元。弱势,抛压重,观望。

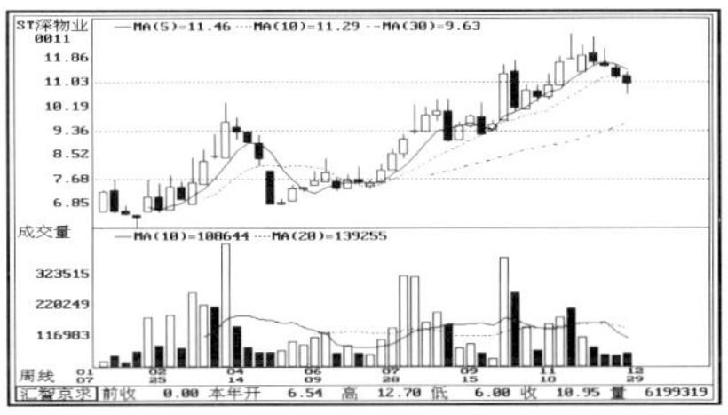

0011 ST 深物业:流通股本 9136 万,主营房地产开发经营。11 月 23 日最高价 12.70 元,1 月 24 日最低价 6.00 元,2000 年每股收益 0.1000 元。均线系统有压力,观望。

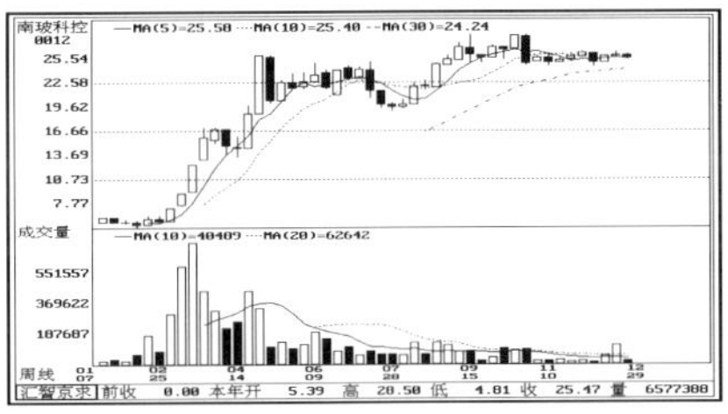

0012 南玻科控:流通股本 10717 万,主营新型显示器件与材料。9 月 12 日最高价 28.50 元,1 月 28 日最低价 4.81 元,2000 年每股收益 0.2400 元。需继续在低位震荡整理。

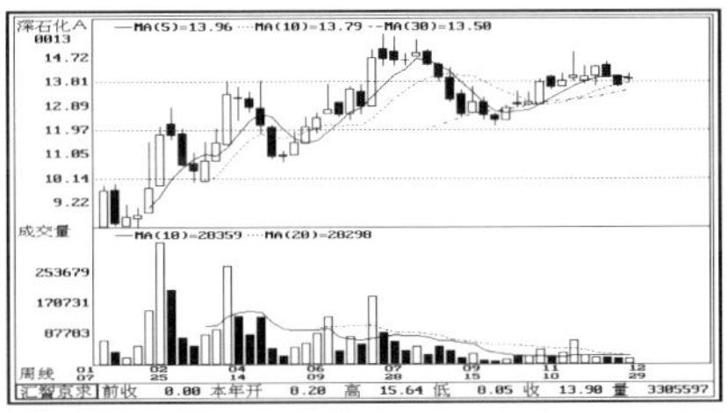

0013 深石化 A:流通股本 5132 万,主营化工新材料、塑料加工。7 月 17 日最高价 15.64 元,1 月 4 日最低价 8.05 元,2000 年每股收益 0.1240 元。短线走淡,暂宜观望。

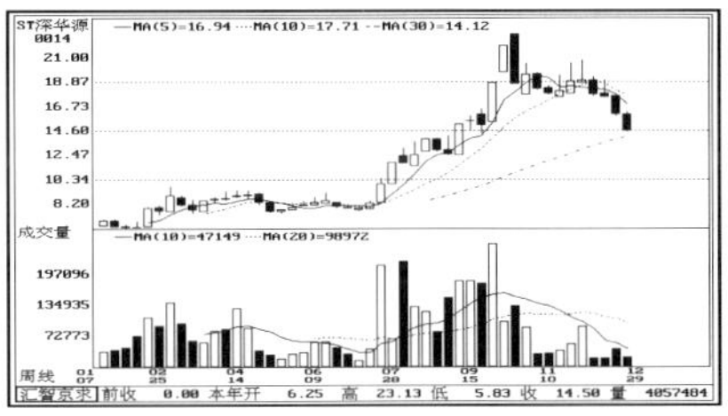

0014 ST 深华源:流通股本 4522 万,主营房地产开发与经营。10 月 16 日最高价 23.13 元,1 月 24 日最低价 5.83 元,2000 年每股收益 0.1400 元。上行欲望不强,仍待整理。

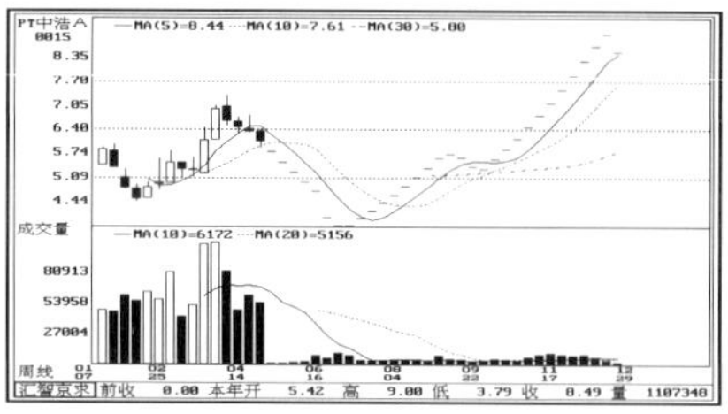

0015 PT 中浩 A:流通股本 2624 万,主营房地产、工业实业。12 月 22 日最高价 9.00 元,7 月 7 日最低价 3.79 元,2000 年每股收益 -1.1100 元。风险个股,不介入。

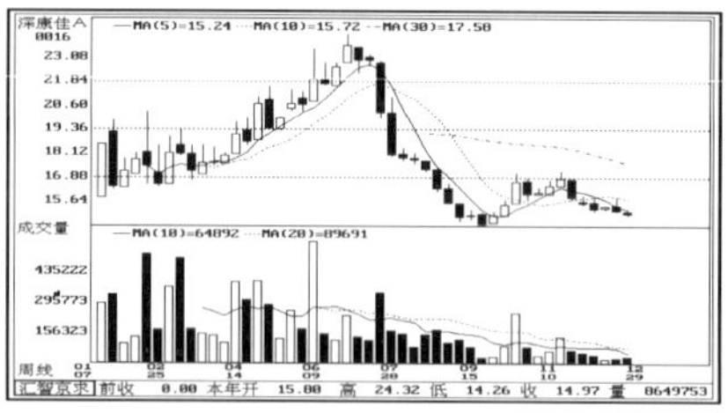

0016 深康佳 A:流通股本 22411 万,主营多媒体视听产品。6 月 30 日最高价 24.32 元,9 月 20 日最低价 14.26 元,2000 年每股收益 0.3736 元。短线回档,仍可持股不动。

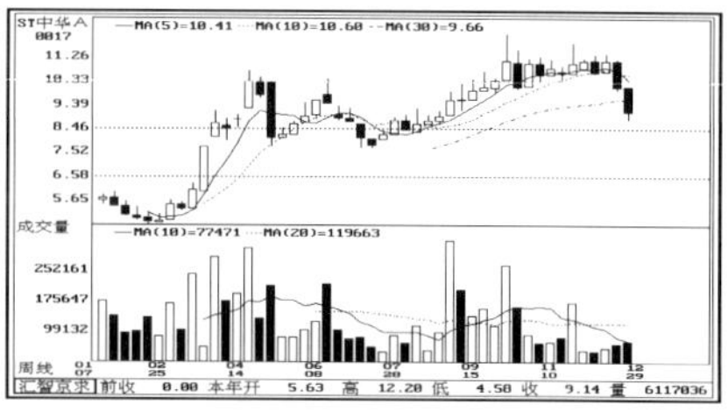

0017 ST 中华 A:流通股本 7662 万,主营自行车及零配件。10 月 12 日最高价 12.20 元,2 月 21 日最低价 4.58 元,2000 年每股收益 -0.3710 元。反弹走势,持股观望。

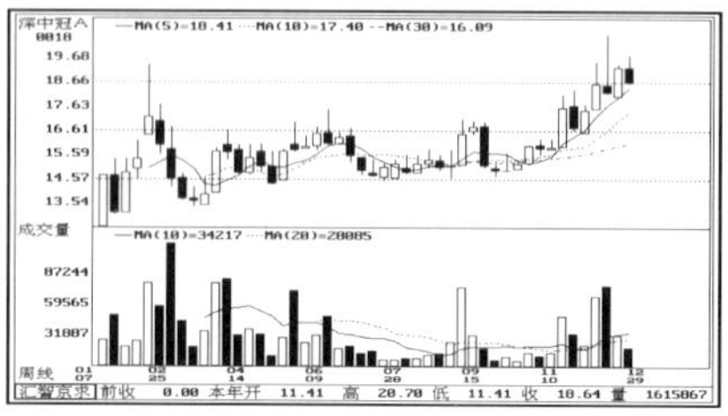

0018 深中冠 A:流通股本 2023 万,主营各类纯麻,涤棉。12 月 12 日最高价 20.70 元,1 月 4 日最低价 11.41 元,2000 年每股收益 0.0300 元。整理蓄势之中,持股不动。

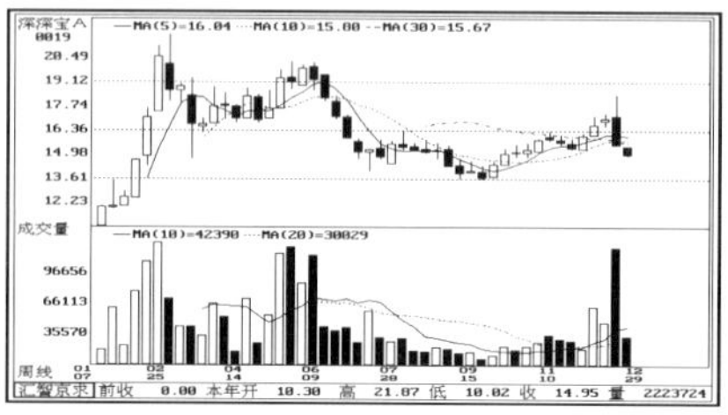

0019 深深宝 A:流通股本 3702 万,主营食品罐头、饮料。2 月 28 日最高价 21.87 元,1 月 4 日最低价 10.02 元,2000 年每股收益 0.0640 元。短线走淡,暂不宜介入。

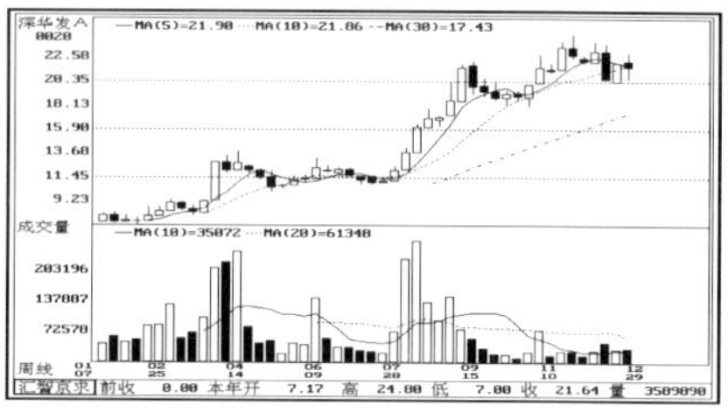

0020 深华发 A:流通股本 4985 万,主营彩电、印制电路板。11 月 21 日最高价 24.80 元,1 月 28 日最低价 7.00 元,2000 年每股收益 0.0100 元。上行欲望不强,仍有整理。

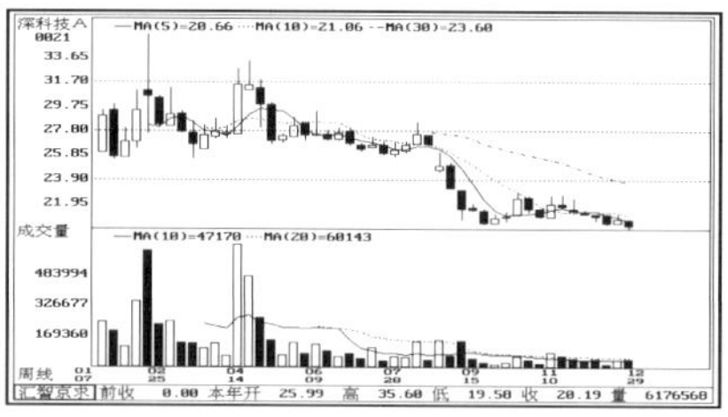

0021 深科技 A:流通股本 20058 万,主营驱动器磁头部件制造。2 月 17 日最高价 35.60 元,9 月 6 日最低价 19.58 元,2000 年每股收益 0.2058 元。短线回档,仍可持股不动。

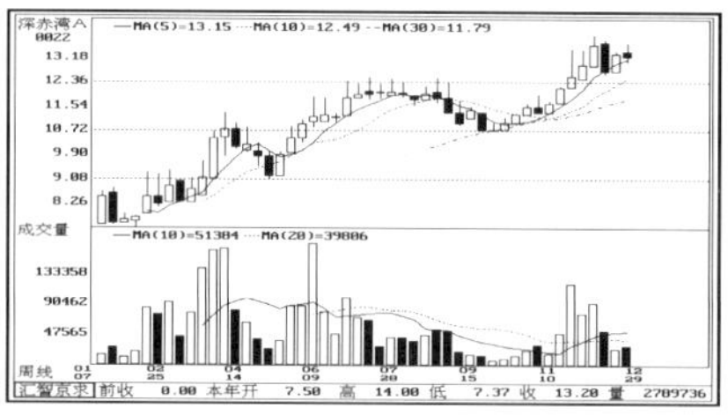

0022 深赤湾 A: 流通股本 5044 万, 主营集装箱和散杂货装卸。12 月 7 日最高价 14.00 元,1 月 17 日最低价 7.37 元,2000 年每股收益 0.2160 元。上升空间有限,反弹减磅。

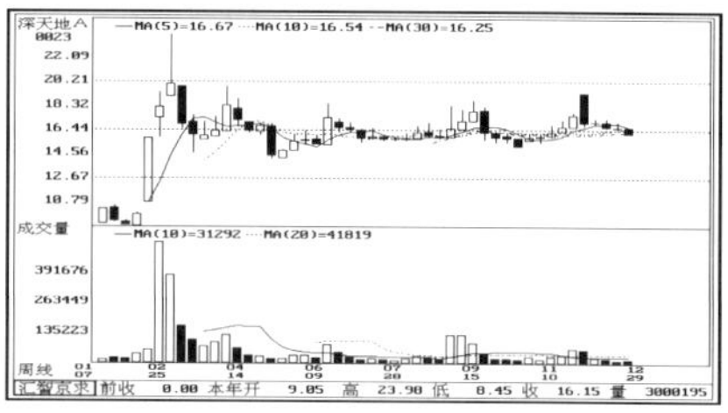

0023 深天地 A: 流通股本 4606 万, 主营建材工业和房地产业。3 月 1 日最高价 23.98 元,1 月 24 日最低价 8.45 元,2000 年每股收益 0.1300 元。有获利盘减持迹象,暂不介入。

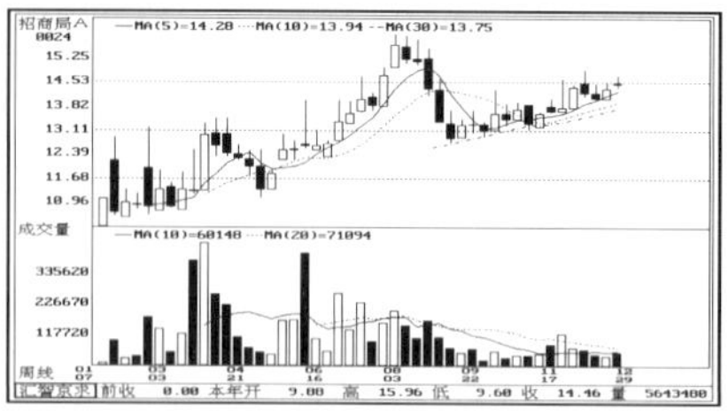

0024 招商局 A:流通股本 13097 万,主营港口物流业务、房地产。8 月 3 日最高价 15.96 元,1 月 4 日最低价 9.60 元,2000 年每股收益 0.4390 元。缓步盘升走势,持股观望。

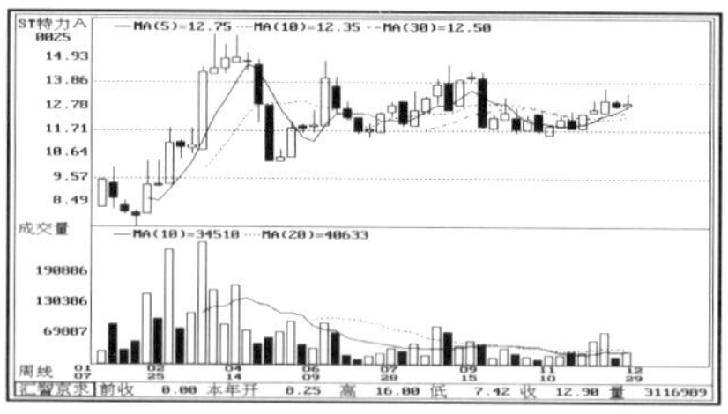

0025 ST 特力 A:流通股本 3429 万,主营汽车维修、检测,3 月 28 日最高价 16.00 元,1 月 28 日最低价 7.42 元,2000 年每股收益 -0.5400 元。短线调整中,观望。

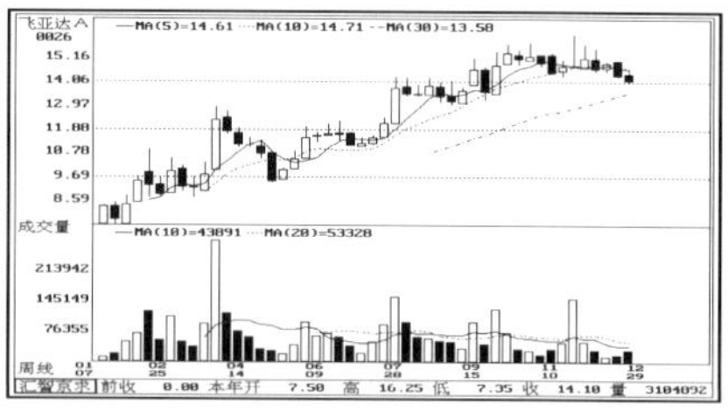

0026 飞亚达 A: 流通股本 6047 万, 主营制造高档钟表及配件。11 月 22 日最高价 16.25 元,1 月 19 日最低价 7.35 元,2000 年每股收益 0.0590 元。短线调整未结束,持股。

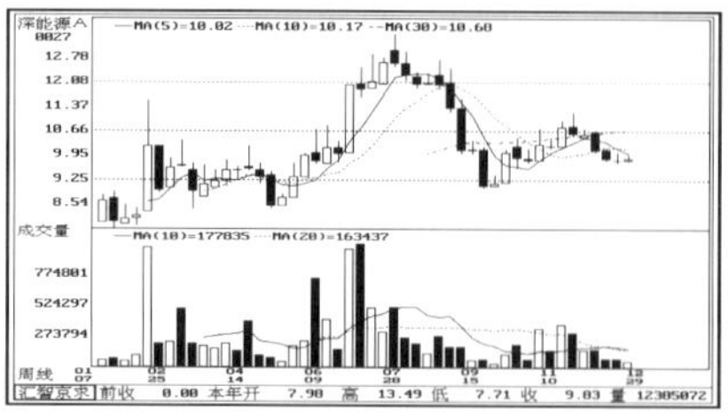

0027 深能源 A:流通股本 40526 万,主营电力、煤气及水的生产和供应。7 月 24 日最高价 13.49 元,1 月 4 日最低价 7.71 元,2000 年每股收益 0.3542 元。短线调整中,观望。

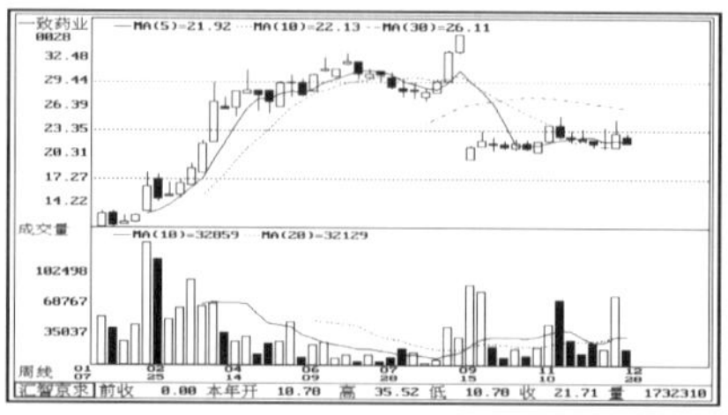

0028 深益力 A:流通股本 5489 万,主营制药、医药批发。9 月 8 日最高价 35.52 元,1 月 4 日最低价 10.78 元,2000 年每股收益 -0.0060 元。居 10 日均线之上,仍有上攻动力。

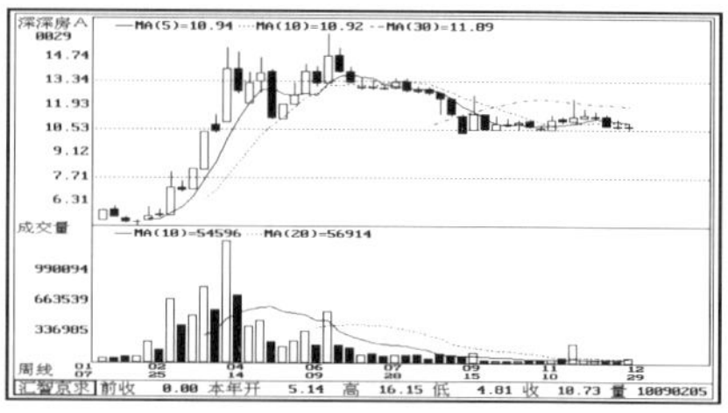

0029 深深房 A:流通股本 14784 万,主营房地产及商品房销售。6 月 15 日最高价 16.15 元,1 月 24 日最低价 4.81 元,2000 年每股收益 0.0757 元。短线走淡,暂不宜介入。

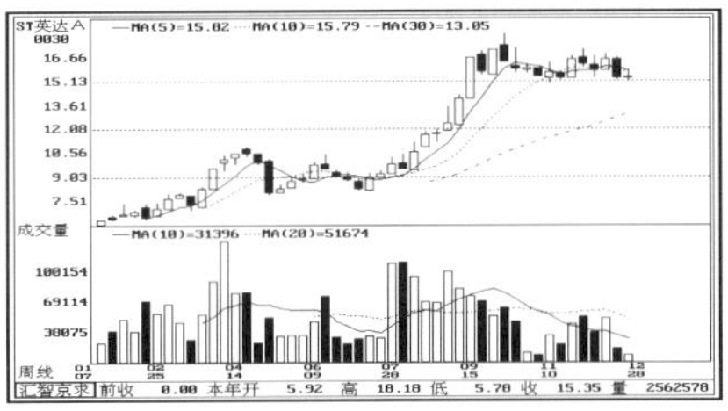

0030　ST 英达 A:流通股本 4026 万,主营饮水科技、印刷。10 月 10 日最高价 18.18 元,1 月 4 日最低价 5.78 元,2000 年每股收益 0.0146 元。短线横盘整理,可适当持股。

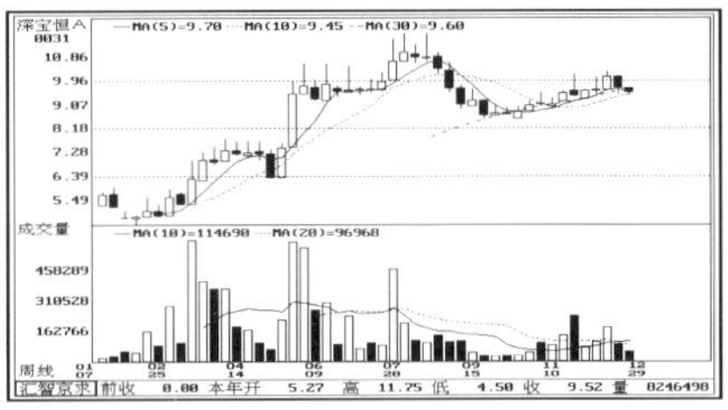

0031　深宝恒 A:流通股本 16349 万,主营房地产和实业投资。8 月 17 日最高价 11.75 元,1 月 24 日最低价 4.50 元,2000 年每股收益 0.0440 元。阻力大,需整理。

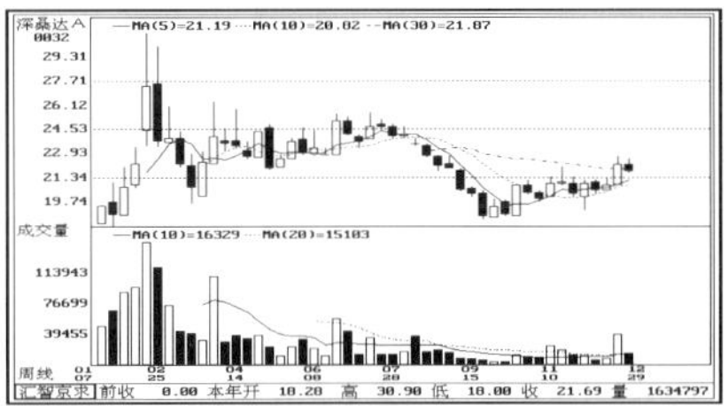

0032　深桑达 A:流通股本 3630 万,主营家电产品、通讯产品。2 月 17 日最高价 30.90 元,1 月 13 日最低价 18.00 元,2000 年每股收益 0.2430 元。无企稳迹象,一般观望。

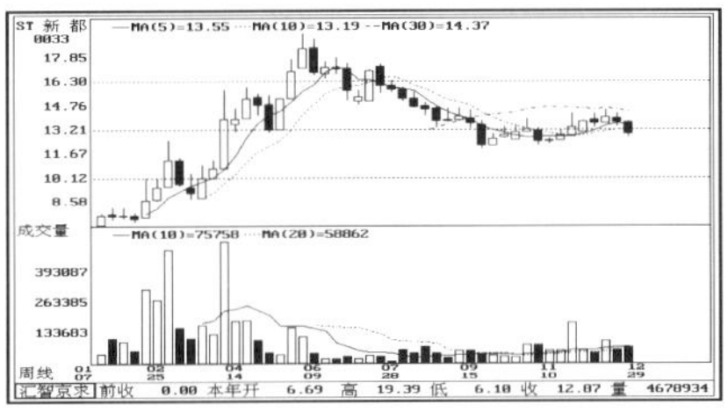

0033　ST　新　都:流通股本 6722 万,主营酒店经营和管理业务。6 月 2 日最高价 19.39 元,1 月 4 日最低价 6.10 元,2000 年每股收益 -0.0430 元。上行欲望不强,仍有整理。

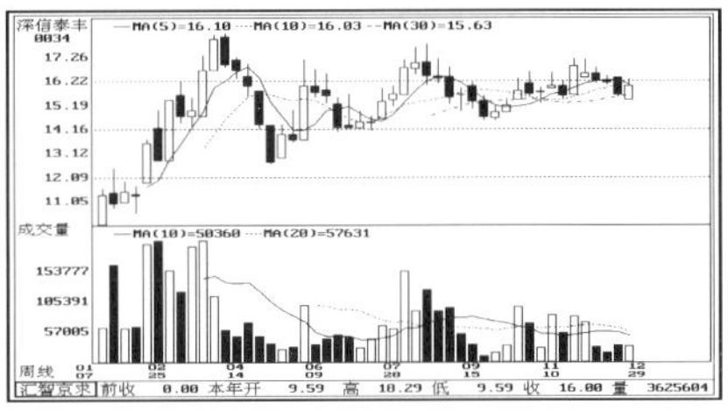

0034　深信泰丰:流通股本 8460 万,主营通讯产业与饲料工业。4 月 3 日最高价 18.29 元,1 月 4 日最低价 9.59 元,2000 年每股收益 0.8700 元。量有所缩小,观望量价配合。

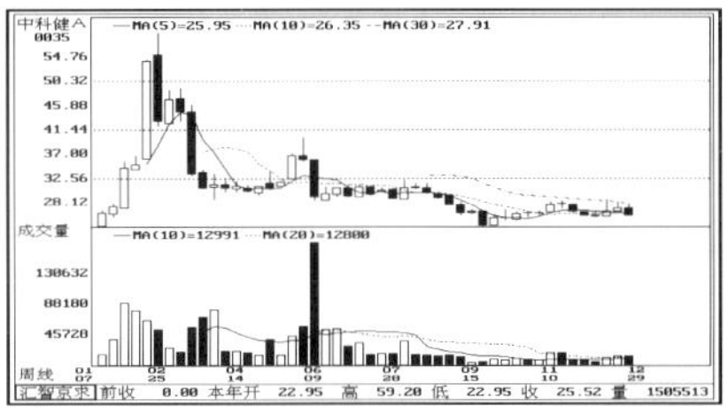

0035　中科健 A:流通股本 4253 万,主营 GSM 数字移动电话。2 月 21 日最高价 59.20 元,1 月 4 日最低价 22.95 元,2000 年每股收益 0.3900 元。整理走势,面临均线支撑。

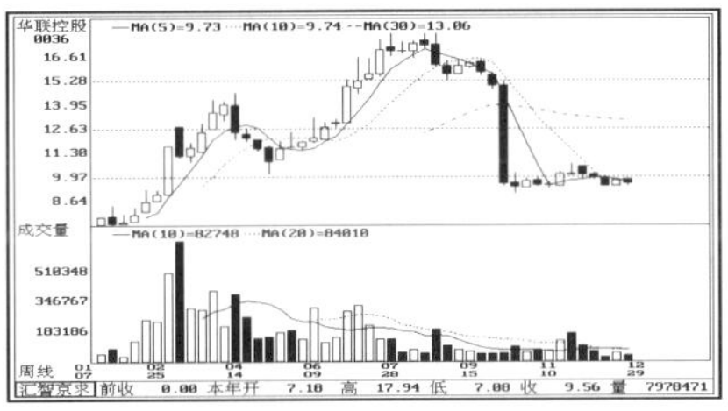

0036　华联控股:流通股本 17717 万,主营名牌服装、棉纱。7 月 27 日最高价 17.94 元,1 月 4 日最低价 7.08 元,2000 年每股收益 0.2635 元。均线系统未调整到位,暂不介入。

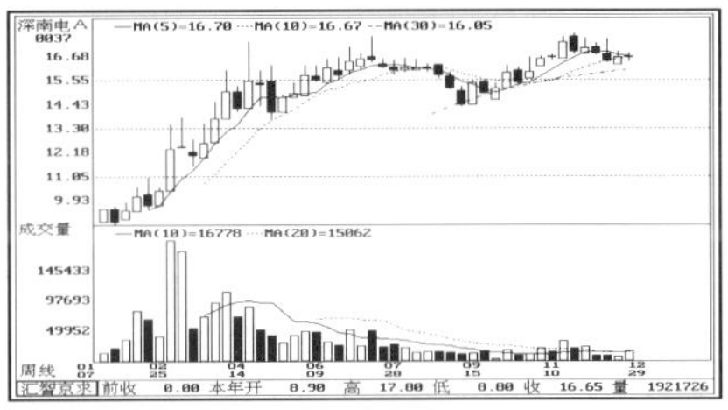

0037　深南电 A:流通股本 6485 万,主营供电、供热。11 月 21 日最高价 17.80 元,1 月 14 日最低价 8.80 元,2000 年每股收益 0.4100 元。上行动力不足,还需储蓄动能。

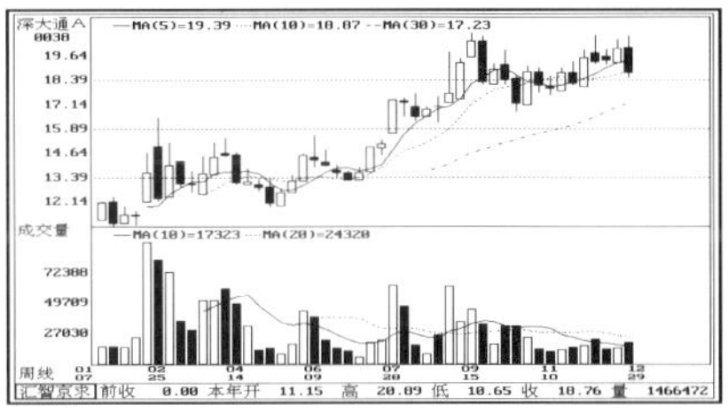

0038　深大通 A:流通股本 1914 万,主营生产电解类系列电容器。9 月 15 日最高价 20.89 元,1 月 19 日最低价 10.65 元,2000 年每股收益 0.0460 元。整理蓄势之中,持股不动。

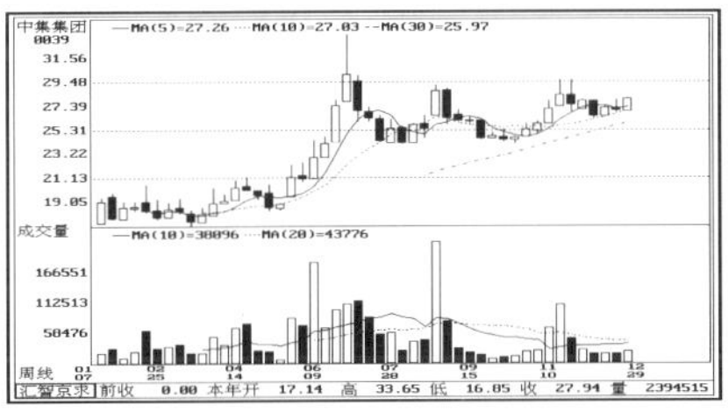

0039　中集集团:流通股本 4599 万,主营集装箱。6 月 29 日最高价 33.65 元,3 月 16 日最低价 16.85 元,2000 年每股收益 1.3580 元。短线调整未结束,持币。

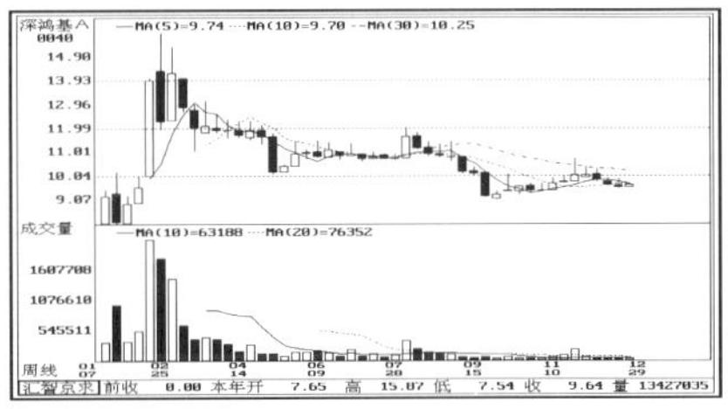

0040　深鸿基 A:流通股本 28528 万,主营装卸、运输、仓储。2 月 22 日最高价 15.87 元,1 月 4 日最低价 7.54 元,2000 年每股收益 0.0250 元。破位下调,短线走势趋淡。

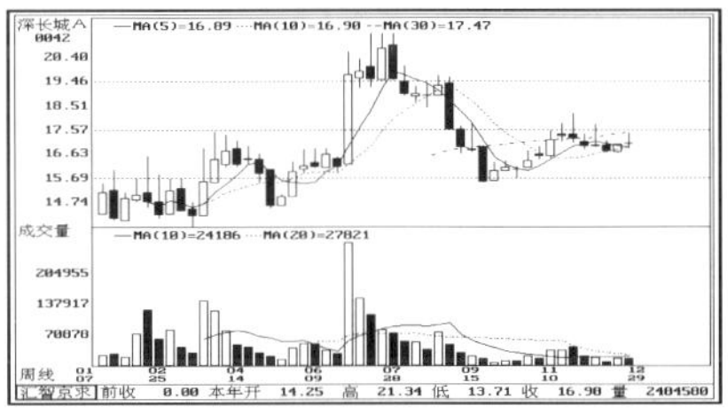

0042　深长城 A:流通股本 6912 万,主营房地产、建筑施工。7 月 11 日最高价 21.34 元,3 月 16 日最低价 13.71 元,2000 年每股收益 0.4670 元。上升压力沉重,需淡化阻力。

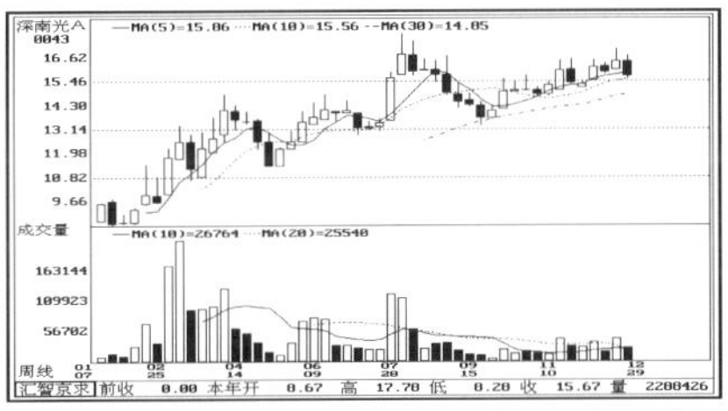

0043　深南光 A:流通股本 3672 万,主营旅游服务业。8 月 4 日最高价 17.78 元,1 月 24 日最低价 8.28 元,2000 年每股收益 0.1200 元。均线系统压力大,不介入。

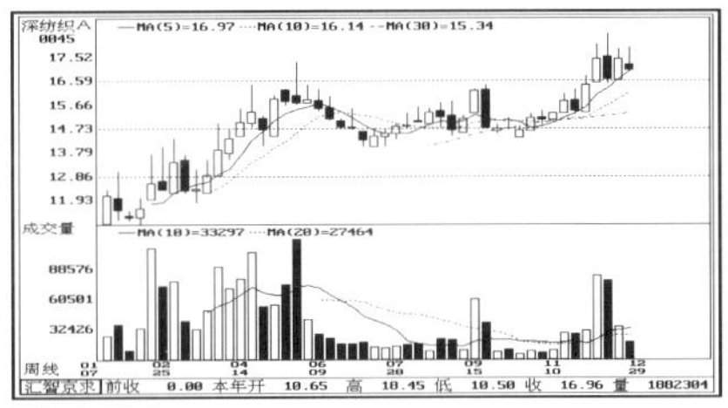

0045　深纺织 A:流通股本 2218 万,主营纺织服装、电子产品。12 月 11 日最高价 18.45 元,1 月 4 日最低价 10.50 元,2000 年每股收益 0.1390 元。有上攻的欲望,但动力不足。

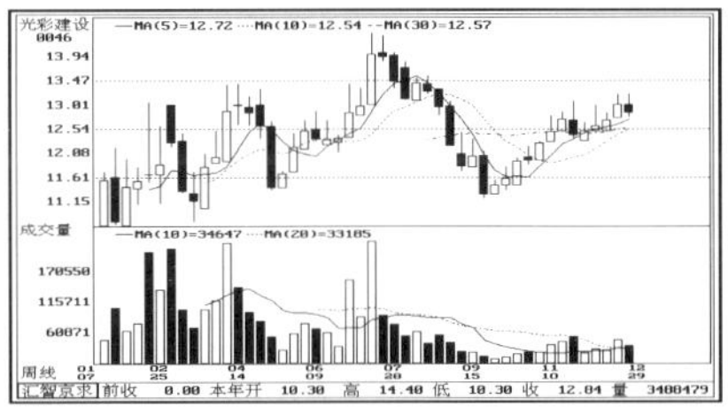

0046　光彩建设:流通股本 9732 万,主营房地产开发经营。7 月 11 日最高价 14.40 元,1 月 4 日最低价 10.30 元,2000 年每股收益 0.1900 元。短线走淡,暂不宜介入。

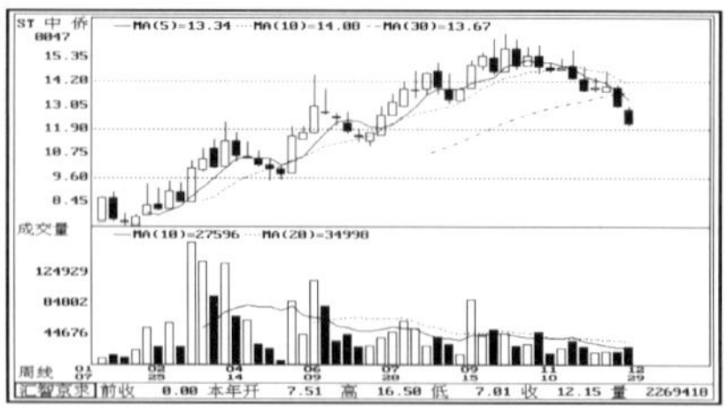

0047　ST 中 侨:流通股本 3292 万,主营房地产,物业管理。10 月 13 日最高价 16.50 元,1 月 24 日最低价 7.01 元,2000 年每股收益 -1.0000 元。破位下调,短线走势趋淡。

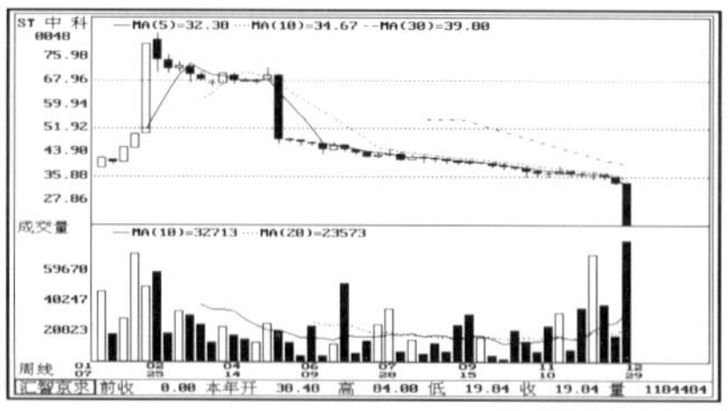

0048　ST 中 科:流通股本 11424 万,主营饲料业、养殖业。2 月 21 日最高价 84.00 元,12 月 29 日最低价 19.84 元,2000 年每股收益 -0.8400 元。长阳突破,短期仍可看好。

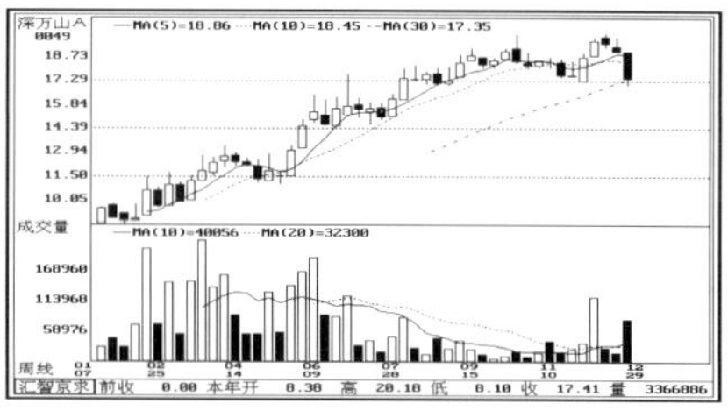

0049　深万山 A:流通股本 4472 万,主营房地产,销售商品房。12 月 11 日最高价 20.18 元,1 月 4 日最低价 8.10 元,2000 年每股收益 0.0030 元。调整途中,还需观望。

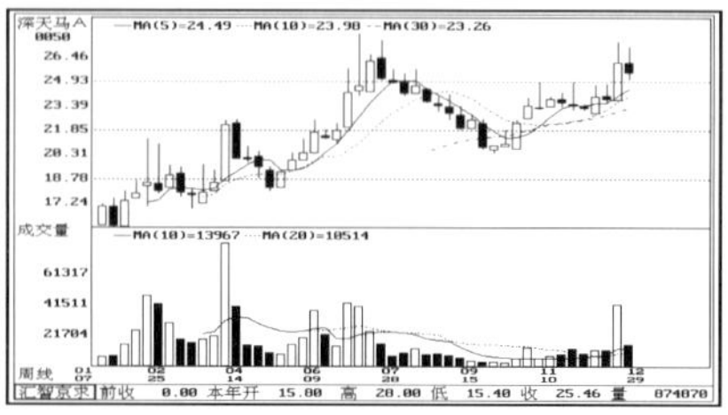

0050　深天马 A:流通股本 1684 万,主营销售液晶显示器。7 月 5 日最高价 28.00 元,1 月 4 日最低价 15.40 元,2000 年每股收益 0.2800 元。反弹压力增强,暂不介入。

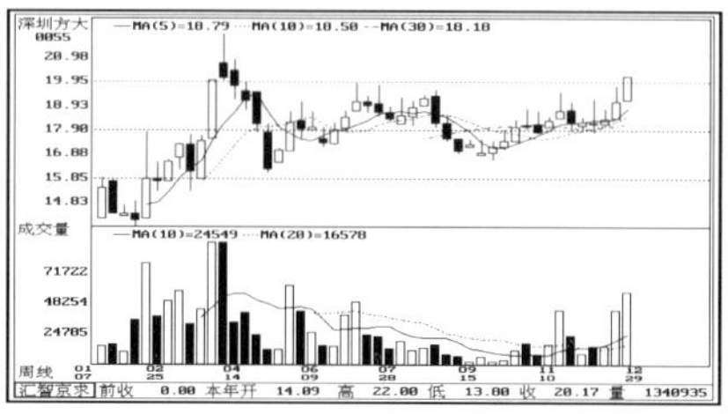

0055　深圳方大:流通股本 4200 万,主营新型建材、复合材料。4 月 3 日最高价 22.00 元,1 月 28 日最低价 13.80 元,2000 年每股收益 0.2300 元。上攻潜力大,持股不动。

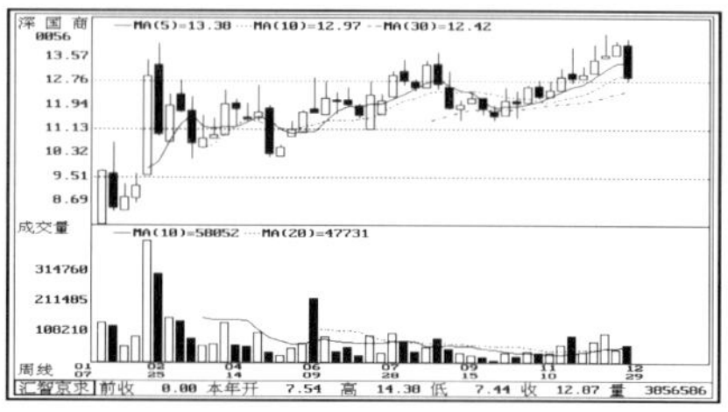

0056　深 国 商:流通股本 5522 万,主营连锁零售商业。12 月 13 日最高价 14.38 元,1 月 4 日最低价 7.44 元,2000 年每股收益 0.1600 元。震荡蓄势中,可持股。

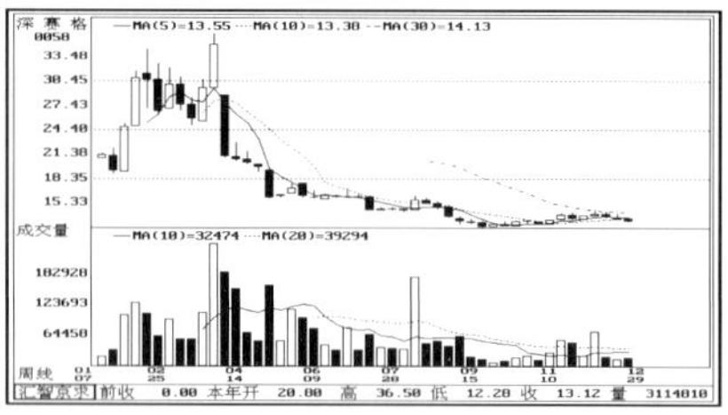

0058　深 赛 格:流通股本 8644 万,主营彩色显像管、彩色玻壳。3 月 31 日最高价 36.50 元,9 月 19 日最低价 12.28 元,2000 年每股收益 0.0180 元。短线走淡,暂宜观望。

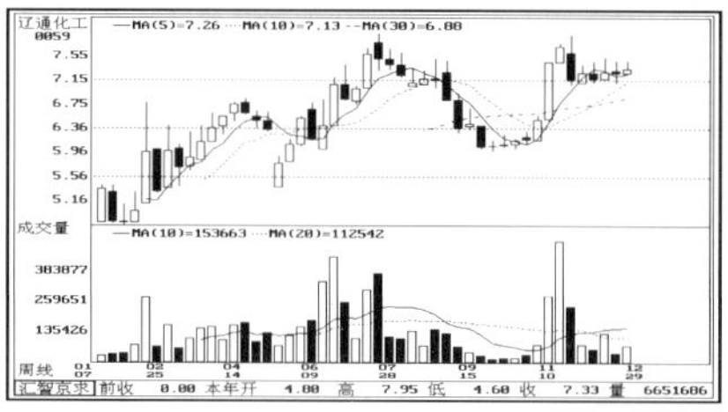

0059　辽通化工:流通股本 16900 万,主营生产化学肥料。7 月 17 日最高价 7.95 元,1 月 24 日最低价 4.60 元,2000 年每股收益 0.0035 元。上档压力较大,观望为宜。

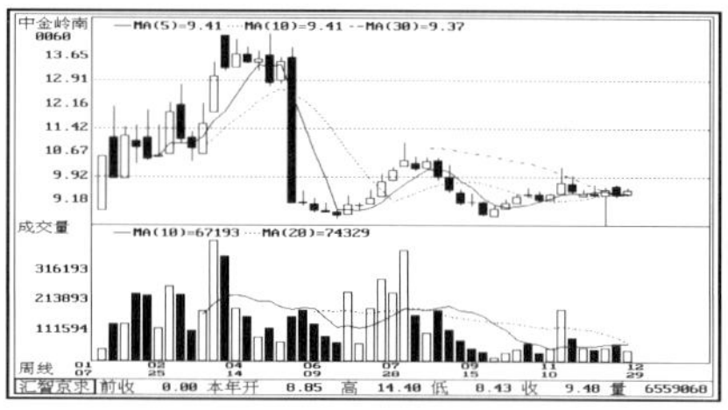

0060　中金岭南:流通股本 20520 万,主营有色金属的国内外贸易。5 月 8 日最高价 14.40 元,12 月 15 日最低价 8.43 元,2000 年每股收益 0.3000 元。上行欲望不强,仍有整理。

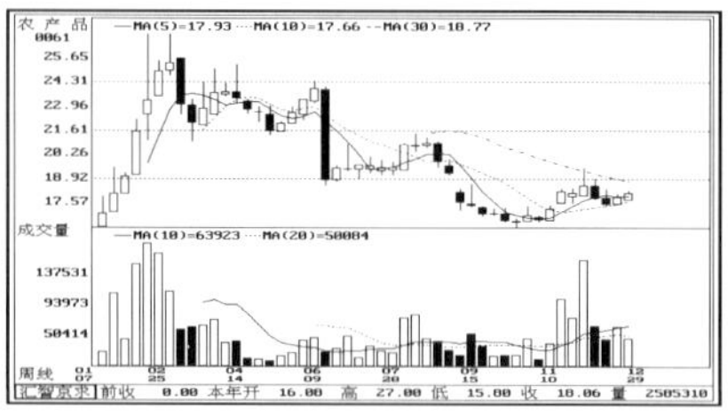

0061　农 产 品:流通股本 10059 万,主营建设和管理农产品批发。3 月 1 日最高价 27.00 元,1 月 4 日最低价 15.80 元,2000 年每股收益 0.4830 元。缓步盘升走势,持股观望。

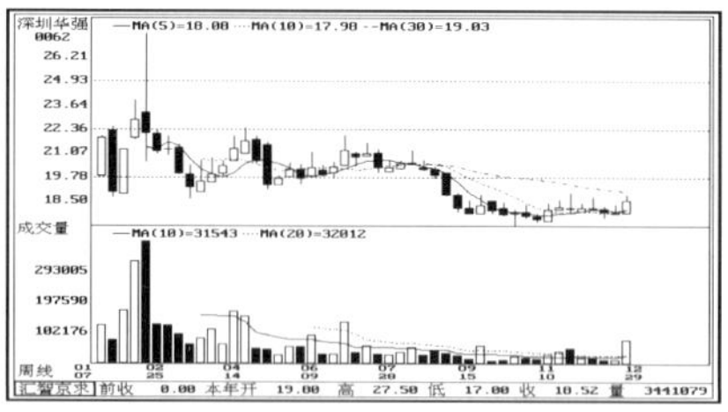

0062　深圳华强:流通股本 12802 万,主营激光头及应用产品。2 月 15 日最高价 27.50 元,10 月 17 日最低价 17.00 元,2000 年每股收益 0.3619 元。缩量整理,暂不介入。

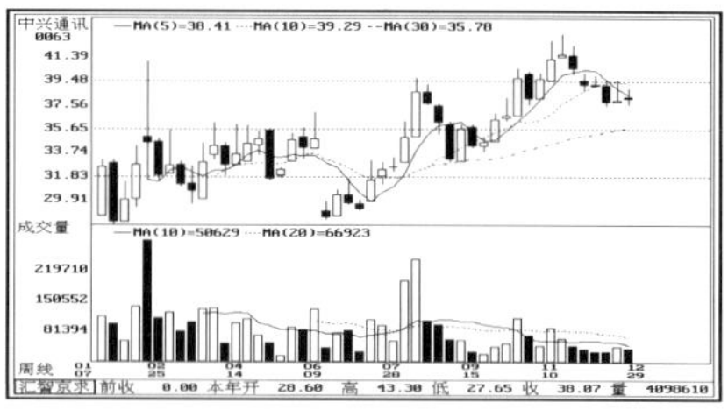

0063　中兴通讯:流通股本 12480 万,主营大型数字程控交换系统。11 月 14 日最高价 43.30 元,1 月 17 日最低价 27.65 元,2000 年每股收益 0.8600 元。携量上行,宜持股。

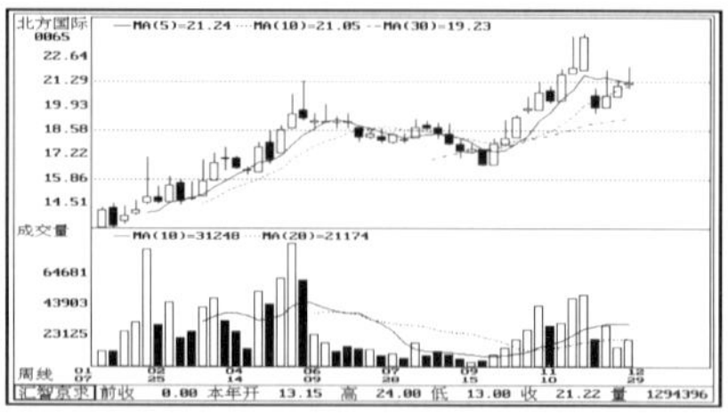

0065　北方国际:流通股本 1984 万,主营铝制品、铝型材。12 月 1 日最高价 24.00 元,1 月 13 日最低价 13.00 元,2000 年每股收益 0.1900 元。弱势,抛压重,观望。

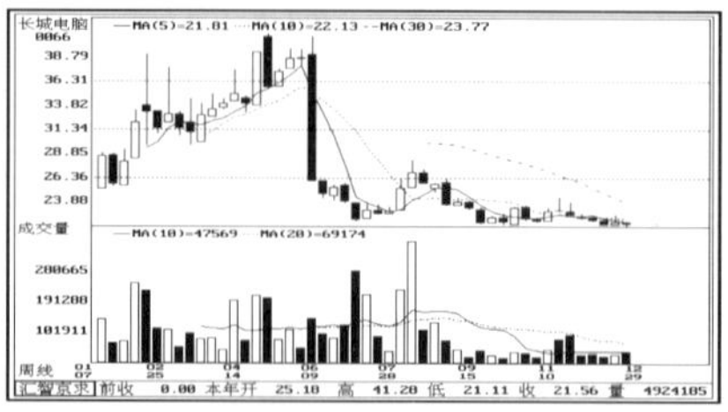

0066　长城电脑:流通股本 18071 万,主营网络电脑及显示终端。5 月 8 日最高价 41.28 元,7 月 10 日最低价 21.11 元,2000 年每股收益 0.3649 元。冲高回落,短线有调整要求。

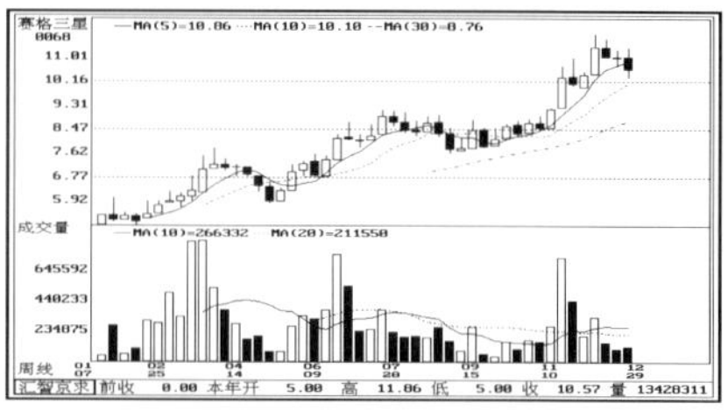

0068　赛格三星:流通股本 22500 万,主营彩色显像管的设计。12 月 8 日最高价 11.86 元,1 月 4 日最低价 5.00 元,2000 年每股收益 0.1860 元。下档有支撑,继续持股。

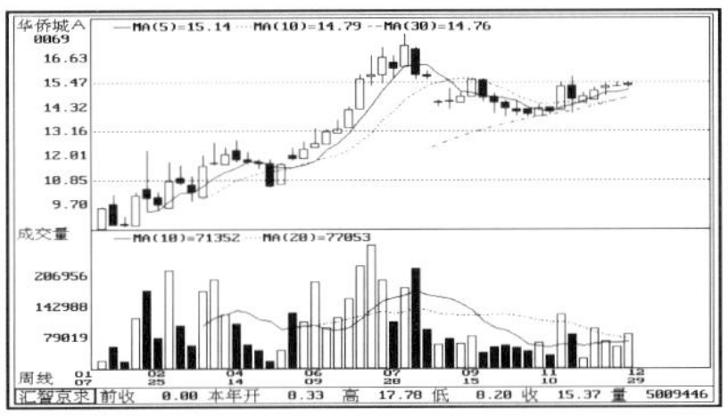

0069　华侨城 A:流通股本 11685 万,主营主题公园经营管理。8 月 4 日最高价 17.78 元,1 月 4 日最低价 8.20 元,2000 年每股收益 0.2300 元。有获利盘减持迹象,暂不介入。

0070　特发信息:流通股本 7000 万,主营通信材料。5 月 11 日最高价 35.00 元,5 月 11 日最低价 22.90 元,2000 年每股收益 0.2200 元。需继续在低位震荡整理。

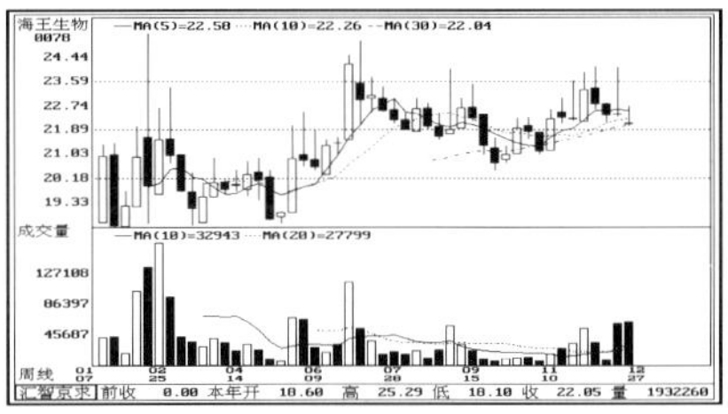

0078　海王生物:流通股本 3806 万,主营生物制品、生化制品。2 月 15 日最高价 25.29 元,5 月 15 日最低价 18.10 元,2000 年每股收益 0.4000 元。仍未走好,暂宜观望。

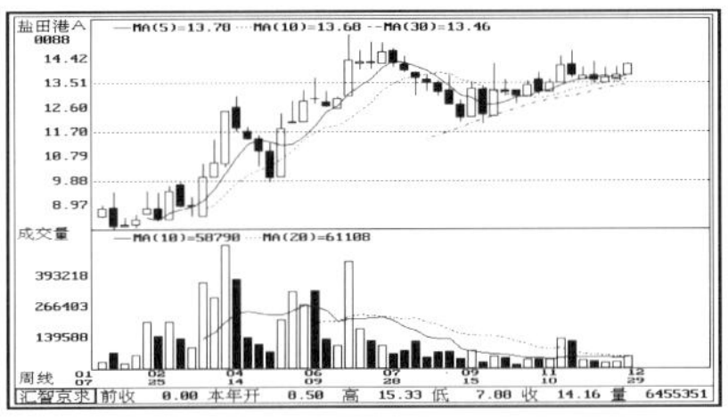

0088　盐田港 A:流通股本 12487 万,主营盐田港码头。6 月 30 日最高价 15.33 元,1 月 24 日最低价 7.88 元,2000 年每股收益 0.1610 元。低位弱势整理,一般关注。

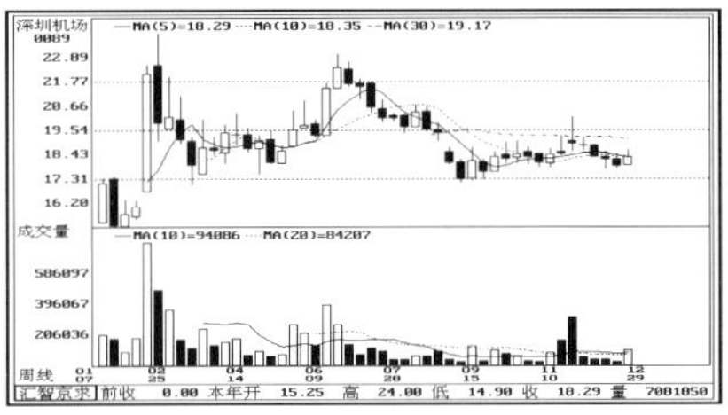

0089　深圳机场:流通股本 18000 万,主营过港服务。2 月 21 日最高价 24.00 元,1 月 17 日最低价 14.90 元,2000 年每股收益 0.6330 元。有上攻的欲望,但动力不足。

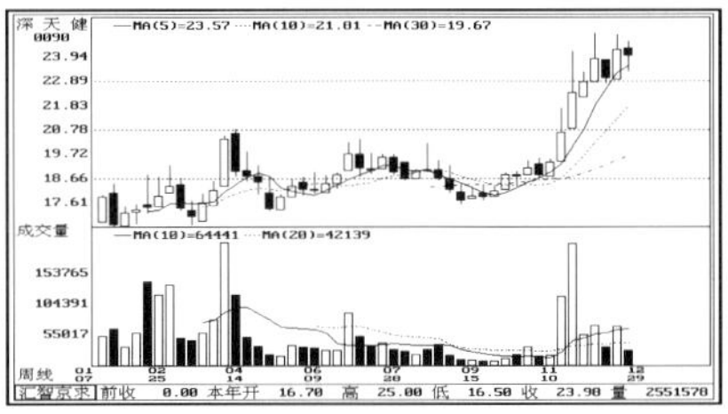

0090　深　天　健:流通股本 5800 万,主营公用设施的施工。12 月 5 日最高价 25.00 元,1 月 6 日最低价 16.50 元,2000 年每股收益 0.4400 元。整理蓄势之中,持股不动。

0096　广聚能源:流通股本 8500 万,主营石油制品。11 月 22 日最高价 14.50 元,7 月 24 日最低价 11.01 元,2000 年每股收益 0.2100 元。短线回调,持股观望。

0099　中信海直:流通股本 6000 万,主营海洋石油服务。12 月 21 日最高价 25.90 元,8 月 1 日最低价 19.02 元,2000 年每股收益 0.2615 元。短线调整中,反弹时可适当介入。

0150　麦　科　特:流通股本 7000 万,主营生产并销售"PENTAX"。10 月 23 日最高价 28.50 元,8 月 7 日最低价 15.20 元,2000 年每股收益 0.2211 元。上升压力沉重,需淡化阻力。

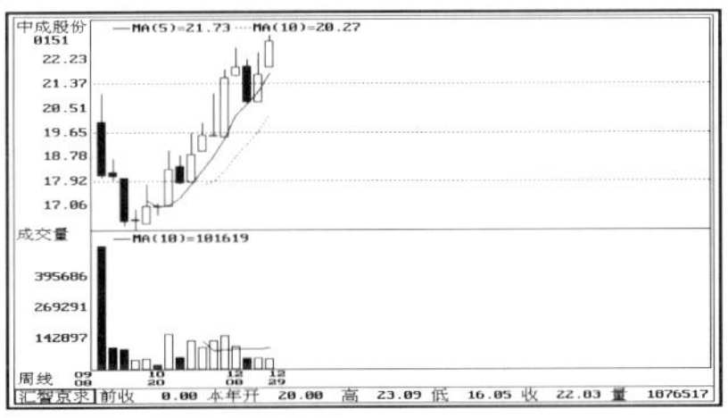

0151　中成股份:流通股本 7000 万,主营成套设备与技术出口。12 月 26 日最高价 23.09 元,9 月 25 日最低价 16.05 元,2000 年每股收益 0.3200 元。短线有压力,尚需企稳。

0153　新力药业:流通股本 2500 万,主营生物药、中药,9 月 20 日最高价 40.25 元,9 月 26 日最低价 30.01 元,2000 年每股收益 0.4040 元。短线有调整要求,暂观望。

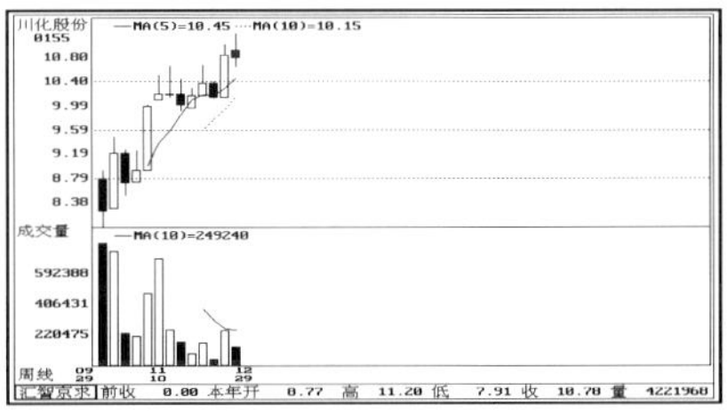

0155　川化股份:流通股本 13000 万,主营化肥、化工产品。12 月 25 日最高价 11.20 元,9 月 27 日最低价 7.91 元,2000 年每股收益 0.2100 元。成交淡静,短线压力需消化。

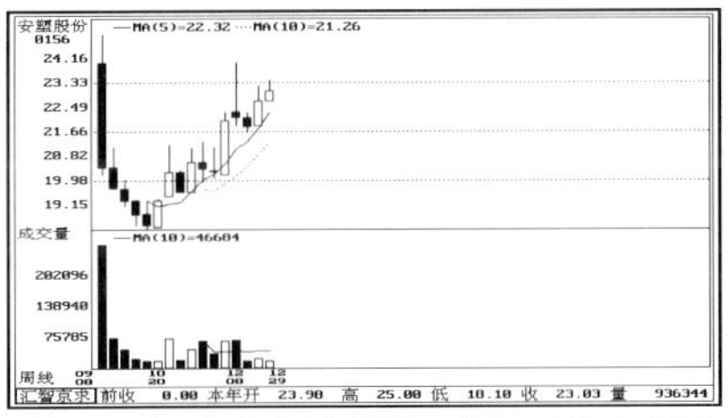

0156　安塑股份:流通股本 3600 万,主营人造革、农用塑料膜。9 月 6 日最高价 25.00 元,9 月 27 日最低价 18.10 元,2000 年每股收益 0.2300 元。短线有一定的压力,正在调整。

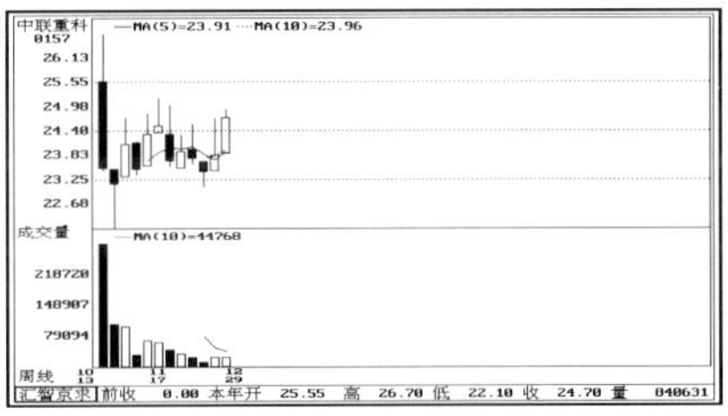

0157　中联重科:流通股本 10000 万,主营 HBT 系列混凝土输送泵。10 月 12 日最高价 26.70 元,10 月 20 日最低价 22.10 元,2000 年每股收益 0.3504 元。均线系统压力大,不介入。

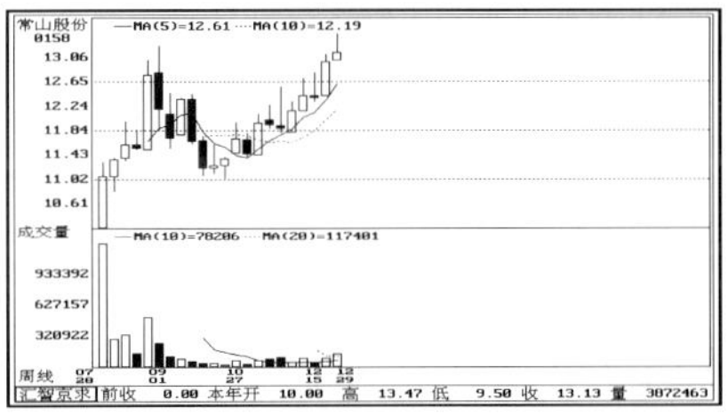

0158　常山股份:流通股本 10000 万,主营纯棉纱线。12 月 27 日最高价 13.47 元,7 月 24 日最低价 9.50 元,2000 年每股收益 0.2300 元。空方势头较强,不宜介入。

0159　国际实业：流通股本7000万，主营进出口贸易。11月15日最高价24.26元，9月26日最低价16.80元，2000年每股收益0.1498元。上升压力沉重，需淡化阻力。

0301　丝绸股份：流通股本9963万，主营高档真丝绸织造。5月29日最高价14.58元，8月23日最低价11.45元，2000年每股收益0.2320元。整理走势，后市观望。

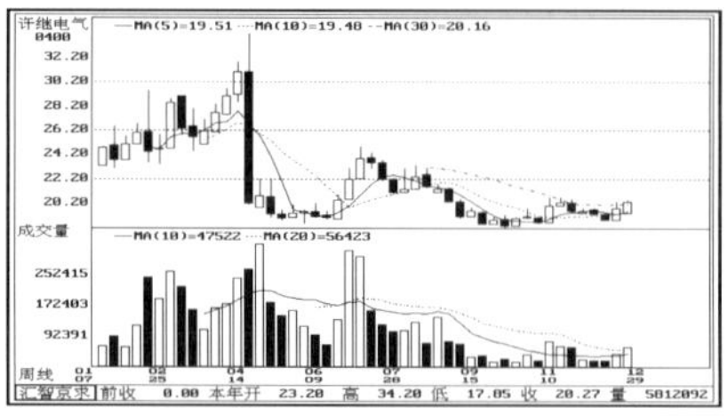

0400　许继电气：流通股本19440万，主营生产电网调度自动化。4月18日最高价34.20元，5月15日最低价17.85元，2000年每股收益0.5320元。整理走势，后市观望。

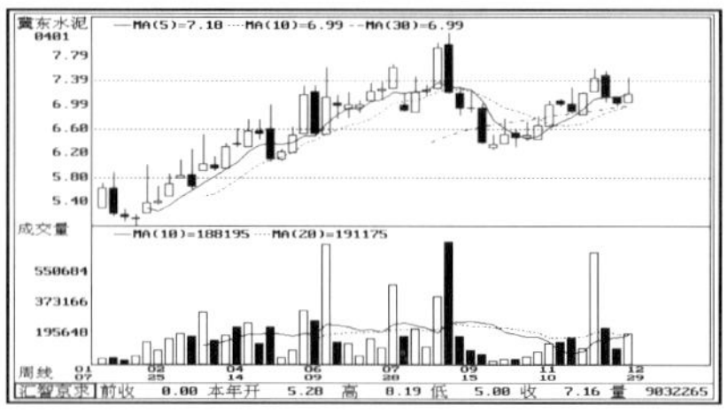

0401　冀东水泥：流通股本26995万，主营硅酸盐水泥。8月28日最高价8.19元，1月28日最低价5.00元，2000年每股收益0.1056元。均线反压，短线趋势仍淡。

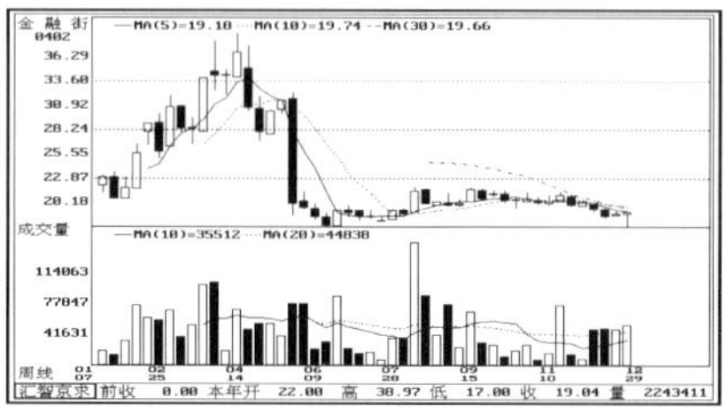

0402　金　融　街：流通股本4800万，主营房地产、物业管理。4月13日最高价38.97元，6月19日最低价19.20元，2000年每股收益0.3200元。延续上攻行情，暂宜持币观望。

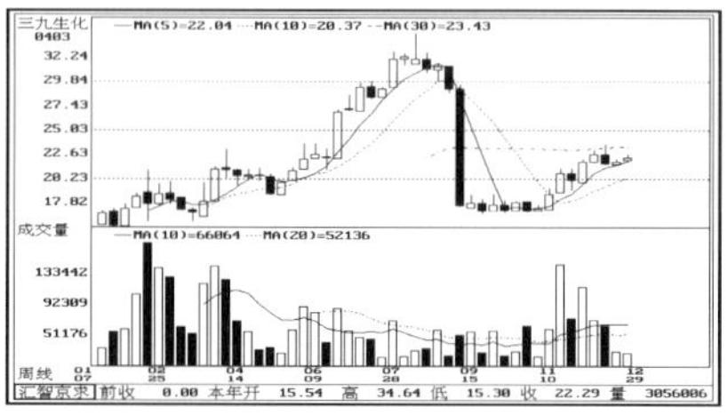

0403　三九生化：流通股本22192万，主营生物工程药品。8月11日最高价34.64元，1月4日最低价15.30元，2000年每股收益0.6100元。弱势，抛压重，观望。

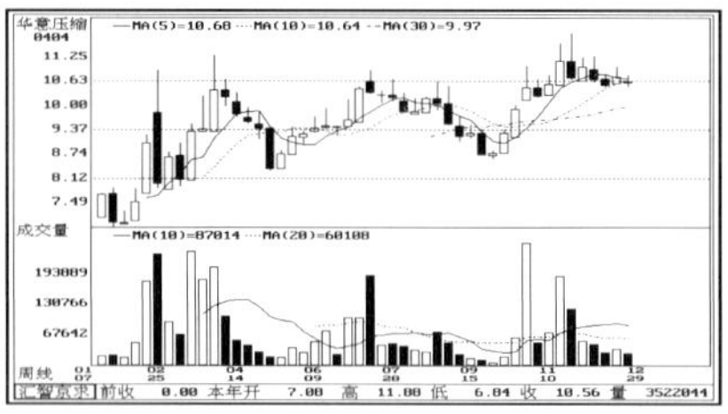

0404　华意压缩：流通股本9549万，主营无氟压缩机。11月21日最高价11.88元，1月24日最低价6.84元，2000年每股收益0.1400元。盘落走势，择机退出。

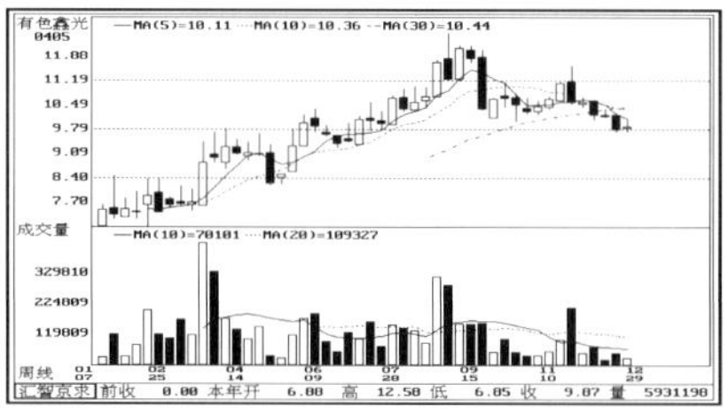

0405　有色鑫光：流通股本11043万，主营稀土产品销售。8月30日最高价12.58元，1月6日最低价6.85元，2000年每股收益-0.2950元。横盘多时，有望展开拉升。

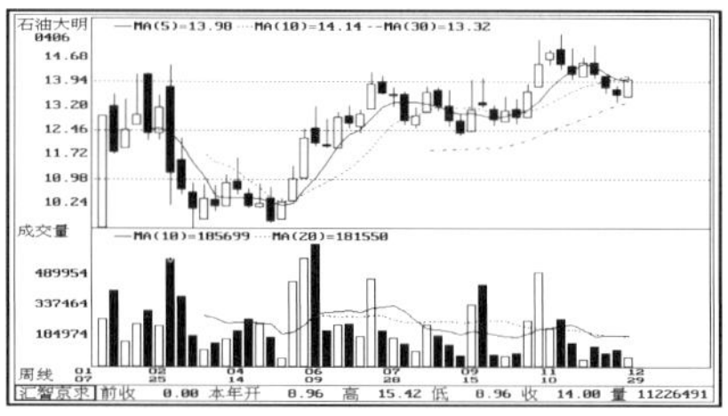

0406　石油大明：流通股本22150万，主营石油开发。11月15日最高价15.42元，1月4日最低价8.96元，2000年每股收益0.9100元。短线有回档压力，不入为宜。

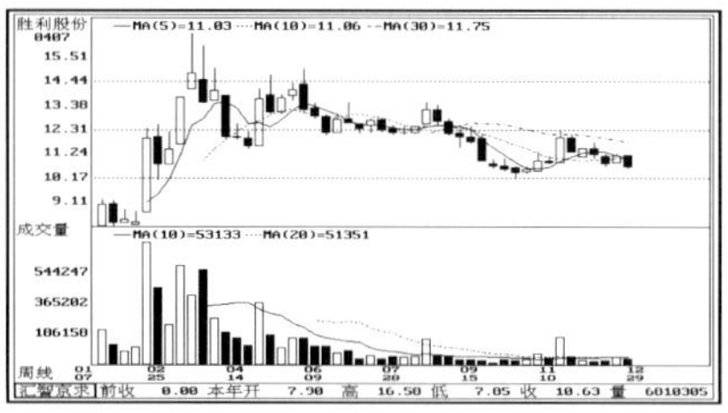

0407　胜利股份：流通股本12420万，主营塑胶工业、农药。3月16日最高价16.58元，1月4日最低价7.85元，2000年每股收益0.1700元。弱势，抛压重，观望。

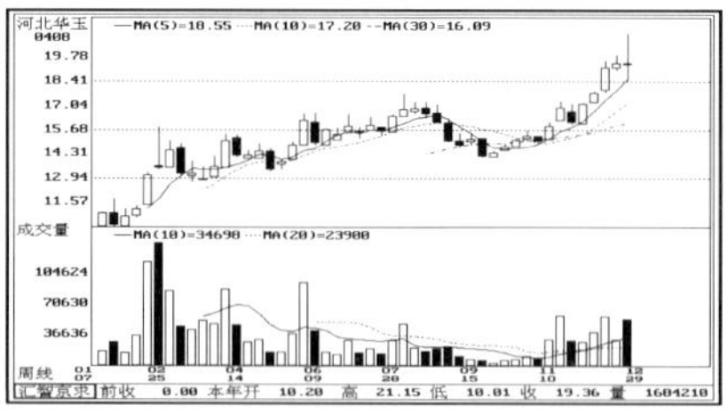

0408　河北华玉：流通股本4072万，主营生产和销售工业陶瓷。12月25日最高价21.15元，1月4日最低价10.01元，2000年每股收益0.1900元。下有支撑，逢低吸纳。

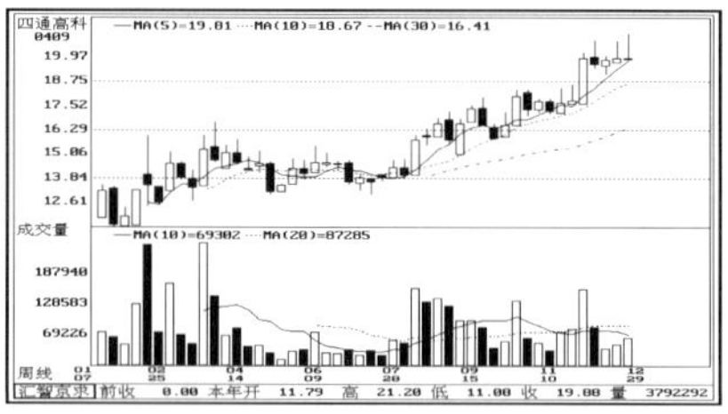

0409　四通高科：流通股本7517万，主营电子产品、软件开发。12月27日最高价21.20元，1月24日最低价11.08元，2000年每股收益0.0400元。抛压沉重，暂不介入为宜。

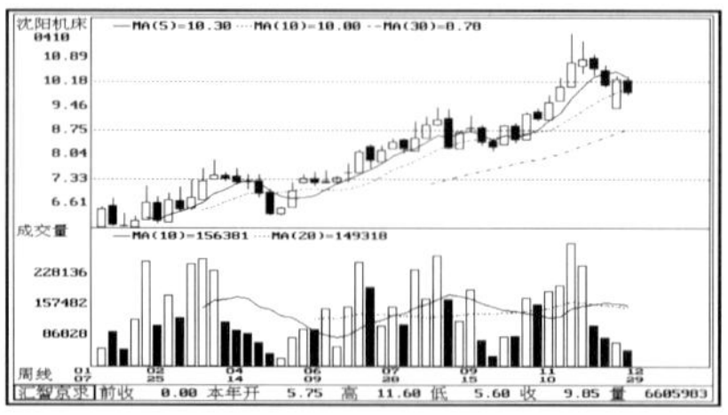

0410　沈阳机床：流通股本13536万，主营机床制造和销售。11月24日最高价11.60元，1月27日最低价5.60元，2000年每股收益0.0470元。短线回调，持股观望。

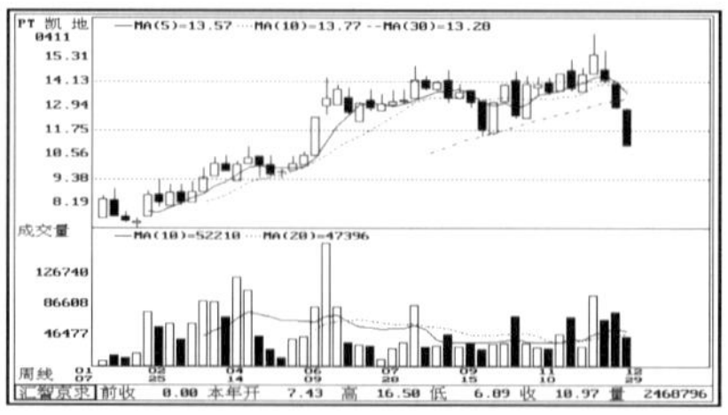

0411　PT　凯　地：流通股本3151万，主营丝绸面料的印染。12月6日最高价16.50元，1月24日最低价6.89元，2000年每股收益-0.6390元。风险个股，不介入。

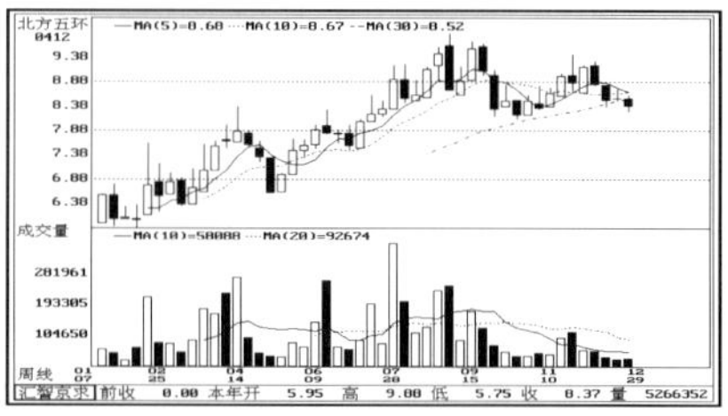

0412　北方五环：流通股本10632万，主营体育产业开发和经营。8月28日最高价9.88元，1月24日最低价5.75元，2000年每股收益-0.5860元。后续资金不足，压力需消化。

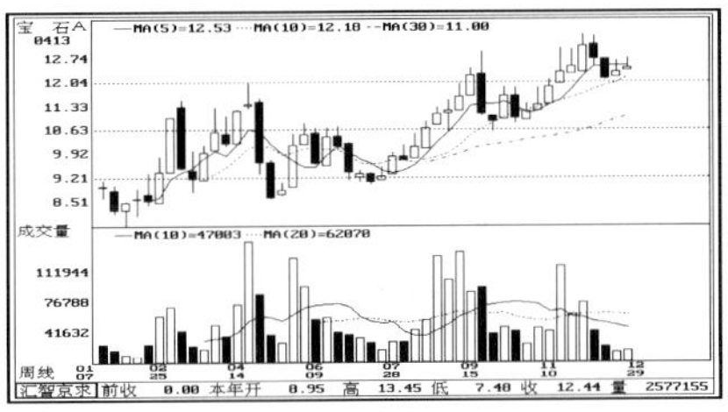

0413　宝　　石 A：流通股本 4507 万，主营电真空玻璃器件。11 月 30 日最高价 13.45 元，1 月 18 日最低价 7.48 元，2000 年每股收益 0.2190 元。整理蓄势之中，持股不动。

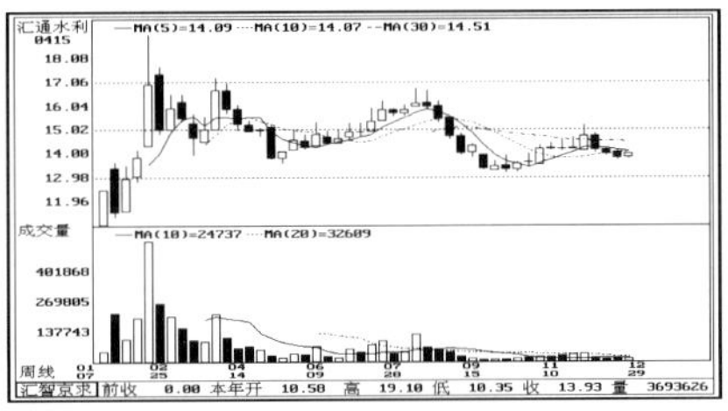

0415　汇通水利：流通股本 9568 万，主营计算机软件开发。2 月 17 日最高价 19.10 元，1 月 4 日最低价 10.35 元，2000 年每股收益 0.2000 元。短线受阻，上档压力需时消化。

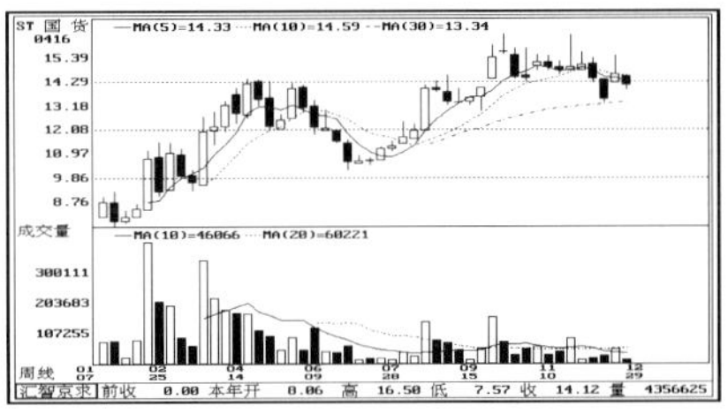

0416　ST　国　货：流通股本 6242 万，主营商品零售与批发业务。10 月 12 日最高价 16.50 元，1 月 25 日最低价 7.57 元，2000 年每股收益 -0.2100 元。仍未走强，上方压力大。

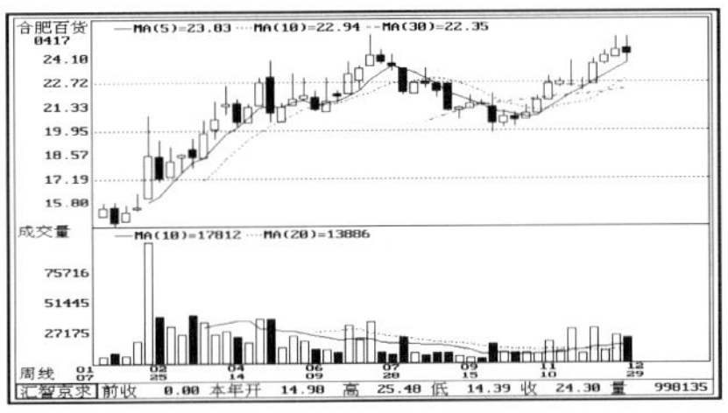

0417　合肥百货：流通股本 3041 万，主营百货零售与批发。7 月 12 日最高价 25.48 元，1 月 4 日最低价 14.39 元，2000 年每股收益 0.5920 元。缩量整理，观望为宜。

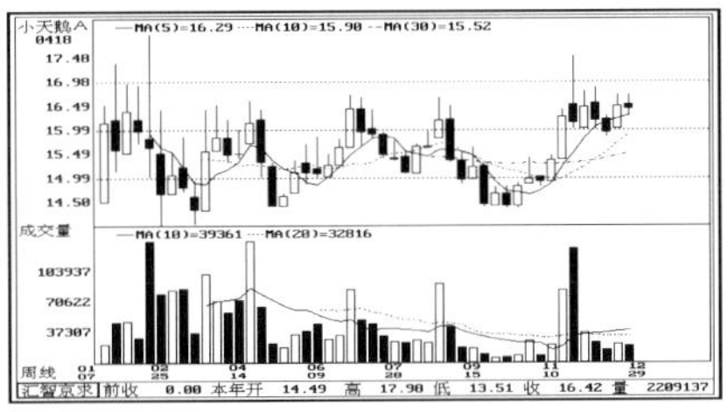

0418　小天鹅 A：流通股本 7183 万，主营家用电器及零配件。2 月 15 日最高价 17.98 元，3 月 20 日最低价 13.51 元，2000 年每股收益 0.5155 元。反弹潜力欠佳，仍可持股。

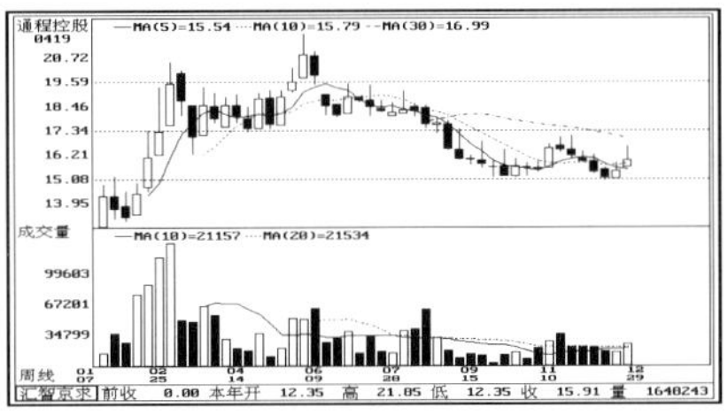

0419　通程控股：流通股本 6407 万，主营商业、酒店管理。5 月 31 日最高价 21.85 元，1 月 4 日最低价 12.35 元，2000 年每股收益 0.2035 元。缓步盘升走势，持股观望。

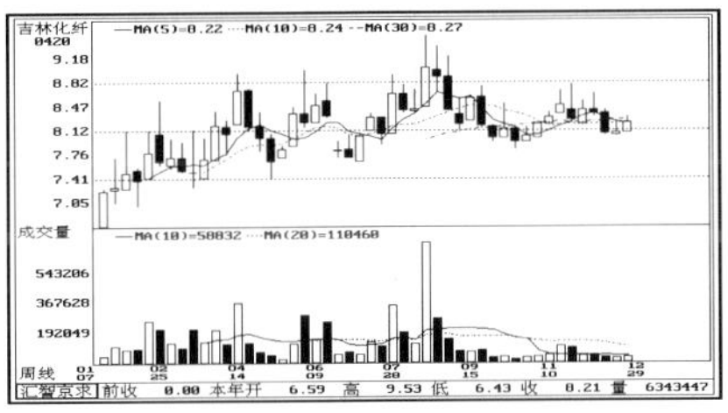

0420　吉林化纤：流通股本 19420 万，主营粘胶短纤维。8 月 17 日最高价 9.53 元，1 月 4 日最低价 6.43 元，2000 年每股收益 0.1300 元。上行趋势较弱，观望为宜。

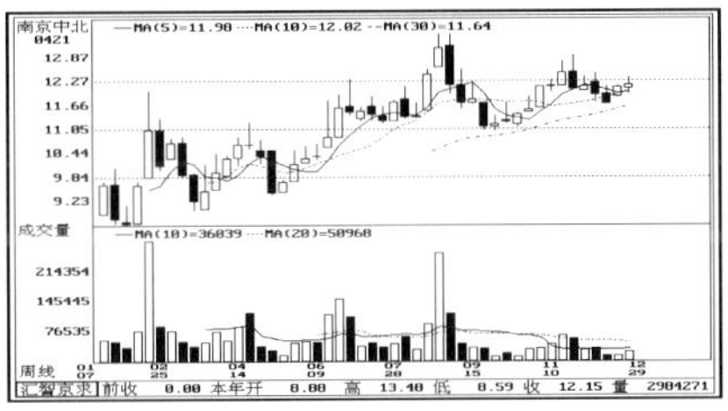

0421　南京中北：流通股本 6208 万，主营出租汽车客运。8 月 29 日最高价 13.48 元，1 月 17 日最低价 8.59 元，2000 年每股收益 0.1340 元。短线走淡，暂不宜介入。

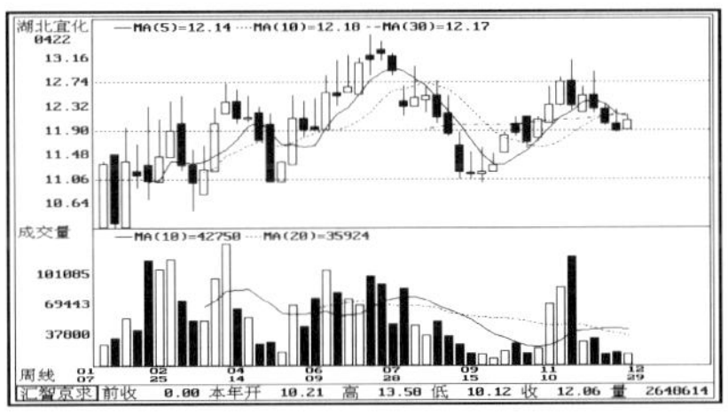

0422　湖北宜化：流通股本 8373 万，主营农用化肥。7 月 11 日最高价 13.58 元，1 月 4 日最低价 10.12 元，2000 年每股收益 0.2110 元。短线机会不大，观望为宜。

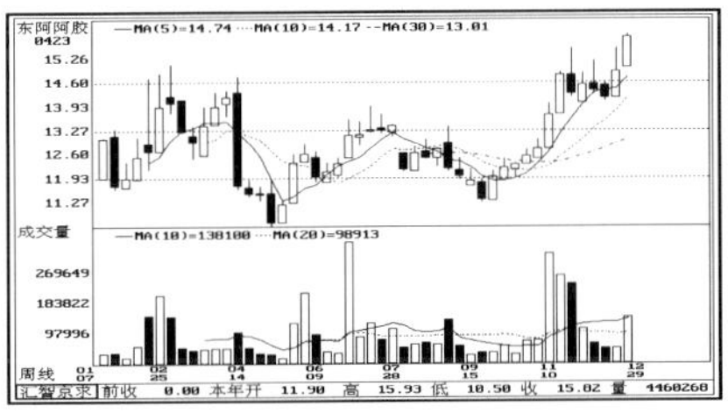

0423　东阿阿胶：流通股本 14729 万，主营生产经营中成药。12 月 29 日最高价 15.93 元，5 月 15 日最低价 10.50 元，2000 年每股收益 0.4030 元。无企稳迹象，一般观望。

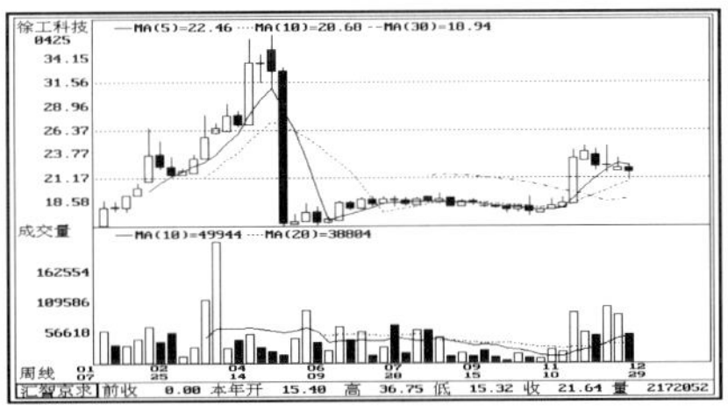

0425　徐工科技：流通股本 12137 万，主营生产筑路机械。5 月 8 日最高价 36.75 元，1 月 4 日最低价 15.32 元，2000 年每股收益 0.2130 元。缩量整理，暂不介入。

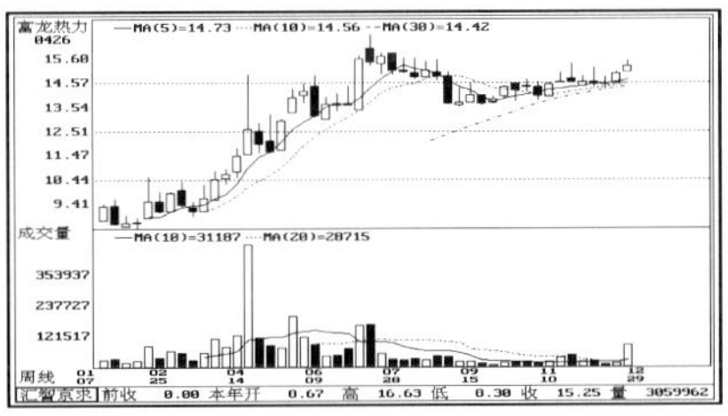

0426　富龙热力：流通股本 5104 万，主营供热、供水、供气。7 月 10 日最高价 16.63 元，1 月 24 日最低价 8.30 元，2000 年每股收益 0.3430 元。均线反压，短线趋势仍淡。

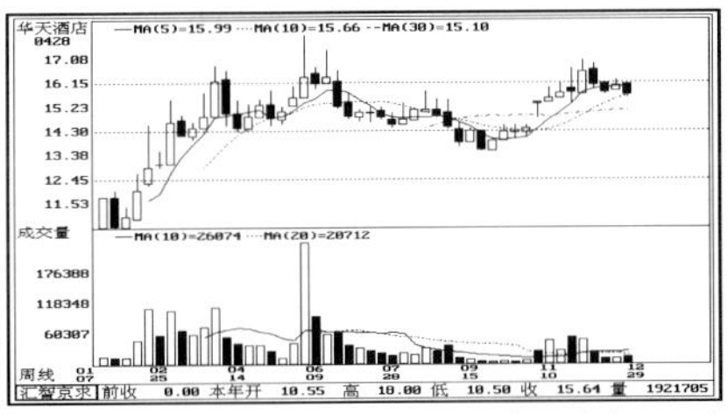

0428　华天酒店：流通股本 4680 万，主营餐饮、客房出租。6 月 1 日最高价 18.00 元，1 月 19 日最低价 10.50 元，2000 年每股收益 0.2300 元。上攻动力不足，持币观望。

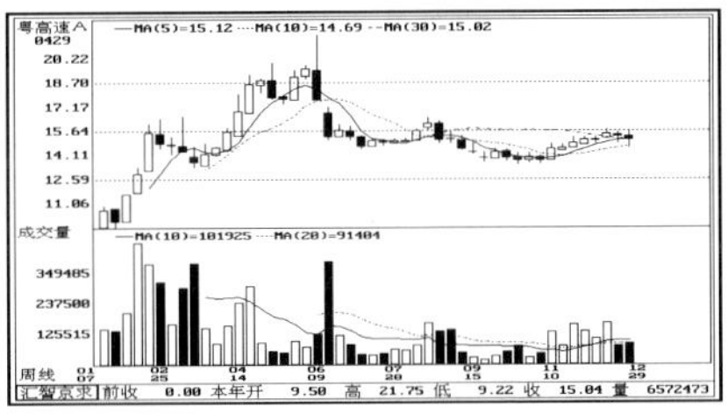

0429　粤高速 A：流通股本 13000 万，主营高速公路的建设施工。6 月 7 日最高价 21.75 元，1 月 4 日最低价 9.22 元，2000 年每股收益 0.1500 元。短线调整中，反弹时可适当介入。

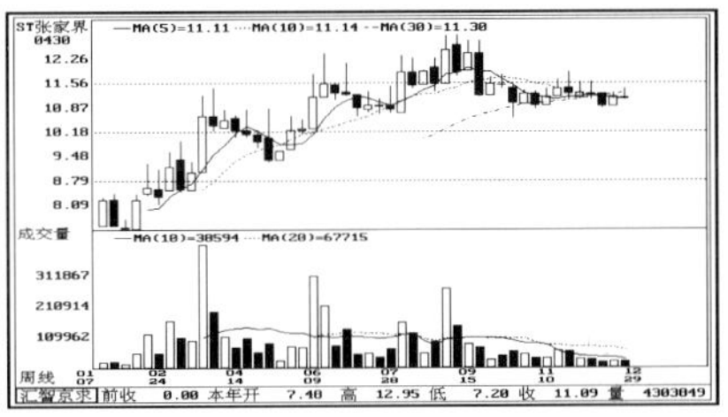

0430　ST 张家界：流通股本 7436 万，主营旅游资源开发。9 月 5 日最高价 12.95 元，1 月 24 日最低价 7.20 元，2000 年每股收益 -0.5570 元。无企稳迹象，一般观望。

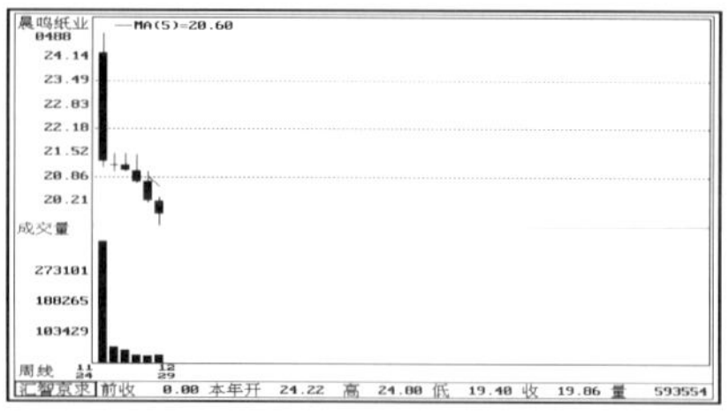

0488　晨鸣纸业：流通股本7000万，主营机制纸及板纸。11月20日最高价24.80元，12月25日最低价19.40元，2000年每股收益0.5102元。上行受阻，暂不宜介入。

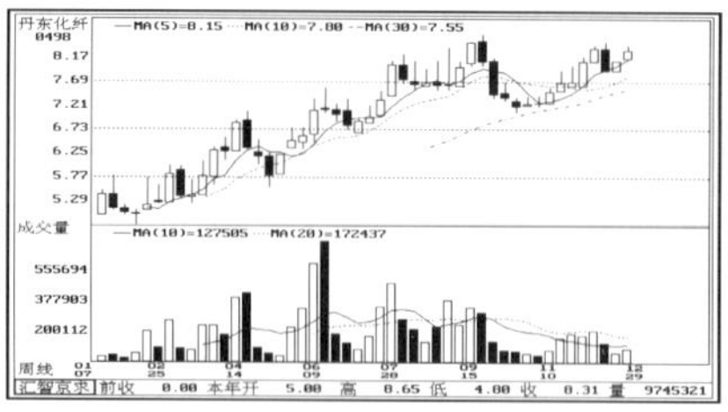

0498　丹东化纤：流通股本17400万，主营粘胶短纤维。9月18日最高价8.65元，1月24日最低价4.80元，2000年每股收益0.0180元。长期低位整理，持股观望。

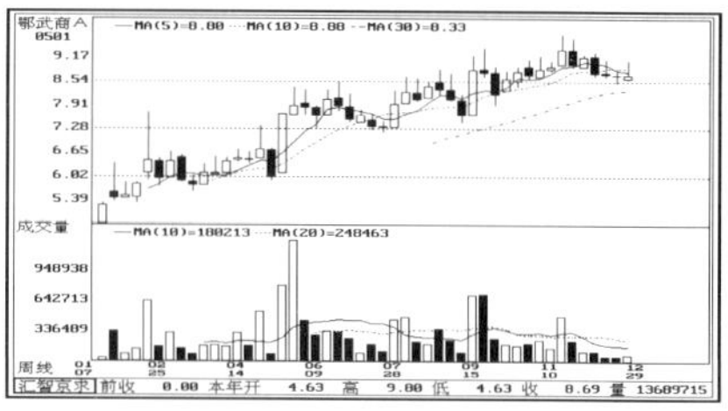

0501　鄂武商A：流通股本20241万，主营商业零售。11月16日最高价9.80元，1月6日最低价4.63元，2000年每股收益0.0600元。无企稳迹象，一般观望。

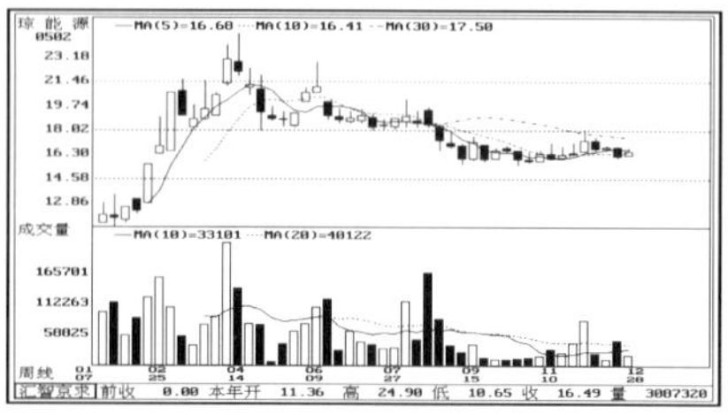

0502　琼能源：流通股本5716万，主营旅游资源开发。4月11日最高价24.90元，1月19日最低价10.65元，2000年每股收益0.2327元。有整理要求，再续升势。

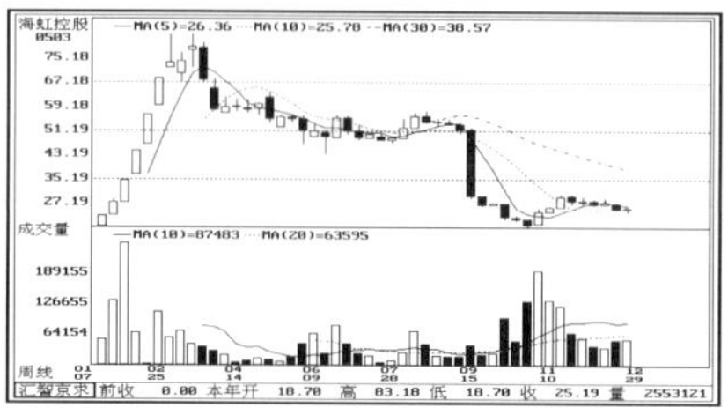

0503　海虹控股：流通股本11866万，主营资产管理。3月2日最高价83.18元，1月4日最低价18.70元，2000年每股收益0.2320元。短线调整将尽，反弹空间仍存。

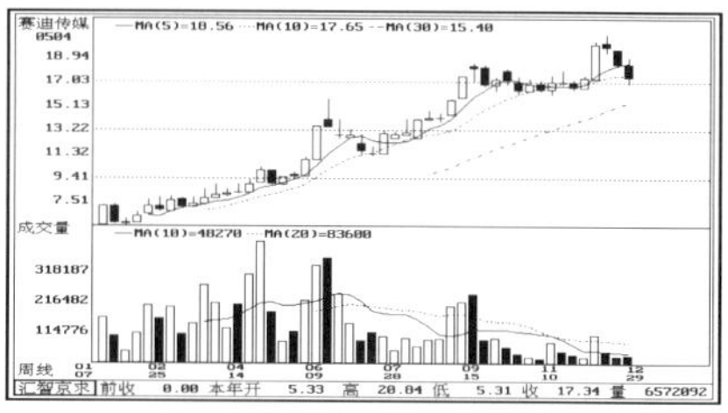

0504　赛迪传媒：流通股本8676万，主营资讯、媒体。12月12日最高价20.84元，1月24日最低价5.31元，2000年每股收益0.0910元。有上攻欲望，关注。

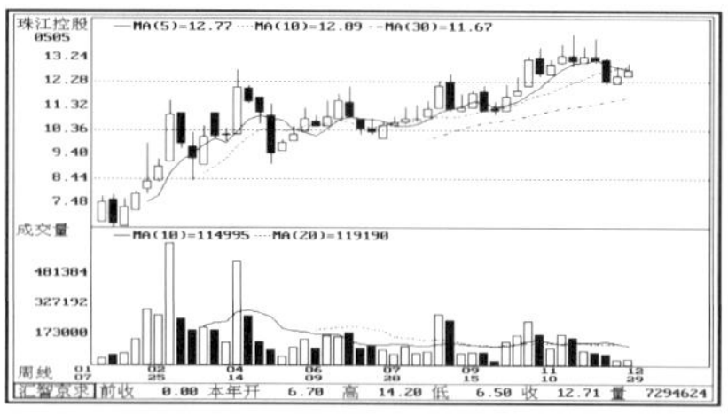

0505　珠江控股：流通股本11341万，主营房地产开发经营。11月23日最高价14.20元，1月17日最低价6.50元，2000年每股收益0.1700元。调整途中，还需观望。

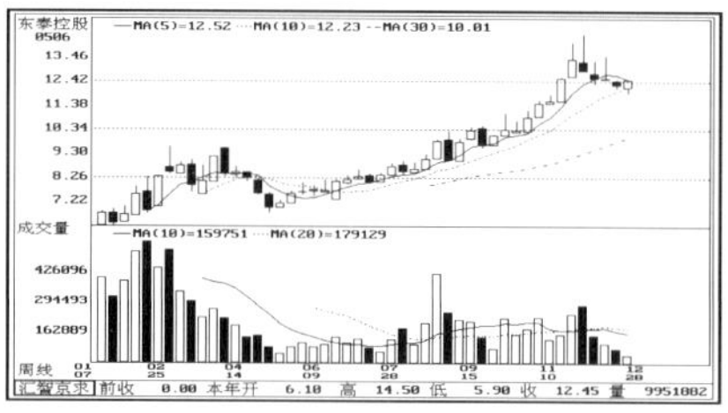

0506　东泰控股：流通股本14431万，主营井盐、矿盐。11月28日最高价14.50元，1月4日最低价5.90元，2000年每股收益0.1030元。加速上扬，后市仍可看高。

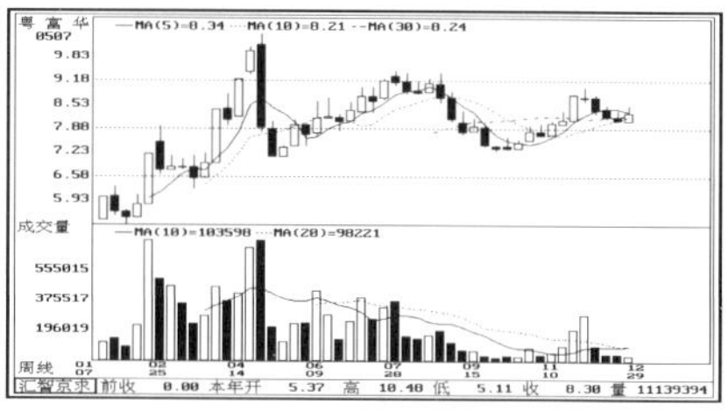

0507　粤富华：流通股本19556万，主营港口交通运输。4月24日最高价10.48元，1月25日最低价5.11元，2000年每股收益0.1470元。上行动力不足，还需储蓄动能。

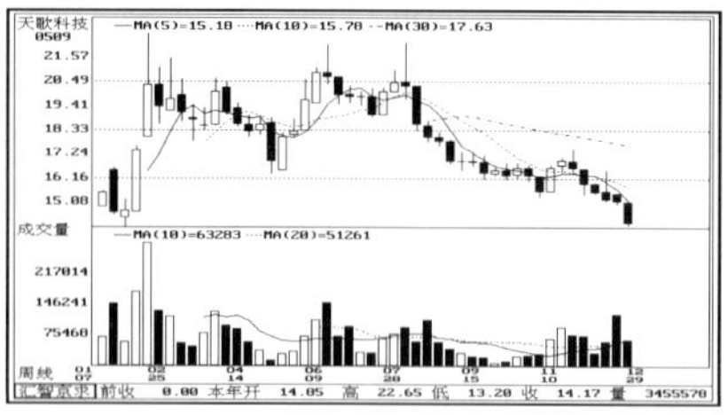

0509　天歌科技：流通股本11601万，主营现代高科技农业。2月17日最高价22.65元，1月19日最低价13.20元，2000年每股收益0.1398元。短线调整中，反弹时可适当介入。

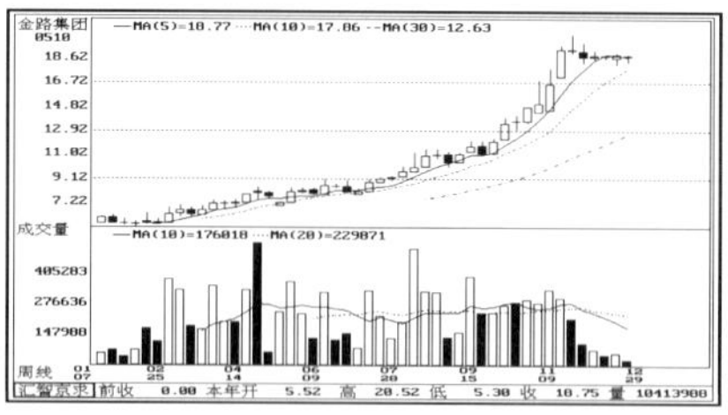

0510　金路集团：流通股本19319万，主营生产PVC树脂。11月23日最高价20.52元，1月24日最低价5.30元，2000年每股收益0.2800元。反弹走势，持股观望。

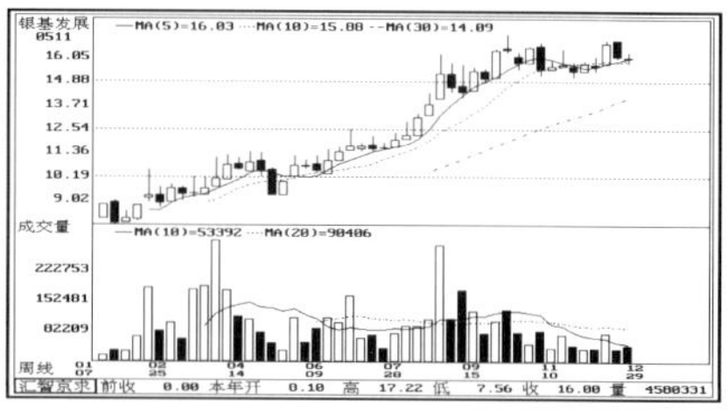

0511　银基发展：流通股本11903万，主营城市土地整理。10月11日最高价17.22元，1月24日最低价7.56元，2000年每股收益0.2620元。短线有整理要求，回档关注。

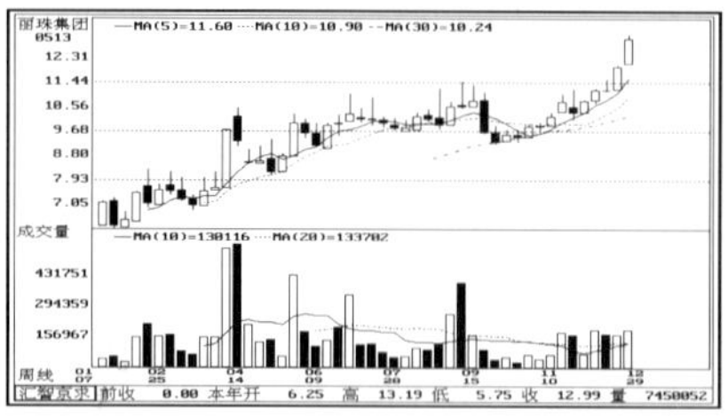

0513　丽珠集团：流通股本11559万，主营医药产品的生产。12月29日最高价13.19元，1月4日最低价5.75元，2000年每股收益0.0300元。均线反压仍在，持币观望。

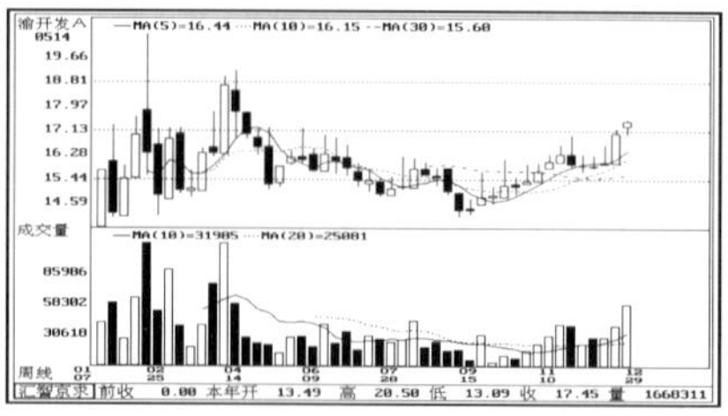

0514　渝开发A：流通股本4324万，主营房地产开发、环保。2月15日最高价20.50元，1月4日最低价13.09元，2000年每股收益0.0040元。上档有一定压力，不介入为宜。

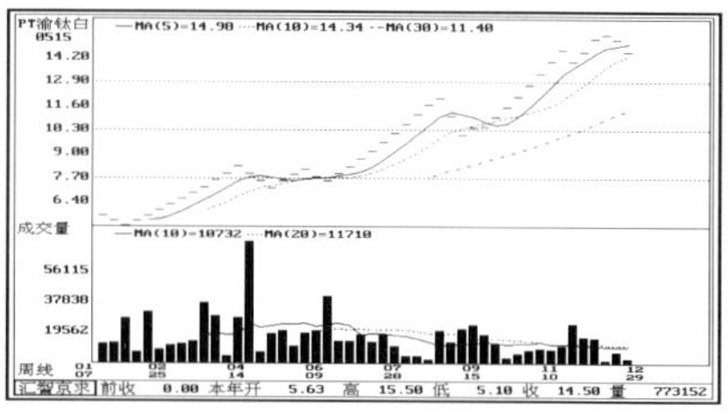

0515　PT渝钛白：流通股本5544万，主营钛白粉、工业硫酸。12月15日最高价15.50元，1月21日最低价5.10元，2000年每股收益0.0270元。风险个股，不介入。

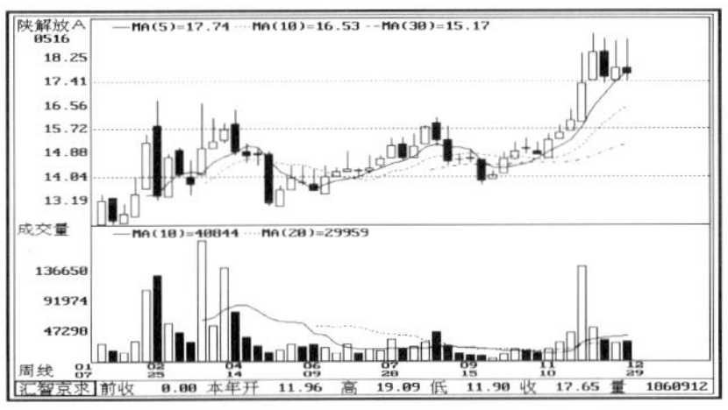

0516　　陕解放 A:流通股本 3342 万,主营国内商贸、百货零售。12 月 8 日最高价 19.09 元,1 月 5 日最低价 11.90 元,2000 年每股收益 0.2650 元。整理蓄势之中,持股不动。

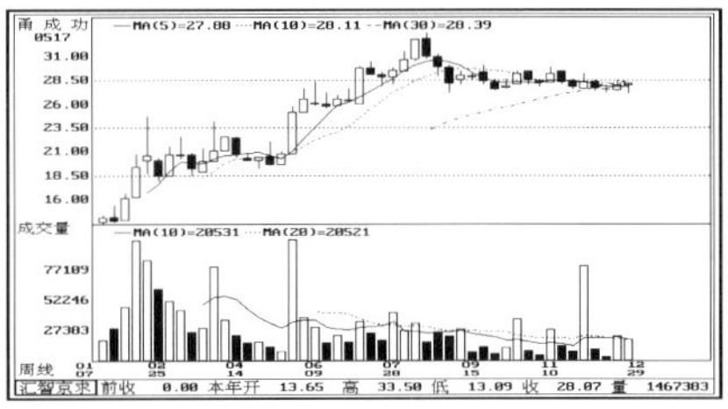

0517　　甬　成　功:流通股本 2780 万,主营电信业务。8 月 14 日最高价 33.50 元,1 月 4 日最低价 13.09 元,2000 年每股收益 0.6100 元。上档压力沉重,不介入为宜。

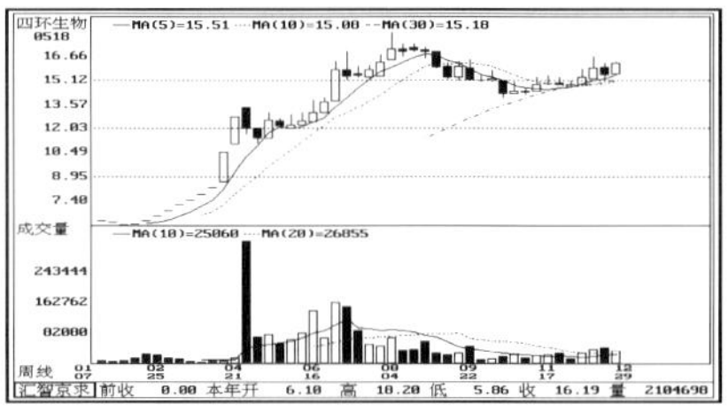

0518　　四环生物:流通股本 7590 万,主营纺织、服装、皮毛。8 月 3 日最高价 18.20 元,1 月 21 日最低价 5.86 元,2000 年每股收益 0.4000 元。有上攻的欲望,但动力不足。

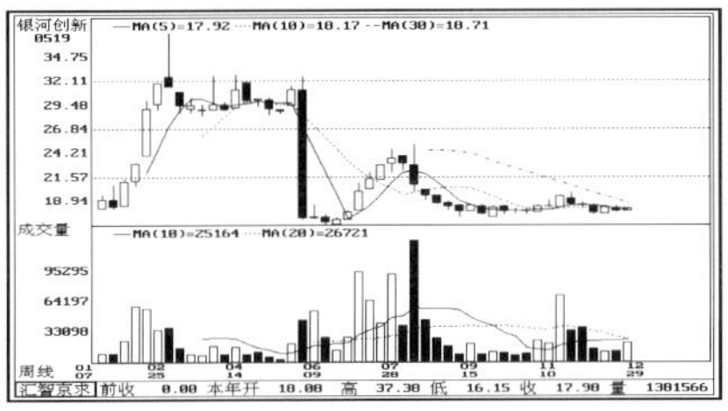

0519　　银河动力:流通股本 4974 万,主营内燃机的基础件。2 月 29 日最高价 37.38 元,6 月 19 日最低价 16.15 元,2000 年每股收益 0.2000 元。短线调整未结束,持币。

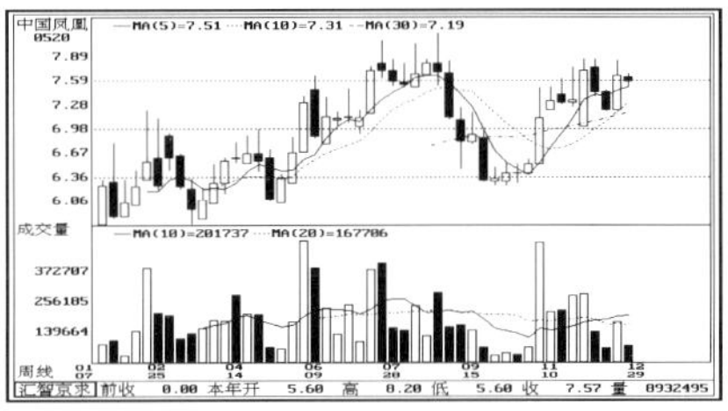

0520　　中国凤凰:流通股本 29498 万,主营石油及石油化工。8 月 22 日最高价 8.20 元,1 月 4 日最低价 5.60 元,2000 年每股收益 0.1280 元。上行动力不足,还需储蓄动能。

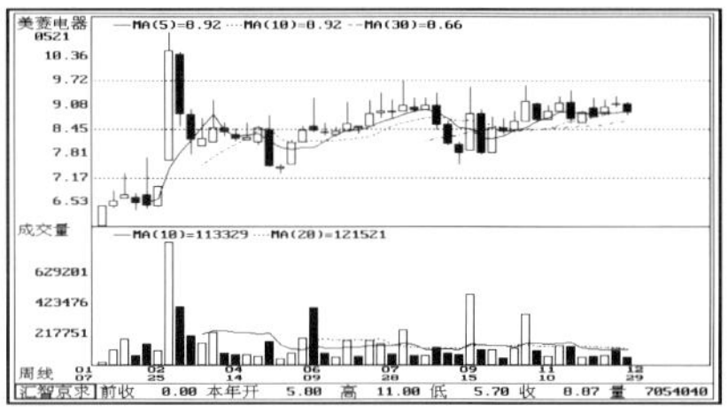

0521　　美菱电器:流通股本 13805 万,主营电冰箱。3 月 3 日最高价 11.00 元,1 月 4 日最低价 5.70 元,2000 年每股收益 0.0130 元。短线有调整要求,暂观望。

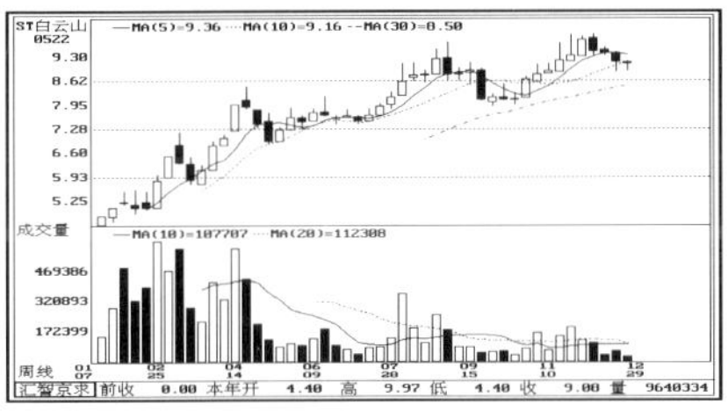

0522　　ST 白云山:流通股本 15654 万,主营生产、研制医药。12 月 4 日最高价 9.97 元,1 月 4 日最低价 4.40 元,2000 年每股收益 0.1917 元。仍未走强,上方压力大。

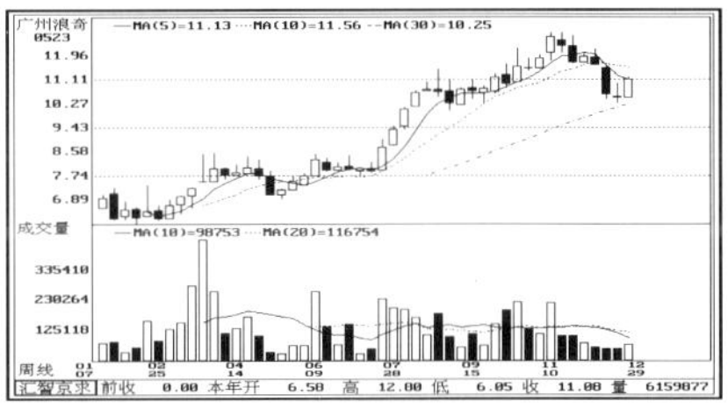

0523　　广州浪奇:流通股本 9419 万,主营"浪奇"、"高富力"。11 月 13 日最高价 12.80 元,1 月 28 日最低价 6.05 元,2000 年每股收益 0.0100 元。短线调整将尽,反弹空间仍存。

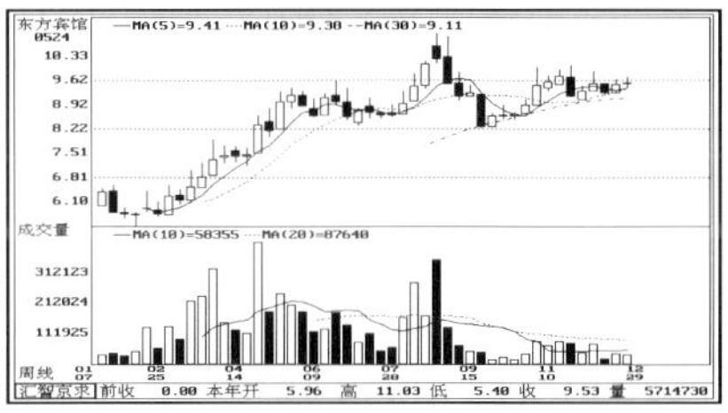

0524　　东方宾馆:流通股本 9890 万,主营旅馆业、餐饮业。8 月 21 日最高价 11.03 元,1 月 28 日最低价 5.40 元,2000 年每股收益 0.0800 元。上行动力不足,还需储蓄动能。

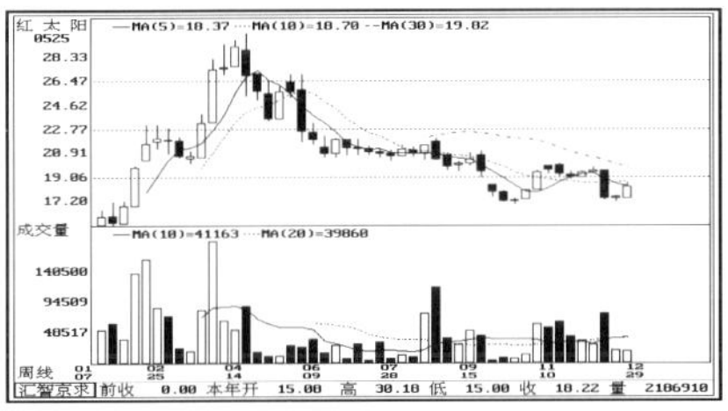

0525　　红　太　阳:流通股本 7609 万,主营油漆、涂料、家药等。4 月 19 日最高价 30.18 元,1 月 4 日最低价 15.00 元,2000 年每股收益 0.2408 元。短线有一定压力,需整固。

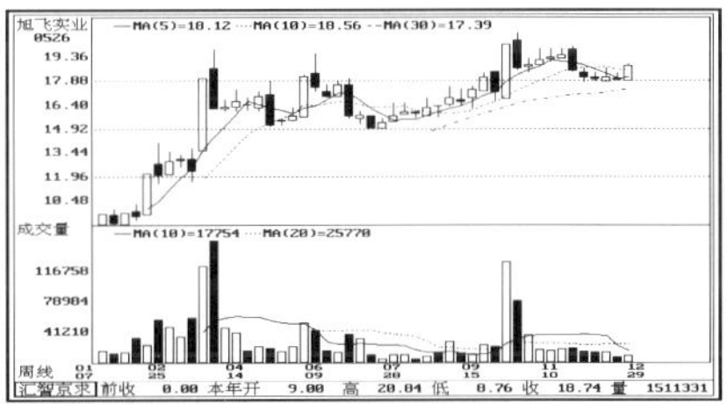

0526　　厦海发:流通股本 3278 万,主营房地产开发与经营。10 月 16 日最高价 20.84 元,1 月 4 日最低价 8.76 元,2000 年每股收益 0.1730 元。弱势整理,观望为宜。

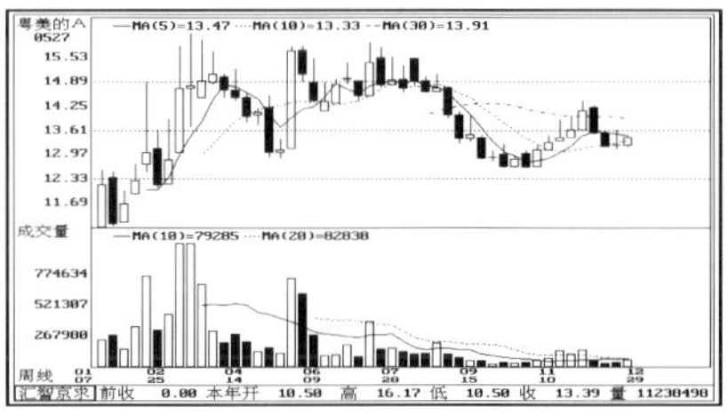

0527　　粤美的 A:流通股本 29008 万,主营空调、电饭煲、风扇。3 月 13 日最高价 16.17 元,1 月 4 日最低价 10.50 元,2000 年每股收益 0.6300 元。破位下调,短线走势趋淡。

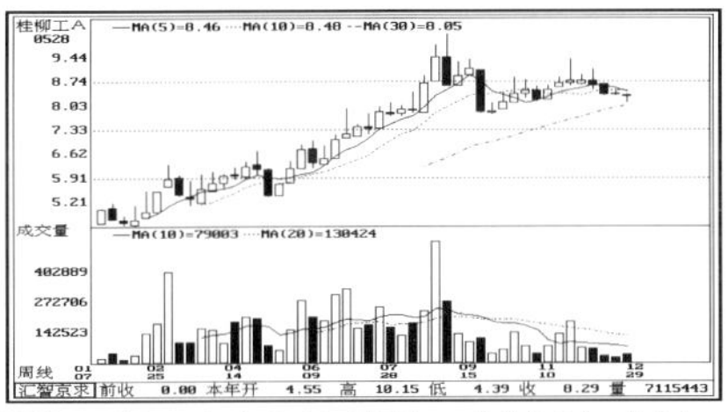

0528　　桂柳工 A:流通股本 11964 万,主营装载机、挖掘机。8 月 29 日最高价 10.15 元,1 月 24 日最低价 4.39 元,2000 年每股收益 0.0040 元。上档压力沉重,不介入为宜。

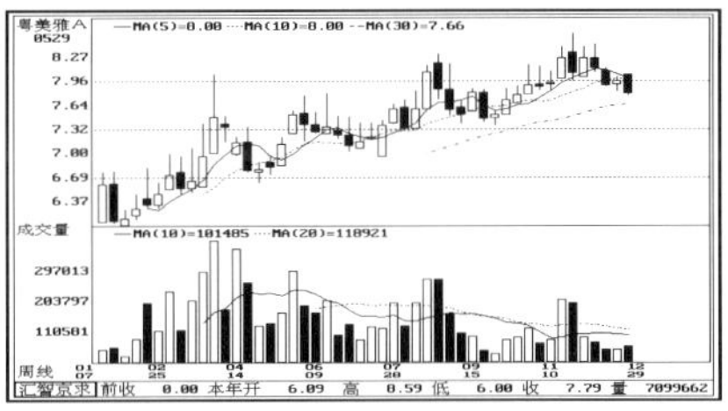

0529　　粤美雅 A:流通股本 21606 万,主营拉舍尔毛毯、腈纶毛条。11 月 20 日最高价 8.59 元,1 月 17 日最低价 6.00 元,2000 年每股收益 0.0200 元。需继续在低位震荡整理。

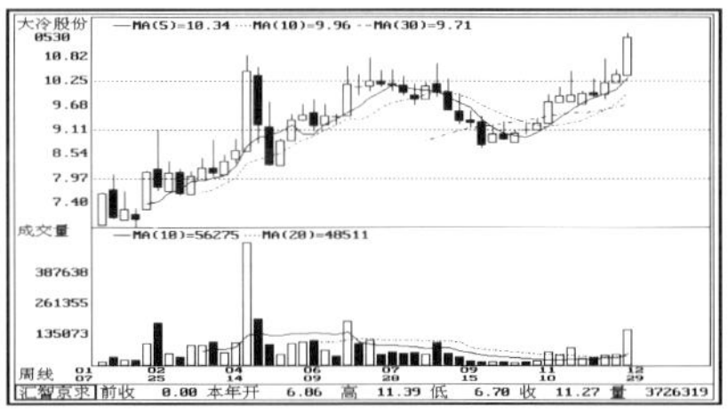

0530　　大冷股份:流通股本 9837 万,主营制冷成套设备。12 月 28 日最高价 11.39 元,1 月 6 日最低价 6.70 元,2000 年每股收益 0.2230 元。再陷盘局,持股观望。

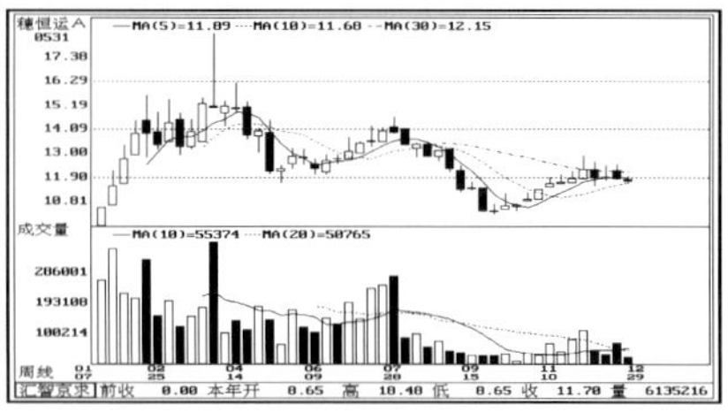

0531　穗恒运A：流通股本10782万，主营热力和电力的生产。3月28日最高价18.48元，1月4日最低价8.65元，2000年每股收益0.2200元。均线系统压力大，不介入。

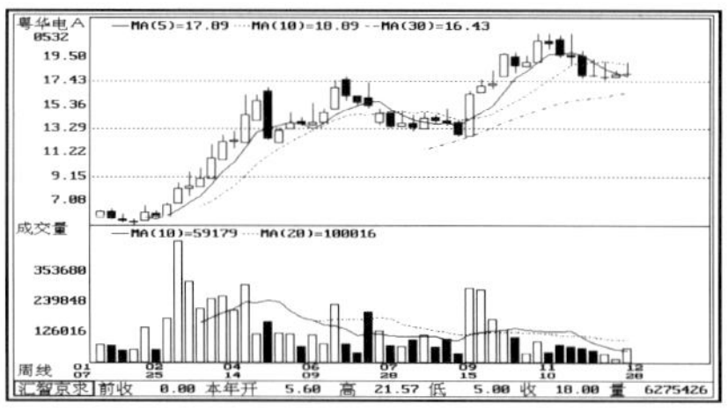

0532　粤华电A：流通股本9354万，主营微电子；电力电子。11月21日最高价21.57元，1月24日最低价5.00元，2000年每股收益-0.7100元。弱势整理，宜持币观望。

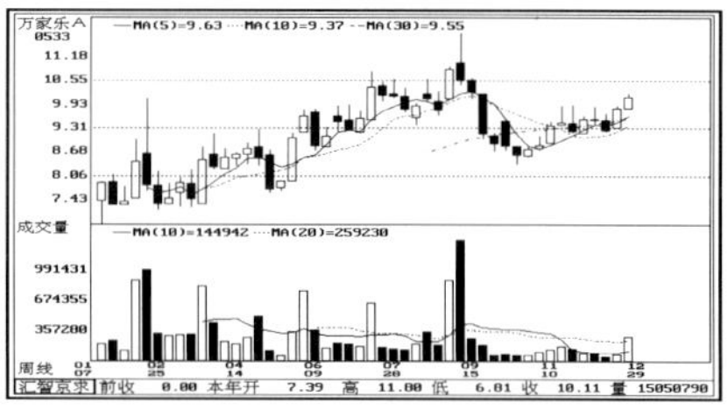

0533　万家乐A：流通股本20371万，主营城网输配电设备。9月5日最高价11.80元，1月7日最低价6.81元，2000年每股收益0.0403元。调整途中，还需观望。

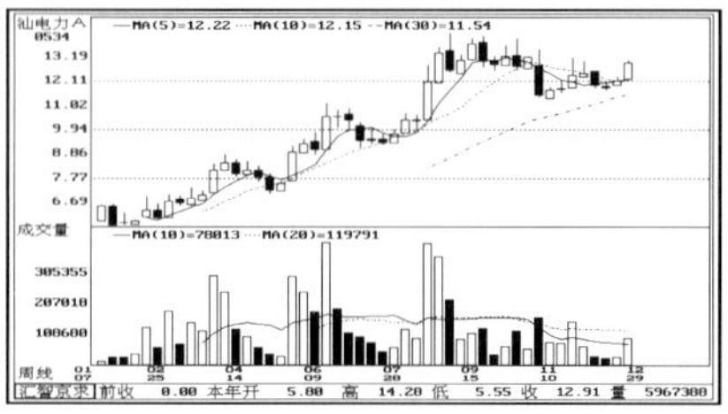

0534　汕电力A：流通股本8821万，主营投资建设电厂、电站。8月31日最高价14.28元，1月5日最低价5.55元，2000年每股收益0.0717元。上行抛压沉重，观望为宜。

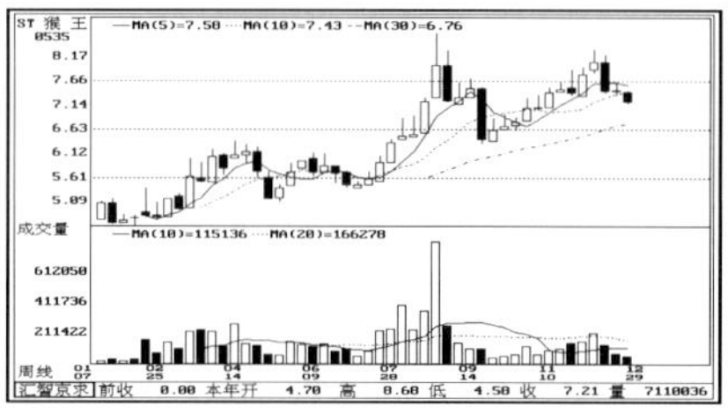

0535　ST　猴　王：流通股本17017万，主营生产焊接材料及设备。8月22日最高价8.68元，1月28日最低价4.58元，2000年每股收益-2.2800元。上升空间有限，反弹减磅。

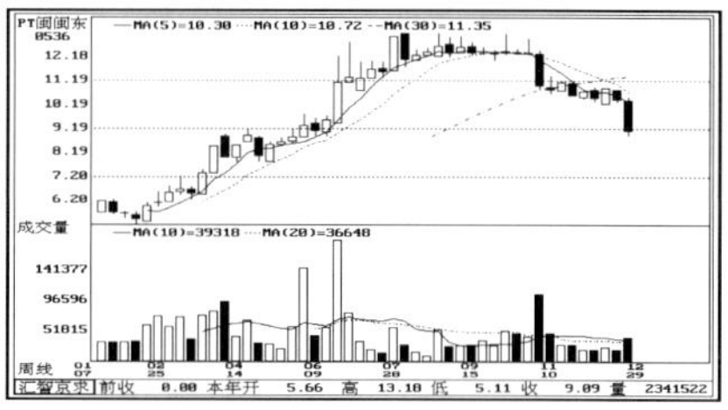

0536　PT闽闽东：流通股本4546万，主营电机制造。8月24日最高价13.18元，2月14日最低价5.11元，2000年每股收益-0.3700元。风险个股，不介入。

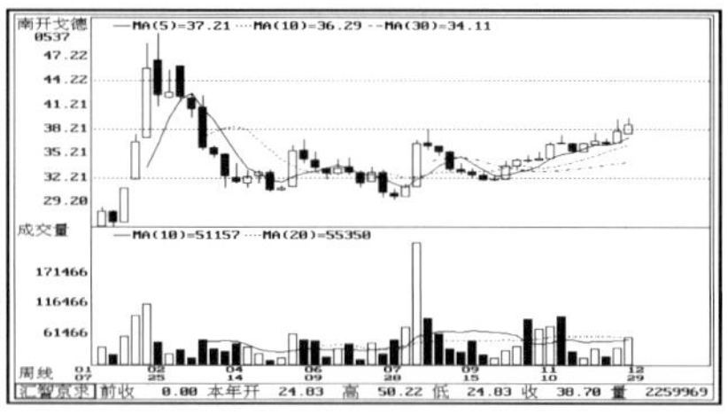

0537　南开戈德：流通股本8747万，主营GD系列自动售货机。2月21日最高价50.22元，1月4日最低价24.83元，2000年每股收益0.6000元。上档压力沉重，不介入为宜。

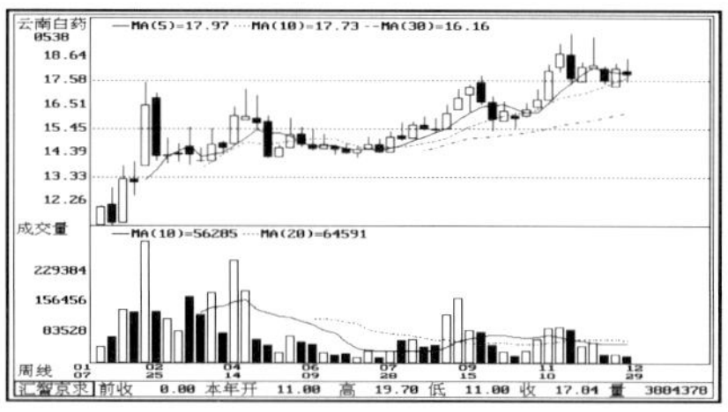

0538　云南白药：流通股本5875万，主营中成药生产。11月21日最高价19.70元，1月5日最低价11.00元，2000年每股收益0.2650元。上行受阻，暂不宜介入。

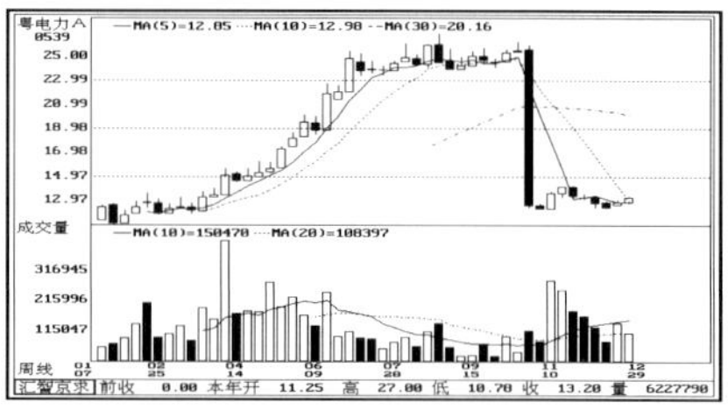

0539　粤电力A：流通股本30747万，主营电力生产和经营。8月22日最高价27.00元，1月17日最低价10.78元，2000年每股收益0.3770元。短线整理，观望为宜。

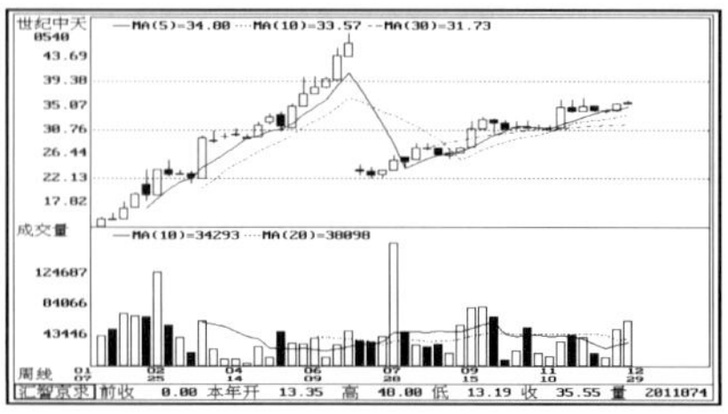

0540　世纪中天：流通股本6622万，主营城市土地开发。6月29日最高价48.00元，1月4日最低价13.19元，2000年每股收益1.1934元。上攻动力不足，持币观望。

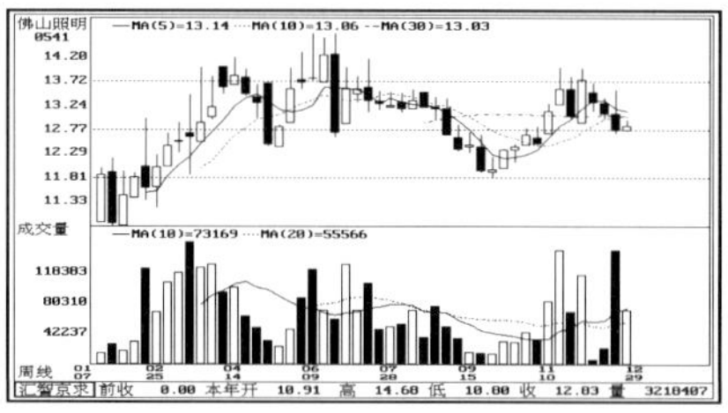

0541　佛山照明：流通股本14684万，主营各种电光源产品。6月19日最高价14.68元，1月5日最低价10.80元，2000年每股收益0.4500元。缓步盘升走势，持股观望。

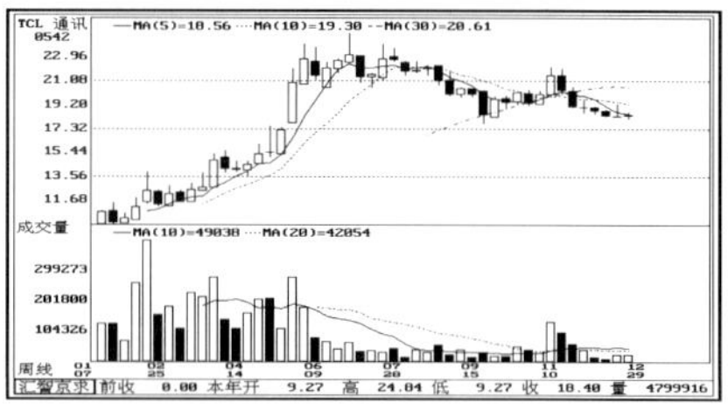

0542　TCL　通讯：流通股本8145万，主营多功能自动电话机。6月26日最高价24.84元，1月4日最低价9.27元，2000年每股收益0.1400元。上升动力不足，谨慎持有。

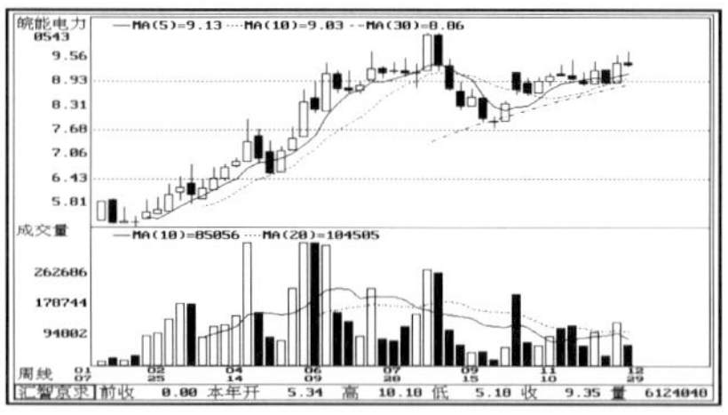

0543　皖能电力：流通股本14055万，主营以委托经营、控股等方式进行电力建设的投资。8月18日最高价10.18元，1月28日最低价5.18元，2000年每股收益0.2856元。短线有一定的压力，正在调整。

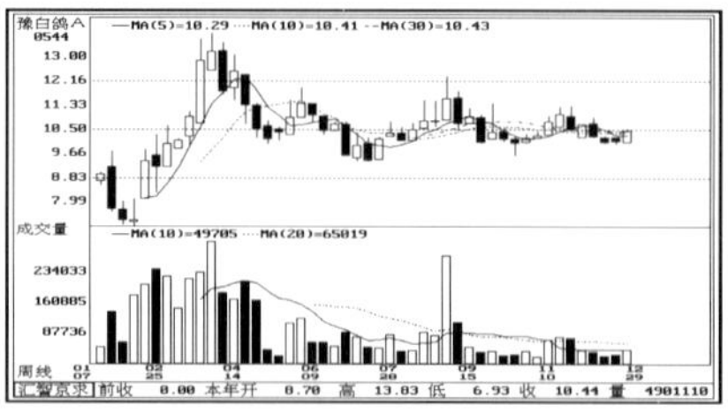

0544　豫白鸽A：流通股本10874万，主营各类磨料、磨具。3月27日最高价13.83元，1月24日最低价6.93元，2000年每股收益0.0200元。成交淡静，短线压力需消化。

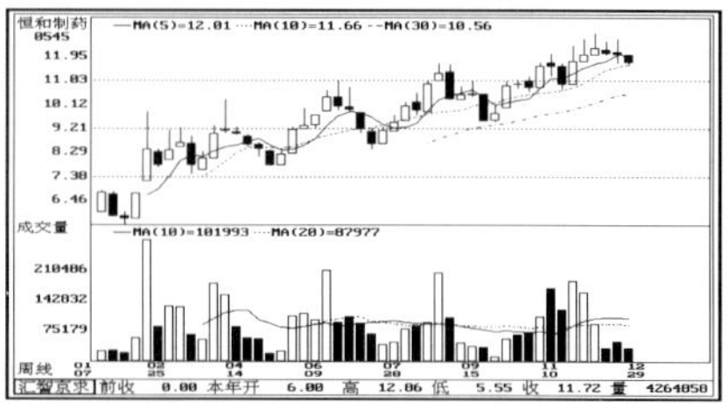

0545　恒和制药：流通股本6810万，主营生产经营原料药。12月4日最高价12.86元，1月21日最低价5.55元，2000年每股收益0.0360元。上行受阻，暂不宜介入。

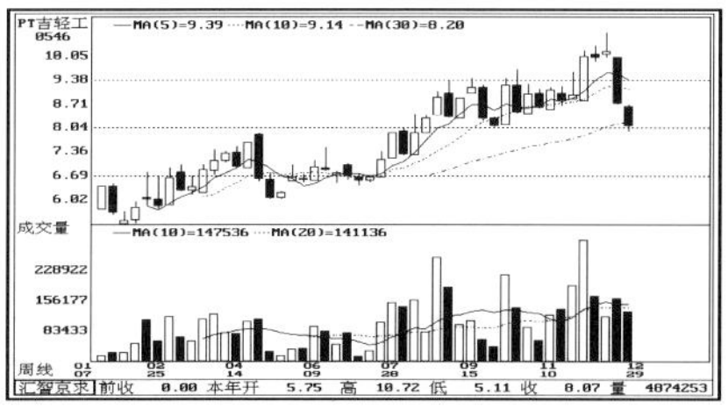

0546　ST吉轻工:流通股本8503万,主营进出口贸易。12月12日最高价10.72元,1月24日最低价5.11元,2000年每股收益-0.7840元。风险个股,不介入。

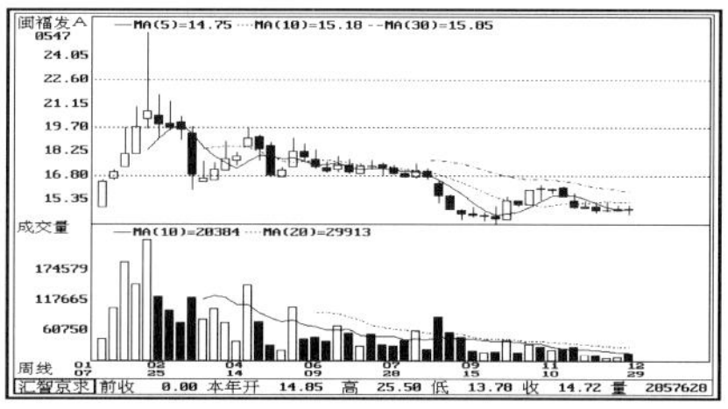

0547　闽福发A:流通股本7356万,主营通信产品的生产。2月16日最高价25.50元,9月6日最低价13.78元,2000年每股收益0.3100元。上档有一定压力,不介入为宜。

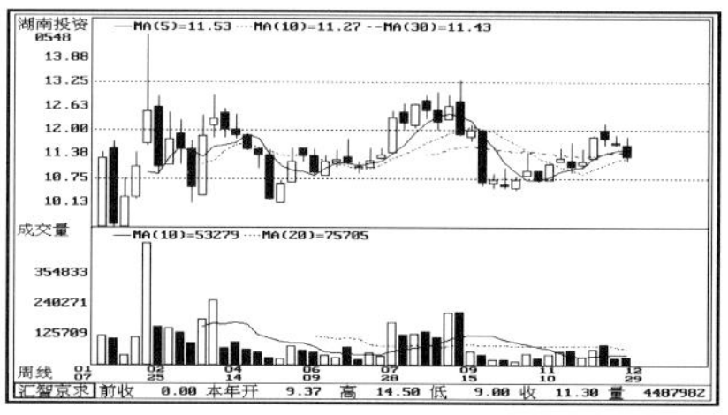

0548　湖南投资:流通股本12620万,主营城市基础设施的建设。2月17日最高价14.50元,1月4日最低价9.00元,2000年每股收益0.1960元。短线有一定压力,需整固。

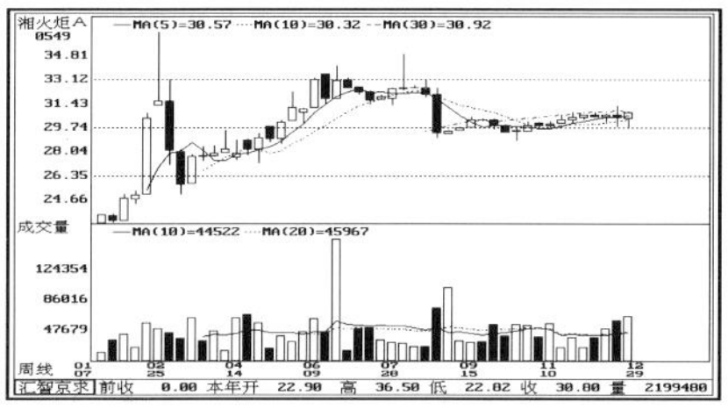

0549　湘火炬A:流通股本16628万,主营汽车零部件、环保科技。2月22日最高价36.50元,1月5日最低价22.82元,2000年每股收益0.3310元。连拉小阳,后市有反弹空间。

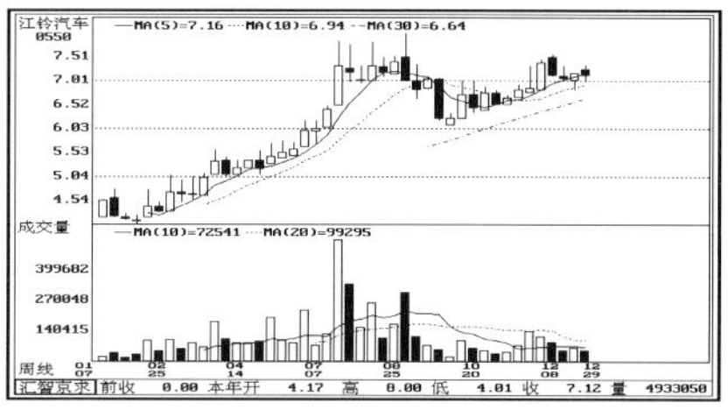

0550　江铃汽车:流通股本11760万,主营全顺系列商用车。8月30日最高价8.00元,1月27日最低价4.01元,2000年每股收益0.0620元。短线走淡,暂不宜介入。

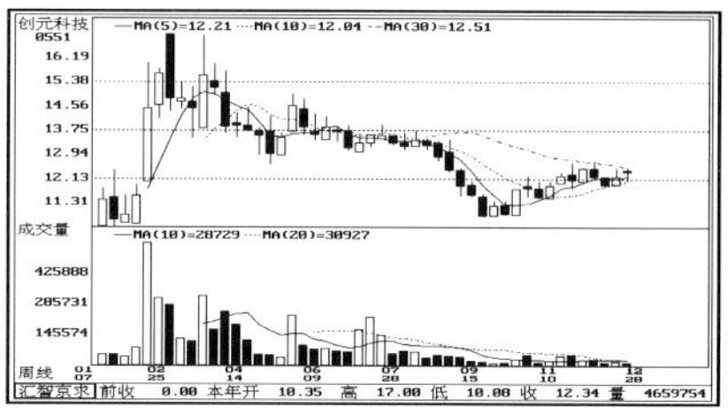

0551　创元科技:流通股本11079万,主营环保洁净技术产品。2月28日最高价17.00元,1月4日最低价10.08元,2000年每股收益0.1900元。上档有一定压力,不介入为宜。

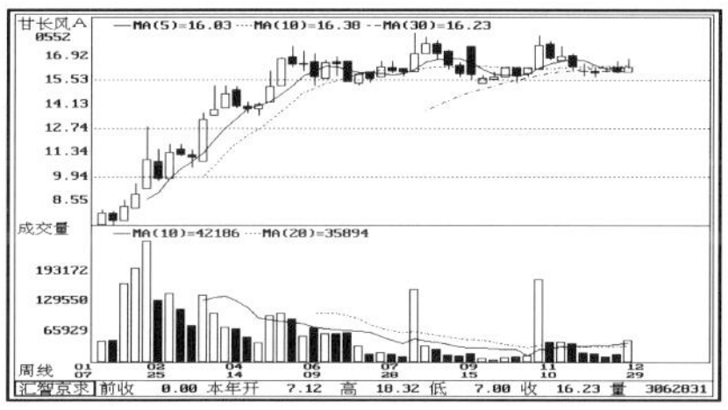

0552　甘长风A:流通股本6678万,主营家用电器、视像产品。8月10日最高价18.32元,1月13日最低价7.00元,2000年每股收益0.1810元。回升趋势,持股观望。

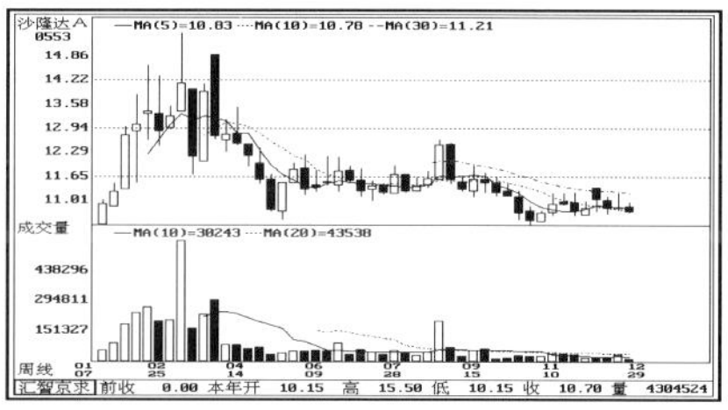

0553　沙隆达A:流通股本9723万,主营农药品、化工品。3月8日最高价15.50元,1月4日最低价10.15元,2000年每股收益0.0600元。成交淡静,短线压力需消化。

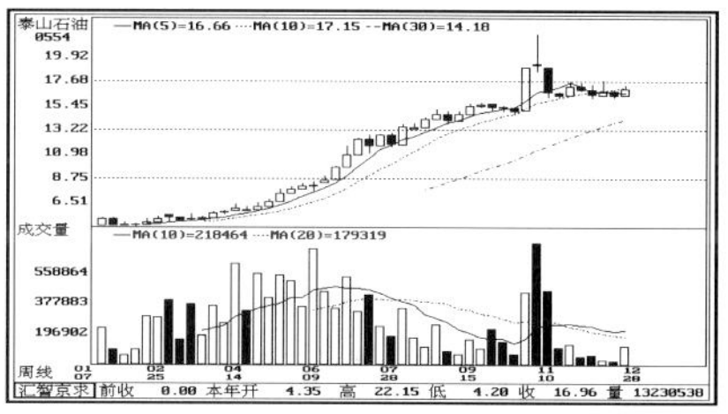

0554　泰山石油:流通股本29479万,主营成品油购销,房地产。10月31日最高价22.15元,1月24日最低价4.20元,2000年每股收益0.4020元。均线系统有压力,观望。

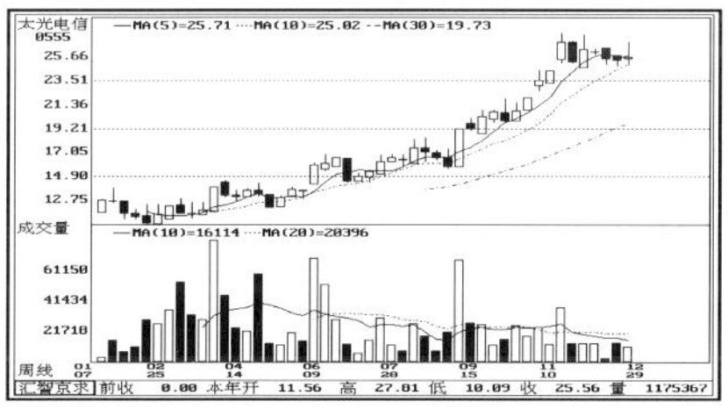

0555　太光电信:流通股本2189万,主营TEC5200综合业务。11月16日最高价27.81元,2月21日最低价10.09元,2000年每股收益0.0060元。上升通道中,继续持股。

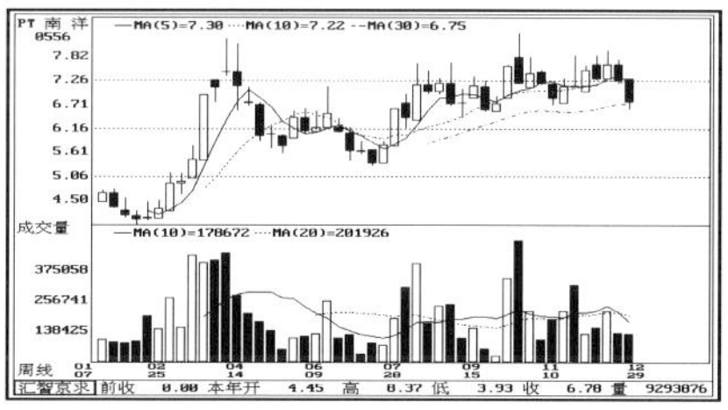

0556　ST　南　洋:流通股本11742万,主营海上运输、石油仓储。10月17日最高价8.37元,1月24日最低价3.93元,2000年每股收益-0.1600元。风险个股,不介入。

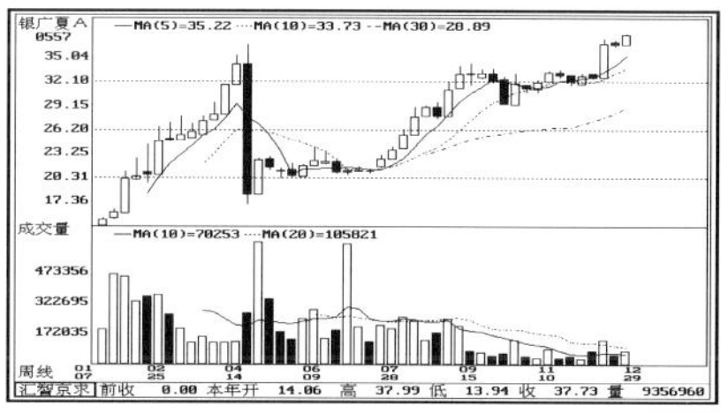

0557　银广夏A:流通股本28082万,主营特色生物资源。12月29日最高价37.99元,1月4日最低价13.94元,2000年每股收益0.8270元。短线大幅回吐,暂不介入。

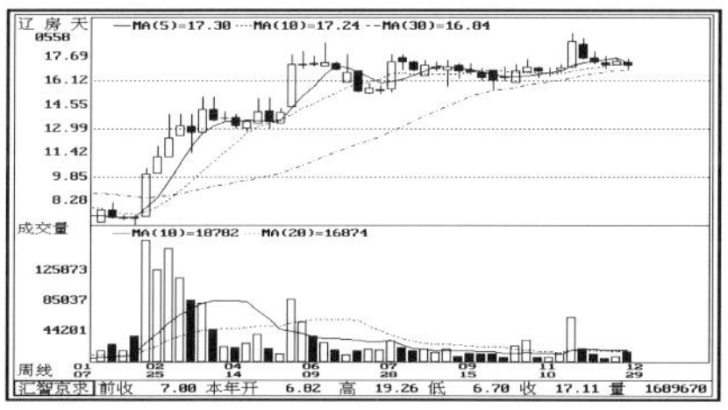

0558　辽　房　天:流通股本5050万,主营房地产开发、物业管理。11月24日最高价19.26元,1月26日最低价6.70元,2000年每股收益0.0900元。上档有一定压力,不介入为宜。

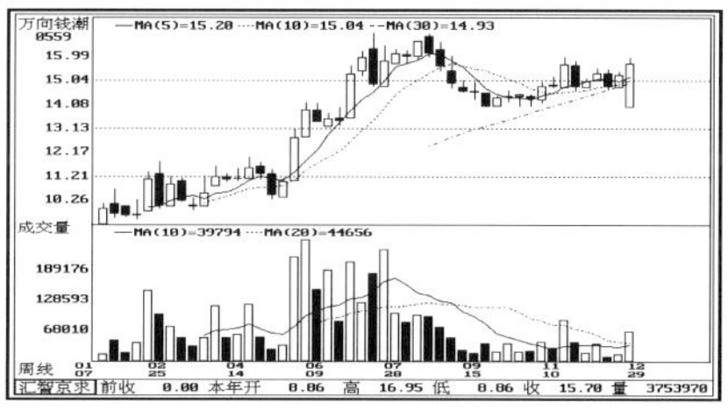

0559　万向钱潮:流通股本8833万,主营专业生产等速万向节。7月13日最高价16.95元,1月4日最低价8.86元,2000年每股收益0.5180元。短线走淡,暂宜观望。

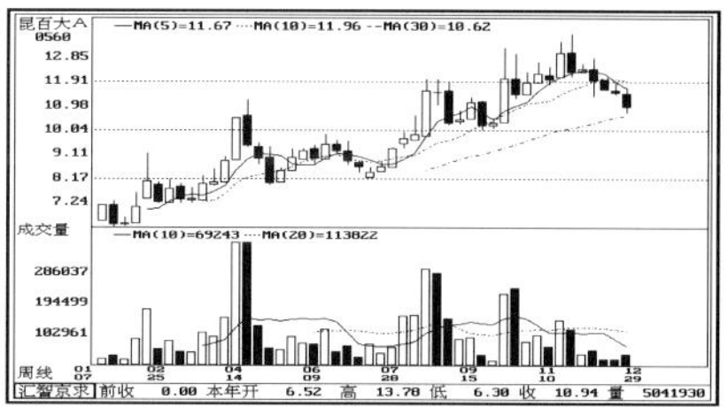

0560　昆百大A:流通股本6240万,主营商业零售批发。11月21日最高价13.78元,1月24日最低价6.30元,2000年每股收益-0.5760元。短线有一定压力,需整固。

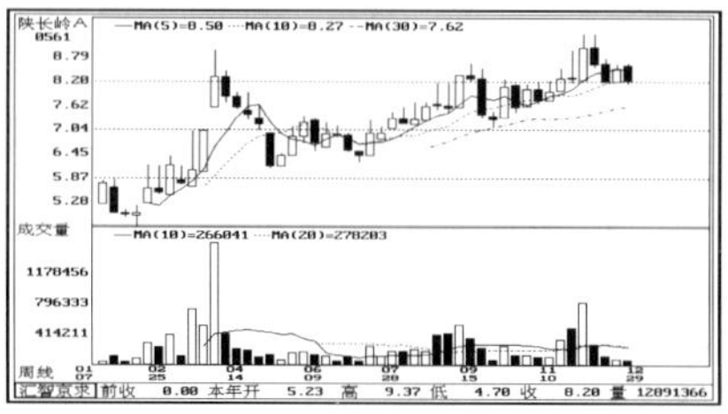

0561　陕长岭 A:流通股本 24205 万,主营家用电器和工业用纺织。11 月 28 日最高价 9.37 元,1 月 28 日最低价 4.70 元,2000 年每股收益 0.0340 元。短线走淡,暂不宜介入。

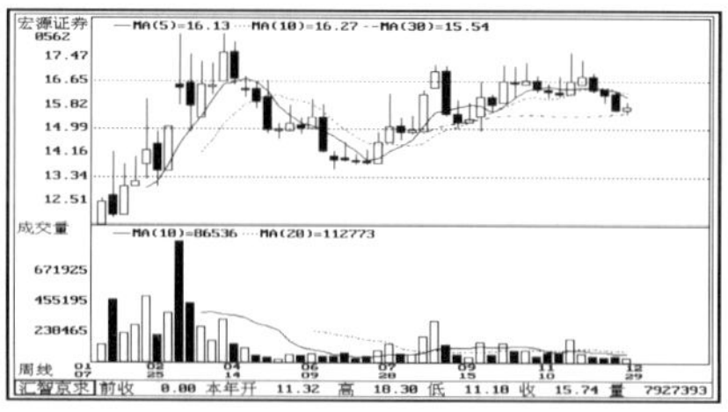

0562　宏源证券:流通股本 15225 万,主营信托存贷款。4 月 5 日最高价 18.30 元,1 月 4 日最低价 11.18 元,2000 年每股收益 0.1576 元。有获利盘减持迹象,暂不介入。

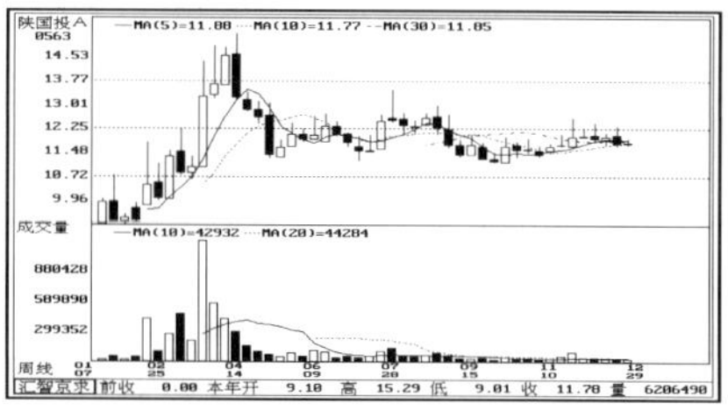

0563　陕国投 A:流通股本 12629 万,主营信托存贷款、投资。4 月 10 日最高价 15.29 元,1 月 18 日最低价 9.01 元,2000 年每股收益 0.1560 元。上升动力不足,谨慎持有。

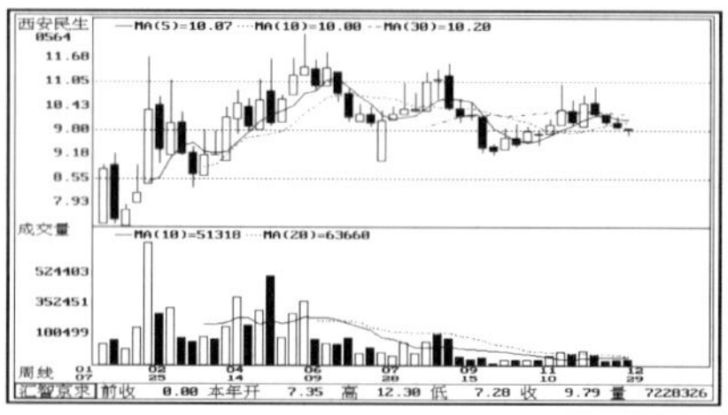

0564　西安民生:流通股本 13664 万,主营商品零售。5 月 29 日最高价 12.30 元,1 月 17 日最低价 7.28 元,2000 年每股收益 0.1693 元。弱势,抛压重,观望。

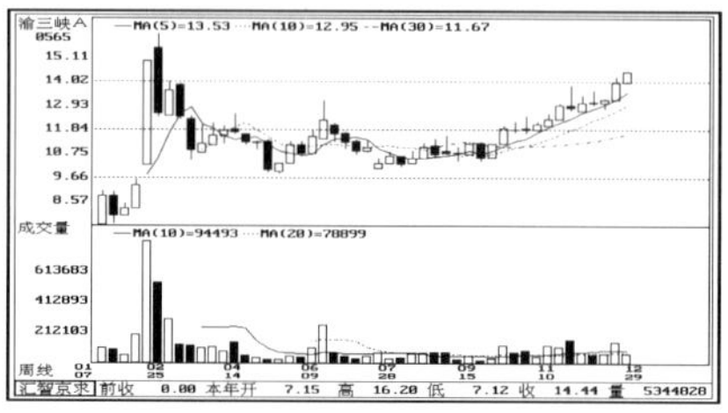

0565　渝三峡 A:流通股本 8730 万,主营各类涂料、合成树脂。2 月 21 日最高价 16.20 元,1 月 4 日最低价 7.12 元,2000 年每股收益 0.0160 元。需继续在低位震荡整理。

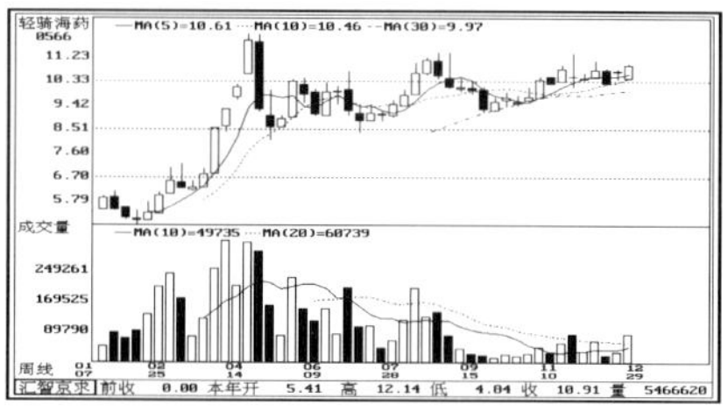

0566　轻骑海药:流通股本 8355 万,主营经营中西成药。4 月 21 日最高价 12.14 元,1 月 25 日最低价 4.84 元,2000 年每股收益 -0.2670 元。有获利盘减持迹象,暂不介入。

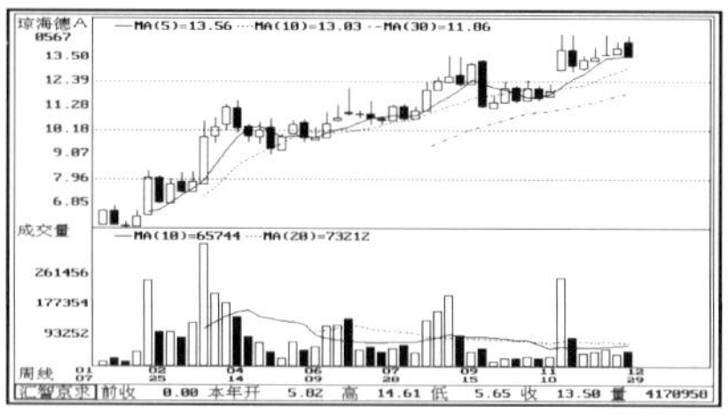

0567　琼海德 A:流通股本 6048 万,主营电缆、光缆。11 月 15 日最高价 14.61 元,1 月 24 日最低价 5.65 元,2000 年每股收益 -0.2700 元。缩量整理,观望为宜。

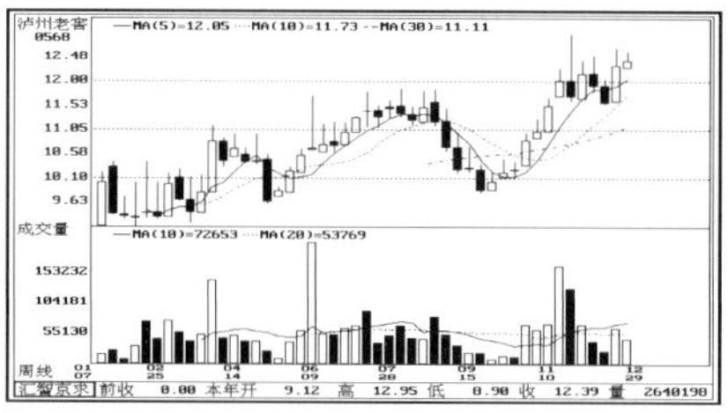

0568　泸州老窖:流通股本 12313 万,主营泸州老窖系列曲酒。11 月 21 日最高价 12.95 元,1 月 4 日最低价 8.90 元,2000 年每股收益 0.3400 元。仍未走强,不介入。

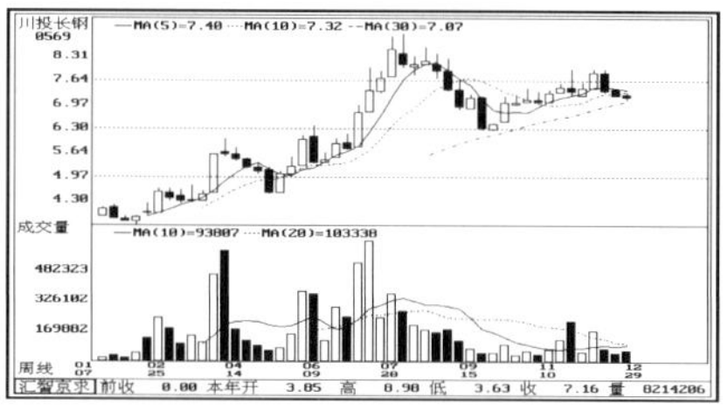

0569　川投长钢:流通股本 14792 万,主营钢冶炼、钢压延加工。8 月 3 日最高价 8.98 元,1 月 28 日最低价 3.63 元,2000 年每股收益 0.0960 元。上档压力仍重,需进一步整理。

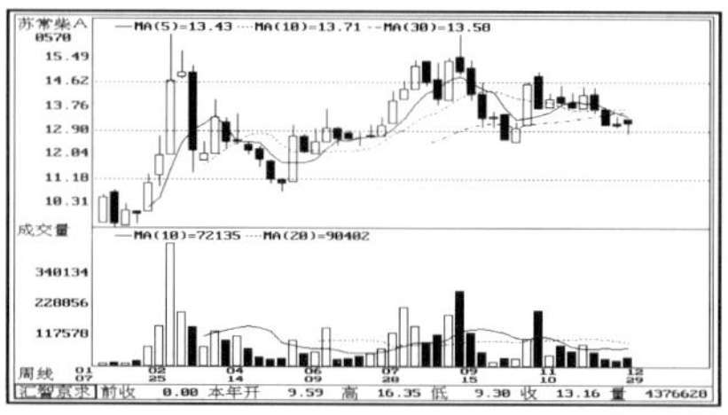

0570　苏常柴 A:流通股本 11098 万,主营农用柴油机、收割机。3 月 3 日最高价 16.35 元,1 月 17 日最低价 9.30 元,2000 年每股收益 0.1100 元。弱势整理,宜持币观望。

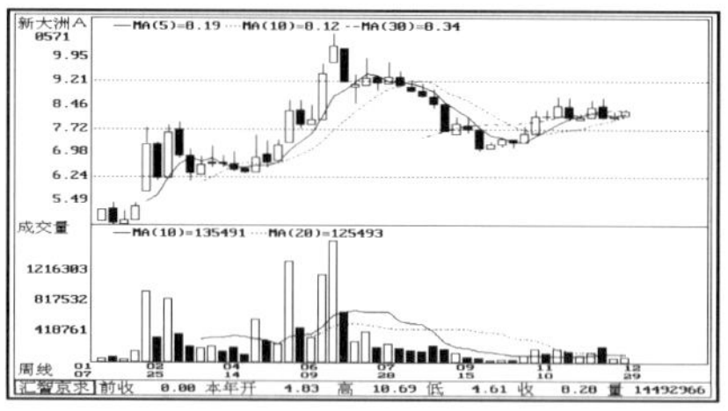

0571　新大洲 A:流通股本 33716 万,主营摩托车和发动机。6 月 23 日最高价 10.69 元,1 月 17 日最低价 4.61 元,2000 年每股收益 -0.1897 元。调整未尽,继续观望。

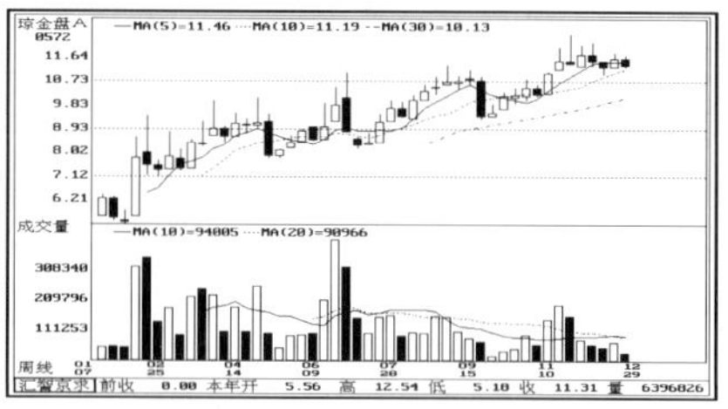

0572　琼金盘 A:流通股本 8679 万,主营工业开发区的开发。11 月 23 日最高价 12.54 元,1 月 18 日最低价 5.18 元,2000 年每股收益 0.0040 元。缓步盘升走势,持股观望。

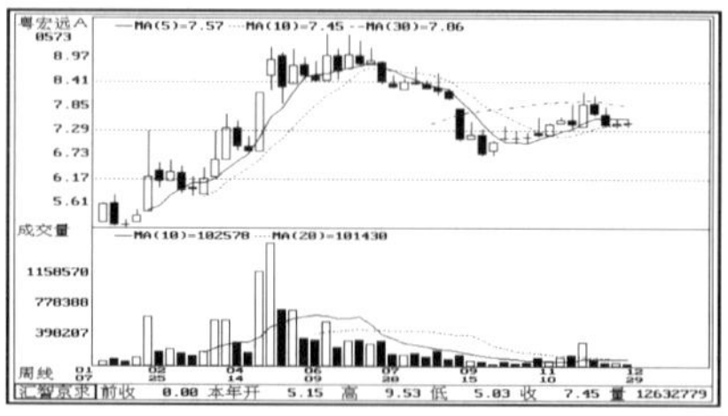

0573　粤宏远 A:流通股本 29206 万,主营开发经营工业区。6 月 16 日最高价 9.53 元,1 月 4 日最低价 5.03 元,2000 年每股收益 0.0130 元。中线已趋淡,趁反弹减磅。

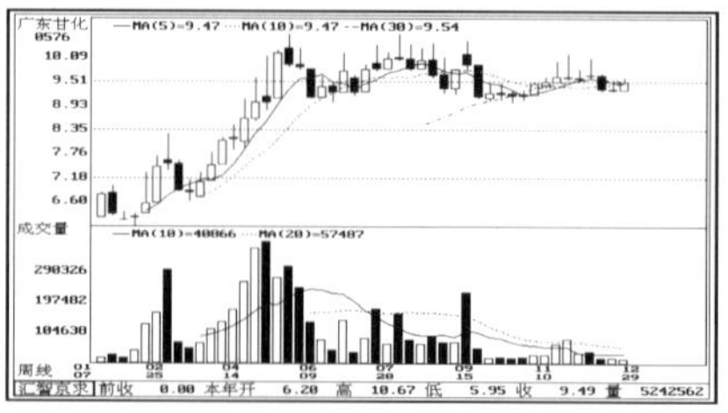

0576　广东甘化:流通股本 10310 万,主营浆板、机制纸。8 月 3 日最高价 10.67 元,1 月 24 日最低价 5.95 元,2000 年每股收益 0.1100 元。有上攻的欲望,但动力不足。

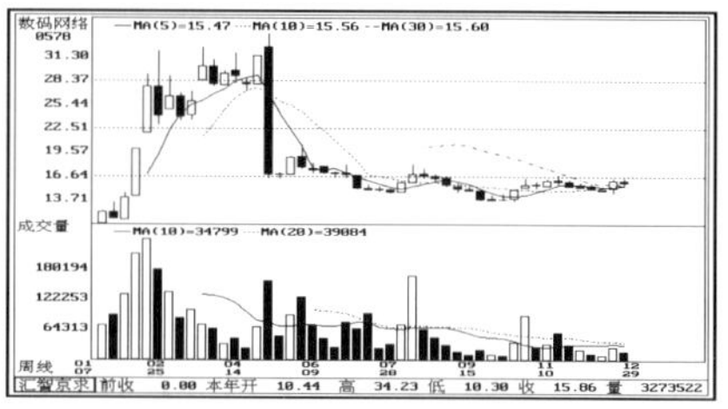

0578　数码网络:流通股本 6876 万,主营商贸(含仓储运输业)。5 月 8 日最高价 34.23 元,1 月 4 日最低价 10.30 元,2000 年每股收益 0.1900 元。中线价值仍存,可持股。

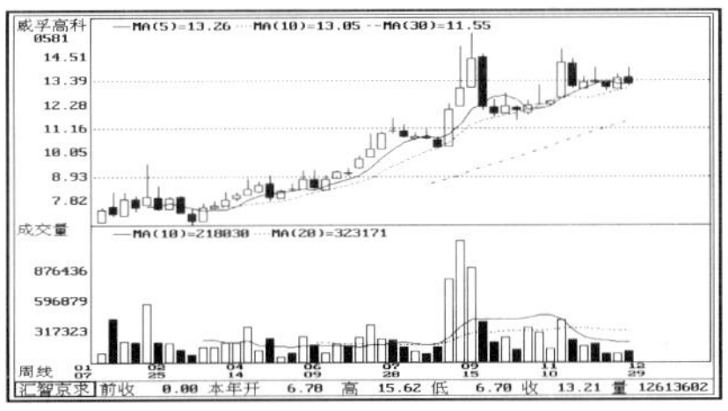

0581　威孚高科:流通股本19200万,主营汽车、农机工程机械。9月12日最高价15.62元,3月17日最低价6.70元,2000年每股收益0.3000元。大幅回调,短线仍有整理。

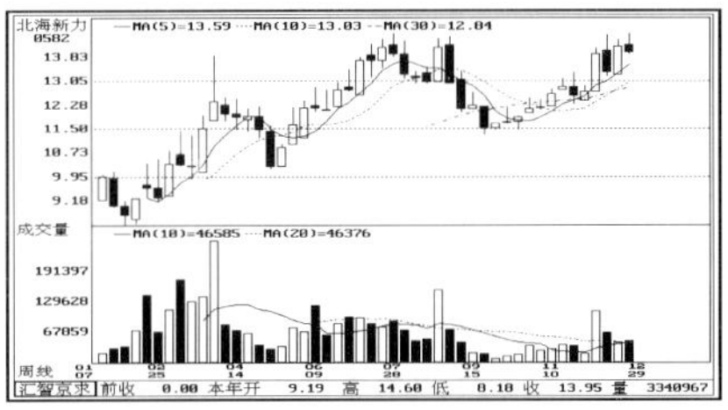

0582　北海新力:流通股本5707万,主营港口、运输、装卸。7月26日最高价14.60元,1月24日最低价8.18元,2000年每股收益0.0830元。弱势整理,观望为宜。

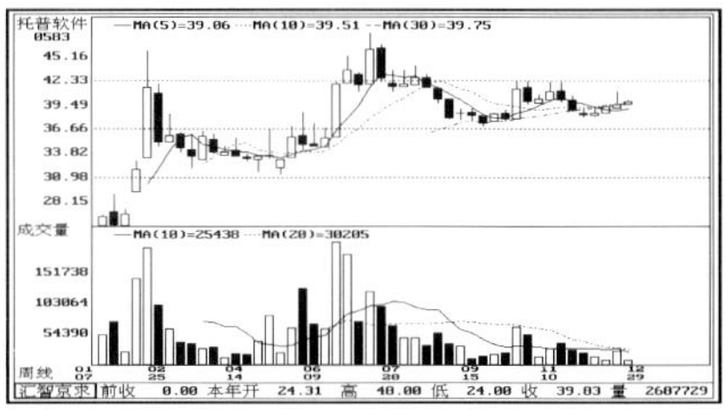

0583　托普软件:流通股本6880万,主营计算机软件开发。7月13日最高价48.00元,1月4日最低价24.00元,2000年每股收益0.7160元。上升实力不足,局外关注。

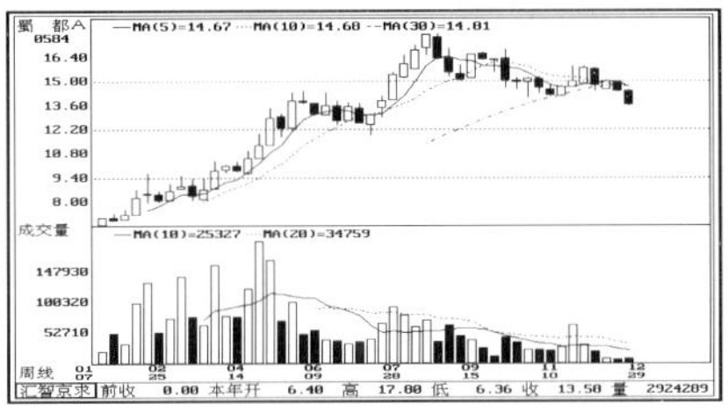

0584　蜀　　都A:流通股本5054万,主营物业管理、宾馆。8月21日最高价17.80元,1月4日最低价6.36元,2000年每股收益0.1000元。上档压力较大,观望为宜。

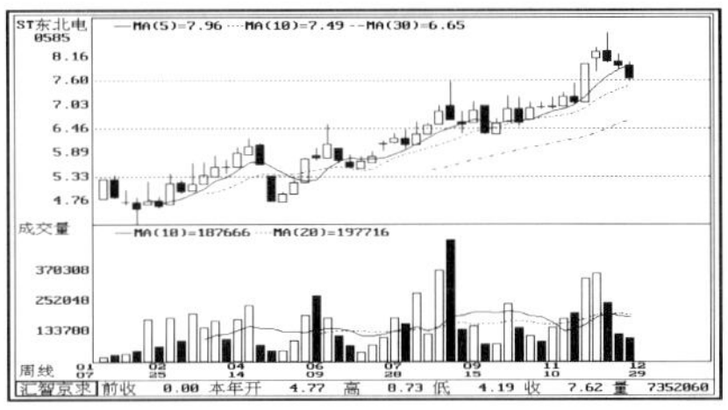

0585　ST东北电:流通股本14360万,主营制造和销售供电站。12月13日最高价8.73元,1月28日最低价4.19元,2000年每股收益-0.4160元。上升压力沉重,需淡化阻力。

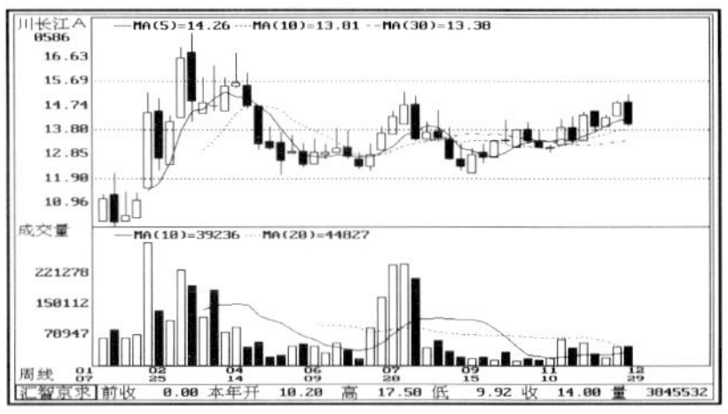

0586　川长江A:流通股本6084万,主营各种进出口业务。3月13日最高价17.58元,1月17日最低价9.92元,2000年每股收益-0.2910元。整理走势,后市观望。

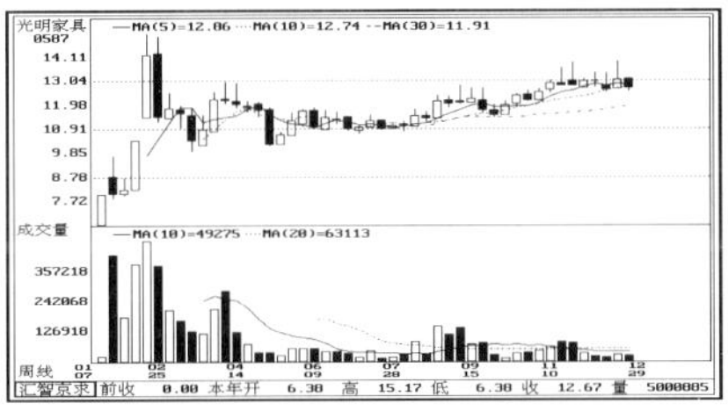

0587　光明家具:流通股本8344万,主营家具制造、木制品。2月17日最高价15.17元,1月4日最低价6.38元,2000年每股收益0.2860元。均线系统有压力,观望。

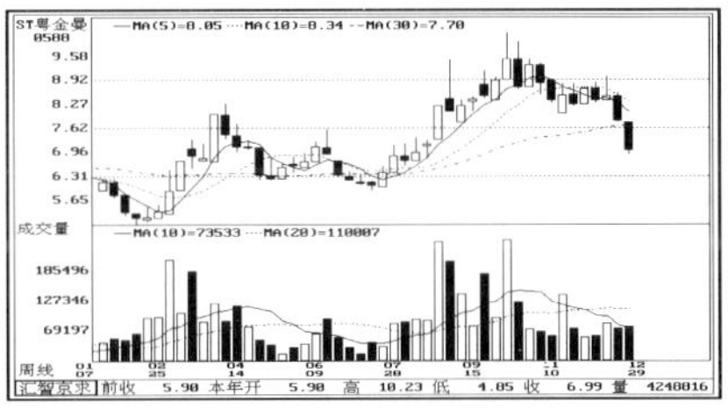

0588　ST粤金曼:流通股本6215万,主营鲜活成鳗、烤鳗制品及其相关产品。10月12日最高价10.23元,1月25日最低价4.85元,2000年每股收益-3.2480元。大幅震荡,场外观望。

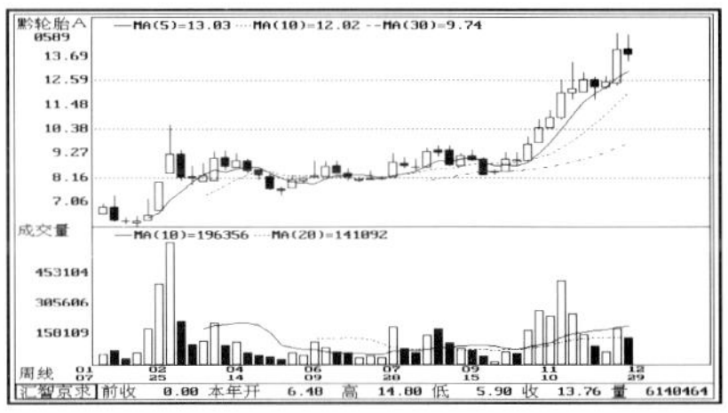

0589　黔轮胎A:流通股本12454万,主营轮胎生产与销售。12月22日最高价14.80元,1月24日最低价5.90元,2000年每股收益0.0600元。仍未走强,上方压力大。

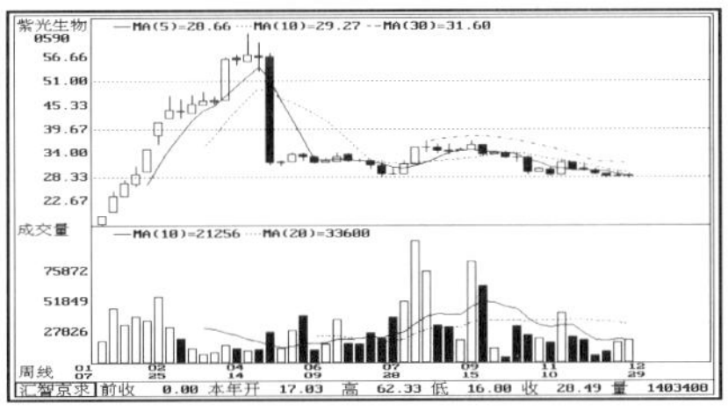

0590　紫光生物:流通股本6353万,主营中成药系列产品。4月21日最高价62.33元,1月6日最低价16.80元,2000年每股收益0.1490元。资金不足,盘落走弱。

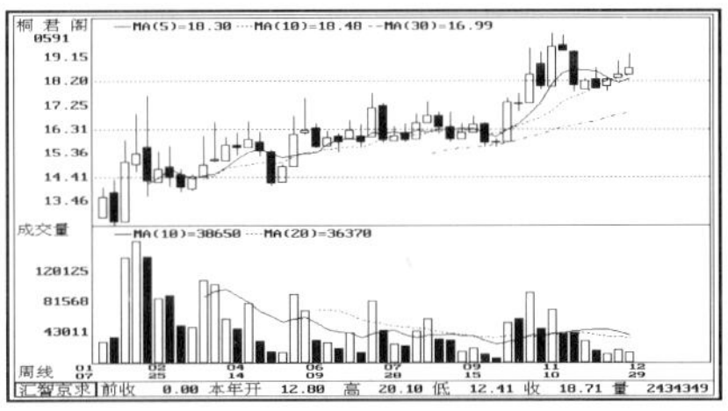

0591　桐　君　阁:流通股本3480万,主营中成药制造。11月10日最高价20.10元,1月17日最低价12.41元,2000年每股收益0.2640元。均线反压大,不宜介入。

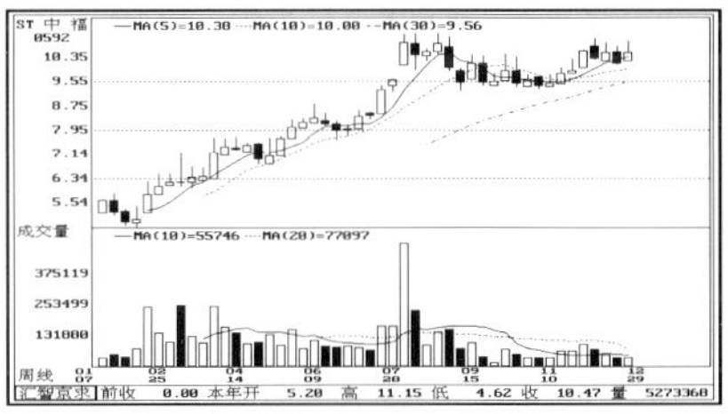

0592　ST　中　福:流通股本8681万,主营国内外工程承包。8月25日最高价11.15元,1月25日最低价4.62元,2000年每股收益0.0490元。调整未尽,继续观望。

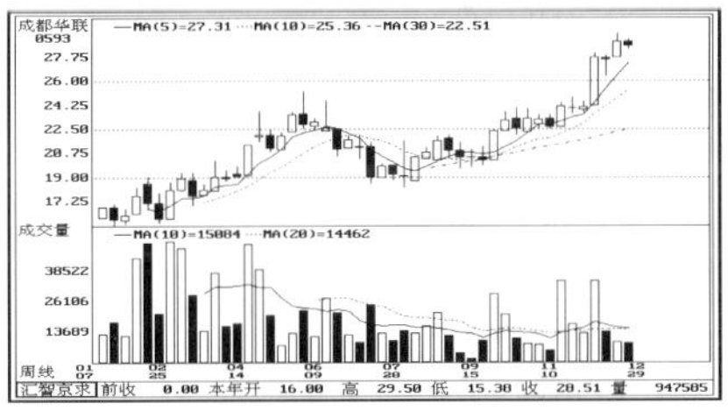

0593　成都华联:流通股本2361万,主营批发零售、代购代销。12月18日最高价29.50元,1月13日最低价15.38元,2000年每股收益0.2400元。调整走势,宜中线关注。

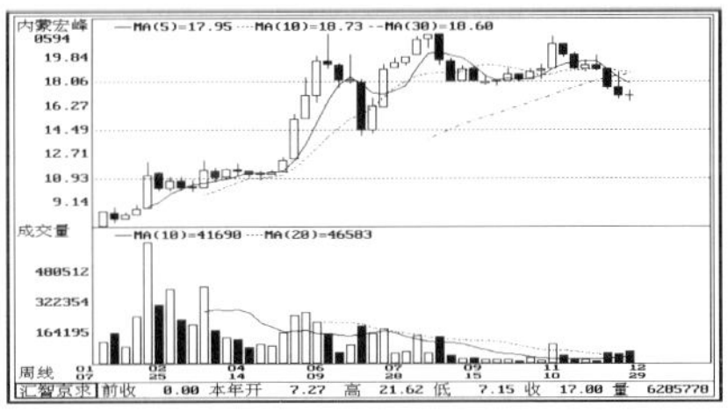

0594　内蒙宏峰:流通股本12968万,主营黄金、白银、铅。8月21日最高价21.62元,1月4日最低价7.15元,2000年每股收益0.1900元。空方势头较强,不宜介入。

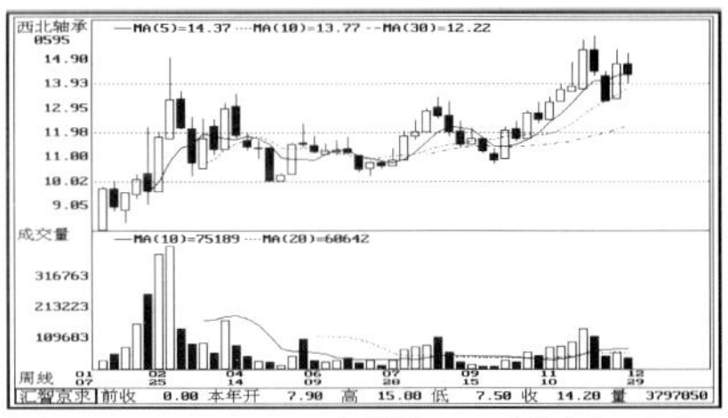

0595　西北轴承:流通股本6583万,主营各类滚动轴承的生产。12月5日最高价15.88元,1月4日最低价7.50元,2000年每股收益0.0127元。成交淡静,短线压力需消化。

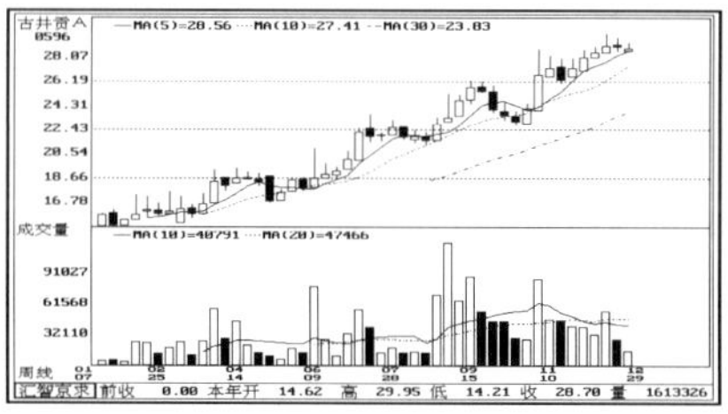

0596　古井贡 A:流通股本 1998 万,主营酿制和销售古井贡酒。12 月 14 日最高价 29.95 元,1 月 26 日最低价 14.21 元,2000 年每股收益 0.6300 元。缩量整理,暂不介入。

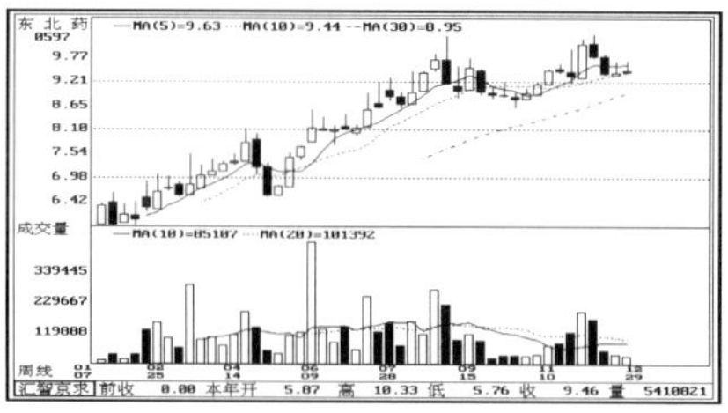

0597　东　北　药:流通股本 10881 万,主营化学原料药。12 月 4 日最高价 10.33 元,1 月 4 日最低价 5.76 元,2000 年每股收益 0.0950 元。弱势整理,宜持币观望。

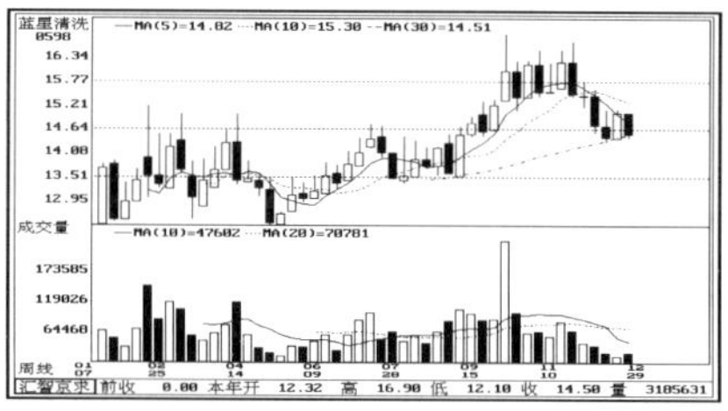

0598　蓝星清洗:流通股本 7605 万,主营研制、生产、销售清洗剂产品。10 月 12 日最高价 16.90 元,5 月 16 日最低价 12.10 元,2000 年每股收益 0.4200 元。均线反压大，不宜介入。

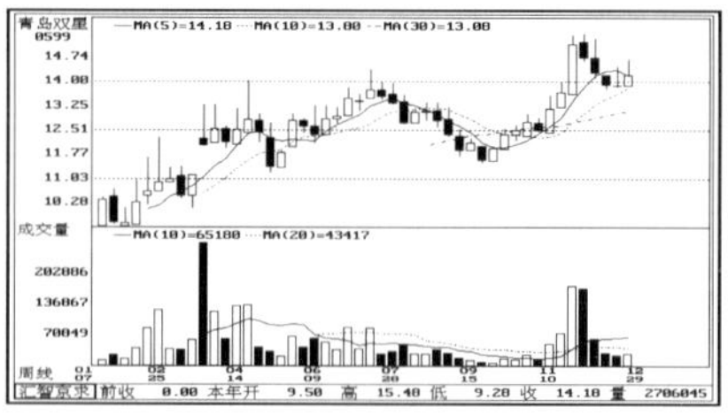

0599　青岛双星:流通股本 4800 万,主营冷粘鞋类。11 月 27 日最高价 15.48 元,1 月 24 日最低价 9.28 元,2000 年每股收益 0.2250 元。均线系统有压力,不介入为宜。

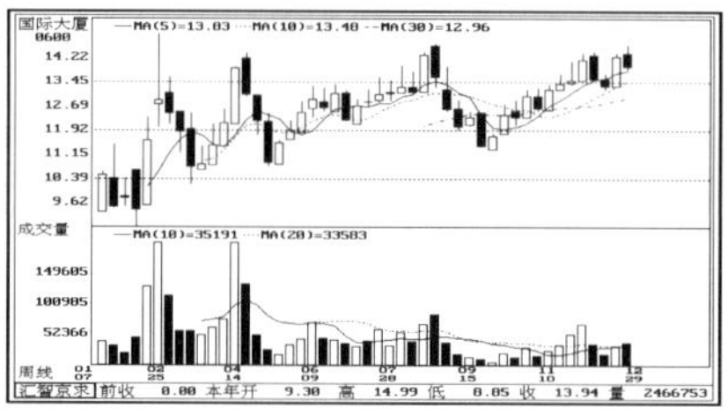

0600　国际大厦:流通股本 3902 万,主营酒店、商业零售。2 月 23 日最高价 14.99 元,1 月 28 日最低价 8.85 元,2000 年每股收益 0.0243 元。中线价值仍存,可持股。

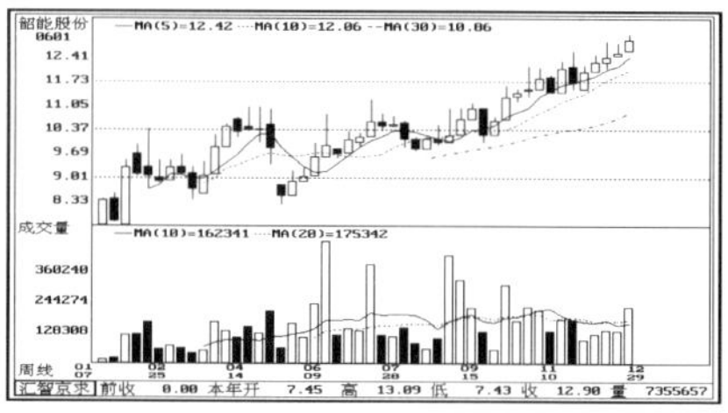

0601　韶能股份:流通股本 17158 万,主营电力、水泥生产。12 月 26 日最高价 13.09 元,1 月 4 日最低价 7.43 元,2000 年每股收益 0.3300 元。反弹走势,持股观望。

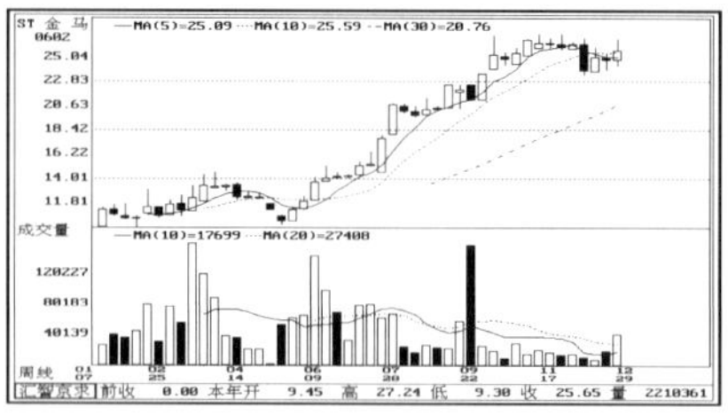

0602　ST　金　马:流通股本 4364 万,主营旅游业务、酒店业。11 月 22 日最高价 27.24 元,1 月 4 日最低价 9.30 元,2000 年每股收益 -0.2700 元。仍有上攻潜力,宜持股。

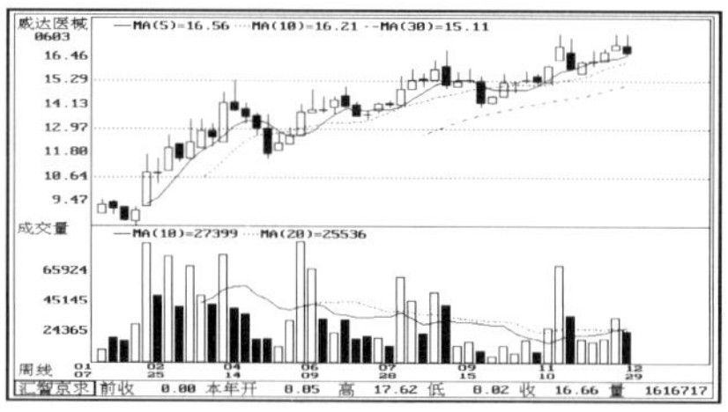

0603　威达医械:流通股本 2850 万,主营中高档医疗器材。11 月 16 日最高价 17.62 元,1 月 24 日最低价 8.02 元,2000 年每股收益 0.0190 元。上升压力沉重,需淡化阻力。

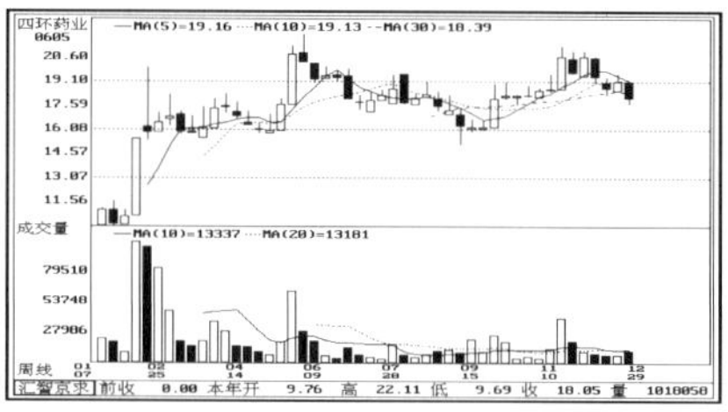

0605　四环药业:流通股本 2063 万,主营生物医药。5 月 31 日最高价 22.11 元,1 月 4 日最低价 9.69 元,2000 年每股收益 0.0100 元。上升动力不足,谨慎持有。

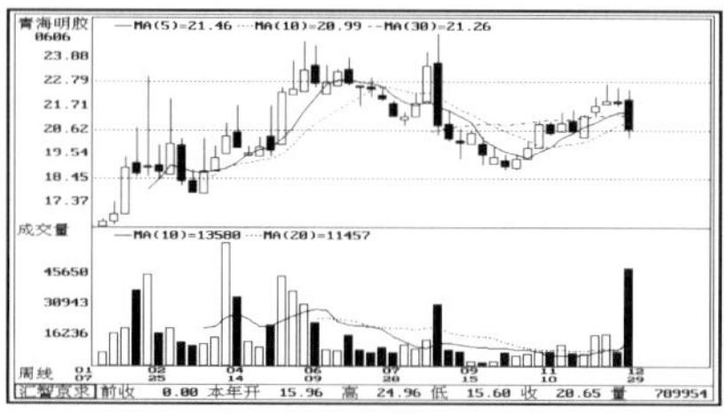

0606　青海明胶:流通股本 2533 万,主营明胶系列。8 月 21 日最高价 24.96 元,1 月 12 日最低价 15.60 元,2000 年每股收益 0.2400 元。携量回升,短线走势转强。

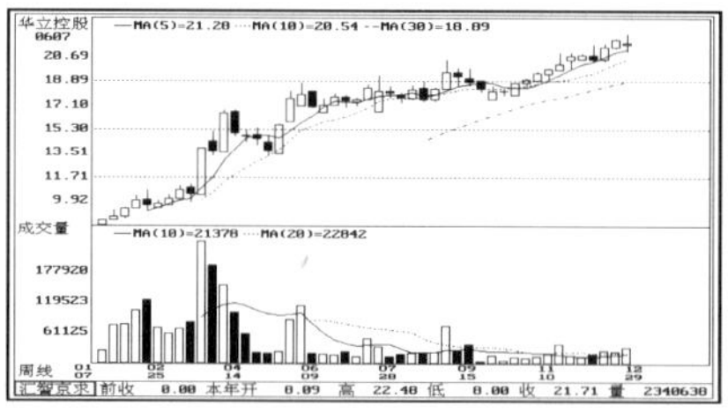

0607　华立控股:流通股本 4500 万,主营电工仪表。12 月 25 日最高价 22.48 元,1 月 6 日最低价 8.00 元,2000 年每股收益 0.3848 元。走强仍需放量,关注。

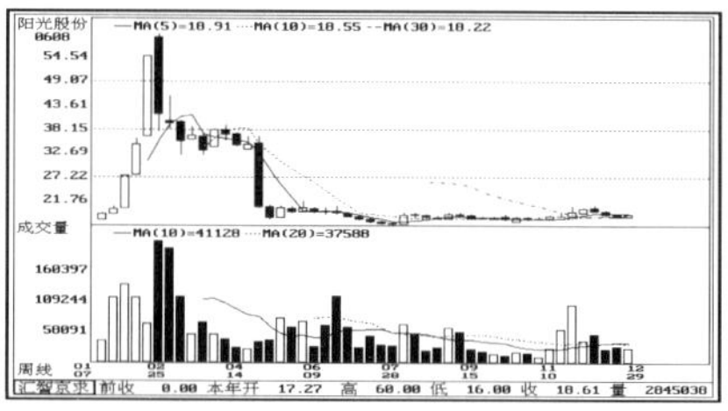

0608　阳光股份:流通股本 9750 万,主营基础设施投资。2 月 21 日最高价 60.00 元,7 月 11 日最低价 16.00 元,2000 年每股收益 0.4020 元。上档压力较大,观望为宜。

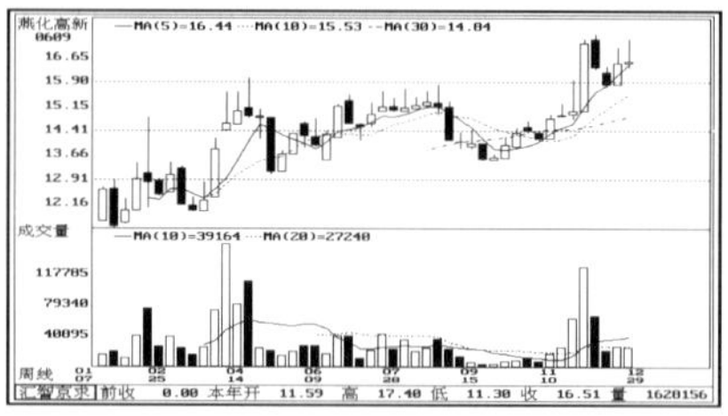

0609　燕化高新:流通股本 4912 万,主营石油化工催化剂。12 月 4 日最高价 17.40 元,1 月 19 日最低价 11.30 元,2000 年每股收益 0.2800 元。回升趋势,持股观望。

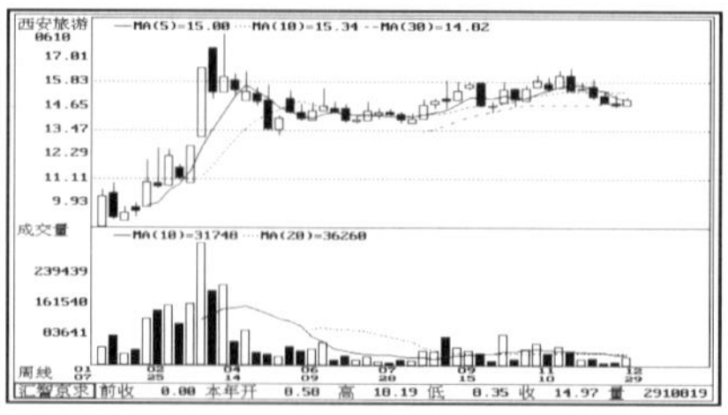

0610　西安旅游:流通股本 5304 万,主营旅游服务业。4 月 6 日最高价 18.19 元,1 月 4 日最低价 8.35 元,2000 年每股收益 0.1000 元。短线调整中,反弹时可适当介入。

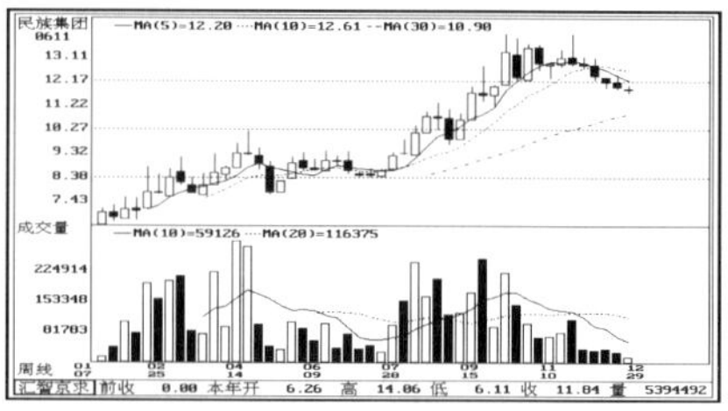

0611　民族集团:流通股本 7548 万,主营商业零售批发。10 月 12 日最高价 14.06 元,1 月 4 日最低价 6.11 元,2000 年每股收益 0.0048 元。整理走势,面临均线支撑。

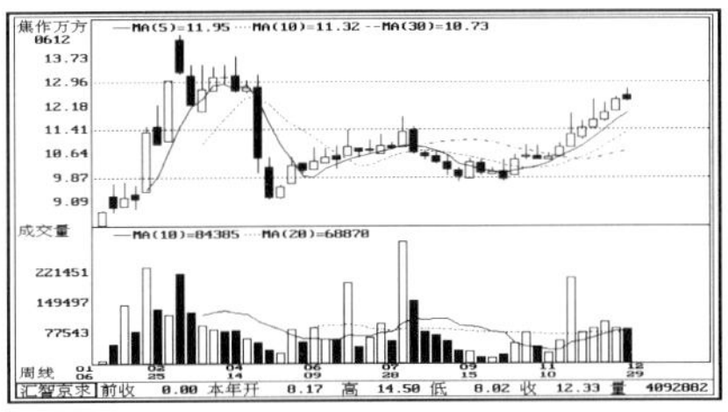

0612　焦作万方：流通股本10154万，主营有色金属冶炼。3月9日最高价14.50元，1月4日最低价8.02元，2000年每股收益0.1860元。上行动力不足，还需储蓄动能。

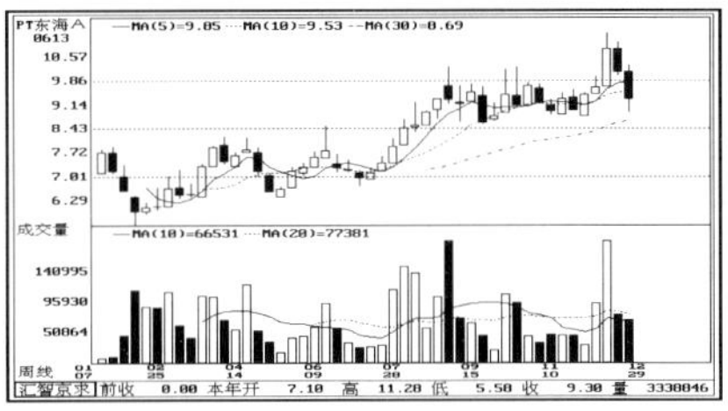

0613　PT东海A：流通股本4510万，主营旅游娱乐业。12月15日最高价11.28元，1月28日最低价5.58元，2000年每股收益-0.1700元。风险个股，不介入。

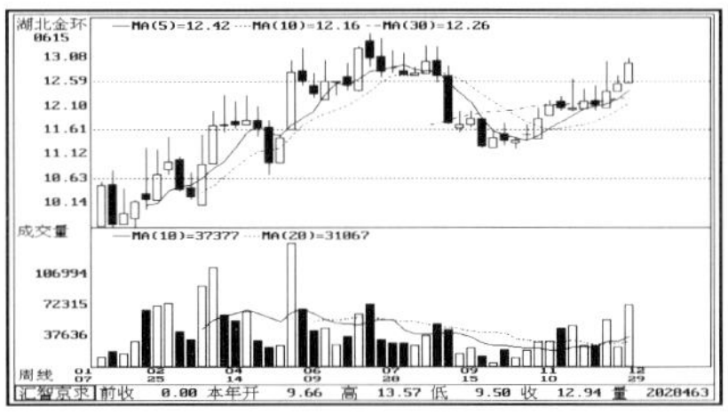

0615　湖北金环：流通股本7096万，主营粘胶长丝系列产品。7月11日最高价13.57元，1月24日最低价9.50元，2000年每股收益0.2420元。上行受阻，暂不宜介入。

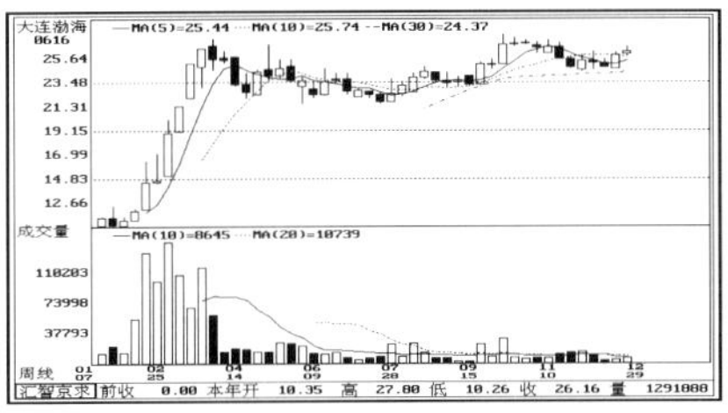

0616　大连渤海：流通股本3380万，主营旅店、餐饮、旅游。10月12日最高价27.80元，1月17日最低价10.26元，2000年每股收益0.3180元。需继续在低位震荡整理。

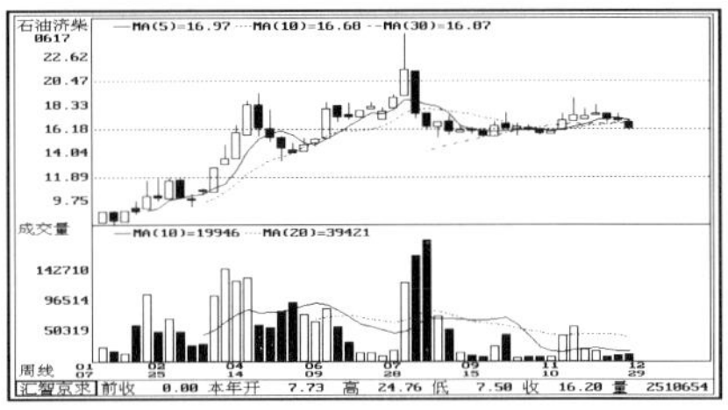

0617　石油济柴：流通股本3250万，主营柴油机、气体发动机。8月3日最高价24.76元，1月17日最低价7.50元，2000年每股收益0.0500元。短线调整中，反弹时可适当介入。

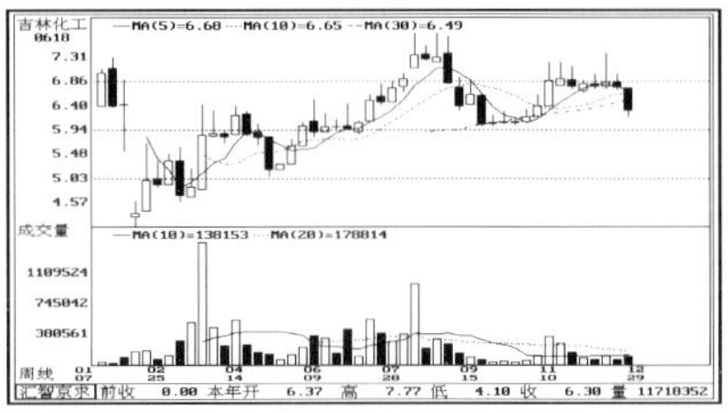

0618　吉林化工：流通股本20000万，主营生产石油产品、石化。8月8日最高价7.77元，1月27日最低价4.10元，2000年每股收益-0.2500元。上行受阻，暂不宜介入。

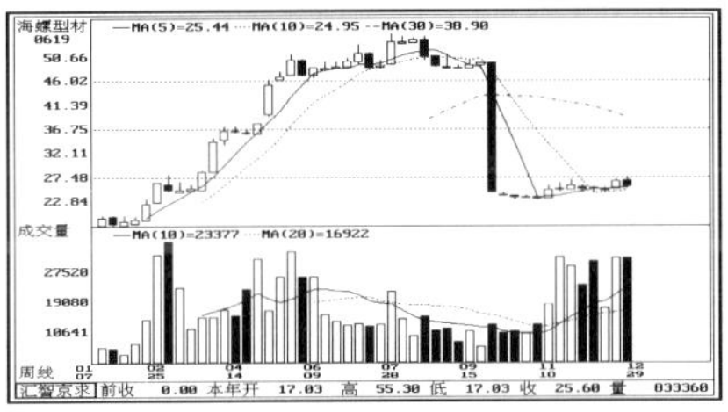

0619　海螺型材：流通股本5100万，主营中高档塑料型材。7月28日最高价55.30元，1月4日最低价17.03元，2000年每股收益0.6510元。上行欲望不强，仍有整理。

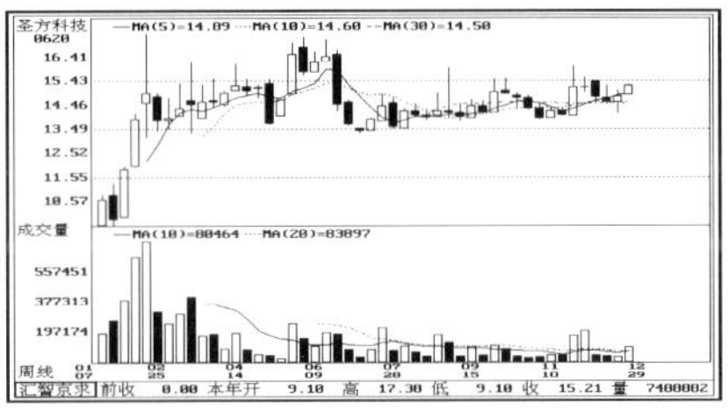

0620　圣方科技：流通股本15048万，主营石油化工橡胶产品。2月17日最高价17.38元，1月4日最低价9.10元，2000年每股收益0.1500元。弱势，抛压重，观望。

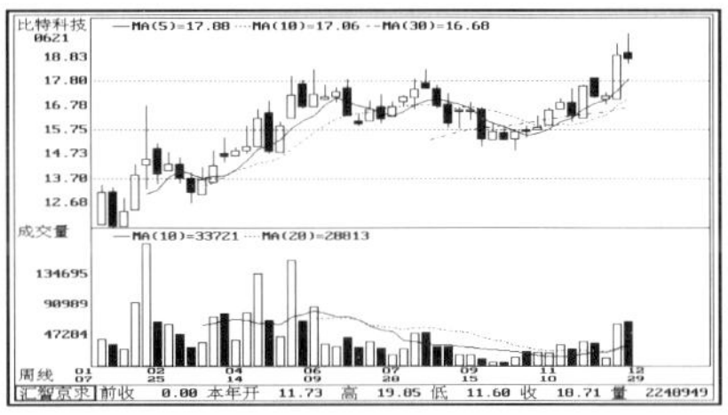

0621　比特科技：流通股本5568万，主营科技项目的投资管理。12月27日最高价19.85元，1月17日最低价11.60元，2000年每股收益0.2260元。短线走弱，观望为主。

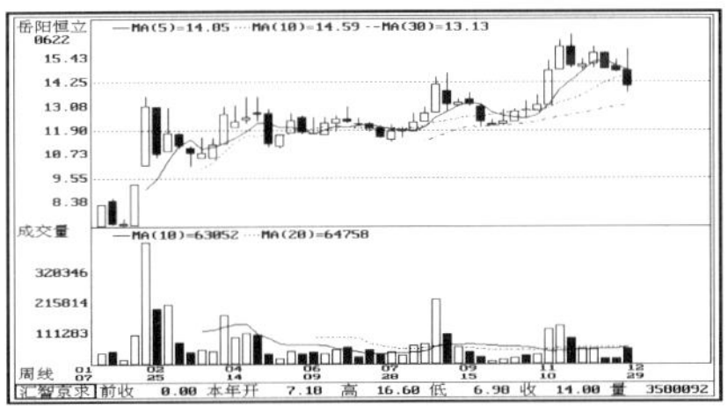

0622　岳阳恒立：流通股本6583万，主营制冷空调设备的制造。11月20日最高价16.60元，1月4日最低价6.98元，2000年每股收益0.1046元。反弹乏力，不可轻易介入。

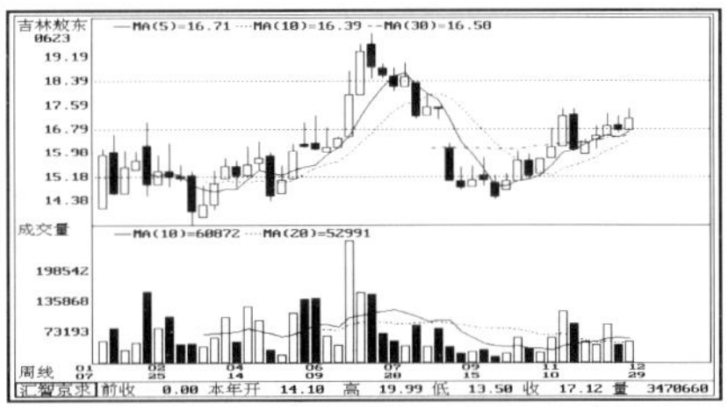

0623　吉林敖东：流通股本11037万，主营中成药的生产和销售。7月10日最高价19.99元，9月21日最低价13.50元，2000年每股收益0.3540元。反弹走势，持股观望。

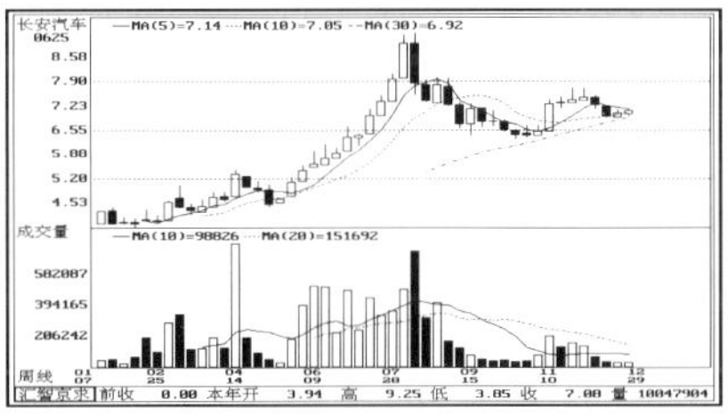

0625　长安汽车：流通股本16797万，主营微型汽车。8月8日最高价9.25元，1月28日最低价3.85元，2000年每股收益0.1204元。短线有减持迹象，暂不介入。

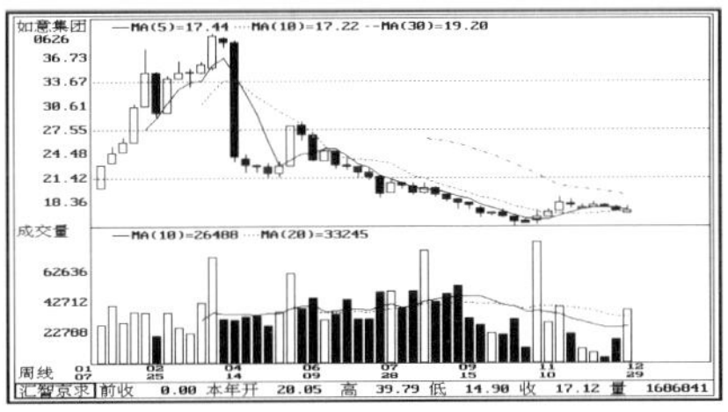

0626　如意集团：流通股本3375万，主营农副产品的种植。3月31日最高价39.79元，11月1日最低价14.90元，2000年每股收益0.0300元。具有较大的上升动能，仍可持股。

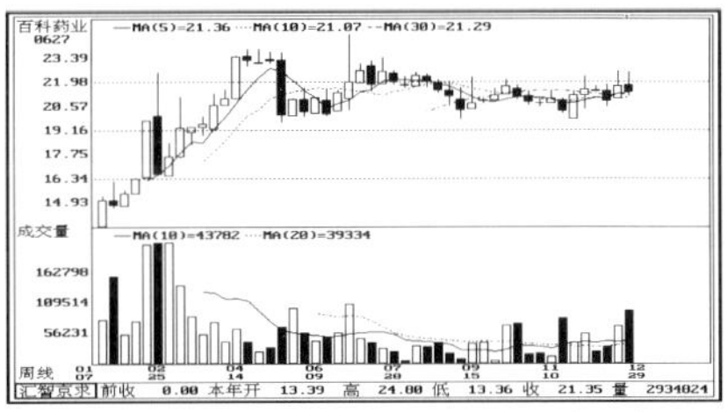

0627　百科药业：流通股本7295万，主营抗生素、激素。6月28日最高价24.80元，1月4日最低价13.36元，2000年每股收益0.1200元。高位横盘整理，仍可持股。

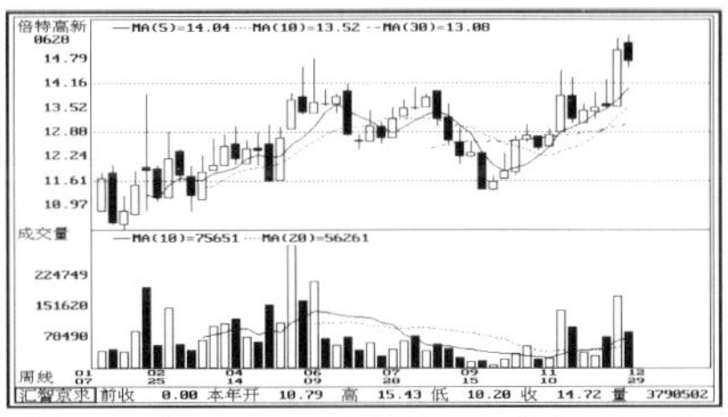

0628　倍特高新：流通股本8640万，主营药业、电动自行车。12月25日最高价15.43元，1月17日最低价10.20元，2000年每股收益0.0196元。回升趋势，持股观望。

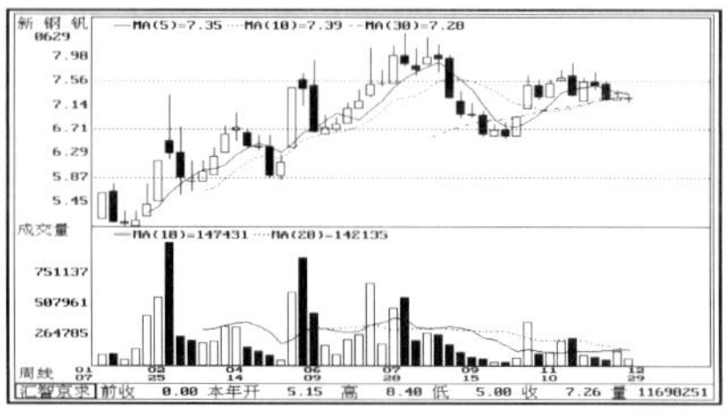

0629　新　钢　钒：流通股本 29980 万，主营炼铁、提钒炼钢。8 月 3 日最高价 8.40 元，1 月 25 日最低价 5.00 元，2000 年每股收益 0.4500 元。调整走势，短线出局观望。

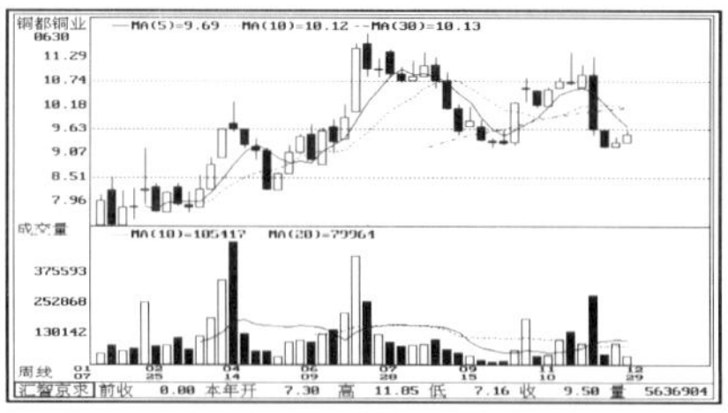

0630　铜都铜业：流通股本 18252 万，主营铜的开采、冶炼。7 月 13 日最高价 11.85 元，1 月 4 日最低价 7.16 元，2000 年每股收益 0.3000 元。拉抬空间有限，观望为上。

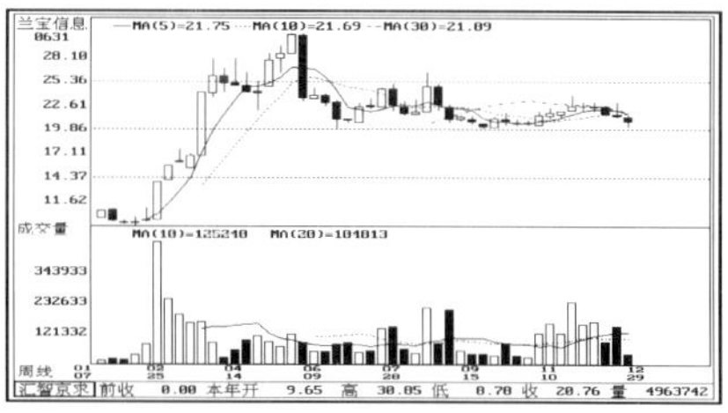

0631　兰宝信息：流通股本 8188 万，主营轿车塑料保险杠。5 月 29 日最高价 30.85 元，1 月 27 日最低价 8.78 元，2000 年每股收益 0.3004 元。均线系统有压力，不介入为宜。

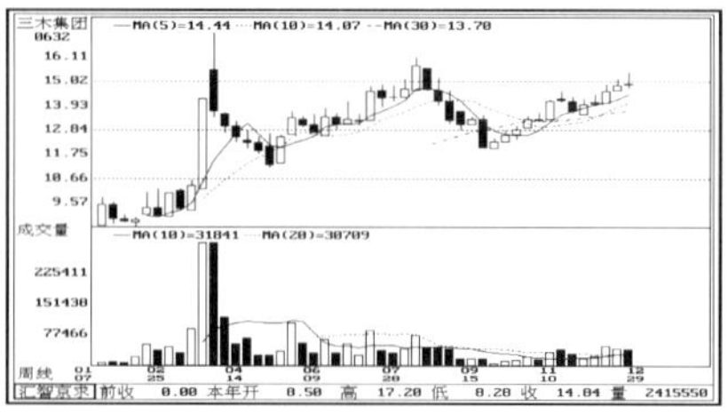

0632　三木集团：流通股本 5307 万，主营基础设施建设施工。3 月 28 日最高价 17.20 元，1 月 24 日最低价 8.28 元，2000 年每股收益 0.1940 元。短线有减持迹象，暂不介入。

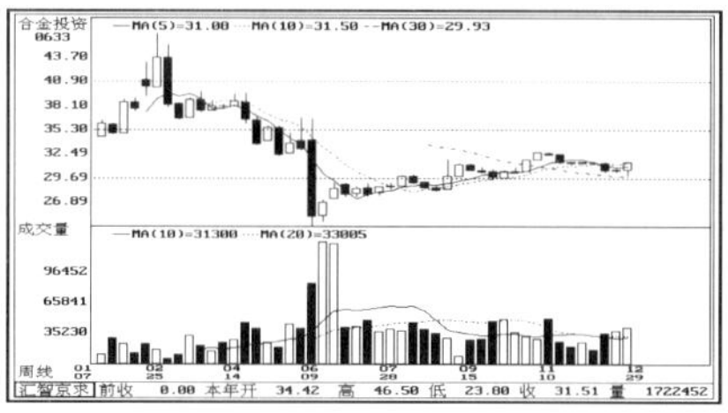

0633　合金投资：流通股本 8690 万，主营投资入股。2 月 22 日最高价 46.50 元，6 月 13 日最低价 23.80 元，2000 年每股收益 0.1497 元。5 日均线有支撑，继续持股。

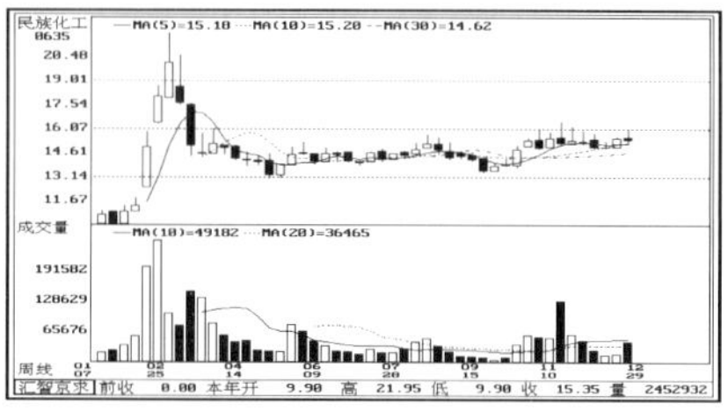

0635　民族化工：流通股本 5200 万，主营电石、石灰氮。3 月 2 日最高价 21.95 元，1 月 4 日最低价 9.90 元，2000 年每股收益 0.2520 元。调整未尽，继续观望。

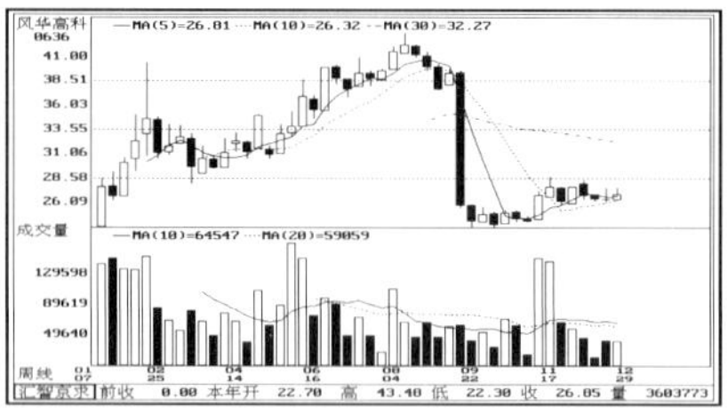

0636　风华高科：流通股本 18533 万，主营系列新型片式元件。8 月 11 日最高价 43.48 元，1 月 4 日最低价 22.30 元，2000 年每股收益 0.6900 元。短线大幅回吐，暂不介入。

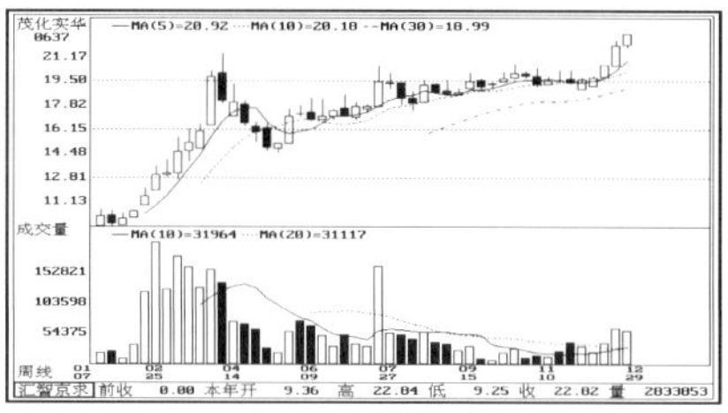

0637　茂化实华：流通股本 5500 万，主营生产经营聚丙烯。12 月 29 日最高价 22.84 元，1 月 4 日最低价 9.25 元，2000 年每股收益 0.3110 元。上行受阻，暂不宜介入。

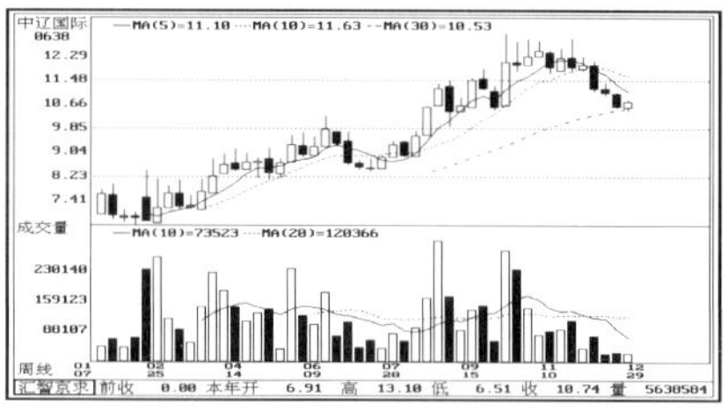

0638　中辽国际：流通股本 8833 万，主营国内外工程承包。10 月 13 日最高价 13.10 元，2 月 21 日最低价 6.51 元，2000 年每股收益 0.0070 元。有上攻的欲望，但动力不足。

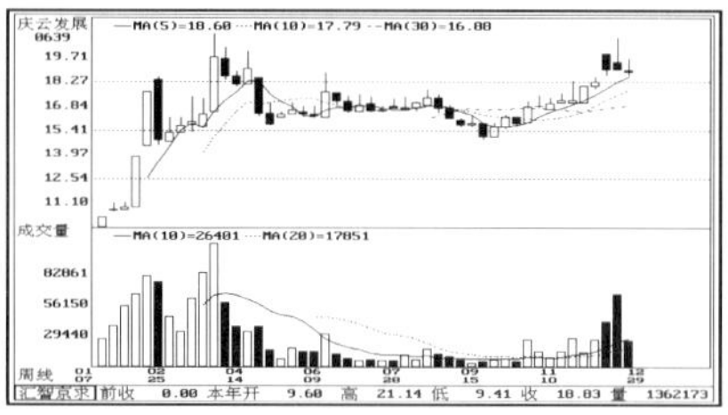

0639　庆云发展：流通股本 3281 万，主营住宿、餐饮、旅游。3 月 31 日最高价 21.14 元，1 月 4 日最低价 9.41 元，2000 年每股收益 0.0702 元。短线走淡，暂宜观望。

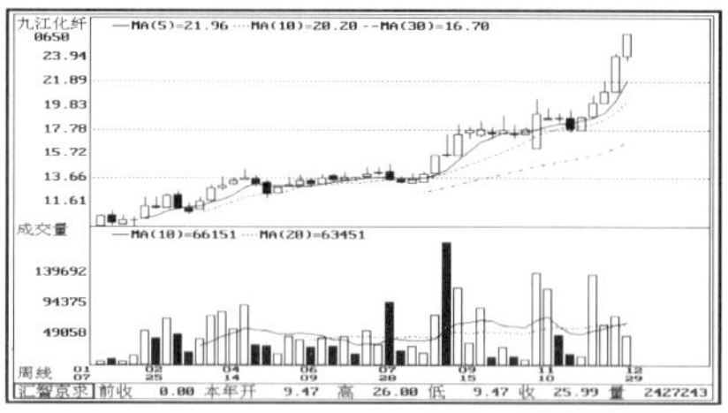

0650　九江化纤：流通股本 3650 万，主营粘胶长丝、化纤浆粕。12 月 29 日最高价 26.00 元，1 月 4 日最低价 9.47 元，2000 年每股收益 0.2000 元。整理走势，短线有一定压力。

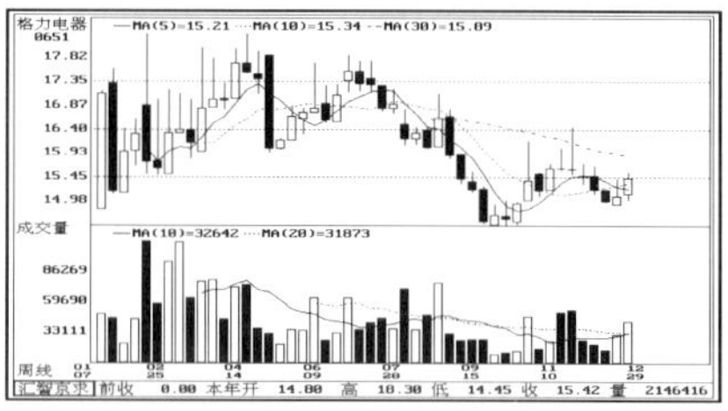

0651　格力电器：流通股本 14196 万，主营生产空调、干衣机。2 月 15 日最高价 18.30 元，9 月 25 日最低价 14.45 元，2000 年每股收益 0.7100 元。上档抛压较重，持股观望。

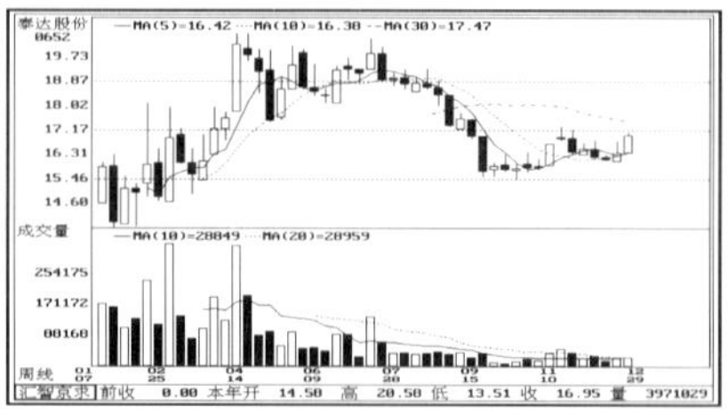

0652　泰达股份：流通股本 10566 万，主营高新技术保暖材料。4 月 13 日最高价 20.58 元，1 月 17 日最低价 13.51 元，2000 年每股收益 0.5290 元。整理蓄势，持股观望。

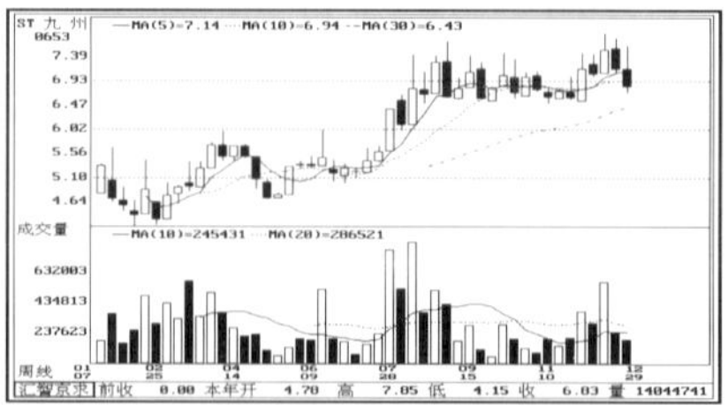

0653　ST　九　州：流通股本 21705 万，主营进出口贸易、房地产。12 月 15 日最高价 7.85 元，1 月 24 日最低价 4.15 元，2000 年每股收益 -3.1505 元。均线系统压力大，不介入。

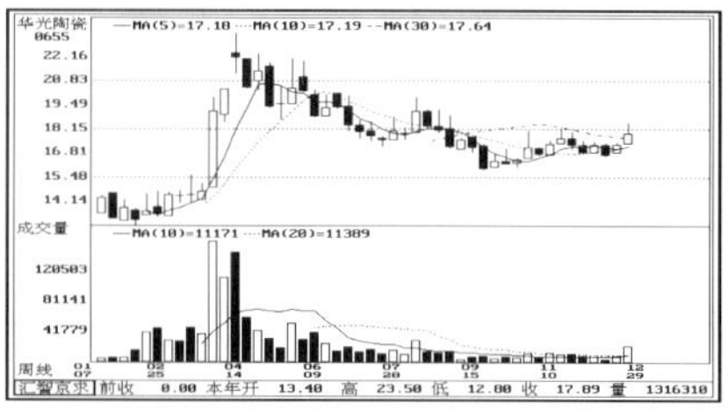

0655　华光陶瓷：流通股本 3505 万，主营陶瓷和纸业生产、销售。4 月 14 日最高价 23.50 元，1 月 28 日最低价 12.80 元，2000 年每股收益 0.1858 元。均线系统有压力，不介入为宜。

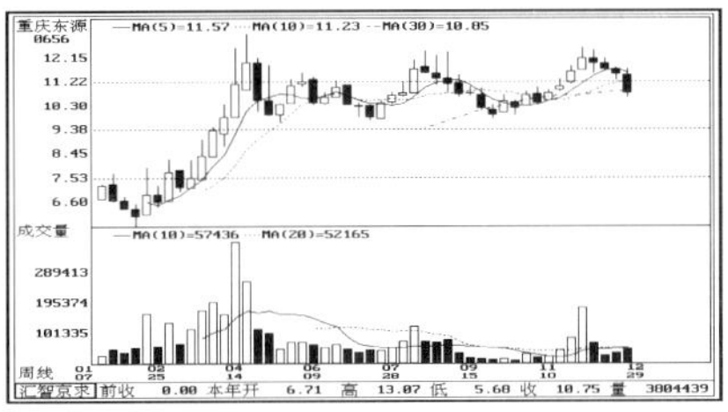

0656　重庆东源：流通股本 7370 万，主营钢板、钢带、硅钢片。4 月 18 日最高价 13.07 元，1 月 28 日最低价 5.68 元，2000 年每股收益 0.0100 元。上档压力沉重，不介入为宜。

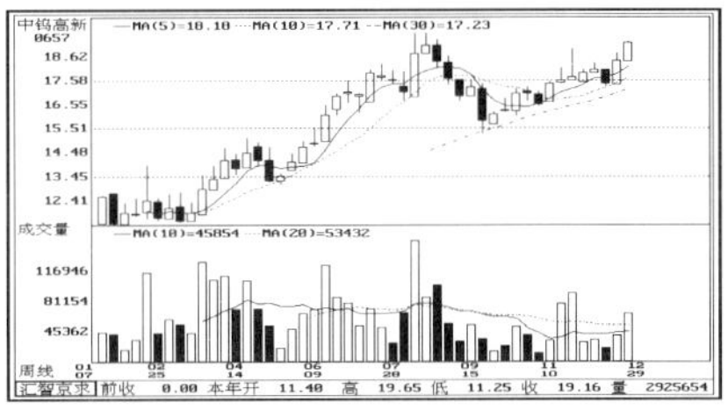

0657　中钨高新：流通股本 7452 万，主营有色金属、硬质合金。8 月 9 日最高价 19.65 元，1 月 19 日最低价 11.25 元，2000 年每股收益 0.2210 元。上档抛压大，不介入。

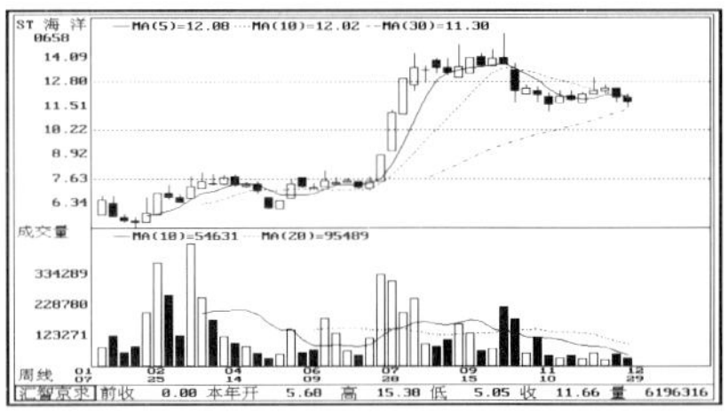

0658　ST 海洋：流通股本 9972 万，主营食品深加工、渔网编织等制造业。10 月 10 日最高价 15.38 元，1 月 28 日最低价 5.05 元，2000 年每股收益 -1.3750 元。调整未尽，继续观望。

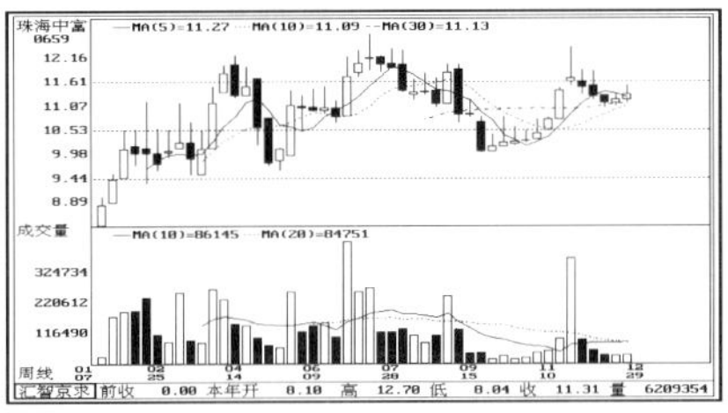

0659　珠海中富：流通股本 17131 万，主营 PET（聚酯）饮料瓶。7 月 13 日最高价 12.70 元，1 月 4 日最低价 8.04 元，2000 年每股收益 0.2360 元。短线有调整要求，暂观望。

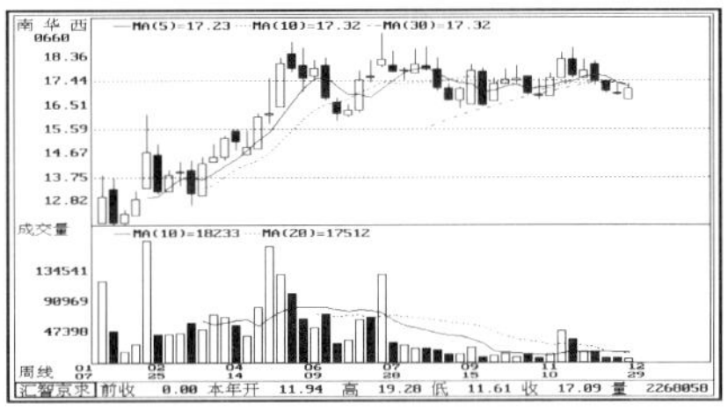

0660　南华西：流通股本 3923 万，主营干式变压器。7 月 17 日最高价 19.28 元，1 月 17 日最低价 11.61 元，2000 年每股收益 0.1400 元。整理走势，关注均线支撑。

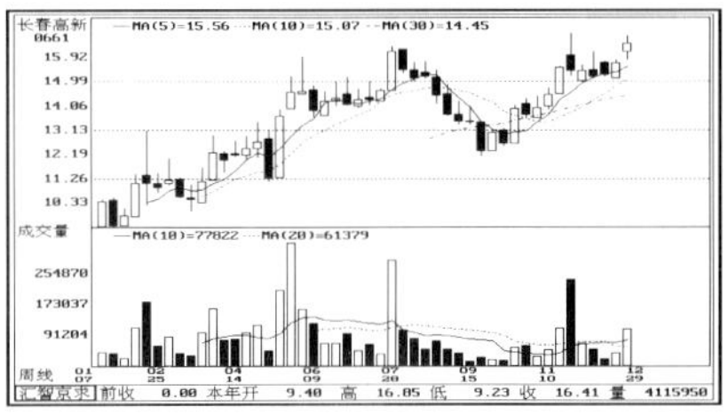

0661　长春高新：流通股本 7980 万，主营生物制药、中成药。11 月 21 日最高价 16.85 元，1 月 17 日最低价 9.23 元，2000 年每股收益 0.2300 元。短线回调，持股观望。

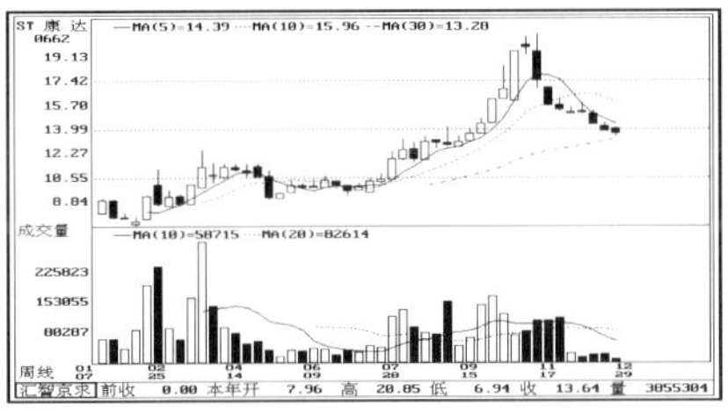

0662　ST 康达：流通股本 3857 万，主营冷轧钢带产品。11 月 6 日最高价 20.85 元，1 月 24 日最低价 6.94 元，2000 年每股收益 -0.6703 元。上档有一定压力，不介入为宜。

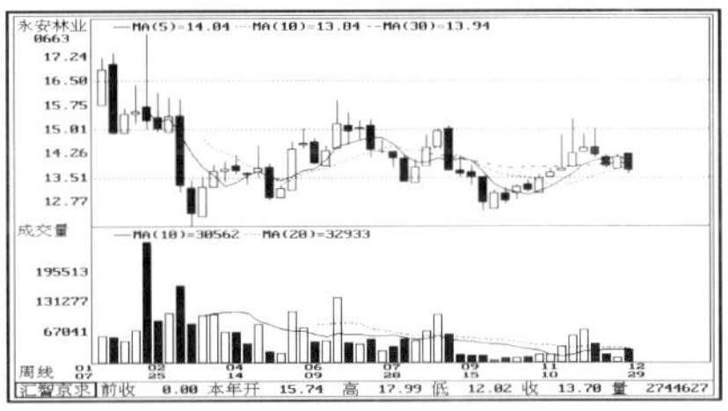

0663　永安林业：流通股本 5921 万，主营木(竹)材采运、加工。2 月 15 日最高价 17.99 元，3 月 17 日最低价 12.02 元，2000 年每股收益 0.0740 元。上行受阻，暂不宜介入。

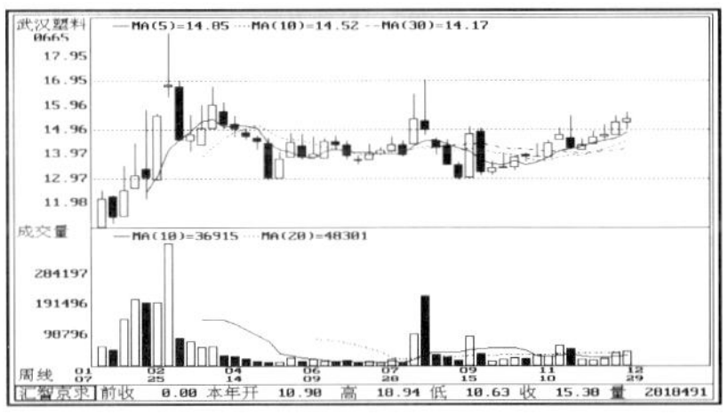

0665　武汉塑料：流通股本 5001 万，主营高科技工程塑料制品。3 月 1 日最高价 18.94 元，1 月 4 日最低价 10.63 元，2000 年每股收益 0.2000 元。短线有调整要求，暂观望。

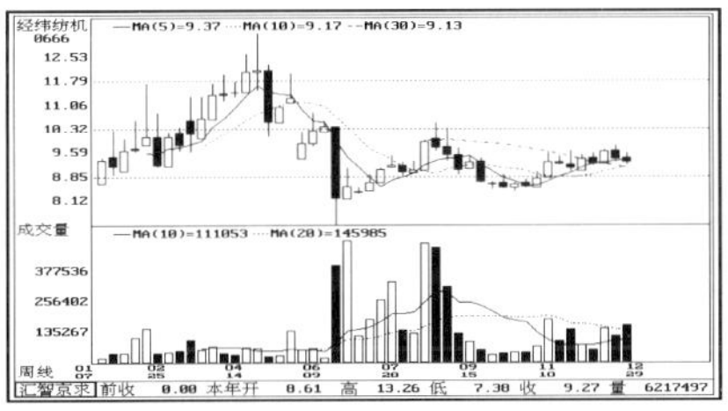

0666　经纬纺机：流通股本 20300 万，主营纺织机械产品。4 月 24 日最高价 13.26 元，6 月 23 日最低价 7.38 元，2000 年每股收益 0.2200 元。成交淡静，短线压力需消化。

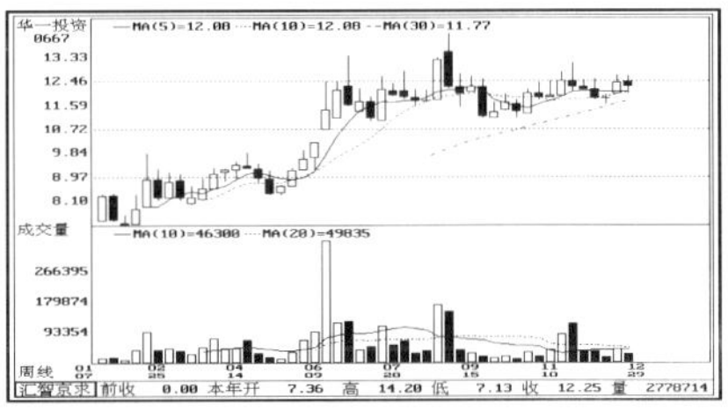

0667　华一投资：流通股本 6359 万，主营投资、商业贸易。8 月 28 日最高价 14.20 元，1 月 24 日最低价 7.13 元，2000 年每股收益 0.0100 元。短线回档，仍可持股不动。

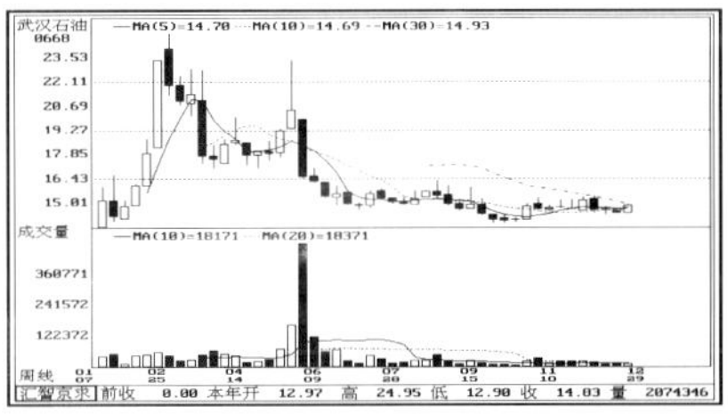

0668　武汉石油：流通股本 4166 万，主营石油制品。2 月 28 日最高价 24.95 元，1 月 4 日最低价 12.90 元，2000 年每股收益 0.3200 元。均线系统有压力，不介入为宜。

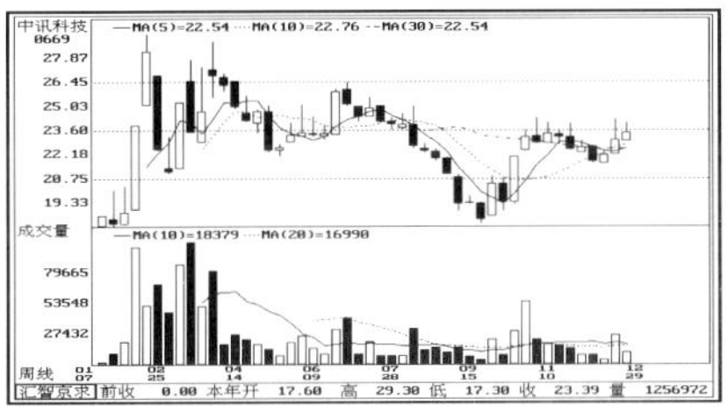

0669　中讯科技：流通股本 2299 万，主营通讯信息类产品研制。2 月 18 日最高价 29.30 元，1 月 4 日最低价 17.30 元，2000 年每股收益 0.1374 元。调整未尽，继续观望。

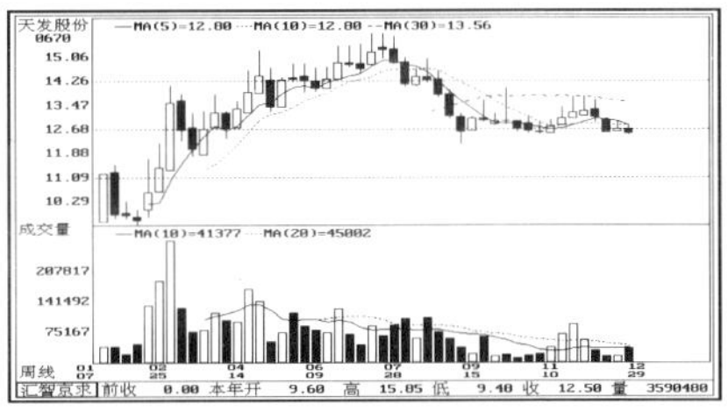

0670　天发股份：流通股本 15467 万，主营石油液化气。7 月 17 日最高价 15.85 元，1 月 4 日最低价 9.48 元，2000 年每股收益 0.2200 元。上档有一定压力，不介入为宜。

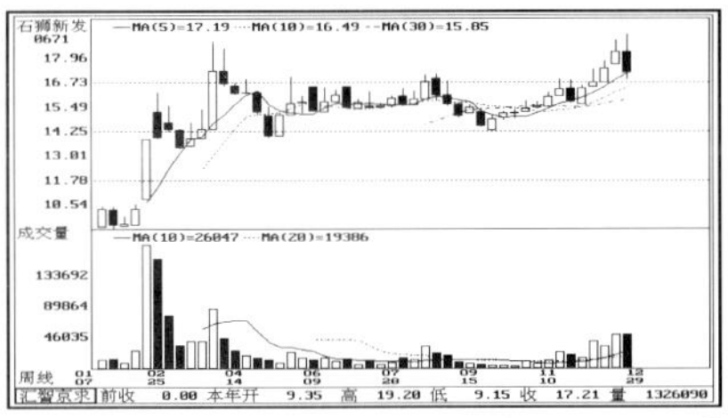

0671　石狮新发：流通股本 2911 万，主营基础设施开发。12 月 26 日最高价 19.20 元，1 月 24 日最低价 9.15 元，2000 年每股收益 0.2100 元。短线有一定的压力，正在调整。

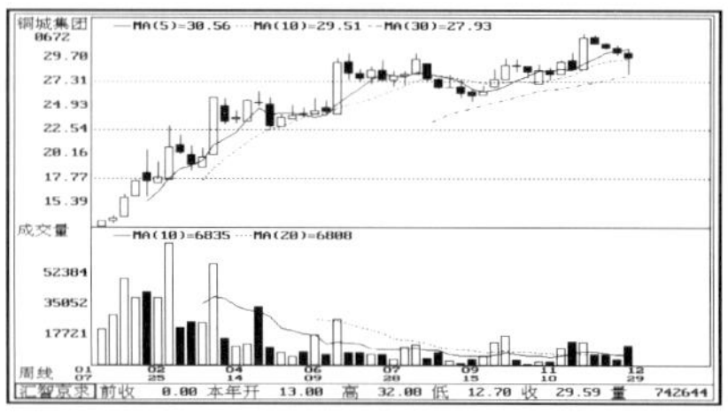

0672　铜城集团：流通股本2599万，主营粮油加工。12月1日最高价32.08元，1月6日最低价12.70元，2000年每股收益0.1700元。弱势整理，暂不宜介入。

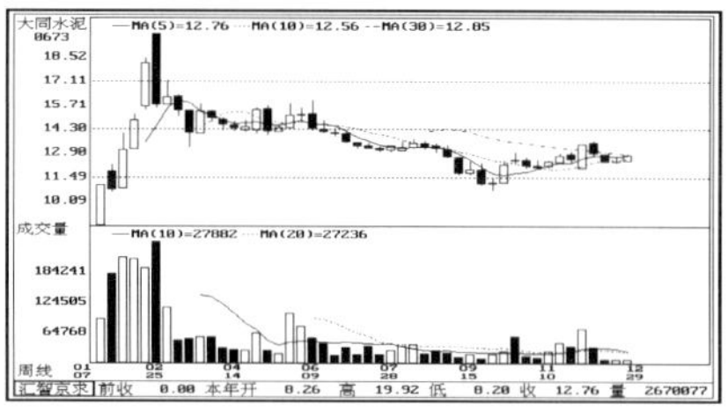

0673　大同水泥：流通股本5100万，主营熟料及硅酸盐水泥。2月21日最高价19.92元，1月4日最低价8.20元，2000年每股收益0.1614元。均线反压大，不宜介入。

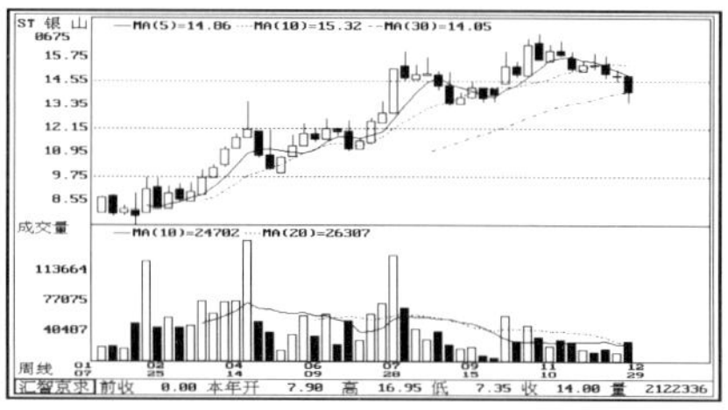

0675　ST 银 山：流通股本3315万，主营磷酸一铵、过磷酸钙。10月30日最高价16.95元，1月28日最低价7.35元，2000年每股收益-0.5200元。短线走淡，暂宜观望。

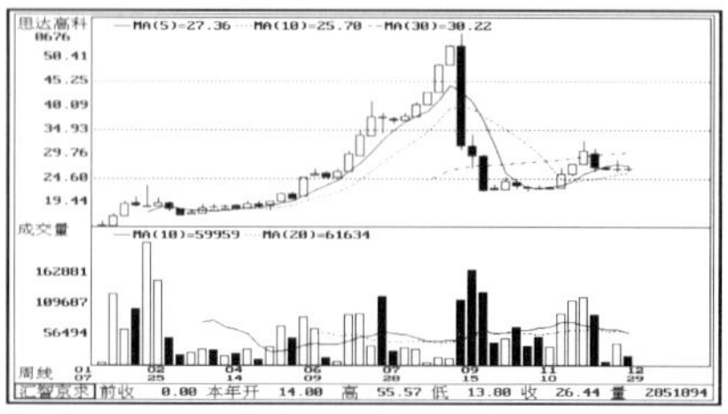

0676　思达高科：流通股本4988万，主营电力系统二次配套设备。9月4日最高价55.57元，1月5日最低价13.80元，2000年每股收益0.1700元。上档压力沉重，宜不介入。

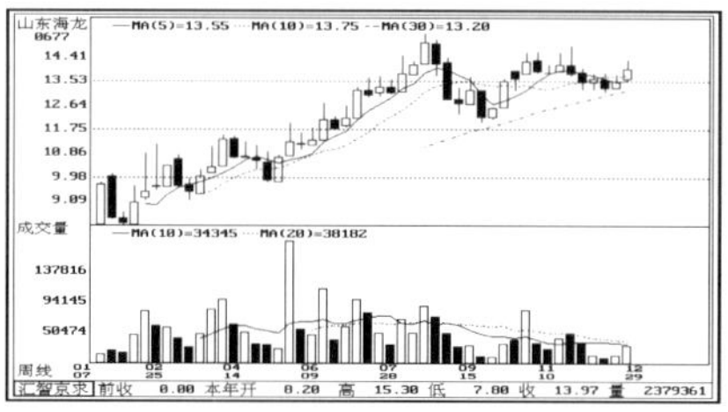

0677　山东海龙：流通股本5054万，主营棉浆粕、粘胶纤维。8月18日最高价15.30元，1月24日最低价7.80元，2000年每股收益0.2300元。均线反压，短线趋势仍淡。

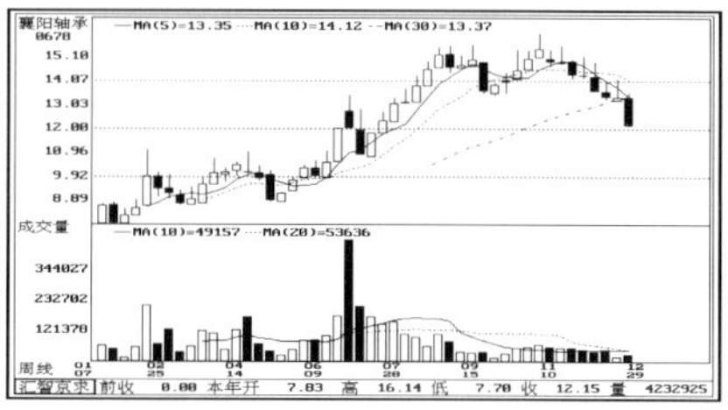

0678　襄阳轴承：流通股本7884万，主营轴承及其零部件的生产。10月31日最高价16.14元，1月17日最低价7.70元，2000年每股收益-0.4000元。中线价值仍存，可持股。

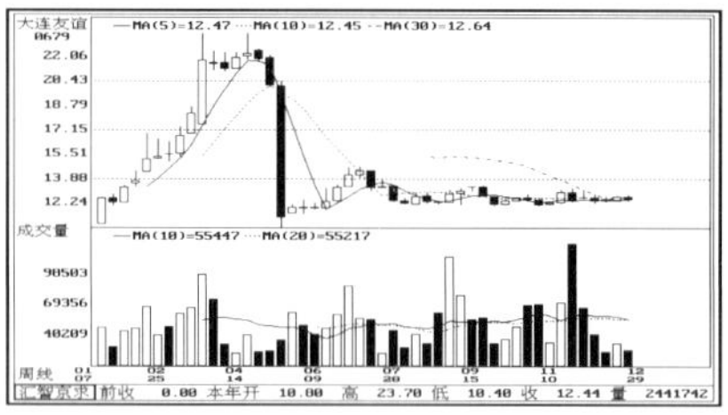

0679　大连友谊：流通股本10800万，主营商品零售、酒店业。4月19日最高价23.70元，5月18日最低价10.40元，2000年每股收益0.1970元。处调整中，暂可持股观望。

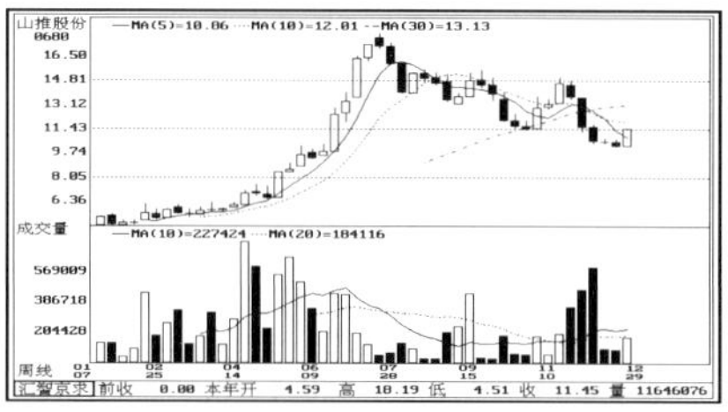

0680　山推股份：流通股本18112万，主营履带式推土机。7月18日最高价18.19元，1月4日最低价4.51元，2000年每股收益0.0605元。回升趋势，持股观望。

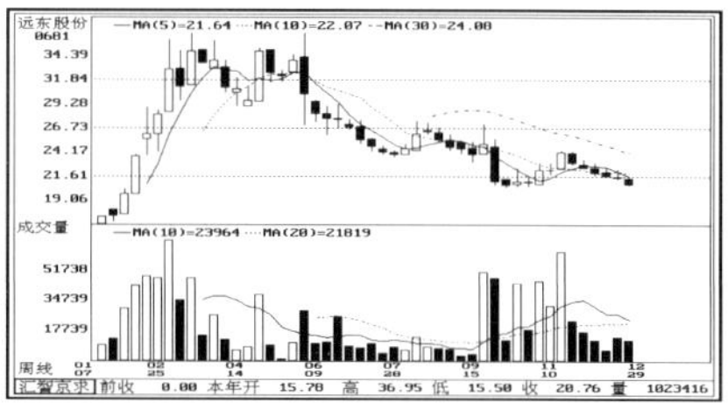

0681　远东股份：流通股本3875万，主营纺织服装。3月14日最高价36.95元，1月4日最低价15.50元，2000年每股收益0.2202元。短线受阻，上档压力需时消化。

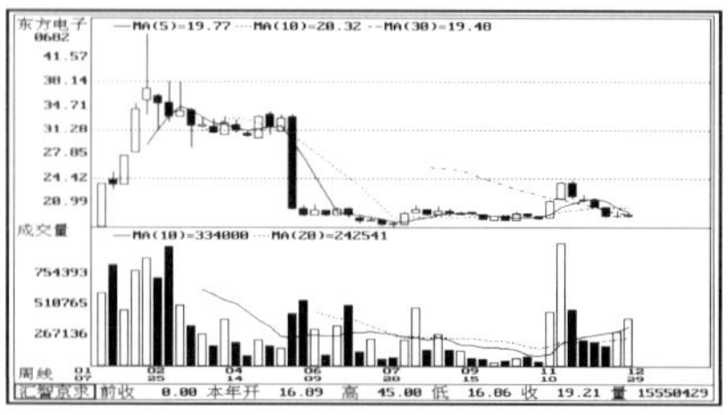

0682　东方电子：流通股本60211万，主营电力调度设备。2月17日最高价45.00元，1月4日最低价16.86元，2000年每股收益0.5200元。均线系统有压力，不介入为宜。

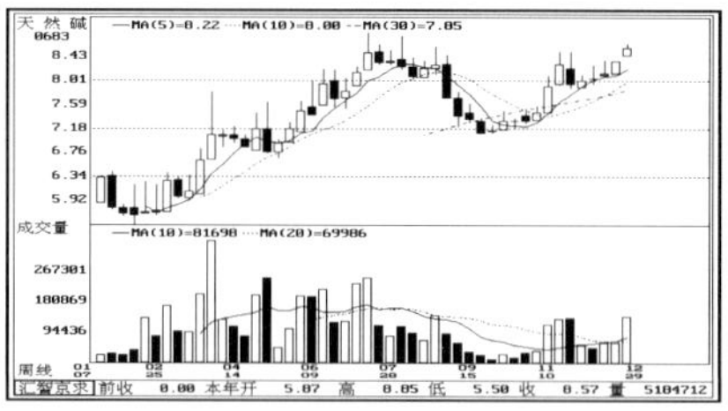

0683　天 然 碱：流通股本16900万，主营天然碱和无机盐系列。7月13日最高价8.85元，1月28日最低价5.50元，2000年每股收益0.0430元。上档抛压大，不介入。

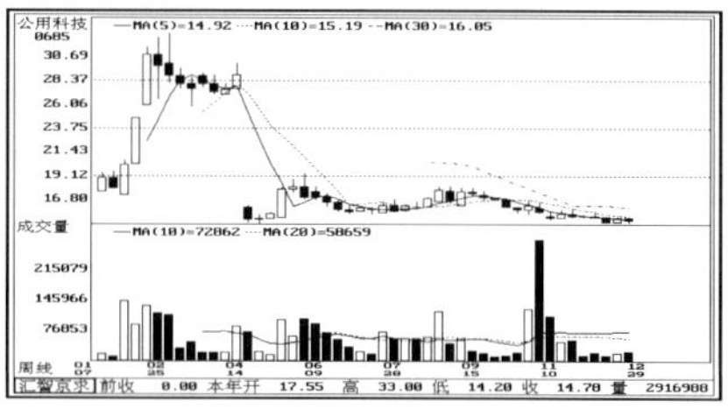

0685　公用科技：流通股本5647万，主营商业百货及市场经营。3月1日最高价33.00元，4月25日最低价14.20元，2000年每股收益0.1502元。短线调整中，反弹时可适当介入。

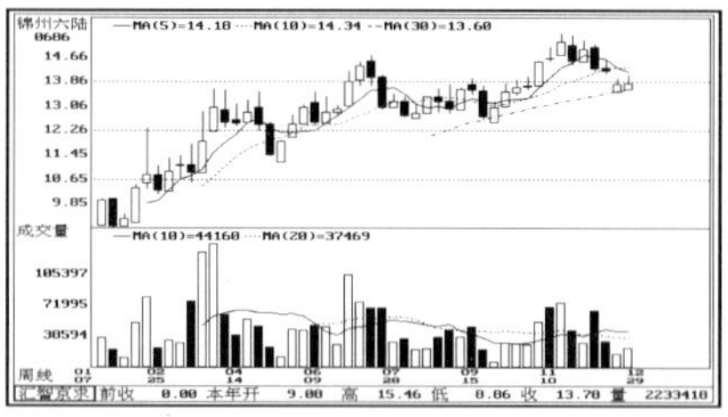

0686　锦州六陆：流通股本4099万，主营石油及石油制品的销售。11月14日最高价15.46元，1月4日最低价8.86元，2000年每股收益0.2200元。上升空间有限，暂不介入。

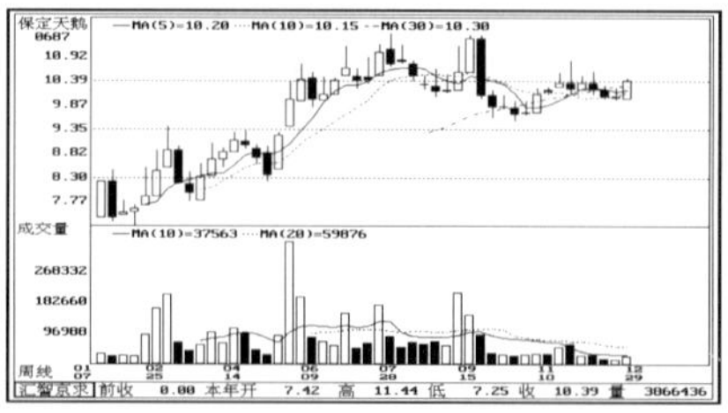

0687　保定天鹅：流通股本9750万，主营粘胶长丝系列产品。7月24日最高价11.44元，1月28日最低价7.25元，2000年每股收益0.1000元。上升气氛不浓，需多观望。

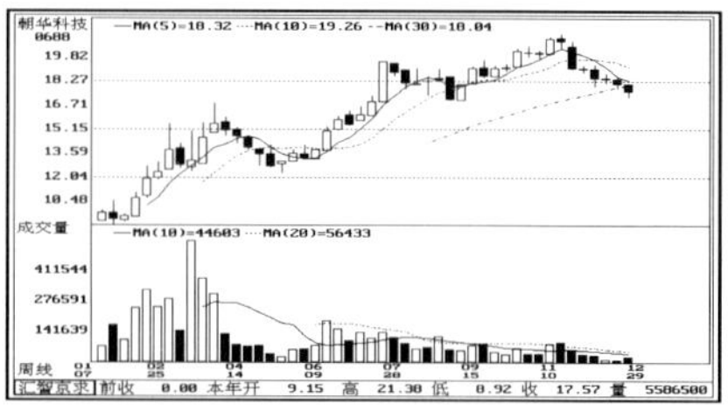

0688　朝华科技：流通股本10059万，主营网络(ASP)服务。11月15日最高价21.38元，1月14日最低价8.92元，2000年每股收益0.4100元。短线有一定的压力，正在调整。

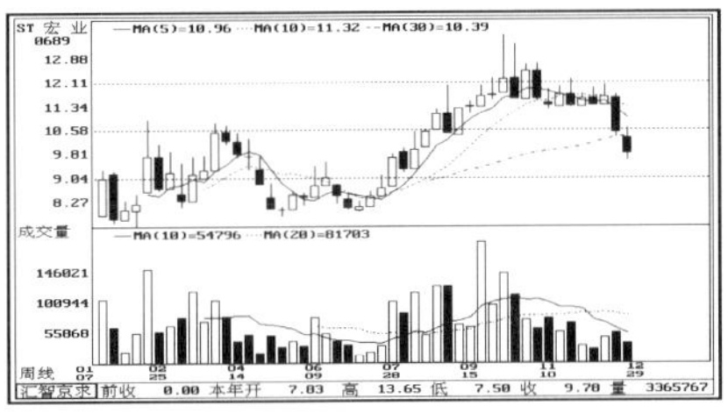

0689　ST　宏　业:流通股本 4888 万,主营加工及生产电解铜。10 月 12 日最高价 13.65 元,1 月 28 日最低价 7.50 元,2000 年每股收益 -0.6920 元。缩量整理,暂不介入。

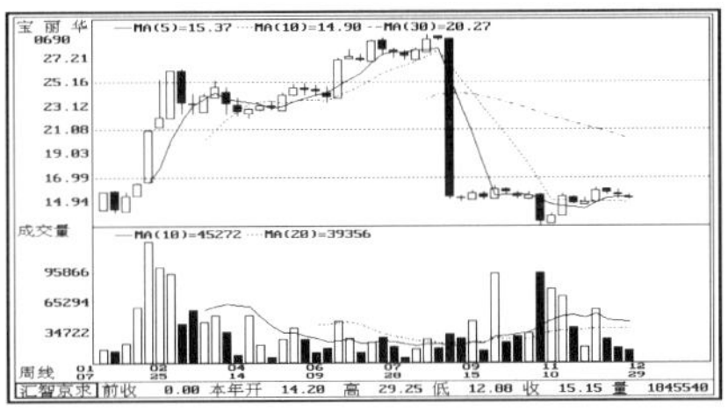

0690　宝　丽　华:流通股本 5850 万,主营设计、开发服装。8 月 16 日最高价 29.25 元,11 月 6 日最低价 12.88 元,2000 年每股收益 0.2300 元。有获利盘减持迹象,暂不介入。

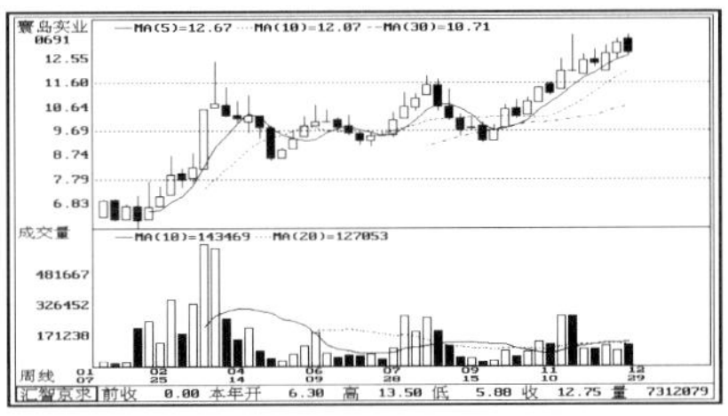

0691　寰岛实业:流通股本 13018 万,主营旅游业的开发与经营。12 月 27 日最高价 13.50 元,1 月 28 日最低价 5.88 元,2000 年每股收益 0.0101 元。整理蓄势之中,持股不动。

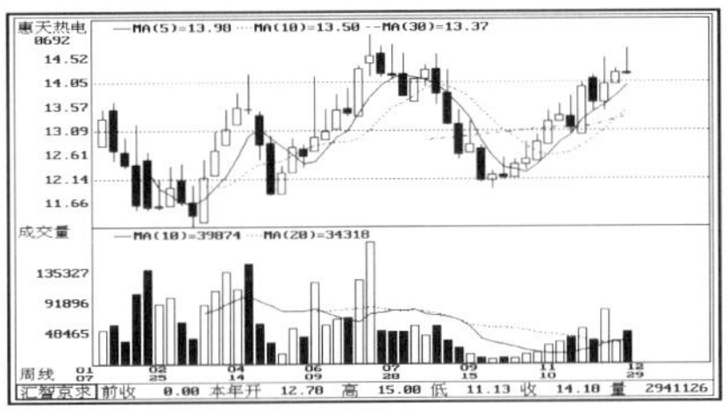

0692　惠天热电:流通股本 8651 万,主营城市集中供热。7 月 11 日最高价 15.00 元,2 月 21 日最低价 11.13 元,2000 年每股收益 0.3990 元。弱势整理,宜持币观望。

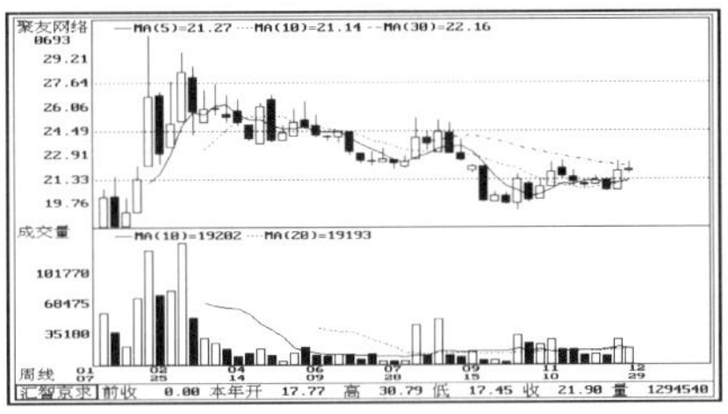

0693　聚友网络:流通股本 3904 万,主营经营各类网络及设备。2 月 17 日最高价 30.79 元,1 月 4 日最低价 17.45 元,2000 年每股收益 0.2500 元。上行受阻,暂不宜介入。

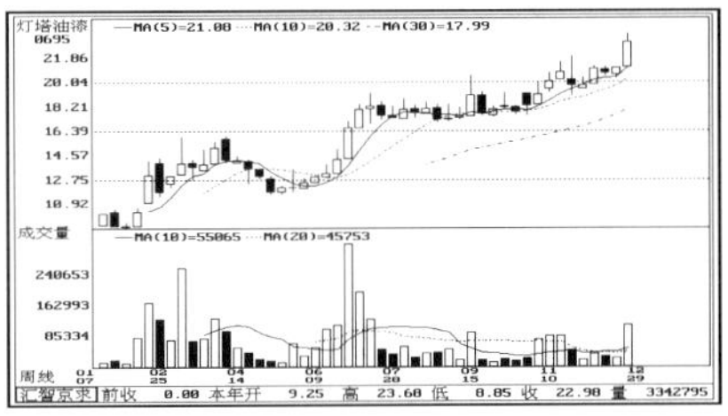

0695　灯塔油漆:流通股本 5942 万,主营涂料及颜料制造、销售。12 月 28 日最高价 23.68 元,1 月 24 日最低价 8.85 元,2000 年每股收益 0.1430 元。调整走势,短线出局观望。

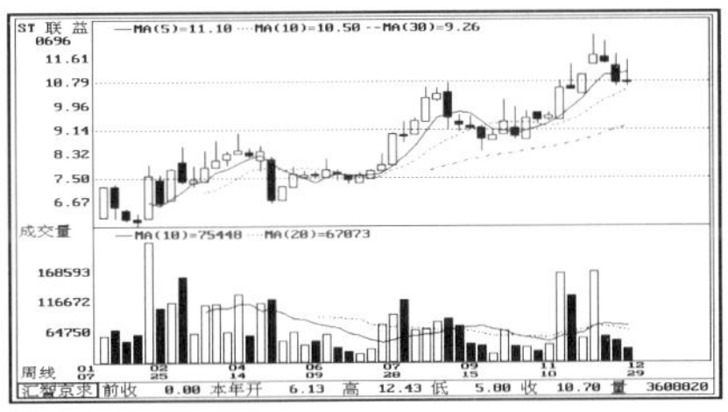

0696　ST　联　益:流通股本 5158 万,主营生产建筑用钢材。12 月 7 日最高价 12.43 元,1 月 25 日最低价 5.80 元,2000 年每股收益 -0.1460 元。上升压力沉重,需淡化阻力。

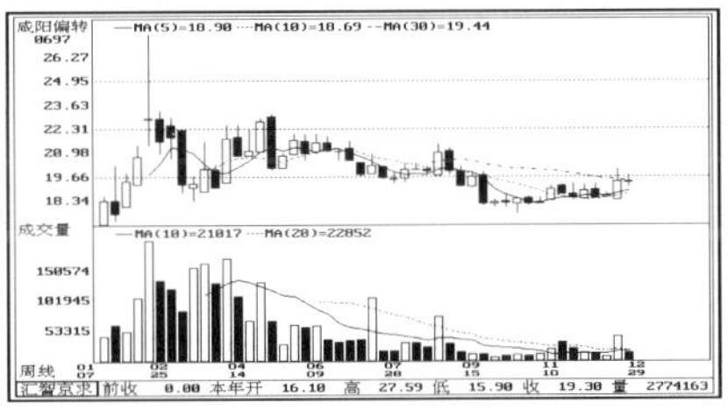

0697　咸阳偏转:流通股本 7741 万,主营彩色显像管用偏转线圈。2 月 16 日最高价 27.59 元,1 月 4 日最低价 15.90 元,2000 年每股收益 0.3240 元。成交淡静,短线压力需消化。

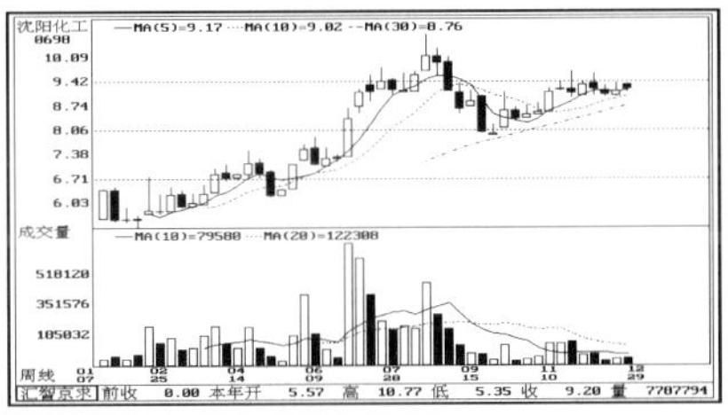

0698　沈阳化工:流通股本 18720 万,主营化学工业原料。8 月 17 日最高价 10.77 元,1 月 28 日最低价 5.35 元,2000 年每股收益 0.4540 元。上升实力不足,局外关注。

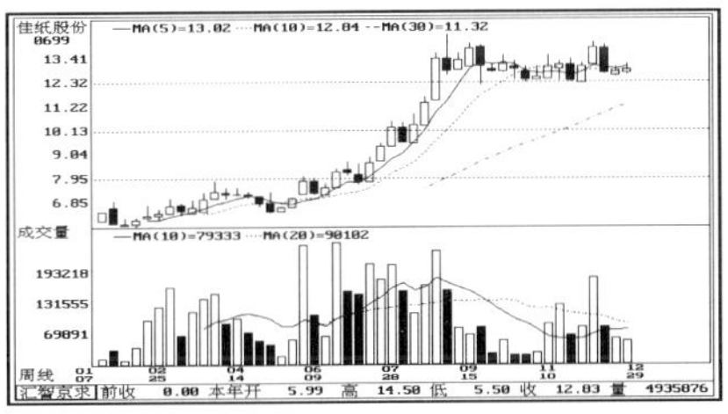

0699　佳纸股份:流通股本 9358 万,主营制浆造纸生产。8 月 29 日最高价 14.50 元,1 月 25 日最低价 5.50 元,2000 年每股收益 -0.1920 元。处调整中,暂可持股观望。

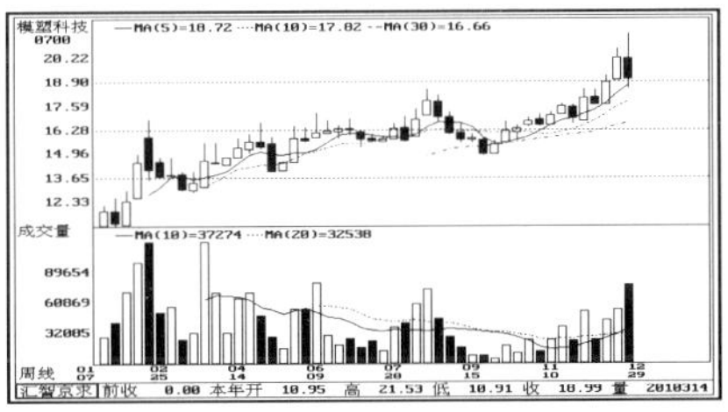

0700　模塑科技:流通股本 3853 万,主营汽车零部件、塑料制品。12 月 25 日最高价 21.53 元,1 月 17 日最低价 10.91 元,2000 年每股收益 0.4200 元。短线回吐,仍可谨慎持股。

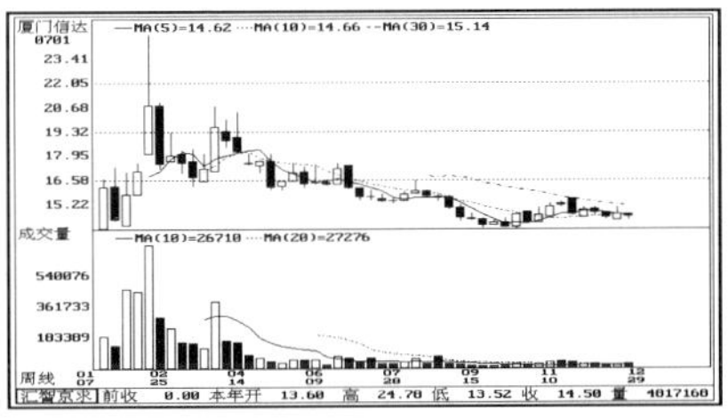

0701　厦门信达:流通股本 11496 万,主营网络信息服务。2 月 17 日最高价 24.78 元,10 月 16 日最低价 13.52 元,2000 年每股收益 0.0410 元。上档压力大,不介入为宜。

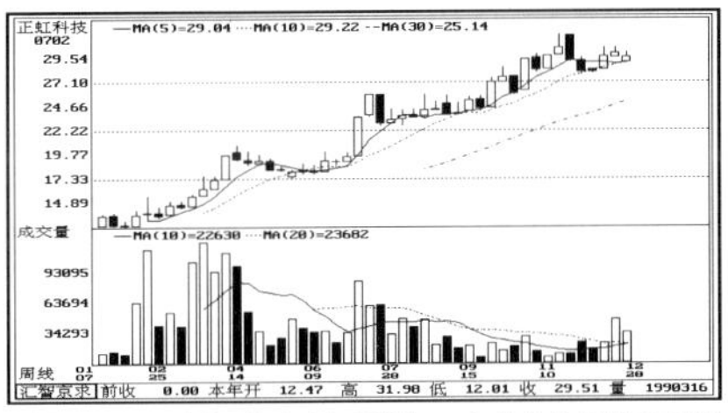

0702　正虹科技:流通股本 6497 万,主营各类饲料的研制开发。11 月 17 日最高价 31.98 元,1 月 24 日最低价 12.01 元,2000 年每股收益 0.5109 元。短线调整中,反弹时可适当介入。

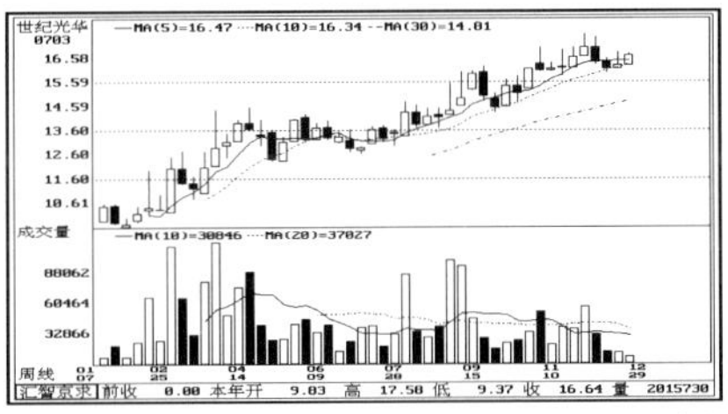

0703　世纪光华:流通股本 4680 万,主营高档彩印包装产品。11 月 28 日最高价 17.58 元,1 月 24 日最低价 9.37 元,2000 年每股收益 0.2230 元。低位弱势整理,一般关注。

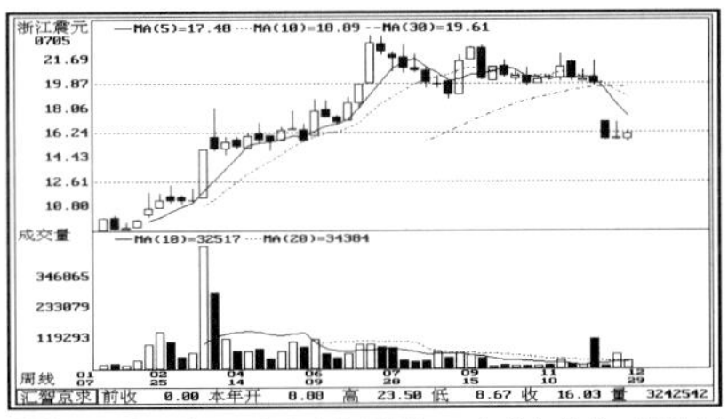

0705　浙江震元:流通股本 8073 万,主营中药材。7 月 14 日最高价 23.50 元,1 月 4 日最低价 8.67 元,2000 年每股收益 0.1670 元。短线调整中,反弹时可适当介入。

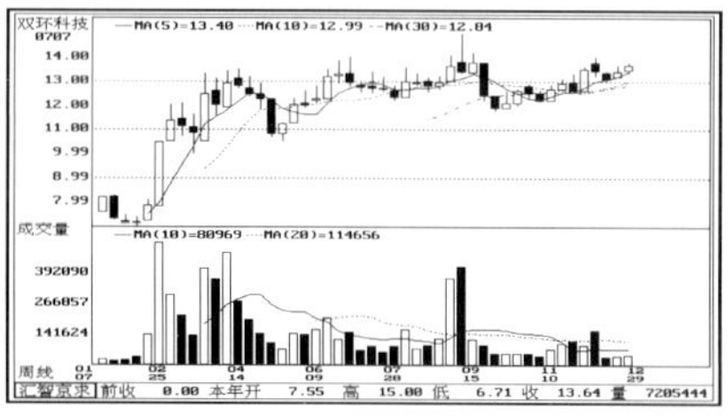

0707　双环科技:流通股本 13347 万,主营纯碱、氯化铵、盐。9 月 5 日最高价 15.00 元,1 月 24 日最低价 6.71 元,2000 年每股收益 0.3090 元。短线有调整要求,暂观望。

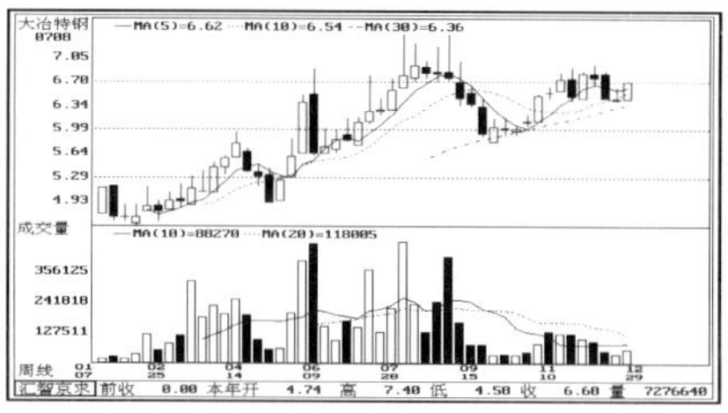

0708　大冶特钢:流通股本 16699 万,主营生产经营钢材。8 月 31 日最高价 7.40 元,1 月 28 日最低价 4.58 元,2000 年每股收益 0.0300 元。弱势整理,宜持币观望。

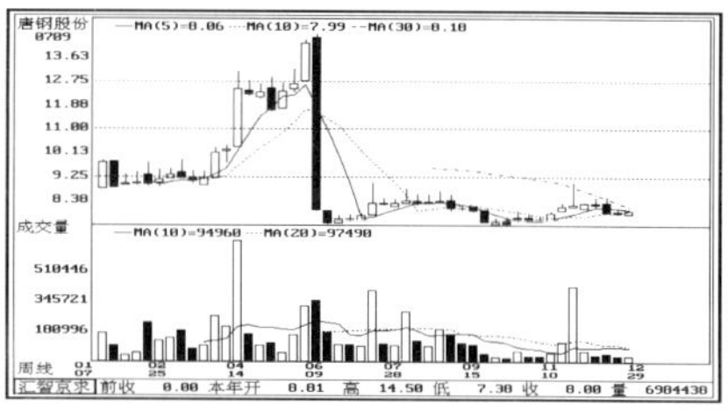

0709　唐钢股份:流通股本 28541 万,主营建筑用钢材和矿用钢材。6 月 5 日最高价 14.50 元,9 月 25 日最低价 7.38 元,2000 年每股收益 0.4400 元。调整走势,短线出局观望。

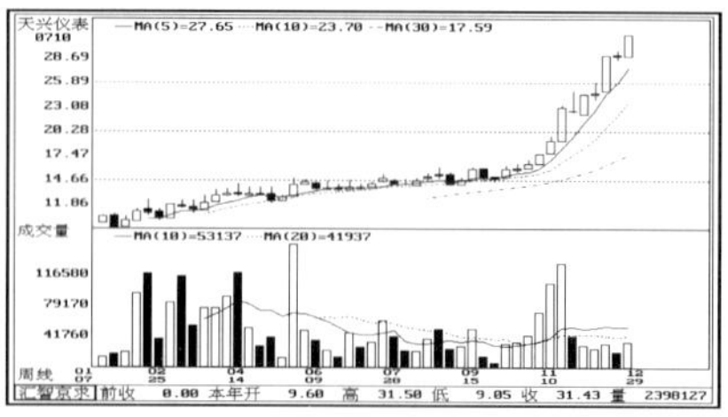

0710　天兴仪表:流通股本 3150 万,主营摩托车与汽车仪表开发。12 月 29 日最高价 31.50 元,1 月 14 日最低价 9.05 元,2000 年每股收益 0.0200 元。均线系统有压力,不介入为宜。

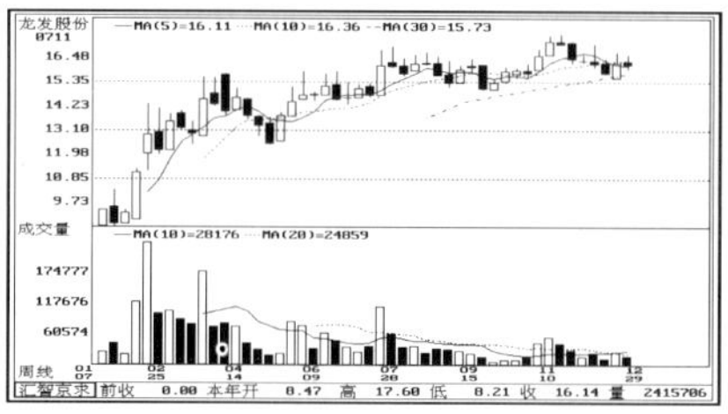

0711　龙发股份:流通股本 5109 万,主营松花江索道项目。11 月 13 日最高价 17.60 元,1 月 4 日最低价 8.21 元,2000 年每股收益 0.3253 元。整理走势,均线尚需修复。

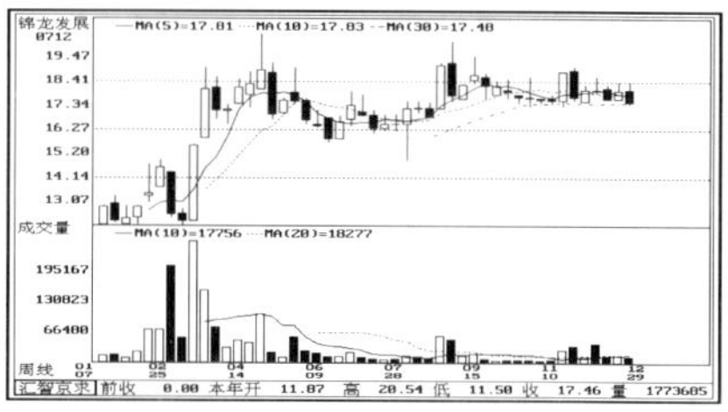

0712　锦龙发展:流通股本 3807 万,主营各种规格色织棉布。4 月 26 日最高价 20.54 元,1 月 4 日最低价 11.50 元,2000 年每股收益 0.3710 元。上升压力沉重,需淡化阻力。

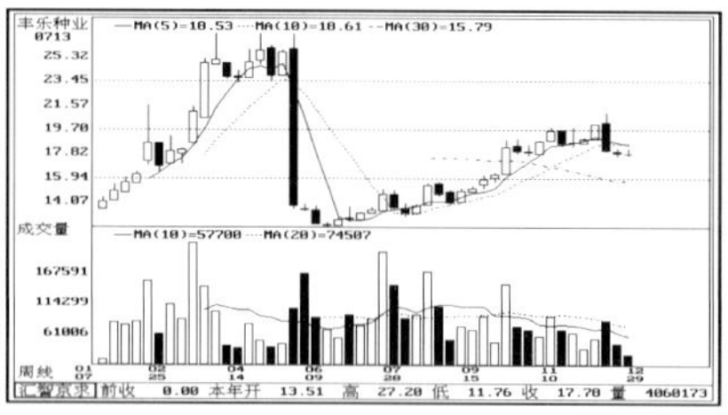

0713　丰乐种业:流通股本 10528 万,主营经营粮、棉、油、麻。5 月 25 日最高价 27.20 元,6 月 13 日最低价 11.76 元,2000 年每股收益 0.3000 元。短线有压力,尚需企稳。

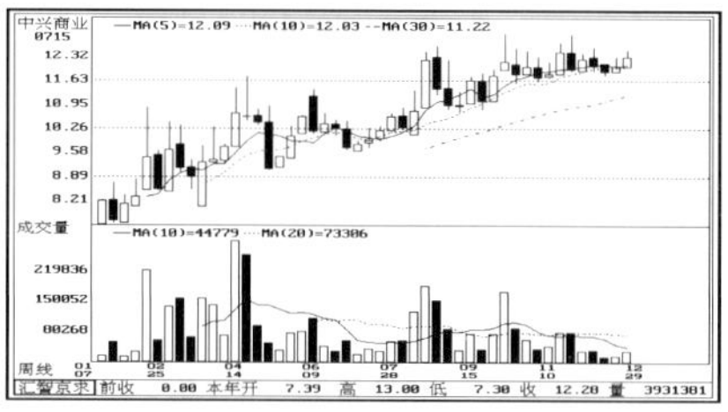

0715　中兴商业:流通股本 5700 万,主营商品零售与批发。10 月 12 日最高价 13.00 元,1 月 4 日最低价 7.30 元,2000 年每股收益 0.0030 元。冲高无力,高抛。

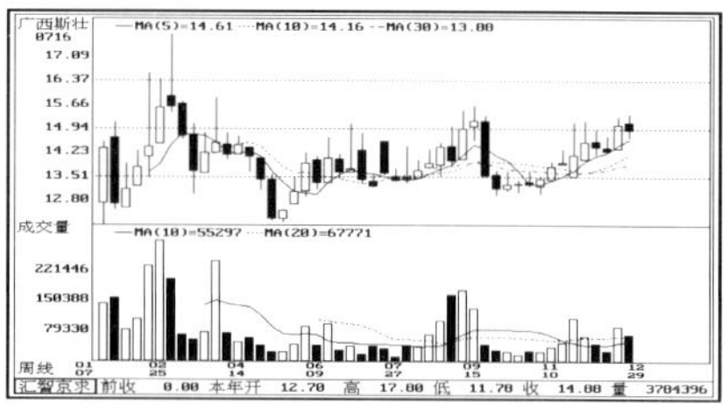

0716　广西斯壮:流通股本 7791 万,主营房地产开发、商贸。2 月 29 日最高价 17.80 元,5 月 15 日最低价 11.78 元,2000 年每股收益 0.0437 元。均线反压大,不宜介入。

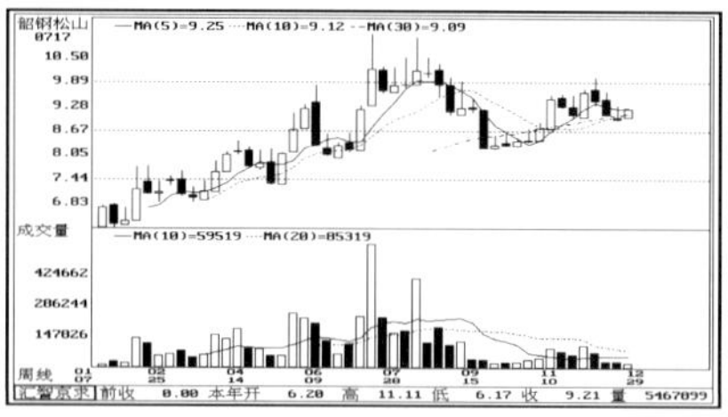

0717　韶钢松山:流通股本 13520 万,主营钢铁产品及其副产品。7 月 13 日最高价 11.11 元,1 月 12 日最低价 6.17 元,2000 年每股收益 0.5000 元。遇支撑反转,持股或低吸。

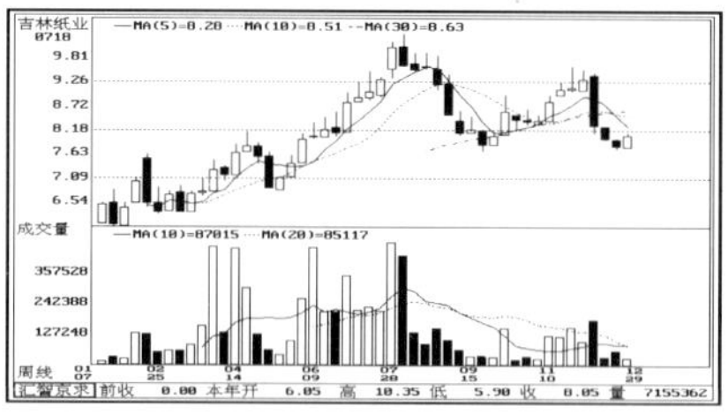

0718　吉林纸业:流通股本 18860 万,主营新闻纸和纸袋纸。8 月 1 日最高价 10.35 元,1 月 4 日最低价 5.90 元,2000 年每股收益 0.1900 元。有获利盘减持迹象,暂不介入。

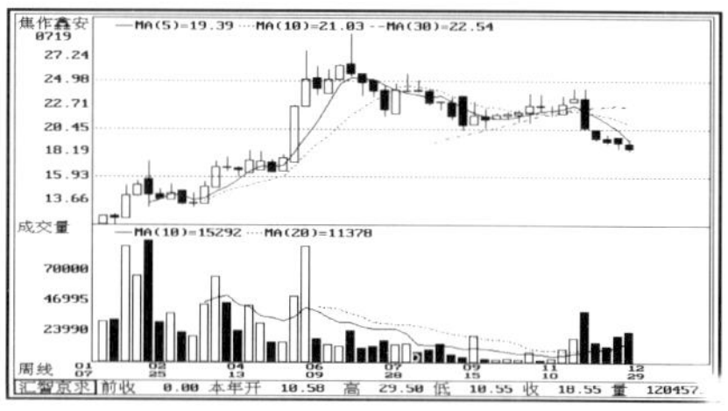

0719　焦作鑫安:流通股本 4917 万,主营化工(含化学试剂)。6 月 28 日最高价 29.50 元,1 月 4 日最低价 10.55 元,2000 年每股收益 0.3000 元。上档有均线压力,不介入为宜。

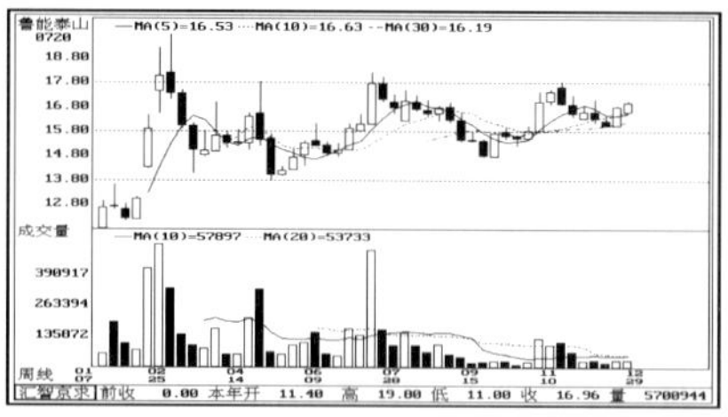

0720　鲁能泰山:流通股本 18472 万,主营生产电线电缆、电力。2 月 28 日最高价 19.80 元,1 月 4 日最低价 11.00 元,2000 年每股收益 0.3820 元。上升压力沉重,需淡化阻力。

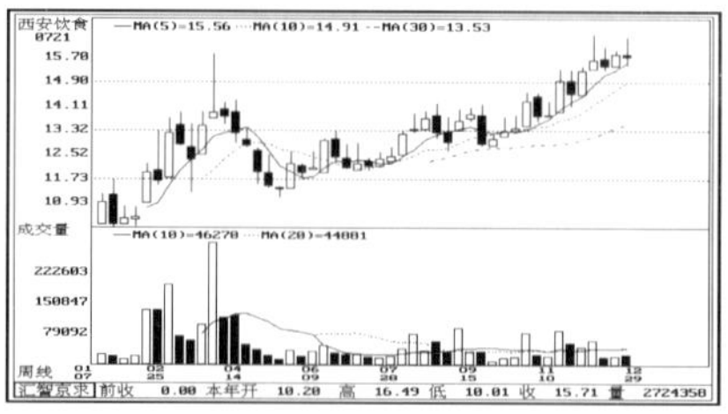

0721　西安饮食:流通股本 4134 万,主营餐饮、宾馆、娱乐。12 月 6 日最高价 16.49 元,1 月 19 日最低价 10.01 元,2000 年每股收益 0.0288 元。短线有减持迹象,暂不介入。

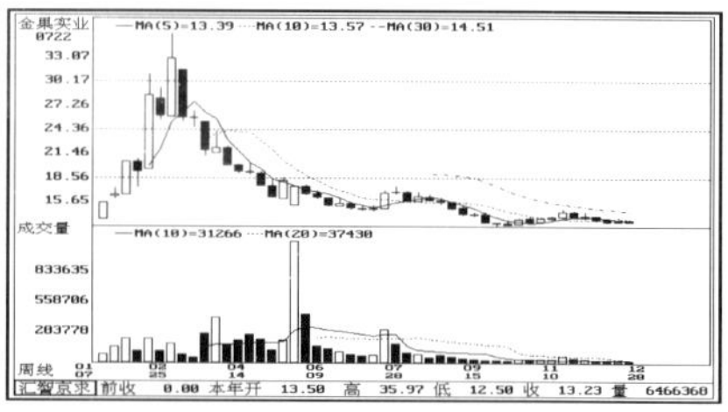

0722　金果实业:流通股本 10604 万,主营农产品收购加工。3 月 2 日最高价 35.97 元,10 月 16 日最低价 12.50 元,2000 年每股收益 0.2600 元。短线走淡,暂不宜介入。

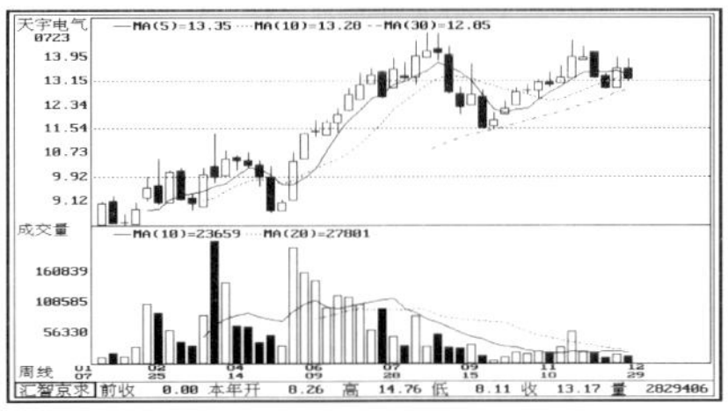

0723　天宇电气:流通股本 6965 万,主营输变电成套设备。8 月 14 日最高价 14.76 元,1 月 17 日最低价 8.11 元,2000 年每股收益 -0.2650 元。阻力大,需整理。

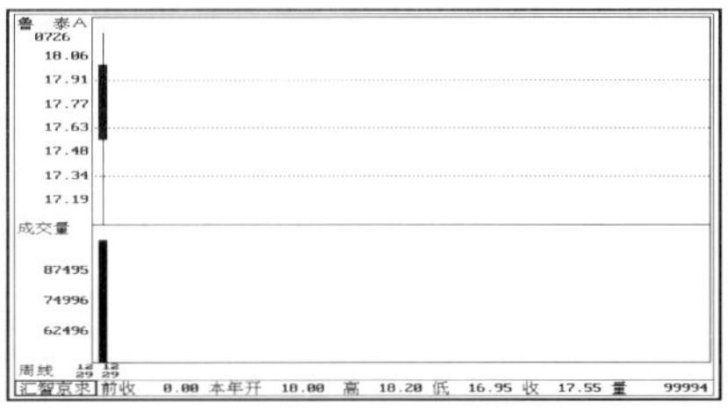

0726　鲁　泰 A:流通股本 5000 万,主营生产和销售多种纺织。12 月 25 日最高价 18.20 元,12 月 28 日最低价 16.95 元,2000 年每股收益 0.4200 元。短线有调整压力,宜获利了结。

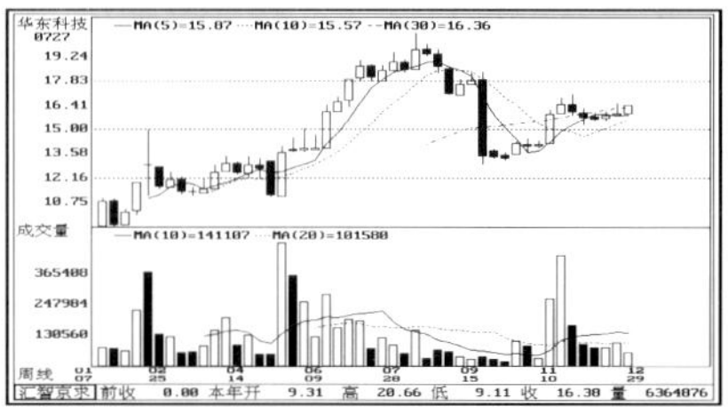

0727　华东科技:流通股本 15140 万,主营真空电子器件。8 月 9 日最高价 20.66 元,1 月 4 日最低价 9.11 元,2000 年每股收益 0.3310 元。整理走势,关注均线支撑。

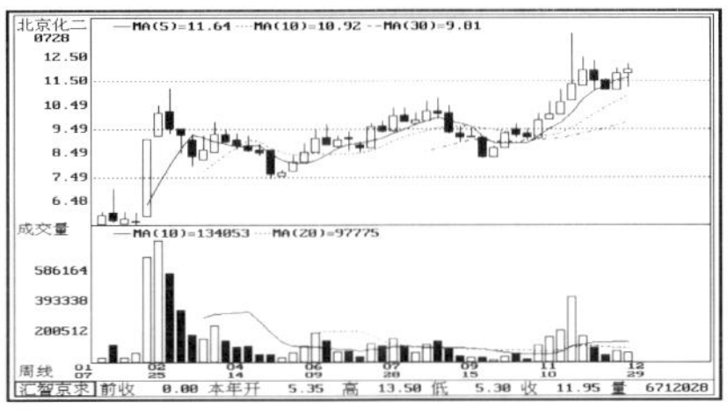

0728　北京化二:流通股本 10400 万,主营聚氯乙烯、烧碱。11 月 23 日最高价 13.50 元,1 月 4 日最低价 5.30 元,2000 年每股收益 0.2180 元。反弹潜力欠佳,仍可持股。

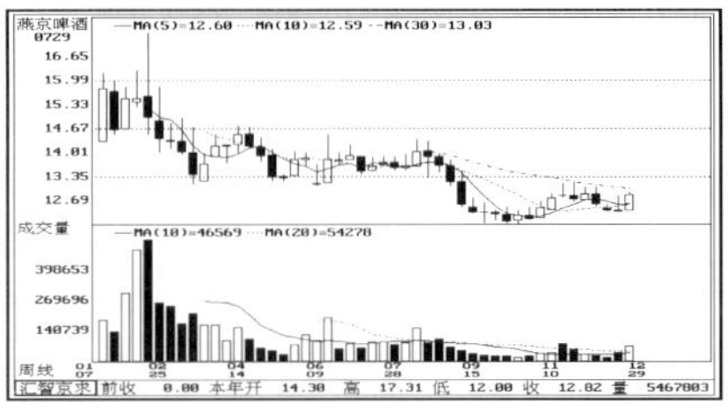

0729　燕京啤酒:流通股本 18720 万,主营啤酒产品的开发。2 月 15 日最高价 17.31 元,12 月 25 日最低价 12.00 元,2000 年每股收益 0.4020 元。10 日均线有支撑,上升动力仍存。

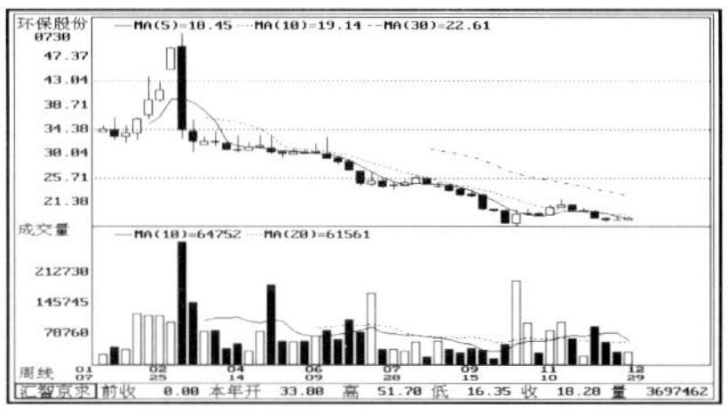

0730　环保股份:流通股本 19333 万,主营环保系列设备。3 月 6 日最高价 51.70 元,10 月 17 日最低价 16.35 元,2000 年每股收益 0.0720 元。短线有一定的压力,正在调整。

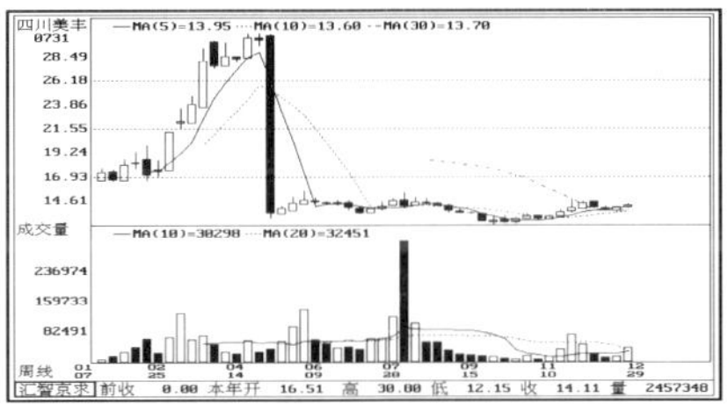

0731　四川美丰:流通股本 7778 万,主营生产合成氨、尿素。4 月 24 日最高价 30.80 元,9 月 25 日最低价 12.15 元,2000 年每股收益 0.2750 元。抛压沉重,暂不介入为宜。

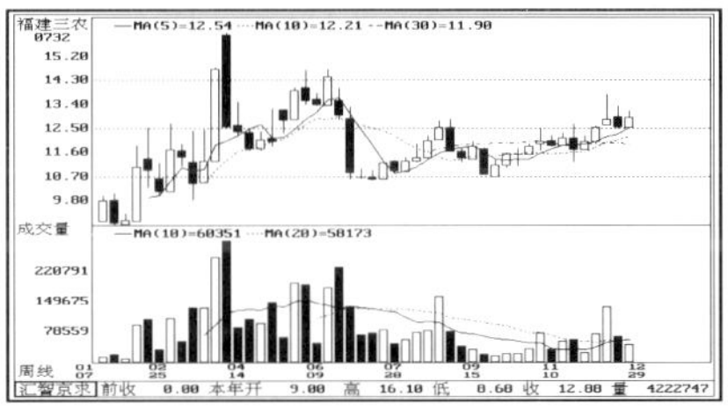

0732　福建三农:流通股本 8869 万,主营农药,精细化工产品。4 月 3 日最高价 16.10 元,1 月 24 日最低价 8.68 元,2000 年每股收益 0.0485 元。短线走弱,观望为主。

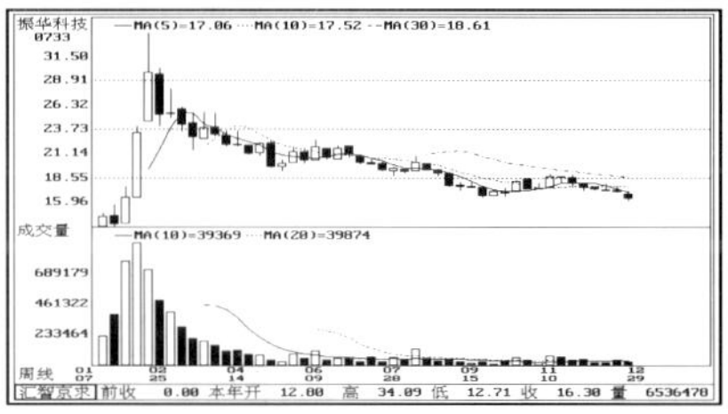

0733　振华科技:流通股本 13300 万,主营新型电子元器件。2 月 17 日最高价 34.09 元,1 月 4 日最低价 12.71 元,2000 年每股收益 0.2700 元。短线有调整要求,暂观望。

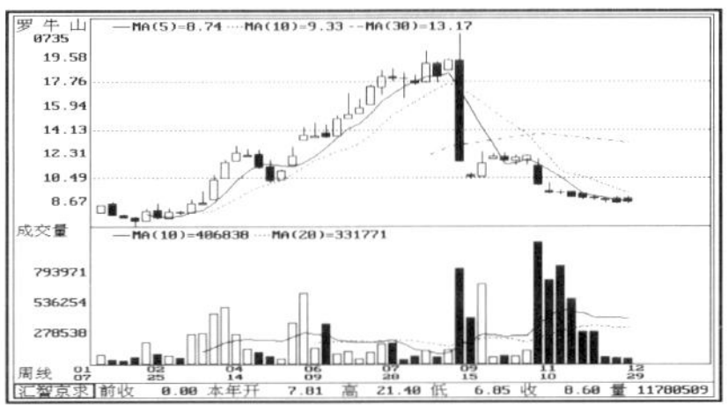

0735　罗　牛　山:流通股本 22529 万,主营猪、鸡等农副产品。9 月 6 日最高价 21.40 元,1 月 28 日最低价 6.85 元,2000 年每股收益 0.1560 元。短线调整中,反弹时可适当介入。

0736　重庆实业:流通股本 2600 万,主营实业投资。12 月 5 日最高价 30.15 元,1 月 13 日最低价 15.00 元,2000 年每股收益 0.2600 元。弱势整理,宜持币观望。

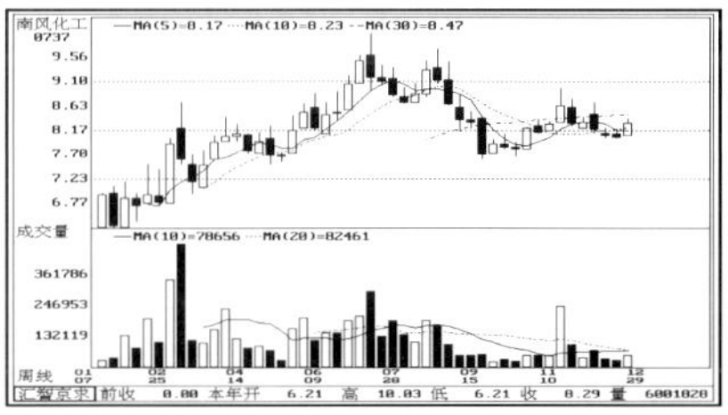

0737　南风化工:流通股本 20956 万,主营生产无机盐化工原料。7 月 11 日最高价 10.03 元,1 月 4 日最低价 6.21 元,2000 年每股收益 0.1800 元。短线受阻,上档压力需时消化。

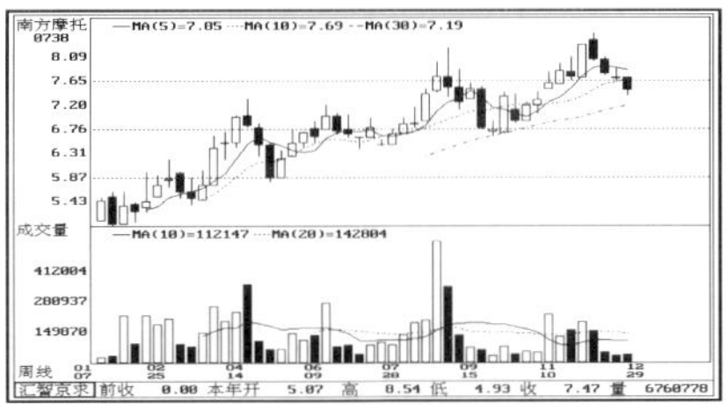

0738　南方摩托:流通股本 13600 万,主营生产及销售摩托车及其派生产品。12 月 4 日最高价 8.54 元,1 月 17 日最低价 4.93 元,2000 年每股收益 -0.4100 元。需继续在低位震荡整理。

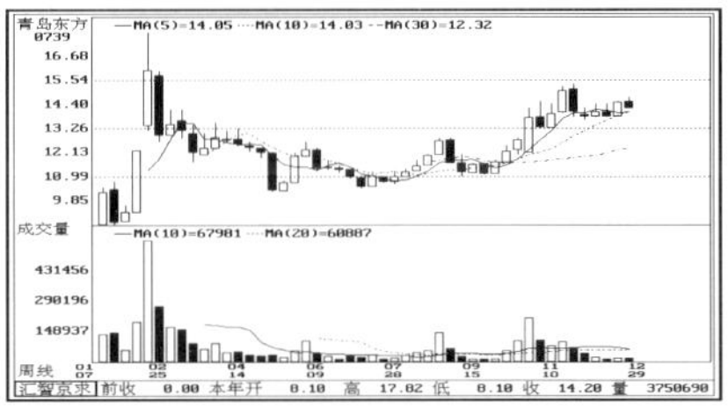

0739　青岛东方:流通股本 7359 万,主营商品零售。2 月 17 日最高价 17.82 元,1 月 4 日最低价 8.10 元,2000 年每股收益 0.0500 元。仍未走强,不介入。

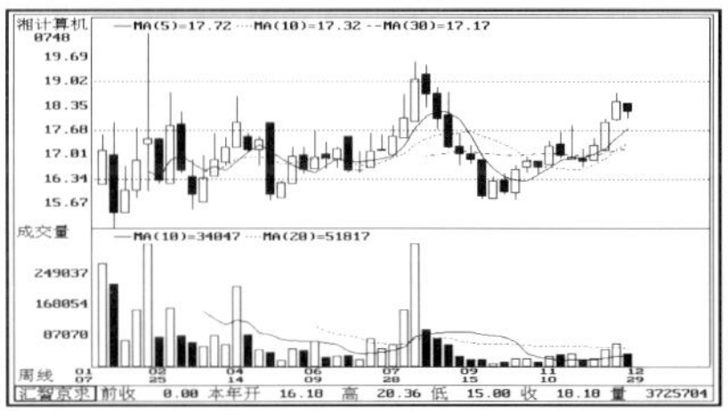

0748　湘计算机:流通股本 8982 万,主营开发、生产、销售中西文软件。2 月 15 日最高价 20.36 元,1 月 14 日最低价 15.00 元,2000 年每股收益 0.2290 元。上升压力沉重,需淡化阻力。

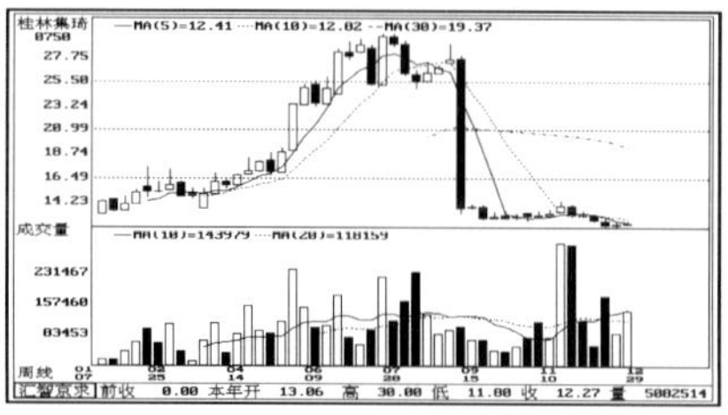

0750　　桂林集琦：流通股本 12220 万，主营化学原料药及其制剂。7 月 20 日最高价 30.00 元，12 月 26 日最低价 11.80 元，2000 年每股收益 0.0875 元。短线调整中，反弹时可适当介入。

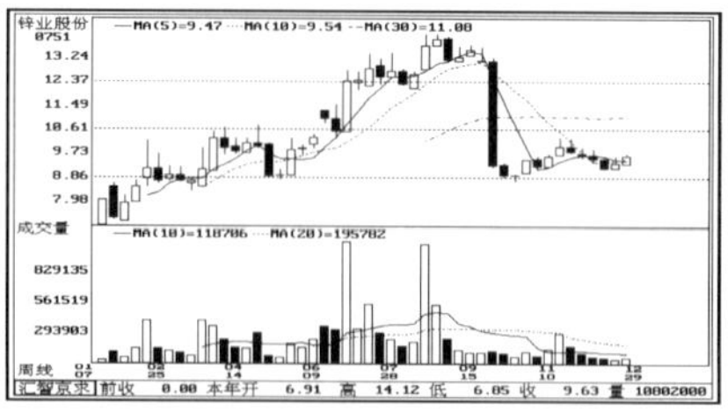

0751　　锌业股份：流通股本 34702 万，主营锌锭、硫酸。8 月 24 日最高价 14.12 元，1 月 4 日最低价 6.85 元，2000 年每股收益 0.4800 元。仍有调整要求，观望。

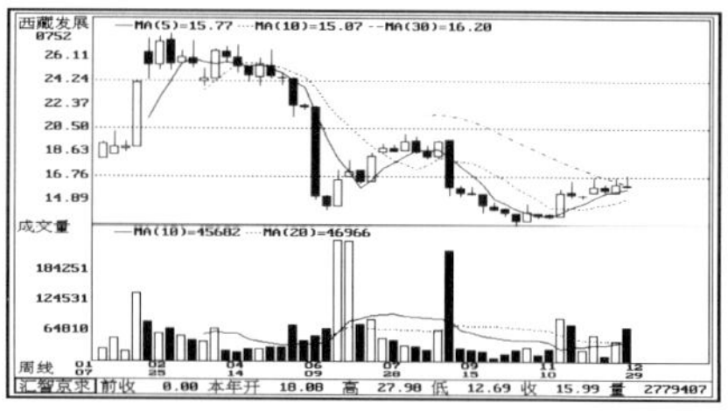

0752　　西藏发展：流通股本 7343 万，主营啤酒、藏红花开发。2 月 29 日最高价 27.98 元，10 月 17 日最低价 12.69 元，2000 年每股收益 0.1600 元。有上攻的欲望，但动力不足。

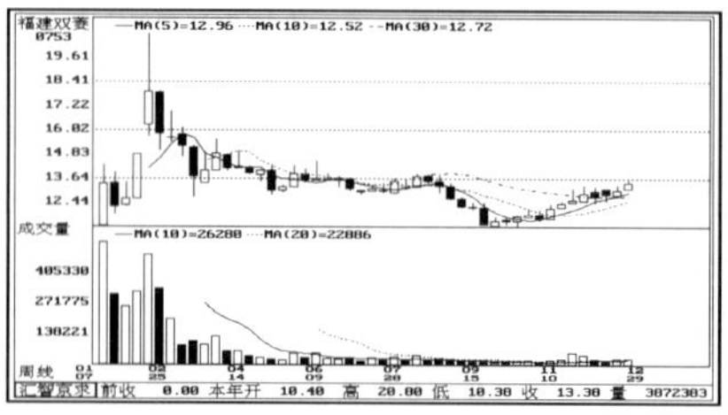

0753　　福建双菱：流通股本 7133 万，主营建筑材料、房地产开发。2 月 17 日最高价 20.80 元，1 月 4 日最低价 10.38 元，2000 年每股收益 0.1800 元。仍未走强，上方压力大。

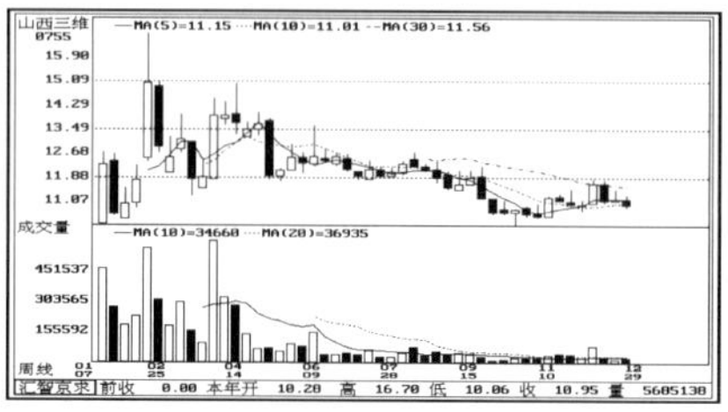

0755　　山西三维：流通股本 10920 万，主营化工、化纤、建材产品。2 月 17 日最高价 16.70 元，1 月 19 日最低价 10.06 元，2000 年每股收益 0.1852 元。短线有一定压力，需整固。

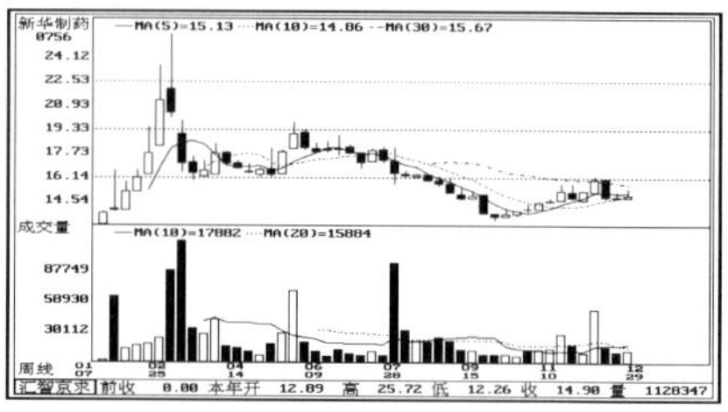

0756　　新华制药：流通股本 4315 万，主营化学原料药。3 月 1 日最高价 25.72 元，1 月 4 日最低价 12.26 元，2000 年每股收益 0.1620 元。短线走淡，暂不宜介入。

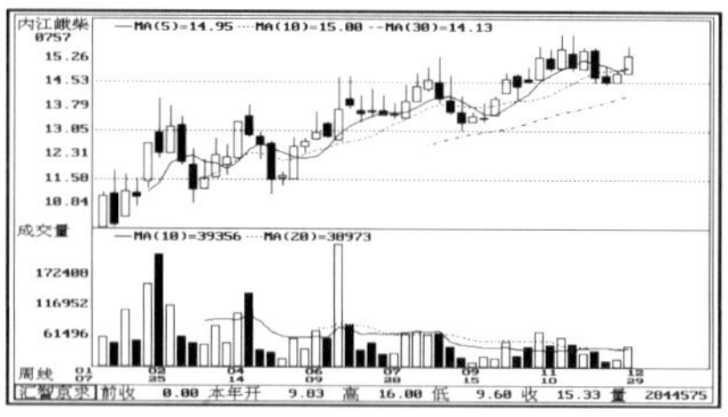

0757　　内江峨柴：流通股本 5483 万，主营单缸柴油机。11 月 23 日最高价 16.00 元，1 月 4 日最低价 9.60 元，2000 年每股收益 0.1900 元。上档压力沉重，不介入为宜。

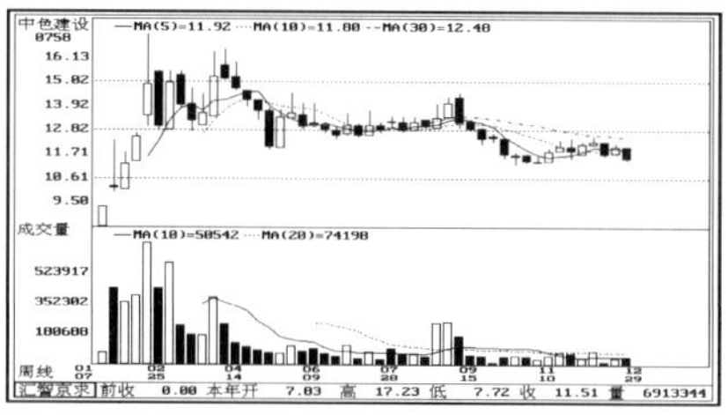

0758　　中色建设：流通股本 15360 万，主营有色金属行业工程承包。2 月 17 日最高价 17.23 元，1 月 4 日最低价 7.72 元，2000 年每股收益 0.0400 元。上行受阻，暂不宜介入。

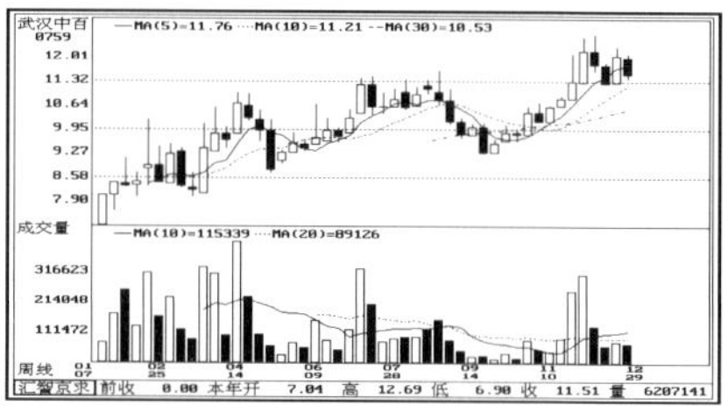

0759　　武汉中百：流通股本 11283 万，主营商业批发零售。12 月 5 日最高价 12.69 元，1 月 4 日最低价 6.90 元，2000 年每股收益 0.4490 元。上档压力较大，观望为宜。

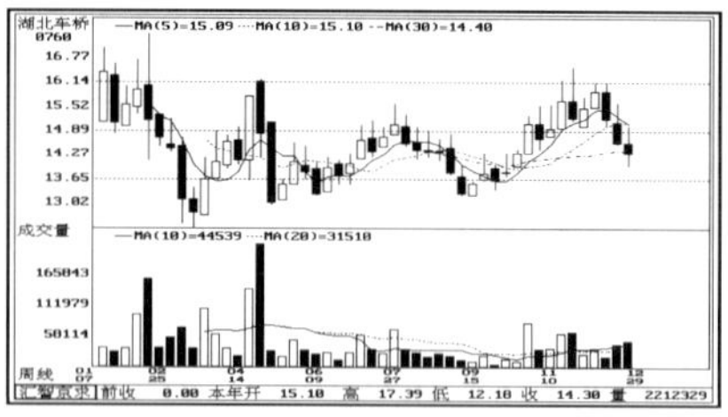

0760　　湖北车桥：流通股本 5179 万，主营汽车、拖拉机车桥。2 月 15 日最高价 17.39 元，9 月 18 日最低价 12.18 元，2000 年每股收益 0.2880 元。反弹动能不足，可关注。

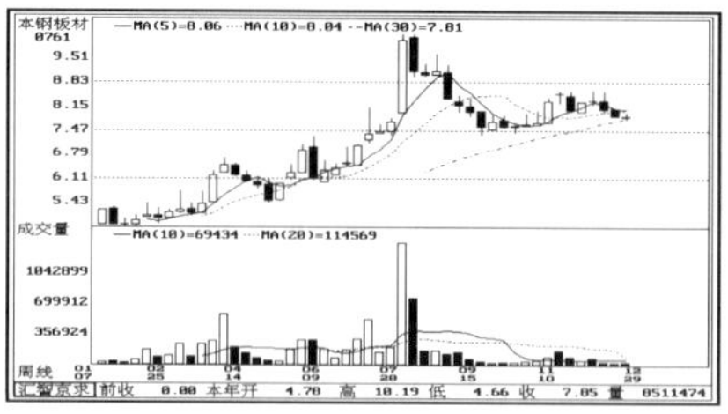

0761　　本钢板材：流通股本 11995 万，主营钢铁冶炼和板材轧制。8 月 4 日最高价 10.19 元，1 月 24 日最低价 4.66 元，2000 年每股收益 0.3079 元。短线调整未结束，持币。

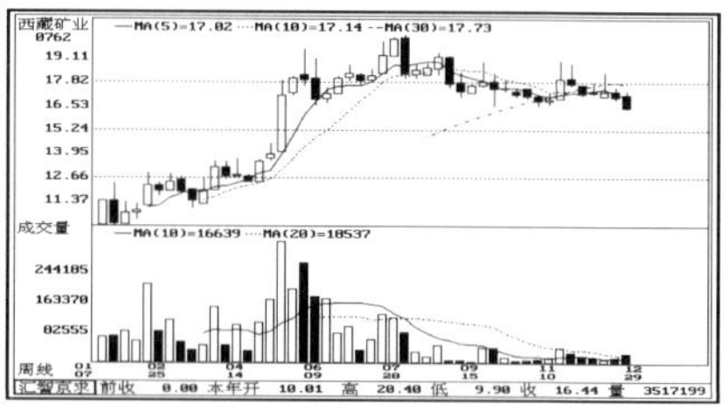

0762　　西藏矿业：流通股本 7700 万，主营铬铁矿的开采和销售。8 月 2 日最高价 20.40 元，1 月 17 日最低价 9.90 元，2000 年每股收益 0.0309 元。短线调整未结束，持币。

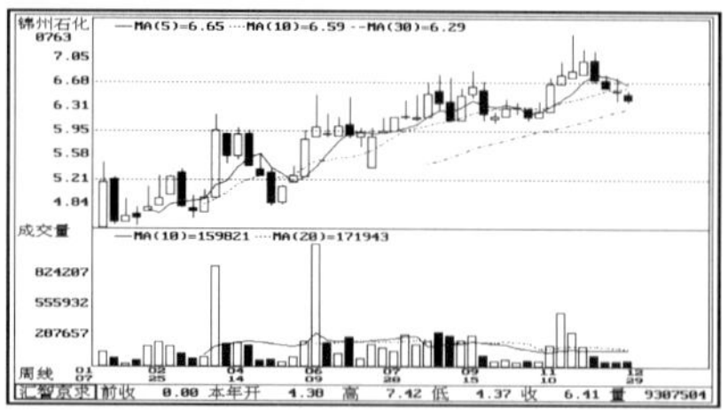

0763　　锦州石化：流通股本 15000 万，主营生产、销售石油产品。11 月 23 日最高价 7.42 元，1 月 4 日最低价 4.37 元，2000 年每股收益 0.0840 元。上行动力不足，还需储蓄动能。

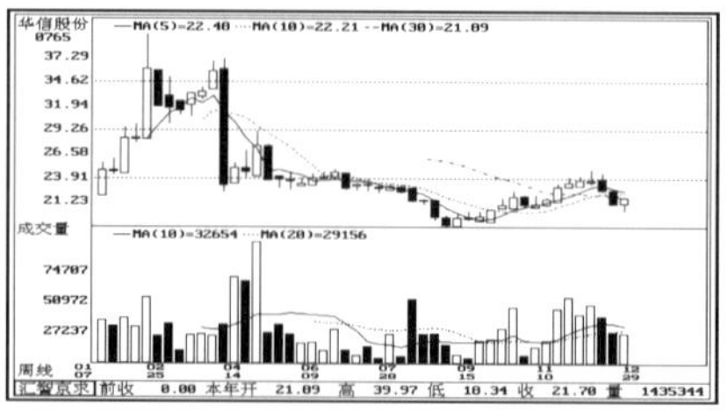

0765　　华信股份：流通股本 3677 万，主营商品零售批发、房地产。2 月 17 日最高价 39.97 元，8 月 23 日最低价 18.34 元，2000 年每股收益 0.1150 元。上行欲望不强，仍有整理。

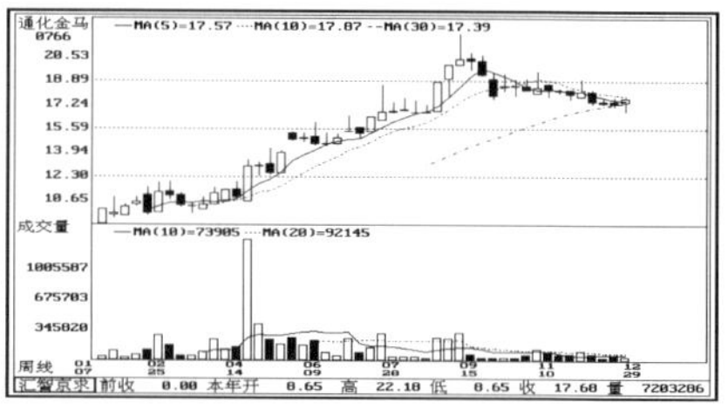

0766　　通化金马：流通股本 18982 万，主营中西成药、生化制剂。9 月 5 日最高价 22.18 元，1 月 4 日最低价 8.65 元，2000 年每股收益 0.8090 元。短线走淡，暂宜观望。

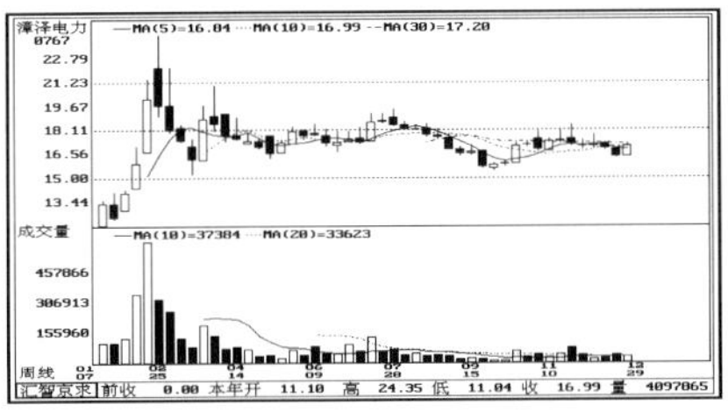

0767　漳泽电力:流通股本 12000 万,主营火力发电。2 月 22 日最高价 24.35 元,1 月 4 日最低价 11.04 元,2000 年每股收益 0.3330 元。短线压力仍大,形态需时修整。

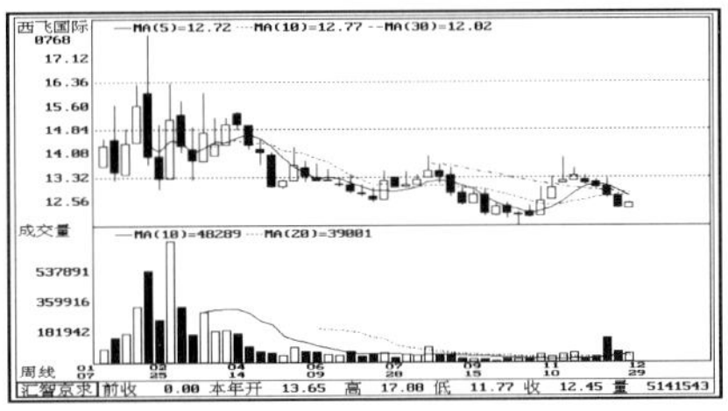

0768　西飞国际:流通股本 17700 万,主营大中型飞机部件、飞机。2 月 15 日最高价 17.88 元,10 月 16 日最低价 11.77 元,2000 年每股收益 0.1800 元。整理走势,关注均线支撑。

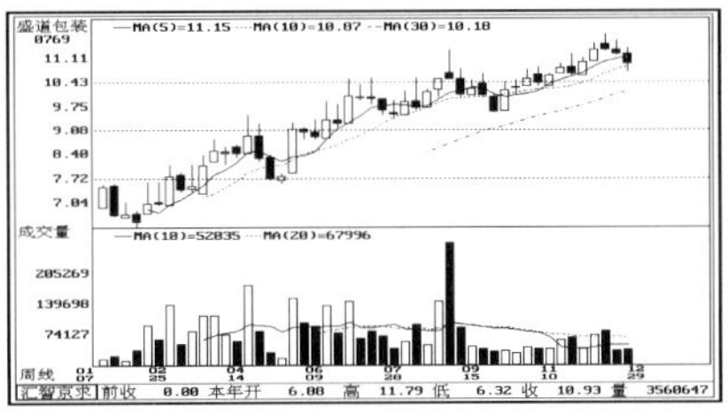

0769　盛道包装:流通股本 8100 万,主营塑料薄膜彩印复合包材。12 月 13 日最高价 11.79 元,1 月 25 日最低价 6.32 元,2000 年每股收益 0.0118 元。有上攻的欲望,但动力不足。

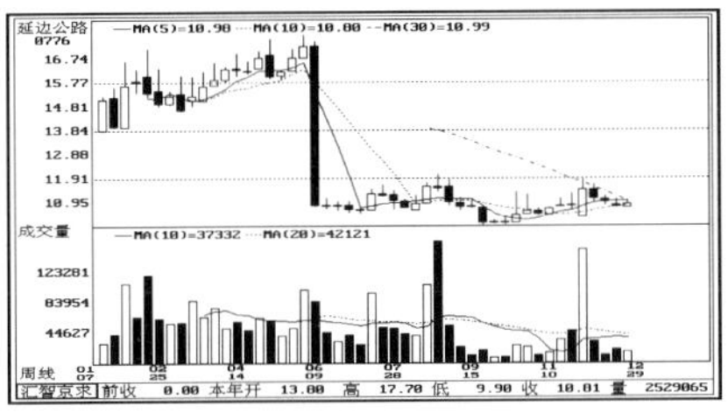

0776　延边公路:流通股本 9318 万,主营构造物的建设与管理。6 月 1 日最高价 17.70 元,10 月 16 日最低价 9.90 元,2000 年每股收益 0.1592 元。短线横盘整理,可适当持股。

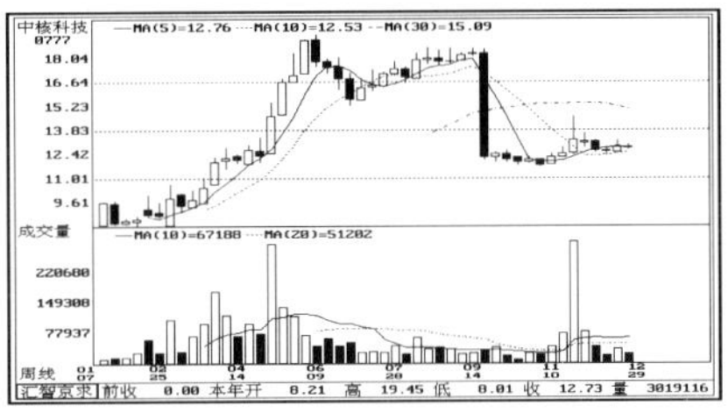

0777　中核科技:流通股本 6720 万,主营阀门设计、制造。6 月 5 日最高价 19.45 元,2 月 28 日最低价 8.01 元,2000 年每股收益 0.1260 元。短线压力仍大,形态需时修整。

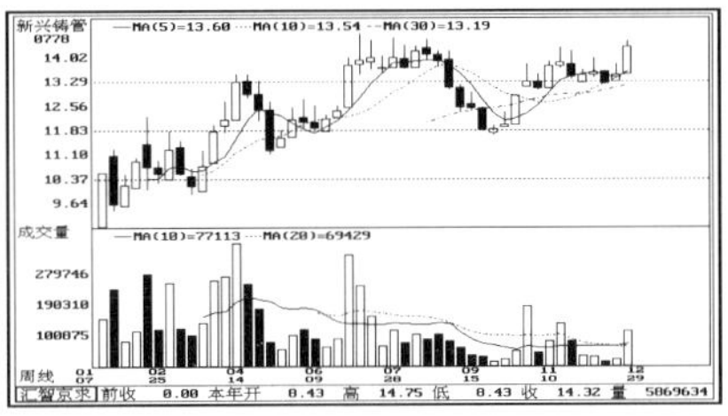

0778　新兴铸管:流通股本 12989 万,主营离心球墨铸铁管。7 月 3 日最高价 14.75 元,1 月 4 日最低价 8.43 元,2000 年每股收益 0.6488 元。上档压力较大,不介入。

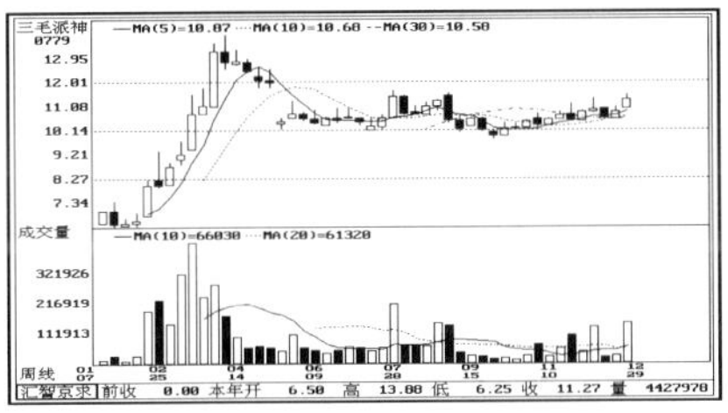

0779　三毛派神:流通股本 10179 万,主营精纺呢绒系列产品。4 月 3 日最高价 13.88 元,1 月 24 日最低价 6.25 元,2000 年每股收益 0.3070 元。均线反压仍在,持币观望。

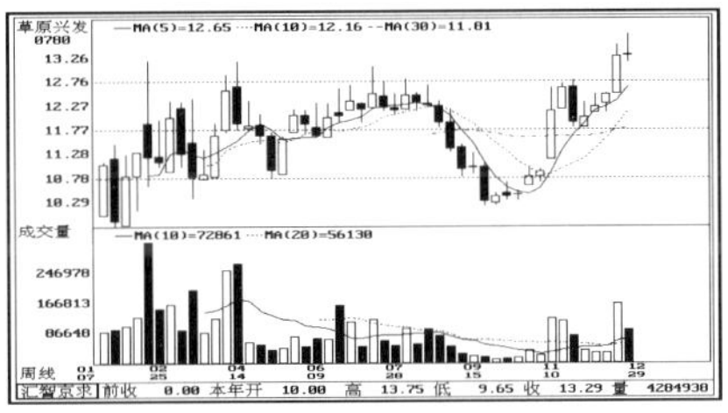

0780　草原兴发:流通股本 10944 万,主营饲养、繁育种鸡。12 月 25 日最高价 13.75 元,1 月 17 日最低价 9.65 元,2000 年每股收益 0.2360 元。短期不活跃,中线关注。

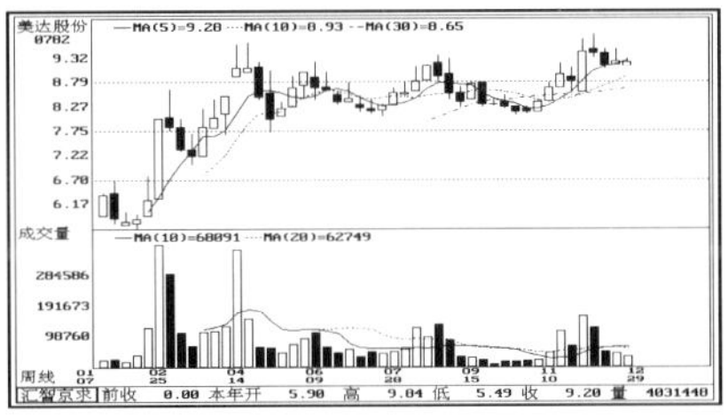

0782　美达股份:流通股本 12741 万,主营锦纶 6 聚合、纺丝。12 月 5 日最高价 9.84 元,1 月 24 日最低价 5.49 元,2000 年每股收益 0.0800 元。短线有一定压力,需整固。

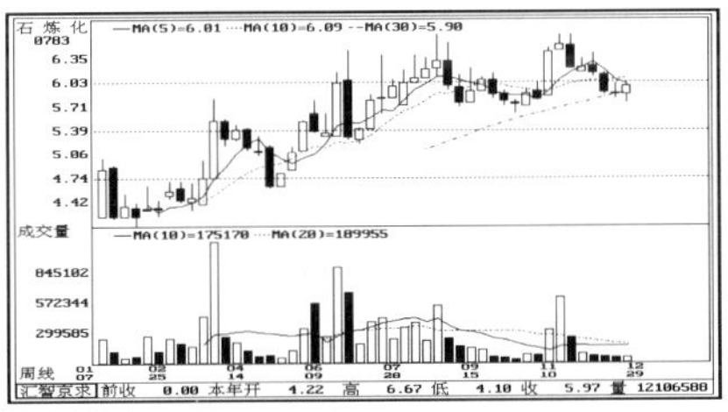

0783　石　炼　化:流通股本 23400 万,主营石油加工和销售。11 月 17 日最高价 6.67 元,1 月 28 日最低价 4.10 元,2000 年每股收益 -0.1799 元。反弹潜力欠佳,仍可持股。

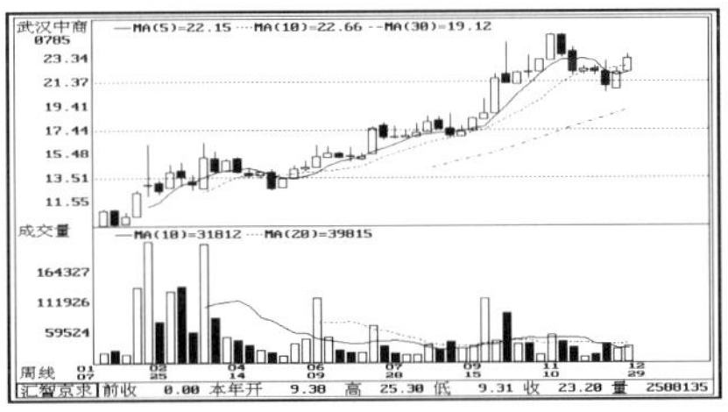

0785　武汉中商:流通股本 5094 万,主营百货零售批发。11 月 13 日最高价 25.30 元,1 月 4 日最低价 9.31 元,2000 年每股收益 0.3330 元。短线走弱,观望为主。

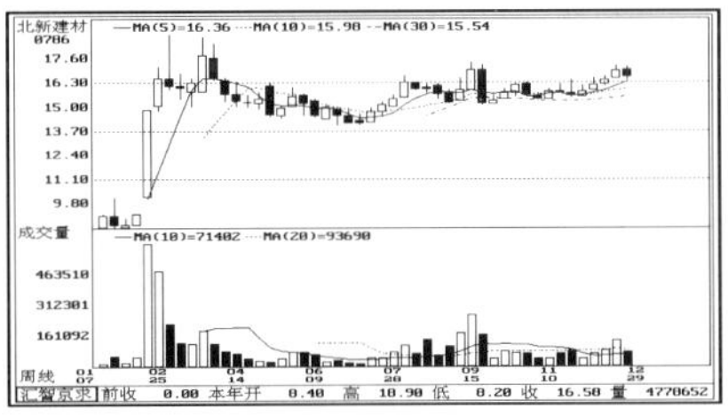

0786　北新建材:流通股本 11408 万,主营新型建筑材料。3 月 2 日最高价 18.90 元,1 月 6 日最低价 8.20 元,2000 年每股收益 0.2800 元。弱势,抛压重,观望。

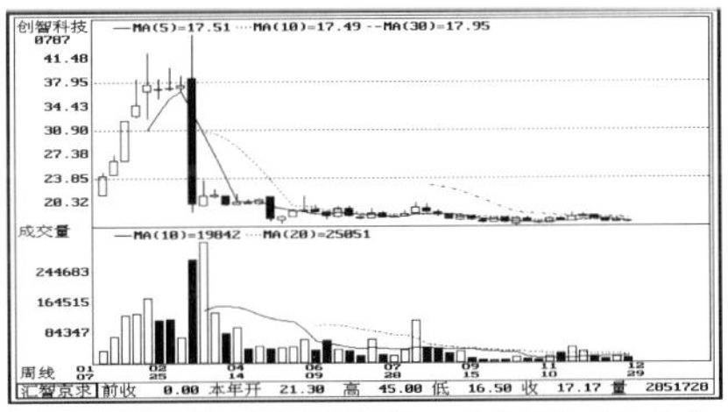

0787　创智科技:流通股本 9100 万,主营研制、开发、生产。3 月 14 日最高价 45.00 元,5 月 16 日最低价 16.50 元,2000 年每股收益 0.1370 元。短线有压力,尚需企稳。

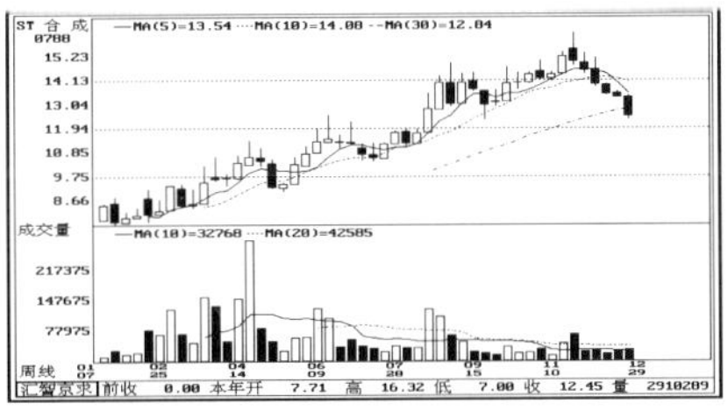

0788　ST　合　成:流通股本 4950 万,主营医药原料药。11 月 23 日最高价 16.32 元,1 月 17 日最低价 7.00 元,2000 年每股收益 -0.4800 元。上档有均线压力,不介入为宜。

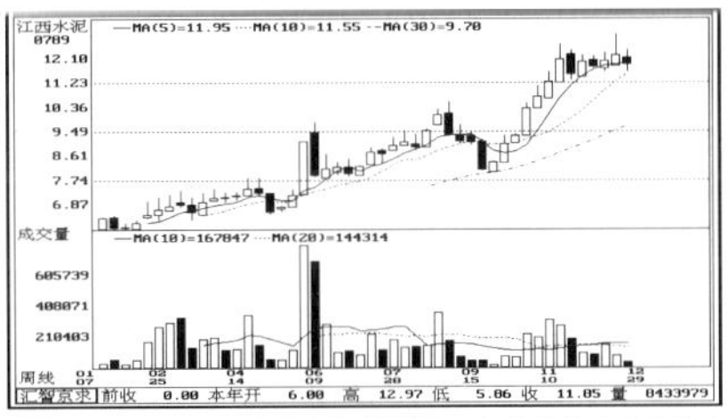

0789　江西水泥:流通股本 11050 万,主营熟料及硅酸盐水泥。12 月 20 日最高价 12.97 元,1 月 24 日最低价 5.86 元,2000 年每股收益 0.1240 元。需继续在低位震荡整理。

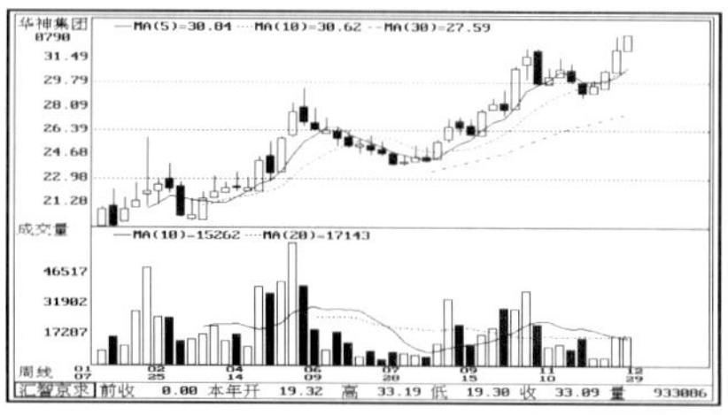

0790　华神集团:流通股本2040万,主营中西成药。12月29日最高价33.19元,1月4日最低价19.30元,2000年每股收益0.3100元。不属于市场热点,减仓为宜。

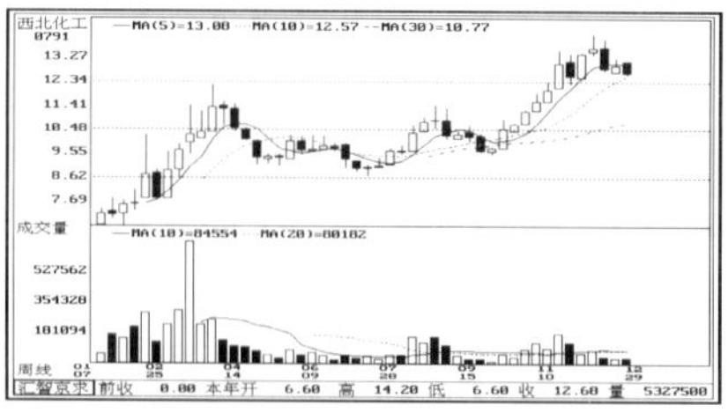

0791　西北化工:流通股本7912万,主营油漆、涂料。12月6日最高价14.20元,1月4日最低价6.60元,2000年每股收益0.1480元。短线有一定的压力,正在调整。

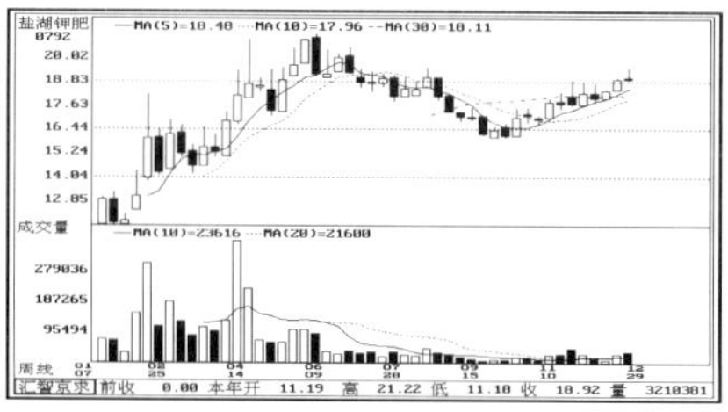

0792　盐湖钾肥:流通股本6500万,主营钾肥的生产与销售。6月5日最高价21.22元,1月4日最低价11.18元,2000年每股收益0.3115元。有走强的欲望,但动力不足。

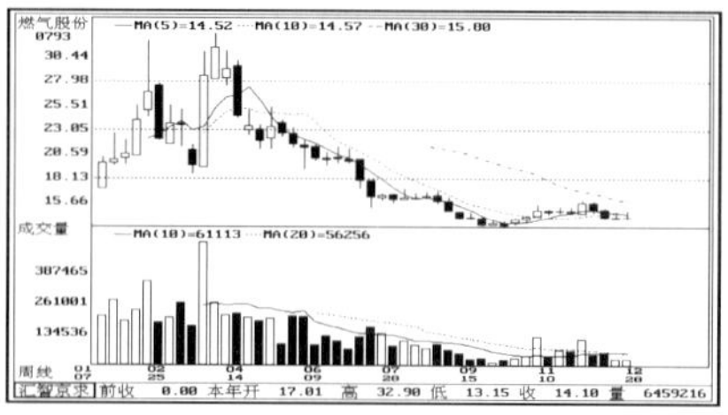

0793　燃气股份:流通股本16207万,主营承包管道燃气工程。3月31日最高价32.90元,9月19日最低价13.15元,2000年每股收益0.3400元。上档压力沉重,不介入为宜。

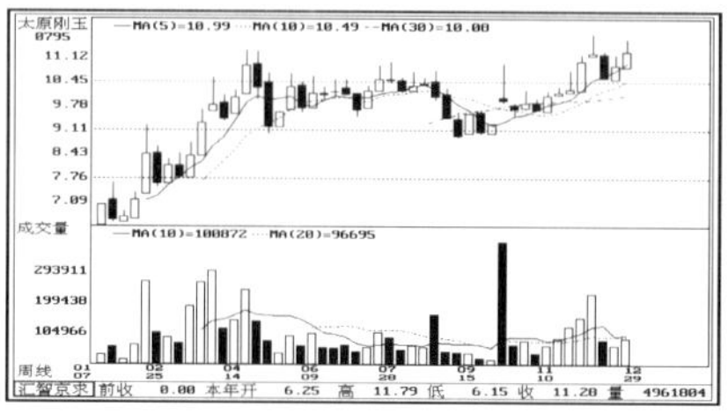

0795　太原刚玉:流通股本11433万,主营棕刚玉系列产品。12月6日最高价11.79元,1月4日最低价6.15元,2000年每股收益0.0931元。破位下调,短线走势趋淡。

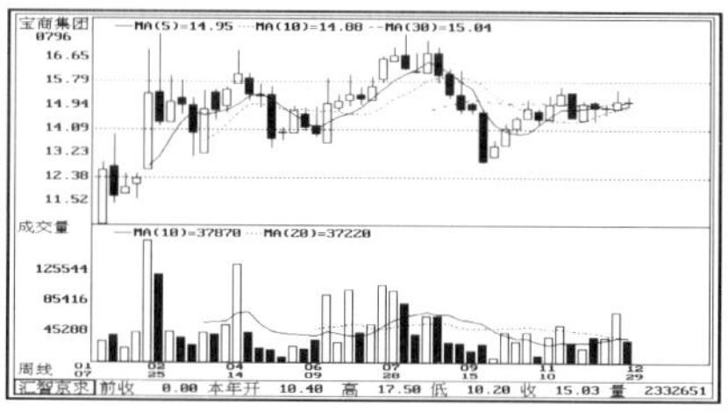

0796　宝商集团:流通股本9386万,主营商贸业、酒店业。8月2日最高价17.50元,1月4日最低价10.20元,2000年每股收益0.3500元。需继续在低位震荡整理。

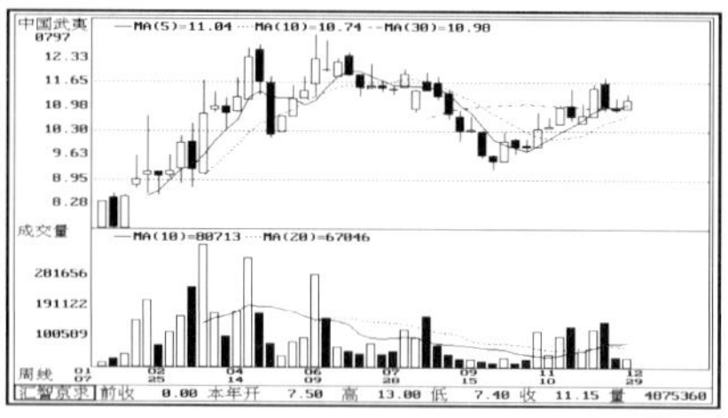

0797　中国武夷:流通股本13013万,主营工程建设项目。6月9日最高价13.00元,1月4日最低价7.40元,2000年每股收益0.2030元。有上攻的欲望,但动力不足。

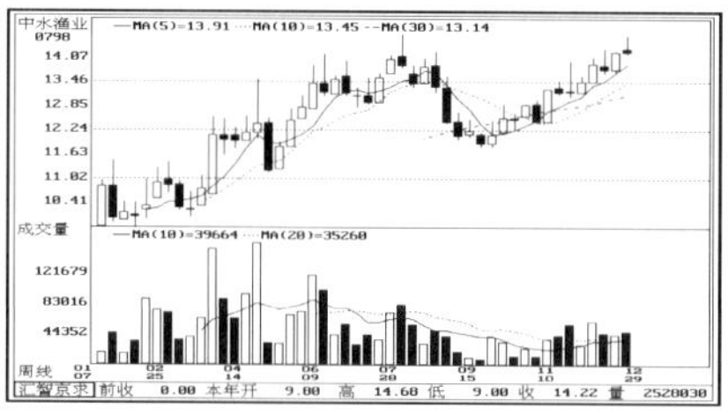

0798　中水渔业:流通股本6300万,主营远洋渔业捕捞、加工。7月31日最高价14.68元,1月5日最低价9.00元,2000年每股收益0.2400元。仍未走强,上方压力大。

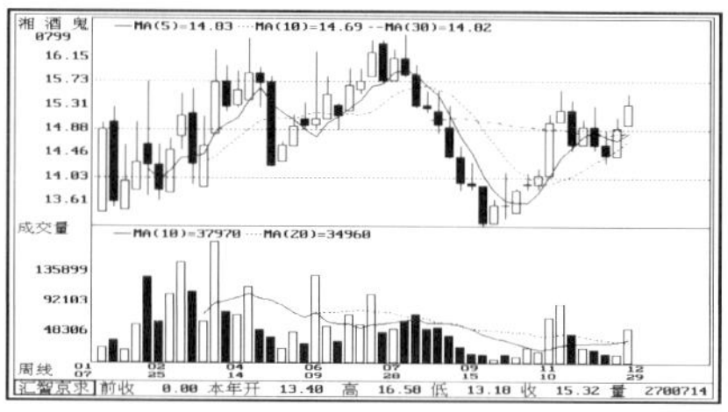

0799　湘　酒　鬼:流通股本10725万,主营生产湘泉系列白酒。8月1日最高价16.58元,9月22日最低价13.18元,2000年每股收益0.2840元。回升趋势,持股观望。

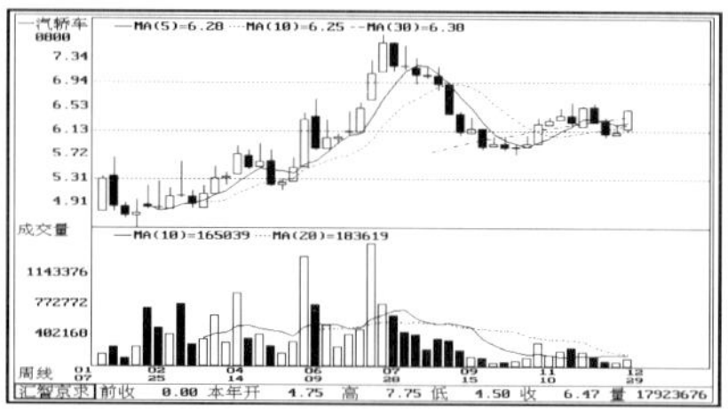

0800　一汽轿车:流通股本54600万,主营小轿车、旅游车。7月21日最高价7.75元,1月28日最低价4.50元,2000年每股收益0.1760元。反弹走势,持股观望。

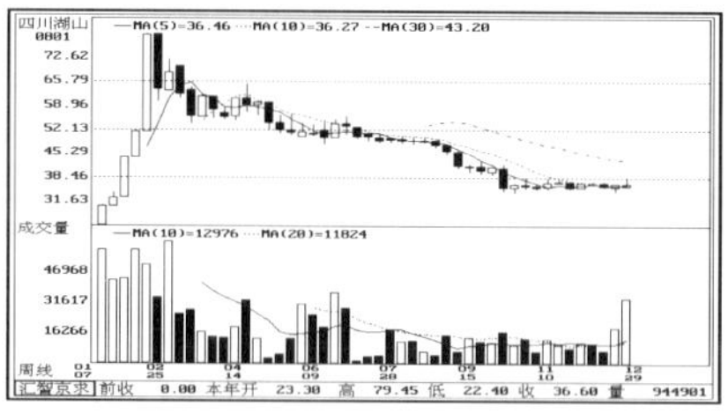

0801　四川湖山:流通股本3024万,主营专业音响、家用音响。2月21日最高价79.45元,1月4日最低价22.40元,2000年每股收益0.1060元。主力护盘,谨慎持股。

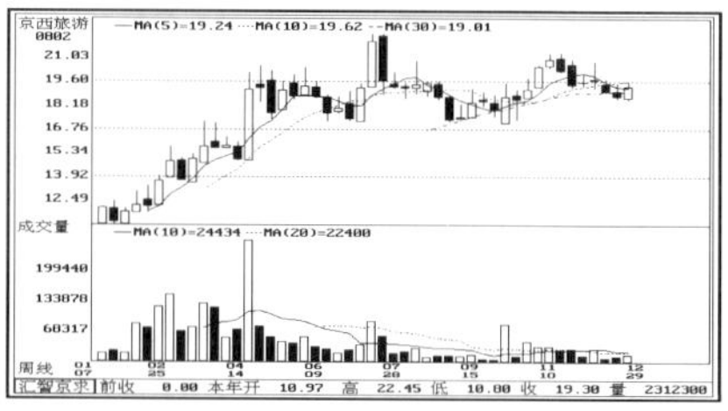

0802　京西旅游:流通股本3896万,主营旅游项目投资。7月14日最高价22.45元,1月4日最低价10.80元,2000年每股收益0.2980元。缩量整理,暂不介入。

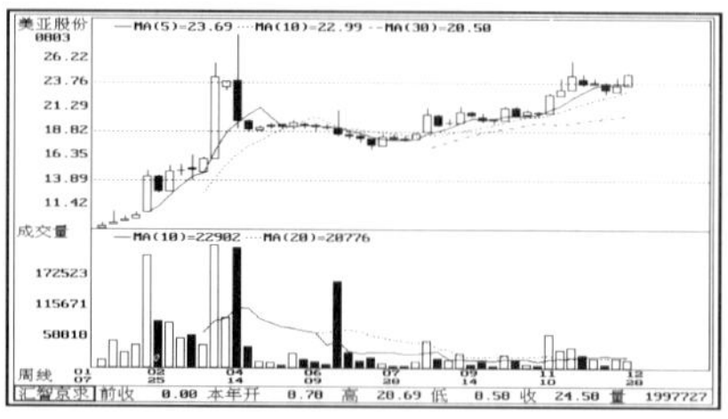

0803　美亚股份:流通股本3746万,主营丝织品炼、印、染。4月11日最高价28.69元,1月4日最低价8.58元,2000年每股收益0.0770元。短线走淡,暂不宜介入。

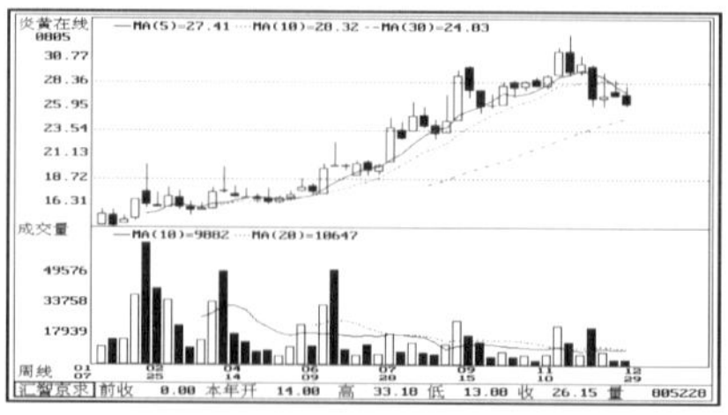

0805　炎黄在线:流通股本1442万,主营网络工程、软硬件。11月23日最高价33.18元,1月18日最低价13.88元,2000年每股收益0.1182元。缩量整理,暂不介入。

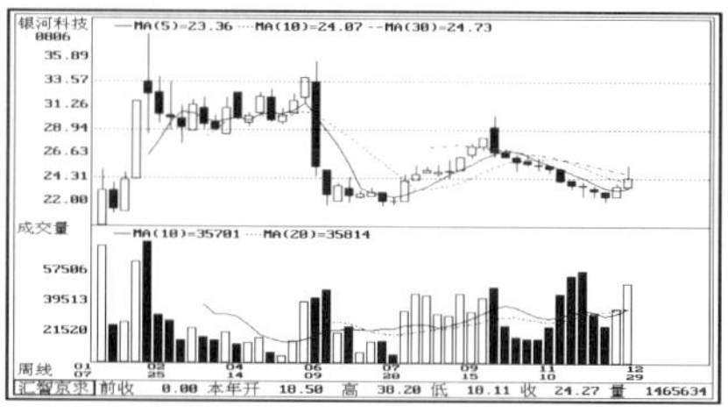

0806　银河科技:流通股本5405万,主营新型电子元器件产品。2月15日最高价38.20元,1月4日最低价18.11元,2000年每股收益0.4100元。遇支撑反转,持股或低吸。

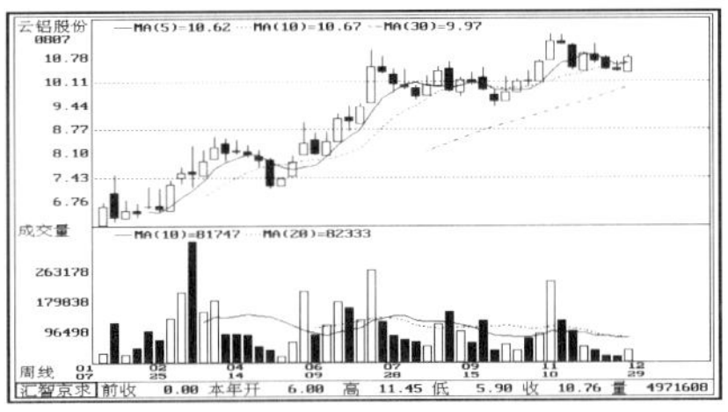

0807　云铝股份:流通股本 7992 万,主营铝冶炼、铝加工。11 月 9 日最高价 11.45 元,1 月 4 日最低价 5.90 元,2000 年每股收益 0.3147 元。震荡盘跌走势,不介入。

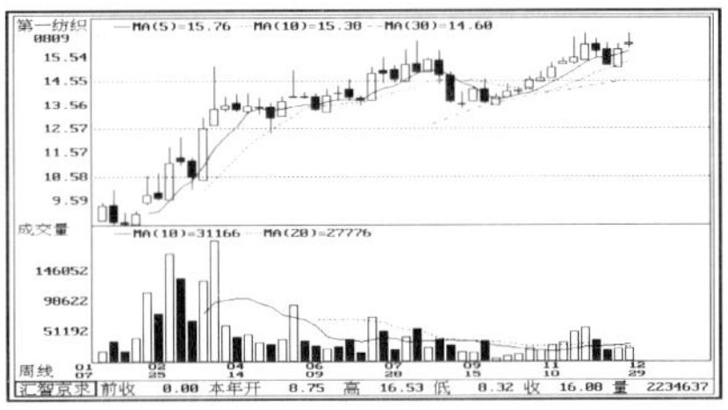

0809　第一纺织:流通股本 3500 万,主营各种规格的纺织品。11 月 30 日最高价 16.53 元,1 月 24 日最低价 8.32 元,2000 年每股收益 0.2100 元。均线系统压力大,不介入。

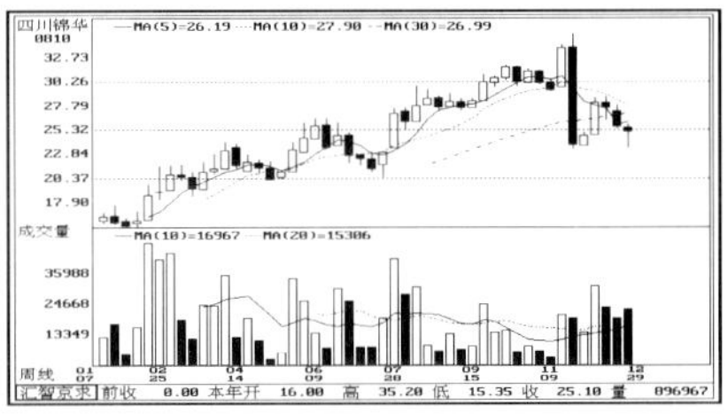

0810　四川锦华:流通股本 2800 万,主营纺纱、织布、纺织品。11 月 20 日最高价 35.20 元,1 月 18 日最低价 15.35 元,2000 年每股收益 0.5800 元。仍未走强,不介入。

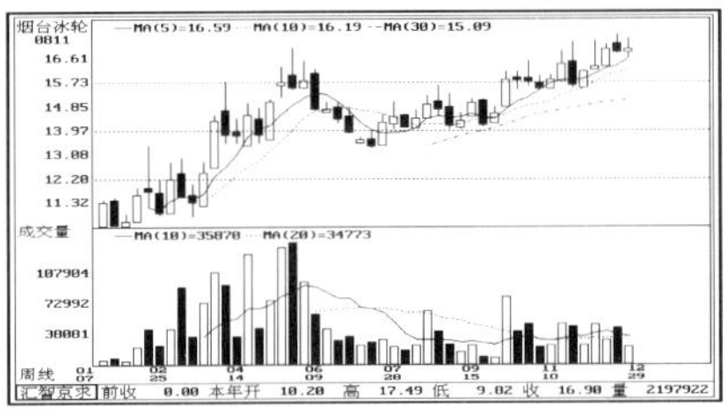

0811　烟台冰轮:流通股本 3744 万,主营生产经营国防、科研。12 月 18 日最高价 17.49 元,1 月 17 日最低价 9.82 元,2000 年每股收益 0.2300 元。仍未走强,不介入。

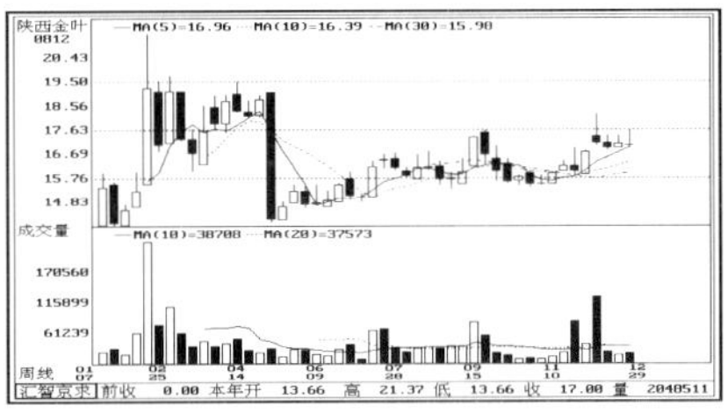

0812　陕西金叶:流通股本 4752 万,主营烟、酒、食品的包装。2 月 17 日最高价 21.37 元,1 月 4 日最低价 13.66 元,2000 年每股收益 0.2500 元。短线回调压力大,不介入。

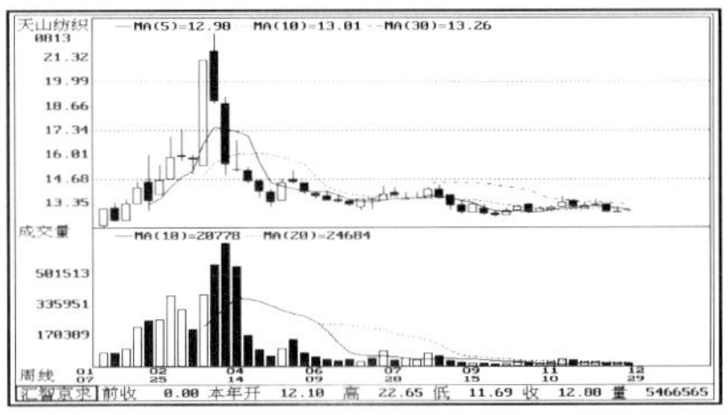

0813　天山纺织:流通股本 8451 万,主营羊绒衫、羊绒纱。3 月 27 日最高价 22.65 元,1 月 6 日最低价 11.69 元,2000 年每股收益 0.0570 元。大幅回调,短线仍有整理。

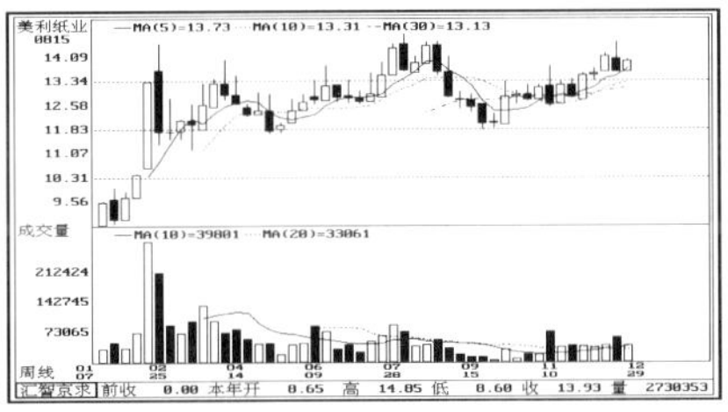

0815　美利纸业:流通股本 6500 万,主营机制纸的制造。7 月 31 日最高价 14.85 元,1 月 4 日最低价 8.60 元,2000 年每股收益 0.3229 元。短线走弱,观望为主。

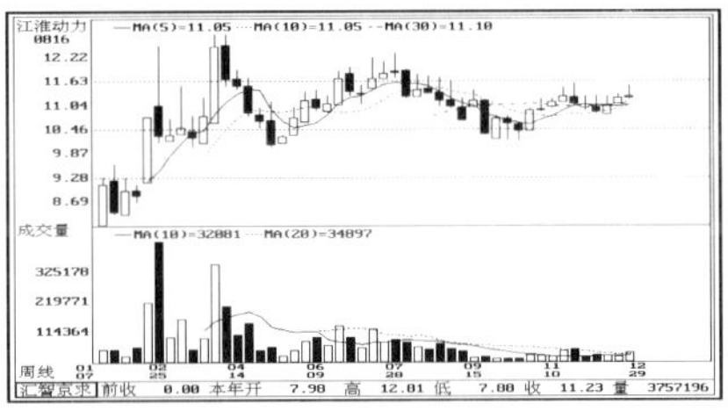

0816　江淮动力:流通股本 11440 万,主营单、多缸柴油机。4 月 3 日最高价 12.81 元,1 月 4 日最低价 7.88 元,2000 年每股收益 0.2570 元。回升趋势,持股观望。

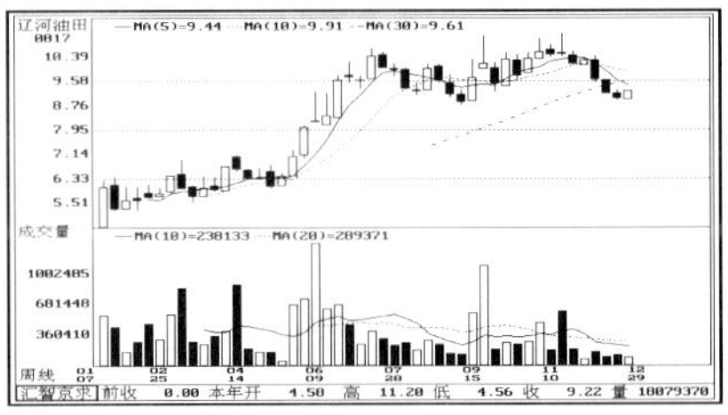

0817　辽河油田:流通股本 19993 万,主营石油、天然气的勘探。11 月 15 日最高价 11.20 元,1 月 4 日最低价 4.56 元,2000 年每股收益 0.4200 元。震荡盘整中,需谨慎持股。

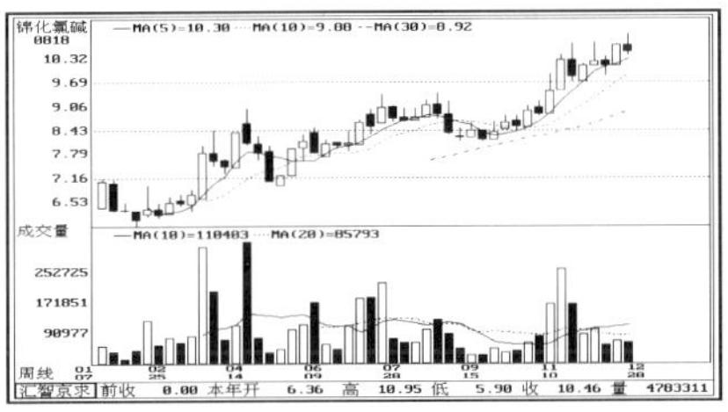

0818　锦化氯碱:流通股本 9000 万,主营烧碱、聚氯乙烯。12 月 26 日最高价 10.95 元,1 月 28 日最低价 5.90 元,2000 年每股收益 0.0810 元。仍未走好,暂宜观望。

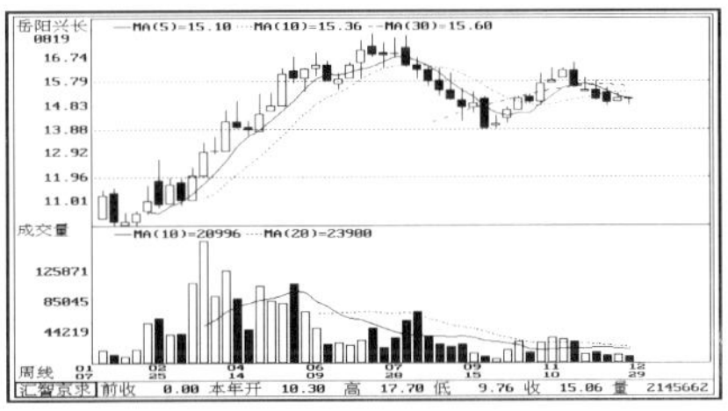

0819　岳阳兴长:流通股本 5210 万,主营聚丙烯、甲醇。7 月 13 日最高价 17.70 元,1 月 24 日最低价 9.76 元,2000 年每股收益 0.2640 元。反弹动能不足,可关注。

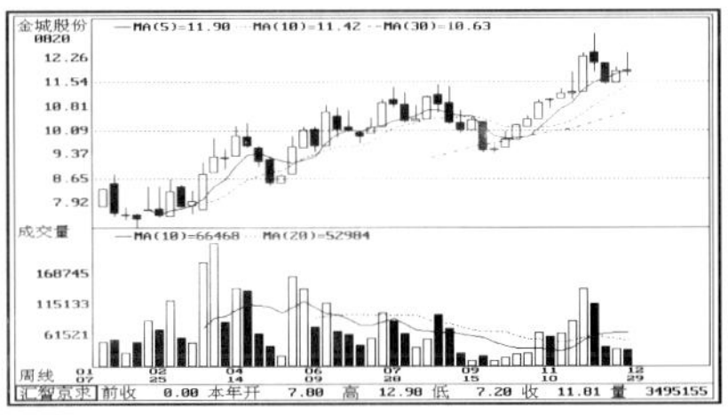

0820　金城股份:流通股本 7736 万,主营机制纸浆、机制纸。12 月 6 日最高价 12.98 元,1 月 28 日最低价 7.20 元,2000 年每股收益 0.1300 元。重归 10 日均线下,继续震荡。

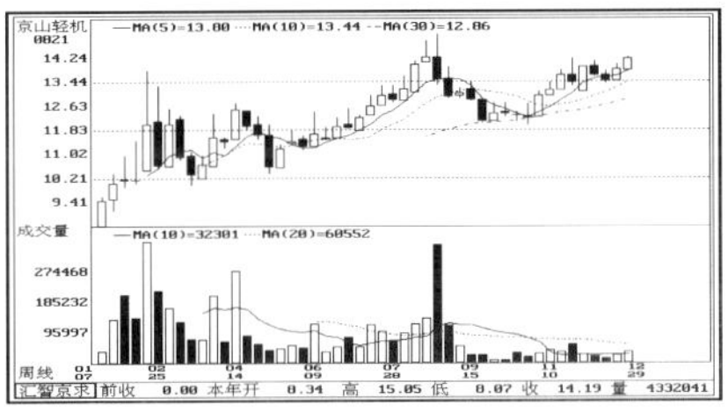

0821　京山轻机:流通股本 8250 万,主营纸箱、纸盒包装机械。8 月 22 日最高价 15.05 元,1 月 4 日最低价 8.07 元,2000 年每股收益 0.2900 元。上升压力沉重,需淡化阻力。

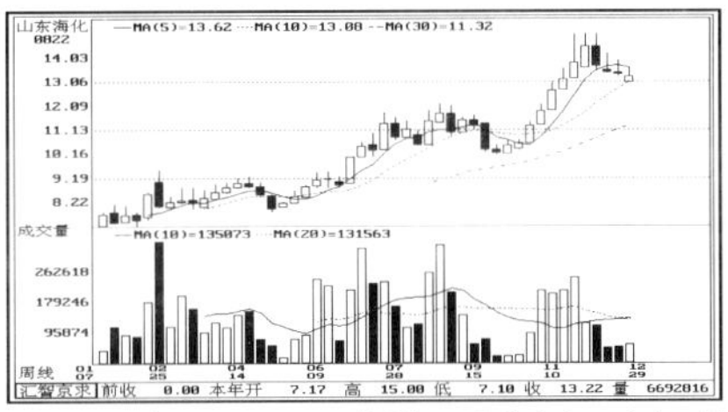

0822　山东海化:流通股本 11994 万,主营纯碱、工业溴。11 月 23 日最高价 15.00 元,1 月 4 日最低价 7.10 元,2000 年每股收益 0.3700 元。强势调整中,继续持股观望。

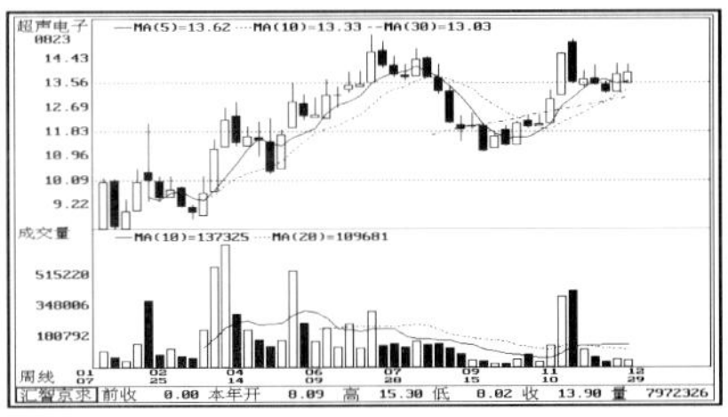

0823　超声电子:流通股本 13499 万,主营印制线路板。7 月 14 日最高价 15.30 元,1 月 4 日最低价 8.02 元,2000 年每股收益 0.2140 元。上档有均线压力,不介入为宜。

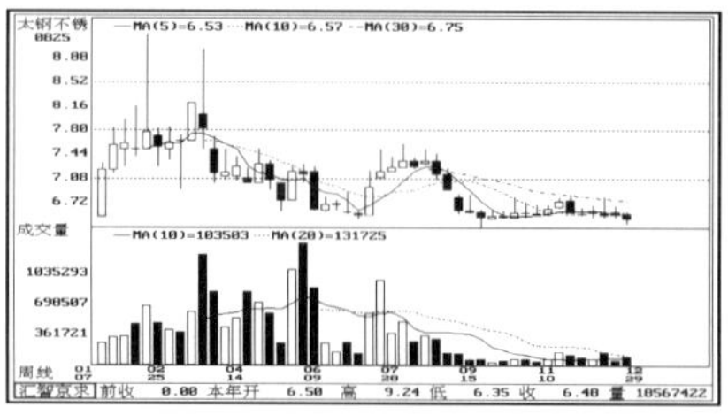

0825　太钢不锈：流通股本 37500 万，主营冶炼、压延加工。2 月 18 日最高价 9.24 元，5 月 17 日最低价 6.35 元，2000 年每股收益 0.3090 元。震荡调理中，持币观望。

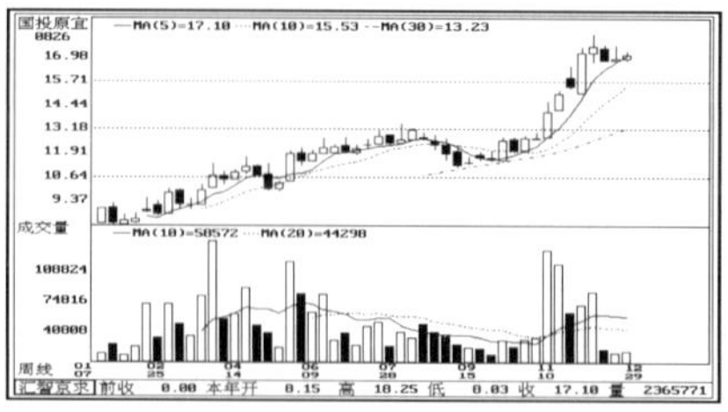

0826　国投原宜：流通股本 4550 万，主营磷化工和建材产品。12 月 5 日最高价 18.25 元，1 月 17 日最低价 8.03 元，2000 年每股收益 -0.2200 元。上升空间有限，反弹减磅。

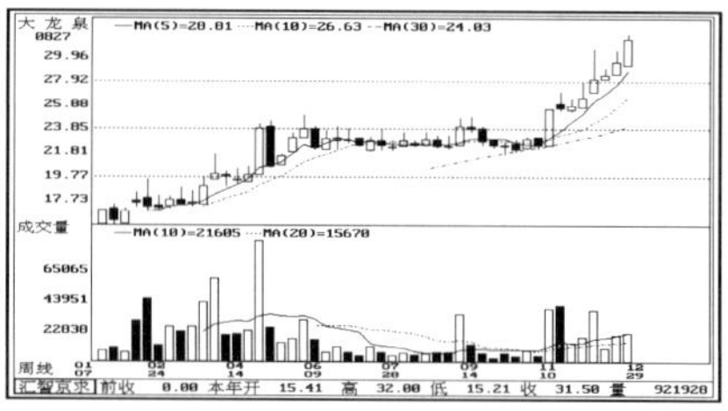

0827　大　龙　泉：流通股本 2246 万，主营酒及饮料。12 月 27 日最高价 32.00 元，1 月 4 日最低价 15.21 元，2000 年每股收益 0.2250 元。上行动力不足，还需储蓄动能。

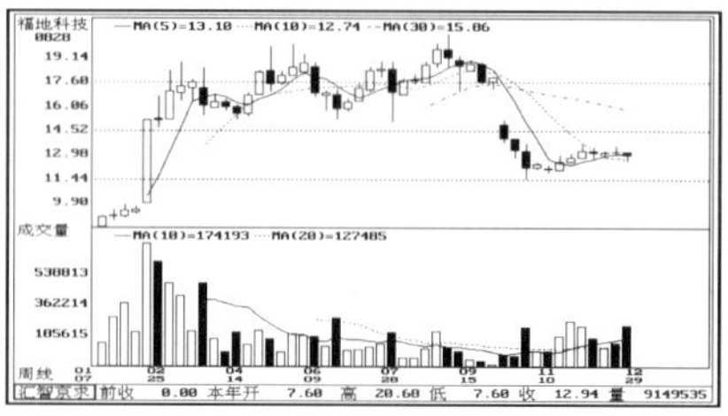

0828　福地科技：流通股本 24768 万，主营彩色显像管。8 月 29 日最高价 20.68 元，1 月 4 日最低价 7.60 元，2000 年每股收益 0.1592 元。整理走势，短线有一定压力。

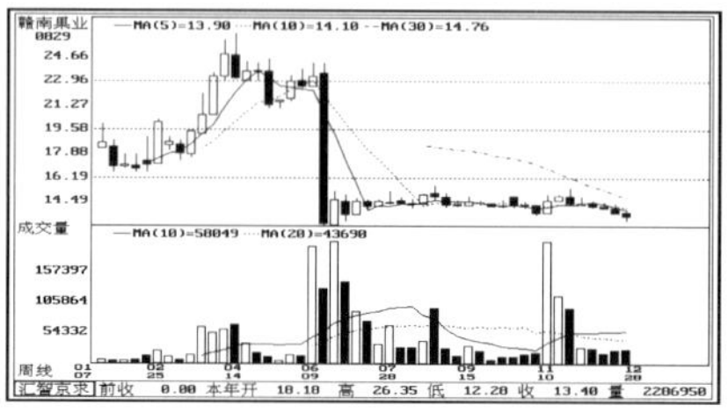

0829　赣南果业：流通股本 6205 万，主营脐橙、温柑的种植。4 月 10 日最高价 26.35 元，6 月 13 日最低价 12.28 元，2000 年每股收益 0.0500 元。整理走势，关注均线支撑。

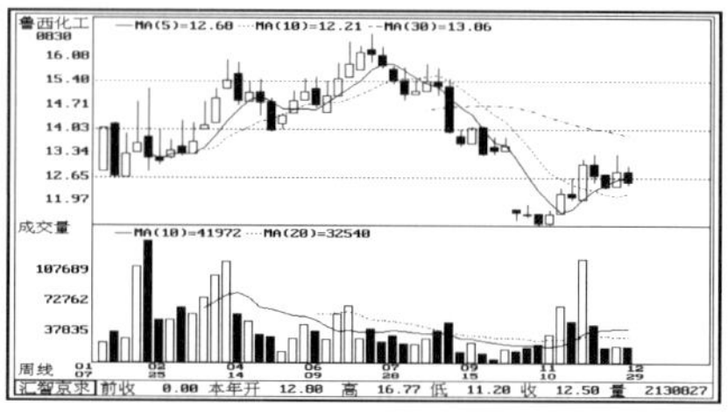

0830　鲁西化工：流通股本 7500 万，主营尿素、碳酸氢铵。7 月 11 日最高价 16.77 元，10 月 17 日最低价 11.20 元，2000 年每股收益 0.2230 元。上档压力仍重，需进一步整理。

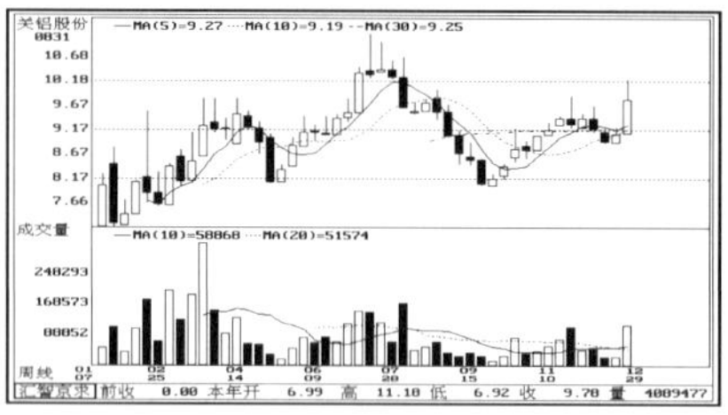

0831　关铝股份：流通股本 9750 万，主营重熔用铝锭。7 月 12 日最高价 11.18 元，1 月 4 日最低价 6.92 元，2000 年每股收益 0.2600 元。短线回调，持股观望。

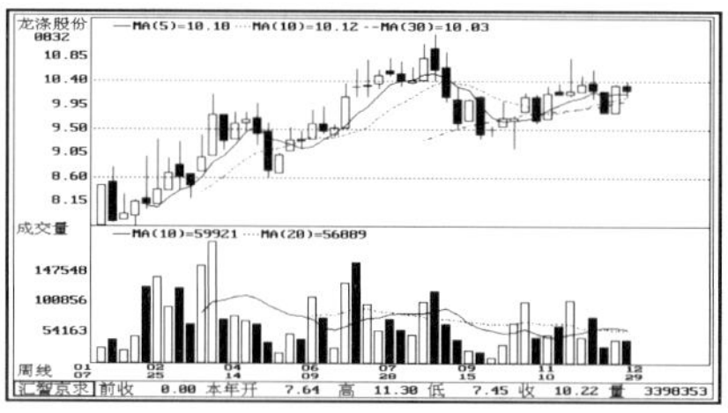

0832　龙涤股份：流通股本 10200 万，主营聚酯熔体、聚酯切片。8 月 22 日最高价 11.30 元，1 月 4 日最低价 7.45 元，2000 年每股收益 0.2863 元。均线反压大，不宜介入。

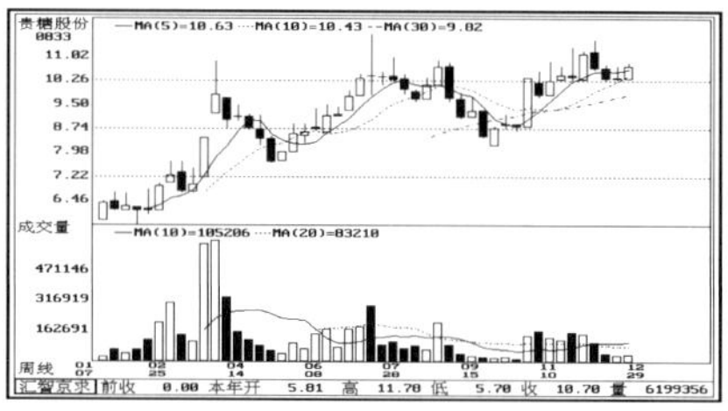

0833　贵糖股份：流通股本 8000 万，主营甘蔗制糖及蔗渣造纸。7 月 11 日最高价 11.78 元，1 月 28 日最低价 5.70 元，2000 年每股收益 0.1500 元。上升压力沉重，需淡化阻力。

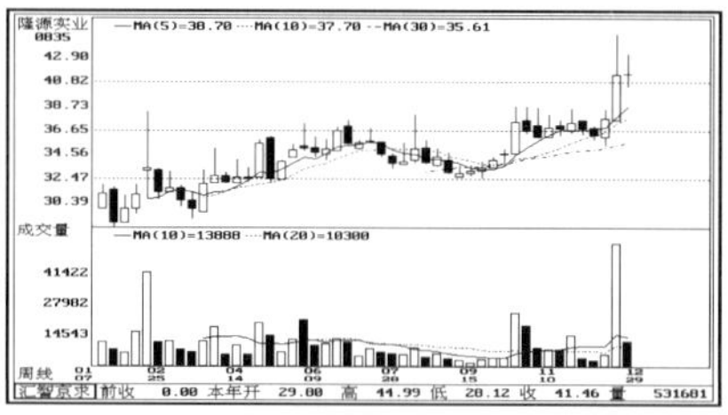

0835　隆源实业：流通股本 1329 万，主营阀控式铅酸蓄电池。12 月 20 日最高价 44.99 元，1 月 17 日最低价 28.12 元，2000 年每股收益 0.2900 元。整理走势，短线有一定压力。

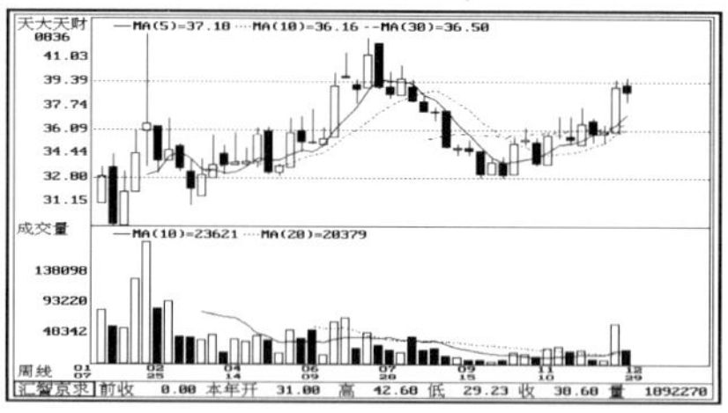

0836　天大天财：流通股本 3900 万，主营计算机软硬件。2 月 17 日最高价 42.68 元，1 月 17 日最低价 29.23 元，2000 年每股收益 0.5900 元。均线反压大，不宜介入。

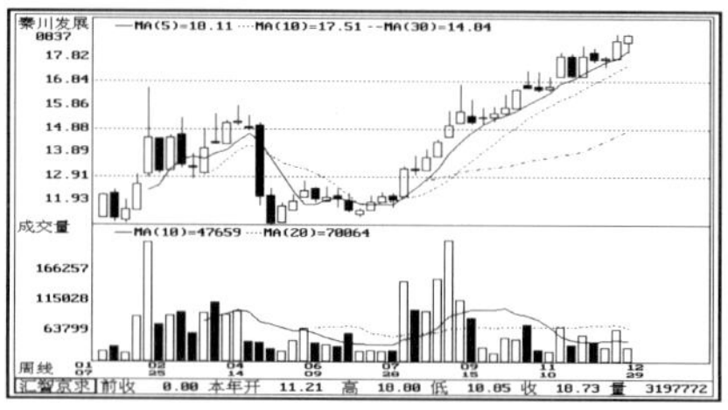

0837　秦川发展：流通股本 6592 万，主营数控精密机床。12 月 29 日最高价 18.80 元，5 月 15 日最低价 10.85 元，2000 年每股收益 0.3000 元。回升趋势，持股观望。

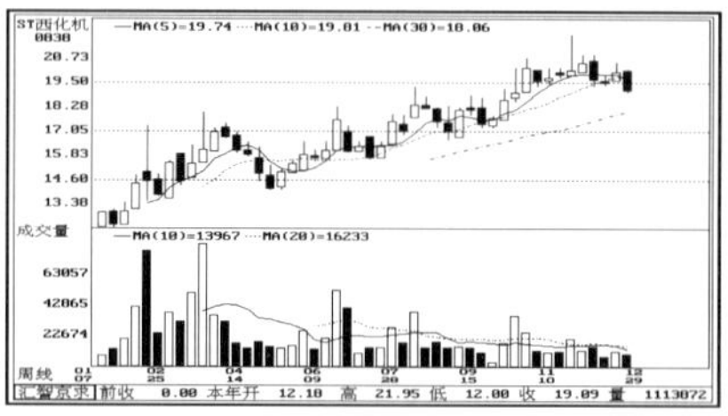

0838　ST 西化机：流通股本 1755 万，主营化工机械设备。11 月 23 日最高价 21.95 元，1 月 13 日最低价 12.00 元，2000 年每股收益 -0.5070 元。上行欲望不强，仍有整理。

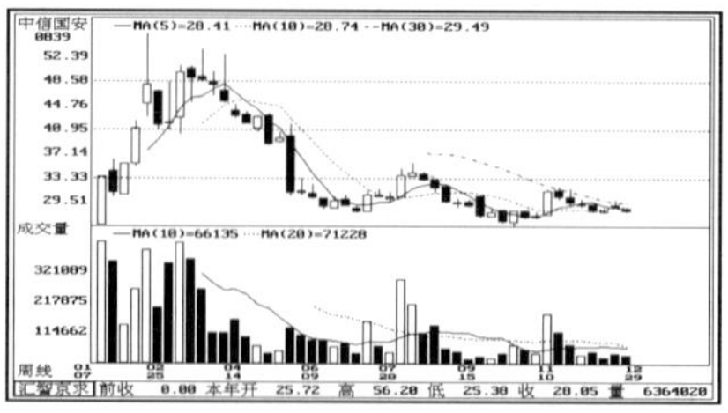

0839　中信国安：流通股本 17837 万，主营信息网络基础设施。2 月 17 日最高价 56.20 元，10 月 17 日最低价 25.38 元，2000 年每股收益 0.4505 元。上行抛压沉重，观望为宜。

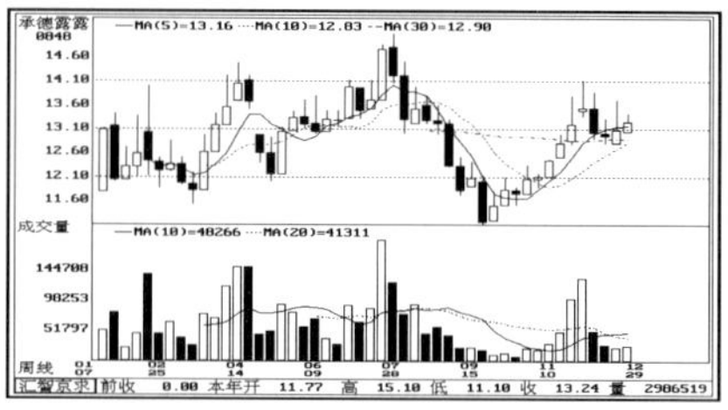

0848　承德露露：流通股本 9100 万，主营杏仁露。7 月 24 日最高价 15.10 元，9 月 25 日最低价 11.10 元，2000 年每股收益 0.2100 元。短线有一定的压力，正在调整。

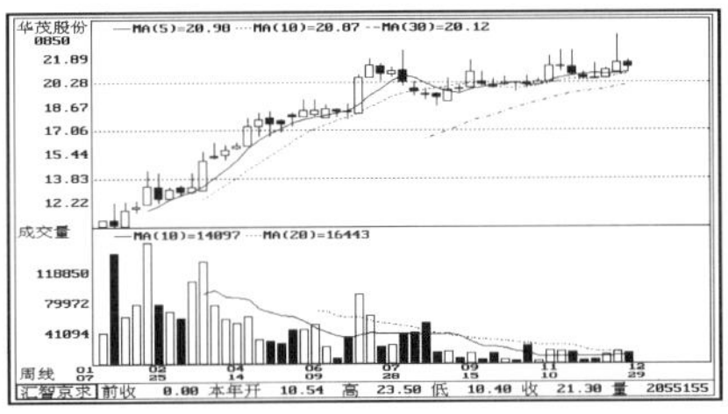

0850　华茂股份:流通股本4993万,主营棉、毛、麻、丝。12月19日最高价23.50元,1月6日最低价10.40元,2000年每股收益0.6200元。可望回落整理,后市观望为主。

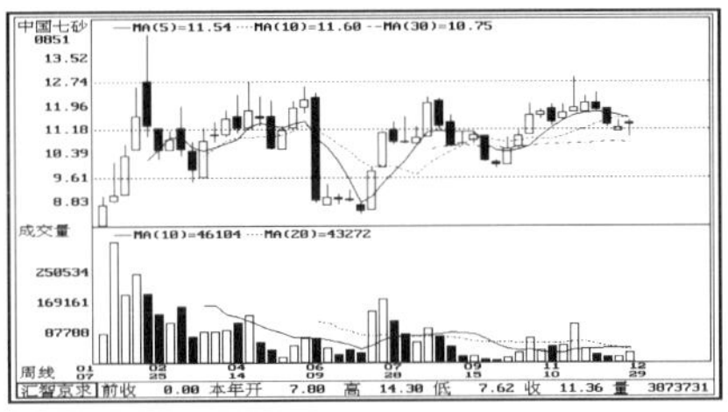

0851　中国七砂:流通股本5850万,主营磨料、耐火材料。2月17日最高价14.30元,1月4日最低价7.62元,2000年每股收益-0.0800元。短线走弱,观望为主。

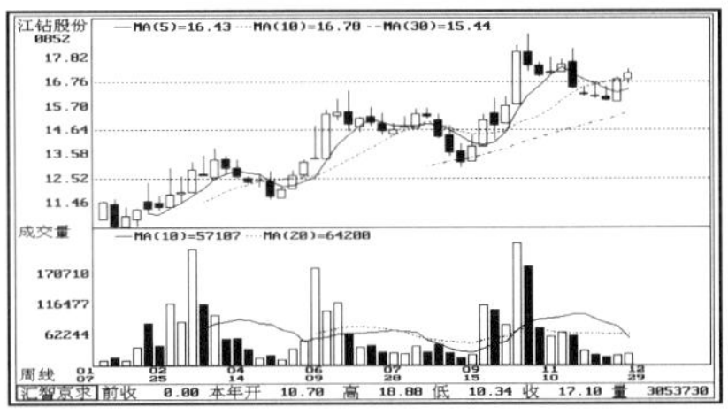

0852　江钻股份:流通股本4991万,主营油用及矿用材料。10月25日最高价18.88元,1月17日最低价10.34元,2000年每股收益0.3730元。均线反压大,不宜介入。

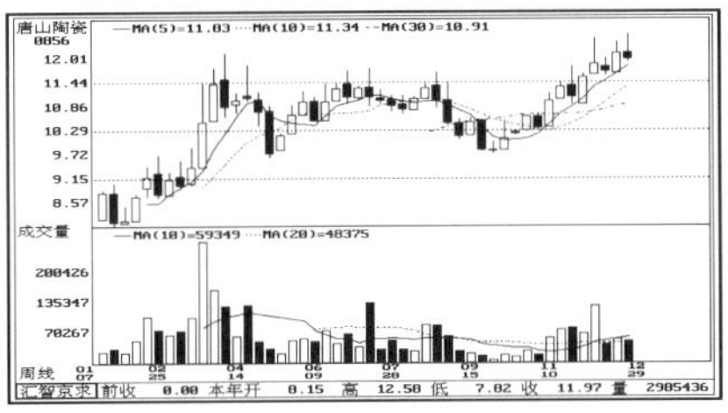

0856　唐山陶瓷:流通股本6499万,主营日用陶瓷、卫生陶瓷。12月26日最高价12.58元,1月24日最低价7.82元,2000年每股收益0.1900元。仍处弱势,观望为主。

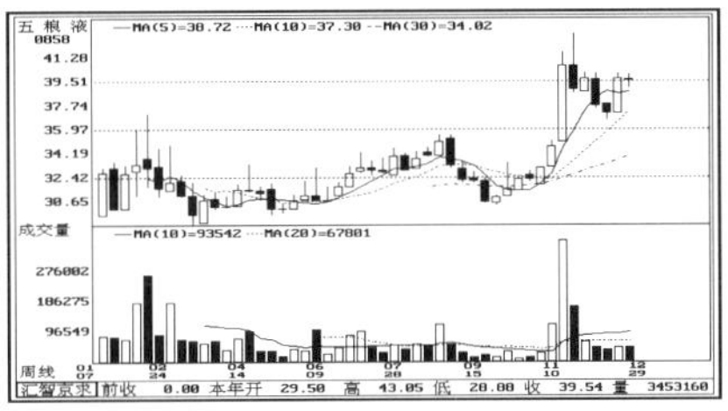

0858　五　粮　液:流通股本12000万,主营五粮液系列酒。11月20日最高价43.05元,3月17日最低价28.88元,2000年每股收益1.6000元。短线走淡,暂宜观望。

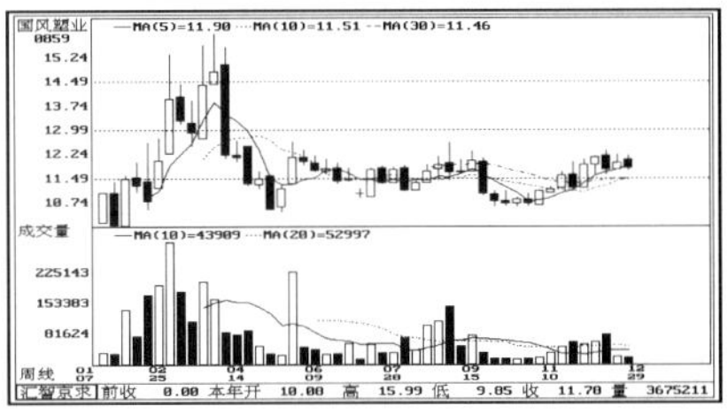

0859　国风塑业:流通股本8990万,主营塑料制品。3月29日最高价15.99元,1月17日最低价9.85元,2000年每股收益0.2100元。上档压力加重,暂不参与。

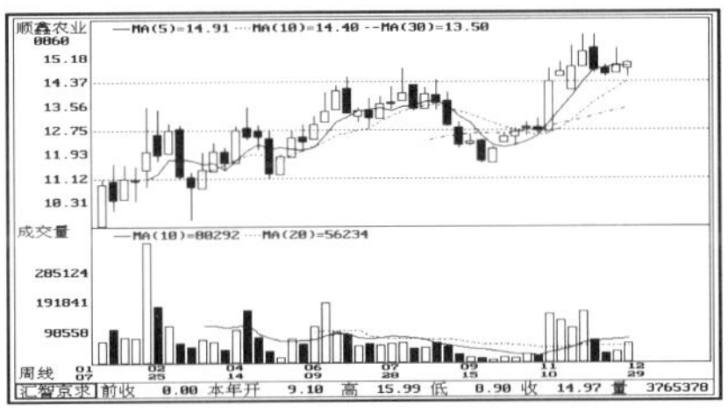

0860　顺鑫农业:流通股本6990万,主营白酒生产与销售。11月27日最高价15.99元,1月4日最低价8.90元,2000年每股收益0.2730元。上行动力不足,还需储蓄动能。

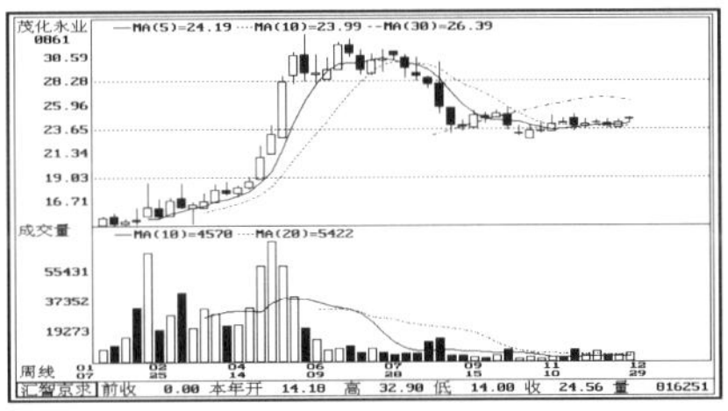

0861　茂化永业:流通股本2112万,主营炭黑系列产品。5月29日最高价32.90元,1月19日最低价14.00元,2000年每股收益0.0800元。有走强的欲望,但动力不足。

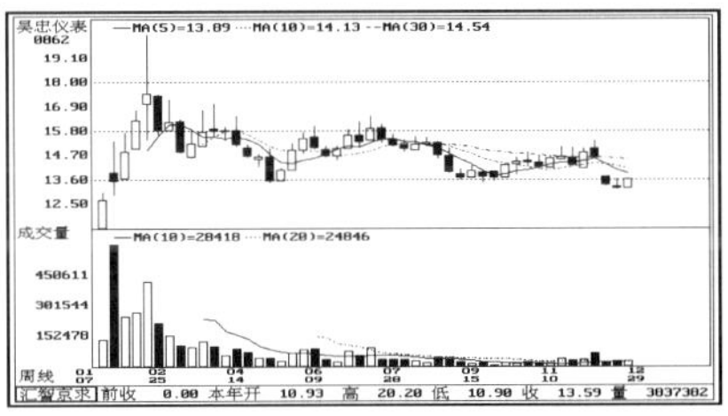

0862　吴忠仪表:流通股本11689万,主营工业自动化仪表。2月17日最高价20.20元,1月4日最低价10.90元,2000年每股收益0.2300元。中线已趋淡,趁反弹减磅。

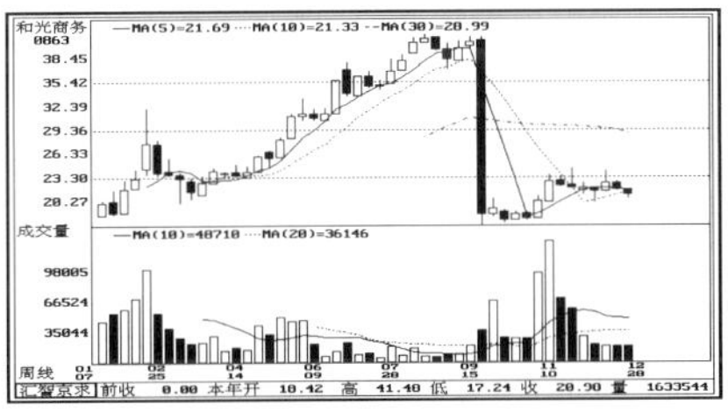

0863　和光商务:流通股本3900万,主营商业自动化产品。8月14日最高价41.48元,9月22日最低价17.24元,2000年每股收益0.2470元。长期低位整理,走强难度大。

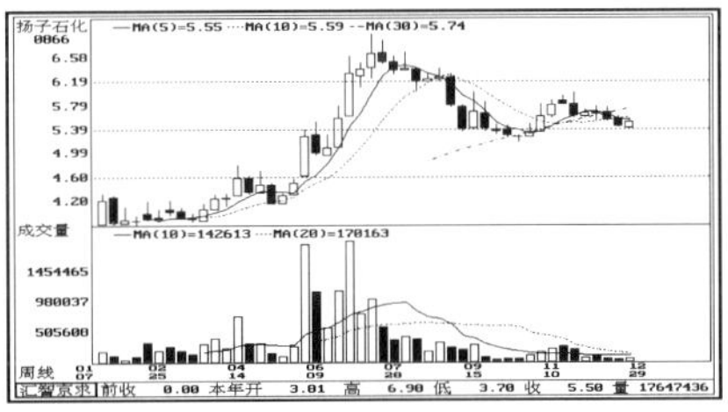

0866　扬子石化:流通股本35000万,主营石油炼制。7月11日最高价6.98元,2月16日最低价3.70元,2000年每股收益0.2800元。有走强的欲望,但动力不足。

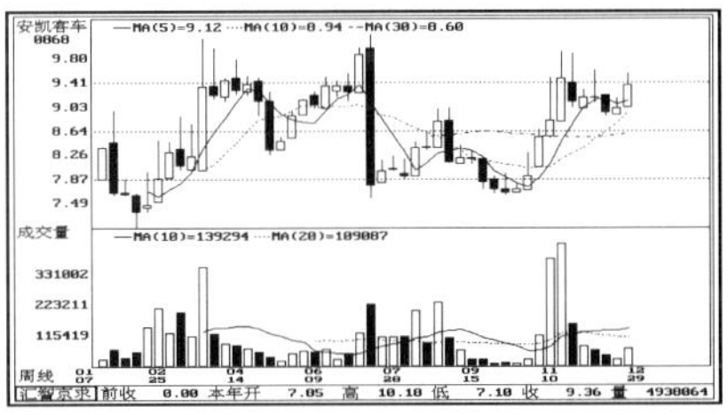

0868　安凯客车:流通股本10140万,主营“ANKAI牌”高档客车。7月10日最高价10.18元,1月28日最低价7.10元,2000年每股收益0.0550元。仍未走强,上方压力大。

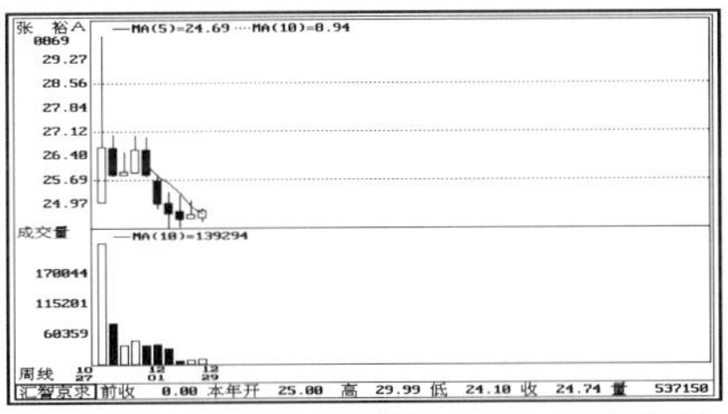

0869　张　　裕A:流通股本3200万,主营以葡萄、苹果为原料的葡萄酒、白兰地、香槟酒的生产和销售。10月26日最高价29.99元,10月26日最低价24.10元,2000年每股收益0.4900元。上档有一定压力,不介入为宜。

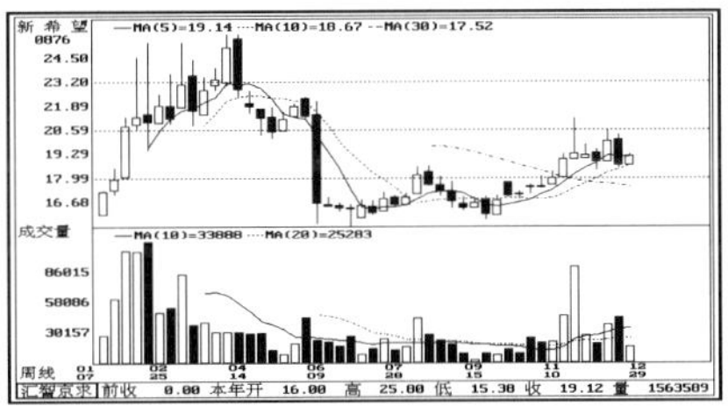

0876　新　希　望:流通股本5187万,主营各种饲料的开发。4月7日最高价25.80元,6月30日最低价15.38元,2000年每股收益0.3020元。中线已趋淡,趁反弹减磅。

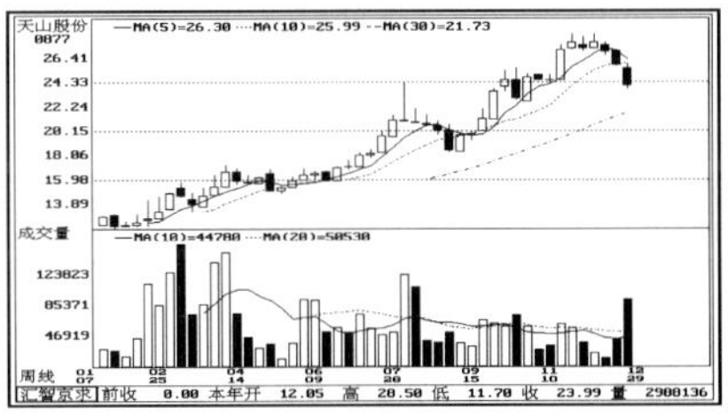

0877　天山股份:流通股本6500万,主营水泥产品。12月6日最高价28.50元,1月17日最低价11.70元,2000年每股收益0.4695元。成交淡静,短线压力需消化。

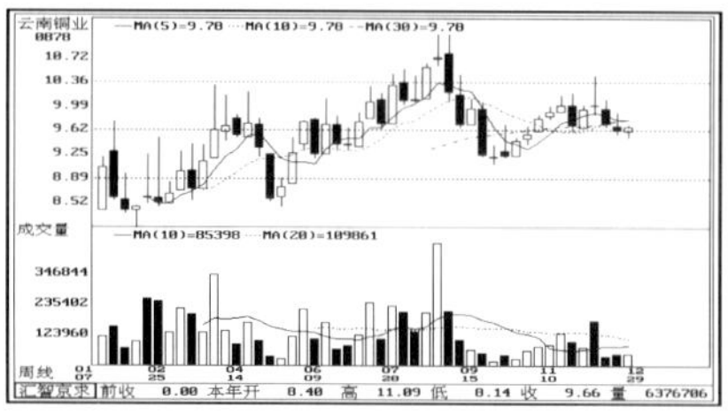

0878　云南铜业：流通股本21589万，主营电解铜、铜线杆。8月22日最高价11.09元，1月24日最低价8.14元，2000年每股收益0.2140元。中线已趋淡，趁反弹减磅。

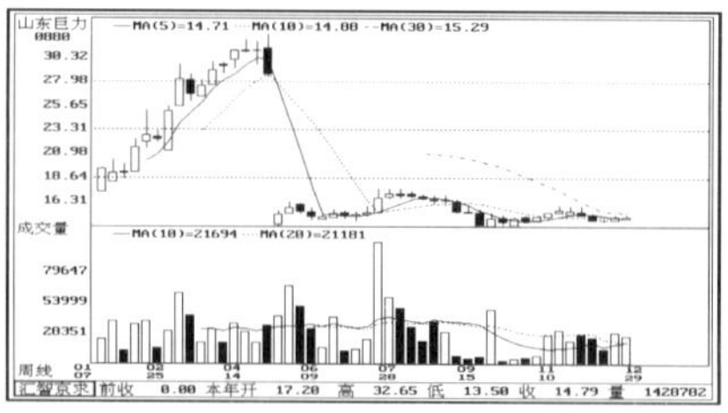

0880　山东巨力：流通股本5000万，主营农用三轮运输车。5月9日最高价32.65元，9月25日最低价13.50元，2000年每股收益0.4000元。上档抛压大，不介入。

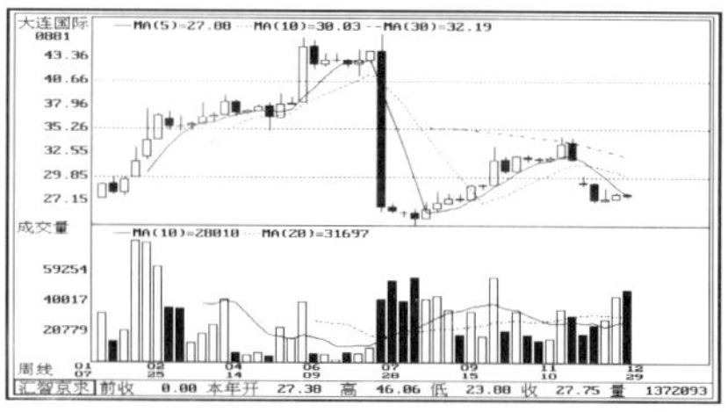

0881　大连国际：流通股本15792万，主营国内外工程承包。7月19日最高价46.06元，7月25日最低价23.88元，2000年每股收益0.3000元。调整走势，宜中线关注。

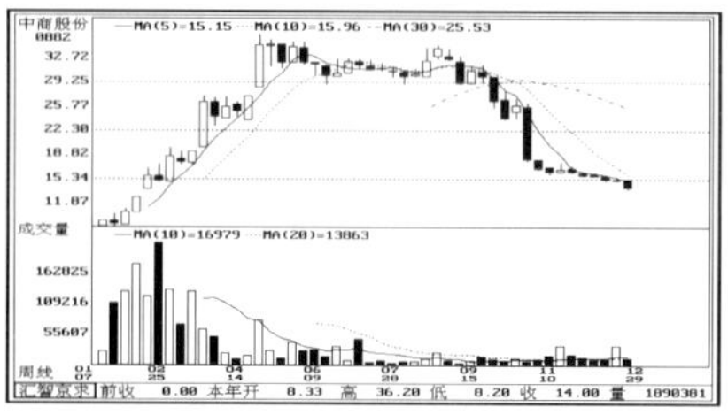

0882　中商股份：流通股本6300万，主营商用高新技术的开发。4月28日最高价36.20元，1月4日最低价8.20元，2000年每股收益0.0600元。整理走势，关注均线支撑。

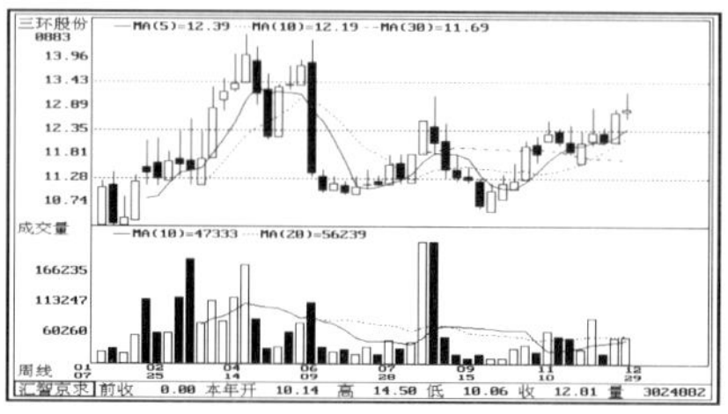

0883　三环股份：流通股本6600万，主营内燃机进排气门。4月19日最高价14.50元，1月24日最低价10.06元，2000年每股收益0.2270元。上升压力沉重，需淡化阻力。

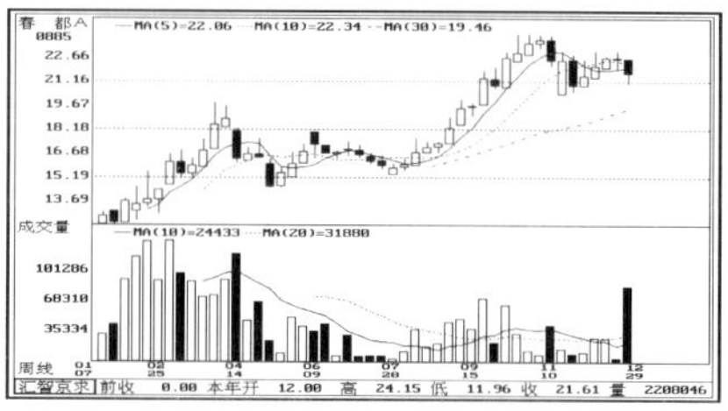

0885　春　都A：流通股本6000万，主营猪、牛等农副产品的深加工生产与销售。10月18日最高价24.15元，1月12日最低价11.96元，2000年每股收益-0.2250元。缓步盘升走势，持股观望。

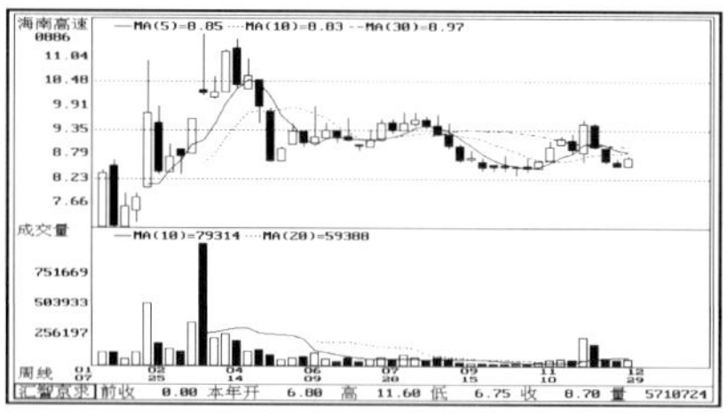

0886　海南高速：流通股本24781万，主营海南东线高速公路。3月21日最高价11.60元，1月4日最低价6.75元，2000年每股收益0.0730元。缩量整理，暂不介入。

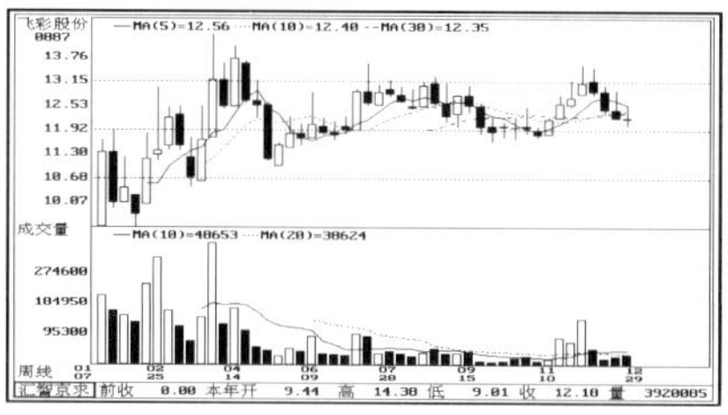

0887　飞彩股份：流通股本7000万，主营三轮农用车。3月29日最高价14.38元，1月4日最低价9.01元，2000年每股收益0.1504元。均线系统有压力，不介入为宜。

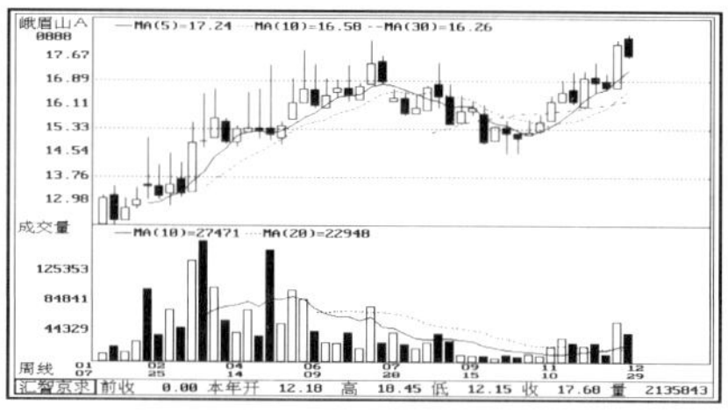

0888　峨眉山A：流通股本4000万，主营峨眉山风景区游山票。12月25日最高价18.45元，1月4日最低价12.15元，2000年每股收益0.2800元。上档压力沉重，不介入为宜。

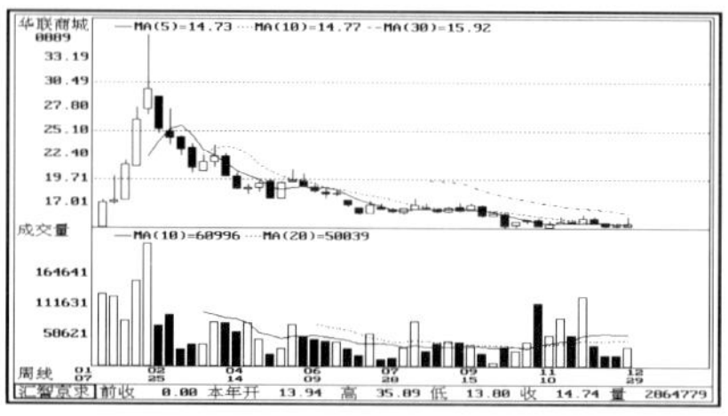

0889　华联商城：流通股本12337万，主营电子商务、信息咨询。2月17日最高价35.89元，1月4日最低价13.80元，2000年每股收益0.2520元。短线有调整要求，暂观望。

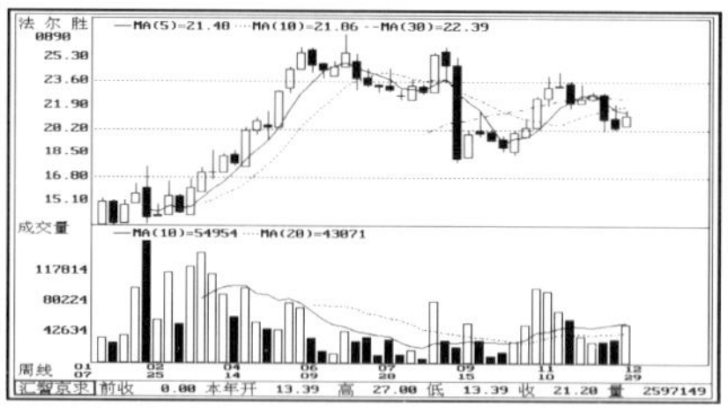

0890　法　尔　胜：流通股本8400万，主营金属制品、光棒。6月29日最高价27.00元，1月4日最低价13.39元，2000年每股收益0.3500元。短线有回档压力，不入为宜。

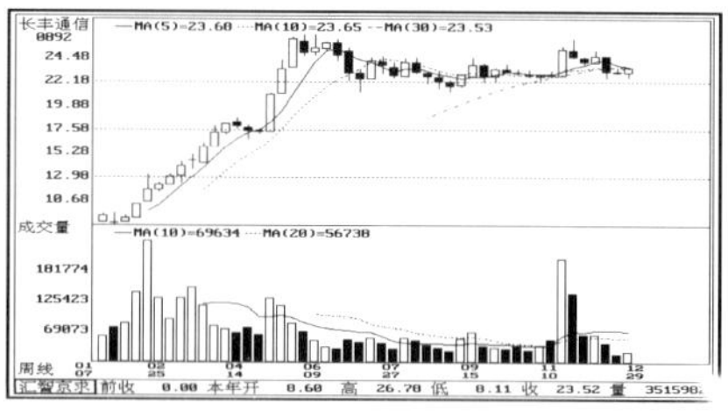

0892　长丰通信：流通股本8000万，主营通信产业投资。5月29日最高价26.78元，1月19日最低价8.11元，2000年每股收益0.2900元。有上攻的欲望，但动力不足。

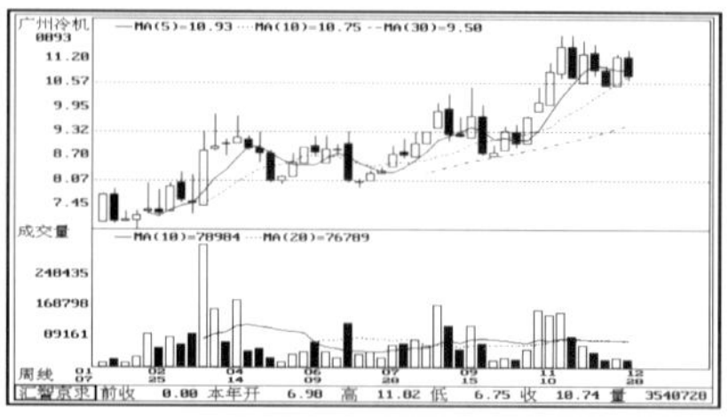

0893　广州冷机：流通股本5691万，主营制冷压缩机。11月21日最高价11.82元，1月24日最低价6.75元，2000年每股收益-0.4160元。短线走弱，观望为主。

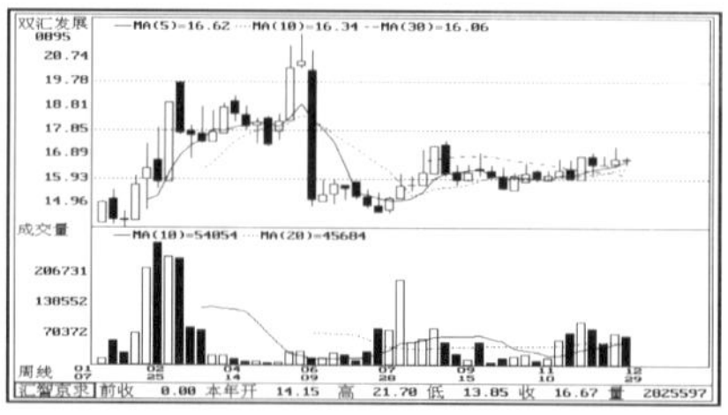

0895　双汇发展：流通股本8434万，主营食品加工及销售。6月1日最高价21.70元，7月25日最低价13.85元，2000年每股收益0.5290元。无企稳迹象，一般观望。

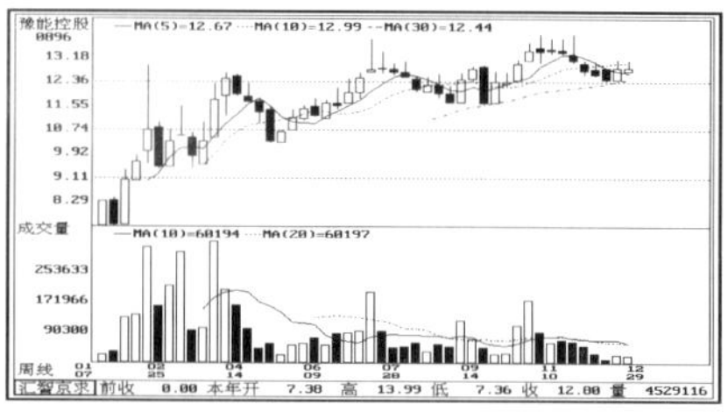

0896　豫能控股：流通股本7993万，主营火力发电。11月23日最高价13.99元，1月4日最低价7.36元，2000年每股收益0.1930元。短线有一定的压力，正在调整。

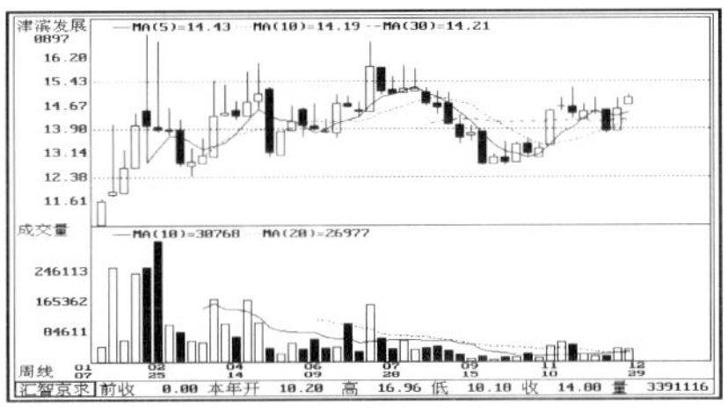

0897　津滨发展:流通股本 8000 万,主营天津开发区基础设施。2 月 15 日最高价 16.96 元,1 月 4 日最低价 10.18 元,2000 年每股收益 0.2283 元。上档压力沉重,不介入为宜。

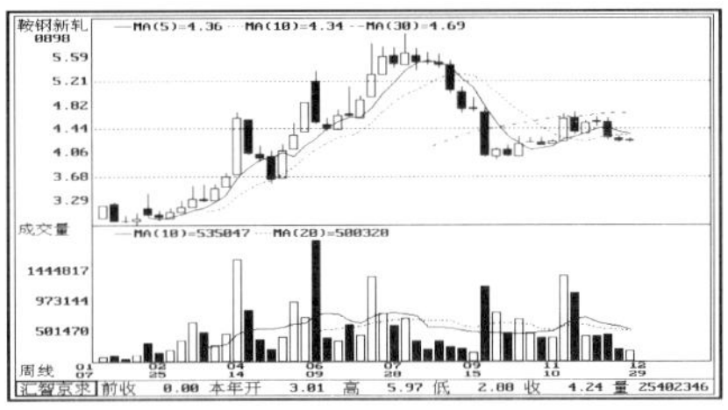

0898　鞍钢新轧:流通股本 74269 万,主营生产、销售冷轧板。8 月 3 日最高价 5.97 元,1 月 24 日最低价 2.88 元,2000 年每股收益 0.1680 元。短线回档,仍可持股不动。

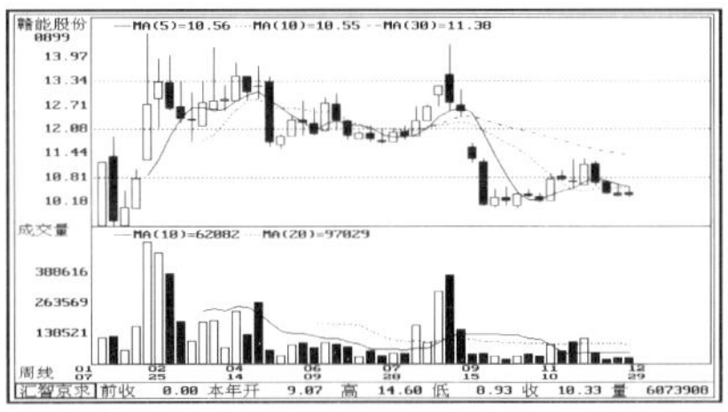

0899　赣能股份:流通股本 17879 万,主营火力发电。2 月 17 日最高价 14.60 元,1 月 4 日最低价 8.93 元,2000 年每股收益 0.1730 元。均线反压,短线趋势仍淡。

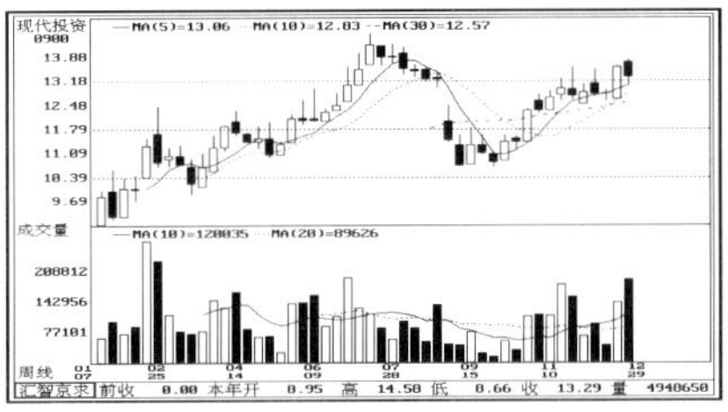

0900　现代投资:流通股本 16800 万,主营投资经营公路。7 月 13 日最高价 14.58 元,1 月 4 日最低价 8.66 元,2000 年每股收益 0.3700 元。需继续在低位震荡整理。

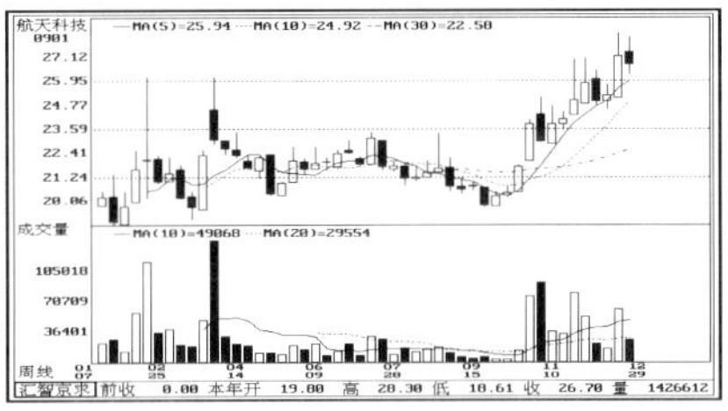

0901　航天科技:流通股本 3000 万,主营汽车电子仪表。12 月 21 日最高价 28.30 元,1 月 17 日最低价 18.61 元,2000 年每股收益 0.2030 元。整理走势,短线有一定压力。

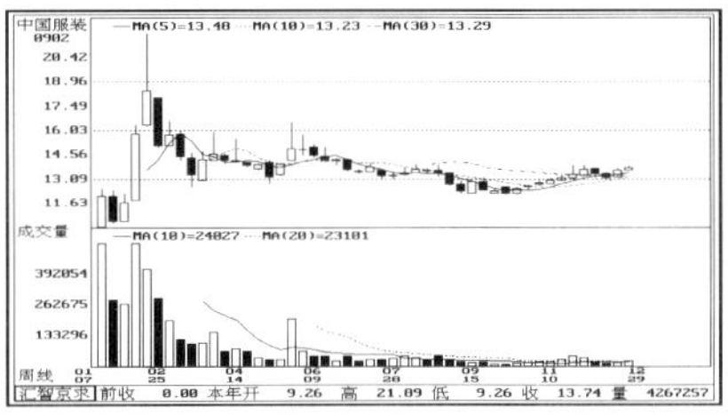

0902　中国服装:流通股本 6500 万,主营纺织服装类产品。2 月 17 日最高价 21.89 元,1 月 4 日最低价 9.26 元,2000 年每股收益 0.1700 元。上档抛压较重,持股观望。

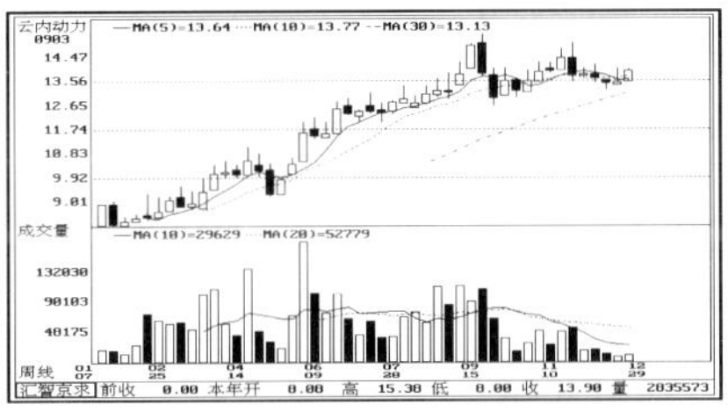

0903　云内动力:流通股本 6000 万,主营多缸柴油机的开发。9 月 18 日最高价 15.38 元,1 月 17 日最低价 8.00 元,2000 年每股收益 0.4400 元。弱势,抛压重,观望。

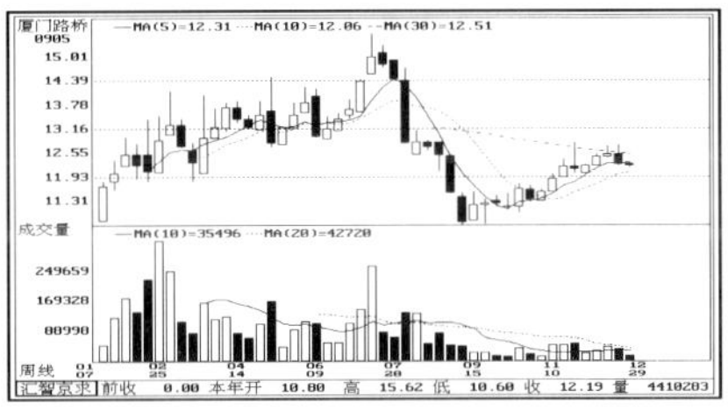

0905　厦门路桥:流通股本 9500 万,主营过桥费的征收、管理、维护。7 月 10 日最高价 15.62 元,9 月 6 日最低价 10.60 元,2000 年每股收益 0.1060 元。短线有减持迹象,暂不介入。

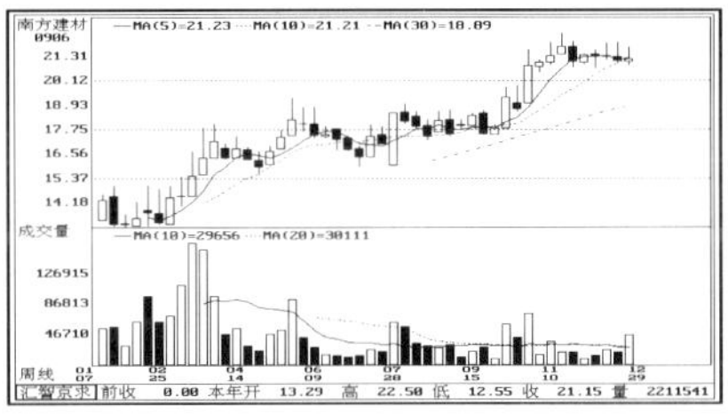

0906　南方建材:流通股本 3500 万,主营生产、销售建筑材料。11 月 16 日最高价 22.50 元,2 月 23 日最低价 12.55 元,2000 年每股收益 0.2860 元。处调整中,暂可持股观望。

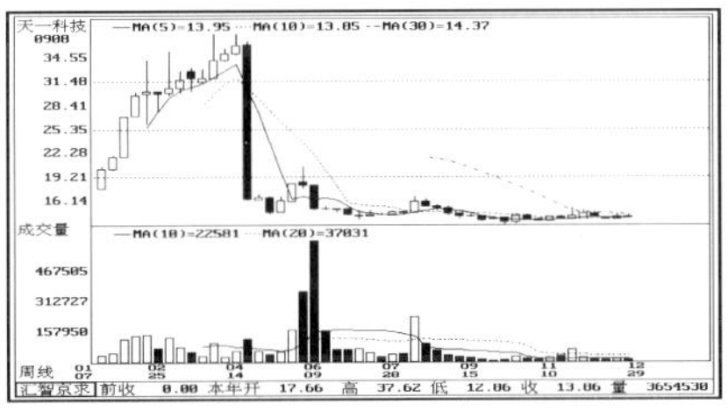

0908　天一科技:流通股本 8988 万,主营泵业及输变电设备。4 月 13 日最高价 37.62 元,10 月 17 日最低价 12.86 元,2000 年每股收益 0.1650 元。上档压力较大,观望为宜。

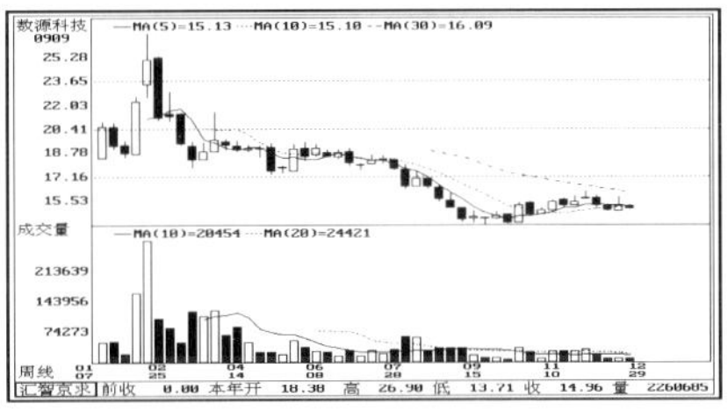

0909　数源科技:流通股本 6000 万,主营数字(模拟)彩色电视。2 月 15 日最高价 26.90 元,9 月 6 日最低价 13.71 元,2000 年每股收益 0.0178 元。中线已趋淡,趁反弹减磅。

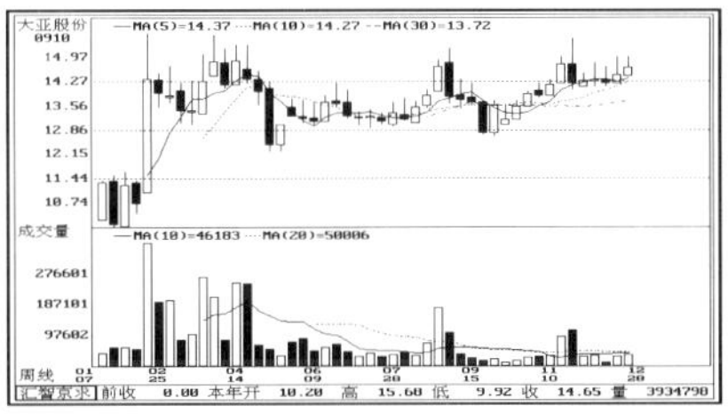

0910　大亚股份:流通股本 8000 万,主营彩色印刷、柔性印刷。2 月 18 日最高价 15.68 元,1 月 17 日最低价 9.92 元,2000 年每股收益 0.2500 元。短线调整中,反弹时可适当介入。

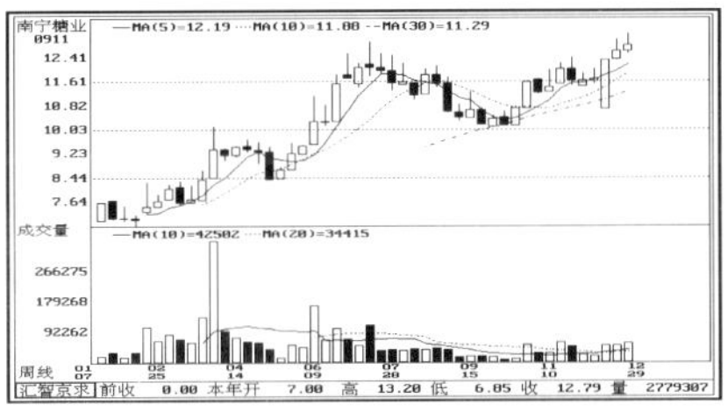

0911　南宁糖业:流通股本 5600 万,主营机制糖、酒精。12 月 27 日最高价 13.20 元,1 月 28 日最低价 6.85 元,2000 年每股收益 0.2456 元。上升压力沉重,需淡化阻力。

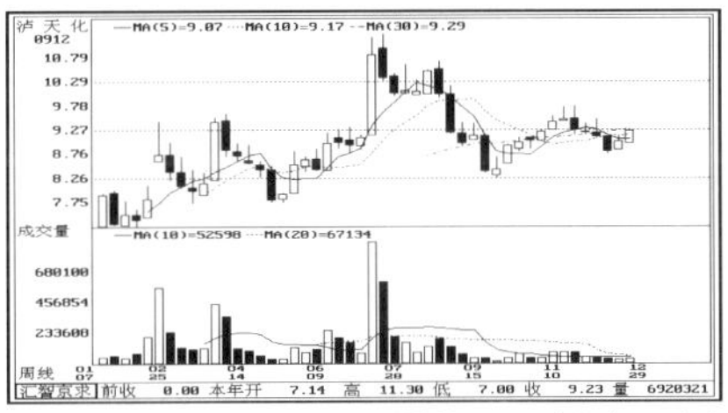

0912　泸　天　化:流通股本 15000 万,主营生产、销售尿素。7 月 17 日最高价 11.30 元,1 月 4 日最低价 7.00 元,2000 年每股收益 0.2770 元。上档有均线压力,不介入为宜。

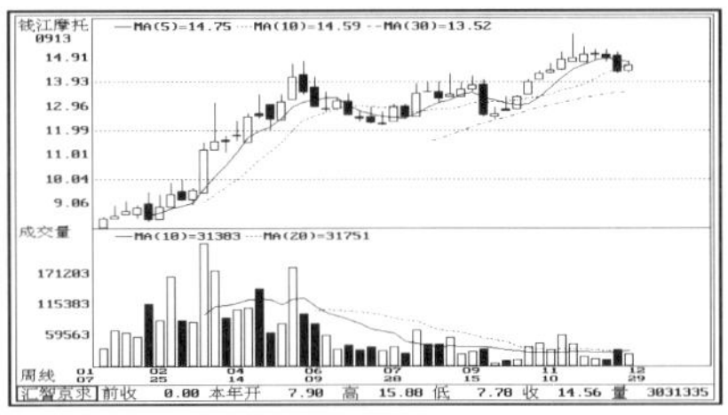

0913　钱江摩托:流通股本 6500 万,主营摩托车及其配件。11 月 21 日最高价 15.88 元,1 月 4 日最低价 7.78 元,2000 年每股收益 0.5300 元。上档有均线压力,不介入为宜。

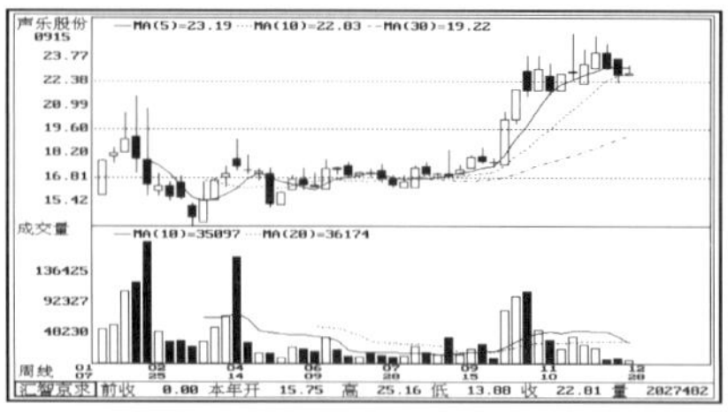

0915　声乐股份：流通股本3000万，主营鞋及其配套材料。11月23日最高价25.16元，3月16日最低价13.88元，2000年每股收益-0.0333元。弱势，抛压重，观望。

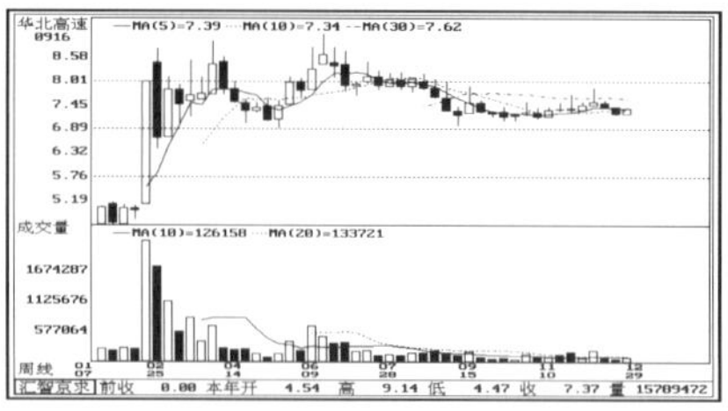

0916　华北高速：流通股本33997万，主营经营京津塘高速公路。6月14日最高价9.14元，1月4日最低价4.47元，2000年每股收益0.2576元。整理走势，关注均线支撑。

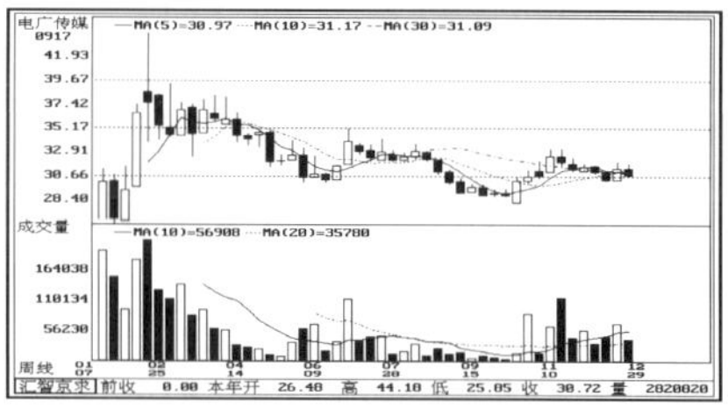

0917　电广传媒：流通股本11800万，主营策划国内外各类广告。2月15日最高价44.18元，1月17日最低价25.85元，2000年每股收益0.5600元。短线压力仍大，形态需时修整。

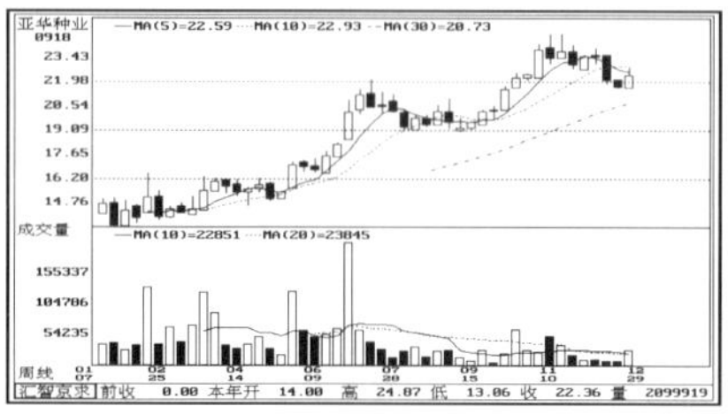

0918　亚华种业：流通股本6000万，主营农作物种子、种苗。11月8日最高价24.87元，2月29日最低价13.06元，2000年每股收益0.3700元。短线走淡，暂不宜介入。

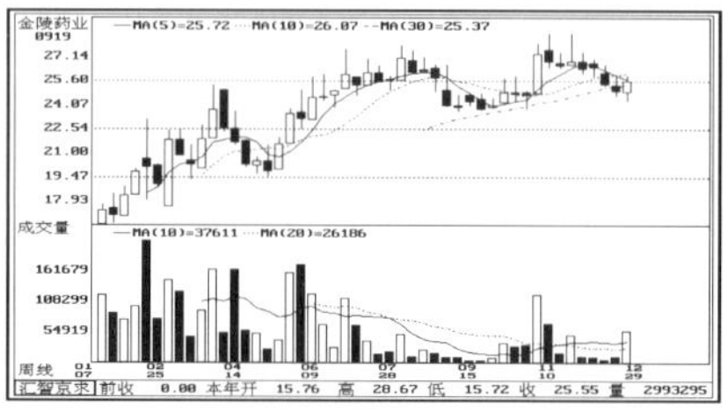

0919　金陵药业：流通股本8000万，主营中药原料和制剂。11月7日最高价28.67元，1月4日最低价15.72元，2000年每股收益0.4240元。弱势，抛压重，观望。

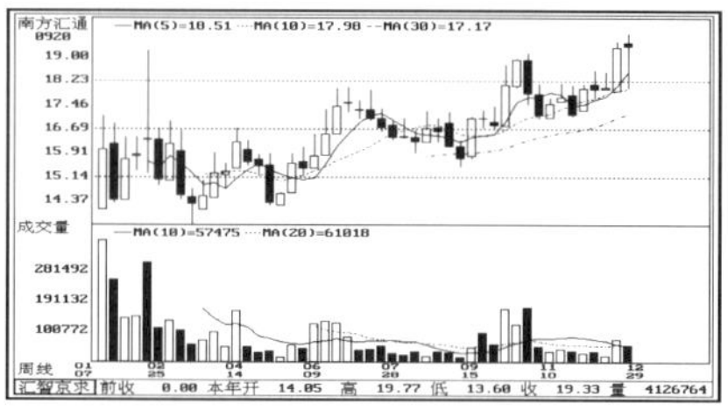

0920　南方汇通：流通股本7000万，主营铁路货车大修理。12月25日最高价19.77元，3月17日最低价13.60元，2000年每股收益0.3900元。仍需整理，观望为宜。

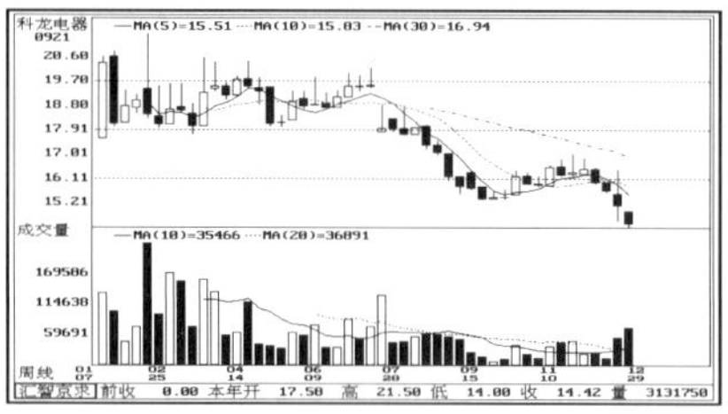

0921　科龙电器：流通股本11000万，主营制造电冰箱、空调。2月15日最高价21.50元，12月26日最低价14.00元，2000年每股收益-0.6800元。短线调整中，反弹时可适当介入。

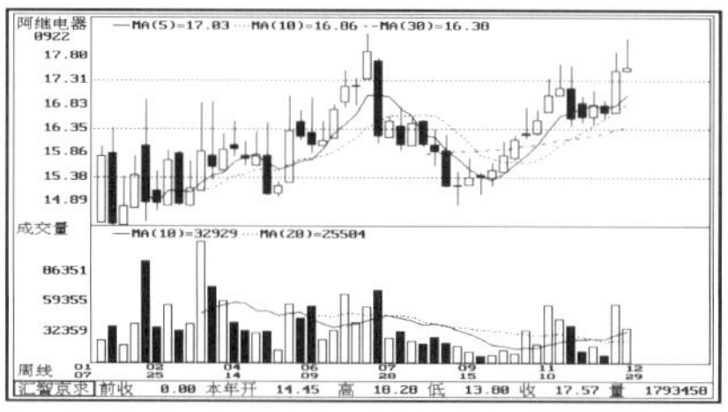

0922　阿继电器：流通股本5500万，主营继电器等元件类产品。7月12日最高价18.28元，1月17日最低价13.80元，2000年每股收益0.2100元。大幅回调，短线仍有整理。

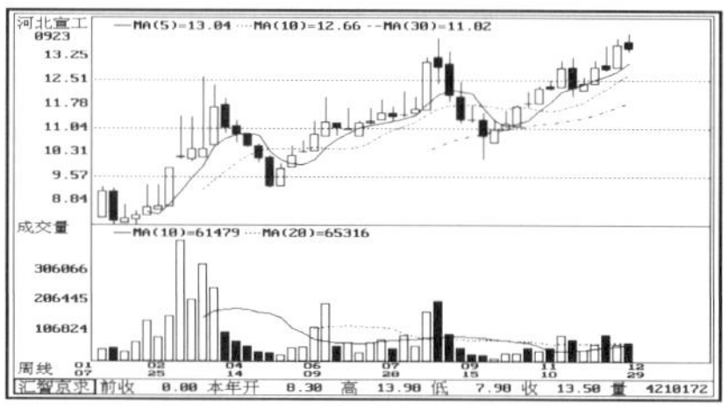

0923　河北宣工：流通股本5500万，主营推土机、装载机。12月26日最高价13.98元，1月24日最低价7.98元，2000年每股收益0.1500元。上档压力沉重，不介入为宜。

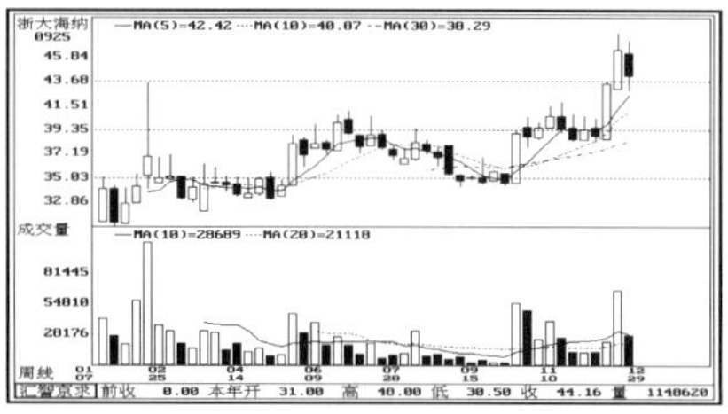

0925　浙大海纳：流通股本3000万，主营单晶硅及其制品。12月21日最高价48.00元，1月4日最低价30.50元，2000年每股收益0.3400元。处中期箱体内，可持股观望。

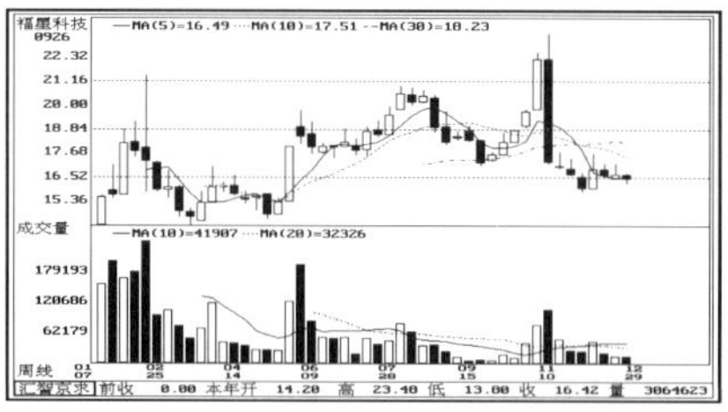

0926　福星科技：流通股本7150万，主营钢丝绳、钢丝。11月8日最高价23.48元，3月14日最低价13.80元，2000年每股收益0.3110元。反弹潜力欠佳，仍可持股。

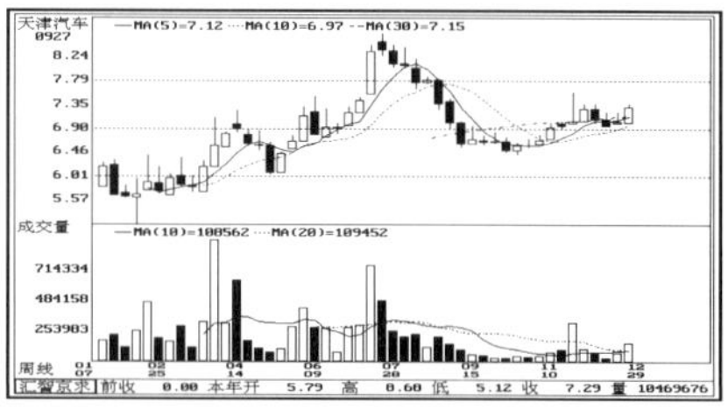

0927　天津汽车：流通股本21800万，主营轿车、汽车发动机。7月17日最高价8.68元，1月28日最低价5.12元，2000年每股收益0.1940元。上升动力不足，谨慎持有。

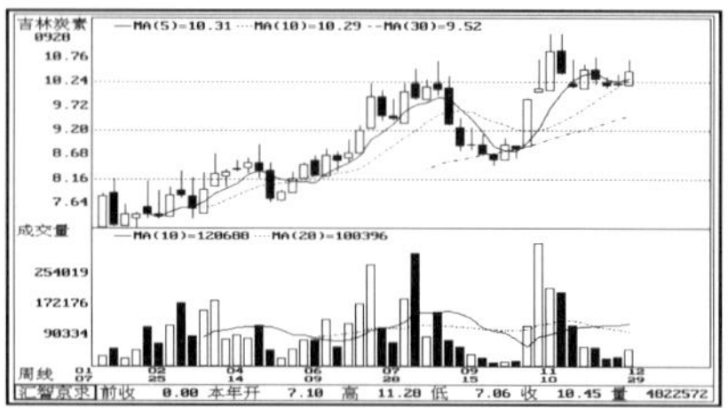

0928　吉林炭素：流通股本9000万，主营炭素石墨制品。11月9日最高价11.28元，1月4日最低价7.06元，2000年每股收益0.1500元。上档有一定压力，不介入为宜。

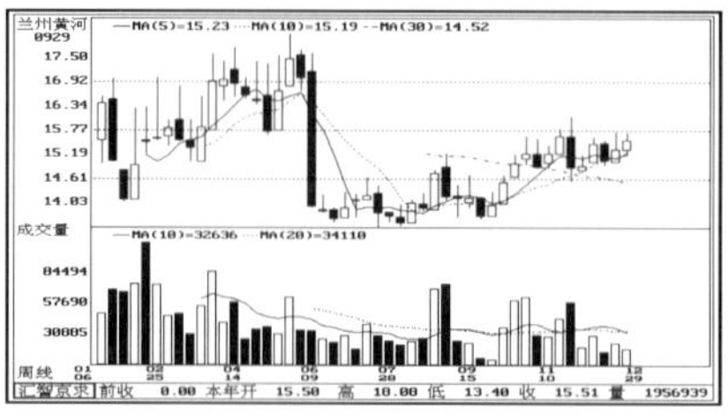

0929　兰州黄河：流通股本5400万，主营啤酒、麦芽、饲料。5月26日最高价18.08元，6月20日最低价13.40元，2000年每股收益0.0300元。无企稳迹象，一般观望。

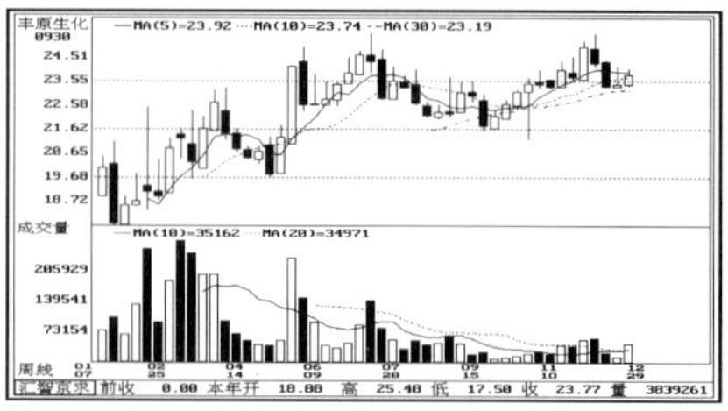

0930　丰原生化：流通股本6000万，主营有机酸及其盐类。7月12日最高价25.48元，1月24日最低价17.50元，2000年每股收益0.5900元。上档压力沉重，不介入为宜。

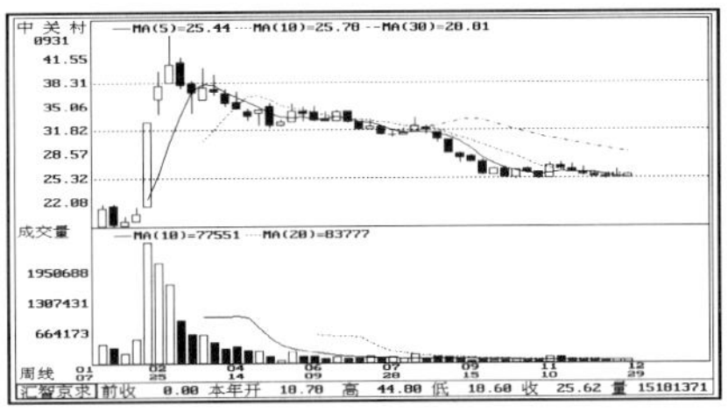

0931 中 关 村：流通股本 37485 万，主营信息通信、生物医药。2 月 29 日最高价 44.80 元，1 月 19 日最低价 18.60 元，2000 年每股收益 0.2400 元。反弹乏力，不可轻易介入。

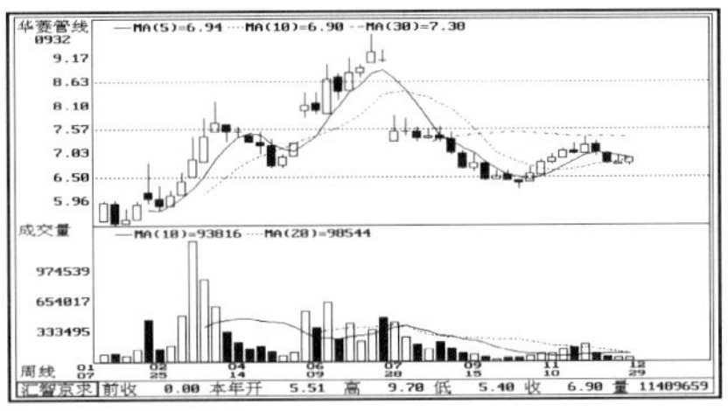

0932 华菱管线：流通股本 25000 万，主营钢坯、无缝钢管。7 月 13 日最高价 9.70 元，1 月 17 日最低价 5.40 元，2000 年每股收益 0.2327 元。调整未尽，继续观望。

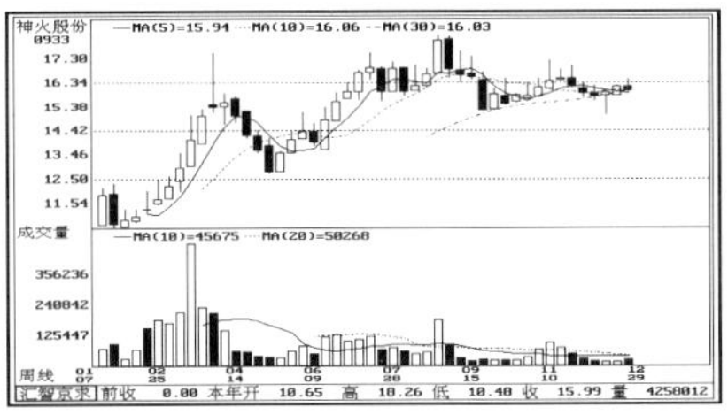

0933 神火股份：流通股本 7000 万，主营煤炭、洗选加工。8 月 25 日最高价 18.26 元，1 月 24 日最低价 10.48 元，2000 年每股收益 0.4183 元。上档有一定压力，不介入为宜。

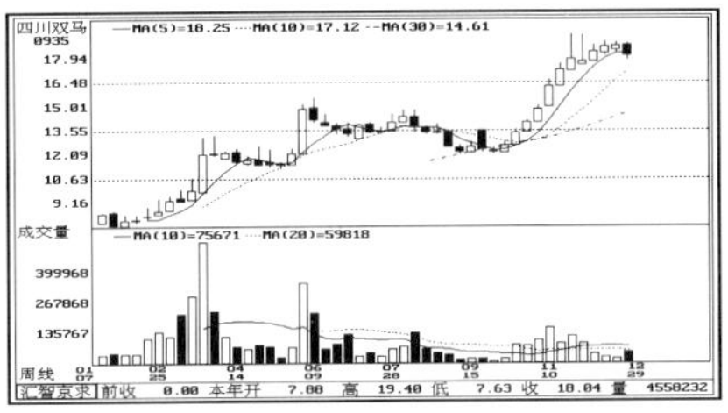

0935 四川双马：流通股本 5800 万，主营水泥的生产、销售。11 月 23 日最高价 19.40 元，1 月 18 日最低价 7.63 元，2000 年每股收益 0.3297 元。均线反压大，不宜介入。

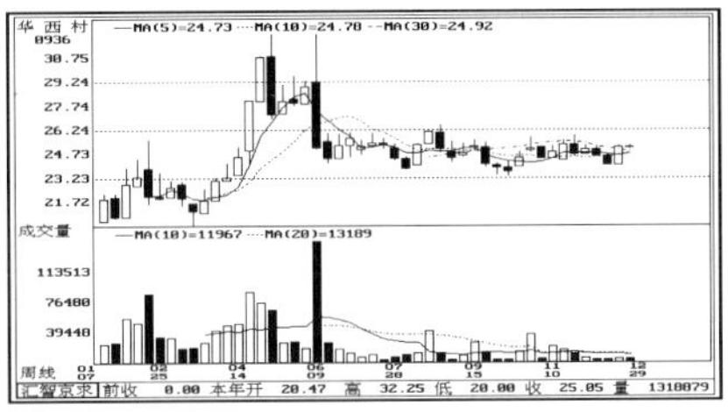

0936 华 西 村：流通股本 4200 万，主营纺织品和服装。5 月 9 日最高价 32.25 元，3 月 16 日最低价 20.00 元，2000 年每股收益 0.4100 元。整理走势，关注均线支撑。

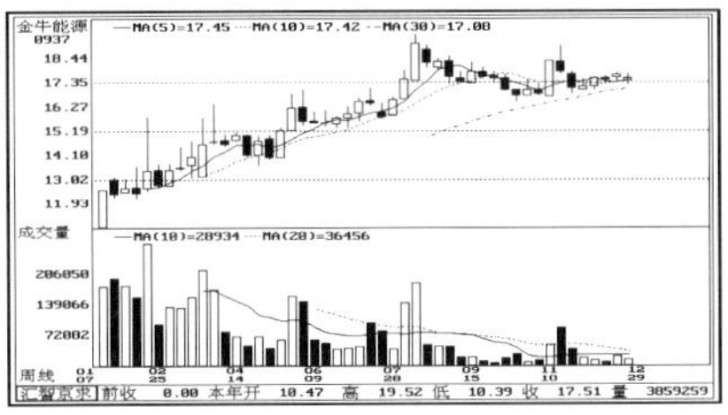

0937 金牛能源：流通股本 10000 万，主营煤炭生产及洗选加工。8 月 11 日最高价 19.52 元，1 月 4 日最低价 10.39 元，2000 年每股收益 0.4450 元。调整走势，短线出局观望。

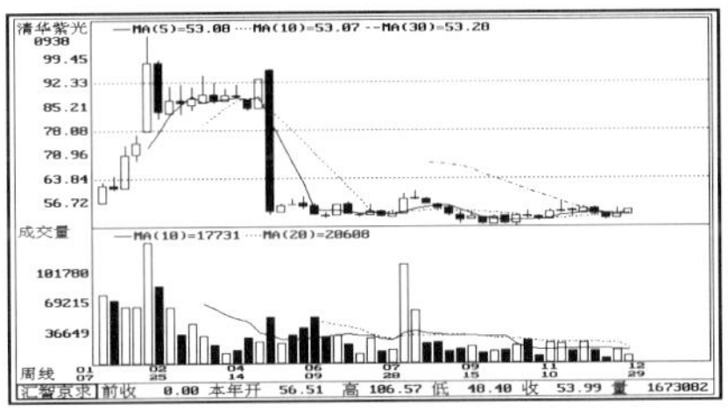

0938 清华紫光：流通股本 6400 万，主营信息电子类。2 月 17 日最高价 106.57 元，10 月 17 日最低价 48.40 元，2000 年每股收益 0.4040 元。上行动力不足，还需储蓄动能。

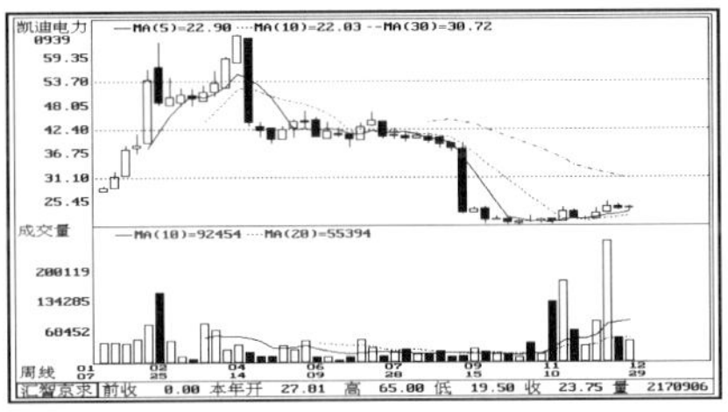

0939 凯迪电力：流通股本 9450 万，主营新能源、电力环保。4 月 13 日最高价 65.00 元，9 月 26 日最低价 19.50 元，2000 年每股收益 0.2500 元。整理走势，关注均线支撑。

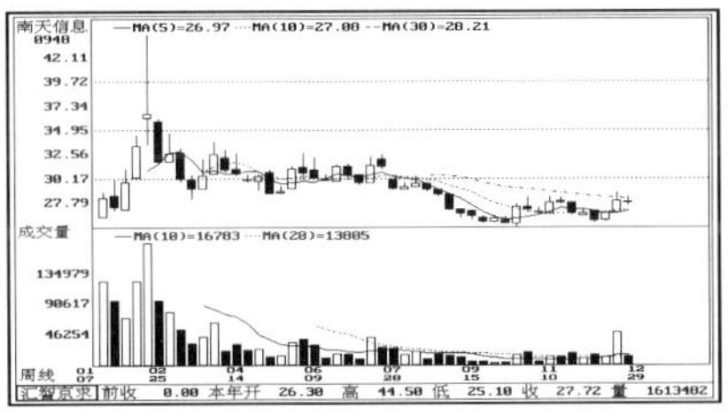

0948 南天信息：流通股本 4000 万，主营信息业软件开发。2 月 17 日最高价 44.50 元，10 月 17 日最低价 25.10 元，2000 年每股收益 0.3100 元。上行受阻，继续回调整理。

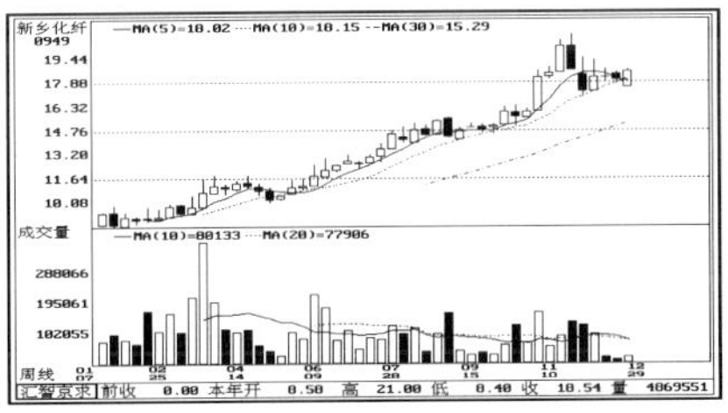

0949 新乡化纤：流通股本 7500 万，主营粘胶纤维。11 月 23 日最高价 21.00 元，1 月 18 日最低价 8.40 元，2000 年每股收益 0.4000 元。需继续在低位震荡整理。

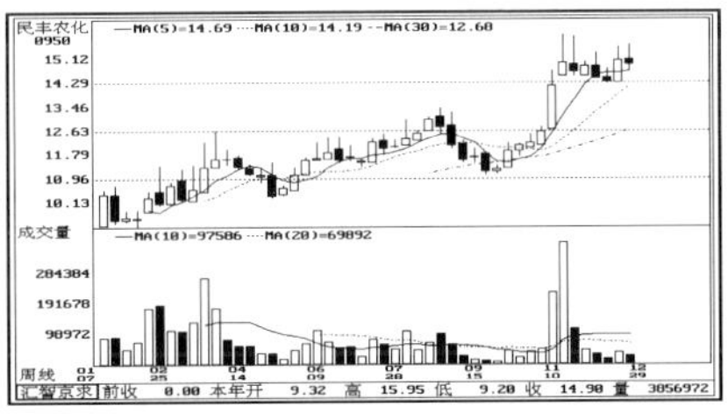

0950 民丰农化：流通股本 5500 万，主营农药系列产品。11 月 14 日最高价 15.95 元，1 月 24 日最低价 9.20 元，2000 年每股收益 0.2400 元。积蓄动力，中线可持。

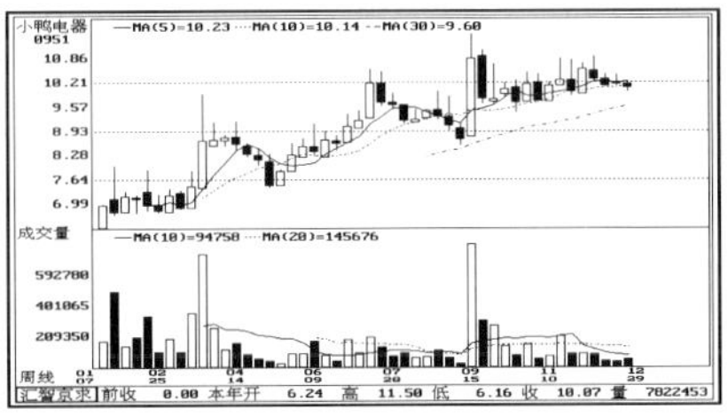

0951 小鸭电器：流通股本 9000 万，主营全自动滚筒洗衣机。9 月 13 日最高价 11.50 元，1 月 4 日最低价 6.16 元，2000 年每股收益 0.0366 元。短线有调整要求，暂观望。

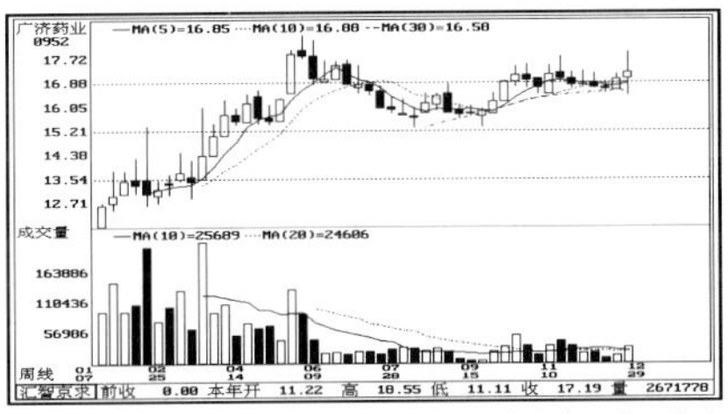

0952 广济药业：流通股本 5000 万，主营生产经营医药原料药。5 月 29 日最高价 18.55 元，1 月 4 日最低价 11.11 元，2000 年每股收益 0.1800 元。抛压沉重，暂不介入为宜。

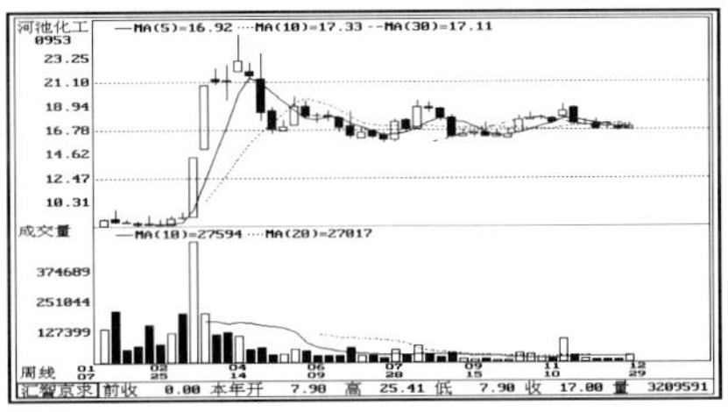

0953 河池化工：流通股本 6000 万，主营尿素及复合肥。4 月 13 日最高价 25.41 元，1 月 4 日最低价 7.90 元，2000 年每股收益 0.2100 元。短线有一定的压力，正在调整。

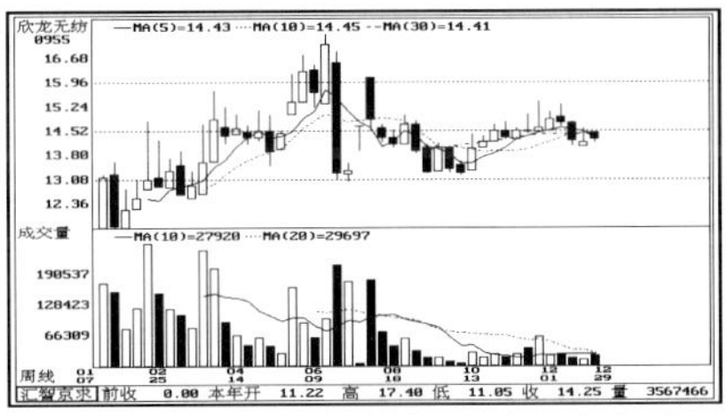

0955 欣龙无纺：流通股本 5500 万，主营无纺布系列产品。6 月 16 日最高价 17.40 元，1 月 4 日最低价 11.05 元，2000 年每股收益 0.0800 元。大幅回调，短线仍有整理。

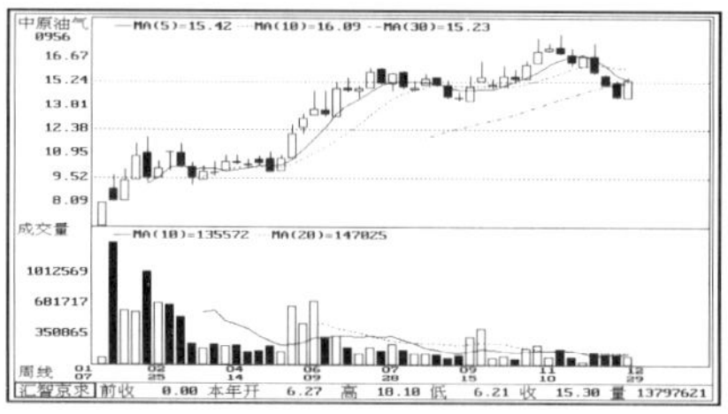

0956　中原油气：流通股本 17000 万，主营石油天然气勘探开发。11 月 15 日最高价 18.10 元，1 月 4 日最低价 6.21 元，2000 年每股收益 1.1736 元。5 日均线有支撑，继续持股。

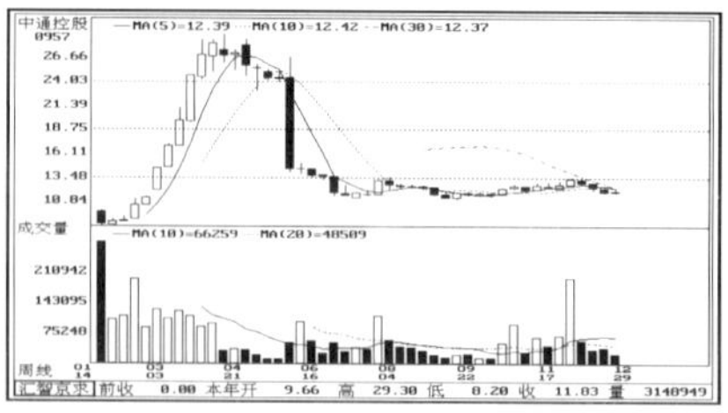

0957　中通控股：流通股本 8100 万，主营各类大中型客车生产。4 月 10 日最高价 29.30 元，1 月 17 日最低价 8.20 元，2000 年每股收益 0.1959 元。短线调整未结束，持币。

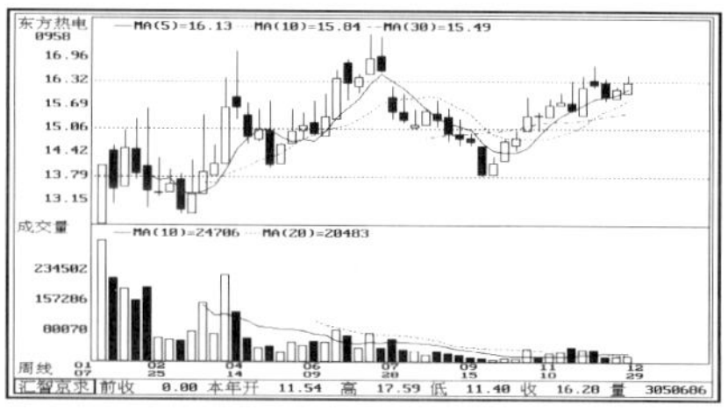

0958　东方热电：流通股本 4500 万，主营热力、电力。7 月 13 日最高价 17.59 元，1 月 4 日最低价 11.40 元，2000 年每股收益 0.2910 元。均线系统压力大，不介入。

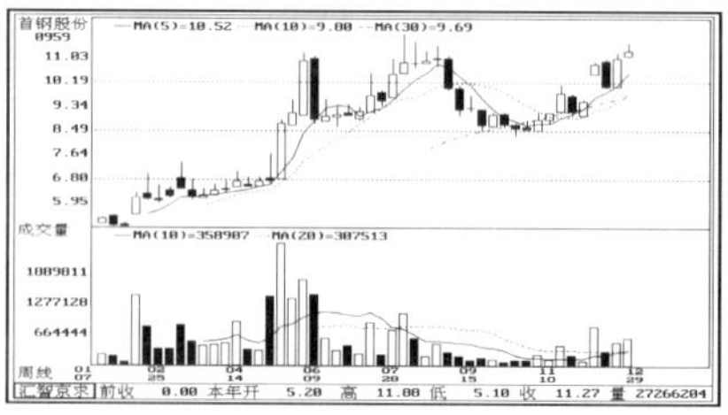

0959　首钢股份：流通股本 35000 万，主营钢铁冶炼、钢材轧制。8 月 3 日最高价 11.88 元，1 月 21 日最低价 5.10 元，2000 年每股收益 0.3300 元。短线有调整要求，暂观望。

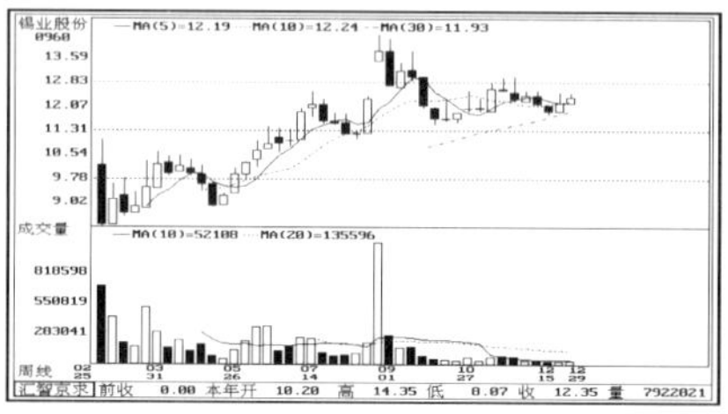

0960　锡业股份：流通股本 13000 万，主营采选；精锡、锡铅焊料的生产与经营。8 月 24 日最高价 14.35 元，2 月 23 日最低价 8.07 元，2000 年每股收益 0.2718 元。均线反压，短线趋势仍淡。

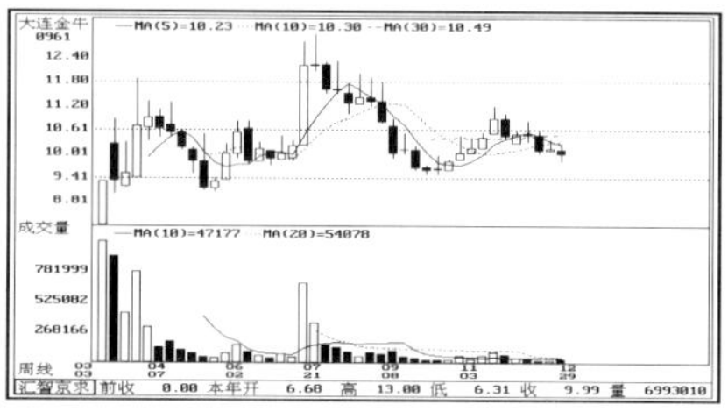

0961　大连金牛：流通股本 10000 万，主营特殊钢型材、棒材。7 月 19 日最高价 13.00 元，3 月 1 日最低价 6.31 元，2000 年每股收益 0.2700 元。均线系统有压力，观望。

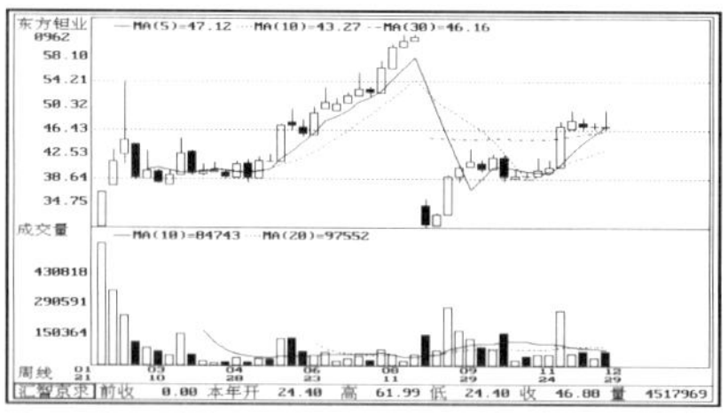

0962　东方钽业：流通股本 11700 万，主营钽铌铍的冶炼、加工。8 月 22 日最高价 61.99 元，1 月 20 日最低价 24.40 元，2000 年每股收益 0.5120 元。下档整理，暂不介入。

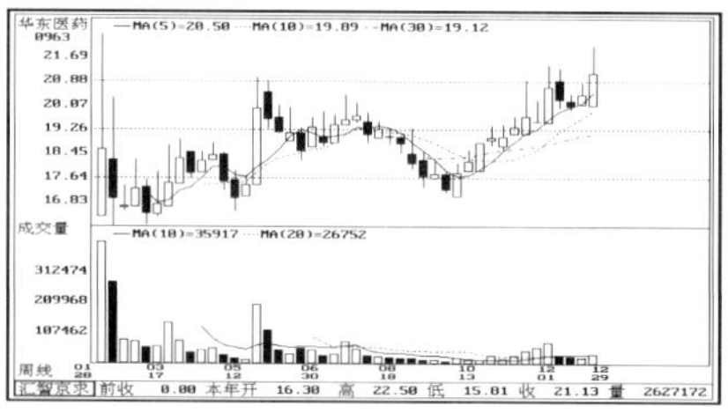

0963　华东医药：流通股本 5000 万，主营中西原料药及制剂。1 月 27 日最高价 22.50 元，2 月 17 日最低价 15.81 元，2000 年每股收益 0.2400 元。短线调整未结束，持币。

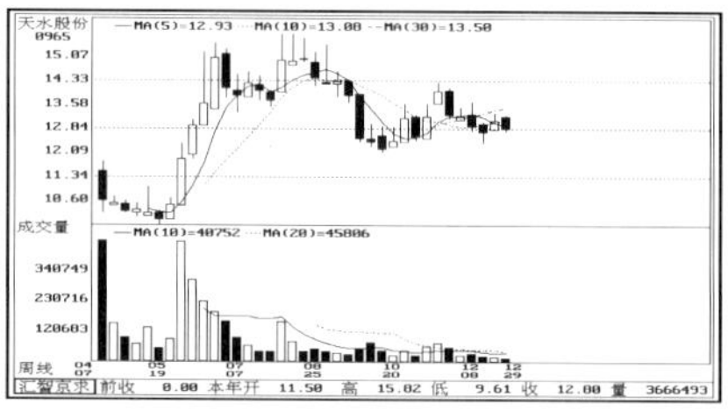

0965　天水股份：流通股本 7000 万，主营水泥、新型建筑材料。8 月 4 日最高价 15.82 元，5 月 16 日最低价 9.61 元，2000 年每股收益 0.1900 元。短线有调整要求，暂观望。

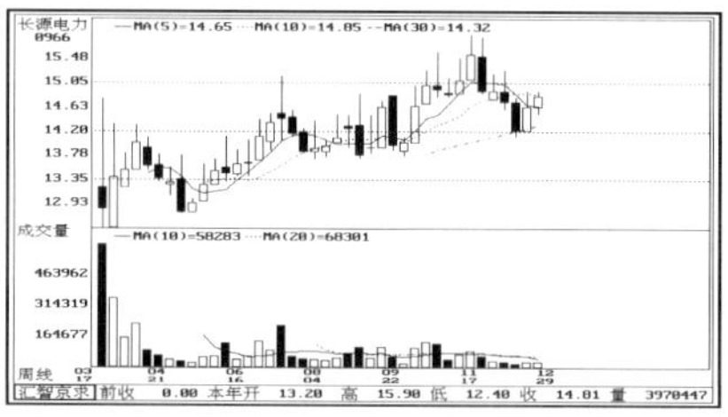

0966　长源电力：流通股本 9000 万，主营电力生产。11 月 15 日最高价 15.90 元，5 月 17 日最低价 12.40 元，2000 年每股收益 0.2805 元。调整未尽，继续观望。

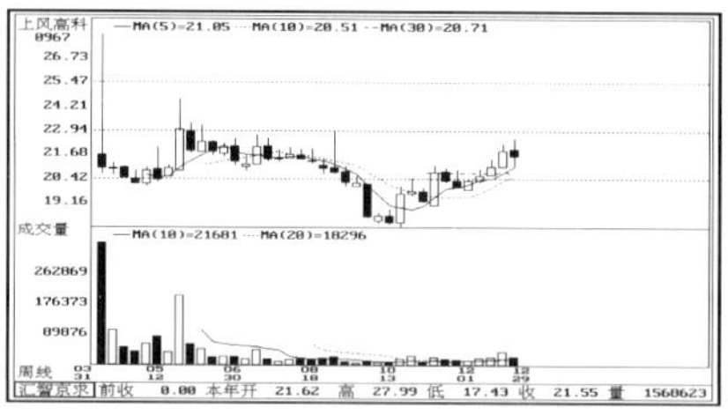

0967　上风高科：流通股本 4500 万，主营各类轴流风机。3 月 30 日最高价 27.99 元，10 月 17 日最低价 17.43 元，2000 年每股收益 0.2752 元。弱势，抛压重，观望。

0968　神州股份：流通股本 14019 万，主营原煤、焦炭、精煤。7 月 13 日最高价 12.78 元，6 月 22 日最低价 8.80 元，2000 年每股收益 0.1358 元。中线价值仍存，可持股。

0969　安泰科技：流通股本 4200 万，主营新材料与制品。5 月 29 日最高价 54.86 元，5 月 29 日最低价 29.98 元，2000 年每股收益 0.4678 元。整理走势，短线有一定压力。

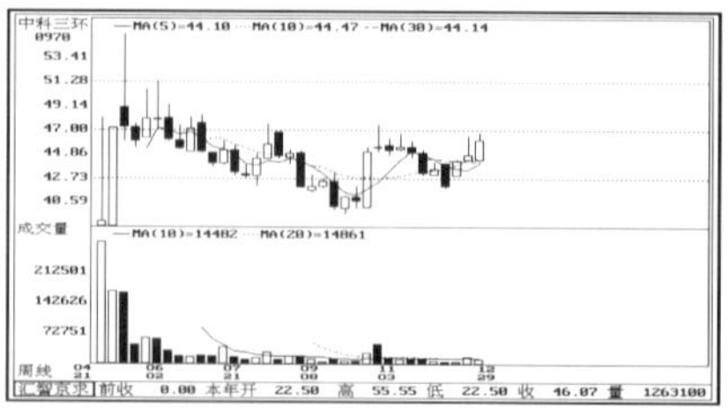

0970　中科三环：流通股本 6300 万，主营钕铁硼稀土永磁材料。5 月 9 日最高价 55.55 元，4 月 20 日最低价 22.50 元，2000 年每股收益 0.3140 元。短线回吐，仍可谨慎持股。

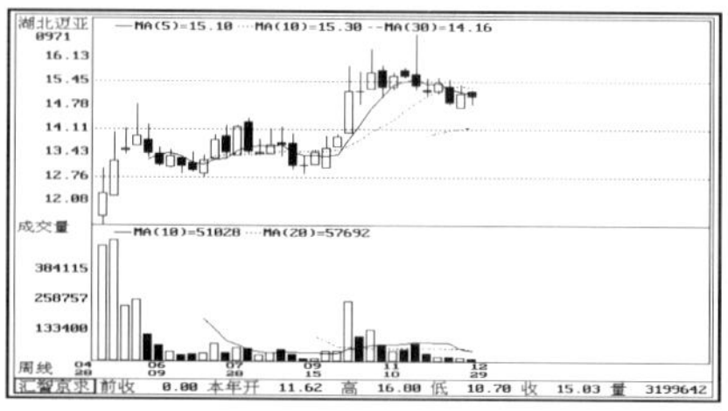

0971　湖北迈亚：流通股本 5500 万，主营拉舍尔毛毯。11 月 21 日最高价 16.80 元，4 月 27 日最低价 10.70 元，2000 年每股收益 0.2100 元。均线反压大，不宜介入。

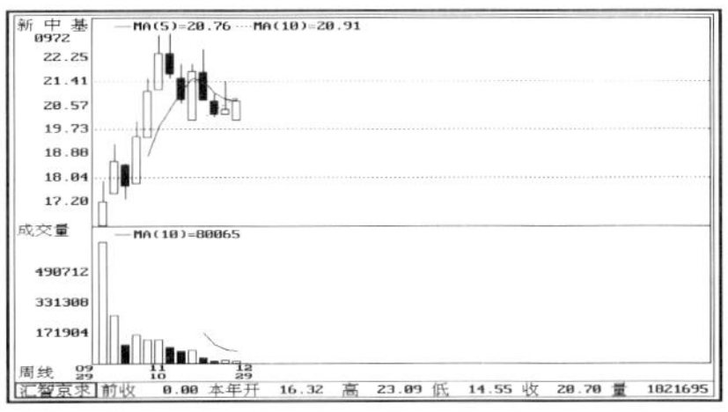

0972　新　中　基:流通股本4500万,主营农业种植、畜禽养殖。11月15日最高价23.09元,9月26日最低价14.55元,2000年每股收益0.2200元。上档有一定压力,不介入为宜。

0973　佛塑股份:流通股本4900万,主营生产双向拉伸薄膜。5月25日最高价17.00元,9月26日最低价13.88元,2000年每股收益0.2000元。均线反压,短线趋势仍淡。

0975　乌江电力:流通股本4800万,主营水力发电、售电。6月8日最高价15.69元,9月26日最低价12.80元,2000年每股收益0.2000元。均线系统有压力,不介入为宜。

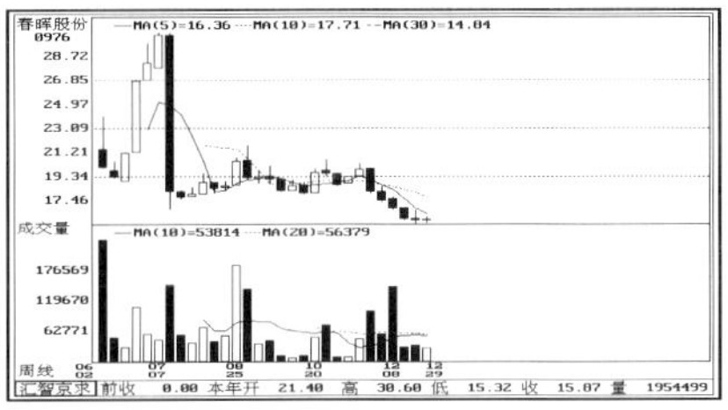

0976　春晖股份:流通股本6120万,主营差别异型涤纶长丝。7月7日最高价30.60元,12月25日最低价15.32元,2000年每股收益0.1800元。均线系统有压力,不介入为宜。

0977　浪潮信息:流通股本6500万,主营计算机软硬件产品。6月8日最高价32.88元,6月8日最低价22.71元,2000年每股收益0.2800元。整理走势,短线有一定压力。

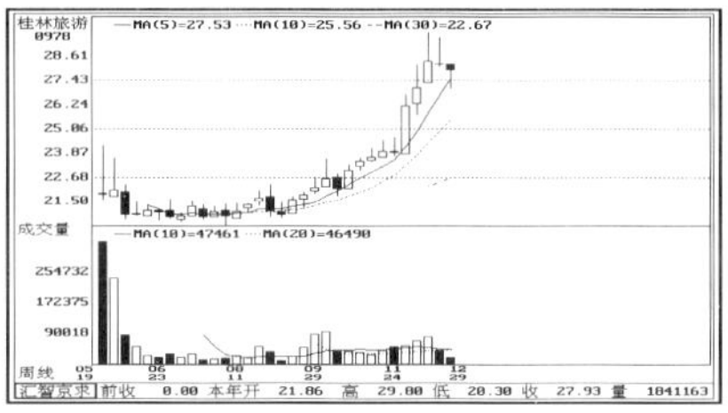

0978　桂林旅游:流通股本4000万,主营游船客运、旅行客运。12月13日最高价29.80元,7月5日最低价20.30元,2000年每股收益0.3080元。低位弱势整理,一般关注。

0979　科苑集团:流通股本4000万,主营生物工程、精细化工。6月16日最高价37.66元,6月16日最低价25.08元,2000年每股收益0.2300元。上档有均线压力,不介入为宜。

0980　金马股份:流通股本5800万,主营汽车仪表、摩托车仪表。12月6日最高价15.47元,9月25日最低价11.99元,2000年每股收益0.2545元。仍未走好,暂宜观望。

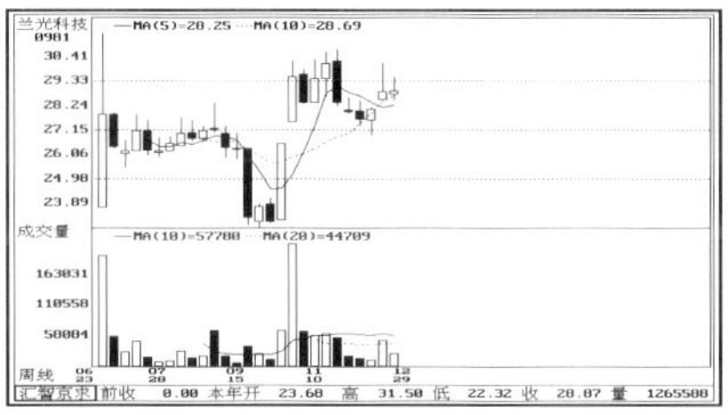

0981　兰光科技:流通股本5000万,主营高科技电子信息产品。6月22日最高价31.50元,9月25日最低价22.32元,2000年每股收益0.3400元。上档有一定压力,不介入为宜。

0982　圣　雪　绒:流通股本3000万,主营羊绒及其制品的生产。12月18日最高价27.60元,7月6日最低价19.01元,2000年每股收益0.3500元。上行动力不足,还需储蓄动能。

0983　西山煤电:流通股本11520万,主营煤炭生产、洗选加工。8月29日最高价12.18元,7月26日最低价10.21元,2000年每股收益0.2400元。均线系统有压力,不介入为宜。

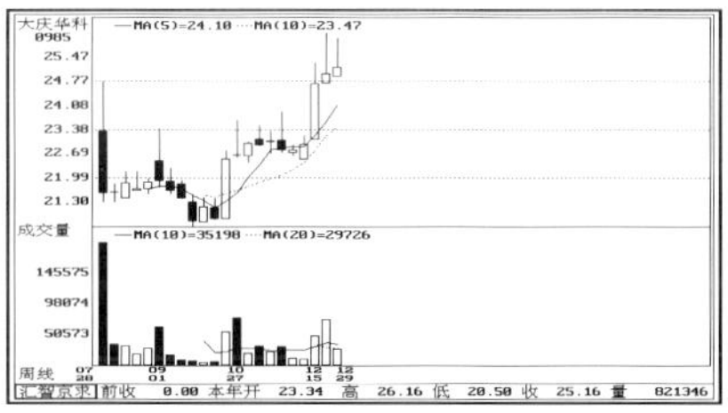

0985　大庆华科:流通股本3000万,主营聚丙烯。12月21日最高价26.16元,10月17日最低价20.50元,2000年每股收益0.3235元。短线走淡,暂不宜介入。

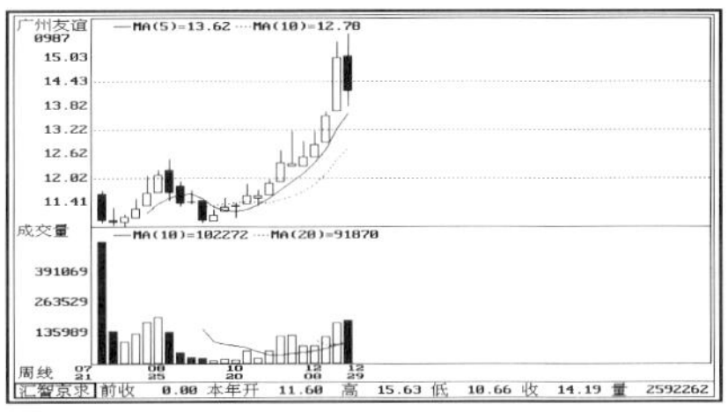

0987　广州友谊:流通股本6000万,主营百货零售、批发。12月27日最高价15.63元,7月18日最低价10.66元,2000年每股收益0.1584元。弱势整理,观望为宜。

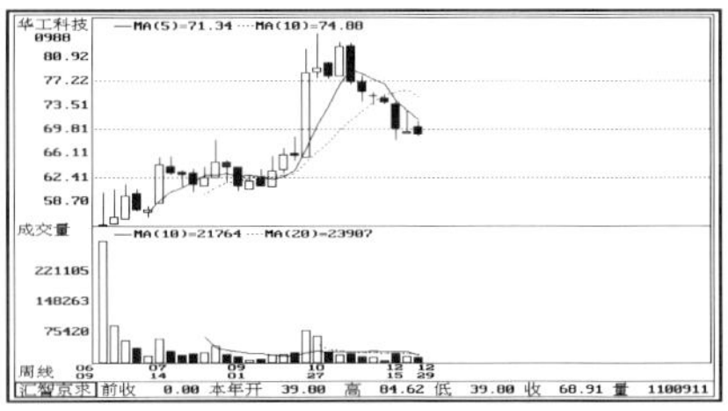

0988　华工科技:流通股本3000万,主营激光技术、计算机软件、系统集成技术等的开发、研制、生产。10月25日最高价84.62元,6月8日最低价39.80元,2000年每股收益0.4400元。放量上行,有望形成向上突破。

0989　九　芝　堂:流通股本4000万,主营中成药、中药饮片。9月8日最高价26.28元,8月23日最低价22.00元,2000年每股收益0.3600元。整理走势,短线有一定压力。

0990　诚志股份:流通股本4800万,主营日用化学产品。10月25日最高价41.35元,7月6日最低价22.20元,2000年每股收益0.3400元。均线反压仍在,持币观望。

0993　闽东电力:流通股本10000万,主营水电开发。7月31日最高价16.60元,9月26日最低价13.00元,2000年每股收益0.1500元。均线反压大,不宜介入。

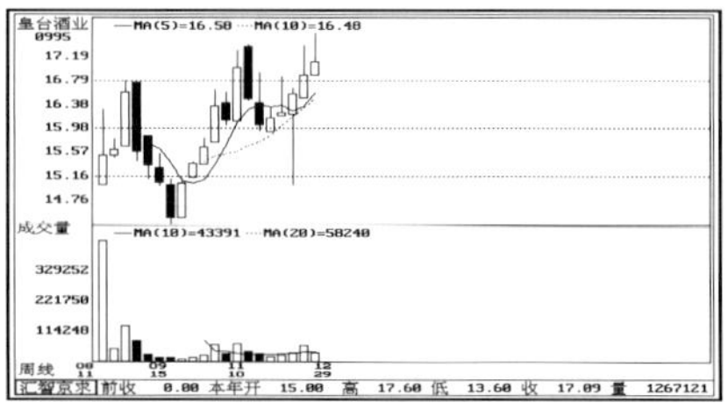

0995　皇台酒业:流通股本4000万,主营酒类的酿造和销售。12月26日最高价17.60元,9月28日最低价13.60元,2000年每股收益0.1900元。上档压力沉重,不介入为宜。

0996　捷利股份:流通股本3500万,主营国际集装箱公路运输。12月25日最高价22.45元,9月26日最低价18.20元,2000年每股收益0.2140元。均线系统有压力,不介入为宜。

0997　新　大　陆:流通股本3100万,主营高科技电子产品。8月7日最高价39.80元,8月7日最低价30.88元,2000年每股收益0.3400元。大幅回调,短线仍有整理。

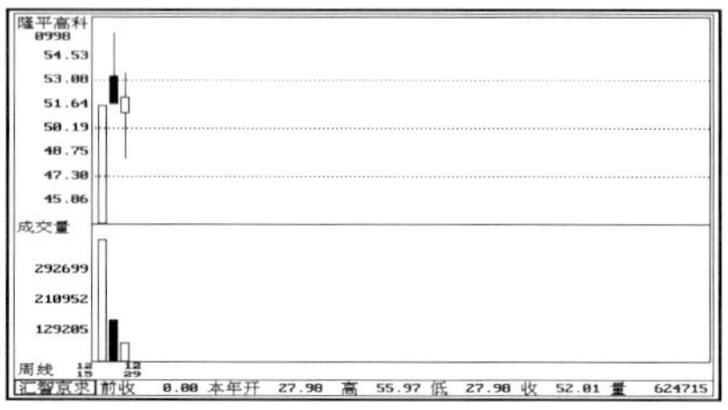

0998　隆平高科:流通股本5500万,主营杂交水稻、杂交辣椒。12月18日最高价55.97元,12月11日最低价27.98元,2000年每股收益0.3600元。整理走势,关注均线支撑。

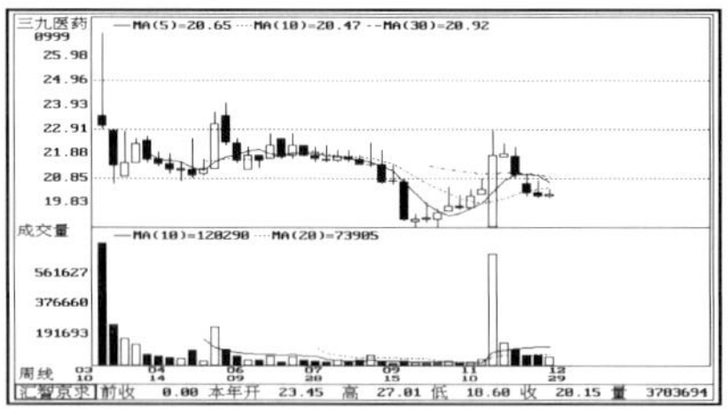

0999　三九医药:流通股本15300万,主营研制中、西药品。3月9日最高价27.01元,10月17日最低价18.60元,2000年每股收益0.2700元。整理走势,短线有一定压力。

表 50 2000 年上市公司 B 股股票走势图

个股点评
统计制作 北京汇智科贸公司信息部

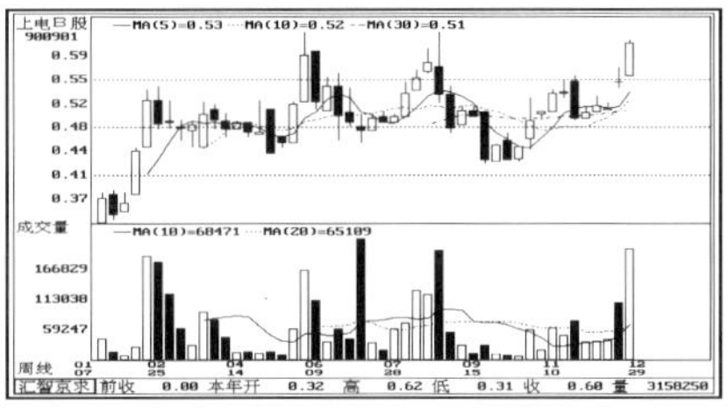

900901 上电 B 股：流通股本 21083 万，主营真空电子器件。8 月 22 日最高价 0.622 元，1 月 4 日最低价 0.314 元，2000 年每股收益 0.3600 元。弱势整理，宜持币观望。

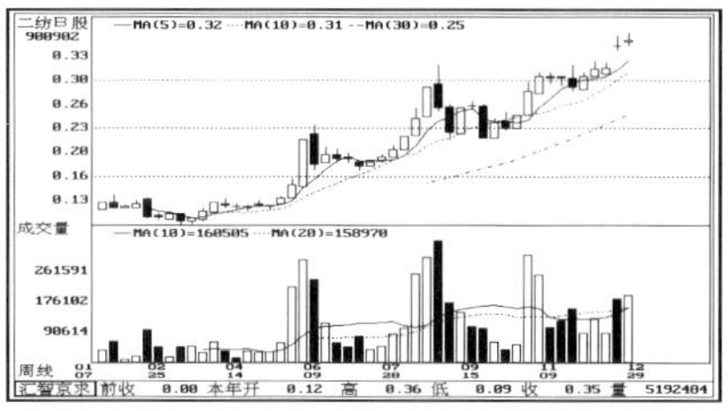

900902 二纺 B 股：流通股本 23292 万，主营生产销售纺纱机械。12 月 27 日最高价 0.362 元，3 月 16 日最低价 0.092 元，2000 年每股收益 0.0100 元。上攻动力不足，持币观望。

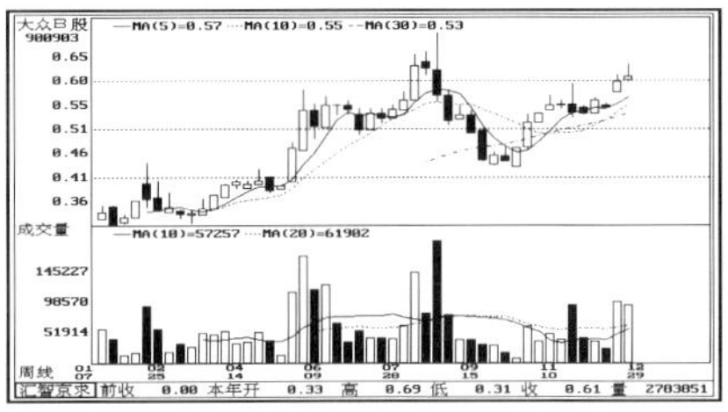

900903 大众 B 股：流通股本 20280 万，主营城市客运和城市货运。8 月 22 日最高价 0.694 元，1 月 13 日最低价 0.312 元，2000 年每股收益 0.3500 元。整理走势，关注均线支撑。

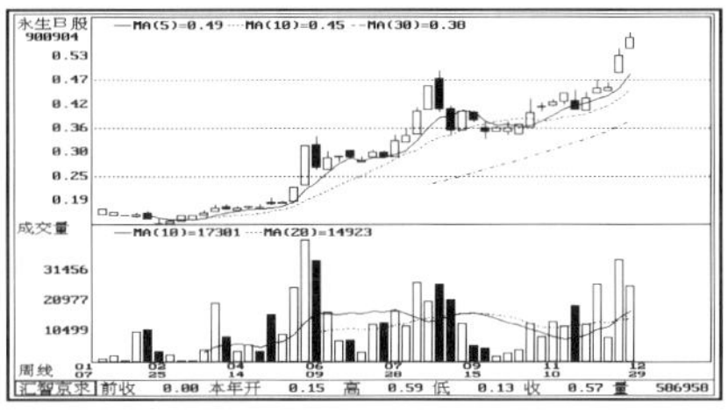

900904 永生 B 股：流通股本 4562 万，主营笔类及其配套礼品。12 月 29 日最高价 0.588 元，1 月 21 日最低价 0.118 元，2000 年每股收益 0.0450 元。上档压力加重，暂不参与。

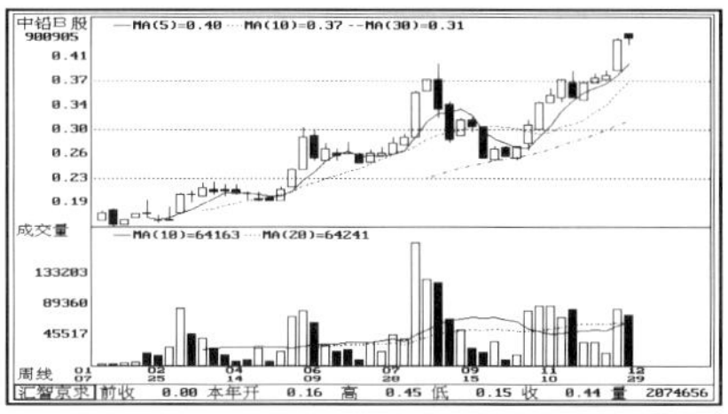

900905 中铅 B 股：流通股本 12005 万，主营笔类文化用品。12 月 27 日最高价 0.448 元，1 月 19 日最低价 0.150 元，2000 年每股收益 0.0500 元。上升实力不足，局外关注。

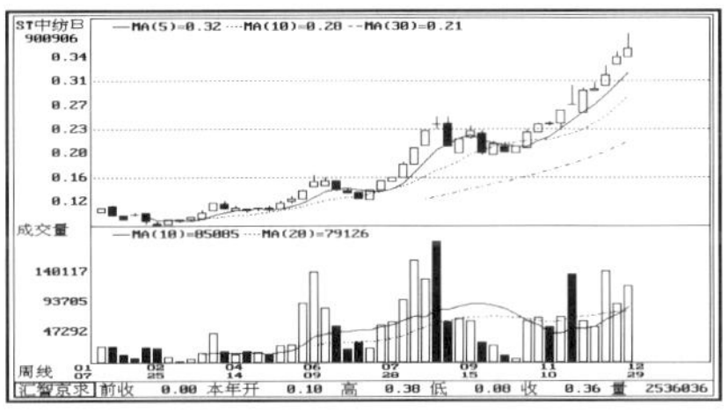

900906 ST 中纺 B：流通股本 12012 万，主营纺织机械。12 月 27 日最高价 0.380 元，2 月 23 日最低价 0.078 元，2000 年每股收益 0.0100 元。上行欲望不强，仍待整理。

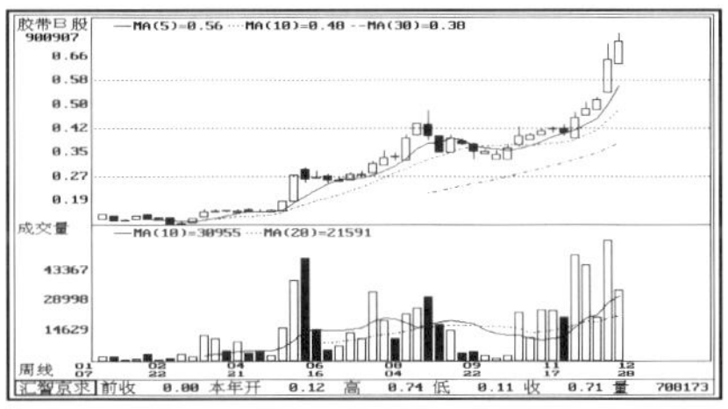

900907 胶带 B 股：流通股本 4174 万，主营经营医药、医疗。12 月 27 日最高价 0.738 元，3 月 10 日最低价 0.110 元，2000 年每股收益 0.1800 元。反弹乏力，不可轻易介入。

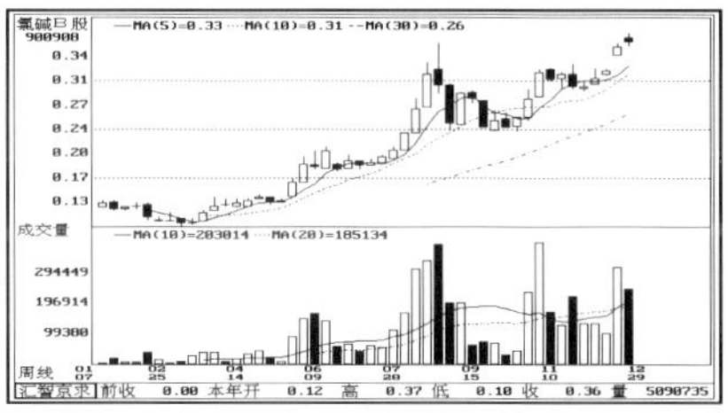

900908 氯碱 B 股：流通股本 61151 万，主营烧碱、氯、氟。12 月 26 日最高价 0.374 元，3 月 10 日最低价 0.098 元，2000 年每股收益 0.0400 元。无企稳迹象，一般观望。

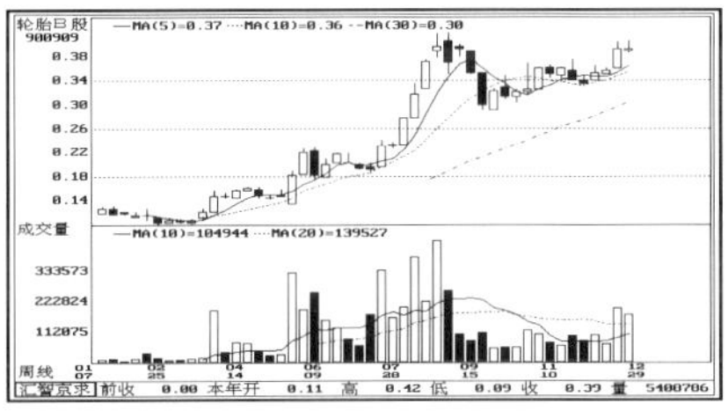

900909 轮胎 B 股：流通股本 24310 万，主营斜交汽车轮胎。8 月 29 日最高价 0.422 元，2 月 22 日最低价 0.094 元，2000 年每股收益 -0.4800 元。整理走势，短线有一定压力。

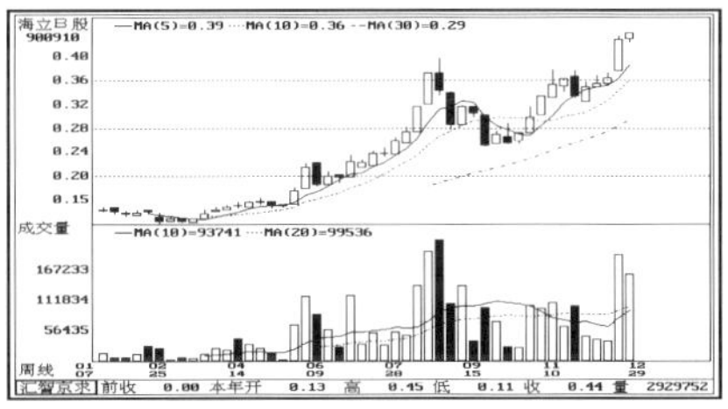

900910 海立 B 股：流通股本 17940 万，主营空调、冰箱压缩机。12 月 29 日最高价 0.446 元，3 月 7 日最低价 0.110 元，2000 年每股收益 0.1800 元。处调整中，暂可持股观望。

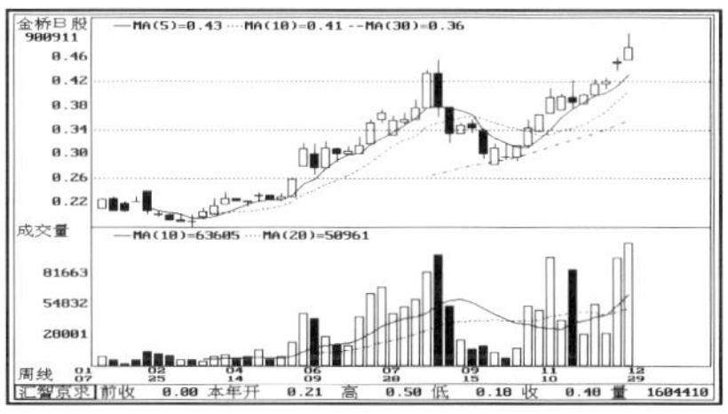

900911 金桥 B 股：流通股本 20449 万，主营房产开发经营销售。12 月 29 日最高价 0.502 元，3 月 17 日最低价 0.180 元，2000 年每股收益 0.1010 元。弱势整理，宜持币观望。

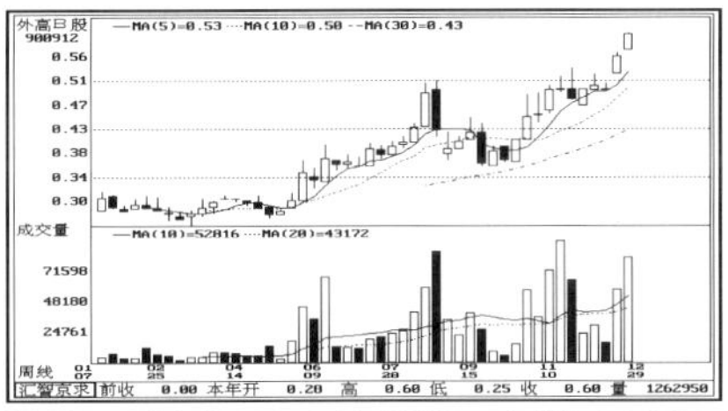

900912 外高 B 股：流通股本 18232 万，主营保税区房产开发建设。12 月 29 日最高价 0.600 元，3 月 17 日最低价 0.254 元，2000 年每股收益 0.0401 元。整理走势，短线有一定压力。

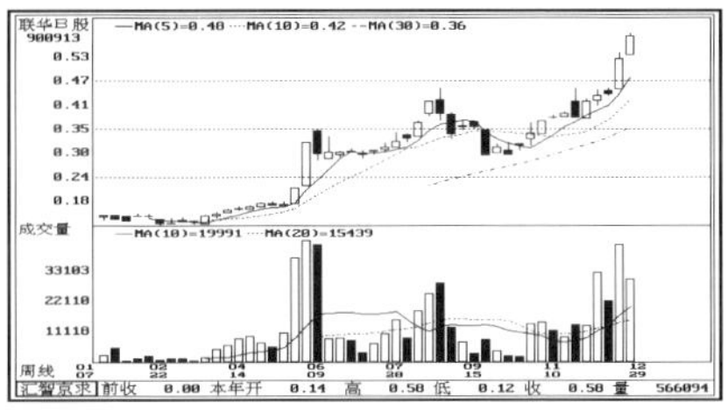

900913 联华 B 股：流通股本 3600 万，主营聚酯切片。12 月 29 日最高价 0.584 元，3 月 14 日最低价 0.120 元，2000 年每股收益 0.0400 元。短线有调整要求，暂观望。

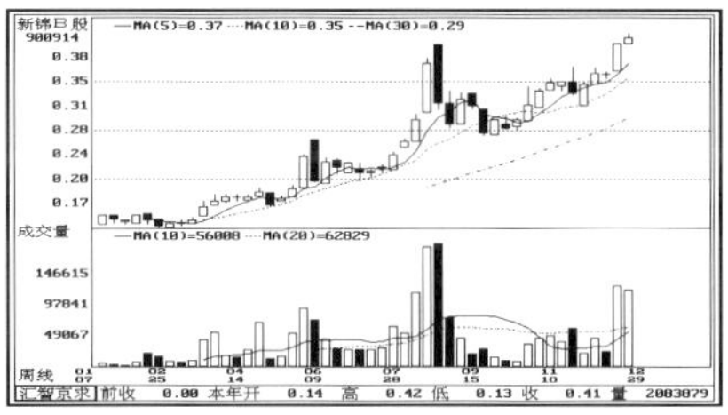

900914 新锦 B 股：流通股本 14600 万，主营从事旅馆、餐饮。12 月 29 日最高价 0.418 元，2 月 23 日最低价 0.126 元，2000 年每股收益 0.0100 元。反弹乏力，不可轻易介入。

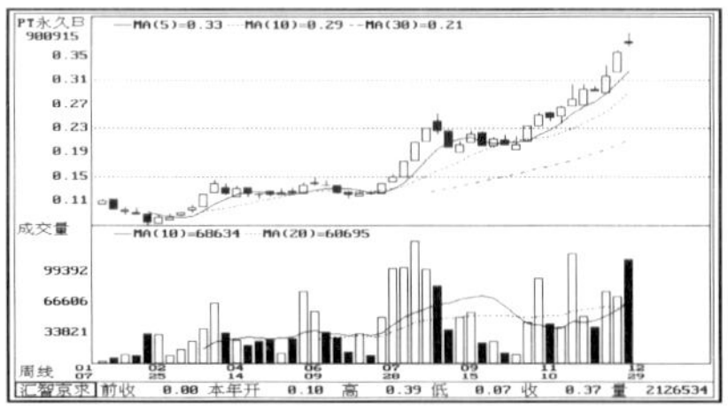

900915　PT 永久 B:流通股本 6900 万,主营生产、销售自行车。12 月 26 日最高价 0.394 元,2 月 21 日最低价 0.068 元,2000 年每股收益 -0.9300 元。风险个股,不介入。

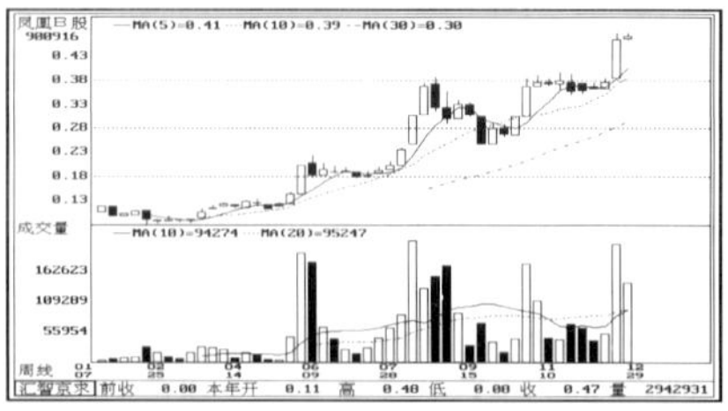

900916　凤凰 B 股:流通股本 13200 万,主营生产经营自行车。12 月 22 日最高价 0.484 元,2 月 22 日最低价 0.082 元,2000 年每股收益 0.0600 元。短线有整理要求,回档关注。

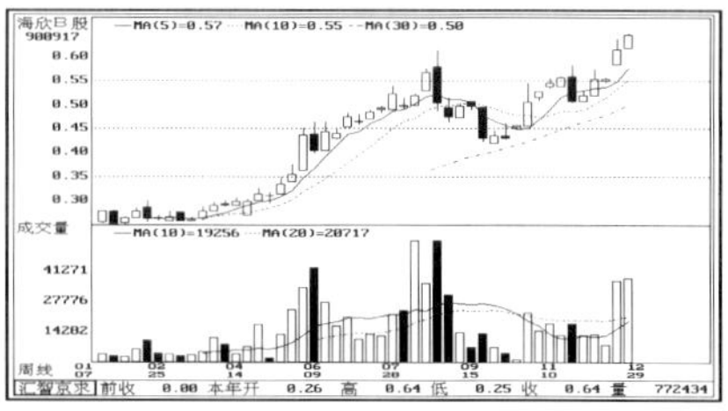

900917　海欣 B 股:流通股本 15306 万,主营各种人造毛绒。12 月 29 日最高价 0.644 元,1 月 17 日最低价 0.250 元,2000 年每股收益 0.3500 元。短线有整理要求,回档关注。

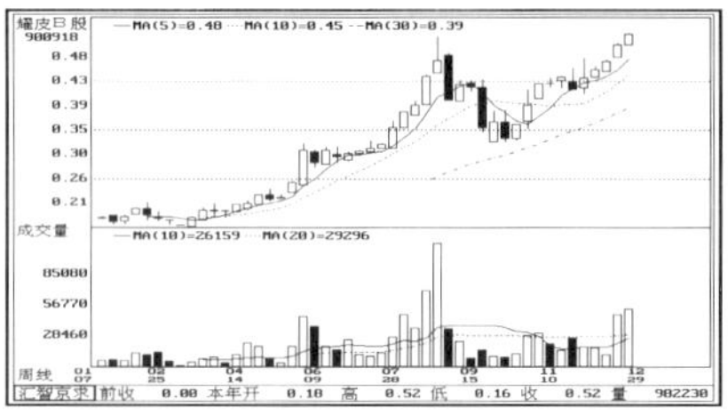

900918　耀皮 B 股:流通股本 12500 万,主营平板玻璃、建筑玻璃。12 月 29 日最高价 0.522 元,3 月 15 日最低价 0.158 元,2000 年每股收益 0.3170 元。整理走势,短线有一定压力。

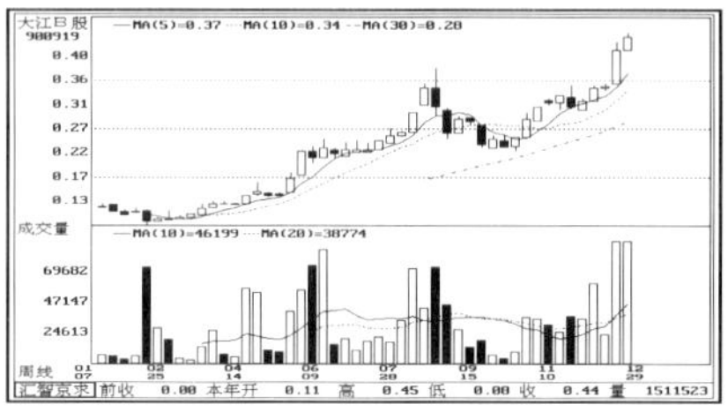

900919　大江 B 股:流通股本 34673 万,主营家畜、家禽、水产。12 月 29 日最高价 0.450 元,2 月 21 日最低价 0.080 元,2000 年每股收益 0.0100 元。小幅整理,观望为主。

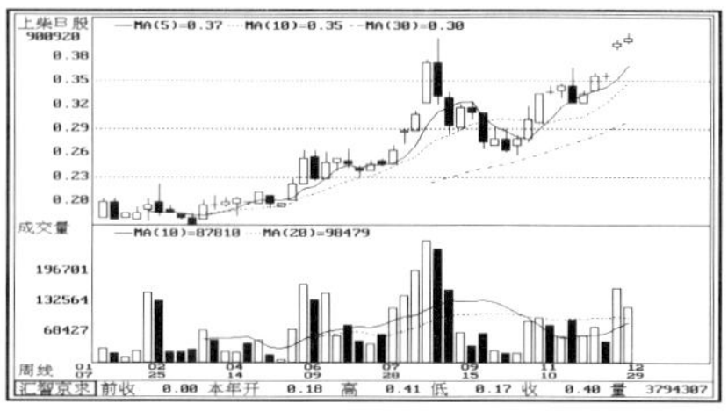

900920　上柴 B 股:流通股本 21700 万,主营柴油机、工程机械。12 月 27 日最高价 0.412 元,3 月 16 日最低价 0.168 元,2000 年每股收益 0.0800 元。处调整中,暂可持股观望。

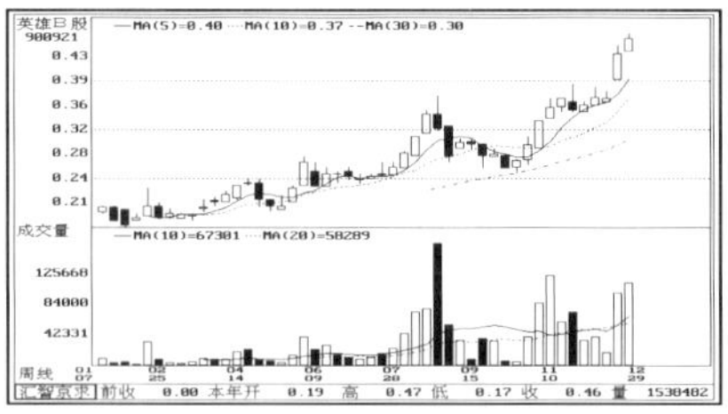

900921　英雄 B 股:流通股本 9689 万,主营笔类、礼品类。12 月 26 日最高价 0.470 元,1 月 24 日最低价 0.162 元,2000 年每股收益 0.0500 元。反弹渐至压力区,观望。

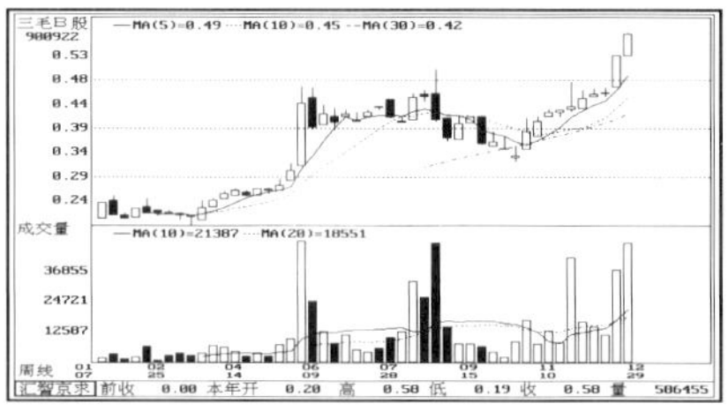

900922　三毛 B 股:流通股本 4878 万,主营精粗纺呢绒。12 月 29 日最高价 0.582 元,1 月 21 日最低价 0.182 元,2000 年每股收益 0.3900 元。调整未尽,继续观望。

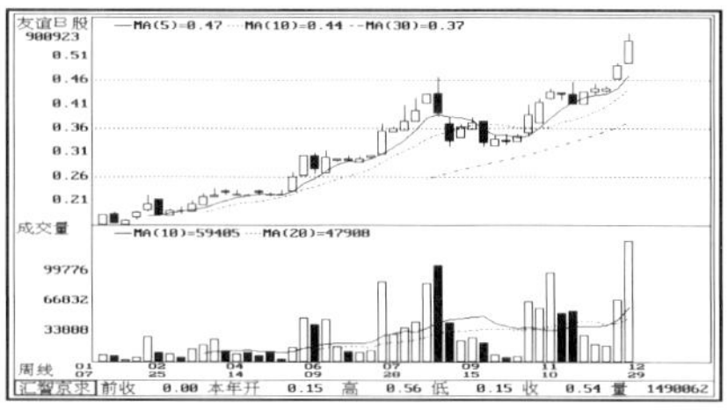

900923　友谊 B 股:流通股本 10707 万,主营零售连锁业。12 月 27 日最高价 0.558 元,1 月 4 日最低价 0.154 元,2000 年每股收益 0.2200 元。处调整中,暂可持股观望。

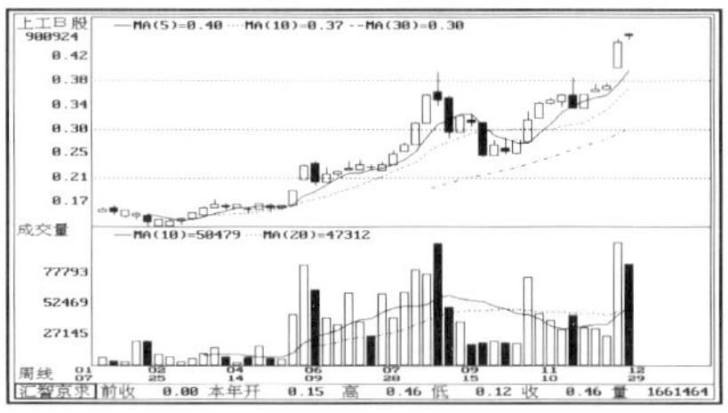

900924　上工 B 股:流通股本 9750 万,主营缝制设备及零部件。12 月 29 日最高价 0.462 元,2 月 21 日最低价 0.122 元,2000 年每股收益 0.1400 元。仍有调整要求,观望。

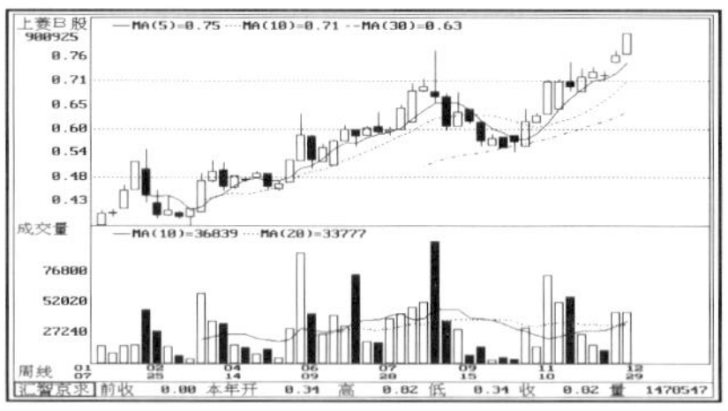

900925　上菱 B 股:流通股本 11376 万,主营生产制冰、冷藏设备。12 月 29 日最高价 0.820 元,1 月 4 日最低价 0.342 元,2000 年每股收益 0.6150 元。短线有调整要求,暂观望。

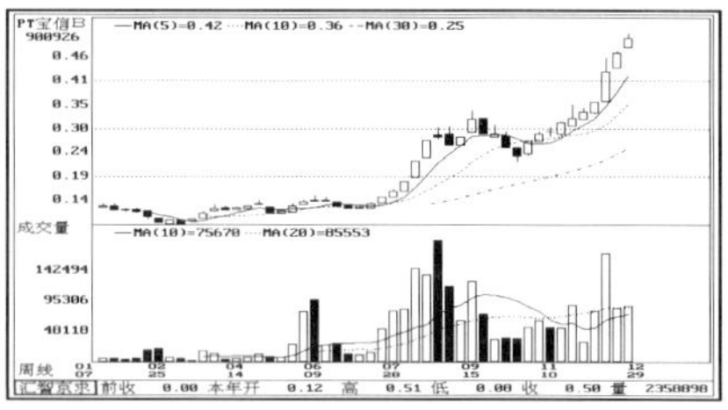

900926　PT 宝信 B:流通股本 8800 万,主营计算机。12 月 27 日最高价 0.512 元,2 月 23 日最低价 0.080 元,2000 年每股收益 -0.4400 元。风险个股,不介入。

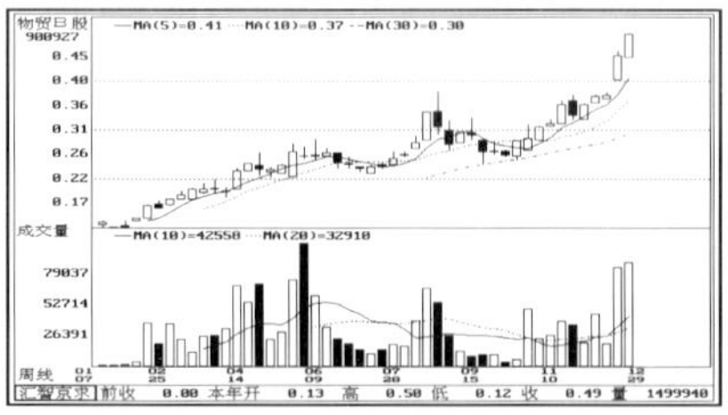

900927　物贸 B 股:流通股本 6655 万,主营燃料油、金属材料。12 月 27 日最高价 0.498 元,1 月 20 日最低价 0.124 元,2000 年每股收益 0.0100 元。上档压力加重,暂不参与。

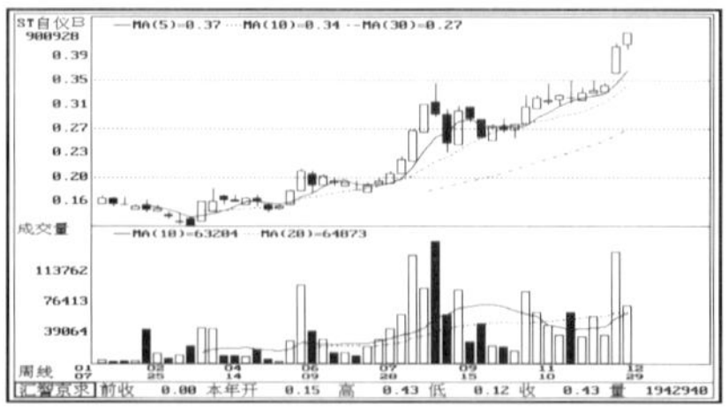

900928　ST 自仪 B:流通股本 10714 万,主营自动化控制仪表。12 月 29 日最高价 0.426 元,3 月 17 日最低价 0.118 元,2000 年每股收益 -0.5400 元。整理走势,短线有一定压力。

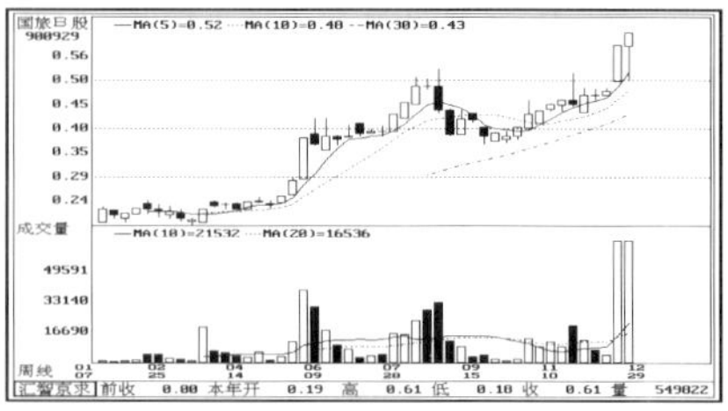

900929　国旅 B 股:流通股本 6600 万,主营组织海外游客入境旅游。12 月 29 日最高价 0.610 元,1 月 21 日最低价 0.136 元,2000 年每股收益 0.1300 元。调整未尽,继续观望。

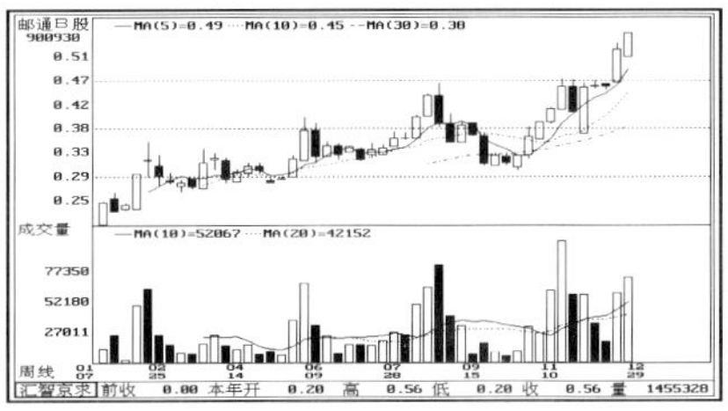

900930　邮通B股:流通股本12480万,主营各类通信设备、网络。12月29日最高价0.556元,1月4日最低价0.196元,2000年每股收益0.0910元。持股观望。

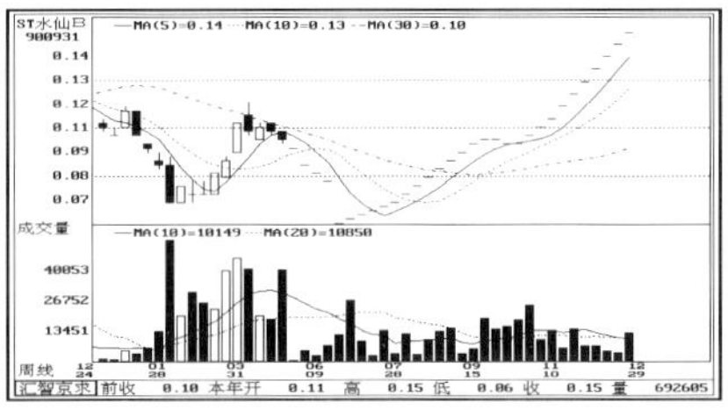

900931　PT水仙B:流通股本11000万,主营洗衣机、热水器等产品的生产销售。12月29日最高价0.150元,6月23日最低价0.060元,2000年每股收益-0.2300元。风险股,不参与。

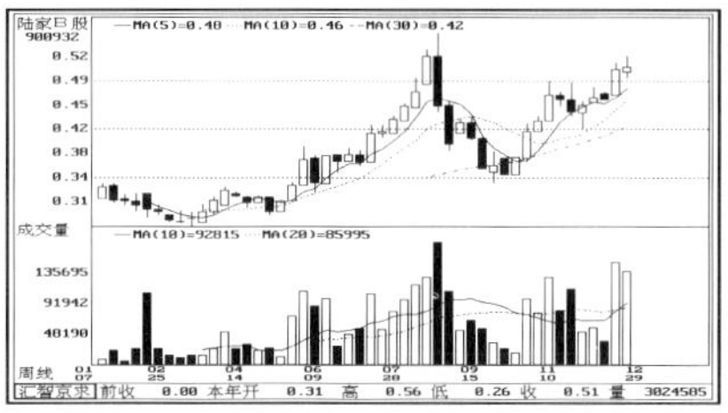

900932　陆家B股:流通股本50960万,主营市政公用基础设施。8月22日最高价0.560元,3月22日最低价0.262元,2000年每股收益0.1900元。短线回档,仍可持股不动。

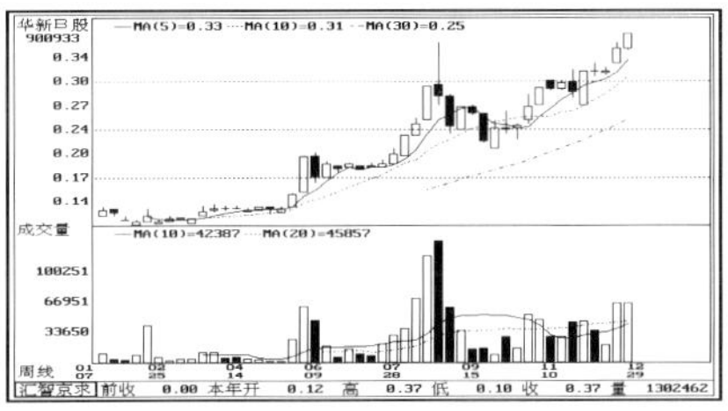

900933　华新B股:流通股本16400万,主营专营水泥制造和销售。12月29日最高价0.370元,2月22日最低价0.100元,2000年每股收益0.0500元。处调整中,暂可持股观望。

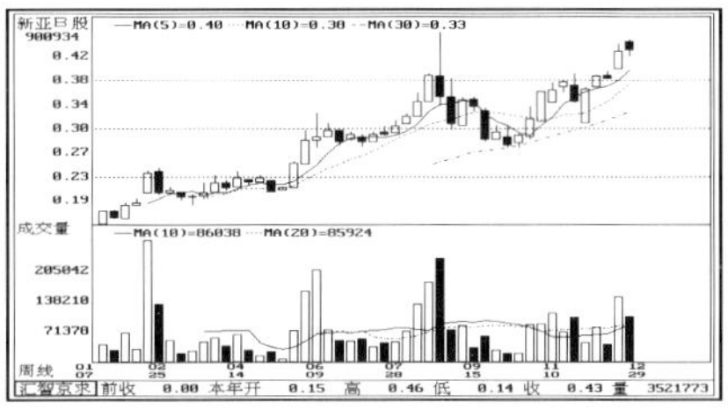

900934　新亚B股:流通股本15600万,主营经营酒店酒楼。8月22日最高价0.458元,1月4日最低价0.142元,2000年每股收益0.2130元。整理走势,关注均线支撑。

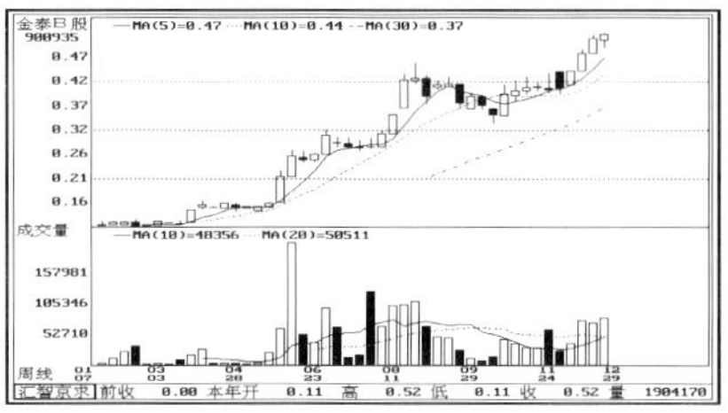

900935　金泰B股:流通股本8000万,主营地质机械、压实机械。12月25日最高价0.522元,1月21日最低价0.104元,2000年每股收益0.0100元。处调整中,暂可持股观望。

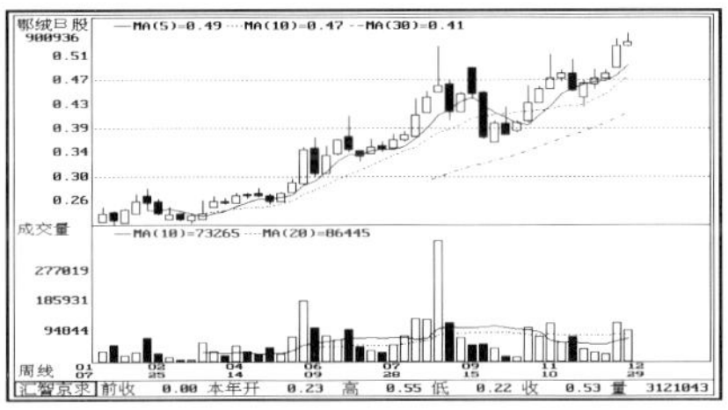

900936　鄂绒B股:流通股本21000万,主营生产及销售羊绒制品。12月26日最高价0.548元,1月13日最低价0.220元,2000年每股收益0.4700元。短线横盘整理,仍可观望。

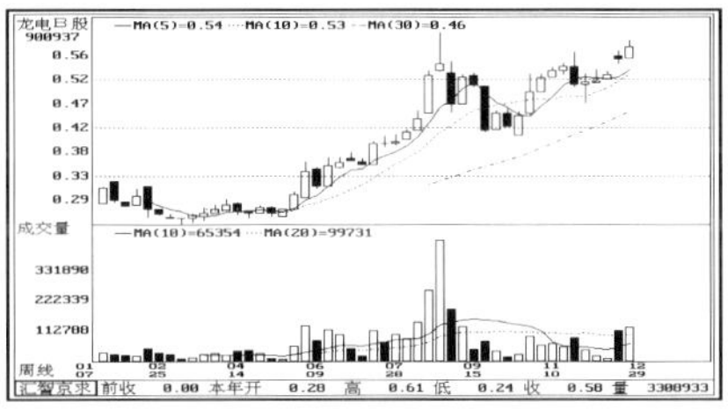

900937　龙电B股:流通股本43200万,主营电力生产、电厂检修。8月22日最高价0.608元,3月23日最低价0.240元,2000年每股收益0.3200元。整理走势,关注均线支撑。

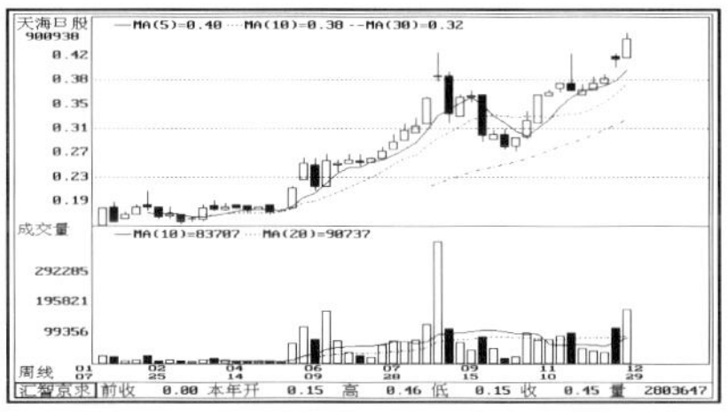

900938　天海B股:流通股本18000万,主营集装箱班轮运输。12月29日最高价0.460元,1月4日最低价0.146元,2000年每股收益0.1800元。仍未走强,上方压力大。

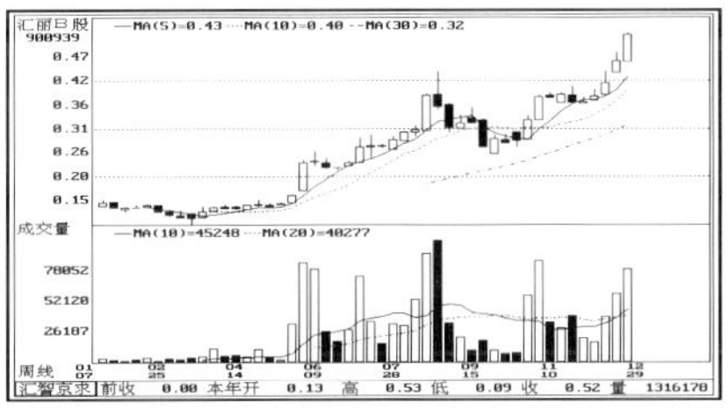

900939　汇丽B股:流通股本8000万,主营新型化学建材。12月29日最高价0.528元,3月17日最低价0.092元,2000年每股收益0.1300元。处调整中,暂可持股观望。

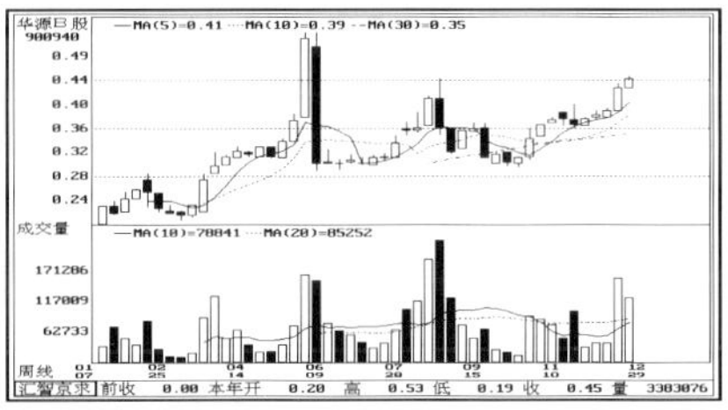

900940　华源B股:流通股本20700万,主营合成、超细纤维。6月5日最高价0.526元,1月6日最低价0.194元,2000年每股收益0.2500元。调整途中,还需观望。

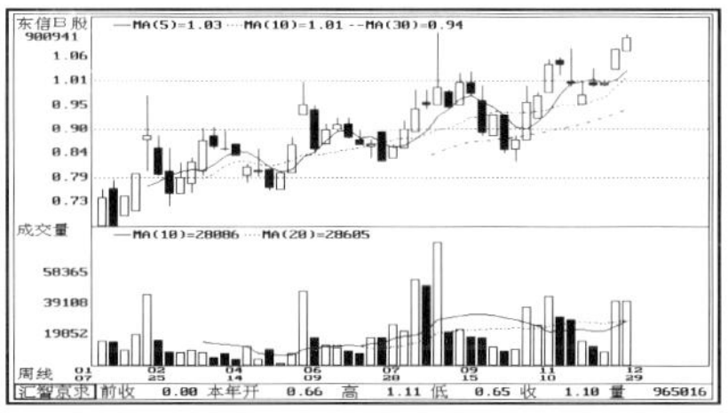

900941　东信B股:流通股本15000万,主营生产经营移动通信。8月22日最高价1.114元,1月13日最低价0.652元,2000年每股收益0.6000元。处调整中,暂可持股观望。

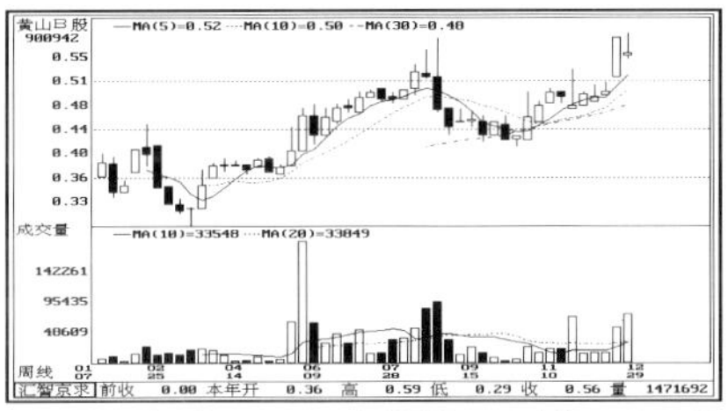

900942　黄山B股:流通股本10400万,主营持股观望。12月26日最高价0.588元,3月16日最低价0.286元,2000年每股收益0.1500元。短线调整未结束,持币。

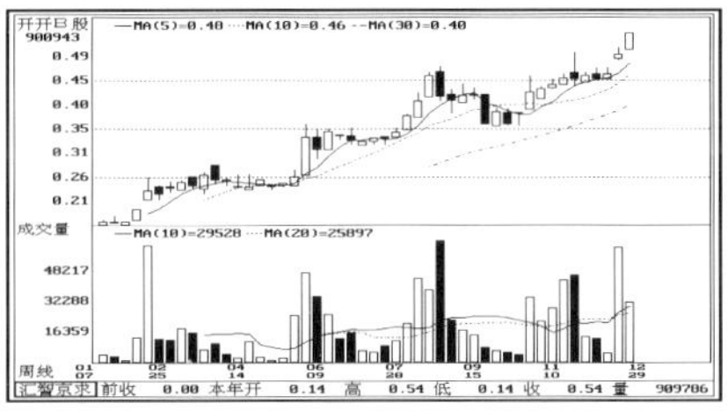

900943　开开B股:流通股本8000万,主营服装和医药。12月29日最高价0.540元,1月4日最低价0.144元,2000年每股收益0.1500元。反弹渐至压力区,观望。

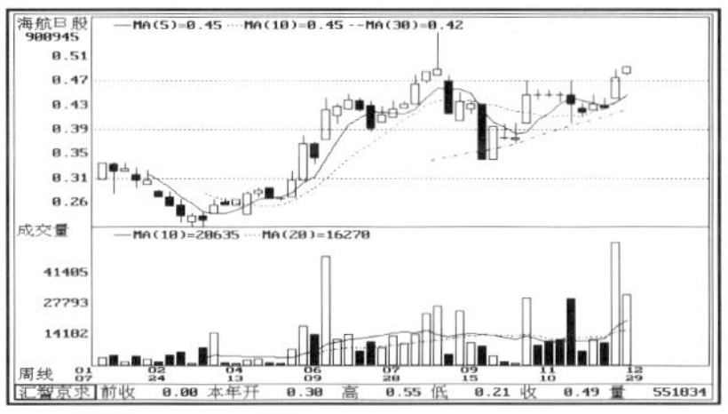

900945　海航B股:流通股本7668万,主营航空客货运输业务。8月22日最高价0.554元,3月22日最低价0.214元,2000年每股收益0.2200元。上档压力加重,暂不参与。

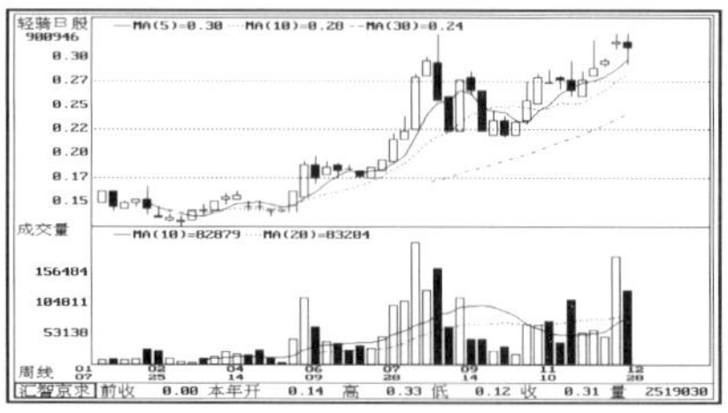

900946　轻骑B股：流通股本23000万，主营摩托车及零配件。12月27日最高价0.326元，3月16日最低价0.120元，2000年每股收益-0.2800元。反弹渐至压力区，观望。

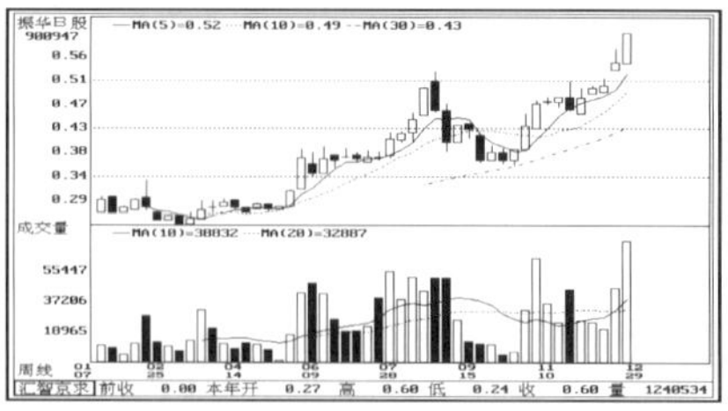

900947　振华B股：流通股本11000万，主营集装箱起重机。12月29日最高价0.600元，3月7日最低价0.242元，2000年每股收益0.2700元。短线回档，仍可持股不动。

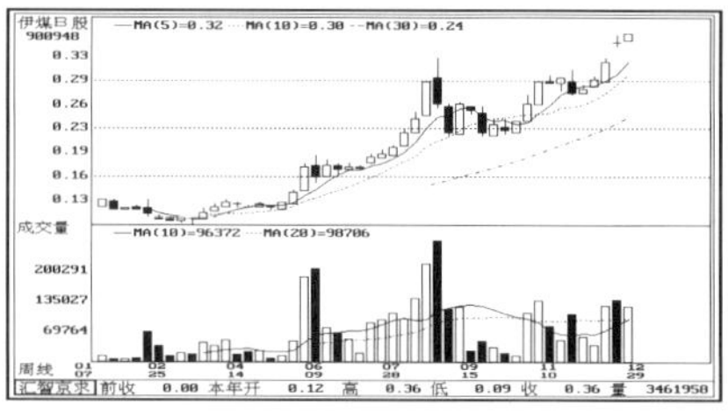

900948　伊煤B股：流通股本16600万，主营原煤的生产、运输。12月27日最高价0.362元，3月16日最低价0.090元，2000年每股收益0.0300元。整理走势，关注均线支撑。

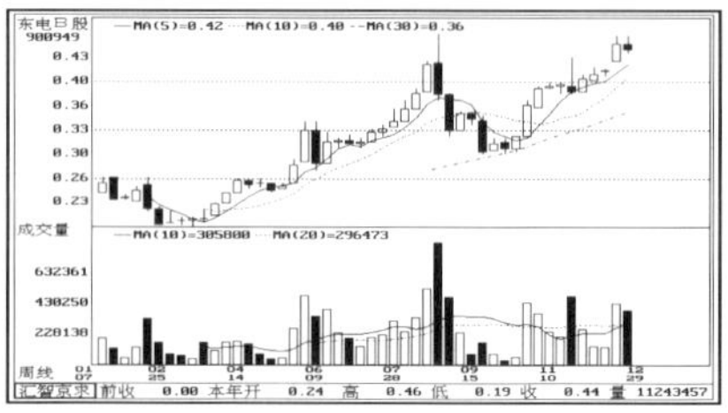

900949　东电B股：流通股本69000万，主营电力的投资、开发。8月22日最高价0.464元，3月7日最低价0.188元，2000年每股收益0.3100元。短线调整中，反弹时可适当介入。

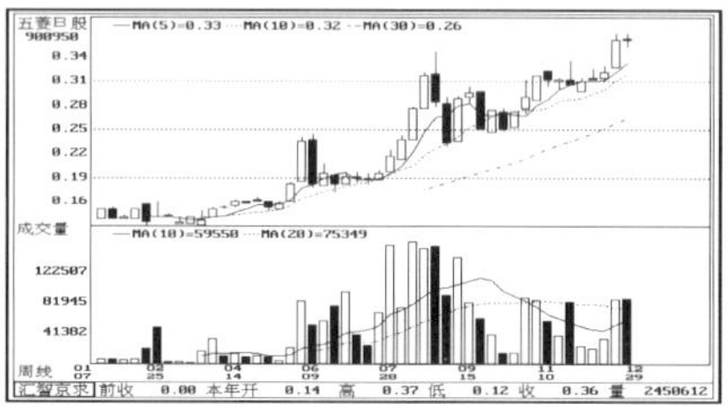

900950　五菱B股：流通股本13391万，主营小缸径柴油机。12月26日最高价0.372元，3月8日最低价0.124元，2000年每股收益-0.2200元。反弹力不足，还需调整。

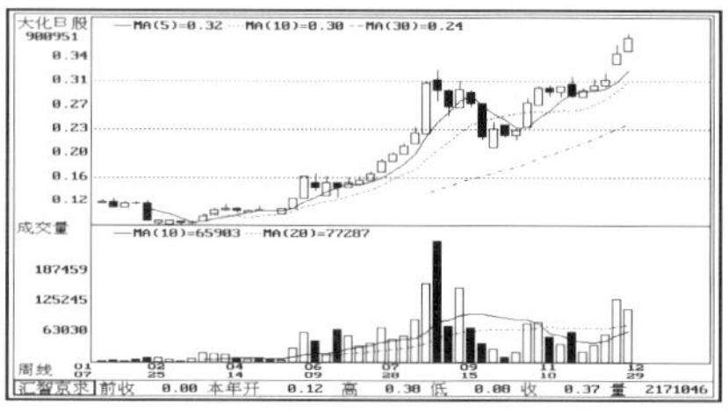

900951　大化B股：流通股本10000万，主营生产无机化工产品。12月27日最高价0.378元，3月8日最低价0.084元，2000年每股收益0.0700元。上升能量减弱，逢高减磅。

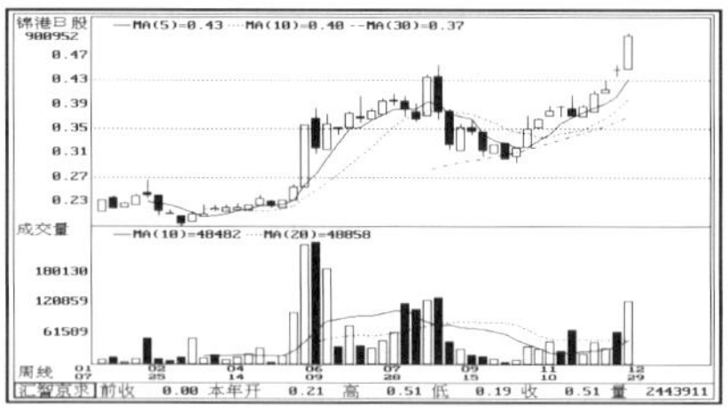

900952　锦港B股：流通股本16650万，主营原油、成品油输出。12月29日最高价0.512元，3月6日最低价0.188元，2000年每股收益0.1400元。短线调整未结束，持币。

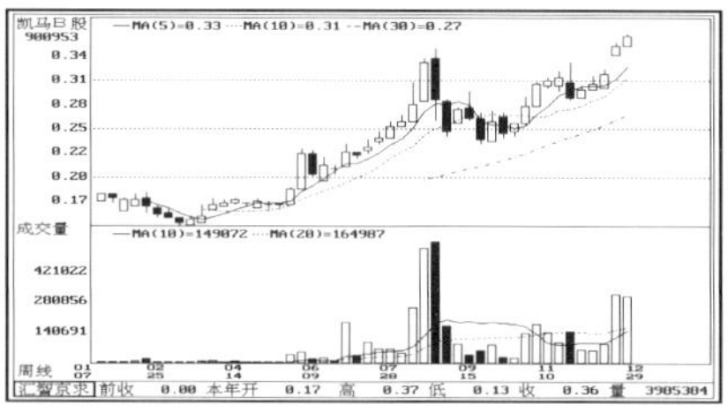

900953　凯马B股：流通股本24000万，主营内燃机、农用运输车。12月25日最高价0.366元，3月7日最低价0.132元，2000年每股收益0.1300元。短线有调整要求，暂观望。

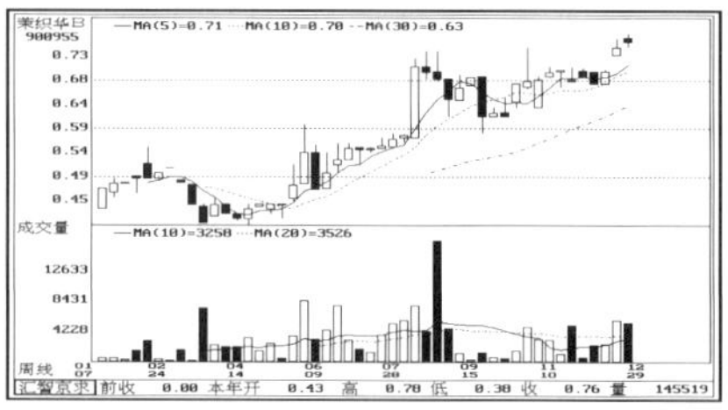

900955　茉织华B：流通股本11000万，主营服装及特种印刷。12月26日最高价0.778元，3月2日最低价0.180元，2000年每股收益0.5200元。整理走势，关注均线支撑。

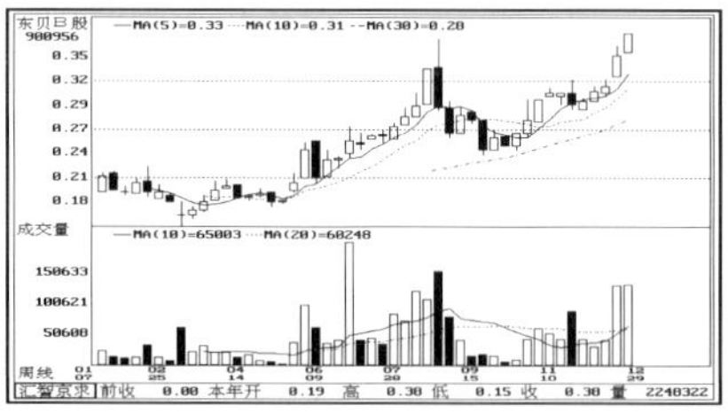

900956　东贝B股：流通股本11500万，主营冰箱、冷柜压缩机。12月29日最高价0.380元，3月9日最低价0.148元，2000年每股收益0.1100元。小幅整理，观望为主。

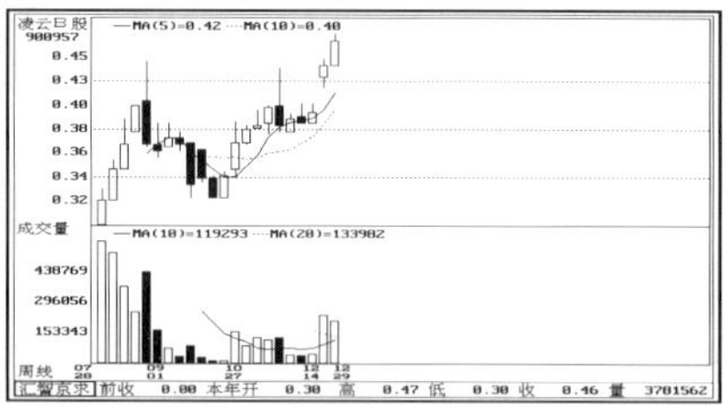

900957　凌云B股：流通股本18400万，主营建筑幕墙的设计。12月26日最高价0.470元，7月28日最低价0.296元，2000年每股收益0.2200元。仍有调整要求，观望。

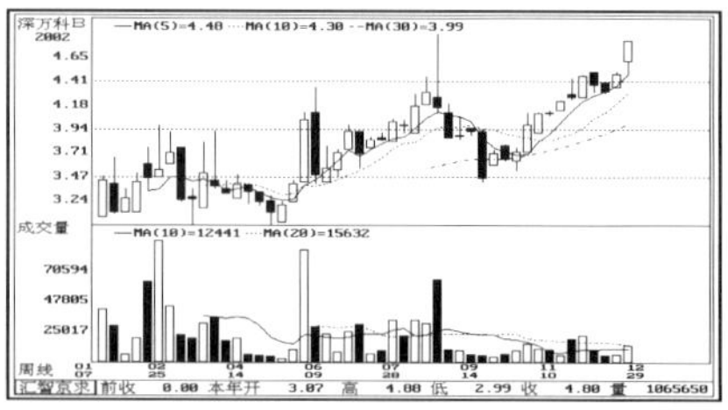

2002　深万科B：流通股本12175万，主营房地产。8月22日最高价4.88元，1月6日最低价2.99元，2000年每股收益0.4770元。无企稳迹象，一般观望。

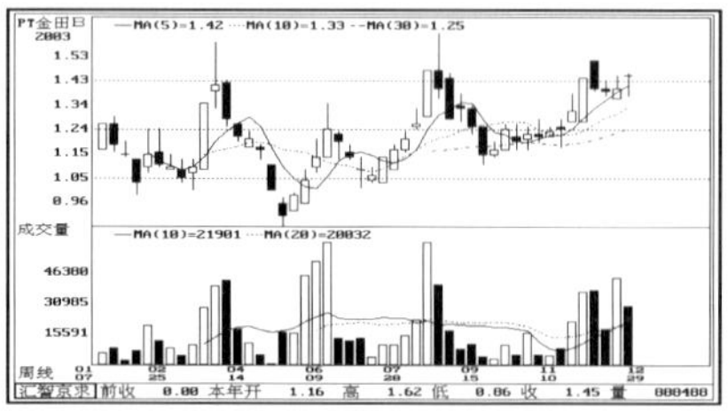

2003　ST金田B：流通股本7400万，主营房地产开发。8月22日最高价1.62元，5月19日最低价0.86元，2000年每股收益0.0000元。风险个股，不介入。

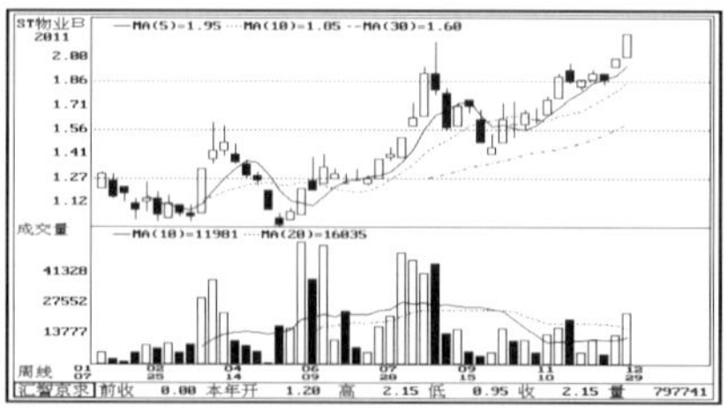

2011　ST物业B：流通股本6145万，主营房地产开发经营。12月29日最高价2.15元，3月16日最低价0.95元，2000年每股收益0.1000元。中线价值仍存，可持股。

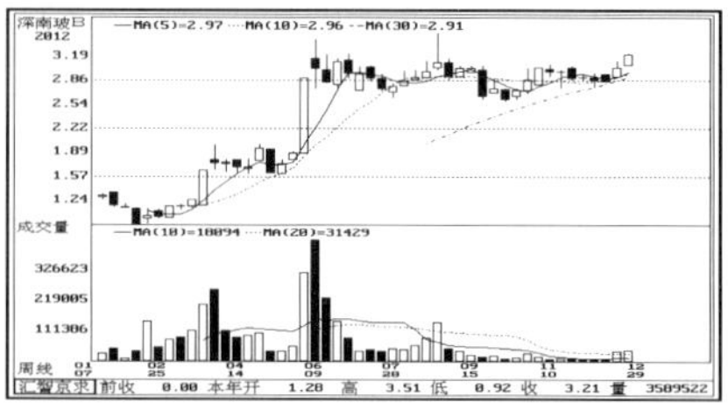

2012　深南玻B：流通股本29905万，主营新型显示器件。8月22日最高价3.51元，2月14日最低价0.92元，2000年每股收益0.2400元。短线回档，仍可持股不动。

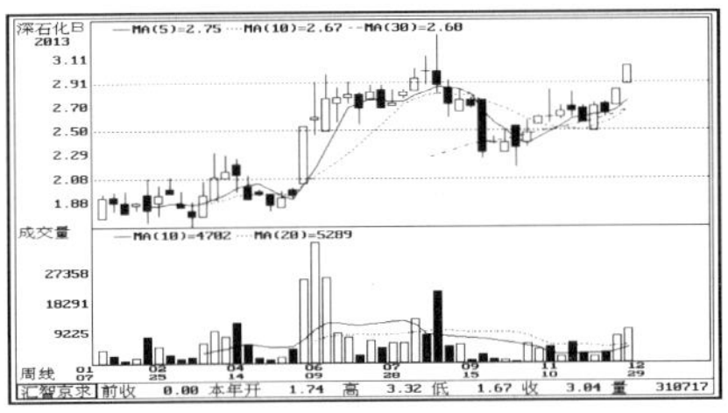

2013　深石化 B：流通股本 3276 万，主营化工新材料、塑料加工。8 月 22 日最高价 3.32 元，3 月 22 日最低价 1.67 元，2000 年每股收益 0.1240 元。有上攻的欲望，但动力不足。

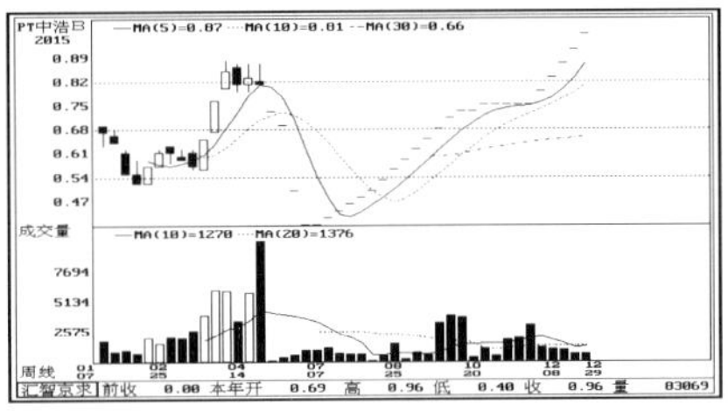

2015　PT 中浩 B：流通股本 2184 万，主营房地产开发、工业实业。12 月 29 日最高价 0.96 元，7 月 7 日最低价 0.40 元，2000 年每股收益 -1.1100 元。风险个股，不介入。

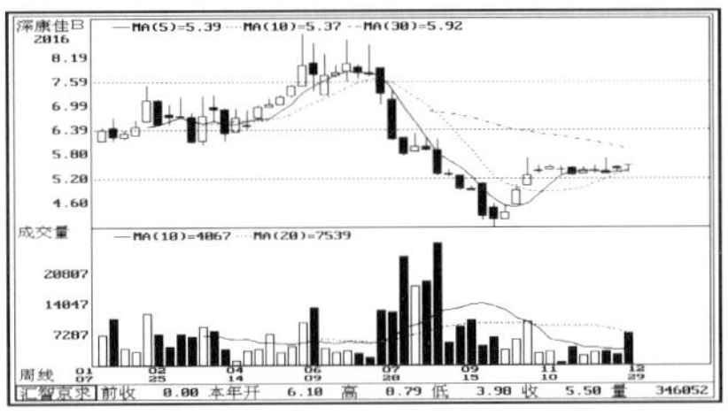

2016　深康佳 B：流通股本 20283 万，主营多媒体视听产品。5 月 31 日最高价 8.79 元，10 月 9 日最低价 3.98 元，2000 年每股收益 0.3740 元。调整走势，短线出局观望。

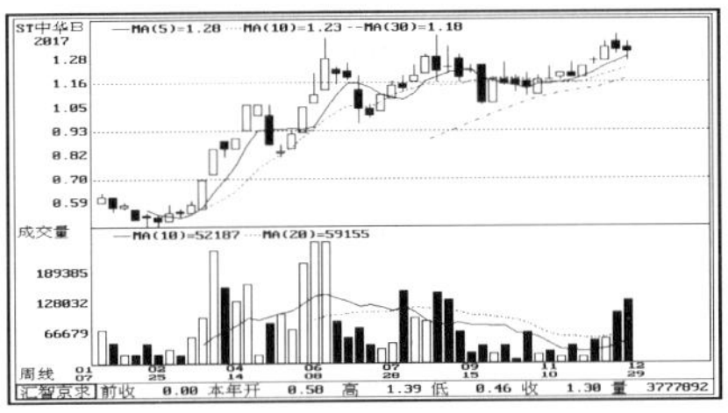

2017　ST 中华 B：流通股本 17862 万，主营自行车及零配件。12 月 18 日最高价 1.39 元，2 月 23 日最低价 0.46 元，2000 年每股收益 -0.3710 元。现处高位，择机派发。

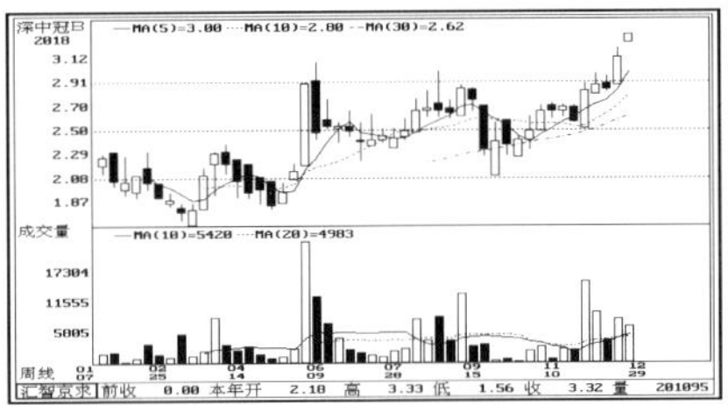

2018　深中冠 B：流通股本 2662 万，主营各类纯棉、纯麻、涤棉。12 月 29 日最高价 3.33 元，3 月 16 日最低价 1.56 元，2000 年每股收益 0.0300 元。短线有压力，尚需企稳。

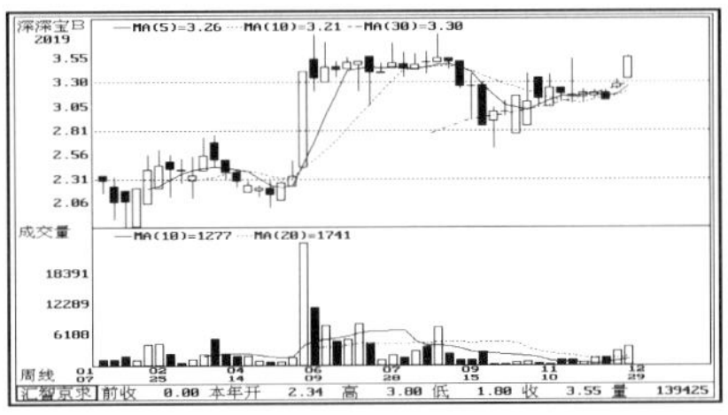

2019　深深宝 B：流通股本 2613 万，主营食品罐头、饮料。8 月 22 日最高价 3.80 元，1 月 26 日最低价 1.80 元，2000 年每股收益 0.0640 元。反弹压力增强，暂不介入。

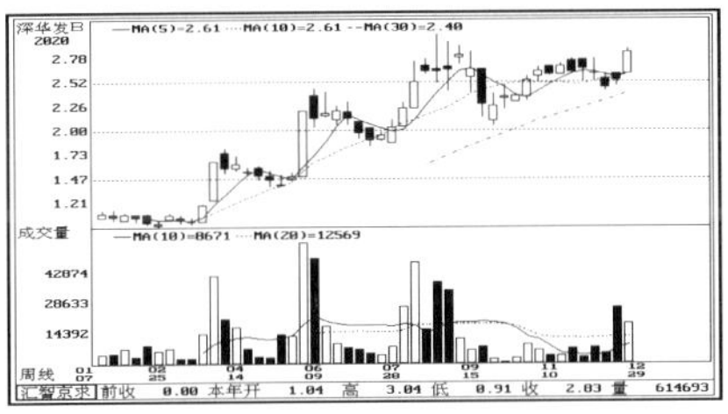

2020　深华发 B：流通股本 10199 万，主营彩电、印制电路板。8 月 22 日最高价 3.04 元，3 月 16 日最低价 0.91 元，2000 年每股收益 0.0100 元。短线回档，仍可持股不动。

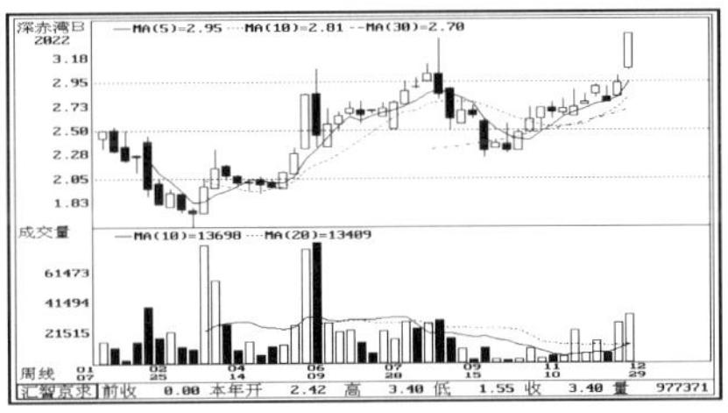

2022　深赤湾 B：流通股本 10644 万，主营港口服务。12 月 29 日最高价 3.40 元，3 月 16 日最低价 1.55 元，2000 年每股收益 0.2160 元。无企稳迹象，一般观望。

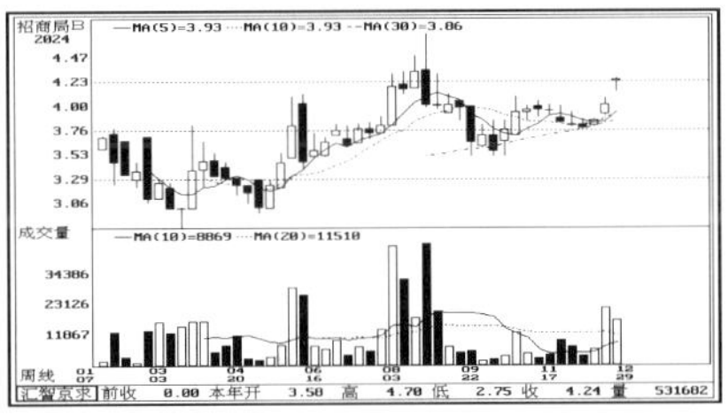

2024　招商局 B：流通股本 13622 万，主营港口物流业务。8 月 22 日最高价 4.70 元，3 月 16 日最低价 2.75 元，2000 年每股收益 0.4390 元。短线调整中，反弹时可适当介入。

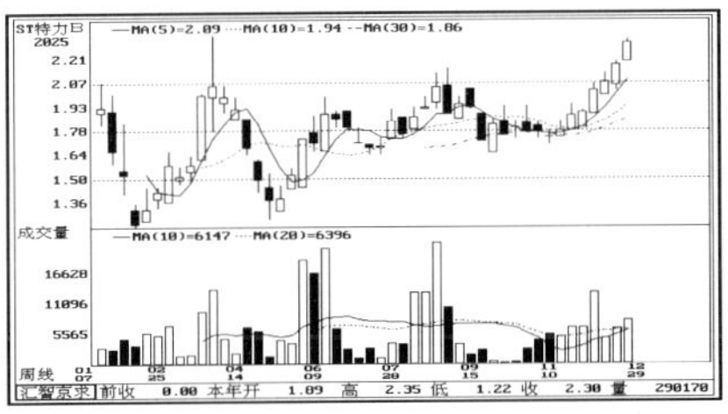

2025　ST 特力 B：流通股本 2640 万，主营汽车维修、检测。3 月 28 日最高价 2.35 元，1 月 28 日最低价 1.22 元，2000 年每股收益 -0.5400 元。上升空间有限，反弹减磅。

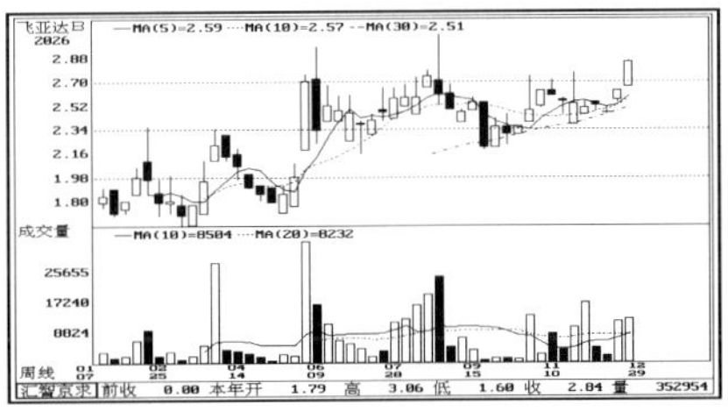

2026　飞亚达 B：流通股本 5832 万，主营中高档钟表及配件。8 月 22 日最高价 3.06 元，3 月 16 日最低价 1.60 元，2000 年每股收益 0.0590 元。处调整中，暂可持股观望。

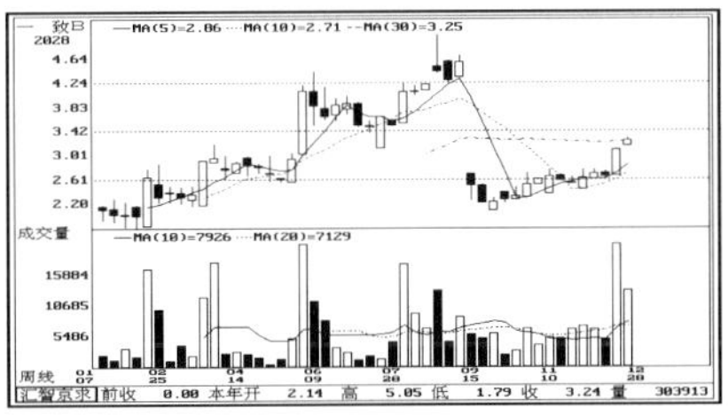

2028　一　致 B：流通股本 5488 万，主营制药、医药批发。8 月 22 日最高价 5.05 元，1 月 28 日最低价 1.79 元，2000 年每股收益 -0.0060 元。均线助涨，持股。

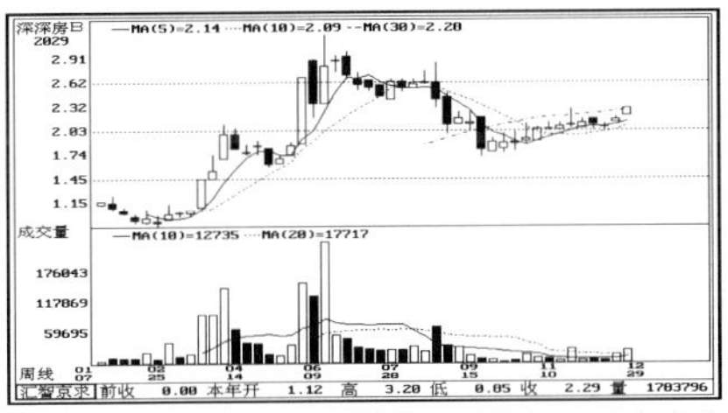

2029　深深房 B：流通股本 12000 万，主营房地产开发。6 月 15 日最高价 3.20 元，2 月 24 日最低价 0.85 元，2000 年每股收益 0.0760 元。短线调整中，反弹时可适当介入。

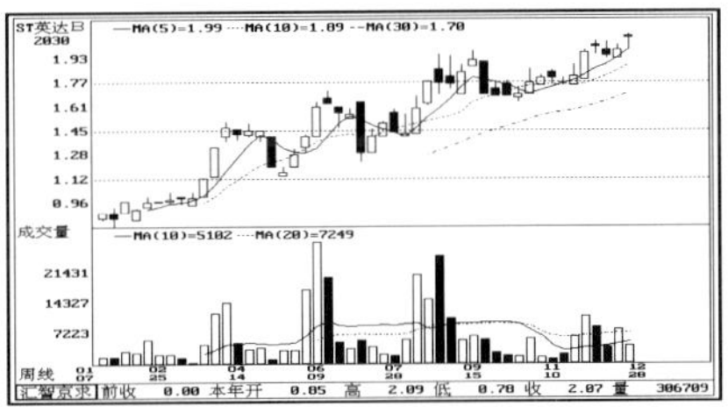

2030　ST 英达 B：流通股本 3960 万，主营饮水科技、印刷。12 月 28 日最高价 2.09 元，1 月 6 日最低价 0.78 元，2000 年每股收益 0.0150 元。短线走淡，暂不宜介入。

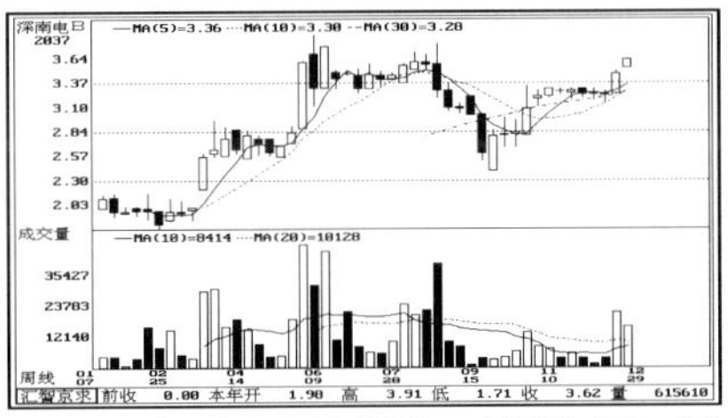

2037　深南电 B：流通股本 10856 万，主营供电、供热。6 月 5 日最高价 3.91 元，2 月 29 日最低价 1.71 元，2000 年每股收益 0.4100 元。回落空间有限，继续持有。

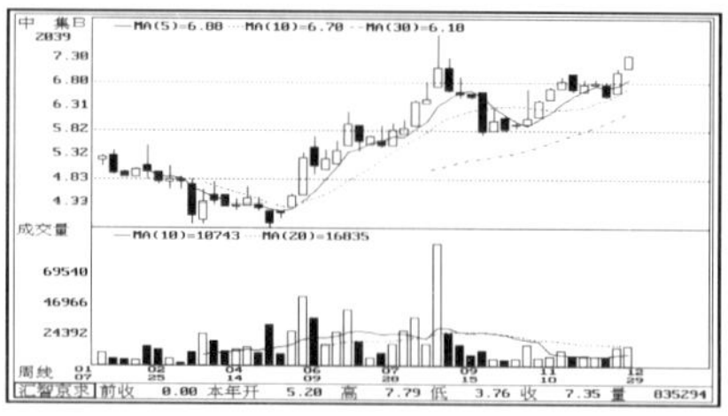

2039　中　　集 B:流通股本 14240 万,主营集装箱和金属包装。8 月 22 日最高价 7.79 元,5 月 10 日最低价 3.76 元,2000 年每股收益 1.3580 元。处调整中,暂可持股观望。

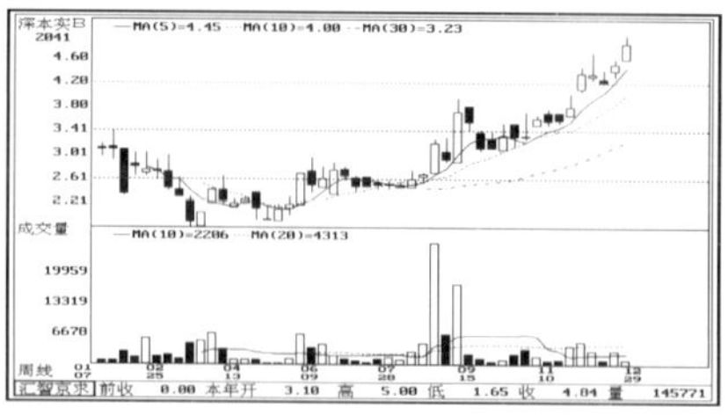

2041　深本实 B:流通股本 1573 万,主营血液制制品。12 月 29 日最高价 5.00 元,3 月 22 日最低价 1.65 元,2000 年每股收益 0.0600 元。短线有调整要求,暂观望。

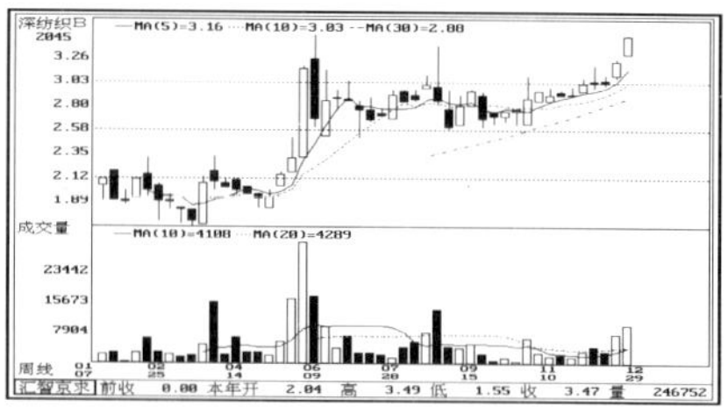

2045　深纺织 B:流通股本 3300 万,主营纺织服装、电子产品。12 月 29 日最高价 3.49 元,3 月 14 日最低价 1.55 元,2000 年每股收益 0.1390 元。有获利盘减持迹象,暂不介入。

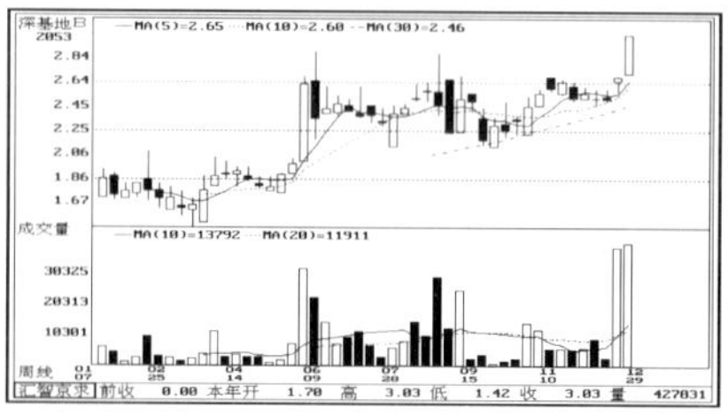

2053　深基地 B:流通股本 6000 万,主营石油的勘探、开发。12 月 29 日最高价 3.03 元,3 月 16 日最低价 1.42 元,2000 年每股收益 0.1945 元。弱势整理,宜持币观望。

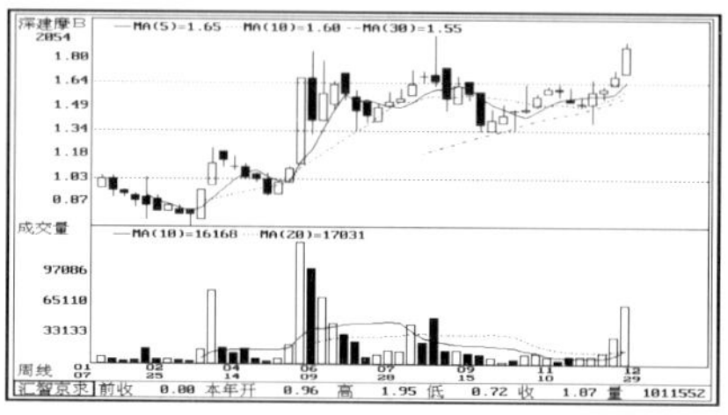

2054　深建摩 B:流通股本 12000 万,主营摩托车及其零部件。8 月 22 日最高价 1.95 元,3 月 17 日最低价 0.72 元,2000 年每股收益 0.0300 元。均线助涨,持股。

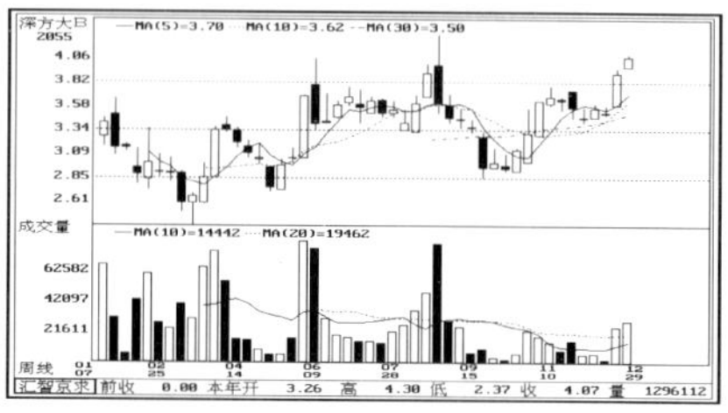

2055　深方大 B:流通股本 14536 万,主营新型建材、复合材料。8 月 22 日最高价 4.30 元,3 月 17 日最低价 2.37 元,2000 年每股收益 0.2300 元。短线调整未结束,持币。

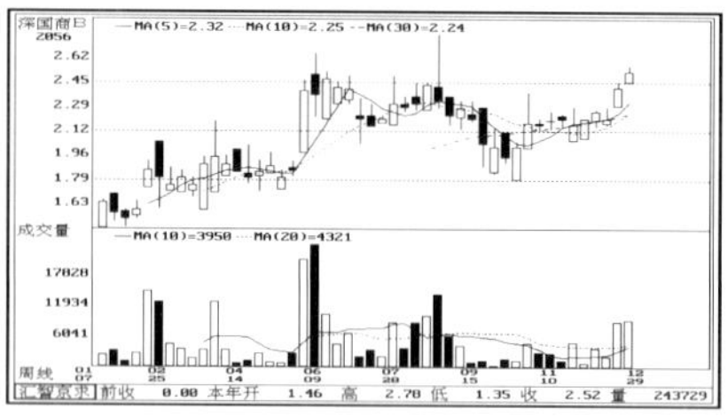

2056　深国商 B:流通股本 7200 万,主营连锁零售商业。8 月 22 日最高价 2.78 元,1 月 5 日最低价 1.35 元,2000 年每股收益 0.1600 元。反弹乏力,不可轻易介入。

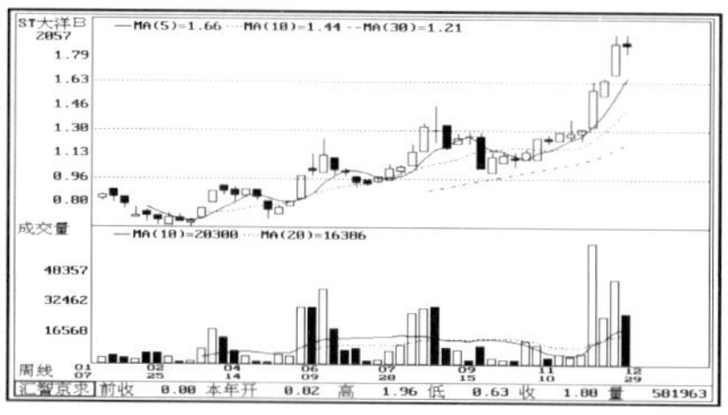

2057　ST 大洋 B:流通股本 7920 万,主营集装箱运输。12 月 22 日最高价 1.96 元,3 月 17 日最低价 0.63 元,2000 年每股收益 -0.1450 元。仍未走强,上方压力大。

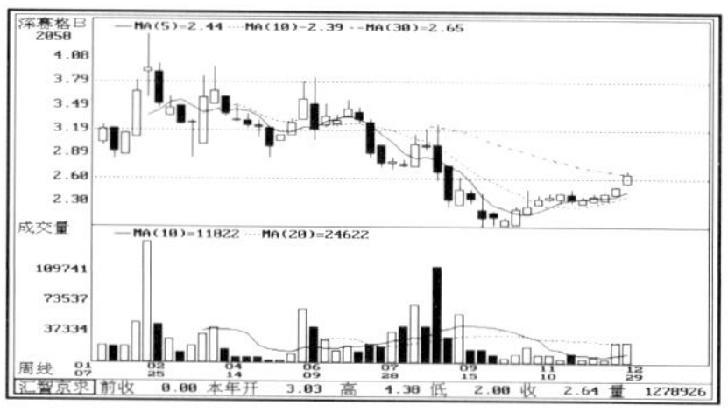

2058　深赛格 B:流通股本 22804 万,主营彩色显像管。2 月 15 日最高价 4.38 元,10 月 9 日最低价 2.00 元,2000 年每股收益 0.0180 元。积蓄动力,中线可持。

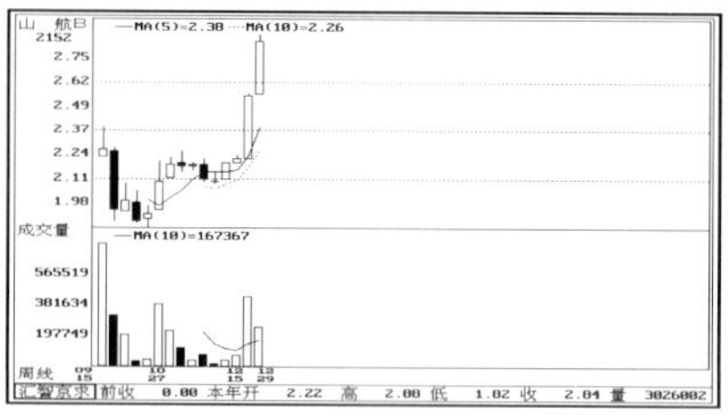

2152　山　　航 B:流通股本 14000 万,主营民用航空的客运。12 月 29 日最高价 2.88 元,10 月 19 日最低价 1.82 元,2000 年每股收益 0.2328 元。整理走势,短线有一定压力。

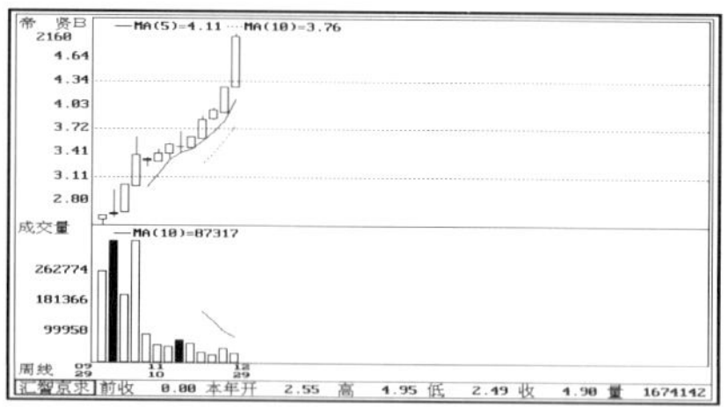

2160　帝　　贤 B:流通股本 11500 万,主营各种针织服装。12 月 29 日最高价 4.95 元,9 月 29 日最低价 2.49 元,2000 年每股收益 0.3000 元。整理走势,短线有一定压力。

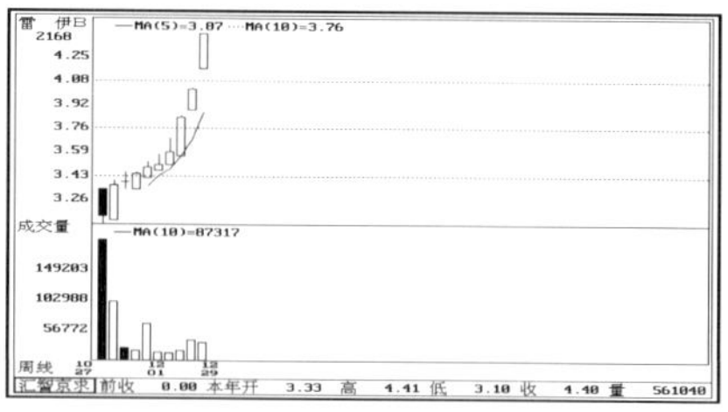

2168　雷　　伊 B:流通股本 6900 万,主营服装设计、生产。12 月 29 日最高价 4.41 元,10 月 27 日最低价 3.10 元,2000 年每股收益 0.3600 元。调整未尽,继续观望。

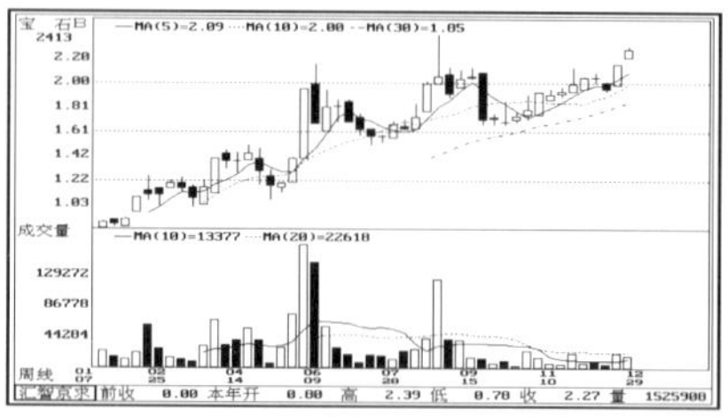

2413　宝　　石 B:流通股本 10000 万,主营电真空玻璃器件。8 月 22 日最高价 2.39 元,1 月 13 日最低价 0.78 元,2000 年每股收益 0.2190 元。调整未尽,继续观望。

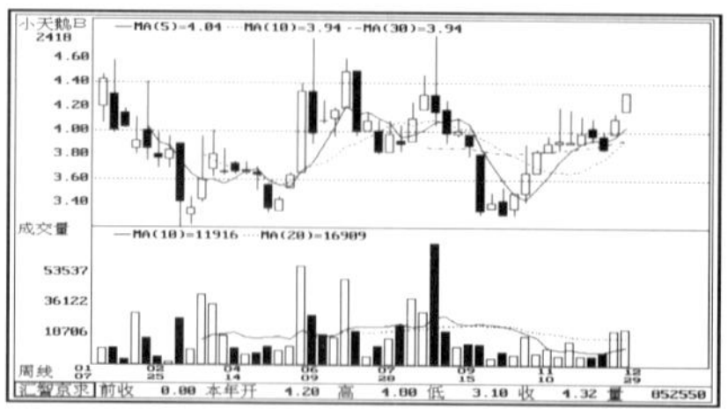

2418　小天鹅 B:流通股本 12735 万,主营家用电器及零配件。8 月 22 日最高价 4.80 元,3 月 16 日最低价 3.10 元,2000 年每股收益 0.5150 元。上升能量减弱,逢高减磅。

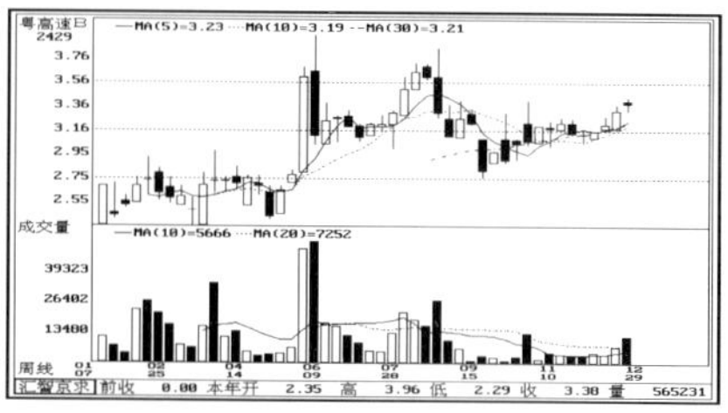

2429　粤高速 B:流通股本 30375 万,主营高速公路的建设施埂■ 月 5 日最高价 3.96 元,3 月 20 日最低价 2.29 元,2000 年每股收益 0.1500 元。无企稳迹象,一般观望。

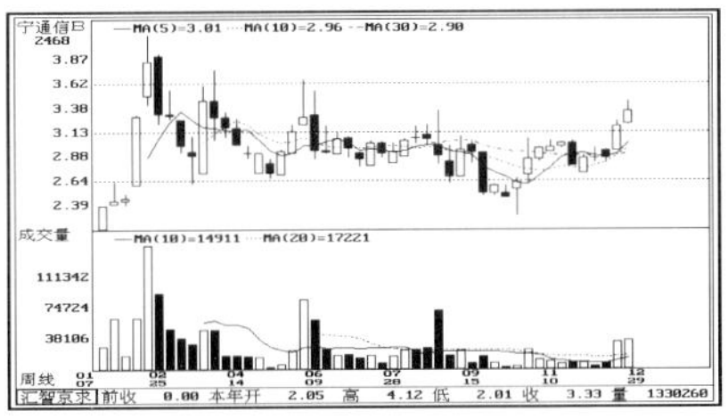

2468　宁通信 B：流通股本 10000 万，主营数据通信产品。2 月 17 日最高价 4.12 元，1 月 5 日最低价 2.01 元，2000 年每股收益 0.0160 元。处调整中，暂可持股观望。

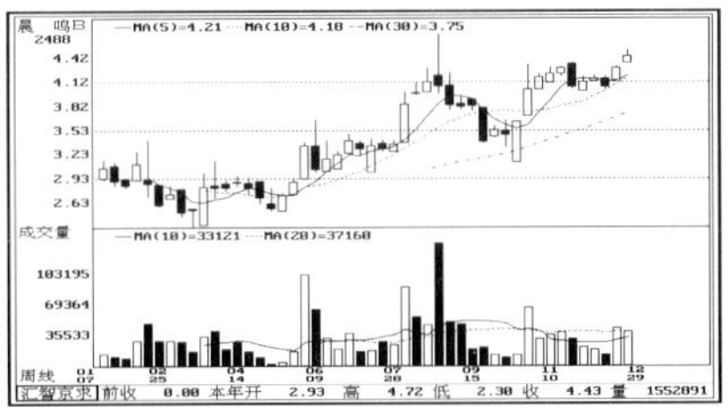

2488　晨　鸣 B：流通股本 20648 万，主营机制纸及板纸。8 月 22 日最高价 4.72 元，3 月 20 日最低价 2.30 元，2000 年每股收益 0.5100 元。处调整中，暂可持股观望。

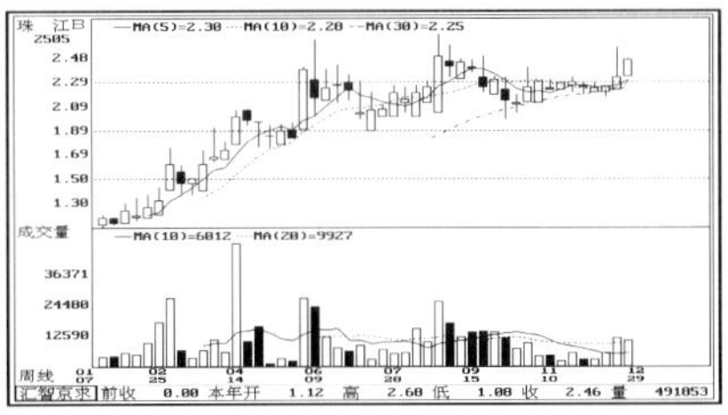

2505　珠　江 B：流通股本 5750 万，主营房地产开发经营。8 月 22 日最高价 2.68 元，1 月 13 日最低价 1.08 元，2000 年每股收益 0.1700 元。整理走势，短线有一定压力。

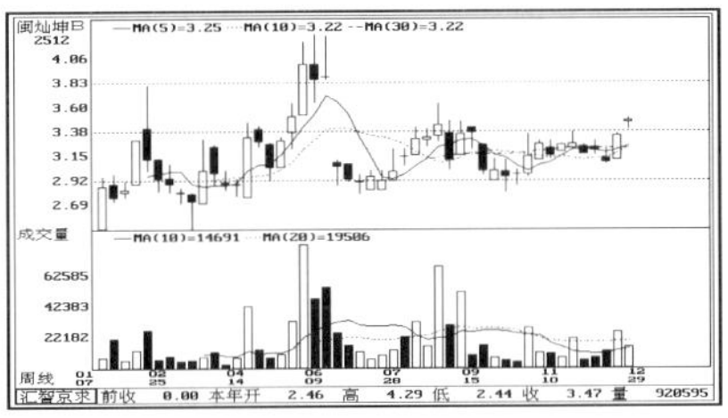

2512　闽灿坤 B：流通股本 12187 万，主营开发、生产家用电器。6 月 5 日最高价 4.29 元，3 月 15 日最低价 2.44 元，2000 年每股收益 0.4100 元。上档压力加重，暂不参与。

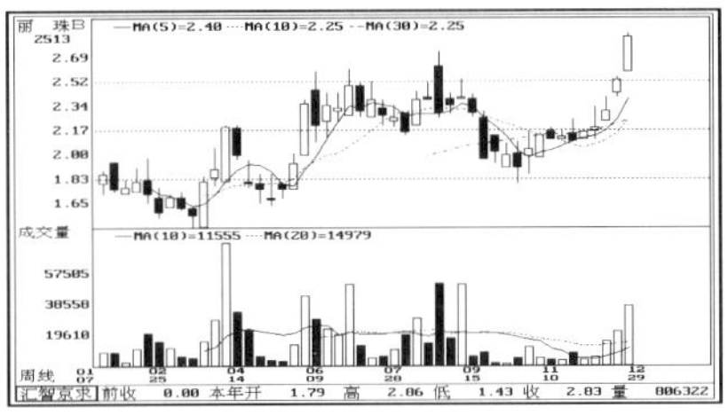

2513　丽　珠 B：流通股本 12230 万，主营医药产品的生产。12 月 29 日最高价 2.86 元，3 月 16 日最低价 1.43 元，2000 年每股收益 0.0300 元。整理走势，短线有一定压力。

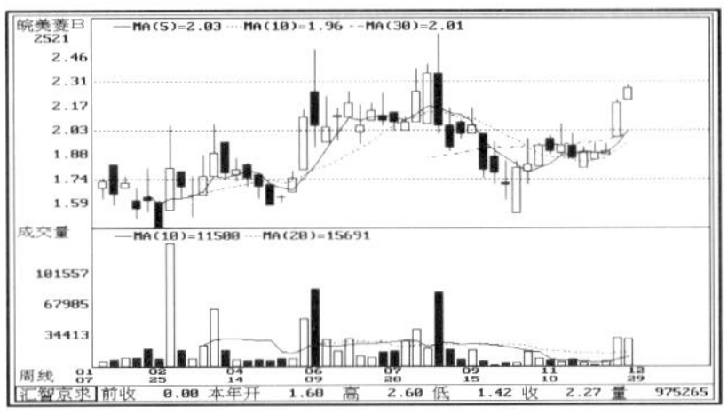

2521　皖美菱 B：流通股本 11310 万，主营销售电冰箱。8 月 22 日最高价 2.60 元，2 月 23 日最低价 1.42 元，2000 年每股收益 0.0130 元。继续携量上攻，持股。

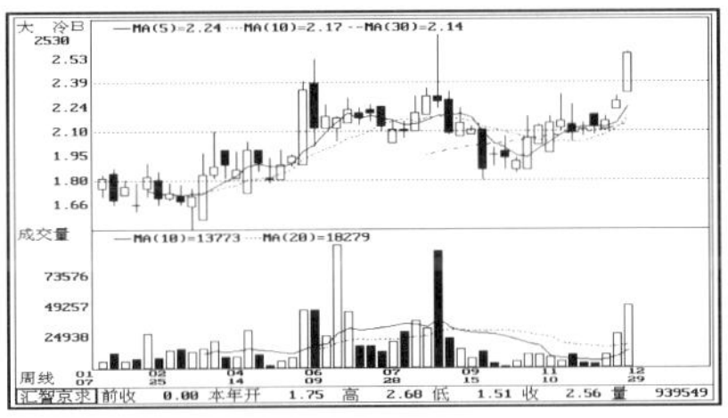

2530　大　冷 B：流通股本 11500 万，主营制冷成套设备。8 月 22 日最高价 2.68 元，3 月 17 日最低价 1.51 元，2000 年每股收益 0.2230 元。调整走势，短线出局观望。

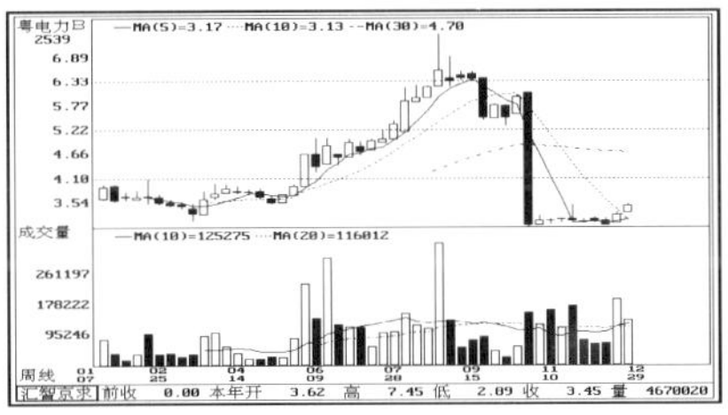

2539　粤电力 B：流通股本 66534 万，主营电力生产和经营。8 月 22 日最高价 7.45 元，10 月 24 日最低价 2.89 元，2000 年每股收益 0.3770 元。调整未尽，继续观望。

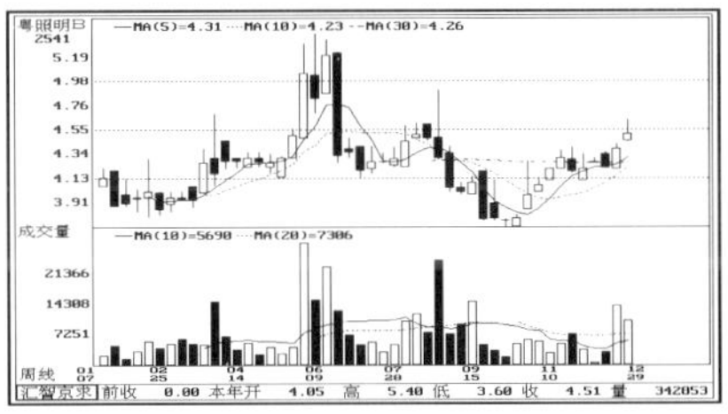

2541　粤照明 B：流通股本 8250 万，主营各种电光源产品。6 月 5 日最高价 5.40 元，1 月 21 日最低价 1.75 元，2000 年每股收益 0.4500 元。有走强迹象，持有。

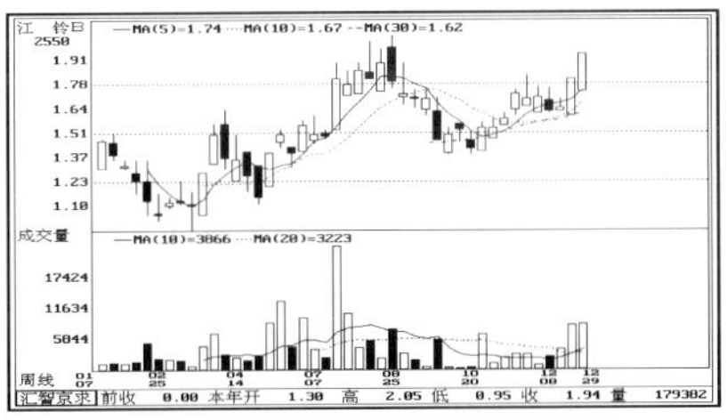

2550　江　铃 B：流通股本 34400 万，主营全顺系列商用车。6 月 1 日最高价 2.41 元，3 月 16 日最低价 0.95 元，2000 年每股收益 0.0620 元。弱势整理，宜持币观望。

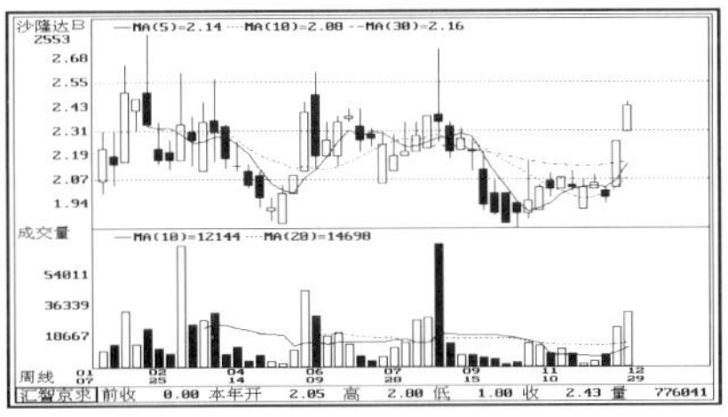

2553　沙隆达 B：流通股本 11500 万，主营农药品、化工品。2 月 15 日最高价 2.80 元，5 月 10 日最低价 1.80 元，2000 年每股收益 0.0600 元。仍未走强，上方压力大。

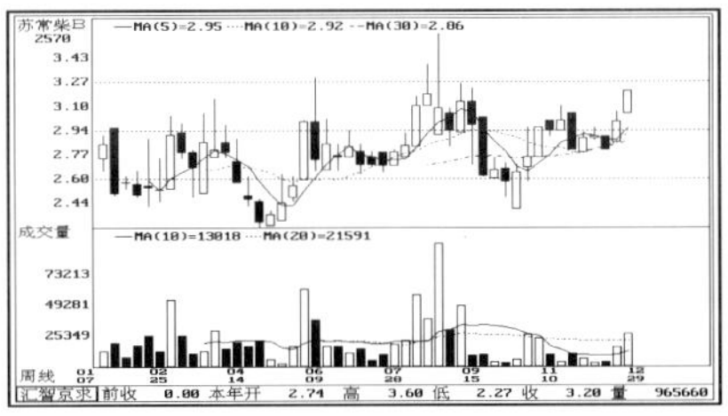

2570　苏常柴 B：流通股本 10000 万，主营农用柴油机、收割机。8 月 22 日最高价 3.60 元，5 月 8 日最低价 2.27 元，2000 年每股收益 0.1100 元。调整未尽，继续观望。

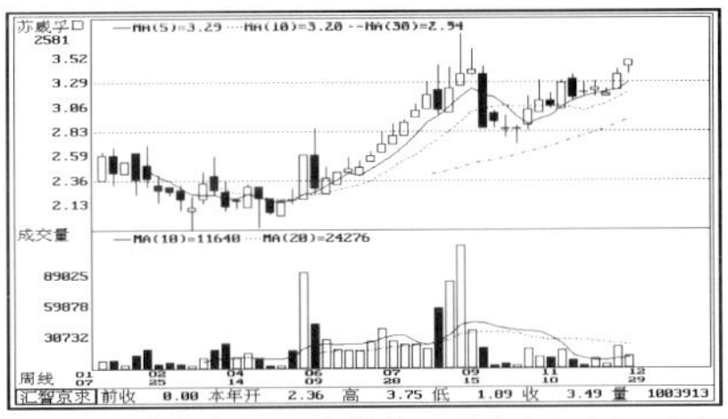

2581　苏威孚 B：流通股本 8840 万，主营汽车、农机工程机械。6 月 1 日最高价 4.40 元，3 月 20 日最低价 1.89 元，2000 年每股收益 0.3000 元。短线有调整要求，暂观望。

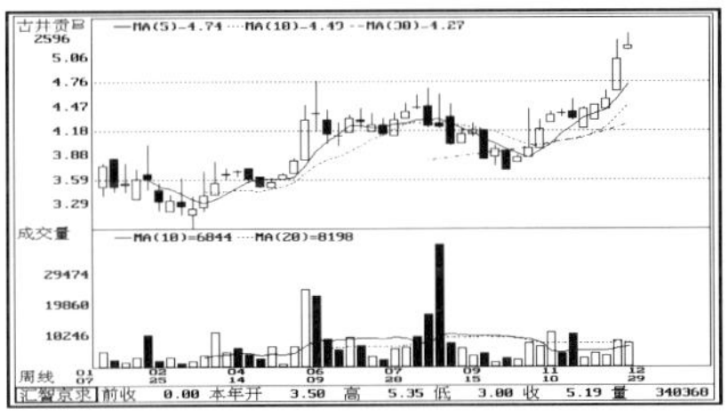

2596　古井贡 B：流通股本 6000 万，主营酿制和销售古井贡酒。12 月 27 日最高价 5.35 元，3 月 17 日最低价 3.00 元，2000 年每股收益 0.6300 元。遇支撑反转，持股或低吸。

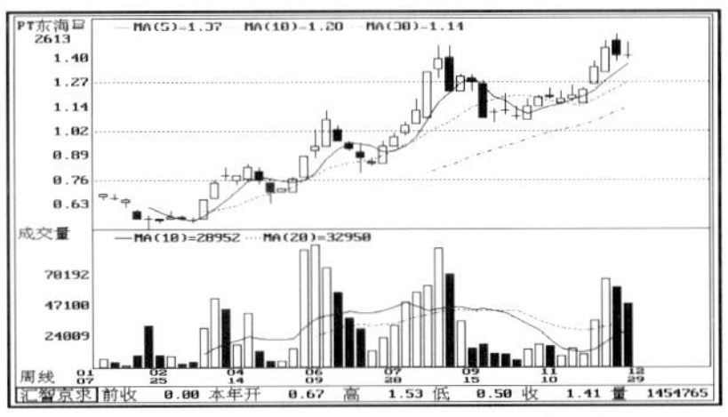

2613　PT 东海 B：流通股本 8800 万，主营酒店及旅游娱乐。12 月 21 日最高价 1.53 元，2 月 18 日最低价 0.50 元，2000 年每股收益 -0.1700 元。风险个股，不介入。

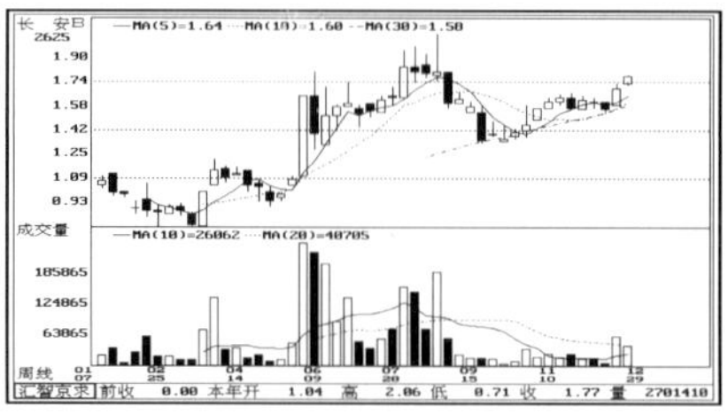

2625 长 安 B：流通股本 35000 万，主营微型汽车。8 月 22 日最高价 2.06 元，3 月 20 日最低价 0.71 元，2000 年每股收益 0.1204 元。有走强迹象，持有。

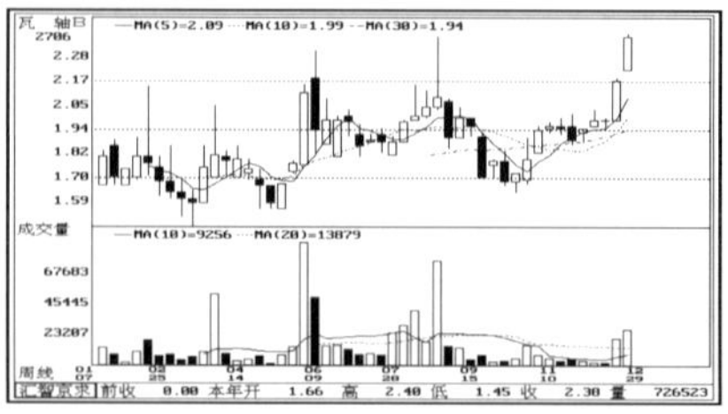

2706 瓦 轴 B：流通股本 13000 万，主营轴承、机械设备。12 月 29 日最高价 2.40 元，3 月 16 日最低价 1.45 元，2000 年每股收益 0.1340 元。整理走势，后市有反弹空间。

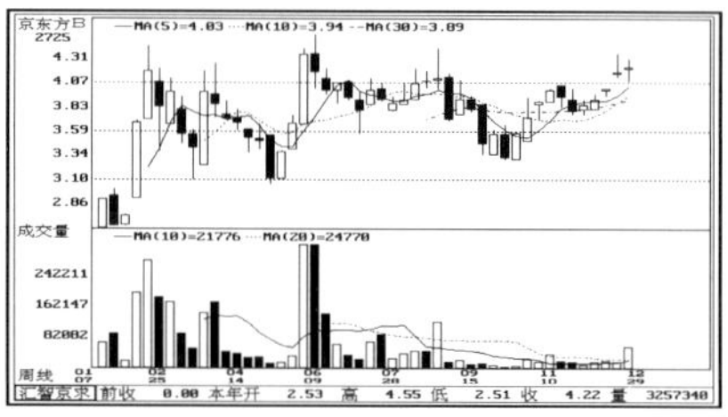

2725 京东方 B：流通股本 14950 万，主营网络信息显示终端。6 月 5 日最高价 4.55 元，1 月 6 日最低价 2.51 元，2000 年每股收益 0.2010 元。上升动力不足，谨慎持有。

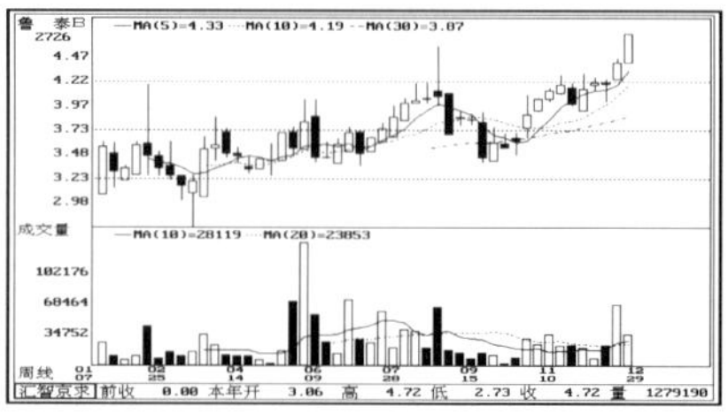

2726 鲁 泰 B：流通股本 10400 万，主营多种纺织及成衣产品。12 月 29 日最高价 4.72 元，3 月 17 日最低价 2.73 元，2000 年每股收益 0.4150 元。整理走势，短线有一定压力。

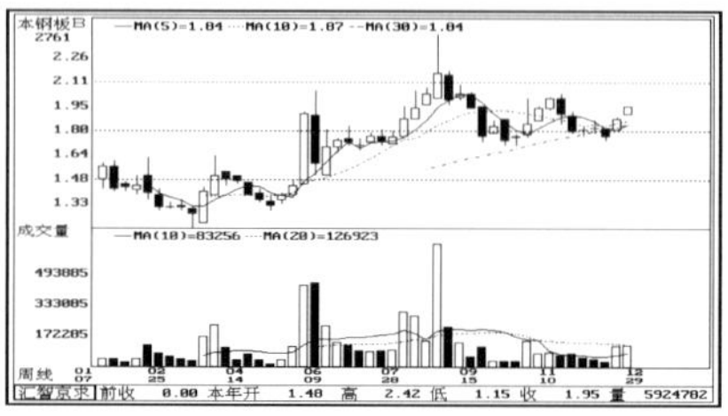

2761 本钢板 B：流通股本 40000 万，主营钢铁冶炼和板材轧制。8 月 22 日最高价 2.42 元，3 月 16 日最低价 1.15 元，2000 年每股收益 0.3080 元。调整未尽，继续观望。

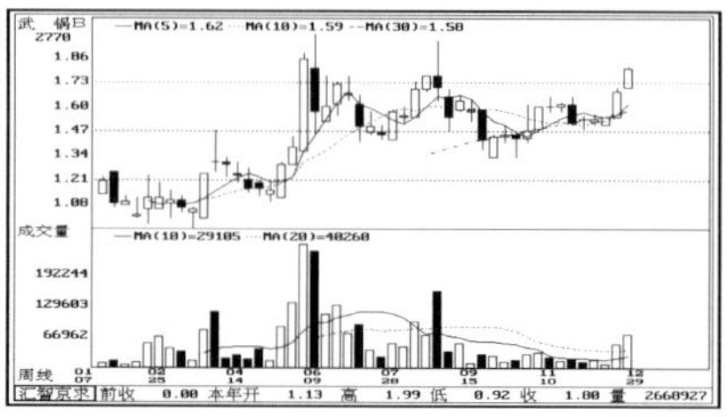

2770 武 锅 B：流通股本 12500 万，主营各类电站锅炉。6 月 5 日最高价 1.99 元，2 月 14 日最低价 0.92 元，2000 年每股收益 0.0420 元。整理走势，关注均线支撑。

2771 杭汽轮 B：流通股本 8000 万，主营工业汽轮机开发研究。2 月 15 日最高价 4.25 元，10 月 25 日最低价 2.21 元，2000 年每股收益 0.1400 元。整理走势，关注均线支撑。

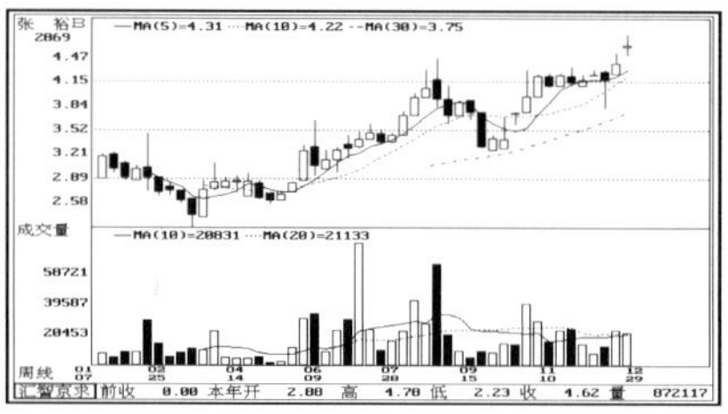

2869 张 裕 B：流通股本 8800 万，主营葡萄酒。12 月 27 日最高价 4.78 元，3 月 16 日最低价 2.23 元，2000 年每股收益 0.4900 元。处调整中，暂可持股观望。

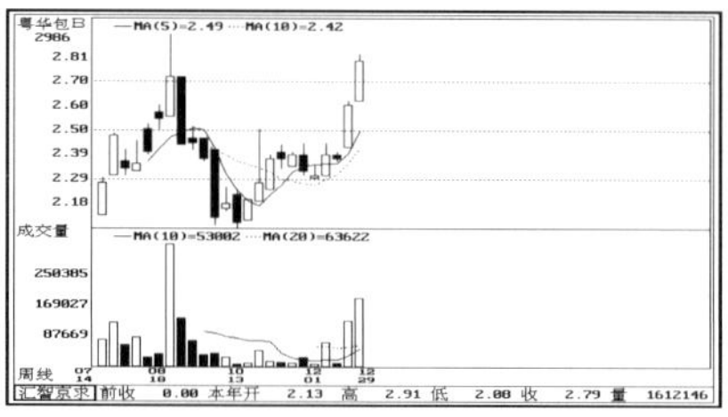

2986 粤华包 B：流通股本 14950 万，主营高级涂布白纸板。8 月 22 日最高价 2.91 元，7 月 6 日最低价 1.99 元，2000 年每股收益 0.2572 元。短线回档，仍可持股不动。

2992 中 鲁 B：流通股本 13800 万，主营远洋捕捞及加工。8 月 30 日最高价 3.75 元，7 月 24 日最低价 2.48 元，2000 年每股收益 0.2700 元。短线调整未结束，持币。

表 51 2000 年基金走势图

个股点评
统计制作 北京汇智科贸公司信息部

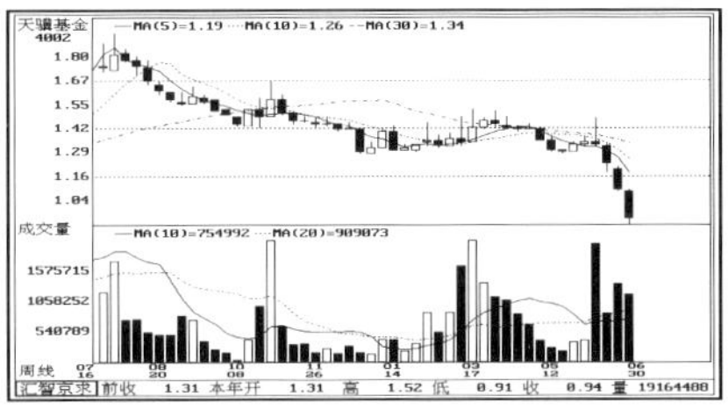

4002 天骥基金：流通股本 58148 万。1 月 27 日最高价 3.94 元，6 月 30 日最低价 0.91 元，2000 年每股收益 -0.0900 元。主力逐渐减仓，不参与。

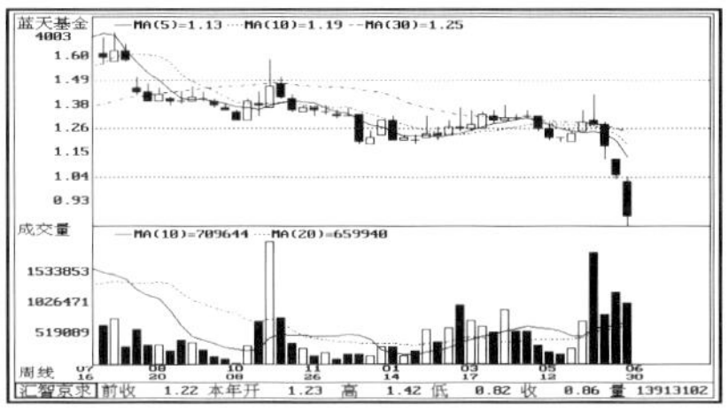

4003 蓝天基金：流通股本 37916 万。6 月 1 日最高价 3.58 元，6 月 30 日最低价 0.82 元，2000 年每股收益 0.0040 元。主力正在出货，不碰。

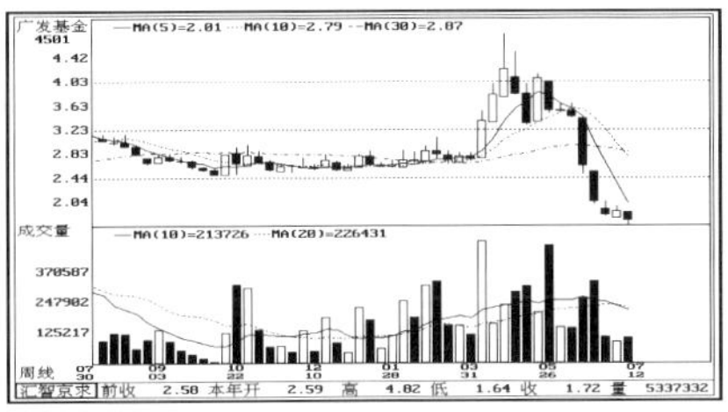

4501 广发基金：流通股本 4770 万。4 月 20 日最高价 4.82 元，6 月 13 日最低价 1.25 元，2000 年每股收益 0.0000 元。主力有减仓迹象，不碰。

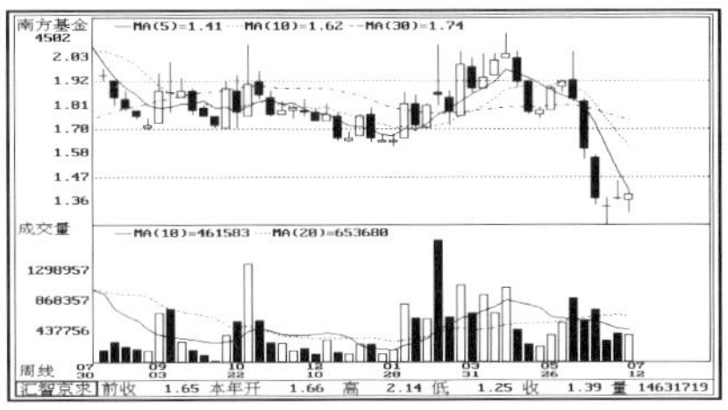

4502 南方基金：流通股本 20630 万。6 月 13 日最高价 3.32 元，1 月 27 日最低价 1.19 元，2000 年每股收益 0.0240 元。主力已出货完毕，观望。

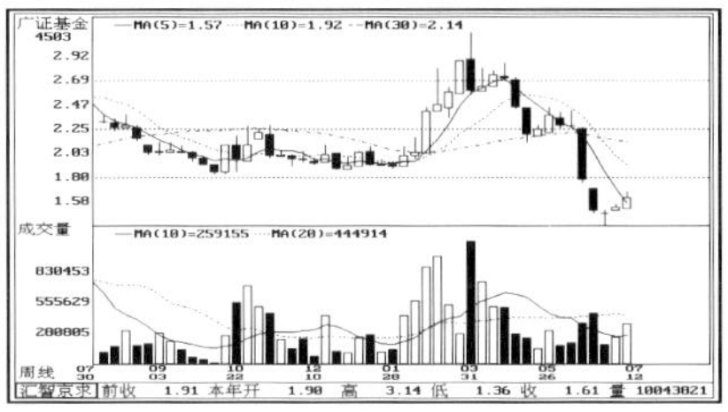

4503 广证基金：流通股本 10700 万。3 月 27 日最高价 3.14 元，6 月 30 日最低价 1.36 元，2000 年每股收益 0.0000 元。阶段性减仓，观望。

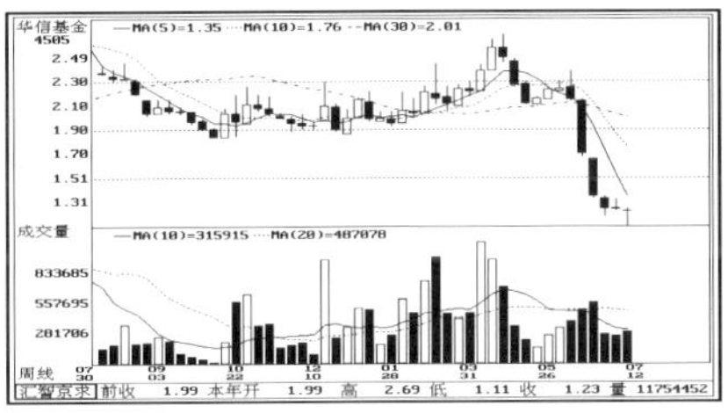

4505 华信基金：流通股本 12502 万。4 月 17 日最高价 2.69 元，7 月 12 日最低价 1.11 元，2000 年每股收益 0.0640 元。出货迹象明显，不介入。

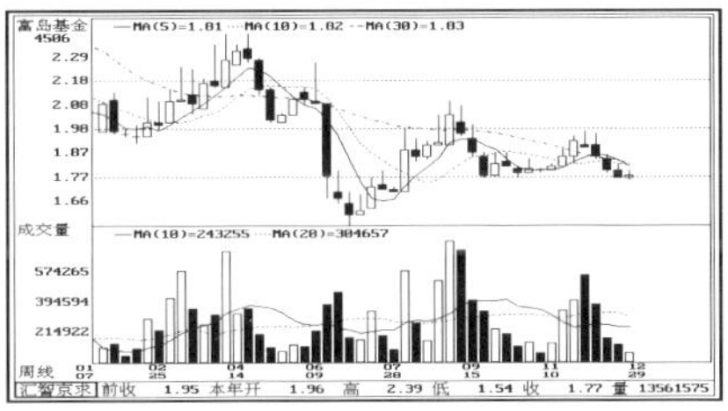

4506 富岛基金：流通股本 16000 万。4 月 17 日最高价 2.39 元，6 月 1 日最低价 1.25 元，2000 年每股收益 0.0120 元。调整中，暂不介入。

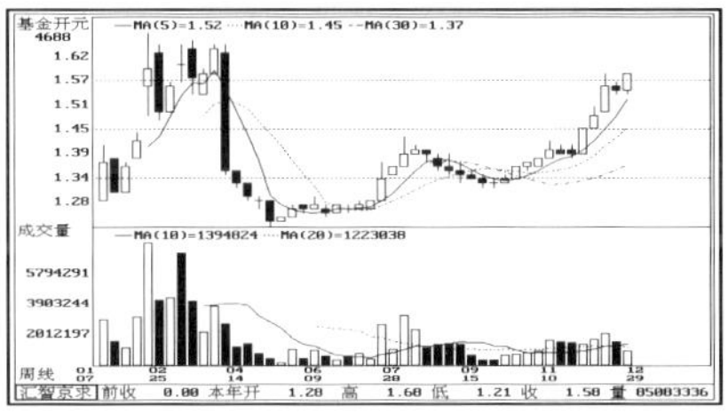

4688 基金开元：流通股本 197000 万。2 月 17 日最高价 1.68 元，5 月 24 日最低价 1.21 元，2000 年每股收益 0.5900 元。调整未尽，继续观望。

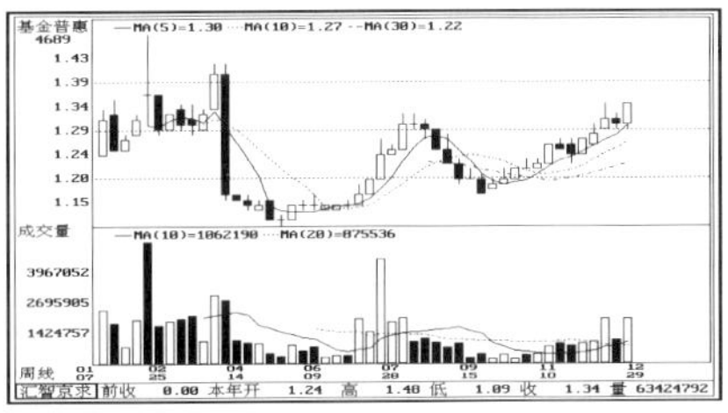

4689 基金普惠：流通股本 197000 万。2 月 15 日最高价 1.48 元，5 月 17 日最低价 1.09 元，2000 年每股收益 0.3996 元。短线回调，持股观望。

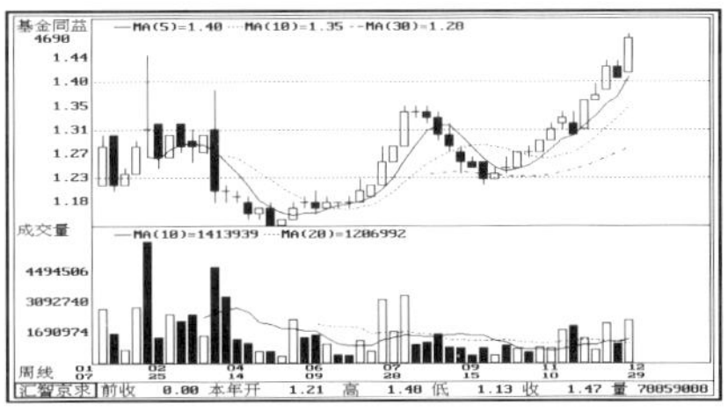

4690 基金同益：流通股本 197000 万。12 月 29 日最高价 1.48 元，5 月 24 日最低价 1.13 元，2000 年每股收益 0.5000 元。短线仍以反复整理为主。

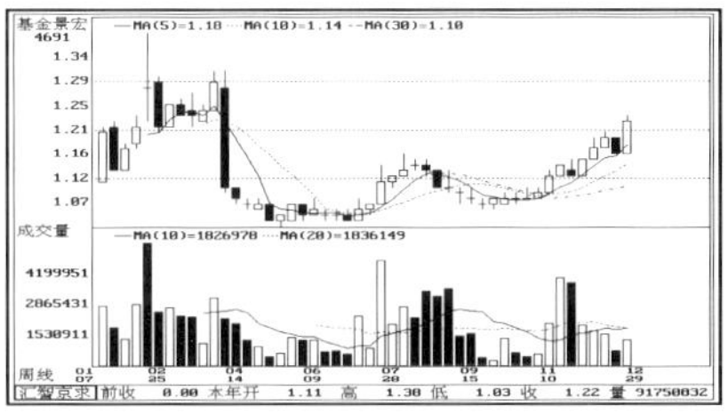

4691 基金景宏：流通股本 197000 万。2 月 15 日最高价 1.38 元，7 月 3 日最低价 1.03 元，2000 年每股收益 0.3246 元。无企稳迹象，一般观望。

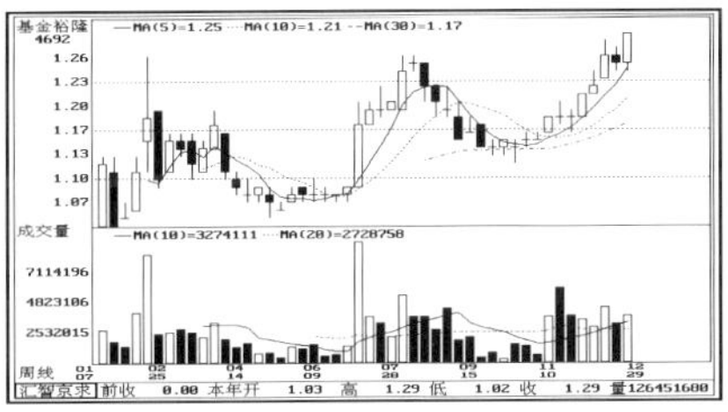

4692 基金裕隆：流通股本 298500 万。12 月 29 日最高价 1.29 元，1 月 4 日最低价 1.02 元，2000 年每股收益 0.3738 元。弱势整理，宜持币观望。

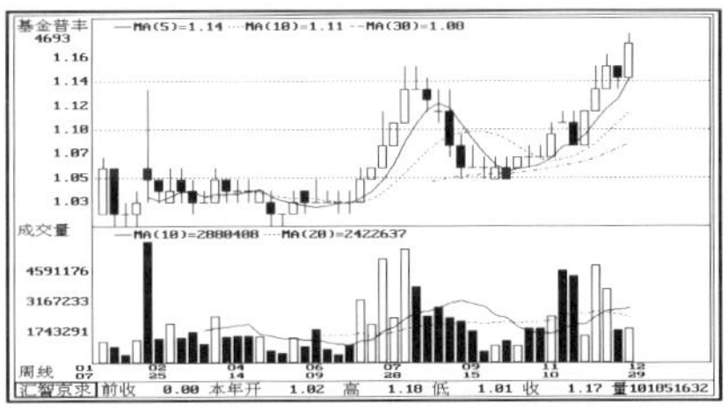

4693 基金普丰：流通股本 298500 万。12 月 29 日最高价 1.18 元，5 月 24 日最低价 1.01 元，2000 年每股收益 0.2806 元。有上攻的欲望，但动力不足。

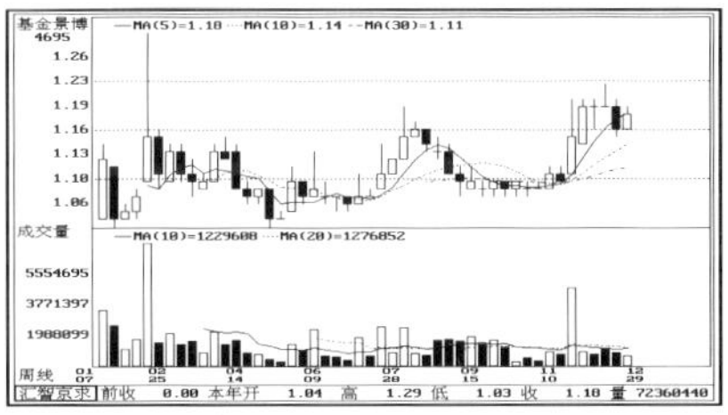

4695 基金景博：流通股本 97503 万。2 月 15 日最高价 1.29 元，5 月 24 日最低价 1.03 元，2000 年每股收益 0.2050 元。短线调整将尽，反弹空间仍存。

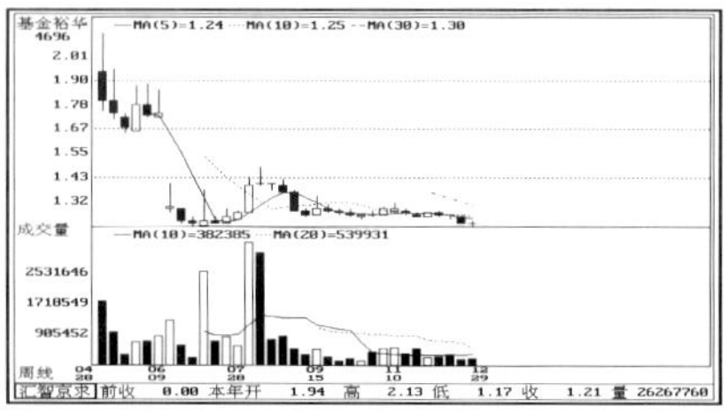

4696　基金裕华：流通股本 49500 万。4 月 25 日最高价 2.13 元，7 月 3 日最低价 1.17 元，2000 年每股收益 0.1393 元。获利盘回吐，短线破位下调。

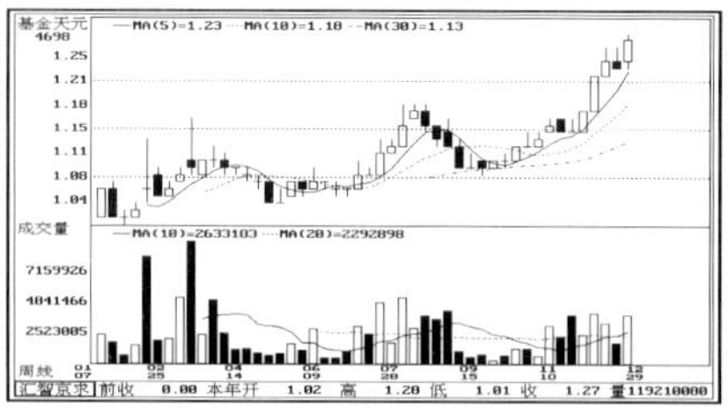

4698　基金天元：流通股本 297000 万。12 月 29 日最高价 1.28 元，1 月 25 日最低价 1.01 元，2000 年每股收益 0.3270 元。上行欲望不强，一般关注。

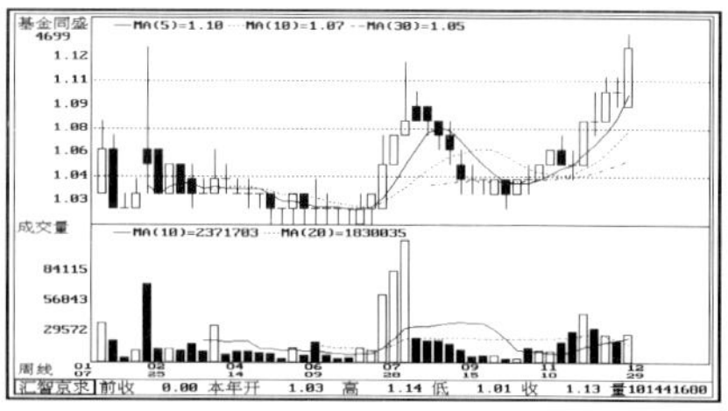

4699　基金同盛：流通股本 298500 万。12 月 29 日最高价 1.14 元，7 月 14 日最低价 1.01 元，2000 年每股收益 0.2404 元。震荡上行，暂可继续持有。

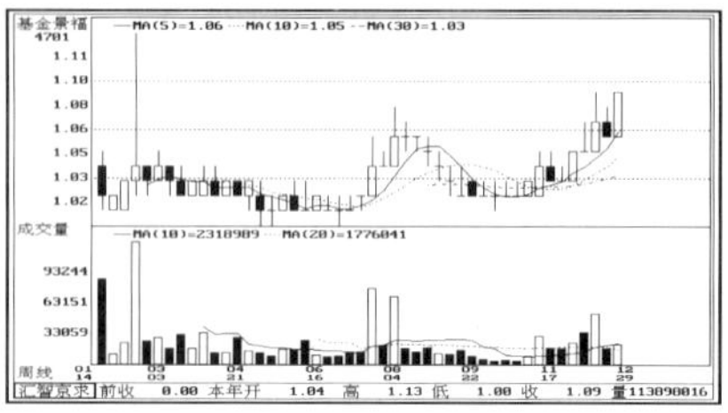

4701　基金景福：流通股本 298500 万。2 月 14 日最高价 1.13 元，7 月 3 日最低价 1.00 元，2000 年每股收益 0.1820 元。短线有支撑，仍有上行潜力。

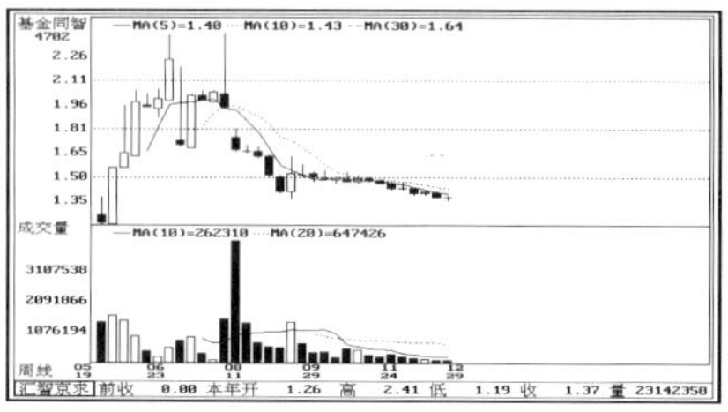

4702　基金同智：流通股本 49850 万。8 月 2 日最高价 2.41 元，5 月 22 日最低价 1.19 元，2000 年每股收益 0.0512 元。整理走势，面临均线支撑。

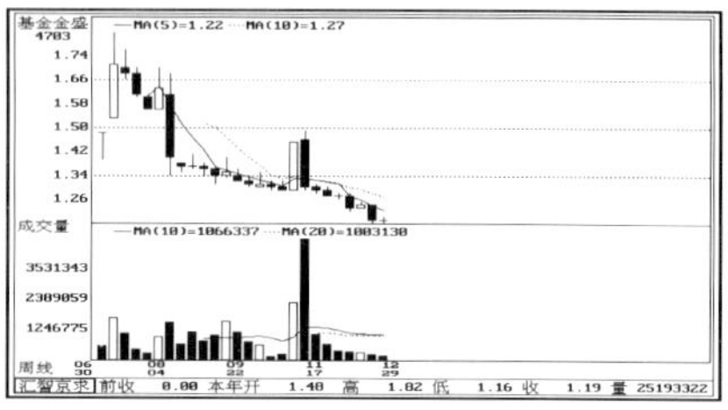

4703　基金金盛：流通股本 49750 万。7 月 5 日最高价 1.82 元，12 月 26 日最低价 1.16 元，2000 年每股收益 0.0230 元。上行欲望不强，仍有整理。

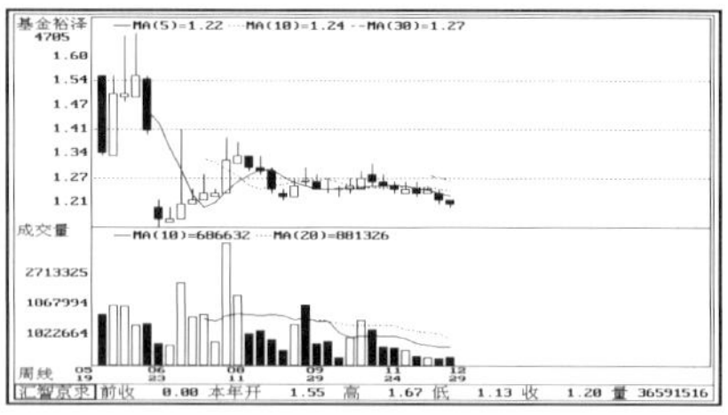

4705　基金裕泽：流通股本 49500 万。6 月 6 日最高价 1.67 元，6 月 26 日最低价 1.13 元，2000 年每股收益 0.0599 元。仍未走好，暂宜观望。

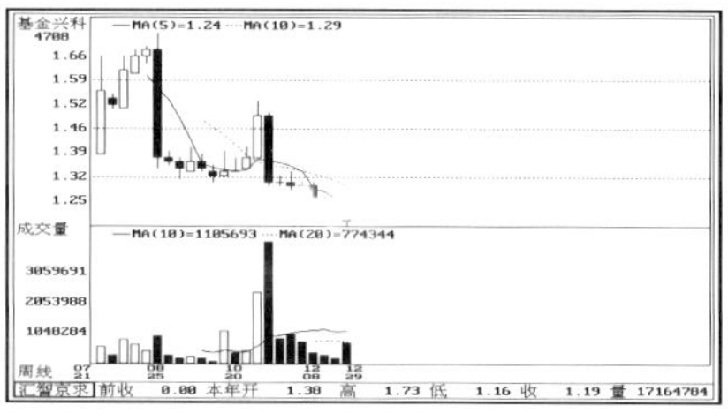

4708　基金兴科：流通股本 49750 万。8 月 23 日最高价 1.73 元，12 月 28 日最低价 1.16 元，2000 年每股收益 0.0528 元。短线走弱，观望为主。

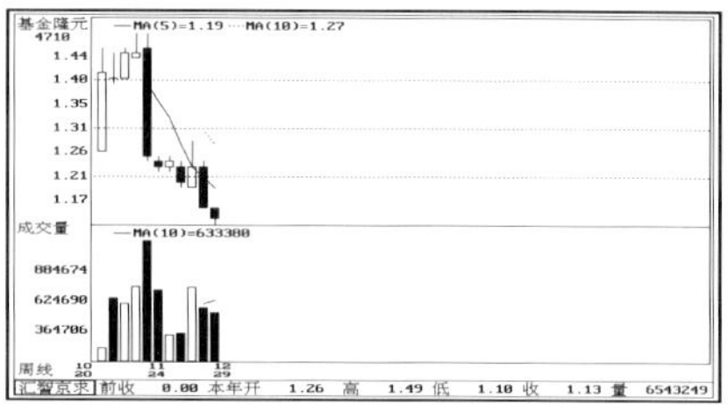

4710　基金隆元：流通股本 49500 万。11 月 16 日最高价 1.49 元，12 月 26 日最低价 1.10 元，2000 年每股收益 -0.0240 元。上行抛压沉重，观望为宜。

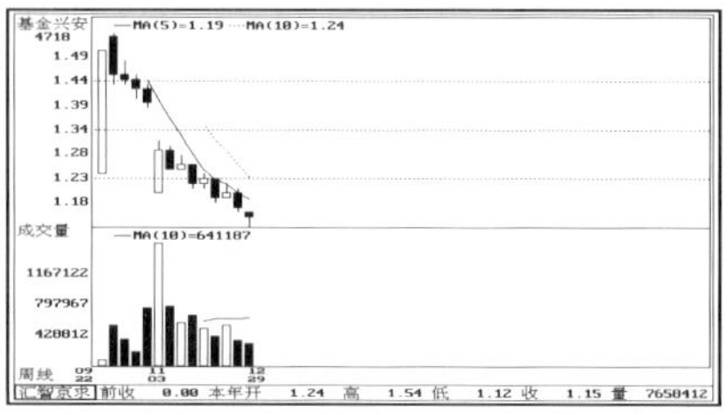

4718　基金兴安：流通股本 49750 万。9 月 25 日最高价 1.54 元，12 月 26 日最低价 1.12 元，2000 年每股收益 0.0060 元。需继续在低位震荡整理。

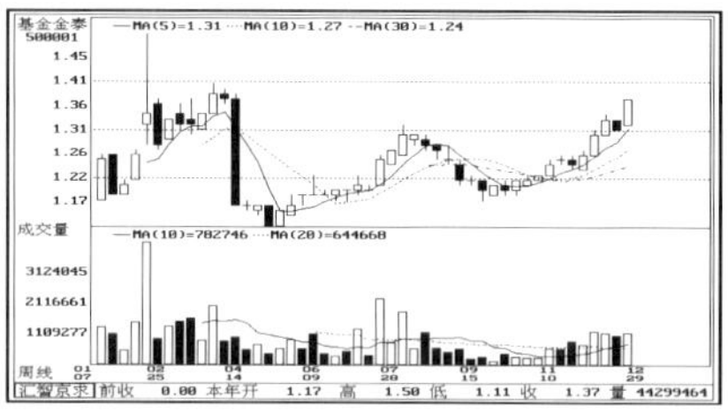

500001　基金金泰：流通股本 197000 万。2 月 15 日最高价 1.50 元，5 月 17 日最低价 1.11 元，2000 年每股收益 0.4526 元。短线有调整要求，暂观望。

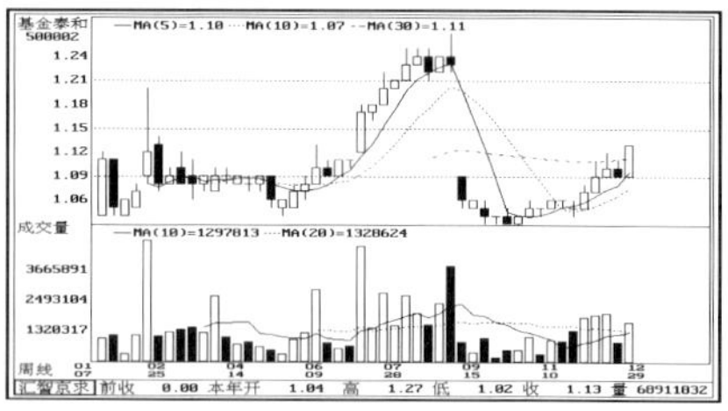

500002　基金泰和：流通股本 197000 万。8 月 30 日最高价 1.27 元，10 月 17 日最低价 1.02 元，2000 年每股收益 0.3072 元。短线走淡，暂不宜介入。

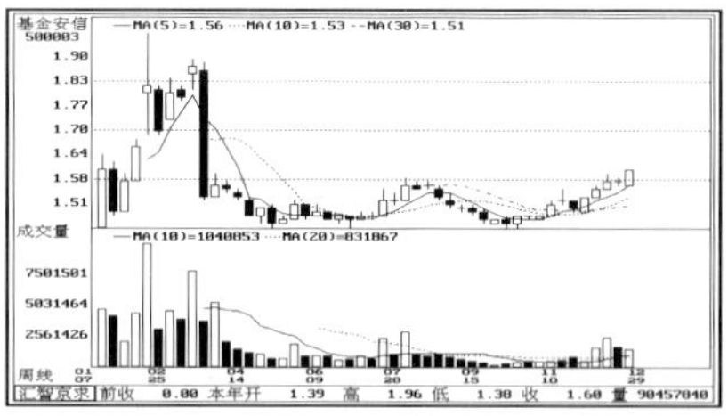

500003　基金安信：流通股本 194600 万。2 月 15 日最高价 1.96 元，1 月 4 日最低价 1.38 元，2000 年每股收益 0.5794 元。有望换档上行，持仓。

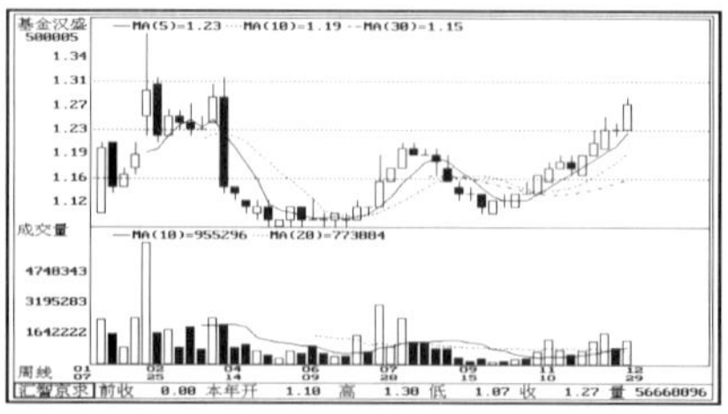

500005　基金汉盛：流通股本 197000 万。2 月 15 日最高价 1.38 元，5 月 24 日最低价 1.07 元，2000 年每股收益 0.3592 元。短线回档，仍可持股不动。

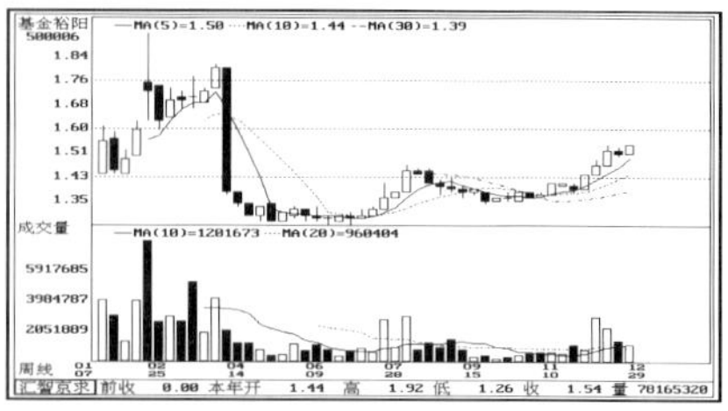

500006　基金裕阳：流通股本 197000 万。2 月 15 日最高价 1.92 元，6 月 20 日最低价 1.26 元，2000 年每股收益 0.5275 元。整理走势，短线有一定压力。

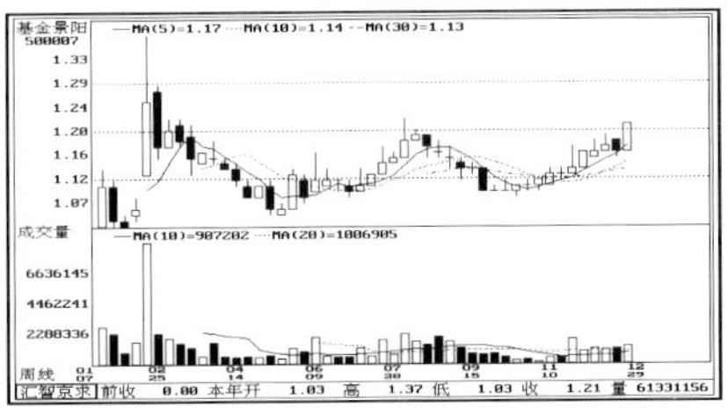

500007　基金景阳：流通股本 99000 万。2 月 17 日最高价 1.37 元，1 月 21 日最低价 1.03 元，2000 年每股收益 0.0000 元。短线回档，仍可持股不动。

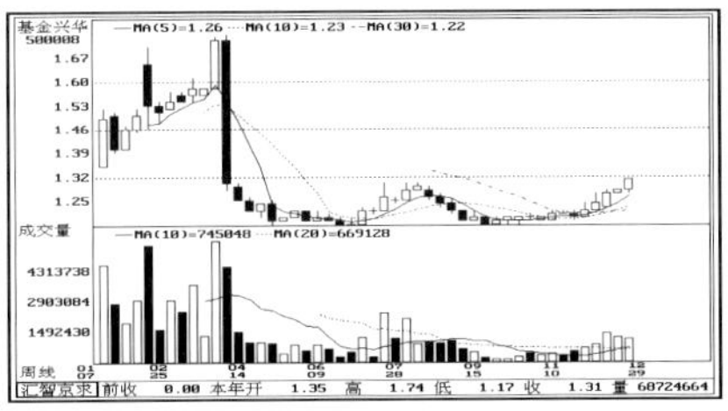

500008　基金兴华：流通股本 197000 万。4 月 3 日最高价 1.74 元，7 月 3 日最低价 1.17 元，2000 年每股收益 0.0000 元。整理走势，短线有一定压力。

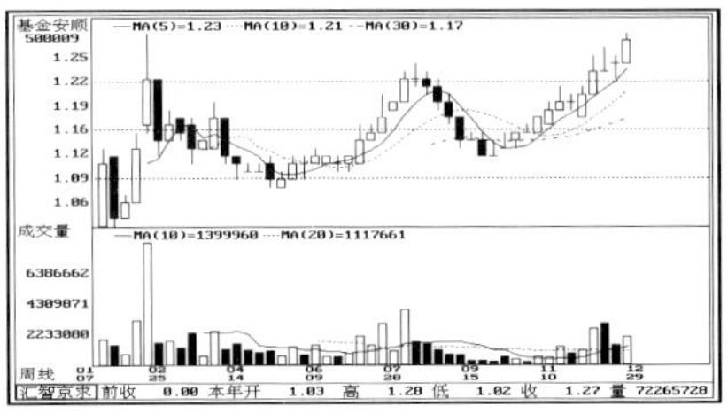

500009　基金安顺：流通股本 298500 万。12 月 29 日最高价 1.28 元，1 月 4 日最低价 1.02 元，2000 年每股收益 0.3311 元。整理走势，短线有一定压力。

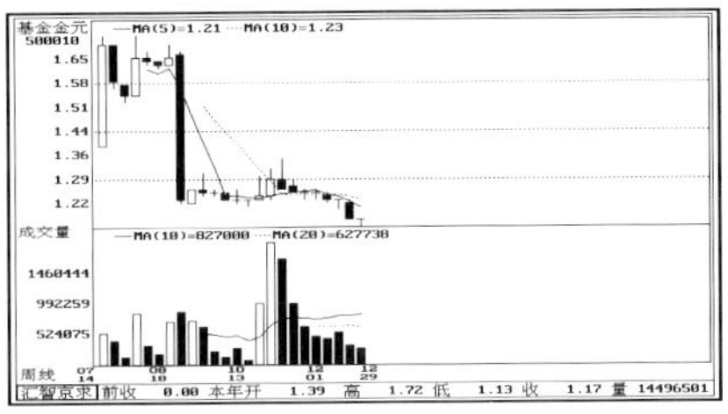

500010　基金金元：流通股本 49500 万。8 月 2 日最高价 1.72 元，12 月 26 日最低价 1.13 元，2000 年每股收益 0.0340 元。缩量整理，观望为宜。

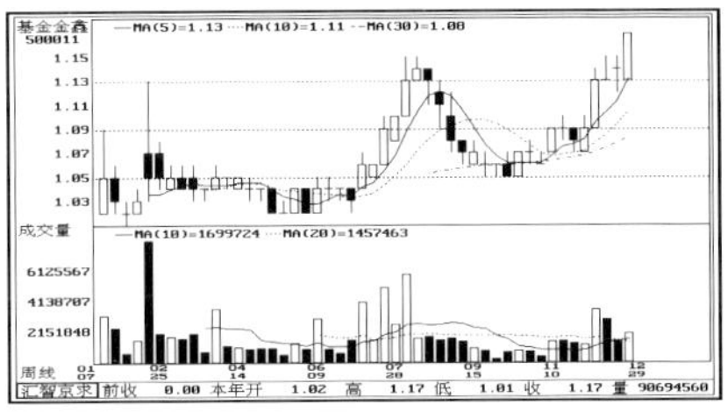

500011　基金金鑫：流通股本 298500 万。12 月 29 日最高价 1.17 元，5 月 25 日最低价 1.01 元，2000 年每股收益 0.2196 元。调整走势，短线出局观望。

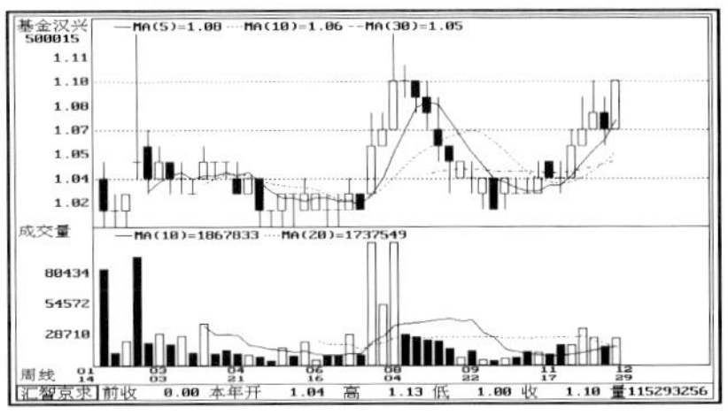

500015　基金汉兴：流通股本 297000 万。8 月 2 日最高价 1.13 元，2 月 17 日最低价 1.00 元，2000 年每股收益 0.1859 元。调整未尽，继续观望。

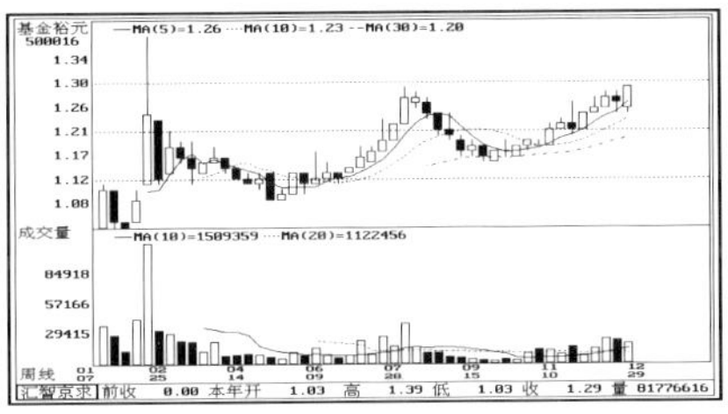

500016　基金裕元：流通股本 127400 万。2 月 17 日最高价 1.39 元，1 月 27 日最低价 1.03 元，2000 年每股收益 0.3788 元。处调整中，暂可持股观望。

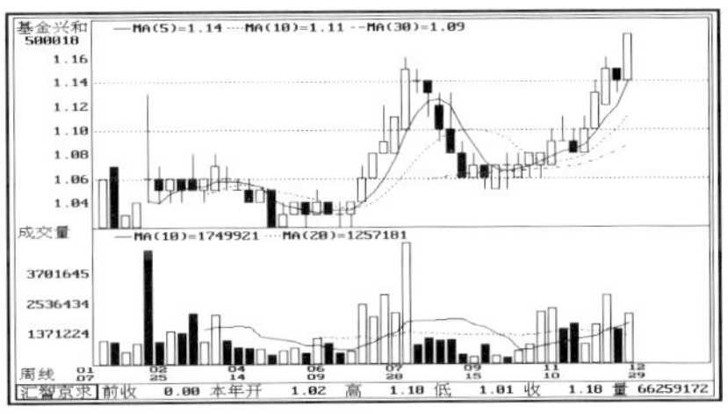

500018　基金兴和：流通股本 298500 万。12 月 29 日最高价 1.18 元，1 月 27 日最低价 1.01 元，2000 年每股收益 0.0000 元。无企稳迹象，一般观望。

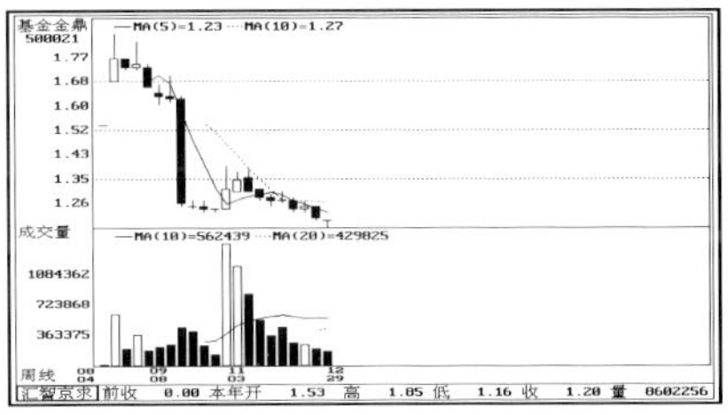

500021　基金金鼎：流通股本 49500 万。8 月 8 日最高价 1.85 元，12 月 26 日最低价 1.16 元，2000 年每股收益 0.0292 元。仍未走强，不介入。

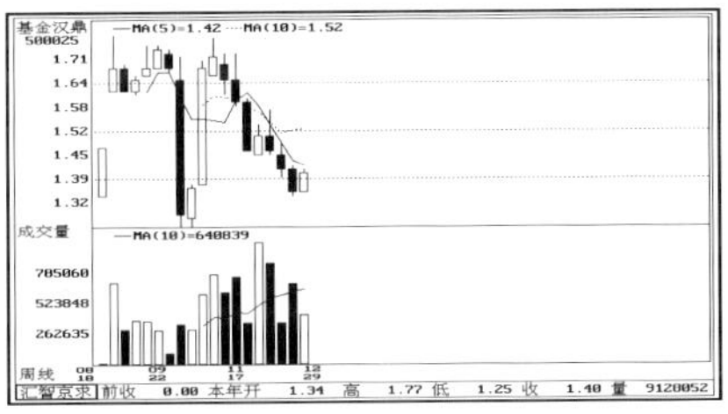

500025　基金汉鼎：流通股本 49750 万。8 月 23 日最高价 1.77 元，10 月 19 日最低价 1.25 元，2000 年每股收益 0.0060 元。阻力大，需整理。

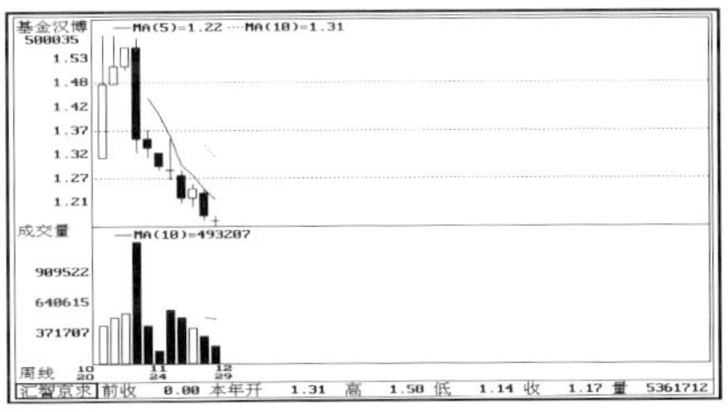

500035　基金汉博：流通股本 49750 万。10 月 26 日最高价 1.58 元，12 月 26 日最低价 1.14 元，2000 年每股收益 0.0000 元。短线有调整要求，暂观望。

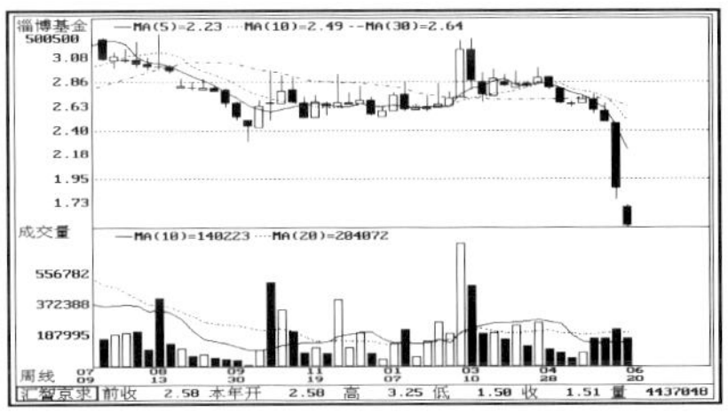

500500　淄博基金：流通股本 10000 万。3 月 6 日最高价 3.25 元，6 月 20 日最低价 1.50 元，2000 年每股收益 0.0000 元。走势恶化，不参与。

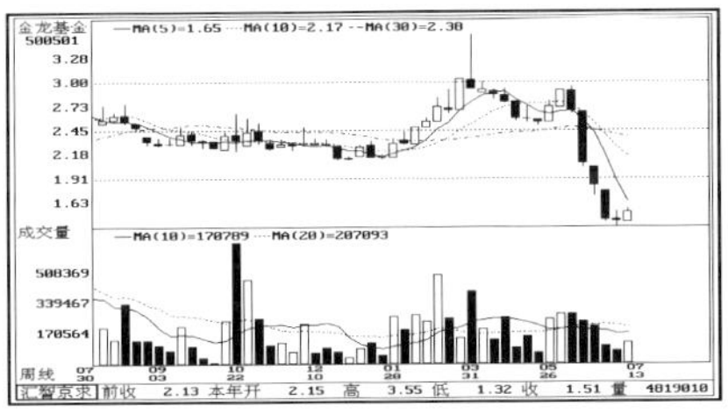

500501　金龙基金：流通股本 10000 万。3 月 28 日最高价 3.55 元，7 月 10 日最低价 1.32 元，2000 年每股收益 0.0000 元。回调幅度不大，观望。

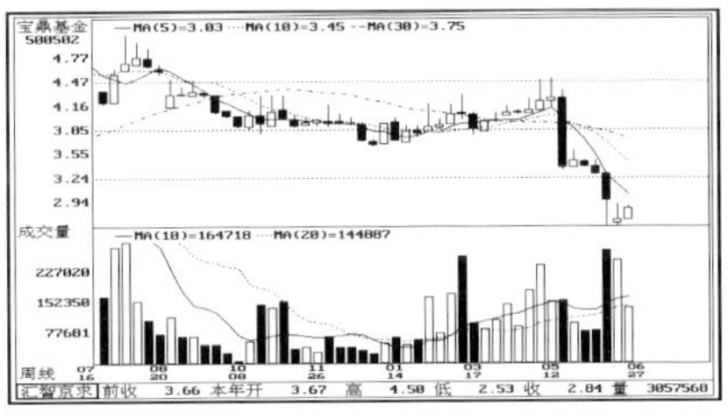

500502　宝鼎基金：流通股本 10000 万。5 月 10 日最高价 4.50 元，6 月 22 日最低价 2.53 元，2000 年每股收益 0.3400 元。阶段性出货，不介入。

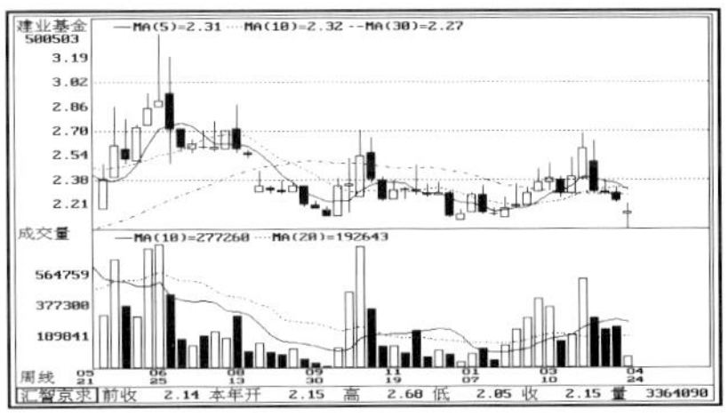

500503　建业基金：流通股本 10000 万。3 月 30 日最高价 2.68 元，4 月 24 日最低价 2.05 元，2000 年每股收益 0.0000 元。短线有支撑，适当介入。

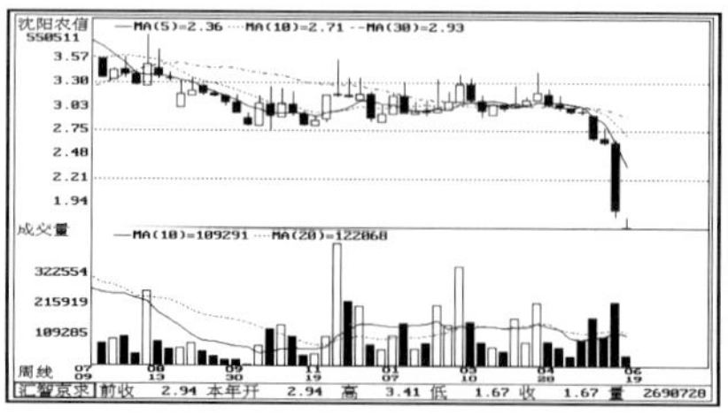

550511　沈阳农信：流通股本3861万。4月20日最高价3.41元，6月19日最低价1.67元，2000年每股收益0.0000元。行情恶化，离场为主。

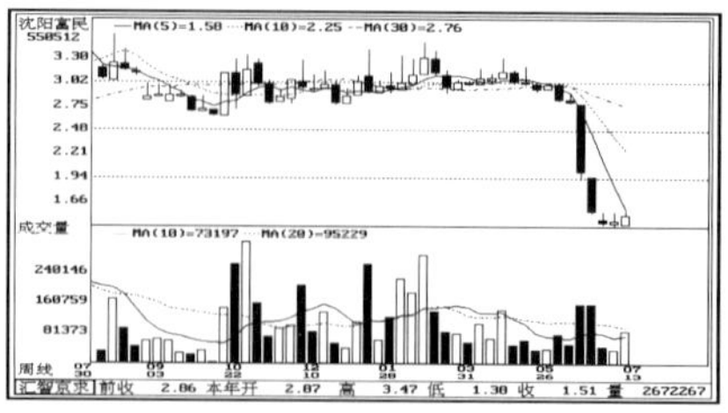

550512　沈阳富民：流通股本3150万。3月2日最高价3.47元，7月10日最低价1.38元，2000年每股收益0.0000元。有企稳迹象，观望。

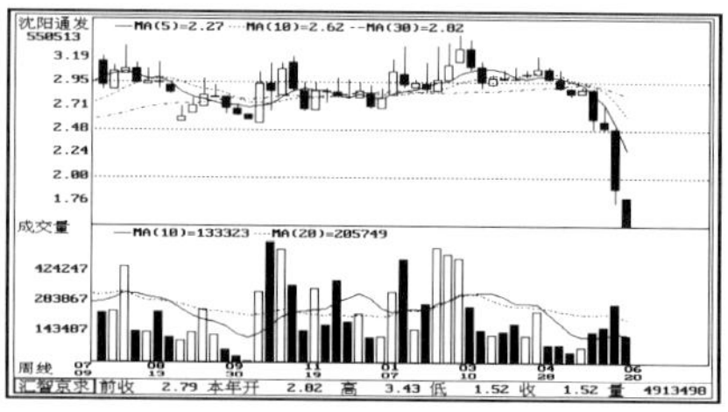

550513　沈阳通发：流通股本5850万。3月2日最高价3.43元，6月20日最低价1.52元，2000年每股收益0.4300元。跌势未改，远离。

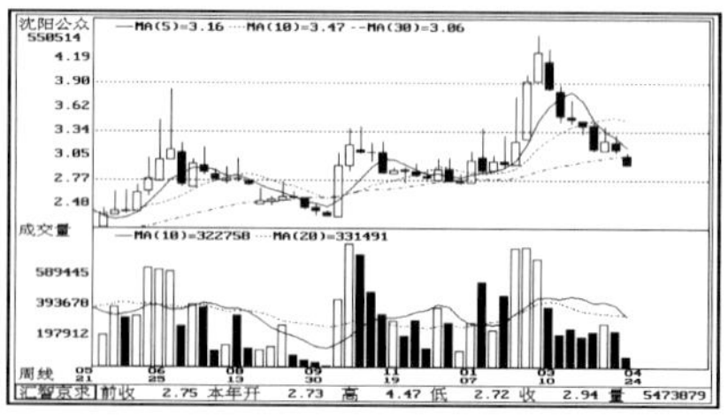

550514　沈阳公众：流通股本5950万。3月2日最高价4.47元，1月4日最低价2.72元，2000年每股收益-0.0006元。回调整理，适当关注。

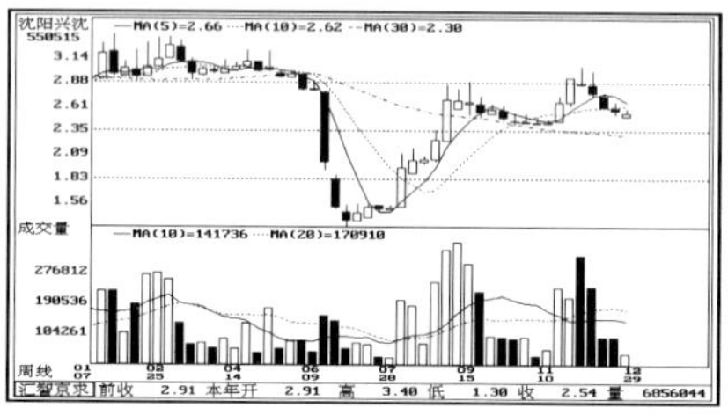

550515　沈阳兴沈：流通股本3510万。1月10日最高价3.40元，6月30日最低价1.30元，2000年每股收益0.0090元。30日有支撑，择机跟进。

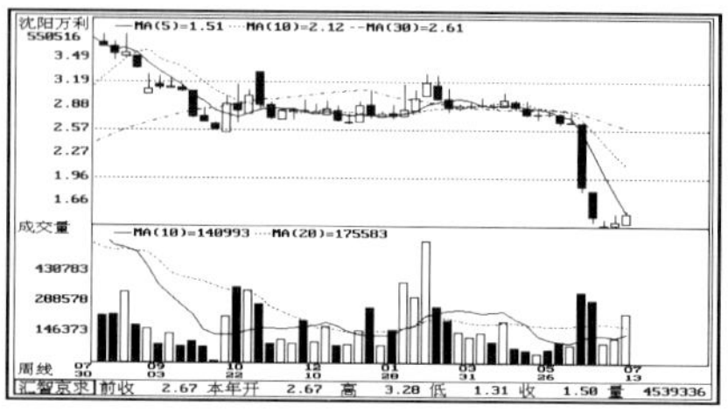

550516　沈阳万利：流通股本7320万。3月2日最高价3.28元，6月27日最低价1.31元，2000年每股收益-0.0003元。有企稳迹象，关注。

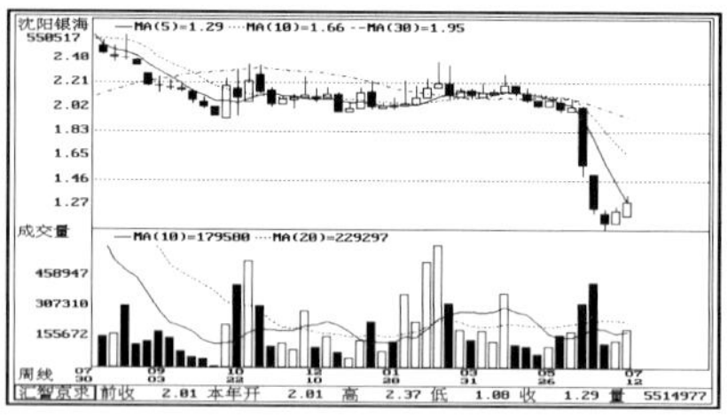

550517　沈阳银海：流通股本10125万。3月7日最高价2.37元，6月30日最低价1.08元，2000年每股收益-0.1040元。小幅度反弹，观望。

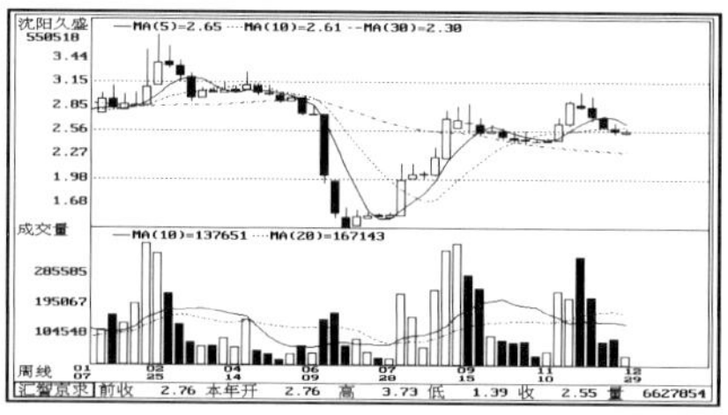

550518　沈阳久盛：流通股本3219万。2月22日最高价3.73元，6月30日最低价1.39元，2000年每股收益0.0007元。有攀升的希望，关注。

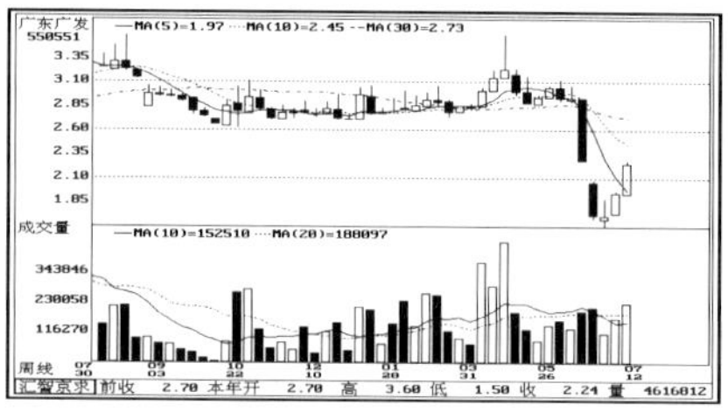

550551　广东广发：流通股本6000万。4月20日最高价3.60元，6月22日最低价1.50元，2000年每股收益0.1400元。暴发性反弹，适当关注。

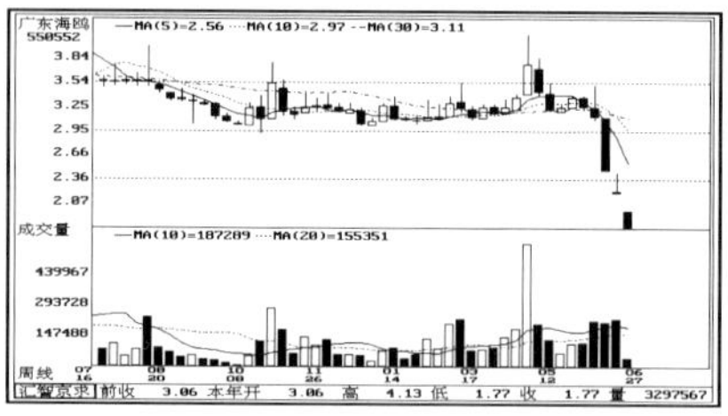

550552　广东海鸥：流通股本5000万。4月20日最高价4.13元，6月27日最低价1.77元，2000年每股收益-0.1700元。跌势难改，远离。

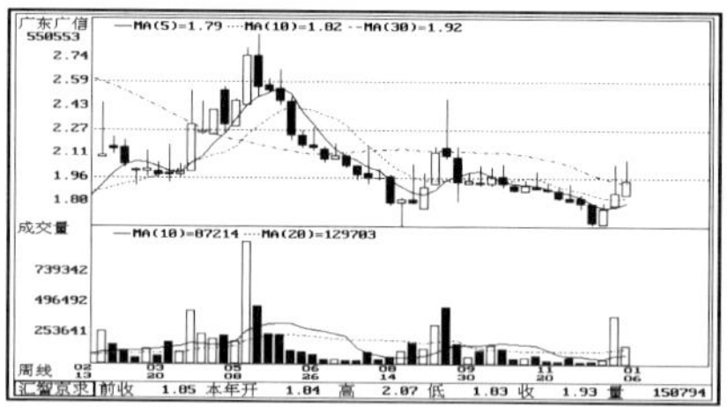

550553　广东广信：流通股本11875万。1月6日最高价0.00元，1月5日最低价0.00元，2000年每股收益0.0530元。30日均线有压力，关注量的配合。

第二十一编

政策与法规

2352/2430

政策与法规

中华人民共和国信托法

《中华人民共和国信托法》已由中华人民共和国第九届全国人民代表大会常务委员会第二十一次会议于2001年4月28日通过，现予公布，自2001年10月1日起施行。

第一章 总 则

第一条 为了调整信托关系，规范信托行为，保护信托当事人的合法权益，促进信托事业的健康发展，制定本法。

第二条 本法所称信托，是指委托人基于对受托人的信任，将其财产权委托给受托人，由受托人按委托人的意愿以自己的名义，为受益人的利益或者特定目的，进行管理或者处分的行为。

第三条 委托人、受托人、受益人（以下统称信托当事人）在中华人民共和国境内进行民事、营业、公益信托活动，适用本法。

第四条 受托人采取信托机构形式从事信托活动，其组织和管理由国务院制定具体办法。

第五条 信托当事人进行信托活动，必须遵守法律、行政法规，遵循自愿、公平和诚实信用原则，不得损害国家利益和社会公共利益。

第二章 信托的设立

第六条 设立信托，必须有合法的信托目的。

第七条 设立信托，必须有确定的信托财产，并且该信托财产必须是委托人合法所有的财产。

本法所称财产包括合法的财产权利。

第八条 设立信托，应当采取书面形式。

书面形式包括信托合同、遗嘱或者法律、行政法规规定的其他书面文件等。

采取信托合同形式设立信托的，信托合同签订时，信托成立。采取其他书面形式设立信托的，受托人承诺信托时，信托成立。

第九条 设立信托，其书面文件应当载明下列事项：

（一）信托目的；

（二）委托人、受托人的姓名或者名称、住所；

（三）受益人或者受益人范围；

（四）信托财产的范围、种类及状况；

（五）受益人取得信托利益的形式、方法。

除前款所列事项外，可以载明信托期限、信托财产的管理方法、受托人的报酬、新受托人的选任方式、信托终止事由等事项。

第十条 设立信托，对于信托财产，有关法律、行政法规规定应当办理登记手续的，应当依法办理信托登记。

未依照前款规定办理信托登记的，应当补办登记手续；不补办的，该信托不产生效力。

第十一条 有下列情形之一的，信托无效：

（一）信托目的违反法律、行政法规或者损害社会公共利益；

（二）信托财产不能确定；

（三）委托人以非法财产或者本法规定不得设立信托的财产设立信托；

（四）专以诉讼或者讨债为目的设立信托；

（五）受益人或者受益人范围不能确定；

（六）法律、行政法规规定的其他情形。

第十二条 委托人设立信托损害其债权人利益的，债权人有权申请人民法院撤销该信托。

人民法院依照前款规定撤销信托的，不影响善意受益人已经取得的信托利益。

本条第一款规定的申请权，自债权人知道或者应当知道撤销原因之日起一年内不行使的，归于消灭。

第十三条 设立遗嘱信托，应当遵守继承法关于遗嘱的规定。

遗嘱指定的人拒绝或者无能力担任受托人的，由受益人另行选任受托人；受益人为无民事行为能力人或者限制民事行为能力人的，依法由其监护人代行选任。遗嘱对选任受托人另有规定的，从其规定。

第三章 信托财产

第十四条 受托人因承诺信托而取得的财产是信托财产。

受托人因信托财产的管理运用、处分或者其他情形而取得的财产，也归入信托财产。

法律、行政法规禁止流通的财产，不得作为信托财产。

法律、行政法规限制流通的财产，依法经有关主管部门批准后，可以作为信托财产。

第十五条 信托财产与委托人未设立信托的其他财产相区别。设立信托后，委托人死亡或者依法解散、被依法撤销、被宣告破产时，委托人是唯一受益人的，信托终止，信托财产作为其遗产或者清算财产；委托人不是唯一受益人的，信托存续，信托财产不作为其遗产或者清算财产；但作为共同受益人的委托人死亡或者依法解散、被依法撤销、被宣告破产时，其信托受益权作为其遗产或者清算财产。

第十六条 信托财产与属于受托人所有的财产（以下简称固有财产）相区别，不得归入受托人的固有财产或者成为固有财产的一部分。

受托人死亡或者依法解散、被依法撤销、被宣告破产而终止，信托财产不属于其遗产或者清算财产。

第十七条 除因下列情形之一外，对信托财产不得强制执行：

（一）设立信托前债权人已对该信托财产享有优先受偿的权利，并依法行使该权利的；

（二）受托人处理信托事务所产生债务，债权人要求清偿该债务的；

（三）信托财产本身应担负的税款；

（四）法律规定的其他情形。

对于违反前款规定而强制执行信托财产，委托人、受托人或者受益人有权向人民法院提出异议。

第十八条 受托人管理运用、处分信托财产所产生的债权，不得与其固有财产产生的债务相抵销。

受托人管理运用、处分不同委托人的信托财产所产生的债权债务，不得相互抵销。

第四章 信托当事人

第一节 委托人

第十九条 委托人应当是具有完全民事行为能力的自然人、法人或者依法成立的其他组织。

第二十条 委托人有权了解其信托财产的管理运用、处分及收支情况，并有权要求受托人作出说明。

委托人有权查阅、抄录或者复制与其信托财产有关的信托帐目以及处理信托事务的其他文件。

第二十一条 因设立信托时未能预见的特别事由，致使信托财产的管理方法不利于实现信托目的或者不符合受益人的利益时，委托人有权要求受托人调整该信托财产的管理方法。

第二十二条 受托人违反信托目的处分信托财产或者因违背管理职责、处理信托事务不当致使信托财产受到损失的，委托人有权申请人民法院撤销该处分行为，并有权要求受托人恢复信托财产的原状或者予以赔偿；该信托财产的受让人明知是违反信托目的而接受该财产的，应当予以返还或者予以赔偿。

前款规定的申请权，自委托人知道或者应当知道撤销原因之日起一年内不行使的，归于消灭。

第二十三条 受托人违反信托目的处分信托财产或者管理运用、处分信托财产有重大过失的，委托人有权依照信托文件的规定解任受托人，或者申请人民法院解任受托人。

第二节 受托人

第二十四条 受托人应当是具有完全民事行为能力的自然人、法人。

法律、行政法规对受托人的条件另有规定的，从其规定。

第二十五条 受托人应当遵守信托文件的规定，为受益人的最大利益处理信托事务。

受托人管理信托财产，必须恪尽职守，履行诚实、信用、谨慎、有效管理的义务。

第二十六条 受托人除依照本法规定取得报酬外，不得利用信托财产为自己谋取利益。

受托人违反前款规定，利用信托财产为自己谋取利益的，所得利益归入信托财产。

第二十七条 受托人不得将信托财产转为其固有财产。受托人将信托财产转为其固有财产的，必须恢复该信托财产的原状；造成信托财产损失的，应当承担赔偿责任。

第二十八条 受托人不得将其固有财产与信托财产进行交易或者将不同委托人的信托财产进行相互交易，但信托文件另有规定或者经委托人或者受益人同意，并以公平的市场价格进行交易的除外。

受托人违反前款规定，造成信托财产损失的，应当承担赔偿责任。

第二十九条 受托人必须将信托财产与其固有财产分别管理、分别记帐，并将不同委托人的信托财产分别管理、分别记帐。

第三十条 受托人应当自己处理信托事务，但信托文件另有规定或者有不得已事由的，可以委托他人代为处理。

受托人依法将信托事务委托他人代理的，应当对他人处理信托事务的行为承担责任。

第三十一条 同一信托的受托人有两个以上的，为共同受托人。共同受托人应当共同处理信托事务，但信托文件规定对某些具体事务由受托人分别处理的，从其规定。

共同受托人共同处理信托事务，意见不一致时，按信托文件规定处理；信托文件未规定的，由委托人、受益人或者其利害关系人决定。

第三十二条 共同受托人处理信托事务对第三人所负债务，应当承担连带清偿责任。第三人对共同受托人之一所作的意思表示，对其他受托人同样有效。

共同受托人之一违反信托目的处分信托财产或者因违背管理职责、处理信托事务不当致使信托财产受到损失的，其他受托人应当承担连带赔偿责任。

第三十三条 受托人必须保存处理信托事务的完整记录。

受托人应当每年定期将信托财产的管理运用、处分及收支情况，报告委托人和受益人。

受托人对委托人、受益人以及处理信托事务的情况和资料负有依法保密的义务。

第三十四条 受托人以信托财产为限向受益人承担支付信托利益的义务。

第三十五条 受托人有权依照信托文件的约定取得报酬。信托文件未作事先约定的，经信托当事人协商同意，可以作出补充约定；未作事先约定和补充约定的，不得收取报酬。

约定的报酬经信托当事人协商同意，可以增减其数额。

第三十六条 受托人违反信托目的处分信托财产或者因违背管理职责、处理信托事务不当致使信托财产受到损失的，在未恢复信托财产的原状或者未予赔偿前，不得请求给付报酬。

第三十七条 受托人因处理信托事务所支出的费用、对第三人所负债务，以信托财产承担。受托人以其固有财产先行支付的，对信托财产享有优先受偿的权利。

受托人违背管理职责或者处理信托事务不当对第三人所负债务或者自己所受到的损失，以其固有财产承担。

第三十八条 设立信托后，经委托人和受益人同意，受托人可以辞任。本法对公益信托的受托人辞任另有规定的，从其规定。

受托人辞任的，在新受托人选出前仍应履行管理信托事务的职责。

第三十九条 受托人有下列情形之一的，其职责终止：

（一）死亡或者被依法宣告死亡；

（二）被依法宣告为无民事行为能力人或者限制民事行为能力人；

（三）被依法撤销或者被宣告破产；

（四）依法解散或者法定资格丧失；

（五）辞任或者被解任；

（六）法律、行政法规规定的其他情形。

受托人职责终止时，其继承人或者遗产管理人、监护人、清算人应当妥善保管信托财产，协助新受托人接管信托事务。

第四十条 受托人职责终止的，依照信托文件规定选任新受托人；信托文件未规定的，由委托人选任；委托人不指定或者无能力指定的，由受益人选任；受益人为无民事行为能力人或者限制民事行为能力人的，依法由其监护人代行选任。

原受托人处理信托事务的权利和义务，由新受托人承继。

第四十一条 受托人有本法第三十九条第一款第（三）项至第（六）项所列情形之一，职责终止的，应当作出处理信托事务的报告，并向新受托人办理信托财产和信托事务的移交手续。

前款报告经委托人或者受益人认可，原受托人就报告中所列事项解除责任。但原受托人有不正当行为的除外。

第四十二条 共同受托人之一职责终止的，信托财产由其他受托人管理和处分。

第三节 受益人

第四十三条 受益人是在信托中享有信托受益权的人。受益人可以是自然人、法人或者依法成立的其他组织。

委托人可以是受益人，也可以是同一信托的唯一受益人。

受托人可以是受益人，但不得是同一信托的唯一受益人。

第四十四条 受益人自信托生效之日起享有信托受益权。信托文件另有规定的，从其规定。

第四十五条 共同受益人按照信托文件的规定享受信托利益。信托文件对信托利益的分配比例或者分配方法未作规定的，各受益人按照均等的比例享受信托利益。

第四十六条 受益人可以放弃信托受益权。

全体受益人放弃信托受益权的，信托终止。

部分受益人放弃信托受益权的，被放弃的信托受益权按下列顺序确定归属：

（一）信托文件规定的人；

（二）其他受益人；

（三）委托人或者其继承人。

第四十七条 受益人不能清偿到期债务的，其信托受益权可以用于清偿债务，但法律、行政法规以及信托文件有限制性规定的除外。

第四十八条 受益人的信托受益权可以依法转让和继承，但信托文件有限制性规定的除外。

第四十九条 受益人可以行使本法第二十条至第二十三条规定的委托人享有的权利。受益人行使上述权利，与委托人意见不一致时，可以申请人民法院作出裁定。

受托人有本法第二十二条第一款所列行为，共同受益人之一申请人民法院撤销该处分行为的，人民法院所作出的撤销裁定，对全体共同受益人有效。

第五章 信托的变更与终止

第五十条 委托人是唯一受益人的，委托人或者其继承人可以解除信托。信托文件另有规定的，从其规定。

第五十一条 设立信托后，有下列情形之一的，委托人可以变更受益人或者处分受益人的信托受益权：

（一）受益人对委托人有重大侵权行为；

（二）受益人对其他共同受益人有重大侵权行为；

（三）经受益人同意；

（四）信托文件规定的其他情形。

有前款第（一）项、第（三）项、第（四）项所列情形之一的，委托人可以解除信托。

第五十二条 信托不因委托人或者受托人的死亡、丧失民事行为能力、依法解散、被依法撤销或者被宣告破产而终止，也不因受托人的辞任而终止。但本法或者信托文件另有规定的除外。

第五十三条 有下列情形之一的，信托终止：

（一）信托文件规定的终止事由发生；

（二）信托的存续违反信托目的；

（三）信托目的已经实现或者不能实现；

（四）信托当事人协商同意；

（五）信托被撤销；

（六）信托被解除。

第五十四条 信托终止的，信托财产归属于信托文件规定的人；信托文件未规定的，按下列顺序确定归属：

（一）受益人或者其继承人；

（二）委托人或者其继承人。

第五十五条 依照前条规定，信托财产的归属确定后，在该信托财产转移给权利归属人的过程中，信托视为存续，权利归属人视为受益人。

第五十六条 信托终止后，人民法院依据本法第十七条的规定对原信托财产进行强制执行的，以权利归属人为被执行人。

第五十七条 信托终止后，受托人依照本法规定行使请求给付报酬、从信托财产中获得补偿的权利时，可以留置信托财产或者对信托财产的权利归属人提出请求。

第五十八条 信托终止的，受托人应当作出处理信托事务的清算报告。受益人或者信托财产的权利归属人对清算报告无异议的，受托人就清算报告所列事项解除责任。但受托人有不正当行为的除外。

第六章 公益信托

第五十九条 公益信托适用本章规定。本章未规定的，适用本法及其他相关法律的规定。

第六十条 为了下列公共利益目的之一而设立的信托，属于公益信托：

（一）救济贫困；

（二）救助灾民；

（三）扶助残疾人；

（四）发展教育、科技、文化、艺术、体育事业；

（五）发展医疗卫生事业；

（六）发展环境保护事业，维护生态环境；

（七）发展其他社会公益事业。

第六十一条 国家鼓励发展公益信托。

第六十二条 公益信托的设立和确定其受托人，应当经有关公益事业的管理机构（以下简称公益事业管理机构）批准。

未经公益事业管理机构的批准，不得以公益信托的名义进行活动。

公益事业管理机构对于公益信托活动应当给予支持。

第六十三条 公益信托的信托财产及其收益，不得用于非公益目的。

第六十四条 公益信托应当设置信托监察人。

信托监察人由信托文件规定。信托文件未规定的，由公益事业管理机构指定。

第六十五条 信托监察人有权以自己的名义，为维护受益人的利益，提起诉讼或者实施其他法律行为。

第六十六条 公益信托的受托人未经公益事业管理机构批准，不得辞任。

第六十七条 公益事业管理机构应当检查受托人处理公益信托事务的情况及财产状况。

受托人应当至少每年一次作出信托事务处理情况及财产状况报告，经信托监察人认可后，报公益事业管理机构核准，并由受托人予以公告。

第六十八条 公益信托的受托人违反信托义务或者无能力履行其职责的，由公益事业管理机构变更受托人。

第六十九条 公益信托成立后，发生设立信托时不能预见的情形，公益事业管理机构可以根据信托目的，变更信托文件中的有关条款。

第七十条 公益信托终止的，受托人应当于终止事由发生之日起十五日内，将终止事由和终止日期报告公益事业管理机构。

第七十一条 公益信托终止的，受托人作出的处理信托事务的清算报告，应当经信托监察人认可后，报公益事业管理机构核准，并由受托人予以公告。

第七十二条 公益信托终止，没有信托财产权利归属人或者信托财产权利归属人是不特定的社会公众的，经公益事业管理机构批准，受托人应当将信托财产用于与原公益目的相近似的目的，或者将信托财产转移给具有近似目的的公益组织或者其他公益信托。

第七十三条 公益事业管理机构违反本法规定的，委托人、受托人或者受益人有权向人民法院起诉。

第七章 附 则

第七十四条 本法自 2001 年 10 月 1 日起施行。

全国人大常委会

二〇〇一年四月二十八日

中华人民共和国外资企业法

第一条 为了扩大对外经济合作和技术交流，促进中国国民经济的发展，中华人民共和国允许外国的企业和其他经济组织或者个人（以下简称外国投资者）在中国境内举办外资企业，保护外资企业的合法权益。

第二条 本法所称的外资企业是指依照中国有关法律在中国境内设立的全部资本由外国投资者投资的企业，不包括外国的企业和其他经济组织在中国境内的分支机构。

第三条 设立外资企业，必须有利于中国国民经济的发展。国家鼓励举办产品出口或者技术先进的外资企业。

国家禁止或者限制设立外资企业的行业由国务院规定。

第四条 外国投资者在中国境内的投资、获得的利润和其他合法权益，受中国法律保护。

外资企业必须遵守中国的法律、法规，不得损害中国的社会公共利益。

第五条 国家对外资企业不实行国有化和征收；在特殊情况下，根据社会公共利益的需要，对外资企业可以依照法律程序实行征收，并给予相应的补偿。

第六条 设立外资企业的申请，由国务院对外经济贸易主管部门或者国务院授权的机关审查批准。审查批准机关应当在接到申请之日起九十天内决定批准或者不批准。

第七条 设立外资企业的申请经批准后，外国投资者应当在接到批准证书之日起三十天内向工商行政管理机关申请登记，领取营业执照。外资企业的营业执照签发日期，为该企业成立日期。

第八条 外资企业符合中国法律关于法人条件的规定的，依法取得中国法人资格。

第九条 外资企业应当在审查批准机关核准的期限内在中国境内投资；逾期不投资的，工商行政管理机关有权吊销营业执照。

工商行政管理机关对外资企业的投资情况进行检查和监督。

第十条 外资企业分立、合并或者其他重要事项变更，应当报审查批准机关批准，并向工商行政管理机关办理变更登记手续。

第十一条 外资企业依照经批准的章程进行经营管理活动，不受干涉。

第十二条 外资企业雇用中国职工应当依法签定合同，并在合同中订明雇用、解雇、报酬、福利、劳动保护、劳动保险等事项。

第十三条 外资企业的职工依法建立工会组织，开展工会活动，维护职工的合法权益。

外资企业应当为本企业工会提供必要的活动条件。

第十四条 外资企业必须在中国境内设置会计帐簿，进行独立核算，按照规定报送会计报表，并接受财政税务机关的监督。

外资企业拒绝在中国境内设置会计帐簿的，财政税务机关可以处以罚款，工商行政管理机关可以责令停止营业或者吊销营业执照。

第十五条 外资企业在批准的经营范围内所需的原材料、燃料等物资，按照公平、合理的原则，可以在国内市场或者在国际市场购买。

第十六条 外资企业的各项保险应当向中国境内的保险公司投保。

第十七条 外资企业依照国家有关税收的规定纳税并可以享受减税、免税的优惠待遇。

外资企业将缴纳所得税后的利润在中国境内再投资的，可以依照国家规定申请退还再投资部分已缴纳的部分所得税税款。

第十八条 外资企业的外汇事宜，依照国家外汇管理规定办理。

外资企业应当在中国银行或者国家外汇管理机关指定的银行开户。

第十九条 外国投资者从外资企业获得的合法利润、其他合法收入和清算后的资金，可以汇往国外。

外资企业的外籍职工的工资收入和其他正当收入，依法缴纳个人所得税后，可以汇往国外。

第二十条 外资企业的经营期限由外国投资者申报，由审查批准机关批准。期满需要延长的，应当在期满一百八十天以前向审查批准机关提出申请。审查批准机关应当在接到申请之日起三十天内决定批准或者不批准。

第二十一条 外资企业终止，应当及时公告，按照法定程序进行清算。

在清算完结前，除为了执行清算外，外国投资者对企业财产不得处理。

第二十二条 外资企业终止，应当向工商行政管理机关办理注销登记手续，缴销营业执照。

第二十三条 国务院对外经济贸易主管部门根据本法制定实施细则，报国务院批准后施行。

第二十四条 本法自公布之日起施行。

全国人大常委会
二000年十一月一日

中华人民共和国中外合资经营企业法

根据2001年3月15日第九届全国人民代表大会第四次会议《关于修改〈中华人民共和国中外合资经营企业法〉的决定》第二次修正）

第一条 中华人民共和国为了扩大国际经济合作和技术交流，允许外国公司、企业和其它经济组织或个人（以下简称外国合营者），按照平等互利的原则，经中国政府批准，在中华人民共和国境内，同中国的公司、企业或其它经济组织（以下简称中国合营者）共同举办合营企业。

第二条 中国政府依法保护外国合营者按照经中国政府批准的协议、合同、章程在合营企业的投资、应分得的利润和其它合法权益。合营企业的一切活动应遵守中华人民共和国法律、法规的规定。国家对合营企业不实行国有化和征收；在特殊情况下，根据社会公共利益的需要，对合营企业可以依照法律程序实行征收，并给予相应的补偿。

第三条 合营各方签订的合营协议、合同、章程，应报国家对外经济贸易主管部门（以下称审查批准机关）审查批准。审查批准机关应在三个月内决定批准或不批准。合营企业经批准后，向国家工商行政管理主管部门登记，领取营业执照，开始营业。

第四条 合营企业的形式为有限责任公司。

在合营企业的注册资本中，外国合营者的投资比例一般不低于百分之二十五。

合营各方按注册资本比例分享利润和分担风险及亏损。

合营者的注册资本如果转让必须经合营各方同意。

第五条 合营企业各方可以现金、实物、工业产权等进行投资。

外国合营者作为投资的技术和设备，必须确实是适合我国需要的先进技术和设备。如果有意以落后的技术和设备进行欺骗，造成损失的，应赔偿损失。

中国合营者的投资可包括为合营企业经营期间提供的场地使用权。如果场地使用权未作为中国合营者投资的一部分，合营企业应向中国政府缴纳使用费。

上述各项投资应在合营企业的合同和章程中加以规定，其价格（场地除外）由合营各方评议商定。

第六条 合营企业设董事会，其人数组成由合营各方协商，在合同、章程中确定，并由合营各方委派和撤换。董事长和副董事长由合营各方协商确定或由董事会选举产生。中外合营者的一方担任董事长的，由他方担任副董事长。董事会根据平等互利的原则，决定合营企业的重大问题。

董事会的职权是按合营企业章程规定，讨论决定合营企业的一切重大问题：企业发展规划、生产经营活动方案、收支预算、利润分配、劳动工资计划、停业，以及总经理、副总经理、总工程师、总会计师、审计师的任命或聘请及其职权和待遇等。

正副总经理（或正副厂长）由合营各方分别担任。

合营企业职工的录用、辞退、报酬、福利、劳动保护、劳动保险等事项，应当依法通过订立合同加以规定。

第七条 合营企业的职工依法建立工会组织，开展工会活动，维护职工的合法权益。

合营企业应当为本企业工会提供必要的活动条件。

第八条 合营企业获得的毛利润，按中华人民共和国税法规定缴纳合营企业所得税后，扣除合营企业章程规定的储备基金、职工奖励及福利基金、企业发展基金，净利润根据合营各方注册资本的比例进行分配。

合营企业依照国家有关税收的法律和行政法规的规定，可以享受减税、免税的优惠待遇。

外国合营者将分得的净利润用于在中国境内再投资时，可申请退还已缴纳的部分所得税。

第九条 合营企业应凭营业执照在国家外汇管理机关允许经营外汇业务的银行或其它金融机构开立外汇帐户。

合营企业的有关外汇事宜，应遵照中华人民共和国外汇管理条例办理。

合营企业在其经营活动中，可直接向外国银行筹措资金。

合营企业的各项保险应向中国境内的保险公司投保。

第十条 合营企业在批准的经营范围内所需的原材料、燃料等物资，按照公平、合理的原则，可以在国内市场或者在国际市场购买。

鼓励合营企业向中国境外销售产品。出口产品可由合营企业直接或与其有关的委托机构向国外市场出售，也可通过中国的外贸机构出售。合营企业产品也可在中国市场销售。

合营企业需要时可在中国境外设立分支机构。

第十一条 外国合营者在履行法律和协议、合同规定的义务后分得的净利润，在合营企业期满或者中止时所分得的资金以及其它资金，可按合营企业合同规定的货币，按外汇管理条例汇往国外。

鼓励外国合营者将可汇出的外汇存入中国银行。

第十二条 合营企业的外籍职工的工资收入和其它正当收入，按中华人民共和国税法缴纳个人所得税后，可按外汇管理条例汇往国外。

第十三条 合营企业的合营期限，按不同行业、不同情况，作不同的约定。有的行业的合营企业，应当约定合营期限；有的行业的合营企业，可以约定合营期限，也可以不约定合营期限。约定合营期限的合营企业，合营各方同意延长合营期限的，应在距合营期满六个月前向审查批准机关提出申请。审查批准机关应自接到申请之日起一个月内决定批准或不批准。

第十四条 合营企业如发生严重亏损、一方不履行合同和章程规定的义务、不可抗力等，经合营各方协商同意，报请审查批准机关批准，并向国家工商行政管理主管部门登记，可终止合同。如果因违反合同而造成损失的，应由违反合同的一方承担经济责任。

第十五条 合营各方发生纠纷，董事会不能协商解决时，由中国仲裁机构进行调解或仲裁，也可由合营各方协议在其它仲裁机构仲裁。

合营各方没有在合同中订有仲裁条款的或者事后没有达成书面仲裁协议的，可以向人民法院起诉。

第十六条 本法自公布之日起生效。

中华人民共和国中外合作经营企业法

第一条 为了扩大对外经济合作和技术交流，促进外国的企业和其他经济组织或者个人（以下简称外国合作者）按照平等互利的原则，同中华人民共和国的企业或者其他经济组织（以下简称中国合作者）在中国境内共同举办中外合作经营企业（以下简称合作企业），特制定本法。

第二条 中外合作者举办合作企业，应当依照本法的规定，在合作企业合同中约定投资或者合作条件、收益或者产品的分配、风险和亏损的分担、经营管理的方式和合作企业终止时财产的归属等事项。

合作企业符合中国法律关于法人条件的规定的，依法取得中国法人资格。

第三条 国家依法保护合作企业和中外合作者的合法权益。

合作企业必须遵守中国的法律、法规，不得损害中国的社会公共利益。

国家有关机关依法对合作企业实行监督。

第四条 国家鼓励举办产品出口的或者技术先进的生产型合作企业。

第五条 申请设立合作企业，应当将中外合作者签订的协议、合同、章程等文件报国务院对外经济贸易主管部门或者国务院授权的部门和地方政府（以下简称审查批准机关）审查批准。审查批准机关应当自接到申请之日起四十五天内决定批准或者不批准。

第六条 设立合作企业的申请经批准后，应当自接到批准证书之日起三十天内向工商行政管理机关申请登记，领取营业执照。合作企业的营业执照签发日期，为该企业的成立日期。

合作企业应当自成立之日起三十天内向税务机关办理税务登记。

第七条 中外合作者在合作期限内协商同意对合作企业合同作

重大变更的，应当报审查批准机关批准；变更内容涉及法定工商登记项目、税务登记项目的，应当向工商行政管理机关、税务机关办理变更登记手续。

第八条 中外合作者的投资或者提供的合作条件可以是现金、实物、土地使用权、工业产权、非专利技术和其他财产权利。

第九条 中外合作者应当依照法律、法规的规定和合作企业合同的约定，如期履行缴足投资、提供合作条件的义务。逾期不履行的，由工商行政管理机关限期履行；限期届满仍未履行的，由审查批准机关和工商行政管理机关依照国家有关规定处理。

中外合作者的投资或者提供的合作条件，由中国注册会计师或者有关机构验证并出具证明。

第十条 中外合作者的一方转让其在合作企业合同中的全部或者部分权利、义务的，必须经他方同意，并报审查批准机关批准。

第十一条 合作企业依照经批准的合作企业合同、章程进行经营管理活动。合作企业的经营管理自主权不受干涉。

第十二条 合作企业应当设立董事会或者联合管理机构，依照合作企业合同或者章程的规定，决定合作企业的重大问题。中外合作者的一方担任董事会的董事长、联合管理机构的主任的，由他方担任副董事长、副主任。董事会或者联合管理机构可以决定任命或者聘请总经理负责合作企业的日常经营管理工作。总经理对董事会或者联合管理机构负责。

合作企业成立后改为委托中外合作者以外的他人经营管理的，必须经董事会或者联合管理机构一致同意，报审查批准机关批准，并向工商行政管理机关办理变更登记手续。

第十三条 合作企业职工的录用、辞退、报酬、福利、劳动保护、劳动保险等事项，应当依法通过订立合同加以规定。

第十四条 合作企业的职工依法建立工会组织，开展工会活动，维护职工的合法权益。

合作企业应当为本企业工会提供必要的活动条件。

第十五条 合作企业必须在中国境内设置会计帐簿，依照规定报送会计报表，并接受财政税务机关的监督。

合作企业违反前款规定，不在中国境内设置会计帐簿的，财政税务机关可以处以罚款，工商行政管理机关可以责令停止营业或者吊销其营业执照。

第十六条 合作企业应当凭营业执照在国家外汇管理机关允许经营外汇业务的银行或者其他金融机构开立外汇帐户。

合作企业的外汇事宜，依照国家有关外汇管理的规定办理。

第十七条 合作企业可以向中国境内的金融机构借款，也可以在中国境外借款。

中外合作者用作投资或者合作条件的借款及其担保，由各方自行解决。

第十八条 合作企业的各项保险应当向中国境内的保险机构投保。

第十九条 合作企业可以在经批准的经营范围内，进口本企业需要的物资，出口本企业生产的产品。合作企业在经批准的经营范围内所需的原材料、燃料等物资，按照公平、合理的原则，可以在国内市场或者在国际市场购买。

第二十条 合作企业依照国家有关税收的规定缴纳税款并可以享受减税、免税的优惠待遇。

第二十一条 中外合作者依照合作企业合同的约定，分配收益或者产品，承担风险和亏损。

中外合作者在合作企业合同中约定合作期满时合作企业的全部固定资产归中国合作者所有的，可以在合作企业合同中约定外国合作者在合作期限内先行回收投资的办法。合作企业合同约定外国合作者在缴纳所得税前回收投资的，必须向财政税务机关提出申请，由财政税务机关依照国家有关税收的规定审查批准。

依照前款规定外国合作者在合作期限内先行回收投资的，中外合作者应当依照有关法律的规定和合作企业合同的约定对合作企业的债务承担责任。

第二十二条 外国合作者在履行法律规定和合作企业合同约定的义务后分得的利润、其他合法收入和合作企业终止时分得的资金，可以依法汇往国外。

合作企业的外籍职工的工资收入和其他合法收入，依法缴纳个人所得税后，可以汇往国外。

第二十三条 合作企业期满或者提前终止时，应当依照法定程序对资产和债权、债务进行清算。中外合作者应当依照合作企业合同的约定确定合作企业财产的归属。

合作企业期满或者提前终止，应当向工商行政管理机关和税务机关办理注销登记手续。

第二十四条 合作企业的合作期限由中外合作者协商并在合作企业合同中订明。中外合作者同意延长合作期限的，应当在距合作期满一百八十天前向审查批准机关提出申请。审查批准机关应当自接到申请之日起三十天内决定批准或者不批准。

第二十五条 中外合作者履行合作企业合同、章程发生争议时，应当通过协商或者调解解决。中外合作者不愿通过协商、调解解决的，或者协商、调解不成的，可以依照合作企业合同中的仲裁条款或者事后达成的书面仲裁协议，提交中国仲裁机构或者其他仲裁机构仲裁。

中外合作者没有在合作企业合同中订立仲裁条款，事后又没有达成书面仲裁协议的，可以向中国法院起诉。

第二十六条 国务院对外经济贸易主管部门根据本法制定实施细则，报国务院批准后施行。

第二十七条 本法自公布之日起施行。

全国人大常委会
二000年十一月一日

中华人民共和国税收征收管理法

第一章 总则

第一条 为了加强税收征收管理，规范税收征收和缴纳行为，保障国家税收收入，保护纳税人的合法权益，促进经济和社会发展，制定本法。

第二条 凡依法由税务机关征收的各种税收的征收管理，均适用本法。

第三条 税收的开征、停征以及减税、免税、退税、补税，依照法律的规定执行；法律授权国务院规定的，依照国务院制定的行政法规的规定执行。

任何机关、单位和个人不得违反法律、行政法规的规定，擅自作出税收开征、停征以及减税、免税、退税、补税和其他同税收法律、行政法规相抵触的决定。

第四条 法律、行政法规规定负有纳税义务的单位和个人为纳税人。

法律、行政法规规定负有代扣代缴、代收代缴税款义务的单位和个人为扣缴义务人。

纳税人、扣缴义务人必须依照法律、行政法规的规定缴纳税款、代扣代缴、代收代缴税款。

第五条 国务院税务主管部门主管全国税收征收管理工作。各地国家税务局和地方税务局应当按照国务院规定的税收征收管理范围分别进行征收管理。

地方各级人民政府应当依法加强对本行政区域内税收征收管理工作的领导或者协调，支持税务机关依法执行职务，依照法定税率计算税额，依法征收税款。

各有关部门和单位应当支持、协助税务机关依法执行职务。

税务机关依法执行职务，任何单位和个人不得阻挠。

第六条 国家有计划地用现代信息技术装备各级税务机关，加强税收征收管理信息系统的现代化建设，建立、健全税务机关与政府其他管理机关的信息共享制度。

纳税人、扣缴义务人和其他有关单位应当按照国家有关规定如实向税务机关提供与纳税和代扣代缴、代收代缴税款有关的信息。

第七条 税务机关应当广泛宣传税收法律、行政法规，普及纳税知识，无偿地为纳税人提供纳税咨询服务。

第八条 纳税人、扣缴义务人有权向税务机关了解国家税收法律、行政法规的规定以及与纳税程序有关的情况。

纳税人、扣缴义务人有权要求税务机关为纳税人、扣缴义务人的情况保密。税务机关应当依法为纳税人、扣缴义务人的情况保密。

纳税人依法享有申请减税、免税、退税的权利。

纳税人、扣缴义务人对税务机关所作出的决定，享有陈述权、申辩权；依法享有申请行政复议、提起行政诉讼、请求国家赔偿等权利。

纳税人、扣缴义务人有权控告和检举税务机关、税务人员的违法违纪行为。

第九条 税务机关应当加强队伍建设，提高税务人员的政治业务素质。

税务机关、税务人员必须秉公执法，忠于职守，清正廉洁，礼貌待人，文明服务，尊重和保护纳税人、扣缴义务人的权利，依法接受监督。

税务人员不得索贿受贿、徇私舞弊、玩忽职守、不征或者少征应征税款；不得滥用职权多征税款或者故意刁难纳税人和扣缴义务人。

第十条 各级税务机关应当建立、健全内部制约和监督管理制度。

上级税务机关应当对下级税务机关的执法活动依法进行监督。

各级税务机关应当对其工作人员执行法律、行政法规和廉洁自律准则的情况进行监督检查。

第十一条 税务机关负责征收、管理、稽查、行政复议的人员的职责应当明确，并相互分离、相互制约。

第十二条 税务人员征收税款和查处税收违法案件，与纳税人、扣缴义务人或者税收违法案件有利害关系的，应当回避。

第十三条 任何单位和个人都有权检举违反税收法律、行政法规的行为。收到检举的机关和负责查处的机关应当为检举人保密。税务机关应当按照规定对检举人给予奖励。

第十四条 本法所称税务机关是指各级税务局、税务分局、税务所和按照国务院规定设立的并向社会公告的税务机构。

第二章　税务管理

第一节　税务登记

第十五条 企业，企业在外地设立的分支机构和从事生产、经营的场所，个体工商户和从事生产、经营的事业单位（以下统称从事生产、经营的纳税人）自领取营业执照之日起三十日内，持有关证件，向税务机关申报办理税务登记。税务机关应当自收到申报之日起三十日内审核并发给税务登记证件。

工商行政管理机关应当将办理登记注册、核发营业执照的情况，定期向税务机关通报。

本条第一款规定以外的纳税人办理税务登记和扣缴义务人办理扣缴税款登记的范围和办法，由国务院规定。

第十六条 从事生产、经营的纳税人，税务登记内容发生变化的，自工商行政管理机关办理变更登记之日起三十日内或者在向工商行政管理机关申请办理注销登记之前，持有关证件向税务机关申报办理变更或者注销税务登记。

第十七条 从事生产、经营的纳税人应当按照国家有关规定，持税务登记证件，在银行或者其他金融机构开立基本存款帐户和其他存款帐户，并将其全部帐号向税务机关报告。

银行和其他金融机构应当在从事生产、经营的纳税人的帐户中登录税务登记证件号码，并在税务登记证件中登录从事生产、经营的纳税人的帐户帐号。

税务机关依法查询从事生产、经营的纳税人开立帐户的情况时，有关银行和其他金融机构应当予以协助。

第十八条 纳税人按照国务院税务主管部门的规定使用税务登记证件。税务登记证件不得转借、涂改、损毁、买卖或者伪造。

第二节　帐簿、凭证管理

第十九条 纳税人、扣缴义务人按照有关法律、行政法规和国务院财政、税务主管部门的规定设置帐簿，根据合法、有效凭证记帐，进行核算。

第二十条 从事生产、经营的纳税人的财务、会计制度或者财务、会计处理办法和会计核算软件，应当报送税务机关备案。

纳税人、扣缴义务人的财务、会计制度或者财务、会计处理办法与国务院或者国务院财政、税务主管部门有关税收的规定抵触的，依照国务院或者国务院财政、税务主管部门有关税收的规定计算应纳税款、代扣代缴和代收代缴税款。

第二十一条 税务机关是发票的主管机关，负责发票印制、领购、开具、取得、保管、缴销的管理和监督。

单位、个人在购销商品、提供或者接受经营服务以及从事其他经营活动中，应当按照规定开具、使用、取得发票。

发票的管理办法由国务院规定。

第二十二条 增值税专用发票由国务院税务主管部门指定的企业印制；其他发票，按照国务院税务主管部门的规定，分别由省、自治区、直辖市国家税务局、地方税务局指定企业印制。

未经前款规定的税务机关指定，不得印制发票。

第二十三条 国家根据税收征收管理的需要，积极推广使用税控装置。纳税人应当按照规定安装、使用税控装置，不得损毁或者擅自改动税控装置。

第二十四条 从事生产、经营的纳税人、扣缴义务人必须按照国务院财政、税务主管部门规定的保管期限保管帐簿、记帐凭证、完税凭证及其他有关资料。

帐簿、记帐凭证、完税凭证及其他有关资料不得伪造、变造或者擅自损毁。

第三节　纳税申报

第二十五条 纳税人必须依照法律、行政法规规定或者税务机关依照法律、行政法规的规定确定的申报期限、申报内容如实办理纳税申报，报送纳税申报表、财务会计报表以及税务机关根据实际需要要求纳税人报送的其他纳税资料。

扣缴义务人必须依照法律、行政法规规定或者税务机关依照法律、行政法规的规定确定的申报期限、申报内容如实报送代扣代缴、代收代缴税款报告表以及税务机关根据实际需要要求扣缴义务人报送的其他有关资料。

第二十六条 纳税人、扣缴义务人可以直接到税务机关办理纳税申报或者报送代扣代缴、代收代缴税款报告表，也可以按照规定采取邮寄、数据电文或者其他方式办理上述申报、报送事项。

第二十七条 纳税人、扣缴义务人不能按期办理纳税申报或者报送代扣代缴、代收代缴税款报告表的，经税务机关核准，可以延期申报。

经核准延期办理前款规定的申报、报送事项的，应当在纳税期内按照上期实际缴纳的税额或者税务机关核定的税额预缴税款，并在核准的延期内办理税款结算。

第三章　税款征收

第二十八条 税务机关依照法律、行政法规的规定征收税款，不得违反法律、行政法规的规定开征、停征、多征、少征、提前征收、延缓征收或者摊派税款。

农业税应纳税额按照法律、行政法规的规定核定。

第二十九条 除税务机关、税务人员以及经税务机关依照法律、行政法规委托的单位和人员外，任何单位和个人不得进行税款征收活动。

第三十条 扣缴义务人依照法律、行政法规的规定履行代扣、代收税款的义务。对法律、行政法规没有规定负有代扣、代收税款义务的单位和个人，税务机关不得要求其履行代扣、代收税款义务。

扣缴义务人依法履行代扣、代收税款义务时，纳税人不得拒绝。纳税人拒绝的，扣缴义务人应当及时报告税务机关处理。

税务机关按照规定付给扣缴义务人代扣、代收手续费。

第三十一条 纳税人、扣缴义务人按照法律、行政法规规定或者税务机关依照法律、行政法规的规定确定的期限，缴纳或者解缴税款。

纳税人因有特殊困难，不能按期缴纳税款的，经省、自治区、直辖市国家税务局、地方税务局批准，可以延期缴纳税款，但是最长不得超过三个月。

第三十二条 纳税人未按照规定期限缴纳税款的，扣缴义务人未按照规定期限解缴税款的，税务机关除责令限期缴纳外，从滞纳税款之日起，按日加收滞纳税款万分之五的滞纳金。

第三十三条 纳税人可以依照法律、行政法规的规定书面申请减税、免税。

减税、免税的申请须经法律、行政法规规定的减税、免税审查批准机关审批。地方各级人民政府、各级人民政府主管部门、单位和个人违反法律、行政法规规定，擅自作出的减税、免税决定无效，税务机关不得执行，并向上级税务机关报告。

第三十四条 税务机关征收税款时，必须给纳税人开具完税凭证。扣缴义务人代扣、代收税款时，纳税人要求扣缴义务人开具代扣、代收税款凭证的，扣缴义务人应当开具。

第三十五条 纳税人有下列情形之一的，税务机关有权核定其应纳税额：

（一）依照法律、行政法规的规定可以不设置帐簿的；

（二）依照法律、行政法规的规定应当设置帐簿但未设置的；

（三）擅自销毁帐簿或者拒不提供纳税资料的；

（四）虽设置帐簿，但帐目混乱或者成本资料、收入凭证、费用凭证残缺不全，难以查帐的；

（五）发生纳税义务，未按照规定的期限办理纳税申报，经税务机关责令限期申报，逾期仍不申报的；

（六）纳税人申报的计税依据明显偏低，又无正当理由的。

税务机关核定应纳税额的具体程序和方法由国务院税务主管部门规定。

第三十六条 企业或者外国企业在中国境内设立的从事生产、经营的机构、场所与其关联企业之间的业务往来，应当按照独立企业之间的业务往来收取或者支付价款、费用；不按照独立企业之间的业务往来收取或者支付价款、费用，而减少其应纳税的收入或者所得额的，税务机关有权进行合理调整。

第三十七条 对未按照规定办理税务登记的从事生产、经营的纳税人以及临时从事经营的纳税人，由税务机关核定其应纳税额，责令缴纳；不缴纳的，税务机关可以扣押其价值相当于应纳税款的商品、货物。扣押后缴纳应纳税款的，税务机关必须立即解除扣押，并归还所扣押的商品、货物；扣押后仍不缴纳应纳税款的，经县以上税务局（分局）局长批准，依法拍卖或者变卖所扣押的商品、货物，以拍卖或者变卖所得抵缴税款。

第三十八条 税务机关有根据认为从事生产、经营的纳税人有逃避纳税义务行为的，可以在规定的纳税期之前，责令限期缴纳应纳税款；在限期内发现纳税人有明显的转移、隐匿其应纳税的商品、货物以及其他财产或者应纳税的收入的迹象的，税务机关可以责成纳税人提供纳税担保。如果纳税人不能提供纳税担保，经县以上税务局（分局）局长批准，税务机关可以采取下列税收保全措施：

（一）书面通知纳税人开户银行或者其他金融机构冻结纳税人的金额相当于应纳税款的存款；

（二）扣押、查封纳税人的价值相当于应纳税款的商品、货物或者其他财产。

纳税人在前款规定的限期内缴纳税款的，税务机关必须立即解除税收保全措施；限期期满仍未缴纳税款的，经县以上税务局（分局）局长批准，税务机关可以书面通知纳税人开户银行或者其他金融机构从其冻结的存款中扣缴税款，或者依法拍卖或者变卖所扣押、查封的商品、货物或者其他财产，以拍卖或者变卖所得抵缴税款。

个人及其所扶养家属维持生活必需的住房和用品，不在税收保全措施的范围之内。

第三十九条 纳税人在限期内已缴纳税款，税务机关未立即解除税收保全措施，使纳税人的合法利益遭受损失的，税务机关应当承担赔偿责任。

第四十条 从事生产、经营的纳税人、扣缴义务人未按照规定的期限缴纳或者解缴税款，纳税担保人未按照规定的期限缴纳所担保的税款，由税务机关责令限期缴纳，逾期仍未缴纳的，经县以上税 务局（分局）局长批准，税务机关可以采取下列强制执行措施：

（一）书面通知其开户银行或者其他金融机构从其存款中扣缴税款；

（二）扣押、查封、依法拍卖或者变卖其价值相当于应纳税款的商品、货物或者其他财产，以拍卖或者变卖所得抵缴税款。

税务机关采取强制执行措施时，对前款所列纳税人、扣缴义务人、纳税担保人未缴纳的滞纳金同时强制执行。

个人及其所扶养家属维持生活必需的住房和用品，不在强制执行措施的范围之内。

第四十一条 本法第三十七条、第三十八条、第四十条规定的采取税收保全措施、强制执行措施的权力，不得由法定的税务机关以外的单位和个人行使。

第四十二条 税务机关采取税收保全措施和强制执行措施必须依照法定权限和法定程序，不得查封、扣押纳税人个人及其所扶养家属维持生活必需的住房和用品。

第四十三条 税务机关滥用职权违法采取税收保全措施、强制执行措施，或者采取税收保全措施、强制执行措施不当，使纳税人、扣缴义务人或者纳税担保人的合法权益遭受损失的，应当依法承担赔偿责任。

第四十四条 欠缴税款的纳税人或者他的法定代表人需要出境的，应当在出境前向税务机关结清应纳税款、滞纳金或者提供担保。未结清税款、滞纳金，又不提供担保的，税务机关可以通知出境管理机关阻止其出境。

第四十五条 税务机关征收税款，税收优先于无担保债权，法律另有规定的除外；纳税人欠缴的税款发生在纳税人以其财产设定抵押、质押或者纳税人的财产被留置之前的，税收应当先于抵押权、质权、留置权执行。

纳税人欠缴税款，同时又被行政机关决定处以罚款、没收违法所得的，税收优先于罚款、没收违法所得。

税务机关应当对纳税人欠缴税款的情况定期予以公告。

第四十六条 纳税人有欠税情形而以其财产设定抵押、质押的，应当向抵押权人、质权人说明其欠税情况。抵押权人、质权人可以请求税务机关提供有关的欠税情况。

第四十七条 税务机关扣押商品、货物或者其他财产时，必须开付收据；查封商品、货物或者其他财产时，必须开付清单。

第四十八条 纳税人有合并、分立情形的，应当向税务机关报告，并依法缴清税款。纳税人合并时未缴清税款的，应当由合并后的纳税人继续履行未履行的纳税义务；纳税人分立时未缴清税款的，分立后的纳税人对未履行的纳税义务应当承担连带责任。

第四十九条 欠缴税款数额较大的纳税人在处分其不动产或者大额资产之前，应当向税务机关报告。

第五十条 欠缴税款的纳税人因怠于行使到期债权，或者放弃到期债权，或者无偿转让财产，或者以明显不合理的低价转让财产而受让人知道该情形，对国家税收造成损害的，税务机关可以依照合同法第七十三条、第七十四条的规定行使代位权、撤销权。

税务机关依照前款规定行使代位权、撤销权的，不免除欠缴税款的纳税人尚未履行的纳税义务和应承担的法律责任。

第五十一条 纳税人超过应纳税额缴纳的税款，税务机关发现后应当立即退还；纳税人自结算缴纳税款之日起三年内发现的，可以向税务机关要求退还多缴的税款并加算银行同期存款利息，税务机关及时查实后应当立即退还；涉及从国库中退库的，依照法律、行政法规有关国库管理的规定退还。

第五十二条 因税务机关的责任，致使纳税人、扣缴义务人未缴或者少缴税款的，税务机关在三年内可以要求纳税人、扣缴义务人补缴税款，但是不得加收滞纳金。因纳税人、扣缴义务人计算错误等失误，未缴或者少缴税款的，税务机关在三年内可以追征税款、滞纳金；有特殊情况的，追征期可以延长到五年。

对偷税、抗税、骗税的，税务机关追征其未缴或者少缴的税款、滞纳金或者所骗取的税款，不受前款规定期限的限制。

第五十三条 国家税务局和地方税务局应当按照国家规定的税收征收管理范围和税款入库预算级次，将征收的税款缴入国库。对审计机关、财政机关依法查出的税收违法行为，税务机关应当根据有关机关的决定、意见书，依法将应收的税款、滞纳金按照税款入库预算级次缴入国库，并将结果及时回复有关机关。

第四章 税务检查

第五十四条 税务机关有权进行下列税务检查：

（一）检查纳税人的帐簿、记帐凭证、报表和有关资料，检查扣缴义务人代扣代缴、代收代缴税款帐簿、记帐凭证和有关资料；

（二）到纳税人的生产、经营场所和货物存放地检查纳税人应纳税的商品、货物或者其他财产，检查扣缴义务人与代扣代缴、代收代缴税款有关的经营情况；

（三）责成纳税人、扣缴义务人提供与纳税或者代扣代缴、代收代缴税款有关的文件、证明材料和有关资料；

（四）询问纳税人、扣缴义务人与纳税或者代扣代缴、代收代缴税款有关的问题和情况；

（五）到车站、码头、机场、邮政企业及其分支机构检查纳税人托运、邮寄应纳税商品、货物或者其他财产的有关单据、凭证和有关资料；

（六）经县以上税务局（分局）局长批准，凭全国统一格式的检查存款帐户许可证明，查询从事生产、经营的纳税人、扣缴义务人在银行或者其他金融机构的存款帐户。税务机关在调查税收违法案件时，经设区的市、自治州以上税务局（分局）局长批准，可以查询案件涉嫌人员的储蓄存款。税务机关查询所获得的资料，不得用于税收以外的用途。

第五十五条 税务机关对从事生产、经营的纳税人以前纳税期的纳税情况依法进行税务检查时，发现纳税人有逃避纳税义务行为，并有明显的转移、隐匿其应纳税的商品、货物以及其他财产或者应纳税的收入的迹象的，可以按照本法规定的批准权限采取税收保全措施或者强制执行措施。

第五十六条 纳税人、扣缴义务人必须接受税务机关依法进行的税务检查，如实反映情况，提供有关资料，不得拒绝、隐瞒。

第五十七条 税务机关依法进行税务检查时，有权向有关单位和个人调查纳税人、扣缴义务人和其他当事人与纳税或者代扣代缴、代收代缴税款有关的情况，有关单位和个人有义务向税务机关如实提供有关资料及证明材料。

第五十八条 税务机关调查税务违法案件时，对与案件有关的情况和资料，可以记录、录音、录像、照相和复制。

第五十九条 税务机关派出的人员进行税务检查时，应当出示税务检查证和税务检查通知书，并有责任为被检查人保守秘密；未出示税务检查证和税务检查通知书的，被检查人有权拒绝检查。

第五章 法律责任

第六十条 纳税人有下列行为之一的，由税务机关责令限期改正，可以处二千元以下的罚款；情节严重的，处二千元以上一万元以下的罚款：

（一）未按照规定的期限申报办理税务登记、变更或者注销登记的；

（二）未按照规定设置、保管帐簿或者保管记帐凭证和有关资料的；

（三）未按照规定将财务、会计制度或者财务、会计处理办法和会计核算软件报送税务机关备查的；

（四）未按照规定将其全部银行帐号向税务机关报告的；

（五）未按照规定安装、使用税控装置，或者损毁或者擅自改动税控装置的。

纳税人不办理税务登记的，由税务机关责令限期改正；逾期不改正的，经税务机关提请，由工商行政管理机关吊销其营业执照。

纳税人未按照规定使用税务登记证件，或者转借、涂改、损毁、买卖、伪造税务登记证件的，处二千元以上一万元以下的罚款；情节严重的，处一万元以上五万元以下的罚款。

第六十一条 扣缴义务人未按照规定设置、保管代扣代缴、代收代缴税款帐簿或者保管代扣代缴、代收代缴税款记帐凭证及有关资料的，由税务机关责令限期改正，可以处二千元以下的罚款；情节严重的，处二千元以上五千元以下的罚款。

第六十二条 纳税人未按照规定的期限办理纳税申报和报送纳税资料的，或者扣缴义务人未按照规定的期限向税务机关报送代扣代缴、代收代缴税款报告表和有关资料的，由税务机关责令限期改正，可以处二千元以下的罚款；情节严重的，可以处二千元以上一万元以下的罚款。

第六十三条 纳税人伪造、变造、隐匿、擅自销毁帐簿、记帐凭证，或者在帐簿上多列支出或者不列、少列收入，或者经税务机关通知申报而拒不申报或者进行虚假的纳税申报，不缴或者少缴应纳税款的，是偷税。对纳税人偷税的，由税务机关追缴其不缴或者少缴的税款、滞纳金，并处不缴或者少缴的税款百分之五十以上五倍以下的罚款；构成犯罪的，依法追究刑事责任。

扣缴义务人采取前款所列手段，不缴或者少缴已扣、已收税款，由税务机关追缴其不缴或者少缴的税款、滞纳金，并处不缴或者少缴的税款百分之五十以上五倍以下的罚款；构成犯罪的，依法追究刑事责任。

第六十四条 纳税人、扣缴义务人编造虚假计税依据的，由税务机关责令限期改正，并处五万元以下的罚款。

纳税人不进行纳税申报，不缴或者少缴应纳税款的，由税务机关追缴其不缴或者少缴的税款、滞纳金，并处不缴或者少缴的税款百分之五十以上五倍以下的罚款。

第六十五条 纳税人欠缴应纳税款，采取转移或者隐匿财产的手段，妨碍税务机关追缴欠缴的税款的，由税务机关追缴欠缴的税款、滞纳金，并处欠缴税款百分之五十以上五倍以下的罚款；构成犯罪的，依法追究刑事责任。

第六十六条 以假报出口或者其他欺骗手段，骗取国家出口退税款的，由税务机关追缴其骗取的退税款，并处骗取税款一倍以上五倍以下的罚款；构成犯罪的，依法追究刑事责任。

对骗取国家出口退税款的，税务机关可以在规定期间内停止为其办理出口退税。

第六十七条 以暴力、威胁方法拒不缴纳税款的，是抗税，除由税务机关追缴其拒缴的税款、滞纳金外，依法追究刑事责任。情节轻微，未构成犯罪的，由税务机关追缴其拒缴的税款、滞纳金，并处拒缴税款一倍以上五倍以下的罚款。

第六十八条 纳税人、扣缴义务人在规定期限内不缴或者少缴应纳或者应解缴的税款，经税务机关责令限期缴纳，逾期仍未缴纳的，税务机关除依照本法第四十条的规定采取强制执行措施追缴其不缴或者少缴的税款外，可以处不缴或者少缴的税款百分之五十以上五倍以下的罚款。

第六十九条 扣缴义务人应扣未扣、应收而不收税款的，由税务机关向纳税人追缴税款，对扣缴义务人处应扣未扣、应收未收税款百分之五十以上三倍以下的罚款。

第七十条 纳税人、扣缴义务人逃避、拒绝或者以其他方式阻挠税务机关检查的，由税务机关责令改正，可以处一万元以下的罚款；情节严重的，处一万元以上五万元以下的罚款。

第七十一条 违反本法第二十二条规定，非法印制发票的，由税务机关销毁非法印制的发票，没收违法所得和作案工具，并处一万元以上五万元以下的罚款；构成犯罪的，依法追究刑事责任。

第七十二条 从事生产、经营的纳税人、扣缴义务人有本法规定的税收违法行为，拒不接受税务机关处理的，税务机关可以收缴其发票或者停止向其发售发票。

第七十三条 纳税人、扣缴义务人的开户银行或者其他金融机构拒绝接受税务机关依法检查纳税人、扣缴义务人存款帐户，或者拒绝执行税务机关作出的冻结存款或者扣缴税款的决定，或者在接到税务机关的书面通知后帮助纳税人、扣缴义务人转移存款，造成税款流失的，由税务机关处十万元以上五十万元以下的罚款，对直接负责的主管人员和其他直接责任人员处一千元以上一万元以下的罚款。

第七十四条 本法规定的行政处罚，罚款额在二千元以下的，可以由税务所决定。

第七十五条 税务机关和司法机关的涉税罚没收入，应当按照税款入库预算级次上缴国库。

第七十六条 税务机关违反规定擅自改变税收征收管理范围和税款入库预算级次的，责令限期改正，对直接负责的主管人员和其他直接责任人员依法给予降级或者撤职的行政处分。

第七十七条 纳税人、扣缴义务人有本法第六十三条、第六十五条、第六十六条、第六十七条、第七十一条规定的行为涉嫌犯罪的，税务机关应当依法移交司法机关追究刑事责任。

税务人员徇私舞弊，对依法应当移交司法机关追究刑事责任的不移交，情节严重的，依法追究刑事责任。

第七十八条 未经税务机关依法委托征收税款的，责令退还收取的财物，依法给予行政处分或者行政处罚；致使他人合法权益受到损失的，依法承担赔偿责任；构成犯罪的，依法追究刑事责任。

第七十九条 税务机关、税务人员查封、扣押纳税人个人及其所扶养家属维持生活必需的住房和用品的，责令退还，依法给予行政处分；构成犯罪的，依法追究刑事责任。

第八十条 税务人员与纳税人、扣缴义务人勾结，唆使或者协助纳税人、扣缴义务人有本法第六十三条、第六十五条、第六十六条规定的行为，构成犯罪的，依法追究刑事责任；尚不构成犯罪的，依法给予行政处分。

第八十一条 税务人员利用职务上的便利，收受或者索取纳税人、扣缴义务人财物或者谋取其他不正当利益，构成犯罪的，依法追究刑事责任；尚不构成犯罪的，依法给予行政处分。

第八十二条 税务人员徇私舞弊或者玩忽职守，不征或者少征应征税款，致使国家税收遭受重大损失，构成犯罪的，依法追究刑事责任；尚不构成犯罪的，依法给予行政处分。

税务人员滥用职权，故意刁难纳税人、扣缴义务人的，调离税收工作岗位，并依法给予行政处分。

税务人员对控告、检举税收违法违纪行为的纳税人、扣缴义务人以及其他检举人进行打击报复的，依法给予行政处分；构成犯罪的，依法追究刑事责任。

税务人员违反法律、行政法规的规定，故意高估或者低估农业税计税产量，致使多征或者少征税款，侵犯农民合法权益或者损害国家利益，构成犯罪的，依法追究刑事责任；尚不构成犯罪的，依法给予行政处分。

第八十三条 违反法律、行政法规的规定提前征收、延缓征收或者摊派税款的，由其上级机关或者行政监察机关责令改正，对直接负责的主管人员和其他直接责任人员依法给予行政处分。

第八十四条 违反法律、行政法规的规定，擅自作出税收的开征、停征或者减税、免税、退税、补税以及其他同税收法律、行政法规相抵触的决定的，除依照本法规定撤销其擅自作出的决定外，补征应征未征税款，退还不应征收而征收的税款，并由上级机关追究直接负责的主管人员和其他直接责任人员的行政责任；构成犯罪的，依法追究刑事责任。

第八十五条 税务人员在征收税款或者查处税收违法案件时，未按照本法规定进行回避的，对直接负责的主管人员和其他直接责任人员，依法给予行政处分。

第八十六条 违反税收法律、行政法规应当给予行政处罚的行为，在五年内未被发现的，不再给予行政处罚。

第八十七条 未按照本法规定为纳税人、扣缴义务人、检举人保密的，对直接负责的主管人员和其他直接责任人员，由所在单位或者有关单位依法给予行政处分。

第八十八条 纳税人、扣缴义务人、纳税担保人同税务机关在纳税上发生争议时，必须先依照税务机关的纳税决定缴纳或者解缴税款及滞纳金或者提供相应的担保，然后可以依法申请行政复议；对行政复议决定不服的，可以依法向人民法院起诉。

当事人对税务机关的处罚决定、强制执行措施或者税收保全措施不服的，可以依法申请行政复议，也可以依法向人民法院起诉。

当事人对税务机关的处罚决定逾期不申请行政复议也不向人民法院起诉、又不履行的，作出处罚决定的税务机关可以采取本法第四十条规定的强制执行措施，或者申请人民法院强制执行。

第六章　附　则

第八十九条　纳税人、扣缴义务人可以委托税务代理人代为办理税务事宜。

第九十条　耕地占用税、契税、农业税、牧业税征收管理的具体办法，由国务院另行制定。

关税及海关代征税收的征收管理，依照法律、行政法规的有关规定执行。

第九十一条　中华人民共和国同外国缔结的有关税收的条约、协定同本法有不同规定的，依照条约、协定的规定办理。

第九十二条　本法施行前颁布的税收法律与本法有不同规定的，适用本法规定。

第九十三条　国务院根据本法制定实施细则。

第九十四条　本法自2001年5月1日起施行。

全国人大常委会

二00一年四月二十八日

中华人民共和国外资企业法实施细则(修改版)

第一章　总　则

第一条　根据《中华人民共和国外资企业法》的规定，制定本实施细则。

第二条　外资企业受中国法律的管辖和保护。

外资企业在中国境内从事经营活动，必须遵守中国的法律、法规，不得损害中国的社会公共利益。

第三条　设立外资企业，必须有利于中国国民经济的发展，能够取得显著的经济效益。国家鼓励外资企业采用先进技术和设备，从事新产品开发，实现产品升级换代，节约能源和原材料，并鼓励举办产品出口的外资企业。

第四条　禁止或者限制设立外资企业的行业，按照国家指导外商投资方向的规定及外商投资产业指导目录执行。

第五条　申请设立外资企业，有下列情况之一的，不予批准：

(一)有损中国主权或者社会公共利益的；

(二)危及中国国家安全的；

(三)违反中国法律、法规的；

(四)不符合中国国民经济发展要求的；

(五)可能造成环境污染的。

第六条　外资企业在批准的经营范围内，自主经营管理，不受干涉。

第二章　设立程序

第七条　设立外资企业的申请，由中华人民共和国对外贸易经济合作部(以下简称对外贸易经济合作部)审查批准后，发给批准证书。

设立外资企业的申请属于下列情形的，国务院授权省、自治区、直辖市和计划单列市、经济特区人民政府审查批准后，发给批准证书：

(一)投资总额在国务院规定的投资审批权限以内的；

(二)不需要国家调拨原材料，不影响能源、交通运输、外贸出口配额等全国综合平衡的。

省、自治区、直辖市和计划单列市、经济特区人民政府在国务院授权范围内批准设立外资企业，应当在批准后15天内报对外贸易经济合作部备案(对外贸易经济合作部和省、自治区、直辖市和计划单列市、经济特区人民政府，以下统称审批机关)。

第八条　申请设立的外资企业，其产品涉及出口许可证、出口配额、进口许可证或者属于国家限制进口的，应当依照有关管理权限事先征得对外经济贸易主管部门的同意。

第九条　外国投资者在提出设立外资企业的申请前，应当就下列事项向拟设立外资企业所在地的县级或者县级以上地方人民政府提交报告。报告内容包括：设立外资企业的宗旨；经营范围、规模；生产产品；使用的技术设备；用地面积及要求；需要用水、电、煤、煤气或者其他能源的条件及数量；对公共设施的要求等。

县级或者县级以上地方人民政府应当在收到外国投资者提交的报告之日起30天内以书面形式答复外国投资者。

第十条　外国投资者设立外资企业，应当通过拟设立外资企业所在地的县级或者县级以上地方人民政府向审批机关提出申请，并报送下列文件：

(一)设立外资企业申请书；

(二)可行性研究报告；

(三)外资企业章程；

(四)外资企业法定代表人(或者董事会人选)名单；

(五)外国投资者的法律证明文件和资信证明文件；

(六)拟设立外资企业所在地的县级或者县级以上地方人民政府的书面答复；

(七)需要进口的物资清单；

(八)其他需要报送的文件。

前款(一)、(三)项文件必须用中文书写；(二)、(四)、(五)项文件可以用外文书写，但应当附中文译文。

两个或者两个以上外国投资者共同申请设立外资企业，应当将其签订的合同副本报送审批机关备案。

第十一条　审批机关应当在收到申请设立外资企业的全部文件之日起90天内决定批准或者不批准。审批机关如果发现上述文件不齐备或者有不当之处，可以要求限期补报或者修改。

第十二条　设立外资企业的申请经审批机关批准后，外国投资者应当在收到批准证书之日起30天内向工商行政管理机关申请登记，领取营业执照。外资企业的营业执照签发日期，为该企业成立日期。

外国投资者在收到批准证书之日起满30天未向工商行政管理机关申请登记的，外资企业批准证书自动失效。

外资企业应当在企业成立之日起30天内向税务机关办理税务登记。

第十三条　外国投资者可以委托中国的外商投资企业服务机构或者其他经济组织代为办理本实施细则第八条、第九条第一款和第十条规定事宜，但须签订委托合同。

第十四条　设立外资企业的申请书应当包括下列内容：

(一)外国投资者的姓名或者名称、住所、注册地和法定代表人的姓名、国籍、职务；

(二)拟设立外资企业的名称、住所；

(三)经营范围、产品品种和生产规模；

(四)拟设立外资企业的投资总额、注册资本、资金来源、出资方式和期限；

(五)拟设立外资企业的组织形式和机构、法定代表人；

(六)采用的主要生产设备及其新旧程度、生产技术、工艺水平及其来源；

(七)产品的销售方向、地区和销售渠道、方式；

(八)外汇资金的收支安排；

(九)有关机构设置和人员编制，职工的招用、培训、工资、福利、保险、劳动保护等事项的安排；

(十)可能造成环境污染的程度和解决措施；

(十一)场地选择和用地面积；

(十二)基本建设和生产经营所需资金、能源、原材料及其解决办法；

(十三)项目实施的进度计划；

(十四)拟设立外资企业的经营期限。

第十五条　外资企业的章程应当包括下列内容：

(一)名称及住所；

(二)宗旨、经营范围；

(三)投资总额、注册资本、出资期限；

(四)组织形式；

(五)内部组织机构及其职权和议事规则，法定代表人以及总经理、总工程师、总会计师等人员的职责、权限；

(六)财务、会计及审计的原则和制度；

(七)劳动管理；

(八)经营期限、终止及清算；

(九)章程的修改程序。

第十六条　外资企业的章程经审批机关批准后生效，修改时同。

第十七条　外资企业的分立、合并或者由于其他原因导致资本发生重大变动，须经审批机关批准，并应当聘请中国的注册会计师验证和出具验资报告；经审批机关批准后，向工商行政管理机关办理变更登记手续。

第三章 组织形式与注册资本

第十八条 外资企业的组织形式为有限责任公司。经批准也可以为其他责任形式。

外资企业为有限责任公司的，外国投资者对企业的责任以其认缴的出资额为限。

外资企业为其他责任形式的，外国投资者对企业的责任适用中国法律、法规的规定。

第十九条 外资企业的投资总额，是指开办外资企业所需资金总额，即按其生产规模需要投入的基本建设资金和生产流动资金的总和。

第二十条 外资企业的注册资本，是指为设立外资企业在工商行政管理机关登记的资本总额，即外国投资者认缴的全部出资额。

外资企业的注册资本要与其经营规模相适应，注册资本与投资总额的比例应当符合中国有关规定。

第二十一条 外资企业在经营期内不得减少其注册资本。但是，因投资总额和生产经营规模等发生变化，确需减少的，须经审批机关批准。

第二十二条 外资企业注册资本的增加、转让，须经审批机关批准，并向工商行政管理机关办理变更登记手续。

第二十三条 外资企业将其财产或者权益对外抵押、转让，须经审批机关批准并向工商行政管理机关备案。

第二十四条 外资企业的法定代表人是依照其章程规定，代表外资企业行使职权的负责人。

法定代表人无法履行其职权时，应当以书面形式委托代理人，代其行使职权。

第四章 出资方式与期限

第二十五条 外国投资者可以用可自由兑换的外币出资，也可以用机器设备、工业产权、专有技术等作价出资。

经审批机关批准，外国投资者也可以用其从中国境内举办的其他外商投资企业获得的人民币利润出资。

第二十六条 外国投资者以机器设备作价出资的，该机器设备应当是外资企业生产所必需的设备。

该机器设备的作价不得高于同类机器设备当时的国际市场正常价格。

对作价出资的机器设备，应当列出详细的作价出资清单，包括名称、种类、数量、作价等，作为设立外资企业申请书的附件一并报送审批机关。

第二十七条 外国投资者以工业产权、专有技术作价出资的，该工业产权、专有技术应当为外国投资者所有。

该工业产权、专有技术的作价应当与国际上通常的作价原则相一致，其作价金额不得超过外资企业注册资本的20％。

对作价出资的工业产权、专有技术，应当备有详细资料，包括所有权证书的复制件，有效状况及其技术性能、实用价值，作价的计算根据和标准等，作为设立外资企业申请书的附件一并报送审批机关。

第二十八条 作价出资的机器设备运抵中国口岸时，外资企业应当报请中国的商检机构进行检验，由该商检机构出具检验报告。

作价出资的机器设备的品种、质量和数量与外国投资者报送审批机关的作价出资清单列出的机器设备的品种、质量和数量不符的，审批机关有权要求外国投资者限期改正。

第二十九条 作价出资的工业产权、专有技术实施后，审批机关有权进行检查。该工业产权、专有技术与外国投资者原提供的资料不符的，审批机关有权要求外国投资者限期改正。

第三十条 外国投资者缴付出资的期限应当在设立外资企业申请书和外资企业章程中载明。外国投资者可以分期缴付出资，但最后一期出资应当在营业执照签发之日起3年内缴清。其中第一期出资不得少于外国投资者认缴出资额的15％，并应当在外资企业营业执照签发之日起90天内缴清。

外国投资者未能在前款规定的期限内缴付第一期出资的，外资企业批准证书即自动失效。外资企业应当向工商行政管理机关办理注销登记手续，缴销营业执照；不办理注销登记手续和缴销营业执照的，由工商行政管理机关吊销其营业执照，并予以公告。

第三十一条 第一期出资后的其他各期的出资，外国投资者应当如期缴付。

无正当理由逾期30天不出资的，依照本实施细则第三十条第二款的规定处理。

外国投资者有正当理由要求延期出资的，应当经审批机关同意，并报工商行政管理机关备案。

第三十二条 外国投资者缴付每期出资后，外资企业应当聘请中国的注册会计师验证，并出具验资报告，报审批机关和工商行政管理机关备案。

第五章 用地及其费用

第三十三条 外资企业的用地，由外资企业所在地的县级或者县级以上地方人民政府根据本地区的情况审核后，予以安排。

第三十四条 外资企业应当在营业执照签发之日起30天内，持批准证书和营业执照到外资企业所在地县级或者县级以上地方人民政府的土地管理部门办理土地使用手续，领取土地证书。

第三十五条 土地证书为外资企业使用土地的法律凭证。外资企业在经营期限内未经批准，其土地使用权不得转让。

第三十六条 外资企业在领取土地证书时，应当向其所在地土地管理部门缴纳土地使用费。

第三十七条 外资企业使用经过开发的土地，应当缴付土地开发费。

前款所指土地开发费包括征地拆迁安置费用和为外资企业配套的基础设施建设费用。土地开发费可由土地开发单位一次性计收或者分年计收。

第三十八条 外资企业使用未经开发的土地，可以自行开发或者委托中国有关单位开发。基础设施的建设，应当由外资企业所在地县级或者县级以上地方人民政府统一安排。

第三十九条 外资企业的土地使用费和土地开发费的计收标准，依照中国有关规定办理。

第四十条 外资企业的土地使用年限，与经批准的该外资企业的经营期限相同。

第四十一条 外资企业除依照本章规定取得土地使用权外，还可以依照中国其他法规的规定取得土地使用权。

第六章 购买与销售

第四十二条 外资企业有权自行决定购买本企业自用的机器设备、原材料、燃料、零部件、配套件、元器件、运输工具和办公用品等(以下统称“物资”)。

外资企业在中国购买物资，在同等条件下，享受与中国企业同等的待遇。

第四十三条 外资企业可以在中国市场销售其产品。国家鼓励外资企业出口其生产的产品。

第四十四条 外资企业有权自行出口本企业生产的产品，也可以委托中国的外贸公司代销或者委托中国境外的公司代销。

外资企业可以自行在中国销售本企业生产的产品，也可以委托商业机构代销其产品。

第四十五条 外国投资者作为出资的机器设备，依照中国规定需要领取进口许可证的，外资企业凭批准的该企业进口设备和物资清单直接或者委托代理机构向发证机关申领进口许可证。

外资企业在批准的经营范围内，进口本企业自用并为生产所需的物资，依照中国规定需要领取进口许可证的，应当编制年度进口计划，每半年向发证机关申领一次。

外资企业出口产品，依照中国规定需要领取出口许可证的，应当编制年度出口计划，每半年向发证机关申领一次。

第四十六条 外资企业进口的物资以及技术劳务的价格不得高于当时的国际市场同类物资以及技术劳务的正常价格。外资企业的出口产品价格，由外资企业参照当时的国际市场价格自行确定，但不得低于合理的出口价格。用高价进口、低价出口等方式逃避税收的，税务机关有权根据税法规定，追究其法律责任。

第四十七条 外资企业应当依照《中华人民共和国统计法》及中国利用外资统计制度的规定，提供统计资料，报送统计报表。

第七章 税　务

第四十八条 外资企业应当依照中国法律、法规的规定，缴纳税款。

第四十九条 外资企业的职工应当依照中国法律、法规的规定，缴纳个人所得税。

第五十条 外资企业进口下列物资，依照中国税法的有关规定减税、免税：

（一）外国投资者作为出资的机器设备、零部件、建设用建筑材料以及安装、加固机器所需材料；

（二）外资企业以投资总额内的资金进口本企业生产所需的自用机器设备、零部件、生产用交通运输工具以及生产管理设备；

（三）外资企业为生产出口产品而进口的原材料、辅料、元器件、零部件和包装物料。

前款所述的进口物资，经批准在中国境内转卖或者转用于生产在中国境内销售的产品，应当依照中国税法纳税或者补税。

第五十一条 外资企业生产的出口产品，除中国限制出口的以外，依照中国税法的有关规定减税、免税或者退税。

第八章 外汇管理

第五十二条 外资企业的外汇事宜，应当依照中国有关外汇管理的法规办理。

第五十三条 外资企业凭工商行政管理机关发给的营业执照，在中国境内可以经营外汇业务的银行开立账户，由开户银行监督收付。外资企业的外汇收入，应当存入其开户银行的外汇账户；外汇支出，应当从其外汇账户中支付。

第五十四条 外资企业因生产和经营需要在中国境外的银行开立外汇账户，须经中国外汇管理机关批准，并依照中国外汇管理机关的规定定期报告外汇收付情况和提供银行对账单。

第五十五条 外资企业中的外籍职工和港澳台职工的工资和其他正当的外汇收益，依照中国税法纳税后，可以自由汇出。

第九章 财务会计

第五十六条 外资企业应当依照中国法律、法规和财政机关的规定，建立财务会计制度并报其所在地财政、税务机关备案。

第五十七条 外资企业的会计年度自公历年的1月1日起至12月31日止。

第五十八条 外资企业依照中国税法规定缴纳所得税后的利润，应当提取储备基金和职工奖励及福利基金。储备基金的提取比例不得低于税后利润的10%，当累计提取金额达到注册资本的50%时，可以不再提取。职工奖励及福利基金的提取比例由外资企业自行确定。

外资企业以往会计年度的亏损未弥补前，不得分配利润；以往会计年度未分配的利润，可与本会计年度可供分配的利润一并分配。

第五十九条 外资企业的自制会计凭证、会计账簿和会计报表，应当用中文书写；用外文书写的，应当加注中文。

第六十条 外资企业应当独立核算。

外资企业的年度会计报表和清算会计报表，应当依照中国财政、税务机关的规定编制。以外币编报会计报表的，应当同时编报外币折合为人民币的会计报表。

外资企业的年度会计报表和清算会计报表，应当聘请中国的注册会计师进行验证并出具报告。

第二款和第三款规定的外资企业的年度会计报表和清算会计报表，连同中国的注册会计师出具的报告，应当在规定的时间内报送财政、税务机关，并报审批机关和工商行政管理机关备案。

第六十一条 外国投资者可以聘请中国或者外国的会计人员查阅外资企业账簿，费用由外国投资者承担。

第六十二条 外资企业应当向财政、税务机关报送年度资产负债表和损益表，并报审批机关和工商行政管理机关备案。

第六十三条 外资企业应当在企业所在地设置会计账簿，并接受财政、税务机关的监督。

违反前款规定的，财政、税务机关可以处以罚款，工商行政管理机关可以责令停止营业或者吊销营业执照。

第十章 职 工

第六十四条 外资企业在中国境内雇用职工，企业和职工双方应当依照中国的法律、法规签订劳动合同。合同中应当订明雇用、辞退、报酬、福利、劳动保护、劳动保险等事项。

外资企业不得雇用童工。

第六十五条 外资企业应当负责职工的业务、技术培训，建立考核制度，使职工在生产、管理技能方面能够适应企业的生产与发展需要。

第十一章 工 会

第六十六条 外资企业的职工有权依照《中华人民共和国工会法》的规定，建立基层工会组织，开展工会活动。

第六十七条 外资企业工会是职工利益的代表，有权代表职工同本企业签订劳动合同，并监督劳动合同的执行。

第六十八条 外资企业工会的基本任务是：依照中国法律、法规的规定维护职工的合法权益，协助企业合理安排和使用职工福利、奖励基金；组织职工学习政治、科学技术和业务知识，开展文艺、体育活动；教育职工遵守劳动纪律，努力完成企业的各项经济任务。

外资企业研究决定有关职工奖惩、工资制度、生活福利、劳动保护和保险问题时，工会代表有权列席会议。外资企业应当听取工会的意见，取得工会的合作。

第六十九条 外资企业应当积极支持本企业工会的工作，依照《中华人民共和国工会法》的规定，为工会组织提供必要的房屋和设备，用于办公、会议、举办职工集体福利、文化、体育事业。外资企业每月按照企业职工实发工资总额的2%拨交工会经费，由本企业工会依照中华全国总工会制定的有关工会经费管理办法使用。

第十二章 期限、终止与清算

第七十条 外资企业的经营期限，根据不同行业和企业的具体情况，由外国投资者在设立外资企业的申请书中拟订，经审批机关批准。

第七十一条 外资企业的经营期限，从其营业执照签发之日起计算。

外资企业经营期满需要延长经营期限的，应当在距经营期满180天前向审批机关报送延长经营期限的申请书。审批机关应当在收到申请书之日起30天内决定批准或者不批准。

外资企业经批准延长经营期限的，应当自收到批准延长期限文件之日起30天内，向工商行政管理机关办理变更登记手续。

第七十二条 外资企业有下列情形之一的，应予终止：

（一）经营期限届满；

（二）经营不善，严重亏损，外国投资者决定解散；

（三）因自然灾害、战争等不可抗力而遭受严重损失，无法继续经营；

（四）破产；

（五）违反中国法律、法规，危害社会公共利益被依法撤销；

（六）外资企业章程规定的其他解散事由已经出现。

外资企业如存在前款第（二）、（三）、（四）项所列情形，应当自行提交终止申请书，报审批机关核准。审批机关作出核准的日期为企业的终止日期。

第七十三条 外资企业依照本实施细则第七十二条第（一）、（二）、（三）、（六）项的规定终止的，应当在终止之日起15天内对外公告并通知债权人，并在终止公告发出之日起15天内，提出清算程序、原则和清算委员会人选，报审批机关审核后进行清算。

第七十四条 清算委员会应当由外资企业的法定代表人、债权人代表以及有关主管机关的代表组成，并聘请中国的注册会计师、律师等参加。

清算费用从外资企业现存财产中优先支付。

第七十五条 清算委员会行使下列职权：

（一）召集债权人会议；

（二）接管并清理企业财产，编制资产负债表和财产目录；

（三）提出财产作价和计算依据；

（四）制定清算方案；

（五）收回债权和清偿债务；

（六）追回股东应缴而未缴的款项；

（七）分配剩余财产；

（八）代表外资企业起诉和应诉。

第七十六条 外资企业在清算结束之前，外国投资者不得将该企业的资金汇出或者携出中国境外，不得自行处理企业的财产。

外资企业清算结束，其资产净额和剩余财产超过注册资本的部分视同利润，应当依照中国税法缴纳所得税。

第七十七条 外资企业清算结束，应当向工商行政管理机关办理注销登记手续，缴销营业执照。

第七十八条 外资企业清算处理财产时，在同等条件下，中国的企业或者其他经济组织有优先购买权。

第七十九条 外资企业依照本实施细则第七十二条第（四）项的规定终止的，参照中国有关法律、法规进行清算。

外资企业依照本实施细则第七十二条第（五）项的规定终止的，依照中国有关规定进行清算。

第十三章 附 则

第八十条 外资企业的各项保险，应当向中国境内的保险公司投保。

第八十一条 外资企业与其他公司、企业或者经济组织以及个人签订合同，适用《中华人民共和国合同法》。

第八十二条 香港、澳门、台湾地区的公司、企业和其他经济组织或者个人以及在国外居住的中国公民在大陆设立全部资本为其所有的企业，参照本实施细则办理。

第八十三条 外资企业中的外籍职工和港澳台职工可带进合理自用的交通工具和生活物品，并依照中国规定办理进口手续。

第八十四条 本实施细则自公布之日起施行。

中华人民共和国国务院

二〇〇一年四月十二日

企业会计准则—借款费用

引 言

1、本准则规范借款费用的会计核算和相关信息的披露。

2、本准则不涉及：

(1)与融资租赁有关的融资费用；

(2)房地产商品开发过程中发生的借款费用。

定 义

3、本准则使用的下列术语，其定义为：

(1)借款费用，指企业因借款而发生的利息、折价或溢价的摊销和辅助费用，以及因外币借款而发生的汇兑差额。

(2)专门借款，指为购建固定资产而专门借入的款项。

确 认

4、因专门借款而发生的利息、折价或溢价的摊销和汇兑差额，在符合本准则规定的资本化条件的情况下，应当予以资本化，计入该项资产的成本；其他的借款利息、折价或溢价的摊销和汇兑差额，应当于发生当期确认为费用。

5、因安排专门借款而发生的辅助费用，属于在所购建固定资产达到预定可使用状态之前发生的，应当在发生时予以资本化；以后发生的辅助费用应当于发生当期确认为费用。如果辅助费用的金额较小，也可以于发生当期确认为费用。

因安排其他借款而发生的辅助费用应当于发生当期确认为费用。

开始资本化

6、以下三个条件同时具备时，因专门借款而发生的利息、折价或溢价的摊销和汇兑差额应当开始资本化：(1)资产支出已经发生；(2)借款费用已经发生；(3)为使资产达到预定可使用状态所必要的购建活动已经开始。

7、资产支出只包括为购建固定资产而以支付现金、转移非现金资产或者承担带息债务形式发生的支出。

资本化金额的确定

8、在应予资本化的每一会计期间，利息的资本化金额按如下公式计算：

每一会计期间利息的资本化金额＝至当期末止购建固定资产累计支出加权平均数×资本化率

9、累计支出加权平均数按如下公式计算：

$$\text{累计支出加权平均数}=\sum\left[\text{每笔资产支出金额}\times\frac{\text{每笔资产支出实际占用的天数}}{\text{会计期间涵盖的天数}}\right]$$

为简化计算，也可以以月数作为计算累计支出加权平均数的权数。

10、资本化率按下列原则确定：

(1)为购建固定资产只借入一笔专门借款，资本化率为该项借款的利率；

(2)为购建固定资产借入一笔以上的专门借款，资本化率为这些借款的加权平均利率。

$$\text{加权平均利率}=\frac{\text{专门借款当期实际发生的利息之和}}{\text{专门借款本金加权平均数}}\times 100\%$$

其中，“专门借款本金加权平均数”按如下公式计算：

$$\text{专门借款本金}=\sum\left[\text{每笔专门借款本金}\times\frac{\text{每笔借款实际占用的天数}}{\text{会计期间涵盖的天数}}\right]$$

为简化计算，也可以以月数作为计算专门借款本金加权平均数的权数。

11、如果专门借款存在折价或溢价，还应当将每期应摊销的折价或溢价金额作为利息的调整额，对资本化率作相应调整。折价或溢价的摊销，可以采用实际利率法，也可以采用直线法。

12、在应予资本化的每一会计期间，利息和折价或溢价摊销的资本化金额，不得超过当期专门借款实际发生的利息和折价或溢价的摊销金额。

13、如果专门借款为外币借款，则在应予资本化的每一会计期间，汇兑差额的资本化金额为当期外币专门借款本金及利息所发生的汇兑差额。

暂停资本化

14、如果固定资产的购建活动发生非正常中断，并且中断时间连续超过3个月，应当暂停借款费用的资本化，将其确认为当期费用，直至资产的购建活动重新开始。但如果中断是使购建的固定资产达到预定可使用状态所必要的程序，则借款费用的资本化应当继续进行。

停止资本化

15、当所购建的固定资产达到预定可使用状态时，应当停止其借款费用的资本化；以后发生的借款费用应当于发生当期确认为费用。

16、所购建固定资产达到预定可使用状态是指，资产已经达到购买方或建造方预定的可使用状态。具体可从以下几个方面进行判断：

(1)固定资产的实体建造(包括安装)工作已经全部完成或者实质上已经完成；

(2)所购建的固定资产与设计要求或合同要求相符或基本相符，即使有极个别与设计或合同要求不相符的地方，也不影响其正常使用；

(3)继续发生在所购建固定资产上的支出金额很少或几乎不再发生。

如果所购建固定资产需要试生产或试运行，则在试生产结果表明资产能够正常生产出合格产品时，或试运行结果表明能够正常运转或营业时，就应当认为资产已经达到预定可使用状态。

17、如果所购建固定资产的各部分分别完工，每部分在其他部分继续建造过程中可供使用，并且为使该部分资产达到预定可使用状态所必要的购建活动实质上已经完成，则应当停止该部分资产的借款费用资本化。如果所购建固定资产的各部分分别完工，但必须等到整体完工后才可使用，则应当在该资产整体完工时停止借款费用的资本化。

披 露

18、企业应当披露下列与借款费用有关的信息：

(1)当期资本化的借款费用金额；

(2)当期用于确定资本化金额的资本化率。

衔接办法

19、对于本准则施行之日以前企业已经发生的借款费用，所采用的借款费用会计处理方法与本准则规定的方法不同的，不作追溯调整；对于本准则施行之日以后发生的借款费用，应当按照本准则的规定进行会计处理。

附 则

20、本准则自2001年1月1日起施行。

企业会计准则—非货币性交易

引　言

1、本准则规范企业非货币性交易的会计核算和相关信息的披露。

2、非货币性交易会计核算的主要问题是换入、换出非货币性资产的计价，以及相关损益的确认。

3、本准则不涉及企业合并中的非货币性交易。

定　义

4、本准则使用的下列术语，其定义为：

（1）非货币性交易，指交易双方以非货币性资产进行的交换。这种交换不涉及或只涉及少量的货币性资产（即补价）。

（2）货币性资产，指持有的现金及将以固定或可确定金额的货币收取的资产，包括现金、应收账款和应收票据以及准备持有至到期的债券投资等。

（3）非货币性资产，指货币性资产以外的资产，包括存货、固定资产、无形资产、股权投资以及不准备持有至到期的债券投资等。

（4）公允价值，指在公平交易中，熟悉情况的交易双方，自愿进行资产交换或债务清偿的金额。

非货币性交易的会计处理

5、企业发生非货币性交易时，应以换出资产的账面价值，加上应支付的相关税费，作为换入资产的入账价值。

6、在非货币性交易中如果发生补价，应区别不同情况处理：

（1）支付补价的，应以换出资产的账面价值，加上补价和应支付的相关税费，作为换入资产的入账价值。

（2）收到补价的，应按如下公式确定换入资产的入账价值和应确认的收益：

换入资产入账价值＝换出资产账面价值－（补价/换出资产公允价值）×换出资产账面价值＋应支付的相关税费

应确认的收益＝补价－（补价/换出资产公允价值）×换出资产账面价值

7、在非货币性交易中，如果同时换入多项资产，应按换入各项资产的公允价值与换入资产公允价值总额的比例，对换出资产的账面价值总额与应支付的相关税费进行分配，以确定各项换入资产的入账价值。

披　露

8、企业应当披露非货币性交易中换入、换出资产的类别及其金额。

衔接办法

9、对于本准则施行之日以前发生的非货币性交易，其会计处理方法与本准则规定的方法不同的，应予追溯调整。

附　则

10、本准则自2001年1月1日起施行。

企业会计准则—会计政策、会计估计变更和会计差错更正

引　言

1、本准则规范企业会计政策变更、会计估计变更以及会计差错更正的会计核算和相关信息的披露。

2、本准则的目的是当发生会计政策、会计估计变更和会计差错更正时，在最大限度地保证会计信息可比性的基础上，提高会计信息的有用性，便于财务报告使用者更恰当地理解企业的财务状况、经营成果和现金流量等会计信息。

定　义

3、本准则使用的下列术语，其定义为：

（1）会计政策，指企业在会计核算时所遵循的具体原则以及企业所采纳的具体会计处理方法。

（2）会计估计，指企业对其结果不确定的交易或事项以最近可利用的信息为基础所作的判断。

（3）会计政策变更的累积影响数，指按变更后的会计政策对以前各期追溯计算的变更年度期初留存收益应有的金额与现有的金额之间的差额。

（4）追溯调整法，指对某项交易或事项变更会计政策时，如同该交易或事项初次发生时就开始采用新的会计政策，并以此对相关项目进行调整的方法。

（5）未来适用法，指对某项交易或事项变更会计政策时，新的会计政策适用于变更当期及未来期间发生的交易或事项的方法。

（6）会计差错，指在会计核算时，由于确认、计量、记录等方面出现的错误。

（7）重大会计差错，指企业发现的使公布的会计报表不再具有可靠性的会计差错。

会计政策变更

4、企业采用的会计政策，除符合第5条规定的条件外，前后各期应保持一致，不得随意变更。

5、会计政策变更，必须符合下列条件之一：（1）法律或会计准则等行政法规、规章的要求；（2）这种变更能够提供有关企业财务状况、经营成果和现金流量等更可靠、更相关的会计信息。

6、下列各项不属于会计政策变更：（1）本期发生的交易或事项与以前相比具有本质差别而采用新的会计政策；（2）对初次发生的或不重要的交易或事项采用新的会计政策。

7、企业按第5条（1）变更会计政策时，应按国家发布的相关会计处理规定执行，如果没有相关的会计处理规定，按第8条的规定处理。

8、企业按第5条（2）变更会计政策时，应采用追溯调整法进行处理，并将会计政策变更的累积影响数调整期初留存收益，会计报表其他相关项目的期初数也应一并调整，但不需要重编以前年度的会计报表。

如果累积影响数不能合理确定，会计政策变更应采用未来适用法。

9、在编制比较会计报表时，对于比较会计报表期间的会计政策变更，应调整各该期间的净损益和其他相关项目，视同该政策在比较会计报表期间一直采用。对于比较会计报表可比期间以前的会计政策变更的累积影响数，应调整比较会计报表最早期间的期初留存收益，会计报表其他相关项目的数字也应一并调整。

10、会计报表附注中应披露以下事项：

（1）会计政策变更的内容和理由；

（2）会计政策变更的影响数；

（3）累积影响数不能合理确定的理由。

会计估计变更

11、由于企业经营活动中内在不确定因素的影响，某些会计报表项目不能精确地计量，而只能加以估计。如果赖以进行估计的基础发生了变化，或者由于取得新的信息、积累更多的经验以及后来的发展变化，可能需要对会计估计进行修订。

12、会计估计变更时，不需要计算变更产生的累积影响数，也不需要重编以前年度会计报表，但应对变更当期和未来期间发生的交易或事项采用新的会计估计进行处理。

13、会计估计的变更，如果仅影响变更当期，会计估计变更的影响数应计入变更当期与前期相同的相关项目中；如果既影响变更当期又影响未来期间，会计估计变更的影响数应计入变更当期和未来期间与前期相同的相关项目中。

14、会计政策变更和会计估计变更很难区分时，应按照会计估计变更的处理方法进行处理。

15、会计报表附注中应披露以下事项：

（1）会计估计变更的内容和理由；

(2)会计估计变更的影响数;

(3)会计估计变更的影响数不能确定的理由。

会计差错更正

16、本期发现的会计差错,除第17条所列情形外,应按以下原则处理:

(1)本期发现的与本期相关的会计差错,应调整本期相关项目。

(2)本期发现的与前期相关的非重大会计差错,如影响损益,应直接计入本期净损益,其他相关项目也应作为本期数一并调整;如不影响损益,应调整本期相关项目。

(3)本期发现的与前期相关的重大会计差错,如影响损益,应将其对损益的影响数调整发现当期的期初留存收益,会计报表其他相关项目的期初数也应一并调整;如不影响损益,应调整会计报表相关项目的期初数。

17、年度资产负债表日至财务报告批准报出日之间发现的报告年度的会计差错及以前年度的非重大会计差错,应按照《企业会计准则—资产负债表日后事项》的规定处理。

18、在编制比较会计报表时,对于比较会计报表期间的重大会计差错,应调整各该期间的净损益和其他相关项目,视同该差错在产生的当期已经更正;对于比较会计报表期间以前的重大会计差错,应调整比较会计报表最早期间的期初留存收益,会计报表其他相关项目的数字也应一并调整。

19、企业滥用会计政策、会计估计及其变更,应当作为重大会计差错予以更正。

20、会计报表附注中应披露以下事项:

(1)重大会计差错的内容;

(2)重大会计差错的更正金额。

附　则

21、本准则自1999年1月1日起施行。

企业会计准则—投资

引　言

1.本准则规范投资的会计核算和相关信息的披露。

投资会计核算主要解决的问题是投资的计价,以及投资损益的确认。投资的计价包括投资成本的确定和投资账面价值的调整。

2.本准则不涉及:

(1)外币投资的折算;

(2)证券经营业务;

(3)合并会计报表;

(4)企业合并。

定　义

3.本准则使用的下列术语,其定义为:

(1)投资,指企业为通过分配来增加财富,或为谋求其他利益,而将资产让渡给其他单位所获得的另一项资产。

(2)短期投资,指能够随时变现并且持有时间不准备超过一年的投资。

(3)长期投资,指短期投资以外的投资。

(4)成本法,指投资按投资成本计价的方法。

(5)权益法,指投资最初以投资成本计价,以后根据投资企业享有被投资单位所有者权益份额的变动对投资的账面价值进行调整的方法。

(6)债券投资溢价或折价,指债券初始投资成本扣除相关费用及应收利息后的金额与债券面值之间的差额。

投资的分类

4.投资分为短期投资和长期投资。

长期投资分为长期债权投资和长期股权投资。长期债权投资又可分为债券投资和其他债权投资。

5.长期股权投资依据对被投资单位产生的影响,分为以下四种类型:

(1)控制,是指有权决定一个企业的财务和经营政策,并能据以从该企业的经营活动中获取利益。

(2)共同控制,是指按合同约定对某项经济活动所共有的控制。

(3)重大影响,是指对一个企业的财务和经营政策有参与决策的权力,但并不决定这些政策。

(4)无控制、无共同控制且无重大影响。

初始投资成本的确定

6.投资在取得时应以初始投资成本计价。

7.初始投资成本是指取得投资时实际支付的全部价款,包括税金、手续费等相关费用。但实际支付的价款中包含的已宣告但尚未领取的现金股利,或已到付息期但尚未领取的债券利息,就作为应收项目单独核算。

债券初始投资成本扣除相关费用及应收利息,与债券面值之间的差额,应作为债券投资溢价或折价。

以放弃非货币性资产而取得的长期股权投资,其初始投资成本应按《企业会计准则—非货币性交易》的规定确定。

以债务重组而取得的投资,其初始投资成本应按《企业会计准则—债务重组》的规定确定。

8.长期股权投资采用权益法核算时,投资企业的初始投资成本与应享有被投资单位所有者权益份额之间的差额,作为股权投资差额,按一定期限平均摊薄,计入损益。

股权投资差额的摊销期限,合同规定了投资期限的,按投资期限摊销;合同没有规定投资期限的,初始投资成本超过应享有被投资单位所有者权益份额之间的差额,按不超过10年的期限摊销;初始投资成本低于应享有被投资单位所有者权益份额之间的差额,按不低于10年的期限摊销。

投资账面价值的调整。

短期投资

9.短期投资的现金股利或利息,应于实际收到时,冲减投资的账面价值,但收到的、已记入应收项目的现金股利或利息除外。

10.持有的短期投资,在期末或者至少在年度终了时应以成本与市价孰低计价,并将市价低于成本的金额确认为当期投资损失。

已确认跌价损失的短期投资的价值又得以恢复,应在原已确认的投资损失的金额内转回。

长期债权投资

11.债券投资溢价或折价,在债券购入后至到期前的期间内于确认相关债券利息收入时摊销。摊销方法可以采用直线法,也可以采用实际利率法。

债券投资应按期计算应收利息。计算的债券投资利息收入,经调整债券投资溢价或折价摊销额后的金额,确认为当期投资收益。

12.债券初始投资成本中包含的相关费用,如金额较大的,可以于债券购入后至到期前的期间内在确认相关债券利息收入时摊销,计入损益;如金额较小的,也可以于购入债券时一次摊销,计入损益。

13.其他债权投资按期计算的应收利息,确认为当期投资收益。

14.对一次还本付息的债权投资,应计未收利息应于确认时增加投资的帐面价值;对分期付息的债权投资,应计未收利息应于确认时作为应收项目单独核算,不增加投资的账面价值。

长期股权投资

15.长期股权投资应根据不同情况,分别采用成本法或权益法核算。

16.投资企业对被投资单位无控制、无共同控制且无重大影响的,长期股权投资应采用成本法核算。

17.采用成本法时,除追加或收回投资外,长期股权投资的账面价值一般应保持不变。被投资单位宣告分派的利润或现金股利,确认为当期投资收益。投资企业确认投资收益,仅限于所获得的被投资单位在接受投资后产生的累积净利润的分配额,所获得的被投资单位宣告分派的利润或现金股利超过上述数额的部分,作为初始投资成本的收回,冲减投资的账面价值。

18.投资企业对被投资单位具有控制、共同控制或重大影响的,长期股权投资应采用权益法核算。

19.采用权益法时,投资企业应在取得股权投资后,按应享有或应分担的被投资单位当年实现的净利润或发生的净亏损的份额(法规或公司章程规定不属于投资企业的净利润除外),调整投资的账面价值,并确认为当期投资损益。投资企业按被投资单位宣告分派的利润或现金股利计算应分得的部分,相应减少投资的账面价值。

投资企业确认被投资单位发生的净亏损,以投资账面价值减记至零为限;如果被投资单位以后各期实现净利润,投资企业应在计算的收益分享额超过未确认的亏损分担额以后,按超过未确认的亏损分担额的金额,恢复投资的账面价值。

在按被投资单位净损益计算调整投资的账面价值和确认投资损益时,应以取得被投资单位股权后发生的净损益为基础。

被投资单位除净损益以外的所有者权益的其他变动,也应根据具体情况调整投资的账面价值。

20.投资企业因追加投资等原因对长期股权投资的核算从成本法改为权益法,应自实际取得对被投资单位控制、共同控制或对被投资单位实施重大影响时,按股权投资的账面价值作为新的投资成本,新的投资成本与应享有被投资单位所有者权益份额的差额,作为股权投资差额,并按第8条的规定处理。

21.投资企业因减少投资等原因对被投资单位不再具有控制、共同控制和重大影响时,应中止采用权益法。

22.投资企业依第21条规定中止采用权益法的,应在中止采用权益法时按投资的账面价值作为新的投资成本。其后,被投资单位宣告分派利润或现金股利时,属于已记入投资账面价值的部分,作为新的投资成本的收回,冲减新的投资成本。

长期投资减值

23.企业应当定期对长期投资的账面价值逐项进行检查,至少于每年年末检查一次。如果由于市价持续下跌或被投资单位经营状况变化等原因导致其可收回金额低于投资的账面价值,应将可收回金额低于长期投资账面价值的差额,确认为当期投资损失。

本准则所称的可收回金额,是指企业资产的出售净价与预期从该资产的持有和投资到期处置中形成的预计未来现金流量的现值两者之中的较高者。其中,出售净价是指资产的出售价格减去所发生的资产处置费用后的余额。

已确认损失的长期投资的价值又得以恢复,应在原已确认的投资损失的数额内转回。

投资的划转

24.短期投资划转为长期投资时,应按成本与市价孰低结转。

拟处置的长期投资不调整至短期投资,待处置长期投资时按第25条的规定处理。

投资的处置

25.处置投资时,投资的账面价值与实际取得价款的差额,确认为当期投资损益。

披　露

26.企业应在财务报告中披露下列与投资有关的事项:

(1)当期发生的投资净损益,其中重大的投资净损益项目应单独披露;

(2)短期投资、长期债权投资和长期股权投资的期末余额,其中长期股权投资中属于对子公司、合营企业、联营企业投资的部分,应单独披露;

(3)当年提取的投资损失准备;

(4)投资的计价方法;

(5)短期投资的期末市价;

(6)投资总额占净资产的比例;

(7)采用权益法时,投资企业与被投资单位会计政策的重大差异;

(8)投资变现及投资收益汇回的重大限制。

衔接办法

27.对于本准则施行之日以前发生的投资业务,其会计处理方法与本准则规定的方法不同的,不予追溯调整。对于本准则施行之日以前发生、但在施行之日仍然持有的投资,自本准则施行之日起应按本准则的规定处理。

附　则

28.本准则自2001年1月1日起施行。

企业会计准则—无形资产

1、本准则规范无形资产的会计核算和相关信息的披露。

2、本准则不涉及企业合并中产生的商誉。

定　义

3、本准则使用的下列术语,其定义为:

无形资产,指企业为生产商品、提供劳务、出租给他人,或为管理目的而持有的、没有实物形态的非货币性长期资产。

无形资产可分为可辨认无形资产和不可辨认无形资产。可辨认无形资产包括专利权、非专利技术、商标权、著作权、土地使用权、特许权等;不可辨认无形资产是指商誉。

确　认

4、无形资产在满足以下两个条件时,企业才能加以确认:(1)该资产产生的经济利益很可能流入企业;(2)该资产的成本能够可靠地计量。

5、企业应能够控制无形资产所产生的经济利益,比如,企业拥有无形资产的法定所有权,或企业与他人签订了协议,使得企业的相关权利受到法律的保护。

6、在判断无形资产产生的经济利益是否很可能流入企业时,企业管理部门应对无形资产在预计使用年限内存在的各种因素作出稳健的估计。

7、企业自创商誉不能加以确认。计量8、购入的无形资产,应以实际支付的价款作为入账价值。

9、通过非货币性交易换入的无形资产,其入账价值应按《企业会计准则—非货币性交易》的规定确定。

10、投资者投入的无形资产,应以投资各方确认的价值作为入账价值;但企业为首次发行股票而接受投资者投入的无形资产,应以该无形资产在投资方的账面价值作为入账价值。

11、通过债务重组取得的无形资产,其入账价值应按《企业会计准则—债务重组》的规定确定。

12、接受捐赠的无形资产,其入账价值应分别以下情况确定:(1)捐赠方提供了有关凭据的,按凭据上标明的金额加上应支付的相关税费确定;(2)捐赠方没有提供有关凭据的,按如下顺序确定:同类或类似无形资产存在活跃市场的,应参照同类或类似无形资产的市场价格估计的金额,加上应支付的相关税费确定;同类或类似无形资产不存在活跃市场的,按该接受捐赠的无形资产的预计未来现金流量现值确定。

13、自行开发并依法申请取得的无形资产,其入账价值应按依法取得时发生的注册费、律师费等费用确定;依法申请取得前发生的研究与开发费用,应于发生时确认为当期费用。

后续支出

14、无形资产在确认后发生的支出,应在发生时确认为当期费用。摊销

15、无形资产的成本,应自取得当月起在预计使用年限内分期平均摊销。

如果预计使用年限超过了相关合同规定的受益年限或法律规定的有效年限,无形资产的摊销年限按如下原则确定:

(1)合同规定了受益年限但法律没有规定有效年限的,摊销年限不应超过受益年限;

(2)合同没有规定受益年限但法律规定了有效年限的,摊销年限不应超过有效年限;

(3)合同规定了受益年限,法律也规定了有效年限的,摊销年限不应超过受益年限与有效年限两者之中较短者。

如果合同没有规定受益年限,法律也没有规定有效年限的,摊销年限不应超过10年。

减　值

16、企业应定期对无形资产的账面价值进行检查，至少于每年年末检查一次。如发现以下一种或数种情况，应对无形资产的可收回金额进行估计，并将该无形资产的账面价值超过可收回金额的部分确认为减值准备：

（1）该无形资产已被其他新技术等所替代，使其为企业创造经济利益的能力受到重大不利影响；

（2）该无形资产的市价在当期大幅下跌，在剩余摊销年限内预期不会恢复；

（3）其他足以表明该无形资产的账面价值已超过可收回金额的情形。

本准则所称可收回金额是指以下两项金额中的较大者：

（1）无形资产的销售净价，即该无形资产的销售价格减去因出售该无形资产所发生的律师费和其他相关税费后的余额；

（2）预期从无形资产的持续使用和使用年限结束时的处置中产生的预计未来现金流量的现值。

17、只有表明无形资产发生减值的迹象全部消失或部分消失，企业才能将以前年度已确认的减值损失予以全部或部分转回；转回的金额不得超过已计提的减值准备的账面余额。

处置和报废

18、企业出售无形资产时，应将所得价款与该无形资产的账面价值之间的差额计入当期损益。

19、企业出租无形资产时，所取得租金应按《企业会计准则—收入》的规定予以确认；同时，还应确认相关费用。

20、当无形资产预期不能为企业带来经济利益时，企业应将该无形资产的账面价值予以转销。无形资产预期不能为企业带来经济利益的情形主要包括：

（1）该无形资产已被其他新技术等所替代，且已不能为企业带来经济利益；

（2）该无形资产不再受法律的保护，且不能给企业带来经济利益。

21、企业进行房地产开发时，应将相关的土地使用权予以结转。结转时，将土地使用权的账面价值一次计入房地产开发成本。

披　露

22、企业应当披露下列与无形资产有关的信息：

（1）各类无形资产的摊销年限；

（2）各类无形资产当期期初和期末账面余额、变动情况及其原因；

（3）当期确认的无形资产减值准备。

23、对于土地使用权，除按本准则第22条的规定进行披露外，还应披露该土地使用权的取得方式和取得成本。

衔接办法

24、对于本准则施行之日以前取得的无形资产，除减值准备的提取应追溯调整外，其余不作追溯调整。

附　则

25、本准则自2001年1月1日起施行。

企业会计准则—现金流量表

引　言

1.本准则规范现金流量表的编制方法及其应提供的信息。

2.编制现金流量表的目的，是为会计报表使用者提供企业一定会计期间内现金和现金等价物流入和流出的信息，以便于会计报表使用者了解和评价企业获取现金和现金等价物的能力，并据以预测企业未来现金流量。

定　义

3.本准则使用的下列术语，其定义为：

（1）现金，指企业库存现金以及可以随时用于支付的存款。

（2）现金等价物，指企业持有的期限短、流动性强、易于转换为已知金额现金、价值变动风险很小的投资（以下在提及“现金”时，除非同时提及现金等价物，均包括现金和现金等价物）。

（3）现金流量，指企业现金和现金等价物的流入和流出。

现金流量的分类

4.现金流量应分为以下三类：

（1）经营活动产生的现金流量；

（2）投资活动产生的现金流量；

（3）筹资活动产生的现金流量；

经营活动产生的现金流量

5.经营活动，是指企业投资活动和筹资活动以外的所有交易和事项。

6.经营活动流入的现金主要包括：

（1）销售商品、提供劳务收到的现金；

（2）收到的税费返还；

（3）收到的其他与经营活动有关的现金。

7.经营活动流出的现金主要包括：

（1）购买商品、接受劳务支付的现金；

（2）支付给职工以及为职工支付的现金；

（3）支付的各项税费；

（4）支付的其他与经营活动有关的现金。

投资活动产生的现金流量

8.投资活动，是指企业长期资产的购建和不包括在现金等价物范围内的投资及其处置活动。

9.投资活动流入的现金主要包括：

（1）收回投资所收到的现金；

（2）取得投资收益所收到的现金；

（3）处置固定资产、无形资产和其他长期资产所收回的现金净额；

（4）收到的其他与投资活动有关的现金。

10.投资活动流出的现金主要包括：

（1）购建固定资产、无形资产和其他长期资产所支付的现金；

（2）投资所支付的现金；

（3）支付的其他与投资活动有关的现金。

筹资活动产生的现金流量

11.筹资活动，是指导致企业资本及债务规模和构成发生变化的活动。

12.筹资活动流入的现金主要包括：

（1）吸收投资所收到的现金；

（2）取得借款所收到的现金；

（3）收到的其他与筹资活动有关的现金。

13.筹资活动流出的现金主要包括：

（1）偿还债务所支付的现金；

（2）分配股利、利润或偿付利息所支付的现金；

（3）他与筹资活动有关的现金。

购买或处置子公司及其他营业单位

14.购买或处置子公司及其他营业单位产生的现金流量，应作为投资活动的现金流量，并单独列示。

15.购买或处置子公司及其他营业单位所支付或收到的现金总额，应扣除因购买或处置取得或支付的现金，以净额列示。

16.企业应在会计报表附注中以总额披露当期购买或处置子公司及其他营业单位的下列信息：

（1）购买或处置价格；

（2）购买或处置价格中以现金支付的部分；

（3）购买或处置子公司及其他营业单位所取得的现金；

（4）购买或处置子公司及其他营业单位按主要类别分类的非现金资产和负债。

金融保险企业现金流量

17.金融保险企业现金流量项目归类有其特殊性。企业在编制本表时，前述现金流量项目归类不适用的，可根据其行业特点和现金流量实际情况合理确定。

18．金融企业的下列现金收入和现金支出项目应作为经营活动的现金流量：

(1)对外发放的贷款和收回的贷款本金；

(2)吸收的存款和支付的存款本金；

(3)同业存款及存放同业款项；

(4)向其他金融企业拆借的资金；

(5)利息收入和利息支出；

(6)收回的已于前期核销的贷款；

(7)经营证券业务的企业，买卖证券所收到或支出的现金；

(8)融资租赁所收到的现金。

19．保险企业的与保险金、保险索赔、年金退款和其他保险利益条款有关的现金收入和现金支出项目，应作为经营活动的现金流量。

现金流量表的编制

20．现金流量表应分别经营活动、投资活动和筹资活动报告企业的现金流量。

21．现金流量一般应分别按现金流入和现金流出总额反映。但代客户收取或支付的现金以及周转快、金额大、期限短的项目的现金收入和现金支出，应以净额列示。

金融企业下列项目应以净额列示：

(1)短期贷款发放与收回的贷款本金；

(2)活期存款和存放同业款项的存取；

(3)同业存款和存放同业款项的存取；

(4)向其他金融企业拆借资金；

(5)委托存款与委托贷款。

(6)经营证券业务的企业，证券的买入与卖出。

22．企业外币现金流量以及境外子公司的现金流量，应以现金流量发生日的汇率或平均汇率折算。汇率变动对现金的影响，应作为调节项目，在现金流量表中单独列示。

23．有些特殊项目，如自然灾害损失、保险索赔等，应根据其性质，分别归并到前述现金流量类别中，并分别列示。

24．企业应采用直接法报告经营活动的现金流量，即，通过现金收入和现金支出的主要类别反映来自企业经营活动的现金流量。

采用直接法时，有关经营活动现金流量的信息，可通过以下途径之一取得：(1)企业的会计记录；(2)根据以下项目对利润表中的营业收入、营业成本以及其他项目进行调整：

①当期存货及经营性应收和应付项目的变动；

②固定资产折旧、无形资产摊销等其他非现金项目；

③其现金影响属于投资或筹资活动现金流量的其他项目。

25．企业还应在会计报表附注中披露将净利润调节为经营活动现金流量的信息。

对净利润进行调节的项目主要包括：

(1)资产损失准备；

(2)固定资产折旧；

(3)无形资产摊销；

(4)长期待摊费用摊销；

(5)待摊费用；

(6)预提费用；

(7)处置固定资产、无形资产和其他长期资产的损益；

(8)固定资产报废损失；

(9)财务费用；

(10)投资损益；

(11)递延税款；

(12)存货；

(13)经营性应收项目；

(14)经营性应付项目。

不涉及现金收支的投资和筹资活动

26．对于不涉及当期现金收支，但影响企业财务状况或可能在未来影响企业现金流量的重大投资、筹资活动，也应在会计报表附注中加以说明，如企业以承担债务形式购置资产等。

附　则

27．本准则自2001年1月1日起施行。

企业会计准则—债务重组

引　言

1．本准则规范债务重组的会计核算和相关信息的披露。

定　义

2．本准则使用的下列术语，其定义为：

(1)债务重组，指债权人按照其与债务人达成的协议或法院的裁决同意债务人修改债务条件的事项。

(2)或有支出，指依未来某种事项出现而发生的支出。未来事项的出现具有不确定性。

(3)或有收益，指依未来某种事项出现而发生的收益。未来事项的出现具有不确定性。

(4)公允价值，指在公平交易中，熟悉情况的交易双方，自愿进行资产交换或债务清偿的金额。

债务重组方式

3．债务重组方式包括：

(1)以低于债务账面价值的现金清偿债务；

(2)以非现金资产清偿债务；

(3)债务转为资本；

(4)修改其他债务条件，如延长债务偿还期限、延长债务偿还期限并加收利息、延长债务偿还期限并减少债务本金或债务利息等；

(5)以上两种或两种以上方式的组合(以下简称“混合重组方式”)。

债务人的会计处理

4．以低于债务账面价值的现金清偿某项债务的，债务人应将重组债务的账面价值与支付的现金之间的差额，确认为资本公积。

5．以非现金资产清偿某项债务的，债务人应将重组债务的账面价值与转让的非现金资产账面价值和相关税费之和的差额，确认为资本公积或当期损失。

6．以债务转为资本清偿某项债务的，债务人应将重组债务的账面价值与债权人因放弃债权而享有股权的份额之间的差额，确认为资本公积。

7．以修改其他债务条件进行债务重组的，如果重组债务的账面价值大于将来应付金额，债务人应将重组债务的账面价值减记至将来应付金额，减记的金额确认为资本公积；如果重组债务的账面价值等于或小于将来应付金额，债务人不作账务处理。

如果修改后的债务条款涉及或有支出的，债务人应将或有支出包括在将来应付金额中。或有支出实际发生时，应冲减重组后债务的帐面价值；结清债务时，或有支出如未发生，应将该或有支出的原估计金额确认为资本公积。

8．以混合重组方式进行债务重组的，债务人应分别以下情况处理：

(1)以现金、非现金资产方式的组合清偿某项债务的，债务人应先以支付的现金冲减重组债务的账面价值，再按第5条的规定进行处理。

(2)以现金、非现金资产、债务转为资本方式的组合清偿某项债务的，债务人应先以支付的现金、非现金资产的账面价值冲减重组债务的账面价值，再按第6条的规定进行处理。

(3)以现金、非现金资产、债务转为资本方式的组合清偿某项债务的一部分，并对该债务的另一部分以修改其他债务条件进行债务重组的，债务人应先以支付的现金、非现金资产的账面价值、债权人享有的股权的份额冲减重组债务的账面价值，再按第7条的规定处理。

债权人的会计处理

9．以低于债务账面价值的现金清偿某项债务的，债权人应将重组债权的账面价值与收到的现金之间的差额，确认为当期损失。

10．以非现金资产清偿某项债务的，债权人应按重组债权的账面价值作为受让的非现金资产的入账价值。

上述重组中，如果涉及多项非现金资产，债权人应按各项非现金资产的公允价值占非现金资产公允价值总额的比例，对重组债权的账面价值进行分配，以确定各项非现金资产的入账价值。

11.以债务转为资本清偿某项债务的，债权人应按重组债权的账面价值作为受让的股权的入账价值。

上述重组中，如果涉及多项股权，债权人应按各项股权的公允价值占股权公允价值总额的比例，对重组债权的账面价值进行分配，以确定各项股权的入账价值。

12.以修改其他债务条件进行债务重组的，如果重组债权的账面价值大于将来应收金额，债权人应将重组债权的账面价值减记至将来应收金额，减记的金额确认为当期损失；如果重组债权的账面价值等于或小于将来应收金额，债权人不作账务处理。

如果修改后的债务条款涉及或有收益的，债权人不应将或有收益包括在将来应收金额中；或有收益收到时，作为当期收益处理。

13.以混合重组方式进行债务重组的，债权人应分别以下情况处理：

（1）以现金、非现金资产方式的组合清偿某项债务的，债权人应先以收到的现金冲减重组债权的账面价值，再按第10条的规定进行处理。

（2）以现金、非现金资产、债务转为资本方式的组合清偿某项债务的，债权人应先以收到的现金冲减重组债权的帐面价值，再分别按受让的非现金资产和股权的公允价值占其公允价值总额的比例，对重组债权的账面价值减去收到的现金后的余额进行分配，以确定非现金资产、股权的入账价值。

上述重组中，如果涉及多项非现金资产、多项股权，应在按上款规定计算确定的各自入账价值范围内，分别按第10条第2款、第11条第2款的规定进行处理。

（3）以现金、非现金资产、债务转为资本方式的组合清偿某项债务的一部分，并对该债务的另一部分以修改其他债务条件进行债务重组的，债权人应将重组债权的账面价值减去收到的现金后的余额，先按第13条（2）的规定进行处理，再按第12条的规定进行处理。

披　露

14.债务人应当披露下列与债务重组有关的信息：

（1）债务重组方式；

（2）因债务重组而确认的资本公积总额；

（3）将债务转为资本所导致的股本（实收资本）增加额；

（4）或有支出。

15.债权人应当披露下列与债务重组有关的信息：

（1）债务重组方式；

（2）债务重组损失总额；

（3）债权转为股权所导致的长期投资增加额及长期投资占债务人股权的比例；

（4）或有收益。

衔接办法

16.对于本准则施行之日以前发生的债务重组，其会计处理方法与本准则规定的方法不同的，应予追溯调整。

附则

17.本准则自2001年1月1日起施行。

企业会计准则—租赁

引　言

1.本准则规范承租人和出租人对融资租赁和经营租赁的会计核算和相关信息的披露。

2.本准则不涉及：

（1）开采或使用石油、天然气、林木、金属及其他矿产等自然资源的租赁协议；

（2）土地使用权的租赁协议；

（3）电影、录像、剧本、文稿、专利和版权等项目的许可使用协议。

定　义

3.本准则所使用的下列术语，其定义为：

（1）租赁，指在约定的期间内，出租人将资产使用权让与承租人以获取租金的协议。

（2）租赁期，指租赁合同规定的不可撤销的租赁期间。

如果承租人有权选择继续租赁该资产，而且在租赁开始日就可以合理确定承租人将会行使这种选择权，则不论是否再支付租金，续租期应当包括在租赁期内；如果租赁合同规定承租人享有优惠购买选择权，而且在租赁开始日就可以合理确定承租人将会行使这种选择权，则租赁期最长不得超过自租赁开始日起至优惠购买选择权行使之日止的期间。

（3）不可撤销租赁，指只在以下一种或数种情况下才可撤销的租赁：

①发生某些很少会出现的或有事项；

②经出租人同意；

③承租人与原出租人就同一资产或同类资产签订了新的租赁合同；

④承租人支付了一笔足够大的额外款项。

（4）担保余值，就承租人而言，是指由承租人或与其有关的第三方担保的资产余值；就出租人而言，是指就承租人而言的担保余值加上独立于承租人和出租人、但在财务上有能力担保的第三方担保的资产余值。其中，资产余值是指在租赁开始日估计的租赁期届满时租赁资产的公允价值。

（5）未担保余值，指租赁资产余值中扣除就出租人而言的担保余值以后的资产余值。

租赁的分类

4.承租人和出租人应当在租赁开始日将租赁分为融资租赁和经营租赁。

企业应当将起租日作为租赁开始日。但是，在售后租回交易下，租赁开始日是指买主（即出租人）向卖主（即承租人）支付第一笔款项之日。

5.融资租赁是指实质上转移了与资产所有权有关的全部风险和报酬的租赁。所有权最终可能转移，也可能不转移。

上述与资产所有权有关的风险是指，由于经营情况变化造成相关收益的变动，以及由于资产闲置、技术陈旧等造成的损失等；与资产所有权有关的报酬是指，在资产可使用年限内直接使用资产而获得的经济利益、资产增值，以及处置资产所实现的收益等。

6.经营租赁是指除融资租赁以外的其他租赁。

7.企业在对租赁进行分类时，应当全面考虑租赁期届满时租赁资产所有权是否转移给承租人、承租人是否有购买租赁资产的选择权、租赁期占租赁资产尚可使用年限的比例等各种因素。满足以下一项或数项标准的租赁，应当认定为融资租赁：

（1）在租赁期届满时，租赁资产的所有权转移给承租人。

（2）承租人有购买租赁资产的选择权，所订立的购价预计将远低于行使选择权时租赁资产的公允价值，因而在租赁开始日就可以合理确定承租人将会行使这种选择权。

（3）租赁期占租赁资产尚可使用年限的大部分。但是，如果租赁资产在开始租赁前已使用年限超过该资产全新时可使用年限的大部分，则该项标准不适用。

（4）就承租人而言，租赁开始日最低租赁付款额的现值几乎相当于租赁开始日租赁资产原账面价值；就出租人而言，租赁开始日最低租赁收款额的现值几乎相当于租赁开始日租赁资产原账面价值。但是，如果租赁资产在开始租赁前已使用年限超过该资产全新时可使用年限的大部分，则该项标准不适用。

本准则所称最低租赁付款额是指，在租赁期内，承租人应支付或可能被要求支付的各种款项（不包括或有租金和履约成本），加上由承租人或与其有关的第三方担保的资产余值。但是，如果承租人有购买租赁资产的选择权，所订立的购价预计将远低于行使选择权时租赁资产的公允价值，因而在租赁开始日就可以合理确定承租人将会行使这种选择权，则购买价格也应当包括在内。或有租金是指，金额不固定、以时间长短以外的其他因素（如销售百分比、使用量、物价指数等）为依据计算的租金。履约成本是指，在租赁期内为租赁资产支付的各种使用成本，如技术咨询和服务费、人员培训费、维修费、保险费等。

本准则所称最低租赁收款额是指，最低租赁付款额加上独立于承租人和出租人、但在财务上有能力担保的第三方对出租人担保的资产余值。

（5）租赁资产性质特殊，如果不作较大修整，只有承租人才能使用。

承租人的会计处理

融资租赁

8.在租赁开始日，承租人通常应当将租赁开始日租赁资产原账面价值与最低租赁付款额的现值两者中较低者作为租入资产的入账价值，将最低租赁付款额作为长期应付款的入账价值，并将两者的差额记录为未确认融资费用。但是如果该项租赁资产占企业资产总额的比例不大，承租人在租赁开始日可按最低租赁付款额记录租入资产和长期应付款。

9.承租人在计算最低租赁付款额的现值时，如果知悉出租人的租赁内含利率，应当采用出租人的租赁内含利率作为折现率；否则，应当采用租赁合同规定的利率作为折现率。如果出租人的租赁内含利率和租赁合同规定的利率均无法知悉，应当采用同期银行贷款利率作为折现率。

上述租赁内含利率是指，在租赁开始日，使最低租赁收款额的现值与未担保余值的现值之和等于租赁资产原账面价值的折现率。

10.在租赁谈判和签订租赁合同过程中承租人发生的、可直接归属于租赁项目的初始直接费用，如印花税、佣金、律师费、差旅费等，应当确认为当期费用。

11.未确认融资费用应当在租赁期内各个期间进行分摊。

12.承担人分摊未确认融资费用时，可以采用实际利率法，也可以采用直线法、年数总和法等。

13.计提租赁资产折旧时，承租人应当采用与自有应折旧资产相一致的折旧政策。能够合理确定租赁期届满时将会取得租赁资产所有权的，应当在租赁资产尚可使用年限内计提折旧；无法合理确定租赁期届满时能够取得租赁资产所有权的，应当在租赁期与租赁资产尚可使用年限两者中较短的间内计提折旧。

14.或有租金应当在实际发生时确认为当期费用。

15.承租人应当对融资租赁作如下披露：

（1）每类租入资产在资产负债表日的账面原值、累计折旧及账面净值；

（2）资产负债表日后连续三个会计年度每年将支付的最低租赁付款额，以及以后年度将支付的最低租赁付款额总额；

（3）未确认融资费用的余额；

（4）分摊未确认融资费用所采用的方法。

经营租赁

16.经营租赁的租金应当在租赁期内的各个期间按直线法确认为费用；如果其它方法更合理，也可以采用其它方法。

17.承租人发生的初始直接费用，应当确认为当期费用。

18.或有租金应当在实际发生时确认为当期费用。

19.承租人应当对重大的经营租赁作如下披露：

（1）资产负债表日后连续三个会计年度每年将支付的不可撤销经营租赁的最低租赁付款额；

（2）以后年度将支付的不可撤销经营租赁的最低租赁付款额总额。

出租人的会计处理

融资租赁

20.在租赁开始日，出租人应当将租赁开始日最低租赁收款额作为应收融资租赁款的入账价值，并同时记录未担保余值，将最低租赁收款额与未担保余值之和与其现值之和的差额记录为未实现融资收益。

21.在租赁谈判和签订租赁合同过程中出租人发生的、可直接归属于租赁项目的初始直接费用，如印花税、佣金、律师费、差旅费等，应当确认为当期费用。

22.未实现融资收益应当在租赁期内各个期间进行分配。

23.出租人应当采用实际利率法计算当期应当确认的融资收入；在与按实际利率法计算的结果无重大差异的情况下，也可以采用直线法、年数总和法等。

24.超过一个租金支付期未收到的租金，应当停止确认融资收入，其已确认的融资收入，应予冲回，转作表外核算。在实际收到租金时，将租金中所含融资收入确认为当期收入。

25.出租人应当根据承租人的财务及经营管理情况，以及租金的逾期期限等因素，分析应收融资租赁款的风险程度和回收的可能性，对应收融资租赁款减去未实现融资收益的差额部分合理计提坏账准备。

26.出租人应当定期对未担保余值进行检查，至少于每年年末检查一次。

如有证据表明未担保余值已经减少，应当重新计算租赁内含利率，并将由此而引起的租赁投资净额的减少确认为当期损失，以后各期根据修正后的租赁投资净额和重新计算的租赁内含利率确定应确认的融资收入。如已确认损失的未担保余值得以恢复，应当在原已确认的损失金额内转回，并重新计算租赁内含利率，以后各期根据修正后的租赁投资净额和重新计算的租赁内含利率确定应确认的融资收入。未担保余值增加时，不作任何调整。其中，租赁投资净额是指，融资租赁中最低租赁收款额与未担保余值之和与未实现融资收益之间的差额。

27.或有租金应当在实际发生时确认为当期收入。

28.出租人应当对融资租赁作如下披露：

（1）资产负债表日后连续三个会计年度每年将收到的最低租赁收款额，以及以后年度将收到的最低租赁收款额总额；

（2）未实现融资收益的余额；

（3）分摊未实现融资收益所采用的方法。

经营租赁

29.出租人应当按资产的性质，将用作经营租赁的资产包括在资产负债表上的相关项目内。

30.经营租赁的租金应当在租赁期内的各个期间按直线法确认为收入；如果其它方法更合理，也可以采用其它方法。

31.出租人发生的初始直接费用，应当确认为当期费用。

32.对于经营租赁资产中的固定资产，应当采用出租人对类似应折旧资产通常所采用的折旧政策计提折旧；对于其它经营租赁资产，应当采用合理的方法进行摊销。

33.或有租金应当在实际发生时确认为当期收入。

34.出租人应当披露每类租出资产在资产负债表日的账面价值。

售后租回交易

35.承租人和出租人应当根据本准则第4至7条的规定，将售后租回交易认定为融资租赁或经营租赁。

36.如果售后租回交易形式一项融资租赁，售价与资产账面价值之间的差额应予递延，并按该项租赁资产的折旧进度进行分摊，作为折旧费用的调整；并根据本准则第8至14条、第20至27条的规定进行会计处理。

37.如果售后租回交易形成一项经营租赁，售价与资产账面价值之间的差额应予递延，并在租赁期内按照租金支付比例分摊；并根据本准则第16条至18条、第29条至33条的规定进行会计处理。

38.承租人和出租人除应当按照本准则第15条、第19条、第28条和第34条的规定进行披露外，还应当对售后租回合同中的特殊条款作出披露。

衔接办法

39.对于本准则施行之日以前企业已经发生的租赁业务，其会计处理与本准则第24条和第25条的规定不同的，应予追溯调整，其余的不作追溯调整；对于本准则施行之日以后发生的租赁业务，则应当按照本准则的规定进行会计处理。

附　则

40.本准则自2001年1月1日起施行。

国有企业境外期货套期保值业务外汇管理操作规程（试行）

为了规范国有企业境外期货套期保值业务项下的外汇收支，完善外汇管理，根据《关于国有企业境外期货套期保值业务若干问题的通知》(下称通知)，制定本操作规程：

一、登记

(一)凡取得中国证券监督管理委员会(下称证监会)颁发的境外期货业务许可证，并已经证监会核定套期保值交易年度风险敞口的国有企业(以下简称持证企业)，应当在每年3月底之前持下列材料到国家外汇管理局(下称外汇局)办理登记手续：

1.登记的申请报告，基本情况登记表；

2.证监会核定的当年境外期货套期保值交易年度风险敞口的批复文件；

3.证监会颁发的境外期货业务许可证；

4.工商行政管理部门颁发的营业执照；

5.外汇局要求的其他有关资料。

(二)外汇局审核持证企业提供材料的真实性、合规性后，予以办理备案登记手续，并对其当年度境外期货套期保值交易年度风险敞口予以确认。

二、外汇账户管理

持证企业开立期货项下境内外外汇账户需经外汇局批准。

(一)境内外汇账户

1.持证企业开立境内期货外汇专用账户(以下简称"境内期货专户")，应当向外汇局提供开户申请报告。

2.开立境内期货专户的银行必须具备以下条件：

(1)系在京外汇局指定银行总行；

(2)汇出款项最迟能在次日到账；

(3)承诺按期货管理规定履行各项义务，包括：审核业务单据的真实性；保证在风险敞口额度内汇出资金；按规定逐笔登记台账并向外汇局反馈信息，接受外汇局的监督检查等。

3.符合条件的境内开户银行凭外汇局的确认敞口额度和开户批复文件为持证企业办理境内期货专户开户手续，每家持证企业境内期货专户只限开立1个。

4.持证企业如需从其原有外汇账户向其境内期货专户划转用于境外期货交易的外汇资金，应当持上述确认敞口额度和开户批复文件，到外汇局原外汇账户审批部门办理原有外汇账户扩大支出范围的批准手续，以备汇出资金时银行凭以办理资金划转手续。

5.持证企业开展境外期货业务所汇出、汇入的资金，应当通过境内期货专户办理，持证企业和开户银行须严格按照规定的收支范围收付外汇。境内期货专户的收入仅限于拟汇出境外用于期货保证金或赔付款的自有外汇资金或购汇资金，境外期货交易项下的盈利收入；支出仅限于汇出期货保证金或期货赔付款、支付期货经纪机构的手续费、期货项下银行手续费。

6.境内开户银行负责持证企业汇出和汇入资金凭证真实性的审核。持证企业因期货交易需要汇出资金或购汇时，开户银行凭以下资料办理资金汇出手续：

(1)外汇局开出的期货业务年度风险敞口登记确认函；

(2)根据业务需求分别要求持证企业提供境外期货经纪机构发出的缴付期货开户保证金通知书、追加保证金通知书或缴付期货赔付款通知书银行手续费缴款通知书等。

境内开户银行核查上述凭证无误后，方可在外汇局批复文件核准登记的风险敞口额度内办理资金汇出手续，并设台账逐笔进行登记。持证企业用于期货保证金或期货赔付款的资金，应首先使用自有外汇资金，不足部分方可购汇。如需从其他原有境内外汇账户划入期货专户外汇资金，银行应凭外汇局对其原有外汇帐户增加使用范围的批复文件直接办理资金划转手续，通过账户之间划转的资金到账后，最迟于次日汇出境外；购汇资金须于当日经境内期货专户汇出境外。

特殊情况必须经外汇局批准方可汇出资金。

7.持证企业期货交易项下的盈利须及时调回境内存入境内期货专户，汇回的外汇须于当日全部办理结汇，境内开户银行应设台账进行逐笔登记。持证企业调回的盈利作为下年度申请风险敞口额的重要依据。

8.持证企业应当在办理开户手续后15天内将开户、增加原账户支出范围等情况报外汇局。

(二)境外外汇账户

1.持证企业申请开立境外期货保证金账户，应当向外汇局提交以下材料：

(1)开立境外期货保证金账户的申请报告；

(2)证监会颁发的境外期货业务许可证。

2.境外期货保证金账户只能开立在已得到证监会认可的期货经纪机构。持证企业在取得外汇局年度风险敞口确认和开户批复文件后方可到境外经纪机构办理开户手续，境外账户的户数由外汇局根据持证企业的业务需要，商证监会掌握。

3.持证企业境外期货保证金账户的收支范围只限于经证监会核准的、在境外期货经纪机构开展期货业务项下的资金往来。境外期货套期保值业务项下资金的往来划拨，只能通过经外汇局批准的境内期货专户和境外期货保证金账户办理。

4.持证企业在办妥境外期货保证金账户开户手续后一个月内将开户情况报外汇局备案。

三、进出口核销

期货套期保值业务中的现货进出口，按照一般贸易进行进口付汇核销和出口收汇核销。

四、国际收支统计申报

持证企业和相关银行须按照《国际收支统计申报办法》及其有关规定办理和履行相应的国际收支统计申报手续和义务。

五、信息反馈

境内开户银行应当在每月前10个工作日内向外汇局报送《国有企业境外期货套期保值项下资金情况表》；持证企业应当在每月前10个工作日向外汇局报送《国有企业境外期货套期保值项下资金情况简表》及与此相对应的境外期货经纪机构的现金头寸报表(对帐单)。上述报表均须附软盘报外汇局汇总。持证企业应当在每年7月和1月的前10个工作日内以文字形式报送该月前半年期货项下风险敞口额及其使用情况、期货盈亏情况及其相对应的现货盈亏情况。外汇局每半年与证监会再进行一次双线核对。

六、本操作规程自对外公布之日起施行

国家外汇管理局

二〇〇一年八月二十二日

金融资产管理公司条例

第一章　总　则

第一条　为了规范金融资产管理公司的活动，依法处理国有银行不良贷款，促进国有银行和国有企业的改革和发展，制定本条例。

第二条　金融资产管理公司，是指经国务院决定设立的收购国有银行不良贷款，管理和处置因收购国有银行不良贷款形成的资产的国有独资非银行金融机构。

第三条　金融资产管理公司以最大限度保全资产、减少损失为主要经营目标，依法独立承担民事责任。

第四条　中国人民银行、财政部和中国证券监督管理委员会依据各自的法定职责对金融资产管理公司实施监督管理。

第二章　公司的设立和业务范围

第五条　金融资产管理公司的注册资本为人民币100亿元，由财政部核拨。

第六条　金融资产管理公司由中国人民银行颁发《金融机构法人许可证》，并向工商行政管理部门依法办理登记。

第七条　金融资产管理公司设立分支机构，须经财政部同意，并报中国人民银行批准，由中国人民银行颁发《金融机构营业许可证》，并向工商行政管理部门依法办理登记。

第八条　金融资产管理公司设总裁1人，副总裁若干人。总裁、副总裁由国务院任命。总裁对外代表金融资产管理公司行使职权，负责金融资产管理公司的经营管理。

金融资产管理公司的高级管理人员须经中国人民银行审查任职资格。

第九条　金融资产管理公司监事会的组成、职责和工作程序，依照《国有重点金融机构监事会暂行条例》执行。

第十条　金融资产管理公司在其收购的国有银行不良贷款范围内，管理和处置因收购国有银行不良贷款形成的资产时，可以从事下列业务活动：

(一)追偿债务；

(二)对所收购的不良贷款形成的资产进行租赁或者以其他形式转让、重组；

（三）债权转股权，并对企业阶段性持股；

（四）资产管理范围内公司的上市推荐及债券、股票承销；

（五）发行金融债券，向金融机构借款；

（六）财务及法律咨询，资产及项目评估；

（七）中国人民银行、中国证券监督管理委员会批准的其他业务活动。

金融资产管理公司可以向中国人民银行申请再贷款。

第三章　收购不良贷款的范围、额度及资金来源

第十一条　金融资产管理公司按照国务院确定的范围和额度收购国有银行不良贷款；超出确定的范围或者额度收购的，须经国务院专项审批。

第十二条　在国务院确定的额度内，金融资产管理公司按照账面价值收购有关贷款本金和相对应的计入损益的应收未收利息；对未计入损益的应收未收利息，实行无偿划转。

第十三条　金融资产管理公司收购不良贷款后，即取得原债权人对债务人的各项权利。原借款合同的债务人、担保人及有关当事人应当继续履行合同规定的义务。

第十四条　金融资产管理公司收购不良贷款的资金来源包括：

（一）划转中国人民银行发放给国有独资商业银行的部分再贷款；

（二）发行金融债券。

中国人民银行发放给国有独资商业银行的再贷款划转给金融资产管理公司，实行固定利率，年利率为2.25%。

第十五条　金融资产管理公司发行金融债券，由中国人民银行会同财政部审批。

第四章　债权转股权

第十六条　金融资产管理公司可以将收购国有银行不良贷款取得的债权转为对借款企业的股权。

金融资产管理公司持有的股权，不受本公司净资产额或者注册资本的比例限制。

第十七条　实施债权转股权，应当贯彻国家产业政策，有利于优化经济结构，促进有关企业的技术进步和产品升级。

第十八条　实施债权转股权的企业，由国家经济贸易委员会向金融资产管理公司推荐。金融资产管理公司对被推荐的企业进行独立评审，制定企业债权转股权的方案并与企业签订债权转股权协议。债权转股权的方案和协议由国家经济贸易委员会会同财政部、中国人民银行审核，报国务院批准后实施。

第十九条　实施债权转股权的企业，应当按照现代企业制度的要求，转换经营机制，建立规范的公司法人治理结构，加强企业管理。有关地方人民政府应当帮助企业减员增效、下岗分流，分离企业办社会的职能。

第二十条　金融资产管理公司的债权转股权后，作为企业的股东，可以派员参加企业董事会、监事会，依法行使股东权利。

第二十一条　金融资产管理公司持有的企业股权，可以按照国家有关规定向境内外投资者转让，也可以由债权转股权企业依法回购。

第二十二条　企业实施债权转股权后，应当按照国家有关规定办理企业产权变更等有关登记。

第二十三条　国家经济贸易委员会负责组织、指导、协调企业债权转股权工作。

第五章　公司的经营和管理

第二十四条　金融资产管理公司实行经营目标责任制。

财政部根据不良贷款质量的情况，确定金融资产管理公司处置不良贷款的经营目标，并进行考核和监督。

第二十五条　金融资产管理公司应当根据不良贷款的特点，制定经营方针和有关措施，完善内部治理结构，建立内部约束机制和激励机制。

第二十六条　金融资产管理公司管理、处置因收购国有银行不良贷款形成的资产，应当按照公开、竞争、择优的原则运作。

金融资产管理公司转让资产，主要采取招标、拍卖等方式。

金融资产管理公司的债权因债务人破产等原因得不到清偿的，按照国务院的规定处理。

金融资产管理公司资产处置管理办法由财政部制定。

第二十七条　金融资产管理公司根据业务需要，可以聘请具有会计、资产评估和法律服务等资格的中介机构协助开展业务。

第二十八条　金融资产管理公司免交在收购国有银行不良贷款和承接、处置因收购国有银行不良贷款形成的资产的业务活动中的税收。具体办法由财政部会同国家税务总局制定。

金融资产管理公司免交工商登记注册费等行政性收费。

第二十九条　金融资产管理公司应当按照中国人民银行、财政部和中国证券监督管理委员会等有关部门的要求，报送财务、统计报表和其他有关材料。

第三十条　金融资产管理公司应当依法接受审计机关的审计监督。

金融资产管理公司应当聘请财政部认可的注册会计师对其财务状况进行年度审计，并将审计报告及时报送各有关监督管理部门。

第六章　公司的终止和清算

第三十一条　金融资产管理公司终止时，由财政部组织清算组，进行清算。

第三十二条　金融资产管理公司处置不良贷款形成的最终损失，由财政部提出解决方案，报国务院批准执行。

第七章　附　则

第三十三条　金融资产管理公司违反金融法律、行政法规的，由中国人民银行依照有关法律和《金融违法行为处罚办法》给予处罚；违反其他有关法律、行政法规的，由有关部门依法给予处罚；构成犯罪的，依法追究刑事责任。

第三十四条　本条例自公布之日起施行。

《金融资产管理公司条例》已经2000年11月1日国务院第32次常务会议通过，现予公布，自公布之日起施行。

中华人民共和国国务院

二○○○年十一月十日

减持国有股筹集社会保障资金管理暂行办法

第一条　为完善社会保障体制，开拓社会保障资金新的筹资渠道，支持国有企业的改革和发展，制定本办法。

第二条　本办法所称减持国有股（包括国家股和国有法人股，下同）是指向社会公众及证券投资基金等公共投资者转让上市公司（包括拟上市公司，下同）国有股的行为。

第三条　国务院代表国家统一行使国有股所有权。

本办法所称国有股东授权代表单位是指按照国有资产“国家所有，分级管理，授权经营”的原则，被授权代表国家持有上市公司国有股的单位。

第四条　减持国有股所筹集的资金交由全国社会保障基金理事会管理，具体管理办法由财政部另行制定，报国务院批准后实施。

第五条　国有股减持主要采取国有股存量发行的方式。凡国家拥有股份的股份有限公司（包括在境外上市的公司）向公共投资者首次发行和增发股票时，均应按融资额的10%出售国有股；股份有限公司设立未满3年的，拟出售的国有股通过划拨方式转由全国社会保障基金理事会持有，并由其委托该公司在公开募股时一次或分次出售。国有股存量出售收入，全部上缴全国社会保障基金。

第六条　减持国有股原则上采取市场定价方式。

第七条　减持国有股由部际联席会议审议实施。部际联席会议由财政部负责召集，国家计委、国家经贸委、劳动保障部、中国证监会、全国社会保障基金理事会为成员单位，主要负责确定减持国有股的筹资计划和定价原则，研究解决国有股减持筹资工作涉及的其他重大问题。

第八条　部际联席会议办公室设在财政部，承担联席会议的具体事务。

第九条　部际联席会议确定减持国有股的，其股东授权代表单位需提供下列材料：

（一）国有股减持说明书（草案）及承销协议；

（二）国有股东授权代表单位、主承销机构对上缴减持收入的书面承诺；

（三）部际联席会议规定的其他材料。

第十条 中国证监会负责制定减持上市公司国有股的信息披露及市场监管规则。

第十一条 建立全国社会保障基金并设立理事会。

全国社会保障基金由国有股减持变现的资金和中央财政预算拨款以及其他方式筹集的资金构成。全国社会保障基金理事会主要职责是：

（一）管理通过减持国有股所获资金、中央财政拨入的资金及其他方式筹集的资金；

（二）根据财政部、劳动保障部共同下达的指令和确定的方式拨出资金；

（三）选择并委托国内外专业性投资管理机构对基金进行运作，以实现保值增值；

（四）向社会公布全国社会保障基金的资产、收益、现金流量等财务状况。

（五）承办国务院交办的其他事项。

第十二条 国有股存量发行收入由主承销机构在取得收入2日内负责将应缴收入缴入财政部预算设置的指定科目。财政部在5日内拨给全国社会保障基金理事会，并办理核减有关单位国有资本金的手续。

第十三条 受托对基金进行运作的专业性投资管理机构必须定期向全国社会保障基金理事会报告其经营状况和业绩，并由全国社会保障基金理事会向社会披露，接受监督。

第十四条 部际联席会议可以根据社会保障资金的需要和证券市场的发展状况，在采取国有股存量发行的同时，选择少量上市公司进行国有股配售及定向回购等方式的试点。试点方案经部际联席会议审议并报国务院批准后组织实施。

第十五条 本办法实施后，上市公司国有股协议转让，包括非发起人国有股协议转让，由财政部审核。协议转让时国有股权发生减持变化的，国有股东授权代表单位应按转让收入的一定比例上缴全国社会保障基金，具体比例以及操作办法由部际联席会议制定，并在报国务院批准后实施。证券登记公司依据财政部的批复文件办理股权过户手续。

国有股东授权代表单位将上市公司国有股用于银行贷款和发行企业债券质押担保，不得超过该上市公司国有股总额的50%，具体管理办法由财政部制定。

第十六条 本办法自印发之日起施行。

中华人民共和国国务院

二00一年六月十二日

公开发行证券的公司信息披露内容与格式准则—招股说明书

第一章 总则

第一条 为规范首次公开发行股票的信息披露行为，保护投资者合法权益，根据《中华人民共和国公司法》（以下简称"《公司法》"）、《中华人民共和国证券法》（以下简称"《证券法》"）等法律、法规及中国证券监督管理委员会（以下简称"中国证监会"）的有关规定，制定本准则。

第二条 申请在中华人民共和国境内首次公开发行股票并上市的公司（以下简称"发行人"）应按本准则编制招股说明书，并按本准则第三章的要求编制招股说明书摘要，作为向中国证监会申请首次公开发行股票的必备法律文件，经中国证监会核准后按规定披露。

拟发行境内上市外资股的公司参照本准则执行。

第三条 本准则的规定是对招股说明书信息披露的最低要求。不论本准则是否有明确规定，凡对投资者做出投资决策有重大影响的信息，均应披露。

第四条 本准则某些具体要求对发行人确实不适用的，发行人可针对根据实际情况，在不影响披露内容完整性的前提下做适当修改，但应在申报时作书面说明。

第五条 由于商业秘密（如核心技术的保密资料、商业合同的具体内容等）等特殊原因，本准则规定某些信息确实不便披露的，发行人可向中国证监会申请豁免。

第六条 在不影响信息披露的完整性和不致引起阅读不便的前提下，发行人可采用相互引征的方法，对各相关部分的内容进行适当的技术处理，以避免重复和保持文字简洁。

第七条 发行人在招股说明书及其摘要披露的所有信息应真实、准确、完整、公平、及时，尤其要确保所披露的财务会计资料有充分的依据。所引用的财务报告、盈利预测报告（如有）应由具有证券期货相关业务资格的会计师事务所审计或审核，并由二名以上具有证券期货相关业务资格的注册会计师签署。

第八条 招股说明书引用的经审计的最近一期财务会计资料在财务报告截止日后六个月内有效；特别情况下可由发行人申请适当延长，但至多不超过一个月。

第九条 招股说明书的有效期为三个月，自中国证监会下发核准通知之日起计算。发行人在招股说明书有效期内未能发行股票的，应重新修订招股说明书。在符合本准则第八条要求的前提下，发行人可在特别情况下申请适当延长招股说明书的有效期限，但至多不超过一个月。

第十条 发行人申请文件经核准后，在招股说明书披露前发生与申报稿不一致或应予补充披露的事项，如发生股东或董事、经理（含总裁等相当的职务）变动，出现财政税收政策、业务方向和范围的重大变动，取得或失去新的重大专利或特许权，以及进行新的重大投资或融资行为等，发行人应视情况及时修改招股说明书并提供补充说明材料，必要时应重新经过中国证监会核准。

经中国证监会核准后，如发行人认为还有必要对招股说明书进行修改的，应书面说明情况，并经中国证监会同意后相应修改招股说明书及其摘要。

在招股说明书披露后至股票上市公告书刊登前发生上述事项的，发行人也应及时履行信息披露义务。

第十一条 发行人应针对实际情况在招股说明书首页做"特别风险提示"，并在"风险因素"一节详细披露。

第十二条 招股说明书还应满足如下一般要求：

（一）引用的数据应提供资料来源，事实应有充分、客观、公正的依据；

（二）引用的数字应采用阿拉伯数字，货币金额除特别说明外，应指人民币金额，并以元、千元或万元为单位；

（三）发行人可根据有关规定或其他需求，编制招股说明书外文译本，但应保证中、外文文本的一致性，并在外文文本上注明："本招股说明书分别以中、英（或日、法等）文编制，在对中外文本的理解上发生歧义时，以中文文本为准"；

（四）招股说明书全文文本应采用质地良好的纸张印刷，幅面为209×295毫米（相当于标准的A4纸规格）；

（五）不得刊载任何有祝贺性、广告性和恭维性的词句。

第十三条 招股说明书全文及其摘要应按本准则有关章节的要求编制。文字应简洁、通俗、平实和明确，格式应符合本准则的要求。在指定报刊刊登的招股说明书摘要最小字号为标准6号字，最小行距为0.02。

第十四条 发行人应在发行前二至五个工作日内将招股说明书摘要刊登于至少一种中国证监会指定的报刊，同时将招股说明书全文刊登于中国证监会指定的网站，并将招股说明书全文文本及备查文件置备于发行人住所、拟上市证券交易所、主承销商和其他承销机构的住所，以备查阅。

第十五条 发行人可将招股说明书全文及摘要刊登于其他网站和报刊，但不得早于在中国证监会指定网站和报刊的披露。

第十六条 在招股说明书及其摘要披露前，任何当事人不得泄露与招股说明书及其摘要有关的信息，或利用这些信息谋取利益。发行人、任何中介机构或人士利用与招股说明书及其摘要有关的信息进行推介宣传的，应遵守中国证监会的相关规定。

第十七条 发行人应在招股说明书及其摘要披露后十日内，将正式印刷的招股说明书全文文本一式五份，分别报送中国证监会及其在发行人注册地的派出机构、拟上市的证券交易所。

第十八条 发行人董事会及全体董事应保证招股说明书及其摘要内容的真实性、准确性、完整性，承诺其中不存在虚假记载、误导性陈述或重大遗漏，并就其保证承担个别和连带的法律责任。

第十九条 主承销商应受发行人委托配合发行人编制招股说明书，并对招股说明书的内容进行核查，确认招股说明书及其摘要不存在虚假记载、误导性陈述或重大遗漏，并承担相应的责任。

第二十条 发行人律师可受发行人委托参与编制招股说明书，并应对招股说明书进行审阅，确认招股说明书及其摘要不致因法律意见书和律师工作报告的内容出现虚假记载、误导性陈述或重大遗漏引致的法律风险，并承担相应的责任。

第二十一条 发行人律师、注册会计师、注册评估师、验资人员及其所在的中介机构等应书面同意发行人在招股说明书及其摘要中引用由其出具的专业报告或意见的内容。

第二十二条 特殊行业的发行人，除执行本准则的规定外，还应执行中国证监会就该行业信息披露制定的特别规定。

第二章 招股说明书

第一节 封面、书脊、扉页、目录、释义

第二十三条 招股说明书全文文本封面至少应标有"XXX股份有限公司首次公开发行股票招股说明书"字样，并应载明发行人及主承销商的名称和住所。

第二十四条 招股说明书全文文本书脊应标明"XXX股份有限公司首次公开发行股票招股说明书"字样。

第二十五条 招股说明书全文文本扉页应刊登如下内容：

(一)发行股票类型；

(二)发行股数；

(三)每股面值；

(四)每股发行价格；

(五)预计发行日期；

(六)申请上市证券交易所；

(七)主承销商；

(八)正式申报的招股说明书签署日期。

第二十六条 招股说明书扉页应刊登发行人董事会的如下声明："发行人董事会已批准本招股说明书及其摘要，全体董事承诺其中不存在虚假记载、误导性陈述或重大遗漏，并对其真实性、准确性、完整性承担个别和连带的法律责任。"

"中国证监会、其他政府机关对本次发行所做的任何决定或意见，均不表明其对本发行人股票的价值或投资者收益的实质性判断或保证。任何与之相反的声明均属虚假不实陈述。"

"根据《证券法》等的规定，股票依法发行后，发行人经营与收益的变化，由发行人自行负责，由此变化引致的投资风险，由投资者自行负责。"

第二十七条 发行人聘请的会计师事务所对其财务报告出具了带说明段的无保留意见的审计报告的，发行人还应作如下提示：

"XXX会计师事务所对本发行人财务报告出具了有说明段的无保留意见的审计报告，请投资者注意阅读该审计报告全文及相关财务报表附注。发行人董事会、监事会对相关事项已作详细说明，也请投资者注意阅读。"

第二十八条 招股说明书及其摘要的目录应标明各章、节的标题及相应的页码，内容编排也应符合通行的中文惯例。

第二十九条 发行人应对可能对投资者理解有障碍及有特定含意的术语作出释义。招股说明书及其摘要的释义应在目录次页排印。

第二节 概 览

第三十条 发行人应设置招股说明书概览并在本部分起首声明："本概览仅对招股说明书全文做扼要提示。投资者作出投资决策前，应认真阅读招股说明书全文。"

第三十一条 发行人应在概览中简介发行人及其主要发起人或股东，发行人的主要财务数据，本次发行情况及募股资金主要用途等。

第三节 本次发行概况

第三十二条 发行人应披露本次发行的基本情况，主要包括：

(一)股票种类；

(二)每股面值；

(三)发行股数、占发行后总股本的比例；

(四)每股发行价；

(五)标明计量基础和口径的市盈率；

(六)预测盈利总额及发行后每股盈利(如有)；

(七)发行前和发行后每股净资产；

(八)发行方式与发行对象；

(九)承销方式；

(十)本次发行预计实收募股资金；

(十一)发行费用概算(主要包括承销费用、审计费用、评估费用、律师费用、发行手续费用、审核费等)。

第三十三条 发行人应披露下列机构的名称、法定代表人、住所、联系电话、传真，同时应披露有关经办人员的姓名：

(一)发行人；

(二)主承销商及其他承销机构；

(三)推荐人；

(四)发行人聘请的律师事务所；

(五)会计师事务所；

(六)资产评估机构(若有)；

(七)股票登记机构；

(八)收款银行；

(九)其他与本次发行有关的机构。

第三十四条 应披露发行人与本次发行有关的中介机构及其负责人、高级管理人员及经办人员之间存在的直接或间接的股权关系或其他权益关系。

第三十五条 发行人应针对不同的发行方式，披露至上市前的有关重要日期，主要包括：

(一)发行公告刊登的日期；

(二)预计发行日期；

(三)申购期；

(四)资金冻结日期；

(五)预计上市日期。

第四节 风险因素

第三十六条 本准则所指的风险因素是与发行人相关的所有重大不确定性因素，特别是发行人在业务、市场营销、技术、财务、募股资金投向及发展前景等方面存在的困难、障碍、或有损失。发行人应主动披露上述因素及其在最近一个完整会计年度内受其影响的情况及程度。

第三十七条 发行人应针对实际情况，对本准则规定的风险因素有选择地进行增减，但对减少的应说明理由。在披露风险因素的顺序上应遵循重要性原则。

第三十八条 对所披露的风险因素应尽可能做定量分析；无法进行定量分析的，应有针对性地作出定性描述。

第三十九条 所披露的风险因素应充分、准确、具体，发行人应集中描述自身特有的风险因素及其时效。

第四十条 凡已在"特别风险提示"栏目披露的风险因素，应详尽披露该风险及其形成的原因，并披露过去特别是最近一个会计年度曾经因该风险因素遭受的损失及将来遭受损失的可能程度。

第四十一条 发行人可视实际情况在紧接所披露的风险因素之后介绍已采取或准备采取的风险对策或措施，但这些对策或措施应是有针对性的、具体的和可操作的。

第四十二条 关于市场风险，应重点说明发行人存在市场开发不足或存在销售障碍的风险，披露受商业周期或产品生命周期负面影响的风险，存在的市场饱和或市场分割的风险，以及过度依赖单一市场的风险等。

发行人产品缺乏确定的市场，或市场占有率存在持续下降趋势的，应做"特别风险提示"。

第四十三条 关于业务经营风险，应说明过度依赖某一重要原材料、产品或服务、自然资源或供货渠道以及客户的风险，主营业务变更的风险，经营场所过度集中或分散的风险，以及所从事行业不景气的风险等。

发行人业务存在境外经营的，应专门披露有关境外经营的风险。

发行人业务发生重大变化而新业务在管理、技术和市场等方面存在不确定性因素，以及存在其他重大障碍或不确定性的，应做"特别风险提示"。

第四十四条 关于财务风险，应说明偿还债务的风险，对外投资收益不确定的风险，资产流动性风险，担保等或有负债的风险，债务结构不合理的风险，应收款项发生坏帐的风险，难以持续融资的风险等，以及财务内部控制及对外投资的财务失控的风险等。

发行人主要的财务指标出现重大异常，存在金额异常重大的应收帐项或存货、金额重大的非经常性损益项目、重大或有负债、发行前资产负债率接近70%等情况的，应做"特别风险提示"。

第四十五条 关于管理风险，应说明组织模式和管理制度不完善的风险，与控股股东及其他重要关联方存在同业竞争及重大关联交易的风险，发行后主要股东可能变更或通过二级市场减持股份等因素引起管理层、管理制度、管理政策不稳定的风险，以及公司内部激励机制和约束机制不健全的风险等。

对发行人存在大股东控制、非常复杂的关联关系、非常重大的关联交易、核心管理层不稳定的，应做"特别风险提示"。

第四十六条 关于技术风险，应重点说明发行人技术不成熟的风险，在技术市场化、产业化和经营规模化方面的风险，过度依赖核心技术人员的风险，过度依赖某一特定的知识产权、非专利技术的风险，核心技术依赖他人和核心技术保护期短或容易失秘的风险，产品或技

术存在被淘汰的风险，以及在新产品开发、试制方面的风险等。

发行人不拥有核心技术的所有权，或依赖他人提供重要的生产经营核心技术的，应做“特别风险提示”。

第四十七条 关于募股资金投向风险，应说明投资项目因市场、技术、环保、财务等因素引致的风险，特定收购兼并项目的风险，股权投资及与他人合作的风险，以及项目管理和组织实施的风险等。

募股资金投向导致发行人主要产品或业务发生重大变化，导致发行人净资产收益率大幅下降，以及存在其他财务指标恶化现象等的，应做“特别风险提示”。

第四十八条 关于政策性风险，应说明国家政策、法规变化引致的风险，包括由于财政和税收政策、产业政策、行业管理政策、环保政策的限制或变化等可能引致的风险等。发行人过去的业绩严重依赖优惠政策等的，应做“特别风险提示”。

第四十九条 关于其他风险，应说明存在法律诉讼和仲裁的风险，因安全隐患和自然灾害引起的风险，以及外汇风险等。对我国加入世界贸易组织后受影响较大的行业，还应说明我国加入世界贸易组织对发行人造成的风险等。

第五十条 发行人股东可对如何承担所披露的风险因素可能引致的损失做出适当的承诺。

第五节 发行人基本情况

第五十一条 发行人应披露其基本情况，主要包括：

(一)注册中、英文名称及缩写；

(二)法定代表人；

(三)设立(工商注册)日期；

(四)住所及其邮政编码；

(五)电话、传真号码；

(六)互联网网址；

(七)电子信箱。

第五十二条 应披露发行人的历史沿革及经历的改制重组情况，主要包括：

(一)发行人设立方式；

(二)发起人；

(三)历次股本形成及股权变化情况；

(四)发行前最大10名股东名称及其持股数量和比例。

第五十三条 发行人应充分披露设立以来股本结构变化、重大资产重组的行为，披露这些行为的具体内容及所履行的法定程序，以及这些行为对发行人业务、控制权及管理层、以及经营业绩的影响。

第五十四条 发行人应简要披露有关发起人或股东出资及股本变化的验资情况，所进行的历次资产评估，以及进行审计的情况。

第五十五条 应披露与发行人业务及生产经营有关的资产权属变更的情况。对发行人业务及生产经营所必须的商标、土地使用权、专利与非专利技术、重要特许权利等，应明确披露这些权利的使用及权属情况。

第五十六条 发行人应简介员工及其社会保障情况，主要包括：

(一)员工人数及变化情况；

(二)员工专业结构；

(三)员工受教育程度；

(四)员工年龄分布；

(五)发行人执行社会保障制度、住房制度改革、医疗制度改革等。

第五十七条 发行人应披露是否在业务、资产、人员、机构、财务等方面与发起人或股东做到分开，发行人是否具有独立完整的业务及面向市场自主经营的能力。属于生产经营型的发行人，应披露是否具有完整的供应、生产和销售系统。

第五十八条 发行人应披露有关股本的情况，主要包括：

(一)发行人股本结构的历次变动情况；

(二)外资股份(若有)持有人的有关情况；

(三)持股量列最大10名的自然人及其在发行人单位任职；

(四)股东中的风险投资者或战略投资者持股及其简况；

(五)本次拟发行的股份及本次发行后公司股本结构；

(六)本次发行前持有发行人5%以上股权的股东名单及其简要情况。如果股东总数超过10名，但持股5%以上的股东不足10名时，则应按持股比例，列最大10名股东的名单及简要情况。

第五十九条 发行人如发行过内部职工股，或出现原工会持股或职工持股会持股进行转让的，应主要披露以下情况：

(一)内部职工股的审批及发行情况，包括审批机关、审批日期、发行数量、发行方式、发行范围、发行缴款及验资情况；

(二)内部职工股发生过转移或交易的情况；

(三)首次托管及历次托管的情况，包括发行时最大10名持有人的情况、以及发行前托管的最大10名持有人的情况，托管单位变化的情况及原因，托管与被托管单位的名称、持股数量及比例、应托管股票数额及实际托管数额的差额、托管完成时间，未托管股票的数额及原因，对未托管股票的处理办法，本次股票发行前托管的股份占总股份的比例；

(四)发生过的违法违规情况，包括超范围和超比例发行的情况，通过增发、配股、国家股和法人股转配等形式变相增加内部职工股的情况，内部职工股转让和交易中的违法违规情况，法人股个人化的情况，这些违法违规行为的纠正情况；

(五)对尚存在内部职工股潜在问题和风险隐患的，应披露有关责任的承担主体等；

(六)对发行人存在原工会持股或职工持股会持股进行转让的，应详细披露有关持股和转让的情况，说明是否存在潜在问题和风险隐患，以及有关责任的承担主体等。

第六十条 发行人应披露发行人主要股东的持股比例及其相互之间的关联关系。

第六十一条 发行人应披露其发起人(应追溯至实际控制人)的基本情况，主要包括：

(一)股东或实际控制人名称及其股权的构成情况；

(二)所持有的发行人股票被质押或其他有争议的情况；

(三)如发起人或股东为企业法人，则应披露其主要业务、注册资本、总资产、净资产、净利润，并标明这些数据是否经过审计及审计机构的名称。

第六十二条 发行人应披露主要股东以及作为股东的董事、监事、高级管理人员作出的重要承诺及其履行情况，如自愿锁定所持股份的承诺等。

第六十三条 发行人应采用方框图或其他有效形式，全面披露其组织结构，包括发起人或股东及其分公司、子公司和参股公司(或联营公司)，发起人或股东的实际控制人，发行人对外投资形成的子公司、参股公司及其他合营企业，以及有重要影响的关联方等。发行人还应标明组织结构的具体组织联系。

第六十四条 发行人应披露前条所述主体的主要业务、基本财务状况(应注明是否经过审计及审计机构的名称)、主要管理层以及其控股和参股单位等情况。

第六十五条 发行人应披露其内部组织机构设置及运行情况，包括各主要职能部门、业务或事业部、各分公司或生产车间的情况。

第六十六条 发行人若从事控股或投资管理的，除披露上述情况外，还应披露对外投资及其风险管理的主要制度。

第六节 业务和技术

第六十七条 发行人应披露所处行业国内外基本情况，主要包括行业管理体制、行业竞争状况、市场容量、投入与产出、技术水平以及以上因素的发展趋势。

第六十八条 发行人应披露影响本行业发展的有利和不利因素，如产业政策、产品特性、技术替代、消费趋向、购买力与国际市场冲击等因素，指出进入本行业的主要障碍。

第六十九条 发行人应披露面临的主要竞争状况，包括自身的竞争优势及劣势，市场份额变动的情况及趋势，同行业竞争的情况。

第七十条 发行人应简介其业务范围及主营业务。

第七十一条 发行人应视实际情况，根据重要性原则披露主营业务的情况，主要包括：

(一)发行人主要业务的构成；

(二)前三年的主要产品(或服务)及其生产能力；

(三)每种主要产品或服务的主要用途；

(四)主要产品的工艺流程或服务的流程图；

(五)主要产品(或服务)所需的主要生产设备，关键设备的重置成本、先进性，还能安全运行的时间等；

(六)每种主要产品的主要原材料和能源供应及成本构成；

(七)存在高危险、重污染情况的，应披露公司对人身、财产、环境所采取的安全措施；

(八)每种主要产品的销售情况和产销率，产品或服务的主要消费群体，产品或服务的平均价格及定价策略，主要销售市场、国内市场的占有率、销售额等。

第七十二条 发行人应披露与其业务相关的主要固定资产及无形资产，主要包括：

(一)发行人近三年主要固定资产的情况，如主要固定资产的成新度(指出财务折旧程度)、技术先进程度、报废或更新的可能；

(二)发行人的主要无形资产的情况，如近三年无形资产的规模，对发行人业务具有重要意义的知识产权、非专利技术等。对于以无形资产折股的，或因各种原因对无形资产进行评估并调帐的，应简要披露评估方法及其依据；

（三）土地使用权（包括水面养殖权等）、探矿权、采矿权及主要经营性房产取得和占有的情况。

第七十三条　发行人应披露拥有的特许经营权的情况，主要包括特许经营权的取得（如属租用，应指明）的情况，特许经营权的期限、费用标准，对发行人持续生产经营的影响。

第七十四条　发行人应披露合营、联营合同或类似业务安排。

第七十五条　发行人若在中华人民共和国境外进行经营，应对有关业务活动进行地域性分析。若发行人在境外拥有资产，应详细披露该资产规模、所在地、经营管理、盈利情况等。

第七十六条　发行人应披露主要产品和服务的质量控制情况，主要包括质量控制标准、质量控制措施、产品质量纠纷等。

第七十七条　发行人应披露主要客户及供应商的资料，主要包括：

（一）向前5名供应商合计的采购额占年度采购总额的百分比；

（二）对前5名客户的销售额占年度营业额或销售总额的百分比；

（三）如向单个供应商的采购比例或对单个客户的销售比例超过总额的50%，则应披露其名称及采购或销售的比例。

第七十八条　发行人应披露董事、监事、高级管理人员和核心技术人员，主要关联方或持有发行人5%以上股份的股东在上述供应商或客户中所占的权益。若无，亦应说明。

第七十九条　发行人若在发行前进行过重大业务和资产重组，应详细披露重组的经过、内容及对发行人业务连续性、管理层稳定、财务状况和经营成果的影响。

第八十条　发行人应披露核心技术的来源和方式，说明是否拥有核心技术的所有权。说明所拥有的核心技术在国内外同行业的先进性。

第八十一条　发行人应披露主导产品或业务及拟投资项目的技术水平，或所采取的先进生产工艺或技术诀窍、运用的新材料及新的生产手段、节能技术、新的生产组织方式等。

第八十二条　发行人应披露对其有重大影响的知识产权、非专利技术情况，主要包括：

（一）发行人所有或使用的知识产权、非专利技术的名称、用途、价值；

（二）发行人所有或使用的知识产权的保护状况，如发明、实用新型、外观设计是否已申请专利；

（三）发行人所有或使用的知识产权的剩余保护年限。

第八十三条　发行人允许他人使用自己所有的知识产权、非专利技术，或作为被许可方使用他人的知识产权、非专利技术的，应简介许可合同的主要内容，主要包括许可人、被许可人、许可方式、许可年限、许可使用费等。

发行人所有或使用的知识产权、非专利技术存在纠纷或潜在纠纷的，应明确提示。

第八十四条　发行人应披露产品生产技术所处的阶段，即处于基础研究、中试、少批量生产或大批量生产的具体阶段。

第八十五条　发行人应披露研究开发情况，主要包括研究开发机构的设置，研究人员的构成，正在从事的项目及进展的情况、拟达成的目标，研发费用占主营业务收入的比重等。与其他单位共同进行研究的，还需说明合作协议的主要内容、研究成果的分配方案及采取的保密措施等。

第八十六条　发行人应披露保持技术不断创新的机制和进一步开发的能力，包括技术储备及创新的安排、企业文化建设等。

第八十七条　发行人名称冠有"高科技"或"科技"字样的，应说明冠以此名的依据。

第七节 同业竞争与关联交易

第八十八条　发行人应披露是否与实际控制人及其控制的法人（以下简称"竞争方"）从事相同、相似业务的情况。

第八十九条　对存在上述相同、相似业务的，发行人应对是否存在同业竞争做出解释。这种解释应基于业务的性质、业务之间的客户对象、业务的市场差别以及对发行人的客观影响等方面而进行的客观判断。

第九十条　对于已存在或可能存在的同业竞争，发行人应披露解决同业竞争的具体措施，发行人可视实际需要披露可能采取的措施，例如：

（一）针对存在的同业竞争，通过收购、委托经营等方式，将相竞争的业务纳入到发行人的措施；

（二）竞争方将业务转让给无关联的第三方的措施；

（三）发行人放弃与竞争方存在同业竞争业务的措施；

（四）竞争方就解决同业竞争，以及今后不再进行同业竞争做出的有法律约束力的书面承诺。

对已承诺解决的但尚未解决的同业竞争可能损害发行人及其中小股东利益的，发行人还应做"特别风险提示"。

第九十一条　应披露发行人在股东协议、公司章程等方面作出的避免同业竞争的规定。

第九十二条　如发行人运用募股资金收购有实际控制权的个人或法人资产以避免同业竞争，应予以披露。

第九十三条　发行人应披露律师、主承销商对发行人是否存在同业竞争和避免同业竞争有关措施的有效性所发表的意见。

第九十四条　发行人所披露的关联方、关联关系和关联交易，除应遵循有关企业会计制度规定外，还应遵循从严原则。

第九十五条　发行人应披露的关联方，主要包括：

（一）控股股东；

（二）其他股东；

（三）控股股东及其股东的控制或参股的企业；

（四）对控股股东及主要股东的有实质影响的法人或自然人；

（五）发行人参与的合营企业；

（六）发行人参与的联营企业；

（七）主要投资者个人、关键管理人员、核心技术人员，或与上述关系密切的人士控制的其他企业；

（八）其他对发行人有实质影响的法人或自然人。

第九十六条　应披露的关联关系主要是指在财务和经营决策中，有能力对发行人直接或间接控制或施加重大影响的方式或途径，主要包括关联方与发行人之间存在的股权关系、人事关系、管理关系及商业利益关系。

发行人应披露上述关联关系的实质，发行人董事会应对关联关系的实质进行判断，而不仅仅是基于与关联方的法律联系形式，应指出关联方对发行人进行控制或影响的具体方式、途径及程度。

第九十七条　应披露董事、监事、高级管理人员及核心技术人员是否在关联方单位任职，或由关联方单位直接或间接委派。

第九十八条　发行人应披露的关联交易主要包括：

（一）购销商品；

（二）买卖有形或无形资产；

（三）兼并或合并法人；

（四）出让与受让股权；

（五）提供或接受劳务；

（六）代理；

（七）租赁；

（八）各种采取合同或非合同形式进行的委托经营等；

（九）提供资金或资源；

（十）协议或非协议许可；

（十一）担保；

（十二）合作研究与开发或技术项目的转移；

（十三）向关联方人士支付报酬；

（十四）合作投资设立企业；

（十五）合作开发项目；

（十六）其他对发行人有影响的重大交易。

第九十九条　发行人应披露近三年关联交易对其财务状况和经营成果的影响，包括在营业收入或营业成本中所占的比例，对上述比例的披露应说明比较的口径。

第一百条　发行人披露的关联交易应包括向关联方累计年度购买量占其同类业务采购量5%以上的交易，或对关联方年度销售收入占其同类业务销售收入5%以上的交易。

第一百零一条　对披露的关联交易，发行人应详细披露该关联交易的内容、数量、单价、总金额、占同类业务的比例、定价政策及其决策依据。

对于需要由独立董事、监事会等发表意见的关联交易，是否由其签名表达对关联交易公允性的意见。

第一百零二条　应披露进行关联交易是否遵循市场公正、公平、公开的原则，如交易是否通过招标，价格是否公允，与市场独立第三方价格有无差异。无市场价格可资比较或订价受到限制的重大关联交易，是否通过合同明确有关成本和利润的标准。

第一百零三条　发行人应披露是否在章程中对关联交易决策权力与程序作出规定。公司章程是否规定关联股东或利益冲突的董事在关联交易表决中的回避制度或做必要的的公允声明。

第一百零四条　发行人应披露减少关联交易的措施，主要包括：

(一)发起人或股东是否通过保留采购、销售机构,垄断业务渠道等方式干预发行人的业务经营;

(二)从事生产经营的,发行人是否拥有独立的产、供、销系统,主要原材料和产品销售是否依赖股东单位及其下属企业;

(三)专为或主要为发行人服务的实体或辅助设施,是否纳入发行人,或转由市场第三方进行经营;

(四)对既为发行人服务,也为股东等关联方服务的实体或设施,如供水、供电、供汽、供暖等设施,是否确保发行人与其交易和定价的公平。

(五)其他任何有利于减少或规范关联交易的措施。

第一百零五条 发行人应披露与各关联方签订的目前仍然有效的协议或合同,并说明对这类协议或合同是否还会续签作出说明。

第一百零六条 发行人募股资金投向与关联方合资的项目,或募股资金运用后与关联方发生交易的,应披露关联方、合资项目及关联交易的有关情况。

第一百零七条 发行人应披露律师、主承销商对所披露的关联方、关联关系、关联交易是否存在损害发行人及中小股东利益、决策程序是否合法有效所发表的意见。

第八节 董事、监事、高级管理人员与核心技术人员

第一百零八条 发行人应披露董事、监事、高级管理人员、技术负责人及核心技术人员的情况,主要包括:

(一)姓名及国籍;

(二)性别;

(三)年龄;

(四)学历;

(五)职称;

(六)主要业务简历(可披露其主要的业绩记录);

(七)曾经担任的重要职务及任期;

(八)在发行人担任的现任职务;

(九)兼任其他单位的职务。

对核心技术人员还应披露其主要成果及获得的奖项。

第一百零九条 发行人应披露与上述人员所签定的协议,如借款、担保协议等,以及为稳定上述人员已采取及拟采取的措施。

第一百一十条 发行人应按如下类别披露上述人员在发行前持有发行人股份的情况:

(一)个人持股,即以上述人员的名义,或由其授权或指示他人代其持有的股份;

(二)家属持股,即上述人员的配偶或未满十八岁的子女持有的股份;

(三)法人持股,即上述人员通过其近亲属能够直接或间接控制的法人持有的股份。

第一百一十一条 发行人对上述持股情况,应具体列出持有人姓名,发行前三年股份增减变动情况,发行前三年年末持股数量及比例,本次发行后所占比例,以及所持股份的质押或冻结情况。

第一百一十二条 发行人应披露上述人员在发行前持有发行人关联企业股份的情况,包括持股数量,持股比例,以及有关承诺和协议。

第一百一十三条 发行人应披露上述人员在最近一个完整会计年度从发行人及其关联企业,以及同上述人员职位相关的其他单位领取收入的情况,包括领取的工薪(月薪或年薪)、奖金及津贴,所享受的其他待遇,退休金计划,所享有的认股权情况等。

第一百一十四条 发行人应披露上述人员在股东单位或股东单位控制的单位、在发行人所控制的法人单位、同行业其他法人单位担任职务的情况。不在上述单位兼职的,应予以声明。

第 百一丨五条 发行人应披露上述人员相互之间存在的配偶关系、三代以内直系和旁系亲属关系。

第一百一十六条 发行人应披露执行董事和独立董事(如有)的酬金及其他报酬、福利政策。发行人若按规定设置有认股权,应披露认股权计划的主要内容、执行情况,已发放认股权的行权情况等。

第一百一十七条 发行人应披露董事、监事、高级管理人员和核心技术人员所持股份锁定的情况及契约性安排,以及上述人员自愿锁定所持股份声明的主要内容。

第九节 公司治理结构

第一百一十八条 发行人应披露设立独立董事(如有)的情况,包括独立董事的人数,独立董事发挥作用的制度安排以及实际发挥作用的情况等。

第一百一十九条 发行人应披露公司章程中有关股东权利、义务,股东大会的职责及议事规则,保护中小股东权益的规定及其实际执行情况。

第一百二十条 发行人应披露公司章程中有关董事会、监事会的构成和议事规则。

第一百二十一条 发行人应披露重大生产经营决策程序与规则,包括对外投资等重大投资决策的程序和规则,重要财务决策的程序与规则,对高级管理人员的选择、考评、激励和约束机制,利用外部决策咨询力量的情况。

第一百二十二条 发行人应披露公司管理层对内部控制制度完整性、合理性及有效性的自我评估意见。注册会计师指出以上"三性"存在重大缺陷的,应予披露并说明改进措施。

第一百二十三条 发行人董事长、经理、财务负责人、技术负责人在近三年内曾发生变动的,应披露变动的经过及原因。

第一百二十四条 发行人应披露对董事、监事、高级管理人员和核心技术人员履行诚信义务的限制性规定,包括股份锁定办法、责任保险制度(如有)等。

第十节 财务会计信息

第一百二十五条 发行人应披露不少于最近三年的简要利润表、不少于最近三年末的简要资产负债表、不少于最近一年的简要现金流量表。对有关数据的口径,在遵循有关规定的前提下,应明示是股份公司母公司报表口径,还是合并报表口径。

非整体改制重组设立且运行不足三年的发行人,在有关简要资产负债表的披露方面,只需披露改组设立股份有限公司后各年年末的简要资产负债表。

第一百二十六条 财务报告被出具带说明段的无保留审计意见的,应全文披露审计报告及经审计的利润表,并披露相关说明事项的财务报表附注,以及公司董事会、监事会对上述说明事项的详细说明。

第一百二十七条 发行人应披露财务报表的编制基准、合并报表范围及变化情况,特别应说明发行人计算经营业绩特别是连续计算不同主体经营业绩的充分财务资料来源。

第一百二十八条 发行人应扼要披露报告期利润形成的有关情况,包括销售收入总额和利润总额的变动趋势及原因,业务收入的主要构成,重大投资收益和非经常性损益的变动趋势及原因,适用的所得税税率及享受的主要财政税收优惠政策等。

第一百二十九条 发行人应扼要披露最近一期末财务报表中主要固定资产类别、折旧年限、原价、净值、净额及折旧方法;主要对外投资的投资期限、初始投资额、期末投资额、股权投资占净资产的比例、股权投资占被投资方的股权比例及会计核算方法;有形资产净值,有形资产净值为总资产扣减无形资产、待摊费用及长期待摊费用后的余额。

第一百三十条 发行人应扼要披露最近一期末的财务报表中主要无形资产的取得方式、初始金额、摊销年限及确定依据、最近一年末的摊余价值及剩余摊销年限。对于单项价值在100万元以上的无形资产,若该资产原始价值是以评估值作为入帐依据的,应披露评估机构、评估方法。

第一百三十一条 发行人应扼要披露经审计的最近一期资产负债表截止日的主要债项,包括主要的银行借款,对内部人员和关联方的负债,主要合同承诺的债务、或有债项的金额、期限、成本,票据贴现、抵押及担保等形成的或有负债情况。有逾期未偿还债项的,应说明其金额、利率、贷款资金用途、未按期偿还的原因、预计还款期等。

第一百三十二条 发行人应扼要披露报告期各会计期末的股东权益的情况,包括股本、资本公积、盈余公积、法定公益金及未分配利润的情况。

第一百三十三条 发行人应扼要披露报告期经营活动产生的现金流量、投资活动产生的现金流量、筹资活动产生的现金流量的基本情况及不涉及现金收支的重大投资和筹资活动及其影响。经营活动产生的现金流量净额为负数或发生重大异常变化的,应披露原因。

第一百三十四条 发行人应扼要披露或提醒投资者关注财务报表附注中的期后事项、重大关联交易、或有事项及其他重要事项。

第一百三十五条 发行人在报告期内发生重大资产置换、重大购销价格变化等情况的,发行人应披露备考的财务会计信息。

第一百三十六条 如果发行人认为提供盈利预测报告将有助于投资者对发行人及投资于发行人的股票作出正确判断,且发行人确信有能力对最近的未来期间的盈利情况作出比较切合实际的预测,发行人可以披露盈利预测报告。凡有控股子公司并需要编制合并财务报表的,应分别编制母公司盈利预测表和合并盈利预测表。

发行人披露的盈利预测报告包括盈利预测表及其说明,盈利预测表的格式应与利润表一致,并应分项披露上年经审计的实现数和本年预测数,本年预测数应分栏列示经审计的实现数、未经审计实现数、预

测数和会计数。

发行人应扼要披露盈利预测的说明，包括编制基准、所依据的基本假设及其合理性、与盈利预测数据相关的背景及分析资料等。存在可能对盈利预测产生重大不确定因素的，存在特定的财政税收优惠政策或非经常性收支项目的，应加以分析说明。

盈利预测报告被注册会计师出具带说明段的审核意见时，发行人应全文完整披露该审核报告的内容及发行人董事会、监事会对上述事项的说明。

如果发行人披露盈利预测报告，在盈利预测报告中应载明："本公司盈利预测报告的编制遵循了谨慎性原则，但盈利预测所依据的各种假设具有不确定性，投资者进行投资决策时不应过分依赖该项资料。"

第一百三十七条 发行境内上市外资股、在香港和境外上市外资股的发行人，因在境内外披露的财务会计资料所采用的会计准则不同，导致境内外披露的报告期末净资产及报告期净利润存在差异的，发行人应披露财务报表差异调节表。

对与经境外审计机构审计的数据进行差异比较的，应注明该境外机构的名称。

第一百三十八条 发行人在设立时以及在报告期内进行资产评估并据以进行帐务调整的，发行人应扼要披露上述资产评估所履行的程序和采用的评估方法，资产评估前的帐面值、评估值及增减情况，对增减变化超过30%的，应说明原因。

第一百三十九条 发行人应扼要披露历次验资报告，简要说明每次资本变动与资金到位情况。

第一百四十条 发行人应披露经审计财务报告期间的下列各项财务指标：

（一）流动比率 ＝ 流动资产/流动负债

（二）速动比率 ＝ 速动资产/流动负债

（三）应收帐款周转率 ＝ 主营业务收入/应收帐款平均余额

（四）存货周转率 ＝ 主营业务成本/存货平均余额

（五）无形资产（土地使用权除外）占总（净）资产的比例 ＝ 无形资产（土地使用权除外）/总（净）资产

（六）资产负债率 ＝ 总负债/总资产

（七）每股净资产 ＝ 期末净资产/ 期末股本总额

（八）研究与开发费用占主营业务收入比例 ＝ 研究发展费用/主营业务收入

以上财务指标中，资产负债率以母公司财务报告的财务数据为基础计算，其余指标视具体情况以合并财务报告数据为基础计算。

发行人还应披露每股经营活动的现金流量，发行前后的每股收益和净资产收益率，这些指标的计算及其披露应严格执行中国证监会的有关规定。

第一百四十一条 发行人应披露公司管理层做出的与本次招股说明书财务会计资料的时间和范围口径大体一致的公司财务分析的简明结论性意见，主要说明发行人资产质量状况，资产负债结构、股权结构的合理性，现金流量、偿债能力的强弱；说明近三年业务的进展及盈利能力，描述收入和盈利能力等的连续性、稳定性；简要陈述未来业务目标及盈利前景；指出发行人的主要财务优势；提示各种已知或不确定性因素已对发行人产生的重大困难及将产生的主要困难。

第一百四十二条 发行人对可能对投资者理解公司资产负债状况、经营业绩和现金流动情况有障碍的，应加以必要的说明，有关财务困难、障碍、或有损失，应在"财务风险"栏目中加以具体披露。所有财务会计信息的披露尤其应采用简洁、通俗、平实和明确的文字表述。

第十一节 业务发展目标

第一百四十三条 发行人应披露发行当年及未来两年内的发展计划，主要包括：

（一）发行人的发展战略；

（二）整体经营目标及主要业务的经营目标；

（三）产品开发计划；

（四）人员扩充计划；

（五）技术开发与创新计划；

（六）市场开发与营销网络建设计划；

（七）再融资计划；

（八）收购兼并及对外扩充计划；

（九）深化改革和组织结构调整的规划；

（十）国际化经营的规划等。

第一百四十四条 发行人应说明拟定上述计划所依据的假设条件，实施上述计划将面临的主要困难。

第一百四十五条 发行人应披露实现上述业务目标的主要经营理念或模式。

第一百四十六条 发行人应披露上述业务发展计划与现有业务的关系。实现上述计划涉及与他人合作的，应对合作方及合作条件予以说明。

第一百四十七条 发行人应说明本次募股资金运用对实现上述业务目标的作用。

第一百四十八条 发行人可对其产品、服务或者业务进行发展趋势预测，但应采取审慎态度，并披露有关的假设基准等。

第十二节 募股资金运用

第一百四十九条 发行人应披露：

（一）预计通过本次发行募股资金的总量及其依据；

（二）董事会或股东大会对本次募股资金投向项目的主要意见；

（三）募股资金运用对主要财务状况及经营成果的影响，包括对净资产、每股净资产、净资产收益率、资产负债率、盈利能力、资本结构等的影响。未披露盈利预测的，应详细披露募股资金运用的影响。

第一百五十条 发行人应充分考虑实际募股资金量不足或超过所申报资金需求量的可能。所筹资金尚不能满足规划中项目资金需求的，应详细说明其缺口部分的来源及落实情况；所筹资金超过了规划中项目资金需求的，应披露多募资金的大体安排及资金管理措施，并披露其对财务状况和经营成果的影响。未披露盈利预测的，应详细披露上述情况的影响。

第一百五十一条 如属直接投资于固定资产项目的，发行人可视实际情况并根据重要性原则披露以下内容：

（一）各投资项目的轻重缓急及立项审批情况（如需要）；

（二）投资概算情况，预计投资规模，募股资金的具体用项及其依据，包括用于购置设备、土地、技术以及补充流动资金等方面的具体支出；

（三）所投资项目的技术含量，包括产品的质量标准和技术水平，生产方法、工艺流程和生产技术选择，主要设备选择，主要技术人员要求，研究与开发措施，核心技术及其取得方式；

（四）主要原材料、辅助材料及燃料等的供应情况；

（五）投资项目的产出和营销情况，包括产品现有和潜在生产能力，投资项目的产量、价格及产销率，替代产品，产品出口或进口替代，产品销售方式及营销措施；

（六）投资项目可能存在的环保问题及采取的措施；

（七）闲置资金（若存在）的利用计划，或资金缺口（若存在）的补充来源；

（八）投资项目的选址，拟占用土地的面积、取得及处置方式；

（九）投资项目的效益分析，包括现金流、内部收益率、达产期、回收期和项目的市场生命周期等。未披露盈利预测的，应详细披露上述指标；

（十）项目的组织方式，项目的实施进展情况。

第一百五十二条 发行人募股资金拟用于对外投资、与他人合资进行固定资产项目投资的，除相应披露上述具体内容外，还应主要披露：

（一）合资方的基本情况，包括名称、法定代表人、住所、注册资本、主要股东、主要业务，与发行人是否存在关联关系等；

（二）投资规模及各方投资比例；

（三）合资方的投资方式和资金来源；

（四）合资协议中有关可能给发行人造成损失及损失处理的条款，如合资方不能按时投资，可能给发行人造成的损失以及损失的补偿方式等。

第一百五十三条 发行人募股资金拟用于对外股权投资组建企业法人或其他法人的，应主要披露：

（一）拟组建企业法人或其他法人的基本情况，包括设立、注册资本、主要业务等；

（二）投资规模及各方投资比例；

（三）法人的组织及管理情况；

（四）合作方的基本情况及与发行人是否存在关联关系。

第一百五十四条 发行人募股资金拟用于收购在建工程的，则应主要披露：

（一）在建工程的已投资情况；

（二）投资来源；

（三）还需投资的金额；

（四）负债情况；

（五）建设进度；

（六）计划完成时间；

（七）收购价格的确定方式。

第一百五十五条 发行人募股资金拟用于收购兼并其他法人股

份或资产的，应主要披露：

（一）被收购企业的基本情况及最近一个完整会计年度及最近一期的主要财务会计数据；

（二）收购的股份或资产；

（三）所收购股份或资产的评估、定价等情况；

（四）收购兼并后参股、控股的比例及其控制情况。

第一百五十六条 发行人募股资金拟投入其他用途的，应披露具体的用途，以及对发行人经营和财务的影响，包括对发行人财务结构、盈利预测、净资产收益率、股东利益等的影响。

第一百五十七条 上述应披露的各类募股资金用途，如涉及关联关系及关联交易的，应披露董事会或股东大会的决策依据。

第十三节 发行定价及股利分配政策

第一百五十八条 发行人应披露确定本次股票发行价格考虑的主要因素、股票估值的方法、定价过程、定价方法与最终商定的发行价格，以及本次股票发行后的摊薄情况。

第一百五十九条 发行人应披露历年股利分配政策及发行后的股利分配政策，说明有无变化。

第一百六十条 发行人应披露最近三年历次实际股利分配情况，说明是否符合有关规定。

第一百六十一条 发行人应披露本次发行完成前滚存利润或损失的分配或负担政策。

发行人应披露本次股票发行后第一个盈利年度派发股利计划，包括次数、时间或不准备派发股利的原因。

第一百六十二条 发行人已发行境内或境外上市外资股的，应披露股利分配的上限为按中国会计准则和制度与上市地会计准则确定的未分配利润数字中较低者。

第十四节 其他重要事项

第一百六十三条 发行人应披露建立严格信息披露的制度及为投资者服务的详细计划，发行人信息披露和投资者关系的负责部门、负责人、电话号码等。

第一百六十四条 发行人应披露交易金额在500万元以上或虽未达到500万元但对生产经营活动、未来发展或财务状况具有重要影响的合同内容，主要包括：

（一）当事人的名称或者姓名和住所；

（二）标的；

（三）数量；

（四）质量；

（五）价款或者报酬；

（六）履行期限；

（七）地点和方式；

（八）违约责任；

（九）解决争议的方法；

（十）对发行人经营有重大影响的附带条款和限制条件。

规模较大（总资产规模为10亿元以上）的发行人，可视实际情况决定应披露的交易金额，但应在申报时说明。

若存在其他重大合同（如担保等），发行人也应当披露其主要内容及履行情况。

第一百六十五条 发行人应披露对财务状况、经营成果、声誉、业务活动、未来前景等可能产生较大影响的诉讼或仲裁事项，主要包括：

（一）受理该诉讼或仲裁的法院或仲裁机构的名称；

（二）提起诉讼或仲裁的日期；

（三）诉讼或仲裁的当事人和代理人；

（四）提起诉讼或仲裁的原因；

（五）诉讼或仲裁请求；

（六）可能出现的处理结果或已生效法律文书的执行情况。

第一百六十六条 发行人应披露持有发行人20%以上股份的股东、控股子公司，发行人董事、监事、高级管理人员和核心技术人员作为一方当事人的重大诉讼或仲裁事项。

第一百六十七条 发行人应披露董事、监事、高级管理人员和核心技术人员受到刑事诉讼的情况。

第十五节 董事及有关中介机构声明

第一百六十八条 发行人全体董事应在招股说明书正文的尾页声明：

“本公司全体董事承诺本招股说明书及其摘要不存在虚假记载、误导性陈述或重大遗漏，并对其真实性、准确性、完整性承担个别和连带的法律责任。”

声明应由全体董事签名，并由发行人加盖公章。

第一百六十九条 主承销商应在上述声明后声明：

“本公司已对招股说明书及其摘要进行了核查，确认不存在虚假记载、误导性陈述或重大遗漏，并对其真实性、准确性和完整性承担相应的法律责任。”

声明应由承销项目负责人、公司法定代表人或其授权代表签名，并由公司加盖公章。

第一百七十条 发行人律师应在上述声明后声明：“本所及经办律师保证由本所同意发行人在招股说明书及其摘要中引用的法律意见书和律师工作报告的内容已经本所审阅，确认招股说明书不致因上述内容出现虚假记载、误导性陈述及重大遗漏引致的法律风险，并对其真实性、准确性和完整性承担相应的法律责任。”

声明应由经办律师、所在律师事务所负责人签名，并由律师事务所加盖公章。

第一百七十一条 承担审计业务的会计师事务所应在上述声明后声明：

“本所及经办会计师保证由本所同意发行人在招股说明书及其摘要中引用的财务报告已经本所审计，盈利预测已经本所审核（如有），确认招股说明书不致因上述内容而出现虚假记载、误导性陈述及重大遗漏，并对其真实性、准确性和完整性承担相应的法律责任。”

声明应由经办注册会计师及所在会计事务所负责人签名，并由会计师事务所加盖公章。

第一百七十二条 承担评估业务的资产评估机构应在上述声明后声明：

“本机构保证由本机构同意发行人在招股说明书及其摘要中引用的资产评估数据已经本机构审阅，确认招股说明书不致因上述内容而出现虚假记载、误导性陈述或重大遗漏，并对其真实性、准确性和完整性承担相应的法律责任”。

声明应由经办资产评估师及单位负责人签名，并由资产评估机构加盖公章。

第一百七十三条 承担验资业务的机构应在上述声明后声明：“本机构保证由本机构同意发行人在招股说明书及其摘要中引用的验资报告及有关数据已经本机构审阅，确认招股说明书不致因上述内容而出现虚假记载、误导性陈述或重大遗漏，并对其真实性、准确性和完整性承担相应的法律责任”。

声明应由经办验资人员及单位负责人签名，并由验资机构加盖公章。

第十六节 附录和备查文件

第一百七十四条 招股说明书的附录是招股说明书不可分割的有机组成部分，主要包括：

（一）审计报告及财务报告全文；

（二）发行人编制的盈利预测报告及注册会计师的盈利预测审核报告（如有）。

发行人应将整套发行申请文件及发行人认为相关的其他文件作为备查文件，列示其目录，并告知投资者查阅的时间、地点、电话和联系人。备查文件上网的，应披露网址。

第三章 招股说明书摘要

第一百七十五条 发行人应在招股说明书摘要的显要位置声明：

“本招股说明书的目的仅为向公众提供有关本次发行的简要情况。招股说明书全文同时刊载于XXX。投资者在作出认购决定之前，应仔细阅读招股说明书全文，并以其作为投资决定的依据。”

第一百七十六条 发行人可针对实际情况编制招股说明书摘要，但应包括招股说明书全文各部分的重要内容，不得出现在内容上不一致，或因遗漏重要信息而误导投资者的情况。

招股说明书摘要篇幅原则应不超过中国证监会指定信息披露报刊的一个版面。

第一百七十七条 招股说明书摘要的内容，应主要包括：

（一）目录；

（二）释义；

（三）本次发行概况；

（四）主要风险因素及对策；

（五）发行人的基本资料；

（六）发行人股本；

（七）主要发起人与股东的基本情况；

（八）内部职工股有关情况；

（九）发行人的组织结构及组织机构概况；

（十）发行人业务和技术概况；

（十一）关联方、关联关系与关联交易；

（十二）董事、监事、高级管理人员与核心技术人员；

（十三）发行人的公司治理结构；

（十四）主要财务会计资料，应披露主要财务数据、主要财务指标、盈利预测数据（如有）以及发行人管理层的财务分析意见。

（十五）业务发展目标；

（十六）募股资金运用；

（十七）发行定价及股利分配政策；

（十八）附录及备查文件。

第四章　附　则

第一百七十八条　本准则由中国证监会负责解释。

第一百七十九条　本准则自发布之日起施行。

中国证券监督管理委员会

二○○一年三月十五日

公开发行证券的公司信息披露内容与格式准则—股票上市公告书

第一章　总　则

第一条　为规范首次公开发行股票公司上市的信息披露行为，保护投资者合法权益，根据《中华人民共和国公司法》（以下简称"《公司法》"）、《中华人民共和国证券法》（以下简称"《证券法》"）等法律、法规和中国证券监督管理委员会（以下简称"中国证监会"）的有关规定，制定本准则。

第二条　在中华人民共和国境内首次公开发行股票并申请在经国务院批准设立的证券交易所上市的公司（以下简称"发行人"），应按本准则编制上市公告书。

发行境内上市外资股的公司参照本准则执行。

第三条　本准则的规定是对发行人上市公告书信息披露的最低要求。不论本准则是否有明确规定，凡在招股说明书披露日至本上市公告书刊登日期间所发生的对投资者投资决策有重大影响的信息，均应披露。

本准则某些具体要求对发行人确实不适用的，发行人可针对实际情况，在不影响披露内容完整性的前提下作出适当修改，并予以书面说明。发行人未披露本准则规定内容的，应以书面形式报告证券交易所同意，并报中国证监会备案。

第四条　由于商业秘密等特殊原因致使某些信息确实不便披露的，发行人可向中国证监会申请豁免。

第五条　发行人应在上市公告书有关部分简要披露发行人及其所属行业在业务、市场竞争和盈利等方面的现状及前景，并向投资者简述相关的风险。

第六条　发行人在招股说明书及其摘要中披露的所有信息应真实、准确、完整、公平、及时，尤其要确保所披露的财务会计资料有充分的依据。所引用的财务报告、盈利预测报告（如有）应由具有证券期货相关业务资格的会计师事务所审计或审核。

第七条　在不影响信息披露的完整性和不致引起阅读不便的前提下，发行人可采用相互引征的方法，对各相关部分的内容进行适当技术处理，以避免重复和保持文字简洁。

第八条　自招股说明书核准日至股票上市首日不超过三个月，且招股说明书及其引用的财务资料尚未失效的，可适当简化刊登有关财务会计资料，但应作必要的附注说明。招股说明书已经失效，或其引用的财务资料已失效的，应补充披露最近一期经审计的财务报告。特别情况下可申请适当延长，但至多不超过一个月。

第九条　在编制上市公告书时还应遵循如下一般要求：

（一）引用的数据应提供资料来源，事实应有充分、客观、公正的依据。

（二）引用的数字应采用阿拉伯数字，货币金额除特别说明外，应指人民币金额，并以元、千元或万元为单位。

（三）发行人可根据有关规定或其他需求，编制上市公告书外文译本，但应保证中、外文文本的一致性，并在外文文本上注明："本上市公告书分别以中、英（或日、法等）文编制，在对中外文本的理解上发生歧义时，以中文文本为准。"

（四）上市公告书应采用质地良好的纸张印刷，幅面为209×295毫米（相当于标准的A4纸规格）。

（五）上市公告书封面应载明发行人的名称、"上市公告书"的字样、公告日期等，可载有发行人的外文名称、徽章或其他标记、图案等。

（六）上市公告书不得刊登任何有祝贺性、恭维性或广告性的词句。

第十条　发行人应在其股票上市五日前，将上市公告书全文刊登在至少一种由中国证监会指定的报刊及中国证监会指定的网站上，并将上市公告书文本备置于发行人住所、拟上市的证券交易所住所、有关证券经营机构住所及其营业网点，以供公众查阅。

第十一条　发行人可将上市公告书刊载于其他报刊和网站，但其披露时间不得早于在中国证监会指定报刊和网站的披露时间。

第十二条　上市公告书在披露前，任何当事人不得泄露有关的信息，或利用这些信息谋取利益。

第十三条　发行人应在披露上市公告书后十日内，将上市公告书文本一式五份分别报送中国证监会及发行人所在地的派出机构、上市的证券交易所。

第十四条　发行人董事会应保证上市公告书的真实性、准确性、完整性，承诺其中不存在虚假记载、误导性陈述或重大遗漏，并承担个别和连带的法律责任。

第二章　上市公告书

第一节　重要声明与提示

第十五条　发行人董事会应在上市公告书显要位置作如下重要声明与提示：

"本公司董事会保证上市公告书的真实性、准确性、完整性，全体董事承诺上市公告书不存在虚假记载、误导性陈述或重大遗漏，并承担个别和连带的法律责任。"

"根据《公司法》、《证券法》等有关法律、法规的规定，本公司董事、高级管理人员已依法履行诚信和勤勉尽责的义务和责任。"

"证券交易所、中国证监会、其他政府机关对本公司股票上市及有关事项的意见，均不表明对本公司的任何保证。"

"本公司提醒广大投资者注意，凡本上市公告书未涉及的有关内容，请投资者查阅XX年XX月XX日刊载于XX（报刊）的本公司招股说明书摘要，及刊载于XX网站的本公司招股说明书全文。"

第十六条　会计师事务所对发行人财务报告出具了带说明段的无保留意见的审计报告的，发行人应作如下重要提示：

"XX会计师事务所对本公司财务报告出具了有说明段的无保留意见的审计报告，请投资者注意阅读该审计报告及相关财务报表附注。本公司董事会、监事会对相关事项已作详细说明，请投资者注意阅读。"

第二节　概　览

第十七条　发行人应在上市公告书设一概览，提示性地说明本上市公告书的关键内容，以使投资者尽快了解上市公告书的主要内容。概览部分的内容主要包括：

（一）股票简称；

（二）股票代码；

（三）总股本；

（四）可流通股本；

（五）本次上市流通股本；

（六）对首次公开发行股票前股东所持股份的流通限制及期限；

（七）首次公开发行股票前股东对所持股份自愿锁定的承诺；

（八）上市地点；

（九）上市时间；

（十）股票登记机构；

（十一）上市推荐人。

第三节　绪　言

第十八条　发行人应在绪言部分披露：

（一）编制上市公告书依据的法律、法规名称；

（二）股票发行核准的部门和文号、发行数量和价格等；

（三）股票上市的批准单位和文号、上市地点、股票简称和代码等；

（四）本上市公告书与招股说明书所刊载内容的关系。

第四节　发行人概况

第十九条　发行人应披露：

（一）发行人的基本情况，包括发行人中英文名称、注册资本、法定代表人、住所、经营范围、主营业务、所属行业、电话、传真、电子邮箱、董事会秘书；

（二）发行人的历史沿革，应说明发行人的设立及发展主要历程，历次股权变动情况等；

（三）发行人的主要经营情况，主要包括发行人在产品、技术、人才等方面的优势和劣势，主要财务指标，拥有的主要知识产权、政府特许经营权和非专利技术，享有的财政税收优惠政策等。

第五节　股票发行与股本结构

第二十条　发行人应披露本次股票上市前首次公开发行股票的情况，主要包括：

（一）发行数量；

（二）发行价格；

（三）募股资金总额；

（四）发行方式；

（五）配售比例（如有）；

（六）配售主要对象（如有）；

（七）发行费用总额及项目；

（八）每股发行费用。

第二十一条　发行人应披露本次股票上市前首次公开发行股票的承销情况，包括社会公众认购股票后由承销商包销股票的数量、主承销商及承销团成员分销比例及数量等。

第二十二条　发行人应披露注册会计师对本次上市前首次公开发行股票所募股资金的验资报告，以及募股资金入帐情况，包括入帐时间、入帐金额、入帐帐号与开户银行。

第二十三条　发行人应披露上市前股权结构及各类股东的持股情况，主要包括：

（一）按发起人股、社会公众股等披露股权结构；

（二）披露最大十名股东的名称、持股数、持股比例等。

第六节　董事、监事、高级管理人员及核心技术人员

第二十四条　发行人应简要披露董事、监事、高级管理人员及核心技术人员的情况，包括姓名、年龄、性别、国籍或在境外的永久居留权、学历、职称、在发行人的职务等。以上人员在招股说明书披露日至上市公告书刊登日期间有变动的，应特别注明。

第二十五条　发行人应按招股说明书准则的有关规定，分别按个人持股、家属持股、法人持股等类别，披露董事、监事、高级管理人员及核心技术人员持有发行人股份的简况。

第二十六条　发行人如按规定设置有认股权，应披露认股权计划的主要内容、执行情况，已发放认股权的行权情况等。

第二十七条　发行人应披露董事、监事、高级管理人员及核心技术人员所持股份锁定的情况及契约性安排，以及上述人员自愿锁定所持股份声明的主要内容。

第七节　同业竞争与关联交易

第二十八条　发行人应按招股说明书准则的有关规定，简要披露有关同业竞争的情况，发行人关联方、关联关系以及发生的重大关联交易的情况。

第八节　财务会计资料

第二十九条　发行人应按本准则的有关要求简要披露在招股说明书中披露的财务会计资料及首次公开发行后的重大财务变化（如有）。

第三十条　会计师事务所对发行人财务报告出具标准无保留意见的审计报告的，发行人应在上市公告书中说明；出具带说明段的无保留意见的审计报告的，发行人应披露审计报告的全文及相关的财务报表附注，发行人董事会及监事会对该审计意见涉及事项的说明。

第三十一条　发行人应转载在招股说明书已披露过的主要财务指标。

发行人补充最近一期未经审计的财务会计资料的，应补充披露该期上述财务指标。

第三十二条　发行人应简要披露在招股说明书中披露的盈利预测数据。

第九节　其他重要事项

第三十三条　发行人应披露股票首次公开发行后至上市公告书公告前已发生的可能对发行人有较大影响的其他重要事项，主要包括：

（一）主要业务发展目标的进展；

（二）所处行业或市场重大变化；

（三）主要投入、产出物供求及价格的重大变化；

（四）重大投资；

（五）重大资产（股权）收购、出售；

（六）发行人住所的变更；

（七）重大诉讼、仲裁案件；

（八）重大会计政策的变动；

（九）会计师事务所的变动；

（十）发生新的重大负债或重大债项发生变化；

（十一）其他应披露的重大事项。

第十节　董事会上市承诺

第三十四条　发行人应列示自上市之日起董事会作出的承诺。董事会应承诺严格遵守《公司法》、《证券法》等法律、法规和中国证监会的有关规定，并自股票上市之日起作到：

（一）承诺真实、准确、完整、公允和及时地公布定期报告，披露所有对投资者有重大影响的信息，并接受中国证监会、证券交易所的监督管理；

（二）承诺发行人在知悉可能对股票价格产生误导性影响的任何公共传播媒介中出现的消息后，将及时予以公开澄清；

（三）发行人董事、监事、高级管理人员和核心技术人员将认真听取社会公众的意见和批评，不利用已获得的内幕消息和其他不正当手段直接或间接从事发行人股票的买卖活动；

（四）发行人没有无记录的负债。

第十一节　上市推荐人及其意见

第三十五条　发行人应披露推荐人的有关情况，包括名称、法定代表人、住所、联系电话、传真、联系人等。

第三十六条　发行人应披露推荐人的推荐意见。

第三章　附　则

第三十七条　本准则由中国证监会负责解释。

第三十八条　本准则自发布之日起施行。

中国证券监督管理委员会
二〇〇一年三月十五日

上市公司新股发行申请文件

第一条　为进一步规范上市公司新股发行（包括配股和增发）申请文件的报送行为，根据《中华人民共和国公司法》（以下简称“《公司法》”）、《中华人民共和国证券法》（以下简称“《证券法》”）等有关法律、法规的规定，制定本准则。

第二条　根据《上市公司新股发行管理办法》申请发行新股的上市公司（以下简称“发行人”），应当按照本准则的要求制作申请文件。

第三条　申请文件是上市公司为发行新股，向中国证券监督管理委员会（以下简称“中国证监会”）报送的必备文件。

第四条　发行人报送的申请文件应包括要求在指定报刊或网站披露的文件，以及不要求在指定报刊或网站披露的文件两个部分。发行申请经中国证监会核准且发行人按要求在指定报刊或网站披露有关文件后，发行人的整套申请文件均可供投资者查阅。中国证监会鼓励发行人通过网站披露不要求公开披露的其他文件。

第五条　本准则规定须报送的申报材料是对发行申请文件的最低要求，发行人可视实际情况增加。申请文件目录（见附件）要求提供的某些材料对发行人确实不适用的，可不必提供，但应向中国证监会作出书面说明。中国证监会视审核需要，可以要求发行人提供有关补充材料。

第六条　发行申请文件一经申报，未经中国证监会同意不得随意增加、撤回或更换。

第七条　发行人、主承销商及负责出具专业意见的律师、注册会计师以及注册资产评估师等应审慎对待所申报的材料和所出具的意见。发行人全体董事及有关中介机构应按要求在所提供的有关文件上发表声明或签字，确保申请文件的真实性、准确性和完整性。发行人律师、注册会计师以及其他有关中介机构对其出具的专业报告或意见纳入招股文件，应提供同意函。

第八条　发行人主承销商应履行其对发行申请文件的质量控制的义务，按有关规定对申请文件进行核查并出具内核意见。

第九条　发行人应根据中国证监会对发行申请文件的审核反馈意见提供补充材料，发行人全体董事应对补充内容出具正式回复意见。有关中介机构应履行其对相关问题进行尽职调查或补充出具专业意见的义务。

第十条 发行人报送发行申请文件，初次报送三份，其中一份按规定报送原件；在提交股票发行审核委员会审核之前，根据中国证监会要求的书面文件份数补交申请文件。

第十一条 纳入发行申请文件原件的文件，均应为原始文本。发行人不能提供有关文件的原始文本的，应由发行人律师提供鉴证意见，或由出文单位盖章，以保证与原始文体一致。如原出文单位不再存续，由承继其职权的单位或作出撤销决定的单位出文证明文件的真实性。

第十二条 发行申请文件的纸张应采用幅面为209×295毫米规格的纸张（相当于标准A4纸张规格），双面印刷（需提供原件的历史文件除外）。

第十三条 发行申请文件的封面应标有"XXX股份有限公司配股（或增发）申请文件"字样。侧面应标注"XXX股份有限公司配股（或增发）申请文件原件（或复印件）"字样。发行申请文件的扉页应附发行人董事会秘书及有关中介机构项目负责人的姓名、电话、传真及其他有效的联系方式。

第十四条 发行申请文件章与章之间、章与节之间应有明显的分隔标识。

第十五条 申请文件中的页码必须与目录中的页码相符。页码标注的举例如，第四章4—1的页码标注为：4—1—1，4—1—2，4—1—3，......4—1—n。

第十六条 中国证监会核准前，发行人应按要求补充提供有关文件的原件及其复印件。

第十七条 在每次报送书面文件（包括配股说明书/招股意向书、法律意见书、有关专项说明或报告等）的同时，发行人应报一份相应的电子文件（应为标准.doc或.rtf文件）。

第十八条 对未按本准则的要求制作和报送发行申请文件的，中国证监会可不予受理或要求重新制作或报送。

第十九条 本准则由中国证监会负责解释。

第二十条 本准则自发布之日起施行。

附录：上市公司新股发行申请文件目录

第一部分 要求在指定报刊或网站披露的文件

第一章 本次配股/增发的招股文件

1—1 招股说明书（配股或增发）

1—1—1 招股说明书（配股或增发）（申报稿）

1—1—2 附录一：盈利预测报告及盈利预测报告审核报告全文（如有）

1—1—3 附录二：重大资产重组的发行人提供的模拟财务报告及其审计报告、重组进入发行人相关资产经审计的财务报表及附注

1—1—4 附录三：发行人董事会、监事会关于非标准无保留意见审计报告涉及事项处理情况的说明（如有）

1—1—5 附录四：注册会计师关于非标准无保留意见审计报告的补充意见（如有）

1—2 发行公告（适用于增发）

第二部分 不要求在指定报刊或网站披露的文件

第二章 主承销商关于本次配股/增发的文件

2—1 主承销商推荐函

2—2 主承销商尽职调查报告

2—3 本次配股/增发申请文件的核对表

第三章 发行人律师关于本次配股/增发的文件

3—1 法律意见书

3—2 律师工作报告

第四章 发行人关于本次配股/增发的申请与授权文件

4—1 发行人关于本次配股/增发申请报告

4—2 发行人董事会决议

4—3 董事会决议及召开股东大会通知的公告（复印件）

4—4 发行人股东大会决议

4—5 股东大会决议的公告（复印件）

第五章 关于本次配股/增发募集资金运用的文件

5—1 本次配股/增发募集资金运用的可行性分析报告

5—2 政府有关部门同意投资项目立项（包括固定资产投资、技改项目等）的批文（参考文件）

5—3 发行人拟收购资产（包括权益）的财务报告（如有）、资产评估报告和/或审计报告（涉及发行人收购资产）

第六章 其他文件

6—1 发行人最近三年及最近一期的财务报告及其审计报告

6—2 重大资产重组的发行人购入资产的原始财务报告及其审计报告

6—3 注册会计师关于发行人内部控制制度的评价报告

6—4 检查中发现问题的发行人的整改报告

6—5 会计师事务所关于前次募集资金使用情况的专项报告

6—6 发行人董事会关于前次募集资金使用情况的说明

6—7 主承销商关于发行人投资价值的分析报告（适用于增发）

6—8 主承销商承诺函（适用于增发）

6—9 发行人承诺函（适用于增发）

6—10 发行人最近一次股份变动公告（复印件）

6—11 发行人营业执照（复印件）

6—12 与本次发行有关的中介机构及签字人员从事证券业务的资格证书（由机构盖章确认并说明用途的复印件，其中签字律师及其所在机构还需提供通过年检的执业证书复印件，该复印件需由所属司法局盖章确认说明用途。）

中国证券监督管理委员会

二00一年四月十日

上市公司发行新股招股说明书

第一章 总 则

第一条 为规范上市公司发行股票的信息披露行为，保护投资者的合法权益，根据《中华人民共和国公司法》（以下简称《公司法》）、《中华人民共和国证券法》（以下简称《证券法》）、《上市公司新股发行管理办法》及其它相关法律、行政法规的规定，制定本准则。

第二条 申请在中华人民共和国境内发行新股的上市公司（以下称"发行人"），应按照本准则编制招股说明书并公开披露。本准则所称招股说明书包括配股说明书、增发招股意向书及增发招股说明书。发行人向原股东配售股票（以下简称"配股"）应编制配股说明书，发行人向社会公众发售股票（以下简称"增发"）应编制增发招股意向书及增发招股说明书。

第三条 招股说明书是发行人向中国证券监督管理委员会（以下简称"中国证监会"）申请发行新股的必备法律文件。发行人公开披露的招股说明书须经中国证监会核准。

第四条 本准则的规定是招股说明书披露信息的最低要求。凡对投资者投资决策有重大影响的信息，不论本准则有无规定，均应披露。若本准则某些具体要求对发行人不适用，发行人可根据实际情况在不影响披露内容完整性的前提下做适当修改，同时在申报时作书面说明。

第五条 发行人因商业秘密或其它原因致使某些信息确实无法披露，可向中国证监会申请豁免。

第六条 在不影响信息披露的完整并保证阅读方便的前提下，发行人可采用相互引征的方法，对各相关部分的内容进行适当的技术处理，以免重复。

第七条 经核准的招股说明书披露之前，发生与申报文件不一致或应予补充披露的事项，发行人应及时向中国证监会书面说明情况，并修订招股说明书，必要时须重新报经中国证监会核准。

招股说明书披露后至本次发行的新股上市前，发生上述情况的，发行人应及时履行信息披露义务。

第八条 招股说明书的编制还应遵循以下要求：

（一）引用的数据应注明资料来源，事实应有充分、客观、公正的依据；

（二）引用的数字应采用阿拉伯数字，有关金额的资料除特别说明之外，应指人民币金额，并以元、千元或万元为单位；

（三）发行人可编制招股说明书外文译本，但应保证中外文文本的一致性，并在外文文本上注明："本招股说明书分别以中、英（或日、法等）文编制，在对中外文本的理解上发生歧义时，以中文文本为准。"；

（四）招股说明书文本应采用幅面为209×295毫米（相当于标准的A4纸规格）的纸张印刷；

（五）不得有祝贺性、广告性和恭维性的内容。

第九条 发行人配股，应在承销开始前五个工作日将配股说明书刊登在中国证监会指定的至少一种报刊及互联网网站上，并将正式印制的配股说明书文本置备于发行人住所、证券交易所、承销团成员住所，以备公众查阅。

第十条 增发招股意向书除发行数量、发行价格及筹资金额等内容可不确定外，其内容和格式应与增发招股说明书一致。

发行人应将增发招股意向书刊登在中国证监会指定的至少一种报刊及互联网网站上，并应载明："本招股意向书的所有内容均构成招股说明书不可撤销的组成部分，与招股说明书具有同等法律效力"。

发行价格确定后，发行人应编制增发招股说明书，报中国证监会备案。招股说明书应刊登在中国证监会指定的互联网网站上，并置备于发行人住所、拟上市证券交易所及承销团成员住所，以备公众查阅。

第十一条 招股说明书的文字应简洁、通俗和准确。在指定报刊刊登的招股说明书最小字号为标准6号字，最小行距为0.02。

第十二条 发行人可将招股说明书刊登在其他报刊和网站上，但不得早于在中国证监会指定报刊和网站上披露的时间。

第十三条 发行人应在披露配股说明书或增发招股说明书后十天内将正式印制的文本一式五份分别报送中国证监会、证券交易所及发行人所在地的中国证监会派出机构。

第十四条 发行人董事会及全体董事应保证招股说明书内容的真实性、准确性、完整性，承诺其中不存在虚假记载、误导性陈述或重大遗漏，并承担相应的责任。

第十五条 主承销商应受发行人委托参与编制招股说明书，并对招股说明书的内容进行核查，确认招股说明书不存在虚假记载、误导性陈述或重大遗漏，并承担相应的法律责任。

第十六条 发行人律师可受发行人委托参与编制招股说明书，并应对招股说明书进行审阅，确认招股说明书不存在虚假记载、误导性陈述或重大遗漏的法律风险，并承担相应的法律责任。

第十七条 发行人律师、注册会计师、注册资产评估师、验资人员及其所在的中介结构等应书面同意发行人在招股说明书中引用由其出具的专业报告或意见的内容。

第十八条 特殊行业的发行人编制招股说明书，还应遵循该行业信息披露的特别规定。

第二章　招股说明书

第一节　封面、书脊、扉页、目录、释义

第十九条 招股说明书文本封面应标明"××公司增发招股说明书(或配股说明书)"字样，并应载明已在境内上市股票简称和代码(若有)、发行人注册地、主承销商和副主承销商名称、招股说明书公告时间。

第二十条 招股说明书文本书脊应标明"公司增发招股说明书(或配股说明书)"字样。

第二十一条 招股说明书文本扉页应刊登如下内容：发行人中英文名称及注册地、境内上市股票简称和代码(如有)、本次发行股票类型、发行股票数量、每股面值、发行价格、预计募集资金量、发行方式与发行对象、发行日期、申请上市证券交易所、承销团成员、发行人聘请的律师事务所和会计师事务所、签署日期等。

第二十二条 扉页应当刊登发行人董事会的如下声明：

"本公司董事会已批准本招股说明书，全体董事承诺其中不存在任何虚假、误导性陈述或重大遗漏，并对其真实性、准确性、完整性承担个别和连带的法律责任。"

"证券监督管理机构及其他政府部门对本次发行所作的任何决定，均不表明其对发行人所发行股票的价值或者投资人的收益作出实质性判断或者保证。任何与之相反的声明均属虚假不实陈述。"

"根据《证券法》的规定，股票依法发行后，发行人经营与收益的变化，由发行人自行负责，由此变化引致的投资风险，由投资者自行负责。"

第二十三条 发行人应在扉页中作"特别风险提示"，提醒投资人关注发行人面临的突出风险。

第二十四条 发行人增发未作盈利预测的，应在"特别风险提示"中披露原因，并特别提醒投资者注意投资风险。

第二十五条 发行人近三年及最近一期的财务报告被出具非标准无保留审计意见，发行人应在"特别风险提示"中作如下提示：

"××会计师事务所对本发行人××年度的财务报告出具了有解释性说明段的无保留意见(或保留意见等)审计报告，请投资者注意阅读该审计意见全文及相关附注。注册会计师已对该事项出具补充意见，发行人董事会、监事会已对相关事项作详细说明，也请投资者注意阅读。"

第二十六条 招股说明书目录应标明各章、节的标题及其对应的页码。

第二十七条 招股说明书释义应在目录次页排印。

第二节　概　览

第二十八条 发行人应在本部分起首声明，概览仅为招股说明书全文的扼要提示，投资者作出投资决策前，应认真阅读招股说明书全文。

第二十九条 发行人应在本节简介发行人基本情况、最近三年及最近一期的主要财务数据、盈利预测数据、本次发行概况及募集资金主要用途等。

第三节　本次发行概况

第三十条 招股说明书应载明编写所依据的法规，发行人内部批准本次发行的程序，核准本次发行的部门。

第三十一条 发行人应至少披露下列机构的名称、法定代表人、办公地址、联系电话、传真，同时应披露相关经办人员的姓名：

(一)发行人；

(二)承销团成员；

(三)发行人律师事务所；

(四)审计机构；

(五)资产评估机构(如有)；

(六)独立财务顾问(如有)；

(七)股份登记机构；

(八)收款银行；

(九)申请上市的证券交易所；

(十)其他。

第三十二条 招股说明书应披露本次发行方案的基本情况，主要包括：

(一)发行股票的种类、每股面值、股份数量；

(二)定价方式或发行价格；

(三)发行方式与发行对象：发行人若对投资者进行分类，应披露分类标准；分类中若有战略投资者，应披露其基本情况、与发行人的关系及配售的数量；

(四)预计募集资金总额(含发行费用)；

(五)股权登记日和除权日；

(六)承销期间的停牌、复牌及新股上市的时间安排(不能确定具体时间的，可以某一时间为基准点计算)；

(七)本次发行股份的上市流通，包括各类投资者持有期的限制或承诺。

第三十三条 招股说明书应当至少披露与本次承销和发行有关的下列事项：

(一)承销方式(包销或代销)；

(二)承销期的起止时间(注明如何计算起止时间，可不确定具体日期)；

(三)全部承销机构的名称及其承销量；

(四)发行费用，包括承销费用、审计费用、验资费用、评估费用、律师费用、发行手续费用、审核费用及其他费用。其中，其他费用应当列出主要的明细项目。

第三十四条 招股说明书应根据不同的发行方式，披露新股上市前的重要日期，包括：招股说明书公布日、发行公告刊登日、申购期、资金冻结日期、预计上市日期等。

第四节　风险因素

第三十五条 参照《公开发行证券的公司信息披露内容与格式准则第1号——招股说明书》的有关章节披露。

第五节　发行人基本情况

第三十六条 发行人基本情况应披露注册中、英文名称及缩写，股票上市地，股票简称及代码，法定代表人，注册时间，注册地址、办公地址及其邮政编码，电话、传真号码，互联网网址，电子信箱等。

第三十七条 发行人应简单介绍公司成立及历次公开发行股票的情况。

第三十八条 发行人应以方框图或其它形式披露发行人的组织结构和对其他企业的权益投资情况。

第三十九条 发行人应披露对其有实际控制权的股东以及其他主要股东的基本情况。若涉及自然人股东，应披露该自然人的姓名、简要背景及其所持有的发行人股票被质押的情况等。若涉及法人股东，应披露该法人的名称及其股权的构成情况，成立日期、主要业务、注册资本、所持有的发行人股票被质押的情况等。

第四十条 发行人应披露其直接或间接控股企业的主要业务、注册资本、发行人持有的权益比例、最近一年基本财务状况(应注明是

否经过审计及审计机构名称)等情况。

第四十一条 发行人若主要从事对外投资,应披露对外投资及其风险管理的主要制度。

第四十二条 发行人应当披露本次发行后公司股本结构的变化情况。

第六节 业务和技术

第四十三条 发行人应参照《公开发行证券的公司信息披露内容与格式准则第1号——招股说明书》的有关章节披露。

第七节 同业竞争与关联交易

第四十四条 发行人应披露对其具有实际控制权的法人及其所控制的关联企业是否存在与发行人从事相同、相似业务的情况,并对是否存在同业竞争作出解释。

第四十五条 发行人对同业竞争的解释应包括相同、相似业务的客户、市场差别以及对发行人的客观影响等方面。

第四十六条 对于已存在或可能存在的同业竞争,发行人应披露解决同业竞争的措施。对可能损害发行人及其他股东利益的同业竞争,发行人应在"特别风险提示"中充分披露。

第四十七条 发行人应披露在股东协议、公司章程等方面作出的避免同业竞争的规定。

第四十八条 发行人应披露律师、主承销商对发行人是否存在同业竞争和避免同业竞争措施的有效性所发表的意见。

第四十九条 发行人所披露的关联方关系和关联交易应遵循企业会计准则及会计制度的规定。

第五十条 发行人应披露最近一个会计年度内发生的重大关联交易事项。对于某一关联方,若报告期内累计交易总额高于3000万元或占上市公司最近一期经审计净资产值5%以上或占本期净利润的10%以上的关联交易,发行人应予披露。

第五十一条 关联交易可以按不同的交易类型分别披露:

(一)购销商品、提供劳务发生的关联交易,至少应披露以下内容:关联交易方、交易内容、定价原则、交易价格、交易金额、占同类交易金额的比例、结算方式及关联交易事项对公司利润的影响。可以获得同类交易市场价格的,应披露市场参考价格,实际交易价格与市场参考价格差异较大的,应说明原因。大额销货退回需披露详细情况。公司还应对上述关联交易的必要性和持续性作出说明。

(二)资产、股权转让发生的关联交易,至少应披露以下内容:关联交易方、交易内容、定价原则、资产的帐面价值、评估价值、转让价格、结算方式及获得的转让收益,转让价格与帐面价值或评估价值差异较大的,应说明原因。

(三)公司与关联方(包括未纳入合并范围的子公司)存在债权、债务往来、担保等事项的,应披露形成的原因及其对公司的影响。

第五十二条 发行人应披露最近三年关联交易对其财务状况和经营成果的影响,包括在营业收入和营业成本中所占的比例,对上述比例的披露应说明比较口径。

第八节 董事、监事、高级管理人员

第五十三条 发行人应披露董事、监事、高级管理人员的下列情况:

(一)姓名;

(二)性别;

(三)年龄;

(四)学历;

(五)职称;

(六)曾经担任的重要职务及任期;

(七)主要从业简历及在发行人的现任职务和兼任其他单位的职务。

第五十四条 发行人应披露董事、监事、高级管理人员的持股情况,包括本次发行前持有发行人股份的数量及比例,所持股份的锁定、质押或冻结情况。

第五十五条 发行人应披露董事、监事、高级管理人员最近一个完整会计年度从发行人及其关联企业领取报酬的情况,包括领取的工薪(月薪或年薪)金额,奖金金额及取得的津贴,所享受的其他物资待遇,退休金计划,所享有的认股权情况等。

第九节 公司治理结构

第五十六条 发行人应披露其在业务、资产、人员、机构、财务等方面与对其具有实际控制权的股东分开的情况,并说明公司是否具有独立完整的生产经营能力。若发行人不能完全独立于具有实际控制权的股东,应具体说明这种状况对发行人产生的影响,并披露相应的改进措施。

第五十七条 发行人应披露设立独立董事(如有)的情况,包括独立董事的人数,独立董事发挥作用的制度安排以及实际发挥作用的情况等。

第五十八条 发行人应披露重大经营决策程序与规则,包括重大投资决策、重要财务决策的程序与规则,对高级管理人员的选择、考评、激励和约束机制,利用外部决策咨询资源的情况。

第五十九条 发行人应披露管理层对内部控制制度的完整性、合理性及有效性的自我评估意见,同时应披露注册会计师关于发行人内部控制制度评价报告的结论性意见。如注册会计师指出以上"三性"存在重大缺陷,发现人对相关内容应予详尽披露,并说明改进措施。

第十节 财务会计信息

第六十条 发行人披露的财务信息,如未作特别说明,应摘自经有证券业务资格的会计师事务所审计的财务报告。若财务报告被出具非标准无保留审计意见,还应披露审计报告全文、相关事项的财务报表附注以及董事会、监事会对此的详细解释,并说明该事项是否对公司有重大影响或影响是否已消除,同时应披露会计师关于该事项对发行人是否有重大影响或影响是否已消除所发表的意见。

第六十一条 发行人应披露最近三个会计年度及最近一期的比较合并资产负债表、利润表及现金流量表,以及最近一期的合并财务报表附注。

第六十二条 发行人在此期间若有重大资产重组行为,应遵循前条要求,披露模拟财务报表,并特别说明模拟的基础及假设,同时应披露发行人重组前经审计的财务报表作为参考资料。

第六十三条 发行境内上市外资股和境外上市外资股的公司,由于在境内外披露的财务会计资料所采用的会计准则不同,导致发行前一年末净资产及前一年净利润存在差异的,发行人应披露合并财务报表差异调节表。

第六十四条 发行人应以合并财务报表的数据为基础,披露最近三年的下列财务指标的计算公式和数据:流动比率、速动比率、资产负债率(以母公司的报表为基础)、应收帐款周转率、存货周转率、净资产收益率、每股净利润、每股经营活动的现金流量、每股净现金流量。

净资产收益率、每股收益的计算及其披露应执行信息披露编报规则的有关规定。

第十一节 管理层讨论与分析

第六十五条 发行人应披露管理层对公司财务状况和经营成果的讨论与分析。发行人应使用逐年比较或其他便于理解的形式对最近三个会计年度及最近一期的财务状况、经营成果进行分析。

第六十六条 发行人不能仅以描述方式重复财务报告的内容,任何导致对发行人过去及未来财务状况、经营成果有重大影响的事项(不限于财务方面)均应予以深入的讨论与分析。

第六十七条 发行人应围绕未来的业务目标和盈利预测,分析发行人存在的主要财务优势及困难,分析经营和盈利能力的连续性和稳定性。如果分析表明某种实质性的趋势或变化可能对发行人产生不利的影响,发行人应披露已经采取或计划采取的具体补救措施。

第六十八条 管理层讨论与分析应着重于管理层已知的、从一般性财务报告分析难以取得且对公司今后有影响的重大事项,包括将会对未来经营有影响但过去尚未发生的重大事项,对最近会计年度财务经营状况有影响但预期不会再次发生的重大事项。

第六十九条 管理层讨论与分析应涉及公司财务经营状况、现金流量、重大投融资及资本支出计划、表外事项等重要方面,包括但不限于以下项目:

(一)主营业务收入,若行业收入占主营收入10%以上,应按行业进行分析,其中季节性收入、主要业务市场变化情况、新业务开展情况应予以特别披露;营业毛利;期间费用;投资收益;所得税;非主营业务对公司利润的影响。

(二)以营运资金为基础的公司短期财务状况,重点为流动比率、速动比率、应收帐款周转率、存货周转率等;资产负债及股东权益情况;资产质量及资产结构。

(三)经营活动、投资活动和筹资活动产生的现金流量。重点为经营活动产生的现金流量,应着重于对销售商品、提供劳务收到的现金,购买商品、接受劳务收到的现金,收到的其他与经营活动有关的现金,支付的其他与经营活动有关的现金分析。

(四)重大投资、收益,收购兼并情况;债务到期及偿还,包括实际发生情况及计划;银行授信额度及使用情况;重大资本支出情况及计划。

(五)资产出售、抵押、置换、委托经营情况;重大担保、诉讼、或有事项;期后事项。

第十二节 盈利预测

第七十条 发行人在招股说明书中可披露盈利预测报告、盈利预测报告中应载明："本公司盈利预测报告的编制遵循了谨慎性原则，但盈利预测所依据的各种假设具有不确定性，投资者进行投资决策时应谨慎使用"。

第七十一条 盈利预测报告包括盈利预测表及其说明，盈利预测表的格式应与利润表一致，其中预测数应分栏列示已审实现数、未审实现数、预测数和合计数。凡有控股子公司并需要编制合并财务报表的，应分别编制母公司盈利预测表和合并盈利预测表。盈利预测说明包括编制基准、所依据的基本假设及其合理性、与盈利预测数据相关的背景及分析资料等。盈利预测数据包含了特定的财政税收优惠政策或非经常性收支项目的，应特别说明。

第十三节 业务发展目标

第七十二条 发行人应参照《公开发行证券的公司信息披露内容与格式准则第1号——招股说明书》的有关章节披露。

第十四节 本次募集资金运用

第七十三条 发行人应参照《公开发行证券的公司信息披露内容与格式准则第1号——招股说明书》的有关章节披露。

第十五节 前次募集资金运用

第七十四条 发行人应披露资金管理的主要内部制度。

第七十五条 发行人应披露前次募集资金的方式、募集资金的到位时间、募集资金数额、验资机构名称。

第七十六条 发行人应披露前次募集资金时承诺的资金用途与实际运用情况的比较说明。含项目名称、项目计划投资总额及建设期、计划以募集资金投入金额、至最近一期审计报告截止日项目计划投资金额与实际投资金额的比较、项目的计划进度与实际进展情况、项

第七十七条 若募集资金的运用和项目未达到计划进度和效益，董事会应进行解释；若募集资金的运用发生变更，说明变更原因、变更程序及其公开披露的报刊及日期、变更后的投资及效益情况。

第七十八条 若募集资金尚未全部投入计划项目，应披露具体运用情况。募集资金若存放在金融机构，应披露金融机构的名称。

第七十九条 发行人应披露为公司出具审计报告的注册会计师对前次募集资金运用所出具的专项报告结论。

第十六节 股利分配政策

第八十条 发行人应披露税后利润分配政策。发行人若已发行境内或境外上市外资股，应明确说明以按国内、国际会计准则审计的可分配利润数较低者作为利润分配标准。

第八十一条 发行人应披露近三年的股利分配政策和实际分配情况。

第八十二条 发行人应披露本次发行前形成的未分配利润的分配政策。

第八十三条 发行人应披露本次股票发行当年的分配股利计划。若不准备分配股利，应披露原因。

第十七节 其他重要事项

第八十四条 发行人应参照《公开发行证券的公司信息披露内容与格式准则第1号——招股说明书》的有关章节披露。

第十八节 董事及有关中介机构声明

第八十五条 发行人应参照《公开发行证券的公司信息披露内容与格式准则第1号——招股说明书》的有关章节披露。

第十九节 附录和备查文件

第八十六条 附录是招股说明书不可分割的部分，在指定报刊上刊载的配股说明书和增发招股意向书可不披露附录的具体内容，但应列明附录和备查文件的目录。附录应在指定网站上披露，主要包括：

（一）盈利预测报告及盈利预测报告审核报告全文（如有）；

（二）重大资产重组的发行人模拟财务报表及其审计报告、重组进入发行人相关资产经审计的财务报表及附注（如有）；

（三）发行人董事会、监事会关于非标准无保留意见审计报告涉及事项处理情况的说明（如有）；

（四）注册会计师关于非标准无保留意见审计报告的补充意见（如有）。

第八十七条 发行人应将整套发行申请文件及发行人认为相关的其他文件作为备查文件，并告知投资人查阅的时间、地点、电话和联系人，备查文件在互联网上披露的，应披露互联网网址。

发行人可列示备查文件目录，至少包括：

（一）公司章程正本；

（二）中国证监会核准本次发行的文件；

（三）与本次发行有关的重大合同；

（四）承销协议；

（五）最近三年及最近一期的财务报告及审计报告原件；

（六）盈利预测报告及其审核报告的原件（如有）；

（七）不同会计准则财务报表差异调节表（如适用）；

（八）注册会计师关于前次募集资金使用情况的专项报告；

（九）检查中发现问题的发行人的整改报告；

（十）资产评估报告及有关确认文件（如有）；

（十一）注册会计师关于发行人内部控制制度的评价报告；

（十二）发行人律师为本次股票发行出具的法律文件；

（十三）有关资产重组的法律文件（如有）；

（十四）其他与本次发行有关的重要文件。

第三章 附 则

第八十八条 本准则自发布之日起施行。

中国证券监督管理委员会

二〇〇一年四月十日

商业银行招股说明书内容与格式特别规定

第一条 为规范公开发行股票商业银行（以下简称商业银行）的信息披露行为，保护投资者的合法权益，依据《中华人民共和国公司法》、《中华人民共和国证券法》等法律法规，制订本规定。

第二条 商业银行为首次发行股票而编制招股说明书时，除应遵循中国证券监督管理委员会（以下简称中国证监会）有关招股说明书内容与格式准则的一般规定外，还应遵循本规定的要求。

第三条 商业银行应披露不少于最近三年的如下主要财务数据：总负债、存款总额、长期存款及同业拆入总额、贷款总额、正常贷款、逾期贷款、呆滞贷款、呆账贷款。

必要时，还应提供自最后一个会计年度终止后到编制招股说明书之前最近可行的月份终了的上述财务数据。

第四条 商业银行应披露下列各种风险因素。对这些风险因素能够作出定量分析的，应进行定量分析；不能作出定量分析的，应进行定性描述。

（一）分析可能存在的信贷风险，尤其要分析目前的贷款组合、客户集中性风险、银行的贷款准备金制度及目前准备金水平。

（二）分析可能存在的流动性风险，包括：

1、说明此风险的存在对银行可能造成的后果，以及银行管理层对此的明确政策；说明银行是否建立用于监控此风险的管理信息系统和其他内部控制制度；说明对银行流动性风险管理水平的评估情况。

2、分析自身的规模和所处的经营环境，结合财务报表及其附注，说明流动性如何受到不利因素的影响，这些不利影响因素包括（但不限于）：信贷需求的大幅度增长、大量履行各种贷款的承诺、存款水平剧减、国内或国外利率的急剧变化等。

3、分析银行的流动性对某一类资金来源的依赖程度，银行短期可兑现的流动资产、短期融资能力和成本，银行在货币市场上的信誉，同时应披露银行是否有紧急融资计划来处理突发事件。

4、分析资本充足率的现状。

（三）披露因汇率变化而产生的风险，如汇率变化对外汇交易、对持有外币资产和负债的影响等。

（四）披露因市场利率变动而产生的风险，如银行所采用的利率政策、利率的变动对银行获利能力和财务状况的影响，并对此种影响进行敏感性分析。

（五）披露技术和人为因素而产生的风险，如电脑系统不可靠、舞弊、欺诈行为和资产保全措施不得当等产生的风险。

（六）披露因国家法律、法规、政策的变化而产生的风险，如税收制度、经营许可制度、外汇制度等的变化对银行的影响。

（七）其他风险，如我国加入世界贸易组织后，更多的外资商业银行被允许进入中国信贷市场等所产生的风险。

第五条 商业银行应建立健全内部控制制度，并在招股说明书正文中专设一部分，对其内部控制制度的完整性、合理性和有效性作出说明。

商业银行还应委托所聘请的会计师事务所对其内部控制制度及风险管理系统的完整性、合理性和有效性进行评价，提出改进建议，并以内部控制评价报告的形式作出报告。内部控制评价报告随招股说明书一并呈报中国证监会。

所聘请的会计师事务所指出以上三性存在严重缺陷的，商业银行应予披露，并说明准备采取的改进措施。

第六条 商业银行计划将所募集资金用于增设分支机构的，应披露所需资金数额、拟设地点等内容；募集资金仅用于增加资本的，可不必说明其具体投向；募集资金用于更新设备、收购兼并等其他用途时，需详细披露募集资金投向。

第七条 商业银行应在介绍发行人情况时详细披露其所属分行各自的名称、地点、职员数和资产规模以及各支行、储蓄所数量及地区分布等基本情况。

第八条 商业银行在申请公开发行股票前，应根据资产的潜在损失可能，提足各项损失准备或核销不良资产，据以确定原股东投入的净资产，并披露为解决不良资产问题已采取或拟采取的措施。此外，还应披露如下内容：

(一)最近三年年末贷款的"五级"分类情况，各级贷款呆账准备金计提比例、呆账核销政策和程序；

(二)应收利息和其他应收款项准备金的提取情况，坏帐核销程序与政策。

第九条 商业银行应披露前三年主要贷款类别按月度计算的年平均余额及年平均贷款利率。

第十条 商业银行还应就其所持政府债券和贷款披露如下内容：

(一)持有金额重大的政府债券的有关情况，包括面值、利率、到期日；

(二)重组贷款金额及其中逾期部分金额；

(三)贷款的集中度，即贷款量列前十名的客户贷款金额占贷款总额的比例；

(四)贴现贷款占贷款总额比例超过20%(含20%)的，披露其金额及重要构成。

第十一条 商业银行应披露前三年主要存款类别按月度计算的年平均余额及年平均存款利率。

第十二条 商业银行存在逾期未偿付债务的，应对其金额、利率、存款人或拆入人、未按期偿还的原因、预计还款期等作详细说明。

第十三条 商业银行应披露最近三年每年年末和按月平均计算的年平均如下财务指标(必要时提供最近一期的财务指标)：资本充足率、贷款质量比例、存贷款比例、短期资产流动性比例、拆借资金比例、中长期贷款比例、国际商业借款比例、利息回收率等，其中1—7项指标需列出简要的计算过程。

对以上各指标在最近三年的变化趋势、原因以及其他有关情况，还应作出分析。

第十四条 商业银行应披露可能影响其财务状况和经营成果的主要表外项目的总额及其重要情况，这些表外项目包括银行承兑汇票、融资保函、非融资保函、开出即期信用证、开出远期信用证、贷款承诺、外汇合约、有追索权的资产销售、重要的空白凭证等。

第十五条 商业银行应聘请有商业银行审计经验的、具有执行证券期货相关业务资格的会计师事务所，按中国独立审计准则对其依据中国会计和信息披露准则和制度编制的法定财务报告进行审计。此外，应增加审计内容，聘请获中国证监会和财政部特别许可的国际会计师事务所，按国际通行的审计准则，对其按国际通行的会计和信息披露准则编制的补充财务报告进行审计。

增加审计时需关注的内容包括：损失准备的提取及不良资产的的处置情况；重大表外项目及其对财务状况和经营成果的影响；不同服务对象、经营项目及经营区域的资产质量、获利能力和经营风险；法定财务报告与补充财务报告之间的主要差异等。

招股说明书正文中的财务资料均应摘自法定财务报告。补充财务报告作为招股说明书附录披露，供投资者判断商业银行财务状况和投资风险时参考。

第十六条 本规定由中国证监会负责解释。

第十七条 本规定自发布之日起施行。

中国证券监督管理委员会

二000年十一月二日

商业银行财务报表附注特别规定

第一条 为规范公开发行证券商业银行(以下简称商业银行)的信息披露行为，保护投资者的合法权益，依据《中华人民共和国公司法》、《中华人民共和国证券法》等法律法规，制定本规定。

第二条 商业银行编制财务报表附注时，除应遵循中国证券监督管理委员会(以下简称中国证监会)有关财务报表附注的一般规定外，还应遵循本规定的要求。

第三条 商业银行应在主要会计政策中披露如下内容：

(一)说明贷款的种类和范围，应计贷款转为非应计贷款的标准，及非应计贷款的帐务处理方法。

(二)说明计提呆帐准备的范围和方法。根据余额一定比率计提的一般准备，应说明该比率是如何确定的；根据个别款项的实际情况认定的特别准备，应说明认定的依据，如根据对借款人还款能力、财务状况、抵押担保充分性等的评价。

(三)说明回售证券的计价方法、收益确认方法。

(四)对于外汇交易合约、利率期货、远期汇率合约、货币和利率套期、货币和利率期权等衍生金融工具，应说明其计价方法。采用公允价值的，还应说明公允价值取得方法，如市场比价、未来现金流量等。

对于投机活动的衍生金融工具及用于套期保值目的的其他衍生金融工具，应说明损益的确认方法，及将衍生金融工具确认为套期保值的标准。

第四条 商业银行在会计报表主要项目注释中应披露：

(一)按性质(如准备金、备付金等)分类列示存放中央银行款项，披露计算依据。

(二)按存放境内、境外同业披露存放同业款项。

(三)按拆放境内、境外同业列示拆放同业款项。

(四)按贷款性质(如信用、保证、抵押、质押等)列示短期贷款。

(五)应按如下格式披露应收利息及其坏帐准备：

帐龄	期初			期末		
	金额	比例	坏帐准备	金额	比例	坏帐准备
合计						

应收利息应按表内应收利息和表外应收利息分别披露。

(六)应按性质(如国债、金融债券回购)披露回售证券。

(七)应按下列格式披露中长期贷款：

性质	期初数			期末数		
	合计	1—3年	3年以上	合计	1—3年	3年以上
信用贷款						
保证贷款						
抵押贷款						
质押贷款						
合计						

(八)应按下列格式披露逾期贷款：

性质	期初数	期末数
信用贷款		
保证贷款		
抵押贷款		
质押贷款		
合计		

(九)应按下列格式披露呆滞贷款：

性质	期初数				期末数			
	合计	1—2年	2—3年	3年以上	合计	1—2年	2—3年	3年以上
信用贷款								
保证贷款								
抵押贷款								
质押贷款								
合计								

(十)应按性质(如信用，保证，抵押和质押)分类披露呆帐贷款。

以上第四款、第五款、第七款、第八款、第九款、第十款中如有持本公司5%以上(含5%)股份的股东单位贷款，应在各项目注释中说明。

(十一)应按下列格式披露呆帐准备情况：

类别	期初数	本期计提	本期转回	本期核销	期末数
一般准备					
特别准备					

1、若本期某些款项计提呆帐准备的比例或金额较大，应说明计提的标准和理由。

2、说明对某些金额较大且逾期帐龄较长的款项不计提或计提呆帐准备比例较低的理由。

3、以前年度计提呆帐准备的比例或金额较大的款项，如在本期全额或部分收回，应说明原确定计提比例的理由及现收回的原因。

4、如已批准核销呆帐的款项金额较大，应说明其性质和金额。若实际核销的款项涉及关联方款项，还应单独披露。

（十二）应按下列格式披露同业拆入：

拆入性质　期初数　期末数

境内同业拆入

境外同业拆入

合 计

（十三）应按下列格式披露存入承兑汇票保证金、信用证开证保证金、外汇买卖交易保证金等短期保证金：

款项内容　期初数　期末数

合 计

（十四）应按下列格式披露发行的短期债券：

债券名称　面值　发行日期　到期日　发行金额

（十五）应按性质披露银行承兑汇票、融资保函、非融资保函、贷款承诺、开出即期信用证、开出远期信用证、外汇合约、有追索权的资产销售等表外负债，包括它们的年末余额及其他具体情况。

（十六）披露比较式母公司会计报表中下列项目注释：短期贷款、中长期贷款、逾期贷款、呆滞贷款、呆账贷款总额、短期存款、长期存款总额、利息收入、利息支出、投资收益。

第五条　商业银行应按下列格式披露按币种列示的资产负债情况：

项目　人民币 美元 港币 其他币种合计 折合人民币合计

资产项目：

负债项目：

资产负债净头寸

表外项目净头寸

贷款承诺

第六条　商业银行应按如下格式披露贷款分布情况：

1、按行业分类的贷款情况

行业　年初数　年末数

合 计

减呆帐准备金

贷款净余额

2、按地区分类的贷款情况

地区　年初数　年末数

合 计

减呆帐准备金

贷款净余额

第七条　商业银行应按以下格式披露资产流动性情况：

项目 已逾期 即时偿还 3 个月内 3 个月至 1 年 1 至 5 年 5 年以上 总额

资产：

现金

存放中央银行及

存放同业

贷款

拆放

债券投资

其他资产

资产合计

负债：

存款

同业存放

其他负债

负债合计

表外头寸流动性

流动性净额

第八条　本规定由中国证监会负责解释。

第九条　本规定自发布之日起施行。

中国证券监督管理委员会

二 000 年十一月二日

保险公司招股说明书内容与格式特别规定

第一条　为规范公开发行股票保险公司（以下简称保险公司）的信息披露行为，保护投资者的合法权益，依据《中华人民共和国公司法》、《中华人民共和国证券法》等法律法规，制定本规定。

第二条　保险公司为首次公开发行股票编制招股说明书时，除应遵循中国证券监督管理委员会（以下简称中国证监会）有关招股说明书内容与格式准则的一般规定外，还应遵循本规定的要求。

第三条　保险公司应披露下述财务资料以及相关计算方法与依据：

（一）前两年末经调整内在价值倍数；

（二）前两年内在价值增长情况；

（三）前一年末保险公司内在价值总额、每股内在价值，以及经调整的发行后每股内在价值；

（四）前一年末保险公司估值总额、经调整的保险公司估值总额、经调整估值折让。

第四条　保险公司应披露聘请的精算师事务所和经办精算师，以及精算师费用。

第五条　保险公司应披露各种行业风险和公司自身风险。对这些风险因素能作出定量分析的，应进行定量分析；不能作出定量分析的，应进行定性描述。

（一）在行业风险方面，应披露的内容包括：

1、利率风险，即市场利率变动的风险；

2、欺诈风险，即投保人、被保险人、保险代理人不遵循最大诚信原则，违反法定义务，向保险公司隐瞒重要事实等的风险；

3、政策性风险，即因国家政策、法律、法规变化而产生的风险，如因税收、政府监管等方面政策的变化而产生的风险；

4、其他风险，即上述因素之外的行业风险，如经济环境的变化、加入世界贸易组织、其他金融服务业的竞争给保险业带来的风险等。

（二）在公司自身风险方面，应披露的内容包括：

1、假设风险，即保险公司产品定价、计提各项责任准备金、计算内在价值与估值采用的利率假设等与实际不相符合，导致定价不充分、准备金计提不足等的风险。应分析厘定保险费率时采用的预定利率、预定附加费率等，计提各项责任准备金时采用的评估利率等，以及计算内在价值、估值时采用的贴现率、投资回报率等的依据是否充分、合理；

2、资产风险，即保险公司资产价值下降或未产生预期盈利能力的风险，尤其应分析资产风险的关键因素；

3、资产与负债匹配风险，即保险公司资产与负债在结构上不相匹配，对最低偿付能力造成不利影响的风险；

4、再保险安排风险，即再保险安排不适当的风险；

5、人力资源风险，即重要人才缺失的风险；

6、其他风险，即在上述风险因素之外自身存在的风险，如巨灾风险、资本充足率风险、政策性风险与保险产品条款设计风险等。

第六条　保险公司应建立健全内部控制制度，并在招股说明书正文中专设一部分，对其内部控制制度的完整性、合理性和有效性作出说明。

保险公司还应委托所聘请的会计师事务所对其内部控制制度及风险管理系统的完整性、合理性和有效性进行评价，提出改进建议，并以内部控制评价报告的形式作出报告。内部控制评价报告随招股说明书一并呈报中国证监会。

所聘请的会计师事务所指出以上三性存在严重缺陷的，保险公司应予披露，并说明准备采取的改进措施。

第七条　保险公司募集资金中计划用于增设分支机构的部分，应披露相关计划、所需资金数额、拟设地点等内容。仅用以增加资本的募集资金，可不必说明其具体投向。

第八条　保险公司应披露公司下述情况：

（一）在行业概览及背景方面，应披露的内容包括：

1、中国保险业概览；

2、与保险公司有关的各大类保险险种的市场状况；

3、保险业监管架构。

（二）在保险公司自身情况方面，应披露的内容包括：

1、保险公司在市场竞争中的主要优势和劣势；

2、各分支机构的分布状况，包括总公司、分公司数量（分别介绍一、二级分公司数量）及分布地区；

3、主要保险产品的市场占有情况；

4、自身展业制度、营销人员及网络，以及保险代理人制度、保险代理人数等；

5、投资理念、较具体的投资策略以及最近三年末、最近一期末（若需要，下同）的投资组合概述；

6、保险产品的研究开发情况，包括研究开发能力，新保险产品研究开发进展等；

7、最近三年、最近一期(若需要，下同)内因国家利率政策调整，对其偿付能力和经营成果等的影响；

8、保险公司与其关联方之间的关联交易，例如保险、再保险、资产管理、担保和代理业务等的有关情况，包括：主要交易方、业务性质、定价政策等。

第九条 保险公司应披露最近三年、最近一期原保险业务收入、费用与利润的有关情况(可采取列表式)，包括按险种大类划分的保费收入、分出保费、计提的未到期责任准备金、赔款支出、给付支出、退保金与手续费支出等。

保险公司如果是财产保险公司，还应说明本年已到结算损益年度长期保险业务、分入再保险业务长期责任准备金的转回数；按未到期时间长短，说明未到结算损益年度长期保险业务、再保险业务的保费收入、提存的长期责任准备金。

第十条 保险公司应扼要披露各主要险种保险费率的厘定依据与方法，包括预定利率、预定给付率与预定附加费率(人身保险)，预定赔付率、预定附加费率(财产保险)等的确定情况等。

第十一条 保险公司应披露最近三年末、最近一期末各主要险种责任准备金的计提方法与依据。提存数与法定提存数存在重大差异的，应披露差异情况及其形成原因。

财产保险公司还应披露前一年、最近一期前期未决、当期已决赔款的金额与已相应提取准备金的重大差异，并说明差异形成原因。

人身保险公司还应披露前一年末不同预定利率保单责任准备金的计提情况，包括准备金提存数(若提存数与法定提存数存在差异，应同时披露法定提存数)以及按合理利率计算的准备金调整数(若存在)。外部精算师应核实这一计算过程，并出具意见。外部精算师对此存在重大异议的，保险公司应予披露，并作出相应说明。

第十二条 保险公司应披露前一年末的实际资产、实际负债与实际偿付能力，以及法定最低偿付能力。当实际偿付能力较低时，应披露其原因，已采取及拟采取的措施。

保险业监管部门最近三年、最近一期对其偿付能力提出过异议的，保险公司应予披露，并作出相应说明。

第十三条 保险公司应披露最近一年末、最近一期末承担保险责任列前十位的保单保险责任，并披露相应采取的风险防范措施等。

第十四条 保险公司应披露尚处有效期的重大分保事项的有关情况。

第十五条 保险公司应按如下格式披露最近一年末经调整的净资产以及内在价值：

金　额

合并报表净资产额

加：预计发行新股所得款项额

加或减：对资产所作的市价调整：

对资产一所作的市价调整

对资产二所作的市价调整

...

减：最低偿付能力要求

减：责任准备金增提(如果存在准备金不足)

经调整的净资产

加：有效保单价值

经调整的内在价值

经调整的每股内在价值

第十六条 保险公司应披露最近三年、最近一期重要资金运用项目的有关情况(可采用列表式)，包括投资于银行存款、买卖政府债券、买卖企业债券、投资证券基金与拆出资金等项目的期末余额与各期收益率等。

第十七条 保险公司应披露最近三年、最近一期下述财务指标：自留保费与所有者权益之比，自留保费增长率，分保比率，速动比率，保险业务成本率(财产保险)，保单负债综合成本(人身保险)，承保利润与投资收益两年平均比率，利润总额与所有者权益之比，准备金、权益与自留保费之比，准备金与权益之比，赔付率(财产保险)，给付率(人身保险)与退保率(人身保险)。

保险公司应说明以上指标在最近三年、最近一期的变化趋势、原因以及其他有关情况。

第十八条 保险公司在申请公开发行股票前，应根据现存的重大潜亏，包括潜在利差损与不良贷款等，提足各项损失准备或予以剥离等，据此确定原股东投入的净资产，并披露为这类问题已采取、拟采取的措施。

第十九条 保险公司应聘请有保险公司审计经验的、具有执行证券期货相关业务资格的会计师事务所，按中国独立审计准则对其依据中国会计和信息披露准则和制度编制的法定财务报告进行审计。此外，应增加审计内容，聘请获中国证监会和财政部特别许可的国际会计师事务所，按国际通行的审计准则，对其按国际通行的会计和信息披露准则编制的补充财务报告进行审计。

增加审计时需关注的内容包括：损失准备的提取及不良资产的的处置情况；重大表外项目及其对财务状况和经营成果的影响；不同服务对象、经营项目及经营区域的资产质量、获利能力和经营风险；法定财务报告与补充财务报告之间的主要差异等。

招股说明书正文中的财务资料均应摘自法定财务报告。补充财务报告作为招股说明书附录披露，供投资者判断保险公司财务状况和投资风险时参考。

第二十条 保险公司应将精算师评估报告作为招股说明书附录予以披露。

第二十一条 本规定由中国证监会负责解释。

第二十二条 本规定自发布之日起施行。

中国证券监督管理委员会

二000年十一月二日

保险公司财务报表附注特别规定

第一条 为规范公开发行证券保险公司(以下简称保险公司)的信息披露行为，保护投资者的合法权益，依据《中华人民共和国公司法》、《中华人民共和国证券法》等法律法规，

第二条 保险公司编制财务报表附注，除应遵循中国证券监督管理委员会(以下简称中国证监会)有关财务报表附注的一般规定外，还应遵循本规定的要求。

第三条 保险公司应在主要会计政策中披露如下内容：

(一)买入返售证券的计价方法和收益确认方法；

(二)未决赔款准备金的计提方法和计提比例；

(三)未到期责任准备金的计提方法和计提比例；

(四)长期责任准备金的计提方法；

(五)寿险责任准备金的计提方法；

(六)长期健康险责任准备金的计提方法；

(七)总准备金的计提比例；

(八)各类保费业务收入采用的确认方法。

第四条 保险公司应在财务报表主要项目注释中披露如下内容：

(一)按下列格式披露短期投资：

项目	期初数		期末数	
	投资金额	减值准备	投资金额	减值准备
国债投资				
金融债券投资				
企业债券投资				
证券基金投资				
其他				
合计				

按投资总额计提跌价准备的，可不分类列示跌价准备数额。上述投资有市价的，应披露报表日市价总额及资料来源(若报表截止日是法定公休日，应披露报表截止日最近一个交易日市价，下同)。

(二)分境内、境外同业列示拆出资金的期初数与期末数。

(三)按下列要求披露应收保费：

1、按帐龄分类的应收保费

帐龄	期初数			期末数		
	金额	比例	坏帐准备	金额	比例	坏帐准备
合计						

2、按险种分类的应收保费

险种	期初数			期末数		
大类	金额	比例	坏帐准备	金额	比例	坏帐准备
合计						

应收保费中如有持本公司5%(含5%)以上股份的股东单位欠款，应在本项目注释中说明。

(四)按分保公司、帐龄披露应收分保帐款期初数与期末数。

应收分保帐款中如有持本公司5%(含5%)以上股份的股东单位

欠款,应在本项目注释中说明。

（五）按类别、期限披露买入返售证券期初数与期末数。

（六）按下列格式披露投资额列前十位的长期股权投资：

被投资　　　　　　期初数　　　　　　　　　　期末数

单位　帐面价值　减值准备　所占股权比例　帐面价值　减值准备　所占股权比例

合计

上述投资有市价的,应披露报表日市价及资料来源。

（七）按下列格式披露长期债券投资：

上述投资有市价的,应披露报表日市价及资料来源。

（八）按下列格式披露待处理抵债物资和其他长期资产：

类别　　　期初数　　　　　　　期末数

帐面价值　减值准备　帐面价值　减值准备

合计

上述资产有市价的,应披露报表日市价及资料来源。

（九）披露境内、境外同业拆入资金期初数与期末数。

（十）披露未逾期其他应付款期初数与期末数,并按下列格式披露逾期其他应付款：

类别一　逾期时间　期初数　期末数

小计

类别二　逾期时间　期初数　期末数

小计

合计

（十一）披露未逾期应付保户利差的期初数与期末数,并按下列格式披露逾期应付保户利差：

逾期时间　期初数　期末数

合计

（十二）按类别、期限披露卖出回购证券款期初数与期末数。

（十三）按如下格式披露未决赔款准备金：

期初提存数　前期未决、本期已决赔款准备金转回数　期末提存数

（十四）按如下格式披露未到期责任准备金：

类别　期初提存数　期末提存数

合 计

（十五）按如下格式披露长期责任准备金：

类 别　期初提存数　本期已到结算损　期末提存数

益年度业务转回数　前期业务提存数　本期新增业务提存数

合 计

（十六）按如下格式披露寿险责任准备金：

类 别　期初提存数　期末提存数

前期业务提存数　本期新增业务提存数

合 计

（十七）按如下格式披露长期健康险责任准备金：

类 别　期初提存数　期末提存数

前期业务提存数　本期新增业务提存数

合 计

（十八）披露独立承保业务、共保业务的保费收入;有异地承保业务的,披露异地承保业务的保费收入。

人身保险公司还应披露团体保险、个人保险业务的保费收入。

（十九）披露与追偿款收入相关的赔款事故发生时间等重要事项。

（二十）披露法定分保业务、非法定分保业务的分出保费、分保费用支出。

（二十一）按下列格式披露投资收益：

项目内容 债券投资 股权投资收益 股权投资收益 股权转让收益 其他投资收益 合计

收益　（成本法）　（权益法）

短期投资

长期投资

上年度合计

短期投资

长期投资

本年度合计

第五条　保险公司应按业务类别(如原保险、再保险业务)、业务所在地理区域等披露保费收入的来源情况。

第六条　保险公司应按以下格式披露偿付能力的有关情况：

第七条　保险公司如存在尚未收回的贷款,应按《公开发行证券公司信息披露编报规则第二号——商业银行财务报表附注特别规定》的有关要求,对此编制相应的财务报表附注。

第八条　本规定由中国证监会负责解释。

第九条　本规定自发布之日起施行。

中国证券监督管理委员会

二000年十一月二日

证券公司招股说明书内容与格式特别规定

第一条　为规范公开发行股票证券公司(以下简称证券公司)信息披露行为,保护投资者的合法权益,依据《中华人民共和国公司法》、《中华人民共和国证券法》等法律法规,制定本规定。

第二条　证券公司为首次公开发行股票而编制招股说明书时,除应遵循中国证券监督管理委员会(以下简称中国证监会)有关招股说明书内容与格式准则的一般规定外,还应遵循本规定的要求。

第三条　证券公司应披露不少于最近三年年末或各该年度的如下主要会计数据:资产总额、股东权益、自营证券、应收款项、流动资产、代买卖证券款、受托资金、流动负债、长期负债、营业收入、手续费收入、自营证券差价收入、证券发行收入、营业支出、营业费用、利润总额和净利润。

第四条　证券公司应披露下述各种风险因素。对这些风险因素能作出定量分析的,应进行定量分析;不能作出定量分析的,应进行定性描述。

（一）分析可能存在的证券经纪风险,如因证券营业部地理分布不合理和投资者的投资观念、证券交易技术等发生变化而对证券经纪业务产生的影响。

（二）分析可能存在的证券承销风险,如因市场发育程度、发行方式、承销承诺、市场判断等因素发生变化而对证券承销业务产生的影响。

（三）分析可能存在的证券自营风险,如因投资产品本身内含风险、证券市场价格异常波动、投资决策不当等因素而对证券自营业务产生的影响。

（四）分析可能存在的资产管理风险,如因资产管理措施不恰当、风险对冲机制不健全等原因而对资产管理业务产生的影响。

（五）分析其他证券经营业务可能存在的风险,如金融新业务、新产品的开发对证券公司产生的影响。

（六）分析人为因素产生的管理风险,如因内部控制不健全、自身操作不当、职员道德水准不高等可能对公司产生直接和间接的经济损失。

（七）分析由于资产结构和财务结构不合理而形成的财务风险,如因整体业务结构和规模设计不合理(如自营规模过大、长期投资权重过高等)、对外担保等而导致公司整体变现能力差等流动性风险。

（八）分析因技术因素而产生的操作风险,如因电脑系统不可靠、网络技术不完善、电子技术创新等而产生的风险。

（九）分析因同业竞争而产生的风险,如经营许可证制度变化、市场竞争(包括外资证券公司被允许进入中国证券市场)等对我国证券公司的影响。

（十）分析因国家法律、法规、政策的可能变化而产生的政策性风险,如因税收制度、经营许可制度、外汇制度、利率政策、收费标准等发生变化而对证券公司的影响。

第五条　证券公司应建立健全的内部控制制度,并在招股说明书正文中专设一部分,对其内部控制制度的完整性、合理性和有效性作出说明。

证券公司还应委托所聘请的会计师事务所对其内部控制制度及风险管理系统的完整性、合理性和有效性进行评价,提出改进建议,并以内部控制评价报告的形式作出报告。内部控制评价报告随招股说明书一并呈报中国证监会。

所聘请的会计师事务所指出以上三性存在缺陷的,证券公司应予披露,并说明准备采取的改进措施。

第六条　证券公司募集资金计划投向需经有关部门批准的,应作出特别说明,并披露有关部门的批准文号、所需资金额等内容。

募集资金用于风险投资项目的,应当披露项目概况、存在的主要风险及可能给公司带来的收益等。

募集资金仅为了增加资本的或用于补充公司流动资金的,可不必说明募集资金具体投向。

第七条 证券公司应在介绍发行人情况时详细披露经核准的业务范围，管理总部、分公司的名称、地点、职员数，以及营业部的数量、职员总数、总营运资金和分布等基本情况。

证券公司还应专设一部分披露其研究情况，包括研究经费、研究人员总数、研究人员结构（年龄、学历、技术职称等构成）、主要研究成果及这些研究成果对公司开展业务的积极影响等。

第八条 证券公司在申请公开发行股票前，应根据资产的潜在损失可能，提足各项损失准备或核销不良资产，据以确定原股东投入的净资产，并披露为解决不良资产问题已采取或拟采取的措施。

第九条 证券公司应按下列要求披露前三年或前三年加最近一期的主要经营业绩：（一）在证券经纪业务方面，应披露的内容包括：

1、按证券种类（如股票、基金、国债、企业债券和其他证券等）披露各期代理买卖证券的金额和市场份额。

2、按债券的种类（如国债、企业债券等）披露各期代理的已兑付债券金额。

（二）在证券承销业务方面，应披露的内容包括：

1、按发行类别（如首次发行、公募增发、配股、债券发行等）分别披露各期担任主承销的次数、承销金额和相应的承销收入。

2、各期副主承销次数、承销金额及承销收入。

3、各期分销次数及分销金额。

（三）按自营证券种类披露各期自营证券的规模、自营证券差价收入和自营证券收益率。

（四）披露有关资产管理业务的各期平均受托管理资金、受托资金总体损益和平均受托资产管理收益率。

（五）其他业务利润较大的，分别按业务类别披露各期收益情况。

第十条 证券公司应披露不少于最近三年每年年末或各该年度的如下财务指标：净资产负债率、流动比率、净资本、自营证券比率、长期投资比率、固定资本比率、净资产收益率、总资产利润率、营业费用率、利润总额、净利润以及每股收益等。

分析以上各项指标在最近三年的变化趋势、原因以及其他有关情况。

第十一条 证券公司应披露前三年各项准备（包括自营证券跌价准备、坏帐准备、长期投资减值准备和一般风险准备等）的计提方法与依据。某期准备金冲销金额较大的，应披露冲销的金额、原因和依据。

第十二条 证券公司应披露可能影响其财务状况和经营 成果的主要表外项目（如代保管证券、融资合约、重要的承销合同、担保、抵押、质押等）的总额及有关情况。

第十三条 证券公司应聘请有证券公司审计经验的、具有执行证券期货相关业务资格的会计师事务所，按中国审计准则对其依中国会计和信息披露准则和制度编制的法定财务报告进行审计。此外，应增加审计内容，聘请获中国证监会和财政部特别许可的国际会计师事务所，按国际通行的审计准则，对其按国际通行的会计和信息披露准则编制的补充财务报告进行审计。

增加审计时需关注的内容包括：损失准备的提取及不良资产的处置情况；重大表外项目及其对财务状况和经营成果的影响；不同经营业务及经营区域的资产质量、获利能力和经营风险；法定财务报告与补充财务报告之间的主要差异。

招股说明书正文中的财务资料均应摘自法定财务报告。补充财务报告作为招股说明书附录披露，供投资者判断证券公司财务状况和投资风险时参考。

第十四条 本规定由中国证监会负责解释。

第十五条 本规定自发布之日起施行。

中国证券监督管理委员会

二 000 年十一月二日

证券公司财务报表附注特别规定

第一条 为规范公开发行证券的证券公司（以下简称证券公司）的信息披露行为，保护投资者的合法权益，依据《中华人民共和国公司法》、《中华人民共和国证券法》等法律法规，制定本规定。

第二条 证券公司编制财务报表附注时，除应遵循中国证券监督管理委员会（以下简称中国证监会）有关财务报表附注的一般规定外，还应遵循本规定的要求。

第三条 证券公司应在主要会计政策中披露如下内容：

（一）客户交易结算资金会计核算办法；

（二）自营证券分类、计价依据、成本结转方法，以及自营证券跌价准备的计提方法；

（三）代理发行证券业务会计核算办法；

（四）代理兑付债券业务会计核算办法；

（五）资产管理业务会计核算办法；

（六）交易席位费的摊销方法；

（七）各项业务收入的确认方法；

（八）一般风险准备的计提标准和管理办法。

第四条 证券公司至少应披露比较式母公司财务报表（汇总分公司和营业部以后的财务报表）的如下主要项目注释：

（一）按代理买卖证券客户、委托管理资产客户和公司分别披露银行存款、清算备付金的期初数和期末数。

（二）按交易场所披露交易保证金的期初数和期末数。

（三）按下列格式披露自营证券：

证券	期初数			期末数		
种类	投资成本	市值	被质押数	投资成本	市值	被质押数
股票						
基金						
国债						
企业债券						
其他						
合计						

自营证券中有未流通的，应按成本和参考市价分别披露未流通证券的期初数和期末数。

（四）披露自营证券跌价准备的期初数、本期计提、本期冲转和期末数。本期某类自营证券跌价准备计提比例较大的，应解释其原因。

（五）披露期末金额较大的前五笔拆出资金的单位名称、金额和期限。有拆放境外资金的，须单独列示单位名称、性质、金额和期限。

（六）按交易场所和交易品种披露买入返售证券的期初数和期末数。

（七）披露应收款项如下情况：

1、按性质归类的各种应收款项（如应收认购新股占用款、其他应收款、逾期应收款项等）的期初数和期末数。

2、按逾期帐龄归类的期初和期末各类逾期应收款项（包括逾期拆出资金、逾期买入返售证券、逾期应收股利、逾期应收利息等）的金额和比例。

3、期末应收款项中如有持本公司 5%（含 5%）以上股份的股东单位的欠款，应单独予以说明。

（八）披露坏帐准备的如下情况：

1、披露坏帐准备的期初数、本期计提、本期收回已转销数、本期核销和期末数。

2、本期某些款项计提坏帐准备的比例或金额较大的，应说明计提的标准和理由。

3、说明对某些金额较大且逾期帐龄较长的应收款项不计提或计提坏帐比例较低的理由。

4、以前年度计提坏帐准备比例或金额较大的款项，在本期又全额或部分收回的，应说明原估计计提比例的理由及现收回的原因。

5、已批准转为坏帐损失的应收款项金额较大的，应说明此笔应收款项的性质和金额。实际冲销的款项中有应收关联方款项的，还应单独披露。

（九）按承销方式披露代发行证券的期初数和期末数。

（十）按兑付债券的方式披露代兑付债券的期初数和期末数。

（十一）按下列格式披露受托资产：

受托资产形态	期初数		期末数	
	帐面值	市值	帐面值	市值
股票				
基金				
债券				
其他				
合计				

期末受托管理的资产（包括股票、债券、基金等）市值低于其成本的 10%的，应说明原因。

（十二）披露长期股权投资如下情况：

1、按下列格式披露全资子公司：

被投资公司名称 行业 初始投资额 投资成本增减额 累计权益增减额 期末数

2、按下列格式披露控股子公司：

行业类别	被投资公司数	初始投资额	投资成本增减额	累计权益调整增减额	期末数
工业					
商业					
金融					
房地产					
其他					
合 计					

有控股基金管理公司的，须单独披露公司名称和当期收益情况。

3、按行业列示期末联营投资或参股投资的投资项目数和金额。

4、对于长期股权投资中的证券投资，应按类别（如发起法人股、募集法人股、转配法人股、基金投资、其他证券投资等）分别披露期初数和期末数。

期末长期证券投资中有被质押或冻结情况的，应注明其金额和原因。

5、被投资单位不能持续经营、发生重大亏损、净资产为负数等的，应列示被投资单位的名称、期末净资产和公司的投资金额、投资比例、可能或已承担的投资损失等。

（十三）披露长期投资减值准备的期初数、本期计提、本期冲销和期末数，并说明本期投资减值准备的计提方法和比例。本期冲销投资减值准备金额较大的，须披露具体投资项目、金额和动用依据。

（十四）按交易场所披露交易席位费的原始金额、累计摊销或转出数、期末数。

（十五）披露期末金额较大的前五笔质押借款的借出单位名称、本金、利率和期限，并注明被质押证券的种类、帐面成本和来源。

（十六）披露期末金额较大的前五笔拆入资金的单位名称、金额和期限，并注明有无境外单位拆入资金。

（十七）分别按交易场所和交易品种披露卖出回购证券款的期初数和期末数。

（十八）披露应付款项的如下情况：

1、按应付款项类别（如应付交易所配股款、应付承销费、逾期应付款项等）分别列示应付款项的期初数和期末数。

2、期末应付款项中如有欠持本公司5%（含5%）以上股份的股东单位的款项，应披露股东单位名称、金额和款项性质。

3、期末应付款项中如有金额较大的应付拟上市或已上市公司款项，应披露该公司名称、款项性质与金额，并注明是否逾期。

（十九）分别按个人客户和法人客户披露代买卖证券款的期初数和期末数。

（二十）按承销方式分别披露代发行证券款的期初数和期末数。

（二十一）按债券种类披露代兑付债券款的期初数和期末数。

（二十二）按委托资产管理个人客户和法人客户分别披露受托资金的期初数和期末数。如已实现但尚未结算的资产管理利润超过受托资金的10%，须单独披露，并说明公司可能获得的资产管理业绩报酬。

（二十三）分别披露一般风险准备的期初数、本期增加数、本期减少数和期末数。一般风险准备本期减少金额较大的，应说明减少的原因或依据。

（二十四）按代理买卖证券手续费收入、代理兑付债券手续费收入、代理保管证券手续费收入和其他手续费收入分别披露手续费收入的本期数和上期数。

证券公司还应按地理区域披露证券营业部家数以及各区域代理买卖证券业务手续费收入情况。

（二十五）按证券类别披露自营证券差价收入的构成：

项 目	本期数	上期数
自营股票差价收入		
自营基金差价收入		
自营国债差价收入		
自营公司债券差价收入		
自营其他证券差价收入		
合 计		

（二十六）按下列格式披露证券发行收入：

项 目	本期数	上期数
股票发行收入 A股		
B股		
国债发行收入		
企业债券发行收入		
其他证券发行收入		
合 计		

（二十七）按下列格式披露投资收益：

项 目	本期数	上期数
股权投资收益 成本法		
权益法		
股权转让收益		
基金投资收益		
债权投资收益		
其他投资收益		
合 计		

本期某项投资活动所获取的收益占报告期净利润超过10%（含10%）的，应对该项业务的内容和交易金额等作出说明。

第五条 证券公司专为招股说明书而编制财务报表附注时，应比照本规定，披露至少最近三年比较式利润表和最近三年年末比较式资产负债表重要项目的注释。

第六条 本规定由中国证监会负责解释。

第七条 本规定自发布之日起施行。

中国证券监督管理委员会

二000年十一月二日

商业银行年度报告内容与格式特别规定

第一条 为规范公开发行股票商业银行（以下简称商业银行）的信息披露行为，保护投资者的合法权益，依据《中华人民共和国公司法》、《中华人民共和国证券法》等法律法规，制定本规定。

第二条 商业银行编制年度报告时，除应遵循中国证券监督管理委员会（以下简称中国证监会）有关年度报告内容与格式的一般规定外，还应遵循本规定的要求。其中的财务报表附注部分还应遵循《公开发行证券公司信息披露编报规则第2号—商业银行财务报表附注特别规定》的要求。

第三条 商业银行应披露截至报告期末前三年年末如下财务数据：总负债、存款总额、长期存款及同业拆入总额、贷款总额、各类贷款余额。

商业银行应披露截至报告期末前三年年末及按月平均计算的下述年均财务指标：资本充足率、贷款质量比例、存贷款比例、短期资产流动性比例、拆借资金比例、中长期贷款比例、国际商业借款比例、利息回收率。

上述有关财务数据、财务指标1999年以前（含1999年）的可按对贷款执行"一逾两呆"分类方法计算，2000年的应按对贷款执行"五级"分类方法计算。商业银行应说明对有关财务数据、财务指标前后期所采用的不同计算口径。

第四条 商业银行董事会应在其报告中披露如下事项：

（一）所属分行各自的名称、地点、职员数和资产规模以及支行、储蓄所数量及地区分布等基本情况；

（二）年末贷款的"五级"分类情况，各级贷款呆帐准备金的计提比例；

（三）年末列前十名的客户贷款额占贷款总额的比例；

（四）年末占贷款总额比例超过20%（含20%）的贴息贷款的金额及其重要构成；

（五）重组贷款的年末余额及其中逾期部分金额；

（六）本年主要贷款类别按月度计算的年均余额及年均贷款利率；

（七）本年末所持金额重大的政府债券的有关情况，包括面值、利率、到期日；

（八）本年应收利息与其他应收款坏帐准备的提取情况；

（九）本年主要存款类别按月度计算的年均余额及年均存款利率；

（十）不良资产的年末余额，本年为解决不良资产已采取及拟采取的措施；

（十一）年末存在逾期未偿付债务的，对其金额、利率、存款人或拆入人、未按期偿付原因以及预计还款期等所作的说明；

（十二）可能对其财务状况与经营成果造成重大影响的表外项目的年末余额及其重要情况；

（十三）前一报告期末所披露风险因素本年内给商业银行造成的损失，以及本年末所存在的可能对其造成重大影响的各种风险因素及相应对策。这些风险因素包括信贷风险、流动性风险、汇率风险、市场利率风险、技术风险、政策风险等。对风险因素能够作出定量分析的，应进行定量分析；不能作出定量分析的，应进行定性描述。

以上各项以及呆帐、坏帐核销政策及程序与前一报告期相比发生重大变化的，商业银行董事会应予以说明，并解释其原因。

第五条 商业银行应聘请有商业银行审计经验的、具有执行证券期货相关业务资格的会计师事务所，按中国独立审计准则对其依据中国会计和信息披露准则和制度编制的法定财务报告进行审计。此外，应增加审计内容，聘请获中国证监会和财政部特别许可的国际会计师事务所，按国际通行的审计准则，对其按国际通行的会计和信息披露准则编制的补充财务报告进行审计。

增加审计时需关注的内容包括：损失准备的提取及不良资产的处置情况；重大表外项目及其对财务状况和经营成果的影响；不同经营业务及经营区域的资产质量、获利能力和经营风险；法定财务报告与补充财务报告之间的主要差异。

年度报告正文中的财务资料应与法定财务报告一致，补充财务报告应作为年度报告的附录披露。

第六条 商业银行应对内部控制制度的完整性、合理性与有效性作出说明。

商业银行还应委托所聘请的会计师事务所对其内部控制制度，尤其是风险管理系统的完整性、合理性与有效性进行评价，提出改进建议，并出具评价报告。评价报告随年度报告一并报送中国证监会和证券交易所。

所聘请的会计师事务所指出以上三性存在严重缺陷的，商业银行董事会应对此予以说明，监事会应就董事会所作的说明明确表示意见，并分别予以披露。

第七条 商业银行编制年度报告摘要时，应包括上述第三条—第五条的主要内容。对其中的财务指标，可不必列出计算公式。法定财务报告与补充财务报告之间存在重大差异的，应在摘要中予以说明。

第八条 本规定由中国证监会负责解释。

第九条 本规定自发布之日起施行。

中国证券监督管理委员会
二000年十二月二十一日

证券公司年度报告内容与格式特别规定

第一条 为规范公开发行股票证券公司(以下简称证券公司)的信息披露行为，保护投资者的合法权益，依据《中华人民共和国公司法》、《中华人民共和国证券法》等法律法规，制定本规定。

第二条 证券公司编制年度报告时，除应遵循中国证券监督管理委员会(以下简称中国证监会)有关年度报告内容与格式的一般规定外，还应遵循本规定的要求。其中的财务报表附注部分还应遵循《公开发行证券公司信息披露编报规则第6号—证券公司财务报表附注特别规定》的要求。

第三条 证券公司应披露截至报告期末前三年年末或年度如下财务数据与财务指标：流动资产、代买卖证券款、受托资金、流动负债、净资本、营业收入、手续费收入、自营证券差价收入、证券发行收入、营业支出、净资产负债率等。

第四条 证券公司董事会应在其报告中披露如下事项：

(一)证券经纪业务情况，包括：

1、按证券种类(如股票、基金、国债、企业债券和其他证券等)和交易场所披露代理买卖证券的金额、市场份额。2、按债券的种类(如国债、企业债券等)披露报告期内代理的已兑付债券金额。3、披露报告期内代理保管证券的增减变动情况，并注明有无将代保管证券抵押、回购或卖空情况。

(二)按全额承购包销、余额承购包销和代销等承销方式分别披露报告期内承销的次数、承销金额和相应的承销收入。

(三)按自营证券种类披露本期与上期按月计算的自营证券年均余额、自营证券差价收入和自营证券收益率。

(四)披露本期与上期有关资产管理业务的平均受托管理资金、受托资金总体损益和平均受托资产管理收益率。

(五)其他业务利润较大的，分别按业务类别披露本期与上期的收入和支出情况。

(六)前一报告期末所披露风险因素本年内给证券公司造成的损失，以及本年末所存在的可能对其造成重大影响的各种风险因素及相应对策。这些风险因素包括营运风险、管理风险、市场风险、财务风险、电子技术风险、法律法规风险等。对风险因素能够作出定量分析的，应进行定量分析；不能作出定量分析的，应进行定性描述。

(七)资产负债表日后的非调整事项，包括所投资金融品种或金融工具等价格的异常波动、对一项金融资产的大额投资、公司股票和债券的发行、外汇汇率的较大变动、自然灾害、重大证券交易等等。应详细披露这些非调整事项的内容以及其对财务状况和经营成果的影响；如无法作出估计，应说明原因。

第五条 证券公司应聘请具有证券公司审计经验的、具有执行证券期货相关业务资格的会计师事务所，按中国独立审计准则对其依据中国会计和信息披露准则和制度编制的法定财务报告进行审计。此外，应增加审计内容，聘请获中国证监会和财政部特别许可的国际会计师事务所，按国际通行的审计准则，对其按国际通行的会计和信息披露准则编制的补充财务报告进行审计。增加审计时需关注的内容包括：损失准备的提取及不良资产的处置情况；重大表外项目及其对财务状况和经营成果的影响；不同经营业务及经营区域的资产质量、获利能力和经营风险；法定财务报告与补充财务报告之间的主要差异。

年度报告正文中的财务资料应与法定财务报告一致，补充财务报告应作为年度报告的附录披露。

第六条 证券公司应对内部控制制度的完整性、合理性和有效性作出说明。证券公司还应委托所聘请的会计师事务所对其内部控制制度，尤其是风险管理系统的完整性、合理性和有效性进行评价，提出改进建议，并出具评价报告。评价报告随年度报告一并报送中国证监会和证券交易所。所聘请的会计师事务所指出以上三性存在缺陷的，证券公司董事会应对此予以说明，监事会应就董事会所作的说明明确表示意见，并分别予以公开披露。

第七条 证券公司编制年度报告摘要时，应包括上述第三条至第六条的主要内容。对其中的财务指标，可不必列出计算公式。法定财务报告与补充财务报告之间存在重大差异的，应在摘要中予以说明。

第八条 本规定由中国证监会负责解释。

第九条 本规定自发布之日起施行。

中国证券监督管理委员会
二000年十二月二十一日

从事房地产开发业务的公司财务报表附注特别规定

第一条 为规范从事房地产开发业务的公司(包括专营房地产业务公司及兼营房地产业务公司，以下简称发行人)公开发行股票的信息披露行为，保护投资者的合法权益，依据《中华人民共和国公司法》、《中华人民共和国证券法》等法律法规，制定本规定。

第二条 发行人编制财务报表附注时，除应遵循中国证券监督管理委员会(以下简称中国证监会)有关财务报表附注的一般规定外，还应遵循本规定的要求。

第三条 发行人在主要会计政策中披露如下内容：

(一)在合并会计报表编制方法中说明对合作开发项目编制合并报表时采用的方法。

(二)在存货的核算方法中增加披露：开发用土地的核算方法；披露公共配套设施费用的核算方法；披露出租开发产品、周转房的摊销方法；对不同类别存货(如：库存设备、开发成本、开发产品、出租开发产品、周转房)计提跌价准备的比例及依据。

(三)披露维修基金的核算方法。

(四)披露质量保证金的核算方法。

(五)披露各类型业务收入的确认原则及方法：

房地产销售收入的确认原则及方法。应根据行业特点确定具体的确认标准。对采用分期收款方式销售、出售自用房屋、代建房屋和工程业务，应单独披露有关收入确认方法。

出租物业收入的确认原则及方法。

建筑施工收入的确认原则及方法。

物业管理收入的确认原则及方法。

其他业务收入的确认原则及方法。

(六)为房地产开发项目借入资金所发生的利息及有关费用的会计处理方法。

第四条 发行人在存货项目注释中应披露:

(一)按性质(如:库存设备、开发成本、开发产品、分期收款开发产品、出租开发产品、周转房)分类列示存货余额。

(二)按下列格式分项目披露"开发成本":

注:对尚未开发的土地,应披露预计开工时间。

(三)按下列格式分项目披露"开发产品":

(四)按下列格式分项目披露"分期收款开发产品"、"出租开发产品"、"周转房":

(五)应按下列格式披露存货跌价准备金计提情况:对于开发中项目,可以合并列示。对"停工"、"烂尾""空置"项目,如果不计提或计提跌价比例较低,应详细说明理由。

第五条 发行人在预收帐款项目注释中,除按账龄列示余额外,对预售房产收款,应按下列格式分项目披露。

第六条 发行人在主营业务收入项目注释中,应分项目披露报告期内各期间金额。

第七条 发行人的经营业务涉及不同行业和地区时,应按行业和地区披露收入、营业利润、资产的分部资料。行业可以按照房地产、施工、物业管理、商业等分类;地区可以按境内、境外披露,对经营环境存在差异的省、直辖市,也应分别披露。

第八条 发行人为商品房承购人向银行提供抵押贷款担保的,应披露尚未结清的担保金额,并说明风险程度。

第九条 本规则由中国证监会负责解释。

第十条 本规则自发布之日起施行。

中国证券监督管理委员会

二000年十二月二十一日

亏损上市公司暂停上市和终止上市实施办法

第一章 总 则

第一条 为促进证券市场的健康发展,保护投资者的合法权益,根据《公司法》、《证券法》的有关规定,制定本办法。

第二条 上市公司连续亏损,其股票暂停上市、恢复上市和终止上市,适用本办法。

第三条 连续亏损的上市公司暂停上市,中国证券监督管理委员会(以下简称中国证监会)依法授权证券交易所决定。

暂停上市的公司申请其恢复上市,由中国证监会发行审核委员会(以下简称发审委)审核,中国证监会核准。

暂停上市的公司终止上市,由中国证监会决定。

第二章 暂停上市

第四条 上市公司最近二年连续亏损后,董事会预计第三年度将连续亏损的,应当及时作出风险提示公告,并在披露年度报告前至少发布三次风险提示公告,提醒投资者注意投资风险。

第五条 上市公司出现连续三年亏损的情况,自其公布第三年年度报告之日起(如公司未公布年度报告,则自《证券法》规定的年度报告披露最后期限到期之日起),证券交易所应对其股票实施停牌,并在停牌后五个工作日内就该公司股票是否暂停上市作出决定。证券交易所作出暂停上市决定的,应当通知该公司并公告,同时报中国证监会备案。

第六条 上市公司应当在接到证券交易所股票暂停上市决定之日起二个工作日内,在中国证监会指定的报纸和网站登载《股票暂停上市公告》,公告以下内容:

(一)暂停上市股票的种类、简称、证券代码以及暂停上市起始日;

(二)证券交易所股票暂停上市决定的主要内容;

(三)公司董事会关于是否可以争取恢复股票上市的意见和恢复股票上市的具体措施,并说明董事会的出席和表决情况;

(四)中国证监会和证券交易所要求的其他内容。

第七条 上市公司在其股票暂停上市期间,应当依法履行上市公司的有关义务。

第八条 公司暂停上市后,可以在四十五天内向证券交易所申请宽限期以延长暂停上市的期限。宽限期自暂停上市之日起为十二个月。

第九条 公司向证券交易所申请宽限期的,应作出申请宽限期的决议,并向证券交易所说明近期盈利的可能性及公司采取的具体措施。

第十条 证券交易所应自接到公司申请后三个工作日内做出是否给予公司宽限期的决定,通知该公司并公告。公司应自接到证券交易所上述决定之日起两个工作日内公告这一决定的主要内容。

第十一条 在公司暂停上市期间,证券交易所可以为投资者提供股票特别转让服务,股票转让办法由证券交易所规定。

第三章 恢复上市

第十二条 暂停上市的公司在宽限期内第一个会计年度盈利的,可以在年度报告公布后,向中国证监会提出恢复上市的申请。

第十三条 中国证监会受理公司恢复上市的申请后,应当提交发审委审核,并在三个月内作出是否予以核准的决定。

第十四条 在公司申请恢复上市期间,证券交易所应当暂时停止该公司股票的特别转让服务,并相应延长公司的宽限期。

第十五条 公司在接到中国证监会恢复上市的决定后,应在二个工作日内在指定报纸和网站上登载《股票恢复上市公告》,公告以下内容:

(一)恢复上市股票的种类、简称、证券代码;

(二)中国证监会有关恢复股票上市决定的主要内容;

(三)公司董事会对公司经营状况的分析和预测;

(四)中国证监会和证券交易所要求的其他内容。

第十六条 公司股票在登载《股票恢复上市公告》后的第一个交易日恢复上市交易。

第四章 终止上市

第十七条 暂停上市的公司在宽限期内第一个会计年度继续亏损的,或者其财务报告被注册会计师出具否定意见或拒绝表示意见审计报告的,由中国证监会作出其股票终止上市的决定。证券交易所自该公司公布年度报告之日起,暂停股票转让服务。

第十八条 公司有以下情形之一的,中国证监会决定其股票终止上市:

(一)公司决定不提出宽限期申请的;

(二)自暂停上市之日起45日内未提出宽限期申请的或申请宽限期未获证券交易所批准的;

(三)第十七条所述公司至宽限期截止日未公布年度报告的;

(四)申请恢复上市未获中国证监会核准的。

第十九条 公司预计将出现第十七条所述情形的,应当及时作出风险提示公告,并在披露年度报告前至少发布三次风险提示公告,提醒投资者注意投资风险。公司这一情形经审计证实的,应当在接到年度审计报告后二个工作日内,向中国证监会和证券交易所报告并公告。

第二十条 公司应当在接到中国证监会终止上市的决定后二个工作日内在指定报纸和网站上登载《股票终止上市公告》,公告以下内容:

(一)终止上市股票的种类、简称、证券代码以及终止上市的日期;

(二)中国证监会决定的主要内容;

(三)终止上市后其股票登记、转让、管理事宜。

第二十一条 公司应在终止上市后的一个月内在指定报纸和网站上登载公告,说明公司历年的财务状况、公司高级管理人员重大违法违规情况及目前的重大债权债务、诉讼情况;公司董事会应当详细说明造成公司这一状况的详细原因,特别要详细说明导致公司亏损的关联交易及有关债权债务情况。

第二十二条 公司未在规定期限内履行前条规定义务的,股东可以依法要求公司履行上述义务。

第二十三条 终止上市的公司其股票的转让应当遵守《公司法》、《证券法》和有关法律法规的规定。

第五章 附 则

第二十四条 本办法自发布之日起施行。在本《办法》施行前已经暂停上市的公司其股票恢复上市、终止上市的具体办法,由中国证监会另行规定。

中国证券监督管理委员会

2001年二月二十二日

上市公司董事长谈话制度实施办法

第一条 为加强上市公司监管，促进上市公司依法规范运作，保护投资者的合法权益，制定本办法。

第二条 本办法适用于股票在上海证券交易所和深圳证券交易所上市交易的股份有限公司。

第三条 中国证监会派出机构具体实施辖区内上市公司董事长谈话工作。

中国证监会主管业务部门认为必要时可直接约见上市公司董事长谈话。

（中国证监会派出机构和主管业务部门以下统称为“中国证监会”。）

第四条 上市公司存在下列情形之一的，应当约见上市公司董事长谈话：

（一）严重资不抵债或主要资产被查封、冻结、拍卖导致公司失去持续经营能力的；

（二）控制权发生重大变动的；

（三）未履行招股说明书承诺事项的；

（四）公司或其董事会成员存在不当行为，但不构成违反国家证券法律、法规及中国证监会有关规定的；

（五）中国证监会认为确有必要的。

第五条 中国证监会约见上市公司董事长，按照下列程序进行：

（一）中国证监会认为有必要约见上市公司董事长谈话时，应当履行内部审批程序，经批准后方可进行。

（二）中国证监会约见上市公司董事长谈话时，应确定主谈人员和记录人员，谈话使用专门的谈话记录纸（谈话记录格式附后）。谈话结束时应要求谈话对象复核、签字。

（三）中国证监会根据需要决定谈话时间、地点和谈话对象应提供的书面材料，并提前三天以书面形式通知该上市公司的董事会秘书。谈话对象确因特殊情况不能参加的，应事先报告，经同意后委托相应人员代理。中国证监会认为必要时，可以要求上市公司其他有关人员、上市公司控股股东的高级管理人员、相关中介机构执业人员参加谈话。谈话对象不得无故拒绝、推托。

（四）中国证监会在约见谈话时，主谈人员应确认谈话对象的身份，宣布谈话制度、谈话目的，告知谈话对象应当真实、完整地向主谈人员说明有关情况，并对所说明的情况和作出的保证承担责任。

（五）谈话对象应对有关情况进行说明、解释，并提供相应说明材料，对公司情况说明不清、说明材料欠完备的，应当限期补充，谈话对象不得作出虚假陈述或故意隐瞒事实真相。

第六条 经中国证监会两次书面通知，谈话对象无正当理由不参加谈话，中国证监会将对其进行公开批评。

第七条 谈话对象对谈话所涉及的重要事项说明不清，提供的材料不完整，在限期内又未能进行充分补充的，中国证监会可以对其进行公开批评。

谈话对象在谈话中虚假陈述或故意隐瞒事实真相的，中国证监会将视其情节轻重依据有关规定对其进行处理。

第八条 中国证监会的谈话人员，应遵守法律、法规及有关规定，认真履行职责，对在谈话中知悉的有关单位和个人的商业秘密负有保密义务。未经许可，参加谈话人员不得透露与谈话结果有关的任何信息。

第九条 谈话对象应当根据谈话结果及时整改，纠正不当行为，中国证监会将对整改情况进行监督检查。

第十条 中国证监会为谈话和整改情况建立专项档案，做为上市公司董事长及其他高管人员是否忠实履行职务的记录。

第十一条 在执行谈话制度中发现上市公司或高级管理人员有违法违规行为的，中国证监会将依法查处。谈话记录将作为进一步调查的证据。

第十二条 本制度自发布之日起施行。

谈话记录

谈话时间：

谈话地点：

谈话人：

记录人：

谈话对象：

上市公司名称：

通讯地址：

邮编：

上市公司董事长：

姓名：

电话：

传真：

谈话事由：

谈话内容：————————————

谈话对象（签名）

中国证券监督管理委员会

二〇〇一年三月十九日

证券公司高级管理人员谈话提醒制度实施办法

第一条 为加强对证券公司及其高级管理人员（以下简称“高管人员”）的监管，规范证券公司运作，防范经营风险，制定本办法。

第二条 本办法适用于经中国证券监督管理委员会（以下简称“中国证监会”）批准依法设立的证券公司（以下简称“公司”）。

本办法所称高管人员，是指公司董事长、副董事长、总经理、副总经理。公司财务总监、总稽核、证券营业部总经理、副总经理，证券服务部负责人比照高管人员办理。

第三条 中国证监会负责谈话提醒工作的总体部署并根据需要进行谈话提醒工作，中国证监会派出机构负责辖区内的谈话提醒工作并根据中国证监会的部署和需要进行谈话提醒工作。

第四条 公司或其高管人员在业务经营活动中，有下列情形之一的，中国证监会及其派出机构将约请公司高管人员进行谈话提醒：

（一）公司或个人涉嫌违反国家法律、法规；

（二）公司或个人涉嫌违反中国证监会有关规定；

（三）公司法人治理结构、内部控制制度等公司组织管理上出现重大隐患或漏洞；

（四）业务经营或财务管理上临近中国证监会对公司风险监控指标预警值或综合风险评价得分低于一定分值，可能出现或已经出现风险；

（五）公司或个人有违反社会公德或欺上瞒下、弄虚作假行为，造成不良影响；

（六）中国证监会为维护证券市场秩序而认为确有必要时。

第五条 谈话提醒工作应当按照下列程序进行：

（一）中国证监会及其派出机构认为有必要约请公司高管人员谈话提醒时，应说明理由并经中国证监会主管业务部门或派出机构负责人批准后方可进行。中国证监会及其派出机构安排谈话提醒时事先应充分准备，拟定详细的谈话提纲，包括涉嫌违规事实、违反法规条款、处理建议等。

（二）中国证监会及其派出机构根据需要决定谈话时间、地点并提前以书面形式通知谈话对象。谈话对象确因特殊情况不能参加的，应事先报告，经同意后委托相应人员代理。谈话对象无故拒绝、推托，不如实陈述或故意隐瞒的，中国证监会将记录于该公司和高管人员的档案中，并依照有关规定进行处理。

（三）中国证监会及其派出机构和谈话对象谈话时，有主谈人员和记录人员，使用专门的谈话记录纸（谈话记录格式附后）。谈话结束时应要求谈话对象复核、签字。

第六条 中国证监会及其派出机构的谈话人员，应遵守法律、法规及有关规定，认真履行职责。未经许可，谈话人员及谈话对象不得透露与谈话结果有关的任何信息。

第七条 谈话提醒后，证券公司及高管人员应认真总结、及时整改。中国证监会将对整改情况进行跟踪检查，并根据整改结果依照有关规定进行处理。

第八条 谈话记录和整改结果将作为公司及高管人员的考核材料，归档保存，并作为今后审核公司各项业务资格及高管人员任职资格的重要参考。

第九条 在执行谈话制度中发现公司或高管人员确有违法、违规行为的，中国证监会将依法进行处理。

第十条 尚未分业的信托投资公司、具有特别主承销商资格的资产管理公司、证券投资咨询机构参照本办法执行。

第十一条 本办法自发布之日起实施。

中国证券监督管理委员会

二00一年一月十日

关于加强暂停上市公司在宽限期内持续信息披露的通知

各暂停上市公司：

为加强对暂停上市公司的信息披露监管，维护证券市场的公平、公开、公正原则，进一步保护投资者包括知情权在内的合法权利，本所特就暂停上市公司在宽限期内持续信息披露的有关事项通知如下：

一、暂停上市公司应继续严格遵守本所股票上市规则及其相关规定。公司及其董、监事会应当继续切实履行法律、法规和本所规则规定的上市公司信息披露义务。公司的董、监事及高级管理人员应当继续切实履行有关法定义务。

二、在暂停上市期间，公司董事会应当在每个月度结束后五个工作日内向本所提交公司重组进度报告并公告，明确说明公司是否按重组计划的进度执行、有关计划的执行情况及其效果等。

三、自2001年第三季度起，暂停上市公司必须按照《公开发行证券的公司信息披露编报规则第13号——季度报告内容与格式特别规定》以及本所的有关要求编报并披露季度报告。

四、预计中期将出现亏损的，暂停上市公司应当在会计年度的前六个月结束后的十五个工作日内及时发布预亏公告并充分揭示存在的风险，且公司在中报披露前应至少发布三次预亏及风险提示公告。

五、预计年度将出现亏损的，暂停上市公司应当在该会计年度结束后的二十个工作日内及时发布预亏公告并充分揭示存在的风险，且公司在年报披露前应至少发布三次预亏及风险提示公告。

六、中国证监会和本所另有要求的，公司还应当按照要求披露相关内容。

七、本通知自发布之日起实施。

上海证券交易所

二00一年四月二十四日

关于境内居民个人投资境内上市外资股若干问题的通知

各证券监管办公室、办事处、特派员办事处；国家外汇管理局各分局，北京、重庆外汇管理部；上海、深圳证券交易所；各有关商业银行、证券公司、信托投资公司：

为了促进境内上市外资股(以下简称"B"股)市场的健康发展，维护B股市场和外汇市场的正常秩序，保护投资人的合法权益，规范市场参与者的行为，现就有关问题通知如下：

一、根据1995年《国务院关于股份有限公司境内上市外资股的规定》(国务院第189号令)第四条的规定和中国证券监督管理委员会(以下简称"中国证监会")2001年2月19日发布的境内居民可投资B股市场的决定，境内居民个人可以按照本通知从事B股投资。

二、境内居民个人从事B股交易，在2001年6月1日前，只允许使用在2001年2月19日(含2月19日，下同)前已经存入境内商业银行的现汇存款和外币现钞存款，不得使用外币现钞和其它外汇资金；境内居民个人2001年2月19日前已经存入境内商业银行，2001年2月19日后到期并转存的，可以作为从事B股交易的资金。2001年6月1日后，允许境内居民个人使用2001年2月19日后存入境内商业银行的现汇存款和外币现钞存款以及从境外汇入的外汇资金从事B股交易，但仍不允许使用外币现钞。

三、经中国证监会批准经营B股业务和经国家外汇管理局批准经营外汇业务的证券公司和信托投资公司可以凭中国证监会核发的从事B股业务资格证书和国家外汇管理局核发的经营外汇业务许可证到所在地同一城市所有经批准经营外汇存款、汇款业务的境内商业银行或其分支机构开立B股保证金帐户；上述公司的分支机构可以凭加盖分支机构印章的总公司资格证书复印件和许可证复印件办理开户手续。证券公司和信托投资公司或其分支机构(以下简称"证券经营机构")在一个境内商业银行只能开立一个B股保证金帐户，不得在同一境内商业银行开立一个以上的B股保证金帐户。证券经营机构应当在开户后三个工作日内将开户银行名称报所在地国家外汇管理局或其分支局(以下简称"外汇局")备案，并通过所在地新闻媒体对外公布其开户情况。

四、境内居民个人开立B股资金帐户和股票帐户，应当按照下列程序办理：

(一)凭本人有效的身份证明文件到其原外汇存款银行将其现汇存款和外币现钞存款划入证券经营机构在同城、同行的B股保证金帐户，暂时不允许跨行或异地划转外汇资金。境内商业银行应当向境内居民个人出具进帐凭证，并向证券经营机构出具对帐单。

(二)凭本人有效身份证明和本人进帐凭证到证券经营机构开立B股资金帐户，开立B股资金帐户的最低金额为等值1000美元。

(三)凭B股资金帐户开户证明到该证券经营机构开立B股股票帐户。

五、境内商业银行在为境内居民个人办理外汇划转手续时，必须严格按照本通知的规定审核存款日期和划转资金：2001年6月1日前，从境内居民个人定期存款帐户划转资金时，帐户存款日期不得晚于2001年2月19日；从境内居民个人活期存款帐户划转资金时，划转资金金额不得超过2001年2月19日前的帐户存款余额；在办理外汇划转时，应当将划出资金币种转为与证券经营机构B股保证金帐户相同的币种。

六、境内居民个人的B股资金帐户的收入范围为从现汇存款帐户或外币现钞存款帐户划入的外汇以及从事B股交易所获得的外汇，支出范围为从事B股交易需支付的外汇以及划回境内商业银行存储，不得用于向境外支付。境内居民个人从B股资金帐户划回境内商业银行存储的从事B股交易的所有外汇，按照《境内居民个人外汇管理暂行办法》中有关现钞管理的规定以及其它现钞管理规定进行管理。境内居民个人不得从B股资金帐户提取外币现钞。

七、非居民的B股资金帐户的收入范围为从境外汇入的外汇资金、境内商业银行的合法现汇存款以及从事B股交易所获得的外汇，支出范围为汇出境外、存入其在境内开立的合法外汇帐户以及从事B股交易需支付的外汇。非居民不得从B股资金帐户提取外币现钞。

八、境内居民个人与非居民之间不得进行B股协议转让。境内居民个人所购B股不得向境外转托管。

九、所有为证券经营机构开立B股保证金帐户的境内商业银行，均可以办理B股交易项下证券经营机构与证券登记结算公司之间以及证券经营机构总分支机构之间外汇资金的收付业务。

十、证券经营机构、境内商业银行、境内居民个人、非居民应当严格按照本通知规定以及中国证监会和外汇局的其它相关规定办理B股交易项下的相关业务，防止逃汇、非法套汇等违法行为的发生，对违反规定的，由中国证监会或外汇局根据有关规定进行处罚。

十一、本通知自发布之日起开始施行。自本通知施行之日起，证券经营机构可以向境内商业银行申请办理开立B股保证金帐户事宜，但境内居民个人办理资金划转和开立B股资金帐户事宜应于2001年2月26日起开始。中国证监会《关于严格管理B股开户问题的通知》(证监发字[1996]75号)和《关于清理B股帐户的通知》(证监交字[1996]1号)同时废止。

中国证券监督管理委员会

国家外汇管理局

二00一年二月二十一日

关于申请设立基金管理公司若干问题的通知

各证券监管办公室、办事处、特派员办事处，上海、深圳证券交易所，各有关机构：

为进一步规范基金管理公司的设立行为，促进基金管理公司发起人依法运作、严格自律，根据《证券投资基金管理暂行办法》（以下简称《暂行办法》）第二十四条第（七）项的规定，现就申请设立基金管理公司若干问题通知如下：

一、基金管理公司的主要发起人应当是依法设立的证券公司或信托投资公司，其他市场信誉较好、运作规范的机构也可以作为发起人参与基金管理公司的设立。

二、基金管理公司可以采取有限责任公司也可以采取股份有限公司的组织形式；基金管理公司采用股份有限公司方式的，应当以发起方式设立。

三、符合《暂行办法》第二十四条规定条件的机构（以下简称“申请人”）申请设立基金管理公司，除需按有关规定提交申请材料外，还应当按照本通知的要求，做好以下准备工作：

（一）规范证券投资行为 申请人已在证券交易所开户并从事权益类证券投资活动的，应当参照中国证监会《关于规范证券投资基金运作中证券交易行为的通知》（证监发[2001]29号）的要求，向证券交易所提交自律承诺书，承诺严格规范其证券投资活动。

（二）自觉接受监管 已提交自律承诺书的申请人应当向其注册地的中国证监会派出机构提交下列材料：

1、申请人基本情况，内容至少应当包括：（1）申请人名称与从事业务性质；（2）资金帐户与股东帐户（自有与委托管理帐户及其关联帐户）；（3）对证券交易行为负领导和直接责任人员的详细情况；（4）证券投资管理制度；（5）最近3年从业遵规守法情况；（6）机构法人与其股东及参股公司之间的关系等；

2、向证券交易所提交的自律承诺书；

3、中国证监会依据法律法规要求其补充的其他材料。

申请人基本情况发生重大变化的，应及时将变更后的有关材料提交注册地的中国证监会派出机构。

（三）开展准备工作

已提交自律承诺书和相关备案材料的申请人在申请筹建基金管理公司期间，可参照中国证监会有关基金管理公司规范运作的规定，就完善拟设立的基金管理公司治理结构，加强内部控制和风险防范机制，制定员工行为规范和纪律程序，开展对外交流活动等做好先期准备工作，并应在其申报材料中予以说明。

四、中国证监会派出机构应对辖区内申请人遵守自律承诺书的情况进行监督；证券交易所应对申请人证券投资与交易行为进行监控。

五、申请人提交自律承诺书的日期到其提出基金管理公司设立申请之日的时间间隔原则上应不少于12个月。在本通知印发以前经中国证监会确认已正式提交设立申请的除外。

六、受理基金管理公司的设立申请前，中国证监会将向证券交易所、相关派出机构了解申请人提交、遵守自律承诺书的情况以及最近1年内证券投资行为是否符合规范要求的情况；经了解发现申请人有不遵守其自律承诺的行为的，中国证监会将不受理其作为基金管理公司发起人的申请，涉嫌违反法律法规的，另行调查处理。

七、承担原有投资基金清理规范工作的基金管理公司筹备组原则上比照以上要求办理相关事项，确有特殊情况的，视具体情况个别另行处理。

八、申请设立基金管理公司申报材料的制作和上报事宜另行通知。

中国证券监督管理委员会

二〇〇一年五月二十五日

关于首次公开发行股票公司招股说明书网上披露有关事宜的通知

各证券公司、拟上市公司：

为确保首次公开发行股票公司发行前招股说明书的及时有效披露，保护投资者合法权益，提高证券市场效率，促进证券市场的健康发展，现就有关招股说明书网上信息披露的有关事宜通知如下：

一、发行人及其主承销商除须按规定将招股说明书的书面文本备置在发行人公司住所、主承销商公司住所和拟上市证券交易所外，同时还应按照拟上市交易所的有关规定在其指定网站上披露，以供公众查阅。

二、股票发行前，主承销商须在刊登招股说明书概要的当日上午10：00之前（但不得早于招股说明书概要刊登日之前）将招股说明书正文及部分附录和必备附件（审计报告、法律意见书、拟投资项目的可行性研究报告、盈利预测报告（如有）、如公司成立不满两年的还包括资产评估报告）在拟上市交易所指定的网站上公布。

三、网上披露的招股说明书应当与中国证监会核准的招股说明书版本一致，出现差错的，中国证监会将对有关责任人和责任人所在单位进行公开批评。因主承销商工作失误给投资者造成损失的，主承销商应承担全部责任，并及时采取措施补救。

四、主承销商应指定专人负责办理新股招股说明书的网上披露工作。

五、招股说明书网上披露的具体实施办法和工作流程须按照上海证券交易所、深圳证券交易所的有关规定执行。本通知自2001年3月1日起执行。

中国证券监督管理委员会

二〇〇一年一月二十日

关于新股发行公司通过互联网进行公司推介的通知

各证券公司、拟上市公司：

根据《证券法》关于股票发行实行“公开、公平、公正”的原则，为进一步强化新股发行公司的信息披露，提高新股发行的透明度，发挥社会公众舆论的监督作用，促进新股发行公司高级管理人员提高规范运作意识，建立投资者与新股发行公司的直接沟通渠道，现就新股发行公司通过互联网进行公司推介有关事宜通知如下：

一、新股发行公司在新股发行前，必须通过互联网采用网上直播（至少包括图象直播和文字直播）方式向投资者进行公司推介，也可辅以现场推介。

二、新股发行公司的董事长、总经理、财务负责人、董事会秘书（其他高级管理人员不限）和主承销商的项目负责人必须出席公司推介活动；参加推介活动的上述人员在推介活动前应进行认真充分的准备，并向中国证监会书面承诺其向投资者发布的信息不存在虚假、误导性陈述或有重大遗漏。

三、新股发行公司关于进行网上直播推介活动的公告应与其招股说明书概要（或招股意向书）同日同报刊登，并在拟上市证券交易所指定网站同天发布。

四、网上直播推介活动的公告内容至少应包括：网站名称、推介活动的出席人员名单、时间（推介活动不少于于四个小时）等。

五、所选择的直播网站应尽可能保证投资者上网通畅。

六、直播内容应以电子方式报备中国证监会和拟上市证券交易所。

七、主承销商应积极协助新股发行公司做好网上推介活动。

本通知自2001年3月1日起执行。

中国证券监督管理委员会

2001年一月十日

关于在上市公司建立独立董事制度的指导意见

为进一步完善上市公司治理结构，促进上市公司规范运作，现就上市公司建立独立的外部董事（以下简称独立董事）制度提出以下指导意见：

一、上市公司应当建立独立董事制度

（一）上市公司独立董事是指不在公司担任除董事外的其他职务，并与其所受聘的上市公司及其主要股东不存在可能妨碍其进行独立客观判断的关系的董事。

（二）独立董事对上市公司及全体股东负有诚信与勤勉义务。独立董事应当按照相关法律法规、本指导意见和公司章程的要求，认真履行职责，维护公司整体利益，尤其要关注中小股东的合法权益不受损害。独立董事应当独立履行职责，不受上市公司主要股东、实际控制人、或者其他与上市公司存在利害关系的单位或个人的影响。独立董事原则上最多在5家上市公司兼任独立董事，并确保有足够的时间和精力有效地履行独立董事的职责。

（三）各境内上市公司应当按照本指导意见的要求修改公司章程，聘任适当人员担任独立董事，其中至少包括一名会计专业人士（会计专业人士是指具有高级职称或注册会计师资格的人士）。在二00二年六月三十日前，董事会成员中应当至少包括2名独立董事；在二00三年六月三十日前，上市公司董事会成员中应当至少包括三分之一独立董事。

（四）独立董事出现不符合独立性条件或其他不适宜履行独立董事职责的情形，由此造成上市公司独立董事达不到本《指导意见》要求的人数时，上市公司应按规定补足独立董事人数。

（五）独立董事及拟担任独立董事的人士应当按照中国证监会的要求，参加中国证监会及其授权机构所组织的培训。

二、独立董事应当具备与其行使职权相适应的任职条件

担任独立董事应当符合下列基本条件：

（一）根据法律、行政法规及其他有关规定，具备担任上市公司董事的资格；

（二）具有本《指导意见》所要求的独立性；

（三）具备上市公司运作的基本知识，熟悉相关法律、行政法规、规章及规则；

（四）具有五年以上法律、经济或者其他履行独立董事职责所必需的工作经验；

（五）公司章程规定的其他条件。

三、独立董事必须具有独立性

下列人员不得担任独立董事：

（一）在上市公司或者其附属企业任职的人员及其直系亲属、主要社会关系（直系亲属是指配偶、父母、子女等；主要社会关系是指兄弟姐妹、岳父母、儿媳女婿、兄弟姐妹的配偶、配偶的兄弟姐妹等）；

（二）直接或间接持有上市公司已发行股份1%以上或者是上市公司前十名股东中的自然人股东及其直系亲属；

（三）在直接或间接持有上市公司已发行股份5%以上的股东单位或者在上市公司前五名股东单位任职的人员及其直系亲属；

（四）最近一年内曾经具有前三项所列举情形的人员；

（五）为上市公司或者其附属企业提供财务、法律、咨询等服务的人员；

（六）公司章程规定的其他人员；

（七）中国证监会认定的其他人员。

四、独立董事的提名、选举和更换应当依法、规范地进行

（一）上市公司董事会、监事会、单独或者合并持有上市公司已发行股份1%以上的股东可以提出独立董事候选人，并经股东大会选举决定。

（二）独立董事的提名人在提名前应当征得被提名人的同意。提名人应当充分了解被提名人职业、学历、职称、详细的工作经历、全部兼职等情况，并对其担任独立董事的资格和独立性发表意见，被提名人应当就其本人与上市公司之间不存在任何影响其独立客观判断的关系发表公开声明。

在选举独立董事的股东大会召开前，上市公司董事会应当按照规定公布上述内容。

（三）在选举独立董事的股东大会召开前，上市公司应将所有被提名人的有关材料同时报送中国证监会、公司所在地中国证监会派出机构和公司股票挂牌交易的证券交易所。上市公司董事会对被提名人的有关情况有异议的，应同时报送董事会的书面意见。

中国证监会在15个工作日内对独立董事的任职资格和独立性进行审核。对中国证监会持有异议的被提名人，可作为公司董事候选人，但不作为独立董事候选人。

在召开股东大会选举独立董事时，上市公司董事会应对独立董事候选人是否被中国证监会提出异议的情况进行说明。

对于本《指导意见》发布前已担任上市公司独立董事的人士，上市公司应将前述材料在本《指导意见》发布实施起一个月内报送中国证监会、公司所在地中国证监会派出机构和公司股票挂牌交易的证券交易所。

（四）独立董事每届任期与该上市公司其他董事任期相同，任期届满，连选可以连任，但是连任时间不得超过六年。

（五）独立董事连续3次未亲自出席董事会会议的，由董事会提请股东大会予以撤换。

除出现上述情况及《公司法》中规定的不得担任董事的情形外，独立董事任期届满前不得无故被免职。提前免职的，上市公司应将其作为特别披露事项予以披露，被免职的独立董事认为公司的免职理由不当的，可以作出公开的声明。

（六）独立董事在任期届满前可以提出辞职。独立董事辞职应向董事会提交书面辞职报告，对任何与其辞职有关或其认为有必要引起公司股东和债权人注意的情况进行说明。

如因独立董事辞职导致公司董事会中独立董事所占的比例低于本《指导意见》规定的最低要求时，该独立董事的辞职报告应当在下任独立董事填补其缺额后生效。

五、上市公司应当充分发挥独立董事的作用

（一）为了充分发挥独立董事的作用，独立董事除应当具有公司法和其他相关法律、法规赋予董事的职权外，上市公司还应当赋予独立董事以下特别职权：

1、重大关联交易（指上市公司拟与关联人达成的总额高于300万元或高于上市公司最近经审计净资产值的5%的关联交易）应由独立董事认可后，提交董事会讨论；独立董事作出判断前，可以聘请中介机构出具独立财务顾问报告，作为其判断的依据。

2、向董事会提议聘用或解聘会计师事务所；

3、向董事会提请召开临时股东大会；

4、提议召开董事会；

5、独立聘请外部审计机构和咨询机构；

6、可以在股东大会召开前公开向股东征集投票权。

（二）独立董事行使上述职权应当取得全体独立董事的二分之一以上同意。

（三）如上述提议未被采纳或上述职权不能正常行使，上市公司应将有关情况予以披露。

（四）如果上市公司董事会下设薪酬、审计、提名等委员会的，独立董事应当在委员会成员中占有二分之一以上的比例。

六、独立董事应当对上市公司重大事项发表独立意见

（一）独立董事除履行上述职责外，还应当对以下事项向董事会或股东大会发表独立意见：

1、提名、任免董事；

2、聘任或解聘高级管理人员；

3、公司董事、高级管理人员的薪酬；

4、上市公司的股东、实际控制人及其关联企业对上市公司现有或新发生的总额高于300万元或高于上市公司最近经审计净资产值的5%的借款或其他资金往来，以及公司是否采取有效措施回收欠款；

5、独立董事认为可能损害中小股东权益的事项；

6、公司章程规定的其他事项。

（二）独立董事应当就上述事项发表以下几类意见之一：同意；保留意见及其理由；反对意见及其理由；无法发表意见及其障碍。

（三）如有关事项属于需要披露的事项，上市公司应当将独立董事的意见予以公告，独立董事出现意见分歧无法达成一致时，董事会应将各独立董事的意见分别披露。

七、为了保证独立董事有效行使职权，上市公司应当为独立董事提供必要的条件

（一）上市公司应当保证独立董事享有与其他董事同等的知情权。凡须经董事会决策的事项，上市公司必须按法定的时间提前通知独立董事并同时提供足够的资料，独立董事认为资料不充分的，可以要求补充。当2名或2名以上独立董事认为资料不充分或论证不明确时，可联名书面向董事会提出延期召开董事会会议或延期审议该事项，董事会应予以采纳。

上市公司向独立董事提供的资料，上市公司及独立董事本人应当至少保存5年。

（二）上市公司应提供独立董事履行职责所必需的工作条件。上市公司董事会秘书应积极为独立董事履行职责提供协助，如介绍情况、提供材料等。独立董事发表的独立意见、提案及书面说明应当公告的，董事会秘书应及时到证券交易所办理公告事宜。

（三）独立董事行使职权时，上市公司有关人员应当积极配合，不得拒绝、阻碍或隐瞒，不得干预其独立行使职权。

（四）独立董事聘请中介机构的费用及其他行使职权时所需的费用由上市公司承担。

（五）上市公司应当给予独立董事适当的津贴。津贴的标准应当由董事会制订预案，股东大会审议通过，并在公司年报中进行披露。

除上述津贴外，独立董事不应从该上市公司及其主要股东或有利害关系的机构和人员取得额外的、未予披露的其他利益。

（六）上市公司可以建立必要的独立董事责任保险制度，以降低独立董事正常履行职责可能引致的风险。

中国证券监督管理委员会

二00一年八月十六日

关于证券公司担保问题的通知

各证券监管办公室、办事处、特派员办事处，各证券公司：

为规范证券公司的担保行为，防范证券公司提供担保可能产生的风险，现就证券公司担保问题通知如下：

一、根据我会《关于调整证券公司净资本计算规则的通知》（证监机构字[2000]223号），净资本额达不到我会规定的综合类证券公司净资本最低标准（人民币2亿元）的证券公司不得为他人提供担保。有条件提供担保的证券公司必须在会计报表附注和净资本情况的说明中详细披露其担保事项。

二、证券公司提供的担保额不得超过其净资产额的20%。

三、各证券公司应严格遵守中国证券业协会《关于禁止股票承销业务中融资和变相融资行为的行业公约》（中证协字[2000]20号），禁止在股票承销过程中为企业提供贷款担保。

四、不具备担保条件的证券公司原有的担保要在本通知下发之日起进行清理，并在净资本情况的说明中详细披露清理情况。

五、证券公司不得为以买卖股票为目的的客户贷款提供担保。

六、对违反上述规定进行担保和对担保事项披露不准确、不真实、不及时的证券公司及有关责任人予以单处或并处通报批评、警告、暂停直至取消业务资格、暂停直至取消从业资格的处罚。

中国证券监督管理委员会

二00一年四月二十四日

关于证券公司申请设立证券服务部有关问题的通知

各证券监管办公室、办事处、特派员办事处：

为满足广大投资者的需要，推动证券市场规范发展，在清理规范远程证券交易网点工作的基础上，我会将开展受理新设证券服务部的审核工作。现就有关事项通知如下：

一、申报条件

证券公司申请设立证券服务部需符合下列条件：

（一）证券公司及拟设立证券服务部的证券营业部内控制度健全，规章完备；

（二）证券公司及拟设立证券服务部的证券营业部运作规范，近一年内没有被处罚的记录或因涉嫌重大违规正在受到调查；

（三）在证券机构设立方面没有历史遗留问题或历史遗留问题已得到解决且满一年；

（四）证券公司没有新发生挪用客户交易结算资金的行为，历史上发生的挪用正按照上报批准的客户交易结算资金清理方案逐步归位；

（五）证券公司拟设立的证券服务部应与其归属的证券营业部在同一省级行政区；中国证监会已批复撤销的远程证券交易网点，原证券经营机构不能在原址申请重新设立。

二、申请材料

证券公司申请设立证券服务部，需向中国证监会派出机构提交下列材料：

（一）申请报告。包括拟设立证券服务部的证券营业部的名称、设立理由、具体地点等。

（二）证券公司基本情况。包括上一年度的经营情况；证券营业部和证券服务部的分布情况；近一年是否因违规经营受到处罚；挪用客户交易结算资金及清理归位情况；在机构设立方面存在的历史遗留问题及解决情况；公司内控制度建设的有关情况。

（三）拟设立证券服务部的证券营业部的基本情况。包括上一年度的盈利情况；业务许可证复印件（公司盖章）；证券营业部经营情况、管理制度情况；是否建立了证券营业部对证券服务部的管理制度；是否存在挪用客户交易结算资金及个人柜台债务。

（四）落实清理规范远程证券交易网点方案的情况。

（五）设立证券服务部的可行性研究报告。

（六）证券服务部管理规章制度。包括人事管理制度、设备管理制度、安全管理制度、计算机信息系统管理制度、稽核管理制度及其它管理制度。

（七）与银行签订的银证转帐协议。

（八）会计师事务所出具的独立出资设立证券服务部的文件。

（九）证券服务部负责人申请表。拟委派的证券服务部负责人的任职资格比照证券营业部经理管理，申请表比照证券营业部经理任职资格申请表填写。证券服务部至少配备一名具备大专以上学历、具有计算机基础理论知识和专业经验的信息技术人员。

（十）拟设立证券服务部的场地及设备情况说明。场地使用证明。

（十一）风险处置预案。

（十二）证券公司注册地派出机构出具的证券公司符合设立证券服务部条件的意见书。

以上材料一式两份，用A4纸打印装订。

三、审核程序

（一）证券公司设立证券服务部应向拟设立证券服务部所在地的证监会派出机构提出申请，派出机构初审同意后，报中国证监会复审。

（二）证券服务部拟设立地派出机构初审时间为申请文件送达日起15个工作日；中国证监会复审时间为申请文件送达日起30个工作日。如文件资料不完整，则审核时限重新计算。证券公司设立证券服务部申请获中国证监会复审通过，批复文件主送派出机构，抄送证券公司；申请未获得复审通过，中国证监会将未获得复审通过的原因书面通知证券公司，且半年内不得重新申请。

（三）证券服务部筹建期为3个月，经派出机构验收并批复开业后，证券服务部须到当地工商行政管理部门申请营业许可证。逾期不开业，批复文件自动失效，半年内不得重新申请。

四、监督管理

在证券服务部监管工作中，各派出机构除应根据现行证券服务部监管法规履行职责，还要做好以下几项工作：

（一）要求设立证券服务部的证券经营机构提供证券服务部负责人基本情况真实性的保证意见书；

（二）要求证券公司设证券服务部的证券营业部定期向派出机构上报证券服务部运行、经营情况；

（三）每年要对本辖区50%以上的证券服务部进行现场检查或走访；

（四）证券服务部发生风险时，要及时要求证券公司进行解决，并与当地政府沟通情况。对重大风险，要及时上报中国证监会。

派出机构要指导、督促证券公司切实履行法人责任，加强对证券服务部的管理，规范经营，防范风险。自本通知收到之日起，未经批准擅自设立证券服务的，中国证监会将依据有关规定严肃查处；构成犯罪的，依法追究其刑事责任。

申请设立证券服务部文件中存在虚假陈述行为的，中国证监会将依据有关规定对证券公司及其负责人进行处罚，并暂缓或停止受理该证券公司的各项业务申请。

请各派出机构将本通知转发给在本辖区内注册的证券公司。

中国证券监督管理委员会

二000年十一月十四日

关于做好上市公司新股发行工作的通知

各上市公司：

为规范上市公司新股发行（配股或增发）行为，建立市场约束机制，保护投资者的合法权益，根据有关法律法规的规定，现将上市公司申请发行新股的有关问题通知如下：

一、上市公司申请配股，除应当符合《上市公司新股发行管理办法》的规定外，还应当符合以下要求：

（一）经注册会计师核验，公司最近3个会计年度加权平均净资产收益率平均不低于6%；扣除非经常性损益后的净利润与扣除前的净利润相比，以低者作为加权平均净资产收益率的计算依据；设立不满3个会计年度的，按设立后的会计年度计算；

（二）公司一次配股发行股份总数，原则上不超过前次发行并募足股份后股本总额的30%；如公司具有实际控制权的股东全额认购所配售的股份，可不受上述比例的限制；

（三）本次配股距前次发行的时间间隔不少于1个会计年度。

二、上市公司申请增发，除应当符合《上市公司新股发行管理办法》的规定外，还应当符合以下要求之一：

（一）经注册会计师核验，公司最近3个会计年度加权平均净资产收益率平均不低于6%，且预测本次发行完成当年加权平均净资产收益率不低于6%；加权平均净资产收益率按本通知第一条第一项的有关规定计算；设立不满3个会计年度的，按设立后的会计年度计算。

（二）经注册会计师核验，如公司最近3个会计年度加权平均净资产收益率平均低于6%，则应符合以下规定：

1、公司及主承销商应当充分说明公司具有良好的经营能力和发展前景；新股发行时，主承销商应向投资者提供分析报告；

2、公司发行完成当年加权平均净资产收益率应不低于发行前一年的水平，并应在招股文件中进行分析论证；

3、公司在招股文件中应当认真做好管理层关于公司财务状况和经营成果的讨论与分析。

三、公司在本次增发中计划向原股东配售或原股东优先认购部分占本次拟发行股份50%以上的，应符合本通知第一条的规定。

四、公司发行新股申请文件在报中国证监会审核的同时，将2份申请文件报公司所在地中国证监会派出机构审核。派出机构应当在10个工作日内将审核意见报中国证监会。

五、本通知自发布之日起施行。

中国证券监督管理委员会

二00一年三月十五日

上市公司新股发行管理办法

第一章　总　则

第一条　为规范上市公司新股发行活动，保护投资者的合法权益和社会公共利益，根据《公司法》、《证券法》及其它相关法律、行政法规的规定，制定本办法。

第二条　上市公司向社会公开发行新股，适用本办法。

本办法所称上市公司向社会公开发行新股，是指向原股东配售股票（以下简称“配股”）和向全体社会公众发售股票（以下简称“增发”）。

第三条　上市公司发行前条所述新股，应当以现金认购方式进行，同股同价。

第四条　除金融类上市公司外，上市公司发行新股所募集的资金，不得投资于商业银行、证券公司等金融机构。

第五条　上市公司申请发行新股，应当由具有主承销商资格的证券公司担任发行推荐人和主承销商。

第六条　中国证券监督管理委员会（以下简称“中国证监会”）依法对上市公司新股发行活动进行监督管理。

第七条　上市公司申请以其它方式发行新股的具体管理办法另行制定。

第二章　新股发行条件及关注事项

第八条　上市公司申请发行新股，应当符合《公司法》、《证券法》规定的条件。

第九条　上市公司申请发行新股，还应当符合以下具体要求：

（一）具有完善的法人治理结构，与对其具有实际控制权的法人或其他组织及其他关联企业在人员、资产、财务上分开，保证上市公司的人员、财务独立以及资产完整；

（二）公司章程符合《公司法》和《上市公司章程指引》的规定；

（三）股东大会的通知、召开方式、表决方式和决议内容符合《公司法》及有关规定；

（四）本次新股发行募集资金用途符合国家产业政策的规定；

（五）本次新股发行募集资金数额原则上不超过公司股东大会批准的拟投资项目的资金需要数额；

（六）不存在资金、资产被具有实际控制权的个人、法人或其他组织及其关联人占用的情形或其他损害公司利益的重大关联交易；

（七）公司有重大购买或出售资产行为的，应当符合中国证监会的有关规定；

（八）中国证监会规定的其他要求。

第十条　上市公司有下列情形之一的，中国证监会不予核准其发行申请：

（一）最近3年内有重大违法违规行为；

（二）擅自改变招股文件所列募集资金用途而未作纠正，或者未经股东大会认可；

（三）公司在最近3年内财务会计文件有虚假记载、误导性陈述或重大遗漏；重组中进入公司的有关资产的财务会计资料及重组后的财务会计资料有虚假记载、误导性陈述或重大遗漏；

（四）招股文件存在虚假记载、误导性陈述或重大遗漏；

（五）存在为股东及股东的附属公司或者个人债务提供担保的行为；

（六）中国证监会认定的其他情形。

第十一条　担任主承销商的证券公司应当重点关注下列事项，并在尽职调查报告中予以说明：

（一）存在对公司经营能力和收入有重大影响的关联交易；

（二）与同行业其他公司相比，公司重要财务指标如应收帐款周转率和存货周转率异常，可能存在重大风险；

（三）公司现金流量净增加额为负，且经营性活动所产生的现金流量净额为负，可能出现支付困难；

（四）公司曾发生募集资金的实施进度与原招股文件所作出的承诺不符，募集资金投向变更频繁，使用效果未达到公司披露的水平；

（五）公司本次发行筹资计划与本次募集资金投资项目的资金需要及实施周期相互不匹配，投资项目缺乏充分的论证；

（六）上市公司前次发行完成后，效益显著下降；或利润实现数未达到盈利预测的80%；

（七）公司最近3年未有分红派息，董事会对于不分配的理由未作出合理解释；

（八）公司缺乏稳健的会计政策；

（九）公司资金大量闲置，资金存放缺乏安全和有效的控制，或者大量资金用于委托理财；

（十）公司资产负债率过低，通过股本融资会导致公司财务结构更加不合理，或公司缺乏明确的投资方向，资金可能出现剩余；

（十一）公司或有负债数额巨大，且存在较大风险；

（十二）公司存在重大仲裁或诉讼；

（十三）公司内部控制制度存在较大缺陷；

（十四）公司可能不具备可持续发展的能力，经营存在重大不确定性；

（十五）公司最近1年内因违反信息披露规定及未履行报告义务受到中国证监会公开批评或证券交易所公开谴责；

（十六）公司董事会未履行其向全体股东所作出的承诺；

（十七）公司未按照中国证监会及其派出机构发出的限期整改通知书的要求完成整改。

第三章　发行程序与审核事项

第十二条　上市公司董事会决定聘请主承销商事宜。主承销商进行尽职调查后，应就新股发行方案与董事会取得一致意见，并同意向中国证监会推荐上市公司发行新股。

第十三条　上市公司申请发行新股，应当按照本办法的要求，依法就下列事项作出决议：

（一）董事会应当就本次发行是否符合本办法、具体发行方案、募集资金使用的可行性、前次募集资金的使用情况作出决议，并提请股东大会批准；

（二）股东大会应当就本次发行的数量、定价方式或价格（包括价格区间）、发行对象、募集资金用途及数额、决议的有效期、对董事会办理本次发行具体事宜的授权等事项进行逐项表决。

第十四条 上市公司自提出发行申请至新股发行前，发生《证券法》第62条规定的重大事件，以及本办法第11条规定的重点关注事项，应当及时通知主承销商，并在2个工作日内将上述情形报告中国证监会和证券交易所，同时对发行申请文件予以修改。需要提请股东大会批准的，董事会应当及时召开股东大会。

第十五条 上市公司申请发行新股，应当按照中国证监会的规定编制并提交发行申请文件。

第十六条 上市公司最近3年财务会计报告均由注册会计师出具了标准无保留意见审计报告的，公司应当在申请文件中提供最近3年经审计的财务会计报告；发行申请于下半年提出的，还应当提供申请当年公司公告的中期财务会计报告。

如最近3年财务会计报告被注册会计师出具非标准无保留意见审计报告的，则所涉及的事项应当对公司无重大影响或影响已经消除，违反合法性、公允性和一贯性的事项应当已经纠正；公司应当在申请文件中提供最近3年经审计的财务会计报告及公司申请时由注册会计师就非标准无保留意见审计报告涉及的事项是否已消除或纠正所出具的补充意见；发行申请于下半年提出的，还应当提供申请当年经审计的中期财务会计报告；发行申请于上半年提出，预计发行时间在下半年的，应当在中期报告公布后，补充申请当年经审计的中期财务会计报告。

上市未满3年及重大重组后距本次发行不满1个会计年度的上市公司，应当依据本条第2款规定提供财务会计报告。

第十七条 股票发行审核委员会（以下简称"发审委"）依法审核上市公司新股发行申请，中国证监会根据发审委的审核意见依法作出核准或不予核准的决定。

第十八条 发行申请经中国证监会核准后，上市公司应当与证券交易所协商确定新股发行上市的时间及登记等具体事项。

第十九条 上市公司增发的具体操作，应当按照中国证监会的有关规定进行。在确定股票发行价格之前，上市公司可以向投资者发出招股意向书，招股意向书应当载明："本招股意向书的所有内容均构成招股说明书不可撤销的组成部分，与招股说明书具有同等法律效力"。

主承销商和上市公司根据投资者的认购意向确定发行价格后，编制招股说明书，并同时报中国证监会备案。

第二十条 发行申请未获核准的上市公司，自中国证监会作出不予核准的决定之日起6个月内不得再次提出新股发行申请。

第二十一条 上市公司和主承销商应当在申请文件中出具承诺函，保证在有关本次增发的信息公开前保守秘密，且不向在本次增发中参加配售的机构提供任何财务资助或补偿。

第四章　信息披露

第二十二条 上市公司作出发行新股的决定，应当按照下列要求披露有关信息：

（一）本次发行议案经董事会表决通过后，应当在2个工作日内报告证券交易所，公告召开股东大会的通知；

召开股东大会的通知应当包括董事会决议、提交股东大会表决的具体发行方案、董事会关于前次募集资金使用情况的说明、注册会计师出具的有关前次募集资金使用情况的专项报告，并载明"该项决议尚须经股东大会表决后，报中国证券监督管理委员会核准"字样；

（二）董事会应当在股东大会召开日前至少5个工作日就以下内容以公告形式通知股东：涉及运用募集资金收购资产（包括权益）的，董事会应当公告被收购资产的评估报告；如收购完成后，上市公司对被收购企业具有实际控制权或应将被收购企业合并报表的，董事会还应当公告被收购企业最近1个会计年度及最近一期经审计的财务会计报告，并承诺上述收购不会导致公司缺乏独立性；

对于与本次发行有关的关联交易，公司董事会应当在公告中保证该项交易符合公司的最大利益，不会损害非关联股东的利益及产生同业竞争；

（三）股东大会通过本次发行议案后，公司应当在2个工作日内公布股东大会决议，公告中应当载明"该方案尚须报中国证券监督管理委员会核准"字样；如果股东大会对董事会的发行议案有变更，还应当公告变更后的内容。

第二十三条 上市公司应当自收到中国证监会核准发行通知之日起2个工作日内发出获准发行新股的公告。

发行申请未获核准的上市公司，应当自收到中国证监会通知之日起2个工作日内发出未获准发行新股的公告。

第二十四条 上市公司接到中国证监会核准发行新股的通知后，可以公告配股说明书或招股意向书。

获准配股的上市公司应当在股权登记日前至少5个工作日公告配股说明书。配股说明书公告后至缴款截止日前，上市公司应当就该说明书至少再发布一次提示性公告，注明配股说明书的放置地点及中国证监会指定的互联网网址。

获准增发的上市公司应当在发行价格确定后，公告发行结果，其中注明招股说明书的放置地点及中国证监会指定的互联网网址，供投资者查阅。

第二十五条 上市公司公告的配股说明书、招股意向书应当与报送中国证监会核准的文本内容一致；确有必要修改的，应当在公布前取得中国证监会的同意。

第二十六条 上市公司增发披露盈利前景的，应当审慎地作出盈利预测，并经过具有证券从业资格的注册会计师审核，如存在影响盈利预测的不确定因素，应当就有关不确定因素提供分析与说明。

上市公司增发未作盈利预测的，应当在招股意向书、发行公告和招股说明书的显要位置作出特别风险警示。

第二十七条 上市公司应当在新股发行完成后的三年年报中对本次募集资金投资项目的效益情况作出持续披露。

第五章　法律责任

第二十八条 为上市公司发行新股提供服务的中介机构未按照中国证监会的规定履行勤勉尽责义务的，中国证监会给予公开批评并限期整改；在整改期间，暂缓接受有关中介机构出具的文件。

第二十九条 证券公司未按照《证券公司内部控制指引》建立内部控制，被中国证监会责令限期整改的，在整改期间，中国证监会暂缓受理其对上市公司发行新股的推荐意见。

第三十条 上市公司和承销商在发行信息公开前泄露有关信息的，中国证监会给予公开批评并责令上市公司发布澄清公告。

第三十一条 上市公司和承销商向在增发中参加配售的机构投资者提供财务资助或补偿的，中国证监会给予公开批评，并责令立即改正。

第三十二条 上市公司增发完成后，凡不属于公司管理层事前无法预测且事后无法控制的原因，利润实现数未达到盈利预测的，上市公司董事长、公司聘请的注册会计师、担任主承销商的证券公司法定代表人、业务负责人和项目负责人应当在股东大会及指定报刊上公开作出解释；利润实现数未达到盈利预测80%的，如无合理解释，上述人员应当在指定报刊公开道歉；未达到盈利预测50%的，中国证监会对有关上市公司给予公开批评，自作出公开批评之日起2年内，不再受理该公司发行新股的申请。

第三十三条 上市公司配股完成当年加权平均净资产收益率未达到银行同期存款利率的，上市公司董事长、担任主承销商的证券公司法定代表人、业务负责人和项目负责人应当在股东大会及指定报刊上公开作出解释；如无合理解释，上述人员应当在指定报刊公开道歉，中国证监会对上市公司给予公开批评；上市公司配股当年出现亏损的，中国证监会自作出公开批评之日起2年内，不再受理该公司发行新股的申请。

第三十四条 金融类公司以外的上市公司将募集资金投资于商业银行、证券公司等金融机构的，中国证监会给予公开批评，并责令立即改正。

第六章　附　则

第三十五条 境内上市外资股（B股）公司发行B股原则上按照本办法执行。

第三十六条 本办法自发布之日起施行。《关于上市公司配股工作有关问题的通知》（证监发［1999］12号）、《关于上市公司配股工作有关问题的补充通知》（证监公司字［2000］21号）、《上市公司向社会公开募集股份暂行办法》（证监公司字［2000］42号）、《境内上市外资股（B股）公司增资发行B股暂行办法》（证委发［1998］5号）同时废止。

中国证券监督管理委员会

二00一年三月二十八日

国有企业境外期货套期保值业务管理办法

第一章　总　则

第一条　为了加强对境外期货业务的管理特根据《期货交易管理暂行条例》的规定，制定本办法。

第二条　本办法适用于在中华人民共和国境内注册的国有企业（包括国有资产占控股地位或主导地位的企业）。

第三条　本办法所称境外期货业务是指境内企业从事境外期货交易所上市标准化合约交易的经营活动。

第四条　中国证监会依照本办法对境外期货业务实行监督管理。

第二章　境外期货业务资格的取得

第五条　中国证监会对从事境外期货业务的企业实行许可证制度。企业从事境外期货业务必须经国务院批准，并取得中国证监会颁发的境外期货业务许可证。未取得境外期货业务许可证的企业，不得从事境外期货业务。

第六条　申请从事境外期货业务的企业，应具备下列条件：

（一）符合国家有关期货交易的法律、法规及政策；

（二）有进出口权；

（三）进出口的商品或其他在境外现货市场上买卖的商品确有在境外期货市场上套期保值的需要；

（四）有健全的境外期货业务管理制度；

（五）有符合要求的交易、通讯及信息服务设施；

（六）至少有 3 名从事境外期货业务 1 年以上并取得中国证监会或境外期货监管机构颁发的期货从业人员资格证书的从业人员，其中应包括专职的期货风险管理人员；至少有 1 名高级管理人员了解境外期货业务并符合中国证监会的其他规定；

（七）中国证监会规定的其他条件。

第七条　企业申请从事境外期货业务应当向审核部门提交下列材料：

（一）境外期货业务申请报告；

（二）境外期货业务申请表；

（三）境外期货业务管理制度；

（四）企业法人营业执照；

（五）进出口企业资格证书；

（六）从业人员从事境外期货业务的经历及从业人员资格证书；

（七）审核部门规定的其他材料。

第八条　中国证监会会同国务院有关部门对申请从事境外期货业务的企业进行审核，报经国务院批准后，向申请企业签发批复通知。通过审核的企业凭批复通知到工商行政管理部门办理相应的经营范围变更登记，更换营业执照。企业凭变更后的营业执照到中国证监会领取境外期货业务许可证。企业凭境外期货业务许可证和变更后的营业执照，向国家外汇局申请开立境外期货项下保证金帐户和境内期货外汇专户。

第三章　境外期货业务基本规则

第九条　获得境外期货业务许可证的企业（以下简称持证企业）在境外期货市场只能从事套期保值交易，不得进行投机交易。前款所称套期保值是为冲抵现货价格风险而买卖期货合约的行为。

第十条　持证企业从事套期保值交易，应当遵循下列规定：

（一）进行期货交易的品种限于企业生产经营的产品或所需的原材料；

（二）期货持仓量不得超出企业正常的交收能力，不得超出进出口配额、许可证规定的数量；

（三）期货持仓时间应与现货保值所需的计价期相匹配；

（四）中国证监会的其他规定。

第十一条　套期保值头寸持有时间一般不超过 12 个月，但经中国证监会核准的除外。签订现货合同后，相应的套期保值头寸持有时间不得超出现货合同规定的时间或该合同实际执行的时间。

第十二条　境外期货头寸实行额度管理。套期保值额度是持证企业在特定时间内所持期货头寸的最大数量限制。

第十三条　持证企业对国家限制进出口的商品确定套期保值额度时，还应当向中国证监会提供国家有关部门的批准文件。

第十四条　持证企业根据生产、经营计划制定本企业的套期保值计划，并报中国证监会备案。

第十五条　套期保值计划应列明拟保值的现货品种及其数量、期货品种及其数量等。

第十六条　持证企业的套期保值计划每年核定一次。连续 12 个月份的套期保值头寸总量不得超过相应时期的套期保值额度。当持证企业的期货头寸超出规定的套期保值额度时，应在 2 个工作日内报告中国证监会并说明理由。

第十七条　持证企业应按保值商品的需要分布期货头寸。

第十八条　持证企业选择的境外期货经纪机构应当是境外期货交易所或境外期货清算机构资信良好的清算会员。

第十九条　持证企业在境外期货经纪机构应当以本企业的名义开设交易帐户，并以本企业的名义通过境外期货经纪机构从事期货业务。

第二十条　持证企业所选择的境外期货交易所应当管理规范、交易活跃，交易的期货品种在同类期货交易所中具有代表性。

第二十一条　持证企业选择的期货交易品种应当经国家经贸委或外经贸部等部门核准，并报中国证监会备案。

第二十二条　持证企业选择境外经纪机构及境外期货交易所应当经中国证监会核准。

第二十三条　持证企业应当建立严格有效的内部管理和风险控制制度，要明确规定境外期货交易的决策人员、交易指令执行人员、资金管理人员或风险管理人员的职责范围，不得交叉或越权行使这些职责。

第二十四条　持证企业对交易指令执行人员的授权应当经境外期货经纪机构确认后报中国证监会备案。

第四章　外汇管理

第二十五条　中国证监会负责监督持证企业套期保值交易的真实性及年度风险敞口。年度风险敞口是指允许持证企业境外期货保证金帐户上年底保留的余额、年度内累计追加的保证金额和期货赔付款的最高限额。

第二十六条　每年年初，持证企业提出有数据支持的风险敞口，经中国证监会核准后，到国家外汇局办理登记手续。国家外汇局予以开出企业期货业务年度风险额度登记确认函，抄送开户银行，以备汇出资金时由银行进行核对。

第二十七条　国家外汇局负责监控持证企业境外期货业务保证金帐户和境内期货外汇专户。境外帐户的户数由国家外汇局根据企业业务需要商中国证监会掌握；境内专户只限开立一个。

第二十八条　持证企业开展境外期货业务所汇出和汇入的资金，应当通过期货专户办理。期货专户的收入仅限用于汇出期货保证金或期货赔付款的自有外汇资金、境外期货交易项下的盈利收入。支出仅限于汇出期货保证金或期货赔付款、支付期货经纪机构手续费、期货项下银行手续费。

第二十九条　开户银行负责持证企业汇出和汇入资金凭证真实性的审核。企业因期货交易需要汇出资金或购汇时，开户银行凭境外期货经纪机构发出的缴付期货开户保证金通知书、追加保证金或缴付期货赔付款通知书，经核对国家外汇局开出的期货业务年度风险额度登记确认函，设台帐进行逐笔登记后，方可在国家外汇局确认函核准登记的额度内办理资金汇出手续。

第三十条　持证企业用于期货保证金或期货赔付款的资金，应当首先使用自有外汇资金，不足部分方可购汇。自有资金来源于经国家外汇局批准的其他现汇帐户，企业可向国家外汇局申请增加现汇帐户使用范围，即在期货项下可将该现汇帐户资金划入期货专户。经批准的帐户之间资金的划转到帐最迟在次日汇出境外；购汇资金应于当日经期货专户汇出境外。

第三十一条　持证企业期货交易项下的盈利应当及时调回境内期货专户，并于当日全部办理结汇，银行设立台帐进行逐笔登记。调回的盈利作为企业下年度申请风险敞口的重要依据。

第三十二条　对于套期保值中的现货进出口，持证企业按照一般贸易进行进出口收付汇核销。

第三十三条　期货专户开户银行每月前 10 个工作日内将持证企业上月资金汇出、汇入、划转、购汇情况报国家外汇局。企业每月前 10 个工作日内将上月期货项下自有外汇资金和购汇汇出情况、期货经纪机构的现金、头寸报表即对帐单报国家外汇局。每年 7 月和 1 月的前 10 个工作日内将上半年境外机构授予的期货项下授信额度及其使用情况、期货盈亏情况及与其相对应的现货盈亏情况报国家外汇局，国家外汇局与中国证监会每半年再进行一次双线核对。

第五章　监督管理

第三十四条　持证企业应在每月前 10 个工作日内向中国证监会报告上月境外期货业务情况，月报内容包括下列事项：

（一）期货交易信用额度及授信机构；

（二）已占用的期货交易保证金金额；
（三）持仓期货合约品种、月份、数量、持仓方向、浮动盈亏金额；
（四）期货交易平仓合约品种、月份、数量、买卖方向、价位、平仓盈亏金额；
（五）交割现货的品种、数量、交割地；
（六）期货交易相对应的现货交易情况；
（七）期货外汇帐户购汇金额、汇往地点及机构名称；
（八）期货外汇帐户汇入金额、汇入来源；
（九）中国证监会规定的其他事项。

第三十五条 持证企业发生下列行为，应当在10个工作日内报中国证监会备案：
（一）进出口权发生变化；
（二）境外期货业务的负责人、风险管理人员和交易指令执行人员等从业人员发生变化；
（三）分立、合并或联合经营；
（四）变更经营范围；
（五）中国证监会规定的其他事项。

第三十六条 持证企业有下列行为为时，应当自营业执照变更之日起10个工作日内，办理许可证变更：
（一）变更法定代表人；
（二）变更名称、住所；
（三）变更注册资本；
（四）中国证监会规定的其他事项。

第三十七条 中国证监会可以对持证企业的下列事项进行日常检查：
（一）设立或变更事项的审批、核准和备案手续是否完备；
（二）申报材料的各项内容与实际情况是否相符；
（三）是否超范围从事境外期货业务；
（四）是否进行投机交易；
（五）是否违反国家外汇管理规定；
（六）是否按规定报送有关材料；
（七）管理制度的制定和执行情况；
（八）中国证监会认为需要检查的其他事项。

第三十八条 持证企业应聘请期货交易所在地资信良好的会计师事务所每2个月检查境外期货交易的内部控制、风险管理和头寸分布等情况，并将检查情况报中国证监会。

第三十九条 持证企业应在下列情况发生或知晓后的3个工作日内报告中国证监会：
（一）境外期货头寸被强制平仓；
（二）与境外期货经纪机构发生法律纠纷；
（三）所选择的境外期货经纪机构或交易所发生重大财务亏损及法律纠纷；
（四）其他影响持证企业期货利益的重大事件。

第四十条 持证企业交易结算单、交易月结单等业务记录应保存3年。

第四十一条 境外期货业务许可证由中国证监会统一设计和印制。禁止伪造、涂改、出借、转让、买卖境外期货业务许可证。

第四十二条 境外期货业务许可证遗失或有严重破损，应当自发现之日起10个工作日内向中国证监会报告并重新申领。

第四十三条 境外期货业务许可证与营业执照的相关内容应当一致。

第四十四条 中国证监会对持证企业实行年度检查制度，确认其从事境外期货业务的资格。年检报告书格式、年检标识样式和年检戳记样式由中国证监会统一制定。

第四十五条 年检的主要内容包括：
（一）持证企业的经营和财务状况；
（二）境外期货业务许可证变更情况；
（三）境外期货业务经营和财务情况；
（四）管理制度的制定和执行情况；
（五）套期保值的操作情况；
（六）外汇管理规定执行情况；
（七）期货管理和从业人员的从业资格；
（八）中国证监会规定的其他事项。

第四十六条 持证企业年检合格，由中国证监会在其境外期货业务许可证上加贴年检标识并加盖年检戳记。

第四十七条 本办法所涉及的管理部门应当对持证企业的境外期货交易和资金情况保密。

第六章 罚 则

第四十八条 对持证企业和开户银行在境外期货业务中违反外汇管理法规的行为，由国家外汇局依据《中华人民共和国外汇管理条例》进行处罚，构成犯罪的，依法追究有关机构和责任人刑事责任。

第四十九条 对严重违法或涉嫌严重违法正在被司法机关或监管机构立案查处的持证企业，或未通过年检的持证企业，中国证监会可视情节责令其暂停境外期货业务或注销其境外期货业务许可证。

第五十条 持证企业违反本办法规定，有下列行为之一的，由中国证监会责令改正，给予警告等处罚，情节严重的，暂停境外期货业务资格或者吊销境外期货业务许可证：
（一）申报材料有虚假记载、重大遗漏或误导性陈述的；
（二）未按规定履行报告或备案义务的；
（三）未按本办法第八条规定获准而从事境外期货交易的；
（四）未按规定向中国证监会报送有关材料、文件的；
（五）伪造、涂改或者不按规定保存期货交易、结算、交割资料的；
（六）伪造、涂改、出借、转让、买卖境外期货业务许可证的；
（七）拒绝或者妨碍中国证监会履行监督管理职责的；
（八）有违反中国证监会规定的其他行为的。

第五十一条 对违反规定从事境外期货业务的直接责任人员依法给予行政处罚；构成犯罪的，依法追究刑事责任。

第七章 附 则

第五十二条 本办法由发文单位对各自所涉及的内容负责解释。

第五十三条 本办法自发布之日起施行。

中国证券监督管理委员会
二00一年六月二十日

境外会计师事务所执行金融类上市公司审计业务临时许可证管理办法

第一条 为了充分借鉴国际标准，提高银行证券保险行业上市公司审计结果的公平性和可靠性，确保公开披露信息的质量，保护投资者的合法权益，并为加强此类公司上市后的监督提供充分可靠的依据，根据《证券法》、《中国注册会计师法》和中国证券监督管理委员会（以下简称"中国证监会"）《公开发行证券公司信息披露编报规则》第1、3、5号，制订本办法。

第二条 银行证券保险行业上市公司应同时聘请中外各一家会计师事务所分别提供会计报表审计服务。中国证监会和财政部对在境外注册的会计师事务所（以下简称"境外事务所"）执行银行证券保险行业上市公司审计业务实行临时许可证管理。境外事务所申请临时许可证，应向中国证监会和财政部申报，经中国证监会、财政部批准后，方可执行业务。

第三条 银行证券保险业务临时许可证有效期为一年。

第四条 境外事务所在接洽业务之前应将有关材料上报中国证监会和财政部。经审查符合条件的，中国证监会和财政部将发给其临时许可证。经审查不符合条件的，将通知其停止接洽业务。

第五条 申请银行证券保险业务临时许可证，应当具备下列条件：
1、有相关行业的审计经验（指在国外）；
2、国际会计师事务所；
3、熟悉中国相关行业情况。

第六条 境外事务所申请临时许可证，应当报送下列材料：
1、银行证券保险业务临时许可证申请报告；
2、相关业务的情况介绍；
3、境外事务所的基本情况；4、与来华执行相关业务有关的合伙人和高级经理简介；
5、中国证监会和财政部要求报送的其它材料。
以上材料均用中文书写。

第七条 中国证监会和财政部有权对申请临时许可证的境外事务所在中国境内的业务质量进行抽查。对于业务质量不符合中国证监会要求的，终止其业务，并不再受理其临时许可证申请。

第八条 境外事务所未取得临时许可证，擅自执行银行证券保险等金融类上市公司相关业务的，中国证监会和财政部将责令其停止开展业务，并没收所得，不予受理其临时许可证申请。

第九条 境外事务所以欺骗或者其它不正当手段获得临时许可证的，收回其临时许可证，没收违法所得，停止其业务，不再受理其临时许可证申请，并予以公告。

第十条 境外事务所在执行银行证券保险行业上市公司相关业务的过程中违反中国法律的，应根据中国的法律追究其责任。

第十一条 本办法由中国证监会和财政部负责解释。

第十二条 本办法自发布之日起执行。

中国证券监督管理委员会
中华人民共和国财政部
二〇〇一年一月十二日

客户交易结算资金管理办法

第一章 总 则

第一条 为规范证券交易结算资金的管理，保护投资者利益，根据《中华人民共和国证券法》（以下简称《证券法》），制定本办法。

第二条 客户交易结算资金必须全额存入具有从事证券交易结算资金存管业务资格的商业银行，单独立户管理。严禁挪用客户交易结算资金。

第三条 从事证券交易结算资金存管业务的商业银行、证券登记结算公司（以下简称结算公司）依照本办法对客户交易结算资金、清算备付金的定向划转实行监督。

第四条 中国证券监督管理委员会（以下简称证监会）依照本办法对证券公司、结算公司和商业银行的证券交易结算资金存管业务活动进行监督管理。

第二章 账户管理

第五条 证券公司及其证券营业部必须将客户交易结算资金全额存放于客户交易结算资金专用存款账户和清算备付金账户。

结算公司必须将证券公司存入的清算备付金全额存入清算备付金专用存款账户。

第六条 证券公司根据业务需要可在多家存管银行存放客户交易结算资金，但必须确定一家存管银行为主办存管银行。

第七条 证券公司应当在存管银行开立客户交易结算资金专用存款账户，在主办存管银行开立自有资金专用存款账户。

证券公司下属证券营业部应当在证券公司所确定的存管银行设在当地的分支机构开立客户交易结算资金专用存款账户。

结算公司应当在结算银行开立清算备付金专用存款账户、自有资金专用存款账户、验资专户。

第八条 证券公司在同一家存管银行只能开立一个客户交易结算资金专用存款账户，在主办存管银行只能开立一个自有资金专用存款账户。

一个证券营业部只能在同一家存管银行设在当地的分支机构开立一个客户交易结算资金专用存款账户。

结算公司在同一家结算银行只能开立一个清算备付金专用存款账户和一个自有资金专用存款账户，一个验资专户。

第九条 证券公司及其证券营业部开立的客户交易结算资金专用存款账户，证券公司开立的自有资金专用存款账户，结算公司开立的清算备付金专用存款账户、自有资金专用存款账户、验资专户，应在开立后三个工作日内向证监会报备，在获得账户备案回执之前，不得使用。

第十条 证券公司获得证监会的账户备案回执后，应当通知其存管银行及结算公司。

结算公司在获得证监会账户备案回执后，应当通知结算银行及证券公司。

第十一条 证券公司不再使用的客户交易结算资金专用存款账户，应当在向证监会报备后注销，并同时通知有关存管银行、结算公司。

结算公司不再使用的清算备付金专用存款账户、验资专户，应当在向证监会报备后注销，并同时通知有关证券公司、存管银行。

证券公司、结算公司不再使用的自有资金专用存款账户，应当在向证监会报备后注销。其中证券公司注销自有资金专用存款账户的，应通知结算公司；结算公司注销自有资金专用存款账户的，应通知结算银行。

第十二条 证券公司、证券营业部出现迁址、终止营业等情形，应当及时注销不再使用的客户交易结算资金专用存款账户、自有资金专用存款账户。

第十三条 客户交易结算资金专用存款账户、清算备付金专用存款账户、自有资金专用存款账户发生变更的，视同注销旧户，开设新户。

第三章 资金划拨与监督

第十四条 综合类证券公司必须将客户交易结算资金和其证券自营资金分开办理，其业务人员、财务账户均应分开，不得混合操作。

第十五条 存管银行、结算公司在确认证券公司申请划款的账户已经在证监会备案，自有资金专用存款账户的使用符合本办法要求后，方可将资金划入该账户。

结算银行在确认结算公司申请划款的账户已经在证监会备案、自有资金专用存款账户的使用符合本法规定后，方可将资金划入该账户。

第十六条 客户交易结算资金只能在客户交易结算资金专用存款账户和清算备付金账户之间划转，但客户提款、证券公司将收取客户的费用转入自有资金专用存款账户等业务除外。

第十七条 综合类证券公司向客户收取佣金等费用、以自有资金补充清算备付金，应当集中通过清算备付金账户和自有资金专用存款账户划拨。

经纪类证券公司向客户收取佣金等费用，应当从一个固定的客户交易结算资金专用存款账户集中向证券公司自有资金账户划拨。

结算公司向证券公司收取手续费等费用，应当从清算备付金专用存款账户向结算公司自有资金专用存款账户划拨。

第十八条 通过证券交易所发行有价证券时，验资专户里的申购资金必须通过清算备付金账户进行划拨。

证券公司承销非上市证券从客户处所筹集的资金，应当通过证券公司在主办存管银行的客户交易结算资金专用存款账户划拨给发行人。

第十九条 证券公司自营证券账户应当向证监会和结算公司备案，结算公司应当根据证券公司备案的自营证券账户、经纪证券账户的净交收额及资金存取变动情况，定期计算每个交易日清算备付金账户中每家证券公司自营资金、经纪资金的余额，并保留有关记录。

结算公司如果发现证券公司有大量挪用客户交易结算资金情况，要及时向证监会报告。

第二十条 证券公司应当按月向证监会报告客户交易结算资金账面余额。同时，抄送结算公司。

结算公司应当按月向证监会报告各证券公司清算备付金中的经纪资金、自营资金及所收到证券公司清算备付金以及验资专户申购资金的账面余额。

存管银行应当按月向证监会报告所辖客户交易结算资金专用存款账户余额。

结算银行应当按月向证监会报告所辖清算备付金专用存款账户、验资专户余额。

证监会根据监管需要，可以调整上述报告周期。

第二十一条 证券公司、结算公司、存管银行、结算银行根据证监会要求或遇到客户交易结算资金专用存款账户、清算备付金专用存款账户、验资专户出现重大异常情况时，应当及时向证监会报告。

第二十二条 证券公司应当对客户交易结算资金集中统一管理。证券公司下属证券营业部收到的客户交易结算资金，除留足日常备付的部分外，应当交由证券公司管理。

第二十三条 客户交易结算资金只能用于客户的证券交易结算和客户提款。

证券公司和结算公司不得以客户交易结算资金、清算备付金为他人提供担保。

第二十四条 存管银行、结算银行、结算公司及其工作人员应当对证券交易结算资金的情况保密。

存管银行、结算银行和结算公司有权拒绝任何单位或个人的查询，但法律、法规另有规定以及证监会、开户证券公司和结算公司根据预定的程序所作的查询除外。

第四章 从事客户交易结算资金存管业务的商业银行

第二十五条　从事客户交易结算资金存管业务的商业银行应当符合下列条件：

（一）经中国人民银行认定具有足够的抗风险能力和良好的经营业绩的商业银行；

（二）具有及时、安全、高效的资金汇划系统，能够保证本行系统内证券交易结算资金汇划在两小时内到账；

（三）有健全的证券交易结算资金存管业务操作办法和规程，有相应的业务部门和人员；

（四）能够按证监会规定的格式和时间报送证券交易结算资金账户的有关资料；

（五）符合证监会认定的其他条件。

第二十六条　符合前款规定的商业银行，可以向证监会申请从事客户交易结算资金存管业务资格，经证监会核准后，领取《从事证券交易结算资金存管业务资格证书》，并报中国人民银行备案。

第二十七条　从事客户交易结算资金存管业务的商业银行，按业务对象分为存管银行和结算银行。

第二十八条　证券公司与其确定的存管银行、主办存管银行，结算公司与其确定的结算银行应当签定有关资金存管及代理结算业务的合同，明确双方的权利和义务，并报证监会备案。第二十九条　存管银行、结算银行应当为证券交易结算资金清算提供快捷、安全、准确的结算服务。

第五章　罚　则

第三十条　证券公司、证券营业部有下列行为之一的，责令限期改正，给予通报批评、公开批评，单处或者并处警告、三万元以下罚款：

（一）未按本办法制定客户交易结算资金操作办法和规程；

（二）违规开立客户交易结算资金专用存款账户、自有资金专用存款账户；

（三）未在规定时间内向证监会报备存管银行、客户交易结算资金专用存款账户、自有资金专用存款账户；

（四）未及时注销不再使用的客户交易结算资金专用存款账户、自有资金专用存款账户；

（五）未按期向证监会报告客户交易结算资金账面余额；

（六）其他违反本办法的行为。

对有前款规定行为的有关责任人员，给予通报批评、公开批评，单处或者并处警告、三万元以下罚款。

第三十一条　证券公司、证券营业部有下列行为之一的，责令限期改正，给予通报批评、公开批评，单处或者并处警告、三万元以下罚款，情节严重的，按照《证券法》第一百九十三条处罚：

（一）以伪造、变造证监会账户备案回执等欺骗手段，取得存管银行或者结算公司资金划拨许可；

（二）违反本办法，在客户交易结算资金专用存款账户、清算备付金账户之外存放客户交易结算资金；

（三）以客户交易结算资金为他人提供担保；

（四）其他违反本办法的行为。

对有前款规定行为的有关责任人员，给予通报批评、公开批评，单处或者并处警告、三万元以下罚款，情节严重的，按照《证券法》第一百九十三条处罚。

第三十二条　结算公司有下列行为之一的，责令限期改正，给予通报批评、公开批评，单处或者并处警告、三万元以下罚款：

（一）违反本办法，未能对客户交易结算资金划拨进行有效监督；

（二）违规开立清算备付金专用存款账户或者自有资金专用存款账户；

（三）未在规定时间内向证监会报备结算银行、清算备付金专用存款账户、自有资金专用存款账户、验资专户；

（四）未及时注销不再使用的清算专户、自有资金专用存款账户；

（五）未按期向证监会报告有关清算备付金账户及验资专户的账面余额；

（六）其他违反本办法的行为。

对有前款规定行为的有关责任人员，给予通报批评、公开批评，单处或者并处警告、三万元以下罚款。

第三十三条　结算公司有下列行为之一的，责令限期改正，给予通报批评、公开批评，单处或者并处警告、三万元以下罚款，情节严重的，按照《证券法》第一百九十三条处罚：

（一）违反本办法，在清算备付金专用存款账户外存放清算备付金；

（二）以清算备付金为他人提供担保；

（三）违反本办法第十八条第一款的规定；

（四）其他违反本办法的行为。

对有前款规定行为的有关责任人员，给予通报批评、公开批评，单处或者并处警告、三万元以下罚款，情节严重的，按照《证券法》第一百九十三条处罚。

第三十四条　存管银行或其分支机构、结算银行有下列行为之一的，责令限期改正，给予通报批评、公开批评，单处或者并处警告、三万元以下罚款，情节严重的，取消从事证券交易结算资金存管业务资格。

（一）违反本办法，未能对客户交易结算资金划拨进行有效监督；

（二）未按照本办法规定，向证监会报送客户交易结算资金专用存款账户、清算备付金专用存款账户和验资专户的有关资料；

（三）其他违反本办法的行为。

对有前款规定行为的有关责任人员，给予通报批评、公开批评，单处或者并处警告、三万元以下罚款。

第三十五条　证券公司、结算公司、存管银行、结算银行违反本办法

第二十一条　规定，不向证监会及时报告的，予以通报批评、公开批评，单处或者并处警告、三万元以下罚款。

第三十六条　存管银行、结算公司工作人员泄露证券交易结算资金秘密的，按有关法律、法规、规章进行处罚。

第六章　附　则

第三十七条　释义：

（一）证券交易结算资金，是客户交易结算资金、证券公司自营资金、其他用于证券交易资金的统称。

（二）客户交易结算资金，包括客户为保证足额交收而存入的资金，出售有价证券所得到的所有款项（减去经纪佣金和其他正当费用），持有证券所获得的股息、现金股利、债券利息，上述资金获得的利息，以及证监会认定的其他资金。

（三）从事客户交易结算资金存管业务的商业银行，指符合本办法规定并经证监会批准，办理证券交易结算资金存取、划转并履行监督职能的商业银行。

（四）存管银行，指证券公司在具有证券交易结算资金存管业务资格的商业银行中确定的，存放其客户交易结算资金的商业银行。

（五）主办存管银行，指证券公司在存管银行范围内确定的，通过其办理证券交易法人结算业务的商业银行。

（六）结算银行，指结算公司在具有证券交易结算资金存管业务资格的商业银行中确定的，办理证券交易结算资金结算业务的商业银行。

（七）客户交易结算资金专用存款账户，指证券公司及其证券营业部在存管银行开立的，用于存放客户交易结算资金及办理结算划款的专用账户。

（八）清算备付金专用存款账户，指结算公司在结算银行开立的，用于存放证券公司清算备付金的账户。

（九）证券公司的自有资金专用存款账户，指证券公司开立的，按照本办法规定划拨其自有资金或者接受从客户交易结算资金专用存款账户所收取款项的账户。

（十）结算公司的自有资金专用存款账户，指结算公司开立的，按照本办法规定划拨其自有资金或者接受从清算备付金专用存款账户所收取款项的账户。

（十一）验资专户，指结算公司设立的用于新股发行时申购资金验资的专用存款帐户。

第三十八条　证券公司应当按照本办法制定客户交易结算资金操作办法和规程，报证监会备案。

第三十九条　证券公司开展资产管理业务接受客户存入的委托资金，在本办法中视同客户交易结算资金进行管理。

第四十条　信托投资公司证券业务客户交易结算资金的管理参照本办法执行。

第四十一条　境内上市外资股客户交易结算资金管理办法，另行制定。

第四十二条　本办法自2002年1月1日起施行。

中国证券监督管理委员会

二00一年五月十六日

证券公司公开发行股票监管意见书的内容和出具程序

证券公司(以下简称"公司")报送发行股票申请时,应提交中国证券监督管理委员会出具的监管意见书。该监管意见书是对日常监管中已经发现的拟上市证券公司在报表数据、风险管理及经营合规性等方面存在问题的客观描述。

一、监管意见书的内容

(一)公司基本情况

1、公司成立时间、注册资本、综合类或经纪类的类别情况

2、公司高级管理人员和从业人员情况

3、公司自设立以来增资扩股和股份制改造情况

4、公司分支机构和营业网点情况,是否存在未经批准的机构或网点

5、公司业务范围和业务资格情况

6、公司近三年资产负债和利润总体情况

(二)公司内部控制情况

1、公司内部控制机制健全情况

2、公司内部控制制度建设情况

3、会计师事务所对公司内部控制的整体评价意见

(三)公司风险监管情况

1、资本充足情况

(1)按照新的净资本规则计算的公司近三年的净资本情况

(2)净资本情况与我会规定标准的比较

(3)净资本情况的历史比较和变化原因分析

2、资产流动性情况

(1)公司近三年流动资产和流动负债情况、资产流动性比率情况

(2)公司近三年自营证券、实物资产、逾期债权、长期投资情况及其占净资产的比重和变化原因

(3)公司或有项目的明细情况

3、资产负债的适度性情况

(1)资产负债率情况

(2)负债与净资产的比率情况

(3)或有负债与净资产的比率情况

(四)公司经营的规范化情况

1、公司近三年遵纪守法情况、受处罚及已立案调查的情况

2、公司近三年高级管理人员的变动情况及合规性情况

3、公司证券从业人员的合规性情况

4、公司近三年承销、自营、经纪业务经营的合规性情况

5、公司近三年挪用客户交易结算资金情况及目前的归还情况

6、会计师事务所近三年对公司财务报告出具意见的情况

7、公司涉及的法律诉讼情况

(五)公司业务经营和盈利状况

1、公司近三年证券承销、经纪、自营和其他业务开展情况

2、公司近三年各项业务收入情况

(六)监管结论

对公司经营管理情况进行总体说明并指出其存在的问题,对其上市出具有异议或无异议的监管意见,对有异议的证券公司同时提出整改要求。

二、监管意见书的出具程序

(一)公司按照监管意见书的内容,逐条自我陈述,并说明出处或理由,由该公司法定代表人及总经理签字、加盖公章并附有关附件,以及与其主承销商签定的承销意向书后报中国证监会机构监管部;

(二)中国证监会机构监管部收到该公司的有关材料后,征求中国证监会相关派出机构、稽查局,上海、深圳证券交易所,中国证券业协会的意见并逐条审查核对后,就其在报表数据、风险管理及经营合规性等方面的情况向该公司出具监管意见书。

中国证券监督管理委员会

二〇〇一年三月二日

证券公司内部控制指引

第一章　总　则

第一条　为了促进证券公司(以下简称"公司")的规范发展,有效防范和化解金融风险,维护证券市场的安全与稳定,依据《中华人民共和国证券法》等法律法规,特制定本指引。

第二条　公司内部控制包括内部控制机制和内部控制制度两个方面。内部控制机制是指公司的内部组织结构及其相互之间的运行制约关系;内部控制制度是指公司为防范金融风险,保护资产的安全与完整,促进各项经营活动的有效实施而制定的各种业务操作程序、管理方法与控制措施的总称。

第三条　健全内部控制机制和完善内部控制制度是规范公司经营行为、有效防范金融风险的主要措施,也是衡量公司经营管理水平高低的重要标志。公司应当按照本指引的要求,建立运行高效、控制严密的内部控制机制,制定科学合理、切实有效的内部控制制度。

第二章　内部控制的目标和原则

第四条　公司内部控制的总体目标是要建立一个决策科学、运营规范、管理高效和持续、稳定、健康发展的证券经营实体。具体来说,必须达到以下目标:

(一)严格遵守国家有关法律法规和行业监管规章,自觉形成守法经营、规范运作的经营思想和经营风格。

(二)健全符合现代企业制度要求的法人治理结构,形成科学合理的决策机制、执行机制和监督机制。

(三)建立行之有效的风险控制系统,确保各项经营管理活动的健康运行与公司财产的安全完整。

(四)不断提高经营管理的效率和效益,努力实现公司价值的最大化,圆满完成公司的经营目标和发展战略。

第五条　公司完善内部控制机制必须遵循以下原则:

(一)健全性原则。内部控制机制必须覆盖公司的各项业务、各个部门和各级人员,并渗透到决策、执行、监督、反馈等各个经营环节。

(二)独立性原则。公司必须在精简的基础上设立能充分满足公司经营运作需要的机构、部门和岗位,各机构、部门和岗位职能上保持相对独立性。

(三)相互制约原则。内部部门和岗位的设置必须权责分明、相互牵制,并通过切实可行的相互制衡措施来消除内部控制中的盲点。

(四)防火墙原则。公司投资银行、自营、经纪、资产管理、研究咨询等相关部门,应当在物理上和制度上适当隔离。对因业务需要知悉内幕信息的人员,应制定严格的批准程序和监督处罚措施。

(五)成本效益原则。公司应当充分发挥各机构、各部门及广大职员的工作积极性,尽量降低经营运作成本,保证以合理的控制成本达到最佳的内部控制效果。

第六条　公司制订内部控制制度必须遵循以下原则:

(一)全面性原则。内部控制制度必须涵盖公司经营管理的各个环节,并普遍适用于公司每一位职员,不得留有制度上的空白或漏洞。

(二)审慎性原则。公司内部控制的核心是风险控制,内部控制制度的制订要以审慎经营、防范和化解风险为出发点。

(三)有效性原则。内部控制制度必须符合国家有关法律法规的规定,公司全体职员必须竭力维护内部控制制度的有效执行,任何职员不得拥有超越制度约束的权力。

(四)适时性原则。内部控制制度的制订应当具有前瞻性,并且必须随着公司经营战略、经营方针、经营理念等内部环境的变化和国家法律法规、政策制度等外部环境的改变及时进行相应的修改或完善。

第三章　内部控制的基本要求

第七条　公司必须按核定的业务经营范围和自身的经营管理特点,建立架构清晰、控制有效的内部控制机制,制定全面系统、切实可行的内部控制制度。

第八条　公司必须依据自身经营特点设立顺序递进、权责统一、严密有效的三道监控防线:

(一)建立一线岗位双人、双职、双责为基础的第一道监控防线。直

接与客户、电脑、资金、有价证券、重要空白凭证、业务用章等接触的岗位，必须实行双人负责的制度。属于单人单岗处理的业务，必须有相应的后续监督机制。

（二）建立相关部门、相关岗位之间相互监督制衡的第二道监控防线。公司必须在相关部门和相关岗位之间建立重要业务处理凭据顺畅传递的渠道，各部门和岗位分别在自己的授权范围内承担各自职责。

（三）建立以内部稽核部门对各岗位、各部门、各机构、各项业务全面实施监督反馈的第三道监控防线。内部稽核部门独立于其他部门和业务活动，并对内部控制制度的执行情况实行严格的检查和反馈。

第九条　公司必须建立科学的授权批准制度和岗位分离制度。各业务部门和分支机构必须在适当的授权基础上实行恰当的责任分离制度，直接的操作部门或经办人员和直接的管理部门或控制人员必须相互独立、相互牵制。

第十条　公司必须建立完善的岗位责任制度和规范的岗位管理措施。在明确不同岗位的工作任务基础上，赋予各岗位相应的责任和职权，建立相互配合、相互制约、相互促进的工作关系。通过制定规范的岗位责任制度、严格的操作程序和合理的工作标准，大力推行各岗位、各部门、各机构的目标管理。

第十一条　公司必须在保证资产安全性的前提下追求利润的最大化，严格控制公司的财务风险。公司必须真实、全面地记载每一笔业务，充分发挥会计的核算和监督职能，健全会计、统计、业务等各种信息资料及时、准确报送制度，确保各种信息资料的真实与完整。

第十二条　公司必须建立严密有效的风险管理系统，包括主要业务的风险评估和监测办法、分支机构和重要部门的风险考核指标体系以及管理人员的道德风险防范系统等。通过严密的风险管理，及时发现内部控制的弱点，以便堵塞漏洞、消除隐患。

第十三条　公司必须制订切实有效的应急应变措施，设定具体的应急应变步骤。尤其是证券营业部等重要部位遇到断电、失火、水灾、抢劫等非常情况时，应急应变措施要及时到位，并按预定功能发挥作用，以确保公司的正常经营不会受到不必要的影响。

第四章　内部控制的主要内容

第十四条　公司内部控制的主要内容包括：环境控制、业务控制、资金管理控制、会计系统控制、电子信息系统控制、内部稽核控制等。环境控制包括治理结构控制、管理思想控制、员工素质控制、授权控制等。业务控制包括经纪业务控制、投资银行业务控制、自营业务控制、资产管理业务控制、金融创新业务控制等。

第一节　环境控制

第十五条　科学的公司治理结构包括民主、透明的决策程序和管理议事规则，高效、严谨的业务执行系统，以及健全、有效的内部监督和反馈系统。公司必须严格按照现代企业制度的要求，健全符合公司发展需要的组织结构和运行机制，充分发挥独立董事和监事会的监督职能，坚决避免内部人控制现象的发生。

第十六条　公司管理层必须牢固树立内控优先思想，自觉形成风险管理观念；同时制定有效的信息资料流转通报制度，保证全体员工及时了解重要的法律法规和管理层的经营思想。公司全体职工必须忠于职守，勤勉尽责，严格遵守国家法律法规和公司各项规章制度。

第十七条　公司必须建立科学的聘用、培训、轮岗、考评、晋升、淘汰等人事管理制度，严格制定单位业绩和个人工作表现挂钩的薪酬制度，确保公司职员具备和保持正直、诚实、公正、廉洁的品质与应有的专业胜任能力。对重要岗位（如证券营业部负责人、财务主管和电脑主管等）必须在回避的基础上实行委派制和定期轮换制。

第十八条　公司授权控制主要内容包括：

（一）股东（大）会、董事会、监事会必须充分履行各自的职权，健全公司逐级授权制度，确保公司各项规章制度的贯彻执行。

（二）公司实行法人负责制，公司各业务部门、各级分支机构在其规定的业务、财务、人事等授权范围内行使相应的经营管理职能。

（三）各项经济业务和管理程序必须遵从管理层制定的操作规程，经办人员的每一项工作必须是其业务授权范围内进行的。

（四）公司授权要适当，对已获授权的部门和人员应建立有效的评价和反馈机制，对已不适用的授权应及时修改或取消授权。

第二节　业务控制

第十九条　公司必须自觉遵守国家有关法律法规，严格制定各项业务（包括经纪业务、投资银行业务、自营业务、资产管理业务、金融创新业务等）的管理规章、操作流程和岗位手册，并针对各个风险点设置必要的控制程序。

第二十条　经纪业务控制主要内容包括：

（一）对证券营业部的整体布局、规模发展和技术更新等进行统一规划，对新设营业部的选址、投入与产出进行严密的可行性论证。

（二）统一制定证券营业部的标准化服务规程，不断提高证券营业部的服务质量和避免差错事故的发生。

（三）制定统一的股东帐户和资金帐户管理制度，妥善保管客户的开户资料，严格客户资金的存取程序和授权审批制度。

（四）严格遵守保密原则，如实记录证券交易情况，并妥善保存委托记录。无书面委托记录的，应当事先明确双方的权利与义务，坚决防止新的电子交易方式的各种风险。

（五）实行证券交易法人集中清算制度，严格资金的及时清算和股份的交割登记，及时有效地防止结算风险和法律纠纷。

（六）对客户托管的国债及其他上市流通的有价证券实行定期盘点制度，并按有关规定进行表外登记，不得将代保管的证券进行抵押、回购或卖空等。

第二十一条　投资银行业务控制主要内容包括：

（一）建立严格的项目风险评估体系和项目责任管理制度，根据各项投资银行业务和证券品种的不同特点制定各自不同的操作流程、作业标准和风险防范措施。

（二）建立科学的发行人质量评价体系，在认真核查发行人文件的真实性、准确性和完整性基础上，确保推荐优质企业发行上市。

（三）强化投资银行业务的风险责任制，尽量降低投资银行业务风险。在实施风险权限管理的基础上，明确各当事人在事前、事中、事后各自不同的风险控制责任。

（四）建立严密的内核工作规则与程序，不断提高发行申报材料的编制质量，确保证券发行文件不存在严重误导、重大遗漏、虚假和欺诈。

第二十二条　自营业务控制主要内容包括：

（一）充分发挥集体智慧的决策能力，坚决避免由一个部门或主管全权决定证券投资策略或投资品种。

（二）建立恰当的责任分离制度。自营交易管理部门、操作部门、资金结算部门与会计核算部门相互分离、相互监督。

（三）严格控制自营业务的股东帐户和专用席位。自营股东帐户应由自营部门以外的部门统一管理，不得假借他人名义或席位从事自营业务。

（四）自营业务必须使用自有资金和依法筹集的资金，自营交易的资金必须履行严格的资金调度审批手续。

（五）严格自营业务的风险评估和控制制度，直接操作人员的业务活动必须严格限制在规定的风险权限额度之内，为防范和化解市场风险管理层必须及时采取恰当的止损措施。

（六）公司全体职工必须严格执行公司各项保密制度，不得利用职位便利为自己及他人买卖证券或提供咨询意见。

第二十三条　资产管理业务控制主要内容包括：

（一）资产管理业务由公司统一受理，并指定专业部门和人员统一管理。资产管理业务和自营、经纪、承销等其他业务，以及资产管理业务各操作岗位之间应建立严格的“防火墙”制度。

（二）每一笔资产管理业务都要按业务授权进行审核批准，受托资金的投资策略、投资品种等要严格按授权和合同规定办理。

（三）受托资金专户独立核算，不得与自有资金混同使用，也不得将不同客户的委托资金混同使用。

（四）随时评估和监控每笔受托资金的管理效益，有效避免各项受托资金的重大损失，坚决防止资产管理业务的不道德行为。

第二十四条　公司应在审慎经营和合法规范的基础上力求金融创新。在充分论证的前提下周密考虑金融创新品种或业务的法律性质、操作程序、经济后果等，严格控制金融新品种、新业务的法律风险和运行风险。

第三节　资金管理控制

第二十五条　资金管理控制主要内容包括：

（一）坚持资金营运安全性、流动性和效益性相统一的经营原则，强化资金的集中统一管理制度，各分支机构不得自行从事资金的拆借、借贷、抵押、担保等融资活动。

（二）严格资金业务的授权批准制度，强化重大资金投向的集体决策制度。凡对外开办的每一笔资金业务都要按业务授权进行审核批准，对特别授权的资金业务要经过特别批准。

（三）健全资金业务的风险评估和监测制度，严格控制资金流动性风险。日常头寸调度外的每笔资金业务在使用前需进行严格的风险收益评估，各项资金比例严格控制在公司可承受风险范围之内。

（四）建立科学的资金管理绩效评价制度，严格考核各责任单位资金循环的成本与效益，坚决奖勤罚懒和奖罚分明。

第四节　会计系统控制

第二十六条　会计系统控制主要内容包括：

（一）公司必须依据会计法、会计准则、财务通则、会计基础工作规范、证券公司会计制度和财务制度等制订公司会计制度、财务制度、会计工作操作流程和会计岗位工作手册，并针对各个风险控制点建立严密的会计控制系统。

（二）建立公司内各级机构会计部门的垂直领导和主管会计委派制度，在岗位分工的基础上明确各会计岗位职责，严禁需要相互监督的岗位由一人独自操作全过程。

（三）坚持正确的会计核算，建立严格的成本控制和业绩考核制度，强化会计的事前、事中和事后监督，加强对重大表外项目（如担保、抵押、未决诉讼、赔偿责任等）的风险管理。

（四）严格制定财务收支审批制度和费用报销管理办法，自觉遵守国家财税制度和财经纪律，坚决避免重大财务支出由一个部门、一个主管、一支笔全权决定。

（五）制订完善的会计档案保管和财务交接制度。财会部门必须妥善保管密押、业务用章、空白支票等重要凭据和会计档案，严格会计资料的调阅手续，防止会计数据的毁损、散失和泄密。

（六）强化财产登记保管和实物资产盘点制度。对自营证券、代保管证券、固定资产等重要资产必须进行定期或不定期盘点，及时处理盘盈盘亏并分析总结原因。

第五节　电子信息系统控制

第二十七条　电子信息系统控制主要内容包括：

（一）根据国家法律法规的要求，遵循安全性、实用性、可操作性原则，严格制定电子信息系统的管理规章、操作流程、岗位手册和风险控制制度。

（二）对电子信息系统的项目立项、设计、开发、测试、运行和维护整个过程实施明确的责任管理，严格划分软件设计、业务操作和技术维护等方面的职责。

（三）强化电子信息系统的相互牵制制度，系统设计、软件开发等技术人员与实际业务操作人员必须相互独立，计算机系统的日常维护和管理人员必须独立于会计、交易等部门，禁止同一人同时掌管操作系统口令和数据库管理系统口令。

（四）严格制定电子信息系统的安全和保密标准，保证电子信息数据的安全、真实和完整，并能及时、准确地传递到会计等各职能部门。

（五）严格计算机交易数据的授权修改程序，建立电子信息数据的即时保存和备份制度，并坚持电子信息数据的定期查验制度。

（六）电子信息管理部门应指定专人负责计算机病毒防范工作，定期进行病毒检测。

第六节　内部稽核控制

第二十八条　内部稽核控制主要内容包括：

（一）内部稽核（审计）部门独立于公司各业务部门和各分支机构以外，就内部控制制度的执行情况独立地履行检查、评价、报告、建议职能，并对董事会负责。

（二）强化内部稽核检查制度，通过定期或不定期检查内部控制制度的执行情况，确保公司各项经营管理活动的有效运行。

（三）全面推行稽核工作的责任管理制度，明确内部稽核部门各岗位的具体职责，严格内部稽核的组织纪律。

（四）严格内部稽核人员的专业任职条件，充分发挥内部稽核部门和人员的权威性，不断提高内部稽核工作的质量和效率。

（五）健全内部稽核处罚制度，任何部门和人员不得拒绝、阻挠、破坏内部稽核工作，对打击、报复、陷害稽核工作人员的行为必须制定严厉的处罚制度。

（六）严格稽核人员奖惩制度，对滥用职权、徇私舞弊、玩忽职守的，应追究有关部门和人员的责任；对在稽核工作中表现突出的，应予以适当的表彰与奖励。

第五章　附　则

第二十九条　公司应当根据本指引，结合自身实际情况制定具体的内部控制制度，并报中国证券监督管理委员会和当地派出机构备案。

第三十条　本指引自发布之日起实施。

中国证券监督管理委员会

二〇〇一年一月三十一日

证券公司代办股份转让服务业务试点办法

第一章　总　则

第一条　为解决原STAQ、NET系统挂牌公司的股份流通问题，规范证券公司代办股份转让服务业务活动，根据《公司法》、《证券法》的有关规定，制定本试点办法。

第二条　本试点办法所称代办股份转让服务业务，是指证券公司以其自有或租用的业务设施，为非上市公司提供的股份转让服务业务。

第三条　中国证券业协会依法履行自律性管理职责，对证券公司代办股份转让服务业务进行监督管理。

第四条　证券公司代办股份转让服务业务，应当遵循公开、公平、公正的原则，不得损害投资者的合法权益。

第五条　投资者参与股份转让，应当自行承担投资风险。

第二章　业务许可

第六条　证券公司从事代办股份转让服务业务，应当报经中国证券业协会批准，并报中国证券监督管理委员会（以下简称中国证监会）备案。未经中国证券业协会批准，任何证券公司不得从事代办股份转让服务业务。

第七条　证券公司申请从事代办股份转让服务业务，应当符合下列条件：

（一）有20家以上营业部，并且布局合理；

（二）有从事网上委托业务的资格；

（三）最近2年内在证券市场没有重大违法违规行为；

（四）有健全的内部控制制度和风险防范机制；

（五）有相应的从事代办股份转让服务业务的设施；

（六）中国证券业协会规定的其他条件。

第八条　证券公司申请从事代办股份转让服务业务，应当向中国证券业协会提交以下文件：

（一）从事代办股份转让服务业务的申请书；

（二）公司证券业务资格有关文件；

（三）营业部的家数和布局的说明；

（四）公司内部控制制度和风险防范机制的有关说明；

（五）中国证券业协会要求的其他文件。

第九条　中国证券业协会自受理申请文件起30个工作日内根据本试点办法对申请文件进行审核，做出是否予以批准的决定。

第三章　委托代办转让

第十条　股份转让公司委托代办转让应具备以下条件：

（一）为合法存续的股份有限公司；

（二）有健全的公司组织结构；

（三）登记托管的股份比例不低于可代办转让股份的50%；

（四）中国证券业协会要求的其他条件。

第十一条　股份转让公司应当且只能委托一家证券公司办理股份转让，并与证券公司签订委托协议。

第十二条　股份转让公司委托证券公司办理股份转让，应当向证券公司提交以下文件：

（一）注册地省级人民政府同意或确认的文件；

（二）股东大会关于委托代办股份转让的决议；

（三）企业法人营业执照（副本）及章程；

（四）经具有证券业从业资格的会计师事务所审计的最近一个年度的报告；

（五）经确认的合法有效的股东名册。股东名册应当包括以下内容：股份总额、股东姓名或名称、持股数量、居民身份证号码或工商营业执照号码；

（六）证券公司与股份转让公司商定的其他文件。

第十三条　代办转让的股份仅限于股份转让公司在原交易场所挂牌交易的流通股份。

第四章　股份的登记与托管

第一节　股份账户的开立

第十四条　投资者参与股份转让，必须开立非上市公司股份转让账户（以下简称股份账户）。

第十五条　登记结算机构负责股份账户号码的编制、股份账户卡的印制及其管理工作。

第十六条 登记结算机构委托证券公司为参与股份转让的投资者开设股份账户。

第十七条 证券公司申请办理股份账户开户代理业务，应向登记结算机构提交下列材料：

（一）中国证券业协会有关代办非上市公司股份转让登记业务许可的批复；

（二）与股份转让公司签订的委托协议；

（三）开办开户代理业务的申请；

（四）企业法人营业执照（副本）；

（五）法定代表人身份证明书；

（六）经办人的授权委托书；

（七）经办人身份证。

第十八条 投资者在证券公司营业部开立股份账户需提交以下资料：

（一）个人投资者：居民身份证。个人投资者委托他人代办的，还须代办人本人身份证；

（二）法人投资者：法人营业执照或注册登记证书（副本）、法定代表人身份证明书、法定代表人授权委托书和经办人身份证。

第十九条 证券公司营业部对投资者开户申请资料审核无误后，实时为投资者开立股份账户。

第二十条 开户费用：个人每户人民币30元，机构法人每户人民币100元。

第二节 股份的确认与登记

第二十一条 股份转让公司的股份必须按照有关规定重新确认、登记和托管后方可进行股份转让。

第二十二条 股份重新确认、登记和托管工作由股份转让公司负责办理。

第二十三条 股份转让公司应根据与证券公司订立的委托协议确定的时间，至少在一种中国证监会指定的报刊上刊登股份重新确认、登记和托管的公告，通知投资者办理股份的确认登记手续。

第二十四条 股份转让公司股份持有者办理股份重新登记和托管应向办理机构提交下列材料：

（一）个人投资者

1、本人身份证；

2、原挂牌交易场所的股票账户卡；

3、股份账户卡；

4、《非上市公司股份转让股票登记托管申请表》。

委托他人代办的，还须提供代办人本人的身份证。

（二）机构投资者

1、法人营业执照或注册登记证书（副本）；

2、原挂牌交易场所的股票账户卡；

3、股份账户卡；

4、法定代表人身份证明书、法定代表人授权委托书；

5、法定代表人和经办人身份证；

6、《非上市公司股份转让股票登记托管申请表》。

第二十五条 有下列情形之一的，还须提交以下相关材料或办理相关手续：

（一）企业因已注销、被吊销营业执照或歇业，而无法提供企业法人营业执照的，需出具以下材料：

1、工商行政管理机关出具的关于法人机构已破产或注销的证明；

2、原持有人的股东与现持有人签署的转让协议；

3、法院裁决书、破产清算小组或上级主管单位文件、证明。

（二）原企业法人已变更名称、合并、分立、兼并、重组的，须提供工商行政管理机关出具的关于企业法人变更名称的证明，和变更名称后的法人承诺承担原法人债权债务的证明文件。

（三）实际出资的投资者无法提供股份持有人的身份证明原件、原挂牌交易场所股票账户卡原件等，需提供以下证明材料之一即可办理登记确认手续：

1、原挂牌交易场所的托管券商出具出资证明，证明其为实际出资人，并承诺承担由此而引起的任何法律责任；

2、股份持有人与实际出资人之间签订的股权转让协议，股份持有人需声明该股份属实际出资人，并承诺承担因转让引起的任何法律责任。该协议书需经公证处公证；

3、法院裁决书；

4、股份转让公司要求提供的其它材料。

第二十六条 在重新确认股份后，股份转让公司应向股份持有人出具股份确认书。经重新确认登记的股份达到可代办转让股份总额的50%以上后，股份转让公司可向登记结算机构提交托管申请。

第三节 股份的托管

第二十七条 股份转让公司已确认的可进行股份转让的股份应当托管在登记结算机构。

第二十八条 股份转让公司办理股份托管要向登记结算机构提交下列材料：

（一）与证券公司签订的委托代办股份转让的协议；

（二）符合登记结算标准的已重新登记确认的股东名册（书面材料和电子数据各一份）；

（三）登记结算机构要求的其他材料。

第二十九条 未经确认的股份，由股份转让公司按登记结算机构的有关规定，继续进行确认登记工作。经确认登记的股份可以由股份转让公司向登记结算机构托管后开始转让。

第四节 股份账户的挂失

第三十条 个人投资者申请挂失的，应当提供居民身份证，或户口本和户口所在地公安机关出具的贴有本人照片并压盖派出所公章的身份证遗失证明。

第三十一条 法人投资者申请挂失的，应当提供企业法人营业执照或注册登记证书、法定代表人证明书与法定代表人授权委托书、经办人身份证。

第三十二条 证券公司营业部接受投资者挂失补办申请，并为投资者开立新的股份账户后，应当将挂失账户中记载的股份转入投资者新账户中。原股份账户卡自新股份账户卡生效之日起自动作废。

第五节 查询与冻结

第三十三条 司法机关及其他有权机关要求查询、冻结投资者股份账户及资金的，由证券公司营业部按有关法律法规查验证件、法律文书无误后予以办理。

第六节 非转让过户

第三十四条 有下列情形之一的，可通过证券公司营业部办理非转让过户：

（一）继承、赠与及其它形式的财产分割与转移；

（二）挂失；

（三）司法裁决和仲裁裁定。

第三十五条 申请办理上述过户，应按规定持过户双方（或挂失申请人）本人身份证、股份账户卡、相关证明资料或法律文书，由证券公司营业部办理相关手续。

第五章 股份转让

第一节 一般规定

第三十六条 投资者参与股份转让，应当委托证券公司营业部办理。

第三十七条 证券公司接受投资者委托办理股份转让业务，投资者委托指令以集合竞价方式配对成交。证券公司不得自营所代办公司的股份。

第三十八条 股份转让的转让日为每周星期一、星期三、星期五，转让委托申报时间为上午9:30至11:30，下午1:00至3:00；之后进行集中配对成交。

转让期间遇法定假日或其它特殊情况，暂停转让服务业务。

第二节 资金账户的开立

第三十九条 投资者进行股份转让，应先到证券公司或其所属营业部阅读《风险揭示书》，证券公司应向投资者充分揭示股份转让的各类风险，投资者应在充分了解投资风险的基础上签署《风险揭示书》，并签订委托协议。证券公司应当为投资者开立资金账户。

第四十条 委托协议应列明投资者接受并遵守本试点办法。

第三节 转让单位与报价单位

第四十一条 股份转让以"手"为单位，一手等于100股。申报买入股份，数量应当为一手的整数倍。不足一手的股份，只能一次性申报卖出。

第四十二条 转让股份"每股价格"的最小变动单位为人民币0.01元。

第四十三条 股份转让价格实行涨跌幅限制，涨跌幅比例限制为前一转让日转让价格的5%。

第四节 委托转让

第四十四条 投资者委托证券公司营业部进行股份转让可采用柜台委托、电话委托、互联网委托等委托方式。

第四十五条 投资者应根据上一转让日的股份价格，在涨跌幅限制范围内进行申报委托。

第四十六条 证券公司在代办转让业务中可以接受投资者的限价委托，但不得接受全权委托。

限价委托是指投资者限定价格，要求证券公司营业部以限价或低于限价买入股份、以限价或高于限价卖出股份的委托。

第四十七条 投资者委托卖出的股份必须是其股份账户上实有的股份，不得进行融券委托。

第四十八条 投资者委托买入股份必须以其资金账户上实有的资金支付，不得进行融资委托。

第四十九条 证券公司应妥善保管投资者的委托记录和凭证，保存期不少于20年。

第五节 成 交

第五十条 转让日申报时间内接受的所有转让申报采用一次性集中竞价方式配对成交。

第五十一条 集合竞价确定转让价格的原则依次是：

（一）在有效竞价范围内能实现最大成交量的价位；

（二）如果有两个以上价位满足前项条件，则选取符合下列条件之一的价位：

1、高于该价位的买入申报与低于该价位的卖出申报全部成交；

2、与该价位相同的买方或卖方的申报全部成交。

（三）如果有两个以上价位满足前项条件，则选取离上一个转让日成交价最近的价位作为转让价。

第五十二条 经集中配对后，转让即告成交。

第五十三条 集合竞价结束后，通过通信系统将转让数据即时发送至所属营业部，内容包括：证券公司专用席位号、合同序号、投资者股份账户卡号、股份编码、转让数量、转让价格等。

第六节 权益分派

第五十四条 股份转让公司派发红利的，应委托证券公司办理；派发红股或公积金转增股本的，应委托登记结算机构办理。

第五十五条 股份转让公司在申请办理上述业务时，应提交股东大会决议、分配方案公告及其他所需资料。

第七节 股份转让的信息发布

第五十六条 股份转让的价格信息通过通信系统传送至证券公司营业部，证券公司营业部必须在营业场所单独发布。

股份转让不设指数。

第五十七条 转让日当天的价格信息发布内容为：股份编码和名称，上一转让日转让价格和数量，当日转让价格和数量。

第五十八条 证券公司负责编制、管理和发布本系统转让信息的各类日报表、周报表、月报表，并在证券公司网站、所属营业场所内予以公告。

第八节 转让费用

第五十九条 投资者委托股份转让和非转让过户（挂失除外），应当按规定交纳印花税和手续费。

第六章 清算与交收

第六十条 证券公司根据成交回报数据进行对帐，计算投资者当日的应收、应付股份与资金。

第六十一条 证券公司将投资者账户内股份变动及余额的明细数据发送到登记结算机构确认与登记，并根据转让清算数据及股份变动明细，完成投资者当日受让、转出股份的转让过户手续。

第六十二条 证券公司根据投资者当日清算数据中的应收应付金额进行资金交收，将投资者应收净额计入其资金账户，应付净额从资金账户中予以扣除。

第六十三条 投资者在转让结束后应及时办理交割手续，并核对账户资金余额和股份余额情况。

第七章 信息披露

第六十四条 股份转让公司应按照以下规定在证券公司网站和营业场所进行信息披露：

（一）在上半年度结束后的二个月内，公布中期报告；

（二）在年度结束后的四个月内，公布经具有证券业从业资格的会计师事务所审计的年度报告。

第六十五条 股份转让公司在发生可能影响股份正常转让的重大事件时，须在事件发生或做出决定后的24小时内以书面形式通报证券公司，证券公司应立即在其公司网站和营业场所披露该信息。

第六十六条 上述应予披露的信息，股份转让公司应当在三日内，以书面和电子方式报送中国证券业协会备案。

第六十七条 股份转让公司信息披露不够及时、充分、完整或可能误导投资者的，证券公司可以要求股份转让公司做出修改或做出澄清公告。

股份转让公司未按证券公司要求做出修改的，证券公司应对投资者以公告的方式做出风险提示。

第六十八条 股份转让公司必须及时、充分披露信息，保证其信息披露内容的真实性、准确性、完整性，确保没有虚假记载、误导性陈述或重大遗漏，并就其保证承担法律责任。

第八章 暂停转让和终止转让

第一节 暂停转让

第六十九条 股份转让公司可以向证券公司申请暂停转让。

第七十条 出现以下情况之一的，股份转让公司董事会应当向证券公司申请暂停转让：

（一）公司于转让日公布中期报告或年度报告，当日暂停转让，下一个转让日恢复转让；

（二）公司召开股东大会，会议期间为转让日的，自股东大会召开当日起暂停转让，直至股东大会决议公告后的第一个转让日恢复转让；

（三）公司于转让日公布董事会关于权益分派、公积金转增等决议，当日暂停转让，下一个转让日恢复转让；

（四）公司于转让日公布其他涉及股本变化的公告，当日暂停转让，下一个转让日恢复转让。

第七十一条 在公共传播媒介中出现股份转让公司尚未披露的消息，可能对股份转让产生较大影响的，证券公司报经中国证券业协会批准后，可以实施暂停转让，直至股份转让公司对该消息做出澄清公告后的第一个转让日恢复转让。

第七十二条 股份转让价格出现异常波动的，证券公司报经中国证券业协会批准后，可以对其暂停转让，直至有披露义务的当事人做出澄清公告后的第一个转让日恢复转让。

第七十三条 股份转让公司于转让日公布临时报告的，应当向证券公司申请暂停转让，证券公司根据具体情况决定暂停转让与恢复转让时间。

第七十四条 股份转让公司监事会按公司法第126条规定的职权所做出的可能对股份的转让产生较大影响的决议于股份转让日公告，转让股份当日暂停转让，下一个转让日恢复转让；如决议对股份的转让可能产生重大影响的，证券公司可以根据具体情况决定暂停转让与恢复转让时间。

第七十五条 股份转让公司出现以下情形之一的，中国证券业协会，或证券公司报经中国证券业协会批准后，可以对其股份暂停转让，直至导致暂停转让的原因消除后恢复转让：

（一）股份转让公司违反委托代办协议；

（二）有关管理部门依法做出暂停转让的决定；

（三）公司有重大违法行为；

（四）公司发生影响股份转让的其他重大事件。

第二节 终止转让

第七十六条 出现下列情形之一的，股份转让公司或证券公司应当公告并终止股份转让：

（一）股份转让公司获准上市或被收购；

（二）股份转让公司或证券公司解散、依法被撤销、破产；

（三）由于技术、管理上的原因，股份转让公司或证券公司不能实际履行其职责。

第九章 罚 则

第七十七条 未经中国证券业协会批准，擅自从事代办股份转让服务业务的证券公司，中国证券业协会将建议中国证监会予以处理。

第七十八条 证券公司违反本试点办法的规定进行代办股份转让业务，中国证券业协会可予以公开谴责、限期改正、暂停或取消代办股份转让服务业务许可。

第七十九条 证券公司在股份转让活动中，有违反法律法规规定的行为，中国证券业协会将建议中国证监会或其他主管机关依法查处，构成犯罪的，依法追究刑事责任。

第十章 附 则

第八十条 其他经批准可进行股份转让的股份有限公司的股份转让服务业务活动，参照本试点办法执行。

第八十一条 本试点办法由中国证券业协会负责解释。

第八十二条　本试点办法经中国证监会批准后发布实施。

二〇〇一年六月十二日

中国证券业协会

上海证券交易所股票上市规则(2001年修订本)

第一章　总　则

1.1　为规范股票上市行为和上市公司及其他相关义务人的信息披露行为,维护证券市场秩序,保护投资者和股票发行人的合法权益,根据《中华人民共和国公司法》(以下简称《公司法》)、《中华人民共和国证券法》(以下简称《证券法》)、《股票发行与交易管理暂行条例》(以下简称《股票条例》)、《证券交易所管理办法》等国家有关法律、法规、规章及《上海证券交易所章程》,制定本规则。

1.2　股票及其衍生品种在上海证券交易所(以下简称"本所")上市,适用本规则的规定。

1.3　公司申请经中国证券监督管理委员会(以下简称"中国证监会")核准公开发行的股票在本所上市,由本所审查同意后安排上市。

1.4　本所依据法律、法规和本规则及中国证监会的授权对上市公司及其董事、监事、高级管理人员、有信息披露义务的投资人及上市推荐人进行监管。

第二章　股票上市协议董事、监事承诺和备案上市推荐人

第一节　股票上市协议

2.1.1　发行人在股票首次上市前应当向本所申请并签订股票上市协议。

2.1.2　股票上市协议主要包括以下内容:(一)双方的权利与义务;(二)上市公司章程的内容及其制定与修订程序符合法律法规和中国证监会的有关规定;(三)上市费用及其交纳方式;(四)董事会秘书和董事会证券事务代表;(五)定期报告、临时报告的报告程序及上市公司回复本所质询的规定;(六)股票及其衍生品种的停牌与复牌事宜;(七)违约责任;(八)仲裁条款;(九)本所认为需要规定的其他内容。

2.1.3　上市公司逾期缴纳上市费用,本所按日欠费金额的0.03%收取滞纳金。

第二节　董事、监事承诺和备案

2.2.1　上市公司的董事、监事应当在股票上市后两个月内,新任董事、监事应当在股东大会通过其任命后两个月内,签署《董事(监事)声明及承诺书》并送达本所备案。董事、监事签署该文件时必须由一名有证券从业资格的律师见证,向董事、监事解释《董事(监事)声明及承诺书》的内容,董事、监事在充分理解后签字。

2.2.2　董事应当履行以下职责并在《董事声明及承诺书》中作出承诺:(一)遵守法律法规,履行诚信勤勉义务;(二)遵守公司章程;(三)遵守本规则,接受本所监管;(四)对本所认为应当承诺的其他事项作出承诺。监事除同样应当履行上述职责并在《监事声明及承诺书》中作出承诺外,还应当承诺促使上市公司董事遵守其承诺。

董事、监事应当在《董事(监事)声明及承诺书》中声明:(一)本人持有所在公司股票的情况;(二)有无违反法律法规受查处情况;(三)参加证券业务培训的情况;(四)其他任职情况;(五)拥有其他国家或地区的国籍、长期居留权的情况;(六)本所认为应当由其说明的其他情况。

2.2.3　《董事(监事)声明及承诺书》中声明的事项发生变化时,董事、监事应当在该等情况发生变化之日起两个月内向本所提交有关最新资料备案,并保证该资料的真实与完整。

第三节　上市推荐人

2.3.1　本所实行股票上市推荐人制度。公司在本所申请股票上市,必须由一至二个本所认可的机构推荐。

2.3.2　上市推荐人应当符合下列条件:(一)具有本所会员资格;(二)从事股票承销工作或具有本所认可的其他资格一年以上且信誉良好;(三)最近一年内无重大违法违规行为;(四)负责推荐工作的主要业务人员熟悉本所有关上市的业务规则。

2.3.3　符合2.3.2条的会员应当每年向本所提出资格申请,经本所审查确认后,取得上市推荐人资格。会员受到中国证监会暂停或取消股票承销业务的处分的,本所相应暂停或取消其上市推荐人资格。

2.3.4　会员向本所申请上市推荐人资格时,应当提交以下文件:(一)申请书;(二)会员资格证书;(三)承销资格证书或本所认可的其他资格证书;(四)主要业务人员简历;(五)最近一年上市推荐业务的情况;(六)上市推荐协议书,须附向中国证监会提交的发行人情况调查表;(七)本所要求提供的其他文件。

2.3.5　上市推荐人应当与发行人签订股票上市推荐协议,明确双方在申请上市期间及上市后一年内的权利和义务。股票上市推荐协议应当符合本规则和股票上市协议的有关规定。

2.3.6　上市推荐人应当履行下列义务:(一)确认发行人符合上市条件;(二)确保发行人的董事了解法律、法规、本规则及股票上市协议规定的董事的义务与责任;(三)协助发行人申请股票上市并办理与股票上市相关的事宜;(四)提交股票上市推荐书;(五)对股票上市文件所载的资料进行核实,保证股票上市文件内容真实、准确、完整,符合规定要求;(六)协助发行人健全法人治理结构;(七)协助发行人制定严格的信息披露制度和保密制度;(八)本所规定的上市推荐人的其他义务。

2.3.7　上市推荐书应当包括以下内容:(一)发行人的概况;(二)申请上市股票的发行情况;(三)发行人与上市推荐人是否存在关联关系及存在何种关联关系;(四)公司章程符合《公司法》等法律、法规和中国证监会的规定以及发行人符合上市条件的说明;(五)上市推荐人认为发行人需要说明的重要事项和存在的问题;(六)上市推荐人需要说明的其他内容。

2.3.8　上市推荐人应当保证发行人的上市申请文件、上市公告书没有虚假、严重误导性陈述或者重大遗漏,并保证对其承担连带责任。

2.3.9　上市推荐人不得利用其在股票发行上市过程中获得的内幕信息进行内幕交易,为自己或他人谋取利益。

第三章　股票上市的申请、审查与信息披露

第一节　首次公开发行的股票上市

3.1.1　经中国证监会核准后,发行人方可向本所申请其股票上市。

3.1.2　发行人申请其首次公开发行的股票上市,应当按照中国证监会《公开发行股票公司信息披露的内容与格式准则》第七号《上市公告书的内容与格式》编制上市公告书。

3.1.3　发行人提出上市申请时,应当向本所提交以下文件:(一)上市申请书;(二)中国证监会核准其股票发行的文件及经中国证监会核准的发行、上市申报材料;(三)上市推荐人出具的股票上市推荐书;(四)具有从事证券业务资格的会计师事务所出具的关于发行人全部资本的验资报告(包括实物资产所有权已转移至上市公司的证明文件);(五)股票发行后按规定新增的财务资料;(六)历次股东大会决议;(七)股票发行后公司设立或变更的营业执照复印件;(八)上市公告书;(九)发行人拟聘任或已聘任为公司董事会秘书人选的资料;(十)公司董事、监事和高级管理人员持股情况的报告;(十一)确定公司股票挂牌简称的函;(十二)公司全部股票已托管的证明文件;(十三)本所要求的其他文件。

3.1.4　发行人应当保证向本所提交的文件没有虚假记载、误导性陈述或者重大遗漏。

3.1.5　发行人向本所提出上市申请时,其第一大股东应当承诺:自发行人股票上市之日起12个月内,不转让其持有的发行人股份,也不由上市公司回购其持有的股份。本条所指股份不包括在此期间新增的股份。发行人应当在上市公告书中公告上述承诺。

3.1.6　发行人在本所批准其上市申请后,应当于其股票挂牌交易日的五日之前在至少一种中国证监会指定的上市公司信息披露报纸(以下简称"指定报纸")和中国证监会指定的互联网网站(以下简称"指定网站")上刊登上市公告书,并在指定网站上刊登公司章程。上市公告书应当备置于指定场所,供公众查阅。发行人在提出上市申请期间,未经本所同意,不得擅自披露有关信息。

第二节　配股或增发新股上市

3.2.1　上市公司配股或增发新股完成后,可申请配股或增发新股的可流通股份上市。

3.2.2　上市公司申请其配股或增发新股的可流通股份上市,应

当向本所提交以下申请文件：(一)上市申请书；(二)中国证监会的核准文件；(三)经中国证监会审核的配股或增发新股的全部申报材料；(四)配股或增发新股完成后经具有从事证券业务资格的会计师事务所出具的验资报告；有实物资产配股或增发新股的，提供资产所有权已转移至上市公司的证明文件；(五)董事、监事和高级管理人员持股情况变动的报告；(六)股份变动报告或上市公告书；(七)股份登记机构对新增股份登记托管的书面确认文件；(八)本所要求的其他文件。

3.2.3 本所对上市公司配股或增发新股的可流通股份的上市申请文件审查后，安排其符合条件的股份上市。公司应当在配股或增发新股的可流通股份上市前三个工作日内在指定报纸刊登股份变动报告或上市公告书，并公布配股或增发新股的可流通股份上市日。

3.2.4 其他股份经核准需上市流通的，参照3.2.2条和3.2.3条的规定执行。

第三节 派发股份股利与公积金转增股本的股份上市

3.3.1 上市公司在派发股份股利、公积金转增股本前，应当向本所提供以下文件：(一)股东大会关于派发股份股利、公积金转增股本的决议；(二)公司实施派发股份股利、公积金转增股本公告；(三)本所要求的其他文件。

3.3.2 经本所审查后，上市公司应当于派发股份股利、公积金转增股本股权登记日前三至五个工作日在指定报纸上刊登派发股份股利、公积金转增股本公告。

3.3.3 派发股份股利、公积金转增股本公告应当符合中国证监会的有关规定，并且包括以下内容：(一)通过派发股份股利、公积金转增股本方案的股东大会的届次和日期；(二)派发股份股利、公积金转增股本的比例(以每10股表述)、股本基数(按实施前实际股本计算)、是否含税以及扣税情况等；(三)股权登记日、除权日、新增可流通股份上市日；(四)实施办法；(五)股本变动结构表(按变动前总股本、本次派发红股数、本次转增股本数、变动后总股本、占总股本比例等项目列示)；(六)派发股份股利、公积金转增股本后，按新股本摊薄计算的上年度每股净收益或本年度中期每股净收益；(七)有关咨询办法。

第四节 公司职工股或内部职工股上市

3.4.1 上市公司申请其公司职工股或内部职工股上市，应当向本所提交以下文件：(一)上市申请书；(二)中国证监会关于其公司职工股或内部职工股上市时间的批文；(三)有关公司职工股或内部职工股的持股情况说明及托管证明；(四)有关公司董事、监事、高级管理人员持股情况说明；(五)公司职工股或内部职工股上市提示公告；(六)本所要求的其他文件。

3.4.2 经本所审查同意后，上市公司应当在公司职工股或内部职工股上市前三个工作日内在指定报纸刊登上市提示公告。

3.4.3 上市提示公告应当包括以下内容：(一)上市日期、上市股份数量、冻结数量；(二)发行价格；(三)历次送配情况；(四)持股人数。

第五节 董事、监事、高级管理人员所持股份上市

3.5.1 上市公司董事、监事、高级管理人员在任期内应当按照规定向本所申报持股变动情况，但不得转让其所持有的本公司股份，包括因公司派发股份股利、公积金转增股本、配股、购入(受让)等新增股份。

3.5.2 上市公司的董事、监事、高级管理人员离职半年后可以申请其所持本公司股份上市流通。

3.5.3 上市公司原董事、监事、高级管理人员申请所持本公司股份上市流通应当向本所提交以下文件：(一)上市申请书；(二)关于免去相关董事、监事、高级管理人员的决议或董事、监事、高级管理人员的辞职书及董事会出具的离职证明。

第六节 向证券投资基金、法人、战略投资者配售的股份上市

3.6.1 上市公司申请其向证券投资基金、法人、战略投资者配售的股份上市，应当向本所提交以下文件：(一)上市申请书；(二)配售结果的公告；(三)配售股份的托管证明；(四)有关向基金、法人、战略投资者配售的股份说明；(五)上市提示公告；(六)本所要求的其他文件。

3.6.2 经本所批准后，上市公司应当在配售的股份上市前三个工作日内在指定报纸刊登上市提示公告。

3.6.3 上市提示公告应当包括以下内容：(一)上市时间；(二)上市股份数量；(三)发行价格；(四)历次送配情况。

第四章 信息披露的基本原则

4.1 上市公司应当履行以下信息披露的基本义务：(一)及时披露所有对上市公司股票价格可能产生重大影响的信息；(二)确保信息披露的内容真实、准确、完整而没有虚假、严重误导性陈述或重大遗漏。上市公司对履行以上基本义务以及本规则规定的具体要求有疑问的，应当向本所咨询。上市公司不能确定有关事件是否必须及时披露的，应当报告本所，由本所审核后决定披露的时间和方式。

4.2 上市公司董事会全体成员必须保证信息披露内容真实、准确、完整，没有虚假、严重误导性陈述或重大遗漏，并就其保证承担连带赔偿责任。公司在公告中应当作出以下重要提示：本公司及董事会全体成员保证公告内容的真实、准确和完整，对公告的虚假记载、误导性陈述或者重大遗漏负连带责任。

4.3 上市公司及其董事、监事、高级管理人员不得泄漏内幕信息，不得进行内幕交易或配合他人操纵证券交易价格。

4.4 上市公司应当公开披露的信息包括定期报告和临时报告。年度报告和中期报告为定期报告，其他报告为临时报告。

4.5 上市公司公开披露的信息必须在第一时间报送本所。

4.6 本所根据有关法律、法规、规章对上市公司公开披露的信息进行形式审核，对其内容的真实性不承担责任。本所对定期报告实行事前登记、事后审核；对临时报告实行事前审核；对本所同意免于临时报告事前审核的上市公司的临时报告实行事前登记、事后审核。上市公司在信息披露前，应当按照本所要求将有关公告和相关备查文件提交本所。

4.7 上市公司公告出现错误、遗漏或误导的，本所可以要求公司作出说明并公告，公司应当按照要求办理。

4.8 上市公司应当将公司承诺事项和股东承诺事项单独摘出送本所备案并在定期报告中专项披露上述承诺事项的履行情况。上市公司未履行承诺的，董事会应及时详细披露原因以及董事会应承担的法律责任；股东未履行承诺的，上市公司董事会应及时详细披露具体情况，并说明董事会所采取的措施。

4.9 上市公司存在或正在筹划第七章第二、三、四节所述的重大事件，应当遵循分阶段披露的原则，履行信息披露义务：(一)在该事件尚未披露前，董事和有关当事人应当确保有关信息绝对保密；如果该信息难以保密，或者已经泄露，或者公司股票价格已明显发生异常波动时，上市公司应当立即予以披露。(二)上市公司就上述重大事件与有关当事人一旦签署意向书或协议，无论意向书或协议是否附加条件或附加期限，上市公司应当立即予以披露。上述协议发生重大变更、中止或者解除、终止的，上市公司应当及时予以披露，说明协议变更、中止或者解除、终止的情况和原因。(三)上述重大事件获得有关部门批准的，或者已披露的重大事件被有关部门否决的，公司应当及时予以披露。

4.10 上市公司董事会全体成员及其他知情人员在公司的信息公开披露前，应当将信息的知情者控制在最小范围内。

4.11 上市公司公开披露的信息应当在至少一种指定报纸上公告，按照规定应当上网披露的，还应当在指定网站披露。在其他公共传媒披露的信息不得先于指定报纸和指定网站。上市公司不得以新闻发布或答记者问等形式代替公司的正式公告。

4.12 上市公司出现下列情形，认为无法按照本规则规定披露信息的，可以向本所提出申请，经本所同意，可以免予按照本规则规定披露：(一)上市公司有充分理由认为披露某一信息会损害公司的利益，且该信息对其股票价格不会产生重大影响；(二)上市公司认为拟披露的信息可能导致其违反法律法规的；(三)交易所认定的其它情况。

4.13 上市公司发生得事项没有达到本规则披露要求的，可以免予公告，但必须报本所备案。本所认为有必要披露的，上市公司应当比照本规则的规定披露。

4.14 上市公司应当配备信息披露所必要的通讯设备和计算机等办公设备，保证计算机可以连接国际互联网和对外咨询电话的畅通。

第五章 董事会秘书、股权管理与信息披露事务

第一节 董事会秘书

5.1.1 上市公司应当设立一名董事会秘书。董事会秘书为上市公司的高级管理人员，对董事会负责。

5.1.2 董事会秘书的任职资格：(一)具有大学专科以上学历从事秘书、管理、股权事务等工作三年以上；(二)有一定财务、税收、法律、金融、企业管理、计算机应用等方面知识，具有良好的个人品质和职业道德，严格遵守有关法律、法规和规章，能够忠诚地履行职责；(三)上市公司董事可以兼任董事会秘书，但监事不得兼任；(四)有《公司法》第57条规定情形之一的人士不得担任董事会秘书；(五)上市公司聘任的会计师事务所的会计师和律师事务所的律师不得兼任董事会秘书。

5.1.3　董事会秘书应当遵守公司章程，承担高级管理人员的有关法律责任，对公司负有诚信和勤勉义务，不得利用职权为自己或他人谋取利益。董事会秘书应当保证本所可以随时与其联系。

5.1.4　董事会秘书的职责：(一)董事会秘书为公司与本所的指定联络人，负责准备和提交本所要求的文件，组织完成监管机构布置的任务；(二)准备和提交董事会和股东大会的报告和文件；(三)按照法定程序筹备董事会会议和股东大会，列席董事会会议并作记录，保证记录的准确性，并在会议记录上签字；(四)协调和组织上市公司信息披露事项，包括建立信息披露的制度、接待来访、回答咨询、联系股东，向投资者提供公司公开披露的资料，促使上市公司及时、合法、真实和完整地进行信息披露；(五)列席涉及信息披露的有关会议。上市公司有关部门应当向董事会秘书提供信息披露所需要的资料和信息。公司在作出重大决定之前，应当从信息披露角度征询董事会秘书的意见；(六)负责信息的保密工作，制订保密措施。内幕信息泄露时，及时采取补救措施加以解释和澄清，并报告本所和中国证监会；(七)负责保管上市公司股东名册资料、董事和董事会秘书名册、大股东及董事持股资料以及董事会印章，保管上市公司董事会和股东大会会议文件和记录；(八)帮助上市公司董事、监事、高级管理人员了解法律法规、公司章程、本规则及股票上市协议对其设定的责任；(九)协助董事会依法行使职权，在董事会作出违反法律法规、公司章程及本所有关规定的决议时，及时提醒董事会，如果董事会坚持作出上述决议的，应当把情况记录在会议纪要上，并将会议纪要立即提交上市公司全体董事和监事；(十)为上市公司重大决策提供咨询和建议；(十一)本所要求履行的其他职责。

5.1.5　董事会秘书须经过本所组织的专业培训和资格考核并取得合格证书，由董事会聘任，报本所备案并公告；对于没有合格证书的，经本所认可后由董事会聘任。

5.1.6　公司应当在股票上市后三个月内或原任董事会秘书离职后三个月内正式聘任董事会秘书。在此之前，公司应当临时指定人选代行董事会秘书的职责。

5.1.7　公司董事会聘任董事会秘书应当向本所提交以下文件：(一)董事会推荐书，内容包括被推荐人的职务、工作表现及个人品德等；(二)被推荐人的个人简历、学历证明(复印件)；(三)被推荐人取得的董事会秘书资格考试合格证书；(四)董事会的聘任书；(五)董事会秘书的通讯方式，包括办公电话、住宅电话、移动电话、传真、通信地址及专用电子邮件信箱地址等；(六)公司法定代表人的通讯方式，包括办公电话、住宅电话、移动电话、传真及通信地址等。

5.1.8　董事会秘书有以下情形之一的，本所可以建议上市公司董事会终止对其的聘任：(一)在执行职务时出现重大错误或疏漏，给上市公司或投资者造成重大损失；(二)违反国家法律法规、公司章程和本所有关规定给上市公司或投资者造成重大损失；(三)本所认为不宜继续担任董事会秘书的其他情形。

5.1.9　上市公司董事会解聘董事会秘书应当具有充分理由，解聘董事会秘书或董事会秘书辞职时，公司董事会应当向本所报告、说明原因并公告。

5.1.10　董事会秘书离任前，应当接受董事会、监事会的离任审查，将有关档案文件、正在办理及其他待办理事项，在公司监事会的监督下移交。公司在聘任董事会秘书时应当与其签订保密协议，要求其承诺一旦在离任后持续履行保密义务直至有关信息公开披露为止。

5.1.11　上市公司董事会在聘任董事会秘书的同时，应当另外委任一名董事会证券事务代表，在董事会秘书不能履行职责时，代行董事会秘书的职责。证券事务代表应当具有董事会秘书的任职资格，经过本所的专业培训和资格考核并取得合格证书。

第二节　股权管理与信息披露事务

5.2.1　本所接受董事会秘书或证券事务代表办理上市公司的股权管理与信息披露事务。

5.2.2　上市公司应当在信息披露前将公告文稿及相关材料报送本所。所报文稿及材料应为中文打印件并签字盖章，文稿上应当写明拟公告的日期及报纸。经本所同意后，上市公司自行联系公告事项。不能按预定日期公告的，应当及时报告本所。

5.2.3　上市公司应当将信息披露文件在公告的同时备置于指定场所，供公众查阅。

5.2.4　上市公司应当至少选定一家信息披露的指定报纸；在选定或变更指定报纸后，在两个工作日内报告本所。

第六章　定期报告

6.1　上市公司应当在每个会计年度结束之日起四个月内编制完成年度报告，在指定报纸披露年度报告摘要，同时在指定网站上披露其全文。本所在规定的期限内安排各上市公司披露的时间顺序。

6.2　上市公司应当按照中国证监会《公开发行股票公司信息披露的内容与格式准则第二号＜年度报告的内容与格式＞》的规定编制年度报告及年度报告摘要。本所在上述规定基础上对年度报告的编制和披露有进一步要求的，公司还应当按本所要求办理。

6.3　上市公司应当在年度报告经董事会批准后的两个工作日内本所报送年度报告，经本所登记后，在至少一种指定报纸上刊登年度报告摘要并在指定网站上披露年度报告全文。

6.4　上市公司向本所办理年度报告登记手续时，应向本所报送以下文件：(一)审计报告原件；(二)年度报告正本及其摘要；(三)董事会决议及其公告文稿；(四)上述文件的电子文件；(五)停牌申请；(六)本所要求的其他文件。

6.5　上市公司出现本规则9.2.1条所述财务状况异常的情形时，应当在收到年度审计报告后两个工作日内报送本所。

6.6　本所对上市公司年度报告的事后审核是对年度报告摘要、正本在形式上的审查。上市公司应当认真、及时地答复本所的问询，并按本所要求对年度报告有关内容作出解释说明、刊登补充公告。

6.7　上市公司应当于每个会计年度的上半年结束之日起二个月内编制完成中期报告并在指定报纸披露。

6.8　上市公司应当按照中国证监会《公开发行股票公司信息披露内容与格式准则第三号＜中期报告的内容与格式＞》以及有关通知的规定编制中期报告。本所在上述规定基础上对中期报告的披露提出进一步要求的，公司还应按本所要求办理。

6.9　上市公司的中期财务报告可以不经会计师事务所审计，但有下列情形之一的，必须经会计师事务所审计(中国证监会另有规定的除外)：(一)拟在下半年进行利润分配或公积金转增股本的；(二)中国证监会或本所认为应当进行审计的其他情形。6.10 中期报告的报送、公告和审核按照年度报告的有关规定执行。

第七章　临时报告

第一节　董事会、监事会、股东大会决议

7.1.1　上市公司召开董事会会议，应当在会议结束后两个工作日内将董事会决议和会议纪要报送本所备案。本所要求公司提供董事会、监事会、股东大会会议记录的，公司应按照本所要求在规定时间内提供该等会议记录。

7.1.2　上市公司董事会决议涉及须经股东大会表决的事项和本章第二、三、四节有关事项的，必须公告；其他事项，本所认为有必要的，也应当公告。

7.1.3　上市公司召开监事会会议，应当在会议结束后两个工作日内将监事会决议和会议纪要报送本所备案，经本所审核后，在指定报纸上公布。

7.1.4　上市公司应当在股东大会结束后两个工作日内将股东大会决议公告文稿、会议记录和全套会议文件报送本所，经本所审查后在指定报纸上刊登决议公告。

7.1.5　股东大会因故延期或取消，应当在原定股东大会召开日的五个工作日之前发布通知，通知中应当延期或取消的具体原因。属延期的，通知中应当公布延期后的召开日期。

7.1.6　股东大会对董事会预案作出修改，或对董事会预案以外的事项作出决议，或会议期间发生突发事件导致会议不能正常召开的，上市公司应当向本所说明原因并公告。

7.1.7　股东大会决议公告应当写明出席会议的股东人数、所持股份及占上市公司有表决权总股本的比例，以及每项议案的表决方式和表决统计结果。对股东提案作出决议的，应当列明提案股东的名称或姓名、持股比例和提案内容。发行B股的上市公司还应当在公告中说明股东会议通知情况、上市公司A股股东和B股股东出席会议及表决情况。

7.1.8　股东大会以会议文件等形式向股东通报的重要内容，如未公开披露过的，应当在股东大会决议公告中披露。

第二节　收购、出售资产

7.2.1　本节所称收购、出售资产是指上市公司收购、出售企业所有者权益、实物资产或其他财产权利的行为。

7.2.2　上市公司拟收购、出售资产达到以下标准之一时，经董事会批准后，应在两个工作日内向本所报告并公告：

(一)按照最近一期经审计的财务报告、评估报告或验资报告，收购、出售资产的资产总额占上市公司最近一期经审计的总资产值的10%以上；

(二)被收购资产相关的净利润或亏损的绝对值(按上一年度经审计的财务报告)占上市公司经审计的上一年度净利润或亏损绝对值的

10%以上,且绝对金额在100万元以上;

被收购资产的净利润或亏损值无法计算的,不适用本款;收购企业所有者权益的,被收购企业的净利润或亏损值以与这部分产权相关的净利润或亏损值计算;

(三)被出售资产相关的净利润或亏损绝对值或该交易行为所产生的利润或亏损绝对额占上市公司经审计的上一年度净利润或亏损绝对值的10%以上,且绝对金额在100万元以上;被出售资产的净利润或亏损值无法计算的,不适用本款;出售企业所有者权益的,被出售企业的净利润或亏损值以与这部分产权相关的净利润或亏损值计算;

(四)收购、出售资产的交易金额(承担债务、费用等应当一并计算)占上市公司最近一期经审计的净资产总额10%以上。

7.2.3 上市公司拟收购、出售资产按7.2.2条第(一)、(四)项所述标准计算所得的相对数字占50%以上的;或按7.2.2条第(二)、(三)项所述标准计算所得的相对数字占50%以上,且收购、出售资产相关的净利润或亏损绝对金额在500万元以上的,除须经董事会批准,报告本所并公告外,必须经上市公司股东大会批准。

上市公司还应当聘请有证券从业资格的会计师事务所或资产评估机构对拟收购、出售的资产进行审计或评估,审计或评估基准日距协议生效日不得超过6个月。若因特殊情况不能审计或评估,必须在股东大会上说明原因。

中国证监会对收购、出售资产另有规定的,上市公司还应当按照相应规定办理。

7.2.4 上市公司在12个月内连续对同一或相关资产分次进行收购、出售的,以其在此期间交易的累计额确定是否公告。

7.2.5 上市公司直接或间接持股比例超过50%的子公司收购、出售资产,视同上市公司行为,适用本节规定。上市公司的参股公司(持股50%以下)收购、出售资产,交易标的有关金额指标乘以参股比例后,适用本节规定。

7.2.6 上市公司因收购、出售其他上市公司的股份,需履行股东披露义务或要约义务的,应当同时按照法律法规、中国证监会和本所的有关规定执行。

7.2.7 上市公司应当在收购、出售资产协议生效之日起三个月内公告交易实施情况(包括所有必需的产权变更或登记过户手续完成情况),同时提供相关证明文件。

7.2.8 上市公司披露上述收购、出售资产事项,应当向本所提交以下文件:(一)交易公告文稿;(二)收购、出售资产的协议书;(三)董事会决议及公告(如有);(四)被收购、出售资产涉及的政府批文(如有);(五)被收购、出售资产的财务报表;(六)中介机构对被收购、出售资产的意见书(评估报告或审计报告);(七)本所要求的其他文件。

7.2.9 上市公司收购、出售资产的公告应当包括但不限于以下内容:

(一)交易概述及协议生效时间;

(二)协议有关各方的基本情况,包括企业名称、工商登记类型、注册地点、法定代表人、主营业务等;(三)被收购、出售资产的基本情况,包括该资产的名称、中介机构名称、资产帐面值及评估值、资产运营情况、资产质押、抵押以及在该资产上设立的其他财产权利的情况、涉及该财产的重大争议的情况;

被收购、出售的资产系企业所有者权益的,还应当介绍公司(或企业)的基本情况和最近一期经审计的财务报告中的财务数据,包括资产总额、负债总额、所有者权益、主营收入、净利润等,并附收购、出售基准日资产负债表和损益表(如果基准日不是年底,还需披露上一年度损益表);

收购、出售资产达到7.2.3条所规定标准的,除披露上述内容外,还应当披露该等资产的历史情况;被收购出售的资产系企业所有者权益,且占被收购企业所有者权益的50%以上,另应当披露该企业近三年的资产负债表、损益表及现金流量表或公司成立之日起至收购、出售资产合同签署日期间的资产负债表、损益表及现金流量表。

(四)上市公司预计从该交易获得的利益及该交易对上市公司未来经营的影响;

(五)交易金额(包括定价基准)及支付方式(现金、股权、资产置换等,还包括有关分期付款安排的条款);

(六)该交易涉及的人员安置、土地租赁、债务重组等情况;

(七)出售资产的,应当说明出售所得款项的用途;

(八)收购资产的,应当说明是否与招股说明书、配股说明书或其他募集资金说明书中列示的项目相关,并说明该项交易的资金来源;

(九)须经股东大会或有权部门批准的事项,应当明确说明需履行的合法程序和进展情况;

(十)如果收购资产后,可能产生关联交易,应披露有关情况;

(十一)如果收购资产后,可能与关联人产生同业竞争的,应披露规避的方法或其他安排(包括有关协议或承诺等);

(十二)收购资产后,上市公司与控股股东在人员、资产、财务上分开的安排计划;

(十三)本所要求的其他内容。

第三节 关联交易

7.3.1 上市公司关联交易是指上市公司及其控股子公司与关联人发生的转移资源或义务的事项,包括但不限于下列事项:(一)购买或销售商品;(二)购买或销售除商品以外的其他资产;(三)提供或接受劳务;(四)代理;(五)租赁;(六)提供资金(包括以现金或实物形式);(七)担保;(八)管理方面的合同;(九)研究与开发项目的转移;(十)许可协议;(十一)赠与;(十二)债务重组;(十三)非货币性交易;(十四)关联双方共同投资;(十五)本所认为应当属于关联交易的其他事项。上市公司关联人包括关联法人、关联自然人和潜在关联人。

7.3.2 具有以下情形之一的法人,为上市公司的关联法人:(一)直接或间接地控制上市公司,以及与上市公司同受某一企业控制的法人(包括但不限于母公司、子公司、与上市公司受同一母公司控制的子公司);(二)7.3.3条所列的关联自然人直接或间接控制的企业。

7.3.3 上市公司的关联自然人是指:(一)持有上市公司5%以上股份的个人股东;(二)上市公司的董事、监事及高级管理人员;(三)本条第(一)、(二)项所述人士的亲属,包括:1.父母;2.配偶;3.兄弟姐妹;4.年满18周岁的子女;5.配偶的父母、子女的配偶、配偶的兄弟姐妹、兄弟姐妹的配偶。

7.3.4 因与上市公司关联法人签署协议或作出安排,在协议生效后符合7.3.2条和7.3.3条规定的,为上市公司潜在关联人。

7.3.5 由上市公司控制或持有50%以上股份的子公司发生的关联交易,视同上市公司行为,其披露适用7.3.7、7.3.8、7.3.9、7.3.11、7.3.12、7.3.13、7.3.14条规定;上市公司的参股公司发生的关联交易,以其交易标的乘以参股比例或协议分红比例后的数额,适用7.3.7、7.3.8、7.3.9、7.3.11、7.3.12、7.3.13、7.3.14条规定。

7.3.6 上市公司关联交易应当遵循以下基本原则:(一)符合诚实信用的原则;(二)关联方如享有上市公司股东大会表决权,除特殊情况外,应当回避表决;(三)与关联方有任何利害关系的董事,在董事会就该事项进行表决时,应当回避。(四)上市公司董事会应当根据客观标准判断该关联交易是否对上市公司有利。必要时应当聘请专业评估师或独立财务顾问。

7.3.7 上市公司关联人与上市公司签署涉及关联交易的协议,应当采取必要的回避措施:

(一)任何个人只能代表一方签署协议;

(二)关联人不得以任何方式干预上市公司的决定;

(三)上市公司董事会就关联交易表决时,有利害关系的当事人属下列情形的,不得参与表决:(1)与董事个人利益有关的关联交易;(2)董事个人在关联企业任职或拥有关联企业的控股权或控制权的,该等企业与上市公司的关联交易;(3)按照法律法规和公司章程规定应当回避的;

(四)上市公司股东大会就关联交易进行表决时,关联股东不得参加表决。关联股东有特殊情况无法回避时,在上市公司征得有权部门同意后,可以参加表决。公司应当在股东大会决议中对此作出详细说明,同时对非关联方的股东投票情况进行专门统计,并在决议公告中披露。

7.3.8 上市公司与其关联人达成的关联交易总额低于300万元,且低于上市公司最近经审计净资产值的0.5%的,不适用本节规定。

7.3.9 上市公司与其关联人达成的关联交易总额在300万元至3000万元之间或占上市公司最近经审计净资产值的0.5%至5%之间的,上市公司应当在签定协议后两个工作日内按照7.3.11条的规定进行公告,并在下次定期报告中披露有关交易的详细资料。

7.3.10 上市公司披露关联交易,应当按照7.2.8条的规定向本所提交文件。

7.3.11 上市公司就关联交易发布的临时报告应当包括以下内容:(一)交易日期、交易地点;(二)有关各方的关联关系;(三)交易及其目的的简要说明;(四)交易的标的、价格及定价政策;(五)关联人在交易中所占权益的性质及比重;(六)关联交易涉及收购或者出售某一公司权益的,应当说明该公司的实际持有人的详细情况,包括实际持有人的名称及其业务状况;(七)董事会关于本次关联交易对上市公司是否有利得意见;(八)若涉及对方或他方向上市公司支付款项的,必须说明付款方近三年或自成立之日起至协议签署期间的财务状况,董事会应当对该等款项收回或成为坏帐的可能作出判断和说明。(九)独立财务顾问意见(十)本所和中国证监会要求的其他内容。关联交易涉及收购、出售资产的,还应参照7.2.9条的要求披露。

7.3.12　上市公司拟与关联人达成的关联交易总额高于3000万元或高于上市公司最近经审计净资产值的5%以上的,公司董事会必须在作出决议后二个工作日内报送本所并公告。公告的内容须符合7.3.11条的规定。关联交易在公司股东大会批准后方可实施,任何与该关联交易有利害关系的关联人在股东大会上应当放弃对该议案的投票权。公司应当在关联交易的公告中特别载明:"此项交易需经股东大会批准,与该关联交易有利害关系的关联人放弃在股东大会上对该议案的投票权"。

对于此类关联交易,上市公司董事会应当对该交易是否对公司有利发表意见,同时上市公司应当聘请独立财务顾问就该关联交易对全体股东是否公平、合理发表意见,并说明理由、主要假设及考虑因素。上市公司应当在下次定期报告中披露有关交易的详细资料。

7.3.13　上市公司与关联人就同一标的或者上市公司与同一关联人在连续12个月内达成的关联交易累计金额达到本规则7.3.9条所述标准的,上市公司应当按7.3.9条的规定披露。

7.3.14　上市公司与关联人就同一标的或者上市公司与同一关联人在连续12个月内达成的关联交易累计金额达到7.3.12条所述条件的,上市公司须按7.3.12条的规定披露。

7.3.15　上市公司与关联人之间签署的涉及关联交易的协议,包括产品供销协议、服务协议、土地租赁协议等在招股说明书、上市公告书或前一个定期报告中已经披露,协议主要内容(如价格、数量及付款方式等)在下一个定期报告之前未发生显著变化的,上市公司可豁免执行本节上述条款,但是应当在定期报告及其相应的财务报告附注中就报告期内协议的执行情况作出必要说明。

7.3.16　上市公司与关联人达成以下的交易,可免予按照关联交易的方式表决和披露:

(一)关联人按照上市公司的招股说明书、配股说明书或增发新股说明书以缴纳现金方式认购应当认购的股份;(二)关联人依据股东大会决议领取股息或者红利;(三)关联人购买上市公司发行的企业债券;(四)上市公司与其控股子公司发生的关联交易;(五)本所认定的其他情况。

7.3.17　公司必须在重大关联交易实施完毕之日起二个工作日内向本所报告并公告。

第四节　其他重大事件

7.4.1　上市公司在会计年度结束时预计出现亏损的,应当在会计年度结束后的30个工作日内发布首次风险提示公告。

7.4.2　上市公司发生重大诉讼、仲裁事项,按以下要求进行披露:

(一)诉讼、仲裁事项涉及的金额或12个月内累计金额占公司最近经审计的净资产值10%以上的,上市公司应当在知悉该事件后及时报告并公告;

(二)上市公司根据第(一)项规定披露信息前,应当向本所报送有关法律文书的复印件;

(三)对诉讼、仲裁事件的披露,应当说明诉讼、仲裁受理日期,诉讼、仲裁各方当事人、代理人及其所在单位的姓名或名称,受理法院或仲裁机构的名称和所在地,诉讼或仲裁的原因、依据及诉讼、仲裁的请求,判决或仲裁的日期、结果以及各方当事人对结果的意见等。

7.4.3　上市公司发生重大担保事项,除应当采取有效措施向债务人追偿,将追偿情况及时披露外,还应当遵循以下要求:

(一)上市公司不得为本公司的股东、股东的控股子公司、股东的附属企业或者个人债务提供担保。上市公司为上述公司、个人以外的法人提供担保,涉及的金额或连续12个月累计额占上市公司最近经审计的净资产值的10%以上的,应当及时报告并公告;

(二)上市公司根据第(一)项规定披露信息前,应当向本所报送相关协议的复印件;

(三)对担保事项的披露,应当说明担保协议签署及生效日期,债权人名称,担保的方式、期限、金额,担保协议中的其他重要条款,被担保人基本情况等:

被担保人为法人的,应当包括企业名称、注册地点、法定代表人、经营范围、与上市公司的关联关系或其他关系;

被担保人为个人的,应当包括姓名、与上市公司的关联关系或其他关系;

(四)根据第(一)项披露的担保事项,被担保人于债务到期后十五个工作日内未履行还款义务的,上市公司应当及时报告并公告;(五)根据第(一)项应当披露的担保事项,被担保人出现破产、清算及其他可能严重影响其还款能力的事件,上市公司知悉后应当及时报告并公告。

7.4.4　上市公司出现以下情况且所涉及的数额达到7.2.2所规定标准的,比照本章第二节的规定披露:(一)重要合同(借贷、委托经营、受托经营、委托理财、赠与、承包、租赁等)的订立、变更和终止;(二)大额银行退票;(三)重大经营性或非经营性亏损;(四)遭受重大损失;(五)重大投资行为;(六)可能依法承担的赔偿责任;(七)重大行政处罚(若不涉及具体数额,应当披露被查处的具体内容);(八)本所认为需披露的其他事项。

7.4.5　上市公司出现以下情况,应当自事实发生之日起两个工作日内向本所报告并公告:(一)公司章程、注册资本、注册地址、名称的变更,其中公司章程发生变更的,还应当将新的公司章程在指定网站上披露;(二)经营方针和经营范围的重大变化;(三)订立7.4.4条第(一)项以外的重要合同,可能对上市公司的资产、负债、权益和经营成果产生重大影响;(四)发生重大债务或未清偿到期重大债务;(五)变更募集资金投资项目;(六)直接或间接持有另一上市公司发行在外的普通股5%以上;(七)持有上市公司5%以上股份的股东,其持有股份增减变化达5%以上;(八)上市公司第一大股东发生变更;(九)上市公司董事长、三分之一以上董事或经理发生变动;(十)生产经营环境发生重要变化,包括全部或主要业务停顿、生产资料采购、产品销售方式或渠道发生重大变化;(十一)减资、合并、分立、解散或申请破产的决定;(十二)新的法律、法规、规章、政策可能对公司的经营产生显著影响;(十三)更换为上市公司审计的会计师事务所;(十四)股东大会、董事会的决议被法院依法撤销;(十五)法院裁定禁止对上市公司有控制权的股东转让其所持上市公司的股份;(十六)持有上市公司5%以上股份的股东所持股份被质押;(十七)上市公司进入破产、清算状态;(十八)上市公司预计出现资不抵债;(十九)获悉主要债务人出现资不抵债或进入破产程序,上市公司对相应债权未提取足额坏帐准备的;(二十)因涉嫌违反证券法规被中国证监会调查或正受到中国证监会处罚的(公司就违规事项公告时,应当事先报告中国证监会);(二十一)本所认为需要披露的其他事项。

7.4.6　上市公司出现7.4.5条第(五)项所述情形,应当向本所提交以下文件:(一)董事会决议;(二)监事会对变更募集资金投资项目的意见;(三)新项目的可行性报告;(四)新项目的有关立项批文(如有);(五)新项目的合作意向书或协议(如有);(六)新项目涉及收购资产或企业所有者权益的,应提供有关的评估报告或审计报告;(七)原项目的终止协议及说明(如有);(八)董事会关于变更募集资金投资项目的公告文稿;(九)本所要求的其他文件。

7.4.7　上市公司出现7.4.5条第(五)项所述情形,应当披露以下内容:

(一)董事会关于变更募集资金投资项目的原因说明;

(二)董事会关于新项目的发展前景、盈利能力、有关的风险和对策等情况的说明;

(三)新项目涉及收购资产或企业所有者权益的,还应当比照本章第二节的规定进行披露;

(四)新项目涉及关联交易的,还应当比照本章第三节的规定进行公告;

(五)本所要求的其他内容。

7.4.8　董事会预计上市公司业绩与其披露过的盈利预测有重大差异,而且导致该差异的因素尚未披露的,应当及时公告,说明有关因素及其对业绩的影响。上市公司董事会在向本所提交公告文稿时,应当提交以下文件:(一)预计的业绩变化和造成变化的原因;(二)董事会确认预计的依据及过程是适当和审慎的函件;上市公司聘有独立财务顾问的,应当提交独立财务顾问确认上市公司董事会作出该预计的依据及过程是适当和审慎的函件。

7.4.9　上市公司直接或间接持股比例超过50%的子公司出现本节所述情形的,视同上市公司的行为,适用本节规定。

第五节　股票交易异常波动

7.5.1　上市公司应当关注本公司股票的交易以及公共传播媒介、网站对本公司的报道。

7.5.2　出现下列情况之一的,上市公司应当及时报告并公告:(一)股票交易发生异常波动;(二)公共传播媒介或网站传播的消息可能对公司的股票交易产生影响。

7.5.3　股票出现以下情况之一时,本所将根据市场情形,认定其是否属股票交易异常波动:(一)某只股票的价格连续三个交易日达到涨幅限制或跌幅限制;(二)某只股票连续五个交易日列入"股票、基金公开信息";(三)某只股票价格的振幅连续三个交易日达到15%;(四)某只股票的日均成交金额连续五个交易日逐日增加50%;(五)本所或中国证监会认为属于异常波动的其他情况。出现上述第(一)至

(四)项情形被认定为异常波动的股票，其异常波动的计算从公告之日起重新开始。

7.5.4　上市公司针对有关传闻发布公告，应当向本所报送公告文稿及传闻在公共传播媒介中传播的证据。

7.5.5　上市公司出现 7.5.2 条所述的情况时，本所可以要求上市公司比照 7.5.7 条的规定发布公告。

7.5.6　上市公司对有关传闻的公告应当包括以下内容：(一)传闻内容及其来源；(二)公司的真实情况；(三)经本所同意的其他内容。

7.5.7　上市公司认为股票交易的异常波动与上市公司或上市公司内外部环境的变化无关，应当在公告中作出说明；若与本公司有关，则应当披露可能影响其股票价格的信息。

第六节　公司的合并、分立

7.6.1　上市公司的合并、分立应当符合《公司法》等现行法律法规的规定。

7.6.2　涉及上市公司股份变动的合并、分立方案应当报中国证监会批准并抄报本所。

7.6.3　涉及上市公司股份变动的合并、分立方案未经中国证监会批准的，本所对有关的公告文稿不予审查，并报告中国证监会。

7.6.4　上市公司合并、分立方案实施过程中涉及上市公司信息披露和股份变更登记等事项，按中国证监会和本所的规定办理。

第八章　停牌、复牌

8.1　上市公司可以以本所认为合理的理由向本所申请停牌与复牌。

8.2　本所可根据实际情况或中国证监会的要求，决定公司股票及其衍生品种的停牌与复牌。

8.3　出现以下情况之一的，上市公司董事会应当向本所申请对其股票及其衍生品种例行停牌与复牌：

(一)上市公司于交易日公布中期报告或年度报告，当日上午停牌，下午开市时复牌；

(二)上市公司召开股东大会，会议期间为本所开市时间的，自股东大会召开当日起停牌，直至公告股东大会决议当日上午开市时复牌；如果股东大会决议公告的内容涉及增加、变更或否决议案的，直至公告股东大会决议当日下午开市时复牌；公告日为非交易日，则公告后第一个交易日复牌；

(三)上市公司于交易日公布董事会关于权益分派、配股、公积金转增股本等决议，当日上午停牌，下午开市时复牌。

8.4　上市公司出现以下情况之一，本所对其股票及其衍生品种予以停牌与复牌：

(一)在公共传播媒介中出现上市公司尚未披露的消息，可能对公司股票及其衍生品种的交易产生较大影响，本所对该股票及其衍生品种实施停牌，直至上市公司对该消息作出公告的当日下午开市时复牌；

(二)股票交易出现异常波动，本所可以对其停牌，直至有披露义务的当事人作出公告的当日下午开市时复牌。

8.5　上市公司于交易日公布临时报告的，应当向本所申请停牌，本所根据情况决定停牌与复牌时间。

8.6　临时报告披露不够充分、完整或可能误导公众，上市公司拒不按照本所要求作出修改的，本所可以对该公司股票及其衍生品种停牌，直至上市公司作出补充或更正公告的当日下午开市时复牌。

8.7　本所审核上市公司定期报告时，要求上市公司就有关内容进行解释说明或补充公告，公司不按本所要求办理的，本所可以视具体情况对其股票及其衍生品种实施停牌，直至公司作出解释说明或补充公告的当日下午开市时复牌。

8.8　上市公司未在《证券法》规定的法定期限内公布定期报告的，本所对其股票及其衍生品种停牌，直至其定期报告披露的当日下午开市时复牌；公告日为非交易日，则公告后第一个交易日复牌。

8.9　上市公司在公司运作和信息披露方面涉嫌违反法律、法规、规章及本所业务规则，情节严重的，在被有关部门调查期间，经中国证监会批准，本所对公司股票及其衍生品种停牌，待有关处理决定公告后另行决定复牌时间。

8.10　上市公司监事会按《公司法》第一百二十六条规定职权所作出的可能对股票的交易产生较大影响的决议于交易日公告，其股票及其衍生品种当日上午停牌，下午开市时复牌；情况特殊的，根据具体情况决定停牌与复牌时间。

8.11　上市公司严重违反本规则且在规定期限内仍不予改正的，本所对其股票停牌，直至改正后复牌。

8.12　上市公司因某种原因使本所失去有效信息来源时，本所可以对该公司的股票及其衍生品种停牌，直至本所恢复有效信息来源后复牌。

8.13　上市公司出现以下情况之一的，本所对其股票及其衍生品种停牌，直至导致停牌的原因消除后复牌：

(一)投资者发出收购该上市公司股票的公开要约；

(二)中国证监会依法作出暂停股票交易的决定；

(三)本所认为必要时。

8.14　上市公司出现异常状况，本所对其股票交易实行特别处理的，该公司股票及其衍生品种按本规则第九章的规定停牌。

8.15　上市公司出现 10.1.1 条规定的情况之一或发生重大事件而影响公司上市资格的，本所按第十章的规定对该公司的股票及其衍生品种停牌。

8.16　上市公司在重大收购、出售资产或股权、债务重组过程中，股价出现异常波动或董事会预计将会导致股价出现异常波动的，如果出现下列情形且无法按照 4.9 条规定进行分阶段披露的，董事会应当向本所提出停牌申请：(一)重大收购、出售资产或股权、债务重组行为不能确定结果；(二)相关信息在市场上已有传播但仍需报请政府批准；(三)董事会预计相关信息无法保密的。

8.17　公司申请的停牌期限不超过 30 天的，本所根据公司的股票交易情况作出决定；超过 30 天(包括 30 天)的，由本所提出处理意见报中国证监会批准。公司应当在停牌申请获准后的次一个工作日公告停牌的信息。

8.18　在停牌期间，公司应当至少每两周披露一次重大收购、出售、债务重组事项的进展情况。停牌期间，相关事项的不确定性已经消除的，公司应在二个工作日内向本所申请复牌并公告；停牌期满，该等事项的不确定性没有消除的，公司应在期满时提前二个工作日向本所申请延长停牌时间，经本所同意或报经证监会批准后，公司应及时予以公告。

8.19　公司就同一不确定事项累计停牌已达到 90 天，公司未向本所申请复牌的，自累计停牌满三个月之日起，本所对其股票强制复牌，并对其股票采取以下交易方式：(一)投资者在本所另行规定的开市时间内申报交易委托；(二)申报价格不得超过上一次收市价格的 5%，不设下限；(三)在本条第(一)项规定时间收市后对有效申报按集合竞价方法进行撮合成交。

在此期间，相关事项的不确定性已经消除的，公司应在二个工作日内向本所申请恢复停牌前的交易方式并公告。

第九章　特别处理

第一节　基本原则

9.1.1　上市公司出现财务状况或其他状况异常，导致投资者难于判断公司前景，权益可能受到损害的，本所将对公司股票交易实行特别处理。

9.1.2　本章所称特别处理包括以下措施：(一)在公司股票简称前冠以"ST"字样，以区别于其他股东；(二)股票报价的日涨跌幅限制为 5%。

9.1.3　本规则所规定的特别处理不属于对上市公司的处罚，上市公司在特别处理期间的权利和义务不变。

第二节　财务状况异常的特别处理

9.2.1　上市公司出现以下情形之一的，为财务状况异常：(一)最近两个会计年度的审计结果显示的净利润均为负值；(二)最近一个会计年度的审计结果显示其股东权益低于注册资本，即每股净资产低于股票面值；(三)注册会计师对最近一个会计年度的财务报告出具无法表示意见或否定意见的审计报告；(四)最近一个会计年度经审计的股东权益扣除注册会计师、有关部门不予确认的部分，低于注册资本；(五)最近一份经审计的财务报告对上年度利润进行调整，导致连续两个会计年度亏损；(六)经本所或中国证监会认定为财务状况异常的。

9.2.2　上市公司出现 9.2.1 条所列情形之一的，应当在收到审计报告之日起两个工作日内向本所报告，并提交上市公司董事会书面意见。

9.2.3　本所收到上市公司上述报告后五个工作日内，或者在报请中国证监会认可的期限内，决定是否对该公司股票实行特别处理。上市公司应当按照本所的要求在其股票交易实行特别处理之前一交易日作出公告，其股票在公告日停牌一天，公告后第一个交易日复牌并实行特别处理。

9.2.4　上市公司最近年度财务状况恢复正常、审计结果表明 9.2.1 条所列情形已消除，并且满足以下条件的，公司应当自收到最近年度审计报告之日起两个工作日内向本所报告并提交年度报告，同时可以向本所申请撤销特别处理：

(一)主营业务正常运营；

(二)扣除非经常性损益后的净利润为正值。9.2.5 本所自接到撤销特别处理申请之日起两个工作日内，根据该公司的实际，决定是否撤销特别处理。在撤消特别处理前，上市公司应当按照本所要求于交易日作出公告。公告日其股票停牌一天，公告后第一个交易日复牌并撤销特别处理。

未撤销特别处理的，上市公司在下一会计年度结束后方可参照9.2.4 的规定向本所申请撤销特别处理。

第三节 其他状况异常的特别处理

9.3.1 上市公司出现以下异常状况之一的，本所对其股票交易实行特别处理：(一)由于自然灾害、重大事故等导致上市公司主要经营设施遭受损失，公司生产经营活动基本中止，在三个月以内不能恢复的；(二)公司涉及负有赔偿责任的诉讼或仲裁案件，按照法院或仲裁机构的法律文书，赔偿金额累计超过上市公司最近经审计的净资产值的 50%的；(三)公司主要银行帐号被冻结，影响上市公司正常经营活动的；(四)公司出现其他异常情况，董事会认为有必要对股票交易实行特别处理的；(五)人民法院受理公司破产案件，可能依法宣告上市公司破产的；(六)公司董事会无法正常召开会议并形成董事会决议的；(七)公司的主要债务人被法院宣告进入破产程序，而公司相应债权未能计提足额坏帐准备，公司面临重大财务风险的；(八)中国证监会或本所认定为状况异常的其他情形。

9.3.2 上市公司出现 9.3.1 条第(一)至(四)项和(六)至(七)项情形的，应当在二个工作日内向本所提交报告。本所收到上述报告后，参照 9.2.3 条处理。

9.3.3 上市公司认为前条所列的异常状况已经消除，可以向本所申请撤销股票交易特别处理，本所比照 9.2.5 的规定，决定是否撤销特别处理。

9.3.4 上市公司出现 9.3.1 条第(五)项所列情形即进入破产程序而被实施特别处理的，公司股票在每个交易日上午交易。

9.3.5 自法院受理上市公司破产案件的公告发布当日起，本所对该公司股票实施停牌。公司应当在收到法院有关法律文书的当日，立即向本所报告，经本所审核后公告。公告日后第一个交易日公司股票复牌并实施特别处理。

9.3.6 上市公司进入破产程序后，公司或其他有信息披露义务的主体应当于第一时间向本所报告债权申报情况、债权人会议情况、和解和整顿等重大情况并公告。

公司刊登上述公告当日，其股票停牌一天。

9.3.7 上市公司与债权人会议达成和解协议，并且能够按照和解协议清偿债务，经法院裁定终结破产程序的，本所自法院发布公告的当日起对公司股票实施停牌。

上市公司应当在收到有关法律文书后立即向本所报告，经本所审核后公告，公告日后的第一个交易日公司股票复牌。

9.3.8 法院依法宣告上市公司破产的，自法院发布公告日起，本所对该公司股票停牌。

上市公司应当在收到有关法律文书后立即向本所报告，经本所审核后公告。

第十章 暂停上市、终止上市

第一节 暂停上市

10.1.1 根据《公司法》第一百五十七条的规定，本节所称的暂停上市包括以下四种情形：(一)上市公司股本总额、股权分布等发生变化不再具备上市条件；(二)上市公司不按规定公开其财务状况，或者对财务会计报告作虚假记载；(三)上市公司有重大违法行为；(四)上市公司最近三年连续亏损。

10.1.2 上市公司出现 10.1.1 条第(一)、(二)、(三)项所列情形之一的，本所根据中国证监会的决定暂停其股票上市。

10.1.3 上市公司出现 10.1.1 条第(四)项所列情形，由本所决定暂停其股票上市。

10.1.4 上市公司最近两年连续亏损后，董事会预计第三年度将继续亏损的，应当在第三个会计年度结束后的 30 个工作日内作出风险提示公告，并在披露年报前至少再发布两次风险提示公告。

10.1.5 上市公司董事会应当在收到其连续第三年亏损的年度审计报告后两个工作日内向本所和中国证监会报告并披露年度报告。

10.1.6 连续三年亏损的上市公司已披露年度报告的，自上市公司公布年度报告之日起，本所对其股票实施停牌，并在停牌后五个工作日内就其股票暂停上市作出决定。

10.1.7 连续两年亏损的上市公司，未能在《证券法》规定的法定期限内公布第三年年度报告的，自年度报告披露的法定期限到期之日起，本所对其股票实施停牌，并在停牌后五个工作日内就其股票暂停上市作出决定。

10.1.8 本所作出暂停上市决定的，将通知该公司并公告，同时报中国证监会备案。自公告当日起，本所停止其股票逐日持续交易。

10.1.9 上市公司应当在接到本所暂停其股票上市决定之日起二个工作日内，在指定的报纸和网站刊登《暂停股票上市公告》。

《暂停股票上市公告》应当包括以下内容：(一)暂停上市股票的种类、简称、证券代码以及暂停上市起始日；(二)有关股票暂停上市决定的主要内容；(三)公司董事会关于是否可以争取恢复股票上市的意见及争取恢复上市的具体措施，并说明董事会的出席和表决情况；(四)中国证监会和本所要求的其他内容。

10.1.10 上市公司在暂停上市期间的其他权利义务不变。

10.1.11 在公司暂停上市期间，本所为该公司股票提供特别转让服务，股票特别转让依照本所《上市公司股票特别转让处理规则》的规定办理。

10.1.12 自股票暂停上市之日起四十五天内，公司可以向本所提出 12 个月的宽限期的申请，以延长暂停上市的时间。该申请在提交本所并被受理的同时应当公告，宽限期自暂停上市日起计算。

公司向本所提出申请宽限期时，须提交以下材料：(一)宽限期申请书；(二)董事会关于申请宽限期的决议及审议宽限期重整计划的决议；(三)宽限期重整计划；(四)董事会关于是否能在宽限期内改善公司现状以争取公司股票恢复上市的意见；(五)本所要求的其他文件。

10.1.13 本所审核暂停上市公司的宽限期申请，重点关注以下事项：

(一)公司申请宽限期之前，正在实施重大资产重组，该资产重组的实施将会使公司在宽限期内第一个会计年度有盈利；

(二)公司拟在宽限期实施的《宽限期重整计划》会使公司在宽限期内在宽限期内第一个会计年度有盈利。

(三)因非经营性因素导致亏损并暂停上市的，在宽限期内非经营性因素有望消除，使公司在宽限期内第一个会计年度有望盈利。

10.1.14 本所接到公司申请后三个工作日内作出是否给予公司宽限期的决定，通知公司并公告。公司应自接到本所决定之日起两个工作日内公告该决定的主要内容。本所未给予宽限期的，公司还应当发布可能被终止上市的风险提示公告。

10.1.15 因 10.1.1 条第(一)、(二)、(三)项的情形股票被暂停上市的公司重新具备上市条件后，可以向本所提出恢复上市申请。本所自收到申请后三个工作日内提出意见，报中国证监会批准后恢复该公司股票上市。

10.1.16 因 10.1.1 条第(四)项的情形股票被暂停上市的公司，在宽限期内第一个会计年度有盈利的，可以在年度报告公布后，向中国证监会提出恢复上市的申请并公告。

本所在中国证监会对公司恢复上市申请核准期间，相应延长其宽限期。在恢复上市申请核准期间，公司股票停止特别转让。

10.1.17 上市公司应当在接到中国证监会核准公司股票恢复上市的决定后两个工作日内，刊登《恢复股票上市公告》。

自《股票恢复上市公告》刊登后第一个交易日，公司股票恢复上市交易。

《股票恢复上市公告》应当包括以下内容：(一)恢复上市股票的种类、简称、证券代码；(二)中国证监会有关恢复股票上市决定的主要内容；(三)公司董事会对公司经营状况的分析和预测；(四)中国证监会和本所要求的其他内容。

第二节 终止上市

10.2.1 本章所称的终止上市是指上市公司出现《公司法》第一百五十八条所列情况，中国证监会决定终止其上市。

10.2.2 上市公司在限期内未能消除 10.1.1 条第(一)项所列情形而不具备上市条件的，本所根据中国证监会终止其上市的决定，终止该公司股票上市。

10.2.3 上市公司因 10.1.1 条第(二)、(三)项所列情形，经查实后果严重的，本所根据中国证监会终止其上市的决定，终止该公司股票上市。

10.2.4 因 10.1.1 条第(四)项所列情形而暂停上市的公司董事会预计出现下列情形之一的，应当在其年度报告披露日前至少发布三次风险提示公告，提醒投资者注意公司可能被终止上市：

(一)不能在宽限期截止日之前披露宽限期内第一个年度报告的；(二)在宽限期内第一个会计年度继续亏损的。

10.2.5 因 10.1.1 条第(四)项所列情形而暂停上市的公司不能在宽限期截止日公布其宽限期内第一个年度报告的，本所自宽限期截止日后两个工作日内报告中国证监会并公告，由中国证监会决定公司股票终止上市。

10.2.6　因10.1.1条第(四)项所列情形而暂停上市的公司在宽限期内第一个会计年度继续亏损的,本所在其披露年度报告之日后两个工作日内报告中国证监会并公告,由中国证监会决定公司股票终止上市。

10.2.7　因10.1.1条第(四)项所列情形而暂停上市的公司出现下列情形之一的,本所自事实发生之日起二个工作日内报告中国证监会并公告,由中国证监会决定公司股票终止上市:

(一)公司决定不提出宽限期申请的;(二)公司自暂停上市之日起45日内未提出宽限期申请的;(三)申请宽限期未获本所批准的。

10.2.8　因10.1.1条第(四)项所列情形而暂停上市的公司,在本所在收到中国证监会终止上市的决定后,终止其股票上市并公告。

10.2.9　上市公司决议解散的,公司董事会应当在股东大会作出决议后立即向本所和中国证监会报告,本所在收到报告后三个工作日内提出意见,报中国证监会批准后终止该公司股票上市。

10.2.10　行政主管部门依法责令上市公司关闭或者法院宣告上市公司破产的,本所在收到公司的报告之日起三个工作日内提出意见,报中国证监会批准后终止该公司股票上市。

10.2.11　上市公司应当在接到中国证监会终止上市的决定后两个工作日内,在指定报纸和网站发布《股票终止上市公告》。《股票终止上市公告》应当包括以下内容:

(一)终止上市股票的种类、简称、证券代码以及终止上市的日期;(二)中国证监会关于终止上市决定的主要内容;(三)终止上市后其股票登记、转让、管理事宜;(四)中国证监会和本所要求的其他内容。

10.2.12　本所协助终止上市的公司(或清算组)处理有关股份事务。

第十一章　境内外上市事务的协调

11.1　在本所上市的公司同时有证券在其他证券交易所上市的,其他证券交易所要求公开披露的信息,上市公司必须同时向本所报告,经本所审核后同时公告。

11.2　上市公司就同一事件向其他交易所提供的报告和公告应当与向本所提供的报告和公告内容一致,出现重大差异时,上市公司必须向本所说明,并按照本所要求补充公告。

11.3　本章未尽事宜,适用法律法规、本所其他有关业务规则以及本所与其他证券交易所签署的监管合作备忘录的规定。

第十二章　违反本规则的处理

12.1　上市公司违反本规则规定,本所视情节轻重给予以下处分:(一)责令改正;(二)内部通报批评;(三)在指定报纸和网站上公开谴责;(四)要求上市公司有关责任人支付3万元以上30万元以下的惩罚性违约金。

以上处分可以单处或并处。情节严重的,本所依法报中国证监会查处。

12.2　上市公司董事、监事违反本规则规定和董事、监事承诺的,本所视情节轻重给予以下处分:

(一)责令改正;(二)内部通报批评;(三)在指定报纸和网站上公开谴责;(四)要求该等董事、监事支付3万元以上30万元以下的惩罚性违约金;(五)公开认定其不适合担任上市公司董事、监事;以上处分可以单处或并处。情节严重的,本所依法报中国证监会查处。

12.3　上市推荐人违反本规则规定,本所视情节轻重给予以下处分:

(一)责令改正;(二)内部通报批评;(三)在指定报纸和网站上公开谴责;(四)取消上市推荐人资格。情节严重的,本所依法报中国证监会查处。

12.4　上市公司董事会秘书违反本规则规定,本所视情节轻重给予以下处分:

(一)责令改正;(二)内部通报批评;(三)在指定报纸和网站上公开谴责;(四)建议上市公司更换董事会秘书。

第十三章　释义

13.1　释义:上市:指股票及其衍生品种经审核同意在本所挂牌交易。股票:包括人民币普通股(简称A股)和境内上市外资股(简称B股)。

衍生品种:指B股配股权证及其他股票衍生产品。公司职工股:指采取募集方式设立的股份有限公司内部职工按不超过社会公众股百分之十的比例认购的股票。

内部职工股:指原定向募集股份有限公司的内部职工认购的股票。

高级管理人员:指公司经理、副经理、董事会秘书、财务负责人及公司认定的其他人员。

财务顾问:指有证券从业资格的会计师事务所、证券咨询机构、综合类证券公司。

第一大股东:指合计持有上市公司股份数量处于第一位或者对上市公司有实际控制权的股东。

上市公司控股子公司:指上市公司为其第一大股东,或者按照股权比例、公司章程或经营协议,上市公司能够控制其董事会组成的公司。

公司承诺:指上市公司及其董事会在招股说明书、招股意向书、配股说明书、定期报告和临时报告及整改报告中就重要事项向公众所作的保证,包括但不限于以下重大事项:(一)募集资金使用;(二)分配计划;(三)关联交易方案;(四)对公司有较大影响的收购与出售资产或投资等重要事项向公众作出的保证;(五)其他对公司发展或对公司股价有较大影响的重大事件。股东承诺:是指上市公司主要股东在招股说明书、招股意向书、配股说明书、定期报告和临时报告及整改报告中就重要事项向上市公司作出的保证。

13.2　本规则未定义的用语的含义,依照国家有关法律、法规、规章及本所有关业务规则确定。

13.3　本规则所称"以上"、"以内"、"以前"都含本数,"少于"不含本数。

第十四章　附则

14.1　本规则经本所理事会通过并报中国证监会批准后生效,修改时亦同。

14.2　本规则由本所解释。

14.3　本规则自发布之日起执行。

附件1:董事声明及承诺书

第一部分声明

一、基本情况

1.上市公司名称:

2.公司股票简称:　　　　股票代码:

3.本人姓名:　　　　职务:

4.别名

5.曾用名

6.出生日期

7.住址

8.国籍

9.拥有哪些国家或地区的长期居留权(如有)

10.专业资格(如有)

11.身份证号码

12.护照号码(如有)

13.配偶及近亲属的姓名、身份证号码:

配偶:

父母:

年满18岁具有民事行为能力的子女

兄弟姐妹:

二、是否有配偶、父母、年满18周岁具有民事行为能力的子女及其配偶、兄弟姐妹及其配偶担任本公司董事、监事、高级管理人员。

是□　否□　如是,请详细说明。

三、是否在其他公司任职?

是□　否□　如是,请填报各公司的名称、注册资本、经营范围、以及您在该公司任职的情况。

四、是否负有数额较大的到期未清偿债务,或者未偿还经法院裁定应当偿付的债务,或者被法院采取强制措施,或者受到仍然有效的法院判决、裁定所限制?

是□　否□　如是,请详细说明。

五、是否曾担任因经营不善破产清算、关停并转或曾有类似情况的公司、企业的董事、监事或者厂长、经理?

是□　否□

六、是否曾担任因违法而被吊销营业执照的公司、企业的法定代表人?

是□　否□

七、是否曾因违反刑法,尤其是犯有贪污贿赂罪、侵犯财产罪或者破坏社会主义经济秩序罪等而受到刑事处罚?

是□ 否□

八、是否曾因违反《证券法》、《禁止证券欺诈行为暂行办法》和《证券市场禁入暂行规定》受到行政处罚？

是□ 否□ 如是，请详细说明。

九、除第七、八条以外，您是否曾违反其他法律、法规被判处刑罚或受到行政处罚？

是□ 否□ 如是，请详细说明。

十、是否因涉嫌违反法律、法规的规定正受到中国证监会的调查或涉及有关诉讼、仲裁？

是□ 否□ 如是，请详细说明。

十一、本人及配偶、父母、子女及子女的配偶是否持有本人所在上市公司股票及其衍生品种？

是□ 否□ 如是，请详细说明。

十二、请说明在上市公司或附属公司业务中，过去或现在是否拥有除前条以外的任何利益？

是□否□如是，请详细说明。

十三、是否参加过中国证监会和上海证券交易所组织或认可的证券业务的培训？

是□ 否□ 如是，请详细说明。

十四、除上述问题所涉及的信息外，您是否知悉任何其他事项，而不声明该等事项可能影响您对上述问题回答的真实性、完整性或准确性？

是□ 否□ 如是，请详细说明。

本人　　（正楷体）郑重声明，上述回答是真实、完整和准确的，保证不存在任何虚假陈述、遗漏或误导成份，本人完全明白作出虚假声明可能导致的后果，而且上海证券交易所可依据上述回答所提供的资料，评估本人是否适宜担任上市公司的董事。

声明人　签名：

日期：此项声明于　　年　　月　　日在　　　（地点）作出。

见证律师：

日　　期：

第二部分承诺

本人　　（正楷体）向上海证券交易所承诺：一、本人在履行上市公司董事的职责时，将遵守法律、法规、规章等有关规定，履行诚实信用、勤勉尽责的义务；二、本人在履行上市公司董事的职责时，将遵守中国证监会发布的规章、规定和通知的要求，并尽力促使上市公司遵守；三、本人在履行上市公司董事的职责时，将遵守《上海证券交易所股票上市规则》等上海证券交易所发布的规章、规定、通知的要求，并促使上市公司及本人的授权人遵守；四、本人在履行上市公司董事的职责时，将遵守《公司章程》；五、本人接受上海证券交易所的监管，包括及时、坦白地答复上海证券交易所向本人提出的任何问题，及时提供《股票上市规则》规定应当报送的资料及其他要求提供的文件的正本或副本，并出席本人被要求出席的任何会议。

六、本人授权上海证券交易所将本人提供的承诺与声明的资料向中国证监会报告。

七、本人如违反上述义务，愿意承担由此引起的一切法律责任。

八、本人在执行职务过程中，如果与上海证券交易所发生争议提起诉讼时，由上海证券交易所住所地法院管辖。

承诺人：

签署日期：此项承诺于　　年　　月　　日在　　　（地点）的作出。

见证律师：

日　　期：

附件2：监事声明及承诺书

第一部分声明

一、基本情况

1.上市公司名称

2.公司股票简称　　　股票代码

3.姓名

4.别名

5.曾用名

6.出生日期

7.住址

8.国籍

9.哪些国家或地区的长期居留权（如有）

10.专业资格（如有）

11.身份证号码

12.护照号码（如有）

13.配偶及近亲属的姓名、身份证号码：

配偶：

父母：

年满18岁具有民事行为能力的子女：

兄弟姐妹：

二、是否有配偶、父母、年满18周岁具有民事行为能力的子女及其配偶、兄弟姐妹及其配偶担任本公司董事、监事、高级管理人员。

是□ 否□ 如是，请详细说明。

三、是否在其他公司任职？

是□ 否□ 如是，请填报各公司的名称、注册资本、经营范围、以及您在该公司任职的情况。

四、是否负有数额较大的到期未清偿债务，或者未偿还经法院裁定应当偿付的债务，或者被法院采取强制措施，或者受到仍然有效的法院判决、裁定所限制？

是□ 否□如是，请详细说明。

五、是否曾担任因经营不善破产清算、关停并转或曾有类似情况的公司、企业的董事、监事或者厂长、经理？

是□ 否□

六、是否曾担任因违法而被吊销营业执照的公司、企业的法定代表人？

是□ 否□

七、是否曾因违反刑法，尤其是犯有贪污贿赂罪、侵犯财产罪或者破坏社会主义经济秩序罪等而受到刑事处罚？

是□ 否□

八、是否曾因违反《证券法》、《禁止证券欺诈行为暂行办法》和《证券市场禁入暂行规定》受到行政处罚？

是□ 否□ 如是，请详细说明。

九、除第七、八条以外，您是否曾违反其他法律、法规被判处刑罚或受到行政处罚？

是□ 否□ 如是，请详细说明。

十、是否因涉嫌违反法律、法规的规定正受到中国证监会的调查或涉及有关诉讼、仲裁？

是□ 否□ 如是，请详细说明。

十一、本人及配偶、父母、子女及子女的配偶是否持有本人所在上市公司股票及其衍生品种？

是□ 否□ 如是，请详细说明。

十二、请说明在上市公司或附属公司业务中，过去或现在是否拥有除前条以外的任何利益？

是□ 否□ 如是，请详细说明。

十三、是否参加过中国证监会和上海证券交易所组织或认可的证券业务的培训？

是□ 否□ 如是，请详细说明。

十四、除上述问题所涉及的信息外，您是否知悉任何其他事项，而不声明该等事项可能影响您对上述问题回答的真实性、完整性或准确性？

是□ 否□ 如是，请详细说明。

本人　　（正楷体）郑重声明，上述回答是真实、完整和准确的，保证不存在任何虚假陈述、遗漏或误导成份，本人完全明白作出虚假声明可能导致的后果，而且上海证券交易所可依据上述回答所提供的资料，评估本人是否适宜担任上市公司的监事。

声明人　签名：

日期：此项声明于　　年　　月　　日在　　　（地点）作出。

见证律师：

日　　期：

第二部分承诺

本人　　（正楷体）向上海证券交易所承诺：一、本人在履行上市公司监事的职责时，将遵守国家有关法律、法规、规章等有关规定，履行诚信、勤勉义务；二、本人在履行上市公司监事的职责时，将遵守中国证监会发布的规章、规定和通知的要求，并促使上市公司及其董事遵守；三、本人在履行上市公司监事的职责时，将遵守《上海证券交易所股票上市规则》等上海证券交易所发布的规章、规定、通知的要求，并促使上市公司及其董事遵守；四、本人在履行上市公司监事的职责时，将遵守《公司章程》，并促使上市公司及其董事遵守；五、本人接受上海证券交易所的监管，包括及时、坦白地答复上海证券交易所向本人提出的任何问题，并促使上市公司董事及时提供《股票上市规则》规定应当报送的资料及其他要求提供的文件的正本或副本，并出席本人被要求出席的任何会议。

六、本人授权上海证券交易所将本人提供的承诺与声明的资料向中国证监会报告。

七、本人如违反上述义务，愿意承担由此引起的一切法律责任。

八、本人在执行职务过程中，如与上海证券交易所发生争议提起诉讼时，由上海证券交易所住所地法院管辖。

承诺人 签名：

日期：此项承诺于　　年　　月　　日在　　　（地点）的作出。

见证律师：

日　　期：

说明：1、按照《上海证券交易所股票上市规则》的规定应当向本所呈报董事、监事声明及承诺书的人士，均必须填写第一部分声明和第二部分承诺。

2、请回答所有的问题，若回答问题的空格不够填写，请另附纸填写，并装订在后。

3、若没有真实、完整、准确、及时填写声明部分，或没有填写承诺部分，或没有遵守承诺，则属违反《上海证券交易所股票上市规则》，本所根据《上海证券交易所股票上市规则》予以处理。

4、若对填写事项有疑问，请咨询律师。

上海证券交易所

二〇〇一年六月八日

深圳证券交易所股票上市规则（2001年修订本）

第一章　总　则

1.1　为规范股票上市行为和上市公司及其相关义务人的信息披露行为，维护证券市场秩序，保护投资者和股票发行人的合法权益，根据《中华人民共和国公司法》（以下简称"《公司法》"）、《中华人民共和国证券法》（以下简称"《证券法》"）、《股票发行与交易管理暂行条例》（以下简称"《股票条例》"）、《证券交易所管理办法》等法律、法规、规章及《深圳证券交易所章程》，制定本规则。

1.2　股票及其衍生品种在深圳证券交易所（以下简称"本所"）上市，适用本规则的规定。

1.3　公司申请经中国证券监督管理委员会（以下简称"中国证监会"）核准发行的股票在本所上市，由本所审查同意后安排上市。

1.4　本所依据法律、法规和本规则及中国证监会的授权对上市公司及其董事、监事、高级管理人员、有信息披露义务的投资人及上市推荐人进行监管。

第二章　股票上市协议、董事、监事承诺和董事、监事备案、上市推荐人

第一节　股票上市协议

2.1.1　公司在股票首次上市之前应当向本所申请并签署股票上市协议。

2.1.2　股票上市协议应当包括以下内容：

（一）双方的权利与义务；

（二）上市费用以及交纳方式；

（三）董事会秘书和董事会证券事务代表；

（四）定期报告、临时报告的报告程序及上市公司回复本所质询的规定；

（五）股票及衍生品种的停、复牌事项；

（六）违约责任；

（七）仲裁条款；（八）本所认为需要规定的其他内容。

第二节　董事、监事承诺和董事、监事备案

2.2.1　上市公司的全体董事、监事应当在股票上市后两个月内，新任董事、监事应当在股东大会通过其任命后两个月内，签署《董事（监事）声明及承诺书》并送达本所备案。董事、监事签署该文件时必须由一名有证券从业资格的律师向董事、监事解释《董事（监事）声明及承诺书》的内容，董事、监事在充分理解后签字。

2.2.2　董事应当履行以下职责并在《董事声明及承诺书》中做出承诺：

（一）遵守国家有关法律法规，履行诚信勤勉义务；

（二）遵守公司章程；

（三）遵守本规则，接受本所监管；

（四）本所认为应当承诺的其他事项。

监事除同样应当履行上述职责并在《监事声明及承诺书》中做出承诺外还应当承诺促使上市公司董事遵守其承诺。

董事、监事应当在《董事（监事）声明及承诺书》中声明：

（一）本人持有所在公司股票的情况；

（二）有无违反法律法规受查处情况；

（三）参加证券业务培训的情况；

（四）其他任职情况；

（五）拥有其他国家或地区的国籍、长期居留权的情况；

（六）本所认为应当说明的其他情况。

2.2.3　《董事（监事）声明及承诺书》中声明的事项发生变化时，董事、监事应当在该情况发生之日起两个月内向本所提交有关最新资料备案，并保证该资料的准确与完整。

第三节　上市推荐人

2.3.1　本所实行股票上市推荐人制度。公司在本所申请股票上市，必须由一至二个本所认可的机构推荐。

2.3.2　上市推荐人应当符合以下条件：

（一）具有本所会员资格；

（二）从事股票承销工作或具有本所认可的其他资格一年以上且信誉良好；

（三）最近一年内无重大违法违规行为；

（四）负责推荐工作的主要业务人员熟悉本所有关上市的业务规则。

2.3.3　符合2.3.2条的会员应当每年向本所提出资格申请，经本所审查确认后，取得上市推荐人资格。会员受到中国证监会暂停或取消其发行上市业务资格的处分的，本所相应暂停或取消其上市推荐人资格。

2.3.4　会员申请上市推荐人资格应当提交以下文件：

（一）申请书；

（二）会员证书；

（三）承销资格证书或本所认可的其他资格证书；

（四）主要业务人员简历；

（五）最近一年上市推荐业务的情况；

（六）上市推荐协议书，须附有向中国证监会提交的发行人情况调查表；

（七）本所要求提供的其他文件。

2.3.5　上市推荐人应当与发行人签订股票上市推荐协议，对双方在发行人申请上市期间及上市后一年内的权利义务进行规定，股票上市推荐协议应当符合本规则和股票上市协议的有关规定。

2.3.6　上市推荐人应当履行以下义务：

（一）确认发行人符合上市条件；

（二）确保发行人的董事了解法律、法规、本规则及股票上市协议规定的责任；

（三）协助发行人申请股票上市；

（四）提交股票上市推荐书；

（五）对股票上市文件所载的资料进行核实，保证文件真实、准确、完整，符合规定要求；

（六）协助发行人健全法人治理结构；

（七）协助发行人制定严格的信息披露和保密制度；

（八）本所规定上市推荐人的其他义务。

2.3.7　上市推荐书应当包括以下内容：

（一）发行人的概况；

（二）申请上市股票的发行情况；

（三）发行人与上市推荐人是否存在关联关系及存在何种关联关系；

（四）公司章程符合《公司法》等法律法规和中国证监会规定以及发行人符合上市条件的说明；

（五）上市推荐人认为发行人需要说明的重要事项和存在的问题；

（六）上市推荐人需要说明的其他事项。

2.3.8　上市推荐人应当保证发行人的上市申请文件、上市公告书没有虚假、严重误导性陈述或者重大遗漏，并保证对其承担连带责任。

2.3.9　上市推荐人不得利用其在股票发行上市过程中获得的内幕信息为自己或他人谋取利益。

第三章 股票上市的申请、审查与信息披露

第一节 首次公开发行的股票上市

3.1.1 发行人必须经中国证监会核准后，方可向本所申请其股票上市。

3.1.2 发行人申请其首次公开发行的股票上市，应当按照中国证监会《公开发行股票公司信息披露的内容与格式准则》第七号《上市公告书的内容与格式》编制上市公告书。

3.1.3 发行人提出上市申请时应当向本所提交以下文件：

(一)上市申请书；

(二)中国证监会核准其股票发行的文件及经中国证监会核准的发行、上市申报文件；

(三)上市推荐人出具的上市推荐书；

(四)具有从事证券业务资格的会计师事务所出具的关于发行人全部资本的验资报告(包括实物资产所有权已转移至上市公司的证明文件)；

(五)股票发行后按照规定新增的财务资料；

(六)历次股东大会决议；

(七)股票发行后公司设立或变更的营业执照复印件；

(八)上市公告书；

(九)发行人拟聘任或已聘任的公司董事会秘书人选的资料；

(十) 公司董事、监事和高级管理人员持股情况的报告；

(十一)确定公司股票挂牌简称的函；

(十二)公司全部股票已托管的证明文件；

(十三)本所要求的其他文件。

3.1.4 发行人应当保证向本所提交的文件没有虚假性陈述或重大遗漏。

3.1.5 发行人向本所提出上市申请时，其第一大股东应当承诺：自发行人股票上市之日起12个月内，不转让其持有的发行人股份，也不由上市公司回购其持有的股份。发行人应当在《上市公告书》中予以公告。本条所指股份不包括在此期间新增的股份。

3.1.6 发行人应当自本所批准其股票上市交易申请后、距其股票正式挂牌交易日的五日之前在至少一种中国证监会指定的上市公司信息披露报纸(以下简称"指定报纸")和中国证监会指定的互联网网站(以下简称"指定网站")上刊登上市公告书，并在指定网站上刊登《公司章程》。上市公告书应当备置于指定场所，供公众查阅。

发行人在提出上市申请期间，未经本所同意，不得擅自披露有关信息。

第二节 配股或增发新股上市

3.2.1 上市公司配股或增发新股完成后，可以申请配股或增发新股的可流通股份上市。

3.2.2 上市公司申请其配股或增发新股的可流通股份上市，应当向本所提交以下文件：

(一)上市申请书；

(二)中国证监会的核准文件；

(三)经中国证监会审核的全部配股或增发新股的申请文件；

(四) 配股或增发新股完成后经具有从事证券业务资格的会计师事务所出具的验资报告；有实物资产配股或增发新股的，提供资产所有权已转移至上市公司的证明文件；

(五)董事、监事和高级管理人员持股情况变动的报告；

(六)股份变动公告或上市公告书；

(七)股份登记机构对新增股份登记托管的书面证明；

(八)本所要求的其他文件。

3.2.3 本所对上市公司配股或增发新股的可流通股份的上市申请审查后，安排符合条件的股份上市流通。公司应当在配股或增发新股的可流通股份上市前三个工作日内在指定报纸刊登股份变动公告或上市公告书，并公布配股或增发新股的可流通股份上市日。

3.2.4 其他股份经核准上市流通，比照3.2.2条和3.2.3条的规定执行。

第三节 派发股份股利与公积金转增股本

3.3.1 上市公司在派发股份股利、公积金转增股本前，应当向本所提供以下文件：

(一)股东大会关于派发股份股利、公积金转增股本的决议；

(二)公司实施派发股份股利、公积金转增股本公告书；

(三)本所要求的其他文件。

3.3.2 经本所审查后，上市公司应当于派发股份股利、公积金转增股本的股权登记日前三至五个工作日在指定报纸刊登派发股份股利、公积金转增股本公告书。

3.3.3 派发股份股利、公积金转增股本公告书应当符合中国证监会的有关规定，并且包括以下内容：

(一)通过派发股份股利、公积金转增股本方案的股东大会的届次和日期；

(二)派发股份股利、公积金转增股本的比例(以每10股表述)、股本基数(按实施前实际股本计算)、是否含税以及扣税情况等；

(三)股权登记日、除权日、新增可流通股份上市日；

(四)实施办法；

(五)股本变动结构表(按变动前总股本、本次送红股数、本次转增股本数、变动后总股本、占总股本比例等项目列示)；

(六)派发股份股利、公积金转增股本后，按新股本摊薄计算的上年度每股净收益或本年度中期每股净收益；

(七)有关咨询办法。

第四节 公司职工股或内部职工股上市

3.4.1 上市公司申请其公司职工股或内部职工股上市，应当向本所提交以下文件：

(一)上市申请书；

(二)中国证监会关于其公司职工股或内部职工股上市时间的批文；

(三)有关公司职工股或内部职工股的持股情况说明及托管证明；

(四)有关公司董事、监事、高级管理人员持股情况说明；

(五)公司职工股或内部职工股上市提示公告；

(六)本所要求的其他文件。

3.4.2 经本所审查同意后，上市公司应当在公司职工股或内部职工股上市前三个工作日内在指定报纸刊登上市提示公告。

3.4.3 上市提示公告应当包括以下内容：

(一)上市日期、上市股份数量、冻结数量；

(二)发行价格；

(三)历次送配情况；

(四)持股人数。

第五节 董事、监事、高级管理人员所持股份上市

3.5.1 上市公司董事、监事、高级管理人员在任期内应当按照规定向本所申报持股变动情况，不得转让其所持有的本公司股份，包括因公司派发股份股利、公积金转增股本、配股、购入(受让)新增的股份。

3.5.2 上市公司的董事、监事、高级管理人员离职半年后，可以申请其所持股份上市流通。

3.5.3 上市公司原董事、监事、高级管理人员申请所持股份上市流通，应当向本所提交以下文件：

(一)上市申请书；

(二)关于免去董事、监事、高级管理人员的决议或董事、监事、高级管理人员的辞职书以及董事会出具的离职证明。

第六节 向证券投资基金、法人、战略投资者配售的股份上市

3.6.1 上市公司申请其向证券投资基金、法人、战略投资者配售的股份上市，应当向本所提交以下文件：

(一)上市申请书；

(二)配售结果的公告；

(三)配售股份的托管证明；

(四)有关向基金、法人、战略投资者配售的股份说明；

(五)上市提示公告；

(六)本所要求的其他文件。

3.6.2 经本所批准后，上市公司应当在配售的股份上市前三个工作日内在指定报纸上刊登上市提示公告。

3.6.3 上市提示公告应当包括以下内容：

(一)上市时间；

(二)上市股份数量；

(三)发行价格；

(四)历次送配情况。

第四章 信息披露的基本原则

4.1 上市公司应当履行以下信息披露的基本义务：

(一)及时披露所有对上市公司股票价格可能产生重大影响的信息。

(二)确保信息披露内容真实、准确、完整而没有虚假、严重误导性陈述或重大遗漏。上市公司对履行以上基本义务以及本规则规定的具体要求有任何疑问的，应当向本所咨询。

4.2 上市公司董事会全体成员必须保证信息披露内容真实、准确、完整,没有虚假、严重误导性陈述或重大遗漏,并就其保证承担连带赔偿责任。上市公司应当将以上内容作为重要提示在公告中陈述。

4.3 上市公司及其董事、监事、高级管理人员不得泄露内幕消息,不得进行内幕交易或配合他人操纵证券交易价格。

4.4 上市公司应当公开披露的信息包括定期报告和临时报告。年度报告和中期报告为定期报告,其他报告为临时报告。

4.5 上市公司公开披露的信息必须在第一时间报送本所。

4.6 本所根据有关法律、法规、规章对上市公司公开披露的信息进行形式审核,对其内容的真实性不承担责任。

本所对定期报告实行事前登记、事后审核;对临时报告实行事前审核;对本所同意免于临时报告事前审核上市公司的临时报告实行事前登记、事后审核。

上市公司进行信息披露前,公司应当按本所的要求将有关公告文稿和相关备查文件报送本所。

4.7 上市公司公告出现任何错误、遗漏或误导,本所可以要求上市公司做出说明并补充公告。

4.8 上市公司应当将公司承诺事项和股东承诺事项单独摘出送本所备案,并在定期报告中专项披露上述承诺事项的履行情况。

上市公司未履行承诺的,董事会应当及时详细披露原因以及董事会应承担的法律责任;股东未履行承诺的,上市公司董事会应当及时详细披露具体情况,并说明董事会所采取的措施。

4.9 上市公司存在或正在筹划第七章第二、三、四节所述的重大事件,应当遵循分阶段披露的原则,履行以下信息披露义务:

(一)在该事件尚未披露前,董事和有关当事人应当确保有关信息绝对保密;如果该信息难以保密,或者已经泄露,或者公司股票价格已明显发生异常波动时,上市公司应当立即予以披露。

(二)上市公司就上述重大事件与有关当事人一旦签署意向书或协议,无论意向书或协议是否有附加条件或附加期限,上市公司应当立即予以披露。

上述协议发生重大变更、中止或者解除、终止,上市公司应当及时予以披露,说明协议变更、中止或者解除、终止的情况和原因。

(三)上述重大事件获得有关部门批准的,或者已披露的重大事件被有关部门否决的,公司应当及时予以披露。

4.10 上市公司董事会及董事在公司的信息公开披露前应当将该信息的知情者控制在最小范围内。

4.11 上市公司公开披露的信息应当在至少一种指定报纸(定期报告还应当指定网站)上公告,在其他公共传媒披露信息不得先于指定报纸和指定网站。上市公司不得以新闻发布或答记者问等形式代替公司的正式公告。

4.12 上市公司出现下列情形,认为无法按照本规则规定披露信息的,可以向本所提出申请,经本所同意,可以免予按照本规则规定披露:

(一)上市公司有充分理由认为披露某一信息会损害公司的利益,且该信息对其股票价格不会产生重大影响;

(二)上市公司认为拟披露的信息可能导致其违反国家有关法律法规的;

(三)本所认可的其它情况。

4.13 上市公司发生的事项达不到本规则披露要求的,可以免予披露。

本所认为必要的,上市公司应当比照本规则的规定披露。

4.14 上市公司应当配备信息披露所必要的通讯设备和计算机等办公设备,保证计算机可以连接国际互联网、对外咨询电话畅通。

第五章　董事会秘书、股权管理与信息披露事务

第一节　董事会秘书

5.1.1 上市公司必须设立一名董事会秘书。董事会秘书为上市公司的高级管理人员,对董事会负责。

5.1.2 董事会秘书的任职资格:

(一)具有大学专科以上学历,从事秘书、管理、股权事务等工作三年以上;

(二)有一定财务、税收、法律、金融、企业管理、计算机应用等方面知识,具有良好的个人品质和职业道德,严格遵守有关法律、法规和规章,能够忠诚地履行职责;

(三)上市公司董事可以兼任董事会秘书,但是监事不得兼任;

(四)有《公司法》第五十七条规定情形之一的人士不得担任董事会秘书;

(五)上市公司聘任的会计师事务所的会计师和律师事务所的律师不得兼任董事会秘书。

5.1.3 董事会秘书应当遵守公司章程,承担公司高级管理人员的有关法律责任,对公司负有诚信和勤勉义务,不得利用职权为自己或他人谋取利益。

5.1.4 董事会秘书的职责:

(一)董事会秘书为公司与本所的指定联络人,负责准备和提交本所要求的文件,组织完成监管机构布置的任务;

(二)准备和提交董事会和股东大会的报告和文件;

(三)按照法定程序筹备董事会会议和股东大会,列席董事会会议并作记录,并应当在会议纪要上签字,保证其准确性;

(四)协调和组织上市公司信息披露事项,包括建立信息披露的制度、接待来访、回答咨询、联系股东,向投资者提供公司公开披露的资料,促使上市公司及时、合法、真实和完整地进行信息披露;

(五)列席涉及信息披露的有关会议,上市公司有关部门应当向董事会秘书提供信息披露所需要的资料和信息。公司做出重大决定之前,应当从信息披露角度征询董事会秘书的意见;

(六)负责信息的保密工作,制订保密措施。内幕信息泄露时,及时采取补救措施加以解释和澄清,并报告本所和中国证监会;

(七)负责保管上市公司股东名册资料、董事名册、大股东及董事持股资料和董事会印章,保管上市公司董事会和股东大会的会议文件和记录;

(八)帮助公司董事、监事、高级管理人员了解法律法规、公司章程、本规则及股票上市协议对其设定的责任;

(九)协助董事会依法行使职权,在董事会违反法律法规、公司章程及本所有关规定做出决议时,及时提出异议,如董事会坚持做出上述决议,应当把情况记载在会议纪要上,并将该会议纪要马上提交上市公司全体董事和监事;

(十)为上市公司重大决策提供咨询和建议;

(十一)本所要求履行的其他职责。

5.1.5 董事会秘书必须经过本所的专业培训和资格考核并取得合格证书,由董事会聘任,报本所备案并公告;对于没有合格证书的,经本所认可后由董事会聘任。

5.1.6 公司应当在股票上市后三个月内或原任董事会秘书离职后三个月内正式聘任董事会秘书。在此之前,公司应当临时指定人选以代行董事会秘书的职责。

5.1.7 公司董事会聘任董事会秘书应当向本所提交以下文件:

(一)董事会推荐书,包括被推荐人的职务、工作表现及个人品德等内容;

(二)被推荐人的个人简历、学历证明(复印件);

(三)被推荐人的董事会秘书资格考试合格证书;

(四)董事会的聘任书;

(五)董事会秘书的通讯方式,包括办公电话、住宅电话、移动电话、传真、通信地址及专用电子邮件信箱地址等。董事会秘书应当保证本所可以随时与其联系。

(六)公司法定代表人的通讯方式,包括办公电话、住宅电话、移动电话、传真及通信地址等。

5.1.8 董事会秘书出现以下情形之一的,本所可以建议上市公司董事会终止对其的聘任:

(一)在执行职务时出现重大错误或疏漏,给上市公司或投资者造成重损失;

(二)有违反国家法律法规、公司章程、本所有关规定的行为,给上市公司或投资者造成重大损失;

(三)本所认为不应当继续担任董事会秘书的其他情形。

5.1.9 上市公司董事会解聘董事会秘书应当具有充足理由,解聘董事会秘书或董事会秘书辞职时,公司董事会应当向本所报告,说明原因并公告。

5.1.10 董事会秘书离任前,应当接受董事会、监事会的离任审查,将有关档案文件、正在办理或待办理事项,在公司监事会的监督下移交。公司应当在聘任董事会秘书时与其签订保密协议,要求其承诺一旦在离任后持续履行保密义务直至有关信息公开披露为止。

5.1.11 上市公司董事会在聘任董事会秘书的同时,应当另外委任一名董事会证券事务代表,在董事会秘书不能履行职责时,代行董事会秘书的职责。证券事务代表应当具有董事会秘书的任职资格,经过本所的专业培训和资格考核并取得合格证书。

第二节　股权管理与信息披露事务

5.2.1 本所接受董事会秘书或证券事务代表办理上市公司的股

权管理与信息披露事务；

5.2.2 上市公司应当在信息披露前将公告文稿及相关材料报送本所。文稿为中文打印件并签字盖章，文稿上应当写明拟公告的日期及报纸。经本所同意后，上市公司自行联系公告事项。不能按预定日期公告的，应当及时报告本所。

5.2.3 上市公司应当将信息披露文件在公告的同时备置于指定场所，供公众查阅。

5.2.4 上市公司应当在选定或变更指定报纸后，在两个工作日内报告本所。

第六章 定期报告

6.1 上市公司应当在每个会计年度结束之日起四个月内编制完成年度报告并在指定报纸披露年度报告摘要，同时，应当在指定网站上披露其年度报告全文。

本所在规定的期限内安排各上市公司披露年度报告的时间顺序。

6.2 上市公司应当按照中国证监会《公开发行股票公司信息披露的内容与格式准则第二号〈年度报告的内容与格式〉》的规定编制年度报告及年度报告摘要。

本所可以在上述规定的基础上对年度报告的编制和披露做出进一步的要求。

6.3 上市公司应当在年度报告经董事会批准后两个工作日内向本所报送年度报告，经本所登记后，在至少一种指定报纸刊登年度报告摘要，同时，在指定网站上披露年度报告。

6.4 上市公司向本所报送年度报告的同时，还应当报送以下文件：

(一)审计报告原件；

(二)年度报告摘要；

(三)董事会决议及其公告文稿；

(四)载有年度报告及财务数据的电子文件；

(五)停牌申请；

(六)本所要求的其他文件。

6.5 上市公司出现9.2.1所述情形时，应当在收到年度审计报告后两个工作日内报送本所。

6.6 本所进行事后审核时可以要求上市公司对年度报告有关内容进行解释说明。

上市公司应当认真、及时答复本所的问询，并按照本所的要求刊登补充公告。

6.7 上市公司应当于每个会计年度的上半年结束之日起两个月内编制完成中期报告并公告。

6.8 上市公司应当按照中国证监会《公开发行股票公司信息披露内容与格式准则第三号〈中期报告的内容与格式〉》以及有关通知的规定编制中期报告。

本所可以在上述规定的基础上对中期报告的编制和披露做出进一步的要求。

6.9 上市公司的中期财务报告可以不经会计师事务所审计，但有下列情形之一的，必须经会计师事务所审计(中国证监会另有规定的除外)：

(一)拟在下半年进行利润分配或公积金转增的；

(二)中国证监会或本所认为应当进行审计的其他情形。

6.10 年度报告的有关报送、公告和审核的规定适用于中期报告。

第七章 临时报告

第一节 董事会、监事会、股东大会决议

7.1.1 上市公司召开董事会会议，应当在会议结束后两个工作日内将董事会决议和会议纪要报送本所备案。

本所要求上市公司提供董事会、监事会、股东大会决议记录的，上市公司应当按本所的要求在规定时间内提供该等会议记录。

7.1.2 上市公司董事会决议涉及需要经股东大会表决的事项和本章第二、三、四节的事项的，必须公告；其他事项，本所认为有必要的，也应当公告。

7.1.3 上市公司召开监事会会议，应当在会议结束后两个工作日内将监事会决议和会议纪要报送本所备案，经本所审核后，在指定报纸上公布。

7.1.4 上市公司应当在股东大会结束后当日将股东大会决议公告文稿、会议记录和全套会议文件报送本所，经本所审核后在指定报纸刊登决议公告。

7.1.5 股东大会因故延期或取消，应当在原定股东大会召开日的五个工作日之前发布通知，通知中应当说明延期或取消的具体原因。如属延期，应当公布延期后的召开日期。

7.1.6 股东大会对董事会预案做出修改，或对董事会预案以外的事项做出决议，或会议期间因突发事件致使会议不能正常召开的，上市公司应当向本所说明原因并公告。

7.1.7 股东大会决议公告应当写明出席会议的股东人数、所持股份及占上市公司有表决权总股本的比例，以及每项议案的表决方式及表决统计结果。对股东提案做出决议的，应当列明提案股东的名称或姓名、持股比例和提案内容。发行B股的上市公司还应当在公告中说明股东会议通知情况、上市公司A股股东和B股股东出席会议及表决情况。

7.1.8 股东大会以会议文件等形式向股东通报的重要内容，如未公开披露的，应当在股东大会决议公告中披露。

第二节 收购、出售资产

7.2.1 本节所称收购、出售资产是指上市公司收购、出售企业所有者权益、实物资产或其他财产权利的行为。

7.2.2 上市公司拟收购、出售资产达到以下标准之一时，经董事会批准后两个工作日内，向本所报告并公告：

(一)按照最近一期经审计的财务报告、评估报告或验资报告，收购、出售资产的资产总额占上市公司最近一期经审计的总资产值的10%以上；

(二)被收购资产相关的净利润或亏损的绝对值(按上一年度经审计的财务报告)占上市公司经审计的上一年度净利润或亏损绝对值的10%以上，且绝对金额在100万元以上；被收购资产的净利润或亏损值无法计算的，不适用本款；收购企业所有者权益的，被收购企业的净利润或亏损值以与这部分产权相关的净利润或亏损值计算；

(三)被出售资产相关的净利润或亏损绝对值或该交易行为所产生的利润或亏损绝对值占上市公司经审计的上一年度净利润或亏损绝对值的10%以上，且绝对金额在100万元以上；被出售资产的净利润或亏损值无法计算的，不适用本款；出售企业所有者权益的，被出售企业的净利润或亏损值以与这部分产权相关的净利润或亏损值计算；

(四)收购、出售资产的交易金额(承担债务、费用等，应当一并加总计算)占上市公司最近一期经审计的净资产总额10%以上。

7.2.3 上市公司收购、出售资产按照7.2.2条第(一)款、第(三)款所述标准计算所得的任一相对数字达50%以上的，或按照7.2.2条第(二)款所述标准计算所得的相对数字达到50%以上，且收购、出售资产的相关净利润或亏损绝对金额在500万元以上的，除须经董事会批准，并报告本所及公告外，应当经上市公司股东大会批准。

上市公司还应当聘请有证券从业资格的会计师事务所或资产评估机构对拟收购、出售的资产进行审计或评估，审计或评估基准日距协议生效日不得超过6个月。如因特殊原因无法实施审计或评估的，必须在股东大会上说明原因。

7.2.4 上市公司在十二个月内连续对同一或相关资产分次进行收购、出售的，以其在此期间交易的累计金额确定是否公告。

7.2.5 上市公司直接或间接持股比例超过50%的子公司收购、出售资产，视同上市公司行为，适用本节规定。上市公司的参股公司(持股50%以下)收购、出售资产，交易标的有关金额指标乘以参股比例后，适用本节规定。

7.2.6 上市公司因收购、出售其他上市公司的股份，需要履行股东披露义务或要约义务的，应当同时按照法律、法规、中国证监会和本所的有关规定执行。

7.2.7 上市公司必须在收购、出售资产协议生效之日起三个月内公告交易实施情况(包括所有必需的产权变更或登记过户手续完成情况)，同时提供相关证明文件。

7.2.8 上市公司披露上述收购、出售资产事项，应当向本所提交以下文件：

(一)交易公告文稿；

(二)收购、出售资产的协议书；

(三)董事会决议及公告(如有)；

(四)被收购、出售资产涉及的政府批文(如有)；

(五)被收购、出售资产的财务报告；

(六)中介机构关于被收购、出售资产的意见书(评估报告或审计报告)；

(七)本所要求的其他文件。

7.2.9 上市公司收购、出售资产的公告应当包括以下内容：

(一)交易概述及协议生效时间；

(二)协议有关各方的基本情况，包括企业名称、工商登记类型、注

册地点、法定代表人、主营业务等；

（三）被收购、出售资产的基本情况，包括该资产名称、中介机构名称、资产的帐面值及评估值、资产运营情况、资产质押、抵押以及在该资产上设立的其他财产权利的情况、涉及该财产的重大争议的情况。

被收购、出售的资产系企业所有者权益，还应当介绍公司（或企业）的基本情况和最近一期经审计的财务报告中的财务数据，包括资产总额、负债总额、所有者权益、主营收入、净利润等，并附收购、出售基准日资产负债表和损益表（如果基准日不是年底，还需披露上一年度损益表）；收购、出售资产达到7.2.3条所规定标准的，除披露上述内容外，还应当披露该等资产的历史情况；被收购出售的资产系企业所有者权益，且占被收购企业所有者权益的50%以上，还应当披露该企业近三年的资产负债表、损益表及现金流量表或公司成立之日起至收购、出售资产合同签署日期间的资产负债表和损益表及现金流量表；

（四）上市公司预计从该项交易中获得的利益及该交易对上市公司未来经营的影响；

（五）交易金额（包括定价基准）及支付方式（现金、股权、资产置换等，还包括有关分期付款安排的条款）；

（六）该交易所涉及的人员安置、土地租赁、债务重组等情况；

（七）出售资产的，应当说明出售所得款项的用途；

（八）收购资产的，应当说明是否与招股说明书、配股说明书或其他募集资金说明书中列示的项目相关，并说明该项交易的资金来源；

（九）需要经股东大会或有权部门批准的事项，应当说明需履行的合法程序和进展情况；

（十）如果收购资产后，可能产生关联交易，应当披露有关情况；

（十一）如果收购资产后，可能产生关联人同业竞争，应当披露规避的方法或其他安排（包括有关协议或承诺等）；

（十二）收购资产后，上市公司与控股股东在人员、资产、财务上分开的安排计划；

（十三）本所要求的其他内容。

第三节　关联交易

7.3.1　上市公司关联交易是指上市公司及其控股子公司与关联人之间发生的转移资源或义务的事项。包括但不限于下列事项：

（一）购买或销售商品；

（二）购买或销售除商品以外的其他资产；

（三）提供或接受劳务；

（四）代理；

（五）租赁；

（六）提供资金（包括以现金或实物形式）；

（七）担保；

（八）管理方面的合同；

（九）研究与开发项目的转移；

（十）许可协议；

（十一）赠与；

（十二）债务重组；

（十三）非货币性交易；

（十四）关联双方共同投资；

（十五）本所认为应当属于关联交易的其他事项。

上市公司关联人包括关联法人、关联自然人和潜在关联人。

7.3.2　具有以下情形之一的法人，为上市公司的关联法人：

（一）直接或间接地控制上市公司，以及与上市公司同受某一企业控制的法人（包括但不限于母公司、子公司、与上市公司受同一母公司控制的子公司）；

（二）7.3.3条所列的关联自然人直接或间接控制的企业；

7.3.3　上市公司的关联自然人是指：

（一）持有上市公司5%以上股份的个人股东；

（二）上市公司的董事、监事及高级管理人员；

（三）本条第（一）、（二）项所述人士的亲属，包括：

1. 父母；

2. 配偶；

3. 兄弟姐妹；

4. 年满18周岁的子女；

5. 配偶的父母、子女的配偶、配偶的兄弟姐妹、兄弟姐妹的配偶。

7.3.4　因与上市公司关联法人签署协议或做出安排，在协议生效后符合7.3.2条和7.3.3条规定的，为上市公司潜在关联人。

7.3.5　由上市公司控制或持有50%以上股份的子公司发生的关联交易，视同上市公司行为，其披露标准适用7.3.8、7.3.9、7.3.12、7.3.13、7.3.14条规定；上市公司的参股公司发生的关联交易，以其交易标的乘以参股比例或协议分红比例后的数额，适用7.3.8、7.3.9、7.3.12、7.3.13、7.3.14条规定。

7.3.6　上市公司关联交易应当遵循以下基本原则：

（一）符合诚实信用的原则；

（二）关联方如享有上市公司股东大会表决权，除特殊情况外，应当回避行使表决；

（三）与关联方有任何利害关系的董事，在董事会对该事项进行表决时，应当予以回避。

（四）上市公司董事会应当根据客观标准判断该关联交易是否对上市公司有利。必要时应当聘请独立财务顾问或专业评估师。

7.3.7　上市公司关联人与上市公司签署涉及关联交易的协议，应当采取必要的回避措施：

（一）任何个人只能代表一方签署协议；

（二）关联人不得以任何方式干预上市公司的决定；

（三）上市公司董事会就关联交易表决时，有利害关系的当事人属以下情形的，不得参与表决：

1）董事个人与上市公司的关联交易；

2）董事个人在关联企业任职或拥有关联企业的控股权，该关联企业与上市公司的关联交易；

3）按法律、法规和公司章程规定应当回避的。

（四）上市公司股东大会就关联交易进行表决时，关联股东不得参加表决。关联股东因特殊情况无法回避时，在上市公司征得有权部门同意后，可以参加表决。公司应当在股东大会决议中做出详细说明，同时对非关联方的股东投票情况进行专门统计，并在决议公告中予以披露。

7.3.8　上市公司与其关联人达成的关联交易总额低于300万元且低于上市公司最近经审计净资产值的0.5%的，不适用本节规定。

7.3.9　上市公司与其关联人达成的关联交易总额在300万元至3000万元之间或占上市公司最近经审计净资产值的0.5%至5%之间的，上市公司应当在签定协议后两个工作日内按照7.3.11条的规定进行公告，并在下次定期报告中披露有关交易的详细资料。

7.3.10　上市公司披露关联交易，应当比照7.2.8条规定向本所提交文件。

7.3.11　上市公司就关联交易发布的临时报告应当包括以下内容：

（一）交易日期、交易地点；

（二）有关各方的关联关系；

（三）交易及其目的的简要说明；

（四）交易的标的、价格及定价政策；

（五）关联人在交易中所占权益的性质及比重；

（六）关联交易涉及收购或出售某一公司权益的，应当说明该公司的实际持有人的详细情况，包括实际持有人的名称及其业务状况；

（七）董事会关于本次关联交易对上市公司影响的意见；

（八）若涉及对方或他方向上市公司支付款项的，必须说明付款方近三年或自成立之日起至协议签署期间的财务状况，董事会应当对该等款项收回或成为坏帐的可能做出判断和说明。

关联交易涉及收购、出售资产的，还应当参照7.2.9条的要求披露。

（九）独立财务顾问意见；

（十）本所和中国证监会要求的其他内容。

7.3.12　上市公司拟与其关联人达成的关联交易总额高于3000万元或高于上市公司最近经审计净资产值的5%的，公司董事会必须在做出决议后两个工作日内报送本所并公告。公告的内容应当符合7.3.11条的规定。关联交易在获得公司股东大会批准后实施，任何与该关联交易有利害关系的关联人应当在股东大会上放弃对该议案的投票权。公司应当在有关关联交易的公告中特别载明："此项交易需经股东大会批准，与该关联交易有利害关系的关联人放弃在股东大会上对该议案的投票权"。

对于此类关联交易，上市公司董事会应当对该交易是否对上市公司有利发表意见，同时上市公司应当聘请独立的财务顾问就该关联交易对全体股东是否公平、合理发表意见，并说明理由、主要假设及考虑因素。上市公司应当在下次定期报告中披露有关交易的详细资料。

7.3.13　上市公司与关联人就同一标的或者上市公司与同一关联人在连续12个月内达成的关联交易累计金额达到7.3.9条所述标准的，上市公司应当按7.3.9条的规定予以披露。

7.3.14　上市公司与关联人就同一标的或者上市公司与同一关联人在连续12个月内达成的关联交易累计金额达到7.3.12条所述标准的，上市公司应当按7.3.12条的规定予以披露。

7.3.15 上市公司与关联人之间签署的涉及关联交易的协议，包括产品供销协议、服务协议、土地租赁协议等已经在招股说明书、上市公告书或上一次定期报告中披露，协议主要内容(如价格、数量及付款方式等)在下一次定期报告之前未发生显著变化的，上市公司可以豁免执行本节上述条款的规定，但是应当在定期报告及其相应的财务报告附注中就年度内协议的执行情况做出必要说明。

7.3.16 上市公司与关联人达成的以下关联交易，可以免予按照关联交易的方式表决和披露：

(一)关联人按照上市公司的招股说明书、配股说明书或增发新股说明书以现金方式缴纳应当认购的股份；

(二)关联人依据股东大会决议领取股息或者红利；

(三)关联人购买上市公司发行的企业债券；

(四)上市公司与其控股子公司之间发生的关联交易。

(五)本所认定的其他情况。

7.3.17 公司必须在重大关联交易实施完毕之日起两个工作日内向本所报告并公告。

第四节 其他重大事件

7.4.1 上市公司会计年度结束时，预计出现亏损的，应当在会计年度结束后的30个工作日内发布首次风险提示公告。

7.4.2 上市公司发生重大诉讼、仲裁事项，按照以下要求予以披露：

(一)诉讼或仲裁事项涉及的金额或12个月内累计金额占公司最近经审计的净资产值10%以上的，上市公司应当在知悉该事件后及时报告和公告；

(二)上市公司根据第(一)项规定披露信息前，应当向本所报送有关法律文书的复印件；

(三)对诉讼或仲裁事件的披露，应当说明诉讼或仲裁受理日期，诉讼或仲裁各方当事人、代理人及其所在单位的姓名或名称，受理法院或仲裁机构的名称及所在地，诉讼或仲裁的原因、依据和诉讼、仲裁的请求，判决、裁决的日期，判决、裁决的结果以及各方当事人对结果的意见等。

7.4.3 上市公司发生重大担保事项，应当按照以下要求予以披露：

(一)上市公司不得为本公司的股东、股东的控股子公司、股东的附属企业或者个人债务提供担保。上市公司为上述公司、个人以外的法人提供担保，涉及的金额或12个月内累计金额占上市公司最近经审计的净资产值的10%以上的，应当及时报告和公告；

(二)上市公司根据第(一)项规定披露信息前，应当向本所报送相关协议的复印件；

(三)对担保事项的披露，应当说明担保协议签署及生效日期，债权人名称，担保的方式、期限、金额，担保协议中的其他重要条款，被担保人的基本情况等；

被担保人为法人的，应当包括企业名称、注册地点、法定代表人、经营范围、与上市公司的关联关系或其他关系；

被担保人为个人的，应当包括姓名、与上市公司的关联关系或其他关系；

(四)根据第(一)项披露的担保事项，被担保人于债务到期后十五个工作日内未履行还款义务的，上市公司应当及时报告和公告；

(五)根据第(一)项披露的担保事项，被担保人出现破产、清算及其他严重影响还款能力的事件，上市公司知悉后应当及时报告和公告。

7.4.4 上市公司出现以下情况所涉及的数额达到7.2.2条所述标准的，比照本章第二节的规定予以披露：

(一)重要合同(借贷、委托经营、受托经营、委托理财、赠与、承包、租赁等)的订立、变更、解除和终止；

(二)大额银行退票；

(三)重大经营性或非经营性亏损；

(四)遭受重大损失；

(五)重大投资行为；

(六)可能依法承担的赔偿责任；

(七)重大行政处罚；

(八)本所认为需披露的其他事项。

7.4.5 上市公司出现以下情况，应当自事实发生之日起两个工作日内向本所报告并公告：

(一)上市公司章程、注册资本、注册地址、名称的变更，其中公司章程发生变更的，还应当将新的公司章程在指定网站上刊登；

(二)经营方针和经营范围的重大变化；

(三)订立7.4.4条第(一)项之外的重要合同，可能对上市公司的资产、负债、权益和经营成果产生重大影响；

(四)发生重大债务或未清偿到期重大债务；

(五)变更募集资金投资项目；

(六)直接或间接持有另一上市公司发行在外的普通股百分之五以上；

(七)持有上市公司百分之五以上股份的股东，其持有股份增减变化为百分之五以上；

(八)上市公司的第一大股东发生变更；

(九)上市公司的董事长、三分之一以上董事或经理发生变动；

(十)生产经营环境发生重大变化，包括全部或主要业务停顿、生产资料采购、产品销售发生重大变化；

(十一)减资、合并、分立、解散或申请破产的决定；

(十二)新的法律法规、规章、政策可能对公司的经营产生显著影响；

(十三)更换为上市公司审计的会计师事务所；

(十四)股东大会、董事会的决议被法院依法撤销；

(十五)法院裁定禁止上市公司有控制权的大股东转让其所持上市公司股份；

(十六)持有上市公司百分之五以上股份的股东所持股份被质押；

(十七)进入破产、清算状态；

(十八)预计出现资不抵债的情形；

(十九)获悉主要债务人进入破产程序，而上市公司对相应债权未能提取足额坏帐准备的；

(二十)因涉嫌违反证券法规被中国证监会调查或正受到中国证监会处罚的(公司就违规事项公告时，应当事先报告中国证监会)；

(二十一)本所认为需要披露的其他事项。

7.4.6 上市公司出现7.4.5条第(五)项所述情形，应当向本所提交以下文件：

(一)董事会决议；

(二)监事会对变更募集资金投资项目的意见；

(三)新项目的可行性报告；

(四)新项目的有关立项批文(如有)；

(五)新项目的合作意向书或协议(如有)；

(六)新项目涉及收购资产或企业所有者权益的，应当提供有关的评估报告或审计报告；

(七)原项目的终止协议及说明(如有)；

(八)董事会关于变更募集资金投资项目的公告文稿；

(九)本所要求的其他文件；

7.4.7 上市公司出现7.4.5条第(五)项所述情形，应当披露以下内容：

(一)董事会关于变更募集资金投资项目的原因说明；

(二)董事会关于新项目的发展前景、盈利能力、有关的风险与对策等情况的说明；

(三)新项目涉及收购资产或企业所有者权益的，还应当比照本章第二节的规定予以披露；

(四)新项目涉及关联交易的，还应当比照本章第三节的规定予以披露。

(五)本所要求的其他内容。

7.4.8 董事会预计上市公司业绩与已经披露的盈利预测有重大差异，而且导致该差异的因素尚未向市场披露的，应当及时予以公告，说明有关因素及其对业绩的影响。上市公司董事会在向本所提交公告文稿时应当提交以下文件：

(一)预计的业绩变化及造成变化的原因说明；

(二)董事会确认预计的依据及过程是适当和审慎的函件；

上市公司聘有财务顾问的，应当提交财务顾问确认上市公司董事会做出该预计的依据及过程是适当和审慎的函件。

7.4.9 上市公司直接或间接持股比例超过50%比例的子公司出现本节所述情形的，视同上市公司行为，适用本节规定。

第五节 股票交易异常波动

7.5.1 上市公司应当关注本公司股票的交易以及新闻媒介、网站关于本公司的报道。

7.5.2 出现以下情况之一的，上市公司应当及时报告并公告：

(一)股票交易发生异常波动；

(二)新闻媒介或网站传播的消息可能对公司的股票交易产生影响。

7.5.3 股票交易出现以下情况之一时，本所根据市场情况，认定是否属股票交易异常波动：

(一)某只股票的价格连续三个交易日达到涨幅或跌幅限制；

(二)某只股票连续五个交易日列入"股票、基金公开信息"；
(三)某只股票价格的振幅连续三个交易日达到15%；
(四)某只股票的日均成交金额连续五个交易日逐日增加50%；
(五)本所或中国证监会认为属于异常波动的其他情况。
出现(一)至(四)项的情形被认定为异常波动的股票，其异常波动的计算从公告之日起重新开始。
7.5.4 上市公司针对有关传闻发布公告，应当向本所报送公告文稿以及传闻在新闻媒介传播的证明。
7.5.5 上市公司出现7.5.2条所述的情况时，本所可以要求上市公司比照7.5.6条的规定发布公告。
7.5.6 上市公司针对有关传闻的公告应当包括以下内容：
(一)传闻内容及其来源；
(二)公司的真实情况；
(三) 经本所同意的其他内容。
7.5.7 上市公司认为股票交易的异常波动与上市公司或上市公司内外部环境的变化无关，应当在公告中做出说明；认为与公司有关，应当披露可能影响其股票价格的信息。

第六节 公司的合并、分立

7.6.1 上市公司的合并、分立必须符合《中华人民共和国公司法》等相关法律法规的规定。
7.6.2 涉及上市公司股份变动的合并、分立方案应当报中国证监会批准并抄报本所。
7.6.3 涉及上市公司股份变动的合并、分立方案未经中国证监会批准的，本所不受理有关的公告文稿，并报告中国证监会。
7.6.4 上市公司合并、分立方案实施过程中涉及的信息披露和股份变更登记等事项，按照中国证监会和本所的规定办理。

第八章 停牌、复牌

8.1 上市公司可以以本所认为合理的理由向本所申请停牌与复牌。
8.2 本所可以根据实际情况或中国证监会的要求，决定股票及其衍生品种的停牌与复牌。
8.3 出现以下情况之一的，上市公司董事会应当向本所申请对其股票及其衍生品种例行停牌与复牌：
(一)上市公司于交易日公布中期报告或年度报告，当日上午停牌，下午开市时复牌；
(二)上市公司召开股东大会，会议期间为本所交易时间的，自股东大会召开当日起停牌，直至公告股东大会决议当日上午开市时复牌；如果股东大会决议公告的内容涉及增加、变更或否决议案的，直至股东大会决议公告当日下午开市时复牌；公告日为非交易日，则公告后第一个交易日复牌；
(三)上市公司于交易日公布董事会关于权益分派、配股、公积金转增股本等决议，当日上午停牌，下午开市时复牌；
8.4 上市公司出现以下情况之一的，本所对其股票及其衍生品种停牌与复牌：
(一)在新闻媒介中出现上市公司尚未披露的信息，可能对公司股票及其衍生品种的交易产生较大影响，本所对该股票及其衍生品种停牌，直至上市公司对该消息做出公告的当日下午开市时复牌；
(二)股票交易出现异常波动，本所可以对其停牌，直至有披露义务的当事人做出公告的当日下午开市时复牌。
8.5 上市公司于交易日公布临时报告的，应当向本所申请停牌，本所根据情况决定停牌与复牌时间。
8.6 临时报告披露不充分、不完整或可能误导公众，上市公司拒不按照本所要求做出修改的，本所可以对该公司股票及其衍生品种停牌，直至上市公司做出补充或更正公告的当日下午开市时复牌。
8.7 本所审核上市公司定期报告时，可以要求上市公司就有关内容解释说明或补充公告，公司不按照本所要求办理的，本所可以根据情况对其股票及其衍生品种停牌，直至公司做出解释说明或补充公告的当日下午开市时复牌。
8.8 上市公司未在《证券法》规定的法定期限内公布定期报告的，本所对其股票及其衍生品种停牌，直至定期报告公告的当日下午开市时复牌；公告日为非交易日，则公告后第一个交易日复牌。
8.9 上市公司在公司运作和信息披露方面涉嫌违反法律法规、规章及本所业务规则，情节严重的，在被有关部门调查期间，经中国证监会批准，本所对公司的股票及其衍生品种停牌，待有关处理决定公告后另行决定复牌时间。
8.10 上市公司监事会按照《公司法》第一百二十六条规定做出的可能对股票交易产生较大影响的决议于交易日公布的，其股票及其衍生品种当日上午停牌，下午开市时复牌；情节严重的，根据情况决定停牌与复牌时间。
8.11 上市公司因某种原因使本所失去有效信息来源时，本所可以对该公司的股票及其衍生品种停牌，直至本所恢复有效信息来源后复牌。
8.12 上市公司严重违反本规则且在规定期限内仍不予改正的，本所对其股票停牌，直至改正后复牌。
8.13 上市公司出现以下情况之一的，本所对其股票及其衍生品种停牌，直至导致停牌的因素消除后复牌：
(一)投资者发出收购该上市公司股票的公开要约；
(二)中国证监会依法做出暂停股票交易的决定；
(三)本所认为必要的。
8.14 上市公司出现异常状况，本所对其股票交易实行特别处理的，该公司股票及其衍生品种按本规则第九章的规定停牌。
8.15 上市公司出现10.1.1条所列的情况之一或者发生重大事件而影响公司上市条件的，本所按照本规则第十章的规定对该公司的股票及其衍生品种停牌。
8.16 上市公司在重大收购、出售资产或股权、债务重组过程中，股价出现异常波动或董事会预计将会导致股价出现异常波动的，如果出现下列情形且无法按照4.8条规定进行多阶段披露的，董事会应当向本所提出停牌申请：
(一)重大收购、出售资产或股权、债务重组行为不能确定结果；
(二)相关信息在市场上已有传播但仍需报请政府批准；
(三)董事会预计相关信息无法保密的。
8.17 公司申请的停牌期限不超过30天的，本所根据公司的股票交易情况做出决定；超过30天(包括30天)的，由本所提出处理意见报中国证监会批准。公司应当在停牌申请获准后的次一个工作日公告停牌的信息。
8.18 在停牌期间，公司应当至少每两周披露一次重大收购、出售、债务重组事项的进展情况。
停牌期间，相关事项的不确定性已经消除的，公司应当在二个工作日内向本所申请复牌并公告；停牌期满，该等事项的不确定性没有消除的，公司应当提前二个工作日向本所申请延长停牌时间，经本所同意或报经证监会批准后，公司应当及时予以公告。
8.19 公司就同一不确定事项累计停牌已达到90天，公司未向本所申请复牌的，自累计停牌满三个月之日起，本所对其股票强制复牌，并对其股票采取以下交易方式：
(一)投资者在本所另行规定的开市时间内申报交易委托；
(二)申报价格不得超过上一次收市价格的5%，不设下限；
(三)在(一)款规定时间收市后对有效申报按集合竞价方法进行撮合成交。在此期间，相关事项的不确定性已经消除的，公司应当在二个工作日内向本所申请恢复停牌前的交易方式并公告。

第九章 特别处理

第一节 基本原则

9.1.1 上市公司出现财务状况或其他状况异常，投资者难以判定公司前景，权益可能受到损害，本所对公司股票交易实行特别处理。
9.1.2 本章所称特别处理包括以下措施：
(一)在公司股票简称前冠以"ST"字样，以区别于其他股票；
(二)股票报价的日涨跌幅限制为5%。
9.1.3 本规则所规定的特别处理不属于对上市公司的处罚，上市公司在特别处理期间的权利和义务不变。

第二节 财务状况异常的特别处理

9.2.1 上市公司出现以下情况之一的，为财务状况异常：
(一)最近两个会计年度审计结果显示的净利润均为负值；
(二)最近一个会计年度审计结果显示其股东权益低于注册资本，即每股净资产低于股票面值；
(三)注册会计师对最近一个会计年度的财务报告出具无法表示意见或否定意见的审计报告；
(四)最近一个会计年度经审计的股东权益扣除注册会计师、有关部门不予确认的部分，低于注册资本；
(五)最近一份经审计的财务报告对上年度利润进行调整，导致连续两个会计年度亏损；
(六)经本所或中国证监会认定为财务状况异常的。
9.2.2 上市公司出现9.2.1条所列情形之一的，应当在收到审计报告之日起两个工作日内向本所报告，并提交上市公司董事会书面意见。
9.2.3 本所收到上市公司上述报告后五个工作日内，或者在报请中国证监会认可的期限内，决定是否对该公司股票交易实行特别处理。

上市公司应当按照本所的要求在股票交易实行特别处理之前一交易日做出公告，公告日其股票及衍生品种停牌一天，自复牌之日起公司股票实行特别处理。

9.2.4　上市公司最近年度财务状况恢复正常、审计结果表明9.2.1条所列情形已消除，并且满足以下条件的，公司应当自收到最近年度审计报告之日起两个工作日内向本所报告并提交年度报告，同时可以向本所申请撤销特别处理：

（一）主营业务正常运营；

（二）扣除非经常性损益后的净利润为正值。

9.2.5　本所根据公司的实际情况，决定是否撤销特别处理。上市公司应当按照本所要求在撤销特别处理前一交易日做出公告，公告日其股票及衍生品种停牌一天，自复牌之日起撤销特别处理。未撤消特别处理的，上市公司在下一会计年度结束后方可参照9.2.4条的规定向本所申请撤消特别处理。

第三节　其他状况异常的特别处理

9.3.1　上市公司出现以下异常状况之一的，本所对其股票交易实行特别处理：

（一）因自然灾害、重大事故等原因导致公司主要经营设施遭受损失，公司生产经营活动基本中止，在三个月以内不能恢复的；

（二）公司涉及负有赔偿责任的诉讼或仲裁案件，依照法院或仲裁机构的判决或裁决的赔偿金额累计超过公司最近经审计的净资产的50%的；

（三）公司主要银行帐号被冻结，影响公司正常经营活动的；

（四）人民法院受理公司破产案件，可能依法宣告公司破产的；

（五）公司董事会无法正常召开董事会会议并形成董事会决议的；

（六）公司的主要债务人被法院宣告进入破产程序，而公司相应债权未能计提足额坏帐准备致使公司将面临重大财务风险的；

（七）公司出现其他异常情况，董事会认为需要对其股票交易实行特别处理的；

（八）中国证监会或本所认定为状况异常的其他情形。

9.3.2　上市公司出现9.3.1条第（一）至（三）项、第（五）至（七）项情形的，应当在两个工作日内向本所报告，本所比照9.2.3条规定处理。

9.3.3　上市公司认为前条所列的异常状况已经消除，可以向本所申请撤销股票交易特别处理，本所比照9.2.5条的规定，决定是否撤销特别处理。

9.3.4　因上市公司破产案件实行特别处理的，公司股票于每个交易日上午交易。

9.3.5　自法院发布受理上市公司破产案件的公告当日起，本所对进入破产程序公司的股票停牌。

公司应当在收到法院有关法律文书的当日，立即向本所报告，经本所审核后公告。

公司公告次日公司股票复牌，并实行特别处理。

9.3.6　上市公司进入破产程序后，公司或其他有信息披露义务的主体应当于第一时间向本所报告债权申报情况、债权人会议情况、和解和整顿等重大情况并公告。

公司刊登上述公告当日，其股票停牌一天。

9.3.7　上市公司与债权人会议达成和解协议，并且能够按照和解协议清偿债务，经法院裁定终结破产程序的，本所自法院发布公告的当日起对公司股票停牌。

公司应当在收到有关法律文书后立即向本所报告，经本所审核后公告。公告次日公司股票复牌。

9.3.8　法院依法宣告上市公司破产，自法院发布公告之日起，本所对公司股票停牌。

公司应当在收到有关法律文书后立即向本所报告，经本所审核后公告。

第十章　暂停上市、终止上市

第一节　暂停上市

10.1.1　根据《公司法》第一百五十七条的规定，本节所称的暂停上市包括以下四种情形：

（一）上市公司股本总额、股权分布等发生变化不再具备上市条件；

（二）上市公司不按规定公开其财务状况，或者对财务会计报告作虚假记载；

（三）上市公司有重大违法行为；

（四）上市公司最近三年连续亏损。

10.1.2　上市公司出现10.1.1条第（一）、（二）、（三）项所列情形之一的，本所根据中国证监会的决定暂停其股票上市。

10.1.3　上市公司出现10.1.1条第（四）项所列情形，由本所决定暂停其股票上市。

10.1.4　上市公司最近两年连续亏损后，董事会预计第三年度将继续亏损的，应当在第三个会计年度结束后的30个工作日内做出风险提示公告，并在披露年报前至少再发布二次风险提示公告。

10.1.5　上市公司董事会应当在收到其连续第三年亏损的年度审计报告后两个工作日内向本所和中国证监会报告并披露年度报告。

10.1.6　连续三年亏损的上市公司已披露年度报告的，自上市公司公布年度报告之日起，本所对其股票实施停牌，并在停牌后五个工作日内就其股票暂停上市做出决定。

10.1.7　连续两年亏损的上市公司，未能在《证券法》规定的法定期限内公布第三年度报告的，自年度报告披露的法定期限到期之日起，本所对其股票实施停牌，并在停牌后五个工作日内就其股票暂停上市做出决定。

10.1.8　本所做出暂停上市决定后通知公司并公告，同时报中国证监会备案。自本所公告当日起，本所停止其股票逐日持续交易。

10.1.9　上市公司应当在接到本所暂停其股票上市的决定之日起两个工作日内，在指定报纸和网站刊登《暂停股票上市公告》。

《暂停股票上市公告》应当包括以下内容：

（一）暂停上市股票的种类、简称、证券代码以及暂停上市起始日；

（二）有关股票暂停上市决定的主要内容；

（三）公司董事会关于是否可以争取恢复股票上市的意见及争取恢复上市的具体措施，并说明董事会的出席和表决情况；

（四）中国证监会和本所要求的其他内容。

10.1.10　上市公司在其股票暂停上市期间，仍然应当依法履行上市公司的有关义务。

10.1.11　上市公司暂停上市期间，本所为该公司股票提供特别转让服务，股票特别转让依照本所《上市公司股票特别转让处理规则》的规定理。

10.1.12　自股票暂停上市之日起四十五天内，公司可以向本所提出12个月的宽限期的申请以延长暂停上市的时间。该申请在提交本所的同时应当公告，宽限期自暂停上市日起计算。

公司向本所提出宽限期申请时，须提交以下材料：

（一）宽限期申请书；

（二）董事会关于申请宽限期的决议及审议宽限期重整计划的决议；

（三）宽限期重整计划；

（四）董事会关于是否能在宽限期内改善公司现状以争取公司股票恢复上市的意见；

（五）本所要求的其他文件。

10.1.13　本所审核暂停上市公司的宽限期申请，将重点关注以下事项：

（一）公司申请宽限期之前，正在实施重大资产重组，该资产重组的实施将会使公司在宽限期内第一个会计年度有盈利；

（二）公司拟在宽限期实施的《宽限期重整计划》会使公司在宽限期内第一个会计年度有盈利。

（三）因非经营性因素导致亏损并暂停上市的，在宽限期内非经营性因素有望消除，使公司在宽限期内第一个会计年度有望盈利；

10.1.14　本所接到公司申请后三个工作日内做出是否给予公司宽限期的决定，通知公司并公告。公司应当自接到本所决定之日起二个工作日内公告该决定的主要内容。本所未给予宽限期的，公司还应当发布公司有可能被终止上市的风险提示公告。

10.1.15　因10.1.1条第（一）、（二）、（三）项股票被暂停上市的公司重新具备上市条件后，可以向本所提出恢复上市的申请。

本所自收到申请后三个工作日内提出意见，报中国证监会批准后恢复该公司股票上市。

10.1.16　因10.1.1条第（四）项股票被暂停上市的公司，在宽限期内第一个会计年度有盈利的，可以在年度报告公布后，向中国证监会提出恢复上市的申请并公告。

本所在中国证监会对公司恢复上市申请核准期间，相应延长其宽限期。

10.1.17　上市公司应当在接到中国证监会核准公司股票恢复上市的决定后两个工作日内，刊登《股票恢复上市公告》。

自《股票恢复上市公告》刊登后第一个交易日，公司股票恢复上市。

《股票恢复上市公告》应当包括以下内容：
(一)恢复上市股票的种类、简称、证券代码；
(二)中国证监会有关恢复股票上市决定的主要内容；
(三)中国证监会和本所要求的其他内容。

第二节 终止上市

10.2.1 本章所称的终止上市是指上市公司出现《公司法》第一百五十八条所列情况，中国证监会决定终止其上市。

10.2.2 上市公司在限期内未能消除10.1.1条第(一)项所列情形而不具备上市条件的，本所收到中国证监会终止其上市的决定后，终止该公司股票上市。

10.2.3 上市公司因10.1.1条第(二)、(三)项所列情形，经查实后果严重的，本所根据中国证监会终止其上市的决定，终止该公司股票上市。

10.2.4 因10.1.1条第(四)项所列情形而暂停上市的公司董事会预计出现下列情形之一的，应当在其年度报告披露日前至少发布三次风险提示公告，提醒投资者注意公司可能被终止上市：
(一)不能在宽限期截止日之前披露宽限期内第一个年度报告的；
(二)在宽限期内第一个会计年度继续亏损的；

10.2.5 因10.1.1条第(四)项所列情形而暂停上市的公司不能在宽限期截止日公布其宽限期内第一个年度报告的，本所自宽限期截止日后两个工作日内报告中国证监会并公告，由中国证监会决定公司股票终止上市。

10.2.6 因10.1.1条第(四)项所列情形而暂停上市的公司在宽限期内第一个会计年度继续亏损的，本所在公司披露年度报告之日起两个工作日内报告中国证监会，由中国证监会决定公司股票终止上市。

10.2.7 因10.1.1条第(四)项所列情形而暂停上市的公司出现下列情形之一的，本所自事实发生之日起两个工作日内报告中国证监会并公告，由中国证监会决定公司股票终止上市：
(一)公司决定不提出宽限期申请的；
(二)公司在自暂停上市之日起45日内未提出宽限期申请的；
(三)申请宽限期未获本所批准的；

10.2.8 因10.1.1条第(四)项所列情形而暂停上市的公司，在本所收到中国证监会终止上市的决定后，终止其股票上市并公告。

10.2.9 上市公司决议解散的，公司董事会应当在股东大会做出决议后立即向本所和中国证监会报告，本所收到报告后三个工作日内提出意见，报中国证监会批准后终止该公司股票上市。

10.2.10 行政主管部门依法责令上市公司关闭或者法院宣告上市公司破产的，本所在收到公司的报告之日起三个工作日内提出意见，报中国证监会批准后终止该公司股票上市。

10.2.11 上市公司应当在接到中国证监会终止上市的决定后两个工作日内，在指定报纸和网站发布《股票终止上市公告》。《股票终止上市公告》应当包括以下内容：
(一)终止上市股票的种类、简称、证券代码以及终止上市的日期；
(二)中国证监会终止上市决定的主要内容；
(三)终止上市后其股票登记、转让、管理事宜；
(四)中国证监会和本所要求的其他内容。

10.2.12 本所协助终止上市的公司(或清算组)处理有关股份事务。

第十一章 境内外上市事务的协调

11.1 在本所上市的公司同时有证券在其他证券交易所上市的，其他证券交易所要求公开披露的信息，上市公司必须同时向本所报告，经本所审核后同时公告。

11.2 上市公司就同一事件向其他交易所提供的报告和公告应当与向本所提供的报告和公告内容一致，出现重大差异时，上市公司必须向本所说明并按照本所要求补充公告。

11.3 本章未尽事项，适用国家法律法规、本所其他有关业务规则以及本所与其他证券交易所签署的监管合作备忘录的规定。

第十二章 罚 则

12.1 上市公司违反本规则规定，本所视情节轻重给予以下处分：
(一)责令改正；
(二)内部通报批评；
(三)在指定报纸和网站上公开谴责；
(四)要求上市公司有关责任人支付3万元以上30万元以下的惩罚性违约金；
(五)报中国证监会查处。
(六)上市公司逾期交纳上市费用，本所除给予以上处分外，还可以每日按欠费金额的0.03%收取滞纳金。
以上处分可以单处或并处。

12.2 上市公司董事、监事违反本规则规定和董事、监事承诺的，本所视情节轻重给予以下处分：
(一)责令改正；
(二)内部通报批评；
(三)在指定报纸和网站上公开谴责；
(四)要求上市公司董事、监事支付3万元以上30万元以下的惩罚性违约金；
(五)公开认定其不适合担任上市公司董事、监事；
(六)报中国证监会查处。
以上处分可以单处或并处。

12.3 上市推荐人违反本规则规定，本所视情节给予以下处分：
(一)责令改正；
(二)内部通报批评；
(三)在指定报纸上公开谴责；
(四)取消上市推荐人资格；
(五)报中国证监会查处。

12.4 上市公司董事会秘书违反本规则规定，本所视情节给予以下处分：
(一)责令改正；
(二)内部通报批评；
(三)在指定报纸和网站上公开谴责；
(四)建议上市公司更换董事会秘书。

第十三章 释义

13.1 释义：
上市：指股票及其衍生品种经审核同意在本所挂牌交易。
股票：包括人民币普通股(本规则中简称A股)和境内上市外资股(本规则中简称B股)。
衍生品种：指B股配股权证或其他股票衍生产品。
公司职工股：指采取募集方式设立的股份有限公司内部职工以不超过社会公众股10%的比例认购的股票。
内部职工股：指原定向募集股份有限公司的内部职工认购的股票。
高级管理人员：指公司经理、副经理、董事会秘书、财务负责人及公司认定的其他人员。
财务顾问：指有证券从业资格的会计师事务所、证券咨询机构、综合类证券公司。
上市公司控股子公司：指上市公司为其第一大股东，或者按照股权比例、公司章程或经营协议，上市公司能够控制其董事会组成的公司。
公司承诺：是指上市公司及其董事会在招股说明书、招股意向书、配股说明书、定期报告和临时报告及整改报告中就重要事项向公众所作的保证，包括但不限于以下重大事项：
(一)募集资金使用；
(二)分配计划；
(三)关联交易方案；
(四)对公司有较大影响的收购与出售资产或投资等重要事项向公众做出的保证；
(五)其他对公司发展或对公司股价有较大影响的重大事件。
股东承诺：是指上市公司主要股东在招股说明书、招股意向书、配股说明书、定期报告和临时报告及整改报告中就重要事项向上市公司做出的保证。

13.2 本规则未定义的用语的含义，依照法律、法规、规章及本所有关业务规则确定。

13.3 本规则所称"以上"、"以内"、"以前"都含本数，"少于"不含本数。

第十四章 附 则

14.1 本规则经本所理事会通过并报中国证监会批准后生效，修改时亦同。

14.2 本规则由本所解释。

14.3 本规则自发布之日起执行。

附件：1、董事声明及承诺书；

2、监事声明及承诺书。附件1：

董事声明及承诺书

第一部分 声明

一、基本情况

1.上市公司全称：

2.上市公司股票简称： 股票代码：

3.本人姓名：

4.别名：

5.曾用名：

6.出生日期：

7.住址：

8.国籍：

9.拥有哪些国家或地区的长期居留权(如有)：

10.专业资格(如有)：

11.身份证号码：

12.护照号码(如有)：

13.近亲属的姓名、身份证号码：

配偶：

父母：

年满18岁具有民事行为能力的子女：

兄弟姐妹：

二、是否有配偶、父母、年满18岁具有民事行为能力的子女及配偶、兄弟姐妹及配偶同时任此上市公司董事？

是□ 否□ 如是，请详细说明。

三、是否在其他公司任职？

是□ 否□ 如是，请填报各公司的名称、注册资本、经营范围、以及您在该公司任职的情况。

四、是否负有数额较大的到期未清偿债务，或者未偿还经法院裁定应当偿付的债务，或者被法院采取强制执行措施？

是□ 否□ 如是，请详细说明。

五、是否曾担任因经营不善破产清算、关停并转或曾有类似情况的公司、企业的董事、监事或者厂长、经理？

是□ 否□

六、是否曾担任因违法而被吊销营业执照的公司、企业的法定代表人？

是□ 否□

七、是否曾因违反刑法，尤其是犯有贪污贿赂罪、侵犯财产罪或者破坏社会主义经济秩序罪等而受到刑事处罚？

是□ 否□

八、是否曾因违反《证券法》、《禁止证券欺诈行为暂行办法》和《证券市场禁入暂行规定》受到行政处罚？

是□ 否□ 如是，请详细说明。

九、除第六、七条以外，您是否曾违反其他法律、法规而受到行政处罚？

是□ 否□ 如是，请详细说明。

十、是否因涉嫌违反法律、法规的规定正受到中国证监会的调查或者涉及诉讼、仲裁事项？

是□ 否□ 如是，请详细说明。

十一、本人及配偶、父母、子女是否持有本人所在上市公司股票及其衍生品种？

是□ 否□ 如是，请详细说明。

十二、请说明在上市公司或附属公司业务中，过去或现在是否拥有除前条以外的任何利益？

是□ 否□ 如是，请详细说明。

十三、是否参加过中国证监会和深圳证券交易所组织或者认可的证券业务的培训？

是□ 否□ 如是，请详细说明。

十四、除上述披露的信息外，是否知悉其他不披露可能影响上述信息的真实性、完整性或准确性的事项？

是□ 否□ 如是，请详细说明。

本人(正楷体)郑重声明，上述回答是真实、完整和准确的，保证不存在任何遗漏、虚假陈述或误导成份。本人完全明白做出虚假声明可能导致的后果。深圳证券交易所可依据上述回答所提供的资料，评估本人是否适宜担任上市公司的董事。

声明人： (签署)

日 期：

此项声明于 年 月 日在 (地点)做出。

见证律师：

日 期：

第二部分 承诺

本人 (正楷体)向深圳证券交易所承诺：

一、本人在履行董事的职责时，将遵守国家有关法律、法规、规章等有关规定，履行诚实信用、勤勉尽责的义务。

二、本人在履行上市公司董事的职责时，将遵守中国证监会发布的规章、规定、通知的要求，并尽力促使上市公司遵守。

三、本人在履行上市公司董事的职责时，将遵守《深圳证券交易所股票上市规则》等深圳证券交易所发布的规章、规定、通知的要求，并促使上市公司及本人的授权人遵守。

四、本人在履行上市公司董事的职责时，将遵守《公司章程》。

五、本人接受深圳证券交易所的监管，包括及时、坦白地回答深圳证券交易所向本人提出的任何问题，及时提供《上市规则》规定应当报送的资料和其他要求提供的文件的正本或副本，并出席本人被要求出席的任何会议。

六、本人授权深圳证券交易所将本人提供的承诺与声明等资料向中国证监会报告。

七、本人如果违反上述义务，愿意承担由此引起的一切法律责任。

八、本人在执行职务过程中，如果与深圳证券交易所发生争议提起诉讼时，由深圳证券交易所住所地人民法院管辖。

承诺人： (签署)

日 期：

此项承诺于 年 月 日在 (地点)做出。见证律师：

日 期：

附件2：

监事声明及承诺书

第一部分 声明

一、基本情况

1.上市公司名称：

2.上市公司股票简称： 股票代码：

3.姓名：

4.别名：

5.曾用名：

6.出生日期：

7.住址：

8.国籍：

9.拥有哪些国家或地区的长期居留权(如有)：

10.专业资格(如有)：

11.身份证号码：

12.护照号码(如有)：

13.近亲属的姓名、身份证号码：

配偶：

父母：

年满18岁具有民事行为能力的子女：

兄弟姐妹：

二、是否有配偶、父母、年满18岁具有民事行为能力的子女及配偶、兄弟姐妹及配偶同时任此上市公司董事？

是□ 否□ 如是，请详细说明。

三、是否在其他公司任职？

是□ 否□ 如是，请填报各公司的名称、注册资本、经营范围、以及您在该公司任职的情况。

四、是否负有数额较大的到期未清偿债务，或者未偿还经法院裁定应当偿付的债务，或者被法院采取强制执行措施？

是□ 否□ 如是，请详细说明。

五、是否曾担任因经营不善破产清算、关停并转或曾有类似情况的公司、企业的董事、监事或者厂长、经理？

是□ 否□

六、是否曾担任因违法而被吊销营业执照的公司、企业的法定代表人？

是□ 否□

七、是否曾因违反刑法，尤其是犯有贪污贿赂罪、侵犯财产罪或者破坏社会主义经济秩序罪等而受到刑事处罚？

是□ 否□

八、是否曾因违反《证券法》、《禁止证券欺诈行为暂行办法》和《证券市场禁入暂行规定》受到行政处罚？

是□ 否□ 如是，请详细说明。

九、除第六、七条以外，您是否曾违反其他法律、法规而受到行政处罚？

是□　否□　如是，请详细说明。

十、是否因涉嫌违反法律、法规的规定正受到中国证监会的调查或者涉及诉讼、仲裁事项？

是□　否□　如是，请详细说明。

十一、本人及配偶、父母、子女是否持有本人所在上市公司股票及其衍生品种？

是□　否□　如是，请详细说明。

十二、请说明在上市公司或附属公司业务中，过去或现在是否拥有除前条以外的任何利益？

是□　否□　如是，请详细说明。

十三、是否参加过中国证监会和深圳证券交易所组织或者认可的证券业务的培训？

是□　否□　如是，请详细说明。

十四、除上述披露的信息外，是否知悉其他不披露可能影响上述信息的真实性、完整性或准确性的事项？

是□　否□　如是，请详细说明。

本人（正楷体）郑重声明，上述回答是真实、完整和准确的，保证不存在任何遗漏、虚假陈述或误导成份。本人完全明白做出虚假声明可能导致的后果。深圳证券交易所可依据上述回答所提供的资料，评估本人是否适宜担任上市公司的董事。

声明人：　　　（签署）

日　　期：

此项声明于　　年　　月　　日在　　　　（地点）做出。

见证律师：

日　　期：

第二部分　承诺

本人　　　（正楷体）向深圳证券交易所承诺：

一、本人在履行监事的职责时，将遵守国家有关法律、法规、规章等有关规定，履行诚实信用、勤勉尽责的义务。

二、本人在履行上市公司监事的职责时，将遵守中国证监会发布的规章、规定、通知的要求，并尽力促使上市公司及其董事遵守。

三、本人在履行上市公司监事的职责时，将遵守《深圳证券交易所股票上市规则》等深圳证券交易所发布的规章、规定、通知的要求，并促使上市公司及其董事遵守。

四、本人在履行上市公司监事的职责时，将遵守《公司章程》，并促使上市公司及其董事遵守。

五、本人接受深圳证券交易所的监管，包括及时、坦白地回答深圳证券交易所向本人提出的任何问题，并促使上市公司董事及时提供《上市规则》规定应当报送的资料和其他要求提供的文件的正本或副本，并出席本人被要求出席的任何会议。

六、本人授权深圳证券交易所将本人提供的承诺与声明等资料向中国证监会报告。

七、本人如果违反上述义务，愿意承担由此引起的一切法律责任。

八、本人在执行职务过程中，如果与深圳证券交易所发生争议提起诉讼时，由深圳证券交易所住所地人民法院管辖。

承诺人：　　　（签署）

日　期：

此项承诺于　　年　　月　　日在　　　　（地点）做出。

见证律师：

日　　期：

说明：

1. 按《深圳证券交易所股票上市规则》的规定必须向本所呈报董事（监事）声明与承诺的人士，均必须填写第一和第二部分。

2. 请回答所有的问题，若回答问题的空格不够填写，请另附纸填写，并装订在后。

3. 若没有真实、完整、准确、及时填写声明部分，或没有填写承诺部分，或没有遵守承诺，则属违反《深圳证券交易所股票上市规则》，本所有权根据《深圳证券交易所股票上市规则》予以处理。

4. 若对填写事项有疑问，请咨询律师。

深圳证券交易所

二〇〇一年六月七日

上海证券交易所上市公司股票特别转让处理规则

第一条　为维护证券市场的交易秩序，保护投资者的合法权益，根据《公司法》、《证券法》、《亏损上市公司暂停上市和终止上市实施办法》（以下简称《办法》）和《上海证券交易所股票上市规则》的有关规定，制定本规则。

第二条　上市公司股票暂停上市期间，本所为投资者提供股票"特别转让服务"。

第三条　前条所称的"特别转让服务"是指：

（一）公司股票简称前冠以"PT"字样（PT为Particular Transfer的缩写，即"特别转让"）；

（二）投资者可在本所规定的特别转让日内申报转让委托；

（三）申报价格上限不得超过该只股票上一次特别转让成交价格的5%，不设跌幅限制；

（四）本所对特别转让日当日有效申报在收市后按集合竞价方法进行撮合成交，并将成交结果发送至会员；

（五）特别转让信息不在本所交易行情中显示，由指定报刊在次日予以公布；

（六）特别转让股票不计入指数计算，成交数据不计入市场统计。

第四条　本所对上市公司作出暂停上市的决定后，将通知该公司并公告，自公告当日起，本所停止其股票在交易时间逐日持续交易。

上市公司在刊登《股票暂停上市公告》后第一个特别转让日起，其股票可进行特别转让。

第五条　因连续亏损而暂停上市的公司向本所申请宽限期的，自公司宽限期申请被正式受理之日起，本所暂停其股票特别转让服务。宽限期申请未获准的公司，自本所公告不予其宽限期决定之日起，停止其股票特别转让服务；本所决定批准该公司宽限期申请的，自决定公告之日后第一个特别转让日起，其股票恢复特别转让。

第六条　公司暂停上市后决定不提出宽限期申请的，本所自公司公告上述决定之日起，停止其股票特别转让服务。

第七条　公司自暂停上市日起45日（日历日，下同）内未提出宽限期申请的，本所自第46日起停止其股票特别转让服务。

第八条　暂停上市公司向中国证监会申请恢复上市的，应当将恢复上市的申请进行公告。自公告之日起，本所停止公司股票特别转让服务。

第九条　暂停上市公司在宽限期内第一个会计年度亏损的，或其财务会计报告被出具否定意见或拒绝表示意见审计报告的，自公司公布年度报告之日起，本所停止其股票特别转让服务。

第十条　本所自公司的宽限期截止日起，停止其股票特别转让服务。

第十一条　本所自收到中国证监会对上市公司股票做出终止上市或恢复上市的决定之日起，终止其股票特别转让服务。

第十二条　暂停上市期间，该公司原非流通股的协议转让及原上市流通股的收购事宜，按照中国证监会和本所的有关规定办理。

第十三条　在公司暂停上市期间，本所或中国证监会认为有必要时，可以暂停其股票的特别转让服务；公司也可以以本所认为合理的理由申请暂停其股票的特别转让服务。

第十四条　股票特别转让的有关清算交收及相关税费的处理参照上市公司股票交易的有关规定执行。

第十五条　本规则自发布之日起实行，1999年7月本所发布的《股票暂停上市相关事项的处理原则》同时废止。

上海证券交易所

二〇〇一年四月十八日

深圳证券交易所上市公司股票特别转让处理规则

第一条　为维护证券市场的交易秩序，保护投资者的合法权益，根据《公司法》、《证券法》、《亏损上市公司暂停上市和终止上市实施办法》（以下简称《办法》）和《深圳证券交易所股票上市规则》的有关规定，制定本规则。

第二条　公司股票暂停上市期间，深圳证券交易所（以下简称"本所"）为投资者提供股票"特别转让服务"。

第三条 本规则所称的"特别转让服务"内容包括：

（一）公司股票简称前冠以"PT"字样（PT 为 Particular Transfer 的缩写，即"特别转让"）；

（二）投资者可在每周一至周五本所另行规定的时间内申报转让委托；

（三）申报价格的涨幅不得超过上一次转让价格的5%（含5%）（上一次转让价格显示在行情系统中的昨日收盘价栏目中），不设跌幅限制；

（四）在（二）款规定时间收市后对当日有效申报按集合竞价方法进行撮合成交，并向本所会员发出成交回报；

（五）转让信息不在交易行情中显示，由指定报刊在次日公告；

（六）股票不计入指数计算，成交数据不计入市场统计。

第四条 本所对上市公司作出暂停上市的决定后，将通知该公司并公告，自公告当日起，本所停止其股票逐日持续交易。

上市公司在刊登《暂停股票上市公告》后第一个特别转让日起，公司股票开始进行特别转让。

第五条 因连续亏损而暂停上市的公司向本所申请宽限期的，自公司宽限期申请被正式受理之日起，本所暂停其股票特别转让服务。

本所批准该公司宽限期申请的，自批准之日后第一个特别转让日起，公司股票开始进行特别转让。

第六条 公司暂停上市后决定不提出宽限期申请的，本所自公司公布该决定之日起，暂停其股票特别转让服务。

第七条 公司自暂停上市日起45日内不提出宽限期申请的，本所自第46之日起，暂停其股票特别转让服务。

第八条 暂停上市的公司向中国证监会申请恢复上市的，应当将恢复上市的申请予以公告。

自公告之日起，本所暂停公司股票特别转让服务。

第九条 暂停上市的公司在宽限期内第一个会计年度亏损的，或其财务会计报告被注册会计师出具否定意见或拒绝表示意见审计报告的，自公司公布年度报告之日起，本所暂停其股票特别转让服务。

第十条 本所自收到中国证监会作出公司终止上市或恢复上市的决定之日起，停止其股票特别转让服务。

第十一条 本所自公司宽限期截止日起，停止其股票特别转让服务。

第十二条 暂停上市期间，该公司原非流通股的协议转让及原上市流通股的定价收购事宜，按照中国证监会和本所的有关规定办理。

第十三条 股票特别转让的有关清算交收及相关税费的处理参照上市公司股票交易的有关规定执行。

第十四条 本规则自发布之日起施行，本所2000年6月发布的《上市公司股票暂停上市的处理规则（修订稿）》同时废止。

深圳证券交易所

二○○一年四月二十日

深圳证券交易所境内上市外资股（B股）证券帐户开立办法

第一条 为了规范深圳证券交易所（以下简称"本所"）境内上市外资股（以下简称"B股"）证券帐户开立工作，推动B股市场的健康发展，根据国家有关法律法规和中国证监会、本所有关规定制定本办法。

第二条 境内居民个人开立B股证券帐户，须本人亲自办理，并须提供下列文件：

（一）中华人民共和国居民身份证（以下简称身份证）及其复印件。

（二）等值1000美元以上的银行进帐凭证及其复印件；

（三）《深圳证券交易所B股证券帐户申请表》；

（四）本所认为需提交的其它文件。

第三条 境外居民个人开立B股证券帐户，须提供境外居民身份证、护照或其他有效身份证件及其复印件；境外机构投资者开立B股证券帐户，须提供商业注册登记证、授权委托书、董事身份证明书及其复印件、经办人身份证件及其复印件。

第四条 投资者遗失B股证券帐户，应办理挂失补办手续。

第五条 投资者申请挂失补办新号码B股证券帐户的，应当在股份托管证券营业部办妥原号码B股证券帐户流通股份冻结手续，取得证券营业部出具的股份冻结证明；投资者申请挂失补办原号码B股证券帐户的，不需提供股份托管证券营业部出具的股份冻结证明。

第六条 境内居民个人挂失补办B股证券帐户，应提供身份证及其复印件，或户口本、户口所在地公安机关出具的身份证遗失证明（贴本人照片并压盖公安机关公章）及其复印件。

第七条 境外居民个人挂失补办B股证券帐户，应提供境外居民身份证、护照或其他有效身份证件及其复印件；境外机构投资者挂失补办B股证券帐户，应提供商业注册登记证及其复印件、授权委托书、董事身份证明书及其复印件、经办人身份证件及其复印件。

第八条 B股证券帐户资料有下列之一发生变化，应及时申请办理B股证券帐户资料变更手续：

（一）姓名或名称；

（二）身份证件号码或商业注册登记号；

（三）住所。

第九条 个人投资者申请变更证券帐户资料，须提供下列文件：

（一）B股证券帐户及其复印件；

（二）有效身份证件及其复印件；

（三）发证机关出具的更改证明（须注明新旧身份证件的姓名及身份证件号码）。

第十条 境外机构投资者申请变更B股证券帐户资料，须提供下列文件：

（一）授权委托书；

（二）董事身份证明书及其复印件；

（三）变更证明文件；

（四）经办人身份证件及其复印件。

第十一条 投资者可到具备从事本所B股业务资格的证券营业部、本所委托的开户代理机构办理B股证券帐户。

第十二条 本办法自公布之日起实施。

第十三条 本办法由本所负责解释。

深圳证券交易所

二○○一年二月十九日

第二十二编

中国企事业单位选介

2432/2444

中国企事业单位选介

工商股份制企业

山东胜利股份有限公司

山东胜利股份有限公司是经山东省体改委批准，采取定向募集方式设立的股份制企业，于1994年5月在山东省工商局注册，注册资本5000万元。经中国证监会批准，1996年6月19日公开发行股票，7月3日在深交所挂牌上市。截止2000年底，公司总股本为23958.8758万股，总资产为10.34亿元，净资产为5.76亿元。自1994年起，公司连年被确认为"AAA级信用企业"，被山东省信誉评级委员会确定为"特级信誉企业"，荣获"山东省管理示范企业"和"省级重合同、守信用企业"称号，并被列入山东省政府重点支持的100户企业之一。

公司自成立以来，一直不断调整和优化产业结构，工业产业的比重逐年提高。目前，已基本形成了以生物产业、塑胶产业、国内外贸易相结合的经营格局。

1、生物产业。生物产业是公司正在培育的高科技产业，目前正在积极建设中。对生物产业的发展，公司将紧紧围绕以"做中国生物技术第一企业"为目标，努力建设一流的生物技术基地，以一流的技术支撑体系，一流的技术手段和一流的营销方式，保证公司生物产业行业地位的确立，从而形成公司新的利润增长点。

2、塑胶产业。塑胶产业是公司重点发展的高新技术产业之一。公司拥有国际上专用PE管材高速生产线，无拉杆注塑机和先进的多角焊机，具有年产1.6万吨的生产能力，并通过了ISO－9002质量体质认证；98年底与西安华山机械有限公司合资成立陕西华山胜利塑胶有限公司，实现了强强联合，使公司塑胶产业的生产能力达到2万吨/年，目前正在积极进行3万吨/年的技改工作。PE管道系列产品广泛应用于燃气输配、给水、卷盘喷灌、热力护套、环保、化工等领域，公司生产的"胜邦"牌塑胶管道获得了国家级新产品称号，目前已形成了覆盖全国的销售网络，国内市场占有率达到40%以上。公司负责制定的给水聚乙烯(PE)管材国家标准以及聚烯烃管材、管件和混配料中染料及炭黑分散的测定方法已由国家质量技术监督局于2000年11月正式发布。

3、国内外贸易。国内外贸易作为公司的传统产业，面对市场低迷、政策调整、原有业务主渠。道发生变化等诸多不利因素，加大市场开拓力度，创造机遇，实现了经营战略和经营思路的双重调整，经营规模逐年扩大，经济效益稳步上升。

油品经营通过采取批零兼顾的经营策略，一方面继续加强成品油批发业务，另一方面不断提高终端销售能力，连锁加油站已扩展到12座，日售油达100吨以上。物资经营方面，注意抓大宗物资经营项目，取得了比较好的成效，经营效益稳中有增。

国际贸易在继续挖掘油田市场潜力的同时，积极开拓新的经营领域，重点培育在化工原料进口方面的优势，保持着国内高密度聚乙烯管材原料最大进口商的地位。自1994年成立以来，公司一直保持着"持续、快速、健康"的发展。2000年末，公司实现营业收入9.55亿元、利润总额5769万元、净利润4153万元，与1994年末相比，分别增长了545.27%、410.98%和309.97%。

地址：山东省济南市黑虎泉西路139号胜利大厦

邮编：250011　**电话**：0531－6078888

传真：0531－6018518

深圳开发科技股份有限公司

深圳开发科技股份有限公司是一家以计算机硬盘磁头及磁头组件为主业的高科技外向型企业。公司创立于1985年7月4日。1994年2月2日公司以优异的业绩跨入深圳上市公司行列，成为深圳市首家外向型高科技上市公司。

公司是中国最大的计算机硬盘驱动器磁头部件生产厂家，总利润连续几年在全国计算机行业中骄居榜首。公司除主营计算机硬盘磁头及磁头组件外，还生产经营调制解调器、光通信产品、电子板卡、智能IC卡电表等多种产品。公司主营产品磁头99%以上出口，主要客户MAXTOR、IBM、WD、SEAGATE均为世界上著名的计算机硬盘驱动器生产厂家。公司产销量及市场占有份额在世界同行业中逐年上升。公司奉行以实业为基础，以高科技为先导的经营原则。公司良好的商业信誉、卓越的管理与科研开发能力，已为世界同行所瞩目。

公司充分利用特区优越的社会环境和开放政策，大胆引进国际智力资源，发挥人才的最佳优势，大力提倡发扬艰苦创业精神，使公司走出了一条颇具特色的成功之路。公司研制生产的产品，紧紧把握高科技领域的发展趋势，并严格遵守国际标准进行质量管理，使公司产品在外观和性能上均达到国际最先进水平。产品远销海外市场，其中主产品计算机磁头产量雄居世界第三位。公司不断拓展国际市场，及时反馈市场信息，逐步完善产品质量和售后服务，建立了良好的国际信誉，实现了集研究开发、生产、销售、信息及售后服务于一体的世界性跨国集团公司战略体系。

1987年以来，开发科技公司多次荣获"全国外商投资企业"、"机电产品出口先进企业"、"海关信得过企业"、"银行AAA级信得过企业"、"全国工业行业利税状元"等七十多项殊荣。1993年4月，公司获得了英国皇家质量认证组织SGS YARSLEY颁发的ISO9002证书。

十几年的风雨历程，开发科技公司已从当年的50位员工，200万美元资本发展成为今天拥有20多万平方米建筑面积、6000多名员工、35亿多总资产、180亿市值的大型高科技集团公司。

开拓、创新、求实、奋进是开发人不变的主题。

地址：深圳市福田区彩田北路开发大厦

电话：(0755)3216063　**邮编**：518026

上海张江高科技园区开发股份有限公司

上海张江高科技园区开发股份有限公司是由上海市张江高科技园区开发公司联合上海久事公司共同作为发起人，通过向社会公开募集股份方式设立的股份有限公司。公司创建于1996年4月18日。公司A股于1996年4月22日在上海证券交易所上市。公司法定代表人：戴海波。

公司经营范围包括：公司受让地块内的土地开发与土地使用权经营，商业化高科技项目投资与经营，市政基础设施建设投资，物业投资和经营管理，设备供应与安装，建筑材料经营，仓储投资，与上述有关的有偿咨询业务，房地产开发与经营。截至2001年6月30日，公司注册资本为46756 .5万元，总资产为25.87亿元，净资产为19.97亿元。

上海爱使股份有限公司

上海爱使股份有限公司(600652)原名上海爱使电子有限公司，由工商银行静安投资信托部发起，成立于1984年12月。1985年1月经中国人民银行上海市分行批准定向发行人民币普通股股票30万股，是上海市首批股份制试点企业最早的上市公司之一。爱使公司也是目前仅有的几家"三无概念股"中的一家股份制企业。公司股本从初创时的30万股逐步增至2000年末29962.48万股。

公司的经营范围主要是：对石油、液化气行业的投资，机电设备及四技服务，非专控通讯设备，计算机软硬件及网络设备，计算机系统及网络安装工程，金属、建筑、装潢材料，非危险品化工原料，百货，参与投资经营，附设分支。

近年来，爱使股份有限公司的发展方向已经定位在高科技企业上。企业经营活动从过去单纯的电子产品，迅速向高科技信息产业、绿色环保领域、金融投资等方面拓展。同时，也确立了高成长和高附加值的产业结构。爱使公司在以经济效益为中心的前提下，拓宽思路，锐意进取，团结合作，群策群力，各项工作取得了较好成绩。

2000年，公司各项经济指标的完成情况为：公司总资产101506.23万元，比上年增加50576.28万元，增长99.31%；主营业务利润7439.91万元，比上年增加2242.40万元，增长43.14%；净利润6722.31万元，比上年增加4180.98万元，增长164.52%。

目前，公司正迈着"意识创新、体制创新、技术创新、管理创新"的步伐前进，企业也朝着"以好的制度约束人、以好的机制激励人、以好的企业文化凝聚人"的方向发展。

上海兰生股份有限公司

本公司系于1993年10月7日经沪证办(1993)128号文批准，采用社会募集方式设立的股份有限公司，公司股票于1994年2月4日在上海证券交易所上市交易，公司属外贸行业，主营进出口贸易，代理进出口业务、转口贸易、对销贸易、中外合资合作、"三来一补"、经贸咨询、原辅料及外转内产品、国内商业(除专项规定)、仓储业务。2000年，公司实现主营业务收入171576万元，净利润为5911万元，2000年末公司总资产为137703万元，股东权益78619万元，每股收益0.21元，每净资产2.80元，净资产收益率为7.52%，董事会决定2000年度利润不分配，也不进行公积金转增股本。

2000年初，公司提出了"深化改革，创新机制；突出规模，注重效益；以人为本，促进管理"的工作指导思想，工作目标是出口创汇力争实现海关统计数1.7亿美元，经济效益同比争取超过上年水平。经全体员工的共同努力，较好地完成了全年工作计划。出口完成海关统计数2.0234美元，比年初预定目标增长19.02%，比去年同期1.7232亿美元增长17.42%，主营业务收入17.16亿人民币，比上年同期增长9.23%，利润总额6847.00万元，比去年同期有所下降。

2000年国际市场需求趋旺，我国外贸出口回升，但对专业外贸公司而言，随着我国加入世贸组织的时间愈来愈近，面临的竞争对手越来越多，挑战越发严峻。为迎接挑战，扩大出口，公司抓住出口市场需求回升的机遇，自我加压，努力工作，从以下几个方面狠抓出口创汇：(1)突出规模抓机遇，注重效益促出口。营销人员抓住机遇狠抓成交，以规模求效益，以效益促出口，经营上做到工贸结合，重质保量；改变经营作风，主动出击，争取定单；做好收购出口，大力发展代理出口，拓展新市场，开发新客户，做大出口规模。在这一基础上，公司传统产品出口稳步增长，鞋类出口同比增长20.28%旅游用品同比增长41.03%；帽子部出口同比增长170.71%，轻纺五金部和机电贸易部出口增长均超过50%。(2)参与国际连锁经营，抢占市场份额。公司通过提供优质产品和到位的服务，加强了与国际著名连锁营销商如WALMART、KMART、PAYLESS等公司的业务合作关系，通过连锁营销网络扩大出口，向它们提供鞋类、箱包、帽子等商品，出口额达4888万美元，占公司全年出口总额的24.16%。(3)继续落实、完善风险抵押经营。2000年5月，公司对1999年实施的风险抵押经营受汇到期情况进行了全面核算。公司根据营销人员签订的《风险抵押经营协议书》，对营销人员在出口、收汇、盈利、借款、利息、库存、坏账等项目逐一核销、审计，做到全面结算，全部兑现。改革带来了甜头，坚定了深化改革的信心。2000年营销人员全部交纳了风险抵押金。风险抵押经营的兑现，激发了营销员多创汇、多创利的积极性。(4)加强工贸结合的管理，办好工厂实体。2000年对有发展前途、后劲足的工厂重点扶持，加强监管。重点加强了虹桥胶鞋厂、大博文鞋业有限公司、长城运动鞋二厂的管理，不但提高了工厂的生产管理能力，而且适应公司出口要求，在保质保量完成出口任务需要的前提下，工厂的经济效益也有了提高，使之成为公司稳固的出口货源基地。此外，公司还积极响应党中央开发中西部的号召，与河南许昌鞋厂和印染厂的合作进一步发展，通过收购出口和代理出口，上述两家工厂每年可为公司增加出口1500－2000万美元。(5)多元化经营有了实质性启动。为规避外贸风险，实现多元化经营，使公司的出口产品逐步从传统小商品向高科技含量、高附加值的新兴产品过渡和发展，公司对上海兰生上科创业投资有限公司追加投资及注入流动资金共4826万元，主要用于生物医药的研制和生产。公司参股海通证券公司2.5亿股的资金年内全部到位，成为海通证券公司的主要大股东之一，为公司今后几年的效益稳定增长建立了新的经济增长点。(6)初步尝试物流业，为今后发打展打好基础。储运分公司突出"兰生"服务品牌，融入全新的经营理念，物流管理工作又有新起色。储运、分拨、配送、装卸等形成了一条龙服务，既提高了物流管理水平，又提高了经济效益和社会效益。

此外公司注重和加快信息技术的应用，对互联网的公司主页进行了较大的更新，推出了以商品介绍为主的五大类，67个页面，776个商品实样照片组成的最新网页，为转变经营方式和传统的贸易方式做好基础工作，逐步实现与国际电子商务交易方式的接轨，为公司参与世界贸易大流通提供便利。

公司法定代表人：赵效定

董事会秘书：张铸　**证券事务代表**：杨敏

联系地址：上海市中山北一路1230号

电话：021－65445880－2041　**传真**：021－65446061

电子信箱：lllsss@public.sta.net.cn

注册地址：上海市浦东新区三林路95号　**邮编**：200124

办公地址：上海市中山北一路1230号　**邮编**：200437

网址：http://www.lanshengcorp.com

电子信箱：lllsss@public.sta.net.cn

股票简称：兰生股份　**股票代码**：600826

上海交大昂立股份有限公司

上海交大昂立股份有限公司创办于1997年，由上海交通大学、大众交通(集团)股份有限公司、上海茸北工贸实业总公司、上海新路达商业(集团)有限公司、上海国际株式会社、上海交大昂立股份有限公司职工持股会(现已为上海茸茸实业公司整体受让)、上海交大南洋股份有限公司、上海市教育发展有限公司、上海市第一医药商店有限公司等九家股东发起设立。公司是中国保健品行业中一家知名的高科技企业。

公司1997年成立时注册资金为1.5亿元，净资产近2亿元。通过本次向社会公开发行5000股A股，公司注册资金已增至2亿元，净资产增至9亿元，公司现有员工786人。

公司至力于现代生物技术与传统中医药精髓有机地结合，开发和生产各类现代保健食品。数年来，先后推出了能有效清除体内垃圾、保持肠胃道菌群平衡的“昂立一号”口服液；能抵抗疲劳、保护肝脏的昂立多邦胶囊；能强身健体、延年益寿的昂立西洋参超细粉末胶囊；能延缓衰老、美容养颜的昂立美之知胶囊；能改善视力、抗辐射的昂立明视胶囊；用于糖尿病辅助治疗的昂立舒渴口服液；以及具有促进免疫调节、改善胃肠道功能的昂立康尔润通糖浆等一系列保健产品。由于这些保健产品具有较高的科技含量，功效显著，因此上市后深受广大消费者的欢迎。

上述昂立系列产品都达到了国际或国内的先进水平。其中，“昂立一号”口服液和昂立多邦胶囊被列为国家级重点新产品。昂立多邦胶囊还荣获了上海市科技新品二等奖。昂立多邦胶囊、昂立西洋参胶囊、昂立美之知胶囊均被列入了上海市火炬计划。“昂立”商标被评为上海市著名商标，“昂立一号”口服液、昂立多邦胶囊连续三年被评为上海市名牌产品。

公司秉持“生产一代、研制一代、储备一代、规划一代”的产品开发战略，逐年加大科研经费投入，每年研制开发出若干个新产品，形成了以微生态保健制剂、天然中草药保健制剂等为主的功能多样的保健食品系列。公司还设立了由国内著名营养、医药和生物专家所组成的专家委员会，负责指导科研工作。

在市场营销方面，公司以“以科普为先导，以产品为载体”的“知识营销”理念为核心展开市场拓展、销售和售后服务，通过社区科普讲座、客户联谊会、产品热线等“面对面交流”的服务体系来缩短与客户的距离，以10个外地销售公司为主干来形成覆盖全国主要城市及其周边地区的营销网络，并实施以媒体广告、公益活动、促销等为主的全方位品牌宣传策略。数年来，“昂立”品牌产品在全国保健食品行业中的市场占有率稳居第一。公司实行现代企业管理制度，并已通过了ISO9001质量管理体系认证。1997年公司被认定为上海市高新技术企业。2000年，公司经国家人事部批准设立博士后科研工作站，公司的研究开发机构被上海市经济委员会等部门批准为市级企业技术中心。公司的长远目标是成为具有国际竞争力的跨国企业，发展人类的健康产业。为此，公司一方面将进一步丰富保健品系列，改进生产技术，提升产品的科技含量；另一方面，公司将在未来以保健食品为核心逐步拓展中药现代化、生物医药等相关领域，实施多元化产业战略。在未来的3－5年内，形成以保健食品为主线、相关中药现代化和生物医药为两翼的“一主两翼”产业格局。在20年内，公司将力争形成3个单一产业20亿元的企业群。

上海胶带股份有限公司

本公司属橡胶管带行业，是国内唯一的一家发行A、B股票的上市公司。2000年度，公司按销售收入在国内同行业中名列前茅。公司的主要产品为输送带、三角带及其他橡胶制品。其中，输送带、三角带占公司主营业销售收入的85％以上。2000年，公司根据董事会“班组核算推动管理，确立中心提高素质，开拓市场发挥潜力，行业领先创建第一。”的方针，面对激烈的市场竞争，理顺管理线条，调整经营策略，抓住机遇扩大销售，保持生产经营的稳步运行。2000年完成工业总产值1.97亿，实现销售收入1.51亿，居国内同行业前列。公司2000年实现净利润2057.8万元，比目标利润有了较大的提高。这主要是公司在盘活存量资产上加大了力度。公司在2000年下半年进行了资产转让，获利5000多万元，使公司能扭亏为盈。

2000年度本公司面临的经营形势相当严峻。各地管带行业在90年代初期盲目发展，重复建设造成管带企业遍地开花，生产能力大大超过市场需求量；国家对管带行业的下游产业如冶金、煤炭继续实行宏观调控；由于供大于求，行业内用低价倾销来抢占市场份额等恶性竞争行为使整个市场处于无序状态，迫使公司的主要产品的销价在去年的基础上又有所降低；公司产品的橡胶等主要原材料价格均有不同程度的上升，使产品成本提高，2000年公司的普通输送带、尼龙输送带和普通三角带的销价与去年相比分别下降了8.15％、5％和3.25％。面对种种困难，公司在2000年度主要采取了如下措施：1、调整营销策略：在中央开发西部战略的指导下，在巩固和发展原有市场的基础上，通过新疆、郑州两家销售分公司拓展新市场。抓住机遇开发国外市场，已签定1亿人民币的外贸销售合同。2000年已实现2400万元外贸销售，提升了公司产品的技术等级，为拓展国外市场打下了基础。2、加强内部管理调整：今年公司进行了人员分流、机构调整、竞聘上岗的工作，压缩人员15％，压缩机构15.4％。通过竞聘上岗，引进竞争机制；将公司、生产厂分散销售的模式变为集中管理，成立销售分公司，统一采购、销售和清欠应收款。2000年资金回笼率为102.76％，相比1999年的98％提高了4个百分点。3、加快技术进步：按照“高档次、新技术、多元化、外向型”的企业定位方针，公司技术中心开发了抗穿刺、防撕裂钢丝绳输送带，研制成功农用收割机橡胶履带。我公司一只钢丝带产品、两只三角带产品荣获2000年度上海市重点产品质量攻关成果三等奖及通报表彰。

截至2000年12月31日，公司长期投资为8026万元，较1999年末4751万元，增加3275万元，上升68.9%。变动的主要原因是报表的合并范围不同。

公司于2001年5月14日召开的2000年度股东大会审议通过了本公司进行重大资产重组的方案。本次资产重组涉及到本公司总资产的70%左右，主要内容为：本公司拟置换和出售的资产额为44890万元，负债额为2876万元，其中39515万元资产及2876万元负债置换给三九集团，1121万元资产置换给三九药业，720万元资产置换给山东三九实业，3534万元资产出售给上海华谊，其余资产出售给南昌九华实业。本公司现有的业务为胶带的生产和销售，所处行业已经高度成熟，市场竞争激烈，行业盈利状况日益下滑；而本公司的经营模式已无法适应市场激烈竞争的要求，生产规模也远未达到生产所需的规模效益。1997年以来，本公司的主营业务收入逐年下降，市场的占有率逐年降低，企业主营业务的效益下滑，应收帐款和其他应收款余额很大，存在较大的财务风险，从财务角度看，历年累积的大量不良资产和沉重债务，使本公司在现有财务环境下难以实现业务转型，进入更具发展潜力的业务领域。因此创造公司持续发展的必要条件，在最短的时间内实现公司的实质性的全面转型，从而最大限度地维护各方投资者的利益，是本次重大资产置换暨关联交易的根本目的。本次重大资产重组采用资产置换及出售方案，本公司在以往年度生产经营过程中所形成的所有不良资产置出或售出上市公司，取而代之的将是优质资产，因此本公司的财务状况将有根本性的好转。本次重大资产重组后，公司将实现主营业的全面转型，借助置入的各个子公司现有的资产、业务和人员进军具有广阔发展空间的医药、医疗及保健品行业，为本公司的持续稳定发展奠定坚实的基础。

公司法定代表人：赵新先先生
公司董事会秘书：于炳瀚先生
联系地址：上海市海门路630号
电话：021－65415210－235　65123957
传真：021－65123671　**邮编**：200086
E－MAIL：sysrb－k@online.sh.cn
股票简称：胶带股份　胶带B股
股票代码：600614　900907

上海友谊集团股份有限公司

上海友谊集团股份有限公司(原名上海友谊华侨股份有限公司)创立于1952年，1993年11月转制为股份有限公司，是国内第一家同时向境内外发行A、B股的上市商业零售企业。公司A股股票简称“友谊股份”、代码：“600827”，B股股票简称“友谊B股”、代码：“900923”。

公司通过对优势企业的调整，形成了支撑公司快速发展的四大核心业务，即连锁超市、连锁百货、连锁装潢建材超市以及社区购物中心，拥有了联华超市有限公司、上海友谊百货有限公司、上海好美家装潢建材超市有限公司、上海友谊南方商城等一批优势企业。公司运用电子商务、现代物流等技术，加速了公司经营规模的迅速扩展。友谊股份下属的联华超市有限公司，是中国目前最大的连锁超市公司，也是友谊股份的核心企业之一。近几年该公司始终保持了快速增长的势头，年均增长率超过了30%，实现了超常规的发展。目前该公司已拥有1000家连锁店，并拥有该公司与全球零售排行第二的法国家乐福集团合资组建的联家超市有限公司45%股权。该公司是全国超市业态中第一家通过ISO9002国际质量认证的企业，并最早建立国内最先进的智能化配送中心的信息管理中心。上海友谊百货有限公司主要经营友谊品类特色百货，拥有友谊商店、友谊欧洲商城、华侨商店、虹桥友谊商城等多家全资及合资企业。公司营业网点主要分布在上海繁华商务区及主要居民区，营业面积超过10万平方米，经营各种中、高档商品达8万余种，在海内外具有较高知名度。好美家装潢建材超市公司是一家引进先进的连锁经营管理体系的装潢建材连锁超市，是目前国内最大的装潢建材连锁超市之一。公司以欧洲风格为主题，介绍传达居室装修新理念。目前公司拥有六家大卖场和一家专业室内装潢公司，提供装潢材料、工程设计、施工等一条龙服务，深受消费者的青睐，具有较好的市场前景和发展潜力。上海友谊南方商城有限公司是上海首家SHOPPING MALL，拥有8万平方米的超大购物空间，是社区居民购物、领略时尚、休闲娱乐的好去处。

上海友谊集团股份有限公司始终坚持“秉持特色、追求品质、拓展空间、创造价值”的经营理念，具有良好的社会声誉。

北京首创股份有限公司

北京首创股份有限公司(600008)是一家由北京首都创业集团控股，以环保、基础设施产业为主要投资方向的上市公司。截止2000年12月31日，公司总股本11亿股。其中流通股3亿股，公司总资产达50亿元，净资产38.6亿元，2000年实现税后利润4.33亿元，在深沪两地上市公司综合排名中居第30位。

首创股份作为一家上市公司作为首都基础设施企业市场化运作的龙头，一直致力于首都基础设施产业的投资、管理。随着国家在基础设施投融资体制改革力度的逐步加大，国家综合实力和人民生活水平的不断提高，大众对洁净生活环境的要求越来越高，各级政府的支持力度也在相应加大，这些因素共同构成了国内城市环保产业巨大的市场潜力。首创股份将充分把握北京申奥成功、中国正式加入WTO所带来的市场机遇，进一步加强对城市环保、基础设施产业的投资建设和经营管理，不断地形成公司新的利润增长点。首创股份将在进一步扩大与国际知名企业的交流合作，不断引进世界一流技术设备的同时，积极学习国际先进的管理经验。首创股份将一如既往地以良好的经营业绩回报公司全体股东、回报社会，并为不断改善我们共同的生存环境做出自己应尽的贡献。

地址：中国北京朝阳区北三环东路8号静安中心七层
网址：www.beijingcapital.com.cn
电话：(010)84552266　**传真**：(010)84552900
邮政编码：100028

北京林大林业科技股份有限公司

北京林大林业科技股份有限公司是以北京林业大学作为主发起人、由中国工程院院士朱之悌教授等六家股东共同出资设立的高科技上市股份公司。北林科技以北京林业大学在园林及林业方面的科技及产业优势，致力于发展绿色产业，积极探索企业国际化道路，努力实现知识向财富的转换。

北林科技主营范围：技术开发、技术转让、技术培训、技术咨询、技术服务；销售开发后产品及苗木、花卉盆景、工艺美术品、木材、园林机具、花卉种子;承担园林绿化工程和规划设计;承接林业、工业及水土保持规划的工程设计;建筑及古建筑装饰设计;家居装饰;计算机软件及旅游设施开发等。

北林科技按照现代化企业制度进行运作,实行董事会领导下的总经理负责制,建立起产品经营和技术服务并举的经营管理结构,形成了较系统的符合现代市场经济规律要求的内部管理体制。公司员工主要以具有大学以上学历并有多年园林、林业从业经验的人员组成,由中国工程院院士陈俊愉教授、朱之悌教授任技术顾问。

公司遵循以科技为灵魂、以市场为动力、以管理为纽带的原则,加强在管理、市场、技术、企业文化等方面的总结与建设,使企业沿着更加规范、更加科学的轨道高速、稳健发展。公司财务状况:公司注册资金3600万元,截止2000年底公司资产总额6564万元,负债总额2191万元,股东权益4373万元,主营业务利润1365万元,净利润452万元。

地址:北京市海淀区清华东路35号北京林业大学52#信箱

邮编:100083　**电话**:010－62337608

传真:010－62937530

太原双塔刚玉股份有限公司

太原双塔刚玉股份有限公司是由太原双塔刚玉(集团)有限公司和太原东山煤矿有限责任公司共同发起,通过优质资产重组,采用募集方式设立的股份公司。公司于1997年7月向社会公开发行人民币普通股5500万股,并于同年8月8日在深圳证券交易所上市交易,上市时公司总股本为15500万股。1999年6月公司实施了1998年度利润分配及资本公积金转增股本方案,即每10股送红股2股、转增4股、派发现金红利0.50元(含税),总股本增加为24800万股。2000年7月,公司实施了2000年度增资配股方案:以1999年末总股本24800万股为基数,每10股配售3股,配股后总股本增至27680万股,其中法人股16240万股,社会公众股11440万股。

公司于1997年8月4日在山西省工商行政管理局注册登记,主要经营棕刚玉系列产品、耐火材料、自动化立体仓库、钕铁硼的生产销售及自营进出口贸易;火力发电、供热及煤炭购销等。主导产品棕刚玉广泛应用于耐火、建筑、磨削、冶金、航天、工程陶瓷等领域,随着氧化铝陶瓷工程材料的成功问世,该产品的应用范围进一步拓宽。棕刚玉属资源和能源密集型产品,山西是能源大省,公司又拥有自备电厂、世界一流水平的生产加工设备,在同类产品竞争中具有得天独厚的低成本优势。公司为了进一步扩大对外出口,在美国设立了分支机构,80%的产品出口美国及欧共体,现已形成以外销为主,内销为辅的销售格局。目前公司已发展为亚洲最大的棕刚玉生产基地之一。公司的另一主导产品自动化立体仓库属于国家首批火炬计划项目,经过技术改造,引进国外先进的生产设备,已向大型化、智能化、系列化方向发展,市场竞争力和占有率正日益提高。目前,国内具有战略意识的企业正大力发展电子商务,投资新建网络配送中心,为公司进一步发展仓储物流设备提供了前所未有的机遇。钕铁硼永磁材料是第3代永磁材料,广泛用于打印机磁头、计算机光驱、软驱以及电机机芯等核心部件中,是机电工业和信息产业的基础性材料。公司发展钕铁硼永磁材料具有得天独厚的地理、气候、资源和电能优势,生产成本的优势,同业无法比拟。该项目是该公司与北京钢铁研究总院、北京科技大学进行产、学、研相结合的联合项目。项目投产后公司产品档次和规模将上一个新台阶,为企业的长远发展奠定坚实的基础,对全国磁材行业的发展将起到带动和辐射作用。

公司分别于1998年、1999年顺利通过了ISO9000质量体系认证和ISO14000环境管理体系认证,取得了良好的经济效益、社会效益和环境效益。2000年实现主营业务收入21479万元人民币,上交利税4466万元人民币,出口创汇364.5万美元。“太原刚玉”已成为太原市的利税大户和龙头企业,是山西省出口创汇基地之一和28家重点企业之一。

地址:山西省太原市并州北路168号

电话:4930822　**邮编**:030012

上海外高桥保税区开发股份有限公司

上海外高桥保税区开发股份有限公司于92年由外高桥开发公司改制上市,发行A股募集资金2.97亿元,93年发行B股募集资金3040万美元,并在94年实施了10配3转17的配股方案,募集资金2.83亿元,94年实施10股送5股,95、96和97年每股共派现0.48元,99年实施10股送1股。目前公司总股本为67732.5万股,在2000年度股东大会通过2000年10送1的利润分配方案并实施后,总股本将达到71505.75万股。截止到2000年年底,公司总资产为27.97亿元,净资产14.113亿元。

公司致力于外高桥保税区的开发建设,主营土地批租、物业建造租售、贸易、投资以及代理咨询等业务,是国内唯一以保税区开发建设为主营业务的上市公司,为浦东开发开放做出了巨大的贡献。92年到95年是公司第一次创业的辉煌时期,业务扩张较快,盈利和股价的市场表现均令人瞩目,是浦东概念股的重要组成部分。公司曾连续两年被评为“上市公司50强”,有良好的股东基础和市场形象。

1998年底,为了贯彻证监会“三分开”的原则和配合市政府调整保税区经营体制、组建集团公司的思路,公司进行了资产结构的重组,将所持有的上海外高桥保税区联合发展有限公司55%股权中的40%转让给集团公司,换取1.99平方公里土地、1.95亿元现金和保税区新发展公司、三联发展公司各15%的股权,从而使股份公司的运作空间从原来4平方公里扩展到了保税区整个10平方公里。这次重组一方面理顺了保税区各开发公司的资产关系和经营关系,发挥整体优势,实现规模经营,另一方面也便于充分发挥上市公司的作用,形成以上市公司为集团资产经营核心、以三家开发公司为开发建设主体的格局。公司在重组以后,通过清理资产、分析历史遗留问题、研究经济形势与环境,确立了按照经济规律经营、着眼长远发展的原则,本着眼前利益与未来利益相结合的要求,制订了公司的近期、中期和长期的发展思路与目标。近期目标,是清理公司资产、调整投资结构,通过存量资产的盘活、部分投资的变现提高公司资金使用效率;强化招商,提高主营业务收入;解决大股东应收款和关联企业担保问题,为公司在资本市场上的运作创造条件。

这些目标经过两年左右的努力,大多数已经实现或即将得到解决。公司的招商工作取得了大幅度的发展,土地批租和厂房租赁均势头喜人,今年已实现了6.6万平方米土地批租和D8地块12万平方米物业的出售,引进美国强生公司、医药分销市场、经贸三九和注册资金达10亿人民币的中海码头公司,现金流量同步增长,公司经营稳步发展;一些存量资产和多年没有产生效益的股权实现了变现；通过集团公司部分优质资产的注入解决了大部分的应收款问题，其余可望在年内解决；股份公司历史上形成的对关联企业担保正在逐步解除。这些工作使股份公司完成了自身的调整，为以后的发展积蓄了力量。我们的中期目标是：形成资产经营和资本运作并重的格局，一手强化招商引资、提高主营业务收入，另一手灵活运用资本市场筹集资金，投入有良好回报和发展前景的项目，使上市公司成为富有效率的资本通道，既为公司和保税区的功能发展筹集资金，又可以给广大股东以良好的回报。目前公司正在探索各种股本运作方式，以更好的完善公司的股本结构、为公司的发展注入新的动力。

地址：上海浦东杨高北路889号外高桥保税区贵宾楼

联系电话：021－58680088转 58669217

传真：021－58680808

电子信箱：wgq@mail.shini.net.cn

山东小鸭电器股份有限公司

公司本年度共实现利润总额13，875，637.91元、净利润9，296，677.40元、扣除非经常性损益后的净利润9，296，677.40元、主营业务利润157，401，114.11元、其他业务利润3，294，312.97元，营业利润10，861，545.87元、营业外收支净额2，416，896.46元、经营活动产生的现金流量净额－47，273，745.26元、现金及现金等价物净增加额－102，509，518.25元。股东情况介绍：本年度末公司股东总数为56137户。本年度末公司主要股东有山东小鸭集团有限责任公司、中信兴业信托投资公司、中国经济技术投资担保有限公司上海分公司。

公司法定代表人：由沛

公司董事会秘书：张锡顺 **证券事务代表**：王前峰

联系地址：山东省济南市工业北路44号

联系电话：0531－8980541 **传真**：0531－8980541

网址：http：//www.xiao ya sheng ji－ao.com

电子信箱：sdxydq@jn－public.sd.cninfo.net

邮编：250101

飞环酒业股份有限公司

飞环酒业股份有限公司是经国家工商局核名、江西省人民政府批准设立的全省第一家民营股份有限公司，被农业部、中国证监会等八部委批准为农业产业化国家重点龙头企业，是抚州市国民经济和社会发展第十个五年计划纲要中确立的十强企业和重点扶持项目。公司位于昌厦高等级公路、赣闽粤三省交通要道、南丰县富溪工业区，占地面积约8万平方米，现总投资4800万元人民币。现有员工126人，其中大专以上员60人(含硕士6人)。公司生产基地设计规模为年产干黄果酒1万吨，计划总投资1.5亿元，实现销售收入4亿元。是世界干黄果酒科研、生产发源地。

公司主导产品飞环牌干黄果酒系世界首创、中国专利产品。开辟了干红、干白以外的新酒种，它采用被誉为“桔中之王”的南丰蜜桔为原料，通过自有专利技术、生产工艺及先进欧洲设备精酿而成，产品经世界权威果酒组织(MONDE.SELECTION)鉴定为高档果酒，极具营养保健作用。2000年荣获省级以上大奖12项，其中包括国家级新产品、国家绿色食品、世界果酒银奖等国家级大奖6项。2000年9月9日公司在北京人民大会堂举行了中国名优保护产品——飞环干黄专场新闻发布会。公司在发酵生物学运用的同时，注重产品原料的生物技术产业化工程的开发，积极着手生物制药技术工程的建设。

地址：江西省南丰县富溪工业区

电话：0794－3266153

传真：0794－3266047

邮编：344500

上海万业投资管理有限公司

上海万业投资管理有限公司位于浦东陆家嘴金融贸易开发区的上海证券大厦内。公司致力于中国资本市场的发展，是专业从事企业收购兼并的可以值得信赖的专家，并同时经营企业财务顾问、投资理财等业务。几年来，万业投资有幸借中国证券市场超常规发展的东风，不断地发展和壮大并以骄人的业绩开始受到世人的瞩目。目前，万业投资团队由一群拥有专业技术、操作经验丰富、富有朝气、肩负社会责任感的年青人构成。他们来自金融、管理、投资、财会、法律等不同的专业技术领域，具有丰富的实战经验和不俗的理论功底(具有硕士以上学位占90%)。在良好的社会关系及专业的运作能力的支持下，公司已成功完成了多项收购兼并、财务顾问等案例的专业策划。如：作为沈阳宏元集团有限公司的购并顾问成功收购株洲庆云发展股份有限公司(0639)。万业是证券市场的弄潮儿和受益者，公司团结天下英才，真诚对待每位客户，并创造性利用股东资产，把回馈社会、建设国家作为无尚追求。在二十一世纪的资本新浪潮中，万业除了继续将“真诚、团结、创新、回馈”作为自己恒久的行为准则，更将以勤勉积极严谨的态度，挑起重担，成为企业在资本市场的开路先锋，和企业携手缔造灿烂明天。

核心业务包括收购兼并：1、买壳上市 以雄厚的专业背景和广泛的社会资源，为您的企业完成从选择目标上市公司、制定买壳上市的整体计划、参与收购谈判、协助融资、拟定收购协议、报备有关审批手续、整合目标上市公司、协助增发新股等程序。完美实现企业迅速进入资本市场的战略构想。2、管理层收购(MBO)、分析上市、吸收合并、反收购。财务顾问：1、上市公司独立财务顾问 我们从维护上市公司股东的利益出发，以审慎的调查研究和勤勉尽责的态度，本着客观、公正的原则，对上市公司以下行为，在出具的独立财务顾问报告中作出独立、客观、公正的评价。(1)对外重大投资；(2)重大资产重组；(3)重大股权及资产置换；(4)出让股份之关联交易；(5)兼并、收购；(6)改变募集资金投向；(7)与关联方发生出售资产、租赁资产等关联交易；(8)其他相关行为。2、公司股票期权方案的设计；万业投资一贯追求“稳健、高效、流动”的投资风格，并引入了国际先进的管理构架和决策流程，在严格遵守客户委托意图的前提下，分别设立独立投资账户，实现高度透明化管理，辅以强大电脑技术支持的管理流程，真正保障客户的投资收益。

地址：上海市浦东南路528号上海证券大厦北塔2003室

电话：68811398 **传真**：68816778 **邮编**：200120

Email：chinavanl@21cn.com

万业投资网：http：www.shvan.com

中介机构

西安希格玛有限责任会计师事务所

西安希格玛有限责任会计师事务所是按照财政部关于促进事务所联合发展上规模、上水平的精神要求，在原西安会计师事务所、西安高新会计师事务所和西安大明会计师事务所三所合并的基础上，经陕西省财政厅批准改制设立的国内大型综合性会计师事务所。设有办公室、人事教育部、财务部、经营管理部、业务监管部、培训部、五个审计业务部、工程造价编审部、资产评估部和北京、杨凌等地办事机构。现有从业人员155人，平均年龄38岁，其中注册会计师75人(证券、期货相关业务资格的25人)，注册资产评估师22人，注册税务师37人，土地估价师7人，造价工程师10人。财政部和中国证监会授予的从事证券、期货相关业务资格；财政部和国家经贸委授予的债权转股权审计及评估资格；财政部和中国人民银行授予的从事金融相关审计业务资格；国有资产管理局授予的资产评估资格；建设及审计部门批准的工程造价咨询甲级资格、基本建设施工预决算审计验证壹级资格；中央企业工委监事会工作部聘请的特别技术助理单位。

证券、期货相关业务为龙头，财务审计、资产评估、工程造价编审为核心，集验资、涉外企业查证、经济案件鉴定、各种专项审计、管理咨询、财务策划、税务代理、信息服务等业务于一体。全新的工作思路，科学的经营理念，完善的制度管理体系，严密的内部质量控制系统，独立、客观、公正的执业原则，严谨求实的工作作风，优质的专业服务，完美的单位形象。服务对象涉及证券、金融、冶金、机械、电子、建材、纺织、化工、房地产等众多行业，执业领域拓展到新疆、甘肃、宁夏、青海、四川、广西、北京、上海、深圳等十多个省、市自治区。主要业务项目：常年为西安民生和海星科技等10余家上市公司提供各类相关审计服务，并于近期承接了西安高科、西安开米、利君制药和新疆天彩等近20家拟上市公司的上市申报材料审计；完成了西安交大开元、067基地、504研究所、新疆天康、宁夏沙湖和兰州好为尔等近200户企事业单位的股份制改制；完成了陕西黄河工程机械集团公司、陕西烽火集团公司、国营黄河机械制造厂和甘肃长风集团等企业的债权转股权项目审计，涉及资产百亿元；常年承担香格里拉饭店、西安凯悦饭店、西安喜来登大酒店、长安城堡大酒店、西安兄弟标准公司等300余户外商投资企业的会计报表审计；完成了企事业单位在股份制改造、破产清算、合并、收购、资产重组等评估项目300多项，资产合计约100亿元；完成了西安电信广场、黑河引水工程、护城河清淤工程和陕西省图书馆等200余项工程预决算审核业务，为委托方节约建设资金计10多亿元。

严格按照行业准则要求，恪守"独立、客观、公正"的原则，遵守执业道德规范，对所出具报告的客观性、真实性、完整性负责；本着"客户至上、服务第一"的宗旨，为委托方提供一流的相关专业服务；为客户保密，决不向外界泄露委托方的经济和技术等商业信息资料；义务提供咨询服务，帮助企业提高会计核算水平。

地址：陕西省西安市太白北路320号

邮编：710068　**电话**：029－8489083

传真：029－8484956　E－mail：office@xigema.com

天一(贵州)会计师事务所

天一(贵州)会计师事务所，是天一会计师事务所经贵州省财政厅批准、贵州省工商行政管理局核准登记在贵州省设立的分所。天一(贵州)会计师事务所享有天一会计师事务所的所有执业资格，其前身原贵州黔元会计事务所是全国较早成立的会计师事务所之一(1983年成立)。

我们将继往开来继续努力，积极开拓进取，为协助各级政府管理部门改善贵州地区的投资环境，维护投资者的合法权益，为客户提供各类审计、评估、会计、管理咨询等服务方面起到积极的作用。我们将再接再厉为贵州的经济发展做出新的贡献。本所有一流的工作环境，如开放式办公区、图书报刊阅览室、会议室、健身房等。还有新组建的基于国际互联网技术的企业内部互联网络办公信息系统，目前已开始逐步实现远程移动办公、远程协同工作、远程信息交互访问等功能。

天一(贵州)会计师事务所拥有财务、会计、审计、评估、经济、金融、税务、法律、工程技术和计算机技术等多种专业人员。天一(贵州)会计师事务所共有从业人员92人。其中注册会计师47人(取得从事证券、期货相关业务资格许可证9人)、注册资产评估师15人、注册造价工程师6人，注册税务师、注册律师资格4人。良好的个人素质、团队协作和积极开拓进取精神，为本所的执业水平和执业质量奠定了坚实的基础。

本所为广大客户提供了良好的专业服务，得到了他们的信赖和认可，并建立了良好的业务关系。涉及的行业包括：金融业、制造业、交通业、高科技业、商业、饮食服务业、公用事业和综合业等。卓有成效的工作成果和丰富的经验，使本所在全国会计师事务所行业中获得了应有的地位。

办公地址：贵州省贵阳市瑞金南路134号宏资大厦12－13层

电话总机：5802034、5802044、5802091、5802040

联系电话：0851－5802010　**传真**：0851－5802278

邮件地址：gztycpa@163.net　**邮编**：550003

君泽君律师事务所

成立于1995年，具有司法部、中国证监会授予的证券法律从业资格。现有九位合伙律师，职业律师二十余名。均具有法学硕士或博士学位，其中多人曾在国外学习或在国外律师机构从业，并有律师担任国内仲裁机构仲裁员和著名院校的兼职教授。该所律师精研民商法、证券法、金融法及信托理论，是全国人大常委会财经委员会《信托法》、《投资基金法》(草案)起草小组成员。

该所业务涉及金融、证券、公司、投资、房地产、知识产权、诉讼及仲裁等领域，尤以资本市场为业务重点，已向国内外客户提供了大量高水准、专业化法律服务。现有证券从业律师六名，均具有丰富的证券从业经验。

金融证券业务：为国内多家企业股份制改造及股票发行上市方案进行咨询策划；担任二十余家企业的A股主承销商

律师及A股发行人律师，为企业股票发行上市或配股及股权转让出具法律意见书；按照国家有关清理整顿证券业、信托业并实行分业经营及管理的政策要求，为包括中国对外经济贸易信托投资公司等十余家信托投资公司改组为证券公司、财务公司进行咨询策划；为北京证券等公司的合并重组、增资扩股、金融机构改组、重组担任项目顾问；为中国华阳金融租赁等金融机构的关闭、撤消清算提供整体法律服务；担任投资基金顾问、为基金上市、扩募和续期提供法律意见。担任十余家金融机构的法律顾问。代表境内外的金融机构就国际贷款业务出具法律意见书；为国内邮电、水利、煤气、能源等数十个大型项目的国际商业贷款（包括银团贷款）、国外政府贷款、国外政府混合贷款、出口信贷及项目融资等国际融资业务提供法律服务，审查、谈判和修改贷款文本，起草国内转贷合同及相关联的担保文件；为国际著名金融机构如美林公司（Merrill Lynch）、贝尔斯蒂恩斯（Bear Stearns）、瑞士第一信贷波士顿（Credit Swiss First Boston）、德国德累斯顿银行（Dresdner）、德意志银行（Deutsche Bank）、美国运通银行（American Express Bank）、瑞士信贷银行（Credit Swisse）、摩根斯坦利（Morgan Stanley）、瑞士联合银行（Union Bank of Switzerland）、法国东方汇理银行（Credit Agricole Indosuez）、法国百利巴（Paribas）银行、法国巴黎国民银行（Banque Nationale de Paris）、渣打银行（Standard Chartered Bank）、加拿大帝国商业银行（CICB）、ING霸菱（ING Baring）等二十家国际银行、金融机构就诸如在中国从事证券发行（含私募）、证券交易、外汇交易、掉期及其他各类金融及商品衍生交易所涉及的法律问题经常性地提供法律咨询并出具法律意见书。同时，为美国安然（ENRON）公司和法国埃尔夫（ELF）公司的能源产品掉期及衍生交易事务提供法律咨询服务，出具法律意见书。协助国内外金融机构进行债权债务清理，如为Morgan Stanley，Dresdner，Merrill Lynch等国际金融机构就广东国际信任投资公司关闭/破产过程中涉及的交易终止、债权登记及清算程序等问题提供法律咨询服务；为Dresdner等机构的债务重组事务提供法律咨询；担任瑞士银行和瑞士联合银行全球性合并中国法律事务顾问并出具各类法律意见。为境内外金融机构、跨国公司就有关投资、信用证、项目融资、外汇交易、外汇担保、公司兼并、融资纠纷解决等国际金融投资业务提供日常性法律服务。

地址：北京市东城区西滨河路9号中成大厦11层

电话：64217750　**传真**：64217708　**邮编**：100011

电子信箱：junzejun@lawyer.org.cn

北京市华泰律师事务所

北京市华泰律师事务所创建于1994年3月，是一家综合性律师事务所。现有工作人员50余人，其中一批学有专长、经验丰富的专职律师30余人。自身依靠扎实深厚的法学知识和多年积累的实践经验，为中外委托人提供良好服务。从事业务包括经济类、房地产、期货、代理国内外贸易、外资引进、资金融通、知识产权、技术转让、股份制改造、大中型项目招标等法律事务，尤其以处理金融、证券、期货、股份制改造见长。其中完成了湖南益鑫泰股份有限公司和山东潍坊新立克集团股份制改造，浙江环亚实业有限公司诉讼苏州物贸中心（集团）有限公司期货纠纷，成功代理了中国黑色金属材料总公司与香港企荣贸易公司涉及1500万美元的期货交易纠纷案等。

该所主任律师赵泽民，毕业于北京大学法律系，曾就职于北京市第一律师事务所，是中国恢复律师制度后首批具有法学学士学位的专职律师。后又赴澳大利亚留学，回国后，创建了北京市华泰律师事务所，并主持事务所的领导工作。

“工欲善其事，必先利其器”。在中国入世后与国际接轨之际，北京市华泰律师事务所，已做好了充分迎接挑战的准备，组织了专门的WTO对策小组，探讨、研究入世后的法律事务，开拓新的业务领域。

地址：北京市西城区宣武门西大街甲129号金隅大厦404—406室。

电话：66410116/20/30/36　**传真**：66410069

邮编：100031　http://www.huatai—law.com

E—mail:huataifirm@sina.com

广东星辰律师事务所

广东星辰律师事务所成立于1994年1月，是中国国内按照国际惯例最早成立的合伙制律师事务所之一，1994年经中国证监会和司法部确认具备从事证券法律业务资格，2000年经证监会和司法部确认为可以从事深及境内权益的境外公司相关业务的律师事务所，事务所由原深圳特区经济贸易律师事务所主任、一级律师郭星亚主持创办。现有11名合伙人，几年来，星辰所始终把客户的需要放在首位，全力维护客户的合法权益。星辰所集合了一批富有经验的高素质的法律人才，现在星辰律师事务所是深圳市规模较大，专业人员最齐全的律师事务所之一。

星辰所的律师始终保持着开拓进取的精神，能够把国际惯例同中国的具体国情有效地结合起来。早在80年代中期，当国内法律服务刚刚复苏时，星辰所的律师就开始致力并率先倡导为客户提供全方位的法律服务。除了办理大量国内外经济纠纷案件外，还长期为金融、房地产等市场提供法律服务。80年代末期，在中国证券市场初步建立时，星辰所的律师就率先介入企业股份化改造和股票上市工作，并参与编著了《深圳股份制改革中的律师实务》（中国政法大学出版社·1993年1月出版）。自1993年始，星辰所的律师又率先介入企业、清算法律事务，并著有《破产清算中的律师实务》一书（人民法院出版社，1996年10月出版）。在中国法律服务市场的发展过程中，星辰所始终能够走在最前列。并于1996年9月被中国司法部授予“全国司法行政系统先进集体”的称号，于2000年4月被深圳市司法局授予“首届先进律师事务所”称号。

星辰所的服务范围不限于一般的法律服务事务，除了各类诉讼仲裁以外，还从事金融、证券、房地产、国际贸易及投资、公司法律事务、知识产权、资源开发、国际工程、海事、海商、运输及劳务输出等非诉讼法律事务。此外，星辰所还与港澳台地区、东南亚各国、美国、日本、加拿大等国的律师所建立了长期友好的业务合作关系。星辰律师事务所拥有现代化的办公条件与办公设备，拥有一流的法律人才，在硬件和软件上均已初具规模，取得了一定的社会效益和经济效益。而且星辰律师事务所一直致力于建立健全律师事务所的管理制度，使律师事务所运作走向法制化。

地址：深圳市燕南路4号东风大厦22楼

电话：86—755—3260366　**传真**：86—755—3244727

邮编：518031

广东蛇口律师事务所

广东蛇口律师事务所(原深圳市蛇口律师事务所)是新中国成立以来的第一家以“律师事务所”名称挂牌的律师执业机构,也是我国第一批经司法部、中国证监委批准取得证券业务执业资格的律师事务所,同时亦具有从事基本建设大中型项目招、投标法律业务的执业资格。蛇口所成立于1983年7月,借助于当时地处中国最早的经济开发区——蛇口工业区的优势,对律师业务进行了大胆的探索,最早开展了律师见证、为企业的股份制改造出具法律意见书、担任三资企业的常年法律顾问等当时无明文规定的非诉讼业务。1999年初本所从蛇口碧涛中心迁往南油海王大厦。现有包括中、高级律师在内的专、兼职律师20余名,平均年龄32岁,全部具有大学本科以上学历,大都毕业于中国政法大学、中山大学、西南政法大学、华东政法大学等国内知名的法律院校。拥有现代化的办公设备和优雅的办公环境。

在多年的证券业务执业过程中,先后为南油物业、深圳飞亚达、深圳半岛投资基金、深圳蛇口华美钢铁、中集集团、方大集团、湖北兴化等股份有限公司、上市公司之股份制改造、股票上市等出具法律意见书,担任常年法律顾问,处理了有关证券业务的诉讼、非诉讼法律事务及民事、经济、刑事诉讼、法律顾问、金融证券、按揭见证、破产清算、知识产权、投资、起草修改合同、出具法律意见书等业务。本所以诚信、高效、优质的法律服务赢得了委托人、顾问单位的信任与好评。面对崭新的21世纪和中国即将“入世”的机遇与挑战,蛇口律师所将会以更加优质的法律服务,为我国民主与法制的建设作出更大的贡献。

地址:深圳市南山区南油大道海王大厦A座14楼
法定代表人:利颂章
邮编:518054　**电话(含FAX)**:0755—6406796

广东金地律师事务所

广东金地律师事务所(前称深圳市金地律师事务所)于1994年1月6日经深圳市司法局及广东省司法厅批准设立,其前身为深圳市5大律师事务所之一的深圳市金融房产律师事务所。广东金地律师事务所是广东省及深圳市首批合伙制律师事务所,同时也是司法部和中国证监会确认具有从事证券法律业务以及从事涉及境内权益的境外公司相关业务资格的第一批合伙制律师事务所。

该所拥有一批高素质及经验丰富的律师,现有执业律师30名,均具有本科以上学历,其中两位律师具有教授、研究员职称,另两位律师具有会计师职称。该所律师多数执业7、8年以上,擅长办理公司改组、公司上市、境内外股票发行、项目融资、税务、金融、地产、外商投资、国际贸易、知识产权等法律事务以及经济、民事、房地产纠纷的诉讼与仲裁。目前,该所已以规范化管理、专业化分工、较高的业务水准、敬业精神而成为深圳市较具实力与规模的一家事务所,并多次被评为先进律师事务所。部、省(司法厅)、市(人大)领导视察时对该所的工作均给予了肯定及较高的评价。开业以来,该所共办理各项诉讼及非法诉讼的法律事务逾3,000宗,担任法律顾问110多家。曾代表客人参与后海码头、石安公路等大型项目的谈判、策划、草拟、审查、出具法律文件等事项,为客户提供了专业的法律服务。该所曾担任物业集团、振业集团、云南白药、三九胃泰等近40家境内公司股份制改组及股票发行以及QPL、ASL、辰达、航天、得利、必佳等50多家境外公司在港、美、英上市的中国法律顾问。

地址:深圳市滨河大道5020号证券大厦12B字楼
邮编:518026
电话:86—755—2890622　**传真**:86—755—2890625
E—mail:szjindi@szonline.net

北京国友大正资产评估有限公司

北京国友大正资产评估有限公司是具有独立法人资格的专业资产评估机构,具有中国证监会、财政部授予的证券业务资产评估资格。公司注册资本100万元人民币。近三年公司评估业务收入分别为703万元、758万元和785万元。经过多年磨合,资产评估人员已形成了一个以注册评估师、高级会计师、高级经济师、高级工程师(包括机械设备、建筑工程、电子化工行业)为主的最佳人才组合。公司拥有28名注册资产评估师和10余名房地产估价师和注册会计师。公司董事长王永禄先生系北京注协常务理事和《中国证券业年鉴》编委。公司与各大会计师事务所、律师事务所、证券公司保持着经常性的业务联系,与证监会、财政部等国家政府职能部门保持密切的关系,能为客户提供全方位和多层次的服务。

公司已完成企业上市、股份制改造、中外合资合作和无形资产评估等各种类型的评估项目100余个,其中经原国家国有资产管理局和财政部以及各省市国有资产管理局或财政部门确认的项目,确认率达百分之百,投诉率为零。

法定代表人:王永禄
地址:北京西城区金融街27号投资广场B座1503、1505
电话:(010)66211635/36　**传真**:(010)66211634
邮编:100032

中锋资产评估有限责任公司

中锋资产评估有限责任公司是国内大型专业评估机构。其前身是中洲会计师事务所资产评估部,隶属财政部。1991年3月经原国家国有资产管理局批准,取得资产评估资格,1993年4月经中国证监会和原国家国有资产管理局审查批准,取得从事证券业务资产评估资格。1994年5月,经国家土地管理局批准,取得准A级土地估价资格。2000年9月经国土资源部批准取得探矿权、采矿权评估资格。1999年11月根据行业统一要求改制为有限责任公司,注册资金100万元。现有员工40名,中高级职称占一半以上,拥有博士2名、硕士6名,中国注册资产评估师30名,土地估价师9人,房地产估价师5人,中国注册会计师6人。公司积极参与我国评估行业标准和规范的制订工作,并有数位在评估行业有相当知名度的专家参与了资产评估标准和规范的起草和讨论,还多次为国内大型企业进行资产评估、资产重组、中外合资的培训。他们是中国注册会计师协会的核心教员和原国家国有资产管理局评估中心重大项目评审专家会专家。公司累计完成资产评估项目500余项,评估额4000亿元人民币。

公司的业务网络遍布全国30个省、市、自治区及香港特别行政区。作为国内专业服务机构,公司客户包括国内大型重要企业及美国、德国、日本等二十余个国家,业务涉及机械、轻工、冶金、电力、电器、仪表、建材、建筑、农业、交通、航空、高科技、金融、房地产、旅游、内外贸、证券、投资等国民经济各个行业领域。公司十分重视按照国际评估规范进行执业,公司评估师受国内外客户和国际组织的聘请,先后赴美国、德国、日本、新加坡、香港等十几个国家和地区进行资产评估执业工作,积累了大量的国际评估经验;与此同时,公司还先后派出评估师赴国外研修,多次参加在中国举办的国际评估论坛和其他研讨活动,促进了中国资产评估与国际的接轨。公司始终遵循以质量求信誉,以信誉求发展的宗旨,恪守独立、客观、科学、公正的原则,坚持廉洁、高效,坚持合法、合理的工作原则,维护各方的正当权益。

地址:北京市西城区金融大街35号国际企业大厦B座1224室

电话:(8610)88091830/31/32　**传真**:88091129

北京中咨北方投资顾问有限公司

北京中咨北方投资顾问有限公司成立于1998年2月,公司具有建设部批准的工程招标代理机构甲级资格证书、中国工程咨询协会批准的甲级工程咨询资格、中国证监会批准的证券投资咨询从业资格的中介机构。公司主要的业务部门为:工程招投标部、工程咨询部、证券投资咨询部等。公司法定代表人:王坚朴。

公司经营范围包括企业股份制改造策划及融资咨询、证券投资咨询、企业管理咨询、投资咨询、工程咨询、招标代理等。证券投资咨询部作为专业证券投资咨询部门,已为多家公司提供企业股份制改造、上市、购并整合、证券投资分析、发展规划战略研究等相关服务,并担任多家上市公司的财务顾问。工程咨询部为各类投资者和企业提供行业发展状况分析、投资机会研究、编制项目建议书、可行性研究报告等专业咨询服务,其中包括行业发展状况、政策法规、市场调查、策划、技术咨询、经济评价、环境影响、风险分析等。工程招投标部主要从事招标代理服务,编制招标文件、标底,组织评标等。

地址:北京阜外大街1号四川大厦东楼17层

邮编:100037

联系人:李明江、王立

电话:010-68364898　68365511-6651

传真:010-68364903

Emal: Lmj@public.bta.net.cn

深圳华鼎财经股份有限公司

深圳华鼎财经股份有限公司成立于1993年,是由新华社《中国证券报》和几家兼具远见和实力的公司合股创建的,为中国最早的财经咨询专业公司之一,并于1998年获得中国证监会首批颁发的《证券投资咨询资格证书》。主要从事财经信息的采集、整理、分析与发布,其产品有财经新闻、股票及外汇行情、专家评论、财经专业调查、投资理财顾问等多种内容,在文字传媒、电台声讯、图文图像电视、互联网等所有大众传媒形式和移动通讯中均有可观的市场占有率,目前已覆盖中国大陆140多家电视台、102家报纸和近百家证券公司(营业部),受众人数达1800多万,并拥有覆盖大陆五大片区80多个城市的调查网络。

华鼎公司追求资讯产品的"快捷、准确、全面、实用",以专业化、国际化为发展模式,目前拥有各类专业人士近百名,其中硕士学历以上者占员工总数12%,有21人获中国证监会颁发的证券分析师资格证书。并与美国桥讯公司等国际著名咨询公司于2000年开始在技术、信息等领域开展紧密的业务合作。为迎接中国加入WTO的挑战和机遇,为在新的平台上创造更辉煌的业绩,华鼎人正在不懈努力!

法定地址:深圳市人民南路3005号深房广场(深圳数码港)37层

联系电话:(0755)2352211　2352115

网址:http//www.Chinahd.Com

传真:(0755)2233233

金融证券机构

中国长城资产管理公司

中国长城资产管理公司是中国中央政府借鉴国际经验、结合中国国情,于1999年底决定组建的具有独立法人资格的国有独资金融企业,公司注册资本金100亿元人民币,由中华人民共和国财政部全额拨入。中国长城资产管理公司的基本任务是通过收购、管理和处置国有商业银行剥离的不良资产,实现防范和化解金融风险,深化金融体制改革,增强国有商业银行的国际竞争力和促进国有企业改革与发展的目标。根据国务院的批复,中国长城资产管理公司收购了中国农业银行3458亿元的不良资产。对已收购的不良资产,公司将实行全面的资产保全。公司将利用国务院颁发的《金融资产管理公司条例》赋予的特殊法律地位和专业化优势,综合运用债务追偿,资产置换、租赁、转让与销售,债务重组及企业重组,债权转股权,资产证券化等手段,实现不良资产价值回收的最大化,最大限度地保全国有资产。同时,公司的专业化运作,将有力地促进中国资本市场的发育和现代金融工具的创新,有利于确立正常的社会信用关系,推进社会主义市场经济新秩序的建立。

按照《金融资产管理公司条例》的规定,中国长城资产管理公司在管理和处置不良金融资产的过程中,主要从事下列业务活动:一、追偿债务;二、对所收购的不良贷款形成的资产进行租赁或者以其它形式转让、重组;三、债权转股权,并对企业阶段性持股;四、资产管理范围内公司的上市推荐及债券、股票承销;五、发行金融债券,向金融机构借款;六、财务及法律咨询,资产及项目评估;七、向中国人民银行申请再贷款;八、中国人民银行、中国证券监督管理委员会批准的其它业务活动。

中国长城资产管理公司总部设在北京,根据业务需要,下设30个办事处。汪兴益担任公司总裁,傅春生、李占臣为公司副总裁。公司有一大批从事投资、证券、评估、财务、法律的专业人才,可以为投资者提供投资、财务、法律咨询与顾问和资产与项目评估等方面的服务。

中国长城资产管理公司自成立以来,从中国国情出发,借鉴国际经验,积极探索,勇于实践,敢于创新,在资产重组、企业改制和利用资本市场激活不良资产上,打造出了一系列独特的品牌，充分显示了卓越的业务运作能力。

成功地对债转股企业进行了改制，使一批重点国有亏损企业起死回生。我公司充分发挥自身的优势，对牵头的21家债转股企业进行股份制改造，完善法人治理结构，建立现代企业制度，使这些企业步入了健康发展轨道。目前，已有90%的企业实现盈利。其中，湖南长元人造板股份有限公司于2000年底回购我公司股权400万元，成为全国债转股企业中第一个回购资产管理公司股权的企业。成功地运用重组手段，激活了一批特困企业。近一年来，我公司先后对浙江浙纸集团、湖北蒲圻造纸总厂、浙江机械物质总公司、南昌华思特服装实业公司、石家庄劝业场股份有限公司等二百多家企业进行了重组，都收到了良好的效果。特别是对PT渝汰白所进行的股权重组、资产重组、债务重组，使这个2年前累计亏损6亿多元、严重资不抵债的企业，于2000年底一举扭亏为盈，实现主营业务收入2.147亿元，结束了长达4年的亏损局面。这种深刻变化，使PT渝汰白成为中国金融资产管理公司首次对上市公司重组的成功范例。成功地运用租赁方式将民间资本引入不良资产处置，引起了国内外的广泛关注。成功地开展了投资银行业务。目前，已对2家企业进行上市辅导，3家企业还在创造条件做辅导上市前的准备工作。成功地开展了资产拍卖业务。我们把资产拍卖作为不良资产处置的重要手段来运作，坚持公开、公正、公平和择优、竞争的原则，保证了不良资产处置的有效性。

地址：北京市西城区月坛北街2号月坛大厦A座1010室　**电话**：68082767　**邮编**：100045

河北证券有限责任公司深圳彩田路营业部

河北证券有限责任公司是中国证监会批准的全国首批具有承销资格的十家券商之一，现有32家营业部，除在北京、上海、深圳、天津、重庆、西安等地设有分支机构外，其它网点遍布省内各地。2000年1月获中国证监会批准通过增资扩股方案，增资扩股至5.3亿，挤身综合类券商行列，河北证券深圳营业部是河北省唯一一家在深圳设立窗口的券商。

深圳彩田路营业部筹建于1996年10月，12月9日正式营业，是人民银行批准设立的证券经营机构。地址位于深圳市福田区彩田路中深花园B座首层，并在联合广场23层设立河北证券深圳总部，营业面积近3000平方米，拥有特大户室、大户室、中户室、散户大厅，环境优雅，空气清新，配备双CPU服务器4台，全新586奔腾电脑，安装有钱龙、宏汇两大系统，新添置超级自助工作站，所有与交易所的通讯均采用卫星设备，电脑网络全面升级更换了新的服务器、新的网络操作系统，外线委托中继线大幅增加，杜绝了交易网络事故的发生，交易畅通迅速、准确、安全。交易品种齐全，深沪AB股交易、国债、基金、企业债券。

深圳营业部自成立以来，始终坚持“客户第一、服务至上”的宗旨，坚持“守法合规，稳健经营”的指导思想，建立健全各项管理制度，着力提高员工的素质，不断加强业务人员的培训。为了加强与股民的沟通和市场调研能力，专门成立了研究发展部，除电脑点评、墙报、每日股评专刊外，每周定期举行股市评论，由资深股评人士讲解，在此之上，将不断推出各种形式为股民提供高质量的投资、理财、咨询、指导的服务。为了方便股民存、取款和股票买卖操作，先后开通了招商银行“一卡通”银证转帐业务和“家庭大户室”，使客户身在家中，便可享受即时的股票信息、行情传输、可视电话委托下单的服务。并免费为客户代理“新股申购”、“配股缴款”业务，以“便捷、安全、高效”的服务回报广大股民。

期货经营机构

安徽华物期货经纪有限责任公司

安徽华物期货经纪有限责任公司成立于1996年8月，是安徽省首家经中国证监会审批在国家工商局注册成立的期货经纪公司。公司由安徽省物资集团股份有限公司、安徽省金属材料总公司、安徽省化工轻工总公司共同出资设立，注册资本3000万元。公司总部营业面积1200平方米，是国内现有三家期货交易所的全会员单位。华物公司的成立得到了各级领导的高度重视和社会各界的广泛关注，时任省委常委、副省长汪洋同志亲笔题词：“来之不易，精心操作，循序渐进，按法经营，逐步壮大，繁荣经济”。华物始终以培育和发展安徽的期货市场为已任，走访各类企业并为其量身设计投资方案。由于华物公司全体员工的勤奋努力，赢得了广大投资者的信任。在全国期货行业处于萧条和低谷时期，公司的业务却一直保持了较好的发展势头和较高的市场占有率，累计代理交易额近几年400亿元，2000年交易额占全省50%以上的份额。自1997年起华物从成立以来，公司交易额连续五年居全省第一。公司连续几年被授予全省“百家优质服务企业”，公司的投资发展部还荣获全国“青年文明号”的称号。

华物公司一直以高度的社会责任感探索创新教育与产业相结合机制，把支持教育、培养人才作为一项重要工作。公司在1998年处于保本经营的困难情况下，全力支持安徽大学经济学院筹建国家“221”工程重点文科实验室——“安徽大学华物期货金融证券实验室”。该实验室的建立，使安徽高校有了将经济和金融理论的教学与我国的金融市场相结合的研究基地和教育载体，使高校的学生们有了实践的课堂。实验室的建立和运行，在期货行业和社会理论界引起了极大的反响，不仅得到了社会各界的高度评价，也为安徽理论界更多的关注安徽期货市场的发展提供了一座桥梁。2000年底，华物公司与实验室合作，完成了“安徽十五计划中如何利用期货市场为安徽经济发展服务”的论证工作。并受到政府有关部门的高度重视。

华物公司自成立以来就坚持规范运作。公司先后制定了30多项内部管理和运作制度，并随着业务的发展而不断完善，形成了一整套职责分明、高效协调的运作机制。自公司运行以来，没有发生一起严重的交易风险事故和违规行为，公司的工作受到省证管办的多次肯定。随着期货市场新的发展机遇的到来，华物公司在市场开发机制和服务理观念上进行了大胆的创新，突出服务特色，切实为投资者设想，使其能够利用期货市场为他们的生产服务，得到入市企业的肯定和赞赏，吸引了大量企业加入到期货市场中来。

“奉献、高效、严实、诚信”是华物公司的宗旨，以人为本、广聚贤才、为每一位员工提供一个广阔的施展才能的舞台是华物公司的哲学，规范运作、不断创新是华物公司的经营理念，发展安徽的期货市场，为安徽的经济发展服务是华物公司的历史责任。华物公司有信心和能力在中国期货市场规范发展的春天书写新的篇章。

地址：安徽省合肥市芜湖路 260 号

邮编：230061　**电话**：0551－2862590、2861114

电子信箱：ahhwj@mail.hf.ah.cn

网址：www.huawu.com.cn

烟台中州期货经纪有限公司

烟台中州期货经纪有限公司始成立于一九九五年，是经中国证监会批准、中国工商总局登记注册的期货经纪专业公司。公司拥有中国大连、郑州、上海商品交易所会员资格和席位。

公司总部设在经济发达的烟台市，位于烟台繁华市区南大街文化宫大厦设有交易厅，营业面积 1500 平方米。公司配备有一流办公、通讯设施，拥有先进的卫星接收及网络系统。通过期货、行情实时接收系统、动态分析系统、模拟操作系统、逐日结算系统，可为客户提供期货代理、开户、交易、结算、信息、咨询、培训等全方位服务。公司实施规范化管理，严格规范化操作。坚持“优质、高效、一流”的服务宗旨和“诚实、求实、务实”的敬业精神，为客户创造一个理想的发展空间，开辟一条投资之路。

董事长、总经理王传江先生携全体员工，恭候八方有识之士共谋发展，顺祝新老客户事业发达。

地址：山东省烟台市南大街 118 号　**邮编**：264000

电话：0535－8514165　**传真**：0535－8515274

河北恒银期货经纪有限公司

河北恒银期货经纪有限公司是根据省政府领导的指示，在河北省财政厅的大力支持下，由国富投资集团和河北恒润投资有限公司分别出资 1800 万元和 1200 万元，在原秦皇岛恒银期货经纪有限公司的基础上，重新注册成为河北恒银期货经纪有限公司。于 2000 年 4 月通过国家工商行政管理局注册。河北恒银期货经纪有限公司注册资本 3000 万元人民币，隶属河北省财政厅，是河北省唯一经中国证监会审核批准，由国家工商局注册的专业性期货经纪公司。

河北恒银期货经纪有限公司是国富投资集团的子公司。国富投资前身是河北省经济开发投资公司，始建于 1992 年，隶属于河北省财政厅，是经河北省人民政府批准成立的全民所有制单位，实行企业化管理，独立核算，自负盈亏。10 年来，进取、勃发的国富集团投资人团结、敬业、开拓、务实，以市场为导向，深挖潜力，适时确定了以实业开发为主体，期货经纪和股票投资管理业务为左右翼的“一体两翼”式集团化发展格局，现今已拥有九个全资子公司，两个控股公司，十一个参股项目，业务领域涵盖电子仪器、房地产开发、期货经纪、证券投资、工商贸易、酒店经营、高效农业等多个国家经济发展前沿行业。

国富集团下属恒银期货公司，位于石家庄市繁华地段，西大街 66 号，数码城三楼，东侧是河北省博物馆广场，西侧是市政府所在地，南北中山路和裕华路是本市最繁忙的两条路段，各路公交车四通八达，地处石家庄市政治经济文化中心，为期货投资人创造了很好的交通便利条件。河北恒银期货经纪有限公司拥有 680 平方米的交易大厅，共有客户席位 166 个。其中大户室 8 个，中户室 16 个，交易大厅设有客户休息室，在客户休息室也可及时观注期货行情变化，公司还为客房订阅了期货日报、中国证券报等 10 多种报刊杂志，供客户了解信息、分析行情时参考。

恒银公司拥有一支高学历、高素质、年轻活泼、团结高效的员工队伍，员工平均年龄 26 岁，本科以上学历的员工占 90%。恒银公司严格坚持“公开、公平、公正”和诚实信用的原则，规范化地开展代理业务，全心全意维护客户利益。客户保证金提存方便及时、安全可靠。恒银公司还拥有一个坚强的领导班子，班子成员平均年龄只有 38 岁。在年轻班子的领导下，整个公司充满了活力。恒银公司具有严密的组织机构和严格的规章管理制度。公司严格按照《公司法》和现代企业管理制度建立健全了法人治理结构，股东会、董事会、监事会以及公司经营班子成员都是具有企业管理经验又有开拓进取精神的高素质人才组成。公司实行董事长领导下的总经理负责制，下设综合部、交易部、结算部、财务部和研发部五个职能部门。公司本着一切为客户着想，客户就是上帝的经营理念，在国内三家交易所全部开通交易席位，并安装了国内较为先进的世华行情分析系统和恒生网络交易系统。各系统均采用了双机备份，以确保客户交易的顺畅。公司还为客户交易开通了自助委托系统，客户无需填单，只在键盘上轻轻一按便可直接下单，交易方便快捷。为客房及时捕捉行情，创造了良好的条件。对于不方便到公司来进行交易的客户，公司为他们开通了网上交易和电话委托系统。客户无论在什么地方，只需在我公司开户，拥有一台微机和一部电话随时地都可以进行交易。恒银公司将本着“以人为本、规范运作、防范风险、服务一流”的经营宗旨，以严谨务实的敬业精神和认真负责的工作作风，内强素质，外树形象，竭诚为广大客户服务。恒银公司热忱欢迎各界英才加盟恒银期货公司，在充满机遇与挑战的期货市场一显身手，共创美好明天！

地址：河北省石家庄市西大街 66 号数码城三楼

电话：0311－6058768 6055833

传真：0311－6048227　**邮编**：050011

网址：HTTP://WWW.HYFUTURES.COM

外高桥期货经纪有限公司

上海外高桥期货经纪有限公司是经过中国证监会审核批准、由国家工商局登记注册的专业性大型期货经纪公司，目前，公司注册资本为 3000 万人民币。公司成立于 1998 年 11 月，由众多国内著名证券金融机构发起成立的净资产达 1.7 亿的浙江华盟股份有限公司控股，另由上海市外高桥保税区开发（控股）公司参股，上海外高桥保税区开发（控股）公司是经上海市浦东新区管理委员会批准成立，统一负责上海外高桥保税区土地开发管理的经济实体公司，注册资本为 6.66 亿元人民币。

上海外高桥期货经纪有限公司具有全国期货市场全部上市品种业务经营资格，是上海期货交易所、大连商品交易所、郑州商品交易所会员单位。公司总部设在位于上海浦东陆家嘴金融贸易区内的上海期货大厦内。交易环境幽雅舒适，能为散户、大户提供全方位多角度的综合性服务；交易设备在行业内处于领先水平，资金划拨速度快捷。

股东优势：资金实力是公司信誉的保证，本公司股东单位是资金实力雄厚的浙江华盟股份有限公司和上海市外高桥保税区（控股）公司，上述股东具有强大资金优势，为客户资金安全有效运行提供保证。

人才优势：人才是取得发展的保证。上海外高桥期货经纪有限公司荟萃一批熟悉期货市场、金融业务、财务和投资的高级专业人才，力求为客户提供完备的信息咨询和最优质的服务。

研发优势：本公司研发基础扎实，能为不同类型的客户提供期货、证券市场的投资方案及操作策略，其中抱跨期套利，跨市套利，期现套利，套期保值等操作方案。

良好业绩：开业一年多来，公司依靠自身实力和稳健扎实的经营作风逐步在国内期货经纪业内发展壮大起来。从开业至今公司实现现代交易额百亿元，公司的铜、大豆、小麦的成交量、持仓量分别处于上海期货交易所、大连商品交易所、郑州商品交易所排名前列，由此得到广大投资者的支持和信赖。

市场机遇：目前国内期货市场上市的交易品种有铜、铝、天然胶、大豆、豆粕、小麦等，其中铜、铝、大豆等品种产销量大，流通性强，并与国际市场直接接轨，为商品生产者，销售者和消费者均提供了一个套期保值及投资的理想场所。

经营宗旨：稳健经营，持续发展；自律规范，勤勉诚信

业务范围：代理期货交易和实物交割；提供期货、证券市场行情期货投资咨询服务；为国有大中型企业套期保值设计实施方案。

公司总经理：姚革

地址：上海市浦东松林路300号上海期货大厦2003室
电话：021－68401356　68402755　68401353
传真：021－68402703　**邮编**：200122

国元证券有限责任公司上海武宁路营业部

总经理 张静

2000年，是证券市场规范发展的一年，在风险和机遇并存，市场竞争十分激烈的情况下，在公司的直接领导和各部门的关怀下，广大员工的大力支持下，张静做为一名证券部门的负责人，能抓住机遇，合规经营，不等不靠，克服了信证分业、清产核资等给日常工作带来的不利因素，恪尽职守，励精图治，依托国家宏观经济及政策的利好，按时超额完成了公司下达的目标利润计划。

一、紧紧抓住全年行情起伏高低，吸融资金7000多万元，引进机构大户6000多万，B股客户1000多万美金。为证券部超额完成利润目标，倾注了大量心血，使我部今年交易量达到历年来最高点42.2亿元，利润目标在上海安徽7家证券部中排名第三，利润增长263%。

二、建立合理、健全的制度体系，是券商各项业务得以正常开展、实现有效经营的重要保证。年初开始就抓紧制定了各岗位责任制，实行量化百分制考核办法，以人定岗，以岗定责，以责定权，将各项工作具体落实到人，充分调动了员工的工作热情和积极性，员工之间形成了比能力、比服务、比贡献的氛围。在交易管理方面，规范了开户、现金存取、委托、交割、查询业务；在电脑管理方面，强化了系统安全性，每日交易委托数据进行备份存入保险箱，实行了每日电脑房运行日志，每日现金交付登记志，每日安全保卫报告志；在会计核算、资金调度等方面能严格按公司规章制度办，有效控制并防范了财务风险。

成绩和荣誉只能代表过去，张静时刻以做人一个"正"字，为人一个"谦"字，从政一个"廉"字为座右铭，为证券部再创辉煌，为公司树立良好形象，做出了应有的贡献。

天津创业环保股份有限公司

董事长　马白玉

马白玉，高级经济师，硕士研究生，1983年7月至1985年5月中共青海省委党校就读；1985年5月至1993年12月天津市政干部中专学校学习；1993年12月至1996年7月南开大学硕士研究在学；1996年8月至1998年2月天津市政工程局外经处工作；1998年2月至今任天津市政投资有限公司总经理；2000年12月至今任天津创业环保股份有限公司董事长、总经理。

CHINA SECURITIES YEAR BOOK

中国太平洋保险公司

董事长 党委书记　王国良

王国良，男，1950年3月出生，汉族，江苏武进人，大学学历，高级经济师职称，1970年9月参加工作，1974年12月加入中国共产党，现任中国太平洋保险公司董事长、党委书记。王国良1970年9月至1973年9月在江苏省武进县革委会工作；1973年9月至1977年1月南京大学汉语言文学专业学生；1977年1月至1983年6月江苏省镇江地委办公室、行署办公室秘书；1983年6月至1984年1月江苏省镇江市政府办公室综合科副科长；1984年2月至1986年1月江苏省镇江市政府外事办公室副主任；1986年1月至1986年6月江苏省句容县县委副书记、常务副县长；1988年7月至1989年4月交通银行镇江支行副经理；1989年5月至1993年5月江苏省镇江市轻工业局党委书记、局长；1993年5月至1993年9月交通银行信托部副总经理；1993年9月至1994年9月交通银行综合计划部副总经理；1994年9月至1998年3月交通银行综合计划部总经理；1998年3月至1998年4月中国太平洋保险公司党组书记；1998年4月至1998年12月中国太平洋保险公司副董事长、总经理、党组书记；1998年12月至2000年10月中国太平洋保险公司副董事长、总经理、党委书记；2000年10月至今中国太平洋保险公司董事长、党委书记。

CHINA SECURITIES YEAR BOOK

第一上海融资有限公司

董事总经理　王俊彦

王俊彦先生，第一上海融资有限公司董事总经理，亦为中国置业(控股)有限公司执行董事，于1997年加盟本公司前已拥有超过八年从事投资银行及证券业务的经验，对上市公司的集资及合并收购活动有丰富经验。王先生于中山大学获得经济学系国际贸易学士学位，并曾在美国纽约城市大学修读金融专业博士课程。

工商东亚金融控股有限公司北京代表处

首席代表　丛林

丛林先生毕业于中国人民银行金融研究所研究生部，主攻货币银行专业，获经济学硕士学位，并为中国人民大学财政金融系经济学学士，毕业后，丛林先生进入中国工商银行总行，先后在工交信贷部、营业部、国际业务部任职，主要从事信贷管理工作，具有丰富的商业银行业务经验。工商东亚北京代表处成立后，任首席代表，负责开拓国内业务及调研、工商东亚与大股东工商银行、政府各部门、证监会、国内大企业的联系工作。

CHINA SECURITIES YEAR BOOK

中国證券業年鑒·编委介绍

上海市天宸股份有限公司

总经理 叶宗男

叶宗男，38岁，清华大学理科学士，澳大利亚新南威尔士大学物理学博士。在从事自然科学研究工作期间，叶先生曾有多项技术成果及论文在国际上发表。参与企业经营和管理工作之后，先后在澳大利亚、香港和国内担任多间企业的董事及总经理职务，近十年来，在企业经营和管理、金融市场等方面积累了大量的经验。同时，叶先生也不遗余力地支持、促进中国与澳大利亚之间的贸易与交流。1999年12月起担任上海市天宸股份有限公司董事职务，2000年5月起担任该公司总经理。

西南证券有限责任公司

总裁 孙兵

孙兵，男，33岁，中共党员，中国社会科学院企业管理学硕士。1992年进入证券行业，历任重庆国际信托投资公司证券总部总经理、西南证券有限责任公司总裁。

中国建设银行证券投资基金托管部

总经理　江先周

江先周，男，1961年11月出生于山东威海。1982年毕业于东北财经大学投资系，获经济学学士学位。1986年毕业于财政部财政科学研究所研究生部，获财政学硕士学位。1993年毕业于英国埃里奥特-瓦特大学（Heriot-Watt University），获国际金融学硕士学位。1986年7月起在中国建设银行总行办公室工作。1995年4月起任办公室副主任，1997年4月起任国际业务部副总经理，2000年8月起任基金托管部总经理至今。江先周熟悉国际金融业务，对宏观经济理论和基金托管业务有深入的研究。

CHINA SECURITIES YEAR BOOK

大连商品交易所

党委书记 总经理 朱玉辰

朱玉辰，博士，1979年至1983年东北财经大学商经系学生；1983年至1992年商业部干部，历任部长秘书、调研处副处长、全国粮食批发市场管理办公室主任；1992年至1996年中国国际期货经纪有限公司高级副总裁；1996年至今大连商品交易所副总经理、总经理。

CHINA SECURITIES YEAR BOOK

丹东曙光车桥股份有限公司

董事长 总经理 李进巍

李进巍，高级经济师，汉族，1946年2月出生，籍贯，山东沂水县，北师大MBA工商管理研究生，现任丹东曙光车桥股份有限公司董事长兼总经理，辽宁省人大代表。李进巍同志是一位在逆境中脱颖而出的企业家。1984年12月，他带领十名伙伴，自筹资金七万元，租借了一间简陋的厂房开始创办车桥厂。1989年成为丹东市的“明星企业”，1993年2月，率先在丹东市完成股份制改造，而今已成为中国最大的轻型汽车车桥公司。1997年至2000年连续四年产销量居全国同行业之首，经济也位居行业之先。2000年12月，被批准发行A股，成为公众上市公司。公司被列入国家“九五”技改“双加工程”，拥有制动器、齿轮、半轴等五个全资或控股子公司，总资产达8.5亿元，车桥行业协会评价是技术水平处于领先地位、综合实力最强的公司。2001年4月还被中华全国总工会授予“全国五一劳动奖状”。职业生涯铸就了他的智慧和胆识，对待工作他废寝忘食，全身心的投入，人称“工作狂”；他博览群书，潜心研究中外经营之道，曾多次在国内重要刊物和学术交流中发表过具有较高价值的管理性论文和报告；在行业领域的产品开发和管理上积累了丰富的经验，并形成自己独特的能够适应市场竞争需要的完整企业体系，被同行称之中国的“车桥王”。他多次荣获辽宁省“劳动模范”，“优秀厂长”，丹东市“特等劳动模范”，辽宁省机械工业“创业英雄”，全国机械工业“劳动模范”殊荣。

CHINA SECURITIES YEAR BOOK

中國證券業年鑒·编委介绍

河南莲花味精股份有限公司

董事长 李怀清

李怀清，大专学历，高级经济师，曾任项城县酒厂党支部副书记，项城县饴糖厂厂长，周口地区味精厂厂长。现任河南省莲花味精集团有限公司董事长、总经理。1987年被中华全国总工会授予“五一”劳动奖章，1989年被评为全国劳动模范，全国八届、九届人大代表。

CHINA SECURITIES YEAR BOOK

中國證券業年鑒·编委介绍

工商东亚金融控股有限公司

总裁　李国荣

李国荣，现为工商东亚金融控股有限公司总裁，英国公认会计师公会及香港会计师公会会员。拥有加拿大亚伯特省大学一级荣誉商学士学位，并获颁发财务行政人员协会银奖。在1995-97年间曾为香港联合交易所上市委员会常务委员会，曾积极推动中国资本市场的发展及在多项交易中担任重要角色。于1995年至1998年间曾任西敏证券亚洲有限公司董事总经理，在此之前为安达信公司香港及中国业务的经理合伙人，在会计、投资银行、工商管理等方面具有丰富经验。

河南安彩高科股份有限公司

董事长　李留恩

李留恩，大专学历，1958年9月至1969年9月安阳技工学校任教师；1969年9月至1980年1月安阳第二机床厂技改办主任、车间支部副书记、设计科副科长；1980年1月至1981年11月安阳市机床工业公司市委工作组负责人；1981年11月至1983年3月安阳自行车二厂厂长；1984年9月至今安玻公司、安彩集团董事长、安玻公司总经理兼党委书记；1998年9月至今安彩高科股份有限公司董事长。

东北证券有限责任公司

董事长 总裁 李维雄

李维雄，硕士，1989年9月至1990年4月西德Gluik公司职员；1991年6月至1992年8月吉林省信托投资公司经济师；1992年8月至1999年8月吉林省财政厅外经处处长；1999年8月至2000年7月东北证券有限责任公司筹备组负责人；2000年7月至现在东北证券有限责任公司董事长、总裁。

新华人寿保险股份有限公司

董事长 关国亮

关国亮，1983年毕业于东北财经大学会计专业，1997年7月哈尔滨工业大学管理工程专业研究生毕业，获硕士学位。目前在中南财经大学攻读博士学位。自1998年起至今任新华人寿保险公司董事长、法人代表。此前曾先后在黑龙江省财政厅、黑龙江省会计师事务所、东方集团、东方集团财务公司以及新华人寿保险公司工作，历任主任会计师、副总裁、总经理、常务董事等职务。

CHINA SECURITIES YEAR BOOK

中國證券業年鑒·编委介绍

广州东华实业股份有限公司

董事长 总经理 陈鸿允

陈鸿允，研究生，1981年9月至1985年7月，在华南工学院(现华南理工大学)学习；1985年7月至1990年10月，在广州市东山区芸草街办事处工作，历任团委书记、办事处副主任、党委副书记兼办事处主任；1990年10月至今在广州东华实业股份有限公司工作，历任党委副书记兼副总经理、党委书记兼董事、总经理、党委书记兼董事长、总经理等职。

昌河飞机工业（集团）有限责任公司

董事长 总经理 杨金槐

杨金槐，1964年8月至1970年7月就读于上海同济大学。1970年8月至1971年8月在车间干车工；1971年8月至1983年7月在设计所任设计员及组长；1983年7月至1984年8月任组织部干事；1984年8月至1984年12月任干部科副科长；1985年1月至1988年2月任设计所副所长、党支部书记；1988年2月至1993年9月任设计所、试验站副所长兼站长；1993年9月至1995年9月任公司副总经理；1995年10月至今任昌飞公司总经理，并兼任江西昌河汽车股份有限公司副董事长。

辽宁证券有限责任公司

董事长 邵荣第

邵荣第，高级经济师，1977年7月至78年3月铁岭县第二中学教导处主任；1978年3月至1982年2月辽宁财经学院财政专业学生；1982年2月至1988年6月辽宁省计划委员会财金处副处长、处长；1988年6月至1997年11月辽宁省证券公司总经理；1997年11月至今辽宁证券有限责任公司董事长。

江苏武晋会计师事务所

董事长 所长 主任会计师 陈华康

陈华康， 江苏省注册咨询专家，长期从事社会审计，财政财务管理，资产评估，企业财务咨询和管理的组织工作。担任江苏新科电子集团财务顾问，参与江苏新华昌集团、江苏旷达集团等创业板上市企业的财务策划工作，组织实施武进行政中心工程造价管理咨询。兼任社会职务：常州市注册会计师协会常务理事、常州市资产评估协会常务理事、副秘书长、《中国证券业年鉴》1997—2001年编委会顾问。1995年起根据财政部《企业具体会计准则》和新《会计法》，在社会组织业务培训，在年报审计工作中组织实施。1996年5月组织对江苏五菱集团武进柴油机厂实施整体资产评估，担任项目经理(五菱B股上市前)。1997年7月组织对江苏新科电子集团实施企业改制整体资产评估，担任项目经理。1998年3月起先后组织指导江苏恒力集团、江苏阳湖纺织集团等十余家企业组建股份有限公司的审计、资产评估。1999年5月组织实施武进行政中心及高新科技开发区工程造价管理咨询工作。1993年起对上市公司年报审计及资产重组、并购进行长期跟踪研究。1999年9月参与中国(江苏)改革发展研究院研究报告——’99重大研究课题《公司制企业法人治理结构》之六《股份公司财务及负责人》的编著。《公司制企业法人治理结构》编著之一。

深圳市投资管理公司

总裁　庞大同

庞大同，大学文化程度，高级工程师。1968年12月至1984年1月国营798厂生产科副科长、工程师；1984年1月至1988年3月电子工业部副处长；1988年3月至1994年4月中电总公司生产局副总经济师，中电深圳公司副总经理；1994年1月至1996年9月深圳中康玻璃公司总经理；1996年9月至1998年7月深圳赛格日立公司总经理；1998年7月至2001年3月深圳市经济发展局局长；2001年3月至今深圳市投资管理公司总裁。

国旅联合股份有限公司

总裁　金岩

金岩，1964年1月23日生，中共党员，大学本科学历。1981年至1985年北京大学哲学系学生。1985年1989年中国国际旅行社总社总经理秘书、秘书科长。1989年至1997年海南国旅联合旅游实业公司董事总经理。1997年至1998年国旅联合股份公司筹备组。1999年至今国旅联合股份有限公司董事总裁。

东英亚洲有限公司

常务主席　张志平

张志平，男，汉族，1956年3月30日出生，籍贯上海，国际金融硕士。1978年3月至1981年12月就读黑龙江大学俄语系，取得文学学士学位；1982年2月至1984年12月就读中国人民银行金融研究所研究生部获得国际金融硕士学位；1984年12月至1988年12月在中国人民银行总行金融管理司任职副处长；1988年12月至1992年12月挂职下放至中国人民银行海南省分行处长，挂职海南省证券公司董事长兼总经理；1993年1月至1996年4月在中国证券监督管理委员会任机构部主任；1996年底至今在东英金融集团有限公司任董事长。

恒生银行

副董事长兼行政总裁　郑海泉

郑海泉先生于1948年在香港出生，先后在香港及纽西兰接受教育，取得香港中文大学社会科学学士学位及奥克兰大学经济学系哲学硕士衔。他亦是香港银行学会资深会士。

郑海泉先生是恒生银行(汇丰集团主要成员之一)之副董事长兼行政总裁。他于1994年10月获委任为恒生银行董事，并于1995年4月成为常务董事。他于1998年3月受委任为该行之副董事长兼署理行政总裁，及由1998年8月起获委任为行政总裁。

郑先生于1978年加入汇丰银行之集团财务部，1982年至85年间任职集团策划部。1986年，他获委任为首席经济研究员。1989年4月至91年4月期间，他被借调至香港政府之中央政策组，作为港督之顾问。1992年9月，郑先生获委任为汇丰银行经济及业务策略研究部高级经理，1994年11月获委任为财务主管，1995年6月升任为总经理，并于同年11月任执行董事。郑先生是恒生人寿保险有限公司主席；并为鹰君集团有限公司和九广铁路公司董事。

郑先生于1995年至97年间担任行政局议员(香港政府最高决策机构)；1994年至97年任中华人民共和国港事顾问；1991年至1995年间，担任立法局议员。

郑先生现任证券及期货事务监察委员会之程序覆检委员会主席及香港银行学会副会长兼理事会主席。

郑氏为非官守太平绅士。他于2000年9月获浙江大学及2001年4月获深圳大学委任为客座教授，并于2000年10月获西南财经大学委任为荣誉教授。

CHINA SECURITIES YEAR BOOK

中國證券業年鑒·编委介绍

浙江金迪期货经纪有限公司

董事长　骆家刚

骆家刚，男，1932年出生，浙江义乌人，中共党员，大学文化，高级会计师，中国注册会计师。曾任金华市二轻工业局总会计师(处级)。1993年开始担任浙江金华信托投资公司(金信集团)总会计师、党委委员。现任浙江金迪期货经纪有限公司董事长、支部书记。

骆家刚同志在1997年至2001年担任金迪期货公司董事长兼总经理期间，提出了"依法经营、规范管理；强化信息、提高服务；负重拼搏、多创效益"的总方针，一贯强调"正确把握七个关系"和"团结的六要素"，提倡"和合"，通过带头自我批评，带领全体员工艰苦拼搏。特别是在期货市场长期不佳、工作难度相当大的情况下，始终能保持旺盛的斗志，坚定信心，顺应市场变化，注重信息研发，打品牌效应，抓增收节支，走科技创新之路等方面取得了一定成绩。在2001年他又提出了"五抓"-"抓领导、抓重点、抓源头、抓基础、抓队伍"和"五到位"-"认识到位、领导到位、工作到位、部门配合到位、服务内容到位"为公司的发展、队伍的稳定和规范管理起了指导性的意义。

CHINA SECURITIES YEAR BOOK

中國證券業年鑒·编委介绍

中国工商银行证券投资基金托管部

总经理　赵跃

赵跃，41岁，工商管理硕士，高级经济师。在工商银行历任中国工商银行信托投资公司副经理、经理、工商国际金融有限公司(香港)董事、常务董事、副总经理。

CHINA SECURITIES YEAR BOOK

中國證券業年鑒·编委介绍

北京城建投资发展股份有限公司

总经理 赵广义

赵广义，1953出生，研究生、高级经济师，现任北京城建股份有限公司董事、总经理；曾任北京市第二城市建设工程公司总经济师、经理，北京城建集团有限责任公司经理助理。

CHINA SECURITIES YEAR BOOK

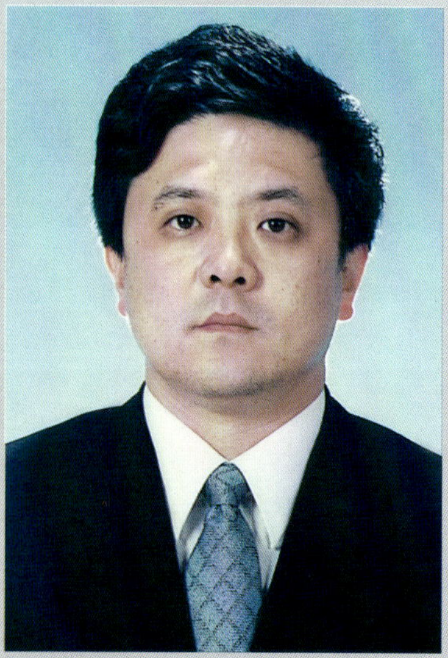

北京天鸿宝业房地产股份有限公司

董事长 赵东杰

赵东杰，大学本科学历，1987年7月至1990年7月北京市房地产开发经营公司规划科助理，1990年7月至1990年12月北京市房地产开发经营总公司总工办副主任，1990年12月至1991年12月北京市房地产开发经营总公司规划科科长，1991年12月至1995年12月北京市房地产开发经营总公司开发处处长，1996年12月至今北京天鸿集团公司总规划师，2000年12月至今北京天鸿宝业房地产股份有限公司董事长。

CHINA SECURITIES YEAR BOOK

中國證券業年鑒·编委介绍

兖州煤业股份有限公司

董事长　赵经彻

赵经彻，现年64岁，教授级高级工程师，兖州煤业股份有限公司董事长及兖矿集团有限公司(母公司)董事长。1980年加入母公司后，先后出任兴隆庄矿总工程师、副矿长、矿长，并于1985年、1991年分别任兖州矿务局副局长、局长，1996年任母公司董事长及总经理。赵经彻先生毕业于合肥工业大学。

浙江证券有限责任公司

总裁　郭良勇

郭良勇，高级经济师，1966年9月毕业于中央财政金融学院金融系，历任中国银行杭州分行信贷处副处长、存汇处处长，中国新技术创业投资公司浙江分公司副总经理、浙江代理处副主任，浙江证券有限责任公司常务副总裁，1998年9月开始，担任公司总裁。郭良勇先生长期从事金融业务工作，1993年调任浙江证券副总裁，协助总裁的日常管理和业务工作，进入了专业高级管理层，1996年开始分管交易总部、营业部、债券部、投行部等业务部门的工作后，对公司的经营方向、重大决策以及业务开展起到举足轻重的作用。担任副总裁期间，参与组织指挥了浙江信联、百大集团、杭州解百、万向钱潮、杭钢股份、东南电力(B股)等股票的发行全过程。郭良勇先生担任总裁职务后，在竞争上岗、机构改革、奖惩机制方面实施新的管理思路，在经营中防范风险，规范经营，当年公司首次无风险事故，同时不良资产余额下降32%，使公司风险大幅度降低。在他的领导下，公司1999年超额完成董事会下达的利润指标，并克服困难完成了新千年的过渡，2000年，公司各项业务有了大的进展，经济效益达到历史最高水平。

福建新大陆电脑股份有限公司

[董事长　胡钢

胡钢，大学文化程度，高级工程师。1982年2月至1988年5月福建省电子计算机研究所主任工程师；1988年6月至1993年12月福建实达电脑股份有限公司任总裁；1994年1月至今福建新大陆科技集团董事长、总裁，福建新大陆电脑股份有限公司董事长。

北京控股有限公司

[董事局主席　胡昭广

胡昭广，现年61岁，为本公司及本公司之母公司京泰实业(集团)有限公司的主席。胡昭广于1964年在中国清华大学毕业，及于瑞典完成-管理课程。胡先生亦担任清华大学兼职教授。自1993年2月至1998年1月，胡先生为北京市政府副市长，负责北京科学技术发展及教育事务。于1988年至1993年，胡先生为北京新技术开发区办公室主任，并为北京海淀区政府的区长。胡先生在经济、财务及企业管理方面积逾30年经验。胡先生于1997年4月加入集团公司。

凌源钢铁股份有限公司

董事长　高益荣

高益荣，教授级高级工程师，大学文化程度，曾任凌源钢铁公司副经理、经理，股份公司副董事长、总经理。现任凌钢集团公司董事长、总经理，股份公司董事长，为第九届全国人大代表。曾荣获省优秀经理和国家级有突出贡献专家、辽宁省特等劳动模范和全国五一劳动奖章、全国劳动模范等荣誉称号。

中国银行基金托管部

总经理　唐棣华

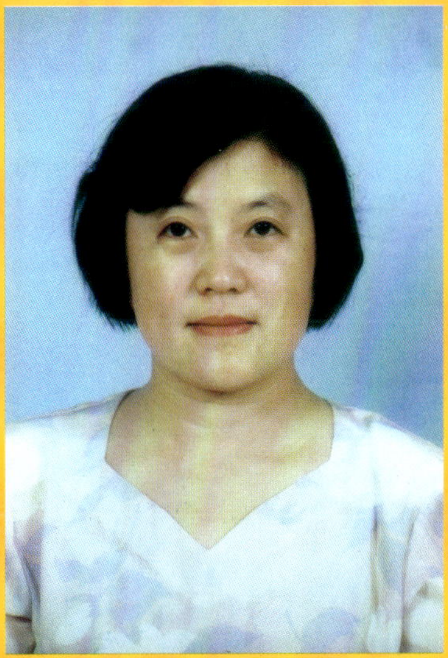

唐棣华，中国银行基金托管部总经理。唐棣华从事金融工作26年，曾在中国银行江西省分行、中国银行信托咨询公司任职。1997年唐棣华被派往巴西圣保罗市筹建中国银行圣保罗代表处，并就任代表处首席代表。2001年6月就任中国银行基金托管部总经理。

唐棣华在中国银行先后从事或分管过本外币信贷、国际结算、信托、证券等业务，具有较丰富的银行从业经验，对银行业务尤其是国际贸易结算及信贷业务较熟悉。

西安标准工业股份有限公司

董事长 黄省身

黄省身，男，出生于1951年元月，工商管理硕士(MBA)，中共党员，高级经济师。历任西安缝纫机厂厂长，西安市第二轻工业局副局长，西安市轻工业局副局长，中国标准缝纫机集团有限公司党委书记。现任西安标准工业股份有限公司董事长。“九五”时期，在黄省身同志领导下，公司的经营业绩连续居行业之首。公司以基础雄厚、技术领先、品牌优势强、主业集中度高、企业素质好五大优势，成为中国缝制设备行业的排头兵。公司所生产的“标准牌”工业缝纫机成为国内市场的首选品牌，成为西安市第一大宗出口商品。“九五”时期，黄省身同志大力推动企业技术创新，使公司成为陕西省的高新技术企业。公司先后推出40多个产品，其中机电一体化技术率先在全行业取得重大突破，平缝、绷缝、包缝三大系列产品全部处于行业领先水平。目前，高技术含量、高附加值产品对经济效益的贡献率达40%以上，企业的资产总量达12.9亿元，比“八五”期末增长186%。1999年，公司获全国“五一劳动奖状”。2001年，黄省身同志获全国“五一劳动奖章”。

利安达信隆会计师事务所

主任会计师 黄锦辉

黄锦辉，1964年出生，中共党员，硕士学历，高级会计师，具有从事证券、期货相关业务资格的中国注册会计师，中国注册评估师，中国注册税务师，中国对外经济贸易会计学会理事；曾任职于对外经济贸易合作部援外司、中国成套设备进出口(集团)总公司。1987年至1992年被先后派驻巴基斯坦、利比亚工作，曾出访四十多个国家和地区，1994年1日加入利安达，历任事务所业务二部经理助理、副经理、经理、事务所副主任会计师等职。

CHINA SECURITIES YEAR BOOK

中国證券業年鑒·编委介绍

南海发展股份有限公司

董事长 谢育智

谢育智，1942年10月出生，广东省南海市人，中共党员，大学本科毕业，冶金工程师。1962年至1967年北京钢铁学院学习；1968年至1984年分配到重庆103厂工作，从事军工新材料生产、科研及管理工作，其中：1968年至1973年参加“真空阀门”项目的主要原料“505”产品的生产；1973年至1979年参加“464”产品的研制和生产(该产品为两弹一星的配套材料)，该项成果在我国“东五”导弹发射成功后，产品的试制组曾受到中共中央、国务院、中央军委的表彰。主持了泡沫金属的研制，其中泡沫铜是用于军工的新材料。论文《泡沫金属的研制》收入四川省粉末冶金学会第一届年会论文集；1979年至1984年重庆冶炼厂厂长办公室主任(正科级)、厂经济研究小组副组长(专门从事市场与发展的研究)、重庆冶炼厂厂志办主任；1984年至1988年重庆市冶金局办公室主任(正处级)，从事经济管理及体制改革工作；1988年至1991年广东南海市南海化纤企业总公司副总经理；1991年至1993年南海发展集团公司副总经理；1993年至1999年南海发展股份有限公司副董事长、副总经理；1999年至今南海发展股份有限公司董事长。

华联律师事务所

主任 谢炳光

谢炳光，高级律师，1979年考入中国人民大学法律系，1983年毕业后分配到北京市中级法院搞审判工作，1992年调到华联律师事务所做专职律师至今。

从事律师工作七年来，办理刑事、民事、经济、行政、涉外仲裁等各类案件数百件，其间曾担任全国妇联、中国商业对外贸易总公司、中国化工轻工总公司、中国轻工出版社、北京大潮房地产开发中心、北京四通集团、北京协和医院、国家科委中国国际科学中心、北京军区、北京市计量检测所等多家企业、事业单位的法律顾问。曾办理多起刑事被告人经本人辩护被宣告无罪以及死刑改判无期、有期徒刑的案件。谢炳光办理的几件经济合同案件曾被中央电视台“经济与法”节目在全国播发，有些涉外仲裁案、刑事辩护案被《中国律师报》和《中国法制报》多次报道。谢炳光1994年被司法部评为高级律师，1996年被选聘为全国律协刑事专业委员会委员。

CHINA SECURITIES YEAR BOOK

中國證券業年鑒·编委介绍

华鑫证券有限责任公司

总经理　雷波

雷波，硕士研究生，1994年至1996年中国期货业协会（筹）干部；1996年至1997年中国证监会期货监管部交易所监管处主任科员；1998年至1999年中国证监会办公室秘书；1999年至2000年中国证监会上市公司监管部并购监管处副处长；2000年至2001年西安证券有限责任公司副总经理；2001年至今华鑫证券有限责任公司总经理。

CHINA SECURITIES YEAR BOOK

华龙证券有限责任公司

总裁　雷原

雷原，经济师，1985年9月至1989年6月就读陕西财经学院；1996年9月至1999年7月西安交大经济金融学院获博士学位。1992年7月至1995年任兰州市信托投资公司上海业务部经理；1995年至2000年任兰州市信托投资公司法人代表、总经理，甘肃省信托投资公司副总经理；2001年2月至今担任华龙证券有限责任公司总裁。

CHINA SECURITIES YEAR BOOK

广州白云国际机场股份有限公司是依照《公司法》和其他有关规定，经中华人民共和国经济贸易委员会批准，于2000年9月19日以发起方式成立的。广州白云国际机场集团公司、中国国际航空公司、中国民航机场建设总公司、广州白云国际机场有限公司、广州交通投资有限公司为发起人。广州白云国际机场集团公司占96%的股份。公司注册资本人民币60000万元。

广州白云国际机场股份有限公司由机场集团公司的优质资产组成，是机场的专业经营公司。公司机关设8个部门，下有10多个专业分公司，主要为航空公司、旅客、货主提供航空地面运输服务及其相关的延伸服务。

白云国际机场为国家一类机场，在中国民用机场布局中具有举足轻重的地位；白云机场是我国联接世界各地，特别是东南亚各国和地区的重要航空交通枢纽，是全国最繁忙、客货流量最大的机场之一。目前，白云机场日均起降飞机360余架次，高峰日540余架次；进出港旅客3.5万余人，高峰日达到6.4万人。有26家国内外航空公司与白云机场通航。通往国内的城市有82个121条航线，国际(地区)城市有18个24条航线。

1993年，白云国际机场作为独立的经济实体开始运作，航空运输业务发展迅速，年货邮行和旅客吞吐量一直居于国内机场前3位。已连续8年保持盈利，年均利润增长率8.5%。

经营宗旨：加强管理，提高效益，优质服务，保证安全，树立公司良好社会形象。

经营范围：提供旅客过港服务；提供地面运输服务；提供航空设施使用服务；提供航空营业场所；提供安全检查服务；提供经营或出租商业场所；提供航空客货运输代理服务；提供航空应急救援(医疗、消防)服务；提供航空器维修服务；提供航空运输技术协作、业务咨询、广告业服务；提供汽车和机电设备维修服务等。

董事长：吴百旺

总经理：崔建国

广州白云国际机场股份有限公司

GUANGZHOU BAIYUN INTERNATIONAL AIRPORT CO.,LTD.